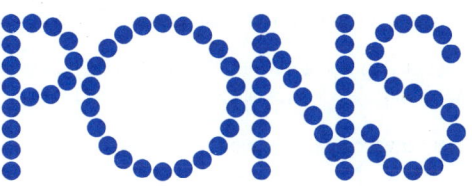

PONS

Schülerwörterbuch

Spanisch - Deutsch
Deutsch - Spanisch

vollständige Neubearbeitung 2003

W0193965

Ernst Klett Sprachen

Barcelona · Budapest · London · Posen · Sofia · Stuttgart

PONS Schülerwörterbuch Spanisch-Deutsch

Bearbeitet von: Eckhard Böhle, Nely Milagros Iglesias Iglesias, Yolanda Madarnás Aceña, Yolanda Mateos Ortega, Rainer Zohsel

Unter Mitwirkung und Leitung der Verlagsredaktion PONS

Entwickelt auf der Basis des Kompaktwörterbuchs für alle Fälle Spanisch

Illustrationen: Terry McKenna, Anthony Morris
Landkarten: Klett-Perthes, Justus Perthes Verlag, Gotha

Warenzeichen
Wörter, die unseres Wissens eingetragene Warenzeichen darstellen, sind als solche gekennzeichnet. Es ist jedoch zu beachten, dass weder das Vorhandensein noch das Fehlen derartiger Kennzeichnungen die Rechtslage hinsichtlich eingetragener Warenzeichen berührt.

1. Auflage 2003 (1,01)

© Ernst Klett Sprachen GmbH, Stuttgart 2003
Alle Rechte vorbehalten

Internet: www.pons.de
E-Mail: info@pons.de

Projektleitung und Redaktion: Ursula Martini
Sprachdatenverarbeitung: Andreas Lang, conTEXT AG
für Informatik und Kommunikation, Zürich
Einbandgestaltung: Ira Häußler, Stuttgart
Logoentwurf: Erwin Poell, Heidelberg
Satz und Datentechnik: Dörr und Schiller GmbH, Stuttgart
Druck: Clausen und Bosse, Leck
Printed in Germany
ISBN 3-12-517482-1

Inhaltsverzeichnis

Índice

Infokästen *Land und Leute* im spanisch-deutschen Wörterbuchteil
Los recuadros *Land und Leute* en la parte español-alemana del diccionario

academia	Día de la Constitución	guerra civil
aguardiente	cornada	guiri
aguinaldo	Cortes Generales	hacendado
alioli	Costa del Sol	HB
América	Costa Rica	Hispanoamérica
Andorra	COU	Honduras
Año Jacobeo	Cuba	horchata
apellido	culebrón	inca
Argentina	decir	INEM
atolli	Día de Todos los Santos	inocentada
azteca	don, doña	Instituto Cervantes
bable	Ecuador	Jabugo
bachillerato	Educación Infantil	jerez
barrio	Educación Primaria	jota
belén	empanada	laísmo
Bolivia	encierro	leísmo
bonobús	ensaimada	Lepe
boquerón	ensaladilla rusa	lotería
bota de vino	ESO	magdalena
butifarra	ertzaina	mantilla
Cabrales	España	manzanilla
café	estanco	el Mar Cantábrico
Santiago de Compostela	Euskadi	marisco
capea	euskera	maruja
castañuela	EZLN	mate
Reyes Católicos	fabada	maya
Caudillo	faena	mestizo
cava	Falange	México
CC.OO.	Fallas	mole
ceceo	familia política	molino de viento
celta	fiesta nacional	monarquía parlamentaria
cheli	flamenco	morriña
chibcha	flan	moscatel
chicano, -a	frontón	mossos d'esquadra
Chile	gaita	movida
chiringuito	garapiña	Navidad
chorizo	gaseosa	Nicaragua
churro	gaucho	nombre
coca	gazpacho	novatada
Colombia	Generalitat	novillada
Cristóbal Colón	Gibraltar	Ñ, ñ
Comunidades Autónomas	granizado	oca
Congreso de los Diputados	guacal	olé
Cono Sur	guanche	ONCE
conquistador	Guatemala	opositor, -a

paella
pampa
Panamá
parador
Paraguay
Patagonia
penalti
Península Iberica
Perú
peseta
pincho
pipa
Plaza Mayor
PNV
porrón
PP
Presidente del Gobierno
provincia
PSOE
Puerto Rico
pulpería
pulpo

PYME
quechua
quena
R.A.E.
Reconquista
RENFE
República Dominicana
Día de Reyes
Ribeiro
Rioja
ristra
romería
rúbrica
salpicón
El Salvador
Sanfermines
sangría
sardana
sefardí
selectividad
Senado de los Diputados
seseo

sevillana
sidra
sol y sombra
surazo
Talgo
tapa
Telefonica
queso de tetilla
torero
toro
tortilla
tuna
turrón
UGT
Universidad de Salamanca
Uruguay
uva
Venezuela
vosear
yeísmo
zambomba

Infokästen *Grammatik* im spanisch-deutschen Wörterbuchteil
Los recuadros *Grammatik* en la parte español-alemana del diccionario

a
el agua
bien – bueno
bueno – buen
consigo
de
gente
grande – gran
haber (hay)

kilo
litro
mal – malo
medio
millón
muy – mucho
no
o – u
para – por

primero – primer
ropa
san
ser – estar
el tema
tercero – tercer
y – e

Infokästen *Land und Leute* im deutsch-spanischen Wörterbuchteil
Los recuadros *Land und Leute* en la parte alemán-española del diccionario

Abendessen
Abitur
Adventskalender
Adventskranz
Älpler-Magrone
Aprilscherz
Autobahn
BahnCard
Berliner Filmfestspiele
Bescherung
Biergarten
Bioladen
Bratwurst
Brezel
Bundeskanzler
Bundesland
Bundespräsident
Bundesrat

Bundestag
Tag der deutschen Einheit
Eisheilige
Eiskaffee
Erziehungsgeld
Fachhochschule
Fachwerkhaus
Fastnacht
Fleischkäse
Fräulein
Gartenzwerg
Gastarbeiter
Gesamtschule
GEZ
Glühwein
grüner Punkt
Gymnasium
Hansestadt

Hauptschule
hitzefrei
Kaffeefahrt
Kaiserschmarren
Kanton
Kartoffelpuffer
Kehrwoche
Kindergarten
Kindergeld
Kirchensteuer
Knödel
krankenversichert
Landtag
Lebkuchen
Lizentiat
Magister
Maultaschen
Mineralwasser

Ministerpräsident
Note
Nullachtfünfzehn
Numerus clausus
Ossi
Osterhase
Otto Normalverbraucher
Polterabend
Postleitzahl
Primarschule
Radler
Realschule
Rechtschreibung
Reichstag
Reinheitsgebot
Rösti

Salzburger Festspiele
Schein
Schorle
Schrebergarten
Schultüte
Schützenfest
Sekundarstufe
Sonderschule
Spätzle
Sponsion
Staatsexamen
Stammtisch
Strandkorb
Tante-Emma-Laden
Tertiärstufe
Trabant

Trinkgeld
Trümmerfrauen
TÜV
Volkshochschule
volljährig
Vorschule
Walpurgisnacht
Watt
Weihnachtsmarkt
Weißwurstäquator
Wendehals
Wessi
Wirtschaftswunder
Zivildienst

Infokästen *Grammatik* im deutsch-spanischen Wörterbuchteil
Los recuadros *Grammatik* en la parte alemán-española del diccionario

als – wie
dasselbe
doch
dunkel, miserabel
   (Deklination)
dürfen – können
Euro
gefallen – schmecken
groß – alt

haben – sein
halb
hoch
kennen – wissen
Kilo
klein – jung
Liter
mich – mir
Million

mögen – wollen
müssen – sollen
rosa, lila (Deklination)
seit – vor
teuer, sauer (Deklination)
trocken (Deklination)
was für ein…?, was für…?
wenn – als

Hinweise zur Benutzung des Wörterbuchs

Indicaciones para el uso del diccionario

1. Schriftarten

1. Tipos de letra

Fett-druck	für Stichwörter und direkte Verweise auf ein anderes Stichwort	**negrita**	para entradas y remisiones a otra entrada
Halbfett-druck	für Anwendungsbeispiele, Redewendungen und Ziffern	**semi-negrita**	para ejemplos de uso, modismos y cifras
Grund-schrift	für die Übersetzungen	redonda	para las traducciones
Kursiv-schrift	für grammatische Angaben wie Wortart, und Genus, für Erklärungen und Definitionen, Markierungen, Synonyme und andere Zusätze	*cursiva*	para indicaciones gramaticales como la categoría y el género, para aclaraciones y definiciones, marcas, sinónimos y otras acotaciones

vierzehn ['fɪrtseːn] *adj inv* catorce; **in ~ Tagen** en quince días; *s. a.* **acht**[1]

cuarto[1] ['kwarto] *m* **1.** (*habitación*) Zimmer *nt*; **~ de aseo** Toilette *f*; **~ de baño** Badezimmer *nt*; **~ de estar** Wohnzimmer *nt*; **~ trastero** Rumpelkammer *f* **2.** (*pl*) (*fam: dinero*) Knete *f*; **tener cuatro ~s** jede Mark umdrehen müssen **3.** (*de un caballo*): **~s delanteros/traseros** Vor(der)-/Hinterhand *f*

2. Satzzeichen und Symbole

2. Signos de puntuación y símbolos

,	trennt gleichwertige, alphabetisch aufeinander folgende Stichwortvarianten	,	separa variantes equivalentes y alfabéticamente consecutivas de una entrada
	trennt die maskuline und feminine Form eines Wortes		separa la forma masculina y femenina de una palabra
	trennt gleichwertige Übersetzungen		separa traducciones equivalentes
;	steht zwischen nicht synonymen Übersetzungen; der Unterschied wird durch Gebrauchsangaben oder Bedeutungsdifferenzierungen in Klammern erläutert	;	se encuentra entre dos traducciones no sinónimas; la diferencia entre ellas se aclara mediante indicaciones de uso o contornos semánticos entre paréntesis
:	vor einer Wendung zeigt der Doppelpunkt an, dass das Stichwort mit dieser Bedeutung in der Regel nur in der folgenden Wendung gebraucht wird	:	delante de un modismo, los dos puntos indican que por lo general la palabra sólo se utiliza con este significado en el modismo que sigue

/ zeigt analoge Strukturen an steht zwischen mehreren Präpositionen oder Kasusangaben

~ ersetzt in Anwendungsbeispielen und Redewendungen das vorhergehende Stichwort, bei Stichwörtern mit geklammerter Endung das Wort bis zur Klammer

Ändert sich die Groß- bzw. Kleinschreibung, steht vor der Tilde der entsprechende Groß- bzw. Kleinbuchstabe

- ersetzt einen Teil des Stichworts, in spitzen Klammern auch das vollständige Stichwort

– unterscheidet in Anwendungsbeispielen zwischen zwei Sprechern

= steht bei der Zusammenziehung zweier Wörter

≈ steht bei einer ungefähren Entsprechung aufgrund kultureller Unterschiede

( ) in runden Klammern stehen Elemente, durch deren Weglassen sich die Bedeutung nicht ändert

< > in spitzen Klammern stehen grammatische und morphologische Angaben

[ ] in eckigen Klammern stehen
  – phonetische Angaben
  – in Verbindung mit *o* synonyme Elemente zu einem Teil eines Mehrwortterminus oder einer Wendung

® kennzeichnet eingetragene Warenzeichen

/ indica estructuras análogas se encuentra entre varias preposiciones o indicaciones de caso

~ sustituye la entrada en los ejemplos de uso y modismos. En las entradas con un final entre paréntesis sustituye la palabra hasta el paréntesis

Si varía el uso de mayúsculas/minúsculas, la 'Tilde' va precedida de la respectiva letra mayúscula/minúscula

- sustituye una parte de la entrada, entre paréntesis angulares, también toda la entrada

– en los ejemplos de uso hace distinción entre dos interlocutores

= indica la contracción de dos palabras

≈ indica una equivalencia aproximada debida a diferencias culturales

( ) los paréntesis indican elementos cuya supresión no altera el significado

< > entre paréntesis angulares se encuentran las indicaciones gramaticales y morfológicas

[ ] los corchetes indican:
  – las transcripciones fonéticas
  – con *o*, sinónimos de una parte de un término formado por varias palabras o de un modismo

® designa una marca registrada

3. Stichwortanordnung – Makrostruktur

Alle Stichwörter sind **alphabetisch angeordnet**. Wortzwischenräume bei mehrgliedrigen Stichwörtern bleiben dabei unberücksichtigt.

Die deutschen Umlaute **ä, ö, ü** werden wie die entsprechenden nicht umgelauteten Vokale behandelt, **ß** wie *ss*. Bei Wörtern mit ansonsten gleicher Schreibung folgt das Wort mit Umlaut dem ohne Umlaut, das Wort mit *ß* dem mit *ss*.

3. Orden de las entradas – Macroestructura

Todas las entradas están **ordenadas alfabéticamente**. Los espacios entre los componentes de las entradas pluriverbales no se tienen en cuenta en la ordenación alfabética.

Las vocales con 'Umlaut' **ä, ö, ü** se tratan igual que las mismas vocales sin 'Umlaut', la **ß** se trata como *ss*. En las palabras con la misma grafía, la palabra con 'Umlaut' sigue a la que no lo lleva, la palabra con ß a la escrita con ss.

Die spanischen **ch** und **ll** werden nach der neuen Sprachregelung in Spanien wie Doppelbuchstaben behandelt. Das **ñ** wird hinter *nz* eingeordnet.

Unterscheiden sich zwei Wörter nur durch einen **Akzent**, steht die Form ohne Akzent vor der mit Akzent.

Unterscheiden sich zwei Wörter nur durch **Groß- oder Kleinschreibung,** folgt das Großgeschriebene dem Kleingeschriebenen.

Unterscheiden sich zwei Wörter nur durch einen **Bindestrich** oder einen **Wortzwischenraum,** folgt die Zusammenschreibung der getrennten bzw. der Schreibung mit Bindestrich.

Zwei **orthographische Varianten** eines Wortes, die alphabetisch unmittelbar aufeinander folgen, werden in einem Eintrag aufgeführt und durch ein Komma getrennt. Folgen die Wörter alphabetisch nicht unmittelbar aufeinander, wird jedes als eigenes Stichwort behandelt. Es erfolgt in der Regel ein Verweis zu der ausführlich dargestellten Variante.

In **Klammern** stehende Buchstaben in einem Stichwort unterliegen ebenfalls der Alphabetisierung. So findet man z. B. *Kleb(e)streifen* vor *Klebstoff* und *auto(e)stop* vor *autoevaluación.*

In Klammern stehende Endungen werden bei der Alphabetisierung ignoriert.

Bindestriche, Wortzwischenräume oder Punkte innerhalb eines Wortes bzw. einer Abkürzung werden bei der Alphabetisierung ignoriert.

Bei Personenbezeichnungen ist die **feminine Form** in der Regel bei der maskulinen abgehandelt und an alphabetischer Stelle noch einmal als eigenes Stichwort mit Verweis aufgenommen, wenn sie alphabetisch nicht unmittelbar neben der maskulinen Form stehen würde.

Los dígrafos españoles **ch** y la **ll** se consideran, siguiendo la nueva normativa en España, dos letras. La **ñ** sigue en el orden a *nz.*

Si dos palabras se diferencian por un **acento,** la forma no acentuada precede a la acentuada.

Si dos palabras se diferencian por escribirse con **mayúscula o con minúscula,** la palabra con mayúscula seguirá a la escrita con minúscula.

Si dos palabras se diferencian por escribirse con o sin **guión** o con un **espacio intermedio,** la forma sin espacio ni guión seguirá a la escrita con espacio y a la que lleva guión.

Se incluyen en un mismo artículo dos **variantes ortográficas** alfabéticamente consecutivas de una palabra, separándose ambas mediante una coma. Si las palabras no son alfabéticamente consecutivas, se trata cada una de ellas como una entrada propia. Generalmente se remite a la variante más ampliamente desarrollada.

Las letras **entre paréntesis** en una entrada están igualmente sujetas al orden alfabético. Así, por ejemplo, *Kleb(e)streifen* precede a *Klebstoff* y *auto(e)stop* a *autoevaluación.*

Las terminaciones entre paréntesis no afectan al orden alfabético.

Los guiones, los espacios entre las palabras o los puntos dentro de una palabra o una abreviatura no afectan al orden alfabético.

En los nombres de persona, la **forma femenina** viene tratada generalmente en la forma masculina y se incluye también como entrada propia con una remisión, si no sigue inmediatamente a la forma masculina en el orden alfabético.

Mehrgliedrige Stichwörter wie *ad absurdum* oder *jet lag* stehen an ihrer Stelle im Alphabet. Feste Syntagmen und mehrgliedrige Ausdrücke wie *wieder Land sehen* oder *echar las campanas al vuelo* sowie spanische Komposita wie *botella de oxígeno* sind im Allgemeinen unter dem ersten wichtigen bedeutungstragenden Element der Phraseologie des entsprechenden Stichworts eingeordnet.

Ausführliche Anwendungsbeispiele von Monaten, Wochentagen und Zahlen sind exemplarisch bei *marzo, lunes* und *ocho, ochenta* usw. dargestellt, worauf in den entsprechenden analogen Einträgen verwiesen wird.

Im deutschen Teil werden Adverbien, die von der Form her mit dem Adjektiv identisch sind, nicht explizit aufgeführt. In diesem Fall sollte der Wörterbuchbenutzer auf die Übersetzung des Adjektivs zurückgreifen und aus dieser das spanische Adverb mit *-mente* bilden. Wird das Adverb im Spanischen anders gebildet, so wird dies in einer Wendung oder durch die explizite Behandlung des Adverbs mit einer römischen Ziffer angegeben. Entspricht die Form des Adverbs nicht der des Adjektivs, so wird es als eigener Eintrag aufgeführt.

Im spanischen Teil sind regelmäßig gebildete Adverbien auf *-mente* oft nicht als eigenes Stichwort aufgeführt. Wo der Wörterbuchbenutzer ein solches Wort nicht als selbständigen Eintrag findet, sollte er auf die beim jeweiligen Adjektiv angegebene Übersetzung zurückgreifen.

Unregelmäßige Formen werden in der Regel mit einem Verweis auf ihre Grundform aufgeführt. Das betrifft die Steigerungsformen der Adjektive und Adverbien und unregelmäßige Verbformen. Im Deutschen sind es außerdem noch unregelmäßige Pluralformen der Substantive.

Las entradas pluriverbales como *ad absurdum* o *jet lag* se encuentran en el lugar que les corresponde en el orden alfabético. Las locuciones y las expresiones pluriverbales como *wieder Land sehen* o *echar las campanas al vuelo*, así como los compuestos en el español como *botella de oxígeno* se incluyen por lo general bajo el primer elemento con significado léxico dentro de la entrada que les corresponde.

Un mayor número de ejemplos relativos a meses, días de la semana y números se encuentran desarrollados sistemáticamente en *marzo, lunes* y *ocho, ochenta* etc., a los cuales se remite en los correspondientes artículos análogos.

En la parte alemana, los adverbios cuya forma es idéntica a la del adjetivo no tienen entrada propia. El usuario de este diccionario deberá consultar la traducción del adjetivo y formar, a partir de este, el adverbio con *-mente*. Si el adverbio en español se forma de otra manera se incluye en un modismo o se trata explícitamente mediante una cifra romana. Si la forma del adverbio no coincide con la del adjetivo tiene entrada propia.

A menudo, en la parte española, los adverbios terminados en *-mente* no tienen entrada propia. Si el usuario de este diccionario no encontrase tal voz como entrada, debería consultar la traducción dada en el adjetivo.

Las formas irregulares se incluyen por lo general como entradas con una remisión a la forma de grado positivo o de infinitivo, según el caso. Tal es el caso de las formas de gradación de los adjetivos y adverbios y los verbos irregulares. En la parte alemana se incluyen además las formas irregulares del plural de los sustantivos.

aß [a:s] *3. imp von* **essen**
Atlanten *pl von* **Atlas**
fue [fwe] **1.** *3. pret de* **ir 2.** *3. pret de* **ser**

Kurzwörter, Abkürzungen, Eigennamen und **geographische Bezeichnungen** sind an alphabetischer Stelle als Stichwörter im Wörterverzeichnis zu finden.

Homographen, die sich durch eine andere Flexion auszeichnen, oder Substantive mit unterschiedlichem Genus werden durch hochgestellte arabische Ziffern unterschieden.

Las **siglas**, las **abreviaturas**, los **nombres propios** y los **topónimos** se encuentran como entradas en el lugar correspondiente en el orden alfabético.

Los **homógrafos** que se caracterizan por presentar una flexión diferente o los sustantivos con distinto género se diferencian con una cifra arábiga volada.

> **Ordner¹** *m* <-s, -> (*Akten~*) archivador *m*
> **Ordner(in)²** *m(f)* <-s, -; -nen> persona *f* del servicio de orden

4. Aufbau der Wörterbuchartikel – Mikrostruktur

4. Estructura del artículo – Microestructura

Die einzelnen Artikel können durch **Zahlen** weiter untergliedert sein.

Dabei kennzeichnen **römische Ziffern** verschiedene grammatische Kategorien und unterschiedliche Konstruktionsmöglichkeiten eines Verbs (*vt, vi, vr, vunpers* im deutschen, *vimpers* im spanischen Teil).

Los diversos artículos pueden estar subdivididos mediante **números**.

Las **cifras romanas** indican las distintas categorías gramaticales y las diversas posibilidades de construcción de un verbo (*vt, vi, vr, vunpers* en la parte alemana, *vimpers* en la española).

> **unangemeldet** I. *adj* no anunciado II. *adv* sin previo aviso
>
> **dañar** [da'ɲar] I. *vi* schaden II. *vt* beschädigen; (*reputación*) schädigen; ~ **la imagen** dem Image schaden III. *vr:* ~**se** beschädigt werden; (*fruta, cosecha*) verderben

Arabische Ziffern kennzeichnen verschiedene Bedeutungen des Stichworts.

Las **cifras arábigas** señalan las distintas acepciones de una entrada.

> **schrecklich** *adj* 1. (*furchtbar*) horrible 2. (*fam: groß, sehr*) tremendo, enorme
>
> **regadera** [rreɣa'ðera] *f* 1. (*recipiente*) Gießkanne *f* 2. (*reguera*) Bewässerungsgraben *m* 3. (*loc*): **estar como una** ~ (*fam*) spinnen

Der semantischen Beschreibung folgt die phraseologische. Hier sind die für die Kategorie relevanten **Anwendungsbeispiele, Redewendungen, Sprichwörter und mehrgliedrigen Ausdrücke** aufgeführt. In der Regel sind sie unter dem als erstes wichtiges bedeutungstragendes Element fungierenden Stichwort eingeordnet, im Zweifelsfall sollte der Benutzer aber auch unter den anderen möglichen Suchwörtern nachschlagen. Redewendungen und Sprichwörter, die keiner Grundbedeutung des Stichworts zuzuordnen sind, werden im deutschen Teil mit dem Zusatz *Wend*, im spanischen mit dem Zusatz *loc* unter einer gesonderten römischen Ziffer aufgeführt.

Dentro de cada categoría gramatical, a la descripción semántica sigue la fraseológica, que incluye **los ejemplos de uso, las frases hechas, refranes y expresiones pluriverbales**. Normalmente están ordenados bajo el primer elemento con significado léxico; en caso de duda, el usuario debe consultar también los otros posibles elementos. Las frases hechas y los refranes que no se pueden incluir dentro de ninguna de las acepciones de la entrada se incluyen en la parte alemana con la acotación *Wend* y en la parte española con la acotación *loc* bajo una cifra romana aparte.

5. Erklärende Zusätze – Kommentierungen

Sowohl in der Ausgangs- als auch in der Zielsprache können erklärende Zusätze Bedeutung und Anwendung eines Wortes näher bestimmen:

– **in Klammern stehende Zusätze** für Synonyme und Definitionen, für typische Subjekte und Objekte und andere Erklärungen

– **Fachgebietsangaben**, besonders wenn verschiedene Bedeutungen unterschieden werden

– **Angaben zur regionalen Verbreitung** zur Markierung aller Wörter, Bedeutungen und Wendungen, die einem regionalen Gebrauch unterliegen

– **Stilangaben** zur Markierung aller Wörter, Bedeutungen und Wendungen, die keiner neutralen Stilebene angehören: *geh, formal, fam, sl, vulg* im deutschen Teil und *elev, formal, fam, argot, vulg* im spanischen Teil

– **rhetorische Angaben**, wenn eine besondere Sprechhaltung markiert wird: *fig, iron, abw* im deutschen Teil und *fig, irón, pey* im spanischen Teil

Die vollständige Liste der Markierungen ist dem Abkürzungsverzeichnis zu entnehmen.

5. Acotaciones aclaratorias – Comentarios

Tanto en la lengua de partida como en la lengua meta, las acotaciones aclaratorias pueden definir con más exactitud el significado y el uso de una palabra:

– **acotaciones entre paréntesis** para sinónimos y definiciones, para sujetos y complementos típicos y para otras aclaraciones

– **indicaciones de especialidad**, sobre todo cuando se diferencian distintos significados

– **indicaciones de uso regional** para marcar todas las palabras, significados y modismos sujetos a uso regional

– **indicaciones de estilo** para marcar todas las palabras, los significados y giros que no pertenecen a un estilo neutral: *geh, formal, fam, sl, vulg* en la parte alemana y *elev, formal, fam, argot, vulg* en la parte española

– **indicaciones retóricas** para marcar una determinada actitud del hablante: *fig, iron, abw* en la parte alemana y *fig, irón, pey* en la parte española

La relación completa de las marcas se encuentra en la lista de abreviaturas.

6. Morphologische Angaben

Substantive

Alle Substantive sind mit einer **Genusangabe** versehen. Die Bezeichnung des grammatischen Geschlechts als *m* (Maskulinum), *f* (Femininum) und im Deutschen auch als *nt* (Neutrum) bzw. deren Kombinationen kennzeichnet ein Wort als Substantiv.

Unmittelbar nach dem deutschen Substantivstichwort werden in spitzen Klammern die **Flexionsendungen** angegeben. Dies gilt allerdings nicht für Komposita, dessen Flexionsendungen auf ein Basiswort zurückgeführt werden können. Bei femininen Substantiven wird hier der Plural Nominativ aufgeführt, bei Substantiven anderen Geschlechts die Genitivform Singular und die Pluralform Nominativ. Bei geographischen Angaben sowie bei Stichwörtern ohne Pluralform wird nur der Genitiv aufgeführt.

6. Indicaciones morfológicas

Sustantivos

Todos los sustantivos llevan una **indicación de género.** La denominación del género gramatical como *m* (masculino), *f* (femenino) y, en alemán, también como *nt* (neutro), así como la combinación de los mismos, indica que la palabra es un sustantivo.

Inmediatamente detrás del sustantivo alemán se indican las **desinencias flexivas** entre paréntesis angulares. No es válido para palabras compuestas cuyas desinencias flexivas son derivadas de la forma básica de la entrada. En los sustantivos femeninos se indica el nominativo plural; en los sustantivos con otro género, la forma del genitivo singular y la del nominativo plural. En los topónimos y en las entradas sin plural sólo se indica el genitivo.

> **Hase** ['haːzə] *m* <-n, -n>
> **Nuance** *f* <-n>
> **Staat** [ʃtaːt] *m* <-(e)s, -en>
> **Globus** ['gloːbʊs] *m* <-(ses), -se *o* Globen>

Ein Bindestrich (–) ohne Endung bedeutet, dass die betreffende Form mit der im Nominativ gegebenen Grundform identisch ist.

Un guión (–) sin desinencia significa que la forma respectiva es idéntica a la forma del nominativo.

> **Glücksbringer** *m* <-s, ->
> **Gockel** ['gɔkəl] *m* <-s, ->

Bei Substantiven, bei denen sowohl die maskuline als auch die feminine Form angegeben wird, wird zuerst die Genitivform Singular und die Pluralform der Maskulinform, dann, durch ein Semikolon getrennt, die Pluralform der Femininform angegeben.

En los sustantivos en los que se indica tanto la forma masculina como la femenina se da primero la forma de genitivo singular y la forma del plural del masculino y luego, separada por un punto y coma, la forma del plural del femenino.

> **Lehrer (in)** *m(f)* <-s, -; -nen>

Substantive oder einzelne Bedeutungen eines Substantivs mit der Angabe *pl* werden nur im Plural gebraucht.

Los sustantivos o algunos significados de un sustantivo con la indicación *pl* se usan sólo en plural.

Substantive, die im Plural ihre Form nicht verändern, werden mit *inv* markiert. Substantive, die nur im Singular verwendet werden, erhalten ein *ohne pl* im deutschen Teil und ein *sin pl* im spanischen Teil. Bei geographischen Bezeichnungen wird auf diese Angabe verzichtet.

Los sustantivos que no modifican su forma en plural se indican con *inv*; los que sólo se emplean en singular se señalan con *ohne pl* en la parte alemana y con *sin pl* en la parte española. En los topónimos se prescinde de esta indicación.

Für alle Substantive, die ein natürliches Geschlecht haben und Personen bezeichnen, wird die **feminine neben der maskulinen Form** angegeben.

En todos los sustantivos que tienen un género natural y designan personas se indica **la forma femenina al lado de la masculina**.

> **Sieger(in)** *m(f)* <-s, -; -nen>
> **Bauer²** ['bauɐ] *m*, **Bäuerin** *f* <-n *o* -s, -; -nen>
> **Orthopäde, -in** *m, f* <-n, -n; -nen>
> **Schuldige(r)** *mf* <-n, -n; -n>
> **duque(sa)** ['duke, du'kesa] *m(f)*
> **campeón, -ona** [kampe'on, -ona] *m, f*
> **ministro, -a** [mi'nistro, -a] *m, f*
> **asistente** [asis'teņte] *mf*

In der Regel sind beide Formen unter der **maskulinen Form** abgehandelt. Wo die **feminine Form** in der alphabetischen Reihenfolge nicht unmittelbar neben der maskulinen stehen würde, wird sie zusätzlich als eigenes Stichwort mit einem Verweis auf die maskuline Form angegeben.

Normalmente ambas formas son tratadas dentro de la **forma masculina**. Si la **forma femenina** no sigue inmediatamente a la masculina en el orden alfabético, se incluye adicionalmente como entrada propia con remisión a la forma masculina.

Bei Substantiven, die mit bestimmten **Präpositionen** verbunden werden, ist die zugehörige präpositionale Ergänzung und ihre Entsprechung nach der Übersetzung angegeben.

En los sustantivos que rigen una determinada **preposición** se indica el correspondiente complemento preposicional y su equivalencia tras la traducción.

> **Bange** *f ohne pl* (*reg*) temor *m* (*vor* a), miedo *m* (*vor* de/a)
> **carencia** [ka'reņθja] *f* 1. (*falta*) Fehlen *nt* (*de* von +*dat*) 2. (*t.* ECON, MED: *escasez*) Mangel *m* (*de* an +*dat*)

Adjektive und Adverbien

Adjetivos y adverbios

Adjektive sind in ihrer **unflektierten Form** angegeben.

Los adjetivos se indican en su **grado positivo**.

Besitzt das deutsche Adjektiv keine unflektierte Form, wird es nach dem Muster *erste(r, s)* dargestellt.

Si el adjetivo alemán no tiene una forma no declinada, éste será representado siguiendo el modelo *erste(r, s)*.

Besitzt das spanische Adjektiv eine weibliche Form, so wird die entsprechende Endung angehängt.

Si el adjetivo español tiene forma de femenino, se añade a la palabra la terminación correspondiente.

Unveränderliche Adjektive werden mit *inv* gekennzeichnet.

Los **adjetivos invariables** se señalan con *inv.*

> **beiderlei** ['baɪdɐlaɪ, '--'-] *adj inv* de los dos, de ambos; ~ **Geschlechts** de ambos sexos
> **cazavirus** [kaθa'βirus] *adj inv* (INFOR) Antiviren-; **programa** ~ Antivirenprogramm *nt*

Unregelmäßige Steigerungsformen und solche mit morphologischen Besonderheiten im Deutschen wie z. B. Umlautung des Stammvokals werden in spitzen Klammern angegeben. Die erste der Formen bezeichnet dabei den Komparativ, die zweite den Superlativ.

Las formas de gradación irregulares y las que presentan singularidades morfológicas como p.ej. el cambio de 'Umlaut' de la vocal radical en el alemán se indican entre paréntesis angulares. La primera forma señala el grado comparativo, la segunda, el superlativo.

grob [groːp] *adj* <gröber, am gröbsten>

grande ['graɲde] I. *adj* <más grande *o* mayor, grandísimo>

Bei Adjektiven, die mit bestimmten **Präpositionen** verbunden werden, ist die zugehörige präpositionale Ergänzung und ihre Entsprechung nach der Übersetzung angegeben.

En los adjetivos que rigen determinadas preposiciones se indica el correspondiente complemento preposicional y su equivalente tras la traducción.

gierig *adj* ávido (*nach* de)

resistente [rresis'teɲte] I. *adj* widerstandsfähig (*a* gegen +*akk*);...

Adverbien werden in der Regel nicht als eigenes Stichwort aufgeführt, wenn sie im Deutschen der normalen Adjektivform entsprechen und die spanische Übersetzung regelmäßig mit -*mente* gebildet wird, bzw. wenn sie im Spanischen regelmäßig mit der Endung -*mente* gebildet werden und die deutsche Übersetzung der normalen Adjektivform entspricht.

Los **adverbios** no tienen por lo general entrada propia si en alemán coinciden con la forma del adjetivo y la traducción española se forma con la terminación -*mente*, ni si en español se forman con -*mente* y la traducción alemana corresponde a la forma normal del adjetivo.

Deutsche Adverbien, die äußerlich nicht dem Adjektiv entsprechen, werden als eigenes Stichwort aufgeführt. Adverbien, deren Übersetzung nicht der Adjektivform und der Endung -*mente* entspricht, werden explizit in Wendungen oder mit einer römischen Ziffer abgehandelt.

Los adverbios alemanes cuya forma es diferente a la del adjetivo tienen entrada propia. Los adverbios cuya traducción no corresponde a la forma del adjetivo con la terminación -*mente* se tratan explícitamente en modismos o con una cifra romana propia.

Spanische Adverbien, die nicht mit -*mente* gebildet werden, sowie solche auf -*mente*, die Besonderheiten bei der Übersetzung aufweisen, werden als eigene Stichwörter aufgeführt.

Los adverbios españoles que no terminan en -*mente* y los que terminando en -*mente* presentan alguna particularidad en la traducción se incluyen como entradas propias.

hoch [hoːx] <höher, am höchsten> I. *adj*

deprisa [de'prisa] *adv* schnell; ~ **y corriendo** so schnell wie möglich

Verben

Die grammatischen Angaben *vt, vi, vr* und *vunpers* bzw. *vimpers* kennzeichnen ein Stichwort als Verb. Ist die reflexive Form nicht schon als Stichwort aufgenommen, folgt diese auf die Angabe *vr.* Wird ein Verb in mehreren dieser Konstruktionsmöglichkeiten gebraucht, ist der Eintrag in der Regel mit römischen Ziffern untergliedert.

Verbos

Las indicaciones gramaticales *vt, vi, vr* y *vunpers* igual que *vimpers* indican que la entrada es un verbo. Si la forma reflexiva no se incluye como una entrada, ésta sigue a la indicación *vr.* Si un verbo tiene varias posibilidades de construcción, el artículo se subdivide mediante cifras romanas.

> **baden** ['baːdən] I. *vi* 1. (*schwimmen*) bañarse 2. (*ein Bad nehmen*) tomar un baño II. *vt* (*waschen*) bañar
>
> **relevar** [rrele'βar] I. *vt* 1. (*acentuar*) hervorheben 2. (*liberar*) befreien; ~ **de un juramiento** von einem Eid entbinden; ~ **a alguien de sus deudas** jdm seine Schulden erlassen; ~ **a alguien de sus culpas** jdm seine Sünden vergeben 3. (JUR: *destituir*) entheben; ~ **a alguien de un cargo** jdn eines Amtes entheben 4. (*reemplazar*) ersetzen; (MIL, DEP) ablösen II. *vr:* ~ **se** sich abwechseln

Wird ein Verb in mehreren dieser Konstruktionsmöglichkeiten gebraucht, ohne dass sich die Übersetzung ändert, können diese auch zusammenstehen.

Si un verbo se usa en varias de estas posibilidades sin que afecte a la traducción, éstas pueden también indicarse juntas.

> **beratschlagen*** [-'---] *vi, vt* aconsejar
>
> **bromear** [brome'ar] *vi, vr:* ~ **se** spaßen

Unmittelbar auf das Stichwort folgen in spitzen Klammern die Angaben zu **unregelmäßigen Verbformen**.

Inmediatamente después de la entrada siguen las indicaciones de las **formas verbales irregulares** entre paréntesis angulares.

Es werden **im Deutschen** die 3. Person Singular Präsens und Imperfekt und das Partizip Perfekt angegeben.

En la **parte alemana** se indican la 3ª persona del singular del presente y del imperfecto así como el participio pasado.

> **lesen** ['leːzən] <liest, las, gelesen>

Ein abtrennbares Präfix wird durch | gekennzeichnet.

Un prefijo separable se señala mediante |.

Verben, deren Partizipform ohne ge- gebildet wird, werden mit einem * direkt hinter dem Stichwort gekennzeichnet.

Los verbos cuyo participio se forma sin *ge*- se señalan con un * directamente detrás de la entrada.

> **ab|gewinnen***
> **studieren***

Die Angabe der Stammformen fehlt bei zusammengesetzten und präfigierten Verben, die in ihrer einfachen Form als selbständiger Eintrag erscheinen. Sie werden mit *irr* gekennzeichnet; ihre Stammformen sind beim Simplex angegeben.

No se da la indicación de las bases de las que derivan los verbos compuestos y prefijados cuya forma simple aparece como entrada propia. Se señalan con *irr* y las bases de las que derivan se indican en las formas no compuestas.

vor|lesen *irr*

Eine Liste der häufigsten unregelmäßigen Verben sowie Konjugationstabellen befinden sich im Anhang des Wörterbuchs.

En el apéndice de este diccionario se encuentra una lista de los verbos irregulares alemanes más utilizados. La tabla de la conjugación y la morfología alemana de los verbos también se encuentran allí.

Alle deutschen Verben, die die **zusammengesetzten Zeiten** nicht ausschließlich mit *haben* bilden, haben nach der Wortartangabe den Zusatz *sein* bzw. *haben o sein*. Gelegentlich ist die Bildung mit *haben* oder *sein* mit einem Unterschied in der Konstruktionsweise oder der Bedeutung verbunden. In diesem Fall steht die Angabe jeweils nach der entsprechenden Einteilung im Eintrag. Fehlt die Angabe, so erfolgt die Bildung mit *haben*. Reflexive Verben bilden die zusammengesetzten Zeiten regelmäßig mit *haben*; deshalb wird hier auf die Angabe verzichtet.

En todos los verbos alemanes que no forman los **tiempos compuestos** únicamente con *haben*, aparece después de la categoría gramatical la acotación *sein* o bien *haben o sein*. A veces la formación con *haben* o *sein* lleva consigo una diferencia de construcción o de significado. En este caso, la indicación se encuentra después de la subdivisión correspondiente en el artículo. Si no hay indicación, el verbo se construye con *haben*. Los verbos reflexivos forman los tiempos compuestos de forma regular con *haben*, por lo que se prescinde de su indicación.

laufen ['laʊfən] <läuft, lief, gelaufen> I. *vi sein* ... II. *vt* **1.** *sein* (*Strecke*) recorrer; **Ski/Rollschuh/Schlittschuh ~** esquiar/patinar/patinar sobre hielo; ... **2.** *haben:* **ich habe mir Blasen ge~** tengo ampollas de tanto andar ...

Das **Reflexivpronomen** *sich* steht ohne Bezeichnungen im Akkusativ; im Dativ wird es als *dat* gekennzeichnet.

El **pronombre reflexivo** *sich* está en acusativo si no se indica lo contrario; si está en dativo se señala con *dat*.

Es werden **im Spanischen** Vokalveränderungen, Betonungsverschiebungen sowie orthographische Abweichungen angegeben.

En la **parte española** se indican los cambios vocálicos, los desplazamientos en la acentuación y los cambios ortográficos.

merendar [meren̩'dar] <e→ie>
fotografiar [fotoɣrafi'ar/fotoɣra'fjar] <*1. pres:* fotografío>
adelgazar [aðelɣa'θar] <z→c>

Bei den übrigen unregelmäßigen Verben, die in keine der vorherigen Kategorien fallen, wird auf eine im Anhang alphabetisch geordnete Verbtabelle verwiesen. Insofern das entsprechende Verb in dieser Tabelle aufgeführt ist, wird es mit *irr* gekennzeichnet. Andernfalls erfolgt zusätzlich die Nennung ei-

Para los verbos irregulares restantes, que no se encuentran dentro de ninguna de las categorías anteriores, se remite a la lista alfabética de verbos que se encuentra en el apéndice. Siempre que el verbo esté incluido en esta lista se indica con *irr*. En caso contrario, se remite a un verbo de la lista de conjuga-

nes in der Tabelle erfassten, analog konjugierten Verbs. Bei zusammengesetzten Verben ist dies meist das Simplex.

ción análoga. En los verbos compuestos, éste es la mayoría de las veces la forma simple.

> **andar** [aṇ'dar] *irr*
> **desandar** [desaṇ'dar] *irr como andar*

Die **Präpositionen**, mit denen Verben verbunden sein können, werden mit ihrer Entsprechung nach der Übersetzung dann angegeben, wenn der Gebrauch beider Sprachen voneinander abweicht. Nach der deutschen Präposition wird der **Kasus** angegeben. Der regelmäßige Gebrauch der Präposition *a* im Spanischen vor Personen wird als bekannt vorausgesetzt und in der Regel nicht aufgeführt. Die Präpositionen werden auch dann nicht hinter der Übersetzung angegeben, wenn eine Wendung, die den Gebrauch des Verbs zeigt, folgt.

Las **preposiciones** regidas por los verbos se indican junto a su equivalente después de la traducción si el uso en ambas lenguas es diferente. Tras la preposición alemana se indica el **caso**. El uso regular de la preposición *a* en español delante de personas se da por sabido y, por lo general, no se indica. Las preposiciones no se indican después de la traducción si sigue un modismo que indica el uso del verbo.

> **nach denken** *irr vi* reflexionar (*über* so-
> bre), pensar (*über* en); **darüber darf man**
> **gar nicht ~** no se debería pensar en esto;
> **scharf ~** pensar con todas las fuerzas
>
> **rimar** [rri'mar] **I.** *vi* **1.** (*versificar*) reimen
> **2.** (*tener rima*) sich reimen (*con* auf
> +*akk*) **II.** *vt* reimen (*con* auf +*akk, con* mit
> +*dat*)

Präpositionen

Ist eine Präposition ein Stichwort, wird im Deutschen der von ihr regierte Kasus angegeben.

Preposiciones

Si la entrada es una preposición, en la parte alemana se indica el caso que rige.

> **angesichts** *präp* +*gen* (*geh*) **1.** (*beim An-*
> *blick*) ante, al ver ...

Bei Präpositionen wie *an, auf, hinter, in, neben, über, unter, vor* und *zwischen*, die den Dativ oder den Akkusativ regieren, werden beide Kasus angegeben.

En las preposiciones como *an, auf, hinter, in, neben, über, unter, vor* y *zwischen* que rigen dativo o acusativo se indican ambos casos.

> **an** [an] **I.** *präp* +*dat* **1.** (*nahe bei*) en, junto
> a; ... **II.** *präp* +*akk* **1.** (*in Richtung auf*) a,
> contra; ...

7. Deutsche Rechtschreibung

Dieses Wörterbuch folgt der im Juli 1996 in Wien unterzeichneten Neuregelung der deutschen Rechtschreibung.

7. Norma ortográfica

Este diccionario sigue la reforma de la ortografía alemana ratificada en Viena en julio de 1996.

Abkürzungen   Abreviaturas

a.	auch	también	
Abk.	Abkürzung	abreviatura	*abr*
abw	abwertend	peyorativo	
adj	Adjektiv	adjetivo	*adj*
ADMIN	Verwaltung	administración	ADMIN
adv	Adverb	adverbio	*adv*
AERO	Luftfahrt	aeronáutica	AERO
AGR	Landwirtschaft	agricultura	AGR
akk	Akkusativ	acusativo	*akk*
Akr.	Akronym	acrónimo	
Am	Lateinamerikanismus	americanismo	*Am*
	Zentralamerika	América Central	*AmC*
	Südamerika	América del Sur	*AmS*
ANAT	Anatomie	anatomía	ANAT
And	Anden	zona andina	*And*
Ant	Antillen	Antillas	*Ant*
ARCHIT	Architektur	arquitectura	
Arg	Argentinien	República Argentina	*Arg*
	Slang	argot	*argot*
	Architektur	arquitectura	ARQUIT
art	Artikel	artículo	*art*
art best	bestimmter Artikel	artículo determinado	*art det*
	Kunst(geschichte)	(historia del) arte	ARTE
art unbest	unbestimmter Artikel	artículo indeterminado	*art indet*
ASTR	Astrologie, Astronomie	astrología, astronomía	ASTR
	Vergrößerungsform	aumentativo	*aum*
AUTO	Auto und Verkehr	automóvil y tráfico	AUTO
aux	Hilfsverb	verbo auxiliar	*aux*
BERGB	Bergbau	minería	
BIOL	Biologie	biología	BIOL
Bol	Bolivien	Bolivia	*Bol*
BOT	Botanik	botánica	BOT
CHEM	Chemie	química	
Chil	Chile	Chile	*Chil*
	Film	cinematografía	CINE
Col	Kolumbien	Colombia	*Col*
COM	Handel	comercio	COM
	Komparativ	comparativo	*compar*
	Konjunktion	conjunción	*conj*
CRi	Costa Rica	Costa Rica	*CRi*
CSur	Cono Sur (Argentinien, Chile, Paraguay, Uruguay)	Cono Sur (República Argentina, Chile, Paraguay, Uruguay)	*CSur*
Cuba	Cuba	Cuba	*Cuba*
dat	Dativ	dativo	*dat*
DomR	Dominikanische Republik	República Dominicana	

	Sport	deporte	DEP
	Verkleinerungsform	diminutivo	*dim*
	Ökologie	ecología	ECOL
	Wirtschaft	economía	ECON
Ecua	Ecuador	Ecuador	*Ecua*
	Vereinigte Staaten von Amerika	Estados Unidos	EE.UU.
EISENB	Eisenbahn	ferrocarril	
ELEK	Elektrotechnik	electrotecnia	ELEC
	gehoben, literarisch	elevado, literario	*elev*
ElSal	El Salvador	El Salvador	*ElSal*
	Schulwesen	enseñanza	ENS
etw	etwas	algo	
EU	Europäische Union	Unión Europea	
f	Femininum	femenino	*f*
fam	umgangssprachlich	familiar	*fam*
	Eisenbahn	ferrocarril	FERRO
fig	übertragen, figurativ	sentido figurado	*fig*
FILM	Film	cinematografía	
Fili	Philippinen	Filipinas	*Fili*
	Philosophie	filosofía	FILOS
FIN	Finanzen, Börse	finanzas, bolsa	FIN
	Physik	física	FÍS
formal	geschriebene Sprache, Verwaltungssprache	lenguaje escrito/ administrativo	*formal*
FOTO	Fotografie	fotografía	FOTO
GASTR	Gastronomie	gastronomía	GASTR
geh	gehoben, literarisch	elevado, literario	
gen	Genitiv	genitivo	*gen*
GEO	Geographie, Geologie	geografía, geología	GEO
ger	Gerundium	gerundio	*ger*
Guat	Guatemala	Guatemala	*Guat*
Guay	Guayana	Guayana	*Guay*
GuinEc	Guinea Ecuatorial	Guinea Ecuatorial	*GuinEc*
HIST	Geschichte	historia	HIST
Hond	Honduras	Honduras	*Hond*
imp	Imperfekt	imperfecto	*imp*
	Indikativ	indicativo	*ind*
inf	Infinitiv	infinitivo	*inf*
INFOR	Informatik	informática, ordenadores	INFOR
interj	Interjektion	interjección	*interj*
inv	invariabel, unveränderlich	invariable	*inv*
iron	ironisch	irónico	*irón*
irr	unregelmäßig	irregular	*irr*
jd	jemand	alguien (nominativo)	
jdm	jemandem	alguien (dativo)	
jdn	jemanden	alguien (acusativo)	
jds	jemandes	alguien (genitivo)	

JUR	Jura/Recht	jurisdicción/derecho	JUR
kompar	Komparativ	comparativo	
konj	Konjunktion	conjunción	
KUNST	Kunst(geschichte)	(historia del) arte	
LING	Linguistik, Grammatik	lingüística, gramática	LING
LIT	Literatur(wissenschaft)	(ciencia de la) literatura	LIT
	Wendung	locución	*loc*
m	Maskulinum	masculino	*m*
MATH	Mathematik	matemáticas	MAT
MED	Medizin	medicina	MED
METEO	Meteorologie	meteorología	METEO
Mex	Mexico	México, Méjico	*Méx*
mf	Maskulinum und Femininum	masculino y femenino	*mf*
MIL	Militär	fuerzas armadas	MIL
	Bergbau	minería	MIN
MUS	Musik	música	MÚS
NAUT	Nautik, Seefahrt	náutica, navegación	NÁUT
Nic	Nicaragua	Nicaragua	*Nic*
nom	Nominativ	nominativo	*nom*
nordd	norddeutsch	Alemania del Norte	
nt	Neutrum	neutro	*nt*
o	oder	o	
ÖKOL	Ökologie	ecología	
ostd	ostdeutsch	Alemania del Este	
Österr	Österreich	Austria	
Pan	Panama	Panamá	*Pan*
Par	Paraguay	Paraguay	*Par*
part	Partikel	partícula	
Perú	Peru	Perú	*Perú*
	abwertend	peyorativo	*pey*
PHILOS	Philosophie	filosofía	
PHYS	Physik	física	
pl	Plural	plural	*pl*
POL	Politik	política	POL
pp	Partizip Perfekt	participio pasado	*pp*
	Publizistik, Presse	prensa, periodismo	PREN
präp	Präposition	preposición	*prep*
präs	Präsens	presente	*pres*
	'Pretérito'	pretérito indefinido	*pret*
PRico	Puerto Rico	Puerto Rico	*PRico*
pron dem	Demonstrativpronomen	pronombre demostrativo	*pron dem*
pron indef	Indefinitpronomen	pronombre indefinido	*pron indef*
pron inter	Interrogativpronomen	pronombre interrogativo	*pron inter*
pron pers	Personalpronomen	pronombre personal	*pron pers*
pron poss	Possessivpronomen	pronombre posesivo	*pron pos*
pron refl	Reflexivpronomen	pronombre reflexivo	*pron refl*

pron rel	Relativpronomen	pronombre relativo	pron rel
prov	Sprichwort	proverbio	prov
PSYCH	Psychologie	psicología	PSICO
PUBL	Publizistik, Presse	prensa, periodismo	
	Chemie	química	QUÍM
®	eingetragenes Waren-zeichen	marca registrada	®
RADIO	Rundfunk	radio	RADIO
	Dominikanische Republik	República Dominicana	RDom
reg	regional	regional	reg
REL	Religion	religión	REL
RíoPl	Río de la Plata	Río de la Plata	RíoPl
s.	siehe	véase	
SCH	Schulwesen	enseñanza	
Schweiz	Schweiz	Suiza	
sg	Singular	singular	sg
sl	Slang	argot	
SOZIOL	Soziologie	sociología	SOCIOL
SPORT	Sport	deporte	
subj	'Subjuntivo'	subjuntivo	subj
südd	süddeutsch	Alemania del Sur	
superl	Superlativ	superlativo	superl
	auch	también	t.
	Stierkampfkunst	tauromaquia	TAUR
	Theater	teatro	TEAT
TECH	Technik	técnica	TÉC
TEL	Telekommunikation	telecomunicación	TEL
THEAT	Theater	teatro	
	Typografie	tipografía	TIPO
TV	Fernsehen	televisión	TV
TYPO	Typografie	tipografía	
Ud.	Sie (Singular)	Usted	Ud.
Uds.	Sie (Plural)	Ustedes	Uds.
	Europäische Union	Unión Europea	UE
UNIV	Universität	universidad	UNIV
Urug	Uruguay	Uruguay	Urug
	siehe	véase	v.
Ven	Venezuela	Venezuela	Ven
vi	intransitives Verb	verbo intransitivo	vi
	unpersönliches Verb	verbo impersonal	vimpers
vr	reflexives Verb	verbo reflexivo	vr
vt	transitives Verb	verbo transitivo	vt
vulg	vulgär	vulgar	vulg
vunpers	unpersönliches Verb	verbo impersonal	
Wend	Wendung	locución	
WIRTSCH	Wirtschaft	economía	
ZOOL	Zoologie	zoología	ZOOL

Aa

A , a [a] *f* A, a *nt;* ~ **de Antonio** A wie Anton

a [a] *prep* ❶ (*dirección*) zu +*dat;* **ir** ~ **Barcelona/Suiza** nach Barcelona/in die Schweiz fahren; **llegar** ~ **Madrid** in Madrid ankommen; **ir** ~ **casa de alguien** zu jdm gehen; **ir** ~ **la escuela** in die Schule gehen; **voy** ~**l cine/**~**l servicio** ich gehe ins Kino/aufs Klo; **aún tengo que ir** ~ **Correos/**~**l banco** ich muss noch zur Post/zur Bank ❷ (*posición*) an +*dat;* **estar sentado** ~ **la mesa** am Tisch sitzen; ~ **la mesa** (*comiendo*) bei Tisch; **esperar** ~ **la puerta de la casa** an der Haustür warten; ~ **la derecha** rechts; ~**l sur** (**de**) südlich (von); ~**l sol** in der Sonne ❸ (*distancia*): ~ **10 kilómetros de aquí** 10 Kilometer von hier (entfernt) ❹ (*tiempo*) um +*akk;* (*hasta*) bis; ~ **las tres** um drei (Uhr); ~ **mediodía** mittags; ~ **los veinte años** mit zwanzig Jahren; ~**l poco rato** kurz danach; ¿~ **cuántos estamos?** den Wievielten haben wir heute? ❺ (*modo*): ~ **pie** zu Fuß; ~ **mano** mit der Hand; ~ **oscuras** im Dunkeln; ~ **la española** nach spanischer Art ❻ (*precio*): ¿~ **cómo está?** wie teuer ist das?; ~ **2 euros el kilo** 2 Euro das Kilo ❼ (*complemento* (*in*)*directo*): **he visto** ~ **tu hermano** ich habe deinen Bruder gesehen; **dio su fortuna** ~ **los pobres** er vermachte sein Vermögen den Armen ❽ (*con infinitivo*) zu; **empezó** ~ **correr** er/sie fing an zu laufen ❾ (*complemento de verbo*): **oler** ~ **gas** nach Gas riechen; **jugar** ~ **los dados** Würfel spielen ❿ (*loc*): **el partido terminó dos** ~ **dos** das Spiel endete zwei zu zwei; ¡~ **que llueve mañana!** wetten, dass es morgen regnet!; ~ **Pedro le gusta mucho nadar,** ¿~ **que sí, Pedro?** Pedro schwimmt sehr gerne; nicht wahr, Pedro?

AA.EE. [a'suŋtos este'rjores] *abr de* **Asuntos Exteriores: Ministerio de** ~ Außenministerium *nt*

abacería [aβaθe'ria] *f* Lebensmittelgeschäft *nt*

ábaco ['aβako] *m* Abakus *m*

abad (**esa**) [a'βaᵈ, aβa'ᵈesa] *m(f)* Abt *m,* Äbtissin *f*

abadía [aβa'ðia] *f* Abtei *f*

abajo [a'βaxo] **I.** *adv* ❶ (*movimiento*) hinunter; **calle** ~ die Straße hinunter; **cuesta** ~ bergab; **de arriba** ~ von oben nach unten ❷ (*estado*) unten; **boca** ~ auf dem Bauch; **hacia** ~ nach unten; **el** ~ **firmante** der Unterzeichnete; **de veinte para** ~ unter zwanzig; **véase más** ~ siehe unten **II.** *interj* ¡~ **el dictador!** nieder mit dem Diktator!

abalanzarse [aβalaŋ'θarse] <z→c> *vr* sich stürzen (*sobre/contra* auf +*akk*); ~ **a la ventana** zum Fenster stürzen

abalizar [aβali'θar] <z→c> *vt* markieren (*mit Baken, Tonnen, Schildern u.Ä.*)

abalorio [aβa'lorjo] *m* Glasperle *f;* **llenarse de** ~**s** sich mit wertlosem Zeug behängen

abanderado , -a [aβaɲde'raðo, -a] *m, f* ❶ (*en actos públicos*) Fahnenträger(in) *m(f)* ❷ (*pionero*) Vorkämpfer(in) *m(f)*

abanderar [aβaɲde'rar] *vt* ❶ (*adornar*) mit Fahnen schmücken ❷ (NÁUT) das Flaggenrecht verleihen +*dat;* **un barco abanderado en Panamá** ein unter panamaischer Flagge fahrendes Schiff ❸ (*guiar*) leiten

abandonado , -a [aβaɲdo'naðo, -a] *adj ser* (*descuidado*) nachlässig; (*desaseado*) schlampig

abandonar [aβaɲdo'nar] **I.** *vi* (DEP) aufgeben **II.** *vt* ❶ (*dejar*) verlassen; (*desamparar*) im Stich lassen; (*niño*) aussetzen; **niño abandonado** Findelkind *nt;* **le** ~ **on sus fuerzas** seine Kräfte verließen ihn; **estar abandonado a sí mismo** sich *dat* selbst überlassen sein ❷ (*renunciar*) aufgeben ❸ (*interrumpir*) unterbrechen **III.** *vr:* ~ **se** ❶ (*entregarse*) sich hingeben (*a* +*dat*) ❷ (*ir desaliñado*) sich gehen lassen

abandono [aβaɲ'dono] *m* ❶ (*abandonamiento*) Verlassen *nt;* (*de un niño*) Aussetzung *f;* ~ **de servicio** Quittieren des Dienstes; ~ **de la víctima** Fahrerflucht *f* ❷ (*renuncia*) Verzicht *m;* (*de una empresa, idea*) Aufgabe *f* ❸ (*descuido*) Vernachlässigung *f;* **en un momento de** ~ in einem schwachen Augenblick

abanicar [aβani'kar] <c→qu> **I.** *vt* zufächeln +*dat* **II.** *vr:* ~ **se** sich *dat* (Luft) zufächeln

abanico [aβa'niko] *m* Fächer *m;* **en** (**forma**

de) ~ fächerförmig; **un** ~ **de posibilidades** eine Fülle von Möglichkeiten

abaratamiento [aβarata'mjento] *m* (*de bienes*) Verbilligung *f;* (*de los precios*) Herabsetzung *f;* ~ **de la vida** Sinken der Lebenshaltungskosten

abaratar [aβara'tar] **I.** *vt* (*bienes*) verbilligen; (*precios*) herabsetzen; ~ **costes** Kosten senken **II.** *vr:* ~ **se** billiger werden

abarca [a'βarka] *f* Sandale *f*

abarcar [aβar'kar] <c→qu> *vt* ❶ (*comprender*) umfassen; ~ **con la vista** überschauen; ~ **muchas cosas a la vez** alle Hände voll zu tun haben; **quien mucho abarca poco aprieta** (*prov*) wer viel beginnt, zu nichts es bringt ❷ (*contener*) enthalten

abarquillado, -a [aβarki'ʎaðo, -a] *adj* gebogen

abarquillarse [aβarki'ʎarse] *vr* (*papel*) sich wellen; (*madera*) sich werfen

abarrancar [aβarraŋ'kar] <c→qu> **I.** *vt* ❶ (GEO) Schluchten bilden (in +*dat*); (*lluvia*) auswaschen ❷ (*persona*) in eine schwierige Lage bringen **II.** *vi, vr:* ~ **se** ❶ (*coche*) stecken bleiben; (*barco*) stranden ❷ (*persona*) in Schwierigkeiten kommen

abarrotar [aβarro'tar] *vt* überfüllen (*de* mit +*dat*)

abastecedor(a) [aβasteθe'ðor(a)] *m(f)* Lieferant(in) *m(f)*

abastecer [aβaste'θer] *irr como crecer* **I.** *vt* (*proveer*) versorgen (*de/con* mit +*dat*); (COM) beliefern (*de/con* mit +*dat*) **II.** *vr:* ~ **se** sich versorgen (*de/con* mit +*dat*)

abastecimiento [aβasteθi'mjento] *m* ❶ (*provisión*) Versorgung *f* (*de/con* mit +*dat*); ~ **de aguas** Trinkwasserversorgung *f* ❷ (COM) Lieferung *f* (*de/con* von +*dat*)

abasto [a'βasto] *m* ❶ (*abastecimiento*) Versorgung *f* ❷ (*provisiones*) Vorrat *m* ❸ (*abundancia*) Fülle *f;* **dar** ~ ausreichen

abatible [aβa'tiβle] *adj:* **asiento** ~ Liegesitz *m*

abatido, -a [aβa'tiðo, -a] *adj* ❶ (*desanimado*) niedergeschlagen ❷ (*mercancía*) minderwertig

abatimiento [aβati'mjento] *m* ❶ (*derribo*) Niederreißen *nt* ❷ (*desmontaje*) Abbau *m* ❸ (*desánimo*) Niedergeschlagenheit *f* ❹ (*humillación*) Erniedrigung *f*

abatir [aβa'tir] **I.** *vt* ❶ (*muro, casa*) niederreißen; (*árbol*) umstürzen; (*velas*) einholen; (*avión*) abschießen; ~ **el respaldo** die Rückenlehne herunterklappen ❷ (*desmontar*) abbauen ❸ (*humillar*) demütigen ❹ (*debilitar*) entkräften **II.** *vr:* ~ **se** ❶ (*pre-*

cipitarse) sich stürzen (*sobre* auf +*akk*) ❷ (*ceder*) nachgeben ❸ (*desanimarse*) den Mut verlieren

abdicación [aβðika'θjon] *f* Abdankung *f;* ~ **al trono** Thronverzicht *m*

abdicar [aβði'kar] <c→qu> *vt* ❶ (*monarca*) abdanken; **la reina abdicó la corona en su hija** die Königin dankte zugunsten ihrer Tochter ab; ~ **la presidencia** den Vorsitz abgeben ❷ (*ideales*) aufgeben

abdomen [aβ'ðomen] *m* ❶ (ANAT) Unterleib *m* ❷ (ZOOL) Hinterleib *m*

abdominal [aβðomi'nal] **I.** *adj* Bauch- **II.** *m* (DEP) Bauchmuskelübung *f*

abducción [aβðuk'θjon] *f* ❶ (MED) Abduktion *f* ❷ (JUR) Entführung *f* ❸ (*por extraterrestres*) Entführung *f* durch Außerirdische

abductor [aβðuk'tor] *m* (ANAT) Abduktor *m*

abecé [aβe'θe] *m* Abc *nt;* **el** ~ **de la matemática** die Grundlagen der Mathematik; **no saber el** ~ (*fig*) keinen (blassen) Schimmer haben; **ser el** ~ **de algo** das A und O einer Sache sein

abecedario [aβeθe'ðarjo] *m* Alphabet *nt*

abedul [aβe'ðul] *m* (BOT) Birke *f;* (*madera*) Birkenholz *nt*

abeja [a'βexa] *f* Biene *f;* ~ **maes(tr)a** Bienenkönigin *f;* ~ **neutra** Arbeitsbiene *f;* **como una** ~ bienenfleißig sein; **estar como** ~ **en flor** glücklich und zufrieden sein

abejón [aβe'xon] *m* Drohne *f*

abejorro [aβe'xorro] *m* ❶ (*insecto*) Hummel *f* ❷ (*escarabajo*) Maikäfer *m* ❸ (*fam: persona*) Nervensäge *f*

aberración [aβerra'θjon] *f* ❶ (*desviación*) Abweichung *f;* ~ **mental** Sinnesstörung *f* ❷ (*en la conducta*) Verirrung *f* ❸ (*disparate*) Unsinn *m* ❹ (*Am: error*) Irrtum *m*

aberrante [aβe'rrante] *adj* ❶ (*anormal*) abwegig ❷ (*disparatado*) unsinnig

Aberri Eguna [a'βerri e'ɣuna] *m* Tag des Baskenlandes

abertura [aβer'tura] *f* ❶ (*acción*) Öffnen *nt* ❷ (*hueco*) Öffnung *f* ❸ (*franqueza*) Aufgeschlossenheit *f*

abertzale [aβer'tʃale] **I.** *adj* (POL): **las fuerzas** ~ **s** die baskisch-nationalistischen Separatisten **II.** *mf* (POL) baskisch-nationalistischer Separatist *m,* baskisch-nationalistische Separatistin *f*

abetal [aβe'tal] *m* Tannenhain *m*

abeto [a'βeto] *m* Tanne *f;* ~ **rojo** Fichte *f*

abiertamente [aβjerta'mente] *adv* ❶ (*francamente*) offen ❷ (*patentemente*) deutlich

abierto¹ [a'βjerto] *m* (DEP): ~ **de tenis** Tennis Open *ntpl*

abierto, -a² [a'βjerto, -a] **I.** *pp de* **abrir**
II. *adj* offen; ~ **a nuevas ideas** offen für
neue Ideen; **en campo** ~ auf freiem Feld;
un libro ~ ein aufgeschlagenes Buch

abigarrado, -a [aβiɣa'rraðo, -a] *adj* bunt

abisinio, -a [aβi'sinjo, -a] **I.** *adj* (HIST) abessi-
nisch **II.** *m, f* (HIST) Abessinier(in) *m(f)*

abismado, -a [aβis'maðo, -a] *adj* geistesabwesend

abismal [aβis'mal] *adj* (*enorme*) gewaltig;
(*odio*) abgrundtief

abismar [aβis'mar] **I.** *vt* ① (*sumir*) in einen
Abgrund stürzen; ~ **a alguien en la**
desesperación jdn zur Verzweiflung bringen ② (*confundir*) verwirren **II.** *vr:* ~ **se**
① (*hundirse*) versinken ② (*Am: asombrarse*) staunen

abismo [a'βismo] *m* ① (GEO) Abgrund *m*
② (*infierno*) Hölle *f* ③ (*diferencia*) Kluft *f*;
entre tus opiniones y las mías hay un ~
unsere Ansichten sind grundverschieden

abjurar [aβxu'rar] *vi, vt* abschwören (*de*
+*dat*)

ablandar [aβlan'dar] **I.** *vi* nachlassen **II.** *vt*
① (*poner blando*) weich machen; (*suelo*)
aufweichen ② (*calmar*) besänftigen ③ (*hacer ceder*) erweichen **III.** *vr:* ~ **se** ① (*dejarse calmar*) sich besänftigen lassen
② (*convencerse*) sich erweichen lassen

ablución [aβlu'θjon] *f* (*islámica, judaica*)
(rituelle) Waschung *f*; (*católica*) Ablution *f*

ablusado, -a [aβlu'saðo, -a] *adj* blusenartig

abnegación [aβneɣa'θjon] *f* Selbstlosigkeit
f; **con** ~ selbstlos

abnegado, -a [aβne'ɣaðo, -a] *adj* selbstlos

abnegarse [aβne'ɣarse] *irr como fregar vr*
sich aufopfern (*por/en favor de* für +*akk*)

abobado, -a [aβo'βaðo, -a] *adj* dumm

abobar [aβo'βar] **I.** *vt* ① (*atontar*) verdummen ② (*fascinar*) faszinieren **II.** *vr:* ~ **se**
① (*atontarse*) verdummen ② (*quedarse
fascinado*) fasziniert sein

abocado, -a [aβo'kaðo, -a] *adj* (*vino*) süffig;
~ **al fracaso** zum Scheitern verurteilt

abocar [aβo'kar] <c→qu> **I.** *vt* (*líquido*)
umfüllen **II.** *vr:* ~ **se** sich einsetzen (*a* für
+*akk*)

abocetar [aβoθe'tar] *vt* skizzieren

abochornante [aβotʃor'nante] *adj* ① (*comportamiento*) beschämend ② (*tiempo*)
schwül

abochornar [aβotʃor'nar] **I.** *vt* ① (*calor*)
erdrücken; **este calor me abochorna**
diese Hitze macht mir zu schaffen; **estoy**
abochornado mir ist heiß ② (*avergonzar*)
beschämen **II.** *vr:* ~ **se** ① (*avergonzarse*)
sich schämen (*de/por* für +*akk*) ② (*plan-*

tas) verdorren

abofetear [aβofete'ar] *vt* ohrfeigen

abogacía [aβoɣa'θia] *f* Anwaltsberuf *m*;
ejercer la ~ als Anwalt tätig sein

abogado, -a [aβo'ɣaðo, -a] *m, f* ① (*profesión*) (Rechts)anwalt, -wältin *m, f*; ~
defensor (Straf)verteidiger *m*; ~ **divor-
cista** Scheidungsanwalt *m*; ~ **de oficio**
Pflichtverteidiger *m* ② (*defensor*) Fürspre-
cher(in) *m(f)*; **ser un** ~ **de las causas**
perdidas (*fig*) sich für aussichtslose Dinge
einsetzen

abogar [aβo'ɣar] <g→gu> *vi* (*apoyar*) sich
einsetzen (*por/en favor de* für +*akk*)

abolengo [aβo'leŋgo] *m* Abstammung *f*;
de rancio ~ aus altem Adel

abolición [aβoli'θjon] *f* Abschaffung *f*

abolicionismo [aβoliθjo'nismo] *m sin pl*
(HIST, POL) Abolitionismus *m*

abolir [aβo'lir] *irr vt* abschaffen

abollado, -a [aβo'ʎaðo, -a] *adj* (*desanimado*) mutlos

abolladura [aβoʎa'ðura] *f* Beule *f*

abollar [aβo'ʎar] *vt* verbeulen

abolsarse [aβol'sarse] *vr* (*tela*) sich bau-
schen; (*deformarse*) sich ausbeulen;
(*pared*) sich wölben

abombar [aβom'bar] **I.** *vt* wölben **II.** *vr:*
~ **se** ① (*abultarse*) sich wölben ② (*Am: alimentos*) verderben

abominable [aβomi'naβle] *adj* abscheulich

abominación [aβomina'θjon] *f* Abscheu *m*
o f

abominar [aβomi'nar] *vt* ① (*aborrecer*)
verabscheuen ② (*renegar*) verfluchen

abonable [aβo'naβle] *adj* ① (*cantidad*)
zahlbar ② (*letra de cambio*) fällig

abonado, -a [aβo'naðo, -a] *m, f* ① (*a revis-
tas/espectáculos*) Abonnent(in) *m(f)*; (*a
electricidad/gas*) Abnehmer(in) *m(f)*; (*al
teléfono*) Fernsprechteilnehmer(in) *m(f)*

abonar [aβo'nar] **I.** *vt* ① (*garantizar*) bürgen (für +*akk*) ② (*pagar*) bezahlen; ~ **en**
cuenta gutschreiben; **para** ~ **en cuenta**
nur zur Verrechnung ③ (*terreno*) düngen
④ (PREN) abonnieren; ~ **a alguien a una**
revista (*convencer*) jdn als Abonnenten
für eine Zeitschrift werben; (*como regalo*)
für jdn eine Zeitschrift abonnieren **II.** *vr:*
~ **se** abonnieren (*a* +*akk*); ~ **se a la temporada de ópera** ein Abonnement für die
Oper nehmen

abono [a'βono] *m* ① (TEAT, PREN) Abonnement *nt* ② (*para transporte público*) Zeitkarte *f*; ~ **mensual** Monatskarte *f*; **sacar**
un ~ eine Dauerkarte kaufen ③ (*pago*)
Bezahlung *f*; ~ **en cuenta** Gutschrift *f*
④ (*fertilizante*) Dünger *m*; ~ **químico**

Kunstdünger *m* ❺ (*de la tierra*) Düngung *f*

abordable [aβor'ðaβle] *adj* ❶ (*persona*) zugänglich ❷ (*tema*) offen; **no** ~ tabu

abordaje [aβor'ðaxe] *m* Entern *nt;* **tomar al** ~ entern

abordar [aβor'ðar] **I.** *vt* ❶ (*chocar*) rammen ❷ (*persona*) ansprechen ❸ (*tema*) anschneiden; (*problema*) angehen **II.** *vi* (NÁUT) anlegen

aborigen [aβo'rixen] **I.** *adj* eingeboren **II.** *mf* Ureinwohner(in) *m(f)*

aborrascarse [aβorras'karse] <c→qu> *vr* (METEO) stürmisch werden

aborrecer [aβorre'θer] *irr como crecer vt* ❶ (*sentir aversión*) verabscheuen; ~ **a alguien de muerte** jdn auf den Tod nicht ausstehen können ❷ (*exasperar*) auf die Nerven gehen +*dat* ❸ (*aburrir*) langweilen

aborrecible [aβorre'θiβle] *adj* abscheulich; (*persona*) unausstehlich

aborrecimiento [aβorreθi'mjento] *m* ❶ (*aversión*) Abscheu *m o f* ❷ (*antipatía*) Abneigung *f*

abortar [aβor'tar] **I.** *vi* ❶ (*provocado*) abtreiben ❷ (*espontáneo*) eine Fehlgeburt haben ❸ (*fracasar*) scheitern **II.** *vt* (*hacer fracasar*) vereiteln

aborto [a'βorto] *m* ❶ (*provocado*) Abtreibung *f* ❷ (*espontáneo*) Fehlgeburt *f*

abota̟r̠gado , -a [aβota(r)'ɣaðo, -a] *adj* aufgedunsen

abota̟r̠garse [aβota(r)'ɣarse] <g→gu> *vr* anschwellen

abotonar [aβoto'nar] *vt* zuknöpfen

abovedado , -a [aβoβe'ðaðo, -a] *adj* gewölbt

abovedar [aβoβe'ðar] *vt* ❶ (*formar*) wölben ❷ (*cubrir*) überwölben

abra ['aβra] *f* ❶ (*bahía pequeña*) Bucht *f* ❷ (*Am: desmonte*) Lichtung *f*

abrasador (a̠) [aβrasa'ðor(a)] *adj* (*calor*) sengend

abrasar [aβra'sar] **I.** *vi* (*sol*) brennen; (*comida*) heiß sein **II.** *vt* ❶ (*quemar*) verbrennen; (*ácidos*) verätzen; **¡cuidado!, este café abrasa la lengua** pass auf, sonst verbrennst du dir an dem Kaffee die Zunge ❷ (*plantas*) ausdörren ❸ (*dolor*) brennen (in +*dat*); (*estómago*) reizen; **la sed me abrasa** (**la garganta**) ich sterbe vor Durst ❹ (*odio*) verzehren **III.** *vr:* ~ **se** ❶ (*quemarse*) sich verbrennen ❷ (*morirse, t. fig*) vergehen (*de/en* vor +*dat*)

abrasión [aβra'sjon] *f* ❶ (GEO) Abtragung *f* ❷ (MED) Abschürfung *f* ❸ (TÉC) Verschleiß *m*

abrasivo[1] [aβra'siβo] *m* Schleifmittel *nt*

abrasivo , -a[2] [aβra'siβo, -a] *adj* Scheuer-;

líquido ~ flüssiges Scheuermittel

abrazadera [aβraθa'ðera] *f* ❶ (TIPO) eckige Klammer *f* ❷ (TÉC) Zwinge *f*

abrazar [aβra'θar] <z→c> **I.** *vt* ❶ (*persona*) umarmen ❷ (*contener*) enthalten; (*abarcar*) umfassen ❸ (*doctrina, partido*) sich anschließen +*dat;* (*religión*) annehmen **II.** *vr:* ~ **se** sich umarmen

abrazo [a'βraθo] *m* Umarmung *f;* **dar un ~ a alguien** jdn umarmen; **un** (**fuerte**) ~ (*en cartas*) liebe Grüße

abrebotellas [aβreβo'teʎas] *m inv* Flaschenöffner *m*

abrecartas [aβre'kartas] *m inv* Brieföffner *m*

abrelatas [aβre'latas] *m inv* Dosenöffner *m*

abrevadero [aβreβa'ðero] *m* Tränke *f*

abrevar [aβre'βar] *vt* (*ganado*) tränken

abreviación [aβreβja'θjon] *f* ❶ (*abreviatura*) Abkürzung *f* ❷ (LING) Kurzform *f* ❸ (*de un texto*) Kurzfassung *f*

abreviado , -a [aβre'βjaðo, -a] *adj* verkürzt; (*corto*) kurz

abreviar [aβre'βjar] *vt* verkürzen; (*palabras*) abkürzen; (*texto*) kürzen

abreviatura [aβreβja'tura] *f* Abkürzung *f*

abridor [aβri'ðor] *m* Öffner *m*

abrigadero [aβriɣa'ðero] *m* windgeschützter Ort *m*

abrigado , -a [aβri'ɣaðo, -a] *adj* (*con ropa*): **estar** [*o* **ir**] ~ warm angezogen sein

abrigar [aβri'ɣar] <g→gu> **I.** *vt* ❶ (*proteger: del viento/frío*) schützen (*contra/de* gegen +*akk, contra/de* vor +*dat*) ❷ (*cubrir*) zudecken ❸ (*tener*) haben; ~ **esperanzas** Hoffnungen hegen; ~ **proyectos** Pläne schmieden **II.** *vr:* ~ **se** sich warm anziehen

abrigo [a'βriɣo] *m* ❶ (*prenda*) Mantel *m;* ~ **de pieles** Pelzmantel *m* ❷ (*refugio*) Obdach *nt;* **al** ~ **de** unter dem Schutz +*gen* ❸ (*loc*): **ropa de** ~ warme Kleidung; **traje de poco** ~ dünner Anzug; **ser de** ~ (*fig*) es in sich *dat* haben

abril [a'βril] *m* April *m;* **tener trece ~es** (*fam*) dreizehn Lenze zählen; *v. t.* **marzo**

abrillantar [aβriʎan'tar] *vt* ❶ (*piedras preciosas*) schleifen ❷ (*hacer brillar*) polieren

abrir [a'βrir] *irr* **I.** *vt* ❶ (*algo cerrado*) öffnen; (*paraguas*) aufspannen; (*libro*) aufschlagen; (*piernas*) spreizen; (*grifo*) aufdrehen; (*con la llave*) aufschließen; (*luz*) anmachen; (*silla plegable*) aufklappen; ~ **una calle al tráfico** eine Straße für den Verkehr freigeben; ~ **de par en par** sperrangelweit öffnen; **a medio** ~ (*puerta*) angelehnt; ~ **a golpes** aufschlagen; ~ **camino a alguien** jdm den Weg bahnen;

~ **paso** Platz machen; ~ **la cabeza a alguien** jdm den Schädel einschlagen; ~ **el apetito** den Appetit anregen; ~ **la curiosidad** die Neugier wecken ❷ (*canal, túnel*) bauen; (*agujero*) graben ❸ (*perspectivas*) eröffnen; (*mercado*) erschließen ❹ (*comenzar, inaugurar*) eröffnen; (*curso*) anfangen (mit +*dat*) ❺ (*ir en cabeza*) anführen **II.** *vi* ❶ (*tiempo*) sich aufklären ❷ (*loc*): **en un ~ y cerrar de ojos** im Nu **III.** *vr:* **~ se** ❶ (*puerta, herida*) sich öffnen; **la ventana se abre al patio** das Fenster geht zum Hof ❷ (*confiar*) sich anvertrauen +*dat* ❸ (*perspectivas*) sich eröffnen ❹ (*argot: irse*) abhauen

abrochar [aβro't∫ar] *vt* (*con broches*) zuhaken; (*con hebillas*) zuschnallen; (*con botones*) zuknöpfen; **abróchense los cinturones** (**de seguridad**) legen Sie die Sicherheitsgurte an

abrogar [aβro'γar] <g→gu> *vt* (JUR) außer Kraft setzen

abroncar [aβroŋ'kar] <c→qu> *vt* (*fam*) ❶ (*echar una bronca*) herunterputzen ❷ (*abuchear*) auspfeifen

abrumador(a) [aβruma'ðor(a)] *adj* ❶ (*agobiador*) bedrückend ❷ (*apabullante*) überwältigend

abrumar [aβru'mar] *vt* ❶ (*agobiar*) bedrücken ❷ (*de trabajo, elogios*) erdrücken (*de/con* mit +*dat*)

abrupto, -a [a'βrupto, -a] *adj* ❶ (*camino, abismo*) steil ❷ (*carácter*) schroff

absceso [aβs'θeso] *m* Abszess *m*

abscisa [aβs'θisa] *f* (MAT) Abszisse *f*

absentismo [aβseŋ'tismo] *m* Abwesenheit *f;* ~ **laboral** Fehlen *nt* (am Arbeitsplatz)

ábside ['aβsiðe] *m* (ARQUIT) Apsis *f*

absolución [aβsolu'θjon] *f* ❶ (JUR) Freispruch *m;* ~ **por falta de pruebas** Freispruch mangels Beweisen ❷ (REL) Absolution *f;* **dar la ~ a alguien** jdm die Absolution erteilen

absolutamente [aβsoluta'meŋte] *adv* absolut; (*completamente*) völlig; (*negación, prohibición*) strikt; **está ~ de acuerdo con nosotros** er/sie stimmt uns völlig zu; **es ~ posible** es ist durchaus möglich; ~ **nada** überhaupt nichts

absolutismo [aβsolu'tismo] *m sin pl* (POL) Absolutismus *m*

absoluto, -a [aβso'luto, -a] *adj* (*t.* FÍS) absolut; (*completo*) völlig; (*prohibición*) strikt; **en ~** keineswegs; **nada en ~** gar nichts

absolver [aβsol'βer] *irr como volver* *vt* ❶ (JUR) freisprechen ❷ (REL) lossprechen

absorbente [aβsor'βeŋte] *adj* ❶ (*esponja, trapo*) saugfähig ❷ (*película, libro*) fes-

selnd; (*trabajo*) zeitraubend; **eres una persona muy ~** du nimmst einen völlig in Anspruch

absorber [aβsor'βer] *vt* ❶ (*tierra, esponja, aspiradora*) aufsaugen ❷ (FÍS) absorbieren ❸ (*ocupar*) in Anspruch nehmen; (*cautivar*) fesseln; ~ **la atención de alguien** jds Aufmerksamkeit beanspruchen ❹ (*incorporar*) eingliedern; (*empresa*) aufkaufen

absorción [aβsor'θjon] *f* ❶ (*de líquidos*) Aufsaugen *nt* ❷ (FÍS) Absorption *f* ❸ (ECON) Übernahme *f*

absorto, -a [aβ'sorto, -a] *adj* ❶ (*pasmado*) verblüfft ❷ (*entregado*) versunken (*en* in +*akk*)

abstemio, -a [aβs'temjo, -a] **I.** *adj* abstinent **II.** *m, f* Antialkoholiker(in) *m(f)*

abstención [aβsteŋ'θjon] *f* Enthaltung *f;* (POL) Stimmenthaltung *f*

abstencionismo [aβsteŋθjo'nismo] *m* (POL) Stimmenthaltung *f*

abstenerse [aβste'nerse] *irr como tener* *vr* (*t.* POL) sich enthalten; ~ **de algo** auf etw verzichten; ~ **de votar** sich der Stimme enthalten; ~ **del tabaco** auf das Rauchen verzichten; **rogamos que se abstengan de realizar visitas** wir bitten Sie, von einem Besuch abzusehen

abstinencia [aβsti'neŋθja] *f* Enthaltsamkeit *f;* (*de alcohol*) Abstinenz *f;* ~ **de consumo** Konsumverzicht *m*

abstinente [aβsti'neŋte] *adj* enthaltsam; (*de alcohol*) abstinent

abstracción [aβstrak'θjon] *f* Abstraktion *f*

abstracto, -a [aβs'trakto, -a] *adj* abstrakt; **en ~** abstrakt betrachtet

abstraer [aβstra'er] *irr como traer* **I.** *vt* abstrahieren **II.** *vr:* **~ se en algo** sich in etw vertiefen; ~ **se de algo** auf etw verzichten; **consigue ~ se de los gritos en la calle** er/sie lässt sich von den Schreien auf der Straße nicht ablenken

abstraído, -a [aβstra'iðo, -a] *adj* in Gedanken versunken; **estar ~ en algo** in etw versunken sein

abstruso, -a [aβs'truso, -a] *adj* verworren

absurdidad [aβsurði'ðað] *f* Absurdität *f,* Widersinn *m*

absurdo[1] [aβ'surðo] *m* Absurdität *f;* **reducir algo al ~** etw ad absurdum führen

absurdo, -a[2] [aβ'surðo, -a] *adj* absurd

abubilla [aβu'βiʎa] *f* Wiedehopf *m*

abuchear [aβut∫e'ar] *vt* ausbuhen; (*silbando*) auspfeifen

abucheo [aβu't∫eo] *m* Buhrufe *mpl;* (*silbidos*) Pfeifkonzert *nt*

abuelo, -a [a'βwelo, -a] *m, f* Großvater, -mutter *m, f;* **los ~s** die Großeltern; **éra-**

mos pocos y parió la abuela (*fam*) der/ die hatte uns gerade noch gefehlt

abulense [aβu'lense] **I.** *adj* aus Ávila **II.** *mf* Bewohner(in) *m(f)* von Ávila

abulia [a'βulja] *f* Willensschwäche *f*

abúlico , -a [a'βuliko, -a] *adj* willensschwach

abultado , -a [aβul'taðo, -a] *adj* groß; (*labios*) dick

abultamiento [aβulta'mjento] *m* ❶ (*bulto*) Beule *f* ❷ (*hinchazón*) (An)schwellung *f*

abultar [aβul'tar] **I.** *vi* viel Raum einnehmen **II.** *vt* ❶ (*aumentar*) vergrößern ❷ (*exagerar*) aufbauschen

abundancia [aβuṇ'daɲθ ja] *f* (*cantidad*) Fülle *f*; (*de bienes*) Überangebot *nt*; **vivir en la** ~ im Überfluss leben; **nadar en la** ~ im Geld schwimmen; **en** ~ in Hülle und Fülle

abundante [aβuṇ'dante] *adj* reichlich; ~ **en algo** reich an etw *dat*

abundar [aβuṇ'dar] *vi* reichlich vorhanden sein; ~ **en algo** reich an etw *dat* sein

aburguesarse [aβurɣe'sarse] *vr* verbürgerlichen

aburrido , -a [aβu'rriðo, -a] *adj* ❶ *ser* (*pesado*) langweilig ❷ *estar* (*harto*) überdrüssig (*de* +*gen*); **estar** ~ **de algo** etw satt haben; **tus chistes me tienen** ~ ich kann deine Witze nicht mehr hören

aburrimiento [aβurri'mjento] *m* ❶ (*tedio*) Langeweile *f* ❷ (*fastidio*) Überdruss *m*

aburrir [aβu'rrir] **I.** *vt* ❶ (*hastiar*) langweilen ❷ (*fastidiar*) auf die Nerven gehen +*dat* **II.** *vr*: ~**se** sich langweilen (*con* bei +*dat*); ~**se de algo** etw satt bekommen; ~**se como una ostra** (*fam*) sich zu Tode langweilen

abusar [aβu'sar] *vi* ❶ (*usar indebidamente*) missbrauchen (*de* +*akk*) ❷ (*aprovecharse*) ausnutzen (*de* +*akk*); ~ **de una mujer** eine Frau vergewaltigen; ~ **de su salud** sich überanstrengen

abusivo , -a [aβu'siβo, -a] *adj* missbräuchlich; (*precios*) überhöht

abuso [a'βuso] *m* Missbrauch *m*; ~ **de autoridad** Amtsmissbrauch *m*; ~ **deshonesto** Unzucht *f*; **este precio es un** ~ dieser Preis ist unverschämt hoch

abusón , -ona [aβu'son, -ona] **I.** *adj* (*fam*) schmarotzerhaft **II.** *m, f* (*fam*) Schmarotzer(in) *m(f)*

abyección [aβɟeɣ'θjon] *f* ❶ (*bajeza*) Niederträchtigkeit *f* ❷ (*deshonra*) Schande *f*

abyecto , -a [aβ'ɟekto, -a] *adj* ❶ (*bajo*) niederträchtig ❷ (*deshonroso*) schändlich

a.C. ['antes ðe 'kristo] *abr de* **antes de Cristo** v. Chr.

acá [a'ka] *adv* hier; **para** ~ hierher; **¡ven** ~! komm her!; ~ **y allá** mal hier, mal dort

acabado¹ [aka'βaðo] *m* (TÉC) Finish *nt*

acabado , -a² [aka'βaðo, -a] *adj* ❶ (*completo*) fertig ❷ (*salud*) kraftlos ❸ (*sin posibilidades*) erledigt

acabar [aka'βar] **I.** *vi* ❶ (*terminar*) enden (*en* auf +*akk, en* mit +*dat*); ~ **bien/mal** gut/schlecht ausgehen; ~ **en punta** spitz zulaufen ❷ (*una acción*): **ella acaba de llegar** sie ist gerade angekommen; **el libro acaba de publicarse** das Buch ist soeben erschienen ❸ (*destruir, agotar*): ~ **con algo** etw zunichte machen; ~ **con alguien** jdn fertigmachen; **este niño** ~**á conmigo** dieses Kind macht mich noch völlig fertig; **este hombre acaba con la paciencia de un santo** dieser Mensch bringt den stärksten Geduldsfaden zum Reißen ❹ (*finalmente*): ~**ás por comprenderlo** du wirst es schließlich einsehen; ~**ás por volverme loco** du machst mich noch verrückt **II.** *vt* ❶ (*terminar*) beenden ❷ (*consumir*) aufbrauchen; ~ **todas las galletas** alle Kekse aufessen **III.** *vr*: ~**se** enden; **la mantequilla se ha acabado** die Butter ist alle; **todo se acabó** alles ist vorbei; **¡se acabó!** und damit basta!

acabóse [aka'βose] *m* (*fam*): **¡esto es el** ~! das ist (doch) das Letzte!

acacia [a'kaθja] *f* Akazie *f*

academia [aka'ðemja] *f* ❶ (*corporación*) Akademie *f* ❷ (*colegio*) (Privat)schule *f*; ~ **militar** Militärakademie *f*; ~ **de noche** Abendschule *f*

académico , -a [aka'ðemiko, -a] *adj* akademisch

acaecer [akae'θer] *irr como crecer vi* sich ereignen

acaecimiento [akaeθi'mjento] *m* Ereignis *nt*

acallar [aka'ʎar] *vt* ❶ (*hacer callar*) zum Schweigen bringen ❷ (*apaciguar*) beschwichtigen; (*conciencia*) beruhigen; (*hambre*) stillen

acalorado , -a [akalo'raðo, -a] *adj* hitzig

acaloramiento [akalora'mjento] *m* ❶ (*de calor*) Erhitzen *nt* ❷ (*de pasión*) Eifer *m*

acalorar [akalo'rar] **I.** *vt* ❶ (*dar calor*) ins Schwitzen bringen ❷ (*enfadar*) aufregen **II.** *vr:* ~**se** ❶ (*sofocarse*): **se acaloró al correr** ihm/ihr wurde beim Laufen warm ❷ (*apasionarse*) sich ereifern (*con* über +*akk*) ❸ (*enfadarse*) in Wut geraten (*por* wegen +*gen*/*dat*); **se acalora por nada** er/sie regt sich wegen Nichtigkeiten auf

acampada [akam'paða] *f* Zelten *nt*

acampar [akam'par] *vi* campen; (*tropa*) lagern

acanalado , -a [akana'laðo, -a] *adj* ❶ (*forma*) mit Rillen versehen ❷ (TÉC) ausgekehlt

acanalar [akana'lar] *vt* ❶ (*hacer canales*) furchen ❷ (TÉC) auskehlen

acanallar [akana'ʎar] **I.** *vt* verderben **II.** *vr:* ~**se** verwahrlosen

acantilado¹ [akanti'laðo] *m* Steilküste *f*

acantilado , -a² [akanti'laðo, -a] *adj* steil

acaparamiento [akapara'mjento] *m* Hamsterkauf *m*

acaparar [akapa'rar] *vt* ❶ (*objetos*) hamstern ❷ (*apoderarse*) (für sich) beanspruchen; ~ **todas las miradas** alle Blicke auf sich ziehen

acaramelar [akarame'lar] **I.** *vt* mit Karamell überziehen **II.** *vr:* ~**se** zuckersüß sein; (*novios*) turteln

acariciar [akari'θjar] *vt* ❶ (*persona, animal*) streicheln ❷ (*idea, plan*) hegen

acarrear [akarre'ar] *vt* ❶ (*transportar*) transportieren ❷ (*ocasionar*) verursachen

acarreo [aka'rreo] *m* ❶ (*transporte*) Transport *m* ❷ (*importe*) Frachtgebühr *f*

acarroñarse [akarro'narse] *vr* den Mut verlieren

acartonado , -a [akarto'naðo, -a] *adj* ❶ (*persona*) hager ❷ (*cutis*) gegerbt

acartonarse [akarto'narse] *vr* ❶ (*tela*) steif werden ❷ (*persona*) abmagern ❸ (*cutis*) austrocknen

acaso [a'kaso] **I.** *m* Zufall *m;* **el** ~ **hizo que...** +*subj* der Zufall wollte es, dass ... **II.** *adv* vielleicht; **¿está** ~ **enfermo?** ist er etwa krank?; **por si** ~ (*en caso de*) falls; (*en todo caso*) vorsichtshalber

acatamiento [akata'mjento] *m* ❶ (*respeto*) Ehrfurcht *f* ❷ (*de las leyes*) Befolgung *f*

acatar [aka'tar] *vt* ❶ (*respetar*) achten ❷ (*obedecer*) befolgen ❸ (*Col, Guat, PRico: caer en cuenta*) begreifen

acatarrarse [akata'rrarse] *vr* sich erkälten

acaudalado , -a [akauða'laðo, -a] *adj* wohlhabend

acaudalar [akauða'lar] *vt* erwerben

acaudillar [akauði'ʎar] *vt* anführen

acceder [akθe'ðer] *vi* ❶ (*consentir*) einwilligen (*a* in +*akk*); ~ **a una petición** einer Bitte entsprechen ❷ (*tener acceso*) Zugang haben (*a* zu +*dat*) ❸ (*ascender*) aufsteigen; ~ **a la presidencia** den Vorsitz übernehmen; ~ **a un cargo** ein Amt antreten; ~ **al trono** den Thron besteigen

accesible [akθe'siβle] *adj* ❶ (*persona, lugar*) zugänglich ❷ (*precios*) erschwinglich ❸ (*explicación*) verständlich

accésit [ak'θesit] *m inv* Trostpreis *m*

acceso [ak'θeso] *m* ❶ (*a pie*) Zugang *m* (*a* zu +*dat*); (*en vehículo*) Zufahrt *f* (*a* zu +*dat*); **de fácil** ~ leicht zugänglich; **libre** ~ freier Zutritt ❷ (*ataque*) Anfall *m* ❸ (INFOR) Zugriff *m* ❹ (*unión sexual*): ~ **carnal** Beischlaf *m*

accesorio¹ [akθe'sorjo] *m* ❶ (*de vestidos*) Accessoire *nt* ❷ (*utensilio*) Utensil *nt* ❸ *pl* (*de máquinas*) Zubehör *nt*

accesorio , -a² [akθe'sorjo, -a] *adj* nebensächlich

accidentado , -a [akθiðen'taðo, -a] **I.** *adj* ❶ (*terreno*) holp(e)rig ❷ (*difícil*) schwierig **II.** *m, f* Verunglückte(r) *mf*

accidental [akθiðen'tal] *adj* ❶ (*no esencial*) nebensächlich ❷ (*casual*) zufällig ❸ (*loc*): **director** ~ amtierender Direktor *m*

accidentarse [akθiðen'tarse] *vr* verunglücken

accidente [akθi'ðente] *m* ❶ (*suceso desgraciado*) Unfall *m;* ~ **en cadena** Massenkarambolage *f;* ~ **de circulación** Verkehrsunfall *m;* **sufrir un** ~ einen Unfall haben; **por** ~ zufällig ❷ (MED) Ohnmachtsanfall *m* ❸ (*desnivel*) Unebenheit *f;* ~**s geográficos** Relief *nt*

acción [ak'θjon] *f* ❶ (*acto, t.* LIT) Handlung *f;* (POL) Aktion *f;* **¡**~**!** (CINE) Aufnahme!; **un hombre de** ~ ein Mann der Tat; **entrar en** ~ eingreifen; **poner en** ~ in Betrieb setzen ❷ (*influencia*) (Ein)wirkung *f;* ~ **recíproca** Wechselwirkung *f;* **de rápida** ~ rasch wirkend; **de** ~ **retardada** (*bomba*) mit Zeitzünder ❸ (MIL) Gefecht *nt* ❹ (FIN) Aktie *f;* ~ **común** Stammaktie *f;* ~ **prefe-**

rente Vorzugsaktie f ⑤ (JUR) Klage f; ~ **por daños y perjuicios** Schadenersatzklage f; ~ **popular** Nebenklage f

accionamiento [aˠθjonaˈmjento] m (TÉC) Betätigung f

accionar [aˠθjoˈnar] **I.** vi gestikulieren **II.** vt (TÉC) betätigen; ~ **un cohete** einen Feuerwerkskörper zünden

accionariado [aˠθjonaˈrjaðo] m (FIN) Aktionäre mpl

accionista [aˠθjoˈnista] mf Aktionär(in) $m(f)$

acebo [aˈθeβo] m Stechpalme f

acechanza [aθeˈtʃanθa] f Belauerung f; (de la policía) Überwachung f

acechar [aθeˈtʃar] vt belauern

acecho [aˈθetʃo] m Lauern nt; **estar al** ~ auf der Lauer liegen; **ponerse al** ~ sich auf die Lauer legen

acecinar [aθeθiˈnar] **I.** vt (salar) pökeln; (secar) dörren; (ahumar) räuchern **II.** vr: ~ **se** abmagern

aceitar [aθeiˈtar] vt ① (motor, gozne) ölen ② (ensalada) mit Öl anmachen; (pan) mit Öl bestreichen

aceite [aˈθeite] m Öl nt; ~ **bruto** Rohöl nt; ~ **comestible** Speiseöl nt; ~ **esencial** ätherisches Öl; ~ **lubrificante** Schmieröl nt; ~ **de oliva** Olivenöl nt; ~ **usado** Altöl nt; **echar** ~ **al fuego** (t. fig) Öl ins Feuer gießen

aceitera [aθeiˈtera] f ① (recipiente) Ölkanne f ② pl (vinagreras) Menage f

aceitoso, -a [aθeiˈtoso, -a] adj ölig

aceituna [aθeiˈtuna] f Olive f; **llegar a las** ~ **s** zu spät zum Essen kommen

aceitunado, -a [aθeituˈnaðo, -a] adj oliv(grün)

aceituno [aθeiˈtuno] m Olivenbaum m

aceleración [aθeleraˈθjon] f Beschleunigung f

acelerador [aθeleraˈðor] m ① (AUTO) Gaspedal nt; **pisar el** ~ Gas geben ② (FÍS): ~ **de partículas** Teilchenbeschleuniger m

acelerar [aθeleˈrar] **I.** vi beschleunigen; (AUTO) Gas geben; **¡no aceleres tanto!** gib nicht so viel Gas! **II.** vt beschleunigen; ~ **el paso** schneller gehen

acelerón [aθeleˈron] m (AUTO) plötzliches Beschleunigen nt; **dar acelerones al motor** den Motor aufheulen lassen

acelga [aˈθelɣa] f Mangold m

acémila [aˈθemila] f ① (animal) Lastesel m ② (pey: persona) Esel m

acento [aˈθento] m ① (prosódico) Betonung f; **el** ~ **cae en la primera sílaba** die Betonung liegt auf der ersten Silbe ② (pronunciación, signo) Akzent m; **hablar ale-**

mán sin ~ akzentfrei Deutsch sprechen; **esta palabra se escribe sin** ~ dieses Wort schreibt man ohne Akzent ③ (entonación) Tonfall m ④ (énfasis) Nachdruck m; **poner especial** ~ **en algo** Nachdruck auf etw legen

acentuación [aθentwaˈθjon] f (prosódica) Betonung f; (ortográfica) Akzentsetzung f

acentuado, -a [aθentuˈaðo, -a] adj ① (al pronunciar) betont; (al escribir) mit Akzent; **no** ~ unbetont; (sin tilde) ohne Akzent ② (marcado) ausgeprägt

acentuar [aθentuˈar] <1. pres: acentúo> **I.** vt ① (al pronunciar) betonen; (al escribir) einen Akzent setzen (auf +akk) ② (resaltar) hervorheben ③ (aumentar) verschärfen **II.** vr: ~ **se** (Am: una enfermedad) sich verschlimmern

aceña [aˈθeɲa] f Wassermühle f

acepción [aθepˈθjon] f Bedeutung f

aceptable [aθepˈtaβle] adj annehmbar

aceptación [aθeptaˈθjon] f ① (aprobación) Zustimmung f; **tener** ~ Beifall finden ② (COM, JUR) Annahme f

aceptado [aθepˈtaðo] $interj$ (Am: vale) einverstanden

aceptar [aθepˈtar] vt ① (recibir) annehmen ② (aprobar, conformarse) akzeptieren; ~ **un compromiso** eine Einladung annehmen; **no** ~ **excusas** keine Entschuldigung gelten lassen

acequia [aˈθekja] f ① (canal de riego) Bewässerungsgraben m ② (Méx: albañal) Abwasserkanal m

acera [aˈθera] f Bürgersteig m; **ser de la** ~ **de enfrente** (fam) vom anderen Ufer sein

acerado, -a [aθeˈraðo, -a] adj ① (de acero) stählern ② (mordaz) bissig

acerbo, -a [aˈθerβo, -a] adj ① (gusto) herb ② (despiadado) bitter; (crítica, tono) hart

acerca [aˈθerka] $prep$: ~ **de** (sobre) über +akk; (en relación a) in Bezug auf +akk

acercamiento [aθerkaˈmjento] m Annäherung f (a an +akk)

acercar [aθerˈkar] <c→qu> **I.** vt ① (poner más cerca) näher bringen (a +dat); **acerca la silla a la mesa** rück den Stuhl an den Tisch ② (traer) (her)bringen; (dar) geben ③ (fam: llevar) bringen (a zu +dat) **II.** vr: ~ **se** ① (aproximarse) sich nähern (a +dat) ② (ir) vorbeischauen (a bei +dat); ~ **se a la tienda a por patatas** Kartoffeln kaufen gehen

acería [aθeˈria] f Stahlwerk nt

acerico [aθeˈriko] m Nadelkissen nt

acero [aˈθero] m Stahl m; **tener nervios de** ~ Nerven wie Drahtseile haben

acérrimo, -a [aˈθerrimo, -a] **I.** $superl$ de

acre II. *adj* (*defensor*) hartnäckig; (*enemigo*) erbittert; (*partidario*) begeistert

acertado, **-a** [aθer'taðo, -a] *adj* ➊ (*correcto*) richtig ➋ (*atinado*) treffend ➌ (*conveniente*) ratsam

acertante [aθer'taṇte] *mf* Gewinner(in) *m(f)*

acertar [aθer'tar] <e→ie> I. *vi* ➊ (*dar*) treffen; ~ **al blanco** ins Schwarze treffen ➋ (*hacer con acierto*) das Richtige tun; **acertaste en protestar** es war richtig von dir zu protestieren ➌ (*por casualidad*): ~ **a hacer algo** zufällig etw tun ➍ (*conseguir*): **no acerté a encontrar la respuesta** es gelang mir nicht die Lösung zu finden ➎ (*encontrar*) finden (*con* +*akk*) II. *vt* ➊ (*dar en el blanco*) treffen ➋ (*encontrar*) finden ➌ (*adivinar*) erraten

acertijo [aθer'tixo] *m* Rätsel *nt*

acervo [a'θerβo] *m* Vermögen *nt;* ~ **cultural** Kulturgut *nt*

acético, **-a** [a'θetiko, -a] *adj* Essig-

acetona [aθe'tona] *f* Aceton *nt*

achabacanar [atʃaβaka'nar] I. *vt* ➊ (*persona*) verrohen ➋ (*cosa*) verderben II. *vr:* ~ **se** ➊ (*persona*) verrohen ➋ (*cosa*) verderben ➌ (*lenguaje*) vulgär werden

achacar [atʃa'kar] <c→qu> *vt* zuschreiben (*a* +*dat*)

achacoso, **-a** [atʃa'koso, -a] *adj* anfällig; **estar** ~ kränkeln

achantar [atʃaṇ'tar] I. *vt* (*fam*) einschüchtern II. *vr:* ~ **se** (*fam*) sich einschüchtern lassen; (*no atreverse*) kalte Füße bekommen

achaparrado, **-a** [atʃapa'rraðo, -a] *adj* ➊ (*persona*) untersetzt ➋ (*objeto*) niedrig (und breit)

achaque [a'tʃake] *m* ➊ (*dolencia*) Beschwerde *f* ➋ (*excusa*) Vorwand *m*

achatado, **-a** [atʃa'taðo, -a] *adj* platt; **nariz achatada** Stumpfnase *f;* (*como un boxeador*) Boxernase *f*

achatar [atʃa'tar] I. *vt* abflachen; ~ **la nariz a alguien** jdm die Nase brechen II. *vr:* ~ **se** flacher werden

achicado, **-a** [atʃi'kaðo, -a] *adj* ➊ (*aniñado*) kindisch ➋ (*intimidado*) eingeschüchtert

achicar [atʃi'kar] <c→qu> I. *vt* ➊ (*empequeñecer*) verkleinern ➋ (*intimidar*) einschüchtern ➌ (*agua*) auspumpen II. *vr:* ~ **se** ➊ (*empequeñecerse*) kleiner werden; (*ropa*) einlaufen ➋ (*acoquinarse*) sich einschüchtern lassen; (*no atreverse*) zurückschrecken; (*ceder*) klein beigeben ➌ (*Am: humillarse*) sich erniedrigen (*ante* vor +*dat*)

achicharradero [atʃitʃarra'ðero] *m* heißer Ort *m*

achicharrar [atʃitʃa'rrar] I. *vt* ➊ (*calor*) verbrennen; (*comida*) anbrennen lassen; **estoy achicharrado** ich komme vor Hitze um ➋ (*atosigar*) zusetzen +*dat* II. *vr:* ~ **se** ➊ (*comida*) anbrennen ➋ (*persona*) vor Hitze umkommen; (*planta*) (vor Hitze) eingehen

achicoria [atʃi'korja] *f* Zichorie *f*

achinado, **-a** [atʃi'naðo, -a] *adj* ➊ (*rasgos*) chinesenhaft; (*usos*) wie in China; **ojos** ~ **s** Schlitzaugen *ntpl* ➋ (*CSur: aplebeyado*) pöbelhaft

achira [a'tʃira] *f* (*AmS*) Pfeilkraut *nt*

achís [a'tʃis] *interj* hatschi

achispado, **-a** [atʃis'paðo, -a] *adj* beschwipst

achispar [atʃis'par] I. *vt* leicht betrunken machen II. *vr:* ~ **se** sich *dat* einen Schwips antrinken *fam*

acholado, **-a** [atʃo'laðo, -a] *adj* (*CSur*) ➊ (*mestizo*) dunkelhäutig ➋ (*acobardado*) eingeschüchtert

acholar [atʃo'lar] I. *vt* (*Chil, Perú*) ➊ (*avergonzar*) beschämen ➋ (*amilanar*) einschüchtern II. *vr:* ~ **se** (*Arg, Chil, Perú: acobardarse*) verzagen

achuchado, **-a** [atʃu'tʃaðo, -a] *adj* (*fam*) ➊ (*duro*) schwierig ➋ (*de dinero*) blank ➌ (*débil*) angeschlagen

achuchar [atʃu'tʃar] *vt* ➊ (*fam: persona*) aufhetzen (*contra* gegen +*akk*); (*perro*) hetzen (*contra* auf +*akk*) ➋ (*fam: estrujar*) zerdrücken ➌ (*atosigar*) drängen ➍ (*fam: acariciar*) liebkosen; (*abrazar*) (zärtlich) an sich drücken; (*manosear*) betatschen

achuchón [atʃu'tʃon] *m* (*fam*) ➊ (*empujón*) Stoß *m* ➋ (*abrazo*) heftige Umarmung *f* ➌ (*achaque*) (leichtes) Unwohlsein *nt;* (*súbito*) Anfall *m*

achucutado, **-a** [atʃuku'taðo, -a] *adj* (*Am: abatido*) niedergeschlagen; (*Col: triste*) traurig

achularse [atʃu'larse] *vr* prahlerisch werden

achumarse [atʃu'marse] *vr* (*Am*) sich betrinken

achurar [atʃu'rar] *vt* (*CSur*) ➊ (*res*) ausweiden ➋ (*persona*) kaltblütig erstechen

achuras [a'tʃuras] *fpl* (*CSur, Bol*) Innereien *fpl*

aciago, **-a** [a'θjaɣo, -a] *adj* unheilvoll; **un día** ~ ein Unglückstag

acíbar [a'θiβar] *m* ➊ (BOT) Aloe *f* ➋ (*amargura*) Bitternis *f*

acicalado, **-a** [aθika'laðo, -a] *adj* herausgeputzt

acicalarse [aθika'larse] *vr* sich herausputzen

acicate [aθi'kate] *m* ❶ (*espuela*) Sporn *m* ❷ (*estímulo*) Ansporn *m*

acidez [aθi'ðeθ] *f* ❶ (*cualidad*) Säure *f* ❷ (*cantidad*) Säuregehalt *m;* ~ **de estómago** Sodbrennen *nt*

ácido¹ ['aθiðo] *m* ❶ (QUÍM) Säure *f;* ~ **cianhídrico** Blausäure *f;* ~ **clorhídrico** Salzsäure *f;* ~**s grasos insaturados** ungesättigte Fettsäuren ❷ (*fam: droga*) Acid *nt*

ácido, -a² ['aθiðo, -a] *adj* ❶ (*agrio*) sauer ❷ (*mordaz*) bissig

acídulo, -a [a'θiðulo, -a] *adj* säuerlich

acierto [a'θjerto] *m* ❶ (*en el tiro*) Treffsicherheit *f* ❷ (*éxito*) Treffer *m;* (*en la lotería*) Richtige(r) *m fam;* **el casarte ha sido un** ~ mit deiner Ehe hast du einen guten Griff getan ❸ (*habilidad*) Geschick *nt;* **hacer algo con** ~ sich bei etw *dat* geschickt anstellen

aclamación [aklama'θjon] *f* ❶ (*aplauso*) Beifall(s)ruf *m* ❷ (POL): **por** ~ per Akklamation

aclamar [akla'mar] *vt* ❶ (*vitorear*) zujubeln +*dat* ❷ (POL) durch Zuruf wählen

aclaración [aklara'θjon] *f* ❶ (*clarificación*) Aufhellung *f* ❷ (*explicación*) Erklärung *f* ❸ (*de un crimen/un secreto*) Aufklärung *f*

aclarado [akla'raðo] *m* (Aus)spülen *nt;* **la lavadora está en la fase de** ~ die Waschmaschine ist gerade im Spülgang

aclarar [akla'rar] I. *vt* ❶ (*hacer más claro*) aufhellen; ~ **el bosque** den Wald lichten; ~ **la voz** sich räuspern ❷ (*un líquido*) verdünnen ❸ (*la ropa*) spülen ❹ (*explicar*) erklären ❺ (*crimen, secreto*) aufklären II. *vr:* ~ **se** ❶ (*problema, cuestión*) sich aufklären ❷ (*fam: entender*) klarkommen; **no te aclaras contigo mismo** du weißt auch nicht, was du willst III. *vimpers:* **está aclarando** es heitert auf

aclaratorio, -a [aklara'torjo, -a] *adj* (er)klärend

aclimatación [aklimata'θjon] *f* Akklimatisierung *f*

aclimatar [aklima'tar] I. *vt* gewöhnen (*a* an +*akk*); (*en un lugar*) eingewöhnen (*en* in +*dat*) II. *vr:* ~ **se** sich gewöhnen (*a* an +*akk*); (*en un lugar*) sich eingewöhnen (*en* in +*dat*)

acne ['aɣne] *m o f sin pl* (MED) Akne *f*

acné [aɣ'ne] *m o f sin pl* Akne *f*

acobardado, -a [akoβar'ðaðo, -a] *adj* verzagt

acobardar [akoβar'ðar] I. *vt* Angst einjagen +*dat;* (*con palabras*) einschüchtern; **le acobarda el fuego** er hat Angst vor Feuer II. *vr:* ~ **se** ❶ (*desanimarse*) den Mut verlieren (*ante/frente a* angesichts +*gen*)

❷ (*intimidarse*) sich einschüchtern lassen; **se acobarda de sí misma** sie bekommt vor sich *dat* selbst Angst

acogedor(a) [akoxe'ðor(a)] *adj* freundlich

acoger [ako'xer] <g→j> I. *vt* aufnehmen; (*recibir*) empfangen II. *vr:* ~ **se** ❶ (*refugiarse*) sich flüchten (*en* in +*akk*) ❷ (*ampararse*) Schutz suchen (*a* bei +*dat*) ❸ (*basarse*) sich berufen (*a* auf +*akk*) (*como pretexto*) vorschieben (*a* +*akk*)

acogida [ako'xiða] *f* Aufnahme *f;* (*recibimiento*) Empfang *m;* **encontrar una buena** ~ Zustimmung finden; **el cantante tuvo una buena** ~ der Sänger wurde mit Beifall empfangen; **el proyecto no tuvo una buena** ~ das Projekt fand keinen Beifall

acogotar [akoɣo'tar] *vt* ❶ (*oprimir*) unterwerfen ❷ (*intimidar*) einschüchtern ❸ (*derribar*) am Genick packen und zu Boden werfen

acojonado, -a [akoxo'naðo, -a] *adj* (*vulg*) ❶ (*asustado*) verängstigt; (*acobardado*) feige; **ahora está** ~ jetzt bekommt er kalte Füße *fam* ❷ (*impresionado*) beeindruckt; (*asombrado*) (völlig) baff *fam*

acojonante [akoxo'naɲte] *adj* (*vulg*) ❶ (*fantástico*) geil *fam* ❷ (*impresionante*) tierisch *fam*

acojonar [akoxo'nar] I. *vt* (*vulg*) ❶ (*asustar*) Angst einjagen +*dat;* (*intimidar*) einschüchtern ❷ (*impresionar*) beeindrucken; (*asombrar*) verblüffen II. *vr:* ~ **se** (*vulg*) ❶ (*asustarse*) Schiss kriegen *fam;* (*acobardarse*) sich einschüchtern lassen; **no** ~ **se** sich nicht ins Bockshorn jagen lassen *fam* ❷ (*alucinar*) beeindruckt sein; (*asombrarse*) (völlig) baff sein

acolchado [akol'tʃaðo] *m* Polster *nt*

acolchar [akol'tʃar] *vt* polstern

acólito [a'kolito] *m* ❶ (*monaguillo*) Ministrant *m* ❷ (*pey: seguidor*) Getreue(r) *m*

acometer [akome'ter] I. *vi* angreifen II. *vt* ❶ (*embestir*) angreifen ❷ (*emprender*) in Angriff nehmen ❸ (*ataque de tos, fiebre*) befallen; (*risa*) überkommen; (*sueño*) überfallen

acometida [akome'tiða] *f* ❶ (*embestida*) Angriff *m* ❷ (*acceso*) Anfall *m* ❸ (TÉC) Anschluss *m*

acometimiento [akometi'mjeɲto] *m* (TÉC) Rohrmündung *f*

acomodado, -a [akomo'ðaðo, -a] *adj* ❶ (*cómodo*) bequem ❷ (*rico*) wohlhabend; **tiene una vida acomodada** es fehlt ihm/ihr an nichts ❸ (*apropiado*) passend ❹ (*precio*) moderat

acomodador(a) [akomoða'ðor(a)] *m(f)*

(TEAT, CINE) Platzanweiser(in) *m(f)*

acomodamiento [akomoða'mjento] *m*
① (*adaptación*) Anpassung *f* ② (*convenio*)
Abmachung *f*

acomodar [akomo'ðar] **I.** *vt* ① (*adaptar*)
anpassen (*a +dat, a* an +*akk*) ② (*colocar*)
(auf)stellen ③ (*albergar*) unterbringen
④ (*proporcionar empleo*) einstellen (*de
als +akk*) ⑤ (*conciliar*) versöhnen; (*doctri-
nas*) in Einklang bringen **II.** *vi:* **si te aco-
moda** wenn es dir passt **III.** *vr:* ~ **se**
① (*adaptarse*) sich anpassen (*a* an +*akk, a
+dat*); ~ **se con todo** mit allem zurechtkommen ② (*ponerse cómodo*) es sich *dat*
bequem machen

acomodaticio, -a [akomoða'tiθjo, -a] *adj*
① (*adaptable*) anpassungsfähig ② (*pey:
oportunista*) opportunistisch

acomodo [ako'moðo] *m* ① (*adaptación*)
Anpassung *f* (*a* an +*akk*) ② (*alojamiento*)
Unterkunft *f* ③ (*ocupación*) Anstellung *f*;
buscar ~ eine Stelle suchen ④ (*Am:
soborno*) Bestechung *f*

acompañado, -a [akompa'ɲaðo, -a] *adj*
① (*concurrido*) belebt ② (*personas*) in
Begleitung (*por +gen*); **bien/mal** ~ in
guter/schlechter Begleitung; **iba acompañada por su padre** sie war in Begleitung
ihres Vaters

acompañamiento [akompaɲa'mjento] *m*
① (*t.* MÚS) Begleitung *f* ② (*cortejo*) Gefolge *nt* ③ (TEAT) Komparserie *f* ④ (*de comidas*) Beilage *f*

acompañante [akompa'ɲante] *mf* Beglei-
ter(in) *m(f)*; (*en el coche*) Beifahrer(in)
m(f)

acompañar [akompa'ɲar] *vt* ① (*t.* MÚS)
begleiten; ~ **a alguien a casa/en un viaje**
jdn nach Hause/auf einer Reise begleiten;
~ **a alguien de compras** mit jdm einkaufen (gehen); ~ **a alguien con la guitarra/
al piano** jdn auf der Gitarre/auf dem Klavier begleiten; ~ **el pollo con arroz y verduras** Reis und Gemüse als Beilage zum
Hühnchen reichen; **te acompaño en el
sentimiento** herzliches Beileid ② (*hacer
compañía*) Gesellschaft leisten +*dat*
③ (*adjuntar*) beilegen ④ (*ir incluido*): **el
informe acompaña a la carta** der Bericht
liegt dem Brief bei

acompasado, -a [akompa'saðo, -a] *adj*
① (MÚS) rhythmisch ② (*pausado*) ruhig

acompasar [akompa'sar] *vt* ① (MÚS) rhythmisch gestalten ② (*adaptar*) anpassen (*a/
con +dat*)

acomplejado, -a [akomple'xaðo, -a] *adj*
voller Komplexe

acomplejamiento [akomplexa'mjento] *m*

Komplexbeladenheit *f*

acomplejar [akomple'xar] **I.** *vt* Komplexe
verursachen +*dat* **II.** *vr:* ~ **se** Komplexe
bekommen

acondicionado, -a [akondiθjo'naðo, -a]
adj: **bien/mal** ~ in gutem/schlechtem
Zustand; **la habitación tiene aire** ~ das
Zimmer hat eine Klimaanlage

acondicionador [akondiθjona'ðor] *m*
① (*de aire*) Klimaanlage *f* ② (*para el pelo*)
(Pflege)spülung *f*

acondicionamiento [akondiθjona'mjen-
to] *m* ① (*preparación*) Herrichtung *f;*
(*transformación*) Umwandlung *f;* **el** ~ **de
un piso en oficina** die Umwandlung einer
Wohnung in ein Büro ② (*equipo*) Ausstattung *f*

acondicionar [akondiθjo'nar] *vt* ① (*preparar*) herrichten; (*transformar*) umwandeln
② (*equipar*) ausstatten ③ (*climatizar*) klimatisieren

acongojante [akoŋgo'xante] *adj* bedrückend; **la situación de los niños sin
techo es** ~ die Situation der Straßenkinder
ist bedrückend

acongojar [akoŋgo'xar] *vt* bekümmern

aconsejable [akonse'xaβle] *adj* ratsam

aconsejado, -a [akonse'xaðo, -a] *adj* (*prudente*) klug

aconsejar [akonse'xar] *vt* beraten; ~ **algo a
alguien** jdm etw raten; **esto aconseja
prudencia** hier ist Vorsicht geboten

acontecer [akonte'θer] *irr como crecer vi*
sich ereignen

acontecimiento [akonteθi'mjento] *m*
Ereignis *nt*

acopiar [ako'pjar] *vt* ansammeln

acopio [ako'pjo] *m* ① (*de comida, bienes*)
Vorrat *m;* **hacer** ~ **de algo** einen Vorrat an
etw *dat* anlegen; **hacer** ~ **de paciencia**
sich mit Geduld wappnen; **hacer** ~ **de
valor** all seinen Mut zusammennehmen
② (*compra*) Aufkauf *m*

acoplado [ako'plaðo] *m* (*RíoPl*) Anhänger
m

acoplamiento [akopla'mjento] *m* ① (*de
máquinas, vagones*) Kupp(e)lung *f*
② (ELEC) Schaltung *f*

acoplar [ako'plar] **I.** *vt* ① (*ajustar*) anpassen
(*a* an +*akk*); (*juntar*) zusammenfügen
② (*piezas, remolque*) koppeln ③ (ELEC)
schalten ④ (*adaptar*) anpassen (*a* an +*akk,
a +dat*) **II.** *vr:* ~ **se** sich anpassen (*a* an
+*akk, a +dat*)

acoquinar [akoki'nar] **I.** *vt* einschüchtern
II. *vr:* ~ **se** sich einschüchtern lassen

acorazado [akora'θaðo] *m* (MIL) Panzer-
kreuzer *m*

acorazar [akora'θar] <z→c> I. *vt* panzern; **cámara acorazada** Panzerschrank *m* II. *vr:* ~ **se** sich wappnen

acorazonado, -a [akoraθo'naðo, -a] *adj* herzförmig

acordar [akor'ðar] <o→ue> I. *vt* ❶ *(convenir)* vereinbaren ❷ *(decidir)* beschließen ❸ (MÚS) stimmen II. *vr:* ~ **se** sich erinnern (*de* an +*akk*); **si mal no me acuerdo** wenn ich mich recht erinnere; **¡acuérdate de decírselo!** denk daran, es ihm/ihr zu sagen!

acorde [a'korðe] I. *adj* ❶ *(conforme)* übereinstimmend; ~ **con alguien** in Übereinstimmung mit jdm; **estar ~ con alguien** mit jdm übereinstimmen; ~ **con el medio ambiente** umweltgerecht ❷ (MÚS) harmonisch II. *m* (MÚS) Akkord *m;* ~ **mayor/ menor** Dur-/Mollakkord *m;* **a los ~s de un vals** zu den Klängen eines Walzers

acordeón [akorðe'on] *m* Akkordeon *nt*

acordonado, -a [akorðo'naðo, -a] *adj* ❶ *(con cordones)* mit Schnürung; **botines ~s** Schnürstiefel *mpl;* **suéter ~** Schnürpulli *m* ❷ *(con forma de cordón)* schnurförmig ❸ *(lugar)* abgesperrt; **después del atentado la zona estaba acordonada** nach dem Attentat war das Gebiet abgesperrt

acordonar [akorðo'nar] *vt* ❶ *(botas)* schnüren ❷ *(un sitio)* absperren

acorralamiento [akorrala'mjento] *m* ❶ *(del ganado)* Einpferchen *nt* ❷ *(cerco)* Einkreisung *f*

acorralar [akorra'lar] *vt* ❶ *(ganado)* einpferchen ❷ *(cercar)* einkreisen ❸ *(intimidar)* einschüchtern; *(con preguntas)* in die Enge treiben

acortamiento [akorta'mjento] *m* Abkürzung *f*

acortar [akor'tar] I. *vt* kürzen; *(camino)* abkürzen; *(duración)* verkürzen; *(distancia)* verringern; ~ **un pantalón unos centímetros** eine Hose (um) ein paar Zentimeter kürzen II. *vr:* ~ **se** kürzer werden

acosar [ako'sar] *vt* ❶ *(perseguir)* hetzen ❷ *(asediar)* bedrängen; ~ **a alguien a preguntas** jdn mit Fragen bombardieren

acoso [a'koso] *m* Verfolgung *f*

acostado, -a [akos'taðo, -a] *adj* liegend; **estar ~** im Bett sein

acostar [akos'tar] <o→ue> I. *vt* ins Bett bringen II. *vr:* ~ **se** ❶ *(descansar)* sich hinlegen; *(ir a la cama)* ins Bett gehen; **estar acostado** im Bett sein; ~ **se con alguien** mit jdm schlafen ❷ *(AmC, Méx: dar a luz)* entbinden

acostumbrado, -a [akostum'braðo, -a] *adj*

gewohnt; **mal** ~ verwöhnt

acostumbrar [akostum'brar] I. *vi:* ~ **a hacer algo** gewöhnlich etw tun; **como se acostumbra a decir** wie man zu sagen pflegt II. *vt:* ~ **a alguien a hacer algo** jdn daran gewöhnen etw zu tun III. *vr:* ~ **se** ❶ *(soler)* sich *dat* angewöhnen (*a* +*akk*) ❷ *(no extrañar)* sich gewöhnen (*a* an +*akk*)

acotación [akota'θjon] *f* ❶ *(nota)* Randbemerkung *f* ❷ (TEAT) Bühnenanweisung *f* ❸ *(cota)* Höhenangabe *f*

acotamiento [akota'mjento] *m* Abgrenzung *f*

acotar [ako'tar] *vt* ❶ *(delimitar)* abgrenzen; **terreno acotado** Privatbesitz *m* ❷ *(un plano)* die Höhenangaben eintragen (in +*akk*) ❸ *(un texto)* mit Randbemerkungen versehen

ácrata ['akrata] I. *adj* ❶ *(anárquico)* anarchisch ❷ *(anarquista)* anarchistisch II. *mf* Anarchist(in) *m(f)*

acre ['akre] *adj* <acérrimo> ❶ *(áspero)* herb ❷ *(ácido)* ätzend ❸ *(mordaz)* bissig; *(tono)* scharf

acrecentar [akreθen'tar] <e→ie> *vt*, **acrecer** [akre'θer] *irr como crecer vt* vermehren

acreditación [akreðita'θjon] *f* Ausweis *m;* ~ **de periodista** Presseausweis *m*

acreditado, -a [akreði'taðo, -a] *adj* *(reputado)* angesehen

acreditar [akreði'tar] I. *vt* ❶ *(atestiguar)* bestätigen ❷ *(autorizar)* autorisieren ❸ *(diplomático)* akkreditieren *(en/ante* bei +*dat*); ~ **como embajador** zum Botschafter ernennen ❹ *(dar reputación)* Ansehen verleihen +*dat* ❺ (FIN) gutschreiben II. *vr:* ~ **se** ❶ *(adquirir reputación)* Ansehen erwerben ❷ *(dar crédito de uno mismo)* sich bewähren

acreedor(a) [akre(e)'ðor(a)] I. *adj* würdig (*a* +*gen*) II. *m(f)* (FIN) Gläubiger(in) *m(f)*

acribillar [akriβi'ʎar] *vt* ❶ *(abrir agujeros)* durchlöchern; **acribillado a balazos** von Kugeln durchsiebt ❷ *(importunar)* bedrängen; ~ **a alguien a preguntas** jdn mit Fragen überhäufen

acrílico, -a [a'kriliko, -a] *adj* Akryl-; **fibra acrílica** Acryl *nt*

acrimonia [akri'monja] *f* Schärfe *f*

acristalar [akrista'lar] *vt* verglasen

acritud [akri'tuð] *f* ❶ *(acrimonia)* Schärfe *f;* **contestar con ~** unwirsch antworten ❷ *(de un dolor)* Heftigkeit *f*

acrobacia [akro'βaθja] *f* Akrobatik *f;* ~ **aérea** Kunstflug *m*

acróbata [a'kroβata] *mf* Akrobat(in) *m(f)*

acrobático, -a [akro'βatiko, -a] *adj* akrobatisch

acrónimo [a'kronimo] *m* Akronym *nt*

acrópolis [a'kropolis] *f inv* Akropolis *f*

acta ['akta] *f* ① (*de una reunión*) Protokoll *nt;* **levantar ~ de algo** etw protokollieren; **hacer constar en ~** zu Protokoll geben ② (*certificado*) Urkunde *f* ③ (JUR) Akte *f; ~* **de acusación** Anklageschrift *f;* **A~ Única Europea** Einheitliche Europäische Akte

actitud [akti'tuð] *f* ① (*corporal*) Haltung *f; ~* **de ataque** Drohgebärde *f; ~* **de extrema cautela en cuanto a algo** äußerste Zurückhaltung bei etw *dat* ② (*disposición*) Einstellung *f;* **adoptar una ~ reservada** eine reservierte Haltung einnehmen ③ (*comportamiento*) Verhalten *nt;* **adoptar una ~ incomprensible** ein unverständliches Verhalten an den Tag legen

activación [aktiβa'θjon] *f* ① (*intensificación*) Belebung *f* ② (QUÍM, FÍS) Aktivierung *f*

activamente [aktiβa'mente] *adv* tatkräftig

activar [akti'βar] *vt* ① (*avivar*) beleben ② (*acelerar*) beschleunigen; *~* **la digestión** die Verdauung fördern ③ (QUÍM, FÍS, INFOR) aktivieren; *~* **una bomba** eine Bombe zünden

actividad [aktiβi'ðað] *f* ① (*general*) Tätigkeit *f;* (*ocupación*) Beschäftigung *f; ~* **profesional** Beruf *m;* **las ~es artísticas de una ciudad** das Kulturprogramm einer Stadt; **en ~** tätig; **volcán en ~** aktiver Vulkan; **entrar en ~** tätig werden ② (*diligencia*) Geschäftigkeit *f* ③ (QUÍM) Aktivität *f*

activo¹ [ak'tiβo] *m* (FIN) Aktiva *ntpl; ~* **circulante** Umlaufvermögen *nt; ~* **fijo** Anlagevermögen *nt*

activo, -a² [ak'tiβo, -a] *adj* aktiv; (*sustancia, medicamento*) wirksam

acto ['akto] *m* ① (*acción*) Handlung *f; ~* **de cortesía** Gefälligkeit *f; ~* **jurídico** (*válido*) Rechtshandlung *f;* (*negocio*) Rechtsgeschäft *f; ~* **penal** Straftat *f; ~* **sexual** Geschlechtsakt *m; ~* **de violencia** Gewalttat *f; ~* **de voluntad** Willenserklärung *f;* **cometer ~s de gamberrismo** randalieren; **hacer ~ de presencia** anwesend sein; *~* **seguido...** gleich darauf ...; **en el ~** auf der Stelle ② (*ceremonia*) Festakt *m; ~* **conmemorativo** Gedenkfeier *f; ~* **estatal** Staatsakt *m; ~* **necrológico** Trauerfeier *f* ③ (TEAT) Akt *m*

actor(a)¹ [ak'tor(a)] *m(f)* (JUR) Kläger(in) *m(f)*

actor² [ak'tor, ak'triθ] *m,* **actriz** *f* (TEAT, CINE) Schauspieler(in) *m(f); ~* **de cine** Filmschauspieler *m;* **primer ~** Hauptdarsteller *m*

actuación [aktwa'θjon] *f* ① (*conducta*) Handeln *nt;* **la ~ de la policía** das Vorgehen der Polizei ② (*actividad*) Tätigkeit *f;* (*desempeño de un cargo*) Amtstätigkeit *f* ③ (TEAT, MÚS) Auftritt *m; ~* **en directo** Liveauftritt *m* ④ *pl* (JUR) Prozessakten *fpl*

actual [aktu'al] *adj* ① (*de ahora*) aktuell ② (FILOS) wirklich

actualidad [aktwali'ðað] *f* ① (*presente*) Gegenwart *f;* **en la ~** heutzutage ② (*cualidad*) Aktualität *f;* **de ~** aktuell; **estar de ~** modern sein

actualización [aktwali'θa'θjon] *f* Aktualisierung *f; ~* **de archivos** (INFOR) Dateiaktualisierung *f*

actualizar [aktwali'θar] <z→c> *vt* aktualisieren

actualmente [aktwal'mente] *adv* zur Zeit, augenblicklich

actuar [aktu'ar] <1. pres: actúo> *vi* ① (*obrar, hacer*) handeln ② (*tener efecto*) wirken (*sobre* auf +*akk*) ③ (TEAT) auftreten; *~* **en directo** live auftreten; *~* **de Don Juan** den Don Juan spielen; **ella no actúa en esta función** sie spielt in dieser Aufführung nicht mit ④ (JUR) auftreten (*de/como* als +*nom*); *~* **contra alguien** gegen jdn vorgehen

acuarela [akwa'rela] *f* Aquarell *nt*

acuario [a'kwarjo] *m* Aquarium *nt*

Acuario [a'kwarjo] *m* (ASTR) Wassermann *m*

acuartelamiento [akwartela'mjento] *m* Einquartierung *f*

acuartelar [akwarte'lar] *vt* ① (MIL) einquartieren ② (*dividir*) vierteln

acuático, -a [a'kwatiko, -a] *adj* Wasser-; **parque ~** Freizeitbad *nt*

acuchillar [akutʃi'ʎar] *vt* ① (*herir*) niederstechen; (*matar*) erstechen ② (*parqué*) abziehen; (*muebles*) glatt schleifen

acuciado, -a [aku'θjaðo, -a] *adj* ① (*apremiado*) unter Zeitdruck stehend ② (*incitado, instigado*) angestachelt

acuciante [aku'θjante] *adj* dringend

acuciar [aku'θjar] *vt* ① (*dar prisa*) drängen ② (*incitar*) anspornen

acuclillarse [akukli'ʎarse] *vr* in die Hocke gehen

acudir [aku'ðir] *vi* ① (*ir*) sich einfinden (*a* in +*dat, a* bei +*dat*); *~* **a una cita** zu einem Rendezvous gehen; *~* **al trabajo/a la puerta** zur Arbeit/an die Tür gehen; *~* **a las urnas** wählen gehen; *~* **a la memoria de alguien** jdm einfallen ② (*corriendo*) herbeieilen; *~* **en socorro** (*de alguien*) (jdm) zu Hilfe eilen ③ (*enfermedad*) befallen ④ (*desgracias*) heimsuchen; **las des-**

gracias la acuden sie wird vom Unglück heimgesucht ❺ (*recurrir*) sich wenden (*a an +akk*)

acueducto [akwe'ðukto] *m* Aquädukt *m o nt*

acuerdo [a'kwerðo] *m* ❶ (*convenio*) Vereinbarung *f;* **llegar a un** ~ sich einigen ❷ (*político*) Abkommen *nt;* **A~ Económico y Social** Sozialpakt *m;* **A~ General sobre Aranceles y Comercio** Allgemeines Zoll- und Handelsabkommen; **A~ Monetario Europeo** Europäisches Währungsabkommen ❸ (*decisión*) Beschluss *m;* **tomar un** ~ einen Beschluss fassen ❹ (*conformidad*) Übereinstimmung *f;* **de** ~ einverstanden; **de común** ~ in gegenseitigem Einverständnis; **de** ~ **con** gemäß *+dat;* **estar de** ~ **con alguien** mit jdm einer Meinung sein; **ponerse de** ~ sich einigen; **sin ponerse de** ~ ohne eine Einigung zu erzielen

acuífero¹ [a'kwifero] *m* (GEO) Grundwasservorkommen *nt*

acuífero, -a² [a'kwifero, -a] *adj* wasserführend

acular [aku'lar] *vt* (AUTO) rückwärts einparken

acullá [aku'ʎa] *adv* (*elev*) ❶ (*lugar*) dort ❷ (*dirección*) dorthin

acumulación [akumula'θjon] *f* ❶ (*amontonamiento*) Anhäufung *f* ❷ (*de cosas reunidas*) Ansammlung *f*

acumulador [akumula'ðor] *m* (ELEC) Akku(mulator) *m*

acumular [akumu'lar] *vt* ❶ (*reunir*) ansammeln; (*amontonar*) anhäufen ❷ (ELEC) speichern

acumulativo, -a [akumula'tiβo, -a] *adj* kumulativ; **intereses** ~**s** (FIN) anfallende Zinsen

acunar [aku'nar] *vt* wiegen

acuñación [akuɲa'θjon] *f* Prägung *f;* ~ **de moneda** Münzprägung *f*

acuñar [aku'ɲar] *vt* ❶ (*monedas, palabras*) prägen ❷ (TÉC) verkeilen

acuoso, -a [aku'oso, -a] *adj* wäss(e)rig; (*fruta*) saftig

acupuntor(a) [akupuɲ'tor(a)] *m(f)* Akupunkteur(in) *m(f)*

acupuntura [akupuɲ'tura] *f* Akupunktur *f*

acurrucarse [akurru'karse] <c→qu> *vr* sich kauern; (*a causa del frío*) sich zusammenkauern; ~ **en un sillón** sich in einen Sessel kuscheln

acusación [akusa'θjon] *f* ❶ (*inculpación*) Beschuldigung *f;* ~ **de corrupción** Korruptionsvorwurf *m* ❷ (JUR: *en juicio*) Anklage *f;* (*escrito*) Anklageschrift *f;* ~ **constitucio-**

nal Verfassungsbeschwerde *f;* ~ **particular** Nebenklage *f*

acusado, -a [aku'saðo, -a] I. *adj* ❶ (*claro, evidente*) klar ❷ (*marcado*) ausgeprägt II. *m, f* (JUR) Angeklagte(r) *mf*

acusador(a) [akusa'ðor(a)] *m(f)* (JUR) Ankläger(in) *m(f)*

acusar [aku'sar] *vt* ❶ (*culpar*) beschuldigen; **le acusan de asesinato** er wird des Mordes beschuldigt ❷ (*en juicio*) anklagen ❸ (*en la escuela*) verpetzen ❹ (*traslucir*) verraten; (*indicar*) anzeigen; (TÉC) registrieren ❺ (ECON) bestätigen; ~ **recibo de algo** den Empfang von etw bestätigen; ~ **recibo de un pedido** einen Auftrag bestätigen

acusativo [akusa'tiβo] *m* (LING) Akkusativ *m*

acusatorio, -a [akusa'torjo, -a] *adj* Anklage-; (*mirada, tono*) anklägerisch

acuse [a'kuse] *m:* ~ **de recibo** Empfangsbestätigung *f*

acústica [a'kustika] *f* Akustik *f*

acústico, -a [a'kustiko, -a] *adj* akustisch

adagio [a'ðaxjo] *m* ❶ (*proverbio*) Spruch *m* ❷ (MÚS) Adagio *nt*

adalid [aða'lið] *m* ❶ (*caudillo*) Anführer *m* ❷ (*precursor*) Vorkämpfer *m*

adán [a'ðan] *m* schlampiger Mensch *m;* **vas hecho un** ~ du siehst sehr heruntergekommen aus

adaptabilidad [aðaptaβili'ðað] *f* Anpassungsfähigkeit *f* (*a an +akk*)

adaptable [aðap'taβle] *adj* anpassungsfähig

adaptación [aðapta'θjon] *f* ❶ (*acomodación*) Anpassung *f* (*a an +akk*) ❷ (LIT, MÚS, TEAT) Bearbeitung *f;* **la** ~ **de una obra de teatro al cine** die Verfilmung eines Theaterstückes

adaptador [aðapta'ðor] *m* (TÉC) Adapter *m*

adaptar [aðap'tar] I. *vt* ❶ (*acomodar*) anpassen (*a an +akk, a +dat*); **adaptado bien al grupo** gut in die Gruppe integriert ❷ (*edificio*) umbauen; ~ **un piso para oficina** eine Wohnung zum Büro umbauen ❸ (*ajustar*) einpassen; ~ **algo a algo** etw auf etw abstimmen ❹ (LIT, MÚS, TEAT, CINE) bearbeiten (*a für +akk*); ~ **una novela a la pantalla** einen Roman verfilmen II. *vr:* ~**se** sich anpassen (*a +dat, a* an *+akk*); (*a un grupo*) sich einfügen (*a in +akk*); **se han adaptado muy bien el uno al otro** sie sind sehr gut aufeinander eingespielt

adarme [a'ðarme] *m:* **un** ~ **de** ein bisschen; **un** ~ **de pan** eine Krume Brot; **no tener un** ~ **de sentido común** kein bisschen gesunden Menschenverstand haben

adecentar [aðeθeṇ'tar] **I.** *vt* herrichten **II.** *vr:* ~**se** sich zurechtmachen

adecuación [aðekwa'θjon] *f* ❶ (*conveniencia*) Angemessenheit *f* ❷ (*adaptación*) Anpassung *f;* ~ **al perfil del puesto** Erfüllen des Anforderungsprofils

adecuado, -a [aðe'kwaðo, -a] *adj* (*conveniente*) angemessen; (*apto*) geeignet; (*palabras*) passend; **la decoración de tu casa es muy adecuada** die Ausstattung deiner Wohnung ist sehr zweckmäßig

adecuar [aðe'kwar] **I.** *vt* anpassen (*a* an +*akk*) **II.** *vr:* ~**se** sich anpassen (*a* an +*akk*)

adefesio [aðe'fesjo] *m* ❶ (*prenda*) Fummel *m fam* ❷ (*persona*) Vogelscheuche *f;* **estar hecho un** ~ wie eine Vogelscheuche aussehen

a. de (J)C. ['aṇtes ðe (xesu)'kristo] *abr de* **antes de (Jesu)cristo** v. Chr.

adelantado, -a [aðelaṇ'taðo, -a] *adj* ❶ (*precoz*) frühreif ❷ (*avanzado*) fortgeschritten; **estar muy** ~ weit fortgeschritten sein ❸ (*loc*): **por** ~ im Voraus

adelantamiento [aðelaṇta'mjeṇto] *m* ❶ (*avance*) Vorrücken *nt;* (*progreso*) Fortschritt *m* ❷ (*del coche*) Überholen *nt;* **realizar un** ~ Überholen *nt*

adelantar [aðelaṇ'tar] **I.** *vi* ❶ (*reloj*) vorgehen ❷ (*progresar*) vorwärts kommen; **no adelanto nada en sueco** ich mache keine Fortschritte im Schwedischen ❸ (*coche*) überholen **II.** *vt* ❶ (*avanzar*) vorrücken; ~ **unos pasos** ein paar Schritte vorgehen ❷ (*coche, persona*) überholen ❸ (*reloj*) vorstellen ❹ (*viaje, partida*) vorverlegen ❺ (*idea*) vorwegnehmen ❻ (*paga*) vorstrecken ❼ (*obtener ventaja*) gewinnen; **¿qué adelantas con esto?** was bringt dir das? **III.** *vr:* ~**se** ❶ (*avanzarse*) vorangehen ❷ (*llegar antes*) früher eintreffen ❸ (*aventajar*) zuvorkommen; **te has adelantado a mis deseos** du bist meinen Wünschen zuvorgekommen ❹ (*reloj*) vorgehen

adelante [aðe'laṇte] *adv* vor(wärts); **¡~!** herein!; **de hoy en** ~ von heute an; **llevar un plan** ~ einen Plan in die Tat umsetzen; **sacar una familia** ~ eine Familie durchbringen; **seguir** ~ weitergehen; **véase más** ~ siehe unten

adelanto [aðe'laṇto] *m* ❶ (*progreso*) Fortschritt *m;* ~**s técnicos** technische Neuerungen ❷ (*anticipo*) Vorschuss *m*

adelgazamiento [aðelɣaθa'mjeṇto] *m* Abnehmen *nt*

adelgazante [aðelɣa'θaṇte] **I.** *adj* Abmagerungs- **II.** *m* Schlankheitsmittel *nt*

adelgazar [aðelɣa'θar] <z→c> **I.** *vi, vr:* ~**se** abnehmen **II.** *vt* (*cosas*) dünner machen ❷ (*peso*) abnehmen

ademán [aðe'man] *m* ❶ (*gesto*) Gebärde *f;* **hacer** ~ **de salir** sich anschicken zu gehen ❷ (*actitud*) Haltung *f;* **en** ~ **de** bereit zu

además [aðe'mas] *adv* außerdem, ferner

adenda [a'ðeṇda] *f* Nachtrag *m*

adentrarse [aðeṇ'trarse] *vr* ❶ (*entrar*) hineingehen (*en* in +*akk*); (*penetrar*) eindringen (*en* in +*akk*) ❷ (*en un tema*) sich vertiefen (*en* in +*akk*)

adentro [a'ðeṇtro] *adv* ❶ (*lugar*) darin ❷ (*lugar y movimiento*) hinein; **mar** ~ seewärts; **tierra** ~ landeinwärts; **el grito le salió de muy** ~ sein/ihr Schrei kam aus tiefster Seele

adentros [a'ðeṇtros] *mpl* Innere(s) *nt;* **para sus** ~ innerlich; **guardar algo para sus** ~ etw für sich behalten

adepto, -a [a'ðepto, -a] *m, f* ❶ (*afiliado*) Mitglied *nt* ❷ (*partidario*) Anhänger(in) *m(f)*

aderezar [aðere'θar] <z→c> *vt* ❶ (*preparar*) herrichten ❷ (*guisar*) zubereiten ❸ (*condimentar*) würzen; (*ensalada*) anmachen

aderezo [aðe're θo] *m* ❶ (*de un guiso*) Zubereitung *f* ❷ (*condimentación*) Würzen *nt;* (*de una ensalada*) Anmachen *nt* ❸ (*condimento*) Gewürz *nt;* (*para ensalada*) Dressing *nt* ❹ (*joyas*) Schmuckgarnitur *f*

adeudar [aðeu'ðar] **I.** *vt* ❶ (*deber*) schulden ❷ (*cargar*) belasten; ~ **una cantidad en cuenta** ein Konto mit einem Betrag belasten **II.** *vr:* ~**se** sich verschulden; ~**se mucho** sich hoch verschulden

adherencia [aðe'reṇθja] *f* ❶ (*cohesión*) Haftung *f;* (AUTO) Bodenhaftung *f* ❷ (*conexión*) Verbindung *f*

adherente [aðe'reṇte] *adj* anhaftend

adherir [aðe'rir] *irr como sentir* **I.** *vt* (*sello*) (auf)kleben (*a* auf +*akk*); (*cartel, póster*) (an)kleben (*a* an +*akk*) **II.** *vr:* ~**se** ❶ (*pegarse*) haften (*a* an +*dat, a* auf +*dat*) ❷ (*a una opinión*) zustimmen (*a* +*dat*) ❸ (*a un partido*) beitreten (*a* +*dat*)

adhesión [aðe'sjon] *f* ❶ (*adherencia*) Haftung *f* ❷ (*a una opinión*) Zustimmung *f* (*a* zu +*dat*); (*apoyo*) Unterstützung *f* (*a* +*gen*) ❸ (*a una asociación*) Beitritt *m* (*a* zu +*dat*)

adhesivo¹ [aðe'siβo] *m* ❶ (*sustancia*) Klebstoff *m;* ~ **multiuso** Alleskleber *m* ❷ (*pegatina*) Aufkleber *m*

adhesivo, -a² [aðe'siβo, -a] *adj* Klebe-

adicción [aðiɣ'θjon] *f* Sucht *f;* ~ **a las dro-**

gas Drogenabhängigkeit *f*

adición [aðiˈθjon] *f* ❶ (*añadidura*) Zusatz *m* (*a* zu +*dat*) ❷ (MAT) Addition *f*

adicional [aðiθjoˈnal] *adj* zusätzlich

adicionar [aðiθjoˈnar] *vt* hinzufügen (*a* zu +*dat*)

adicto, -a [aˈðikto, -a] I. *adj* ❶ (*leal*) ergeben ❷ (*que tiene adicción*) süchtig; ~ **a las drogas** drogensüchtig; ~ **a la televisión** (*fam*) fernsehsüchtig II. *m, f* ❶ (*dependiente*) Süchtige(r) *mf* ❷ (*CSur: adherente*) Anhänger(in) *m(f)* (*a* +*gen*); (*partidario*) Befürworter(in) *m(f)* (*a* +*gen*)

adiestrar [aðjesˈtrar] *vt* ❶ (*personas*) schulen (*en* in +*dat, para* für +*akk*) ❷ (*animales*) abrichten (*para* zu +*dat*); (*para el circo*) dressieren

adinerado, -a [aðineˈraðo, -a] *adj* vermögend

adiós [aˈðjos] I. *interj* ❶ (*despedida*) auf Wiedersehen ❷ (*sorpresa*) ach (Gott) II. *m* Abschied *m;* **decir** ~ **a alguien** von jdm Abschied nehmen

adiposidad [aðiposiˈðað] *f* Fettleibigkeit *f*

adiposo, -a [aðiˈposo, -a] *adj* fetthaltig; **tejido** ~ Fettgewebe *nt*

aditamento [aðitaˈmento] *m* ❶ (*añadidura*) Zusatz *m* ❷ (*complemento*) Ergänzung *f*

aditivo¹ [aðiˈtiβo] *m* Zusatzstoff *m*

aditivo, -a² [aðiˈtiβo, -a] *adj* Zusatz-

adivinanza [aðiβiˈnanθa] *f* Rätsel *nt*

adivinar [aðiβiˈnar] *vt* ❶ (*el futuro*) wahrsagen ❷ (*conjeturar*) raten; (*acertar*) erraten; **¡adivina cuántos años tengo!** rat mal, wie alt ich bin! ❸ (*vislumbrar*) erahnen

adivino, -a [aðiˈβino, -a] *m, f* Wahrsager(in) *m(f)*

adjetivar [aðxetiˈβar] *vt* (LING) adjektivieren

adjetivo [aðxeˈtiβo] *m* Adjektiv *nt;* ~ **numeral** Zahladjektiv *nt*

adjudicación [aðxuðikaˈθjon] *f* ❶ (*de un premio*) Verleihung *f;* (*de un pedido/una beca*) Vergabe *f* ❷ (*en una subasta*) Zuschlag *m*

adjudicar [aðxuðiˈkar] <c→qu> I. *vt* ❶ (*premio*) verleihen; (*encargo, beca*) vergeben ❷ (*en una subasta*) zuschlagen II. *vr:* ~ **se** ❶ (*apropiarse*) sich *dat* aneignen ❷ (*victoria, premio*) erringen

adjuntar [aðxunˈtar] *vt* beilegen

adjunto, -a [aðˈxunto, -a] *adj* ❶ (*junto*) beiliegend ❷ (*auxiliar*) stellvertretend; **profesora adjunta** (UNIV) ≈Assistentin *f*

administración [aðministraˈθjon] *f* ❶ (*dirección, organización*) Verwaltung *f;* ~ **de una cuenta** Kontoführung *f;* ~ **de fincas** Haus- und Grundstücksverwaltung *f;* ~ **municipal** Stadtverwaltung *f* ❷ (*órgano*) Behörde *f;* **la** ~ **de correos** die Post; **la** ~ **española** die spanischen Behörden ❸ (*de medicamentos*) Verabreichung *f;* (*de sacramentos*) Spenden *nt* ❹ (*Arg: gobierno*) Regierung *f*

administrador(a) [aðministraˈðor(a)] *m(f)* Verwalter(in) *m(f);* (*gerente*) Geschäftsführer(in) *m(f);* ~ **de la masa** Konkursverwalter *m*

administrar [aðminisˈtrar] *vt* ❶ (*dirigir, cuidar*) verwalten; ~ **justicia** Recht sprechen ❷ (*racionar*) einteilen; (*suministrar*) verteilen ❸ (*medicamentos*) verabreichen; (*sacramentos*) spenden

administrativo, -a [aðministraˈtiβo, -a] I. *adj* Verwaltungs- II. *m, f* Verwaltungsangestellte(r) *mf*

admirable [aðmiˈraβle] *adj* bewundernswert

admiración [aðmiraˈθjon] *f* ❶ (*respeto, adoración*) Bewunderung *f* ❷ (*asombro*) Verwunderung *f* ❸ (*signo*) Ausrufezeichen *nt;* (*frase*) Ausrufesatz *m*

admirado, -a [aðmiˈraðo, -a] *adj* erstaunt; **me quedé admirada de tus conocimientos** ich war erstaunt über deine Kenntnisse

admirador(a) [aðmiraˈðor(a)] *m(f)* Bewunderer, -in *m, f*

admirar [aðmiˈrar] I. *vt* ❶ (*adorar, apreciar*) bewundern ❷ (*asombrar*) verwundern II. *vr:* ~ **se** sich wundern (*de* über +*akk*)

admirativo, -a [aðmiraˈtiβo, -a] *adj* bewundernd; **una mirada admirativa** ein bewundernder Blick

admisible [aðmiˈsiβle] *adj* zulässig

admisión [aðmiˈsjon] *f* ❶ (*en una asociación*) Aufnahme *f* (*en* in +*akk*); (UNIV) Zulassung *f* (*en* zu +*dat*) ❷ (TÉC) Zufuhr *f*

admitir [aðmiˈtir] *vt* ❶ (*en una asociación*) aufnehmen (*en* in +*akk*); (UNIV) zulassen (*en* zu +*dat*) ❷ (*aceptar*) annehmen; (*aprobar*) billigen; ~ **los métodos de alguien** jds Methoden billigen ❸ (*reconocer*) zugeben ❹ (*permitir*) zulassen; ~ **una queja** (JUR) einer Klage stattgeben; **el asunto no admite dilación** die Sache duldet keinen Aufschub; **es cosa admitida que...** es ist allgemein anerkannt, dass ... ❺ (*tener capacidad*) fassen

admonición [aðmoniˈθjon] *f* Ermahnung *f;* (ADMIN) Verwarnung *f*

ADN [aðeˈene] *m abr de* **ácido desoxirribonucleico** DNS *f*

adobar [aðoˈβar] *vt* ❶ (*con salsa*) marinie-

ren; (*con sal*) pökeln ❷(*piel*) gerben
❸(*fam: amañar*) deichseln

adobe [a'ðoβe] *m* Luftziegel *m*

adobo [a'ðoβo] *m* ❶(*salsa*) Marinade *f*
❷(*con salsa*) Marinieren *nt;* (*con sal*)
Pökeln *nt* ❸(*de pieles*) Gerben *nt*

adocenado, -a [aðoθe'naðo, -a] *adj* mittelmäßig

adocenarse [aðoθe'narse] *vr* mittelmäßig
werden

adoctrinamiento [aðoktrina'mjeṇto] *m*
Indoktrinierung *f*

adoctrinar [aðoktri'nar] *vt* indoktrinieren;
~ **a alguien sobre algo** jdm etw beibringen

adolecer [aðole'θer] *irr como crecer vi*
❶(*ponerse enfermo*) erkranken (*de* an
+*dat*); (*padecer*) leiden (*de* an +*dat*); **este
chico adolece de ser aburrido** dieser
Junge ist einfach nur langweilig ❷(*carecer*) nicht haben (*de* +*akk*)

adolescencia [aðoles'θeṇθja] *f* Jugend *f*

adolescente [aðoles'θeṇte] I. *adj* halb-
wüchsig II. *mf* Jugendliche(r) *mf*

adonde [a'ðoṇde] *adv* (*relativo*) wohin; **el
pueblo ~ iremos es muy bonito** das
Dorf, in das wir fahren werden, ist sehr
schön

adónde [a'ðoṇde] *adv* (*interrogativo*)
wohin

adondequiera [aðoṇde'kjera] *adv:* ~ **que**
+*subj* (*estado*) wo auch immer; (*dirección*) wohin auch immer

adopción [aðoβ'θjon] *f* ❶(*de niños*) Adoption *f* ❷(*de nacionalidad/religión*)
Annahme *f* ❸(*de medidas*) Ergreifen *nt*
❹(*de actitudes*) Einnehmen *nt*

adoptar [aðop'tar] *vt* ❶(*niño*) adoptieren
❷(*nacionalidad, costumbre, religión*)
annehmen ❸(*medida*) ergreifen; (*acuerdo, resolución*) fassen ❹(*actitud*) einnehmen

adoptivo, -a [aðop'tiβo, -a] *adj* ❶(*personas*) Adoptiv- ❷(*cosas*) Wahl-

adoquín [aðo'kin] *m* ❶(*piedra*) Pflasterstein *m* ❷(*fam: persona*) Tölpel *m*

adoquinado [aðoki'naðo] *m* (*suelo*) Pflaster *nt*

adoquinar [aðoki'nar] *vt* pflastern

adorable [aðo'raβle] *adj* entzückend

adoración [aðora'θjon] *f* (*t.* REL) Verehrung *f*

adorar [aðo'rar] *vt* anbeten; (*idolatrar*) vergöttern

adormecer [aðorme'θer] *irr como crecer*
I. *vt* ❶(*personas*) einschläfern ❷(*dolor*)
stillen II. *vr:* ~ **se** einschlafen

adormecido, -a [aðorme'θiðo, -a] *adj,*

adormilado, -a [aðormi'laðo, -a] *adj*
(*cansado*) schläfrig

adormidera [aðormi'ðera] *f* (BOT) Schlaf-
mohn *m*

adormilarse [aðormi'larse] *vr* einnicken

adornar [aðor'nar] I. *vt* schmücken (*con/
de* mit +*dat*); (*con ornamentos*) verzieren
(*con/de* mit +*dat*) II. *vr:* ~ **se** sich schmücken (*con* mit +*dat*)

adorno [a'ðorno] *m* Schmuck *m;* (*ornamento*) Verzierung *f;* **árbol de ~** Zierbaum
m; **la lámpara sólo está de ~** die Lampe
dient nur zur Zierde; **estar de ~** (*fig*) fehl
am Platz(e) sein

adosado, -a [aðo'saðo, -a] *adj:* **casa adosada** Reihenhaus *nt*

adosar [aðo'sar] *vt* ❶(*apoyar*) anlehnen (*a
an* +*akk*) ❷(ARQUIT) anbauen (*a* an +*akk*)
❸(*Am: adjuntar*) beilegen

adquirir [aðki'rir] *irr vt* ❶(*conseguir*)
erlangen; ~ **un hábito** eine Gewohnheit
annehmen ❷(*comprar*) erwerben

adquisición [aðkisi'θjon] *f* Erwerb *m;* (*de
una empresa*) Übernahme *f;* ~ **de lenguas**
Spracherwerb *m;* **este coche es una
buena ~** mit diesem Auto haben wir einen
guten Kauf gemacht

adquisidor(a) [aðkisi'ðor(a)] *m(f)* (ECON)
Erwerber(in) *m(f)*

adquisitivo, -a [aðkisi'tiβo, -a] *adj* Kauf-;
poder ~ Kaufkraft *f*

adrede [a'ðreðe] *adv* absichtlich

adrenalina [aðrena'lina] *f* Adrenalin *nt*

adriático, -a [a'ðrjatiko, -a] *adj:* **costa
adriática** Adriaküste *f;* **mar A~** Adria *f*

Adriático [a'ðrjatiko] *m* Adria *f*

adscribir [aðskri'βir] *irr como escribir vt*
❶(*atribuir*) zuschreiben ❷(*destinar*)
zuteilen

aduana [a'ðwana] *f* ❶(*tasa*) Zoll *m;* **declaración de ~s** Zollerklärung *f;* **despacho
de ~** Zollabfertigung *f;* **sin ~** zollfrei
❷(*oficina*) Zollamt *nt;* **pase por la ~, por
favor** gehen Sie bitte durch den Zoll
❸(*juego*) Würfelspiel *nt*

aduanero, -a [aðwa'nero, -a] I. *adj* Zoll-;
exento de derechos ~s zollfrei; **sujeto a
derechos ~s** zollpflichtig II. *m, f* Zollbe-
amte(r) *mf,* -beamtin *f*

aducir [aðu'θir] *irr como traducir vt* (*razón,
motivo*) anführen; (*prueba*) beibringen

adueñarse [aðwe'ñarse] *vr* sich bemächtigen (*de* +*gen*); ~ **del poder** die Macht an
sich reißen; **el pánico se adueñó de él**
Panik ergriff ihn

adulación [aðula'θjon] *f* Schmeichelei *f*

adulador(a) [aðula'ðor(a)] I. *adj* schmeichlerisch II. *m(f)* Schmeichler(in) *m(f)*

adular [aðu'lar] *vt* schmeicheln +*dat*
adulteración [aðul̩tera'θjon] *f* Verfälschung *f;* (*de bebidas*) Panschen *nt;* ~ **de moneda** (FIN) Münzverschlechterung *f*
adulterador(a) [aðul̩tera'ðor(a)] *m(f)* Fälscher(in) *m(f);* (*de bebidas*) Panscher(in) *m(f)*
adulterar [aðul̩te'rar] *vt* verfälschen; (*bebidas*) panschen
adulterio [aðul̩'terjo] *m* Ehebruch *m*
adúltero, -a [a'ðul̩tero, -a] I. *adj* ehebrecherisch II. *m, f* Ehebrecher(in) *m(f)*
adultez [aðul̩'teθ] *f* Erwachsenenalter *nt*
adulto, -a [a'ðul̩to, -a] I. *adj* ❶ (*persona*) erwachsen; (*animal*) ausgewachsen ❷ (*desarrollado*) entwickelt II. *m, f* Erwachsene(r) *mf*
adusto, -a [a'ðusto, -a] *adj* ❶ (*persona*) spröde ❷ (*paisaje*) rau ❸ (*región, casa*) finster ❹ (*clima*) heiß
advenedizo, -a [aðβene'ðiθo, -a] I. *adj* fremd II. *m, f* ❶ (*forastero*) Fremde(r) *mf* ❷ (*pey: arribista*) Emporkömmling *m*
advenimiento [aðβeni'mjen̩to] *m* Ankunft *f;* (*de un monarca*) Thronbesteigung *f;* **esperar algo como el santo** ~ voller Ungeduld auf etw warten
adverbial [aðβer'βjal] *adj* adverbial
adverbio [að'βerβjo] *m* Adverb *nt;* ~ **de modo/de lugar/de tiempo** Modal-/Lokal-/Temporaladverb *nt*
adversario, -a [aðβersa'rjo, -a] *m, f* Gegner(in) *m(f)*
adversativo, -a [aðβersa'tiβo, -a] *adj* (LING) adversativ
adversidad [aðβersi'ðað] *f* ❶ (*contrariedad*) Widrigkeit *f* ❷ (*desgracia*) Unglück *nt*
adverso, -a [að'βerso, -a] *adj* widrig; (*enemigo*) feindlich; (*clima*) ungünstig
advertencia [aðβer'ten̩θja] *f* ❶ (*amonestación*) Warnung *f* ❷ (*indicación*) Hinweis *m*
advertido, -a [aðβer'tiðo, -a] *adj* (*experto*) erfahren; **estar** ~ **del peligro** sich *dat* der Gefahr bewusst sein
advertir [aðβer'tir] *irr como sentir vt* ❶ (*reparar*) bemerken; **advirtió mis intenciones** er/sie erriet meine Absichten ❷ (*indicar*) hinweisen (auf +*akk*); (*llamar la atención*) aufmerksam machen (auf +*akk*) ❸ (*amenazar*) warnen (*de* vor +*dat*); (*aconsejar*) raten
adviento [að'βjen̩to] *m* Advent *m*
Adviento [að'βjen̩to] *m* Advent *m*
adyacencia [aðɟa'θen̩θja] *f* (*RíoPl:* *proximidad*) Nähe *f;* **en las** ~**s** in der Umgebung
adyacente [aðɟa'θen̩te] *adj* angrenzend

aéreo, -a [a'ereo, -a] *adj* ❶ (*del aire*) Luft-; **base aérea** (MIL) Luftstützpunkt *m;* **compañía aérea** Fluggesellschaft *f;* **por vía aérea** per Luftpost ❷ (*ligero*) leicht
aeróbic [ae'roβik] *m* Aerobic *nt*
aerobús [aero'βus] *m* Airbus *m*
aerodeslizador [aeroðesliθa'ðor] *m* Luftkissenfahrzeug *nt*
aerodinámica [aeroði'namika] *f* Aerodynamik *f*
aerodinámico, -a [aeroði'namiko, -a] *adj* aerodynamisch; (*vehículo*) stromlinienförmig
aeródromo [ae'roðromo] *m* Flugplatz *m*
aeroespacial [aeroespa'θjal] *adj* Luft- und Raumfahrt-
aerofaro [aero'faro] *m* Leuchtfeuer *nt*
aerolínea [aero'linea] *f* Fluggesellschaft *f*
aerolito [aero'lito] *m* Meteorit *m*
aeromodelismo [aeromoðe'lismo] *m sin pl* Modellflugzeugbau *m*
aeromoza [aero'moθa] *f* (*Méx, AmS:* *azafata*) Stewardess *f*
aeronauta [aero'nau̯ta] *mf* Pilot(in) *m(f)*
aeronáutica [aero'nau̯tika] *f* Luftfahrt *f*
aeronáutico, -a [aero'nau̯tiko, -a] *adj* Luftfahrt-; **ingeniero** ~ Luftfahrtingenieur *m*
aeronave [aero'naβe] *f* Luftfahrzeug *nt;* ~ **espacial** Raumschiff *nt*
aeroplano [aero'plano] *m* Flugzeug *nt*
aeropuerto [aero'pwerto] *m* Flughafen *m*
aerosol [aero'sol] *m* ❶ (*suspensión*) Aerosol *m* ❷ (*espray*) Spray *m o nt* ❸ (*recipiente*) Spraydose *f*
aerostática [aeros'tatika] *f* (FÍS) Aerostatik *f*
aerotrén [aero'tren] *m* Aerotrain *m,* (Magnet)schwebebahn *f*
afabilidad [afaβili'ðað] *f* Umgänglichkeit *f*
afable [a'faβle] *adj* umgänglich (*con/para con* gegenüber +*dat*)
afamado, -a [afa'maðo, -a] *adj* berühmt
afamar [afa'mar] *vt* berühmt machen
afán [a'fan] *m* ❶ (*ahínco*) Eifer *m;* (*ambición*) Streben *nt* (*de* nach +*dat*); ~ **de lucro** Gewinnstreben *nt;* **con** ~ eifrig; **poner mucho** ~ **en algo** etw mit viel Eifer machen ❷ (*anhelo*) Sehnsucht *f* (*de* nach +*dat*); ~ **de notoriedad** Geltungsbedürfnis *nt*
afanar [afa'nar] I. *vi* schwer arbeiten II. *vt* (*fam*) klauen III. *vr:* ~**se** (*esforzarse*) sich abmühen; (*atarearse*) sich abplagen
afanoso, -a [afa'noso, -a] *adj* ❶ (*trabajoso*) mühsam ❷ (*persona*) strebsam
afeamiento [afea'mjen̩to] *m* ❶ (*desfiguración*) Verunstaltung *f* ❷ (*censura*) Tadel *m*
afear [afe'ar] *vt* ❶ (*desfigurar*) verunstalten ❷ (*censurar*) tadeln

afección [afeⱽ'θjon] *f* ❶ (MED) Leiden *nt* ❷ (*inclinación*) Zuneigung *f*

afeccionarse [afeⱽθ ̣ejo'narse] *vr* (*Chil, RíoPl*) mögen (*de* +*akk*)

afectación [afekta'θjon] *f* Affektiertheit *f;* **comportarse con** ~ sich affektiert benehmen

afectado, -a [afek'taðo, -a] *adj* (*amanerado*) affektiert

afectar [afek'tar] **I.** *vt* ❶ (*aparentar*) vortäuschen ❷ (*atañer*) betreffen ❸ (*dañar*) schädigen; (MED) angreifen ❹ (*impresionar*) nahe gehen +*dat* ❺ (*Am: destinar dinero*) bestimmen (*a* für +*akk*); (*girar*) überweisen (*a* an +*akk*) **II.** *vr:* ~ **se** (*Am*) sich anstecken

afectísimo, -a [afek'tisimo, -a] *adj:* **suyo** ~ hochachtungsvoll

afectividad [afektiβi'ðað] *f* ❶ (*emoción*) Gemütsbewegung *f* ❷ (*cariño*) Zärtlichkeit *f* ❸ (PSICO) Affektivität *f*

afectivo, -a [afek'tiβo, -a] *adj* ❶ (*de afecto*) Gemüts- ❷ (*sensible*) sensibel ❸ (*cariñoso*) liebevoll

afecto¹ [a'fekto] *m* ❶ (*pasión*) Gemütsbewegung *f* ❷ (*cariño*) Zuneigung *f* (*a* für +*akk*)

afecto, -a² [a'fekto, -a] *adj* ❶ (*inclinado*) zugetan (*a* +*dat*) ❷ (*agregado*) zugeteilt (*a* +*dat*) ❸ (*sujeto*): **estar** ~ **al pago de impuestos** der Steuerpflicht unterliegen ❹ (*afectado*): **estar** ~ **de algo** von etw *dat* betroffen sein

afectuosidad [afektwosi'ðað] *f* ❶ (*cariño*) Zärtlichkeit *f* ❷ (*cordialidad*) Herzlichkeit *f*

afectuoso, -a [afektu'oso, -a] *adj* ❶ (*cariñoso*) liebevoll ❷ (*cordial*) herzlich; **afectuosamente** mit freundlichen Grüßen

afeitada [afei ̣'taða] *f* (*Arg*), **afeitado** [afei ̣'taðo] *m* Rasur *f;* **afeitado húmedo** Nassrasur *f*

afeitadora [afei ̣ta'ðora] *f* Rasierapparat *m*

afeitar [afei ̣'tar] **I.** *vt* (*persona*) rasieren; **máquina de** ~ Rasierapparat *m* **II.** *vr:* ~ **se** sich rasieren

afeite [a'fei ̣te] *m* ❶ (*cosmético*) Kosmetikum *nt* ❷ (*adorno*) Schmuck *m*

afelpado, -a [afel'paðo, -a] *adj* plüschig; **sillón** ~ Plüschsessel *m*

afelpar [afel'par] *vt* mit Plüsch beziehen

afeminación [afemina'θjon] *f* Verweiblichung *f*

afeminado¹ [afemi'naðo] *m* (*como una mujer*) femininer Mann *m;* (*blando*) Weichling *m*

afeminado, -a² [afemi'naðo, -a] *adj* feminin; (*pey*) weibisch

afeminar [afemi'nar] *vt, vr:* ~ **se** (*hacer*(*se*) *afeminado*) verweiblichen; (*blando*) verweichlichen

aferrar [afe'rrar] **I.** *vt* fest halten **II.** *vr:* ~ **se** ❶ (*agarrarse*) sich fest halten (*a* an +*dat*) ❷ (*obstinarse*) hartnäckig bestehen (*a* auf +*dat*)

afgani [af'ɣani] *m* (FIN) Afghani *m*

afgano, -a [af'ɣano, -a] **I.** *adj* afghanisch **II.** *m, f* Afghane, -in *m, f*

afianzamiento [afjanθa'mjento] *m* ❶ (*sujeción*) Befestigung *f* ❷ (*aseguramiento*) Sicherung *f* ❸ (*firmeza*) Bestärkung *f* ❹ (JUR) Bürgschaft *f*

afianzar [afjaŋ'θar] <z→c> **I.** *vt* ❶ (*sujetar*) befestigen; (*con clavos*) annageln; (*con puntales*) abstützen; (*con tornillos*) anschrauben ❷ (*dar firmeza*) bestärken (*en* in +*dat*); (*asegurar*) absichern **II.** *vr:* ~ **se** ❶ (*apoyarse*) sich stützen (*en* auf +*akk*) ❷ (*afirmarse*) sich behaupten

afiche [a'fiʧe] *m* (*CSur*) Plakat *nt*

afición [afi'θjon] *f* ❶ (*inclinación*) Vorliebe *f;* **cobrar** [*o* **tomar**] **una** ~ **por** [*o* **a**] **algo** eine Vorliebe für etw entwickeln; **tener** [*o* **sentir**] **una** ~ **hacia** [*o* **a**] **algo** eine Vorliebe für etw haben ❷ (*pasatiempo*) Steckenpferd *nt;* **de** ~ Hobby-; **hacer algo por** ~ etw als Hobby betreiben ❸ (*afecto*) Zuneigung *f* ❹ (*hinchada*) Anhängerschaft *f*

aficionado, -a [afiθjo'naðo, -a] **I.** *adj* ❶ (*no profesional*) Hobby- ❷ (*que siente afición*): **ser** ~ **a la arquitectura** sich für Architektur begeistern; **ser** ~ **a tocar la flauta** ein begeisterter Flötenspieler sein **II.** *m, f* ❶ (*amante*) Liebhaber(in) *m(f);* (DEP) Fan *m;* ~ **a la ópera** Opernliebhaber *m* ❷ (*no profesional*) Amateur(in) *m(f)*

aficionar [afiθjo'nar] **I.** *vt:* ~ **a alguien a algo** bei jdm besonderes Interesse für etw wecken **II.** *vr:* ~ **se a algo** (*acostumbrarse*) sich *dat* etw angewöhnen; (*prendarse*) etw gerne tun; ~ **se a alguien** jdn lieb gewinnen

afilado, -a [afi'laðo, -a] *adj* ❶ (*nariz*) spitz; (*dedos*) dünn; (*cara*) schmal; **tener uñas afiladas** (*fam fig*) gerne mal was mitgehen lassen ❷ (*mordaz*) bissig; **lengua afilada** (*fig*) spitze Zunge

afilador [afila'ðor] *m* (*instrumento*) Schleifmaschine *f;* ~ **de acero** Wetzstahl *m*

afilalápices [afila'lapiθes] *m inv* Bleistiftspitzer *m*

afilar [afi'lar] **I.** *vt* ❶ (*cuchillo*) schärfen; (*lápiz*) (an)spitzen ❷ (*sentidos*) schärfen

II. *vr:* ~ **se** ❶ (*sentido*) sich schärfen sen *nt*

❷ (*adelgazarse*) schmaler werden

afiliación [afilja'θjon] *f* ❶ (*acto*) Beitritt *m* (*a* zu +*dat*) ❷ (*pertenencia*) Mitgliedschaft *f;* ~ **política** Parteimitgliedschaft *f*

afiliado, -a [afi'ljaðo, -a] **I.** *adj* angeschlossen (*a* +*dat*) **II.** *m, f* Mitglied *nt;* ~ **a un sindicato** Gewerkschaftsmitglied *nt*

afiliar [afi'ljar] **I.** *vt* (*incorporar*) aufnehmen (*a* in +*akk*) **II.** *vr:* ~ **se** beitreten (*a* +*dat*)

afín [a'fin] *adj* verwandt

afinado [afi'naðo] *m* ❶ (*pulimiento*) Verfeinerung *f* ❷ (*de metales*) Läuterung *f* ❸ (MÚS) Stimmen *nt*

afinar [afi'nar] **I.** *vi* (*cantando*) richtig singen; (*tocando*) richtig spielen **II.** *vt* ❶ (*hacer más fino*) verfeinern; (*perfeccionar*) den letzten Schliff geben +*dat;* ~ **la puntería** sich einschießen ❷ (*lápiz*) (an)spitzen ❸ (*metales*) läutern ❹ (MÚS) stimmen

afincar [afiŋ'kar] <c→qu> **I.** *vi* Grundbesitz erwerben **II.** *vr:* ~ **se** sich niederlassen (*en* in +*dat*)

afinidad [afini'ðað] *f* ❶ (*semejanza*) Ähnlichkeit *f;* ~ **de caracteres** Wesensverwandtschaft *f* ❷ (*por parentesco*) Verschwägerung *f;* **son parientes por** ~ **sie sind verschwägert**

afirmación [afirma'θjon] *f* ❶ (*confirmación*) Bestätigung *f;* (*de preguntas*) Bejahung *f;* **contestar algo con afirmaciones** etw bejahen ❷ (*aseveración*) Behauptung *f*

afirmar [afir'mar] **I.** *vt* ❶ (*decir sí*) bejahen; (*dar por cierto*) bestätigen; ~ **con la cabeza** zustimmend nicken ❷ (*aseverar*) behaupten ❸ (*asentar*) befestigen **II.** *vr:* ~ **se** ❶ (*confirmarse*) sich bestätigen ❷ (*ratificarse*) bestätigen (*en* +*akk*)

afirmativamente [afirmatiβa'mente] *adv* bejahend; **responder** ~ ja sagen; **responder** ~ **a algo** etw bejahen

afirmativo, -a [afirma'tiβo, -a] *adj* bejahend; **en caso** ~ gegebenenfalls; **respuesta afirmativa** positive Antwort

aflicción [afliɣ'θjon] *f* Kummer *m* (*por* über +*akk*); **dar** ~ **a alguien** jdm Kummer bereiten

aflictivo, -a [aflik'tiβo, -a] *adj,* **afligente** [afli'xente] *adj* (*Am*) betrüblich

afligido, -a [afli'xiðo, -a] *adj* betrübt (*con/ por/de* über +*akk*)

afligir [afli'xir] <g→j> **I.** *vt* ❶ (*atormentar*) quälen ❷ (*apenar*) betrüben **II.** *vr:* ~ **se** betrübt sein (*con/por/de* über +*akk*)

aflojamiento [afloxa'mjento] *m* ❶ (*distensión*) Lockern *nt* ❷ (*debilitación*) Nachlas-

aflojar [aflo'xar] **I.** *vi* nachlassen **II.** *vt* ❶ (*cuerda, nudo*) lockern ❷ (*fam: dinero*) herausrücken ❸ (*velocidad*) drosseln; ~ **el paso** langsamer gehen; **un tira y afloja** ein Tauziehen **III.** *vr:* ~ **se** sich lockern

afloración [aflora'θjon] *f:* ~ **de plusvalías** (FIN) Aktivierung stiller Reserven

aflorar [aflo'rar] *vi* ❶ (*salir a la superficie*) zutage treten; (*agua subterránea*) austreten ❷ (*apuntar*) sich abzeichnen

afluencia [a'flwenθja] *f* ❶ (*gente*) Andrang *m;* ~ **de votantes** Wahlbeteiligung *f* ❷ (*abundancia*) Fülle *f*

afluente [a'flwente] *m* Nebenfluss *m*

afluir [aflu'ir] *irr como huir vi* ❶ (*río, calle*) münden (*a* in +*akk*) ❷ (*gente*) herbeiströmen; ~ **a un concierto/a un congreso/a Madrid** in ein Konzert/zu einem Kongress/nach Madrid strömen

afonía [afo'nia] *f* Heiserkeit *f;* **tener** ~ heiser sein

afónico, -a [a'foniko, -a] *adj* heiser

aforamiento [afora'mjento] *m* (JUR) Verleihung *f* von Sonderrechten

aforar [afo'rar] *vt* ❶ (*cantidad*) (ab)messen ❷ (*mercancía*) taxieren ❸ (*instrumentos de medida*) eichen

aforismo [afo'rismo] *m* Aphorismus *m*

aforo [a'foro] *m* ❶ (*de una cantidad*) Messung *f* ❷ (*en un estadio/teatro*) Kapazität *f;* **la sala tiene un** ~ **de 300 personas** der Saal fasst 300 Personen ❸ (TÉC) Eichung *f*

afortunado, -a [afortu'naðo, -a] *adj* glücklich; **¡qué afortunada eres!** hast du ein Glück!

afrenta [a'frenta] *f* ❶ (*vergüenza*) Schande *f* ❷ (*ofensa*) Beleidigung *f;* **hacer** ~ **a alguien** jdn beleidigen

afrentar [afren'tar] **I.** *vt* beleidigen **II.** *vr:* ~ **se** sich schämen (*de/por* für +*akk*)

afrentoso, -a [afren'toso, -a] *adj* ❶ (*ofensivo*) beleidigend ❷ (*vergonzoso*) beschämend

África ['afrika] *f* Afrika *nt*

africano, -a [afri'kano, -a] **I.** *adj* afrikanisch **II.** *m, f* Afrikaner(in) *m(f)*

afrikaans ['afrikans] *m* Afrikaans *nt*

afro *adj inv* afrikanisch; **música** ~ afrikanische Musik; **peinado** ~ Afrolook *m*

afrodisiaco [afroði'sjako] *m,* **afrodisíaco** [afroði'siako] *m* Aphrodisiakum *nt*

afrontar [afron'tar] *vt* ❶ (*enfrentar*) einander gegenüberstellen ❷ (*hacer frente*) die Stirn bieten +*dat;* ~ **un problema** ein Problem in Angriff nehmen

afrutado, -a [afru'taðo, -a] *adj* fruchtig

afuera [a'fwera] *adv* **①** (*estado*) draußen; **la parte de** ~ der äußere Teil **②** (*movimiento*) hinaus; **¡~!** (*fam*) raus!

afueras [a'fweras] *fpl* Umgebung *f*; ~ **de la ciudad** Stadtrand *m*

agachar [aɣa'tʃar] **I.** *vt* beugen **II.** *vr:* ~**se** **①** (*encogerse*) sich bücken **②** (*Am: ceder*) nachgeben

agalla [a'ɣaʎa] *f* (*de un pez*) Kieme *f;* **tener** ~**s** (*fig*) Mut haben

ágape ['aɣape] *m* **①** (REL) Agape *f* **②** (*banquete*) Festmahl *nt*

agarrada [aɣa'rraða] *f* (*fam*) Krach *m;* **tener una** ~ Krach haben

agarradera [aɣarra'ðera] *f* (*Am*), **agarradero** [aɣarra'ðero] *m* **①** (*asidero*) Griff *m* **②** (*enchufe*) Beziehung *f* **③** (*excusa*) Vorwand *m*

agarrado, -a [aɣa'rraðo, -a] *adj* geizig

agarrador [aɣarra'ðor] *m* Griff *m;* (*para cosas calientes*) Topflappen *m*

agarrar [aɣa'rrar] **I.** *vi* **①** (*echar raíces*) Wurzeln schlagen **②** (*comida*) anbrennen **③** (*coche*) haften **④** (*loc*): **agarró y salió** (*fam*) er/sie ging plötzlich hinaus **II.** *vt* **①** (*asir*) packen (*de/por* an +*dat*); (*tomar*) nehmen **②** (*delincuente, oportunidad*) ergreifen **③** (*enfermedad, rabieta*) bekommen; ~ **una borrachera** sich *dat* einen Rausch antrinken; ~ **una pulmonía** sich *dat* eine Lungenentzündung zuziehen **III.** *vr:* ~**se** **①** (*asirse*) sich fest halten (*a* an +*dat*); **¡agárrate! que te voy a contar qué me pasó ayer** (*fam*) halt dich fest, ich erzähl dir, was mir gestern passiert ist! **②** (*reñir*) sich zanken **③** (*comida*) anbrennen (*a* an +*dat*) **④** (*fam: tomar como pretexto*) zum Vorwand nehmen; ~**se al retraso del tren para justificarse** sich mit der Verspätung des Zuges entschuldigen **⑤** (*Am: coger*) ergreifen; (*frutas*) pflücken

agarrón [aɣa'rron] *m* kräftiger Ruck *m*

agarrotado, -a [aɣarro'taðo, -a] *adj* steif

agarrotar [aɣarro'tar] **I.** *vt* **①** (*atar*) fest zusammenbinden **②** (*entumecer*) lähmen **③** (*oprimir*) unterdrücken **II.** *vr:* ~**se** **①** (*entumecerse*) steif werden **②** (*por el miedo*) erstarren **③** (TÉC) sich festfressen

agasajado, -a [aɣasa'xaðo, -a] *m, f* **①** (*obsequiado*) Beschenkte(r) *mf* **②** (*huésped de honor*) Ehrengast *m*

agasajar [aɣasa'xar] *vt* **①** (*recibir*) liebenswürdig empfangen **②** (*con comida*) fürstlich bewirten; **el embajador fue agasajado con un banquete** zu Ehren des Botschafters wurde ein Bankett gegeben **③** (*con regalos*) reichlich beschenken

agasajo [aɣa'saxo] *m* **①** (*recibimiento*) liebenswürdiger Empfang *m* **②** (*con comida*) Bewirtung *f* **③** (*regalo*) Geschenk *nt*

agave [a'ɣaβe] *f* Agave *f*

agazaparse [aɣaθa'parse] *vr* **①** (*fam: agacharse*) sich ducken **②** (*esconderse*) sich verstecken

agcha ['aɣtʃa] *m* (*Col: cabello*) Haar *nt;* (*cabello en desorden*) zerzaustes Haar *nt*

agencia [a'xeŋθja] *f* **①** (*empresa*) Agentur *f;* ~ **de colocaciones** Stellenvermittlungsbüro *nt;* ~ **inmobiliaria** Immobilienbüro *nt;* ~ **de noticias** Nachrichtenagentur *f;* ~ **de publicidad** Werbeagentur *f;* ~ **de transportes** Spedition *f;* **A~ Tributaria** Finanzamt *nt;* ~ **de viajes** Reisebüro *nt* **②** (*sucursal*) Zweigstelle *f*

agenciar [axen'θjar] **I.** *vt* beschaffen **II.** *vr:* ~**se** sich *dat* beschaffen; **agenciárselas** sich *dat* zu helfen wissen; **agénciatelas como puedas** sieh zu, wie du zurechtkommst

agenda [a'xenda] *f* **①** (*calendario*) Terminkalender *m;* ~ **de bolsillo** Taschenkalender *m;* **tener una** ~ **apretada** einen vollen Terminkalender haben **②** (*cuaderno*) Notizbuch *nt* **③** (*orden del día*) Tagesordnung *f*

agente¹ [a'xente] *m* **①** (*cosa*) wirkende Kraft *f* **②** (MED) Erreger *m*

agente² [a'xente] *mf* **①** (*representante*) Vertreter(in) *m(f);* (*de un artista/escritor*) Agent(in) *m(f);* (*corredor*) Makler(in) *m(f);* ~ **autorizado** Vertragshändler *m;* ~ **de bolsa** Börsenmakler *m;* ~ **exclusivo** Alleinvertreter *m;* ~ **de la propiedad inmobiliaria** Immobilienmakler *m;* ~ **de transportes** Spediteur *m* **②** (*funcionario*): ~ **de aduanas** Zollbeamte(r) *mf*, -beamtin *f;* ~ **judicial** Gerichtsvollzieher(in) *m(f);* ~ **de policía** Polizist(in) *m(f)* **③** (*espía*) Agent(in) *m(f)*

agigantado, -a [axiɣan'taðo, -a] *adj* riesig; **a pasos** ~**s** mit Riesenschritten

ágil ['axil] *adj* **①** (*de movimiento*) flink **②** (*mental*) (geistig) agil **③** (*hábil*) geschickt; (*estilo*) flüssig

agilidad [axili'ðaᵈ] *f* **①** (*física*) Flinkheit *f;* ~ **de dedos** Fingerfertigkeit *f* **②** (*mental*) (geistige) Agilität *f* **③** (*habilidad*) Geschick *nt*

agilización [axiliθa'θjon] *f* **①** (*aceleración*) Beschleunigung *f* **②** (*simplificación*) Vereinfachung *f*

agilizar [axili'θar] <z→c> *vt* **①** (*facilitar*) erleichtern **②** (*dar rapidez*) beschleunigen **③** (*simplificar*) vereinfachen **④** (*hacer ágil*): ~ **el cuerpo** sich fit halten

agiotaje [axjo'taxe] *m* Börsenspekulation *f*

agitación [axita'θjon] *f* ❶ (*movimiento*) heftige Bewegung *f;* (*de un líquido*) Schütteln *nt* ❷ (*excitación*) Aufregung *f;* (*intranquilidad, t.* POL.) Unruhe *f*

agitado, -a [axi'taðo, -a] *adj* (*vida*) hektisch

agitar [axi'tar] **I.** *vt* ❶ (*mover*) hin und her bewegen; (*bandera, pañuelo*) schwenken; (*botella*) schütteln; **agítese antes de usarlo** vor Gebrauch schütteln ❷ (*intranquilizar*) in Unruhe versetzen; (*excitar*) aufregen ❸ (*sublevar*) aufhetzen **II.** *vr:* ~ **se** ❶ (*moverse*) sich hin und her bewegen; (*con el cuerpo*) zappeln; (*bandera*) flattern; (*mar, día*) stürmisch werden ❷ (*excitarse*) sich aufregen; (*preocuparse*) sich beunruhigen

aglomeración [aɣlomera'θjon] *f* Anhäufung *f;* ~ **de gente** Menschenauflauf *m;* ~ **urbana** Ballungsgebiet *nt*

aglomerado [aɣlome'raðo] *m* ❶ (TÉC) Pressmasse *f;* (*de madera*) Pressholz *nt;* ~ **de carbón** Brikett *nt* ❷ (*en la construcción*) Fertigteil *nt*

aglomerar [aɣlome'rar] **I.** *vt* (*reunir*) sammeln; (*amontonar*) anhäufen **II.** *vr:* ~ **se** sich ansammeln

aglutinante [aɣluti'nante] **I.** *adj* ❶ (TÉC) Binde-; **sustancia** ~ Bindemittel *nt* ❷ (LING) agglutinierend; **lengua** ~ agglutinierende Sprache **II.** *m* (TÉC) Bindemittel *nt*

aglutinar [aɣluti'nar] *vt* ❶ (*pegar*) binden ❷ (*unir*) verbinden; (*fig*) in Einklang bringen

agnosticismo [aɣnosti'θismo] *m* *sin pl* (FILOS) Agnostizismus *m*

agobiado, -a [aɣo'βjaðo, -a] *adj* ❶ (*espalda*) gebeugt; **estoy ~ de deudas** ich bin hoch verschuldet ❷ (*cansado*) erschöpft; ~ **por los años** altersschwach

agobiante [aɣo'βjante] *adj* ❶ (*trabajo*) mühsam ❷ (*silencio*) bedrückend ❸ (*persona*) aufdringlich ❹ (*calor*) drückend

agobiar [aɣo'βjar] **I.** *vt* ❶ (*abrumar*) bedrücken; **¡no me agobies!** lass mich in Ruhe!; ~ **a alguien con alabanzas** jdn mit Lobreden in Verlegenheit bringen ❷ (*de trabajo*) überhäufen (*de* mit +*dat*) ❸ (*encorvar*) biegen; (*el cuerpo*) nach vorne beugen **II.** *vr:* ~ **se** ❶ (*encorvarse*) sich bücken ❷ (*sentirse confundido*) verlegen werden ❸ (*atarearse*) sich überarbeiten ❹ (*angustiarse*) deprimiert sein (*con/por* wegen +*gen/dat*)

agobio [a'ɣoβjo] *m* ❶ (*encorvamiento*) Beugen *nt* ❷ (*carga*) Last *f;* (*pena*) Mühsal *f* ❸ (*de trabajo*) Überlastung *f;* (*cansancio*) Erschöpfung *f* ❹ (*angustia*) Niedergeschla-genheit *f*

agolpamiento [aɣolpa'mjento] *m* Andrang *m*

agolparse [aɣol'parse] *vr* ❶ (*personas*) zusammenlaufen ❷ (*líquido*) strömen; **se agolparon las lágrimas en sus ojos** die Tränen stiegen ihm/ihr in die Augen ❸ (*sucesos, pensamientos*) sich überstürzen

agonía [aɣo'nia] *f* ❶ (*del moribundo*) Todeskampf *m;* **acompañante en la** ~ Sterbebegleiter *m* ❷ (*angustia*) Kummer *m* ❸ (*de una civilización*) Untergang *m*

agónico, -a [a'ɣoniko, -a] *adj:* **período** ~ Todesstunde *f;* **estar** ~ im Sterben liegen

agonizar [aɣoni'θar] <z→c> **I.** *vi* ❶ (*morir*) im Sterben liegen ❷ (*terminar*) dem Ende zugehen **II.** *vt* bedrängen; **¡no me agonices con tantas preguntas!** löchere mich nicht mit so vielen Fragen!

agorero, -a [aɣo'rero, -a] **I.** *adj* Unheil verkündend **II.** *m, f* Schwarzseher(in) *m(f)*

agostar [aɣos'tar] **I.** *vt* ❶ (*plantas*) ausdörren ❷ (*malograr*) zunichte machen **II.** *vr:* ~ **se** zerstört werden

agosto [a'ɣosto] *m* ❶ (*mes*) August *m; v. t.* **marzo** ❷ (*recolección*) Erntezeit *f;* **hacer su** ~ sein Schäfchen ins Trockene bringen

agotado, -a [aɣo'taðo, -a] *adj* (*libro*) vergriffen

agotador(a) [aɣota'ðor(a)] *adj* anstrengend; **hace un calor** ~ die Hitze macht einem zu schaffen

agotamiento [aɣota'mjento] *m* Erschöpfung *f*

agotar [aɣo'tar] **I.** *vt* ❶ (*existencias*) aufbrauchen ❷ (*mercancía*) ausverkaufen ❸ (*paciencia, tema, posibilidad*) erschöpfen ❹ (*cansar*) erschöpfen **II.** *vr:* ~ **se** ❶ (*mercancía*) ausgehen; **esta edición se agotó enseguida** diese Ausgabe war sofort vergriffen ❷ (*pilas*) leer werden ❸ (*fuerzas, tema*) sich erschöpfen; (*conversación*) versiegen ❹ (*cansarse*) sich verausgaben

agraciado, -a [aɣra'θjaðo, -a] *adj* ❶ (*gracioso*) anmutig ❷ (*bien parecido*) gut aussehend ❸ (*afortunado*) begünstigt (*por* von +*dat*); **salir** ~ **en la lotería** in der Lotterie gewinnen

agraciar [aɣra'θjar] *vt* ❶ (*vestido, adorno*) gut stehen +*dat;* **este traje le agracia la figura** in diesem Anzug hat er/sie eine gute Figur ❷ (*conceder*) auszeichnen; **fue agraciado con un premio** er gewann einen Preis

agradable [aɣra'ðaβle] *adj* ❶ (*ameno*) angenehm; (*lugar*) gemütlich; ~ **al pala-**

dar wohlschmeckend; **es ~ a la vista** das ist ein schöner Anblick ❷(*persona*) freundlich (*con/para con* zu +*dat*)

agradar [aɣra'ðar] *vi* gefallen +*dat;* **me agrada oír música** ich höre gern Musik; **me agrada esta gente** ich finde diese Leute nett; **quieres ~ a todos** du willst es allen recht machen

agradecer [aɣraðe'θer] *irr como crecer vt* danken (für +*akk*); **te agradezco la invitación** ich danke dir für die Einladung; **les agradezco que me lo hayan dicho** ich danke Ihnen, dass Sie es mir gesagt haben; **le ~ía mucho si...** +*subj* ich wäre Ihnen sehr dankbar, wenn ...; **no sabes ~ mi trabajo** du weißt meine Arbeit nicht zu schätzen; **el campo ha agradecido la lluvia** der Regen hat den Feldern gut getan

agradecido, -a [aɣraðe'θiðo, -a] *adj* ❶(*que agradece*) dankbar (*por* für +*akk*); **le estaría muy ~ que me contestara lo antes posible** ich wäre Ihnen sehr dankbar, wenn Sie mir so schnell wie möglich antworten würden; **le estoy sumamente ~** ich bin Ihnen unendlich dankbar; **le quedamos muy ~s** wir sind Ihnen sehr dankbar ❷(*que compensa*) lohnend

agradecimiento [aɣraðeθi'mjento] *m* Dank *m* (*por* für +*akk*)

agrado [a'ɣraðo] *m* ❶(*afabilidad*) Freundlichkeit *f;* **tratar a alguien con ~** jdn freundlich behandeln ❷(*complacencia*) Wohlgefallen *nt;* **decidir según su ~** nach Belieben entscheiden; **he recibido con ~ su carta** ich habe mich über ihren Brief sehr gefreut; **esto no es de mi ~** das gefällt mir nicht

agrandar [aɣran'dar] **I.** *vt* vergrößern; **~ la importancia de algo** etw *dat* zu viel Bedeutung beimessen **II.** *vr:* **~se** sich vergrößern

agrario, -a [a'ɣrarjo, -a] *adj* landwirtschaftlich; **crédito ~** Agrarkredit *m;* **población agraria** Landbevölkerung *f*

agravamiento [aɣraβa'mjento] *m* ❶(MED) Verschlimmerung *f* ❷(*recrudecimiento*) Verschärfung *f*

agravante [aɣra'βante] **I.** *adj* erschwerend **II.** *m o f* erschwerender Umstand *m*

agravar [aɣra'βar] *vt, vr:* **~se** ❶(*enfermedad*) (sich) verschlimmern ❷(*situación*) (sich) verschärfen

agravatorio, -a [aɣraβa'torjo, -a] *adj* ❶(JUR) Mahn-; **despacho ~** Mahnschreiben *nt* ❷(*que agrava*) erschwerend

agraviar [aɣra'βjar] **I.** *vt* ❶(*ofender*) beleidigen ❷(JUR) schädigen **II.** *vr:* **~se** beleidigt sein (*por* wegen +*gen/dat*)

agravio [a'ɣraβjo] *m* ❶(*ofensa*) Beleidigung *f* ❷(JUR) Beeinträchtigung *f;* **~ material** materieller Schaden; **sufrir ~s** Unrecht erleiden

agraz [a'ɣraθ] *m* ❶(*uva*) unreife Traube *f;* **en ~** unreif ❷(*zumo*) Agrest *m* ❸(*amargura*) Verdruss *m*

agredir [aɣre'ðir] *vt* angreifen; **~ a alguien de palabra** jdn beschimpfen

agregación [aɣreɣa'θjon] *f* Hinzufügung *f* (*a* zu +*dat*); **~ de un municipio** Eingemeindung *f*

agregado¹ [aɣre'ɣaðo] *m* ❶(*conglomerado*) Mischung *f* ❷(*aditamento*) Zusatz *m* (*a* zu +*dat*)

agregado, -a² [aɣre'ɣaðo, -a] *m, f* ❶(*diplomático*) Attaché *m;* **~ comercial** Handelsattaché *m;* **~ militar** Militärattaché *m* ❷(*adjunto*) Gehilfe, -in *m, f* ❸(UNIV) außerordentlicher Professor *m*, außerordentliche Professorin *f*

agregar [aɣre'ɣar] <g→gu> **I.** *vt* ❶(*añadir*) hinzufügen (*a* +*dat*) ❷(*destinar*) zuteilen (*a* +*dat*) **II.** *vr:* **~se** sich anschließen; **~se a alguien** sich jdm anschließen

agremiar [aɣre'mjar] *vt, vr:* **~se** (sich) (in einem Verband) zusammenschließen

agresión [aɣre'sjon] *f* Angriff *m*

agresividad [aɣresiβi'ðað] *f* Aggressivität *f*

agresivo, -a [aɣre'siβo, -a] *adj* aggressiv

agresor¹ [aɣre'sor] *m* (POL) Aggressor *m*

agresor(a)² [aɣre'sor(a)] *adj* Angreifer(in) *m(f)*

agreste [a'ɣreste] *adj* ❶(*campestre*) ländlich ❷(*terreno*) holp(e)rig ❸(*vegetación*) wild ❹(*persona*) grob

agriar [a'ɣrjar] **I.** *vt* ❶(*alimentos*) säuern ❷(*persona*) verbittern **II.** *vr:* **~se** ❶(*alimentos*) sauer werden ❷(*persona*) verbittert werden

agrícola [a'ɣrikola] *adj* landwirtschaftlich; **cooperativa ~** Agrargenossenschaft *f*

agricultor(a) [aɣrikul'tor(a)] *m(f)* ❶(*labrador*) Bauer *m*, Bäuerin *f* ❷(*empresario*) Landwirt(in) *m(f)*

agricultura [aɣrikul'tura] *f* Landwirtschaft *f;* **~ biodinámica** biodynamische Landwirtschaft

agridulce [aɣri'ðulθe] *adj* süß-sauer

agrietar [aɣrje'tar] **I.** *vt* rissig machen **II.** *vr:* **~se** rissig werden; (*tela, pared*) brüchig werden; (*piel, labios*) aufspringen

agrimensor(a) [aɣrimen'sor(a)] *m(f)* Vermessungsingenieur(in) *m(f)*

agrimensura [aɣrimen'sura] *f* Landvermessung *f*

agrio, -a ['aɣrjo, -a] *adj* ❶(*sabor*) sauer ❷(*crítica*) herb ❸(*carácter*) mürrisch

agrisado, -a [aɣri'saðo, -a] *adj* gräulich

agro ['aɣro] *m* Acker *m*

agronomía [aɣrono'mia] *f* Agronomie *f*

agrónomo, -a [a'ɣronomo, -a] *m*, *f* Diplomlandwirt(in) *m(f)*

agropecuario, -a [aɣrope'kwarjo, -a] *adj* Agrar-

agroturismo [aɣrotu'rismo] *m* Ferien *pl* auf dem Bauernhof

agrupación [aɣrupa'θjon] *f* ❶ (*agrupamiento*) Gruppierung *f* ❷ (*conjunto*) Gruppe *f*; **~ de municipios** Gemeindeverband *m* ❸ (*asociación*) Verein *m*; **~ de productores** (ECON) Erzeugergemeinschaft *f* ❹ (MIL) Verband *m*

agrupamiento [aɣrupa'mjento] *m* Zusammenstellung *f*

agrupar [aɣru'par] I. *vt* gruppieren; **~ algo por temas** etw nach Themen zusammenstellen II. *vr*: **~se** sich gruppieren

agua ['aɣwa] *f* ❶ (*líquido*) Wasser *nt*; **~ de Colonia** Kölnischwasser *nt*; **~ dentífrica** Mundwasser *nt*; **~s depuradas** Klärwasser *nt*; **~ con gas** kohlensäurehaltiges Wasser; **~ del grifo** Leitungswasser *nt*; **~ de nieve** Schmelzwasser *nt*; **~ potable** Trinkwasser *nt*; **~s residuales** Abwässer *ntpl*; **¡hombre al ~!** Mann über Bord!; **rompió ~s** ihre Fruchtblase ist geplatzt; **hacer ~** (*buque*) lecken; (*negocio*) den Bach runtergehen *fam*; **claro como el ~** sonnenklar; **como ~ de mayo** wie ein Geschenk des Himmels; **es ~ pasada** das ist Schnee von gestern; **estar entre dos ~s** zwischen zwei Stühlen sitzen; **estoy con el ~ hasta el cuello** das Wasser steht mir bis zum Hals; **no hallar ~ en el mar** sich dumm anstellen; **llevar el ~ a su molino** nur an sich selbst denken; **quedar en ~ de borrajas** ins Wasser fallen *fam*; **sacar ~ a las piedras** aus nichts Geld machen; **~ pasada no mueve molino** (*prov*) was vorbei ist, ist vorbei ❷ (*lluvia*) Regen *m*; **~ nieve** Schneeregen *m*; **esta noche ha caído mucha ~** heute Nacht hat es viel geregnet ❸ *pl* (*mar, río*) Gewässer *nt*; **~s interiores** Binnengewässer *nt*; **~s jurisdiccionales** Hoheitsgewässer *nt*; **~s abajo/arriba** stromabwärts/-aufwärts ❹ *pl* (*orina*) Wasser *nt*; **~s menores** Urin *m*; **hacer ~s** Wasser lassen ❺ *pl* (*manantial*) Quelle *f*; **~s termales** Thermalbad *nt*; **tomar las ~s** eine Badekur machen

? Grammatik

Bei Wörtern, die wie **agua** mit einem betonten ‚a' oder ‚ha' beginnen, wird

im Singular der maskuline Artikel verwendet, selbst wenn es sich dabei um feminine Wörter handelt: *el agua sucia* –das schmutzige Wasser, *las aguas del mar Mediterráneo* – die Gewässer des Mittelmeers. Weitere Beispiele sind: *el águila* – der Adler, *el ala* – der Flügel, *el alma* – die Seele, *el ama* – die Herrin, *el área* – die Fläche, das Gebiet, *el arte* – die Kunst, *el aula* – der Hörsaal, *el hacha* – die Axt, *el hada* – die Fee, *el hambre* – der Hunger.

aguacate [aɣwa'kate] *m* Avocado *f*

aguacero [aɣwa'θero] *m* Platzregen *m*; **cayó un ~** es ging ein Wolkenbruch nieder

aguachento, -a [aɣwa'tʃento, -a] *adj* (*Am*) *v.* aguado

aguachirle [aɣwa'tʃirle] *f* (*pey*) Spülwasser *nt*

aguacil [aɣwa'θil] *m* (*CSur*: ZOOL) Libelle *f*

aguada [a'ɣwaða] *f* ❶ (*lugar*) Wasserstelle *f* ❷ (*provisión*) Wasservorrat *m*

aguado, -a [a'ɣwaðo, -a] *adj* verwässert; (*fruta*) wäss(e)rig

aguafiestas [aɣwa'fjestas] *mf inv* Spielverderber(in) *m(f)*

aguafuerte [aɣwa'fwerte] *m* Radierung *f*; **grabar al ~** radieren

aguamarina [aɣwama'rina] *f* Aquamarin *m*

aguamiel [aɣwa'mjel] *f* ❶ (*bebida*) Honigwasser *nt* ❷ (*Am: jugo del maguey*) süßer Saft der Agave

aguanieve [aɣwa'njeβe] *f* Schneeregen *m*

aguanoso, -a [aɣwa'noso, -a] *adj* (*fruta*) wäss(e)rig; (*suelo*) durchweicht

aguantable [aɣwan'taβle] *adj* erträglich

aguantaderas [aɣwanta'ðeras] *fpl* Geduld *f*; **tener buenas/malas ~** viel/wenig Geduld haben

aguantar [aɣwan'tar] I. *vt* ❶ (*sostener*) halten; (*sujetar*) fest halten ❷ (*soportar*) ertragen; (*tolerar*) hinnehmen; **no aguanto más** mir reicht's; **no poder ~ a alguien** jdn nicht ausstehen können; **esta película no se aguanta** dieser Film ist unerträglich; **~ la mirada de alguien** jds Blick standhalten ❸ (*durar*) halten; **este abrigo ~á mucho** dieser Mantel wird lange halten ❹ (*contener*) zurückhalten; **~ la risa** sich *dat* das Lachen verkneifen II. *vr*: **~se** ❶ (*contenerse*) sich beherrschen ❷ (*soportar*) es aushalten; (*tener paciencia*) Geduld haben ❸ (*conformarse*) sich zufrieden geben ❹ (*sosten-*

erse) sich halten; ~**se de pie** sich aufrecht halten

aguante [a'ɣwaṇte] *m* ❶(*paciencia*) Geduld *f* ❷(*tolerancia*) Duldsamkeit *f;* **tener mucho** ~ ein dickes Fell haben *fam* ❸(*resistencia*) Ausdauer *f*

aguar [a'ɣwar] <gu→gü> **I.** *vt* ❶(*mezclar con agua*) verwässern ❷(*frustrar*) verderben **II.** *vr:* ~**se** ❶(*llenarse de agua*) sich mit Wasser füllen; **no pude evitar que se me** ~**an los ojos** ich konnte nicht verhindern, dass mir Tränen in die Augen traten; **nuestras vacaciones se** ~**on** unsere Ferien waren total verregnet ❷(*estropearse*) ins Wasser fallen *fam*

aguardar [aɣwar'ðar] **I.** *vt* warten; ~ **unos días** einige Tage warten; ~ **algo/a alguien** auf etw/jdn warten **II.** *vr:* ~**se** (ab)warten

aguardentoso, -a [aɣwarðeṇ'toso, -a] *adj* Schnaps-; **voz aguardentosa** Säuferstimme *f*

aguardiente [aɣwar'ðjeṇte] *m* Schnaps *m*

Würde man **aguardiente** wortwörtlich ins Deutsche übertragen, so hieße die Übersetzung „Feuerwasser". Das lässt problemlos erkennen, dass es sich dabei um einen hochprozentigen Schnaps handelt.

aguarrás [aɣwa'rras] *m* Terpentin *nt*

aguatinta [aɣwa'tiṇta] *f* (ARTE) Aquatinta *f*

agudeza [aɣu'ðeθa] *f* ❶(*del cuchillo, de la crítica*) Schärfe *f;* ~ **visual** Sehschärfe *f* ❷(*perspicacia*) Scharfsinn *m* ❸(*ingenio*) Witz *m*

agudización [aɣuðiθa'θjon] *f* Verschärfung *f*

agudizar [aɣuði'θar] <z→c> **I.** *vt* ❶(*hacer agudo*) schärfen ❷(*agravar*) verschärfen **II.** *vr:* ~**se** (*situación*) sich verschärfen; (*enfermedad*) sich verschlimmern

agudo, -a [a'ɣuðo, -a] *adj* ❶(*afilado*) spitz ❷(*sagaz*) scharfsinnig; **vista aguda** scharfer Blick ❸(*ingenioso*) geistreich; (*mordaz*) spitz ❹(*intenso: dolor*) stechend; (*enfermedad*) akut; (*olor*) scharf ❺(*sonido*) hoch ❻(*grave*) schwer ❼(LING) endbetont

agüero [a'ɣwero] *m* Vorbedeutung *f;* **de mal** ~ Unheil verkündend; **ser de buen** ~ Glück bringen

aguerrido, -a [aɣe'rriðo, -a] *adj* (*fuerte*) abgehärtet

aguijar [aɣi'xar] *vt* ❶(*animales*) antreiben

❷(*estimular*) anspornen; ~ **el paso** den Schritt beschleunigen

aguijón [aɣi'xon] *m* ❶(*punta*) Stachelspitze *f* ❷(ZOOL, BOT) Stachel *m* ❸(*estímulo*) Ansporn *m*

aguijonazo [aɣixo'naθo] *m* (Stachel)stich *m*

aguijonear [aɣixone'ar] *vt* ❶(*animales*) antreiben ❷(*estimular*) anspornen ❸(*inquietar*) beunruhigen

águila ['aɣila] *f* ❶(*animal*) Adler *m;* ~ **real** Steinadler *m* ❷(*persona*) Ass *nt;* **ser un** ~ **para los negocios** ein erstklassiger Geschäftsmann/eine erstklassige Geschäftsfrau sein

aguileño, -a [aɣi'leɲo, -a] *adj* Adler-; **rostro** ~ kantiges Gesicht

aguilucho [aɣi'lutʃo] *m* (ZOOL) Jungadler *m*

aguinaldo [aɣi'naldo] *m* ≈Weihnachtsgeld *nt*

Zu Weihnachten bedankt man sich bei bestimmten Leuten, z.B. dem Briefträger, dem Hausmeister, dem Zeitungsausträger und den Müllmännern, mit einem kleinen Geldgeschenk, dem **aguinaldo**, für deren treue Dienste. Diese Sitte wird jedoch immer seltener gepflegt.

agüitado, -a [aɣwi'taðo, -a] *adj* (*Méx*) traurig

aguja [a'ɣuxa] *f* ❶(*general*) Nadel *f;* ~ **de gancho** Häkelnadel *f;* ~ **de punto** Stricknadel *f;* **buscar una** ~ **en un pajar** eine Stecknadel im Heuhaufen suchen ❷(*de una jeringa*) Kanüle *f* ❸(*del reloj*) Zeiger *m;* (*de otros instrumentos de medición*) Nadel *f* ❹(NÁUT): ~ (**de marear**) Kreiselkompass *m* ❺(FERRO) Weiche *f* ❻(*de una torre*) (Turm)spitze *f;* ~ **de la iglesia** Kirchturmspitze *f;* **las torres de esa catedral terminan en** ~**s** die Türme dieser Kathedrale laufen spitz zu ❼(BOT) Nadel *f* ❽(GASTR): **carne de** ~ Vorderrippenstück *nt*

agujereado, -a [aɣuxere'aðo, -a] *adj* (*perforado*) löcherig

agujerear [aɣuxere'ar] *vt* lochen; (*con taladro*) durchbohren; (*hacer muchos agujeros*) durchlöchern

agujero [aɣu'xero] *m* Loch *nt;* ~ (**en la capa**) **de ozono** Ozonloch *nt;* **tapar un** ~ ein Loch stopfen

agujetas [aɣu'xetas] *fpl* Muskelkater *m*

agusanarse [aɣusaˈnarse] *vr* wurmstichig werden

aguzado, -a [aɣuˈθaðo, -a] *adj* ❶ (*puntiagudo*) spitz ❷ (*sagaz*) scharfsinnig

aguzar [aɣuˈθar] <z→c> *vt* ❶ (*afilar*) wetzen ❷ (*sacar punta*) spitzen ❸ (*avivar*): ~ **la atención** die Aufmerksamkeit erhöhen; ~ **los sentidos** die Sinne schärfen; ~ **la vista** scharf hinsehen

aherrumbrarse [aerrumˈbrarse] *vr* rosten

ahí [aˈi] **I.** *adv* ❶ (*lugar*) dort; **llámame de** ~ ruf mich von dort aus an; **me voy por** ~ ich gehe kurz spazieren ❷ (*loc*): **por** ~, **por** ~ ungefähr; **¡**~ **es nada!** nicht schlecht! **II.** *conj*: **de** ~ **que** +*ind/subj* deshalb

ahijado, -a [aiˈxaðo, -a] *m, f* ❶ (*hijo adoptivo*) Adoptivkind *nt* ❷ (*del padrino*) Patenkind *nt*

ahijar [aiˈxar] *irr como airar* *vt, vr*: ~ **se** adoptieren

ahínco [aˈiŋko] *m* ❶ (*afán*) Eifer *m* ❷ (*empeño*) Nachdruck *m* ❸ (*insistencia*) Beharrlichkeit *f*

ahíto, -a [aˈito, -a] *adj* (*harto*) satt

ahogado, -a [aoˈɣaðo, -a] *adj* ❶ (*estrecho*) eng; (*sin ventilación*) stickig ❷ (*loc*): **estar** ~ **de trabajo** mit Arbeit überhäuft sein

ahogamiento [aoɣaˈmjento] *m* ❶ (*morir en el agua*) Ertrinken *nt;* (*para matar*) Ertränken *nt* ❷ (*por asfixia*) Ersticken *nt*

ahogar [aoˈɣar] <g→gu> **I.** *vt* ❶ (*en el agua*) ertränken ❷ (*estrangular*) erwürgen ❸ (*asfixiar*) ersticken ❹ (*angustiar*) bedrücken **II.** *vr*: ~ **se** ❶ (*en el agua*) ertrinken; ~ **se en un vaso de agua** (*fig*) wegen jeder Kleinigkeit den Mut verlieren ❷ (*asfixiarse*) ersticken; ~ **se de calor** vor Hitze umkommen ❸ (*motor*) absaufen *fam*

ahogo [aˈoɣo] *m* ❶ (*sofocación*) Atemnot *f* ❷ (*asfixia*) Erstickung *f* ❸ (*angustia*) Beklemmung *f* ❹ (*apuro*) Bedrängnis *f;* ~ **s económicos** finanzielle Schwierigkeiten

ahondamiento [aonda'mjento] *m* Vertiefung *f*

ahondar [aonˈdar] **I.** *vi* ❶ (*raíces*) treiben (*en* in +*akk*) ❷ (*tema, cuestión*) intensiv beschäftigen (*en* mit +*dat*) **II.** *vt* ❶ (*profundizar*) vertiefen ❷ (*introducir*) tief hineinstecken **III.** *vr*: ~ **se** sich vertiefen (*en* in +*akk*)

ahora [aˈora] *adv* jetzt; (*dentro de un momento*) gleich; ~ **bien** allerdings; **de** ~ **en adelante** von nun an; **hasta** ~ bisher; **por** ~ einstweilen; ~ **ríe**, ~ **llora** bald lacht er/sie, bald weint er/sie; **¡**~ **(lo entiendo)!** jetzt begreife ich es!; **¡**~ **sí que**

hemos tenido suerte! da haben wir aber Glück gehabt!; ~ **mismo vengo** ich komme gleich; **acaba de salir** ~ **mismo** er/sie ist gerade weggegangen; **¡ven** ~ **mismo!** komm sofort!; **¿y** ~ **qué?** was nun?

ahorcado, -a [aorˈkaðo, -a] *m, f* Erhängte(r) *mf;* (*en la horca*) Gehenkte(r) *mf*

ahorcamiento [aorkaˈmjento] *m* Erhängen *nt*

ahorcar [aorˈkar] <c→qu> **I.** *vt* erhängen; ~ **los libros** das Studium an den Nagel hängen **II.** *vr*: ~ **se** sich erhängen (*en/de* an +*dat*)

ahorrador(a) [aorraˈðor(a)] **I.** *adj* sparsam **II.** *m(f)* Sparer(in) *m(f)*

ahorrar [aoˈrrar] **I.** *vt* sparen; (*economizar*) einsparen; ~ **fuerzas** seine Kräfte schonen; ~ **esfuerzos a alguien** jdm die Mühe ersparen; **ahórrame explicaciones** verschone mich mit Erklärungen **II.** *vr*: ~ **se** (*evitar*) sich *dat* (er)sparen

ahorrativo, -a [aorraˈtiβo, -a] *adj* sparsam

ahorro [aˈorro] *m* ❶ (*acción*) Sparen *nt* ❷ (*cantidad*) Ersparte(s) *nt*

ahuchar [auˈʧar] *vt* (*ahorrar*) sparen

ahuecado [aweˈkaðo] *m* ❶ (*acción*) Aushöhlen *nt* ❷ (*técnica*) Cloisonné *nt*

ahuecar [aweˈkar] <c→qu> **I.** *vt* ❶ (*vaciar*) aushöhlen ❷ (*tierra*) (auf)lockern; (*colchón*) aufschütteln **II.** *vr*: ~ **se** ❶ (*aves*) sich aufplustern ❷ (*envanecerse*) sich aufblähen ❸ (*papel pintado*) Blasen ziehen

ahumado, -a [auˈmaðo, -a] *adj* ❶ (*color*) rauchfarben; (*cristal*) getönt ❷ (*fam: borracho*) beschwipst

ahumar [auˈmar/auˈmar] **I.** *vi* rauchen **II.** *vt* ❶ (GASTR) räuchern ❷ (*llenar de humo*) verrauchen; (*una colmena*) ausräuchern **III.** *vr*: ~ **se** ❶ (*ennegrecerse*) vom Rauch schwarz werden ❷ (*un guiso*) Rauchgeschmack annehmen ❸ (*fam: emborracharse*) sich *dat* einen Schwips antrinken

ahuyentar [auɟenˈtar] *vt* ❶ (*espantar*) verscheuchen ❷ (*asustar*) abschrecken

ai [ai] *m* (*Arg, Par*) Faultier *nt*

airado, -a [aiˈraðo, -a] *adj* zornig

airar [aiˈrar] *irr* **I.** *vt* erzürnen **II.** *vr*: ~ **se** zornig werden

airbag [ˈerβaˠ] *m* Airbag *m*

aire [ˈaire] *m* ❶ (*atmósfera*) Luft *f;* ~ **acondicionado** Klimaanlage *f;* **Ejército del A**~ Luftwaffe *f;* **al** ~ **libre** unter freiem Himmel; **echar una moneda al** ~ eine Münze werfen; **tomar el** ~ Luft schnappen; **dejar una pregunta en el** ~ eine Frage offen lassen; **cambiar de** ~ **s** umziehen; **¡**~ **!** verschwinde! ② (*viento*) Wind *m*; **corriente de** ~ Luftzug *m*; **corre** ~ es zieht; **hoy hace** ~ heute ist es windig ③ (*aspecto*) Aussehen *nt*; **no me gusta el** ~ **de este hombre** irgendetwas an diesem Mann gefällt mir nicht; **tener** ~ **de despistado** ziemlich zerstreut aussehen; **darse** ~**s de grandeza** großtun; **darse** ~**s de intelectual** den Intellektuellen spielen; **¡tiene unos** ~**s!** der/die macht immer ein Getue! ④ (*garbo*) Anmut *f* ⑤ (MÚS) Tempo *nt* ⑥ (*Arg, Par: cuello*) steifer Hals *m*

aireación [aɪrea'θjon] *f* (Be)lüftung *f*

aireado, -a [aɪre'aðo, -a] *adj* (*lugar*) belüftet

airear [aɪre'ar] **I.** *vt* lüften **II.** *vr:* ~**se** ① (*ventilarse*) an die (frische) Luft gehen ② (*coger aire*) im Zug sitzen; (*resfriarse*) sich erkälten

airón [aɪ'ron] *m* ① (ZOOL) Fischreiher *m* ② (*penacho, adorno*) Federbusch *m*

airoso, -a [aɪ'roso, -a] *adj* anmutig; **salir** ~ **de algo** bei etw *dat* gut abschneiden

aislacionismo [aɪslaθjo'nismo] *m sin pl* (POL) Isolationismus *m*

aislado, -a [aɪs'laðo, -a] *adj* (*individual*) einzeln

aislador[1] [aɪsla'ðor] *m* Isolator *m*

aislador(a)[2] [aɪsla'ðor(a)] *adj* isolierend

aislamiento [aɪsla'mjento] *m* ① (*apartamiento, t.* TÉC) Isolation *f*; ~ **acústico** Schalldämmung *f* ② (*retiro*) Abgeschiedenheit *f*

aislante [aɪs'lante] **I.** *adj* isolierend; **cinta** ~ Isolierband *nt* **II.** *m* Isolator *m*

aislar [aɪs'lar] **I.** *vt* isolieren; **aislado contra el ruido** schalldicht **II.** *vr:* ~ **se** sich isolieren

aizkolari [aɪθko'lari] *m Sportler einer baskischen Sportart, bei der Holzstämme mit Äxten gespalten werden*

ajá [a'xa] *interj* aha

ajado, -a [a'xaðo, -a] *adj* (*persona*) verbraucht; (*cara*) faltig

ajamonarse [axamo'narse] *vr* (*fam pey*) mollig werden

ajar [a'xar] *vt* ① (*cosa*) abnutzen ② (*persona*) altern lassen

ajardinado, -a [axarði'naðo, -a] *adj* begrünt

ajardinar [axarði'nar] *vt* ① (*hacer un jardín*) einen Garten anlegen (in +*dat*) ② (*una ciudad*) Grünzonen anlegen (in +*dat*)

ajedrecista [axeðre'θista] *mf* Schachspieler(in) *m(f)*

ajedrez [axe'ðreθ] *m sin pl* ① (DEP) Schach *nt* ② (*tablero y figuras*) Schachspiel *nt*

ajenjo [a'xenxo] *m* Wermut *m*

ajeno, -a [a'xeno, -a] *adj* ① (*de otro*) fremd; **la felicidad ajena** das Glück anderer ② *ser* (*impropio*) untypisch; **esto es** ~ **a su carácter** das ist nicht typisch für ihn/sie ③ *estar* (*ignorante*) unwissend; **estar** ~ **a** [*o* **de**] **algo** von etw *dat* nichts wissen; **vivía** ~ **a todo lo que pasaba en el mundo** er führte ein abgeschiedenes Leben ④ (*carente, exento*): ~ **a** [*o* **de**] ohne; ~ **de piedad** unbarmherzig; ~ **de preocupaciones** sorglos; **él es** ~ **a todo eso** er hat damit nichts zu tun

ajetrear [axetre'ar] **I.** *vt* schinden **II.** *vr:* ~**se** sich abmühen; (*darse prisa*) sich abhetzen

ajetreo [axe'treo] *m* (*de personas*) Hetzerei *f*; (*en un sitio*) geschäftiges Treiben *nt*

ají [a'xi] *m* (*AmS, Ant*) ① (*arbusto*) Pfefferstrauch *m* ② (*pimentón*) Paprika *m*; (*de las Indias*) Cayennepfeffer *m*

ajilimoje [axili'moxe] *m*, **ajilimójili** [axili'moxili] *m* (GASTR) pikante Knoblauchtunke *f*; **con todos sus** ~**s** mit allem Drum und Dran

ajillo [a'xiʎo] *m* (GASTR): **al** ~ mit gehacktem Knoblauch und Petersilie gebraten

ajipa [a'xipa] *f* (*And*) Topinambur *m o f*

ajo ['axo] *m* ① (BOT) Knoblauch *m*; (*diente*) Knoblauchzehe *f* ② (*taco*) Fluch *m*; **andar** (**metido**) **en el** ~, **estar en el** ~ seine Hände (mit) im Spiel haben; **andar tieso como un** ~ die Nase hoch tragen

ajorca [a'xorka] *f* Armreif *m*

ajuar [a'xwar] *m* ① (*de la novia*) Aussteuer *f* ② (*de una casa*) Ausstattung *f*

ajumarse [axu'marse] *vr* (*fam: ligeramente*) sich dat einen Schwips antrinken; (*mucho*) sich betrinken

ajuntarse [axun'tarse] *vr* (*fam*) in wilder Ehe leben

ajustable [axus'taβle] *adj* verstellbar

ajustado, -a [axus'taðo, -a] *adj* ① (*ropa*) eng (anliegend) ② (*adecuado*) angemessen

ajustar [axus'tar] **I.** *vi* genau passen **II.** *vt* ① (*adaptar*) anpassen (*a* an +*akk*); ~ **un vestido** ein Kleid enger machen; ~ **una correa** einen Riemen umschnallen ② (TÉC) einstellen; (*balanza*) justieren ③ (*una pieza dentro de otra*) einpassen (*a* in +*akk*) ④ (*acordar*) vereinbaren; ~ **cuentas** abrechnen; ~ **las cuentas a alguien** (*fig*) jdm die Rechnung präsentieren **III.** *vr:* ~**se** ① (*ponerse de acuerdo*) übereinkommen ② (*adaptarse*) sich anpassen (*a* an +*akk*); **no** ~**se al tema** vom Thema abschweifen; ~**se a la verdad** sich an die Wahrheit halten

ajuste [a'xuste] *m* ❶ (*adaptación*) Anpassung *f* (*a an +akk*); ~ **financiero** Finanzausgleich *m* ❷ (*graduación*) Einstellung *f;* ~ **de brillo** Helligkeitseinstellung *f* ❸ (*encaje*) Passung *f* ❹ (*acuerdo*) Vereinbarung *f;* ~ **de cuentas** Abrechnung *f*

ajusticiamiento [axusti'θja'mjento] *m* Hinrichtung *f*

ajusticiar [axusti'θjar] *vt* hinrichten

al [al] = **a** + **el** *v.* **a**

ala ['ala] *f* Flügel *m;* ~ **de la hélice** Propellerblatt *nt;* ~ **de la mesa** Tischklappe *f;* ~ **del sombrero** Hutkrempe *f;* ~ **del tejado** Vordach *nt;* **ahuecar el** ~ sich auf die Socken machen; **cortar las ~s a alguien** jdm die Flügel stutzen; **estar tocado del** ~ (*fam*) einen Dachschaden haben; **dar ~s a alguien** jdn beflügeln; **le faltan ~s para triunfar** ihm/ihr fehlt der Mut um Erfolg zu haben; **tener demasiadas ~s** sich *dat* zu viel herausnehmen

Alá [a'la] *m* Allah *m*

alabanza [ala'βanθa] *f* Lob *nt;* **deshacerse en ~s para con alguien** jdn in den Himmel heben; **hacer una ~ de alguien** ein Loblied auf jdn singen

alabar [ala'βar] **I.** *vt* loben (*por* für +*akk*); **alabado sea el Señor** gepriesen sei der Herr **II.** *vr:* ~ **se** prahlen (*de* mit +*dat*)

alabastro [ala'βastro] *m* Alabaster *m*

alabear [alaβe'ar] **I.** *vt* krümmen **II.** *vr:* ~ **se** sich krümmen; (*madera*) sich verziehen

alacena [ala'θena] *f* Speiseschrank *m*

alacrán [ala'kran] *m* ❶ (ZOOL) Skorpion *m;* **ser un** ~ (*fig*) eine spitze Zunge haben ❷ (*gancho*) Öse *f*

alado, -a [a'laðo, -a] *adj* ❶ (*con alas*) beflügelt ❷ (*ligero*) flink

alambicado, -a [alambi'kaðo, -a] *adj* ❶ (*sutil*) ausgeklügelt ❷ (*rebuscado*) gekünstelt

alambicar [alambi'kar] <c→qu> *vt* ❶ (*destilar*) destillieren ❷ (*una expresión*) nuancieren; (*el lenguaje*) ausfeilen; **diálogos alambicados** geschliffene Dialoge

alambique [alam'bike] *m* Destillierkolben *m*

alambrada [alam'braða] *f* (*valla*) (Draht)zaun *m;* (*con espinas*) Stacheldrahtzaun *m;* (*red*) Drahtgitter *nt;* ~ **eléctrica** Elektrozaun *m*

alambrado [alam'braðo] *m* (*red*) Drahtgitter *nt;* (*valla*) Drahtzaun *m*

alambrar [alam'brar] *vt* mit Draht einzäunen

alambre [a'lambre] *m* Draht *m;* ~ **de espinas** Stacheldraht *m*

alambrera [alam'brera] *f* ❶ (*de ventana*) Fliegengitter *nt* ❷ (*de brasero/chimenea*)

Ofenschirm *m* ❸ (*de alimentos*) Glocke *f*

alambrista [alam'brista] *mf* Seiltänzer(in) *m(f)*

alameda [ala'meða] *f* ❶ (*lugar*) Pappelwald *m* ❷ (*paseo*) Allee *f;* (*de álamos*) Pappelallee *f*

álamo ['alamo] *m* ❶ (BOT) Pappel *f;* ~ **temblón** Zitterpappel *f* ❷ (*madera*) Pappelholz *nt*

alarde [a'larðe] *m* Prahlerei *f;* **hacer** ~ **de algo** (*presumir*) mit etw *dat* angeben; (*ostentar*) etw zur Schau tragen

alardear [alarðe'ar] *vi:* ~ **de algo** (*presumir*) mit etw *dat* angeben; (*ostentar*) etw zur Schau tragen

alargado, -a [alar'ɣaðo, -a] *adj* länglich

alargador [alarɣa'ðor] *m* Verlängerungsstück *nt;* (*cable*) Verlängerungsschnur *f*

alargar [alar'ɣar] <g→gu> **I.** *vt* ❶ (*la extensión*) verlängern; ~ **la pierna** das Bein ausstrecken; ~ **el cuello** den Hals recken; ~ **la mano** die Hand hinhalten ❷ (*la duración*) ausdehnen ❸ (*retardar, diferir*) verzögern ❹ (*el dinero*) gut einteilen **II.** *vr:* ~ **se** ❶ (*en la extensión*) länger werden; **no te alargues** fass dich kurz; ~ **se en cumplidos** Süßholz raspeln; **alárgate hasta la gasolinera a por tabaco** lauf zur Tankstelle und hol Zigaretten ❷ (*retardarse*) sich verzögern

alarido [ala'riðo] *m* Geschrei *nt*

alarma [a'larma] *f* ❶ (*general*) Alarm *m;* ~ **por ozono** Ozonalarm *m;* **falsa** ~ blinder Alarm; **dar la** ~ Alarm geben; **ha saltado la** ~ **del banco** der Alarm der Bank wurde ausgelöst ❷ (*susto*) Schrecken *m;* (*inquietud*) Unruhe *f;* ~ **social** Unruhe in der Bevölkerung

alarmante [alar'mante] *adj* alarmierend; **noticia** ~ Schreckensbotschaft *f*

alarmar [alar'mar] **I.** *vt* ❶ (*dar la alarma*) alarmieren ❷ (*inquietar*) beunruhigen; (*asustar*) erschrecken; **noticia alarmante** Schreckensnachricht *f* **II.** *vr:* ~ **se** (*inquietarse*) unruhig werden; (*asustarse*) sich erschrecken

alarmista [alar'mista] *mf* Schwarzseher(in) *m(f)*

alavés, -esa [ala'βes, -esa] **I.** *adj* aus Álava **II.** *m, f* Einwohner(in) *m(f)* von Álava

alazán, -ana [ala'θan, -ana] *adj* zimtfarben; (*caballo*) rotbraun

alba ['alβa] *f* Morgendämmerung *f;* **al rayar** [*o* **romper**] **el** ~ bei Tagesanbruch

albacea [alβa'θea] *mf* Testamentsvollstrecker(in) *m(f)*

albaceteño, -a [alβaθe'teno, -a] **I.** *adj* aus Albacete **II.** *m, f* Einwohner(in) *m(f)* von

Albacete

albahaca [alˈβaka/alβaˈaka] *f* Basilikum *nt*

albanés, -esa [alβaˈnes, -esa] **I.** *adj* albanisch **II.** *m, f* Albaner(in) *m(f)*

Albania [alˈβanja] *f* Albanien *nt*

albañal [alβaˈɲal] *m* ❶ (*conducto*) Kloake *f* ❷ (*lugar*) Saustall *m fam*

albañil [alβaˈɲil] *mf* Maurer(in) *m(f)*

albañilería [alβaɲileˈria] *f* Maurerhandwerk *nt;* **obra de** ~ Maurerarbeit *f*

albarán [alβaˈran] *m* Lieferschein *m*

albarca [alˈβarka] *f* Sandale *f*

albarda [alˈβarða] *f* Packsattel *m;* ~ **sobre** ~ Redundanz *f;* **esto es un burro con dos** ~**s** (*fig*) das ist doppelt gemoppelt

albaricoque [alβariˈkoke] *m* Aprikose *f*

albaricoquero [alβarikoˈkero] *m* Aprikosenbaum *m*

albatros [alˈβatros] *m inv* Albatros *m*

albedrío [alβeˈðrio] *m* Willkür *f;* **libre** ~ freier Wille; **a** [*o* **según**] **mi** ~ nach meinem Belieben

alberca [alˈβerka] *f* Wasserbecken *nt*

albergar [alβerˈɣar] <g→gu> **I.** *vt* beherbergen **II.** *vr:* ~ **se** absteigen

albergue [alˈβerɣe] *m* (*refugio*) Obdach *nt;* (*fonda*) Herberge *f;* ~ **juvenil** Jugendherberge *f;* ~ **de montaña** Berghütte *f*

albino, -a [alˈβino, -a] **I.** *adj* albinotisch **II.** *m, f* Albino *m*

albóndiga [alˈβondiɣa] *f* (*de carne*) Fleischkloß *m;* (*de pescado*) Fischkloß *m*

albor [alˈβor] *m* ❶ (*luz*) Dämmerlicht *nt* ❷ (*blancor*) Weiße *f* ❸ (*comienzo*) Beginn *m*

alborada [alβoˈraða] *f* ❶ (*alba*) Morgendämmerung *f* ❷ (*canción*) Morgenlied *nt* ❸ (MIL) Weckruf *m*

alborear [alβoreˈar] *vi* ❶ (*por la mañana*) dämmern; **al** ~ **el día** bei Tagesanbruch ❷ (*acontecimiento*) sich ankündigen

albornoz [alβorˈnoθ] *m* (*de baño*) Bademantel *m*

alborotado, -a [alβoroˈtaðo, -a] *adj* ❶ (*excitado*) aufgeregt ❷ (*irreflexivo*) unüberlegt

alborotar [alβoroˈtar] **I.** *vi* lärmen; (*niños*) toben **II.** *vt* ❶ (*excitar*) erregen ❷ (*desordenar*) durcheinander bringen ❸ (*sublevar*) aufführen **III.** *vr:* ~ **se** ❶ (*excitarse*) sich aufregen ❷ (*sublevarse*) sich erheben

alboroto [alβoˈroto] *m* ❶ (*vocerío*) Stimmengewirr *nt;* (*ruido*) Krach *m* ❷ (*bulla*) Krawall *m;* (*disturbio*) Tumult *m* ❸ (*inquietud, zozobra*) Aufregung *f*

alborozado, -a [alβoroˈθaðo, -a] *adj* vergnügt

alborozar [alβoroˈθar] <z→c> **I.** *vt* sehr erfreuen; **veros me alboroza** es freut mich sehr euch zu sehen **II.** *vr:* ~ **se** jubeln

alborozo [alβoˈroθo] *m* Freude *f*

albricias [alˈβriθjas] *fpl* (*fam*): ¡~! super!

albufera [alβuˈfera] *f* Lagune *f*

álbum [ˈalβum] *m* <álbum(e)s> Album *nt;* ~ **infantil** Bilderbuch *nt*

albumen [alˈβumen] *m* (BIOL) Albumen *nt*

albur [alˈβur] *m* ❶ (ZOOL) Weißfisch *m* ❷ (*Méx: juego de palabras*) Wortspiel *nt* ❸ (*loc*): **al** ~ aufs Geratewohl; **correr un** ~ ein Risiko eingehen

alcachofa [alkaˈtʃofa] *f* ❶ (BOT) Artischocke *f* ❷ (*de ducha/regadera*) Brause *f*

alcachofera [alkatʃoˈfera] *f* Artischocke *f*

alcahuete, -a [alkaˈwete, -a] *m, f* ❶ (*trotaconventos*) Kuppler(in) *m(f)* ❷ (*encubridor*) Hehler(in) *m(f)* ❸ (*chismoso*) Klatschmaul *nt fam*

alcahuetear [alkaweteˈar] *vi* ❶ (*servir, hacer de alcahuete*) kuppeln; **¿por qué consientes que él alcahuetee entre ti y ese muchacho?** warum lässt du es zu, dass er dich mit diesem Typen verkuppelt? ❷ (*chismorrear*) klatschen *fam*

alcalde(sa) [alˈkalde, alkalˈdesa] *m(f)* Bürgermeister(in) *m(f);* (*de una ciudad grande*) Oberbürgermeister(in) *m(f)*

alcaldía [alkalˈdia] *f* Bürgermeisteramt *nt*

álcali [ˈalkali] *m* (QUÍM) Alkali *nt*

alcalino, -a [alkaˈlino, -a] *adj* (QUÍM) alkalisch

alcance [alˈkanθe] *m* ❶ (*distancia*) Reichweite *f;* **misil de corto** ~ Kurzstreckenrakete *f;* **de** ~ **limitado** von geringer Reichweite; **al** ~ **de la mano** in Reichweite; **al** ~ **de todos los bolsillos** für jedermann erschwinglich; **tener la victoria a su** ~ dem Sieg sehr nah sein ❷ (*importancia*) Tragweite *f;* **de mucho/poco** ~ bedeutend/unbedeutend ❸ (*déficit*) Fehlbetrag *m* ❹ (*loc*): **ser persona de pocos** ~**s** ein einfältiger Mensch sein; **la noticia de último** ~ die neueste Meldung; **dar** ~ **a alguien** jdn einholen

alcancía [alkanˈθia] *f* Sparbüchse *f*

alcanfor [alkaɱˈfor] *m* Kampfer *m*

alcantarilla [alkantaˈriʎa] *f* ❶ (*canal*) Abwasserkanal *m* ❷ (*sumidero*) Gully *m o nt*

alcantarillado [alkantariˈʎaðo] *m* Kanalisationssystem *nt*

alcantarillar [alkantariˈʎar] *vt* kanalisieren

alcanzable [alkanˈθaβle] *adj* möglich

alcanzar [alkanˈθar] <z→c> **I.** *vi* reichen (*a/hasta* bis (zu) +*dat, para* für +*akk*); **este cañón alcanza 10 kilómetros** dieses Geschütz hat eine Reichweite von 10 km;

el dinero no alcanza para pagar la comida das Geld reicht nicht für das Essen aus; no alcanzo a todo el trabajo ich komme mit der Arbeit nicht nach **II.** *vt* ➊ (*dar alcance*) einholen; **el ladrón fue alcanzado** der Dieb wurde gefasst; **ve tirando, ya te ~é** geh vor, ich komme nach ➋ (*llegar*) erreichen; **~ un acuerdo** ein Abkommen schließen; **el disparo le alcanzó en la pierna** der Schuss traf ihn ins Bein; **~ fama** berühmt werden; **mis padres ~on la guerra civil** meine Eltern haben den Bürgerkrieg miterlebt ➌ (*entender*) verstehen **III.** *vr:* **~ se: no se me alcanza qué intentas con ello** ich verstehe nicht, was du damit beabsichtigst

alcaparra [alka'parra] *f* (*planta*) Kapernstrauch *m*; (*fruto*) Kaper *f*

alcatraz [alka'traθ] *m* ➊ (ZOOL) Basstölpel *m* ➋ (BOT) Aronstab *m*

alcaucil [alkau̯'θil] *m* ➊ (*alcachofa*) Artischocke *f* ➋ (*Arg: trotaconventos*) Kuppler(in) *m(f)*

alcázar [al'kaθar] *m* Festung *f*

alce ['alθe] *m* Elch *m*

alcista [al'θista] **I.** *adj:* **mercado ~ de la bolsa** Haussebörse *f*; **movimiento ~ de los precios** Preisauftrieb *m* **II.** *mf* Haussier *m*

alcoba [al'koβa] *f* Schlafzimmer *nt*

alcohol [al'kol/alko'ol] *m* Alkohol *m*; **~ de quemar** Brennspiritus *m*; **bebida sin ~** alkoholfreies Getränk; **no tomo ~** ich trinke keinen Alkohol; **estar bajo los efectos del ~** unter Alkohol(einfluss) stehen

alcoholemia [alko(o)'lemja] *f* Blutalkohol *m*; **prueba de ~** Alkoholtest *m*

alcohólico, -a [al'koliko/alko'oliko, -a] **I.** *adj* ➊ (*con/del alcohol*) alkoholisch ➋ *v.* alcoholizado **II.** *m, f* Alkoholiker(in) *m(f)*

alcoholímetro [alko(o)'limetro] *m* Alkoholmesser *m*

alcoholismo [alko(o)'lismo] *m sin pl* Alkoholismus *m*

alcoholizado, -a [alko(o)li'θaðo, -a] *adj* alkoholabhängig

alcoholizar [alko(o)li'θar] <z→c> **I.** *vt* alkoholisieren **II.** *vr:* **~ se** zum Alkoholiker werden

Alcorán [alko'ran] *m* Koran *m*

alcornoque [alkor'noke] *m* ➊ (BOT) Korkeiche *f* ➋ (*persona*): (**pedazo de**) **~** Dummkopf *m*

alcotán [alko'tan] *m* Baumfalke *m*

alcotana [alko'tana] *f* Maurerhammer *m*

alcurnia [al'kurnja] *f* Abstammung *f*; **de ~** von Adel

alcuza [al'kuθa] *f* (Speise)ölkanne *f*

aldaba [al'daβa] *f* ➊ (*picaporte*) Türklopfer *m* ➋ (*para ventanas*) Fensterriegel *m*; (*para puertas*) Türriegel *m* ➌ (*loc*): **tener buenas ~s** (*fam*) gute Beziehungen haben

aldea [al'dea] *f* Dorf *nt*

aldeano, -a [alde'ano, -a] **I.** *adj* ➊ (*de la aldea*) dörflich ➋ (*ignorante*) ungeschliffen **II.** *m, f* ➊ (*de la aldea*) Dorfbewohner(in) *m(f)* ➋ (*inculto*) ungehobelter Mensch *m*

aldehído [alde'iðo] *m* (QUÍM) Aldehyd *m*

ale ['ale] *interj* auf

aleación [alea'θjon] *f* Legierung *f*; **~ ligera** Aluminiumlegierung *f*

alear [ale'ar] *vt* legieren; **ir aleando** (*fig*) auf dem Weg der Besserung sein

aleatorio, -a [alea'torjo, -a] *adj* zufällig

aleccionador(a) [aleɣθjona'ðor(a)] *adj* lehrreich

aleccionamiento [aleɣθjona'mjento] *m* Unterweisung *f*

aleccionar [aleɣθjo'nar] *vt* unterweisen; **esto te ~á para no volver a hacer lo mismo** das wird dich lehren nicht noch einmal das Gleiche zu tun

aledaño, -a [ale'ðaɲo, -a] *adj* angrenzend

aledaños [ale'ðaɲos] *mpl* Umgebung *f*

alegación [aleɣa'θjon] *f* ➊ (JUR: *declaración*) Behauptung *f*; (*escrito*) Beweisschrift *f*; **~ de culpabilidad** Schuldigsprechung *f* ➋ *pl* (*objeciones*) Einwände *mpl*

alegar [ale'ɣar] <g→gu> **I.** *vt* vorbringen; (*pruebas*) beibringen; **~ dolor de cabeza** Kopfschmerzen vorschützen **II.** *vi* (*Am: discutir*) streiten

alegato [ale'ɣato] *m* ➊ (*escrito*) Schriftsatz *m*; (*oral*) Plädoyer *nt* ➋ (*Am: disputa*) Auseinandersetzung *f*

alegoría [aleɣo'ria] *f* Allegorie *f*

alegórico, -a [ale'ɣoriko, -a] *adj* allegorisch

alegrar [ale'ɣrar] **I.** *vt* ➊ (*a personas*) erfreuen ➋ (*cosas*) beleben **II.** *vr:* **~ se** ➊ (*sentir alegría*) sich freuen (*de/con* über +*akk*); **me alegro de verle de nuevo** ich freue mich (darauf) Sie wiederzusehen; **nos alegramos de que haya aceptado la invitación** wir freuen uns, dass Sie die Einladung angenommen haben; **me alegro (por ti)** das freut mich (für dich) ➋ (*beber*) sich *dat* einen Schwips antrinken *fam*

alegre [a'leɣre] *adj* ➊ (*contento*) fröhlich; (*divertido*) lustig; (*color*) lebhaft; (*habitación*) freundlich; **un espíritu/una cara ~** ein heiteres Gemüt/Gesicht; **estoy ~ de que... +*subj*** ich freue mich, dass ...; **estar**

más ~ que unas pascuas sich freuen wie ein Schneekönig ② (*frívolo*) leichtfertig; **~ de cascos** leichtsinnig; **llevar una vida ~** einen lockeren Lebenswandel führen ③ (*fam: achispado*) angeheitert; **estar ~** einen Schwips haben

alegría [ale'ɣria] *f* ① (*gozo*) Freude *f*; Heiterkeit *f*; (*buen humor*) Fröhlichkeit *f*; **llevarse una gran ~** sich sehr freuen ② (BOT) Sesam *m*

alegrón[1] [ale'ɣron] *m* (*fam*) Riesenfreude *f*; **con esta noticia me has dado un ~** mit dieser Nachricht hast du mir eine riesige Freude bereitet; **con esta noticia me he llevado un ~** über diese Nachricht habe ich mich sehr gefreut

alegrón, -ona[2] [ale'ɣron, -ona] *adj* (*Arg*) beschwipst

alejamiento [alexa'mjento] *m* Entfernung *f*; (*fig*) Distanz *f*

alejar [ale'xar] **I.** *vt* ① (*distanciar*) entfernen (*de* von +*dat*) ② (*ahuyentar*) vertreiben (*de* aus +*dat*); **aleja estos pensamientos de tu cabeza** denk nicht länger darüber nach **II.** *vr:* **~ se** sich entfernen (*de* von +*dat*); (*retirarse*) sich zurückziehen (*de* von +*dat*); **todos se alejan de él** alle gehen ihm aus dem Weg

alelado, -a [ale'laðo, -a] *adj* blöd

alelar [ale'lar] *vt*, *vr:* **~ se** verblöden

aleluya [ale'luʝa] **I.** *interj* halleluja **II.** *m o f* (REL) Halleluja *nt;* **estar de ~** jubeln

alemán[1] [ale'man] *m* (*lengua*) Deutsch(e) *nt;* **alto ~** Hochdeutsch *nt;* **decir algo en ~** etw auf Deutsch sagen

alemán, -ana[2] [ale'man, -ana] **I.** *adj* deutsch **II.** *m, f* Deutsche(r) *mf*

Alemania [ale'manja] *f* Deutschland *nt;* **República Federal de ~** Bundesrepublik *f* Deutschland

alentado, -a [alen'taðo, -a] *adj* (*valiente*) mutig

alentador(a) [alenta'ðor(a)] *adj* ermutigend

alentar [alen'tar] <e→ie> **I.** *vi* ① (*respirar*) atmen ② (*estar vivo*) am Leben sein **II.** *vt* ermutigen **III.** *vr:* **~ se** ① (*animarse*) Mut fassen ② (*Hond, Méx: restablecerse*) sich erholen

alerce [ale'lerθe] *m* Lärche *f*

alergia [a'lerxia] *f* Allergie *f* (*a* gegen +*akk*); **~ alimentaria** Lebensmittelallergie *f;* **~ al polen** Heuschnupfen *m;* **esto me da ~** dagegen bin ich allergisch

alérgico, -a [a'lerxiko, -a] *adj* allergisch (*a* gegen +*akk*); **es ~ a estos temas** (*fam*) auf diese Themen reagiert er allergisch

alergólogo, -a [aler'ɣoloɣo, -a] *m, f* Aller-

gologe, -in *m, f*

alero [a'lero] *m* ① (ARQUIT) Vordach *nt* ② (AUTO) Kotflügel *m* ③ (DEP) Außenstürmer(in) *m(f)*

alerón [ale'ron] *m* ① (AERO) Querruder *nt* ② (AUTO) Spoiler *m;* **~ delantero/trasero** Front-/Heckspoiler *m*

alerta [a'lerta] **I.** *adj* wachsam; **estar ~ de algo** etw aufmerksam verfolgen **II.** *f* Alarm *m;* **dar la ~** Alarm schlagen; **poner en ~ a alguien** jdn in Alarmzustand versetzen **III.** *interj* Vorsicht

alertar [aler'tar] *vt* warnen

aleta [a'leta] *f* ① (ZOOL, NÁUT) Flosse *f*; (*de un buzo*) Schwimmflosse *f* ② (ANAT) Nasenflügel *m* ③ (AUTO) Kotflügel *m*

aletargado, -a [aletar'ɣaðo, -a] *adj* schläfrig

aletargar [aletar'ɣar] <g→gu> **I.** *vt* einschläfern **II.** *vr:* **~ se** schläfrig werden

aletear [alete'ar] *vi* ① (*ave*) mit den Flügeln schlagen ② (*pez*) zappeln ③ (*fam: cobrar fuerza*) zu Kräften kommen

aleteo [ale'teo] *m* ① (*de un ave*) Flügelschlag *m* ② (*de un pez*) Zappeln *nt*

alevín [ale'βin] *m* ① (*pez*) Fischbrut *f* ② (*principiante*) Neuling *m*

alevosía [aleβo'sia] *f* Hinterlist *f;* **con ~** hinterlistig

alevoso, -a [ale'βoso, -a] *adj* hinterlistig

alfa ['alfa] *f* Alpha *nt;* **~ y omega** (*fig*) Anfang und Ende

alfabético, -a [alfa'βetiko, -a] *adj* alphabetisch; **estar por orden ~** alphabetisch geordnet sein

alfabetización [alfaβetiθa'θjon] *f* Alphabetisierung *f*

alfabetizar [alfaβeti'θar] <z→c> *vt* alphabetisieren

alfabeto [alfa'βeto] *m* Alphabet *nt*

alfalfa [al'falfa] *f* Luzerne *f*

alfaque [al'fake] *m* Sandbank *f*

alfar [al'far] *m* Töpferei *f*

alfarería [alfare'ria] *f* ① (*obrador*) Töpferei *f* ② (*oficio*) Töpferhandwerk *nt*

alfarero, -a [alfa'rero, -a] *m, f* Töpfer(in) *m(f)*

alféizar [al'feiθar] *m* (ARQUIT) ① (*reborde de una puerta*) (Tür)laibung *f;* (*de una ventana*) (Fenster)laibung *f* ② (*saliente de una ventana*) Fensterbrüstung *f*

alfeñique [alfe'ɲike] *m* (*persona*) Schwächling *m*

alférez [al'fereθ] *m* (MIL) Leutnant *m*

alfil [al'fil] *m* (*en ajedrez*) Läufer *m*

alfiler [alfi'ler] *m* ① (*aguja*) Stecknadel *f;* **no caber un ~** (*fig*) voll gestopft sein ② (*broche*) Ansteckadel *f;* **~ de corbata**

Krawattennadel *f;* ~ **de gancho** (*Arg*) Sicherheitsnadel *f;* **ir de veinticinco ~es** geschniegelt und gebügelt sein ❸ (*pinza*) Wäscheklammer *f;* **llevo la lección prendida con ~es** (*fig*) ich habe mich auf die Prüfung schlecht vorbereitet

alfiletero [alfile'tero] *m* Nadelbüchse *f*

alfombra [al'fombra] *f* Teppich *m;* ~ **persa** Perserteppich *m*

alfombrado [alfom'braðo] *m* (*Am: alfombra*) Teppichboden *m*

alfombrar [alfom'brar] *vt* mit Teppich auslegen

alfombrilla [alfom'briʎa] *f* ❶ (*estera*) Fußmatte *f;* ~ **de baño** Badematte *f* ❷ (*MED*) Röteln *pl* ❸ (*INFOR*) Mousepad *nt*

alforja [al'forxa] *f* Tasche *f;* (*de caballería*) Satteltasche *f;* **sacar los pies de las ~s** (*fig*) aus sich *dat* herausgehen

alga ['alɣa] *f* Alge *f*

algarabía [alɣara'βia] *f* ❶ (*gritería*) Geschrei *nt* ❷ (*lengua*) Kauderwelsch *nt;* (*escritura*) unleserliche Schrift *f* ❸ (*BOT*) Besenheide *f*

algarada [alɣa'raða] *f* Krawall *m*

algarroba [alɣa'rroβa] *f* ❶ (*BOT*) Futterwicke *f* ❷ (*fruto del algarrobo*) Johannisbrot *nt*

algarrobo [alɣa'rroβo] *m* Johannisbrotbaum *m*

algazara [alɣa'θara] *f* Geschrei *nt;* (*de alegría*) Freudengeschrei *nt*

álgebra ['alxeβra] *f* (*MAT*) Algebra *f*

algidez [alxi'ðeθ] *f* (*MED*) starkes Kältegefühl *nt;* **la ~ en el pie me impide andar** mein Fuß ist so eiskalt, dass ich nicht laufen kann

álgido, -a ['alxiðo, -a] *adj* ❶ (*muy frío*) eisig; **fiebre álgida** (*MED*) Schüttelfrost *m* ❷ (*culminante*): **el período ~ del Barroco** die Blütezeit des Barocks; **la crisis está en su momento más ~** die Krise hat ihren Höhepunkt erreicht

algo ['alɣo] **I.** *pron indef* etwas; ~ **es ~** besser das als nichts; **¿quieres ~?** möchtest du (et)was?; **¿apostamos ~?** wollen wir wetten?; **esta película es ~ aparte** dieser Film ist ein Meisterstück; **me suena de ~** das kommt mir irgendwie bekannt vor; **se cree ~** er/sie macht sich wichtig; **por ~ lo habrá dicho** er/sie wird es aus gutem Grund gesagt haben **II.** *adv* ein bisschen; **aún falta ~ hasta llegar** bis dahin fehlt noch ein Stückchen; ~ **así como** ungefähr

algodón [alɣo'ðon] *m* ❶ (*planta, tejido*) Baumwolle *f;* **una camisa de ~** ein Baumwollhemd ❷ (*cosmético*) Watte *f;* ~ **hidrófilo** Verbandswatte *f;* **criado entre**

algodones (*fig*) verhätschelt ❸ (*dulce*) Zuckerwatte *f*

algodonal [alɣoðo'nal] *m* Baumwollfeld *nt*

algodonero, -a [alɣoðo'nero, -a] **I.** *adj* Baumwoll- **II.** *m,* *f* ❶ (*comerciante*) Baumwollhändler(in) *m(f)* ❷ (*cultivador*) Baumwollpflanzer(in) *m(f)*

algoritmo [alɣo'riðmo] *m* (*MAT*) Algorithmus *m*

alguacil [alɣwa'θil] *m* ❶ (*JUR*) Gerichtsbote *m* ❷ (*ADMIN*) Gemeindediener *m* ❸ (*garfio*) Brecheisen *nt*

alguien ['alɣjen] *pron indef* jemand; **¿hay ~ aquí?** ist da jemand?; ~ **me lo ha contado** irgendjemand hat es mir erzählt; **se cree ~** er/sie spielt sich auf

algún [al'ɣun] *adj v.* **alguno**[1]

alguno, -a[1] [al'ɣuno, -a] *adj* <algún> ❶ (*antepuesto: indef*) irgendein; **¿alguna pregunta?** irgendwelche Fragen?; **de alguna manera** irgendwie; **en algún sitio** irgendwo; **alguna vez** gelegentlich; **algún día** eines Tages ❷ (*postpuesto: ninguno*) kein(e); **en sitio ~** nirgendwo; **persona alguna** niemand

alguno, -a[2] [al'ɣuno, -a] *pron indef* jemand; ~**s de los presentes** einige der Anwesenden; ~**s ya se han ido** manche sind schon gegangen; **¿tienes caramelos? – sí, me quedan ~s** hast du Bonbons? – ja, ich habe noch welche übrig; **los niños han vuelto a hacer alguna de las suyas** die Kinder haben schon wieder etwas angestellt

alhaja [a'laxa] *f* ❶ (*de piedras preciosas*) Juwel *nt;* (*de bisutería*) Modeschmuck *m* ❷ (*objeto de valor*) Prachtstück *nt;* **¡esta chica es una ~!** dieses Mädchen ist ein Juwel!; **¡menuda ~, este niño!** dieser Junge ist ja ein sauberes Früchtchen!

alharaca [ala'raka] *f* Getue *nt*

alhelí [ale'li] *m* <alhelíes> Levkoje *f*

alheña [a'leɲa] *f* ❶ (*BOT*) Liguster *m* ❷ (*polvo*) Henna *f o nt*

aliado, -a [ali'aðo, -a] **I.** *adj* verbündet; (*POL*) alliiert **II.** *m, f* Verbündete(r) *mf;* **los ~s** (*POL*) die Alliierten

alianza [ali'anθa] *f* ❶ (*pacto*) Bündnis *nt;* ~ **Atlántica** Atlantikpakt *m* ❷ (*anillo*) Ehering *m*

aliar [ali'ar] <1. pres: alío> **I.** *vt* verbinden **II.** *vr:* ~**se** sich verbünden

alias ['aljas] **I.** *adv* alias **II.** *m inv* Spitzname *m*

alicaído, -a [alika'iðo, -a] *adj* matt; (*deprimido*) deprimiert

alicantino, -a [alikaɲ'tino, -a] *adj* aus Alicante

alicatar [alika'tar] *vt* kacheln

alicates [ali'kates] *mpl* Greifzange *f;* ~ **universales** Kombizange *f*

aliciente [ali'θjẹnte] *m* Anreiz *m*

alícuota [a'likwota] *adj* ❶ (MAT) aliquot ❷ (*proporcional*) proportional

alienar [alje'nar] **I.** *vt* veräußern **II.** *vr:* ~ **se** ❶ (*distanciarse*) sich entfremden (*de* +*dat*) ❷ (PSICO) geistesgestört werden

alienígena [alje'nixena] *m* außerirdisches Wesen *nt*

aliento [a'ljẹnto] *m* ❶ (*respiración*) Atem *m;* **mal** ~ Mundgeruch *m;* **sin** ~ außer Atem; **cobrar** ~ wieder zu Atem kommen; **esto me quita el** ~ das verschlägt mir den Atem; **tomar** ~ Atem holen ❷ (*vaho*) Hauch *m* ❸ (*ánimo*) Mut *m;* **dar** ~ **a alguien** jdm Mut einflößen

aligátor [ali'ɣator] *m* Alligator *m*

aligeramiento [alixera'mjẹnto] *m* ❶ (*de cargas*) Verminderung *f* ❷ (*alivio*) Erleichterung *f* ❸ (*aceleramiento*) Beschleunigung *f*

aligerar [alixe'rar] **I.** *vi* sich beeilen **II.** *vt* ❶ (*cargas*) erleichtern ❷ (*aliviar*) lindern ❸ (*acelerar*) beschleunigen; ~ **el paso** schneller gehen

alimaña [ali'maɲa] *f* ❶ (*animal*) Raubzeug *nt* ❷ (*persona*) Schurke, -in *m, f*

alimentación [alimẹnta'θjon] *f* ❶ (*nutrición*) Ernährung *f;* (*aprovisionamiento*) Verpflegung *f;* **industria de la** ~ Nahrungsmittelindustrie *f* ❷ (*de animales*) Fütterung *f* ❸ (*de un horno/una caldera*) Beschicken *nt;* (*de una máquina*) Zufuhr *f* (*con* von +*dat*); ~ **de energía** Energiezufuhr *f;* ~ **de papel** (INFOR) Papierzuführung *f*

alimentador[1] [alimẹnta'ðor] *m* (TÉC) Zuleitung *f;* (ELEC) Speisekabel *nt;* ~ **de hojas sueltas** (INFOR) Einzelblatteinzug *m*

alimentador(a)[2] [alimẹnta'ðor(a)] *adj* (TÉC) Zufuhr-; **tubo** ~ Zuleitung *f*

alimentar [alimẹn'tar] **I.** *vi* nahrhaft sein **II.** *vt* ❶ (*nutrir*) ernähren; (*aprovisionar*) verpflegen; ~ **el odio** den Hass schüren ❷ (*animales*) füttern ❸ (*horno, caldera*) beschicken; (*máquina*) speisen; ~ **la máquina con energía** der Maschine Energie zuführen ❹ (INFOR): ~ **un ordenador con datos** Daten in einen Computer eingeben **III.** *vr:* ~ **se** sich ernähren (*de* von +*dat*)

alimentario, -a [alimẹn'tarjo, -a] *adj* Ernährungs-; **industria alimentaria** Nahrungsmittelindustrie *f*

alimenticio, -a [alimẹn'tiθjo, -a] *adj* ❶ (*nutritivo*) nahrhaft ❷ (*alimentario*) Nah-

rungs-; **industria alimenticia** Nahrungsmittelindustrie *f;* **pensión alimenticia** Unterhalt *m;* **productos** ~ **s** Nahrungsmittel *ntpl*

alimento [ali'mẹnto] *m* ❶ (*sustancia*) Nahrung *f;* **los** ~ **s** die Nahrungsmittel; ~ **básico** Grundnahrungsmittel *nt;* ~ **s congelados** Tiefkühlkost *f* ❷ (*alimentación*) Ernährung *f;* **de mucho/poco** ~ sehr/wenig nahrhaft ❸ *pl* (*asistencia financiera*) Alimente *pl*

alimón [ali'mon] *m:* **al** ~ zusammen

alindar [alin'dar] **I.** *vi* angrenzen (*con* an +*akk*); **nuestras fincas alindan** unsere Landgüter grenzen aneinander **II.** *vt* abgrenzen

alineación [alinea'θjon] *f,* **alineamiento** [alinea'mjẹnto] *m* ❶ (*general*) Ausrichtung *f* (*con* auf +*akk*); **no** ~ (POL) Blockfreiheit *f* ❷ (DEP) Mannschaftsaufstellung *f*

alinear [aline'ar] **I.** *vt* ❶ (*poner en línea*) (in Reih und Glied) aufstellen ❷ (DEP) in die Mannschaft aufnehmen; (*para un partido*) aufstellen ❸ (POL): **país no alineado** blockfreies Land **II.** *vr:* ~ **se** ❶ (*ponerse en fila*) sich (in Reih und Glied) aufstellen; (*estar en fila*) in einer Reihe stehen ❷ (POL) sich anschließen (*con* +*dat*); (*orientarse*) sich orientieren (*con* an +*dat*)

aliñar [ali'ɲar] *vt* ❶ (*condimentar*) würzen; (*ensalada*) anmachen ❷ (*preparar*) zubereiten

aliño [a'liɲo] *m* ❶ (*acción*) Zubereitung *f* ❷ (*condimento*) Gewürz *nt;* (*para ensalada*) Dressing *nt*

alioli [ali'oli] *m* Knoblauchölsoße *f*

---

i | **Land & Leute**

Alioli wird eine majonäseähnliche Soße aus zerstoßenem Knoblauch (katalanisch ‚all‘) und Öl (katalanisch ‚oli‘) genannt, wobei es sich natürlich immer um Olivenöl handelt. In ganz Spanien wird **alioli** gern zu gegrilltem Fleisch oder zu Tintenfisch gegessen.

---

alisar [ali'sar] *vt* ❶ (*una superficie*) glätten; (*un terreno*) einebnen ❷ (*el pelo*) auskämmen

alisio [a'lisjo] *adj:* **vientos** ~ **s** Passatwinde *mpl*

aliso [a'liso] *m* ❶ (BOT) Erle *f* ❷ (*madera*) Erlenholz *nt*

alistado, -a [alis'taðo, -a] *adj* (*rayado*) gestreift

alistamiento [alista'mjẹnto] *m* ❶ (*inscrip-*

ción) Einschreibung *f* ❷ (*lista*) Auflistung *f* ❸ (MIL) Musterung *f;* (*en la marina*) Anheuerung *f*

alistar [alis'tar] I. *vt* ❶ (*inscribir*) einschreiben ❷ (*enumerar*) auflisten ❸ (MIL) mustern; (*enrolar*) anwerben; (*en la marina*) anheuern II. *vr:* ~**se** ❶ (*inscribirse*) sich einschreiben ❷ (MIL) sich (freiwillig) melden; (*en la marina*) anheuern

aliteración [alitera'θjon] *f* Alliteration *f*

aliviadero [aliβja'ðero] *m* Überlauf *m*

aliviar [ali'βjar] I. *vi* den Schritt beschleunigen II. *vt* ❶ (*carga*) leichter machen; **tienes que** ~ **la maleta** du musst das Gewicht des Koffers reduzieren ❷ (*persona*) entlasten; (*de una preocupación*) erleichtern ❸ (*dolor, pena*) mildern; ~ **un bloqueo económico** eine Wirtschaftsblockade lockern III. *vr:* ~**se** ❶ (*dolor, pena*) nachlassen ❷ (*de una enfermedad*) sich erholen

alivio [a'liβjo] *m* ❶ (*aligeramiento*) Erleichterung *f* ❷ (*de una enfermedad*) Erholung *f;* (*mejoría*) Besserung *f* ❸ (*loc*): **vestir de** ~ Trauer tragen; **he pescado un catarro de** ~ (*fam*) ich habe mich schwer erkältet; **sus amigos son de** ~ (*fam*) seine/ihre Freunde sind bösartig

aljaba [al'xaβa] *f* Köcher *m*

aljibe [al'xiβe] *m* ❶ (*cisterna*) Zisterne *f* ❷ (*tanque*) Wassertank *m* ❸ (*barco*) Tanker *m*

allá [a'ʎa] *adv* ❶ (*lugar*) dort; **el más** ~ (REL) das Jenseits ❷ (*dirección*) dorthin; **¿cuánto se tarda de aquí** ~**?** wie lange braucht man bis dorthin?; **ponte más** ~ stelle dich weiter weg ❸ (*tiempo*) damals; ~ **por el año 64** um das Jahr 64 herum; ~ **en tiempos de Maricastaña** anno dazumal ❹ (*loc*): **¡**~ **tú!** (*fam*) das ist deine Sache!

allanamiento [aʎana'mjento] *m* ❶ (*de un terreno*) (Ein)ebnen *nt* ❷ (*de dificultades*) Behebung *f* ❸ (JUR): ~ **de morada** Hausfriedensbruch *m*

allanar [aʎa'nar] I. *vt* ❶ (*terreno, camino*) ebnen ❷ (*construcción*) niederreißen ❸ (*dificultades*) beheben ❹ (JUR): ~ **una casa** Hausfriedensbruch begehen II. *vr:* ~**se** sich fügen (*a* +*dat*); **no se allana nunca** er/sie gibt nie nach; ~**se a las órdenes** die Anordnungen befolgen

allegado, -a [aʎe'ɣaðo, -a] I. *adj* nahe stehend II. *m, f* Verwandte(r) *mf*

allegar [aʎe'ɣar] <g→gu> *vt* (*recursos*) aufbringen; (*pruebas, datos*) sammeln

allende [a'ʎende] *adv* jenseits; ~ **las montañas** jenseits der Berge; ~ **de ser guapa,**

es agradable sie ist nicht nur hübsch, sondern auch noch nett

allí [a'ʎi] *adv* ❶ (*lugar*) dort; ~ **cerca, por** ~ dort in der Nähe; **¡**~ **viene!** da kommt er/sie! ❷ (*dirección*) dorthin; **hasta** ~ bis dahin

alma ['alma] *f* ❶ (*espíritu, persona*) Seele *f;* ~ **de cántaro** Einfaltspinsel *m;* **un** ~ **de Dios** eine Seele von Mensch; ~ **en pena** armer Mensch; **¡**~ **mía!** mein Liebling!; **agradecer con el** ~ von Herzen danken; **no tener** ~ herzlos sein; **me arranca el** ~ das zerreißt mir das Herz; **me llega al** ~ das geht mir sehr nahe; **lo siento en el** ~ ich bedaure es von ganzem Herzen; **fue el** ~ **de la fiesta** er/sie brachte die Fete in Schwung; **se le cayó el** ~ **a los pies** (*fam*) er/sie warf die Flinte ins Korn; **como** ~ **que lleva el diablo** (*fam*) wie ein geölter Blitz; **estar con el** ~ **en un hilo** (*fam*) (wie) auf (glühenden) Kohlen sitzen ❷ (*ánimo*) Gemüt *nt* ❸ (TÉC) Kern *m*

almacén [alma'θen] *m* ❶ (*depósito*) Lager *nt;* ~ **de diapositivas** Diamagazin *nt;* ~ **al por mayor** Großhandlung *f;* **franco en** ~ ab Lager; **tener en** ~ auf Lager haben ❷ (*tienda*): **grandes almacenes** Kaufhaus *nt*

almacenable [almaθe'naβle] *adj* lagerfähig

almacenaje [almaθe'naxe] *m,* **almacenamiento** [almaθena'mjento] *m* ❶ (*de mercancías*) (Ein)lagerung *f* ❷ (INFOR) Speicherung *f* ❸ (*tasa*) Lagergebühr *f*

almacenar [almaθe'nar] *vt* ❶ (*mercancías*) (ein)lagern ❷ (INFOR) speichern; ~ **en disco duro** auf der Festplatte (ab)speichern

almacenero, -a [almaθe'nero, -a] *m, f* (*CSur: dueño*) Lebensmittelhändler(in) *m(f)*

almacenista [almaθe'nista] *mf* Großhändler(in) *m(f)*

almadreña [alma'ðreɲa] *f* Holzschuh *m*

almanaque [alma'nake] *m* Almanach *m*

almeja [al'mexa] *f* Venusmuschel *f*

almena [al'mena] *f* Zinne *f*

almendra [al'mendra] *f* ❶ (*fruta*) Mandel *f;* ~**s garapiñadas** gebrannte Mandeln ❷ (*semilla*) Mandelkern *m* ❸ (*fam: guijarro*) Kieselstein *m*

almendrado¹ [almen'draðo] *m* (*AmC:* GASTR) Mandelsauce *f*

almendrado, -a² [almen'draðo, -a] *adj* mandelförmig; **ojos** ~**s** Mandelaugen *ntpl*

almendral [almen'dral] *m* Mandelbaumpflanzung *f*

almendro [al'mendro] *m* Mandelbaum *m*

almeriense [alme'rjense] *adj* aus Almería

almiar [al'mjar] *m* Heuhaufen *m*

almíbar [al'miβar] *m* Sirup *m;* **melocotón en** ~ Pfirsichkompott *nt*

almibarado, -a [almiβa'raðo, -a] *adj* (*persona*) schleimig; (*mirada, sonrisa*) süßlich

almibarar [almiβa'rar] *vt* in Sirup einlegen; ~ **a alguien** jdm schmeicheln

almidón [almi'ðon] *m* Stärke *f;* (*para telas*) Wäschestärke *f;* (*alimento*) Stärkemehl *nt;* (*cola*) Leim *m*

almidonado, -a [almiðo'naðo, -a] *adj* (*acicalado*) geschniegelt

almidonar [almiðo'nar] *vt* stärken

alminar [almi'nar] *m* Minarett *nt*

almirantazgo [almiraṇ'taθɣo] *m* ❶ (*grado*) Admiralsrang *m* ❷ (*tribunal*) Admiralität *f*

almirante [almi'raṇte] *m* Admiral *m*

almirez [almi're θ] *m* Mörser *m*

almizcle [al'miθkle] *m* Moschus *m*

almizclero [almiθ'klero] *m* Moschustier *nt*

almohada [almo'aða] *f* ❶ (*cojín*) Kissen *nt;* (*de la cama*) Kopfkissen *nt;* **consultar algo con la** ~ (*fam*) etw überschlafen ❷ (*funda*) Kopfkissenbezug *m*

almohadilla [almoa'ðiʎa] *f* (*cojín*) Kissen *nt;* (*acerico*) Nadelkissen *nt;* ~ **de tinta** Stempelkissen *nt*

almohadillado¹ [almoaði'ʎaðo] *m* ❶ (*con forma de almohadilla*) Kissen *nt* ❷ (ARQUIT: *sillar*) Bossenquader *m;* (*sillería*) Bossage *f*

almohadillado, -a² [almoaði'ʎaðo, -a] *adj* gepolstert

almohadón [almoa'ðon] *m* Kissen *nt;* (*del sofá*) Sofakissen *nt*

almoneda [almo'neða] *f* ❶ (*subasta*) Versteigerung *f* ❷ (*saldo*) Ausverkauf *m*

almorranas [almo'rranas] *fpl* Hämorrhoiden *fpl*

almorzar [almor'θar] *irr como forzar vi, vt* ❶ (*a mediodía*) zu Mittag essen ❷ (*reg: desayunar*) frühstücken

almuerzo [al'mwerθo] *m* ❶ (*al mediodía*) Mittagessen *nt;* ~**-coloquio** Arbeitsessen *nt;* ~ **de negocios** Geschäftsessen *nt;* **¿qué hay de** ~**?** was gibt es zum Mittagessen? ❷ (*reg: desayuno*) Frühstück *nt*

alocado, -a [alo'kaðo, -a] *adj* ❶ (*loco*) verrückt ❷ (*imprudente*) leichtfertig ❸ (*revoltoso*) ausgelassen

alocarse [alo'karse] <c→qu> *vr* (*volverse loco*) verrückt werden; (*atolondrarse*) überschnappen

alocución [aloku'θjon] *f* Ansprache *f*

alojamiento [aloxa'mjeṇto] *m* ❶ (*lugar*) Unterkunft *f* ❷ (*acción*) Unterbringung *f;* (MIL) Einquartierung *f*

alojar [alo'xar] **I.** *vt* ❶ (*albergar*) beherbergen ❷ (*procurar alojamiento*) unterbringen; (*tropa*) einquartieren ❸ (*cosa*) hineinstecken (*en* in +*akk*) **II.** *vr:* ~**se** ❶ (*hospedarse*) unterkommen; (*en un hotel*) absteigen; (MIL) sich einquartieren ❷ (*meterse*) stecken (*en* in +*dat*)

alondra [a'loṇdra] *f* Lerche *f*

alopatía [alopa'tia] *f* Allopathie *f*

alopecia [alo'peθja] *f sin pl* Haarausfall *m*

alpaca [al'paka] *f* ❶ (*tela, t.* ZOOL) Alpaka *nt* ❷ (*aleación*) Neusilber *nt*

alpargata [alpar'ɣata] *f* ≈Espadrille *f;* **no tener ni para** ~**s** (*fig*) ein armer Schlucker sein

alpargatería [alparɣate'ria] *f* ❶ (*obrador*) (Leinen)schuhwerkstatt *f* ❷ (*zapatería*) (Leinen)schuhgeschäft *nt*

Alpes ['alpes] *mpl* Alpen *pl*

alpinismo [alpi'nismo] *m sin pl* Bergsteigen *nt*

alpinista [alpi'nista] *mf* Bergsteiger(in) *m(f)*

alpino, -a [al'pino, -a] *adj* Alpen-; **refugio** ~ Alpenhütte *f*

alpiste [al'piste] *m* ❶ (BOT) Kanariengras *nt* ❷ (*para pájaros*) Vogelfutter *nt* ❸ (*loc, fam*): **no tener para** ~ bettelarm sein; **le gusta mucho el** ~ er/sie ist ein Schluckspecht

alquería [al'keria] *f* Aussiedlerhof *m*

alquilar [alki'lar] **I.** *vt* ❶ (*dejar*) vermieten ❷ (*tomar en alquiler*) mieten **II.** *vr:* ~**se** (*destinado a ser alquilado*) zu vermieten sein; **se alquila** zu vermieten

alquiler [alki'ler] *m* ❶ (*acción*) Mieten *nt;* (*de parte del dueño*) Vermieten *nt;* ~ **de coches** Autoverleih *m;* ~ **con opción de compra** Leasing *nt* ❷ (*precio*) Miete *f*

alquimia [al'kimja] *f* Alchimie *f*

alquimista [alki'mista] *mf* Alchimist(in) *m(f)*

alquitrán [alki'tran] *m* Teer *m*

alquitranar [alkitra'nar] *vt* teeren

alrededor [alrreðe'ðor] *adv* ❶ (*local*) ringsherum; ~ **de la plaza** rings um den Platz; **un viaje** ~ **de la tierra** eine Reise rund um die Welt ❷ (*aproximadamente*): ~ **de** um

alrededores [alrreðe'ðores] *mpl* Umgebung *f*

Alsacia [al'saθja] *f* Elsass *nt;* ~**-Lorena** Elsass-Lothringen *nt*

alsaciano, -a [alsa'θjano, -a] **I.** *adj* elsässisch **II.** *m, f* Elsässer(in) *m(f)*

alta ['alta] *f* ❶ (*documento*) Entlassungsschein *m;* **dar el** ~ gesundschreiben; **dar de** ~ **del hospital** aus dem Krankenhaus entlassen ❷ (*inscripción*) Anmeldung *f;* (*ingreso*) Beitritt *m;* **darse de ~ en** (**el registro de**) **una ciudad** sich beim Einwohnermeldeamt anmelden; **darse de ~ en una asociación** einem Verein beitreten; **dar de ~ a alguien en un partido** jdn als Mitglied in eine Partei aufnehmen

altamente [alta'mente] *adv* äußerst; ~ **contaminado** hochgradig verseucht; ~ **cualificado** hoch qualifiziert

altanería [altane'ria] *f* Überheblichkeit *f*

altanero, -a [alta'nero, -a] *adj* überheblich

altar [al'tar] *m* Altar *m;* ~ **mayor** Hochaltar *m;* **poner a alguien en los ~es** (*fig*) jdn über den grünen Klee loben; **quedarse para adornar ~es** (*fig*) als alte Jungfer enden; **tener a alguien en los ~es** (*fig*) jdm größte Hochachtung entgegenbringen

altavoz [alta'βoθ] *m* Lautsprecher *m*

alterabilidad [alteraβili'ðaθ] *f* ❶ (*variabilidad*) Veränderlichkeit *f;* (*de alimentos*) Verderblichkeit *f* ❷ (*irritabilidad*) Erregbarkeit *f*

alterable [alte'raβle] *adj* ❶ (*plan*) (ver)änderbar ❷ (*alimento*) verderblich ❸ (*irritable*) erregbar

alteración [altera'θjon] *f* ❶ (*de planes*) (Ver)änderung *f;* (*de un horario*) Fahrplanänderung *f* ❷ (*perturbación*) Störung *f* ❸ (*turbación*) Unruhe *f* ❹ (*irritación*) Erregung *f* ❺ (*altercado*) Auseinandersetzung *f* ❻ (*adulteración*) Verfälschung *f*

alterado, -a [alte'raðo, -a] *adj* (*aturdido*) durcheinander; (*demudado*) verstört

alterar [alte'rar] **I.** *vt* ❶ (*cambiar*) ändern ❷ (*perturbar*) stören ❸ (*turbar*) in Unruhe versetzen; (*irritar*) aufregen ❹ (*adulterar*) verfälschen ❺ (*alimentos*) verderben **II.** *vr:* ~ **se** ❶ (*cambiar*) sich ändern ❷ (*aturdirse*) sich beunruhigen (*por* wegen +*gen/dat*); (*irritarse*) sich aufregen (*por* über +*akk*) ❸ (*alimentos*) verderben; (*leche*) sauer werden

altercado [alter'kaðo] *m* Auseinandersetzung *f*

altercar [alter'kar] <c→qu> *vi* streiten

alternar [alter'nar] **I.** *vi* ❶ (*turnarse*) sich abwechseln (*en* bei +*dat*); **los veranos cálidos han alternado con los lluviosos** heiße und regnerische Sommer haben sich abgewechselt; ~ **en el volante** sich beim Fahren abwechseln ❷ (*tratar*): ~ **con alguien** mit jdm verkehren; **es persona que alterna** er/sie verkehrt mit der Creme der Gesellschaft ❸ (*en un club nocturno*) animieren **II.** *vt* abwechseln; ~ **el trabajo con la diversión** abwechselnd

arbeiten und frei haben **III.** *vr:* ~ **se** sich abwechseln (*en* bei +*dat*)

alternativa [alterna'tiβa] *f* ❶ (*opción*) Alternative *f;* **poner en la** ~ vor die Alternative stellen; **no le queda otra** ~ **que...** er/sie hat keine andere Wahl als ... ❷ (TAUR) Zulassung *f* als Matador; **dar la** ~ **a alguien para algo** (*fig*) jdn für reif genug für etw halten

alternativamente [alternatiβa'mente] *adv* abwechselnd

alternativo, -a [alterna'tiβo, -a] *adj* ❶ (*opcional*) alternativ ❷ (*con alternación*) wechselnd

alterne [al'terne] *m:* **chica de** ~ Animierdame *f;* **bar de** ~ Animierlokal *nt*

alterno, -a [al'terno, -a] *adj* wechselnd; **cultivo** ~ (AGR) Wechselwirtschaft *f;* **en días ~s** jeden zweiten Tag

alteza [al'teθa] *f* ❶ (*tratamiento*) Hoheit *f;* **Su A~ Real** Ihre Königliche Hoheit ❷ (*calidad*) Erhabenheit *f*

altibajos [alti'βaxos] *mpl* ❶ (*de un terreno*) Unebenheiten *fpl* ❷ (*cambios*) Auf und Ab *nt;* **es una persona con muchos** ~ **en su estado de ánimo** seine/ihre Stimmung ändert sich ständig

altillo [al'tiλo] *m* ❶ (*piso*) Zwischengeschoss *nt* ❷ (*desván*) Mansarde *f*

altiplanicie [altipla'niθje] *f,* **altiplano** [alti'plano] *m* Hochebene *f*

Altísimo [al'tisimo] *m:* **el** ~ Gott *m*

altisonante [altiso'nante] *adj* hochtrabend

altitud [alti'tuð] *f* Höhe *f;* **a una** ~ **de 1500 metros** in 1500 Meter Höhe; **Madrid está a una** ~ **de 640 metros sobre el nivel del mar** Madrid liegt 640 Meter über dem Meeresspiegel

altivez [alti'βeθ] *f* Überheblichkeit *f*

altivo, -a [al'tiβo, -a] *adj* (*soberbio*) überheblich

alto[1] ['alto] **I.** *interj* halt; **¡~ el fuego!** Feuer einstellen! **II.** *m* ❶ (*descanso*) Pause *f;* ~ **el fuego** Waffenstillstand *m;* **dar el** ~ zum Anhalten auffordern ❷ (*altura*) Höhe *f;* **medir 8 metros de** ~ 8 Meter hoch sein ❸ (*collado*) Anhöhe *f* ❹ *pl* (*piso alto*) Obergeschoss *nt* **III.** *adv* ❶ (*en voz alta*) laut ❷ (*en un lugar elevado*) hoch; **ponlo en lo más** ~ stell es ganz nach oben; **de ~ abajo** von oben nach unten ❸ (*loc*): **pasar un saludo por** ~ eine Begrüßung übersehen; **pasar una pregunta por** ~ eine Frage übergehen; **por todo lo** ~ prächtig

alto, -a[2] ['alto, -a] *adj* ❶ (*en general*) hoch; ~ **s cargos** Führungskräfte *fpl;* **un** ~ **cargo** eine hohe Stellung; **notas altas** (MÚS) hohe Töne; **de alta calidad** von erstklassiger

Qualität; **~s funcionarios** hohe Beamte; **tener un ~ concepto de alguien** eine hohe Meinung von jdm haben ❷(*ser viviente*) groß ❸(*en la parte superior*) obere(r, s); **clase alta** Oberschicht *f* ❹(GEO: *territorio*) Hoch-; (*río*) Ober-; **la alta montaña** das Hochgebirge; **el ~ Rin** der Oberrhein; **el ~ Tajo** der Oberlauf des Tajos ❺(*idioma, época*) Hoch-; **la alta Edad Media** das hohe Mittelalter ❻(*tiempo*) spät; **a altas horas de la noche** spätabends ❼(*río*) Hochwasser führend; (*mar*) aufgewühlt; **el río está ~** der Fluss ist gestiegen ❽(*sonido*) laut; **hablar en voz alta** laut sprechen

altoparlante [alˌtoparˈlan̩te] *m* (*Am*) Lautsprecher *m*

altozano [alˌtoˈθano] *m* Anhöhe *f*

altramuz [alˌtraˈmuθ] *m* Lupine *f*

altruismo [alˌtruˈismo] *m sin pl* Selbstlosigkeit *f*

altruista [alˌtruˈista] I. *adj* selbstlos II. *mf* Altruist(in) *m(f)*

altura [alˈtura] *f* ❶(*altitud, de un sonido*) Höhe *f*; **de gran ~** hoch; **de poca ~** niedrig; **a gran ~** in großer Höhe; **una montaña de 2000 metros de ~** ein 2000 Meter hoher Berg; **el avión pierde ~** das Flugzeug verliert an Höhe; **estar a la ~ de Valencia** auf der Höhe von Valencia liegen; **estar a la ~ de las circunstancias** der Situation gewachsen sein; **estar a la ~ del betún** (*fam*) ein schlechtes Bild abgeben; **a estas ~s** zu diesem Zeitpunkt ❷(*estatura*) Größe *f* ❸(*excelencia*) Erhabenheit *f* ❹ *pl* (*cielo*) Himmel *m*

alubia [aˈluβja] *f* Bohne *f*

alucinación [aluθinaˈθjon] *f* Halluzination *f*

alucinado, -a [aluθiˈnaðo, -a] *adj* (*fam: asombrado*): **miraba ~ a la chica** er starrte wie gebannt auf das Mädchen; **me quedé ~ al leerlo en el periódico** ich war ganz platt, als ich es in der Zeitung las

alucinante [aluθiˈnan̩te] *adj* (*fam: fantástico*) klasse; (*increíble*) unglaublich

alucinar [aluθiˈnar] I. *vi* (*fam*) ❶(*hablando*) halluzinieren; **¡tú alucinas!** (*fig*) red doch kein Unsinn! ❷(*quedar fascinado*) verblüfft sein; **aluciné con sus conocimientos de chino** ich war baff über seine/ihre Chinesischkenntnisse II. *vt* (*fam*) ❶(*deslumbrar*) blenden; (*cautivar*) fesseln ❷(*entusiasmar*) begeistern

alucinógeno¹ [aluθiˈnoxeno] *m* (MED) Halluzinogen *nt*

alucinógeno, -a² [aluθiˈnoxeno, -a] *adj* halluzinogen

alud [aˈluð] *m* Lawine *f*; **un ~ de gente** eine große Menschenmenge

aludir [aluˈðir] *vi* (*referirse*) anspielen (*a* auf +*akk*); (*mencionar*) erwähnen (*a* +*akk*); **darse por aludido** sich betroffen fühlen; **no darse por aludido** sich *dat* nichts anmerken lassen

alumbrado [alumˈbraðo] *m* Beleuchtung *f*; **~ público** Straßenbeleuchtung *f*

alumbramiento [alumbraˈmjen̩to] *m* ❶(*iluminación*) Beleuchtung *f* ❷(*parto*) Entbindung *f*

alumbrar [alumˈbrar] I. *vi* ❶(*iluminar*) leuchten; **la lámpara alumbra poco** die Lampe gibt wenig Licht ❷(*parir*) entbinden II. *vt* ❶(*iluminar*) beleuchten; (*a alguien*) anleuchten ❷(*parir*) zur Welt bringen III. *vr: ~se* (*fam*) sich beschwipsen

aluminio [aluˈminjo] *m* Aluminium *nt*

alumnado [alumˈnaðo] *m* (*de escuela*) Schülerschaft *f*; (*de universidad*) Studentenschaft *f*

alumno, -a [aˈlumno, -a] *m, f* (*de escuela*) Schüler(in) *m(f)*; (*de universidad*) Student(in) *m(f)*

alunizaje [aluniˈθaxe] *m* Mondlandung *f*

alunizar [aluniˈθar] <z→c> *vi* auf dem Mond landen

alusión [aluˈsjon] *f* ❶(*insinuación*) Anspielung *f* (*a* auf +*akk*); **hacer una ~ a algo** etw andeuten ❷(*mención*) Erwähnung *f* (*a* +*gen*)

alusivo, -a [aluˈsiβo, -a] *adj* anspielend (*a* auf +*akk*); **dijo una frase alusiva a la situación** er/sie sagte kurz etwas über die Lage

aluvión [aluˈβjon] *m* ❶(*inundación*) Überschwemmung *f* ❷(*sedimento*) Ablagerung *f*; **tierra de ~** Schwemmland *nt* ❸(*cantidad*) Schwall *m*

álveo [ˈalβeo] *m* Flussbett *nt*

alveolar [alβeoˈlar] *adj* ❶(*forma*) wabenförmig ❷(LING) alveolar

alveolo [alβeˈolo] *m*, **alvéolo** [alˈβeolo] *m* ❶(ANAT) Alveole *f*; **~ pulmonar** Lungenbläschen *nt* ❷(*del panal*) Bienenzelle *f*

alza [ˈalθa] *f* ❶(*elevación*) Anstieg *m*; **~ abusiva de los precios** Preiswucher *m*; **ir** [*o* **estar**] **en ~** (*precios*) steigen; (*persona*) an Ansehen gewinnen ❷(*de un zapato*) Leistenaufschlag *m* ❸(*de un arma*) Visier *nt*

alzacristales [alθakrisˈtales] *m inv* Fensterheber *m*

alzada [alˈθaða] *f* ❶(*de un caballo*) Stockmaß *nt* ❷(JUR) Einspruch *m*

alzado¹ [alˈθaðo] *m* (ARQUIT) Aufriss *m*

alzado, -a² [alˈθaðo, -a] *adj* ❶(*fijado*) pauschal ❷ (*sublevado*) aufständisch ❸ (*Am: montaraz*) wild; (*en celo*) brünstig

alzamiento [alθa'mjeṇo] *m* Aufstand *m*

alzar [al'θar] <z→c> **I.** *vt* ❶ (*levantar*) heben; (*precio*) erhöhen; (*puño, voz*) erheben; ~ **pelo** (*AmC, Méx*) Angst haben ❷ (*poner vertical*) aufrichten ❸ (*sostener*) hochhalten ❹ (*quitar*) abnehmen; (*colcha, mantel*) abziehen; (*mesa*) abräumen; (*sello*) entfernen; (*campamento*) abbrechen ❺ (*construir*) errichten ❻ (AGR: *cosecha*) einbringen; (*tierra*) ackern ❼ (*loc*): ~ **el vuelo** (*pájaro*) losfliegen; (*persona*) das Elternhaus verlassen **II.** *vr:* ~ **se** ❶ (*levantarse, destacar*) sich erheben; **allí se alza la universidad** dort ragt das Universitätsgebäude empor ❷ (JUR) Einspruch erheben ❸ (*Am: animales*) verwildern ❹ (*Am: sublevarse*) sich auflehnen ❺ (*Am: robar*) stehlen; ~ **se con la pasta** (*fam*) mit der Kohle durchbrennen

alzheimer [al'θeɪmer/al'saɪmer] *m sin pl* (MED) Alzheimerkrankheit *f*

ama ['ama] *f* (*dueña*) Herrin *f*; (*propietaria*) Besitzerin *f*; ~ **de casa** Hausfrau *f*; ~ **de cría** Amme *f*; ~ **de llaves** Haushälterin *f*

amabilidad [amaβili'ðaθ] *f* Freundlichkeit *f*; **tuvo la ~ de avisarme** er/sie war so freundlich mir Bescheid zu sagen; **le agradezco su ~** das ist sehr freundlich von Ihnen

amable [a'maβle] *adj* freundlich, liebenswürdig; **ser ~ (para) con alguien** freundlich zu jdm sein; **¿sería Ud. tan ~ de explicármelo?** wären Sie so freundlich es mir zu erklären?

amadrinar [amaðri'nar] *vt* Patin sein (von +*dat*)

amaestramiento [amaestra'mjeṇto] *m* ❶ (*de animales*) Abrichten *nt* ❷ (*de personas*) Training *nt;* ~ **en el manejo de ordenadores** Unterweisung im Umgang mit Computern

amaestrar [amaes'trar] *vt* ❶ (*animales*) abrichten; (*caballos*) zureiten; (*para el circo*) dressieren ❷ (*pey: niños*) dressieren ❸ (*instruir*) unterweisen (*en* in +*dat*)

amagar [ama'ɣar] <g→gu> **I.** *vi* ❶ (*amenazar*) drohen; **estaba amagando la guerra cuando...** der Krieg stand bevor, als ... ❷ (*enfermedad*) sich andeuten **II.** *vt* ❶ (*indicar*) Anstalten machen; **amagó un golpe** er/sie machte Anstalten zuzuschlagen ❷ (*amenazar*) drohen; ~ **a alguien con algo** jdm mit etw *dat* drohen

amago [a'maɣo] *m* ❶ (*amenaza*) Drohung *f* ❷ (*indicio*) Anzeichen *nt* (*de* für +*akk*)

❸ (DEP) Finte *f*

amainar [amaɪ'nar] **I.** *vi* nachlassen **II.** *vt* (NÁUT) einholen

amalgama [amal'ɣama] *f* ❶ (QUÍM) Amalgam *nt* ❷ (*mezcla*) Gemisch *nt*

amalgamar [amalɣa'mar] **I.** *vt* ❶ (TÉC) amalgamieren ❷ (*mezclar*) vermengen **II.** *vr:* ~ **se** sich vermengen

amamantar [amamaṇ'tar] *vt* (*bebé*) stillen; (*cachorro*) säugen

amancebamiento [amaṇθeβa'mjeṇto] *m* wilde Ehe *f*

amancebarse [amaṇθe'βarse] *vr* in wilder Ehe leben

amanecer [amane'θer] **I.** *vimpers* dämmern; **está amaneciendo** es dämmert **II.** *vi irr como crecer* aufwachen **III.** *m* Tagesanbruch *m;* **al** ~ bei Tagesanbruch

amanecida [amane'θiða] *f* (*Am*) Tagesanbruch *m*

amanerado, -a [amane'raðo, -a] *adj* ❶ (*persona*) geziert ❷ (*estilo*) gekünstelt

amaneramiento [amanera'mjeṇto] *m* ❶ (*afectación*) Geziertheit *f* ❷ (*de un estilo*) Manieriertheit *f*

amanerarse [amane'rarse] *vr* (*persona*) sich zieren

amansar [aman'sar] **I.** *vt* ❶ (*animal*) zähmen ❷ (*persona*) bändigen; (*sosegar*) besänftigen **II.** *vr:* ~ **se** zahm werden

amante [a'maṇte] **I.** *adj:* **soy poco ~ de hablar en público** ich spreche nicht gerne vor Publikum **II.** *mf* ❶ (*querido*) Liebhaber(in) *m(f)* ❷ *pl* (*pareja*) Liebespaar *nt* ❸ (*aficionado*) Liebhaber(in) *m(f);* **un ~ de la naturaleza** ein Naturfreund

amanuense [ama'nwense] *mf* ❶ (*secretario*) Sekretär(in) *m(f)* ❷ (*copista*) Schreiber(in) *m(f)*

amañar [ama'ɲar] **I.** *vt* ❶ (*plan, asunto*) deichseln *fam;* ~ **una solución** eine Notlösung finden ❷ (*resultado, documento*) fälschen **II.** *vr:* ~ **se con alguien** mit jdm gut auskommen; **amañárselas** (**para todo**) sich (bei allem) geschickt anstellen

amaño [a'maɲo] *m* Geschick *nt;* **con ~** geschickt

amapola [ama'pola] *f* Klatschmohn *m;* **ponerse como una** ~ knallrot werden

amar [a'mar] *vt* lieben

amaraje [ama'raxe] *m* Wasserung *f;* **efectuar el** ~ wassern

amarar [ama'rar] *vi* wassern (*en* auf +*dat*)

amargado, -a [amar'ɣaðo, -a] **I.** *adj* verbittert **II.** *m, f* verbitterter Mensch *m*

amargar [amar'ɣar] <g→gu> **I.** *vt* verbittern; ~ **la vida a alguien** jdm das Leben schwer machen **II.** *vi* bitter schmecken; **la**

verdad amarga die Wahrheit tut weh **III.** *vr:* ~ **se** verbittert werden

amargo, -a [a'marɣo, -a] *adj* bitter

amargor [amar'ɣor] *m,* **amargura** [amar'ɣura] *f* ❶ (*sabor*) bitterer Geschmack *m* ❷ (*sentimiento*) Verbitterung *f;* (*aflicción*) Betrübnis *f;* **llorar con ~** bitterlich weinen

amariconarse [amariko'narse] *vr* (*vulg*) tuntig werden

amarillear [amariʎe'ar] *vi* vergilben

amarillecer [amariʎe'θer] *irr como crecer vi* vergilben

amarillento, -a [amari'ʎeņto, -a] *adj* gelblich; (*fotografía, papel*) vergilbt

amarillismo [amari'ʎismo] *m sin pl* Sensationsmache *f*

amarillo, -a [ama'riʎo, -a] *adj* ❶ (*color*) gelb ❷ (*pálido*) blass

amarra [a'marra] *f* ❶ (NÁUT) Tau *nt* ❷ *pl* (*apoyo*) Beziehungen *fpl*

amarradero [amarra'ðero] *m* ❶ (*poste*) Pfosten *m* ❷ (*argolla*) Metallring *m* ❸ (NÁUT) Anlegeplatz *m*

amarrado, -a [ama'rraðo, -a] *adj* ❶ (*Arg, Par, PRico, Urug: tacaño*) geizig; (*innoble*) gemein ❷ (*loc*): **estar** [*o* **ir**] **~** (*haber empollao*) gepaukt haben; (*tener enchufe*) gute Beziehungen haben

amarrar [ama'rrar] **I.** *vt* ❶ (*atar*) festbinden (*a* an +*dat*); **tener a alguien muy amarrado** (*fig*) jdm wenig Freiraum lassen ❷ (NÁUT) vertäuen ❸ (*fam: empollar*) büffeln **II.** *vr:* ~ **se** (*Am*) heiraten

amartelarse [amarte'larse] *vr* ❶ (*enamorarse*) sich bis über beide Ohren verlieben (*de* in +*akk*) ❷ (*ponerse cariñoso*) turteln

amartillar [amarti'ʎar] *vt* ❶ (*arma*) spannen ❷ (*fam: negocio*) absichern

amartizaje [amarti'θaxe] *m* Marslandung *f*

amasadora [amasa'ðora] *f* Knetmaschine *f*

amasandería [amasaņde'ria] *f* (*AmS*) Bäckerei *f*

amasar [ama'sar] *vt* ❶ (*masa*) kneten ❷ (*fortuna*) anhäufen ❸ (*pey: tramar*) anzetteln

amasijo [ama'sixo] *m* ❶ (*para hacer pan*) (Knet)teig *m* ❷ (*acción de amasar*) Kneten *nt* ❸ (*argamasa*) Mörtel *m* ❹ (*fam: mezcla*) Kuddelmuddel *m o nt* ❺ (*fam: intriga*) Machenschaft *f*

amateur [ama'ter] **I.** *adj* Amateur- **II.** *mf* <amateurs> Amateur(in) *m(f)*

amateurismo [amate'rismo] *m sin pl* Amateursport *m*

amatista [ama'tista] *f* Amethyst *m*

amatorio, -a [ama'torjo, -a] *adj* Liebes-

amazacotado, -a [amaθako'taðo, -a] *adj*

❶ (*colchón*) hart ❷ (*recargado*) überladen; **un informe ~ de datos** ein mit Daten voll gepackter Bericht; **estuvimos ~s en el tranvía** wir standen dicht gedrängt in der Straßenbahn

amazona [ama'θona] *f* ❶ (*mujer*) Amazone *f* ❷ (*traje*) Reitkostüm *nt*

Amazonas [ama'θonas] *m* Amazonas *m*

ambages [am'βaxes] *mpl* Umschweife *mpl;* **¡habla sin ~!** komm auf den Punkt!

ámbar ['ambar] **I.** *m* Bernstein *m* **II.** *adj inv* bernsteinfarben

Amberes [am'beres] *f* Antwerpen *nt*

ambición [ambi'θjon] *f* Ehrgeiz *m;* ~ **de poder** Machthunger *m;* **sin ambiciones** anspruchslos; **mi ~ en la vida es…** mein Lebensziel ist (es) …

ambicionar [ambiθjo'nar] *vt* streben (nach +*dat*); **sólo ambiciono salud** ich wünsche mir nur Gesundheit

ambicioso, -a [ambi'θjoso, -a] *adj* ehrgeizig

ambidiestro, -a [ambi'djestro, -a] **I.** *adj* beidhändig **II.** *m, f* Beidhänder(in) *m(f)*

ambientación [ambjeņta'θjon] *f* ❶ (LIT) Milieuschilderung *f* ❷ (TEAT) Bühnenbild *nt* ❸ (CINE) Szenenausstattung *f* ❹ (*adaptación*) Anpassung *f* (*a* an +*akk*)

ambientador [ambjeņta'ðor] *m* Raumspray *m o nt*

ambiental [ambjeņ'tal] *adj* Umwelt-; **organización ~** Umweltorganisation *f*

ambientar [ambjeņ'tar] **I.** *vt* ❶ (*novela*) ansiedeln; ~ **la acción de una novela en el siglo pasado** die Handlung eines Romans ins vergangene Jahrhundert verlegen; **la novela está ambientada en Lima** der Roman spielt in Lima ❷ (*fiesta*) Stimmung machen (bei +*dat*) **II.** *vr:* ~ **se** ❶ (*aclimatarse*) sich eingewöhnen (*en* in +*dat*) ❷ (*en una fiesta*) in Stimmung kommen

ambiente [am'bjeņte] *m* ❶ (*aire*) Luft *f* ❷ (*medio*) Milieu *nt;* **medio ~** Umwelt *f;* **nocivo para el medio ~** umweltschädlich ❸ (*social*) Kreis *m* ❹ (*atmósfera*) Atmosphäre *f,* Stimmung *f;* **dar ~** Stimmung machen; **hay ~ para este proyecto** dieses Projekt hat gute Aussichten angenommen zu werden; **el proyecto no encontró buen ~** das Projekt fand keinen Anklang; **no había ~ en la calle** es war nicht viel los auf der Straße; **el ~ en la reunión estaba caldeado** bei der Versammlung herrschte dicke Luft ❺ (*CSur: habitación*) Raum *m;* **un departamento de cuatro ~s** eine Vierzimmerwohnung

ambigüedad [ambiɣwe'ðaᵈ] *f* ❶ (*de doble*

significado) Zweideutigkeit *f;* **sin ~ es** eindeutig ➋ (*de más significados*) Mehrdeutigkeit *f*

ambiguo, -a [am'biɣwo, -a] *adj* ➊ (*de doble significado*) zweideutig ➋ (*de más significados*) mehrdeutig ➌ (LING) doppelgeschlechtig

ámbito ['ambito] *m* ➊ (*contorno*) Umkreis *m* ➋ (*espacio*) Bereich *m;* **en el ~ nacional** auf nationaler Ebene

ambivalencia [ambiβa'lenθja] *f* Zwiespältigkeit *f*

ambivalente [ambiβa'lente] *adj* ambivalent

ambos, -as ['ambos, -as] *adj* beide

ambulancia [ambu'lanθja] *f* ➊ (*vehículo*) Krankenwagen *m* ➋ (MIL) Feldlazarett *nt* ➌ (FERRO): **~ de correos** Bahnpost *f*

ambulante [ambu'lante] **I.** *adj* umherziehend; **circo ~** Wanderzirkus *m;* **vendedor ~** Hausierer *m;* **venta ~** fahrendes Gewerbe **II.** *mf:* **~ de correos** Angestellte(r) *mf* der Bahnpost

ambulatorio¹ [ambula'torjo] *m* Ambulanz *f*

ambulatorio, -a² [ambula'torjo, -a] *adj* ambulant

ameba [a'meβa] *f* Amöbe *f*

amedrentar [ameðren̩'tar] **I.** *vt* ➊ (*asustar*) einschüchtern ➋ (*intimidar*) Angst machen *+dat* **II.** *vr:* **~ se** ➊ (*asustarse*) sich erschrecken ➋ (*intimidarse*) sich ängstigen

amén [a'men] **I.** *m* Amen *nt;* **decir ~ a todo** zu allem ja und amen sagen; **no decir ni ~** kein Sterbenswörtchen sagen; **en un decir ~** (*fam*) im Handumdrehen **II.** *prep:* **~ de** außer *+dat*

amenaza [ame'naθa] *f* ➊ (*intimidación*) Drohung *f;* **bajo la ~ de violencia** unter der Androhung von Gewalt ➋ (*peligro*) Bedrohung *f*

amenazador(a) [amenaθa'ðor(a)] *adj* ➊ (*tono*) drohend; **gesto ~** Drohgebärde *f* ➋ (*que anuncia peligro*) bedrohlich

amenazante [amena'θante] *adj* drohend

amenazar [amena'θar] <z→c> **I.** *vt* (*intimidar*) bedrohen; **el jefe le ha amenazado con despedirle** der Chef hat ihm angedroht ihn zu entlassen; **¿me está amenazando?** soll das eine Drohung sein? **II.** *vi, vt* (*presagiar*) drohen; **amenaza tormenta** ein Gewitter droht; **está amenazando lluvia** es sieht nach Regen aus

amenidad [ameni'ðað] *f* ➊ (*entretenimiento*) Unterhaltsamkeit *f* ➋ (*distracción*) Vergnügen *nt*

amenizar [ameni'θar] <z→c> *vt* ➊ (*hacer*

agradable) angenehm machen ➋ (*entretener*) (gut) unterhalten ➌ (*conversación*) beleben

ameno, -a [a'meno, -a] *adj* ➊ (*agradable*) angenehm; (*paisaje*) lieblich ➋ (*entretenido*) unterhaltsam

América [a'merika] *f* Amerika *nt;* **~ Central** Mittelamerika *nt;* **~ Latina** Lateinamerika *nt;* **~ del Norte/del Sur** Nord-/Südamerika *nt;* **hacer las ~ s** (*fig*) ein Vermögen machen

americana [ameri'kana] *f* Sakko *m o nt*

americanismo [amerika'nismo] *m* (LING) Lateinamerikanismus *m*

americanista [amerika'nista] *mf* Amerikanist(in) *m(f)*

americano, -a [ameri'kano, -a] **I.** *adj* (*de América del Sur*) südamerikanisch; (*estadounidense*) amerikanisch; **el estilo de vida ~** der American way of life **II.** *m, f* (*de América del Sur*) Südamerikaner(in) *m(f)*; (*estadounidense*) Amerikaner(in) *m(f)*

amerindio, -a [ame'rindjo, -a] **I.** *adj* indianisch **II.** *m, f* Indianer(in) *m(f)*

amerizaje [ameri'θaxe] *m* (AERO) *v.* **amaraje**

amerizar [ameri'θar] <z→c> *vi* wassern

ametralladora [ametraʎa'ðora] *f* Maschinengewehr *nt*

ametrallar [ametra'ʎar] *vt* (mit dem Maschinengewehr) schießen (auf *+akk*); (*matar*) (mit dem Maschinengewehr) erschießen

amianto [a'mjanto] *m* Asbest *m*

amigable [ami'ɣaβle] *adj* ➊ (*persona, relación*) freundschaftlich ➋ (*cosa, carácter*) freundlich; **ambiente ~ para los niños** kinderfreundliches Umfeld ➌ (*ordenador, máquina*) benutzerfreundlich

amígdala [a'miɣðala] *f* Mandel *f*

amigdalitis [amiɣða'litis] *f inv* Mandelentzündung *f*

amigo, -a [a'miɣo, -a] **I.** *adj* ➊ (*que tiene la amistad*) befreundet; **es muy amiga mía** sie ist eine sehr gute Freundin von mir; **somos (muy) ~ s desde la infancia** wir sind seit unserer Kindheit (sehr gut) befreundet; **¡y tan ~s!** und damit hat sich's! ❷(*amistoso*) freundschaftlich ❸(*aficionado, partidario*): **ser ~ de algo** etw mögen; **soy más ~ de veranear en el campo que en la costa** ich verbringe den Sommer lieber auf dem Land als an der Küste; **soy ~ de decir las cosas claras** ich bin sehr dafür die Dinge beim Namen zu nennen; **este tipo es muy ~ de lucir** dieser Kerl glänzt gern nach außen hin **II.** *m, f* ❶(*general*) Freund(in) *m(f);* ~ **de lo ajeno** Dieb *m;* ~ **por correspondencia** Brieffreund *m;* **hacerse ~ de alguien** sich mit jdm anfreunden; **poner a alguien cara de pocos ~s** jdn mit verbissener Miene ansehen ❷(*amante*) Geliebte(r) *mf* ❸(*adepto*) Anhänger(in) *m(f)*

amiguete [ami'ɣete] *m* (*fam*) Kumpel *m*

amilanar [amila'nar] **I.** *vt* ❶(*intimidar*) einschüchtern ❷(*desanimar*) entmutigen **II.** *vr:* ~**se** ❶(*acobardarse*) verzagen ❷(*abatirse*) sich entmutigen lassen

aminoácido [amino'aθiðo] *m* Aminosäure *f*

aminorar [amino'rar] **I.** *vi* nachlassen **II.** *vt* verringern; ~ **el paso** den Schritt verlangsamen

amistad [amis'taᵈ] *f* ❶(*entre amigos*) Freundschaft *f;* **tener ~ con alguien** mit jdm befreundet sein; **trabar ~ con alguien** mit jdm Freundschaft schließen; **hacer las ~es con alguien** sich mit jdm versöhnen ❷ *pl* (*amigos*) Freunde *mpl*

amistar [amis'tar] **I.** *vi* (*Méx*) Freundschaft schließen **II.** *vr:* ~**se** (*CSur*) sich anfreunden

amistoso, -a [amis'toso, -a] *adj* ❶(*persona*) freundlich ❷(*cosa*) freundschaftlich; **partido ~** Freundschaftsspiel *nt* ❸(*discusión*) friedlich; **llegar a un acuerdo ~** sich gütlich einigen

amnesia [am'nesja] *f sin pl* Gedächtnisverlust *m*

amnésico, -a [am'nesiko, -a] **I.** *adj* (MED) ❶(*que padece amnesia*) Amnesie-; **pacientes ~s** Amnesiepatienten *mpl* ❷(*de la amnesia*) amnestisch **II.** *m, f* (MED) an Amnesie Leidende(r) *mf*

amnistía [amnis'tia] *f* Amnestie *f;* **A~ Internacional** Amnesty International; **conceder ~ a alguien** jdn amnestieren

amnistiar [amnis'tjar] <*1. pres:* amnistío> *vt* amnestieren

amo ['amo] *m* ❶(*de la casa*) Hausherr *m* ❷(*propietario*) Besitzer *m* ❸(*patrón*) Arbeitgeber *m* ❹(*loc*): **hacerse el ~ (de la asociación)** sich *dat* (im Verein) Autori-

tät verschaffen; **ser el ~ en algo** der Beste in etw *dat* sein; **ser el ~ del cotarro** (*fam*) das Regiment führen

amodorramiento [amoðorra'mjento] *m* Schläfrigkeit *f*

amodorrarse [amoðo'rrarse] *vr* schläfrig werden

amojonar [amoxo'nar] *vt* abstecken

amolar [amo'lar] <o→ue> **I.** *vt* ❶(*afilar*) schleifen ❷(*fam: molestar*) nerven **II.** *vr:* ~**se** (*vulg: críticas, sinsabores*) hinunterschlucken *fam;* **¡que se amuele!** zum Teufel mit ihm/ihr! *fam*

amoldamiento [amolda'mjento] *m* ❶(*modelado*) Formgebung *f* ❷(*acomodación*) Anpassung *f* (*a* an +*akk*)

amoldar [amol'dar] **I.** *vt* ❶(*ajustar al molde*) einpassen (*a* in +*akk*) ❷(*moldar*) formen ❸(*acomodar*) anpassen (*a* +*dat*) **II.** *vr:* ~**se** sich anpassen (*a* +*dat*)

amonarse [amo'narse] *vr* (*fam*) sich *dat* einen antrinken

amonestación [amonesta'θjon] *f* ❶(*advertencia*) Ermahnung *f;* (*reprensión*) Verwarnung *f;* **tarjeta de ~** (DEP) gelbe Karte ❷(*de los novios*) Aufgebot *nt;* **correr las amonestaciones** das Aufgebot verlesen

amonestar [amones'tar] **I.** *vt* ❶(*advertir*) ermahnen; (*reprender*) verwarnen ❷(*los novios*) aufbieten **II.** *vr:* ~**se** das Aufgebot bestellen

amoniaco [amo'njako] *m*, **amoníaco** [amo'niako] *m* Ammoniak *nt*

amontonamiento [amontona'mjento] *m* ❶(*de tierra, heno*) Aufhäufen *nt;* (*de periódicos, cajas*) (Auf)stapeln *nt;* (*montón*) Haufen *m* ❷(*de conocimientos, dinero*) Anhäufung *f*

amontonar [amonto'nar] **I.** *vt* ❶(*tierra, heno*) aufhäufen; (*periódicos, cajas*) stapeln ❷(*conocimientos, dinero*) anhäufen; **los refugiados estaban amontonados en el transbordador** die Flüchtlinge waren auf der Fähre zusammengepfercht **II.** *vr:* ~**se** ❶(*cosas*) sich häufen ❷(*personas*) sich drängen ❸(*sucesos, noticias*) sich überstürzen

amor [a'mor] *m* Liebe *f;* ~ **al prójimo** Nächstenliebe *f;* ~ **propio** Ehrgefühl *nt;* ~ **a primera vista** Liebe auf den ersten Blick; **¡~ mío!** mein Liebling!; **mi gran ~ es el cine** meine große Leidenschaft ist der Film; **hacer el ~ con alguien** (*fam*) mit jdm schlafen; **hacer algo con ~** etw liebevoll machen; **con** [*o* **de**] **mil ~es** mit (dem größten) Vergnügen; **en ~ y compaña** in Frieden und Eintracht; **por ~ al arte** umsonst; **¡por ~ de Dios!** um Gottes willen!; ~ **con – se paga** (*prov*) wie man in den Wald hineinruft, so schallt es heraus

amoral [amoˈral] *adj* amoralisch

amoratado, -a [amoraˈtaðo, -a] *adj* dunkelviolett; **un ojo ~** ein blaues Auge; **tengo los labios ~s de frío** meine Lippen sind blau vor Kälte; **tengo el brazo ~ de la caída** ich habe von dem Sturz einen blauen Fleck am Arm

amordazar [amorðaˈθar] <z→c> *vt* knebeln; (*fig*) mundtot machen

amorfo, -a [aˈmorfo, -a] *adj* formlos

amorío(s) [amoˈrio(s)] *m(pl)* (*pey*) Affäre *f*

amoroso, -a [amoˈroso, -a] *adj* ❶ (*de amor*) Liebes- ❷ (*cariñoso*) liebevoll (*con/para con* zu +*dat*) ❸ (*tierra, tela*) weich ❹ (*tiempo*) mild

amorrar [amoˈrrar] **I.** *vi* (*fam*) ❶ (*bajar la cabeza*) den Kopf hängen lassen ❷ (*mostrar enfado*) schmollen **II.** *vr:* ~**se** ❶ (*fam: enfadarse*) mürrisch werden ❷ (*loc*): ~**se a la botella** die Flasche an die Lippen setzen

amortajador(a) [amortaxaˈðor(a)] *m(f)* Leichenwäscher *m*, Leichenfrau *f*

amortajar [amortaˈxar] *vt* (*difunto*) ankleiden

amortiguador [amortiɣwaˈðor] *m* (AUTO) Stoßdämpfer *m*

amortiguar [amortiˈɣwar] <gu→gü> *vt* dämpfen; (*golpe, caída*) auffangen; (*pena, dolor*) mildern; (*sentimiento*) abtöten; ~ **los faros** (AUTO) abblenden

amortización [amortiθaˈθjon] *f* ❶ (*de una deuda*) Tilgung *f* ❷ (*fiscal*) Abschreibung *f*

amortizar [amortiˈθar] <z→c> *vt* ❶ (*deuda*) tilgen ❷ (*fiscalmente*) abschreiben ❸ (*inversión*) amortisieren ❹ (*empleos*) abbauen

amoscarse [amosˈkarse] <c→qu> *vr,*
amostazarse [amostaˈθarse] <z→c> *vr* (*fam*) einschnappen

amotinado, -a [amotiˈnaðo, -a] **I.** *adj* aufständisch **II.** *m, f* Aufständische(r) *mf*

amotinamiento [amotinaˈmjento] *m* ❶ (MIL) Meuterei *f* ❷ (*sublevación, levantamiento*) Aufstand *m*

amotinar [amotiˈnar] **I.** *vt* aufhetzen **II.** *vr:* ~ **se** sich auflehnen

amparar [ampaˈrar] **I.** *vt* (be)schützen (*contra/de* vor +*dat*); ~ **a alguien** jdm Schutz gewähren; **la constitución ampara la libertad de religión** die Verfassung gewährleistet die Religionsfreiheit **II.** *vr:* ~**se** sich schützen (*contra/de* vor +*dat*); ~**se bajo algo** unter etw *dat* Zuflucht suchen; **se ampara en una ley antigua** er/sie beruft sich auf ein altes Gesetz; **el espía se amparó en la oscuridad para escapar** der Spion entkam im Schutz der Dunkelheit

amparo [amˈparo] *m* ❶ (*protección*) Schutz *m;* **estar al ~ de alguien** unter jds Schutz stehen; **al ~ de la oscuridad** im Schutz der Dunkelheit ❷ (*refugio*) Zuflucht *f*

amperio [amˈperjo] *m* Ampere *nt*

ampliable [amˈpljaβle] *adj* ❶ (*extensible*) ausdehnbar ❷ (*aumentable*) vergrößerungsfähig; (*ordenador*) erweiterbar

ampliación [ampljaˈθjon] *f* Vergrößerung *f;* (*de conocimientos*) Erweiterung *f;* (*de un número, el capital*) Erhöhung *f;* (*de un territorio*) Ausdehnung *f;* (*de un edificio/una carretera*) Ausbau *m;* (*de un sonido*) Verstärkung *f;* ~ **de RAM** (INFOR) RAM-Erweiterung *f;* ~ **del surtido** Sortimentserweiterung *f*

ampliadora [ampljaˈðora] *f* (FOTO) Vergrößerungsapparat *m*

ampliamente [ampljaˈmente] *adv* ❶ (*cumplidamente*) reichlich ❷ (*extensamente*) ausführlich; **las condiciones han mejorado ~** die Bedingungen sind jetzt weitaus besser

ampliar [amˈpljar] <1. pres: amplío> *vt* vergrößern; (*conocimientos*) erweitern; (*capital, número*) erhöhen; (*territorio*) ausdehnen; (*edificio, carretera*) ausbauen; (*sonido*) verstärken; **edición ampliada** erweiterte Ausgabe

amplificador [amplifikaˈðor] *m* Verstärker *m*

amplificar [amplifiˈkar] <c→qu> *vt* verstärken

amplio, -a [ˈampljo, -a] *adj* ❶ (*casa*) geräumig; (*jardín, parque*) weitläufig ❷ (*vestido*) weit ❸ (*informe*) ausführlich; (*experiencia, oferta*) umfangreich; (*poderes, influencias*) weit reichend; (*red de comunicaciones*) weit verzweigt; (*interés*) vielfältig; **una derrota amplia** eine schwere Niederlage; **amplias partes de la población** weite Teile der Bevölkerung; **en un sentido más ~** im weiteren Sinne

amplitud [ampliˈtuð] *f* ❶ (*extensión*) Ausdehnung *f;* (*de conocimientos*) Umfang *m;* (*de un informe*) Ausführlichkeit *f;* ~ **de miras** (Welt)offenheit *f;* ~ **del surtido** (ECON) Sortimentsbreite *f;* **de gran ~** weit reichend ❷ (*de una casa*) Geräumigkeit *f;* (*de un jardín/parque*) Weitläufigkeit *f* ❸ (FÍS) Amplitude *f*

ampolla [amˈpoʎa] *f* ❶ (*en la piel, burbuja*) Blase *f;* **tener ~s en los pies** Blasen an den Füßen haben; **algo levanta ~s** (*fig*) etw zieht Blasen ❷ (*garrafa*) Karaffe *f* ❸ (*para inyecciones*) Ampulle *f*

ampuloso, -a [ampu'loso, -a] *adj* schwülstig

amputación [amputa'θjon] *f* Amputation *f*

amputar [ampu'tar] *vt* amputieren

amueblar [amwe'βlar] *vt* möblieren

amuermado, -a [amwer'maðo, -a] *adj* (*fam*) ❶ *ser* todlangweilig ❷ *estar* (zu Tode) gelangweilt

amuermar [amwer'mar] **I.** *vt* (*fam*) ❶ (*aburrir*) anöden ❷ (*droga*) bedröhnen ❸ (*calor*) schlaff machen **II.** *vr*: ~ **se** (*fam*) sich anöden

amuleto [amu'leto] *m* Amulett *nt*

amurallar [amura'ʎar] *vt* mit einer Mauer umgeben

anabolizante [anaβoli'θaṇte] *m* Anabolikum *nt*

anacarado, -a [anaka'raðo, -a] *adj* perlmutterfarben

anacardo [ana'karðo] *m* ❶ (BOT) Nierenbaum *m* ❷ (*fruto*) Cashewnuss *f*

anaconda [ana'koṇda] *f* Anakonda *f*

anacronismo [anakro'nismo] *m* Anachronismus *m*

ánade ['anaðe] *m o f* Ente *f*

anagrama [ana'ɣrama] *m* Anagramm *nt*

anal [a'nal] *adj* anal

anales [a'nales] *mpl* ❶ (HIST) Annalen *pl* ❷ (*de una universidad/sociedad*) Jahrbuch *nt*

analfabetismo [analfaβe'tismo] *m sin pl* ❶ (*estado*) Analphabetismus *m* ❷ (*analfabetos*) Analphabetentum *nt*

analfabeto, -a [analfa'βeto, -a] *m, f* Analphabet(in) *m(f)*

analgésico [anal'xesiko] *m* Schmerzmittel *nt*

análisis [a'nalisis] *m inv* ❶ (*general*) Analyse *f;* ~ **de sistemas** (INFOR) Systemanalyse *f;* ~ **de la situación económica** Konjunkturanalyse *f;* **¿qué ~ haces de la situación?** wie beurteilst du die Lage? ❷ (MED) Untersuchung *f;* ~ **del grupo sanguíneo** Blutgruppenbestimmung *f* ❸ (MAT) Analysis *f*

analista [ana'lista] *mf* ❶ (*de anales*) Chronist(in) *m(f)* ❷ (*que analiza*) Analytiker(in) *m(f);* ~ **político** politischer Beobachter; ~ **de productos alimenticios** Lebensmittelchemiker(in) *m(f);* ~ **de sistemas** (INFOR) Systemanalytiker(in) *m(f);* **el médico mandó las pruebas al** ~ der Arzt schickte die Proben ins Labor

analítica [ana'litika] *f* ❶ (*lógica*) Analytik *f* ❷ (MED) klinische Untersuchung *f*

analítico, -a [ana'litiko, -a] *adj* analytisch

analizar [anali'θar] <z→c> *vt* ❶ (*examinar*) analysieren ❷ (MED) untersuchen ❸ (*situación*) beurteilen; (*resultado*) auswerten

analogía [analo'xia] *f* Analogie *f;* **por ~ con algo** in Analogie zu etw *dat*

análogo, -a [a'naloɣo, -a] *adj* analog (*a* zu *+dat*)

ananá(s) [ana'na(s)] *m* (*Am*) Ananas *f*

anaquel [ana'kel] *m* (*en la pared*) Wandbrett *nt;* (*de una estantería*) Regalbrett *nt;* (*de un armario*) Schrankbrett *nt*

anaranjado, -a [anaraŋ'xaðo, -a] *adj* orange

anarquía [anar'kia] *f* Anarchie *f*

anárquico, -a [a'narkiko, -a] *adj* ❶ (*desorganizado*) anarchisch ❷ (*relativo al anarquismo*) anarchistisch

anarquismo [anar'kismo] *m sin pl* Anarchismus *m*

anarquista [anar'kista] **I.** *adj* anarchistisch **II.** *mf* Anarchist(in) *m(f)*

anatema [ana'tema] *m o f* ❶ (*maldición*) Verfluchung *f;* **lanzar ~s contra alguien** Verwünschungen gegen jdn ausstoßen ❷ (*excomunión*) Anathem(a) *nt* ❸ (*condena*) Verdammung *f*

anatematizar [anatemati'θar] <z→c> *vt* ❶ (*maldecir*) verfluchen ❷ (*excomunicar*) aus der Kirche verbannen ❸ (*condenar*) verdammen

anatomía [anato'mia] *f* Anatomie *f*

anatómico, -a [ana'tomiko, -a] *adj* ❶ (MED) anatomisch ❷ (*adaptado al cuerpo*) körpergerecht

anca ['aŋka] *f* ❶ (*de animal*) Hinterbacke *f;* ~ **s de rana** Froschschenkel *mpl;* **montar a las ~s** hinten aufsitzen ❷ (*cadera*) Hüfte *f* ❸ *pl* (*fam: nalgas*) Hintern *m*

ancestral [anθes'tral] *adj* ❶ (*relativo a los antepasados*) Ahnen- ❷ (*tradicional*) überliefert; (*antiguo*) uralt

ancho¹ [' anʧo] *m* Breite *f;* ~ **de vía** (AUTO, FERRO) Spurweite *f;* **tener** [*o* **medir**] **cinco metros de** ~ fünf Meter breit sein

ancho, -a² [' anʧo, -a] *adj* ❶ (*vasto*) breit; (*vestidos*) weit; ~ **de espaldas** breitschult(e)rig; **a lo** ~ der Breite nach; **un árbol tumbado a lo** ~ **de la calle** Baum, der quer auf der Straße liegt ❷ (*loc*): **se queda tan** ~ **cuando dice tonterías** es macht ihm nichts aus Blödsinn zu reden; **¡me quedé** ~ **después del examen!** nach der Prüfung war ich sehr erleichtert; **el trabajo le viene muy** ~ er/sie ist dieser Arbeit nicht gewachsen; **me despaché a mis anchas con él** ich habe ihm die Wahrheit ins Gesicht gesagt; **estar**

a sus anchas ganz in seinem Element sein; **en este pueblo estoy a mis anchas** ich fühle mich in diesem Dorf wie zu Hause

anchoa [an'tʃoa] *f* Anschovis *f*

anchura [an'tʃura] *f* Breite *f;* (*de un vestido*) Weite *f*

ancianidad [anθjani'ðað] *f* Alter *nt*

anciano, -a [an'θjano, -a] **I.** *adj* alt **II.** *m, f* Alte(r) *mf*

ancla ['aŋkla] *f* Anker *m;* **echar ~ s** vor Anker gehen; **levar ~ s** den Anker lichten

ancladero [aŋkla'ðero] *m* Ankerplatz *m*

anclar [aŋ'klar] **I.** *vi* ankern; **estar anclado** vor Anker liegen **II.** *vt* verankern

áncora ['aŋkora] *f* Anker *m*

ancuviña [aŋku'βiɲa] *f* (*Chil*) ❶ (*sepelio*) Bestattung *f* ❷ (*tumba*) Grab *nt;* **cavar una ~** ein Grab ausheben

andadas [an'daðas] *fpl:* **volver a las ~** in alte Gewohnheiten verfallen

Andalucía [andalu'θia] *f* Andalusien *nt*

andaluz(a) [anda'luθ(a)] **I.** *adj* andalusisch **II.** *m(f)* Andalusier(in) *m(f)*

andamiaje [anda'mjaxe] *m,* **andamio** [an'damjo] *m* (Bau)gerüst *nt*

andanada [anda'naða] *f* Breitseite *f;* **lanzar una ~ contra alguien** (*fig*) jdm den Marsch blasen; **por ~ s** (*Arg*) reichlich

andante [an'dante] *adj* umherziehend; **parecer un cadáver ~** wie eine wandelnde Leiche aussehen

andanza [an'danθa] *f* ❶ (*peripecia*) Ereignis *nt;* (*aventura*) Abenteuer *nt* ❷ (*suerte*): **buena ~** Glück *nt;* **mala ~** Unglück *nt*

andar [an'dar] *irr* **I.** *vi* ❶ (*caminar*) (zu Fuß) gehen; **~ a caballo** reiten; **~ a gatas** auf allen Vieren gehen; (*bebés*) krabbeln; **~ con paso majestuoso** stolzieren; **~ de prisa** schnell gehen; **~ detrás de algo** hinter etw *dat* her sein; **desde la estación hay 10 minutos andando** vom Bahnhof aus sind es 10 Minuten zu Fuß; **esta niña andaba ya a los ocho meses** dieses Mädchen lief schon mit acht Monaten ❷ (*reloj*) gehen; (*coche*) fahren; (*máquina*) laufen ❸ (*tiempo*) vergehen ❹ (*estar*): **¿dónde está el periódico? – ~á por ahí** wo ist die Zeitung? – sie liegt da irgendwo herum; **~ atareado** sehr beschäftigt sein; **~ metido en un asunto** in eine Sache verwickelt sein; **~ haciendo algo** gerade dabei sein etw zu tun; **anda mucha gente buscando empleo** es gibt viele Leute, die eine Stelle suchen; **te ando llamando desde hace una hora** ich versuche dich seit einer Stunde anzurufen; **~ con gente de bien** mit den oberen Zehntausend verkehren; **los precios andan por las nubes** die Preise sind unerschwinglich; **~ mal de dinero** schlecht bei Kasse sein; **andar mal de inglés** schlecht in Englisch sein ❺ (*loc*): **~ a golpes** sich prügeln; **~ a tiros** sich beschießen; **~ a una** sich einig sein; **~ a la que salta** die Gelegenheit beim Schopf(e) packen; **~ a la greña con alguien** sich mit jdm balgen; **~ con cuidado** sich vorsehen; **no hay que ~ con bromas con él** mit ihm ist nicht zu spaßen; **~ con miramientos** rücksichtsvoll vorgehen; **~ con rodeos** Umschweife machen; **no andes en mi escritorio** wühl nicht auf meinem Schreibtisch herum; **~ en pleitos** einen Prozess führen; **~emos por los 30 grados** wir haben ungefähr 30 Grad; **~ por los 30** so um die 30 sein; **¡anda!** sag bloß!; **dime con quien andas y te diré quien eres** (*prov*) sage mir, mit wem du umgehst, und ich sage dir, wer du bist **II.** *vt:* **he andado toda la casa para encontrarte** ich habe das ganze Haus nach dir abgesucht **III.** *m* Gang *m*

andariego, -a [anda'rjeɣo, -a] **I.** *adj* wanderlustig **II.** *m, f* Wanderer, -in *m, f*

andas ['andas] *fpl* Traggestell *nt;* **llevar a alguien en ~** (*fig*) jdn in Watte packen

andén [an'den] *m* ❶ (FERRO) Bahnsteig *m* ❷ (*de muelle*) Kai *m* ❸ (*corredor*) Gang *m* ❹ (*de un puente*) Gehweg *m*

Andes ['andes] *mpl* Anden *pl*

andinismo [andi'nismo] *m sin pl* (*Am*) Bergsteigen *nt*

andinista [andi'nista] *mf* (*Am*) Bergsteiger(in) *m(f)*

andino, -a [an'dino, -a] *adj* Anden-, andin

ⓘ Land & Leute

Andorra ist ein kleiner, demokratischer Staat (nur 467 Quadratkilometer groß) mit einem parlamentarischen Fürstentum als Staatsform, der im Norden und Osten an Frankreich, im Westen und Süden an Spanien grenzt.

---

andorrano, -a [ando'rrano, -a] **I.** *adj* andorranisch **II.** *m, f* Andorraner(in) *m(f)*

andrajo [an'draxo] *m* Fetzen *m*

andrajoso, -a [andra'xoso, -a] *adj* zerlumpt

andurrial(es) [andu'rrjal(es)] *m(pl)* unwegsames Gelände *nt*

anécdota [a'neɣðota] *f* Anekdote *f*

anecdótico, -a [aneɣ'ðotiko, -a] *adj* anekdotenhaft

anegar [ane'ɣar] <g→gu> **I.** vt ❶ (*inundar*) überschwemmen ❷ (*ahogar*) ertränken; ~ **una sublevación en sangre** einen Aufstand blutig niederschlagen **II.** vr: ~ **se** überschwemmt werden; ~ **se en lágrimas** in Tränen aufgelöst sein

anejo¹ [a'nexo] m ❶ (*edificio*) Anbau m ❷ (*carta*) Anlage f ❸ (*libro, revista*) Beiheft nt ❹ (*en un libro*) Anhang m ❺ (*pueblo*) Gemeindebezirk m

anejo, -a² [a'nexo, -a] adj (*a edificios*) angebaut; (*a cartas*) beiliegend

anemia [a'nemja] f sin pl Blutarmut f

anémico, -a [a'nemiko, -a] adj (MED) blutarm

anémona [a'nemona] f Anemone f

anestesia [anes'tesja] f Betäubung f

anestesiar [aneste'sjar] vt betäuben

anestésico [anes'tesiko] m Betäubungsmittel nt

anestesista [aneste'sista] mf Anästhesist(in) m(f)

anexión [anek'ʸsjon] f Annexion f

anexionar [anekʸsjo'nar] vt annektieren

anexo¹ [a'nekʸso] m v. anejo¹

anexo, -a² [a'nekʸso, -a] adj v. anejo²

anfibio¹ [am'fiβjo] m ❶ (ZOOL) Amphibie f ❷ (*vehículo*) Amphibienfahrzeug nt; (*avión*) Amphibienflugzeug nt

anfibio, -a² [am'fiβjo, -a] adj amphibisch; **animal** ~ amphibisches Lebewesen; **vehículo** ~ Amphibienfahrzeug nt

anfiteatro [amfite'atro] m ❶ (*local*) Amphitheater nt ❷ (*piso*) Rang m

anfitrión, -ona [amfi'trjon, -ona] m, f Gastgeber(in) m(f)

ánfora ['amfora] f ❶ (*cántaro*) Amphore f ❷ (*Méx: electoral*) Wahlurne f

angarillas [aŋga'riʎas] fpl ❶ (*andas*) Trage f ❷ (*vinagreras*) Menage f

ángel ['aŋxel] m Engel m; ~ **de la guarda** Schutzengel m; **tener mucho** ~ viel Charme haben

angelical [aŋxeli'kal] adj engelhaft; **rostro** ~ Engelsgesicht nt

angina [aŋ'xina] f: ~ **de pecho** Angina pectoris f; ~ **s** Angina f

anglicanismo [aŋglika'nismo] m sin pl Anglikanismus m

anglicismo [aŋgli'θismo] m Anglizismus m

angloamericano, -a [aŋgloameri'kano, -a] **I.** adj angloamerikanisch **II.** m, f Angloamerikaner(in) m(f)

anglófilo, -a [aŋ'glofilo, -a] adj anglophil

anglófono, -a [aŋ'glofono, -a] adj anglophon

anglosajón, -ona [aŋglosa'xon, -ona] **I.** adj angelsächsisch **II.** m, f Angelsachse, -sächsin m, f

angoleño, -a [aŋgo'leɲo, -a] **I.** adj angolanisch **II.** m, f Angolaner(in) m(f)

angosto, -a [aŋ'gosto, -a] adj eng

angostura [aŋgos'tura] f ❶ (*estrechez*) Enge f; ~ **intelectual** Engstirnigkeit f ❷ (*paso estrecho*) Engpass m

anguila [aŋ'gila] f ❶ (ZOOL) Aal m ❷ (NÁUT) Stapel m

angula [aŋ'gula] f Glasaal m

angular [aŋgu'lar] **I.** adj Winkel- **II.** m ❶ (FOTO): **gran** ~ Weitwinkelobjektiv nt ❷ (*herramienta*) Winkeleisen nt

ángulo ['aŋgulo] m ❶ (MAT) Winkel m; ~ **recto** rechter Winkel; **en** ~ winkelförmig; ~ **de tiro** (DEP) Schusswinkel m ❷ (*rincón*) Ecke f ❸ (*arista*) Kante f ❹ (*de vista*) Blickwinkel m

anguloso, -a [aŋgu'loso, -a] adj ❶ (*lugar*) wink(e)lig ❷ (*cara*) kantig

angurria [aŋ'gurrja] f (*Am: fam*) ❶ (*ganas*) Gelüste ntpl; (*hambre*) Heißhunger m; (*pey: glotonería*) Gefräßigkeit f ❷ (*codicia*) Habgier f

angustia [aŋ'gustja] f ❶ (*aprieto*) Beklemmung f ❷ (*temor*) Angst f; ~ **vital** Lebensangst f ❸ (*aflicción*) Kummer m; **dar** ~ bedrücken

angustiar [aŋgus'tjar] **I.** vt ❶ (*acongojar*) beklemmen ❷ (*causar temor*) verängstigen ❸ (*afligir*) bekümmern **II.** vr: ~ **se** ❶ (*afligirse*) beklommen sein ❷ (*atemorizarse*) sich ängstigen

angustioso, -a [aŋgus'tjoso, -a] adj ❶ (*lleno de angustia*) angstvoll ❷ (*inquietante*) beängstigend ❸ (*sofocante*) beklemmend

anhelante [ane'laɲte] adj (*ansioso*) sehnsüchtig; **estar** ~ **por algo** etw herbeisehnen

anhelar [ane'lar] **I.** vi keuchen **II.** vt sich sehnen (nach +*dat*)

anhelo [a'nelo] m Sehnsucht f (*de* nach +*dat*)

anidar [ani'ðar] **I.** vi ❶ (*hacer nido*) nisten ❷ (*morar*) wohnen **II.** vt aufnehmen

anilla [a'niʎa] f ❶ (*aro*) Ring m; (*para pájaros*) Fußring m; (*de puro*) Bauchbinde f ❷ pl (DEP) Ringe mpl

anillo [a'niʎo] m Ring m; ~ **de boda** Ehering m; ~ (**de crecimiento**) (BOT) Jahresring m; **a alguien no se le caen los** ~**s** (*fig*) jdm fällt kein Zacken aus der Krone; **este vestido te viene como** ~ **al dedo** dieses Kleid passt dir wie angegossen; **esta solución me viene como** ~ **al dedo** diese Lösung kommt mir wir gerufen

ánima ['anima] f (*alma*) Seele f; **a las** ~ **s**

abends

animación [anima'θjon] *f* ❶ (*acción de animarse*) Belebung *f;* **dar** ~ beleben ❷ (*viveza*) Lebhaftigkeit *f* ❸ (*actividad*) Betrieb *m;* **había mucha** ~ **en la calle** die Straße war sehr belebt ❹ (CINE, INFOR) Animation *f*

animado, -a [ani'maðo, -a] *adj* ❶ (*persona*) fröhlich; **no estar muy** ~ nicht besonders bei Laune sein ❷ (*lugar*) belebt ❸ (*actividad*) lebhaft ❹ (*concurrido*) stark besucht ❺ (*tener ganas*): **estar** ~ **a hacer algo** Lust haben etw zu tun; **no estar muy** ~ keine rechte Lust haben ❻ (INFOR): ~ **por ordenador** computeranimiert

animador(a) [anima'ðor(a)] **I.** *adj* ermutigend **II.** *m(f)* ❶ (*artista*) Alleinunterhalter(in) *m(f)* ❷ (*de turistas*) Animateur(in) *m(f)* ❸ (*presentador*) Moderator(in) *m(f)*

animadversión [animaðβer'sjon] *f* Abneigung *f;* **sentir** ~ **por alguien** eine Abneigung gegen jdn haben

animal [ani'mal] **I.** *adj* ❶ (*relativo a los animales*) tierisch; **comportamiento** ~ Tierverhalten *nt* ❷ (*grosero*) roh; **el aspecto** ~ **del hombre** das Tier im Menschen **II.** *m* ❶ (ZOOL) Tier *nt;* ~ **es de caza** Wild *nt;* ~ **de compañía** Haustier *nt;* ~ **de presa** Raubtier *nt;* **comer como un** ~ (*fam*) wie ein Scheunendrescher essen ❷ (*pey: persona ignorante*) Primitivling *m;* (*bruta*) Rohling *m*

animalada [anima'laða] *f* (*fam*) ❶ (*disparate*) Unsinn *m* ❷ (*barbaridad*) Barbarei *f;* **¡qué** ~**!** Wahnsinn! ❸ (*cantidad*) Unmenge *f*

animar [ani'mar] **I.** *vt* ❶ (*infundir vida*) beleben; (*dar ánimo*) animieren; (*algo aburrido*) in Schwung bringen ❷ (*alentar*) ermutigen ❸ (*persona triste*) aufmuntern ❹ (*habitación*) aufheitern; (*economía*) ankurbeln **II.** *vr:* ~ **se** ❶ (*cobrar vida*) sich beleben ❷ (*atreverse*) Mut fassen ❸ (*decidirse*) sich entschließen; **¡por fin te has animado a escribir** (**una carta**)! endlich hast du dich zu einem Brief durchgerungen!; **¿te animas?** machst du mit? ❹ (*alegrarse*) in Stimmung kommen

anímico, -a [a'nimiko, -a] *adj* seelisch

ánimo ['animo] *m* ❶ (*espíritu*) Gemüt *nt;* **no estoy con** ~ **s de...** ich bin nicht in der Verfassung zu ... ❷ (*energía*) Kraft *f;* (*valor*) Mut *m;* **¡** ~ **!** Kopf hoch!; **cobrar** ~ Mut fassen; **dar** ~ Mut einflößen ❸ (*intención*) Absicht *f* (*de zu* +*dat*); **con** ~ **de...** in der Absicht zu ...; **sin** ~ **de lucro** gemeinnützig; **sin** ~ **de ofender a nadie** ohne jemandem zu nahe treten zu wollen

animosidad [animosi'ðað] *f* (*animadversión*) Abneigung *f*

animoso, -a [ani'moso, -a] *adj* (*valeroso*) mutig

aniñado, -a [ani'ɲaðo, -a] *adj* kindlich; (*pey*) kindisch

aniquilar [aniki'lar] **I.** *vt* ❶ (*destruir*) vernichten; ~ **todas las esperanzas** alle Hoffnungen zunichte machen ❷ (*salud*) ruinieren ❸ (*desanimar*) fertig machen **II.** *vr:* ~ **se** ❶ (*desaparecer*) vernichtet werden ❷ (*deteriorarse*) zerstört werden

anís [a'nis] <*anises*> *m* Anis *m*

aniversario [aniβer'sarjo] *m* Jahrestag *m;* ~ **de bodas** Hochzeitstag *m;* ~ **de muerte** Todestag *m*

ano ['ano] *m* (ANAT) After *m;* ~ **artificial** künstlicher Darmausgang

anoche [a'notʃe] *adv* (*al atardecer*) gestern Abend; (*entrada la noche*) gestern Nacht; **antes de** ~ vorgestern Abend; ~ **no pude dormir** letzte Nacht konnte ich nicht schlafen

anochecer [anotʃe'θer] **I.** *vimpers irr como crecer:* **anochece** es wird dunkel **II.** *vi irr como crecer:* **anochecimos en Burgos** bei Einbruch der Dunkelheit waren wir in Burgos **III.** *m* Abenddämmerung *f;* **al** ~ bei Einbruch der Dunkelheit

anodino, -a [ano'ðino, -a] *adj* ❶ (*cosa*) nichts sagend ❷ (*persona*) fade ❸ (MED) schmerzstillend

ánodo ['anoðo] *m* Anode *f*

anomalía [anoma'lia] *f* Anomalie *f;* **¿has observado alguna** ~ **en mi actitud?** hast du an meinem Verhalten etwas Ungewöhnliches bemerkt?

anómalo, -a [a'nomalo, -a] *adj* abnorm

anonadar [anona'ðar] **I.** *vt* ❶ (*aniquilar*) vernichten ❷ (*pasmar*) verblüffen; (*maravillar*) überwältigen; **la noticia me dejó anonadado** ich war über die Nachricht verblüfft ❸ (*descorazonar*) entmutigen **II.** *vr:* ~ **se** ❶ (*aniquilarse*) vernichtet werden ❷ (*descorazonarse*) entmutigt werden

anonimato [anoni'mato] *m* Anonymität *f;* **mantener el** ~ die Anonymität wahren

anónimo¹ [a'nonimo] *m* ❶ (*autor*) Anonymus *m* ❷ (*escrito*) anonymer Brief *m* ❸ (*anonimato*) Anonymität *f;* **guardar el** ~ die Anonymität wahren

anónimo, -a² [a'nonimo, -a] *adj* anonym; (*datos*) anonymisiert; **sociedad anónima** (ECON) Aktiengesellschaft *f*

anorak [ano'rak] <*anoraks*> *m* Anorak *m*

anorexia *f sin pl* (MED) Appetitlosigkeit *f,* Anorexie *f*

anormal [anorˈmal] *adj* (*no normal*) anormal; ~ (**físico**) körperlich zurückgeblieben; ~ (**síquico**) geistig zurückgeblieben

anotación [anotaˈθjon] *f* ❶ (*acción de anotar*) Aufschreiben *nt*; (*en un registro*) Eintragung *f* ❷ (*nota*) Notiz *f* ❸ (FIN) Buchung *f*; ~ **de intereses** Zinsgutschrift *f*

anotar [anoˈtar] *vt* (*apuntar*) notieren; (*en un registro*) eintragen

anquilosar [aŋkiloˈsar] **I.** *vt* versteifen **II.** *vr:* ~**se** ❶ (*las articulaciones*) steif werden ❷ (*paralizarse*) stocken ❸ (*mentalmente*) verknöchern

ánsar [ˈansar] *m* Gans *f*

ansia [ˈansja] *f* ❶ (*angustia*) Angst *f* ❷ (*intranquilidad*) Unruhe *f* ❸ (*afán*) Sehnsucht *f* (*de* nach +*dat*); ~ **de poder** Machthunger *m* ❹ (*náusea*) Übelkeit *f*

ansiar [anˈsjar] <*I. pres:* ansío> *vt* sich sehnen (nach +*dat*); **el momento ansiado** der ersehnte Augenblick; **lograr la tan ansiada copa** den heiß ersehnten Pokal gewinnen; ~ **el regreso de alguien** sehnsüchtig auf jds Rückkehr warten; ~ **el fin de la guerra** das Ende des Krieges herbeisehnen

ansiedad [ansjeˈðaⁿ] *f* Angst *f*

ansiosamente [ansjosaˈmeⁿte] *adv:* **esperamos** ~ **su visita** wir konnten Ihren Besuch kaum erwarten; **la esperaba** ~ **en la estación** er/sie wartete sehnsüchtig am Bahnhof auf sie

ansioso, -a [anˈsjoso, -a] *adj* ❶ (*intranquilo*) beunruhigt ❷ (*anheloso*) sehnsuchtsvoll ❸ (*impaciente*) ungeduldig; (*deseoso*) begierig ❹ (*codicioso*) gierig

antagónico, -a [antaˈɣoniko, -a] *adj* ❶ (*opuesto*) gegensätzlich ❷ (*rival*) gegnerisch

antagonismo [antaɣoˈnismo] *m* (*oposición*) Gegensatz *m;* (*rivalidad*) Gegnerschaft *f*

antagonista [antaɣoˈnista] *mf* Gegner(in) *m(f)*

antaño [anˈtaɲo] *adv* früher

antártico, -a [anˈtartiko, -a] *adj* antarktisch; **polo** ~ Südpol *m;* **Océano Glacial A**~ Südpolarmeer *nt*

Antártida [anˈtartiða] *f* Antarktis *f*

ante [ˈante] **I.** *m* ❶ (ZOOL) Elch *m* ❷ (*piel*) Wildleder *nt* **II.** *prep* ❶ (*posición*) vor +*dat* ❷ (*con movimiento*) vor +*akk* ❸ (*en vista de*) angesichts +*gen* ❹ (*en comparación con*) neben +*dat*

anteanoche [anteaˈnotʃe] *adv* vorgestern Abend

anteayer [anteaˈʝer] *adv* vorgestern

antebrazo [anteˈβraθo] *m* (ANAT) Unterarm *m*

antecámara [anteˈkamara] *f* Vorzimmer *nt*

antecedente [anteθeˈðente] **I.** *adj* vorhergehende(r, s) **II.** *m* ❶ (LING) Bezugswort *nt* ❷ *pl* (*circunstancias*) Vorgeschichte *f;* (*de una persona*) Vorleben *nt;* ~**s penales** Vorstrafe *f;* **estar en** ~**s** (**de algo**) (über etw) im Bilde sein; **poner a alguien en** ~**s** (**de algo**) jdn (über etw) ins Bild setzen

anteceder [anteθeˈðer] *vt v.* **preceder**

antecesor(a) [anteθeˈsor(a)] *m(f)* ❶ (*en un cargo*) Vorgänger(in) *m(f)* ❷ (*antepasado*) Vorfahr(e), -in *m, f*

antedicho, -a [anteˈðitʃo, -a] *adj* oben genannt

antediluviano, -a [anteðiluˈβjano, -a] *adj* vorsintflutlich

antelación [antelaˈθjon] *f:* **con** ~ im Voraus; **con la debida** ~ rechtzeitig

antemano [anteˈmano] *adv:* **de** ~ im Voraus; **calcular de** ~ vorausberechnen

antena [anˈtena] *f* ❶ (*de telecomunicaciones*) Antenne *f;* ~ **colectiva** Gemeinschaftsantenne *f;* ~ **interior** Zimmerantenne *f;* **estar en** ~ senden; **el programa lleva un año en** ~ das Programm wird seit einem Jahr ausgestrahlt ❷ (NÁUT) Rah(e) *f* ❸ (ZOOL) Fühler *m; estar con las* ~**s puestas** (*irón*) die Ohren spitzen

anteojeras [anteoˈxeras] *fpl* Scheuklappen *fpl*

anteojo [anteˈoxo] *m* ❶ (*catalejo*) Fernrohr *nt* ❷ *pl* (*gemelos*) Opernglas *nt;* (*prismáticos*) Fernglas *nt;* (*lentes*) Brille *f*

antepasado, -a [antepaˈsaðo, -a] *m, f* Vorfahr(e), -in *m, f*

antepecho [anteˈpetʃo] *m* ❶ (*barandilla*) Geländer *nt* ❷ (*pretil*) Brüstung *f*

antepenúltimo, -a [antepeˈnultimo, -a] *adj* vorvorletzte(r, s)

anteponer [antepoˈner] *irr como* **poner I.** *vt* ❶ (*poner delante*): ~ **algo a algo** etw vor etw stellen ❷ (*dar preferencia*) den Vorrang geben +*dat* (*a* vor +*dat*) **II.** *vr:* ~**se** ❶ (*ponerse delante*): ~**se a alguien** sich vor jdn stellen ❷ (*tener preferencia*) Vorrang haben (*a* vor +*dat*)

anteproyecto [anteproˈʝekto] *m* Vorentwurf *m*

anterior [anteˈrjor] **I.** *adj* vorige(r, s); **la noche** ~ **había llovido** in der Nacht zuvor hatte es geregnet; **en la página** ~ auf der vorhergehenden Seite; **el presidente** ~ der vorige Präsident **II.** *prep:* ~ **a** vor +*dat*

anterioridad [anterjoriˈðaⁿ] **I.** *f* Vorzeitigkeit *f* **II.** *prep:* **con** ~ **a** vor +*dat*

anteriormente [anterjorˈmeⁿte] *adv* vorher; (*antiguamente*) früher

antes ['aṇtes] **I.** *adv* ❶ (*de tiempo*) vorher; (*hace un rato*) vorhin; (*antiguamente*) früher; (*primero*) zuerst; **poco** ~ kurz vorher; **piénsate** ~ **lo que dices** überlege dir vorher, was du sagst; **ahora como** ~ nach wie vor; ~ **con** ~, **cuanto** ~ so schnell wie möglich; ~ **de nada** zuerst; ~ **que nada** vor allem; **los cardenales van** ~ **que los obispos** die Kardinäle kommen vor den Bischöfen ❷ (*comparativo*) lieber **II.** *prep:* ~ **de** vor +*dat* **III.** *conj* ❶ (*temporal*) bevor; ~ (**de**) **que llegues** bevor du kommst ❷ (*adversativo*) sondern; **no estoy satisfecho con el examen,** ~ **bien decepcionado** ich bin nicht zufrieden mit der Prüfung, um nicht zu sagen enttäuscht **IV.** *adj:* **ya habíamos visto a esta chica el día** ~ wir hatten dieses Mädchen schon am Tag zuvor gesehen

antesala [aṇte'sala] *f* Vorzimmer *nt;* **hacer** ~ im Vorzimmer warten

antiaéreo, -a [aṇtja'ereo, -a] *adj* (MIL) Flugabwehr-

antialcohólico, -a [aṇtjal'koliko, -a/aṇtjalko'oliko, -a] **I.** *adj* antialkoholisch **II.** *m, f* Antialkoholiker(in) *m(f)*

antialérgico¹ [aṇtja'lerxiko] *m* (MED) Antiallergikum *nt;* **antialérgico, -a²** [aṇtja'lerxiko, -a] *adj* allergiehemmend; **antiatómico, -a** [aṇtja'tomiko, -a] *adj:* **refugio** ~ Atombunker *m;* **antibalas** [aṇti'βalas] *adj inv* kugelsicher; **antibelicista** [aṇtiβeli'θista] *mf* Kriegsgegner(in) *m(f)*

antibiótico [aṇti'βjotiko] *m* Antibiotikum *nt*

antibloqueo [aṇtiβlo'keo] *m:* **sistema** ~ **de frenos** Antiblockiersystem *nt*

anticapitalista [aṇtikapita'lista] *adj* antikapitalistisch

anticaspa [aṇti'kaspa] *adj inv* Antischuppen-; **champú** ~ Schuppenshampoo *nt*

anticiclón [aṇtiθi'klon] *m* Hoch(druckgebiet) *nt*

anticipación [aṇtiθipa'θjon] *f* ❶ (*de una fecha*) Vorverlegung *f* ❷ (*de un suceso*) Vorwegnahme *f* ❸ (*a la acción de otro*) Vorgriff *m* (*de* auf +*akk*) ❹ (*llegada adelantada*) Verfrühung *f* ❺ (*loc*): **con** ~ (*pago*) im Voraus

anticipadamente [aṇtiθipaða'meṇte] *adv* im Voraus; **jubilar** ~ **a alguien** jdn vorzeitig in den Ruhestand versetzen

anticipado, -a [aṇtiθi'paðo, -a] *adj* (*elecciones*) vorgezogen; **pagar por** ~ im Voraus (be)zahlen

anticipar [aṇtiθi'par] **I.** *vt* ❶ (*fecha*) vorverlegen ❷ (*suceso*) vorwegnehmen; **no**

anticipemos los acontecimientos lassen wir die Ereignisse auf uns zukommen ❸ (*dinero*) vorstrecken; ~ **una paga sobre el sueldo** einen Vorschuss auf das Gehalt geben **II.** *vr:* ~ **se a alguien** jdm zuvorkommen; **el verano se ha anticipado este año** der Sommer hat früh angefangen; **los invitados se han anticipado** die Gäste haben sich verfrüht

anticipo [aṇti'θipo] *m* ❶ (*del sueldo*) Vorschuss *m;* ~ **sobre el sueldo** Gehaltsvorschuss *m* ❷ (*de un pago*) Anzahlung *f*

anticlericalismo [aṇtiklerika'lismo] *m sin pl* Antiklerikalismus *m*

anticomunitario, -a [aṇtikomuni'tarjo, -a] *adj* EU-feindlich

anticonceptivo¹ [aṇtikoṇθep'tiβo] *m* Verhütungsmittel *nt*

anticonceptivo, -a² [aṇtikoṇθep'tiβo, -a] *adj* empfängnisverhütend; **píldora anticonceptiva** Antibabypille *f*

anticongelante [aṇtikoṇxe'laṇte] *m* Frostschutzmittel *nt;* **anticonstitucional** [aṇtikoⁿstituθjo'nal] *adj* verfassungswidrig; **anticontaminante** [aṇtikoṇtami'naṇte] *adj* umweltfreundlich

anticorrosivo [aṇtikorro'siβo] *m* Rostschutzmittel *nt*

anticuado, -a [aṇti'kwaðo, -a] *adj* ❶ (*método, ideas*) veraltet, antiquiert ❷ (*vestido, estilo, costumbre*) altmodisch

anticuario, -a [aṇti'kwarjo, -a] *m, f* (*vendedor*) Antiquitätenhändler(in) *m(f)*

anticuarse [aṇti'kwarse] *vr* ❶ (*método, ideas*) veralten ❷ (*vestido, estilo, costumbre*) aus der Mode kommen

anticuerpo [aṇti'kwerpo] *m* Antikörper *m*

antidemocrático, -a [aṇtiðemo'kratiko, -a] *adj* antidemokratisch; **antideportivo, -a** [aṇtiðepor'tiβo, -a] *adj* unsportlich; **antiderrapante** [aṇtiðerra'paṇte] *adj* schleudersicher; **antideslizante** [aṇtiðesli'θaṇte] *adj* rutschfest; **antidopaje** [aṇtiðo'paxe] *adj inv,* **antidoping** [aṇti'ðopin] *adj inv:* **control** ~ Dopingkontrolle *f*

antídoto [aṇ'tiðoto] *m* ❶ (MED) Gegengift *nt* ❷ (*para evitar errores*) Gegenmittel *nt*

antieconómico, -a [aṇtjeko'nomiko, -a] *adj* unwirtschaftlich; **antiestético, -a** [aṇtjes'tetiko, -a] *adj* unästhetisch

antifaz [aṇti'faθ] *m* Augenmaske *f*

antifeminista [aṇtifemi'nista] **I.** *adj* antifeministisch **II.** *mf* Antifeminist(in) *m(f);* **antifranquista** [aṇtifraŋ'kista] *adj* gegen Franco gerichtet

antigás [aṇti'ɣas] *adj inv:* **máscara** ~ Gasmaske *f*

antigripal [aṇtiɣri'pal] *adj:* **remedio** ~

Grippemittel *nt*

antigualla [aṇti'ɣwaʎa] *f* (*pey*) ❶ (*objeto*) (alter) Plunder *m* ❷ (*costumbre, estilo*) alter Zopf *m*

antiguamente [aṇtiɣwa'meṇte] *adv* früher

antigubernamental [aṇtiɣuβernameṇ'tal] *adj* regierungsfeindlich

antigüedad [aṇtiɣwe'ðaᵈ] *f* ❶ (*edad antigua*) Altertum *nt;* **la ~ clásica** die Antike ❷ (*objeto*) Antiquität *f* ❸ (*edad*) Alter *nt;* **tener una ~ de 100 años** 100 Jahre alt sein ❹ (*en una empresa*) Betriebszugehörigkeit *f;* **tengo 5 años de ~** (**en el trabajo**) ich bin seit 5 Jahren in diesem Betrieb

antiguo, -a [aṇ'tiɣwo, -a] *adj* <antiquísimo> ❶ (*de muchos años*) alt; (*relación*) langjährig ❷ (*anticuado*) überholt; (*muy anticuado*) altertümlich; **a la antigua** nach alter Art; **está chapado a la antigua** er ist altmodisch ❸ (*de la antigüedad*) antik ❹ (*anterior*) ehemalig ❺ (*en un cargo*): **es el más ~ en esta empresa** er ist der Dienstälteste in dieser Firma

antihéroe [aṇti'eroe] *m* Antiheld *m;* **antihigiénico, -a** [aṇti(i)'xjeniko, -a] *adj* unhygienisch; **antiimperialismo** [aṇti(i)mperja'lismo] *m* (POL) Antiimperialismus *m;* **antiincendios** [aṇti(i)ṇ'θeṇdjos] *adj inv* feuerfest; **antiinflacionista** [aṇti(i)ɱflaθjo'nista] *adj* antiinflationär; **lucha ~** Inflationsbekämpfung *f;* **antiinflamable** [aṇti(i)ɱfla'maβle] *adj* nicht entflammbar; **antiinflamatorio, -a** [aṇti(i)ɱflama'torjo, -a] *adj* entzündungshemmend

antílope [aṇ'tilope] *m* Antilope *f*

antimanchas [aṇti'maṇʧas] *adj inv* Schmutz abweisend

antimilitarista [aṇtimilita'rista] **I.** *adj* antimilitaristisch **II.** *mf* Antimilitarist(in) *m(f)*

antinatural [aṇtinatu'ral] *adj* unnatürlich

antinomia [aṇti'nomja] *f* Widerspruch *m*

antinuclear [aṇtinukle'ar] *adj* Anti-Atom(kraft)-; **manifestación ~** Anti-Atomkraft-Demonstration *f*

antiparras [aṇti'parras] *fpl* (*fam*) Brille *f*

antipatía [aṇtipa'tia] *f* Abneigung *f* (*a/ contra/hacia* gegen +*akk*)

antipático, -a [aṇti'patiko, -a] *adj* unsympathisch

antipatriotismo [aṇtipatrjo'tismo] *m sin pl* Antipatriotismus *m*

antípodas [aṇ'tipoðas] *mpl* (GEO) Antipoden *mpl*

antipopular [aṇtipopu'lar] *adj* volksfeindlich

antiprogresista [aṇtiproɣre'sista] **I.** *adj*

fortschrittsfeindlich; (*reaccionario*) reaktionär; (*atrasado*) rückständig **II.** *mf* Fortschrittsfeind(in) *m(f);* (*reaccionario*) Reaktionär(in) *m(f)*

antiquísimo, -a [aṇti'kisimo, -a] *adj superl de* **antiguo**

antirreglamentario, -a [aṇtirreɣlamen'tarjo, -a] *adj* regelwidrig; **entrada antirreglamentaria** (DEP) Foul *nt*

antirrevolucionario, -a [aṇtirreβoluθjo'narjo, -a] **I.** *adj* (POL) konterrevolutionär **II.** *m, f* (POL) Konterrevolutionär(in) *m(f);* **antirrobo** [aṇti'rroβo] *m* Diebstahlschutz *m*

antisemita [aṇtise'mita] **I.** *adj* antisemitisch **II.** *mf* Antisemit(in) *m(f)*

antisemitismo [aṇtisemi'tismo] *m sin pl* Antisemitismus *m*

antiséptico, -a [aṇti'septiko, -a] *adj* antiseptisch; **antisísmico, -a** [aṇti'sismiko, -a] *adj* erdbebensicher; **antisocial** [aṇtiso'θjal] *adj* unsozial; **antitabaco** [aṇtita'βako] *adj inv:* **campaña ~** Antiraucherkampagne *f;* **antiterrorista** [aṇtiterro'rista] *adj* Antiterror-; **lucha ~** Kampf gegen den Terrorismus

antítesis [aṇ'titesis] *f inv* ❶ (LIT, FILOS) Antithese *f* ❷ (*contrario*) Gegenteil *nt*

antitético, -a [aṇti'tetiko, -a] *adj* gegensätzlich

antivirus [aṇti'βirus] *m inv* Antivirus *nt*

antojadizo, -a [aṇtoxa'ðiθo, -a] *adj* launenhaft

antojarse [aṇto'xarse] *vimpers* ❶ (*encapricharse*): **se le antojó comprarse un coche nuevo** er/sie wollte unbedingt ein neues Auto kaufen; **se me antojó un helado** ich bekam Lust auf ein Eis; **hace siempre lo que se le antoja** er/sie macht immer, wozu er/sie Lust hat ❷ (*tener la sensación*): **se me antoja que no vas a venir** ich habe das Gefühl, dass du nicht kommen wirst; **se me antoja que va a nevar** ich glaube, es wird bald schneien

antojo [aṇ'toxo] *m* ❶ (*capricho*) Laune *f;* **a mi ~** wie es mir gefällt ❷ (*de una embarazada*) Gelüst(e) *nt;* **tener ~s** (*ganas*) Gelüste haben; (*CSur: estar embarazada*) schwanger sein ❸ (*mancha*) Muttermal *nt* ❹ (*Méx: apetito*) Appetit *m*

antología [aṇtolo'xia] *f* Anthologie *f;* **de ~** (*memorable*) hervorragend

antológico, -a [aṇto'loxiko, -a] *adj* ❶ (*relativo a la antología*) anthologisch ❷ (*extraordinario*) hervorragend

antónimo [aṇ'tonimo] *m* (LING) Antonym *nt*

antonomasia [aṇtono'masja] *f:* **por ~**

schlechthin

antorcha [aŋ'tortʃa] *f* Fackel *f*

antro ['aŋtro] *m* ❶ (*caverna*) Höhle *f* ❷ (*pey: local*) Spelunke *f;* **un ~ de corrupción** eine Lasterhöhle

antropófago, -a [aŋtro'pofaɣo, -a] *m, f* Kannibale, -in *m, f*

antropología [aŋtropolo'xia] *f* Anthropologie *f*

antropólogo, -a [aŋtro'poloɣo, -a] *m, f* Anthropologe, -in *m, f*

antroponimia [aŋtropo'nimja] *f* Namenkunde *f*

anual [anu'al] *adj* ❶ (*que dura un año*) Jahres- ❷ (*que sucede cada año*) jährlich; **informe** ~ Jahresbericht *m* ❸ (*planta*) einjährig

anualidad [anwali'ðaᵈ] *f* Jahresrate *f;* ~ **de(l) seguro** Versicherungsjahr *nt*

anualmente [anwal'meŋte] *adv* jährlich

anuario [anu'arjo] *m* Jahrbuch *nt*

anubarrado, -a [anuβa'rraðo, -a] *adj* bewölkt

anublar [anu'βlar] **I.** *vt* ❶ (*ocultar*) verdecken; **las nubes anublan el sol** die Wolken verdecken die Sonne ❷ (*empañar*) trüben; ~ **la alegría** die Freude trüben **II.** *vr:* ~**se** ❶ (*el cielo*) sich bewölken ❷ (*planta*) welken

anudar [anu'ðar] **I.** *vt* ❶ (*hacer un nudo*) (ver)knoten ❷ (*juntar*) verknüpfen (*a* mit +*dat*) **II.** *vr:* ~**se** sich verknoten; (*la voz*) versagen

anulación [anula'θjon] *f* ❶ (*de una ley*) Aufhebung *f* ❷ (*de una sentencia/un matrimonio*) Annullierung *f* ❸ (*de un contrato*) Auflösung *f;* (*de un pedido*) Stornierung *f;* (*de una subscripción*) Kündigung *f* ❹ (*de una decisión/un permiso*) Widerruf *m*

anular [anu'lar] **I.** *vt* ❶ (*ley*) aufheben ❷ (*sentencia, matrimonio*) annullieren ❸ (*contrato*) auflösen; (*pedido*) stornieren; (*subscripción*) kündigen ❹ (*decisión, permiso*) widerrufen ❺ (*cita*) absagen ❻ (*tren, autobús*) streichen ❼ (DEP: *gol*) nicht anerkennen ❽ (*persona*) unterjochen **II.** *vr:* ~**se** sich erniedrigen **III.** *adj* ❶ (*relativo al anillo*) Ring- ❷ (*de forma de anillo*) ringförmig

anunciación [anunθja'θjon] *f* Verkündigung *f*

anunciante [anun'θjaŋte] *mf* Inserent(in) *m(f)*

anunciar [anun'θjar] **I.** *vt* ❶ (*dar noticia de algo*) bekannt geben; (*de antemano*) ankündigen; (*por teléfono/radio*) durchsagen; **acaban de ~ la llegada del vuelo** die Ankunft des Fluges ist soeben gemeldet worden ❷ (*dar publicidad*) werben (für +*akk*) ❸ (*concurso, oposiciones*) ausschreiben ❹ (*un visitante*) melden ❺ (*presagiar*) vorhersagen **II.** *vr:* ~**se** ❶ (*hacerse publicidad*) werben ❷ (*el verano*) sich ankündigen

anuncio [a'nunθjo] *m* ❶ (*de una noticia*) Bekanntgabe *f;* (*de antemano*) Ankündigung *f* ❷ (*en el cine/la TV*) (Werbe)spot *m;* (*en un periódico*) Anzeige *f;* ~ **por palabras** Kleinanzeigen *fpl* ❸ (*en internet*): ~ **en internet** Werbebanner *nt*

anverso [am'berso] *m* Vorderseite *f*

anzuelo [aŋ'θwelo] *m* ❶ (*para pescar*) Angelhaken *m;* **echar el** ~ den Köder auswerfen; **morder el** ~ anbeißen ❷ (*fam: aliciente*) Köder *m;* **picar en** [*o* **tragar**] **el** ~ anbeißen; **echar el ~ a alguien** jdn ködern

añadidura [aɲaðiˈðura] *f* Zusatz *m* (*a* zu +*dat*); (*en una compra*) Zugabe *f* (*a* zu +*dat*); **por** ~ außerdem

añadir [aɲa'ðir] *vt* ❶ (*agregar*) hinzufügen (*a* +*dat*); **a esto hay que ~ que...** hinzu kommt, dass ... ❷ (*alargar*) verlängern; ~ **dos centímetros a las mangas** die Ärmel um zwei Zentimeter verlängern

añagaza [aɲa'ɣaθa] *f* ❶ (*para aves*) Lockvogel *m* ❷ (*ardid*) List *f*

añejo, -a [a'ɲexo, -a] *adj* alt; (*vino*) gealtert

añicos [a'ɲikos] *mpl* Scherben *fpl;* **hacer algo** ~ etw zertrümmern; **estoy hecho** ~ (*fam*) ich bin fix und fertig

añil [a'ɲil] *m* ❶ (BOT) Indigopflanze *f* ❷ (*color*) Indigoblau *nt*

año ['aɲo] *m* Jahr *nt;* ~ **bisiesto** Schaltjahr *nt;* ~ **civil** Kalenderjahr *nt;* ~ **luz** Lichtjahr *nt;* ~ **natural** Kalenderjahr *nt;* ~ **nuevo** Neujahr *nt;* **la víspera de ~ nuevo** der Silvesterabend; ~ **de publicación** Erscheinungsjahr *nt;* ~ **de servicio** Dienstjahr *nt;* **los ~s 60** die 60er Jahre; **por los ~s 60** in den 60er-Jahren; **en el ~ 1960** (im Jahre) 1960; **el ~ de la pera** anno dazumal; **cumplir ~s** Geburtstag haben; **cumplir 60 ~s** 60 Jahre alt werden; **¿cuántos ~s tienes?** wie alt bist du?; **Juan le saca cinco ~s a Pepe** Juan ist fünf Jahre älter als Pepe; **un hombre entrado en ~s** ein älterer Mann; **a mis ~s** in meinem Alter; **necesitar ~s** ewig brauchen; **los ~s no pasan en balde** die Zeit geht nicht spurlos vorbei; **los ~s corren que vuelan** die Jahre fliegen nur so dahin; **por él no pasan los ~s** er sieht für sein Alter jung aus; **quitarse ~s** sich jünger machen; **estar de buen ~** (*saludable*) gut aussehen; (*gordo*) dick sein

Der Namens- und Gedenktag des Heiligen Jakobus wird als Höhepunkt mit den *Fiestas del Apóstol Santiago* in ganz Spanien, vor allem aber in *Galicia* – Galicien, am 25. Juli gefeiert. Er ist der Schutzpatron der spanischen Kirche. Fällt der 25. Juli auf Sonntag, wird das ganze Jahr zum **Año Jacobeo** erklärt. Die Hauptstadt Galiciens, *Santiago de Compostela* verdankt diesem Heiligen ihren Namen. In der Kathedrale Santiagos, erbaut im 11. und 12. Jahrhundert, also romanischen Stils, befindet sich auch sein Grabmal. *Santiago de Compostela* ist weltweit einer der wichtigsten Wallfahrts- bzw. Pilgerorte der römisch-katholischen Kirche.

añoranza [aɲo'raɲθa] *f* Sehnsucht *f;* (*morriña*) Heimweh *nt*

añorar [aɲo'rar] *vt* sich sehnen (nach +*dat*); (*tener morriña*) Heimweh haben (*de* nach +*dat*); ~ **los viejos tiempos** den alten Zeiten nachtrauern

añoso, -a [a'ɲoso, -a] *adj* sehr alt

aojar [ao'xar] *vt* (*hechizar*) verhexen

aorta [a'orta] *f* Hauptschlagader *f*

aovado, -a [ao'βaðo, -a] *adj* oval

aovar [ao'βar] *vi* Eier legen

aovillarse [aoβi'ʎarse] *vr* sich zusammenkauern

apabullante [apaβu'ʎante] *adj* überwältigend

apabullar [apaβu'ʎar] *vt* ❶ (*achicar*) einschüchtern; (*confundir*) verwirren; (*abatir*) am Boden zerstören; **me quedé apabullado cuando oí la noticia** ich war einfach platt, als ich die Nachricht hörte ❷ (*humillar*) demütigen

apacentar [apaθen'tar] <e→ie> **I.** *vt* ❶ (*ganado*) auf die Weide treiben ❷ (*pasiones, deseos*) schüren **II.** *vr:* ~ **se** weiden

apacible [apa'θiβle] *adj* ❶ (*persona*) sanftmütig ❷ (*temperamento*) ruhig ❸ (*tiempo, viento*) mild

apaciguar [apaθi'ɣwar] <gu→gü> **I.** *vt* ❶ (*aplacar*) besänftigen ❷ (*calmar*) beruhigen; (*dolor*) mildern **II.** *vr:* ~ **se** sich beruhigen

apadrinar [apaðri'nar] *vt* ❶ (*en un bautizo*) Pate stehen (bei +*dat*); (*en una boda*) Trauzeuge sein (bei +*dat*) ❷ (*prote-*

ger) protegieren ❸ (*patrocinar*) die Schirmherrschaft übernehmen (über +*akk*)

apagado, -a [apa'ɣaðo, -a] *adj* ❶ (*volcán*) erloschen ❷ (*sonido*) gedämpft ❸ (*persona*) niedergeschlagen ❹ (*color*) trüb

apagar [apa'ɣar] <g→gu> **I.** *vt* ❶ (*luz, cigarrillo*) ausmachen ❷ (*fuego, cal*) löschen; ~ **el fuego con una manta** das Feuer mit einer Decke ersticken ❸ (*sed, hambre*) stillen ❹ (*protesta, disturbio*) ersticken ❺ (*televisor, radio*) ausmachen ❻ (*vela*) ausblasen ❼ (*color, bríos*) dämpfen ❽ (*loc*): **¡apaga y vámonos!** jetzt reicht's aber!; **hoy está apagado** heute ist er nicht in Form **II.** *vr:* ~ **se** ❶ (*fuego, pipa, luz*) ausgehen ❷ (*sonido*) abklingen ❸ (*color*) verblassen

apagón [apa'ɣon] *m* Stromausfall *m*

apaisado, -a [apai̯'saðo, -a] *adj* im Querformat

apalabrar [apala'βrar] *vt* verabreden

apalancamiento [apalaŋka'mjento] *m* Heben *nt* mit einer Brechstange; (ECON: *en una empresa*) Verhältnis *nt* von Eigenkapital zu Fremdkapital

apalancar [apalaŋ'kar] <c→qu> **I.** *vt* mit einer Brechstange hochheben **II.** *vr:* ~ **se** (*fam*) herumlungern

apalear [apale'ar] *vt* ❶ (AGR) worfeln ❷ (*dinero*) scheffeln ❸ (*a alguien*) verprügeln ❹ (*una alfombra*) ausklopfen ❺ (*un árbol*) schlagen (gegen +*akk*); ~ **un manzano** Äpfel vom Baum abschlagen

apalizar [apali'θar] <z→c> *vt* verprügeln; **el equipo fue apalizado** (*fig*) die Mannschaft erlitt eine vernichtende Niederlage

apañado, -a [apa'ɲaðo, -a] *adj* ❶ (*hábil*) geschickt ❷ (*adecuado*) geeignet ❸ (*fam: equivocado*): **estás ~ si crees que te voy a ayudar** wenn du glaubst, dass ich dir helfe, bist du schief gewickelt; **aquí está ~** hier hat er nichts zu lachen

apañar [apa'ɲar] **I.** *vt* ❶ (*remendar*) flicken ❷ (*loc*): **¡ya te ~ é yo!** dir werde ich helfen! **II.** *vr:* ~ **se** ❶ (*darse maña*) sich geschickt anstellen ❷ (*arreglárselas*) zurechtkommen; **no sé cómo te las apañas** ich weiß nicht, wie du das machst; **¡apáñatelas como puedas!** sieh selbst zu, wie du zurechtkommst!

apaño [a'paɲo] *m* ❶ (*acción de apañar*) Flicken *nt* ❷ (*remiendo*) Flickarbeit *f* ❸ (*chanchullo*) Schiebung *f* ❹ (*amorío*) Verhältnis *nt* ❺ (*loc*): **encontrar un ~** eine Notlösung finden

aparador [apara'ðor] *m* ❶ (*mueble*) Anrichte *f* ❷ (*escaparate*) Schaufenster *nt*

❸ (*taller*) Werkstatt *f*

aparato [apa'rato] *m* **❶** (*utensilio, t.* DEP) Gerät *nt;* ~ **indicador** Zähler *m;* ~ **de precisión** Feinmessinstrument *nt;* ~ **de televisión** Fernsehgerät *nt;* ~ **para la ventilación** Lüftung *f;* **gimnasia de** ~**s** Geräteturnen *nt* **❷** (TEL) Apparat *m;* **ponerse al** ~ ans Telefon gehen; **el señor X está al** ~ Herr X ist am Apparat **❸** (*avión*) Maschine *f* **❹** (*vendaje*) Verband *m* **❺** (ANAT) ~ **digestivo** Verdauungsapparat *m* **❻** (*pompa*) Prunk *m* **❼** (POL: *de un partido*) Apparat *m*

aparatosidad [aparatosi'ðað] *f* **❶** (*ostentación*) Prunk *m* **❷** (*desmesura*) Maßlosigkeit *f*

aparatoso, -a [apara'toso, -a] *adj* **❶** (*ostentoso*) prunkvoll **❷** (*desmedido*) maßlos; **un accidente** ~ ein spektakulärer Unfall

aparcamiento [aparka'mjento] *m* **❶** (*acción*) Parken *nt* **❷** (*lugar*) Parkplatz *m*

aparcar [apar'kar] <c→qu> *vt* **❶** (*coche*) parken **❷** (*decisión*) vertagen

aparcero, -a [apar'θero, -a] *m, f* Teilpächter(in) *m(f)*

apareamiento [aparea'mjento] *m* Paarung *f*

aparear [apare'ar] **I.** *vt* **❶** (*animales*) paaren **❷** (*formar un par*) paarweise anordnen; ~ **personas** Paare bilden **II.** *vr:* ~ **se** **❶** (*animales*) sich paaren **❷** (*formar un par*) ein Paar bilden

aparecer [apare'θer] *irr como crecer* **I.** *vi* erscheinen; (*algo inesperado*) auftauchen; ~ **ante la opinión pública** in der Öffentlichkeit auftreten; **han aparecido casos de difteria** es gab einige Diphtheriefälle **II.** *vr:* ~ **se** erscheinen

aparejado, -a [apare'xaðo, -a] *adj* (*adecuado*) geeignet; **llevar** [*o* **traer**] ~ mit sich bringen

aparejador(a) [aparexa'ðor(a)] *m(f)* Bauführer(in) *m(f)*

aparejar [apare'xar] *vt* **❶** (*una caballería*) anschirren **❷** (*un barco*) auftakeln **❸** (*imprimar*) grundieren

aparejo [apa'rexo] *m* **❶** (*arnés*) Pferdegeschirr *nt* **❷** (*poleas*) Flaschenzug *m* **❸** (*jarcia*) Takelage *f* **❹** (*imprimación*) Grundierung *f* **❺** (*construcción*) Verband *m* **❻** *pl* (*utensilios*) Ausrüstung *f*

aparentar [aparen'tar] *vt* vorgeben; **trata de** ~ **que es rico** er tut so als sei er reich; ~ **estar enfermo** sich krank stellen; **no aparentas la edad que tienes** du siehst jünger aus als du bist

aparente [apa'rente] *adj* **❶** (*que parece y no es*) scheinbar **❷** (*perceptible a la vista*)

sichtbar **❸** (*adecuado*) passend **❹** (*de buen aspecto*) reizvoll

aparentemente [aparente'mente] *adv* anscheinend

aparición [apari'θjon] *f* **❶** (*acción*) Erscheinen *nt;* (*de algo inesperado*) Auftauchen *nt;* (TEAT) Auftritt *m* **❷** (*visión*) Erscheinung *f*

apariencia [apa'rjenθja] *f* **❶** (*aspecto*) Aussehen *nt* **❷** (*signos*) (An)schein *m;* **en** ~ dem Anschein nach; **guardar las** ~**s** den Schein wahren; **las** ~**s engañan** (*prov*) der Schein trügt

apartado¹ [apar'taðo] *m* **❶** (*cuarto*) Hinterzimmer *nt* **❷** (*párrafo*) Absatz *m* **❸** (*loc*): ~ **de Correos** Postfach *nt*

apartado, -a² [apar'taðo, -a] *adj* **❶** (*lugar*) abgelegen **❷** (*persona*) ungesellig

apartamento [aparta'mento] *m* Wohnung *f,* Appartement *nt*

apartamiento [aparta'mjento] *m* **❶** (*separación*) Trennung *f* **❷** (*apartamento*) Wohnung *f*

apartar [apar'tar] **I.** *vt* **❶** (*separar*) trennen **❷** (*poner a un lado*) beiseite legen; ~ **a alguien para decirle algo** jdn zur Seite nehmen um ihm etw zu sagen; ~ **el plato** den Teller wegschieben; **¡aparta la mano del taladro!** komm mit deiner Hand nicht an den Bohrer! **❸** (*de un cargo*) entfernen (*de* aus +*dat*) **❹** (*de un propósito*) abbringen **❺** (*la vista*) abwenden **❻** (*la atención*) ablenken **II.** *vr:* ~ **se** **❶** (*separarse*) sich trennen **❷** (*de un camino*) abweichen; **¡apártate!** geh aus dem Weg! **❸** (*del tema*) abschweifen

aparte [a'parte] **I.** *adv* (*en otro sitio*) beiseite; **por correo** ~ mit getrennter Post; **he sumado los euros y,** ~ **, los dólares** ich habe die Euro und die Dollar getrennt addiert; **esta cuestión debe tratarse** ~ auf diese Frage muss gesondert eingegangen werden **II.** *prep* **❶** (*separado*): **él estaba** ~ **del grupo** er war abseits der Gruppe **❷** (*además de*): ~ **de** abgesehen von +*dat;* **esta sopa** ~ **de mala está fría** diese Suppe schmeckt nicht nur schlecht, sie ist auch noch kalt; ~ **de esto, perdí las llaves** außerdem verlor ich noch die Schlüssel **III.** *m* (*de un escrito*) Absatz *m;* **punto y** ~ Punkt und neuer Absatz **IV.** *adj inv* **❶** (*singular*) einzigartig **❷** (*separado*) separat; **en un plato** ~ auf einem extra Teller

apartheid [apartˈxeįð] *m sin pl* Apartheid *f*

apartidismo [aparti'ðismo] *m sin pl* Parteilosigkeit *f*

apasionado, -a [apasjo'naðo, -a] **I.** *adj*

❶ (*con pasión*) leidenschaftlich ❷ (*entusiasta*) begeistert ❸ (*temperamento*) lebhaft **II.** *m, f* Anhänger(in) *m(f)*

apasionamiento [apasjonaˈmjeṇto] *m* ❶ (*entusiasmo*) Begeisterung *f* ❷ (*vehemencia*) Leidenschaftlichkeit *f;* **con** ~ mit Leib und Seele

apasionante [apasjoˈnaṇte] *adj* (*libro, película*) spannend; (*música*) mitreißend; (*sensación*) überwältigend

apasionar [apasjoˈnar] **I.** *vt* begeistern **II.** *vr:* ~**se** ❶ (*entusiasmarse*) sich begeistern (*por* für +*akk*) ❷ (*enamorarse*) sich leidenschaftlich verlieben (*en* in +*akk*)

apatía [apaˈtia] *f* Teilnahmslosigkeit *f*

apático, -a [aˈpatiko, -a] *adj* apathisch

apátrida [aˈpatriða] *adj* staatenlos

apeadero [apeaˈðero] *m* ❶ (*poyo*) Trittstein *m* ❷ (FERRO) Haltepunkt *m* ❸ (*en un camino*) Haltebucht *f*

apear [apeˈar] **I.** *vt* ❶ (*árbol*) fällen ❷ (*disuadir*) abbringen (*de* von +*dat*) **II.** *vr:* ~**se** (*de un vehículo*) aussteigen (*de* aus +*dat*); (*de un caballo*) absitzen (*de* von +*dat*)

apechugar [apetʃuˈɣar] <g→gu> *vi* sich abfinden; ~ **con las consecuencias** die Konsequenzen tragen; ~ **con una tarea complicada** sich eine schwere Arbeit aufladen

apedazar [apeðaˈθar] <z→c> *vt* flicken

apedrear [apeðreˈar] **I.** *v impers* hageln **II.** *vt* mit Steinen bewerfen; (*lapidar*) steinigen **III.** *vr:* ~ **se** (*cosecha*) verhageln

apegado, -a [apeˈɣaðo, -a] *adj:* **estar** ~ **a alguien** an jdm hängen

apegarse [apeˈɣarse] <g→gu> *vr* lieb gewinnen (*a* +*akk*)

apego [aˈpeɣo] *m* Zuneigung *f* (*a* zu +*dat*); **tener un gran** ~ **a algo** etw sehr mögen

apelación [apelaˈθjon] *f* ❶ (JUR: *recurso*) Berufung *f* ❷ (*invocación*) Appell *m* (*a* an +*akk*) ❸ (*loc*): **ésto no tiene** ~ da ist nichts zu machen; **este resultado no tiene** ~ an diesem Ergebnis gibt es nichts zu rütteln

apelar [apeˈlar] *vi* ❶ (*invocar*) appellieren (*a* an +*akk*); (*referirse*) sich berufen (*a* auf +*akk*) ❷ (*recurrir: a alguien*) sich wenden (*a* an +*akk*); (*a algo*) greifen (*a* zu +*dat*); ~ **a todos los medios** kein Mittel unversucht lassen ❸ (JUR: *recurrir*) Berufung einlegen (*de* gegen +*akk*); **la sentencia ha sido apelada** gegen das Urteil wurde Berufung eingelegt

apelativo [apelaˈtiβo] *m* ❶ (*apellido*) Nachname *m* ❷ (*sobrenombre*) Beiname *m;* ~ **cariñoso** Kosename *m* ❸ (LING) Gattungsname *m*

apellidar [apeʎiˈðar] **I.** *vt* nennen **II.** *vr:* ~ **se** (mit Familiennamen) heißen; **se apellida Martínez** sein/ihr Nachname ist Martínez

apellido [apeˈʎiðo] *m* Familienname *m*, Nachname *m;* ~ **de soltera** Mädchenname *m;* **primer** ~ Familienname des Vaters; **por el** ~ **no caigo** der Name sagt mir nichts

apelmazado, -a [apelmaˈθaðo, -a] *adj* ❶ (*cojín, colchón*) hart ❷ (*nieve*) pappig ❸ (*harina*) klumpig ❹ (*escritura*) schwer lesbar

apelmazar [apelmaˈθar] <z→c> **I.** *vt* zusammenpressen **II.** *vr:* ~ **se** ❶ (*colchón, cojín*) hart werden ❷ (*nieve*) verharschen ❸ (*harina*) verklumpen ❹ (*lana, pelo*) verfilzen

apelotonar [apelotoˈnar] **I.** *vt* ❶ (*cosas*) zusammenballen ❷ (*personas*) zusammenpferchen **II.** *vr:* ~ **se** ❶ (*formarse grumos*) verklumpen ❷ (*personas*) sich zusammendrängen; ~ **se en la entrada** sich am Eingang drängen ❸ (*loc*): **en esta calle se apelotonan los coches** auf dieser Straße knäu(e)lt sich der Verkehr

apenar [apeˈnar] **I.** *vt* bekümmern **II.** *vr:* ~ **se** ❶ (*afligirse*) sich grämen (*por* über +*akk*) ❷ (*Am: sentir vergüenza*) sich schämen (*por* für +*akk*, wegen +*gen/dat*)

apenas [aˈpenas] **I.** *adv* ❶ (*casi no*) kaum; ~ **había nadie** es war kaum jemand da ❷ (*tan sólo*) erst; (*escasamente*) knapp; ~ **hace un mes que estudio alemán** ich lerne erst seit einem Monat Deutsch; ~ **hace una hora** vor knapp einer Stunde; **tengo** ~ **10 euros en el bolsillo** ich habe gerade mal 10 Euro in der Tasche; ~ **llegué a tiempo** ich kam gerade noch rechtzeitig an **II.** *conj* (*tan pronto como*) kaum; ~ **salí a la calle, se puso a llover** ich war kaum auf der Straße, als es anfing zu regnen; ~ **llegó, se tomó una ducha** er/sie kam und nahm sofort eine Dusche

apéndice [aˈpeṇdiθe] *m* ❶ (*de un libro*)

Anhang *m;* (*tomo separado*) Ergänzungsband *m* ❷(*complemento*) Anhängsel *nt*
❸(ANAT): ~ **vermiforme** Appendix *m*

apendicitis [apeṇdi'θitis] *f inv* Blinddarmentzündung *f*

apercibimiento [aperθiβi'mjeṇto] *m*
❶(*advertencia*) Warnung *f* ❷(*amonestación*) Verwarnung *f*

apercibir [aperθi'βir] I. *vt* ❶(*avisar*) aufmerksam machen (*de* auf +*akk*); (*advertir*)
warnen (*de* vor +*dat*) ❷(*amonestar*)
tadeln (*por* wegen +*gen/dat, por* für
+*akk*); (JUR) vorwarnen; **le han apercibido con el despido** sie haben ihm mit
seiner Entlassung gedroht II. *vr:* ~ **se**
❶(*prepararse*) sich vorbereiten (*a/para*
auf +*akk*) ❷(*percatarse*) sich *dat* bewusst
werden (*de* +*gen*); **me he apercibido de
lo importante que es el examen** mir ist
die Wichtigkeit der Prüfung klar geworden

aperitivo [aperi'tiβo] *m* ❶(*bebida*) Aperitif
m; **¡y ésto es tan sólo el ~!** (*fig*) und das
ist nur der Anfang! ❷(*comida*) Appetithappen *m*

aperos [a'peros] *mpl* (*utensilios*) Ackerge-
räte *ntpl*

apertura [aper'tura] *f* Öffnen *nt;* (*reunión,teatro, cuenta, testamento, en ajedrez*)
Eröffnung *f;* ~ **de un crédito** Krediteinräu-
mung *f*

apesadumbrar [apesaðum'brar] I. *vt*
bekümmern II. *vr:* ~ **se** sich grämen (*por*
über +*akk*)

apestar [apes'tar] I. *vi* ❶(*oler mal*) stinken
(*a* nach +*dat*) ❷(*estar lleno*) wimmeln
(*de* von +*dat*) II. *vt* ❶(*fam: fastidiar*) nerven ❷(*llenar*) überschwemmen; **el mercado está apestado de gente** der Markt
wimmelt nur so von Menschen III. *vr:* ~ **se**
(*Am: contagiarse*) sich anstecken

apestoso, -a [apes'toso, -a] *adj* ❶(*que
apesta*) stinkend ❷(*fastidioso*) lästig

apetecer [apete'θer] *irr como crecer vi*
❶(*tener ganas de*) Lust haben (*de* auf
+*akk*); **¿qué te apetece?** was möchtest
du?; **¿un viaje? – sí, me apetece la idea**
eine Reise? – ja, ich habe Lust dazu; **me
apetece un helado** ich habe Lust auf ein
Eis ❷(*gustar*): **una copa de vino siempre apetece** ein Glas Wein schmeckt
immer; **este libro me apetece más** dieses Buch sagt mir mehr zu

apetecible [apete'θiβle] *adj* wünschenswert; (*objetivo*) erstrebenswert

apetencia [apete'nθja] *f* ❶(*apetito*) Appetit *m* ❷(*deseo*) Verlangen *nt* (*de* nach
+*dat*)

apetito [ape'tito] *m* ❶(*de comida*) Appetit

m (*de* auf +*akk*); **abrir el** ~ Appetit
machen ❷(*deseo*) Verlangen *nt* (*de* nach
+*dat*); ~ **sexual** Fleischeslust *f*

apetitoso, -a [apeti'toso, -a] *adj* ❶(*que
despierta el apetito*) appetitlich ❷(*sabroso*) köstlich ❸(*deseable*) wünschenswert

API ['api] *m abr de* **Agente de la Propiedad Inmobiliaria** Makler(in) *m(f)*

apiadar [apja'ðar] I. *vt* Mitleid erregen; **su
mala suerte apiada a sus vecinos** sein
Unglück erregt das Mitleid der Nachbarn
II. *vr:* ~ **se** bemitleiden (*de* +*akk*); **¡Dios,
apiádate de nosotros!** Herr, erbarme
dich unser!

ápice ['apiθe] *m* ❶(*punta*) Spitze *f* ❷(*cúspide*) Gipfel *m* ❸(*nada*): **no ceder un** ~
keinen Zollbreit nachgeben; **no entender
un** ~ nicht das Geringste verstehen

apicultor(a) [apikuʎ'tor(a)] *m(f)* Imker(in)
m(f)

apicultura [apikuʎ'tura] *f* Bienenzucht *f*

apilamiento [apila'mjeṇto] *m* (*de tierra,
melones*) Aufhäufen *nt;* (*de periódicos*)
(Auf)stapelung *f;* (*de madera*) Aufschichtung *f*

apilar [api'lar] I. *vt* aufhäufen; (*periódicos*)
(auf)stapeln; (*madera*) (auf)schichten;
(*cajas*) (auf)türmen II. *vr:* ~ **se** sich stapeln

apiñamiento [apiɲa'mjeṇto] *m* Gedränge
nt

apiñar [api'ɲar] I. *vt* ❶(*cosas*) aufeinander
stapeln; **apiñó las cosas en el maletero
y partieron** er/sie stopfte die Sachen in
den Kofferraum und sie fuhren los ❷(*personas*) zusammendrängen; (*animales*)
zusammenpferchen II. *vr:* ~ **se** sich drängen

apio ['apjo] *m* Sellerie *m o f*

apisonadora [apisona'ðora] *f* Straßen-
walze *f*

apisonar [apiso'nar] *vt* walzen

aplacamiento [aplaka'mjeṇto] *m* ❶(*de
otra persona*) Besänftigung *f* ❷(*del dolor*)
Milderung *f* ❸(*del hambre, la sed*) Stillen
nt ❹(*de uno mismo*) Beruhigung *f*

aplacar [apla'kar] <c→qu> I. *vt* ❶(*persona*) besänftigen ❷(*dolor*) lindern
❸(*hambre, sed*) stillen II. *vr:* ~ **se** sich
beruhigen

aplanamiento [aplana'mjeṇto] *m* ❶(*allanamiento*) Einebnen *nt* ❷(*desánimo*)
Entmutigung *f*

aplanar [apla'nar] I. *vt* ❶(*allanar*) ebnen
❷(*aplastar*) zerdrücken ❸(*desanimar*)
entmutigen II. *vr:* ~ **se** den Mut verlieren

aplastamiento [aplasta'mjeṇto] *m* (*t. MED:
acción*) Zerquetschen *nt;* (*resultado*)

Quetschung *f*

aplastante [aplas'tante] *adj* überwältigend; (*derrota*) vernichtend; (*lógica, prueba*) zwingend

aplastar [aplas'tar] *vt* ❶ (*chafar*) zerquetschen; **el desprendimiento de piedras aplastó a dos personas** der Steinschlag erschlug zwei Menschen ❷ (*con la mano*) zerdrücken; ~ **un cigarrillo** eine Zigarette ausdrücken ❸ (*con el pie*) zertreten ❹ (*derrotar*) (vernichtend) schlagen ❺ (*abatir*) entmutigen

aplatanarse [aplata'narse] *vr* (*entregarse a la indolencia*) sich gehen lassen

aplaudir [aplaṷ'ðir] **I.** *vi* applaudieren; **el publico rompió a ~** das Publikum fing an zu klatschen **II.** *vt* ❶ (*palmear*) applaudieren +*dat* ❷ (*aprobar*) begrüßen; (*alabar*) loben

aplauso [a'plaṷso] *m* Applaus *m*; **salva de ~s** Beifallssturm *m*; **digno de ~** (*fig*) lobenswert

aplazable [apla'θaβle] *adj* (*fecha prevista*) verschiebbar; (*plazo*) aufschiebbar; (*pago*) stundbar

aplazamiento [aplaθa'mjento] *m* ❶ (*fecha*) Verlegung *f* (*a/hasta* auf +*akk*) ❷ (*viaje, partido*) Verschiebung *f* (*a/hasta* auf +*akk*); (*conferencia, negociación*) Vertagung *f* (*a/hasta* auf +*akk*) ❸ (*decisión*) Aufschub *m* (*a/hasta* bis zu +*dat*)

aplazar [apla'θar] <z→c> *vt* ❶ (*fecha*) verlegen ❷ (*viaje, partido*) verschieben (*a/hasta* auf +*akk*); (*conferencia, negociación*) vertagen (*a/hasta* auf +*akk*); ~ **el viaje una semana** die Reise um eine Woche verschieben; **la reunión se aplaza hasta nueva orden** die Sitzung wird bis auf weiteres vertagt ❸ (*decisión*) aufschieben ❹ (*Am: suspender*) durchfallen lassen

aplicable [apli'kaβle] *adj* anwendbar (*a* auf +*akk*); **ser ~** Anwendung finden

aplicación [aplika'θjon] *f* ❶ (*pintura, crema*) Auftragen *nt* ❷ (*venda*) Anlegen *nt* ❸ (*teoría, método*) Anwendung *f*; **las múltiples aplicaciones del plástico** die vielen Verwendungsmöglichkeiten von Kunststoffen ❹ (*conocimientos, habilidades*) Verwendung *f* ❺ (*en el estudio*) Fleiß *m* ❻ (*adorno*) Applikation *f* ❼ (*Am: petición*) Bitte *f*; (*formal*) Antrag *m*

aplicado, -a [apli'kaðo, -a] *adj* (*trabajador*) fleißig

aplicar [apli'kar] <c→qu> **I.** *vt* ❶ (*pintura, crema*) auftragen (*a* auf +*akk*); ~ **dando un ligero masaje** leicht einmassieren; **aplicado con regularidad...** bei regelmäßiger Anwendung ... ❷ (*venda*) anlegen ❸ (*teoría, método*) anwenden (*a* auf +*akk*) ❹ (*conocimientos, habilidades*) verwenden (*a* für +*akk*); ~ **una máquina para un trabajo** eine Maschine für eine Tätigkeit einsetzen ❺ (JUR): ~ **una sanción** eine Geldstrafe auferlegen; **la ley no se puede ~ en este caso** das Gesetz ist auf diesen Fall nicht anwendbar ❻ (*loc*): ~ **el freno** die Bremse ziehen; ~ **un lazo a un vestido** eine Schleife an ein Kleid annähen; ~ **un tipo de interés** einen Zinssatz in Anwendung bringen; ~ **el oído a la puerta** an der Tür horchen **II.** *vr:* ~ **se** ❶ (*esforzarse*) sich bemühen; ~ **se al estudio** sich dem Studium intensiv widmen ❷ (*emplearse*) Anwendung finden

aplique [a'plike] *m* ❶ (*lámpara*) Wandleuchte *f* ❷ (TEAT) Requisit *nt*

aplomar [aplo'mar] **I.** *vt* ❶ (*comprobar la verticalidad*) loten ❷ (*construir verticalmente*) nach dem Lot ausrichten **II.** *vr:* ~ **se** an Selbstsicherheit gewinnen

aplomo [a'plomo] *m* (*seguridad*) Selbstsicherheit *f*; **perder el** ~ die Fassung verlieren

apocado, -a [apo'kaðo, -a] *adj* verzagt

apocalíptico, -a [apoka'liptiko, -a] *adj* apokalyptisch

apocamiento [apoka'mjento] *m* Verzagtheit *f*

apocar [apo'kar] <c→qu> **I.** *vt* einschüchtern **II.** *vr:* ~ **se** verzagen

apodar [apo'ðar] **I.** *vt* (*dar un sobrenombre*) einen Beinamen geben +*dat;* (*un apodo*) einen Spitznamen geben +*dat* **II.** *vr:* ~ **se...** (*tener el sobrenombre*) den Beinamen ... haben; (*el apodo*) den Spitznamen ... haben

apoderado, -a [apoðe'raðo, -a] *m, f* Bevollmächtigte(r) *mf*; (COM) Prokurist(in) *m(f)*

apoderar [apoðe'rar] **I.** *vt* bevollmächtigen **II.** *vr:* ~ **se** sich bemächtigen (*de* +*gen*); **el espía se apoderó del maletín** der Spion brachte den Aktenkoffer an sich; ~ **se de los clientes de la competencia** die Kunden der Konkurrenz abwerben; ~ **se del liderato** die Führung übernehmen

apodo [a'poðo] *m* Spitzname *m*

apogeo [apo'xeo] *m* (*cumbre*) Gipfel *m;* **estar en el ~ de su carrera** auf dem Höhepunkt seiner Laufbahn stehen; **el ~ del Barroco** die Blütezeit des Barocks

apolillado, -a [apoli'ʎaðo, -a] *adj* ❶ (*de polilla*) mottenzerfressen ❷ (*anticuado*) altmodisch

apolillar [apoli'ʎar] **I.** *vt* zerfressen **II.** *vr:* ~ **se** von Motten zerfressen werden

apolillo [apo'liʎo] *m* (*Arg*) Schlaf *m*

apolítico, -a [apoˈlitiko, -a] *adj* unpolitisch
apología [apoloˈxia] *f* Verteidigung *f*
apoltronarse [apolˈtroˈnarse] *vr* ❶ (*emperezarse*) träge werden ❷ (*repantigarse*) es sich *dat* bequem machen
apoplejía [apopleˈxia] *f* Schlaganfall *m*
apopléjico, -a [apoˈplexiko, -a] *adj* (MED) apoplektisch
apoquinar [apokiˈnar] *vt* (*fam*) blechen; **apoquina lo que me debes** gib mir die Kohle, die du mir (noch) schuldest
aporrear [aporreˈar] I. *vt* ❶ (*dar golpes*) heftig schlagen; ~ **el piano/la máquina de escribir** auf dem Klavier/auf der Schreibmaschine hämmern; ~ **la puerta** gegen die Tür hämmern ❷ (*molestar*) belästigen; **esta música me aporrea los oídos** (*por estar muy alta*) bei dieser Musik platzt einem ja das Trommelfell; (*por ser mala*) diese Musik ist nicht zum Aushalten ❸ (*moscas*) verscheuchen II. *vr:* ~ **se** sich prügeln
aportación [aportaˈθjon] *f* ❶ (*contribución*) Beitrag *m* (*a/para* zu +*dat*); **hacer una** ~ **a un trabajo** einen Beitrag zu einer Arbeit leisten ❷ (*donación*) Spende *f* (*a/para* für +*akk*) ❸ (ECON: *capital*) Einlage *f*; ~ **dineraria** Bareinlage *f*; ~ **en especie** Sacheinlage *f*
aportar [aporˈtar] I. *vt* ❶ (*traer*) (mit)bringen; ~ **al matrimonio** in die Ehe einbringen ❷ (*contribuir*) beitragen (*a* zu +*dat*); **he aportado algo a la fiesta** ich habe einen Beitrag zum Fest geleistet ❸ (*argumento, propuesta*) vorbringen ❹ (*información*) liefern; (*evidencia, testigos*) beibringen ❺ (*pruebas*) erbringen ❻ (*capital*) einbringen ❼ (*loc*): **no aporta nada ir a esa conferencia** es bringt nichts diese Konferenz zu besuchen II. *vi* ❶ (*llegar a puerto*) einlaufen ❷ (*recalar*) auftauchen; **hace tiempo que no aporta por aquí** er/sie hat sich schon lange nicht mehr hier sehen lassen
aporte [aˈporte] *m* ❶ (*contribución*) Beitrag *m* (*a/para* zu +*dat*) ❷ (*donación*) Spende *f* (*a/para* für +*akk*) ❸ (ECON: *capital*) Einlage *f* ❹ (GEO) Ablagerung *f*; ~ **de un río** Flussablagerung *f*
aposentar [aposenˈtar] I. *vt* (*albergar*) beherbergen; (*procurar alojamiento*) unterbringen II. *vr:* ~ **se** unterkommen; (MIL) sich einquartieren
aposento [apoˈsento] *m* ❶ (*hospedaje*) Unterkunft *f*; **nos dieron** ~ sie nahmen uns bei sich *dat* auf ❷ (*cuarto*) Zimmer *nt*
aposición [aposiˈθjon] *f* Apposition *f*
apósito [aˈposito] *m* (*vendaje*) Wundver-

band *m;* (*adhesivo*) Heftpflaster *nt*
aposta [aˈposta] *adv* absichtlich
apostante [aposˈtante] *mf* Wettteilnehmer(in) *m(f)*; (*jugador*) Spieler(in) *m(f)*; ~**s de las quinielas** Totospieler *mpl*
apostar [aposˈtar] <o→ue> I. *vi* setzen (*por* auf +*akk*); ~**las a** [*o* **con**] **alguien** gegen jdn antreten II. *vt, vr:* ~ **se** (*hacer una apuesta*) wetten (um +*akk*); **¿qué/cuánto apostamos?** worum/um wie viel wetten wir?; **¿qué te apuestas a que no lo hace?** wetten, dass er/sie es nicht tut?; **apuesto cualquier cosa a que...** ich gehe jede Wette ein, dass ...; ~ **doble contra sencillo que...** zwei zu eins wetten, dass ...; **puedes** ~ **la cabeza que...** du kannst Gift darauf nehmen, dass ... ❷ (*poner*) (sich) aufstellen
apóstata [aˈpostata] *mf* Abtrünnige(r) *mf*
apostatar [apostaˈtar] *vi* sich lossagen; ~ **de la fe cristiana** vom christlichen Glauben abfallen
a posteriori [a posteˈrjori] *adv* nachträglich
apostilla [aposˈtiʎa] *f* Randbemerkung *f*
apóstol [aˈpostol] *m* Apostel *m;* **Hechos de los A~es** Apostelgeschichte *f*; **ser un buen** ~ (*fig*) mit allen Wassern gewaschen sein
apostólico, -a [aposˈtoliko, -a] *adj* apostolisch; **la Santa Sede Apostólica** der Apostolische Stuhl
apostrofar [apostroˈfar] *vt* ❶ (*insultar*) beleidigen ❷ (LING) apostrophieren
apóstrofe [aˈpostrofe] *m o f* (*insulto*) Beleidigung *f*
apóstrofo [aˈpostrofo] *m* (LING) Apostroph *m*
apostura [aposˈtura] *f* gutes Aussehen *nt*
apoteósico, -a [apoteˈosiko, -a] *adj* enorm; **éxito** ~ Riesenerfolg *m*
apoteosis [apoteˈosis] *f inv* ❶ (*de un héroe*) Vergöttlichung *f* ❷ (*de un espectáculo*) Höhepunkt *m*
apoyabrazos [apoɟaˈβraθos] *m inv* Armlehne *f*
apoyacabezas [apoɟakaˈβeθas] *m inv* Kopfstütze *f*
apoyar [apoˈɟar] I. *vt* ❶ (*colocar sobre*) stützen (*en* auf +*akk*); (*contra*) lehnen (*en* an +*akk*) ❷ (*fundar*) stützen (*en* auf +*akk*); ~ (**con pruebas**) belegen ❸ (*confirmar*) bestätigen ❹ (*patrocinar*) unterstützen; (*ayudar*) beistehen +*dat*; ~ **una moción/un ascenso** einen Antrag/eine Beförderung befürworten; ~ **una reforma** für eine Reform eintreten II. *vi* (ARQUIT) ruhen (*sobre* auf +*dat*) III. *vr:* ~ **se** ❶ (*descansar sobre*) sich stützen (*en* auf +*akk*);

(*contra*) sich lehnen (*en/contra* gegen +*akk*); ~ **se con los brazos** sich mit den Armen aufstützen; ~ **se con la mano** sich mit der Hand abstützen ❷ (*fundarse*) beruhen (*en* auf +*dat*)

apoyo [a'poɸo] *m* ❶ (*sostén*) Halt *m;* (*soporte*) Stütze *f* ❷ (*respaldo*) Unterstützung *f;* (*ayuda*) Hilfe *f;* **prestar** ~ **a un plan** einen Plan unterstützen; **tener un** ~ **en alguien** von jdm unterstützt werden; **cuenta con mi** ~ du kannst dich auf mich verlassen; **en** ~ **de** zur Unterstützung +*gen*

apreciable [apre'θjaβle] *adj* ❶ (*observable*) wahrnehmbar; ~ **al oído** hörbar ❷ (*considerable*) beträchtlich ❸ (*digno de estima*) schätzenswert

apreciación [apreθja'θjon] *f* ❶ (*de una moneda*) Bewertung *f* ❷ (*de una casa*) Schätzung *f* ❸ (*del tamaño*) Abschätzung *f* ❹ (*juicio*) Einschätzung *f* ❺ (*captación*) Wahrnehmung *f*

apreciado, **-a** [apre'θjaðo, -a] *adj* (*en cartas*): ~ **s Sres:** sehr geehrte Herren,

apreciar [apre'θjar] *vt* ❶ (*estimar*) schätzen; **aprecio los perros** ich mag Hunde gern; **si aprecias tu vida, ¡desaparece de aquí!** wenn dir dein Leben lieb ist, dann verschwinde von hier!; **aprecio la libertad** ich lege auf meine Freiheit großen Wert ❷ (*una moneda*) bewerten ❸ (*una casa*) schätzen ❹ (*tamaño, distancia*) abschätzen ❺ (*captar*) wahrnehmen; **de lejos no se aprecia ningún sonido** von weitem kann man nichts hören; **este cronómetro aprecia centésimas de un segundo** dieser Chronometer gibt Hundertstelsekunden an; **el médico apreció una contusión en el pecho** der Arzt stellte eine Prellung in der Brust fest ❻ (*valorar*) einschätzen

aprecio [a'preθjo] *m* ❶ (*afecto*) Zuneigung *f;* **te tengo un gran** ~ ich mag dich sehr ❷ (*estima*) Wertschätzung *f;* **gran** ~ Hochachtung *f;* **tengo un gran** ~ **por este político** ich schätze diesen Politiker sehr ❸ (FIN) Schätzung *f*

aprehender [apre(e)n'der] *vt* ❶ (*coger*) fassen; (*botín, contrabando*) beschlagnahmen ❷ (*percibir*) wahrnehmen; (*comprender*) begreifen

aprehensión [apre(e)n'sjon] *f* ❶ (*acción de coger*) Ergreifung *f;* (*del botín*) Beschlagnahmung *f* ❷ (*percepción*) Wahrnehmung *f;* (*comprensión*) Begreifen *nt*

aprehensivo, **-a** [apre(e)n'siβo, -a] *adj* wahrnehmungsfähig

apremiante [apre'mjante] *adj* dringend

apremiar [apre'mjar] **I.** *vt* ❶ (*acuciar*) (be)drängen ❷ (*compeler*) zwingen (*a/para* zu +*dat*) **II.** *vi* (*urgir*) eilen; **el tiempo apremia** die Zeit drängt

apremio [a'premjo] *m* ❶ (*situación apremiante*) Dringlichkeit *f;* **por** ~ **de tiempo** aus Zeitnot ❷ (*coacción*) Zwang *m* ❸ (JUR) Mahnung *f*

aprender [apren'der] *vt* lernen; **fácil de** ~ leicht erlernbar; ~ **a leer** lesen lernen; ~ **de la historia** aus der Geschichte lernen; ~ **de memoria** auswendig lernen; **estoy aprendiendo a conducir** ich lerne gerade Auto fahren; **¿dónde has aprendido estos malos modales?** wo hast du dir diese schlechten Manieren angewöhnt?; **siempre se aprende algo nuevo** man lernt nie aus

aprendiz(a) [apren'diθ(a)] *m(f)* Lehrling *m;* **entrar de** ~ in die Lehre gehen; **trabajar de** ~ in der Lehre sein; **ser** ~ **de mucho, maestro de nada** ein Hansdampf in allen Gassen sein

aprendizaje [apren̩di'θaxe] *m* ❶ (*acción de aprender*) (Er)lernen *nt;* ~ **en línea** Online-Lernen *nt* ❷ (*formación profesional*) Lehre *f;* **contrato de** ~ Lehr(lings)vertrag *m;* **puesto de** ~ Lehrstelle *f;* **tiempo de** ~ Lehrzeit *f;* **terminar el** ~ auslernen

aprensión [apren'sjon] *f* ❶ (*recelo*) Bedenken *ntpl;* **me da** ~ **decírtelo** ich traue mich nicht es dir zu sagen ❷ (*asco*) Ekel *m;* **he cogido** ~ **a la leche** ich finde Milch ek(e)lig; **me da** ~ **beber de este vaso** es ekelt mich aus diesem Glas zu trinken ❸ (*temor*) Befürchtung *f;* (*impresión*) Gefühl *nt;* **tener la** ~ **de que...** (*temer*) befürchten, dass ...; (*creer*) das Gefühl haben, dass ... ❹ (*figuración*) Einbildung *f;* **son aprensiones suyas** er/sie bildet sich *dat* das nur ein

aprensivo, **-a** [apren'siβo, -a] *adj* überängstlich

apresamiento [apresa'mjento] *m* ❶ (*de un delincuente*) Verhaftung *f* ❷ (*de una nave*) Kapern *nt*

apresar [apre'sar] *vt* ❶ (*hacer presa*) packen ❷ (*delincuente*) verhaften ❸ (*nave*) kapern

aprestar [apres'tar] **I.** *vt* ❶ (*preparar*) vorbereiten; (*habitación*) herrichten ❷ (*telas*) appretieren **II.** *vr:* ~ **se** sich vorbereiten (*para* auf/für +*akk*)

apresurado, **-a** [apresu'raðo, -a] *adj* ❶ (*con prisa*) eilig; **con paso** ~ eiligen Schrittes ❷ (*con excesiva prisa*) übereilt

apresuramiento [apresura'mjento] *m* ❶ (*rapidez*) Schnelligkeit *f* ❷ (*acción*)

Beschleunigung *f*

apresurar [apresu'rar] **I.** *vt* ❶ (*dar prisa*) drängen ❷ (*acelerar*) beschleunigen; ~ **el paso** das Tempo beschleunigen; ~ **la salida del viaje** übereilt abreisen **II.** *vr:* ~ **se** sich beeilen; ¡**no te apresures!** lass dir nur Zeit!

apretado, -a [apre'taðo, -a] *adj* ❶ (*oprimido*) dicht ❷ (*tapón, tornillo*) fest sitzend; (*vestido*) eng; (*cinta, cuerda*) straff ❸ (*personas*) dicht gedrängt ❹ (*loc*): **un caso** ~ ein heikler Fall; **verse** [*o* **estar**] **muy** ~ in großer Bedrängnis sein; **estar** ~ **de dinero** schlecht bei Kasse sein; **estar** ~ **de tiempo** keine Zeit haben

apretar [apre'tar] <e→ie> **I.** *vi* ❶ (*calor*) drückender werden; (*dolor*) schlimmer werden; (*lluvia*) heftiger werden ❷ (*vestido*) eng sitzen; **la americana me aprieta por detrás** die Jacke spannt am Rücken ❸ (*deudas, problemas*) schwer lasten (*a* auf +*dat*) ❹ (*loc*): **tenemos que** ~ **si queremos aprobar** wenn wir durchkommen wollen, müssen wir uns mehr Mühe geben; **si aprietas un poco puedes ganar el partido** wenn du noch ein bisschen an Tempo zulegst, kannst du das Spiel gewinnen; **este profesor aprieta mucho en los exámenes** dieser Lehrer stellt sehr schwierige Prüfungen **II.** *vt* ❶ (*hacer presión*) drücken; ~ **un botón/ el timbre** auf einen Knopf/die Klingel drücken; ~ **algo contra el pecho** etw an die Brust drücken; ~ **el tubo de la pasta de dientes** die Zahnpastatube ausdrücken; ~ **el acelerador** das Gaspedal durchtreten; ~ **la ropa en la maleta** die Kleider in den Koffer stopfen ❷ (*acosar*) bedrängen ❸ (*loc*): ~ **las cuerdas de la guitarra** die Gitarrensaiten spannen; ~ **los dientes** die Zähne zusammenbeißen; ~ **filas** zusammenrücken; ~ **la goma del pantalón** das Gummiband der Hose straffen; ~ **las letras** enger schreiben; ~ **las manos** die Hände zusammenpressen; ~ **el paso** den Schritt beschleunigen; ~ **el puño** die Faust ballen; ~ **un nudo/un tornillo** einen Knoten/eine Schraube fester anziehen **III.** *vr:* ~ **se** ❶ (*estrecharse*) enger werden ❷ (*agolparse*) sich drängen ❸ (*ceñirse*): ~ **se el cinturón** den Gürtel enger schnallen

apretón [apre'ton] *m* ❶ (*presión*) Druck *m* ❷ (*sprint*) Spurt *m* ❸ (*aprieto*) Bedrängnis *f* ❹ (*apretura*) Gedränge *nt*

apretujar [apretu'xar] **I.** *vt* (*fam*) zerknautschen **II.** *vr:* ~ **se** drängeln

apretura [apre'tura] *f* ❶ (*de gente*) Ge-

dränge *nt* ❷ (*escasez*) Not *f* ❸ (*aprieto*) Bedrängnis *f*

aprieto [a'prjeto] *m* Bedrängnis *f;* ~ **económico** finanzieller Engpass; **estar en un** ~ in der Klemme sein; **poner en un** ~ **con una pregunta** mit einer Frage in Verlegenheit bringen; **sacar a alguien de un** ~ jdm aus der Klemme helfen

a priori [a pri'ori] *adv* von vorn(e)herein

apriorismo [aprjo'rismo] *m sin pl* (FILOS) Apriorismus *m*

aprisa [a'prisa] *adv* schnell

aprisionar [aprisjo'nar] *vt* ❶ (*poner en prisión*) einsperren ❷ (*sujetar con cadenas*) in Ketten legen ❸ (*atar*) festbinden ❹ (*inmovilizar*) festhalten; (*pillar*) einklemmen; **quedarse aprisionado en el barro** im Lehm festsitzen

aprobación [aproβa'θjon] *f* (*de una decisión*) Billigung *f;* (*de un proyecto*) Genehmigung *f;* (*de una moción*) Annahme *f;* (*de una ley*) Verabschiedung *f;* **murmullo de** ~ beifälliges Gemurmel; **encontrar la** ~ **de alguien** jds Zustimmung finden

aprobado [apro'βaðo] *m* (ENS): **he sacado un** ~ **en mates** ich habe die Matheprüfung bestanden

aprobar [apro'βar] <o→ue> **I.** *vt* ❶ (*decisión, propuesta*) billigen, gutheißen; (*proyecto*) genehmigen; (*moción*) annehmen; (*ley*) verabschieden; ~ **las condiciones** mit den Bedingungen einverstanden sein; **la censura no aprobaba muchas películas** die Zensur gab viele Filme nicht frei; **la solicitud fue aprobada** der Antrag wurde genehmigt ❷ (*examen*) bestehen ❸ (*a un alumno*) bestehen lassen **II.** *vi* (ENS) bestehen

apropiación [apropja'θjon] *f* ❶ (*adaptación*) Anpassung *f* ❷ (*aplicación adecuada*) angemessene Verwendung *f* ❸ (*apoderamiento*) Aneignung *f;* ~ **indebida** Unterschlagung *f*

apropiado, -a [apro'pjaðo, -a] *adj* ❶ (*adecuado*) geeignet (*a/para* für +*akk*) ❷ (*oportuno*) angebracht; (*precio*) angemessen

apropiar [apro'pjar] **I.** *vt* ❶ (*adaptar*) anpassen (*a* +*dat*) ❷ (*Am: premio*) verleihen; (*encargo, beca*) vergeben **II.** *vr:* ~ **se** sich *dat* aneignen (*de* +*akk*)

aprovechable [aproβe'tʃaβle] *adj* (*material*) brauchbar; (*residuos*) verwertbar

aprovechado, -a [aproβe'tʃaðo, -a] *adj* ❶ (*alumno*) strebsam ❷ (*trabajador*) tüchtig ❸ (*calculador*) berechnend

aprovechamiento [aproβetʃa'mjento] *m* Nutzung *f;* (*de una idea/residuos*) Verwertung *f;* ~ **del espacio** Platzausnutzung *f;* ~ **del tiempo libre** Freizeitgestaltung *f*

aprovechar [aproβe'tʃar] **I.** *vi* ❶ (*valer*) von Nutzen sein ❷ (*sentar bien*) gut bekommen; **¡que aproveche!** guten Appetit! ❸ (*progresar*): **mi hijo no aprovecha en los estudios** mein Sohn kommt mit dem Studium nicht voran **II.** *vt* nutzen; (*abusar*) ausnutzen; ~ **una idea** einen Einfall verwerten; ~ **un invento** sich *dat* eine Erfindung zunutze machen; ~ **el máximo de algo** den größtmöglichen Nutzen aus etw *dat* ziehen **III.** *vr:* ~ **se** ❶ (*sacar provecho*) profitieren (*de* von +*dat*); **ellos hacen el trabajo sucio y luego los otros se aprovechan** sie machen die schmutzige Arbeit und die anderen profitieren dann davon ❷ (*abusar*) ausnutzen (*de* +*akk*); (*explotar*) ausbeuten (*de* +*akk*); ~ **se de una mujer** eine Frau missbrauchen

aprovisionamiento [aproβisjona'mjento] *m* Versorgung *f*

aprovisionar [aproβisjo'nar] *vt* versorgen (*de/con* mit +*dat*)

aproximación [aproˠsima'θjon] *f* ❶ (*acercamiento*) Annäherung *f* (*a* an +*akk*) ❷ (*en una lotería*) Trostpreis *m*

aproximado, -a [aproˠsi'maðo, -a] *adj* ungefähr

aproximar [aproˠsi'mar] **I.** *vt* heranrücken; **aproxima la silla a la mesa** rück den Stuhl an den Tisch (heran); ~ **opiniones** Meinungen einander annähern **II.** *vr:* ~ **se** näher kommen; (*a un punto*) sich nähern (*a* +*dat*); ~ **se con la silla a la ventana** mit dem Stuhl näher an das Fenster rücken; ~ **se a los 50** auf die 50 zugehen; **se aproxima a la realidad** das kommt der Wirklichkeit sehr nahe; **se aproxima agosto** der August naht; **las tropas se aproximan** die Truppen rücken näher

aproximativo, -a [aproˠsima'tiβo, -a] *adj* approximativ; **valor** ~ Annäherungswert *m*

aptitud [apti'tuð] *f* Eignung *f* (*para* für +*akk, para* zu +*dat*); ~ **para el servicio militar** Wehrdiensttauglichkeit *f;* **tener** ~ **es físicas para la natación** für den Schwimmsport alle körperlichen Voraussetzungen mitbringen

apto, -a ['apto, -a] *adj* geeignet (*para* für +*akk, para* zu +*dat*); ~ **para el servicio militar** wehrdiensttauglich; **la película no es apta para menores** der Film ist nicht jugendfrei

apuesta [a'pwesta] *f* ❶ (*juego*) Wette *f;* **corredor de** ~ **s** Buchmacher *m* ❷ (*canti-*

dad) Einsatz *m*

apuesto, -a [a'pwesto, -a] *adj* gut aussehend

apuntador(a) [apunta'ðor(a)] *m(f)* (TEAT) Souffleur *m,* Souffleuse *f;* **en esta película no se salva ni el** ~ in diesem Film bleibt keiner verschont

apuntalamiento [apuntala'mjento] *m* (ARQUIT) (Ab)stützen *nt*

apuntalar [apunta'lar] *vt* abstützen

apuntar [apun'tar] **I.** *vi* sich zeigen; (*día*) anbrechen; (*barba, trigo*) sprießen; (*estación*) beginnen; **apunta la primavera** es wird Frühling; **la recuperación económica empieza a** ~ es deutet sich eine Wiederbelebung der Wirtschaft an **II.** *vt* ❶ (*con un arma*) zielen (*a* auf +*akk*); **¡apunten!** legt an! ❷ (*con el dedo*) zeigen (*a* auf +*akk*) ❸ (*anotar*) notieren ❹ (*inscribir*) anmelden (*en* in +*dat*); (*en una lista*) eintragen (*en* in +*akk*) ❺ (*naipes*) setzen (*a* auf +*akk*) ❻ (*tela*) (an)heften ❼ (*dictar*) vorsagen; (TEAT) soufflieren ❽ (*insinuar*) andeuten; ~ **algo y no dar** etw versprechen und nicht halten ❾ (*indicar*) hinweisen (*a* auf +*akk*); ~ **a que...** darauf hinweisen, dass ...; **todo apunta en esta dirección** alles weist in diese Richtung **III.** *vr:* ~ **se** ❶ (*inscribirse*) sich anmelden (*a* +*dat*); (*en una lista*) sich eintragen (*en* in +*akk*); (*a un club*) beitreten (*a* +*dat*) ❷ (*el vino*) einen Stich bekommen ❸ (*éxito, tanto*) verbuchen ❹ (*victoria*) erringen ❺ (*fam: emborracharse*) sich *dat* einen ansäuseln

apunte [a'punte] *m* ❶ (*escrito*) Notiz *f;* **tomar** ~ **s** mitschreiben; **¿me dejas los** ~ **s de mates?** kannst du mir die Matheunterlagen leihen? ❷ (*bosquejo*) Skizze *f* ❸ (FIN) Buchung *f*

apuñalar [apuɲa'lar] *vt* erstechen

apuradamente [apuraða'mente] *adv* ❶ (*exactamente*) genau ❷ (*con dificultad*) mit Mühe

apurado, -a [apu'raðo, -a] *adj* ❶ (*agotado*) erschöpft; ~ **de dinero** knapp bei Kasse ❷ (*con esmero*) sorgfältig ❸ (*dificultoso*) schwierig; **verse** ~ in der Klemme sitzen ❹ (*Am: apresurado*) eilig; **estar** ~ es eilig haben; **hacer un trabajo a las apuradas** eine Arbeit stümperhaft ausführen

apurar [apu'rar] **I.** *vt* ❶ (*investigación*) genau untersuchen ❷ (*vaso*) austrinken; (*plato*) leer essen ❸ (*paciencia, reservas*) erschöpfen; ~ **todos los medios** nichts unversucht lassen ❹ (*angustiar*) quälen; (*atosigar*) plagen; **¡no me apures, mi paciencia tiene un límite!** treib es nicht auf die Spitze, meine Geduld hat bald ein Ende!; **ya vendrás cuando te apure el hambre** du wirst schon kommen, wenn du hungrig bist ❺ (*con alabanzas*) verlegen machen; **me apura decirle que no tengo dinero** es ist mir peinlich ihm/ihr zu sagen, dass ich kein Geld habe ❻ (*Am: dar prisa*) drängen **II.** *vr:* ~**se** ❶ (*preocuparse*) sich *dat* Sorgen machen; **¡no te apures por eso!** mach dir deswegen keine Sorgen! ❷ (*Am: darse prisa*) sich beeilen; **¡no te apures!** es eilt nicht!

apuro [a'puro] *m* ❶ (*aprieto*) Bedrängnis *f*; (*dificultad*) Schwierigkeit *f*; **estar en un** ~ in der Patsche sitzen; **sacar a alguien de un** ~ jdm aus der Patsche helfen; **poner en** ~ in Verlegenheit bringen ❷ (*estrechez*) finanzielle Notlage *f*; **sufrir grandes** ~**s** große Not leiden ❸ (*vergüenza*) Scham *f*; **me da** ~ **pedirle el dinero** es ist mir peinlich ihn/sie um das Geld zu bitten ❹ (*Am: prisa*) Eile *f*

aquárium [a'kwariun] <aquáriums> *m* ❶ Aquarium *nt*

aquejar [ake'xar] *vt* ❶ (*afligir*) bekümmern ❷ (*enfermedad*) quälen; **le aqueja una enfermedad grave** er/sie leidet an einer schweren Krankheit

aquel[1] [a'kel] *m:* **tener un** ~ das gewisse Etwas haben

aquel, -ella[2] [a'kel, -eʎa] **I.** *adj* <aquellos, -as> diese(r, s); (*que vemos allí*) der/die/das dort; **aquella casa es nuestra** das Haus dort gehört uns; **¿qué fue del hombre** ~**?** was ist aus diesem Mann geworden?; **¿estabais de acuerdo en** ~ **punto?** wart ihr euch in dem Punkt einig?; **en aquellos tiempos** zu jener Zeit **II.** *pron dem v.* **aquél, aquélla, aquello**

aquél, aquélla, aquello [a'kel, a'keʎa, a'keʎo] *pron dem* <aquéllos, -as> diese(r, s); (*que vemos allí*) der/die/das dort; ~ **me gusta, éste no** der dort gefällt mir, dieser hier nicht; **¿qué es aquello?** was ist das (dort)?; **como decía** ~ wie jener sagte; **sólo pueden participar aquéllos que sepan inglés** nur diejenigen, die Englisch können, dürfen daran teilnehmen; **esta teoría se diferencia de aquélla** diese Theorie unterscheidet sich von jener; ~ **que colabore recibirá un premio** jeder, der mitmacht, bekommt eine Belohnung; **oye, ¿qué hay de aquello?** und, wie steht's damit?

aquella(s) [a'keʎa(s)] *adj o pron dem v.* **aquel**[2]

aquélla(s) [a'keʎa(s)] *pron dem v.* **aquél**

aquello(s) [a'keʎo(s)] *adj o pron dem*

v. **aquel**[2]

aquí [a'ki] *adv* ❶ (*de lugar*) hier; (*con movimiento*) hierher; (**por**) ~ **cerca** hier in der Nähe; ~ **dentro** darin; **éste de** ~ der hier; **¡ah,** ~ **estás!** da bist du ja!; **andar de** ~ **para allá** hin und her laufen; **mira** ~ **dentro** schau hier rein; **de** ~ **hasta allí hay 10 minutos a pie** bis dahin sind es 10 Minuten zu Fuß; **mejor ir por** ~ besser hier entlang ❷ (*de tiempo*): **de** ~ **en adelante** von nun an; **de** ~ **a una semana** heute in einer Woche; **hasta** ~ bis jetzt

aquietar [akje'tar] **I.** *vt* ❶ (*apaciguar*) beruhigen ❷ (*aliviar*) lindern **II.** *vr:* ~**se** sich beruhigen; ~**se con una explicación** sich mit einer Erklärung zufrieden geben

Aquisgrán [akis'ɣran] *m* Aachen *nt*

ara[1] ['ara] *f* ❶ (*altar*) Altar *m* ❷ (*loc*): **acogerse a las** ~**s de alguien** bei jdm Zuflucht suchen; **en** ~**s de la paz** um des Friedens willen; **dar la vida por** ~**s de una idea** das Leben für eine Idee opfern

ara[2] ['ara] *m* (*Am*) Papagei *m*

árabe ['araβe] **I.** *adj* arabisch **II.** *mf* Araber(in) *m(f)*

Arabia [a'raβja] *f* Arabien *nt;* ~ **Saudita** Saudiarabien *nt*

arábigo, -a [a'raβiɣo, -a] *adj* arabisch

arácnidos [a'raɣniðos] *mpl* (ZOOL) Spinnentiere *ntpl*

arado [a'raðo] *m* Pflug *m*

Aragón [ara'ɣon] *m* Aragonien *nt*

aragonés, -esa [araɣo'nes, -esa] **I.** *adj* aragonisch **II.** *m, f* Aragonier(in) *m(f)*

arancel [aran'θel] *m* Tarif *m*

arancelario, -a [aranθe'larjo, -a] *adj* Zoll-

arándano [a'randano] *m* Heidelbeere *f*

araña [a'raɲa] *f* ❶ (ZOOL) Spinne *f*; **tela de** ~ Spinnennetz *nt* ❷ (*candelabro*) Kronleuchter *m*

arañar [ara'ɲar] **I.** *vt* ❶ (*rasguñar*) kratzen; (*dañar*) zerkratzen; **el gato está arañando el sillón** die Katze kratzt am Sessel ❷ (*fam: reunir*) zusammenkratzen; **con un poco de suerte** ~ **é un aprobado** mit ein bisschen Glück komme ich bei der Prüfung durch ❸ (*loc*): ~ **la guitarra** Gitarre spielen **II.** *vi* kratzen **III.** *vr:* ~**se** sich *dat* zerkratzen

arañazo [ara'ɲaθo] *m* Kratzer *m;* **dar un** ~ **a alguien** jdn kratzen; **defenderse a** ~ **limpio** sich hartnäckig verteidigen

arar [a'rar] *vt* pflügen

arbitraje [arβi'traxe] *m* ❶ (*juicio*) Schiedsspruch *m* ❷ (*de una disputa*) Schlichtung *f*

arbitral [arβi'tral] *adj* schiedsrichterlich; **jurisdicción** ~ Schiedsgerichtbarkeit *f*

arbitrar [arβi'trar] **I.** *vt* ❶ (*disputa*) schlichten ❷ (*medios, recursos*) aufbringen ❸ (DEP) pfeifen **II.** *vi* (JUR) einen Schiedsspruch fällen

arbitrariedad [arβitrarjeˈðaᵈ] *f* ❶ (*cualidad*) Willkür *f* ❷ (*acción*) Willkürmaßnahme *f*

arbitrario, -a [arβiˈtrarjo, -a] *adj* ❶ (*inconsistente*) beliebig ❷ (*voluble*) willkürlich

arbitrio [arˈβitrjo] *m* ❶ (*decisión de un juez*) Schiedsspruch *m* ❷ (*voluntad*) Ermessen *nt;* **estar al ~ de alguien** in jds Ermessen liegen; **dejar al ~ de alguien** in jds Ermessen stellen ❸ (*salida*) Ausweg *m* ❹ *pl* (*impuesto*): **~s municipales** Gemeindesteuer *f*

árbitro, -a [ˈarβitro, -a] *m, f* ❶ (*mediador*) Schlichter(in) *m(f)* ❷ (JUR, DEP) Schiedsrichter(in) *m(f);* (*boxeo*) Ringrichter(in) *m(f);* (*judo, wrestling*) Kampfrichter(in) *m(f)*

árbol [ˈarβol] *m* ❶ (BOT) Baum *m;* **~ de Navidad** Weihnachtsbaum *m;* **los ~es no le dejan ver el bosque** er/sie sieht den Wald vor lauter Bäumen nicht; **del ~ caído todos hacen leña** (*prov*) wenn der Baum fällt, bricht jedermann Holz ❷ (TÉC: *eje*) Welle *f* ❸ (NÁUT) Mast *m* ❹ (*loc*): **~ de la ciencia** Baum der Erkenntnis; **~ genealógico** Stammbaum *m*

arbolado [arβoˈlaðo] *m*, **arboleda** [arβoˈleða] *f* Baumgruppe *f*

arbóreo, -a [arˈβoreo, -a] *adj* ❶ (*relativo al árbol*) Baum-; **masa arbórea** Baumbestand *m* ❷ (*parecido*) baumähnlich

arboricultura [arβorikulˈtura] *f* Baumzucht *f*

arbusto [arˈbusto] *m* Strauch *m*

arca [ˈarka] *f* ❶ Truhe *f;* (*para dinero*) Tresor *m;* **~ de la alianza** (REL) Bundeslade *f;* **las ~s del estado** die Staatskasse; **~ de Noé** Arche Noah; **~ del pan** (*fam*) Bauch *m;* **ser un ~ cerrada** (*fig*) sehr verschlossen sein

arcada [arˈkaða] *f* ❶ (ARQUIT) Arkade *f* ❷ (*basca*) Brechreiz *m*

arcaico, -a [arˈkaiko, -a] *adj* (*anticuado*) veraltet

arcaísmo [arkaˈismo] *m* (LING, ARTE) Archaismus *m*

arcángel [arˈkaŋxel] *m* Erzengel *m*

arcano[1] [arˈkano] *m* Geheimnis *nt*

arcano, -a[2] [arˈkano, -a] *adj* geheim

arce [ˈarθe] *m* Ahorn *m*

arcén [arˈθen] *m* Rand *m;* (*de carretera*) Randstreifen *m*

archiconocido, -a [artʃikonoˈθiðo, -a] *adj* (*fam*) überall bekannt

archimillonario, -a [artʃimiʎoˈnarjo, -a] *m,*

f Multimillionär(in) *m(f)*

archipiélago [artʃiˈpjelaɣo] *m* Archipel *m;* **el ~ canario** die Kanarischen Inseln

archisabido, -a [artʃisaˈβiðo, -a] *adj* (*fam*) äußerst bekannt; **esto está ya ~** wir können es schon nicht mehr hören

archivador [artʃiβaˈðor] *m* ❶ (*mueble*) Aktenschrank *m* ❷ (*carpeta*) (Akten)ordner *m;* **~ de correspondencia** Briefordner *m*

archivar [artʃiˈβar] *vt* (*documentos*) ablegen; (*en una carpeta*) abheften; (INFOR) speichern; (*un asunto*) zu den Akten legen

archivero, -a [artʃiˈβero, -a] *m, f* ❶ (*de archivo histórico*) Archivar(in) *m(f)* ❷ (*de oficina*) Angestellte(r) *mf* in der Registratur

archivo [arˈtʃiβo] *m* ❶ (*documentos, lugar*) Archiv *nt;* **~ fotográfico** Bildarchiv *nt;* **constar en los ~s** aktenkundig sein ❷ (INFOR) Datei *f;* **~ de comando** Befehlsdatei *f* ❸ (*Col: oficina*) Büro *nt*

arcilla [arˈθiʎa] *f* Ton *m*

arcilloso, -a [arθiˈʎoso, -a] *adj* ❶ (*con arcilla*) tonhaltig ❷ (*parecido*) tonartig

arco [ˈarko] *m* ❶ (*arma, t.* ARQUIT, ELEC) Bogen *m;* **~ de medio punto** Rundbogen *m;* **~ parlamentario** Parteienspektrum *nt;* **~ voltaico** Lichtbogen *m* ❷ (MAT) Kreisbogen *m* ❸ (MÚS) (Geigen)bogen *m* ❹ (*de una cuba*) Fassreif(en) *m* ❺ (METEO): **~ iris** Regenbogen *m* ❻ (TÉC): **~ segueta** Laubsäge *f*

arcón [arˈkon] *m* große Truhe *f*

arder [arˈðer] *vi* brennen; **~ con fuerza** lodern; **~ sin llama** glimmen; **~ por los cuatro costados** lichterloh brennen; **~ de fiebre** ganz heiß sein; **~ de amor/pasión** von Liebe/Leidenschaft entbrannt sein; **~ de odio** von Hass erfüllt sein; **~ de rabia** vor Wut rasen; **ardo en deseos de conocerte** ich brenne darauf, dich kennen zu lernen; **Valencia arde en fiestas** in Valencia herrscht festlicher Trubel; **el país arde en guerra** der Krieg wütet im Land; **la sesión parlamentaria está que arde** auf dieser Parlamentssitzung geht es heiß her; **estoy que ardo** (*enfadado*) ich bin wütend

ardid [arˈðiᵈ] *m* List *f*

ardiente [arˈðjente] *adj* ❶ (*sed*) brennend ❷ (*pasión, deseo, fiebre*) glühend ❸ (*persona*) leidenschaftlich ❹ (*rosa*) feuerrot

ardilla [arˈðiʎa] *f* Eichhörnchen *nt*

ardor [arˈðor] *m* Hitze *f;* **~ de estómago** Sodbrennen; **el ~ de su mirada** die Glut seines/ihres Blickes; **en el ~ del combate** in der Hitze des Gefechts

ardoroso, -a [arðo'roso, -a] *adj* ❶(*caliente*) heiß; (*calor*) sengend ❷(*apasionado*) leidenschaftlich; (*agitado*) hitzig

arduo, -a ['arðwo, -a] *adj* mühsam; (*vida*) mühselig

área ['area] *f* ❶(*superficie, extensión*) Fläche *f* ❷(*terreno*) Gelände *nt;* ~ **de descanso** (AUTO) Rastplatz *m* ❸(*zona*) Gebiet *nt;* ~ **de castigo** (DEP) Strafraum *m;* ~ **metropolitana** Großstadtgebiet *nt;* ~ **de no fumar** Nichtraucherzone *f* ❹(*ámbito*) Bereich *m* ❺(*100 metros²*) Ar *m o nt*

arena [a'rena] *f* ❶(*material*) Sand *m;* ~**s movedizas** Treibsand *m;* **edificar sobre** ~ (*fig*) auf Sand bauen; **sembrar en** ~ (*fig*) Holz in den Wald tragen ❷(*lugar*) Arena *f*

arenal [are'nal] *m* Sandfläche *f*

arenga [a'reŋga] *f* ❶(*discurso*) Ansprache *f* ❷(*fam: discurso tedioso*) Tirade *f*

arengar [areŋ'gar] <g→gu> *vt* durch eine Rede mitreißen

arenoso, -a [are'noso, -a] *adj* ❶(*con arena*) sandig ❷(*parecido*) sandartig

arenque [a'reŋke] *m* Hering *m*

arete [a'rete] *m* Ohrring *m*

argamasa [arɣa'masa] *f* Mörtel *m*

Argel [ar'xel] *m* Algier *nt*

Argelia [ar'xelja] *f* Algerien *nt*

argelino, -a [arxe'lino, -a] **I.** *adj* algerisch **II.** *m, f* Algerier(in) *m(f)*

Argentina [arxen'tina] *f* Argentinien *nt*

argentino, -a [arxen'tino, -a] **I.** *adj* argentinisch **II.** *m, f* Argentinier(in) *m(f)*

argolla [ar'ɣoʎa] *f* Ring *m*

argot [ar'ɣo'] <argots> *m* Jargon *m*

argucia [ar'ɣuθja] *f* Spitzfindigkeit *f*

argüir [arɣu'ir] *irr como huir* **I.** *vt* ❶(*deducir*) schließen (*de* aus +*dat*) ❷(*probar*) erkennen lassen ❸(*echar en cara*) vorwerfen ❹(*alegar*) anführen (*como* als +*akk*) **II.** *vi* argumentieren

argumentación [arɣumenta'θjon] *f* Argumentation *f*

argumental [arɣumen'tal] *adj* Argumenta-

tions-; **la trama** ~ die Handlung

argumentar [arɣumen'tar] **I.** *vt* ❶(*deducir*) schließen ❷(*defender*) begründen **II.** *vi* argumentieren

argumentativo, -a [arɣumenta'tiβo, -a] *adj* argumentativ

argumento [arɣu'mento] *m* ❶(*razonamiento*) Argument *nt;* **los** ~**s en pro y en contra de una teoría** die Argumente für und gegen eine Theorie ❷(LIT, CINE, TEAT) Handlung *f* ❸(*Am: discusión*) Diskussion *f* ❹(*Am: alegato*) Auseinandersetzung *f*

aria ['arja] *f* Arie *f*

aridez [ari'ðeθ] *f* Trockenheit *f*

árido, -a ['ariðo, -a] *adj* trocken; (*terreno*) karg

Aries ['arjes] *m* Widder *m*

ariete [a'rjete] *m* (DEP) Mittelstürmer(in) *m(f)*

ario, -a ['arjo, -a] **I.** *adj* arisch **II.** *m, f* Arier(in) *m(f)*

arisco, -a [a'risko, -a] *adj* widerspenstig

arista [a'rista] *f* ❶(*de los cereales*) Granne *f* ❷(*borde*) Kante *f* ❸(ARQUIT: *línea*) Grat *m* ❹(MAT) Schnittlinie *f*

aristocracia [aristo'kraθja] *f* Aristokratie *f*

aristócrata [aris'tokrata] *mf* Aristokrat(in) *m(f)*

aristocrático, -a [aristo'kratiko, -a] *adj* aristokratisch

aristocratizar [aristokrati'θar] <z→c> **I.** *vt* adeln; **lo** ~**on esos amigos tan finos** es adelte ihn, diese vornehmen Freunde zu haben **II.** *vr:* ~**se** geadelt werden

aritmética [ariθ'metika] *f* Arithmetik *f*

aritmético, -a [ariθ'metiko, -a] *adj* arithmetisch

arlequín [arle'kin] *m* ❶(*de la comedia*) Harlekin *m* ❷(*ridículo*) Hanswurst *m*

arma ['arma] *f* ❶(*instrumento*) Waffe *f;* ~ **blanca** Stichwaffe *f;* ~ **de fuego** Schusswaffe *f;* ~ **homicida** Tatwaffe *f;* ~ **de reglamento** Dienstwaffe *f;* **¡apunten** ~**s!** legt an!; **¡descansen** ~**s!** Gewehr ab!; **llegar a las** ~**s** handgreiflich werden; **pasar por las** ~**s** standrechtlich erschießen; **rendir las** ~**s** die Waffen niederlegen; **tomar las** ~**s** zu den Waffen greifen ❷(*sección del ejército*) Truppengattung *f* ❸*pl* (*blasón*) Wappen *nt* ❹*pl* (*fuerzas armadas*) Streitkräfte *fpl* ❺(*loc*): **un hombre de** ~**s tomar** ein streitbarer Mann; **mi novio es de** ~**s tomar** mein Freund lässt sich *dat* nichts gefallen

armada [ar'maða] *f* ❶(*fuerzas navales*) Kriegsmarine *f* ❷(*escuadra*) Kriegsflotte *f;* (HIST) Armada *f*

armadillo [arma'ðiʎo] *m* Gürteltier *nt*

armado, -a [ar'maðo, -a] *adj* ➊ (*provisto de*) ausgestattet (*de* mit *+dat*) ➋ (*loc*): **hormigón** ~ armierter Beton

armador(a) [arma'ðor(a)] *m(f)* Reeder(in) *m(f)*

armadura [arma'ðura] *f* ➊ (*de caballero*) (Ritter)rüstung *f* ➋ (*de un objeto*) Gestell *nt* ➌ (*de una casa*) (Grund)gerippe *nt;* (*de un tejado*) Dachstuhl *m* ➍ (*de máquinas*) Armatur *f*

armamentismo [armameṇ'tismo] *m* Aufrüstung *f*

armamentista [armameṇ'tista] *adj* Rüstungs-; **carrera** ~ Wettrüsten *nt*

armamento [arma'meṇto] *m* ➊ (*de una persona*) Bewaffnung *f;* (*de un país*) Aufrüstung *f* ➋ (*armas, equipo*) Ausrüstung *f*

armar [ar'mar] **I.** *vt* ➊ (*proveer de armas*) bewaffnen ➋ (*embarcación*) ausrüsten ➌ (*cama*) aufstellen; (*tienda de campaña*) aufschlagen ➍ (*fam: jaleo, pelea*) anzetteln; ~ **la** (*fig*) Krach schlagen **II.** *vr:* ~ **caballero** zum Ritter schlagen **II.** *vr:* ~ ➊ (*con armas*) sich bewaffnen ➋ (*de paciencia/valor*) sich wappnen (*de* mit *+dat*) ➌ (*loc*): **se va a ~ la gorda** (*fam*) es wird einen Riesenkrach geben

armario [ar'marjo] *m* Schrank *m;* ~ **empotrado** Einbauschrank *m;* ~ **ropero** Kleiderschrank *m*

armatoste [arma'toste] *m* Trödel *m*

armazón [arma'θon] *m o f* ➊ (*armadura*) Gestell *nt* ➋ (*esqueleto*) Skelett *nt*

Armenia [ar'menja] *f* Armenien *nt*

armenio, -a [ar'menjo, -a] **I.** *adj* armenisch **II.** *m, f* Armenier(in) *m(f)*

armería [arme'ria] *f* ➊ (*tienda*) Waffenladen *m* ➋ (*museo*) Waffenmuseum *nt* ➌ (*arte*) Waffenschmiedekunst *f*

armero [ar'mero] *m* ➊ (*fabricante*) Waffenhersteller *m* ➋ (*vendedor*) Waffenhändler *m*

armiño [ar'miɲo] *m* ➊ (ZOOL) Hermelin *nt* ➋ (*piel*) Hermelinpelz *m*

armisticio [armis'tiθjo] *m* Waffenstillstand *m*

armonía [armo'nia] *f* ➊ (*consonancia*) Harmonie *f* ➋ (*relación armoniosa*) Eintracht *f;* **falta de** ~ Missstimmung *f;* **su comportamiento no estuvo en ~ con la solemnidad del acto** sein/ihr Benehmen entsprach nicht der Feierlichkeit des Aktes

armónica [ar'monika] *f* Mundharmonika *f*

armónico, -a [ar'moniko, -a] *adj* harmonisch

armonio [ar'monjo] *m* Harmonium *nt*

armonioso, -a [armo'njoso, -a] *adj* harmonisch; (*sonido, lengua*) wohlklingend

armonización [armoniθa'θjon] *f* Harmonisierung *f;* ~ **fiscal** (FIN) Steuerharmonisierung *f*

armonizar [armoni'θar] <z→c> **I.** *vi* harmonieren; **estos dos objetos armonizan** diese zwei Gegenstände passen zusammen **II.** *vt* harmonisieren; ~ **colores** Farben aufeinander abstimmen; ~ **ideas** Ideen miteinander in Einklang bringen

árnica ['arnika] *f* Arnika *f;* (*tintura*) Arnikatinktur *f;* **pedir** ~ (*fig*) das Handtuch werfen

aro ['aro] *m* ➊ (*argolla*) Ring *m;* **le haré pasar por el** ~ (*fig*) ich werde ihn schon dazu bringen; **ahora tienes que pasar por el** ~ (*fig*) nun musst du es durchstehen ➋ (BOT) Aron(s)stab *m* ➌ (*CSur, PRico: arete*) Ohrring *m*

aroma [a'roma] *m* (*olor*) Duft *m;* (*sabor*) Aroma *nt*

aromático, -a [aro'matiko, -a] *adj* (*fragante*) duftend

aromatizar [aromati'θar] <z→c> *vt* ➊ (*dar aroma*) aromatisieren ➋ (GASTR) würzen

arpa ['arpa] *f* Harfe *f*

arpillera [arpi'ʎera] *f* Sackleinen *nt*

arpón [ar'pon] *m* (*de pesca*) Harpune *f*

arqueado, -a [arke'aðo, -a] *adj* krumm

arquear [arke'ar] **I.** *vt* ➊ (*doblar*) biegen; (*espalda*) krümmen; **el gato arqueó su lomo** die Katze machte einen Buckel ➋ (*cejas*) hochziehen ➌ (*techo*) wölben **II.** *vr:* ~ **se** sich biegen

arqueo [ar'keo] *m* (*curvatura*) Krümmung *f;* (*de un techo*) Wölbung *f*

arqueología [arkeolo'xia] *f* Archäologie *f*

arqueológico, -a [arkeo'loxiko, -a] *adj* archäologisch

arqueólogo, -a [arke'oloɣo, -a] *m, f* Archäologe, -in *m, f*

arquero, -a [ar'kero, -a] *m, f* ➊ (*con arco*) Bogenschütze, -in *m, f* ➋ (*portero*) Torwart, -frau *m, f*

arquetipo [arke'tipo] *m* Archetypus *m*

arquitecto, -a [arki'tekto, -a] *m, f* Architekt(in) *m(f);* ~ **interiorista** Innenarchitekt *m*

arquitectónico, -a [arkitek'toniko, -a] *adj* architektonisch

arquitectura [arkitek'tura] *f* Architektur *f*

arrabal [arra'βal] *m* Vorstadt *f*

arrabalero, -a [arraβa'lero, -a] **I.** *adj* ➊ (*de un arrabal*) vorstädtisch ➋ (*grosero*) ungehobelt **II.** *m, f* ➊ (*habitante*) Vorstädter(in) *m(f)* ➋ (*grosero*) Rohling *m*

arracimarse [arraθi'marse] *vr* sich drängen

arraigar [arrai̯'ɣar] <g→gu> **I.** *vi, vr:* ~ **se** (*echar raíces*) Wurzeln schlagen **II.** *vi* (*costumbre*) zur festen Gewohnheit werden (*en* bei +*dat*)

arraigo [a'rraiɣo] *m* Verwurzelung *f;* **tener ~** (*influencia*) einflussreich sein

arramblar [arram'blar] **I.** *vi* (*apoderarse*) an sich reißen (*con* +*akk*) **II.** *vt* ❶ (*río*) Sand ausspülen (*an* +*dat*) ❷ (*arrastrar*) mit sich *dat* reißen **III.** *vr:* ~ **se** versanden

arrancada [arraŋ'kaða] *f* ❶ (*de una máquina*) Starten *nt* ❷ (DEP) Reißen *nt*

arrancar [arraŋ'kar] <c→qu> **I.** *vi* ❶ (*vehículo*) starten ❷ (*embestir*) angreifen ❸ (*iniciar*) anfangen; ~ **a correr** zu laufen anfangen ❹ (*provenir*) ausgehen (*de* von +*dat*); (*comenzar*) beginnen (*de* in +*dat*) **II.** *vt* ❶ (*plantas*) (her)ausreißen; **el viento arrancó el árbol** der Wind entwurzelte den Baum ❷ (*pegatina, póster*) abreißen ❸ (*quitar con violencia*) entreißen; **le ~ on el arma** sie entrissen ihm/ihr die Waffe; **el ladrón le arrancó el bolso de la mano** der Dieb riss ihr die Handtasche aus der Hand; **la granada le arrancó un brazo** die Granate zerfetzte ihm/ihr einen Arm; **la corriente arrancó el puente** die Strömung riss die Brücke fort ❹ (*muela*) ziehen ❺ (AUTO) anlassen ❻ (*loc*): ~ **aplausos** Beifall auslösen; ~ **una promesa a alguien** jdm ein Versprechen abringen; ~ **un secreto** ein Geheimnis entlocken; ~ **una victoria** einen Sieg erzwingen

arranque [a'rraŋke] *m* ❶ (*energía*) Energie *f;* (*decisión*) Initiative *f;* **tomar** ~ Anlauf nehmen ❷ (*comienzo*) Beginn *m;* **punto de** ~ Ausgangspunkt *m* ❸ (*arrebato*) Anwandlung *f;* **no tengas esos ~s** reagier nicht so heftig ❹ (AUTO) Anlassen *nt;* **dispositivo de** ~ (**automático**) (elektrischer) Anlasser *m* ❺ (INFOR) Start *m*

arrasar [arra'sar] **I.** *vt* ❶ (*allanar*) einebnen ❷ (*edificios*) dem Erdboden gleichmachen; (*región*) verwüsten ❸ (*vaso*) bis zum Rand füllen **II.** *vi* (*cielo*) aufklaren **III.** *vr:* ~ **se** ❶ (*cielo*) aufklaren ❷ (*loc*): **se le ~ on los ojos de lágrimas** er/sie zerfloss in Tränen

arrastrado, -a [arras'traðo, -a] *adj:* **una vida arrastrada** ein Hundeleben

arrastrar [arras'trar] **I.** *vt* ❶ (*tirar*) ziehen (*de* aus +*dat*); (*algo pesado*) schleifen; (*remolcar*) schleppen; ~ **on la caja montaña arriba** sie zogen die Kiste den Berg hinauf; **el agua arrastra las piedras** das Wasser reißt die Steine mit; **el viento arrastra las hojas** der Wind fegt die Blätter weg; ~ **a alguien a hacer algo** jdn dazu verleiten etw zu tun; **le pude** ~ **al cine** ich konnte ihn mit ins Kino schleifen

❷ (*acarrear*) nach sich *dat* ziehen; **eso le arrastró dolores de cabeza** das verursachte ihm/ihr Kopfschmerzen ❸ (*arrebatar*) mitreißen **II.** *vi* (*cartas*) einen Trumpf ausspielen **III.** *vr:* ~ **se** kriechen

arrastre [a'rrastre] *m* (*de algo pesado*) Schleifen *nt;* (*remolque*) Fortschleppen *nt;* (GEO) Transport *m;* **estar para el** ~ (*fam: cosa*) kaputt sein; (*persona*) völlig erledigt sein

arre ['arre] *interj* hü

arrear [arre'ar] **I.** *vt* ❶ (*ganado*) antreiben ❷ (*golpe*) versetzen; (*bofetada*) verpassen **II.** *vi* sich beeilen; **¡arrea!** (*rápido*) Tempo!; (*atiza*) Donnerwetter!

arrebañaduras [arreβaɲa'ðuras] *fpl* Speisereste *mpl*

arrebañar [arreβa'ɲar] *vt* ❶ (*un plato*) leer essen ❷ (*objetos*) zusammenraffen

arrebatadamente [arreβataða'menṭe] *adv* ❶ (*precipitadamente*) überstürzt ❷ (*violentamente*) heftig ❸ (*loc*): **hablar** ~ (*apasionadamente*) voller Leidenschaft sprechen; (*rápidamente*) hastig sprechen

arrebatado, -a [arreβa'taðo, -a] *adj* ❶ (*alocado*) hastig ❷ (*irreflexivo*) unüberlegt ❸ (*impetuoso*) ungestüm ❹ (*irritado*) unbeherrscht; **con un rostro** ~ rot vor Zorn

arrebatador(a) [arreβata'ðor(a)] *adj* bezaubernd

arrebatar [arreβa'tar] **I.** *vt* ❶ (*arrancar*) entreißen; **el viento le arrebató el sombrero** der Wind riss seinen Hut fort; **fue arrebatado por la corriente** die Strömung trieb ihn ab; ~ **la vida a alguien** jdn umbringen; ~ **la victoria** den Sieg erringen ❷ (*extasiar*) hinreißen ❸ (*conmover*) mitreißen **II.** *vr:* ~ **se** (*enfurecerse*) wütend werden (*por* auf/über +*akk*)

arrebato [arre'βato] *m* ❶ (*arranque*) Anfall *m;* ~ **de cólera** Zornausbruch *m* ❷ (*éxtasis*) Ekstase *f*

arrechucho [arre'tʃutʃo] *m* (*fam*) ❶ (*de mal humor*) Rappel *m* ❷ (*de salud*) Unpässlichkeit *f*

arreciar [arre'θjar] *vi* ❶ (METEO) stärker werden ❷ (*críticas*) schärfer werden

arrecife [arre'θife] *m* Riff *nt*

arredrar [arre'ðrar] **I.** *vt* ❶ (*retraer*) zurückschrecken lassen ❷ (*asustar*) erschrecken **II.** *vr:* ~ **se** ❶ (*echarse atrás*) zurückschrecken (*ante* vor +*dat*); ~ **se ante alguien** vor jdm zurückweichen ❷ (*asustarse*) den Mut verlieren; **sin** ~ **se** beherzt

arreglado, -a [arre'ɣlaðo, -a] *adj* ❶ (*ordenado*) ordentlich ❷ (*cuidado*) gepflegt

❸ (*moderado*) mäßig; (*precio*) erschwinglich ❹ (*loc*): **¡estamos ~s!** jetzt sitzen wir ganz schön in der Tinte!

arreglar [arre'γlar] **I.** *vt* ❶ (*ordenar*) in Ordnung bringen; **~ la habitación para los invitados** das Zimmer für die Gäste herrichten; **~ la** (**desordenada**) **habitación** das Zimmer aufräumen ❷ (*acicalar*): **~ una mesa con flores** einen Tisch mit Blumen schmücken; **~ a los niños para salir** die Kinder zum Weggehen fertigmachen; **¡ya te ~é yo!** (*fig*) wenn ich dich erwische! ❸ (*acordar*) vereinbaren; **~ las cuentas con alguien** mit jdm abrechnen ❹ (*reparar*) reparieren; (*ropa, zapatos*) flicken; **esta sopa te ~á el estómago** diese Suppe wird deinem Magen gut tun ❺ (*aliñar*) anmachen; (*condimentar*) würzen ❻ (MÚS) arrangieren ❼ (*loc*): **estás arreglado si crees que te ayudaré** wenn du glaubst, dass ich dir helfe, irrst du dich **II.** *vr:* **~se** ❶ (*vestirse, peinarse*) sich zurechtmachen ❷ (*componérsela*): **no sé cómo te las arreglas** ich weiß nicht, wie du das machst; **¿cómo te has arreglado para convencerle?** wie hast du es geschafft ihn zu überreden? ❸ (*ponerse de acuerdo*) sich einigen ❹ (*avenirse*) auskommen ❺ (*loc*): **el día se está arreglando** der Himmel klärt sich auf

arreglo [a'rreγlo] *m* ❶ (*ajuste*) Regelung *f;* **con ~ a lo convenido** gemäß der Vereinbarung; **obré con ~ a las normas** ich habe mich an die Regeln gehalten ❷ (*reparación*) Reparatur *f;* (*mejora*) Verbesserung *f;* **no tienes ~** bei dir ist Hopfen und Malz verloren *fam;* **este trabajo ya no tiene ~** diese Arbeit ist völlig verpfuscht ❸ (*de una habitación*) Einrichtung *f* ❹ (*acuerdo*) Vereinbarung *f* ❺ (*amoroso*) Liebschaft *f* ❻ (MÚS) Arrangement *nt*

arrellanarse [arreʎa'narse] *vr* es sich *dat* bequem machen

arremangar [arremaŋ'gar] <g→gu> *vt, vr:* **~se** hochkrempeln; **~se la camisa** (sich *dat*) die Hemdsärmel hochkrempeln

arremetedor(**a**) [arreme'ðor(a)] *adj* angriffslustig

arremeter [arreme'ter] *vi* ❶ (*atacar*) anstürmen ❷ (*despotricar*) wettern

arremetida [arreme'tiða] *f* Ansturm *m*

arremolinarse [arremoli'narse] *vr* ❶ (*hojas, polvo*) aufgewirbelt werden ❷ (*agua*) strudeln ❸ (*gente*) sich zusammendrängen

arrendador(**a**) [arrenda'ðor(a)] *m(f)* Vermieter(in) *m(f);* (*de un terreno/negocio*) Verpächter(in) *m(f)*

arrendamiento [arrenda'mjento] *m* ❶ (*arriendo*) Miete *f;* (*de un terreno/negocio*) Pacht *f;* **~ financiero** Leasingvertrag *m;* **~ rústico** Landpacht *f* ❷ (*contrato*) Mietvertrag *m;* (*de un terreno/negocio*) Pachtvertrag *m* ❸ (*precio*) Miete *f;* (*de un terreno/negocio*) Pachtzins *m*

arrendar [arren'dar] <e→ie> *vt* ❶ (*ceder*) vermieten; (*terreno, negocio*) verpachten ❷ (*tomar*) mieten; (*terreno, negocio*) pachten

arrendatario, **-a** [arrenda'tarjo, -a] *m, f* Mieter(in) *m(f);* (*de un terreno/negocio*) Pächter(in) *m(f)*

arreos [a'rreos] *mpl* (*de las caballerías*) Geschirr *nt*

arrepentido, **-a** [arrepen'tiðo, -a] *adj* reuevoll

arrepentimiento [arrepenti'mjento] *m* Reue *f*

arrepentirse [arrepen'tirse] *irr como sentir* *vr* (*lamentar*) Reue empfinden; **~ de algo** etw bereuen

arrestado, **-a** [arres'taðo, -a] *adj* kühn

arrestar [arres'tar] **I.** *vt* festnehmen **II.** *vr:* **~se** sich heranwagen (*a an +akk*)

arresto [a'rresto] *m* ❶ (*detención*) Festnahme *f* ❷ (*reclusión*) Arrest *m;* **~ domiciliario** Hausarrest *m* ❸ (*arrojo*) Verwegenheit *f;* **tener ~s** Mut haben

arriar [arri'ar] <*l. pres:* arrío> **I.** *vt* ❶ (*bandera*) einholen ❷ (*cabo, cadena*) lockern ❸ (*inundar*) überschwemmen **II.** *vr:* **~se** überschwemmt werden

arriate [arri'ate] *m* ❶ (*bancal*) Blumenbeet *nt* ❷ (*camino*) Weg *m*

arriba [a'rriβa] *adv* ❶ (*posición*) oben; **más ~** weiter oben; **de ~ abajo** von oben nach unten; **caerse por las escaleras de ~ abajo** die Treppe hinunterstürzen; **leer un libro de ~ abajo** ein Buch vom Anfang bis zum Ende lesen; **ensuciarse de ~ abajo** sich von Kopf bis Fuß beschmutzen; **lo ~ mencionado** das Obenerwähnte; **¡manos ~!** Hände hoch!; **los que están ~** (*de la sociedad*) die oberen Zehntausend; **los que están ~** (**de una empresa**) die Führungsspitze; **la habitación de ~** (*de encima*) das Zimmer darüber; **el piso de ~** (*el último*) das oberste Stockwerk ❷ (*más de*): **tener de 60 años para ~** über 60 Jahre alt sein; **precios de 50 euros para ~** Preise ab 50 Euro (aufwärts) ❸ (*con movimiento*): **río ~** flussaufwärts; **¡~! auf!** ❹ (*CSur*): **de ~** (*gratis*) kostenlos; (*sin merecerlo*) grundlos

arribar [arri'βar] *vi* (*barco*) einlaufen

arribismo [arri'βismo] *m* Karrierismus *m*

arribista [arri'βista] *mf* Emporkömmling *m*

arriendo [a'rrjeɲðo] *m v.* **arrendamiento**

arriesgado, -a [arrjes'ɣaðo, -a] *adj* ❶ (*peligroso*) riskant ❷ (*atrevido*) tollkühn

arriesgar [arrjes'ɣar] <g→gu> I. *vt* ❶ (*vida, reputación*) aufs Spiel setzen ❷ (*en el juego*) setzen ❸ (*hipótesis, afirmación*) wagen II. *vr:* ~**se** sich einer Gefahr aussetzen

arrimar [arri'mar] I. *vt* ❶ (*acercar*) heranrücken (*a* an +*akk*) ❷ (*apoyar*) anlehnen (*a* an +*akk*) ❸ (*golpe*) versetzen; (*bofetada*) verpassen ❹ (*loc*): ~ **el ascua a su sardina** die Gelegenheit nutzen; ~ **el hombro** zupacken; ~ **los libros** das Studium abbrechen II. *vr:* ~**se** ❶ (*acercarse*) näher treten; ~**se a algo** näher an etw herangehen; ~**se al poder** sich von Regierungskreisen protegieren lassen; ~**se al sol que más calienta** sein Fähnchen nach dem Wind drehen ❷ (*apoyarse*) sich anlehnen (*a* an +*akk*); **el niño se arrimó a su madre** das Kind schmiegte sich an seine Mutter ❸ (*Am: amancebarse*) in wilder Ehe leben

arrinconado, -a [arriŋko'naðo, -a] *adj* ❶ (*apartado*) abgelegen ❷ (*desatendido*) vernachlässigt ❸ (*olvidado*) vergessen

arrinconar [arriŋko'nar] I. *vt* ❶ (*un objeto*) in die Ecke stellen ❷ (*dinero*) beiseite legen ❸ (*acosar*) in die Enge treiben ❹ (*de un cargo*) aus dem Verkehr ziehen ❺ (*rehuir a alguien*) links liegen lassen II. *vr:* ~**se** sich zurückziehen

arriscado, -a [arris'kaðo, -a] *adj* ❶ (*arriesgado*) riskant ❷ (*escabroso*) felsig ❸ (*atrevido*) kühn

arritmia [a'rriðmja] *f* (*t.* MED) A(r)rhythmie *f*

arroba [a'rroβa] *f* ❶ (*medida de peso*) Gewichtseinheit zwischen 11 und 12 Kilo ❷ (*medida de capacidad*) Hohlmaß für Öl, um die 13 Liter; **tener dinero por** ~**s** einen Haufen Geld haben, in Geld schwimmen ❸ (INFOR) Klammeraffe *m*, at

arrobamiento [arroβa'mjeɲto] *m* Verzückung *f*

arrobar [arro'βar] I. *vt* entzücken II. *vr:* ~**se** entzückt sein

arrocero, -a [arro'θero, -a] I. *adj* Reis- II. *m, f* Reisbauer, -bäuerin *m, f*

arrodillarse [arroði'ʎarse] *vr* (sich) niederknien

arrogancia [arro'ɣanθja] *f* Arroganz *f*

arrogante [arro'ɣaɲte] *adj* ❶ (*altivo*) arrogant ❷ (*apuesto*) stattlich

arrogarse [arro'ɣarse] <g→gu> *vr* sich *dat* anmaßen; ~ **la facultad de juzgar a los**

demás sich *dat* anmaßen über andere zu urteilen

arrojadizo, -a [arroxa'ðiθo, -a] *adj* Wurf-; **arma arrojadiza** Wurfwaffe *f*

arrojado, -a [arro'xaðo, -a] *adj* verwegen

arrojar [arro'xar] I. *vt* ❶ (*lanzar*) werfen; **el caballo arrojó al jinete** das Pferd warf den Reiter ab ❷ (*emitir*) ausstoßen; **la chimenea arroja humo** der Schornstein raucht; ~ **un mal olor** schlecht riechen ❸ (*expulsar*) vertreiben ❹ (*vomitar*) erbrechen ❺ (*un resultado*) ergeben; ~ **beneficios** Gewinne abwerfen; ~ **fallos** Fehler aufweisen; **mi cuenta arroja un saldo de 100 euros** mein Konto weist einen Saldo von 100 Euro auf II. *vr:* ~**se** sich stürzen; ~**se al agua** ins Wasser springen

arrojo [a'rroxo] *m* Verwegenheit *f*

arrollador(a) [arroʎa'ðor(a)] *adj* ❶ (*fuerza*) umwerfend; (*mayoría*) überwältigend ❷ (*persona*) hinreißend

arrollar [arro'ʎar] *vt* ❶ (*enrollar*) aufwickeln ❷ (*atropellar*) überfahren ❸ (*derrotar*) (vernichtend) schlagen ❹ (*las leyes*) missachten

arropar [arro'par] I. *vt* zudecken II. *vr:* ~**se** ❶ (*en la cama*) sich zudecken ❷ (*abrigarse*) sich warm anziehen; **¡arrópate bien!** zieh dich warm an!; **¡arrópate con eso!** (*fam fig*) das kannst du dir an den Hut stecken!

arrostrar [arros'trar] *vt* die Stirn bieten +*dat*

arroyo [a'rroʝo] *m* ❶ (*río pequeño*) Bach *m*; ~**s de sangre/lágrimas** Ströme von Blut/Tränen ❷ (*cuneta*) Rinnstein *m*; **plantar a alguien en el** ~ (*fig*) jdn vor die Tür setzen; **salir del** ~ (*fig*) aus der Gosse herauskommen

arroz [a'rroθ] *m* Reis *m*; ~ **con leche** Milchreis *m*; **habrá** ~ **y gallo muerto** (*fig*) es wird hoch hergehen

arrozal [arro'θal] *m* Reisfeld *nt*

arruga [a'rruɣa] *f* Falte *f*; ~ **en la frente** Stirnfalte *f*; **este vestido hace** ~**s** dieses Kleid knittert

arrugado, -a [arru'ɣaðo, -a] *adj* ❶ (*vestido, papel*) zerknittert ❷ (*piel*) runz(e)lig

arrugar [arru'ɣar] <g→gu> I. *vt* ❶ (*papel, vestido*) zerknittern ❷ (*loc*): ~ **la frente** die Stirn runzeln; ~ **la nariz** die Nase rümpfen II. *vr:* ~**se** ❶ (*papel, vestido*) knittern ❷ (*piel*) faltig werden ❸ (*achicarse*) den Mut verlieren

arruinar [arrwi'nar] I. *vt* ❶ (*causar ruina*) ruinieren ❷ (*destruir*) zerstören ❸ (*fiesta, vacaciones*) verderben; (*plan*) zunichte machen **II.** *vr:* ~**se** ❶ (*quedarse en la ruina*) sich ruinieren ❷ (*malograrse*) sich *dat* verderben

arrullar [arruˈʎar] **I.** *vt* (*a un niño*) in den Schlaf wiegen **II.** *vi* (ZOOL) gurren **III.** *vr:* ~**se** turteln

arrullo [aˈrruʎo] *m* ❶ (ZOOL) Gurren *nt* ❷ (*para niños*) Schlaflied *nt*

arrumbar [arrumˈbar] *vt* ❶ (*una cosa*) ausrangieren ❷ (*a alguien*) aus dem Weg gehen +*dat*

arsenal [arseˈnal] *m* ❶ (*de municiones*) (Waffen)arsenal *nt* ❷ (NÁUT) Werft *f*

arsénico [arˈseniko] *m* Arsen *nt*

arte [ˈarte] *m o f* ❶ (*pintura, escultura, facultad*) Kunst *f;* ~ **culinario** Kochkunst *f;* ~ **narrativo** Erzählkunst *f;* **las** ~**s plásticas** die bildenden Künste; **el séptimo** ~ die Filmkunst; **escuela de** ~**s y oficios** Gewerbeschule *f* ❷ (*habilidad*) Geschick *nt* ❸ (*maña*) Trick *m;* **como por** ~ **de magia** wie durch Hexerei; **conseguir algo por malas** ~**s** sich *dat* etw erschleichen; **desplegó todas sus** ~**s para convencerlo** er/sie ließ alle seine/ihre Künste spielen um ihn zu überzeugen; **no tener** ~ **ni parte en algo** mit etw *dat* nichts zu tun haben

artefacto [arteˈfakto] *m* (*aparato*) Apparat *m;* (*mecanismo*) Vorrichtung *f;* ~ **explosivo** Sprengkörper *m*

artemisa [arteˈmisa] *f* Beifuß *m*

arteria [arˈterja] *f* ❶ (ANAT) Arterie *f* ❷ (*de tráfico*) Verkehrsader *f*

arterial [arteˈrjal] *adj* arteriell

arterio(e)sclerosis [arterjo(e)skleˈrosis] *f inv* Arteriosklerose *f*

artesa [arˈtesa] *f* Backtrog *m*

artesanal [artesaˈnal] *adj* handwerklich

artesanía [artesaˈnia] *f* ❶ (*arte*) Handwerkskunst *f* ❷ (*obra*) Kunsthandwerk *nt;* **jarrón de** ~ in Handarbeit hergestellte Vase

artesano, -a [arteˈsano, -a] *m, f* Handwerker(in) *m(f)*

artesonado [artesoˈnaðo] *m* Kassettendecke *f*

ártico, -a [ˈartiko, -a] *adj* arktisch; **polo** ~ Nordpol *m*

articulación [artikulaˈθjon] *f* ❶ (TÉC, ANAT) Gelenk *nt* ❷ (LING) Artikulation *f*

articulado, -a [artikuˈlaðo, -a] *adj* ❶ (*con articulación*) gelenkig; **muñeco** ~ Gelenkpuppe *f* ❷ (*lenguaje*) artikuliert

articular [artikuˈlar] **I.** *vt* ❶ (*unir*) miteinander verbinden ❷ (LING) artikulieren **II.** *adj* Gelenk-

articulista [artikuˈlista] *mf* Artikelschrei-

ber(in) *m(f)*

artículo [arˈtikulo] *m* ❶ (*mercancía*) (Verkaufs)artikel *m;* ~ **invendible** Ladenhüter *m;* ~ **en oferta** Sonderangebot *nt;* ~**s de primera necesidad** Güter des täglichen Bedarfs ❷ (PREN) (Zeitungs)artikel *m* ❸ (JUR, LING) Artikel *m* ❹ (*en un diccionario*) Eintrag *m*

artífice [arˈtifiθe] *mf* ❶ (*autor*) Urheber(in) *m(f)* ❷ (*artista*) Künstler(in) *m(f)*

artificial [artifiˈθjal] *adj* ❶ (*no natural*) künstlich; **seda** ~ Kunstseide *f* ❷ (*falso*) gekünstelt

artificiero [artifiˈθjero] *m* (*pirotécnico*) Feuerwerker *m;* **los** ~**s de la policía** das Sprengkommando der Polizei

artificio [artiˈfiθjo] *m* ❶ (*mecanismo*) Vorrichtung *f;* (*aparato*) Apparat *m* ❷ (*habilidad*) Geschick *nt;* (*truco*) Kniff *m;* **un** ~ **técnico** ein technischer Kunstgriff

artificioso, -a [artifiˈθjoso, -a] *adj* gekünstelt, unecht

artillería [artiʎeˈria] *f* (MIL) Artillerie *f;* **una** ~ **de medidas** (*fig*) eine ganze Batterie (von) Maßnahmen

artillero [artiˈʎero] *m* Artillerist *m*

artilugio [artiˈluxjo] *m* ❶ (*pey: artificio*) Ding *nt* ❷ (*ardid*) List *f*

artimaña [artiˈmaɲa] *f* List *f*

artista [arˈtista] *mf* ❶ (ARTE) Künstler(in) *m(f)* ❷ (*de circo*) Artist(in) *m(f)* ❸ (TEAT) Schauspieler(in) *m(f)* ❹ (*loc*): **es un** ~ **en su especialidad** er ist ein Meister seines Fachs

artístico, -a [arˈtistiko, -a] *adj* ❶ (*del arte*) künstlerisch ❷ (*del circo*) artistisch ❸ (*hecho con arte*) kunstvoll

artritis [arˈtritis] *f inv* Arthritis *f*

artrosis [arˈtrosis] *f inv* Arthrose *f*

arzobispado [arθoβisˈpaðo] *m* ❶ (*diócesis*) Erzbistum *nt* ❷ (*edificio*) Sitz *m* des Erzbischofs

arzobispo [arθoˈβispo] *m* Erzbischof *m*

as [as] *m* Ass *nt*

asa [ˈasa] *f* Henkel *m;* (*de maleta*) Griff *m*

asado [aˈsaðo] *m* Braten *m*

asador [asaˈðor] *m* ❶ (*pincho*) Bratspieß *m* ❷ (*parrilla*) Grill *m*

asadura [asaˈðura] *f* (*de una res*) Eingeweide *ntpl*

asaetear [asaeteˈar] *vt* (*mortificar*) belästigen; ~ **con** [*o* **a**] **preguntas** mit Fragen überhäufen

asalariado, -a [asalaˈrjaðo, -a] *m, f* (ECON) Lohnempfänger(in) *m(f)*

asalariar [asalaˈrjar] *vt* Lohn zahlen (*a* +*dat*); (*servicio público*) besolden; **todavía no le han asalariado** sie haben ihm noch keinen Lohn gezahlt

asaltante [asal'taṇte] **I.** *adj* angreifend **II.** *mf* Angreifer(in) *m(f)*

asaltar [asal'tar] *vt* ❶ (*fortaleza, ciudad*) stürmen ❷ (*a una persona: robar*) überfallen; (*atacar*) angreifen; ~ **con preguntas** mit Fragen bestürmen ❸ (*pensamiento*) überkommen; **me asaltó el pánico** ich geriet in Panik

asalto [a'salto] *m* ❶ (*a una fortaleza/ciudad*) Sturm(angriff) *m* (*a* auf +*akk*); **tomar por** ~ in einem Handstreich einnehmen ❷ (*a un banco/alguien*) Überfall *m* (*a* auf +*akk*) ❸ (DEP: *boxeo*) Runde *f*; (*esgrima*) Durchgang *m*

asamblea [asam'blea] *f* Versammlung *f*; ~ **general** Hauptversammlung *f*; ~ **plenaria** Vollversammlung *f*; ~ **de trabajadores** Betriebsversammlung *f*

asar [a'sar] **I.** *vt* ❶ (GASTR) braten; **cochinillo asado** Spanferkel *nt*; ~ **a fuego lento** schmoren; ~ **a la parrilla** grillen ❷ (*con preguntas*) löchern **II.** *vr*: ~ **se**: **en esta casa se asa uno vivo** (*fam*) in diesem Haus kommt man um vor Hitze

asbesto [as'βesto] *m* Asbest *m*

ascendencia [asθen'denθja] *f* ❶ (*antepasados*) Vorfahren *mpl* ❷ (*procedencia*) Herkunft *f*

ascendente [asθen'dente] **I.** *adj* aufsteigend; **en orden** ~ in aufsteigender Reihenfolge **II.** *m* (ASTR) Aszendent *m*

ascender [asθen'der] <e→ie> *vi* ❶ (*subir*) steigen; (*cuesta*) ansteigen; (DEP) aufsteigen; **el equipo ascendió a primera** die Mannschaft stieg in die erste Liga auf ❷ (*de empleo*) aufsteigen (*a* zu +*dat*) ❸ (COM: *cantidad, cuenta*) sich belaufen (*a* auf +*akk*)

ascendiente[1] [asθen'djente] *m* (*influencia*) Einfluss *m*

ascendiente[2] [asθen'djente] *mf* Vorfahr(e), -in *m, f*

ascensión [asθen'sjon] *f* ❶ (*a una montaña*) Aufstieg *m* ❷ (*de Cristo*) Himmelfahrt *f*; **el día de la A**~ der Himmelfahrtstag ❸ (*del rey*) Thronbesteigung *f*

ascenso [as'θenso] *m* ❶ (*subida*) Anstieg *m*; (DEP) Aufstieg *m*; **el** ~ **a primera** der Aufstieg in die erste Liga ❷ (*promoción*) Beförderung *f*

ascensor [asθen'sor] *m* Aufzug *m*; **tomar el** ~ mit dem Aufzug fahren

ascético, -a [as'θetiko, -a] *adj* asketisch

ascetismo [asθe'tismo] *m sin pl* ❶ (*modo de vida*) Askese *f* ❷ (*doctrina*) Aszetik *f*

asco ['asko] *m* ❶ (*de algo*) Ekel *m* (*de* vor +*dat*); **este olor me da** ~ bei diesem

Geruch wird mir übel; **las espinacas me dan** ~ ich kann Spinat nicht ausstehen ❷ (*de alguien*) Abscheu *m f* (*de* vor +*dat*); **este hombre me da** ~ dieser Mann stößt mich ab ❸ (*loc, fam*): **¡qué** ~ **de gente!** diese Leute sind unerträglich!; **estoy hecho un** ~ ich bin dreckig; **estoy muerto de** ~ ich langweile mich zu Tode

ascua ['askwa] *f* Glut *f*; **estar limpio como un** ~ blitzsauber sein; **estar sobre** ~**s** (wie) auf glühenden Kohlen sitzen; **pasar algo sobre** ~**s** etw oberflächlich abhandeln; **tener a alguien en** ~**s** jdn zappeln lassen

aseado, -a [ase'aðo, -a] *adj* ❶ (*limpio*) sauber; (*arreglado*) ordentlich ❷ (*cuidadoso*) sorgfältig

asear [ase'ar] **I.** *vt* sauber machen **II.** *vr*: ~ **se** sich zurechtmachen

asechanza [ase'tʃaṇθa] *f* ❶ (*trampa*) Falle *f* ❷ *pl* (*intrigas*) Intrigen *fpl*

asediar [ase'djar] *vt* ❶ (*ciudad*) belagern ❷ (*con preguntas*) bestürmen; (*con peticiones*) plagen

asedio [a'sedjo] *m* Belagerung *f*

asegurado, -a [aseɣu'raðo, -a] *m, f* Versicherungsnehmer(in) *m(f)*

asegurador(a) [aseɣura'ðor(a)] *m(f)* Versicherungsgeber(in) *m(f)*

aseguramiento [aseɣura'mjeṇto] *m* ❶ (*la paz, del puesto de trabajo*) Sicherung *f*; ~ **de datos** Datensicherung *f* ❷ (*afirmación*) Versicherung *f*

asegurar [aseɣu'rar] **I.** *vt* ❶ (*fijar*) festmachen; ~ **un nudo** einen Knoten festziehen; ~ **una puerta** eine Tür zumachen; (*con llave*) eine Tür zuschließen; ~ **una puerta con una cadena** eine Tür mit einer Kette sichern ❷ (*afirmar*) versichern; (*prometer*) versprechen; (*garantizar*) zusichern; **tienes la vida asegurada** deine Zukunft ist gesichert ❸ (*concertar un seguro*) versichern **II.** *vr*: ~ **se** ❶ (*contra un peligro*) sich absichern ❷ (*comprobar*) nachsehen; (*cerciorarse*) sich vergewissern ❸ (*hacerse un seguro*) sich versichern

asemejarse [aseme'xarse] *vr* ähneln (*a* +*dat*)

asentaderas [aseṇta'ðeras] *fpl* (*fam*) Hintern *m;* **tener buenas** ~ Sitzfleisch haben

asentado, -a [aseṇ'taðo, -a] *adj* ❶ (*juicioso*) vernünftig ❷ (*estable*) fest

asentar [aseṇ'tar] <e→ie> **I.** *vt* ❶ (*poner*) hinstellen; (*campamento*) aufschlagen; ~ **los cimientos** das Fundament legen; **la lluvia ha asentado el polvo** durch den Regen hat sich der Staub gelegt ❷ (*sentar*) setzen (*en* auf +*akk*); ~ **en el trono** auf den Thron erheben ❸ (*población*) gründen ❹ (*alisar*) glätten ❺ (*afirmar*) behaupten ❻ (*pedido*) (ver)buchen **II.** *vi* (*vestido*) gut stehen **III.** *vr:* **~se** ❶ (*en un sitio*) sich niederlassen ❷ (*polvo, líquidos*) sich setzen

asentimiento [aseṇ'timjeṇto] *m* Zustimmung *f* (*a* zu +*dat*)

asentir [aseṇ'tir] *irr como sentir vi* ❶ (*aprobar*) zustimmen (*a* +*dat*); ~ **con la cabeza** nicken ❷ (*consentir*) einwilligen (*a* in +*akk*)

aseo [a'seo] *m* ❶ (*acción*) Saubermachen *nt* ❷ (*estado*) Sauberkeit *f;* ~ **personal** Körperpflege *f;* (**cuarto de**) ~ Badezimmer *nt*

aséptico, -a [a'septiko, -a] *adj* keimfrei

asequible [ase'kiβle] *adj* ❶ (*alcanzable*) erreichbar ❷ (*precio*) erschwinglich; **no** ~ unerschwinglich; **esta casa no es ~ para nosotros** wir können uns dieses Haus nicht leisten ❸ (*persona*) zugänglich

aserción [aser'θjon] *f* Behauptung *f*

aserradero [aserra'ðero] *m* Sägewerk *nt*

aserradora [aserra'ðora] *f* Sägemaschine *f*

aserrar [ase'rrar] <e→ie> *vt* sägen

aserto [a'serto] *m* Behauptung *f*

asesinar [asesi'nar] *vt* ermorden

asesinato [asesi'nato] *m* Mord *m* (*de* an +*dat*); **robo con** ~ Raubmord *m*

asesino, -a [ase'sino, -a] **I.** *adj* Mörder-; (*fig*) mörderisch **II.** *m, f* Mörder(in) *m(f);* ~ (**a sueldo**) Killer *m*

asesor(a [ase'sor(a)] **I.** *adj* beratend **II.** *m(f)* ❶ (*consejero*) Berater(in) *m(f);* ~ **legal** Rechtsberater *m* ❷ (JUR) Beisitzer(in) *m(f)*

asesorar [aseso'rar] **I.** *vt* beraten **II.** *vr:* **~se** sich beraten (*de* über +*akk*)

asesoría [aseso'ria] *f* ❶ (*oficio*) Beratung *f* ❷ (*oficina*) Beratungsstelle *f*

asestar [ases'tar] *vt* ❶ (*apuntar*) richten (*a* auf +*akk*) ❷ (*propinar*) versetzen; ~ **un tiro a alguien** einen Schuss auf jdn abgeben

aseveración [aseβera'θjon] *f* Behauptung *f*

aseverar [aseβe'rar] *vt* (*afirmar*) behaupten; (*asegurar*) versichern; (*con energía*) beteuern

asexual [asek'swal] *adj* asexuell

asfaltado [asfal'taðo] *m* ❶ (*acción*) Asphaltieren *nt* ❷ (Am: *capa*) Asphaltdecke *f*

asfaltar [asfal'tar] *vt* asphaltieren

asfalto [as'falto] *m* Asphalt *m*

asfixia [as'fiˠsja] *f* Ersticken *nt*

asfixiante [asfiˠ'sjaṇte] *adj* erstickend; **una atmósfera** ~ stickige Luft; **hace un calor** ~ es ist erstickend heiß

asfixiar [asfiˠ'sjar] *vt, vr:* ~**se** ersticken; ~ **de cuajo** im Keim ersticken

así [a'si] **I.** *adv* ❶ (*de modo*) so; ~ ~ einigermaßen; ~ **que** ~, ~ **o asá** so oder so; ~ **y todo** trotz allem; ¿~ **qué?** und nun?; ~, ¿**lo haces o no?** also, machst du es oder nicht?; ¡~ **es!** ja, genau!; ¡**ah,** ~ **es!** ach, so ist das!; **soy** ~ so bin ich nun einmal; **no puedes decir esto** ~ **como** ~ du kannst das nicht ohne weiteres sagen; **no puedes tomar esta decisión** ~ **como** ~ du musst dir diese Entscheidung genau überlegen ❷ (*expresión de deseo*): ¡~ **revientes!** hoffentlich krepierst du! ❸ (*de extrañeza*): ¿~ **me dejas?** du verlässt mich wirklich? ❹ (*de cantidad*): ~ **de grande** so groß ❺ (*elev: temporal*): ~ **que se fueron, lavamos los platos** kaum waren sie gegangen, spülten wir das Geschirr **II.** *conj* ❶ (*concesiva*): ~ **lo ahorques no dará su brazo a torcer** da kannst du dich auf den Kopf stellen, er wird nicht nachgeben ❷ (*consecutiva*): **empezó a llover y** ~ **nos quedamos en casa** es fing an zu regnen und so blieben wir zu Hause; **sólo hay una plaza libre,** ~ (**es**) **que decídete pronto** es ist nur noch ein Platz frei, entscheide dich also bald; **te esperaré en la calle;** ~ **pues, no te retrases** ich warte auf der Straße auf dich, komm also nicht zu spät ❸ (*comparativa*): ~ **el uno como el otro** sowohl der eine als auch der andere; ~ **en la tierra como en el cielo** wie im Himmel, so auf Erden **III.** *adj* solch; **un sueldo** ~ solch ein Gehalt; **una cosa** ~ etwas Derartiges

Asia ['asja] *f* Asien *nt;* ~ **menor** Kleinasien *nt*

asiático, -a [a'sjatiko, -a] **I.** *adj* asiatisch; **lujo** ~ orientalische Pracht **II.** *m, f* Asiat(in) *m(f)*

asidero [asi'ðero] *m* ❶ (*agarradero*) Griff *m* ❷ (*pretexto*) Vorwand *m* ❸ (*influencia*) gute Beziehungen *fpl*

asiduidad [asiðwi'ðað] *f* ❶ (*frecuencia*) Häufigkeit *f* ❷ (*regularidad*) Regelmäßigkeit *f* ❸ (*perseverancia*) Beständigkeit *f*

asiduo, -a [a'siðwo, -a] *adj* ❶ (*frecuente*) häufig ❷ (*regular*) regelmäßig; **un** ~ **cliente de este local** ein Stammgast dieses Lokals ❸ (*perseverante*) ausdauernd

asiento [a'sjeṇto] *m* ❶ (*sitio*) Sitz *m;* ~ **lanzable** Schleudersitz *m;* **un culo de mal** ~ ein unruhiger Geist; **calentar el** ~ (*ocupar un cargo*) lange denselben Posten bekleiden; (*vaguear*) faulenzen; **tomar** ~ Platz nehmen ❷ (*localidad*) Sitzplatz *m* ❸ (*de una vasija/botella*) Boden *m*

④ (*poso*) (Boden)satz *m* **⑤** (*en una cuenta*) (Ver)buchung *f;* ~ **de cierre** Jahresabschlussbuchung *f*

asignación [asiɣna'θjon] *f* **①** (*de un trabajo*) Zuweisung *f* (*a* zu +*dat*); ~ **de recursos** Mittelzuweisung *f* **②** (*de una fecha/un sueldo*) Festsetzung *f* **③** (INFOR) Zuordnung *f* (*a* zu +*dat*); ~ **de una tecla** Tastenbelegung *f;* ~ **al teclado** Tastaturbelegung *f*

asignar [asiɣ'nar] *vt* **①** (*destinar, conceder*) zuweisen **②** (*fijar*) festsetzen

asignatura [asiɣna'tura] *f* (ENS) Fach *nt;* ~ **pendiente** noch zu bestehendes Fach

asilado, -a [asi'laðo, -a] *m, f* **①** (POL) Asylant(in) *m(f)* **②** (*anciano*) Heiminsasse, -in *m, f*

asilar [asi'lar] **I.** *vt* **①** (POL) Asyl gewähren +*dat* **②** (*albergar en un asilo*) in ein Heim einweisen **II.** *vr:* ~**se** Asyl suchen

asilo [a'silo] *m* **①** (POL) Asyl *nt* **②** (*de ancianos*) Altenheim *nt* **③** (*de huérfanos*) Waisenhaus *nt* **④** (*refugio*) Zuflucht *f*

asimetría [asime'tria] *f* Asymmetrie *f*

asimétrico, -a [asi'metriko, -a] *adj* asymmetrisch

asimilación [asimila'θjon] *f* **①** (*nivelación*) Gleichstellung *f* (*a* mit +*dat*) **②** (BOT, LING) Assimilation *f*

asimilar [asimi'lar] *vt* **①** (*igualar*) gleichstellen (*a* mit +*dat*) **②** (*conocimientos*) aufnehmen **③** (BIOL) assimilieren

asimismo [asi'mismo] *adv* auch

asir [a'sir] *irr* **I.** *vt* (*sujetar*) fassen; (*con fuerza*) packen **II.** *vi* (*plantas*) Wurzeln schlagen **III.** *vr:* ~**se** sich fest halten (*a* an +*dat*)

asistencia [asis'tenθja] *f* **①** (*ayuda*) Hilfe *f;* ~ **financiera** Beihilfe *f;* ~ **letrada** (JUR) juristischer Beistand; ~ **médica** ärztliche Betreuung; ~ **social** Sozialarbeit *f* **②** (*presencia*) Anwesenheit *f;* **sin la** ~ **del presidente** in Abwesenheit des Präsidenten **③** (*participación*) Teilnahme *f* (*a* an +*dat*) **④** (*concurrencia*) Teilnehmerzahl *f;* (*participantes*) Teilnehmer *mpl*

asistencial [asisten'θjal] *adj* (*sanitaria*) Pflege-; (*social*) Fürsorge-; **servicios** ~**es** Pflegedienste *mpl*

asistenta [asis'tenta] *f* (*para todo*) Haushaltshilfe *f;* (*para limpiar*) Putzfrau *f*

asistente [asis'tente] *mf* **①** (*auxiliar*) Assistent(in) *m(f);* ~ **social** Sozialarbeiter(in) *m(f)* **②** (*participante*) Teilnehmer(in) *m(f)*

asistido, -a [asis'tiðo, -a] *adj:* ~ **por ordenador** computergestützt; **dirección asistida** Servolenkung *f;* **fecundación/respiración asistida** künstliche Befruchtung/

Beatmung

asistir [asis'tir] **I.** *vi* teilnehmen (*a* an +*dat*) **II.** *vt* helfen +*dat;* **fue asistido de un tirón** er wurde wegen einer Muskelzerrung ärztlich behandelt; ~ **a un enfermo** einen Kranken pflegen; **esta señora se dedica a** ~ diese Frau arbeitet als Haushaltshilfe; **¡que Dios nos asista!** Gott steh uns bei!

asma ['asma] *m sin pl* Asthma *nt*

asmático, -a [as'matiko, -a] **I.** *adj* asthmatisch **II.** *m, f* Asthmatiker(in) *m(f)*

asno ['asno] *m* Esel *m;* **apearse de su** ~ (*fig*) seinen Irrtum einsehen; **no ver siete sobre un** ~ (*fig*) die Hand vor den Augen nicht sehen

asociación [asoθja'θjon] *f* **①** (*acción*) Vereinigung *f* **②** (*mental*) Assoziation *f;* ~ **de ideas** Gedankenassoziation *f;* **siempre pienso en él en** ~ **con...** ich denke immer in Zusammenhang mit ... an ihn **③** (*organización*) Verband *m;* **A~ Europea de Libre Cambio** Europäische Freihandelszone; **A~ de Padres de Alumnos** Elternausschuss *m;* ~ **de vecinos** ≈Bürgerinitiative *f*

asociacionismo [asoθjaθjo'nismo] *m sin pl* **①** (SOCIOL) Vereinsbewegung *f* **②** (FILOS, PSICO) Assoziationspsychologie *f*

asociado, -a [aso'θjaðo, -a] *m, f* **①** (*de una asociación*) Mitglied *nt* **②** (COM: *de una empresa*) Gesellschafter(in) *m(f)*

asocial [aso'θjal] *adj* asozial

asociar [aso'θjar] **I.** *vt* **①** (*juntar*) vereinen (*a* zu +*dat*); (POL) assoziieren (*a/con* mit +*dat*) **②** (*mental*) assoziieren; **la asocio con alguien** ich bringe sie mit jdm in Zusammenhang **③** (*a un negocio*) zum Gesellschafter machen **II.** *vr:* ~**se** sich zusammenschließen; ~**se con alguien** (*hacer compañía*) sich zu jdm gesellen

asolamiento [asola'mjento] *m* Verwüstung *f*

asolar [aso'lar] <o→ue> *vt* (*destruir*) verwüsten

asolear [asole'ar] **I.** *vt* der Sonne aussetzen **II.** *vr:* ~**se** **①** (*acalorarse*) sich erhitzen **②** (*ponerse moreno*) sich sonnen

asomar [aso'mar] **I.** *vt* **①** (*mostrar*) zeigen **②** (*parte del cuerpo*) hinausstrecken; ~ **la cabeza por la ventana** den Kopf zum Fenster hinausstrecken **II.** *vi* (*aparecer*) auftauchen; (*fig*) sich abzeichnen; **asoma el día** der Tag bricht an **III.** *vr:* ~**se** **①** (*mostrarse*) sich zeigen; ~**se al balcón** auf dem Balkon erscheinen **②** (*una parte del cuerpo*) hinausgestreckt werden

asombrar [asom'brar] **I.** *vt* **①** (*pasmar*) in

Erstaunen versetzen ❷ (*sombrear*) beschatten **II.** *vr:* **~ se** sich wundern (*de* über +*akk*)

asombro [a'sombro] *m* Staunen *nt;* **poner cara de ~** ein erstauntes Gesicht machen; **no salir de su ~** aus dem Staunen nicht herauskommen

asombroso, -a [asom'broso, -a] *adj* erstaunlich; (*increíble*) unglaublich

asomo [a'somo] *m* Spur *f;* **hay ~ s de recuperación económica** es gibt Anzeichen für eine Wiederbelebung der Wirtschaft; **no pienso en ello ni por ~** ich denke nicht im Entferntesten daran; **¿tienes miedo? – ni por ~** hast du Angst? – keine Spur; **sin el menor ~ de...** ohne die leiseste Spur von ...

asonancia [aso'nanθeja] *f* Assonanz *f*

aspa ['aspa] *f* ❶ (*figura*) Kreuz *nt;* **marcar con un ~** ankreuzen ❷ (*de molino*) Flügel *m*

aspamento [aspa'mento] *m* (*Arg*), **aspaviento** [aspa'βjento] *m* übertriebene Gefühlsäußerung *f*

aspecto *m* ❶ (*apariencia*) Erscheinung *f;* (*de una persona*) Aussehen *nt,* Erscheinungsbild *nt* ❷ (*punto de vista*) Gesichtspunkt *m*

aspereza [aspe'reθa] *f* ❶ (*superficie*) Rauheit *f* ❷ (*terreno*) Unebenheit *f* ❸ (*trato*) Barschheit *f;* **nos trató con mucha ~** er/sie war sehr barsch zu uns

áspero, -a ['aspero, -a] *adj* ❶ (*superficie*) rau ❷ (*terreno*) holp(e)rig ❸ (*sabor*) bitter ❹ (*persona*) barsch ❺ (*lenguaje*) derb

aspersión [asper'sjon] *f* (Be)sprengung *f;* **riego por ~** Beregnung *f*

aspersor [asper'sor] *m* (Rasen)sprenger *m*

aspiración [aspira'θjon] *f* ❶ (*inspiración*) Einatmen *nt* ❷ (*pretensión*) Streben *nt* (*a* nach +*dat*); (*deseo*) Wunsch *m* (*a* nach +*dat*); **tener grandes aspiraciones** hoch hinauswollen ❸ (TÉC) Saugen *nt* ❹ (LING) Aspiration *f*

aspiradora [aspira'ðora] *f* Staubsauger *m*

aspirante [aspi'rante] *mf* Anwärter(in) *m(f)* (*a/para* auf +*akk*)

aspirar [aspi'rar] *vt* ❶ (*inspirar*) einatmen; **salir a ~ aire fresco** rausgehen um frische Luft zu schnappen ❷ (*aspirador*) saugen ❸ (LING) behauchen ❹ (*pretender*) streben (*a* nach +*dat*); **~ a mucho en la vida** im Leben hoch hinauswollen

aspirina® [aspi'rina] *f* Aspirin® *nt*

asquear [aske'ar] **I.** *vt* ❶ (*dar asco*) anwidern ❷ (*fastidiar*) anöden *fam* **II.** *vi* Ekel empfinden

asquerosidad [askerosi'ðaᵈ] *f* Schweine-

rei *f*

asqueroso, -a [aske'roso, -a] *adj* ❶ (*repugnante*) ekelhaft ❷ (*ordinario*) ordinär

asta ['asta] *f* ❶ (*de lanza*) Schaft *m;* (*de martillo/pincel*) Stiel *m;* (*de bandera*) Fahnenstange *f;* **a media ~** auf halbmast ❷ (*cuerno*) Horn *nt;* **dejar a alguien en las ~ s del toro** (*fig*) jdn im Stich lassen; **verse en las ~s del toro** (*fig*) sich in großer Gefahr befinden

asténico, -a [as'teniko, -a] **I.** *adj* kraftlos **II.** *m, f* (MED) Astheniker(in) *m(f)*

asterisco [aste'risko] *m* Sternchen *nt*

asteroide [aste'roiðe] **I.** *adj* sternförmig **II.** *m* Asteroid *m*

astigmatismo [astiɣma'tismo] *m sin pl* (MED) Astigmatismus *m*

astil [as'til] *m* ❶ (*mango*) Stiel *m* ❷ (*de la balanza*) Waagebalken *m*

astilla [as'tiʎa] *f* ❶ (*esquirla*) Splitter *m;* **clavarse una ~** sich *dat* einen Splitter einreißen; **de tal palo tal ~** (*prov*) der Apfel fällt nicht weit vom Stamm ❷ (*para fuego*) (Holz)span *m;* **sacar ~s de algo** (*fig fam*) aus etw *dat* Nutzen ziehen

astillar [asti'ʎar] **I.** *vt* (*partir*) spalten **II.** *vr:* **~ se** ❶ (*hacerse astillas*) zersplittern ❷ (*rajarse*) sich spalten

astillero [asti'ʎero] *m* (Schiffs)werft *f*

astringir [astrin'xir] <g→j> *vt* zusammenziehen

astro ['astro] *m* Stern *m;* **~ de la pantalla** Filmstar *m*

astrología [astrolo'xia] *f* Astrologie *f*

astrológico, -a [astro'loxiko, -a] *adj* astrologisch

astrólogo, -a [as'troloɣo, -a] *m, f* Astrologe, -in *m, f*

astronauta [astro'nauta] *mf* Astronaut(in) *m(f)*

astronáutica [astro'nautika] *f* Raumfahrt *f*

astronave [astro'naβe] *f* Raumschiff *nt*

astronomía [astrono'mia] *f* Astronomie *f*

astronómico, -a [astro'nomiko, -a] *adj* astronomisch

astrónomo, -a [as'tronomo, -a] *m, f* Astronom(in) *m(f)*

astucia [as'tuθja] *f* ❶ (*sagacidad*) Schläue *f* ❷ (*ardid*) Trick *m*

asturiano, -a [astu'rjano, -a] **I.** *adj* asturisch **II.** *m, f* Asturier(in) *m(f)*

Asturias [as'turjas] *f* Asturien *nt;* **el Príncipe de ~** der spanische Kronprinz

astuto, -a [as'tuto, -a] *adj* schlau

asueto [a'sweto] *m* (*descanso*) Pause *f;* (*vacaciones*) Urlaub *m;* (**día de**) **~** (ENS) schulfreier Tag; **un rato de ~** eine kurze Pause

asumir [asuˈmir] vt ❶ (*hacerse cargo*) übernehmen; (*una carga/deuda*) sich *dat* aufbürden ❷ (*alcanzar*) erreichen; **la catástrofe está asumiendo proporciones espantosas** die Katastrophe nimmt erschreckende Ausmaße an ❸ (*Am: suponer*) annehmen

asunción [asunˈθjon] f Übernahme f

Asunción f (REL) Mariä Himmelfahrt f

asunto [aˈsunto] m ❶ (*cuestión*) Angelegenheit f; **y ~ despachado** und damit ist die Sache erledigt ❷ (*negocio*) Geschäft nt; (*argumento*) Handlung f ❹ (ARTE) Motiv nt ❺ (*lío amoroso*) (Liebes)affäre f ❻ (POL): **Ministerio de A~s Exteriores** Auswärtiges Amt nt; **Ministro de A~s Exteriores** Außenminister m

asustadizo, -a [asustaˈðiθo, -a] adj schreckhaft

asustar [asusˈtar] I. vt ❶ (*sobresaltar*) erschrecken; (*atemorizar*) Angst machen +*dat*; **la responsabilidad no me asusta** die Verantwortung schreckt mich nicht ❷ (*de un propósito*) abschrecken ❸ (*ahuyentar*) verscheuchen II. vr: **~se** ❶ (*sobresaltarse*) sich erschrecken (*por/de/con* über +*akk*); (*tener miedo*) Angst bekommen; **no te asustes** (hab) keine Angst ❷ (*de un propósito*) sich abschrecken lassen

atacante [ataˈkante] mf Angreifer(in) m(f); (DEP) Stürmer(in) m(f)

atacar [ataˈkar] <c→qu> I. vt ❶ (*embestir, criticar, t.* QUÍM) angreifen; **~ por la espalda** hinterrücks angreifen ❷ (*sueño*) überkommen ❸ (*tema*) in Angriff nehmen ❹ (*recalcar*) stopfen II. vi (DEP) angreifen; **~ por las bandas** von der Flanke her angreifen

atadijo [ataˈðixo] m, **atado** [aˈtaðo] m Bündel nt

atadura [ataˈðura] f ❶ (*acción*) Binden nt ❷ (*cosa para atar*) Fessel f

atajar [ataˈxar] I. vi den Weg abkürzen; **por este camino atajamos mucho** dieser Weg kürzt die Strecke erheblich ab II. vt ❶ (*agua*) eindämmen; **~ un mal de raíz** ein Übel an der Wurzel bekämpfen ❷ (*a un orador*) unterbrechen ❸ (*cortar el paso*) den Weg versperren +*dat* ❹ (*detener*) aufhalten

atajo [aˈtaxo] m (*camino*) Abkürzung f;

echar por el ~ (*fam*) den schnellsten Weg nehmen

atalaya [ataˈlaʝa] f ❶ (*torre*) Wach(t)turm m ❷ (*lugar elevado*) Aussichtspunkt m

atañer [ataˈɲer] <3. pret: atañó> vimpers angehen; **eso no te atañe** das geht dich nichts an; **por lo que atañe a tu empleo** was deine Stelle angeht

ataque [aˈtake] m ❶ (*embestida, crítica*) Angriff m; **~ por sorpresa** Überraschungsangriff m ❷ (DEP: *delantera*) Sturm m ❸ (MED: *acceso*) Anfall m; **~ al** [o **de**] **corazón** Herzinfarkt m; **~ de piedra** Nierenkolik f

atar [aˈtar] vt ❶ (*sujetar*) festbinden (*a* an +*dat*); (*juntar*) zusammenbinden; (*a un cautivo*) fesseln; **~ las manos a la espalda** die Hände hinter den Rücken zusammenbinden; **~ al perro** den Hund an die Leine legen; **~ corto a alguien** jdn kurzhalten; **estar atado de pies y manos** an Händen und Füßen gefesselt sein ❷ (*cerrar*) zubinden; (*un paquete*) verschnüren ❸ (*comprometer*): **esta profesión ata mucho** dieser Beruf beansprucht einen sehr ❹ (*loc*): **no ata ni desata** (*hablar sin concierto*) er/sie redet dummes Zeug; (*no resolver nada*) ihm/ihr nützt nichts; **dejar algo atado y bien atado** etw unter Dach und Fach bringen; **está de ~** er/sie ist total verrückt

atarazana [ataraˈθana] f Werft f

atardecer [atarðeˈθer] I. vimpers irr como crecer: **atardece** es wird dunkel II. m (Abend)dämmerung f; **al ~** bei Einbruch der Dunkelheit

atareado, -a [atareˈaðo, -a] adj beschäftigt; **andar muy ~** sehr beschäftigt sein

atarear [atareˈar] I. vt beschäftigen II. vr: **~se** ❶ (*trabajar mucho*) hart arbeiten ❷ (*afanarse*) sich abmühen

atascadero [ataskaˈðero] m Morast m

atascamiento [ataskaˈmjento] m v. atasco

atascar [atasˈkar] <c→qu> I. vt ❶ (*cañería*) verstopfen ❷ (*rueda, proceso*) blockieren II. vr: **~se** ❶ (*cañería*) verstopfen; **el desagüe se ha atascado** der Ausguss ist verstopft ❷ (*coche*) stecken bleiben ❸ (*mecanismo*) blockieren ❹ (*en un discurso*) stocken; **se le atascó la palabra** er/sie bekam das Wort nicht heraus ❺ (*negociaciones*) sich festfahren

atasco [aˈtasko] m ❶ (*de una cañería*) Verstopfung f; **~ de papel** (INFOR) Papierstau m ❷ (*de un mecanismo*) Blockierung f ❸ (*traba*) Hindernis nt ❹ (*de tráfico*) (Verkehrs)stau m

ataúd [ataˈuð] m Sarg m

ataviar [ataβi'ar] <*1. pres:* (me) atavío> *vt,*
vr: ~**se** (*arreglar*) (sich) herausputzen;
(*adornar*) (sich) schmücken

atávico, -a [a'taβiko, -a] *adj* atavistisch

atavío [ata'βio] *m* (*adorno*) Schmuck *m;*
(*atuendo*) Aufmachung *f*

ateísmo [ate'ismo] *m inv* Atheismus *m*

atemorizar [atemori'θar] <z→c> **I.** *vt*
ängstigen **II.** *vr:* ~**se** sich ängstigen

atemperar [atempe'rar] **I.** *vt* ❶ (*cólera*)
mäßigen ❷ (*temperatura*) temperieren
❸ (*acomodar*) anpassen (*a* an +*akk*) **II.** *vr:*
~**se** sich anpassen (*a* an +*akk*)

Atenas [a'tenas] *f* Athen *nt*

atención [aten'θjon] *f* ❶ (*vigilancia*) Aufmerksamkeit *f;* ~ **médica** ärztliche Betreuung; **falta de** ~ Unaufmerksamkeit *f;*
digno de ~ beachtenswert; **en** ~ **a este**
hecho in Anbetracht dieser Tatsache; **¡~,**
por favor! Achtung, Achtung!; **el profesor me llamó la** ~ der Lehrer tadelte
mich; **los coches no me llaman la** ~ ich
mache mir nichts aus Autos; **estamos llamando la** ~ wir fallen auf; **llamar la** ~ **de**
alguien sobre [*o* a] **algo** jdn auf etw aufmerksam machen; **mantener la** ~ **de alguien** jds Aufmerksamkeit fesseln; **prestar**
~ beachten; (*escuchar*) zuhören
❷ (*cartas*) Aufmerksamkeiten *fpl*
❸ *pl* (*cortesías*) Aufmerksamkeiten *fpl*
❹ *pl* (*obligaciones*) Verpflichtungen *fpl*

atender [aten'der] <e→ie> **I.** *vt* ❶ (*prestar*
atención) beachten; (*escuchar*) zuhören
+*dat* ❷ (*tener en cuenta*) berücksichtigen
❸ (*seguir*) befolgen; (*deseo, petición*)
nachkommen +*dat;* ~ **una solicitud**
einem Antrag stattgeben; **atendiendo a**
las circunstancias actuales unter den
derzeitigen Umständen ❹ (*cuidar*) sich
kümmern (*a* um +*akk*) ❺ (*tratar*) behandeln ❻ (*despachar*) bedienen; **¿le atienden?** werden Sie schon bedient? ❼ (*llamada*) entgegennehmen **II.** *vi* ❶ (*perro*): ~
por... auf den Namen ... hören ❷ (*tener en*
cuenta) beachten (*a* +*akk*); (*concentrarse*) sich konzentrieren (*a* auf +*akk*);
(*escuchar*) zuhören (*a* +*dat*)

atenerse [ate'nerse] *irr como tener vr* sich
halten (*a* an +*akk*); ~ **a lo seguro** auf
Nummer Sicher gehen; **me atengo a lo**
que dije antes ich bleibe bei meiner Meinung; **saber a qué** ~ mit sich *dat* selbst im
Reinen sein; **si no lo haces, atente a las**
consecuencias wenn du es nicht tust,
musst du die Folgen tragen; **yo vivo ate-
nido a mi sueldo** ich bin auf mein Gehalt
angewiesen

atentado [aten'taðo] *m* Attentat *nt* (*contra*
auf +*akk*); ~ **terrorista** Terroranschlag *m;*
el autor de un ~ der Attentäter; **ser**
víctima de un ~ einem Attentat zum
Opfer fallen; **esta ley es un** ~ **contra la**
libertad de expresión dieses Gesetz verstößt gegen die Meinungsfreiheit

atentamente [atenta'mente] *adv* (*final de*
carta): (**muy**) ~ mit freundlichen Grüßen

atentar [aten'tar] *vi* ❶ (*cometer atentado*)
ein Attentat verüben (*contra* auf +*akk*)
❷ (*infringir*) verstoßen

atento, -a [a'tento, -a] *adj* aufmerksam;
estar ~ **a la conversación** dem Gespräch
aufmerksam folgen; **es muy** ~ **de su**
parte das ist sehr aufmerksam von Ihnen;
estuvo muy ~ **con nosotros** er hat sich
sehr um uns gekümmert; **es muy** ~ **con**
las mujeres er ist Frauen gegenüber sehr
galant

atenuación [atenwa'θjon] *f* Abschwä-
chung *f;* (*del dolor, t.* JUR) Milderung *f*

atenuante [atenu'ante] **I.** *adj* (JUR)
(straf)mildernd **II.** *m* ❶ (JUR) mildernder
Umstand *m* ❷ (*Am: perdón*) Entschuldigung *f*

atenuar [atenu'ar] <*1. pres:* (me) atenúo>
I. *vt* abschwächen; (*dolor, t.* JUR) mildern
II. *vr:* ~**se** schwächer werden; (*dolor, t.*
JUR) sich mildern

ateo, -a [a'teo, -a] **I.** *adj* atheistisch **II.** *m, f*
Atheist(in) *m(f)*

aterciopelado, -a [aterθjope'laðo, -a] *adj*
❶ (*tela*) samtartig ❷ (*voz*) samtig

aterirse [ate'rirse] *irr como abolir vr* erstarren; **quedarse aterido** starr vor Kälte sein

aterrador(a) [aterra'ðor(a)] *adj* schreckenerregend; **noticias** ~**as** Schreckensnach-
richten *fpl*

aterrar [ate'rrar] **I.** *vt* (*atemorizar*) Angst
machen +*dat;* (*sobresaltar*) erschrecken
II. *vr:* ~**se** (*sobresaltarse*) (sich) erschrecken; (*tener miedo*) Angst bekommen

aterrizaje [aterri'θaxe] *f* Landung *f;* ~ **con**
daños (**para el avión**) Bruchlandung *f;* ~
forzoso Notlandung *f;* ~ **movido/suave**
harte/glatte Landung

aterrizar [aterri'θar] <z→c> *vi* landen

aterrorizar [aterrori'θar] <z→c> **I.** *vt*
❶ (POL, MIL) terrorisieren ❷ (*causar terror*)
Angst einjagen +*dat;* **me aterroriza volar**
ich habe schreckliche Angst vor dem Fliegen **II.** *vr:* ~**se** (*tener miedo*) Angst
bekommen; (*sobresaltarse*) sich erschrecken

atesoramiento [atesora'mjento] *m* (ECON)
Horten *nt*

atesorar [ateso'rar] *vt* ❶ (*tesoros*) ansammeln; **este museo atesora pinturas de**

gran valor dieses Museum hat eine Sammlung wertvoller Gemälde ② (ECON) horten ③ (*virtudes*) in sich *dat* vereinigen

atestado [ates'taðo] *m:* ~ (**policial**) (Polizei)protokoll *nt*

atestar [ates'tar] *vt* ① (JUR) bezeugen ② (*llenar*) bis oben hin füllen (*de* mit +*dat*); **el maletero está atestado** der Kofferraum ist bis oben hin voll; **el palacio de deportes estaba atestado de gente** die Sporthalle war brechend voll

atestiguar [atesti'ɣwar] <gu→gü> *vt* bezeugen

atiborrar [atiβo'rrar] *vt, vr:* ~**se** (sich) voll stopfen (*de* mit +*dat*)

ático ['atiko] *m* Dachwohnung *f*; (*de lujo*) Penthouse *nt*

atildado, -a [atil'daðo, -a] *adj* gepflegt

atildar [atil'dar] *vt, vr:* ~**se** (sich) zurechtmachen

atinado, -a [ati'naðo, -a] *adj* richtig

atinar [ati'nar] **I.** *vi* ① (*a tiento*) ertasten (*con* +*akk*) ② (*encontrar*) (durch Zufall) finden (*con* +*akk*) ③ (*acertar*) erraten (*con* +*akk*); **no atiné con la respuesta** die Antwort fiel mir nicht ein ④ (*al disparar*) ins Schwarze treffen **II.** *vt* finden

atípico, -a [a'tipiko, -a] *adj* untypisch

atisbar [atis'βar] **I.** *vt* erspähen **II.** *vr:* ~**se** sich abzeichnen

atisbo [a'tisβo] *m* Anzeichen *nt;* **un** ~ **de esperanza** ein Fünkchen Hoffnung; **en Marte hay** ~**s de vida** es gibt Lebenszeichen auf dem Mars

atizador [atiθa'ðor] *m* Schürhaken *m*

atizar [ati'θar] <z→c> **I.** *vt* ① (*fuego, pasión*) schüren ② (*bofetada*) verpassen ③ (*loc*): **¡atiza!** Donnerwetter! **II.** *vr:* ~**se un trago** einen Schluck nehmen

atlántico, -a [aðˈlantiko, -a] *adj* atlantisch; **el Océano A~** der Atlantische Ozean

Atlántico [aðˈlantiko] *m* Atlantik *m*

atlas ['aðlas] *m inv* Atlas *m*

atleta [aðˈleta] *mf* (Leicht)athlet(in) *m(f)*

atlético, -a [aðˈletiko, -a] *adj* athletisch

atletismo [aðle'tismo] *m sin pl* Leichtathletik *f*

atmósfera [aðˈmosfera] *f* Atmosphäre *f*; ~ **viciada** verbrauchte Luft

atmosférico, -a [aðmos'feriko, -a] *adj* atmosphärisch; **presión atmosférica** Luftdruck *m*

atolladero [atoʎa'ðero] *m* ① (*atascadero*) Morast *m* ② (*apuro*) Verlegenheit *f*; **estar en un** ~ in der Patsche sitzen; **sacar a alguien de un** ~ jdm aus der Patsche helfen

atollar [ato'ʎar] *vi, vr:* ~**se** stecken bleiben

atolli (auch: **atol** oder **atole**) ist ein mexikanisches Getränk, das warm getrunken wird. Es wird mit Maismehl und Milch bzw. Wasser zubereitet.

atolón [ato'lon] *m* Atoll *nt*

atolondrado, -a [atolon'draðo, -a] *adj* (*insensato*) töricht; (*tonto*) dumm

atolondramiento [atolondra'mjento] *m* ① (*de los sentidos*) Benommenheit *f* ② (*por una desgracia*) Bestürzung *f* ③ (*irreflexión*) Gedankenlosigkeit *f*

atolondrar [atolon'drar] **I.** *vt* ① (*un golpe*) betäuben ② (*una desgracia*) bestürzen **II.** *vr:* ~**se** ① (*los sentidos*) benommen sein ② (*por una desgracia*) bestürzt sein ③ (*pasmarse*) verblüfft sein

atómico, -a [a'tomiko, -a] *adj* atomar; **refugio** ~ Atombunker *m*

atomismo [ato'mismo] *m sin pl* (FILOS) Atomismus *m*

atomizador [atomiθa'ðor] *m* Zerstäuber *m*

átomo ['atomo] *m* Atom *nt*

atónito, -a [a'tonito, -a] *adj* verblüfft

átono, -a ['atono, -a] *adj* unbetont

atontado, -a [aton'taðo, -a] *adj* ① (*tonto*) dumm ② (*distraído*) zerstreut; **estaba** ~ **y no te he entendido** ich war nicht bei der Sache und habe dich nicht verstanden

atontamiento [atonta'mjento] *m* ① (*aturdimiento*) Betäubung *f* ② (*pasmo*) Verblüffung *f* ③ (*entontecimiento*) Verdummung *f*

atontar [aton'tar] **I.** *vt* ① (*aturdir*) betäuben ② (*pasmar*) verblüffen ③ (*entontecer*) verdummen **II.** *vr:* ~**se** ① (*pasmarse*) verblüfft sein ② (*entontecer*) verdummen

atorar [ato'rar] **I.** *vt* verstopfen **II.** *vr:* ~**se** ① (*atascarse*) verstopfen ② (*al hablar*) stocken

atormentador(a) [atormenta'ðor(a)] **I.** *adj* quälend **II.** *m(f)* Peiniger(in) *m(f)*

atormentar [atormen'tar] **I.** *vt* ① (*torturar*) foltern ② (*molestar*) plagen; (*mortificar*) quälen **II.** *vr:* ~**se** sich (ab)quälen

atornillador [atorniʎa'ðor] *m* Schraubenzieher *m*

atornillar [atorni'ʎar] *vt* (*sujetar*) festschrauben; (*fijar*) anschrauben; (*juntar*) zusammenschrauben; ~ **en la pared** an die Wand schrauben; ~ **la tapa del frasco** den Deckel auf das Glas schrauben; ~ **fuertemente** die Schraube fest anziehen

atorrante [ato'rrante] *mf* (*CSur: fam*) Penner(in) *m(f)*

atosigamiento [atosiɣa'mjento] *m* Drängen *nt*

atosigar [atosi'ɣar] <g→gu> I. *vt* ❶ (*apremiar*) drängen ❷ (*importunar*) belästigen ❸ (*inquietar*) sehr beschäftigen II. *vr:* ~ **se** ❶ (*apresurarse*) sich abhetzen; **no te atosigues** immer mit der Ruhe ❷ (*inquietarse*) beunruhigt sein

atóxico, -a [a'toˠsiko, -a] *adj* atoxisch

atracadero [atraka'ðero] *m* Pier *m o f*

atracador(a) [atraka'ðor(a)] *m(f)* Straßenräuber(in) *m(f)*

atracar [atra'kar] <c→qu> I. *vi* (NÁUT) anlegen II. *vt* ❶ (NÁUT) festmachen ❷ (*asaltar*) überfallen ❸ (*fam: de comida*) voll stopfen (*de* mit +*dat*) III. *vr:* ~ **se** (*fam*) sich voll stopfen (*de* mit +*dat*)

atracción [atraˠ'θjon] *f* ❶ (*atractivo, t.* FÍS) Anziehungskraft *f;* ~ **universal** Schwerkraft *f* ❷ (*circense*) Attraktion *f* ❸ *pl* (*diversiones*) Vergnügungen *fpl;* **parque de atracciones** Vergnügungspark *m*

atraco [a'trako] *m* (Raub)überfall *m* (*a* auf +*akk*); ~ **a un banco** Banküberfall *m;* ~ **a mano armada** bewaffneter Überfall

atracón [atra'kon] *m* (*fam*) Schlemmerei *f;* **darse un ~ de dulces** unheimlich viele Süßigkeiten essen; **darse un ~ de televisión** bis zum Überdruss fernsehen

atractivo¹ [atrak'tiβo] *m* Anziehungskraft *f*

atractivo, -a² [atrak'tiβo, -a] *adj* attraktiv; (*tarea*) reizvoll

atraer [atra'er] *irr como traer* I. *vt* (*cautivar, t.* FÍS) anziehen; (*ganarse*) für sich gewinnen; (*atención*) auf sich ziehen; ~ **a los inversores** die Investoren anlocken; ~ **a alguien a su bando** jdn auf seine Seite ziehen; **el cebo atrae a los peces** der Köder lockt die Fische an; **sentirse atraído hacia alguien** sich zu jdm hingezogen fühlen II. *vr* (*ganarse*) für sich gewinnen; ~ **se las simpatías de alguien** jds Zuneigung gewinnen; ~ **se las iras del público** sich *dat* den Zorn des Publikums zuziehen

atragantamiento [atraɣanta'mjento] *m* Verschlucken *nt*

atragantar [atraɣan'tar] I. *vr:* ~ **se** ❶ (*al comer*) sich verschlucken (*con* an +*dat*); **me he atragantado con una espina** mir ist eine Gräte im Hals stecken geblieben ❷ (*al hablar: atascarse*) stecken bleiben; (*trabucarse*) sich versprechen ❸ (*loc*): **este profesor se me ha atragantado** ich mag diesen Lehrer nicht II. *vt* mühsam hinunterschlucken

atrancar [atraŋ'kar] <c→qu> I. *vt* verriegeln II. *vr:* ~ **se** ❶ (*tubo*) verstopfen ❷ (*un*

coche, al hablar) stecken bleiben ❸ (*encerrarse*) sich einschließen

atrapar [atra'par] *vt* fangen; (*ladrón*) fassen; (*animal escapado*) einfangen; **el portero atrapó la pelota** der Torwart hielt den Ball; ~ **una novia** (*fam*) sich *dat* eine Frau angeln; ~ **un empleo** eine Stelle kriegen; ~ **on al ladrón en plena faena** der Dieb wurde auf frischer Tat ertappt

atrás [a'tras] *adv* ❶ (*hacia detrás*) nach hinten; ¡~! zurück(treten)!; **contar ~** rückwärts zählen; **dar un paso ~** einen Schritt zurücktreten; **ir marcha ~** (**con el coche**) rückwärts fahren; **quedar ~** zurückfallen; **volver ~** umkehren; **volverse ~** umkehren; (*fig*) einen Rückzieher machen ❷ (*detrás*) hinten; **rueda de ~** Hinterrad *nt;* **dejar ~ a los perseguidores** die Verfolger hinter sich *dat* lassen; **quedarse ~** zurückbleiben; **sentarse ~** hinten sitzen ❸ (*de tiempo*): **años ~** vor Jahren; **la amistad venía de ~** sie waren schon jahrelang befreundet ❹ (*loc*): **echarse ~ de un acuerdo** von einer Vereinbarung zurücktreten; **volver la vista ~** in die Vergangenheit zurückblicken

atrasado, -a [atra'saðo, -a] *adj* ❶ (*en el estudio/desarrollo*) zurückgeblieben; (*país*) unterentwickelt; **viven 20 años ~s** sie liegen in ihrer Entwicklung 20 Jahre zurück ❷ (*pago*) rückständig ❸ (*tarde*) spät; **llegué ~ a la reunión** ich kam zu spät zur Sitzung ❹ (*loc*): **el reloj va ~** die Uhr geht nach

atrasar [atra'sar] I. *vt* ❶ (*aplazar*) verschieben; **la historia atrasa unos años esta batalla** die Geschichte siedelt diese Schlacht einige Jahre früher an ❷ (*reloj*) zurückstellen ❸ (*progreso*) hemmen II. *vr:* ~ **se** ❶ (*quedarse atrás*) zurückbleiben ❷ (*retrasarse*) sich verspäten; **el tren se ha atrasado** der Zug hatte Verspätung; ~ **se en los plazos** mit den Raten in Rückstand geraten

atraso [a'traso] *m* ❶ (*en una carrera*) Zeitrückstand *m* ❷ (*de un tren*) Verspätung *f* ❸ (*de un país*) Rückständigkeit *f* ❹ (FIN) Rückstand *m*

atravesado, -a [atraβe'saðo, -a] *adj* ❶ (*cruzado*) schräg; **un coche ~ en la calle** ein quer auf der Straße stehendes Auto ❷ (*bizco*) schielend ❸ (*persona*) böse ❹ (*animal*) gekreuzt

atravesar [atraβe'sar] <e→ie> I. *vt* ❶ (*persona*): ~ **la calle/la frontera** die Straße/ die Grenze überqueren; ~ **la sala/la ciudad** den Saal/die Stadt durchqueren; ~ **un río nadando** einen Fluss durchschwimmen; **hemos atravesado Alemania** (con el coche) wir sind quer durch Deutschland gefahren; ~ **un momento difícil** eine schwere Zeit durchmachen ❷ (cuerpo): ~ **algo con una aguja** etw mit einer Nadel durchstechen; ~ **algo taladrando** etw durchbohren; **la bala le atravesó el corazón** die Kugel hat ihm/ihr das Herz durchbohrt; **el avión atraviesa las nubes** das Flugzeug durchstößt die Wolken; **la lluvia atravesó el abrigo** der Regen drang durch den Mantel; **una cicatriz le atraviesa el pecho** eine Narbe verläuft quer über seine/ihre Brust ❸ (poner de través) quer legen; ~ **un coche en medio de la calle** ein Auto quer über die Straße stellen II. vr: ~ **se** ❶ (ponerse entremedio): **no te atravieses en mi camino** komm mir nicht in die Quere; **se me ha atravesado una miga en la garganta** mir ist ein Stückchen Brot im Hals stecken geblieben; **cuando estoy nervioso se me atraviesan las palabras** wenn ich aufgeregt bin, bekomme ich kein Wort mehr heraus ❷ (en una conversación) sich einmischen (en in +akk) ❸ (no soportar): **se me atraviesa ese tipo** ich ertrage diesen Typ nicht

atrayente [atra'ʝente] adj attraktiv

atreverse [atre'βerse] vr ❶ (osar) sich trauen; ~ **a hacer algo** sich trauen etw zu tun; ~ **a afrontar un problema** sich an ein Problem heranwagen ❷ (insolentarse) sich dat erlauben; **¿cómo te atreves a hablarme así?** wie kannst du dir nur erlauben in so einem Ton mit mir zu sprechen?; **no me atrevería a decir nada malo de él** ich werde mich hüten etwas Schlechtes über ihn zu sagen; **¡no te atreverás!** du wirst dich hüten!

atrevido, -a [atre'βiðo, -a] adj ❶ (audaz) kühn ❷ (insolente) frech; (vestido) gewagt ❸ (arriesgado) riskant

atrevimiento [atreβi'mjento] m ❶ (audacia) Kühnheit f ❷ (descaro) Frechheit f

atribución [atriβu'θjon] f ❶ (de un hecho) Zuschreibung f ❷ (competencia) Befugnis f; **atribuciones de un empleado** Amtsbefugnisse fpl; **tiene atribuciones mías para llevar las negociaciones** ich habe ihn/sie ermächtigt die Verhandlungen zu führen

atribuible [atriβu'iβle] adj: **ser** ~ **a alguien** jdm zuzuschreiben sein

atribuir [atriβu'ir] irr como huir I. vt ❶ (hechos, cualidades) zuschreiben; ~ **la culpa de algo a alguien** jdm die Schuld an etw dat zuschreiben; ~ **a alguien grandes facultades** jdm große Fähigkeiten nachsa-

gen; **atribuye el accidente a un defecto de los frenos** er/sie führt den Unfall auf einen Defekt der Bremsen zurück ❷ (funciones) übertragen II. vr: ~ **se** ❶ (hechos, cualidades) sich dat zuschreiben ❷ (facultades): ~ **se todo el poder** die Macht völlig übernehmen

atribular [atriβu'lar] I. vt ❶ (apesadumbrar) betrüben ❷ (atormentar) quälen II. vr: ~ **se** ❶ (apenarse) sich grämen (en/con/por über +akk, en/con/por wegen +gen/dat) ❷ (atormentarse) sich quälen (en/con/por mit +dat)

atributo [atri'βuto] m ❶ (propiedad) Eigenschaft f ❷ (emblema, t. LING) Attribut nt

atril [a'tril] m ❶ (MÚS) Notenständer m ❷ (de mesa) Lesepult nt

atrincheramiento [atrintʃera'mjento] m Verschanzung f

atrincherar [atrintʃe'rar] vt, vr: ~ **se** (sich) verschanzen

atrio ['atrjo] m Atrium nt

atrocidad [atroθi'ðað] f ❶ (cosa atroz) Scheußlichkeit f ❷ (crimen) Gräueltat f ❸ (disparate) Unsinn m; **¡no digas ~es!** red doch keinen Unsinn!; **este artículo está lleno de ~es** in diesem Artikel stehen die unglaublichsten Dinge ❹ (gran cantidad): **tener una ~ de dinero** in Geld schwimmen

atrofia [a'trofja] f (MED) Atrophie f; ~ **muscular** Muskelschwund m

atrofiar [atro'fjar] I. vt ❶ schwinden lassen II. vr: ~ **se** verkümmern; (MED) atrophieren; **no dejes que tu talento se atrofie** du darfst dein Talent nicht verkümmern lassen

atronador(a) [atrona'ðor(a)] adj ohrenbetäubend; (aplauso) donnernd

atronar [atro'nar] <o→ue> I. vt (ruido a una persona) betäuben; **me atruena con sus gritos** seine/ihre Schreie dröhnen mir im Kopf II. vr: ~ **se** völlig benommen sein

atropellado, -a [atrope'ʎaðo, -a] adj ❶ (precipitado) überstürzt; **voy muy ~ de tiempo** ich habe keine Zeit ❷ (persona) heruntergekommen

atropellar [atrope'ʎar] I. vt ❶ (vehículo) überfahren; **por poco me atropellan** beinahe wäre ich überfahren worden ❷ (empujar) anrempeln; (derribar) umrennen ❸ (agraviar) beleidigen ❹ (leyes) missachten; ~ **la lengua** die Sprache vergewaltigen ❺ (un trabajo) hastig erledigen II. vi: ~ **por todo** sich über alles hinwegsetzen III. vr: ~ **se** sich überstürzen

atropello [atro'peʎo] m ❶ (colisión)

Zusammenstoß *m;* (*accidente*) Verkehrsunfall *m* ❷ (*empujón*) Schubs *m;* (*derribo*) Umrennen *nt* ❸ (*insulto*) Beleidigung *f* ❹ (*injusticia*) Ungerechtigkeit *f;* ¡esto es un ~! das ist ein Unding! ❺ (*prisa*) Überstürzung *f;* **tomar una decisión sin prisas ni ~s** eine Entscheidung nicht überstürzen

atroz [a'troθ] *adj* ❶ (*horroroso*) grässlich ❷ (*cruel*) grausam ❸ (*inhumano*) unmenschlich ❹ (*muy grande*) riesig

atuendo [a'twendo] *m* (*atavío*) Aufmachung *f*

atufar [atu'far] I. *vt* ❶ (*marear*) benebeln ❷ (*enfadar*) ärgern II. *vr:* ~ se ❶ (*marearse*) benommen sein ❷ (*enfadarse*) sich ärgern

atún [a'tun] *m* Thunfisch *m*

aturdido, -a [atur'ðiðo, -a] *adj* ❶ (*irreflexivo*) gedankenlos ❷ (*pasmado*) verblüfft

aturdidor(a) [aturði'ðor(a)] *adj* betäubend

aturdimiento [aturði'mjento] *m* ❶ (*por un golpe*) Betäubung *f* ❷ (*por una mala noticia*) Bestürzung *f* ❸ (*irreflexión*) Gedankenlosigkeit *f*

aturdir [atur'ðir] I. *vt* ❶ (*los sentidos*) betäuben ❷ (*una mala noticia*) bestürzen ❸ (*pasmar*) verblüffen II. *vr:* ~ se ❶ (*los sentidos*) benommen sein ❷ (*por una desgracia*) bestürzt sein ❸ (*pasmarse*) verblüfft sein

atur(r)ullar [atur(r)u'ʎar] I. *vt* verwirren II. *vr:* ~ se verwirrt sein

atusar [atu'sar] I. *vt* ❶ (*el peinado*) richten ❷ (*el pelo*) nachschneiden; (*la barba*) stutzen II. *vr:* ~ se sich herausputzen

audacia [au'ðaθja] *f* Kühnheit *f*

audaz [au'ðaθ] *adj* kühn

audible [au'ðiβle] *adj* hörbar

audición [auði'θjon] *f* ❶ (*acción*) Hören *nt* ❷ (*facultad*) Gehör *nt* ❸ (*concierto*) Konzert *nt;* (*lectura*) Lesung *f* ❹ (TEAT) Vorsprechen *nt;* (*músico*) Vorspielen *nt;* (*cantante*) Vorsingen *nt;* **pasar una ~** (*actor*) vorsprechen; (*instrumentista*) vorspielen; (*cantante*) vorsingen

audiencia [au'ðjenθja] *f* ❶ (TEL, RADIO) Zuhörerschaft *f;* **nivel de ~** Einschaltquote *f* ❷ (POL) Audienz *f* ❸ (JUR: *sesión*) Anhörung *f;* (*sala*) Gerichtssaal *m;* (*tribunal*) Gerichtshof *m*

audífono [au'ðifono] *m* ❶ (*para sordos*) Hörgerät *nt* ❷ (*Am: auricular*) (Telefon)hörer *m*

audio ['auðjo] *adj inv* Audio-; **materiales ~** Tonmaterial *nt*

audiovisual [auðjoβi'swal] *adj* audiovisuell

auditivo¹ [auði'tiβo] *m* (TEL) Hörmuschel *f*

auditivo, -a² [auði'tiβo, -a] *adj* (ANAT) Gehör-

auditor(a) [auði'tor(a)] *m(f)* (ECON, FIN) Wirtschaftsprüfer(in) *m(f)*

auditoría [auðito'ria] *f* ❶ (*de la contabilidad*) Wirtschaftsprüfung *f;* ~ **de cuentas** Rechnungsprüfung *f;* ~ **externa** Außenprüfung *f;* ~ **financiera** Kassenprüfung *f;* ~ **fiscal** Steuerprüfung *f* ❷ (*despacho*) Wirtschaftsprüfungsbüro *nt;* (*sociedad*) Wirtschaftsprüfungsgesellschaft *f*

auditorio [auði'torjo] *m* ❶ (*público*) Zuhörerschaft *f* ❷ (*sala*) (Konzert)saal *m*

auge ['auxe] *m* ❶ (*cumbre*) Höhepunkt *m;* (*de una época*) Blütezeit *f;* **en el ~ de su belleza** in der Blüte seiner/ihrer Schönheit ❷ (*mejora*) Aufschwung *m*

augurar [auɣu'rar] *vt* voraussagen

augurio [au'ɣurjo] *m* Vorzeichen *nt*

aula ['aula] *f* ❶ (*de escuela*) Klassenzimmer *nt* ❷ (*de universidad*) Hörsaal *m;* ~ **magna** Audimax *nt*

aullar [au'ʎar] *irr vi* (*animal*) heulen

aullido [au'ʎiðo] *m* Heulen *nt*

aumentable [aumen'taβle] *adj* ❶ (*de tamaño*) ausbaufähig ❷ (*de cantidad*) steigerungsfähig

aumentar [aumen'tar] I. *vi* ❶ (*en intensidad*) zunehmen; (*miedo*) größer werden; (*temperatura*) steigen; (*aplausos*) anschwellen; (*resistencia*) wachsen; ~ **de volumen** umfangreicher werden; ~ **de velocidad** schneller werden ❷ (*en cantidad*) zunehmen (um +*akk*); (*precios, número*) steigen (um +*akk*); ~ **de altura** höher werden; ~ **de peso** an Gewicht zunehmen; **los disturbios aumentan** die Unruhen weiten sich aus ❸ (*en extensión*) vergrößern; ~ **mucho** stark vergrößern II. *vt* ❶ (*intensidad*) steigern; (*esfuerzos*) verstärken ❷ (*subir*) steigern; (*multiplicar*) vermehren; (*precios*) erhöhen ❸ (*de extensión*) vergrößern; ~ **el poder/el dominio** die Macht/die Herrschaft ausweiten III. *vr:* ~ se ❶ (*en cantidad*) erhöht werden ❷ (*en extensión*) größer werden

aumentativo [aumenta'tiβo] *m* (LING) Augmentativ *nt*

aumento [au'mento] *m* ❶ (*en la intensidad*) Zunahme *f* ❷ (*de los esfuerzos*) Verstärkung *f;* (*de las disputas*) Eskalation *f;* **ir en ~** ständig zunehmen ❷ (*en la cantidad*) Zunahme *f* (*de* um +*akk*); (*de población*) Zuwachs *m* (*de* um +*akk*); (*de precio, suma*) Erhöhung *f* (*de* um +*akk*); (*de valor, ventas*) Steigerung *f* (*de* um +*akk*); (*en los negocios*) Erweiterung *f;* (*de la temperatura*) Anstieg *m* (*de* um +*akk*)

❸ (*en la extensión*) Vergrößerung *f*

aun [aun] **I.** *adv* ❶ (*hasta*) sogar ❷ (*loc*): ~ **así** (aber) trotzdem; **ni** ~ nicht einmal **II.** *conj:* ~ **cuando** selbst wenn; ~ **no comprando nada, no me llega el dinero** selbst wenn ich nichts kaufe, reicht das Geld nicht aus

aún [a'un] *adv* ❶ (*todavía*) (immer) noch; ~ **no** noch nicht ❷ (*con comparativo*) noch

aunar [au'nar] *irr como aullar* **I.** *vt* ❶ (*unir*) vereinen; ~ **esfuerzos** gemeinsame Anstrengungen machen ❷ (*unificar*) vereinigen ❸ (*armonizar*) in Übereinstimmung bringen **II.** *vr:* ~ **se** sich zusammentun

aunque ['auŋke] *conj* ❶ (*concesiva: a pesar de que, incluso si*) auch wenn; ~ **es viejo, aún puede trabajar** obwohl er alt ist, kann er immer noch arbeiten; **la casa,** ~ **pequeña, está bien** wenn das Haus auch klein ist, ist es doch schön; **tengo que conseguirte** ~ **me cueste la vida** ich muss dich haben, auch wenn es mich das Leben kostet; ~ **parezca extraño** so seltsam es auch scheinen mag; **tengo que regalarle algo** ~ **sea un boli** ich muss ihm/ihr unbedingt etwas schenken, und wenn es nur ein Kuli ist ❷ (*adversativa*) aber

aúpa [a'upa] *interj* auf, hoch; **ser de** ~ gefährlich sein

au pair [o'per] *mf* Aupairmädchen *nt,* Aupairboy *m;* **puesto de** ~ Aupairstelle *f*

aupar [au'par] *irr como aullar vt* ❶ (*a un niño*) hochheben ❷ (*ayudar a subir*) hinaufhelfen +*dat;* ~ **a alguien a la presidencia** jdm zum Amt des Präsidenten verhelfen

aura ['aura] *f* (*atmósfera*) Aura *f;* **tiene una** ~ **misteriosa** eine geheimnisvolle Aura umgibt ihn/sie; **exhalar una** ~ **de tranquilidad** Ruhe ausstrahlen

áureo, -a ['aureo, -a] *adj* golden

aureola [aure'ola] *f* (*de alguien*) Heiligenschein *m*

aurícula [au'rikula] *f* ❶ (ANAT: *del corazón*) Vorhof *m* ❷ (ANAT: *de la oreja*) Ohrmuschel *f* ❸ (*planta*) Aurikel *f*

auricular [auriku'lar] **I.** *adj* (*de la oreja*) Ohren-; **testigo** ~ Ohrenzeuge *m;* **dedo** ~ kleiner Finger **II.** *m* ❶ (TEL) (Telefon)hörer *m;* **coger/colgar el** ~ den Hörer abnehmen/auflegen ❷ (*de música*) Kopfhörer *m*

aurora [au'rora] *f* ❶ (*alba*) Morgenröte *f* ❷ (*principios*) Anfänge *mpl*

auscultación [auskulta'θjon] *f* (MED) Abhorchen *nt*

auscultar [auskul'tar] *vt* ❶ (MED) abhorchen ❷ (*sondear*) ausloten

ausencia [au'senθja] *f* ❶ (*estado de ausente*) Abwesenheit *f;* **brillar por su** ~ durch Abwesenheit glänzen; **hacer a alguien buenas** ~**s** gut über jdn reden; **tener buenas** ~**s** einen guten Ruf haben; **en** ~ **del gato bailan los ratones** (*prov*) wenn die Katze aus dem Haus ist, tanzen die Mäuse (auf dem Tisch) ❷ (*falta*) Mangel *m* (*de* an +*dat*); ~ **de interés** mangelndes Interesse; **en** ~ **de algo mejor** in Ermangelung eines Besseren ❸ (PSICO) (Geistes)abwesenheit *f*

ausentarse [ausen'tarse] *vr* (*irse*) weggehen; ~ **de la ciudad** die Stadt verlassen

ausente [au'sente] *adj* ❶ (*no presente*) abwesend; **estar** ~ nicht da sein; **estar** ~ **del trabajo** am Arbeitsplatz fehlen ❷ (*distraído*) (geistes)abwesend

auspiciar [auspi'θjar] *vt* ❶ (*presagiar*) voraussagen ❷ (*patrocinar*) die Schirmherrschaft übernehmen (über +*akk*)

auspicio [aus'piθjo] *m* ❶ (*protección*) Schirmherrschaft *f;* **bajo los** ~**s del presidente** unter der Schirmherrschaft des Präsidenten ❷ *pl* (*presagio*) Vorzeichen *nt*

austeridad [austeri'ðað] *f* ❶ (*de las costumbres*) Strenge *f* ❷ (*del modo de vida*) Enthaltsamkeit *f* ❸ (*de un lugar*) Kargheit *f* ❹ (*de un estilo*) Einfachheit *f*

austero, -a [aus'tero, -a] *adj* ❶ (*costumbre*) streng ❷ (*modo de vida*) enthaltsam ❸ (*lugar*) karg ❹ (*estilo*) einfach

austral [aus'tral] *adj* südlich, Süd-

Australia [aus'tralja] *f* Australien *nt*

australiano, -a [austra'ljano, -a] **I.** *adj* australisch **II.** *m, f* Australier(in) *m(f)*

Austria ['austrja] *f* Österreich *nt*

austriaco, -a [aus'trjako, -a], **austríaco, -a** [aus'triako, -a] **I.** *adj* österreichisch **II.** *m, f* Österreicher(in) *m(f)*

autarquía [autar'kia] *f* Autarkie *f*

autárquico, -a [au'tarkiko, -a] *adj* (*t.* POL) autark

autenticar [autenti'kar] <c→qu> *vt* (*legitimar*) beglaubigen

autenticidad [autentiθi'ðað] *f* Echtheit *f;* **sobre la** ~ **de tus palabras tengo mis dudas** ich bezweifle den Wahrheitsgehalt deiner Worte; **no creo en la** ~ **de esta información** ich glaube nicht, dass es sich hier um eine zuverlässige Information handelt

auténtico, -a [au'tentiko, -a] *adj* ❶ (*verdadero*) echt; **un** ~ **fracaso** ein glatter Fehlschlag; **hacía un calor** ~ es war wirklich warm; **es un** ~ **maestro en su especialidad** er ist ein wahrer Meister in seinem Fach ❷ (*palabra*) glaubwürdig ❸ (*informa-*

ción) zuverlässig; (*datos*) verbürgt

autista [aṵ'tista] **I.** *adj* autistisch **II.** *mf* Autist(in) *m(f)*

auto ['aṵto] *m* ❶ (*resolución*) Beschluss *m* ❷ *pl* (*actas*) (Prozess)akten *fpl;* **constar en ~ s** aktenkundig sein; **estar en ~ s** (*fig*) im Bilde sein; **poner en ~s** (*fig*) ins Bild setzen ❸ (AUTO) Auto *nt*

autoadhesivo, -a [aṵtoaðe'siβo, -a] *adj* selbstklebend; **papel ~** Selbstklebefolie *f*

autoaprendizaje [aṵtoaprendi'θaxe] *m* Selbststudium *nt*

autobiografía [aṵtoβjoɣra'fia] *f* Autobiografie *f;* **autobiográfico, -a** [aṵtoβjo'ɣrafiko, -a] *adj* autobiografisch

autobús [aṵto'βus] *m* (Auto)bus *m*, Omnibus *m*

autocar [aṵto'kar] <autocares> *m* (Reise)bus *m*

autocarril [aṵtoka'rril] *m* (*Bol, Chil, Nic: autovía*) Schnellstraße *f*

autochoque [aṵto'tʃoke] *m* (Auto)scooter *m*

autocine [aṵto'θine] *m* Autokino *nt*

autocompasión [aṵtokompa'sjon] *f* Selbstmitleid *nt*

autocomplacencia [aṵtokompla'θenθja] *f* Selbstgefälligkeit *f*

autoconfianza [aṵtokom'fjanθa] *f* Selbstvertrauen *nt*

autocontrolarse [aṵtokontro'larse] *vr* sich beherrschen

autocrítico, -a [aṵto'kritiko, -a] *adj* selbstkritisch

autóctono, -a [aṵ'toktono, -a] *adj* einheimisch

autodefensa [aṵtoðe'fensa] *f* Selbstverteidigung *f*

autodeterminación [aṵtoðetermina'θjon] *f* Selbstbestimmung *f;* **derecho de ~** Selbstbestimmungsrecht *nt*

autodidacto, -a [aṵtoði'ðakto, -a] **I.** *adj* autodidaktisch **II.** *m, f* Autodidakt(in) *m(f)*

autodisciplina [aṵtoðisθi'plina] *f* Selbstdisziplin *f*

autodominio [aṵtoðo'minjo] *m* Selbstbeherrschung *f*

autódromo [aṵ'toðromo] *m* Autodrom *nt*

autoescuela [aṵtoes'kwela] *f* Fahrschule *f*

autoestima [aṵtoes'tima] *f* Selbstwertgefühl *nt*

autoestop [aṵtoes'top] *m:* **viajar en** [*o* **hacer**] **~** per Anhalter fahren [*o* trampen]

autoestopista [aṵtoesto'pista] *mf* Anhalter(in) *m(f)*

autofinanciación [aṵtofinanθja'θjon] *f* Eigenfinanzierung *f;* **autogestión** [aṵtoxes'tjon] *f* Selbstverwaltung *f;* **autogo-**

bierno [aṵtoɣo'βjerno] *m* Selbstverwaltung *f*

autogol [aṵto'ɣol] *m* (DEP) Eigentor *nt*

autógrafo [aṵ'toɣrafo] *m* (*firma*) Autogramm *nt*

autointoxicación [aṵtointoɤsika'θjon] *f* (MED) Autointoxikation *f*

autolavado [aṵtola'βaðo] *m* Selbstreinigung *f;* **túnel de ~** (AUTO) Waschstraße *f*

autómata [aṵ'tomata] *m* ❶ (*aparato*) Automat *m* ❷ (*robot*) Roboter *m* ❸ (*pey: persona*) Marionette *f*

automático¹ [aṵto'matiko] *m* Druckknopf *m*

automático, -a² [aṵto'matiko, -a] *adj* automatisch; **caja de cambios automática** (AUTO) Automatikgetriebe *nt;* **dispositivo ~** Automatik *f;* **fusil ~** Selbstladegewehr *nt;* **la puerta se cierra de modo ~** die Tür schnappt ins Schloss; (*en un metro*) die Tür schließt selbsttätig; **su despido fue ~ después** er/sie wurde fristlos entlassen

automatismo [aṵtoma'tismo] *m* Automatismus *m*

automatización [aṵtomatiθa'θjon] *f* Automatisierung *f*

automatizar [aṵtomati'θar] <z→c> *vt* automatisieren

automotivarse [aṵtomoti'βarse] *vr* sich selbst motivieren

automóvil [aṵto'moβil] *m* Auto *nt;* **~ de carreras** Rennwagen *m;* **~ eléctrico** Elektroauto *nt;* **~ todo terreno** Geländefahrzeug *nt;* **Salón del A~** Automobilmesse *f*

automovilismo [aṵtomoβi'lismo] *m* (DEP) Rennsport *m*

automovilista [aṵtomoβi'lista] *mf* Autofahrer(in) *m(f)*

automovilístico, -a [aṵtomoβi'listiko, -a] *adj* Auto-; **parque ~** Fuhrpark *m*

autonomía [aṵtono'mia] *f* ❶ (POL) Autonomie *f;* **~ colectiva** Tarifautonomie *f;* **~ municipal** kommunale Selbstverwaltung ❷ (*de una persona*) Unabhängigkeit *f;* **en esta empresa no tengo ~ para tomar decisiones** in dieser Firma kann ich keine eigenen Entscheidungen treffen ❸ (*territorio*) autonome Region *f*

autonómico, -a [aṵto'nomiko, -a] *adj* autonom(isch); **proceso ~** Autonomieprozess *m;* **política autonómica** Regionalpolitik *f;* **elecciones autonómicas** Wahlen in den autonomen Regionen

autónomo, -a [aṵ'tonomo, -a] *adj* ❶ (POL) autonom; **la comunidad autónoma de Galicia** die autonome Region Galicien ❷ (*trabajador*) selb(st)ständig; **trabajar de**

~ selb(st)ständig arbeiten; **¿cuánto pagas de ~ s?** wie viel zahlst du für deine private Krankenversicherung?

autopiloto [aʊtopi'loto] *m* (AERO) Autopilot *m*

autopista [aʊto'pista] *f* Autobahn *f*; ~ **de datos** Datenautobahn *f*; ~ **de la información** Dateninfobahn *f*; ~ **de peaje** gebührenpflichtige Autobahn

autoproclamarse [aʊtoprokla'marse] *vr* sich selbst ernennen (zu +*dat*)

autoprogramable [aʊtoproɣra'maβle] *adj* selbstprogrammierbar

autopropulsión [aʊtopropul'sjon] *f* (TÉC) Eigenantrieb *m*

autopsia [aʊ'toβsja] *f* (MED) Autopsie *f*

autor(a) [aʊ'tor(a)] *m(f)* ❶ (LIT) Autor(in) *m(f)*; (MÚS) Komponist(in) *m(f)*; **derechos de** ~ Urheberrechte *ntpl*; **una novela de** ~ **desconocido** ein Roman eines unbekannten Verfassers ❷ (*de un acto*) Urheber(in) *m(f)*; (*de una conspiración*) Anstifter(in) *m(f)*; (*de un crimen*) Täter(in) *m(f)*; **el** ~ **del atentado** der Attentäter ❸ (*de un invento*) Erfinder(in) *m(f)*; (*de un descubrimiento*) Entdecker(in) *m(f)*

autoridad [aʊtori'ðað] *f* ❶ (*poder*) Macht *f*; (*de alguien*) Autorität *f*; ~ **del estado** Staatsgewalt *f*; ~ **judicial** richterliche Gewalt; ~ **de los padres** elterliche Autorität; **estar bajo la** ~ **de alguien** jdm unterstehen; **¡aquí soy yo la** ~**!** hier bestimme ich! ❷ (*institución estatal*) Behörde *f* ❸ *(pl)* (*policía*) Polizei *f*; **desacato a la** ~ Widerstand gegen die Staatsgewalt ❹ (*experto*) Autorität *f*

autoritario, -a [aʊtori'tarjo, -a] *adj* autoritär

autoritarismo [aʊtorita'rismo] *m* *sin pl* Autoritarismus *m*

autorización [aʊtoriθa'θjon] *f* ❶ (*permiso*) Erlaubnis *f* (*para* zu +*dat*); ~ **para vender alcohol** Schankkonzession *f* ❷ (*facultad*) Ermächtigung *f* (*para* zu +*dat*) ❸ (*derecho*) Berechtigung *f* (*para* zu +*dat*) ❹ (*de un documento*) Beglaubigung *f*; (*de una firma*) Bestätigung *f*

autorizado, -a [aʊtori'θaðo, -a] *adj* ❶ (*facultado*) befugt; **persona no autorizada** Unbefugte(r) *m*; ~ **para firmar** zeichnungsberechtigt ❷ (*competente*) kompetent; **de fuentes autorizadas** aus sicherer Quelle ❸ (*oficial*) offiziell

autorizar [aʊtori'θar] <z→c> *vt* ❶ (*consentir*) genehmigen; **mi jefe me ha autorizado para ausentarme** mein Chef hat mir freigegeben ❷ (*facultar*) ermächtigen (*a/para* zu +*dat*) ❸ (*dar derecho*) berech-

tigen (*a/para* zu +*dat*); **que sea mi jefe no le autoriza para insultarme** auch wenn Sie mein Chef sind, haben Sie kein Recht mich zu beschimpfen; **este hecho nos autoriza a pensar que...** diese Tatsache berechtigt uns zu der Annahme, dass ... ❹ (*documentos*) beglaubigen

autorregularse [aʊtorreɣu'larse] *vr* sich selbst regulieren

autorretrato [aʊtorre'trato] *m* Selbstbildnis *nt*; **autoservicio** [aʊtoser'βiθjo] *m* Selbstbedienung *f*

autostop [aʊtos'top] *m:* **hacer** ~ trampen

autostopista [aʊtosto'pista] *mf* Anhalter(in) *m(f)*

autosuficiencia [aʊtosufi'θjenθja] *f* ❶ (*condición*) Selbstgenügsamkeit *f*; ~ **económica** (ECON) wirtschaftliche Selbstversorgung ❷ (*presunción*) Selbstgefälligkeit *f*

autosuficiente [aʊtosufi'θjente] *adj* ❶ (*condición*) selbstgenügsam ❷ (*presuncioso*) selbstgefällig

autovía [aʊto'βia] *f* (*carretera*) Schnellstraße *f*

auxiliar¹ [aʊɣsi'ljar] *m* (LING) Hilfsverb *nt*

auxiliar² [aʊɣsi'ljar] **I.** *adj* Hilfs-; **profesor** ~ (UNIV) Assistent *m*; (*en la escuela*) Aushilfslehrer *m* **II.** *mf* Assistent(in) *m(f)*; ~ **administrativo** Beamter im unteren Dienst; ~ **de cátedra** (*en Alemania*) wissenschaftliche Hilfskraft; ~ **de clínica** Krankenpfleger *m*, Krankenschwester *f*; ~ **técnico sanitario** medizinisch-technischer Assistent *m*; ~ **de vuelo** Steward *m*, Stewardess *f* **III.** *vt* ❶ (*dar auxilio*) helfen +*dat* ❷ (REL) versehen

auxilio [aʊɣ'siljo] *m* Hilfe *f*; ~ **s espirituales** (REL) Sterbesakramente *ntpl*; **primeros** ~ **s** erste Hilfe; **pedir** ~ um Hilfe rufen; **pedir** ~ **a alguien** jdn zu Hilfe rufen

aval [a'βal] *m* (COM, JUR) Wechselbürgschaft *f*; ~ **bancario** Bankbürgschaft *f*

avalador(a) [aβala'ðor(a)] **I.** *adj* avalierend **II.** *m(f)* (Wechsel)bürge, -in *m, f*

avalancha [aβa'lantʃa] *f* Lawine *f*

avalar [aβa'lar] *vt* ❶ (COM) eine (Wechsel)bürgschaft leisten (für +*akk*); ~ **una deuda** eine Bürgschaft für eine Schuld leisten ❷ (*a alguien*) bürgen (*a* für +*akk*)

avance [a'βanθe] *m* ❶ (*movimiento*) Vorrücken *nt*; (MIL) Vormarsch *m*; ~ **de los precios** Preissteigerung *f* ❷ (*anticipo*) Vorschuss *m* ❸ (*progreso*) Fortschritt *m* ❹ (*avanzo*) Bilanz *f* ❺ (*presupuesto*) (Kosten)voranschlag *m* ❻ (CINE, TV) Vorschau *f* (*de* auf +*akk*); ~ **informativo** Nachrichtenüberblick *m*

avanzado, **-a** [aβaɲˈθaðo, -a] *adj* ❶ (*estado, nivel, edad*) fortgeschritten ❷ (*método*) fortschrittlich ❸ (*modelo*) weiterentwickelt

avanzar [aβaɲˈθar] <z→c> I. *vi* ❶ (*seguir adelante*) weitergehen; (MIL) vorrücken; (*lava*) sich vorwärtsbewegen; ~ **por una calle** eine Straße entlanggehen; ~ **hacia alguien** auf jdn zugehen; **a medida que el tiempo avanzaba** mit der Zeit ❷ (*progresar*) vorankommen; **no** ~ **nada** keine Fortschritte machen; **esta tendencia está avanzando** dieser Trend ist auf dem Vormarsch II. *vt* ❶ (*mover hacia adelante*) vorrücken; ~ **un pie** einen Fuß vorsetzen ❷ (*sueldo*) vorschießen ❸ (*propuesta*) vorbringen

avaricia [aβaˈriθja] *f* ❶ (*codicia*) Habgier *f* ❷ (*tacañería*) Geiz *m*

avaricioso, **-a** [aβariˈθjoso, -a] *adj*, **avariento**, **-a** [aβaˈrjento, -a] *adj* ❶ (*codicioso*) habgierig ❷ (*tacaño*) geizig

avaro, **-a** [aˈβaro, -a] I. *adj* geizig; **ser muy** ~ **de algo** mit etw *dat* geizen II. *m*, *f* Geizhals *m*

avasallar [aβasaˈʎar] I. *vt* ❶ (*subyugar*) unterwerfen ❷ (*atropellar*) überrollen II. *vr:* ~ **se** sich unterwerfen

avatares [aβaˈtares] *mpl:* **los** ~ **es de la vida** die Wechselfälle des Lebens; **los** ~ **es de la suerte** die Launenhaftigkeit des Glücks

ave [ˈaβe] *f* Vogel *m;* ~ **s de corral** Geflügel *nt;* ~ **de paso** Zugvogel *m*

AVE [ˈaβe] *m abr de* **Alta Velocidad Española** ≈ICE *m*

avecinarse [aβeθiˈnarse] *vr* bevorstehen; (*tormenta*) aufziehen

avellana [aβeˈʎana] *f* Haselnuss *f*

avellano [aβeˈʎano] *m* Hasel(nuss)strauch *m*

avemaría [aβemaˈria] *f* ❶ (*oración*) Ave-Maria *nt* ❷ (*loc*): **al** ~ bei Einbruch der Nacht; **en un** ~ im Handumdrehen; **saberse algo como el** ~ etw wie am Schnürchen können

avena [aˈβena] *f* Hafer *m*

avenencia [aβeˈnenθja] *f* ❶ (*acuerdo*) Übereinkunft *f* ❷ (*armonía*) Eintracht *f;* **en buena** ~ in Eintracht ❸ (JUR) Vergleich *m*

avenida [aβeˈniða] *f* ❶ (*de un río*) Hochwasser *nt* ❷ (*calle*) Allee *f* ❸ (*de gente o cosas*) Zustrom *m*

avenido, **-a** [aβeˈniðo, -a] *adj:* **dos personas bien avenidas** zwei gut befreundete Menschen; **una pareja mal avenida** ein unglückliches Paar

avenir [aβeˈnir] *irr como venir* I. *vt* versöhnen II. *vr:* ~ **se** ❶ (*entenderse*) sich verstehen ❷ (*ponerse de acuerdo*) sich einigen (*en* über +*akk*) ❸ (*conformarse*) einverstanden sein; **no** ~ **se a...** nicht damit einverstanden sein zu ... ❹ (*armonizar*) miteinander in Einklang stehen ❺ (*prestarse a*) sich bereit erklären; ~ **se a dialogar** sich zu Gesprächen bereit erklären

aventajado, **-a** [aβenˈtaxaðo, -a] *adj* (*alumno*) hervorragend; **de estatura aventajada** hochgewachsen

aventajar [aβentaˈxar] *vt* ❶ (*ser mejor*) übertreffen (*en* an +*dat*) ❷ (*en una carrera*) überholen (*a* +*dat*) ❸ (*anteponer*) bevorzugen; ~ **a todos** alle hinter sich *dat* lassen

aventar [aβenˈtar] <e→ie> I. *vt* ❶ (*echar aire a algo*) belüften ❷ (*dispersar el viento*) fortwehen ❸ (*el grano*) worfeln II. *vr:* ~ **se** ❶ (*fam:* pirárselas) abhauen ❷ (*las velas*) sich blähen

aventura [aβenˈtura] *f* ❶ (*extraordinaria*) Abenteuer *nt;* **espíritu de** ~ Abenteuerlust *f* ❷ (*arriesgada*) Wagnis *nt* ❸ (*amorosa*) (Liebes)affäre *f*

aventurado, **-a** [aβenˈturaðo, -a] *adj* gewagt

aventurar [aβentuˈrar] I. *vt* ❶ (*arriesgar*) riskieren ❷ (*algo atrevido*) wagen II. *vr:* ~ **se** sich wagen; **perdieron dinero al** ~ **se en el mundo editorial** sie verloren Geld bei dem Versuch ins Verlagswesen einzusteigen

aventurero, **-a** [aβentuˈrero, -a] I. *adj* abenteuerlich; (*fig*) gewagt; **espíritu** ~ Abenteuerlust *f* II. *m*, *f* Abenteurer(in) *m(f)*

avergonzado, **-a** [aβerɣonˈθaðo, -a] *adj* (*sonrisa*) verschämt; **sentirse** ~ sich schämen

avergonzar [aβerɣonˈθar] *irr* I. *vt* beschämen II. *vr:* ~ **se** sich schämen (*de/por* wegen +*gen/dat*)

avería [aβeˈria] *f* ❶ (AUTO) Panne *f* ❷ (*de una mercadería*) Schaden *m* ❸ (TÉC) Störung *f* ❹ (NÁUT) Havarie *f;* ~ **gruesa/simple** schwere/leichte Havarie

averiar [aβeˈrjar] <1. *pres:* averío> I. *vt* beschädigen II. *vr:* ~ **se** ❶ (AUTO) eine Panne haben ❷ (TÉC) gestört sein ❸ (NÁUT) havarieren

averiguable [aβeriɣwaˈβle] *adj* ermittelbar

averiguación [aβeriɣwaˈθjon] *f* ❶ (*haciendo pesquisas*) Ermittlung *f* ❷ (*discurriendo*) Erforschung *f* ❸ (*al dar con*) Ausfindigmachen *nt*

averiguar [aβeriˈɣwar] <gu→gü> *vt* ❶ (*inquiriendo*) ermitteln ❷ (*discurriendo*) erforschen ❸ (*dar con*) ausfindig machen;

averigua a qué hora sale el tren sieh nach, um wie viel Uhr der Zug abfährt

aversión [aβer'sjon] *f* Abneigung *f* (*a* gegen +*akk*)

avestruz [aβes'truθ] *m* Strauß *m*

avezado, -a [aβe'θaðo, -a] *adj* erfahren; ~ **en los negocios** geschäftstüchtig

avezar [aβe'θar] <z→c> **I.** *vt* gewöhnen (*a* an +*akk*); ~ **a los niños** den Kindern gute Manieren angewöhnen **II.** *vr:* ~**se** sich gewöhnen (*a* an +*akk*)

aviación [aβja'θjon] *f* ❶ (AERO) Luftfahrt *f;* **compañía de** ~ Fluggesellschaft *f* ❷ (MIL) Luftwaffe *f*

aviador(a) [aβja'ðor(a)] *m(f)* (AERO, MIL) Flieger(in) *m(f)*

aviar [aβi'ar] <*1. pres:* avío> **I.** *vt* ❶ (*habitación*) herrichten; (*maleta*) packen; (*comida*) zubereiten; (*mesa*) decken ❷ (*dar*) versehen (*de* mit +*dat*) ❸ (*apresurar*) sich beeilen; **diles que vayan aviando** sag ihnen, sie sollen sich beeilen ❹ (*AmS: prestar*) (aus)leihen ❺ (*loc*): **estar aviado** (*en un apuro*) in der Klemme sitzen **II.** *vr:* ~**se** ❶ (*arreglarse*) sich zurechtmachen ❷ (*espabilarse*) auskommen

avícola [a'βikola] *adj* Geflügel-

avicultor(a) [aβikul'tor(a)] *m(f)* Geflügelzüchter(in) *m(f)*

avicultura [aβikul'tura] *f* Geflügelzucht *f*

avidez [aβi'ðeθ] *f* ❶ (*ansia*) Gier *f* (*de* nach +*dat*) ❷ (*codicia*) Habgier *f*

ávido, -a ['aβiðo, -a] *adj* ❶ (*ansioso*) gierig (*de* nach +*dat*) ❷ (*codicioso*) habgierig

avieso, -a [a'βjeso, -a] *adj* ❶ (*objeto*) krumm ❷ (*persona*) boshaft

avilés, -esa [aβi'les, -esa] **I.** *adj* aus Ávila **II.** *m, f* Einwohner(in) *m(f)* von Ávila

avinagrado, -a [aβina'γraðo, -a] *adj* missmutig

avinagrarse [aβina'γrarse] *vr* ❶ (*vino*) sauer werden ❷ (*persona*) missmutig werden

avío [a'βio] *m* ❶ (*apresto*) Vorbereitung *f;* (*de una habitación*) Herrichten *nt* ❷ (*provisión*) Proviant *m* ❸ (*AmS: de dinero*) Darlehen *nt;* (*de utensilios*) Ausleihen *nt* ❹ *pl* (*utensilios*): ~**s de coser** Nähzeug *nt;* ~**s de escribir** Schreibwaren *fpl* ❺ (*loc*): **¡al** ~**!** an die Arbeit!

avión [aβi'on] *m* ❶ (AERO) Flugzeug *nt;* **por** ~ (*correos*) per Luftpost; **ir en** ~ **a Mallorca** nach Mallorca fliegen ❷ (ZOOL) Mauersegler *m*

avioneta [aβjo'neta] *f* Sportflugzeug *nt*

avisado, -a [aβi'saðo, -a] *adj* ❶ (*prudente*) umsichtig ❷ (*sagaz*) schlau; **mal** ~ unklug

avisador¹ [aβisa'ðor] *m:* ~ **de movimientos** Bewegungsmelder *m*

avisador(a)² [aβisa'ðor(a)] **I.** *adj* avisierend **II.** *m(f)* Bote, -in *m, f;* **trabajar de** ~ Botengänge machen

avisar [aβi'sar] *vt* ❶ (*dar noticia*) benachrichtigen; **avísame cuando estés de vuelta** sag mir Bescheid, wenn du wieder da bist; **avisó que venía a cenar** er/sie kündigte sich zum Abendessen an; **llegar sin** ~ unangemeldet kommen ❷ (*advertir*) aufmerksam machen (*de* auf +*akk*) ❸ (*poner sobre aviso*) warnen ❹ (*llamar*) rufen

aviso [a'βiso] *m* ❶ (*notificación*) Benachrichtigung *f;* (*en una cartelera*) Anschlag *m;* (*por el altavoz*) Durchsage *f;* ~ **de llegada** (COM) Empfangsbestätigung *f;* ~ **de salida** (FERRO) Abfahrtssignal *nt;* ~ **de siniestro** Schadensmeldung *f;* **hasta nuevo** ~ bis auf Widerruf; **sin previo** ~ unangemeldet ❷ (*advertencia*) Warnung *f;* ~ **de bomba** Bombendrohung *f;* **estar sobre** ~ auf der Hut sein; **poner sobre** ~ warnen; **servir a alguien de** ~ jdm eine Lehre sein ❸ (*consejo*) Rat *m* ❹ (*prudencia*) Umsicht *f* ❺ (*Am: en el periódico*) Anzeige *f;* (*en otros medios*) Werbung *f*

avispa [a'βispa] *f* Wespe *f*

avispado, -a [aβis'paðo, -a] *adj* aufgeweckt

avispero [aβis'pero] *m* ❶ (*nido*) Wespennest *nt;* **meterse en un** ~ (*fig*) in ein Wespennest stechen ❷ (*avispas*) Wespenschwarm *m*

avispón [aβis'pon] *m* Hornisse *f*

avistar [aβis'tar] *vt* sichten

avituallamiento [aβitwaʎa'mjento] *m* Versorgung *f;* **zona de** ~ (DEP) Versorgungsstation *f*

avituallar [aβitwa'ʎar] *vt* versorgen

avivar [aβi'βar] *vt* ❶ (*dar viveza*) beleben; (*fuego, pasión*) schüren; (*color*) aufhellen; (*luz*) verstärken; (*sentidos*) schärfen; ~ **el paso** den Schritt beschleunigen

avizor [aβi'θor] *adj:* **estar ojo** ~ auf der Hut sein

avizorar [aβiθo'rar] *vt* belauern

avutarda [aβu'tarða] *f* (ZOOL) Trappe *f*

axila [ak'sila] *f* ❶ (ANAT) Achsel(höhle) *f* ❷ (BOT) Achsel *f*

axilar [aksi'lar] *adj* (ANAT, BOT) axillar

axioma [ak'sjoma] *m* Axiom *nt*

ay [ai] *interj* ❶ (*de dolor*) autsch ❷ (*de pena*) ach ❸ (*de miedo*) oh, mein Gott ❹ (*de sorpresa*) oh; **¡~, qué divertido!** ach, wie lustig! ❺ (*de amenaza*) wehe; **¡~, si vienes tarde!** wehe dir, wenn du zu spät kommst!; **¡~ del que...!** +*subj* wehe dem, der ...!

ayatollah [aɟatoˈla] *m* Ajatollah *m*

ayer [aˈɟer] *adv* gestern; ~ **(por la) noche** gestern Abend; ~ **hace una semana** gestern vor einer Woche; **de ~ acá** in kurzer Zeit; **¡parece que fue ~!** mir ist, als ob es erst gestern gewesen wäre!; **no he nacido ~** ich bin nicht von gestern

ayo, -a [ˈaɟo, -a] *m, f* (*tutor*) Hauslehrer(in) *m(f)*

ayote [aˈɟote] *m* (*AmC, Méx*), **ayotli** [aˈɟoˑli] *m* (*AmC*) Kürbis *m*

ayuda¹ [aˈɟuða] *f* ❶ (*auxilio*) Hilfe *f;* **perro de ~** Wachhund *m;* **con ~ de su amigo** mit (der) Hilfe seines/ihres Freundes; **eso no me sirve de ninguna ~** das nützt mir nichts ❷ (*lavativa*) Einlauf *m*

ayuda² [aˈɟuða] *m* Gehilfe *m*

ayudante [aɟuˈðante] *mf* ❶ (*que ayuda*) Helfer(in) *m(f)* ❷ (*cargo*) Assistent(in) *m(f)*; (*en una escuela*) Hilfslehrer(in) *m(f)*

ayudar [aɟuˈðar] **I.** *vt* ❶ (*socorrer*) helfen +*dat;* ~ **a alguien en el trabajo** jdm bei der Arbeit helfen; ~ **a alguien a levantarse** jdm aufhelfen; ~ **a alguien a salir del coche** jdm aus dem Auto helfen; ~ **a pasar la calle** über die Straße helfen; ~ **a misa** ministrieren; **¡Dios me ayude!** so wahr mir Gott helfe!; **¿le puedo ~ en algo?** kann ich Ihnen behilflich sein?; ~ **a conseguir un trabajo** zu einer Stellung verhelfen ❷ (*temporalmente*) aushelfen +*dat* ❸ (*contribuir*) beitragen (*a* zu +*dat*) **II.** *vr:* ~**se** ❶ (*mutuamente*) einander helfen ❷ (*valerse de*) sich bedienen

ayunar [aɟuˈnar] *vi* fasten

ayunas [aˈɟunas] *adv:* **en ~** nüchtern; **siempre está en ~** (*fig*) er/sie kapiert nie etwas

ayuno¹ [aˈɟuno] *m* Fasten *nt*

ayuno, -a² [aˈɟuno, -a] *adj* nüchtern; **estar ~ de experiencia** keine Erfahrung haben; **estoy ~ de lo que aquí se dice** ich habe keine Ahnung, worum es hier geht

ayuntamiento [aɟuntaˈmjento] *m* ❶ (*corporación*) Gemeinderat *m;* (*de una ciudad*) Stadtrat *m* ❷ (*edificio*) Rathaus *nt*

azabache [aθaˈβatʃe] *m* Jet(t) *m o nt;* **ojos de ~** pechschwarze Augen

azada [aˈθaða] *f* Hacke *f*

azadón [aθaˈðon] *m* (große) Hacke *f*

azafata [aθaˈfata] *f* ❶ (AERO) Stewardess *f;* ~ **de congresos** (Messe)hostess *f* ❷ (*Chil: bandeja*) Tablett *nt*

azafato [aθaˈfato] *m* (*fam*) Steward *m*

azafrán [aθaˈfran] *m* ❶ (*condimento*) Safran *m* ❷ (*color*) Safrangelb *nt*

azahar [aˈθar/aθaˈar] *m* Orangenblüte *f*

azalea [aθaˈlea] *f* Azalee *f*

azar [aˈθar] *m* ❶ (*casualidad*) Zufall *m;* **juegos de ~** Glücksspiele *ntpl;* **al ~** aufs Geratewohl; **por ~** zufällig ❷ (*imprevisto*) Missgeschick *nt;* **los ~es de la vida** die Wechselfälle des Lebens

azarar [aθaˈrar] **I.** *vt* beschämen **II.** *vr:* ~**se** ❶ (*avergonzarse*) sich schämen ❷ (*ruborizarse*) erröten ❸ (*turbarse*) unruhig werden

azaroso, -a [aθaˈroso, -a] *adj* ❶ (*proyecto*) gefährlich; **una vida azarosa** ein Leben mit viele Höhen und Tiefen ❷ (*persona*) vom Pech verfolgt

Azerbaiyán [aθerβaˈɟan] *m* Aserbaidschan *nt*

aznarismo [aθnaˈrismo] *m* Regierungspolitik *f* von José María Aznar

azogar [aθoˈɣar] <g→gu> **I.** *vt* ❶ (*cubrir con azogue*) mit Quecksilber überziehen; (*espejo*) versilbern ❷ (*la cal*) löschen **II.** *vr:* ~**se** ❶ (*intoxicarse*) sich *dat* eine Quecksilbervergiftung zuziehen ❷ (*turbarse*) unruhig [*o* zappelig] werden

azogue [aˈθoɣe] *m* (QUÍM) Quecksilber *nt;* **tener ~ en el cuerpo** (*fig*) keine Minute ruhig sitzen können; **ser uno como el ~** ein unruhiger Geist sein; **temblar como ~** zittern wie Espenlaub

azor [aˈθor] *m* Hühnerhabicht *m*

azoramiento [aθoraˈmjento] *m* ❶ (*nerviosismo*) Aufregung *f;* (*ante un acto público*) Lampenfieber *nt* ❷ (*turbación*) Verwirrung *f*

azorar [aθoˈrar] **I.** *vt* ❶ (*poner nervioso*) in Aufregung versetzen ❷ (*turbar*) verwirren **II.** *vr:* ~**se** ❶ (*alterarse*) unruhig werden; (*ante un acto público*) Lampenfieber bekommen ❷ (*turbarse*) verwirrt sein

Azores [aˈθores] *fpl* Azoren *pl*

azotaina [aθoˈtaina] *f* Tracht *f* Prügel; **dar una ~** übers Knie legen

azotamiento [aθotaˈmjento] *m* ❶ (*paliza*) Tracht *f* Prügel ❷ (*de un prisionero*) Auspeitschen *nt*

azotar [aθoˈtar] *vt* ❶ (*con un látigo*) auspeitschen; (*con nudos*) geißeln; (*con la mano*) verprügeln; **el viento me azota (en) la cara** der Wind peitscht mir ins Gesicht ❷ (*producir daños*) verwüsten; **una epidemia azota la región** eine Seuche wütet in der Region

azote [aˈθote] *m* ❶ (*látigo*) Peitsche *f;* (*con nudos*) Geißel *f* ❷ (*golpe*) Peitschenhieb *m;* (*golpe en las nalgas*) Klaps *m* auf den Po ❸ (*plaga*) Geißel *f*

azotea [aθoˈtea] *f* Dachterrasse *f;* **estar mal de la ~** (*fam*) einen Dachschaden haben

azteca [aθ'teka] **I.** adj aztekisch **II.** mf
Azteke, -in m, f

Der Indianerstamm der **aztecas**
errichtete zwischen dem 14. und dem
16. Jahrhundert im südlichen und zen-
tralen Teil Mexikos ein großes mächti-
ges Reich, das 1521 von den Spaniern
erobert wurde. Die Sprache der **aztecas** heißt *náhuatl.*

azúcar [a'θukar] m Zucker m; ~ **de corta-
dillo** Kandiszucker m; ~ **en polvo** Puderzucker m; **tener el** ~ **muy alto** (MED)
einen sehr hohen Blutzuckerspiegel haben
azucarado, **-a** [aθuka'raðo, -a] adj gezu-
ckert
azucarar [aθuka'rar] **I.** vt zuckern **II.** vr:
~**se** (*cristalizarse*) kristallisieren
azucarera [aθuka'rera] f ❶ (*recipiente*)
Zuckerdose f ❷ (*fábrica*) Zuckerfabrik f
azucarero [aθuka'rero] m (*recipiente*)
Zuckerdose f
azucarillo [aθuka'riʎo] m ❶ (*golosina*)
Schaumzuckerstange f ❷ (*terrón*) Würfelzucker m
azucena [aθu'θena] f Lilie f
azud [a'θuð] m ❶ (*aceña*) Wassermühle f
❷ (*presa*) Flussdamm m
azufrar [aθu'frar] vt schwefeln
azufre [a'θufre] m Schwefel m
azul [a'θul] adj blau; ~ **celeste** himmelblau; ~ **verdoso** blaugrün
azulado, **-a** [aθu'laðo, -a] adj bläulich
azulejo [aθu'lexo] m ❶ (*para pared*)
Kachel f; (*para suelos*) Fliese f ❷ (*carraca*)
Blauracke f ❸ (*aciano*) Kornblume f
azulete [aθu'lete] m Waschblau nt
azulgrana [aθul'ɣrana] adj blau-rot; **el
equipo** ~ (DEP) der F.C. Barcelona
azumbrado, **-a** [aθum'braðo, -a] adj (*fam*)
beschwipst
azuzar [aθu'θar] <z→c> vt aufhetzen

B b

B, **b** [be] f B, b nt; ~ **de Barcelona** B wie
Berta
baba ['baβa] f ❶ (*de la boca*) Geifer m
❷ (*del caracol*) Schleim m
babear [baβe'ar] vi geifern
babel [ba'βel] m o f ❶ (*desorden*) Durcheinander nt ❷ (*sitio*) Tollhaus nt
babero [ba'βero] m Lätzchen nt
Babia ['baβja] f: **estar en** ~ geistesabwesend sein
bable ['baβle] m asturischer Dialekt

Der Dialekt, der in *Asturias* gesprochen wird, heißt **bable**. Wie alle Dia-
lekte und Sprachen auf der *Península
Ibérica* – Iberischen Halbinsel, mit
Ausnahme des Baskischen, gehört auch
der **bable** zur romanischen Sprach-
familie.

babor [ba'βor] m (NÁUT) Backbord nt; **a** ~
backbord(s)
babosa [ba'βosa] f ❶ (ZOOL) Nacktschnecke
f ❷ (*Am: tontería*) Blödsinn m
babosear [baβose'ar] **I.** vt begeifern **II.** vi
(*fam*) faseln
baboso, **-a** [ba'βoso, -a] **I.** adj ❶ (*lleno de
baba*) voller Sabber ❷ (*zalamero*) schleimig ❸ (*Am: tonto*) dämlich **II.** m, f ❶ (*joven*) Grünschnabel m ❷ (*zalamero*)
Schleimer(in) m(f)
babucha [ba'βutʃa] f Pantoffel m
baby ['beiβi] mf Baby nt
baca ['baka] f ❶ (*portaequipajes*) (Dach)ge-
päckträger m ❷ (*cubierta*) (Wagen)plane f
❸ (*fruto*) Beere f (des Lorbeerbaums)
bacalao [baka'lao] m ❶ (*pez, pescado*)
Kabeljau m; (*salado*) Stockfisch m; **cortar
el** ~ (*fig*) den Ton angeben ❷ (MÚS: *argot*)
Techno m
bacán [ba'kan] m (*Am: rico*) reicher Mann
m
bacanal [baka'nal] f (Trink)gelage nt;
(*orgía*) Orgie f
bachata [ba'tʃata] f (*Am*) Party f
bachatear [batʃate'ar] vi (*Am*) eine Zechtour machen
bache ['batʃe] m ❶ (*en la calle*) Schlagloch
nt ❷ (AERO) Luftloch nt ❸ (*en la producción*) Rückgang m; (*para precios*) Senkung f ❹ (*psíquico*) Tief nt
bacheado, **-a** [batʃe'aðo, -a] adj holp(e)rig
bachear [batʃe'ar] vt Schlaglöcher einebnen
bacheo [ba'tʃeo] m Einebnung f (von
Schlaglöchern)
bachiller [batʃi'ʎer] mf Abiturient(in) m(f);
título de ~ Abiturzeugnis nt
bachillerato [batʃiʎe'rato] m Abitur nt

Der **bachillerato** entspricht ungefähr der deutschen Oberstufe bzw. Sekundarstufe II des Gymnasiums. Seit der letzten Schulreform sind die Schulfächer, je nach Aufgabenbereich, in vier große Gruppen unterteilt: *Arte – Kunst, Ciencias de la Naturaleza y de la Salud – Naturwissenschaften und Gesundheitswesen, Humanidades y Ciencias Sociales – Geistes- und Sozialwissenschaften* und *Tecnología – Technologie*, von denen jeder Schüler und jede Schülerin eine auswählen muss.

bacía [ba'θia] *f* ❶ (*recipiente*) Behälter *m* ❷ (*para animales*) (Fress)napf *m*

bacilo [ba'θilo] *m* Bazillus *m*

backup [ba'kaᵖ] *m* <backups> (INFOR) Backup *nt*

bacon ['bei̯kon] *m sin pl* (GASTR) (geräucherter) Speck *m*

bacteria [bak'terja] *f* Bakterie *f*

bactericida [bakteri'θiða] **I.** *adj* keimtötend **II.** *m* keimtötendes Mittel *nt*

bacteriológico, -a [bakterjo'loxiko, -a] *adj* bakteriologisch

bacteriólogo, -a [bakte'rjoloɣo, -a] *m, f* Bakteriologe, -in *m, f*

báculo ['bakulo] *m* ❶ (*bastón*) (Spazier)stock *m* ❷ (*del obispo*) Bischofsstab *m* ❸ (*apoyo*) Stütze *f*

badajo [ba'ðaxo] *m* ❶ (*de campana*) Klöppel *m* ❷ (*fam: persona*) Schwätzer(in) *m(f)*

badajocense [baðaxo'θense] **I.** *adj* aus Badajoz **II.** *mf* Einwohner(in) *m(f)* von Badajoz

badana [ba'ðana] *f* gegerbtes Schafleder *nt;* **zurrar la ~ a alguien** (*fam*) jdn verprügeln

badén [ba'ðen] *m* ❶ (*desnivel*) Unebenheit *f* ❷ (*en carreteras*) Querrinne *f*

Baden-Wurtemberg ['baðem 'burtemberʸ] *m* Baden-Württemberg *nt*

badil [ba'ðil] *m* Feuerschaufel *f*

bádminton ['baðminton] *m* (DEP) Badminton *nt*

bafle ['bafle] *m* Lautsprecher *m*

bagaje [ba'ɣaxe] *m* (MIL) Marschgepäck *nt;* **~ intelectual** (*fig*) Wissen *nt*

bagatela [baɣa'tela] *f* Kleinigkeit *f*

bah [ba] *interj* ❶ (*incredulidad*) ach was! ❷ (*desprecio*) bah! ❸ (*conformidad*) na gut!

bahía [ba'ia] *f* (Meeres)bucht *f*

bailable [bai̯'laβle] **I.** *adj* tanzbar; **música ~** Tanzmusik *f* **II.** *m* Tanz *m*

bailador(a) [bai̯la'ðor(a)] **I.** *adj* tanzlustig **II.** *m(f)* Tänzer(in) *m(f)*

bailar [bai̯'lar] **I.** *vi* ❶ (*danzar*) tanzen; **le tocó ~ con la más fea** (*fig*) er zog den Kürzeren ❷ (*caballo*) tänzeln ❸ (*objetos*) wackeln; (*peonza*) sich drehen; (TÉC) Spiel haben; **hacer ~ una peonza** einen Kreisel drehen **II.** *vt* tanzen

bailarín, -ina [bai̯la'rin, -ina] **I.** *adj* Tanz- **II.** *m, f* Tänzer(in) *m(f);* (*de ballet*) Balletttänzer(in) *m(f)*

baile ['bai̯le] *m* ❶ (*acto*) Tanzen *nt* ❷ (*danza*) Tanz *m* ❸ (*fiesta*) Tanzfest *nt;* (*de etiqueta*) Ball *m* ❹ (MED): **tener el ~ de San Vito** zappelig sein

bailongo [bai̯'loŋgo] *m* (*argot*) Tanzparty *f*

bailotear [bai̯lote'ar] *vi* ❶ (*argot: bailar*) schwofen ❷ (*brincar*) herumhüpfen

baja ['baxa] *f* ❶ (*disminución*) Rückgang *m;* (*de precio*) Senkung *f;* (*de temperatura*) Sinken *nt* ❷ (*cese de trabajo: temporal*) Beurlaubung *f;* (*definitivo*) Entlassung *f;* **~ por maternidad** Erziehungsurlaub *m;* **darse de ~** (*temporalmente*) sich beurlauben lassen; (*por enfermedad*) sich krankmelden; (*definitivamente*) kündigen; **estar de ~** (*por enfermedad*) krankgeschrieben sein ❸ (*en una asociación*) Abmeldung *f;* **dar de ~** aus einer Liste streichen ❹ (*documento*) Kündigungsschreiben *nt;* (*del médico*) Krankschreibung *f* ❺ (MIL) Verlust *m* ❻ (FIN) Baisse *f*

bajada [ba'xaða] *f* ❶ (*descenso*) Abstieg *m;* **~ de tipos** (ECON) Zinssenkung *f;* **~ de bandera** Grundpreis im Taxi ❷ (*camino*) (hinunterführender) Weg *m* ❸ (*pendiente*) Gefälle *nt*

bajamar [baxa'mar] *f* Ebbe *f*

bajar [ba'xar] **I.** *vi* ❶ (*ir hacia abajo*) hinuntergehen; (*venir hacia abajo*) herunterkommen; **~ en ascensor** im Aufzug hinunterfahren ❷ (*desmontar*) (ab)steigen (*de* von +*dat*); (*del coche*) (aus)steigen (*de* aus +*dat*) ❸ (*las aguas*) abfließen ❹ (*disminuir*) abnehmen; (*temperatura*) sinken; (*hinchazón*) abschwellen; **ha bajado la luz** der Strompreis ist gefallen ❺ (*adelgazar*) abnehmen **II.** *vt* ❶ (*transportar*) herunterbringen; (*coger*) herunterholen; **~ las persianas** die Rollläden herunterlassen ❷ (*escaleras*) heruntergehen ❸ (*precios*) senken ❹ (*voz*) senken; (*radio*) leise(r) stellen ❺ (*ojos*) niederschlagen **III.** *vr:* **~se** ❶ (*desmontarse*) (ab)steigen (*de* von +*dat*); (*del coche*) (aus)steigen (*de* aus +*dat*) ❷ (*inclinarse*) sich bücken

bajeza [ba'xeθa] *f* ❶ (*humildad*) Niedrigkeit *f* ❷ (*carácter*) Niedertracht *f* ❸ (*acción humillante*) Erniedrigung *f;* (*acción vil*) Gemeinheit *f*

bajista [ba'xista] I. *adj* (FIN) Baisse-; **tendencia** ~ Abwärtstrend *m* II. *mf* ❶ (MÚS) Bassist(in) *m(f)* ❷ (FIN) Baissier *m*

bajo¹ ['baxo] I. *m* ❶ (*instrumento*) Bass *m* ❷ (*persona*) Bassist *m* ❸ *pl* (*piso*) Erdgeschoss *nt* ❹ (*banco de arena*) Sandbank *f* ❺ *pl* (*parte inferior*) unterer Teil *m;* (*de una prenda*) Saum *m* II. *adv* ❶ (*posición*) niedrig ❷ (*voz*) leise III. *prep* ❶ (*colocar debajo*) unter +*akk* ❷ (*por debajo de*) unter +*dat;* ~ **lluvia** unter Verschluss; ~ **la lluvia** im Regen; ~ **fianza** gegen Kaution; ~ **la condición de que** +*subj* unter der Bedingung, dass ...

bajo, -a² ['baxo, -a] <más bajo *o* inferior, bajísimo> *adj* ❶ (*en lugar inferior*) tief (liegend) ❷ (*de temperatura*) niedrig; (*de estatura*) klein(gewachsen); **baja tensión** (ELEC) Niederspannung *f;* **con la cabeza baja/los ojos ~s** mit hängendem Kopf/gesenktem Blick; **tener la moral baja** niedergeschlagen sein ❸ (*voz*) leise; (MÚS) tief ❹ (*color*) matt ❺ (*metal*) unedel ❻ (*comportamiento*) niederträchtig ❼ (*clase social*) untere ❽ (*calidad*) gering ❾ (GEO): **Baja Sajonia** Niedersachsen *nt*

bajón [ba'xon] *m* ❶ (*descenso*) (rapider) Rückgang *m;* (*de precios*) Preissturz *m;* (FIN) Kurssturz *m* ❷ (*de la salud*) Verschlechterung *f* ❸ (MÚS) Fagott *nt*

bajorrelieve [baxorre'ljeβe] *m* (ARTE) Basrelief *nt*

bakalao [baka'lao] *m* (MÚS: *argot*) Techno *m*

bala ['bala] *f* ❶ (*proyectil*) (Gewehr)kugel *f;* **como una** ~ blitzschnell ❷ (*fardo*) Ballen *m*

balacear [balaθe'ar] *vt* (*Am*) schießen (auf +*akk*)

balada [ba'laða] *f* Ballade *f*

baladí [bala'ði] *adj* nichtig, belanglos

baladronada [balaðro'naða] *f* Prahlerei *f*

balalaica [bala'laika] *f* (MÚS) Balalaika *f*

balance [ba'lanθe] *m* ❶ (*vaivén*) Schwanken *nt;* (*en la danza*) Wiegen *nt;* (NÁUT) Schlingern *nt* ❷ (COM: *resultado*) Bilanz *f;* **hacer un** ~ eine Bilanz aufstellen ❸ (*comparación*) Gegenüberstellung *f;* **hacer (el)** ~ Bilanz ziehen ❹ (*vacilación*) Unentschlossenheit *f*

balancear [balanθe'ar] I. *vt* ❶ (*mecer*)

schaukeln; (*acunar*) wiegen ❷ (*equilibrar*) ins Gleichgewicht bringen II. *vr:* ~ **se** ❶ (*columpiarse*) schaukeln ❷ (NÁUT) schlingern

balanceo [balan'θeo] *m* ❶ (*vaivén*) Schwanken *nt;* (NÁUT) Schlingern *nt* ❷ (*vacilación*) Unentschlossenheit *f*

balancín [balan'θin] *m* ❶ (*de los equilibristas*) Balancierstange *f* ❷ (*columpio*) Wippe *f* ❸ (*silla*) Schaukelstuhl *m;* (*para varias personas*) Hollywoodschaukel *f* ❹ (*yugo*) Joch *nt*

balandra [ba'landra] *f* Kutter *m*

balandrista [balan'drista] *mf* Schiffer(in) *m(f)*

balandro [ba'landro] *m* Jolle *f*

balanza [ba'lanθa] *f* ❶ (*pesa*) Waage *f;* **inclinar el fiel de la** ~ (*fig*) den Ausschlag geben ❷ (COM) Bilanz *f;* ~ **de pagos** Zahlungsbilanz *f*

balar [ba'lar] *vi* (*oveja*) blöken; (*cabra*) meckern; (*ciervo*) röhren

balaustrada [balaus̩'traða] *f* Brüstung *f*

balazo [ba'laθo] *m* ❶ (*tiro*) Schuss *m* ❷ (*herida*) Einschuss *m*

balbucear [balβuθe'ar] *vi, vt v.* **balbucir**

balbuceo [balβu'θeo] *m* Gestammel *nt;* (*de niños*) Lallen *nt*

balbuciente [balβu'θjente] *adj* stammelnd; (*niño*) lallend

balbucir [balβu'θir] *vi, vt* stammeln; (*niño*) lallen

Balcanes [bal'kanes] *mpl* Balkan *m*

balcánico, -a [bal'kaniko, -a] *adj* balkanisch; **país** ~ Balkanland *nt*

balcón [bal'kon] *m* ❶ (*de casas*) Balkon *m* ❷ (*mirador*) Aussichtspunkt *m*

balconada [balko'naða] *f* Balkonreihe *f;* (*balcón corrido*) Galerie *f*

balconaje [balko'naxe] *m* Balkonreihe *f*

balda ['balda] *f* Regalbrett *nt*

baldado, -a [bal'daðo, -a] *adj* ❶ (*extremidades*) gelähmt ❷ (*muy cansado*) erschöpft

baldaquín [balda'kin] *m* Baldachin *m*

baldar [bal'dar] I. *vt* ❶ (*paralizar*) lähmen; (*lisiar*) zum Krüppel machen ❷ (*perjudicar*) schaden +*dat* II. *vi* (*naipes*) trumpfen

balde ['balde] *m* ❶ (*cubo*) Kübel *m* ❷ (*loc*): **obtener algo de** ~ etw umsonst bekommen

baldear [balde'ar] *vt* (NÁUT) reinigen

baldío¹ [bal'dio] *m* Brache *f*

baldío, -a² [bal'dio, -a] *adj* ❶ (*terreno*) brach ❷ (*inútil*) zwecklos; (*en balde*) vergeblich

baldón [bal'don] *m* (*acción*) Beleidigung *f;*

(*situación*) Schande *f*

baldosa [bal'dosa] *f* Fliese *f*

baldosín [baldo'sin] *m* Kachel *f*

balear [bale'ar] **I.** *vt* (*Am: disparar*) schießen (auf +*akk*); (*herir*) anschießen; (*matar*) erschießen **II.** *vr:* ~**se** (*Am*) ❶ (*disparar*) aufeinander schießen ❷ (*disputar*) sich herumstreiten **III.** *adj* balearisch **IV.** *mf* Baleare, -in *m, f*

Baleares [bale'ares] *fpl:* **las islas** ~ die Balearen

balero [ba'lero] *m* (*Am: juego*) Boccia *nt*

balido [ba'liðo] *m* (*oveja*) Blöken *nt;* (*la cabra*) Meckern *nt;* (*ciervo*) Röhren *nt*

balín [ba'lin] *m* ❶ (*bala*) kleinkalibriges Geschoss *nt* ❷ (*bolita de plomo*) Schrotkugel *f*

balística [ba'listika] *f sin pl* Ballistik *f*

balístico, -a [ba'listiko, -a] *adj* ballistisch

baliza [ba'liθa] *f* Bake *f;* (NÁUT) Boje *f;* (AERO) Leuchtfeuer *nt;* (FERRO) Lichtsignal *nt;* (AUTO) Warnsignal *nt*

balizaje [bali'θaxe] *m* Hafengebühr *f*

balizar [bali'θar] <z→c> *vt* ❶ (*con boyas*) mit Bojen markieren ❷ (*iluminar*) befeuern

ball [bal] *f* (*Am*) ❶ (DEP: *balón*) Ball *m* ❷ (*proyectil*) Kugel *f*

ballena [ba'ʎena] *f* Wal *m*

ballenero [baʎe'nero] *m* ❶ (*barco*) Walfangschiff *nt* ❷ (*pescador*) Walfänger *m*

ballesta [ba'ʎesta] *f* ❶ (TÉC) Blattfeder *f* ❷ (HIST) Armbrust *f*

ballet [ba'le] <ballets> *m* Ballett *nt*

balneario [balne'arjo] *m* ❶ (*baños*) Heilbad *nt* ❷ (*estación*) Kurort *m*

balompié [balom'pje] *m* Fußball *m*

balón [ba'lon] *m* ❶ (DEP) Ball *m* ❷ (*recipiente para gases*) Ballon *m* ❸ (*botella esférica*) Ballon *m* ❹ (NÁUT) Spinnaker *m* ❺ (*en los tebeos*) Sprechblase *f*

baloncestista [balonθes'tista] *mf* Basketballspieler(in) *m(f)*

baloncesto [balon'θesto] *m* Basketball *m*

balonmano [balonʰ'mano/balomʰ'mano] *m* Handball *m*

balonvolea [balombo'lea] *m* Volleyball *m*

balsa ['balsa] *f* ❶ (*charca*) Tümpel *m;* (*estanque*) Wasserbecken *nt* ❷ (NÁUT: *barca*) Fähre *f;* (*plataforma*) Floß *nt;* ~ **neumática** Schlauchboot *nt*

balsámico, -a [bal'samiko, -a] *adj* balsamisch

bálsamo ['balsamo] *m* Balsam *m*

báltico, -a ['baltiko, -a] **I.** *adj* baltisch; **el mar** ~ die Ostsee; **los países** ~**s** das Baltikum **II.** *m, f* Balte, -in *m, f*

baluarte [ba'lwarte] *m* Schutzwall *m;* **un** ~

de la libertad ein Bollwerk der Freiheit

bamba ['bamba] *f* ❶ (*acierto casual*) Zufallstreffer *m* ❷ (*pastel*) ≈Windbeutel *m* ❸ (*reg: columpio*) Schaukel *f* ❹ (*baile*) lateinamerikanischer Tanzrhythmus

bambalina [bamba'lina] *f* (TEAT) Soffitte *f;* **entre** ~**s** hinter den Kulissen

bambolear [bambole'ar] **I.** *vt* schwingen **II.** *vr:* ~**se** schaukeln; (*desde arriba*) (herab)baumeln

bamboleo [bambo'leo] *m* Schaukeln *nt;* (*desde arriba*) (Herab)baumeln *nt*

bambolla [bam'boʎa] *f* Pomp *m*

bambú [bam'bu] *m* Bambus *m;* (*caña*) Bambusrohr *nt*

banal [ba'nal] *adj* banal

banalidad [banali'ðað] *f* Banalität *f*

banalizar [banali'θar] <z→c> *vt* banalisieren

banana [ba'nana] *f* (*Am*) Banane *f*

bananero, -a [bana'nero, -a] *adj* Bananen-

banano [ba'nano] *m* Bananenstaude *f*

banasta [ba'nasta] *f* (großer) Weidenkorb *m*

banasto [ba'nasto] *m* (großer runder) Weidenkorb *m*

banca ['baŋka] *f* ❶ (*en el mercado*) Verkaufstisch *m* ❷ (*asiento*) Schemel *m* ❸ (FIN) Bankwesen *nt;* ~ **electrónica** Electronic Banking *nt* ❹ (*en juegos de azar*) Bank *f* ❺ (*AmS: influencia*) Beziehungen *fpl*

bancal [baŋ'kal] *m* (*en un jardín*) Beet *nt;* (*en una pendiente*) Terrasse *f*

bancario, -a [baŋ'karjo, -a] *adj* Bank-; **cuenta bancaria** Bankkonto *nt*

bancarrota [baŋka'rrota] *f* Bankrott *m*

banco ['baŋko] *m* ❶ (*asiento*) (Sitz)bank *f* ❷ (TÉC) Werkbank *f;* ~ **de pruebas** Prüfstand *m;* (*fig*) Bewährungsprobe *f* ❸ (FIN) Bank *f;* ~ **en casa** Homebanking *nt;* **B**~ **Central Europeo** Europäische Zentralbank; ~ **emisor** Notenbank *f;* **B**~ **Europeo de Inversiones** Europäische Investitionsbank; **B**~ **Mundial** Weltbank *f* ❹ (GEO) Schicht *f* ❺ (*de peces*) Schwarm *m* ❻ (*loc*): ~ **de datos** (INFOR) Datenbank *f;* ~ **de sangre** Blutbank *f*

banda ['banda] *f* ❶ (*cinta*) Band *nt;* (*franja*) Streifen *m* ❷ (GEO: *de montaña*) (Hang)seite *f;* (*de río*) Ufer *nt* ❸ (*pandilla*) Bande *f;* ~ **terrorista** Terrororganisation *f* ❹ (*de música*) (Musik)kapelle *f;* (*de música moderna*) Band *f* ❺ (FIN): ~ **de fluctuación** Bandbreite *f* ❻ (*billar*) Bande *f* ❼ (*como insignia*) Schärpe *f* ❽ (*loc*): ~ **de frecuencia** (RADIO) Frequenzskala *f;* ~ **sonora** (CINE) Soundtrack *m;* **estar fuera**

de ~ (DEP) im Aus sein

bandada [ban'daða] *f* ❶ (*de peces*) Schwarm *m* ❷ (*de personas*) (große) Menge *f*

bandazo [ban'daθo] *m* ❶ (NÁUT) starke Schlingerbewegung *f;* **dar ~s** (*fam*) taumeln ❷ (*cambio*) plötzlicher Umschwung *m*

bandear [bande'ar] **I.** *vt* ❶ (*AmC: perseguir a alguien*) verfolgen; (*herir de gravedad*) schwer verletzen ❷ (*Arg, Par, Urug: taladrar*) durchbohren ❸ (*Arg, Par, Urug: un río*) überqueren **II.** *vr:* ~**se** ❶ (*mecerse*) schaukeln ❷ (*en la vida*) sich durchschlagen

bandeja [ban'dexa] *f* ❶ (*para servir*) Tablett *nt;* **pasar la ~** (Geldspenden) sammeln ❷ (*en la maleta*) Fach *nt;* (*en muebles*) Schubfach *nt*

bandera [ban'dera] *f* (*de una nación*) Fahne *f;* (*en un barco*) Flagge *f;* ~ **azul** Blaue Fahne (*Kennzeichen für Strandqualität*)*;* **estar hasta la ~** zum Brechen voll sein

banderazo [bande'raθo] *m* (DEP) (Flaggen)zeichen *nt*

banderilla [bande'riʎa] *f* (TAUR) Banderilla *f;* **poner** [*o* **clavar**] ~**s a alguien** (*fig*) jdn reizen

banderín [bande'rin] *m* ❶ (*bandera*) Banner *nt;* (*triangular*) Wimpel *m;* (DEP) Fähnchen *nt* ❷ (*persona*) Bannerträger *m*

banderola [bande'rola] *f* ❶ (*como señal*) Wimpel *m* ❷ (MIL) Stander *m* ❸ (*CSur: ventana*) Oberlicht *nt*

bandido, -a [ban'diðo, -a] **I.** *adj* ruchlos **II.** *m, f* ❶ (*criminal*) Verbrecher(in) *m(f)* ❷ (*persona pilla*) Gauner(in) *m(f)*

bando ['bando] *m* ❶ (*edicto*) Erlass *m* ❷ (*proclama*) Bekanntmachung *f* ❸ (*partido*) Partei *f* ❹ (*de peces*) Schwarm *m*

bandolera [bando'lera] *f* ❶ (*correa*) Schulterriemen *m* ❷ (*mujer*) Gangsterbraut *f*

bandolerismo [bandole'rismo] *m sin pl* Gangstertum *nt*

bandolero [bando'lero] *m* (Straßen)räuber *m*

bandolina [bando'lina] *f* (MÚS) Mandoline *f*

bandurria [ban'durrja] *f* (MÚS) zwölfseitiges Zupfinstrument

bangladesí [bangɡlaðe'si] **I.** *adj* bangalisch **II.** *mf* Bangale, -in *m, f*

banjo ['banxo/'bandʒo] *m* (MÚS) Banjo *nt*

banking ['bankiŋ] *m sin pl* Banking *nt;* ~ **electrónico** elektronisches Banking

banquero, -a [ban'kero, -a] *m, f* ❶ (FIN) Bankier *m* ❷ (*en juegos de azar*) Bankhalter(in) *m(f)*

banqueta [ban'keta] *f* ❶ (*taburete*) Hocker *m;* (*para los pies*) Fußschemel *m* ❷ (*AmC: acera*) Gehsteig *m*

banquete [ban'kete] *m* Festessen *nt*

banquetear [bankete'ar] **I.** *vi* schlemmen **II.** *vt* festlich bewirten

banquillo [ban'kiʎo] *m* ❶ (*banco pequeño*) Bänkchen *nt;* (*para los pies*) Fußbank *f;* (*de los acusados*) Anklagebank *f* ❷ (DEP) Reservebank *f*

bañadera [baɲa'ðera] *f* (*Am*) Badewanne *f*

bañador [ba'ɲaðor] *m* (*de mujer*) Badeanzug *m;* (*de hombre*) Badehose *f*

bañar [ba'ɲar] **I.** *vt* ❶ (*lavar*) baden ❷ (*sumergir*) eintauchen ❸ (*río*) fließen (durch +*akk*); (*mar*) angrenzen (an +*akk*) ❹ (*recubrir*) überziehen (*con/en* mit +*dat*); **bañado en sudor** schweißgebadet ❺ (*iluminar*) scheinen (auf +*akk*) **II.** *vr:* ~**se** ❶ (*lavarse*) (sich) baden ❷ (*en el mar*) baden

bañera [ba'ɲera] *f* Badewanne *f*

bañero, -a [ba'ɲero, -a] *m, f* Bademeister(in) *m(f)*

bañista [ba'ɲista] *mf* ❶ (*en una playa*) Badende(r) *mf* ❷ (*en un balneario*) Badegast *m*

baño ['baɲo] *m* ❶ (*acto*) Bad *nt;* ~ **de fijación** (FOTO) Fixierbad *nt;* ~ (**de**) **María** (GASTR) Wasserbad *nt;* ~ **de sangre** Blutbad *nt* ❷ (*cuarto*) Bad(ezimmer) *nt;* **ir al ~** auf die Toilette gehen ❸ (*capa de pintura*) Anstrich *m;* (*de chocolate*) Überzug *m* ❹ *pl* (*balneario*) Heilbad *nt;* ~**s termales** Thermalbad *nt;* **ir a los ~s** eine (Bade)kur machen

baptismo [bap'tismo] *m* (REL) Baptismus *m*

baptista [bap'tista] *mf* (REL) Baptist(in) *m(f)*

baptisterio [baptis'terjo] *m* ❶ (*pila bautismal*) Taufbecken *nt* ❷ (*lugar*) Taufkapelle *f*

baqueta [ba'keta] *f* ❶ (*vara*) Gerte *f;* (*de los picadores*) Reitgerte *f;* **tratar a alguien a la ~** jdn hart anfassen ❷ (MIL) Ladestock *m* ❸ (ARQUIT) Zierleiste *f* ❹ *pl* (*de tambor*) Trommelstöcke *mpl*

baquetazo [bake'taθo] *m* (Stock)schlag *m*

baquetear [bakete'ar] *vt* plagen

bar [bar] *m* ❶ (*café*) (Steh)café *nt;* (*tasca*) Kneipe *f* ❷ (FÍS) Bar *nt*

bara(h)únda [bara'unda] *f* ❶ (*gran confusión*) Tumult *m;* **se armó una ~** ein Tumult erhob sich ❷ (*mucho ruido*) Krach *m*

baraja [ba'raxa] *f* Kartenspiel *nt;* **una ~ de posibilidades** verschiedene Möglichkeiten

barajar [bara'xar] *vt* ❶ (*los naipes*)

mischen ❷(*mezclar*) durcheinander bringen ❸(*varias posibilidades*) in Betracht ziehen; **se barajan varios nombres** einige Namen sind im Gespräch ❹(*caballo*) zügeln ❺(*Am: detener*) verhindern

baranda [ba'randa] *f* ❶(*de balcón*) Geländer *nt* ❷(*de billar*) Bande *f*

barandilla [baran'diʎa] *f* ❶(*de balcón*) Geländer *nt* ❷(*pasamanos*) Handlauf *m*

baratija [bara'tixa] *f* (*de poco valor*) wertlose Sache *f*; (*de poco precio*) Billigware *f*; ~**s** Ramsch *m abw*

baratillo [bara'tiʎo] *m* ❶(*tienda*) Trödelladen *m* ❷(*puesto*) Sonderangebotstisch *m* ❸(*artículo*) Billigware *f*

barato[1] [ba'rato] **I.** *m* ❶(*venta*) Ausverkauf *m* ❷(*artículos*) Trödelware *f* **II.** *adv* billig

barato, -a[2] [ba'rato, -a] *adj* billig

barba ['barβa] *f* ❶(*mentón*) Kinn *nt* ❷(*pelos*) Bart *m*; **dejarse** ~ sich *dat* einen Bart wachsen lassen; **por** ~ pro Nase ❸(*de espiga*) Granne *f* ❹ *pl* (*de peces*) Barte *f* ❺ *pl* (*de papel*) ungleichmäßiger Rand *m* ❻ *pl* (TÉC) Grat *m*

barbacoa [barβa'koa] *f* ❶(*parrilla*) (Brat)rost *m* ❷(*carne*) Grillfleisch *nt* ❸(*fiesta*) Grillparty *f*

barbado [bar'βaðo] *m* ❶(*plantón*) Setzling *m* ❷(*hijuelo*) Spross *m*

barbar [bar'βar] *vi* ❶(*hombres*) einen Bart bekommen ❷(*plantas*) Wurzeln treiben

barbaridad [barβari'ðaðᵈ] *f* ❶(*crueldad*) Grausamkeit *f*, Barbarei *f*; **¡qué** ~**!** wie schrecklich! ❷(*temeridad*) Wahnsinn *m* ❸(*disparate*) Unsinn *m* ❹(*fam: cantidad*) (Riesen)menge *f*

barbarie [bar'βarje] *f* Barbarei *f*

barbarismo [barβa'rismo] *m* (LING) Barbarismus *m*

bárbaro, -a ['barβaro, -a] **I.** *adj* ❶(*cruel*) grausam ❷(*fam: estupendo*) großartig, toll ❸(HIST) barbarisch **II.** *m, f* ❶(*grosero*) brutaler Mensch *m* ❷(HIST) Barbar(in) *m(f)*

barbear [barβe'ar] *vt* ❶(*afeitar*) rasieren ❷(*alcanzar*) (mit dem Kinn) erreichen ❸(*AmC: adular*) schmeicheln +*dat* ❹(*AmC: acariciar*) streicheln

barbecho [bar'βetʃo] *m* Brachfeld *nt*; **estar en** ~ brachliegen

barbería [barβe'ria] *f* Herrensalon *m*

barbero [bar'βero] *m* Herrenfriseur *m*

barbilampiño, -a [barβilam'piɲo, -a] **I.** *adj* bartlos **II.** *m, f* Grünschnabel *m*

barbilla [bar'βiʎa] *f* ❶(*mentón*) Kinn *nt* ❷(*barba*) Kinnbart *m*

barbitúrico [barβi'turiko] *m* Barbiturat *nt*

barbo ['barβo] *m* (ZOOL) Barbe *f*

barbudo, -a [bar'βuðo, -a] *adj* bärtig

barca ['barka] *f* ❶(*embarcación*) Kahn *m*, Boot *nt*; **dar un paseo en** ~ eine Bootsfahrt machen ❷ *pl* (*columpio*) Schiffschaukel *f*

barcaza [bar'kaθa] *f* Leichter *m*

barcelonés, -esa [barθelo'nes, -esa] **I.** *adj* aus Barcelona **II.** *m, f* Einwohner(in) *m(f)* von Barcelona

barcelonista [barθelo'nista] *mf* Anhänger(in) *m(f)* des F.C. Barcelona

barchilón, -ona [bartʃi'lon, -ona] *m, f* (*Am: curandero*) Quacksalber(in) *m(f)*

barco ['barko] *m* Schiff *nt*; ~ **cisterna** Tanker *m*; ~ **deportivo** Sportboot *nt*

baremo [ba'remo] *m* ❶(*tabla de cuentas*) Rechentafel *f* ❷(*cuaderno*) Rechnungsbuch *nt* ❸(*de tarifas*) Tariftabelle *f* ❹(*escala de valores*) Kriterienkatalog *m*

bargueño [bar'ɡeɲo] *m* kleine Kommode *f*

bario ['barjo] *m* (QUÍM) Barium *nt*

barítono [ba'ritono] *m* (MÚS) Bariton *m*

barlovento [barlo'βento] *m* (NÁUT) Windseite *f*; **ganar el** ~ (*fig*) jdn in den Schatten stellen

barman ['barman] *m* <bármanes> Barkeeper *m*

barniz [bar'niθ] *m* ❶(*laca*) Lack *m*; (*para madera*) Firnis *m* ❷(*para loza*) Glasur *f* ❸(*afeite*) Schminke *f*

barnizado [barni'θaðo] *m* (*efecto*) Lackierung *f*; (*acción*) Lackieren *nt*

barnizar [barni'θar] <z→c> *vt* ❶(*pintar*) lackieren; (*madera*) firnissen ❷(*loza*) glasieren

barométrico, -a [baro'metriko, -a] *adj* (METEO) barometrisch; **altura barométrica** Barometerstand *m*

barómetro [ba'rometro] *m* Barometer *nt*

barón, -onesa [ba'ron, baro'nesa] *m, f* ❶(*título*) Baron(in) *m(f)* ❷(*en una asociación*) Boss *m*

barquero, -a [bar'kero, -a] *m, f* (*en un bote*) Ruderer, -in *m, f*; (*en una barca de pasaje*) Fährmann, -frau *m, f*

barquilla [bar'kiʎa] *f* ❶(*barca*) kleiner Kahn *m* ❷(*de un globo*) Gondel *f* ❸(NÁUT) Log *nt* ❹(*AmC: galleta*) (Eis)waffel *f*

barquillo [bar'kiʎo] *m* (Eis)waffel *f*

barra ['barra] *f* ❶(*pieza larga*) Stange *f*; ~**s asimétricas** (DEP) Stufenbarren *m*; ~ **de ejercicios** (DEP) Schwebebalken *m*; ~ **de labios** Lippenstift *m* ❷(*de pan*) Baguette *f* o *nt*; (*de chocolate*) Tafel *f* ❸(*en un bar*) Theke *f*; ~ **americana** intimes Nachtlokal ❹(*raya*) Querstreifen *m*; (*signo gráfico*)

Schrägstrich *m;* (MÚS) Taktstrich *m* ⑤ (*de metales nobles*) Barren *m* ⑥ (*barrera*) Schranke *f* ⑦ (*palanca*) Hebebaum *m* ⑧ (*bajío estrecho*) Sandbank *f* ⑨ (INFOR): ~ **de comandos** Befehlsleiste *f;* ~ **de desplazamiento** Schiebeleiste *f,* Bildlaufleiste *f;* ~ **de inversa** Backslash *m* ⑩ (*Am: de abogados*) Anwaltskammer *f* ⑪ (*AmS: público*) Auditorium *nt*

barrabasada [barraβa'saða] *f* Streich *m*

barraca [ba'rraka] *f* ① (*vivienda provisional*) Baracke *f* ② (*chabola*) Hütte *f* ③ (*reg: vivienda rústica*) (mit Schilfrohr gedecktes) Bauernhaus *m* ④ (*Am:* MIL) Kaserne *f* ⑤ (*Am: almacén*) Lager *nt* ⑥ (*barracón*) Bude *f*

barracón [barra'kon] *m* Baracke *f;* (*en la feria*) (Jahrmarkts)bude *f*

barracuda [barra'kuða] *f* (ZOOL) Barrakuda *m*

barranco [ba'rraŋko] *m* ① (*precipicio*) Abgrund *m;* (*despeñadero*) Schlucht *f* ② (*cauce*) Bachbett *nt* ③ (*dificultad*) Schwierigkeit *f*

barraquismo [barra'kismo] *m* Existenz von Armenvierteln

barredera [barre'ðera] *f* (Straßen)kehrmaschine *f*

barredor(a) [barre'ðor(a)] *m(f)* Straßenkehrer(in) *m(f)*

barreminas [barre'minas] *m inv* (MIL) Minensuchboot *nt*

barrena [ba'rrena] *f* ① (*taladrador*) Bohrer *m* ② (AERO) Trudeln *nt*

barrenar [barre'nar] *vt* ① (*perforar*) (durch)bohren ② (*planes*) durchkreuzen; (*leyes*) missachten

barrendero, -a [barreṇ'dero, -a] *m, f* Straßenkehrer(in) *m(f)*

barreno [ba'rreno] *m* ① (*barrena grande*) Bohrhammer *m* ② (*perforación*) Bohrloch *nt;* (*lleno de pólvora*) Sprengloch *nt* ③ (*obsesión*) Zwangsvorstellung *f*

barreño [ba'rreɲo] *m* Waschtrog *m*

barrer [ba'rrer] *vt* ① (*habitación*) kehren; ~ **para dentro** auf seinen eigenen Vorteil bedacht sein ② (*luz de un foco*) (hinweg)gleiten (über *+akk*) ③ (*un obstáculo*) beseitigen ④ (*fam: derrotar*) haushoch schlagen

barrera [ba'rrera] *f* ① (*barra*) Schranke *f;* (*en la frontera*) Schlagbaum *m;* ~ **lingüística** Sprachbarriere *f;* ~ **del sonido** Schallmauer *f* ② (*valla*) Absperrung *f* ③ (DEP) Mauer *f* ④ (TAUR) erste Sitzreihe *f*

bar-restaurante [ba(r)-rrestau'raṇte] *m* <bares-restaurante> (Speise)gaststätte *f*

barriada [ba'rrjaða] *f* ① (*barrio*)

(Stadt)viertel *nt* ② (*Am: barrio pobre*) Elendsviertel *nt*

barrica [ba'rrika] *f* kleines Fass *nt*

barricada [barri'kaða] *f* Barrikade *f*

barriga [ba'rriɣa] *f* ① (*vientre*) Bauch *m;* **rascarse la** ~ faulenzen ② (*de una vasija*) Wölbung *f* ③ (*de una pared*) Ausbuchtung *f*

barrigón[1] [barri'ɣon] *m* dicker Bauch *m*

barrigón, -ona[2] [barri'ɣon, -ona] **I.** *adj* dickbäuchig **II.** *m, f* Dicke(r) *mf*

barrigudo, -a [barri'ɣuðo, -a] *adj o m, f v.* **barrigón**[2]

barril [ba'rril] *m* ① (*cuba*) Fass *nt;* **cerveza de** ~ Fassbier *nt* ② (*unidad de medida*) Barrel *nt* ③ (*Am: cometa*) Drachen *m*

barrila [ba'rrila] *f* (*reg*) bauchiger Krug *m*

barrilete [barri'lete] *m* ① (*barril pequeño*) Fässchen *nt* ② (*que usan los carpinteros*) Zwinge *f* ③ (*en un revolver*) Trommel *f* ④ (*Am: cometa*) Drachen *m*

barrio ['barrjo] *m* ① (*zona de una ciudad*) (Stadt)viertel *nt;* ~ **chino** Rotlichtviertel *nt;* ~ **comercial** Einkaufsviertel *nt;* **irse al otro** ~ (*fam fig*) abkratzen ② (*arrabal*) Vorstadt *f*

┌─────────────────────────┐
│ **i** │ **Land & Leute** │
└─────────────────────────┘

Mit **barrio** bezeichnet man in der Regel ein Stadtviertel in einer großen Stadt. Ein sehr bekanntes Beispiel für ein **barrio** ist das Altstadtviertel **Barrio Gótico** in Barcelona mit seinem alten Festungswall und der berühmten Kathedrale.

barriobajero, -a [barrjoβa'xero, -a] *adj* ① (*de un barrio bajo*) aus einem Arbeiterviertel; (*en un barrio bajo*) in einem Arbeiterviertel ② (*común*) gewöhnlich ③ (*vulgar*) vulgär

barrizal [barri'θal] *m* Sumpf *m*

barro ['barro] *m* ① (*lodo*) Schlamm *m* ② (*arcilla*) (Töpfer)ton *m;* **de** ~ irden ③ (*granito*) Pickel *m*

barroco [ba'rroko] *m sin pl* Barock *m o nt*

barrote [ba'rrote] *m* ① (*barra*) (Eisen)stange *f;* **entre** ~**s** (*fam*) hinter Gittern ② (*para reforzar*) Querlatte *f*

barruntar(se) [barruṇ'tar(se)] *vt, vr* ahnen

barrunto [ba'rruṇto] *m* ① (*conjetura*) (Vor)ahnung *f;* (*sospecha*) Verdacht *m* ② (*indicio*) (An)zeichen *nt*

bartola [bar'tola] *f* (*fam*): **tumbarse a la** ~ sich auf die faule Haut legen; **tomarse algo a la** ~ etw auf die leichte Schulter

nehmen
bártulos ['bartulos] *mpl* (Sieben)sachen *fpl*
barullo [ba'ruʎo] *m* (*fam*) ❶ (*ruido*) Krach
m ❷ (*desorden*) Durcheinander *nt;* (*ruidoso*) Tumult *m*
basa ['basa] *f* ❶ (*de una columna*) Sockel *m*
❷ (*base*) Basis *f*
basalto [ba'salto] *m* Basalt *m*
basamento [basa'mento] *m* (*de una columna*) Sockel *m;* (*de una casa*) Fundament *nt*
basar [ba'sar] **I.** *vt* ❶ (*asentar*) aufstellen
(*sobre* auf +*dat*) ❷ (*fundar*) stützen
(*sobre/en* auf +*dat*) **II.** *vr:* ~ **se** (*teoría*)
basieren (*en* auf +*dat*); (*persona*) sich stützen (*en* auf +*akk*)
basca ['baska] *f* ❶ (MED: *espasmo*) Übelkeit
f; **tener ~ s** Brechreiz haben ❷ (*fam: arrebato*) Wutanfall *m* ❸ (*en animales*) Tollwut *f* ❹ (*fam: gentío*) Haufen *m*
báscula ['baskula] *f* ❶ (*para medir pesos*)
(Schnell)waage *f* ❷ (*en una fortificación*)
Hebebaum *m*
bascular [basku'lar] *vi* ❶ (*inclinarse*) kippen ❷ (*oscilar*) schwingen
base ['base] *f* ❶ (*lo fundamental*) Grundlage *f;* ~ **de datos** (INFOR) Datenbank *f;* **a ~
de bien** (*fam*) sehr gut; **elaborado a ~ de
algo** mit etw *dat* hergestellt; **partir de la ~
de que ..** davon ausgehen, dass ... ❷ (ARQUIT) Unterbau *m* ❸ (POL) Basis *f* ❹ (MAT)
Grundzahl *f;* (*superficie*) Grundfläche *f;*
(*línea*) Grundlinie *f* ❺ (MIL) Stützpunkt *m*
❻ (QUÍM) Base *f* ❼ (DEP: *béisbol*) Mal *nt*
básico, -a ['basiko, -a] *adj* ❶ (*fundamental*)
grundlegend ❷ (QUÍM) basisch
Basilea [basi'lea] *f* Basel *nt*
basílica [ba'silika] *f* Basilika *f*
basilisco [basi'lisko] *m* (*Am:* ZOOL) Leguan
m
basket ['basket] *m sin pl* Basketball *m;* **básquet(bol)** ['basket(βol)] *m sin pl* Basketball *m*
basta ['basta] *f* ❶ (*hilván*) Heftstich *m;*
(*línea*) Heftnaht *f* ❷ (*Am: bastilla*) Saum
m
bastante [bas'tante] **I.** *adj* genügend (*para*
für +*akk*, um zu +*inf*); **tengo ~ frío** mir ist
ziemlich kalt **II.** *adv* ❶ (*suficientemente*)
genug; (*considerablemente*) ziemlich; **con
esto tengo ~** das genügt mir
bastar [bas'tar] **I.** *vi* genügen; **¡basta!**
genug! **II.** *vr:* ~ **se** (**uno**) **sólo** alleine
zurechtkommen
bastardía [bastar'ðia] *f* ❶ (*degeneración*)
Entartung *f* ❷ (*bajeza*) Gemeinheit *f*
bastardilla [bastar'ðiʎa] *f* (TIPO) Kursivschrift *f*

bastardo, -a [bas'tarðo, -a] **I.** *adj* ❶ (*hijo*)
unehelich ❷ (BOT) hybrid ❸ (*vil*) schändlich **II.** *m, f* Bastard *m*
bastedad [baste'ðað] *f* Grobheit *f*
bastidor [basti'ðor] *m* ❶ (TÉC) Gestell *nt;*
(*de coche*) Fahrgestell *nt* ❷ (*de puerta*)
Türrahmen *m;* (*de ventana*) Fensterrahmen *m* ❸ (TEAT) Kulisse *f;* **entre ~ es** hinter
den Kulissen
bastilla [bas'tiʎa] *f* Saum *m*
bastimento [basti'mento] *m* ❶ (*provisión*)
Proviant *m* ❷ (*embarcación*) Schiff *nt*
bastión [bas'tjon] *m* Bollwerk *nt*
basto, -a ['basto, -a] *adj* ❶ (*grosero*) grob;
(*vulgar*) vulgär ❷ (*superficie*) rau ❸ (*mal
hecho*) minderwertig
bastón [bas'ton] *m* ❶ (*para andar*) Spazierstock *m;* (*para esquiar*) Skistock *m* ❷ (*de
mando*) Stab *m;* **empuñar el ~** das Kommando übernehmen
bastonazo [basto'naθo] *m* Stockschlag *m*
bastoncillo [baston'θiʎo] *m dim de* **bastón**
Stäbchen *nt;* ~ **s de algodón** Wattestäbchen *ntpl*
bastonear [bastone'ar] *vt* prügeln
bastos ['bastos] *mpl spanische Spielkartenfarbe;* **as de ~** ≈Kreuzass *nt;* **pintar ~** (*fam
fig*) in Schwierigkeiten stecken
basura [ba'sura] *f* ❶ (*desperdicios*) Abfall
m; ~ **del hogar** Hausmüll *m;* **echar algo a
la ~** etw wegwerfen ❷ (*lo despreciable*)
Schund *m*
basural [basu'ral] *m* (*Am*) Mülldeponie *f*
basurero¹ [basu'rero] *m* ❶ (*vertedero*)
Mülldeponie *f* ❷ (*recipiente*) Mülleimer *m*
basurero, -a² [basu'rero, -a] *m, f* Müllwerker(in) *m(f)*
bata ['bata] *f* ❶ (*albornoz*) Morgenrock *m*
❷ (*guardapolvos*) Kittel *m* ❸ (*vestido*)
Kleid *nt*
batacazo [bata'kaθo] *m* ❶ (*golpe*) Bums *m
fam* ❷ (*caída*) Sturz *m;* **se pegó un ~**
(*fam*) er/sie ist auf die Nase gefallen
❸ (*CSur: golpe de suerte*) Glückstreffer *m*
bataclán [bata'klan] *m* (*Am*) Stripteasevorführung *f*
batahola [bata'ola] *f* (*fam*) Spektakel *m*
batalla [ba'taʎa] *f* ❶ (MIL: *episodio bélico*)
Schlacht *f;* (*combate*) Gefecht *nt;* ~ **campal** Feldschlacht *f;* (*fig*) heftige Auseinandersetzung ❷ (*lucha interior*) Kampf *m*
❸ (AUTO) Achsabstand *m*
batallar [bata'ʎar] *vi* ❶ (*con armas*) kämpfen ❷ (*disputar*) streiten
batallita [bata'ʎita] *f* Anekdote *f*
batallón [bata'ʎon] *m* ❶ (MIL) Bataillon *nt*
❷ (*fam: grupo*) Horde *f*
batán [ba'tan] *m* ❶ (*máquina*) Walke *f*

②(*Am: piedra lisa*) Mühlstein *m* ③(*Chil: tintorería*) Färberei *f*

batanear [batane'ar] *vt* schlagen

batata [ba'tata] **I.** *adj* (*CSur: tímido*) kleinmütig **II.** *f* ①(*planta*) Batate *f* ②(*tubérculo*) Süßkartoffel *f* ③(*CSur: susto*) Schreck(en) *m* ④(*CSur: vergüenza*) Scham *f* ⑤(*Am*): ~ **de la pierna** Wade *f*

bate ['bate] *m* (DEP) Schlagholz *nt;* ~ **de béisbol** Baseballschläger *m*

bateador(a) [batea'ðor(a)] *m(f)* (DEP) Schläger(in) *m(f)*

batear [bate'ar] *vt* (DEP) (mit dem Schlagholz) schlagen

batería¹ [bate'ria] *f* ①(*t.* TÉC) Batterie *f;* ~ **de cocina** (Koch)topf-Set *nt;* ~ **solar** Solarzelle *f;* **aparcar en** ~ quer parken ②(TEAT) Rampenlicht *nt* ③(MÚS) Schlagzeug *nt*

batería² [bate'ria] *mf,* **baterista** [bate'rista] *mf* Schlagzeuger(in) *m(f)*

batiborrillo [batiβo'rriʎo] *m* ①(*mezcla*) Mischmasch *m* ②(*desorden*) Durcheinander *nt*

batida [ba'tiða] *f* ①(*de los cazadores*) Treibjagd *f* ②(*de la policía*) Razzia *f* ③(*Am: paliza*) Prügel *mpl,* Schläge *mpl*

batido [ba'tiðo] *m* ①(*bebida*) Mixgetränk *nt;* ~ **de fresa** Erdbeershake *m* ②(*masa*) Teig *m* ③(*de huevos*) geschlagene Eier *ntpl;* (*de claras*) Eischnee *m*

batidor [bati'ðor] *m* ①(*instrumento*) Schneebesen *m* ②(*en la caza*) Treiber *m* ③(*explorador*) Späher *m* ④(*peine*) großzinkiger Kamm *m* ⑤(*Arg: soplón*) Verräter(in) *m(f)*

batidora [bati'ðora] *f* Mixer *m*

batiente [ba'tjente] **I.** *adj* schlagend **II.** *m* ①(*de ventanas*) Leiste *f;* (*de puertas*) (Tür)pfosten *m* ②(*hoja de puerta*) (Tür)flügel *m;* (*hoja de ventana*) (Fenster)flügel *m* ③(MÚS) Dämpfer *m* ④(*roca*) Klippe *f;* (*dique*) Wellenbrecher *m*

batín [ba'tin] *m* Morgenrock *m* (*für Männer*)

batir [ba'tir] **I.** *vt* ①(*golpear*) schlagen; ~ **palmas** (Beifall) klatschen ②(*viento*) stürmen (gegen +*akk*); (*olas*) branden (an/gegen +*akk*); (*lluvia*) prasseln (auf/an/gegen +*akk*) ③(*metal*) schmieden ④(*moneda*) prägen ⑤(*casa*) niederreißen ⑥(*toldo*) abbauen ⑦(*privilegio*) abschaffen ⑧(*enemigo*) schlagen; ~ **un récord** einen Rekord brechen ⑨(MIL) unter Feuer nehmen ⑩(*un terreno*) erkunden; (*en busca de algo/alguien*) durchkämmen ⑪(*CSur: denunciar*) denunzieren ⑫(*Am: aclarar*) ausspülen **II.** *vr:* ~ **se** ①(*combatir*) kämpfen ②(*en duelo*) sich schlagen

batiscafo [batis'kafo] *m* Bathyskaph *m*

batista [ba'tista] *f* Batist *m*

batracio [ba'traθjo] *m* Froschlurch *m*

baturrillo [batu'rriʎo] *m* Mischmasch *m*

baturro, -a [ba'turro, -a] **I.** *adj* ①(*testarudo*) dickköpfig ②(*aragonés*) aragonisch **II.** *m, f* ①(*aragonés*) aragonischer Bauer *m,* aragonische Bäuerin *f* ②(*persona tosca*) ungehobelte Person *f*

batuta [ba'tuta] *f* (MÚS) Taktstock *m;* **llevar la** ~ (*fam fig*) den Ton angeben

baúl [ba'ul] *m* ①(*mueble*) Truhe *f;* ~ **de viaje** Schrankkoffer *m* ②(*Am: portamaletas*) Kofferraum *m* ③(*fam: vientre*) Wanst *m*

bautismal [bautis'mal] *adj* Tauf-; **pila** ~ Taufbecken *nt*

bautismo [bau'tismo] *m* Taufe *f;* ~ **de sangre** Märtyrertod *m*

bautista [bau'tista] *mf* Baptist(in) *m(f);* **San Juan B~** Johannes der Täufer

bautizar [bauti'θar] <z→c> *vt* ①(REL) taufen ②(*fam: mojar*) bespritzen ③(*fam: leche*) verwässern; ~ **el vino** Wein panschen

bautizo [bau'tiθo] *m* Taufe *f;* (*ceremonia*) Taufakt *m;* (*fiesta*) Tauffeier *f*

bauxita [bauɣ'sita] *f* Bauxit *m*

bávaro, -a [ˈbaβaro, -a] **I.** *adj* bay(e)risch **II.** *m, f* Bayer(in) *m(f)*

Baviera [ba'βjera] *f* Bayern *nt*

baya [ˈbaɟa] *f* (BOT) Beere *f*

bayeta [ba'ɟeta] *f* ①(*tela de lana*) grober Flanell *m* ②(*para fregar*) Scheuerlappen *m*

bayoneta [baɟo'neta] *f* Bajonett *nt*

baza [ˈbaθa] *f* ①(*naipes*) Stich *m;* **meter** ~ (*fam*) sich einmischen (*en* in +*akk*) ②(*provecho*) Nutzen *m;* **sacar** ~ **de algo** seinen Vorteil aus etw *dat* ziehen

bazar [ba'θar] *m* ①(*mercado*) Basar *m* ②(*gran almacén*) Warenhaus *nt*

bazo ['baθo] *m* (ANAT) Milz *f*

bazofia [ba'θofja] *f* ①(*restos de comida*) Speisereste *mpl* ②(*comida*) Fraß *m fam pey* ③(*cosa*) Schund *m*

bazuca [ba'θuka] *f* Bazooka *f*

be [be] **I.** *interj* mäh! **II.** *f* B *nt*

beata [be'ata] *f* ①(REL) Laienschwester *f* ②(*pey: mujer devota*) Betschwester *f* ③(HIST: *fam: moneda*) Pesete *f*

beatería [beate'ria] *f* ①(*devoción exagerada*) Frömmelei *f* ②(*devoción falsa*) Scheinheiligkeit *f*

beatificación [beatifika'θjon] *f* Seligsprechung *f*

beatificar [beatifi'kar] <c→qu> *vt* selig sprechen

beatitud [beati'tuð] *f* (Glück)seligkeit *f*

beato, -a [be'ato, -a] **I.** *adj* ❶ (*elev: feliz*) glücklich ❷ (*beatificado*) selig ❸ (*piadoso*) fromm **II.** *m, f* ❶ (*persona beatificada*) Selige(r) *mf* ❷ (*exageradamente devota*) Frömmler(in) *m(f)*
bebe, -a ['beβe, -a] *m, f* (*Am*) Baby *nt*
bebé [be'βe] *m* Baby *nt*
bebedero [beβe'dero] *m* ❶ (*para animales*) Tränke *f;* (*para animales domésticos*) Trinkschale *f* ❷ (*de jarro*) Schnabel *m*
bebedizo [beβe'ðiθo] *m* (*medicinal*) Heiltrunk *m;* (*enamoradizo*) Liebestrank *m*
bebedor(a) [beβe'ðor(a)] **I.** *adj* trinkfreudig **II.** *m(f)* Trinker(in) *m(f)*
bebé-probeta [be'βe-pro'βeta] *m* <bebésprobeta> Retortenbaby *nt*
beber [be'βer] **I.** *vi, vt* ❶ (*líquido*) trinken; ~ **de la botella** aus der Flasche trinken ❷ (*información*) begierig aufnehmen **II.** *vr:* ~ **se** trinken; (*completamente*) austrinken; **bebérselo todo** ganz austrinken
bebible [be'βiβle] *adj* trinkbar
bebida [be'βiða] *f* ❶ (*lo que se bebe*) Getränk *nt;* ~ **energética** Energiedrink *m* ❷ (*el beber alcohol*) Trinken *nt;* (*como vicio*) Trunksucht *f;* **darse a la** ~ dem Alkohol verfallen
bebido, -a [be'βiðo, -a] *adj* angetrunken
beca ['beka] *f* ❶ (*de estudios*) Stipendium *nt;* **conceder una** ~ **a alguien** jdm ein Stipendium gewähren ❷ (*de capa*) Kapuze *f*
becada [be'kaða] *f* (ZOOL) Waldschnepfe *f*
becado, -a [be'kaðo, -a] *m, f* v. **becario**
becar [be'kar] <c→qu> *vt* ein Stipendium gewähren, +*dat*
becario, -a [be'karjo, -a] *m, f* Stipendiat(in) *m(f)*
becerrillo [beθe'rriʎo] *m* Kalb(s)leder *nt*
becerro[1] [be'θerro] *m* Kalb(s)leder *nt*
becerro, -a[2] [be'θerro, -a] *m, f* Kalb *nt;* **el** ~ **de oro** das Goldene Kalb
bechamel [betʃa'mel] *f* Béchamelsoße *f*
bedel(a) [be'ðel(a)] *m(f)* Hausmeister(in) *m(f)*
beduino, -a [be'ðwino, -a] **I.** *adj* beduinisch **II.** *m, f* Beduine, -in *m, f*
befa ['befa] *f* Spott *m*
befar [be'far] **I.** *vt* (*elev*) verspotten; **befan despiadadamente a los ancianos** sie verspotten die Alten erbarmungslos **II.** *vr:* ~ **se** (*elev*) sich lustig machen (*de* über +*akk*)
befo[1] ['befo] *m* Unterlippe *f*
befo, -a[2] ['befo, -a] *adj* ❶ (*belfo*) dicklippig ❷ (*zambo*) krummbeinig
begonia [be'yonja] *f* (BOT) Begonie *f*
beicon ['bei̯kon] *m sin pl* Schinkenspeck *m*
beige [bei̯s] *adj,* **beis** [bei̯s] *adj v.* **beige**

béisbol ['beisβol] *m sin pl* (DEP) Baseball *m*
bejuco [be'xuko] *m* Liane *f*
Belcebú [belθe'βu] *m* Beelzebub *m*
beldad [bel'daˀ] *f* (*elev*) Schönheit *f*
belduque [bel'duke] *m* (*Am*) Dolch *m*
belén [be'len] *m* ❶ (*nacimiento*) (Weihnachts)krippe *f* ❷ (*fam: confusión*) Durcheinander *nt*

i ❘ **Land & Leute**

Typisch für die spanische Weihnachtsfeier ist es einen **belén** aufzubauen mit figürlichen Nachbildungen der *Virgen María* – Jungfrau Maria und des *San José* – heiligen Joseph mit dem *Niño Jesús* – Jesuskind in der Krippe, umgeben von den Hirten und ihren Tieren, den Engeln, den Heiligen Drei Königen und dem Weihnachtsstern.

Belén [be'len] *m* Bethlehem *nt*
belfo ['belfo] *m* ❶ (*de animales*) Unterlippe *f;* (*de perros*) Lefze *f* ❷ (*de personas*) dicke Unterlippe *f*
belga ['belya] **I.** *adj* belgisch **II.** *mf* Belgier(in) *m(f)*
Bélgica ['belxika] *f* Belgien *nt*
Belgrado [bel'yraðo] *m* Belgrad *nt*
belicismo [beli'θismo] *m* kriegerische Gesinnung *f*
belicista [beli'θista] **I.** *adj* kriegshetzerisch **II.** *mf* Kriegstreiber(in) *m(f)*
bélico, -a [be'liko, -a] *adj* kriegerisch
belicosidad [belikosi'ðaˀ] *f* Kampflust *f*
belicoso, -a [beli'koso, -a] *adj* (*población*) kriegerisch; (*persona*) kampflustig
beligerancia [belixe'ranθja] *f* Kriegszustand *m*
beligerante [belixe'rante] **I.** *adj* Krieg führend; **actitud** ~ aggressive Haltung **II.** *mf* Kriegführende(r) *mf*
bellaco, -a [be'ʎako, -a] **I.** *adj* gemein **II.** *m, f* Schurke, -in *m, f*
bellaquear [beʎake'ar] *vi* ❶ (*persona*) gaunern ❷ (*Am: caballo*) sich bäumen
bellaquería [beʎake'ria] *f* ❶ (*acción*) Gaunerei *f* ❷ (*cualidad*) Gemeinheit *f*
belleza [be'ʎeθa] *f* Schönheit *f*
bello, -a ['beʎo, -a] *adj* schön; (*de forma*) wohlgeformt
bellota [be'ʎota] *f* ❶ (*fruto*) Eichel *f* ❷ (*capullo*) Nelkenknospe *f*
bellotero, -a [beʎo'tero, -a] *m, f* Eichelsammler(in) *m(f)*
bemba ['bemba] *f* (*Am: pey*) dicklippiger Mund *m*

bembo, **-a** ['bembo, -a] *adj* (*Am*) dumm

bemol [be'mol] **I.** *adj* (MÚS) vermindert **II.** *m* (MÚS) Erniedrigungszeichen *nt*

benceno [ben'θeno] *m* (QUÍM) Benzol *nt*

bencina [ben'θina] *f* Benzin *nt*

bendecir [bende'θir] *irr como decir vt* ❶ (*sacerdote*) segnen; ~ **la mesa** das Tischgebet sprechen ❷ (*alabar*) loben ❸ (*consagrar*) weihen ❹ (*una cosa*) absegnen

bendición [bendi'θjon] *f* ❶ (*acto*) (Ein)segnung *f*; (*palabras*) Segensspruch *m* ❷ (*efecto*) Segen *m* ❸ (*cosa magnífica*) Wohltat *f* ❹ *pl* (*casamiento*) kirchliche Trauung *f*

bendito, **-a** [ben'dito, -a] **I.** *adj* ❶ (REL) gesegnet; (*agua*) geweiht; (*santo*) heilig; ¡~ **sea!** (*fam*) verflixt noch mal! ❷ (*dichoso*) (glück)selig ❸ (*simple*) einfältig **II.** *m*, *f* (gutmütiger) Trottel *m*

benedictino, **-a** [beneðik'tino, -a] **I.** *adj* (REL) Benediktiner- **II.** *m*, *f* (REL) Benediktiner(in) *m(f)*

benefactor(**a**) [benefak'tor(a)] **I.** *adj* wohltätig **II.** *m(f)* Wohltäter(in) *m(f)*

beneficencia [benefi'θenθja] *f* ❶ (*organización*) Wohlfahrtspflege *f* ❷ (*virtud*) Wohltätigkeit *f*

beneficiado, **-a** [benefi'θjaðo, -a] **I.** *adj* begünstigt **II.** *m*, *f* Begünstigte(r) *mf*

beneficiar [benefi'θjar] **I.** *vt* ❶ (*favorecer*) zustatten kommen +*dat*, nützen +*dat* ❷ (*tierra*) bebauen ❸ (*mina*) abbauen ❹ (*mineral*) aufbereiten ❺ (*Am: animal*) (für den Verkauf) schlachten **II.** *vr*: ~ **se** ❶ (*sacar provecho*) Nutzen ziehen (*de/con* aus +*dat*) ❷ (*pey: enriquecerse*) sich bereichern (*de/con* an +*dat*)

beneficiario, **-a** [benefi'θjarjo, -a] *m*, *f* Nutznießer(in) *m(f)*; (*de una letra de crédito*) Begünstigte(r) *mf*; ~ **de la pensión** Rentenbezieher *m*

beneficio [bene'fiθjo] *m* ❶ (*bien*) Wohltat *f* ❷ (*provecho*) Nutzen *m*; **a** ~ **de** zugunsten +*gen* ❸ (FIN) Gewinn *m* ❹ (*cargo eclesiástico*) Pfründe *f* ❺ (*espectáculo*) Benefizveranstaltung *f* ❻ (*Am: matanza*) Schlachten *nt*

beneficioso, **-a** [benefi'θjoso, -a] *adj* ❶ (*favorable*) vorteilhaft ❷ (*útil*) nützlich ❸ (*productivo*) einträglich

benéfico, **-a** [be'nefiko, -a] *adj* ❶ (*que hace bien*) wohltuend ❷ (*caritativo*) wohltätig

beneplácito [bene'plaθito] *m* ❶ (*permiso*) Genehmigung *f* ❷ (*consentimiento*) Zustimmung *f*

benevolencia [beneβo'lenθja] *f* Wohlwollen *nt*; **con** ~ wohlwollend

benévolo, **-a** [be'neβolo, -a] *adj* ❶ (*favorable*) wohlgesinnt ❷ (*clemente*) nachsichtig

bengala [ben'gala] *f* Leuchtrakete *f*; (*pequeña*) Wunderkerze *f*

benignidad [beniɣniðað] *f* ❶ (*de una persona*) Güte *f* ❷ (*del clima*) Milde *f*

benigno, **-a** [be'niɣno, -a] *adj* ❶ (*persona*) gütig (*con* zu +*dat*) ❷ (*clima*) mild ❸ (MED) gutartig

benjamín¹ [benxa'min] *m* Pikkolo *m*

benjamín, **-ina²** [benxa'min, -ina] *m*, *f* ❶ (*hijo menor*) Benjamin *m* ❷ (*de un grupo*) Jüngste(r) *mf*

beodez [beo'ðeθ] *f* Trunkenheit *f*

beodo, **-a** [be'oðo, -a] **I.** *adj* betrunken **II.** *m*, *f* Trinker(in) *m(f)*

berberecho [berβe'retʃo] *m* Herzmuschel *f*

berbiquí [berβi'ki] *m* Drillbohrer *m*

bereber [bere'βer], **beréber** [be'reβer] **I.** *adj* berberisch **II.** *mf* Berber(in) *m(f)*

berebere [bere'βere] *adj* berberisch

berenjena [beren'xena] *f* (BOT) Aubergine *f*

berenjenal [berenxe'nal] *m* Auberginenfeld *nt*; **meterse en un** ~ (*fig*) sich in die Nesseln setzen

bergante [ber'ɣante] *m* Gauner *m*

bergantín [berɣan'tin] *m* (NÁUT) Brigg *f*

berilio [be'riljo] *m* (QUÍM) Beryllium *nt*

Berlín [ber'lin] *m* Berlin *nt*

berlina [ber'lina] *f* ❶ (*vehículo*) Limousine *f* ❷ (*Am: pastel*) Berliner *m*

berlinés, **-esa** [berli'nes, -esa] **I.** *adj* berlinerisch, Berliner **II.** *m*, *f* Berliner(in) *m(f)*

bermejo, **-a** [ber'mexo, -a] *adj* scharlachrot; (*de cabello*) rotblond; (*de animales*) rotbraun

bermellón [berme'ʎon] *m* Zinnober *m*

bermudas [ber'muðas] *mpl* Bermudashorts *pl*

Berna ['berna] *f* Bern *nt*

berrear [berre'ar] *vi* ❶ (*animal*) brüllen; (*oveja*) blöken ❷ (*llorar*) plärren ❸ (*fam: cantar desentonadamente*) grölen ❹ (*chillar*) kreischen

berrido [be'rriðo] *m* ❶ (*de animales*) Brüllen *nt*; (*de ovejas*) Blöken *nt* ❷ (*lloro*) Plärren *nt* ❸ (*fam: canto desentonado*) Grölen *nt* ❹ (*chillido*) Kreischen *nt*

berrinche [be'rrintʃe] *m* (*fam*) ❶ (*llorera*) Geplärre *nt* ❷ (*enfado*) Wutanfall *m*

berrinchudo, **-a** [berrin'tʃuðo, -a] *adj* (*Am*) jähzornig

berro ['berro] *m* (BOT) (Brunnen)kresse *f*

berza ['berθa] *f* Kohl *m*

berzal [ber'θal] *m* Kohlfeld *nt*

berzas ['berθas] *mf inv* (*fam*) Flasche *f*; **eres una** ~ du bist eine Vollidiotin

berzotas [ber'θotas] *mf inv* (*fam*) Niete *f*

besamel(a) [besa'mel(a)] *f* Béchamelsoße *f*

besar [be'sar] **I.** *vt* ❶ (*personas*) küssen ❷ (*fam: objetos*) berühren **II.** *vr:* ~**se** ❶ (*personas*) sich küssen ❷ (*tocarse dos objetos*) sich berühren; (*chocar*) aneinander stoßen

beso ['beso] *m* ❶ (*entre personas*) Kuss *m* ❷ (*entre objetos*) Zusammenstoß *m*

bestia[1] ['bestja] *f* ❶ (ZOOL) Tier *nt* ❷ (*animal salvaje*) Bestie *f*

bestia[2] ['bestja] **I.** *adj* brutal **II.** *mf* ❶ (*persona bruta*) Rohling *m*; (*grosera*) Rüpel *m* ❷ (*ignorante*) Dummkopf *m*

bestial [bes'tjal] *adj* ❶ (*propio de una bestia*) viehisch ❷ (*muy brutal*) bestialisch ❸ (*fam: muy intensivo*) tierisch; (*muy grande*) riesengroß; (*muy bueno*) (wahnsinnig) toll

bestialidad [bestjali'ðaᵈ] *f* ❶ (*cualidad*) Bestialität *f* ❷ (*crueldad*) Gräueltat *f* ❸ (*fam: gran cantidad*) Unmenge *f*

best seller [be(s)'seler] *m inv,* **bestséller** [bes'seler] *m inv* Bestseller *m*

besucón, -ona [besu'kon, -ona] *adj* (*fam*) verschmust

besugo [be'suɣo] *m* ❶ (ZOOL) Brasse *f* ❷ (*fam: persona*) Schwachkopf *m*

besuquear [besuke'ar] *vt* (ab)küssen

besuqueo [besu'keo] *m* Knutscherei *f fam*

beta ['beta] *f* Beta *nt;* **la** ~ **griega** der griechische Buchstabe Beta

betarraga [beta'rraɣa] *f* (*Am*) rote Beete *f*

betún [be'tun] *m* ❶ (QUÍM) Bitumen *nt* ❷ (*para el calzado*) Schuhcreme *f;* **negro como el** ~ pechschwarz

bezo ['beθo] *m* ❶ (*labio abultado*) dicke Lippe *f* ❷ (*de una herida*) wildes Gewebe *nt*

bianual [bianu'al] *adj* halbjährlich

biatlón [bia'ᵈlon] *m* (DEP) Biathlon *nt*

biberón [biβe'ron] *m* (Saug)flasche *f*

Biblia ['biβlja] *f* Bibel *f*

bíblico, -a ['biβliko, -a] *adj* biblisch

bibliobús [biβljo'bus] *m* Bücherbus *m*

bibliófilo, -a [bi'βljofilo, -a] *m, f* Bücherliebhaber(in) *m(f)*

bibliografía [biβljoɣra'fia] *f* Bibliografie *f*

bibliográfico, -a [biβljo'ɣrafiko, -a] *adj* bibliografisch

bibliógrafo, -a [bi'βljoɣrafo, -a] *m, f* Bibliograf(in) *m(f)*

biblioteca [biβljo'teka] *f* ❶ (*local*) Bücherei *f;* ~ **de consulta** Präsenzbibliothek *f* ❷ (*mueble*) Bücherschrank *m* ❸ (*estantería*) Bücherregal *nt*

bibliotecario, -a [biβljote'karjo, -a] *m, f* Bibliothekar(in) *m(f)*

bibliotecología [biβljotekolo'xia] *f* Bibliothekskunde *f*

bicameral [bikame'ral] *adj* (POL) Zweikammer(n)-

bicampeón, -ona [bikampe'on, -ona] *m, f* zweifacher Champion *m*

bicarbonatado, -a [bikarβona'taðo, -a] *adj* (QUÍM) Bikarbonat-

bicarbonato [bikarβo'nato] *m* (QUÍM) Bikarbonat *nt;* ~ **sódico** Natron *nt*

bicéfalo, -a [bi'θefalo, -a] *adj* doppelköpfig

bicentenario [biθente'narjo] *m* zweihundertster Jahrestag *m*

bíceps ['biθeβs] *m inv* (ANAT) Bizeps *m*

bicha ['bitʃa] *f* ❶ (*fam: serpiente*) Schlange *f* ❷ (*figura*) Fabeltier *nt*

bicharraco [bitʃa'rrako] *m* ❶ (*pey: bicho*) Vieh(zeug) *nt* ❷ (*persona*) Scheusal *nt*

bicho ['bitʃo] *m* ❶ (*animal*) (kleines) Tier *nt* ❷ (TAUR) (Kampf)stier *m* ❸ (*persona*) Kerl *m;* ~ **raro** komischer Kauz; **mal** ~ Aas *nt* ❹ (*vulg: pene*) Schwanz *m fam* ❺ *pl* (*insectos*) Ungeziefer *nt*

bici ['biθi] *f* (*fam*) *abr de* **bicicleta** Rad *nt*

bicicleta [biθi'kleta] *f* Fahrrad *nt;* ~ **de carreras** Rennrad *nt;* ~ **estática** Hometrainer *m;* ~ **de montaña** Mountainbike *nt*

bicicross [biθi'kros] *m sin pl* Mountainbiking *nt*

bicoca [bi'koka] *f* ❶ (*fam: pequeñez*) Lappalie *f* ❷ (*fam: ganga*) Schnäppchen *nt* ❸ (*Am: de eclesiásticos*) (Scheitel)käppchen *nt*

bicolor [biko'lor] *adj* zweifarbig

bidé [bi'ðe] *m* <bidés>, **bidet** [bi'ðe] *m* <bidets> Bidet *nt*

bidireccional [biðireᵛθjo'nal] *adj* (INFOR) bidirektional

bidón [bi'ðon] *m* Kanister *m*

biela [bi'ela] *f* ❶ (TÉC) Pleuelstange *f* ❷ (*de la bicicleta*) Tretkurbel *f*

bielda ['bjelda] *f* (AGR) ❶ (*bieldo*) Strohgabel *f* ❷ (*acción de bieldar*) Worfeln *nt*

bieldo ['bjeldo] *m* (*en forma de tenedor*) Heugabel *f;* (*en forma de rastrillo*) Rechen *m*

Bielorrusia [bjelo'rrusja] *f* Weißrussland *nt*

bielorruso, -a [bjelo'rruso, -a] **I.** *adj* weißrussisch **II.** *m, f* Weißrusse, -in *m, f*

bien ['bjen] **I.** *m* ❶ (*bienestar*) Wohl *nt* ❷ (*bondad moral*) Gute(s) *nt* ❸ (*provecho*) Nutzen *m* ❹ (ECON) Gut *nt* ❺ *pl* (*posesiones*) Güter *ntpl;* (*riqueza*) Vermögen *nt;* ~**es inmuebles** Immobilien *fpl;* ~**es de la tierra** landwirtschaftliche Erzeugnisse **II.** *adv* ❶ (*de modo conveniente*) gut; (*correctamente*) richtig; **ahora** ~ also; **y** ~ nun; **mirado** eigentlich; **estar ~ de salud** gesund sein; **estar (a) ~ con alguien** mit jdm auf gutem Fuß stehen; **hacer algo ~** etw richtig machen; **hacer ~ en...** +*inf* gut daran tun zu ... +*inf*; **¡pórtate ~!** benimm dich!; **tener a ~ ...** +*inf* es für richtig halten zu ... +*inf*; **te está ~** das geschieht dir recht ❷ (*con gusto*) wohl; (*agradable*) schön ❸ (*seguramente*) sicher ❹ (*muy*) sehr; (*bastante*) recht; **es ~ fácil** es ist ganz einfach ❺ (*asentimiento*) einverstanden; **¡está ~!** in Ordnung! ❻ (*loc*): **~ es verdad que...** es ist wohl wahr, dass ...; **~ que mal** jedenfalls III. *adj* vornehm IV. *conj* ❶ (*aunque*): **~ que** obschon; **si ~** obwohl ❷ (*o... o*): **~... ~...** entweder ... oder ... ❸ (*apenas*): **no ~...** (**cuando...**) kaum ... (als ...) V. *interj* prima!

? Grammatik

bien ist ein Adverb, das ein Verb näher bestimmt: *Mi tío cocina muy bien. – Mein Onkel kocht sehr gut.*
bueno ist ein Adjektiv, das ein Substantiv näher bestimmt: *Él tiene siempre buenas ideas. – Er hat immer gute Ideen.*

---

bienal [bie'nal] I. *adj* (*durante dos años*) zweijährig; (*cada dos años*) zweijährlich II. *f* Biennale *f*

bienaventurado, -a [bjenaβeṇtu'raðo, -a] I. *adj* ❶ (*afortunado*) (über)glücklich ❷ (REL) selig ❸ (*inocente*) einfältig II. *m, f* ❶ (REL) Selige(r) *mf* ❷ (*inocente*) Einfaltspinsel *m*

bienaventuranza [bjenaβeṇtu'ranθa] *f* ❶ (REL: *gloria*) Seligkeit *f* ❷ (*fortuna*) Glück *nt* ❸ *pl* (REL: *las ocho*) Seligpreisung *f*

bienestar [bjenes'tar] *m* ❶ (*estado*) Wohlbefinden *nt* ❷ (*sentimiento*) Wohlgefühl *nt* ❸ (*riqueza*) Wohlstand *m*; **estado del ~** Wohlfahrtsstaat *m*

bienhablado, -a [bjena'βlaðo, -a] *adj* redegewandt

bienhechor(a) [bjene'tʃor(a)] I. *adj* wohltätig II. *m(f)* Wohltäter(in) *m(f)*

bienintencionado, -a [bjeniṇteṇθjo'naðo, -a] *adj* gut gemeint

bienio [bi'enjo] *m* Biennium *nt*

bienpensante [bjempen'saṇte] I. *adj* strenggläubig II. *mf* strenggläubiger Mensch *m*

bienquerer [bjeŋke'rer] *irr como querer* I. *vt irr* mögen II. *m* ❶ (*afecto*) Zuneigung *f*

❷ (*buena voluntad*) Wohlwollen *nt*

bienquistar [bjeŋkis'tar] I. *vt* beliebt machen (*con* bei +*dat*) II. *vr:* **~se** (*hacer amistad*) sich anfreunden (*con* mit +*dat*); (*congraciar*) sich beliebt machen (*con* bei +*dat*)

bienquisto, -a [bjeŋ'kisto, -a] *adj* beliebt (*de/por* bei +*dat*)

bienvenida [bjembe'niða] *f* ❶ (*llegada*) glückliche Ankunft *f* ❷ (*saludo*) Willkommen *nt;* **dar la ~ a alguien** jdn willkommen heißen

bienvenido, -a [bjembe'niðo, -a] I. *interj* willkommen!; **¡~ a España/a casa!** willkommen in Spanien/zu Hause! II. *adj* willkommen

bife ['bife] *m* (*Am*) ❶ (*carne*) Steak *nt* ❷ (*sopapo*) Ohrfeige *f*

bifocal [bifo'kal] *adj* bifokal

bifurcación [bifurka'θjon] *f* (*de una carretera*) Abzweigung *f*; (*de un camino*) Gab(e)lung *f*

bifurcado, -a [bifur'kaðo, -a] *adj* gabelförmig

bifurcarse [bifur'karse] <c→qu> *vr* sich gabeln

bigamia [bi'ɣamja] *f* Doppelehe *f*

bígamo, -a ['biɣamo, -a] I. *adj* in Doppelehe lebend II. *m, f* Bigamist(in) *m(f)*

bigote [bi'ɣote] *m* ❶ (*de hombre*) Schnurrbart *m;* **estar de ~(s)** (*fam*) toll sein ❷ *pl* (ZOOL) Schnurrhaare *ntpl* ❸ (*Am: croqueta*) Krokette *f*

bigotudo, -a [biɣo'tuðo, -a] *adj* schnauzbärtig

bigudí [biɣu'ði] *m* Lockenwickler *m*

bikini [bi'kini] *m* Bikini *m*

bilateral [bilate'ral] *adj* bilateral

biliar [bi'ljar] *adj* Gallen-

bilingüe [bi'liŋgwe] I. *adj* zweisprachig II. *mf* zweisprachige Person *f*

bilingüismo [biliŋ'gwismo] *m sin pl* Zweisprachigkeit *f*

bilis ['bilis] *f inv* ❶ (ANAT) Galle *f* ❷ (*cólera*) Wut *f*

billa ['biʎa] *f* (*billar*) Treiben einer Kugel nach Karambolage in ein Loch

billar [bi'ʎar] *m* ❶ (*juego*) Billard(spiel) *nt;* **~ americano** Pool(billard) *nt* ❷ (*mesa*) Billardtisch *m*

billetaje [biʎe'taxe] *m* Kartenkontingent *nt*

billete [bi'ʎete] *m* ❶ (*pasaje*) Fahrschein *m;* **~ de ida y vuelta** Rückfahrkarte *f;* **sacar un ~** eine Fahrkarte lösen ❷ (*entrada*) Eintrittskarte *f* ❸ (FIN) (Geld)schein *m* ❹ (*en una rifa*) (Lotterie)los *nt;* **~ premiado** Treffer *m;* **~ no premiado** Niete *f* ❺ (*mensaje breve*) kurze Mitteilung *f*

billetera [biʎe'tera] *f*, **billetero** [biʎe'tero] *m* Brieftasche *f*

billón [bi'ʎon] *m* Billion *f*

billonario, -a [biʎo'narjo, -a] *m*, *f* Billionär(in) *m(f)*

bimba ['bimba] *f* ❶ *(fam: sombrero)* Zylinder(hut) *m* ❷ *(Am: embriaguez)* Rausch *m*

bimembre [bi'membre] *adj* zweigliedrig

bimensual [bimen'swal] *adj* zweimal im Monat stattfindend

bimestral [bimes'tral] *adj (duración)* zweimonatig; *(repetición)* zweimonatlich

bimestre [bi'mestre] **I.** *adj (duración)* zweimonatig; *(repetición)* zweimonatlich **II.** *m* ❶ *(período)* Zeitraum *m* von zwei Monaten ❷ *(pago)* zweimonatliche Zahlung *f*

bimotor [bimo'tor] **I.** *adj* zweimotorig **II.** *m* zweimotoriges Flugzeug *nt*

binar [bi'nar] *vt* zum zweiten Male tun

binario, -a [bi'narjo, -a] *adj* binär; **compás ~** (MÚS) Zweivierteltakt *m*

bingo ['biŋgo] *m* Bingo *nt*

binocular [binoku'lar] *adj* binokular

binoculares [binoku'lares] *mpl* Fernglas *nt*

binóculo [bi'nokulo] *m* Kneifer *m*

binomio [bi'nomjo] *m* (MAT) Binom *nt*

bioactivo, -a [bioak'tiβo, -a] *adj* bioaktiv

bioagricultura [bioaɣrikul'tura] *f* (AGR) biologische Landwirtschaft *f*

biobasura [bioβa'sura] *f* (ECOL) Biomüll *m*

biodegradable [bioðeɣra'ðaβle] *adj* biologisch abbaubar

biodegradar [bioðeɣra'ðar] *vt* (BIOL) biologisch abbauen

biodiversidad [bioðiβersi'ðað] *f* Artenvielfalt *f*; **Tratado de B~** Artenschutzabkommen *nt*

bioenergía [bioener'xia] *f* Bioenergie *f*

biofísica [bio'fisika] *f* Biophysik *f*

biogenética [bioxe'netika] *f* Biogenetik *f*

biografía [bjoɣra'fia] *f* Biografie *f*

biografiar [bjoɣrafi'ar] *< I. pres: biografío> vt* die Biografie schreiben *(a* von *+ dat)*

biográfico, -a [bjo'ɣrafiko, -a] *adj* biografisch

biógrafo¹ [bi'oɣrafo] *m (Am)* Kino *nt*

biógrafo, -a² [bi'oɣrafo, -a] *m*, *f* Biograf(in) *m(f)*

biología [biolo'xia] *f* Biologie *f*

biológico, -a [bio'loxiko, -a] *adj* biologisch; **guerra biológica** biologische Kriegsführung

biólogo, -a [bi'oloɣo, -a] *m*, *f* Biologe, -in *m*, *f*

biomasa [bio'masa] *f* (BIOL) Biomasse *f*

biombo [bi'ombo] *m* spanische Wand *f*

biomecánica [biome'kanika] *f* Biomecha-

nik *f*

biopsia [bi'oβsja] *f* (MED) Biopsie *f*

bioquímica [bio'kimika] *f* Biochemie *f*

biorritmo [bio'rriðmo] *m* Biorhythmus *m*

biosfera [bios'fera] *f* Biosphäre *f*

biosíntesis [bio'sintesis] *f inv* Biosynthese *f*

biosistema [biosis'tema] *m* Biosystem *nt*

biotecnología [bioteknolo'xia] *f* Biotechnologie *f*

biótopo [bi'otopo] *m* Biotop *m* o *nt*

bipartidismo [biparti'ðismo] *m* (POL) Zweiparteiensystem *nt*

bípedo, -a ['bipeðo, -a] **I.** *adj* zweibeinig **II.** *m*, *f* Zweifüßer *m*

biplano [bi'plano] *m* Doppeldecker *m*

biplaza [bi'plaθa] **I.** *adj* zweisitzig **II.** *m* Zweisitzer *m*

bipolaridad [bipolari'ðað] *f* (FÍS) Bipolarität *f*

bipolarización [bipolariθa'θjon] *f* (POL) Bipolarisierung *f*

biquini [bi'kini] *m* Bikini *m*

birlar [bir'lar] *vt (fam)* ❶ *(hurtar)* wegschnappen; **Carlos le birló la novia** Carlos hat ihm die Freundin ausgespannt ❷ *(derribar)* niederschlagen

birmano, -a [bir'mano, -a] **I.** *adj* birmanisch **II.** *m*, *f* Birmane, -in *m*, *f*

birome [bi'rome] *f (Arg)* Kugelschreiber *m*

birra ['birra] *f (argot)* Bier *nt*

birrete [bi'rrete] *m* ❶ *(de clérigos)* Birett *nt* ❷ *(de catedráticos, jueces)* Barett *nt*

birria ['birrja] *f* ❶ *(persona)* Vogelscheuche *f* ❷ *(objeto)* Plunder *m* ❸ *(obra)* Schund *m*

biruje [bi'ruxe] *m (Am)*, **biruji** [bi'ruxi] *m* eisiger Wind *m*

bis [bis] **I.** *interj* noch einmal! **II.** *m* (MÚS) Wiederholung *f* **III.** *adv* ❶ (MÚS) da capo ❷ *(añadido a un número)* a; **7 ~** 7a

bisabuelo, -a [bisa'βwelo, -a] *m*, *f* Urgroßvater, -mutter *m*, *f*

bisagra [bi'saɣra] *f* ❶ *(charnela)* Scharnier *nt* ❷ *(quicio)* Türangel *f*

bisar [bi'sar] *vt* (MÚS) wiederholen

bisbis(e)ar [bisβise'ar/bisβi'sar] *vt (fam)* ❶ *(musitar)* murmeln ❷ *(cuchichear)* flüstern

biscote [bis'kote] *m* Zwieback *m*

biscuit [bis'kwit] *<biscuits> m* ❶ (GASTR: bizcocho) Biskuit *nt* o *m* ❷ *(porcelana)* Biskuitporzellan *nt*

bisección [biseˠ'θjon] *f* (MAT) Halbierung *f*

bisel [bi'sel] *m* Abschrägung *f*

biselar [bise'lar] *vt* abschrägen

bisexual [biseˠ'swal] *adj* ❶ *(persona)* bisexuell ❷ (BIOL) doppelgeschlechtig

bisexualidad [biseˠswali'ðað] *f sin pl* ❶ *(de*

una persona) Bisexualität *f* ❷ (BIOL) Doppelgeschlechtigkeit *f*

bisiesto [bi'sjesto] *adj:* **año** ~ Schaltjahr *nt*

bisílabo, -a [bi'silaβo, -a] *adj* zweisilbig

bismuto [bis'muto] *m* (QUÍM) Wismut *nt*

bisnieto, -a [bis'njeto, -a] *m, f* Urenkel(in) *m(f)*

bisonte [bi'sonte] *m* (*americano*) Bison *m;* (*europeo*) Wisent *m*

bisoñé [biso'ɲe] *m* Toupet *nt*

bisoño, -a [bi'soɲo, -a] I. *adj* ❶ (*inexperto*) unerfahren ❷ (*nuevo*) neu II. *m, f* (*novato*) Neuling *m*

bisté [bis'te] *m* <bistés>, **bistec** [bis'te] *m* <bistecs> (Beef)steak *nt*

bisturí [bistu'ri] *m* Skalpell *nt*

bisutería [bisute'ria] *f* ❶ (*joyas*) Modeschmuck *m* ❷ (*tienda*) Geschäft *nt* für Modeschmuck ❸ (*industria*) Modeschmuckindustrie *f*

bit [bit] *m* <bits> (INFOR) Bit *nt;* ~ **de parada** Stoppbit *nt*

bitácora [bi'takora] *f* (NÁUT) Kompasshaus *nt;* **cuaderno de** ~ Logbuch *nt*

bitio ['bitjo] *m* (INFOR) Bit *nt*

bizarría [biθa'rria] *f* ❶ (*valentía*) Tapferkeit *f;* (*valor*) Mut *m* ❷ (*gallardía*) Stattlichkeit *f* ❸ (*generosidad*) Großzügigkeit *f*

bizarro, -a [bi'θarro, -a] *adj* ❶ (*valiente*) tapfer; (*valeroso*) mutig ❷ (*apuesto*) stattlich ❸ (*generoso*) großzügig ❹ (*extravagante*) bizarr

bizco, -a ['biθko, -a] *adj* schielend

bizcocho [biθ'kotʃo] I. *adj* (*Méx*) feige II. *m* ❶ (*biscote*) Zwieback *m* ❷ (*biscuit*) Biskuit *m o nt* ❸ (*Am: torta*) (Rühr)kuchen *m* ❹ (*porcelana*) Biskuitporzellan *nt*

Bizkaia [biθ'kaɟa] *f* Biskaya *f*

biznieto, -a [biθ'njeto, -a] *m, f* Urenkel(in) *m(f)*

bizquear [biθke'ar] *vi* schielen

bizquera [biθ'kera] *f* (*Am*) Schielen *nt*

bla-bla-bla [blaβla'βla] *m* leeres Gerede *nt*

blanca ['blaŋka] *f* ❶ (MÚS) halbe Note *f* ❷ (*pieza de dominó*) Null *f* ❸ (*loc*): **estar sin** ~ (*fam*) kein Geld haben

Blancanieves [blaŋka'njeβes] *f* Schneewittchen *nt*

blanco¹ ['blaŋko] *m* ❶ (*color*) Weiß *nt;* **película en** ~ **y negro** Schwarzweißfilm *m* ❷ (*de animal*) Blesse *f* ❸ (*espacio en un escrito*) leerer Zwischenraum *m;* **cheque en** ~ (ECON) Blankoscheck *m;* **tener la mente en** ~ ein Blackout haben ❹ (*diana*) Zielscheibe *f;* **dar en el** ~ ins Schwarze treffen ❺ (*loc*): **pasar la noche en** ~ eine schlaflose Nacht verbringen

blanco, -a² ['blaŋko, -a] I. *adj* ❶ (*de tal*

color) weiß ❷ (*cerveza*) hell ❸ (*tez*) bleich II. *m, f* (*persona*) Weiße(r) *mf*

blancura [blaŋ'kura] *f* Weiße *f*

blandear [blande'ar] I. *vt* umstimmen II. *vi, vr:* ~**se** nachgeben

blandengue [blaŋ'deŋge] *adj* (*pey*) weichlich

blandir [blaŋ'dir] I. *vt* schwingen II. *vi, vr:* ~**se** schwanken

blando, -a ['blando, -a] *adj* ❶ (*objeto*) weich ❷ (*carácter: suave*) nachsichtig; (*pey: blandengue*) weichlich; (*cobarde*) feige; ~ **de corazón** weichherzig ❸ (*constitución*) schwach ❹ (*clima*) mild ❺ (*lluvia, tono*) sanft ❻ (*luz*) weich ❼ (ECON): **créditos** ~**s** günstige Kredite

blanducho, -a [blaŋ'dutʃo, -a] *adj* (*fam*) weichlich

blandura [blaŋ'dura] *f* ❶ (*de una cosa*) Weichheit *f* ❷ (*del carácter: suavidad*) Sanftheit *f;* (*blandenguería*) Weichlichkeit *f* ❸ (*lisonja*) Schmeichelei *f* ❹ (*del aire*) Tauwetter *nt* ❺ (*emplasto*) Zugpflaster *nt*

blanquear [blaŋke'ar] I. *vi* ❶ (*volverse blanco*) weiß werden ❷ (*perder el color*) verblassen; (*el pelo*) ergrauen ❸ (*presentarse blanco*) weiß(lich) schimmern II. *vt* ❶ (*poner blanco*) weißen ❷ (*pared*) tünchen ❸ (*dinero*) waschen ❹ (*tejido*) bleichen ❺ (*metal*) blank putzen

blanquecino, -a [blaŋke'θino, -a] *adj* weißlich

blanqueo [blaŋ'keo] *m* ❶ (*el poner blanco*) Weißen *nt* ❷ (*de una pared*) Tünchen *nt* ❸ (*de tejido*) Bleichen *nt;* ~ **de dinero** Geldwäsche *f*

blanquiazul [blaŋkja'θul] I. *adj* blauweiß II. *m* Blauweiß *nt*

blasfemar [blasfe'mar] *vi* ❶ (REL) lästern ❷ (*maldecir*) fluchen (*de* auf/über +*akk*)

blasfemia [blas'femja] *f* ❶ (REL) Gotteslästerung *f* ❷ (*injuria*) Lästerung *f* ❸ (*taco*) Fluch *m*

blasfemo, -a [blas'femo, -a] I. *adj* gotteslästerlich II. *m, f* Gotteslästerer, -in *m, f*

blasón [bla'son] *m* ❶ (*escudo de armas*) Wappen(schild) *nt* ❷ (*figura*) Wappenbild *nt* ❸ (*honor*) Ehre *f;* (*gloria*) Ruhm *m* ❹ *pl* (*abolengo*) adlige Herkunft *f*

blasonar [blaso'nar] I. *vt* ein Wappen entwerfen II. *vi* prahlen (*de* mit +*dat*)

blázer ['bleɟser] *m* Blazer *m*

bledo ['bleðo] *m* ❶ (BOT) Amaranth *m* ❷ (*loc*): (**no**) **me importa un** ~ das ist mir völlig schnuppe *fam*

blindado [bliɲ'daðo] *m* (MIL) Panzer(wagen) *m*

blindaje [bliɲ'daxe] *m* Panzer *m*

blindar [bliṇ'dar] *vt* panzern

bloc [blokᵏ] *m* <blocs> ❶ (*cuaderno*) (Schreib)block *m* ❷ (*calendario*) Kalenderblock *m*

blocar [blo'kar] <c→qu> *vt v.* **bloquear**

blofear [blofe'ar] *vi* (*Am*) ❶ (*engañar*) bluffen ❷ (*exagerar*) aufschneiden

blonda ['bloṇda] *f* Seidenspitze *f*

bloque [blokeẹ] *m* ❶ (*de cosas*) Block *m;* ~ **de viviendas** Wohnblock *m* ❷ (*de madera*) (Holz)klotz *m*

bloquear [bloke'ar] **I.** *vt* ❶ (*cortar el paso*) (ver)sperren ❷ (*aislar*) einschließen ❸ (TÉC) blockieren ❹ (MIL: *asediar*) belagern ❺ (FIN) sperren ❻ (DEP) (ab)blocken ❼ (*obstaculizar*) aufhalten ❽ (*interrumpir*) unterbrechen **II.** *vr:* ~ **se** ❶ (*una cosa*) blockieren ❷ (*una persona*) sich sperren

bloqueo [blo'keo] *m* ❶ (*de un paso*) Sperre *f;* ~ **comercial** (COM) Handelsembargo *nt* ❷ (*aislamiento*) Abgeschlossenheit *f* ❸ (TÉC: *de un mecanismo*) Blockierung *f;* ~ **de teclado** Tastatursperre *f* ❹ (MIL) Blockade *f* ❺ (DEP) (Ab)blocken *nt* ❻ (*de un proceso: estancamiento*) Stockung *f;* (*interrupción*) Unterbrechung *f* ❼ (*mental*) Sperrung *f*

blues [blus] *m inv* Blues *m*

bluff ['bluf] *m* <bluffs> ❶ (*finta*) Bluff *m* ❷ (*Am: fanfarronería*) Prahlerei *f;* (*chulería*) Aufschneiderei *f*

blusa ['blusa] *f* ❶ (*de mujer*) Bluse *f* ❷ (*bata*) Kittel *m*

blusón [blu'son] *m* Kittel *m*

boa ['boa] *f* Boa *f*

boato [bo'ato] *m* Prunk *m*

bobada [bo'βaða] *f* Dummheit *f;* **decir** ~ **s** albernes Zeug reden

bobalicón, -ona [boβali'kon, -ona] **I.** *adj* ❶ (*tonto*) dumm ❷ (*simple*) einfältig **II.** *m, f* ❶ (*tonto*) Dummkopf *m* ❷ (*simplón*) Einfaltspinsel *m*

bobear [boβe'ar] *vi* ❶ (*hacer bobadas*) herumalbern ❷ (*decir bobadas*) dummes Zeug reden

bobina [bo'βina] *f* ❶ (*t.* ELEC) Rolle *f* ❷ (FOTO) Filmspule *f* ❸ (CINE) Filmrolle *f*

bobinar [boβi'nar] *vt* aufspulen, aufwickeln

bobo, -a ['boβo, -a] **I.** *adj* ❶ (*tonto*) albern ❷ (*simple*) einfältig **II.** *m, f* ❶ (*tonto*) Dummkopf *m* ❷ (*simplón*) Einfaltspinsel *m*

boca ['boka] *f* ❶ (ANAT) Mund *m;* (*de animal*) Maul *nt;* ~ **a** ~ Mund-zu-Mund-Beatmung *f;* ~ **abajo** bäuchlings; ~ **arriba** rücklings; **andar de** ~ **en** ~ in aller Munde sein; **partirle la** ~ **a alguien** (*vulg*) jdm

die Visage polieren *fam;* **quedarse con la** ~ **abierta** mit offenem Mund dastehen ❷ (*abertura*) Öffnung *f;* ~ **de metro** Eingang zur Metrostation ❸ (*agujero*) Loch *nt* ❹ (*de cañón*) Mündung *f* ❺ (*de río*) (Fluss)mündung *f* ❻ (*de volcán*) Schlund *m* ❼ (*de vino*) Blume *f* ❽ (TÉC: *de herramienta*) Maul *nt* ❾ (ZOOL: *de crustáceo*) Schere *f* ❿ (MÚS) Mundstück *nt* ⓫ (INFOR) Schnittstelle *f*

boca a boca [boka(a)'βoka] *m sin pl* Mund-zu-Mund-Beatmung *f;* **le hicieron el** ~ er/sie wurde Mund-zu-Mund beatmet

bocacalle [boka'kaʎe] *f* ❶ (*entrada de una calle*) Straßeneinmündung *f* ❷ (*calle secundaria*) Seitenstraße *f*

bocadillo [boka'ðiʎo] *m* ❶ (*sandwich*) belegtes Brötchen *nt* ❷ (*refrigerio*) Imbiss *m*

bocadito [boka'ðito] *m* (*Cuba: cigarrillo*) (mit einem Tabakblatt gedrehte) Zigarette *f*

bocado [bo'kaðo] *m* ❶ (*mordisco*) Bissen *m;* ~ **de Adán** Adamsapfel *m* ❷ (*freno*) Zaum *m*

bocajarro [boka'xarro] *adv:* **a** ~ (*tiro*) aus nächster Nähe; **decir algo a** ~ etw geradeheraus sagen

bocamanga [boka'maŋga] *f* ❶ (*abertura*) Ärmelloch *nt* ❷ (*puño*) Ärmelaufschlag *m*

bocana [bo'kana] *f* ❶ (*entrada*) schmale Hafeneinfahrt *f* ❷ (*Am: desembocadura*) Flussmündung *f*

bocanada [boka'naða] *f* ❶ (*de comida*) Mund *m* voll; (*de bebida*) Schluck *m;* **echar** ~ **s** (*fig*) prahlen ❷ (*de humo*) Rauchwolke *f*

bocata [bo'kata] *m* (*fam*) *v.* **bocadillo**

bocatero, -a [boka'tero, -a] *m, f* (*Am*), **bocaza(s)** [bo'kaθa(s)] *mf inv* Großmaul *nt,* Angeber(in) *m(f)*

bocera [bo'θera] *f* ❶ (*restos de comida*) Speiserand *m* um den Mund; (*restos de bebida*) Trinkrand *m* um den Mund ❷ (*pupa*) Griebe *f*

boceras [bo'θeras] *mf inv* Schwätzer(in) *m(f)*

boceto [bo'θeto] *m* Skizze *f*

bocha ['botʃa] *f* ❶ (*bola*) Bocciakugel *f* ❷ (*Am: fam: cabeza*) Birne *f*

bochar [bo'tʃar] *vt* (*fam*) ❶ (*Am: rechazar*) eine Abfuhr erteilen +*dat* ❷ (*Arg: fracasar*) durchfallen lassen

boche ['botʃe] *m* ❶ (*hoyo*) Mulde *f* ❷ (*Arg: alemán*) Deutsche(r) *m* ❸ (*CSur: fam: bronca*) Ärger *m* ❹ (*Am: fam: repulsa*) Abfuhr *f*

bochinche [bo'tʃintʃe] *m* ❶ (*tumulto*) Tumult *m;* (*alboroto*) Aufruhr *m* ❷ (*Am:*

chisme) Klatsch *m*

bochorno [bo'tʃorno] *m* ❶ (METEO) Schwüle *f* ❷ (*sofocación*) (Hitze)wallung *f* ❸ (*vergüenza*) Scham *f;* **me da ~ que esté mirando** es ist mir peinlich, dass er/sie zuschaut

bochornoso, -a [botʃor'noso, -a] *adj* ❶ (METEO) schwül ❷ (*vergonzoso*) beschämend

bocina [bo'θina] *f* ❶ (*caracola*) Muschel *f* ❷ (MÚS) Horn *nt* ❸ (*megáfono*) Megaphon *nt* ❹ (*de gramófono*) Schalltrichter *m* ❺ (AUTO) Hupe *f;* **tocar la ~** hupen

bocinar [boθi'nar] *vi* ❶ (*por el cuerno*) ins Horn stoßen ❷ (*por el megáfono*) ins Megaphon sprechen ❸ (AUTO) hupen

bocinazo [boθi'naθo] *m* ❶ (*de cuerno*) Hornsignal *nt* ❷ (AUTO) Hupsignal *nt*

bocio ['boθjo] *m* Kropf *m*

boda ['boða] *f* (*ceremonia*) Hochzeit *f;* (*fiesta*) Hochzeitsfest *nt;* **noche de ~s** Hochzeitsnacht *f*

bodega [bo'ðeɣa] *f* ❶ (*depósito de vino*) Weinkeller *m;* (*establecimiento*) (Wein)kellerei *f;* (*tienda*) Weinhandlung *f;* (*taberna*) Weinschänke *f* ❷ (*despensa*) Vorratskammer *f* ❸ (NÁUT: *en un puerto*) Lagerschuppen *m;* (*en un buque*) Frachtraum *m*

bodegón [boðe'ɣon] *m* ❶ (*taberna*) (Wein)schänke *f* ❷ (*casa de comidas*) einfaches Speiselokal *nt* ❸ (ARTE) Stillleben *nt*

bodeguero, -a [boðe'ɣero, -a] *m, f* ❶ (*en una bodega*) Kellermeister(in) *m(f)* ❷ (*Am: en una abacería*) Lebensmittelhändler(in) *m(f)*

bodrio ['boðrjo] *m* ❶ (*comida mala*) (Schlangen)fraß *m abw* ❷ (*cosa de mala calidad*) Schund *m* ❸ (*confusión*) Durcheinander *nt*

body ['boði] *m* <bodies> Body(suit) *m*

BOE ['boe] *m abr de* **Boletín Oficial del Estado** ≈Bundesgesetzblatt *nt*

bóer ['boer] **I.** *adj* burisch **II.** *mf* Bure, -in *m, f*

bofe ['bofe] *m* Lunge *f;* **echar los ~s** (**por algo**) sich (für etw) abrackern

bofetada [bofe'taða] *f* Ohrfeige *f;* **dar una ~ a alguien** jdn ohrfeigen

bofetón [bofe'ton] *m* kräftige Ohrfeige *f*

bofia ['bofja] *f* (*vulg*) Polente *f fam,* Bullen *mpl fam*

boga ['boɣa] *f* ❶ (NÁUT) Rudern *nt* ❷ (*moda*) Mode *f;* **esta canción está en ~** dieses Lied ist in

bogador(a) [boɣa'ðor(a)] *m(f)* Ruderer, -in *m, f*

bogar [bo'ɣar] <g→gu> *vi* ❶ (*remar*) rudern ❷ (*navegar*) segeln

bogavante [boɣa'βaṇte] *m* (ZOOL) Hummer *m*

bogotano, -a [boɣo'tano, -a] **I.** *adj* aus Bogotá **II.** *m, f* Einwohner(in) *m(f)* von Bogotá

bohemia [bo'emja] *f* Boheme *f*

Bohemia [bo'emja] *f* Böhmen *nt*

bohemio, -a [bo'emjo, -a] **I.** *adj* ❶ (GEO) böhmisch ❷ (*gitano*) zigeunerhaft **II.** *m, f* ❶ (GEO) Böhme, -in *m, f* ❷ (*gitano*) Zigeuner(in) *m(f)* ❸ (*artista*) Bohemien *m*

boicot [boi̯'ko⁽ᵗ⁾] <boicots> *m* Boykott *m*

boicotear [boi̯kote'ar] *vt* boykottieren

boicoteo [boi̯ko'teo] *m* Boykott *m*

boina ['boi̯na] *f* Baskenmütze *f*

boite [bwa'ᵗ] *f* Nachtlokal *m*

boj [box] *m* (BOT) Buchs(baum) *m*

bol [bol] *m* ❶ (*tazón*) Schale *f* ❷ (*red de pesca*) Schleppnetz *nt;* (*lance de red*) Fischzug *m* ❸ (*bolo*) Kegel *m*

bola ['bola] *f* ❶ (*cuerpo esférico*) Kugel *f;* **~ del mundo** Erdkugel *f;* **~ de nieve** Schneeball *m* ❷ (*canica*) Murmel *f;* **jugar a las ~s** klickern ❸ (*en los naipes*) Schlemm *m* ❹ (*fam: mentira*) Lüge *f;* (*rumor*) Gerücht *nt* ❺ *pl* (*vulg: testículos*) Eier *ntpl fam* ❻ (*loc*): **en ~s** (*fam*) nackt; **no dar pie con ~** überhaupt nicht zurechtkommen

bolada [bo'laða] *f* ❶ (*en los bolos*) (Kugel)wurf *m;* (*en el billar*) Stoß *m* ❷ (*Am: suerte*) Glücksfall *m*

bolado [bo'laðo] *m* (*Am: asunto*) Angelegenheit *f*

bolchevique [boltʃe'βike] **I.** *adj* (POL) bolschewistisch **II.** *mf* (POL) Bolschewist(in) *m(f)*

bolchevismo [boltʃe'βismo] *m sin pl* (POL) Bolschewismus *m*

boleadoras [bolea'ðoras] *fpl* (AmS) Bola *f*

bolear [bole'ar] **I.** *vi* ❶ (*en el billar*) zum Spaß spielen ❷ (*contar mentiras*) flunkern **II.** *vt* ❶ (*la pelota*) schleudern ❷ (*CSur: cazar*) (mit einer Bola) jagen; (*atrapar*) (ein)fangen ❸ (*alumno*) durchfallen lassen

bolera [bo'lera] *f* Kegelbahn *f*

bolero [bo'lero] *m* (*t.* MÚS) Bolero *m*

boleta [bo'leta] *f* ❶ (*entrada*) Eintrittskarte *f* ❷ (*pase*) Passierschein *m* ❸ (*libranza*) Bezugsschein *m* ❹ (MIL) Quartierschein *m* ❺ (*Am: documento*) Urkunde *f* ❻ (*Am: para votar*) Stimmzettel *m*

boletería [bolete'ria] *f* (*Am*) Schalter *m;* (*de venta anticipada*) Kartenvorverkaufsstelle *f;* (*al comenzar*) Abendkasse *f*

boletero, -a [bole'tero, -a] *m, f* (*Am*) Kartenverkäufer(in) *m(f)*

boletín [bole'tin] *m* ❶ (*publicación*) Bulle-

tin *nt;* ~ **informativo** Mitteilungsblatt *nt*
❷ (*informe*) Bericht *m;* ~ **de noticias**
Nachrichten *fpl* ❸ (*cédula*) Schein *m*
boleto [bo'leto] *m* ❶ (*Am: entrada*) Eintrittskarte *f* ❷ (*Am: billete*) Fahrschein *m*
❸ (*de quiniela*) Totoschein *m* ❹ (*Arg: mentira*) Lüge *f*
boli ['boli] *m* (*fam*) abr de **bolígrafo** Kuli *m*
boliche [bo'litʃe] *m* ❶ (*bola*) kleine Bocciakugel *f* ❷ (*juego de bochas*) Boccia(spiel)
nt; (*de bolos*) Kegelspiel *nt* ❸ (*bolera*)
Kegelbahn *f* ❹ (*Am: establecimiento*) Krämerladen *m* mit Ausschank
bólido ['boliðo] *m* ❶ (ASTR) Bolid *m* ❷ (*coche de carreras*) Rennwagen *m*
bolígrafo [bo'liɣrafo] *m* Kugelschreiber *m*
bolillo [bo'liʎo] *m* ❶ (*para hacer encajes*)
Klöppel *m;* **trabajar al** ~ klöppeln ❷ (*Am: de tambor*) Trommelstock *m* ❸ (*Am: panecillo*) kleines Weißbrot *nt*
bolívar [bo'liβar] *m* Bolivar *m*
Bolivia [bo'liβja] *f* Bolivien *nt*

Bolivia ist das fünftgrößte Land Südamerikas. La Paz ist die Hauptstadt und gleichzeitig die größte Stadt des Landes. Die offiziellen Landessprachen in Bolivien sind neben Spanisch auch *quechua* und *aimara* (auch: *aimará*). Die Währungseinheit ist der *boliviano*.

boliviano[1] [boli'βjano] *m* Boliviano *m*
boliviano, -a[2] [boli'βjano, -a] **I.** *adj* bolivianisch **II.** *m, f* Bolivianer(in) *m(f)*
bollería [boʎe'ria] *f* Feinbäckerei *f*
bollo ['boʎo] *m* ❶ (*panecillo*) Brötchen *nt;*
(*pastelillo*) Hefegebäck *nt* ❷ (*abolladura*)
Ausbeulung *f;* (*chichón*) Beule *f*
❸ (*adorno*) Noppe *f* ❹ (*confusión*) Durcheinander *nt;* **tener un** ~ **mental** (*fam*) ein
Chaos im Kopf haben ❺ (*Am: puñetazo*)
Faustschlag *m* ❻ (*loc*): **no está el horno
para** ~**s** das ist nicht der (geeignete)
Moment dafür
bolo ['bolo] *m* ❶ (DEP) Kegel *m* ❷ (*en los naipes*) Schlemm *m* ❸ (*píldora*) große
Pille *f* ❹ (*tonto*) Dummkopf *m* ❺ (TEAT: *compañía*) Wandertruppe *f;* (*papel*)
stumme Rolle *f* ❻ *pl* (*juego*) Kegeln *nt*
bolsa ['bolsa] *f* ❶ (*saco*) Beutel *m;* ~ **de
agua caliente** Wärmflasche *f;* ~ **de
basura** Abfalltüte *f* ❷ (*monedero*) Geldbeutel *m* ❸ (*bolso*) (Trage)tasche *f;* ~ **de
plástico** Plastiktüte *f;* ~ **portatrajes** Kleidersack *m* ❹ (*pliegue en la ropa*) Falte *f*

❺ (*caudal*) Vermögen *nt;* ~ **de estudios**
Stipendium *nt* ❻ (FIN) Börse *f;* ~ **de trabajo** Stellenvermittlung *f* ❼ (*Am: bolsillo*)
Tasche *f;* ~ **negra** Schwarzmarkt *m* ❽ *pl*
(ANAT) Hodensack *m*
bolsillo [bol'siʎo] *m* ❶ (*en una prenda de
vestir*) Tasche *f;* **edición de** ~ Taschenausgabe *f* ❷ (*monedero*) Geldbeutel *m;* **rascarse el** ~ (tief) in die Tasche greifen
❸ (*dinero*) Geld *nt*
bolsista [bol'sista] *mf* ❶ (FIN) Börsenspekulant(in) *m(f)* ❷ (*AmC: carterista*) Taschendieb(in) *m(f)*
bolso [bol'so] *m* ❶ (*bolsa pequeña*) Tasche
f ❷ (*en una vela*) Ausbauchung *f*
bomba ['bomba] *f* ❶ (*t. MIL*) Bombe *f;* ~ **de
mano** Handgranate *f;* ~ **de relojería** Zeitbombe *f* ❷ (TÉC) Pumpe *f;* ~ **de gasolina**
Benzinpumpe *f;* ~ **neumática** Druckluftpumpe *f;* **dar a la** ~ pumpen ❸ (*de lámpara*) (Glas)ballon *m* ❹ (INFOR): ~**s lógicas**
Computerviren *mpl* ❺ (*Am: bola*) Kugel *f*
❻ (*Am: pompa*) Seifenblase *f* ❼ (*Am: borrachera*) Rausch *m* ❽ (*súper*): **éxito** ~
Bombenerfolg *m;* **a prueba de** ~**s** (*fig*)
bombensicher; **está** ~ (*una mujer*) sie sieht
bombig aus; (*comida*) das schmeckt super
bombacha [bom'batʃa] *f* (*CSur: ropa interior*) Unterhose *f*
bombacho [bom'batʃo] *adj:* **pantalón** ~
Pumphose *f*
bombardear [bombarðe'ar] *vt* ❶ (MIL)
bombardieren ❷ (*abrumar*) überhäufen
❸ (Fís) beschießen
bombardeo [bombar'ðeo] *m* ❶ (MIL) Bombardierung *f;* ~ **aéreo** Luftangriff *m* ❷ (Fís)
Beschuss *m*
bombardero [bombar'ðero] *m* ❶ (*avión*)
Bomber *m* ❷ (*soldado*) Artillerist *m*
bombazo [bom'baθo] *m* ❶ (*explosión*)
Bombenexplosion *f* ❷ (*fam: sensación*)
Knüller *m*
bombear [bombe'ar] **I.** *vt* ❶ (MIL) bombardieren ❷ (*un líquido*) pumpen ❸ (*un
balón*) hochschießen ❹ (*elogiar*) in den
Himmel heben ❺ (*CSur: explorar*) auskundschaften **II.** *vr:* ~**se** ❶ (*persona*) sich
aufspielen ❷ (*objeto*) sich wölben
bombeo [bom'beo] *m* ❶ (*de líquidos*)
Pumpen *nt* ❷ (*convexidad*) Wölbung *f*
bombero [bom'bero] *m* ❶ (*oficio*) Feuerwehrmann *m* ❷ *pl* (*cuerpo*) Feuerwehr *f*
bombilla [bom'biʎa] *f* ❶ (ELEC) Glühbirne *f*
❷ (*AmS: caña*) Trinkhalm *m*
bombín [bom'bin] *m* ❶ (*sombrero*)
Melone *f* ❷ (*bomba de aire*) Luftpumpe *f*
bombo ['bombo] *m* ❶ (MÚS: *tambor
grande*) große Trommel *f;* (*timbal*) (Kes-

sel)pauke *f;* **tengo la cabeza hecha un ~** mir dröhnt der Kopf ❷ (*en un sorteo*) (Los)trommel *f* ❸ (*elogio*) überschwängliches Lob *nt;* **dar mucho ~ a algo** viel Aufheben(s) von etw *dat* machen

bombón [bom'bon] *m* Praline *f;* **es un ~** (*fig*) sie ist Zucker

bombona [bom'bona] *f* ❶ (*vasija*) Korbflasche *f* ❷ (*de gas*) Gasflasche *f*

bombonera [bombo'nera] *f* ❶ (*caja de bombones*) Pralinenpackung *f* ❷ (*vivienda*) kleine hübsche Wohnung *f*

bombonería [bombone'ria] *f* Konfiserie *f*

bómper ['bomper] *m* (*Am: parachoques*) Stoßstange *f*

bonachón, -ona [bona'tʃon, -ona] *adj* ❶ (*buenazo*) gutmütig ❷ (*crédulo*) leichtgläubig ❸ (*cándido*) einfältig

bonaerense [bonae'rense] **I.** *adj* aus Buenos Aires **II.** *mf* Einwohner(in) *m(f)* von Buenos Aires

bonanza [bo'nanθa] *f* ❶ (NÁUT) Windstille *f* ❷ (MIN) reiche Erzader *f* ❸ (*prosperidad*) Wohlstand *m*

bondad [boɲ'daᵈ] *f* ❶ (*cualidad de bueno*) Güte *f* ❷ (*amabilidad*) Freundlichkeit *f;* **tenga la ~ de seguirme** seien Sie so freundlich und folgen Sie mir

bondadoso, -a [boɲda'ðoso, -a] *adj* gütig

bonete [bo'nete] *m* ❶ (*gorro*) Birett *nt* ❷ (ZOOL) Netzmagen *m*

bonetería [bonete'ria] *f* (*Am: mercería*) Kurzwarenhandlung *f*

bóngalo ['boŋgalo] *m* (*Am*) Bungalow *m*

bongo ['boŋgo] *m* (*Am: canoa*) Kanu *nt;* (*balsa*) (Schlepp)kahn *m*

bongó [boŋ'go] <bongoes> *m* Bongotrommel *f*

boniato [bo'njato] *m* Süßkartoffel *f*

bonificación [bonifika'θjon] *f* ❶ (*abono*) Gutschrift *f* ❷ (*gratificación*) Vergütung *f* ❸ (*rebaja*) Rabatt *m*

bonificar [bonifi'kar] <c→qu> *vt* ❶ (*abonar*) gutschreiben ❷ (*gratificar*) vergüten

bonito[1] **I.** *m* (ZOOL) Bonito *m* **II.** *adv* (*Am*) gut

bonito, -a[2] [bo'nito, -a] *adj* hübsch, schön

bonitura [boni'tura] *f* (*Am*) Schönheit *f*

bono ['bono] *m* ❶ (*vale*) Gutschein *m; ~* **de disfrute** Genussschein *m* ❷ (COM) Schuldverschreibung *f*

bonobús [bono'βus] *m* Fahrscheinheft *nt* für den Bus

Bus, U-Bahn bzw. Zug ist es weit billiger mit den öffentlichen Verkehrsmitteln zu fahren als mit einem Einzelfahrschein. Die Mehrfahrtenkarten werden erst im jeweiligen Fahrzeug entwertet.

bonoloto [bono'loto] *f* Dauerlos *nt* der Lotterie

bonometro [bono'metro] *m* Mehrfahrtenkarte *f* (für die U-Bahn)

bonsai [bon'sai] *m* <bonsais> Bonsai *m*

bonzo ['bonθo] *m* (REL) Bonze *m*

boñiga [bo'ɲiɣa] *f* Mist *m*

boqueada [boke'aða] *f* Öffnen *nt* des Mundes; **dar las ~s** in den letzten Zügen liegen

boquear [boke'ar] **I.** *vi* ❶ (*abrir la boca*) den Mund öffnen ❷ (*estar muriéndose*) im Sterben liegen ❸ (*estar acabándose*) zu Ende gehen **II.** *vt* (*palabras*) hervorbringen

boquera [bo'kera] *f* ❶ (*en un canal de riego*) Öffnung *f* für den Wasserablauf ❷ (*en un pajar*) Luke *f* ❸ (*en los labios*) Griebe *f*

boqueras [bo'keras] *mf inv* Schwätzer(in) *m(f)*

boquerón [boke'ron] *m* ❶ (*abertura grande*) weite Öffnung *f* ❷ (ZOOL) Art Sardelle

boquete [bo'kete] *m* (*abertura estrecha*) enge Öffnung *f;* (*en una pared*) Durchbruch *m*

boquiabierto, -a [bokja'βjerto, -a] *adj* ❶ (*con la boca abierta*) mit offenem Mund ❷ (*admirado*) verblüfft; **dejar a alguien ~** jdn verblüffen

boquilla [bo'kiʎa] *f* ❶ (MÚS) Mundstück *nt* ❷ (*de cigarrillos*) Zigarettenspitze *f;* (*de pipa*) Mundstück *nt; ~* **de filtro** Filter *m* ❸ (*de un bolso*) Verschluss *m* ❹ (*de una lámpara*) Fassung *f* ❺ (TÉC) Düse *f* ❻ (*loc*): **decir algo de ~** etw unverbindlich sagen

borboll(e)ar [borβoʎe'ar/borβo'ʎar] *vi* sprudeln

borbollón [borβo'ʎon] *m* Sprudeln *nt*

Borbón [bor'βon] *m* (HIST) Bourbon *m*
borbónico, -a [bor'βoniko, -a] *adj* bourbonisch
borbotar [borβo'tar] *vi v.* **borboll(e)ar**
borbotón [borβo'ton] *m* Sprudeln *nt*
borda ['borða] *f* ❶ (NÁUT: *borde del costado*) Reling *f;* **motor fuera (de)** ~ Außenbordmotor *m;* **echar algo por la** ~ (*t. fig*) etw über Bord werfen ❷ (NÁUT: *vela mayor*) Großsegel *nt* ❸ (*choza*) (Berg)hütte *f*
bordada [bor'ðaða] *f* (NÁUT) Schlag *m;* **dar** ~**s** (*un barco*) kreuzen; (*una persona*) auf und ab gehen
bordado¹ [bor'ðaðdo] *m* Stickarbeit *f*
bordado, -a² [bor'ðaðo, -a] *adj* ❶ (*adornado*) bestickt; (*motivo*) gestickt ❷ (*perfecto*) hervorragend
bordador(a) [borða'ðor(a)] *m(f)* Sticker(in) *m(f)*
bordar [bor'ðar] *vt* ❶ (*adornar*) besticken; (*un motivo*) sticken ❷ (*ejecutar con primor*) hervorragend ausführen
borde ['borðe] **I.** *adj* ❶ (*planta*) wild ❷ (*hijo*) unehelich ❸ (*fam: torpe*) dumm **II.** *m* ❶ (*de camino*) Rand *m;* (*de mesa*) Kante *f* ❷ (*de río*) Ufer *nt* ❸ (*de vestido*) Saum *m;* (*como adorno*) Borte *f* ❹ (*de sombrero*) Krempe *f*
bordear [borðe'ar] **I.** *vt* ❶ (*ir por el borde*) entlanggehen; (*en coche*) entlangfahren ❷ (*hallarse en el borde*) sich entlangziehen (an +*dat*) ❸ (*aproximarse a un estado*) sich nähern +*dat;* **su comportamiento bordea la locura** sein/ihr Benehmen grenzt an Wahnsinn **II.** *vi* (NÁUT) kreuzen
bordillo [bor'ðiʎo] *m* Bordstein *m*
bordo ['borðo] *m* ❶ (NÁUT) Bord *m;* **ir a** ~ sich einschiffen ❷ (*Am: presa*) (Stau)wehr *nt*
bordón [bor'ðon] *m* ❶ (*bastón*) Pilgerstab *m* ❷ (*estribillo*) Kehrreim *m;* (*muletilla*) stereotype Redensart *f* ❸ (MÚS: *cuerda*) Basssaite *f;* (*de tripa*) Darmsaite *f* ❹ (TIPO) Leiche *f*
boreal [bore'al] *adj* nördlich; **hemisferio** ~ Nordhalbkugel *f*
bóreas ['boreas] *m inv* (METEO) Boreas *m*
borgoña [bor'γoɲa] *m* Burgunder(wein) *m*
borla ['borla] *f* ❶ (*adorno*) Quaste *f;* **tomar la** ~ (*fam fig*) seinen Doktor machen ❷ (*para empolvarse*) Puderquaste *f*
borne ['borne] *m* (ELEC) Klemme *f*
bornear [borne'ar] **I.** *vt* (*dar vuelta*) (um)drehen; (*torcer*) biegen; (*ladear*) zur Seite neigen **II.** *vi* (NÁUT) schwojen **III.** *vr:* ~**se** sich verziehen

boro ['boro] *m* (QUÍM) Bor *nt*
borona [bo'rona] *f* (*Am*) Brotkrümel *m*
borra ['borra] *f* ❶ (*relleno*) Polsterfüllung *f* ❷ (*pelusa*) Flusen *fpl* ❸ (*sedimento*) Bodensatz *m* ❹ (*palabras sin sustancia*) leeres Gerede *nt*
borrachera [borra'tʃera] *f* ❶ (*ebriedad*) Rausch *m;* **agarrar una** ~ sich betrinken ❷ (*banquete*) (Trink)gelage *nt* ❸ (*exaltación*) Rausch *m* ❹ (*disparate*) großer Unsinn *m*
borrachín, -ina [borra'tʃin, -ina] *m, f* Trunkenbold *m*
borracho, -a [bo'rratʃo, -a] **I.** *adj* ❶ *ser* (*alcohólico*) trunksüchtig; **es un** ~ er ist ein Trinker ❷ *estar* (*ebrio*) betrunken; **está** ~ **como una cuba** (*fam*) er ist sternhagelvoll ❸ (*exaltado*) trunken (*de* von +*dat,* vor +*dat*) ❹ (*color*) violett ❺ (*pastel*) in Likör getränkt **II.** *m, f* ❶ (*alcohólico*) Trinker(in) *m(f)* ❷ (*ebrio*) Betrunkene(r) *mf*
borrador [borra'ðor] *m* ❶ (*primer escrito*) Konzept *nt* ❷ (*cuaderno*) Schmierheft *nt* ❸ (*para la pizarra: trapo*) Tafellappen *m;* (*esponja*) Tafelschwamm *m*
borradura [borra'ðura] *f* Streichung *f*
borrajear [borraxe'ar] *vi, vt* kritzeln
borrar [bo'rrar] **I.** *vt* ❶ (*con goma de borrar*) ausradieren; (*con esponja*) auswischen ❷ (*tachar*) (durch)streichen ❸ (INFOR) löschen ❹ (*huellas*) beseitigen ❺ (*difuminar*) verwischen **II.** *vr:* ~**se** ❶ (*volverse no identificable*) sich verwischen ❷ (*retirarse*) austreten (*de* aus +*dat*)
borrasca [bo'rraska] *f* ❶ (*temporal*) Gewitter *nt;* (*tempestad*) Sturm *m;* (METEO) Sturmtief *nt* ❷ (*peligro*) Gefahr *f;* (*riesgo*) Risiko *nt;* (*contratiempo*) Rückschlag *m* ❸ (*orgía*) Orgie *f*
borrascoso, -a [borras'koso, -a] *adj* ❶ (METEO) stürmisch ❷ (*desenfrenado*) liederlich
borrego, -a [bo'rreγo, -a] *m, f* ❶ (*cordero*) (ein- bis zweijähriges) Lamm *nt* ❷ (*persona*) Schafskopf *m abw* ❸ (*Am: pajarota*) Ente *f*
borregos [bo'rreγos] *mpl* ❶ (*nubes*) Schäfchenwolken *fpl* ❷ (*olas*) schäumende Wellen *fpl*
borreguil [borre'γil] *adj* sanft(mütig)
borrico¹ [bo'rriko] *m* Sägebock *m*
borrico, -a² [bo'rriko, -a] *m, f* Esel(in) *m(f)*
borrón [bo'rron] *m* ❶ (*mancha*) Klecks *m* ❷ (*defecto*) Schandfleck *m* ❸ (*borrador*) Entwurf *m;* (*de un cuadro*) Skizze *f* ❹ (*loc*): ~ **y cuenta nueva** Schwamm drüber

borronear [borrone'ar] *vt* (*borrajear*) (hin)kritzeln; (*papel*) bekritzeln

borroso, -a [bo'rroso, -a] *adj* ❶(*escrito, dibujo*) verschwommen; **escritura borrosa** unleserliche Schrift ❷(*foto*) unscharf ❸(*líquido*) trübe

boscaje [bos'kaxe] *m* ❶(*bosque denso*) Dickicht *nt* ❷(*pintura*) Landschaft *f*

boscoso, -a [bos'koso, -a] *adj* bewaldet

Bósforo ['bosforo] *m* Bosporus *m*

Bosnia ['bosnja] *f* Bosnien *nt*

Bosnia-Herzegovina ['bosnja (x)erθeɣo-'βina] *f* Bosnien-Herzegowina *nt*

bosnio, -a [bos'njo, -a] **I.** *adj* bosnisch **II.** *m, f* Bosnier(in) *m(f)*

bosque ['boske] *m* ❶(*lugar*) Wald *m;* ~ **frondoso/de coníferas** Laub-/Nadelwald *m;* ~ **pluvial** Regenwald *m* ❷(*barba*) dichter (Voll)bart *m*

bosquecillo [boske'θiʎo] *m* Wäldchen *nt*

bosquejar [boske'xar] *vt* skizzieren

bosquejo [bos'kexo] *m* Skizze *f*

bosquimano, -a [boski'mano, -a] **I.** *adj* Buschmann-; **una tribu bosquimana** ein Stamm aus dem Volk der Buschmänner **II.** *m, f* Buschmann *m*

bosta ['bosta] *f* ❶(*vacuna*) Kuhfladen *m* ❷(*CSur: caballar*) Pferdeapfel *m*

bostezar [boste'θar] <z→c> *vi* gähnen

bostezo [bos'teθo] *m* Gähnen *nt*

bota ['bota] **I.** *adj* (*Méx*) ❶(*torpe*) unbeholfen ❷(*borracho*) betrunken **II.** *f* ❶(*calzado*) Stiefel *m;* **estar con las ~s puestas** (*fig*) abfahrtbereit sein; **ponerse las ~s** (*fig fam*) das große Geld machen ❷(*especie de botella*) lederne Weinflasche ❸(*cuba*) (Wein)fass *nt*

botador(a) [bota'ðor(a)] *adj* (*Am: derrochador*) verschwenderisch

botadura [bota'ðura] *f* Stapellauf *m*

botánica [bo'tanika] *f sin pl* Botanik *f*

botánico, -a [bo'taniko, -a] **I.** *adj* botanisch **II.** *m, f* Botaniker(in) *m(f)*

botar [bo'tar] **I.** *vi* ❶(*pelota*) aufprallen ❷(*persona*) hüpfen; **está que bota** er/sie tobt vor Wut ❸(*caballo*) tänzeln **II.** *vt* ❶(*lanzar*) werfen; (*la pelota contra el suelo*) prellen ❷(*NÁUT: barco*) vom Stapel lassen; (*el timón*) herumwerfen ❸(*Am: tirar*) wegwerfen ❹(*Am: expulsar*) entlassen; **le ~on del colegio** er/sie ist von der Schule geflogen ❺(*Am: derrochar*) verschwenden ❻(*Am: extraviar*) verlieren **III.** *vr:* ~ **se** (*caballo*) sich aufbäumen

botarate [bota'rate] *m* ❶(*hombre alborotado*) unbesonnener Mensch *m* ❷(*Am: derrochador*) Verschwender *m*

botavara [bota'βara] *f* (*NÁUT*) Giekbaum *m*

bote ['bote] *m* ❶(*golpe*) Stoß *m* ❷(*salto*) Sprung *m;* **pegar un** ~ mit einem Satz aufspringen ❸(*de pelota*) Aufprall *m;* **la pelota dio cuatro ~s** der Ball ist viermal aufgeprallt ❹(*vasija*) Dose *f;* ~ **de cuestación** Sammelbüchse *f;* **chupar del** ~ (*fam*) absahnen; **tener a alguien en el** ~ (*fam*) jdn in der Tasche haben ❺(*en la lotería*) Jackpot *m* ❻(*en los bares*) Trinkgeldkasse *f* ❼(*NÁUT*) Boot *nt;* ~ **salvavidas** Rettungsboot *nt* ❽(*loc*): **a** ~ **pronto** (*adj*) plötzlich; (*adv*) sofort; **darse el** ~ abhauen; **el cine estaba de** ~ **en** ~ das Kino war brechend voll

botella [bo'teʎa] *f* Flasche *f;* ~ **de cerveza** Flasche Bier; **cerveza de** ~ Flaschenbier *nt*

botellazo [bote'ʎaθo] *m* Schlag *m* mit einer Flasche

botellero [bote'ʎero] *m* ❶(*fabricante*) Flaschenfabrikant *m* ❷(*estantería*) Flaschengestell *nt*

botellín [bote'ʎin] *m* Fläschchen *nt*

botepronto [bote'pronto] *m* (*DEP*) Volley *m*

botica [bo'tika] *f* ❶(*farmacia*) Apotheke *f* ❷(*tienda*) Kurzwarengeschäft *nt*

boticario, -a [boti'karjo, -a] *m, f* Apotheker(in) *m(f)*

botija [bo'tixa] *f* ❶(*vasija*) (Ton)krug *m* ❷(*fam: persona gorda*) Dickwanst *m* ❸(*Am: tesoro*) vergrabener Schatz *m*

botijo [bo'tixo] *m* ❶(*vasija*) (Wasser)krug *m* ❷(*tren*) Bummelzug *m*

botín [bo'tin] *m* ❶(*calzado*) Schnürstiefel *m* ❷(*MIL*) (Kriegs)beute *f*

botina [bo'tina] *f* Halbstiefel *m*

botiquín [boti'kin] *m* ❶(*en casa*) Hausapotheke *f;* (*para el viaje*) Reiseapotheke *f* ❷(*de emergencia*) Verband(s)kasten *m*

botón [bo'ton] *m* ❶(*en vestidos*) Knopf *m* ❷(*ELEC*) (Druck)knopf *m;* ~ **de muestra** (*fig*) Beispiel *nt;* ~ **de opciones** (*INFOR*) Optionsschalter *m* ❸(*en instrumentos de viento*) Klappe *f* ❹(*BIOL: brote*) Knopf *m;* (*capullo*) Knospe *f;* ~ **de oro** Butterblume *f* ❺(*CSur: pey: policía*) Bulle *m fam*

botonadura [botona'ðura] *f* Knopfreihe *f*

botones [bo'tones] *m inv* ❶ (*en un hotel*) Page *m* ❷ (*pey: recadero*) Laufbursche *m*

boutique [bu'tiᵏ] *f* Boutique *f*

bóveda ['boβeða] *f* ❶ (ARQUIT) Gewölbe *nt;* ~ **celeste** Himmelsgewölbe *nt* ❷ (*cripta*) Krypta *f* ❸ (*forma abombada*) Wölbung *f*

bovedilla [boβe'ðiʎa] *f* ❶ (*bóveda pequeña*) kleines Gewölbe *nt* ❷ (NÁUT: *parte de la fachada de popa*) Gilling *f*

bóvido, -a ['boβiðo, -a] *adj* (ZOOL) Horntier-

bovino, -a [bo'βino, -a] *adj* Rind(er)-; **locura bovina** Rinderwahnsinn *m*

bovinos [bo'βinos] *mpl* (ZOOL) Rinder *ntpl*

box [boᵏs] *m* ❶ (*para caballos*) Box *f* ❷ (*Am: boxeo*) Boxkampf *m* ❸ (*AmC: postal*) Postfach *nt*

boxeador(a) [boᵏsea'ðor(a)] *m(f)* Boxer(in) *m(f)*

boxear [boᵏse'ar] *vi* boxen

boxeo [boᵏ'seo] *m* Boxkampf *m*

boxístico, -a [boᵏ'sistiko, -a] *adj* boxerisch

boya ['boʃa] *f* (NÁUT) Boje *f;* (*en una red*) Schwimmer *m*

boyante [bo'ʃante] *adj* ❶ (*flotante*) schwimmend; (*barco*) mit geringem Tiefgang ❷ (*próspero*) erfolgreich; **el negocio va** ~ das Geschäft floriert ❸ (*toro*) (leicht) lenkbar

boy scout ['boi̯ es'kauᵗ] <boy scouts> *mf* Pfadfinder(in) *m(f)*

bozal [bo'θal] *m* ❶ (*de perro*) Maulkorb *m* ❷ (*Am: cabestro*) Halfter *m o nt;* (*cuerda*) Halfterriemen *m*

bozo ['boθo] *m* ❶ (*labios*) Lippen *fpl* ❷ (*vello*) Flaum(bart) *m* ❸ (*cabestro*) Halfter *m o nt;* (*cuerda*) Halfterriemen *m*

bracear [braθe'ar] *vi* ❶ (*mover los brazos*) mit den Armen um sich schlagen ❷ (*nadar*) kraulen ❸ (*esforzarse*) sich bemühen ❹ (*forcejear*) sich wehren ❺ (NÁUT) brassen

bracero [bra'θero] *m* ❶ (*jornalero*) Tagelöhner *m* ❷ (*peón*) Hilfsarbeiter *m*

bracista [bra'θista] *mf* (DEP) Brustschwimmer(in) *m(f)*

braga ['braʃa] *f* ❶ (*de bebé*) Windel *f* ❷ (*cuerda*) Hebeseil *nt* ❸ *pl* (*de mujer*) Schlüpfer *m* ❹ *pl* (*de hombre*) Kniehose *f;* **dejar a alguien en** ~**s** (*fig fam*) jdn ausnehmen; **estar en** ~**s** (*fig fam*) völlig pleite sein

bragado, -a [bra'ʃaðo, -a] *adj* ❶ (*malintencionado*) tückisch ❷ (*decidido*) entschlossen

bragapañal [braʃapa'ɲal] *m* Windelhöschen *nt*

bragazas [bra'ʃaθas] *m inv* Pantoffelheld *m*

braguero [bra'ʃero] *m* (MED) Bruchband *nt*

bragueta [bra'ʃeta] *f* Hosenschlitz *m*

braguetazo [braʃe'taθo] *m* Geldheirat *f;* **dar el** ~ eine gute Partie machen

brahmán [bra'man] *m* (REL) Brahmane *m*

braille ['braile] *m* Brailleschrift *f*

brainstorming [breiᶯs'tormin] *m sin pl* Brainstorming *nt*

bramante [bra'mante] *m* Bindfaden *m*

bramar [bra'mar] *vi* ❶ (*animal*) brüllen; (*ciervo*) röhren ❷ (*persona*) rasen; **está que brama** er/sie tobt vor Wut ❸ (*viento*) heulen ❹ (*oleaje*) tosen

bramido [bra'miðo] *m* ❶ (*animales*) Gebrüll *nt*, Brüllen *nt;* (*ciervos*) Röhren *nt* ❷ (*persona*) Wüten *nt,* Toben *nt* ❸ (*viento*) Heulen *nt* ❹ (*oleaje*) Tosen *nt*

Brandeburgo [brande'βurʃo] *m* Brandenburg *nt*

brandy ['brandi] *m* Weinbrand *m*

branquia ['brankja] *f* Kieme *f*

branquial [braŋ'kjal] *adj* Kiemen-

braquial [bra'kjal] *adj* (ANAT) brachial

brasa ['brasa] *f* (*de leña*) (Holz)glut *f;* (*de carbón*) (Kohlen)glut *f;* **a la** ~ gegrillt

brasero [bra'sero] *m* ❶ (*como calefacción*) Kohlenbecken *nt* ❷ (*Am: fuego*) Feuerstelle *f;* (*hogar*) (Küchen)herd *m*

Brasil [bra'sil] *m:* (**el**) ~ Brasilien *nt*

brasileño, -a [brasi'leɲo, -a] **I.** *adj* brasilianisch **II.** *m, f* Brasilianer(in) *m(f)*

bravata [bra'βata] *f* ❶ (*amenaza*) leere Drohung *f* ❷ (*bravuconada*) Angeberei *f*

bravío¹ [bra'βio] *m* Wildheit *f*

bravío, -a² [bra'βio, -a] *adj* ❶ (*animal: salvaje*) wild; (*sin domar*) ungezähmt ❷ (*planta*) wild (wachsend) ❸ (*persona: indómita*) ungestüm; (*rústica*) grob

bravo¹ ['braβo] **I.** *interj* bravo! **II.** *m* Bravo *nt*

bravo, -a² ['braβo, -a] *adj* ❶ (*valiente*) tapfer; (*valeroso*) mutig ❷ (*bueno*) großartig ❸ (*salvaje: animal*) wild; (*persona*) wütend; (*mar*) stürmisch; (*terreno*) unwegsam ❹ (*áspero*) grob ❺ (*fanfarrón*) prahlerisch ❻ (*Am: picante*) scharf

bravosidad [braβosi'ðaᵈ] *f* ❶ (*valentía*) Mut *m* ❷ (*arrogancia*) Überheblichkeit *f*

bravucón, -ona [braβu'kon, -ona] **I.** *adj* prahlerisch **II.** *m, f* Prahlhans *m*

bravuconada [braβuko'naða] *f* Prahlerei *f*

bravura [bra'βura] *f* ❶ (*de los animales*) Wildheit *f* ❷ (*de las personas*) Tapferkeit *f* ❸ (*pey: bravata*) Prahlerei *f*

braza ['braθa] *f* ❶ (NÁUT: *unidad de longitud*) ≈Faden *m* (*1,80 m*); (*cabo*) Brasse *f* ❷ (DEP) Brustschwimmen *nt*

brazada [bra'θaða] *f* ❶ (*movimiento de los brazos*) Armbewegung *f;* (*al nadar*) Zug *m*

❷ (*cantidad*) Armvoll *m*

brazalete [braθa'lete] *m* ❶ (*pulsera*) Armband *nt* ❷ (*banda*) Armbinde *f*

brazo ['braθo] *m* ❶ (ANAT) Arm *m;* ~ **derecho** (*fig*) rechte Hand; ~ **de gitano** (*fig: pastel*) Biskuitrolle *f;* **cruzarse de** ~ **s** (*fig*) die Hände in den Schoß legen; **dar el** ~ **a torcer** klein beigeben; **ir cogidos del** ~ Arm in Arm laufen ❷ (*de una silla*) Armlehne *f* ❸ (GEO: *del río*) (Fluss)arm *m;* (*del mar*) (Meeres)arm *m* ❹ (ZOOL) Vorderbein *nt* ❺ (BIOL) Zweig *m* ❻ (*poder*) Gewalt *f* ❼ *pl* (*jornaleros*) Arbeiter *mpl* ❽ *pl* (*protectores*) Beschützer *mpl*

brea ['brea] *f* ❶ (*alquitrán*) Teer *m* ❷ (*pez*) Pech *nt*

breakdance ['breik'ðans] *m sin pl* Breakdance *m*

brear [bre'ar] *vt* ❶ (*maltratar*) plagen; ~ **a alguien a golpes** jdn verprügeln ❷ (*burlarse*) sich lustig machen (*a* über +*akk*)

brebaje [bre'βaxe] *m* ❶ (*bebida*) Gesöff *nt* ❷ (*medicina*) Mixtur *f*

brecha ['bretʃa] *f* ❶ (MIL) Bresche *f* ❷ (*abertura*) Öffnung *f;* (*en una pared*) Mauerdurchbruch *m* ❸ (*impresión*) Eindruck *m* ❹ (*herida en la cabeza*) klaffende Wunde *f* ❺ (GEO) Breccie *f* ❻ (*loc*): **estar en la** ~ (sehr) engagiert sein

brécol(es) ['brekol(es)] *m(pl)* Brokkoli *pl*

brega ['breɣa] *f* ❶ (*riña*) Streit *m* ❷ (*lucha*) Kampf *m* ❸ (*trabajo duro*) Rackerei *f* ❹ (*burla*) Streich *m*

bregar [bre'ɣar] <g→gu> I. *vi* ❶ (*reñir*) sich streiten (*con* mit +*dat*) ❷ (*luchar*) kämpfen (*con* gegen +*akk*) ❸ (*trabajar duro*) sich abrackern II. *vt* einrühren

breque ['breke] *m* (FERRO) ❶ (*Am: freno*) Bremse *f;* **apretar el** ~ (*fig*) sich bemühen ❷ (*Am: vagón*) Gepäckwagen *m*

bresca ['breska] *f* Honigwabe *f*

Bretaña [bre'taɲa] *f* Bretagne *f;* **Gran** ~ Großbritannien *nt*

brete ['brete] *m* Klemme *f;* **estar en un** ~ in der Patsche sitzen; **poner a alguien en un** ~ jdn in eine schwierige Lage bringen

bretón, -ona [bre'ton, -ona] I. *adj* bretonisch II. *m, f* Bretone, -in *m, f*

breva ['breβa] *f* ❶ (*higo*) (frühe) Feige *f* ❷ (*cigarro*) flache Zigarre *f;* (*Am: tabaco*) Kautabak *m* ❸ (*ganga*) Glücksfall *m;* **no caerá esa** ~ daraus wird nichts werden

breve ['breβe] I. *adj* ❶ (*de duración*) kurz; **en** ~ in Kürze ❷ (*de extensión*) knapp; **ser** ~ sich kurz fassen II. *m* (PREN) Kurzmeldung *f*

brevedad [breβe'ðað] *f* ❶ (*corta duración*) Kürze *f;* **a la mayor** ~ **posible** baldmög-

lichst ❷ (*corta extensión*) Knappheit *f*

breviario [bre'βjarjo] *m* ❶ (*libro de rezos*) Brevier *nt* ❷ (*compendio*) Abriss *m*

brezo ['breθo] *m* (BOT) Heidekraut *nt*

bribón, -ona [bri'βon, -ona] I. *adj* ❶ (*vago*) faul ❷ (*pícaro*) verschlagen II. *m, f* ❶ (*bellaco*) Schurke, -in *m, f* ❷ (*pícaro*) Gauner(in) *m(f)* ❸ (*niño*) Strolch *m*

bribonada [briβo'naða] *f* Gaunerei *f*

bribonzuelo, -a [briβoṇ'θwelo, -a] *adj o m, f* (*fam*) *dim de* **bribón**

bricolaje [briko'laxe] *m* Basteln *nt*

brida [bri'ða] *f* ❶ (*de la caballería*) Zaum *m* ❷ (*del sombrero*) Kinnband *nt* ❸ (TÉC: *reborde*) Flansch *m;* (*arandela*) Schelle *f* ❹ *pl* (MED) Verwachsung *f*

bridge [britʃ] *m* Bridge *nt*

brigada¹ [bri'ɣaða] *m* (MIL) ≈Feldwebel *m*

brigada² [bri'ɣaða] *f* ❶ (MIL) Brigade *f* ❷ (*de obreros*) Kolonne *f* ❸ (*de policía*) Einheit *f*

brillante [bri'ʎaṇte] *m* Brillant *m*

brillantez [briʎaṇ'teθ] *f* ❶ (*de un objeto*) Glanz *m* ❷ (*de un acto*) Brillanz *f*

brillantina [briʎaṇ'tina] *f* (Haar)pomade *f*

brillar [bri'ʎar] *vi* funkeln, glänzen; ~ **por su ausencia** (*irón*) durch Abwesenheit glänzen

brillo ['briʎo] *m* ❶ (*reflejo de luz*) Glanz *m;* **dar** ~ **a algo** etw (auf Hochglanz) polieren ❷ (*gloria*) Ruhm *m* ❸ (*excelencia*) Vortrefflichkeit *f*

brincar [briŋ'kar] <c→qu> *vi* ❶ (*saltar*) hüpfen; (*hacia arriba*) hochschnellen ❷ (*pasar de un tema a otro*) übergehen (*a* zu +*dat*) ❸ (*alterarse*) außer sich *dat* sein; ~ **de alegría/de rabia** außer sich *dat* vor Freude/vor Wut sein

brinco ['briŋko] *m* Sprung *m;* **dar** ~ **s** springen; **de un** ~ mit einem Satz

brindar [briṇ'dar] I. *vi* (*levantar la copa*) anstoßen; ~ **por alguien** auf jdn anstoßen II. *vt* ❶ (*ofrecer*) (an)bieten, darbieten ❷ (TAUR) widmen III. *vr:* ~ **se** sich anbieten

brindis ['briṇdis] *m inv* ❶ (*el levantar los vasos*) Zutrinken *nt* ❷ (*frase con que se brinda*) Trinkspruch *m;* **echar un** ~ einen Toast ausbringen

brío ['brio] *m* ❶ (*energía*) Energie *f* ❷ (*pujanza*) Schwung *m* ❸ (*garbo*) Anmut *f*

brioso, -a [bri'oso, -a] *adj* ❶ (*con energía*) energisch ❷ (*con pujanza*) schwungvoll ❸ (*con garbo*) anmutig

briqueta [bri'keta] *f* Brikett *nt*

brisa ['brisa] *f* Brise *f*

británico, -a [bri'taniko, -a] I. *adj* britisch II. *m, f* Brite, -in *m, f*

brit-pop ['britpop] *m* (MÚS) Britpop *m*

brizna ['briθna] *f* ① (*hebra*) Fädchen *nt* ② (BOT) Faser *f;* (*de judías*) Faden *m* ③ (*porción diminuta*) Krume *f;* **no tiene ni una ~ de humor** er/sie hat kein bisschen Humor ④ (*Am: llovizna*) Sprühregen *m*

broca ['broka] *f* (TÉC) (Drill)bohrer *m*

brocado [bro'kaðo] *m* Brokat *m*

brocal [bro'kal] *m* (Brunnen)rand *m*

brocha ['brotʃa] *f* ① (*pincel grueso*) (Maler)pinsel *m;* **pintor de ~ gorda** Maler *m* ② (*de afeitar*) Rasierpinsel *m* ③ (*fam: mal pintor*) Pins(e)ler *m*

brochazo [bro'tʃaθo] *m* (grober) Pinselstrich *m*

broche ['brotʃe] *m* ① (*en la ropa*) Druckknopf *m;* (*de adorno*) Anstecknadel *f;* **~ de oro** (*fig*) krönender Abschluss ② (*Am: sujetapapeles*) Büroklammer *f* ③ *pl* (*Am: gemelos*) Manschettenknöpfe *mpl*

brocheta [bro'tʃeta] *f* (Brat)spieß *m*

broker ['broker] *m* (FIN) Broker *m*

broma ['broma] *f* (*gracia*) Scherz *m;* (*tontería*) Unfug *m;* **~ aparte...** Spaß beiseite ...; **no estoy para ~s** ich bin nicht zum Scherzen aufgelegt

bromatología [bromatolo'xia] *f* (MED) Bromatologie *f*

bromear [brome'ar] *vi, vr:* **~se** spaßen

bromista [bro'mista] **I.** *adj* witzig **II.** *mf* Spaßvogel *m*

bromo ['bromo] *m* (QUÍM) Brom *nt*

bromuro [bro'muro] *m* (QUÍM) Bromid *nt*

bronca ['broŋka] *f* ① (*riña*) Streit *m;* **se armó una ~ tremenda** es gab einen Riesenkrach ② (*reprimenda*) Zurechtweisung *f* ③ (*tumulto*) Krawall *m* ④ (*Am: enfado*) Ärger *m;* **me da ~** das macht mich ärgerlich

bronce ['bronθe] *m* Bronze *f*

bronceado¹ [bronθe'aðo] *m* ① (*de un objeto*) Bronzieren *nt* ② (*de la piel: efecto*) (Sonnen)bräune *f;* (*acción*) Bräunen *nt*

bronceado, -a² [bronθe'aðo, -a] *adj* ① (*objeto*) bronzefarbig ② (*piel*) (sonnen)gebräunt

bronceador [bronθea'ðor] *m* Sonnenschutzmittel *nt*

broncear [bronθe'ar] **I.** *vt* ① (*un objeto*) bronzieren ② (*la piel*) bräunen **II.** *vr:* **~se** sich bräunen

bronco, -a ['broŋko, -a] *adj* ① (*voz*) heiser ② (*metal: tosco*) roh; (*quebradizo*) spröde, brüchig ③ (*genio*) schroff ④ (*Am: caballo*) wild

bronconeumonía [broŋkoneumo'nia] *f* (MED) Bronchopneumonie *f*

bronquedad [broŋke'ðað] *f* ① (*de la voz*) Heiserkeit *f* ② (*tosquedad de metales*) Ungeschliffenheit *f;* (*delicadez*) Brüchigkeit *f* ③ (*del genio*) Schroffheit *f*

bronquial [broŋ'kjal] *adj* (ANAT, MED) bronchial

bronquio ['broŋkjo] *m* (ANAT) Bronchie *f*

bronquítico, -a [broŋ'kitiko, -a] *m, f* (MED) Bronchitiker(in) *m(f)*

bronquitis [broŋ'kitis] *f inv* (MED) Bronchitis *f*

brontosaurio [bronto'saurjo] *m* (ZOOL) Brontosaurus *m*

broquel [bro'kel] *m* ① (*escudo*) Schild *nt* ② (*amparo*) Schutz *m*

broqueta [bro'keta] *f* (Brat)spieß *m*

brotar [bro'tar] **I.** *vi* ① (BOT) knospen; (*árbol*) ausschlagen; (*semilla*) aufkeimen ② (*agua*) (hervor)quellen (*de* aus +*dat*) ③ (*enfermedad*) sich zeigen **II.** *vt* hervorbringen

brote ['brote] *m* ① (BOT) Knospe *f* ② (*comienzo*) Aufkeimen *nt* ③ (*erupción*) Ausbruch *m*

browser ['brouser] *m* (INFOR) Browser *m*

broza ['broθa] *f* ① (*hojas*) dürres Laub *nt;* (*ramas*) Reisig *nt* ② (*arbustos*) Dickicht *nt* ③ (*palabras inútiles*) leeres Gerede *nt* ④ (*bruza*) Bürste *f*

bruces [bru'θes] *adv:* **caer de ~** auf die Nase fallen; **darse de ~ con alguien** (*chocar*) mit jdm zusammenstoßen; (*hallar casualmente*) auf jdn stoßen

bruja ['bruxa] *f* ① (*hechizera*) Hexe *f* ② (*lechuza*) Eule *f*

Brujas ['bruxas] *f* Brügge *nt*

brujería [bruxe'ria] *f* Hexerei *f*

brujo ['bruxo] *m* ① (*hechizero*) Hexenmeister *m* ② (*Am: médico*) Medizinmann *m*

brújula ['bruxula] *f* ① (*compás*) Kompass *m;* (*aguja*) Magnetnadel *f;* **perder la ~** (*t. fig*) die Orientierung verlieren ② (*mira*) Visier *nt*

bruma ['bruma] *f* leichter Nebel *m*

brumoso, -a [bru'moso, -a] *adj* neblig

bruñido [bru'ɲiðo] *m* ① (*acto*) Polieren *nt* ② (*brillo*) Politur *f*

bruñir [bru'ɲir] <3. pret: bruñó> *vt* ① (*sacar brillo*) polieren ② (*fig fam: maquillar*) schminken ③ (*Am: molestar*) belästigen

brusco, -a ['brusko, -a] *adj* ① (*repentino*) plötzlich; **un ~ aumento** ein sprunghafter Anstieg ② (*áspero*) schroff

Bruselas [bru'selas] *fpl* Brüssel *nt*

brusquedad [bruske'ðað] *f* ① (*de un suceso*) Unvermitteltheit *f* ② (*de un comportamiento*) Schroffheit *f;* **con ~** schroff

brutal [bru'tal] *adj* ❶ (*violento*) brutal ❷ (*desconsiderado*) schonungslos ❸ (*fam: enorme*) ungeheuerlich ❹ (*fam: estupendo*) toll

brutalidad [brutali'ðaᵈ] *f* ❶ (*calidad*) Brutalität *f* ❷ (*acción violenta*) Gewalttat *f;* (*cruel*) Ungeheuerlichkeit *f* ❸ (*cantidad excesiva*) Übermaß *nt* ❹ (*estupidez*) Dummheit *f*

bruto[1] ['bruto] *adj* ❶ (*tosco*) roh; **diamante en** ~ Rohdiamant *m* ❷ (*peso*) brutto

bruto, -a[2] ['bruto, -a] **I.** *adj* ❶ (*brutal*) brutal ❷ (*rudo*) grob ❸ (*estúpido*) dumm **II.** *m, f* ❶ (*persona brutal*) Rohling *m* ❷ (*idiota*) Dummkopf *m*

bucal [bu'kal] *adj* Mund-; **por vía** ~ oral

bucanero [buka'nero] *m* Seeräuber *m*

búcaro ['bukaro] *m* (*jarra*) Wasserkrug *m;* (*florero*) (Blumen)vase *f*

buceador(a) [buθea'ðor(a)] *m(f)* (Sport)taucher(in) *m(f)*

bucear [buθe'ar] *vi* ❶ (*nadar*) tauchen ❷ (*investigar*) forschen (*en* in +*dat*)

buceo [bu'θeo] *m* (Sport)tauchen *nt*

buchada [bu'tʃaða] *f* (*de comida*) Mund *m* voll; (*de bebida*) Schluck *m*

buche ['butʃe] *m* ❶ (*en las aves*) Kropf *m* ❷ (*fam: estómago*) Magen *m* ❸ (*bocanada*) Schluck *m* ❹ (*pliegue en la ropa*) Falte *f* ❺ (*lo más íntimo*) Herz *nt;* **guardar algo en el** ~ mit etw *dat* hinter dem Berg halten

bucle ['bukle] *m* ❶ (*rizo de cabello*) (Ringel)locke *f* ❷ (*onda, t.* INFOR) Schleife *f*

bucólico, -a [bu'koliko, -a] *adj* Hirten-; (LIT) bukolisch

buda ['buða] *m* Buddha *m*

budín [bu'ðin] *m* (GASTR) Pudding *m*

budismo [bu'ðismo] *m sin pl* Buddhismus *m*

budista [bu'ðista] **I.** *adj* buddhistisch **II.** *mf* Buddhist(in) *m(f)*

buen [bwen] *adj v.* **bueno**[2]

buenamente [bwena'mente] *adv* ❶ (*fácilmente*) mühelos ❷ (*voluntariamente*) freiwillig

buenaventura [bwenaβen'tura] *f* ❶ (*suerte*) Glück *nt* ❷ (*adivinación*) Wahrsagung *f;* **echar la** ~ **a alguien** jdm die Zukunft voraussagen

buenazo, -a [bwe'naθo, -a] **I.** *adj* herzensgut **II.** *m, f* herzensguter Mensch *m*

bueno[1] ['bweno] *interj* na gut!

bueno, -a[2] ['bweno, -a] *adj* <mejor *o* más bueno, el mejor *o* bonísimo *o* buenísimo> (*delante de un substantivo masculino: buen*) ❶ (*calidad*) gut; (*tiempo*)

schön; (*constitución*) kräftig; (*decisión*) richtig; ~**s días** guten Morgen; **buenas** (**tardes/noches**) guten Tag/Abend; **buen viaje** gute Reise; **hace** ~ es ist schönes Wetter; **dar algo por** ~ etw gutheißen; **estar de buenas** gut aufgelegt sein; **lo que tiene de** ~ **es que...** das Gute daran ist, dass ...; **por las buenas o por las malas** wohl oder übel ❷ (*apropiado*) geeignet ❸ (*fácil*) leicht; **el libro es** ~ **de leer** das Buch liest sich gut ❹ (*honesto*) anständig; (*bondadoso*) gütig; (*niño*) lieb; **es buena gente** das sind anständige Leute ❺ (*sano*) gesund ❻ (*fam: atractivo*) attraktiv; **está buenísima** sie sieht klasse aus ❼ (*bastante*) beträchtlich ❽ (*bonito*) schön; **¡buena la has hecho!** (*fig*) da hast du etwas Schönes angerichtet!; **¡estaría** ~! (*fig*) das wäre noch schöner!

? **Grammatik**

Vor einem maskulinen Substantiv im Singular wird nicht **bueno**, sondern stattdessen **buen** verwendet: *Hoy hace buen tiempo. – Heute ist schönes Wetter.*

buey [bwei̯] *m* ❶ (ZOOL) Ochse *m* ❷ (*AmC: cornudo*) betrogener Ehemann *m*

búfalo ['bufalo] *m* Büffel *m*

bufanda [bu'faɲda] *f* Schal *m*

bufar [bu'far] *vi* ❶ (*resoplar*) schnauben; (*gato*) fauchen; **está que bufa** er/sie ist außer sich *dat* ❷ (*Am: oler mal*) stinken

bufé [bu'fe] *m* ❶ (*comida*) (kaltes) Büfett *nt* ❷ (*mesa*) Büfett *nt* ❸ (*local*) Bahnhofsrestaurant *nt*

bufet [bu'fe] *m* (*Am*) ❶ (*aparador*) Büfett *nt* ❷ (*cena fría*) kaltes Büfett *nt* ❸ (*restaurante*) Hotelrestaurant *nt*

bufete [bu'fete] *m* ❶ (*escritorio*) Schreibtisch *m* ❷ (*de abogado*) (Rechts)anwaltskanzlei *f;* **abrir** ~ sich als Anwalt niederlassen ❸ (*clientela*) Klientel *f* ❹ (*aparador*) Büfett *nt*

bufido [bu'fiðo] *m* ❶ (*resoplido, t. fig*) (Wut)schnauben *nt* ❷ (*exabrupto*) Rüffel *m*

bufón, -ona [bu'fon, -ona] **I.** *adj* närrisch **II.** *m, f* ❶ (*bromista*) Spaßmacher(in) *m(f)* ❷ (TEAT) Narr *m*

bufonada [bufo'naða] *f* ❶ (*burla*) Narrheit *f* ❷ (TEAT) Posse *f*

bufonesco, -a [bufo'nesko, -a] *adj* buffonesk

buganvilla [buɣam'biʎa] *f* (BOT) Bougainvillea *f*

buhardilla [bwar'ðiʎa] *f* ❶ (*ventana*) Dachluke *f* ❷ (*desván*) Dachboden *m* ❸ (*vivienda*) Mansarde *f*

búho ['buo] *m* ❶ (ZOOL) Uhu *m* ❷ (*persona*) mürrischer Mensch *m* ❸ (*línea de autobús*) Nachtbus *m*

buhonería [buone'ria] *f* Hausierhandel *m*

buhonero [buo'nero] *m* Hausierer *m*

buitre ['bwitre] *m* (*t. fam: persona*) (Aas)geier *m*

buitrear [bwitre'ar] *vi* ❶ (*Am: cazar*) (Geier) jagen ❷ (*CSur: vomitar*) erbrechen

bujía [bu'xia] *f* ❶ (*vela*) (Wachs)kerze *f* ❷ (*candelero*) Leuchter *m* ❸ (AUTO) Zündkerze *f* ❹ (FÍS) Candela *f*

bula ['bula] *f* (päpstliche) Bulle *f*

bulbo ['bulβo] *m* (BOT) (Blumen)zwiebel *f*, Knolle *f*

bulevar [bule'βar] *m* Boulevard *m*

Bulgaria [bul'yarja] *f* Bulgarien *nt*

búlgaro, -a ['bulyaro, -a] **I.** *adj* bulgarisch **II.** *m, f* Bulgare, -in *m, f*

bulimia [bu'limja] *f sin pl* (MED) Bulimie *f*

bulla ['buʎa] *f* ❶ (*ruido*) Krach *m* ❷ (*aglomeración*) Gedränge *nt;* (*confusión*) Tumult *m* ❸ (*Am: pelea*) Schlägerei *f*

bullabesa [buʎa'βesa] *f* (GASTR) Bouillabaisse *f*

bullanguero, -a [buʎaŋ'gero, -a] **I.** *adj* aufrührerisch **II.** *m, f* Unruhestifter(in) *m(f)*

bulldozer [bul'ðoθer] *m*, **bulldózer** [bul'ðoθer] *m* Bulldozer *m*

bullicio [bu'ʎiθjo] *m* ❶ (*ruido*) Lärm *m* ❷ (*sedición*) Aufstand *m* ❸ (*tumulto*) Tumult *m*

bullicioso, -a [buʎi'θjoso, -a] *adj* laut

bullir [bu'ʎir] <3. pret: bulló> **I.** *vi* ❶ (*hervir*) kochen; (*borbotar*) sprudeln; ~ **le a alguien la sangre** (**en las venas**) (*fig*) voller Tatendrang sein ❷ (*agitarse*) sich tummeln; (*moverse*) sich regen ❸ (*pulular*) wimmeln **II.** *vt* bewegen **III.** *vr:* ~ **se** sich bewegen

bulo ['bulo] *m* Gerücht *nt*

bulto ['bulto] *m* ❶ (*tamaño*) Umfang *m;* **de** ~ sperrig ❷ (*importancia*) Bedeutung *f;* (*esencia*) Kern *m;* **un error de** ~ ein bedeutender Fehler ❸ (*cuerpo indistinguible*) undeutliche Gestalt *f* ❹ (*fardo*) Bündel *nt* ❺ (*paquete*) Gepäckstück *nt* ❻ (MED) Geschwulst *f* ❼ (*loc*): **a** ~ ungefähr; **escurrir el** ~ (*fam*) sich verdrücken

bumerán [bume'ran] *m*, **bumerang** [bume'ran] *m* Bumerang *m;* **efecto** ~ Bumerangeffekt *m*

bungaló [buŋga'lo] *m*, **bungalow** [buŋga'lo] *m* Bungalow *m*

búnker ['bunker] *m* (MIL) Bunker *m*

buñuelo [bu'ɲwelo] *m* ❶ (*pastel*) ≈Krapfen *m;* ~ **de viento** Windbeutel *m* ❷ (*chapuza*) Pfuscharbeit *f*

BUP [bup] *m abr de* **Bachillerato Unificado Polivalente** ≈(gymnasiale) Oberstufe *f*

buque ['buke] *m* ❶ (*barco*) Schiff *nt;* ~ **de pasajeros** Passagierdampfer *m* ❷ (*casco*) Schiffsrumpf *m* ❸ (*cabida*) Fassungsvermögen *nt*

buqué [bu'ke] *m* Bukett *nt*

buque-cisterna ['buke-θis'terna] *m* <buques-cisterna> Tanker *m*

burbuja [bur'βuxa] *f* (Luft)blase *f*

burbujear [burβuxe'ar] *vi* sprudeln

burbujeo [burβu'xeo] *m* Sprudeln *nt*

burdel [bur'ðel] *m* Bordell *nt*

Burdeos [bur'ðeos] *m* Bordeaux *nt*

burdo, -a ['burðo, -a] *adj* (*tosco*) grob; (*excusa*) plump

bureo [bu'reo] *m* Vergnügen *nt;* **ir de** ~ einen draufmachen *fam*

burgalés, -esa [burya'les, -esa] **I.** *adj* aus Burgos **II.** *m, f* Einwohner(in) *m(f)* von Burgos

burgo ['buryo] *m* ❶ (*aldea*) Weiler *m* ❷ (HIST: *castillo*) Burg *f*

burgomaestre [buryoma'estre] *m* Bürgermeister(in) *m(f)*

burgués, -esa [bur'yes, -esa] **I.** *adj* ❶ (*de la clase media*) bürgerlich ❷ (*pey: mediocre*) spießerhaft **II.** *m, f* ❶ (*ciudadano*) Bürger(in) *m(f)* ❷ (*persona mediocre*) Spießer(in) *m(f)*

burguesía [burye'sia] *f* Bürgertum *nt*

buril [bu'ril] *m* Grabstichel *m*

burla ['burla] *f* ❶ (*mofa*) Spott *m;* **hacer** ~ **de alguien** sich über jdn lustig machen ❷ (*broma*) Scherz *m;* ~ **s aparte** Spaß beiseite ❸ (*engaño*) (übler) Streich *m*

burlador(a) [burla'ðor(a)] **I.** *adj* spöttisch **II.** *m(f)* ❶ (*mofador*) Spötter(in) *m(f)* ❷ (*bromista*) Spaßmacher(in) *m(f)* ❸ (*seductor*) Verführer(in) *m(f)*

burlar [bur'lar] **I.** *vt* ❶ (*mofarse*) verspotten ❷ (*engañar*) täuschen ❸ (*frustrar*) zunichte machen ❹ (*eludir*) umgehen; (*orden*) missachten; (*bloqueo*) brechen ❺ (*seducir*) verführen **II.** *vr:* ~ **se** Spaß machen

burlesco, -a [bur'lesko, -a] *adj* ❶ (*jocoso*) spaßig ❷ (LIT) possenhaft

burlete [bur'lete] *m* (*de la ventana*) Fensterabdichtung *f;* (*de la puerta*) Türabdichtung *f*

burlón, -ona [bur'lon, -ona] **I.** *adj* spöttisch **II.** *m, f* ❶ (*mofador*) Spötter(in) *m(f)*

busto ['busto] *m* ❶ (*escultura*) Büste *f* ❷ (*cuadro*) Porträt *nt* ❸ (ANAT) Oberkörper *m*

butaca [bu'taka] *f* ❶ (*silla*) Lehnstuhl *m* ❷ (*de cine, de teatro*) Parkettsitz *m*

butacón [buta'kon] *m* Armsessel *m*

butano [bu'tano] **I.** *adj* orange(n) **II.** *m* ❶ (QUÍM) Butan(gas) *nt* ❷ (*color*) Orange *nt*

butifarra [buti'farra] *f* ❶ (*embutido*) katalanische Presswurst ❷ (*salchicha*) Bratwurst *f* ❸ (*Am: media*) zu weiter Strumpf *m*

❷ (*guasón*) Witzbold *m*

buró [bu'ro] *m* ❶ (*escritorio*) Schreibtisch *m* ❷ (*Am: mesa de noche*) Nachttisch *m*

burocracia [buro'kraθja] *f* Bürokratie *f*

burócrata [bu'rokrata] *mf* Bürokrat(in) *m(f)*

burocrático, -a [buro'kratiko, -a] *adj* bürokratisch

burocratismo [burokra'tismo] *m sin pl* Bürokratismus *m*

burocratización [burokratiθa'θjon] *f* Bürokratisierung *f*

burocratizar [burokrati'θar] <z→c> *vt* bürokratisieren

burrada [bu'rraða] *f* ❶ (*manada*) Eselherde *f* ❷ (*fam: disparate*) Unsinn *m;* **decir** ~**s** dummes Zeug reden ❸ (*fam: cantidad grande*) Unmenge *f*

burro¹ ['burro] *m* ❶ (*armazón*) (Säge)bock *m* ❷ (*AmC: escalera*) Zimmerleiter *f* ❸ (*AmC: columpio*) Schaukel *f*

burro, -a² ['burro, -a] **I.** *adj* ❶ (*tonto*) dumm ❷ (*obstinado*) stur **II.** *m, f* ❶ (ZOOL) Esel(in) *m(f);* ~ **de carga** (*t. fig*) Packesel *m* ❷ (*persona tonta*) Trottel *m;* ~ **cargado de letras** Fachidiot *m* ❸ (*persona obstinada*) Starrkopf *m* ❹ (*persona trabajadora*) Arbeitstier *nt* ❺ (*loc*): **apearse del** ~ nachgeben; **no ver tres en un** ~ stockblind sein

bursátil [bur'satil] *adj* Börsen-; **información** ~ Börsenbericht *m*

bus [bus] *m* (*t.* INFOR) Bus *m*

busca ['buska] *f* Suche *f;* **en** ~ **de alguien** auf der Suche nach jdm

buscabullas [buska'βuʎas] **I.** *adj* Unruhe stiftend **II.** *mf inv* Unruhestifter(in) *m(f)*

buscador¹ [buska'ðor] *m* (INFOR) Suchmaschine *f*

buscador(a)² [buska'ðor(a)] **I.** *adj* Such-, suchend **II.** *m(f)* Sucher(in) *m(f);* **los** ~ **es de oro** die Goldsucher

buscapié [buska'pje] *m* Bemerkung *f*

buscapleitos [buska'plei̯tos] *mf inv* (*Am*) Unruhestifter(in) *m(f)*

buscar [bus'kar] <c→qu> *vi, vt* suchen; **enviar a alguien a** ~ **algo** jdn nach etw *dat* schicken; **ir a** ~ (ab)holen; **él se la ha buscado** er hat es nicht anders gewollt

buscatesoros [buskate'soros] *mf inv* Schatzsucher(in) *m(f)*

buscavidas [buska'βiðas] *mf inv* ❶ (*curioso*) Schnüffler(in) *m(f)* ❷ (*diligente*) Lebenskünstler(in) *m(f)*

buscona [bus'kona] *f* Hure *f*

busilis [bu'silis] *m inv* Haken *m;* **dar en el** ~ den Nagel auf den Kopf treffen

búsqueda ['buskeða] *f* (*t.* INFOR) Suche *f*

butrón [bu'tron] *m* (*fam*) Einbruch *m*

buzo ['buθo] *m* ❶ (*buceador*) Taucher *m* ❷ (*mono*) Overall *m*

buzón [bu'θon] *m* ❶ (*de correos*) Briefkasten *m;* ~ (**electrónico**) (INFOR) Mailbox *f* ❷ (*canal*) Abzugskanal *m* ❸ (*tapón*) Stöpsel *m*

buzoneo [buθo'neo] *m* Briefkastenwerbung *f*

byte [bai̯t] *m* (INFOR) Byte *nt;* ~ **de control** Prüfbyte *nt*

Cc

C, c [θe] *f* C, c *nt;* ~ **de Carmen** C wie Cäsar

C/ ['kaʎe] *abr de* **calle** Str.

cabal [ka'βal] **I.** *adj* ❶ (*completo*) vollständig ❷ (*persona*) redlich **II.** *m:* **no estar en sus** ~ **es** nicht alle Tassen im Schrank haben *fam*

cábala ['kaβala] *f* ❶ (REL) Kabbala *f* ❷ (*intriga*) Intrige *f* ❸ *pl* (*suposición*) Mutmaßungen *fpl*

cabalgada [kaβal'ɣaða] *f* ❶ (*jornada a caballo*) (Tages)ausritt *m;* **después de la** ~ **me dolían los huesos** nach dem Tag im Sattel taten mir alle Knochen weh ❷ (HIST, MIL) Reitertrupp *m*

cabalgadura [kaβalɣa'ðura] *f* (*de montura*) Reittier *nt;* (*de carga*) Lasttier *nt*

cabalgar [kaβal'ɣar] <g→gu> I. *vi* reiten II. *vt* ❶ (*a caballo*) reiten ❷ (*el macho a la hembra*) bespringen

cabalgata [kaβal'ɣata] *f* Umzug *m*

cabalístico, -a [kaβa'listiko, -a] *adj* ❶ (*incomprensible*) unverständlich ❷ (*misterioso*) geheimnisvoll

caballa [ka'βaʎa] *f* Makrele *f*

caballar [kaβa'ʎar] *adj* Pferde-; **cría ~** Pferdezucht *f*

caballeresco, -a [kaβaʎe'resko, -a] *adj* ❶ (HIST) Ritter- ❷ (*galante*) ritterlich

caballería [kaβaʎe'ria] *f* ❶ (*montura*) Reittier *nt* ❷ (MIL) Kavallerie *f*

caballeriza [kaβaʎe'riθa] *f* Reitstall *m*

caballero [kaβa'ʎero] *m* ❶ (*señor*) Herr *m* ❷ (*galán*) Gentleman *m* ❸ (HIST) Ritter *m*

caballerosidad [kaβaʎerosi'ðað] *f* ❶ (*galantería*) Höflichkeit *f* ❷ (*generosidad*) Großmut *f*

caballeroso, -a [kaβaʎe'roso, -a] *adj* ❶ (*galante*) höflich ❷ (*generoso*) großmütig

caballete [kaβa'ʎete] *m* ❶ (*de mesa*) Bock *m* ❷ (*de cuadro*) Staffelei *f*

caballito [kaβa'ʎito] *m* ❶ (ZOOL): ~ **de mar** Seepferdchen *nt* ❷ (*en una feria*) Karussell *nt*

caballo [ka'βaʎo] *m* ❶ (*animal*) Pferd *nt*; **a ~** zu Pferde; **ir a ~** reiten; ~ **de batalla** (*fig*) Kernpunkt *m* ❷ (*ajedrez*) Springer *m* ❸ (DEP): ~ (**de saltos**) (Sprung)pferd *nt* ❹ (*naipes*) ≈Dame *f* ❺ (*argot: heroína*) Heroin *nt*

cabaña [ka'βaɲa] *f* ❶ (*choza*) Hütte *f* ❷ (AGR) Viehbestand *m*

cabaré [kaβa're] *m*, **cabaret** [kaβa're] *m* <cabarets> Kabarett *nt*

cabecear [kaβeθe'ar] I. *vi* ❶ (*mover la cabeza*) den Kopf schütteln ❷ (*dormitar*) einnicken II. *vt* (DEP) köpfen

cabecera [kaβe'θera] *f* ❶ (*de una cama*) Kopfende *nt* ❷ (*de la mesa*) Stirnseite *f*; (*plaza de honor*) Ehrenplatz *m*; **médico de** ~ Hausarzt *m* ❸ (*del periódico*) Zeitungskopf *m*

cabecilla [kaβe'θiʎa] *mf* Anführer(in) *m(f)*

cabellera [kaβe'ʎera] *f* ❶ (*de la cabeza*) Haare *ntpl*; (*abundante*) Mähne *f* ❷ (ASTR) Schweif *m*

cabello [ka'βeʎo] *m* Haar(e) *nt(pl)*; **se le pusieron los ~s de punta** ihm/ihr standen die Haare zu Berge; **traído por los ~s** an den Haaren herbeigezogen

caber [ka'βer] *irr vi* ❶ (*tener espacio*) (hinein)passen (*en* in +*akk*); **no ~ en sí de...** außer sich *dat* sein vor ...; **no me cabe en la cabeza** ich kann es nicht fassen; **esta falda no me cabe** dieser Rock

passt mir nicht ❷ (*pasar*) durchgehen (*por* durch +*akk*) ❸ (*loc*): **cabe la posibilidad de que...** +*subj* besteht die Möglichkeit, dass ...; **no cabe duda** (**de que...**) es steht außer Zweifel(, dass ...)

cabestrillo [kaβes'triʎo] *m* Schlinge *f*

cabeza¹ [ka'βeθa] *f* ❶ (*t.* ANAT, TÉC) Kopf *m;* ~ **de ajo** Knoblauchknolle *f;* ~ **atómica** Atomsprengkopf *m;* ~ **de lectura** [*o* **lectora**] (INFOR) Lesekopf *m;* ~ **de partido** Bezirkshauptstadt *f;* ~ **abajo** auf dem Kopf (stehend); ~ **arriba** aufrecht; **de** ~ kopfüber; **por** ~ pro Kopf; **abrirse la** ~ sich *dat* den Kopf einschlagen; **asentir con la** ~ nicken; **negar con la** ~ den Kopf schütteln; **se me va la** ~ mir wird schwindelig; **de la** ~ **a los pies** von Kopf bis Fuß; **estar mal de la** ~ (*fam*) einen Vogel haben; **jugarse la** ~ Kopf und Kragen riskieren; **métetelo en la** ~ schreib's dir hinter die Ohren; **algo se le pasa a alguien por la** ~ jdm geht etw durch den Kopf; **quitarse algo de la** ~ sich *dat* etw aus dem Kopf schlagen; **sentar** (**la**) ~ sich in geordnete Bahnen begeben; **tener buena/mala** ~ ein gutes/schlechtes Gedächtnis haben; **tener la** ~ **dura** dickköpfig sein; **traer de** ~ Kummer machen; **levantar** ~ sein Tief überwinden; **este chico tiene** ~ dieser Junge ist ein kluger Kopf; **tener** ~ **para los negocios** geschäftstüchtig sein ❷ (*extremo*) Spitze *f;* **ir en** ~ (DEP) führen ❸ (AGR: *res*) Stück *nt*

cabeza² [ka'βeθa] *m* (An)führer *m;* ~ **de familia** Familienoberhaupt *nt;* ~ **rapada** Skinhead *m*

cabezada [kaβe'θaða] *f* Schlag *m* (auf den Kopf); **dar** [*o* **echar**] **una** ~ (*fam*) ein Nickerchen machen

cabezal [kaβe'θal] *m* ❶ (*almohada*) Kopfkissen *nt* ❷ (TÉC) Kopf *m;* ~ **de escritura** (INFOR) Schreibkopf *m;* ~ **de grabación** (INFOR) Druckkopf *m*

cabezazo [kaβe'θaθo] *m* ❶ (*golpe*) Schlag *m* (auf den Kopf); **darse un** ~ sich *dat* den Kopf anstoßen ❷ (DEP) Kopfball *m*

cabezón, -ona [kaβe'θon, -ona] I. *adj* ❶ (*de cabeza grande*) großköpfig ❷ (*fam: obstinado*) dickköpfig II. *m, f* Dickkopf *m*

cabezonería [kaβeθone'ria] *f* (*fam*) Dickköpfigkeit *f*

cabezudo¹ [kaβe'θuðo] *m* Figur bei Festumzügen mit einem riesigem Pappkopf

cabezudo, -a² [kaβe'θuðo, -a] *adj v.* **cabezón**

cabida [ka'βiða] *f* Fassungsvermögen *nt*

cabildo [ka'βildo] *m* ❶ (*ayuntamiento*) Gemeinderat *m;* (*en las Islas Canarias*)

Inselrat m ❷ (*en la Iglesia Católica*) Dom-kapitel nt ❸ (*cofradía*) Zunft f

cabina [ka'βina] f Kabine f; *(en la playa)* Umkleidekabine f; ~ **de control** (TÉC) Regieraum m; ~ **del piloto** Cockpit nt; ~ **de proyección** Filmvorführraum m; ~ **de teléfonos** Telefonzelle f

cabizbajo, **-a** [kaβiθ'βaxo, -a] adj mit gesenktem Kopf; *(triste)* niedergeschlagen

cable ['kaβle] m ❶ (ELEC) Kabel nt; **se le cruzaron los ~s** *(fam)* er/sie ist durchge-dreht; **echar un ~ a alguien** *(fam)* jdm aus der Klemme helfen ❷ *(telegrama)* Telegramm nt

cableado [kaβle'aðo] m Verkabelung f

cablegrafiar [kaβleɣrafi'ar] < *1. pres:* cable-grafío> vt telegrafieren

cabo ['kaβo] m ❶ *(extremo)* Ende nt; **al fin y al** ~ letzten Endes; **de** ~ **a rabo** von A bis Z; **llevar a** ~ vollbringen; **no dejar ningún** ~ **suelto** keinen Punkt außer Acht lassen ❷ (GEO) Kap nt; **Ciudad del C~** Kapstadt nt ❸ (MIL) Gefreite(r) m ❹ (NÁUT) Seil nt ❺ *(loc)*: **al** ~ **de** nach +dat

cabotaje [kaβo'taxe] m ❶ (NÁUT) Küsten-schifffahrt f ❷ (JUR) Kabotage f

cabra ['kaβra] f Ziege f; ~ **montés** Stein-bock m; **estar como una** ~ *(fam)* spinnen

---

Eine der bekanntesten Käsesorten Nordspaniens ist der asturische **Cabra-les**. Es handelt sich dabei um einen tro-ckenen, in Höhlen mit Blauschimmel-kulturen gereiften Käse mit sehr schar-fem, würzigem Geschmack.

---

cabrear [kaβre'ar] **I.** vt *(fam)* wütend machen; **estar cabreado** stinksauer sein **II.** vr: ~**se** *(fam)* wütend sein

cabreo [ka'βreo] m *(fam)* Wut f; **¡qué** ~! so ein Ärger!

cabrero, **-a** [ka'βrero, -a] m, f Ziegenhirt(in) m(f)

cabrestante [kaβres'tante] m ❶ (TÉC) Winde f ❷ (NÁUT) Spill nt

cabriola [ka'βrjola] f Kapriole f; **hacer** ~**s** herumspringen

cabriolar [kaβrjo'lar] vi *(danzando)* Luft-sprünge machen; *(con contorsión)* Pirou-etten springen; *(caballo)* Bocksprünge voll-führen

cabritillo, **-a** [kaβri'tiʎo, -a] m, f Zicklein nt

cabrito, **-a** [ka'βrito, -a] m, f ❶ *(animal)* Zicklein nt ❷ *(vulg pey: persona)* Arsch-loch nt

cabrón¹ [ka'βron] m ❶ *(animal)* Ziegen-bock m ❷ *(vulg pey: cornudo)* Hahnrei m

cabrón, **-ona²** [ka'βron, -ona] m, f *(vulg pey)* Arschloch nt

cabronada [kaβro'naða] f *(vulg pey)* Saue-rei f fam

cabronazo [kaβro'naθo] m *(vulg pey)* Rie-senarschloch nt

caca ['kaka] f *(fam)* ❶ *(excremento)* Kot m; *(lenguaje infantil)* Aa nt ❷ *(chapuza)* Mist m, Kacke f

cacahuete [kaka'wete] m Erdnuss f

cacao [ka'kao] m ❶ *(planta)* Kakao m ❷ *(fam: jaleo)* Radau m; **pedir** ~ *(Am)* sich ergeben

cacarear [kakare'ar] **I.** vi ❶ *(gallinas)* gackern ❷ *(fam: presumir)* aufschneiden **II.** vt *(fam)* ❶ *(presumir)* angeben (mit +dat) ❷ *(pregonar)* ausposaunen

cacareo [kaka'reo] m *(gallina)* Gackern nt; *(gallo)* Krähen nt; **el** ~ **del gallo me des-pertó** vom Krähen des Hahns wurde ich wach

cacatúa [kaka'tua] f ❶ (ZOOL) Kakadu m ❷ *(fam: mujer)* Vogelscheuche f

cacería [kaθe'ria] f ❶ *(partida)* Jagd f ❷ *(piezas)* Jagdbeute f

cacerola [kaθe'rola] f (flacher) Kochtopf m

cacha ['katʃa] f Ummantelung f *(eines Schaftes)*

cachalote [katʃa'lote] m (ZOOL) Pottwal m

cachar [ka'tʃar] vt ❶ (AmC, Col, Chil: cor-near) auf die Hörner nehmen ❷ (Arg, Nic, Urug: asir) (an)fassen ❸ (AmC: hurtar) stehlen ❹ (Arg, Chil: agarrar) erwischen ❺ (Am: al vuelo) auffangen

cacharrería [katʃarre'ria] f ❶ *(tienda)* Töp-ferladen m; **como un elefante en una** ~ wie ein Elefant im Porzellanladen ❷ *(tras-tos)* Krempel m fam; **vete con tu** ~ **a otra parte** scher dich mit deinem Krempel woandershin fam

cacharro [ka'tʃarro] m ❶ *(recipiente)* Topf m ❷ *(fam pey: aparato)* Schrott m ❸ *(fam pey: trasto)* Krempel m; **¡quita ese** ~ **de ahí!** nimm das Zeug da weg!

cachas¹ ['katʃas] **I.** adj inv ❶ *(fam: fuerte)* kräftig ❷ *(vulg: sexy)* scharf fam **II.** fpl *(fam)* Hintern m

cachas² ['katʃas] mf inv *(fam: hombre)* Mus-kelpaket nt; *(mujer)* muskulöse Frau f

cachaza [ka'tʃaθa] f ❶ *(sosiego)* Gelassen-heit f ❷ *(flema)* Phlegma nt

cachazudo, **-a** [katʃa'θuðo, -a] adj ❶ *(sose-gado)* gelassen ❷ *(flemático)* phlegma-tisch

cachear [katʃe'ar] vt durchsuchen

cachemir [katʃe'mir] m ❶ *(tejido)* Kaschmir

m ❷ (*estampado*) Paisley(muster) *nt*

cacheo [ka'tʃeo] *m* Leibesvisitation *f*

cachete [ka'tʃete] *m* ❶ (*golpe*) Klaps *m* ❷ (*carrillo*) Pausbacke *f*

cachimba [ka'tʃimba] *f* (*Am*) ❶ (*pipa*) Pfeife *f* ❷ (*cartucho*) Patronenhülse *f*

cachiporra [katʃi'porra] *f* Knüppel *m*

cachivaches [katʃi'βatʃes] *mpl* Plunder *m*

cacho ['katʃo] *m* ❶ (*fam: pedazo*) Brocken *m;* (*de cristal*) Scherbe *f* ❷ (*Arg, Col, Méx, Perú: cuerno*) Horn *nt*

cachondear [katʃonde'ar] **I.** *vi* (*vulg*) knutschen *fam* **II.** *vt* (*vulg*) aufgeilen *fam* **III.** *vr:* ~ **se** (*vulg*) verarschen (*de + akk*)

cachondeo [katʃon'deo] *m* ❶ (*fam: broma*) Ulk *m;* (*juerga*) Heidenspaß *m;* **tomar algo a** ~ etw auf die leichte Schulter nehmen; **esto es un** ~ hier geht es zu wie im Affenkäfig ❷ (*vulg: burla*) Spott *m*

cachondo, -a [ka'tʃondo, -a] **I.** *adj* ❶ (*vulg: sexual*) geil *fam;* **poner a alguien** ~ jdn aufgeilen *fam* ❷ (*fam: gracioso*) witzig ❸ (*perra*) läufig **II.** *m, f* ❶ (*vulg: juerguista*) Lebemann *m*, Lebedame *f* ❷ (*fam: gracioso*) Witzbold *m;* **es un** ~ er ist immer zu Späßen aufgelegt

cachorro, -a [ka'tʃorro, -a] **I.** *adj* (*Am*) verächtlich **II.** *m, f* Junge(s) *nt;* (*de perro, lobo*) Welpe *m*

cacicada [kaθi'kaða] *f* Machtmissbrauch *m*

cacique [ka'θike] *m* ❶ (*jefe indio*) Kazike *m* ❷ (*tirano*) Dorftyrann *m*

caciquismo [kaθi'kismo] *m* (*pey*) Bonzokratie *f*

caco ['kako] *m* (*argot*) Langfinger *m*

cacofonía [kakofo'nia] *f* ❶ (*disonancia*) Missklang *m* ❷ (LING) Kakophonie *f*

cacto ['kakto] *m* Kaktus *m;* **cactus** ['kaktus] *m inv* Kaktus *m*

cada ['kaða] *adj* jede(r, s); ~ **uno/una** jeder/jede; **libros a 10 euros** ~ **uno** Bücher à 10 Euro (das Stück); ~ **hora** stündlich; ~ **día** täglich; (*fig*) immer wieder; ~ **vez más/peor** immer mehr/schlimmer; ~ **vez que...** immer wenn ...; ¿~ **cuánto?** wie oft?

cadalso [ka'ðalso] *m* ❶ (*tarima*) Podest *nt* ❷ (*patíbulo*) Schafott *nt*

cadáver [ka'ðaβer] *m* (*de personas*) Leiche *f;* (*de animales*) Kadaver *m*

cadavérico, -a [kaða'βeriko, -a] *adj* ❶ (*muerto*) Leichen- ❷ (*pálido*) leichenblass

cadena [ka'ðena] *f* ❶ (*objeto, t. fig*) Kette *f;* ~ **alimentaria** (BIOL) Nahrungskette *f;* ~ (**antideslizante**) (AUTO) Schneekette *f;* ~ **hotelera** Hotelkette *f;* ~ **humana** Menschenkette *f;* ~ **perpetua** (JUR) lebensläng-

liche Gefängnisstrafe; **trabajo en** ~ Fließbandarbeit *f;* **atar un perro con** ~ einen Hund an die Kette legen ❷ (*sucesión*) Serie *f;* **choque en** ~ Massenkarambolage *f;* **reacción en** ~ Kettenreaktion *f* ❸ (GEO) Bergkette *f* ❹ (RADIO, TV) (gemeinsames) Programm *nt;* ~ **de sonido** Stereoanlage *f* ❺ (*impedimento*) Fesseln *fpl*

cadencia [ka'ðenθja] *f* ❶ (*ritmo*) Rhythmus *m* ❷ (LING, MÚS) Kadenz *f*

cadencioso, -a [kaðen'θjoso, -a] *adj* ❶ (*acompasado*) rhythmisch ❷ (*movimiento, voz*) harmonisch

cadera [ka'ðera] *f* Hüfte *f*

cadete [ka'ðete] *m* (MIL) Kadett *m*

cadmio ['kaðmjo] *m* (QUÍM) Kadmium *nt*

caducar [kaðu'kar] <c→qu> *vi* ❶ (*documento*) ungültig werden; **este pasaporte está caducado** dieser Pass ist abgelaufen ❷ (*producto*) verfallen; **la leche está caducada** das Haltbarkeitsdatum der Milch ist abgelaufen

caducidad [kaðuθi'ðað] *f* ❶ (*de un documento*) Gültigkeit *f;* **fecha de** ~ Gültigkeitsdauer *f* ❷ (*de productos*) Haltbarkeit *f;* **fecha de** ~ Haltbarkeitsdatum *nt*

caduco, -a [ka'ðuko, -a] *adj* ❶ (*personas*) altersschwach ❷ (*perecedero*) vergänglich ❸ (*árbol*) Laub abwerfend

caer [ka'er] *irr* **I.** *vi* ❶ (*objeto, persona*) (herunter)fallen, (hin)fallen; (*fecha, precio*) fallen (*en* auf + *akk*); ~ **al suelo** auf den Boden fallen; ~ (**en**) **redondo** (*fam*) umkippen; ~ **en cama** [*o* **enfermo**] krank werden; ~ **en la bebida** dem Alkohol verfallen; ~ **en la cuenta** begreifen; ~ **en manos de alguien** in jds Hände geraten; ~ **en saco roto** auf taube Ohren stoßen; **dejarse** ~ (*fam: abandonarse*) sich fallen lassen; (*presentarse*) sich sehen lassen; **tu amigo me cae bien/mal** ich kann deinen Freund gut leiden/nicht leiden ❷ (*presidente*) stürzen ❸ (*comida*) bekommen ❹ (*vestidos*) stehen ❺ (*fam: encontrarse*) liegen; **¿por dónde cae Jerez?** wo liegt Jerez? ❻ (*atacar*) überfallen (*sobre + akk*) ❼ (*empezar*) beginnen; **estar al** ~ (*fam*) kurz bevorstehen **II.** *vr:* ~ **se** ❶ (*desplomarse*) stürzen; (*un avión*) abstürzen; (*pelo, dientes*) ausfallen; (*casa*) verfallen; ~ **se de culo** auf den Hintern fallen; **se me ha caído el pañuelo** mir ist mein Taschentuch heruntergefallen; ~ **se de sueño** todmüde sein ❷ (*loc*) **se le cae la cara de vergüenza** er/sie schämt sich zu Tode; **no tener dónde** ~ **se muerto** (*fam*) arm wie eine Kirchenmaus sein

café [ka'fe] *m* ❶ (*bebida*) Kaffee *m;* ~ **con**

leche Milchkaffee *m;* ~ **solo** Espresso *m;*
tomar un ~ einen Kaffee trinken ② (*local*)
Café *nt* ③ (*planta*) Kaffeestrauch *m;*
(*semilla*) Kaffeebohne *f*

Der Espresso oder kleine schwarze
Kaffee wird in Spanien als **café solo**
bezeichnet. Kaffee mit wenig Milch
heißt *cortado*, mit viel Milch **café con
leche**. Ein **café americano** entspricht
in etwa dem deutschen Kaffee. Im Sommer trinken viele Spanier gern den
durstlöschenden **café con hielo**, einen
Espresso mit Eiswürfeln.

café-concierto [ka'fe koṇ'θjerto] *m* <cafés-
concierto> Musikcafé *nt*
cafeína [kafe'ina] *f* Koffein *nt*
cafetal [kafe'tal] *m* Kaffeeplantage *f*
cafetera [kafe'tera] *f* Kaffeekanne *f;* ~
eléctrica Kaffeemaschine *f*
cafetería [kafete'ria] *f* ① (*local*) Café *nt;*
(*autoservicio*) Cafeteria *f* ② (*tienda*) Kaf-
feegeschäft *nt*
cafetero, -a [kafe'tero, -a] *adj* Kaffee-; **es
muy cafetera** (*fam*) sie ist eine richtige
Kaffeetante
cafeto [ka'feto] *m* Kaffeepflanze *f*
cafre ['kafre] *mf* Barbar(in) *m(f)*
cagar [ka'ɣar] <g→gu> I. *vi* (*vulg*) scheißen II. *vt* (*vulg*) versauen *fam;* **¡ya la
hemos cagado!** jetzt ist alles im Arsch
III. *vr:* ~ **se** (*vulg: de miedo*) Schiss haben
fam; **¡me cago en diez!** verdammt noch
mal! *fam*
cagón, -ona [ka'ɣon, -ona] *m, f* (*fam*)
Schisser(in) *m(f)*
cagueta [ka'ɣeta] *mf* (*fam*) Angsthase *m*
caída [ka'iða] *f* ① (*bajada brusca*) Fall *m,*
Sturz *m;* (*de aviones*) Absturz *m;* ~ **del
cabello** Haarausfall *m;* ~ **de gobierno**
Regierungssturz *m;* ~ **del sistema** (INFOR)
Systemabsturz *m;* **la** ~ **del muro de Berlín** der Fall der Berliner Mauer; **esta calle
tiene mucha** ~ diese Straße ist sehr steil;
las cortinas tienen una bonita ~ die Vorhänge fallen schön ② (*de agua*) Wasserfall
m ③ (FIN) Kursverfall *m* ④ (*ocurrencia*)
Einfall *m* ⑤ (*de un imperio, del sol*) Untergang *m*
caído, -a [ka'iðo, -a] I. *adj* (*flojo*) schlaff;
(*abatido*) niedergeschlagen II. *m, f* Ge-
stürzte(r) *mf;* (*en la guerra*) Gefallene(r) *mf*
caigo ['kaiɣo] *1. pres de* **caer**
caimán [kai̯'man] *m* (ZOOL) Kaiman *m*

Cairo ['kai̯ro] *m:* **El** ~ Kairo *nt*
caja ['kaxa] *f* ① (*recipiente*) Kasten *m;* (*de
madera*) (Holz)kiste *f;* (*de cartón:
pequeña*) (Papp)schachtel *f;* (*grande*) Karton *m;* (*de lata*) Dose *f;* ~ **fuerte** Tresor *m;*
~ **de herramientas** Werkzeugkasten *m;*
(INFOR) Toolbox *f;* ~ **de música** Spieldose *f;*
~ **negra** (AERO) Flugschreiber *m* ② (*carcasa*) Gehäuse *nt;* ~ **de cambios** (AUTO)
Getriebe *nt;* ~ **torácica** (ANAT) Brustkorb *m*
③ (FIN) Kasse *f;* **C~** (**Postal**) **de Ahorros**
(Post)sparkasse *f*
cajero, -a [ka'xero, -a] *m, f* Kassierer(in)
m(f); ~ **automático** Geldautomat *m*
cajetilla [kaxe'tiʎa] *f* (*caja pequeña*)
Schachtel *f;* (*de cigarrillos*) (Zigaretten)schachtel *f*
cajón [ka'xon] *m* (*caja grande*) (großer)
Kasten *m,* (große) Kiste *f;* (*deslizante*)
Schublade *f;* ~ **de salida** (DEP) Startbox *f;*
eso es de ~ (*fam*) das versteht sich von
selbst
cake [keik] *m* (*Am*) Kuchen *m*
cal [kal] *f* Kalk *m;* **cerrar a** ~ **y canto** fest
verschließen
cala ['kala] *f* ① (*bahía*) Bucht *f* ② (NÁUT)
Kielboden *m* ③ (*en el terreno*) Probeboh-
rung *f*
calabacín [kalaβa'θin] *m* Zucchini *f*
calabaza [kala'βaθa] *f* ① (BOT) Kürbis *m*
② (*pey: persona*) Trottel *m* ③ (*loc, fam*):
dar ~**s a alguien** (*un suspenso*) jdm
einen Sechser geben; (*una negativa*) jdm
einen Korb geben
calabobos [kala'βoβos] *m inv* (*fam*) Nieselregen *m*
calabozo [kala'βoθo] *m* ① (*mazmorra*)
Kerker *m* ② (*celda*) Gefängniszelle *f*
calada [ka'laða] *f* (*fam*) Zug *m;* **¿me das
una** ~? lässt du mich mal ziehen?
caladero [kala'ðero] *m* Fanggrund *m*
calado [ka'laðo] *m* ① (*bordado*) Hohlsaum
m ② (NÁUT) Tiefgang *m*
calafatear [kalafate'ar] *vt* ① (NÁUT) kalfa-
tern ② (TÉC) abdichten
calamar [kala'mar] *m* Tintenfisch *m*
calambrazo [kalam'braθo] *m* Stromschlag
m
calambre [ka'lambre] *m* ① (*muscular*)
(Muskel)krampf *m;* ~ **de estómago**
Magenkrampf *m* ② (*eléctrico*) Stromschlag *m*
calamidad [kalami'ðað] *f* ① (*catástrofe*)
Katastrophe *f;* (*desastre*) Unglück *nt*
② (*miseria*) Not *f* ③ (*fam: persona*) Niete *f*
calamitoso, -a [kalami'toso, -a] *adj* (*persona*) jämmerlich; (*situación*) schrecklich
cálamo ['kalamo] *m* (*elev*) (Schreib)feder *f*

calandria [ka'laṇdrja] *f* ❸ (ZOOL) Heidelerche *f* ❷ (*máquina*) Kalander *m;* (*para ropa*) Mangel *f*

calaña [ka'laɲa] *f:* **ser de mala ~** bösartig sein

calar [ka'lar] **I.** *vi* ❶ (*líquido*) durchdringen ❷ (*material*) durchlässig sein ❸ (NÁUT) Tiefgang haben **II.** *vt* ❶ (*líquido*) durchnässen; **el chaparrón me ha calado la chaqueta** der Regen ist durch meine Jacke gedrungen ❷ (*con un objeto*) durchbohren ❸ (*afectar*) nahe gehen (*a +dat*) ❹ (*una prenda*) mit Hohlsaum besticken ❺ (*cortar*) anschneiden ❻ (*fam: desenmascarar*) durchschauen ❼ (*motor*) abwürgen *fam* **III.** *vr:* **~se** ❶ (*mojarse*) nass werden ❷ (*motor*) absaufen *fam* ❸ (*gorra*) aufsetzen

calavera [kala'βera] *f* Totenkopf *m*

calcado [kal'kaðo] *m* (Durch)pausen *nt*

calcáneo [kal'kaneo] *m* (ANAT) Fersenbein *nt*

calcañar [kalka'ɲar] *m* (ANAT) Ferse *f*

calcar [kal'kar] <c→qu> *vt* ❶ (*dibujar*) abpausen ❷ (*imitar*) nachahmen; **es calcado a su padre** er ist seinem Vater wie aus dem Gesicht geschnitten

calcáreo, -a [kal'kareo, -a] *adj* kalkig

calceta [kal'θeta] *f* Strickarbeit *f*

calcetín [kalθe'tin] *m* Socke *f*

cálcico, -a ['kalθiko, -a] *adj* (QUÍM) Kalzium-; **el aporte ~ de la leche** der Kalziumanteil der Milch

calcificación [kalθifika'θjon] *f* Verkalkung *f*

calcificar [kalθifi'kar] <c→qu> **I.** *vt* verkalken lassen **II.** *vr:* **~se** verkalken

calcinación [kalθina'θjon] *f* ❶ (*carbonización*) Verbrennung *f;* **quedar deshecho por ~** verbrennen ❷ (QUÍM) Kalzination *f*

calcinar [kalθi'nar] **I.** *vt* ❶ (*carbonizar*) verbrennen ❷ (QUÍM) kalzinieren **II.** *vr:* **~se** verbrennen

calcio ['kalθjo] *m* Kalzium *nt*

calco ['kalko] *m* ❶ (*de dibujos*) Durchschlag *m* ❷ (*imitación*) Abklatsch *m abw* ❸ (LING) Lehnwort *nt*

calcografiar [kalkoɣrafi'ar] <*1. pres:* calcografío> *vt* (TIPO) in Kupfer stechen

calcomanía [kalkoma'nia] *f* Abziehbild *nt*

calculable [kalku'laβle] *adj* (*t.* MAT) berechenbar; **ser ~** zu berechnen sein

calculador(a) [kalkula'ðor(a)] *adj* berechnend

calculadora [kalkula'ðora] *f* Rechenmaschine *f;* **~ de bolsillo** Taschenrechner *m*

calcular [kalku'lar] **I.** *vi* rechnen **II.** *vt* ❶ (*computar*) berechnen; (*de antemano*) kalkulieren ❷ (*aproximadamente*) (ab)-

schätzen; **calculo que llegaré sobre las diez** ich schätze, dass ich gegen zehn Uhr ankommen werde

cálculo ['kalkulo] *m* ❶ (*matemático*) Rechnen *nt;* **~ diferencial** Differenzialrechnung *f;* **~ mental** Kopfrechnen *nt;* **~ de probabilidades** Wahrscheinlichkeitsrechnung *f* ❷ (*cómputo*) Berechnung *f;* **hacer un ~ de algo** etw berechnen ❸ (*t.* ECON) Kalkulation *f* ❹ (*suposición*) (Ein)schätzung *f* ❺ (MED) Stein *m*

caldear [kalde'ar] **I.** *vt* ❶ (*calentar*) erwärmen; (*con estufa*) beheizen ❷ (*acalorar*) anheizen **II.** *vr:* **~se** ❶ (*calentarse*) sich aufwärmen ❷ (*acalorarse*) sich erhitzen

caldera [kal'dera] *f* (*t.* TÉC) Kessel *m*

calderilla [kalde'riʎa] *f* Kleingeld *nt*

caldero [kal'dero] *m* (kleiner) Kessel *m*

caldo ['kaldo] *m* ❶ (GASTR) Brühe *f* ❷ (*vino*) Wein *m* ❸ (BIOL): **~ de cultivo** Nährflüssigkeit *f;* (*fig*) Nährboden *m* (*de/para* für *+akk*)

calefacción [kalefaɣ'θjon] *f* Heizung *f*

calefactor [kalefak'tor] *m* ❶ (*aparato*) Heizlüfter *m* ❷ (*persona*) Heizungsmonteur *m*

caleidoscópico, -a [kaleiðos'kopiko, -a] *adj* (FÍS) kaleidoskopisch

caleidoscopio [kaleiðos'kopjo] *m* Kaleidoskop *nt*

calendario [kaleṇ'darjo] *m* Kalender *m;* **~ de taco** Abreißkalender *m;* **~ de trabajo** Terminkalender *m*

calentador [kaleṇta'ðor] *m* Heizgerät *nt;* (*para la cama*) Wärmflasche *f*

calentamiento [kaleṇta'mjeṇto] *m* ❶ (*caldeamiento*) Erwärmen *nt,* Erhitzen *nt* ❷ (DEP) Aufwärmen *nt*

calentar [kaleṇ'tar] <e→ie> **I.** *vi* (*dar calor*) wärmen **II.** *vt* ❶ (*caldear*) (er)wärmen, erhitzen; (*con calefacción*) heizen; **~ agua** Wasser heiß machen; **~ al rojo vivo** bis zur Glut erhitzen ❷ (*enfadar*) aufregen; (*excitar*) erregen ❸ (*vulg: sexualmente*) aufgeilen *fam* ❹ (*fam: pegar*) versohlen **III.** *vr:* **~se** ❶ (*caldearse*) sich (er)wärmen ❷ (*enfadarse*) sich aufregen ❸ (DEP) sich warm machen

calentorro, -a [kaleṇ'torro, -a] *adj* (*vulg*) geil

calentura [kaleṇ'tura] *f* ❸ (*fiebre*) Fieber *nt* ❷ (*en los labios*) Fieberbläschen *nt*

calenturiento, -a [kaleṇtu'rjeṇto, -a] *adj* ❶ (*febril*) fiebrig ❷ (*exaltado*) lebhaft

calibrado [kali'βraðo] *m* Kalibrierung *f*

calibrador [kaliβra'ðor] *m* (TÉC) Kalibermaß *nt;* **~ exterior** Tastzirkel *m;* **~ interior** Lochzirkel *m*

calibrar [kali'βrar] *vt* ❶ (*medir*) messen; (TÉC) kalibrieren ❷ (*calcular*) abschätzen

calibre [ka'liβre] *m* ❶ (*diámetro*) Kaliber *nt;* **eso es una mentira de ~** (*fam*) das ist eine ungeheure Lüge ❷ (*instrumento*) Kalibermaß *nt*

calidad [kali'ðað] *f* ❶ (*clase*) Qualität *f;* **de alta ~** hochwertig; **de primera ~** erstklassig ❷ (*característica*) Eigenschaft *f;* (*naturaleza*) Beschaffenheit *f;* **en ~ de** als ❸ (*prestigio*) Bedeutung *f*

calidez [kali'ðeθ] *f* ❶ (*cálido*) Wärme *f;* (*fig: de espíritu*) Warmherzigkeit *f* ❷ (MED) erhöhte Temperatur *f*

cálido, -a ['kaliðo, -a] *adj* warm

caliente [ka'ljente] *adj* ❶ (*cálido*) warm; (*ardiente*) heiß ❷ (*acalorado*) hitzig; **poner(se) ~** (*vulg*) (sich) aufgeilen *fam*

califa [ka'lifa] *m* Kalif *m*

calificable [kalifi'kaβle] *adj* bestimmbar; **un acto ~ como traición** eine Tat, die als Verrat bezeichnet werden muss

calificación [kalifika'θjon] *f* ❶ (*denominación*) Bezeichnung *f;* (*evaluación*) Beurteilung *f* ❷ (*cualificación*) Qualifizierung *f;* **~ profesional** berufliche Qualifikation ❸ (*nota*) Note *f*

calificado, -a [kalifi'kaðo, -a] *adj* ❶ (*cualificado, t.* JUR) qualifiziert ❷ (*reconocido*) angesehen

calificar [kalifi'kar] <c→qu> *vt* ❶ (*definir*) bezeichnen (*de* als +*akk*); (*evaluar*) beurteilen ❷ (*atribuir una cualidad*) kennzeichnen (*de* als +*akk*) ❸ (ENS) benoten

calificativo [kalifika'tiβo] *m* Bezeichnung *f*

California [kali'fornja] *f* Kalifornien *nt*

caligrafía [kaliɣra'fia] *f* Kalligraphie *f*

caligrafiar [kaliɣrafi'ar] <*1.pres:* caligrafío> *vt* (TIPO) in Schönschrift abfassen

calima [ka'lima] *f v.* **calina**

calina [ka'lina] *f* ❶ (*neblina*) Dunst *m* ❷ (*polución*) Smog *m*

cáliz ['kaliθ] *m* ❶ (REL) Kelch *m* ❷ (BOT) Blumenkelch *m*

caliza [ka'liθa] *f* Kalkstein *m*

calizo, -a [ka'liθo, -a] *adj* kalkhaltig

callado, -a [ka'ʎaðo, -a] *adj* ❶ *estar* (*sin hablar*) schweigend; (*silencioso*) still ❷ *ser* (*reservado*) schweigsam

callar [ka'ʎar] **I.** *vi, vr:* **~se** schweigen (*de/por* vor/aus +*dat*); (*enmudecer*) verstummen (*de/por* vor/aus +*dat*); **¡cállate de una vez!** halt endlich den Mund! **II.** *vt* ❶ (*un asunto*) verschweigen; (*un secreto*) bewahren ❷ (*hacer ~*) zum Schweigen bringen

calle ['kaʎe] *f* Straße *f;* (*arbolada*) Allee *f;* (*en la autopista*) Fahrbahn *f;* (DEP) Bahn *f;* **~ comercial** Einkaufsstraße *f;* **~ de dirección única** Einbahnstraße *f;* **~ peatonal** Fußgängerzone *f;* **traje de ~** Straßenanzug *m;* **~ arriba/abajo** straßauf/straßab; **quedarse en la ~** (*fig fam*) auf der Straße sitzen; **hacer la ~** (*fam*) auf den Strich gehen

callejear [kaʎexe'ar] *vi* herumbummeln

callejero [kaʎe'xero] *m* Straßenverzeichnis *nt*

callejón [kaʎe'xon] *m* Gasse *f;* **~ sin salida** Sackgasse *f*

callejuela [kaʎe'xwela] *f* Gässchen *nt*

callista [ka'ʎista] *mf* Fußpfleger(in) *m(f)*

callo ['kaʎo] *m* ❶ (*callosidad*) Hornhaut *f*, Schwiele *f;* (*ojo de gallo*) Hühnerauge *nt;* **dar el ~** (*fam*) schuften ❷ *pl* (GASTR) Kaldaunen *fpl*

callosidad [kaʎosi'ðað] *f* Hornhaut *f*

calma ['kalma] *f* ❶ (*tranquilidad*) Ruhe *f;* (*silencio*) Stille *f;* **~ chicha** (NÁUT) Flaute *f* ❷ (*serenidad*) Gelassenheit *f;* **¡(con) ~!** immer mit der Ruhe! ❸ (*fam: indolencia*) Trägheit *f*

calmante [kal'mante] **I.** *adj* (*que tranquiliza*) beruhigend; (*para dolores*) schmerzstillend **II.** *m* (*tranquilizante*) Beruhigungsmittel *nt;* (*analgésico*) Schmerzmittel *nt*

calmar [kal'mar] **I.** *vi* (*viento*) abflauen **II.** *vt* ❶ (*tranquilizar*) beruhigen ❷ (*dolor, hambre*) stillen **III.** *vr:* **~se** ❶ (*tranquilizarse*) sich beruhigen ❷ (*dolor*) nachlassen

calmoso, -a [kal'moso, -a] *adj* ❶ (*tranquilo*) ruhig ❷ (*fam: indolente*) träge

caló [ka'lo] *m* Zigeunersprache *f*

calor [ka'lor] *m* ❶ (*de un cuerpo*) Wärme *f* ❷ (*clima*) Hitze *f;* **~ sofocante** Schwüle *f;* **hace mucho ~** es ist sehr heiß ❸ (*entusiasmo*) Eifer *m* ❹ (*afecto*) Wärme *f*

caloría [kalo'ria] *f* (*t.* FÍS) Kalorie *f;* **bajo en ~s** kalorienarm

calórico, -a [ka'loriko, -a] *adj* (FÍS) kalorisch

calorífico, -a [kalo'rifiko, -a] *adj* (*que distribuye calor*) Wärme abgebend; (*que produce calor*) Wärme erzeugend; **poder ~** Heizkraft *f*

calumnia [ka'lumnja] *f* Verleumdung *f*

calumniar [kalum'njar] *vt* verleumden

calumnioso, -a [kalum'njoso, -a] *adj* verleumderisch

caluroso, -a [kalu'roso, -a] *adj* (*caliente*) heiß; (*cálido*) warm; **un recibimiento ~** ein herzlicher Empfang

calva ['kalβa] *f* ❶ (*en la cabeza*) Glatze *f* ❷ (*en un tejido*) kahle Stelle *f*

calvario [kal'βarjo] *m* (REL) Kreuzweg *m;* **pasar un ~** großes Leid erfahren

calvero [kal'βero] *m* Lichtung *f*

calvicie [kalˈβiθje] *f* Kahlköpfigkeit *f*

calvo, -a [ˈkalβo, -a] I. *adj* ❶ (*en la cabeza*) kahlköpfig; **estar** ~ eine Glatze haben ❷ (*tejido*) abgewetzt ❸ (*sin vegetación*) kahl II. *m, f* Kahlkopf *m fam*

calza [ˈkalθa] *f* ❶ (*media*) Strumpf *m* ❷ (*cuña*) (Stütz)keil *m*

calzada [kalˈθaða] *f* ❶ (*carretera*) (gepflasterte) Straße *f* ❷ (*carril*) Fahrbahn *f*

calzado [kalˈθaðo] *m* Schuhwerk *nt*, Schuhe *mpl*

calzador [kalθaˈðor] *m* Schuhlöffel *m*

calzar [kalˈθar] <z→c> I. *vt* ❶ (*poner zapatos*) anziehen; (*esquís*) anschnallen ❷ (*llevar puesto*) tragen ❸ (*poner una cuña*) verkeilen II. *vr:* ~**se** (*zapatos*) (sich *dat*) anziehen; (*esquís*) sich *dat* anschnallen

calzón [kalˈθon] *m* (*Am: pantalón*) Hose *f*

calzonazos [kalθoˈnaθos] *m inv* (*pey*) ❶ (*débil*) Schwächling *m* ❷ (*marido*) Pantoffelheld *m*

calzoncillo(s) [kalθoɲˈθiʎo(s)] *m(pl)* Herrenunterhose *f*

calzones [kalˈθones] *mpl* (*Am*) Hose *f;* ~ **de baño** Badehose *f*

cama [ˈkama] *f* ❶ (*mueble*) Bett *nt;* ~ **elástica** Trampolin *nt;* **caer en** ~ krank werden ❷ (*de animales*) Lager *nt*

camada [kaˈmaða] *f* ❶ (*de animales*) Wurf *m* ❷ (*pey: cuadrilla*) Haufen *m*, Bande *f*

camafeo [kamaˈfeo] *m* Kamee *f*

camaleón [kamaleˈon] *m* (*t. fig*) Chamäleon *nt*

cámara¹ [ˈkamara] *f* ❶ (FOTO) Kamera *f;* ~ **fotográfica** [*o* **de fotos**] Fotoapparat *m;* ~ **de vídeo** Videokamera *f;* **a** ~ **lenta** in Zeitlupe ❷ (*consejo*) Kammer *f;* **C~ Alta** (POL) Oberhaus *nt;* **C~ Baja** (POL) Abgeordnetenhaus *nt* ❸ (*receptáculo*) Kammer *f;* ~ **frigorífica** Kühlhaus *nt* ❹ (*en un arma*) Patronenkammer *f*

cámara² [ˈkamara] *mf* (CINE) Kameramann, -frau *m, f*

camarada [kamaˈraða] *mf* ❶ (*compañero*) Freund(in) *m(f);* **me voy al cine con mis** ~**s** ich gehe mit meinen Kumpels ins Kino ❷ (POL) Parteifreund(in) *m(f);* (*de socialistas*) Genosse, -in *m, f*

camaradería [kamaraðeˈria] *f* Kameradschaft *f*

camarero, -a [kamaˈrero, -a] *m, f* ❶ (*en restaurantes*) Kellner(in) *m(f)*, Bedienung *f;* ¡~! Herr Ober! ❷ (*en la barra*) Barman, -dame *m, f* ❸ (*de habitación*) Zimmerkellner(in) *m(f)* ❹ (*en un barco*) Steward *m*, Stewardess *f*

camarilla [kamaˈriʎa] *f* (*t.* POL: *pey*) Clique *f*

camarón [kamaˈron] *m* Garnele *f*

camarote [kamaˈrote] *m* Kabine *f*

camastro [kaˈmastro] *m* Pritsche *f*

cambalache [kambaˈlatʃe] *m* Schacher *m abw*

cambalachear [kambalatʃeˈar] *vt* (*fam*) eintauschen

cambiable [kamˈbjaβle] *adj* ❶ (COM) umtauschbar ❷ (*intercambiable*) austauschbar

cambiador [kambjaˈðor] *m* (*Chil*) Weichensteller(in) *m(f)*

cambiante [kamˈbjante] *adj* ❶ (*irisado*) schillernd ❷ (*inestable*) wechselhaft ❸ (*pey: veleidoso*) launisch

cambiar [kamˈbjar] I. *vi* ❶ (*transformarse*) sich (ver)ändern ❷ (*con 'de': alterar*) ändern; ~ **de casa** umziehen; ~ **de coche** sich *dat* ein neues Auto kaufen; ~ **de marcha** (AUTO) schalten II. *vt* ❶ (*trocar*) auswechseln, austauschen; (*algo comprado*) umtauschen; ~ **dinero** Geld wechseln; ~ **unas palabras con alguien** mit jdm ein paar Worte wechseln; **quisiera** ~ **este jersey por una camiseta** ich möchte diesen Pullover gegen ein T-Shirt umtauschen ❷ (*variar*) (ver)ändern; ~ **algo de lugar** etw umstellen III. *vr* ❶ (*transformarse*) sich verwandeln (*en* in +*akk*) ❷ (*de ropa*) sich umziehen; (*de casa*) umziehen; ~ **se a otra ciudad** in eine andere Stadt ziehen

cambiazo [kamˈbjaθo] *m* (*fam*): **dar el** ~ **a alguien** jdn übers Ohr hauen

cambio [ˈkambjo] *m* ❶ (*alteración*) (Ver)änderung *f;* ~ **climático** Witterungsänderung *f;* (*globalmente*) Klimaveränderung *f;* ~ **de domicilio** Wohnungswechsel *m;* **hay un** ~ **en el horario** der Zeitplan ändert sich; **en** ~ dagegen, stattdessen; **a las primeras de** ~ bei der ersten Gelegenheit ❷ (*sustitución*) Auswechs(e)lung *f*, Austausch *m;* ~ **de aceite** (AUTO) Ölwechsel *m* ❸ (*transformación, intercambio*) Wandel *m;* ~ **de tendencia** Trendwende *f;* ~ **de impresiones** Meinungsaustausch *m;* **Libre** ~ (COM) Freihandel *m;* **a** ~ **de algo** für etw ❹ (*en un comercio*) Umtausch *m* ❺ (FIN) (Wechsel)kurs *m;* ~ **de divisa** [*o* **de moneda**] Geldwechsel *m;* **al** ~ **del día** zum Tageskurs ❻ (*suelto*) Kleingeld *nt;* ¿**tiene** ~ **de 50 euros?** können Sie 50 Euro wechseln? ❼ (TÉC) Schaltung *f;* ~ **de marchas** Gangschaltung *f* ❽ (DEP) Auswechs(e)lung *f*

cambista [kamˈbista] *mf* ❶ (*que cambia dinero*) Geldwechsler(in) *m(f)* ❷ (*en la banca*) Devisenhändler(in) *m(f)*

Camboya [kamˈboʝa] *f* Kambodscha *nt*

camelar [kameˈlar] *vt* (*fam*) ❶ (*engañar*) beschwatzen ❷ (*seducir*) verführen

camelia [kaˈmelja] *f* Kamelie *f*

camello, -a [kaˈmeʎo, -a] *m, f* ❶ (ZOOL) Kamel *nt;* (*hembra*) Kamelstute *f* ❷ (*argot: persona*) Pusher(in) *m(f)*

camelo [kaˈmelo] *m* (*fam*) ❶ (*adulación*) Schmeichelei *f* ❷ (*timo*) Gaunerei *f*

cameraman [kameˈraman] *mf* (CINE) Kameramann, -frau *m, f*

camerino [kameˈrino] *m* (TEAT) Künstlergarderobe *f*

Camerún [kameˈrun] *m* Kamerun *nt*

camilla [kaˈmiʎa] *f* ❶ (*angarillas*) Krankenbahre *f* ❷ (*cama de hospital*) Krankenbett *nt*

camillero, -a [kamiˈʎero, -a] *m, f* Sanitäter(in) *m(f)*

caminante [kamiˈnaṇte] *mf* Wanderer, -in *m, f*

caminar [kamiˈnar] **I.** *vi* ❶ (*ir*) gehen; (*a pie*) zu Fuß gehen ❷ (*río*) strömen ❸ (*astro*) seine Bahn ziehen ❹ (*Am: funcionar*) gehen **II.** *vt* zurücklegen

caminata [kamiˈnata] *f* (beschwerlicher) langer Fußmarsch *m*

camino [kaˈmino] *m* ❶ (*senda*) Weg *m;* (*más estrecho*) Pfad *m;* (*calle*) Straße *f;* C~ de Santiago Jakobsweg *m;* a medio ~ halbwegs; de ~ a Magdeburgo auf dem Weg nach Magdeburg; abrirse ~ sich *dat* Raum schaffen; ponerse en ~ sich auf den Weg machen; ir por buen/mal ~ (*fig*) auf dem rechten/falschen Weg sein ❷ (*distancia*) Strecke *f;* está a dos horas de ~ es sind zwei Wegstunden von hier ❸ (*manera*) Art und Weise *f* ❹ (INFOR) Pfad *m*

camión [kaˈmjon] *m* ❶ (AUTO) Laster *m*, Lkw *m;* ~ de la basura Müllwagen *m;* ~ volquete Kipplaster *m* ❷ (*Méx: autobús*) Bus *m*

camionero, -a [kamjoˈnero, -a] *m, f* Lastwagenfahrer(in) *m(f)*, Lkw-Fahrer(in) *m(f)*

camioneta [kamjoˈneta] *f* ❶ (*furgoneta*) Kleinlaster *m;* ~ de reparto Lieferwagen

m ❷ (*Am: autobús*) Bus *m*

camión-grúa [kaˈmjon ˈɣrua] *m* <camiones-grúa> Kranwagen *m*

camisa [kaˈmisa] *f* ❶ (*prenda*) (Ober)hemd *nt;* ~ de fuerza Zwangsjacke *f;* cambiar de ~ (*fig*) den Mantel nach dem Wind hängen; no me llegaba la ~ al cuerpo (*fam*) ich machte mir vor Angst fast in die Hosen ❷ (*funda*) Hülle *f* ❸ (*de reptil*) abgestreifte Haut *f*

camisería [kamiseˈria] *f* ❶ (*tienda*) Hemdengeschäft *nt* ❷ (*taller*) Hemdenfabrik *f*

camiseta [kamiˈseta] *f* ❶ (*exterior*) T-Shirt *nt* ❷ (*interior*) Unterhemd *nt* ❸ (DEP) Trikot *nt*

camisón [kamiˈson] *m* Nachthemd *nt*

camomila [kamoˈmila] *f* Kamille *f*

camorra [kaˈmorra] *f* ❶ (*fam pey: escándalo*) Krakeel *m;* buscar ~ Streit anfangen ❷ (*mafia napolitana*) Kamorra *f*

camote [kaˈmote] *m* (*Am*) ❶ (*batata*) Süßkartoffel *f* ❷ (*molestia*) Nervtöter *m* ❸ (*amante*) Geliebte(r) *mf*

campamento [kampaˈmeṇto] *m* Lager *nt;* ~ de veraneo Ferienlager *nt*

campana [kamˈpana] *f* Glocke *f;* ~ extractora de humos Dunstabzugshaube *f;* el coche dio tres vueltas de ~ das Auto überschlug sich dreimal; echar las ~s a vuelo (*fam*) etw feierlich (und frühzeitig) verkünden

campanada [kampaˈnaða] *f* Glockenschlag *m;* dar la ~ (*fig*) den Vogel abschießen *fam*

campanario [kampaˈnarjo] *m* Glockenturm *m*

campanilla [kampaˈniʎa] *f* ❶ (*campana pequeña*) Glöckchen *nt;* (*de la puerta*) Klingel *f* ❷ (ANAT) Zäpfchen *nt* ❸ (BOT) Glockenblume *f*

campante [kamˈpaṇte] *adj* (*fam*) ❶ (*satisfecho*) zufrieden ❷ (*tranquilo*) ungerührt; quedarse tan ~ sich nicht erschüttern lassen

campanudo, -a [kampaˈnuðo, -a] *adj* ❶ (*acampanado*) glockenförmig ❷ (*pey: pomposo*) schwülstig

campaña [kamˈpaɲa] *f* ❶ (*campo*) Land *nt;* tienda de ~ Zelt *nt* ❷ (MIL) Feldzug *m;* (POL, AGR) Kampagne *f;* ~ de acoso y derribo Schmutzkampagne *f;* ~ antitabaco Antiraucherkampagne *f;* ~ electoral Wahlkampf *m* ❸ (COM, FIN) Wirtschaftsjahr *nt*

campar [kamˈpar] *vi* lagern

campear [kampeˈar] *vi* ❶ (*Am: ir de acampada*) zelten ❷ (*fam: arreglárselas*): ir campeando sich (gerade so) durchschlagen ❸ (*sobresalir*) vorherrschen

campechano, -a [kampeˈtʃano, -a] *adj*

❶ (*llano*) leutselig ❷ (*cordial*) freundlich

campeón, -ona [kampe'on, -ona] *m, f*
❶ (*vencedor*) Sieger(in) *m(f)*; (DEP) Meister(in) *m(f)* ❷ (*defensor*) Vorkämpfer(in) *m(f)*

campeonato [kampeo'nato] *m* Meisterschaft *f*; **de ~** (*fam*) mordsmäßig

campesinado [kampesi'naðo] *m* ❶ (*conjunto*) Bauern *mpl* ❷ (*estamento*) Bauernstand *m*

campesino, -a [kampe'sino, -a] **I.** *adj* ❶ (*del campo*) ländlich ❷ (*de la gente del campo*) bäuerlich **II.** *m, f* ❶ (*que trabaja*) Bauer *m*, Bäuerin *f* ❷ (*que vive*) Landbewohner(in) *m(f)*; **los ~s** die Landbevölkerung

campestre [kam'pestre] *adj* Land-; **vida ~** Landleben *nt*

camping ['kampiŋ] *m* ❶ (*campamento*) Campingplatz *m* ❷ (*acampada*) Zelten *nt*; **hacer ~** zelten

campiña [kam'piɲa] *f* (*campo*) Feld *nt*; (*de cultivo*) Ackerland *nt*

campo ['kampo] *m* ❶ (*opuesto a ciudad*) Land *nt*; (*de cultivo*) Acker *m*, Feld *nt*; **gente del ~** Landbevölkerung *f*; **ir al ~** ins Grüne fahren; **tener ~ libre** (*fig*) freie Bahn haben ❷ (*terreno*) Feld *nt*, Platz *m*; (DEP) (Sport)platz *m* ❸ (*t.* POL, MIL: *campamento*) Lager *nt*, Camp *nt*; **~ de concentración** (HIST) Konzentrationslager *nt*; **~ de trabajo** (Jugend)workcamp *nt* ❹ (MIL: *terreno*) Feld *nt*; **~ de tiro** Schießplatz *m* ❺ (FÍS, INFOR) Feld *nt*; **~ visual** Sichtfeld *nt*; **~ para entradas** (INFOR) Eingabefeld *nt*; **~ de opción** (INFOR) Optionsfeld *m* ❻ (*área del saber*) Gebiet *nt*; **~ de actuación** Tätigkeitsfeld *nt*

camposanto [kampo'santo] *m* Friedhof *m*

campus ['kampus] *m inv* Campus *m*

camuflaje [kamu'flaxe] *m* Tarnung *f*

camuflar [kamu'flar] *vt* tarnen; (*fig*) verbergen

cana ['kana] *f* graues Haar *nt*; **echar una ~ al aire** (*fig*) sich *dat* eine Eskapade leisten

Canadá [kana'ða] *m*: (**el**) **~** Kanada *nt*

canadiense **I.** *adj* kanadisch **II.** *mf* Kanadier(in) *m(f)*

canal [ka'nal] *m o f* ❶ (*cauce artificial*) Kanal *m* ❷ (GEO: *paso natural*) Meerenge *f*; **el C~ de la Mancha** der Ärmelkanal; **el C~ de Panamá** der Panamakanal ❸ (*canalón*) Dachrinne *f* ❹ (TV) Sender *m*; **~ de televisión** Fernsehsender *m* ❺ (TEL, ANAT) Kanal *m*

canalización [kanaliθa'θjon] *f* ❶ (*de un río*) Kanalisierung *f* ❷ (*alcantarillado*) Kanalisation *f*; (*infraestructura*) Kanalsystem *nt*

canalizar [kanali'θar] <z→c> *vt* ❶ (*un río*) kanalisieren ❷ (*encauzar*) gezielt lenken

canalla [ka'naʎa] *mf* (*pey*) Schurke, -in *m, f*

canallada [kana'ʎaða] *f* Gemeinheit *f*

canallesco, -a [kana'ʎesko, -a] *adj* schurkisch

canalón [kana'lon] *m* Dachrinne *f*

canapé [kana'pe] *m* Kanapee *nt*

Canarias [ka'narjas] *fpl*: **las Islas ~** die Kanaren, die Kanarischen Inseln

canario[1] [ka'narjo] *m* Kanarienvogel *m*

canario, -a[2] [ka'narjo, -a] **I.** *adj* kanarisch **II.** *m, f* (*de Canarias*) Kanarier(in) *m(f)*

canasta [ka'nasta] *f* ❶ (*cesto*) Henkelkorb *m* ❷ (DEP) Korb *m*

canastilla [kanas'tiʎa] *f* ❶ (*cestita*) Körbchen *nt*; **~ para cubiertos** Besteckkorb *m* ❷ (*del bebé*) Babyausstattung *f* ❸ (*en una freidora*) Frittierkorb *m*

cancán [kaŋ'kan] *m* ❶ (MÚS) Cancan *m* ❷ (*enagua*) Cancanunterrock *m*

cancel [kaŋ'θel] *m* ❶ (*en la puerta*) Windfang *m* ❷ (*mampara*) Wandschirm *m*

cancelación [kaŋθela'θjon] *f* ❶ (*anulación*) Streichung *f*; (*de una cita*) Absage *f* ❷ (FIN: *de una cuenta*) Löschung *f*; (*de una deuda*) Tilgung *f*; (*de un cheque*) Sperrung *f*; **~ de un pedido** Stornierung eines Auftrags

cancelar [kaŋθe'lar] *vt* ❶ (*anular*) streichen; **~ una cita** eine Verabredung absagen ❷ (*rescindir*) aufheben ❸ (FIN: *una cuenta*) löschen; (*una deuda*) tilgen; (*un cheque*) sperren

cáncer ['kaŋθer] *m* ❶ (MED, ASTR) Krebs *m* ❷ (*vicio*) Hauptübel *nt*

cancerígeno, -a [kaŋθe'rixeno, -a] *adj* Krebs erzeugend; (MED) kanzerogen

canceroso, -a [kaŋθe'roso, -a] *adj* krebs(art)ig; (MED) kanzerös; **tumor ~** Krebsgeschwulst *f*

cancha [ka'nʧa] *f* ❶ (*de deporte*) Sportplatz *m* ❷ (*Am: hipódromo*) Pferderennbahn *f* ❸ (*Am: de un río*) breites Flussbett *nt* ❹ (*Am: espacio*) Platz *m*, Raum *m*

canciller [kaŋθi'ʎer] *mf* ❶ (*Jefe de Gobierno (Federal)*) (Bundes)kanzler(in) *m(f)* ❷ (HIST: *en el Imperio Alemán*) Reichskanzler *m* ❸ (*en el Cuerpo Diplomático*) Kanzler(in) *m(f)* ❹ (*Am: de Asuntos Exteriores*) Außenminister(in) *m(f)*

cancillería [kaŋθiʎe'ria] *f* ❶ (*Jefatura del Gobierno (Federal)*) (Bundes)kanzleramt *nt* ❷ (*oficina*) Kanzlei *f* ❸ (*Am: Asuntos Exteriores*) Außenministerium *nt*

canción [kaŋ'θjon] *f* ❶ (*canto*) Lied *nt*; **~ de moda** Schlager *m*; **~ popular** Volkslied *nt;* (**es**) **siempre la misma** ~ es ist immer das alte Lied ② (LIT, MÚS) Kanzone *f*

cancionero [kanθjo'nero] *m* ① (MÚS) Liederbuch *nt* ② (LIT) Liederhandschrift *f*

candado [kaɲ'daðo] *m* Vorhängeschloss *nt*

candela [kaɲ'dela] *f* Kerze *f*

candelabro [kaɲde'laβro] *m* Kerzenleuchter *m*

candelero [kaɲde'lero] *m* Kerzenständer *m;* **estar en el** ~ (*fig*) hoch im Kurs stehen

candente [kaɲ'deɲte] *adj* ① (*al rojo*) glühend ② (*palpitante*) brennend

candidato, -a [kaɲdi'ðato, -a] *m, f* ① (*aspirante*) Bewerber(in) *m(f)* ② (POL) Kandidat(in) *m(f);* ~ **al título** (DEP) Titelanwärter *m*

candidatura [kaɲdiða'tura] *f* ① (*presentación*) Bewerbung *f;* (POL) Kandidatur *f* ② (*lista*) Kandidatenliste *f* ③ (*papeleta*) Stimmzettel *m*

candidez [kaɲdi'ðeθ] *f v.* **candor**

cándido, -a ['kaɲdiðo, -a] *adj v.* **candoroso**

candil [kaɲ'dil] *m* ① (*lámpara*) Öllampe *f* ② (*Am: candelabro*) Kerzenleuchter *m*

candileja [kaɲdi'lexa] *f* Rampenlicht *nt;* **se crió entre** ~**s** er/sie ist im Rampenlicht aufgewachsen

candor [kaɲ'dor] *m* ① (*inocencia*) Unschuld *f* ② (*ingenuidad*) Naivität *f;* (*simplicidad*) Einfalt *f*

candoroso, -a [kaɲdo'roso, -a] *adj* ① (*inocente*) unschuldig ② (*ingenuo*) naiv; (*simple*) einfältig

caneca [ka'neka] *f* ① (*licorera*) Likörflasche *f* (*aus glasierter Keramik*) ② (*Col: basurero*) Mülleimer *m* ③ (*Am: barril*) Fass *nt;* (*balde*) Eimer *m*

canela [ka'nela] *f* ① (*especia*) Zimt *m;* **¡esto es** ~ **fina!** (*fig*) das ist das Feinste vom Feinen! ② (*color*) Zimtfarbe *f*

canelón [kane'lon] *m* ① (*desagüe*) Dachrinne *f* ② *pl* (GASTR) Cannelloni *pl* ③ (*carámbano*) Eiszapfen *m* ④ (*charretera*) Raupe *f*

canesú [kane'su] *m* ① (*en una prenda*) Koller *nt* ② (*AmS: escote*) Halsausschnitt *m*

cangilón [kaɲxi'lon] *f* ① (*cántaro*) großer Krug *m* ② (*noria, draga*) Schöpfeimer *m;* (*rueda de molino*) Schaufelkammer *f*

cangrejo [kaɲ'grexo] *m* (*crustáceo*) Krebs *m;* ~ **de mar** Krabbe *f;* ~ **de río** Flusskrebs *m*

canguelo [kaɲ'gelo] *m* (*fam*) Heidenangst *f*

canguro[1] [kaɲ'guro] *m* (ZOOL) Känguru *nt*

canguro[2] [kaɲ'guro] *mf* (*fam: persona*) Babysitter(in) *m(f)*

caníbal [ka'niβal] **I.** *adj* kannibalisch **II.** *mf* Kannibale, -in *m, f*

canibalismo [kaniβa'lismo] *m* ① (*antropofagia*) Kannibalismus *m* ② (*salvajismo*) Grausamkeit *f*

canica [ka'nika] *f* Murmel *f*

caniche [ka'nitʃe] *m* Pudel *m*

canícula [ka'nikula] *f* ① (*período*) Hundstage *mpl* ② (ASTR) Sirius *m*

canicular [kaniku'lar] *adj* hochsommerlich; **las** ~**es** die Hundstage

canijo, -a [ka'nixo, -a] *adj* ① (*pey: endeble*) kümmerlich; (*pequeñajo*) mick(e)rig ② (*Am: malvado*) bösartig

canilla [ka'niʎa] *f* ① (ANAT: *hueso alargado*) Röhrenknochen *m;* (*tibia*) Schienbein *nt* ② (TÉC: *carrete*) Spule *f*

canillera [kani'ʎera] *f* (*Am*) ① (*espinillera*) Schienbeinschutz *m* ② (*temblor*) Schlottern *nt*

canino [ka'nino] *m* ① (*humano*) Eckzahn *m* ② (*de animales*) Fang(zahn) *m*

canje ['kaɲxe] *m* ① (*intercambio*) Austausch *m* ② (*de un viaje*) Einlösen *nt*

canjeable [kaɲxe'aβle] *adj* umtauschbar (*por* gegen +*akk*)

canjear [kaɲxe'ar] *vt* ① (*intercambiar*) austauschen ② (*cambiar*) einlösen

cannabis ['kanaβis] *m sin pl* Cannabis *m*

cano, -a ['kano, -a] *adj v.* **canoso**

canoa [ka'noa] *f* ① (*bote a remo*) Kanu *nt;* (*tronco*) Einbaum *m;* (DEP: *piragua*) Kajak *m o nt;* (*canadiense*) Kanadier *m* ② (*a motor*) Motorboot *nt* ③ (*Am: artesa*) Trog *m*

canódromo [ka'noðromo] *m* Hunderennbahn *f*

canon ['kanon] *m* ① (*precepto*) Gesetz *nt;* (REL) Kanon *m* ② (ARTE, LIT: *modelo*) Kanon *m* ③ *pl* (*reglas*) Vorschriften *fpl*

canónico, -a [ka'noniko, -a] *adj* kanonisch

canónigo [ka'noniɣo] *m* (REL) Kanoniker *m*

canonizar [kanoni'θar] <z→c> *vt* (REL) heilig sprechen

canoso, -a [ka'noso, -a] *adj* grauhaarig

cansado, -a [kan'saðo, -a] *adj* ① *estar* (*fatigado*) müde ② *estar* (*harto*) überdrüssig (*de* +*gen*) ③ *ser* (*fatigoso*) ermüdend; **un viaje** ~ eine anstrengende Reise ④ *ser* (*aburrido*) langweilig ⑤ *ser* (*molesto*) lästig ⑥ (*Am*): **a las cansadas** sehr spät, nach langem Warten

cansancio [kan'sanθjo] *m* ① (*fatiga*) Müdigkeit *f;* (*agotamiento*) Ermüdung *f;* **estoy muerto de** ~ ich bin todmüde ② (*hastío*) Überdruss *m*

cansar [kan'sar] **I.** *vi* ① (*fatigar*) anstrengend sein ② (*hastiar*) langweilig werden **II.** *vt* ① (*fatigar*) müde machen ② (*hastiar*) langweilen **III.** *vr:* ~ **se** ① (*fatigarse*) müde

werden ②(*hartarse*): ~**se de algo** etw
gen überdrüssig werden
cansino, -a [kan'sino, -a] *adj* ❶(*cansado*)
kraftlos ②(*lento*) langsam ③(*desganado*)
lustlos
Cantabria [kan'taβrja] *f* Kantabrien *nt*
cantábrico, -a [kan'taβriko, -a] *adj* kantabrisch; **el Mar C**~ das Kantabrische Meer
cántabro, -a ['kantaβro, -a] **I.** *adj* kantabrisch **II.** *m, f* Kantabrer(in) *m(f)*
cantada [kan'taða] *f* (MÚS) Kantate *f*
cantamañanas [kantama'ɲanas] *mf inv*
(*fam*) Luftikus *m*
cantante [kan'tante] **I.** *adj* singend; **llevar
la voz** ~ (*fig*) die erste Geige spielen **II.** *mf*
Sänger(in) *m(f)*
cantaor(a) [kanta'or(a)] *m(f)* Flamencosän-
ger(in) *m(f)*
cantar [kan'tar] **I.** *vi, vt* ❶(*personas, pájaros*) singen; (*gallo*) krähen; (*grillo*) zirpen;
(*ranas*) quaken; **en menos que canta un
gallo** (*fam*) im Nu ②(*alabar*) (an)preisen
③(*argot: confesar*) singen ④(*en el juego*)
ansagen ⑤(*fam: oler mal*) stinken **II.** *m*
Lied *nt*; (*copla popular*) Volkslied *nt*
cántaro ['kantaro] *m* (Henkel)krug *m*; **está
lloviendo a** ~**s** es gießt in Strömen
cantata [kan'tata] *f* ❶(MÚS) Kantate *f*
②(*fam pey*) Leier *f*
cantautor(a) [kantaʊ'tor(a)] *m(f)* Lieder-
macher(in) *m(f)*
cante ['kante] *m* ❶(*general*) Volkslied *nt*;
dar el ~ (*denunciar*) singen *fam*; (*llamar
la atención*) hervorstechen; **dio el** ~ **con
el color de su vestido** die Farbe ihres
Kleides sprang ins Auge ②(*andaluz*) Flamenco *m*
cantera [kan'tera] *f* ❶(*pedrera*) Steinbruch
m ②(*t.* DEP*: cuna*) Kaderschmiede *f*
cantero [kan'tero] *m* ❶(*picapedrero*)
Steinmetz *m* ②(*Am: sembradío*) Beet *nt*
cántico ['kantiko] *m* (REL) Lobgesang *m*
cantidad [kanti'ðað] **I.** *f* ❶(*porción*)
Menge *f*; (*número*) Anzahl *f*; **una gran** ~
de eine Vielzahl von; **¿qué** ~ **necesitas?**
wie viel brauchst du? ②(*suma de dinero*)
Betrag *m* **II.** *adv* (*fam*) sehr viel
cantimplora [kantim'plora] *f* ❶(*botella de
campaña*) Feldflasche *f* ②(*sifón*) Weinhe-
ber *m*
cantina [kan'tina] *f* ❶(*en estaciones, cuar-
teles*) Kantine *f* ②(*bodega*) Weinkeller *m*
cantinela [kanti'nela] *f* (*pey*) Leier *f*; **siempre la misma** ~ immer die alte Leier
canto ['kanto] *m* ❶(*cantar*) Singen *nt*;
(*canción*) Gesang *m*; ~ **gregoriano** Grego-
rianischer Gesang; ~ **de los pájaros** Vogel-
gesang *m*; **estudia** ~ er/sie studiert

Gesang ②(*alabanza*) Lobgesang *m* ③(LIT)
Gesang *m* ④(*arista*) Kante *f*; (*esquina*)
Ecke *f* ⑤(*borde*) Rand *m*; (*de un vestido*)
Saum *m* ⑥(*en un cuchillo*) Rücken *m*; (*en
un libro*) Schnitt *m*; **poner de** ~ hochkant
stellen ⑦(*grosor*) Dicke *f* ⑧(*guijarro*)
Kiesel(stein) *m*
cantón [kan'ton] *m* ❶(*esquina*) Ecke *f*
②(ADMIN, POL) Kanton *m* ③(MIL) Quartier
nt
cantonalismo [kantona'lismo] *m* (POL)
❶(*sistema*) Kantonalsystem *nt* ②(*debilitamiento*) radikaler Föderalismus, der zur
Zersetzung eines Staates führt
cantonera [kanto'nera] *f* Kantenschutz *m*;
(*de metal*) Eckbeschlag *m*; (*en una culata*)
Kolbenbeschlag *m*
cantor(a) [kan'tor(a)] **I.** *adj* ❶(*canoro*)
Sing- ②(*cantarín*) sangesfroh; **los cana-
rios son muy** ~**es** Kanarienvögel singen
viel **II.** *m(f)* (*elev*) Sänger(in) *m(f)*
cantoral [kanto'ral] *m* (REL) Chorbuch *nt*
canturrear [kanturre'ar] *vi, vt* trällern
canutas [ka'nutas] *adj* (*fam*): **pasarlas** ~
allerhand durchmachen
canuto [ka'nuto] *m* ❶(*tubo*) Röhre *f* ②(*argot: porro*) Joint *m*
caña ['kaɲa] *f* ❶(AGR, BOT) Rohr *nt*; (*tallo de
cereal*) Halm *m*; (*junco*) Schilf *nt*; ~ **de
azúcar** Zuckerrohr *nt* ②(ANAT: *de la
pierna*) Schienbein *nt*; (*tuétano*) Mark *nt*
③(*de pescar*) Angel(rute) *f* ④(*de un
arma, una columna*) Schaft *m* ⑤(*en el calzado*) Beinling *m* ⑥(*de cerveza*) Glas *nt*
gezapftes Bier
cañada [ka'ɲaða] *f* ❶(*barranco*) Hohlweg
m ②(AGR: *camino de ganado*) Weideweg
m
cañamazo [kaɲa'maθo] *m* ❶(*arpillera*)
Sackleinen *nt* ②(*para bordar*) Stramin *m*
cáñamo ['kaɲamo] *m* ❶(*planta*) Hanf *m*
②(*tejido*) Hanfgarn *nt*; **de** ~ hanfen, hän-
fen
cañería [kaɲe'ria] *f* Rohrleitung *f*; ~ **del
agua** Wasserleitung *f*
cañizal [kaɲi'θal] *m*, **cañizar** [kaɲi'θar] *m*
Röhricht *nt*
caño ['kaɲo] *m* ❶(*tubo*) Röhre *f*; (*de la
fuente*) Ausflussrohr *nt*; (*chorro*) Wasserstrahl *m* ②(*desagüe*) Abflussrohr *nt*
cañón [ka'ɲon] *m* ❶(*tubo*) Rohr *nt*; ~ **de
escopeta** Gewehrlauf *m*; **de dos cañones**
doppelläufig ②(MIL) Kanone *f*; (*artillería*)
Geschütz *nt*; ~ **de nieve** Schneekanone *f*;
carne de ~ Kanonenfutter *nt* ③(*de la
barba*) Stoppel *f* ④(*de una pluma*) Feder-
kiel *m* ⑤(GEO) Cañon *m*; **el C**~ **del Colorado** der Grand Canyon

cañonazo [kaɲo'naθo] *m* ❶ (*disparo*) Kanonenschuss *m* ❷ (*fam: en el fútbol*) Bombenschuss *m* ❸ (*estruendo*) Kanonenschlag *m* ❹ (*daños*) Einschussloch *nt*

cañonera [kaɲo'nera] *f* ❶ (*en una fortificación*) Schießscharte *f;* (*en un barco*) Geschützpforte *f* ❷ (*Am: pistolera*) Halfter *f o nt*

cañonero [kaɲo'nero] *m* (MIL, NÁUT) Kanonier *m*

caoba [ka'oβa] **I.** *adj:* (**color**) ~ mahagonibraun **II.** *f* ❶ (*madera*) Mahagoni(holz) *nt* ❷ (*árbol*) Mahagonibaum *m*

caos ['kaos] *m inv* Chaos *nt*

caótico, -a [ka'otiko, -a] *adj* chaotisch

capa ['kapa] *f* ❶ (*prenda*) Cape *nt,* Umhang *m;* **defender a** ~ **y espada** aufs Äußerste verteidigen; **andar** [*o* **estar de**] ~ **caída** heruntergekommen sein ❷ (TAUR) Capa *f* ❸ (*cobertura*) Auflage *f;* (*recubrimiento*) Belag *m;* (*baño*) Überzug *m;* ~ **aislante** Isolierschicht *f;* ~ **de nieve** Schneedecke *f* ❹ (*estrato*) Schicht *f;* ~ **de ozono** Ozonschicht *f* ❺ (GEO, MIN) Flöz *nt*

capacho [ka'patʃo] *m* Tragekorb *m*

capacidad [kapaθi'ðað] *f* ❶ (*cabida*) Fassungsvermögen *nt* ❷ (FÍS: *potencia*) Leistung(sfähigkeit) *f* ❸ (*aptitud*) Fähigkeit *f* (*para* zu +*dat*); ~ **adquisitiva** Kaufkraft *f;* ~ **negociadora** Verhandlungsgeschick *nt;* ~ **de persuasión** Überredungskunst *f* ❹ (JUR) Berechtigung *f* ❺ (*Am: persona dotada*) Kapazität *f*

capacitación [kapaθita'θjon] *f* (*capacidad*) Befähigung *f;* (*formación*) Qualifikation *f;* (JUR: *habilitación*) Berechtigung *f*

capacitado, -a [kapaθi'taðo, -a] *adj* befähigt (*para* zu +*dat*), qualifiziert (*para* für +*akk*)

capacitar [kapaθi'tar] **I.** *vt* ❶ (*formar*) schulen; (*preparar*) befähigen (*para* zu +*dat*) ❷ (*Am:* JUR: *habilitar*) bevollmächtigen **II.** *vr:* ~**se** den Befähigungsnachweis erbringen (*para* für +*akk*)

capar [ka'par] *vt* ❶ (*fam: un pollo*) kappen; (*animal o persona*) kastrieren ❷ (*limitar*) einschränken

caparazón [kapara'θon] *m* ❶ (*de una tortuga*) Panzer *m;* (*de insectos*) Deckflügel *mpl* ❷ (*protección*) Schutz *m;* (*capa*) (Schutz)schicht *f* ❸ (*de un ave*) Gerippe *nt*

capataz [kapa'taθ] *m* Vorarbeiter *m*

capaz [ka'paθ] *adj* ❶ (*con cabida*) geräumig ❷ (*apto*) befähigt ❸ (*en condiciones*) fähig ❹ (*Am: tal vez*) vielleicht

capazo [ka'paθo] *m* ❶ (*espuerta*) (geflochtener) Tragekorb *m* ❷ (*de bebé*) Babytragetasche *f*

capciosidad [kapθjosi'ðað] *f* Tücke *f*

capcioso, -a [kapˈθjoso, -a] *adj* (*engañoso*) tückisch; (*insidioso*) verfänglich

capea *f* Amateurstierkampf mit jungen Rindern, die am Leben gelassen werden

capear [kape'ar] *vt* ❶ (TAUR) mit der Capa reizen ❷ (*entretener*) hinhalten ❸ (*esquivar*) meiden

capellán [kape'ʎan] *m* ❶ (*con capellanía*) Kaplan *m* ❷ (*clérigo*) Geistliche(r) *m*

Caperucita (**Roja**) [kaperu'θita ('rroxa)] *f* Rotkäppchen *nt;* **no me cuentes el cuento de** ~ (*fig*) erzähl mir keine Märchen

caperuza [kape'ruθa] *f* Kappe *f;* (*protección*) Haube *f*

capicúa [kapi'kua] *m* ❶ (*número*) symmetrische Zahl *f* ❷ (*palabra*) Palindrom *nt*

capilar [kapi'lar] **I.** *adj* ❶ (*del cabello*) Haar-; **tratamiento** ~ Haarpflegesystem *nt* ❷ (*fino*) haarfein; **vasos** ~**es** Kapillargefäße *ntpl* **II.** *m* Kapillare *f*

capilla [ka'piʎa] *f* (REL) Kapelle *f;* ~ **ardiente** Aufbahrung *f*

capirotazo [kapiro'taθo] *m* Kopfnuss *f*

capital[1] [kapi'tal] **I.** *adj* ❶ wesentlich, Haupt-; **letra** ~ (*Am*) Großbuchstabe *m;* **pena** ~ Todesstrafe *f;* **de** ~ **importancia** von höchster Wichtigkeit **II.** *m* (ECON, FIN) Kapital *nt;* ~ **fijo** festliegendes Kapital; ~ **a plazo** Termingeld *nt;* **bienes de** ~ Kapitalvermögen *nt*

capital[2] [kapi'tal] *f* (*ciudad*) Hauptstadt *f;* (*gran ciudad*) Großstadt *f*

capitalismo [kapita'lismo] *m* Kapitalismus *m*

capitalista [kapita'lista] **I.** *adj* kapitalistisch **II.** *mf* Kapitalist(in) *m(f);* (ECON, FIN: *financiero*) Geldgeber(in) *m(f),* Finanzier *m*

capitalización [kapitaliθa'θjon] *f* (ECON, FIN) Kapitalisierung *f;* ~ **bursátil** Börsenkapitalisierung *f*

capitalizar [kapitali'θar] <z→c> *vt* ❶ (ECON, FIN) kapitalisieren ❷ (*copar*) an sich reißen

capitán [kapi'tan] *m* ❶ (MIL) Hauptmann

m; ~ **general** Oberbefehlshaber *m*
❷ (NÁUT) Kapitän *m,* Kommandant *m;*
(AERO) Flugkapitän *m* ❸ (DEP) Mannschaftskapitän *m* ❹ (*de una banda*) Anführer *m*
capitanear [kapitane'ar] *vt* ❶ (MIL) befehligen ❷ (*dirigir*) anführen
capitanía [kapita'nia] *f* ❶ (MIL) Kapitäns-
grad *m;* ~ **general** Generalkapitanat *nt*
❷ (*liderazgo*) Führerschaft *f*
capitel [kapi'tel] *m* (ARQUIT) ❶ (*en una
columna*) Kapitell *nt* ❷ (*chapitel*) Turmspitze *f*
capitolio [kapi'toljo] *m* ❶ (HIST) Kapitol *nt*
❷ (*edificio*) Parlamentsgebäude *nt;* (*consistorio*) Rathaus *nt*
capitulación [kapitula'θjon] *f* ❶ (MIL) Kapitulation *f* ❷ (*acuerdo*) Vereinbarung *f*
capitular [kapitu'lar] **I.** *adj* (REL) Kapitel-
II. *vi* ❶ (*acordar*) eine Vereinbarung treffen ❷ (*rendirse*) kapitulieren **III.** *m* ❶ (REL)
Kapitular *m* ❷ (ADMIN, POL) Stadtrat *m*
capítulo [ka'pitulo] *m* (*t.* REL) Kapitel *nt*
capo ['kapo] *m* (*jefe mafioso*) Pate *m*
capó [ka'po] *m* Motorhaube *f*
capón [ka'pon] **I.** *adj* kastriert **II.** *m*
❶ (*pollo*) Kapaun *m* ❷ (*coscorrón*) Kopfnuss *f*
caporal [kapo'ral] *m* ❶ (MIL) Korporal *m,*
Gefreite(r) *m* ❷ (*jefe*) Anführer *m* ❸ (AGR)
Viehaufseher *m*
capot [ka'po] *m* Motorhaube *f*
capota [ka'pota] *f* (AUTO) Verdeck *nt*
capotar [kapo'tar] *vi* (*coche*) sich überschlagen; (*avión*) abstürzen
capote [ka'pote] *m* ❶ (*abrigo sin mangas*)
Cape *nt;* ~ **de monte** (*Am*) Poncho *m*
❷ (TAUR) große Capa *f;* **echar un** ~ **a alguien** (*fig*) jdm einen Rettungsanker
zuwerfen
capricho [ka'pritʃo] *m* ❶ (*antojo*) Laune *f;* **a**
~ nach Belieben; **darse un** ~ sich *dat*
etwas gönnen ❷ (*adorno*) Zierrat *m;* (*pey*)
Schnickschnack *m* ❸ (MÚS) Capriccio *nt*
caprichoso, -a [kapri'tʃoso, -a] *adj* ❶ (*antojadizo*) eigensinnig ❷ (*pey: inconstante*)
launenhaft ❸ (*pey: arbitrario*) willkürlich
Capricornio [kapri'kornjo] *m* (ASTR) Stein-
bock *m*
cápsula ['kaβsula] *f* ❶ (*receptáculo, t.* ANAT)
Kapsel *f;* ~ **espacial** (AERO) Raumkapsel *f*
❷ (BOT: *membrana*) Hülse *f* ❸ (*tapón*)
Kronenkorken *m*
captación [kapta'θjon] *f* ❶ (*obtención*)
Gewinnung *f* ❷ (*registro*) Erfassung *f;* ~
de datos (INFOR) Datenfassung *f*
❸ (*atracción*) Erschleichung *f*
captar [kap'tar] **I.** *vt* ❶ (*recoger*) sammeln;
(*aprovechar*) nutzbar machen; (*capital*)

aufbringen ❷ (*percibir*) wahrnehmen
❸ (TEL) empfangen ❹ (CINE, FOTO) einfangen ❺ (INFOR) erfassen ❻ (*comprender*)
begreifen **II.** *vr:* ~**se** gewinnen; (*pey*)
erschmeicheln
captura [kap'tura] *f* ❶ (*apresamiento*)
Ergreifung *f* ❷ (*detención*) Festnahme *f*
❸ (NÁUT) Aufbringen *nt* ❹ (*piezas cobra-
das*) Fang *m*
capturar [kaptu'rar] *vt* ❶ (*apresar*) ergreifen ❷ (*detener*) festnehmen ❸ (NÁUT) aufbringen ❹ (*cazar, pescar*) fangen
capucha [ka'putʃa] *f* ❶ *v.* **capuchón**
❷ (TIPO) Zirkumflex *m*
capuchino¹ [kapu'tʃino] *m* (*café*) Cappuccino *m*
capuchino, -a² [kapu'tʃino, -a] **I.** *adj* Kapu-
ziner- **II.** *m, f* Kapuziner(mönch) *m,* Kapu-
zinerin *f*
capuchón [kapu'tʃon] *m* ❶ (*para la cabeza*)
Kapuze *f* ❷ (*tapa*) (Verschluss)kappe *f*
capullo [ka'puʎo] *m* ❶ (BOT: *de flor*)
Knospe *f* ❷ (ZOOL) Kokon *m;* **hacer el** ~
sich einspinnen; **salir del** ~ ausschlüpfen
❸ (*fam: prepucio*) Vorhaut *f* ❹ (*vulg:
canalla*) Arschloch *nt*
caqui ['kaki] **I.** *adj* kakifarben **II.** *m* ❶ (*color*) Kaki *nt* ❷ (*tela*) Kaki *m* ❸ (BOT) Kaki-
frucht *f*
cara ['kara] **I.** *f* ❶ (*rostro*) Gesicht *nt;* ~ **a**
von Angesicht zu Angesicht; **a** ~ **descu-
bierta** unverhüllt; (**no**) **dar la** ~ (nicht) zu
etwas stehen; **echar en** ~ vorwerfen;
hacer [*o* **plantar**] ~ die Stirn bieten; **partir**
[*o* **romper**] **la** ~ **a alguien** (*fam*) jdm die
Fresse polieren ❷ (*expresión*) Miene *f;* ~
de póker Pokerface *nt;* **una** ~ **larga** ein
langes Gesicht; **una** ~ **de pocos amigos**
(*fam*) ein unfreundliches Gesicht; **salvar
la** ~ den Schein wahren ❸ (*aspecto*) Aussehen *nt;* **tener buena/mala** ~ (*fam*)
gut/schlecht aussehen ❹ (*lado*) Seite *f;*
(*de una moneda*) Kopf *m* ❺ (*fam: osadía*)
Stirn *f;* **¡qué** ~**!** was für eine Frechheit!;
tener mucha ~ unverschämt sein **II.** *prep*
(*en dirección a*): (**de**) ~ **a** gegenüber; **de** ~
al futuro in Hinblick auf die Zukunft
III. *conj:* **de** ~ **a** +*inf* um... zu +*inf*
carabela [kara'βela] *f* (NÁUT) Karavelle *f*
carabina [kara'βina] *f* ❶ (*fusil*) Karabiner *m*
❷ (*fam: acompañanta*) Anstandsdame *f*
carabinero [karaβi'nero] *m* Karabiniere *m*
caracol [kara'kol] *m* ❶ (ZOOL) Schnecke *f*
❷ (*concha*) Schneckenhaus *nt* ❸ (ANAT)
Schnecke *f* ❹ (*de pelo*) Löckchen *nt*
caracola [kara'kola] *f* Meeresschnecke *f*
carácter [ka'rakter] <caracteres> *m* ❶ (*personalidad*) Charakter *m,* Wesen *nt*

❷ (*temperamento fuerte*) Charakterstärke *f*; (**no**) **tiene** ~ er/sie zeigt (keinen) Charakter; **sin** ~ charakterlos ❸ (*índole*) Art *f*; **con** ~ **de** als ❹ (BIOL) Merkmal *nt* ❺ (TIPO) Buchstabe *m* ❻ (INFOR) Zeichen *nt*; ~ **de separación** Trennzeichen *nt* ❼ (*Am: personaje*) Rolle *f*

característica [karakte'ristika] *f* ❶ (*atributo*) Merkmal *nt* ❷ (*peculiaridad*) Eigenart *f* ❸ (*cualidad*) Eigenschaft *f*

característico, -a [karakte'ristiko, -a] **I.** *adj* charakteristisch; **rasgo** ~ Merkmal *nt* **II.** *m, f* (CINE, TEAT) Charakterdarsteller(in) *m(f)*

caracterización [karakteriθa'θjon] *f* ❶ (*acción*) Charakterisierung *f* ❷ (*descripción*) Charakterbild *nt* ❸ (TEAT) Darstellung *f*

caracterizar [karakteri'θar] <z→c> **I.** *vt* ❶ (*marcar*) charakterisieren ❷ (*describir*) schildern (*como* als +*akk*) ❸ (TEAT) darstellen **II.** *vr:* ~ **se** ❶ (*destacar*) sich auszeichnen (*por* durch +*akk*) ❷ (CINE, TEAT) eine Rolle überzeugend spielen

caracterológico, -a [karakte'loxiko, -a] *adj* (PSICO) charakterologisch; **cambio** ~ Wesensänderung *f*

caradura [kara'ðura] *mf* (*fam*) unverschämter Mensch *m*

carajillo [kara'xiʎo] *m Kaffee mit einem Schuss Kognak oder Schnaps*

caramba [ka'ramba] *interj* (*fam*): **¡(qué)** ~**!** (*enfado*) verdammt noch mal!; (*extrañeza*) herrje!; (*admiración*) Donnerwetter!

carámbano [ka'rambano] *m* Eiszapfen *m*

carambola [karam'bola] *f* ❶ (*fam: trampa*) Schwindel *m* ❷ (*en el billar*) Karambole *f*; **de** [*o* **por**] ~ (*fam*) mit etwas Glück ❸ (BOT) Sternfrucht *f*

caramelizar [karameli'θar] <z→c> **I.** *vi* (GASTR: *el azúcar*) karamellieren **II.** *vt* (GASTR: *recubrir*) karamellisieren; ~ **el fondo de un molde** eine Form mit Karamellzucker ausgießen

caramelo [kara'melo] *m* ❶ (*azúcar quemado*) Karamell(zucker) *m*; (**de**) **color** ~ karamellfarben ❷ (*golosina*) Bonbon *m o nt*

carantoña [karan'toɲa] *f* (*zalamería*) Schmuserei *f*; **hacer** ~**s** schmusen

caraqueño, -a [kara'keɲo, -a] **I.** *adj* aus Caracas **II.** *m, f* Einwohner(in) *m(f)* von Caracas

carátula [ka'ratula] *f* ❶ (*careta*) Maske *f* ❷ (*pey: farándula*) Schauspielervolk *nt* ❸ (*portada*) Titelblatt *nt*; (*de un disco*) Plattencover *nt*

caravana [kara'βana] *f* ❶ (*recua*) Karawane

f ❷ (*embotellamiento*) Stau *m* ❸ (*vehículo*) Wohnmobil *nt*; (*remolque*) Wohnwagen *m*

carbón [kar'βon] *m* Kohle *f*; ~ **de leña** [*o* **vegetal**] Holzkohle *f*; **dibujo al** ~ (ARTE) Kohlezeichnung *f*; **papel** ~ Kohlepapier *nt*

carbonatado, -a [karβona'taðo, -a] *adj* kohlensäurehaltig; **agua carbonatada** Mineralwasser mit Kohlensäure

carbonato [karβo'nato] *m* (QUÍM) Karbonat *nt*

carboncillo [karβon'θiʎo] *m* Kohlestift *m*; **dibujo al** ~ Kohlezeichnung *f*

carbonera [karβo'nera] *f* ❶ (*horno*) Kohlenmeiler *m* ❷ (*almacén*) Kohlenkeller *m*

carbonero, -a [karβo'nero, -a] **I.** *adj* Kohlen- **II.** *m, f* (*productor*) Köhler(in) *m(f)* ❷ (*vendedor*) Kohlenhändler(in) *m(f)*

carbonizar [karβoni'θar] <z→c> **I.** *vt* ❶ (*abrasar*) verkohlen ❷ (QUÍM) karbonisieren **II.** *vr:* ~ **se** verbrennen

carbono [kar'βono] *m* (QUÍM) Kohlenstoff *m*; **dióxido de** ~ Kohlendioxyd *nt*

carbunco [kar'βuŋko] *m* (MED) Karbunkel *m*

carburación [karβura'θjon] *f* ❶ (AUTO) Zerstäubung *f* ❷ (QUÍM) Aufkohlung *f*

carburador [karβura'ðor] *m* (TÉC) Vergaser *m*

carburante [karβu'rante] *m* (QUÍM, TÉC) Kraftstoff *m*, Treibstoff *m*

carburar [karβu'rar] **I.** *vt* (QUÍM, TÉC) karburieren **II.** *vi* (*fam: funcionar*) gehen

carburo [kar'βuro] *m* (QUÍM) Karbid *nt*

carcajada [karka'xaða] *f* Gelächter *nt*; **reírse a** ~**s** lauthals lachen; **soltar una** ~ laut auflachen

carcajear [karkaxe'ar] *vi, vr:* ~ **se** ❶ (*reírse a carcajadas*) lauthals lachen ❷ (*fam: no respetar*) pfeifen (*de* auf +*akk*)

carcamal [karka'mal] *m* (*fam pey*) alter Knacker *m*; **está hecho un** ~ er ist ein Wrack

carcasa [kar'kasa] *f* (TÉC) Gehäuse *nt*

cárcel ['karθel] *f* Gefängnis *nt*; ~ **de régimen abierto** offene Haft; **tres años de** ~ drei Jahre Gefängnis; **estar en la** ~ im Gefängnis sitzen; **ir a parar a la** ~ ins Gefängnis kommen

carcelero, -a [karθe'lero, -a] *m, f* Gefängniswärter(in) *m(f)*

carcinoma [karθi'noma] *m* (MED) Karzinom *nt*

carcoma [kar'koma] *f* ❶ (ZOOL) Holzwurm *m* ❷ (*polvillo*) Holzmehl *nt* ❸ (*destrucción lenta*) Zermürbung *f*

carcomer [karko'mer] **I.** *vt* ❶ (*corroer*) zerfressen ❷ (*minar*) untergraben **II.** *vr:* ~ **se**

zerfallen

cardador¹ [karˈða'ðor] *m* (ZOOL) Schnurfüßer *m*

cardador(a)² [karða'ðor(a)] *m(f)* (*oficio*) Wollkämmer(in) *m(f)*

cardamomo *m* Kardamom *m o nt*

cardar [kar'ðar] *vt* ❶ (*proceso textil*) karden ❷ (*el pelo*) toupieren

cardenal [karðe'nal] *m* ❶ (REL, ZOOL) Kardinal *m* ❷ (*hematoma*) blauer Fleck *m*

cardenalicio, -a [karðena'liθjo, -a] *adj* Kardinals-; **capelo** ~ Kardinalshut *m*

cardenillo [karðe'niʎo] *m* (QUÍM) Grünspan *m*

cardiaco, -a [kar'ðjako, -a] *adj*, **cardíaco, -a** [kar'ðiako, -a] *adj* Herz-; (MED) Kardio-; **ataque** ~ Herzanfall *m;* **paro** ~ Herzstillstand *m*

cardinal [karði'nal] *adj* Haupt-; **los cuatro puntos** ~**es** die vier Himmelsrichtungen; **número** ~ (LING) Kardinalzahl *f*

cardiocirujano, -a [karðjoθiru'xano, -a] *m, f* (MED) Herzchirurg(in) *m(f)*

cardiología [karðjolo'xia] *f* (MED) Kardiologie *f*

cardiólogo, -a [kar'ðjoloɣo, -a] *m, f* (MED) Herzspezialist(in) *m(f)*, Kardiologe, -in *m, f*

cardiovascular [karðjoβasku'lar] *adj* (MED) kardiovaskulär

cardo ['karðo] *m* ❶ (*silvestre*) Distel *f* ❷ (*verdura*) Kardone *f* ❸ (*fam pey: desabrido*) kratzbürstige Person *f*

carear [kare'ar] **I.** *vt* ❶ (JUR: *confrontar*) gegenüberstellen ❷ (*cotejar*) gegeneinander halten **II.** *vr:* ~**se** (*enfrentarse*) sich auseinander setzen; (JUR) konfrontiert werden

carecer [kare'θer] *irr como crecer vi* nicht haben (*de* +*akk*); **carece de importancia/de sentido** es ist belanglos/sinnlos; **tu afirmación carece de lógica** deine Behauptung entbehrt jeder Logik

carenado [kare'naðo] *m* (AUTO, TÉC) stromlinienförmige Karosserie *f*

carencia [ka'renθja] *f* ❶ (*falta*) Fehlen *nt* (*de* von +*dat*) ❷ (*t. ECON, MED: escasez*) Mangel *m* (*de* an +*dat*)

carente [ka'rente] *adj* frei (*de* von +*dat*), ohne (*de* +*akk*); ~ **de escrúpulos** skrupellos; ~ **de interés** uninteressant

careo [ka'reo] *m* (*t.* JUR) Konfrontation *f*

carestía [kares'tia] *f sin pl* ❶ (*escasez*) Mangel *m* (*de* an +*dat*); (*necesidad*) Not *f* ❷ (ECON: *encarecimiento*) Teuerung *f;* **la** ~ **de la vida** der Anstieg der Lebenshaltungskosten

careta [ka'reta] *f* Maske *f;* **quitar la** ~ **a alguien** jdm die Maske vom Gesicht reißen;

(*fig*) jdn entlarven

carga ['karɣa] *f* ❶ (*llenado*) Beladung *f;* **permitida** ~ **y descarga** Be- und Entladen gestattet ❷ (*cargamento*) (Trag)last *f;* (*flete*) Fracht *f;* **animal de** ~ Lasttier *nt;* **buque de** ~ Frachter *m* ❸ (*obligación*) Verpflichtung *f;* **ser una** ~ **para alguien** jdm zur Last fallen ❹ (FOTO, MIL: *cargador*) Magazin *nt;* (*munición*) Ladung *f;* ~ **explosiva** Sprengladung *f* ❺ (DEP, MIL: *ataque*): ~ **policial** Eingreifen der Polizei; **¡a la** ~**!** (MIL) Attacke! ❻ (FIN) Belastung *f;* ~ **fiscal** [*o* **impositiva**] Steuerlast *f*

cargado, -a [kar'ɣaðo, -a] *adj* ❶ (*con cargamento*) beladen; (*lleno*) voll (*con/de* mit +*dat*); ~ **de problemas** problembeladen ❷ (FÍS, TÉC) geladen; **la batería está cargada** die Batterie ist geladen ❸ (*pesado*) drückend; **aire** ~ schlechte Luft; **un ambiente** ~ (*fig*) eine geladene Stimmung ❹ (*fuerte*) kräftig; **un café muy** ~ ein sehr starker Kaffee ❺ (*fam: borracho*) blau, besoffen

cargador [karɣa'ðor] *m* ❶ (*oficio*) (Ver)lader *m* ❷ (*en un arma*) Magazin *nt*

cargamento [karɣa'mento] *m* Ladung *f*, Fracht *f*

cargante [kar'ɣante] *adj* (*importuno*) aufdringlich; (*pesado*) lästig

cargar [kar'ɣar] <g→gu> **I.** *vi* ❶ (*llevar*) tragen (*con* +*akk*) ❷ (MIL: *atacar*) angreifen (*contra/sobre* +*akk*) ❸ (*reposar*) lasten (*en/sobre* auf +*dat*); (ARQUIT) ruhen (*en/sobre* auf +*dat*); ~ **en cuenta** (FIN) das Konto belasten **II.** *vt* ❶ (*para el transporte*) (be)laden; (MIL: *arma*) laden; ~ **las tintas** (*fig*) zu dick auftragen ❷ (*achacar*) belasten; ~ **a alguien con las culpas** jdm die Schuld in die Schuhe schieben ❸ (FIN: *en una cuenta*) mit einem Betrag belasten ❹ (*fam: irritar*) reizen; **este tipo me carga** dieser Typ geht mir auf die Nerven ❺ (*argot: suspender*): **a Paco le han cargado las mates** Paco ist in Mathe durchgefallen ❻ (INFOR) hochladen ❼ (*Am: llevar*) tragen; **¿cargas dinero?** hast du Geld dabei? **III.** *vr:* ~**se** ❶ (*llenarse*) sich füllen (*con/de* mit +*dat*) ❷ (*fam: romper*) kaputtmachen; **¡te la vas a** ~**!** (*fig*) das wird dir noch Leid tun! ❸ (*fam: matar*) umbringen

cargo ['karɣo] *m* ❶ (FIN: *cantidad debida*) Soll *nt;* ~ **a cuenta** Lastschrift *f;* **con** ~ **a nosotros** auf unsere Kosten ❷ (*reproche*) Vorwurf *m;* ~ **de conciencia** Gewissensbisse *mpl* ❸ (*puesto*) Amt *nt*, Posten *m;* **desempeñar un** ~ ein Amt innehaben ❹ (*responsabilidad*) Verantwortung *f;*

(*deber*) Verpflichtung *f;* **estoy a ~ de las correcciones** ich bin für die Korrektur zuständig

carguero [kar'ɣero] *m* (NÁUT) Frachter *m;* (*de contenedores*) Containerschiff *nt*

cariacontecido, -a [kariakonte'θiðo, -a] *adj* mit einem betrübten Gesicht

cariar [kari'ar/ka'rjar] < *l. pres:* carío> **I.** *vt* (MED) Karies verursachen (an + *dat*) **II.** *vr:* ~ **se** (MED) von Karies befallen werden

caribe [ka'riβe] **I.** *adj* ❶ (*Am: caribeño*) karibisch ❷ (*Am: antropófago*) kannibalisch ❸ (*Am: cruel*) grausam ❹ (*Ant: furioso*) zornig **II.** *m* ❶ (*indígena*) Karibe *m* ❷ (*Am: cruel*) grausamer Mensch *m*

Caribe [ka'riβe] *m:* **el** (**Mar**) ~ die Karibik, das Karibische Meer

caribeño, -a [kari'βeɲo, -a] **I.** *adj* karibisch **II.** *m, f* Einwohner(in) *m(f)* der Karibik

caricatura [karika'tura] *f* (*dibujo*) Karikatur *f*

caricaturista [karikatu'rista] *mf* Karikaturist(in) *m(f)*

caricaturizar [karikaturi'θar] <z→c> *vt* karikieren

caricia [ka'riθja] *f* Liebkosung *f;* **hacer ~s a alguien** jdn streicheln

caridad [kari'ðað] *f* (*amor al prójimo*) Nächstenliebe *f;* (*generosidad*) Wohltätigkeit *f;* (*limosna*) Almosen *nt;* **hacer obras de** ~ Wohltätigkeit üben; **¡una limosna, por ~!** eine milde Gabe!

caries ['karjes] *f inv* (MED) Karies *f*

carillón [kari'ʎon] *m* (*t.* MÚS) Glockenspiel *nt*

Carintia [ka'rintja] *f* Kärnten *nt*

cariño [ka'riɲo] *m* ❶ (*afecto*) Zuneigung *f;* (*amor*) Liebe *f;* **hacer algo con** ~ etw liebevoll machen; **sentir ~ por alguien** jdn lieb haben ❷ (*persona querida*): **¡~** (**mío**)! (mein) Liebling! ❸ (*mimo*) Liebkosung *f;* **hacer ~s** (*fam*) liebkosen

cariñoso, -a [kari'ɲoso, -a] *adj* liebevoll (*con* zu + *dat*), zärtlich (*con* zu + *dat*)

carioca [ka'rjoka] **I.** *adj* aus Rio de Janeiro; (*brasileño*) brasilianisch **II.** *mf* Einwohner(in) *m(f)* von Rio de Janeiro

carisma [ka'risma] *m* (*t.* REL) Charisma *nt*

carismático, -a [karis'matiko, -a] *adj* charismatisch; **un político** ~ ein charismatischer Politiker

caritativo, -a [karita'tiβo, -a] *adj* karitativ, wohltätig

cariz [ka'riθ] *m* ❶ (*aspecto*) Eindruck *m;* (*situación*) Lage *f;* **esto toma buen** ~ das sieht rosig aus ❷ (METEO) Wetterlage *f*

Carlomagno [karlo'maɣno] *m* (HIST) Karl der Große

carmesí [karme'si] *adj* karmesinrot, karminrot

carmín [kar'min] **I.** *adj* karminrot **II.** *m* ❶ (*color*) Karmin(rot) *nt* ❷ (*tinte*) Karmin *nt* ❸ (*pintalabios*): (**barra de**) ~ Lippenstift *m*

carnada [kar'naða] *f* Köder *m* (*aus Fisch oder Fleisch*)

carnal [kar'nal] *adj* ❶ (REL) fleischlich; **trato** ~ Beischlaf *m* ❷ (*consanguíneo*) leiblich; **somos primos ~es** wir sind Cousins ersten Grades

carnaval [karna'βal] *m* Karneval *m,* Fasching *m*

carnavalesco, -a [karnaβa'lesko, -a] *adj* Karnevals-; **ambiente** ~ Karnevalsstimmung *f*

carnaza [kar'naθa] *f* Köder *m*

carne ['karne] *f* ❶ (*del cuerpo*) Fleisch *nt;* ~ **de gallina** Gänsehaut *f;* **de** ~ **y hueso** (*auténtico*) leibhaftig; (*humano*) menschlich; **echar ~ s** Fett ansetzen; **ser uña y** ~ ein Herz und eine Seele sein; **los placeres de la** ~ die fleischlichen Wonnen ❷ (*alimento*) Fleisch *nt;* (*plato*) Fleischgericht *nt;* ~ **asada** Braten *m;* ~ **de cerdo/vacuna** Schweine-/Rindfleisch *nt;* ~ **picada** Hackfleisch *nt* ❸ (*pulpa*) Fruchtfleisch *nt*

carné [kar'ne] *m* <carnés> Ausweis *m;* ~ **de estudiante/de identidad** Studenten-/Personalausweis *m;* ~ **de conducir,** ~ **de manejo** (*Am*) Führerschein *m*

carnero [kar'nero] *m* ❶ (ZOOL) Widder *m* ❷ (*CSur: débil*) Schwächling *m;* (*desertor de huelga*) Streikbrecher *m*

carnet [kar'ne] *m* <carnets> *v.* **carné**

carnicería [karniθe'ria] *f* ❶ (*tienda*) Metzgerei *f,* Fleischerei *f* ❷ (*masacre*) Blutbad *nt,* Gemetzel *nt*

carnicero, -a [karni'θero, -a] **I.** *adj* ❶ (*carnívoro*) Fleisch fressend ❷ (*sanguinario*) blutrünstig **II.** *m, f* ❶ (*oficio*) Fleischer(in) *m(f),* Metzger(in) *m(f)* ❷ (*pey: cirujano*) Metzger(in) *m(f)* ❸ (*pey: persona brutal*) Schinder(in) *m(f)*

cárnico, -a ['karniko, -a] *adj* Fleisch-; **industria cárnica** Fleischindustrie *f;* **productos ~ s** Fleischwaren *fpl*

carnívoro, -a [kar'niβoro, -a] *adj* Fleisch fressend; **animal** ~ Fleischfresser *m*

carnosidad [karnosi'ðað] *f* ❶ (*gordura*) Fettpolster *nt* ❷ (MED) überschießendes Granulationsgewebe *nt*

carnoso, -a [kar'noso, -a] *adj* fleischig

caro¹ ['karo] *adv* teuer; **esto nos costará** ~ (*fig*) das wird uns teuer zu stehen kommen

caro, -a² ['karo, -a] *adj* ❶ (*costoso*) teuer

2 (*elev: querido*) lieb, teuer

carótida [ka'rotiða] *f* (ANAT) Halsschlagader *f*

carozo [ka'roθo] *m* (*Am*) Stein *m*, Kern *m*

carpa ['karpa] *f* **1** (ZOOL) Karpfen *m* **2** (*entoldado gigante*) Zelt *nt*; ~ **del circo** Zirkuszelt *nt* **3** (*Am: tienda de campaña*) Zelt *nt* **4** (*Am: puesto de mercado*) Marktstand *m*

Cárpatos ['karpatos] *mpl:* **los** (**Montes**) ~ die Karpaten

carpeta [kar'peta] *f* **1** (*portafolios*) (Schreib)mappe *f*; ~ **de anillas** Ringbuch *nt* **2** (*de un disco*) Plattencover *nt* **3** (*cubierta*) Decke *f*

carpetovetónico, -a [karpetoβe'toniko, -a] *adj* (*elev*) das erzkatholische und -konservative Spanien betreffend

carpintería [karpinţe'ria] *f* Tischlerei *f*, Schreinerei *f*

carpintero, -a [karpin'tero, -a] *m, f* Tischler(in) *m(f)*, Schreiner(in) *m(f)*; ~ **de obra** Zimmermann *m*; **pájaro** ~ Specht *m*

carpir [kar'pir] *vt* (*Am*) jäten

carpo ['karpo] *m* (ANAT) Handwurzel *f*

carraca [ka'rraka] *f* **1** (*pey: objeto*) Schrott *m*; (*vehículo*) Klappermühle *f fam* **2** (*carcamal*) Wrack *nt* **3** (*matraca*) Knarre *f* **4** (ZOOL) Blauracke *f*

carraspear [karraspe'ar] *vi* hüsteln, sich räuspern

carrera [ka'rrera] *f* **1** (*movimiento*) Laufen *nt* **2** (*recorrido*) Lauf *m*; (*de un astro*) Bahn *f* **3** (DEP: *competición*) (Wett)rennen *nt*; ~ **de armamento** (**nuclear**) (atomares) Wettrüsten *nt*; ~ **de relevos** Staffellauf *m*; **coche de** ~**s** Rennwagen *m* **4** (*profesión*) Karriere *f*, Laufbahn *f*; ~ **profesional** beruflicher Werdegang **5** (*estudios superiores*) Studium *nt*; **persona de** ~ Akademiker(in) *m(f)*; **hacer una** ~ studieren **6** (*calle*) Straße *f*; (*Am: avenida*) Allee *f*; **hacer la** ~ (*fam*) auf den Strich gehen **7** (*en un tejido*) Laufmasche *f*

carrerilla [karre'riʎa] *f:* **de** ~ (*fam*) (inund) auswendig

carrerista [karre'rista] *mf* **1** (DEP: *aficionado*) Liebhaber(in) *m(f)* von Pferderennen; (*corredor*) Rennreiter(in) *m(f)* **2** (*apostador*) Wetter(in) *m(f)*

carreta [ka'rreta] *f* Karre *f*, Karren *m*

carretada [karre'taða] *f* **1** (*carga*) Fuhre *f* **2** (*cantidad*) Fuder *nt*; **a** ~**s** massenweise

carrete [ka'rrete] *m* (*t.* FOTO, TÉC) *bobina*) Rolle *f*, Spule *f*; ~ **de película** Filmrolle *f*

carretera [karre'tera] *f* (Land)straße *f*, (Schnell)straße *f*; ~ **de circunvalación/**

de salida Ring-/Ausfallstraße *f*

carretilla [karre'tiʎa] *f* Schubkarre *f*

carril [ka'rril] *m* **1** (*en la carretera*) Spur *f*; ~ **de adelantamiento/lento** Überhol-/Kriechspur *f* **2** (*raíl*) Schiene *f*; (*t.* TÉC: *riel*) Führungsschiene *f*

carril-bicicleta [ka'rril βiθi'kleta] *m* <carriles-bicicleta> (Fahr)radweg *m*

carril-bus [ka'rril βus] *m* <carriles-bus> Busspur *f*

carrillo [ka'rriʎo] *m* (*fam*) Backe *f*

carrilludo, -a [karri'ʎuðo, -a] *adj* pausbäckig

carro ['karro] *m* **1** (*vehículo*) Fuhrwerk *nt*; (*armazón*) Fahrgestell *nt*; (*carreta*) Karren *m*; ~ **acorazado** [*o* **blindado**] Panzer *m*; **el C~ Mayor/Menor** (ASTR) der Große/Kleine Wagen; **¡para el** ~! (*fam*) mach mal halblang! **2** (*Am: coche*) Wagen *m* **3** (FOTO) Magazin *nt*

carrocería [karroθe'ria] *f* (TÉC) Karosserie *f*

carromato [karro'mato] *m* Karren *m*; (*entoldado*) Planwagen *m*; (*roulotte*) Wohnwagen *m*; (*pey: coche*) (alte) Karre *f*

carroña [ka'rroɲa] *f* Aas *nt*

carroza [ka'rroθa] *f* Karosse *f*, Staatskutsche *f*

carruaje [ka'rrwaxe] *m* Fuhrwerk *nt*; (*de caballos*) Kutsche *f*

carrusel [karru'sel] *m* **1** (*tiovivo*) Karussell *nt* **2** (*ecuestre*) Kavalkade *f*

carsharing ['karʃerɪŋ] *m* Carsharing *nt*

carta ['karta] *f* **1** (*misiva*) Brief *m*; (*escrito*) Schreiben *nt*; ~ **certificada** Einschreibebrief *m*; ~ **s al director** Leserbriefe *mpl*; ~ **de porte** (**aéreo**) (Luft)frachtbrief *m*; ~ **de presentación** [*o* **de recomendación**] Empfehlungsschreiben *nt*; **echar una** ~ einen Brief einwerfen **2** (*t.* JUR: *documento*) Urkunde *f*; ~ **credencial** Akkreditiv *nt*; **C~ Magna** Grundgesetz *nt*; **tomar** ~**s en un asunto** sich in eine Angelegenheit einschalten **3** (*naipes*) Spielkarte *f*; **jugar a las** ~**s** Karten spielen; **echar las** ~**s a alguien** jdm wahrsagen **4** (GEO: *mapa*) Karte *f*; ~ **astral** (ASTR) Horoskop *nt* **5** (*menú*) Speisekarte *f* **6** (TV): ~ **de ajuste** Testbild *nt*

cartabón [karta'βon] *m* Winkelmaß *nt*

cartapacio [karta'paθjo] *m* **1** (*cuaderno*) Notizbuch *nt* **2** (*carpeta*) Schulmappe *f* **3** (*en una mesa*) Schreibtischunterlage *f*

cartear [karte'ar] **I.** *vi* (*juego*) niedrige Karten ausspielen **II.** *vr:* ~**se** sich *dat* (Briefe) schreiben; **nos carteamos con frecuencia** wir schreiben uns oft

cartearse [karte'arse] *vr* sich *dat* schreiben

cartel [kar'tel] *m* Plakat *nt*; (*aviso*) Anschlag

m; (*rótulo*) Schild *nt;* **prohibido fijar ~es** Plakate anbringen verboten; **tener buen ~** einen guten Ruf haben

cártel ['kartel] *m* (ECON) Kartell *nt*

cartelera [karte'lera] *f* ❶ (*armazón*) Kinoplakatwand *f;* (*columna*) Litfasssäule *f* ❷ (*en el periódico*) Veranstaltungsprogramm *nt;* **estar en ~** aufgeführt werden

carteo [kar'teo] *m* ❶ (*correspondencia*) Briefwechsel *m* ❷ (*en el juego*) Ausspielen *nt* niedriger Karten

cárter ['karter] *m* (TÉC) Gehäuse *nt*

cartera [kar'tera] *f* (*de bolsillo*) Brieftasche *f;* (*de mano*) (Damen)handtasche *f;* (*de herramientas*) Satteltasche *f;* (*portafolios*) Aktentasche *f;* (*escolar*) Schultasche *f;* (*mochila*) Schulranzen *m;* **ministro sin ~** (POL) Minister ohne Ressort; **~ de valores** (FIN) Anlagepapiere *ntpl,* Portfolio *nt;* **~ de pedidos** (ECON) Auftragsbestand *m*

cartería [karte'ria] *f* ❶ (*oficio*) Arbeit *f* als Briefträger ❷ (*oficina*) Post(hilfs)stelle *f;* **pregunta en ~** = frag in der Poststelle nach

carterista [karte'rista] *mf* Taschendieb(in) *m(f)*

cartero, -a [kar'tero, -a] *m, f* Briefträger(in) *m(f),* Postbote, -in *m, f;* (*repartidor*) Zusteller(in) *m(f)*

cartilaginoso, -a [kartilaxi'noso, -a] *adj* knorpel(art)ig; **tejido ~** Knorpelgewebe *nt*

cartílago [kar'tilaɣo] *m* Knorpel *m*

cartilla [kar'tiʎa] *f* ❶ (*catón*) (ABC-)Fibel *f* ❷ (*cuaderno*) Notizbuch *nt;* **~ de ahorros** Sparbuch *nt;* **~ sanitaria** Krankenversicherungskarte *f* ❸ (*tratado*) Handbuch *nt* ❹ (*Am: carnet*) Ausweis *m*

cartografía [kartoɣra'fia] *f* Kartographie *f*

cartógrafo, -a [kar'toɣrafo, -a] *m, f* Kartograph(in) *m(f)*

cartón [kar'ton] *m* ❶ (*material*) Pappe *f;* **caja de ~** Karton *m* ❷ (*envase*) Packung *f;* **~ de leche** Milchtüte *f;* **un ~ de tabaco** eine Stange Zigaretten ❸ (ARTE) Karton *m* ❹ (*Am: en periódicos*) Cartoon *m o nt*

cartonaje [karto'naxe] *m* Kartonage *f*

cartuchera [kartu'tʃera] *f* (*canana*) Patronengurt *m;* (*bolsa*) Patronentasche *f*

cartucho [kar'tutʃo] *m* ❶ (*carga*) Patrone *f;* (MIL: *de artillería*) Kartusche *f;* **~ de tinta** Tintenpatrone *f;* **~ de fogueo** Platzpatrone *f* ❷ (*envoltura: en forma de cucurucho*) Tüte *f;* (*en forma de tubo*) Rolle *f*

cartuja [kar'tuxa] *f* Kartause *f*

cartulina [kartu'lina] *f* (feine) Pappe *f;* **~ amarilla** (DEP) gelbe Karte

casa ['kasa] *f* ❶ (*edificio*) Haus *nt;* **~ adosada** Reihenhaus *nt;* **~ de campo** Landhaus *nt;* **~ de citas** Bordell *nt;* **venta de ~**

en ~ Haus-zu-Haus-Verkauf *m;* **echar** [*o* **tirar*] la ~ por la ventana** (*fam*) das Geld zum Fenster hinauswerfen; (*festejar*) auf den Putz hauen ❷ (*vivienda*) Wohnung *f* ❸ (*hogar*) Zuhause *nt;* **a ~** nach Haus(e); **¿vienes a mi ~?** kommst du zu mir?; **vengo de ~** ich komme von zu Hause; **en ~** zu Haus(e); **estoy en ~ de Paco** ich bin bei Paco; **¿cuándo sales de ~?** wann musst du aus dem Haus?; **llevar la ~** den Haushalt führen; **no parar en ~** immer unterwegs sein; **todo queda en ~** es bleibt alles in der Familie ❹ (ECON: *empresa*) Firma *f;* **~ discográfica** Schallplattenfirma *f;* **~ editorial** Verlagshaus *nt* ❺ (*estirpe*): **~ real** Dynastie *f,* Haus *nt* ❻ (*en un juego*) Haus *nt*

casaca [ka'saka] *f* (*de hombre*) Gehrock *m;* (*de mujer*) Kasack *m*

casal [ka'sal] *m* ❶ (AGR) Landhaus *nt;* (*de labranza*) Bauernhaus *nt* ❷ (*casa solariega*) Stammsitz *m* ❸ (*AmS: pareja*) Pärchen *nt;* **un ~ de águilas** ein Adlerpärchen

casamiento [kasa'mjento] *m* ❶ (*matrimonio*) Ehe *f* ❷ (*boda*) Trauung *f*

casar [ka'sar] **I.** *vi* ❶ (*elev: casarse*) sich verehelichen ❷ (*combinar*) zusammenpassen **II.** *vt* ❶ (*unir en matrimonio*) verheiraten; **estar** [*o* **ser**] **casado** verheiratet sein; **los recién casados** das frisch vermählte Paar ❷ (*combinar*) kombinieren; (*piezas*) zusammenfügen ❸ (JUR: *anular*) aufheben **III.** *vr:* **~se** heiraten (*con + akk*); **~se en** [*o* **por**] **la Iglesia** kirchlich heiraten; **~se por lo civil** standesamtlich heiraten

cascabel [kaska'βel] *m* Schelle *f;* **serpiente de ~** Klapperschlange *f*

cascada [kas'kaða] *f* Wasserfall *m;* (*artificial*) Kaskade *f*

cascado, -a [kas'kaðo, -a] *adj* ❶ (*roto*) zerbrochen; (*fam: estropeado*) kaputt ❷ (*decrépito*) hinfällig ❸ (*voz*) brüchig

cascajo [kas'kaxo] *m* ❶ (*pedazo*) Scherbe *f* ❷ (*persona*) Wrack *nt;* (*cosa*) Plunder *m;* **~s** Schrott *m* ❸ (*gravilla*) Schotter *m*

cascanueces [kaska'nweθes] *m inv* Nussknacker *m*

cascar [kas'kar] <c→qu> **I.** *vi* ❶ (*fam: charlar*) schwatzen ❷ (*vulg: morir*) verrecken *fam* **II.** *vt* ❶ (*romper*) zerschlagen; **~ un huevo** ein Ei aufschlagen; **~ una nuez** eine Nuss knacken ❷ (*fam: pegar*) (ver)hauen **III.** *vr:* **~se** ❶ (*romperse*) zerbrechen; (*estropearse*) kaputtgehen ❷ (*fam: envejecer*) alt und grau werden

cáscara ['kaskara] *f* Schale *f;* **~ de huevo/ de limón** Eier-/Zitronenschale *f;* **¡~s!** (*fig* *fam*) Manometer!

cascarón [kaska'ron] *m* ❶ (*de huevo*) leere Eierschale *f* ❷ (NÁUT) Nussschale *f*

cascarrabias [kaska'rraβjas] *mf inv* (*fam*) Meckerfritze *m,* Meckertante *f*

casco ['kasko] *m* ❶ (*para la cabeza*) Helm *m;* **los ~s azules** die Blauhelme ❷ (*fam: cabeza*) Rübe *f;* **ligero de ~s** leichtsinnig; **calentarse los ~s** sich *dat* das Hirn zermartern ❸ (*pezuña*) Huf *m* ❹ (*de un avión/barco*) Rumpf *m* ❺ (*cascote*) Bauschutt *m* ❻ (*botella*) Leergut *nt* ❼ (*centro ciudad*) Stadtmitte *f;* ~ **antiguo** Altstadt *f* ❽ (TÉC: *cuerpo*) Körper *m;* ~ **de presión** Druckkörper *m* ❾ *pl* (*auriculares*) Kopfhörer *m*

cascote [kas'kote] *m* Schuttbrocken *m;* ~**s** Schutt *m*

caseína [kase'ina] *f* (QUÍM) Kasein *nt*

caserío [kase'rio] *m* ❶ (*granja*) Aussiedlerhof *m* ❷ (*aldea*) Weiler *m*

casero, -a [ka'sero, -a] **I.** *adj* ❶ (*hecho en casa*) hausgemacht; **cocina casera** Hausmannsküche *f;* **remedio ~** Hausmittel *nt* ❷ (*hogareño*) häuslich **II.** *m, f* ❶ (*propietario*) Hausbesitzer(in) *m(f)* ❷ (*administrador*) (Haus)verwalter(in) *m(f)*

caserón [kase'ron] *m* großes (verwahrlostes) Haus *nt*

caseta [ka'seta] *f* ❶ (*barraca*) Häuschen *nt;* (*de feria*) Jahrmarktsbude *f;* (*de muestras*) Messestand *m;* ~ **del perro** Hundehütte *f;* ~ **de tiro** Schießbude *f* ❷ (*cabina*) Kabine *f*

casete¹ [ka'sete] *m* (*aparato*) Kassettenrecorder *m;* (*pletina*) Kassettendeck *nt*

casete² [ka'sete] *m o f* (*cinta*) Kassette *f;* ~ **de vídeo** Videokassette *f*

casi ['kasi] *adv* fast, beinahe; ~ ~ so gut wie

casilla [ka'siʎa] *f* ❶ (*caseta*) Häuschen *nt;* **sacar a alguien de sus ~s** (*fig*) jdn aus dem Häuschen bringen ❷ (*en la cuadrícula*) Kästchen *nt* ❸ (*en un tablero*) Feld *nt* ❹ (*en un casillero*) Fach *nt*

casillero [kasi'ʎero] *m* Fächerregal *nt*

casino [ka'sino] *m* ❶ (*casa de juego*) (Spiel)kasino *nt* ❷ (*club*) Klub *m*

caso ['kaso] *m* ❶ (*hecho*) (Vor)fall *m;* (*circunstancia*) Umstand *m;* (JUR) Rechtsfall *m;* ~ **aislado** Einzelfall *m;* ~ **de fuerza mayor** höhere Gewalt; **¡eres un ~!** (*fam*) du bist mir einer/eine!; **yo, en tu ~...** ich an deiner Stelle ...; **en ~ de...** +*inf* falls ...; **dado** [*o* **llegado**] **el ~** gegebenenfalls; **dado el ~ de que...** +*subj* vorausgesetzt, dass ...; **en ~ contrario** ansonsten; **en cualquier ~** auf jeden Fall; **en ningún ~** auf keinen Fall; **en último ~** notfalls; **en**

tal ~ in diesem Fall; **en todo ~** allenfalls ❷ (*atención*) Aufmerksamkeit *f;* **hacer ~ a alguien** (*considerar*) jdn beachten; (*obedecer*) auf jdn hören; (*creer*) jdm glauben ❸ (LING: *flexión*) Kasus *m,* Fall *m*

casorio [ka'sorjo] *m* (*fam pey*) Heiratstrara *nt*

caspa ['kaspa] *f* (Kopf)schuppen *fpl*

Caspio ['kaspjo] *m:* (**el**) **Mar ~** das Kaspische Meer

cáspita ['kaspita] *interj* (*admiración*) Donnerwetter; (*extrañeza*) herrje

casposo, -a [kas'poso, -a] *adj* schuppig

casquete [kas'kete] *m* ❶ (*casco*) Helm *m* ❷ (*gorrilla*) Kappe *f;* ~ **polar** Polarzone *f*

casquillo [kas'kiʎo] *m* (TÉC) Zwinge *f;* ~ **de bala** Patronenhülse *f;* ~ **de bombilla** Sockel *m*

casquivano, -a [kaski'βano, -a] *adj* (*fam*) leichtfertig

cassette¹ [ka'sete] *m v.* casete¹

cassette² [ka'sete] *m o f v.* casete²

casta ['kasta] *f* ❶ (*raza*) Rasse *f;* **de ~ le viene al galgo** (*fig*) das liegt in der Familie ❷ (*linaje*) Geschlecht *nt* ❸ (*clase social*) Kaste *f*

castaña [kas'taɲa] *f* ❶ (*fruto*) Kastanie *f,* Marone *f;* ~**s asadas** heiße Maronen ❷ (*fam: golpe*) Bums *m;* **darse una ~ contra algo** gegen etw knallen ❸ (*fam: bofetada*) Ohrfeige *f;* (*puñetazo*) (Faust)hieb *m* ❹ (*fam: borrachera*) Rausch *m* ❺ (*fam: rápido*): **a toda ~** volle Pulle

castañal [kasta'ɲal] *m,* **castañar** [kasta'ɲar] *m* Kastanienwald *m*

castañazo [kasta'ɲaθo] *m* (*fam*) Bums *m;* **darse** [*o* **pegarse**] **un ~ con algo** gegen etw knallen

castañetear [kastaɲete'ar] *vi* ❶ (*chasquear*) (mit den Fingern) schnalzen; **me castañeteaban los dientes de frío** mir klapperten vor Kälte die Zähne ❷ (*tocar las castañuelas*) mit den Kastagnetten klappern

castaño¹ [kas'taɲo] *m* Kastanienbaum *m*

castaño, -a² [kas'taɲo, -a] *adj* kastanienbraun; (*pelo*) brünett

castañuela [kasta'ɲwela] *f* Kastagnette *f*

Die **castañuelas** – *Kastagnetten* sind ein aus zwei harten, ausgehöhlten Schälchen bestehendes Musikinstrument, das aus der spanischen Musiktradition einfach nicht wegzudenken ist. Durch das Gegeneinanderschlagen der

Finger mit den **castañuelas** wird ein rhythmisches Klappern erzeugt. Der Name ist von der spanischen Bezeichnung für *Kastanie – castaña* abgeleitet.

castellanismo [kasteʎa'nismo] *m* ❶ (LING: *modo de hablar*) kastilische Spracheigentümlichkeit *f* ❷ (LING: *vocablo, expresión*) aus dem Kastilischen übernommener Ausdruck ❸ (*apego a lo castellano*) kastilischer Nationalstolz *m*

castellanizar [kasteʎani'θar] <z→c> *vt* hispanisieren

castellano¹ [kaste'ʎano] *m* (LING: *español*) Spanisch(e) *nt*; (*variedad*) kastilische Mundart *f*

castellano, -a² [kaste'ʎano, -a] **I.** *adj* kastilisch; **la lengua castellana** die spanische Sprache **II.** *m, f* Kastilier(in) *m(f)*

castellanohablante [kasteʎanoa'βlante] *adj* Spanisch sprechend, spanischsprachig

casticismo [kasti'θismo] *m* ❶ (*tipismo*) Urwüchsigkeit *f*; (*autenticidad*) Authentizität *f* ❷ (*purismo*) Purismus *m*

castidad [kasti'ðað] *f* Keuschheit *f*; **cinturón de** ~ Keuschheitsgürtel *m*

castigador(a) [kastiɣa'ðor(a)] *adj* verführerisch

castigar [kasti'ɣar] <g→gu> **I.** *vt* ❶ (*punir*) (be)strafen (*por* für +*akk*); **¡castigado sin postre!** zur Strafe bekommst du keinen Nachtisch! ❷ (*físicamente*) züchtigen; (*dañar*) zurichten ❸ (*seducir*) verführen **II.** *vr:* ~ **se** sich kasteien

castigo [kas'tiɣo] *m* ❶ (*punición*) Bestrafung *f*, Strafe *f* ❷ (*aflicción*) Heimsuchung *f*

Castilla [kas'tiʎa] *f* Kastilien *nt*

Castilla-La Mancha [kas'tiʎa la 'mantʃa] *f* Südkastilien *nt*

Castilla-León [kas'tiʎa le'on] *f* Nordkastilien *nt*

castillo [kas'tiʎo] *m* ❶ (*fortaleza*) Burg *f*; (*palacio*) Schloss *nt*; ~ **de arena** Sandburg *f*; ~ **de naipes** Kartenhaus *nt*; **hacer ~s en el aire** Luftschlösser bauen ❷ (NÁUT) Kastell *nt*

casting ['kastiŋ] <castings> *m* (CINE, TEAT, TV) Casting *nt*

castizo, -a [kas'tiθo, -a] *adj* ❶ (*típico*) volkstümlich ❷ (*auténtico*) authentisch

casto, -a ['kasto, -a] *adj* keusch

castor [kas'tor] *m* Biber *m*

castración [kastra'θjon] *f* (AGR, MED) Kastration *f*; (*hombre*) Entmannung *f*

castrado, -a [kas'traðo, -a] *adj* kastriert; **gato** ~ kastrierter Kater

castrar [kas'trar] *vt* (*t.* AGR, MED) kastrieren; (*hombre*) entmannen

castrense [kas'trense] *adj* soldatisch; **médico** ~ Militärarzt *m*

casual [ka'swal] *adj* zufällig; **por un** ~ (*fam*) zufällig(erweise)

casualidad [kaswali'ðað] *f* Zufall *m*; **de** [*o* **por**] ~ zufällig(erweise); **¡qué** ~! so ein Zufall!; **da la** ~ **que conozco a tu mujer** zufällig kenne ich deine Frau

casualmente [kaswal'mente] *adv* ❶ (*por casualidad*) durch Zufall ❷ (*precisamente*) genau; ~ **por eso** eben deshalb

casulla [ka'suʎa] *f* ❶ (REL) Kasel *f* ❷ (*prenda femenina*) Chasuble *nt*

cata ['kata] *f* Kosten *nt*, Probieren *nt*; ~ **de vinos** Weinprobe *f*

catabolismo [kataβo'lismo] *m* (BIOL, MED) Katabolismus *m*

cataclismo [kata'klismo] *m* ❶ (GEO) Kataklysmus *m* ❷ (*desastre*) Katastrophe *f* ❸ (*alteración*) Umsturz *m*

catacumbas [kata'kumbas] *fpl* Katakomben *fpl*

catador(a) [kata'ðor(a)] *m(f)* ❶ (*que cata*) Weinprüfer(in) *m(f)* ❷ (*conocedor*) (Wein)kenner(in) *m(f)*

catadura [kata'ðura] *f* ❶ (*cata*) Kosten *nt*, Probieren *nt* ❷ (*expresión*) Gesichtsausdruck *m*; (*aspecto*) Aussehen *nt*; **sujeto de mala** ~ finsterer Typ

catafalco [kata'falko] *m* Katafalk *m*

catalán¹ [kata'lan] *m* (*lengua*) Katalanisch(e) *nt*

catalán, -ana² [kata'lan, -ana] **I.** *adj* katalanisch **II.** *m, f* Katalane, -in *m, f*

catalanismo [katala'nismo] *m* ❶ (POL) *katalanischer Nationalismus* ❷ (LING) Katalanismus *m*

catalanizar [katalani'θar] <z→c> *vt* katalanisieren

catalejo [kata'lexo] *m* Fernrohr *nt*

catalepsia [kata'leβsja] *f* (MED) Katalepsie *f*

catalizador [kataliθa'ðor] *m* (*t.* QUÍM, TÉC) Katalysator *m*

catalizar [katali'θar] <z→c> *vt* (QUÍM) katalysieren

catalogable [katalo'ɣaβle] *adj* ❶ (*registrable*) katalogisierbar ❷ (*clasificable*) einstufbar

catalogación [kataloɣa'θjon] *f* ❶ (*registración*) Katalogisierung *f* ❷ (*clasificación*) Einstufung *f*

catalogar [katalo'ɣar] <g→gu> *vt* ❶ (*registrar*) katalogisieren ❷ (*clasificar*) einordnen; ~ **a alguien de algo** jdn als etw einstufen

catálogo [ka'taloɣo] *m* Katalog *m*; ~ **de**

materias/por autores Schlagwort-/Verfasserverzeichnis *nt;* **casa de ventas por** ~ Versandhaus *nt;* **en** ~ lieferbar

Cataluña [kata'luɲa] *f* Katalonien *nt*

catamarán [katama'ran] *m* (DEP) Katamaran *m*

cataplasma [kata'plasma] *f* ① (MED) Kataplasma *nt,* Wickel *m* ② (*fam: pesado*) Nervensäge *f*

catapulta [kata'pulta] *f* (*t.* AERO, TÉC) Katapult *m o nt*

catapultar [katapul'tar] *vt* katapultieren

catar [ka'tar] *vt* ① (*probar*) kosten, probieren ② (*experimentar*) erleben

catarata [kata'rata] *f* ① (*salto de agua*) Wasserfall *m;* **las** ~ **s del Niágara** die Niagarafälle ② (MED) grauer Star *m*

catarro [ka'tarro] *m* (*enfriamiento*) Erkältung *f;* (MED) Katarrh *m;* ~ **de nariz** Schnupfen *m*

catarsis [ka'tarsis] *f inv* ① (LIT, PSICO) Katharsis *f* ② (MED) Entschlackung *f*

catastro [ka'tastro] *m* Kataster *m o nt;* **oficina del** ~ Katasteramt *nt*

catástrofe [ka'tastrofe] *f* Katastrophe *f;* (*accidente*) Unglück *nt;* ~ **ambiental** Umweltkatastrophe

catastrófico, -a [katas'trofiko, -a] *adj* katastrophal; **zona catastrófica** Katastrophengebiet *nt*

catastrofismo [katastro'fismo] *m* Schwarzmalerei *f*

catastrofista [katastro'fista] *adj* schwarzmalerisch

catatónico, -a [kata'toniko, -a] **I.** *adj* (MED) katatonisch **II.** *m, f* (MED) Katatoniker(in) *m(f);* **un hospital especializado en** ~ **s** ein Spezialkrankenhaus für Katatoniker

catchup ['ketʃup] *m* <catchups> Ketschup *m o nt*

cate ['kate] *m* (*fam*) ① (*bofetada*) Backpfeife *f* ② (*suspenso*): **me han dado dos** ~ **s** sie haben mich zweimal durchfallen lassen

catear [kate'ar] *vt* (*fam: suspender*) durchfallen lassen

catecismo [kate'θismo] *m* (REL) Katechismus *m*

cátedra ['kateðra] *f* ① (ENS: *púlpito*) Katheder *m o nt* ② (ENS: *docencia*) Lehrstuhl *m,* Professur *f;* **sentar** ~ neue Richtlinien setzen; (*irón*) schulmeisterlich reden

catedral [kate'ðral] *f* Kathedrale *f;* **como una** ~ (*fig*) riesig; (*alto*) haushoch

catedrático, -a [kate'ðratiko, -a] *m, f* (ENS) Professor(in) *m(f);* ~ **de instituto** Studienrat *m*

categoría [kateɣo'ria] *f* ① (*clase, t.* FILOS)

Kategorie *f,* Gruppe *f;* ~ **fiscal** Steuerklasse *f* ② (*calidad*) Qualität *f;* **de primera** ~ erstklassig ③ (*rango*) (Dienst)rang *m;* **dar** ~ Prestige geben; **tener poca/mucha** ~ unbedeutend/bedeutend sein

categórico, -a [kate'ɣoriko, -a] *adj* (*t.* FILOS) kategorisch; **un sí/no** ~ ein kategorisches Ja/Nein

categorizar [kateɣori'θar] <z→c> *vt* kategorisieren

catenaria [kate'narja] **I.** *adj* (MAT): **curva** ~ Kettenlinie *f* **II.** *f* (ELEC, FERRO) Fahrdraht *m;* (*sistema*) Oberleitung *f*

catequesis [kate'kesis] *f inv* ① (REL) Katechese *f* ② (*clase*) Religionsunterricht *m*

catering ['katerin] *m sin pl* Catering *nt;* **servicio de** ~ Catering-Service *m*

caterva [ka'terβa] *f* (*pey*) Masse *f;* (*de personas*) Bande *f*

catéter [ka'teter] *m* (MED) Katheter *m*

cateto [ka'teto] *m* (MAT) Kathete *f*

catódico, -a [ka'toðiko, -a] *adj* (ELEC, FÍS) kathodisch; **rayos** ~ **s** Kathodenstrahlen *mpl*

cátodo ['katoðo] *m* (ELEC, FÍS) Kathode *f*

catolicismo [katoli'θismo] *m* (REL) Katholizismus *m*

católico, -a [ka'toliko, -a] **I.** *adj* (römisch-)katholisch **II.** *m, f* Katholik(in) *m(f)*

catolizar [katoli'θar] <z→c> *vt* (REL) katholisieren

catón [ka'ton] *m* Lesefibel *f*

catorce [ka'torθe] **I.** *adj inv* vierzehn **II.** *m* Vierzehn *f;* **el** ~ **de marzo** der vierzehnte März; *v. t.* **ocho**

catorceavo, -a [katorθe'aβo, -a], **catorzavo, -a** [kator'θaβo, -a] **I.** *adj* vierzehntel **II.** *m, f* Vierzehntel *nt; v. t.* **octavo**

catre ['katre] *m* (*t. pey*) Pritsche *f;* (*de campaña*) Feldbett *nt;* (*fam: cama*) Falle *f*

caucásico, -a [kau̯'kasiko, -a] *adj* ① (GEO) kaukasisch ② (*raza*) arisch

Cáucaso ['kau̯kaso] *m:* **el** ~ der Kaukasus

cauce ['kau̯θe] *m* ① (GEO: *lecho*) Flussbett *nt* ② (*acequia*) Wassergraben *m* ③ (*camino*) Bahn *f;* ~ **jurídico** [*o* **legal**] (JUR)

Rechtsweg *m;* ~ **reglamentario** Dienstweg *m*

caucho [ˈkauʧo] *m* (BOT) Kautschuk *m;* **árbol del** ~ Kautschukbaum *m*

caución [kauˈθjon] *f* ❶ (*cautela*) Vorsicht *f* ❷ (JUR) Bürgschaft *f*

caudal [kauˈðal] **I.** *adj* Schwanz- **II.** *m* ❶ (*de agua*) Wassermenge *f;* (*de una fuente*) Ergiebigkeit *f* ❷ (*dinero*) Vermögen *nt;* **caja de** ~ **es** Tresor *m* ❸ (*abundancia*) Fülle *f;* **un** ~ **de conocimientos** ein umfangreiches Wissen

caudaloso, -a [kauðaˈloso, -a] *adj* ❶ (*río*) wasserreich ❷ (*rico*) reich ❸ (*cantidad*) reichlich

caudillo [kauˈðiʎo] *m* (MIL, POL) (An)führer *m*

El Caudillo war Francos Beiname während seiner Diktatur (1939-1975). *Francisco Franco Bahamonte* führte wieder die Monarchie ein, indem er 1969 den damaligen Prinzen *Juan Carlos* zu seinem Nachfolger ernannte.

causa [ˈkausa] *f* ❶ (*origen*) Ursache *f;* (*motivo*) Grund *m;* ~ **del despido** Entlassungsgrund *m* ❷ (*ideal, t.* POL) Ideal *nt;* **morir por la** ~ für seine Überzeugung sterben ❸ (JUR) Rechtssache *f;* (*asunto*) Angelegenheit *f;* **entender en una** ~ einen Fall bearbeiten; **instruir una** ~ ein Verfahren leiten ❹ (*loc*): **a** [*o* **por**] ~ **de** wegen +*gen/dat*

causal [kauˈsal] *adj* (LING) kausal; **oración** ~ Bedingungssatz *m*

causalidad [kausaliˈðað] *f sin pl* (*t.* FILOS) Kausalität *f*

causante [kauˈsante] **I.** *adj* verursachend **II.** *mf* Urheber(in) *m(f);* (*culpable*) Verursacher(in) *m(f)*

causar [kauˈsar] *vt* verursachen; ~ **alegría** Freude machen; ~ **daño** Schaden anrichten; ~ **efecto** wirken; ~ **problemas** Probleme bereiten; ~ **risa** zum Lachen bringen; ~ **trabajo** Arbeit machen

cáustica [ˈkaustika] *f* (FÍS) Brennfläche *f*

causticidad [kaustiθiˈðað] *f* ❶ (QUÍM) ätzende Wirkung *f* ❷ (*mordacidad*) Bissigkeit *f*

cáustico, -a [ˈkaustiko, -a] *adj* ❶ (QUÍM) kaustisch, ätzend ❷ (*mordaz*) bissig

cautela [kauˈtela] *f* ❶ (*precaución*) Vorsicht *f;* (*cuidado*) Behutsamkeit *f;* (*reserva*) Vorbehalt *m* ❷ (*malicia*) Arglist *f*

cautelar [kauteˈlar] *adj* (JUR): **medida** ~ Vorsichtsmaßnahme *f*

cauteloso, -a [kauteˈloso, -a] *adj* ❶ (*prudente*) vorsichtig; (*cuidadoso*) behutsam; (*desconfiado*) misstrauisch ❷ (*malicioso*) arglistig

cauterización [kauteriθaˈθjon] *f* (MED) Kauterisation *f*

cauterizar [kauteriˈθar] <z→c> *vt* (MED) kauterisieren

cautivador(a) [kautiβaˈðor(a)] *adj* ❶ (*fascinante*) fesselnd ❷ (*seductor*) verführerisch

cautivar [kautiˈβar] *vt* ❶ (*apresar*) gefangen nehmen ❷ (*fascinar*) bannen ❸ (*seducir*) verführen

cautiverio [kautiˈβerjo] *m,* **cautividad** [kautiβiˈðað] *f* Gefangenschaft *f*

cautivo, -a [kauˈtiβo, -a] **I.** *adj* gefangen **II.** *m, f* Gefangene(r) *mf*

cauto, -a [ˈkauto, -a] *adj* ❶ (*prudente*) vorsichtig; (*cuidadoso*) behutsam ❷ (*malicioso*) arglistig

cava [ˈkaβa] *m* (spanischer) Sekt *m*

Cava wird der spanische Sekt genannt. Dieser qualitativ hervorragende Schaumwein wird in Sektkellereien im Nordosten Spaniens hergestellt.

cavar [kaˈβar] *vi, vt* graben

caverna [kaˈβerna] *f* ❶ (*cueva*) Höhle *f;* (*gruta*) Grotte *f;* **los hombres de las** ~ **s** die Höhlenmenschen ❷ (MED) Kaverne *f*

cavernícola [kaβerˈnikola] *mf* ❶ (*troglodita*) Höhlenbewohner(in) *m(f)* ❷ (*fam: retrógrado*) Reaktionär(in) *m(f)*

cavernidad [kaβerniˈðað] *f* Hohlraum *m*

cavernoso, -a [kaβerˈnoso, -a] *adj* ❶ (GEO) höhlenreich ❷ (MED) kavernös; **tos cavernosa** röchelnder Husten

caviar [kaˈβjar] *m sin pl* Kaviar *m*

cavidad [kaβiˈðað] *f* ❶ (*oquedad*) Hohlraum *m,* Aushöhlung *f* ❷ (MED) Höhle *f*

cavilación [kaβilaˈθjon] *f* Grübelei *f*

cavilar [kaβiˈlar] *vt* (nach)grübeln (über +*akk*)

caviloso, -a [kaβiˈloso, -a] *adj* argwöhnisch

cayado [kaˈɟaðo] *m* ❶ (*del pastor*) Hirtenstab *m* ❷ (*del prelado*) Stab *m*

caza[1] [ˈkaθa] *f* ❶ (*montería*) Jagd *f;* **ir de** [*o* **a la**] ~ auf die Jagd gehen ❷ (*animales*) Wild *nt;* ~ **mayor** Hochwild *nt;* **carne de** ~ Wildbret *nt*

caza² ['kaθa] *m* (MIL) Jagdflugzeug *nt*
cazabombardero [kaθaβombar'ðero] *m* (MIL) Jagdbomber *m*
cazador(a) [kaθa'ðor(a)] **I.** *adj* Jagd-
II. *m(f)* (*persona*) Jäger(in) *m(f)*; ~ **furtivo** Wilderer *m*
cazadora [kaθa'ðora] *f* (Wind)jacke *f*; (*de piloto*) Bomberjacke *f*; ~ **de piel** Lederjacke *f*
cazadotes [kaθa'ðotes] *m inv* Mitgiftjäger *m*
cazafortunas [kaθafor'tunas] *mf inv* (*hombre*) Mitgiftjäger *m*; (*mujer*) Frau, die einen reichen Ehemann sucht
cazar [ka'θar] <z→c> *vt* ❶ (*atrapar*) jagen; (*perseguir*) verfolgen; (*con una trampa*) fangen; (*matar*) erlegen ❷ (*conseguir*) einen guten Fang machen (mit +*dat*) ❸ (*probar la culpabilidad*) schnappen *fam*; (*sorprender*) ertappen; (*capturar*) fassen ❹ (*fam: engañar*) hereinlegen ❺ (*apercibirse rápidamente*) mitbekommen
cazarrecompensas [kaθarrekom'pensas] *mf inv* Kopfgeldjäger(in) *m(f)*; **cazatalentos** [kaθata'lentos] *mf inv* (ECON) Headhunter *m*; **cazavirus** [kaθa'βirus] *adj inv* (INFOR) Antiviren-; **programa** ~ Antivirenprogramm *nt*
cazo ['kaθo] *m* ❶ (*puchero*) Topf *m* (mit Stiel) ❷ (*cucharón*) Schöpflöffel *m* ❸ (*argot: chulo*) Zuhälter *m*
cazoleta [kaθo'leta] *f* ❶ (*cacerola pequeña*) kleiner Topf *m* ❷ (*de pipa*) Pfeifenkopf *m* ❸ (*en la pistola de pintar*) Farbbehälter *m* ❹ (*del pedernal*) Pfanne *f* ❺ (*de un cañón de avancarga*) Zündloch *nt*
cazuela [ka'θwela] *f* Kasserolle *f*
cazurro, -a [ka'θurro, -a] **I.** *adj* ❶ (*hosco*) mürrisch ❷ (*taciturno*) schweigsam; (*cerrado*) (nach außen hin) verschlossen ❸ (*torpe*) schwerfällig **II.** *m, f* ❶ (*hosco*) Griesgram *m* ❷ (*taciturno*) wortkarger Mensch *m* ❸ (*astuto*) verschlossener Mensch *m*
c.c. ['kwenta korrjente], **C.C.** ['kwenta korrjente], **c/c** ['kwenta korrjente] *f* (COM) *abr de* **cuenta corriente** Kontokorrent *nt*

rias. Seit 1977 sind die *Comisiones Obreras* ein gesetzlich anerkannter *sindicato – Gewerkschaft*.

C.D. [θe'ðe] *m* ❶ (POL) *abr de* **Cuerpo Diplomático** CD *nt* ❷ (POL: *partido*) *abr de* **Centro Democrático** Demokratische Zentrumspartei *f* ❸ (DEP) *abr de* **Club Deportivo** SC *m*, SV *m*
cd-rom [θeðe'rrom] <cd-roms> *m* (INFOR) *abr de* **Compact Disk - Read Only Memory** CD-ROM *f*
CE¹ [θe'e] *f* (HIST) *abr de* **Comunidad Europea** EG *f*
CE² [θe'e] *m abr de* **Consejo de Europa** Europarat *m*
ceba ['θeβa] *f* ❶ (*engorde*) Mast *f* ❷ (*alimento*) Mastfutter *nt* ❸ (*de un horno*) Feuerung *f*
cebada [θe'βaða] *f* (BOT) Gerste *f*
cebar [θe'βar] **I.** *vt* ❶ (*engordar*) mästen ❷ (*horno*) heizen; (*encender*) anzünden ❸ (*un arma*) mit Zündmasse versehen ❹ (*el anzuelo, una trampa*) mit einem Köder versehen ❺ (*máquina*) starten; (*cohete*) zünden ❻ (*esperanza*) nähren; (*cólera*) schüren **II.** *vr*: ~ **se** ❶ (*entregarse*) völlig aufgehen (*en* in +*dat*) ❷ (*ira*) auslassen (*en* an +*dat*); **se cebó en él** er/sie ließ seine/ihre ganze Wut an ihm aus ❸ (*ensangrentarse*) sich weiden (*con* an +*dat*)
cebo ['θeβo] *m* ❶ (*alimento*) Mastfutter *nt* ❷ (*de un anzuelo*) Köder *m* ❸ (*en un arma*) Zündstoff *m* ❹ (*en un horno*) Brennstoff *m* ❺ (*algo atractivo*) Lockmittel *nt*; (*fig*) Lockvogel *m* ❻ (*pábulo*) Nährboden *m*; (*comienzo*) Anlass *m*; (*alimento*) Anreiz *m*
cebolla [θe'βoʎa] *f* ❶ (BOT: *comestible*) (Gemüse)zwiebel *f* ❷ (BOT: *bulbo*) Blumenzwiebel *f* ❸ (*argot: cabeza*) Birne *f*, Rübe *f*
cebollar [θeβo'ʎar] *m* Zwiebelfeld *nt*
cebolleta [θeβo'ʎeta] *f* ❶ (BOT: *cebolla tierna*) Frühlingszwiebel *f*; (*cebollino*) Lauchzwiebel *f* ❷ (BOT: *tallo fino, muy aromático*) Schnittlauch *m* ❸ (*vulg: pene*) Schwanz *m fam*
cebra ['θeβra] *f* (ZOOL) Zebra *nt*; **paso de** ~ (AUTO) Zebrastreifen *m*
cebú [θe'βu] *m* (ZOOL) Zebu *m o nt*
ceceo [θe'θeo] *m* (*defecto*) Lispeln *nt*

das spanische ‚s' als ‚c' ausgesprochen: 'θopa statt 'sopa. Dieses sprachliche Phänomen wird **ceceo** genannt.

cedazo [θe'ðaθo] *m* ❶ (*para cribar*) Sieb *nt* ❷ (*para pescar*) großes Fischfangnetz *nt*
ceder [θe'ðer] **I.** *vi* ❶ (*renunciar*) verzichten (*de* auf +*akk*); (*de una pretensión*) abrücken (*de* von +*dat*) ❷ (*disminuir*) abnehmen; **cedió la fiebre** das Fieber ging zurück; **cedió la lluvia** der Regen ließ nach ❸ (*capitular*) nachgeben (*a/ante/en* +*dat*) ❹ (*aceptar*) nachkommen (*a/ante/en* +*dat*) ❺ (*cuerda, rama*) nachgeben; (*edificio, puente*) einstürzen **II.** *vt* ❶ (*dar*) abgeben (*a* an +*akk*) ❷ (*transferir*) abtreten, überlassen ❸ (DEP: *balón*) passen ❹ (AUTO): **"ceda el paso"** „Vorfahrt gewähren"
cedilla [θe'ðiʎa] *f* Cedille *f*
cedro ['θeðro] *m* (BOT) Zeder *f*
cédula ['θeðula] *f* Urkunde *f*, Dokument *nt*; ~ **de ahorro** Sparbrief *m*; ~ **de cambio** Wechsel *m*; ~ **de citación** Vorladung *f*; ~ **personal** Personalausweis *m*; ~ **real** königliche Verfügung
CEE [θee'e] *f* (HIST) *abr de* **Comunidad Económica Europea** EWG *f*
cefalea [θefa'lea] *f* (MED) einseitige Kephalgie *f*
cefalópodo [θefa'lopoðo] *m* (ZOOL) Zephalopode *m*
céfiro ['θefiro] *m* Zephir *m*
cegar [θe'ɣar] *irr como fregar* **I.** *vi* erblinden **II.** *vt* ❶ (*quitar la vista*) blenden; **le ciega la ira** er/sie ist blind vor Wut ❷ (*alucinar*) verblüffen ❸ (*ventana*) zumauern; (*con clavos*) zunageln; (*pozo*) zuschütten **III.** *vr*: ~ **se** ❶ (*ofuscarse*) blind sein (*de/por* vor +*dat*), geblendet sein (*de/por* von +*dat*); ~ **se de ira** blind vor Wut sein ❷ (*tubo*) (sich) verstopfen
cegato, -a [θe'ɣato, -a] *adj* (*fam*) blind wie ein Maulwurf
ceguera [θe'ɣera] *f* ❶ (*invidencia*) Blindheit *f* ❷ (*de la razón*) Verblendung *f*
CEI ['θei̯] *f* (POL) *abr de* **Comunidad de Estados Independientes** GUS *f*
Ceilán [θei̯'lan] *m* Ceylon *nt*
ceja ['θexa] *f* ❶ (*entrecejo*) (Augen)braue *f*; **fruncir las ~s** die Augenbrauen zusammenziehen; **tener a alguien entre ~ y ~** (*fam*) jdn nicht leiden können ❷ (*borde*) vorstehender Rand *m* ❸ (MÚS: *instrumento de cuerda*) Sattel *m*; (*instrumento de teclado*) Drucksteg *m* ❹ (MÚS: *para elevar el tono*) Kapodaster *m*

cejar [θe'xar] *vi* ❶ (*en discusiones*) nachgeben ❷ (*cesar*) aufgeben (*en* +*akk*); **sin** ~ unaufhörlich
cejijunto, -a [θexi'xunto, -a] *adj* ❶ (*fisonomía*) mit eng beieinander liegenden Augenbrauen ❷ (*adusto*) mürrisch
cejudo, -a [θe'xuðo, -a] *adj* mit buschigen Augenbrauen
celada [θe'laða] *f* ❶ (*yelmo*) Helm *m* ❷ (*emboscada*) Hinterhalt *m* ❸ (*encerrona*) Hinterlist *f*
celador(a) [θela'ðor(a)] *m(f)* Aufseher(in) *m(f)*; (*de aparcamientos*) Parkwächter(in) *m(f)*; (*de cárcel*) Gefängniswärter(in) *m(f)*; (*de escuela*) Aufsichtführende(r) *mf*
celaje [θe'laxe] *m* ❶ (METEO) ≈Schleierwolken *fpl* ❷ (*Am: fantasma*) Geist *m*
celar [θe'lar] *vt* ❶ (*encubrir*) verbergen ❷ (*vigilar*) überwachen
celda ['θelda] *f* ❶ (*pequeño espacio*) Zelle *f*; (*en convento, colegio*) Klosterzelle *f*; (*en prisión*) Gefängniszelle *f*; ~ **de castigo** Einzelhaftzelle *f* ❷ (*de colmena*) Bienenzelle *f*
celdilla [θel'diʎa] *f* ❶ (*de colmena*) Bienenzelle *f* ❷ (ARQUIT) Nische *f* ❸ (BOT) Samenkapsel *f*
celebérrimo, -a [θele'βerrimo, -a] *adj superl de* **célebre**
celebración [θeleβra'θjon] *f* ❶ (*acto*) Feiern *nt*; **la** ~ **de una misa** die Abhaltung eines Gottesdienstes ❷ (*festividad*) Feier *f* ❸ (*aplausos*) Beifall *m* ❹ (*organización*) Durchführung *f*
celebrar [θele'βrar] **I.** *vt* ❶ (*mérito, acontecimiento*) feiern ❷ (*aplaudir*) applaudieren +*dat* ❸ (*llegada*) willkommen heißen ❹ (*ventajas*) preisen ❺ (*un chiste*) sehr witzig finden ❻ (*reuniones, audiencia*) abhalten; ~ **una subasta** eine Versteigerung durchführen ❼ (*alegrarse*) sich freuen (über +*akk*) ❽ (*tratado*) abschließen **II.** *vi* (REL) Gottesdienst abhalten **III.** *vr*: ~ **se** ❶ (*fiesta*) gefeiert werden ❷ (*reunión, partido*) stattfinden
célebre ['θeleβre] <celebérrimo> *adj* ❶ (*famoso*) berühmt (*por* für +*akk*); (*popular*) gefeiert ❷ (*fam: gracioso*) lustig
celebridad [θeleβri'ðað] *f* ❶ (*alguien ilustre*) Berühmtheit *f* ❷ (*renombre*) Ruhm *m* ❸ (*festejo*) Feierlichkeit *f*
celeridad [θeleri'ðað] *f* Schnelligkeit *f*
celeste [θe'leste] *adj* ❶ (*célico*) Himmels-; **cuerpos ~s** Himmelskörper *mpl* ❷ (*color*) himmelblau
celestial [θeles'tjal] *adj* ❶ (*del cielo, delicioso*) himmlisch ❷ (*irón fam: tonto*) dumm, einfältig

celibato [θeli'βato] *m* ❶ (REL) Zölibat *m o nt* ❷ (*soltería*) Singledasein *nt* ❸ (*fam: solterón*) Junggeselle *m*

célibe ['θeliβe] **I.** *adj* ❶ (REL) zölibatär ❷ (*soltero*) ledig **II.** *mf* Junggeselle, -in *m, f*

celo ['θelo] *m* ❶ (*afán*) Eifer *m* ❷ *pl* (*por amor*) Eifersucht *f;* **tener** ~**s** eifersüchtig sein ❸ *pl* (*sospecha*) Misstrauen *nt* ❹ *pl* (*envidia*) Neid *m* ❺ (*animales*) Brunstzeit *f;* **estar en** ~ (*caza*) brünstig sein; (*perra*) läufig sein; (*gata*) rollig sein ❻ (*autoadhesivo*) Tesafilm® *m*

celofán® [θelo'fan] *m* ❶ (*para envolver*) Cellophan® *nt* ❷ (*autoadhesivo*) Klebeband *nt*

celosía [θelo'sia] *f* ❶ (*rejilla*) Gitter *nt* ❷ (*contraventanas*) Fensterladen *m;* (*persianas*) Rollladen *m*

celoso, -a [θe'loso, -a] *adj* ❶ (*con fervor*) eifrig (*en* bei +*dat*) ❷ (*con celos*) eifersüchtig (*de* auf +*akk*) ❸ (*con envidia*) neidisch (*de* auf +*akk*) ❹ (*con dudas*) misstrauisch ❺ (*exigente*) bedacht (*de* auf +*akk*)

celta ['θelta] **I.** *adj* keltisch **II.** *mf* Kelte, -in *m, f*

---

i Land & Leute

Eines der ersten Völker, die noch vor den Römern die Iberische Halbinsel bevölkerten, waren die **celtas**. Zusammen mit einem anderen Volk, den *iberos*, bildeten sie ein neues, vermischtes Volk, das der sogenannten *celtíberos*.

---

céltico, -a ['θeltiko, -a] *adj* keltisch

célula ['θelula] *f* (BIOL, POL) Zelle *f;* ~ **fotoeléctrica** Fotozelle *f*

celular [θelu'lar] *adj* ❶ (BIOL) Zell-, zellulär ❷ (*cárcel*): **prisión** ~ Einzelhaft *f;* **coche** ~ Polizeitransporter *m*

celulítico, -a [θelu'litiko, -a] *adj* (MED) Zellulitis-; **problema** ~ Zellulitisproblem *nt*

celulitis [θelu'litis] *f inv* (MED) Zellulitis *f*

celulosa [θelu'losa] *f* (QUÍM) Zellulose *f*

cementación [θementa'θjon] *f* (TÉC) Zementierung *f*

cementar [θemen'tar] *vt* (TÉC) zementieren

cementerio [θemen'terjo] *m* ❶ (*camposanto*) Friedhof *m;* ~ **de coches** Autofriedhof *m* ❷ (*depósito*) Endlagerstätte *f;* ~ **nuclear** Endlager für atomare Abfälle

cemento [θe'mento] *m* ❶ (ARQUIT) Zement *m;* ~ **armado** Stahlbeton *m* ❷ (ANAT) Zement *nt*

cena ['θena] *f* Abendessen *nt;* **la Ultima C**~ das heilige Abendmahl

cenáculo [θe'nakulo] *m* ❶ (*tertulia*) Stammtisch *m;* (*reunión*) Treffen *nt* ❷ (*de literatura*) Literaturzirkel *m* ❸ (*camarilla*) Clique *f* ❹ (*lugar*) Treffpunkt *m*

cenador [θena'ðor] *m* ❶ (*comedor*) Speisesaal *m* ❷ (*en el jardín*) Gartenlaube *f*

cenagal [θena'ɣal] *m* ❶ (*con cieno*) Morast *m* ❷ (*fam: problema*) Patsche *f,* Klemme *f;* **estar en un** ~ in der Patsche sitzen

cenagoso, -a [θena'ɣoso, -a] *adj* schlammig, morastig

cenar [θe'nar] *vi, vt* zu Abend essen; **hoy hemos cenado lentejas** heute gab es Linsen zum Abendessen

cencerrear [θenθerre'ar] *vi* ❶ (*con cencerros*) läuten ❷ (*tocar mal*) völlig falsch spielen ❸ (*bisagras*) quietschen ❹ (*traquetear*) klappern; (*golpetear*) schlagen; (*estruendo*) Krach machen

cencerro [θeɲ'θerro] *m* (*de res*) Kuhglocke *f;* **estar como un** ~ (*fam*) völlig übergeschnappt sein

cenefa [θe'nefa] *f* ❶ (*adorno*) Borte *f;* (*encaje de bolillos*) Klöppelspitze *f* ❷ (*de techos, muros*) Stuckverzierung *f*

cenia ['θenja] *f* Schöpfrad *nt*

cenicero [θeni'θero] *m* Aschenbecher *m*

cenicienta [θeni'θjenta] *f,* **Cenicienta** [θeni'θjenta] *f* Aschenbrödel *nt,* Aschenputtel *nt*

ceniciento, -a [θeni'θjento, -a] *adj* aschfarben

cenit [θe'nit] *m* ❶ (ASTR) Zenit *m* ❷ (*apogeo*) Höhepunkt *m*

cenital [θeni'tal] *adj* Zenit-

ceniza [θe'niθa] *f* ❶ (*residuo de algo quemado*) Asche *f;* **Miércoles de** ~ Aschermittwoch *m;* **reducir algo a** ~**s** etw in Schutt und Asche legen ❷ *pl* (*restos*) Überreste *mpl*

cenizo [θe'niθo] *m* ❶ (BOT) Gänsefuß *m* ❷ (*que trae mala suerte*) Unglücksbringer *m*

cenobio [θe'noβjo] *m* (REL) Kloster *nt*

censar [θen'sar] **I.** *vi* eine Volkszählung durchführen **II.** *vt* zählen, erfassen

censo ['θenso] *m* ❶ (*de habitantes*) Volkszählung *f;* (*estadística*) statistische Erhebung *f;* ~ **electoral** (POL) Wählerliste *f* ❷ (FIN: *gravamen*) Pachtzins *m*

censor(a) [θen'sor(a)] *m(f)* Zensor(in) *m(f)*

censura [θen'sura] *f* ❶ (*crítica*) Zensur *f;* ~ **cinematográfica** Filmzensur *f;* **someter a la** ~ zensieren ❷ (*entidad*) Zensurbehörde *f* ❸ (FIN) Prüfung *f;* ~ **de cuentas** Buchprü-

fung *f* ④ (POL): **moción de** ~ Misstrauensantrag *m* ⑤ (*vituperación*) Kritik *f*
censurable [θensu'raβle] *adj* (*reprobable*)
tadelnswert
censurar [θensu'rar] *vt* ① (*juzgar*) zensieren; ~ **on todas las escenas violentas**
alle Gewaltszenen wurden herausgeschnit-
ten ② (*vituperar*) kritisieren
centauro [θen'tauro] *m* Zentaur *m*
centavo¹ [θen'taβo] *m* ① (*centésima
parte*) Hundertstel *nt* ② (*céntimo*) ≈Pfen-
nig *m* ③ (*AmC, CSur*: FIN: *moneda*) Centavo *m*
centavo, -a² [θen'taβo, -a] *adj* hundertstel;
v. t. **octavo**
centella [θen'teʎa] *f* ① (*rayo*) Blitz *m*
② (*chispa*) Funke *m* ③ (*destello*) Funkeln
nt
centelleante [θenteʎe'ante] *adj* (*brillante*)
sprühend; **con una mirada** ~ mit strahlendem Blick
centell(e)ar [θenteʎe'ar/θente'ʎar] *vi* ① (*relámpago*) blitzen ② (*fuego*) Funken sprühen ③ (*estrella*) funkeln ④ (*ojos, gema*)
glänzen
centelleo [θente'ʎeo] *m* ① (*del relámpago*)
Blitzen *nt* ② (*de las llamas*) Funkensprü-
hen *m* ③ (*de las estrellas*) Funkeln *nt*
④ (*de los ojos, de una gema*) Glänzen *nt*
centena [θen'tena] *f* Hundert *nt*
centenar [θente'nar] *m* ① (*cien*) Hundert
nt ② (*centenario*) Jahrhundert *nt* ③ (AGR)
Roggenfeld *nt*
centenario¹ [θente'narjo] *m* (*conmemoración*) hundertster Jahrestag *m;* (*festividad*)
Jahrhundertfeier *f*
centenario, -a² [θente'narjo, -a] I. *adj* hundertjährig II. *m, f* Hundertjährige(r) *mf*
centeno [θen'teno] *m* (BOT) Roggen *m*
centésima [θen'tesima] *adj o f v.* **centé-
simo²**
centésimo¹ [θen'tesimo] *m* (*Chil, Pan,
Urug*: FIN: *moneda*) Centésimo *m*
centésimo, -a² [θen'tesimo, -a] I. *adj*
(*parte*) hundertstel; (*numeración*) hun-
dertste(r, s); **la centésima parte de...** ein
Hundertstel von ... II. *m, f* Hundertstel *nt;*
v. t. **octogésimo**
centígrado [θen'tiɣraðo] *m* Zentigrad *nt,*
hundertstel Grad *nt;* **grado** ~ Celsiusgrad
nt
centigramo [θenti'ɣramo] *m* Zentigramm
nt
centilitro [θenti'litro] *m* Zentiliter *m*
centímetro [θen'timetro] *m* Zentimeter *m*
o nt
céntimo¹ ['θentimo] *m* ① (*centésima
parte*) Hundertstel *nt* ② (FIN, HIST:

moneda) hundertstel Peseta *f;* (*CRi, Par,
Ven*) Céntimo *m;* **estar sin un** ~ kein
Geld haben ③ (FIN, UE) Cent *m;* **C~ de
euro** Eurocent *m*
céntimo, -a² ['θentimo, -a] *adj* hundertstel
centinela [θenti'nela] *mf* ① (*de museo,
banco*) Wächter(in) *m(f)* ② (MIL)
Wach(t)posten *m*
centollo, -a [θen'toʎo, -a] *m, f* (ZOOL) Meer-
spinne *f*
centrado, -a [θen'traðo, -a] *adj* ① (*en el
centro*) zentriert, mittig ② (*forma de ser*)
ausgeglichen
central [θen'tral] I. *adj* ① (*en el centro*)
Zentral-, Mittel-; **Europa C~** Mitteleuropa
nt ② (*esencial*) zentral, wesentlich
③ (*principal*) Zentral-, Haupt-; **comité** ~
Zentralkomitee *nt;* **estación** ~ Hauptbahnhof *m* II. *f* ① (*oficina*) Zentrale *f,* Haupt-
stelle *f;* ~ **de Correos** Hauptpost *f;* ~ **telefónica** (TEL) Fern(sprech)amt *nt;* (*de una
empresa*) Telefonzentrale *f* ② (TÉC) Werk
nt, Anlage *f;* ~ **depuradora** Kläranlage *f;* ~
eléctrica Elektrizitätswerk *nt;* ~ **hidroeléctrica** Wasserkraftwerk *nt;* ~ **nuclear**
Kernkraftwerk *nt;* ~ **térmica** Wärmekraftwerk *nt*
centralismo [θentra'lismo] *m* (POL) Zentralismus *m*
centralista [θentra'lista] I. *adj* (POL) zentra-
listisch II. *mf* ① (POL) Zentralist(in) *m(f)*
② (*AmC, Ant: del ingenio azucarero*)
Zuckerfabrikant(in) *m(f)*
centralita [θentra'lita] *f* (TEL) Telefonzentrale *f*
centralización [θentraliθa'θjon] *f* Zentralisierung *f*
centralizar [θentrali'θar] <z→c> *vt* zentralisieren
centrar [θen'trar] I. *vt* ① (TÉC: *colocar*) zentrieren ② (*aunar esfuerzos*) konzentrieren
(*en* auf +*akk*) ③ (*interés, atención*) bündeln ④ (*lo esencial*) in den Mittelpunkt
stellen II. *vi, vt* (DEP: *fútbol*) flanken III. *vr:*
~ **se** ① (*basarse*) beruhen (*en* auf +*dat*)
② (*familiarizarse*) sich einleben (*en* in
+*dat*); (*en un trabajo*) sich einarbeiten (*en*
in +*akk*) ③ (*interés, atención, miradas*)
sich richten (*en* auf +*akk*)
céntrico, -a ['θentriko, -a] *adj* im Mittelpunkt (liegend); (TÉC) zentrisch; **punto** ~
Mittelpunkt *m;* **piso** ~ zentral gelegene
Wohnung
centrifugación [θentrifuɣa'θjon] *f* Schleudern *nt;* **programa de** ~ Schleuderpro-
gramm *nt*
centrifugador(a) [θentrifuɣa'ðor(a)] *adj*
Schleuder-; **hormigón** ~ Schleuderbeton

m

centrifugadora [θeṇtrifuɣa'ðora] *f* Schleuder *f*, Zentrifuge *f*

centrifugar [θeṇtrifu'ɣar] <g→gu> *vt* schleudern, zentrifugieren

centrífugo, -a [θeṇ'trifuɣo, -a] *adj* Schleuder-, Zentrifugal-; **fuerza centrífuga** Schleuderkraft *f*

centrismo [θeṇ'trismo] *m* (POL) Zentrismus *m*

centrista [θeṇ'trista] **I.** *adj* (POL) Zentrums-; **partido** ~ Zentrumspartei *f* **II.** *mf* (POL) Zentrumspolitiker(in) *m(f)*

centro ['θeṇtro] *m* ① (*el medio, t.* POL) Zentrum *nt*, Mitte *f*; (*de la ciudad*) Stadtzentrum *nt*; ~ **comercial** Handelszentrum *nt*; (*tiendas*) Einkaufszentrum *nt*; ~ **comercial virtual** virtuelles Einkaufszentrum; ~ **de gravedad** Schwerpunkt *m*; ~ **industrial** Industriezentrum *nt* ② (*institución*) Zentrum *nt*; ~ **de computación** (INFOR) Rechenzentrum *nt*; ~ **de enseñanza** Ausbildungsstätte *f* ③ (DEP) Mitte *f* ④ (ANAT) ~ **nervioso** Nervenzentrum *nt*

centroafricano, -a [θeṇtroafri'kano, -a] **I.** *adj* zentralafrikanisch **II.** *m, f* Zentralafrikaner(in) *m(f)*

Centroamérica [θeṇtroa'merika] *f* Mittelamerika *nt*

centroamericano, -a [θeṇtroameri'kano, -a] **I.** *adj* mittelamerikanisch **II.** *m, f* Mittelamerikaner(in) *m(f)*

centrocampista [θeṇtrokam'pista] *mf* (DEP) Mittelfeldspieler(in) *m(f)*

Centroeuropa [θeṇtroeu'ropa] *f* Mitteleuropa *nt*

centroeuropeo, -a [θeṇtroeu'ropeo, -a] **I.** *adj* mitteleuropäisch **II.** *m, f* Mitteleuropäer(in) *m(f)*

centuplicado, -a [θeṇtupli'kaðo, -a] *adj* verhundertfacht

centuplicar [θeṇtupli'kar] <c→qu> *vt* verhundertfachen

céntuplo ['θeṇtuplo] *m* Hundertfache(s) *nt*

centuria [θeṇ'turja] *f* Jahrhundert *nt*

centurión [θeṇtu'rjon] *m* (HIST) Zenturio *m*

cenutrio [θe'nutrjo] *m* (*argot*) Depp *m*

ceñido, -a [θe'ɲiðo, -a] *adj* ① (*vestido*) eng (anliegend) ② (*forma de expresión*) spärlich ③ (*ahorrador*) sparsam

ceñidor [θeɲi'ðor] *m* ① (*faja*) Mieder *nt* ② (*cinturón*) Gürtel *m*; (*fajín*) Schärpe *f*

ceñir [θe'ɲir] *irr* **I.** *vt* ① (*rodear*) umgeben; (MIL) einkreisen ② (*ponerse*) anlegen; (*cinturón*) umschnallen ③ (*costura*) enger nähen; (*acortar*) kürzen ④ (*abreviar*) kürzen **II.** *vr*: ~ **se** ① (*ajustarse*) sich beschränken (*a* auf +*akk*); (*al hablar*) sich kurz fassen; ~ **se al presupuesto** sich strikt auf das Budget beschränken ② (*vestido*) eng anliegen (*a* um +*akk*) ③ (*ponerse*) anlegen; **se ciñó el cinturón** er/sie schnallte sich *dat* den Gürtel um

ceño ['θeɲo] *m* Stirnrunzeln *nt*; **fruncir** [*o* **arrugar**] **el** ~, **mirar con** ~ (*disgustado*) die Stirn runzeln; (*enojado*) finster dreinschauen

ceñudo, -a [θe'ɲuðo, -a] *adj* ① (*mirada*) grimmig, finster ② (*persona: disgustada*) stirnrunzelnd

CEOE [θeeo'e] *f abr de* **Confederación Española de Organizaciones Empresariales** Dachverband der spanischen Wirtschaftsverbände

cepa ['θepa] *f* ① (BOT: *tronco*) Strunk *m*; (*en la vid*) (Wein)stock *m* ② (*origen*) Stamm *m*, Familie *f*; **de pura** ~ waschecht

cepillar [θepi'ʎar] **I.** *vt* ① (*cabello, traje*) bürsten ② (TÉC: *madera*) hobeln ③ (*argot: robar*) klauen ④ (*Am: argot: adular*) kriechen (*a* vor +*dat*) ⑤ (*argot: ganar*) abzocken **II.** *vr*: ~ **se** ① (*argot: robar*) mitgehen lassen ② (*fam: devorar*) verschlingen ③ (*fam: gastarse dinero*) verschleudern ④ (*argot: con pistola*) umlegen; (*con cuchillo*) abstechen ⑤ (*vulg: seducir*) vernaschen *fam*; ~ **se a una chica** ein Mädchen flachlegen *fam*

cepillo [θe'piʎo] *m* ① (*para el cabello*) (Haar)bürste *f*; (*para un traje*) (Kleider)bürste *f*; (*de limpiar*) Schrubber *m*; ~ **de barrer** Kehrbesen *m*; ~ **de dientes** Zahnbürste *f*; **pasar el** ~ kehren ② (TÉC: *para madera*) Hobel *m* ③ (*en misa*) Klingelbeutel *m*

cepo ['θepo] *m* ① (*caza*) Fangeisen *nt*; (*emboscada*) Falle *f*; **caer en el** ~ in die Falle gehen ② (*grilletes*) Fußschellen *fpl* ③ (AUTO) (Park)kralle *f*

ceporro, -a [θe'porro, -a] **I.** *adj* ① (*ignorante*) einfältig, dumm ② (*torpe*) ungeschickt ③ (*tosco*) grob **II.** *m, f* ① (*ignorante*) Dummkopf *m* ② (*tosco*) Grobian *m*

cera ['θera] *f* Wachs *nt*; (*de vela*) (Kerzen)wachs *nt*; ~ **de los oídos** Ohrenschmalz *nt*; ~ **para suelos** Bohnerwachs *nt*; **museo de** ~ Wachsfigurenkabinett *nt*; **blanco como la** ~ kreidebleich

cerámica [θe'ramika] *f* Keramik *f*; (*industria*) Keramikindustrie *f*

cerámico, -a [θe'ramiko, -a] *adj* keramisch

ceramista [θera'mista] *mf* Keramiker(in) *m(f)*

cerbatana [θerβa'tana] *f* Blasrohr *nt*

cerca ['θerka] **I.** *adv* ① (*en el espacio*) nah(e); **aquí** ~ hier in der Nähe; **mirar de**

~ aus der Nähe betrachten ❷ (*en el tiempo*) bald **II.** *prep* ❶ (*lugar*): ~ **de** nahe bei +*dat*, in der Nähe von +*dat* ❷ (*cantidad*) fast, annähernd **III.** *f* Umzäunung *f*, Zaun *m*

cercado [θer'kaðo] *m* ❶ (*valla*) Umzäunung *f*, Zaun *m* ❷ (*recinto*) umzäuntes Grundstück *nt*

cercanía [θerka'nia] *f* ❶ (*proximidad*) Nähe *f*; (*vecindad*) Nachbarschaft *f* ❷ *pl* (*alrededores*) Umgebung *f*

cercano, -a θer'kano, -a] *adj* nahe

cercar [θer'kar] <c→qu> *vt* ❶ (*vallar*) einzäunen; (*rodear*) umgeben ❷ (*rodear*) umringen, einkreisen ❸ (MIL: *sitiar*) belagern; (*rodear*) umzingeln

cercenar [θerθe'nar] *vt* ❶ (*a cercén*) völlig abschneiden ❷ (MED: *miembro*) amputieren ❸ (*sueldo*) kürzen

cerciorar [θerθjo'rar] **I.** *vt* überzeugen (*de* von +*dat*) **II.** *vr*: ~ **se** sich *dat* Gewissheit verschaffen (*de* über +*akk*)

cerco ['θerko] *m* ❶ (*círculo*) Kreis *m*; (*anillo*) Ring *m*; (*borde*) Rand *m* ❷ (*valla*) Zaun *m*, Umzäunung *f* ❸ (*de barril*) Fassreifen *m* ❹ (ASTR, METEO) Hof *m* ❺ (MIL) Belagerung *f*

cerda [θerða] *f* ❶ (ZOOL) Sau *f* ❷ (*pelo*) Borste *f*; (*de cerdo*) Schweinsborsten *fpl*

cerdada [θer'ðaða] *f* (*fam pey*) Schweinerei *f*

Cerdeña [θer'ðeɲa] *f* Sardinien *nt*

cerdo, -a ['θerðo, -a] **I.** *adj* (*sucio*) schweinisch, schmutzig **II.** *m*, *f* ❶ (ZOOL) Schwein *nt*; (*hembra*) Sau *f*; **carne de** ~ Schweinefleisch *nt* ❷ (*insulto*) (Dreck)schwein *nt*, (Dreck)sau *f*

cereal [θere'al] *adj* Getreide-

cereales [θere'ales] *mpl* Getreide *nt*

cerebelo [θere'βelo] *m* (ANAT) Kleinhirn *nt*

cerebral [θere'βral] *adj* (ANAT) Gehirn-; **irrigación** ~ Gehirndurchblutung *f*

cerebro [θe'reβro] *m* ❶ (ANAT: *en su totalidad*) (Ge)hirn *nt*; (*parte mayor*) Großhirn *nt* ❷ (*inteligencia*) Intelligenz *f*, Verstand *m*

ceremonia [θere'monja] *f* ❶ (*acto*) Zeremonie *f*; (*celebración*) Feierlichkeiten *fpl*; (*misa*) Gottesdienst *m* ❷ (*cortesía*) Förmlichkeit *f*; **sin** ~**s** ohne viel Aufhebens

ceremonial [θeremo'njal] **I.** *adj* feierlich **II.** *m* ❶ (*ritual*) Zeremoniell *nt* ❷ (*fórmulas*) Höflichkeitsformen *fpl*

ceremonioso, -a [θeremo'njoso, -a] *adj* ❶ (*solemne*) feierlich; (*formal*) förmlich ❷ (*persona*) steif

cereza [θe'reθa] *f* Kirsche *f*

cerezal [θere'θal] *m* Kirschgarten *m*

cerezo [θe'reθo] *m* ❶ (*árbol*) Kirschbaum *m* ❷ (*madera*) Kirschholz *nt*

cerilla [θe'riʎa] *f* ❶ (*fósforo*) Streichholz *nt* ❷ (*vela*) sehr dünne Wachskerze *f* ❸ (*de oídos*) Ohrenschmalz *nt*

cerillero [θeri'ʎero] *m* (*Am: cajita*) Streichholzschachtel *f*

cerner [θer'ner] <e→ie> **I.** *vt* ❶ (*cribar*) sieben ❷ (*observar*) beobachten **II.** *vr*: ~ **se** schweben (*sobre* über +*dat*)

cernícalo [θer'nikalo] *m* ❶ (ZOOL) Turmfalke *m* ❷ (*persona*) Grobian *m*

cernir [θer'nir] *irr vt* ❶ (*cribar*) sieben ❷ (*observar*) beobachten; (*cielo, horizonte*) absuchen

cero ['θero] *m* ❶ (MAT) Null *f* ❷ (*punto inicial*) Nullpunkt *m*; **ocho grados bajo/sobre** ~ acht Grad unter/über Null; **partir de** ~ bei Null anfangen ❸ (*valor*) Niete *f* ❹ (*argot: coche policía*) Polizeiauto *nt*

cerrado, -a [θe'rraðo, -a] *adj* ❶ *estar* (*no abierto*) geschlossen; (*con llave*) abgeschlossen; **la puerta está cerrada** die Tür ist zu; **a puerta cerrada** hinter verschlossenen Türen; **aquí huele a** ~ hier muffelt es ❷ *estar* (METEO: *cielo*) (wolken)bedeckt ❸ *ser* (*actitud*) verschlossen ❹ *ser* (*espeso*) geschlossen, dicht; (*denso*) undurchdringlich; **noche cerrada** schwarze Nacht ❺ *ser* (*característico*) typisch; (*acento*) stark, breit ❻ (LING: *fonética*) geschlossen ❼ *ser* (*curva*) scharf, eng ❽ *ser* (*dentro*) eingeschlossen (*de* von +*dat*) ❾ *ser* (*tosco*) ungeschliffen; ~ **de mollera** (*fam*) begriffsstutzig

cerradura [θerra'ðura] *f* ❶ (*dispositivo*) Schloss *nt*; ~ **antirrobo** Lenkradschloss *nt* ❷ (*acción*) Schließen *nt*; (*con llave*) Abschließen *nt*

cerrajería [θerraxe'ria] *f* ❶ (*taller*) Schlosserei *f* ❷ (*oficio*) Schlosserhandwerk *nt*

cerrajero, -a [θerra'xero, -a] *m*, *f* Schlosser(in) *m(f)*

cerramiento [θerra'mjento] *m* ❶ (*acción*) Schließung *f* ❷ (*alrededor*) Umschließung *f*

cerrar [θe'rrar] <e→ie> **I.** *vt* ❶ (*paraguas, ojos*) schließen; (*pegar*) zukleben; ~ **los oídos** die Ohren verschließen; ~ **el pico** (*fam*) den Schnabel halten; ~ **archivo** (INFOR) Datei schließen ❷ (*con llave*) abschließen ❸ (*carretera, puerto*) sperren; ~ **el paso a alguien** jdm den Weg versperren ❹ (*agujero, brecha*) abdecken; (*agua*) abdrehen ❺ (*terreno*) einschließen; (*con un cerco*) einzäunen ❻ (*establecimiento*) schließen ❼ (*actividad, ciclo, negociación*) abschließen **II.** *vi* ❶ (*puerta, ven-*

tana) schließen ❷ (*atacar*) angreifen (*contra* +*akk*) ❸ (*acabar*) enden **III.** *vr:* ~ **se** ❶ (*puerta*): **la puerta se cerró sola** die Türe ist von allein zugefallen ❷ (*herida*) verheilen ❸ (*obstinarse*) sich versteifen (*en* auf +*akk*) ❹ (*el cielo*) sich zuziehen ❺ (*ser intransigente*) sich verschließen (*a* gegenüber +*dat*) ❻ (*agruparse*) sich (zusammen)schließen (*en torno a* um +*akk*)

cerrazón [θerra'θon] *f* ❶ (*torpeza*) Begriffsstutzigkeit *f* ❷ (*obstinación*) Eigensinn *m* ❸ (METEO: *nubes*) dichtes Wolkenband *nt*

cerril [θe'rril] *adj* ❶ (*terreno*) uneben ❷ (*obstinado*) eigensinnig ❸ (*torpe*) begriffsstutzig ❹ (*tosco*) ungeschliffen, grob ❺ (*caballerías*) wild, ungezähmt

cerrilidad [θerrili'ðaθ] *f sin pl* ❶ (*obstinación*) Dickköpfigkeit *f* ❷ (*sin docilidad*) Wildheit *f*

cerrilismo [θerri'lismo] *m* ❶ (*tosquedad*) Ungeschliffenheit *f*, Grobheit *f* ❷ (*obstinación*) Eigensinnigkeit *f*

cerro ['θerro] *m* ❶ (ZOOL: *cuello*) Tiernacken *m;* (*espinazo*) Tierrücken *m* ❷ (*alto*) Anhöhe *f;* (*colina*) Hügel *m;* (*peñasco*) felsige Erhebung *f;* **irse por los** ~**s de Úbeda** (*fam*) vom Thema abkommen; (*decir tonterías*) eine Menge Unsinn reden

cerrojazo [θerro'xaθo] *m:* **echar** ~ **a algo** etw unverzüglich schließen; (*fig*) etw *dat* einen Riegel vorschieben

cerrojo [θe'rroxo] *m* Riegel *m;* **echar el** ~ **a la puerta** die Tür verriegeln

certamen [θer'tamen] *m* ❶ (*competición*) Wettbewerb *m* ❷ (*exposición*) Ausstellung *f* ❸ (*feria*) Messe *f*

certero, -a [θer'tero, -a] *adj* ❶ (*acertado*) zutreffend ❷ (*diestro en tirar*) treffsicher ❸ (*informado*) gut informiert

certeza [θer'teθa] *f* Gewissheit *f*

certidumbre [θerti'ðumbre] *f* Gewissheit *f*, Sicherheit *f*

certificación [θertifika'θjon] *f* ❶ (*acción, documento*) Bescheinigung *f* ❷ (JUR: *atestación*) Beglaubigung *f*

certificado¹ [θertifi'kaðo] *m* Bescheinigung *f*, Zertifikat *nt;* ~ **de aptitud** Befähigungsnachweis *m;* ~ **de asistencia** Teilnahmebescheinigung *f;* ~ **escolar** Schulzeugnis *nt;* ~ **médico** ärztliches Attest

certificado, -a² [θertifi'kaðo, -a] *adj* ❶ (JUR) beglaubigt ❷ (*correos*) per Einschreiben; **carta certificada** Einschreibebrief *m*

certificar [θertifi'kar] <c→qu> *vt* ❶ (*afirmar*) bescheinigen ❷ (JUR: *autenticar*) beglaubigen ❸ (*correos*) per Einschreiben verschicken

certísimo, -a [θer'tisimo, -a] *adj superl de* **cierto**

cerumen [θe'rumen] *m* Ohrenschmalz *nt*

cervato [θer'βato] *m* Hirschkalb *nt*

cervecería [θerβeθe'ria] *f* ❶ (*fábrica*) Brauerei *f* ❷ (*bar*) Kneipe *f*

cervecero¹ [θerβe'θero] *m* Braumeister *m*

cervecero, -a² [θerβe'θero, -a] *adj* Bier-, Brauerei-

cerveza [θer'βeθa] *f* Bier *nt;* ~ **de barril** Fassbier *nt;* ~ **negra** dunkles Bier; ~ **sin** alkoholfreies Bier

cervical [θerβi'kal] *adj* (ANAT) Nacken-, Genick-

cervicular [θerβiku'lar] *adj* (ANAT: *cervical*) zervikal

cervino, -a [θer'βino, -a] *adj* (ZOOL) Hirsch-

Cervino [θer'βino] *m:* **Monte** ~ Matterhorn *nt*

cerviz [θer'βiθ] *f* (ANAT) Nacken *m*, Genick *nt*

cesación [θesa'θjon] *f*, **cesamiento** [θesa'mjento] *m* ❶ (*que termina*) Beendigung *f* ❷ (*interrupción*) Unterbrechung *f;* ~ **del fuego** Waffenstillstand *m*

cesante [θe'sante] **I.** *adj* ❶ (*suspendido*) suspendiert ❷ (*parado*) arbeitslos **II.** *mf* Beamte(r) *mf* im Wartestand, Beamtin *f* im Wartestand

cesantía [θesan'tia] *f* ❶ (*situación*) Wartestand *m;* (*paro*) Arbeitslosigkeit *f* ❷ (*suspensión*) Suspendierung *f* ❸ (*paga*) Wartegeld *nt*

cesar [θe'sar] **I.** *vi* ❶ (*parar*) enden, aufhören; **sin** ~ unaufhörlich ❷ (*en una profesión*) (aus)scheiden (*en* aus +*dat*) **II.** *vt* ❶ (*pagos*) einstellen ❷ (*despedir*) entlassen; (*funcionario*) des Amtes entheben

cesárea [θe'sarea] *f* Kaiserschnitt *m*

cese ['θese] *m* ❶ (*que termina*) Beendigung *f;* (*interrupción*) Unterbrechung *f;* ~ **de pagos** Zahlungseinstellung *f* ❷ (*de obrero*) Kündigung *f;* (*de funcionario*) Suspendierung *f;* ~ **en el cargo** Ausscheiden aus dem Amt ❸ (JUR: *proceso*) Einstellung *f*

cesio ['θesjo] *m* (QUÍM) Cäsium *nt*

cesión [θe'sjon] *f* ❶ (*entrega*) Abtretung *f* ❷ (JUR) Zession *f*

césped ['θespeð] *m* Rasen *m;* **"prohibido pisar el ~"** „Rasen betreten verboten"

cesta ['θesta] *f* Korb *m*

cestería [θeste'ria] *f* ❶ (*tienda*) Korbwarengeschäft *nt* ❷ (*artesanía*) Korbflechtkunst *f* ❸ (*artículos*) Korbwaren *fpl*

cestero, -a [θes'tero, -a] *m, f* ❶ (*que fabrica*) Korbflechter(in) *m(f)* ❷ (*que vende*) Korbhändler(in) *m(f)*

cestillo [θes'tiʎo] *m* ❶ (*cesto*) Körbchen *nt* ❷ (ZOOL): ~ **del polen** Pollenkörbchen *nt*

cesto ['θesto] *m* (großer) Korb *m;* (DEP) (Basketball)korb *m;* ~ **de los papeles** Papierkorb *m*

cesura [θe'sura] *f* Einschnitt *m*, Zäsur *f*

ceta ['θeta] *f* Z *nt*

cetáceo [θe'taθeo] *m* (ZOOL) Meeressäugetier *nt*

cetrería [θetre'ria] *f* ❶ (*amaestramiento*) Falknerei *f* ❷ (*caza*) Falkenjagd *f* ❸ (*cría*) Falkenzucht *f*

cetrero, -a [θe'trero, -a] *m, f* (*caza*) Falkner(in) *m(f)*

cetrino, -a [θe'trino, -a] *adj* ❶ (*amarillento, verdoso*) gelblich grün ❷ (*melancólico*) schwermütig

cetro ['θetro] *m* ❶ (*vara*) Zepter *nt;* **empuñar el** ~ den Thron besteigen ❷ (*supremacía*) Herrschaft *f* ❸ (DEP) Meistertitel *m;* **ostentar el** ~ den Meistertitel innehaben

ceutí [θeu'ti] I. *adj* aus Ceuta II. *mf* Einwohner(in) *m(f)* von Ceuta

cf. [kom'parese] *abr de* **compárese** vgl.

CFC [θe(e)fe'θe] *m* (QUÍM, ECOL) FCKW *nt;* **sin** ~ FCKW-frei

chabacanería [tʃaβakane'ria] *f* Vulgarität *f*

chabacano, -a [tʃaβa'kano, -a] *adj* vulgär, unanständig

chabola [tʃa'βola] *f* ❶ (*casucha*) Baracke *f,* Slumhütte *f* ❷ *pl* (*barrio*) Elendsviertel *nt,* Slums *mpl*

chabolismo [tʃaβo'lismo] *m* Verslumung *f*

chabolista [tʃaβo'lista] *mf* Slumbewohner(in) *m(f)*

chacal [tʃa'kal] *m* (ZOOL) Schakal *m*

chácara ['tʃakara] *f* (*Am*) ❶ (*granja*) Landgut *nt* ❷ (MED) Geschwür *nt*

chacarero, -a [tʃaka'rero, -a] *m, f* (*Am*) Bauer *m,* Bäuerin *f;* (*dueño*) Landbesitzer(in) *m(f);* (*trabajador*) Feldarbeiter(in) *m(f)*

chacha ['tʃatʃa] *f* (*fam: niñera*) Kindermädchen *nt;* (*criada*) Dienstmädchen *nt;* (*de limpieza*) Putzfrau *f*

cháchara ['tʃatʃara] *f* (*fam: charla*) Schwatz *m;* **andar** [*o* **estar**] **de** ~ ein Schwätzchen halten

chacharear [tʃatʃare'ar] *vi* (*fam*) schwatzen

chacho, -a ['tʃatʃo, -a] *m, f* (*fam: muchacho, muchacha*) Kleine(r) *mf;* (*en lenguaje infantil*) großer Bruder *m,* große Schwester *f*

chacolotear [tʃakolote'ar] *vi* klappern

chacota [tʃa'kota] *f* ❶ (*jolgorio*) Ausgelassenheit *f* ❷ (*broma*) Spaß *m,* Scherz *m;* **echar** [*o* **tomar**] **algo a** ~ etw nicht ernst nehmen

chacotearse [tʃakote'arse] *vr:* ~ **de algo/alguien** sich über etw/jdn lustig machen

chacra ['tʃakra] *f* (*Am: granja*) kleine Farm *f;* (*finca*) kleines (Land)gut *nt*

Chad [tʃaᵈ] *m* Tschad *m*

chafar [tʃa'far] I. *vt* ❶ (*aplastar*) platt drücken; (*arrugar*) zerknittern; (*deshacer*) zerquetschen ❷ (*desmoralizar*) erschüttern ❸ (*confundir*) verwirren; **quedar(se)** **chafado** sprachlos sein ❹ (*estropear*) zunichte machen; **le** ~ **on sus proyectos** sie haben seine/ihre Pläne über den Haufen geworfen II. *vr:* ~ **se** (*aplastarse*) platt gedrückt werden; (*deshacerse*) zerquetscht werden; (*arrugarse*) (zer)knittern

chafarrinada [tʃafarri'naða] *f* Klecks *m*

chafarrinón [tʃafarri'non] *m* ❶ (*mancha*) Klecks *m* ❷ (*cuadro*) Kleckserei *f*

chaflán [tʃa'flan] *m* ❶ (*bisel*) Schrägkante *f* ❷ (*plano*) Schräge *f* ❸ (*en una calle*) Straßenecke *f;* (*en un edificio*) Hausecke *f*

chal [tʃal] *m* ❶ (*pañoleta*) Schal *m;* (*pañuelo*) Halstuch *nt* ❷ (*mantón*) (Schulter)tuch *nt*

chalado, -a [tʃa'laðo, -a] I. *adj* (*fam*) verrückt; **estar** ~ **por alguien** verrückt nach jdm sein II. *m, f* (*fam*) Spinner(in) *m(f)*

chaladura [tʃala'ðura] *f* (*fam*) ❶ (*locura*) verrückter Einfall *m* ❷ (*enamoramiento*) Vernarrtheit *f*

chalán, -ana [tʃa'lan, -ana] I. *adj* gerissen II. *m, f* ❶ (*tratante*) (Pferde)händler(in) *m(f)* ❷ (*timador*) Betrüger(in) *m(f)* ❸ (*Am: picador*) Zureiter(in) *m(f)*

chalanear [tʃalane'ar] I. *vi* ❶ (*traficar*) handeln ❷ (*regatear*) schachern II. *vt* (*Am: un caballo*) zureiten; (*adiestrar*) dressieren

chalanería [tʃalane'ria] *f* (*fam pey: engaño*) Rosstäuschertrick *m*

chalar [tʃa'lar] I. *vt* (*fam*) verrückt machen II. *vr:* ~ **se** (*fam*) verrückt werden; ~ **se por alguien** sich in jdn verknallen

chalé [tʃa'le] *m* (*casa unifamiliar*) Einfamilienhaus *nt;* (*de campo*) Landhaus *nt;* (*villa*) Villa *f*

chaleco [tʃa'leko] *m* Weste *f;* ~ **salvavidas** Schwimmweste *f*

chalet [tʃa'let] *m* <chalets> *v.* **chalé**

chalupa [tʃa'lupa] *f* Schaluppe *f*

chamaco, -a [tʃa'mako, -a] *m, f* (*Méx*) ❶ (*muchacho*) Junge *m;* (*muchacha*) Mädchen *nt* ❷ (*novio*) Freund(in) *m(f)*

chamán [tʃa'man] *m* Schamane *m*

chamaril(l)ero, -a [tʃamaril'lero, -a/tʃamari'ʎero, -a] *m, f* ❶ (*que vende objetos viejos*) Trödler(in) *m(f)* ❷ (*tahúr*) Falschspieler(in) *m(f)*

chambelán [tʃambe'lan] *m* Kammerherr *m*

chambergo [tʃam'berɣo] m ❶ (HIST) breit-krempiger Hut mit Federschmuck ❷ (sombrero) (Schlapp)hut m

chambón, -ona [tʃam'bon, -ona] adj (fam) ❶ (afortunado) glücklich ❷ (descuidado) schlampig

chambra ['tʃambra] f ❶ (bata) Hausjacke f ❷ (fam: blusa) Bluse f

chamiza [tʃa'miθa] f ❶ (planta) Schilfgras nt ❷ (leña) Reisig(holz) nt

chamizo [tʃa'miθo] m ❶ (árbol) versengter Baum m; (leño) verkohltes Holzscheit nt ❷ (choza) Hütte f (mit Schilfdach) ❸ (pey: vivienda) Loch nt

champán [tʃam'pan] m, **champaña** [tʃam'paɲa] m Champagner m

Champaña [tʃam'paɲa] f Champagne f

champiñón [tʃam'piɲon] m Champignon m

champú [tʃam'pu] m Shampoo nt; ~ **anti-caspa** Anti-Schuppen-Shampoo nt

chamullar [tʃamu'ʎar] vi (fam: hablar) schwatzen; (desbarrar) quasseln

chamuscado, -a [tʃamus'kaðo, -a] adj ❶ (quemado) angesengt ❷ (fam: receloso) argwöhnisch ❸ (fam: amoscado) eingeschnappt

chamuscar [tʃamus'kar] <c→qu> I. vt (quemar) ansengen; (aves) absengen II. vr: ~**se** ❶ (quemarse) ansengen ❷ (fam: ponerse receloso) argwöhnisch werden ❸ (fam: amoscarse) einschnappen

chamusquina [tʃamus'kina] f ❶ (quemadura) Ansengen nt; (de aves) Absengen nt; **esto huele a ~** (sospechoso) das sieht verdächtig aus; (peligroso) das wird zu brenzlig ❷ (fam: riña) Streit m; (pelea) Rauferei f

chanada [tʃa'naða] f ❶ (engaño) Schwindel m, Betrug m ❷ (chasco) Streich m

chancear [tʃanθe'ar] I. vi scherzen, spaßen II. vr: ~**se** sich lustig machen (de über +akk)

chancero, -a [tʃan'θero, -a] adj scherzhaft, spaßig

chanchería [tʃantʃe'ria] f (Am) Metzgerei f (für Schweinefleisch)

chancho¹ ['tʃantʃo] m (Am) Schwein nt

chancho, -a² ['tʃantʃo, -a] adj (Am) (marrano) schmutzig ❷ (desaseado) liederlich

chanchullero, -a [tʃantʃu'ʎero, -a] I. adj (fam) falsch; **no seas ~** versuche nicht, mich reinzulegen II. m, f (fam) Gauner(in) m(f)

chanchullo [tʃan'tʃuʎo] m (fam) ❶ (trampa) Schwindel m, Betrug m ❷ (manejo) Machenschaft f

chancla ['tʃankla] f ❶ (zapato viejo) ausge-

tretener (Haus)schuh m ❷ (zapatilla) Pantoffel m

chancleta [tʃaŋ'kleta] f ❶ (chinela) Schlappen m fam ❷ (Am: bebé) Baby nt ❸ (fam pey: persona inepta) Tölpel m ❹ (Am: pey: mujer) Frauenzimmer nt

chanclo ['tʃaŋklo] m ❶ (zueco) Holzschuh m ❷ (zapato de goma) Überschuh m

chándal ['tʃandal] m <chándals> Jogging-anzug m

changar [tʃaŋ'ɣar] <g→gu> vt (romper) zerbrechen; (descomponer) zerlegen; (destrozar) zerstückeln

chanquete [tʃaŋ'kete] m Weißfisch m

chantaje [tʃan'taxe] m Erpressung f

chantajear [tʃantaxe'ar] vt erpressen

chantajista [tʃanta'xista] mf Erpresser(in) m(f)

chanza ['tʃanθa] f Scherz m, Spaß m; **estar de ~** scherzen

chapa ['tʃapa] f ❶ (metal) Blech nt ❷ (lámina) Platte f; (de madera) Furnier nt ❸ (tapón) Kron(en)korken m ❹ (carmín) Rouge nt; (chapeta) Wangenröte f ❺ (placa) Dienstmarke f ❻ (Am: cerradura) (Tür)schloss nt ❼ pl (juego) ≈Münzspiel nt

chapado, -a [tʃa'paðo, -a] adj v. **chapeado²**

chapalear [tʃapale'ar] vi ❶ (persona) planschen ❷ (agua) plätschern ❸ (objetos) klappern

chapar [tʃa'par] vt ❶ (con un metal) plattieren; (con un metal precioso) dublieren; (con oro) vergolden; (con madera) furnieren; (con baldosines) belegen (con/de mit +dat) ❷ (comentario) entgegenschleudern

chaparra [tʃa'parra] f Kermeseiche f

chaparral [tʃapa'rral] m (Kermes)eichenwald m

chaparro¹ [tʃa'parro] m Eichenstrauch m

chaparro, -a² [tʃa'parro, -a] I. adj (fam) pumm(e)lig II. m, f (fam) Pummelchen nt

chaparrón [tʃapa'rron] m ❶ (lluvia fuerte) Regenguss m; (chubasco) Platzregen m ❷ (fam: cantidad grande) Unmenge f

chapeado¹ [tʃape'aðo] m ❶ (de metal) Plattierung f; ~ **de oro** Dublee(gold) nt ❷ (de madera) Furnier nt ❸ (de baldosines) Belag m

chapeado, -a² [tʃape'aðo, -a] adj ❶ (de metal) plattiert; (de un metal precioso) dubliert; (de oro) vergoldet ❷ (de madera) furniert ❸ (de baldosines) belegt ❹ (loc): ~ **a la antigua** altmodisch

chapear [tʃape'ar] I. vt ❶ (con un metal) plattieren; (con oro) vergolden; (con *madera*) furnieren; (*con baldosines*) belegen (*con/de* mit +*dat*) ❷ (*Am: la tierra*) jäten **II.** *vi* (*chacolotear*) klappern

chapero [tʃa'pero] *m* (*argot*) ❶ (*homosexual*) Schwule(r) *m* ❷ (*prostituto*) Stricher *m*, Strichjunge *m*

chapista [tʃa'pista] *mf* ❶ (*planchista*) Blechschmied(in) *m(f)* ❷ (*de carrocería*) Karosseriebauer(in) *m(f)*

chapistería [tʃapiste'ria] *f* ❶ (*planchistería*) Blechschmiede *f* ❷ (*de carrocería*) Karosseriewerkstatt *f*

chapitel [tʃapi'tel] *m* (ARQUIT: *de una torre*) (Turm)helm *m;* (*de una columna*) Kapitell *nt*

chapó [tʃa'po] **I.** *interj:* ¡~! Hut ab! **II.** *m* Billardspiel mit in der Regel vier Mitspielern

chapotear [tʃapote'ar] **I.** *vi* (*persona*) planschen; (*agua*) plätschern **II.** *vt* anfeuchten

chapoteo [tʃapo'teo] *m* ❶ (*chapaleo*) Planschen *nt;* (*del agua*) Plätschern *nt* ❷ (*humidificación*) Anfeuchten *nt*

chapucear [tʃapuθe'ar] **I.** *vt* ❶ (*hacer mal y rápido*) stümperhaft erledigen ❷ (*engañar*) betrügen **II.** *vi* (*trabajar mal y rápido*) stümpern

chapucería [tʃapuθe'ria] *f* (*fam*) ❶ (*trabajo mal rematado*) Pfuscharbeit *f* ❷ (*imperfección*) Mangel *m;* **el trabajo está lleno de** ~**s** die Arbeit ist sehr mangelhaft ausgeführt

chapucero, -a [tʃapu'θero, -a] **I.** *adj* ❶ (*mal y rápido*) pfuscherhaft *fam;* (*sin saber*) stümperhaft ❷ (*embustero*) lügnerisch **II.** *m, f* ❶ (*chambón*) Pfuscher(in) *m(f) fam* ❷ (*embustero*) Lügner(in) *m(f)*

chapurr(e)ar [tʃapurre'ar/tʃapu'rrar] *vt* ❶ (*idioma*) radebrechen ❷ (*fam: bebidas*) mischen

chapuza [tʃa'puθa] *f* ❶ (*chapucería*) Pfusch *m fam* ❷ (*trabajo*) Gelegenheitsarbeit *f*

chapuzar [tʃapu'θar] <z→c> **I.** *vt* unter Wasser drücken, untertauchen **II.** *vi, vr:* ~ **se** kurz ins Wasser springen

chapuzón [tʃapu'θon] *m* Sprung *m* ins Wasser; **darse un** ~ kurz schwimmen gehen

chaqué [tʃa'ke] *m* Cut(away) *m*

chaqueta [tʃa'keta] *f* (*cazadora*) Jacke *f;* (*americana*) Jackett *nt;* **cambiar de** [*o* **la**] ~ (*fig*) umschwenken

chaquetear [tʃakete'ar] *vi* ❶ (*cambiar de ideas*) umschwenken ❷ (*huir*) fliehen; (*acobardarse*) kneifen

chaquetero, -a [tʃake'tero, -a] **I.** *adj* wetterwendisch **II.** *m, f* wetterwendischer Mensch *m*

chaquetilla [tʃake'tiʎa] *f* Bolero *m*

chaquetón [tʃake'ton] *m* Winterjacke *f;* (*ca-*

zadora) (Wind)jacke *f;* (*de loden*) Joppe *f*

charada [tʃa'raða] *f* Scharade *f*

charanga [tʃa'raŋga] *f* ❶ (*banda*) (kleine) Musikkapelle *f* ❷ (*Am: baile*) Tänzchen *nt*

charca ['tʃarka] *f* Tümpel *m*

charco ['tʃarko] *m* Pfütze *f*, Lache *f*

charcutería [tʃarkute'ria] *f* ❶ (*productos*) Wurstwaren *fpl* ❷ (*tienda*) Metzgerei *f*

charla ['tʃarla] *f* ❶ (*conversación*) Plauderei *f;* (*en internet*) Chat *m;* **sala de** ~ Chatroom *m;* **estar de** ~ plaudern ❷ (*conferencia*) (unförmlicher) Vortrag *m*

charlar [tʃar'lar] *vi* ❶ (*conversar*) plaudern ❷ (*parlotear*) schwatzen

charlatán, -ana [tʃarla'tan, -ana] **I.** *adj* ❶ (*hablador*) schwatzhaft ❷ (*chismoso*) klatschhaft ❸ (*embaucador*) schwindlerisch **II.** *m, f* ❶ (*hablador*) Schwätzer(in) *m(f)* ❷ (*chismoso*) Klatschmaul *nt* ❸ (*vendedor*) Marktschreier(in) *m(f)* ❹ (*curandero*) Quacksalber(in) *m(f)*

charlatanear [tʃarlatane'ar] *vi* (*hablar mucho*) schwatzen

charlatanería [tʃarlatane'ria] *f* ❶ (*locuacidad*) Schwatzhaftigkeit *f* ❷ (*palabrería*) leeres Gerede *nt* ❸ (*curanderismo*) Quacksalberei *f*

charlestón [tʃarles'ton] *m* (*baile*) Charleston *m*

charlotada [tʃarlo'taða] *f* ❶ (TAUR) komischer Stierkampf mit Clowns ❷ (*actuación*) komisches Schauspiel *nt*

charnego, -a [tʃar'neɣo, -a] *m, f* (*pey*) in Katalonien, Einwanderer aus südlichen spanischen Regionen

charnela [tʃar'nela] *f* (*bisagra*) Scharnier *nt;* (*gozne*) (Tür)angel *f*

charol [tʃa'rol] *m* ❶ (*barniz*) Lack *m* ❷ (*cuero*) Lackleder *nt* ❸ (*Am: bandeja*) Tablett *nt*

charrán [tʃa'rran] *m* Gauner *m*, Schelm *m*

charretera [tʃarre'tera] *f* ❶ (*insignia*) Epaulette *f* ❷ (*liga*) Strumpfband *nt*

charro, -a ['tʃarro, -a] **I.** *adj* ❶ (*salmantino*) aus Salamanca ❷ (*pey: rústico*) bäu(e)risch, plump; (*habla*) ungeschliffen ❸ (*de mal gusto*) geschmacklos; (*chillón*) grell, schrill **II.** *m, f* ❶ (*campesino*) Bauer *m*/Bäuerin *f* aus Salamanca ❷ (*pey: tosco*) Bauer(ntölpel) *m*

chárter ['tʃarter] *adj inv* Charter-; **vuelo** ~ Charterflug *m*

chasca ['tʃaska] *f* ❶ (*ramaje*) Reisig *nt* ❷ (*Am: pelo*) wirres Haar *nt*

chascar [tʃas'kar] <c→qu> **I.** *vi* ❶ (*con la lengua*) schnalzen; (*con el látigo*) knallen ❷ (*madera*) knarren; (*fuego*) knistern **II.** *vt* (*comida*) verschlingen

chascarrillo [tʃaska'rriʎo] *m* Anekdote *f*
chasco[1] ['tʃasko] *m* ❶ (*burla*) Streich *m*
❷ (*decepción*) Enttäuschung *f*; (*fracaso*)
Reinfall *m fam*
chasco, -a[2] ['tʃasko, -a] *adj* (*Am*) zott(e)lig,
wirr
chasis ['tʃasis] *m inv* ❶ (AUTO) Fahrgestell *nt*
❷ (ELEC) Rahmen *m* ❸ (FOTO) Kassette *f*
chasquear [tʃaske'ar] I. *vt* ❶ (*burlar*) einen
Streich spielen +*dat* ❷ (*decepcionar*) enttäuschen ❸ (*faltar*) im Stich lassen II. *vi*
❶ (*con la lengua*) schnalzen; (*con el
látigo*) knallen ❷ (*madera*) knarren;
(*fuego*) knistern
chasquido [tʃas'kiðo] *m* ❶ (*de lengua*)
Schnalzen *nt*; (*de látigo*) Knallen *nt* ❷ (*de
la madera*) Knarren *nt*
chatarra [tʃa'tarra] *f* ❶ (*escoria*) Schlacke *f*
❷ (*metal viejo*) Alteisen *nt*
chatarrería [tʃatarre'ria] *f* Schrotthandel *m*
chatarrero, -a [tʃata'rrero, -a] *m, f* Schrott-
händler(in) *m(f)*
chateo [tʃa'teo] *m* (*fam*) Tavernenbummel
m; **irse por los bares de** ~ einen Zug
durch die Weinlokale machen
chato, -a ['tʃato, -a] I. *adj* ❶ (*nariz*) platt;
(*redondeada*) stumpf ❷ (*persona*) plattna-
sig, stumpfnasig ❸ (*objeto*) flach; (*aplastado*) platt II. *m, f* (*fam: tratamiento cariñoso*) Kleiner *m*, Kleine *f*, Kleines *nt*
chauvinista [tʃoβi'nista] I. *adj* chauvinistisch II. *mf* Chauvinist(in) *m(f)*
chaval(a) [tʃa'βal(a)] *m(f)* ❶ (*chico*) Junge
m, Bursche *m*; (*chica*) Mädchen *nt*;
(*joven*) junger Mann *m*, junge Frau *f*
❷ (*fam: novio*) Freund(in) *m(f)*
chavalín, -ina [tʃaβa'lin, -ina] *m, f* kleiner
Junge *m*, kleines Mädchen *nt*
chaveta [tʃa'βeta] *f* ❶ (*remache*) Splint *m*
❷ (*pasador*) Bolzen *m*, Zapfen *m*; **estar
mal de la** ~ (*fam*) nicht (ganz) richtig im
Kopf sein
checo, -a ['tʃeko, -a] I. *adj* tschechisch;
República Checa Tschechische Republik
II. *m, f* Tscheche, -in *m, f*
checo(e)slovaco, -a [tʃeko(e)slo'βako, -a]
I. *adj* tschechoslowakisch II. *m, f* Tschechoslowake, -in *m, f*
chef [tʃef] <chefs> *m* Küchenchef *m*
cheli ['tʃeli] *m* Madrider Argot

---

i **Land & Leute**

Der authentische Madrider Argot
heißt **cheli** und ist eine saloppe
Umgangssprache, die besonders
Jugendliche sehr gern verwenden.

---

chelín [tʃe'lin] *m* (*moneda*) Schilling *m*
chelista [tʃe'lista] *mf* Cellist(in) *m(f)*
chelo ['tʃelo] *m* Cello *nt*
chepa ['tʃepa] *f* (*fam*) Buckel *m*, Höcker *m*
cheposo, -a [tʃe'poso, -a] I. *adj* buck(e)lig
II. *m, f* (*fam pey*) Buck(e)lige(r) *mf*
cheque ['tʃeke] *m* Scheck *m*; ~ **bancario**
Bankscheck *m*; ~ **en blanco** Blankoscheck
m; ~ **cruzado** Verrechnungsscheck *m*; ~
sin fondo ungedeckter Scheck *m*; ~ **de viaje**
Reisescheck *m*; **cobrar un** ~ einen Scheck
einlösen; **librar** [*o* **extender**] **un** ~ einen
Scheck ausstellen
chequear [tʃeke'ar] I. *vt* (*Am: la salud*)
untersuchen; (*un documento*) prüfen; (*un
mecanismo*) überprüfen II. *vr*: ~**se** sich
untersuchen lassen
chequeo [tʃe'keo] *m* (*de la salud*) Check-up
m o nt; (*de un mecanismo*) Inspektion *f*
chequera [tʃe'kera] *f* (*Am*) Scheckheft *nt*
Chequia ['tʃekja] *f* Tschechien *nt*

---

i **Land & Leute**

chibcha *f*: Bis zur spanischen Eroberung im 16. Jahrhundert, lebten die
chibcha – auch **muisca** genannt – im
heutigen Nordkolumbien. Sie waren,
genauso wie die **incas**, ein sehr hoch-
entwickeltes indianisches Volk.

---

chic [tʃik] I. *adj inv* (*guapo*) schick, flott;
(*elegante*) elegant II. *m sin pl* Schick *m*,
Eleganz *f*
chica ['tʃika] I. *adj* ❶ (*pequeña*) klein ❷ (*joven*) jung II. *f* ❶ (*niña*) Mädchen *nt* ❷ (*joven*) junge Frau *f*; (*tratamiento cariñoso*)
Kleine *f fam* ❸ (*criada*) Dienstmädchen *nt*

---

i **Land & Leute**

Chicano(-a) bezeichnet eine(n) Ein-
wohner(in) der USA mit mexikani-
schen Vorfahren. Zuerst hatte das Wort
chicano einen negativen, rassistischen
Beigeschmack; heutzutage aber wird
diese Bezeichnung als kulturelles Iden-
titätszeichen von den US-Amerikanern
mexikanischer Abstammung verwendet.

---

chicarrón, -ona [tʃika'rron, -ona] I. *adj*
kräftig II. *m, f* kräftiger Junge *m*, kräftiges
Mädchen *nt*
chicha ['tʃitʃa] I. *f* (*fam: carne*) Fleisch *nt*;
tener pocas ~**s** (*delgado*) dürr sein; (*sin*

fuerzas) schwächlich sein; **no ser ni ~ ni limonada** (*fig*) weder Fisch noch Fleisch sein II. *adj:* **calma** ~ völlige Windstille *f*

chicharra [tʃiˈtʃarra] *f* ❶ (ZOOL) Zikade *f* ❷ (*juguete*) Schnarre *f* ❸ (ELEC) Summer *m* ❹ (TÉC) Ratsche *f*

chicharrón [tʃitʃaˈrron] *m* ❶ (*gorrón*) Griebe *f* ❷ (*carne*) *zu stark geröstetes Fleisch* ❸ (*fam: persona*) stark sonnengebräunter Mensch *m* ❹ (GASTR) *knusprig gebratene Schweineschwarten*

chichi [ˈtʃitʃi] *adj* (*AmC: fácil*) leicht; **no fue muy** ~ es war nicht gerade einfach

chichón [tʃiˈtʃon] *m* Beule *f*

chicle [ˈtʃikle] *m* Kaugummi *m o nt*

chiclé [tʃiˈkle] *m* (TÉC) Vergaserdrüse *f*

chico¹ [ˈtʃiko] *m* ❶ (*niño*) Junge *m* ❷ (*joven*) junger Mann *m;* (*tratamiento cariñoso*) Kleiner *m fam* ❸ (*para los recados*) Laufbursche *m*

chico, -a² [ˈtʃiko, -a] *adj* ❶ (*pequeño*) klein ❷ (*joven*) jung

chiflado, -a [tʃiˈflaðo, -a] I. *adj* (*fam*) übergeschnappt; **estar ~ por alguien** verrückt nach jdm sein II. *m, f* (*fam*) Spinner(in) *m(f)*

chifladura [tʃiflaˈðura] *f* ❶ (*locura*) Verrücktheit *f;* (*empeño*) Versessenheit *f* ❷ (*antojo*) Spinnerei *f fam*

chiflar [tʃiˈflar] I. *vt* (*fam: gustar*) gefallen +*dat;* **me chiflan las aceitunas** ich esse für mein Leben gerne Oliven II. *vr:* ~ **se** (*fam*) ❶ (*pirrarse*) versessen sein (*por* auf +*akk*) ❷ (*volverse loco*) verrückt werden

chihuahua [tʃiˈwawa] *m* Chihuahua *m*

chiíta [tʃiˈita] I. *adj* schiitisch II. *mf* Schiit(in) *m(f)*

chilaba [tʃiˈlaβa] *f* Dschellaba *f*

chile [ˈtʃile] *m* (BOT) Chili *m;* (*especia*) Cayennepfeffer *m*

Chile [ˈtʃile] *m* Chile *nt*

i Land & Leute

Die Hauptstadt **Chiles** (offiziell: *República de Chile*) ist *Santiago* (*de Chile*). Das Land erstreckt sich von Norden nach Süden über mehr als 4000 Kilometer, wobei seine durchschnittliche Breite aber nur 180 Kilometer beträgt. Die offizielle Landessprache ist Spanisch. Die Währungseinheit **Chiles** ist der *peso chileno*.

chileno, -a [tʃiˈleno, -a] I. *adj* chilenisch II. *m, f* Chilene, -in *m, f*

chillar [tʃiˈʎar] *vi* ❶ (*persona*) kreischen, schreien; **¡no me chilles!** schrei mich nicht an! ❷ (*animal salvaje*) heulen; (*ave*) kreischen ❸ (*frenos, puerta*) quietschen ❹ (*colores*) grell sein ❺ (*Am: sollozar*) schluchzen

chillido [tʃiˈʎiðo] *m* ❶ (*de persona*) Kreischen *nt* ❷ (*de animal salvaje*) Heulen *nt;* (*de ave*) Kreischen *nt* ❸ (*de frenos, puerta*) Quietschen *nt* ❹ (*Am: sollozo*) Schluchzen *nt*

chillón, -ona [tʃiˈʎon, -ona] I. *adj* ❶ (*persona*) kreischend, schreiend ❷ (*voz*) schrill ❸ (*color*) grell II. *m, f* Schreihals *m fam*

chimenea [tʃimeˈnea] *f* ❶ (*de un edificio*) Schornstein *m* ❷ (*hogar*) Kamin *m;* (*tiro*) Rauchfang *m* ❸ (*t.* GEO) Schlot *m*

chimpancé [tʃimpanˈθe] *mf* Schimpanse, -in *m, f*

china [ˈtʃina] *f* ❶ (*piedra*) Kieselstein *m;* **le ha tocado la** ~ (*fig*) er/sie hat Pech gehabt ❷ (*traba*) Hindernis *nt* ❸ (*Am: india*) junge indianische Frau *f;* (*mestiza*) Mestizin *f* ❹ (*Am: amante*) Geliebte *f*

China [ˈtʃina] *f:* (**la**) ~ China *nt*

chinchar [tʃinˈtʃar] I. *vt* ❶ (*fam: molestar*) belästigen, stören; (*fastidiar*) nerven ❷ (*argot: matar*) umlegen II. *vr:* ~ **se** (*fam*) sich ärgern; **¡chínchate!** das hast du davon!

chinche¹ [ˈtʃintʃe] *m o f* ❶ (ZOOL) Wanze *f* ❷ (*chincheta*) Reißzwecke *f*

chinche² [ˈtʃintʃe] *mf* (*fam*) Nervensäge *f*

chincheta [tʃinˈtʃeta] *f* Reißzwecke *f*

chinchilla [tʃinˈtʃiʎa] *f* (ZOOL) Chinchilla *f;* (*piel*) Chinchilla *nt*

chinchín [tʃinˈtʃin] *interj* prost

chinchorrería [tʃintʃorreˈria] *f* ❶ (*impertinencia*) Zudringlichkeit *f* ❷ (*habladuría*) Klatsch *m*

chinela [tʃiˈnela] *f* Hausschuh *m*

chingado, -a [tʃinˈgaðo, -a] *adj* (*fam*) ❶ (*borracho*) besoffen ❷ (*Am: frustrado*) misslungen ❸ (*Am: estropeado*) kaputt

chingar [tʃinˈgar] <g→gu> I. *vt* ❶ (*fam: bebidas alcohólicas*) saufen ❷ (*fam: molestar*) auf die Nerven gehen +*dat* ❸ (*vulg: joder*) ficken II. *vr:* ~ **se** (*fam*) ❶ (*emborracharse*) sich besaufen ❷ (*Am: fam: frustrarse*) in die Hose gehen ❸ (*Am: fallar*) versagen

chino¹ [ˈtʃino] *m* (*Am: indio*) junger indianischer Mann *m;* (*mestizo*) Mestize *m;* **engañar a alguien como a un** ~ (*fam*) jdn gewaltig übers Ohr hauen

chino, -a² [ˈtʃino, -a] I. *adj* chinesisch II. *m, f* Chinese, -in *m, f*

chip [tʃip] *m* (INFOR) Chip *m*

chipirón [tʃipiˈron] *m* kleiner Tintenfisch *m*

Chipre [ˈtʃipre] *f* Zypern *nt*
chipriota [tʃiˈprjota] **I.** *adj* zypriotisch, zyprisch **II.** *mf* Zypriot(in) *m(f)*, Zypr(i)er(in) *m(f)*
chiquillada [tʃikiˈʎaða] *f* ❶ (*broma*) Kinderei *f* ❷ (*travesura*) Kinderstreich *m*
chiquillería [tʃikiʎeˈria] *f* Kinderschar *f*
chiquillo, -a [tʃiˈkiʎo, -a] **I.** *adj* klein **II.** *m, f* (*niño*) (kleines) Kind *nt;* (*chico*) (kleiner) Junge *m;* (*chica*) (kleines) Mädchen *nt*
chiquito, -a [tʃiˈkito, -a] **I.** *adj* winzig **II.** *m, f* kleines Kind *nt;* **no andarse con chiquitas** (*actuar sin miramiento*) den Stier bei den Hörnern packen; (*consecuentemente*) Nägel mit Köpfen machen
chirigota [tʃiriˈɣota] *f* Jux *m,* Scherz *m*
chirimbolo [tʃirimˈbolo] *m* (*fam*) ❶ (*chisme*) Ding *nt* ❷ *pl* Kram *m,* Zeug *nt*
chirimoya [tʃiriˈmoɟa] *f* Rahmapfel *m,* Cherimoya *f*
chiringuito [tʃiriŋˈɡito] *m* Imbiss(stand) *m*

chiripa [tʃiˈripa] *f* ❶ (*fam: suerte*) Glück *nt;* (*casualidad favorable*) glücklicher Zufall *m* ❷ (*en el juego*) Zufallstreffer *m*
chirla [ˈtʃirla] *f* (kleine) Venusmuschel *f*
chirle [ˈtʃirle] *adj* ❶ (*soso*) fad(e) ❷ (*fam: sin interés*) unbedeutend; (*sin substancia*) gehaltlos
chirlo [ˈtʃirlo] *m* ❶ (*herida*) Schnittwunde *f* (im Gesicht) ❷ (*cicatriz*) Schmarre *f fam*
chirona [tʃiˈrona] *f* (*fam*) Kittchen *nt,* Knast *m*
chirriar [tʃirriˈar] < *1. pres:* chirrío> *vi* ❶ (*al freír*) zischen ❷ (*metal*) quietschen; (*madera*) knarren ❸ (*pájaros*) zwitschern
chirrido [tʃiˈrriðo] *m* ❶ (*al freír*) Zischen *nt* ❷ (*del metal*) Quietschen *nt;* (*de la madera*) Knarren *nt* ❸ (*de los pájaros*) Zwitschern *nt*
chis *interj:* ¡~! (*para llamar*) st!; (*para hacer callar*) pst!
chisme [ˈtʃisme] *m* ❶ (*habladuría*) Klatsch *m fam,* Gerede *nt;* **andar** [*o* **ir**] **con ~s**

tratschen *fam* ❷ (*objeto*) Ding *nt;* **recoge esos ~s** räum diesen Kram weg
chismorrear [tʃismorreˈar] *vi* tratschen *fam*
chismorreo [tʃismoˈrreo] *m* Geklatsche *nt fam*
chismoso, -a [tʃisˈmoso, -a] **I.** *adj* klatschhaft **II.** *m, f* Klatschmaul *nt fam*
chispa [ˈtʃispa] *f* ❶ (*t.* ELEC) Funke(n) *m;* **echar ~s** Funken sprühen; (*fig*) fuchsteufelswild sein ❷ (*rasgo de ingenio*) Geistesblitz *m;* (*ingenio*) Geist *m,* Esprit *m;* (*gracia*) Witz *m;* **ser una ~** sehr aufgeweckt sein ❸ (*gota*) (Regen)tropfen *m* ❹ (*fam: borrachera*) Schwips *m* ❺ (*una pizca*): **una ~ de...** ein bisschen ...
chispazo [tʃisˈpaθo] *m* ❶ (*t.* ELEC) Funke(n) *m;* (*descarga*) Funkenentladung *f* ❷ (*chisme*) Klatsch *m fam,* Gerede *nt*
chispear [tʃispeˈar] **I.** *vi* ❶ (*centellear*) Funken sprühen ❷ (*brillar*) funkeln **II.** *vimpers* (*lloviznar*) nieseln
chisporrotear [tʃisporroteˈar] *vi* (*despedir chispas*) Funken sprühen; (*el fuego*) prasseln
chisporroteo [tʃisporroˈteo] *m* (*centelleo*) Sprühen *nt* (von Funken); (*del fuego*) Prasseln *nt;* (*del aceite*) Spritzen *nt*
chistar [tʃisˈtar] *vi* mucksen *fam;* **no ~** keinen Ton sagen
chiste [ˈtʃiste] *m* ❶ (*cuento*) Witz *m;* (*broma*) Scherz *m;* ~ **verde** unanständiger Witz; **no tiene ~ la cosa** das ist gar nicht witzig ❷ (*gracia*) Pointe *f*
chistera [tʃisˈtera] *f* ❶ (*cesta*) (Fisch)korb *m* ❷ (*fam: sombrero*) Zylinder *m*
chistoso, -a [tʃisˈtoso, -a] **I.** *adj* witzig, spaßig **II.** *m, f* Witzbold *m fam*
chita [ˈtʃita] *f* (ANAT) Sprungbein *nt;* **a la ~ callando** (*fig*) im Geheimen
chitón [tʃiˈton] *interj:* ¡~! pst!, still!
chivar [tʃiˈβar] **I.** *vt* ❶ (*fastidiar*) ärgern; (*molestar*) belästigen ❷ (*engañar*) betrügen **II.** *vr:* ~**se** (*fam*) ❶ (*hablar*) petzen ❷ (*Am: enojarse*) sich ärgern
chivatazo [tʃiβaˈtaθo] *m* (*fam*) Tipp *m,* Wink *m;* **dar el ~** petzen
chivato, -a [tʃiˈβato, -a] *m, f* (*fam*) Petze *f*
chivo, -a [ˈtʃiβo, -a] *m, f* Zicklein *nt;* ~ **expiatorio** Sündenbock *m*
chocante [tʃoˈkante] *adj* ❶ (*raro*) merkwürdig; (*sorprendente*) verwunderlich ❷ (*escandaloso*) anstößig ❸ (*Am: fastidioso*) ärgerlich; (*repugnante*) abstoßend
chocar [tʃoˈkar] <c→qu> **I.** *vi* ❶ (*vehículos*) kollidieren; (*dar*) aufprallen (*contra* auf +*akk*); (*coches*) auffahren (*contra* auf +*akk*) ❷ (*proyectil*) knallen (*contra* gegen +*akk*) ❸ (*encontrarse*) stoßen (*con* auf

+*akk*); (*personas*) zusammenstoßen; (*discutir*) aneinander geraten; **chocó con su jefe** er/sie hat sich mit seinem/ihrem Chef angelegt **II.** *vt* ❶ (*entrechocar*) aneinander stoßen; ~ **las copas** anstoßen; **¡chócala!** (*fam*) schlag ein! ❷ (*sorprender*) erstaunen ❸ (*perturbar*) erschüttern; (*escandalizar*) schockieren ❹ (*Am: repugnar*) abstoßen; **me chocan sus opiniones** ich finde seine/ihre Ansichten unmöglich

chocarrería [ʧokarreˈria] *f* ❶ (*chiste*) derber Witz *m*; (*dicho*) derber Spruch *m* ❷ (*acción*) Derbheit *f*

chocarrero, -a [ʧokaˈrrero, -a] *adj* derb

chochear [ʧoˈʧeˈar] *vi* ❶ (*por vejez*) senil werden; (*fam: atontar*) vertrotteln ❷ (*sentir cariño*) vernarrt sein

chochez [ʧoˈʧeθ] *f* ❶ (*senilidad*) Senilität *f* ❷ (*fam: tontería*) Trott(e)ligkeit *f*

chocho, -a [ˈʧoʧo, -a] *adj* ❶ (*senil*) senil; (*fam: lelo*) trott(e)lig ❷ (*chiflado*) vernarrt

chocolate [ʧokoˈlate] *m* ❶ (*para comer, beber*) Schokolade *f* ❷ (*argot: hachís*) Shit *m o nt*

chocolatera [ʧokolaˈtera] *f* ❶ (*vasija*) Schokoladenkanne *f* ❷ (*fam: vehículo*) Klapperkiste *f*

chocolatería [ʧokolateˈria] *f* ❶ (*fábrica*) Schokoladenfabrik *f* ❷ (*establecimiento*) ≈Café *nt*

chocolatina [ʧokolaˈtina] *f* Schokoladenriegel *m*

chofer [ʧoˈfer] *m*, **chófer** [ˈʧofer] *m* (*de un automóvil*) Fahrer *m*; (*personal*) Chauffeur *m*; (*de un camión*) (Kraft)fahrer *m*

chollo [ˈʧoʎo] *m* (*fam*) ❶ (*suerte*) Glück *nt*, Glücksfall *m* ❷ (*ganga*) Schnäppchen *nt*

cholo, -a [ˈʧolo, -a] *m, f* (*Am*) ❶ (*indio*) in die kreolische Gesellschaft integrierte(r) Indianer(in) ❷ (*mestizo*) Mestize, -in *m, f*

chopera [ʧoˈpera] *f* Pappelhain *m*

chopo [ˈʧopo] *m* (BOT) Pappel *f*

choque [ˈʧoke] *m* ❶ (*golpe*) Stoß *m* ❷ (*impacto*) Aufprall *m* ❸ (*colisión*) Kollision *f*; ~ **de frente** Frontalzusammenstoß *m* ❹ (*encuentro*) Zusammenstoß *m*; (*disputa*) Streit *m*, Reiberei *f* ❺ (*susto, t. MED*) Schock *m*

choricear [ʧoriθeˈar] *vt* (*fam*) mitgehen lassen

chorizar [ʧoriˈθar] <z→c> *vt* (*vulg*) *v.* **choricear**

chorizo¹ [ʧoˈriθo] *m* ❶ (*embutido*) luftgetrocknete Paprikawurst *f* ❷ (*contrapeso*) Balancierstange *f*

Der **chorizo** ist eine luftgetrocknete Paprikawurst aus gepökeltem Schweinefleisch. Das Paprikagewürz verleiht dem **chorizo** seine charakteristische rote Farbe. Diese Wurst schmeckt in jeder Region ein bisschen anders: mal ganz scharf, mal etwas milder.

chorizo, -a² [ʧoˈriθo, -a] *m, f* (*fam*) ❶ (*ladrón*) Dieb(in) *m(f)*; (*carterista*) Taschendieb(in) *m(f)* ❷ (*idiota*) Idiot(in) *m(f)*

chorlito [ʧorˈlito] *m* (ZOOL) Regenpfeifer *m*; **cabeza de ~** (*fig*) Wirrkopf *m*

chorrada [ʧoˈrraða] *f* ❶ (*chorrillo*) extra Schuss *m* ❷ (*fam: tontería*) Unfug *m* ❸ (*fam: cosa superflua*) unnützes Zeug *nt*

chorreado, -a [ʧorreˈaðo, -a] *adj* ❶ (*ganado vacuno*) mit dunklen Querstreifen ❷ (*Am: sucio*) befleckt

chorrear [ʧorreˈar] *vi* ❶ (*fluir*) rinnen ❷ (*gotear*) tropfen ❸ (*concurrir lentamente*) tröpfchenweise eintreffen

chorrillo [ʧoˈrriʎo] *m* (*de agua*) (dünner) Strahl *m*; (*de un ingrediente*) (kleiner) Schuss *m*

chorro [ˈʧorro] *m* ❶ (*hilo*) Strahl *m*; (*porción*) Guss *m*; (*de un ingrediente*) Schuss *m* ❷ (*torrente*) Strom *m*; (*montón*) Schwall *m*; **beber a ~s** in großen Zügen trinken; **llover a ~s** in Strömen regnen

chota¹ [ˈʧota] *f v.* **choto**

chota² [ˈʧota] *mf* (*fam*) ❶ (*soplón*) Petze *f* ❷ (*parásito*) Schmarotzer(in) *m(f)* ❸ (*pelotillero*) Kriecher(in) *m(f)*

chotear [ʧoteˈar] **I.** *vi* ausgelassen sein **II.** *vr*: ~ **se** (*fam*) spotten (*de* über +*akk*)

choteo [ʧoˈteo] *m* ❶ (*diversión*) Spaß *m*, Vergnügen *nt* ❷ (*burla*) Spott *m*

choto, -a [ˈʧoto, -a] *m, f* ❶ (*cría de la cabra*) Zicklein *nt* ❷ (*de la vaca*) Kalb *nt*

chovinista [ʧoβiˈnista] *adj o mf v.* **chauvinista**

choza [ˈʧoθa] *f*, **chozo** [ˈʧoθo] *m* ❶ (*cabaña*) Hütte *f* ❷ (*vivienda*) Bruchbude *f*

chubasco [ʧuˈβasko] *m* ❶ (*aguacero*) Regenschauer *m*; (*chaparrón*) Platzregen *m* ❷ (*contratiempo*) schwierige Phase *f*; (*revés*) Rückschlag *m*

chubasquero [ʧuβasˈkero] *m* Regenmantel *m*

chuchería [ʧuʧeˈria] *f* ❶ (*bocado*) Leckerei *f*; (*dulce*) Süßigkeit *f* ❷ (*menudencia*) Kleinigkeit *f*

chucho [ˈʧuʧo] *m* ❶ (*fam: perro*) Köter *m* ❷ (*Am: escalofrío*) Schüttelfrost *m*; (*fie-*

bre) Wechselfieber *nt*

chuchurrido, -a [tʃutʃu'rriðo, -a] *adj* (*fam:* estropeado) ramponiert; (*ropa*) abgetragen

chucrú [tʃu'kru] *m*, **chucrut** [tʃu'kru] *m*, **chucruta** [tʃu'kruta] *f sin pl* Sauerkraut *nt*

chueco, -a ['tʃweko, -a] *adj* (*Am*) ❶ (*pies*) krummbeinig ❷ (*fam: torcido*) krumm

chufa ['tʃufa] *f* (BOT) Erdmandel *f*

chufla ['tʃufla] *f* Witz *m*, Scherz *m*

chulada [tʃu'laða] *f* ❶ (*insolencia*) Frechheit *f* ❷ (*fam: cosa estupenda*) tolle Sache *f*

chulear [tʃule'ar] I. *vi, vr:* ~ **se** (*jactarse*) angeben II. *vr:* ~ **se** sich lustig machen (*de* über +*akk*)

chulería [tʃule'ria] *f* ❶ (*jactancia*) Angeberei *f* ❷ (*frescura*) Dreistigkeit *f*

chulesco, -a [tʃu'lesko, -a] *adj* (*pey*) großspurig

chuleta [tʃu'leta] I. *f* ❶ (*costilla*) Kotelett *nt* ❷ (*remiendo*) Flicken *m* ❸ (*fam: apunte*) Spickzettel *m* ❹ (*fam: bofetada*) Ohrfeige *f* II. *adj* (*fam*) frech, unverschämt; **ponerse** ~ frech werden

chuletón [tʃule'ton] *m* (T-Bone-)Steak *nt*

chulo[1] ['tʃulo] *m* ❶ (*gandul*) Tunichtgut *m*; (*mal educado*) Flegel *m* ❷ (*argot: proxeneta*) Zuhälter *m* ❸ (*dandi*) Dandy *m*

chulo, -a[2] ['tʃulo, -a] I. *adj* ❶ (*jactancioso*) angeberisch; (*presumido*) eingebildet ❷ (*fresco*) frech, unverschämt; **ponerse** ~ frech werden ❸ (*fam: elegante*) schick, flott; (*lindo*) hübsch II. *m, f* ❶ (*fanfarrón*) Angeber(in) *m(f)* ❷ (*exagerador*) Aufschneider(in) *m(f)*

chumbera [tʃum'bera] *f* (BOT) Feigenkaktus *m*

chumbo ['tʃumbo] *m* (*fruto*) Kaktusfeige *f*

chuminada [tʃumi'naða] *f* (*fam*) ❶ (*bobada*) Blödsinn *m* ❷ (*objeto sin valor*) wertloses Ding *nt*

chunga ['tʃuŋga] *f* (*fam*) Scherz *m*, Spaß *m*; **estar de** ~ scherzen

chungo, -a ['tʃuŋgo, -a] *adj* (*fam*) ❶ (*malo*) schlecht, mies; (*comida*) verdorben ❷ (*persona: rara*) komisch; (*enfermiza*) angeschlagen

chungón, -ona [tʃuŋ'gon, -ona] I. *adj* spaßig II. *m, f* Witzbold *m fam*

chunguearse [tʃuŋge'arse] *vr* (*bromear*) scherzen; (*embromar*) sich necken

chupa ['tʃupa] *f* ❶ (HIST) Rock *m;* **poner a alguien como** ~ **de dómine** (*fam*) jdn heruntermachen ❷ (*chaqueta*) Jacke *f;* (*chaleco*) Weste *f* ❸ (*AmC: borrachera*) Rausch *m*

chupa-chups® [tʃupa'tʃuβs] *m inv* Lolli *m*

chupada [tʃu'paða] *f* Zug *m*

chupado, -a [tʃu'paðo, -a] *adj* ❶ (*flaco*) mager; (*consumido*) ausgemergelt ❷ (*vestido*) eng (anliegend) ❸ (*fam: fácil*) kinderleicht ❹ (*Am: borracho*) betrunken

chupar [tʃu'par] I. *vt* ❶ (*extraer*) aussaugen; (*aspirar*) einsaugen; (*absorber*) aufsaugen ❷ (*caramelo*) lutschen; (*helado*) schlecken ❸ (*cigarrillo*) ziehen (an +*dat*) ❹ (*salud*) zehren (an +*dat*); (*debilitar*) schwächen II. *vi* ❶ (*fam: mamar*) (an der Mutterbrust) trinken ❷ (*aprovecharse*) schmarotzen; ~ **del bote** auf Kosten anderer leben ❸ (*Am: fam: beber*) trinken, saufen *abw*; (*fumar*) qualmen III. *vr:* ~ **se** ❶ (*secarse*) abmagern ❷ (*fam: permanecer*) absitzen ❸ (*loc, fam*): ~ **se los dedos** (*fig*) sich *dat* die Finger lecken

chupatintas [tʃupa'tintas] *m inv* (*pey*) ❶ (*escritor*) Schreiberling *m* ❷ (*oficinista*) Bürohengst *m*

chupete [tʃu'pete] *m* ❶ (*del bebé*) Schnuller *m;* (*del biberón*) Sauger *m* ❷ (*Am: pirulí*) Lolli *m*

chupetear [tʃupete'ar] *vi, vt* lutschen

chupetón [tʃupe'ton] *m* ❶ (*chupada*) kräftiger Zug *m* ❷ (*fam: marca de un beso*) Knutschfleck *m*

chupi ['tʃupi] I. *adj* (*fam*) prima II. *adv:* **pasarlo** ~ (*fam*) sich prima amüsieren

chupinazo [tʃupi'naθo] *m* (*t.* DEP) gezielter Schuss *m*

chupito [tʃu'pito] *m* (*de vino, licor*) Schlückchen *nt*

chupón, -ona [tʃu'pon, -ona] I. *adj* ❶ (*chupador*) saugend ❷ (*parásito*) schmarotzerisch II. *m, f* Schmarotzer(in) *m(f)*

chupóptero, -a [tʃu'poptero, -a] *m, f* (*fam*) Ausbeuter(in) *m(f)*

churrasco [tʃu'rrasko] *m* ❶ (*barbacoa*) Barbecue *nt* ❷ (*carne*) gegrilltes Fleisch *nt*

churrería [tʃurre'ria] *f* Stand, an dem „*churros*" gemacht und verkauft werden

churrete [tʃu'rrete] *m* Fleck *m*

churretón [tʃurre'ton] *m aum de* **churrete**

churro[1] ['tʃurro] *m* ❶ (*fritura*) frittiertes Spritzgebäck; **¡vete a freír** ~ **s!** geh hin, wo der Pfeffer wächst! ❷ (*chapuza*) Murks *m* ❸ (*suerte*) Glück *nt*

ℹ	**Land & Leute**

Beim **churro** handelt es sich um frittiertes Spritzgebäck. Ein typisch spanisches Frühstück ist *chocolate* (*heiße Schokolade*) *con churros*. **Churros** bekommt man entweder in einer *churrería*, in einer *cafetería* oder man kauft sie *en un puesto de churros* (an einer Bude auf der Straße).

churro, -a² ['tʃurro, -a] *adj* ❶ (*lana*) grob ❷ (*cordero*) einjährig

churumbel [tʃurum'bel] *m* (*voz gitana*) Kind *nt*

chusco¹ ['tʃusko] *m* ❶ (*mendrugo*) Stück *nt* trockenes Brot ❷ (*pan de munición*) Kommissbrot *nt*

chusco, -a² ['tʃusko, -a] **I.** *adj* drollig **II.** *m, f* Witzbold *m fam*

chusma ['tʃusma] *f* ❶ (*gentuza*) Pöbel *m* ❷ (*muchedumbre*) Menschenmasse *f*

chut [tʃut] <chut(e)s> *m* (DEP: *fútbol*) Schuss *m*

chutar [tʃu'tar] **I.** *vt* schießen; **esto va que chuta** (*fam*) das klappt wie geschmiert **II.** *vr:* ~ **se** (*argot*) sich *dat* einen Schuss setzen

chute ['tʃute] *m* (*argot*) Schuss *m*

chuzo ['tʃuθo] *m* Spieß *m;* **caen** ~ **s** (*fig: lluvia*) es regnet wie wild; (*nieve*) es schneit wie wild

Cía ['θia] *abr de* **compañía** Co.

cianuro [θja'nuro] *m* (QUÍM) Zyanid *nt*

ciática [θi'atika] *f* (MED) Ischias *m o nt o f*

ciático, -a [θi'atiko, -a] *adj* (ANAT): **nervio** ~ Ischiasnerv *m*

ciberbar [θiβer'βar] *m*, **cibercafé** [θiβerka'fe] *m* (INFOR) Internetcafé *nt*

ciberespacio [θiβeres'paθjo] *m* (INFOR) Cyberspace *m*

cibernauta [θiβer'nauta] *mf* (INFOR) Netsurfer(in) *m(f)*

cibernética [θiβer'netika] *f* (ELEC, MED) Kybernetik *f*

cibernético, -a [θiβer'netiko, -a] **I.** *adj* (ELEC, MED) kybernetisch **II.** *m, f* (ELEC, MED) Kybernetiker(in) *m(f)*

ciberpirado [θiβerpi'raðo] *m* (INFOR) Netzpirat *m*

cicatear [θikate'ar] *vi* (*fam*) knausern

cicatería [θikate'ria] *f* Knaus(e)rigkeit *f*

cicatero, -a [θika'tero, -a] **I.** *adj* knaus(e)rig *fam* **II.** *m, f* Knauser *m fam*

cicatriz [θika'triθ] *f* Narbe *f;* (*en el ánimo*) Spur *f*

cicatrización [θikatriθa'θjon] *f* Vernarbung *f*

cicatrizar [θikatri'θar] <z→c> **I.** *vi, vr:* ~ **se** vernarben **II.** *vt* heilen lassen

ciclamen [θi'klamen] *m* (BOT) Alpenveilchen *nt*

cíclico, -a ['θikliko, -a] *adj* zyklisch

ciclismo [θi'klismo] *m* (DEP) Radsport *m*

ciclista [θi'klista] **I.** *adj* Rad- **II.** *mf* Radfahrer(in) *m(f);* (DEP) Radsportler(in) *m(f)*

ciclo ['θiklo] *m* ❶ (*período, t.* ECON) Zyklus *m;* ~ **económico** Wirtschaftszyklus *m* ❷ (LIT) Sage *f;* ~ **del rey Arturo** Artussage *f;* **ciclo-cross** [θiklo'kros] *m sin pl* (DEP) Querfeldeinrennen *nt*

ciclomotor [θiklomo'tor] *m* Moped *nt*

ciclón [θi'klon] *m* ❶ (METEO: *huracán*) Zyklon *m*, Wirbelsturm *m;* (*borrasca*) Bö(e) *f* ❷ (TÉC) Zyklon® *m*

ciclope [θi'klope] *m*, **cíclope** ['θiklope] *m* Zyklop *m*

ciclópeo, -a [θi'klopeo, -a] *adj* zyklopisch

ciclostil(o) [θiklos'til(o)] *m* Vervielfältigungsgerät *nt*

cicloturismo [θiklotu'rismo] *m* Fahrradtourismus *m*

cicuta [θi'kuta] *f* (BOT) Schierling *m*

cidra ['θiðra] *f* Zitronatzitrone *f;* ~ **confitada** Zitronat *nt*

ciego, -a ['θjeɣo, -a] **I.** *adj* ❶ (*privado de la vista*) blind; **quedarse** ~ erblinden ❷ (*taponado*) verstopft **II.** *m, f* Blinde(r) *mf* **III.** *adv:* **a ciegas** blindlings; **obrar a ciegas** unüberlegt handeln

cielo ['θjelo] **I.** *m* ❶ (*atmósfera*) Himmel *m;* **a** ~ **raso** unter freiem Himmel; **reino de los** ~ **s** Himmelreich *nt;* **como caído del** ~ wie gerufen! ❷ (*apelativo cariñoso*) Schatz *m* **II.** *interj:* **¡** ~ **s!** (ach) du lieber Himmel!

ciempiés [θjem'pjes] *m inv* (ZOOL) Tausendfüß(l)er *m*

cien [θjen] *adj inv* hundert; **al** ~ **por** ~ hundertprozentig; *v. t.* **ochocientos**

ciénaga ['θjenaɣa] *f* Morast *m*

ciencia ['θjenθja] *f* ❶ (*saber*) Wissen *nt;* **a** [*o* **de**] ~ **cierta** mit Sicherheit ❷ (*disciplina*) Wissenschaft *f;* ~ **s físicas** Physik *f;* ~ **s políticas** Politikwissenschaft *f;* ~ **s** (**naturales**) Naturwissenschaften *fpl*

ciencia-ficción ['θjenθja-fiⁱ'θjon] *f sin pl* Sciencefiction *f*

cieno ['θjeno] *m* Schlick *m*

científico, -a [θjen'tifiko, -a] **I.** *adj* wissenschaftlich **II.** *m, f* Wissenschaftler(in) *m(f)*

ciento ['θjento] **I.** *adj* <cien> *inv* hundert; *v. t.* **ochenta II.** *m:* ~ **s de huevos** Hunderte von Eiern; **el cinco por** ~ fünf Prozent

cierne ['θjerne] *m* ❶ (BOT: *tiempo de fecundación*) Bestäubung *f;* **estar en** ~ (**s**) blühen; (*fig*) noch in den Kinderschuhen stecken ❷ *v.* **cierna**

cierre ['θjerre] *m* ❶ (*conclusión, t.* ECON, FIN) Schließen *nt;* (*clausura*) Schließung *f;* (PREN) Redaktionsschluss *m;* ~ **del ejercicio** Jahresabschluss *m;* ~ **patronal** Aus-

sperrung f ② (*dispositivo*) Verschluss m; ~ **centralizado** (AUTO) Zentralverriegelung f

ciertamente [θjerta'mente] adv gewiss, sicherlich

cierto¹ ['θjerto] adv gewiss; **por** ~ übrigens

cierto, -a² ['θjerto, -a] adj <certísimo> ① (*verdadero*) wahr; (*seguro*) sicher; **una información cierta** eine richtige Information; **estar en lo** ~ Recht haben; **lo** ~ **es que…** ehrlich gesagt … ② (*alguno*) gewiss; ~ **día** eines Tages

ciervo, -a ['θjerβo, -a] m, f Hirsch m, Hirschkuh f

cierzo ['θjerθo] m Nordwind m

cifra ['θifra] f ① (*guarismo*) Ziffer f; ~ **de negocios** (ECON) Umsatz m; ~ **de ventas** (ECON) Absatz m ② (*clave*) Kode m; **en** ~ verschlüsselt ③ (*monograma*) Monogramm nt ④ (*resumen*) Inbegriff m (*de +gen*)

cifrar [θi'frar] I. vt ① (*codificar*) verschlüsseln ② (*calcular*) berechnen ③ (*resumir*) setzen (*en* auf +*akk*) II. vr: ~**se** sich belaufen (*en* auf +*akk*)

cigala [θi'ɣala] f (ZOOL) Kronenhummer m

cigarra [θi'ɣarra] f ① (ZOOL) Zikade f ② (*bolsa*) Geldbeutel m

cigarrera [θiɣa'rrera] f ① (*vendedora*) Zigarrenverkäuferin f ② (*que elabora*) Zigarrendreherin f ③ (*caja*) Zigarrenkiste f ④ (*petaca*) Zigarrenetui nt

cigarrero, -a [θiɣa'rrero, -a] m, f (COM: *productor*) Zigarrenmacher(in) m(f); (*vendedor*) Zigarrenhändler(in) m(f)

cigarrillo [θiɣa'rriʎo] m Zigarette f

cigarro [θi'ɣarro] m Zigarre f

cigüeña [θi'ɣweɲa] f ① (*ave*) Storch m ② (*manivela*) Kurbel f

cigüeñal [θiɣwe'ɲal] m (AUTO) Kurbelwelle f

cilindrada [θilin'draða] f (AUTO) Hubraum m

cilíndrico, -a [θi'lindriko, -a] adj zylindrisch

cilindro [θi'lindro] m Zylinder m; (*en un reloj*) Trommel f

cima ['θima] f ① (*cumbre*) Spitze f; ~ **del árbol** (Baum)wipfel m; ~ **del monte** (Berg)gipfel m ② (*cúspide*) Höhepunkt m

cimarrón, -ona [θima'rron, -ona] adj (*Am: animal salvaje*) wild (lebend); (*planta salvaje*) wild (wachsend); (*animales domésticos*) verwildert

címbalo ['θimbalo] m (MÚS) Zimbel f

cimbo(r)rio [θim'bo(r)rjo] m (ARQUIT) Kuppelgewölbe nt

cimbrar [θim'brar], **cimbrear** [θimbre'ar] I. vt ① (*agitar*) schwingen ② (*golpear*)

schlagen ③ (*doblar*) biegen II. vr: ~**se** ① (*agitarse*) schwingen ② (*doblarse*) sich biegen

cimbreo [θim'breo] m ① (*agitación*) Schwingung f ② (*golpe*) Schlag m

cimentación [θimenta'θjon] f ① (*fundamento*) Fundamentierung f ② (*edificación*) Gründung f

cimentar [θimen'tar] <e→ie> vt ① (*fundar*) gründen ② (*fundamentar*) fundamentieren ③ (*afinar oro*) läutern ④ (*consolidar*) begründen

cimiento [θi'mjento] m Fundament nt

cimitarra [θimi'tarra] f Krummsäbel m

cinabrio [θi'naβrjo] m Zinnober m

cinc [θiŋ] m Zink nt

cincel [θin'θel] m Meißel m

cincelador(a) [θinθela'ðor(a)] m(f) (*metal*) Ziseleur(in) m(f)

cincelar [θinθe'lar] vt ziselieren

cincha ['θintʃa] f Sattelgurt m

cinchar [θin'tʃar] vt gurten

cinco ['θiŋko] I. adj inv fünf; **estar sin** ~ blank sein II. m Fünf f; v. t. **ocho**

cincuenta [θiŋ'kwenta] adj inv fünfzig; v. t. **ochenta**

cincuentavo¹ [θiŋkwen'taβo] m Fünfzigstel nt; v. t. **octavo**

cincuentavo, -a² [θiŋkwen'taβo, -a] adj fünfzigstel; v. t. **octavo**

cincuentena [θiŋkwen'tena] f Einheit aus fünfzig Teilen; **una** ~ **de personas** (etwa) fünfzig Personen

cincuentenario [θiŋkwente'narjo] m fünfzigster Jahrestag m

cincuentón, -ona [θiŋkwen'ton, -ona] I. adj in den Fünfzigern II. m, f Fünfzigjährige(r) mf

cine ['θine] m ① (*sala*) Kino nt; ~ **de barrio** Vorstadtkino nt ② (*séptimo arte*) Film m, Filmkunst f; ~ **mudo** Stummfilm m

cineasta [θine'asta] mf Cineast(in) m(f);

cineclub [θine'kluβ] m <cineclubs> Filmklub m

cinéfilo, -a [θi'nefilo, -a] m, f Kinoliebhaber(in) m(f)

cinegética [θine'xetika] f Jagdkunst f

cinema [θi'nema] m ① (*cine*) Kino nt ② (*cinemática*) Kinematik f

cinemascope® [θinemas'kope] m Cinemascope® nt

cinemateca [θinema'teka] f Filmarchiv nt

cinemática [θine'matika] f Kinematik f

cinematografía [θinematoɣra'fia] f Filmkunst f

cinematografiar [θinematoɣrafi'ar] <1. pres: cinematografío> vt (CINE) filmen

cinematográfico, -a [θinemato'ɣrafiko, -a]

adj filmisch

cinematógrafo [θinema'toɣrafo] *m* ❶ (*proyector*) Kinematograph *m* ❷ (*cine*) Lichtspieltheater *nt*

cinético, -a [θi'netiko, -a] *adj* (ARTE, FÍS) kinetisch

cingalés, -esa [θiŋga'les, -esa] **I.** *adj* ceylonesisch **II.** *m, f* Ceylonese, -in *m, f*

cíngaro, -a ['θiŋgaro, -a] **I.** *adj* zigeunerisch **II.** *m, f* Zigeuner(in) *m(f)*

cínico, -a ['θiniko, -a] **I.** *adj* ❶ (*desvergonzado*) zynisch ❷ (FILOS) kynisch **II.** *m, f* ❶ (*desvergonzado*) Zyniker(in) *m(f)* ❷ (FILOS) Kyniker(in) *m(f)*

cinismo [θi'nismo] *m* ❶ (*desvergüenza*) Zynismus *m* ❷ (FILOS) Kynismus *m*

cinta ['θinta] *f* ❶ (*tira*) Band *nt;* ~ **adhesiva** Klebeband *nt;* ~ **aislante** Isolierband *nt;* ~ **métrica** Messband *nt;* ~ **del pelo** Haarband *nt;* ~ **de vídeo** Videoband *nt* ❷ (*hilera de baldosas*) Abschlussleiste *f* (*aus Kacheln*) ❸ (*red de pesca*) Thunfischnetz *nt* ❹ (*planta*) Grünlilie *f*

cintilar [θinti'lar] *vi* glänzen

cinto ['θinto] *m* ❶ (*cinturón*) Gürtel *m* ❷ (*cintura*) Taille *f*

cintura [θin'tura] *f* Taille *f;* ~ **de avispa** Wespentaille *f*

cinturón [θintu'ron] *m* ❶ (*ceñidor*) Gürtel *m;* ~ **salvavidas** Rettungsring *m;* **apretarse el** ~ (*fig*) den Gürtel enger schnallen ❷ (*correa*) Gurt *m;* **ponerse el** ~ sich anschnallen ❸ (ASTR) Ring *m* ❹ (*carretera*) Ringstraße *f*

ciprés [θi'pres] *m* ❶ (*árbol*) Zypresse *f* ❷ (*madera*) Zypressenholz *nt*

circense [θir'θense] *adj* Zirkus-

circo ['θirko] *m* ❶ (*arena*) Zirkus *m;* ~ **ambulante** Wanderzirkus *m* ❷ (GEO) Senke *f*

circuir [θirku'ir] *irr como huir vt* umgeben

circuito [θirku'ito] *m* ❶ (*perímetro*) Umkreis *m* ❷ (*trayecto de carrera*) Rennstrecke *f* ❸ (*recorrido*) Rundfahrt *f* ❹ (ELEC) Stromkreis *m;* ~ **integrado** integrierter Schaltkreis; **corto** ~ Kurzschluss *m*

circulación [θirkula'θjon] *f* ❶ (*ciclo*) Kreislauf *m;* ~ **sanguínea** Blutkreislauf *m* ❷ (*tránsito*) Verkehr *m* ❸ (ECON) Umlauf *m;* ~ **paralela** (**de las monedas**) (UE) Parallelumlauf *m;* **retirar de la** ~ aus dem Verkehr ziehen

circular [θirku'lar] **I.** *adj* kreisförmig **II.** *vi* ❶ (*recorrer*) zirkulieren ❷ (*personas*) hin und her gehen; **¡circulen!** (bitte) weitergehen! ❸ (*vehículos*) hin und her fahren **III.** *f* Rundschreiben *nt*

circulatorio, -a [θirkula'torjo, -a] *adj* (MED)

Kreislauf-

círculo ['θirkulo] *m* Kreis *m;* ~ **de amistades** Freundeskreis *m;* ~ **vicioso** Teufelskreis *m*

circuncidar [θirkunθi'ðar] *vt* beschneiden

circuncisión [θirkunθi'sjon] *f* Beschneidung *f*

circunciso[1] [θirkun'θiso] *m* ❶ (*circuncidado*) Beschnittene(r) *m* ❷ (*judío*) Jude *m*

circunciso, -a[2] [θirkun'θiso, -a] **I.** *pp de* **circuncidar II.** *adj* beschnitten

circundante [θirkun'dante] *adj* umgebend; **mundo** ~ Umgebung *f*

circundar [θirkun'dar] *vt* umgeben

circunferencia [θirkumfe'renθja] *f* (MAT) ❶ (*círculo*) Kreis *m* ❷ (*contorno*) Umfang *m*

circunlocución [θirkunloku'θjon] *f* Umschreibung *f*

circunloquio [θirkun'lokjo] *m* Umschweife *mpl*

circunnavegar [θirkunnaβe'ɣar] <g→gu> *vt* umsegeln

circunscribir [θirkunˢkri'βir] *irr como escribir* **I.** *vt* ❶ (*concretar*) beschränken (*a* auf +*akk*) ❷ (MAT) umschreiben **II.** *vr:* ~**se** sich beschränken (*a* auf +*akk*)

circunscripción [θirkunˢkriβ'θjon] *f* ❶ (*concreción*) Einschränkung *f* ❷ (MAT) Umschreibung *f* ❸ (*distrito*) Bezirk *m*

circunscrito, -a [θirkunˢ'krito, -a] *pp de* **circunscribir**

circunspección [θirkunˢspeɣ'θjon] *f* Umsicht *f*

circunspecto, -a [θirkunˢ'pekto, -a] *adj* umsichtig

circunstancia [θirkunˢ'tanθja] *f* Umstand *m;* **en estas** ~**s** unter diesen Umständen

circunstancial [θirkunˢstan'θjal] *adj* umstandsbedingt

circunvalación [θirkumbala'θjon] *f* ❶ (*acción de circunvalar*) Umgehung *f;* **carretera de** ~ Umgehungsstraße *f* ❷ (MIL) Umwallung *f*

circunvalar [θirkumba'lar] *vt* umgehen

cirílico, -a [θi'riliko, -a] *adj* kyrillisch

cirineo, -a [θiri'neo, -a] **I.** *adj* aus Kyrene **II.** *m, f* Helfer(in) *m(f)*, Samariter(in) *m(f)*

cirio ['θirjo] *m* ❶ (*vela*) (lange, dicke) Wachskerze *f* ❷ (*fam: jaleo*) Durcheinander *nt*

cirro ['θirro] *m* ❶ (MED) Knoten *m* ❷ (METEO) Zirruswolke *f*

cirrosis [θi'rrosis] *f inv* (MED) Zirrhose *f*

cirrótico, -a [θi'rrotiko, -a] *adj* (MED) zirrhotisch

ciruela [θi'rwela] *f* Pflaume *f*

ciruelo [θi'rwelo] *m* ❶ (*pruno*) Pflaumenbaum *m* ② (*fam: tonto*) Dummkopf *m*

cirugía [θiruˈxia] *f* (MED) Chirurgie *f*

cirujano, -a [θiruˈxano, -a] *m, f* (MED) Chirurg(in) *m(f)*

ciscar [θisˈkar] <c→qu> **I.** *vt* (*fam*) besudeln **II.** *vr:* ~ **se** (*fam*) sein großes Geschäft machen

cisco [ˈθisko] *m* ① (*carbón*) (Kohlen)grus *m;* **estar hecho un** ~ (*fam*) fix und fertig sein ② (*jaleo*) Krach *m*

Cisjordania [θisxorˈðanja] *f* Westjordanland *nt*

cisma [ˈθisma] *m* ① (REL) Schisma *nt* ② (*desacuerdo*) Zwist *m*

cisne [ˈθisne] *m* Schwan *m*

cister [θisˈter] *m*, **císter** [ˈθister] *m* (REL) Zisterzienserorden *m*

cisterna [θisˈterna] **I.** *adj* Tank-; **barco** ~ Tanker *m* **II.** *f* ① (*aljibe*) Zisterne *f* ② (*de un retrete*) Spülkasten *m*

cisura [θiˈsura] *f* ① (*fisura*) Riss *m* ② (*cicatriz*) Narbe *f* ③ (*incisión*) Einstich *m*

cita [ˈθita] *f* ① (*convocatoria*) Termin *m* ② (*encuentro*) Verabredung *f;* ~ **anual** jährliches Treffen; ~ **a ciegas** Blind date; **tener una** ~ **con alguien** mit jdm verabredet sein ③ (*mención*) Zitat *nt*

citación [θitaˈθjon] *f* ① (JUR) Vorladung *f* ② (*el mencionar*) Zitieren *nt*

citar [θiˈtar] **I.** *vt* ① (*convocar*) zu einem Termin einladen ② (*mencionar*) zitieren ③ (JUR) (vor)laden **II.** *vr:* ~ **se** sich verabreden

cítara [ˈθitara] *f* (MÚS) Zither *f*

citología [θitoloˈxia] *f* (BIOL, MED) Zytologie *f*

cítrico, -a [ˈθitriko, -a] *adj* Zitrus-; **aceite** ~ Zitrusöl *m*

cítricos [ˈθitrikos] *mpl* ① (*frutas*) Zitrusfrüchte *fpl* ② (*plantas*) Zitruspflanzen *fpl*

ciudad [θjuˈðað] *f* Stadt *f;* ~ **hermanada** Partnerstadt *f;* ~ **industrial** Industriestadt *f;* ~ **de origen** Heimatstadt *f;* ~ **universitaria** Campus *m*

ciudadanía [θjuðaðaˈnia] *f* ① (*nacionalidad*) Staatsangehörigkeit *f* ② (*conjunto de ciudadanos*) Bürgerschaft *f* ③ (*civismo*) Bürgersinn *m*

ciudadano, -a [θjuðaˈðano, -a] **I.** *adj* ① (*de la ciudad*) städtisch ② (*del ciudadano*) bürgerlich **II.** *m, f* ① (*residente*) Städter(in) *m(f)* ② (*súbdito*) Staatsbürger(in) *m(f); (referente a una ciudad*) Bürger(in) *m(f)*

ciudadela [θjuðaˈðela] *f* Zitadelle *f*

ciudad-estado [θjuˈðað-esˈtaðo] <ciudades-estado> *f* Stadtstaat *m*

ciudadrealeño, -a [θjuðaðˈrreaˈleɲo, -a]

cívico, -a [ˈθiβiko, -a] *adj* ① (*de la ciudad*) städtisch ② (*del ciudadano*) bürgerlich ③ (*del civismo*) zivilisiert

civil [θiˈβil] **I.** *adj* ① (*cívico*) bürgerlich, zivil; **derecho** ~ Zivilrecht *nt;* **guerra** ~ Bürgerkrieg *m* ② (*correcto*) zivilisiert, gesittet **II.** *mf* ① (*fam: guardia* ~) Angehörige(r) *mf* der Guardia civil ② (*paisano*) Zivilist(in) *m(f)*

civilidad [θiβiliˈðað] *f* ① (*civismo*) Bürgersinn *m* ② (*amabilidad*) Zuvorkommenheit *f*

civilización [θiβiliθaˈθjon] *f* ① (*progreso*) Zivilisation *f* ② (*cultura*) Kultur *f*

civilizar [θiβiliˈθar] <z→c> *vt* zivilisieren

civismo [θiˈβismo] *m* ① (*espíritu cívico*) Bürgersinn *m* ② (*cortesía*) Höflichkeit *f*

cizalla [θiˈθaʎa] *f* ① (*recorte*) Verschnittblech *nt* ② *pl* (*tijeras*) Blechschere *f*

cizallar [θiθaˈʎar] *vt* schneiden

cizaña [θiˈθaɲa] *f* ① (BOT) Taumellolch *m* ② (*adversidad*) Widrigkeit *f* ③ (*enemistad*) Zwietracht *f*

cizañar [θiθaˈɲar] *vt* Zwietracht säen (zwischen + *dat*)

cizañero, -a [θiθaˈɲero, -a] **I.** *adj* intrigant **II.** *m, f* ① (*intrigante*) Unruhestifter(in) *m(f)* ② (*pendenciero*) streitsüchtige Person *f*

clamar [klaˈmar] **I.** *vi* flehen **II.** *vt* fordern

clamor [klaˈmor] *m* ① (*lamento*) Jammern *nt* ② (*clamoreo*) Geschrei *nt* ③ (*toque de campana*) Totengeläut(e) *nt*

clamoroso, -a [klamoˈroso, -a] *adj* ① (*acompañado de clamor*): **triunfo** ~ Triumphgeschrei *nt* ② (*sensacional*) grandios

clan [klan] *m* Clan *m*

clandestinidad [klandestiniˈðað] *f* ① (*secreto*) Heimlichkeit *f* ② (POL) Untergrund *m*

clandestino, -a [klandesˈtino, -a] *adj* ① (*secreto*) heimlich; **reunión clandestina** geheimes Treffen ② (*ilegal*): **movimiento** ~ Untergrundbewegung *f*

claqué [klaˈke] *f* Stepp(tanz) *m*

claqueta [klaˈketa] *f* (CINE) Klappe *f*

clara [ˈklara] *f* ① (*del huevo*) Eiweiß *nt* ② (*bebida*) Radler *m südd,* Alsterwasser *nt nordd*

claraboya [klaraˈβoʝa] *f* (*en el techo*) (Dach)luke *f; (en la pared*) Oberlicht *nt*

claramente [klaraˈmente] *adv* deutlich

clarear [klareˈar] **I.** *vi* ① (*amanecer*) hell werden; **al** ~ **el día** bei Tagesanbruch ② (*despejarse*) aufklaren ③ (*concretarse*)

deutlich werden **II.** *vt* aufhellen **III.** *vr:*
~**se** ❶ (*gastarse*) fadenscheinig werden
❷ (*transparentarse*) durchsichtig werden
❸ (*descubrirse*) sich verraten

clarete [kla'rete] *m* Rosé(wein) *m*

claridad [klari'ða⁰] *f* ❶ (*luminosidad*) Helligkeit *f* ❷ (*lucidez*) Klarheit *f* ❸ (*claror*)
fernes Leuchten *nt* ❹ (*loc*): **decir cuatro**
~ **es a alguien** jdm gehörig die Meinung
sagen

clarificación [klarifika'θjon] *f* ❶ (*iluminación*) Erhellung *f* ❷ (*aclaración*) Klärung *f*

clarificador(a) [klarifika'ðor(a)] *adj* klä-
rend

clarificar [klarifi'kar] <c→qu> *vt* ❶ (*iluminar*) erhellen ❷ (*aclarar*) klären

clarín [kla'rin] *m* ❶ (*instrumento*) Bügel-
horn *nt* ❷ (*músico*) Bügelhornbläser *m*

clarinete [klari'nete] *m* ❶ (*instrumento*)
Klarinette *f* ❷ (*músico*) Klarinettist *m*

clarinetista [klarine'tista] *mf* Klarinet-
tist(in) *m(f)*

clarividencia [klariβi'ðeŋθja] *f* ❶ (*perspi-
cacia*) Hellsichtigkeit *f* ❷ (*instinto*)
Gespür *nt* ❸ (*percepción*) hellseherische
Fähigkeit *f*

clarividente [klariβi'ðente] **I.** *adj* ❶ (*perspicaz*) hellsichtig ❷ (*que percibe*) hellse-
herisch **II.** *mf* ❶ (*adivino*) hellsichtige Person *f* ❷ (*persona que percibe*) Hellse-
her(in) *m(f)*

claro¹ ['klaro] **I.** *interj* (na) klar!, natürlich!;
¡~ **que no!** natürlich nicht! **II.** *m*
❶ (*hueco*) Lücke *f* ❷ (*calvero*) Lichtung *f*
❸ (*calva*) kahle Stelle *f* **III.** *adv* deutlich

claro, -a² ['klaro, -a] *adj* ❶ (*iluminado*) hell;
azul ~ hellblau ❷ (*ilustre*) berühmt
❸ (*evidente*) klar; **poner** [*o* **sacar**] **en** ~
klarstellen ❹ (*fino*) dünn ❺ (*franco*)
offen, freimütig

claror [kla'ror] *m* Leuchten *nt*

claroscuro [klaros'kuro] *m* ❶ (ARTE, FOTO)
Helldunkel *nt* ❷ (*indecisión*) Unschlüssigkeit *f*

clase ['klase] *f* ❶ (*tipo*) Sorte *f*, Art *f*; **sin
ninguna** ~ **de...** ohne jede Art von ...; **trabajos de toda** ~ Arbeiten jeder Art
❷ (BIOL) Klasse *f* ❸ (*grupo social*) (Gesell-
schafts)schicht *f*; ~ **alta** Oberschicht *f*; ~
media Mittelschicht *f* ❹ (ENS: *grupo de
alumnos*) Klasse *f*; (*curso*) Unterricht *m*;
dar ~ unterrichten ❺ (*categoría*) Klasse *f*;
~ **turista** Touristenklasse *f*

clasicismo [klasi'θismo] *m* ❶ (ARTE, LIT)
Klassik *f* ❷ (ARQUIT: *neoclasicismo*) Klassizismus *m*

clásico, -a ['klasiko, -a] **I.** *adj* klassisch **II.** *m*,
f Klassiker(in) *m(f)*

clasificable [klasifi'kaβle] *adj* klassifizierbar

clasificación [klasifika'θjon] *f* ❶ (*ordenación*) Sortierung *f*; ~ **en grupos** Einteilung
in Gruppen ❷ (BIOL) Klassifikation *f*

clasificador [klasifika'ðor] *m* ❶ (*archivador*) Aktenschrank *m* ❷ (*separación*)
Register *nt* ❸ (*carpeta*) Ordner *m*

clasificar [klasifi'kar] <c→qu> **I.** *vt* ❶ (*ordenar*) sortieren (*por* nach +*dat*) ❷ (BIOL)
klassifizieren (*por* nach +*dat*) **II.** *vr:* ~**se**
sich qualifizieren

clasificatorio, -a [klasifika'torjo, -a] *adj*
❶ (*ordenar*) sortierend ❷ (BIOL) klassifizie-
rend

clasismo [kla'sismo] *m* Standesdünkel *m*
abw

clasista [kla'sista] **I.** *adj* ❶ (*peculiar de una
clase*) schicht(en)spezifisch ❷ (*consciente
de su clase*) klassenbewusst **II.** *mf* Anhän-
ger(in) *m(f)* der Klassengesellschaft

claudicación [klauðika'θjon] *f* ❶ (*falta*)
Weichwerden *nt* ❷ (*cesión*) Nachgeben *nt*

claudicar [klauði'kar] <c→qu> *vi* ❶ (*fallar*) weich werden ❷ (*ceder*) nachgeben

claustro ['klaustro] *m* ❶ (*galería*) Kreuzgang *m* ❷ (*conjunto de profesores*) Lehrkörper *m* ❸ (*reunión de profesores*) Leh-
rerversammlung *f* ❹ (*convento*) Kloster *nt*

claustrofobia [klaustro'foβja] *f* (PSICO)
Klaustrophobie *f*

claustrofóbico, -a [klaustro'foβiko, -a] *adj*
(PSICO) klaustrophobisch

cláusula ['klausula] *f* ❶ (JUR) Klausel *f*
❷ (LING) Satz *m*

clausura [klau'sura] *f* ❶ (*cierre*) Schließung
f; **sesión de** ~ Schlusssitzung *f* ❷ (*en un
convento*) Klausur *f*

clausurar [klausu'rar] *vt* schließen

clava ['klaβa] *f* Keule *f*

clavado, -a [kla'βaðo, -a] *adj* ❶ (*semejante*) sehr ähnlich ❷ (*exacto*) genau
❸ (*confuso*) verblüfft

clavar [kla'βar] **I.** *vt* ❶ (*hincar*) einschlagen
❷ (*enclavar*) annageln ❸ (*fijarse*) fixieren;
tener la vista clavada en algo den Blick
starr auf etw richten ❹ (*fam: engañar*) ausnehmen ❺ (*acertar*) treffen ❻ (*engastar*)
(ein)fassen ❼ (*fam: dar*) verpassen ❽ (*fam:
cobrar*) abknöpfen **II.** *vr:* ~**se una astilla
en el dedo** sich *dat* einen Span in den Finger treiben

clave ['klaβe] **I.** *adj inv* Schlüssel- **II.** *f* ❶ (AR-
QUIT) Schlussstein *m* ❷ (*código*) Kode *m*; ~
de acceso Passwort *nt*; **en** ~ codiert
❸ (*secreto*) Schlüssel *m* (*de* +*gen*)
❹ (MÚS) (Noten)schlüssel *m*

clavel [kla'βel] *m* (BOT) Nelke *f*

clavetear [klaβete'ar] *vt* ❶ (*guarnecer*)

beschlagen ❷ (*terminar*) abschließen ❸ (*clavar clavos*) vernageln

clavicémbalo [klaβi'θembalo] *m* (Clavi)cembalo *nt*

clavicordio [klaβi'korðjo] *m* Klavichord *nt*

clavícula [kla'βikula] *f* (ANAT) Schlüsselbein *nt*

clavicular [klaβiku'lar] *adj* (ANAT) Schlüsselbein-; **fractura** ~ Schlüsselbeinbruch *m*

clavija [kla'βixa] *f* ❶ (TÉC) Stift *m* ❷ (MÚS: *de guitarra*) Wirbel *m* ❸ (*enchufe*) Stecker *m* ❹ (*loc*): **apretar las ~ s a alguien** mit jdm ein ernstes Wörtchen reden

clavo ['klaβo] *m* ❶ (*punta*) Nagel *m;* **dar en el** ~ den Nagel auf den Knopf treffen ❷ (*especia*) (Gewürz)nelke *f* ❸ (*callo*) Hühnerauge *nt* ❹ (*jaqueca*) Migräne *f*

claxon ['klaʸson] *m* Hupe *f*

clemencia [kle'menθja] *f* Milde *f*, Nachsicht *f*

clemente [kle'mente] *adj* mild, nachsichtig

clementina [klemen̯'tina] *f* Klementine *f*

cleptomanía [kleptoma'nia] *f* (PSICO) Kleptomanie *f*

cleptómano, -a [klep'tomano, -a] **I.** *adj* (PSICO) kleptomanisch **II.** *m, f* (PSICO) Kleptomane, -in *m, f*

clerical [kleri'kal] *adj* geistlich

clericalismo [klerika'lismo] *m* (POL) Klerikalismus *m*

clérigo ['kleriɣo] *m* Geistliche(r) *m;* (*sólo iglesia católica*) Kleriker *m*

clero ['klero] *m* Geistlichkeit *f;* (*sólo iglesia católica*) Klerus *m*

clic [klik] *m* Klicken *nt*

cliché [kli'tʃe] *m* ❶ (*lugar común, t.* TIPO) Klischee *nt* ❷ (FOTO) Negativ *nt*

cliente, -a ['kljen̯te, -a] *m, f* Kunde, -in *m, f;* (*de un abogado*) Mandant(in) *m(f);* ~ **fijo** Stammkunde *m*

clientela [kljen̯'tela] *f* Kundschaft *f;* (*de un abogado*) Klientel *f*

clientelismo [kljen̯te'lismo] *m* ❶ (*amparo*) Protektion *f* ❷ (POL) Filzokratie *f*

clima ['klima] *m* ❶ (*atmósfera*) Klima *nt* ❷ (GEO) Breitengrad *m*

climático, -a [kli'matiko, -a] *adj* klimatisch

climatización [klimatiθa'θjon] *f* Klimatisierung *f*

climatizador [klimatiθa'ðor] *m* Klimaanlage *f*

climatizar [klimati'θar] <z→c> *vt* klimatisieren

climatología [klimatolo'xia] *f* Klimatologie *f*

climatológico, -a [klimato'loxiko, -a] *adj* klimatologisch

clímax ['klimaʸs] *m inv* Klimax *f*

clínica ['klinika] *f* Klinik *f*

clínico ['kliniko] *m* Krankenhaus *nt*

clip [klip] *m* ❶ (*sujetapapeles*) Büroklammer *f* ❷ (*pinza*) Klipp *m* ❸ (TV) (Video)clip *m*

clítoris ['klitoris] *m inv* (ANAT) Klitoris *f*

cloaca [klo'aka] *f* (*t.* ZOOL) Kloake *f*

clon [klon] *m* ❶ (BIOL) Klon *m* ❷ (*payaso*) Clown *m*

clonación [klona'θjon] *f* (BIOL) Klonierung *f*

clonar [klo'nar] *vt* (BIOL) klonen, klonieren

clónico, -a ['kloniko, -a] *adj* (BIOL) geklont

cloquear [kloke'ar] *vi* glucken

cloración [klora'θjon] *f* (QUÍM) Chlorierung *f*

clorar [klo'rar] *vt* (QUÍM) ❶ (*una síntesis*) chlorieren ❷ (*una piscina*) chloren

clorato [klo'rato] *m* (QUÍM) Chlorat *nt*

cloro ['kloro] *m* (QUÍM) Chlor *nt*

clorofila [kloro'fila] *f* (BOT, QUÍM) Chlorophyll *nt*, Blattgrün *nt*

cloroformo [kloro'formo] *m* (QUÍM) Chloroform *nt*

cloruro [klo'ruro] *m* (QUÍM) Chlorid *nt*

club [kluβ] <clubs *o* clubes> *m* Klub *m;* ~ **de alterne** Animierlokal *nt;* ~ **deportivo** Sportverein *m*

clueca ['klweka] *f* (ZOOL) Bruthenne *f*, Glucke *f*

cm [θeŋ'timetro] *abr de* **centímetro** cm

coacción [koaʸ'θjon] *f* (*coerción*) Zwang *m;* (JUR) Nötigung *f*

coaccionar [koaʸθjo'nar] *vt* (*coercer*) zwingen; (JUR) nötigen

coagulable [koaɣu'laβle] *adj* gerinnungsfähig

coagulación [koaɣula'θjon] *f* ❶ (*sangre*) Gerinnung *f* ❷ (QUÍM) Koagulation *f*

coagular [koaɣu'lar] **I.** *vt* (MED, QUÍM) koagulieren, gerinnen lassen **II.** *vr:* ~ **se** (MED) koagulieren, gerinnen

coágulo [ko'aɣulo] *m* (MED) Gerinnsel *nt*

coalición [koali'θjon] *f* Koalition *f*

coaligarse [koali'ɣarse] <g→gu> *vr* sich verbünden

coartada [koar'taða] *f* Alibi *nt*

coartar [koar'tar] *vt* ❶ (*libertad*) einschränken ❷ (*persona*) einengen

coautor(a) [koaʸ'tor(a)] *m(f)* ❶ (*de una acción*) Miturheber(in) *m(f);* (*de un libro*) Mitverfasser(in) *m(f)* ❷ (JUR) Mittäter(in) *m(f)*

coautoría [koaʸto'ria] *f* ❶ (*de un libro, de una acción*) Miturheberschaft *f* ❷ (JUR) Mittäterschaft *f*

coba ['koβa] *f* Schmeichelei *f;* **darle ~ a alguien** jdm Honig um den Bart schmieren *fam*

cobalto [ko'βaļto] *m* (QUÍM) Kobalt *nt*

cobarde [ko'βarðe] **I.** *adj* feige **II.** *m* Feigling *m*

cobardía [koβar'ðia] *f* Feigheit *f*

cobaya [ko'βaʝa] *m o f*Meerschweinchen *nt*

cobertizo [koβer'tiθo] *m* ❶ (*tejado*) Vordach *nt* ❷ (*cabaña*) Schuppen *m*

cobertor [koβer'tor] *m* Bettdecke *f*

cobertura [koβer'tura] *f* ❶ (*cobertor*) Decke *f;* (*que cubre*) Bedeckung *f;* (*que protege*) Abdeckung *f* ❷ (*COM: acción*) Deckung *f*

cobijar [koβi'xar] **I.** *vt* ❶ (*cubrir*) bedecken, zudecken ❷ (*proteger*) (be)schützen ❸ (*acoger*) Unterschlupf bieten +*dat* ❹ (*albergar*) beherbergen **II.** *vr:* ~ **se** (*protegerse*) Unterschlupf finden (*bajo* unter +*dat*); (*bajo un tejado*) sich unterstellen (*bajo* unter +*dat*); (*de algún peligro*) in Deckung gehen (*de* vor +*dat*)

cobijo [ko'βixo] *m* (*protección concreta*) Deckung *f;* (*amparo*) Unterschlupf *m*

cobra ['koβra] *f* (ZOOL) Kobra *f*

cobrador(a [koβra'ðor(a)] *m(f)* ❶ (*COM: que cobra*) Kassierer(in) *m(f)* ❷ (*de tranvía*) Schaffner(in) *m(f)*

cobrar [ko'βrar] **I.** *vt* ❶ (*recibir*) erhalten; (*suma*) kassieren; (*cheque*) einlösen; (*sueldo*) verdienen; **¡me cobra, por favor?** zahlen, bitte! ❷ (*exigir*) verlangen, berechnen; (*intereses*) erheben; (*deudas*) eintreiben ❸ (*conseguir*): ~ **ánimos** Kraft schöpfen; ~ **fama** zu Ruhm gelangen ❹ (*cuerda*) einholen **II.** *vi* ❶ (*sueldo*) Zahltag haben ❷ (*fam: paliza*) Prügel beziehen; **¡que vas a ~!** du fängst dir gleich eine! **III.** *vr:* ~ **se** abkassieren; (*fig*) fordern

cobre ['koβre] *m* ❶ (QUÍM) Kupfer *nt* ❷ *pl* (MÚS) Blechmusik *f* ❸ (*Am: moneda*) Kupfermünze *f*

cobrizo, -a [ko'βriθo, -a] *adj* kupferfarben

cobro ['koβro] *m* ❶ (*como fuente financiera*) Einnahme *f* ❷ (*acto de cobrar*) (Ein)kassieren *nt*, Berechnung *f* ❸ (FIN: *impuestos*) Erhebung *f;* (*pago*) Zahlung *f;* (*por el banco*) Einziehung *f;* ~ **por adelantado** Vorauszahlung *f;* ~ **pendiente** ausstehende Zahlung; **a** ~ **revertido** zu Lasten des Empfängers ❹ *pl* (COM) Außenstände *mpl*

coca ['koka] *f* ❶ (BOT) Kokastrauch *m* ❷ (*droga*) Kokain *nt* ❸ (*de pelo*) Haarknoten *m* ❹ (*fam: cabeza*) Rübe *f*

In einigen Regionen Spaniens werden an Festtagen süße fladenförmige Kuchen, die **cocas** angeboten, z.B. in *Cataluña* als **coca de San Juan** in der Johannisnacht. Auf Mallorca gibt es auch pikante **cocas** mit Zwiebeln und Tomaten, die in Aussehen und Geschmack an italienische Pizza erinnern.

coca-cola® [koka'kola] *f* Coca-Cola *f o nt*

cocaína [koka'ina] *f* Kokain *nt*

cocainómano, -a [kokai̯'nomano, -a] *m, f* Kokainsüchtige(r) *mf*

cocción [koθʸθjon] *f* ❶ (*acto*) Kochen *nt* ❷ (*duración*) Kochzeit *f;* (*en el horno*) Backzeit *f*

cóccix ['koθʸθiʸs] *m inv* (ANAT) Steißbein *nt*

cocear [koθe'ar] *vi* ❶ (*dar coces*) ausschlagen ❷ (*repugnar*) sich sträuben

cocer [ko'θer] *irr* **I.** *vt* ❶ (*cocinar*) kochen; (*hervir*) sieden; (*al horno*) backen ❷ (*cerveza*) brauen; (*ropa*) kochen; (*cerámica*) brennen **II.** *vi* ❶ (*hervir*) kochen ❷ (*fermentar*) (ver)gären **III.** *vr:* ~ **se** ❶ (*cocinarse*) gekocht werden ❷ (*tramarse*) sich zusammenbrauen ❸ (*sufrir*) unsäglich leiden ❹ (*fam: pasar calor*) vor Hitze eingehen

cochambre [ko'tʃambre] *f* (*fam*) Dreck *m;* **caer en la** ~ in der Gosse landen

cochambroso, -a [kotʃam'broso, -a] *adj* (*fam: sucio*) dreckig; (*asqueroso*) eklig; (*maloliente*) stinkig

cochazo [ko'tʃaθo] *m* (*fam*) Wahnsinnsauto *nt*

coche ['kotʃe] *m* ❶ (*automóvil*) Auto *nt;* ~ **de bomberos** Feuerwehrwagen *m;* ~ **de carreras** (DEP) Rennwagen *m;* ~ **de línea** Linienbus *m;* **ir en** ~ fahren ❷ (FERRO) Wagon *m;* ~ **de equipajes** Gepäckwagen *m* ❸ (*de caballos*) Kutsche *f*

coche-bomba ['kotʃe-'βomba] <coches-bomba> *m* Autobombe *f*

coche-cama ['kotʃe-'kama] <coches-cama> *m* (FERRO) Schlafwagen *m*

cochecito [kotʃe'θito] *m* Kinderwagen *m*

coche-litera ['kotʃe-li'tera] <coches-litera> *m* (FERRO) Liegewagen *m*

coche-patrulla ['kotʃe-pa'truʎa] <coches-patrulla> *m* Streifenwagen *m*

cochera [ko'tʃera] *f* Garage *f;* ~ **de tranvías** (*almacén*) Straßenbahndepot *nt*

coche-restaurante ['kotʃe-restau̯'rante] <coches-restaurante> *m* (FERRO) Speisewagen *m*

cochero [ko'tʃero] *m* Kutscher *m*

coche-vivienda ['kotʃe-βi'βjenda] <coches-vivienda> *m* Wohnwagen *m*, Wohnmobil *nt*

cochinada [koʧi'naða] *f,* **cochinería** [kot-ʃine'ria] *f* (*fam*) Schweinerei *f*

cochinilla [koʧi'niʎa] *f* ❶(ZOOL: *insecto*) Koschenille(schildlaus) *f* ❷(ZOOL: *crustáceo*) Kellerassel *f*

cochinillo [koʧi'niʎo] *m* Ferkel *nt*

cochino, -a [ko'ʧino, -a] **I.** *adj* (*fam*) schweinisch **II.** *m, f* ❶(ZOOL: *macho*) Schwein *nt;* (*hembra*) Sau *f* ❷(*fam: guarro*) (Dreck)schwein *nt*

cocido [ko'θiðo] *m* Kichererbseneintopf *m*

cociente [ko'θjeṇte] *m* (MAT) Quotient *m*

cocina [ko'θina] *f* ❶(*habitación*) Küche *f* ❷(*aparato*) Herd *m* ❸(*arte*) Kochkunst *f;* **la ~ alemana** die deutsche Küche; **libro de ~** Kochbuch *nt*

cocinar [koθi'nar] **I.** *vt* (*guisar*) kochen; (*aderezar*) zubereiten **II.** *vi* ❶(*guisar*) kochen ❷(*fam: inmiscuirse*) sich in fremde Angelegenheiten mischen

cocinero, -a [koθi'nero, -a] *m, f* Koch *m,* Köchin *f*

cocinilla [koθi'niʎa] *f* (*portátil*) Campingkocher *m;* (*de gas*) Gaskocher *m*

cocker ['koker] <cockers> **I.** *adj* (ZOOL) Cocker(spaniel)· **II.** *m* (ZOOL) Cockerspaniel *m*

coco ['koko] *m* ❶(BOT: *fruto*) Kokosnuss *f* ❷(BOT: *árbol*) Kokospalme *f* ❸(*fam: cabeza*) Birne *f,* Schädel *m;* (*cerebro*) Hirn *nt;* **comerse el ~** sich *dat* den Kopf zerbrechen ❹(*fam: ogro*) schwarzer Mann *m* ❺(ZOOL: *larva*) Kokon *m* ❻(BIOL: *bacteria*) Kokke *f*

cocodrilo [koko'ðrilo] *m* (ZOOL) Krokodil *nt*

cocotero [koko'tero] *m* Kokospalme *f*

coctel [kok'tel] <coctels> *m,* **cóctel** ['koktel] <cócteles> *m* Cocktail *m*

coctelera [kokte'lera] *f* Cocktailbecher *m*

coctelería [koktele'ria] *f* Cocktailbar *f*

codazo [ko'ðaθo] *m* Ellbogenstoß *m*

codear [koðe'ar] **I.** *vi* mit den Ellbogen stoßen **II.** *vr:* **~se** verkehren

codera [ko'ðera] *f* ❶(MED) Ellbogenkrätze *f* ❷(*en la ropa*) ausgebeulter Ellbogen *m* ❸(*refuerzo*) Ellbogenflicken *m*

códice ['koðiθe] *m* Handschrift *f,* Kodex *m*

codicia [ko'ðiθja] *f* ❶(*de algo material*) Habgier *f* ❷(*de algo inmaterial*) Begierde *f,* Gier *f* (*de* nach +*dat*)

codiciar [koði'θjar] *vt* begehren

codicilo [koði'θilo] *m* (JUR) Kodizill *nt*

codicioso, -a [koði'θjoso, -a] *adj* habgierig

codificación [koðifika'θjon] *f* ❶(JUR) Kodifizierung *f* ❷(*con señales*) Kodierung *f;* (*t.* INFOR) Verschlüsselung *f*

codificador [koðifika'ðor] *m* (INFOR) Kodierer *m;* **~-decodificador** Coder-Decoder

m; ~ (**en**) **numérico** Digitalisierer *m*

codificar [koðifi'kar] <c→qu> *vt* ❶(JUR) kodifizieren ❷(*con señales*) kodieren; (*t.* INFOR) verschlüsseln

código ['koðiɣo] *m* ❶(JUR) Kodex *m,* Gesetzbuch *nt; ~* **de circulación** Straßenverkehrsordnung *f;* **C~ Civil** Bürgerliches Gesetzbuch ❷(*de señales*) Kode *m; ~* **de barras** Balkenkode *m;* **mensaje en ~** verschlüsselte Botschaft ❸(*t.* ECON, FIN) Zahl *f,* Ziffer *f; ~* **bancario** Bankleitzahl *f; ~* **postal** Postleitzahl *f*

codillo [ko'ðiʎo] *m* ❶(ZOOL) Ellbogen *m* ❷(*de un árbol*) (Ast)stumpf *m* ❸(TÉC: *doblez*) Bugstück *nt,* Knie *nt* ❹(GASTR) Eisbein *nt*

codirector(a) [koðirek'tor(a)] *m(f)* Mitleiter(in) *m(f)*

codo ['koðo] *m* ❶(ANAT) Ell(en)bogen *m; ~* **de tenis** Tennisarm *m;* **empinar el ~** (*fam*) einen heben; **trabajar ~ a ~** Schulter an Schulter arbeiten; **hablar por los ~s** (*fam*) reden wie ein Wasserfall ❷(TÉC: *doblez*) Knie *nt,* Bugstück *nt* ❸(*de camino*) (Weg)biegung *f*

codorniz [koðor'niθ] *f* (ZOOL) Wachtel *f*

coeducación [koeðuka'θjon] *f* Unterricht *m* in gemischten Klassen

coeficiente [koefi'θjeṇte] *m* (MAT) Koeffizient *m*

coercer [koer'θer] <c→z> *vt* ❶(*obligar*) zwingen (*a* zu +*dat*); (JUR) nötigen (*a* zu +*dat*) ❷(*cohibir*) abhalten (*de* von +*dat*) ❸(*coartar*) einschränken

coerción [koer'θjon] *f* Zwang *m;* (JUR) Nötigung *f*

coercitivo, -a [koerθi'tiβo, -a] *adj* Zwangs-

coetáneo, -a [koe'taneo, -a] **I.** *adj* ❶(*de la misma edad*) gleichaltrig ❷(*contemporáneo*) zeitgenössisch **II.** *m, f* ❶(*de la misma edad*) Gleichaltrige(r) *mf* ❷(*contemporáneo*) Zeitgenosse, -in *m, f*

coexistencia [koeʸsis'teṇθja] *f* Koexistenz *f*

coexistente [koeʸsis'teṇte] *adj* koexistent

coexistir [koeʸsis'tir] *vi* koexistieren

cofia ['kofja] *f* Haube *f*

cofinanciación [kofinaṇθja'θjon] *f* (FIN) Mitfinanzierung *f*

cofradía [kofra'ðia] *f* ❶(*hermandad*) Laienbruderschaft *f* ❷(*gremio*) Zunft *f* ❸(*asociación*) Verein *m*

cofre ['kofre] *m* ❶(*caja*) Truhe *f;* (*maleta*) Koffer *m* ❷(*de joyas*) Schmuckkästchen *nt*

cofundador(a) [kofuṇda'ðor(a)] *m(f)* Mitbegründer(in) *m(f)*

cogedero [koxe'ðero] *m* (*mango*) Stiel *m*

cogedor [koxe'ðor] *m* Kehrichtschaufel *f*

coger [ko'xer] <g→j> **I.** *vt* ❶ (*agarrar*) festhalten (*de/por* an +*dat*), fassen (*de/por* an +*dat*); (*objeto caído*) aufheben; ~ **las al vuelo** es sofort kapieren *fam;* **le cogió del brazo** er/sie hielt ihn am Arm fest; **le cogió en brazos** er/sie nahm ihn auf den Arm ❷ (*tocar*) in die Hände nehmen ❸ (*quitar*) wegnehmen; (*en la aduana*) abnehmen, finden ❹ (*atrapar*) (auf)fangen; (*personas*) fassen; (*apresar*) festnehmen ❺ (*flores*) pflücken; (*cosecha*) ernten ❻ (AUTO: *atropellar*) überfahren, anfahren ❼ (*trabajo*) annehmen ❽ (*vicio, enfermedad*) bekommen; ~ **frío** sich erkälten; ~ **le cariño a alguien** jdn lieb gewinnen; ~ **el hábito de fumar** mit dem Rauchen anfangen; **ha cogido una gripe** er/sie hat sich *dat* eine Grippe zugezogen ❾ (*una noticia*) aufnehmen ❿ (*sorprender*) antreffen, vorfinden ⓫ (*adquirir*) nehmen; (*obtener*) besorgen; **¿vas a ~ el piso?** hast du dich für die Wohnung entschieden? ⓬ (RADIO) empfangen ⓭ (*tomar*) nehmen; ~ **el tren/ autobús** den Zug/Bus nehmen ⓮ (*Am: vulg: copular*) ficken **II.** *vi* ❶ (*planta*) Wurzeln schlagen ❷ (*tener sitio*) Platz haben ❸ (*Am: vulg: copular*) ficken (*con* +*akk*) **III.** *vr* (*pillarse*): ~ **se algo** sich *dat* etw einklemmen

cogestión [koxes'tjon] *f* Mitbestimmung *f*

cogida [ko'xiða] *f* ❶ (TAUR) Stierkampfunfall *m* ❷ (*de frutas*) Ernte *f*

cognición [koɣni'θjon] *f* (*t.* PSICO: *percepción*) Wahrnehmung *f;* (FILOS) Erkenntnis *f*

cognitivo, -a [koɣni'tiβo, -a] *adj* (PSICO) kognitiv

cogollo [ko'ɣoʎo] *m* ❶ (*de col, lechuga*) Herz *nt;* (*de árbol*) Baumkrone *f* ❷ (*brote*) Knospe *f* ❸ (*algo selecto*) Elite *f* ❹ (*núcleo*) Innere(s) *nt*

cogorza [ko'ɣorθa] *f* (*argot*) Suff *m*

cogote [ko'ɣote] *m* ❶ (*de la cabeza*) Hinterkopf *m* ❷ (*nuca*) Nacken *m;* **estar hasta el ~** (*fam*) die Nase voll haben

cogotudo [koɣo'tuðo] *m* (*Am*) Emporkömmling *m*

cohabitación [koaβita'θjon] *f* ❶ (*convivencia*) Zusammenleben *nt;* (JUR: *en el matrimonio*) eheliches Zusammenleben *nt* ❷ (*acto sexual*) Beischlaf *m*

cohabitar [koaβi'tar] *vi* ❶ (*convivir*) zusammenleben ❷ (JUR: *en el matrimonio*) ehelich zusammenleben ❸ (*pey: amancebarse*) in wilder Ehe leben

cohecho [ko'etʃo] *m* Bestechung *f,* Korruption *f*

coherencia [koe'renθja] *f* Zusammenhang *m*

coherente [koe'reṇte] *adj* (in sich) logisch, zusammenhängend, kohärent *geh*

cohesión [koe'sjon] *f* ❶ (*unión*) Zusammenhalt *m* ❷ (FÍS) Kohäsion *f*

cohesionador(a) [koesjona'ðor(a)] *adj* verbindend

cohesionar [koesjo'nar] *vt* zusammenhalten

cohete [ko'ete] *m* ❶ (*explosivo*) Feuerwerkskörper *m* ❷ (*misil*) Rakete *f*

cohibición [koiβi'θjon] *f* ❶ (*intimidación*) Einschüchterung *f* ❷ (*prohibición*) Einschränkung *f*

cohibido, -a [koi'βiðo, -a] *adj* (*intimidado*) eingeschüchtert; (*tímido, incómodo*) verschüchtert; (*inhibido*) gehemmt

cohibir [koi'βir] *irr como* prohibir **I.** *vt* (*intimidar*) einschüchtern; (*incomodar*) hemmen; (*refrenar*) befangen machen **II.** *vr*: ~ **se** den Mut verlieren

COI [koi] *m abr de* **Comité Olímpico Internacional** IOK *nt*

coincidencia [koinθi'ðeṇθja] *f* ❶ (*simultaneidad*) Überschneidung *f,* Zusammenfallen *nt;* **¡qué ~!** was für ein Zufall! ❷ (*acuerdo*) Absprache *f* ❸ (*concordancia*) Übereinstimmung *f* ❹ (*encuentro*) Zusammentreffen *nt*

coincidente [koinθi'ðente] *adj* ❶ (*simultáneo*) zusammenfallend ❷ (*concordante*) übereinstimmend ❸ (*en el mismo lugar*) zusammentreffend

coincidir [koinθi'ðir] *vi* ❶ (*sucesos*) zusammenfallen ❷ (*toparse*) zusammentreffen; ~ **con alguien** jdn zufällig treffen ❸ (*concordar*) sich decken, übereinstimmen; ~ **con alguien** mit jdm einer Meinung sein

coito ['koito] *m* Koitus *m,* Beischlaf *m*

cojear [koxe'ar] *vi* (*persona*) humpeln, hinken; (*animal*) lahmen; (*mueble*) wackeln

cojera [ko'xera] *f* Humpeln *nt,* Hinken *nt*

cojín [ko'xin] *m* Kissen *nt*

cojinete [koxi'nete] *m* (TÉC) Lager *nt*

cojo, -a ['koxo, -a] **I.** *adj* ❶ (*persona*) hinkend; (*animal*) lahm; **a la pata coja** auf einem Bein ❷ (*mueble*) wack(e)lig **II.** *m, f* Hinkende(r) *mf*

cojón [ko'xon] *m* (*vulg*) ❶ *pl* (*testículos*) Eier *ntpl fam* ❷ *pl* (*interjecciones*): **¡cojones!** Mist! *fam;* **es una música de cojones** das ist eine geile Musik *fam*

cojonudo, -a [koxo'nuðo, -a] *adj* (*argot*) Super-, Wahnsinns-; **un tío ~** (*estupendo*) ein Mordskerl; (*atractivo*) ein geiler Typ

cojudo, -a [ko'xuðo, -a] *adj* (*Am: tonto*) dumm

col [kol] *m* (BOT) Kohl *m;* ~ **es de Bruselas**

Rosenkohl *m*

cola ['kola] *f* ❶ (ANAT: *rabo*) Schwanz *m;* (*de caballo*) Schweif *m;* (*de conejo*) Blume *f* ❷ (*de vestido*) Schleppe *f;* **llevar la** ~ die Schleppe tragen ❸ (*al esperar*) Schlange *f;* **hacer** ~ Schlange stehen; **ponerse a la** ~ sich (hinten) anstellen ❹ (*de un cometa*) Schweif *m* ❺ (*pegamento*) Leim *m* ❻ (*vulg: pene*) Schwanz *m* fam ❼ (*Am: argot*): **pedir** ~ trampen

colaboración [kolaβora'θjon] *f* Zusammenarbeit *f,* Mitwirkung *f*

colaboracionismo [kolaβoraθjo'nismo] *m* (POL) Kollaboration *f*

colaboracionista [kolaβoraθjo'nista] **I.** *adj* (POL) kollaborierend **II.** *mf* (POL) Kollaborateur(in) *m(f)*

colaborador(a [kolaβora'ðor(a)] **I.** *adj* ❶ (*cooperativo*) zusammenarbeitend, mitwirkend ❷ (POL) kollaborierend **II.** *m(f)* Mitarbeiter(in) *m(f)*

colaborar [kolaβo'rar] *vi* ❶ (*cooperar*) zusammenarbeiten (*con* mit +*dat*), mitwirken (*en* an +*dat*) ❷ (POL) kollaborieren (*con* mit +*dat*)

colación [kola'θjon] *f* ❶ (JUR: *mención*) urkundliche Erwähnung *f;* (*de bienes*) Vergleich *m* ❷ (*pey: mencionar*): **sacar a** ~ zur Sprache bringen ❸ (*comida*) leichte (Zwischen)mahlzeit *f,* Snack *m*

colada [ko'laða] *f* ❶ (*de ropa*) Wäsche *f* ❷ (*blanquear con lejía*) (Weiß)waschen *nt* ❸ (QUÍM) Lauge *f* ❹ (*montaña*) Engpass *m*

coladero [kola'ðero] *m* ❶ (*pasador*) Sieb *nt* ❷ (*camino*) schmaler Weg *m*

colado, -a [ko'laðo, -a] *adj* (*fam: enamorado*) verknallt (*por* in +*akk*)

colador [kola'ðor] *m* Sieb *nt*

colapsar [kolap'sar] **I.** *vt* (*tráfico*) zum Erliegen bringen **II.** *vi, vr:* ~ **se** ❶ (*tráfico*) zum Erliegen kommen ❷ (MED) kollabieren

colapso [ko'lapso] *m* ❶ (MED) Kollaps *m* ❷ (*destrucción*) Zusammenbruch *m;* (*paralización*) Stillstand *m*

colar [ko'lar] <o→ue> **I.** *vt* ❶ (*filtrar*) filtern ❷ (*metal*) abstechen ❸ (*ropa: blanquear*) bleichen; (*en remojo*) einweichen ❹ (*fam: en la aduana*) (durch)schmuggeln **II.** *vi* ❶ (*penetrar: líquido*) durchsickern; (*aire*) streichen (*por* durch +*akk*) ❷ (*fam: información*) glaubwürdig sein **III.** *vr:* ~ **se** ❶ (*fam: entrar*) sich durchschleichen; (*una moneda*) durchfallen ❷ (*en una cola*) sich vordrängeln ❸ (*fam: equivocarse*) falsch liegen; **¡te colaste!** völlig daneben!

colateral [kolate'ral] *adj* seitlich; **línea** ~

Seitenlinie *f*

colcha ['kolʧa] *f* Tagesdecke *f*

colchón [kol'ʧon] *m* Matratze *f;* ~ **de agua** Wasserbett *nt*

colchonería [kolʧone'ria] *f* Matratzengeschäft *nt*

colchoneta [kolʧo'neta] *f* ❶ (*colchón neumático*) Luftmatratze *f;* (*colchón isotermo*) Isomatte *f* ❷ (DEP: *gimnasia*) Matte *f*

colear [kole'ar] *vi* ❶ (*la cola*) (mit dem Schwanz) wedeln ❷ (*durar*) andauern; (*tener efecto*) noch wirken

colección [kolekˠ'θjon] *f* ❶ (*recopilación*) Sammlung *f* ❷ (*de moda*) Kollektion *f* ❸ (*fam: cantidad*) Menge *f*

coleccionar [kolekˠθjo'nar] *vt* sammeln

coleccionismo [kolekˠθjo'nismo] *m* Sammlerleidenschaft *f*

coleccionista [kolekˠθjo'nista] *mf* Sammler(in) *m(f)*

colecta [ko'lekta] *f* ❶ (REL: *en misa*) Kollekte *f* ❷ (*recaudación*) Sammeln *nt* (für wohltätige Zwecke)

colectar [kolek'tar] *vt* ❶ (*reunir*) sammeln ❷ (LIT: *recopilar*) zusammenstellen

colectividad [kolektiβi'ðaˠð] *f* Kollektivität *f*

colectivismo [kolekti'βismo] *m* Kollektivismus *m*

colectivización *f* Kollektivierung *f*

colectivizar [kolektiβi'θar] <z→c> *vt* kollektivieren

colectivo¹ [kolek'tiβo] *m* (POL) Kollektiv *nt*

colectivo, -a² [kolek'tiβo, -a] *adj* ❶ (*todos juntos*) kollektiv; **acción colectiva** gemeinsame Aktion ❷ (*global*) umfassend

colector [kolek'tor] *m* ❶ (ELEC) Kollektor *m* ❷ (*canalización*) Abzugskanal *m*

colega [ko'leɣa] *mf* ❶ (*compañero*) Kollege, -in *m, f* ❷ (*homólogo*) Amtskollege, -in *m, f* ❸ (*argot: amigo*) Kumpel *m*

colegiado, -a [kole'xjaðo, -a] **I.** *adj* in einer Berufskammer organisiert **II.** *m, f* ❶ (*miembro*) Angehörige(r) *mf* einer Berufskammer ❷ (DEP: *árbitro*) Schiedsrichter(in) *m(f)*

colegial(a [kole'xjal(a)] **I.** *adj* ❶ (*de un colegio*) Schul-, Schüler- ❷ (*inexperto*) unerfahren **II.** *m(f)* ❶ (*alumno*) Schüler(in) *m(f)* ❷ (*inexperto*) Grünschnabel *m*

colegiarse [kole'xjarse] *vr* ❶ (*afiliarse*) einer Berufskammer beitreten ❷ (*organizarse*) sich in einer Berufskammer zusammenschließen

colegio [ko'lexjo] *m* ❶ (ENS) Schule *f;* **ir al** ~ zur Schule gehen ❷ (*Am: universidad*) Hochschule *f;* ~ **mayor** Studentenwohnheim *nt* ❸ (*corporación*) Berufsgenossen-schaft *f*; (*conjunto*) Kollegium *nt*; ~ **de abogados** Anwaltskammer *f*

colegir [kole'xir] *irr como elegir vt* ❶ (*juntar*) zusammenbringen, zusammenlegen ❷ (*deducir*) schließen (*de/por* aus +*dat*)

cólera¹ ['kolera] *m* (MED) Cholera *f*

cólera² ['kolera] *f* ❶ (ANAT) Galle *f* ❷ (*ira*) Jähzorn *m*; **acceso de** ~ Wutanfall *m*

colérico, -a [ko'leriko, -a] **I.** *adj* ❶ (*de temperamento*) cholerisch, jähzornig ❷ (*furioso*) zornig, wütend **II.** *m, f* Choleriker(in) *m(f)*

colesterol [koleste'rol] *m* (MED, QUÍM) Cholesterin *nt*

coleta [ko'leta] *f* (*peinado*) Pferdeschwanz *m*; **gente de** ~ (TAUR) Stierkämpfer *mpl*; **cortarse la** ~ (TAUR) den Stierkampfberuf aufgeben; (*fig*) alles aufgeben

coletilla [kole'tiʎa] *f* ❶ (*peinado*) Zöpfchen *nt*; (TAUR) Stierkämpferzöpfchen *nt* ❷ (*de un escrito*) Postskriptum *nt* ❸ (*palabra*) Floskel *f*

colgado, -a [kol'ɣaðo, -a] *adj* ❶ (*cuadro*) aufgehängt; (*cuerda*) gespannt; (*persona*) erhängt ❷ (*suspendido*) nicht bestanden

colgador [kolɣa'ðor] *m* (*en general*) Aufhängevorrichtung *f*; (*gancho*) Haken *m*; (*percha*) Bügel *m*

colgajo [kol'ɣaxo] *m* ❶ (*pey: trapo*) Fetzen *m* ❷ (*de frutas*) Traube *f* ❸ (MED: *herida*) Lappen *m*; ~ **de piel** Hautlappen *m*

colgante [kol'ɣaɲte] **I.** *adj* Hänge-; **puente** ~ (*entre dos lados*) Hängebrücke *f*; (*de castillo*) Zugbrücke *f* **II.** *m* ❶ (ARQUIT) Feston *nt* ❷ (*joya*) Anhänger *m*

colgar [kol'ɣar] *irr* **I.** *vt* ❶ (*pender*) hängen (*de/en* an +*akk*); (*decorar*) behängen (*de* mit +*dat*); (*ahorcar*) erhängen (*de* an +*dat*); ~ **el teléfono** den (Telefon)hörer auflegen ❷ (*dejar*) aufgeben; ~ **los libros** das Studium aufgeben ❸ (ENS: *fam: suspender*) durchfallen lassen ❹ (*atribuir*) anhängen **II.** *vi* ❶ (*pender*) hängen (*de/en* an/von +*dat*); (*de arriba para abajo*) herunterhängen (*de* von +*dat*); (*lengua del perro*) heraushängen ❷ (TEL: *auricular*) auflegen **III.** *vr*: ~ **se** sich erhängen (*de/en* an +*dat*)

colibrí [koli'βri] *m* (ZOOL) Kolibri *m*

cólico ['koliko] *m* (MED) Kolik *f*

coliflor [koli'flor] *f* Blumenkohl *m*

coligado, -a [koli'ɣaðo, -a] **I.** *adj* (*unido*) verbunden; (*aliado*) verbündet **II.** *m, f* Verbündete(r) *mf*

coligarse [koli'ɣarse] <g→gu> *vr* sich verbünden

colilla [ko'liʎa] *f* Zigarettenkippe *f*

colina [ko'lina] *f* Hügel *m*

colindante [koliɲ'daɲte] **I.** *adj* angrenzend **II.** *mf* (JUR) Grundstücksnachbar(in) *m(f)*

colindar [koliɲ'dar] *vi* grenzen (*con* an +*akk*)

colirio [ko'lirjo] *m* Augentropfen *mpl*

coliseo [koli'seo] *m* Kolliseum *nt*

colisión [koli'sjon] *f* Zusammenstoß *m*, Kollision *f*

colisionar [kolisjo'nar] *vi* zusammenstoßen (*con/contra* mit +*dat*), kollidieren (*con/contra* mit +*dat*)

colista [ko'lista] *mf* (*irón*) Person, die Schlange steht

collado [ko'ʎaðo] *m* ❶ (*colina*) Hügel *m* ❷ (*puerto*) (Gebirgs)pass *m*

collage [ko'laʃ] *m* (ARTE) Collage *f*

collar [ko'ʎar] *m* ❶ (*adorno*) Halskette *f*; (*de joyas o perlas*) Kollier *nt*; ~ **de perro** Hundehalsband *nt* ❷ (*insignia*) Ordenskette *f* ❸ (TÉC: *aro*) Ring *m*

collarín [koʎa'rin] *m* Kollar *nt*; (MED) Halskrause *f*

colmado¹ [kol'maðo] *m* Lebensmittelgeschäft *nt*

colmado, -a² [kol'maðo, -a] *adj* (*lleno*) voll (*de* mit +*dat*); (*repleto*) randvoll; **un año** ~ **de felicidad** ein glückliches Jahr

colmar [kol'mar] **I.** *vt* ❶ (*vaso*) bis zum Rand füllen (*de* mit +*dat*) ❷ (*alabanzas*) überschütten (*de* mit +*dat*) ❸ (*esperanzas*) erfüllen **II.** *vr*: ~ **se** in Erfüllung gehen

colmena [kol'mena] *f* (ZOOL) Bienenstock *m*

colmenar [kolme'nar] *m* Bienenstand *m*

colmenero, -a [kolme'nero, -a] *m, f* Imker(in) *m(f)*

colmillo [kol'miʎo] *m* Eckzahn *m*; (*de elefante*) Stoßzahn *m*; (*de perro*) Fangzahn *m*; **enseñar los** ~**s** (*fig*) die Zähne zeigen

colmo ['kolmo] *m* ❶ (*repleto*) Übermaß *nt*, Fülle *f* ❷ (*lo máximo*) Gipfel *m*; **para** ~ obendrein; **¡esto es el** ~! das ist (doch) der Gipfel!

colocación [koloka'θjon] *f* ❶ (*empleo*) (An)stellung *f* ❷ (*disposición*) Anordnung *f*, Aufstellung *f* ❸ (COM: *inversión*) Anlage *f*, Placement *nt* ❹ (DEP: *posición*) (Spieler)aufstellung *f*

colocado, -a [kolo'kaðo, -a] *adj* (*argot: bebido*) blau; (*drogado*) high

colocar [kolo'kar] <c→qu> **I.** *vt* ❶ (*emplazar*) stellen; (*según un orden*) (an)ordnen; (*poner*) legen; (*cuadro, cartel*) anbringen ❷ (DEP: *balón, flecha*) schießen ❸ (COM: *invertir*) anlegen, plazieren; (*mercancías*) absetzen, verkaufen ❹ (*empleo*) anstellen ❺ (*casar*) unter die Haube bringen *fam* ❻ (*argot: encarcelar*) einbuchten **II.** *vr*:

~**se** ❶(*empleo*) eine Anstellung finden
❷(*sombrero, gafas*) sich *dat* aufsetzen
❸(*posicionarse*) sich hinstellen; (*sentarse*) Platz nehmen ❹(*argot: alcohol*)
sich betrinken; (*drogas*) Drogen nehmen;
(*heroína*) sich *dat* einen Schuss setzen

colocón [kolo'kon] *m* (*argot*) Rausch *m*

colofón [kolo'fon] *m* ❶(*libro*) Schlussbemerkungen *fpl* ❷(*fin*) Abschluss *m;* **para**
~ zum Schluss

Colombia [ko'lombja] *f* Kolumbien *nt*

---

i Land & Leute

Colombia (offiziell: *República de
Colombia*) liegt im Nordwesten Südamerikas, zwischen der Karibik und
dem Pazifik. Die Hauptstadt (*Santa Fe
de*) *Bogotá* ist gleichzeitig die größte
Stadt des Landes. Die offizielle Landessprache Kolumbiens ist Spanisch. Die
Währungseinheit ist der *peso.*

---

colombiano, -a [kolom'bjano, -a] **I.** *adj*
kolumbianisch **II.** *m, f* Kolumbianer(in)
m(f)

colombicultura [kolombikul'tura] *f* Taubenzucht *f*

colombino, -a [kolom'bino, -a] *adj* kolumbisch

colombofilia [kolombo'filja] *f* (Brief)taubenzucht *f*

colon ['kolon] *m* (ANAT) Grimmdarm *m*

Colón [ko'lon] *m* ❶(*Cristóbal*) Kolumbus
m ❷(*moneda*) Colón *m*

---

i Land & Leute

Der italienische Seefahrer **Cristóbal
Colón** (1451–1506) sollte, im Auftrag
der *Reyes Católicos*, einen kürzeren
Seeweg nach Asien finden. Stattdessen
entdeckte er (Mittel)Amerika für die
spanische Krone. Insgesamt unternahm
er vier Reisen in die so genannte Neue
Welt.

---

colonia [ko'lonja] *f* ❶(BIOL, POL: *aglomeración*) Kolonie *f* ❷ *pl* (*para niños*) Ferienkolonie *f* ❸(*barrio*) Stadtviertel *nt* ❹(*perfume*) Kölnischwasser *nt*

Colonia [ko'lonja] *f* Köln *nt;* **agua de** ~ Kölnischwasser *nt*

colonial *adj* Kolonial-; **productos** ~**es**
Kolonialwaren *fpl*

colonialismo [kolonja'lismo] *m* Kolonialismus *m*

colonialista [kolonja'lista] **I.** *adj* kolonialistisch **II.** *mf* Kolonialist(in) *m(f)*

colonización [koloniθa'θjon] *f* ❶(POL: *conquista*) Kolonisierung *f* ❷(*población*)
Besied(e)lung *f*

colonizador(a) [koloniθa'ðor(a)] **I.** *adj*
kolonisierend **II.** *m(f)* ❶(*conquistador*)
Kolonist(in) *m(f)* ❷(*poblador*) Siedler(in)
m(f)

colonizar [koloni'θar] <z→c> *vt* ❶(*conquistar*) kolonisieren ❷(*poblar*) besiedeln

colono, -a [ko'lono, -a] *m, f* ❶(POL: *conquistador*) Kolonist(in) *m(f)* ❷(*poblador*)
Siedler(in) *m(f)* ❸(AGR: *labrador*) Pachtbauer, -bäuerin *m, f*

coloquial [kolo'kjal] *adj* (LING) umgangssprachlich

coloquio [kolo'lokjo] *m* ❶(*conversación*)
Gespräch *nt;* (*científico*) Kolloquium *nt*
❷(*congreso*) Kongress *m,* Konferenz *f*

color [ko'lor] *m* ❶(*en general*) Farbe *f;*
película en ~ Farbfilm *m;* **un hombre de**
~ ein Farbiger; **un vestido de** ~**es** ein
buntes Kleid; **huevos de** ~ (*Am*) braune
Eier; **nuestros** ~**es** (DEP) unsere Mannschaft; **mudar de** ~ (*palidecer*) erblassen;
(*ruborizarse*) erröten ❷ *pl* (ARTE: *conjunto*) Farbgestaltung *f* ❸(*sustancia*)
Farbe *f* ❹(POL: *ideología*) politische Überzeugung *f*

coloración [kolora'θjon] *f* ❶(*acto*) Färben
nt ❷(*resultado, carácter*) Färbung *f*

colorado, -a [kolo'raðo, -a] *adj* ❶(*coloreado*) farbig, bunt ❷(*rojo*) rot; **ponerse**
~ erröten

colorante [kolo'rante] **I.** *adj* färbend **II.** *m*
Farbstoff *m*

colorar [kolo'rar] *vt* färben, kolorieren

coloreado, -a [kolore'aðo, -a] *adj* farbig

colorear [kolore'ar] **I.** *vt* ❶(*dar color*) färben; (*pintar*) anmalen ❷(*al relatar*)
beschönigen **II.** *vi* ❶(*frutos*) Farbe bekommen ❷(*tirar a rojo*) ins Rötliche (über)gehen

colorete [kolo'rete] *m* Rouge *nt*

colorido [kolo'riðo] *m* ❶(*conjunto*) Färbung *f* ❷(*tipismo*) (Lokal)kolorit *nt*

colorismo [kolo'rismo] *m* ❶(ARTE)
Kolorismus *m* ❷(LIT) überladener Stil *m*

colosal [kolo'sal] *adj* (*t. fam*) kolossal

coloso [ko'loso] *m* ❶(*estatua*) Koloss *m*
❷(*persona*) außergewöhnlicher Mensch
m; (*en un campo*) Größe *f*

columbrar [kolum'brar] *vt* ❶(*divisar*) ausmachen ❷(*solución*) erahnen

columna [ko'lumna] *f* ❶(*pilar*) Säule *f*
❷(*montón*) Stapel *m* ❸(*periódico*)

Kolumne *f,* (Druck)spalte *f* ❹ (MIL: *formación*) Kolonne *f* ❺ (ANAT): ~ **vertebral** Wirbelsäule *f* ❻ (*fig: apoyo*) Rückgrat *nt,* Stütze *f*

columnista [kolum'nista] *mf* Kolumnist(in) *m(f)*

columpiar [kolum'pjar] I. *vt* ❶ (*balancear*) schaukeln ❷ (*mecer*) wiegen II. *vr:* ~ **se** schaukeln

columpio [ko'lumpjo] *m* ❶ (*para niños*) Schaukel *f* ❷ (*Am: mecedora*) Schaukelstuhl *m*

colza ['kolθa] *f* (BOT) Raps *m*

coma¹ ['koma] *m* (MED) Koma *nt*

coma² ['koma] *f* (LING) Komma *nt*

comadre [ko'maðre] *f* ❶ (*fam: comadrona*) Hebamme *f* ❷ (*madrina*) Taufpatin *f* ❸ (*fam: vecina*) (befreundete) Nachbarin *f* ❹ (*fam: amiga íntima*) Busenfreundin *f* ❺ (*fam: alcahueta*) Klatschbase *f* ❻ (*fam: celestina*) Kupplerin *f*

comadrear [komaðre'ar] *vi* (*fam*) klatschen, lästern

comadreja [koma'ðrexa] *f* (ZOOL) Wiesel *nt*

comadrona [koma'ðrona] *f* Hebamme *f*

comanche [ko'mantʃe] *mf* Komantsche *mf*

comandancia [komaɲ'daɲθja] *f* ❶ (*mando*) Befehlsgewalt *f,* Kommando *nt* ❷ (*grado, cuartel*) Kommandantur *f* ❸ (MIL, NÁUT: *zona*) Marineprovinz *f*

comandante [komaɲ'daɲte] *m* ❶ (MIL) Befehlshaber *m,* Kommandeur *m;* (*grado*) Kommandant *m,* Oberst *m* ❷ (NÁUT) Kommandant *m,* (Schiffs)kapitän *m* ❸ (AERO) (Flug)kapitän *m*

comandar [komaɲ'dar] *vi, vt* kommandieren

comando [ko'maɲdo] *m* ❶ (MIL) Kommando *nt* ❷ (INFOR) Befehl *m;* ~ **de arranque** Startbefehl *m*

comarca [ko'marka] *f* (*zona*) Gegend *f;* (*región*) Gebiet *nt;* (ADMIN) (Land)kreis *m*

comarcal [komar'kal] *adj* Kreis-; **carretera** ~ Kreisstraße *f*

comba ['komba] *f* ❶ (*curvatura*) Verbiegung *f;* (*de madera*) Verziehen *nt;* (*de una cuerda*) Durchhängen *nt* ❷ (*cuerda*) Hüpfseil *nt;* (*juego*) Seilhüpfen *nt;* **saltar a la** ~ seilhüpfen

combar [kom'bar] I. *vt* verbiegen; (*madera*) verziehen II. *vr:* ~ **se** sich biegen; (*madera*) sich verziehen; (*cuerda*) durchhängen

combate [kom'bate] *m* ❶ (*lucha*) Kampf *m,* Gefecht *nt;* (*batalla*) Schlacht *f;* ~ **naval** Seeschlacht *f* ❷ (DEP: *competición*) Wettkampf *m;* (*partido*) Match *nt;* ~ **de boxeo** Boxkampf *m;* **fuera de** ~ kampfunfähig

combatiente [komba'tjeɲte] I. *adj* ❶ (*contendiente*) kämpfend, Kampf- ❷ (*combativo*) kämpferisch II. *mf* Kämpfer(in) *m(f)*

combatir [komba'tir] I. *vi* kämpfen II. *vt* ❶ (*luchar*) bekämpfen ❷ (*rebatir*) anfechten

combatividad [kombatiβi'ðað] *f* kämpferische Art *f;* (*agresividad*) Kampfeslust *f;* (MIL) Schlagkraft *f*

combativo, -a [komba'tiβo, -a] *adj* ❶ (*inclinado al combate*) kämpferisch; (*agresivo*) kampflustig ❷ (*t.* MIL: *relativo al combate*) Kampf(es)-

combinable [kombi'naβle] *adj* kombinierbar

combinación [kombina'θjon] *f* ❶ (*composición*) Zusammenstellung *f;* (*t.* MAT) Kombination *f;* ~ **ganadora** Gewinnerkombination *f* ❷ (QUÍM) Verbindung *f* ❸ (*de transportes*) Verbindung *f* ❹ (*lencería*) Unterrock *m* ❺ (*fam: truco*) Trick *m*

combinado [kombi'naðo] *m* ❶ (*cóctel*) Cocktail *m* ❷ (*ropa*) Kombination *f* ❸ (ECON) Industriekombinat *nt*

combinar [kombi'nar] I. *vi* ❶ (*armonizar*) passen (*con* zu +*dat*) ❷ (DEP) kombinieren II. *vt* ❶ (*componer*) zusammenstellen, kombinieren ❷ (*unir*) zusammenfügen, verbinden; ~ **ideas** Gedanken verknüpfen ❸ (*coordinar*) abstimmen (*con* auf +*akk*) ❹ (MAT) kombinieren III. *vr:* ~ **se** sich verbinden; (*pey: compincharse*) paktieren

combustibilidad [kombustiβili'ðað] *f* (FÍS, QUÍM) (Ver)brennbarkeit *f*

combustible [kombus'tiβle] I. *adj* (FÍS, QUÍM) (ver)brennbar; (*inflamable*) (leicht) entzündbar II. *m* ❶ (FÍS, QUÍM) Brennstoff *m* ❷ (*carburante*) Kraftstoff *m*

combustión [kombus'tjon] *f* (FÍS, QUÍM) Abbrennen *nt,* Verbrennung *f;* (*con llama*) Verfeuerung *f*

comecocos [kome'kokos] *m inv* ❶ (*fam: obsesión*) Kopfnuss *f* ❷ (INFOR: *juego*) Jump-And-Run-Spiel *nt*

comedero [kome'ðero] *m* Futtertrog *m;* (*en línea*) Futterrinne *f;* (*pesebre*) Futterkrippe *f;* (*exterior*) Futterstelle *f*

comedia [ko'meðja] *f* ❶ (TEAT: *obra*) Schauspiel *nt;* (*divertida*) Lustspiel *nt* ❷ (CINE) Komödie *f* ❸ (*fam: farsa*) Komödie *f,* Theater *nt;* **hacer** ~ schauspielern

comediante, -a [kome'ðjaɲte, -a] *m, f* ❶ (CINE, TEAT) Schauspieler(in) *m(f)* ❷ (*farsante*) Komödiant(in) *m(f)*

comedido, -a [kome'ðiðo, -a] *adj* ❶ (*moderado*) gemäßigt (*en* in +*dat*); (*contenido*) zurückhaltend (*en* mit +*dat*) ❷ (*modesto*) bescheiden ❸ (*Am: servicial*) hilfsbereit

comedimiento [komeði'mjento] *m* ❶ (*moderación*) Mäßigkeit *f;* (*contenimiento*) Zurückhaltung *f* ❷ (*modestia*) Bescheidenheit *f* ❸ (*cortesía*) Höflichkeit *f* ❹ (*Am: disposición*) Hilfsbereitschaft *f*

comediógrafo, -a [kome'ðjoɣrafo, -a] *m, f* Bühnenautor(in) *m(f)*

comedirse [kome'ðirse] *irr como pedir vr* ❶ (*moderarse*) sich mäßigen; (*contenerse*) sich zurückhalten (*en* mit +*dat*) ❷ (*Am: ofrecerse*) sich bereit erklären (*a* zu)

comedor [kome'ðor] *m* ❶ (*sala*) Esszimmer *nt;* (*salón*) Speiseraum *m;* (*público*) Speisesaal *m;* (*en una empresa*) Kantine *f;* ~ **universitario** Mensa *f* ❷ (*mobiliario*) Essgruppe *f*

comensal [komen'sal] *mf* ❶ (*invitado*) (Tisch)gast *m* ❷ (*vecino de mesa*) Tischnachbar(in) *m(f)*

comentador(a) [komenta'ðor(a)] *m(f)* ❶ (*comentarista*) Kommentator(in) *m(f)* ❷ (*chismoso*) Klatschmaul *nt fam*

comentar [komen'tar] *vt* ❶ (*hablar sobre algo*) besprechen; (*hacer comentarios*) kommentieren; (*explicar*) erläutern; (*analizar*) auslegen ❷ (*una obra: criticar*) rezensieren, besprechen; (*interpretar*) analysieren, interpretieren; (*incluir notas*) kommentieren ❸ (*pey: cotillear*) klatschen (über +*akk*) *fam* ❹ (*fam: contar*) erzählen

comentario [komen'tarjo] *m* ❶ (*general*) Kommentar *m;* (*aclaración*) Erläuterung *f;* (*observación*) Bemerkung *f;* (*explicación*) Erklärung *f;* (*nota*) Anmerkung *f;* (*análisis*) Auslegung *f* ❷ *pl* (*murmuraciones*) Geklatsche *nt fam,* Gerede *nt*

comentarista [komenta'rista] *mf* (RADIO, TV) Kommentator(in) *m(f)*

comenzar [komen'θar] *irr como empezar* **I.** *vi* anfangen (*con/por* mit +*dat*); ~ **a** +*inf* anfangen zu +*inf;* **para** ~ als Erstes **II.** *vt* ❶ (*iniciar*) anfangen ❷ (*alimentos*) anschneiden; (*envases*) anbrechen

comer [ko'mer] **I.** *vi* ❶ (*alimentarse*) essen; (*animales*) fressen; **dar de** ~ **a un animal** ein Tier füttern; ~ **caliente** eine warme Mahlzeit haben ❷ (*almorzar*) zu Mittag essen; **antes/después de** ~ vor/nach dem (Mittag)essen **II.** *vt* ❶ (*ingerir*) essen; (*animales*) fressen ❷ (*fig: consumir*) nagen (an +*dat*) ❸ (*corroer*) zerfressen ❹ (*colores*) ausbleichen ❺ (*dilapidar*) verprassen ❻ (*en juegos*) wegnehmen; (*parchís*) hinausschmeißen **III.** *vr:* ~**se** ❶ (*ingerir*) (auf)essen; ~**se a alguien a besos** jdn abküssen; **está para comérsela** sie ist zum Anbeißen ❷ (*corroer*) zerfressen

❸ (*colores*) ausbleichen ❹ (*saltarse*) überspringen; (*palabras*) auslassen; (*al pronunciar*) verschlucken

comercial[1] [komer'θjal] *m* (*Am: anuncio*) Werbespot *m*

comercial[2] [komer'θjal] **I.** *adj* Handels-, gewerblich; **calle** ~ Geschäftsstraße *f;* **centro** ~ Einkaufszentrum *nt* **II.** *mf* (*profesión*) Außendienstmitarbeiter(in) *m(f),* Handelsvertreter(in) *m(f)*

comercializable [komerθjali'θaβle] *adj* (COM) marktfähig

comercialización [komerθjaliθa'θjon] *f* Vermarktung *f,* Kommerzialisierung *f;* (*puesta en circulación*) Inverkehrbringen *nt*

comercializar [komerθjali'θar] <z→c> *vt* vermarkten, kommerzialisieren

comerciante, -a [komer'θjante, -a] *m, f* Händler(in) *m(f);* (*negociante*) Geschäftsmann, -frau *m, f;* (*perito*) Kaufmann, -frau *m, f*

comerciar [komer'θjar] *vi* handeln (*con* mit +*dat*)

comercio [ko'merθjo] *m* ❶ (*actividad*) Handel *m;* (*venta*) Gewerbe *nt;* ~ **ambulante** Straßenverkauf *m;* ~ **exterior** Außenhandel *m;* ~ **al por mayor** Großhandel *m* ❷ (*tienda*) Laden *m,* Geschäft *nt* ❸ (*relaciones*) Verkehr *m,* Umgang *m*

comestible [komes'tiβle] *adj* essbar

comestibles [komes'tiβles] *mpl* Lebensmittel *ntpl;* **tienda de** ~ Lebensmittelgeschäft *nt*

cometa[1] [ko'meta] *m* (ASTR) Komet *m*

cometa[2] [ko'meta] *f* (*juguete*) Drachen *m*

cometer [kome'ter] *vt* ❶ (*t.* JUR) begehen; (*perpetrar*) verüben ❷ (COM) in Kommission geben

cometido [kome'tiðo] *m* (*encargo*) Auftrag *m;* (*tarea*) Aufgabe *f;* (*obligación*) Pflicht *f*

comezón [kome'θon] *f* ❶ (*picor*) Juckreiz *m* ❷ (*desasosiego*) Unruhe *f;* (*malestar*) Unbehagen *nt*

cómic ['komik] *m* <cómics> Comic *m*

comicidad [komiði'ðað] *f* Komik *f*

comicios [ko'miθjos] *mpl* ❶ (HIST) Komitien *pl* ❷ (*elecciones*) Wahlen *fpl*

cómico, -a ['komiko, -a] **I.** *adj* (*relativo a la comedia*) komisch; (*divertido*) witzig, komisch **II.** *m, f* (CINE, TEAT) Komiker(in) *m(f)*

comida [ko'miða] *f* ❶ (*alimento*) Essen *nt,* Nahrung *f;* (*comestibles*) Lebensmittel *ntpl;* (*plato*) Speise *f;* (*cocina*) Küche *f;* ~ **de** [*o* **para**] **animales** Tierfutter *nt;* ~ **casera** Hausmannskost *f;* ~ **francesa** französische Küche; ~ **rápida** Fastfood *nt*

② (*horario*) Mahlzeit *f;* ~ **principal** Hauptmahlzeit *f* **③** (*almuerzo*) Mittagessen *nt;* ~ **de negocios** Geschäftsessen *nt*

comidilla [komi'ðiʎa] *f* (*fam fig*) Stadtgespräch *nt*

comienzo [ko'mjenθo] *m* (*principio*) Anfang *m,* Beginn *m;* **al** ~ am Anfang; **a** ~ **s de mes** Anfang des Monats

comilona [komi'lona] *f* (*fam*) Fressorgie *f*

comino [ko'mino] *m* Kümmel *m;* **no valer un** ~ keinen Deut wert sein

comisaría [komisa'ria] *f* **①** (*cargo*) Kommissariat *nt* **②** (*edificio*) (Polizei)wache *f;* ~ **de policía** Polizeirevier *nt*

comisario, -a [komi'sarjo, -a] *m, f* **①** (*delegado*) Beauftragte(r) *mf;* (*representante*) Vertreter(in) *m(f)* **②** (*de policía, t.* UE) Kommissar(in) *m(f)*

comisión [komi'sjon] *f* **①** (*cometido*) Auftrag *m* **②** (*delegación*) Kommission *f;* (*junta*) Ausschuss *m;* (*comité*) Komitee *nt;* **C~ Europea** (UE) Europäische Kommission; ~ **parlamentaria** Parlamentsausschuss *m;* ~ **permanente** Ständiger Rat **③** (COM) Provision *f;* **a** ~ auf Provision(sbasis) **④** (ADMIN): ~ **de servicios** Abordnung *f*

comisionado, -a [komisjo'naðo, -a] *m, f* **①** (COM: *comisionista*) Kommissionär(in) *m(f)* **②** (*encargado*) Beauftragte(r) *mf;* (*apoderado*) Bevollmächtigte(r) *mf* **③** (*Am: comisario*) Kommissar(in) *m(f)*

comisionar [komisjo'nar] *vt* (*t.* FIN, JUR: *encargar*) beauftragen; (*apoderar*) bevollmächtigen

comisionista [komisjo'nista] *mf* (*t.* COM) Kommissionär(in) *m(f);* (*agente*) Agent(in) *m(f);* (*representante*) Vertreter(in) *m(f);* ~ **de transportes** Spediteur(in) *m(f)*

comisura [komi'sura] *f* (ANAT: *del cráneo*) Kommissur *f;* ~ **de los labios** Mundwinkel *m*

comité [komi'te] *m* Komitee *nt;* (*junta*) Ausschuss *m;* ~ **central** Zentralkomitee *nt;* **el** ~ **directivo del Banco Central Europeo** das Direktorium der Europäischen Zentralbank; ~ **de empresa** Betriebsrat *m*

comitiva [komi'tiβa] *f* Gefolge *nt;* ~ **fúnebre** Leichenzug *m*

como ['komo] **I.** *adv* **①** (*del modo que*) wie; **hazlo** ~ **quieras** mach es, wie du willst; ~ **quien** [*o* **aquel que**] **dice** sozusagen; **blanco** ~ **la nieve** weiß wie Schnee **②** (*comparativo*) wie; **es tan alto** ~ **su hermano** er ist so groß wie sein Bruder **③** (*aproximadamente*) ungefähr; **hace** ~ **un año** etwa vor einem Jahr **④** (*y tam-*

bién) sowie, wie auch **⑤** (*en calidad de*) als; **trabaja** ~ **camarero** er arbeitet als Kellner **II.** *conj* **①** (*causal*) da; ~ **no tengo tiempo, no voy** da ich keine Zeit habe, gehe ich nicht; **lo sé,** ~ **que lo vi** ich weiß es, weil ich es gesehen habe **②** (*condicional*) wenn, falls **③** (*con 'si' +subj o con 'que'*) als ob, als wenn **④** (*completiva*) dass **⑤** (*final*): ~ **para** um zu **⑥** (*temporal*) sobald

cómo ['komo] **I.** *adv* **①** (*modal, exclamativo*) wie; **¿~ estás?** wie geht's dir?; **¿~** (**dice**)**?** wie bitte?; **según y** ~ je nachdem **②** (*por qué*) wieso; **¿~** (**no**)**?** wieso (nicht)?; **¡~ no!** aber klar! **II.** *m:* **el** ~ das Wie

cómoda ['komoða] *f* Kommode *f*

comodidad [komoði'ðaθ] *f* **①** (*confort*) Bequemlichkeit *f;* (*ambiente acogedor*) Gemütlichkeit *f;* (*bienestar*) Wohlstand *m* **②** (*conveniencia*) Nutzen *m;* (*beneficio*) Vorteil *m*

comodín [komo'ðin] *m* **①** (*en juegos*) Joker *m* **②** (*palabra*) Allerweltswort *nt* **③** (INFOR) Platzhalterzeichen *nt* **④** (*pretexto*) Ausflucht *f*

cómodo, -a ['komoðo, -a] *adj* **①** ser (*cosa*) bequem; (*agradable*) behaglich; (*acogedor*) gemütlich; (*fácil*) leicht **②** ser (*persona*) bequem; (*perezoso*) faul **③** estar (*a gusto*) bequem; **¡ponte** ~**!** mach's dir bequem!

comoquiera [komo'kjera] **I.** *adv* irgendwie, wie auch immer **II.** *conj* **①** (*causal*): ~ **que** da ... ja **②** (*concesiva*): ~ **que** auch wenn; ~ **que sea** wie es auch sein mag

compact (**disc**) ['kompak (ðisᵏ)] *m* CD *f*

compacto¹ [kom'pakto] *m* **①** (*disco*) CD *f* **②** (*reproductor*) CD-Player *m* **③** (*equipo*) Kompaktanlage *f*

compacto, -a² [kom'pakto, -a] *adj* **①** (*textura*) kompakt; (*denso*) dicht; (*firme*) fest **②** (*tamaño*) kompakt; **disco** ~ CD *f* **③** (*escritura*) eng; (*multitud*) dicht

compadecer [kompaðe'θer] *irr como crecer* **I.** *vt* bemitleiden, bedauern **II.** *vr:* ~ **se** (*sentir*) Mitleid haben (*de* mit +*dat*); (*actuar*) sich erbarmen (*de* +*gen*)

compadre [kom'paðre] *m* **①** (*padrino*) Pate *m* **②** (*amigo*) Freund *m;* (*compañero*) Kumpel *m*

compadrear [kompaðre'ar] *vi* **①** (*de compadraje*) Kumpanei machen **②** (*CSur: presumir*) großtun

compadreo [kompa'ðreo] *m* (*pey*) Kumpanei *f*

compaginable [kompaxi'naβle] *adj* kompatibel; **esa afirmación no es** ~ **con la**

anterior diese Behauptung passt nicht zur vor(her)igen

compaginación [kompaxina'θjon] *f* ❶ (*paginación*) Seitenumbruch *m* ❷ (CINE) Filmrollenwechsel *m* ❸ (*compatibilización*) Vereinbaren *nt*

compaginar [kompaxi'nar] **I.** *vt* ❶ (*paginar*) paginieren; (*separar*) (Seiten) umbrechen ❷ (*combinar*) vereinbaren, kombinieren; (*armonizar*) harmonisieren **II.** *vr:* ~**se** ❶ (*combinar*) zusammenpassen ❷ (*armonizar*) in Einklang stehen

compañera [kompa'ɲera] *f v.* **compañero**

compañerismo [kompaɲe'rismo] *m* Kollegialität *f;* (*camaradería*) Kameradschaftssinn *m*

compañero, -a [kompa'ɲero, -a] *m, f* ❶ (*persona*) Freund(in) *m(f);* (*pareja*) Lebensgefährte, -in *m, f;* (*camarada*) Kamerad(in) *m(f);* (POL) Genosse, -in *m, f;* (*acompañante*) Begleiter(in) *m(f);* (*colaborador*) Mitarbeiter(in) *m(f);* ~ **de clase** Schulkamerad *m;* (UNIV) Kommilitone *m;* ~ **de piso** Mitbewohner *m;* ~ **de trabajo** Arbeitskollege *m* ❷ (*cosa*) Gegenstück *nt*

compañía [kompa'ɲia] *f* ❶ (*acompañamiento*) Gesellschaft *f;* **animal de** ~ Haustier *nt;* **hacer** ~ **a alguien** jdm Gesellschaft leisten ❷ (*acompañante*) Begleitung *f* ❸ (TEAT) Ensemble *nt,* Truppe *f* ❹ (COM) Gesellschaft *f;* ~ **aérea** Fluggesellschaft *f* ❺ (MIL) Kompanie *f* ❻ (REL) Orden *m*

comparación [kompara'θjon] *f* ❶ (*contraste*) Vergleich *m;* **en** ~ **con algo** im Vergleich zu etw *dat* ❷ (*cotejo*) Gegenüberstellung *f* ❸ (LING) Steigerung *f*

comparado, -a [kompa'raðo, -a] *adj* ❶ (*en comparación*) im Vergleich (*con* zu +*dat*) ❷ (*comparativo*) vergleichend; **gramática comparada** vergleichende Grammatik; **lingüística comparada** Komparatistik *f*

comparar [kompa'rar] **I.** *vt* vergleichen (*a/con* mit +*dat*); (*equiparar*) gleichstellen (*a/con* +*dat*); (*cotejar*) gegenüberstellen (*a/con* +*dat*) **II.** *vr:* ~**se** sich vergleichen (*a/con* mit +*dat*); (*equipararse*) sich gleichstellen (*a/con* +*dat*)

comparativo [kompara'tiβo] *m* (LING) Komparativ *m*

comparecencia [kompare'θeɲθja] *f* (*t.* JUR) Erscheinen *nt;* (*como testigo/experto*) Auftreten *nt;* **no** ~ Nichterscheinen *nt*

comparecer [kompare'θer] *irr como* **crecer** *vi* (*t.* JUR) erscheinen; (*como testigo*) auftreten

comparsa [kom'parsa] *mf* (*t. fig*) Statist(in)

m(f)

compartimentar [kompartimeɲ'tar] *vt* aufteilen

compartim(i)ento [komparti'm(j)eɲto] *m* Abteilung *f;* (*casilla*) Fach *nt;* (FERRO) Abteil *nt;* (AERO) Raum *m*

compartir [kompar'tir] *vt* ❶ (*tener en común*) teilen ❷ (*repartirse*) verteilen (*entre* unter +*dat*)

compás [kom'pas] *m* ❶ (*en dibujo*) Zirkel *m* ❷ (AERO, NÁUT: *brújula*) Kompass *m* ❸ (*ritmo*) Rhythmus *m;* (MÚS) Takt *m*

compasión [kompa'sjon] *f* Mitleid *nt* (*de* mit +*dat*); **sin** ~ erbarmungslos

compasivo, -a [kompa'siβo, -a] *adj* teilnahmsvoll

compatibilidad [kompatiβili'ðaᵈ] *f* (*t.* INFOR, MED) Kompatibilität *f;* (TÉC) Vereinbarkeit *f;* (LING) Kombinierbarkeit *f*

compatibilización [kompatiβiliθea'θjon] *f* Vereinbaren *nt*

compatibilizar [kompatiβili'θar] <z→c> *vt* vereinbaren

compatible [kompa'tiβle] *adj* zusammenpassend; (*t.* INFOR, MED) kompatibel; (ADMIN, TÉC) vereinbar; (LING) kombinierbar

compatriota [kompa'trjota] *mf* Landsmann, -männin *m, f*

compeler [kompe'ler] *vt* nötigen (*a* zu +*dat*)

compendiar [kompen'djar] *vt* ❶ (*resumir*) zusammenfassen ❷ (*representar*) ausdrücken

compendio [kom'peɲdjo] *m* ❶ (*resumen*) Zusammenfassung *f;* (*manual*) Abriss *m* ❷ (*epítome*) Inbegriff *m* (*de* +*gen*)

compenetración [kompenetra'θjon] *f* Seelengemeinschaft *f;* (*fusión*) Verschmelzung *f*

compenetrarse [kompene'trarse] *vr* ❶ (QUÍM: *fusionarse*) diffundieren ❷ (*identificarse*) sich identifizieren; (*fundirse*) eins werden

compensación [kompensa'θjon] *f* (JUR, MED) Kompensation *f;* (*equilibrio*) Ausgleich *m;* (*neutralización*) Aufhebung *f;* (*indemnización*) Entschädigung *f;* (*restitución*) Ersatz *m;* ~ **de los cambios** Währungsausgleich *m;* ~ **por despido** Abfindung *f;* ~ **financiera** Finanzausgleich *m*

compensar [kompen'sar] *vt* (JUR, MED) kompensieren; (*equilibrar*) ausgleichen (*con* durch +*akk*); (*neutralizar*) aufheben; (COM: *indemnizar*) entschädigen (*de* für +*akk*); (*restituir*) ersetzen

compensatorio, -a [kompensa'torjo, -a] *adj* ausgleichend; **gravamen** ~ (UE) Ausgleichsabgabe *f*

competencia [kompe'tenθja] *f* ❶ (*t.* COM, ECON: *competición*) Wettbewerb *m;* (DEP) Wettstreit *m;* (*rivalidad*) Konkurrenz *f;* ~ **desleal** unlauterer Wettbewerb ❷ (*aptitud*) Fähigkeit *f,* Tauglichkeit *f;* (*t.* LING) Kompetenz *f;* (*especialidad*) Sachkenntnis *f* ❸ (*responsabilidad*) Zuständigkeit *f;* (*obligaciones*) Aufgabenbereich *m;* (*t.* ADMIN) Ressort *nt;* (*atribución*) Befugnis *f;* **esto (no) es de mi** ~ dafür bin ich (nicht) zuständig

competente [kompe'tente] *adj* ❶ (*capaz*) fähig; (*apto*) tauglich; (*t.* LING) kompetent; (*versado*) sachkundig; (*dotado*) begabt (*para* für +*akk*); (*normativo*) maßgebend ❷ (*correspondiente*) zuständig (*en* für +*akk*); (*autorizado*) befugt (*en* zu +*dat*)

competer [kompe'ter] *vi* (*t.* JUR: *corresponder*) obliegen +*dat*

competición [kompeti'θjon] *f* (*t.* DEP) Wettbewerb *m,* Wettkampf *m*

competidor(a) [kompeti'ðor(a)] **I.** *adj* mitbewerbend, kompetitiv **II.** *m(f)* (*t.* ECON) Konkurrent(in) *m(f),* Wettbewerber(in) *m(f)*

competir [kompe'tir] *irr como pedir vi* ❶ (*enfrentarse*) konkurrieren (*por* um +*akk*) ❷ (*igualarse*) konkurrieren können (*en* in +*dat*)

competitividad [kompetitiβi'ðað] *f* Konkurrenzfähigkeit *f,* Wettbewerbsfähigkeit *f;* (*espíritu*) Wettbewerbsgeist *m*

competitivo, -a [kompeti'tiβo, -a] *adj* konkurrenzfähig; (*dirigido*) konkurrenzorientiert; **espíritu** ~ Wettbewerbsgeist *m*

compilador [kompila'ðor] *m* (INFOR) Compiler *m*

compilar [kompi'lar] *vt* (*t.* INFOR) kompilieren

compincharse [kompin'tʃarse] *vr* (*fam pey*) gemeinsame Sache machen

compinche [kom'pintʃe] *mf* (*fam pey*) Kumpan(in) *m(f)*

complacencia [kompla'θenθja] *f* ❶ (*agrado*) (Wohl)gefallen *nt;* (*satisfacción*) Befriedigung *f;* (*placer*) Vergnügen *nt* ❷ (*atención*) Gefälligkeit *f* ❸ (*indulgencia*) Nachsicht *f*

complacer [kompla'θer] *irr como crecer* **I.** *vt* ❶ (*gustar*) gefallen +*dat* ❷ (*agradar*) freuen ❸ (*hacer un favor*) eine Gefälligkeit erweisen +*dat;* (*satisfacer*) zufrieden stellen; ~ **a alguien** jdm (gegenüber) gefällig sein; ~ **una petición** eine Bitte erfüllen **II.** *vr:* ~ **se** ❶ (*gustar*) Gefallen finden (*en/de* an +*dat*) ❷ (*alegrarse*) sich freuen

complaciente [kompla'θjente] *adj* (*servicial*) gefällig; (*atento*) aufmerksam (*para/*

complejidad [komplexi'ðað] *f* ❶ (*multifacetismo*) Vielschichtigkeit *f,* Komplexität *f* ❷ (*complicación*) Kompliziertheit *f;* (*dificultad*) Schwierigkeit *f*

complejo¹ [kom'plexo] *m* ❶ (*t.* QUÍM: *compuesto*) Komplex *m,* Verbindung *f;* (*todo*) Gesamtheit *f* ❷ (*t.* ECON, TÉC: *instalación*) Komplex *m,* Anlage *f;* ~ **deportivo** Sportzentrum *nt;* ~ **hotelero** Hotelkomplex *m;* ~ **turístico** touristische Anlage ❸ (PSICO) Komplex *m;* ~ **de culpabilidad** Schuldkomplex *m;* ~ **de superioridad** übersteigertes Selbstbewusstsein

complejo, -a² [kom'plexo, -a] *adj* ❶ (*multifacético*) vielschichtig; (*t.* MAT) komplex ❷ (*complicado*) kompliziert; (*difícil*) schwierig

complementar [komplemen'tar] **I.** *vt* komplementieren, ergänzen; (*completar*) vervollständigen **II.** *vr:* ~ **se** sich ergänzen

complementario, -a [komplemen'tarjo, -a] *adj* ergänzend; (*t.* LING) komplementär; **cláusula complementaria** Ergänzungsklausel *f;* **color** ~ Komplementärfarbe *f*

complemento [komple'mento] *m* ❶ (*parte*) Komplement *nt,* Ergänzung *f* ❷ (*culminación*) Vollendung *f* ❸ (*ampliación*) Erweiterung *f* ❹ (*paga*) Zulage *f;* (*recargo*) Zuschlag *m* ❺ (*accesorio*) Accessoire *nt* ❻ (LING) Objekt *nt*

completamente [kompleta'mente] *adv* gänzlich, komplett *fam*

completar [komple'tar] **I.** *vt* ❶ (*añadir*) ergänzen, vervollständigen ❷ (*perfeccionar*) vervollkommnen **II.** *vr:* ~ **se** sich ergänzen

completo, -a [kom'pleto, -a] *adj* (*íntegro*) vollständig, komplett; (*perfecto*) vollkommen, vollendet; (*total*) total; (*lleno*) voll; (*hotel*) komplett; (*cine, espectáculo*) ausverkauft; **pensión completa** Vollpension *f;* **la obra completa de Lorca** Lorcas gesammelte Werke

complexión [kompleɣ'sjon] *f* ❶ (*constitución*) Körperbau *m,* Statur *f;* (MED) Konstitution *f* ❷ (*Am: tez*) Teint *m*

complicación [komplika'θjon] *f* ❶ (*t.* MED: *problema*) Komplikation *f,* Schwierigkeit *f* ❷ (*complejidad*) Kompliziertheit *f* ❸ (*confusión*) Verwirrung *f;* (*enredo*) Verwicklung *f*

complicado, -a [kompli'kaðo, -a] *adj* ❶ (*difícil de entender*) kompliziert ❷ (*complejo*) vielschichtig ❸ (*persona*) schwierig

complicar [kompli'kar] <c→qu> **I.** *vt* ❶ (*dificultar*) erschweren, komplizieren ❷ (*implicar*) verwickeln (*en* in +*akk*)

II. *vr:* ~ **se** ❶ (*dificultarse*) kompliziert werden; (*agravarse*) sich verschlimmern ❷ (*embrollarse*) sich verstricken (*con/en* in +*akk*)

cómplice ['kompliθe] *mf* (*t.* JUR) Komplize, -in *m, f* (*de/en* bei +*dat*); **hacerse ~ de alguien/algo** jdm/bei etw *dat* Beihilfe leisten

complicidad [kompliθi'ðað] *f* (JUR) Beihilfe *f*

compló [kom'plo] *m* <complós>, **complot** [kom'ploᵗ] *m* <complots> Komplott *nt*

componenda [kompo'nenda] *f* (*acuerdo*) Absprache *f*; (*pey: arreglo*) Machenschaft *f*

componente [kompo'nente] *m* ❶ (*t.* TÉC) Bestandteil *m*; (MAT, QUÍM) Komponente *f*; (*elemento*) Element *nt*; ~ **s lógicos** (INFOR) Software *f* ❷ (*miembro*) Mitglied *nt*

componer [kompo'ner] *irr como poner* **I.** *vt* ❶ (*formar*) zusammensetzen; (*ordenar*) ordnen; (*organizar*) einrichten ❷ (*constituir*) bilden ❸ (*redactar*) verfassen; (MÚS) komponieren ❹ (TIPO) (ab)setzen ❺ (*realizar*) anfertigen ❻ (*recomponer*) zusammenfügen; (*reconstruir*) wieder aufbauen ❼ (*corregir*) berichtigen ❽ (*asear*) zurechtmachen ❾ (*Am: castrar*) kastrieren ❿ (*Am: curar*) einrenken **II.** *vr:* ~ **se** ❶ (*constituirse*) bestehen (*de* aus +*dat*) ❷ (*arreglarse*) sich zurechtmachen ❸ (*Am: mejorarse*) sich bessern

comportamiento [komporta'mjento] *m* Benehmen *nt*, Betragen *nt*; (*t.* PSICO, TÉC) Verhalten *nt*

comportar [kompor'tar] **I.** *vt* miteinschließen; **esto** (**no**) **comporta que** +*subj* das bedeutet (nicht), dass ... **II.** *vr:* ~ **se** sich benehmen, sich verhalten

composición [komposi'θjon] *f* ❶ (LIT) Komposition *f*; (*obra*) Werk *nt*; (*arte*) Kompositionslehre *f*; (*redacción*) Aufsatz *m* ❷ (*realización*) Anfertigung *f* ❸ (*t.* QUÍM) Verbindung *f* ❹ (TIPO) Satz *m*; **taller de ~** Setzerei *f*

compositor(a) [komposi'tor(a)] *m(f)* (MÚS) Komponist(in) *m(f)*

compost [kom'posᵗ] *m sin pl* (ECOL) Kompost *m*

compostación [komposta'θjon] *f*, **compostaje** [kompos'taxe] *m* (ECOL) ❶ (*proceso*) Kompostierung *f* ❷ (*vertedero*) Kompostanlage *f*

compostura [kompos'tura] *f* ❶ (*realización*) Anfertigung *f* ❷ (*corrección*) Berichtigung *f* ❸ (*aspecto*) Adrettheit *f* ❹ (*comedimiento*) Mäßigkeit *f*; (*decencia*) Anstand *m*

compota [kom'pota] *f* Kompott *nt*

compra [kom'pra] *f* Kauf *m*; ~ **s** Einkäufe *mpl*; ~ **en línea** Onlineshopping *nt*; **ir a la ~** einkaufen gehen; **ir de ~s** einen Einkaufsbummel machen

comprador(a) [kompra'ðor(a)] *m(f)* Käufer(in) *m(f)*; (*cliente*) Kunde, -in *m, f*; (*comerciante*) Abnehmer(in) *m(f)*

comprar [kom'prar] **I.** *vt* ❶ (*adquirir*) (ein)kaufen; ~ **al contado/a plazos** bar/auf Raten kaufen ❷ (*corromper*) bestechen, kaufen *fam* **II.** *vr:* ~ **se** sich *dat* kaufen

compraventa [kompra'βenta] *f* ❶ (*t.* JUR: *acción*) Kauf *m*; ~ **con aplazamiento de pago** Kaufgeschäft mit Zahlungsaufschub ❷ (*negocio*) An- und Verkauf *m*; (*tienda*) Gebrauchtwarenladen *m*; (*almoneda*) Trödlerladen *m*

comprender [kompren'der] *vt* ❶ (*contener*) enthalten, beinhalten; (*abarcar*) umfassen; (*incluir*) einschließen; (*componerse*) bestehen (aus +*dat*) ❷ (*entender*) verstehen, begreifen; (*concebir*) auffassen; (*admitir*) einsehen; **hacerse ~** sich verständigen; ~ **mal** missverstehen

comprensible [kompren'siβle] *adj* verständlich

comprensión [kompren'sjon] *f* ❶ (*inclusión*) Umfassung *f* ❷ (*capacidad*) Verständnis *nt*; (*entendimiento*) Auffassungsvermögen *nt*; (*conocimiento*) Erkenntnis *f*

comprensivo, -a [kompren'siβo, -a] *adj* ❶ (*inclusivo*) einschließend ❷ (*benévolo*) verständnisvoll ❸ (*razonable*) einsichtig

compresa [kom'presa] *f* ❶ (*apósito, t.* MED) Kompresse *f* ❷ (*higiénica*) Damenbinde *f*

compresión [kompre'sjon] *f* ❶ (*t.* FÍS, MED) Kompression *f*; (*de gases*) Verdichtung *f* ❷ (INFOR) Komprimierung *f*

compresor [kompre'sor] *m* (FÍS, TÉC) Kompressor *m*; (*de gases*) Verdichter *m*; ~ **de aire** Luftpresser *m*

comprimible [kompri'miβle] *adj* (FÍS) komprimierbar

comprimido [kompri'miðo] *m* Tablette *f*

comprimir [kompri'mir] **I.** *vt* ❶ (*t.* FÍS, TÉC) komprimieren; (*gas*) verdichten ❷ (*reprimir*) verdrängen, unterdrücken **II.** *vr:* ~ **se** sich beherrschen

comprobable [kompro'βaβle] *adj* nachprüfbar; (*constatable*) feststellbar

comprobación [komproβa'θjon] *f* ❶ (*control*) Kontrolle *f*; (*al azar*) Stichprobe *f* ❷ (*verificación*) Nachweis *m*; (*constatación*) Feststellung *f*; (*confirmación*) Bestätigung *f*; (*prueba*) Beweis *m*

comprobante [kompro'βante] **I.** *adj* (*justi-*

ficante) beweisend; (*de control*) Kontroll-
II. *m* Beleg(schein) *m;* (*justificante*)
Bescheinigung *f;* (*prueba*) Nachweis *m;* ~
de compra Kassenbeleg *m*

comprobar [kompro'βar] <o→ue> *vt*
❶ (*controlar*) kontrollieren ❷ (*verificar*)
nachweisen; (*confirmar*) bestätigen; (*justificar*) belegen; (*constatar*) feststellen; (*probar*) beweisen

comprobatorio, -a [komproβa'torjo, -a]
adj (JUR) beweiskräftig

comprometedor(a) [kompromete'ðor(a)]
adj kompromittierend; (*comprometido*)
heikel, (JUR) belastend

comprometer [komprome'ter] **I.** *vt* ❶ (*implicar*) hineinziehen (*en* in +*akk*); (*complicar*) verwickeln (*en* in +*akk*) ❷ (*exponer*)
kompromittieren; (*avergonzar*) bloßstellen
❸ (*arriesgar*) gefährden ❹ (*obligar*) verpflichten ❺ (COM) vergeben, verkaufen
II. *vr:* ~ **se** ❶ (*implicarse*) sich involvieren;
(*complicarse*) sich verwickeln (*en* in
+*akk*) ❷ (*exponerse*) sich kompromittieren; (*ponerse en vergüenza*) sich bloßstellen ❸ (*obligarse*) sich verpflichten (*a* zu
+*dat, con* gegenüber +*dat*); (*vincularse*)
sich engagieren; ~ **se** (**en matrimonio**)
sich verloben

comprometido, -a [komprome'tiðo, -a] *adj*
❶ (*expuesto*) riskant; (*delicado*) heikel
❷ (SOCIOL) (politisch) engagiert

compromiso [kompro'miso] *m* ❶ (*vinculación*) Verbindlichkeit *f;* (*obligación*) Verpflichtung *f;* **visita de** ~ Anstandsbesuch
m; **sin** ~ unverbindlich; (**soltero y**) **sin** ~
ungebunden ❷ (*promesa*) Versprechen *nt;*
(*vínculo*) Bindung *f;* ~ **matrimonial** Verlobung *f* ❸ (*acuerdo*) Vereinbarung *f;* ~ **verbal** mündliche Vereinbarung ❹ (*aprieto*)
heikle Lage *f* ❺ (*cita*) Verabredung *f* ❻ (*implicación*) Engagement *nt*

compuerta [kom'pwerta] *f* Schütz *nt;* (*corredera*) Schieber *m*

compuesto [kom'pwesto] *m* ❶ (*t.* QUÍM:
composición) Verbindung *f* ❷ (LING) Kompositum *nt*

compulsa [kom'pulsa] *f* (JUR) Beglaubigung *f*

compulsar [kompul'sar] *vt* ❶ (JUR) beglaubigen ❷ (*cotejar*) vergleichen

compulsión [kompul'sjon] *f* Zwang *m;*
(JUR) Nötigung *f*

compulsivo, -a [kompul'siβo, -a] *adj* zwingend

compungido, -a [kompuɲ'xiðo, -a] *adj*
❶ (*contrito*) zerknirscht ❷ (*triste*)
bedrückt

compungir [kompuɲ'xir] <g→j> **I.** *vt* mit

Reue erfüllen **II.** *vr:* ~ **se** (*sentir arrepentimiento*) zerknirscht werden

computación [komputa'θjon] *f* ❶ (*cálculo*) Berechnung *f;* (*aproximada*) Überschlag *m* ❷ (*consideración*) Anrechnung *f*

computador(a)¹ [komputa'ðor(a)] *adj*
Computer-

computador² [komputa'ðor] *m* (*Am*),
computadora [komputa'ðora] *f* (*Am*)
Computer *m*

computar [kompu'tar] *vt* ❶ (*calcular*)
berechnen; (*aproximado*) überschlagen
❷ (*considerar*) anrechnen

computerización [komputeriθa'θjon] *f*
Computerisierung *f*

computerizado, -a [komputeri'θaðo, -a]
adj computerisiert

computerizar [komputeri'θar] <z→c> *vt*
computerisieren

cómputo ['komputo] *m* Berechnung *f;*
(*aproximado*) Überschlag *m;* ~ **de votos**
Stimmenauszählung *f*

comulgar [komul'yar] <g→gu> *vi* ❶ (REL)
zur Kommunion gehen ❷ (*estar de a-
cuerdo*) übereinstimmen

común [ko'mun] **I.** *adj* ❶ (*conjunto*)
gemeinsam (*a* mit +*dat*); (*de la comunidad*) gemeinschaftlich; ~ **acuerdo** gegenseitiges Einvernehmen; **de** ~ **acuerdo**
nach gegenseitiger Übereinkunft; **tener**
algo/no tener nada en ~ **con alguien**
mit jdm etw/nichts gemeinsam haben
❷ (*normal*) gewöhnlich; (*abundante*) häufig (vorkommend); (*corriente*) geläufig;
(*habitual*) üblich; (*cotidiano*) alltäglich;
sentido ~ gesunder Menschenverstand;
fuera de lo ~ außergewöhnlich; **poco** ~
ungewöhnlich **II.** *m* (POL): **los Comunes**
die Abgeordneten; (*parlamento*) das
Unterhaus

comuna [ko'muna] *f* ❶ (HIST) Kommune *f*
❷ (*Am: municipio*) Gemeinde *f* ❸ (*piso
compartido*) Wohngemeinschaft *f;* (*en los
sesenta*) Kommune *f*

comunal [komu'nal] *adj* (ADMIN, POL)
Gemeinde-, Kommunal-; **elecciones** ~ **es**
Kommunalwahlen *fpl*

comunicación [komunika'θjon] *f* ❶ (*t.* TÉC,
TEL) Kommunikation *f;* (*entendimiento*)
Verständigung *f;* (*trato*) Umgang *m;*
ponerse en ~ **con alguien** sich mit jdm
in Verbindung setzen ❷ (*comunicado*)
Mitteilung *f;* (*ponencia*) Vortrag *m* ❸ (*conexión*) Anschluss *m;* ~ **telefónica** Telefongespräch *nt* ❹ (*transmisión*) Übermittlung *f* ❺ (*de transporte*) Verkehrsverbindung *f;* (*tráfico*) Verkehrsnetz *nt* ❻ *pl*
(*sistema*) Verbindungen *fpl;* (TEL) Fernmel-

dewesen *nt*

comunicado [komuni'kaðo] *m* Mitteilung *f*; (ADMIN, POL) Kommuniqué *nt*

comunicador(a) [komunika'ðor(a)] *adj* ❶ (*comunicante*) mitteilend; (*t.* FÍS) kommunizierend ❷ (*carismático*) ansprechend

comunicar [komuni'kar] <c→qu> **I.** *vi* ❶ (*estar unido*) kommunizieren; (*estar en contacto*) in Verbindung stehen; (*calles*) zusammenlaufen ❷ (*conectar*) durchkommen (*con* zu +*dat*) ❸ (*teléfono*) besetzt sein **II.** *vt* ❶ (*informar*) mitteilen; (*dar a conocer*) bekannt machen; (*anunciar*) verkünden ❷ (*transmitir*) übermitteln ❸ (*unir*) verbinden; (*contactar*) in Verbindung setzen ❹ (*al teléfono*) verbinden **III.** *vr:* ~**se** ❶ (*entenderse*) kommunizieren; (*hacerse entender*) sich verständigen ❷ (*relacionarse*) verkehren ❸ (*traspasarse*) sich übertragen (*a* auf +*akk*)

comunicativo, -a [komunika'tiβo, -a] *adj* (*t.* LING) kommunikativ; (*extrovertido*) mitteilsam; (*hablador*) gesprächig

comunidad [komuni'ðað] *f* ❶ (*similitud*) Gemeinsamkeit *f* ❷ (*generalidad*) Allgemeinheit *f* ❸ (*colectividad*) Gemeinschaft *f*; **C~** (**Económica**) **Europea** Europäische (Wirtschafts)gemeinschaft; ~ (*convento*) Klostergemeinschaft *f*; (*confesión*) Glaubensgemeinschaft *f*; (*evangélica*) Kommunität *f*; ~ **de vecinos** Hausgemeinschaft *f* ❹ (*municipio*) Gemeinde *f*; (*asociación*) Gemeindeverband *m*; ~ **autónoma** autonome Region

comunión [komu'njon] *f* ❶ (*similitud*) Gemeinsamkeit *f* ❷ (*colectividad*) Gemeinschaft *f* ❸ (REL): *Eucaristía*) Kommunion *f*; **hacer la** (**Primera**) **C~** die Erstkommunion empfangen

comunismo [komu'nismo] *m* (POL) Kommunismus *m*

comunista [komu'nista] **I.** *adj* (POL) kommunistisch **II.** *mf* (POL) Kommunist(in) *m(f)*

comunitario, -a [komuni'tarjo, -a] *adj* ❶ (*colectivo*) Gemeinschafts- ❷ (*municipal*) Gemeinde- ❸ (UE) EU-; (*Comunidad Europea*) EG-

con [kon] **I.** *prep* ❶ (*compañía*) mit +*dat;* (*relación*) (zusammen) mit +*dat;* **¿vienes ~ nosotros?** kommst du mit (uns)?; **vivo ~ mis padres/mi novia** ich wohne bei meinen Eltern/mit meiner Freundin zusammen ❷ (*instrumento, modo*) mit +*dat*, durch +*akk;* **estar ~ la gripe** Grippe haben; **con el tiempo...** mit der Zeit ... ❸ (MAT) Komma; **3 ~ 5** 3 Komma 5 ❹ (*actitud*): (**para**) ~ zu +*dat*, gegenüber +*dat;* **es agradable ~ nosotros** er/sie ist freundlich zu uns ❺ (*circunstancia*) bei +*dat;* ~ **este tiempo...** bei diesem Wetter ... ❻ (*a pesar de*) trotz +*dat;* ~ **todo** trotz allem **II.** *conj* ❶ (*condicional*): ~ +*inf* wenn ...; ~ **que** +*subj* wenn ...; ~ **que llames es suficiente** es reicht, wenn du anrufst; ~ **sólo que** +*subj* wenn ... nur ... ❷ (*concesiva*) obwohl

conato [ko'nato] *m* ❶ (*intento*) (gescheiterter) Versuch *m* ❷ (*propensión*) Neigung *f* ❸ (*empeño*) Bestreben *nt*

concatenación [koŋkatena'θjon] *f* Verkettung *f*

concatenar [koŋkate'nar] *vt, vr:* ~**se** (sich) verketten

concavidad [koŋkaβi'ðað] *f* Wölbung *f*; (FÍS) Konkavität *f*

cóncavo, -a ['koŋkaβo, -a] *adj* nach innen gewölbt; (FÍS) konkav

concebible [konθe'βiβle] *adj* ❶ (*comprensible*) begreifbar ❷ (*imaginable*) denkbar

concebir [konθe'βir] *irr como pedir* **I.** *vi* schwanger werden; (*animales*) trächtig werden **II.** *vt* ❶ (*engendrar*) empfangen ❷ (*imaginar*) begreifen ❸ (*diseñar*) entwerfen; (*planear*) planen; ~ **esperanzas** sich *dat* Hoffnungen machen

conceder [konθe'ðer] **I.** *vt* ❶ (*otorgar*) verleihen; (*asignar*) gewähren; (*aprobar*) genehmigen; ~ **la palabra** das Wort erteilen; ~ **un premio** einen Preis verleihen ❷ (*admitir*) zugeben **II.** *vr:* ~**se** sich *dat* gönnen

concejal(a) [konθe'xal(a)] *m(f)* Stadtrat, -rätin *m, f*

concejo [kon'θexo] *m* Stadtrat *m*

concelebrar [konθele'βrar] *vt* (REL) konzelebrieren; **misa concelebrada** Konzelebration *f*

concentración [konθentra'θjon] *f* (*t.* MIL) Konzentration *f*; (*acumulación*) Zusammenballung *f*; (*manifestación*) Zusammenschluss *m*; (ADMIN) Zentralisierung *f*; **campo de ~** Konzentrationslager *nt*

concentrado [konθen'traðo] *m* (*extracto*) Konzentrat *nt*; ~ **de tomate** Tomatenmark *nt*

concentrar [konθen'trar] **I.** *vt* ➊ (*t.* MIL) konzentrieren; (*acumular*) zusammenballen; (*agrupar*) gruppieren; (ADMIN) zentralisieren ➋ (*centrar*) konzentrieren; (*dirigir*) lenken **II.** *vr:* ~ **se** ➊ (*reunirse*) zusammenkommen; (*agruparse*) sich zusammenschließen ➋ (*centrarse*) sich konzentrieren (*en* auf + *akk*)

concepción [konθeβ'θjon] *f* ➊ (*embarazo*) Empfängnis *f* ➋ (*idea*) Konzeption *f* ➌ (*mentalidad*) Anschauung *f;* (*interpretación*) Auffassung *f*

concepto [kon'θepto] *m* ➊ (*noción*) Begriff *m;* (*plan*) Konzept *nt* ➋ (*opinión*) Auffassung *f;* (*imagen*) Image *nt* ➌ (*loc*): **bajo** [*o* **por**] **ningún** ~ unter keinen Umständen; **en** ~ **de** als + *nom;* (COM) für + *akk*

conceptual [konθeptu'al] *adj* begrifflich, konzeptuell; **arte** ~ Konzeptkunst *f*

conceptualizar [konθeptwali'θar] <z→c> *vt* konzeptualisieren

concerniente [konθer'njente] *adj* betreffend (*a* + *akk*), bezüglich (*a* + *gen*); **en lo** ~ **a algo/alguien...** was etw/jdn angeht ...

concernir [konθer'nir] *irr como cernir vi* ➊ (*afectar*) betreffen; **en** [*o* **por**] **lo que concierne a alguien...** was jdn betrifft ... ➋ (*corresponder*) zustehen + *dat*

concertación [konθerta'θjon] *f* (ECON, POL) Vereinbarung *f;* ~ **social** Solidarpakt *m*

concertar [konθer'tar] <e→ie> **I.** *vi* passen (*con* zu + *dat*) **II.** *vt* ➊ (*ordenar*) ordnen; (*arreglar*) regeln ➋ (MÚS: *afinar*) stimmen (*con* nach + *dat*) ➌ (*armonizar*) in Einklang bringen ➍ (*acordar*) vereinbaren; (*concretar*) absprechen **III.** *vr:* ~ **se** ➊ (*ponerse de acuerdo*) sich einigen ➋ (*pey: compincharse*) paktieren

concertista [konθer'tista] *mf* (MÚS) Konzertspieler(in) *m(f)*

concesión [konθe'sjon] *f* ➊ (*acción*) Erteilung *f* ➋ (*efecto*) Genehmigung *f;* (COM, JUR) Konzession *f;* (*licencia*) Lizenz *f* ➌ (*de una beca*) Gewährung *f;* (*de un premio*) Verleihung *f* ➍ (*consentimiento*) Zugeständnis *nt*

concesionario, -a [konθesjo'narjo, -a] *m, f* (COM, JUR) Konzessionär(in) *m(f);* (*de una licencia*) Lizenznehmer(in) *m(f)*

concha ['kontʃa] *f* ➊ (*del molusco*) Muschel(schale) *f;* (*caparazón*) Schale *f;* (*de tortuga*) Schildkrötenpanzer *m;* ~ **del caracol** Schneckenhaus *nt* ➋ (TEAT) Souffleurmuschel *f* ➌ (*Am: descaro*) Frechheit *f* ➍ (*Am: vulg: vulva*) Muschi *f fam,* Möse *f fam*

conchabar [kontʃa'βar] **I.** *vt* ➊ (*mezclar*)

panschen ➋ (*Am: contratar*) einstellen **II.** *vr:* ~ **se** (*fam*) paktieren; **estar conchabado con alguien** mit jdm unter einer Decke stecken

conciencia [kon'θjenθja] *f* ➊ (*conocimiento*) Erkenntnis *f* ➋ (*consciencia*) Bewusstsein *nt;* **a** ~ gewissenhaft; (*conscientemente*) bewusst; **tomar** ~ **de algo** sich *dat* etw *gen* bewusst werden ➌ (*moral*) Gewissen *nt;* (*rectitud*) Redlichkeit *f;* (*cuestión*) Gewissensfrage *f;* **libertad de** ~ Gewissensfreiheit *f;* (*sin*) **cargo de** ~ (ohne) schlechtes Gewissen; **me remuerde la** ~ ich habe Gewissensbisse

concienciación [konθjenθja'θjon] *f* Bewusstmachung *f;* (ECOL, POL) Sensibilisierung *f*

concienciar [konθjen'θjar] **I.** *vt* ➊ (*persuadir*) überzeugen (*de* von + *dat*) ➋ (*sensibilizar*) sensibilisieren (*de* für + *akk*) **II.** *vr:* ~ **se** ➊ (*convencerse*) sich überzeugen (*de* von + *dat*) ➋ (*sensibilizarse*) sensibilisiert werden (*de* für + *akk*)

concienzudo, -a [konθjen'θuðo, -a] *adj* gewissenhaft

concierto [kon'θjerto] *m* ➊ (*disposición*) Ordnung *f* ➋ (*armonía*) Einklang *m* ➌ (*t.* ECON: *acuerdo*) Vereinbarung *f* ➍ (MÚS) Konzert *nt*

conciliación [konθilja'θjon] *f* Konziliation *f;* (*reconciliación*) Versöhnung *f;* (*de opiniones*) Einigung *f;* (JUR) Schiedsverfahren *nt;* ~ **laboral** Schlichtung *f*

conciliador(a) [konθilja'ðor(a)] *adj* versöhnlich; (*amable*) verbindlich; (*pacífico*) friedlich

conciliar [konθi'ljar] **I.** *vt* (*reconciliar*) versöhnen; (*armonizar*) in Einklang bringen; ~ **el sueño** einschlafen **II.** *vr:* ~ **se** ➊ (*reconciliarse*) sich versöhnen ➋ (*granjearse*) sich *dat* zuziehen

concilio [kon'θiljo] *m* ➊ (*reunión*) Versammlung *f* ➋ (REL) Konzil *nt*

concisión [konθi'sjon] *f* Gedrängtheit *f;* (*brevedad*) Kürze *f;* (*sobriedad*) Knappheit *f*

conciso, -a [kon'θiso, -a] *adj* (*breve*) kurz (gefasst); (*sobrio*) knapp

concitar [konθi'tar] **I.** *vt* aufwiegeln **II.** *vr:* ~ **se** sich *dat* zuziehen

conciudadano, -a [konθjuða'ðano, -a] *m, f* Mitbürger(in) *m(f)*

cónclave [kon'klaβe] *m,* **cónclave** ['konklaβe] *m* ➊ (REL) Konklave *nt* ➋ (*reunión*) Versammlung *f*

concluir [konklu'ir] *irr como huir* **I.** *vi* enden; **¡asunto concluido!** erledigt! **II.** *vt* ➊ (*terminar*) zu Ende bringen; (*negocio*) (ab)schließen ❷ (*deducir*) schließen (*de* aus +*dat*) **III.** *vr:* ~**se** zu Ende gehen

conclusión [koŋklu'sjon] *f* ❶ (*final*) (Ab)schluss *m;* **en** ~ (*en suma*) kurz und gut; (*por último*) letztendlich ❷ (*deducción*) (Schluss)folgerung *f;* **llegar a la ~ de que...** zu dem Schluss kommen, dass ...

concluyente [koŋklu'ɟente] *adj* (*definitivo*) endgültig; (*determinante*) entscheidend; (*convincente*) überzeugend

concomitante [koŋkomi'tante] *adj* Begleit-; **efecto** ~ Begleiterscheinung *f*

concordancia [koŋkor'ðanθja] *f* ❶ (*correspondencia*) Übereinstimmung *f* ❷ (LING) Kongruenz *f*

concordar [koŋkor'ðar] <o→ue> **I.** *vi* ❶ (*coincidir*) übereinstimmen ❷ (LING) kongruieren **II.** *vt* ❶ (*armonizar*) in Einklang bringen ❷ (LING) in Kongruenz setzen (*con* zu +*dat*)

concordia [koŋ'korðja] *f* Eintracht *f*

concreción [koŋkre'θjon] *f* ❶ (*precisión*) Konkretisierung *f* ❷ (*acumulación*) Ablagerung *f* ❸ (*limitación*) Beschränkung *f*

concretar [koŋkre'tar] **I.** *vt* ❶ (*precisar*) konkretisieren ❷ (*combinar*) zusammensetzen ❸ (*limitar*) beschränken (*a* auf +*akk*) **II.** *vr:* ~**se** sich beschränken (*a* auf +*akk*)

concretizar [koŋkreti'θar] <z→c> *vt* konkretisieren

concreto, -a [koŋ'kreto, -a] *adj* konkret; **en** ~ konkret

concubina [koŋku'βina] *f* Lebensgefährtin *f*

concubinato [koŋkuβi'nato] *m* eheähnliche Lebensgemeinschaft *f*

conculcar [koŋkul'kar] <c→qu> *vt* ❶ (*hollar*) mit Füßen treten ❷ (*infringir*) verletzen

concupiscencia [koŋkupis'θenθja] *f* (REL) Begehrlichkeit *f*

concurrencia [koŋku'rrenθja] *f* ❶ (*coincidencia*) Zusammentreffen *nt* ❷ (*asistencia*) Beteiligung *f* ❸ (*público*) Publikum *nt* ❹ (*ayuda*) Unterstützung *f* ❺ (*competencia*) Konkurrenz *f*

concurrido, -a [koŋku'rriðo, -a] *adj* gut besucht

concurrir [koŋku'rrir] *vi* ❶ (*coincidir en el lugar*) zusammenkommen; (*en el tiempo*) zusammenfallen ❷ (*concursar*) konkurrieren (*por* um +*akk*) ❸ (*participar*) teilnehmen (*en* an +*dat*) ❹ (*presenciar*) beiwohnen (*en* +*dat*)

concursante [koŋkur'sante] *mf* ❶ (*aspirante*) Bewerber(in) *m(f)* ❷ (*participante*) (Wettbewerbs)teilnehmer(in) *m(f)*

concursar [koŋkur'sar] **I.** *vt, vi* ❶ (*compe-*

tir) (an einem Wettbewerb) teilnehmen ❷ (*concurrir*) sich bewerben (*a* +*akk*) **II.** *vt* (JUR) Konkurs eröffnen (*a* gegen +*akk*)

concurso [koŋ'kurso] *m* ❶ (*coincidencia*) Zusammentreffen *nt* ❷ (*oposición*) Ausschreibung *f* ❸ (*torneo*) Wettbewerb *m;* (DEP) Wettkampf *m* ❹ (*ayuda*) Unterstützung *f* ❺ (*asistencia de público*) Teilnahme *f* ❻ (JUR) Konkurs *m*

condado [koŋ'daðo] *m* ❶ (*título*) Grafentitel *m* ❷ (*territorio*) Grafschaft *f*

conde(sa) ['konde, kon'desa] *m(f)* Graf *m*, Gräfin *f*

condecoración [kondekora'θjon] *f* ❶ (*distinción*) Auszeichnung *f* ❷ (*galardón*) Orden *m*

condecorar [kondeko'rar] *vt* auszeichnen

condena [kon'dena] *f* Verurteilung *f;* **cumplir una** ~ eine Strafe verbüßen

condenado, -a [konde'naðo, -a] **I.** *adj* (*fam*) verflixt, verdammt **II.** *m, f* ❶ (*reo*) Veruteilte(r) *mf* ❷ (REL) Verdammte(r) *mf* ❸ (*fam: endemoniado*) verflixter Kerl *m*, verflixtes Weib *nt* ❹ (*fam: niño*) Racker *m*

condenar [konde'nar] **I.** *vt* ❶ (*sentenciar, reprobar*) verurteilen (*a* zu +*dat*) ❷ (REL) verdammen ❸ (*tapiar*) zumauern **II.** *vr:* ~**se** ❶ (REL) verdammt werden ❷ (*acusarse*) sich schuldig bekennen

condensación [kondensa'θjon] *f* Kondensierung *f*

condensador [kondensa'ðor] *m* (ELEC) Kondensator *m*

condensar [konden'sar] **I.** *vt* ❶ (*espesar*) kondensieren ❷ (*abreviar*) kürzen (*en* auf +*akk*) **II.** *vr:* ~**se** (sich) verdichten; (FÍS) komprimieren

condesa [kon'desa] *f v.* **conde**

condescendencia [kondesθen'denθja] *f* ❶ (*dignación*) Entgegenkommen *nt;* (*irón*) Herablassung *f* ❷ (*transigencia*) Nachgiebigkeit *f* (*con* gegenüber +*dat*)

condescender [kondesθen'der] <e→ie> *vi* ❶ (*avenirse*) nachgeben (*con* +*dat*) ❷ (*rebajarse*) entgegenkommend sein; (*irón*) sich herablassen

condescendiente [kondesθen'djente] *adj* ❶ (*benévolo*) nachgiebig ❷ (*complaciente*) entgegenkommend ❸ (*arrogante*) herablassend

condición [kondi'θjon] *f* ❶ (*índole de una cosa*) Beschaffenheit *f* ❷ (*genio*) Naturell *nt* ❸ (*estado*) Verfassung *f*, Zustand *m* ❹ (*situación*) Situation *f* (*de* als +*nom*) ❺ (*clase*) Stand *m* ❻ (*requisito*) Bedingung *f;* ~ **de entrada** Eintrittsbedingung *f;* **a** ~ **de que...** +*subj* unter der Bedingung, dass ...; **sin condiciones** bedingungslos

condicional [kondiθjo'nal] **I.** adj ❶ (sujeto a condiciones) bedingt; **libertad** ~ (JUR) Freilassung auf Bewährung ❷ (LING) konditional **II.** m (LING) Konditional(is) m

condicionante [kondiθjo'nante] adj bedingend

condicionar [kondiθjo'nar] vt ❶ (supeditar) abhängig machen (a von +dat) ❷ (acondicionar) konditionieren

condimentación [kondimenta'θjon] f Würzen nt

condimentar [kondimen'tar] vt würzen

condimento [kondi'mento] m Gewürz nt

condolencia [kondo'lenθja] f Beileid nt

condolerse [kondo'lerse] <o→ue> vr Mitleid haben (de mit +dat)

condón [kon'don] m Kondom m o nt

condonación [kondona'θjon] f Erlass m

condonar [kondo'nar] vt erlassen

cóndor ['kondor] m (ZOOL) Kondor m

conducción [konduɣ'θjon] f ❶ (transporte) Beförderung f ❷ (conducto, administración) Leitung f

conducir [kondu'θir] irr como traducir **I.** vt ❶ (llevar) bringen; (transportar) befördern ❷ (guiar) führen ❸ (arrastrar) leiten ❹ (pilotar) fahren, steuern ❺ (mandar) leiten, führen **II.** vi ❶ (dirigir) führen (a zu +dat) ❷ (pilotar) fahren **III.** vr: ~ se sich benehmen

conducta [kon'dukta] f ❶ (comportamiento) Benehmen nt; (de un prisionero) Führung f ❷ (mando) Führung f

conductismo [konduk'tismo] m (PSICO) Behaviorismus m

conducto [kon'dukto] m ❶ (tubo) Leitung f ❷ (MED) Kanal m; ~ **auditivo** Gehörgang m ❸ (mediación) Weg m

conductor[1] [konduk'tor] m (FÍS) Leiter m

conductor(a)[2] [konduk'tor(a)] **I.** adj leitend; **hilo** ~ Leitungsdraht m **II.** m(f) ❶ (jefe) Leiter(in) m(f) ❷ (chófer) Fahrer(in) m(f); ~ **suicida** Falschfahrer m

conectar [konek'tar] **I.** vt ❶ (enlazar) verbinden ❷ (enchufar) anschließen **II.** vi Kontakt aufnehmen

conectividad [konektiβi'ðað] f (INFOR) ❶ (posibilidad) Anschlussfähigkeit f ❷ (de redes) Vernetzung f; **tener** ~ vernetzt sein

conector [konek'tor] m (INFOR) Stecker m; ~ **múltiple** Mehrfachstecker m

conejera [kone'xera] f ❶ (madriguera) Kaninchenbau m ❷ (t. fig: cueva) Höhle f

conejo [ko'nexo] m (ZOOL) Kaninchen nt; ~ **de Indias** Meerschweinchen nt; (fig) Versuchskaninchen nt

conexión [koneɣ'sjon] f ❶ (enlace) Verbindung f ❷ (del teléfono) Anschluss m ❸ pl

(amistades) Beziehungen fpl

confabulación [komfaβula'θjon] f Verschwörung f

confabularse [komfaβu'larse] vr sich verschwören

confección [komfeɣ'θjon] f Anfertigung f; (de vestidos) Konfektion f

confeccionar [komfeɣθjo'nar] vt anfertigen; (plan) aufstellen

confederación [komfeðera'θjon] f Bündnis nt; (entre Estados) Konföderation f

confederado, -a [komfeðe'raðo, -a] m, f Verbündete(r) mf; (Estado) Konföderierte(r) mf

confederar [komfeðe'rar] **I.** vt zusammenschließen **II.** vr: ~ **se** sich verbünden

conferencia [komfe'renθja] f ❶ (charla) Vortrag m ❷ (encuentro) Konferenz f; ~ **cumbre** Gipfeltreffen nt; ~ **de prensa** Pressekonferenz f ❸ (plática) Besprechung f ❹ (llamada telefónica) Ferngespräch nt

conferenciante [komferen'θjante] mf Redner(in) m(f)

conferenciar [komferen'θjar] vi verhandeln

conferir [komfe'rir] irr como sentir vt ❶ (otorgar) verleihen; (derechos) zugestehen ❷ (transferir) übermitteln

confesar [komfe'sar] <e→ie> **I.** vt ❶ (admitir) gestehen ❷ (manifestar algo oculto) preisgeben ❸ (REL: declarar) beichten; (oír) die Beichte abnehmen **II.** vr: ~ **se** die Beichte ablegen; ~ **se culpable** sich (für) schuldig bekennen

confesión [komfe'sjon] f ❶ (declaración) Geständnis nt ❷ (sacramento) Beichte f ❸ (credo religioso) Konfession f

confesional [komfesjo'nal] adj konfessionell

confesionalidad [komfesjonali'ðað] f Konfession(szugehörigkeit) f

confes(i)onario [komfes(j)o'narjo] m Beichtstuhl m

confesor [komfe'sor] m Beichtvater m

confeti [kom'feti] m Konfetti nt

confiable [komfi'aβle] adj (fiable) vertrauenswürdig; (cumplido) zuverlässig

confiado, -a [komfi'aðo, -a] adj ❶ ser (crédulo) vertrauensselig ❷ estar (presumido) zuversichtlich; (de sí mismo) selbstgefällig

confianza [komfi'anθa] f ❶ (crédito) Vertrauen nt; **amiga de** ~ enge Freundin ❷ (esperanza) Zuversicht f ❸ (presunción) Selbstgefälligkeit f ❹ (familiaridad) Vertrautheit f ❺ pl (familiaridad excesiva) Freiheiten fpl

confiar [komfi'ar] <1. pres: confío> **I.** vi vertrauen (en +dat) **II.** vt anvertrauen

III. *vr:* ~ **se** ❶ (*entregarse*) sich verlassen (*a* auf +*akk*) ❷ (*sincerarse*) sich anvertrauen (*a* +*dat*)

confidencia [komfi'ðenθja] *f* ❶ (*secreto*) vertrauliche Mitteilung *f* ❷ (*revelación*) Enthüllung *f*

confidencial [komfiðen'θjal] *adj* vertraulich

confidencialidad *f* Vertraulichkeit *f*

confidente [komfi'ðente] **I.** *adj* zuverlässig **II.** *mf* ❶ (*cómplice*) Vertraute(r) *mf* ❷ (*espía*) Informant(in) *m(f)*

configuración [komfiɣura'θjon] *f* ❶ (*formación*) Gestaltung *f* ❷ (*forma*) Gestalt *f* ❸ (INFOR) Konfiguration *f*

configurar [komfiɣu'rar] **I.** *vt* ❶ (*formar*) gestalten ❷ (INFOR) konfigurieren **II.** *vr:* ~ **se** sich herausbilden

confín [kom'fin] **I.** *adj* angrenzend **II.** *m* ❶ (*frontera*) Grenze *f* ❷ (*final*) Ende *nt*

confinar [komfi'nar] **I.** *vi* (an)grenzen (*con* an +*akk*) **II.** *vt* verbannen

confirmación [komfirma'θjon] *f* ❶ (*ratificación*) Bestätigung *f* ❷ (REL: *iglesia católica*) Firmung *f*; (*protestante*) Konfirmation *f*

confirmar [komfir'mar] **I.** *vt* ❶ (*corroborar, t.* ECON, INFOR) bekräftigen ❷ (*fortalecer*) bekräftigen ❸ (REL: *iglesia católica*) firmen; (*protestante*) konfirmieren **II.** *vr:* ~ **se** sich bestätigen

confirmativo, -a [komfirma'tiβo, -a] *adj* bestätigend

confiscación [komfiska'θjon] *f* Beschlagnahmung *f*

confiscar [komfis'kar] <c→qu> *vt* beschlagnahmen

confitar [komfi'tar] *vt* ❶ (*azucarar*) zuckern; (*almíbarar*) kandieren ❷ (*engolosinar*) falsche Hoffnungen machen +*dat*

confite [kom'fite] *m* Konfekt *nt*

confitería [komfite'ria] *f* Süßwarengeschäft *nt*

confitura [komfi'tura] *f* Konfitüre *f*

conflagración [komflaɣra'θjon] *f* ❶ (*incendio*) Brand *m* ❷ (*hostilidades*) Konflikt *m;* (*guerra*) Krieg *m*

conflictividad [komfliktiβi'ða^ð] *f* Brisanz *f*

conflictivo, -a *adj* konfliktgeladen, brisant

conflicto [kom'flikto] *m* Konflikt *m*

confluencia [komflu'enθja] *f* Zusammenfluss *m*

confluir [komflu'ir] *irr como huir* *vi* zusammenfließen

conformación [komforma'θjon] *f* Gestaltung *f*

conformar [komfor'mar] **I.** *vt* ❶ (*formar*) formen ❷ (*ajustar*) anpassen (*a* an +*akk*)

❸ (*contentar*) zufrieden stellen **II.** *vi* übereinstimmen (*con* mit +*dat*) **III.** *vr:* ~ **se** ❶ (*ajustarse*) sich anpassen (*a* an +*akk*) ❷ (*contentarse*) sich zufrieden geben

conforme [kom'forme] **I.** *adj* (*adecuado*) angemessen; **estar** ~ **con algo** mit etw *dat* übereinstimmen **II.** *adv* ❶ (*como*) (so) wie ❷ (*según*) gemäß (*a* +*dat*)

conformidad [komformi'ða^ð] *f* ❶ (*afinidad*) Übereinstimmung *f* ❷ (*aprobación*) Genehmigung *f* ❸ (*paciencia*) Gelassenheit *f*

conformismo [komfor'mismo] *m* Konformismus *m*

conformista [komfor'mista] **I.** *adj* konformistisch **II.** *mf* Konformist(in) *m(f)*

confort [kom'for^t] *m sin pl* Komfort *m*

confortable [komfor'taβle] *adj* ❶ (*confortante*) aufmunternd ❷ (*cómodo*) komfortabel

confortar [komfor'tar] **I.** *vt* ❶ (*vivificar*) stärken ❷ (*alentar*) aufmuntern; (*consolar*) trösten **II.** *vr:* ~ **se** ❶ (*reanimarse*) (wieder) zu Kräften kommen ❷ (*consolarse*) Trost finden; (*animarse*) Mut fassen

confraternizar [komfraterni'θar] <z→c> *vi* sich verbrüdern

confrontación [komfronta'θjon] *f* ❶ (*comparación*) Vergleich *m* ❷ (*careo*) Gegenüberstellung *f* ❸ (*enfrentamiento*) Konfrontation *f*

confrontar [komfron'tar] **I.** *vt* ❶ (*comparar*) vergleichen ❷ (*carear*) gegenüberstellen (*con* +*dat*) **II.** *vr:* ~ **se** (sich *dat*) gegenüberstehen

confucionismo [komfuθjo'nismo] *m* (FILOS) Konfuzianismus *m*

confundir [komfuɲ'dir] **I.** *vt* ❶ (*trastocar*) verwechseln ❷ (*mezclar*) durcheinander bringen ❸ (*embrollar*) verwirren **II.** *vr:* ~ **se** ❶ (*unirse*) sich unter die Menschenmenge mischen ❷ (*embrollarse*) sich täuschen (*de* in +*dat*)

confusión [komfu'sjon] *f* ❶ (*trastoque*) Verwechslung *f* ❷ (*embrollo*) Verwirrung *f*

confuso, -a [kom'fuso, -a] *adj* konfus, verworren

congelación [konxela'θjon] *f* ❶ (*solidificación*) Gefrieren *nt* ❷ (*conservación*) Einfrieren *nt*; ~ **salarial** Einfrieren der Gehälter ❸ (*heladura*) Erfrierung *f*

congelador [konxela'ðor] *m* ❶ (*electrodoméstico*) Gefrierschrank *m* ❷ (*compartimento en la nevera*) Gefrierfach *nt*

congelados [konxe'laðos] *mpl* (COM) Tiefkühlkost *f*

congelamiento [konxela'mjento] *m v.* **congelación**

congelar [koŋxe'lar] **I.** vt ❶ (solidificar) gefrieren (lassen) ❷ (t. ECON: conservar) einfrieren ❸ (helar) erfrieren **II.** vr: ~**se** ❶ (solidificarse) gefrieren ❷ (helarse) erfrieren

congeniar [koŋxe'njar] vi harmonieren

congénito, -a [koŋ'xenito, -a] adj angeboren

congestión [koŋxes'tjon] f ❶ (MED) Hyperämie f ❷ (aglomeración) Stauung f

congestionado, -a [koŋxestjo'naðo, -a] adj (rostro) hochrot

congestionar [koŋxestjo'nar] **I.** vt ❶ (MED) Blutandrang verursachen (in +dat) ❷ (aglomerar) verstopfen **II.** vr: ~**se** ❶ (MED) Blutandrang haben ❷ (aglomerarse) sich stauen

conglomerado m (t. GEO) Konglomerat nt

conglomerar [koŋglome'rar] **I.** vt binden **II.** vr: ~**se** sich verbinden

Congo ['koŋgo] m Kongo m

congoja [koŋ'goxa] f ❶ (pena) Schmerz m ❷ (desconsuelo) Mutlosigkeit f

congoleño, -a [koŋgo'leɲo, -a], **congolés, -esa** [koŋgo'les, -esa] **I.** adj kongolesisch **II.** m, f Kongolese, -in m, f

congraciar [koŋgra'θjar] **I.** vt beliebt machen (con bei +dat) **II.** vr: ~**se** die Gunst erlangen (con +gen)

congratulación [koŋgratula'θjon] f Gratulation f

congratular [koŋgratu'lar] **I.** vt beglückwünschen **II.** vr: ~**se** sich freuen (de/por über +akk)

congregación [koŋgreɣa'θjon] f ❶ (reunión) Versammlung f ❷ (REL) Kongregation f

congregar [koŋgre'ɣar] <g→gu> vt, vr: ~**se** (sich) versammeln

congresista [koŋgre'sista] mf Kongressteilnehmer(in) m(f)

congreso [koŋ'greso] m ❶ (conferencia) Kongress m ❷ (POL) Abgeordnetenhaus nt; **C~ de los Diputados** Abgeordnetenhaus nt

congrio ['koŋgrjo] m (ZOOL) Meeraal m

congruencia [koŋ'grwenθja] f ❶ (coherencia) Übereinstimmung f ❷ (MAT) Kongruenz f

cónico, -a ['koniko, -a] adj konisch, kegel-förmig

conífera [ko'nifera] f (BOT) Nadelbaum m; ~**s** Nadelhölzer ntpl

conjetura [koŋxe'tura] f Mutmaßung f

conjeturar [koŋxetu'rar] vt mutmaßen

conjugación [koŋxuɣa'θjon] f ❶ (combinación) Vereinigung f ❷ (BIOL, LING) Konjugation f

conjugar [koŋxu'ɣar] <g→gu> vt ❶ (armonizar) in Einklang bringen ❷ (LING) konjugieren

conjunción [koŋxuŋ'θjon] f ❶ (unión) Verbindung f ❷ (ASTR, LING) Konjunktion f

conjuntamente [koŋxuŋta'mente] adv zusammen

conjuntar [koŋxuŋ'tar] **I.** vi zusammenpassen **II.** vt (aufeinander) abstimmen **III.** vr: ~**se** zusammenkommen

conjuntivitis [koŋxuŋti'βitis] f inv (MED) Bindehautentzündung f

conjunto [koŋ'xuŋto] m ❶ (unido) Einheit f, Komplex m ❷ (totalidad) Gesamtheit f; **en** ~ insgesamt ❸ (en representaciones artísticas) Ensemble nt ❹ (prenda de vestir) Ensemble nt ❺ (MAT) Menge f; ~ **vacío** Leermenge f

conjura [koŋ'xura] f, **conjuración** [koŋxura'θjon] f Verschwörung f

conjurar [koŋxu'rar] **I.** vi konspirieren **II.** vt ❶ (invocar) beschwören ❷ (alejar) bannen **III.** vr: ~**se** sich verschwören

conllevar [konʎe'βar] vt ❶ (soportar) ertragen ❷ (implicar) mit sich dat bringen

conmemorable [konmemo'raβle/komme-mo'raβle] adj denkwürdig; (inolvidable) unvergesslich

conmemoración [konmemora'θjon/kommemora'θjon] f Gedenken nt; **en** ~ **de alguien** zum Gedenken an jdn

conmemorar [konmemo'rar/kommemo'rar] vt gedenken +gen

conmemorativo, -a [konmemora'tiβo, -a/kommemora'tiβo, -a] adj Gedenk-, Gedächtnis-

conmensurable [konmensu'raβle/kommen-su'raβle] adj ❶ (medible) messbar ❷ (MAT) kommensurabel

conmigo [kon'miɣo/kom'miɣo] pron pers mit mir, bei mir

conminar [konmi'nar/kommi'nar] vt ❶ (amenazar) bedrohen ❷ (JUR) auffordern

conminatorio, -a [konmina'torjo, -a/kommina'torjo, -a] adj Droh-; **carta conminatoria** Drohbrief m

conmiseración [konmisera'θjon/kommisera'θjon] f Mitleid nt

conmoción [konmo'θjon/kommo'θjon] f

tificar) sich wieder erkennen

conmocionar [koⁿmoθjo'nar/koᵐmo-θjo'nar] **I.** *vt* erschüttern **II.** *vr:* ~**se** erschüttert sein

conmovedor(a) [koⁿmoβe'ðor(a)/koᵐmoβe'ðor(a)] *adj* ❶(*conmocionando*) erschütternd ❷(*sentimental*) rührend

conmover [koⁿmo'βer/koᵐmo'βer] <o→ue> **I.** *vt* ❶(*emocionar*) bewegen; (*conmocionar*) erschüttern; (*enternecer*) rühren ❷(*sacudir*) erschüttern **II.** *vr:* ~**se** ❶(*emocionarse*) ergriffen sein; (*enternecerse*) gerührt sein; (*conmocionarse*) erschüttert sein ❷(*sacudirse*) erschüttert werden

conmutable [koⁿmu'taβle/koᵐmu'taβle] *adj* ❶(*permutable*) austauschbar ❷(ELEC) (um)schaltbar

conmutación [koⁿmuta'θjon/koᵐmuta-'θjon] *f* ❶(*permuta*) Tausch *m* ❷(LING) Kommutation *f*

conmutador [koⁿmuta'ðor/koᵐmuta'ðor] *m* (ELEC) Schalter *m*

conmutar [koⁿmu'tar/koᵐmu'tar] *vt* ❶(*cambiar*) tauschen; (*una pena*) umwandeln (*por* in +*akk*) ❷(ELEC) umschalten ❸(*convalidar*) anrechnen

conmutativo, -a [koⁿmuta'tiβo, -a/koᵐmuta'tiβo, -a] *adj* (MAT) kommutativ

connatural [konnatu'ral] *adj* angeboren

connaturalizar [konnaturali'θar] <z→c> *vt, vr:* ~**se** (sich) gewöhnen (*con* an +*akk*)

connivencia [konni'βenθja] *f* ❶(*t.* JUR: *tolerancia*) Nachsichtigkeit *f* ❷(*confabulación*) Verschwörung *f*

connotación [konnota'θjon] *f* (LING) Konnotation *f*

connotar [konno'tar] *vt* (LING) implizieren

cono ['kono] *m* Kegel *m*

conocedor(a) [konoθe'ðor(a)] **I.** *adj* kundig (*de* +*gen*) **II.** *m(f)* Kenner(in) *m(f)*

conocer [kono'θer] *irr como crecer* **I.** *vt* ❶(*saber, tener trato*) kennen; ~ **de vista** vom Sehen kennen; **dar a** ~ zu kennen geben ❷(*reconocer*) erkennen (*por/en* an +*dat*) ❸(*descubrir*) kennen lernen **II.** *vi* sich auskennen (*de* mit +*dat*) **III.** *vr:* ~**se** ❶(*tener trato*) sich kennen ❷(*iden-*

conocido, -a [kono'θiðo, -a] **I.** *adj* bekannt **II.** *m, f* Bekannte(r) *mf*

conocimiento [konoθi'mjento] *m* ❶(*entendimiento*) Kenntnis *f* ❷(*inteligencia*) Vernunft *f* ❸(*consciencia*) Bewusstsein *nt* ❹*pl* (*nociones*) Kenntnisse *fpl*

conque ['konke] *conj* (*fam*) also

conquense [koŋ'kense] **I.** *adj* aus Cuenca **II.** *mf* Einwohner(in) *m(f)* von Cuenca

conquista [koŋ'kista] *f* Eroberung *f*

conquistador(a) [koŋkista'ðor(a)] **I.** *adj* Eroberungs- **II.** *m(f)* Eroberer, -in *m, f*; ~**es** (**de América**) Konquistadoren *mpl*

conquistar [koŋkis'tar] *vt* erobern

consabido, -a [konsa'βiðo, -a] *adj* wohlbekannt

consagración [konsaɣra'θjon] *f* ❶(*bendición*) Weihe *f*; (*de la hostia*) Konsekration *f* ❷(*dedicación*) Aufopferung *f* ❸(*adquisición de fama*) Auszeichnung *f*

consagrar [konsa'ɣrar] **I.** *vt* ❶(*bendecir*) weihen; (*la hostia*) konsekrieren ❷(*dedicar*) widmen; (*sacrificadamente*) opfern **II.** *vr:* ~**se** ❶(*dedicarse*) sich verschreiben (*a* +*dat*) ❷(*acreditarse*) sich auszeichnen

consanguíneo, -a [konsaŋ'gineo, -a] **I.** *adj* blutsverwandt **II.** *m, f* Blutsverwandte(r) *mf*

consciencia [koⁿs'θjenθja] *f* Bewusstsein *nt*

consciente [koⁿs'θjente] *adj* bewusst (*de* +*gen*); **estar** ~ bei Bewusstsein sein; **ser** ~ (*meticuloso*) gewissenhaft sein; (*responsable*) vernünftig sein

consecución [konseku'θjon] *f* Erreichung *f*, Erlangung *f*

consecuencia [konse'kwenθja] *f* ❶(*efecto*) Auswirkung *f*, Folge *f*; **a** ~ **de** infolge +*gen* ❷(*coherencia*) Konsequenz *f*

consecuente [konse'kwente] *adj* konsequent

consecuentemente [konsekwente'mente] *adv* folglich

consecutivo, -a [konseku'tiβo, -a] *adj*

❶ (*seguido*) aufeinander folgend **❷** (LING) konsekutiv

conseguido, -a [konse'ɣiðo, -a] *adj* gelungen

conseguir [konse'ɣir] *irr como seguir vt* **❶** (*obtener*) erreichen, erlangen **❷** (*tener éxito*) gelingen

consejero, -a [konse'xero, -a] *m, f* **❶** (*guía*) Berater(in) *m(f)* **❷** (*miembro de un consejo*) Rat *m*, Rätin *f*; ~ **de embajada** Botschaftsrat *m* **❸** (*de una autonomía*) Minister(in) *m(f)*

consejo [kon'sexo] *m* **❶** (*recomendación*) Rat(schlag) *m* **❷** (*organismo*) Rat *m*; **C~ ECOFIN** ECOFIN-Rat *m*; **C~ Europeo** Europäischer Rat; **C~ de Ministros** Ministerrat *m* **❸** (*reunión*) Ratsversammlung *f*

consenso [kon'senso] *m* Konsens *m*

consensuar [konsensu'ar] <*1. pres:* consensúo> *vt* beschließen

consentido, -a [konsen'tiðo, -a] *adj* **❶** (*mimado*) verwöhnt **❷** (*tolerante*) (zu) nachsichtig

consentimiento [konsenti'mjento] *m* Zustimmung *f* (*para* zu +*dat*)

consentir [konsen'tir] *irr como sentir* **I.** *vi* **❶** (*admitir*) zulassen; (*tolerar*) dulden **❷** (*ceder*) nachgeben **II.** *vt* **❶** (*autorizar*) genehmigen; (*tolerar*) dulden **❷** (*mimar*) verwöhnen **❸** (*aguantar*) zulassen

conserje [kon'serxe] *mf* Hausmeister(in) *m(f)*

conserjería [konserxe'ria] *f* **❶** (*cargo*) Hausmeisterposten *m* **❷** (*oficina*) Hausmeisterloge *f*

conserva [kon'serβa] *f* **❶** (*enlatado*) Konserve *f* **❷** (*conservación*) Konservierung *f*

conservación [konserβa'θjon] *f* **❶** (*mantenimiento*) Erhaltung *f* **❷** (*guarda*) (Auf)bewahrung *f* **❸** (*conserva*) Konservierung *f*

conservador(a) [konserβa'ðor(a)] **I.** *adj* **❶** (*conservante*) erhaltend **❷** (*t.* POL: *tradicionalista*) konservativ **II.** *m(f)* **❶** (*guardador*) Konservator(in) *m(f)* **❷** (POL) Konservative(r) *mf*

conservante [konser'βante] *m* Konservierungsmittel *nt*

conservar [konser'βar] **I.** *vt* **❶** (*mantener*) erhalten **❷** (*guardar*) (auf)bewahren; (*con esmero*) schonen **❸** (*hacer conservas*) konservieren **❹** (*continuar la práctica*) beibehalten **II.** *vr:* ~**se** erhalten bleiben; (*mantenerse*) sich halten

conservatorio [konserβa'torjo] *m* Konservatorium *nt*

conservero, -a **I.** *adj* Konserven-; **industria conservera** Konservenindustrie *f* **II.** *m, f* Konservenfabrikant(in) *m(f)*

considerable [konsiðe'raβle] *adj* beachtlich

consideración [konsiðera'θjon] *f* **❶** (*reflexión*) Erwägung *f*, Überlegung *f*; **en** ~ **a** angesichts +*gen* **❷** (*respeto*) Respekt *m*; **falta de** ~ Respektlosigkeit *f* **❸** (*opinión*) Ansehen *nt*

considerado, -a [konsiðe'raðo, -a] *adj* **❶** (*tener en cuenta*) berücksichtigt **❷** (*apreciado*) angesehen **❸** (*atento*) rücksichtsvoll

considerar [konsiðe'rar] **I.** *vt* **❶** (*reflexionar*) überdenken **❷** (*juzgar*) halten (für +*akk*) **❸** (*apreciar*) respektieren **II.** *vr:* ~**se** sich halten (für +*akk*)

consigna [kon'siɣna] *f* **❶** (MIL) Losung *f* **❷** (POL) Weisung *f* **❸** (*depósito de equipajes*) Gepäckaufbewahrung *f*

consignar [konsiɣ'nar] *vt* **❶** (*asignar*) anweisen **❷** (*protocolar*) (schriftlich) niederlegen **❸** (*poner en depósito*) zur Aufbewahrung geben **❹** (COM) konsignieren

consignatario, -a [konsiɣna'tarjo, -a] *m, f* **❶** (*destinatario*) Empfänger(in) *m(f)* **❷** (*depositario*) Verwahrer(in) *m(f)* **❸** (ECON) Schiffsagent(in) *m(f)*

consigo [kon'siɣo] *pron pers* mit sich *dat*, bei sich *dat*

? Grammatik

consigo – *bei sich, mit sich: Jaime lleva siempre un bolígrafo consigo.* – *Jaime hat immer einen Kugelschreiber bei sich/dabei. Él habla a menudo consigo mismo.* – *Er spricht oft mit sich selbst.*

consigo ist außerdem die erste Person Singular des Verbs *conseguir* – *erreichen, erlangen: Siempre consigo lo que me propongo.* – *Ich erreiche immer, was ich mir vornehme.*

consiguiente [konsi'ɣjente] *adj* dementsprechend; **por** ~ folglich

consistencia [konsis'tenθja] *f* Konsistenz *f*

consistente [konsis'tente] *adj* konsistent

consistir [konsis'tir] *vi* **❶** (*componerse*) bestehen (*en* aus +*dat*) **❷** (*ser*) bestehen (*en* in +*dat*) **❸** (*radicar*) beruhen (*en* auf +*dat*)

consistorio [konsis'torjo] *m* **❶** (REL) Konsistorium *nt* **❷** (*reg:* ADMIN) Gemeinderat *m*

consola [kon'sola] *f* **❶** (*mesa*) Konsole *f* **❷** (ELEC) Schalttafel *f*

consolación [konsola'θjon] *f* Trost *m*

consolador¹ [konsola'ðor] *m* (*argot*) Vibrator *m*

consolador(a)² [konsola'ðor(a)] *adj* tröstlich

consolar [konso'lar] <o→ue> *vt, vr:* ~ **se** (sich) trösten

consolidación [konsoliða'θjon] *f* ❶ (*intensificación*) Festigung *f;* (*t.* ECON) Konsolidierung *f* ❷ (*robustecimiento*) Verstärkung *f*

consolidar [konsoli'ðar] **I.** *vt* ❶ (*intensificar*) festigen; (*t.* ECON) konsolidieren ❷ (*robustecer*) verstärken **II.** *vr:* ~ **se** sich festigen

consomé [konso'me] *m* Consommé *f o nt*

consonancia [konso'nanθja] *f* ❶ (*rima*) (End)reim *m* ❷ (*armonía*) Gleichklang *m*, Harmonie *f;* **en** ~ **con** in Einklang mit

consonante [konso'nante] **I.** *adj* ❶ (*que rima*) (sich) reimend ❷ (*armonioso*) übereinstimmend **II.** *f* (LING) Konsonant *m*

consorcio [kon'sorθjo] *m* ❶ (*participación conjunta*) Gemeinschaft *f* ❷ (ECON) Konsortium *nt*

consorte [kon'sorte] *mf* ❶ (*partícipe*) Partner(in) *m(f)* ❷ (*cónyuge*) Ehegatte, -in *m*, *f* ❸ (JUR) Komplize, -in *m, f* ❹ (*pey argot: compinche*) Konsorte, -in *m, f*

conspicuo, -a [kon's'pikwo, -a] *adj* ❶ (*ilustre*) namhaft, berühmt ❷ (*obvio*) augenfällig

conspiración [kon'spira'θjon] *f* Verschwörung *f*

conspirador(a) *m(f)* Verschwörer(in) *m(f)*

conspirar [kon'spi'rar] *vi* ❶ (*conjurar*) sich verschwören ❷ (*intrigar*) intrigieren ❸ (*contribuir*) beitragen (*a zu* +*dat*)

constancia [kon's'tanθja] *f* ❶ (*firmeza*) Beständigkeit *f*, Konstanz *f* ❷ (*perseverancia*) Ausdauer *f*, Beharrlichkeit *f* ❸ (*certeza*) Gewissheit *f* ❹ (*noticia*) Vermerk *m;* **dejar** ~ **de algo** etw vermerken

constante [kon's'tante] *adj* konstant (*en* in +*dat*)

Constanza [kon's'tanθa] *f* Konstanz *nt;* **Lago de** ~ Bodensee *m*

constar [kon's'tar] *vi* ❶ (*ser cierto*) feststehen ❷ (*figurar*) aufgeführt sein; **hacer** ~ **algo** etw bekunden ❸ (*componerse*) bestehen (*de aus* +*dat*)

constatación [kon'stata'θjon] *f* Bestätigung *f*

constatar [kon'sta'tar] *vt* bestätigen

constelación [kon'stela'θjon] *f* ❶ (*conjunto de estrellas*) Sternbild *nt* ❷ (ASTR) Konstellation *f*

consternación [kon'sterna'θjon] *f* Bestürzung *f*

consternar [kon'ster'nar] **I.** *vt* bestürzen **II.** *vr:* ~ **se** bestürzt sein

constipado [kon'sti'paðo] *m* Erkältung *f;* ~ **nasal** Schnupfen *m*

constipar [kon'sti'par] **I.** *vt* verstopfen **II.** *vr:* ~ **se** sich erkälten

constitución [kon'stitu'θjon] *f* ❶ (*formación*) Bildung *f* ❷ (*establecimiento*) Gründung *f* ❸ (*designación*) Einsetzung *f* ❹ (*composición*) Zusammensetzung *f* ❺ (*complexión*) Konstitution *f* ❻ (JUR, POL) Verfassung *f*

Drei Jahre nach dem Tode Francos, am 6. Dezember 1978, wurde eine neue demokratische Verfassung vom spanischen Parlament verabschiedet. An diesem Feiertag, dem **Día de la Constitución**, feiert man also nicht wie in anderen Ländern den Nikolaustag, sondern dass Spanien ein demokratischer Staat ist.

---

constitucional [kon'stitu'θjo'nal] *adj* (JUR, POL) konstitutionell, Verfassungs-

constitucionalismo [kon'stitu'θjona'lismo] *m sin pl* ❶ (JUR, POL) Konstitutionalismus *m* ❷ (POL: *régimen*) Verfassungsordnung *f*

constituir [kon'stitu'ir] *irr como huir* **I.** *vt* ❶ (*formar*) bilden ❷ (*ser*) darstellen ❸ (*establecer*) gründen ❹ (*designar*) einsetzen (*en* als +*akk*) **II.** *vr:* ~ **se** auftreten (*en/por* als +*nom*)

constitutivo, -a [kon'stitu'tiβo, -a] *adj* wesentlich

constreñimiento [kon'streɲi'mjento] *m* Zwang *m*

constreñir [kon'stre'ɲir] *irr como ceñir vt* ❶ (*obligar*) zwingen (*a zu* +*dat*) ❷ (MED) zusammenschnüren ❸ (*cohibir*) hemmen

constricción [kon'strik'θjon] *f* ❶ (*obligación*) Zwang *m* ❷ (MED) Konstriktion *f* ❸ (*cohibición*) Hemmung *f*

construcción [kon'struk'θjon] *f* ❶ (*acción*) Bau *m;* (*arte*) Baukunst *f* ❷ (*edificio*) Gebäude *nt;* ~ **aneja** Anbau *m* ❸ (LING: *estructura*) Satzbau *m;* (*palabras*) Konstruktion *f*

constructivismo [kon'strukti'βismo] *m sin pl* (ARTE, MÚS) Konstruktivismus *m*

constructivo, -a [kon'struk'tiβo, -a] *adj* konstruktiv

constructor(a) [kon'struk'tor(a)] *m(f)* Bauunternehmer(in) *m(f);* ~ **de carreteras** Straßenbauer *m*

construir [kon'stru'ir] *irr como huir vt* ❶ (*casa*) bauen; (*erigir*) errichten; (*produ-*

cir) herstellen ❷ (LING) bilden

consu(b)stancial [konsu⁽ᵝ⁾stan'θjal] *adj* ❶ (*connatural*) eigen; **la inteligencia es ~ al hombre** die Intelligenz ist dem Menschen eigen ❷ (REL) wesensgleich

consuelo [kon'swelo] *m* Trost *m*; (*alivio*) Erleichterung *f*

cónsul ['konsul] *mf* (POL) Konsul(in) *m(f)*

consulado [konsu'laðo] *m* Konsulat *nt*

consulta [kon'sulta] *f* ❶ (*de un médico*) Praxis *f*; **hora de ~** Sprechstunde *f* ❷ (*asesoramiento*) Beratung *f*; **~ popular** (POL) Volksbefragung *f*

consultar [konsul'tar] *vt* ❶ (*aconsejarse*) um Rat fragen ❷ (*libro*) nachschlagen (in +*dat*)

consulting [kon'sultin] *m* <consultings> (*t.* ECON) Consulting *nt*

consultor(a) [konsul'tor(a)] **I.** *adj* beratend; **empresa ~a** Consultingfirma *f* **II.** *m(f)* Berater(in) *m(f)*; (*experto*) Gutachter(in) *m(f)*

consultoría [konsulto'ria] *f* Beratungsstelle *f*; (*empresa*) Consultingfirma *f*

consultorio [konsul'torjo] *m* ❶ (*establecimiento*) Beratungsstelle *f*; (*de un médico*) (Arzt)praxis *f* ❷ (*en la radio*) Fragestunde *f*

consumación [konsuma'θjon] *f sin pl* Vollendung *f*

consumar [konsu'mar] *vt* vollenden; **~ el matrimonio** (JUR) die Ehe vollziehen

consumición [konsumi'θjon] *f* ❶ (*bar*) Verzehr *m* ❷ (*agotamiento*) Verbrauch *m*

consumidor(a) [konsumi'ðor(a)] *m(f)* Verbraucher(in) *m(f)*; (*cliente*) Gast *m*; **~ final** Endverbraucher *m*

consumir [konsu'mir] **I.** *vt* ❶ (*gastar*) verbrauchen ❷ (*acabar*) aufbrauchen ❸ (*comer*) verzehren ❹ (*destruir*) vernichten ❺ (*afligir*) quälen **II.** *vr:* **~ se** ❶ (*persona*) sich quälen ❷ (*gastarse*) ausgehen

consumista [konsu'mista] *mf* nur auf Konsum ausgerichteter Mensch *m*

consumo [kon'sumo] *m* Verbrauch *m*; **bienes de ~** Konsumgüter *ntpl*; **sociedad de ~** Konsumgesellschaft *f*

consustancial [konsustan'θjal] *adj* ❶ (*connatural*) eigen ❷ (REL) wesensgleich

contabilidad [kontaβili'ðaᵈ] *f* Buchhaltung *f*; **~ por partida doble** doppelte Buchführung; **~ plurimonetaria** Währungsbuchhaltung *f*

contabilización [kontaβiliθa'θjon] *f* Buchführung *f*

contabilizar [kontaβili'θar] <z→c> *vt* buchen

contable [kon'taβle] **I.** *adj* ❶ (*que se puede contar*) zählbar ❷ (FIN) buchungstechnisch

II. *mf* Buchhalter(in) *m(f)*

contactar [kontak'tar] *vi*, *vt* Kontakt aufnehmen (*con/a* mit +*dat*)

contacto [kon'takto] *m* ❶ (*tacto*) Berührung *f* ❷ (*relación*) Verbindung *f*, Kontakt *m* ❸ (ELEC) Kontakt *m* ❹ (*persona*) Kontaktperson *f* ❺ (FOTO) Positiv *nt*

contado [kon'taðo] *m:* **al ~** bar

contador [konta'ðor] *m* ❶ (*del agua, de la luz*) Zähler *m* ❷ (*contable*) Buchhalter *m*

contados, -as [kon'taðos, -as] *adj* (*raro*) selten; **tiene los días ~** seine/ihre Tage sind gezählt

contagiar [konta'xjar] **I.** *vt* anstecken (*con/por* durch +*akk*) **II.** *vr:* **~ se** sich anstecken (*de* mit +*dat*, *con/por* durch +*akk*)

contagio [kon'taxjo] *m* Ansteckung *f*; (*transmisión*) Übertragung *f*

contagioso, -a [konta'xjoso, -a] *adj* ansteckend

container [kon'teiner] <containers> *m* (*contenedor*) Container *m*

contaminación [kontamina'θjon] *f* Verseuchung *f*; **~ acústica** Lärmbelästigung *f*; **~ ambiental** Umweltverschmutzung *f*; **~ radiactiva** radioaktive Verseuchung

contaminante [kontami'nante] **I.** *adj* umweltverschmutzend **II.** *m* Schadstoff *m*

contaminar [kontami'nar] **I.** *vt* ❶ (*infestar*) verseuchen ❷ (*contagiar*) anstecken ❸ (*pervertir*) verderben **II.** *vr:* **~ se** ❶ (*infectarse*) verseucht werden ❷ (*contagiarse*) sich anstecken ❸ (*corromperse*) verderben; (*costumbres*) verfallen

contar [kon'tar] <o→ue> **I.** *vi* ❶ (*hacer cuentas, valer*) zählen; **eso no cuenta** das zählt nicht ❷ (*con 'con': confiar*) zählen (*con* auf +*akk*); **puedes ~ conmigo** du kannst dich auf mich verlassen ❸ (*con 'con': tener en cuenta*) rechnen (*con* mit +*dat*) **II.** *vt* ❶ (*numerar, incluir*) zählen ❷ (*calcular*) berechnen ❸ (*narrar*) erzählen; **¿qué cuentas?** (*saludo*) hallo, was gibt's Neues? ❹ (*tener*) haben **III.** *vr:* **~ se** (sich) zählen (*entre* zu +*dat*)

contemplación [kontempla'θjon] *f* ❶ (*observación*) Betrachtung *f* ❷ (REL) Kontemplation *f*, Versenkung *f* ❸ *pl* (*miramientos*) Rücksicht *f*

contemplar [kontem'plar] *vt* ❶ (*mirar*) betrachten ❷ (*considerar*) berücksichtigen ❸ (*complacer*) zuvorkommend behandeln ❹ (REL) meditieren (über +*akk*)

contemplativo, -a [kontempla'tiβo, -a] *adj* ❶ (*meditativo, inactivo*) beschaulich ❷ (*complaciente*) rücksichtsvoll

contemporáneo, -a [kontempo'raneo, -a] **I.** *adj* zeitgenössisch **II.** *m*, *f* Zeitgenosse,

-in *m, f*

contemporizador(a) [kon̩tempori'θa-'ðor(a)] I. *adj* (*transigente*) nachgiebig; (*amoldado*) angepasst; (*capaz de amoldarse*) anpassungsfähig II. *m(f)* Anpasser(in) *m(f) abw*

contemporizar [kon̩tempori'θar] <z→c> *vi* (*amoldarse*) sich anpassen (*con* + *dat*); (*transigir*) sich fügen (*con* + *dat*)

contención [kon̩ten̩'θjon] *f* Mäßigung *f*

contencioso, -a [kon̩ten̩'θjoso, -a] *adj* streitsüchtig; **recurso ~ administrativo** (JUR) Verwaltungsstreitverfahren *nt*

contender [kon̩ten̩'der] <e→ie> *vi* (*luchar*) kämpfen (*por* um + *akk*); (*discutir*) streiten (*sobre* über + *akk*)

contendiente [kon̩ten̩'djen̩te] *mf* Gegner(in) *m(f)*

contenedor [kon̩tene'ðor] *m* Container *m*

contener [kon̩te'ner] *irr como tener* I. *vt* ❶ (*encerrar*) enthalten; **¿qué contiene esta caja?** was ist in dieser Schachtel? ❷ (*refrenar*) zurückhalten; (*sentimientos*) unterdrücken; (*respiración*) anhalten II. *vr:* ~ **se** sich beherrschen

contenido [kon̩te'niðo] *m* ❶ (*incluido, significado*) Inhalt *m* ❷ (*concentración*) Gehalt *m*

contentar [kon̩ten̩'tar] I. *vt* zufrieden stellen II. *vr:* ~ **se** sich begnügen

contento, -a [kon̩'ten̩to, -a] *adj* ❶ (*alegre*) froh, fröhlich ❷ (*satisfecho*) zufrieden

contestación [kon̩testa'θjon] *f* ❶ (*respuesta*) Antwort *f* ❷ (*protesta*) Protest *m*

contestador [kon̩testa'ðor] *m* Anrufbeantworter *m*

contestar [kon̩tes'tar] I. *vi* (*responder*) antworten II. *vt* ❶ (*responder*) antworten (*a* auf + *akk*) ❷ (*replicar*) widersprechen (*a* + *dat*)

contestatario, -a [kon̩testa'tarjo, -a] *m, f* Protestler(in) *m(f)*

contestón, -ona [kon̩tes'ton, -ona] *m, f* (*fam*) Besserwisser(in) *m(f)*

contexto [kon̩'testo] *m* Zusammenhang *m*, Kontext *m*

contienda [kon̩'tjen̩da] *f* ❶ (*disputa*) Streit *m* ❷ (*batalla*) Kampf *m*

contigo [kon̩'tiɣo] *pron pers* mit dir, bei dir; **me siento** ~ ich setze mich zu dir

contigüidad [kon̩tiɣwi'ðað] *f* Angrenzung *f*, Angrenzen *nt*

contiguo, -a [kon̩'tiɣwo, -a] *adj* nebeneinander liegend

continencia [kon̩ti'nen̩θja] *f* (*moderación*) Mäßigkeit *f*; (*castidad*) Keuschheit *f*

continental [kon̩tinen̩'tal] *adj* kontinental

continente [kon̩ti'nen̩te] *m* ❶ (GEO) Konti-

nent *m* ❷ (*aspecto*) Haltung *f*; (*compostura*) Auftreten *nt* ❸ (*cosa*) Behälter *m*

contingencia [kon̩tiŋ'xen̩θja] *f* ❶ (*eventualidad*) Möglichkeit *f* ❷ (FILOS) Kontingenz *f* ❸ (*riesgo*) Gefahr *f*

contingentar [kon̩tiŋxen̩'tar] *vt* (*t.* ECON) kontingentieren, zuteilen

contingente [kon̩tiŋ'xen̩te] I. *adj* möglich; (FILOS) kontingent II. *m* (ECON, MIL) Kontingent *nt*

continuación [kon̩tinwa'θjon] *f* (*acción*) Fortsetzung *f*; (*efecto*) Fortdauer *f*; **a** ~ (*después*) anschließend; (*en un escrito*) im Folgenden; (*al lado*) daneben

continuar [kon̩tinu'ar/kon̩ti'nwar] <*1. pres:* continúo> I. *vi* ❶ (*perdurar*) fortdauern; **continúa lloviendo** es regnet immer noch; ~ **á** Fortsetzung folgt ❷ (*seguir*) fortfahren, weitermachen ❸ (*no detenerse*) weitergehen ❹ (*seguir estando*) (immer noch) sein ❺ (*prolongarse*) sich fortsetzen II. *vt* fortsetzen, weiterführen

continuidad [kon̩tinwi'ðað] *f* Kontinuität *f*, Fortdauer *f*

continuismo [kon̩ti'nwismo] *m sin pl* (POL) Kontinuität *f* einer Partei

continuo, -a [kon̩'tinwo, -a] *adj* ständig; (*ininterrumpido*) ununterbrochen; (*persistente*) anhaltend

contonearse [kon̩tone'arse] *vr* sich in den Hüften wiegen

contorno [kon̩'torno] *m* ❶ (*de una figura*) Kontur *f*, Umriss *m* ❷ (*de la cintura*) Hüftumfang *m* ❸ (*pl*) (*territorio*) Umgebung *f*

contorsión [kon̩tor'sjon] *f* Verdrehung *f*

contorsionista [kon̩torsjo'nista] *mf* Schlangenmensch *m*

contra¹ ['kon̩tra] I. *prep* ❶ (*posición, dirección*) gegen + *akk*, an + *akk;* (*enfrente*) gegenüber + *dat* ❷ (*oposición, contrariedad*) gegen + *akk;* **yo he votado en ~** ich habe dagegen gestimmt; **tener algo en ~** etwas dagegen haben II. *m:* **los pros y los ~ s** das Pro und Kontra

contra² ['kon̩tra] *f* ❶ (*dificultad*) Problem *nt;* (*obstáculo*) Hindernis *nt* ❷ (*oposición*) Widerstand *m;* **llevar la ~ a alguien** jdm widersprechen ❸ (*guerrilla*) Contras *pl*

contraatacar [kon̩tra(a)ta'kar] <c→qu> *vi, vt* seinerseits angreifen

contraataque [kon̩tra(a)'take] *m* (MIL) Gegenangriff *m*

contrabajista [kon̩traβa'xista] *mf* Kontrabassspieler(in) *m(f)*

contrabajo [kon̩tra'βaxo] *m* ❶ (*instrumento*) Kontrabass *m* ❷ (*músico*) Kontrabassist(in) *m(f)*

contrabandista [kon̩traβan̩'dista] *mf*

Schmuggler(in) *m(f)*

contrabando [kontra'βando] *m sin pl*
❶ *(comercio)* Schmuggel *m;* **pasar algo
de** ~ etw durchschmuggeln ❷ *(mercancía)* Schmuggelware *f*

contracción [kontrav'θjon] *f* ❶ *(pl)* (MED)
Wehen *fpl* ❷ (LING) Kontraktion *f* ❸ (FIN)
Rückgang *m*

contraceptivo¹ [kontraθep'tiβo] *m* (MED:
formal) (Empfängnis)verhütungsmittel *nt*

contraceptivo, -a² [kontraθep'tiβo, -a] *adj*
(MED: *formal*) empfängnisverhütend

contracorriente [kontrako'rrjente] *f sin pl*
(agua) Gegenströmung *f;* *(electricidad)*
Gegenstrom *m*

contractual [kontraktu'al] *adj* vertraglich

contractura [kontrak'tura] *f* ❶ (MED) Kontraktur *f,* (Muskel)versteifung *f* ❷ (ARQUIT)
Verjüngung *f*

contracultura [kontrakul'tura] *f sin pl*
Gegenkultur *f*

contracultural [kontrakultu'ral] *adj* zur
Gegenkultur gehörig

contradecir [kontraðe'θir] *irr como decir*
I. *vt* widersprechen +*dat* II. *vr:* ~**se** sich
dat widersprechen

contradicción [kontraðiv'θjon] *f* Widerspruch *m*

contradictorio, -a [kontraðik'torjo, -a] *adj*
widersprüchlich

contraer [kontra'er] *irr como traer* I. *vt*
❶ *(encoger)* zusammenziehen ❷ *(adquirir: deudas)* machen; *(compromisos)* eingehen; *(enfermedad)* bekommen ❸ *(limitar)* beschränken *(a* auf +*akk)* II. *vr:* ~**se**
❶ *(encogerse)* sich zusammenziehen
❷ *(limitarse)* sich beschränken *(a* auf
+*akk)*

contraespionaje [kontraespjo'naxe] *m*
❶ *(servicio de defensa)* Spionageabwehr *f*
❷ *(actividad)* Gegenspionage *f*

contrafuerte [kontra'fwerte] *m* ❶ (ARQUIT)
Strebepfeiler *m* ❷ *(zapato)* Hinterkappe *f*
❸ (GEO) Gebirgsausläufer *m*

contrahecho, -a [kontra'etʃo, -a] *adj* ❶ *(falsificado)* gefälscht ❷ *(deforme)* verwachsen; *(persona)* bucklig

contraindicación [kontraindika'θjon] *f*
(MED) Gegenanzeige *f*

contraindicar [kontrain̦di'kar] <c→qu> *vt*
(MED) abraten (von +*dat)*

contraluz [kontra'luθ] *m o f* Gegenlicht *nt;*
(FOTO) Gegenlichtaufnahme *f*

contramanifestación [kontramanifesta-
'θjon] *f* Gegendemonstration *f*

contramedida [kontrame'ðiða] *f* Gegenmaßnahme *f*

contraofensiva [kontraofen'siβa] *f* Gegen-

offensive *f*

contraoferta [kontrao'ferta] *f* Gegenangebot *nt*

contraorden [kontra'orðen] *f* Gegenbefehl
m

contrapartida [kontrapar'tiða] *f* ❶ *(compensación)* Gegenleistung *f* ❷ *(contabilidad)* Gegenposten *m*

contrapelo [kontra'pelo]: **a** ~ *(t. fig)* gegen
den Strich

contrapesar [kontrape'sar] *vt* aufwiegen

contrapeso [kontra'peso] *m* Gegengewicht
nt

contraponer [kontrapo'ner] *irr como
poner* I. *vt* ❶ *(comparar)* gegenüberstellen
❷ *(oponer)* entgegenstellen II. *vr:* ~**se**
sich widersetzen

contraportada [kontrapor'taða] *f* letzte
Seite *f*

contraposición [kontraposi'θjon] *f* Gegenüberstellung *f;* **en** ~ **a algo** im Gegensatz
zu etw *dat*

contraprestación [kontrapresta'θjon] *f*
Gegenleistung *f*

contraproducente [kontraproðu'θente]
adj kontraproduktiv; **sería** ~ das würde
das Gegenteil bewirken

contrapropuesta [kontrapro'pwesta] *f*
Gegenvorschlag *m*

contraproyecto [kontrapro'ɟekto] *m* *(de
una obra)* Gegenentwurf *m;* *(plan)* Gegenplan *m*

contrapunto [kontra'punto] *m* (MÚS) Kontrapunkt *m*

contrariar [kontrari'ar] <1. pres: contra-
río> *vt* ❶ *(oponerse)* behindern; *(plan)*
durchkreuzen ❷ *(disgustar)* ärgern

contrariedad [kontrarje'ðað] *f* ❶ *(inconveniente)* Zwischenfall *m* ❷ *(decepción)*
Ärger *m*

contrario, -a [kon'trarjo, -a] I. *adj* *(opuesto)* entgegengesetzt *(a* +*dat)*; *(perjudicial)*
schädlich; **al** ~ (ganz) im Gegenteil; **en
caso** ~ andernfalls; **de lo** ~ andernfalls;
llevar la contraria a alguien jdm widersprechen II. *m, f* Gegner(in) *m(f)*

contrarreforma [kontrarre'forma] *f sin pl*
(HIST) Gegenreformation *f*

contrarreloj [kontrarre'lox] *f* (DEP) Wettrennen *nt* auf Zeit; *(ciclista)* Zeitfahren *nt*

contrarréplica [kontra'rreplika] *f* (JUR)
Duplik *f*

contrarrestar [kontrarres'tar] I. *vt* ❶ *(resistir)* aufhalten ❷ *(neutralizar)* entgegenwirken +*dat* II. *vi* (DEP) zurückschlagen

contrasentido [kontraseɲ'tiðo] *m* ❶ *(contradicción)* Widerspruch *m* ❷ *(disparate)*
Unsinn *m*

contraseña [kontra'seɲa] f ❶ (santo y seña) Losungswort nt ❷ (marca) (Gegen)zeichen nt

contrastar I. vi im Gegensatz stehen (con zu +dat) II. vt (comprobar) prüfen; (peso) eichen

contraste [kon'traste] m ❶ (t. FOTO: oposición) Kontrast m ❷ (MED) Kontrastmittel nt ❸ (persona) Eichbeamte(r) mf, -beamtin f; (oficina) Eichamt nt ❹ (señal) Stempel m

contratación [kontrata'θjon] f Vertragsabschluss m; (personal) Einstellung f; ~ **bursátil** (FIN) Börsenhandel m

contratar [kontra'tar] vt ❶ (trabajador) einstellen; (artista) engagieren ❷ (encargar) beauftragen

contratiempo [kontra'tjempo] m Zwischenfall m; **¡qué ~!** wie unangenehm!

contratista [kontra'tista] mf Unternehmer(in) m(f)

contrato [kon'trato] m Vertrag m; ~ **de alquiler** Mietvertrag m; ~ **colectivo** Tarifvertrag m

contravención [kontraβen'θjon] f (JUR) Verstoß m (de gegen +akk)

contravenir [kontraβe'nir] irr como venir vt, vi verstoßen (de gegen +akk)

contraventana [kontraβen'tana] f Fensterladen m

contravidriera [kontraβi'ðrjera] f Doppelfenster nt

contrayente [kontra'ɟente] I. adj (que contrae) vertragschließend; (matrimonio) eheschließend II. mf Vertragschließende(r) mf; (de un matrimonio) Eheschließende(r) mf; ~ **s** Vertragspartner mpl; (de un matrimonio) Brautleute pl

contribución [kontriβu'θjon] f ❶ (aportación) Beitrag m; **aportar una ~ a algo** einen Beitrag zu etw dat leisten ❷ (impuesto) Steuer f, Abgabe f; ~ **municipal** Gemeindesteuer f

contribuir [kontriβu'ir] irr como huir I. vi ❶ (ayudar) beitragen (a zu +dat) ❷ (tributar) Steuern zahlen II. vt (aportar) beitragen (a zu +dat); (pagar) (be)zahlen

contributivo, -a [kontriβu'tiβo, -a] adj Steuer-

contribuyente [kontriβu'ɟente] mf Steuerzahler(in) m(f)

contrición [kontri'θjon] f sin pl (REL) Reue f, Bußfertigkeit f; **acto de ~** Bußformel f

contrincante [kontriŋ'kante] mf Gegner(in) m(f), Widersacher(in) m(f)

contrito, -a [kon'trito, -a] adj reumütig, zerknirscht

control [kon'trol] m Kontrolle f, Überwa-

chung f; (inspección) Aufsicht f; (ELEC) Steuerung f; ~ **aduanero** Zollkontrolle f; ~ **al azar** Stichprobe f; ~ **a distancia** (TÉC) Fernsteuerung f; **torre de** ~ (AERO) Kontrollturm m

controlador¹ [kontrola'ðor] m (INFOR) Treiber m; ~ **de la impresora** Druckertreiber m

controlador(a)² [kontrola'ðor(a)] m(f) Prüfer(in) m(f); ~ **de vuelo** [o **de tráfico aéreo**] Fluglotse m

controlar [kontro'lar] I. vt überwachen, überprüfen II. vr: ~ **se** sich beherrschen

controversia [kontro'βersja] f Kontroverse f

controvertido, -a [kontroβer'tiðo, -a] adj umstritten

controvertir [kontroβer'tir] irr como sentir I. vi, vt streiten (über +akk) II. vt (dudar) bestreiten

contumacia [kontu'maθja] f sin pl ❶ (porfía) Halsstarrigkeit f ❷ (JUR) Nichterscheinen nt (vor Gericht)

contumaz [kontu'maθ] adj halsstarrig

contundencia [kontun'denθja] f sin pl Schlagkraft f

contundente [kontun'dente] adj überzeugend; **prueba** ~ schlagender Beweis

conturbación [konturβa'θjon] f sin pl innere Unruhe f

conturbar [kontur'βar] I. vt (intranquilizar) beunruhigen; (turbar) verwirren; (ánimo) bestürzen II. vr: ~ **se** (asustarse) erschrecken; (turbarse) verwirrt sein; (ánimo) bestürzt sein

contusión [kontu'sjon] f (MED) Quetschung f

contusionar [kontusjo'nar] vt quetschen

conurbación [konurβa'θjon] f Ballungsgebiet nt

convalecencia [kombale'θenθja] f Genesung f

convalecer [kombale'θer] irr como crecer vi sich erholen (de von +dat)

convaleciente [kombale'θjente] mf Rekonvaleszent(in) m(f)

convalidación [kombaliða'θjon] f ❶ (de un título) Anerkennung f ❷ (confirmación) Bestätigung f

convalidar [kombali'ðar] vt ❶ (título) anerkennen ❷ (confirmar) bestätigen

convencedor(a) [kombenθe'ðor(a)] adj überzeugend

convencer [komben'θer] <c→z> I. vt ❶ (persuadir) überzeugen (de von +dat) ❷ (satisfacer) zufrieden stellen; **no me convence ese piso** diese Wohnung gefällt mir nicht II. vr: ~ **se** sich überzeugen (de von +*dat*)

convencido, -a [komben'θiðo, -a] *adj* überzeugt

convencimiento [komben θi'mjento] *m sin pl* Überzeugung *f;* **tengo el ~ de que...** ich bin davon überzeugt, dass ...

convención [komben'θjon] *f* ❶ (*acuerdo*) Vertrag *m,* Abkommen *nt;* **la C~ de Ginebra** die Genfer Konvention ❷ (*Am: de un partido*) Parteitag *m* ❸ (*norma*) Konvention *f* ❹ (*asamblea*) gesetzgebende Versammlung *f*

convencional [komben θjo'nal] *adj* ❶ (*acostumbrado*) herkömmlich, konventionell; **armas ~es** konventionelle Waffen ❷ (*no espontáneo*) förmlich ❸ (*acordado*) (vertraglich) vereinbart

convencionalismo [komben θjona'lismo] *m sin pl* (HIST) Konventionalismus *m*

conveniencia [kombe'njenθja] *f* ❶ (*provecho*) Zweckmäßigkeit *f;* **matrimonio de ~** Vernunftehe *f* ❷ (*acuerdo*) Konvention *f* ❸ (*oportunidad*) Angemessenheit *f* ❹ (*decencia*) Schicklichkeit *f*

conveniente [kombe'njente] *adj* ❶ (*adecuado*) angemessen ❷ (*provechoso*) zweckmäßig; (*útil*) nützlich ❸ (*decente*) schicklich

convenientemente [kombenjente'mente] *adv* ordentlich

convenio [kom'benjo] *m* Abkommen *nt; ~* **colectivo** Tarifvertrag *m*

convenir [kombe'nir] *irr como venir* **I.** *vi, vt* ❶ (*acordar*) vereinbaren (*en* +*akk*) ❷ (*concluir*) sich *dat* einig werden (über +*akk*) ❸ (*ser oportuno*) angebracht sein; (*ser bueno*) gut sein (*a* für +*akk*) ❹ (*asentir*) zugeben ❺ (*corresponder*) zustehen +*dat* **II.** *vr: ~***se** sich einigen (*en* über +*akk*)

convento [kom'bento] *m* Kloster *nt*

convergencia [komber'xenθja] *f* ❶ (*coincidencia*) Übereinstimmung *f;* **criterios de ~** Konvergenzkriterien *ntpl;* **fase de ~** Konvergenzphase *f;* **política de ~** Konvergenzpolitik *f;* **programa de ~** Konvergenzprogramm *nt* ❷ (MAT, ECON) Konvergenz *f* ❸ (*líneas*) Zusammenlaufen *nt*

convergente [komber'xente] *adj* ❶ (MAT) konvergent ❷ (*línea*) konvergent; **lente ~** Sammellinse *f* ❸ (*opiniones*) übereinstimmend

converger [komber'xer] <g→j> *vi,* **convergir** [komber'xir] <g→j> *vi* ❶ (*línea*) zusammenlaufen ❷ (*estar dirigido*) abzielen (auf +*akk*) ❸ (*ayudar*) beitragen (*a* zu +*dat*) ❹ (*coincidir*) übereinstimmen

conversación [kombersa'θjon] *f* Gespräch

nt; ~ **telefónica** Telefongespräch *nt;* **la ~ versa sobre...** das Gespräch dreht sich um ...

conversacional [kombersaθjo'nal] *adj* ❶ (*relativo a la conversación*) Unterhaltungs- ❷ (*coloquial*) umgangssprachlich

conversador(a) [kombersa'ðor(a)] *m(f)* Plauderer, -in *m, f*

conversar [komber'sar] *vi* sich unterhalten

conversión [komber'sjon] *f* ❶ (*transformación*) Verwandlung *f* ❷ (FÍS) Konversion *f;* (INFOR) Konvertierung *f; ~* **de datos** (INFOR) Datenkonvertierung *f* ❸ (REL) Bekehrung *f* ❹ (MAT) Umrechnung *f;* **tabla de ~** Umrechnungstabelle *f* ❺ (COM, FIN) Umwandlung *f*

converso, -a [kom'berso, -a] *m, f* (REL) Konvertit *m*

convertible [komber'tiβle] **I.** *adj* konvertierbar **II.** *m* Kabrio(lett) *nt*

convertir [komber'tir] *irr como sentir* **I.** *vt* ❶ (*transformar*) verwandeln (*en* in +*akk*); *~* **en dinero** zu Geld machen ❷ (REL) bekehren (*a* zu +*dat*) ❸ (COM) umwandeln ❹ (TÉC) überführen **II.** *vr: ~***se** ❶ (*transformarse*) sich verwandeln (*en* in +*akk*); (*deseo*) sich verwirklichen ❷ (REL) sich bekehren (*a* zu +*dat*)

convexidad [kombeˠsi'ðaˠ] *f sin pl* ❶ (*calidad*) Konvexität *f* ❷ (*parte*) Krümmung *f*

convexo, -a [kom'beˠso, -a] *adj* konvex; **lente convexa** Konvexlinse *f*

convicción [kombiˠ'θjon] *f* Überzeugung *f*

convicto, -a [kom'biˠto, -a] *adj* (JUR) überführt; *~* **y confeso** überführt und geständig

convidado, -a [kombi'ðaðo, -a] *m, f* Gast *m*

convidar [kombi'ðar] **I.** *vt* einladen (*a* zu +*dat*) **II.** *vr: ~***se** ❶ (*invitarse*) sich einladen ❷ (*ofrecerse*) sich erbieten (*a* zu +*dat*)

convincente [kombin'θente] *adj* überzeugend; (*argumento, prueba*) stichhaltig

convite [kom'bite] *m* ❶ (*invitación*) Einladung *f* (*a* zu +*dat*) ❷ (*banquete*) Festmahl *nt*

convivencia [kombi'βenθja] *f* Zusammenleben *nt*

convivir [kombi'βir] *vi* zusammenleben

convocar [kombo'kar] <c→qu> *vt* ❶ (*citar para algo*) aufrufen; (*reunir*) zusammenrufen; (MIL) einberufen; **me ~on al examen** ich wurde zur Prüfung geladen ❷ (*concurso*) ausschreiben ❸ (*reunión*) einberufen; *~* **elecciones** Wahlen einberufen

convocatoria [komboka'torja] *f* ❶ (*citación*) Aufruf *m;* (MIL) Einberufung *f* ❷ (*do-*

cumento) Einladung *f;* (MIL) Einberufungs-
befehl *m* ❸ (*de un concurso*) Ausschreibung *f* ❹ (*de una conferencia*) Einberufung *f*

convoy [kom'boi] *m* ❶ (*t.* MIL: *conjunto de
vehículos o buques*) Konvoi *m* ❷ (*escolta*)
Geleit *nt;* (MIL) Eskorte *f* ❸ (*fam: vinagreras*) Menage *f*

convulsión [kombul'sjon] *f* ❶ (MED) Kon-
vulsion *f* ❷ (*t.* POL) Unruhe *f* ❸ (*t.* GEO)
Erschütterung *f*

convulsionar [kombulsjo'nar] *vt* ❶ (MED)
Konvulsionen verursachen ❷ (*t.* GEO, POL)
erschüttern

convulsivo, -a [kombul'siβo, -a] *adj*
krampfartig; **tos convulsiva** Krampfhus-
ten *m*

convulso, -a [kom'bulso, -a] *adj* ❶ (MED)
zuckend ❷ (*agitado*) zitternd; ~ **de rabia**
bebend vor Wut

conyugal [konɟu'ɣal] *adj* ehelich, Ehe-

cónyuge ['konɟuxe] *mf* Ehemann, -frau *m,
f;* **los ~s** die Eheleute

coña ['koɲa] *f* (*vulg*) ❶ (*broma*) Verar-
schung *f;* **tomar a ~** nicht ernst nehmen
❷ (*lata*) Schweinerei *f fam;* **eres la ~** du
bist unmöglich *fam*

coñá [ko'ɲa] *m,* **coñac** [ko'ɲak] *m*
<coñacs> Kognak *m,* Weinbrand *m*

coñazo [ko'ɲaθo] *m* (*vulg*) ❶ (*persona*)
Nervensäge *f fam* ❷ (*cosa*) Sauerei *f fam;*
¡**esto es un ~**! das ist ein Hammer! *fam*

coño ['koɲo] **I.** *interj* verdammt!, Scheiße!
II. *m* (*vulg*) Fotze *f;* **vive en el quinto ~**
er/sie wohnt am Arsch der Welt *fam;* ¿**qué
~ te importa?** das geht dich einen feuchten Dreck an! *fam* **III.** *adj* (*Chil*) geizig

cooperación [ko(o)pera'θjon] *f* ❶ (*en
común*) Zusammenarbeit *f;* (*t.* ECON, POL)
Kooperation *f* ❷ (*participación*) Mitarbeit *f*

cooperador(a) [ko(o)pera'ðor(a)] *m(f)*
Mitarbeiter(in) *m(f)*

cooperante [ko(o)pe'rante] *mf* Entwick-
lungshelfer(in) *m(f)*

cooperar [ko(o)pe'rar] *vi* ❶ (*juntamente*)
zusammenarbeiten; (*t.* POL, ECON) kooperieren ❷ (*participar*) mitarbeiten (*en* bei
+*dat*); (*ayudar*) mithelfen (*en* bei +*dat*)

cooperativa [ko(o)pera'tiβa] *f* Genossenschaft *f*

cooperativismo [ko(o)perati'βismo] *m*
❶ (*régimen cooperativo*) Genossen-
schaftswesen *nt* ❷ (*movimiento*) Genos-
senschaftsbewegung *f*

cooperativista [ko(o)perati'βista] *mf*
Genossenschaftler(in) *m(f)*

cooperativo, -a [ko(o)pera'tiβo, -a] *adj*
❶ (*que coopera*) kooperativ; (*que cola-*

bora) mitwirkend ❷ (*institución*) genossenschaftlich

coordenada [ko(o)rðe'naða] *f* (MAT) Koordinate *f*

coordinación [ko(o)rðina'θjon] *f* ❶ (*organización*) Koordination *f* ❷ (LING)
Nebenordnung *f*

coordinado, -a [ko(o)rði'naðo, -a] *adj*
❶ (*organizado*) koordiniert ❷ (LING)
nebengeordnet

coordinador(a) [ko(o)rðina'ðor(a)] **I.** *adj*
koordinierend **II.** *m(f)* Koordinator(in)
m(f)

coordinar [ko(o)rði'nar] *vt* ❶ (*organizar*)
koordinieren ❷ (*armonizar*) aufeinander
abstimmen

copa ['kopa] *f* ❶ (*vaso*) (Stiel)glas *nt;* **una ~
de vino** ein Glas Wein; **una ~ para el
vino** ein Weinglas; **ir de ~s** etwas trinken
gehen; **tener una ~ de más** beschwipst
sein *fam* ❷ (*de árbol*) (Baum)krone *f*
❸ (*de sujetador*) Körbchen *nt* ❹ (*de sombrero*) Kopf *m;* **sombrero de ~** Zylin-
der(hut) *m* ❺ (DEP: *trofeo*) Pokal *m;* (*competición*) Pokalwettbewerb *m,* Cup *m*

copar [ko'par] *vt* ❶ (MIL: *rodear*) einkes-
seln; (*cortar la retirada*) den Rückzug
abschneiden +*dat* ❷ (*acorralar*) in die
Enge treiben; **estar copado** festsitzen;
(*negociaciones*) festgefahren sein ❸ (*votos*) für sich gewinnen; (*premios*) gewinnen; ~ **la banca** (*en un juego*) die Bank
sprengen

copartícipe [kopar'tiθipe] *mf* (*codueño*)
Mitinhaber(in) *m(f);* (*socio*) Mitteilha-
ber(in) *m(f)*

copatrocinar [kopatroθi'nar] *vt* mitunter-
stützen

copear [kope'ar] *vi* ❶ (*fam: beber*) bechern
❷ (*vender*) (glasweise) ausschenken

cópec ['kopek] *m* <copecks>, **copeca**
[ko'peka] *f* Kopeke *f*

Copenhague [kope'naɣe] *m* Kopenhagen
nt

copete [ko'pete] *m* ❶ (*de persona*)
(Haar)tolle *f* ❷ (*de ave*) Haube *f;* (*de
caballo*) Schopf *m* ❸ (*altanería*) Hochmut
m ❹ (*linaje*) Rang *m;* **ser de alto ~** von
hohem Rang sein

copia ['kopja] *f* ❶ (*de un escrito*) Kopie *f;*
(*al carbón*) Durchschlag *m;* ~ **certificada**
beglaubigte Kopie; ~ **en limpio** Reinschrift
f; ~ **de seguridad** (INFOR) Sicherheitskopie
f ❷ (ARTE: *imagen*) Abbild *nt;* (*réplica*)
Kopie *f* ❸ (FOTO) Abzug *m* ❹ (CINE) Kopie *f*
❺ (TIPO) Exemplar *nt*

copiadora [kopja'ðora] *f* Kopiergerät *nt*

copiar [ko'pjar] *vt* ❶ (*un escrito*) abschreiben; (*a máquina*) abtippen ② (ARTE: *representar*) abmalen; (*imitar*) kopieren ③ (*un comportamiento*) nachmachen

copichuela [kopi'tʃwela] *f* (*fam*) Gläschen *nt* (Bier, Wein, Schnaps o.ä.)

copiloto, -a [kopi'loto, -a] *m*, *f* (AERO) Kopilot(in) *m(f)*; (AUTO) Beifahrer(in) *m(f)*

copión, -ona [ko'pjon, -ona] *m*, *f* (*pey*) Nachmacher(in) *m(f)*

copioso, -a [ko'pjoso, -a] *adj* (*exuberante*) üppig; (*abundante*) reichlich

copista [ko'pista] *mf* Kopist(in) *m(f)*

copistería [kopiste'ria] *f* Copyshop *m*

copo ['kopo] *m* Flocke *f*; (*de pelo*) Büschel *nt*; ~ **de nieve** Schneeflocke *f*

copón [ko'pon] *m* (REL) Kelch *m*; **del ~** (*fam*) gewaltig

copresidente, -a [kopresi'ðeṇte, -a] *m*, *f* Mitvorsitzende(r) *mf*

coprocesador [koproθesa'ðor] *m* (INFOR) Co-Prozessor *m*

coproducción [koproðuˠ'θjon] *f* (CINE) Gemeinschaftsproduktion *f*

coproducir [koproðu'θir] *irr como traducir vt* (CINE) in Gemeinschaftsarbeit produzieren

coproductor(a) [koproðuk'tor(a)] *m(f)* (CINE) Koproduzent(in) *m(f)*

copropiedad [kopropje'ðaᵈ] *f* Miteigentum *nt*

copropietario, -a [kopropje'tarjo, -a] *m*, *f* Miteigentümer(in) *m(f)*

coprotagonista [koprotaɣo'nista] I. *adj* (CINE, TEAT) der zweiten Hauptrolle; **el actor ~ era japonés** der zweite Hauptdarsteller war Japaner II. *mf* (CINE, TEAT) zweiter Hauptdarsteller *m*, zweite Hauptdarstellerin *f*

cópula ['kopula] *f* ① (*unión*) Verbindung *f*; (BIOL) Paarung *f* ② (*coito*) Begattung *f*, Kopulation *f* ③ (LING) Satzband *nt*, Kopula *f* ④ (ARQUIT) Kuppel *f*

copulación [kopula'θjon] *f* Kopulation *f*

copular [kopu'lar] I. *vt* ① (*unir*) verbinden ② (BIOL) paaren II. *vi*, *vr*: **~se** sich paaren

coque ['koke] *m* Koks *m*

coqueta [ko'keta] *f* ① (*chica*) kokettes Mädchen *nt*; (*mujer*) kokette Frau *f* ② (*mueble*) Frisierkommode *f*

coquetear [kokete'ar] *vi* ① (*flirtear*) kokettieren ② (*considerar*) liebäugeln

coqueteo [koke'teo] *m* Flirten *nt*

coquetería [kokete'ria] *f* Koketterie *f*

coqueto, -a [ko'keto, -a] *adj* ① (*que coquetea*) kokett ② (*encantador*) reizend ③ (*vanidoso*) eitel ④ (*objeto*) hübsch

coraje [ko'raxe] *m* ① (*valor*) Mut *m*, Courage *f*; **tener ~** mutig sein ② (*ira*) Wut *f*,

Zorn *m*; **dar ~** wütend machen

coral¹ [ko'ral] I. *adj* ① (*color*) korallen(rot) ② (MÚS: *del coro*) Chor-; **música ~** Chormusik *f* II. *m* ① (ZOOL) Koralle *f* ② (*materia*) Koralle *f* ③ (MÚS) Choral *m*

coral² [ko'ral] *f* (MÚS) Chor *m*

coralino, -a [kora'lino, -a] *adj* korallen

Corán [ko'ran] *m* (REL) Koran *m*

coraza [ko'raθa] *f* ① (MIL: *armadura*) Brustharnisch *m*; (*blindaje*) Panzerplatte *f* ② (ZOOL) Panzer *m* ③ (*protección*) Schutz *m*

corazón [kora'θon] *m* ① (ANAT) Herz *nt*; **blando de ~** weichherzig; **duro de ~** hartherzig; **de todo ~** von ganzem Herzen; **con el ~ en la mano** aufrichtig; **hacer algo de ~** etw von Herzen gern tun; **tener un ~ de oro** herzensgut sein; **no tener ~** herzlos sein ② (*centro*) Zentrum *nt*, Mittelpunkt *m* ③ (*interior*) Innere(s) *nt*, Kern *m*; (*de la fruta*) Herz *nt* ④ (*coraje*) Mut *m*; **hacer de tripas ~** sich *dat* ein Herz fassen ⑤ (*apelativo cariñoso*) Liebling *m*; ~ (**mío**) mein Herz, (mein) Schatz

corazonada [koraθo'naða] *f* ① (*presentimiento*) Ahnung *f* ② (*impulso*) plötzlicher Impuls *m*; (*arrebato*) plötzliche Anwandlung *m* ③ (*acto*) schneller Entschluss *m*

corbata [kor'βata] *f* ① (*chalina*) Krawatte *f* ② (MIL) Fahnenschleife *f*

corbatín [korβa'tin] *m* Fliege *f*

corbeta [kor'βeta] *f* (MIL) Korvette *f*

Córcega ['korθeɣa] *f* Korsika *nt*

corcel [kor'θel] *m* (LIT) Ross *nt*

corchea [kor'tʃea] *f* (MÚS) Achtelnote *f*

corchete [kor'tʃete] *m* ① (*broche*) Haken *m* und Öse; (*pieza*) Haken *m* ② (TIPO) eckige Klammer *f* ③ (*pey: alguacil*) Häscher *m*

corcho ['kortʃo] I. *m* ① (*material*) Kork *m* ② (*tapón*) Korken *m* ③ (*en la pesca*) Schwimmer *m* II. *interj*: **¡~!** Donnerwetter!

córcholis ['kortʃolis] *interj*: **¡~!** Donnerwetter!

corcovado, -a [korko'βaðo, -a] I. *adj* buck(e)lig II. *m*, *f* Bucklige(r) *mf*

corcovar [korko'βar] *vt* krümmen

corcovear [korkoβe'ar] *vi* (*caballo*) bocken; (*gato*) buckeln

cordaje [kor'ðaxe] *m* ① (*de un instrumento*) Besaitung *f*; (*de una raqueta*) Bespannung *f* ② (*de una embarcación*) Takelwerk *nt*

cordel [kor'ðel] *m* ① (*cuerda delgada*) Schnur *f* ② (*cañada*) Trift *f*

corderillo [korðe'riʎo] *m* (*piel*) Lammfell *nt*

cordero¹ [kor'ðero] *m* ❶(*carne*) Lammfleisch *nt* ❷(*piel*) Lammfell *nt*

cordero, -a² [kor'ðero, -a] *m, f* Lamm *nt; ~ asado* Lammbraten *m;* **C~ de Dios** Lamm Gottes; **manso como un** ~ lammfromm

cordial [kor'ðjal] **I.** *adj* ❶(*persona*) herzlich ❷(MED) (herz)stärkend **II.** *m* Herztonikum *nt*

cordialidad [korðjali'ðaᵈ] *f* Herzlichkeit *f*

cordillera [korði'ʎera] *f* Gebirgskette *f*

córdoba ['korðoβa] *m* (*Nic: moneda*) Córdoba *m*

Córdoba ['korðoβa] *f* Córdoba *nt*

cordobés, -esa [korðo'βes, -esa] **I.** *adj* aus Córdoba **II.** *m, f* Einwohner(in) *m(f)* von Córdoba

cordón [kor'ðon] *m* ❶(*cordel*) Kordel *f;* (*del uniforme*) Litze *f;* (*de zapatos*) Schnürsenkel *m;* ~ **umbilical** (ANAT) Nabelschnur *f* ❷(ELEC, NÁUT) Kabel *nt* ❸(MIL) Kordon *m*

cordura [kor'ðura] *f* (*razón*) Vernunft *f;* (*juicio*) Verstand *m;* (*prudencia*) Umsicht *f*

Corea [ko'rea] *f* Korea *nt*

coreano, -a [kore'ano, -a] **I.** *adj* koreanisch **II.** *m, f* Koreaner(in) *m(f)*

corear [kore'ar] *vt* ❶(*acompañar*) (mit) einstimmen in +*akk*); (*cantando*) mitsingen ❷(*asentir*) (begeistert) zustimmen +*dat*

coreografía [koreoɣra'fia] *f* Choreographie *f*

coreográfico, -a [koreo'ɣrafiko, -a] *adj* choreographisch

coreógrafo, -a [kore'oɣrafo, -a] *m, f* Choreograph(in) *m(f)*

coriáceo, -a [ko'rjaθeo, -a] *adj* ledern, lederartig

corintio, -a [ko'rintjo, -a] **I.** *adj* korinthisch **II.** *m, f* Korinther(in) *m(f)*

corinto [ko'rinto] **I.** *adj inv* rosinfarben **II.** *m* Korinthe *f*

corista [ko'rista] *mf* Chorsänger(in) *m(f)*

cornada [kor'naða] *f* (*golpe*) Stoß *m* mit den Hörnern

cornamenta [korna'menta] *f* ❶(*de animales*) Gehörn *nt* ❷(*del marido*) Hörner *ntpl*

córnea ['kornea] *f* Hornhaut *f*

cornear [korne'ar] *vt* mit den Hörnern stoßen

corneja [kor'nexa] *f* Krähe *f*

córner ['korner] *m* (DEP) Eckball *m*

corneta¹ [kor'neta] *f* ❶(MÚS: *instrumento*) Horn *nt;* (*en el ejército*) Signalhorn *nt;* **hacer algo a toque de** ~ (*fig*) etw auf Befehl tun ❷(MÚS: *música*) Hornistin *f* ❸(*de los sordos*) Hörrohr *nt*

corneta² [kor'neta] *m* ❶(MÚS: *músico*) Hornist *m* ❷(MIL) Fähnrich *m*, Kornett *m*

cornisa [kor'nisa] *f* (Kranz)gesims *nt*

cornucopia [kornu'kopja] *f* ❶(*cuerno*) Füllhorn *nt* ❷(*espejo*) Spiegel *m* (mit Leuchtern)

cornudo, -a [kor'nuðo, -a] **I.** *adj* gehörnt; **marido** ~ Hahnrei *m* **II.** *m, f* Gehörnte(r) *mf*

coro ['koro] *m* (ARQUIT, MÚS) Chor *m; a* ~ einstimmig; **hacer** ~ **a alguien/algo** jdm/etw *dat* zustimmen

corola [ko'rola] *f* (BOT) Korolla *f*

corolario [koro'larjo] *m* Korollar(ium) *nt*

corona [ko'rona] *f* ❶(*adorno, t.* POL) Krone *f;* ~ **de espinas** Dornenkrone *f* ❷(*de flores*) Kranz *m* ❸(*de eclesiásticos*) Tonsur *f* ❹(*de santos*) Heiligenschein *m* ❺(*de los dientes*) (Zahn)krone *f* ❻(ASTR) Korona *f*

coronación [korona'θjon] *f* ❶(*de un rey, de una acción*) Krönung *f* ❷(ARQUIT) Bekrönung *f*

coronamiento [korona'mjento] *m* ❶(*de una acción u obra*) (krönender) Abschluss *m* ❷(ARQUIT) Bekrönung *f*

coronar [koro'nar] *vt* ❶(*una persona*) krönen; (*con flores*) bekränzen ❷(*una obra*) den krönenden Abschluss bilden +*gen;* (*perfeccionarla*) krönen; **para ~lo...** um der Sache die Krone aufzusetzen, ... ❸(ARQUIT) bekrönen

coronaria [koro'narja] *f* (TÉC) Sekundenrad *nt*

coronario, -a [koro'narjo, -a] *adj* ❶(*de forma de corona*) kranzförmig ❷(MED) koronar

coronel(a) [koro'nel(a)] *m(f)* Oberst *m*, Frau Oberst *f*

coronilla [koro'niʎa] *f* (Haar)wirbel *m;* **estar hasta la** ~ **de algo** (*fam*) von etw *dat* die Nase voll haben

corpiño [kor'piɲo] *m* Mieder *nt*

corporación [korpora'θjon] *f* ❶(*comunidad*) Körperschaft *f;* ~ **de estudiantes** Studentenverbindung *f* ❷(*de una profe-*

sión) Innung *f;* (HIST) Zunft *f,* Gilde *f* ❸ (*cooperativa*) Genossenschaft *f*

corporal [korpo'ral] *adj* körperlich

corporativismo [korporati'βismo] *m* Körperschaftswesen *nt*

corporativo, -a [korpora'tiβo, -a] *adj* korporativ

corporeizar [korporeι'θar] <z→c> **I.** *vt* Gestalt verleihen +*dat;* ~ **un proyecto** ein Vorhaben (in die Tat) umsetzen **II.** *vr:* ~ **se** Gestalt annehmen

corpóreo, -a [kor'poreo, -a] *adj* ❶ (*material*) körperhaft ❷ (*corporal*) körperlich

corpulencia [korpu'leɲθja] *f* ❶ (*de alguien*) Beleibtheit *f,* Korpulenz *f* ❷ (*de algo*) Wuchtigkeit *f*

corpulento, -a [korpu'lento, -a] *adj* ❶ (*persona*) beleibt, korpulent ❷ (*cosa*) wuchtig

corpus ['korpus] *m sin pl* (LING) Korpus *m*

Corpus ['korpus] *m sin pl* (REL) Fronleichnam *m*

corpúsculo [kor'puskulo] *m* ❶ (FÍS) Teilchen *nt* ❷ (BIOL) Körperchen *nt*

corral [ko'rral] *m* ❶ (*cercado*) Gehege *nt;* (*redil*) Pferch *m;* (*para la pesca*) Fischzaun *m;* (*para gallinas*) Hühnerhof *m* ❷ (HIST, TEAT) (Innen)hof *m* ❸ (*lugar sucio*) Saustall *m fig* ❹ (*para niños*) Laufstall *m*

correa [ko'rrea] *f* ❶ (*tira*) Lederriemen *m* ❷ (*cinturón*) (Leder)gürtel *m* ❸ (TÉC) Riemen *m;* ~ **de transmisión** Treibriemen *m* ❹ (*afilador*) Streichriemen *m* ❺ (*elasticidad*) Biegsamkeit *f* ❻ (*loc, fam*): **tener** ~ zäh sein

correaje [korre'axe] *m* (*t.* TÉC) Riemenwerk *nt*

corrección [korreɣ'θjon] *f* ❶ (*t.* TIPO) Korrektur *f;* (*de ruta*) Kurskorrektur *f* ❷ (*represión*) Zurechtweisung *f* ❸ (*cualidad*) Korrektheit *f;* (*comportamiento*) korrektes Verhalten *nt*

correccional [korreɣθjo'nal] *m* Erziehungsanstalt *f*

correctivo [korrek'tiβo] *m* (*sanción*) Korrektiv *nt;* (*como compensación*) Ausgleich *m;* (*como atenuación*) Milderung *f*

correcto, -a [ko'rrekto, -a] *adj* ❶ (*justo*) richtig, korrekt ❷ (*comedido*) korrekt; (*impecable*) tadellos ❸ (*sin errores*) fehlerfrei ❹ (*apropiado*) angemessen

corrector(a) [korrek'tor(a)] **I.** *adj* korrigierend **II.** *m(f)* (TIPO) Korrektor(in) *m(f)*

corredera [korre'ðera] *f* ❶ (TÉC) Schieber *m;* (*carro*) Schlitten *m;* **puerta de** ~ Schiebetür *f* ❷ (*pista*) (Pferde)rennbahn *f* ❸ (*cucaracha*) Küchenschabe *f* ❹ (*fam: alcahueta*) Kupplerin *f*

corredizo, -a [korre'ðiθo, -a] *adj:* **nudo** ~

Schlinge *f;* **ventana corrediza** Schiebefenster *nt*

corredor¹ [korre'ðor] *m* ❶ (*pasillo*) Flur *m,* Gang *m* ❷ (*galería*) Galerie *f*

corredor(a)² [korre'ðor(a)] *m(f)* ❶ (DEP: *a pie*) Läufer(in) *m(f);* (*en coche*) Rennfahrer(in) *m(f);* ~ **de fondo** Langstreckenläufer *m* ❷ (COM) Makler(in) *m(f);* ~ **de fincas** Grundstücksmakler *m*

correduría [korreðu'ria] *f* ❶ (*oficio*) Maklergeschäft *nt;* (*oficina*) Maklerbüro *nt* ❷ (*comisión*) Maklergebühr *f* ❸ (*intervención*) Vermittlungsagentur *f*

corregible [korre'xiβle] *adj* verbesserungsfähig

corregir [korre'xir] *irr como elegir* **I.** *vt* ❶ (*t.* TIPO) korrigieren ❷ (*sacar de dudas*) richtig stellen ❸ (*moderar*) zügeln ❹ (*reprender*) zurechtweisen **II.** *vr:* ~ **se** ❶ (*mejorarse*) sich bessern ❷ (*moderarse*) sich zügeln

correlación [korrela'θjon] *f* Wechselbeziehung *f*

correlacionar [korrelaθjo'nar] **I.** *vi* in Wechselbeziehung stehen (*con* mit/zu +*dat*) **II.** *vt* in Wechselbeziehung setzen (*con* mit/zu +*dat*)

correlativo, -a [korrela'tiβo, -a] *adj* ❶ (*correspondiente*) wechselseitig ❷ (*de sucesión inmediata*) fortlaufend

correligionario, -a [korrelixjo'narjo, -a] *m, f* ❶ (REL) Glaubensgenosse, -in *m, f* ❷ (POL) Gesinnungsgenosse, -in *m, f*

correo [ko'rreo] *m* ❶ (*persona*) Kurier *m* ❷ (*correspondencia*) Post *f;* ~ **aéreo** Luftpost *f;* ~ **urgente** Eilzustellung *f* ❸ (*servicio*) Post *f,* Postdienst *m;* **a vuelta de** ~ postwendend ❹ (*buzón*) Briefkasten *m;* **echar al** ~ in den Briefkasten werfen ❺ (*coche*) Postauto *nt;* (*avión*) Postflugzeug *nt;* (*barco*) Postschiff *nt;* (*tren*) Postzug *m*

Correos [ko'rreos] *mpl* Postamt *nt;* **ir a** ~ zur Post gehen

correoso, -a [korre'oso, -a] *adj* ❶ (*elástico*) biegsam ❷ (*comida*) zäh ❸ (*persona*) ausdauernd

correr [ko'rrer] **I.** *vi* ❶ (*caminar*) rennen, laufen; **echarse a** ~ (*partir*) losrennen; (*escaparse*) davonlaufen; **salir corriendo** hinauslaufen ❷ (*apresurarse*) eilen; **a todo** ~ in aller Eile ❸ (*conducir*) schnell fahren ❹ (*tiempo*) vergehen; **el mes que corre** der laufende Monat; **en los tiempos que corremos...** in unserer heutigen Zeit ... ❺ (*líquido*) fließen, strömen ❻ (*viento*) wehen ❼ (*camino*) verlaufen ❽ (*moneda*) in [o im] Umlauf sein ❾ (*ru-*

mor) umgehen ⑩ (*loc*): **eso corre de** [*o* **por**] **mi cuenta** (*gastos*) das geht auf meine Rechnung; (*un asunto*) dafür bin ich zuständig **II.** *vt* ① (*un mueble*) verrücken; (*una cortina*) zuziehen; (*un cerrojo*) vorschieben ② (*un nudo*) lösen ③ (*un lugar*) bereisen; ~ **mundo** in der Welt herumkommen ④ (MIL) einfallen (in +*akk*) ⑤ (*un caballo*) (aus)reiten ⑥ (*la caza*) hetzen, jagen ⑦ (*avergonzar*) beschämen ⑧ (*confundir*) in Verlegenheit bringen ⑨ (*loc*): ~ **la** (*fam*) einen draufmachen; ~ **la misma suerte** das gleiche Schicksal erleiden; **corre prisa** es eilt; **dejar ~ algo** (*fig*) etw laufen lassen **III.** *vr*: ~ **se** ① (*moverse*) (zur Seite) rücken ② (*excederse*) sich übernehmen ③ (*exagerar*) übertreiben ④ (*avergonzarse*) sich schämen ⑤ (*argot: eyacular*) kommen ⑥ (*colores*) verlaufen

correría [korre'ria] *f* ① (MIL) Raubzug *m* ② *pl* (*recorridos*) Streifzüge *mpl*

correspondencia [korrespoṇ'deṇθja] *f* ① (*correo*) Post *f*, Korrespondenz *f*; (*de cartas*) Briefwechsel *m*; **curso por ~** Fernkurs(us) *m*; **estar en ~ con alguien** mit jdm in Briefwechsel stehen; **llevar la ~** die Korrespondenz führen ② (*equivalente*) Entsprechung *f* ③ (*conformidad*) Übereinstimmung *f* ④ (*entre habitaciones*) Verbindung *f*; (*entre medios de transporte*) Anschluss *m*

corresponder [korrespoṇ'der] **I.** *vi* ① (*equivaler*) entsprechen (*a* +*dat*) ② (*armonizar*) passen (*a* zu +*dat*) ③ (*convenir*) übereinstimmen (*con* mit +*dat*) ④ (*contestar*) erwidern (*a* +*akk*) ⑤ (*pertenecer*) gehören (*a* zu +*dat*) ⑥ (*incumbir*) zustehen +*dat*; **no me corresponde criticarlo** ich habe kein Recht ihn zu kritisieren ⑦ (*comunicar*) verbunden sein (*con* mit +*dat*); (*medios de transporte*) Anschluss haben (*con* an +*akk*) **II.** *vr*: ~ **se** ① (*ser equivalente*) sich entsprechen; (*armonizar*) zueinander passen; (*convenir*) übereinstimmen ② (*comunicarse*) miteinander verbunden sein ③ (*escribirse*) in Briefwechsel stehen

correspondiente [korrespoṇ'djeṇte] *adj* ① (*oportuno*) entsprechend ② (*apropiado*) passend (*a* zu +*dat*) ③ (*respectivo*) jeweilig ④ (*que escribe*) korrespondierend

corresponsabilidad [korrespoṇsaβili'ða⁰] *f* Mitverantwortlichkeit *f*

corresponsabilizar [korrespoṇsaβili'θar] <z→c> **I.** *vt* mitverantwortlich machen **II.** *vr*: ~ **se** Mitverantwortung übernehmen

corresponsable [korrespoṇ'saβle] *adj* mit-

verantwortlich

corresponsal [korrespoṇ'sal] *mf* (PREN) Korrespondent(in) *m(f)*

corresponsalía [korrespoṇsa'lia] *f* (PREN) Berichterstattung *f*

corretaje [korre'taxe] *m* ① (*negocio*) Maklergeschäft *nt* ② (*comisión*) Maklergebühr *f*

corretear [korrete'ar] *vi* ① (*vagar*) umherlaufen ② (*niños*) herumtollen

corrida [ko'rriða] *f* ① (TAUR) Stierkampf *m*, Corrida *f* ② (*carrera*) Sprint *m*; **en una ~** ganz schnell; **decir algo de ~** (*de memoria*) etw fließend aufsagen; (*de forma rápida*) etw herunterrasseln ③ (*de un líquido*) Rinnen *nt* ④ (*vulg: orgasmo*) Orgasmus *m*

corrido, -a [ko'rriðo, -a] *adj* ① (*movido*) verschoben ② (*t.* ARQUIT: *sin interrupción*) durchgehend ③ (*cantidad: larga*) reichlich; (*generosa*) großzügig; **un quilo ~** ein gutes Kilo ④ *estar* (*avergonzado*) beschämt; (*confuso*) verlegen ⑤ *ser* (*astuto*) erfahren

corriente [ko'rrjeṇte] **I.** *adj* ① (*fluente*) fließend; **no hay agua ~** es gibt kein fließend Wasser ② (*actual*) laufend; (*moneda*) kursierend; **estar al ~** (**en algo**) (mit etw *dat*) auf dem Laufenden sein; **ponerse al ~** sich (über das Neueste) informieren; **poner a alguien al ~ de algo** jdn über etw unterrichten ③ (*ordinario*) gewöhnlich; **un día ~** ein Tag wie jeder andere ④ (*normal*) üblich, normal ⑤ (*presente*) gegenwärtig, aktuell **II.** *f* ① (*de agua, electricidad*) Strom *m*; (*de viento, agua*) Strömung *f*; ~ **de aire** Luftzug *m*; ~ **alterna** Wechselstrom *m*; **hace ~** es zieht; **ir contra la ~** gegen den Strom schwimmen; **seguir** [*o* **llevar**] **la ~ a alguien** jdm nach dem Mund reden ② (ARTE, LIT: *tendencia*) Strömung *f*

corrimiento [korri'mjeṇto] *m* ① (*movimiento*) Verschiebung *f* ② (GEO) Rutsch *m*; ~ **de tierras** Erdrutsch *m* ③ (*vergüenza*) Scham *f*; (*timidez*) Verlegenheit *f*

corro ['korro] *m* ① (*círculo*) Kreis *m*, Zirkel *m*; (*peña*) Runde *f*; **hacer ~** (*rodear*) einen Kreis bilden; (*apartar*) Platz machen ② (AGR) kleine Parzelle *f* ③ (*juego*) Ringelreigen *m*

corroboración [korroβora'θjon] *f* ① (*confirmación*) Bekräftigung *f* ② (*fortalecimiento*) Stärkung *f*

corroborar [korroβo'rar] *vt* ① (*confirmar*) bekräftigen ② (*fortalecer*) stärken

corroer [korro'er] *irr como roer* **I.** *vt* ① (*un material*) zersetzen; (*por ácido*) korrodie-

ren ❷ (*una persona*) nagen (an +*dat*)
II. *vr:* ~**se** ❶ (*material*) korrodieren
❷ (*persona*) sich vor Gram verzehren
corromper [korrom'per] **I.** *vt* ❶ (*descomponer*) verderben; (*un texto*) verfälschen
❷ (*sobornar*) bestechen ❸ (*enviar*) verführen; (*pervertir*) verderben ❹ (*fam: enojar*) auf die Nerven gehen +*dat* **II.** *vi* stinken **III.** *vr:* ~ **se** ❶ (*descomponerse*) verderben; (*alimentos*) verfaulen; (*cadáver*) verwesen ❷ (*degenerar*) (sittlich) verkommen
corrompido, -a [korrom'pido, -a] *adj*
❶ (*descompuesto*) verdorben; (*aguas*) faulig; (*cadáver*) verwest ❷ (*degenerado*) (sittlich) verkommen ❸ (LIT) korrumpiert
corrosión [korro'sjon] *f* ❶ (*de metal, t.* GEO) Korrosion *f* ❷ (QUÍM, TÉC) Ätzung *f*
corrosivo, -a [korro'siβo, -a] *adj* ❶ (*sustancia*) korrosiv ❷ (*estilo*) beißend
corrupción [korruβ'θjon] *f* ❶ (*descomposición*) Zersetzung *f;* (*de alimentos*) Fäulnis *f* ❷ (*de la moral*) (Sitten)verfall *m;* (*efecto*) Verdorbenheit *f* ❸ (*soborno*) Korruption *f* ❹ (*seducción*) Verführung *f* ❺ (*de un texto*) Verfälschung *f*
corrupto, -a [ko'rrupto, -a] *adj* ❶ (*degenerado*) korrupt ❷ (*inmoral*) (sittlich) verkommen
corruptor(a) [korrup'tor(a)] **I.** *adj* verderblich **II.** *m(f)* Verführer(in) *m(f)*
corsario [kor'sarjo] *m* (HIST) Korsar *m*
corsé [kor'se] *m* Korsett *nt*
corsetería [korsete'ria] *f* ❶ (*fábrica*) Miederwarenfabrik *f* ❷ (*tienda*) Miederwarengeschäft *nt* ❸ (*prendas interiores*) Miederwaren *fpl*
corso, -a ['korso, -a] **I.** *adj* korsisch **II.** *m, f* Korse, -in *m, f*
cortacésped [korta'θespeð] *m* Rasenmäher *m*
cortacircuitos [kortaθir'kwitos] *m inv* (ELEC) Sicherung *f*
cortada [kor'taða] *f* ❶ (*rebanada*) Scheibe *f* ❷ (*Am: herida*) Schnittwunde *f*
cortado¹ [kor'taðo] *m* (GASTR) Kaffee *m* mit wenig Milch
cortado, -a² [kor'taðo, -a] *adj* ❶ (*leche: mala*) sauer; (*cuajada*) geronnen ❷ (*estilo*) knapp ❸ (*persona: tímida*) verlegen; (*avergonzada*) verschämt
cortafuegos [korta'fweɣos] *m inv* ❶ (AGR) Feuerschneise *f* ❷ (ARQUIT) Brandmauer *f*
cortante [kor'tante] **I.** *adj* schneidend; **un viento** ~ ein schneidender Wind **II.** *m* Hackmesser *nt*
cortapisa [korta'pisa] *f* ❶ (*restricción*) Einschränkung *f;* **poner** ~**s** einschränken

❷ (*obstáculo*) Hindernis *nt;* (*dificultad*) Schwierigkeit *f;* **hablar sin** ~**s** ungehemmt reden; **poner** ~**s a alguien** jdm Schwierigkeiten machen ❸ (*gracia*) Witz *m*
cortaplumas [korta'plumas] *m inv* Federmesser *nt*
cortar [kor'tar] **I.** *vt* ❶ (*tajar*) schneiden; (*por el medio*) durchschneiden; (*en pedazos*) zerschneiden; (*quitar*) abschneiden; (*un traje*) zuschneiden; (*una rama*) absägen; (*un árbol*) fällen; (*un arbusto*) beschneiden; (*la carne*) zerlegen; (*leña*) hacken; (*el césped*) mähen; (INFOR) ausschneiden; ~ **al rape** kahl scheren ❷ (DEP: *la pelota*) (an)schneiden ❸ (*una bebida*) verdünnen ❹ (*una película*) kürzen ❺ (*cartas*) abheben ❻ (*el agua*) abstellen; (*la corriente*) abschalten ❼ (*una carretera*) sperren ❽ (*la comunicación*) unterbrechen; ~ **la línea** das Telefon abstellen **II.** *vi* ❶ (*tajar*) schneiden ❷ (*romper*) brechen; **cortó con su novio** sie hat mit ihrem Freund Schluss gemacht **III.** *vr:* ~ **se** ❶ (*t.* MAT) sich schneiden ❷ (*turbarse*) verlegen werden; **no se cortó ni un pelo** (*fam fig*) es war ihr/ihm kein bisschen peinlich ❸ (*leche*) sauer werden; (*cuajarse*) gerinnen ❹ (*piel*) rissig werden ❺ (*luz*) ausfallen; (TEL) unterbrochen werden
cortaúñas [korta'uɲas] *m inv* Nagelzwicker *m*
corte¹ ['korte] *m* ❶ (*herida*) Schnittwunde *f* ❷ (*tajo*) (Ein)schnitt *m* ❸ (*filo*) Schneide *f* ❹ (*de un traje*) (Zu)schnitt *m;* **hacer a alguien un** ~ **de mangas** (*fig vulg*) jdm den Stinkefinger zeigen *fam* ❺ (*de pelo*) (Haar)schnitt *m* ❻ (ARQUIT) Aufriss *m* ❼ (ELEC) Abschaltung *f;* ~ **de corriente** Stromsperre *f;* (*sin querer*) Stromausfall *m*
corte² ['korte] *f* ❶ (*residencia*) Hof *m* ❷ (*séquito*) Gefolge *nt*

i Land & Leute

Die **Cortes Generales**, d. h. das spanische Parlament, setzt sich seit 1977 aus zwei Kammern, dem *congreso de los diputados* – Abgeordnetenhaus und dem *senado* – Senat, zusammen. Die 350 Abgeordneten und 255 Senatoren werden jeweils auf vier Jahre gewählt.

cortedad [korte'ðað] *f* ❶ (*pequeñez*) Kürze *f;* (*escasez*) Knappheit *f* ❷ (*timidez*)

Befangenheit *f* ❸ (*de poco entendimiento*) Beschränktheit *f*

cortejar [korte'xar] *vt* den Hof machen +*dat*

cortejo [kor'texo] *m* ❶ (*halago*) Umwerben *nt* ❷ (*séquito*) Gefolge *nt* ❸ (*desfile*) Fest(um)zug *m;* ~ **fúnebre** Leichenzug *m* ❹ (*secuela*) Folge(erscheinung) *f*

Cortes ['kortes] *fpl* (POL) spanisches Parlament *nt*

cortés [kor'tes] *adj* höflich, zuvorkommend

cortesano¹ [korte'sano] *m* Höfling *m*

cortesano, -a² [korte'sano, -a] *adj* ❶ (*palaciego*) höfisch ❷ (*cortés*) höflich

cortesía [korte'sia] *f* ❶ (*cortesanía*) Höflichkeit *f*, Zuvorkommenheit *f*; (*gentileza*) Freundlichkeit *f*; **fórmula de** ~ Höflichkeitsfloskel *f* ❷ (*merced*) Gunstbezeigung *f*; (*en una carta*) Grußformel *f*

corteza [kor'teθa] *f* ❶ (*de un tronco, del queso*) Rinde *f*; (*de una fruta*) Schale *f*; (*del pan*) Kruste *f*; ~ **terrestre** (GEO) Erdkruste *f* ❷ (*exterioridad*) Äußere(s) *nt*; (*rusticidad*) raue Schale *f*

cortijo [kor'tixo] *m* (*finca*) Landgut *nt*; (*casa*) Landhaus *nt*

cortina [kor'tina] *f* Vorhang *m;* ~ **de humo** (MIL) Rauchwand *f*; **correr/descorrer la** ~ den Vorhang zuziehen/aufziehen

cortisona [korti'sona] *f* (MED) Kortison *nt*

corto, -a ['korto, -a] *adj* ❶ (*pequeño*) kurz; ~ **de oído** schwerhörig; ~ **de vista** kurzsichtig; **se ha casado de** ~ sie hat in einem kurzen Kleid geheiratet; **a la corta o a la larga...** über kurz oder lang ... ❷ (*breve*) kurz, knapp ❸ (*de poco entendimiento*) beschränkt ❹ (*tímido*) schüchtern

cortocircuito [kortoθirku'ito] *m* (ELEC) Kurzschluss *m*

cortometraje [kortome'traxe] *m* (CINE) Kurzfilm *m*

coruñés, -esa [koru'ɲes, -esa] **I.** *adj* aus La Coruña **II.** *m, f* Einwohner(in) *m(f)* von La Coruña

corva ['korβa] *f* (ANAT) Kniekehle *f*

corvo¹ ['korβo] *m* (*gancho*) Haken *m*

corvo, -a² ['korβo, -a] *adj* (*curvo*) krumm; (*arqueado*) gebogen

corzo, -a ['korθo, -a] *m, f* Rehbock *m*, Rehgeiß *f*

cosa ['kosa] *f* ❶ (*objeto material*) Sache *f*, Gegenstand *m;* **la trata como una** ~ er behandelt sie wie einen Gegenstand ❷ (*objeto inmaterial, asunto*) Angelegenheit *f*, Sache *f*; **eso es otra** ~ das ist etwas anderes; **eso es** ~ **tuya/mía** das ist deine/ meine Sache; **¿sabes una** ~? weißt du

was?; **no me queda otra** ~ **que...** mir bleibt keine andere Möglichkeit, als ...; **ser una** ~ **nunca vista** einzigartig sein; **no valer gran** ~ nicht viel taugen ❸ (*circunstancia*) Sache *f*, Ding *nt fam;* **tal como están las** ~**s...** so wie die Dinge stehen ...; **como si tal** ~ als ob nichts geschehen wäre ❹ (*ocurrencia*) Einfall *m;* **esas son** ~**s de Inés** das ist typisch Inés ❺ *pl* (*pertenencias*) Sachen *fpl*

cosaco [ko'sako] *m* Kosak *m*

coscorrón [kosko'rron] *m* ❶ (*golpe*) Schlag *m* (auf den Kopf) ❷ (*contratiempo*) Rückschlag *m*

cosecha [ko'setʃa] *f* ❶ (AGR) Ernte *f*; (*conjunto de frutos*) (Ernte)ertrag *m;* **de** ~ **propia** aus eigenem Anbau ❷ (*temporada*) Erntezeit *f*

cosechadora [kosetʃa'ðora] *f* Mähdrescher *m*

cosechar [kose'tʃar] *vi, vt* ernten

cosechero, -a [kose'tʃero, -a] *m, f* ❶ (*trabajador*) Erntearbeiter(in) *m(f)*; (*de algodón*) Pflücker(in) *m(f)* ❷ (*propietario*) Landwirt(in) *m(f)*; (*de vino*) Winzer(in) *m(f)*

coseno [ko'seno] *m* (MAT) Kosinus *m*

coser [ko'ser] **I.** *vt* ❶ (*un vestido*) nähen; (*un botón*) annähen; (*un roto*) zunähen; (*una costura*) zusammennähen; ~ **a alguien a balazos** jdn mit Kugeln durchlöchern ❷ (*papeles*) (zusammen)heften **II.** *vi* nähen; **esto es** ~ **y cantar** das ist kinderleicht **III.** *vr:* ~**se con** [o **contra**] **alguien** sich an jdn anschmiegen

cosido [ko'siðo] *m* ❶ (*objeto*) Näharbeit *f* ❷ (*costura*) Naht *f* ❸ (*acción*) Nähen *nt*

cosmética [kos'metika] *f* Schönheitspflege *f*, Kosmetik *f*

cosmético, -a [kos'metiko, -a] *adj* kosmetisch; **producto** ~ Kosmetikum *nt*

cósmico, -a ['kosmiko, -a] *adj* kosmisch

cosmódromo [kos'moðromo] *m* (AERO) (Weltraum)raketenstartplatz *m*

cosmografía [kosmoɣra'fia] *f* (ASTR) Kosmographie *f*

cosmología [kosmolo'xia] *f* (ASTR) Kosmologie *f*

cosmonauta [kosmo'nauta] *mf* Astronaut(in) *m(f)*, Kosmonaut(in) *m(f)*

cosmonáutica [kosmo'nautika] *f* (AERO) Kosmonautik *f*

cosmonave [kosmo'naβe] *f* Raumschiff *nt*

cosmopolita [kosmopo'lita] **I.** *adj* kosmopolitisch **II.** *mf* Kosmopolit(in) *m(f)*

cosmos ['kosmos] *m sin pl* Kosmos *m*

coso ['koso] *m* ❶ (*plaza*) Festplatz *m* ❷ (*reg: calle principal*) Hauptstraße *f*

❸ (TAUR: *elev*) Arena *f;* ~ **taurino** Stierkampfarena *f*

cosquillas [kos'kiʎas] *fpl:* **hacer** ~ kitzeln; **tener** ~ kitz(e)lig sein; **buscar las** ~ **a alguien** (*fig*) jdn provozieren

cosquillear [koskiʎe'ar] *vt* ❶ (*hacer cosquillas*) kitzeln ❷ (*atraer*) reizen

cosquilleo [koski'ʎeo] *m* Kitzeln *nt*

cosquilloso, -a [koski'ʎoso, -a] *adj* ❶ (*que siente cosquillas*) kitz(e)lig ❷ (*susceptible*) (leicht) reizbar

costa ['kosta] *f* ❶ (GEO) Küste *f;* **C~ Azul** Côte d'Azur *f;* **C~ de Marfil** Elfenbeinküste *f* ❷ (FIN) Kosten *pl;* **a toda** ~ um jeden Preis ❸ *pl* (JUR) Gerichtskosten *pl*

Costa del Sol ist der Name einer Küste im Süden Spaniens, die von Tarifa im Westen bis Almería im Osten reicht. Die vier Provinzen Cádiz, Málaga, Granada und Almería liegen an dieser Küste. Am bekanntesten ist die Küste bei Málaga (speziell Marbella und Fuengirola), an der Spaniens prominente Persönlichkeiten gerne Urlaub machen.

---

costado [kos'taðo] *m* (*lado*) Seite *f;* (MIL) Flanke *f;* (*de un buque*) Längsseite *f;* **entrar de** ~ seitwärts hereinkommen

costal [kos'tal] **I.** *adj* (ANAT) Rippen- **II.** *m* Sack *m;* **eso es harina de otro** ~ (*fig*) das ist etwas völlig anderes

costalazo [kosta'laθo] *m:* **pegarse un** ~ der Länge nach hinfallen

costar [kos'tar] <o→ue> *vi, vt* ❶ (*valer*) kosten; ~ **caro** teuer sein; **esto te va a** ~ **caro** das wird dich teuer zu stehen kommen; **cueste lo que cueste** koste es, was es wolle ❷ (*resultar difícil*) schwer fallen

---

Costa Rica liegt in Zentralamerika und grenzt an Nicaragua und Panama, an die Karibik und an den Pazifik. Die Hauptstadt **Costa Ricas** heißt *San José.* Spanisch ist die offizielle Landessprache. Die Währungseinheit ist der *colón.*

---

costarricense [kostarri'θense], **costarriqueño, -a** [kostarri'keɲo, -a] **I.** *adj* costaricanisch **II.** *m, f* Costaricaner(in) *m(f)*

coste ['koste] *m* (*costo*) Kosten *pl;* (*precio*) Preis *m;* (*importe*) Betrag *m;* ~**s de las operaciones financieras y de las garantías de cambio** Transaktions- und Kurssicherungskosten *pl;* ~ **de producción** Produktionskosten *pl;* ~ **salarial** Lohnkosten *pl;* ~**s de saneamiento** Sanierungskosten *pl;* ~**s de los tipos de cambio** Umrechnungsgebühren *fpl;* ~ **total** Gesamtkosten *pl;* ~ **de la vida** Lebenshaltungskosten *pl*

costear [koste'ar] **I.** *vt* ❶ (*pagar*) finanzieren ❷ (NÁUT) an der Küste +*gen* entlangfahren; (*bordear*) umschiffen **II.** *vr:* ~**se** die Kosten decken

costeño, -a [kos'teɲo, -a] **I.** *adj* Küsten- **II.** *m, f* Küstenbewohner(in) *m(f)*

costero, -a [kos'tero, -a] *adj* Küsten-

costilla [kos'tiʎa] *f* ❶ (*t.* ANAT, ARQUIT) Rippe *f* ❷ (GASTR) Rippchen *nt* ❸ (*irón: mujer*) bessere Hälfte *f*

costillar [kosti'ʎar] *m* ❶ (*costillas*) Rippen *fpl* ❷ (*fam: tórax*) Brustkasten *m*

costo ['kosto] *m* ❶ (*coste*) Kosten *pl* ❷ (*Am: esfuerzo*) Mühe *f*

costoso, -a [kos'toso, -a] *adj* ❶ (*en dinero*) kostspielig, teuer ❷ (*en esfuerzo*) mühsam

costra ['kostra] *f* ❶ (*corteza*) Kruste *f,* Rinde *f* ❷ (MED) Schorf *m*

costumbre [kos'tumbre] *f* ❶ (*hábito*) (An)gewohnheit *f;* **de** ~ **se levanta bastante tarde** (für) gewöhnlich steht er/sie ziemlich spät auf; **como de** ~ wie gewöhnlich ❷ (*tradición*) Sitte *f,* Brauch *m* ❸ *pl* (*conjunto de tradiciones*) Sitten und Gebräuche *pl*

costumbrismo [kostum'brismo] *m* (LIT) Costumbrismo *m* (*literarische Strömung im ausgehenden 19. Jahrhundert, die die Sitten und Gebräuche der spanischen Gesellschaft schildert*)

costura [kos'tura] *f* ❶ (*t.* MED) Naht *f* ❷ (*confección*) Nähen *nt;* **alta** ~ Haute Couture *f* ❸ (*ropa*) Näharbeit *f* ❹ (*de un barco*) Fuge *f*

costurera [kostu'rera] *f* (*modista*) Schneiderin *f;* (*zurcidora*) Näherin *f*

costurero [kostu'rero] *m* ❶ (*mesita*) Nähtisch *m;* (*caja*) Nähkasten *m* ❷ (*modista*) Schneider *m*

cota ['kota] *f* ❶ (*armadura*) Kettenhemd *nt* ❷ (*t.* GEO: *altura*) Höhe *f*

cotarro [ko'tarro] *m* ❶ (HIST: *albergue*) Herberge *f;* **alborotar el** ~ (*fam*) Unruhe stiften; **dirigir el** ~ (*fam*) den Ton angeben ❷ (*ladera*) (Ab)hang *m*

cotejar [kote'xar] *vt* (*comparar*) vergleichen; (*confrontar*) gegenüberstellen

cotejo [ko'texo] *m* (*comparación*) Vergleich

m; (*confrontación*) Gegenüberstellung *f*
coterráneo, -a [kote'rraneo, -a] *adj* aus derselben Gegend (stammend)
cotidian(e)idad [kotiðjaneˌiˈðaᵈ/kotiðjaniˈðaᵈ] *f* Alltäglichkeit *f*
cotidiano, -a [kotiˈðjano, -a] *adj* ❶ (*corriente*) alltäglich ❷ (*diario*) täglich
cotilla [koˈtiʎa] *mf* (*fam pey*) Klatschmaul *nt*
cotillear [kotiʎeˈar] *vi* (*fam pey*) klatschen, tratschen
cotilleo [kotiˈʎeo] *m* (*fam pey*) Klatsch *m*
cotillo, -a [koˈtiʎo, -a] *adj* klatschhaft
cotizable [kotiˈθaβle] *adj* (COM) notierbar; ~ **en bolsa** börsenfähig
cotización [kotiθaˈθjon] *f* ❶ (COM, FIN) Kurs *m,* Notierung *f* ❷ (*pago de una cuota*) Beitragszahlung *f*
cotizar [kotiˈθar] <z→c> **I.** *vt* ❶ (COM, FIN) notieren (*a* mit +*dat*) ❷ (*estimar*) schätzen **II.** *vi* (*pagar*) Beiträge zahlen **III.** *vr:* ~ **se** ❶ (COM, FIN) notiert werden ❷ (*ser popular*) hoch im Kurs stehen
coto [ˈkoto] *m* ❶ (*vedado*) eingefriedetes Grundstück *nt;* ~ **de caza** Jagdrevier *nt* ❷ (*mojón*) Grenzstein *m* ❸ (*límite*) Grenze *f* ❹ (*tasa*) Gebühr *f*
cotorra [koˈtorra] *f* ❶ (*papagayo*) Sittich *m* ❷ (*urraca*) Elster *f* ❸ (*fam: persona habladora*) Quasselstrippe *f* ❹ (*fam pey: chivato*) Petze *f*
cotorrear [kotorreˈar] *vi* (*fam*) schwatzen, schnattern
COU [koʊ] *m abr de* **Curso de Orientación Universitaria** *einjähriger Vorbereitungskurs auf das Universitätsstudium*

ℹ️ Land & Leute

> **COU** (*Curso de Orientación Universitaria*), das 12. Schuljahr im spanischen Schulsystem, entspricht ungefähr der 13. Schulklasse in Deutschland. In diesem letzten Unterrichtsjahr im *instituto – Gymnasium* bereitet man sich speziell auf die *Selectividad* vor, die Eignungsprüfung für die Aufnahme an einer spanischen Universität.

covacha [koˈβatʃa] *f* ❶ (*cueva*) kleine Höhle *f* ❷ (*vivienda*) Loch *nt abw*
coxal [koɣˈsal] *adj* (ANAT) Hüft-; **hueso** ~ Hüftbein *nt*
coxis [ˈkoɣsis] *m inv* (ANAT) Steißbein *nt*
coyote [koˈʝote] *m* Kojote *m*
coyuntura [koʝunˈtura] *f* ❶ (ANAT) Knochengelenk *nt* ❷ (*oportunidad*) Gelegen-

heit *f* ❸ (*circunstancias*) Umstände *mpl* ❹ (ECON) Konjunktur *f*
coyuntural [koʝunˈtuˈral] *adj* (ECON) konjunkturell
coz [koθ] *f* ❶ (*patada*) Ausschlagen *nt;* (*golpe*) Hufschlag *m;* (*de personas*) Fußtritt *m;* **dar coces** ausschlagen ❷ (*culatada*) Rückstoß *m* ❸ (*retroceso*) Wasserstau *m* ❹ (*grosería*) Grobheit *f*
CP [θeˈpe] *m* ❶ (JUR) *abr de* **Código Penal** *spanisches Strafgesetzbuch* ❷ (*de una población*) *abr de* **Código Postal** PLZ *f* ❸ (FIN) *abr de* **Caja Postal** Postbank *f*
crack [krak] *m* ❶ (ECON) Crash *m* ❷ (*droga*) Crack *m*
cracker [ˈkraker] <crackers> *mf* (INFOR) Hacker *m*
craneal [kraneˈal] *adj* (ANAT) Schädel-; **cavidad** ~ Schädelhöhle *f*
cráneo [ˈkraneo] *m* (ANAT) Schädel *m*
crápula¹ [ˈkrapula] *m* Wüstling *m*
crápula² [ˈkrapula] *f* ❶ (*embriaguez*) Trunkenheit *f* ❷ (*libertinaje*) Lotterleben *nt*
craso, -a [ˈkraso, -a] *adj* ❶ (*gordo*) fettleibig ❷ (*burdo*) gravierend
cráter [ˈkrater] *m* Krater *m*
creación [kreaˈθjon] *f* ❶ (REL, ARTE) Schöpfung *f* ❷ (*elaboración*) Schaffung *f;* ~ **de empleo** (ECON, POL) Arbeitsplatzbeschaffungsmaßnahme *f* ❸ (*en la moda*) Kreation *f* ❹ (*de una institución*) Einrichtung *f*
creador(a) [kreaˈðor(a)] **I.** *adj* schöpferisch; **Dios** ~ Gott, der Schöpfer **II.** *m(f)* Schöpfer(in) *m(f)*
crear [kreˈar] **I.** *vt* ❶ (*hacer*) erschaffen ❷ (*fundar*) schaffen, einrichten ❸ (*representar*) darstellen ❹ (INFOR) erstellen; ~ **archivo** Datei erstellen **II.** *vr:* ~ **se** sich *dat* schaffen
creatividad [kreatiβiˈðaᵈ] *f* Kreativität *f*
creativo, -a [kreaˈtiβo, -a] *adj* kreativ
crecepelo [kreθeˈpelo] *m* Haarwuchsmittel *nt*
crecer [kreˈθer] *irr* **I.** *vi* (*aumentar*) wachsen; (*relativo a la luna*) zunehmen; (*relativo al agua*) steigen **II.** *vr:* ~ **se** über sich selbst hinauswachsen
creces [ˈkreθes] *fpl* ❶ (*aumento*) Wachstum *nt* ❷ (*exceso*) Übermaß *nt;* **con** ~ reichlich
crecida [kreˈθiða] *f* ❶ (*riada*) Hochwasser *nt* ❷ (*crecimiento*) (rasches) Wachstum *nt*
crecimiento [kreθiˈmjento] *m* (*t.* ECON) Wachstum *nt;* (*moneda*) Kursanstieg *m*
credencial [kreðenˈθjal] **I.** *adj* beglaubigend **II.** *f* Ernennungsurkunde *f*
credibilidad [kreðiβiliˈðaᵈ] *f* Glaubwürdigkeit *f*

crediticio, -a [kreði'tiθjo, -a] *adj* (FIN) Kredit-; **política crediticia** Kreditpolitik *f*

crédito ['kreðito] *m* ❶ (FIN: *préstamo*) Kredit *m;* ~ **puente** Überbrückungskredit *m;* **dar a** ~ leihen; **pedir un** ~ einen Kredit aufnehmen ❷ (*fama*) Renommee *nt* ❸ (*confianza*) Glaube *m,* Vertrauen *nt;* **dar** ~ **a algo/alguien** etw *dat/*jdm Glauben schenken

credo ['kreðo] *m* ❶ (*creencias*) Glaube *m* ❷ (*oración, dogma*) Glaubensbekenntnis *nt*

credulidad [kreðuli'ðað] *f* Leichtgläubigkeit *f*

crédulo, -a ['kreðulo, -a] *adj* leichtgläubig

creencia [kre'enθja] *f* Glaube *m*

creer [kre'er] *irr como leer* **I.** *vi* (*ser creyente*) glauben, gläubig sein **II.** *vt* ❶ (*dar por cierto*) glauben (*en* an +*akk*); ~ **en Dios** an Gott glauben ❷ (*pensar*) glauben, denken; **¡ya lo creo!** das will ich wohl meinen!; **¡quién iba a ~ lo!** wer hätte das für möglich gehalten!; **no te creo capaz de hacer eso** ich denke nicht, dass du dazu fähig bist ❸ (*dar crédito*) glauben +*dat;* **no te creo** ich glaube dir nicht; **hacer** ~ **algo a alguien** jdm etw weismachen **III.** *vr:* ~ **se** ❶ (*tener por probable*) glauben ❷ (*considerarse*) sich halten (für +*akk*) **¡qué te has creído!** was fällt dir ein!

creíble [kre'iβle] *adj* glaubhaft

creído, -a [kre'iðo, -a] *adj* ❶ *ser* (*fam:* vanidoso) eingebildet ❷ *estar* (*seguro*) überzeugt

crema ['krema] **I.** *adj* cremefarben **II.** *f* ❶ (*nata*) Sahne *f* ❷ (*natillas, pasta*) Creme *f;* **la** ~ **y la nata** die Crème de la Crème ❸ (*producto cosmético*) Creme *f;* ~ **antiarrugas** Antifaltencreme *f* ❹ (LING) Trema *nt*

cremación [krema'θjon] *f* ❶ (*incineración*) Einäscherung *f* ❷ (*combustión de desechos*) Verbrennung *f*

cremallera [krema'ʎera] *f* ❶ (TÉC: *barra*) Zahnstange *f;* **tren de** ~ Zahnradbahn *f* ❷ (*cierre*) Reißverschluss *m*

crematístico, -a [krema'tistiko, -a] *adj* wirtschaftlich

crematorio¹ [krema'torjo] *m* Krematorium *nt*

crematorio, -a² [krema'torjo, -a] *adj:* **horno** ~ Verbrennungsofen *m*

cremosidad [kremosi'ðað] *f* Cremigkeit *f*

cremoso, -a [kre'moso, -a] *adj* cremig

crencha ['krentʃa] *f* Scheitel *m*

crep¹ [krep] *m* ❶ (*suela*) Kreppgummi *m o nt* ❷ (*tela*) Krepp *m;* ~ **satén** Seidenkrepp *m*

crep² [krep] *f* (GASTR) Krepp *f*

crepe ['krepe] *f* Krepp *f*

crepé [kre'pe] *m* ❶ (*suela*) Kreppgummi *m o nt* ❷ (*postizo*) Haarteil *nt* ❸ (*tejido*) Krepp *m*

crepería [krepe'ria] *f* Krepperie *f*

crepitación [krepita'θjon] *f* ❶ (*crujido*) Knistern *nt* ❷ (MED) Krepitation *f;* (*de los huesos*) Knirschen *nt;* (*en el pulmón*) Rasseln *nt*

crepitante [krepi'tante] *adj* knisternd

crepitar [krepi'tar] *vi* knistern

crepuscular [krepusku'lar] *adj* dämm(e)rig

crepúsculo [kre'puskulo] *m* Dämmerung *f;* ~ **matutino** Morgendämmerung *f*

cresa ['kresa] *f* ❶ (*huevos*) (Insekten)eier *ntpl* ❷ (*gusano*) Made *f*

creso ['kreso] *m* Krösus *m*

crespo, -a ['krespo, -a] *adj* ❶ (*rizado*) kraus ❷ (*irritado*) gereizt ❸ (*estilo*) verschnörkelt

crespón [kres'pon] *m* ❶ (*gasa*) Flor *m* ❷ (*gasa de luto*) Trauerflor *m*

cresta ['kresta] *f* ❶ (*carnosidad*) Kamm *m;* (*del gallo*) (Hahnen)kamm *m* ❷ (*plumas*) Schopf *m* ❸ (*cabello*) Hahnenkamm *m fam* ❹ (*de una ola*) (Wellen)kamm *m;* **estar en la** ~ **de la ola** (*fig*) auf dem Gipfel angelangt sein ❺ (*de una montaña*) Kamm *m*

creta ['kreta] *f* Kreide *f*

Creta ['kreta] *f* Kreta *nt*

cretense [kre'tense] **I.** *adj* kretisch **II.** *mf* Kreter(in) *m(f)*

cretinismo [kreti'nismo] *m* (MED) Kretinismus *m*

cretino, -a [kre'tino, -a] *m, f* (MED: *t. fig*) Kretin *m*

cretona [kre'tona] *f* Cretonne *m o f*

creyente [kre'ʝente] **I.** *adj* gläubig **II.** *mf* Gläubige(r) *mf*

cría ['kria] *f* ❶ (*el criar*) Zucht *f* ❷ (*recién nacido*) Säugling *m* ❸ (*cachorro*) Junge(s) *nt* ❹ (*camada*) Wurf *m* ❺ (*insecto, reptil, pájaro*) Brut *f*

criada [kri'aða] *f v.* **criado**

criadero¹ [kria'ðero] *m* ❶ (*plantel*) Baumschule *f* ❷ (*vivero*) Zuchtstätte *f* ❸ (MIN) Vorkommen *nt*

criadero, -a² [kria'ðero, -a] *adj* fruchtbar

criado, -a [kri'aðo, -a] *m, f* Diener *m,* Dienstmädchen *nt*

criador¹ [kria'ðor] *m* (*Dios*) Schöpfer *m*

criador(a)² [kria'ðor(a)] *m(f)* ❶ (*de animales*) Züchter(in) *m(f)* ❷ (*de vinos*) Winzer(in) *m(f)*

crianza [kri'anθa] *f* ❶ (*lactancia*) Aufzucht

f; (*personas*) Stillzeit *f* ❷ (*educación*) Erziehung *f*

criar [kri'ar] <*1. pres:* crío> **I.** *vt* ❶ (*alimentar*) ernähren; (*mamíferos*) säugen ❷ (*reproducir y cuidar*) züchten ❸ (*ser propicio*) anziehen ❹ (*educar*) aufziehen, großziehen ❺ (*crear*) erschaffen ❻ (*fundar*) gründen ❼ (*referente al vino*) anbauen **II.** *vi* Junge bekommen **III.** *vr:* ~ **se** aufwachsen

criatura [kria'tura] *f* ❶ (*ser*) Geschöpf *nt* ❷ (*niño*) Säugling *m* ❸ (*feto*) Fötus *m* ❹ (*hechura*) Kreatur *f*

criba ['kriβa] *f* ❶ (*tamiz*) Sieb *nt* ❷ (AGR) Dreschflegel *m;* (*mecánica*) Dreschmaschine *f* ❸ (MIN) Setzmaschine *f*

cribar [kri'βar] *vt* ❶ (*colar*) (aus)sieben ❷ (AGR) dreschen

cric [krik] *m* Winde *f;* (AUTO) Wagenheber *m*

Crimea [kri'mea] *f* Krim *f*

crimen ['krimen] *m* Verbrechen *nt*

criminal [krimi'nal] **I.** *adj* ❶ (*delincuente*) kriminell ❷ (*policía*) Kriminal- **II.** *mf* Kriminelle(r) *mf*

criminalidad [kriminali'ðað] *f* Kriminalität *f*

criminalista [krimina'lista] *mf* Kriminalist(in) *m(f)*

criminar [krimi'nar] *vt* ❶ (*imputar*) beschuldigen ❷ (*fig: reprochar*) kritisieren; **me criminó que siempre llegara tarde** er/sie warf mir vor, dass ich immer zu spät kam

criminología [kriminolo'xia] *f* Kriminologie *f*

criminólogo, -a [krimi'noloɣo] *m, f* (JUR) Kriminologe, -in *m, f*

crin [krin] *f* ❶ (*cerda*) Mähne *f* ❷ (*filamento*) Seegras *nt*

crío, -a ['krio, -a] *m, f* Kleinkind *nt*

criollo, -a [kri'oʎo, -a] **I.** *adj* kreolisch **II.** *m, f* Kreole, -in *m, f*

cripta ['kripta] *f* Krypta *f*

críptico, -a ['kriptiko, -a] *adj* kryptisch

criptografía [kriptoɣra'fia] *f* Geheimschrift *f*

criptógrafo [krip'toɣrafo] *m* Kryptograph *m*

criptograma [kripto'ɣrama] *m* Kryptogramm *nt*

criptón [krip'ton] *m* (QUÍM) Krypton *nt*

criquet ['kriket] *m* (DEP) Kricket *nt*

crisálida [kri'saliða] *f* (ZOOL) Puppe *f*

crisantemo [krisaṇ'temo] *m* Chrysantheme *f*

crisis ['krisis] *f inv* (*t.* ECON) Krise *f;* ~ **nerviosa** Nervenzusammenbruch *m*

crisma¹ ['krisma] *m* (REL) Chrisma *nt*

crisma² ['krisma] *f* (*fam: cabeza*) Rübe *f*

crisol [kri'sol] *m* ❶ (*craza*) Schmelztiegel *m* ❷ (*prueba*) Prüfstein *m*

crispación [krispa'θjon] *f* ❶ (*contracción*) Verkrampfung *f* ❷ (*irritación*) Gereiztheit *f*

crispar [kris'par] **I.** *vt* ❶ (*contraer*) verkrampfen ❷ (*exasperar*) reizen **II.** *vr:* ~ **se** ❶ (*contraerse*) sich verkrampfen ❷ (*exasperarse*) gereizt werden

cristal [kris'tal] *m* ❶ (*cuerpo*) Kristall *m* ❷ (*vidrio*) Glas *nt* ❸ (*espejo*) Spiegel *m* ❹ (*elev: agua*) Wasser *nt*

cristalera [krista'lera] *f* ❶ (*aparador*) Vitrine *f* ❷ (*puerta*) Glastür *f*

cristalería [kristale'ria] *f* ❶ (*empresa*) Glashütte *f* ❷ (*objetos*) Kristall *nt*

cristalero, -a [krista'lero, -a] *m, f* ❶ (*colocador*) Glaser(in) *m(f)* ❷ (*limpiador*) Fensterputzer(in) *m(f)*

cristalino¹ [krista'lino] *m* (MED) Linse *f*

cristalino, -a² [krista'lino, -a] *adj* ❶ (*de cristal*) kristallin ❷ (*transparente*) kristallklar

cristalización [kristaliθa'θjon] *f* Kristallisation *f*

cristalizar [kristali'θar] <z→c> **I.** *vi, vr:* ~ **se** ❶ (*sustancia*) kristallisieren ❷ (*ideas, sentimientos*) sich (heraus)kristallisieren **II.** *vt* kristallisieren lassen

cristiandad [kristjan'dað] *f* ❶ (*fieles*) Christenheit *f* ❷ (*países*) christliche Länder *ntpl*

cristianismo [kristja'nismo] *m* Christentum *nt*

cristianización [kristjaniθa'θjon] *f* Christianisierung *f*

cristianizar [kristjani'θar] <z→c> *vt* christianisieren

cristiano¹ [kris'tjano] *m* (*fam*) ❶ (*persona*) Mensch *m* ❷ (*castellano*) Spanisch *nt;* **hablar en** ~ (*fig*) Klartext reden

cristiano, -a² [kris'tjano, -a] **I.** *adj* christlich **II.** *m, f* (*fiel*) Christ(in) *m(f)*

cristianodemócrata [kristjanoðe'mokrata] **I.** *adj* (POL) christlich-demokratisch **II.** *mf* (POL) Christdemokrat(in) *m(f)*

cristo ['kristo] *m* ❶ (*crucifijo*) Kruzifix *nt* ❷ (*loc, fam*): **todo** ~ jeder

Cristo ['kristo] *m* (Jesus) Christus *m;* **donde** ~ **perdió el gorro** am Ende der Welt

criterio [kri'terjo] *m* ❶ (*norma*) Kriterium *nt;* ~ **de búsqueda** (INFOR) Suchkriterium *nt* ❷ (*discernimiento*) Urteilsvermögen *nt* ❸ (*opinión*) Meinung *f*

crítica ['kritika] *f* Kritik *f*

criticable [kriti'kaβle] *adj* kritisierbar

criticar [kriti'kar] <c→qu> **I.** *vt* kritisieren **II.** *vi* lästern

crítico, -a ['kritiko, -a] **I.** *adj* (*t.* FÍS, MED) kritisch **II.** *m, f* Kritiker(in) *m(f)*

criticón, -ona [kriti'kon, -ona] *m, f* Nörgler(in) *m(f)*

Croacia [kro'aθja] *f* Kroatien *nt*

croar [kro'ar] *vi* quaken

croata [kro'ata] **I.** *adj* kroatisch **II.** *mf* Kroate, -in *m, f*

croché [kro'tʃe] *m* ❶ (*ganchillo*) Häkelarbeit *f;* **hacer** ~ häkeln ❷ (DEP) Haken *m*

croco ['kroko] *m* Safran *m*

croissantería [krusaṇte'ria] *f* (COM) Croissant-Laden *m*

crol [krol] *m* (DEP) Kraul(schwimmen) *nt*

cromado [kro'maðo] *m* Verchromung *f*

cromar [kro'mar] *vt* verchromen

cromatismo [kroma'tismo] *m* (FÍS, MÚS) Chromatik *f*

cromo ['kromo] *m* (QUÍM) Chrom *nt*

cromosfera [kromos'fera] *f* Chromosphäre *f*

cromosoma [kromo'soma] *m* (BIOL) Chromosom *nt*

cromosómico, -a [kromo'somiko, -a] *adj* (BIOL) chromosomal; **anomalía cromosómica** Chromosomenanomalie *f*

crónica ['kronika] *f* ❶ (*anales*) Chronik *f* ❷ (*artículo*) Reportage *f*

crónico, -a ['kroniko, -a] *adj* (*t.* MED) chronisch

cronista [kro'nista] *mf* ❶ (*historiador*) Chronist(in) *m(f)* ❷ (*periodista*) Berichterstatter(in) *m(f)*

crono ['krono] *m* (DEP) ❶ (*tiempo*) (gestoppte) Zeit *f;* ~ **personal** persönliche Bestzeit ❷ (*cronómetro*) Stoppuhr *f*

cronografía [kronoɣra'fia] *f* Chronographie *f*

cronógrafo[1] [kro'noɣrafo] *m* (TÉC) Chronograph *m*

cronógrafo, -a[2] [kro'noɣrafo, -a] *m, f* Chronologe, -in *m, f*

cronología [kronolo'xia] *f* Chronologie *f*

cronológico, -a [krono'loxiko, -a] *adj* chronologisch

cronometrador(a) [kronometra'ðor(a)] *m(f)* (DEP) Zeitnehmer(in) *m(f)*

cronometraje [kronome'traxe] *m* (DEP) Zeitnahme *f*

cronometrar [kronome'trar] *vt* (DEP) stoppen; ~ **el tiempo** die Zeit stoppen

cronómetro [kro'nometro] *m* Chronometer *nt;* (DEP) Stoppuhr *f*

croquet ['kroke¹] *m* Krocket *nt*

croqueta [kro'keta] *f* Krokette *f*

croquis ['krokis] *m inv* Skizze *f,* Kroki *nt*

cross [kros] *m inv* (DEP: *atletismo*) Querfeldeinrennen *nt*

crótalo ['krotalo] *m* ❶ (ZOOL) Klapper-

schlange *f* ❷ (*instrumento*) Klapper *f*

cruasán [krwa'san] *m* Croissant *nt*

cruce ['kruθe] *m* ❶ (*acción*) Kreuzen *nt* ❷ (*intersección*) Schnittpunkt *m* ❸ (*mezcla, de caminos, t.* BIOL) Kreuzung *f;* ~ **de peatones** Fußgängerüberweg *m* ❹ (*interferencia*) Überlagerung *f,* Interferenz *f;* ~ **de datos** (ECON, INFOR) Datenabgleich *m* ❺ (LING) Wortkreuzung *f*

cruceiro [kru'θe¡ro] *m* Cruzeiro *m*

crucero [kru'θero] *m* ❶ (ARQUIT) Vierung *f* ❷ (*cruciferario*) Kreuzträger *m* ❸ (NÁUT: *buque*) Kreuzer *m* ❹ (*viaje*) Kreuzfahrt *f*

cruceta [kru'θeta] *f* ❶ (*de líneas*) Gitter *nt* ❷ (*en la labor*) Kreuzstich *m*

crucial [kru'θjal] *adj* ❶ (*en forma de cruz*) kreuzförmig ❷ (*decisivo*) entscheidend

crucificado [kruθifi'kaðo] *m:* **el** ~ der Gekreuzigte

crucificar [kruθifi'kar] <c→qu> *vt* ❶ (*aspar*) kreuzigen ❷ (*atormentar*) quälen

crucifijo [kruθi'fixo] *m* Kruzifix *nt*

crucifixión [kruθifiɣ'sjon] *f* Kreuzigung *f*

cruciforme [kruθi'forme] *adj* kreuzförmig

crucigrama [kruθi'ɣrama] *m* Kreuzworträtsel *nt*

crudelísimo, -a [kruðe'lisimo, -a] *adj superl irr de* **cruel**

crudeza [kru'ðeθa] *f* ❶ (*rigor*) Strenge *f,* Härte *f* ❷ (*rudeza*) Grobheit *f* ❸ (*crueldad*) Brutalität *f* ❹ *pl* (*alimentos*) schwer verdauliche Speisen *fpl*

crudo[1] ['kruðo] *m* Rohöl *nt*

crudo, -a[2] ['kruðo, -a] *adj* ❶ (*sin cocer, natural*) roh ❷ (*aplicado al tiempo*) streng, rau ❸ (*blanco-amarillento*) rohweiß ❹ (*despiadado*) brutal; **en** ~ unerbittlich ❺ (*de difícil digestión*) schwer verdaulich

cruel [cru'el] *adj* <crudelísimo> grausam (*con* zu +*dat*, gegen +*akk*)

crueldad [kruel'ðaᵈ] *f* Grausamkeit *f* (*con* gegenüber +*dat*)

cruento, -a [kru'eṇto, -a] *adj* blutig

crujía [kru'xia] *f* (ARQUIT) Spannweite *f*

crujido [kru'xiðo] *m* Knistern *nt;* (*de dientes*) Knirschen *nt*

crujiente [kru'xjeṇte] *adj* knisternd; (*dientes*) knirschend; (*pan*) knusprig

crujir [kru'xir] *vi* knistern; (*dientes*) knirschen

crup [kruᵖ] *m* (MED) Krupp *m*

crupier [kru'pjer] *m* Croupier *m*

crustáceo [krus'taθeo] *m* (ZOOL) Krebstier *nt*

cruz [kruθ] *f* ❶ (*aspa, crucifijo*) Kreuz *nt;* ~ **gamada** Hakenkreuz *nt;* **C~ Roja** Rotes

Kreuz ❷ (*de una moneda o medalla*) Rückseite *f*; Revers *m*; ¿**cara o** ~? Kopf oder Zahl? ❸ (*de un árbol*) Kronenansatz *m* ❹ (*de un animal*) Widerrist *m* ❺ (ASTR) Kreuz *nt* ❻ (*suplicio*) Kreuz *nt*, Last *f*; **llevar una** ~ eine schwere Last zu tragen haben

cruzada [kru'θaða] *f* Kreuzzug *m*

cruzado¹ [kru'θaðo] *m* Kreuzfahrer *m*

cruzado, -a² [kru'θaðo, -a] *adj* ❶ (BIOL): **animal** ~ Bastard *m* ❷ (*ropa*) Wickel-; **chaqueta cruzada** Zweireiher *m*

cruzamiento [kruθa'mjento] *m* ❶ (*condecoración*) Dekorierung *f* ❷ (BIOL) Kreuzung *f*

cruzar [kru'θar] <z→c> **I.** *vt* ❶ (*atravesar*) kreuzen; (*de un lado al otro*) überqueren; ~ **los brazos** die Arme verschränken; ~ **las piernas** die Beine übereinander schlagen; ~ **algo con una raya** etw durchstreichen ❷ (BIOL) kreuzen ❸ (*condecorar*) dekorieren **II.** *vi* ❶ (*t.* NÁUT: *pasar*) kreuzen ❷ (*juntarse*) zusammenpassen **III.** *vr*: ~ **se** ❶ (*atravesarse*) sich kreuzen ❷ (*encontrarse*) begegnen (*con +dat*); ~ **se con alguien** jds Weg kreuzen ❸ (MAT) sich kreuzen

cta.cte. ['kwenta ko'rrjente] *f* (FIN) *abr de* **cuenta corriente** Girokonto *nt*

CTNE [θete(e)ne'e] *f* *abr de* **Compañía Telefónica Nacional de España** *frühere Bezeichnung für die spanische Telefongesellschaft*

cu [ku] *f* Q *nt*

cuaderna [kwa'ðerna] *f* ❶ (*en el juego de tablas*) Doppelpasch *m* ❷ (*en un buque*) Spant *nt*

cuadernillo [kwaðer'niʎo] *m* (TIPO) Lage *f* (*à 5 Bogen Papier*)

cuaderno [kwa'ðerno] *m* Heft *nt*; ~ **de bitácora** (NÁUT) Logbuch *nt*

cuadra ['kwaðra] *f* ❶ (*establo*) Stall *m*; (*de caballos*) (Pferde)stall *m* ❷ (*conjunto de caballos*) (Renn)stall *m* ❸ (*lugar sucio*) Saustall *m* *fam* ❹ (*sala*) großer Raum *m*; (*para dormir*) Schlafsaal *m* ❺ (*Am: manzana de casas*) Häuserblock *m* ❻ (*cuarto de milla*) Viertelmeile *f*

cuadradillo [kwaðra'ðiʎo] *m* ❶ (*regla*) Vierkantlineal *nt* ❷ (*pieza de tela*) Zwickel *m* ❸ (*barra*) kleiner Vierkant *m*

cuadrado¹ [kwa'ðraðo] *m* ❶ (*t.* ASTR) Quadrat *nt*; **elevar al** ~ ins Quadrat erheben ❷ (*regla*) Vierkantlineal *nt* ❸ (*trozo de tela*) Zwickel *m* ❹ (*barra*) Vierkant *m*

cuadrado, -a² [kwa'ðraðo, -a] *adj* ❶ (*rectangular*) quadratisch; **metro** ~ Quadratmeter *m*; **tener la cabeza cua-**

drada ein Dickschädel sein *fam* ❷ (*macizo*) klobig ❸ (*corpulento*) beleibt, korpulent

cuadragenario, -a [kwaðraxe'narjo, -a] **I.** *adj* in den Vierzigern **II.** *m, f* Vierziger(in) *m(f)*

cuadragesimal [kwaðraxesi'mal] *adj* Fasten-; **voto** ~ Fastengelübde *nt*

cuadragésimo¹ [kwaðra'xesimo] *m* Vierzigstel *nt*; *v. t.* **octavo**

cuadragésimo, -a² [kwaðra'xesimo, -a] *adj* (*parte*) vierzigstel; (*numeración*) vierzigste(r, s); **la cuadragésima parte de** ein Vierzigstel von; *v. t.* **octavo**

cuadrangular [kwaðrangu'lar] *adj* viereckig

cuadrángulo [kwa'ðrangulo] *m* Viereck *nt*

cuadrante [kwa'ðrante] *m* ❶ (ASTR, MAT) Quadrant *m* ❷ (*reloj de sol*) Sonnenuhr *f* ❸ (RADIO) Einstellskala *f*

cuadrar [kwa'ðrar] **I.** *vi* ❶ (*ajustarse, convenir*) passen (*con* zu +*dat*) ❷ (*coincidir*) ausgeglichen sein **II.** *vt* ❶ (*dar figura de cuadro*) quadratisch machen; (*en carpintería*) (ab)vieren ❷ (ARTE, MAT) quadrieren ❸ (*una cuenta*) ausgleichen **III.** *vr*: ~ **se** ❶ (MIL) strammstehen ❷ (*pararse un caballo*) auf allen Vieren stehen bleiben ❸ (*fam: plantarse*) sich auf die Hinterbeine stellen

cuadratura [kwaðra'tura] *f* (ASTR, MAT) Quadratur *f*

cuádriceps ['kwaðriθeβs] *adj* *inv* (ANAT: *músculo*) vierköpfig

cuadrícula [kwa'ðrikula] *f* Karierung *f*; **papel de** ~ kariertes Papier

cuadriculado, -a [kwaðriku'laðo, -a] *adj* ❶ (*con cuadrícula*) kariert; **papel** ~ kariertes Papier ❷ (*fig pey*) kleinkariert

cuadricular [kwaðriku'lar] **I.** *adj* kariert **II.** *vt* karieren

cuadriga [kwa'ðriɣa] *f* Viergespann *nt*; (*en la antigua Roma*) Quadriga *f*

cuadrilátero [kwaðri'latero] *m* ❶ (*polígono*) Viereck *nt* ❷ (DEP) (Box)ring *m*

cuadrilla [kwa'ðriʎa] *f* ❶ (*brigada*) Kolonne *f* ❷ (*de amigos*) Clique *f* ❸ (*pey: de maleantes*) Rotte *f*, Bande *f*

cuadriplicar [kwaðripli'kar] <c→qu> *vt* vervierfachen

cuadro ['kwaðro] *m* ❶ (*rectángulo*) Rechteck *nt*; **a** ~**s** kariert ❷ (*pintura*) Gemälde *nt* ❸ (*marco*) Rahmen *m* ❹ (*bancal*) Beet *nt* ❺ (*escena*) Szene *f* ❻ (*descripción*) Schilderung *f* ❼ (*gráfico*) Grafik *f*; ~ **sinóptico** Übersicht *f* ❽ (*conjunto de mandos, t.* MIL) Stab *m* ❾ (TÉC) Schalttafel *f* ❿ (TEAT) Szene *f*

cuadrúpedo [kwa'ðrupeðo] *m* Vierbeiner *m*

cuádruple ['kwaðruple] **I.** *adj* vierfach; **parto** ~ Vierlingsgeburt *f* **II.** *m* Vierfache(s) *nt; v. t.* **óctuplo**

cuadruplicar [kwaðrupli'kar] <c→qu> *vt, vr:* ~ **se** (sich) vervierfachen

cuádruplo[1] ['kwaðruplo] *m* Vierfache(s) *nt; v. t.* **óctuplo**

cuádruplo, -a[2] ['kwaðruplo, -a] *adj* vierfach; *v. t.* **óctuplo**

cuajada [kwa'xaða] *f* Quark *m*

cuajar [kwa'xar] **I.** *vi* ❶ (*espesarse*) gerinnen; (*la nieve*) liegen bleiben ❷ (*fam: realizarse*) klappen **II.** *vt* ❶ (*solidificar*) eindicken ❷ (*cubrir*) überhäufen **III.** *vr:* ~ **se** ❶ (*coagularse*) gerinnen ❷ (*llenarse*) sich füllen (**de** mit +*dat*) ❸ (*solidificarse*) eindicken **IV.** *m* (ZOOL) Labmagen *m*

cuajo ['kwaxo] *m* ❶ (*sustancia*) Lab *nt* ❷ (*solidificación*) Eindickung *f* ❸ (ZOOL) Labmagen *m* ❹ (*loc, fam*): **de** ~ vollständig

cual [kwal] *pron rel* ❶ (*relativo explicativo*): **el/la** ~ der/die, welcher/welche; **lo** ~ was; **los/las** ~**es** die, welche; **cada** ~ jede(r) (Einzelne) ❷ (*relativo correlativo*): **hazlo tal** ~ **te lo digo** mach es so, wie ich es dir sage; **tal o** ~ der/die/das eine oder andere; **sea** ~ **sea su intención** was er/sie auch immer vorhat

cuál [kwal] **I.** *pron inter* welche(r, s); **¿~ es el tuyo?** welches ist deins? **II.** *adj* (*Am*) welche(r, s) **III.** *pron indef* ❶ (*distributivo*): ~ **más** ~ **menos** der eine mehr, der andere weniger ❷ (*ponderativo*): **tengo tres hermanas a** ~ **más bella** ich habe drei Schwestern, eine hübscher als die andere

cualesquier(a) [kwales'kjera] *pron indef pl de* **cualquiera**

cualidad [kwali'ðað] *f* Eigenschaft *f,* Qualität *f*

cualificación [kwalifika'θjon] *f* ❶ (*clasificación*) Klassifikation *f* ❷ (*calificación*) Qualifikation *f*

cualificado, -a [kwalifi'kaðo, -a] *adj* ❶ (*apto*) befähigt ❷ (*especialista*) qualifiziert

cualificar [kwalifi'kar] <c→qu> *vt* qualifizieren

cualitativo, -a [kwalita'tiβo, -a] *adj* qualitativ

cualquier [kwal'kjer] *pron indef v.* **cualquiera**

cualquiera [kwal'kjera] **I.** *pron indef* (*delante de un substantivo: cualquier*) irgendein(e, er, s); **en un lugar** ~

irgendwo; **a cualquier hora** jederzeit; **cualquier cosa** irgendwas; **de cualquier modo** irgendwie; (*de todas maneras*) jedenfalls; **¡~ lo puede hacer!** das kann doch jeder! **II.** *mf:* **ser una** ~ (*pey*) eine Hure sein

cuan [kwan] *adv* so; **cayó** ~ **largo era** er fiel der Länge nach hin

cuando ['kwando] *conj* ❶ (*presente*) wenn; **de** ~ **en** ~ ab und zu ❷ (*pasado: con imperfecto*) wenn; (*con indefinido*) als; ~ (**era**) **niño viví en Madrid** als Kind habe ich in Madrid gelebt ❸ (*futuro; +subj*) sobald; ~ **quiera** jederzeit ❹ (*relativo*): **el lunes es** ~ **no trabajo** montags arbeite ich nicht ❺ (*condicional*) wenn, falls; ~ **más** [*o* **mucho**] höchstens; ~ **menos** mindestens ❻ (*aunque*): **aun** ~ auch wenn

cuándo ['kwando] *adv* wann; **¡~ vas a reconocerlo!** du solltest es endlich einsehen!

cuantía [kwan'tia] *f* ❶ (*suma*) Ausmaß *nt,* Umfang *m* ❷ (*valía*) Bedeutung *f*

cuántica ['kwantika] *f* (FÍS) Quantentheorie *f*

cuantificable [kwantifi'kaβle] *adj* zahlenmäßig erfassbar

cuantificación [kwantifika'θjon] *f* zahlenmäßige Erfassung *f,* Quantifizierung *f*

cuantificar [kwantifi'kar] <c→qu> *vt* ❶ (*expresar numéricamente*) in Zahlen beschreiben, quantifizieren ❷ (FÍS) quanteln

cuantioso, -a [kwan'tjoso, -a] *adj* reichlich

cuantitativo, -a [kwantita'tiβo, -a] *adj* quantitativ

cuanto[1] ['kwanto] **I.** *adv:* ~ **... tanto...** je ..., desto ...; ~ **antes** möglichst bald; ~ **más que...** umso mehr, als ... **II.** *prep* (*por lo que se refiere a*): **en** ~ **a** bezüglich +*gen* **III.** *conj* ❶ (*temporal*): **en** ~ (**que**) +*(subj)* sobald ❷ (*puesto que*): **por** ~ **que** da **IV.** *m* (FÍS) Quant *nt*

cuanto, -a[2] ['kwanto, -a] **I.** *pron rel* ❶ (*neutro*) alles, was ...; **tanto...** ~ so viel ... wie; **dije** (**todo**) ~ **sé** ich habe alles gesagt, was ich weiß ❷ *pl* alle, die ...; **la más hermosa de cuantas conozco** die Hübscheste von allen, die ich kenne **II.** *pron indef:* **unos** ~**s**/**unas cuantas** einige, ein paar

cuánto[1] ['kwanto] *adv* ❶ (*interrogativo*) wie viel; **¿a** ~**?** wie teuer?; **¿~ me quieres?** wie sehr liebst du mich? ❷ (*exclamativo*) wie sehr; **¡~ llueve!** wie stark es regnet!

cuánto, -a[2] ['kwanto, -a] **I.** *adj* wie viel; **¿~**

tiempo? wie lange?; **¿cuántas veces?** wie oft? **II.** *pron inter* wie viel; **¿~ hay de aquí a Veracruz?** wie weit ist es von hier bis nach Veracruz?

cuáquero, -a ['kwakero, -a] **I.** *adj* (REL) quäkerisch **II.** *m, f* (REL) Quäker(in) *m(f)*

cuarenta [kwa'reṇta] **I.** *adj inv* vierzig **II.** *m* Vierzig *f*; **cantar las ~s a alguien** jdm den Kopf waschen *fig; v. t.* **ochenta**

cuarentavo¹ [kwareṇ'taβo] *m* Vierzigstel *nt; v. t.* **octavo**

cuarentavo, -a² [kwareṇ'taβo, -a] *adj* vierzigstel; *v. t.* **octavo**

cuarentena [kwareṇ'tena] *f* **①** (*cuarenta unidades*) Einheit aus vierzig Teilen; **una ~ de veces** etwa vierzigmal **②** (*aislamiento*) Quarantäne *f*

cuarentón, -ona [kwareṇ'ton, -ona] **I.** *adj* in den Vierzigern **II.** *m, f* Vierziger(in) *m(f)*

cuaresma [kwa'resma] *f* (REL) Fastenzeit *f*

cuarta ['kwarta] *f* **①** (*cuarta parte*) Viertel *nt* **②** (*medida*) Spanne *f* **③** (MÚS) Quarte *f*

cuartear [kwarte'ar] **I.** *vt* **①** (*dividir en cuartos*) vierteln **②** (*zigzaguear*) im Zickzack entlangfahren **II.** *vr:* **~ se** rissig werden

cuartel [kwar'tel] *m* **①** (*cuarta parte*) Viertel *nt* **②** (MIL: *acuartelamiento*) Quartier *nt*; **~ general** Hauptquartier *nt* **③** (MIL: *edificio*) Kaserne *f* **④** (*perdón*) Schonung *f*

cuartelero, -a [kwarte'lero, -a] *adj* **①** (*referente al cuartel*) Kasernen- **②** (*grosero*) unflätig

cuartelillo [kwarte'liʎo] *m* Revier *nt*

cuarteo [kwar'teo] *m* **①** (*división*) Viertelung *f* **②** (*grieta*) Riss *m*

cuarteto [kwar'teto] *m* (MÚS) Quartett *nt*

cuartilla [kwar'tiʎa] *f* Quartblatt *nt*, kleines Blatt *nt*

cuarto¹ ['kwarto] *m* **①** (*habitación*) Zimmer *nt*; **~ de aseo** Toilette *f*; **~ de baño** Badezimmer *nt*; **~ de estar** Wohnzimmer *nt*; **~ trastero** Rumpelkammer *f* **②** (*pl*) (*fam: dinero*) Knete *f*; **tener cuatro ~s** jede Mark umdrehen müssen **③** (*de un caballo*): **~s delanteros/traseros** Vor(der)-/Hinterhand *f*

cuarto, -a² ['kwarto, -a] **I.** *adj* (*parte*) viertel; (*numeración*) vierte(r, s) **II.** *m, f* Viertel *nt*; **~ creciente/menguante** erstes/letztes (Mond)viertel; **~ de final** (DEP) Viertelfinale *nt*; **~ de hora** Viertelstunde *f*; **es la una y/menos ~** es ist Viertel nach/vor eins; *v. t.* **octavo**

cuartucho [kwar'tutʃo] *m* (*pey*) Loch *nt*

cuarzo ['kwarθo] *m* Quarz *m*

cuaternario¹ [kwater'narjo] *m* (GEO) Quartär *nt*

cuaternario, -a² [kwater'narjo, -a] *adj* **①** (*de cuatro piezas*) vierteilig **②** (*de cuatro cifras*) vierstellig **③** (GEO) quartär

cuatrero, -a [kwa'trero, -a] *m, f* Viehdieb(in) *m(f)*

cuatrienal [kwatrje'nal] *adj* **①** (*repetición*) vierjährlich **②** (*duración*) vierjährig

cuatrienio [kwatri'enjo] *m* Zeitraum *m* von vier Jahren

cuatrillizo, -a [kwatri'ʎiθo, -a] *m, f* Vierling *m*

cuatrimestre [kwatri'mestre] *m* Zeitraum *m* von vier Monaten

cuatrimotor [kwatrimo'tor] *adj* viermotorig

cuatro ['kwatro] *adj inv* vier; *v. t.* **ocho**

cuatrocentista [kwatroθeṇ'tista] **I.** *adj* (ARTE) des 15. Jahrhunderts **II.** *mf* (ARTE) Künstler(in) *m(f)* des 15. Jahrhunderts

cuatrocientos, -as [kwatro'θjeṇtos, -as] *adj* vierhundert; *v. t.* **ochocientos**

cuatrojos [kwa'troxos] *mf inv* (*argot*) Brillenschlange *f*

cuba ['kuβa] *f* Kübel *m;* **estar como una ~** (*fam: borracho*) sternhagelvoll sein

Cuba ['kuβa] *f* Kuba *nt*

cubalibre [kuβa'liβre] *m* Cubalibre *m*

cubano, -a [ku'βano, -a] **I.** *adj* kubanisch **II.** *m, f* Kubaner(in) *m(f)*

cubata [ku'βata] *m* (*fam*) Cubalibre *m*

cubertería [kuβerte'ria] *f* Besteck *nt*

cubeta [ku'βeta] *f* **①** (*cubo*) Eimer *m* **②** (FOTO) Wanne *f*, Schale *f* **③** (*de un termómetro*) Kolben *m*

cubicación [kuβika'θjon] *f* (MAT) **①** (*elevación al cubo*) Kubatur *f* **②** (*del volumen*) Volumenberechnung *f*

cubicar [kuβi'kar] <c→qu> *vt* (MAT) **①** (*multiplicar*) kubieren, in die dritte Potenz erheben **②** (*medir el volumen*) das Volumen berechnen +*gen*

cúbico, -a ['kuβiko, -a] *adj* **①** (*de forma de cubo*) würfelförmig, kubisch **②** (MAT) kubisch; **metro ~** Kubikmeter *m*

cubículo [ku'βikulo] *m* Kammer *f*

cubierta [ku'βjerta] *f* **①** (*cobertura*) Abdeckung *f*; (*de un libro*) Einband *m;* (*de una*

rueda) Mantel *m;* ~ **de cama** Bettdecke *f*
❷(NÁUT) (Schiffs)deck *nt* ❸(ARQUIT) Dach
nt ❹(*pretexto*) Deckmantel *m*
cubierto¹ [ku'βjerto] *m* ❶(*servicio de mesa, t.* GASTR) Gedeck *nt;* **poner un** ~ ein
Gedeck auflegen ❷(*cubertería*) Besteck *nt*
❸(*techumbre*) (Schutz)dach *nt;* **ponerse**
a ~ sich unterstellen
cubierto, -a² [ku'βjerto, -a] **I.** *pp de* **cubrir**
II. *adj* ❶(*tiempo*) bedeckt, bewölkt
❷(FIN): **cheque** ~ gedeckter Scheck *m*
cubil [ku'βil] *m* ❶(*refugio*) Schlupfwinkel
m ❷(*cauce*) (Fluss)bett *nt*
cubilete [kuβi'lete] *m* ❶(*molde*) Backform *f* ❷(*en juegos*) Würfelbecher *m*
❸(GASTR) Pastete *f*
cubismo [ku'βismo] *m* (ARTE) Kubismus *m*
cubista [ku'βista] **I.** *adj* (ARTE) kubistisch
II. *mf* (ARTE) Kubist(in) *m(f)*
cubitera [kuβi'tera] *f* Eiswürfelschale *f*
cubito [ku'βito] *m* Eiswürfel *m*
cúbito ['kuβito] *m* (ANAT) Elle *f*
cubo ['kuβo] *m* ❶(*recipiente*) Eimer *m*
❷(*de una rueda*) Nabe *f* ❸(*hexaedro*)
Würfel *m* ❹(MAT) Kubikzahl *f*
cubrecama [kuβre'kama] *m* Tagesdecke *f*
cubrimiento [kuβri'mjento] *m* Abdeckung *f*
cubrir [ku'βrir] *irr como* **abrir I.** *vt* ❶(*tapar*)
bedecken (*con/de* mit +*dat*), abdecken
(*con/de* mit +*dat*) ❷(*ocultar*) verdecken
❸(*recorrer*) zurücklegen ❹(*techar un edificio*) mit einem Dach versehen; (*un espacio*) überdachen ❺(DEP, MIL) decken;
¡cubridme! gebt mir Deckung! ❻(*relle-nar*) (auf)füllen ❼(*llenar*) überschütten
(*de* mit +*dat*) ❽(*gastos*) decken ❾(*va-cante*) besetzen ❿(*deuda*) begleichen
⓫(ZOOL) decken ⓬(*proteger*) bewahren
(*de* vor +*dat*) ⓭(PREN) berichten (über
+*akk*) **II.** *vr:* ~ **se** ❶(*revestirse, llenarse*)
sich bedecken ❷(*ponerse el sombrero*)
seinen Hut aufsetzen ❸(*el cielo*) sich
bedecken, sich bewölken ❹(MIL) in
Deckung gehen ❺(*protegerse*) sich schützen (*contra* vor +*dat*)
cuca ['kuka] *f* ❶(*chufa*) Erdmandel *f*
❷(*oruga*) Raupe *f* ❸(*fam: jugadora*)
Spielsüchtige *f* ❹(*vulg: pene*) Schwanz *m*
fam ❺ *pl* (*fam: dinero*) Piepen *pl*
cucar [ku'kar] <c→qu> *vt* zuzwinkern
+*dat*
cucaracha [kuka'ratʃa] *f* Kakerlak *m*
cuchara [ku'tʃara] *f* Löffel *m;* ~ **de palo**
Holzlöffel *m;* ~ **sopera** Suppenlöffel *m;*
meter (**su**) ~ (*entrometerse*) seinen Senf
dazugeben *fam*
cucharada [kutʃa'raða] *f* (*porción*) Löffel

m; **una** ~ **grande/pequeña** ein Esslöffel/
Teelöffel (voll); **una** ~ **de azúcar** ein Löffel
(voll) Zucker; **sólo ha comido dos** ~ **s** er/
sie hat nur zwei Löffel (voll) gegessen; **a** ~ **s**
(ess)löffelweise; **meter su** ~ (*fig*) seinen
Senf dazugeben *fam*
cucharilla [kutʃa'riʎa] *f* Teelöffel *m*
cucharón [kutʃa'ron] *m* Schöpflöffel *m*
cuché [ku'tʃe] *adj inv* (TIPO): **papel** ~ Kunst-
druckpapier *nt*
cuchichear [kutʃitʃe'ar] *vi* tuscheln, flüstern
cuchicheo [kutʃi'tʃeo] *m* Getuschel *nt*,
Geflüster *nt*
cuchilla [ku'tʃiʎa] *f* ❶(*de afeitar*) Rasierklinge *f* ❷(*cuchillo grande*) (breites) Messer *nt;* ~ **de picar** Hackmesser *nt*
cuchillada [kutʃi'ʎaða] *f* ❶(*navajazo*) Messerstich *m;* (*corte*) Schnitt *m* ❷(*herida*)
Stichwunde *f;* **andar a** ~ **s con alguien**
(*fig*) (mit) jdm spinnefeind sein
cuchillazo [kutʃi'ʎaθo] *m v.* **cuchillada**
cuchillería [kutʃiʎe'ria] *f* ❶(*fábrica*) Mes-
serfabrik *f* ❷(*tienda*) Messergeschäft *nt*
cuchillero [kutʃi'ʎero] *m* ❶(*persona*) Mes-
serschmied *m* ❷(*abrazadera*) Klammer *f*
cuchillo [ku'tʃiʎo] *m* ❶(*para cortar*) Messer *nt;* ~ **de bolsillo** Taschenmesser *nt;* ~
de cocina Küchenmesser *nt;* ~ **de monte**
Hirschfänger *m;* **pasar a** ~ niedermetzeln
❷(*de la ropa*) Zwickel *m* ❸(ARQUIT) Stützbalken *m*
cuchitril [kutʃi'tril] *m* ❶(*pocilga*) Schweinestall *m* ❷(*habitación, vivienda*) Loch *nt*
abw
cuchufleta [kutʃu'fleta] *f* Neckerei *f,* Scherz
m
cuclillas [ku'kliʎas] *fpl:* **estar en** ~ in der
Hocke sitzen
cuclillo [ku'kliʎo] *m* Kuckuck *m*
cuco¹ ['kuko] *m* ❶(ZOOL) Kuckuck *m*
❷(*canto*) Kuckucksruf *m*
cuco, -a² ['kuko, -a] *adj* ❶(*astuto*) gerissen,
schlau ❷(*bonito*) hübsch, niedlich
cucurucho [kuku'rutʃo] *m* ❶(*de papel*)
Papiertüte *f* ❷(*de helado*) (Eis)hörnchen
nt ❸(*Am: para dibujos*) Zeichnungsrolle *f*
❹(*gorro cónico*) spitze Mütze *f;* (*de procesión*) Büßermütze *f*
cuello ['kweʎo] *m* ❶(ANAT) Hals *m;* ~ **ute-**
rino Gebärmutterhals *m;* **alargar el** ~ den
Hals recken; **está con el agua al** ~ ihm/
ihr steht das Wasser bis zum Hals ❷(*de
una prenda*) Kragen *m* ❸(*de un recipiente*) Hals *m;* ~ **de botella** Flaschenhals
m; (*Am: fig*) Engpass *m*
cuenca ['kweŋka] *f* ❶(GEO) Becken *nt;* ~
del río Flussbecken *nt* ❷(*región*)
(Fluss)gebiet *nt;* **la** ~ (**carbonífera**) **del**

Ruhr das Ruhrgebiet ❸ (*recipiente*) Holznapf *m* ❹ (*de los ojos*) Augenhöhle *f*

cuenco ['kweŋko] *m* ❶ (*vasija*) Napf *m* ❷ (*concavidad*) Höhlung *f*; **el ~ de la mano** die hohle Hand

cuenta ['kwenta] *f* ❶ (*cálculo*) (Be)rechnung *f*; (*calculación final*) Abrechnung *f*; **~ atrás** Countdown *m*; **~s atrasadas** Außenstände *mpl*; **rendición de ~s** Rechnungslegung *f*; **Tribunal de C~s** Rechnungshof *m*; **~ de la vieja** Abzählen an den Fingern; **por ~ del Estado** auf Staatskosten; **pagar la ~** die Rechnung begleichen; **poner en ~** in Rechnung stellen; **por ~ propia** auf eigene Rechnung; **establecerse por su ~** sich selb(st)ständig machen; **a ~ de alguien** auf jds Rechnung; (*fig*) auf jds Verantwortung; **echar ~s** überlegen; **dar ~ de algo** über etw Bericht erstatten; **ajustar las ~s a alguien** mit jdm abrechnen; **tener en ~** bedenken; **tomar en ~** berücksichtigen; **darse ~ de algo** etw (be)merken; **caer en la ~** plötzlich merken; **hablar más de la ~** zu viel reden; **a fin de ~s** letztendlich; **en resumidas ~s** kurz und gut; **perder la ~** den Faden verlieren; **estar fuera de ~** (*una mujer*) den neun Monate der Schwangerschaft überschritten haben ❷ (*en el banco*) Konto *nt*; **~ corriente** [*o* **de giros**] Girokonto *nt*; **~ de crédito** Kreditkonto *nt*; **~ de usuario** Benutzerkonto *nt*, Account *m*; **abonar en ~** gutschreiben; **abrir una ~** ein Konto eröffnen; **girar a una ~** auf ein Konto überweisen ❸ (*de un collar*) Perle *f*; **~s de vidrio** Glasperlen *fpl* ❹ (*de hilo*) (Faden)dichte *f*

cuentagotas [kwenta'ɣotas] *m inv* Pipette *f*; **con** [*o* **a**] **~** (*fig*) spärlich

cuentakilómetros [kwentaki'lometros] *m inv* Kilometerzähler *m*

cuentapasos [kwenta'pasos] *m inv* Schrittzähler *m*

cuentarrevoluciones [kwentarreβolu'θjones] *m inv* Drehzahlmesser *m*

cuentista [kwen'tista] *mf* ❶ (*chismoso*) Klatschmaul *nt fam* ❷ (*fanfarrón*) Angeber(in) *m(f)*; (*chiflado*) Spinner(in) *m(f) fam* ❸ (*narrador*) (Geschichten)erzähler(in) *m(f)*; (LIT) Verfasser(in) *m(f)* von Kurzgeschichten

cuento ['kwento] *m* ❶ (LIT: *historieta*) (Kurz)geschichte *f*, Erzählung *f*; **~ chino** Lüge *f*; **~ de hadas** Märchen *nt*; **~ de nunca acabar** endlose Geschichte; **~ popular** Volksmärchen *nt*; **libro de ~s** Märchenbuch *nt*; **tener mucho ~** (*presumir*) angeben; (*exagerar*) übertreiben;

dejarse de ~s zur Sache kommen; **eso no viene a ~** das hat damit nichts zu tun ❷ (ARQUIT, TÉC) Strebe *f*, Stütze *f* ❸ (*del ave*) Flügelgelenk *nt*

cuerda ['kwerða] *f* ❶ (*cordel*) Strick *m*, Leine *f*; **~ floja** Seiltänzerdraht *m*; **~ metálica** Draht *m*; **~ métrica** Messband *nt*; **andar en la ~ floja** einen Eiertanz aufführen *fam*; **ser de la misma ~** (*fig*) aus dem gleichen Holz geschnitzt sein ❷ (*del reloj*) (Aufzug)feder *f*; **dar ~ al reloj** die Uhr aufziehen; **dar ~ a alguien** jdn animieren ❸ (ANAT, MÚS) Sehne *f*; **~s vocales** Stimmbänder *ntpl* ❹ (*de instrumentos*) Saite *f*; **~ metálica** Stahlsaite *f*; **~ de tripa** Darmsaite *f*; **juego de ~s** Saitenbezug *m*; **apretar las ~s** (*fig*) strengere Saiten aufziehen

cuerdo, -a ['kwerðo, -a] *adj* ❶ (*inteligente*) klug; **estar ~** bei vollem Verstand sein ❷ (*razonable*) vernünftig

cuerno ['kwerno] *m* ❶ (MÚS, ZOOL) Horn *nt*; **~ de la abundancia** Füllhorn *nt* ❷ (*loc, fam*): **ponerle a alguien los ~s** jdm Hörner aufsetzen; **¡y un ~!** ich pfeife darauf!; **irse al ~** in die Hose(n) gehen; (*plan*) den Bach runtergehen; **¡que se vaya al ~!** der Teufel soll ihn/sie holen!

cuero ['kwero] *m* ❶ (*piel*) Leder *nt*; **~ cabelludo** Kopfhaut *f*; **~ curtido** gegerbtes Leder; **estar en ~s** splitternackt sein; **dejar a alguien en ~s** jdn bis aufs Hemd ausziehen ❷ (*recipiente*) (Wein)schlauch *m*

cuerpazo [kwer'paθo] *m* (*fam*) Traumfigur *f*

cuerpo ['kwerpo] *m* ❶ (*del hombre o del animal*) Körper *m*, Leib *m*; (*sólo el tronco*) Rumpf *m*; (*de una mujer*) Figur *f*; (*cadáver*) Leiche *f*; **a ~ descubierto** ohne Waffenschutz; **una foto de ~ entero** eine Ganzaufnahme; **luchar ~ a ~** Mann gegen Mann kämpfen; **dar con el ~ en tierra** hinfallen; **tomar ~** Gestalt annehmen; **estar de ~ presente** aufgebahrt sein; **hacer de(l) ~** seine Notdurft verrichten; **haz lo que te pida el ~** tu das, worauf du Lust hast ❷ (*objeto, t.* MAT) Körper *m*; **~ celeste** Himmelskörper *m*; **~ extraño** Fremdkörper *m* ❸ (*corporación*) Körperschaft *f*, Korps *nt*; **~ de bomberos** Feuerwehr; **~ diplomático** diplomatisches Korps; **~ docente** Lehrkörper *m* ❹ (*grosor*) Stärke *f*; **~ de letra** (TIPO) Schriftgröße *f*; **tener poco ~** dünn sein; (*líquido*) dünnflüssig sein ❺ (*colección*) Sammlung *f* ❻ (*parte principal*) Hauptteil *m*, Kernstück *nt*; (*de iglesia*) Hauptschiff *nt* ❼ (ADMIN: *de una carta*) Textfeld *nt*

cuervo ['kwerβo] *m* Rabe *m*

cuesta ['kwesta] *f* Abhang *m;* ~ **abajo/ arriba** bergab/bergauf; **un camino en** ~ ein ansteigender Weg; **llevar a alguien/ algo a** ~ **s** jdn/etw auf dem Rücken tragen; **la** ~ **de enero** die leeren Kassen nach den Weihnachtsfeiertagen

cuestación [kwesta'θjon] *f* Kollekte *f,* Sammlung *f*

cuestión [kwes'tjon] *f* Frage *f,* Problem *nt;* ~ **de confianza** Vertrauensfrage *f;* ~ **de gustos** Geschmackssache *f;* ~ **secundaria** Nebensache *f;* **es** ~ **de intentarlo** man muss es einfach nur versuchen; **es** ~ **de tiempo nada más** es ist nur eine Frage der Zeit; **ahí está la** ~ hier liegt der Hase im Pfeffer *fam;* **eso es otra** ~ das ist etwas ganz anderes; **la** ~ **es pasarlo bien** (die) Hauptsache (ist), man amüsiert sich

cuestionable [kwestjo'naβle] *adj* fraglich, zweifelhaft

cuestionar [kwestjo'nar] *vt* diskutieren, erörtern

cuestionario [kwestjo'narjo] *m* Fragebogen *m*

cueva ['kweβa] *f* Höhle *f;* (*sótano*) Keller *m;* ~ **de ladrones** (*fig*) Räuberhöhle *f*

cuévano ['kweβano] *m* Tragkorb *m,* Kiepe *f reg*

cuidado [kwi'ðaðo] *m* ❶ (*esmero y precaución*) Sorgfalt *f,* Vorsicht *f;* ¡~! Achtung!, Vorsicht!; ¡~ **con el escalón!** Vorsicht Stufe!; ¡**anda con** ~! sei vorsichtig!; **ser de** ~ gefährlich sein; **eso me tiene sin** ~ das lässt mich kalt ❷ (*asistencia*) Pflege *f;* (*de maquinarias*) Wartung *f;* ~ **médico** medizinische Betreuung; ~ **preventivo** Vorbeugung *f;* **salir de** ~ (*mejorar*) außer Lebensgefahr sein; (*dar a luz*) gebären

cuidador [kwiða'ðor] *m* (*Arg*) Krankenpfleger *m*

cuidadoso, -a [kwiða'ðoso, -a] *adj* ❶ (*diligente*) sorgfältig ❷ (*preocupado*) fürsorglich

cuidar [kwi'ðar] **I.** *vi* aufpassen (*de* auf +*akk*) **II.** *vt* pflegen, betreuen; ~ **a los niños** die Kinder betreuen; ~ **la casa** den Haushalt besorgen **III.** *vr:* ~**se** ❶ (*de un peligro*) sich hüten (*de* vor +*dat*) ❷ (*preocuparse*) sich kümmern (*de* um +*akk*) ❸ (*no esforzarse*) sich schonen; (*por su salud*) auf seine Gesundheit achten; (*por su aspecto*) sich pflegen; (*darse buena vida*) es sich *dat* gut gehen lassen; ¡**cuídate!** pass auf dich auf!

cuita ['kwita] *f* Kummer *m,* Sorgen *fpl*

cuitado, -a [kwi'taðo, -a] *adj* bekümmert, betrübt

culata [ku'lata] *f* ❶ (*del fusil*) Gewehrkolben *m* ❷ (*del caballo*) Kruppe *f*

culatazo [kula'taθo] *m* ❶ (*a una persona*) Schlag *m* mit dem Gewehrkolben ❷ (*del arma*) Rückstoß *m*

culebra [ku'leβra] *f* (ZOOL) Schlange *f*

culebrón [kule'βron] *m* ❶ *aum de* **culebra** ❷ (*hombre cazurro*) gerissener Kerl *m* ❸ (*mujer intrigante*) hinterhältiges Weib *nt* ❹ (TV) Seifenoper *f*

---

culera [ku'lera] *f* ❶ (*en los pañales*) Kotfleck *m* ❷ (*de los pantalones*) Hosenboden *m* ❸ (*parche*) Flicken *m*

culinario, -a [kuli'narjo, -a] *adj* kulinarisch

culminación [kulmina'θjon] *f* ❶ (*lo máximo*) Höhepunkt *m* ❷ (ASTR) Kulminationspunkt *m*

culminante [kulmi'nante] *adj* überragend; **punto** ~ Höhepunkt *m*

culminar [kulmi'nar] *vi* den Höhepunkt erreichen

culo ['kulo] *m* ❶ (*trasero*) Gesäß *nt,* Hintern *m fam;* **caer de** ~ auf den Hintern fallen; **lamer el** ~ **a alguien** (*vulg*) jdm in den Arsch kriechen; **ser** ~ **de mal asiento** (*fam*) kein Sitzfleisch haben; ¡**vete a tomar por el** ~! (*vulg*) scher dich zum Teufel! *fam* ❷ (*de vaso o botella*) Boden *m*

culombio [ku'lombjo] *m* (ELEC) Coulomb *nt*

culote [ku'lote] *m* ❶ (MIL) Patronenboden *m* ❷ (DEP: *pantalón corto*) Radlerhose *f*

culpa ['kulpa] *f* Schuld *f;* **echar la** ~ **a alguien** die Schuld auf jdn schieben; **tener la** ~ **de algo** Schuld an etw *dat* haben; **y ¿qué** ~ **tengo yo?** was kann ich denn dafür?

culpabilidad [kulpaβili'ðað] *f* Schuld *f;* **sentimiento de** ~ Schuldgefühl *nt*

culpabilizar [kulpaβili'θar] <z→c> *vt* beschuldigen

culpable [kul'paβle] **I.** *adj* schuldig; **declarar** ~ für schuldig erklären; **ser** ~ **de algo** an etw *dat* Schuld haben **II.** *mf* Schuldige(r) *mf*

culpar [kul'par] **I.** *vt* beschuldigen (*de/por* +*gen*) **II.** *vr:* ~**se** sich schuldig fühlen (*de* wegen +*gen/dat*)

cultismo [kul'tismo] *m* (*palabra culta*) gehobener Ausdruck *m*

cultivable [kulti'βaβle] *adj* anbaufähig

cultivado, -a [kulti'βaðo, -a] *adj* (*culto y refinado*) kultiviert

cultivador(a) [kultiβa'ðor(a)] *m(f)* ① (*persona*) Landwirt(in) *m(f)*; ~ **de vino** Winzer *m* ② (*instrumento*) Grubber *m*, Kultivator *m*

cultivar [kulti'βar] I. *vt* ① (AGR) anbauen; ~ **la tierra** das Land bestellen ② (*bacterias*) züchten ③ (*conservar*) kultivieren, pflegen II. *vr*: ~ **se** sich bilden

cultivo [kul'tiβo] *m* ① (AGR) Anbau *m*; ~ **de regadío** Bewässerungskultur *f*; ~ **del suelo** Bodenbearbeitung *f* ② (*de bacterias*) Kultur *f*, Züchtung *f* ③ (*de animales*) Zucht *f* ④ (*de la amistad*) Pflege *f*

culto[1] ['kulto] *m* ① (*veneración*) Kult *m*; ~ **de la personalidad** Personenkult *m* ② (REL) Kult(us) *m*; ~ **divino** Gottesdienst *m*

culto, -a[2] ['kulto, -a] *adj* gebildet, kultiviert

cultura [kul'tura] *f* Kultur *f*; ~ **ambiental** Umweltpflege *f*; ~ **general** Allgemeinbildung *f*

cultural [kultu'ral] *adj* kulturell, Kultur-

culturismo [kultu'rismo] *m* Bodybuilding *nt*

culturista [kultu'rista] *mf* Bodybuilder(in) *m(f)*

culturización [kulturiθa'θjon] *f* Zivilisierung *f*

culturizar [kulturi'θar] <z→c> *vt* zivilisieren

cumbre ['kumbre] *f* ① (*cima*) Gipfel *m* ② (*reunión*) Gipfeltreffen *nt*; ~ **ministerial** Ministertreffen *nt* ③ (*culminación*) Höhepunkt *m*

cumpleaños [kumple'aɲos] *m inv* Geburtstag *m*

cumplidero, -a [kumpli'ðero, -a] *adj* ① (*que sirve*) zweckdienlich ② (*plazos*) ablaufend

cumplido[1] [kum'pliðo] *m* Höflichkeitsbezeugung *f*; **visita de** ~ Höflichkeitsbesuch *m*; **hacer algo por** ~ etw tun, weil es sich gehört

cumplido, -a[2] [kum'pliðo, -a] *adj* ① (*acabado*) erledigt; **¡misión cumplida!** Auftrag erfüllt! ② (*abundante*) weit ③ (*cortés*) höflich ④ (*un soldado*) ausgedient

cumplidor(a) [kumpli'ðor(a)] I. *adj* pflichtbewusst II. *m(f)* pflichtbewusster Mensch *m*

cumplimentar [kumplimen'tar] *vt* ① (*felicitar*) beglückwünschen ② (*visita de cumplido*) seine Aufwartung machen (+*dat*)

③ (*una orden*) ausführen ④ (*un impuesto*) ausfüllen

cumplimiento [kumpli'mjento] *m* ① (*observación*) Erfüllung *f*; ~ **de un deber** Pflichterfüllung *f*; **no** ~ Nichterfüllung *f* ② (*cumplido*) Höflichkeitsbezeugung *f*

cumplir [kum'plir] I. *vi* ① (*hacer su deber*) pflichtbewusst sein; ~ **con su deber/su promesa** seine Pflicht/sein Versprechen erfüllen; **hacer algo sólo por** ~ etw nur der Form halber tun; ~ **é por ti** ich werde für dich eintreten ② (*soldado*) seinen Militärdienst beenden ③ (*plazo*) ablaufen II. *vt* ① (*una orden*) ausführen ② (*un encargo*) erledigen ③ (*una promesa, condición*) erfüllen ④ (*un plazo*) einhalten ⑤ (*el servicio militar*) ableisten ⑥ (*una prestación*) erbringen ⑦ (*una pena*) verbüßen ⑧ (*las leyes*) befolgen ⑨ (*años*): **en mayo cumplo treinta años** im Mai werde ich dreißig (Jahre alt) III. *vr*: ~ **se** in Erfüllung gehen

cumular [kumu'lar] *vt v.* **acumular**

cumulativo, -a [kumula'tiβo, -a] *adj* kumulativ

cúmulo ['kumulo] *m* ① (*amontonamiento*) Haufen *m*, Menge *f* ② (METEO) Kumuluswolke *f*

cuna ['kuna] *f* ① (*camita, t. fig*) Wiege *f*; **canción de** ~ Wiegenlied *nt* ② (NÁUT) Schlitten *m*

cundir [kun'dir] *vi* ① (*mancha, epidemia*) sich ausbreiten ② (*un rumor*) rumgehen ③ (*una noticia*) sich verbreiten ④ (*un trabajo*) vorangehen ⑤ (*dar mucho de sí*) (sehr) ergiebig sein; (*el arroz*) (auf)quellen; **esta comida cunde mucho** dieses Essen ist sehr nahrhaft

cuneta [ku'neta] *f* Straßengraben *m*

cuña ['kuɲa] *f* ① (*traba*) Keil *m* ② (*fig: enchufe*) (gute) Beziehungen *fpl*

cuñado, -a [ku'ɲaðo, -a] *m, f* Schwager *m*, Schwägerin *f*

cuño ['kuɲo] *m* ① (*troquel*) Prägestempel *m*, Münzstempel *m* ② (*impresión, señal*) Prägung *f*; (*fig*) Gepräge *nt*; **de nuevo** ~ (ganz) neu

cuota ['kwota] *f* ① (*porción*) Quote *f*, Anteil *m*; (*de una deuda*) Tilgungsrate *f*; ~ **de crecimiento** Zuwachsrate *f*; ~ **de mercado** Marktanteil *m* ② (*contribución*) Beitrag *m*, Gebühr *f*; ~ **escolar** Schulgeld *nt*; ~ **de socio** Mitgliedsbeitrag *m*

cupé [ku'pe] *m* Coupé *nt*

cupido [ku'piðo] *m* ① (*de la mitología romana*) Cupido *m* ② (*fig: mujeriego*) Frauenheld *m*

cupo ['kupo] I. *3. pret de* **caber** II. *m* (ECON) Kontingent *nt*; ~ **de importación/**

exportación Einfuhr-/Ausfuhrkontingent *nt*

cupón [ku'pon] *m* Kupon *m,* Abschnitt *m;* (*de lotería*) Lotterieanteilschein *m;* ~ **de descuento** Rabattmarke *f*

cupón-respuesta [ku'pon-res'pwesta] *m* <cupones-respuesta> Antwortschein *m*

cuprífero, -a [ku'prifero, -a] *adj* kupferhaltig

cúpula ['kupula] *f* ❶ (*media esfera*) Kuppel *f* ❷ (*máximos dirigentes*) Spitze *f;* ~ **administrativa** Verwaltungspyramide *f;* ~ **dirigente** Führungsspitze *f* ❸ (BOT) Becher *m* ❹ (NÁUT) Geschützturm *m*

cura¹ ['kura] *m* Pfarrer *m,* Priester *m*

cura² ['kura] *f* ❶ (*curación*) Heilung *f* ❷ (*tratamiento*) Kur *f,* Behandlung *f;* ~ **para adelgazar** Abmagerungskur *f;* ~ **de almas** Seelsorge *f;* ~ **de deshabituación** Entziehungskur *f;* ~ **de desintoxicación** Entgiftungskur *f,* Entziehungskur *f;* **primera** ~ erste Hilfe

curable [ku'raβle] *adj* heilbar

curación [kura'θjon] *f* Heilung *f*

curado, -a [ku'raðo, -a] *adj* ❶ (*sanado*) geheilt; **estar ~ de espantos** abgebrüht sein *fam* ❷ (*endurecido*) gehärtet ❸ (*salado*) gepökelt; (*ahumado*) geräuchert; **jamón** ~ luftgetrockneter Schinken ❹ (Am: *borracho*) betrunken

curador(a) [kura'ðor(a)] **I.** *adj* heilend **II.** *m(f)* ❶ (*sanador*) (Kranken)pfleger(in) *m(f)* ❷ (*tutor*) Pfleger(in) *m(f);* ~ **ad bona** Vermögenspfleger *m* ❸ (*de carne*) Fleischverarbeiter(in) *m(f);* (*de pescado*) Fischverarbeiter(in) *m(f)*

curanderismo [kuraɳde'rismo] *m* Kurpfuscherei *f*

curandero, -a [kuraɳ'dero, -a] *m, f* ❶ (*mago*) Medizinmann *m* ❷ (*charlatán*) Kurpfuscher(in) *m(f)*

curar [ku'rar] **I.** *vi* genesen **II.** *vt* ❶ (*a un enfermo: tratar*) behandeln; (*sanar*) heilen ❷ (*ahumar*) räuchern; (*salar*) pökeln ❸ (*pieles*) gerben ❹ (*madera*) trocknen lassen ❺ (*plástico*) aushärten ❻ (*hilos y lienzos*) bleichen **III.** *vr:* ~ **se** genesen; ~ **se en salud** vorbeugen

curare [ku'rare] *m* Kurare *nt*

curativo, -a [kura'tiβo, -a] *adj* heilend

curda ['kurða] *f* (*fam*) Rausch *m,* Schwips *m;* **agarrar una** ~ sich *dat* einen antrinken

curdo, -a ['kurðo, -a] **I.** *adj* kurdisch **II.** *m, f* Kurde, -in *m, f*

curia ['kurja] *f* ❶ (REL) Kurie *f* ❷ (*tribunal*) Gerichtshof *m*

curiosear [kurjose'ar] *vi* (neugierig) herumschnüffeln

curiosidad [kurjosi'ðaᵈ] *f* ❶ (*indiscreción*) Neugier(de) *f;* **despertar la** ~ die Neugier wecken ❷ (*cosas poco corrientes*) Kuriosität *f* ❸ (*pulcritud*) Sauberkeit *f*

curioso, -a [ku'rjoso, -a] **I.** *adj* ❶ (*indiscreto*) neugierig; **estar ~ por saber algo** auf etw gespannt sein ❷ (*interesante*) kurios, sonderbar; **¡qué ~!** wie merkwürdig! ❸ (*aseado*) reinlich **II.** *m, f* ❶ (*indiscreto*) neugieriger Mensch *m* ❷ (Am: *curandero*) Kurpfuscher(in) *m(f)*

currante [ku'raɳte] *mf* (*fam*) Arbeiter(in) *m(f)*

currar [ku'rrar] *vi* (*fam*), **currelar** [kurre'lar] *vi* (*fam*) arbeiten, schaffen

curre ['kurre] *m* (*fam: trabajo*) Maloche *f;* **tengo mucho** ~ ich hab viel um die Ohren

curricular [kurriku'lar] *adj* (UNIV) den Studienplan betreffend; (ENS) den Lehrplan betreffend; **cambios ~es** Änderungen im Studien-/Lehrplan

currículo [ku'rrikulo] *m* ❶ (UNIV) Studienplan *m;* (ENS) Lehrplan *m* ❷ (*currículum*) Lebenslauf *m*

curriculum (vitae) [ku'rrikulun ('bite)] *m,* **currículum (vitae)** [ku'rrikulun ('bite)] *m* Lebenslauf *m*

curro ['kurro] *m* (*fam*) Arbeit *f*

currutaco, -a [kurru'tako, -a] **I.** *adj* (*fam*) übertrieben modisch, affig *abw* **II.** *m, f* (Mode)geck *m,* Modepuppe *f*

curry ['kurri] *m* Curry *nt*

cursar [kur'sar] *vt* ❶ (*frecuentar*) häufig aufsuchen ❷ (*una orden*) erteilen; (*un telegrama*) aufgeben; (*una solicitud*) weiterleiten; (*un mensaje*) durchgeben ❸ (*cursos*) belegen; (*carrera*) studieren

cursi ['kursi] **I.** *adj* (*fam*) ❶ (*una persona*) affektiert, affig ❷ (*una cosa*) kitschig **II.** *mf* (*fam*) affektierte Person *f*

cursilada [kursi'laða] *f* (*fam*), **cursilería** [kursile'ria] *f* (*fam*) ❶ (*acción cursi*) Getue *nt* ❷ (*calidad de cursi*) Kitsch *m*

cursillista [kursi'ʎista] *mf* Kursteilnehmer(in) *m(f)*

cursillo [kur'siʎo] *m* Kurzlehrgang *m;* ~ **de socorrismo** Erste-Hilfe-Kurs *m*

cursiva [kur'siβa] *f* Kursivschrift *f*

cursivo, -a [kur'siβo, -a] *adj* kursiv

curso ['kurso] *m* ❶ (*transcurso*) (Ver)lauf *m,* Ablauf *m;* ~ **de agua** Wasserlauf *m;* **estar en** ~ in Bearbeitung sein; **en el** ~ **del año** im Laufe des Jahres; **tomar un** ~ **favorable** einen günstigen Verlauf nehmen; **dar** ~ **a una solicitud** ein Gesuch weiterleiten ❷ (FIN: *circulación*) Umlauf *m;* **estar en** ~ im Umlauf sein ❸ (FIN: *cambio*) Kurs *m;* ~ **del cambio** Wechselkurs *m* ❹ (*de enseñanza*) Kurs(us) *m*, Lehrgang *m;* ~ **acelerado** Schnellkurs *m;* ~ **escolar** Schuljahr *nt;* **asistir a un** ~ an einem Lehrgang teilnehmen; **dar un** ~ einen Kurs abhalten; **perder el** ~ nicht versetzt werden; **aprobar/suspender un** ~ die Abschlussprüfung bestehen/nicht bestehen

cursor [kur'sor] *m* ❶ (TÉC) Läufer *m* ❷ (INFOR) Cursor *m*

curtido¹ [kur'tiðo] *m* ❶ (*cuero*) Leder *nt* ❷ (*cutis*) gegerbte Haut *f*

curtido, -a² [kur'tiðo, -a] *adj* ❶ (*una persona*) abgehärtet ❷ (*pieles*) gegerbt

curtidor(a) [kurti'ðor(a)] *m(f)* Gerber(in) *m(f)*

curtiduría [kurtiðu'ria] *f* Gerberei *f*

curtiembre [kur'tjembre] *f* (*Am: taller*) Gerberei *f*; (*acción*) Gerben *nt*

curtir [kur'tir] **I.** *vt* ❶ (*tratar pieles*) gerben ❷ (*tostar el cutis*) bräunen ❸ (*acostumbrar a la vida dura*) abhärten **II.** *vr:* ~**se** ❶ (*ponerse moreno*) braun werden ❷ (*acostumbrarse a la vida dura*) sich abhärten

curva ['kurβa] *f* Kurve *f;* ~ **de calle** Straßenbiegung *f;* ~ **de natalidad** Geburtenkurve *f;* **en** ~ gebogen

curvar [kur'βar] *vt, vr:* ~**se** (sich) biegen, (sich) krümmen

curvatura [kurβa'tura] *f* Krümmung *f*, Biegung *f*

curvilíneo, -a [kurβi'lineo, -a] *adj* bogenförmig

curvo, -a ['kurβo, -a] *adj* krumm, gebogen

cuscurro [kus'kurro] *m* Brotkruste *f*

cuscús [kus'kus] *m inv* Kuskus *m*

cúspide ['kuspiðe] *f* Spitze *f*, Gipfel *m;* (*fig*) Höhepunkt *m*

custodia [kus'toðja] *f* ❶ (*guarda*) Verwahrung *f;* **bajo** ~ in Gewahrsam; **tener en** ~ verwahren; **estar bajo la** ~ **de alguien** unter jds Obhut stehen ❷ (*ostensorio*) Monstranz *f*

custodiado, -a [kusto'ðjaðo, -a] *m, f* Schützling *m*

custodiar [kusto'ðjar] *vt* ❶ (*una cosa*) verwahren ❷ (*una persona*) beaufsichtigen

custodio, -a [kus'toðjo, -a] *m, f* ❶ (*guardián*) Wächter(in) *m(f)* ❷ (*protector*) Pfleger(in) *m(f)*

cutáneo, -a [ku'taneo, -a] *adj* Haut-; **reacción cutánea** Hautreaktion *f*

cúter ['kuter] <cúter(e)s> *m* ❶ (*cuchilla*) Papiermesser *nt* ❷ (NÁUT) Kutter *m;* ~ **pesquero** Fischkutter *m*

cutis ['kutis] *m inv* (Gesichts)haut *f*

cutre ['kutre] **I.** *adj* geizig, knaus(e)rig; **ropa** ~ billige Kleidung **II.** *mf* Geizhals *m*

cutrería [kutre'ria] *f*, **cutrez** [ku'treθ] *f* Geiz *m*

cuyo, -a ['kuɟo, -a] *pron rel* dessen, deren; **por cuya causa** weshalb

Dd

D, d [de] *f* D, d *nt;* ~ **de Dolores** D wie Dora

D. [don] *abr de* **Don** Hr.

Dª ['doɲa] *abr de* **Doña** Fr.

dacha ['datʃa] *f* Datscha *f*

dactilar [dakti'lar] *adj:* **huellas** ~**es** Fingerabdrücke *mpl*

dactilografía [daktiloɣra'fia] *f* Maschinenschreiben *nt*

dadaísmo [daða'ismo] *m* (ARTE, LIT) Dadaismus *m*

dádiva ['daðiβa] *f* Gabe *f;* (*regalo*) Geschenk *nt*

dadivosidad [daðiβosi'ðað] *f* Freigebigkeit *f*

dadivoso, -a [daði'βoso, -a] *adj* freigebig

dado¹ ['daðo] *m* ❶ (*cubo*) Würfel *m;* **tirar el** ~ würfeln ❷ *pl* (*juego*) Würfelspiel *nt;* **jugar a los** ~**s** würfeln; **jugarse una cerveza a los** ~**s** um ein Bier würfeln

dado² ['daðo] *conj* ❶ (*ya que*): ~ **que llueve...** da es (ja) regnet ... ❷ (*supuesto que*): ~ **que sea demasiado difícil...** wenn es zu schwierig ist ...

dado, -a³ ['daðo, -a] *adj* ❶ (*supuesto*) gegeben; **dada la coyuntura actual...** angesichts der aktuellen Konjunkturlage ...; **en el caso** ~ gegebenenfalls ❷ (*determinado*) bestimmt ❸ (*loc*): **ser** ~ **a algo** zu etw *dat* neigen; **no ser** ~ (*Méx*) mutig sein

dador [da'ðor] *m* (COM) Aussteller *m;* ~ **del crédito** (FIN) Darlehensgeber *m*

daga ['daɣa] *f* Dolch *m;* (*PRico: machete*) Machete *f*

dalai-lama [da'lai̯-'lama] *m* Dalai-Lama *m*

dalia ['dalja] *f* Dahlie *f*

Dalmacia [dal'maθja] *f* Dalmatien *nt*

dálmata ['dalmata] *m* (ZOOL) Dalmatiner *m*

daltónico, -a [dal'toniko, -a] *adj* farbenblind

daltonismo [dalto'nismo] *m* Farbenblindheit *f*

dama ['dama] *f* Dame *f;* ~ **de honor** (*de la reina*) Hofdame *f;* (*de la novia*) Brautjungfer *f;* **primera ~** (POL) First Lady *f;* (**juego de**) **~s** Damespiel *nt*

damasco [da'masko] *m* ❶ (*tejido*) Damast *m* ❷ (*Am: fruta*) Aprikose *f*

damero [da'mero] *m* Dame(spiel)brett *nt*

damnificación [damnifika'θjon] *f* Schädigung *f*

damnificado, -a [damnifi'kaðo, -a] **I.** *adj* geschädigt; (*en la guerra*) kriegsbeschädigt **II.** *m, f* Geschädigte(r) *mf;* (*de guerra*) Kriegsbeschädigte(r) *mf;* **los ~s por el huracán** die Orkangeschädigten

damnificar [damnifi'kar] <c→qu> *vt* schädigen

dandi ['dandi] <dandis> *m* Dandy *m*

danés[1] [da'nes] *m* (ZOOL) **gran ~** (dänische) Dogge *f*

danés, -esa[2] [da'nes, -esa] **I.** *adj* dänisch **II.** *m, f* Däne, -in *m, f*

danone® [da'none] *m* (*fam*) Danone® *m,* (Danone®-)Joghurt *m o nt*

danta ['danta] *f* (*Ven*) Tapir *m*

dantesco, -a [dan'tesko, -a] *adj* ❶ (*de Dante*) dantisch ❷ (*espantoso*) dantesk

Danubio [da'nuβjo] *m* Donau *f*

danza ['danθa] *f* (*acción*) Tanzen *nt;* (*baile*) Tanz *m;* **en ~** (*fam fig*) in Aktion

danzar [dan'θar] <z→c> **I.** *vi* ❶ (*bailar, girar*) tanzen; (*moverse*) herumtanzen ❷ (*entremeterse*) sich einmischen **II.** *vt* tanzen

danzarín, -ina [danθa'rin, -ina] *m, f* Tänzer(in) *m(f)*

dañar [da'ɲar] **I.** *vi* schaden **II.** *vt* beschädigen; (*reputación*) schädigen; **~ la imagen** dem Image schaden **III.** *vr:* **~se** beschädigt werden; (*fruta, cosecha*) verderben

dañero, -a [da'ɲero, -a] *adj* (*Ven: embaucador*) betrügerisch

dañino, -a [da'ɲino, -a] *adj* schädlich

daño ['daɲo] *m* ❶ (*perjuicio*) Schaden *m;* **~s ecológicos** Umweltschäden *mpl;* **~ material** Sachschaden *m;* **~s y perjuicios** (JUR) Schadensersatz *m* ❷ (*dolor*) Verletzung *f;* **hacer ~ a alguien** jdm wehtun; **hacerse ~** sich verletzen; **no hace ~** es tut nicht weh

dar [dar] *irr* **I.** *vt* ❶ (*en general*) geben; (*regalar*) schenken; (*repartir*) austeilen; (*una patada*) versetzen; **dale la llave a Juan** gib Juan den Schlüssel; **~ un abrazo a alguien** jdn umarmen; **¿a quién le toca ~ (las cartas)?** wer gibt?; **~ forma a algo** etw *dat* Gestalt verleihen; **~ permiso** die Erlaubnis erteilen; **~ importancia** Bedeutung beimessen ❷ (*producir*): **la vaca da leche** die Kuh gibt Milch; **este árbol da naranjas** dieser Baum trägt Orangen ❸ (*celebrar*) veranstalten; **~ clases** Unterricht geben; **~ una conferencia** einen Vortrag halten; **~ una fiesta** eine Party geben ❹ (*causar*): **~ gusto** Freude machen; **me das pena** du tust mir leid; **~ miedo** Angst machen ❺ (*presentar*): **~ una película** einen Film zeigen; **¿dónde dan la película?** wo läuft der Film?; **¿qué dan en la ópera?** was wird in der Oper aufgeführt? ❻ (*expresar*): **~ las buenas noches** eine gute Nacht wünschen; **~ la enhorabuena/el pésame** Glückwünsche/sein Beileid aussprechen; **~ recuerdos** Grüße ausrichten ❼ (*comunicar*) überbringen ❽ (*hacer*): **~ un paseo** einen Spaziergang machen; **no ~ golpe** (*fam*) keinen Schlag tun ❾ (*encender*): **~ el agua** den Wasserhahn aufdrehen; **~ la luz** das Licht anmachen ❿ (*sonar*): **el reloj ha dado las dos** die Uhr hat zwei geschlagen ⓫ (*aplicar*) auftragen ⓬ (+ *'de'*): **~ de alta** gesundschreiben; **~ de baja** (*doctor*) krankschreiben; (*persona*) abmelden ⓭ (+ *'a'*): **~ a conocer algo** etw bekannt geben; **~ a entender algo a alguien** jdm etw zu verstehen geben ⓮ (*loc, fam*): **me has dado el día** du hast mir den Tag vermasselt; **está dale que dale con el mismo tema** er/sie kommt immer wieder mit der alten Leier **II.** *vi* ❶ (+ *'a'*): **el balcón da a la calle/al norte** der Balkon liegt zur Straße (hin)/nach Norden; **la ventana da al patio** das Fenster geht auf den Hof ❷ (+ *'con'*): **~ con alguien en la calle** jdn auf der Straße treffen; **~ con la solución** auf die Lösung kommen ❸ (+ *'contra'*) stoßen (*contra* an/gegen +*akk*); **la piedra ha dado contra el cristal** der Stein ist gegen die Scheibe geflogen ❹ (*caer*): **~ de espaldas/de narices en el suelo** rückwärts/vornüber auf den Boden fallen; **~ en la trampa** in die Falle gehen ❺ (*acertar*): **~ en el blanco** [*o* **en la diana**] (*fig*) ins Schwarze treffen; **~ en el clavo** (*fig*) den Nagel auf den Kopf treffen ❻ (+ *'para'*): **esta tela da para dos vestidos** dieser Stoff reicht für zwei Kleider; **~ para vivir** zum Leben reichen ❼ (+ *'por'* + *adjetivo*): **~ por inocente** für unschuldig halten; **~ por muerto** für tot erklären; **~ por concluido** als abgeschlossen betrachten; **~ el libro por leído** das Buch als gelesen voraussetzen ❽ (+ *'por'* + *verbo*): **le ha dado por dejarse el pelo largo** nun will er/sie unbedingt das Haar lang tragen ❾ (+ *'que'* + *verbo*): **~ que decir** Anlass zu Gerede geben; **~ que hablar** von sich *dat* reden machen; **~ que hacer** Arbeit

El automóvil

1	el espejo retrovisor exterior	der Außenspiegel	12	el cinturón de seguridad	der Sicherheitsgurt
2	la antena	die Antenne	13	la puerta, la portezuela	die Tür
3	el espejo retrovisor (interior)	der Rückspiegel	14	la matrícula, la patente (*Am*)	das Nummern-schild
4	el parabrisas	die Windschutz-scheibe	15	el tubo de escape	das Auspuffrohr
5	el capó	die Motorhaube	16	el maletero, el baúl (*Am*)	der Kofferraum
6	el guardabarros, el tapabarros (*Am*)	der Kotflügel	17	la luz trasera	das Rücklicht
7	el volante, el manubrio (*Am*)	das Lenkrad	18	el intermitente	das Blinklicht
8	el freno de mano	die Handbremse	19	el parachoques trasero	die hintere Stoßstange
9	el cambio de marchas, los cambios	der Schaltknüppel	20	el neumático	der Reifen
10	el asiento del conductor	der Fahrersitz	21	la llanta	die Felge
11	el reposacabezas, el apoyacabeza (*Am*)	die Kopfstütze			

1	el sillín, el asiento	der Sattel
2	el manillar, el manubrio (*Am*)	die Lenkstange
3	el timbre	die Klingel
4	el cambio de marchas, los cambios	die Gangschaltung, der Schalthebel
5	el freno	die Bremse
6	la barra	die Querstange
7	la luz delantera	das Vorderlicht

8	el neumático	der Reifen
9	la válvula	das Ventil
10	el cambio de piñón	die Kettenschaltung
11	la cadena	die Fahrradkette
12	el pedal	das Pedal
13	la horquilla	die Gabel
14	el radio	die Speiche

machen; ~ **que pensar** zu denken geben ⑩ (*loc*): (**me**) **da igual** das ist (mir) egal; **¡qué más da!** (*fam*) was soll's!; **no me da la gana** (*fam*) ich habe keine Lust; ~ **de sí** (*jersey*) weiter werden **III.** *vr:* ~ **se** ❶ (*suceder*) vorkommen ❷ (*frutos*) gedeihen ❸ (+ '*a': consagrarse*) sich widmen +*dat*; (*entregarse*) verfallen +*dat*; ~**se a la bebida** dem Alkohol verfallen ❹ (+ '*contra'*) sich stoßen (*contra* an +*dat*) ❺ (+ '*por*' + *adjetivo: creerse*) sich halten (*por* für +*akk*); ~**se por aludido** sich angesprochen fühlen; ~**se por vencido** sich geschlagen geben; **no se dieron por enterados** sie taten, als ob sie von nichts wüssten ❻ (+ '*a*' + *verbo*): ~**se a conocer** (*persona*) sich zu erkennen geben; (*noticia*) bekannt werden; ~**se a entender** sich verständlich machen ❼ (+ '*de'*): ~**se de baja/alta** sich krankschreiben/gesundschreiben lassen; ~**se de alta en Hacienda** sich als Steuerpflichtiger anmelden ❽ (+ *sustantivo*): ~**se un baño** ein Bad nehmen; ~**se cuenta de algo** etw merken; ~**se prisa** sich beeilen; ~**se un susto** sich erschrecken ❾ (*loc*): **dárselas de valiente** (*fam*) sich als Held aufspielen; ~**se corte** (*CSur*) sich aufspielen; ~**se pronto** (*CRi, RDom*) sich beeilen; ~**se vuelta** (*Arg, Par*) die Partei wechseln

dardo ['darðo] *m* (*arma*) Speer *m*; (*del juego*) (Wurf)pfeil *m*; **jugar a los** ~**s** (eine Partie) Darts spielen

dársena ['darsena] *f* (*t.* NÁUT: *fondeadero*) Hafenbecken *nt*; (*dique*) Dock *nt*

datar [da'tar] **I.** *vi* stammen (*de* aus +*dat*) **II.** *vt* datieren

dátil ['datil] *m* Dattel *f*

datilera [dati'lera] **I.** *adj* Dattel- **II.** *f* (BOT) Dattelpalme *f*

dativo [da'tiβo] *m* Dativ *m*

dato ['dato] *m* ❶ (*circunstancia*) Angabe *f*; ~**s personales** Personalien *pl* ❷ (*cantidad*) Zahl *f* ❸ (*fecha*) Datum *nt* ❹ (INFOR) Daten *pl*; ~**s de entrada/de salida** Eingabe-/Ausgabedaten *pl*; ~**s fijos** Stammdaten *pl*; **elaborar** ~**s** Daten bearbeiten

dcha. [de'retʃa] *abr de* **derecha** re.

d. de J.C. [des'pwes ðe xesu'kristo] *abr de* **después de Jesucristo** n. Chr.

de [de] *prep* ❶ (*posesión*): **el reloj** ~ **mi padre** die Uhr meines Vaters; **los hijos** ~ **Ana** Anas Kinder ❷ (*origen*) von +*dat*, aus +*dat*; **ser** ~ **Italia/**~ **Lisboa/**~ **las Islas Canarias** aus Italien/aus Lissabon/von den Kanarischen Inseln kommen; ~ **Málaga a Valencia** von Málaga nach Valencia; **el avión procedente** ~ **Lima** das Flugzeug aus Lima; un libro ~ **Goytisolo** ein Buch von Goytisolo; ~ **ti a mí** unter uns ❸ (*material*) aus +*dat*; ~ **oro** golden ❹ (*cualidad*) mit +*dat*; **un hombre** ~ **buen corazón** ein Mensch mit einem guten Herzen ❺ (*temporal*) von +*dat* ❻ (*finalidad*): **máquina** ~ **escribir** Schreibmaschine *f*; **hora** ~ **comer** Essenszeit *f* ❼ (*causa*) vor +*dat* ❽ (*partitivo*): **dos platos** ~ **sopa** zwei Teller Suppe; **un kilo** ~ **tomates** ein Kilo Tomaten; **un vaso** ~ **agua** ein Glas Wasser ❾ (+ *nombre propio*): **la ciudad** ~ **Cuzco** die Stadt Cuzco; **el tonto** ~ **Luis lo ha roto** Luis, der Trottel, hat es kaputtgemacht; **pobre** ~ **mí** ich Arme(r) ⑩ (*loc*): ~ **niño** als Kind; **más** ~ **50 euros** mehr als 50 Euro; ~ **no** (*Am*) ansonsten

? **Grammatik**

de wird in Kombination mit dem maskulinen bestimmten Artikel 'el' zu 'del': *Matilde vuelve normalmente pronto del trabajo.* – Matilde kehrt normalerweise direkt von der Arbeit zurück nach Hause. *Él es el hijo del alcalde.* – Er ist der Sohn des Bürgermeisters.

deambular [deambu'lar] *vi* herumstreifen

deán [de'an] *m* (REL) Dekan *m*

debacle [de'βakle] *f* Debakel *nt*

debajo [de'βaxo] **I.** *adv* unten **II.** *prep:* ~ **de** (*local*) unter +*dat*; (*con movimiento*) unter +*akk*; **pasar por** ~ **del puente** unter der Brücke hindurchfahren; **tumbarse** ~ **del coche** sich unter das Auto legen

debate [de'βate] *m* Debatte *f*

debatir [deβa'tir] **I.** *vt* erörtern **II.** *vr:* ~**se** ankämpfen; ~**se entre la vida y la muerte** mit dem Tode ringen

debe ['deβe] *m* Soll *nt*

deber [de'βer] **I.** *vi* (*suposición*): **debe de llegar dentro de poco** er/sie muss demnächst ankommen; **deben de ser las nueve** es muss neun Uhr sein **II.** *vt* ❶ (*estar obligado*) müssen; **no** ~**ías haberlo dicho** du hättest es nicht sagen sollen ❷ (*tener que dar*) schulden **III.** *vr:* ~**se** ❶ (*tener por causa*) zurückzuführen sein (*a* auf +*akk*); (*agradecerle algo*) zu verdanken sein (*a* +*dat*) ❷ (*estar obligado*) sich verpflichten +*dat*; **se debe a su profesión** sein/ihr Beruf ist sein/ihr ein und alles **IV.** *m* ❶ (*obligación*) Pflicht *f*; ~

de conciencia moralische Verpflichtung ❷ *pl* (*tareas*) Hausaufgaben *fpl;* **tener muchos ~es** viel aufhaben; **dar muchos ~es** viel aufgeben

debido¹ [de'βiðo] *prep:* ~ **a** wegen +*gen/dat*

debido, -a² [de'βiðo, -a] *adj* (*conveniente*) angemessen; (*necesario*) nötig; **como es ~** wie es sich gehört

débil ['deβil] *adj* schwach

debilidad [deβili'ðað] *f* Schwäche *f* (*por* für +*akk*)

debilitamiento [deβilita'mjento] *m* Schwächung *f*

debilitar [deβili'tar] *vt* schwächen

debilucho, -a [deβi'luʧo, -a] *adj* kränkelnd

debitar [deβi'tar] *vt* (*Am*) ❶ (*anotar*) im Soll buchen ❷ (*adeudar*) schulden

débito ['deβito] *m* Schuld *f;* (*debe*) Soll *nt;* ~ **conyugal** eheliche Pflicht

debut [de'βu⁽ᵗ⁾] <debuts> *m* Debüt *nt;* **hacer su** ~ sein Debüt geben

debutante [deβu'tante] *mf* Debütant(in) *m(f)*

debutar [deβu'tar] *vi* debütieren (*como* als +*nom*)

década ['dekaða] *f* Jahrzehnt *nt;* **la ~ de los 40** die 40er-Jahre

decadencia [deka'ðenθja] *f* ❶ (*decaimiento*) Dekadenz *f* ❷ (*de una época*) Niedergang *m*

decadente [deka'ðente] *adj* dekadent

decadentismo [dekaðen'tismo] *m* ❶ (*periodo*) Zeitalter *nt* der Dekadenz ❷ (LIT) Dekadenz-Dichtung *f*

decaer [deka'er] *irr como* caer *vi* nachlassen; ~ **en fuerza** an Kraft verlieren; **el ánimo decae** der Mut schwindet; **decae de ánimo** er/sie verliert den Mut

decágono¹ [de'kaɣono] *m* (MAT) Zehneck *nt*

decágono, -a² [de'kaɣono, -a] *adj* zehneckig

decaído, -a [deka'iðo, -a] *adj* ❶ (*abatido*) niedergeschlagen ❷ (*débil*) kraftlos

decaimiento [dekai'mjento] *m* ❶ (*afligimiento*) Niedergeschlagenheit *f* ❷ (*debilidad*) Kraftlosigkeit *f*

decálogo [de'kaloɣo] *m* (REL) Zehn Gebote *ntpl*

decámetro [de'kametro] *m* Dekameter *m o nt*

decano, -a [de'kano, -a] *m, f* (UNIV) Dekan(in) *m(f)*

decantar [dekan'tar] I. *vt* abgießen II. *vr:* ~**se** sich (nach reiflicher Überlegung) entscheiden (*por* für +*akk*); **se decantó por el liberalismo** er/sie wandte sich dem

Liberalismus zu

decapar [deka'par] *vt* (QUÍM) dekapieren

decapitación [dekapita'θjon] *f* Enthauptung *f*

decapitar [dekapi'tar] *vt* enthaupten

decatlón [dekað'lon] *m* Zehnkampf *m*

decena [de'θena] *f* zehn Stück *nt;* ~**s** (MAT) Zehner *mpl;* ~**s de miles** Zehntausende *pl;* **una ~ de huevos** zehn Eier

decenal [deθe'nal] *adj* ❶ (*cada diez años*) zehnjährlich ❷ (*de una duración de diez años*) zehnjährig

decencia [de'θenθja] *f* Anstand *m*

decenio [de'θenjo] *m* Jahrzehnt *nt*

decente [de'θente] *adj* anständig

decepción [deθep'θjon] *f* Enttäuschung *f;* **llevarse una** ~ enttäuscht werden

decepcionante [deθepθjo'nante] *adj* enttäuschend

decepcionar [deθepθjo'nar] *vt* enttäuschen

deceso [de'θeso] *m* Tod *m*

decibel(io) [deθi'βel(jo)] *m* Dezibel *nt*

decididamente [deθiðiða'mente] *adv* ❶ (*resueltamente*) entschieden ❷ (*definitivamente*) definitiv

decidido, -a [deθi'ðiðo, -a] *adj* energisch

decidir [deθi'ðir] I. *vi* entscheiden (*sobre* über +*akk*) II. *vt* ❶ (*determinar*) entscheiden ❷ (*acordar*) beschließen ❸ (*mover a*) veranlassen III. *vr:* ~**se** sich entscheiden (*por* für +*akk,* *en contra de* gegen +*akk*)

décima ['deθima] *f* Zehntel *nt;* **tener ~s** erhöhte Temperatur haben

decimal [deθi'mal] *adj* dezimal; **número ~** Dezimalzahl *f*

decímetro [de'θimetro] *m* Dezimeter *m o nt*

décimo, -a ['deθimo, -a] I. *adj* (*parte*) zehntel; (*numeración*) zehnte(r, s) II. *m, f* ❶ (*parte*) Zehntel *nt* ❷ (*de lotería*) Zehntellos *nt; v. t.* **octavo**

decimonono, -a [deθimo'nono, -a], **decimonoveno, -a** [deθimono'βeno, -a] *adj* (*parte*) neunzehntel; (*numeración*) neunzehnte(r, s); *v. t.* **octavo**

decimotercero, -a [deθimoter'θero, -a], **decimotercio, -a** [deθimo'terθjo, -a] *adj* (*parte*) dreizehntel; (*numeración*) dreizehnte(r, s); *v. t.* **octavo**

decir [de'θir] *irr* I. *vi* ❶ (*expresar*) sagen (*de* über +*akk*); ~ **que sí** ja sagen; **diga, dígame** (TEL) ja, hallo?; **es** [*o* **quiere**] ~ **das** heißt; **¡no me digas!** (*fam*) was du nicht sagst!; ~ **por** ~ (nur so) daherreden; **por ~lo así** sozusagen; **el qué dirán** was die Leute sagen; **¡quién lo diría!** wer hätte das gedacht!; **y que lo digas** du sagst es;

dicen de él que es un buen profesor man sagt, er sei ein guter Lehrer; ~ **a alguien cuántas son cinco** (*fam*) jdm gehörig die Meinung sagen ❷ (*contener*) besagen; **la regla dice lo siguiente: ...** die Regel lautet wie folgt: ... ❸ (*armonizar*) passen (*con* zu +*dat*) **II.** *vt* ❶ (*expresar*) sagen; (*comunicar*) mitteilen; ~ **algo para sí** etw vor sich hin sagen; **¡no digas tonterías!** (*fam*) red keinen Blödsinn!; **dicho y hecho** gesagt, getan; **lo dicho, dicho, ¡lo ~!** es bleibt dabei!; **como se ha dicho** wie gesagt ❷ (*mostrar*) zeigen; **su cara dice alegría** aus seinem/ihrem Gesicht spricht Freude ❸ (*loc*): **no es muy guapa, que digamos** sie ist nicht gerade hübsch **III.** *vr*: ~ **se** sagen; **¿cómo se dice en alemán?** wie sagt man das auf Deutsch?; **¿cómo se dice "ropa" en alemán?** was heißt „ropa" auf Deutsch? **IV.** *m* Redensart *f;* **es un** ~ wie man so sagt

decisión [deθi'sjon] *f* ❶ (*resolución*) Entscheidung *f;* (*acuerdo*) Beschluss *m;* **tomar una** ~ eine Entscheidung treffen; (*acordar*) einen Beschluss fassen ❷ (*firmeza*) Entschlossenheit *f;* **tener** ~ entschlossen sein

decisivo, -a [deθi'siβo, -a] *adj* entscheidend

decisorio, -a [deθi'sorjo, -a] *adj* bestimmend; (*comisión*) mit Entscheidungsbefugnis

declamar [dekla'mar] *vt* vortragen

declaración [deklara'θjon] *f* Erklärung *f;* (*de impuestos*) Steuererklärung *f;* (JUR) Aussage *f;* ~ **final** Schlusskommuniqué *nt;* ~ **de la renta** Einkommensteuererklärung *f;* ~ **de valor** Wertangabe *f;* **hacer declaraciones** Erklärungen abgeben; **prestar** ~ aussagen; **tomar** ~ **a alguien** jdn vernehmen

declarar [dekla'rar] **I.** *vi* ❶ (*testigo*) aussagen ❷ (*a la prensa*) eine Erklärung abgeben **II.** *vt* ❶ (*manifestar*) erklären; ~ **abierta la reunión** die Versammlung eröffnen; ~ **a alguien culpable** jdn für schuldig erklären ❷ (*ingresos*) deklarie-

ren; (*a aduanas*) verzollen **III.** *vr*: ~ **se** ❶ (*aparecer*) ausbrechen ❷ (*manifestarse*) sich erklären; (*amor*) eine Liebeserklärung machen +*dat*; ~ **se en huelga** streiken; ~ **se inocente** sich für unschuldig erklären; ~ **se en quiebra** Konkurs anmelden

declinación [deklina'θjon] *f* ❶ (*disminución*) Sinken *nt* ❷ (LING) Deklination *f*

declinar [dekli'nar] **I.** *vi* ❶ (*disminuir*) nachlassen ❷ (*extinguirse*) zu Ende gehen **II.** *vt* ❶ (*rechazar*) ablehnen; (*invitación*) ausschlagen ❷ (LING) deklinieren

declive [de'kliβe] *m* ❶ (*del terreno*) Gefälle *nt;* **en** ~ (*terreno*) abschüssig; (*tejado*) geneigt; **en fuerte** ~ steil abfallend ❷ (*decadencia*) Niedergang *m;* **en** ~ im Niedergang begriffen

decolaje [deko'laxe] *m* (*Am*) Start *m*

decolar [deko'lar] *vi* (*Am*) starten

decolorar [dekolo'rar] *vt* ❶ (QUÍM) entfärben ❷ (*el sol*) ausbleichen

decomisar [dekomi'sar] *vt* beschlagnahmen

decomiso [deko'miso] *m* ❶ (*objeto*) beschlagnahmtes Gut *nt* ❷ (*acción*) Beschlagnahme *f*

decoración [dekora'θjon] *f* ❶ (*adorno*) Dekoration *f* ❷ (*con muebles*) Einrichtung *f* ❸ (TEAT) Bühnenbild *nt*

decorado [deko'raðo] *m* (TEAT) Bühnenbild *nt*

decorador(a) [dekora'ðor(a)] *m(f)* Dekorateur(in) *m(f);* (TEAT) Bühnenbildner(in) *m(f);* ~ **de interiores** Raumausstatter *m*

decorar [deko'rar] *vt* ❶ (*adornar*) dekorieren, schmücken; (*un pastel*) verzieren ❷ (*con muebles*) einrichten; ~ **con moqueta** mit Teppichboden auslegen

decorativo, -a [dekora'tiβo, -a] *adj* dekorativ

decoro [de'koro] *m* ❶ (*dignidad*) Würde *f;* **con** ~ würdevoll; **vivir con** ~ standesgemäß leben ❷ (*respeto*) Respekt; **guardar el** ~ die Form wahren ❸ (*pudor*) Anstand *m;* **con** ~ anständig

decoroso, -a [deko'roso, -a] *adj* anständig

decrecer [dekre'θer] *irr como crecer vi* abnehmen; (*nivel, fiebre*) fallen; ~ **en intensidad** an Stärke verlieren

decreciente [dekre'θjente] *adj* abnehmend

decrépito, -a [de'krepito, -a] *adj* ❶ (*persona*) altersschwach ❷ (*cosa*) heruntergekommen ❸ (*sociedad*) dekadent

decrepitud [dekrepi'tuð] *f* ❶ (*de personas*) Altersschwäche *f* ❷ (*de cosas, culturas*) Verfall *m*

decretar [dekre'tar] *vt* verfügen

decreto [de'kreto] *m* Verfügung *f;* ~ **gubernamental** Regierungserlass *m*

decreto-ley [de'kreto-leį] *m* <decretos-ley> Gesetzesverordnung *f;* ~ **europeo** EU-Verordnung *f*

decúbito [de'kuβito] *m* Lage *f;* ~ **prono/supino** Bauch-/Rückenlage *f*

dedal [de'ðal] *m* Fingerhut *m*

dédalo ['deðalo] *m* ❶ (*laberinto*) Labyrinth *nt* ❷ (*lío*) Wirrwarr *m*

dedear [deðe'ar] *vt* (*Méx*) befingern

dedicación [deðika'θjon] *f* ❶ (*dedicatoria*) Widmung *f* ❷ (*consagración*) Weihung *f* ❸ (*entrega*) Hingabe *f;* ~ **plena** (*trabajo*) Ganztagsbeschäftigung *f*

dedicar [deði'kar] <c→qu> I. *vt* ❶ (*destinar*) widmen ❷ (*consagrar*) weihen II. *vr:* ~**se** sich widmen (*a* +*dat*); (*profesionalmente*) tätig sein (*a* in +*dat*); ~**se a la enseñanza** als Lehrer tätig sein; **¿a qué se dedica Ud.?** was machen Sie beruflich?

dedicatoria [deðika'torja] *f* Widmung *f*

dedicatorio, -a [deðika'torjo, -a] *adj* Widmungs-

dedillo [deði'ʎo] *m* (*fam*): **saberse algo al** ~ etw aus dem Effeff können

dedo ['deðo] *m* (*de mano*) Finger *m;* (*de pie*) Zeh *m;* ~ **del corazón** Mittelfinger *m;* ~ **gordo** großer Zeh; ~ **índice** Zeigefinger *m;* ~ **meñique** kleiner Finger; ~ **pulgar** Daumen *m;* **chuparse el** ~ am Daumen lutschen; (*fig fam*) blauäugig sein; **la comida está para chuparse los** ~**s** (*fam*) das Essen ist köstlich; **pillarse los** ~**s** (*fig*) sich *dat* die Finger verbrennen; **estar a dos** ~**s de algo** einen Fingerbreit von etw *dat* entfernt sein; **ir a** ~ (*fam*) trampen; **estar haciendo** ~ **en la autopista** per Anhalter auf der Autobahn unterwegs sein; **nombrar a** ~ willkürlich nominieren; **señalar a alguien con el** ~ mit dem Finger auf jdn zeigen; **con esa pregunta me has puesto el** ~ **en la llaga** mit dieser Frage hast du meine wunde Stelle getroffen; **no tener dos** ~**s de frente** (*fam*) schwer von Begriff sein

deducción [deðuɣ'θjon] *f* ❶ (*derivación*) Folgerung *f* ❷ (ECON) Abzug *m;* (*fiscal*) Abschreibung *f;* ~ **estándar** Pausch(al)betrag *m;* ~ **por hijo** Kinderfreibetrag *m*

deducir [deðu'θir] *irr como* **traducir** *vt* ❶ (*derivar*) folgern (*de* aus +*dat*) ❷ (*descontar*) abziehen; (*de impuestos*) absetzen

defecación [defeka'θjon] *f* Stuhlgang *m*

defecar [defe'kar] <c→qu> *vi* Stuhlgang haben

defecto [de'fekto] *m* ❶ (*carencia*) Mangel

m; **en** ~ **de** in Ermangelung +*gen;* **en su** ~ bei Fehlen ❷ (*falta*) Fehler *m;* ~ **físico** Gebrechen *nt;* ~ **genético** Erbschaden *m*

defectuoso, -a [defektu'oso, -a] *adj* fehlerhaft

defender [defen'der] <e→ie> I. *vt* ❶ (*contra ataques, t.* JUR) verteidigen (*de/contra* vor +*dat*) ❷ (*proteger*) (be)schützen (*de/contra* vor +*dat*) ❸ (*ideas*) eintreten (für +*akk*) II. *vr:* ~**se** ❶ (*contra ataques*) sich verteidigen ❷ (*arreglárselo*) zurechtkommen; **¿hablas francés? – me defiendo** sprichst du Französisch? – ich kann mich verständigen

defendible [defen'diβle] *adj* vertretbar

defenestrar [defenes'trar] *vt* ❶ (*tirar por la ventana*) aus dem Fenster stürzen ❷ (*de un cargo*) absetzen; (*de un partido*) ausschließen

defensa[1] [de'fensa] *f* ❶ (*contra ataques, t.* JUR, DEP) Verteidigung *f;* **en legítima** ~ (JUR) in Notwehr; **acudir en** ~ **de alguien** jdm zu Hilfe eilen ❷ (*protección*) Schutz *m* ❸ (*fortificación*) Verteidigungsanlage *f* ❹ (BIOL) Abwehrkräfte *fpl;* **tener** ~**s** immun sein ❺ (*Méx: paragolpes*) Stoßstange *f*

defensa[2] [de'fensa] *mf* (DEP) Verteidiger(in) *m(f)*

defensiva [defen'siβa] *f* Defensive *f;* **a la** ~ in der Defensive

defensivo, -a [defen'siβo, -a] *adj* defensiv

defensor(a) [defen'sor(a)] I. *adj* verteidigend II. *m(f)* Verteidiger(in) *m(f);* (*de ideas*) Verfechter(in) *m(f);* ~ **de la naturaleza** Naturschützer *m*

deferencia [defe'renθja] *f* (*consideración*) Rücksicht *f;* (*cortesía*) Höflichkeit *f;* **por** ~ **a algo** aus Rücksicht auf etw; **tener la** ~ **de...** +*inf* so höflich sein und ...

deferente [defe'rente] *adj* zuvorkommend

deferir [defe'rir] *irr como* **sentir** *vi* nachgeben

deficiencia [defi'θjenθja] *f* Mangel *m*

deficiente [defi'θjente] I. *adj* mangelhaft II. *mf:* ~ **mental** geistig Behinderte(r) *mf*

déficit ['defiθit] *m inv* ❶ (FIN) Defizit *nt* ❷ (*escasez*) Mangel *m* (*de* an +*dat*)

deficitario, -a [defiθi'tarjo, -a] *adj* defizitär

definición [defini'θjon] *f* ❶ (*aclaración*) Definition *f;* (*descripción*) Beschreibung *f* ❷ (TV) Auflösung *f*

definido, -a [defi'niðo, -a] *adj* ❶ (*claro*) deutlich ❷ (LING) bestimmt

definir [defi'nir] I. *vt* definieren II. *vr:* ~**se** sich entscheiden

definitivo, -a [defini'tiβo, -a] *adj* ❶ (*irrevocable*) endgültig; **en definitiva** letzten

Endes ② (*decisivo*) ausschlaggebend

definitorio, **-a** [defini'torjo, -a] *adj* entscheidend

deflagración [deflaɣra'θjon] *f* Verpuffung *f*

deforestación [deforesta'θjon] *f* (*acción*) Rodung *f;* (*efecto*) Entwaldung *f*

deformación [deforma'θjon] *f* ① (*alteración*) Verformung *f* ② (*desfiguración*) Entstellung *f*

deformar [defor'mar] **I.** *vt* ① (*alterar*) verformen; (*imágenes*) verzerren ② (*desfigurar*) entstellen **II.** *vr:* ~ **se** sich verformen; (*jersey*) aus der Form geraten

deforme [de'forme] *adj* verzerrt

deformidad [deformi'ðað] *f* (MED) Missbildung *f*

defraudación [defrauða'θjon] *f* ① (*fraude*) Betrug *m;* (*malversación*) Unterschlagung *f;* ~ **fiscal** Steuerhinterziehung *f* ② (*decepción*) Enttäuschung *f*

defraudar [defrau'ðar] *vt* ① (*estafar*) betrügen; (*dinero*) unterschlagen; ~ **a Hacienda** Steuern hinterziehen ② (*decepcionar*) enttäuschen

defunción [defun'θjon] *f* Todesfall *m*

degeneración [dexenera'θjon] *f* Verfall *m*

degenerar [dexene'rar] *vi* degenerieren; ~ **en** sich entwickeln zu +*dat*

deglutir [deɣlu'tir] *vt* schlucken

degolladero [deɣoʎa'ðero] *m* ① (*cuello*) Nacken *m* ② (*matadero*) Schlachthof *m* ③ (*cadalso*) Schafott *nt*

degollar [deɣo'ʎar] <o→ue> *vt* ① (*decapitar*) enthaupten ② (*fam: malograr*) verhunzen

degradación [deɣraða'θjon] *f* ① (*humillación*) Demütigung *f* ② (*en el cargo*) Degradierung *f* ③ (*deterioro*) Verschlechterung *f;* ~ **del medio ambiente** Verschlechterung der Umweltbedingungen ④ (*en pintura*): ~ **de color** Farbabstufung *f*

degradante [deɣra'ðaṇte] *adj* erniedrigend

degradar [deɣra'ðar] *vt* ① (*en el cargo*) degradieren ② (*calidad*) verschlechtern; ~ **el medio ambiente** die Umwelt verpesten ③ (*humillar*) demütigen

degüello [de'ɣweʎo] *m* Enthauptung *f;* **tirar a degüello a** ~ (*fig fam*) jdn mit allen Mitteln fertig machen

degustación [deɣusta'θjon] *f* Kosten *nt;* ~ **de vinos** Weinprobe *f*

degustar [deɣus'tar] *vt* kosten

dehesa [de'esa] *f* Weide *f*

deidad [dei'ðað] *f* (*dios*) Gottheit *f*

deificar [deifi'kar] <c→qu> *vt* ① (*divinizar*) vergöttlichen ② (*ensalzar*) vergöttern

dejadez [dexa'ðeθ] *f* Nachlässigkeit *f*

dejado, **-a** [de'xaðo, -a] *adj* ① *estar* (*abatido*) niedergeschlagen ② *ser* (*descuidado*) nachlässig

dejar [de'xar] **I.** *vi:* ~ **de** +*inf* aufhören zu +*inf;* **no** ~ **de** +*inf* (*no olvidar*) nicht vergessen zu +*inf;* **¡no deje de venir!** Sie müssen unbedingt kommen! **II.** *vt* ① (*en general*) lassen; ~ **el libro sobre la mesa** das Buch auf den Tisch legen; **¡déjalo ya!** hör auf damit!; ~ **acabado** zum Abschluss bringen; ~ **caer** fallen lassen; ~ **claro** klarstellen; ~ **constancia** protokollieren; ~ **a deber** anschreiben lassen; ~ **en libertad** freilassen; ~ **algo para mañana** etw auf morgen verschieben; ~ **en paz** in Ruhe lassen; ~ **mucho que desear** viel zu wünschen übrig lassen; ~ **sin lavar** nicht waschen; ~ **triste** traurig stimmen ② (*abandonar*) verlassen; ~ **la carrera** das Studium abbrechen ③ (*ganancia*) einbringen ④ (*permitir: algo*) zulassen; **no me dejan salir** sie lassen mich nicht ausgehen ⑤ (*entregar*) überlassen; (*prestar*) leihen; (*en herencia*) hinterlassen; ~ **un recado** eine Nachricht hinterlassen; ~ **algo en manos de alguien** jdm etw überlassen; **dejo el asunto en tus manos** ich vertraue dir die Angelegenheit an **III.** *vr:* ~ **se** ① (*descuidarse*) sich gehen lassen ② (*olvidar*) vergessen ③ (*no hacer*): **¡déjate de tonterías!** hör auf mit dem Blödsinn! ④ (*loc*): ~ **se caer** sich fallen lassen; ~ **se querer** sich hofieren lassen

deje ['dexe] *m* Akzent *m;* **se te nota un** ~ **catalán** du hast einen katalanischen Akzent

dejo ['dexo] *m* ① (*entonación*) Tonfall *m;* (*acento*) Akzent *m* ② (*regusto, t. fig*) Nachgeschmack *m*

del [del] = **de + el** *v.* **de**

delación [dela'θjon] *f* Anzeige *f*

delantal [delaṇ'tal] *m* Schürze *f*

delante [de'laṇte] **I.** *adv* ① (*ante, en la parte delantera*) vorn(e); **de** ~ von vorn; **abierto por** ~ vorne offen ② (*enfrente*) davor **II.** *prep:* ~ **de** (*local*) vor +*dat;* (*movimiento*) vor +*akk;* (*en presencia de*) in Gegenwart von +*dat;* ~ **mío** [*o* **de mí**] in meiner Gegenwart

delantera [delaṇ'tera] *f* ① (*parte anterior*) Vorderteil *nt* ② (*primera fila*) Vorderreihe *f* ③ (*distancia*) Vorsprung *m;* **coger la** ~ **a alguien** jdm zuvorkommen; **llevar la** ~ **a alguien** einen Vorsprung vor jdm haben ④ (DEP) Angriff *m*

delantero[1] [delaṇ'tero] *m* ① (*parte anterior*) Vorderteil *nt* ② (DEP) Stürmer(in) *m(f);* ~ **centro** Mittelstürmer(in) *m(f)*

delantero, -a² [delaŋ'tero, -a] *adj* vordere(r, s)

delatador(a) [delata'ðor(a)] *adj* verräterisch

delatar [dela'tar] **I.** *vt* ❶ (*denunciar*) anzeigen ❷ (*manifestar*) verraten **II.** *vr:* ~ **se** sich verraten (*con* durch +*akk*)

delegación [deleɣa'θjon] *f* ❶ (*atribución*) Auftrag *m;* ~ **de poderes** Übertragung von Befugnissen; **actuar por** ~ **de alguien** in jds Auftrag handeln ❷ (*comisión*) Delegation *f* ❸ (*oficina*) Amt *nt;* (*filial*) Zweigstelle *f;* **D~ de Hacienda** Finanzamt *nt* ❹ (*Méx: comisaría*) Polizeirevier *nt;* (*ayuntamiento*) Stadthaus *nt*

delegado, -a [dele'ɣaðo, -a] *m, f* Delegierte(r) *mf;* ~ **gubernamental** Regierungsvertreter *m*

delegar [dele'ɣar] <g→gu> *vt* ❶ (*encargar*) delegieren (*en* an +*akk*); ~ **algo en alguien** jdn mit etw *dat* beauftragen ❷ (*transferir*) übertragen

deleitar [delei̯'tar] **I.** *vt* ergötzen **II.** *vr:* ~ **se** sich ergötzen (*con/en* an +*dat*)

deleite [de'lei̯te] *m* Wonne *f;* **con** ~ genüsslich

deletrear [deletre'ar] *vt* buchstabieren

deletreo [dele'treo] *m* Buchstabieren *nt*

deleznable [deleθ'naβle] *adj* ❶ (*frágil*) brüchig ❷ (*inconsistente*) vergänglich

delfín [del'fin] *m* (ZOOL) Delphin *m*

delgadez [delɣa'ðeθ] *f* Dünnheit *f,* Dünne *f*

delgado, -a [del'ɣaðo, -a] *adj* dünn; (*esbelto*) schlank

deliberación [deliβera'θjon] *f* Beratschlagung *f*

deliberado, -a [deliβe'raðo, -a] *adj* ❶ (*tratado*) (wohl) überlegt ❷ (*intencionado*) absichtlich

deliberar [deliβe'rar] *vi, vt* abwägen; (*discutir*) beratschlagen (*sobre/acerca de* über +*akk*)

delicadeza [delika'ðeθa] *f* ❶ (*finura*) Feinfühligkeit *f;* **con** ~ feinfühlig ❷ (*debilidad*) Empfindlichkeit *f* ❸ (*miramiento*) Zuvorkommenheit *f;* **tener la** ~ **de...** so zuvorkommend sein und ...

delicado, -a [deli'kaðo, -a] *adj* ❶ (*fino, frágil*) zart ❷ (*exquisito*) köstlich ❸ (*atento*) feinfühlig ❹ (*enfermizo*) anfällig; **ser** ~ **de salud** eine schwache Gesundheit haben ❺ (*asunto*) heikel ❻ (*exigente*) anspruchsvoll

delicia [de'liθja] *f* Wonne *f*

delicioso, -a [deli'θjoso, -a] *adj* ❶ (*persona*) reizend ❷ (*cosa*) wunderbar; (*comida*) köstlich

delictivo, -a [delik'tiβo, -a] *adj* kriminell;

acto ~ Straftat *f*

delimitar [delimi'tar] *vt* abgrenzen

delincuencia [deliŋ'kwenθja] *f* Kriminalität *f*

delincuente [deliŋ'kwente] **I.** *adj* straffällig **II.** *mf* Straftäter(in) *m(f);* ~ **reincidente** Wiederholungstäter(in) *m(f)*

delineante [deline'ante] *mf* technischer Zeichner *m,* technische Zeichnerin *f*

delinear [deline'ar] *vt* skizzieren

delinquir [deliŋ'kir] <qu→c> *vi* straffällig werden

delirar [deli'rar] *vi* ❶ (*desvariar*) fantasieren ❷ (*disparatar*) Unsinn reden

delirio [de'lirjo] *m* ❶ (*enfermedad*) Delirium *nt* ❷ (*ilusión*) Wahnvorstellung *f;* ~ **de grandezas** Größenwahn(sinn) *m*

delito [de'lito] *m* Delikt *nt;* ~ **contra los derechos humanos** Menschenrechtsverletzung *f;* ~ **de guerra** Kriegsverbrechen *nt;* **cuerpo del** ~ Beweisstück *nt*

delta ['delta] *m* ❶ (GEO) Delta *nt* ❷ (DEP): **ala** ~ Drachenfliegen *nt*

deltoides [del'toi̯ðes] **I.** *adj inv* ❶ (*forma*) deltaförmig ❷ (ANAT) Delta- **II.** *m inv* (ANAT) Deltamuskel *m*

demacrarse [dema'krarse] *vr* abmagern

demagogia [dema'ɣoxja] *f* Demagogie *f*

demanda [de'manda] *f* ❶ (*petición*) Forderung *f;* ~ **de empleo** Stellengesuch *nt;* ~ **de extradición** (JUR) Auslieferungsgesuch *nt;* **en** ~ **de algo** auf der Suche nach etw *dat* ❷ (COM) Nachfrage *f* (*de* nach +*dat*); ~ **adicional** Mehrbedarf *m;* ~ **agregada** Gesamtnachfrage *f;* ~ **energética** Energiebedarf *m;* **algo tiene mucha** ~ es besteht eine große Nachfrage nach etw *dat* ❸ (JUR) Klage *f;* **presentar una** ~ **contra alguien** Klage gegen jdn erheben

demandado, -a [deman'daðo, -a] **I.** *adj* (*solicitado*) begehrt **II.** *m, f* (JUR) Beklagte(r) *mf*

demandante [deman'dante] **I.** *adj* antragstellend; (JUR) klagend **II.** *mf* Antragsteller(in) *m(f);* (JUR) Kläger(in) *m(f)*

demandar [deman'dar] *vt* ❶ (*pedir*) fordern; (*solicitar*) beantragen ❷ (JUR) verklagen (*por* wegen +*gen/dat*)

demarcación [demarka'θjon] *f* ❶ (*delimitación*) Abgrenzung *f;* **línea de** ~ Demarkationslinie *f* ❷ (*terreno*) Bezirk *m*

demarcar [demar'kar] <c→qu> *vt* (neu) ausmessen

demás [de'mas] **I.** *adj* übrige(r, s); **los/las** ~ die Übrigen; **... y** ~ **...** (*y otros*) ... und weitere ...; **y** ~ (*etcétera*) und so weiter; **por lo** ~ ansonsten **II.** *adv:* **por** ~ vergebens; **está por** ~ **que...** es ist überflüssig zu ...

demasía [dema'sia] *f* ❶ (*exceso*) Übermaß *nt;* **en** ~ im Übermaß ❷ (*insolencia*) Dreistigkeit *f*

demasiado¹ [dema'sjaðo] *adv* (+ *adj*) (all)zu; (+ *verbo*) zu viel

demasiado, -a² [dema'sjaðo, -a] *adj* zu viel; **hace** ~ **calor** es ist zu heiß

demencia [de'menθja] *f* Schwachsinn *m*

demencial [demen'θjal] *adj*, **demente** [de'mente] *adj* schwachsinnig

demérito [de'merito] *m* ❶ (*falta de mérito*) Unwürdigkeit *f* ❷ (*perjuicio*) Nachteil *m;* **obrar en** ~ **de alguien** jdm zum Nachteil gereichen

democracia [demo'kraθja] *f* Demokratie *f*

demócrata [de'mokrata] **I.** *adj* demokratisch **II.** *mf* Demokrat(in) *m(f)*

democratacristiano, -a [demokrata-kris'tjano, -a] **I.** *adj* christlich-demokratisch **II.** *m, f* Christdemokrat(in) *m(f)*

democrático, -a [demo'kratiko, -a] *adj* demokratisch

democratización *f* Demokratisierung *f*

democratizador(a) [demokratiθa'ðor(a)] *adj* Demokratisierungs-; **proceso** ~ Demokratisierungsprozess *m*

democratizar [demokrati'θar] <z→c> **I.** *vt* demokratisieren **II.** *vr:* ~ **se** demokratisch werden

demografía [demoɣra'fia] *f* Demografie *f*

demográfico, -a [demo'ɣrafiko, -a] *adj* demografisch; **explosión demográfica** Bevölkerungsexplosion *f*

demoledor(a) [demole'ðor(a)] *adj* (*ataque*) heftig; (*argumento*) vernichtend

demoler [demo'ler] <o→ue> *vt* (*edificio*) abreißen; (*fig*) zunichte machen

demoníaco, -a [demo'niako, -a] **I.** *adj* ❶ (*satánico*) dämonisch ❷ (*endemoniado*) besessen **II.** *m, f* Besessene(r) *mf*

demonio [de'monjo] *m* (*espíritu*) Dämon *m;* (*diablo*) Teufel *m;* **¡**~**(**s**)!** zum Teufel!; ~ **de mujer** Teufelsweib *nt;* **como un** ~ wie der Teufel; **de mil** ~ **s** ungeheuer; (*carácter*) äußerst schwierig; **ponerse como un** ~ fuchsteufelswild werden; **saber a** ~ **s** scheußlich schmecken; **ser el mismísimo** ~ der leibhaftige Teufel sein; **tener el** ~ **en el cuerpo** den Teufel im Leib haben; **tentar al** ~ den Teufel an die Wand malen; **¡véte al** ~**!** scher dich zum Teufel!

demora [de'mora] *f* Verspätung *f;* (*en el pago/la entrega*) Verzug *m*

demorar [demo'rar] **I.** *vt* hinauszögern **II.** *vr:* ~ **se** ❶ (*detenerse*) sich aufhalten ❷ (*retrasarse*) sich verspäten

demostrable [demos'traβle] *adj* beweisbar

demostración [demostra'θjon] *f* ❶ (*prueba*) Beweis *m* ❷ (*argumentación*) Beweisführung *f* ❸ (*explicación*) Darlegung *f* ❹ (*exteriorización*) Bekundung *f* ❺ (*exhibición*) Vorführung *f*

demostrar [demos'trar] <o→ue> *vt* ❶ (*probar*) beweisen ❷ (*mostrar*) zeigen ❸ (*explicar*) darlegen ❹ (*expresar*) bekunden ❺ (*exhibir*) demonstrieren

demostrativo, -a [demostra'tiβo, -a] *adj* ❶ (*probatorio*) Beweis-; **documento** ~ **del pago** Zahlungsbeleg *m* ❷ (LING) demonstrativ; **pronombre** ~ Demonstrativpronomen *nt*

demudado, -a [demu'ðaðo, -a] *adj* (*pálido*) blass

demudar [demu'ðar] **I.** *vt* ❶ (*variar*) verändern; **la mala noticia le demudó el rostro** aufgrund der schlechten Nachricht verdüsterte sich seine/ihre Miene ❷ (*desfigurar*) verzerren **II.** *vr:* ~ **se** ❶ (*de color*): **se demudó al ver el cadáver** beim Anblick der Leiche wurde er/sie ganz blass im Gesicht ❷ (*desfigurarse*) das Gesicht verziehen

denegación [deneɣa'θjon] *f* Verweigerung *f;* ~ **de auxilio** (JUR) unterlassene Hilfeleistung

denegar [dene'ɣar] *irr como* **fregar** *vt* ablehnen; ~ **un derecho a alguien** jdm ein Recht absprechen

denigrar [deni'ɣrar] *vt* ❶ (*humillar*) erniedrigen ❷ (*calumniar*) in Verruf bringen ❸ (*injuriar*) beleidigen

denominación [denomina'θjon] *f* ❶ (*nombre*) Benennung *f*, Bezeichnung *f* ❷ (COM) Nennwert *m*, Stückelung *f* von Wertpapieren

denominador [denomina'ðor] *m* (MAT) Nenner *m;* **reducir a un común** ~ (*t. fig*) auf einen gemeinsamen Nenner bringen

denominar [denomi'nar] **I.** *vt* (*llamar*) nennen; ~ **la escuela en homenaje a su fundadora** die Schule nach ihrer Gründerin benennen **II.** *vr:* ~ **se** sich nennen

denotación [denota'θjon] *f* ❶ (*nombre*) Bezeichnung *f* ❷ (LING) Denotation *f*

denotar [deno'tar] *vt* (*significar*) bedeuten

densidad [densi'ða⁴] *f* Dichte *f*

denso, -a ['denso, -a] *adj* ❶ (*compacto*) dicht ❷ (*espeso*) dick ❸ (*pesado*) schwer

dentado, -a [den'taðo, -a] *adj* gezähnt; (BOT) gezackt; **rueda dentada** (TÉC) Zahnrad *nt*

dentadura [denta'ðura] *f* Gebiss *nt*

dental [den'tal] *adj* ❶ (MED) Zahn- ❷ (LING) dental

dentellada [dente'ʎaða] *f* ❶ (*mordisco*)

Biss *m;* **a ~ s** mit den Zähnen; **comer a ~ s** gierig essen; **matar a ~ s** (*fiera*) reißen; **pelearse a ~ s** einander beißen ② (*herida*) Bisswunde *f*

dentición [den̩ti'θjon] *f* ① (*aparición*) Zahndurchbruch *m;* (*de los primeros dientes*) Zahnen *nt* ② (*dientes*) Gebiss *nt*

dentífrico¹ [den̩'tifriko] *m* Zahncreme *f*

dentífrico, -a² [den̩'tifriko, -a] *adj:* **agua dentífrica** Mundwasser *nt;* **pasta dentífrica** Zahncreme *f*

dentista [den̩'tista] **I.** *adj* zahnärztlich **II.** *mf* Zahnarzt, -ärztin *m, f*

dentro ['den̩tro] **I.** *adv* (dr)innen; **a ~** innen; **desde ~** von innen heraus; (*fig*) von Herzen; **por ~** innen; (*fig*) im Herzen **II.** *prep* ① **~ de** (*local*) in +*dat;* **~ de lo posible** im Rahmen des Möglichen ② **~ de** (*con movimiento*) in +*akk;* **mirar ~ de la habitación** ins Zimmer reinschauen ③ **~ de** (*temporal*) in +*dat;* **~ de poco** bald

denuncia [de'nunθja] *f* ① (*acusación*) (Straf)anzeige *f;* **~ obligatoria** Anzeigepflicht *f;* **hacer una ~** Anzeige erstatten (*ante* bei +*dat, por* wegen +*gen/dat*); **hacer una ~ por falta de pago** eine Klage auf Zahlung erheben ② (*de una injusticia*) Anklage *f;* **ser una ~ de algo** etw anklagen ③ (*tratado*) Kündigung *f*

denunciación [denunθja'θjon] *f* Denunziation *f abw*

denunciante [denun̩'θjan̩te] **I.** *adj* (JUR): **parte ~** Kläger *m* **II.** *mf* ① (*que presenta una denuncia*) Anzeigeerstatter(in) *m(f)* ② (*que delata*) Denunziant(in) *m(f) abw*

denunciar [denun̩'θjar] *vt* ① (*acusar*) anzeigen (*por* wegen +*gen/dat, ante* bei +*dat*) ② (*delatar*) denunzieren ③ (*hacer público*) an die Öffentlichkeit bringen ④ (*indicar*) erkennen lassen ⑤ (*tratado*) kündigen

deontología [deon̩tolo'xia] *f* Pflichtenlehre *f*

Dep. [departa'men̩to] *abr de* **departamento** Abt.

deparar [depa'rar] *vt* bescheren; **nunca se sabe lo que a uno le ~á el destino** man weiß nie, was einen erwartet

departamental [departamen̩'tal] *adj* Abteilungs-; **jefe ~** Abteilungsleiter *m*

departamento [departa'men̩to] *m* ① (*de un establecimiento*) Abteilung *f;* **~ de contabilidad** Buchhaltung *f* ② (*de un objeto*) Fach *nt* ③ (*ministerio*) Ministerium *nt* ④ (*distrito*) Bezirk *m* ⑤ (UNIV) Fachbereich *m* ⑥ (FERRO) Abteil *nt* ⑦ (*Am: apartamento*) Wohnung *f*

departir [depar'tir] *vi* plaudern (*acerca de/ de/sobre* über +*akk*)

depauperar [depau̯pe'rar] **I.** *vt* ① (*empobrecer*) arm machen ② (MED) entkräften **II.** *vr:* **~ se** ① (*empobrecerse*) verarmen ② (MED) entkräften

dependencia [depen̩'den̩θja] *f* ① (*sujeción*) Abhängigkeit *f;* **vivir en ~ de alguien** von jdm abhängig sein ② (*sucursal*) Niederlassung *f* ③ (*empleados*) Belegschaft *f* ④ (*sección*) Abteilung *f* ⑤ *pl* (*habitaciones*) Räumlichkeiten *fpl*

depender [depen̩'der] *vi* abhängig sein (*de* von +*dat*); **eso depende de Ud.** das liegt an Ihnen; **¡depende!** es kommt darauf an!

dependiente¹ [depen̩'djen̩te] *adj* abhängig (*de* von +*dat*)

dependiente, -a² [depen̩'djen̩te, -a] *m, f* Angestellte(r) *mf;* (*de una tienda*) Verkäufer(in) *m(f)*

depilación [depila'θjon] *f* Enthaarung *f*

depiladora [depila'ðora] *f* Epiliergerät *nt*

depilar [depi'lar] *vt, vr:* **~ se** (sich) enthaaren; **~ se las cejas** sich *dat* die Augenbrauen zupfen

depilatorio¹ [depila'torjo] *m* Enthaarungsmittel *nt*

depilatorio, -a² [depila'torjo, -a] *adj* Enthaarungs-

deplorable [deplo'raβle] *adj* bedauerlich; **espectáculo ~** jämmerliche Vorstellung

deplorar [deplo'rar] *vt* (zutiefst) bedauern

deponer [depo'ner] *irr como poner* **I.** *vt* ① (*destituir*) absetzen; **~ de un cargo** eines Amtes entheben ② (*deshacerse de*) ablegen; **~ las armas** die Waffen niederlegen **II.** *vi* (JUR) aussagen

deportación [deporta'θjon] *f* Deportation *f*

deportar [depor'tar] *vt* deportieren

deporte [de'porte] *m* Sport *m;* **~ de** (**alta**) **competición** (Hoch)leistungssport *m;* **~ hípico** Reitsport *m;* **~ s de invierno** Wintersportarten *fpl;* **hacer ~** Sport treiben

deportista [depor'tista] **I.** *adj* sportlich **II.** *mf* Sportler(in) *m(f);* **~ aficionado** Amateur(sportler) *m;* **~ profesional** Profi(sportler) *m*

deportividad [deportiβi'ðað] *f* (DEP) Sportlichkeit *f*

deportivo¹ [depor'tiβo] *m* ① (*club*) Sportverein *m* ② (*automóvil*) Sportwagen *m*

deportivo, -a² [depor'tiβo, -a] *adj* sportlich; **noticias deportivas** Sportnachrichten *fpl*

depositar [deposi'tar] **I.** *vt* deponieren; (FIN) einlegen; (*cadáver*) aufbahren; **~ su confianza en alguien** sein Vertrauen in jdn setzen **II.** *vr:* **~ se** sich absetzen

depositario, -a [deposi'tarjo, -a] *m, f* ❶ (*de valores*) Depositar(in) *m(f)*, Verwahrer(in) *m(f)*; ~ **judicial** Sequester *m* ❷ (*de sentimientos*) Vertraute(r) *mf*

depósito [de'posito] *m* ❶ (*el guardar*) Aufbewahrung *f*; **en** ~ in Verwahrung ❷ (*el poner al cuidado*) Deponieren *nt* ❸ (*lugar*) Depot *nt*; ~ **de equipajes** (FERRO) Gepäckaufbewahrung *f* ❹ (*recipiente*) Tank *m*; ~ **de un arma de fuego** Magazin *nt* ❺ (FIN: *acción*) Einlegen *nt*; (*dinero*) Einlage *f* ❻ (*sedimento*) Ablagerung *f* ❼ (*morgue*): ~ **de cadáveres** Leichenhaus *nt*; ~ **judicial** Leichenschauhaus *nt*

depravar [depra'βar] **I.** *vt* verderben **II.** *vr:* ~**se** verkommen

depre ['depre] *f* (*fam*): **estar con la** ~ down sein

depreciación [depreθja'θjon] *f* (*desvalorización*) Wertminderung *f*; ~ **monetaria** Geldentwertung *f*

depreciar [depre'θjar] **I.** *vt* (*desvalorizar*) den Wert mindern +*gen*; (*moneda*) abwerten **II.** *vr:* ~**se** an Wert verlieren

depredación [depreða'θjon] *f* (*saqueo*) Plünderung *f*

depredador(a) [depreða'ðor(a)] **I.** *adj* ❶ (*saqueador*) plündernd ❷ (ZOOL) räuberisch **II.** *m(f)* ❶ (*saqueador*) Plünderer, -in *m, f* ❷ (*malversador*) Veruntreuer(in) *m(f)*

depredar [depre'ðar] *vt* (*saquear*) plündern

depresión [depre'sjon] *f* ❶ (*tristeza*) Depression *f* ❷ (GEO) Senke *f* ❸ (ECON) Depression *f*; ~ **cíclica** Konjunktureinbruch *m*; ~ **económica** Wirtschaftskrise *f* ❹ (METEO) Tief(druckgebiet) *nt*

depresivo, -a [depre'siβo, -a] *adj* ❶ (*que deprime*) deprimierend ❷ (*propenso a*) depressiv

deprimente [depri'mente] *adj* deprimierend

deprimir [depri'mir] **I.** *vt* (*abatir*) deprimieren **II.** *vr:* ~**se** (*abatirse*) Depressionen bekommen

deprisa [de'prisa] *adv* schnell; ~ **y corriendo** so schnell wie möglich

depuración [depura'θjon] *f* Reinigung *f*; (POL) Säuberung *f*

depurado, -a [depu'raðo, -a] *adj* (*estilo*) gewählt

depuradora [depura'ðora] *f* ❶ (*estación*) Kläranlage *f* ❷ (*piscina*) Umwälzanlage *f*

depurar [depu'rar] *vt* reinigen; (POL) säubern; ~ **el estilo** an der Ausdrucksweise feilen

derecha [de'retʃa] *f* ❶ (*diestra*) rechte Hand *f* ❷ (*lado*) rechte Seite *f*; **doblar a la**

~ (*nach*) rechts abbiegen; **tengo a mi madre a la** ~ meine Mutter steht rechts von mir; **rebasar por la** ~ von rechts überholen ❸ (POL) Rechte *f*; **de** ~(**s**) rechtsorientiert

derechamente [deretʃa'mente] *adv* ❶ (*directamente*) geradewegs ❷ (*correctamente*) aufrecht

derechista [dere'tʃista] **I.** *adj* (POL) rechtsorientiert **II.** *mf* (POL) Rechte(r) *mf*

derecho¹ [de'retʃo] **I.** *adv* direkt **II.** *m* ❶ (*legitimidad*) Recht *nt* (a *auf* +*akk*); ~ **de asociación** Vereinigungsfreiheit *f*; ~ **de libertad de conciencia y culto** Gewissens- und Religionsfreiheit *f*; ~**s de pago de indemnización** Schaden(s)ersatzansprüche *mpl*; ~ **de propiedad intelectual** Urheberrecht *nt*; ~ **de sufragio** Stimmrecht *nt*; **con** ~ **a** berechtigt zu +*dat*; **de pleno** ~ mit vollem Recht; **miembro de pleno** ~ vollberechtigtes Mitglied; **estar en su (perfecto)** ~ (voll) im Recht sein; **hacer uso de un** ~ ein Recht in Anspruch nehmen; **tener** ~ **a** berechtigt sein zu +*dat*; **¡no hay** ~**!** (*fam*) das gibt es nicht!; ~ **al pataleo** (*fam*) Recht auf Widerrede ❷ (*jurisprudencia*) Recht *nt*; (*ciencia*) Rechtswissenschaft *f*; ~ **criminal** Strafrecht *nt*; ~ **político** Staatsrecht *nt*; **estudiar** ~ Jura studieren; **conforme a** ~ rechtmäßig; **de** ~ von Rechts wegen; **por** ~ **propio** kraft seines Amtes ❸ (*de un papel/una tela*) rechte Seite *f* ❹ *pl* (*impuestos*) Gebühren *fpl*; ~**s antidumping** Antidumpingzölle *mpl*; ~**s de exportación** Ausfuhrzölle *mpl*; **libre de** ~**s** gebührenfrei; **sujeto a** ~**s** gebührenpflichtig ❺ *pl* (*honorarios*) Honorar *nt*; ~**s de mediación** Vermittlungsprovision *f*

derecho, -a² [de'retʃo, -a] *adj* ❶ (*diestro*) rechte(r, s) ❷ (*recto*) gerade ❸ (*erguido*) aufrecht; **ponerse** ~ sich aufrichten ❹ (*justo*) aufrecht; **a derechas** wie es sich gehört ❺ (*directo*) direkt

derivación [deriβa'θjon] *f* ❶ (*t.* LING, MAT: *deducción*) Ableitung *f*; ~ **a tierra** (ELEC) Erdung *f* ❷ (FERRO) Nebenbahn *f* ❸ (*de agua*) Zuleitung *f*

derivada [deri'βaða] *f* (MAT) Differenzialquotient *m*

derivado [deri'βaðo] *m* Derivat *nt*

derivar [deri'βar] **I.** *vi* ❶ (*proceder*) hervorgehen (de *aus* +*dat*) ❷ (*tornar*) sich umwandeln (*hacia* zu +*dat*) ❸ (NÁUT) abdriften **II.** *vt* ❶ (*t.* MAT, LING: *deducir*) ableiten ❷ (*desviar*) umleiten; ~ **una conversación hacia otro tema** ein Gespräch auf ein anderes Thema lenken ❸ (ELEC)

abzweigen **III.** *vr:* ~ **se** sich ableiten (*de* aus
+ *dat*)

dermatología [dermatolo'xia] *f* (MED) Der-
matologie *f*

dermatólogo, -a [derma'toloɣo, -a] *m, f*
Hautarzt, -ärztin *m, f*

dérmico, -a ['dermiko, -a] *adj* Haut-

derogación [deroɣa'θjon] *f* ❶ (*de una ley*)
Aufhebung *f* ❷ (*disminución*) Minderung *f*

derogar [dero'ɣar] <g→gu> *vt* ❶ (*una
ley*) aufheben ❷ (*destruir*) zerstören
❸ (*reformar*) reformieren

derramamiento [derrama'mjento] *m* Ausschütten *nt;* (*involuntario*) Verschütten *nt;*
(*de sangre/lágrimas*) Vergießen *nt*

derramar [derra'mar] **I.** *vt* ❶ (*verter*) ausschütten; (*sin querer*) verschütten; (*lágri-
mas/sangre*) vergießen ❷ (*repartir*): ~ **un
gasto** eine Abgabe umlegen **II.** *vr:* ~ **se**
❶ (*esparcirse: líquidos*) auslaufen; (*otros*)
rieseln ❷ (*desaguar*) münden (*en* in + *akk*)
❸ (*diseminarse*) sich ausbreiten

derrame [de'rrame] *m* ❶ *v.* **derramamiento** ❷ (*desbordamiento*) Überlaufen
nt ❸ (MED) Erguss *m;* ~ **cerebral** Gehirnschlag *m*

derrapar [derra'par] *vi* ins Schleudern geraten

derrape [de'rrape] *m* Schleudern *nt*

derredor [derre'ðor] *m* Umkreis *m;* **en** ~
ringsherum; **en** ~ **de la mesa** rings um
den Tisch herum

derrengado, -a [derreŋ'gaðo, -a] *adj*
❶ (*deslomado*) verrenkt ❷ (*torcido*)
krumm ❸ (*exhausto*) zerschlagen

derretir [derre'tir] *irr como pedir* **I.** *vt*
❶ (*deshacer*) schmelzen ❷ (*derrochar*)
verschleudern **II.** *vr:* ~ **se** ❸ (*deshacerse*)
schmelzen ❷ (*fam: consumirse*): ~ **se de
calor** vor Hitze vergehen; ~ **se de gusto**
sich pudelwohl fühlen; **estar derretido
(de amor) por alguien** bis über beide
Ohren in jdn verliebt sein

derribar [derri'βar] *vt* ❶ (*edificio*) niederreißen; (*puerta*) einschlagen; (*árbol*) fällen
❷ (*jinete*) abwerfen; (*boxeador*) niederwerfen ❸ (*del cargo/poder*) stürzen;
(*humillar*) demütigen

derribo [de'rriβo] *m* ❶ (*caída provocada*)
Umwerfen *nt;* (*de un avión*) Abschuss *m;*
(*de un futbolista*) Foul *nt* ❷ (*demolición*)
Abriss *m* ❸ (*escombro*) Abbruchmaterial
nt

derrocar [derro'kar] <c→qu> *vt* ❶ (*despeñar*) herabstürzen ❷ (*destituir*) stürzen

derrochador(a) [derrotʃa'ðor(a)] **I.** *adj* verschwenderisch **II.** *m(f)* Verschwender(in)

m(f)

derrochar [derro'tʃar] *vt* ❶ (*despilfarrar*)
verschwenden ❷ (*fam: tener en abundancia*) strotzen (vor + *dat*)

derroche [de'rrotʃe] *m* Verschwendung *f*

derrota [de'rrota] *f* ❶ (*fracaso*) Niederlage *f* ❷ (NÁUT) Kurs *m* ❸ (*senda*) Pfad *m*

derrotado, -a [derro'taðo, -a] *adj* ❶ (*harapiento*) zerlumpt ❷ (*deprimido*) deprimiert

derrotar [derro'tar] **I.** *vt* ❶ (*vencer*) schlagen ❷ (*desmoralizar*) zugrunde richten
II. *vr:* ~ **se** (NÁUT) vom Kurs abkommen

derrotero [derro'tero] *m* (*rumbo*) Kurs *m;*
ir por nuevos ~ **s** (*fig*) neue Wege
beschreiten

derrotista [derro'tista] **I.** *adj* defätistisch
II. *mf* Defätist(in) *m(f)*

derruir [derru'ir] *irr como huir vt* ❶ (*derribar*) niederreißen ❷ (*destruir*) zerstören

derrumbamiento [derrumba'mjento] *m*
(ARQUIT) Einsturz *m;* (*fig*) Zusammenbruch
m

derrumbar [derrum'bar] **I.** *vt* ❶ (*despeñar*) herabstürzen ❷ (*derruir*) niederreißen ❸ (*moralmente*) deprimieren **II.** *vr:*
~ **se** (*edificio*) einstürzen; (*esperanzas*)
sich zerschlagen

desabastecido, -a [desaβaste'θiðo, -a] *adj*
unterversorgt

desaborido, -a [desaβo'riðo, -a] **I.** *adj* fade
II. *m, f* Langweiler(in) *m(f)*

desabotonar [desaβoto'nar] *vt, vr:* ~ **se**
aufknöpfen

desabrido, -a [desa'βriðo, -a] *adj* ❶ (*comida*) fade ❷ (*tiempo*) ungemütlich
❸ (*persona*) unwirsch

desabrigado, -a [desaβri'ɣaðo, -a] *adj*
ungeschützt; **estar** ~ (*persona*) zu leicht
gekleidet sein

desabrochar [desaβro'tʃar] *vt, vr:* ~ **se**
(*botones*) aufknöpfen; (*cordones*) aufschnüren; (*ganchos*) aufhaken; (*hebillas*)
aufschnallen

desacatar [desaka'tar] *vt* missachten

desacato [desa'kato] *m* Missachtung *f* (*a*
+ *gen*)

desacelerar [desaθele'rar] *vt* verlangsamen

desacertado, -a [desaθer'taðo, -a] *adj* verfehlt

desacierto [desa'θjerto] *m* (*falta*) Fehler *m;*
(*equivocación*) Irrtum *m*

desaconsejable [desakonse'xaβle] *adj*
nicht empfehlenswert

desaconsejar [desakonse'xar] *vt* abraten
(von + *dat*); ~ **algo a alguien** jdm von etw
dat abraten

desacorde [desa'korðe] *adj* ❶ (MÚS) verstimmt ② (*alguien*): **estar ~ con algo/alguien** etw *dat*/jdm nicht zustimmen

desacostumbrado, -a [desakostum'braðo, -a] *adj* (*fuera de la rutina*) ungewohnt; (*no común*) ungewöhnlich

desacostumbrar [desakostum'brar] **I.** *vt* abgewöhnen; **~ a alguien de algo** jdm etw abgewöhnen **II.** *vr:* ~ **se** sich *dat* abgewöhnen (*a/de +akk*)

desacreditar [desakreði'tar] **I.** *vt* in Verruf bringen **II.** *vr:* ~ **se** in Verruf kommen

desactivar [desakti'βar] *vt* (*explosivos*) entschärfen

desacuerdo [desa'kwerðo] *m* ① (*discrepancia*) Unstimmigkeit *f*; **estar en ~** nicht übereinstimmen ② (*error*) Fehler *m*

desafiador(a) [desafja'ðor(a)] **I.** *adj* herausfordernd **II.** *m(f)* Herausforderer, -in *m, f*

desafiante [desafi'ante] *adj* herausfordernd

desafiar [desafi'ar] < *1. pres:* desafío > **I.** *vt* (*retar*) herausfordern (*a* zu +*dat*); (*hacer frente*) trotzen (*a* +*dat*); **te desafío a que no lo intentas** ich wette mit dir, dass du es nicht wagst **II.** *vr:* ~ **se** sich (gegenseitig) herausfordern (*a* zu +*dat*)

desafinado, -a [desafi'naðo, -a] *adj* (*tono*) falsch

desafinar [desafi'nar] *vi* (MÚS: *al cantar*) falsch singen; (*al tocar*) falsch spielen; (*instrumento*) verstimmt sein

desafío [desa'fio] *m* (*reto, prueba*) Herausforderung *f*; (*duelo*) Duell *nt*

desaforado, -a [desafo'raðo, -a] *adj* (*fuera de la ley*) gesetzwidrig; (*desmedido*) maßlos

desafortunado, -a [desafortu'naðo, -a] *adj* unglücklich

desafuero [desa'fwero] *m* Übergriff *m*

desagradable [desaɣra'ðaβle] *adj* ① (*no agradable*) unangenehm (*a* für +*akk*); **ser ~ al tacto** sich unangenehm anfühlen ② (*repulsivo*) widerlich (*a* für +*akk*); **ser ~ al gusto** ekelhaft schmecken

desagradar [desaɣra'ðar] *vi* missfallen +*dat*

desagradecido, -a [desaɣraðe'θiðo, -a] *adj* undankbar

desagrado [desa'ɣraðo] *m* Missfallen *nt*

desagraviar [desaɣra'βjar] **I.** *vt* ① (*excusarse*) sich entschuldigen (*a* bei +*dat*) ② (*compensar*) entschädigen **II.** *vr:* ~ **se** sich schadlos halten (*de an* +*dat*)

desaguar [desa'ɣwar] < gu→gü > **I.** *vi* ① (*desembocar*) münden (*en in* +*akk*) ② (*verterse*) abfließen **II.** *vt* (*desecar*) entwässern; **~ el sótano** den Keller auspum-

pen **III.** *vr:* ~ **se** (*verterse*) abfließen

desagüe [de'saɣwe] *m* Abfluss *m*

desaguisado¹ [desaɣi'saðo] *m* ① (*agravio*) Beleidigung *f* ② (*fam: lío*) Durcheinander *nt*

desaguisado, -a² [desaɣi'saðo, -a] *adj* (*contra la ley*) gesetzwidrig; (*la razón*) unvernünftig

desahogado, -a [desao'ɣaðo, -a] *adj* ① (*lugar*) geräumig; (*prenda*) weit ② (*adinerado*) auskömmlich ③ (*descarado*) unverschämt

desahogar [desao'ɣar] < g→gu > **I.** *vt* Erleichterung verschaffen +*dat* **II.** *vr:* ~ **se** ① (*desfogarse*) sich *dat* Erleichterung verschaffen ② (*confiarse*): ~ **se con alguien** sich bei jdm aussprechen; ~ **se de un disgusto con alguien** seinen Ärger bei jdm loswerden ③ (*recuperarse*) sich erholen

desahogo [desa'oɣo] *m* ① (*alivio*) Erleichterung *f* ② (*reposo*) Erholung *f* ③ (*holgura económica*) Auskommen *nt* ④ (*descaro*) Dreistigkeit *f*

desahuciado, -a [desau'θjaðo, -a] *adj* (*enfermo*) unheilbar krank

desahuciar [desau'θjar] **I.** *vt* ① (*quitar la esperanza*) entmutigen ② (*enfermo*) aufgeben ③ (*inquilino*) kündigen +*dat* **II.** *vr:* ~ **se** verzweifeln

desahucio [de'sauθjo] *m* (JUR) Zwangsräumung *f*

desairado, -a [desai'raðo, -a] *adj* ① (*humillado*) gekränkt ② (*desgarbado*) linkisch ③ (*ropa*) schlecht sitzend

desairar [desai'rar] *irr como* airar *vt* ① (*humillar*) kränken ② (*desestimar*) gering schätzen ③ (*rechazar*) verschmähen

desaire [de'saire] *m* ① (*humillación*) Kränkung *f* ② (*desprecio*) Geringschätzung *f* ③ (*desatención*) Unhöflichkeit *f*

desajustar [desaxus'tar] **I.** *vt* ① (*desordenar*) in Unordnung bringen; (*máquina*) verstellen ② (*aflojar*) lösen **II.** *vr:* ~ **se** ① (*desavenir*) sich distanzieren ② (*aflojarse*) sich lösen

desajuste [desa'xuste] *m* ① (*desorden*) Unordnung *f* ② (*desconcierto*) Diskrepanz *f* ③ (*de aparatos*) Fehleinstellung *f*

desalentador(a) [desalenta'ðor(a)] *adj* entmutigend

desalentar [desalen'tar] < e→ie > **I.** *vt* (*desesperanzar*) entmutigen **II.** *vr:* ~ **se** den Mut verlieren

desaliento [desa'ljento] *m* (*falta de valor*) Mutlosigkeit *f*; (*de fuerzas*) Schwäche *f*

desalinizadora [desaliniθa'ðora] *f* Entsalzungsanlage *f*

desaliñado, -a [desali'ɲaðo, -a] *adj* ungepflegt

desalmado, -a [desal'maðo, -a] **I.** *adj* barbarisch **II.** *m, f* Barbar(in) *m(f)*

desalojar [desalo'xar] **I.** *vi* ausziehen **II.** *vt* (*abandonar: casa*) räumen; (*puesto*) verlassen

desalquilado, -a [desalki'laðo, -a] *adj* unvermietet

desalquilar [desalki'lar] **I.** *vt* (*dejar libre*) aufgeben **II.** *vr:* ~ **se** frei werden

desamor [desa'mor] *m* ① (*falta de amor*) Lieblosigkeit *f* ② (*aborrecimiento*) Abneigung *f*

desamparado, -a [desampa'raðo, -a] *adj* (*persona*) schutzlos; (*vagabundo*) obdachlos; (*lugar*) ungeschützt; (*casa*) verlassen

desamparar [desampa'rar] *vt* (*dejar*) verlassen; (*posesiones*) aufgeben; (*desasistir*) im Stich lassen

desamparo [desam'paro] *m* ① (*falta de protección*) Schutzlosigkeit *f* ② (*abandono*) Verlassen *nt*

desamueblado, -a [desamwe'βlaðo, -a] *adj* unmöbliert

desamueblar [desamwe'βlar] *vt* ausräumen

desandar [desaɲ'dar] *irr como andar vt* wieder zurückgehen; ~ **lo andado** (*fig*) wieder von vorne beginnen; **no se puede** ~ **lo andado** (*prov*) was geschehen ist, kann man nicht mehr ungeschehen machen

desangelado, -a [desaɲxe'laðo, -a] *adj* (*persona*) langweilig; (*habitación*) kahl

desangrar [desaɲ'grar] **I.** *vt* ① (*animales*) ausbluten lassen ② (*pantanos*) trockenlegen ③ (*arruinar*) ausbeuten **II.** *vr:* ~ **se** verbluten

desanimado, -a [desani'maðo, -a] *adj* ① (*persona*) mutlos ② (*lugar*) wenig besucht

desanimar [desani'mar] **I.** *vt* entmutigen **II.** *vr:* ~ **se** den Mut verlieren

desánimo [de'sanimo] *m* Mutlosigkeit *f*

desanudar [desanu'ðar] *vt* (*nudo*) aufknoten

desapacible [desapa'θiβle] *adj* (*persona*) unfreundlich; (*sonidos*) unangenehm; (*tiempo*) ungemütlich

desaparecer [desapare'θer] *irr como crecer vi* verschwinden

desaparecido, -a [desapare'θiðo, -a] **I.** *adj* (*perdido*) vermisst **II.** *m, f* (*perdido*) Vermisste(r) *mf*

desaparición [desapari'θjon] *f* (*el perderse*) Verschwinden *nt*

desapego [desa'peɣo] *m* Abneigung *f* (*hacia* gegen +*akk*)

desapercibido, -a [desaperθi'βiðo, -a] *adj* ① (*inadvertido*) unbemerkt; **pasar** ~ nicht auffallen ② (*desprevenido*) unvorbereitet; **coger** ~ völlig unvorbereitet treffen

desaplicado, -a [desapli'kaðo, -a] *adj* faul

desaprensivo, -a [desapren'siβo, -a] *adj* rücksichtslos

desaprobar [desapro'βar] <o→ue> *vt* missbilligen

desaprovechado, -a [desaproβe'ʧaðo, -a] *adj* (*infructuoso*) vergeblich; (*malogrado*) gescheitert

desaprovechar [desaproβe'ʧar] *vt* sich *dat* entgehen lassen

desarbolado, -a [desarβo'laðo, -a] *adj* ① (*sin árboles, estéril*) kahl ② (*destartalado*) defekt ③ (*nervioso*) hektisch

desarmar [desar'mar] **I.** *vi* (POL) abrüsten **II.** *vt* ① (*dejar sin armas/argumentos*) entwaffnen ② (*desmontar*) zerlegen

desarme [de'sarme] *m* (POL) Abrüstung *f*

desarraigar [desarrai̯'ɣar] <g→gu> *vt* ① (*árbol, persona*) entwurzeln ② (*costumbre, creencia*) ausrotten

desarraigo [desa'rrai̯ɣo] *m* ① (*de árbol, de persona*) Entwurzelung *f* ② (*de una pasión, una creencia*) Ausrottung *f*

desarreglado, -a [desarre'ɣlaðo, -a] *adj* (*sin orden*) unordentlich; (*sin regularidad*) unstet

desarreglar [desarre'ɣlar] *vt* ① (*desordenar*) durcheinander bringen ② (*perturbar*) stören

desarreglo [desarre'ɣlo] *m* ① (*desorden*) Unordnung *f* ② (*desperfecto, molestia*) Störung *f;* (*coche*) Panne *f*

desarrollar [desarro'ʎar] **I.** *vt* ① (*aumentar*) entfalten, entwickeln; ~ **relaciones comerciales** Handelsbeziehungen ausbauen ② (*tratar en detalle*) darlegen ③ (*desenrollar*) entrollen **II.** *vr:* ~ **se** ① (*progresar*) sich entwickeln ② (*tener lugar*) sich abspielen

desarrollo [desa'rroʎo] *m* ① (*de un rollo*) Entrollen *nt* ② (*progreso*) Entwicklung *f;* (*crecimiento*) Wachstum *nt;* ~ **profesional** berufliches Fortkommen; **ayuda al** ~ Entwicklungshilfe *f;* **país en vías de** ~ Entwicklungsland *nt* ③ (*proceso*) Ablauf *m*

desarrugar [desarru'ɣar] <g→gu> *vt* glätten

desarticulación [desartikula'θjon] *f* ① (*desencajadura*) Zerlegung *f;* (MED) Ausrenken *nt* ② (*desorganización*) Auflösen *nt;* ~ **de un comando paramilitar** Aushebung eines paramilitärischen Kommandos

desarticular [desartiku'lar] **I.** *vt* ① (*piezas*)

zerlegen ❷ (*articulación*) ausrenken
❸ (*grupo*) auflösen; (*banda*) zerschlagen
II. *vr:* ~ **se** ❶ (*piezas*) auseinander gehen
❷ (*articulación*) sich *dat* ausrenken
❸ (*grupo*) sich auflösen

desaseado, -a [desase'aðo, -a] *adj* ungepflegt

desasir [desa'sir] *irr como asir* **I.** *vt* loslassen
II. *vr:* ~ **se** ❶ (*desprenderse*) sich lösen
❷ (*desacostumbrarse*) aufgeben (*de* + *akk*)

desasosegar [desasose'ɣar] *irr como fregar*
I. *vt* beunruhigen **II.** *vr:* ~ **se** unruhig werden

desasosiego [desaso'sjeɣo] *m* Unruhe *f*

desastrado, -a [desas'traðo, -a] *adj* ❶ (*infortunado*) unglücklich ❷ (*desaliñado*) ungepflegt; (*harapiento*) zerlumpt

desastre [de'sastre] *m* Katastrophe *f;* **ser un** ~ (*fam: alguien*) völlig chaotisch sein

desastroso, -a [desas'troso, -a] *adj* katastrophal

desatado, -a [desa'taðo, -a] *adj* ❶ (*desligado*) ungebunden ❷ (*desenfrenado*) entfesselt; **estar** ~ wild sein

desatar [desa'tar] **I.** *vt* ❶ (*soltar*) losbinden;
(*nudos*) lösen; (*paquete, zapatos*) aufschnüren; ~ **la lengua a alguien** jdn zum Sprechen bringen ❷ (*causar*) entfesseln
II. *vr:* ~ **se** ❶ (*soltarse*) sich losbinden;
(*nudo*) aufgehen ❷ (*desligarse*) sich lösen
❸ (*desencadenarse*) sich entfesseln
❹ (*loc*): ~ **se en improperios** sich in Schmähungen ergehen

desatascar [desatas'kar] <c→qu> *vt*
❶ (*desobstruir*) frei machen ❷ (*sacar del atascadero*) aus dem Schlamm ziehen; ~ **a alguien** jdm aus der Bedrängnis helfen
❸ (*activar*) ankurbeln

desatención [desaten'θjon] *f* ❶ (*distracción*) Unaufmerksamkeit *f* ❷ (*descortesía*) Unhöflichkeit *f*

desatender [desaten'der] <e→ie> *vt*
(*desoír*) außer Acht lassen; (*abandonar*) vernächlässigen

desatento, -a [desa'tento, -a] *adj* ❶ (*distraído*) unaufmerksam; (*negligente*) nachlässig ❷ (*descortés*) unhöflich (*con* zu + *dat*)

desatinado, -a [desati'naðo, -a] *adj* ❶ (*desacertado*) ungeschickt ❷ (*irreflexivo*) unbesonnen

desatinar [desati'nar] *vi* (*conducta*) Unsinn machen; (*palabras*) Unsinn reden

desatino [desa'tino] *m* ❶ (*error*) Fehler *m;*
(*torpeza*) Ungeschick *nt* ❷ (*tontería*) Unsinn *m*

desatornillador [desatorniʎa'ðor] *m* (*Am*) Schraubenzieher *m*

desatornillar [desatorni'ʎar] *vt* abschrauben; ~ **un tornillo** eine Schraube lösen

desatracar [desatra'kar] <c→qu> *vi* (NÁUT) ablegen

desatrancar [desatraŋ'kar] <c→qu> *vt*
❶ (*puerta*) entriegeln ❷ (*desatascar*) eine Verstopfung beseitigen (in + *dat*)

desautorizado, -a [desau̯tori'θaðo, -a] *adj* unbefugt

desautorizar [desau̯tori'θar] <z→c> *vt*
(*inhabilitar*) die Befugnis aberkennen + *dat*

desavenencia [desaβe'neṇθja] *f* ❶ (*desacuerdo*) Uneinigkeit *f* ❷ (*discordia*) Streitigkeit *f*

desavenir [desaβe'nir] *irr como venir* **I.** *vt* entzweien **II.** *vr:* ~ **se** sich zerstreiten

desaventajado, -a [desaβeṇta'xaðo, -a] *adj*
❶ (*poco ventajoso*) nachteilig ❷ (*inferior*) unzureichend

desayunar [desaʝu'nar] *vi, vt* frühstücken;
~ **fuerte** gut frühstücken

desayuno [desa'ʝuno] *m* Frühstück *nt*

desazón [desa'θon] *f* ❶ (*desasosiego*) Unbehagen *nt* ❷ (*malestar*) Unwohlsein *nt* ❸ (*picor*) Juckreiz *m*

desazonar [desaθo'nar] **I.** *vt* ❶ (*enfadar*) verstimmen; (*inquietar*) beunruhigen **II.** *vr:*
~ **se** sich unbehaglich fühlen

desbancar [desβaŋ'kar] <c→qu> *vt* verdrängen

desbarajuste [desβara'xuste] *m* Durcheinander *nt;* **¡esto es un** ~ **total!** hier geht alles drunter und drüber!

desbaratar [desβara'tar] **I.** *vt* ❶ (*desunir*) auseinander bringen; (*dispersar*) auseinander treiben; (*desmontar*) auseinander nehmen ❷ (*arruinar*) vereiteln **II.** *vr:* ~ **se**
❶ (*separarse*) auseinander gehen
❷ (*estropearse*) kaputtgehen ❸ (*fracasar*) danebengehen

desbloquear [desβloke'ar] *vt* freilegen;
(FIN) freigeben; (POL) die Blockade aufheben
+ *gen*

desbocar [desβo'kar] <c→qu> **I.** *vt* ❶ (*cacharro*) am Rand beschädigen ❷ (*enloquecer*) rasend machen **II.** *vr:* ~ **se** (*enloquecer*) ausrasten; (*caballo*) durchgehen

desbordamiento [desβorða'mjeṇto] *m*
Überflutung *f;* (INFOR) Overflow *m;* (*fig*) Ausbruch *m*

desbordante [desβor'ðaṇte] *adj* (*alegría*) überschäumend; ~ **de alegría** überaus froh

desbordar [desβor'ðar] **I.** *vi, vr:* ~ **se**
(*líquido*) überlaufen; (*río*) über die Ufer treten; (*vicio*) aus dem Ruder laufen; ~ **de alegría** vor Freude ganz aus dem Häuschen sein; ~ **de emoción** ganz gerührt

sein; **su alegría/entusiasmo se desbordó** er/sie war vor Freude/Begeisterung ganz aus dem Häuschen **II.** *vt* (*exceder*) überschreiten; **esto desborda mi paciencia** gleich verliere ich die Geduld

desbravar [desβra'βar] *vt* (*domar*) zähmen; (*dominar*) bändigen; (*caballo*) zureiten

descabalgar [deskaβal'ɣar] <g→gu> *vi* absitzen

descabellado, -a [deskaβe'ʎaðo, -a] *adj* wahnwitzig

descabellar [deskaβe'ʎar] *vt* ❶ (*desgreñar*) zerzausen ❷ (TAUR) mit einem Genickstoß töten

descabezado, -a [deskaβe'θaðo, -a] *adj* hirnlos

descabezar [deskaβe'θar] <z→c> *vt* ❶ (*decapitar*) enthaupten ❷ (*podar*) kappen ❸ (*loc*): ~ **un sueñecito** ein Nickerchen machen

descafeinado, -a [deskafei̯'naðo, -a] *adj* koffeinfrei

descalabrar [deskala'βrar] **I.** *vt* (*en la cabeza*) am Kopf verletzen; (*dañar*) schaden +*dat*; **salir descalabrado** (*fig*) schlecht davonkommen **II.** *vr:* ~**se** (*en la cabeza*) sich am Kopf verletzen; (*fig*) schlecht davonkommen

descalabro [deska'laβro] *m* Schaden *m*; (*revés*) Reinfall *m*; **sufrir un** ~ (*derrota*) eine Schlappe einstecken

descalcificación [deskalθifika'θjon] *f* (MED, QUÍM) Entkalkung *f*; (*de agua*) Enthärtung *f*

descalcificar [deskalθifi'kar] <c→qu> *vt* entkalken

descalificación [deskalifika'θjon] *f* ❶ (*desacreditación*) Diskreditierung *f* ❷ (*eliminación*) Disqualifikation *f*

descalificar [deskalifi'kar] <c→qu> *vt* ❶ (*desacreditar*) diskreditieren ❷ (*eliminar*) disqualifizieren

descalzar [deskal'θar] <z→c> **I.** *vt* (*a alguien*) die Schuhe ausziehen +*dat* **II.** *vr:* ~**se** (*alguien*) (sich *dat*) die Schuhe ausziehen

descalzo, -a [des'kalθo, -a] *adj* barfuß; (*fig*) bettelarm

descambiar [deskam'bjar] *vt* (*fam*) umtauschen

descaminar [deskami'nar] **I.** *vt* irreführen; **ir descaminado** (*fig*) sich irren **II.** *vr:* ~**se** ❶ (*perderse*) sich verirren ❷ (*descarriarse*) auf Abwege geraten

descampado [deskam'paðo] *m* offenes Feld *nt*; **en** ~ auf freiem Feld

descansado, -a [deskan'saðo, -a] *adj* ❶ *estar* (*bien dormido*) ausgeschlafen

❷ *ser* (*cómodo*) bequem

descansar [deskan'sar] **I.** *vi* ❶ (*reposar*) sich ausruhen; (*recuperarse*) sich erholen; (*en una marcha*) rasten; (*dormir*) schlafen; **¡que descanses!** schlaf gut!; **¡que Ud. descanse!** angenehme Ruhe!; **descanse en paz** (*difunto*) er/sie ruhe in Frieden ❷ (*apoyar*) ruhen (*en/sobre* auf +*dat*) ❸ (*confiar*) sich verlassen (*en* auf +*akk*) **II.** *vt* ❶ (*apoyar*) stützen (*en/sobre* auf +*akk*) ❷ (*aliviar*) entlasten **III.** *vr:* ~**se** (*confiarse*) sein Herz ausschütten (*en* bei +*dat*)

descansillo [deskan'siʎo] *m* Treppenabsatz *m*

descanso [des'kanso] *m* ❶ (*reposo*) Ausruhen *nt*; (*recuperación*) Erholung *f*; (*tranquilidad*) Ruhe *f*; **día de** ~ Ruhetag *m* ❷ (*pausa*) Pause *f*; (*alto*) Rast *f*; (DEP) Halbzeit *f*; **sin** ~ ununterbrochen ❸ (*alivio*) Erleichterung *f* ❹ (*apoyo*) Stütze *f* ❺ (*descansillo*) Treppenabsatz *m*

descapitalizar [deskapitali'θar] <z→c> *vt* ❶ (ECON, FIN) unterkapitalisieren ❷ (SOCIOL) Kulturgut verlieren

descapotable [deskapo'taβle] **I.** *adj:* **coche** ~ Kabrio(lett) *nt* **II.** *m* Kabrio(lett) *nt*

descarado, -a [deska'raðo, -a] *adj* ❶ (*desvergonzado*) dreist ❷ (*evidente*) unverhüllt

descararse [deska'rarse] *vr* (*insolentarse*) frech werden (*con* zu +*dat*)

descarga [des'karɣa] *f* ❶ (*de mercancías*) Abladen *nt*; (NÁUT) Löschung *f* ❷ (*disparos*) Salve *f*; **recibir una** ~ **de golpes** eine Tracht Prügel bekommen ❸ (ELEC, FÍS) Entladung *f*; ~ **eléctrica** (*calambre*) elektrischer Schlag ❹ (*t.* FIN: *alivio*) Entlastung *f*

descargar [deskar'ɣar] <g→gu> **I.** *vi* ❶ (*desembocar*) auslaufen (*en* in +*akk*); (*río*) münden (*en* in +*akk*) ❷ (*tormenta*) sich entladen **II.** *vt* ❶ (*carga*) abladen; (NÁUT) löschen; ~ **el vientre** seine Notdurft verrichten ❷ (ELEC, FÍS) entladen; (*corriente*) ableiten ❸ (*disparar*) abfeuern; ~ **un golpe sobre...** einen Schlag versetzen ... +*dat* ❹ (*desahogar*) auslassen; ~ **su mal genio en** [*o* sobre] **alguien** seine schlechte Laune an jdm auslassen ❺ (*aliviar*) erleichtern; (FIN) entlasten ❻ (JUR: *absolver*) freisprechen; (*librar*) entlasten ❼ (INFOR) herunterladen **III.** *vr:* ~**se** ❶ (*vaciarse*) sich leeren; (ELEC, FÍS) sich entladen ❷ (*librarse*) sich entledigen (*de* +*gen*) ❸ (*desahogarse*) sich abreagieren; (*con movimiento*) sich austoben

descargo [des'karɣo] *m* ❶ (*descarga*) Ent-

laden *nt* ❷ (FIN) Gutschrift *f* ❸ (*liberación*)
Entlastung *f* ❹ (*justificación*) Rechtfertigung *f;* **en mi** ~ zu meiner Verteidigung
❺ (*absolución*) Freisprechung *f;* **testigo
de** ~ Entlastungszeuge *m*

descargue [desˈkarɣe] *m* Entladen *nt*

descarnado, -a [deskarˈnaðo, -a] *adj* ❶ (*sin
carne*) fleischlos; (*huesudo*) knochig;
(*flaco*) abgemagert ❷ (*acre*) gnadenlos

descaro [desˈkaro] *m* Frechheit *f*

descarriar [deskarriˈar] <*I. pres:* descar-
río*> I. vt* ❶ (*dispersar*) versprengen
❷ (*descaminar*) irreführen **II.** *vr:* ~ **se**
❶ (*perderse*) sich verirren ❷ (*descami-
narse*) auf Abwege geraten

descarrilamiento [deskarrilaˈmjento] *m*
Entgleisung *f*

descarrilar [deskarriˈlar] *vi* entgleisen

descartar [deskarˈtar] **I.** *vt* ausschließen
II. *vr:* ~ **se** (*naipes*) Karten abwerfen

descascarar [deskaskaˈrar] **I.** *vt* (*pelar*)
schälen; (*nuez*) knacken **II.** *vr:* ~ **se** (sich)
(ab)schälen

descendencia [desθenˈdenθja] *f* Nachkommenschaft *f;* **tener** ~ Nachwuchs
bekommen

descendente [desθenˈdente] *adj* (*en
caída*) fallend; (*en disminución*) rückläufig

descender [desθenˈder] <e→ie> **I.** *vi* ❶ (*ir
abajo*) hinuntergehen; (*a un valle/una
mina*) hinuntersteigen ❷ (*disminuir*)
zurückgehen ❸ (*proceder*) abstammen
(*de* von +*dat*) **II.** *vt* ❶ (*coger*) herunter-
nehmen ❷ (*una escalera*) herabsteigen

descendiente [desθenˈdjente] *mf* Nachkomme *m*

descenso [desˈθenso] *m* ❶ (*bajada*) Abstieg
m; **carrera de** ~ (DEP) Abfahrtslauf *m*
❷ (*cuesta*) Abhang *m;* (*pendiente*) Gefälle
nt ❸ (*disminución*) Rückgang *m;* (*caída*)
Abfall *m*

descentralizar [desθentraliˈθar] <z→c>
vt dezentralisieren

descerrajar [desθerraˈxar] *vt* ❶ (*puerta*)
aufbrechen ❷ (*tiro*) abfeuern (*a* auf +*akk*)

descifrar [desθiˈfrar] *vt* entziffern; (*código*)
dechiffrieren

desclasificar [desklasifiˈkar] <c→qu> *vt*
(ADMIN: *hacer público*) verlautbaren

descocado, -a [deskoˈkaðo, -a] *adj* (*descarado*) frech; (*indecente*) schamlos

descoco [desˈkoko] *m* (*descaro*) Frechheit *f;* (*indecencia*) Schamlosigkeit *f*

descodificador [deskoðifikaˈðor] *m* Decoder *m*

descodificar [deskoðifiˈkar] <c→qu> *vt*
(ELEC, RADIO, TV) decodieren

descojonante [deskoxoˈnante] *adj* (*argot*)
zum Schieflachen

descojonarse [deskoxoˈnarse] *vr* (*argot:
reír*) sich schieflachen (*de* über +*akk*)

descolgar [deskolˈɣar] *irr como colgar* **I.** *vt*
❶ (*quitar*) abhängen; **andar descolgado**
(*fig*) rumhängen ❷ (*teléfono*) abnehmen
❸ (*bajar*) herunterlassen **II.** *vr:* ~ **se** ❶ (*bajar*) sich herunterlassen ❷ (*aparecer*) sich
ab und zu blicken lassen ❸ (*dejar caer*)
herausplatzen

descollar [deskoˈʎar] <o→ue> *vi* hervorragen (*entre/sobre* unter +*dat, por* durch
+*akk*); **Goya descolló en la pintura de
su tiempo** Goya war ein hervorragender
Maler seiner Zeit

descolorar [deskoloˈrar], **descolorir** [des-
koloˈrir] **I.** *vt* ausbleichen; (QUÍM) entfärben;
estar descolorido (*lavado*) ausgewa-
schen sein **II.** *vr:* ~ **se** ausbleichen

descomedido, -a [deskomeˈðiðo, -a] *adj*
❶ (*excesivo*) übermäßig ❷ (*insolente*)
ungehörig

descomedirse [deskomeˈðirse] *irr como
pedir vr* sich ungehörig aufführen

descompensar [deskompenˈsar] **I.** *vt* aus
dem Gleichgewicht bringen; **estar des-
compensado** unausgeglichen sein **II.** *vr:*
~ **se** aus dem Gleichgewicht geraten

descomponer [deskompoˈner] *irr como
poner* **I.** *vt* ❶ (*desordenar*) in Unordnung
bringen ❷ (*separar*) zerlegen ❸ (*descomponer, t.* QUÍM) zersetzen ❹ (*enfurecer*)
außer sich *dat* bringen **II.** *vr:* ~ **se** ❶ (*des-
membrarse*) zerfallen ❷ (*corromperse*)
verwesen ❸ (*enfermar*) Durchfall bekommen ❹ (*encolerizarse*) außer sich *dat/akk*
geraten

descomposición [deskomposiˈθjon] *f*
❶ (*separación*) Zerfall *m;* (QUÍM) Zersetzung *f;* (*corrupción*) Verwesung *f* ❷ (*diarrea*): ~ (**de vientre**) Durchfall *m*

descompostura [deskomposˈtura] *f* ❶ (*desarreglo*) Ungepflegtheit *f* ❷ (*descomedimiento*) Ungehörigkeit *f*

descompuesto, -a [deskomˈpwesto, -a]
I. *pp de* **descomponer II.** *adj* ❶ (*desordenado*) unordentlich ❷ (*podrido*) verfault
❸ (*alterado*) verzerrt; **ponerse** ~ **de
rabia** vor Wut außer sich *dat/akk* geraten
❹ (*enfermo*) an Durchfall leidend

descomunal [deskomuˈnal] *adj* ungeheuerlich

desconcentrar [deskonθenˈtrar] **I.** *vt*
❶ (ECON) entflechten ❷ (*distraer*) aus dem
Konzept bringen **II.** *vr:* ~ **se** aus dem Konzept kommen

desconcertar [deskonθerˈtar] <e→ie> *vt*

❶ (*desbaratar*) durcheinander bringen; (*planes*) vereiteln **❷** (*pasmar*) verblüffen

desconchado [deskon'tʃaðo] *m* abgebröckelte Stelle *f*

desconcierto [deskon'θjerto] *m* **❶** (*desarreglo*) Unordnung *f* **❷** (*desorientación*) Unsicherheit *f*

desconectar [deskonek'tar] **I.** *vi, vt* abschalten; (*radio, tele*) ausschalten **II.** *vi* (*fam*) abschalten

desconexión [deskoneɣ'sjon] *f* (ELEC, RADIO) Ausschalten *nt*

desconfiado, -a [deskoɱfi'aðo, -a] *adj* misstrauisch

desconfianza [deskoɱfi'anθa] *f* Misstrauen *nt*

desconfiar [deskoɱfi'ar] *<1. pres: desconfío> vi* misstrauen (*de* +*dat*); **desconfío de conseguirlo** ich bezweifle, dass es mir gelingt

descongelar [deskoŋxe'lar] **I.** *vt* auftauen; (*el frigorífico*) abtauen; (FIN) freigeben; **~ los salarios** den Lohnstopp aufheben **II.** *vr:* **~ se** auftauen

descongestionar [deskoŋxestjo'nar] *vt* entlasten; (MED) entstauen

desconocer [deskono'θer] *irr como crecer vt* **❶** (*ignorar*) nicht wissen; (*subestimar*) verkennen **❷** (*no conocer*) nicht kennen; (*no reconocer*) nicht wieder erkennen **❸** (*negar*) verleugnen; **~ la paternidad** die Vaterschaft leugnen

desconocido, -a [deskono'θiðo, -a] **I.** *adj* unbekannt; (*correos*) Empfänger unbekannt; **estar ~** (*cambiado*) nicht mehr zu erkennen sein **II.** *m, f* Unbekannte(r) *mf;* **un completo ~** ein wildfremder Mensch

desconocimiento [deskonoθi'mjento] *m* Unkenntnis *f;* (*ignorancia*) Unwissenheit *f;* **por ~ de los hechos** in Verkennung der Tatsachen

desconsiderado, -a [deskonsiðe'raðo, -a] *adj* rücksichtslos

desconsolado, -a [deskonso'laðo, -a] *adj* trostlos; (*inconsolable*) untröstlich

desconsolar [deskonso'lar] *<o→ue>* **I.** *vt* betrüben **II.** *vr:* **~ se** sich trostlos fühlen

desconsuelo [deskon'swelo] *m* Trostlosigkeit *f;* **daba ~ verlo** es/er sah trostlos aus

descontado, -a [deskon'taðo, -a] *adj* **❶** (*descartado*) ausgeschlossen **❷** (*seguro*): **por ~** selbstverständlich; **dar algo por ~** etw für selbstverständlich halten

descontaminar [deskontami'nar] *vt* (ECOL) dekontaminieren

descontar [deskon'tar] *<o→ue> vt* **❶** (*restar*) abziehen (*de* von +*dat*) **❷** (*letras*) diskontieren **❸** (*descartar*) ausschließen;

descontando que... +*subj* ungeachtet dessen, dass ...

descontento¹ [deskon'tento] *m* Unzufriedenheit *f*

descontento, -a² [deskon'tento, -a] *adj* unzufrieden

descontrol [deskon'trol] *m* Mangel *m* an Kontrolle; (*desbarajuste*) Durcheinander *nt;* **esto es un ~** hier geht alles drunter und drüber

descontrolarse [deskontro'larse] *vr* (*máquina*) außer Kontrolle geraten; (*persona*) außer sich *dat/akk* geraten

descoordinación [desko(o)rðina'θjon] *f* Mangel *m* an Koordinierung

descorazonamiento [deskoraθona'mjento] *m* Entmutigung *f;* (*desaliento*) Verzagtheit *f;* (*desánimo*) Mutlosigkeit *f*

descorazonar [deskoraθo'nar] **I.** *vt* entmutigen **II.** *vr:* **~ se** verzagen

descorchador [deskortʃa'ðor] *m* Korkenzieher *m*

descorchar [deskor'tʃar] *vt* (*botella*) entkorken

descorrer [desko'rrer] **I.** *vt* zurückziehen; (*cortinas*) aufziehen; (*cerrojo*) zurückschieben **II.** *vr:* **~ se** sich von selbst öffnen

descortés [deskor'tes] *adj* unhöflich

descortesía [deskorte'sia] *f* Unhöflichkeit *f*

descoser [desko'ser] **I.** *vt* (*costura*) auftrennen; **tengo la manga descosida** mein Ärmel hat sich gelöst **II.** *vr:* **~ se** (*costura*) aufgehen; **se me ha descosido un botón** mein Knopf ist ab

descosido, -a [desko'siðo, -a] *adj:* **como un ~** (*loco*) wie ein Wilder; **hablar como un ~** alles ausplappern

descoyuntar [deskoɟun'tar] *vt* **❶** (*dislocar*) verrenken; **estar descoyuntado** (*fig*) fix und fertig sein **❷** (*falsear*) verdrehen

descrédito [des'kreðito] *m* Verruf *m;* **caer en ~** in Verruf geraten

descreído, -a [deskre'iðo, -a] *adj* ungläubig

descremar [deskre'mar] *vt* entrahmen

describir [deskri'βir] *irr como escribir vt* beschreiben; (*presentar*) darstellen; (*hechos*) schildern

descripción [deskriβ'θjon] *f* Beschreibung *f;* (*presentación*) Darstellung *f;* (*de hechos*) Schilderung *f*

descriptivo, -a [deskrip'tiβo, -a] *adj* beschreibend

descuajaringar [deskwaxariŋ'gar] *<g→gu>* **I.** *vt* kaputtmachen **II.** *vr:* **~ se** (*fam: cansarse*) schlappmachen; **~ de risa** sich schieflachen

descuartizar [deskwarti'θar] *<z→c> vt* zerlegen; (*en cuatro*) vierteln

descubierto¹ [desku'βjerto] *m* ❶ (*lugar*): **al** ~ unter freiem Himmel; (MIN) über Tage ❷ (*bancario*) Kontoüberziehung *f;* **al** ~ (*cuenta*) überzogen; (*cheque*) ungedeckt; **en** ~ im Rückstand; **quedarse en** ~ sein Konto überziehen ❸ (*en evidencia*): **poner al** ~ an den Tag bringen; **quedar al** ~ entlarvt werden

descubierto, -a² [desku'βjerto, -a] **I.** *pp de* **descubrir II.** *adj* unbedeckt; (*sin techo*) unüberdacht; (*cielo*) heiter; (*cabeza*) barhäuptig; (*paisaje*) unbewaldet; **a pecho** ~ unbewaffnet; (*fig*) waghalsig

descubridor(a) [deskuβri'ðor(a)] *m(f)* Entdecker(in) *m(f)*

descubrimiento [deskuβri'mjento] *m* Entdeckung *f;* (*revelación*) Enthüllung *f*

descubrir [desku'βrir] *irr como abrir* **I.** *vt* ❶ (*destapar*) enthüllen ❷ (*encontrar*) entdecken ❸ (*averiguar*) herausfinden ❹ (*inventar*) erfinden ❺ (*revelar*) enthüllen ❻ (*desenmascarar*) entlarven **II.** *vr:* ~**se** ❶ (*saludo*) den Hut ziehen ❷ (*traicionarse*) sich bloßstellen ❸ (*desenmascararse*) sich entlarven (*como* als +*akk*) ❹ (*salir a la luz*) an den Tag kommen

descuento [des'kwento] *m* ❶ (*deducción*) Abzug *m* ❷ (*rebaja*) Ermäßigung *f;* (COM) Rabatt *m;* (*por pago al contado*) Skonto *m o nt;* ~ **por cantidad** Mengenrabatt *m;* ~ **al por mayor** Großhandelsrabatt *m* ❸ (*de letras: acción*) Diskontierung *f;* (*cantidad*) Diskont *m*

descuidado, -a [deskwi'ðaðo, -a] *adj* ❶ *ser* (*falto de atención*) unachtsam; (*de cuidado*) nachlässig; (*imprudente*) fahrlässig; (*desaseado*) schlampig; (*desaliñado*) liederlich ❷ *estar* (*abandonado*) vernachlässigt; (*desprevenido*) unvorbereitet; **aspecto** ~ ungepflegtes Äußeres; **coger** ~ überrumpeln

descuidar [deskwi'ðar] **I.** *vi:* ¡**descuida!** lass das nur meine Sorge sein! **II.** *vt* ❶ (*desatender*) vernachlässigen ❷ (*ignorar*) unbeachtet lassen **III.** *vr:* ~**se** ❶ (*abandonarse*) sich vernachlässigen ❷ (*distraerse*) nicht aufpassen

descuidero, -a [deskwi'ðero, -a] *m, f* Gelegenheitsdieb(in) *m(f)*

descuido [des'kwiðo] *m* ❶ (*falta de atención*) Unachtsamkeit *f;* (*de cuidado*) Nachlässigkeit *f;* (*imprudencia*) Fahrlässigkeit *f* ❷ (*error*) Fehler *m;* (*sin querer*) Versehen; **por** ~ aus Versehen

desde ['desðe] **I.** *prep* ❶ (*temporal: pasado*) seit +*dat;* (*a partir de*) ab +*dat;* ~ **... hasta...** von ... bis ...; ~ **ahora** (**en adelante**) von nun an; ¿~ **cuándo?** seit wann?; ¿~ **cuándo vives aquí?** wie lange wohnst du schon hier?; ~ **entonces** seitdem; ~ **hace un mes** seit einem Monat; ~ **hace poco/mucho** seit kurzem/langem; ~ **hoy/mañana** ab heute/morgen; ~ **el principio** von Anfang an; ~ **ya** ab sofort ❷ (*local*) von +*dat;* **te llamo una cabina** ich rufe von einer Telefonzelle (aus) an **II.** *adv:* ~ **luego** (*por supuesto*) selbstverständlich; ¿**vienes con nosotros?** – ¡~ **luego!** kommst du mit uns? – aber klar!; ¡**hace un tiempo horroroso** – ¡~ **luego!** das ist aber ein Sauwetter – allerdings! **III.** *conj:* ~ **que** seit(dem)

desdecir [desðe'θir] *irr como decir* **I.** *vi* nicht entsprechen (*de* +*dat*); ~ **de los suyos** aus der Art schlagen **II.** *vr:* ~**se de algo** etw zurücknehmen; ~**se de una promesa** ein Versprechen nicht halten

desdén [des'ðen] *m* Verachtung *f*

desdentado, -a [desðen'taðo, -a] *adj* zahnlos

desdeñable [desðe'ɲaβle] *adj* verachtenswert; **nada** ~ nicht zu verachten

desdeñar [desðe'ɲar] *vt* ❶ (*despreciar*) verachten ❷ (*rechazar*) verschmähen

desdeñoso, -a [desðe'ɲoso, -a] *adj* verächtlich; (*soberbio*) hochmütig

desdibujado, -a [desðiβu'xaðo, -a] *adj* verschwommen

desdibujar [desðiβu'xar] **I.** *vt* verschwimmen lassen **II.** *vr:* ~**se** verschwimmen

desdicha [des'ðitʃa] *f* ❶ (*desgracia*) Unglück *nt;* (*suceso*) Un(glücks)fall *m* ❷ (*miseria*) Elend *nt*

desdichado, -a [desði'tʃaðo, -a] *adj* unglücklich; **es un** ~ er ist ein armer Teufel

desdoblar [desðo'βlar] **I.** *vt* ❶ (*desplegar*) auseinander falten; (*extender*) ausbreiten; (*fig*) entfalten ❷ (*dividir*) spalten **II.** *vr:* ~**se** ❶ (*abrirse*) sich auseinander falten; (*fig*) sich entfalten ❷ (*dividirse*) sich spalten

desdoro [des'ðoro] *m* Schande *f*

deseable [dese'aβle] *adj* wünschenswert; (*sexualmente*) begehrenswert

desear [dese'ar] *vt* wünschen; (*sexualmente*) begehren; **hacerse** ~ auf sich warten lassen; ¿**desea algo más?** haben Sie noch einen Wunsch?; **dejar mucho que** ~ viel zu wünschen übrig lassen

desecar [dese'kar] <c→qu> **I.** *vt* austrocknen; (*aire*) entfeuchten; (*pantano*) trockenlegen; (*alimentos*) dörren **II.** *vr:* ~**se** austrocknen

desechable [dese'tʃaβle] *adj* ❶ (*de un solo uso*) Einweg-; **guantes** ~**s** Einmalhandschuhe *mpl* ❷ (*despreciable*) verachtenswert; **nada** ~ gar nicht zu verachten

desechar [dese'tʃar] *vt* ❶ (*tirar*) wegwerfen; (*ropa*) ablegen ❷ (*descartar*) ausschließen; (*desestimar*) ablehnen ❸ (*desdeñar*) verschmähen ❹ (*loc, fam*): ~ **el cerrojo** [*o* **la llave**] aufschließen

desecho(s) [de'setʃo(s)] *m(pl)* (*restos*) Ausschuss *m;* (*residuos*) Abfall *m;* (*basura*) Müll *m;* ~ **s tóxicos** Giftmüll *m;* **de** ~ ausgemustert; **el** ~ **de la sociedad** (*fig*) der Abschaum der Gesellschaft

desembalar [desemba'lar] *vt* auspacken

desembarazado, -a [desembara'θaðo, -a] *adj* ❶ (*expedito*) frei ❷ (*desenvuelto*) ungezwungen

desembarazar [desembara'θar] <z→c> **I.** *vt* ❶ (*desocupar*) räumen ❷ (*despejar*) frei machen; (*librar*) befreien **II.** *vr:* ~ **se** sich befreien **III.** *vi* (*Chil: dar a luz*) entbinden

desembarazo [desemba'raθo] *m* ❶ (*despejo*) Räumung *f* ❷ (*desenvoltura*) Ungezwungenheit *f*

desembarcadero [desembarka'ðero] *m* Landungsplatz *m;* (*puente*) Anlegesteg *m*

desembarcar [desemβar'kar] <c→qu> **I.** *vi* landen; (*la escalera*) enden **II.** *vt* (*transportar*) ausschiffen; (*descargar*) ausladen

desembarco [desem'barko] *m* (*arribada*) Landung *f*

desembargar [desembar'ɣar] <g→gu> *vt* freigeben

desembarque [desem'barke] *m* ❶ (*arribada*) Landung *f* ❷ (*descarga*) Ausladung *f*

desembarrancar [desembarraŋ'kar] <c→qu> *vt* flottmachen

desembocadura [desemboka'ðura] *f* (*de un río*) (Ein)mündung *f;* (*desagüe*) Auslauf *m*

desembocar [desembo'kar] <c→qu> *vi* ❶ (*río*) (ein)münden (*en* in +*akk*) ❷ (*situación*) führen (*en* zu +*dat*)

desembolsar [desembol'sar] *vt* ❶ (*sacar*) aus der Tasche nehmen ❷ (*pagar*) zahlen; (*gastar*) ausgeben

desembolso [desem'bolso] *m* (*pago*) Zahlung *f;* (*gasto*) Ausgabe *f*

desembozar [desembo'θar] <z→c> **I.** *vt* ❶ (*descubrir*) enthüllen ❷ (*desatrancar*) eine Verstopfung beseitigen (in +*dat*) **II.** *vr:* ~ **se** ❶ (*descubrirse*) sich enthüllen ❷ (*desatrancarse*) frei werden

desembragar [desembra'ɣar] <g→gu> *vi, vt* (AUTO) auskuppeln

desembrague [desem'braɣe] *m* Auslösung *f;* (TÉC) Ausrückung *f;* (AUTO) Aus-

kupp(e)lung *f*

desembrollar [desembro'ʎar] *vt* (*fam*) entwirren; (*fig*) klären

desembuchar [desembu'tʃar] *vi, vt* (*fam: confesar*) auspacken; **¡desembucha de una vez!** nun schieß schon los!

desempacar [desempa'kar] <c→qu> *vt* auspacken

desempacho [desem'patʃo] *m* (*desenvoltura*) Ungeniertheit *f*

desempapelar [desempape'lar] *vt:* ~ **una habitación** in einem Zimmer die Tapete von der Wand entfernen

desempaquetar [desempake'tar] *vt* auspacken

desemparejar [desempare'xar] **I.** *vt* auseinander bringen; **me desemparejé los calcetines** ich habe einen der zwei Socken verloren **II.** *vr:* ~ **se** getrennt werden

desempatar [desempa'tar] *vi, vt* (DEP) stechen; (*votación*) durch Stichwahl entscheiden

desempate [desem'pate] *m* (DEP) Stichkampf *m;* (*votación*) Stichwahl *f*

desempeñar [desempe'ɲar] *vt* ❶ (*préstamo*) einlösen ❷ (*cargo*) ausüben; (*trabajo*) ausführen; ~ **un papel** eine Rolle spielen

desempeño [desem'peɲo] *m* ❶ (*de un préstamo*) Einlösung *f* ❷ (*ejercicio*) Ausübung *f;* (*realización*) Ausführung *f*

desempleado, -a [desemple'aðo, -a] **I.** *adj* arbeitslos **II.** *m, f* Arbeitslose(r) *mf*

desempleo [desem'pleo] *m* Arbeitslosigkeit *f*

desempolvar [desempol'βar] *vt* ❶ (*limpiar*) abstauben ❷ (*lo olvidado*) auffrischen

desencadenante [deseŋkaðe'nante] **I.** *adj* auslösend **II.** *m* Auslöser *m*

desencadenar [deseŋkaðe'nar] **I.** *vt* ❶ (*soltar*) losketten ❷ (*provocar*) auslösen **II.** *vr:* ~ **se** ausbrechen

desencajar [deseŋka'xar] **I.** *vt* ❶ (*sacar*) lösen; (MED) verrenken; (*cara*) verzerren **II.** *vr:* ~ **se** (*salirse*) ausrasten; (MED) sich *dat* verrenken

desencantar [deseŋkan'tar] **I.** *vt* ❶ (*desembrujar*) entzaubern ❷ (*desilusionar*) ernüchtern; (*decepcionar*) enttäuschen **II.** *vr:* ~ **se** enttäuscht sein

desencanto [desen'kanto] *m* (*decepcion*) Enttäuschung *f;* (*desilusión*) Ernüchterung *f*

desencerrar [deseŋθe'rrar] <e→ie> *vt* ❶ (*persona, animal*) herauslassen ❷ (*problema*) lösen; (*secreto*) lüften

desenchufar [desentʃu'far] *vt* den Stecker herausziehen (von +*dat*)

desencoger [deseŋko'xer] <g→j> **I.** *vt* ❶ (*extender*) ausbreiten ❷ (*estirar*) ausstrecken **II.** *vr:* ~ **se** ❶ (*extenderse*) sich ausbreiten ❷ (*estirarse*) sich ausstrecken ❸ (*desempacharse*) jede Scheu ablegen

desencolarse [deseŋko'larse] *vr* aus dem Leim gehen

desencuadernar [deseŋkwaðer'nar] **I.** *vt* (*libro*) vom Einband lösen **II.** *vr:* ~ **se** auseinander fallen; (*fig*) zusammenbrechen

desenfadado, -a [deseɱfa'ðaðo, -a] *adj* ungezwungen; (*relajado*) locker

desenfadar [deseɱfa'ðar] **I.** *vt* besänftigen **II.** *vr:* ~ **se** sich besänftigen

desenfado [deseɱ'faðo] *m* Ungezwungenheit *f*

desenfocado, -a [deseɱfo'kaðo, -a] *adj* (FOTO) unscharf

desenfocar [deseɱfo'kar] <c→qu> *vt* ❶ (FOTO) nicht scharf stellen; **esta foto está desenfocada** dieses Foto ist unscharf ❷ (*fig: tema*) aus einem falschen Blickwinkel betrachten

desenfrenado, -a [deseɱfre'naðo, -a] *adj* ungezügelt

desenfreno [deseɱ'freno] *m* Zügellosigkeit *f*

desenganchar [deseŋgan'tʃar] **I.** *vt* (*gancho*) loshaken; (*soltar*) losmachen; (*caballos*) abspannen; (FERRO) abkoppeln **II.** *vr:* ~ **se** (*argot: de la droga*) clean werden

desengañado, -a [deseŋga'ɲaðo, -a] *adj* desillusioniert

desengañar [deseŋga'ɲar] **I.** *vt* (*desilusionar*) die Illusion nehmen +*dat*; (*abrir los ojos*) die Augen öffnen +*dat* **II.** *vr:* ~ **se** (*decepcionarse*) enttäuscht sein; **pronto te ~ ás** (*verás claro*) dir werden bald die Augen aufgehen

desengaño [deseŋ'gaɲo] *m* Enttäuschung *f*; **sufrir un ~ amoroso** sich unglücklich verlieben

desengrasado [deseŋgra'saðo] *m* Entfettung *f*

desengrasar [deseŋgra'sar] *vt* entfetten

desenlace [desen'laθe] *m* Ende *nt;* **la película tiene un ~ feliz** der Film hat ein Happyend

desenlazar [desenla'θar] <z→c> **I.** *vt* ❶ (*desatar*) losbinden ❷ (*resolver*) lösen **II.** *vr:* ~ **se** (*resolverse*) sich lösen; (TEAT) ausgehen

desenmarañar [deseⁿmara'ɲar/deseᵐmara'ɲar] *vt* ❶ (*desenredar*) entzausen ❷ (*desentrañar*) herausbekommen

desenmascarar [deseⁿmaska'rar/deseᵐ-

maska'rar] **I.** *vt* demaskieren; (*fig*) bloßstellen **II.** *vr:* ~ **se** sich demaskieren; (*fig*) sich entpuppen (*como* als +*nom*)

desenredar [desenre'ðar] **I.** *vt* (*t. fig*) entwirren; (*pelo*) durchkämmen **II.** *vr:* ~ **se** (*fam: librarse*) heil herauskommen (*de* aus +*dat*)

desenredo [desen'rreðo] *m* ❶ (*acción de desenredar*) Entwirren *nt* ❷ (LIT, CINE: *desenlace*) Ausgang *m*

desenrollar [desenrro'ʎar] **I.** *vt* ausrollen; (*desenvolver*) auswickeln **II.** *vr:* ~ **se** sich auseinander rollen

desenroscar [desenrros'kar] <c→qu> *vt* ❶ (*desenrollar*) ausrollen ❷ (*sacar de la rosca*) abschrauben; (*abrir*) aufschrauben

desentenderse [desenteɳ'derse] <e→ie> *vr* ❶ (*fingir ignorancia*) sich unwissend stellen; **hacerse el desentendido** so tun, als wüsste man von nichts ❷ (*despreocuparse*) sich nicht (mehr) kümmern (*de* um +*akk*); ~ **de un problema** von einem Problem nichts mehr wissen wollen

desenterrar [desente'rrar] <e→ie> *vt* ausgraben; (*encontrar*) ausfindig machen; ~ **viejos recuerdos** alte Erinnerungen auffrischen

desentonar [desento'nar] *vi* ❶ (*cantar*) falsch singen; (*tocar*) falsch spielen ❷ (*no combinar*) nicht passen (*con* zu +*dat*); **con esa ropa desentonas en la fiesta** in diesem Aufzug bist du auf dem Fest fehl am Platz

desentorpecer [desentorpe'θer] *irr como crecer vt* ❶ (*desembarazar*) frei machen ❷ (*desentumecer*) recken ❸ (*afinar*) Schliff beibringen +*dat*

desentrañar [desentra'ɲar] *vt* (*descubrir*) ergründen

desentumecer [desentume'θer] *irr como crecer vt* recken

desenvoltura [desembol'tura] *f* Ungezwungenheit *f;* (*descaro*) Frechheit *f*

desenvolver [desembol'βer] *irr como volver* **I.** *vt* ❶ (*desempaquetar*) auspacken ❷ (*desenrollar*) ausrollen; (*desdoblar*) entfalten ❸ (*descubrir*) enthüllen ❹ (*desarrollar*) entwickeln **II.** *vr:* ~ **se** ❶ (*desarrollarse*) sich entwickeln ❷ (*manejarse*) zurechtkommen

desenvuelto, -a [desem'bweḷto, -a] **I.** *pp de* **desenvolver II.** *adj* (*resuelto*) ungezwungen; (*descarado*) frech

deseo [de'seo] *m* Wunsch *m;* (*necesidad*) Verlangen *nt;* (*ansia*) Begehren *nt;* (*sexual*) Lust *f;* (*impulso*) Drang *m;* ~ **imperioso** dringender Wunsch; ~ **s de venganza** Rachsucht *f;* **tengo grandes ~ s**

de que vengan ich wünsche mir sehr, dass sie kommen

deseoso, -a [dese'oso, -a] *adj:* **estar** ~ **de hacer algo** (*ansioso*) begierig darauf sein, etw zu tun; **estoy** ~ **de conocerle** ich würde Sie gerne einmal kennen lernen

desequilibrado, -a [desekili'βraðo, -a] *adj* unausgeglichen; (*trastornado*) geistig gestört

desequilibrar [desekili'βrar] **I.** *vt* ➊ (*descompensar*) aus dem Gleichgewicht bringen ➋ (*trastornar*) verstören **II.** *vr:* ~ **se** ➊ (*descompensarse*) aus dem Gleichgewicht geraten ➋ (*psíquicamente*) verstört sein

desequilibrio [deseki'liβrjo] *m* ➊ (*falta de equilibrio*) Ungleichgewicht *nt;* (*descompensación*) Unausgewogenheit *f;* (*desproporción*) Missverhältnis *nt* ➋ (*trastorno*) Verstörung *f;* ~ **mental** Geistesstörung *f*

deserción [deser'θjon] *f* (MIL) Desertion *f;* (*fig*) Abtrünnigkeit *f*

desertar [deser'tar] *vi* (MIL) desertieren (*de* von +*dat*); (*pasarse al enemigo*) zum Feind überlaufen; (*fig*) abtrünnig werden

desértico, -a [de'sertiko, -a] *adj* Wüsten-

desertización [desertiθa'θjon] *f* Versteppung *f;* (GEO) Desertifikation *f*

desertor(a) [deser'tor(a)] *m(f)* (MIL) Deserteur(in) *m(f);* (*traidor*) Überläufer(in) *m(f);* (*fig*) Abtrünnige(r) *mf*

desescombrar [deseskom'brar] *vt* von Schutt säubern

desesperación [desespera'θjon] *f* ➊ (*desmoralización*) Verzweiflung *f;* **con** ~ verzweifelt; **caer en la** ~ verzweifeln ➋ (*enojo*) Wut *f* ➌ (*que desespera*) Ärgernis *nt;* **ser una** ~ zum Verzweifeln sein; **tu manera de trabajar es mi** ~ deine Arbeitsweise treibt mich zur Verzweiflung

desesperado, -a [desespe'raðo, -a] *adj* ➊ (*desmoralizado*) verzweifelt; (*situación*) hoffnungslos; **correr como un** ~ auf Teufel komm raus laufen; **gritar como un** ~ wie verrückt brüllen; **hacer algo a la desesperada** etw als letzten Ausweg versuchen ➋ (*enojado*) wütend

desesperante [desespe'rante] *adj* ➊ (*sin esperanza*) hoffnungslos; **resulta** ~ ... es ist ein hoffnungsloses Unterfangen zu ...; **eres** ~ du bist ein hoffnungsloser Fall ➋ (*exasperante*) nervenaufreibend; **tu comportamiento es** ~ dein Verhalten treibt mich zur Verzweiflung

desesperanzar [desesperan'θar] <z→c> **I.** *vt* (*quitar la esperanza*) die Hoffnung nehmen (*a* +*dat*) **II.** *vi, vr:* ~ **se** verzweifeln (*de* an +*dat*); **no** (**te**) **desesperances de**

encontrarlos gib die Hoffnung, sie noch zu finden, nicht auf

desesperar [desespe'rar] **I.** *vt* ➊ (*quitar la esperanza*) die Hoffnung nehmen +*dat* ➋ (*exasperar*) zur Verzweiflung treiben **II.** *vi* verzweifeln (*de* an +*dat*); **no deseperes de que sigan vivos** verlier nicht die Hoffnung, dass sie noch am Leben sind **III.** *vr:* ~ **se** ➊ (*perder la esperanza*) verzweifeln (*de* an +*dat*); **¡no te desesperes!** Kopf hoch!; **no te desesperes de volver a verlos** gib die Hoffnung auf ein Wiedersehen nicht auf ➋ (*lamentarse*) bereuen (*por* zu +*inf*) ➌ (*despecharse*) den Lebensmut verlieren

desespero [deses'pero] *m* v. **desesperación**

desestabilizar [desestaβili'θar] <z→c> *vt* destabilisieren

desestimable [desesti'maβle] *adj* minderwertig; (*persona*) verachtenswert; (*cosa*) geringwertig

desestimar [desesti'mar] *vt* ➊ (*despreciar*) gering schätzen; ~ **a alguien** eine geringe Meinung von jdm haben ➋ (*rechazar*) ablehnen; ~ **una demanda/una reclamación** eine Klage/eine Beschwerde abweisen

desfachatez [desfatʃa'teθ] *f* Frechheit *f*

desfalcar [desfal'kar] <c→qu> *vt* (*dinero*) unterschlagen

desfalco [des'falko] *m* Unterschlagung *f*

desfallecer [desfaʎe'θer] *irr como crecer* **I.** *vi* (*debilitarse*) ermüden; (*colapsar*) zusammenbrechen (*de* vor +*dat*); (*desmayarse*) in Ohnmacht fallen; (*perder el ánimo*) aufgeben; **sin** ~ unermüdlich; **después de diez kilómetros empezó a** ~ nach zehn Kilometern ließen seine/ihre Kräfte nach **II.** *vt* ➊ (*debilitar*) schwächen ➋ (*desanimar*) entmutigen

desfallecido, -a [desfaʎe'θiðo, -a] *adj* schwach

desfallecimiento [desfaʎeθi'mjento] *m* (*debilidad*) Schwäche *f;* (*desmayo*) Ohnmacht *f;* (*colapso*) Zusammenbruch *m;* (*de ánimo*) Mutlosigkeit *f;* ~ (**de las fuerzas**) Kräfteschwund *m;* **poco antes de llegar a la meta le sobrevino el** ~ kurz vor dem Ziel ließen seine/ihre Kräfte nach

desfasado, -a [desfa'saðo, -a] *adj* ➊ (*anticuado: persona*) altmodisch; (*cosa*) veraltet; **no está al tanto de novedades** nicht auf dem neuesten Stand sein ➋ (TÉC) gestört

desfasar [desfa'sar] **I.** *vt* (ELEC) in der Phase verschieben **II.** *vr:* ~ **se** ➊ (ELEC) eine Phasenverschiebung aufweisen ➋ (*no adaptarse*) sich nicht anpassen (*a* an +*akk, a*

+*dat*); (*retrasarse*) den Anschluss verlieren; (*ser anticuado*) nicht auf dem neuesten Stand sein; (*persona*) nicht mit der Zeit gehen

desfase [des'fase] *m* (*diferencia*) Unterschied *m;* ~ **con la realidad** Abweichung von der Realität

desfavorable [desfaβo'raβle] *adj* (*perjudicial*) nachteilig; (*negativo*) ungünstig; (*opinión*) abfällig

desfavorecer [desfaβore'θer] *irr como crecer vt* ① (*sentar mal*): **este color te desfavorece** diese Farbe steht dir nicht; **este clima me desfavorece** dieses Klima tut mir nicht gut ② (*perjudicar*) benachteiligen ③ (*oponerse*) ablehnen

desfiguración [desfiɣura'θjon] *f* ① (*afeamiento*) Verunstaltung *f;* (*de las facciones*) Entstellung *f;* (*del cuerpo*) Verstümmelung *f* ② (*deformación*) Verformung *f;* (*de una imagen*) Verzerrung *f;* (*de un texto*) Verstümmelung *f;* (*de la realidad*) falsche Darstellung *f* ③ (*disfraz*) Tarnung *f;* (*traje*) Verkleidung *f*

desfigurar [desfiɣu'rar] *vt* ① (*afear*) verunstalten; (*las facciones*) entstellen; (*el cuerpo*) verstümmeln; (*el tipo*) ruinieren ② (*deformar*) verformen; (*una imagen, un sonido*) verzerrt wiedergeben; (*un texto*) verstümmeln; (*la realidad*) verdrehen ③ (*disfrazar*) verkleiden; (*hacer irreconocible*) unkenntlich machen ④ (*ocultar*) verbergen

desfiladero [desfila'ðero] *m* (GEO) Schlucht *f*

desfilar [desfi'lar] *vi* ① (*marchar en fila*) vorbeiziehen; (MIL) vorbeimarschieren; (*ante un personaje importante*) defilieren ② (*salir*) herauskommen

desfile [des'file] *m* ① (*acción*) Vorbeiziehen *nt;* (*de tropas*) Vorbeimarschieren *nt;* (*parada*) (Militär)parade *f;* (*de modelos*) Modenschau *f;* (POL) Marsch *m;* (*en una fiesta*) Umzug *m* ② (*personas*) Zug *m,* Kolonne *f;* **participar en el** ~ im Zug mitmarschieren

desflorar [desflo'rar] *vt* ① (*a una mujer*) entjungfern ② (*estropear*) ruinieren; (*gastar*) abnutzen ③ (*tratar*) kurz abhandeln; (*tema*) streifen

desfogar [desfo'ɣar] <g→gu> **I.** *vt* ① (*un fuego*) schüren ② (*un sentimiento*) freien Lauf lassen +*dat;* ~ **su ira** seinem Ärger Luft machen; ~ **su mal humor en** [*o* con] **alguien** seine schlechte Laune an jdm ablassen **II.** *vi* (*tormenta*) losbrechen **III.** *vr:* ~ **se** sich *dat* Luft machen *fam;* ~ **se en** [*o* con] **alguien** (*irritación*) seine Wut

an jdm auslassen; (*frustración*) sich bei jdm ausweinen

desforestación [desforesta'θjon] *f* Rodung *f;* (*con herramientas*) Abholzung *f;* (*con fuego*) Brandrodung *f*

desforestar [desfores'tar] *vt* roden; (*quemando*) brandroden

desgajar [desɣa'xar] **I.** *vt* ① (*arrancar*) abreißen; (*romper*) abbrechen; (*ramas*) abknicken; ~ **una página de un libro** eine Seite aus einem Buch herausreißen ② (*separar*) trennen ③ (*despedazar*) zerschlagen **II.** *vr:* ~ **se** (*desprenderse*) sich lösen; (*romperse*) abbrechen; (*rama*) abknicken

desgana [des'ɣana] *f* (*fam*) ① (*inapetencia*) Appetitlosigkeit *f;* **comer con** ~ sich zum Essen zwingen ② (*falta de interés*) Unlust *f;* **con** ~ widerwillig

desganarse [desɣa'narse] *vr* ① (*perder el apetito*) den Appetit verlieren ② (*cansarse*) überdrüssig werden (*de* +*gen*), die Lust verlieren (*de* auf +*akk*); **me he desganado de ir a las discotecas** ich habe keine Lust mehr auf Diskos

desgañitarse [desɣaɲi'tarse] *vr* (*gritar*) sich *dat* die Kehle aus dem Hals schreien; (*enronquecerse*) sich heiser schreien

desgarbado, -a [desɣar'βaðo, -a] *adj* ① (*sin garbo*) ungelenk ② (*larguirucho*) schlacksig

desgarrador(a) [desɣarra'ðor(a)] *adj* herzzerreißend

desgarrar [desɣa'rrar] **I.** *vt* zerreißen; (*en muchos pedazos*) zerfetzen; ~ **un paquete** ein Paket aufreißen; **estas imágenes desgarran el corazón** das sind herzzerreißende Bilder; **esto me desgarra el corazón** das bricht mir das Herz **II.** *vr:* ~ **se** (*romperse*) zerreißen; **se me desgarra el corazón al pensar que no voy a verte nunca más** der Gedanke, dich nie wieder zu sehen, bricht mir das Herz

desgarro [des'ɣarro] *m* ① (*rotura*) Riss *m* ② (*descaro*) Unverschämtheit *f;* **contestar con** ~ eine freche Antwort geben ③ (*fanfarronada*) Prahlerei *f* ④ (*Am: esputo*) Auswurf *m*

desgastar [desɣas'tar] **I.** *vt* ① (*estropear*) abnutzen; (*tela*) abwetzen; (*zapatos*) ablaufen; **ese pantalón está desgastado por las rodillas** diese Hose ist an den Knien durchgescheuert ② (*consumir*) aufbrauchen; (*comida*) aufessen ③ (*cansar*) auslaugen **II.** *vr:* ~ **se** ① (*consumirse*) sich abnutzen; (*tela*) verschleißen; (*color*) verblassen ② (*acabarse*) ausgehen; (*mercancía*) auslaufen ③ (*debilitarse*) abbauen

desgaste [des'ɣaste] *m* ❶ (*fricción*) Abnutzung *f* ❷ (*consumo*) Verbrauch *m*

desglosar [desɣlo'sar] *vt* ❶ (*una hoja*) herausnehmen; (*una cuestión*) getrennt behandeln; ~ **los gastos** die Kosten (einzeln) aufschlüsseln

desglose [des'ɣlose] *m* ❶ (*de una página*) Entnahme *f;* ~ **de documentos** (JUR) Herausnahme von Urkunden aus den Akten ❷ (*de los gastos*) Aufschlüsselung *f,* (Einzel)aufstellung *f;* ~ (*de un tema*) (Unter)gliederung *f* ❸ (*quitar la glosa*) Entfernen *nt* von Anmerkungen

desgobernar [desɣoβer'nar] <e→ie> *vt* ❶ (*un país*) schlecht regieren; (*una institución*) schlecht verwalten; ~ **un asunto** eine Angelegenheit nicht in den Griff bekommen ❷ (*los huesos*) ausrenken ❸ (*perturbar*) stören

desgobierno [desɣo'βjerno] *m* ❶ (*de un país/una institución*) Misswirtschaft *f* ❷ (*desorden*) Chaos *nt*

desgracia [des'ɣraθja] *f* ❶ (*suerte adversa*) Pech *nt;* **por** ~ leider; **este año estoy de** ~ dieses Jahr läuft bei mir alles schief; **llevar una temporada de** ~**s** in letzter Zeit kein Glück haben; **tuve la** ~ **de perder todo mi dinero en el bingo** zu meinem Pech habe ich mein ganzes Geld beim Bingo verspielt; **tiene la** ~ **de ser sordo** er ist leider taub ❷ (*acontecimiento*) Unglück *nt;* **en el accidente no hubo** ~**s personales** bei dem Unfall kam niemand ums Leben; **he tenido la** ~ **de...** mir ist das große Unglück widerfahren zu ...; **es una** ~ **que ...** +*subj* es ist schrecklich, dass ...; **eres una verdadera** ~ dir gelingt einfach gar nichts ❸ (*pérdida de gracia*): **caer en** ~ in Ungnade fallen

desgraciadamente [desɣraθjaða'mente] *adv* leider

desgraciado, -a [desɣra'θjaðo, -a] **I.** *adj* ❶ (*sin suerte*) glücklos; **ser** ~ (*tener mala suerte*) Pech haben; (*no llegar a nada*) es zu nichts bringen; ~ **en el juego, afortunado en amores** (*prov*) Pech im Spiel, Glück in der Liebe ❷ (*infeliz*) unglücklich ❸ (*que implica desgracia*) tragisch; **fue una intervención desgraciada** das Eingreifen richtete nur Schaden an ❹ (*pobre*) arm(selig) **II.** *m, f* ❶ (*sin suerte*) Pechvogel *m* ❷ (*infeliz*): **es un** ~ ihm hat das Schicksal übel mitgespielt ❸ (*pobre*) armer Schlucker *m* ❹ (*persona sin valor*) Nichtsnutz *m* ❺ (*pey: miserable*) Schuft *m*

desgraciar [desɣra'θjar] **I.** *vt* ❶ (*estropear*) ruinieren ❷ (*disgustar*) verärgern **II.** *vr:* ~**se** (*malograrse*) missglücken

desgranar [desɣra'nar] *vt* ❶ (*maíz*) entkörnen; (*habas*) aushülsen; (*trigo*) dreschen; ~ (**las cuentas de**) **un rosario** einen Rosenkranz abbeten ❷ (*repetir*): ~ **insultos** einen Sturm von Beleidigungen ablassen; ~ **mentiras** Lügen vom Stapel lassen; ~ **palabrotas** mit Schimpfwörtern um sich werfen

desgravable [desɣra'βaβle] *adj* abzugsfähig

desgravación [desɣraβa'θjon] *f* ❶ (*reducción de un impuesto*) Steuererleichterung *f;* (*de un arancel*) Zollminderung *f* ❷ (*abolición de un impuesto*) Steuerbefreiung *f;* (*de un arancel*) Zollfreiheit *f* ❸ (*de un gasto*) Abzug *m;* ~ **sobre bienes de capital** Anlagenabschreibung *f;* ~ **por cargas familiares** Kinderfreibetrag *m*

desgravar [desɣra'βar] *vt* ❶ (*suprimir un impuesto*) von der Steuer befreien; (*un derecho arancelario*) von den Zollgebühren befreien ❷ (*reducir*): ~ **el tabaco** (*bajar el impuesto*) die Tabaksteuer senken; (*el arancel*) keine Zollgebühren auf Tabakwaren erheben ❸ (*deducir*) (von der Steuer) abziehen

desgreñado, -a [desɣre'ɲaðo, -a] *adj* zerzaust

desguace [des'ɣwaθe] *m* (*para chatarra*) Verschrottung *f;* (*parcial*) Ausschlachten *nt;* **estar para el** ~ (*fam: cosa*) schrottreif sein; (*persona*) abwrackreif sein

desguazar [desɣwa'θar] <z→c> *vt* ❶ (*desmontar*) auseinander nehmen ❷ (*reducir a chatarra*) verschrotten; (*un buque*) abwracken; (*quitar las partes útiles*) ausschlachten

deshabitado, -a [desaβi'taðo, -a] *adj* (*edificio*) unbewohnt; **ciudad deshabitada** Geisterstadt *f;* **una región muy deshabitada** ein nur spärlich besiedeltes Gebiet

deshabitar [desaβi'tar] *vt* ❶ (*un edificio*) räumen; ~ **un piso** aus einer Wohnung ausziehen ❷ (*despoblar*) entvölkern

deshabituar [desaβitu'ar] <1. *pres:* deshabitúo> **I.** *vt* entwöhnen; ~ **a alguien de algo** jdm etw abgewöhnen **II.** *vr:* ~**se** sich *dat* abgewöhnen (*de* +*akk*); ~**se de una droga** einen (Drogen)entzug machen; **quiero** ~**me de fumar** ich will mir das Rauchen abgewöhnen

deshacer [desa'θer] *irr como* hacer **I.** *vt* ❶ (*un paquete*) auspacken; (*una costura*) auftrennen; (*un nudo*) aufmachen; (*la cama*) zerwühlen; (*un aparato*) zerlegen; (*una maleta*) wieder auspacken; ~ **los puntos** das Gestrickte wieder auftrennen; **no intentes** ~ **lo hecho** versuch nicht das

Geschehene ungeschehen zu machen; ~ **un error** einen Fehler wieder gutmachen; **ser el que hace y deshace** (*fig*) die erste Geige spielen ❷ (*romper*) kaputtmachen; (*en pedazos*) zerbröckeln; (*cortar*) zerhacken; (*una res*) zerlegen; (*una tela*) in Stücke reißen; (*a golpes*) zerschlagen ❸ (*arruinar*) ruinieren; (*plan*) zunichte machen ❹ (*disolver*) auflösen; (*hielo*) schmelzen (lassen); (*contrato, negocio*) rückgängig machen; ~ **una casa** (*fig*) einen Haushalt auflösen ❺ (MIL) in die Flucht schlagen **II.** *vr:* ~ **se** ❶ (*descomponerse*) sich auflösen; (*hielo*) schmelzen; (*desaparecer*) sich in Luft auflösen; **se me ha deshecho el helado** das Eis ist mir weggeschmolzen; **se deshace en cumplidos** er/sie überschüttet mich mit Komplimenten; ~ **se de impacienca** vor lauter Ungeduld vergehen; ~ **se en lágrimas** in Tränen zerfließen; ~ **se en llanto** in Gejammer ausbrechen; ~ **se de nervios** übernervös sein; ~ **se por algo** (ganz) verrückt nach etw *dat* sein; **se deshace por complacernos** er/sie tut alles, um uns zufrieden zu stellen; ~ **se a trabajar** wie besessen arbeiten; ~ **se empollando** wie verrückt büffeln ❷ (*romperse*) kaputtgehen; (*costura, nudo*) aufgehen; (*pastel*) zerbröckeln; (*silla*) aus dem Leim gehen ❸ (*desprenderse*) sich entledigen (*de+gen*); (*vender*) verkaufen (*de+akk*); ~ **se de alguien** sich *dat* jdn vom Hals schaffen; (*asesinar*) jdn umbringen; (*despedir*) jdn entlassen

desharrapado, -a [desarra'paðo, -a] *adj* schäbig

deshecho, -a [de'setʃo, -a] **I.** *pp de* **deshacer II.** *adj* ❶ (*deprimido*) am Boden zerstört; **dejar a alguien** ~ jdn fertig machen *fam* ❷ (*cansado*) erschöpft; **estar** ~ völlig erledigt sein ❸ (*tormenta*) heftig; (*lluvia*) strömend

deshelar [deʃe'lar] <e→ie> **I.** *vt* (*hielo*) schmelzen (lassen); (*una nevera*) abtauen **II.** *vr:* ~ **se** (*nieve*) schmelzen; (*nevera*) abtauen

desheredar [desere'ðar] *vt* enterben

deshidratación [desiðrataˈθjon] *f* ❶ (*extracción de agua*) Wasserentzug *m*; (*de alimentos*) Trocknung *f*; **este medicamento produce** ~ dieses Medikament entzieht dem Körper Wasser ❷ (QUÍM) Dehydrierung *f* ❸ (MED) Dehydration *f*

deshidratar [desiðra'tar] **I.** *vt* ❶ (*quitar agua*) Wasser entziehen +*dat*; (*suelo, cuerpo*) entwässern ❷ (*secar*) austrocknen; (*alimentos*) trocknen; (*tierra*) ausdörren **II.** *vr:* ~ **se** austrocknen; (*tierra*) aus-

dörren; (*cuerpo*) Flüssigkeit verlieren

deshielo [des'jelo] *m* ❶ (*el deshelar*) Schmelzen *nt;* (*de la nevera*) Abtauen *nt* ❷ (*clima, t.* POL) Tauwetter *nt*

deshilachado, -a [desilaˈtʃaðo, -a] *adj* ❶ (*ropa*) fadenscheinig ❷ (*persona*) zerlumpt

deshilachar [desilaˈtʃar] *vt, vr:* ~ **se** ausfransen

deshilvanado, -a [desilβaˈnaðo, -a] *adj* (*discurso*) wirr

deshinchar [desinˈtʃar] **I.** *vt* ❶ (*sacar el aire*) die Luft herauslassen (aus +*dat*) ❷ (*una inflamación*) zum Abschwellen bringen ❸ (*cólera*) ablassen **II.** *vr:* ~ **se** ❶ (*perder aire*) Luft verlieren; **se me ha deshinchado la rueda de la bici** mein Fahrradreifen ist platt ❷ (*una inflamación*) abschwellen ❸ (*fam: deponer la vanidad*) von seinem hohen Ross herunterkommen

deshojado, -a [desoˈxaðo, -a] *adj* ❶ (*árbol*) kahl ❷ (*libro*) zerfleddert

deshojar [deso'xar] **I.** *vt* ❶ (BOT) entblättern; (*un árbol*) entlauben; ~ **una flor** die Blütenblätter abzupfen ❷ (*un libro*) die Blätter herausreißen (aus +*dat*); (*un calendario*) die (Kalender)blätter abreißen **II.** *vr:* ~ **se** ❶ (BOT) die Blätter verlieren ❷ (*un libro*) aus dem Leim gehen

deshollinador [desoʎinaˈðor] *m* ❶ (*persona*) Schornsteinfeger *m*, Kaminkehrer *m* ❷ (*instrumento para deshollinar*) Kaminkehrbesen *m* ❸ (*escoba*) Stielbesen *m*

deshollinar [desoʎi'nar] *vt* ❶ (*la chimenea*) fegen ❷ (*limpiar*) putzen ❸ (*curiosear*) herumschnüffeln (in +*dat*)

deshonestidad [desonestiˈðað] *f* ❶ (*carácter inmoral*) Unanständigkeit *f* ❷ (*carácter tramposo*) Unehrlichkeit *f* ❸ (*acto licencioso*) Unzucht *f* ❹ (*fraude*) Betrug *m*

deshonesto, -a [deso'nesto, -a] *adj* ❶ (*inmoral*) unsittlich ❷ (*tramposo*) unehrlich

deshonor [deso'nor] *m* (*afrenta*) Schande *f*

deshonra [des'onrra] *f* (*afrenta*) Schande *f;* **tener algo a** ~ (*como insulto*) etw als Kränkung empfinden; (*como humillante*) etw als Demütigung empfinden; **ser una** ~ **para la empresa** (*desacreditar*) das Ansehen der Firma ruinieren

deshonrar [deson'rrar] *vt* entehren; (*ofender*) kränken; (*humillar*) demütigen; ~ **a alguien** (*desacreditar*) jds Ansehen ruinieren

deshonroso, -a [deson'rroso, -a] *adj* ❶ (*que causa deshonra*) schändlich ❷ (*poco honroso*) unehrenhaft

deshora [de'sora] *f* Unzeit *f;* **hablar a** ~(s)

dazwischenreden; **venir a** ~(**s**) (*en un momento inconveniente*) ungelegen kommen; (*demasiado tarde*) zu spät kommen; **dormir a** ~ **s** zu den unmöglichsten Zeiten schlafen

deshuesado, -a [deswe'saðo, -a] *adj* ❶ (*fruta*) entsteint ❷ (*carne*) ohne Knochen

deshumanizar [desumani'θar] <z→c> *vt* entmenschlichen

deshumedecer [desumeðe'θer] *irr como crecer vt* entfeuchten

desidia [de'siðja] *f* ❶ (*descuido*) Schlampigkeit *f;* **me molesta tu** ~ **en el trabajo** mich stört deine schlampige Arbeitsweise ❷ (*pereza*) Faulheit *f*

desierto¹ [de'sjerto] *m* ❶ (GEO) Wüste *f* ❷ (*lugar despoblado*) Einöde *f;* **esto es predicar en el** ~ das bringt nichts

desierto, -a² [de'sjerto, -a] *adj* ❶ (*sin gente*) (menschen)leer; (*zona*) unbesiedelt ❷ (*como un desierto*) öde ❸ (*sin participantes*): **una subasta desierta** eine Auktion ohne Bieter; **el premio fue declarado** ~ der Preis wurde nicht vergeben; **dar por** ~ **un concurso** einen Wettbewerb mangels Teilnehmer absagen

designación [desiɣna'θjon] *f* ❶ (*nombramiento*) Ernennung *f;* ~ **de candidatos** Aufstellung von Kandidaten (zur Wahl) ❷ (*nombre*) Bezeichnung *f;* ~ **del contenido** Inhaltsangabe *f*

designar [desiɣ'nar] *vt* ❶ (*dar un nombre*) bezeichnen (*por* als +*akk*); ~ **a alguien con un apodo** jdm einen Spitznamen geben ❷ (*destinar*) bestimmen; (*elegir*) wählen; (*fecha*) festsetzen; (*nombrar*) ernennen (*para* zu +*dat*); ~ **un abogado** einen Anwalt benennen; ~ **un candidato** einen Kandidaten aufstellen; ~ **un representante** einen Vertreter bestellen

designio [de'siɣnjo] *m* (*plan*) Plan *m;* (*propósito*) Absicht *f;* (*deseo*) Wunsch *m;* **su** ~ **es convertirse en multimillonario** er will es zum Multimillionär bringen

desigual [desi'ɣwal] *adj* ❶ (*distinto*) ungleich; **ser muy** ~ völlig verschieden sein ❷ (*injusto*) unfair ❸ (*irregular*) uneben; (*carretera*) holp(e)rig ❹ (*inconstante*) wechselhaft

desigualar [desiɣwa'lar] **I.** *vt* ❶ (*hacer desigual*) ungleich machen; ~ **a alguien** jdn benachteiligen ❷ (*hacer irregular*) uneben machen **II.** *vr:* ~ **se** ❶ (*desemejarse*) auseinander driften ❷ (*sobresalir*) herausragen

desigualdad [desiɣwal'daᵈ] *f* ❶ (*diferencia*) Verschiedenheit *f* ❷ (*injusticia*) Unge-

rechtigkeit *f* ❸ (*irregularidad*) Unebenheit *f* ❹ (*del carácter*) Unausgeglichenheit *f;* (*del tiempo*) Wechselhaftigkeit *f*

desilusión [desilu'sjon] *f* ❶ (*desengaño*) Enttäuschung *f;* **sufrir una** ~ enttäuscht werden ❷ (*desencanto*) Ernüchterung *f*

desilusionante [desilusjo'nante] *adj* (*que desencanta*) ernüchternd

desilusionar [desilusjo'nar] **I.** *vt* ❶ (*quitar la ilusión*) die Illusionen rauben +*dat* ❷ (*decepcionar*) enttäuschen **II.** *vr:* ~ **se** ❶ (*perder la ilusión*) seine Illusionen verlieren; (*ver claro*) die Wahrheit erkennen ❷ (*decepcionarse*) enttäuscht sein

desincentivar [desinθenti'βar] *vt* entmutigen

desinencia [desi'nenθja] *f* Endung *f;* ~ **nominal** Substantivendung *f*

desinfección [desinfeᵞ'θjon] *f* Desinfizierung *f*

desinfectante [desinfek'tante] *m* Desinfektionsmittel *nt*

desinfectar [desinfek'tar] *vt* desinfizieren

desinflación [desinfla'θjon] *f* (ECON) Deflation *f*

desinflado, -a [desinɱ'flaðo, -a] *adj* (*rueda*) platt

desinflar [desinɱ'flar] **I.** *vt* (*sacar el aire*) die Luft herauslassen (aus +*dat*) **II.** *vr:* ~ **se** (*perder aire*) die Luft verlieren; **se me ha desinflado la rueda de atrás** mein Hinterreifen ist platt

desinformación [desinforma'θjon] *f* Desinformation *f*

desinformar [desinfor'mar] *vt* falsch informieren

desinhibir [desini'βir] **I.** *vt* ❶ (*a una persona*) enthemmen ❷ (*un órgano*) von einer Blockierung befreien **II.** *vr:* ~ **se** ❶ (*un órgano*) seine Funktion wieder aufnehmen; (MED) spontan reagieren ❷ (*persona*) seine Hemmungen verlieren

desintegración [desinteɣra'θjon] *f* Auflösung *f;* (*de un territorio*) Teilung *f;* (*de una ruina*) Zerfall *m;* (*de un grupo*) Trennung *f;* (*debido al clima*) Verwitterung *f;* (FÍS) Spaltung *f;* (QUÍM) Zersetzung *f*

desintegrar [desinte'ɣrar] **I.** *vt* auflösen; (*una piedra*) zerbröckeln; (*un grupo*) auflösen; (*un país*) teilen; (FÍS) spalten; (QUÍM) zersetzen **II.** *vr:* ~ **se** zerfallen; (*edificio*) einstürzen; (*muro*) zerbröckeln; (*grupo*) sich auflösen; (*partido*) sich spalten; (FÍS) sich spalten; (QUÍM) sich auflösen

desinterés [desinte'res] *m* ❶ (*indiferencia*) Gleichgültigkeit *f;* **sentir** ~ **por algo** an etw *dat* kein Interesse haben ❷ (*altruismo*) Selbstlosigkeit *f;* (*generosidad*)

Freigebigkeit *f;* **hacer algo con** ~ etw ohne Eigennutz tun

desinteresado, -a [desiɲtere'saðo, -a] *adj* ❶ (*indiferente*) desinteressiert; (*en un conflicto*) unparteiisch ❷ (*altruista*) uneigennützig; (*generoso*) freigebig

desinteresar [desiɲtere'sar] **I.** *vt* nicht interessieren **II.** *vr:* ~**se** ❶ (*no tener interés*) kein Interesse haben (*de* an +*dat*); (*inhibirse*) sich heraushalten (*de* aus +*dat*); **se desinteresa de tus problemas** deine Probleme sind ihm/ihr egal ❷ (*perder el interés*) das Interesse verlieren (*de* an +*dat*)

desintoxicación [desiɲtoᵞsika'θjon] *f* Entgiftung *f;* (*de una droga*) Entziehung *f*

desintoxicar [desiɲtoᵞsi'kar] <c→qu> **I.** *vt* entgiften; (*de una droga*) von einer Sucht heilen **II.** *vr:* ~**se** seinen Körper entgiften; (*de una droga*) sich einer Entziehung unterziehen

desistir [desis'tir] *vi* ❶ (*de un proyecto*) aufgeben (*de* +*akk*); **no** ~**é de convencerte** ich werde weiterhin versuchen dich zu überzeugen; **no hay manera de hacerles** ~ **de su propósito** sie sind durch nichts von ihrem Vorhaben abzubringen ❷ (*de un derecho*) verzichten (*de* auf +*akk*); (*de un cargo/contrato*) zurücktreten (*de* von +*dat*); (*una demanda/petición*) zurücknehmen (*de* +*akk*)

deslavazado, -a [deslaβa'θaðo, -a] *adj* ❶ (*lacio*) schlaff; **este traje te queda** ~ dieser Anzug sitzt nicht ❷ (*incoherente*) zusammenhanglos ❸ (*insulso*) fade

desleal [desle'al] *adj* (*infiel*) untreu; (*traidor*) verräterisch; **competencia** ~ unlauterer Wettbewerb; **publicidad** ~ irreführende Werbung; **ser** ~ **a su patria** sein Land verraten; **ser** ~ **con su partido** sich seiner Partei gegenüber illoyal verhalten; **has sido** ~ **a tu familia** du hast das Vertrauen deiner Familie missbraucht; **ten cuidado con lo que le cuentes, es una persona muy** ~ achte darauf, was du ihm/ihr erzählst, denn man kann ihm/ihr nicht vertrauen; **ser** ~ **con** [*o* **a**] **alguien** (*injusto*) sich jdm gegenüber unfair benehmen

deslealtad [desleal'taᵈ] *f* (*infidelidad*) Untreue *f;* (*injusticia*) unfaires Verhalten *nt;* (POL) Illoyalität *f* (*con* gegenüber +*dat*)

deslegitimar [deslexiti'mar] *vt* die Legitimation entziehen +*dat*

desleír [desle'ir] *irr como reír* **I.** *vt* (*disolver*) auflösen **II.** *vr:* ~**se** sich auflösen; **esta sustancia no se deslíe en agua** diese Substanz ist nicht wasserlöslich

deslenguado, -a [desleŋ'gwaðo, -a] *adj* ❶ (*chismoso*) klatschhaft; **ser** ~ eine böse Zunge haben; **¡no seas** ~**!** hör auf zu lästern! ❷ (*desvergonzado*) vulgär; **ser** ~ ein schmutziges Mundwerk haben

desliar [desli'ar] <*1. pres:* deslío> **I.** *vt* aufmachen **II.** *vr:* ~**se** aufgehen

desligar [desli'ɣar] <g→gu> **I.** *vt* ❶ (*un nudo*) aufmachen; (*un enredo*) entwirren; (*una persona*) losbinden ❷ (*un asunto*) aufklären ❸ (*separar*) trennen; ~ **intereses particulares de los de la empresa** persönliche und Firmeninteressen auseinander halten ❹ (*de un compromiso*) entbinden **II.** *vr:* ~**se** ❶ (*un nudo*) aufgehen; (*persona*) sich losmachen; (*un enredo*) sich auflösen ❷ (*un asunto*) sich (von selbst) aufklären ❸ (*de un compromiso*) sich entziehen (*de* +*gen*); **no poder** ~**se de algo** um etw nicht herumkommen

deslindar [deslin'dar] *vt* ❶ (*un lugar*) abgrenzen; ~ **una finca** die Grundstücksgrenze festsetzen; ~ **dos provincias** die Grenze zwischen zwei Provinzen festlegen ❷ (*determinar*) (klar) umreißen; ~ **dos temas** zwei Themen voneinander abgrenzen

desliz [des'liθ] *m* ❶ (*error*) Ausrutscher *m;* (*indiscreción*) Entgleisung *f* ❷ (*adulterio*) Seitensprung *m*

deslizamiento [desliθa'mjeɲto] *m* (Aus)rutschen *nt;* ~ **de tierra** Erdrutsch *m*

deslizante [desli'θaɲte] *adj* ❶ (*que hace deslizar*) rutschig ❷ (*que se desliza*) Gleit-

deslizar [desli'θar] <z→c> **I.** *vt* ❶ (*pasar*): ~ **la mano sobre algo** mit der Hand über etw streichen; ~ **un sobre por debajo de una puerta** einen Umschlag unter einer Tür durchschieben ❷ (*incluir con disimulo*) hineingleiten lassen; (*en una conversación*) einfließen lassen **II.** *vi* (dahin)gleiten (*sobre/por* über +*akk*) **III.** *vr:* ~**se** ❶ (*resbalar*) (dahin)gleiten (*sobre* über +*akk*); (*por accidente*) ausrutschen (*por* auf +*dat*); (AUTO) ins Schleudern geraten; ~**se por un tobogán** eine Rutschbahn hinunterrutschen; **las lágrimas se deslizaban por sus mejillas** die Tränen liefen ihm/ihr die Wangen hinunter; **con la tormenta se han deslizado algunas tejas** durch das Gewitter haben sich einige Ziegel gelöst ❷ (*escaparse*) verschwinden; **el ladrón se deslizó entre los clientes** der Dieb mischte sich unter die Kunden ❸ (*el tiempo*) verstreichen; **la noche se deslizó sin problemas** die Nacht verlief problemlos ❹ (*cometer un error*) einen Ausrutscher begehen; (*una*

D

indiscreción) entgleisen

deslomar [deslo'mar] **I.** *vt* ➊ (*dañar*): ~ a **alguien** jdm das Kreuz brechen ➋ (*agotar*) schaffen **II.** *vr:* ~ **se** ➊ (*dañarse*) sich *dat* den Rücken ruinieren ➋ (*trabajar*) sich abrackern

deslucido, -a [deslu'θiðo, -a] *adj* ➊ (*ropa*) schäbig ➋ (*actuación*) farblos ➌ (*sin gracia*) unscheinbar

deslucimiento [desluθi'mjento] *m* ➊ (*de un metal*) Glanzlosigkeit *f;* (*de un color*) Blässe *f;* (*de una prenda*) Schäbigkeit *f* ➋ (*de una actuación*) Mittelmäßigkeit *f;* **la lluvia fue la causa del ~ del desfile** der Regen nahm der Parade ihren Glanz ➌ (*de una persona*) Unscheinbarkeit *f*

deslucir [deslu'θir] *irr como lucir* **I.** *vt* ➊ (*estropear*) ruinieren; **la lluvia deslució la procesión** wegen des Regens fiel die Prozession ins Wasser ➋ (*quitar el lustre*) abnutzen; (*una prenda*) abtragen; (*un tejido*) verschleißen; (*colores*) ausbleichen; (*metal*) stumpf werden lassen ➌ (*desacreditar*) in Verruf bringen **II.** *vr:* ~ **se** ➊ (*perder el lustre*) sich abnutzen; (*perder el brillo*) stumpf werden; (*colores*) verblassen; (*metal*) anlaufen ➋ (*desacreditarse*) in Verruf geraten

deslumbrador(a) [deslumbra'ðor(a)] *adj*, **deslumbrante** [deslum'brante] *adj* (*impresionante*) überwältigend; (*mujer*) atemberaubend

deslumbramiento [deslumbra'mjento] *m* ➊ (*ofuscamiento*) Blendung *f;* **producir ~ a alguien** jdn blenden ➋ (*pasmo*): **no puedes imaginarte mi ~** du kannst dir gar nicht vorstellen, wie hingerissen ich war ➌ (*engaño*) Täuschung *f*

deslumbrar [deslum'brar] *vt* blenden

deslustrar [deslus'trar] *vt* ➊ (*quitar el brillo*) den Glanz nehmen +*dat* ➋ (*gastar*) abnutzen; (*una prenda*) abtragen; (*un tejido*) verschleißen; (*colores*) ausbleichen ➌ (*estropear*) ruinieren ➍ (*un vidrio*) mattieren ➎ (*desacreditar*) in Verruf bringen

desmadejado, -a [desmaðe'xaðo, -a] *adj* kraftlos

desmadrado, -a [desma'ðraðo, -a] *adj* (*desenfrenado*) hemmungslos

desmadrarse [desma'ðrarse] *vr* (*fam: desenfrenarse*) aus der Rolle fallen; (*alocarse*) ausflippen; **¡no te desmadres!** jetzt krieg dich bitte wieder ein!; **se desmadró en insultos hacia el árbitro** er/ sie verlor die Fassung und beschimpfte den Schiedsrichter

desmadre [des'maðre] *m* ➊ (*comportamiento*) ungehöriges Benehmen *nt;* **la**

policía acabó con el ~ entre los fans die Polizei wies die Fans in ihre Schranken ➋ (*caos*) Chaos *nt;* **tus fiestas acaban siendo un ~** deine Feste arten immer aus

desmán [des'man] *m* ➊ (*salvajada*) Ausschreitung *f;* **cometer desmanes contra alguien** sich gegen jdn vergehen ➋ (*exceso*) Ausschweifung *f;* **debido a sus desmanes con la bebida** weil er/sie unmäßig viel trinkt ➌ (*desgracia*) Unglück *nt;* **he sufrido muchos desmanes** mir ist viel Leid widerfahren

desmandado, -a [desman'daðo, -a] *adj* ➊ (*rebelde*) aufsässig; (*caballo*) scheu ➋ (*violento*) gewaltsam ➌ (*desmadrado*) hemmungslos

desmandarse [desman'darse] *vr* ➊ (*rebelarse*) rebellieren; (*un caballo*) durchgehen ➋ (*insolentarse*) aus der Rolle fallen; (*insultar*) ausfallend werden; (*cometer actos violentos*) gewalttätig werden ➌ (*apartarse*) sich trennen; ~ **del rebaño** von der Herde abkommen

desmantelamiento [desmantela'mjento] *m* ➊ (*destrucción*) Zerstörung *f;* (*de muros*) Abriss *m* ➋ (*desarme*) Zerlegung *f;* (*de una construcción*) Abbau *m;* ~ **arancelario** (*fig*) Zollabbau *m* ➌ (*de una casa*) Räumung *f;* (*de una fábrica*) Demontage *f;* (*de una vivienda*) Auflösung *f;* ~ **de una tienda** Geschäftsauflösung *f* ➍ (NÁUT: *quitar el árbol*) Abtakeln *nt;* (*desguace*) Abwracken *nt*

desmantelar [desmante'lar] *vt* ➊ (*derribar*) niederreißen; (*un edificio*) abreißen ➋ (*desmontar*) zerlegen; (*bomba*) entschärfen; (*escenario*) abbauen ➌ (*abandonar*) räumen; (*liquidar*) auflösen ➍ (*desarbolar*) abtakeln

desmañado, -a [desma'ɲaðo, -a] **I.** *adj* ungeschickt; **es muy ~ para trabajos manuales** er hat kein Talent für handwerkliche Arbeiten **II.** *m, f* (*torpe*) Tölpel *m;* (*chapucero*) Stümper *m;* **ser un ~** zwei linke Hände haben

desmaquillador¹ [desmakiʎa'ðor] *m* Make-up-Entferner *m*

desmaquillador(a)² [desmakiʎa'ðor(a)] *adj:* **leche ~a** Reinigungsmilch *f*

desmaquillante [desmaki'ʎante] *adj:* **loción ~** Make-up-Entferner *m*

desmaquillar [desmaki'ʎar] *vt, vr:* ~ **se** (sich) abschminken

desmarcar [desmar'kar] <c→qu> **I.** *vt* von Markierungen befreien **II.** *vr:* ~ **se** ➊ (DEP) sich freilaufen ➋ (*escaparse*) sich absetzen ➌ (*no simpatizar*) sich distanzieren (*de* von +*dat*)

desmayado, -a [desma'ɟaðo, -a] *adj* ❶ (*sin conocimiento*) ohnmächtig ❷ (*sin fuerza*) schwach; (*color*) blass

desmayar [desma'ɟar] I. *vi* (*desanimarse*) den Mut verlieren *fam* II. *vr:* ~ **se** (*desvanecerse*) in Ohnmacht fallen; **se desmayó en mis brazos** er/sie sank ohnmächtig in meine Arme

desmayo [des'maɟo] *m* ❶ (*desvanecimiento*) Ohnmacht *f* ❷ (*desánimo*) Mutlosigkeit *f* ❸ (*debilidad*) Schwäche *f*

desmedido, -a [desme'ðiðo, -a] *adj* maßlos; **tener un apetito** ~ übermäßig viel essen; **afición desmedida por la bebida** krankhafter Hang zum Alkohol

desmedirse [desme'ðirse] *irr como pedir vr* ❶ (*excederse*) das gesunde Maß überschreiten; ~ **en la bebida** exzessiv trinken ❷ (*insolentarse*) aus der Rolle fallen; (*insultar*) ausfallend werden

desmedrado, -a [desme'ðraðo, -a] *adj* (*flaco, débil*) abgezehrt

desmejoramiento [desmexora'mjento] *m* ❶ (*acción de estropear*) Beschädigung *f*; (*efecto*) Schaden *m*; (*desgaste*) Verschleiß *m*; **sufrir un** ~ Schaden nehmen ❷ (*de un enfermo*) Verfall *m*

desmejorar [desmexo'rar] I. *vt* (*estropear*) beschädigen; (*gastar*) verschleißen II. *vi* abbauen; **con la gripe has desmejorado mucho** die Grippe hat dir sehr zugesetzt III. *vr:* ~ **se** ❶ (*estropearse*) kaputtgehen; (*gastarse*) verschleißen ❷ (*perder la salud*) abbauen

desmelenado, -a [desmele'naðo, -a] *adj* (*despeinado*) ungekämmt

desmembrar [desmem'brar] <e→ie> I. *vt* ❶ (*desunir*) (zer)teilen; (*una institución*) spalten; (*un cuerpo*) zerlegen; **la bomba le desmembró la mano** die Bombe zerfetzte ihm/ihr die Hand ❷ (*escindir*) abspalten II. *vr:* ~ **se** ❶ (*desunirse*) sich auflösen ❷ (*escindirse*) sich abspalten

desmemoriado, -a [desmemo'rjaðo, -a] I. *adj* ❶ (*olvidadizo*) vergesslich; **es muy** ~ er hat ein Gedächtnis wie ein Sieb ❷ (*que ha perdido la memoria*) unter Gedächtnisschwund leidend ❸ (JUR) unzurechnungsfähig II. *m, f* ❶ (*descabezado*) vergesslicher Mensch *m* ❷ (*que ha perdido la memoria*) unter Gedächtnisschwund leidender Mensch *m* ❸ (JUR) unzurechnungsfähige Person *f*

desmentir [desmen'tir] *irr como sentir* I. *vt* ❶ (*negar*) abstreiten; (*una noticia*) dementieren; ~ **a alguien** (*contradecir*) jdm widersprechen; (*decir que miente*) jdn als Lügner darstellen; **el artículo des-**miente la historia der Artikel behauptet, die Geschichte sei nicht wahr; **el ministro desmintió la noticia sobre su dimisión** der Minister dementierte die Meldung über seinen Rücktritt ❷ (*demostrar que es falso*) widerlegen; ~ **una sospecha** einen Verdacht zerstreuen; **las pruebas desmienten tus palabras** die Beweise strafen deine Worte Lügen; **el abogado logró** ~ **los indicios** es gelang dem Anwalt, die Indizien zu entkräften ❸ (*disimular*) verbergen ❹ (*desdecir*) widersprechen +*dat;* **con su comportamiento desmiente a su familia** man sollte nicht meinen, dass er/sie aus dieser Familie stammt; **este vino desmiente su marca** dieser Wein ist schlechter, als es die Marke vermuten lässt II. *vi* abweichen

desmenuzable [desmenu'θaβle] *adj* mürbe

desmenuzar [desmenu'θar] <z→c> I. *vt* ❶ (*deshacer*) zerkleinern; (*con un cuchillo*) zerstückeln; (*con los dedos*) zerbröckeln; (*raspar*) reiben; (*molir*) zermahlen; (*papel*) zerreißen; (*pan*) zerkrümeln ❷ (*analizar*) auseinander nehmen II. *vr:* ~ **se** bröckeln

desmerecedor(a) [desmereθe'ðor(a)] *adj* unwürdig

desmerecer [desmere'θer] *irr como crecer* I. *vt* (*no merecer*) nicht verdienen; **desmereces mi amor** du bist meiner Liebe nicht würdig II. *vi* ❶ (*decaer*) sich verschlechtern; (*belleza*) verblühen ❷ (*ser inferior*) schlechter sein (*de* als +*nom*); ~ **en talento de alguien** nicht so talentiert wie jd sein; **tu último libro no desmerece de los anteriores** dein letztes Buch ist genauso gut wie die vorangehenden; **desmereces de tu familia** du fällst innerhalb deiner Familie negativ aus dem Rahmen

desmesura [desme'sura] *f* ❶ (*falta de mesura*) Unmäßigkeit *f*, Maßlosigkeit *f* ❷ (*descomedimiento*) Unverschämtheit *f*

desmesurado, -a [desmesu'raðo, -a] *adj* ❶ (*enorme*) riesig ❷ (*excesivo*) maßlos; (*ambición*) krankhaft; (*pretensiones*) überzogen; **beber de una forma desmesurada** übermäßig (viel) trinken ❸ (*desvergonzado*) frech; (*descortés*) unhöflich; (*ofensivo*) ausfallend

desmesurarse [desmesu'rarse] *vr* aus der Rolle fallen; (*atreverse*) unverschämt werden; (*insultar*) ausfallend werden

desmigajar [desmiɣa'xar] I. *vt* zerbröckeln; (*pan*) zerkrümeln II. *vr:* ~ **se** (zer)bröckeln; (*pan*) (zer)krümeln

desmilitarización [desmilitari'θa'θjon] *f* Entmilitarisierung *f*

desmilitarizar [desmilitari'θar] <z→c> *vt* entmilitarisieren

desmirriado, -a [desmi'rrjaðo, -a] *adj* (*flaco*) abgezehrt; (*raquítico*) schmächtig

desmitificación [desmitifika'θjon] *f* Entmythisierung *f*

desmochar [desmo'tʃar] *vt* ❶ (*depuntar*) stutzen; (*plantas*) zurückschneiden ❷ (*mutilar*) verstümmeln

desmontable [desmoɲ'taβle] *adj* (*que se puede quitar*) abnehmbar; (*sacar*) herausnehmbar; (*deshacer*) zerlegbar; (*doblar*) zusammenklappbar

desmontaje [desmoɲ'taxe] *m* ❶ (*de un arma*) Sicherung *f* ❷ (*de un mecanismo*) Zerlegung *f* ❸ (*de una pieza*) Ausbau *m* ❹ (*de una estructura*) Abbau *m;* (*de un edificio*) Abriss *m;* ~ **social** Sozialabbau *m*

desmontar [desmoɲ'tar] **I.** *vt* ❶ (*un mecanismo*) auseinander bauen ❷ (*una pieza: quitar*) abmontieren; (*sacar*) ausbauen ❸ (*una estructura*) abbauen; (*un edificio*) abreißen ❹ (*un bosque*) abholzen ❺ (*un terreno*) (ein)ebnen ❻ (*un montón de tierra*) abtragen ❼ (*una pistola*) sichern ❽ (*un caballo/una moto*) herunterstoßen **II.** *vi* (*de un caballo*) vom Pferd (ab)steigen; (*de una moto*) vom Motorrad (ab)steigen **III.** *vr:* ~ **se** (*bajarse*) absteigen

desmonte [des'moɲte] *m* ❶ (*de un terreno*) Planierung *f* ❷ (*de un bosque*) Rodung *f* ❸ (*escombros*) Schutt *m* ❹ *pl* (AGR) Lichtung *f*

desmoralización [desmoraliθa'θjon] *f* ❶ (*desánimo*) Entmutigung *f* ❷ (*de las costumbres*) Untergrabung *f* der Moral, Untergrabung *f* von Sitte und Ordnung; (*efecto*) Sittenlosigkeit *f,* Zuchtlosigkeit *f*

desmoralizador(a) [desmoraliθa'ðor(a)] *adj* ❶ (*que desanima*) entmutigend ❷ (*que corrompe*) verderblich

desmoralizar [desmorali'θar] <z→c> **I.** *vt* ❶ (*desanimar*) entmutigen; **la crítica la ha desmoralizado mucho** die Kritik hat an ihrem Selbstvertrauen genagt ❷ (*corromper*) verderben **II.** *vr:* ~ **se** ❶ (*desanimarse*) den Mut verlieren; (*perder la confianza*) an Selbstvertrauen verlieren; **las tropas se iban desmoralizando** die Moral der Truppe sank ❷ (*corromperse*) sittlich verfallen

desmoronamiento [desmorona'mjeɲto] *m* ❶ (*arruinamiento*) Zerfall *m;* (*de un edificio*) Einsturz *m* ❷ (*disminución*) Schwinden *nt;* (*de un sentimiento*) Abflauen *nt;* (*de un imperio*) Untergang *m;* (*de una ideología*) Scheitern *nt;* **la crisis económica produjo el** ~ **de mi fortuna** die Wirtschaftskrise kostete mich mein gesamtes Vermögen

desmoronar [desmoro'nar] **I.** *vt* (*deshacer*) zerbröckeln; (*edificio*) abreißen; (GEO) abtragen **II.** *vr:* ~ **se** ❶ (*deshacerse*) zerfallen; (*un edificio*) einstürzen; (*un muro*) bröckeln; (QUÍM) sich zersetzen ❷ (*disminuir*) schwinden; (*sentimiento*) abflauen; (*imperio*) untergehen; (*ideología*) scheitern ❸ (*persona*) am Boden zerstört sein

desmotivar [desmoti'βar] **I.** *vt* demotivieren; **has conseguido** ~ **me con tu pesimismo** durch deinen Pessimismus ist mir die Lust vergangen **II.** *vr:* ~ **se** das Interesse verlieren

desmovilizar [desmoβili'θar] <z→c> **I.** *vt* (aus dem Kriegsdienst) entlassen **II.** *vi* demobilisieren

desnatado, -a [desna'taðo, -a] *adj* ❶ (*leche*) entrahmt; **leche desnatada** Magermilch *f,* fettarme Milch ❷ (*metal*) frei von Schlacke

desnatar [desna'tar] *vt* (*la leche*) entrahmen

desnaturalizado, -a [desnaturali'θaðo, -a] *adj* (*animal*) entartet; (*alimentos*) ungenießbar; (*hijo*) missraten; **madre desnaturalizada** Rabenmutter *f*

desnaturalizar [desnaturali'θar] <z→c> **I.** *vt* ❶ (*expatriar*) ausbürgern ❷ (*desvirtuar*) denaturieren; (*aspecto*) entstellen; (*carácter*) verderben; ~ **la competencia** den Wettbewerb verfälschen **II.** *vr:* ~ **se** (*expatriarse*) seine Ausbürgerung beantragen

desnivel [desni'βel] *m* ❶ (*diferencia de altura*) Gefälle *nt;* (*pendiente*) Steigung *f* ❷ (*desequilibrio*) Ungleichgewicht *nt;* (*disparidad*) Unterschied *m;* ~ **cultural** Kulturgefälle *nt* ❸ (*altibajo*) Unebenheit *f*

desnivelado, -a [desniβe'laðo, -a] *adj* ❶ (*terreno*) uneben ❷ (*torcido*) schräg ❸ (*desequilibrado*) nicht im Gleichgewicht befindlich; (*fig*) unausgeglichen

desnivelar [desniβe'lar] **I.** *vt* ❶ (*un terreno*) uneben machen ❷ (*desequilibrar*) aus dem Gleichgewicht bringen; (*balanza*) manipulieren **II.** *vr:* ~ **se** ❶ (*torcerse*) schief sein; (*calle*) abfallen ❷ (*perder el equilibrio*) aus dem Gleichgewicht geraten

desnucar [desnu'kar] <c→qu> **I.** *vt* ❶ (*herir*): ~ **a alguien de un golpe** jdm einen Schlag ins Genick versetzen ❷ (*matar*) das Genick brechen +*dat;* ~ **una gallina** einem Huhn den Hals umdrehen; ~ **el conejo de un golpe en el cogote** den

Hasen durch einen Schlag ins Genick töten **II.** *vr:* ~**se** (*matarse*) sich *dat* das Genick brechen

desnuclearizar [desnukleari'θar] <z→c> *vt* ❶ (*eliminar las armas nucleares: un lugar*) zur atomwaffenfreien Zone erklären; (*un ejército*) atomar abrüsten ❷ (*eliminar las centrales nucleares*): **la oposición quiere ~ el país** die Opposition fordert den Ausstieg aus der Atomenergie

desnudar [desnu'ðar] **I.** *vt* ❶ (*desvestir*) ausziehen ❷ (*descubrir*) entblößen **II.** *vr:* ~**se** (*desvestirse*) sich ausziehen

desnudez [desnu'ðeθ] *f* Nacktheit *f;* (*fig*) Kahlheit *f*

desnudo¹ [des'nuðo] *m* (ARTE) Akt *m*

desnudo, -a² [des'nuðo, -a] *adj* ❶ (*desvestido*) nackt ❷ (*con poca ropa*) halb nackt ❸ (*despojado*) bloß; (*pared, paisaje*) kahl; (*suelo*) blank ❹ (*pobre*) mittellos; **este mes me he quedado ~** (*fam*) diesen Monat bin ich völlig blank ❺ (*claro*) offensichtlich; **al ~** offen; **decir a alguien la verdad desnuda** jdm die nackte Wahrheit sagen ❻ (*desprovisto*): ~ **de** ohne

desnutrición [desnutri'θjon] *f* Unterernährung *f*

desobedecer [desoβeðe'θer] *irr como crecer* **I.** *vi* nicht gehorchen; (MIL, POL) den Gehorsam verweigern **II.** *vt* (*una orden*) nicht befolgen; (*a una autoridad*) nicht gehorchen +*dat;* (MIL, POL) den Gehorsam verweigern +*dat*

desobediencia [desoβe'ðjenθja] *f* Ungehorsam *m;* (MIL, POL) Gehorsamsverweigerung *f*

desobediente [desoβe'ðjente] *adj* ungehorsam; (POL, MIL) ungehorsam

desocupación [desokupa'θjon] *f* ❶ (*desembarazo*) Räumung *f;* (*evacuación*) Evakuierung *f;* (*de un paso*) Freigabe *f* ❷ (*paro*) Arbeitslosigkeit *f* ❸ (*ociosidad*) Untätigkeit *f*

desocupado, -a [desoku'paðo, -a] **I.** *adj* ❶ (*parado*) arbeitslos ❷ (*vacío*) leer; (*vivienda*) leer stehend; (*paso, plaza*) frei; (*ocioso*) unbeschäftigt; **estoy ~** ich habe nichts zu tun **II.** *m, f* Arbeitslose(r) *mf*

desocupar [desoku'par] **I.** *vt* ❶ (*desembarazar*) frei machen; (*carretera*) räumen; (*evacuar*) evakuieren; ~ **una vivienda** aus einer Wohnung ausziehen ❷ (*vaciar*) leeren **II.** *vr:* ~**se** ❶ (*de una ocupación*) freihaben; **cuando pueda ~me** wenn ich mich freimachen kann ❷ (*quedarse vacante*) frei werden **III.** *vi* (*Am: parir*) gebären

desodorante [desoðo'rante] **I.** *adj* (*para el hogar*) geruchtilgend; (*para el cuerpo*) de(s)odorierend; **espray** ~ (*para el cuerpo*) Deospray *nt;* (*para el hogar*) Raumspray *nt* **II.** *m* (*para el cuerpo*) Deo *nt*

desoír [deso'ir] *irr como oír* *vt* nicht hören (auf +*akk*)

desolación [desola'θjon] *f* ❶ (*devastación*) Verwüstung *f* ❷ (*desconsuelo*) Verzweiflung *f*

desolado, -a [deso'laðo, -a] *adj* ❶ (*desierto*) trostlos ❷ (*desconsolado*) verzweifelt

desolador(a) [desola'ðor(a)] *adj* ❶ (*trágico*) erschütternd ❷ (*asolador*) verheerend

desolar [deso'lar] <o→ue> **I.** *vt* ❶ (*destruir*) verwüsten ❷ (*afligir*) erschüttern **II.** *vr:* ~ **se** erschüttert sein

desolladero [desoʎa'ðero] *m* Schlachthof *m*

desollar [deso'ʎar] <o→ue> *vt* ❶ (*quitar la piel*) abhäuten; ~ **a alguien vivo** (*fig*) jdm das Fell über die Ohren ziehen ❷ (*causar daño económico*) ausnehmen; (*engañar*) prellen ❸ (*maltratar*) schikanieren ❹ (*criticar*) verreißen; ~ **a alguien** kein gutes Haar an jdm lassen *fam*

desoprimir [desopri'mir] *vt* von der Unterdrückung befreien

desorbitado, -a [desorβi'taðo, -a] *adj* ❶ (*ojos*) weit aufgerissen ❷ (*exagerado*) übertrieben; (*desmedido*) maßlos

desorbitante [desorβi'tante] *adj* exorbitant; **precios ~s** Wucherpreise *mpl*

desorbitar [desorβi'tar] **I.** *vt* (*exagerar*) übertreiben; (*dar demasiada importancia*) überbewerten **II.** *vr:* ~**se** (*asunto*) außer Kontrolle geraten; **se le ~on los ojos** (*fig*) ihm/ihr fielen die Augen aus dem Kopf

desorden [de'sorðen] *m* ❶ (*desarreglo*) Unordnung *f;* (*confusión*) Verwirrung *f;* ~ **público** Störung der öffentlichen Ordnung; **el piso está en** ~ die Wohnung ist nicht aufgeräumt ❷ (*exceso*) Ausschweifung *f* ❸ *pl* (*alboroto*) Unruhen *fpl* ❹ (MED) Störung *f*

desordenado, -a [desorðe'naðo, -a] *adj* ❶ (*desorganizado*) unordentlich; (*persona*) schlampig; (*cosa*) ungeordnet; (*vida*) ungeregelt ❷ (*excesivo*) ausschweifend

desordenar [desorðe'nar] *vt* (*turbar*) durcheinander bringen; (*pelo*) zerzausen

desorganización [desorɣaniθa'θjon] *f* Unordnung *f*, Chaos *nt;* **en esta empresa llevan una ~ increíble** in dieser Firma herrscht ein unglaubliches Chaos

desorganizar [desoɾɣaniˈθar] <z→c> **I.** *vt*
desorganisieren; *(planes)* zunichte
machen **II.** *vr:* ~ **se ❶** *(persona)* den Überblick verlieren **❷** *(organización)* in Unordnung geraten

desorientación [desoɾjentaˈθjon] *f* **❶** *(extravío)* Irreführung *f* **❷** *(confusión)* Verwirrung *f* **❸** *(falta de orientación)* Orien-
tierungslosigkeit *f*

desorientar [desoɾjenˈtar] **I.** *vt* **❶** *(extraviar)* irreführen **❷** *(confundir)* verwirren
II. *vr* **❶** *(extraviarse)* sich verirren
❷ *(confundirse)* verwirrt sein

desovar [desoˈβar] *vi* laichen

desoxidar [desoˈˠsiˈðar] **I.** *vt* **❶** *(quitar el
oxígeno)* desoxidieren **❷** *(quitar el óxido)*
entrosten **❸** *(fig: un conocimiento)* aufbessern; **quiero** ~ **mi español** ich möchte
mein Spanisch aufbessern **II.** *vr:* ~ **se** Sauerstoff freigeben

desoxigenar [desoˠsixeˈnar] **I.** *vt* (QUÍM)
desoxydieren (+*dat*) **II.** *vr:* ~ **se** (QUÍM) Sauerstoff freigeben

despabilado, -a [despaβiˈlaðo, -a] *adj*
❶ *(listo)* aufgeweckt **❷** *(despierto)* wach

despabilar [despaβiˈlar] **I.** *vt* **❶** *(despertar)*
munter machen **❷** *(avivar)* aufrütteln; **en
la mili ya lo** ~ **án** beim Militär werden sie
ihm schon zeigen, wo es langgeht *fam;* **es
muy perezosa, pero en el colegio ya la**
~ **án** sie ist sehr faul, aber in der Schule
werden sie ihr schon Dampf machen *fam*
❸ *(acabar deprisa)* schnell erledigen; *(fortuna)* durchbringen; *(comida)* verdrücken
fam **❹** *(robar)* stehlen **❺** *(matar)* erledigen
II. *vi* **❶** *(darse prisa)* sich beeilen **❷** *(avivarse)*: **si quieres empezar a trabajar
por tu cuenta, tienes que** ~ wenn du
dich selb(st)ständig machen willst, musst
du noch einiges lernen **III.** *vr:* ~ **se ❶** *(sacudir el sueño)* munter werden; *(la
pereza)* sich aufrappeln *fam* **❷** *(darse
prisa)* sich beeilen **❸** *(avivarse)*: **se ha
despabilado desde que va al colegio**
seit er/sie zur Schule geht, ist er/sie viel
aufgeweckter **❹** *(Am: marcharse)* abhauen

despachante [despaˈtʃante] *mf* *(RíoPl:*
COM*)* Verkäufer(in) *m(f)*

despachar [despaˈtʃar] **I.** *vt* **❶** *(enviar)*
abschicken; *(mensajero)* entsenden
❷ *(concluir)* erledigen; *(buque)* abfertigen
❸ *(resolver)* regeln; *(discutir)* besprechen;
~ **con alguien** mit jdm eine Besprechung
haben **❹** *(atender)* bedienen **❺** *(vender)*
verkaufen **❻** *(matar)* erledigen **❼** *(comer)*
verdrücken *fam;* *(beber)* hinunterkippen
fam **❽** *(despedir)* hinauswerfen **II.** *vi*
❶ *(acabar)* fertig werden **❷** *(atender)*
bedienen; **por las tardes no despachan
en esta tienda** am Nachmittag ist dieser
Laden geschlossen **III.** *vr:* ~ **se ❶** *(darse
prisa)* sich beeilen **❷** *(desahogarse)* sich
dat Luft machen; ~ **se a** **(su) gusto con alguien** *(decir lo que uno piensa)* jdm seine
Meinung sagen; *(lo que uno siente)* jdm
sagen, was man auf dem Herzen hat
❸ *(desembarazarse)* sich entledigen *(de
+gen)*

despacho [desˈpatʃo] *m* **❶** *(de un pedido)*
Ausführung *f;* *(de la correspondencia)*
Erledigung *f;* *(de un buque/equipajes)*
Abfertigung *f* **❷** *(envío)* Versand *m* **❸** *(de
un asunto)* Regelung *f;* *(entrevista)* Besprechung *f* **❹** *(de clientes)* Bedienung *f*
❺ *(venta)* Verkauf *m;* **géneros sin** ~
unverkäufliche Güter; **no tener buen** ~
ein Ladenhüter sein; **tener buen** ~ sich
gut verkaufen **❻** *(despido)* Entlassung *f*
❼ *(oficina)* Büro *nt;* *(en casa)* Arbeitszimmer *nt;* ~ **de abogado** Anwaltskanzlei *f;* ~
de aduana Zollamt *nt;* ~ **de patentes**
Patentbüro *nt;* **mesa de** ~ Schreibtisch *m;*
sólo tenemos ~ **por las mañanas** wir
haben nur morgens geöffnet **❽** *(muebles)*
Büroeinrichtung *f;* **comprarse un** ~
nuevo sein Büro neu einrichten **❾** *(taquilla)* Schalter *m;* *(tienda)* Laden *m;* ~ **de
billetes** (FERRO) Fahrkartenschalter *m;*
(TEAT) Theaterkasse *f;* (CINE) Kinokasse *f;* ~
de localidades Vorverkaufsstelle *f*
❿ *(parte)* Mitteilung *f;* *(telegrama)* Telegramm *nt;* *(entre gobiernos)* Kommuniqué *nt;* ~ **judicial** richterliche Verfügung

despachurrar [despatʃuˈrrar] **I.** *vt* **❶** *(aplastar)* zerquetschen; *(reventar)* zerschlagen
❷ *(embrollar)* falsch erzählen; **despa-
churras todos los chistes** du kannst
keine Witze erzählen **❸** *(apabullar)*: **me
dejó despachurrado** ich war sprachlos;
lo despachurró con sus argumentos er
konnte seinen/ihren Argumenten nichts
entgegensetzen **II.** *vr:* ~ **se** kaputtgehen;
(fruta) matschig werden

despacio [desˈpaθjo] **I.** *adv* **❶** *(lentamente)* langsam; **por allí viene cami-
nando** ~ da hinten kommt er/sie gemäch-
lichen Schrittes daher; **en esta oficina las
cosas van** ~ in diesem Büro dauert alles
etwas länger **❷** *(calladamente)* leise
❸ *(por tiempo dilatado)* lange **II.** *interj*
immer mit der Ruhe

despampanante [despampaˈnante] *adj*
fantastisch; *(mujer)* atemberaubend

desparejado, -a [despareˈxaðo, -a] *adj*
❶ *(sin pareja)* einzeln; **este calcetín está**

~ zu dieser Socke fehlt das Gegenstück ❷ (*dispar*) ungleich; **estos calcetines están** ~**s** diese Socken passen nicht zusammen

desparejar [despare'xar] **I.** *vt* trennen; ~ **los calcetines** ein Paar Socken voneinander trennen **II.** *vr:* ~ **se** getrennt werden; **estos calcetines se han desparejado** zu diesen Socken fehlt jeweils das Gegenstück

desparpajo [despar'paxo] *m* ❶ (*desenvoltura*) Ungezwungenheit *f;* (*en el hablar*) Redegewandtheit *f;* **con** ~ ungezwungen ❷ (*habilidad*) Souveränität *f;* **con** ~ souverän ❸ (*frescura*) Frechheit *f;* **con** ~ frech ❹ (*Am: desorden*) Chaos *nt*

desparramado, -a [desparra'maðo, -a] *adj* ❶ (*extendido*) ausgedehnt; (*ancho*) weit ❷ (*abierto*) (weit) offen

desparramar [desparra'mar] **I.** *vt* ❶ (*dispersar*) verteilen; ~ **los juguetes sobre el suelo** das Spielzeug über den ganzen Boden verteilen; ~ **su atención** sich verzetteln ❷ (*un líquido*) verschütten ❸ (*malgastar*) verschwenden ❹ (*una noticia*) verbreiten ❺ (*Arg: diluir*) verdünnen **II.** *vr:* ~ **se** ❶ (*dispersarse*) sich verteilen; **el rebaño se desparramó por el campo** die Herde war über das Feld zerstreut; **al pasar el coche los pájaros se** ~ **on** als der Wagen vorbeifuhr, stoben die Vögel auseinander ❷ (*un líquido*) fließen ❸ (*divertirse*) sich wild amüsieren ❹ (*dispersar su atención*) sich verzetteln

despatarrado, -a [despata'rraðo, -a] *adj* ❶ (*espatarrado*) breitbeinig ❷ (*pasmado*) verblüfft ❸ (*asustado*) angsterfüllt

despatarrar [despata'rrar] **I.** *vt* ❶ (*asombrar*) verblüffen ❷ (*asustar*) erschrecken **II.** *vr:* ~ **se** ❶ (*espatarrarse*) die Beine spreizen; **se despatarró sobre la cama** er/sie fiel aufs Bett und streckte alle viere von sich *dat* ❷ (*pasmarse*) völlig verdutzt sein ❸ (*caerse*) auf den Hintern fallen; ~ **se de risa** sich kaputtlachen ❹ (*argot: una mujer*) die Beine breit machen

despavorido, -a [despaβo'riðo, -a] *adj* entsetzt

despechar [despe'tʃar] **I.** *vt* (*indignar*) ärgern **II.** *vr:* ~ **se** sich ärgern (*contra* über +*akk*); ~ **se contra alguien** auf jdn wütend sein

despecho [des'petʃo] *m* ❶ (*animosidad*) Zorn *m* ❷ (*desesperación*) Verzweiflung *f* ❸ (*loc*): **a** ~ **de** trotz +*gen*

despectivo, -a [despek'tiβo, -a] *adj* ❶ (*despreciativo*) verächtlich; (*desdeñoso*) herablassend; (*tono*) abfällig; **tratar de manera despectiva** von oben herab

behandeln ❷ (LING) pejorativ

despedazar [despeða'θar] <z→c> **I.** *vt* (*romper*) kaputtmachen; (*en mil pedazos*) zertrümmern; (*con un cuchillo*) zerstückeln; (*con una tijera*) zerschneiden; (*con las manos*) zerbröckeln; (*pan*) zerkrümeln; (*el corazón*) brechen; **la bomba le despedazó la mano** die Bombe zerfetzte ihm/ihr die Hand **II.** *vr:* ~ **se** kaputtgehen; (*en mil pedazos*) zerschellen; (*pan*) zerkrümeln; (*muro*) bröckeln; (*cristal*) zersplittern; (*globo*) zerplatzen; **se me despedazó el alma cuando vi tanta miseria** (*fig*) beim Anblick von so viel Leid zerriss es mir das Herz

despedida [despe'ðiða] *f* ❶ (*separación*) Abschied *m* ❷ (*acto oficial*) Verabschiedung *f;* (*fiesta*) Abschiedsfeier *f;* ~ **de soltero** Polterabend *m;* **cena de** ~ Abschiedsessen *nt;* **mañana le dan la** ~ **en el palacio** morgen wird er/sie (offiziell) im Palast verabschiedet ❸ (*en una carta*) Schlussformel *f*

despedir [despe'ðir] *irr como pedir* **I.** *vt* ❶ (*decir adiós*) verabschieden; ~ **un testigo** (*fig*) einen Zeugen entlassen; ~ **a alguien con una fiesta** jdm zu Ehren ein Abschiedsfest geben; **salió a** ~**me a mi coche** er/sie begleitete mich bis zu meinem Auto; **vinieron a** ~**me al aeropuerto** sie brachten mich zum Flughafen ❷ (*echar*) hinauswerfen; (*de un empleo*) entlassen ❸ (*difundir*) verbreiten; (*emitir*) ausstoßen; (*un olor*) verströmen; **el volcán despide fuego** der Vulkan speit Feuer ❹ (*lanzar*) schleudern; (*flecha*) abschießen ❺ (*apartar de sí*) loswerden **II.** *vr:* ~ **se** ❶ (*decir adiós*) sich verabschieden; ~ **se a la francesa** ohne ein Abschiedswort weggehen ❷ (*dejar un empleo*) kündigen; ~ **se de un trabajo** eine Stelle aufgeben ❸ (*de obtener/conseguir algo*): **despídete de ese dinero** das Geld siehst du nie wieder; **despídete este mes de salir por las noches** diesen Monat darfst du abends nicht mehr ausgehen; ~ **se de ir de viaje** seine Reisepläne aufgeben

despegado, -a [despe'yaðo, -a] *adj* ❶ (*poco cariñoso*) kühl ❷ (*áspero*) unfreundlich

despegar [despe'yar] <g→gu> **I.** *vt* abmachen; ~ **dos hojas** zwei Blätter voneinander lösen; **obedecer sin** ~ **los labios** wortlos gehorchen; **estar sin** ~ **los labios** kein Wort sagen **II.** *vi* starten; **la economía no despega** die Wirtschaft kommt nicht in Gang **III.** *vr:* ~ **se** ❶ (*desprenderse*) sich (ab)lösen; (*deshacerse*) auseinander fallen ❷ (*perder el afecto*) sich abwenden

despego [des'peɣo] *m* ❶ (*falta de cariño*) Kühle *f* ❷ (*falta de afecto*) Abneigung *f* (*por* gegen +*akk*); **sentir ~ por alguien** jdn nicht mögen ❸ (*falta de interés*) Gleichgültigkeit *f*

despegue [des'peɣe] *m* ❶ (AERO) Start *m* ❷ (ECON) wirtschaftlicher Aufschwung *m*

despeinado, -a [despeï'naðo, -a] *adj* ungekämmt

despeinar [despeï'nar] **I.** *vt* das Haar zerzausen +*dat* **II.** *vr:* **me despeiné** meine Frisur geriet in Unordnung

despejado, -a [despe'xaðo, -a] *adj* ❶ (*sin nubes*) wolkenlos ❷ (*sin obstáculos*) frei ❸ (*ancho*) breit; (*habitación*) groß ❹ (*listo*) aufgeweckt ❺ (*despierto*) munter; (*cabeza*) klar

despejar [despe'xar] **I.** *vt* ❶ (*un lugar*) frei machen; (*mesa*) abräumen; (*sala*) räumen; **~ la calle de nieve** den Schnee von der Straße räumen ❷ (*una situación*) klären; (*un misterio*) aufklären ❸ (*una persona*) munter machen; **el aire fresco despejó mi mente** durch die frische Luft bekam ich wieder einen klaren Kopf ❹ (DEP) abwehren; **~ el tiro a córner** den Ball ins Toraus kicken **II.** *vr:* **~ se** ❶ (*cielo, misterio*) sich aufklären; **parece que se va a ~ el día** es sieht so aus, als ob sich das Wetter heute noch bessert ❷ (*despabilarse*) munter werden; (*mentalmente*) einen klaren Kopf bekommen ❸ (*adquirir desenvoltura*) seine Befangenheit ablegen ❹ (*un enfermo*): **se ha despejado un poco** sein/ihr Fieber ist leicht gesunken

despeje [des'pexe] *m* (*en fútbol*) Abwehrschuss *m* (*hockey*) Befreiungsschlag *m*

despejo [des'pexo] *m* ❶ (*de un lugar*) Räumung *f* ❷ (*en el trato*) Ungezwungenheit *f;* **el ~ que muestras con tus superiores** deine ungezwungene Art, mit deinen Vorgesetzten umzugehen ❸ (*entendimiento*) klarer Verstand *m*

despellejar [despeʎe'xar] **I.** *vt* ❶ (*desollar*) häuten ❷ (*fam: maldecir*) kein gutes Haar lassen (*a* an +*dat*) ❸ (*fam: desvalijar*) das Hemd über den Kopf ziehen +*dat* **II.** *vr:* **~ se** sich häuten

despelotarse [despelo'tarse] *vr* (*fam*) ❶ (*desnudarse*) sich ausziehen ❷ (*de risa*) sich totlachen

despeluzar [despelu'θar] <z→c> *vt, vr v.* **despeluznar**

despeluznante [despeluθ'nante] *adj* haarsträubend

despeluznar [despeluθ'nar] **I.** *vt* ❶ (*pelo*) zerzausen ❷ (*causar miedo*) die Haare zu Berge stehen lassen +*dat* ❸ (*Cuba: despilmar*) ausrauben **II.** *vr:* **se despeluz(n)ó** (**del miedo que tenía**) ihm/ihr sträubten sich (vor Angst) die Haare

despenalizar [despenali'θar] <z→c> *vt* legalisieren; **~ el aborto** die Abtreibung legalisieren

despensa [des'pensa] *f* ❶ (*fresquera*) Speisekammer *f* ❷ (*provisiones*) Vorrat *m* ❸ (*comestibles*) Nahrungsmittel *ntpl* ❹ (*Arg: almacén*) Lager *nt*

despeñadero[1] [despeɲa'ðero] *m* ❶ (GEO) Abgrund *m* ❷ (*riesgo*) Wagnis *nt;* **meterse en un ~** sich in ein gefährliches Unterfangen stürzen

despeñadero, -a[2] [despeɲa'ðero, -a] *adj* abschüssig

despeñar [despe'ɲar] **I.** *vt* herabstürzen; **~ a alguien por un precipicio** jdn in den Abgrund stürzen **II.** *vr:* **~ se** (ab)stürzen; **el motorista se despeñó por el talud** der Motorradfahrer stürzte die Rampe herab; **~ se a un vicio** einem Laster völlig verfallen

desperdiciar [desperði'θjar] *vt* verschwenden; (*ocasión*) verpassen

desperdicio [desper'ðiθjo] *m* ❶ (*residuo*) Abfall *m;* **~ s biológicos** Biomüll *m* ❷ (*malbaratamiento*) Verschwendung *f;* **no tener ~** sehr nützlich sein

desperdigado, -a [desperði'ɣaðo, -a] *adj* zerstreut

desperdigar [desperði'ɣar] <g→gu> *vt, vr:* **~ se** (sich) zerstreuen

desperezarse [despere'θarse] <z→c> *vr* sich recken

desperfecto [desper'fekto] *m* ❶ (*deterioro*) Schaden *m* ❷ (*defecto*) Fehler *m;* **esta máquina tiene un pequeño ~** diese Maschine ist leicht defekt

despertador [desperta'ðor] *m* (*reloj*) Wecker *m*

despertar [desper'tar] <e→ie> **I.** *vt* wecken **II.** *vr:* **~ se** aufwachen **III.** *m* Erwachen *nt*

despiadado, -a [despja'ðaðo, -a] *adj* (*inhumano*) unbarmherzig; (*cruel*) erbarmungslos

despido [des'piðo] *m* (*descontratación*) Kündigung *f;* **~ colectivo** Massenentlassung *f*

despierto, -a [des'pjerto, -a] *adj* ❶ (*insomne*) wach ❷ (*listo*) aufgeweckt; **mente despierta** reger Verstand

despilfarrador(a) [despilfarra'ðor(a)] **I.** *adj* verschwenderisch **II.** *m(f)* Verschwender(in) *m(f)*

despilfarrar [despilfaˈrrar] *vt* verschwenden

despilfarro [despilˈfarro] *m* (*derroche*) Verschwendung *f*

despintar [despinˈtar] **I.** *vt* **❶** (*colores*) auswaschen **❷** (*la realidad*) verzerren **❸** (*Col, Chil, PRico: apartar la mirada*) den Blick abwenden (von +*dat*); (*perder de vista*) aus den Augen verlieren **II.** *vr:* ~**se** **❶** (*borrarse*) verblassen; ~**se con el sol** in der Sonne verblassen **❷** (*fam: de la memoria*): **este asunto no se me despinta** diese Sache geht mir nicht aus dem Kopf

despiojar [despjoˈxar] *vt* entlausen

despistado, -a [despisˈtaðo, -a] **I.** *adj* zerstreut **II.** *m, f:* **eres un** ~ wo hast du nur deine Gedanken?

despistar [despisˈtar] **I.** *vt* irreführen **II.** *vr:* ~**se** **❶** (*perderse*) sich verirren **❷** (*desconcertarse*) durcheinander kommen

despiste [desˈpiste] *m* Verwirrung *f*; **un** ~ **lo tiene cualquiera** das kann jedem mal passieren

desplantar [desplanˈtar] **I.** *vt* **❶** (*planta*) verpflanzen **❷** (*desplomar*) aus dem Lot bringen **II.** *vr:* ~**se** (*desplomarse*) aus dem Lot geraten

desplante [desˈplante] *m* Frechheit *f*

desplazado, -a [desplaˈθaðo, -a] *adj* deplatziert

desplazamiento [desplaθaˈmjento] *m* **❶** (*traslado*) Umzug *m* **❷** (*remoción*) Verschiebung *f*

desplazar [desplaˈθar] <z→c> *vt* **❶** (*muebles*) verschieben; (*enfermos*) verlagern **❷** (*suplantar*) aus dem Amt verdrängen

desplegable [despleˈɣaβle] *adj* (*silla*) aufklappbar; (*cartón*) auseinanderfaltbar; **silla** ~ Klappstuhl *m*

desplegar [despleˈɣar] *irr como fregar vt* **❶** (*abrir*) öffnen; (*desdoblar*) auseinander falten **❷** (MIL) ausschwärmen lassen **❸** (*desarrollar*) entfalten; ~ **toda su fantasía** seine ganze Fantasie einsetzen

despliegue [desˈpljeɣe] *m* Entfaltung *f*; (MIL) Aufmarsch *m*

desplomarse [desploˈmarse] *vr* **❶** (*casa*) einstürzen **❷** (*persona*) zusammenbrechen **❸** (*desviarse*) aus dem Lot geraten

desplumar [despluˈmar] *vt* **❶** (*plumas*) rupfen **❷** (*robar*) ausrauben; ~ **a alguien jugando a las cartas** jdn beim Kartenspiel ausnehmen *fam*

despoblación [despoβlaˈθjon] *f* Entvölkerung *f*

despoblado¹ [despoˈβlaðo] *m* (*yermo*) Einöde *f*

despoblado, -a² [despoˈβlaðo, -a] *adj* unbewohnt

despoblar [despoˈβlar] <o→ue> *vt* (*de habitantes*) entvölkern; (*un bosque*) abholzen; **el huracán despobló la zona de árboles** der Orkan riss alle Bäume in dem Gebiet mit sich

despojar [despoˈxar] **I.** *vt* wegnehmen; **la** ~**on de todo** sie haben ihr alles weggenommen; ~ **de un derecho a alguien** jdm ein Recht entziehen **II.** *vr:* ~**se** **❶** (*desistir*) verzichten (*de* auf +*akk*) **❷** (*quitar*) ablegen (*de* +*akk*); (*ropa*) ausziehen (*de* +*akk*)

despojo [desˈpoxo] *m* **❶** (*presa*) Beute *f*; ~ **del mar** Strandgut *nt* **❷** *pl* (*restos*) Überreste *mpl*; (*del matadero*) Schlachtabfall *m*; (*escombros*) Bauschutt *m*; (*mortales*) sterbliche Überreste *mpl*

despolitizar [despolitiˈθar] <z→c> *vt* entpolitisieren

desportillar [desportiˈʎar] *vt* den Rand ausbrechen +*gen*

desposado, -a [desposaˈðo, -a] *adj* (*recién casado*) frisch verheiratet

desposar [despoˈsar] **I.** *vt* trauen **II.** *vr:* ~**se** heiraten (*con* +*akk*)

desposeer [desposeˈer] *irr como leer* **I.** *vt* **❶** (*expropiar*) enteignen **❷** (*no reconocer*) aberkennen; **la desposeyeron de sus derechos** ihre Rechte wurden ihr aberkannt **❸** (*destituir*): ~ **de su cargo** absetzen **❹** (*fam: desplumar*): ~ **a alguien de algo** jdm etw wegnehmen **II.** *vr:* ~**se** **❶** (*renunciar*) verzichten (*de auf* +*akk*) **❷** (*desapropiarse*) aufgeben (*de* +*akk*)

desposorio(s) [despoˈsorjo(s)] *m(pl)* **❶** (*esponsales*) Eheversprechen *nt* **❷** (*matrimonio*) Heirat *f*

déspota [ˈdespota] *mf* Despot(in) *m(f)*

despótico, -a [desˈpotiko, -a] *adj* tyrannisch

despotismo [despoˈtismo] *m* **❶** (*sistema*) Despotismus *m*, Gewaltherrschaft *f* **❷** (*tiranía*) Despotie *f*

despotricar [despotriˈkar] <c→qu> *vi* (*fam*) **❶** (*chochear*) quasseln **❷** (*maldecir*) herziehen (über +*akk*)

despreciable [despreˈθjaβle] *adj* verwerflich

despreciar [despreˈθjar] **I.** *vt* **❶** (*menospreciar*) verachten **❷** (*rechazar*) verschmähen; (*oferta*) ausschlagen **II.** *vr:* ~**se** sich herabwürdigen; **no** ~**se de hacer cualquier trabajo** sich *dat* für keine Arbeit zu schade sein

despreciativo, -a [despreθjaˈtiβo, -a] *adj* verächtlich

desprecio [desˈpreθjo] *m* Verachtung *f*

desprender [despreṇ'der] **I.** vt ❶ (soltar) abmachen (de von +dat) ❷ (deducir) schließen (de aus +dat): **de su aviso desprendemos que...** ihrer Nachricht entnehmen wir, dass ... **II.** vr: ~**se** ❶ (soltarse) sich lösen ❷ (deshacerse) weggeben (de +akk); (desembarazarse) loswerden (de +akk); ~**se de cualquier duda** jegliche Zweifel ablegen ❸ (deducirse): **de tu comportamiento se desprende que...** aus deinem Verhalten lässt sich schließen, dass ...

desprendido, -a [despreṇ'diðo, -a] adj (generoso) großzügig

desprendimiento [despreṇdi'mjeṇto] m ❶ (separación) (Los)lösung f; ~ **de tierras** Erdrutsch m ❷ (generosidad) Großzügigkeit f

despreocupación [despreokupa'θjon] f ❶ (indiferencia) Unbekümmertheit f ❷ (insensatez) Unvernunft f

despreocupado, -a [despreoku'paðo, -a] adj ❶ (descuidado) leichtsinnig ❷ (ingenuo) unbefangen

despreocuparse [despreoku'parse] vr ❶ (tranquilizarse) sich entspannen ❷ (desatender) vernachlässigen (de +akk)

desprestigiar [despresti'xjar] **I.** vt herabwürdigen **II.** vr: ~**se** ❶ (rebajarse) sich erniedrigen ❷ (perder reputación) sein Ansehen verlieren

desprestigio [despres'tixjo] m Verlust m des Ansehens

desprevenido, -a [despreβe'niðo, -a] adj unvorbereitet; **coger** ~ überrumpeln

desproporción [despropor'θjon] f Missverhältnis nt

desproporcionado, -a [despropor-θjo'naðo, -a] adj unverhältnismäßig

desproporcionar [despropor θjo'nar] vt ungleich machen

despropósito [despro'posito] m Unsinn m; **sólo dices** ~**s** du redest nur Unsinn

desproveer [desproβe'er] irr como proveer vt nicht versorgen (de mit +dat)

desprovisto, -a [despro'βisto, -a] adj: ~ **de** ohne +akk; **el estadio está** ~ **de las normas de seguridad necesarias** der Sicherheitsstandard des Stadions ist nicht ausreichend

después [des'pwes] **I.** adv ❶ (tiempo) nachher; ~ **de todo** (concesivo) trotz allem; ~ **de la cena** nach dem Essen; **una hora** ~ eine Stunde später ❷ (espacio): ~ **de** hinter +dat **II.** conj: ~ (**de**) **que** nachdem

despuntar [despuṇ'tar] **I.** vt (gastar la punta) abstumpfen; (quitarla) die Spitze abbrechen +gen **II.** vi ❶ (brotar) knospen ❷ (amanecer) anbrechen; **al** ~ **la aurora** bei Tagesanbruch ❸ (distinguirse) sich hervortun; **despunta en inglés** in Englisch ist er/sie besonders gut **III.** vr: ~**se** (gastarse) stumpf werden

desquiciado, -a [deski'θjaðo, -a] adj (fam: familia) zerrüttet

desquiciar [deski'θjar] **I.** vt ❶ (desencajar) aus den Angeln heben ❷ (alterar) erschüttern **II.** vr: ~**se** den Halt verlieren

desquitar [deski'tar] vt, vr: ~**se** ❶ (resarcir) wiedergewinnen; ~**se de una pérdida** einen Verlust wieder gutmachen ❷ (desagraviar) sich schadlos halten (de an +dat)

desquite [des'kite] m (satisfacción) Genugtuung f; (venganza) Vergeltung f; **tomar(se) el** ~ sich rächen

desregulación [desrreɣula'θjon] f Regellosigkeit f

desrielar [desrrje'lar] vi (Am) entgleisen

destacable [desta'kaβle] adj erwähnenswert

destacado, -a [desta'kaðo, -a] adj herausragend

destacamento [destaka'meṇto] m (policía) Polizeieinheit f

destacar [desta'kar] <c→qu> **I.** vi hervorstechen; ~ **en el deporte** im Sport ein Ass sein **II.** vt (realzar) hervorheben **III.** vr: ~**se** (descollar) sich abheben (de/entre von +dat)

destajo [des'taxo] m Akkordarbeit f; **trabajar a** ~ im Akkord arbeiten; (fam fig) arbeiten wie ein Pferd; **hablar a** ~ (fam) reden wie ein Wasserfall; **a** ~ (Arg, Chil: a ojo) aufs Geratewohl

destapar [desta'par] **I.** vt ❶ (abrir) aufmachen; ~ **la olla** den Deckel vom Topf nehmen ❷ (desabrigar) aufdecken ❸ (secretos) enthüllen **II.** vr: ~**se** ❶ (perder la tapa) aufgehen ❷ (desabrigarse) sich aufdecken ❸ (fam: desnudarse) sich ausziehen ❹ (descubrirse) sich bloßstellen ❺ (desahogarse) sich aussprechen (con bei +dat)

destaponar [destapo'nar] vt ❶ (botellas) entkorken ❷ (Perú: abrir) öffnen

destartalado, -a [destarta'laðo, -a] adj verwahrlost

destellar [deste'ʎar] vi funkeln

destello [des'teʎo] m ❶ (rayo) Strahl m ❷ (reflejo) Abglanz m ❸ (resplandor) Schimmer m ❹ (indicio) Anflug m

destemplado, -a [destem'plaðo, -a] adj ❶ (sonido) verstimmt ❷ (voz) rau ❸ (tiempo) unfreundlich ❹ (persona) unpässlich

destemplanza [destem'planθa] *f* ❶ (*inmoderación*) Unmäßigkeit *f*; **con** ~ unmäßig ❷ (*tiempo*) Unbeständigkeit *f* ❸ (*malestar*) Unpässlichkeit *f*

destemplar [destem'plar] **I.** *vt* ❶ (*sonido*) verstimmen ❷ (*perturbar*) stören **II.** *vr:* ~ **se** ❶ (*alterarse*) heftig werden ❷ (*indisponerse*) unpässlich werden

desteñido, -a [deste'ɲiðo, -a] *adj* verwaschen

desteñir [deste'ɲir] *irr como ceñir* **I.** *vi* abfärben **II.** *vt* ❶ (*descolorar*) ausbleichen; (QUÍM) entfärben ❷ (*manchar*) verfärben **III.** *vr:* ~ **se** verblassen

desternillarse [desterni'ʎarse] *vr:* ~ **de risa** sich totlachen

desterrar [deste'rrar] <e→ie> *vt* ❶ (*exiliar*) verbannen; ~ **del país** des Landes verweisen ❷ (*alejar*) vertreiben

destetar [deste'tar] *vt* abstillen

destiempo [des'tjempo] *m:* **a** ~ ungelegen

destierro [des'tjerro] *m* ❶ (*pena*) Verbannung *f* ❷ (*lugar*) Exil *nt* ❸ (*lugar muy alejado*) abgelegener Ort *m*

destilación [destila'θjon] *f* Destillation *f*

destilar [desti'lar] **I.** *vi* tröpfeln **II.** *vt* ❶ (*alambicar*) destillieren ❷ (*filtrar*) filtrieren ❸ (*soltar*) absondern; **la herida destila sangre** die Wunde blutet ❹ (*sentimiento*) offenbaren; **la crítica destila mala leche** die Kritik steckt voller Bosheiten

destilería [destile'ria] *f* Brennerei *f*

destinar [desti'nar] *vt* ❶ (*dedicar*) bestimmen (*a* für +*akk*); (*asignar*) zuweisen +*dat* ❷ (*enviar*) versetzen ❸ (*designar*) ernennen; ~ **para Ministro de Defensa** zum Verteidigungsminister ernennen

destinatario, -a [destina'tarjo, -a] *m*, *f* Empfänger(in) *m(f)*

destino [des'tino] *m* ❶ (*hado*) Schicksal *nt*; **tuvo un** ~ **muy triste** ihm/ihr war ein schweres Los beschieden ❷ (*empleo*) Anstellung *f*; **pedir un importante** ~ **en el gobierno** sich um einen wichtigen Regierungsposten bewerben ❸ (*destinación*) Bestimmungsort *m*; **estación de** ~ Endstation *f*; **puerto de** ~ Bestimmungshafen *m*; **el barco sale con** ~ **a México** das Schiff fährt nach Mexiko ❹ (*finalidad*) Zweck *m*

destitución [destitu'θjon] *f* Entlassung *f*; ~ **del cargo** Amtsenthebung *f*

destituido, -a [desti'twiðo, -a] *adj* ❶ (*despedido*) abgesetzt ❷ (*falto de*) frei von +*dat*; ~ **de fundamento** grundlos; **una tarea destituida de importancia** eine

bedeutungslose Aufgabe

destituir [destitu'ir] *irr como huir* *vt* ❶ (*despedir*) entlassen; ~ **al jefe de gobierno** den Regierungschef absetzen ❷ (*elev: privar*): ~ **a alguien de algo** jdm etw entziehen

destornillado, -a [destorni'ʎaðo, -a] *adj* (*fig*) kopflos

destornillador [destorniʎa'ðor] *m* Schraubenzieher *m*

destornillar [destorni'ʎar] *vt* abschrauben

destrabar [destra'βar] **I.** *vt* losbinden **II.** *vr:* ~ **se** sich losmachen

destral [des'tral] *m* Handbeil *nt*

destreza [des'treθa] *f* Geschicklichkeit *f*; ~ **manual** Handfertigkeit *f*; **con** ~ geschickt

destripador(a) [destripa'ðor(a)] *m(f)* (*fig*) Mörder(in) *m(f)*; **Jack el** ~ Jack the Ripper

destripar [destri'par] *vt* ❶ (*despanzurrar*) ausnehmen ❷ (*despachurrar, t. fig*) zerquetschen ❸ (*estropear*) vermasseln

destrísimo, -a [des'trisimo, -a] *adj superl de* **diestro**

destronar [destro'nar] *vt* entthronen

destrozar [destro'θar] <z→c> *vt* ❶ (*despedazar*) zerstören; (*libro*) zerreißen; (*ropa*) abtragen; ~ **un vehículo** (*conduciendo*) zu Schrott fahren ❷ (*moralmente*) zerstören; **estar destrozado** am Boden zerstört sein ❸ (*fam: físicamente*) schaffen; **el viaje me ha destrozado** von der langen Reise bin ich völlig gerädert; **he trabajado todo el día y estoy destrozado** ich habe den ganzen Tag geschuftet und bin fix und fertig ❹ (*planes*) zunichte machen ❺ (*enemigo, cosecha*) vernichten

destrozo [des'troθo] *m* (*daño*) Schaden *m*

destrozón, -ona [destro'θon, -ona] *adj o m, f* (*fam*): **este niño es un** ~ dieses Kind macht alles kaputt

destrucción [destruk'θjon] *f* Zerstörung *f*

destructivo, -a [destruk'tiβo, -a] *adj* destruktiv

destructor[1] [destruk'tor] *m* (MIL) Zerstörer *m*

destructor(a)[2] [destruk'tor(a)] *m(f)* Zerstörer(in) *m(f)*

destruible [destru'iβle] *adj* zerstörbar

destruir [destru'ir] *irr como huir* *vt* ❶ (*destrozar*) zerstören, vernichten ❷ (*física o moralmente*) zugrunde richten ❸ (*aniquilar*) zunichte machen ❹ (*malbaratar*) herunterwirtschaften

desubicado, -a [desuβi'kaðo, -a] *adj* (*Am*) desorientiert; (*fig*) zerstreut

desuncir [desuɲ'θir] <c→z> *vt* abspannen

desunión [desu'njon] *f* ❶ (*separación*) Trennung *f* ❷ (*discordia*) Uneinigkeit *f*

desunir [desu'nir] *vt, vr:* ~ **se** ❶ (*separar*) (sich) trennen ❷ (*enemistar*) (sich) entzweien

desusado, -a [desu'saðo, -a] *adj* ungebräuchlich

desuso [de'suso] *m:* **caer en** ~ aus dem Gebrauch kommen

desvaído, -a [desβa'iðo, -a] *adj* ❶ (*colores*) verwaschen ❷ (*persona*) schlaksig; **es una mujer desvaída** sie ist eine richtige Bohnenstange *fam*

desvaírse [desβa'irse] *irr como embaír vr* ausbleichen

desvalido, -a [desβa'liðo, -a] *adj* schutzlos

desvalijamiento [desβalixa'mjento] *m* Ausplünderung *f*

desvalijar [desβali'xar] *vt* ausrauben

desvalimiento [desβali'mjento] *m* Schutzlosigkeit *f*

desvalorar [desβalo'rar] *vt v.* **desvalorizar**

desvalorización [desβaloriθa'θjon] *f* Abwertung *f;* ~ **monetaria** Geldentwertung *f*

desvalorizar [desβalori'θar] <z→c> *vt* abwerten

desván [des'βan] *m* Dachboden *m*

desvanecer [desβane'θer] *irr como crecer* **I.** *vt* ❶ (*color*) verwischen ❷ (*dudas*) beseitigen; ~ **las sospechas de alguien** den Verdacht von jdm ablenken **II.** *vr:* ~ **se** ❶ (*desaparecer*) verschwinden; (*alcohol*) verdunsten; (*colores*) verschwimmen; (*esperanzas*) zerrinnen; (*enojo*) verrauchen; **el entusiasmo se desvaneció rápidamente** die Begeisterung war schnell wieder verflogen ❷ (*desmayarse*) ohnmächtig werden

desvanecido, -a [desβane'θiðo, -a] *adj* ❶ (*desmayado*) bewusstlos ❷ (*vanidoso*) selbstgefällig

desvanecimiento [desβaneθi'mjento] *m* ❶ (*desaparición*) Verschwinden *nt* ❷ (*mareo*) Schwindel *m;* **tener un** ~ ohnmächtig werden

desvariado, -a [desβari'aðo, -a] *adj* ❶ (*incoherente*) unvernünftig ❷ (AGR) ins Holz geschossen (*Zweige*)

desvariar [desβari'ar] <*1. pres:* desvarío> *vi* fantasieren

desvarío [desβa'rio] *m* ❶ (*locura*) Wahnsinn *m;* **los** ~**s de una imaginación enfermiza** die Fantastereien eines verwirrten Geistes ❷ (*delirio*) Fieberwahn *m* ❸ (*monstruosidad*) Ungeheuerlichkeit *f*

desvelar [desβe'lar] **I.** *vt* ❶ (*sueño*) wach halten ❷ (*revelar*) offenbaren **II.** *vr:* ~ **se** (*esmerarse*) sich einsetzen (*por* für +*akk*); (*trabajar*) sich abmühen (*por* für +*akk*)

desvelo [des'βelo] *m* ❶ (*insomnio*) Schlaflosigkeit *f* ❷ (*despabilamiento*) Munterkeit *f* ❸ (*pl*) (*celo*) Eifer *m* ❹ (*pl*) (*atención*) Sorge *f*

desvencijado, -a [desβeŋθi'xaðo, -a] *adj* wack(e)lig

desvencijar [desβeŋθi'xar] **I.** *vt* auseinander nehmen **II.** *vr:* ~ **se** auseinander fallen

desventaja [desβen'taxa] *f* Nachteil *m*

desventajoso, -a [desβenta'xoso, -a] *adj* nachteilig; (*condiciones*) ungünstig; **apariencia desventajosa** unvorteilhaftes Auftreten

desventura [desβen'tura] *f* Unglück *nt*

desventurado, -a [desβentu'raðo, -a] *adj* unglücklich; **es una familia desventurada** die Familie wird vom Pech verfolgt

desvergonzado, -a [desβeryoŋ'θaðo, -a] *adj* schamlos

desvergonzarse [desβeryoŋ'θarse] *irr como avergonzar vr* unverschämt werden; ~ **con alguien** jdm gegenüber unverschämt werden

desvergüenza [desβer'ɣwenθa] *f* Unverschämtheit *f*

desvestir [desβes'tir] *irr como pedir vt, vr:* ~ **se** (sich) ausziehen

desviación [desβja'θjon] *f* ❶ (*torcedura*) Abweichung *f;* ~ **de la columna vertebral** Rückgratverkrümmung *f;* ~ **jurídica** Rechtsfehler *m* ❷ (*del tráfico*) Umleitung *f* ❸ (*aberración*) Verirrung *f*

desviado, -a [desβi'aðo, -a] *adj* (*diferente*) abweichend

desviar [desβi'ar] <*1. pres:* desvío> **I.** *vt* (*del camino*) umleiten; (*de un propósito*) abbringen; (*dinero*) abzweigen; ~ **una cuestión** einer Frage ausweichen **II.** *vr:* ~ **se** ❶ (*del camino/tema*) abkommen; (*de una idea/intención*) Abstand nehmen; **la brigada se desvió hacia la izquierda** die Kolonne schwenkte nach links ab ❷ (*extraviarse*) abhanden kommen

desvincular [desβiŋku'lar] **I.** *vt* befreien **II.** *vr:* ~ **se** sich lösen

desvío [des'βio] *m* ❶ (*desviación*) Abweichung *f* ❷ (*carretera*) Umgehungsstraße *f;* (*temporal*) Umleitung *f* ❸ (*despego*) Abneigung *f*

desvirtuar [desβirtu'ar] <*1. pres:* desvirtúo> *vt* (*argumento/prueba*) entkräften; (*rumor*) widerlegen; ~ **la competencia** den Wettbewerb verfälschen

desvivirse [desβi'βirse] *vr* ❶ (*chiflarse*) ganz versessen sein (*por* auf +*akk*); **el hombre se desvive por esta mujer** der Mann ist unsterblich in diese Frau verliebt ❷ (*afanarse*): ~ **con** [*o* **por**] **alguien** alles für jdn tun; **se desvivió por conseguir este documento** nach diesem Dokument hat er/sie sich *dat* die Beine abgelaufen

detallado, **-a** [deta'ʎaðo, -a] *adj* ausführlich

detallar [deta'ʎar] *vt* ❶ (*pormenorizar*) einzeln aufführen ❷ (COM) im Einzelhandel verkaufen

detalle [de'taʎe] *m* ❶ (*pormenor*) Detail *nt;* **en** [*o* **al**] ~ ausführlich; **venta al** ~ Einzelverkauf *m;* **entrar en** ~**s** ins Detail gehen ❷ (*finura*) Aufmerksamkeit *f;* **has tenido un** ~ **regalándome las flores** es war sehr aufmerksam von dir, mir die Blumen zu schenken

detallista [deta'ʎista] **I.** *adj* genau; (*pey*) kleinlich **II.** *mf* ❶ (*minucioso*) Pedant(in) *m(f)* ❷ (COM) Einzelhändler(in) *m(f)*

detectable [detek'taβle] *adj* erkennbar

detectar [detek'tar] *vt* entdecken

detective [detek'tiβe] *mf* Detektiv(in) *m(f)*

detectivesco, **-a** [detekti'βesko, -a] *adj* detektivisch; **sagacidad detectivesca** detektivischer Scharfsinn

detector [detek'tor] *m* Detektor *m;* ~ **de humo** Rauchgasanzeiger *m*

detención [deten'θjon] *f* ❶ (*parada*) Anhalten *nt;* (*de la correspondencia*) Zurückhalten *nt;* ~ **del crecimiento** Wachstumshemmung *f* ❷ (*encarcelamiento*) Festnahme *f;* ~ **ilegal** Freiheitsberaubung *f;* ~ **preventiva** Untersuchungshaft *f* ❸ (*dilación*) Verzögerung *f;* **sin** ~ unverzüglich ❹ (*prolijidad*) Ausführlichkeit *f;* **describir con** ~ in allen Einzelheiten beschreiben; **ha corregido el examen con** ~ er/sie hat die Klausur mit großer Sorgfalt korrigiert

detener [dete'ner] *irr como tener* **I.** *vt* ❶ (*parar*) anhalten; (*correspondencia*) zurückhalten; ~ **los progresos de una enfermedad** das Fortschreiten einer Krankheit aufhalten ❷ (*encarcelar*) festnehmen ❸ (*retener*): ~ (**en su poder**) einbehalten **II.** *vr:* ~**se** ❶ (*pararse*) innehalten ❷ (*entretenerse*) sich aufhalten (*en* mit + *dat*)

detenido, **-a** [dete'niðo, -a] **I.** *adj* ❶ (*minucioso*) eingehend ❷ (*apocado*) schüchtern ❸ (*escaso*) karg ❹ (*arrestado*) verhaftet **II.** *m, f* Häftling *m*

detenimiento [deteni'mjento] *m* ❶ (*minuciosidad*) Ausführlichkeit *f;* **con** ~ ausführlich ❷ (*tardanza*) Verzögerung *f;* **con** ~ umständlich ❸ (*encarcelamiento*) Verhaftung *f*

detentar [deten'tar] *vt* unrechtmäßig besitzen

detergente [deter'xente] **I.** *adj* reinigend **II.** *m* Reinigungsmittel *nt;* ~ **para lavar la ropa** Waschpulver *nt;* ~ **lavavajillas** Spülmittel *nt*

deteriorar [deterjo'rar] **I.** *vt* (*empeorar*) verschlechtern; (*romper*) beschädigen; (*gastar*) abnutzen **II.** *vr:* ~**se** ❶ (*empeorarse*) sich verschlechtern ❷ (*estropearse*) verderben; **mercancía deteriorada** schadhafte Ware

deterioro [dete'rjoro] *m* ❶ (*desmejora*) Verschlechterung *f;* ~ **de calidad** Qualitätsminderung *f* ❷ (*daño*) Schaden *m;* **sin** ~ unbeschädigt; ~ **debido al amacenamiento** Lagerschaden *m* ❸ (*desgaste*) Verschleiß *m* ❹ (*echarse a perder*) Verderben *nt;* **sujeto a** ~ verderblich; **de fácil** ~ leicht verderblich

determinable [determi'naβle] *adj* bestimmbar

determinación [determina'θjon] *f* ❶ (*fijación*) Bestimmung *f;* ~ **de los daños** Schadensfestsetzung *f;* ~ **de objetivos** Zielsetzung *f* ❷ (*decisión*) Entschluss *m;* **tomar una** ~ eine Entscheidung treffen ❸ (*audacia*) Bestimmtheit *f*

determinado, **-a** [determi'naðo, -a] *adj* ❶ (*cierto, t.* LING) bestimmt ❷ (*atrevido*) entschlossen

determinante [determi'nante] **I.** *adj* entscheidend; **palabra** ~ (LING) Bestimmungswort *nt* **II.** *m* Bestimmungsgröße *f;* (MAT) Determinante *f*

determinar [determi'nar] **I.** *vt* ❶ (*fijar*) bestimmen; (*plazo*) festlegen ❷ (*decidir*) beschließen; ~ **un pleito** einen Prozess entscheiden ❸ (*causar*) verursachen ❹ (*motivar*): ~ **a alguien a hacer algo** jdn zu etw *dat* bewegen **II.** *vr:* ~**se por algo** sich für etw entscheiden; ~**se a...** beschließen zu ...

determinismo [determi'nismo] *m* (FILOS) Determinismus *m*

detestable [detes'taβle] *adj* abscheulich

detestar [detes'tar] *vt* ❶ (*abominar*) verabscheuen; (*odiar*) hassen ❷ (*maldecir*) verwünschen

detonación [detona'θjon] *f* Detonation *f*

detonador [detona'ðor] *m* Zündkapsel *f*

detonante [deto'nante] *adj* ❶ (*explosivo*) explosiv ❷ (*Am: que molesta*) störend

detonar [deto'nar] **I.** *vi* explodieren **II.** *vt* zünden

detractor(a) [detrak'tor(a)] **I.** *adj* verleumderisch **II.** *m(f)* Verleumder(in) *m(f)*

detrás [de'tras] **I.** *adv* ❶ (*local*) hinten; **allí** ~ dahinter; **entrar por** ~ hinten(he)rum hereinkommen; **me asaltaron por** ~ sie haben mich hinterrücks angegriffen ❷ (*en el orden*): **el que está** ~ der Hintermann; **primero estás tu y** ~ **van mis amigos** (*fig*) du bist für mich am wichtigsten und dann erst kommen meine Freunde **II.** *prep* ❶ (*local: tras*): ~ **de** hinter +*dat;* (*con movimiento*) hinter +*akk;* ~ **de la carta** auf der Rückseite des Briefes; **quedar** ~ **de los otros** hinter den anderen zurückbleiben; **ir** ~ **de alguien** jdm folgen; **hablar mal (por)** ~ **de alguien** hinter jds Rücken schlecht über jdn reden ❷ (*en el orden*): **uno** ~ **de otro** einer nach dem anderen

detrimento [detri'mento] *m* ❶ (*daño*) Schaden *m;* **causar gran** ~ **a alguien** jdm großen Schaden zufügen; ~ **de la salud** Beeinträchtigung der Gesundheit ❷ (*perjuicio*) Nachteil *m;* **en** ~ **de alguien** zu jds Schaden; **en** ~ **de la salud** auf Kosten der Gesundheit

deuda ['deu̯ða] *f* ❶ (*débito*) Schuld *f;* ~ **activa** Geldforderung *f;* ~ **contraída** Verschuldung *f;* ~ **del Estado** Staatsverschuldung *f;* ~ **externa** Auslandsschuld *f;* ~ **interna** Inlandsschuld *f;* ~ **pública** Verschuldung der öffentlichen Hand; ~ **a pagar** fällige Schuld; ~ **pendiente** ausstehende Schuld; ~ **vencida** überfällige Schuld; **cargado de** ~**s** überschuldet; **contraer** ~**s** Schulden machen; **sin** ~**s** schuldenfrei ❷ (*moral*) moralische Verpflichtung *f;* **estar en** ~ **con alguien** in jds Schuld stehen; **lo prometido es** ~ was man verspricht, muss man auch halten ❸ (*pecado*): **y perdónanos nuestras** ~**s...** und vergib uns unsere Schuld ...

deudor(a) [deu̯'ðor(a)] **I.** *adj* schuldnerisch; **saldo** ~ Sollsaldo *m* **II.** *m(f)* Schuldner(in) *m(f);* ~ **alimentario** Unterhaltspflichtige(r) *m;* ~ **solidario** Mitschuldner *m*

devaluación [deβalwa'θjon] *f* Abwertung *f*

devaluar [deβalu'ar] <*I. pres:* devalúo> *vt* abwerten

devanar [deβa'nar] **I.** *vt* aufwickeln; (*en un carrete*) aufspulen **II.** *vr:* ~**se** ❶ (*Cuba: reírse mucho*) sich vor Lachen krümmen ❷ (*loc*): ~**se los sesos** sich *dat* den Kopf zerbrechen

devaneo [deβa'neo] *m* ❶ (*locura*) Hirngespinst *nt* ❷ (*distracción*) unnützer Zeitvertreib *m* ❸ (*amorío*) Liebelei *f*

devastación [deβasta'θjon] *f* Verwüstung *f*

devastar [deβas'tar] *vt* verwüsten

devengar [deβeŋ'gar] <g→gu> *vt* ❶ (*salario*) beziehen ❷ (*intereses*) abwerfen

devenir [deβe'nir] *irr como venir* *vi*

❶ (*acaecer*) geschehen ❷ (*convertirse*) werden (*en* zu +*dat*)

devoción [deβo'θjon] *f* ❶ (*religión*) Frömmigkeit *f;* **fingir** ~ frömmeln; **no tener a alguien como santo de su** ~ jdm nicht grün sein ❷ (*oración*) Gebet *nt* ❸ (*respeto*) Ehrfurcht *f;* **rezar con** ~ andächtig beten ❹ (*obediencia*) Ergebenheit *f;* **estar a la** ~ **de alguien** jdm völlig ergeben sein ❺ (*fervor*) Hingabe *f;* **amar con** ~ abgöttisch lieben; **hacer con** ~ mit Hingabe tun; **tener** ~ **a un santo** einen Heiligen verehren ❻ (*afición*) Zuneigung *f*

devocionario [deβoθjo'narjo] *m* Gebetbuch *nt*

devolución [deβolu'θjon] *f* Rückgabe *f;* (FIN) Erstattung *f;* ~ **a origen** Rücksendung *f*

devolutivo, -a [deβolu'tiβo, -a] *adj* (JUR) rückerstattend

devolver [deβol'βer] *irr como volver* **I.** *vt* zurückgeben; (*fig*) wiedergeben; ~ **bien por mal** Böses mit Gutem vergelten; ~ **la comida** sich übergeben; ~ **un favor** eine Gefälligkeit erwidern; ~ **la visita** einen Gegenbesuch machen; **devuélvase al remitente** (*en cartas*) zurück an Absender; **esta máquina no devuelve cambio** dieser Automat gibt kein Wechselgeld heraus; ~ **la pelota al defensa** den Ball zum Verteidiger zurückschießen **II.** *vr:* ~**se** (*Am: volver*) zurückkehren; ~**se a casa** nach Hause zurückgehen

devorador(a) [deβora'ðor(a)] *adj:* **hambre** ~**a** Heißhunger *m*

devorar [deβo'rar] *vt* verschlingen; ~ **la comida** das Essen hinunterschlingen; **la enfermedad devoró sus fuerzas** die Krankheit hat ihm seine/ihr ihre Kraft genommen; **me devora la impaciencia** ich vergehe vor Ungeduld

devoto, -a [de'βoto, -a] **I.** *adj* ❶ (*religioso*) gläubig ❷ (*adicto*) ergeben; ~ **admirador de los Beatles** leidenschaftlicher Anhänger der Beatles **II.** *m, f* ❶ (*creyente*) Gläubige(r) *mf* ❷ (*admirador*) Anhänger(in) *m(f)*

deyección [deɟeʲ'θjon] *f* ❶ (*volcán*) Auswurf *m* ❷ (*defecación*) Stuhlgang *m* ❸ *pl* (*heces*) Kot *m*

día ['dia] *m* Tag *m;* ~ **anual** Kalendertag *m;* ~ **de año nuevo** Neujahrstag *m;* ~ **de baja** Ausfalltag *m;* ~ **de cumpleaños** Geburtstag *m;* ~ **de descanso** Ruhetag *m;* ~ **de los difuntos** Allerseelentag *m;* ~ **festivo** Feiertag *m;* ~ **hábil** [*o* **laborable**] Werktag *m;* **el** ~ **D** der Tag X; **el** ~ **del juicio final** das Jüngste Gericht; ~ **lectivo**

Unterrichtstag *m;* ~ **de Reyes** Dreikönigstag *m;* ~ **del santo** Namenstag *m;* **cambio del** ~ Tageskurs *m;* **a** ~**s** unregelmäßig; **al abrir el** ~ bei Tagesanbruch; **al caer el** ~ am späten Nachmittag; **al otro** ~ am nächsten Tag; **antes del** ~ vor Tagesanbruch; **¡buenos** ~**s!** guten Tag!; *(por la mañana)* guten Morgen!; **cualquier** ~ irgendwann; **de** ~ tagsüber; **del** ~ aktuell; **de** ~**s** nicht mehr neu; **de** ~ **para** ~ Tag für Tag; **de** ~ **en** ~ von Tag zu Tag; **de hoy en ocho** ~**s** heute in acht Tagen; **de un** ~ **a otro** von einem Tag auf den anderen; **una diferencia como del** ~ **a la noche** ein Unterschied wie Tag und Nacht; ~ **a** ~ tagtäglich; ~ **por** [*o* **tras**] ~ tagaus, tagein; ~ **por medio** *(Am)* einen um den anderen Tag; ~ **y noche** fortwährend; **durante** ~**s enteros** tagelang; **el** ~ **de hoy** heute; **el** ~ **de mañana** in der Zukunft; **el** ~ **menos pensado** eines schönen Tages; **el** ~ **que...** als ...; **el otro** ~ neulich; **en** ~**s de Dios** noch nie; **en su** ~ zum rechten Zeitpunkt; **¡no en mis** ~**s!** nie und nimmer!; **entrado en** ~**s** in die Jahre gekommen; **¡hasta otro** ~**!** bis bald!; **hoy (en)** ~ heutzutage; **un buen** ~ eines schönen Tages; **un** ~ **de estos** in den nächsten Tagen; **un** ~ **u otro** irgendwann einmal; **un** ~ **y otro** ~ immer wieder; **todo el santo** ~ den lieben langen Tag; **alcanzar a alguien en** ~**s** jdn überleben; **cerrarse el** ~ Abend werden; **dar a alguien el** ~ jdm den Tag verderben; **estar al** ~ auf dem Laufenden sein; **hay más** ~**s que longanizas** *(fam)* die Zeit läuft doch nicht weg; **hace buen** ~ heute ist schönes Wetter; **no pasar los** ~**s por alguien** die Jahre gehen an jdm vorüber; **un** ~ **es un** ~ einmal ist keinmal; **mañana será otro** ~ morgen ist auch noch ein Tag; **tener** ~**s** *(viejo)* betagt sein; *(de mal humor)* launisch sein; **tiene los** ~**s contados** seine/ihre Tage sind gezählt; **vivir al** ~ nur für den Tag leben

Was man in Spanien als **Día de Todos los Santos** – *Allerheiligen* kennt, wird in den meisten spanischsprachigen Ländern Süd- und Mittelamerikas **Día de los Muertos** genannt. Möglicherweise ist dies auf indianische Sitten und Bräuche, die sich im Laufe der Jahrhunderte mit dem christlichen Glauben vermischt haben, zurückzuführen. So werden den *muertos* – *Toten* in Mexiko am **Día de los Muertos** Lebensmittel auf die Gräber gelegt.

diabetes [dja'βetes] *f inv* Diabetes *m*
diabético, -a [dja'βetiko, -a] I. *adj* zuckerkrank II. *m, f* Diabetiker(in) *m(f)*
diablo [di'aβlo] *m (demonio)* Teufel *m;* **¡~s!** Donnerwetter!; **anda el** ~ **suelto** *(fam)* der Teufel ist los; **aquí anda el** ~ hier geht es nicht mit rechten Dingen zu; **aquí hay mucho** ~ *(fam)* hier hat der Teufel seine Hand im Spiel; **¿cómo ~s...?** wie zum Teufel ...?; **¡con mil ~s!** Teufel noch (ein)mal!; **dar al** ~ *(fam)* zum Teufel schicken; **dar de comer al** ~ *(fam)* lästern; **darse al** ~ *(fam)* sich grün und blau ärgern; **de mil** ~**s** verteufelt; **donde el** ~ **perdió el poncho** *(Am)* wo sich die Füchse gute Nacht sagen; **duele como el** ~ das tut höllisch weh; **llevarse el** ~ zum Teufel gehen; **¡qué** ~**s!** zum Teufel!; **¿qué** ~**s pasa aquí?** was zum Teufel ist hier los?; **tener el** ~ **en el cuerpo** den Teufel im Leib haben; **¡vete al** ~**!** scher dich zum Teufel!; **ser un** ~ **de hombre** ein Teufelskerl sein
diablura [dja'βlura] *f* böser Streich *m*
diabólico, -a [dja'βoliko, -a] *adj* ❶ *(maligno)* teuflisch ❷ *(complicado)* vertrackt
diábolo [di'aβolo] *m* Diabolo(spiel) *nt*
diácono [di'akono] *m* (REL) Diakon *m*
diadema [dja'ðema] *f* Diadem *nt*
diafanidad [djafani'ðað] *f* Durchsichtigkeit *f*
diáfano, -a [di'afano, -a] *adj* ❶ *(transparente)* durchsichtig ❷ *(translúcido)* durchscheinend ❸ *(claro)* klar; **un argumento** ~ ein einleuchtendes Argument
diafragma [dja'frayma] *m* ❶ (ANAT) Zwerchfell *nt* ❷ (FOTO) Blende *f* ❸ *(membrana)* Membran(e) *f* ❹ *(preservativo)* Diaphragma *nt*
diagnosis [djaɣ'nosis] *f inv* Diagnose *f*
diagnosticar [djaɣnosti'kar] <c→qu> *vt* diagnostizieren
diagnóstico [djaɣ'nostiko] *m* ❶ *(diagnosis)* Diagnose *f;* ~ **precoz** Früherkennung *f* ❷ *(análisis)* Analyse *f*
diagonal [djaɣo'nal] I. *adj* diagonal; **en** ~ übereck II. *f* Diagonale *f*
diagrama [dja'ɣrama] *m* Diagramm *nt*, Schaubild *nt;* ~ **de bloques** Blockdiagramm *nt;* ~ **esquemático** Schema *nt;* ~ **de puntos** Streudiagramm *nt*
dial [di'al] *m* ❶ *(indicador)* Anzeige *f* ❷ (AUTO): ~ **de velocidad** Geschwindigkeitsmesser *m* ❸ *(del teléfono)* Wähl-

scheibe *f*

dialectal [djalek'tal] *adj* dialektal

dialectalismo [djalekta'lismo] *m* Dialektausdruck *m*

dialéctica [dja'lektika] *f* Dialektik *f*

dialéctico, -a [dja'lektiko, -a] **I.** *adj* (FILOS) dialektisch **II.** *m*, *f* (*t.* FILOS) Dialektiker(in) *m(f)*

dialecto [dja'lekto] *m* Dialekt *m*

diálisis [di'alisis] *f inv* Dialyse *f*

dialogador(a) [djaloɣa'ðor(a)] **I.** *adj* gesprächsbereit **II.** *m(f)* Gesprächsteilnehmer(in) *m(f)*

dialogante [djalo'ɣante] *adj* dialogisch

dialogar [djalo'ɣar] <g→gu> *vi* miteinander sprechen; **escrito en forma dialogada** in Dialogform geschrieben

diálogo [di'aloɣo] *m* ❶ (*conversación*) Gespräch *nt* ❷ (*fig*) Dialog *m*

diamante [dja'mante] *m* Diamant *m*; **bodas de** ~ diamantene Hochzeit; ~ **brillante** Brillant *m*; ~ (**en**) **bruto** ungeschliffener Diamant

diamantino, -a [djaman̩'tino, -a] *adj* ❶ (*como el diamante*) diamanten ❷ (*persona*) unbeugsam ❸ (*cosas*) steinhart

diametralmente [djametral'mente] *adv* diametral; ~ **opuesto** genau entgegengesetzt

diámetro [di'ametro] *m* Durchmesser *m*

diana [di'ana] *f* ❶ (MIL) Weckruf *m*; **a toque de** ~ (*fig*) sehr diszipliniert ❷ (*del blanco*) Zentrum *nt*; **hacer** ~ ins Schwarze treffen

diantre [di'antre] *m* (*fam*) Teufel *m*

diapasón [djapa'son] *m* (MÚS) Stimmgabel *f*; ~ **normal** Kammerton *m*; **bajar o subir el** ~ (*fam fig*) leiser oder lauter sprechen

diapositiva [djaposi'tiβa] *f* Dia *nt*

diario¹ [di'arjo] *m* ❶ (*periódico*) Tageszeitung *f*; ~ **de avisos** Anzeigenblatt *nt* ❷ (*dietario*) Journal *nt*; ~ **de navegación** Logbuch *nt* ❸ (*memorias*) Tagebuch *nt* ❹ (*gastos*) Tagesaufwand *m*

diario, -a² [di'arjo, -a] *adj* täglich; **a** ~ (all)täglich; **uniforme de** ~ Dienstuniform *f*

diarrea [dja'rrea] *f* Durchfall *m*

diáspora [di'aspora] *f* Diaspora *f*

diástole [di'astole] *f* (MED) Diastole *f*

dibujante [diβu'xante] *mf* Zeichner(in) *m(f)*; ~ **proyectista** Entwurfszeichner(in) *m(f)*

dibujar [diβu'xar] **I.** *vt* ❶ (*trazar*) zeichnen; ~ **copiando** abzeichnen; ~ **según modelo** nach Vorlage zeichnen; ~ **a pulso** freihändig zeichnen; ~ **a lápiz** mit dem Bleistift zeichnen ❷ (*describir*) schildern

II. *vr:* ~ **se** sich abzeichnen

dibujo [di'βuxo] *m* ❶ (*acción*) Zeichnen *nt* ❷ (*resultado*) Zeichnung *f*; ~ **acotado** Maßzeichnung *f*; ~**s animados** Zeichentrickfilm *m*; **meterse en** ~**s** (*fig*) sich in die Nesseln setzen ❸ (*muestra*) Muster *nt*; **con** ~**s** gemustert

dicción [dik'θjon] *f* ❶ (*declamación*) Vortrag *m* ❷ (*pronunciación*) Aussprache *f*; (*estilo*) Ausdrucksweise *f*

diccionario [dikθjo'narjo] *m* ❶ (*de consulta*) Lexikon *nt*; ~ **de artes y ciencias** Reallexikon; ~ **enciclopédico** Enzyklopädie *f* ❷ (*de vocabulario*) Wörterbuch *nt*; ~ **de alemán-español** deutsch-spanisches Wörterbuch

dicha ['ditʃa] *f* (*suerte*) Glück *nt*; ~ **conyugal** Eheglück *nt*; **por** ~ zum Glück

dicharachero, -a [ditʃara'tʃero, -a] **I.** *adj* spaßhaft **II.** *m*, *f* Spaßmacher(in) *m(f)*

dicho¹ ['ditʃo] *m* ❶ (*ocurrencia*) Einfall *m* ❷ (*refrán*) Sprichwort *nt* ❸ *pl* (*al casarse*) Jawort *nt*; **tomarse los** ~**s** sich verloben ❹ (*loc*): **del** ~ **al hecho hay mucho trecho** (*prov*) Versprechen und Halten ist zweierlei

dicho, -a² ['ditʃo, -a] **I.** *pp* **de decir II.** *adj:* **dicha gente** besagte Leute

dichoso, -a [di'tʃoso, -a] *adj* ❶ (*feliz*) glücklich (*de* über +*akk*) ❷ (*maldito*) verdammt

diciembre [di'θjembre] *m* Dezember *m*; *v. t.* **marzo**

dicotomía [dikoto'mia] *f* ❶ (BOT, FILOS) Dichotomie *f* ❷ (*práctica entre médicos*) Art Provisionszahlung eines Arztes an einen anderen, der einen Patienten zu ihm überwiesen hat

dictado [dik'taðo] *m* ❶ (*escuela*) Diktat *nt* ❷ (*fig: inspiración*) Eingebung *f*; **seguir los** ~**s de la conciencia** der Stimme des Gewissens folgen

dictador(a) [dikta'ðor(a)] *m(f)* Diktator(in) *m(f)*

dictadura [dikta'ðura] *f* Diktatur *f*

dictáfono [dik'tafono] *m* Diktiergerät *nt*

dictamen [dik'tamen] *m* ❶ (*peritaje*) Gutachten *nt*; ~ **facultativo** ärztliches Gutachten; ~ **en juicio** gerichtliches Gutachten; **dar** ~ ein Gutachten abgeben ❷ (*informe*) Stellungnahme *f* ❸ (*opinión*) Meinung *f*; **tomar** ~ **de alguien** von jdm einen Rat(schlag) annehmen ❹ (JUR): ~ **judicial** Gerichtsurteil *nt*

dictaminar [diktami'nar] *vi* ein Gutachten abgeben (*sobre* über +*akk*)

dictar [dik'tar] *vt* ❶ (*un dictado*) diktieren ❷ (*una sentencia*) verkünden ❸ (*una ley*) erlassen ❹ (*un discurso*) halten ❺ (*Am:*

clases) (ab)halten ❻(*fig: sugerir*) eingeben

dictatorial [diktato'rjal] *adj* diktatorisch

didáctica [di'ðaktika] *f* Didaktik *f*

didáctico, -a [di'ðaktiko, -a] *adj* didaktisch;
material ~ Lehrmaterial *nt*

diecinueve [djeθi'nweβe] *adj inv* neunzehn; *v. t.* **ocho**

dieciocho [djeθi'otʃo] *adj inv* achtzehn; *v. t.*
ocho

dieciséis [djeθi'se̞is] *adj inv* sechzehn; *v. t.*
ocho

dieciseisavo, -a [djeθise̞i'saβo, -a] **I.** *adj*
sechzehnte(r, s) **II.** *m, f* Sechzehntel *nt; v.
t.* **octavo**

diecisiete [djeθi'sjete] *adj inv* siebzehn; *v. t.*
ocho

diecisieteavo, -a [djeθisjete'aβo, -a] **I.** *adj*
siebzehnte(r, s) **II.** *m, f* Siebzehntel *nt; v. t.*
octavo

diente ['djente] *m* ❶(*muela*) Zahn *m; ~
canino* Eckzahn *m; ~s de embustero*
(*fam*) weit auseinander stehende Zähne; ~
incisivo Schneidezahn *m; ~ de leche*
Milchzahn *m; ~ molar* Backenzahn *m;*
armado hasta los ~s bis an die Zähne
bewaffnet; **dar ~ con ~** (*de frío*) vor Kälte
mit den Zähnen klappern; (*de miedo*) vor
Angst mit den Zähnen klappern; **decir
algo entre ~s** etw zwischen den Zähnen
murmeln; **pelar un ~** (*Am: fam*) kokett
lächeln; **tener buen ~** (*fig*) ein guter Esser
sein ❷(TÉC) Zacke *f; ~ de horquilla*
Gabelzinke *f; ~ de sierra* Zahn einer Säge;
de dos ~s zweizackig ❸(BOT): ~ **de ajo**
Knoblauchzehe *f; ~ de león* Löwenzahn
m

diéresis ['djeresis] *f inv* (LING) Diärese *f*

diesel ['djesel] *m* Diesel *m*

diestro¹ ['djestro] *m* (*torero*) Stierkämpfer
m

diestro, -a² ['djestro, -a] <destrísimo *o* dies-
trísimo> *adj* ❶(*a la derecha*) rechte(r, s);
a ~ y siniestro (*fig*) kreuz und quer
❷(*hábil*) geschickt ❸(*astuto*) schlau
❹(*que usa la mano derecha*) rechtshändig

dieta [di'eta] *f* ❶(*para adelgazar*) Diät *f; ~
absoluta* Hungerkur *f; estar a ~* Diät halten; **poner alguien a ~** jdn auf Diät setzen
❷(*alimentación*): ~ **alimenticia** Ernäh-
rungsweise *f; ~ básica* Grundnahrung *f*
❸(*parlamento*) Parlament *nt; ~ confede-
ral* Bundesversammlung *f;* D~ **Federal**
Bundestag *m;* D~ **Regional** Landtag *m*
❹ *pl* (*retribución*) Spesen *pl;* (*de diputados*) Diäten *pl*

dietario [dje'tarjo] *m* ❶(*agenda*) Haus-

haltsbuch *nt* ❷(HIST) *Chronik der Chronis-
ten von Aragón*

dietética [dje'tetika] *f* Ernährungswissenschaft *f*

dietético, -a [dje'tetiko, -a] *adj* diätetisch;
régimen ~ Diätkur *f*

diez [djeθ] **I.** *adj inv* zehn; *v. t.* **ocho II.** *m*
(*número*) Zehn *f*

diezmar [djeθ'mar] *vt* (*aniquilar*) dezimieren

difamación [difama'θjon] *f* Verleumdung *f*

difamar [difa'mar] *vt* diffamieren

difamatorio, -a [difama'torjo, -a] *adj* verleumderisch

diferencia [dife'renθja] *f* ❶(*desigualdad*)
Unterschied *m; ~ de los tipos de interés*
Zinsgefälle *nt; a ~ de algo* im Unterschied
zu etw *dat* ❷(*desacuerdo*) Meinungsverschiedenheit *f;* **arreglar (las)** ~s einen
Streit schlichten ❸(MAT) Differenz *f; ~ de
caja* Kassendefizit *nt*

diferenciación [diferenθja'θjon] *f* ❶(*distinción*) Differenzierung *f; ~ de los precios* Preisstaffelung *f* ❷(MAT) Differenzia-
tion *f*

diferenciador [diferenθja'ðor] *m* (INFOR)
Differenziergerät *nt; ~ de frecuencia* Fre-
quenzdiskriminator *m*

diferencial¹ [diferen'θjal] **I.** *adj* ❶(*variable*) unterscheidend ❷(MAT) Differenzial-
II. *f* (MAT) Differenzial *nt*

diferencial² [diferen'θjal] *m* (AUTO) Diffe-
renzial(getriebe) *nt*

diferenciar [diferen'θjar] **I.** *vi* verschiedener Meinung sein **II.** *vt* ❶(*distinguir*)
unterscheiden ❷(MAT) ableiten **III.** *vr: ~se*
sich unterscheiden (*de* von +*dat*)

diferente [dife'rente] **I.** *adj* verschieden;
~s **calidades** unterschiedliche Qualitäten;
~s **veces** mehrere Male; **España es ~**
Spanien ist anders **II.** *adv* anders; **piensa
muy ~** er/sie denkt ganz anders

diferir [dife'rir] *irr como sentir* **I.** *vi* verschieden sein; ~ **de algo** sich von etw *dat*
unterscheiden **II.** *vt* aufschieben; ~ **el
pago** die Zahlung stunden

difícil [di'fiθil] *adj* (*duro*) schwer; (*complicado*) schwierig; ~ **de explicar** schwer zu
erklären; **de ~ acceso** schwer zugänglich

difícilmente [difiθil'mente] *adv* kaum; **un
material** ~ **soluble** ein schwer lösliches
Material

dificultad [difikul'tað] *f* Schwierigkeit *f;*
estar en ~es in Schwierigkeiten stecken;
expresarse con ~ sich schwer ausdrücken können; **herir en la** ~ den schwierigen Punkt treffen; **poner** ~es **a alguien**
jdm Schwierigkeiten machen; **ahí está la**

~ hier liegt das Problem
dificultar [difiku'tar] *vt* erschweren; ~ **la circulación** den Verkehr behindern

dificultoso, -a [difiku'toso, -a] *adj* schwierig; (*laborioso*) mühsam

difteria [dif'terja] *f* Diphtherie *f*

difuminado [difumi'naðo] *m* (*de colores*) Verwischen *nt* der Farben

difuminar [difumi'nar] *vt* (*dibujo*) verwischen

difundir [difun'dir] **I.** *vt* verbreiten; (*líquidos*) ausschütten; ~ **por la radio** im Rundfunk senden **II.** *vr:* ~**se** sich verbreiten; **la niebla se difundió por todo el valle** der Nebel hüllte das ganze Tal ein; **la novedad se ha difundido por toda la vecindad** die Neuigkeit hat sich in der ganzen Nachbarschaft herumgesprochen

difunto, -a [di'funto, -a] **I.** *adj* verstorben **II.** *m, f* Verstorbene(r) *mf;* **día de ~s** Allerseelentag *m;* **misa de ~s** Totenmesse *f*

difusión [difu'sjon] *f* ❶ (*expansión, divulgación*) Verbreitung *f;* (TV, RADIO) Sendung *f;* ~ **de productos** Erzeugnisvertrieb *m* ❷ (*prolijidad*) Weitschweifigkeit *f*

difuso, -a [di'fuso, -a] *adj* ❶ (*extendido*) weitläufig ❷ (*vago*) unklar; (*luz*) diffus ❸ (*prolijo*) weitschweifig

difusor [difu'sor] *m* ❶ (*de perfume*) Zerstäuber *m* ❷ (*en fábricas de azúcar*) Diffuseur *m* ❸ (FÍS) Diffusor *m*

digerir [dixe'rir] *irr como sentir vt* ❶ (*la comida*) verdauen ❷ (*a una persona*) ertragen; (*noticia, libro*) verdauen *fam*

digestión [dixes'tjon] *f* (*de alimentos*) Verdauung *f;* **tener mala ~** eine schlechte Verdauung haben

digestivo, -a [dixes'tiβo, -a] *adj* ❶ (ANAT): **aparato ~** Verdauungsapparat *m* ❷ (*que ayuda*) verdauungsfördernd

digital [dixi'tal] **I.** *adj* ❶ (*dactilar*) Finger- ❷ (INFOR, TÉC) digital; **ingreso ~** Digitaleingabe *f;* **ordenador ~** Digitalrechner *m* **II.** *m* (BOT) Fingerhut *m*

digitalización [dixitaliθa'θjon] *f* (INFOR) Digitalisierung *f*

digitalizar [dixitali'θar] <z→c> *vt* digitalisieren

dígito ['dixito] **I.** *adj* einstellig **II.** *m* (MAT) einstellige Zahl *f;* (INFOR) Ziffer *f;* ~ **de verificación** Prüfziffer *f*

dignarse [diɣ'narse] *vr* sich herablassen ((*de*) *+inf*); **se dignaron invitarnos a su fiesta** (*irón*) sie hatten die Güte, uns zu ihrem Fest einzuladen

dignatario, -a [diɣna'tarjo, -a] *m, f* Würdenträger(in) *m(f)*

dignidad [diɣni'ðað] *f* ❶ (*respeto*) Würde

f; **con ~** würdevoll ❷ (*decencia*) Anstand *m* ❸ (*cargo*) Ehrenamt *nt*

dignificar [diɣnifi'kar] <c→qu> *vt* mit Würden ausstatten

digno, -a ['diɣno, -a] *adj* ❶ (*merecedor*) würdig; ~ **de compasión** bemitleidenswert; ~ **de confianza** vertrauenswürdig; ~ **de fe** glaubwürdig; ~ **de mención** erwähnenswert; ~ **de ver** sehenswert ❷ (*adecuado*) angemessen ❸ (*noble*) anständig ❹ (*con gravedad*) würdevoll

digresión [diɣre'sjon] *f* (*del tema*) Abschweifung *f*

dije ['dixe] *m* (*colgante*) Anhänger *m;* **ser un ~** (*fig fam*) ein Juwel sein

dilación [dila'θjon] *f* (*aplazamiento*) Aufschub *m;* (*retraso*) Verzögerung *f;* **sin ~** unverzüglich

dilapidación [dilapiða'θjon] *f* Verschwendung *f*

dilapidar [dilapi'ðar] *vt* verschwenden; ~ **una fortuna** ein Vermögen verschleudern

dilatación [dilata'θjon] *f* ❶ (*ampliación*) Ausdehnung *f;* (MED) Erweiterung *f;* ~ **del mercado** (COM) Markterweiterung *f* ❷ (*desahogo*) Erleichterung *f*

dilatado, -a [dila'taðo, -a] *adj* (*número*) groß

dilatar [dila'tar] **I.** *vt* ❶ (*extender*) ausdehnen; (MED) erweitern ❷ (*aplazar*) verschieben; ~ **la reunión** die Besprechung vertagen ❸ (*retrasar*) hinauszögern ❹ (*prolongar*) verlängern **II.** *vr:* ~**se** ❶ (*extenderse*) sich ausdehnen ❷ (*Am: demorar*) sich aufhalten

dilatorio, -a [dila'torjo, -a] *adj* (JUR) aufschiebend

dilema [di'lema] *m* Dilemma *nt;* **encontrarse en un ~** in der Zwickmühle sitzen *fam*

diletante [dile'tante] **I.** *adj* dilettantisch **II.** *mf* Dilettant(in) *m(f);* (*aficionado*) Amateur(in) *m(f);* (*chapucero*) Stümper(in) *m(f) abw*

diligencia [dili'xenθja] *f* ❶ (*esmero*) Sorgfalt *f* ❷ (*agilidad*) Schnelligkeit *f* ❸ (*trámite*) Erledigung *f;* ~**s policiales** polizeiliche Ermittlungen; **evacuar una ~** ein Geschäft erledigen; **hacer ~s** Schritte unternehmen ❹ (*asunto administrativo*) Amtshandlung *f;* ~ **judicial/policial** gerichtliche/polizeiliche Maßnahme; ~**s preparatorias** Ermittlungsverfahren *nt;* ~**s de prueba** Beweisaufnahme *f* ❺ (*nota oficial*) Verfügung *f;* ~ **de notificación** Benachrichtigung *f*

diligenciar [dilixen'θjar] *vt* ❶ (*resolver*) erledigen ❷ (JUR: *en el proceso*) verfügen

❸ (*documentación*) ausstellen

diligente [dili'xente] *adj* ❶ (*cuidadoso*) sorgfältig ❷ (*aplicado*) fleißig ❸ (*ágil*) flink

dilucidar [diluθi'ðar] *vt* aufklären

dilución [dilu'θjon] *f* ❶ (*de líquidos/colores*) Verdünnung *f* ❷ (*de sólidos*) Auflösung *f*

diluir [dilu'ir] *irr como huir* I. *vt* ❶ (*líquidos, colores*) verdünnen; **sin** ~ unverdünnt ❷ (*sólidos*) auflösen; **dejar** ~ **en la boca** im Munde zergehen lassen II. *vr:* ~ **se** sich auflösen

diluviar [dilu'βjar] *vimpers* in Strömen regnen

diluvio [di'luβjo] *m* ❶ (*lluvia*) Sintflut *f* ❷ (*fam: abundancia*) Flut *f;* ~ **de balas** Kugelhagel *m*

dimanar [dima'nar] *vi* entspringen (*de +dat*); **tu éxito dimana de tu constancia** dein Erfolg ist auf deine Stetigkeit zurückzuführen

dimensión [dimen'sjon] *f* ❶ (*extensión*) Dimension *f;* **de dos dimensiones** zweidimensional ❷ (*tamaño*) Größe *f;* (*medida*) Maß *nt;* (*fig*) Ausmaß *nt;* **un macizo montañoso de grandes dimensiones** ein Bergmassiv von gewaltigen Ausmaßen; **un escándalo de grandes dimensiones** ein Skandal größten Ausmaßes; **este asunto está alcanzando dimensiones inesperadas** diese Angelegenheit nimmt ungeahnte Dimensionen an

dimes ['dimes] *mpl:* ~ **y diretes** (*fam*) Wortgefecht *nt;* **andar en** ~ **y diretes** hadern

diminutivo¹ [diminu'tiβo] *m* (LING) Diminutiv *nt*

diminutivo, -a² [diminu'tiβo, -a] *adj* verkleinernd; **lente diminutiva** Verkleinerungsglas *nt*

diminuto, -a [dimi'nuto, -a] *adj* winzig

dimisión [dimi'sjon] *f* Rücktritt *m;* **presentar la** ~ zurücktreten

dimitir [dimi'tir] *vt, vi* zurücktreten; ~ **de un cargo** ein Amt niederlegen; **dimitió de presidente del club** er gab sein Amt als Präsident des Vereins auf

Dinamarca [dina'marka] *f* Dänemark *nt*

dinamarqués, -esa [dinamar'kes, -esa] I. *adj* dänisch II. *m, f* Däne, -in *m, f*

dinámica [di'namika] *f* Dynamik *f*

dinámico, -a [di'namiko, -a] *adj* dynamisch

dinamismo [dina'mismo] *m* (*energía*) Schwung *m*

dinamita [dina'mita] *f* Dynamit *nt*

dinamitar [dinami'tar] *vt* sprengen

dinamización [dinamiθa'θjon] *f sin pl* ❶ (*dinamizar*) Antreiben *nt;* ~ **de las** relaciones comerciales die Beschleunigung der Handelsbeziehungen ❷ (MED) Dynamisierung *f*

dinamizar [dinami'θar] <z→c> *vt* vorantreiben

dinamo [di'namo] *f,* **dínamo** ['dinamo] *f* Dynamo *m;* (AUTO) Lichtmaschine *f*

dinamómetro [dina'mometro] *m* (FÍS) Dynamometer *nt*

dinar [di'nar] *m* (ECON) Dinar *m*

dinastía [dinas'tia] *f* Dynastie *f*

dineral [dine'ral] *m* Unsumme *f;* **costar un** ~ (*fam*) ein Heidengeld kosten

dinero [di'nero] *m* Geld *nt;* ~ **blanco** Silbergeld *nt;* ~ **en caja** Kassenbestand *m;* ~ **electrónico** Cybercash *nt*, elektronisches Geld, E-Cash *nt;* ~ **de rescate** Lösegeld *nt;* ~ **en reserva** Notgroschen *m;* ~ **suelto** Kleingeld *nt;* **hacer** ~ das große Geld machen; **pagar en** ~ bar bezahlen; **estar mal de** ~ schlecht bei Kasse sein; **ser alguien de** ~ wohlhabend sein

dinosaurio [dino'saurjo] *m* Dinosaurier *m*

dintel [diṇ'tel] *m* (*de ventana*) Fenstersturz *m;* (*de puerta*) Türsturz *m*

diñar [di'nar] *vt* (*fam*) geben; ~**la** (*fam*) ins Gras beißen

dio [djo] *3. pret de* **dar**

diócesis [di'oθesis] *f inv* Diözese *f*

diodo [di'oðo] *m* Diode *f*

dionisíaco, -a [djoni'siako, -a] *adj* dionysisch

dioptría [djop'tria] *f* Dioptrie *f*

dios(a) [djos, 'djosa] *m(f)* Gott *m*, Göttin *f*

Dios [djos] *m* Gott *m;* ~ **Hombre** Jesus Christus; ~ **mediante** mit Gottes Hilfe; ¡~ **mío!** oh, mein Gott!; ¡~ **nos coja confesados!** Gott steh uns bei!; ¡~ **sabe!** wer weiß?; ~ **sabe que estuve ahí** selbstverständlich war ich da; ¡~ **nos libre!** Gott behüte!; ~ **te bendiga** vergelt's Gott!; ¡a ~! Auf Wiedersehen!; ¡alabado sea ~! gottlob!; **a la buena de** ~ aufs Geratewohl; **armar la de** ~ **es Cristo** (*fam*) einen Mordsradau machen; **así** ~ **me asista** (JUR) so wahr mir Gott helfe; ¡ay ~! oh Gott!; **como** ~ **manda** wie es sich gehört; **costar** ~ **y ayuda** alle Kraft kosten; ~ **dirá** das liegt in Gottes Hand; ~ **lo llamó** Gott hat ihn zu sich geholt; ¡por ~! um Gottes willen!; **que sea lo que** ~ **quiera** wie's kommt, so kommt's; ¡santo ~! Gott im Himmel!; **si** ~ **quiere** so Gott will; **todo** ~ Gott und die Welt; ¡válgame ~! Gott steh mir bei!; ¡vaya por ~! es ist nicht zu fassen!; **venga** ~ **y lo vea** das ist himmelschreiend; ¡vive ~! so wahr Gott lebt!; **vivir como** ~ leben wie Gott in Frankreich; ~ **los cría y ellos se juntan** (*prov fam*) Gleich und Gleich gesellt sich gern

dióxido [di'oˠsiðo] *m* Dioxid *nt*

dioxina [djoˠ'sina] *f* Dioxin *nt*

diploma [di'ploma] *m* Diplom *nt;* ~ **de asistencia** Teilnahmebescheinigung *f;* ~ **de bachiller(ato)** Abiturzeugnis *nt;* ~ **de capitán** Kapitänspatent *nt;* ~ **de maestría** Meisterbrief *m;* ~ **de reconocimiento** Prüfungszeugnis *nt;* ~ **universitario** Hochschuldiplom *nt*

diplomacia [diplo'maθja] *f* ❶ (*política, tacto*) Diplomatie *f* ❷ (*cuerpo*) diplomatisches Korps *nt* ❸ (*carrera*) Diplomatenlaufbahn *f*

diplomado, -a [diplo'maðo, -a] *adj* diplomiert; **traductora diplomada** Diplomübersetzerin *f*

diplomar [diplo'mar] **I.** *vt* (*Arg*) einen akademischen Grad verleihen (*a +dat*) **II.** *vr:* ~ **se** einen akademischen Grad erlangen [*o* erhalten]

diplomático, -a [diplo'matiko, -a] **I.** *adj* diplomatisch **II.** *m, f* Diplomat(in) *m(f)*

diplomatura [diploma'tura] *f* Diplomierung *f*

díptico ['diptiko] *m* (ARTE) Diptychon *nt*

diptongo [dip'toŋgo] *m* Diphthong *m*

diputación [diputa'θjon] *f* ❶ (*delegación*) Abordnung *f;* ~ **permanente de Cortes** Parlamentspräsidium *nt;* ~ **provincial** Provinzialrat *m* ❷ (*personas*) Abgeordnetenversammlung *f* ❸ (*cargo*) Abgeordnetenmandat *nt* ❹ (*Méx: edificio*) Rathaus *nt*

diputado, -a [dipu'taðo, -a] *m, f* Abgeordnete(r) *mf;* ~ **en** [*o* **a**] **Cortes** Abgeordneter der Cortes; ~ **independiente** Fraktionslose(r) *m*

dique ['dike] *m* ❶ (*rompeolas*) Deich *m;* ~ **de abrigo** Schutzdamm *m* ❷ (NÁUT) Dock *nt;* ~ **flotante** Schwimmdock *nt* ❸ (*freno*) Sperre *f;* **poner un** ~ **a algo** etw *dat* einen Riegel vorschieben

dirección [direˠ'θjon] *f* ❶ (*rumbo*) Richtung *f;* ~ **de la circulación** Verkehrslauf *m;* ~ **de marcha** Fahrtrichtung *f;* ~ **visual** Blickrichtung *f;* **en** ~ **longitudinal** längs laufend; **en** ~ **opuesta** in umgekehrter Richtung; **el viento soplaba en** ~ **oeste** der Wind blies gen Westen; **salir con** ~ **a España** nach Spanien reisen ❷ (*mando*) Direktion *f;* ~ **central** Zentralverwaltung *f;* ~ **comercial** Geschäftsführung *f;* ~ **del Estado** Staatsführung *f;* **alta** ~ Management *nt* ❸ (*guía*) Leitung *f;* ~ (**artística**) (TEAT) Regie *f;* ~ **de personal** Personalfüh-

rung *f;* **bajo la** ~ **de** unter der Leitung von ❹ (*señas, t.* INFOR) Adresse *f;* ~ **comercial** Geschäftsadresse *f;* ~ **codificada** Chiffreanschrift *f;* ~ **de correo electrónico** E-Mail-Adresse *f;* ~ **de Internet** Internetadresse *f* ❺ (*conducción*) Lenkung *f;* ~ **delantera** (AUTO) Frontlenkung *f;* ~ **a la derecha** (AUTO) Rechtslenkung *f;* ~ **a distancia** Fernsteuerung *f*

direccionamiento [direθjona'mjento] *m* (INFOR) Adressierung *f;* ~ **de base** Basisadressierung *f;* ~ **diferido** indirekte Adressierung; ~ **inherente** indizierte Adressierung

directa [di'rekta] *f* (AUTO) höchster Gang *m;* **poner la** ~ (*fam fig*) Vollgas geben

directiva [direk'tiβa] *f* ❶ (*dirección*) Vorstand *m* ❷ (*instrucción*) Richtlinie *f*

directivo, -a [direk'tiβo, -a] **I.** *adj* leitend; **junta directiva** Vorstand *m* **II.** *m, f* ❶ (*ejecutivo*) leitender Angestellter *m,* leitende Angestellte *f;* (*manager*) Manager(in) *m(f)* ❷ (*de la junta directiva*) Vorstandsmitglied *nt*

directo¹ [di'rekto] *m* ❶ (FERRO) durchgehender Zug *m* ❷ (DEP) Gerade *f*

directo, -a² [di'rekto, -a] *adj* ❶ (*recto*) gerade ❷ (*inmediato, franco*) direkt, unmittelbar; **transmisión en** ~ Direktübertragung *f;* **un tren** ~ ein durchgehender Zug

director(a) [direk'tor(a)] **I.** *adj* leitend **II.** *m(f)* Leiter(in) *m(f);* (*jefe*) Direktor(in) *m(f);* ~ **administrativo** geschäftsführender Direktor; ~ **de departamento** Abteilungsleiter *m;* ~ (**de escena**) (CINE, TEAT) Regisseur *m;* ~ (**de escuela**) Rektor *m;* ~ **de fábrica** Werksleiter *m;* ~ **general** Generaldirektor *m;* ~ **de la obra** Bauleiter *m;* ~ **de orquesta** Dirigent *m;* ~ **de sucursal** Filialleiter *m;* ~ **técnico** technischer Leiter; ~ **de la tesis** Doktorvater *m*

directorio [direk'torjo] *m* ❶ (*junta*) Direktorium *nt* ❷ (*manual*) Anleitung *f* ❸ (*agenda*) Adressbuch *nt* ❹ (INFOR) Verzeichnis *nt;* ~ **raíz** Stammverzeichnis *nt*

directriz [direk'triθ] *f* ❶ (*orientación*) Richtlinie *f* ❷ (MAT) Leitlinie *f*

dirigente [diri'xente] *mf* Führer(in) *m(f);* **los** ~ **s** die führenden Persönlichkeiten; **preparar a los** ~ **s** Führungskräfte heranbilden

dirigible [diri'xiβle] **I.** *adj* lenkbar **II.** *m* (*globo*) Luftschiff *nt*

dirigido, -a [diri'xiðo, -a] *adj* (*sistemas*) ferngesteuert

dirigir [diri'xir] <g→j> **I.** *vt* ❶ (*un coche*) fahren; (NÁUT, INFOR) steuern ❷ (*el tráfico*) regeln ③ (*un envío, palabras*) richten (*a* an +*akk*) ④ (*la vista*) richten (*hacia* auf +*akk*); ~ **todas sus atenciones a algo** (*fig*) seine ganze Aufmerksamkeit auf etw richten ⑤ (*una nación*) regieren; (*empresa, debate*) leiten; (*finca*) bewirtschaften; (*orquesta*) dirigieren; ~ **una casa** einen Haushalt führen ⑥ (*por un camino*) führen ⑦ (CINE, TEAT, TV) Regie führen (bei +*dat*); **una película dirigida por...** Regie führte ... ⑧ (*loc*): ~ **el tiro a algo** auf etw zielen **II.** *vr:* ~**se** ① (*a un lugar*) sich begeben (*a/hacia* nach +*dat*) ② (*a una persona*) sich wenden (*a* an +*akk*)

dirigismo [diri'xismo] *m* (POL) Dirigismus *m;* ~ **económico** Wirtschaftslenkung *f*

dirimir [diri'mir] *vt* ① (*contrato, matrimonio*) aufheben ② (*asunto*) entscheiden; (*disputa*) beilegen; ~ **los empates** bei Stimmengleichheit entscheiden

discapacidad [diskapaθi'ðað] *f* (Körper)behinderung *f;* ~ **mental** geistige Behinderung

discapacitado, -a [diskapaθi'taðo, -a] **I.** *adj* (körper)behindert **II.** *m, f* (Körper)behinderte(r) *mf;* ~ **mental** geistig Behinderter

discernimiento [disθerni'mjento] *m* ① (*acción de distinguir*) Unterscheidung *f;* (*capacidad de distinguir*) Unterscheidungsvermögen *nt* ② (*juicio*) Urteilsvermögen *nt;* **obrar sin** ~ unüberlegt handeln

discernir [disθer'nir] *irr como cernir vt* (*diferenciar*) unterscheiden; ~ **entre lo bueno y lo malo** das Gute vom Bösen unterscheiden können

disciplina [disθi'plina] *f* Disziplin *f*

disciplinado, -a [disθipli'naðo, -a] *adj* diszipliniert

disciplinar [disθipli'nar] *vt* ① (*someter*) disziplinieren ② (*enseñar*) unterrichten

disciplinario, -a [disθipli'narjo, -a] *adj* disziplinarisch; **sanción disciplinaria** Ordnungsstrafe *f*

discípulo, -a [dis'θipulo, -a] *m, f* ① (*alumno*) Schüler(in) *m(f)* ② (*seguidor*) Anhänger(in) *m(f)*

disc-jockey [dis'tʃokei̯] <dis yoqueis> *mf* Diskjockey *m*

disco ['disko] *m* ① (*lámina circular*) Scheibe *f;* (*en el teléfono*) Wählscheibe *f;* ~ **de freno** Bremsscheibe *f;* ~ **de horario** Parkscheibe *f;* ~ **de señales** (FERRO) Signalscheibe *f* ② (*de discos*) Schallplatte *f;* ~ **de larga duración** Langspielplatte *f;* **siempre pones el mismo** ~ (*fam*) immer dieselbe Leier!; **¡cambia el** ~ **ya!** (*fam*) leg mal

eine andere Platte auf! ③ (DEP) Diskus *m* ④ (*semáforo*) Verkehrsampel *f* ⑤ (INFOR) Platte *f;* ~ **duro** Festplatte *f*

discográfica [disko'ɣrafika] *f* Plattenfirma *f*

discográfico, -a [disko'ɣrafiko, -a] *adj* (Schall)platten-

díscolo, -a ['diskolo, -a] *adj* widerspenstig

disconforme [diskoɱ'forme] *adj* ① (*persona*) nicht einverstanden ② (*cosa*) nicht passend

disconformidad [diskoɱformi'ðað] *f* ① (*con algo*) Ablehnung *f* (*con* +*gen*); **se te nota tu** ~ **con la decisión** man merkt, dass du mit der Entscheidung nicht einverstanden bist ② (*entre personas*) Uneinigkeit *f* ③ (*de cosas*) Ungleichheit *f*

discontinuidad [diskontinwi'ðað] *f* ① (*inconstancia*) Unstetigkeit *f* ② (*interrupción*) Unterbrechung *f*

discontinuo, -a [diskon'tinwo, -a] *adj* ① (*inconstante*) unstetig ② (*interrumpido*) unzusammenhängend

discordancia [diskor'ðanθja] *f* ① (*disconformidad*) Uneinigkeit *f;* **hubo** ~**s a la hora de elegir un representante** man war sich *dat* über die Ernennung eines Vertreters nicht einig ② (MÚS) Missklang *m*

discordante [diskor'ðante] *adj* ① (*opinión*) abweichend ② (MÚS) misstönend

discordar [diskor'ðar] <o→ue> *vi* ① (*cosas*) nicht zusammenpassen ② (*personas*) nicht übereinstimmen (*de* mit +*dat*) ③ (*instrumento*) verstimmt sein

discorde [dis'korðe] *adj* ① (*persona*) nicht einverstanden ② (MÚS) verstimmt

discordia [dis'korðja] *f* Zwietracht *f*

discoteca [disko'teka] *f* ① (*local*) Diskothek *f* ② (*discos*) Schallplattensammlung *f*

discotequero, -a [diskote'kero, -a] *adj* Disko- *fam;* **es un chico muy** ~ er ist ein begeisterter Diskogänger

discreción [diskre'θjon] *f* Diskretion *f;* **a** ~ nach Belieben; **bajo** ~ vertraulich; **con** ~ umsichtig; **entregarse a** ~ (MIL) sich auf Gnade und Ungnade ergeben

discrecional [diskreθjo'nal] *adj* beliebig; **cuestión** ~ Ermessensfrage *f;* **parada** ~ Bedarfshaltestelle *f*

discrecionalidad [diskreθjonali'ðað] *f sin pl* Ermessensspielraum *m*

discrepancia [diskre'panθja] *f* ① (*entre cosas*) Diskrepanz *f* ② (*entre personas*) Unstimmigkeit *f*

discrepante [diskre'pante] *adj* nicht übereinstimmend

discrepar [diskre'par] *vi* ① (*diferenciarse*) abweichen ② (*disentir*) anderer Meinung sein (*de* als +*nom*); **discrepo de lo que**

Ud. piensa sobre eso ich stimme Ihrer Meinung darüber nicht zu

discreto, -a [dis'kreto, -a] *adj* diskret

discriminación [diskrimina'θjon] *f* ❶ (*diferenciación*) Unterscheidung *f*; **de difícil ~** schwer feststellbar ❷ (*perjuicio*) Diskriminierung *f*

discriminar [diskrimi'nar] *vt* ❶ (*cosas*) unterscheiden ❷ (*personas*) diskriminieren

discriminatorio, -a [diskrimina'torjo, -a] *adj* diskriminierend

disculpa [dis'kulpa] *f* ❶ (*perdón*) Entschuldigung *f*; **admitir una ~** eine Entschuldigung gelten lassen; **pedir ~ s** sich entschuldigen; **eso no tiene ~** das ist unverzeihlich ❷ (*pretexto*) Ausrede *f*; **¡qué ~ más tonta!** so eine faule Ausrede!; **¡no valen ~ s!** keine Ausreden!

disculpable [diskul'paβle] *adj* verzeihlich

disculpar [diskul'par] **I.** *vt* ❶ (*perdonar*) verzeihen; **discúlpala de su falta** verzeih ihr ihren Fehler; **discúlpame por no haberte escrito** entschuldige, dass ich dir nicht geschrieben habe ❷ (*justificar*) entschuldigen; **tu inexperiencia no disculpa ese comportamiento** deine Unerfahrenheit ist keine Entschuldigung für dieses Verhalten **II.** *vr:* **~ se** sich entschuldigen; **~ se con alguien por algo** sich bei jdm wegen etw *gen/dat* entschuldigen

discurrir [disku'rrir] **I.** *vi* ❶ (*pensar*) nachgrübeln (*sobre* über +*akk*) ❷ (*andar*) umherlaufen; **los niños discurrían por la feria** die Kinder liefen über den Rummelplatz ❸ (*río*) fließen ❹ (*transcurrir*) verlaufen; (*tiempo*) verstreichen **II.** *vt* sich *dat* ausdenken; **~ poco** nicht ganz hell im Kopf sein

discurso [dis'kurso] *m* ❶ (*arenga*) Rede *f*; **~ de clausura** Schlussrede *f*; **~ de recepción** Begrüßungsansprache *f*; **~ solemne** Festansprache *f*; **pronunciar un ~** eine Rede halten ❷ (*plática*) Gespräch *nt* ❸ (*disertación escrita*) Abhandlung *f*; (*oral*) Vortrag *m* ❹ (*raciocinio*) Urteilsfähigkeit *f* ❺ (*transcurso*) (Ver)lauf *m*

discusión [disku'sjon] *f* ❶ (*debate*) Diskussion *f*; **~ del presupuesto** (POL) Haushaltsdebatte *f*; **~ pública** Podiumsdiskussion *f* ❷ (*riña*) Auseinandersetzung *f*; **entablar una ~** sich auf eine Diskussion einlassen; **sin ~** ohne Zweifel

discutible [disku'tiβle] *adj* ❶ (*disputable*) erwägenswert ❷ (*dudoso*) zweifelhaft

discutido, -a [disku'tiðo, -a] *adj* umstritten

discutir [disku'tir] **I.** *vi, vt* ❶ (*hablar*) diskutieren; **~ un asunto** eine Frage erörtern; **~**

algo punto por punto etw durchsprechen; **~ un plan a fondo** einen Plan eingehend besprechen; **~ el recorte del presupuesto** die Kürzung des Etats debattieren; **~ sobre el precio** über den Preis verhandeln ❷ (*pelear*) (sich) streiten (*de* über +*akk*) **II.** *vt* (*contradecir*): **siempre me discutes lo que digo** du stellst immer alles, was ich sage, in Frage

disecar [dise'kar] <c→qu> *vt* ❶ (ANAT) sezieren ❷ (*preparar un animal muerto*) ausstopfen ❸ (*secar una planta*) trocknen

disección [disev'θjon] *f* (ANAT) Sezieren *nt*

diseminado, -a [disemi'naðo, -a] *adj* verstreut

diseminar [disemi'nar] **I.** *vt* ❶ (*semillas*) verstreuen ❷ (*noticias*) verbreiten **II.** *vr:* **~ se** sich verbreiten

disensión [disen'sjon] *f* ❶ (*desavenencia*) Meinungsverschiedenheit *f* ❷ (*riña*) Streitigkeit *f*

disentería [disente'ria] *f* (MED) Ruhr *f*

disentimiento [disenti'mjento] *m* Meinungsverschiedenheit *f*

disentir [disen'tir] *irr como sentir vi* anderer Meinung sein (*de* als +*nom*); **disiento de tu opinión** ich bin nicht deiner Meinung; **en religión disentimos profundamente** was die Religion angeht, gehen unsere Meinungen grundsätzlich auseinander

diseñador(a) [disena'ðor(a)] *m(f)* ❶ (*dibujante*) Zeichner(in) *m(f)* ❷ (*decorador*) Designer(in) *m(f)*

diseñar [dise'nar] *vt* ❶ (*dibujar*) zeichnen; (*delinear*) skizzieren ❷ (*proyectar*) entwerfen

diseño [di'seno] *m* ❶ (*dibujo*) Zeichnung *f*; (*boceto*) Skizze *f*; (*esbozo*) Entwurf *m*; **~ de construcción** Grundriss *m*; **~ de página** (*t.* INFOR) Seitenaufbau *m* ❷ (*forma*) Design *nt*; **~ ergonómico** ergonomische Form ❸ (*en tejidos*) Muster *nt* ❹ (*descripción*) Umreißen *nt*

disertación [diserta'θjon] *f* (*escrita*) (wissenschaftliche) Abhandlung *f*; (*oral*) Vortrag *m*

disertar [diser'tar] *vi* (*por escrito*) abhandeln (*sobre* +*akk*); (*oralmente*) einen Vortrag halten (*sobre* über +*akk*)

disfraz [dis'fraθ] *m* ❶ (*máscara*) Verkleidung *f*; (*para la cara*) Maske *f*; (MIL) Tarnung *f* ❷ (*disimulación*) Verstellung *f*; **presentarse sin ~** sein wahres Gesicht zeigen

disfrazar [disfra'θar] <z→c> **I.** *vt* ❶ (*enmascarar*) verkleiden; (*la cara*) maskieren; (MIL) tarnen ❷ (*escándalo*) verschleiern;

(*voz*) verstellen; (*sentimiento*) verbergen; ~ **su embarazo** seine Verlegenheit überspielen; ~ **su tristeza con una sonrisa** seine Trauer hinter einem Lächeln verbergen **II.** *vr:* ~ **se** (*enmascararse*) sich verkleiden (*de* als +*nom*)

disfrutar [disfru'tar] *vi, vt* ❶ (*gozar*) genießen (*de* +*akk*); ~ **de excelente salud** sich bester Gesundheit erfreuen; ~ **de licencia** Urlaub haben ❷ (*poseer*) haben (*de* +*akk*); **esta coche disfruta de muchas comodidades** dieses Auto hat viel Komfort ❸ (*utilizar*) nutzen ((*de*) +*akk*); (*sacar provecho*) Nutzen ziehen ((*de*) aus +*dat*)

disfrute [dis'frute] *m* ❶ (*goce*) Genuss *m* ❷ (*aprovechamiento*) Nutzung *f*

disfunción [disfuɲ'θjon] *f* (*t.* MED) Funktionsstörung *f*; (MED) Dysfunktion *f*

disgregación [disɣreɣa'θjon] *f* (*de materia: el disgregar*) Auflösen *nt;* (*el disgregarse*) Zerfall *m;* (QUÍM) Zersetzung *f;* (FÍS) Spaltung *f;* (GEO, METEO) Verwitterung *f*

disgregar [disɣre'ɣar] <g→gu> **I.** *vt* ❶ (*materia*) auflösen; (QUÍM) zersetzen; (FÍS) spalten ❷ (*gente*) zerstreuen **II.** *vr:* ~ **se** ❶ (*gente*): **el público se disgregó al terminar el espectáculo** das Publikum zerstreute sich nach der Vorstellung in alle Richtungen ❷ (*materia*) zerfallen; (QUÍM) sich auflösen; (FÍS) sich spalten

disgustado, -a [disɣus'taðo, -a] *adj* ❶ (*apenado*) bekümmert ❷ (*enfadado*) verärgert

disgustar [disɣus'tar] **I.** *vt* ❶ (*desagradar*) missfallen +*dat;* (*comida*) anekeln ❷ (*enfadar*) erzürnen; (*ofender*) zu nahe treten +*dat* **II.** *vr:* ~ **se** ❶ (*enfadarse*) sich ärgern (*por/de* über +*akk*) ❷ (*ofenderse*): **se ha disgustado por tus comentarios** deine Äußerungen haben ihn/sie verletzt ❸ (*reñir*) aneinander geraten

disgusto [dis'ɣusto] *m* ❶ (*desagrado*) Missfallen *nt;* (*repugnancia*) Ekel *m;* **estar a** ~ sich unbehaglich fühlen ❷ (*aflicción*) Kummer *m;* (*molestia*) Unannehmlichkeit *f;* (*enfado*) Ärger *m;* **dar un** ~ **a alguien** (*afligir*) jdm Kummer machen; (*causar molestias*) jdm Unannehmlichkeiten bereiten ❸ (*pelea*) Streit *m*

disidencia [disi'ðeɲθja] *f* (*desavenencia*) Uneinigkeit *f*

disidente [disi'ðeɲte] **I.** *adj* anders denkend **II.** *mf* Dissident(in) *m(f)*

disimulación [disimula'θjon] *f* ❶ (*fingimiento*) Verstellung *f* ❷ (*simulación*) Vortäuschung *f* ❸ (*ocultación*) Verheimlichung *f* ❹ (*tolerancia*) Nachsicht *f*

disimulado, -a [disimu'laðo, -a] **I.** *adj* ❶ (*fingido*) vorgespiegelt ❷ (*encubierto*)

unauffällig ❸ (*engañoso*) verlogen; (*hipócrita*) heuchlerisch **II.** *m, f* ❶ (*hipócrita*) Heuchler(in) *m(f)* ❷ (*loc*): **hacerse el** ~ sich dumm stellen

disimular [disimu'lar] **I.** *vi* ❶ (*aparentar*) sich verstellen ❷ (*ocultar*) sich *dat* nichts anmerken lassen ❸ (*tolerar*) nachsichtig sein **II.** *vt* ❶ (*ocultar*) verbergen; ~ **el miedo** sich *dat* die Angst nicht anmerken lassen; **no** ~ **algo** keinen Hehl aus etw *dat* machen; **la falda disimulaba su barriga** der Rock ließ sie schlanker aussehen ❷ (*paliar*) beschönigen ❸ (*tolerar*) dulden; ~ **algo a alguien** jdm etw nachsehen

disimulo [disi'mulo] *m* ❶ (*fingimiento*) Verstellung *f;* (*engaño*) Verschleierung *f;* **con** ~ unauffällig ❷ (*tolerancia*) Nachsicht *f*

disipación [disipa'θjon] *f* ❶ (*desvanecimiento*) Auflösung *f;* (*volatilización*) Verflüchtigung *f;* (*fig*) Zerstreuung *f* ❷ (*libertinaje*) Zügellosigkeit *f* ❸ (*derroche*) Verschwendung *f*

disipado, -a [disi'paðo, -a] *adj* ❶ (*libertino*) zügellos ❷ (*que derrocha*) verschwenderisch

disipador(a) [disipa'ðor(a)] **I.** *adj* verschwenderisch **II.** *m(f)* Verschwender(in) *m(f)*

disipar [disi'par] **I.** *vt* ❶ (*nubes, nieblas*) auflösen; (*dudas*) beseitigen; **el sol disipa las nieblas** die Sonne vertreibt den Nebel; ~ **el cansancio** die Müdigkeit verscheuchen ❷ (*derrochar*) vergeuden **II.** *vr:* ~ **se** sich auflösen; (*dudas*) verschwinden; ~ **se en humo** verrauchen

dislate [dis'late] *m* Unsinn *m*

dislexia [dis'leɣsja] *f* Legasthenie *f*

disléxico, -a [dis'leɣsiko, -a] **I.** *adj* legasthenisch **II.** *m, f* Legastheniker(in) *m(f)*

dislocación [disloka'θjon] *f* ❶ (*desplazamiento*) Verlagerung *f;* (GEO) Verschiebung *f* ❷ (MED) Verrenkung *f* ❸ (*desfiguración*) Verzerrung *f*

dislocar [dislo'kar] <c→qu> **I.** *vt* ❶ (*desplazar*) verlagern ❷ (MED) verrenken ❸ (*desfigurar*) verzerren **II.** *vr:* ~ **se** ❶ (*deshacerse*) auseinander gehen ❷ (*desarticularse*) sich *dat* verrenken

disminución [disminu'θjon] *f* Verringerung *f;* ~ **de los gastos** Kostensenkung *f;* ~ **de la natalidad** Geburtenrückgang *m;* ~ **de la pena** (JUR) Strafmilderung *f;* ~ **de peso** Gewichtsabnahme *f;* ~ **de los precios** Preissenkung *f;* ~ **de la presión** (TÉC) Druckabfall *m;* ~ **de la producción** Produktionsrückgang *m;* ~ **de riesgo** Risikominderung *f;* ~ **de tamaño** Verkleinerung *f;* ~ **de la tensión** Entspannung *f;* ~ **del valor** Wertminderung *f;* ~ **de las ventas** Absatzrückgang *m*

disminuido, -a [dismínu'iðo, -a] **I.** *adj* ❶ (*fig: achicado*) eingeschüchtert ❷ (*discapacitado*) behindert **II.** *m, f* Behinderte(r) *mf;* ~ **físico** Körperbehinderte(r) *m*

disminuir [dismínu'ir] *irr como huir* **I.** *vi* (*en intensidad*) nachlassen; (*número*) zurückgehen; (*existencias*) abnehmen; ~ **de tamaño** kleiner werden **II.** *vt* verringern; (*precio, sueldo*) senken; (*velocidad*) drosseln; ~ **de tamaño** verkleinern; ~ **en duración** zeitlich verkürzen; ~ **la ganancia** den Gewinn schmälern

disociación [disoθja'θjon] *f* (*separación*) Trennung *f;* (*disgregación*) Auflösung *f*

disociar [diso'θjar] **I.** *vt* (*disgregar*) auflösen; (*separar*) trennen **II.** *vr:* ~**se** sich auflösen

disoluble [diso'luβle] *adj* löslich

disolución [disolu'θjon] *f* ❶ (*dilución*) Auflösung *f;* (*de la familia*) Zerrüttung *f;* (*de las costumbres*) Sittenverfall *m;* ~ **de contrato** Vertragsaufhebung *f* ❷ (QUÍM) Lösung *f*

disoluto, -a [diso'luto, -a] **I.** *adj* zügellos **II.** *m, f* Wüstling *m*

disolvente [disol'βeṇte] *m* (QUÍM) Lösungsmittel *nt*

disolver [disol'βer] *irr como volver* *vt, vr:* ~**se** (sich) auflösen

disonancia [disonaṇθja] *f* ❶ (MÚS) Dissonanz *f* ❷ (*desproporción*) Missverhältnis *nt* ❸ (*discordancia*) Unstimmigkeit *f*

dispar [dis'par] *adj* ungleich

disparado, -a [dispa'raðo, -a] *adj:* **salir** ~ sich blitzschnell davonmachen

disparador [dispara'ðor] *m* ❶ (*de un arma*) Abzug *m* ❷ (FOTO) Auslöser *m;* ~ **automático** Selbstauslöser *m*

disparar [dispa'rar] **I.** *vt* ❶ (*un tiro, flechas*) abschießen; (*un proyectil*) abfeuern; ~ **un tiro/flechas a** [*o* **contra**] **alguien** auf jdn schießen; ~ **una piedra contra alguien** jdn mit einem Stein bewerfen ❷ (*el arma*) abdrücken **II.** *vi* ❶ (*tirar*): ~ **contra alguien** auf jdn schießen ❷ (*Am: caballo*) durchgehen ❸ (*un arma*) losgehen; **esta pistola no dispara bien** diese Pistole schießt nicht gut **III.** *vr:* ~**se** ❶ (*arma*) losgehen ❷ (*salir corriendo*) losrennen; (*caballo*) durchgehen ❸ (*desbocarse*) ausrasten

disparatado, -a [dispara'taðo, -a] *adj* ❶ (*absurdo*) unsinnig ❷ (*fam: desmesurado*) ungeheuer

disparatar [dispara'tar] *vi* (*hablar*) Unsinn reden; (*obrar*) unüberlegt handeln

disparate [dispa'rate] *m* ❶ (*insensatez*) Unsinn *m* ❷ (*loc, fam*): **me gusta un** ~ er/sie gefällt mir wahnsinnig gut; **costar un** ~ ein Vermögen kosten

disparidad [dispari'ðaᵈ] *f* Unterschiedlichkeit *f;* ~ **de precios** (ECON) Preisgefälle *nt*

disparo [dis'paro] *m* ❶ (*el disparar*) Abschuss *m* ❷ (*tiro*) Schuss *m;* ~ **al aire** Warnschuss *m;* ~ **de partida** Startschuss *m*

dispendio [dis'peṇdjo] *m* Verschwendung *f*

dispensa [dis'pensa] *f* (*excepción*) Befreiung *f;* (REL) Dispens *f;* ~ **de edad** (JUR) Ehemündigkeitserklärung *f*

dispensable [dispen'saβle] *adj* erlässlich

dispensador [dispensa'ðor] *m*, **dispensadora** [dispensa'ðora] *f* (*aparato*) Spender *m*

dispensar [dispen'sar] *vt* ❶ (*otorgar*) erteilen; ~ **cuidados a alguien** jdn gut pflegen; ~ **favores/atención a alguien** jdm seine Gunst/Beachtung schenken; ~ **ovaciones/elogios a alguien** jdm Beifall/Lob spenden; **le** ~ **on un tratamiento privilegiado** ihm/ihr wurde eine bevorzugte Behandlung zuteil ❷ (*librar*) befreien (*de* von +*dat*); (*de molestias*) verschonen (*de* mit +*dat*); ~ **a alguien de su cargo** jdn von seinem Amt entbinden; ~ **a alguien del servicio militar** jdn vom Wehrdienst freistellen; **me** ~**on del castigo** mir wurde die Strafe erlassen ❸ (*excusar*) entschuldigen; **dispénseme que le interrumpa** verzeihen Sie bitte, wenn ich störe

dispensario [dispen'sarjo] *m* Ambulanz *f;* ~ **sanitario** Sanitätsstelle *f*

dispepsia [dis'peβsja] *f* Verdauungsstörung *f*

dispersar [disper'sar] **I.** *vt* zerstreuen; (*personas, animales*) auseinander treiben; (MIL) zersprengen; (*una manifestación*) auflösen; (FÍS) streuen; ~ **sus energías** seine Kräfte verzetteln **II.** *vr:* ~**se** (*semillas*) verwehen; (*personas, animales*) auseinander laufen; (MIL) sich zersplittern

dispersión [disper'sjon] *f* Zerstreuung *f;* (FÍS) Streuung *f;* ~ **de la luz** Lichtstreuung *f;* ~ **de la nubosidad** Bewölkungsauflockerung *f;* **pintura de** ~ Dispersionsfarbe *f;* **la** ~ **de las tropas** die Zersprengung der Truppen; **la** ~ **de los manifestantes** das Auseinandertreiben der Demonstranten

disperso, -a [dis'perso, -a] *adj* zerstreut; (MIL) versprengt

displicencia [displi'θeṇθja] *f* ❶ (*desagrado*) Unfreundlichkeit *f;* **tratar con** ~ unfreundlich behandeln ❷ (*desaliento*)

Missmut *m*

displicente [displi'θeṇte] *adj* unfreundlich

disponer [dispo'ner] *irr como poner* **I.** *vi* verfügen (*de* über +*akk*); **puedes ~ de mí cuando quieras** ich stehe dir jederzeit zur Verfügung **II.** *vt* ❶ (*colocar*) anordnen; ~ **las sillas en círculo** die Stühle im Kreis aufstellen ❷ (*preparar*) vorbereiten; (*la mesa*) decken; ~ **las camas para los huéspedes** die Betten für die Gäste richten ❸ (*determinar*) verfügen; ~ **en testamento** testamentarisch verfügen **III.** *vr:* ~ **se** ❶ (*colocarse*) sich aufstellen ❷ (*prepararse*) sich vorbereiten (*a/para* zu +*inf*); **me disponía a escribir la carta cuando...** ich war im Begriff den Brief zu schreiben, als ...

disponibilidad [disponiβili'ðaᵈ] *f* ❶ (*disposición*) Verfügbarkeit *f* ❷ *pl* (*dinero*) finanzielle Mittel *ntpl;* **nuestras ~es no nos permitirán nunca comprar una casa** aufgrund unserer finanziellen Möglichkeiten werden wir uns nie ein Haus kaufen können

disponible [dispo'niβle] *adj* verfügbar

disposición [disposi'θjon] *f* ❶ (*colocación*) Anordnung *f;* ~ **del espacio** Raumaufteilung *f* ❷ (*de ánimo/salud*) Verfassung *f* ❸ (*para algún fin*) Bereitschaft *f;* ~ **de servicio** Betriebsbereitschaft *f;* **estar en ~ de hacer algo** bereit sein etw zu tun ❹ (*disponibilidad*) Verfügung *f;* **de libre ~** zur freien Verfügung; **estoy a tu ~** ich stehe dir zur Verfügung; **poner a ~** zur Verfügung stellen ❺ (*talento*) Veranlagung *f;* **tener ~ para la música** musikalisch begabt sein ❻ (*resolución*) Bestimmung *f;* ~ **legal** gesetzliche Vorschrift; **última ~** letzter Wille; **tomar las disposiciones precisas** die notwendigen Vorkehrungen treffen

dispositivo [disposi'tiβo] *m* Vorrichtung *f;* ~ **de alarma** Alarmanlage *f;* ~ **antirrobo** Diebstahlsicherung *f;* ~ **de cambio de velocidades** (AUTO) Gangschaltung *f;* ~ **sensitivo** (TÉC) Tastgerät *nt;* ~ **de televisión** Videoüberwachungssystem *nt;* ~ **de visualización** (INFOR) Datensichtgerät *nt*

dispuesto, -a [dis'pwesto, -a] **I.** *pp de* **disponer II.** *adj* ❶ (*preparado*) bereit; ~ **para el uso** gebrauchsfertig; **estar ~ a trabajar/a negociar** arbeitswillig/verhandlungsbereit sein; **estar ~ para salir** bereit zum Ausgehen sein; **estar ~ para salir de viaje** reisefertig sein ❷ (*habilidoso*) geschickt ❸ (*de buen cuerpo*) gut gebaut ❹ (*de ánimo/salud*): **estar bien/mal ~** (*ánimo*) gut/schlecht aufgelegt sein; (*de salud*) in guter/schlechter Verfassung sein

disputa [dis'puta] *f* (*pelea*) Streit *m;* (*conversación*) Streitgespräch *nt;* ~ **legal** Rechtsstreit *m;* **sin ~** unbestreitbar

disputable [dispu'taβle] *adj* strittig

disputado, -a [dispu'taðo, -a] *adj* umstritten

disputar [dispu'tar] **I.** *vi* streiten (*de/sobre* über +*akk*) **II.** *vt* ❶ (*controvertir*) streitig machen ❷ (*competir*) kämpfen (*por* um +*akk*); ~ **una carrera** ein Rennen austragen **III.** *vr:* ~ **se** sich streiten (um +*akk*); **todos se disputan la foto** alle reißen sich um das Foto

disquete [dis'kete] *m* Diskette *f;* ~ **de arranque** Startdiskette *f;* ~ **de destino** Zieldiskette *f;* ~ **para instalación** Installationsdiskette *f*

disquetera [diske'tera] *f* Diskettenlaufwerk *nt*

disquisición [diskisi'θjon] *f* Studie *f*

distancia [dis'taṇθja] *f* Entfernung *f;* (*fig*) Distanz *f;* ~ **focal** (FÍS) Brennweite *f;* ~ **entre ruedas** (AUTO) Radspur *f;* ~ **de seguridad** Sicherheitsabstand *m;* ~ **visual** Sichtweite *f;* **a ~** (*lejos*) in der Ferne; (*desde lejos*) aus der Ferne; **cubrir ~s** Entfernungen zurücklegen; **guardar las ~s** (*fig*) Distanz wahren; **tener a alguien a ~** sich *dat* jdn vom Leibe halten

distanciado, -a [distaṇ'θjaðo, -a] *adj* entfernt; (*fig*) distanziert; **están ~s** (*fig*) sie sind nicht mehr befreundet

distanciamiento [distaṇθja'mjeṇto] *m* (*fig*) Distanzierung *f*

distanciar [distan'θjar] **I.** *vt* voneinander entfernen **II.** *vr:* ~ **se** ❶ (*de una persona*) sich distanzieren ❷ (*de un lugar*) sich entfernen

distante [dis'taṇte] *adj* ❶ (*lugar*) entfernt ❷ (*persona*) distanziert

distar [dis'tar] *vi* entfernt sein; **disto mucho de creerlo** ich bin weit davon entfernt, es zu glauben

distender [disteṇ'der] <e→ie> *vt* ❶ (*estirar*) dehnen ❷ (*aflojar*) lockern; (*fig*) entspannen

distensión [disteṇ'sjon] *f* Dehnung *f;* (MED) Zerrung *f;* (POL, TÉC) Entspannung *f*

distinción [distiṇ'θjon] *f* ❶ (*diferenciación*) Unterscheidung *f;* **a ~ de algo** im Unterschied zu etw *dat;* **no hacer ~** keinen Unterschied machen ❷ (*claridad*) Deutlichkeit *f* ❸ (*honor*) Auszeichnung *f* ❹ (*elegancia*) Vornehmheit *f;* (*educación*) Anstand *m*

distinguible [distiṇ'giβle] *adj* ❶ (*diferenciable*) unterscheidbar ❷ (*visible*) erkennbar

distinguido, -a [distiŋ'giðo, -a] *adj* ❶ (*ilustre*) angesehen ❷ (*elegante*) distinguiert ❸ (*en cartas*) sehr geehrte(r); ~ **amigo: ...** hochverehrter Freund, ...

distinguir [distiŋ'gir] <gu→g> I. *vt* ❶ (*diferenciar*) unterscheiden; **no ~ lo blanco de lo negro** (*fam*) sehr beschränkt sein ❷ (*señalar*) kennzeichnen ❸ (*divisar*) erkennen ❹ (*condecorar*) auszeichnen; (*tratar mejor*) bevorzugt behandeln; ~ **a alguien con su confianza** jdn durch sein Vertrauen ehren II. *vr:* ~ **se** ❶ (*poder ser visto*) deutlich werden ❷ (*ser diferente*) sich hervortun

distintivo¹ [distiŋ'tiβo] *m* Merkmal *nt*

distintivo, -a² [distiŋ'tiβo, -a] *adj:* **característica distintiva** Unterscheidungsmerkmal *nt*

distinto, -a [dis'tiņto, -a] *adj* ❶ (*diferente*) unterschiedlich; **es ~ a** [*o* de] **los demás** er ist anders als die anderen; **operaciones distintas a la actividad de la empresa** betriebsfremde Aktivitäten ❷ (*nítido*) klar

distorsión [distor'sjon] *f* ❶ (MED) Verstauchung *f* ❷ (FÍS) Verzerrung *f* ❸ (*falseamiento*) Verfälschung *f*; **distorsiones de competencia** Wettbewerbsverzerrungen *fpl*

distorsionar [distorsjo'nar] I. *vt* ❶ (*falsear*) verfälschen ❷ (FÍS) verzerren II. *vr:* ~ **se** (MED) sich *dat* verstauchen

distracción [distraɣ'θjon] *f* ❶ (*entretenimiento*) Ablenkung *f* ❷ (*falta de atención*) Unaufmerksamkeit *f* ❸ (JUR) ~ **de fondos** Unterschlagung *f*

distraer [distra'er] I. *vt* ❶ (*desviar*) ablenken; **el paseo distrae** ein Spaziergang bringt einen auf andere Gedanken ❷ (*entretener*) unterhalten ❸ (*fam: dinero*) unterschlagen II. *vr:* ~ **se** ❶ (*entretenerse*) sich ablenken; **el niño se distrae sólo** das Kind beschäftigt sich alleine ❷ (*no atender*) unaufmerksam sein

distraído, -a [distra'iðo, -a] I. *adj* ❶ (*desatento*) unaufmerksam ❷ (*entretenido*) unterhaltsam ❸ (*Chil, Méx: mal vestido*) zerlumpt II. *m, f:* **hacerse el ~** sich dumm stellen

distribución [distriβu'θjon] *f* ❶ (*repartición*) Verteilung *f*; (*disposición*) Einteilung *f*; (*de correo*) Zustellung *f*; ~ **de agua** Wasserversorgung *f*; ~ **de equipajes** Gepäckausgabe *f*; ~ **del espacio** Raumaufteilung *f*; ~ **de funciones** Zuständigkeitsverteilung *f*; ~ **de información** Informationsverbreitung *f* ❷ (COM) Vertrieb *m*; ~ **exclusiva** Alleinvertrieb *m*; ~ **mayorista** Großhandelsvertrieb *m* ❸ (FIN) Ausschüttung *f*;

~ **de beneficios** Gewinnausschüttung *f* ❹ (CINE) Filmverleih *m* ❺ (TÉC) Steuerung *f*; **armario de** ~ (ELEC) Schaltschrank *m*

distribuidor¹ [distriβwi'ðor] *m* ❶ (TÉC) Verteiler *m*; ~ **automático** Warenautomat *m*; ~ **automático de billetes** Fahrkartenautomat *m* ❷ (COM) Lieferfirma *f*

distribuidor(a)² [distriβwi'ðor(a)] *m(f)* ❶ (COM) Vertreter(in) *m(f)*; ~ **exclusivo** Alleinvertreter *m*; ~ **industrial** Industriekaufmann *m*; ~ **oficial** Vertragshändler *m* ❷ (CINE) Filmverleiher(in) *m(f)*

distribuir [distriβu'ir] *irr como huir* I. *vt* ❶ (*repartir*) verteilen; (*disponer*) einteilen; (*información*) verbreiten; (*una tarea*) zuweisen; (*el correo*) zustellen; (*comida*) ausgeben (*a* an +*akk*) ❷ (COM) vertreiben ❸ (FIN) ausschütten II. *vr:* ~ **se** sich verteilen

distributivo, -a [distriβu'tiβo, -a] *adj* verteilend; **justicia distributiva** (*fig*) ausgleichende Gerechtigkeit

distrito [dis'trito] *m* Bezirk *m*; ~ **electoral** Wahlkreis *m*; ~ **industrial** Industriegebiet *nt*; ~ **judicial** Gerichtsbezirk *m*; ~ **de policía** Polizeirevier *nt*

distrofia [dis'trofja] *f* (MED) Dystrophie *f*

disturbio [dis'turβjo] *m* Unruhe *f*

disuadir [diswa'ðir] *vt* umstimmen; ~ **a alguien de algo** jdn von etw *dat* abbringen

disuasión [diswa'sjon] *f* Überredung *f*; (POL, MIL) Abschreckung *f*

disuasivo, -a [diswa'siβo, -a] *adj* Überredungs-; (POL, MIL) Abschreckungs-; **poder** ~ Überredungskunst *f*

dis yoqueis [dis'ɟokeɪs] *pl de* disc-jockey

disyunción [disɟuņ'θjon] *f* ❶ (*separación*) Trennung *f* ❷ (*decisión*) Option *f* ❸ (FILOS) Disjunktion *f*

disyuntiva [disɟuņ'tiβa] *f* Alternative *f*

disyuntivo, -a [disɟuņ'tiβo, -a] *adj* trennend; **conjunción disyuntiva** (LING) disjunktive Konjunktion

DIU ['diu] *f* (MED) *abr de* Dispositivo Intra-Uterino Intrauterinpessar *nt*, IUP

diurético, -a [dju'retiko, -a] *adj* harntreibend

diurno, -a [di'urno, -a] *adj* täglich; **trabajo** ~ Tagesarbeit *f*; **luz diurna artificial** künstliches Tageslicht

diva ['diβa] *f* Diva *f*

divagación [diβaɣa'θjon] *f* ❶ (*desviación*) Abschweifung *f* ❷ *pl* (*sin concierto*) unzusammenhängendes Gerede *nt*

divagar [diβa'ɣar] <g→gu> *vi* ❶ (*desviarse*) abschweifen ❷ (*hablar sin concierto*) unzusammenhängendes Zeug reden

diván [di'βan] *m* Diwan *m*

divergencia [diβer'xenθja] *f* Abweichung *f*; (MAT) Divergenz *f*

divergente [diβer'xente] *adj* entgegengesetzt; (MAT) divergent; **opiniones** ~**s** abweichende Meinungen

divergir [diβer'xir] <g→j> *vi* (*t.* MAT) divergieren; (*opiniones*) voneinander abweichen; (*personas*) verschiedener Meinung sein

diversidad [diβersi'ðað] *f* Vielfalt *f*

diversificación [diβersifika'θjon] *f* ❶ (*variedad*) Vielfalt *f* ❷ (ECON) Diversifikation *f*

diversificar [diβersifi'kar] <c→qu> I. *vt* verschiedenartig gestalten; (ECON) diversifizieren; ~ **su horizonte** seinen Horizont erweitern II. *vr:* ~ **se** sich verschiedenartig gestalten

diversión [diβer'sjon] *f* ❶ (*entretenimiento*) Vergnügen *nt* ❷ (*pasatiempo*) Zeitvertreib *m* ❸ (MIL) Ablenkungsmanöver *nt*

diverso, -a [di'βerso, -a] *adj* ❶ (*distinto*) unterschiedlich; (*desemejante*) unähnlich ❷ (*variado*) vielseitig ❸ *pl* (*varios*) verschiedene; (*muchos*) mehrere

divertido, -a [diβer'tiðo, -a] *adj* ❶ (*alegre*) lustig ❷ (*Am: achispado*) angeheitert

divertir [diβer'tir] *irr como sentir* I. *vt* ❶ (*entretener*) unterhalten; **sus bromas me divierten** seine/ihre Scherze erheitern mich ❷ (*apartar*) ablenken II. *vr:* ~ **se** ❶ (*alegrarse*) sich amüsieren (*en* über +*akk*); **¡que te diviertas!** viel Spaß! ❷ (*distraerse*) sich ablenken

dividendo [diβi'ðendo] *m* ❶ (MAT) Dividend *m* ❷ (ECON) Dividende *f*; **arrojar** ~**s** Dividenden ausschütten

dividir [diβi'ðir] I. *vt* ❶ (*partir*) teilen (*en* in +*akk*); ~ **por la mitad** halbieren ❷ (*distribuir*) aufteilen (*entre* unter +*dat*) ❸ (*separar*) trennen; (*sembrando discordia*) entzweien ❹ (*agrupar*) einteilen (*en* in +*akk*) ❺ (MAT) dividieren (*entre/por* durch +*akk*) II. *vr:* ~ **se** ❶ (*partirse*) sich teilen ❷ (*agruparse*) unterteilt sein (*en* in +*akk*) ❸ (*enemistarse*) sich entzweien

divieso [di'βjeso] *m* Furunkel *m o nt*

divinidad [diβini'ðað] *f* ❶ (*ser divino*) Göttlichkeit *f* ❷ (*deidad*) Gottheit *f* ❸ (*fam: preciosidad*) Prachtstück *nt;* **esta mujer es una** ~ diese Frau ist göttlich

divinizar [diβini'θar] <z→c> *vt* ❶ (*deificar*) vergöttlichen ❷ (*santificar*) heiligen ❸ (*glorificar*) verherrlichen

divino, -a [di'βino, -a] *adj* göttlich

divisa [di'βisa] *f* ❶ (*insignia*) Abzeichen *nt* ❷ (*mote*) Devise *f* ❸ (*en el escudo*) Wappenspruch *m* ❹ *pl* (*moneda*) Devisen *fpl*

divisar [diβi'sar] *vt* (*percibir*) ausmachen; **divisé a lo lejos un vehículo** ich konnte in der Ferne ein Fahrzeug ausmachen

divisible [diβi'siβle] *adj* teilbar; **ser** ~ **por dos** durch zwei teilbar sein

división [diβi'sjon] *f* ❶ (MAT) Division *f* ❷ (*partición*) Teilung *f* ❸ (*separación*) Trennung *f* ❹ (*parte*) Teil *m* ❺ (MIL) Division *f* ❻ (*desavenencia*) Uneinigkeit *f* ❼ (*de un discurso*) Gliederung *f* ❽ (LING) Trennungsstrich *m*

divisor [diβi'sor] *m* (MAT) Teiler *m;* **máximo común** ~ größter gemeinsamer Teiler

divisoria [diβi'sorja] *f* Trennungslinie *f;* (GEO) Wasserscheide *f*

divisorio, -a [diβi'sorjo, -a] *adj* Trennungs-; **línea divisoria de las aguas** Wasserscheide *f*

divorciado, -a [diβor'θjaðo, -a] I. *adj* geschieden II. *m, f* Geschiedene(r) *mf*

divorciar [diβor'θjar] I. *vt* scheiden II. *vr:* ~ **se** sich scheiden lassen

divorcio [di'βorθjo] *m* ❶ (*separación*) (Ehe)scheidung *f* ❷ (*discrepancia*) Diskrepanz *f;* ~ **de opiniones** Meinungsverschiedenheiten *fpl* ❸ (*Col: cárcel de mujeres*) Frauengefängnis *nt*

divulgación [diβulɣa'θjon] *f* Verbreitung *f;* (*publicación*) Bekanntmachung *f;* **libro de** ~ populärwissenschaftliches Buch

divulgar [diβul'ɣar] <g→gu> I. *vt* (*propagar*) verbreiten; (*dar a conocer*) bekannt geben; (*popularizar*) der breiten Masse zugänglich machen II. *vr:* ~ **se** (*propagarse*) sich verbreiten; (*conocerse*) bekannt werden

Dn. [don] *abr de* **don** ≈Hr.

DNA [de(e)ne'a] *m* (BIOL, QUÍM) *abr de* **Desoxyribo Nucleic Acid** DNS *f*

DNI [de(e)ne'i] *m abr de* **Documento Nacional de Identidad** Personalausweis *m*

Dña. ['doɲa] *abr de* **doña** ≈Fr.

do [do] <does> *m* C *nt;* ~ **bemol** Ces *nt;* ~ **de pecho** hohes C; ~ **sostenido** Cis *nt*

dobladillo [doβla'ðiʎo] *m* (*pliegue*) Saum *m*

doblador(a) [doβla'ðor(a)] *m(f)* (CINE) Synchronsprecher(in) *m(f)*

doblaje [do'βlaxe] *m* (CINE) Synchronisation *f*

doblar [do'βlar] I. *vt* ❶ (*arquear*) biegen ❷ (*plegar*) falten; **no** ~ nicht knicken ❸ (*duplicar*) verdoppeln; **mi madre me dobla en edad** meine Mutter ist doppelt so alt wie ich ❹ (*una película*) synchronisieren ❺ (*rodear*) umfahren; ~ **la esquina**

um die Ecke biegen ⑥(*convencer*) umstimmen **II.** *vi* ❶(*torcer*) abbiegen (*a* nach +*dat*) ❷(*campana*) läuten ❸(*hacer dos papeles*) eine Doppelrolle spielen **III.** *vr:* ~**se** ❶(*inclinarse*) sich biegen ❷(*ceder*) sich beugen

doble¹ ['doβle] *m* ❶(*duplo*) Doppelte(s) *nt* ❷(*pliegue*) Saum *m* ❸(*toque de campanas*) Totengeläut *nt* ❹(*tenis*): (**partido de**) ~**s** Doppel *nt*

doble² ['doβle] *f* Pasch *m*

doble³ ['doβle] **I.** *adj inv* ❶(*duplo*) doppelt; ~ **clic** Doppelklick *m;* **contabilidad por partida** ~ doppelte Buchführung ❷(*robusto*) robust ❸(*hipócrita*) falsch; **Pedro es muy** ~ Pedro kann man nicht (über den Weg) trauen **II.** *mf* Doppelgänger(in) *m(f);* (CINE) Double *nt*

doblegar [doβle'ɣar] <g→gu> **I.** *vt* ❶(*torcer*) biegen ❷(*persuadir*) umstimmen **II.** *vr:* ~**se** ❶(*torcerse*) sich biegen ❷(*someterse*) sich beugen; **se doblegó a mis súplicas** er/sie gab meinem Bitten nach

doblez¹ [do'βleθ] *m* (*pliegue*) Falte *f*

doblez² [do'βleθ] *m o f*(*hipocresía*) Falschheit *f*

doce ['doθe] **I.** *adj inv* zwölf **II.** *m* Zwölf *f; v. t.* **ocho**

doceavo, -a [doθe'aβo, -a] *adj* zwölftel; *v. t.* **octavo**

docena [do'θena] *f* Dutzend *nt;* **una** ~ **de huevos** ein Dutzend Eier

docencia [do'θenθja] *f* Unterrichten *nt;* **dedicarse a la** ~ unterrichten

doceno, -a [do'θeno, -a] *adj* zwölfte(r, s); *v. t.* **octavo**

docente [do'θente] **I.** *adj* Lehr- **II.** *mf* Lehrer(in) *m(f);* (UNIV) Dozent(in) *m(f)*

dócil ['doθil] *adj* ❶(*inteligente*) gelehrig ❷(*sumiso*) fügsam ❸(*manso*) zahm ❹(*metal*) geschmeidig

docilidad [doθili'ðað] *f* ❶(*inteligencia*) Gelehrigkeit *f* ❷(*sumisión*) Fügsamkeit *f* ❸(*mansedumbre*) Zahmheit *f* ❹(*del metal*) Geschmeidigkeit *f*

docto, -a ['dokto, -a] *adj* gelehrt; ~ **en leyes** rechtsgelehrt

doctor(**a**) [dok'tor(a)] *m(f)* Doktor(in) *m(f)*

doctorado [dokto'raðo] *m* ❶(*grado*) Doktorwürde *f* ❷(*estudios*): **curso de** ~ ≈Doktorandenkolloquium *nt*

doctoral [dokto'ral] *adj* (UNIV) Doktor-; **tesis** ~ Doktorarbeit *f*

doctorando, -a [dokto'rando, -a] *m, f* Doktorand(in) *m(f)*

doctorar [dokto'rar] *vt, vr:* ~**se** promovieren; ~**se en historia** in Geschichte promovieren

doctrina [dok'trina] *f* ❶(*teoría*) Doktrin *f* ❷(*sabiduría*) Wissen *nt* ❸(*catecismo*) Religion *f*

doctrinal [doktri'nal] *adj* doktrinell

documentación [dokumenta'θjon] *f* ❶(*estudio*) Dokumentation *f* ❷(*documentos*) Unterlagen *fpl;* ~ **del coche** Kraftfahrzeugpapiere *ntpl*

documentado, -a [dokumen'taðo, -a] *adj* ❶(*identificado*) ausgewiesen ❷(*informado*) gut unterrichtet

documental [dokumen'tal] **I.** *adj* dokumentarisch **II.** *m* Dokumentarfilm *m*

documentar [dokumen'tar] **I.** *vt* ❶(*probar*) dokumentieren ❷(*instruir*) unterrichten **II.** *vr:* ~**se** sich unterrichten

documento [doku'mento] *m* Dokument *nt;* ~**s de envío** Versandpapiere *ntpl;* **D~ Nacional de Identidad** Personalausweis *m*

dodecafonía [doðekafo'nia] *f* (MÚS) Zwölftonmusik *f*

dodotis® [do'ðotis] *m inv* Pampers® *f*

dogal [do'ɣal] *m* Strick *m;* **estoy con el** ~ **al cuello** (*fig*) mir steht das Wasser bis zum Hals

dogma ['doɣma] *m* Dogma *nt*

dogmático, -a [doɣ'matiko, -a] *adj* dogmatisch

dogmatismo [doɣma'tismo] *m* ❶(*dogma*) Dogma *nt* ❷(*intolerancia*) Dogmatismus *m*

dogmatizar [doɣmati'θar] <z→c> *vi, vt* dogmatisieren

dogo ['doɣo] *m* Dogge *f*

dólar ['dolar] *m* Dollar *m*

dolencia [do'lenθja] *f* Leiden *nt;* ~ **respiratoria** Atemwegserkrankung *f*

doler [do'ler] <o→ue> **I.** *vi* schmerzen; **me duele la cabeza** ich habe Kopfschmerzen **II.** *vr:* ~**se** ❶(*quejarse*) klagen (*de* über +*akk*) ❷(*arrepentirse*) bereuen (*de* +*akk*)

dolido, -a [do'liðo, -a] *adj* gekränkt; **estoy** ~ **por tus palabras** deine Worte haben mich gekränkt

doliente [do'ljente] *adj* ❸(*enfermo*) krank ❷(*afligido*) trauernd

dolmen ['dolmen] *m* Dolmen *m*

dolo ['dolo] *m* ❶(*engaño*) Täuschung *f* ❷(JUR) Vorsatz *m*

dolor [do'lor] *m* Schmerz *m;* ~ **de cabeza** Kopfschmerzen *mpl;* **estar con** ~**es** in den Wehen liegen; **tengo** ~ **de barriga** mir tut der Bauch weh

dolorido, -a [dolo'riðo, -a] *adj* ❶(*dañado*) schmerzend; **tener la rodilla dolorida** Schmerzen im Knie haben ❷(*apenado*) traurig

doloroso, -a [dolo'roso, -a] *adj* ❶ (*lastimador*) schmerzhaft ❷ (*lamentable*) traurig

doloso, -a [do'loso, -a] *adj* (JUR) vorsätzlich

doma ['doma] *f* Bändigung *f*

domable [do'maβle] *adj* (*animal*) zähmbar

domador(a) [doma'ðor(a)] *m(f)* (*de circo*) Dompteur, -euse *m, f*

domar [do'mar] *vt*, **domeñar** [dome'ɲar] *vt* bändigen

domesticado, -a [domesti'kaðo, -a] *adj:* **animal** ~ Haustier *nt*

domesticar [domesti'kar] <c→qu> *vt* ❶ (*animales*) domestizieren ❷ (*personas*) bändigen

doméstico, -a [do'mestiko, -a] I. *adj* Haus- II. *m, f* Diener(in) *m(f)*

domiciliación [domiθilja'θjon] *f* (*orden permanente*) Dauerauftrag *m;* (*de recibos*) Abbuchungsverfahren; (*de una letra de cambio*) Domizilierung *f*

domiciliar [domiθi'ljar] I. *vt* ❶ (*dar domicilio*) unterbringen ❷ (*un recibo*) abbuchen lassen; ~ **el alquiler** einen Dauerauftrag für die Miete einrichten; ~ **la nómina** das Gehalt monatlich auf ein Gehaltskonto überweisen lassen II. *vr:* ~**se** ansässig werden (*en* +*dat*)

domiciliario, -a [domiθi'ljarjo, -a] *adj* Haus-

domicilio [domi'θiljo] *m* (*de alguien*) Wohnsitz *m;* (*una empresa*) Sitz *m;* ~ **social** Sitz einer Gesellschaft; **franco** ~ frei Haus

dominación [domina'θjon] *f* ❶ (*el dominar*) Beherrschung *f* ❷ (*poder*) Herrschaft *f*

dominante [domi'naɲte] *adj* (*persona, t.* BIOL) dominant

dominar [domi'nar] I. *vi* ❶ (*imperar*) herrschen ❷ (*sobresalir*) emporragen (*sobre* über +*akk*) ❸ (*predominar*) vorherrschen; **dominante en el mercado** marktführend II. *vt* ❶ (*conocer*) beherrschen ❷ (*reprimir*) bezwingen; ~ **el odio** den Hass unterdrücken ❸ (*sobresalir*) überragen ❹ (*divisar*) überblicken III. *vr:* ~**se** sich beherrschen

domingo [do'miŋgo] *m* Sonntag *m;* ~ **de Cuasimodo** Weißer Sonntag; ~ **de Ramos** Palmsonntag *m;* **hacer** ~ sich *dat* einen freien Tag nehmen; *v. t.* **lunes**

dominguero, -a [domiŋ'gero, -a] I. *adj* Sonntags- II. *m, f* (*pey*) Sonntagsfahrer(in) *m(f)*

dominical [domini'kal] I. *adj* Sonntags-; **descanso** ~ Sonntagsruhe *f;* **oración** ~ Vaterunser *nt* II. *m* (PREN) Sonntagsbeila-

ge *f*

dominicano, -a [domini'kano, -a] I. *adj* dominikanisch II. *m, f* Dominikaner(in) *m(f)*

dominio [do'minjo] *m* ❶ (*dominación*) Beherrschung *f;* ~ **de sí mismo** Selbstbeherrschung *f* ❷ (*poder*) Herrschaft *f* ❸ (*territorio*) Gebiet *nt* ❹ (*campo*) Bereich *m* ❺ (*posesión*) Eigentum *nt;* **ser del** ~ **público** (*fig*) allgemein bekannt sein

dominó [domi'no] <dominós> *m* (*juego*) Domino(spiel) *nt*

don[1] [don] *m* Gabe *f;* **tener** ~ **de gentes** gut mit Menschen umgehen können

don[2] [don, 'doɲa] *m*, **doña** *f* Don *m*, Doña *f*

donación [dona'θjon] *f* Spende *f;* (JUR) Schenkung *f*

donador(a) [dona'ðor(a)] *m(f)* Spender(in) *m(f)*

donaire [do'nai̯re] *m* ❶ (*gracia*) Anmut *f* ❷ (*chiste*) Witz *m*

donante [do'naɲte] *mf* Spender(in) *m(f)*

donar [do'nar] *vt* spenden

donativo [dona'tiβo] *m* Spende *f*

doncella [don'θeʎa] *f* ❶ (*criada*) Zofe *f* ❷ (*elev: muchacha*) Mädchen *nt*

donde ['doɲde] *adv* wo; **a** [*o* **hacia**] ~ wohin; **de** ~ woher; **en** ~ wo; **la calle** ~ **vivo** die Straße, in der ich wohne; **estuve** ~ **Luisa** ich war bei Luisa

dónde ['doɲde] *pron inter o pron rel* wo; **¿a** [*o* **hacia**] ~**?** wohin?; **¿de** ~**?** woher?; **¿en** ~**?** wo?; **¿~ se habrá enterado?** woher weiß er/sie das wohl?

dondequiera [doɲde'kjera] *adv* ❶ (*en cualquier parte*) irgendwo ❷ (*donde*): ~ **que estés** wo immer du (auch) sein magst

donoso, -a [do'noso, -a] *adj* ❶ (*garboso*) anmutig ❷ (*chistoso*): **¡donosa humorada!** (*irón*) schöner Scherz!

Donostia [do'nostja] *f baskischer Name für die Stadt San Sebastián*

donostiarra [donos'tjarra] I. *adj* aus San

Sebastián **II.** *mf* Einwohner(in) *m(f)* von San Sebastián

donosura [dono'sura] *f* ❶ (*garbo*) Anmut *f* ❷ (*gracia*) Witz *m*

donut ['donuʰ] *m* <donuts> Doughnut *m*

doña ['doɲa] *f v.* **don**

dopaje [do'paxe] *m v.* **doping**

dopar [do'par] *vt, vr:* ~ **se** (DEP) dopen

doping ['dopiŋ] *m sin pl* Doping *nt*

dorada [do'raða] *f* (*pez*) Goldbrasse *f*

dorado, -a [do'raðo, -a] *adj* golden

dorar [do'rar] **I.** *vt* ❶ (*sobredorar*) vergolden ❷ (*tostar*) anbräunen ❸ (*suavizar*) beschönigen **II.** *vr:* ~ **se** braun werden

dórico, -a ['doriko, -a] *adj* dorisch

dormidera [dormi'ðera] *f* (*adormidera*) (Schlaf)mohn *m;* **tener buenas ~s** (*fam*) einen guten Schlaf haben

dormilón, -ona [dormi'lon, -ona] *m, f* (*fam*) Schlafmütze *f*

dormir [dor'mir] *irr* **I.** *vi* ❶ (*descansar*) schlafen; ~ **a pierna suelta** wie ein Murmeltier schlafen; ~ **de un tirón** durchschlafen; ~ **sobre algo** (*fig*) etw überschlafen; **quedarse dormido** einschlafen ❷ (*pernoctar*) übernachten; ~ **en casa de alguien** bei jdm übernachten ❸ (*reposar*) ruhen ❹ (*descuidarse*) unaufmerksam sein **II.** *vt* (*a un niño*) zum (Ein)schlafen bringen; (*a un paciente*) betäuben; ~ **la borrachera** seinen Rausch ausschlafen; ~ **la siesta** eine Siesta machen; **¡no hay quien duerma a este niño!** das Kind will einfach nicht einschlafen!; **esta monotonía me duerme** diese Eintönigkeit schläfert mich ein **III.** *vr:* ~ **se** ❶ (*adormecerse*) einschlafen; **se me ha dormido el brazo** mein Arm ist eingeschlafen ❷ (*descuidarse*) unaufmerksam sein; ~ **se en los laureles** sich auf seinen Lorbeeren ausruhen

dormitar [dormi'tar] *vi* dösen *fam*

dormitorio [dormi'torjo] *m* (*habitación*) Schlafzimmer *nt;* (*muebles*) Schlafzimmermöbel *pl*

dorsal [dor'sal] **I.** *adj* (ANAT) Rücken-; **espina** ~ Rückgrat *nt* **II.** *m* (DEP) Startnummer *f*

dorso ['dorso] *m* ❶ (ANAT) Rücken *m;* ~ **de la mano** Handrücken *m* ❷ (*reverso*) Rückseite *f*

dos [dos] **I.** *adj inv* zwei; ~ **puntos** Doppelpunkt *m;* **cada** ~ **por tres** ständig; **de** ~ **en** ~ paarweise; **en un** ~ **por tres** im Nu; **están a** ~ (DEP) es steht zwei zu zwei **II.** *m* Zwei *f; v. t.* **ocho**

doscientos, -as [dos'θjentos, -as] *adj* zweihundert; *v. t.* **ochocientos**

dosel [do'sel] *m* (*baldaquín*) Baldachin *m;* **cama con** ~ Himmelbett *nt*

dosificación [dosifika'θjon] *f* Dosierung *f*

dosificar [dosifi'kar] <c→qu> *vt* dosieren

dosis ['dosis] *f inv* Dosis *f;* **una buena ~ de paciencia** eine ganze Menge Geduld

dotación [dota'θjon] *f* ❶ (*dote*) Aussteuerung *f* ❷ (*donación*) Stiftung *f* ❸ (*financiación*) Finanzierung *f* ❹ (*equipamiento*) Ausstattung *f* ❺ (*personal: de un buque*) Mannschaft *f;* (*de una fábrica*) Belegschaft *f;* (*de una oficina*) Personal *nt*

dotado, -a [do'taðo, -a] *adj* (*con talento*) begabt

dotar [do'tar] *vt* ❶ (*constituir dote*) aussteuern ❷ (*equipar*) ausstatten (*de/con* mit *+dat*) ❸ (*señalar bienes*) stiften ❹ (*financiar*) finanzieren ❺ (*con sueldo*) dotieren

dote¹ ['dote] *f* (*aptitud*) Begabung *f;* ~ **de mando** Führungsgeschick *nt*

dote² ['dote] *m o f* (*ajuar*) Mitgift *f*

doy [doi̯] *1. pres de* **dar**

Dr(a). [dok'tor(a)] *abr de* **doctor(a)** Dr.

draga ['draɣa] *f* Nassbagger *m*

dragaminas [draɣa'minas] *m inv* Minensuchboot *nt*

dragar [dra'ɣar] <g→gu> *vt* ausbaggern

dragón [dra'ɣon] *m* ❶ (*monstruo*) Drache *m* ❷ (*reptil*) Flugdrache *m;* ~ **marino** (*pez*) Drachenfisch *m*

drama ['drama] *m* Drama *nt*

dramático, -a [dra'matiko, -a] *adj* dramatisch; **autor** ~ Dramatiker *m*

dramatismo [drama'tismo] *m* Dramatik *f*

dramatización [dramatiθa'θjon] *f* Dramatisierung *f*

dramatizar [dramati'θar] <z→c> *vt* dramatisieren

dramaturgia [drama'turxja] *f* Dramaturgie *f*

dramaturgo, -a [drama'turɣo, -a] *m, f* Dramatiker(in) *m(f)*

dramón [dra'mon] *m* (*fam*) Schnulze *f*

drapear [drape'ar] *vt* drapieren

drástico, -a ['drastiko, -a] *adj* drastisch

drenaje [dre'naxe] *m* Dränage *f*

drenar [dre'nar] *vt* dränieren

Dresde ['dresðe] *m* Dresden *nt*

driblar [dri'βlar] *vi, vt* dribbeln; ~ **a un contrario** einen Gegenspieler umspielen

dril [dril] *m* (*tela*) Drill(ich) *m*

drive ['drai̯f] *m* ❶ (DEP) Drive *m* ❷ (INFOR) Laufwerk *nt;* ~ **de disco CD-ROM** CD-ROM-Laufwerk *nt*

droga ['droɣa] *f* Droge *f;* ~ **sintética** synthetische Droge

drogadicción [droɣaðiɣ'θjon] *f* Drogenabhängigkeit *f*

drogadicto, **-a** [droɣa'dikto, -a] **I.** *adj* drogenabhängig **II.** *m*, *f* Drogenabhängige(r) *mf*

drogado, **-a** [dro'ɣaðo, -a] *adj:* **estar ~** unter Drogen stehen

drogar [dro'ɣar] <g→gu> **I.** *vt* Drogen verabreichen +*dat* **II.** *vr:* **~ se** Drogen nehmen

drogodelincuencia [droɣoðeliŋ'kweŋθja] *f* Beschaffungskriminalität *f*

drogodependiente [droɣoðepeŋ'djente] *adj o mf v.* **drogadicto**

droguería [droɣe'ria] *f* Drogerie *f*

droguero, **-a** [dro'ɣero, -a] *m*, *f* Drogist(in) *m(f)*

dromedario [drome'ðarjo] *m* Dromedar *nt*

druida ['drwiða] *m* Druide *m*

drupa ['drupa] *f* Steinfrucht *f*

dual [du'al] **I.** *adj* dual; **sistema ~** Dualsystem *nt* **II.** *m* (LING) Dual(is) *m*

dualidad [dwali'ðað] *f* ❶ (*duplicidad*) Dualität *f* ❷ (QUÍM) Dimorphie *f*

dubitativo, **-a** [duβita'tiβo, -a] *adj* dubitativ

dublinés, **-esa** [duβli'nes, -esa] **I.** *adj* aus Dublin **II.** *m*, *f* Einwohner(in) *m(f)* von Dublin

ducado [du'kaðo] *m* (*territorio*) Herzogtum *nt*

ducal [du'kal] *adj* herzoglich

ducha ['dutʃa] *f* ❶ (*para ducharse*) Dusche *f*; **recibir una ~ de agua fría** (*fig*) eine kalte Dusche bekommen ❷ (MED) Guss *m*

duchar [du'tʃar] **I.** *vt* duschen **II.** *vr:* **~ se** (sich) duschen

ducho, **-a** ['dutʃo, -a] *adj* bewandert (*en* in +*dat*)

dúctil ['duktil] *adj* ❶ (*condescendiente*) fügsam ❷ (*dilatable*) dehnbar; (*flexible*) geschmeidig

duda ['duða] *f* ❶ (*indecisión*) Unschlüssigkeit *f* ❷ (*incredulidad*) Zweifel *m*; **salir de ~ s** Gewissheit erlangen; **sin ~** (**alguna**) zweifellos; **no cabe la menor ~** es besteht nicht der geringste Zweifel; **poner algo en ~** etw in Zweifel ziehen

dudable [du'ðaβle] *adj* zweifelhaft

dudar [du'ðar] **I.** *vi* ❶ (*desconfiar*) zweifeln (*de* an +*dat*) ❷ (*vacilar*) (sich *dat*) unschlüssig sein **II.** *vt* bezweifeln

dudosamente [duðosa'mente] *adv* kaum

dudoso, **-a** [du'ðoso, -a] *adj* ❶ (*inseguro*) zweifelhaft ❷ (*indeciso*) unschlüssig

duelo ['dwelo] *m* ❶ (*desafío*) Duell *nt*; **retar a ~** zum Duell (heraus)fordern ❷ (*pesar*) Trauer *f* ❸ (*funerales*) Trauerfeier *f* ❹ (*cortejo*) Trauerzug *m*

duende ['dwende] *m* ❶ (*fantasma*) Kobold

m ❷ (*loc*): **tener ~** das gewisse Etwas haben

dueño, **-a** ['dweɲo, -a] *m*, *f* ❶ (*propietario*) Besitzer(in) *m(f)*; (*amo*) Herr(in) *m(f)*; **hacerse ~ de algo** (*apropiarse*) sich etw *gen* bemächtigen; (*dominar*) etw *gen* Herr werden; **ser ~ de sí mismo** (*empresario*) sein eigener Herr sein; **no ser ~ de sí misma** (*dominarse*) nicht mehr Herr seiner Sinne sein; **poner a alguien como no digan dueñas** (*fam*) über jdn herziehen ❷ (*de familia*) Familienoberhaupt *nt*

duermevela [dwerme'βela] *m o f* (*sueño ligero*) Halbschlaf *m*; (*sueño agitado*) unruhiger Schlaf *m*

dulce ['dulθe] **I.** *adj* ❶ (*referente al sabor*) süß ❷ (*suave*) sanft ❸ (*agradable*) angenehm ❹ (*metal*) weich **II.** *m* ❶ (*postre*) Süßspeise *f* ❷ (*almíbar*) Gelee *nt* ❸ (*golosina*) Süßigkeit *f*; **a nadie le amarga un ~** (*fam*) warum sollte man die Gelegenheit ungenutzt lassen?

dulcificar [dulθifi'kar] <c→qu> *vt* ❶ (*azucarar*) süßen ❷ (*suavizar*) mildern; (*hacer más grato*) versüßen

dulzón, **-ona** [dul'θon, -ona] *adj* ❶ (*dulzarrón*) übersüß ❷ (*sentimental*) schmalzig

dulzor [dul'θor] *m*, **dulzura** [dul'θura] *f* ❶ (*sabor*) Süße *f* ❷ (*suavidad*) Sanftheit *f* ❸ (*bondad*) Wärme *f*

duna ['duna] *f* Düne *f*

dúo ['duo] *m* Duo *nt*; **cantar a ~** im Duett singen

duodécimo, **-a** [duo'ðeθimo, -a] **I.** *adj* (*parte*) zwölftel; (*numeración*) zwölfte(r, s) **II.** *m*, *f* Zwölftel *nt*; *v. t.* **octavo**

duodenal [dwoðe'nal] *adj* (MED): **úlcera ~** Zwölffingerdarmgeschwür *nt*

duodeno [dwo'ðeno] *m* (ANAT) Zwölffingerdarm *m*

dúplex ['dupleʸs] *m* (ARQUIT) Maison(n)ette *f*

duplicación [duplika'θjon] *f* Verdopp(e)lung *f*

duplicado [dupli'kaðo] *m* Duplikat *nt*; **por ~** in doppelter Ausfertigung

duplicar [dupli'kar] <c→qu> *vt*, *vr:* **~ se** (sich) verdoppeln

duplicidad [dupliθi'ðað] *f* (*falsedad*) Doppelzüngigkeit *f*

duplo¹ ['duplo] *m* Doppelte(s) *nt*

duplo, **-a²** ['duplo, -a] *adj* doppelt; *v. t.* **óctuplo**

duque(sa) ['duke, du'kesa] *m(f)* Herzog(in) *m(f)*

durabilidad [duraβili'ðað] *f* Dauerhaftigkeit *f*; (*de materiales*) Haltbarkeit *f*

durable [du'raβle] *adj* dauerhaft; (*producto*) haltbar

duración [dura'θjon] *f* Dauer *f;* (*de un préstamo*) Laufzeit *f*

duradero, -a [dura'ðero, -a] *adj* dauerhaft; (*producto*) haltbar

durante [du'raṇte] *prep* während +*gen;* **hablar ~ una hora** eine Stunde lang sprechen

durar [du'rar] *vi* ❶ (*extenderse*) andauern; **~ todo el día** den ganzen Tag dauern ❷ (*permanecer*) sich halten ❸ (*resistir*) halten

durazno [du'raθno] *m* (*Am*) Pfirsich *m*

Durero [du'rero] (*pintor alemán*) Dürer

dureza [du'reθa] *f* ❶ (*rigidez*) Härte *f;* **~ de vientre** Verstopfung *f* ❷ (*callosidad*) Verhärtung *f*

durmiente [dur'mjeṇte] **I.** *adj* schlafend **II.** *mf* Schlafende(r) *mf;* **la Bella D~** Dornröschen *nt*

duro¹ ['duro] **I.** *m* (HIST) Fünfpesetenstück *nt* **II.** *adv* hart; **¡dale ~!** (*fam*) schlag (kräftig) zu!; (*a personas*) gib's ihm/ihr!

duro, -a² ['duro, -a] *adj* hart; **~ de corazón** hartherzig; **a duras penas** mit Müh und Not; **estoy contigo a las duras y las maduras** ich gehe mit dir durch dick und dünn

DVD [deuβe'ðe] *m* (INFOR) *abr de* **videodisco digital** DVD *f*

E e

E, e [e] *f* E, e *nt;* **~ de Enrique** E wie Emil

e [e] *conj* (*ante* 'ʃ(h)i'ʃ) und

E ['este] *abr de* **Este** O

ea ['ea] *interj* (*animando*) los

ebanista [eβa'nista] *mf* Möbeltischler(in) *m(f)*

ebanistería [eβaniste'ria] *f* Möbeltischlerei *f*

ébano ['eβano] *m* ❶ (BOT) Ebenholzgewächs *nt* ❷ (*madera*) Ebenholz *nt*

ebrio, -a ['eβrjo, -a] *adj* (*elev*) ❶ (*borracho*) betrunken ❷ (*extasiado*) trunken (*de* vor +*dat*); (*ciego*) blind (*de* vor +*dat*)

ebullición [eβuʎi'θjon] *f* ❶ (*de líquidos*) Sieden *nt* ❷ (*agitación*) Aufruhr *m*

eccema [ek'θema] *m* Ekzem *nt*

echado, -a [e'tʃaðo, -a] *adj* ❶ (*postrado*) liegend; **estar ~** liegen ❷ (*Nic, CRi: indolente*) träge ❸ (*loc*): **~ para adelante** mutig

echar [e'tʃar] **I.** *vt* ❶ (*tirar*) werfen; (*carta*) einwerfen; **~ a la basura/al suelo** in den Müll/auf den Boden werfen; **la suerte está echada** die Würfel sind gefallen ❷ (*verter*) eingießen (*en* in +*akk*) ❸ (*fam: aparecer*) bekommen; **~ los dientes** zahnen ❹ (*expulsar*) hinauswerfen (*de* aus +*dat*); (*despedir*) entlassen ❺ (*emitir*) ausstoßen; **~ humo** rauchen ❻ (*tumbar*) legen ❼ (*proyectar*) zeigen; (TEAT) aufführen; **en el cine echan 'Rocky IV'** im Kino läuft 'Rocky IV' ❽ (*calcular*): **te echo 30 años** ich schätze dich auf 30 ❾ (*tiempo, esfuerzo*): **eché dos horas en acabar** ich brauchte zwei Stunden, um fertig zu werden ❿ (*loc*): **~ abajo** (*destruir*) abreißen; (*rechazar*) ablehnen; **~ un brindis** einen Trinkspruch ausbringen; **~ algo en cara a alguien** jdm etw vorwerfen; **~ chispas** (*fam*) vor Wut schäumen; **~ cuentas** rechnen; **~ la culpa a alguien** die Schuld auf jdn schieben; **~ un discurso** eine Rede halten; **~ en falta** vermissen; **~ gasolina** tanken; **~las** (*Chil: ~ a correr*) davonlaufen; **~le** (*Perú: emborracharse*) sich (ständig) betrinken; **~ leña al fuego** (*fig*) Öl ins Feuer gießen; **~ una mano a alguien** (*fam*) jdm zur Hand gehen; **~ de menos** vermissen; **~ una ojeada a alguien** einen Blick auf jdn werfen; **~ a perder** verderben; **~ pestes** (*fam*) fluchen; **~ a pique** versenken; **~ raíces** Wurzeln schlagen; **~ a suertes** losen; **~ por tierra** (*fig*) zunichte machen; **~ un trago** (*fam*) einen Schluck trinken **II.** *vi* ❶ (*lanzar*) werfen ❷ (*verter*) einschenken ❸ (*empezar*) anfangen (*a* zu); **~ a correr** loslaufen **III.** *vr:* **~se** ❶ (*postrarse*) sich hinlegen; **me eché en la cama** ich legte mich ins Bett ❷ (*lanzarse*) sich stürzen (*sobre* auf +*akk*); **~se a los pies de alguien** sich jdm zu Füßen werfen ❸ (*empezar*) anfangen (*a* zu); **~se a llorar** in Tränen ausbrechen ❹ (*fam: iniciar una relación*): **~se un novio** sich *dat* einen Freund zulegen ❺ (*loc*): **~se a perder** verderben

eclecticismo [eklekti'θismo] *m* (*t.* FILOS) Eklektizismus *m*

eclesiástico¹ [ekle'sjastiko] *m* Geistliche(r) *m*

eclesiástico, -a² [ekle'sjastiko, -a] *adj* kirchlich

eclipsar [ekliβ'sar] **I.** *vt* ❶ (ASTR) verfinstern ❷ (*oscurecer*) in den Schatten stellen **II.** *vr:* **~se** ❶ (*desaparecer*) verschwinden ❷ (*decaer*) schwinden

eclipse [e'kliβse] *m:* **~ solar** Sonnenfinsternis *f*

eclosión [eklo'sjon] *f* ❶ (BOT) Aufblühen *nt* ❷ (ZOOL) Ausschlüpfen *nt* ❸ (*brote, manifestación*) Ausbruch *m;* (*aparición*) Auftauchen *nt*

eco ['eko] *m* ❶ (*de sonidos, t. fig*) Echo *nt;* **hacer ~** (*fig*) Aufsehen erregen; **tener ~** (*fig*) Anklang finden ❷ (*repercusión*) Nachklang *m*

ecogestión [ekoxes'tjon] *f* Ökobewirtschaftung *f*

ecografía [ekoɣra'fia] *f* ❶ (*técnica*) Ultraschall *m* ❷ (*imagen*) Ultraschallbild *nt*

ecología [ekolo'xia] *f* Ökologie *f*

ecológico, -a [eko'loxiko, -a] *adj* ökologisch; **daños ~s** Umweltschäden *mpl;* **producción ecológica** (AGR) biologischer Anbau

ecologismo [ekolo'xismo] *m sin pl* Umweltschutz *m*

ecologista [ekolo'xista] **I.** *adj* Umweltschutz- **II.** *mf* Umweltschützer(in) *m(f)*

economato [ekono'mato] *m* Konsumgenossenschaft *f;* **~ de la empresa** betriebseigener Laden

economía [ekono'mia] *f* ❶ (*situación, sistema*) Wirtschaft *f;* **~ de desechos** Entsorgungswirtschaft *f;* **~ mundial** Weltwirtschaft *f;* **~ sumergida** Schattenwirtschaft *f* ❷ (*ciencia*) Wirtschaftswissenschaft *f;* **~ de la empresa** Betriebswirtschaft *f;* **~ política** Volkswirtschaft(slehre) *f* ❸ (*ahorro*) Sparsamkeit *f* ❹ (*cosa ahorrada*) Ersparnis *f;* **hacer ~s** sparen

económico, -a [eko'nomiko, -a] *adj* ❶ (ECON) wirtschaftlich; **año ~** Geschäftsjahr *nt;* **estudiar ciencias económicas** Wirtschaftswissenschaften studieren ❷ (*barato*) preiswert ❸ (*ahorrador*) sparsam

economista [ekono'mista] *mf* Wirtschaftswissenschaftler(in) *m(f)*

economizar [ekonomi'θar] <z→c> *vi, vt* sparen; **no ~ esfuerzos** keine Mühe scheuen; **~ esfuerzos** seine Kräfte schonen

ecosistema [ekosis'tema] *m* Ökosystem *nt;* **ecotasa** [eko'tasa] *f* Ökosteuer *f;* **ecotest** [eko'tesᵗ] *m* Umweltverträglichkeitsprüfung *f,* Ökotest *m;* **ecoturismo** [ekotu'rismo] *m* (ECOL) Ökotourismus *m*

ecu ['eku] *m* Ecu *m o f*

ecuación [ekwa'θjon] *f* Gleichung *f*

ecuador [ekwa'ðor] *m* Äquator *m*

Ecuador [ekwa'ðor] *m* Ecuador *nt*

Ecuador liegt im nordwestlichen Teil Südamerikas. Im Norden grenzt es an Kolumbien, im Osten und im Süden an Peru, im Westen an den Pazifik. Die Hauptstadt heißt *Quito*. Die offizielle Landessprache ist Spanisch. Die Währungseinheit *Ecuadors* ist der **sucre**.

ecualizador [ekwaliθa'ðor] *m* (TÉC) Equalizer *m*

ecuánime [e'kwanime] *adj* ❶ (*justo*) gerecht; (*imparcial*) unparteiisch ❷ (*sereno*) gelassen

ecuanimidad [ekwanimi'ðaᵈ] *f* ❶ (*imparcialidad*) Unparteilichkeit *f* ❷ (*calma*) Gelassenheit *f*

ecuatorial [ekwato'rjal] *adj* äquatorial

ecuatoriano, -a [ekwato'rjano, -a] **I.** *adj* ecuadorianisch **II.** *m, f* Ecuadorianer(in) *m(f)*

ecuménico, -a [eku'meniko, -a] *adj* ökumenisch

ecumenismo [ekume'nismo] *m sin pl* (*doctrina*) Ökumenismus *m;* (*movimiento*) Ökumene *f*

eczema [eᵏ'θema] *m* Ekzem *nt*

edad [e'ðaᵈ] *f* ❶ (*años*) Alter *nt;* **~ para jubilarse** Pensionsalter *nt;* **~ del pavo** Flegeljahre *ntpl;* **mayor de ~** volljährig; **menor de ~** minderjährig; **a la ~... im** Alter von ... +*dat;* **¿qué ~ tiene?** wie alt sind Sie?; **de mi ~** in meinem Alter ❷ (*época*) Zeitalter *nt;* **~ media** Mittelalter *nt;* **~ de piedra** Steinzeit *f*

edema [e'ðema] *m* Ödem *nt*

edén [e'ðen] *m* Paradies *nt*

edición [eði'θjon] *f* ❶ (*impresión*) Ausgabe *f;* **~ de bolsillo** Taschenausgabe *f* ❷ (*conjunto de ejemplares*) Auflage *f*

edicto [e'ðikto] *m* ❶ (*decreto*) Erlass *m* ❷ (JUR) Aufgebot *nt*

edificable [edifi'kaβle] *adj* bebaubar

edificación [eðifika'θjon] *f* (*construcción*) Bau *m*

edificante [eðifi'kaɲte] *adj* erbaulich

edificar [eðifi'kar] <c→qu> *vt* ❶ (*construcción*) bauen ❷ (*moral*) erbauen

edificio [eði'fiθjo] *m* Gebäude *nt*

edil [e'ðil] *m* (*elev*) Ratsherr *m*

editar [eði'tar] *vt* herausgeben

editor[1] [eði'tor] *m* (INFOR) Editor *m*

editor(a)[2] [eði'tor(a)] *m(f)* Herausgeber(in) *m(f)*

editorial[1] [eðito'rjal] **I.** *adj* verlegerisch; **casa ~** Verlagshaus *nt;* **éxito ~** Bestseller *m* **II.** *f* Verlag *m*

editorial[2] [eðito'rjal] *m* Leitartikel *m*

editorialista [eðitorja'lista] *mf* Leitartikler(in) *m(f)*

Edo. [esˈtaðo] (*Méx, Ven*) *abr de* **Estado** Staat *m*

edredón [eðreˈðon] *m* Federbett *nt*

educación [eðukaˈθjon] *f* ❶ (*enseñanza*) Ausbildung *f;* (*de crianzas*) Erziehung *f;* ~ **de adultos** Erwachsenenbildung *f;* ~ **ambiental** Umwelterziehung *f;* ~ **física** (ENS) Sportunterricht *m;* **E~ General Básica** Grund- und Hauptschulwesen *nt* (*in Spanien*)*;* ~ **preescolar** Vorschulerziehung *f;* ~ **vil** Verkehrserziehung *f;* **Ministerio de E~ y Ciencia** Kultusministerium *nt* ❷ (*comportamiento*) Erziehung *f;* **el niño no tiene** ~ das Kind ist unerzogen ❸ (*conocimientos*) Bildung *f*

---

i Land & Leute

Die **Educación Infantil** dauert bis zum 6. Lebensjahr und entspricht ungefähr der Kinderkrippe, dem Kindergarten und der Vorschule und besteht aus zwei Stufen oder *ciclos* (1. Stufe: bis zum 3. Lebensjahr; 2. Stufe: vom 3. bis zum 6. Lebensjahr).

---

educado, **-a** [eðuˈkaðo, -a] *adj* ❶ (*culto*) gebildet ❷ (*comportamiento*): **bien** ~ wohlerzogen; **mal** ~ unerzogen

---

i Land & Leute

Die **Educación Primaria** durchlaufen Kinder im Alter zwischen 6 und 12 Jahren. Sie entspricht weitgehend der deutschen Grundschule und ist in drei Stufen zu je zwei Schuljahren untergliedert.

---

educar [eduˈkar] <c→qu> *vt* ❶ (*dar instrucción*) ausbilden ❷ (*dirigir*) erziehen; **los padres educan a los hijos** die Eltern erziehen ihre Kinder ❸ (*facultades*) schulen; **debes** ~ **tu oído** du musst dein Gehör schulen

educativo, **-a** [eðukaˈtiβo, -a] *adj* (*instructivo*) Bildungs-; (*pedagógico*) Erziehungs-

edulcoración [eðulkoraˈθjon] *f* Süßen *nt*

edulcorante [eðulkoˈrante] *m* Süßstoff *m*

edulcorar [eðulkoˈrar] *vt* süßen

edutenimiento [eðuteniˈmjento] *m* Edutainment *nt*

EE.UU. [esˈtaðos uˈniðos] *mpl abr de* **Estados Unidos** USA *pl*

efe [ˈefe] *f* (*letra*) F, f *nt*

efectismo [efekˈtismo] *m* Effekthascherei *f*

efectividad [efektiβiˈðað] *f* ❶ (*efecto*) Wirksamkeit *f* ❷ (*autenticidad*) Wirklichkeit *f* ❸ (*empleo*) feste Anstellung *f*

efectivo¹ [efekˈtiβo] *m* (*dinero*) Bargeld *nt;* ~ **electrónico** Electronic Cash *nt;* **en** ~ bar

efectivo, **-a²** [efekˈtiβo, -a] *adj* ❶ (*que hace efecto*) wirksam ❷ (*auténtico*) echt; **un éxito** ~ ein echter Erfolg; **hacer** ~ in die Tat umsetzen; (*cheque*) einlösen ❸ (*no interino*) fest angestellt

efecto [eˈfekto] *m* ❶ (*consecuencia*) Wirkung *f;* (*resultado*) Ergebnis *nt;* ~ **boomerang** Bumerangeffekt *m;* ~ **invernadero** Treibhauseffekt *m;* **hacer** ~ wirken; **hacer buen** ~ (*impresión*) einen guten Eindruck machen; **tener** ~ stattfinden; **llevar a** ~ zustande bringen; **en** ~ tatsächlich; **con** ~**s retroactivos** rückwirkend ❷ (COM) Wertpapier *nt* ❸ (*loc*): **para los** ~**s** praktisch

efectuar [efektuˈar] <*1. pres:* efectúo> **I.** *vt* durchführen; (*viaje*) unternehmen; ~ **una compra** einen Kauf tätigen; ~ **una llamada** anrufen **II.** *vr:* ~**se** (*tener lugar*) stattfinden; (*realizarse*) verwirklicht werden

efeméride [efeˈmeriðe] *f* ❶ (*conmemoración*) Jahrestag *m* ❷ (ASTR) Ephemeriden *pl* ❸ *pl* (*libro*) Tagebuch *nt*

efervescente [eferβesˈθente] *adj* (*líquido*) brodelnd; **pastilla** ~ Brausetablette *f*

eficacia [efiˈkaθja] *f* ❶ (*resultado positivo*) Wirksamkeit *f;* ~ **económica** Wirtschaftlichkeit *f;* **con** ~ erfolgreich; **sin** ~ erfolglos ❷ (TÉC) Leistung *f*

eficaz [efiˈkaθ] *adj* ❶ (*eficiente*) wirksam; (TÉC) leistungsfähig ❷ (*persona*) tatkräftig

eficiencia [efiˈθjenθja] *f* ❶ (*eficacia*) Wirksamkeit *f;* (TÉC) Leistungsfähigkeit *f* ❷ (*persona*) Tüchtigkeit *f*

eficiente [efiˈθjente] *adj* wirksam; (TÉC) leistungsfähig; (*persona*) tüchtig

efímero, **-a** [eˈfimero, -a] *adj* kurzlebig

efluir [efluˈir] *irr como huir* vi ausfließen

efusión [efuˈsjon] *f* ❶ (*cordialidad*) Herzlichkeit *f;* **con gran** ~ herzlich ❷ (*derramamiento*) Vergießen *nt*

efusividad [efusiβiˈðað] *f* Herzlichkeit *f;* **su** ~ **no era auténtica** seine/ihre Herzlichkeit war nicht ehrlich gemeint

efusivo, **-a** [efuˈsiβo, -a] *adj* herzlich

EGB [exeˈβe] *f abr de* **Educación General Básica** (spanisches) Grundschulwesen *nt*

Egeo [eˈxeo] *m* Ägäis *f;* **el mar** ~ das Ägäische Meer

egipcio, **-a** [eˈxipθjo, -a] **I.** *adj* ägyptisch **II.** *m, f* Ägypter(in) *m(f)*

Egipto [e'xipto] *m* Ägypten *nt*

ego ['eɣo] *m* (PSICO) Ich *nt*

egocéntrico, **-a** [eɣo'θeņtriko, -a] *adj* egozentrisch

egocentrismo [eɣoθeņ'trismo] *m sin pl* Egozentrik *f*

egoísmo [eɣo'ismo] *m sin pl* Egoismus *m*

egoísta [eɣo'ista] I. *adj* egoistisch II. *mf* Egoist(in) *m(f)*

egolatría [eɣola'tria] *f sin pl* Selbstverherrlichung *f*

eh [e] *interj* ❶ (*advertencia*) he; **no vuelvas a hacerlo, ¿~?** tu das bloß nicht noch mal! ❷ (*susto, incomprensión*): **¿~?** wie?, was?

ej. [e'xemplo] *abr de* **ejemplo** Bsp.; **p.~** z.B.

eje ['exe] *m* ❶ (TÉC, MAT) Achse *f;* **~ anterior** Vorderachse *f* ❷ (*centro*): **~ de la conversación** Hauptgesprächsthema *nt;* **ser el ~ de atención** im Mittelpunkt stehen

ejecución [exeku'θjon] *f* ❶ (*realización*) Ausführung *f;* (*de proyectos*) Durchführung *f;* **~ de un pedido** Auftragserledigung *f;* **~ de la sentencia** (JUR) Urteilsvollstreckung *f;* **poner en ~** ausführen ❷ (*sentencia de muerte*) Hinrichtung *f*

ejecutar [exeku'tar] *vt* ausführen

ejecutiva [exeku'tiβa] *f* Führungsgremium *nt;* **la ~ del partido** die Parteispitze

ejecutivo, **-a** [exeku'tiβo, -a] I. *adj* ❶ (*que decide*) ausübend; **poder ~** (POL) Exekutive *f* ❷ (JUR) vollstreckbar ❸ (*urgente*) dringend II. *m*, *f* (*en cargo directivo*) Führungskraft *f;* (*empleado*) leitender Angestellter *m*, leitende Angestellte *f;* **~ de marketing** Marketingmanager *m*

ejemplar [exem'plar] I. *adj* ❶ (*ejemplo*) vorbildlich ❷ (*escarmiento*) exemplarisch II. *m* Exemplar *nt;* **~ de muestra** Probeexemplar *nt*

ejemplarizar [exemplari'θar] <z→c> *vi* (*Am*) ein Beispiel geben

ejemplificación [exemplifika'θjon] *f sin pl* Exemplifikation *f*

ejemplificar [exemplifi'kar] <c→qu> *vt* mit Beispielen belegen

ejemplo [e'xemplo] *m* Beispiel *nt;* **dar buen ~** mit gutem Beispiel vorangehen; **poner por ~** als Beispiel anführen; **por ~** zum Beispiel; **predicar con el ~** mit gutem Beispiel vorangehen; **tomar por ~** zum Beispiel nehmen

ejercer [exer'θer] <c→z> I. *vt* ausüben; (*derechos*) geltend machen II. *vi* arbeiten; **~ de profesor** als Lehrer arbeiten; **~ de médico** praktizieren

ejercicio [exer'θiθjo] *m* ❶ (*de una profesión*) Ausübung *f;* **en ~** ausübend ❷ (DEP)

Übung *f;* (*entrenamiento*) Training *nt;* **el médico me recomendó hacer ~** der Arzt empfahl mir mich mehr zu bewegen; **tener falta de ~** nicht genug Bewegung haben ❸ (ENS: *para practicar*) Übung *f;* (*prueba*) Aufgabe *f* ❹ (MIL): **~ de las armas** Waffendienst *m;* **~ de combate** Gefechtsübung *f* ❺ (ECON): **~ contable** Rechnungsjahr *nt;* **~ económico** Geschäftsjahr *nt*

ejercitar [exerθi'tar] I. *vt* ❶ (*profesión*) ausüben; (*actividad*) (be)treiben; **~ la cirugía** als Chirurg tätig sein ❷ (*desarrollar*) trainieren II. *vr:* **~se** sich üben (*en* en +*dat*); **~se en natación** schwimmen lernen

ejército [e'xerθito] *m* (MIL: *tropas*) Heer *nt;* (*fuerzas armadas*) Armee *f;* **~ del aire** Luftwaffe *f;* **~ profesional** Berufsarmee *f*

el, **la**, **lo** [el, la, lo] <los, las> *art det* der, die, das; **el perro/puente/niño** der Hund/ die Brücke/das Kind; **la mujer/mesa/ chica** die Frau/der Tisch/das Mädchen; **lo bueno** das Gute; **el Canadá** Kanada *nt;* **la China/India** China *nt*/Indien *nt;* **los amigos/las amigas** die Freunde/die Freundinnen; **¡la gente que vino!** die Leute kamen in Massen!; **lo antes posible** schnellstmöglich; **lo más pronto posible** so bald wie möglich; **hazlo lo mejor que puedas** mach es so gut wie du kannst

él [el] *pron pers 3. sg m* ❶ (*sujeto*) er ❷ (*tras preposición: acusativo*) ihn; (*dativo*) ihm; **el libro es de ~** (*suyo*) das Buch ist seins

elaboración [elaβora'θjon] *f* ❶ (*fabricación*) Herstellung *f;* (*tratamiento*) Verarbeitung *f* ❷ (*de comidas*) Zubereitung *f;* **~ de ~ casera** hausgemacht ❸ (*de una idea*) Ausarbeitung *f;* (*de una obra*) Bearbeitung *f*

elaborador(a) [elaβora'ðor(a)] *adj* verarbeitend

elaborar [elaβo'rar] *vt* ❶ (*fabricar*) herstellen; (*trabajar*) verarbeiten ❷ (*una idea*) ausarbeiten; (*una obra*) bearbeiten

elasticidad [elastiθi'ðað] *f* Dehnbarkeit *f;* **~ de la demanda/de la oferta/de los precios** Nachfrage-/Angebots-/Preiselastizität *f*

elástico¹ [e'lastiko] *m* (*goma*) Gummiband *nt;* (*de calcetín*) Bündchen *nt*

elástico, **-a²** [e'lastiko, -a] *adj* elastisch; (*concepto*) dehnbar

Elba [el'βa] *m* ❶ (*río*): **el ~** die Elbe ❷ (*isla*) Elba *nt*

ele ['ele] *f* L, l *nt*

elección [eleɣ'θjon] *f* (*selección, t.* POL)

Wahl *f;* (*alternativa*) Auswahl *f;* **eleccio-nes legislativas** Parlamentswahlen *fpl;* ~ **de la profesión** Berufswahl *f;* **lo dejo a su** ~ ich überlasse Ihnen die Wahl

electo, -a [e'lekto, -a] *adj* gewählt

elector(a) [elek'tor(a)] **I.** *adj* wahlberechtigt **II.** *m(f)* Wähler(in) *m(f)*

electorado [elekto'raðo] *m* Wählerschaft *f*

electoral [elekto'ral] *adj* (*relativo a elecciones*) Wahl-; (*a electores*) Wähler-; **colegio** ~ Wahllokal *nt*

electoralismo [elektora'lismo] *m* (POL) Wahlpropaganda *f*

electricidad [elektriθi'ðað] *f* Elektrizität *f*

electricista [elektri'θista] **I.** *adj* Elektro- **II.** *mf* Elektriker(in) *m(f)*

eléctrico, -a [e'lektriko, -a] *adj* elektrisch; **máquina eléctrica** Elektrogerät *nt*

electrificar [elektrifi'kar] <c→qu> *vt* elektrifizieren

electrización [elektriθa'θjon] *f sin pl* (FÍS, ELEC) Elektrisierung *f*

electrizante [elektri'θante] *adj* elektrisierend; **pronunció un discurso** ~ er/sie hat mit seiner/ihrer Rede alle elektrisiert

electrizar [elektri'θar] <z→c> *vt* elektrisieren; (*fig*) begeistern

electrocardiograma [elektrokarðjo'yrama] *m* (MED) Elektrokardiogramm *nt*

electrocutar [elektroku'tar] **I.** *vt* durch elektrischen Strom hinrichten; (*en la silla eléctrica*) auf dem elektrischen Stuhl töten **II.** *vr:* ~ **se** durch elektrischen Strom sterben; (*en la silla eléctrica*) durch den elektrischen Stuhl sterben

electrodo [elek'troðo] *m* Elektrode *f;* ~ **negativo** Kathode *f;* ~ **positivo** Anode *f*

electrodoméstico [elektroðo'mestiko] *m* Haushaltsgerät *nt*

electroencefalografía [elektroenθefaloɣra'fia] *f* (MED) Elektroenzephalographie *f*

electrólisis [elek'trolisis] *f inv* Elektrolyse *f*

electrólito [elek'trolito] *m* (QUÍM) Elektrolyt *m*

electrón [elek'tron] *m* Elektron *nt*

electrónica [elek'tronika] *f* Elektronik *f*

electrónico, -a [elek'troniko, -a] *adj* elektronisch; **microscopio** ~ Elektronenmikroskop *nt;* **movimiento** ~ **de pagos** elektronischer Zahlungsverkehr

electroshock [elektro'ʃok] *m* <electroshocks> (MED) Elektroschock *m*

electrostática [elektros'tatika] *f sin pl* (FÍS) Elektrostatik *f*

electrostático, -a [elektros'tatiko, -a] *adj* (FÍS) elektrostatisch

electrotecnia [elektro'teɣnja] *f* Elektrotechnik *f*

electrotécnico, -a [elektro'teɣniko, -a] *adj* elektrotechnisch

elefante [ele'fante, -a] *m, f* (ZOOL) Elefant *m,* Elefantenkuh *f;* ~ **marino** Walross *nt;* **ver** ~**s volando** (*fig*) weiße Mäuse sehen

elegancia [ele'ɣanθja] *f* ① (*distinción*) Eleganz *f* ② (*buen gusto*) Geschmack *m*

elegante [ele'ɣante] *adj* elegant; (*noble*) vornehm; (*con buen gusto*) geschmackvoll

elegir [ele'xir] *irr vi, vt* wählen (*de/entre* zwischen +*dat*); (INFOR) auswählen; **a** ~ nach Wahl

elemental [elemen'tal] *adj* elementar; **conocimientos** ~**es** Grundkenntnisse

elemento [ele'mento] *m* ① (*componente, persona*) Element *nt;* ~ **base** Grundbestandteil *m;* **tener** ~**s de juicio** urteilsfähig sein ② *pl* (*fuerzas naturales*) Naturgewalten *fpl* ③ *pl* (*nociones fundamentales*): ~**s de matemáticas** Grundkenntnisse der Mathematik ④ *pl* (*medios*) Mittel *ntpl*

elenco [e'lenko] *m* ① (*catálogo*) Verzeichnis *nt* ② (TEAT) Besetzung *f* ③ (*Am: personal*) Personal *nt* ④ (*Chil, Perú: equipo*) Mannschaft *f*

elepé [ele'pe] *m* Langspielplatte *f*

elevación [eleβa'θjon] *f* ① (*subida*) Erhöhung *f* ② (GEO) Anhöhe *f*

elevado, -a [ele'βaðo, -a] *adj* (*alto*) hoch; (*nivel, estilo*) gehoben

elevador [eleβa'ðor] *m* (*AmC: ascensor*) Aufzug *m;* (*Arg: para cargas*) Lastenaufzug *m*

elevalunas [eleβa'lunas] *m inv* Fensterheber *m*

elevar [ele'βar] **I.** *vt* ① (*subir*) erhöhen; ~ **al trono** auf den Thron erheben ② (MAT): ~ **a una potencia** potenzieren; **tres elevado a cuatro** drei hoch vier ③ (*enviar*) einreichen (*a* bei +*dat*); ~ **una protesta** protestieren **II.** *vr:* ~ **se** ① (*tener altura*) eine Höhe haben (*a* von +*dat*) ② (*tener precio*) betragen (*a* +*akk*); (*cotización*) steigen (*a* auf +*akk*) ③ (*hallarse*) emporragen

eliminación [elimina'θjon] *f* ① (*supresión*) Beseitigung *f;* (*de errores*) Behebung *f;* (*aranceles*) Abschaffung *f* ② (MED) Ausscheidung *f* ③ (DEP: *ser eliminado*) Ausscheiden *nt*

eliminar [elimi'nar] *vt* ① (*suprimir, matar*) beseitigen; (*fallos*) beheben; ~ **a la competencia** die Konkurrenz verdrängen ② (MED) ausscheiden ③ (DEP) besiegen; **fueron eliminados en la cuarta prueba** sie schieden in der vierten Runde aus

eliminatoria [elimina'torja] *f* (*competi-*

ción) Ausscheidungskampf *m;* (*vuelta*) Vorrunde *f*

elipse [e'liβse] *f* Ellipse *f*

elipsis [e'liβsis] *f inv* Ellipse *f*

elíptico, -a [e'liptiko, -a] *adj* elliptisch

elite [e'lite] *f*, **élite** [e'lite] *f* Elite *f*

elitista [eli'tista] *adj* elitär

elixir [eliɤ'sir] *m* Elixier *m*

ella ['eʎa] *pron pers 3. sg f* ➊ (*sujeto*) sie ➋ (*tras preposición: acusativo*) sie; (*dativo*) ihr; **el abrigo es de** ~ (*suyo*) der Mantel ist ihrer

ellas ['eʎas] *pron pers 3. pl f* ➊ (*sujeto*) sie *pl* ➋ (*tras preposición: acusativo*) sie; (*dativo*) ihnen; **el coche es de** ~ (*suyo*) das Auto gehört ihnen

ello ['eʎo] *pron pers 3. sg nt* ➊ (*sujeto*) das ➋ (*tras preposición*): **para** ~ dafür; **por** ~ darum; **estar en** ~ schon dabei sein; **¡a** ~**!** nur zu!

ellos ['eʎos] *pron pers 3. pl m* ➊ (*sujeto*) sie *pl* ➋ (*tras preposición: acusativo*) sie; (*dativo*) ihnen; **estos niños son de** ~ (*suyos*) das sind ihre Kinder

elocuencia [elo'kwenθja] *f* Beredsamkeit *f;* **con** ~ beredt

elocuente [elo'kwente] *adj* ➊ (*hablando*) beredt ➋ (*claro*) viel sagend; **las pruebas son** ~**s** die Beweise sprechen für sich

elogiar [elo'xjar] *vt* loben

elogio [e'loxjo] *m* Lob *nt;* **hacer** ~**s** loben; **recibir** ~**s** Lob ernten

elogioso, -a [elo'xjoso, -a] *adj* lobend; **palabras elogiosas** lobende Worte

elote [e'lote] *m* (*AmC*) Maiskolben *m*

elucubración [elukuβra'θjon] *f* (sinnlose) Überlegung *f*

eludir [elu'ðir] *vt* ➊ (*evitar*) umgehen; (*preguntas*) ausweichen *+dat;* ~ **su responsabilidad** sich seiner Verantwortung entziehen ➋ (*declinar*) ablehnen

e-mail [i'meɪl] *m abr de* **electronic mail** E-Mail *f*

emanar [ema'nar] **I.** *vi* ➊ (*escaparse*) ausströmen (*de* aus +*dat*); (*líquido*) ausfließen (*de* aus +*dat*) ➋ (*tener su origen*) hervorgehen (*de* aus +*dat*) **II.** *vt* ausstrahlen

emancipación [emanθipa'θjon] *f* Emanzipation *f*

emancipar [emanθi'par] **I.** *vt* (*liberar*) befreien; (*feminismo*) emanzipieren **II.** *vr:* ~ **se** sich emanzipieren

embadurnamiento [embaðurna'mjento] *m* Ausschmieren *nt*

embadurnar [embaður'nar] **I.** *vt* ➊ (*manchar*) beschmieren (*con/de* mit +*dat*) ➋ (*pintar*) schmieren **II.** *vr:* ~ **se** sich beschmieren (*de/con* mit +*dat*)

embajada [emba'xaða] *f* Botschaft *f*

embajador(a) [embaxa'ðor(a)] *m(f)* (*diplomático*) Botschafter(in) *m(f)*

embalaje [emba'laxe] *m* Verpackung *f*

embalar [emba'lar] **I.** *vt* (*empaquetar*) verpacken **II.** *vr:* ~ **se** (*correr*) lossausen

embaldosar [embaldo'sar] *vt* fliesen

embalsamar [embalsa'mar] *vt* ➊ (*cadáveres*) einbalsamieren ➋ (*perfumar*) parfümieren

embalsar [embal'sar] *vt* stauen

embalse [em'balse] *m* ➊ (*acción*) Stauen *nt* ➋ (*pantano*) Stausee *m* ➌ (*Arg: presa*) Talsperre *f*

embarazada [embara'θaða] **I.** *adj* (*encinta*) schwanger; **estar** ~ **de seis meses** im sechsten Monat schwanger sein **II.** *f* Schwangere *f*

embarazado, -a [embara'θaðo, -a] *adj* (*cohibido*) verlegen

embarazar [embara'θar] <z→c> *vt* ➊ (*estorbar*) behindern ➋ (*cohibir*) in Verlegenheit bringen ➌ (*dejar encinta*) schwängern

embarazo [emba'raθo] *m* ➊ (*gravidez*) Schwangerschaft *f;* **interrupción del** ~ Schwangerschaftsabbruch *m* ➋ (*cohibición*) Verlegenheit *f;* **causar** ~ **a alguien** jdn in Verlegenheit bringen ➌ (*impedimento*) Hindernis *nt*

embarazoso, -a [embara'θoso, -a] *adj* ➊ (*molesto*) hinderlich ➋ (*desagradable*) peinlich

embarcación [embarka'θjon] *f* Schiff *nt*

embarcadero [embarka'ðero] *m* Landungsbrücke *f*

embarcar [embar'kar] <c→qu> **I.** *vi* an Bord gehen **II.** *vt* ➊ (*en barco*) einschiffen ➋ (*en un asunto*) verwickeln (*en* in +*akk*) **III.** *vr:* ~ **se** ➊ (*en barco*) an Bord gehen ➋ (*en un asunto*) sich einlassen (*en* auf +*akk*)

embargar [embar'ɣar] <g→gu> *vt* ➊ (*retener*) beschlagnahmen ➋ (*absorber*) gefangen nehmen ➌ (*molestar*) behindern

embargo [em'barɣo] **I.** *m* ➊ (*retención*) Embargo *nt* ➋ (*confiscación*) Beschlagnahmung *f* **II.** *conj:* **sin** ~ trotzdem

embarque [em'barke] *m* ➊ (*de material*) Einschiffung *f* ➋ (*de personas*) An-Bord-Gehen *nt;* **tarjeta de** ~ Bordkarte *f*

embarrancar [embarraŋ'kar] <c→qu> **I.** *vi* stecken bleiben; (*barcos*) stranden **II.** *vr:* ~ **se** stecken bleiben

embarullar [embaru'ʎar] **I.** *vt* (*fam*) durcheinander bringen **II.** *vr:* ~ **se** (*fam*) durcheinander geraten

embate [em'bate] *m* ➊ (*del mar*) Brandung *f* ❷ (*golpe*) Schlag *m*

embaucador(a) [embau̯ka'ðor(a)] **I.** *adj* betrügerisch **II.** *m(f)* Betrüger(in) *m(f)*

embaucamiento [embau̯ka'mjento] *m* Betrug *m*

embaucar [embau̯'kar] <c→qu> *vt* betrügen

embeber [embe'βer] **I.** *vi* einlaufen **II.** *vt* ❶ (*absorber*) aufsaugen ❷ (*empapar*) tränken (*de* mit +*dat*) ❸ (*contener*) enthalten **III.** *vr:* ~ **se** ❶ (*empaparse*) sich voll saugen (*de* mit +*dat*) ❷ (*enfrascarse*) sich vertiefen (*en* in +*akk*)

embelesar [embele'sar] **I.** *vi, vt* begeistern; **tu voz** (**me**) **embelesa** du hast eine entzückende Stimme **II.** *vr:* ~ **se** sich begeistern (*de/con* für +*akk*)

embeleso [embe'leso] *m* Begeisterung *f*

embellecedor[1] [embeʎeθe'ðor] *m* Schmuck *m;* (*en los coches*) Zierkappe *f*

embellecedor(a)[2] [embeʎeθe'ðor(a)] *adj* verschönernd

embellecer [embeʎe'θer] *irr como crecer* *vt* ❶ (*hacer más bonito*) verschönern ❷ (*idealizar*) idealisieren

embestida [embes'tiða] *f* Angriff *m*

embestir [embes'tir] *irr como pedir* **I.** *vi* schlagen **II.** *vt* ❶ (*atacar*) angreifen ❷ (*fam: pidiendo*) anbetteln

emblandecer [emblande'θer] *irr como crecer* **I.** *vi* (*viento, frío*) nachlassen **II.** *vt* ❶ (*poner blando*) weich machen; (*suelo*) aufweichen ❷ (*calmar*) besänftigen ❸ (*hacer ceder*) erweichen

emblanquecer [emblaŋke'θer] *irr como crecer* **I.** *vt* weiß machen **II.** *vr:* ~ **se** weiß werden

emblema [em'blema] *m* Emblem *nt*

emblemático, -a [emble'matiko, -a] *adj* sinnbildlich; **producto** ~ Vorzeigeprodukt *nt*

embobar [embo'βar] **I.** *vt* (*asombrar*) verblüffen; (*fascinar*) faszinieren **II.** *vr:* ~ **se** (*de asombro*) erstaunt sein (*con/en* über +*akk*); (*de fascinación*) fasziniert sein (*con/en* von +*dat*)

embocadura [emboka'ðura] *f* ❶ (*entrada*) Einfahrt *f;* (*de un río*) Mündung *f* ❷ (*de los caballos, t.* MÚS) Mundstück *nt*

embocar [embo'kar] <c→qu> *vt* (*enfilar*) (hin)einfahren (in +*akk*); **el barco emboca el puerto** das Schiff fährt in den Hafen ein

embolia [em'bolja] *f* Embolie *f;* ~ **cerebral** Gehirnschlag *m*

émbolo ['embolo] *m* (TÉC) Kolben *m*

embolsar [embol'sar] *vt* ❶ (*meter*) einpacken ❷ (*dinero*) verdienen

emboquillado [emboki'ʎaðo] *m* Filterzigarette *f*

emborrachamiento [emborratʃa'mjento] *m* (Be)trunkenheit *f*

emborrachar [emborra'tʃar] **I.** *vt* ❶ (*a alguien*) betrunken machen ❷ (GASTR) Alkohol zugeben +*dat* **II.** *vr:* ~ **se** ❶ (*beber*) sich betrinken (*con/de* mit +*dat*) ❷ (*los colores*) ineinander laufen

emborrascarse [emborras'karse] <c→qu> *vr* ❶ (METEO) stürmisch werden ❷ (*negocio*) scheitern

emborronar [emborro'nar] *vt* ❶ (*de tachaduras*) verschmieren ❷ (*escribir*) hinkritzeln

emboscada [embos'kaða] *f* Hinterhalt *m;* **tender una** ~ **a alguien** jdm eine Falle stellen

emboscarse [embos'karse] <c→qu> *vr* (*para atacar*) im Hinterhalt lauern

embotamiento [embota'mjento] *m* ❶ (*herramienta*) Stumpfwerden *nt* ❷ (*persona*) Abstumpfen *nt*

embotar [embo'tar] **I.** *vt* ❶ (*herramienta*) stumpf machen ❷ (*tabaco*) in eine (Tabak)dose füllen ❸ (*sentidos*) benebeln; **este olor me embota** dieser Geruch benebelt mich (völlig) **II.** *vr:* ~ **se** ❶ (*herramienta*) stumpf werden ❷ (*aturdirse*) benommen werden ❸ (*gracia, desenvoltura*) nachlassen ❹ (*fam: las botas*) die Stiefel anziehen

embotellado, -a [embote'ʎaðo, -a] *adj* (*bebida*) abgefüllt; **vino** ~ Flaschenwein *m*

embotelladora [emboteʎa'ðora] *f* (Ab)füllmaschine *f;* ~ **circular** Rundfüller *m*

embotellamiento [emboteʎa'mjento] *m* ❶ (*de vino*) Flaschenabfüllung *f* ❷ (*de tráfico*) Stau *m*

embotellar [embote'ʎar] **I.** *vt* ❶ (*líquido*) (in Flaschen) abfüllen ❷ (*tráfico*) lahm legen ❸ (*fam: lección*) pauken **II.** *vr:* ~ **se** ❶ (*fam: lección*) pauken ❷ (*tráfico*) sich stauen

embozar [embo'θar] <z→c> **I.** *vt* ❶ (*rostro*) vermummen ❷ (*hecho*) vertuschen **II.** *vr:* ~ **se** (*rostro*) sich vermummen

embragar [embra'ɣar] <g→gu> **I.** *vi* (AUTO) kuppeln **II.** *vt* (AUTO) einkuppeln

embrague [em'braɣe] *m* Kupplung *f*

embravecido, -a [embraβe'θiðo, -a] *adj* ❶ (*animal*) aggressiv ❷ (*viento*) stürmisch; (*mar*) aufgewühlt

embriagador(a) [embrjaɣa'ðor(a)] *adj* berauschend; **aroma** ~ betörendes Aroma

embriagar [embrja'ɣar] <g→gu> **I.** *vi, vt* ❶ (*emborrachar*) betrunken machen ❷ (*enajenar*) berauschen; **este perfume**

embriaga das ist ein betörendes Parfum **II.** *vr:* ~ **se** (*emborracharse*) sich betrinken

embriaguez [embrja'yeθ] *f* ➊(*borrachera*) (Be)trunkenheit *f;* **en estado de** ~ in betrunkenem Zustand ➋(*enajenación*) Rausch *m*

embrión [embri'on] *m* (BIOL) Embryo *m*

embrional [embrjo'nal] *adj* embryonal

embrionario, -a [embrjo'narjo, -a] *adj* embryonal

embrollar [embro'ʎar] **I.** *vt* ➊(*liar*) verwirren; **embrollas todo lo que tocas** du bringst alles durcheinander; **lo embrollas más de lo necesario** du machst die Sache komplizierter als nötig ➋(*Chil, Urug: engañar*) betrügen **II.** *vr:* ~ **se** sich verwirren; ~ **se en un negocio** in ein Geschäft verwickelt werden

embrollo [em'broʎo] *m* ➊(*lío*) Durcheinander *nt;* (*de hilos*) Gewirr *nt;* **meterse en un** ~ sich in eine verzwickte Lage bringen ➋(*embuste*) Lüge *f;* **no me vengas con** ~ **s** sag mir die Wahrheit ➌(*chanchullo*) Intrige *f;* **este negocio seguro que es un** ~ an diesem Geschäft ist mit Sicherheit etwas faul

embromado, -a [embro'maðo, -a] *adj* (*Am: fam*) ➊(*difícil*) schwierig ➋(*molesto*) lästig

embromar [embro'mar] *vt* ➊(*gastar una broma*) hochnehmen; (*cariñosamente*) necken ➋(*engatusar*) beschwatzen ➌(*Am: fastidiar*) ärgern

embrujado, -a [embru'xaðo, -a] *adj* Geister-; **castillo** ~ Spukschloss *nt*

embrujar [embru'xar] *vt* ➊(*haciendo brujería*) verhexen ➋(*embelesar*) verzaubern

embrutecer [embrute'θer] *irr como crecer* **I.** *vt* ➊(*volverse bruto*) verrohen lassen ➋(*entontecer*) verdummen lassen **II.** *vr:* ~ **se** ➊(*volverse bruto*) verrohen ➋(*volverse insensible*) gefühllos werden

embuchado [embu'tʃaðo] *m* ➊(GASTR) ≈Wurst *f* ➋(*para ocultar*) Ablenkungsmanöver *nt* ➌(POL) Wahlbetrug *m*

embudo [em'buðo] *m* ➊(*aparato*) Trichter *m;* **en forma de** ~ trichterförmig; **aplicar la ley del** ~ mit zweierlei Maß messen ➋(*trampa*) Schwindel *m*

embuste [em'buste] *m* ➊(*mentira*) Lüge *f* ➋(*estafa*) Betrug *m*

embustero, -a [embus'tero, -a] **I.** *adj* verlogen; **¡qué tío más** ~**!** der lügt ja wie gedruckt! **II.** *m, f* ➊(*mentiroso*) Lügner(in) *m(f)* ➋(*estafador*) Betrüger(in) *m(f)*

embute [em'bute] *m* (*Méx: fam: soborno*) Bestechung *f*

embutido [embu'tiðo] *m* (GASTR) Wurst *f;* ~ **s** Wurstwaren *fpl*

embutir [embu'tir] **I.** *vt* ➊(*cosas*) (hinein)stopfen (*en* in +*akk*); (*personas*) hineinzwängen (*en* in +*akk*); ~ **lana en un cojín** ein Kissen mit Wolle füllen; **íbamos embutidos en el tranvía** wir waren in der Straßenbahn zusammengepfercht ➋(*el embutido*) füllen **II.** *vr:* ~ **se** (*de comida*) sich voll stopfen (*de* mit +*dat*)

eme ['eme] *f* M, m *nt;* **mandar a alguien a la** ~ (*fam: mierda*) jdn zum Teufel schicken

emergencia [emer'xeŋθja] *f* ➊(*acción*) Auftauchen *nt* ➋(*suceso*) Notfall *m;* **estado de** ~ Notstand *m;* **plan de** ~ Notstandsplan *m;* **declarar el estado de** ~ **en una zona** eine Zone zum Notstandsgebiet erklären

emergente [emer'xente] *adj:* **país** ~ Schwellenland *nt*

emerger [emer'xer] <g→j> *vi* ➊(*del agua*) auftauchen (*de* aus +*dat*) ➋(*de la superficie*) hervorragen (*de* aus +*dat*); **mi jefe emergió de la nada** mein Chef hat sich von ganz unten emporgearbeitet

emeritense [emeri'tense] **I.** *adj* aus Mérida **II.** *mf* Einwohner(in) *m(f)* von Mérida

emigración [emiɣra'θjon] *f* Auswanderung *f* (*a* nach +*dat*, in +*akk*), Emigration *f* (*a* nach +*dat*, in +*akk*)

emigrado, -a [emi'ɣraðo, -a] *m, f,* **emigrante** [emi'ɣrante] *mf* Auswanderer, -in *m, f,* Emigrant(in) *m(f)*

emigrar [emi'ɣrar] *vi* auswandern

emigratorio, -a [emiɣra'torjo, -a] *adj* Auswanderungs-

eminencia [emi'neŋθja] *f* ➊(GEO) Anhöhe *f* ➋(*título*) Eminenz *f* ➌(*talento*) Meister *m* (*en* +*gen*); **ser una** ~ **en su campo** ein Meister auf seinem Gebiet sein; **ser una** ~ **en literatura contemporánea** ein Experte für zeitgenössische Literatur sein

eminente [emi'nente] *adj* ➊(*elevado*) hoch (gelegen) ➋(*sobresaliente*) herausragend

emir [e'mir] *m* Emir *m*

emirato [emi'rato] *m* Emirat *nt;* **E~s Árabes Unidos** Vereinigte Arabische Emirate

emisario, -a [emi'sarjo, -a] *m, f* Abgesandte(r) *mf;* ~ **para la recepción** Empfangsbote *m*

emisión [emi'sjon] *f* ➊(TV, RADIO: *difusión*) Ausstrahlung *f;* (*en directo*) Übertragung *f;* (*programa*) Sendung *f* ➋(*de luz*) Ausstrahlung *f;* (*de radiación/calor*) Abgabe *f* ➌(FIN) Ausgabe *f* ➍(*de contaminantes*) Ausstoß *m;* **emisiones contaminantes**

Schadstoffemissionen *fpl*
emisor(a) [emi'sor(a)] *adj* ❶ (TV, RADIO)
Sende- ❷ (FIN): **banco** ~ Notenbank *f*
emisora [emi'sora] *f* Sender *m;* ~ **clandestina** Piratensender *m;* ~ **de radio** Rundfunksender *m;* ~ **de televisión** Fernsehsender *m*
emitir [emi'tir] *vt* (TV, RADIO) senden; (*en directo*) übertragen; (*luz, calor, olor*) ausstrahlen; (*radiación*) abgeben; (*humo, grito*) ausstoßen; (*dictamen*) abgeben; (FIN) ausgeben
emoción [emo'θjon] *f* ❶ (*sentimiento*) Gefühlsregung *f;* (*conmoción*) Rührung *f;* **lleno de emociones** emotionsgeladen; **palabras llenas de** ~ sehr bewegte Worte; **sin** ~ emotionslos; **sentir una honda** ~ tief bewegt sein; **hacer llorar de** ~ **a alguien** jdn zu Tränen rühren; **dar rienda suelta a sus emociones** seinen Gefühlen freien Lauf lassen ❷ (*turbación*) Aufregung *f*
emocional [emoθjo'nal] *adj* emotional
emocionante [emoθjo'nante] *adj* ❶ (*conmovedor*) rührend, bewegend ❷ (*excitante*) spannend
emocionar [emoθjo'nar] **I.** *vt* bewegen; **este libro no me emociona** dieses Buch lässt mich kalt; **los espectadores estaban emocionados** die Zuschauer waren ergriffen; **tus palabras me** ~**on** deine Worte gingen mir zu Herzen; **sólo la idea ya lo emocionaba** der Gedanke allein versetzte ihn in freudige Erregung **II.** *vr:* ~ **se** ❶ (*conmoverse*) gerührt sein ❷ (*turbarse*) sich aufregen; (*alegrarse*) freudig erregt sein
emolumentos [emolu'mentos] *mpl* Einkünfte *fpl;* (*de un libro*) Tantiemen *fpl;* (*honorarios*) Honorar *nt*
emoticón [emoti'kon] *m* Emoticon *nt*
emotividad [emotiβi'ðað] *f* (erhöhte) Erregbarkeit *f*
emotivo, -a [emo'tiβo, -a] *adj* emotional; (*atmósfera*) emotionsgeladen; (*escena*) rührend
empacar [empa'kar] <c→qu> **I.** *vi* packen **II.** *vt* (ein)packen
empachado, -a [empa'tʃaðo, -a] *adj:* **estoy** ~ (*indigestado*) ich habe mir den Magen verdorben; (*harto*) ich habe zu viel gegessen
empachar [empa'tʃar] **I.** *vt* ❶ (*indigestar*) nicht bekommen +*dat* ❷ (*turbar*) verlegen machen; **para decirlo no me empacha que estés delante** deine Anwesenheit hindert mich nicht daran, es zu sagen **II.** *vr:* ~ **se** ❶ (*indigestarse*) sich *dat* den

Magen verderben; (*comer demasiado*) sich *dat* den Magen voll schlagen ❷ (*turbarse*) in Verlegenheit geraten; **no** ~ **se de expresar sus sentimientos** sich nicht schämen seine Gefühle zu offenbaren
empacho [em'patʃo] *m* ❶ (*indigestión*) Magenverstimmung *f;* **tengo un** ~ **de dulces** ich habe mir den Magen mit Süßigkeiten verdorben; **tengo un** ~ **de televisión** ich habe das Fernsehen satt ❷ (*turbación*) Verlegenheit *f;* **no tengo** ~ **en...** es macht mir nichts aus zu ...
empadronamiento [empaðrona'mjento] *m* Eintragung *f* in das Einwohnerregister; (*en Alemania*) Meldung *f* beim Einwohnermeldeamt; **oficina de** ~ Einwohnermeldeamt *nt*
empadronar [empaðro'nar] **I.** *vt* (ins Einwohnerregister) eintragen; (*en Alemania*) anmelden **II.** *vr:* ~ **se** sich ins Einwohnerregister eintragen; (*en Alemania*) sich anmelden
empalagar [empala'ɣar] <g→gu> **I.** *vt, vi* ❶ (*alimento*) zu süß sein +*dat* ❷ (*persona*) lästig sein +*dat;* **tanta cortesía me empalaga** so viel Höflichkeit ist mir zuwider; **esta película empalaga** dieser Film ist zu sentimental **II.** *vr:* ~ **se** ❶ (*empacharse*) sich *dat* den Magen verderben ❷ (*hastiarse*) überdrüssig werden (*de/con* +*gen*); **me empalago de oírlo contar chistes** ich kann seine Witze nicht mehr hören
empalago [empa'laɣo] *m* ❶ (*dulzonería*) Süßlichkeit *f* ❷ (*pesadez*) Aufdringlichkeit *f* ❸ (*hastío*) Überdruss *m* ❹ (*empacho*) Magenverstimmung *f* ❺ (*loc*): **hablar con** ~ gekünstelt reden
empalagoso, -a [empala'ɣoso, -a] *adj* ❶ (*alimento*) süßlich ❷ (*persona*) lästig ❸ (*película*) sentimental
empalidecer [empaliðe'θer] *irr como crecer* *vi* ❶ (*persona*) erbleichen; (*color*) blass werden ❷ (*un hecho*) verblassen
empalizada [empali'θaða] *f* ❶ (*valla*) (Garten)zaun *m* ❷ (*de fortificación*) Palisade *f;* ~ **de nieve** Schneezaun *m*
empalmar [empal'mar] **I.** *vi* ❶ (*dos trenes*) Anschluss haben (*con* an +*akk*) ❷ (*dos caminos*) sich kreuzen; (*dos ríos*) zusammenfließen; **esta carretera empalma con la nacional** über diese Landstraße kommt man zur Bundesstraße **II.** *vt* (*maderos, tubos*) aneinander fügen; (*teléfono*) anschließen; ~ **a puerta** (DEP) direkt aufs Tor schießen
empalme [em'palme] *m* ❶ (*acción: de maderos/tubos*) Verbindung *f;* (*del telé-*

fono) Anschluss *m* ❷ (*punto: de made-ros/tubos*) Verbindungsstelle *f;* (*del telé-fono*) Anschlussstelle *f;* **estación de** ~ (FERRO) Umsteigebahnhof *m*

empanada [empaˈnaða] *f* ❶ (GASTR) Paste-te *f* ❷ (*timo*) Betrug *m*

empanadilla [empanaˈðiʎa] *f* Pastete *f*

empanar [empaˈnar] *vt* ❶ (*rellenar*) füllen ❷ (*rebozar*) panieren

empantanar [empan̪taˈnar] **I.** *vt* ❶ (*un te-rreno*) überschwemmen ❷ (*un proyecto*) hemmen **II.** *vr:* ~ **se** ❶ (*terreno*) versump-fen ❷ (*proyecto*) ins Stocken geraten

empañar [empaˈɲar] **I.** *vt* ❶ (*ventana*) beschlagen; (*metal*) matt machen; **las lágrimas le empañan los ojos** Tränen verschleiern ihm/ihr die Augen ❷ (*nom-bre*) beflecken; (*hazaña*) den Glanz neh-men +*dat* ❸ (*niño*) wickeln **II.** *vr:* ~ **se** (*ventana*) anlaufen; (*metal*) anlaufen; (*ojos*) sich trüben; (*voz*) belegt klingen

empañarse [empaˈɲarse] *vr* (*ventana*) beschlagen; (*metal*) anlaufen

empapar [empaˈpar] **I.** *vt* ❶ (*humedecer*) eintauchen (*en* in +*akk*) ❷ (*absorber*) auf-saugen ❸ (*mojar*) durchnässen; **la lluvia ha empapado el suelo** der Regen hat den Boden aufgeweicht; **el vendaje está empapado de sangre** der Verband ist von Blut durchtränkt **II.** *vr:* ~ **se** ❶ (*mojarse*) (völlig) nass werden ❷ (*un tema*) in sich aufsaugen

empapelado [empapeˈlaðo] *m* ❶ (*acción*) Tapezieren *nt* ❷ (*papel*) Tapete *f*

empapelar [empapeˈlar] **I.** *vi, vt* (*las pare-des*) tapezieren **II.** *vt* ❶ (*objeto*) verpa-cken ❷ (*fam: encausar*) anklagen

empaque [emˈpake] *m* ❶ (*el empaquetar*) Verpacken *nt* ❷ (*semblante*) Aussehen *nt;* (*del rostro*) Gesichtsausdruck *m;* **su** ~ **era grave** er/sie machte ein ernstes Gesicht ❸ (*gravedad*) Würde *f;* **andaba con gran** ~ er/sie ging gemessenen Schrittes ❹ (*Am: desfachatez*) Unverschämtheit *f*

empaquetador(a) [empaketaˈðor(a)] *m(f)* Packer(in) *m(f)*

empaquetar [empakeˈtar] *vt* ❶ (*objetos*) verpacken ❷ (*personas*) zusammenpfer-chen (*en* in +*dat*) ❸ (MIL) bestrafen

emparedado [empareˈðaðo] *m* Sandwich *m o nt*

emparedar [empareˈðar] **I.** *vt* einmauern **II.** *vr:* ~ **se** ❶ (*encerrarse*) sich einsperren ❷ (*aislarse*) sich (von der Außenwelt) zurückziehen

emparejamiento [emparexaˈmjen̪to] *m* ❶ (*acción*) Paarung *f* ❷ (*pareja*) Paar *nt*

emparejar [empareˈxar] **I.** *vi* ❶ (*ponerse al lado*): ~ **con alguien** jdn einholen ❷ (*po-nerse al nivel*) gleichziehen **II.** *vt* ❶ (*jun-tar*) (miteinander) paaren; **ya estoy emparejado** ich habe bereits einen Part-ner; **me quieren** ~ **con ella** sie wollen mich mit ihr verkuppeln ❷ (*nivelar*) auf dieselbe Höhe bringen ❸ (*ventana*) anleh-nen **III.** *vr:* ~ **se** (*formar pareja*) ein Paar bilden; (*parejas*) Paare bilden; **en el si-guiente partido quedé emparejado con Juan** in der folgenden Runde spielte ich mit Juan zusammen

emparentado, -a [emparen̪ˈtaðo, -a] *adj* (*familia*) angeheiratet; (*persona*) ver-schwägert; **está bien** ~ er hat in eine ver-mögende Familie eingeheiratet

emparentar [emparenˈtar] <e→ie> *vi:* ~ **con una familia** in eine Familie einheira-ten

empastador(a) [empastaˈðor(a)] *m(f)* (*Am*) Buchbinder(in) *m(f)*

empastar [empasˈtar] *vt* ❶ (*rellenar*) fül-len; (*cubrir*) bestreichen; ~ **un diente** einen Zahn mit einer Füllung versehen; ~ **la cara con crema** (sich *dat*) das Gesicht (dick) eincremen ❷ (*libro*) kartonieren

empaste [emˈpaste] *m* ❶ (*relleno*) Füllen *nt;* (*cubrir*) Bestreichen *nt* ❷ (MED) (Zahn)füllung *f;* **tengo dos muelas con** ~ ich habe zwei plombierte Backenzähne

empatar [empaˈtar] **I.** *vi* ❶ (DEP) unent-schieden ausgehen; ~ **a uno** eins zu eins unentschieden spielen; **cuando iban empatando uno a uno...** beim Gleich-stand von eins zu eins ...; **estar empata-dos a puntos en la clasificación** auf demselben Tabellenplatz sein ❷ (POL) Stimmengleichheit erreichen **II.** vt ❶ (Am: cuerdas) miteinander verbinden; ~ **mentiras** Lügen vom Stapel lassen ❷ (CRi: amarrar) festmachen ❸ (Ven: importunar) belästigen

empate [em'pate] m ❶ (DEP) Unentschieden nt; **gol del ~** Ausgleichstreffer m ❷ (POL) Stimmengleichheit f

empatía [empa'tia] f Empathie f

empecinamiento [empeθina'mjento] m Sturheit f

empecinarse [empeθi'narse] vr stur beharren (en auf +dat)

empedernido, -a [empeðer'niðo, -a] adj ❶ (insensible) herzlos ❷ (incorregible) unverbesserlich; **bebedor ~** Gewohnheitstrinker m; **solterón ~** eingefleischter Junggeselle

empedrar [empe'ðrar] <e→ie> vt ❶ (pavimentar) (be)pflastern ❷ (plagar) reichlich versehen (de mit +dat); ~ **un libro con citas** ein Buch mit Zitaten spicken

empeine [em'peine] m ❶ (ANAT: del pie) Spann m, Rist m ❷ (ANAT: del vientre) Unterleib m ❸ (de la bota) Blatt nt ❹ (MED) Eiterflechte f

empellón [empe'ʎon] m Stoß m; **pasar a través de la multitud a empellones** sich durch die Menge boxen

empeñado, -a [empe'ɲaðo, -a] adj ❶ (obstinado) hartnäckig; **lo vi ~ en invitarme** er bestand hartnäckig darauf, mich einzuladen ❷ (discusión) hitzig

empeñar [empe'ɲar] **I.** vt (objetos) verpfänden; ~ **la palabra** sein Wort geben **II.** vr: ~ **se** ❶ (insistir) (hartnäckig) bestehen (en auf +dat); **se empeña en hablar contigo** er/sie will unbedingt mit dir sprechen; **no te empeñes** hör auf zu drängen; **si te empeñas en beber este vino asqueroso...** wenn du unbedingt diesen ekelhaften Wein trinken willst ... ❷ (endeudarse) sich verschulden ❸ (mediar) sich einsetzen (por für +akk)

empeño [em'peɲo] m ❶ (de objetos) Verpfändung f; **casa de ~s** Pfandhaus nt ❷ (compromiso) Verpflichtung f ❸ (afán) Eifer m; **con ~** beharrlich; **tengo ~ por [o en] sacar la mejor nota** ich strebe danach, die beste Note zu erhalten; **pondré ~ en...** ich werde alles daransetzen zu ...

empeoramiento [empeora'mjento] m Verschlechterung f; ~ **de la coyuntura** Konjunkturverschlechterung f

empeorar [empeo'rar] **I.** vt verschlechtern; **con tus palabras lo has acabado de ~** mit deinen Worten hast du es nur noch

schlimmer gemacht **II.** vi, vr: ~ **se** sich verschlechtern

empequeñecer [empekeɲe'θer] irr como crecer vt ❶ (disminuir) verkleinern ❷ (quitar importancia) herabsetzen

emperador [empera'ðor] m ❶ (POL) Kaiser m ❷ (ZOOL) Schwertfisch m

emperatriz [empera'triθ] f Kaiserin f

emperifollar [emperifo'ʎar] vt, vr: ~ **se** (fam) sich herausputzen

emperrarse [empe'rrarse] vr (fam: obstinarse) (hartnäckig) bestehen (en auf +dat)

empezar [empe'θar] irr vi, vt beginnen; (botella) anbrechen; (pastel) anschneiden; **empezó de la nada** er/sie hat sich von ganz unten hochgearbeitet; **¡no empieces!** fang nicht schon wieder damit an!; **para ~ me leeré el periódico** zunächst einmal werde ich die Zeitung lesen; **para ~ no tengo dinero y, además, no tengo ganas** erstens habe ich kein Geld und zweitens keine Lust

empinado, -a [empi'naðo, -a] adj ❶ (edificio) hoch ❷ (pendiente) steil

empinar [empi'nar] **I.** vt ❶ (poner vertical) aufstellen ❷ (alzar) hochheben; ~ **una botella** eine Flasche (zum Trinken) ansetzen; ~ **la cabeza** den Kopf heben; ~ **el codo** (fig fam) saufen **II.** vr: ~ **se** ❶ (persona) sich auf die Fußspitzen stellen; (animal) sich auf die Hinterbeine stellen ❷ (un edificio) (empor)ragen

empipada [empi'paða] f (Am) Schlemmerei f; **darse una ~ de chocolate** Unmengen von Schokolade essen

empiparse [empi'parse] vr (Am) sich satt essen

empírico, -a [em'piriko, -a] adj empirisch

empirismo [empi'rismo] m sin pl ❶ (científico) Empirie f ❷ (FILOS) Empirismus m

emplaste [em'plaste] m Gips m

emplasto [em'plasto] m Pflaster nt

emplazamiento [emplaθa'mjento] m ❶ (JUR) Vorladung f ❷ (lugar) Platz m; (situación) Lage f; (de una empresa) Standort m ❸ (MIL) Stellung f

emplazar [empla'θar] <z→c> vt ❶ (citar) zitieren; (JUR) vorladen; **le emplazo para darme una respuesta mañana** ich fordere Sie hiermit auf mir morgen eine Antwort zu geben ❷ (situar) platzieren; (MIL) stationieren; **este monumento no está bien emplazado aquí** dieses Denkmal ist hier fehl am Platz

empleado, -a [emple'aðo, -a] m, f Angestellte(r) mf; **empleada de hogar** Hausangestellte f; ~ **de oficina** Sachbearbeiter m; ~ **de ventanilla** Schalterbeamte(r) m; **los**

~ **s de una empresa** die Belegschaft einer Firma

empleador(a) [emplea'ðor(a)] *m(f)* (*Am*) Arbeitgeber(in) *m(f)*

emplear [emple'ar] **I.** *vt* ❶ (*colocar*) einstellen; (*ocupar*) beschäftigen; **en estos momentos no estoy empleado** zur Zeit habe ich keine Anstellung ❷ (*usar*) benutzen; (*fuerza, tiempo*) aufwenden; (*medio, técnica, método, conocimientos*) anwenden; (*razón*) walten lassen; **¡podrías ~ mejor el tiempo!** du könntest mit deiner Zeit etwas Besseres anfangen!; **¡ya te está bien empleado!** das geschieht dir (ganz) recht!; **dar algo por bien empleado** etw nicht bereuen ❸ (*dinero*) ausgeben (*en* für +*akk*); **he empleado todo el dinero en la casa** ich habe das ganze Geld in das Haus gesteckt **II.** *vr:* ~ **se** ❶ (*colocarse*) eine Anstellung finden (*como/de* als +*nom*) ❷ (*usarse*) benutzt werden ❸ (*esforzarse*): ~ **se a fondo** sein Bestes tun

empleo [em'pleo] *m* ❶ (*trabajo*) Stelle *f;* (*ocupación*) Beschäftigung *f;* **pleno** ~ Vollbeschäftigung *f;* **no tener** ~ arbeitslos sein; **crear** ~ neue Arbeitsplätze schaffen ❷ (*uso*) Benutzung *f;* (*de fuerza, tiempo*) Aufwendung *f;* (*de medio/técnica/método/conocimientos*) Anwendung *f;* **modo de** ~ Gebrauchsanweisung *f;* **el ~ de materias primas y energía** der Einsatz von Rohstoffen und Energie

empobrecedor(a) [empoβreθe'ðor(a)] *adj:* **algo es** [*o* **resulta**] ~ **para alguien** etw macht jdn arm

empobrecer [empoβre'θer] *irr como crecer* **I.** *vt* arm machen; **la edad empobrece los reflejos** im Alter werden die Reflexe schlechter **II.** *vi, vr:* ~ **se** verarmen; **este terreno se ha empobrecido** dieser Acker ist ausgelaugt

empobrecimiento [empoβreθi'mjeṇto] *m* ❶ (*depauperación*) Verarmung *f* ❷ (*empeoramiento*) Verschlechterung *f*

empollar [empo'ʎar] **I.** *vi* ❶ (*fam: estudiante*) büffeln ❷ (*Am: ampollar*) Blasen bilden **II.** *vt* ❶ (*ave*) ausbrüten ❷ (*fam: lección*) pauken; **estar empollado de algo** etw aus dem Effeff können

empollón, -ona [empo'ʎon, -ona] *m, f* (*fam*) Streber(in) *m(f)*

empolvar [empol'βar] **I.** *vt* (ein)pudern **II.** *vr:* ~ **se** ❶ (*el rostro*) sich pudern ❷ (*un objeto*) verstauben; **la mesa se ha empolvado** der Tisch ist ganz staubig

emponzoñar [empoṇθo'ɲar] *vt* vergiften

emporio [em'porjo] *m* ❶ (*ciudad*) Handelsstadt *f;* (*centro comercial*) (Han-

dels)zentrum *nt* ❷ (*centro cultural*) Hochburg *f* ❸ (*AmC: almacén*) Kaufhaus *nt*

emporrarse [empo'rrarse] *vr* (*argot*) kiffen

empotrado, -a [empo'traðo, -a] *adj:* **muebles** ~ **s** Einbaumöbel *ntpl*

empotrar [empo'trar] *vt* einbauen (*en* in +*akk*); (*en una pared*) einmauern (*en* in +*akk*)

emprendedor(a) [empreṇde'ðor(a)] *adj* unternehmungslustig

emprender [empreṇ'der] *vt* ❶ (*trabajo*) in Angriff nehmen; (*negocio*) gründen; ~ **la marcha** sich auf den Weg machen; ~ **la vuelta** den Rückweg antreten; ~ **el vuelo** abfliegen; **al anochecer la emprendimos hacia el refugio** (*fam*) als es dunkel wurde, kehrten wir in die Berghütte zurück ❷ (*loc, fam*): ~**la con alguien** es mit jdm aufnehmen; ~ **la a bofetadas con alguien** eine Prügelei mit jdm anfangen; ~**la a insultos con alguien** jdn mit Beschimpfungen bombardieren

empresa [em'presa] *f* ❶ (*operación*) Unternehmen *nt* ❷ (*iniciativa*) Initiative *f* ❸ (ECON) Betrieb *m;* (*compañía*) Unternehmen *nt,* Firma *f;* ~ **de mensajería y paquetería** Kurier- und Paketdienst *m;* **mediana** ~ mittelständischer Betrieb; **pequeña** ~ Kleinbetrieb *m*

empresariado [empresa'rjaðo] *m* Unternehmertum *nt*

empresarial [empresa'rjal] *adj* ❶ (*del empresario*) unternehmerisch ❷ (*de la empresa*) Betriebs-; (*compañía*) Unternehmens-

empresario, -a [empre'sarjo, -a] *m, f* ❶ (ECON) Unternehmer(in) *m(f);* (*patrón*) Arbeitgeber(in) *m(f);* **pequeño** ~ Kleinunternehmer *m* ❷ (TEAT) Intendant(in) *m(f)*

empréstito [em'prestito] *m* Anleihe *f;* ~ **público** Staatsanleihe *f*

empujar [empu'xar] *vi, vt* ❶ (*dar empujón*) schieben; (*con violencia*) stoßen; (*multitud*) drängeln; (*puerta*) drücken; **me empujó hacia atrás** er/sie stieß mich zurück; **me empujó contra la pared** er/sie drückte mich gegen die Wand ❷ (*empleado*) entlassen ❸ (*instar*) drängen; **su familia le empuja a que se case** seine Familie drängt ihn zur Heirat ❹ (*intrigar*) intrigieren; **ha empujado mucho para conseguir el puesto** er/sie hat einige Intrigen gesponnen, um sich *dat* den Posten zu sichern

empuje [em'puxe] *m* ❶ (*acción*) Stoß *m* ❷ (FÍS) Schub *m;* ~ **ascensional** Auftrieb *m* ❸ (*energía*) Schwung *m;* (*resolución*) Durchsetzungsvermögen *nt;* **persona de**

~ Draufgänger(in) *m(f)*; **no tienes el ~ suficiente para llevar la empresa** du hast nicht den nötigen Schwung, um die Firma zu leiten

empujón [empuˈxon] *m* ❶ (*empellón*) Stoß *m*; **dar un ~ a alguien** jdn stoßen; **entrar en un local a empujones** sich in ein Lokal (hinein)drängen; **la carretera se está construyendo a empujones** die Straßenbauarbeiten werden ständig unterbrochen ❷ (*impulso*) Ruck *m*; **si no le damos un ~ al trabajo no lo acabaremos** wenn wir jetzt nicht Druck machen, werden wir mit der Arbeit nie fertig

empuñadura [empuɲaˈðura] *f* (*puño*) Griff *m*; (*de un bastón*) Knauf *m*

empuñar [empuˈɲar] *vt* ❶ (*tomar*) ergreifen; (*asir*) fest halten; **~ las armas** zu den Waffen greifen ❷ (*un puesto*) erreichen ❸ (*Chil: la mano*) ballen

emú [eˈmu] *m* Emu *m*

emulación [emulaˈθjon] *f* ❶ (*imitación*) Nacheiferung *f* ❷ (*competencia*) Wetteifer *m*

emular [emuˈlar] *vt* ❶ (*imitar*) nacheifern +*dat* ❷ (*competir*) wetteifern (mit +*dat*)

émulo, -a [ˈemulo, -a] *m*, *f* ❶ (*imitador*) Nachahmer(in) *m(f)* ❷ (*oponente*) Rivale, -in *m*, *f*

emulsión [emulˈsjon] *f* Emulsion *f*

emulsionar [emulsjoˈnar] *vt* emulgieren

en [en] *prep* ❶ (*lugar*) in +*dat*, auf +*dat*, an +*dat*; (*con movimiento*) in +*akk*, auf +*akk*, an +*akk*; **el libro está ~ el cajón** das Buch ist in der Schublade; **pon el libro ~ el cajón** leg das Buch in die Schublade; **he dejado las llaves ~ la mesa** ich habe die Schlüssel auf dem Tisch liegen lassen; **coloca el florero ~ la mesa** stell die Blumenvase auf den Tisch; **~ la pared hay un cuadro** an der Wand hängt ein Bild; **pon el póster ~ la pared** kleb das Poster an die Wand; **estar ~ el campo/~ la ciudad/~ una isla** auf dem Lande/in der Stadt/auf einer Insel sein; **~ Alemania/~ Turquía/~ Irak** in Deutschland/in der Türkei/im Irak; **vacaciones ~ el mar** Urlaub an der See; **jugar ~ la calle** auf der Straße spielen; **vivo ~ la calle Mozart** ich wohne in der Mozartstraße; **estoy ~ casa** ich bin zu Hause; **estoy ~ casa de mis padres** ich bin bei meinen Eltern; **trabajo ~ una empresa japonesa** ich arbeite bei einer japanischen Firma ❷ (*tiempo*) in +*dat*; **~ el año 2000** im Jahre 2000; **~ el año 1995 Kobe sufrió un terremoto** Kobe wurde (im Jahre) 1995 von einem Erdbeben heimgesucht; **~ otra ocasión** bei einer anderen Gelegenheit; **~ aquellos tiempos** damals; **~ un mes/dos años** innerhalb eines Monats/von zwei Jahren; **lo terminaré ~ un momento** ich mache es gleich fertig; **~ todo el día** den ganzen Tag ❸ (*modo, estado*): **~ venta** zu verkaufen; **~ flor** in Blüte; **~ construcción** im Bau (befindlich); **~ vida** am Leben; **~ absoluto** auf (gar) keinen Fall; **~ voz alta** laut; **decir algo ~ español** etw auf Spanisch sagen; **de tres ~ tres** jeweils zu dritt; **de dos ~ dos** paarweise; **pagar ~ euros** in Euro bezahlen ❹ (*medio*): **papá viene ~ tren/coche** Papa kommt mit dem Zug/Auto; **he venido ~ avión** ich bin geflogen; **lo reconocí ~ la voz** ich erkannte ihn an der Stimme ❺ (*ocupación*): **doctor ~ filosofía** Doktor der Philosophie; **trabajo ~ ingeniería genética** ich arbeite als Genetiker(in); **estar ~ la policía** bei der Polizei sein; **estar ~ la mili** beim Militär sein; **trabajar ~ Correos/~ una fábrica** bei der Post/in einer Fabrik arbeiten ❻ (*con verbo*): **pienso ~ ti** ich denke an dich; **no confío ~ él** ich vertraue ihm nicht; **ingresar ~ un partido** in eine Partei eintreten; **ganar ~ importancia** an Bedeutung gewinnen ❼ (*cantidades*): **aumentar la producción ~ un 5%** die Produktion um 5 % steigern; **me he equivocado sólo ~ 2 euros** ich habe mich nur um 2 Euro verrechnet ❽ (ECON): **~ fábrica** ab Werk; **franco ~ almacén** ab Lager

enagua(s) [eˈnaɣwa(s)] *f(pl)* Unterrock *m*

enajenación [enaxenaˈθjon] *f* ❶ (*de una propiedad*) Veräußerung *f* ❷ (*de la mente*) Verwirrung *f*; **~ mental** Geistesgestörtheit *f* ❸ (*embeleso*) Verzückung *f* ❹ (*distracción*) Zerstreutheit *f* ❺ (*entre personas*) Entfremdung *f*

enajenar [enaxeˈnar] **I.** *vt* ❶ (*una posesión*) veräußern ❷ (*enloquecer*) verrückt machen ❸ (*turbar*) entzücken; (*fascinar*) faszinieren ❹ (*de alguien*) entfremden; **su carácter le enajena de mucha gente** sein Charakter macht ihn vielen Leuten unsympathisch **II.** *vr*: **~se** ❶ (*de una posesión*) veräußern (*de* +*akk*) ❷ (*enloquecer*) verrückt werden ❸ (*de alguien*) sich entfremden

enaltecer [enalteˈθer] *irr como crecer* *vt* ❶ (*ensalzar*) loben ❷ (*dignificar*) Würde verleihen +*dat*

enamoradizo, -a [enamoraˈðiθo, -a] *adj* leicht entflammbar; **es un joven ~** er fängt leicht Feuer

enamorado, -a [enamoˈraðo, -a] **I.** *adj* verliebt (*de* in +*akk*); **estuvimos un tiempo**

~ **s** wir waren einige Zeit ein Paar II. *m, f:*
día de los ~ **s** Valentinstag *m*

enamorar [enamoˈrar] I. *vt* ❶ (*conquistar*)
verliebt machen; **mi profesora me ha
enamorado** ich habe mich in meine Lehrerin verliebt ❷ (*cortejar*) den Hof machen
+*dat* II. *vr:* ~ **se** ❶ (*de alguien*) sich verlieben (*de* in +*akk*) ❷ (*de una cosa*) angetan
sein (*de* von +*dat*)

enanito, -a [enaˈnito, -a] *m, f:* **Blancanieves y los siete** ~ **s** Schneewittchen und
die sieben Zwerge

enano, -a [eˈnano, -a] I. *adj* Zwerg-; (*persona*) zwerg(en)haft; (MED) zwergwüchsig
II. *m, f* ❶ (*liliputiense*) Liliputaner(in)
m(f) ❷ (*de un cuento*) Zwerg(in) *m(f)*
❸ (*fam: criatura*) Kleine(r) *mf* ❹ (*pey: granuja*) elender Wicht *m* ❺ (*loc*): **disfrutar
como un** ~ sich köstlich amüsieren

enarbolar [enarβoˈlar] *vt* (*bandera*) hissen;
(*cartel*) hoch halten; (*espada*) schwingen

enardecer [enarðeˈθer] *irr como crecer*
I. *vt* ❶ (*pasiones*) entfachen; **el vino los
enardeció** der Wein brachte sie in Stimmung; ~ **los ánimos** die Gemüter erregen
❷ (*enfervorizar*) begeistern ❸ (*sexualmente*) erregen II. *vr:* ~ **se** ❶ (*pasiones*)
sich entflammen ❷ (*entusiasmarse*) sich
begeistern (*por* für +*akk*) ❸ (MED: *inflamarse*) sich entzünden ❹ (*sexualmente*)
erregt werden

encabalgar [eŋkaβalˈɣar] <g→gu> I. *vi*
❶ (*montar*) reiten ❷ (*apoyar*) anlehnen
II. *vt* ❶ (*proveer de caballos*) mit Pferden
versehen ❷ (LIT) ein Enjambement machen
(bei/in +*dat*)

encabezado [eŋkaβeˈθaðo] *m* (*Guat, Méx:
titular*) Überschrift *f*

encabezamiento [eŋkaβeθaˈmjento] *m*
❶ (*de un escrito/libro*) Kopf *m;* (*de un
artículo*) Überschrift *f* ❷ (*de una carta:
parte superior*) Briefkopf *m;* (*tratamiento*)
Anrede *f;* (*primeras líneas*) Einleitung *f*
❸ (INFOR, TIPO) Kopfzeile *f*

encabezar [eŋkaβeˈθar] <z→c> *vt*
❶ (*lista, grupo*) anführen; (*institución*) leiten ❷ (*un escrito*) einleiten; (*un artículo*)
überschreiben; ~ **un libro con una cita**
einem Buch ein Zitat voranstellen ❸ (*una
carta: la parte superior*) den Briefkopf
schreiben +*gen;* (*el tratamiento*) die
Anrede schreiben +*gen;* (*las primeras
líneas*) einleiten

encabritarse [eŋkaβriˈtarse] *vr* ❶ (*animal*)
sich aufbäumen ❷ (*persona*) wütend sein

encabronarse [eŋkaβroˈnarse] *vr* wütend
werden (*con* über +*akk*)

encadenación [eŋkaðenaˈθjon] *f* ❶ (*ac-*

ción) Anketten *nt* (*a* an +*akk/dat*) ❷ (*a
un trabajo*) Bindung *f* (*a* an +*akk*) ❸ (*de
hechos*) Verkettung *f*

encadenar [eŋkaðeˈnar] I. *vt* ❶ (*bicicleta,
persona*) anketten (*a* an +*akk/dat*); (*un
perro t.*) an die Kette legen ❷ (*hechos, t.*
INFOR) verketten; (*razonamientos*) miteinander verknüpfen ❸ (*a un trabajo, lugar*)
binden (*a* an +*akk*); **los recuerdos la
encadenan a esta casa** die Erinnerungen
binden sie an dieses Haus II. *vr:* ~ **se**
❶ (*con cadenas*) sich anketten (*a* an
+*akk/dat*) ❷ (*hechos*) sich verketten ❸ (*a
un trabajo, lugar*) sich binden (*a* an +*akk*)

encajar [eŋkaˈxar] I. *vi* ❶ (*ajustar, t.* TÉC)
passen; (*cerradura*) einrasten; **la puerta
encaja mal** die Tür klemmt; **esta puerta
no encaja con este marco** diese Tür
passt nicht in diesen Rahmen ❷ (*datos,
hechos*) passen (*con* zu +*dat*); **las dos
declaraciones encajan** die zwei Aussagen stimmen überein; **¡ves como todo
encaja!** sieh mal, wie alles zusammen-
passt!; **este chiste no encaja aquí** dieser
Witz ist hier fehl am Platz II. *vt* ❶ (*ajustar,
t.* TÉC) einpassen (*en* in +*akk*); ~ **dos piezas** zwei Stücke ineinander fügen; ~ **la
ventana en el marco** das Fenster in den
Fensterrahmen einsetzen; ~ **el sombrero
en la cabeza** den Hut aufsetzen; ~ **la
funda en la máquina** den Überzug über
die Maschine stülpen ❷ (*fam: disparo*)
abgeben; (*golpe*) versetzen ❸ (*fam: aceptar*) annehmen; **no** ~ **la muerte de alguien** jds Tod nicht verkraften; **no sabes**
~ **una broma** du verstehst keinen Spaß
❹ (DEP: *golpe*) abbekommen; (*gol*) kassieren ❺ (*fam: soltar*) vom Stapel lassen; ~
una reprimenda a alguien jdm die Leviten lesen; **me encajó todas sus vacaciones** ich musste die Schilderung seines/
ihres gesamten Urlaubes über mich ergehen lassen ❻ (*fam: endilgar*) andrehen; ~
una tarea a alguien jdm eine Aufgabe auf-
brummen ❼ (*insertar*) einfügen; **tenemos
que** ~ **esta historia en la edición de
mañana** wir müssen diese Geschichte in
der Ausgabe von morgen unterbringen
III. *vr:* ~ **se** ❶ (*empotrarse*) stecken bleiben (*en* in +*dat*) ❷ (*fam: ponerse*) sich
dat anziehen ❸ (*atascarse*) klemmen;
(*acción*) sich verklemmen

encaje [eŋˈkaxe] *m* ❶ (*acción*) Einpassung
f (*en* in +*akk*) ❷ (*tejido*) Spitze *f*

encajonamiento [eŋkaxonaˈmjento] *m*
❶ (*en cajones*) Einpacken *nt* (*in Kartons/
Kisten*) ❷ (*a la fuerza*) Hineinzwängen *nt*
❸ (*de un muro*) Abstützung *f*

encajonar [eŋkaxo'nar] **I.** vt ❶ (en cajones) (ein)packen ❷ (a la fuerza) (hinein)zwängen; (personas) zusammenpferchen; **estábamos encajonados en el ascensor** wir standen zusammengepfercht im Aufzug **II.** vr: ~ **se** ❶ (apretarse) sich hineinzwängen (en in +akk) ❷ (un río) eine Enge bilden

encalar [eŋka'lar] vt tünchen

encallar [eŋka'ʎar] vi ❶ (barco) stranden ❷ (asunto) nicht vorankommen; (negociaciones) sich festfahren

encallecer [eŋkaʎe'θer] irr como crecer **I.** vi, vr: ~ **se** (piel) verhornen **II.** vr: ~ **se** (persona) abstumpfen

encalmarse [eŋkal'marse] vr abflauen

encaminar [eŋkami'nar] **I.** vt ❶ (orientar) auf den richtigen Weg bringen (a nach/zu +dat); **¿me puede ~ al pueblo más próximo, por favor?** können Sie mir bitte erklären, wie ich zum nächsten Dorf komme? ❷ (dirigir) lenken (hacia auf +akk); **~ sus pasos hacia el pueblo** sich auf den Weg ins Dorf machen; **~ la mirada/la conversación hacia un punto** den Blick/das Gespräch auf einen Punkt lenken; **~ los esfuerzos hacia una meta** die Bemühungen auf ein Ziel richten; **medidas encaminadas a reducir el paro** Maßnahmen zur Senkung der Arbeitslosigkeit; **~ los negocios** die Geschäfte in Gang bringen **II.** vr: ~ **se** sich aufmachen (a/hacia nach/zu +dat); ~ **se a la meta** direkt aufs Ziel zugehen

encamotarse [eŋkamo'tarse] vr (Am) sich verlieben (en in +akk)

encandilar [eŋkandi'lar] **I.** vt (deslumbrar) blenden; **tu belleza lo encandiló** er war von deiner Schönheit geblendet; **escuchar encandilado** gebannt zuhören **II.** vr: ~ **se** ❶ (Am: asustarse) Angst haben ❷ (PRico: enfadarse) sich ärgern

encanecer [eŋkane'θer] irr como crecer vi, vr: ~ **se** ❶ (pelo) ergrauen; **pelo encanecido** graumeliertes Haar ❷ (persona) alt werden

encantado, -a [eŋkan'taðo, -a] adj ❶ (satisfecho) (hoch)erfreut (de/con über +akk); **¡~ de conocerle!** sehr angenehm!; **estoy ~ con mi nuevo trabajo** ich bin mit meiner neuen Arbeit sehr zufrieden; **estoy ~ de la vida** ich fühle mich sehr wohl ❷ (distraído) geistesabwesend

encantador(a) [eŋkanta'ðor(a)] **I.** adj ❶ (persona) reizend; (bebé) goldig ❷ (fiesta, lugar) zauberhaft ❸ (música) bezaubernd **II.** m(f) Zauberer, -in m, f; ~ **de serpientes** Schlangenbeschwörer m

encantamiento [eŋkanta'mjento] m Verzauberung f; **lo hizo como por arte de** ~ er/sie tat es wie durch Zauberei

encantar [eŋkan'tar] vt ❶ (hechizar) verzaubern; (serpientes) beschwören ❷ (gustar) gefallen +dat; **me encanta viajar** ich reise sehr gern; **me encantan los dulces** ich esse unheimlich gern Süßes; **me encanta que te preocupes por mí** es freut mich sehr, dass du dich um mich kümmerst ❸ (cautivar) begeistern; (fascinar) faszinieren

encanto [eŋ'kanto] m ❶ (hechizo) Zauber m; **romper el** ~ den Zauber brechen ❷ (atractivo) Reiz m; **¡es un ~ de niño!** das ist ein goldiges Kind!

encañado [eŋka'ɲaðo] m ❶ (tubos) Rohrleitung f ❷ (cañas) Rohrgestell nt

encañonar [eŋkaɲo'nar] **I.** vt ❶ (agua) durch Rohre leiten ❷ (arma) zielen (auf +akk, con mit +dat); **la encañonó con su pistola** er/sie richtete seine/ihre Pistole auf sie ❸ (cartones, prendas) fälteln ❹ (seda) spulen **II.** vi Federn ansetzen

encapotar [eŋkapo'tar] **I.** vt (con el capote) einen Umhang umhängen +dat **II.** vr: ~ **se** ❶ (capote) sich dat einen Umhang umhängen ❷ (cielo) sich bedecken ❸ (persona) ein düsteres Gesicht machen

encapricharse [eŋkapri'tʃarse] vr ❶ (con una cosa) unbedingt wollen (con +akk) ❷ (con una persona) sich vernarren (con in +akk); **te has encaprichado con ella** sie hat es dir angetan

encapuchado, -a [eŋkapu'tʃaðo, -a] adj (atracador) maskiert

encaramar [eŋkara'mar] **I.** vt ❶ (alzar) hochheben; ~ **a alguien a la fama mundial** jdn weltberühmt machen ❷ (alabar) loben **II.** vr: ~ **se** ❶ (subir): ~ **se a un árbol** (auf) einen Baum hinaufklettern; ~ **se a una escalera** eine Leiter hochklettern ❷ (de categoría) sich hocharbeiten; ~ **se a lo más alto de la empresa** sich in der Firma ganz nach oben arbeiten

encarar [eŋka'rar] **I.** vt ❶ (persona, cosa) (einander) gegenüberstellen ❷ (riesgo) ins Auge sehen +dat ❸ (fusil) richten (a auf +akk) **II.** vr: ~ **se** ❶ (dos personas) einander gegenüberstehen ❷ (a una dificultad) ins Auge sehen (a/con +dat) ❸ (fam: a un superior) die Stirn bieten (a +dat)

encarcelación [eŋkarθela'θjon] f Inhaftierung f

encarcelar [eŋkarθe'lar] vt inhaftieren; **estar encarcelado** sich in Haft befinden

encarecer [eŋkare'θer] irr como crecer vt ❶ (com) verteuern ❷ (alabar) loben

❸ (*subrayar*) hervorheben; **encareció la necesidad de aprender idiomas** er/sie unterstrich immer wieder, wie wichtig es ist, Sprachen zu lernen ❹ (*insistir*) eindringlich bitten; **me encareció que no dejara de visitarla** sie bat mich eindringlich sie zu besuchen

encarecidamente [eŋkareθiða'mente] *adv* eindringlich; **le ruego ~...** ich bitte Sie inständig ...

encarecimiento [eŋkareθi'mjento] *m* ❶ (COM) Verteuerung *f* ❷ (*acentuación*) Betonung *f* ❸ (*insistencia*): **con ~** eindringlich

encargado, -a [eŋkar'γaðo, -a] **I.** *adj* beauftragt (*de* mit + *dat*) **II.** *m, f* Beauftragte(r) *mf;* (*oficial*) Sachbearbeiter(in) *m(f);* (*de un taller*) Werkmeister(in) *m(f);* ~ **de curso** Lehrbeauftragte(r) *m;* ~ **de obras** Polier *m;* ~ **de prensa** Pressesprecher *m*

encargar [eŋkar'γar] <g→gu> **I.** *vt* ❶ (*encomendar*) anvertrauen; (*cargo*) übertragen; **lo ~on del departamento de ventas** ihm wurde die Leitung der Verkaufsabteilung übertragen; **encargó a su hijo a una vecina** er/sie vertraute das Kind der Obhut einer Nachbarin an ❷ (*recomendar*) empfehlen; **le encargué que fuera discreta** ich riet ihr zur Diskretion ❸ (*pedir*) bestellen ❹ (*trabajo*) in Auftrag geben; **me han encargado que ocupe la presidencia** man hat mich beauftragt den Vorsitz zu führen **II.** *vr:* ~ **se** sich kümmern (*de* um + *akk*); **tengo que ~me aún de un par de cosas** ich muss noch ein paar Sachen erledigen

encargo [eŋ'karγo] *m* ❶ (*pedido*) Bestellung *f;* ~ **por anticipado** Vorbestellung *f;* ~ **por catálogo** Katalogbestellung *f;* **hacer un nuevo ~** nachbestellen ❷ (*trabajo*) Auftrag *m;* **traje de ~** Maßanzug *m;* **de ~** im Auftrag; **por ~ de...** im Auftrag von ...; **hacer ~s** Besorgungen machen; **tener ~ de hacer algo** den Auftrag haben, etw zu tun; **este vestido te viene como hecho de ~** dieses Kleid sitzt wie angegossen

encariñado, -a [eŋkari'ɲaðo, -a] *adj:* **estar ~ con algo** etw (gern) mögen; **estar ~ con alguien** jdn gern haben

encariñar [eŋkari'ɲar] **I.** *vt:* ~ **a alguien** jds Zuneigung wecken **II.** *vr:* ~ **se** ❶ (*con algo*) (gern) mögen (*con* + *akk*) ❷ (*con alguien*) gern haben (*con* + *akk*); **me he encariñado con el pequeño** ich habe den Kleinen lieb gewonnen; **el hijo se ha encariñado con su madre** das Kind hängt sehr an seiner Mutter

encarnación [eŋkarna'θjon] *f* ❶ (REL)

Inkarnation *f* ❷ (*personificación*) Verkörperung *f;* **la ~ del horror** der Inbegriff des Schreckens

encarnado, -a [eŋkar'naðo, -a] *adj* ❶ (*color carne*) fleischfarben; (*rojo*) rot ❷ (*persona*) leibhaftig; **era Alejandro Magno ~** er war Alexander der Große in Person

encarnar [eŋkar'nar] **I.** *vi* (REL) zu Fleisch werden **II.** *vt* (*representar*) verkörpern

encarnizado, -a [eŋkarni'θaðo, -a] *adj* ❶ (*herida*) entzündet; (*ojo*) blutunterlaufen ❷ (*lucha*) blutig

encarnizamiento [eŋkarniθa'mjento] *m* Grausamkeit *f;* (*de la lucha*) Heftigkeit *f*

encarnizar [eŋkarni'θar] <z→c> **I.** *vt* (*perro*) scharf machen; (*persona*) aufhetzen **II.** *vr:* ~ **se** ❶ (*perro*) sich verbeißen (*con* in + *akk/dat*) ❷ (*recrudecerse*) grausam werden; (*en un combate*) verbissen kämpfen ❸ (*ensañarse*) seine Wut auslassen (*con/en* an + *dat*)

encarrilar [eŋkarri'lar] *vt* ❶ (FERRO) aufgleisen; **ir encarrilado** auf Gleisen laufen ❷ (*dirigir*) auf den rechten Weg bringen; (*de nuevo*) wieder ins (rechte) Gleis bringen

encartar [eŋkar'tar] *vt* (JUR) in Abwesenheit verurteilen

encarte [eŋ'karte] *m* Werbebeilage *f*

encartonar [eŋkarto'nar] *vt* ❶ (*empaquetar*) in Pappe verpacken ❷ (*encuadernar*) kartonieren

encasillado [eŋkasi'ʎaðo] *m* (*de un crucigrama*) Kästchen *ntpl*

encasillamiento [eŋkasiʎa'mjento] *m* ❶ (*encasillado*) Kästchen *ntpl* ❷ (*colocación en casillas*) Verteilung *f* in einzelne Fächer ❸ (*pey: clasificación*) Abstempeln *nt*

encasillar [eŋkasi'ʎar] **I.** *vt* ❶ (*meter en casillas*) in Fächer verteilen ❷ (*clasificar*) einordnen (*en* in + *akk*) **II.** *vr:* ~ **se** sich festlegen (*en* auf + *akk*)

encasquetar [eŋkaske'tar] **I.** *vt* ❶ (*sombrero*) aufstülpen ❷ (*golpe*) versetzen ❸ (*una idea*) einreden ❹ (*endilgar*) aufbürden; **me encasquetó un rollo tremendo** er/sie traktierte mich mit seinem/ihrem fürchterlichen Geschwätz **II.** *vr:* ~ **se** (*sombrero*) sich *dat* aufstülpen; **se ha encasquetado esa idea** du hast dir diese Idee in den Kopf gesetzt

encasquillar [eŋkaski'ʎar] **I.** *vt* ❶ (TÉC) einbuchsen ❷ (*Am: herrar*) beschlagen **II.** *vr:* ~ **se** ❶ (*atascarse*) klemmen; (*arma*) Ladehemmungen haben ❷ (*irón: al hablar*) einen Kloß im Hals haben

encausar [eŋkau̯'sar] *vt* (JUR) belangen;

(*acusar*) verklagen

encauzar [eŋkau̯'θar] <z→c> *vt* (*corriente*) eindämmen; (*debate*) lenken; ~ **su vida** sein Leben neu ordnen

encéfalo [eɲ'θefalo] *m* Gehirn *nt*

encefalograma [eɲθefalo'ɣrama] *m* (MED) Enzephalogramm *nt*

encenagarse [eɲθena'ɣarse] <g→gu> *vr* ❶ (*con barro*) verschlammen ❷ (*pervertirse*) versumpfen

encendedor [eɲθeŋde'ðor] *m* Anzünder *m;* (*mechero*) Feuerzeug *nt*

encender [eɲθeŋ'der] <e→ie> I. *vi* zünden II. *vt* ❶ (*llama*) anzünden; ~ **un conflicto** einen Konflikt heraufbeschwören ❷ (*conectar*) anmachen ❸ (*pasiones*) entflammen ❹ (AUTO, TÉC) zünden III. *vr:* ~ **se** ❶ (*desencadenarse*) aufflammen ❷ (*inflamarse*) sich entzünden ❸ (*ruborizarse*) erröten

encendido[1] [eɲθeŋ'diðo] *m* (AUTO, TÉC) Zündung *f;* ~ **automático** Selbstzündung *f;* ~ **defectuoso** Fehlzündung *f*

encendido, -a[2] [eɲθeŋ'diðo, -a] *adj* ❶ (*conectado*) angeschaltet; **la luz está encendida** das Licht ist an ❷ (*ardiente*) brennend; (*apasionado*) inbrünstig ❸ (*rojo*) feuerrot

encerado [eɲθe'raðo] *m* ❶ (*tratamiento con cera*) Wachsen *nt;* (*abrillantado*) Bohnern *nt* ❷ (*pizarra*) Wandtafel *f* ❸ (NÁUT) Persenning *f*

encerar [eɲθe'rar] *vt* wachsen; (*lustrar*) bohnern

encerrar [eɲθe'rrar] <e→ie> I. *vt* ❶ (*depositar, recluir*) einschließen (*en* in +*akk/ dat*); (*aprisionar*) einsperren (*en* in +*dat*); ~ **entre paréntesis** einklammern ❷ (*contener*) enthalten; **la oferta encerraba una trampa** hinter dem Angebot verbarg sich eine Falle II. *vr:* ~ **se** (*fig*) sich zurückziehen (*en* in +*akk*)

encerrona [eɲθe'rrona] *f* Falle *f;* **preparar una** ~ **a alguien** jdm eine Falle stellen

encestar [eɲθes'tar] *vi* einen Korb werfen

enceste [eɲ'θeste] *m* (DEP) Korb *m*

encharcar [eɲtʃar'kar] <c→qu> I. *vt* Pfützen hinterlassen (auf +*dat*) II. *vr:* ~ **se** ❶ (*empantanarse*) zum See werden ❷ (MED): **tener los pulmones encharcados** Wasser in der Lunge haben

enchastrar [entʃas'trar] *vt* (*CSur*) beschmutzen

enchilada [entʃi'laða] *f* (*AmC*) Enchilada *f*

enchilado, -a [entʃi'laðo, -a] *adj* (*Méx*) ❶ (*bermejo*) blutrot ❷ (*colérico*) cholerisch; (*rabioso*) zornig

enchilar [entʃi'lar] I. *vt* (*AmC*) ❶ (GASTR)

mit Chili würzen ❷ (*molestar*) belästigen ❸ (*decepcionar*) enttäuschen II. *vr:* ~ **se** (*AmC: enfurecerse*) wütend werden

enchinar [entʃi'nar] I. *vt* (*Méx: enrizar*) locken II. *vr:* ~ **se** (*Méx*) ❶ (*ponerse carne de gallina*) eine Gänsehaut bekommen ❷ (*acobardarse*) den Mut verlieren

enchinchar [entʃin'tʃar] I. *vt* ❶ (*Guat, RDom: incomodar*) belästigen ❷ (*Méx: hacer perder el tiempo*) hinhalten II. *vr:* ~ **se** ❶ (*Arg: malhumorarse*) schlechte Laune bekommen; **¿estás enchinchado?** welche Laus ist dir denn über die Leber gelaufen? ❷ (*Guat, Méx, Perú, PRico: llenarse de chinches*) verwanzen

enchironar [entʃiro'nar] *vt* (*argot*) einlochen

enchivarse [entʃi'βarse] *vr* (*Col, Ecua*) wütend werden

enchufado, -a [entʃu'faðo, -a] I. *adj* (*fam*): **está bien** ~ er hat gute Beziehungen II. *m, f* (*fam*) Günstling *m*

enchufar [entʃu'far] *vt* ❶ (ELEC) einstecken ❷ (TÉC: *conectar*) anschließen; (*empalmar*) verbinden ❸ (*acoplar*) ineinander stecken ❹ (*fam: persona*) ein Pöstchen verschaffen (*a* +*dat*)

enchufe [en'tʃufe] *m* ❶ (*clavija*) Stecker *m* ❷ (*toma*) Steckdose *f* ❸ (*conexión*) Anschluss *m;* (*manguito*) Buchse *f* ❹ (INFOR) Plug-In *m* ❺ (*fam pey*): **tener** ~ Beziehungen haben

enchufismo [entʃu'fismo] *m* Günstlingswirtschaft *f*

enchutar [entʃu'tar] *vt* (*AmC*) ❶ (*embutir*) füllen (*de* mit +*dat*) ❷ (*introducir*) einführen

encía [en'θia] *f* Zahnfleisch *nt*

encíclica [en'θiklika] *f* (REL) Enzyklika *f*

enciclopedia [enθiklo'peðja] *f* Lexikon *nt;* (*de todo el saber*) Enzyklopädie *f;* ~ **en varios volúmenes** mehrbändiges Lexikon; **ser una** ~ **viviente** ein wandelndes Lexikon sein

enciclopédico, -a [enθiklo'peðiko, -a] *adj* enzyklopädisch; **diccionario** ~ Sachwörterbuch *nt;* **tener conocimientos** ~**s** ein wandelndes Lexikon sein

encierro [en'θjerro] *m* ❶ (*reclusión*) Einsperren *nt;* (*prisión*) Haft *f;* (*aislamiento*) Zurückgezogenheit *f;* (*como protesta*) Sitzblockade *f* ❷ (*lugar*) Gefängnis *nt;* (*cercado*) Gehege *nt*

Encierro, ein Begriff aus der *tauromaquia – Stierkampfkunst*, bezeichnet genau genommen folgende zwei Vorgänge: die Stiere werden in die Arenastallungen eingetrieben und anschließend in den *toril – Stierzwinger* eingesperrt. Für viele ist das die eigentliche *fiesta – Volksfest/Nationalfest.*

encima [enˈθima] **I.** *adv* ❶ (*arriba*) obendrauf; **llevar** [*o* **tener**] **~** (*consigo*) dabei haben; **tener ~** (*molestia*) auf dem Hals(e) haben; **ya tenemos bastante ~** (*fig*) wir haben schon genug Sorgen; **quitarse de ~** (*librarse*) loswerden; **quitar a alguien un peso de ~** (*fig*) jdm einen Stein vom Herzen nehmen; **se me ha quitado un peso de ~** (*fig*) mir ist ein Stein vom Herzen gefallen; **echarse ~ de alguien** (*fig*) jdn überfallen; **se nos echa el tiempo ~** die Zeit rennt uns davon ❷ (*además*) obendrein; **te di el dinero y ~ una botella de vino** ich gab dir das Geld und dazu noch eine Flasche Wein ❸ (*superficialmente*): **por ~** oberflächlich **II.** *prep* ❶ (*local: sobre*): (**por**) **~ de** (*sin contacto*) über +*dat;* **el libro está ~ de la mesa** das Buch liegt auf dem Tisch; **viven ~ de nosotros** sie wohnen über uns; **estar ~ de alguien** (*fig*) ein Auge auf jdn haben ❷ (*con movimiento*): (**por**) **~ de** (*sin contacto*) über +*akk;* **pon esto ~ de la cama** leg das auf das Bett; **cuelga la lámpara ~ de la mesa** häng die Lampe über den Tisch; **¡por ~ de mí!** (*fig*) nur über meine Leiche!; **ése pasa por ~ de todo** (*fig*) der geht über Leichen ❸ (*más alto*): **el rascacielos está por ~ de la catedral** dieser Wolkenkratzer ist höher als die Kathedrale ❹ (*en contra de*): **por ~ de alguien** gegen jds Willen
encimera [enθiˈmera] *f* Arbeitsfläche *f*
encina [enˈθina] *f* (*árbol*) Steineiche *f*
encinta [enˈθinta] *adj* schwanger; **dejar ~** schwängern
encintar [enθinˈtar] *vt* ❶ (*engalanar con cintas*) mit Bändern schmücken ❷ (*bordillo*) mit einem Bordstein versehen
enclaustrar [enklaṵsˈtrar] **I.** *vt* in ein Kloster einschließen; (*aislar*) absondern **II.** *vr:* **~se** ins Kloster gehen; (*aislarse*) sich absondern
enclave [enˈklaβe] *m* Enklave *f*
enclenque [enˈklenke] *adj* mick(e)rig
encocorar [enkokoˈrar] **I.** *vt* (*fam*) auf die Palme bringen **II.** *vr:* **~se** (*fam*) auf die Palme gehen
encofrar [enkoˈfrar] *vt* (ver)schalen
encoger [enkoˈxer] <g→j> **I.** *vi* (*tejido*) einlaufen; (*madera*) schrumpfen **II.** *vt*

❶ (*contraer*) zurückziehen ❷ (*reducir*) verkürzen ❸ (*desalentar*) einschüchtern; **verlo así me encoge el ánimo** mir sinkt der Mut, wenn ich ihn so sehe **III.** *vr:* **~se** ❶ (*contraerse*) sich zusammenziehen; (*persona*) zusammenzucken; **~se de hombros** die [*o* mit den] Achseln zucken ❷ (*reducirse*) schrumpfen ❸ (*acobardarse*) verzagen
encolar [enkoˈlar] *vt* leimen
encolerizar [enkoleriˈθar] <z→c> **I.** *vt* erzürnen **II.** *vr:* **~se** in Zorn geraten
encomendar [enkomenˈdar] <e→ie> **I.** *vt* (*recomendar*) empfehlen; (*confiar*) anvertrauen; (*traspasar*) übergeben; **~ algo a alguien** (*comisionar*) jdn mit etw *dat* beauftragen **II.** *vr:* **~se** sich anvertrauen; **sin ~se ni a Dios ni al diablo** Hals über Kopf
encomiable [enkoˈmjaβle] *adj* lobenswert
encomiar [enkoˈmjar] *vt* loben; (*irón*) ein Loblied singen (auf +*akk*)
encomienda [enkoˈmjenda] *f* ❶ (*encargo*) Auftrag *m* ❷ (*encomio*) Lob *nt* ❸ (*recomendación*) Empfehlung *f* ❹ (*Am: postal*) Postpaket *nt*
encomio [enˈkomjo] *m* Lob *nt;* (*irón*) Lobrede *f;* **digno de ~** lobenswert
enconar [enkoˈnar] **I.** *vt* ❶ (*inflamar*) entzünden ❷ (*agravar*) verschlimmern; (*agudizar*) verschärfen; (*espolear*) anstacheln ❸ (*exasperar*) reizen **II.** *vr:* **~se** ❶ (*inflamarse*) sich entzünden ❷ (*agravarse*) sich verschlimmern; (*agudizarse*) sich verschärfen ❸ (*ensañarse*) seine Wut auslassen (*con* an +*dat*)
encono [enˈkono] *m* ❶ (*inflamación*) Entzündung *f* ❷ (*rencor*) Groll *m*
encontradizo, -a [enkontraˈðiθo, -a] *adj:* **hacerse el ~** jdm scheinbar zufällig über den Weg laufen
encontrado, -a [enkonˈtraðo, -a] *adj* (*opuesto*) entgegengesetzt; **opiniones encontradas** gegensätzliche Meinungen
encontrar [enkonˈtrar] <o→ue> **I.** *vt* ❶ (*hallar*) finden ❷ (*coincidir con*) treffen ❸ (*considerar*) finden; (*notar*) merken **II.** *vr:* **~se** ❶ (*estar*) sich befinden; (*sentirse*) sich fühlen ❷ (*citarse*) sich treffen (*con* mit +*dat*) ❸ (*coincidir*) treffen (*con* +*akk*), begegnen (*con* +*dat*) ❹ (*loc*): **~se con algo** etw vorfinden; **me encontré con que el coche se había estropeado** ich fand mein Auto kaputt vor; **~se con un problema** auf ein Problem stoßen; **~se con una sorpresa desagradable** eine böse Überraschung erleben; **no sé lo que me ~é cuando llegue** ich weiß nicht, was mich bei meiner Ankunft erwar-

tet; **~se todo hecho** (*fam fig*) sich ins gemachte Bett legen

encontronazo [eŋkoṇtroˈnaθo] *m* (*fam*) Zusammenstoß *m;* **darse un ~** sich anrempeln; **tener un ~ con alguien** mit jdm zusammenstoßen; (*enfrentamiento*) einen Zusammenstoß mit jdm haben

encoñarse [eŋkoˈɲarse] *vr* (*vulg*) in den Arsch kriechen (*con +dat*); (*enamorarse*) sich total verknallen (*con* in *+akk*) *fam*

encorsetar [eŋkorseˈtar] **I.** *vt* ❶ (*poner corsé*) ein Korsett anlegen (*+dat*) ❷ (*constreñir*) einschränken **II.** *vr:* **~se** sich (ein)schnüren

encorvado, -a [eŋkorˈβaðo, -a] *adj* krumm; **un hombrecillo ~** ein buckliges Männlein

encorvar [eŋkorˈβar] **I.** *vt* (*cuerpo*) beugen **II.** *vr:* **~se** (*cosa*) sich krümmen; (*persona*) sich bücken

encrespar [eŋkresˈpar] **I.** *vt* ❶ (*rizar*) kräuseln; **el viento encrespó las aguas** der Wind kräuselte die Wasseroberfläche ❷ (*erizar*) sträuben ❸ (*irritar*) reizen; (*excitar*) aufführen **II.** *vr:* **~se** ❶ (*rizarse*) sich kräuseln ❷ (*erizarse*) sich sträuben ❸ (*irritarse*) sich aufregen

encriptación [eŋkriptaˈθjon] *f* Chiffrierung *f;* **~ de datos** (INFOR) Datenchiffrierung *f*

encrucijada [eŋkruθiˈxaða] *f* (*cruce*) Kreuzung *f;* **estar en una ~** (*fig*) am Scheideweg stehen

encuadernable [eŋkwaðerˈnaβle] *adj* einbindfähig; **fascículos ~s** Loseblattsammlung *f*

encuadernación [eŋkwaðernaˈθjon] *f* ❶ (*encuadernado*) (Buch)binden *nt* ❷ (*cubierta*) Einband *m;* **~ en rústica** Pappeinband *m;* **~ en tela** Leineneinband *m* ❸ (*taller*) Buchbinderei *f*

encuadernador(a) [eŋkwaðernaˈðor(a)] *m(f)* Buchbinder(in) *m(f)*

encuadernar [eŋkwaðerˈnar] *vt* binden; **encuadernado en cartoné** kartoniert; **sin ~** nicht gebunden

encuadrar [eŋkwaˈðrar] *vt* ❶ (*enmarcar*) einrahmen ❷ (CINE, FOTO, TV) einstellen

encubierto, -a [eŋkuˈbjerto, -a] **I.** *pp de* **encubrir** **II.** *adj:* **tus palabras son una acusación encubierta** hinter deinen Worten verbirgt sich eine Anklage

encubrir [eŋkuˈbrir] *irr como* **abrir** *vt* ❶ (*cubrir*) bedecken ❷ (*ocultar*) verbergen; (*silenciar*) verheimlichen; (*un escándalo*) verschleiern; (*un delito*) decken

encuentro [eŋˈkwentro] *m* Begegnung *f;* (*previsto*) Zusammenkunft *f;* (*cita, reunión*) Treffen *nt;* (*encontronazo*) Zusammenstoß *m;* (MIL) Gefecht *nt;* **~**

amistoso (DEP) Freundschaftsspiel *nt;* **ir al ~ de alguien** jdn abpassen

encuerado, -a [eŋkweˈraðo, -a] *adj* (*Cuba, Méx*) ❶ (*desharrapado*) zerlumpt ❷ (*semidesnudo*) halb nackt

encuerar [eŋkweˈrar] *vt, vr:* **~se** (*Am*) (sich) ausziehen

encuerista [eŋkweˈrista] *mf* (*Am*) Stripper(in) *m(f)*

encuesta [eŋˈkwesta] *f* ❶ (*sondeo*) Umfrage *f;* **~ estadística** statistische Erhebung; **~ por muestreo** Stichprobenerhebung *f;* **hacer una ~** eine Umfrage durchführen ❷ (*investigación*) Nachforschung *f;* **~ judicial** gerichtliche Untersuchung

encuestador(a) [eŋkwestaˈðor(a)] *m(f)* Befrager(in) *m(f);* (*entrevistador*) Interviewer(in) *m(f)*

encuestar [eŋkwesˈtar] **I.** *vi* eine Umfrage erstellen **II.** *vt* befragen; (*entrevistar*) interviewen

encularse [eŋkuˈlarse] *vr* (*Arg: fam*) ❶ (*ofenderse*) sich beleidigt fühlen (*por* wegen *+gen/dat*) ❷ (*enojarse*) wütend werden

encumbramiento [eŋkumbraˈmjento] *m* ❶ (*elevación*) Erhebung *f* ❷ (*en la sociedad*) Aufstieg *m* ❸ (*envanecimiento*) Überheblichkeit *f* ❹ (*superioridad*) Erhabenheit *f*

encumbrar [eŋkumˈbrar] **I.** *vt* ❶ (*levantar*) emporheben ❷ (*socialmente*) aufsteigen lassen; **~ a alguien a la fama** jdm Ruhm einbringen ❸ (*exaltar*) erheben **II.** *vr:* **~se** ❶ (*elevarse*) emporragen ❷ (*engrandecerse*) aufsteigen ❸ (*envanecerse*) überheblich werden

ende [ˈende] *adv:* **por ~** folglich

endeble [enˈdeβle] *adj* ❶ (*débil*) schwach; (*enfermizo*) schwächlich ❷ (*inconsistente*) haltlos

endémico, -a [enˈdemiko, -a] *adj* ❶ (MED) endemisch ❷ (*continuo*) immer wiederkehrend

endemoniado, -a [endemoˈnjaðo, -a] *adj* ❶ (*poseso*) vom Teufel besessen ❷ (*malo*) teuflisch ❸ (*fam: difícil, tremendo*) verteufelt; **tienes un genio ~** du hast einen verdammt schwierigen Charakter; **tengo un hambre endemoniada** ich habe einen teuflischen Hunger ❹ (*fam: travieso*) unartig; **¡~s chiquillos!** Satansbrut!

endenantes [endeˈnantes] *adv* (*Am: fam*) früher

enderezar [endereˈθar] **<z→c>** *vt* ❶ (*poner derecho*) gerade biegen ❷ (*poner vertical*) aufrichten

endeudamiento [endeuðaˈmjento] *m*

(ECON, FIN) Verschuldung *f;* (COM) Passiva *ntpl;* ~ **excesivo, exceso de** ~ Überschuldung *f*

endeudarse [eṇdeu̯'ðarse] *vr* sich verschulden

endiablado, -a [eṇdja'βlaðo, -a] *adj v.* **endemoniado**

endibia [eṇ'diβja] *f* Chicorée *m o f*

endilgar [eṇdil'ɣar] <g→gu> *vt* (*fam*) ❶ (*encaminar*) einfädeln ❷ (*una tarea*) hinpfuschen ❸ (*cargar*) aufhalsen; (*culpa*) in die Schuhe schieben

endivia [eṇ'diβja] *f v.* **endibia**

endocrinólogo, -a [eṇdokri'noloɣo, -a] *m,* *f* (MED) Endokrinologe, -in *m, f*

endomingarse [eṇdomiŋ'garse] <g→gu> *vr* sich in Schale werfen *fam;* **todos los paseantes iban endomingados** die Spaziergänger waren alle sonntäglich gekleidet

endosar [eṇdo'sar] *vt* ❶ (FIN) indossieren; (*traspasar*) übertragen; ~ **una letra** einen Wechsel girieren ❷ (*fam: endilgar*) aufhalsen

endoscopia [eṇdos'kopja] *f* (MED) Endoskopie *f*

endoso [eṇ'doso] *m* Indossament *nt;* ~ **de una letra** Wechselindossament *nt;* **sin** ~ nicht übertragbar

endovenoso, -a [eṇdoβe'noso, -a] *adj* intravenös; **por vía endovenosa** intravenös

endrina [eṇ'drina] *f* Schlehe *f*

endrino[1] [eṇ'drino] *m* Schlehdorn *m*

endrino, -a[2] [eṇ'drino, -a] *adj* blauschwarz

endrogarse [eṇdro'ɣarse] <g→gu> *vr* ❶ (*Am: drogarse*) Drogen nehmen ❷ (*Méx, Perú: endeudarse*) Schulden machen (*con* bei +*dat*)

endulzar [eṇdul'θar] <z→c> *vt* ❶ (*poner dulce*) süßen ❷ (*suavizar*) versüßen

endurecer [eṇdure'θer] *irr como crecer* **I.** *vt* ❶ (*poner duro*) hart werden lassen; (TÉC) härten; (ANAT) verhärten ❷ (*hacer resistente*) abhärten (*con/en/por* durch +*akk*) ❸ (*extremar*) verschärfen **II.** *vr:* ~ **se** ❶ (*ponerse duro*) hart werden; (*sentimientos*) hartherzig werden ❷ (*hacerse resistente*) sich abhärten (*con/en/por* durch +*akk*) ❸ (*agudizarse*) sich verschärfen

endurecimiento [eṇdureθi'mjeṇto] *m* ❶ (*dureza*) Härte *f* ❷ (*proceso*) Verhärtung *f;* ~ **de las arterias** Arterienverkalkung *f* ❸ (*resistencia*) Abhärtung *f* ❹ (*agudizamiento*) Verschärfung *f*

ene ['ene] **I.** *adj inv* zig; (MAT) n; ~ **veces** zigmal; (MAT) n-mal **II.** *f* (*letra*) N, n *nt*

enea *f* (BOT) Rohrkolben *m*

enebrina [ene'βrina] *f* Wacholderbeere *f*

enebro [e'neβro] *m* Wacholder *m*

eneldo [e'neldo] *m* Dill *m*

enema [e'nema] *m* (*lavado*) Einlauf *m;* **poner un** ~ **a alguien** jdm einen Einlauf machen

enemigo, -a [ene'miɣo, -a] <enemicísimo> **I.** *adj* feindlich; (*hostil*) feindselig; **país** ~ Feindesland *nt* **II.** *m, f* Feind(in) *m(f);* (*contrario*) Gegner(in) *m(f);* ~ **acérrimo** Erzfeind *m;* ~**s mortales** Todfeinde *mpl;* **ser** ~ **de algo** gegen etw sein

enemistad [enemis'taᵈ] *f* Feindschaft *f;* (*hostilidad*) Feindseligkeit *f*

enemistar [enemis'tar] *vt, vr:* ~ **se** (sich) verfeinden

energético, -a [ener'xetiko, -a] *adj* energetisch; **fuentes energéticas** Energiequellen *fpl*

energía [ener'xia] *f* (*t.* FÍS) Energie *f;* (*fuerza*) Kraft *f;* ~ **nuclear** Kernkraft *f;* **con** ~ (*fig*) (tat)kräftig; **con toda su** ~ mit aller Kraft; **sin** ~ (*fig*) kraftlos; **la glucosa da** ~ Traubenzucker spendet Energie; **emplear todas las** ~**s en algo** alle Kraft auf etw verwenden

enérgico, -a [e'nerxiko, -a] *adj* ❶ (*fuerte*) energisch ❷ (*decidido*) entschlossen ❸ (*estricto*) streng; **ponerse** ~ **con alguien** jdm gegenüber strengere Saiten aufziehen ❹ (*efectivo*) wirksam

energúmeno, -a [ener'ɣumeno, -a] *m, f* (*fam*) Besessene(r) *mf;* **se puso a gritar como un** ~ er fing an wie verrückt zu schreien

enero [e'nero] *m* Januar *m; v. t.* **marzo**

enervante [ener'βaṇte] *adj* (*fam: irritante*) nervtötend

enervar [ener'βar] **I.** *vt* ❶ (*debilitar*) entnerven ❷ (*fam: poner nervioso*) nervös machen **II.** *vr:* ~ **se** ❶ (*debilitarse*) entnervt sein ❷ (*fam: ponerse nervioso*) nervös werden

enésimo, -a [e'nesimo, -a] *adj* ❶ (MAT) n-te ❷ (*loc, fam*): **por enésima vez** zum zigsten Mal

enfadar [eɱfa'ðar] **I.** *vt* ❶ (*irritar*) ärgern; **estar enfadado con alguien** jdm böse sein ❷ (*Am: aburrir*) langweilen **II.** *vr:* ~ **se** ❶ (*irritarse*) sich ärgern (*con* über +*akk*); ~ **se con alguien** auf jdn böse werden ❷ (*Am: aburrirse*) sich langweilen

enfado [eɱ'faðo] *m* (*enojo, molestia*) Ärger

énfasis ['eɱfasis] *m o f inv* Eindringlichkeit *f;* (*insistencia*) Nachdruck *m;* **poner** ~ **en algo** Nachdruck auf etw legen

enfático, -a [eɱ'fatiko, -a] *adj* eindringlich;

(*insistente*) nachdrücklich

enfatizar [eɱfati'θar] <z→c> I. *vi* Nachdruck legen (*en* auf +*akk*) II. *vt* betonen

enfermar [eɱfer'mar] I. *vi, vr:* ~**se** erkranken (*de* an +*dat*) II. *vt* krank machen

enfermedad [eɱferme'ðaº] *f* Krankheit *f;* (*dolencia*) Leiden *nt;* (*afección*) Erkrankung *f;* ~ **del hígado** Leberleiden *nt;* **ausencia por** ~ krankheitsbedingte Abwesenheit; **costar una** ~ (*fig*) graue Haare kosten

enfermera [eɱfer'mera] *f* Krankenschwester *f;* (*en una consulta*) Arzthelferin *f*

enfermería [eɱferme'ria] *f* ❶ (*sala con camas*) Krankensaal *m;* (*en guerra*) Lazarett *nt* ❷ (*primeros auxilios*) Krankenstation *f*

enfermero [eɱfer'mero] *m* Krankenpfleger *m;* (*camillero*) Sanitäter *m*

enfermizo, -a [eɱfer'miθo, -a] *adj* ❶ (*de mala salud*) kränklich ❷ (*morboso*) krankhaft

enfermo, -a [eɱ'fermo, -a] I. *adj* krank; ~ **del corazón** herzkrank; ~ **de gravedad** schwer krank; **caer** ~ erkranken (*de* an +*dat*); **ponerse** ~ krank werden; **esta situación me pone** ~ diese Situation macht mich ganz krank II. *m, f* Kranke(r) *mf;* (*paciente*) Patient(in) *m(f)*

enfervorizar [eɱferβori'θar] <z→c> *vt, vr:* ~**se** (sich) begeistern

enfilar [eɱfi'lar] I. *vi* sich begeben (*hacia* nach +*dat*) II. *vt* ❶ (*poner en fila*) aneinander reihen ❷ (*enhebrar*) einfädeln; (*cuentas*) aufreihen; (*atravesar*) aufspießen ❸ (*llegar*) gelangen (auf +*akk*); (*en vehículo*) einfahren (in +*akk*); **enfilamos la carretera** wir fuhren auf die Schnellstraße

enflaquecer [eɱflake'θer] *irr como crecer* I. *vi, vr:* ~**se** abmagern II. *vt* abmagern lassen

enfocar [eɱfo'kar] <c→qu> *vt* ❶ (*ajustar*) einstellen ❷ (*en el visor*) anvisieren ❸ (*iluminar*) anleuchten ❹ (*una cuestión*) beleuchten; (*concebir*) konzipieren; **no enfocas bien el problema** dieses Problem betrachtest du vom falschen Standpunkt aus

enfoque [eɱ'foke] *m* (*punto de vista*) Standpunkt *m;* (*planteamiento*) Fragestellung *f;* (*concepción*) Konzept *nt*

enfrascar [eɱfras'kar] <c→qu> I. *vt* in eine Flasche füllen II. *vr:* ~**se en la lectura** sich in die Lektüre vertiefen

enfrentamiento [eɱfrenta'mjento] *m* Konfrontation *f;* (*encontronazo*) Zusammenstoß *m;* (*pelea*) Streit *m;* **se registra-**ron ~**s callejeros** es kam zu Straßenschlachten

enfrentar [eɱfren'tar] I. *vt* ❶ (*encarar*) gegenüberstellen +*dat;* (*confrontar*) konfrontieren (*con* mit +*dat*) ❷ (*hacer frente*) sich stellen +*dat;* ~ **los hechos** den Tatsachen ins Auge blicken ❸ (*enemistar*) entzweien II. *vr:* ~**se** ❶ (*encararse*) sich gegenüberstehen ❷ (*afrontar*) zusammenstoßen; (*pelearse*) sich *dat* eine Schlacht liefern; **los manifestantes se** ~**on con la policía** es kam zu Zusammenstößen zwischen Demonstranten und der Polizei ❸ (*confrontar*) sich auseinander setzen ❹ (*oponerse*) die Stirn bieten +*dat;* **estar enfrentado a alguien** mit jdm überworfen sein

enfrente [eɱ'frente] I. *adv* ❶ (*en el lado opuesto*) gegenüber; **allí** ~ dort drüben; **la casa de** ~ das Haus gegenüber ❷ (*en contra*) entgegen; **tendrás a tu familia** ~ deine Familie wird sich dir entgegenstellen II. *prep* (*local: frente a*): ~ **de** gegenüber +*dat/gen;* ~ **mío** [*o* **de mí**] mir gegenüber; ~ **del teatro** gegenüber des Theaters; **vivo** ~ **del parque** ich wohne gegenüber vom Park; **ponerse** ~ **de alguien** (*fig*) sich jdm entgegenstellen

enfriamiento [eɱfrja'mjento] *m* ❶ (*pérdida de temperatura*) Abkühlung *f;* ~ **económico** Konjunkturtief *nt* ❷ (*resfriado*) Erkältung *f;* **pillar un** ~ (*fam*) sich erkälten

enfriar [eɱfri'ar] < *1. pres:* **enfrío** > I. *vi* kühlen II. *vt* abkühlen; (*con agua*) abschrecken III. *vr:* ~**se** ❶ (*perder calor*) kalt werden ❷ (*refrescar, apaciguarse*) abkühlen ❸ (*acatarrarse*) sich erkälten

enfundar [eɱfun'dar] I. *vt* in ein Futteral stecken II. *vr:* ~**se** sich (ein)hüllen (*en* in +*akk*)

enfurecer [eɱfure'θer] *irr como crecer* I. *vt* wütend machen II. *vr:* ~**se** ❶ (*encolerizarse*) wütend werden (*con/contra* auf +*akk*) ❷ (*mar*) tosen

enfurruñarse [eɱfurru'ɲarse] *vr* mürrisch werden (*por* wegen +*gen/dat*); **estar enfurruñado** mürrisch sein

engajado, -a [eŋga'xaðo, -a] *adj* (*Col*) lockig

engalanar [eŋgala'nar] I. *vt* (*decorar*) verzieren; (*adornar*) schmücken II. *vr:* ~**se** sich herausputzen; (*adornarse*) sich schmücken

enganchar [eŋgan'tʃar] I. *vt* ❶ (*sujetar*) festhaken; (*remolque*) einhängen; (*caballerías*) anspannen (*de* an +*akk*) ❷ (*prender*) verhaken; (TAUR) auf die Hörner nehmen ❸ (*fam: atrapar*) sich *dat* schnappen; (*convencer*) bequatschen ❹ (MIL) anwerben ❺ (FERRO, TÉC) koppeln **II.** *vr:* ~**se** ❶ (*sujetarse*) sich festhaken (*de* an +*dat*) ❷ (*prenderse*) hängen bleiben (*de/con* an +*dat*) ❸ (*enredarse*) sich verheddern (*en* in +*dat*); ~**se en una pelea** in Streit geraten ❹ (MIL) sich anwerben lassen ❺ (*argot: drogarse*) drogensüchtig werden; **estar enganchado** an der Nadel hängen

enganche [en'gantʃe] *m* ❶ (*gancho*) Haken *m* ❷ (*sujeción*) Kupplung *f* ❸ (MIL) Anwerbung *f*

engañabobos [eŋgaɲa'βoβos] *mf inv* (*fam: timador*) Bauernfänger(in) *m(f)*

engañar [eŋga'ɲar] **I.** *vi* trügen; **las apariencias engañan** der Schein trügt **II.** *vt* (*desorientar*) täuschen; (*mentir, estafar, ser infiel*) betrügen; (*burlarse, t. sentimiento*) überlisten; ~ **el hambre** einen Happen essen **III.** *vr:* ~**se** ❶ (*equivocarse*) sich täuschen ❷ (*hacerse ilusiones*) sich *dat* Illusionen machen; **¡no te engañes con esta oferta!** mach dir nichts vor, prüf das Angebot erst!

engañifa [eŋga'ɲifa] *f* (*fam*), **engañifla** [eŋga'ɲifla] *f* (*Chil*) Gaunerei *f*

engaño [eŋ'gaɲo] *m* ❶ (*mentira*) Betrug *m* ❷ (*truco*) List *f* ❸ (*error*) Irrtum *m* ❹ (*ilusión*) Täuschung *f*

engañoso, -a [eŋga'ɲoso, -a] *adj* ❶ (*persona*) betrügerisch ❷ (*algo: falaz*) trügerisch; (*equívoco*) täuschend; **publicidad engañosa** irreführende Werbung

engarce [eŋ'garθe] *m* ❶ (*engarzado*) Einfassen *nt* ❷ (*montura*) Fassung *f*

engarzar [eŋgar'θar] <z→c> **I.** *vt* ❶ (*trabar*) verketten ❷ (*montar*) einfassen **II.** *vr:* ~**se** (*Am*) sich verwickeln (*en* in +*akk*)

engastar [eŋgas'tar] *vt* einfassen (*en* in +*akk*)

engaste [eŋ'gaste] *m* ❶ (*engastado*) Einfassen *nt* ❷ (*montura*) Fassung *f*

engatusamiento [eŋgatusa'mjento] *m* Umgarnen *nt*

engatusar [eŋgatu'sar] *vt* bezirzen

engendramiento [eŋxendra'mjento] *m* Zeugung *f*; (*t. fig: desencadenamiento*) Entstehung *f*

engendrar [eŋxen'drar] *vt* ❶ (*concebir*) zeugen ❷ (*causar*) erzeugen; **la pobreza engendra violencia** Armut führt zu Gewalt

engendro [eŋ'xendro] *m* ❶ (*feto*) Leibesfrucht *f* ❷ (*aborto*) Missgeburt *f* ❸ (*persona fea*) Kreatur *f* ❹ (*idea*) Auswuchs *m*

englobar [eŋglo'βar] *vt* ❶ (*incluir*) umfassen ❷ (*reunir*) einbeziehen (*en* in +*akk*)

❸ (*resumir*) zusammenfassen

engolillarse [eŋgoli'ʎarse] *vr* ❶ (*Cuba: contraer deudas*) Schulden machen (*con* bei +*dat*) ❷ (*Perú: encolerizarse*) wütend werden

engolosinar [eŋgolosi'nar] **I.** *vt* (*atraer*) locken; (*engatusar*) ködern **II.** *vr:* ~**se** Geschmack finden (*con* an +*dat*); (*encariñarse*) lieb gewinnen (*con* +*akk*)

engomar [eŋgo'mar] *vt* ❶ (*cubrir*) gummieren ❷ (*cabello*) festigen

engordar [eŋgor'ðar] **I.** *vi* ❶ (*ponerse gordo*) dick werden ❷ (*poner gordo*) dick machen ❸ (*fam: enriquecerse*) Geld anhäufen **II.** *vt* (AGR) mästen

engorro [eŋ'gorro] *m* ❶ (*impedimento*) Hindernis *nt* ❷ (*molestia*) Belästigung *f*

engorroso, -a [eŋgo'rroso, -a] *adj* ❶ (*dificultoso*) hinderlich; (*complicado*) umständlich ❷ (*molesto*) lästig

engranaje [eŋgra'naxe] *m* ❶ (*encaje*) Verzahnung *f* ❷ (*mecanismo*) Räderwerk *nt* ❸ (*sistema*) Getriebe *nt*

engranar [eŋgra'nar] **I.** *vi* ineinander greifen **II.** *vt* ❶ (*endentar*) verzahnen ❷ (*enlazar*) verbinden

engrandecer [eŋgrande'θer] *irr como crecer* *vt* ❶ (*aumentar*) vergrößern; (*acrecentar*) vermehren; (*elevar*) steigern ❷ (*exagerar*) übertreiben ❸ (*enaltecer*) verherrlichen

engrasar [eŋgra'sar] *vt* ❶ (*con grasa*) einfetten; (*enaceitar*) einölen; (AUTO, TÉC: *lubricar*) schmieren ❷ (*manchar*) voll schmieren

engrase [eŋ'grase] *m* ❶ (*engrasado*) Einfetten *nt*; (AUTO, TÉC) Schmierung *f* ❷ (*grasa*) Fett *nt*; (*lubricante*) Schmiermittel *nt*

engreído, -a [eŋgre'iðo, -a] *adj* ❶ (*envanecido*) eingebildet ❷ (*Am: mimado*) verwöhnt

engreír [eŋgre'ir] *irr como reír* **I.** *vt* ❶ (*envanecer*) eingebildet machen ❷ (*Am: mimar*) verhätscheln **II.** *vr:* ~**se** ❶ (*envanecerse*) eingebildet werden; (*presumir*) angeben ❷ (*Am: hacerse mimado*) verhätschelt werden

engrifarse [eŋgri'farse] *vr* ❶ (*Col: volverse altivo*) hochnäsig werden ❷ (*Méx: irritarse*) böse werden (*con* auf +*akk*); (*malhumorarse*) schlechte Laune bekommen

engrosar [eŋgro'sar] <o→ue> **I.** *vi, vr:* ~**se** ❶ (*engordar*) zunehmen ❷ (*aumentar*) wachsen **II.** *vt* ❶ (*engordar*) dick machen ❷ (*aumentar*) vergrößern; (*multiplicar*) vermehren

engrudo [eŋ'gruðo] *m* Kleister *m*

engualichar [eŋgwali'tʃar] *vt* (*Arg*) ❶ (*endemoniar*) verhexen ❷ (*al amante*) bezirzen

enguandos [eŋ'gwaⁿdos] *mpl* (*Col*) ❶ (*superfluos*) Kram *m* ❷ (*evasivas*) Vorwand *m*

enguandujar [eŋgwaⁿdu'xar] *vt* (*Col: adornar*) schmücken; (*recargar*) überladen

enguaracarse [eŋgwara'karse] <c→qu> *vr* (*AmC*) sich verstecken

enguatar [eŋgwa'tar] *vt* wattieren

engubiar [eŋgu'βjar] *vt* (*Urug*) besiegen

engullir [eŋgu'ʎir] <3. *pret:* engulló> I. *vi* ❶ (*atropelladamente*) schlingen ❷ (*pey: comer*) fressen II. *vt* (*tragar*) hinunterschlucken; (*atropelladamente*) verschlingen

enharinar [enari'nar] *vt* (*rebozar*) in Mehl wenden; (*espolvorear*) mit Mehl bestreuen

enhebrar [ene'βrar] *vt* (*hilo y aguja*) einfädeln; (*cuentas*) auffädeln

enhiesto, -a [e'njesto, -a] *adj* ❶ (*derecho*) gerade; (*erguido*) aufrecht ❷ (*alto*) hoch ragend

enhorabuena [enora'βwena] *f* Glückwunsch *m;* **dar la ~ a alguien** jdm gratulieren; **estar de ~** sich *dat* gratulieren können; **¡~!** herzlichen Glückwunsch!

enigma [e'niɣma] *m* Rätsel *nt;* **descifrar/plantear un ~** ein Rätsel lösen/aufgeben

enigmático, -a [eniɣ'matiko, -a] *adj* rätselhaft; (*misterioso*) geheimnisvoll

enjabonado [eŋxaβo'naðo] *m* Einseifen *nt*

enjabonar [eŋxaβo'nar] *vt* ❶ (*al lavar*) einseifen ❷ (*fam: dar coba*) um den Bart gehen (*a +dat*) ❸ (*regañar*) rüffeln

enjaezar [eŋxae'θar] <z→c> *vt* anschirren; (*enganchar*) anspannen

enjalbegar [eŋxalβe'ɣar] <g→gu> *vt* weißen

enjambre [eŋ'xambre] *m* ❶ (*de abejas*) (Bienen)schwarm *m* ❷ (*muchedumbre*) Menschenmenge *f*

enjardinar [eŋxarði'nar] *vt* ❶ (*hacer un jardín*) einen Garten anlegen (auf *+dat*) ❷ (*poner plantas*) begrünen

enjaular [eŋxaṷ'lar] *vt* (*encerrar*) einsperren; (*en una jaula*) in einen Käfig sperren

enjetarse [eŋxe'tarse] *vr* (*Arg*, *Méx*) ❶ (*enojarse*) zornig werden ❷ (*ofenderse*) beleidigt sein

enjoyar [eŋxo'ɟar] I. *vt* Juwelen anlegen (*a +dat*) II. *vr:* **~ se** sich mit Juwelen schmücken; **iban todas enjoyadas** sie waren mit Juwelen bedeckt

enjuagar [eŋxwa'ɣar] <g→gu> *vt* ausspülen; (*aclarar*) abspülen

enjuague [eŋ'xwaɣe] *m* ❶ (*t.* TÉC) Spülung *f* ❷ (*manejo*) List *f*

enjugamanos [eŋxuɣa'manos] *m inv* (*Am*) Handtuch *nt*

enjugar [eŋxu'ɣar] <g→gu> I. *vt* ❶ (*secar*) abtrocknen; (*limpiar*) abwischen ❷ (*una deuda*) erlassen II. *vr:* **~ se** ❶ (*secarse*) sich abtrocknen ❷ (*adelgazar*) abmagern

enjuiciamiento [eŋxwiθja'mjento] *m* ❶ (*juicio*) Beurteilung *f* ❷ (JUR: *proceso*) Prozess *m;* (*instrucción*) Einleitung *f* eines Gerichtsverfahrens; **~ criminal** Strafprozess *m*

enjuiciar [eŋxwi'θjar] *vt* ❶ (*juzgar*) beurteilen; (*censurar*) verurteilen ❷ (*procesar*) den Prozess machen *+dat;* (*sentenciar*) das Urteil fällen (über *+akk*)

enjutarse [eŋxu'tarse] *vr* (*Guat*, *Ven*) ❶ (*enflaquecerse*) abmagern ❷ (*achicarse*) sich verkleinern; (*encogerse*) zusammenschrumpfen

enjuto, -a [eŋ'xuto, -a] *adj* dürr; **~ de carnes** knochendürr *fam*

enlace [en'laθe] *m* ❶ (*conexión*) Verbindung *f;* (*empalme*) Verknüpfung *f;* (*unión*) Bindung *f;* (*t.* ELEC, FERRO) Anschluss *m;* **~ ferroviario** Bahnanschluss *m* ❷ (*entrelazado*) Verflechtung *f* ❸ (*boda*) Vermählung *f* ❹ (*contacto*) Verbindungsmann, -frau *m, f;* **~ policial** V-Mann *m*

enladrillar [enlaðri'ʎar] *vt* mit Backsteinen pflastern

enlatar [enla'tar] *vt* eindosen; **programa enlatado** (TV) Programm aus der Konserve

enlazar [enla'θar] <z→c> I. *vi* (*transporte*) Anschluss haben (*con* an *+akk*) II. *vt* ❶ (*atar*) verbinden; (*unir*) verknüpfen; (*entrelazar*) verflechten ❷ (*empalmar*) anknüpfen (*con* an *+akk*); (ELEC, TÉC) anschließen (*con* an *+akk*) III. *vr:* **~ se** (*desposarse*) sich vermählen

enloquecer [enloke'θer] *irr como crecer* I. *vi, vr:* **~ se** verrückt werden; **~ de dolor** vor Schmerzen verrückt werden; **~ de rabia** vor Wut außer sich *dat/akk* geraten; **~ por alguien** nach jdm verrückt sein II. *vt* in den Wahnsinn treiben; **me enloquecen los pasteles** ich bin verrückt auf Kuchen

enloquecimiento [enlokeθi'mjento] *m* Wahnsinn *m;* (*proceso*) Irrewerden *nt*

enlozado [enlo'θaðo] *m* (*Am*) Emaillierung *f*

enlozar [enlo'θar] <z→c> *vt* (*Am*) emaillieren

enlucido [enlu'θiðo] *m* (Ver)putz *m*

enlucir [enluˈθir] *irr como lucir* *vt* ❶ (*con yeso*) verputzen ❷ (*lustrar*) bohnern

enlutar [enluˈtar] **I.** *vt* ❶ (*en el vestir*) Trauer anlegen +*dat;* **mujeres enlutadas** Frauen in Trauerkleidern ❷ (*ensombrecer*) verdüstern; (*entristecer*) betrüben **II.** *vr:* ~ **se** Trauer anlegen

enmarañar [eⁿmaraˈɲar/eᵐmaraˈɲar] **I.** *vt* ❶ (*enredar*) zersausen ❷ (*confundir*) verwirren; (*complicar*) verwickeln **II.** *vr:* ~ **se** ❸ (*enredarse*) sich zersausen ❷ (*confundirse*) sich verwirren; (*complicarse*) sich verwickeln

enmarcar [eⁿmarˈkar/eᵐmarˈkar] <c→qu> *vt* einrahmen; (*ribetear*) umranden

enmascarar [eⁿmaskaˈrar/eᵐmaskaˈrar] **I.** *vt* ❶ (*poner máscara*) maskieren; (*disfrazar*) verkleiden ❷ (*ocultar*) verschleiern; (*encubrir*) tarnen **II.** *vr:* ~ **se** ❶ (*con una máscara*) sich maskieren; (*disfrazarse*) sich verkleiden ❷ (*encubrirse*) sich tarnen

enmendar [eⁿmenˈdar/eᵐmenˈdar] <e→ie> **I.** *vt* ❶ (*corregir*) verbessern; (*rectificar*) berichtigen; (**querer**) ~ **la plana a alguien** jdn übertreffen (wollen) ❷ (*modificar*) abändern; (*una ley*) novellieren **II.** *vr:* ~ **se** sich bessern

enmienda [eⁿmjendaˈ/eᵐmjendaˈ] *f* ❶ (*corrección*) Verbesserung *f;* (*rectificación*) Berichtigung *f;* **no tener** ~ (*fig*) ein hoffnungsloser Fall sein ❷ (*modificación*) (Ab)änderung *f;* (*de una ley*) Novellierung *f*

enmohecer [eⁿmoeˈθer/eᵐmoeˈθer] *irr como crecer* *vi, vr:* ~ **se** ❶ (*cubrirse de moho*) verschimmeln; (*pudrirse*) vermodern ❷ (*caer en desuso*) veralten

enmoquetar [eⁿmokeˈtar/eᵐmokeˈtar] **I.** *vi* Teppichboden verlegen **II.** *vt* mit Teppichboden auslegen; **suelo enmoquetado** Teppichboden *m*

enmudecer [eⁿmuðeˈθer/eᵐmuðeˈθer] *irr como crecer* **I.** *vi* ❶ (*perder el habla*) verstummen; ~ **de miedo** sprachlos vor Angst sein ❷ (*callar*) schweigen **II.** *vt* verstummen lassen

enmudecimiento [eⁿmuðeθiˈmjento/eᵐmuðeθiˈmjento] *m* Verstummen *nt*

ennegrecer [enneɣreˈθer] *irr como crecer* **I.** *vt* ❶ (*poner negro*) schwärzen ❷ (*oscurecer*) verfinstern; (*ensombrecer*) überschatten **II.** *vr:* ~ **se** ❶ (*ponerse negro*) schwarz werden ❷ (*oscurecerse*) sich verfinstern; (*ensombrecer*) sich verdunkeln

ennegrecimiento [enneɣreθiˈmjento] *m* Schwärzung *f;* (*ensombrecimiento*) Verdüsterung *f*

ennoblecer [ennoβleˈθer] *irr como crecer*

vt ❶ (*conceder el título*) adeln ❷ (*mejorar*) veredeln; (*refinar*) verfeinern ❸ (*enaltecer*) verherrlichen

enojadizo, -a [enoxaˈðiθo, -a] *adj* reizbar

enojar [enoˈxar] **I.** *vt* ärgern **II.** *vr:* ~ **se** sich ärgern (*con* über +*akk*); **estar enojado** böse sein

enojo [eˈnoxo] *m* Ärger *m;* **con** ~ unwillig

enojoso, -a [enoˈxoso, -a] *adj* ❶ (*enfadoso*) ärgerlich ❷ (*molesto*) unangenehm ❸ (*complicado*) umständlich; (*trabajoso*) mühsam

enólogo, -a [eˈnoloɣo, -a] *m, f* Önologe, -in *m, f;* (*conocedor*) Weinkenner(in) *m(f)*

enorgullecer [enorɣuʎeˈθer] *irr como crecer* **I.** *vt* mit Stolz erfüllen **II.** *vr:* ~ **se** stolz sein (*de* auf +*akk*)

enorgullecimiento [enorɣuʎeθiˈmjento] *m* Stolz *m*

enorme [eˈnorme] *adj* enorm; (*gigantesco*) gewaltig; (*desmedido, extraordinario*) ungeheuer

enormidad [enormiˈðaᵈ] *f* ❶ (*tamaño*) enorme Größe *f;* (*fig*) ungeheueres Ausmaß *nt* ❷ (*cantidad*) Unmenge *f;* **una** ~ **de dinero** eine Unmenge Geld

enquistarse [eŋkisˈtarse] *vr* ❶ (MED) sich abkapseln ❷ (*fosilizarse*) erstarren

enrabiar [enrraˈβjar] **I.** *vt* wütend machen **II.** *vr:* ~ **se** wütend werden

enrabietarse [enrraβjeˈtarse] *vr* (*fam*) bocken

enraizado, -a [enrraiˈθaðo, -a] *adj* verwurzelt; **una costumbre muy enraizada** eine fest verwurzelte Sitte

enraizar [enrraiˈθar] *irr vi* Wurzeln schlagen

enrastrojarse [enrrastroˈxarse] *vr* (*Am*) verwildern

enredadera [enrreðaˈðera] *f* Schlingpflanze *f;* ~ **de campanillas** Winde *f*

enredar [enrreˈðar] **I.** *vi* (*niño*) Unfug treiben; **¡no andes enredando con las cerillas!** spiel nicht mit den Streichhölzern herum! **II.** *vt* ❶ (*liar*) verwickeln; (*confundir*) durcheinander bringen ❷ (*enemistar*) aufhetzen **III.** *vr:* ~ **se** ❶ (*cuerda, asunto*) sich verwickeln ❷ (*planta*) hinaufklettern (*por/a* an +*dat*) ❸ (*fam: amancebarse*) anbändeln

enredo [enˈrreðo] *m* ❶ (*de alambres*) Wirrwarr *m* ❷ (*mentira*) Lüge *f* ❸ (*asunto*) Affäre *f* ❹ (*intriga*) Intrige *f* ❺ (*amorío*) Techtelmechtel *nt* ❻ *pl* (*fam: trastos*) Kram *m*

enrejado [enrreˈxaðo] *m* (*de hierro*) Gitter *ntpl;* (*de caña*) Geflecht *nt*

enrejar [enrreˈxar] *vt* (*ventana*) vergittern;

(*huerta*) einzäunen

enrevesado, -a [enrreβe'saðo, -a] *adj* (*intrincado*) verwickelt; (*difícil*) verzwickt

enriquecedor(a) [enrrikeθe'ðor(a)] *adj* bereichernd; **fue una experiencia muy ~a** es war eine sehr positive Erfahrung

enriquecer [enrrike'θer] *irr como crecer* I. *vt* ❶(*hacer rico*) reich machen ❷(*engrandecer*) bereichern ❸(*metal, tierra*) anreichern (*con/de* mit +*dat*) ❹(*adornar*) verzieren II. *vr:* ~**se** reich werden; ~**se** (**a costa ajena**) sich (auf fremde Kosten) bereichern

enriquecimiento [enrrikeθi'mjento] *m* ❶(*fortuna, ennoblecimiento*) Bereicherung *f;* ~ **injusto** (JUR) ungerechtfertigte Bereicherung ❷(*de uranio*) Anreicherung *f*

enrocar [enrro'kar] <c→qu> I. *vi, vt* (*ajedrez*) rochieren; ~ **el rey** rochieren II. *vr:* ~**se** am Felsen hängenbleiben

enrojecer [enrroxe'θer] *irr como crecer* I. *vi* erröten; ~ **de ira** rot vor Wut werden II. *vt* (*cielo*) rot färben III. *vr:* ~**se** (*persona*) erröten; (*cielo*) sich rot färben

enrojecimiento [enrroxeθi'mjento] *m* (*efecto*) Röte *f;* (*acción*) Erröten *nt*

enrolar [enrro'lar] *vt* ❶(NÁUT) anheuern ❷(MIL) einberufen

enrollado, -a [enrro-] *adj* (*argot*) voll dabei; **es una profesora muy enrollada** die Lehrerin ist voll stark

enrollar [enrro'ʎar] I. *vt* (*cartel*) zusammenrollen; (*cuerda*) aufrollen II. *vr:* ~**se** (*explicando*) ausschweifen; ~**se como una persiana** reden wie ein Buch

enronquecer [enrroŋke'θer] *irr como crecer* I. *vt* heiser machen II. *vi, vr:* ~**se** heiser werden

enroscar [enrros'kar] <c→qu> I. *vt* ❶(*enrollar*) zusammenrollen; ~ **el hilo en el palo** den Faden um den Stock wickeln ❷(*tornillo*) einschrauben II. *vr:* ~**se** sich zusammenrollen; **la serpiente se enroscó a la rama** die Schlange wand sich um den Ast

enrostrar [enrros'trar] *vt* (*Am*) vorwerfen

enrular [enrru'lar] *vt* (*CSur*) locken

ensaimada [ensai̯'maða] *f Blätterteiggebäck aus Mallorca*

cabello de ángel, einer Art Kürbisgelee, gefüllt sein kann.

ensalada [ensa'laða] *f* Salat *m;* ~ **de frutas** Obstsalat *m*

ensaladera [ensala'ðera] *f* Salatschüssel *f*

ensaladilla [ensala'ðiʎa] *f* (*dulces*) gemischtes Konfekt *nt*

ensalmo [en'salmo] *m* (*conjuro*) Beschwörung *f;* **desaparecer** (**como**) **por ~** wie weggezaubert sein

ensalzar [ensal'θar] <z→c> I. *vt* preisen II. *vr:* ~**se** sich rühmen

ensamblar [ensam'blar] *vt* zusammenfügen

ensanchar [ensan'tʃar] *vt* erweitern; (*hacer más ancho*) verbreitern; (*vestido*) weiter machen

ensanche [en'santʃe] *m* ❶(*ampliación*) Erweiterung *f;* (*de anchura*) Verbreiterung *f* ❷(*ciudad*) neues Stadtviertel *nt;* **zona de ~** Neubaugebiet *nt*

ensangrentar [ensaŋgren'tar] <e→ie> *vt* mit Blut beflecken

ensartar [ensar'tar] *vt* ❶(*perlas*) auffädeln ❷(*pinchar*) aufspießen

ensayar [ensa'ʝar] I. *vt* ❶(*probar*) versuchen; (*examinar*) prüfen ❷(TEAT) proben II. *vr:* ~**se** sich üben (*en* in +*dat*)

ensayista [ensa'ʝista] *mf* Essayist(in) *m(f)*

ensayo [en'saʝo] *m* ❶(TEAT) Probe *f* ❷(LIT) Essay *m o nt* ❸(*prueba*) Test *m;* (*experimento*) Experiment *nt;* **tubo de ~** Reagenzglas *nt*

enseguida [ense'ɣiða] *adv* sofort

ensenada [ense'naða] *f* ❶(*mar*) Bucht *f* ❷(*Arg: corral*) Stall *m*

enseña [en'seɲa] *f* Fahne *f;* (*estandarte*) Banner *nt*

enseñante [ense'ɲante] *mf* Lehrer(in) *m(f)*

enseñanza [ense'ɲanθa] *f* ❶(*sistema*) Bildungswesen *nt;* ~ **primaria** Volksschulwesen *nt;* ~ **privada** Privatschulwesen *nt;* ~

pública öffentliches Schulwesen; ~ **secundaria** Sekundarschulwesen *nt;* ~ **superior** Hochschulwesen *nt* ❷ *(clase)* Unterricht *m;* ~ **a distancia** Fernstudium *nt;* **libertad de** ~ Lehrfreiheit *f;* **método de** ~ Unterrichtsmethode *f;* **dedicarse a la** ~ in der Lehre tätig sein ❸ *(lección)* Lehre *f;* **de lo ocurrido en el pasado no has sacado ninguna** ~ du hast aus der Vergangenheit keine Lehren gezogen

> **i Land & Leute**
>
> Die **ESO** (*Enseñanza Secundaria Obligatoria*) entspricht ungefähr der deutschen Mittelstufe oder Sekundarstufe I – für Schüler und Schülerinnen im Alter von 12 bis 16 Jahren – und unterliegt der allgemeinen Schulpflicht. Die **ESO** ist in zwei Stufen von jeweils zwei Jahren untergliedert. Nach dieser letzten schulpflichtigen Stufe kann man sich für eine der folgenden zwei Möglichkeiten entscheiden: entweder für die *Formación Profesional Específica de Grado Medio*, was in gewisser Weise einer Berufsschule entspricht, oder für den *bachillerato*, was mit der deutschen Oberstufe bzw. Sekundarstufe II vergleichbar ist.

enseñar [ense'ɲar] *vt* ❶ *(instruir)* lehren; *(dar clases)* unterrichten; *(explicar)* erklären; **él me enseñó la poca química que sé** er hat mir das wenige an Chemie beigebracht, das ich weiß; **ella me enseñó a tocar la flauta** sie hat mich Flöte spielen gelehrt; **hay que** ~ **con el ejemplo** man muss mit gutem Beispiel vorangehen; **¡la vida te** ~ **á!** das Leben wird dich zur Räson bringen!; **¡ya te** ~ **é yo a obedecer!** ich werde dich schon Gehorsam lehren! ❷ *(mostrar)* zeigen; **te enseñé a hacer las camas** ich habe dir gezeigt, wie man die Betten macht; ~ **el camino a alguien** jdm den Weg zeigen ❸ *(dejar ver)* zeigen; *(presentar)* vorzeigen; *(exhibir)* vorführen

enseñoramiento [enseɲora'mjento] *m* Bemächtigung *f*

enseñorearse [enseɲore'arse] *vr* sich bemächtigen *(de* +*gen)*

enseres [en'seres] *mpl* Sachen *fpl;* *(útiles)* Gerät *nt;* *(mobiliario)* Einrichtung *f*

ensillar [ensi'ʎar] *vt* satteln

ensimismamiento [ensimisma'mjento] *m* Nachdenklichkeit *f*

ensimismarse [ensimis'marse] *vr* ❶ *(absorberse)* in Gedanken versunken sein; ~ **en recuerdos/una lectura** in Erinnerungen/in eine Lektüre versunken sein ❷ *(Col, Chil: engreírse)* eingebildet werden

ensoberbecerse [ensoβerβe'θerse] *irr como crecer vr* *(persona)* hochmütig werden *(de* durch +*akk)*

ensombrecer [ensombre'θer] *irr como crecer* I. *vt* *(oscurecer)* verdüstern; *(ofuscar)* überschatten II. *vr:* ~ **se** ❶ *(entristecerse)* traurig werden ❷ *(oscurecerse)* sich verdüstern

ensoñar [enso'ɲar] *<o→ue> vt* träumen; *(entusiasmarse)* schwärmen (für +*akk*)

ensopar [enso'par] I. *vt* *(AmS: empapar)* einweichen II. *vr:* ~ **se** *(AmS)* (klatsch)nass werden

ensordecedor(a) [ensorðeθe'ðor(a)] *adj* ohrenbetäubend

ensordecer [ensorðe'θer] *irr como crecer* I. *vi* *(quedarse sordo)* taub werden II. *vt* *(ruido)* betäuben

ensordecimiento [ensorðeθi'mjento] *m sin pl* Taubheit *f*

ensortijado, -a [ensorti'xaðo, -a] *adj* kraus

ensortijar [ensorti'xar] *vt* *(pelo)* kräuseln

ensuciamiento [ensuθja'mjento] *m* Beschmutzung *f*

ensuciar [ensu'θjar] I. *vt* beschmutzen *(con/de* mit +*dat)* II. *vr:* ~ **se** ❶ *(mancharse)* sich schmutzig machen; ~ **se de algo** sich mit etw *dat* beschmutzen ❷ *(fam: excremento)* (sich *dat*) in die Hosen machen

ensueño [en'sweɲo] *m* Traum; **de** ~ traumhaft

entablar [enta'βlar] *vt* ❶ *(conversación)* anfangen; *(negociaciones)* aufnehmen; *(amistad)* (an)knüpfen; *(juicio)* einleiten; ~ **relaciones comerciales** Geschäftsbeziehungen aufnehmen ❷ *(suelo)* dielen ❸ *(ajedrez)* aufstellen

entablillar [entaβli'ʎar] *vt* schienen

entallado, -a [enta'ʎaðo, -a] *adj* tailliert

entallar [enta'ʎar] I. *vt* *(vestido)* auf Taille arbeiten II. *vi.* ~ **se** in der Taille anliegen; **la chaqueta entalla bien** die Jacke sitzt in der Taille gut

entarimado [entari'maðo] *m* Parkett *nt*

ente ['ente] *m* ❶ (FILOS) Wesen *nt* ❷ *(autoridad)* Behörde *f;* **el E~ Público** das öffentliche Fernsehen

enteco, -a [en'teko, -a] *adj* kränklich

entendederas [entende'ðeras] *fpl* *(fam)* Grips *m;* **es muy corto de** ~ er ist schwer von Begriff

entender [eṇteṇ'der] <e→ie> I. *vi* ❶ (*saber*) verstehen ❷ (*ocuparse con*) sich befassen (*en* mit +*dat*) II. *vt* ❶ (*comprender*) verstehen; **lo entendieron mal** sie haben es missverstanden; **si entiendo bien Ud. quiere decir que...** wenn ich Sie recht verstehe, wollen Sie sagen, dass ...; **¿qué entiende Ud. por acuerdo?** was verstehen Sie unter Abmachung?; **ellos ya se harán** ~ sie werden sich schon verständlich machen; **no entiende una broma** er/sie versteht keinen Spaß; **le dio a ~ a su novia que...** er gab seiner Freundin zu verstehen, dass ... ❷ (*creer*) glauben; **yo entiendo que sería mejor si...** +*subj* ich glaube, es wäre besser, wenn ...; **yo no lo entiendo así** ich bin (da) anderer Meinung; **tengo entendido que...** (*según creo*) soweit ich weiß, ...; (*según he oído*) ich habe gehört, dass ... III. *vr:* ~**se** ❶ (*llevarse*) sich verstehen ❷ (*ponerse de acuerdo*) sich verständigen; **para el precio entiéndete con mi socio** über den Preis musst du mit meinem Partner verhandeln ❸ (*fam: liarse*) ein Verhältnis haben ❹ (*fam: desenvolverse*) zurechtkommen; **no me entiendo con este lío de cables** bei diesem Kabelwirrwarr steige ich nicht durch; **¡que se las entienda!** das ist seine/ihre Sache! ❺ (*loc*): **¡yo me entiendo!** ich weiß (schon), was ich sage!; **pero ¿cómo se entiende?** (*fam*) aber was soll das heißen?; **eso se entiende por sí mismo** das versteht sich von selbst IV. *m* Meinung *f*; **a mi** ~ meiner Meinung nach

entendido, -a [eṇteṇ'diðo, -a] I. *adj* ❶ (*listo*) klug; (*experto*) bewandert (*en* in +*dat*); **no se dio por** ~ er stellte sich dumm ❷ (*loc*): **bien** ~ **que...** vorausgesetzt, dass ...; **queda** ~ **que...** es ist selbstverständlich, dass ...; **queda** ~ **que te acompaño a casa** selbstverständlich begleite ich dich nach Hause II. *m, f* Kenner(in) *m(f)*; (*experto*) Sachverständige(r) *mf*; **es un gran** ~ **en informática** er versteht viel von Informatik; **hacerse el** ~ den Klugen spielen

entendimiento [eṇteṇdi'mjeṇto] *m sin pl* ❶ (*razón*) Verstand *m*; (*facilidad de comprensión*) Auffassungsgabe *f*; **obrar con** ~ überlegt handeln; **un hombre de mucho** ~ ein sehr intelligenter Mann ❷ (*acuerdo*) Verständigung *f*

enterado, -a [eṇte'raðo, -a] *adj* (*iniciado*) eingeweiht (*de* in +*akk*); (*conocedor*) vertraut (*de* mit +*dat*); **yo ya estaba** ~ **del incidente** ich wusste schon von dem Zwi-

schenfall; **no se dio por** ~ er stellte sich dumm

enteramente [eṇtera'meṇte] *adv* völlig

enterar [eṇte'rar] I. *vt* ❶ (*informar*) informieren (*de* über +*akk*) ❷ (*Col, Méx, CRi:* COM) (ein)zahlen II. *vr:* ~**se** (*saber de algo*) erfahren; **me enteré de la explosión por la radio** ich habe aus dem Radio von der Explosion erfahren; **no me enteré de nada hasta que me lo dijeron** ich bekam nichts (davon) mit, bis sie es mir sagten; **pasa las hojas sin** ~**se de que lee** er/sie blättert herum, ohne zu verstehen, was er/sie gerade liest; **¡para que se entere!** (*fam*) damit Sie das endlich kapieren!

entereza [eṇte'reθa] *f sin pl* (*determinación*) Beharrlichkeit *f*; (*aplomo*) Sicherheit *f*; (*integridad*) Standhaftigkeit *f*; **a la muerte de su madre demostraron mucha** ~ sie waren sehr tapfer, als ihre Mutter starb

enternecer [eterne'θer] *irr como crecer* I. *vt* (*conmover*) rühren; (*hacer ceder*) erweichen II. *vr:* ~**se** (*conmoverse*) gerührt sein; (*ceder*) weich werden

entero, -a [eṇ'tero, -a] *adj* ❶ (*completo, t.* MAT) ganz; **por** ~ völlig; **se pasa días** ~**s sin decir ni una palabra** er/sie kann tagelang schweigen; **el espejo salió** ~ **de aquí** der Spiegel wurde unversehrt von hier mitgenommen; **la comisión entera se declaró a favor** die Kommission sprach sich geschlossen dafür aus; **el juego de café no está** ~ das Kaffeeservice ist nicht vollständig ❷ (*persona íntegra*) redlich

enterrador(a) [eṇterra'ðor(a)] *m(f)* (*sepulturero*) Totengräber(in) *m(f)*

enterramiento [eṇterra'mjeṇto] *m* ❶ (*entierro*) Begräbnis *nt* ❷ (*sepultura*) Grab *nt*; (*sepulcro*) Grabstätte *f*; **se han descubierto unos** ~**s prehistóricos** man hat prähistorische Grabstätten gefunden

enterrar [eṇte'rrar] <e→ie> I. *vt* ❶ (*a un muerto*) begraben; **¡ésa nos** ~**á a todos!** (*fam fig*) sie wird uns alle überleben! ❷ (*un objeto*) vergraben; (*no muy profundo*) verscharren ❸ (*ilusiones, esperanzas*) begraben II. *vr:* ~**se** (*recluirse*) sich vergraben

entibiar [eṇti'βjar] I. *vt* (*líquido*) lau machen; (*fig*) abkühlen II. *vr:* ~**se** (*líquido*) lau werden; (*fig*) sich abkühlen

entidad [eṇti'ðað] *f* ❶ (FILOS) Wesen *nt* ❷ (*asociación*) Vereinigung *f*; ~ **aseguradora** Versicherungsgesellschaft *f*; ~ **crediticia** Kreditbank *f*; ~ **jurídica** Körperschaft *f*

entierro [en'tjerro] *m* ❶ (*ceremonia*) Beerdigung *f*; **¡no pongas esa cara de ~!** mach doch nicht so eine Trauermiene! ❷ (*comitiva*) Leichenzug *m*

entintar [entin'tar] *vt* (*manchar*) mit Tinte beschmieren; (*teñir*) färben; (*TIPO*) einfärben

entoldar [entol'dar] *vt* mit einem Sonnendach versehen

entonación [entona'θjon] *f* (*LING*) Intonation *f*

entonar [ento'nar] **I.** *vi* ❶ (*canción*) den Ton halten ❷ (*armonizar*) passen (*con* zu +*dat*); **los colores de las cortinas no entonan con los de la pared** die Farben der Vorhänge beißen sich mit denen der Wand **II.** *vt* ❶ (*canción*) anstimmen ❷ (*fortalecer*) stärken

entonces [en'tonθes] *adv* ❶ (*temporal*) damals; **desde ~** seitdem; **hasta ~** bis dahin; **en** [*o por*] **aquel ~** damals ❷ (*modal*) dann; **¿y ~ qué pasó?** na, und was geschah dann?; **¿pues ~** por qué te **extraña si no vienen?** ja, dann brauchst du dich nicht zu wundern, wenn sie nicht kommen!; **¡~!** also das will ich meinen!; **si lo amas ¿~ por qué no se lo dices?** wenn du ihn liebst, warum sagst du es ihm dann nicht?

entontecer [entonte'θer] *irr como crecer* **I.** *vi, vr:* **~se** verblöden **II.** *vt* verdummen

entornar [entor'nar] *vt* (*puerta*) anlehnen

entorno [en'torno] *m* Umgebung *f*; (*medio ambiente*) Umwelt *f*; (*mundillo*) Milieu *nt*; (*condiciones*) Rahmenbedingungen *fpl*

entorpecer [entorpe'θer] *irr como crecer* *vt* ❶ (*movimiento*) lähmen; **el frío me entorpecía los dedos** die Kälte ließ meine Finger erstarren ❷ (*dificultar*) behindern; (*retrasar*) verzögern ❸ (*sentidos*) betäuben

entorpecimiento [entorpeθi'mjento] *m sin pl* ❶ (*torpeza*) Zerfahrenheit *f* ❷ (*obstáculo*) Hindernis *m*

entrada [en'traða] *f* ❶ (*puerta*) Eingang *m*; (*para coche*) Einfahrt *f*; **~ a la autopista** Autobahnauffahrt *f*; **~ trasera** Hintereingang *m* ❷ (*traspaso*) Eintritt *m*; (*MIL*) Einmarsch *m*; **se prohíbe la ~** Zutritt verboten!; **los deportistas hicieron su ~ en la ciudad** die Sportler liefen in die Stadt ein ❸ (*comienzo*) Beginn *m*; (*en un cargo*) Antritt *m*; **~ en funciones** Amtsantritt *m*; **~ en vigor** Inkrafttreten *nt* ❹ (*cine, teatro*) Eintrittskarte *f*; **~ gratuita** Freikarte *f*; **~ libre** Eintritt frei ❺ (*público*) Zuschauer *mpl*; (*hospital*) Zugänge *mpl*; **en el estreno hubo una gran ~** bei der Uraufführung war viel Publikum anwesend ❻ (*GASTR*) Vorspeise *f* ❼ *pl* (*pelo*) Geheimratsecken *fpl* ❽ (*MÚS*) Einsatz *m;* **dar la ~** den Einsatz geben ❾ (*en diccionario*) Eintrag *m* ❿ (*depósito*) Anzahlung *f*; **ya hemos dado la ~ para el piso** wir haben schon die erste Rate für die Wohnung bezahlt ⓫ (*COM*) Eingang *m;* **~ de pedidos** Auftragseingang *m* ⓬ (*FIN*): **~s y salidas** Einnahmen und Ausgaben ⓭ (*INFOR*) Eingabe *f* ⓮ (*loc*): **de ~** auf den ersten Blick; **así de ~ tu idea no me pareció mal** zunächst schien mir deine Idee gar nicht schlecht

entrado, -a [en'traðo, -a] *adj:* **un señor ~ en años** ein älterer Herr; **llegamos entrada la noche** wir kamen erst in der Nacht an; **hasta muy ~ el siglo XVII** bis spät ins XVII. Jahrhundert hinein

entrador(a) [entra'ðor(a)] *adj* ❶ (*AmS: animoso*) tapfer; (*atrevido*) mutig ❷ (*Arg: simpático*) nett ❸ (*Am: enamoradizo*) schwärmerisch ❹ (*Chil: entremetido*) zudringlich ❺ (*Guat, Nic: compañero*) kameradschaftlich

entramado [entra'maðo] *m* ❶ (*INFOR*) Verflechtung *f* ❷ (*ARQUIT*) Fachwerk *nt;* **~ del tejado** Dachstuhl *m* ❸ (*relaciones*) Verflechtung *f*

entrampar [entram'par] **I.** *vt* ❶ (*animal*) in eine Falle locken ❷ (*engañar*) betrügen ❸ (*fam: embrollar*) komplizieren ❹ (*fam: deudas*) mit Schulden belasten **II.** *vr:* **~se** Schulden machen

entrante [en'trante] *adj* (*próximo*) kommend; **a primeros del mes ~** Anfang nächsten Monats

entraña [en'traɲa] *f* ❶ *pl* (*órganos*) Eingeweide *ntpl;* **echar las ~s** (*fam*) sich übergeben; **¡hijo de mis ~s!** (*fam*) mein Herzblatt!; **por mis hijos doy las ~s** (*fam*) für meine Kinder würde ich alles hergeben ❷ (*lo esencial*) Kern *m* ❸ *pl* (*carácter*) Charakter *m;* **de buenas ~s** gutherzig ❹ *pl* (*interior*) Innerste(s) *nt;* **las ~s de la tierra** das Erdinnere

entrañable [entra'ɲaβle] *adj* innig

entrañar [entra'ɲar] *vt* mit sich bringen; **~ graves peligros** große Risiken in sich bergen

entrar [en'trar] **I.** *vi* ❶ (*pasar*) hineingehen (*a/en* in +*akk*); (*vehículo*) hineinfahren (*a/en* in +*akk*); (*barco*) einlaufen (*a/en* in +*akk*); (*MIL*) einmarschieren (*en* in +*akk*); **~ por la ventana** durch das Fenster einsteigen; **el tren entra en la estación** der Zug fährt in den Bahnhof ein; **¡entre!** herein!; **me entró por un oído y me**

salió por otro das ist mir zum einen Ohr hineingegangen und zum anderen wieder hinaus ❷ (*caber*) hineinpassen; ~ **en el armario** in den Schrank passen; **el corcho no entra en la botella** der Korken geht nicht in die Flasche; **por fin he hecho ~ el tapón** endlich habe ich den Stöpsel hineinbekommen ❸ (*zapato, ropa*) passen; **no me entra el anillo** der Ring passt mir nicht ❹ (*con autorización*) Zutritt haben (*en* zu +*dat*) ❺ (INFOR) (sich) einloggen ❻ (*empezar*) beginnen; **el verano entra el 21 de junio** der Sommer beginnt am 21. Juni; ~ **en relaciones con alguien** Beziehungen zu jdm aufnehmen; **después entré a trabajar en una casa más rica** dann begann ich in einem reicheren Haushalt zu arbeiten; **cuando entró de alcalde...** als er als Bürgermeister antrat, ... ❼ (*penetrar*) hineingehen; **el clavo entró en la pared** der Nagel ging in die Wand; **¡no me entra en la cabeza cómo pudiste hacer eso!** ich begreife nicht, wie du so etwas tun konntest! ❽ (*como miembro*) eintreten (*en* in +*akk*); ~ **en la Academia de Ciencias** in die Akademie der Wissenschaften aufgenommen werden ❾ (*formar parte*) **en un kilo entran tres panochas** auf ein Kilo kommen drei Maiskolben; **eso no entraba en mis cálculos** damit habe ich nicht gerechnet; **en esta receta no entran huevos** bei diesem Rezept sind keine Eier vorgesehen ❿ (MÚS) einsetzen ⓫ (*loc*): **no ~ en detalles** nicht auf Einzelheiten eingehen; ~ **en calor** warm werden; **me entró la tentación** es überkam mich die Versuchung; **me entró un mareo** mir wurde schwindlig; **me entró el sueño** ich wurde müde; **me entró el hambre** ich bekam Hunger; **esperemos que no te entre la gripe** hoffentlich bekommst du keine Grippe; **le ha entrado la costumbre de...** er/sie hat es sich *dat* zur Gewohnheit gemacht zu ...; **las matemáticas no me entran** (*fam*) Mathematik begreife ich einfach nicht; **su hermano no me entra** (*fam*) ich kann seinen/ihren Bruder nicht leiden; **a él no sabes como ~ le** man weiß nicht, wie man an ihn rankommen kann; **yo en eso no entro** [*o* **ni entro ni salgo**] (*fam*) damit habe ich nichts zu schaffen **II.** *vt* hineinbringen (*en* in +*akk*); (*vehículo*) hineinfahren (*en* in +*akk*); ~ **el coche en el garaje** das Auto in die Garage (hinein)fahren

entre [ˈentre] *prep* ❶ (*local, temporal*) zwischen +*dat*; **salir de ~ las ramas** aus den Zweigen hervorkommen; **pasar por ~ las mesas** zwischen den Tischen durchgehen; ~ **semana** unter der Woche; **ven ~ las cinco y las seis** komm zwischen fünf und sechs; ~ **tanto** inzwischen; **le cuento ~ mis amigos** ich zähle ihn zu meinen Freunden; **un ejemplo ~ muchos** ein Beispiel unter vielen; **el peor ~ todos** der Schlimmste von allen; **llegaron veinte ~ hombres y mujeres** es kamen zwanzig, teils Männer, teils Frauen; **se la llevaron ~ cuatro hombres** sie trugen sie zu viert heraus; **lo hablaremos ~ nosotros** wir werden unter uns darüber sprechen; ~ **el taxi y la entrada me quedé sin dinero** das Taxi und die Eintrittskarte raubten mir mein ganzes Geld; **lo dije ~ mí** ich sagte es für mich ❷ (*con movimiento*) zwischen +*akk*; **¡guárdalo ~ los libros!** leg es zwischen die Bücher!; **me senté ~ los dos** ich setzte mich zwischen die beiden ❸ (MAT) durch +*akk*

entreabierto, -a [entreaˈβjerto, -a] *adj* halb offen

entreabrir [entreaˈβrir] *irr como* **abrir** *vt* halb öffnen

entreacto [entreˈakto] *m* (*intermedio*) Pause *f*

entrecano, -a [entreˈkano, -a] *adj* graumeliert

entrecejo [entreˈθexo] *m* (*ceño*) Stirnrunzeln *nt;* **fruncir el ~** die Stirn runzeln

entrechocar [entretʃoˈkar] <c→qu> *vi, vr:* ~ **se** aneinander stoßen

entrecomillar [entrekomiˈʎar] *vt* in Anführungszeichen setzen

entrecortado, -a [entrekorˈtaðo, -a] *adj* (*respiración*) stoßweise; (*voz*) stockend; **con la voz entrecortada por los sollozos** mit von Tränen erstickter Stimme

entrecortar [entrekorˈtar] *vt* unterbrechen

entrecot [entreˈkot] *m* <entrecots> (GASTR) Entrecote *nt*

entrecruzar [entrekruˈθar] <z→c> **I.** *vt* kreuzen; (*cintas*) flechten **II.** *vr:* ~ **se** sich kreuzen

entredicho [entreˈðitʃo] *m* ❶ (*prohibición*) Verbot *nt* ❷ (*loc*): **poner algo en ~** etw in Zweifel ziehen; **poner en ~ la veracidad** die Glaubwürdigkeit in Frage stellen

entrega [enˈtreɣa] *f* ❶ (*dedicación*) Engagement *nt* ❷ (*fascículo*) Lieferung *f;* **novela por ~s** Fortsetzungsroman *m* ❸ (*de documentos*) Übergabe *f;* (*ceremonia*) Überreichung *f;* ~ **de premios** Preisverleihung *f;* ~ **de títulos** (UNIV) Diplomverleihung *f;* **hacer ~ de algo** etw überreichen ❹ (COM) Lieferung *f;* ~ **a domicilio**

Lieferung frei Haus; **talón de** ~ Lieferschein *m;* **pagadero a la** ~ zahlbar bei Lieferung ❺ (MIL) Übergabe *f;* (*de prisioneros*) Auslieferung *f*

entregar [eŋtre'ɣar] <g→gu> **I.** *vt* abgeben (*a* bei +*dat*); (COM) abliefern (*a* bei +*dat*); (*dar, t. piso, t.* MIL) übergeben; (*carta*) aushändigen; (*en ceremonia*) überreichen; (*premio*) verleihen; (*prisioneros*) ausliefern; ~ **la** (*fam fig*) ins Gras beißen **II.** *vr:* ~ **se** ❶ (*desvivirse*) sich widmen (*a* +*dat*); ~ **se a la bebida** anfangen zu trinken ❷ (*delincuente*) sich stellen ❸ (MIL) sich ergeben ❹ (*sexo*) sich hingeben

entrelazar [eŋtrela'θar] <z→c> *vt,* ~ **se** (sich) verflechten

entremedias [eŋtre'meðjas] *adv* ❶ (*local*) dazwischen; ~ **de...** zwischen ... +*dat* ❷ (*temporal*) währenddessen

entremés [eŋtre'mes] *m* (GASTR) Vorspeise *f*

entremeterse [eŋtreme'θerse] *vr* sich einmischen (*en* in +*akk*)

entremetido, -a [eŋtreme'tiðo, -a] **I.** *adj* naseweis **II.** *m, f* Naseweis *m*

entremezclar [eŋtremeθ'klar] *vt* vermischen

entrenador(a) [eŋtrena'ðor(a)] *m(f)* (DEP) Trainer(in) *m(f)*

entrenamiento [eŋtrena'mjeŋto] *m* ❶ (DEP) Training *nt* ❷ (*práctica*) Übung *f*

entrenar [eŋtre'nar] **I.** *vt* trainieren; (*perro*) abrichten **II.** *vr:* ~ **se** trainieren

entrepierna [eŋtre'pjerna] *f* ❶ (*muslo*) Innenseite *f* des Oberschenkels; **esto se me pasa por la** ~ (*vulg*) das geht mir am Arsch vorbei ❷ (*del pantalón*) (Hosen)zwickel *m* ❸ (*Chil: de baño*) Badehose *f*

entreplanta [eŋtre'plaŋta] *f* Zwischenstock *m*

entresacar [eŋtresa'kar] <c→qu> *vt* ❶ (*escoger*) heraussuchen (*de* aus +*dat*); (*elegir*) auswählen (*de* aus +*dat*) ❷ (*pelo*) ausdünnen

entresijo [eŋtre'sixo] *m* ❶ (ANAT) Gekröse *nt* ❷ *pl* (*cosas escondidas*) Geheimnisse *ntpl*

entresuelo [eŋtre'swelo] *m* Zwischengeschoss *nt*

entretanto [eŋtre'taŋto] *adv* inzwischen

entretecho [eŋtre'tetʃo] *m* (*CSur: desván*) Dachboden *m*

entretejer [eŋtrete'xer] *vt* ❶ (*meter*) einweben; (*fig*) einflechten ❷ (*entrelazar*) verflechten

entretela [eŋtre'tela] *f* Zwischenfutter *nt*

entretener [eŋtrete'ner] *irr como tener* **I.** *vt* ❶ (*detener*) aufhalten ❷ (*apartar la*

atención) ablenken ❸ (*divertir*) unterhalten; **sabe como** ~ **a los niños** er/sie kann Kinder gut bei Laune halten ❹ (*asunto*) hinauszögern; ~ **a alguien con excusas** jdn mit Ausreden vertrösten **II.** *vr:* ~ **se** ❶ (*pasar el rato*) sich *dat* die Zeit vertreiben; ~ **con revistas** sich *dat* die Zeit mit Zeitschriftenlesen vertreiben ❷ (*tardar*) aufgehalten werden; **¡no te entretengas!** beeil dich! ❸ (*apartar la atención*) sich ablenken lassen (*con* von +*dat*)

entretenido, -a [eŋtrete'niðo, -a] *adj* unterhaltsam

entretenimiento [eŋtreteni'mjeŋto] *m* ❶ (*diversión*) Unterhaltung *f;* (*pasatiempo*) Zeitvertreib *m;* **en el bosque hay mucho** ~ **para los niños** im Wald gibt es viele interessante Dinge für die Kinder ❷ (*conservación*) Erhaltung *f*

entretiempo [eŋtre'tjempo] *m sin pl* Übergangszeit *f*

entrever [eŋtre'βer] *irr como ver* *vt* ❶ (*objeto*) undeutlich sehen ❷ (*sospechar*) ahnen; (*intenciones*) durchschauen

entrevista [eŋtre'βista] *f* ❶ (PREN) Interview *nt;* **hacer una** ~ **a alguien** jdn interviewen ❷ (*reunión*) Besprechung *f;* ~ **de trabajo** Vorstellungsgespräch *nt*

entrevistador(a) [eŋtreβista'ðor(a)] *m(f)* Interviewer(in) *m(f)*

entrevistar [eŋtreβis'tar] **I.** *vt* interviewen **II.** *vr:* ~ **se** sich treffen

entristecer [eŋtriste'θer] *irr como crecer* **I.** *vt* traurig machen **II.** *vr:* ~ **se** traurig werden

entristecimiento [eŋtristeθi'mjeŋto] *m* Traurigkeit *f*

entrometerse [eŋtrome'terse] *vr* sich einmischen (*en* in +*akk*)

entrometido, -a [eŋtrome'tiðo, -a] *adj o m, f v.* **entremetido**

entrometimiento [eŋtrometi'mjeŋto] *m* Einmischen *nt*

entroncar [eŋtroŋ'kar] <c→qu> *vi* ❶ (*tener parentesco*) verwandt sein ❷ (*Am: tren*) Anschluss haben (*con* an +*akk*)

entronizar [eŋtroni'θar] <z→c> **I.** *vt* auf den Thron erheben **II.** *vr:* ~ **se** eingebildet werden

entronque [eŋ'troŋke] *m* ❶ (*parentesco*) Verwandtschaft *f* ❷ (*Am: tren*) Anschluss *m*

entrucharse [eŋtru'tʃarse] *vr* (*Méx*) ❶ (*entremeterse*) sich einmischen ❷ (*enamorarse*) sich unsterblich verlieben

entuerto [eŋ'twerto] *m* (*agravios*) Unrecht *nt*

entumecerse [eŋtume'θerse] *irr como cre-*

cer vr einschlafen

entumecido, -a [eṇtume'θiðo, -a] *adj* (*pierna*) taub; (*rígido*) erstarrt

enturbiar [eṇtur'βjar] *vt* trüben

entusiasmar [eṇtusjas'mar] **I.** *vt* begeistern **II.** *vr:* ~**se** sich begeistern (*con/por* für +*akk*)

entusiasmo [eṇtu'sjasmo] *m sin pl* Begeisterung *f*

entusiasta [eṇtu'sjasta] **I.** *adj* begeistert **II.** *mf:* una ~ **del ballet** eine große Anhängerin des Balletts

entusiástico, -a [eṇtu'sjastiko, -a] *adj* begeistert

enumeración [enumera'θjon] *f* Aufzählung *f*

enumerar [enume'rar] *vt* aufzählen; (*escrito*) aufführen

enunciado [enuṇ'θjaðo] *m* ❶ (*de problema*) Darlegung *f* ❷ (*texto*) Wortlaut *m* ❸ (LING) Aussage *f*

enunciar [enuṇ'θjar] *vt* (*explicar*) erläutern

enunciativo, -a [enuṇθja'tiβo, -a] *adj:* oración enunciativa Aussagesatz *m*

envalentonar [embaleṇto'nar] **I.** *vt* ermutigen **II.** *vr:* ~**se** prahlen

envanecer [embane'θer] *irr como crecer* **I.** *vt* stolz machen **II.** *vr:* ~**se** ❶ (*enorgullecerse*) stolz sein (*de* auf +*akk*) ❷ (*engreírse*) eingebildet werden

envanecimiento [embaneθi'mjeṇto] *m sin pl* Anmaßung *f*; (*orgullo*) Stolz *m*

envarado, -a [emba'raðo, -a] *adj* steif; (*estirado*) hochnäsig

envarar [emba'rar] **I.** *vt* lähmen **II.** *vr:* ~**se** ❶ (*miembro*) starr werden ❷ (*persona*) hochmütig werden

envasar [emba'sar] *vt* abfüllen

envase [em'base] *m* ❶ (*paquete*) Verpackung *f*; (*recipiente*) Behälter *m*; (*botella*) Flasche *f* ❷ *pl* (*cascos*) Leergut *nt* ❸ (*acción*) Abfüllen *nt*; ~ **al vacío** Vakuumverpackung *f*

envejecer [embexe'θer] *irr como crecer* **I.** *vt* alt machen **II.** *vr:* ~**se** altern

envejecimiento [embexeθi'mjeṇto] *m sin pl* Älterwerden *nt*

envenenar [embene'nar] *vt* vergiften

envergadura [emberɣa'ðura] *f* (*importancia*) Bedeutung *f*

envés [em'bes] *m* Rückseite *f*

enviado, -a [embi'aðo, -a] *m, f* Abgesandte(r) *mf*; ~ **especial** (PREN, TV, RADIO) Sonderberichterstatter *m*

enviar [embi'ar] <*1. pres:* envío> *vt* schicken; (*despachar*) absenden; (*circular*) versenden; (*telegrama*) aufgeben; ~ (**a**) **por algo a alguien** jdn etw holen lassen;

~ **por correo** mit der Post schicken; **la ONU** ~**á a un mediador** die UNO wird einen Vermittler entsenden

envidia [em'bidja] *f* Neid *m*; **tener** ~ **a alguien** jdn beneiden; **tener** ~ **de algo** auf etw neidisch sein; **daba** ~ **verlo de lo guapo que iba** er sah beneidenswert gut aus; **lo corroe la** ~ er wird vom Neid zerfressen

envidiable [embi'djaβle] *adj* beneidenswert

envidiar [embi'ðjar] *vt* beneiden (*por* um +*akk*); **¡mucho tienes tú que** ~**le a ella!** (*irón*) du hast gar keinen Grund sie zu beneiden!

envidioso, -a [embi'djoso, -a] *adj* neidisch (*de* auf +*akk*)

envilecer [embile'θer] *irr como crecer* **I.** *vt* herabwürdigen **II.** *vr:* ~**se** verkommen; (*humillarse*) sich erniedrigen

envío [em'bio] *m* Sendung *f*; (*expedición*) Versand *m*; ~ **a domicilio** Lieferung frei Haus; ~ **certificado** Einschreib(e)sendung *f*; ~ **contra reembolso** Nachnahmesendung *f*; ~ **urgente** Eilsendung *f*; ~ **con valor declarado** Wertsendung *f*; **gastos de** ~ Versandkosten *pl*

envite [em'bite] *m* ❶ (*en juegos: apuesta*) Gebot *nt* ❷ (*fig: ofrecimiento*) Angebot *nt* ❸ (*empujón*) Stoß *m*; **al primer** ~ auf einmal

enviudar [embju'ðar] *vi* verwitwen

envoltorio [embol'torjo] *m* ❶ (*lío*) Bündel *nt* ❷ (*embalaje*) Verpackung *f*

envoltura [embol'tura] *f* (*embalaje*) Verpackung *f*; **en** ~ **original** originalverpackt

envolver [embol'βer] *irr como volver vt* ❶ (*en papel*) einwickeln (*con/en* in +*akk*); (*empaquetar*) einpacken (*en/con* in +*akk*); (*en ropa*) einhüllen (*con/en* in +*akk*); ~ **en papel de regalo** als Geschenk einpacken ❷ (*mezclar*) verwickeln

envuelto, -a [em'bweḷto, -a] *pp de* **envolver**

enyesar [enɟe'sar] *vt* eingipsen

enzarzar [eṇθar'θar] <z→c> **I.** *vt* ❶ (*muro*) mit Dornen bedecken ❷ (*enemistar*) in einen Streit verwickeln **II.** *vr:* ~**se** ❶ (*enredarse*) im Gestrüpp hängen bleiben ❷ (*tener dificultades*) sich in Ungelegenheiten bringen; **se** ~**on en una pelea** sie sind aneinander geraten

enzima [eṇ'θima] *m o f* Enzym *nt*

eñe [eɲe] *f* Ñ, ñ *nt*

eólico, -a [e'oliko, -a] *adj* Wind-; **central eólica** Windkraftwerk *nt*

epa ['epa] *interj* (*Am*) he; (*Chil*) auf

épica ['epika] *f sin pl* Epik *f*

epicentro [epi'θeɳtro] *m* Epizentrum *nt*

épico, -a ['epiko, -a] *adj* episch; **poema ~** Epos *nt*

epidemia [epi'ðemja] *f* Epidemie *f*

epidemiología [epiðemjolo'xia] *f sin pl* Epidemiologie *f*

epidermis [epi'ðermis] *f inv* (ANAT, BOT) Epidermis *f*

epígrafe [e'piɣrafe] *m* ❶ (*inscripción*) Inschrift *f* ❷ (*título*) Überschrift *f* ❸ (*consigna*) Motto *nt*

epigrama [epi'ɣrama] *m* ❶ (*en piedra*) Inschrift *f* ❷ (*poema*) Epigramm *nt*

epilepsia [epi'leβsja] *f* Epilepsie *f*

epiléptico, -a [epi'leptiko, -a] **I.** *adj* epileptisch **II.** *m, f* Epileptiker(in) *m(f)*

epílogo [e'piloɣo] *m* (*de libro*) Nachwort *nt*

episcopado [episko'paðo] *m* ❶ (*cargo*) Bischofsamt *nt* ❷ (*comunidad*) Episkopat *nt*

episcopal [episko'pal] *adj* bischöflich; **sede ~** Bischofssitz *m*

episódico, -a [epi'soðiko, -a] *adj* episodisch

episodio [epi'sodjo] *m* ❶ (*suceso, t.* MÜS, LIT) Episode *f* ❷ (*parte*) Teil *m*

epistemología [epistemolo'xia] *f sin pl* (FILOS) Epistemologie *f*

epístola [e'pistola] *f* ❶ (REL: *carta*) Brief *m*; **~s de San Pablo** Briefe des Apostels Paulus ❷ (*subdiácono*) Unterdiakonat *nt* ❸ (LIT) Epistel *f*

epitafio [epi'tafjo] *m* Grabschrift *f*

época ['epoka] *f* ❶ (HIST) Epoche *f*; **coches de ~** Oldtimer *mpl*; **muebles de ~** Stilmöbel *ntpl*; **trajes de ~** historische Trachten; **un invento que hizo ~** eine Epoche machende Erfindung ❷ (*tiempo*) Zeit *f*; **~ de las lluvias** Regenzeit *f*; **es la ~ más calurosa del año** das ist die wärmste Jahreszeit; **en aquella ~** damals

epopeya [epo'peɟa] *f* (LIT) Epos *nt*

equidad [eki'ðaᵈ] *f sin pl* ❶ (*justicia*) Gerechtigkeit *f* ❷ (*de precios*) Mäßigkeit *f*

equidistancia [ekiðis'taɳθja] *f* (MAT) Äquidistanz *f*

equidistar [ekiðis'tar] *vi* gleich weit entfernt sein (*de* von +*dat*)

equilátero, -a [eki'latero, -a] *adj* gleichseitig

equilibrado, -a [ekili'βraðo, -a] *adj* ausgeglichen; (*dieta, programa*) ausgewogen; (*sensato*) vernünftig

equilibrar [ekili'βrar] *vt, vr:* **~se** (sich) ausgleichen

equilibrio [eki'liβrjo] *m* ❶ (*en general*) Gleichgewicht *nt*; **mantener el ~** das

Gleichgewicht halten; **alguien le hizo perder el ~** jemand brachte ihn aus dem Gleichgewicht ❷ (*contrapeso*) Gegengewicht *nt* ❸ (*armonía, mesura*) Ausgewogenheit *f* ❹ (*loc*): **hacer ~s** sich auf einer Gratwanderung befinden; **para llegar a fin de mes tengo que hacer muchos ~s** (*fam*) es wird für mich ganz schön schwierig werden, diesen Monat über die Runden zu kommen

equilibrista [ekili'βrista] *mf* Seiltänzer(in) *m(f)*

equino, -a [e'kino, -a] *adj* Pferde-

equipaje [eki'paxe] *m* (*maletas*) Gepäck *nt*; **entrega de ~s** Gepäckausgabe *f*; **exceso de ~** Übergepäck *nt*; **registro de ~** Zollkontrolle *f*

equipamiento [ekipa'mjeɳto] *m* Ausstattung *f*, Ausrüstung *f*; **~ industrial** Industrieanlagen *fpl*; **~ de serie** Serienausstattung *f*; **~ técnico** technische Anlagen

equipar [eki'par] *vt* ausrüsten (*con/de* mit +*dat*); (*de ropa, un lugar*) ausstatten (*con/de* mit +*dat*)

equiparación [ekipara'θjon] *f* Angleichung *f* (*con* an +*akk*)

equiparar [ekipa'rar] *vt* ❶ (*igualar*) angleichen (*con* an +*akk*) ❷ (*comparar*) vergleichen (*con* mit +*dat*)

equipo [e'kipo] *m* ❶ (*grupo*) Team *nt*; (*turno*) Schicht *f*; **~ gestor** Management *nt*; **~ de investigadores** Forschungsgruppe *f*; **trabajo en ~** Teamarbeit *f* ❷ (DEP) Mannschaft *f*; **~ de fútbol** Fußballmannschaft *f*; **carrera por ~s** Mannschaftsrennen *nt*; **caerse con todo el ~** (*fam fig*) völlig scheitern ❸ (*utensilios*) Ausrüstung *f*; **~ de alta fidelidad** Hi-Fi-Anlage *f*; **~ productivo** Produktionsapparat *m*; **bienes de ~** Investitionsgüter *ntpl*

equis ['ekis] **I.** *adj inv* x; **rayos ~** Röntgenstrahlen *mpl*; **~ euros** X Euro; **el señor ~** Herr Sowieso **II.** *f inv* ❶ (*letra*) X, x *nt*; **el proyecto de construcción tiene forma de ~** das Bauprojekt ist x-förmig angelegt ❷ (*Col: serpiente*) Giftviper *f*

equitación [ekita'θjon] *f sin pl* Reitsport *m*; (*montar*) Reiten *nt*; **escuela de ~** Reitschule *f*

equitativamente [ekitatiβa'meɳte] *adv* gerechterweise

equitativo, -a [ekita'tiβo, -a] *adj* gerecht; **hicieron un reparto ~ de las ganancias** der Gewinn wurde gleichmäßig aufgeteilt

equivalencia [ekiβa'leɳθja] *f* Gleichwertigkeit *f*; (LING, MAT) Äquivalenz *f*

equivalente [ekiβa'leɳte] **I.** *adj* gleichwertig (*a* mit +*dat*); (LING, MAT) äquivalent; (*sig-*

nificado) gleichbedeutend (*a* mit +*dat*); (*correspondiente*) entsprechend; **una cantidad ~ a diez dólares** eine Summe, die zehn Dollar entspricht **II.** *m* Äquivalent *nt;* **el ~ a diez días de trabajo** das Äquivalent für zehn Arbeitstage

equivaler [ekiβaˈler] *irr como valer vi* entsprechen (*a* +*dat*); **la negativa equivaldría a la ruptura de las negociaciones** eine Absage käme einem Abbruch der Beziehungen gleich; **lo que equivale a decir que...** was nichts anderes bedeutet, als dass ...

equivocación [ekiβokaˈθjon] *f* Irrtum *m;* (*error*) Fehler *m;* (*malentendido*) Missverständnis *nt;* (*confusión*) Verwechslung *f;* **por ~** aus Versehen

equivocadamente [ekiβokaðaˈmen̪te] *adv* irrtümlicherweise

equivocar [ekiβoˈkar] <c→qu> **I.** *vt* ❶ (*confundir*) verwechseln; **equivoqué los sobres de las cartas** ich habe die Briefumschläge vertauscht ❷ (*desconcertar*) durcheinander bringen **II.** *vr:* ~ **se** sich irren (*de/en* in +*dat*); ~ **se de camino** sich verlaufen (*de/en* in +*dat*); ~ **se de carretera** sich verfahren; ~ **se al escribir** sich verschreiben; ~ **se al escribir** (**a máquina**) sich vertippen; ~ **se al hablar** sich versprechen; ~ **se al hacer una cuenta** sich verrechnen; ~ **se al leer** sich verlesen; ~ **se de número** (**de teléfono**) sich verwählen; ~ **se de tranvía** in die falsche Straßenbahn einsteigen; ~ **se de puerta** sich in der Tür irren

equivoco [ekiˈβoko] *m* (*Am*) Irrtum *m*

equívoco, -a [eˈkiβoko, -a] *adj* ❶ (*con dos sentidos*) zweideutig ❷ (*dudoso*) zweifelhaft

era¹ [ˈera] *f* ❶ (*período*) Zeitalter *nt;* ~ **postcomunista** postkommunistische Ära; ~ **terciaria** Tertiär *nt* ❷ (*para trigo*) Tenne *f*

era² [ˈera] *3. imp de* ser

erario [eˈrarjo] *m* Fiskus *m;* **el ~ público** die Staatskassen

ere [ˈere] *f* R, r *nt*

erección [erekˈθjon] *f* ❶ (*del pene*) Erektion *f* ❷ (*de monumentos*) Errichtung *f*

erecto, -a [eˈrekto, -a] *adj* (*tieso*) steif; (*púas*) aufgestellt

eremita [ereˈmita] *mf* Einsiedler(in) *m(f)*

eres [ˈeres] *2. pres de* ser

ergonomía [erɣonoˈmia] *f sin pl* Ergonomie *f*

erguido, -a [erˈɣiðo, -a] *adj* (*derecho*) aufrecht

erguir [erˈɣir] *irr* **I.** *vt* aufrichten; ~ **el**

cuello den Hals (lang) strecken; **con la cabeza erguida** hocherhobenen Hauptes **II.** *vr:* ~ **se** ❶ (*ponerse derecho*) sich aufrichten; ~ **se en una silla** sich gerade hinsetzen; **el perro se irguió sobre las patas traseras** der Hund stellte sich auf die Hinterpfoten ❷ (*engreírse*) eingebildet sein

erial [eˈrjal] **I.** *adj* brach(liegend) **II.** *m* Brache *f*

erigir [eriˈxir] <g→j> **I.** *vt* ❶ (*construir*) errichten; ~ **un andamio** ein Gerüst aufstellen ❷ (*fundar*) (be)gründen ❸ (*nombrar*) ernennen; **la erigieron presidente** sie wurde zur Präsidentin ernannt **II.** *vr:* ~ **se** (*declararse*) sich (selbst) erklären (*en* zu +*dat*); (*hacer de*) auftreten (*en* als +*nom*)

erizado, -a [eriˈθaðo, -a] *adj* ❶ (BOT) stachelig ❷ (*pelo*) borstig

erizar [eriˈθar] <z→c> **I.** *vt* ❶ (*el pelo*) sträuben; **el frío me erizó el vello** ich bekam vor Kälte eine Gänsehaut; **el miedo me erizó los cabellos** mir standen vor Angst die Haare zu Berge ❷ (*un asunto*) erschweren; **estar erizado de dificultades** mit Schwierigkeiten gespickt sein; **la vida está erizada de espinas** das Leben ist voller Dornen; **el camino está erizado de obstáculos** der Weg ist mit Hindernissen gepflastert **II.** *vr:* ~ **se** ❶ (*pelo*) sich sträuben; **mis cabellos se ~ on del susto** mir standen vor Schreck die Haare zu Berge; **se me erizó el vello de tanto frío** ich bekam vor lauter Kälte eine Gänsehaut ❷ (*persona*) nervös werden

erizo [eˈriθo] *m* ❶ (*mamífero*) Igel *m* ❷ (*pez*) Igelfisch *m* ❸ (*del castaño*) Kastanienschale *f* ❹ (*de mar*) Seeigel *m* ❺ (*fam: persona*) Brummbär *m* ❻ (*defensa*) Stacheldraht *m*

ermita [erˈmita] *f* (*capilla*) Kapelle *f;* (*de peregrinación*) Wallfahrtskirche *f*

ermitaño¹ [ermiˈtaɲo] *m* (ZOOL) Einsiedlerkrebs *m*

ermitaño, -a² [ermiˈtaɲo, -a] *m, f* ❶ (*asqueta*) Einsiedler(in) *m(f)* ❷ (*persona poco sociable*) Einzelgänger(in) *m(f);* **ser un ~** sehr zurückgezogen leben

erogación [eroɣaˈθjon] *f* ❶ (*Arg, Méx, Par: pago*) Zahlung *f* ❷ (*Ven: donativo*) Spende *f*

erogar [eroˈɣar] <g→gu> *vt* (*Arg: pagar*) zahlen; (*bienes*) verteilen

erógeno, -a [eˈroxeno, -a] *adj* erogen

erosión [eroˈsjon] *f* ❶ (*desgaste*) Abnutzung *f;* (*desaparición*) Schwinden *nt;* ~

monetaria Geldwertschwund *m* ❷ (GEO) Erosion *f;* (*causada por el agua*) Auswaschung *f* ❸ (*de la piel*) (Haut)abschürfung *f* ❹ (*de alguien*) Schädigung *f;* **sufrir** ~ Schaden nehmen; (*perder influencia*) an Einfluss verlieren; (*perder prestigio*) an Ansehen verlieren

erosionar [erosjo'nar] **I.** *vt* ❶ (*desgastar*) abnutzen ❷ (GEO) abtragen; **el agua erosiona las rocas** das Wasser wäscht die Felsen aus ❸ (*la piel*) abschürfen ❹ (*a alguien*) schädigen; **el artículo erosionó al partido** der Artikel hat dem Ruf der Partei geschadet **II.** *vr:* ~ **se** Schaden nehmen; (*perder prestigio*) an Ansehen verlieren; (*perder influencia*) an Einfluss verlieren

erótica [e'rotika] *f* erotische Dichtung *f*

erótico, -a [e'rotiko, -a] *adj* erotisch

erotismo [ero'tismo] *m* Erotik *f*

errabundo, -a [erra'βundo, -a] *adj* umherziehend; (*sin orientación*) umherirrend; (*vagabundo*) vagabundierend

erradicar [erraði'kar] <c→qu> *vt* ausrotten; (*una planta*) entwurzeln; (*una institución*) abschaffen

errar [e'rrar] *irr* **I.** *vi* ❶ (*equivocarse*) sich irren (*en* in +*dat*); ~ **en la respuesta** eine falsche Antwort geben; ~ **en el camino** sich verlaufen; (*fig*) auf dem Holzweg sein ❷ (*andar vagando*) umherziehen (*por* in +*dat*); (*sin orientación*) umherirren (*por* in +*dat*); (*vagabundear*) vagabundieren; **ir errando por las calles** durch die Straßen irren **II.** *vt* (*no acertar*) verfehlen; ~ **el golpe** danebenschlagen; ~ **el tiro** danebenschießen; ~ **la vocación** den Beruf verfehlen **III.** *vr:* ~ **se** sich irren (*en* in +*dat*)

errata [e'rrata] *f* Druckfehler *m*

erre ['erre] *f* R, r *m;* ~ **que** ~ (*fam*) stur; **seguir** ~ **que** ~ unbeirrt weitermachen; **él está, ~ que ~, empeñado a subir a la montaña** er will auf Teufel komm raus den Berg besteigen

erróneo, -a [e'rroneo, -a] *adj* falsch; **decisión errónea** Fehlentscheidung *f*

error [e'rror] *m* ❶ (*falta*) Fehler *m;* ~ **de cálculo** Rechenfehler *m;* ~ **de operación** (INFOR) Betriebsfehler *m;* ~ **ortográfico** Rechtschreibfehler *m;* ~ **es no eliminables** nicht behebbare Fehler; **cometer un** ~ einen Fehler machen; **has cometido un** ~ **muy grave** dir ist ein gravierender Fehler unterlaufen ❷ (*equivocación*) Irrtum *m;* (*descuido*) Versehen *nt;* **estar en lo un|** ~ sich irren ❸ (FÍS, MAT) **diferencia** Abweichung *f* ❹ (*conducta reprochable*) Verirrung *f*

ertzaina [er'tsaina] *mf baskische(r) Poli-*

zist(in)

Mit dem Begriff **ertzaina** wird ein Polizist der *Comunidad Autónoma Euskadi/ País Vasco* bezeichnet. Es ist zwar ein rein baskisches Wort, wird aber in ganz Spanien verstanden und verwendet, wenn man sich ausschließlich auf die Polizei des Baskenlandes beziehen möchte.

Ertzaintza [er'tʃantʃa] *f sin pl autonome baskische Polizei*

eructar [eruk'tar] *vi* aufstoßen

eructo [e'rukto] *m* Rülpser *m fam*

erudición [eruði'θjon] *f* Bildung *f;* (*sabiduría*) Weisheit *f*

erudito, -a [eru'ðito, -a] **I.** *adj* ❶ (*persona*) gebildet; (*sabio*) weise ❷ (*obra*) wissenschaftlich; **conocimientos ~s** fundierte Kenntnisse **II.** *m, f* Gelehrte(r) *mf;* (*sabio*) Weise(r) *mf;* (*experto*) Experte, -in *m, f;* **es un ~ en filosofía** er ist eine Kapazität auf dem Gebiet der Philosophie

erupción [eruβ'θjon] *f* ❶ (GEO) Eruption *f;* ~ **volcánica** Vulkanausbruch *m* ❷ (MED) Ausschlag *m*

es [es] *3. pres de* **ser**

esa(s) ['esa(s)] *adj o pron dem v.* **ese, -a**

ésa(s) ['esa(s)] *pron dem v.* **ése**

esbeltez [esβel'teθ] *f* (*delgadez*) Schlankheit *f;* (*altura*) hoher Wuchs *m;* (*gracia*) Anmut *f;* (*elegancia*) Eleganz *f*

esbelto, -a [es'βelto, -a] *adj* (*delgado*) schlank; (*alto*) hoch gewachsen; (*grácil*) anmutig; (*elegante*) elegant; **un hombre** ~ ein stattlicher Mann

esbirro [es'βirro] *m* ❶ (*alguacil*) Gerichtsdiener *m* ❷ (*de las autoridades*) Ordnungshüter *m* ❸ (*fam: que comete actos violentos*) Schläger *m;* (*sicario*) Killer *m*

esbozar [esβo'θar] <z→c> *vt* ❶ (*dibujo*) skizzieren ❷ (*un tema*) umreißen; (*un escrito*) entwerfen; ~ **un discurso** eine Rede in Stichwörtern notieren ❸ (*una sonrisa*): **esbozó una sonrisa** ein Lächeln huschte über sein/ihr Gesicht; ~ **una sonrisa irónica** sein Gesicht zu einem spöttischen Grinsen verziehen

esbozo [es'βoθo] *m* ❶ (*dibujo*) Skizze *f* ❷ (*de un proyecto*) Entwurf *m*

escabechar [eskaβe'tʃar] *vt* ❶ (GASTR) marinieren ❷ (*fam: suspender*) durchrasseln lassen ❸ (*fam: matar*) abmurksen

escabeche [eska'βetʃe] *m* ❶ (*adobo*) Marinade *f;* **atún en** ~ marinierter Thunfisch; **poner en** ~ marinieren ❷ *(alimento: pescado)* marinierter Fisch *m;* ~ **de pollo** mariniertes Huhn

escabechina [eskaβe'tʃina] *f* ❶ *(fam: en un examen)*: **en el examen hubo gran** ~ bei der Prüfung fielen reihenweise Leute durch; **hacer una** ~ viele Prüflinge durchfallen lassen ❷ *(destrozo)* Zerstörung *f;* *(carnicería)* Massaker *nt;* **hacer una** ~ Unheil anrichten

escabel [eska'βel] *m (taburete)* Schemel *m;* *(para los pies)* Fußbank *f*

escabroso, -a [eska'βroso, -a] *adj* ❶ *(áspero)* rau; *(terreno)* holperig; *(carácter)* schwierig ❷ *(comprometido)* heikel ❸ *(indecente)* anstößig

escabullirse [eskaβu'ʎirse] <3. *pret:* se escabulló> *vr* ❶ *(desaparecer)* sich wegschleichen; ~ **(por) entre la multitud** in der Menge untertauchen ❷ *(escurrirse)* entgleiten; **la trucha se me escabulló (de entre las manos)** die Forelle rutschte mir aus der Hand

escacharrado, -a [eskatʃa'rraðo, -a] *adj* *(plan)* gescheitert; *(proyecto, día)* misslungen

escacharrar [eskatʃa'rrar] **I.** *vt* ruinieren; *(romper)* kaputtmachen; *(plato)* zerbrechen; *(proyecto)* zunichte machen; **la lluvia nos escacharró la fiesta** der Regen verdarb uns das ganze Fest; **escacharró nuestros planes** er/sie machte uns einen Strich durch die Rechnung **II.** *vr:* ~ **se** ruiniert sein; *(romperse)* kaputtgehen; *(plato)* zerbrechen; *(proyecto)* scheitern; *(plan)* sich zerschlagen; **nuestros planes se ~on por culpa de la lluvia** unsere Pläne fielen buchstäblich ins Wasser; **se me ha escacharrado la escultura** die Skulptur ist mir nicht gelungen

escafandra [eska'fandra] *f* Taucheranzug *m;* ~ **autónoma** Tauchgerät *nt;* ~ **espacial** Raumanzug *m*

escala [es'kala] *f* ❶ *(serie)* Skala *f;* ~ **de colores** Farbskala *f;* ~ **de cuotas** Beitragsstaffelung *f;* ~ **de descuentos** Rabattstaffel *f;* ~ **impositiva** Steuersatz *m;* ~ **de salarios** Lohnskala *f* ❷ *(musical)* Tonleiter *f;* **hacer** ~**s** Läufe üben ❸ *(proporción)* Verhältnis *nt;* *(de un mapa)* Maßstab *m;* ~ **de reproducción** Abbildungsmaßstab *m;* **a** ~ maßstabsgerecht; **un mapa a** ~ **1:100.000** eine Karte im Maßstab (von) 1:100.000 ❹ *(de medición)* Skala *f;* ~ **de grados** Gradeinteilung *f;* ~ **milimétrica** Millimetereinteilung *f* ❺ *(medida)* Maß *nt;* **a** ~ **mundial** weltweit; **a** ~ **nacional**

landesweit; **en gran** ~ in großem Umfang; **comprar en gran** ~ in großen Mengen einkaufen; **fabricación en gran** ~ Massenproduktion *f;* **ser de mayor** ~ größer sein ❻ *(parada)* Zwischenaufenthalt *m;* (AERO) Zwischenlandung *f;* ~ **forzada** (AERO) Notlandung *f;* **el avión tuvo que hacer** ~ **en París** das Flugzeug musste in Paris zwischenlanden; **hacer** ~ **en un puerto** einen Hafen anlaufen ❼ *(puerto)* Anlaufhafen *m* ❽ *(escalera)* Leiter *f;* ~ **de cuerda** Strickleiter *f*

escalada [eska'laða] *f* ❶ *(subida)* Aufstieg *m (de* auf +*akk);* *(de un muro)* Überwindung *f;* *(de una pared)* Erklimmen *nt;* ~ **libre** Freeclimbing *nt* ❷ *(alpinismo)* Bergsteigen *nt* ❸ *(de un edificio)* Einstieg *m* *(de* in +*akk);* *(violentamente)* Eindringen *nt (de* in +*akk);* *(robo)* Einbruch *m (de* in +*akk);* (MIL) Erstürmung *f* ❹ *(a una posición/cargo)* Aufstieg *m* ❺ *(aumento)* Anstieg *m;* *(de un conflicto/la violencia)* Eskalation *f*

escalador(a) [eskala'ðor(a)] **I.** *adj* Bergsteiger- **II.** *m(f)* ❶ *(alpinista)* Bergsteiger(in) *m(f)* ❷ *(ladrón)* Fassadenkletterer, -in *m, f*

escalafón [eskala'fon] *m* *(de cargos)* (Dienst)rangliste *f;* *(de sueldos)* Besoldungsliste *f;* **subir en el** ~ befördert werden

escalar [eska'lar] **I.** *vi* ❶ *(en las montañas)* bergsteigen ❷ *(socialmente/profesionalmente)* aufsteigen **II.** *vt* ❶ *(subir)* (hinauf)steigen *(de* +*akk);* *(una montaña)* besteigen; *(una pared)* hochklettern; ~ **un muro** über eine Mauer klettern; **has escalado las cimas del poder** du bist auf dem Gipfel der Macht angelangt ❷ *(entrar)* (ein)steigen *(in* +*akk),* (hinein)klettern *(in* +*akk);* *(violentamente)* eindringen *(in* +*akk);* *(ladrón)* einbrechen *(in* +*akk);* (MIL) (er)stürmen; ~ **on la habitación por la ventana** sie stiegen durch das Fenster ins Zimmer ❸ *(una posición)* erlangen; **escaló el cargo más alto de la empresa** er/sie arbeitete sich bis zum höchsten Posten in der Firma hoch

escaldado, -a [eskal'daðo, -a] *adj* ❶ *(escarmentado)* vorsichtig; **salir** ~ schlechte Erfahrungen gemacht haben; **gato** ~ **del agua fría huye** *(prov)* gebranntes Kind scheut das Feuer ❷ *(mujer)* schamlos

escaldar [eskal'dar] **I.** *vt* ❶ (GASTR) abbrühen ❷ (MED) verbrennen; *(con agua hirviendo)* verbrühen; *(inflamar)* entzünden **II.** *vr:* ~ **se** ❶ *(persona)* sich verbrennen; *(con agua hirviendo)* sich verbrühen ❷ *(piel)* sich entzünden

escalera [eska'lera] *f* ❶ (*escalones*) Treppe *f;* (AERO) Gangway *f;* ~ **abajo** treppab; ~ **arriba** treppauf; ~ **de caracol** Wendeltreppe *f;* ~ **mecánica** [*o* **automática**] Rolltreppe *f;* ~ **de servicio** Hintertreppe *f* ❷ (*pasillo*) Treppenhaus *nt* ❸ (*escala*) Leiter *f;* ~ **de bomberos** Feuerwehrleiter *f;* ~ **de cuerda** Strickleiter *f;* ~ **doble** Trittleiter *f;* ~ **de incendios** Feuerleiter *f;* ~ **de mano** Leiter *f;* ~ **de tijera** Trittleiter *f;* **subir la** ~ auf die Leiter steigen

escalerilla [eskale'riʎa] *f* ❶ (*escalones*) kleine Treppe *f;* (AERO) Gangway *f;* **en** ~ staffelförmig ❷ (*escala*) kurze Leiter *f* ❸ (*naipes*) Sequenz *f* von drei Karten ❹ (*listones*) Gitter *nt* ❺ (*de un veterinario*) Spekulum *nt*

escalinata [eskali'nata] *f* Freitreppe *f*

escalofriante [eskalo'frjante] *adj* ❶ (*pavoroso*) schaurig; **película** ~ Gruselfilm *m* ❷ (*asombroso*) haarsträubend

escalofriar [eskalo'frjar] **I.** *vi* frösteln **II.** *vt* schaudern lassen; **sus palabras me** ~ **on** seine/ihre Worte ließen mich schaudern

escalofrío [eskalo'frio] *m* ❶ (*sensación*) Schauder *m;* **al abrir la ventana sentí** ~ **s** beim Öffnen des Fensters überlief mich ein Schauder; **la película me produjo** ~ **s** der Film erfüllte mich mit Schauder; **cierra la puerta, tengo** ~ **s** mach die Tür zu, es fröstelt mich ❷ (MED) Schüttelfrost *m*

escalón [eska'lon] *m* Stufe *f;* (*de una escala*) (Leiter)sprosse *f;* ~ **de descansillo** Treppenabsatz *m;* ~ **lateral** Standspur *f;* **subir un** ~ (*profesionalmente*) befördert werden; **este libro es un** ~ **hacia el éxito** dieses Buch ist ein erster Schritt auf dem Weg zum Erfolg; **descender un** ~ **en la opinión pública** in der öffentlichen Meinung sinken

escalonado, -a [eskalo'naðo, -a] *adj* ❶ (*terreno*) stufenförmig ❷ (*precio*) gestaffelt; **tarifa escalonada** Staffeltarif *m*

escalonamiento [eskalona'mjento] *m* ❶ (*de personas, cosas*) Formation *f* ❷ (*graduación*) Abstufung *f;* ~ **de los pagos** Staffelung der Zahlungen; ~ **de los precios** Preisstaffelung *f;* ~ **de presión** Druckabstufung *f* ❸ (*de un terreno*) Abstufung *f*

escalonar [eskalo'nar] *vt* (*situar*) formieren; ~ **puestos de vigilancia** in regelmäßigen Abständen Wachposten aufstellen

escalopa [eska'lopa] *f*, **escalope** [eska'lope] *m* Schnitzel *nt;* ~ **a la vienesa** Wiener Schnitzel

escalpelo [eskal'pelo] *m* Skalpell *nt*

escama [es'kama] *f* ❶ (*placa, t.* ZOOL, BOT)

Schuppe *f;* ~ **s de jabón** Seifenflocken *fpl;* **tener más** ~ **s que un besugo** (*fig*) auf der Hut sein ❷ (*fam: recelo*) Misstrauen *nt;* **sentir** ~ stutzen; **sentí** ~ **de que no llamaras** dass du nicht anriefst, machte mich stutzig; **le salieron** ~ **s** er/sie wurde misstrauisch

escamado, -a [eska'maðo, -a] *adj* ❶ (*piel, superficie*) schuppig ❷ (*fam: receloso*) misstrauisch

escamar [eska'mar] **I.** *vt* ❶ (*el pescado*) (ab)schuppen ❷ (*fam: inquietar*) stutzig machen **II.** *vr:* ~ **se** (*fam*) stutzen; **me escamé al oír la noticia** die Nachricht ließ mich stutzen; **me escamé de tu respuesta** deine Antwort machte mich stutzig

escamocha [eska'motʃa] *f* (*Méx: sobras*) Essensreste *mpl*

escamoso, -a [eska'moso, -a] *adj* schuppig

escamotear [eskamote'ar] *vt* ❶ (*ilusionista*) verschwinden lassen ❷ (*quitar*) wegnehmen; (*robar*) entwenden ❸ (*ocultar*) verbergen; (*información*) unterschlagen; ~ **la verdad** die Wahrheit verschweigen; ~ **un asunto** eine Angelegenheit unter den Tisch fallen lassen

escampar [eskam'par] *vimpers:* **espera hasta que escampe** warte, bis es aufhört zu regnen

escanciar [eskan'θjar] *vt* einschenken

escandalizar [eskandali'θar] <z→c> **I.** *vi* Lärm machen **II.** *vt* ❶ (*indignar*) Anstoß erregen (bei +*dat*) ❷ (*horrorizar*) schockieren ❸ (*alborotar*) Unruhe stiften (bei +*dat*, in +*dat*); **escandalizó la discusión con sus gritos** er/sie veranstaltete bei der Diskussion ein Riesengeschrei; **ayer por la noche escandalizaste la casa con tus gritos** gestern Nacht hast du mit deinem Geschrei das ganze Haus aufgeweckt **III.** *vr:* ~ **se** ❶ (*indignarse*) Anstoß nehmen (*de/por* an +*dat*) ❷ (*estar horrorizado*) schockiert sein (*de/por* über +*akk*)

escándalo [es'kandalo] *m* ❶ (*ruido*) Lärm *m;* (*gritos*) Geschrei *nt;* **armar un** [*o* **dar el**] ~ Lärm machen; **se armó un** ~ (*fam*) ein Riesenlärm brach los ❷ (*manifestación*) Tumult *m;* **se armó un** ~ **es kam zu Tumulten; dar el** ~ Aufsehen erregen ❸ (*que provoca*) Skandal *m;* ~ **público** öffentliches Ärgernis; **la piedra del** ~ der Stein des Anstoßes; **estos precios son un** ~ diese Preise sind eine Frechheit; **tu comportamiento es un** ~ du verhältst dich unmöglich; **dar un** ~ einen Skandal verursachen; **causar** ~ (*provocar indignación*) Anstoß erregen; **de** ~ skandalös

④ (*pasmo*): **¡qué ~!** das ist ja kaum zu fassen!

escandaloso, -a [eskaṇda'loso, -a] *adj* ① (*ruidoso*) laut; (*alborotado*) turbulent ② (*inmoral, contra las convenciones, irritante*) skandalös; **precios ~s** Wucherpreise *mpl* ③ (*revoltoso*) unruhig

Escandinavia [eskaṇdi'naβja] *f* Skandinavien *nt*

escandinavo, -a [eskaṇdi'naβo, -a] **I.** *adj* skandinavisch **II.** *m, f* Skandinavier(in) *m(f)*

escanear [eskane'ar] *vt* scannen

escáner [es'kaner] *m* Scanner *m;* **~ a** [*o* **en**] **color** Farbscanner *m*

escaño [es'kaɲo] *m* ① (*banco*) Bank *f* ② (*acta de diputado*) Sitz *m*

escapada [eska'paða] *f* ① (*de un lugar*) Entwischen *nt;* (*de un encierro*) Flucht *f;* (*de casa*) Ausreißen *nt;* **hacer una ~** (*del trabajo*) Urlaub machen; (*de la rutina*) aus der Routine ausbrechen; (*de la vida cotidiana*) dem Alltag entfliehen ② (*loc*): **en una ~** in Windeseile

escapar [eska'par] **I.** *vi, vr:* **~se** ① (*de un encierro*) entkommen (*de* aus +*dat*); (*de la cárcel*) ausbrechen (*de* aus +*dat*) ② (*de un peligro*) entrinnen (*de* +*dat*); **logré ~** ich kam ungeschoren davon ③ (*deprisa, ocultamente*) entwischen; **~se de casa** von zu Hause ausreißen; **el ladrón (se) escapó por la ventana** der Dieb entkam durch das Fenster ④ (*quedar fuera del alcance*) sich entziehen; **algunas cosas se escapan al poder de la voluntad** manche Dinge kann man nicht beeinflussen; **es imposible ~ a esta ley** man kann dieses Gesetz nicht umgehen **II.** *vr:* **~se** ① (*agua, gas*) entweichen (*de* aus +*dat*) ② (*decir*) herausrutschen *fam;* **se me ha escapado que te vas a casar** ich habe aus Versehen gesagt, dass du heiratest ③ (*soltarse*) entwischen; **se me ha escapado un punto** ich habe eine Masche verloren; **se escapó un tiro** ein Schuss löste sich ④ (*no poder retener*): **se me ha escapado su nombre** mir ist sein/ihr Name entfallen; **se me ha escapado el negocio** das Geschäft ist mir entgangen; **se me ha escapado el autobús** ich habe den Bus verpasst; **se me ha escapado la mano** mir ist die Hand ausgerutscht; **se me ha escapado la risa** ich konnte mir das Lachen nicht verkneifen; **se me escapó un suspiro** mir entfuhr ein Seufzer ⑤ (*no advertir*) entgehen; **no se te escapa ni una** dir entgeht nichts

escaparate [eskapa'rate] *m* ① (*de una tienda*) Schaufenster *nt;* **estar en el ~** (*fig*) im Rampenlicht stehen ② (*estantería*) Vitrine *f* ③ (*Am: armario*) Schrank *m* ④ (*argot: pecho*) Busen *m;* **tener mucho ~** viel Holz vor der Hütte haben

escaparatista [eskapara'tista] *mf* Schaufensterdekorateur(in) *m(f)*

escapatoria [eskapa'torja] *f* ① (*lugar*) Fluchtweg *m;* **no hay ~** (*fig*) es gibt kein Entrinnen ② (*excusa*) Ausflucht *f* ③ (*solución*) Ausweg *m;* **es la única ~ que tienes** es bleibt dir nur dieser Ausweg; **no tener ~** sich in einer ausweglosen Lage befinden

escape [es'kape] *m* ① (*de un gas/líquido*) Leck *nt* ② (*solución*) Ausweg *m;* **no tenía ~** (*de una amenaza*) es gab kein Entrinnen; **no había ningún ~ a la situación** die Situation war ausweglos ③ (AUTO) Auspuff *m;* **tubo de ~** Auspuffrohr *nt* ④ (*loc*): **a ~** in Windeseile; **dame a ~ las tijeras** gib mir bitte ganz schnell die Schere

escápula [es'kapula] *f* Schulterblatt *nt*

escaquearse [eskake'arse] *vr* ① (*eludir*) umgehen (*de* +*akk*), vermeiden (*de* +*akk*); **~ de una situación comprometida** einer heiklen Situation aus dem Weg gehen ② (*fam: no cumplir*) sich drücken (*de* vor +*dat*)

escarabajo [eskara'βaxo] *m* (ZOOL) Käfer *m*

escaramujo [eskara'muxo] *m* Hagebutte *f*

escaramuza [eskara'muθa] *f* ① (*lucha*) Scharmützel *nt* ② (*discusión*) Geplänkel *nt*

escarapelar [eskarape'lar] **I.** *vt* ① (*Col, CRi, Méx: descascarar*) schälen ② (*Col: manosear*) befühlen; (*ajar*) zerknüllen **II.** *vr:* **~se** (*Méx, Perú*) ① (*atemorizarse*) sich ängstigen ② (*temblar*) zittern

escarbar [eskar'βar] **I.** *vi* ① (*en la tierra*) scharren (*en* in +*dat*) ② (*escudriñar*) herumstochern (*en* in +*dat*) **II.** *vt* ① (*la tierra*) aufwühlen; **~ la arena** im Sand scharren ② (*la lumbre*) schüren ③ (*tocar*) herumstochern (*in* +*dat*) ④ (*limpiar*) reinigen; **~ los dientes** die Zähne von Speiseresten befreien ⑤ (*investigar*) erforschen **III.** *vr:* **~se** herumstochern (*in* +*dat*); **no te escarbes la herida** hör auf an der Wunde herumzufummeln; **~se las orejas** sich *dat* die Ohren reinigen

escarceo [eskar'θeo] *m* ① (*oleaje*) Strudel *m* ② *pl* (*vueltas*) Tänzeln *nt;* **el caballo dio ~s** das Pferd drehte sich im Kreis ③ *pl* (*divagaciones*) Exkurs *m;* **~s políticos** Abstecher in die Politik; **sin ~s** ohne Umschweife

escarcha [es'kartʃa] *f* (Rau)reif *m*

escarchar [eskar'tʃar] **I.** *vt* (*frutas*) kandieren **II.** *vimpers:* **ha escarchado** es hat gereift

escarlata [eskarˈlata] *adj* scharlachrot

escarlatina [eskarlaˈtina] *f* Scharlach *m*

escarmentar [eskarmenˈtar] <e→ie> **I.** *vi* ① (*desengañarse*) dazulernen; ~ **en cabeza ajena** aus dem Schaden anderer klug werden ② (*enmendarse*) sich bessern **II.** *vt* ① (*castigar*) bestrafen ② (*reprender*) zurechtweisen ③ (*desengañar*) eine Lehre sein +*dat;* **quedar** [*o* **estar***] **escarmentado de algo** von etw *dat* nichts mehr wissen wollen

escarmiento [eskarˈmjento] *m* ① (*lección*) Lehre *f;* **me sirvió de** ~ das war mir eine Lehre ② (*penalización*) Bestrafung *f;* (*pena*) Strafe *f*

escarnecer [eskarneˈθer] *irr como crecer vt* (*burlarse*) verspotten; (*ridiculizar*) zum Gespött machen

escarnio [esˈkarnjo] *m* Spott *m;* **con** ~ spöttisch

escarola [eskaˈrola] *f* (BOT) Endivie *f;* (*ensalada*) Endiviensalat *m*

escarpado, -a [eskarˈpaðo, -a] *adj* (*terreno*) steil; (*montaña*) schroff

escarpia [esˈkarpja] *m* (Wand)haken *m*

escasamente [eskasaˈmente] *adv* kaum; **hace** ~ **dos horas que se han ido** sie sind vor knapp zwei Stunden gegangen

escasear [eskaseˈar] **I.** *vi* ① (*faltar*) knapp sein; **escasea la leche** es mangelt an Milch ② (*ir a menos*) knapp werden **II.** *vt* (*dar con escasez*) knausern (mit +*dat*)

escasez [eskaˈseθ] *f* ① (*insuficiencia*) Knappheit *f;* **comprar con** ~ nur das Nötigste einkaufen ② (*falta*) Mangel *m* (*de* an +*dat*); ~ **de lluvias** spärliche Regenfälle; ~ **de viviendas** Wohnungsnot *f;* **una región con** ~ **de agua** ein wasserarmes Gebiet ③ (*pobreza*) Armut *f;* **vivir con** ~ Mangel leiden

escaso, -a [esˈkaso, -a] *adj* ① (*insuficiente*) spärlich; (*cantidad, tiempo*) knapp; ~ **de palabras** wortkarg; **quedar** ~ nicht ausreichen; **viento** ~ Flaute *f;* **andar** ~ **de dinero** knapp bei Kasse sein; **estar** ~ **de tiempo** kaum Zeit haben; **tiene escasas posibilidades de ganar** er/sie hat kaum Chancen zu gewinnen; **en dos horas escasas** in knapp zwei Stunden ② (*mezquino*) knausrig

escatimar [eskatiˈmar] *vt* geizen (mit +*dat*); **me escatimó parte del dinero** er/sie enthielt mir einen Teil des Geldes vor; **no** ~ **gastos/medios** keine Kosten/ Mühen scheuen; ~ **el aplauso a alguien/ algo** jdm/etw *dat* nicht den gebührenden

Tribut zollen

escatológico, -a [eskatoˈloxiko, -a] *adj* ① (*relativo a los excrementos*) Fäkal-; (*expresión*) vulgär; **lenguaje** ~ Fäkalsprache *f* ② (PSICO, MED) skatologisch ③ (REL) eschatologisch

escayola [eskaˈʝola] *f* ① (*yeso*) Gips *m;* **¿cuándo te quitan la escayola?** wann nehmen sie dir den Gips ab? ② (*estuco*) Stuck(gips) *m*

escayolar [eskaʝoˈlar] *vt* (MED) eingipsen; **llevar el brazo escayolado** den Arm in Gips haben

escena [esˈθena] *f* ① (*parte del teatro*) Bühne *f;* **aparecer en** ~ auftreten; **poner en** ~ inszenieren; **puesta en** ~ Inszenierung *f;* **salir a la** ~ auftreten; **salir de la** ~ abtreten ② (*lugar*) Schauplatz *m;* ~ **del crimen** Tatort *m;* **desaparecer de** ~ (*marcharse*) von der Bildfläche verschwinden; (*morirse*) sterben; **poner en** ~ in Szene setzen; **salir a** ~ (*aparecer*) in Erscheinung treten; (*ante el público*) an die Öffentlichkeit treten ③ (*parte de una obra*) Szene *f;* ~ **final** Schlussszene *f;* **cambio de** ~ Szenenwechsel *m* ④ (*arte*) Schauspielerei *f;* **dedicarse a la** ~ zur Bühne gehen ⑤ (LIT) Theater *nt* ⑥ (*suceso, reproche*) Szene *f;* ~ **de celos** Eifersuchtsszene *f;* **hacer una** ~ **ridícula** sich unmöglich aufführen

escenario [esθeˈnarjo] *m* ① (*parte del teatro*) Bühne *f* ② (*lugar*) Schauplatz *m;* ~ **del crimen** Tatort *m* ③ (*situación*) Situation *f;* (*hipotética*) Szenarium *nt*

escénico, -a [esˈθeniko, -a] *adj* szenisch; **efectos** ~**s** Bühneneffekte *mpl;* **escuela de arte** ~ Schauspielschule *f;* **palco** ~ Bühne *f*

escenificar [esθenifiˈkar] <c→qu> *vt* ① (*representar*) inszenieren ② (*dramatizar*) dramatisieren

escenografía [esθenoɣraˈfia] *f* (*decoración*) Ausstattung *f;* (*pintura*) Bühnenbild *nt*

escenográfico, -a [esθenoˈɣrafiko, -a] *adj* (TEAT) szenisch

escenógrafo, -a [esθeˈnoɣrafo, -a] *m, f* Bühnenbildner(in) *m(f)*

escepticismo [esθeptiˈθismo] *m sin pl* (*desconfianza*) Skepsis *f*

escéptico, -a [esˈθeptiko, -a] **I.** *adj* (*desconfiado*) skeptisch; **ser** ~ **respecto a algo** an etw *dat* Zweifel hegen **II.** *m, f* Skeptiker(in) *m(f);* **es un** ~ **de la homeopatía** er glaubt nicht an die Homöopathie

escindir [esθinˈdir] **I.** *vt* (*dividir*) teilen (*en* in +*akk*); (*partido, t.* FÍS) spalten (*en* in

+*akk*); (*separar*) abspalten; (*cortar*) herausschneiden **II.** *vr:* ~ **se** (*dividirse*) sich teilen (*en* in +*akk*); (*partido*) sich spalten (*en* in +*akk*); (*abrirse*) aufplatzen; (*separarse*) sich abspalten

escisión [esθi'sjon] *f* (*división*) Teilung *f*; (*de un partido, t.* FÍS) Spaltung *f*; (*separación*) Trennung *f*; (MED) Entfernung *f*

esclarecer [esklare'θer] *irr como crecer* **I.** *vt* ❶ (*iluminar*) erleuchten ❷ (*afamar*): ~ **a alguien** jdm zu Ruhm verhelfen ❸ (*explicar*) erklären; (*un crimen/misterio*) aufklären; ~ **un asunto** Licht in eine Angelegenheit bringen **II.** *vimpers:* **está esclareciendo** es dämmert

esclarecido, -a [esklare'θiðo, -a] *adj* ❶ (*lugar*) hell ❷ (*ilustre*) herausragend; (*famoso*) berühmt

esclarecimiento [esklareθi'mjento] *m* ❶ (*iluminación*) Erleuchtung *f* ❷ (*explicación*) Erklärung *f*; (*de un crimen*) Aufklärung *f* ❸ (*fama*) Ruhm *m*

esclavitud [esklaβi'tuð] *f* ❶ (*sistema*) Sklaverei *f*; **someter a la** ~ versklaven ❷ (*dependencia*) Abhängigkeit *f*; (*obediencia*) Hörigkeit *f*

esclavización [esklaβiθa'θjon] *f sin pl* ❶ (*cautivar*) Versklavung *f* ❷ (*dominar*) Unterjochung *f*

esclavizar [esklaβi'θar] <z→c> **I.** *vt* ❶ (*cautivar*) versklaven ❷ (*dominar*) unterjochen; ~ **a alguien** (*hacer depender*) jdn von sich *dat* abhängig machen; **la empresa te ha esclavizado** du lebst nur für die Firma **II.** *vr:* ~ **se** sich unterwerfen

esclavo, -a [es'klaβo, -a] **I.** *adj* ❶ (*cautivo*) versklavt ❷ (*dominado*) abhängig; (*obediente*) hörig; **eres esclava de tu familia** du lebst nur für deine Familie; **ser** ~ **del alcohol** dem Alkohol verfallen sein **II.** *m, f* Sklave, -in *m, f;* **ser el** ~ **de alguien** (*obedecer*) jdm hörig sein; (*estar enamorado*) jdm verfallen sein; **ser un** ~ (*fig*) hart arbeiten; **eres un** ~ **del alcohol** du bist dem Alkohol verfallen

esclerosis [eskle'rosis] *f inv* Sklerose *f;* ~ **múltiple** multiple Sklerose

esclerótica [eskle'rotika] *f* (ANAT) Sklera *f*

esclusa [es'klusa] *f* ❶ (*recinto*) Schleuse *f;* ~ **de navegación** Schiffschleuse *f* ❷ (*puerta*) Schleusentor *nt*

escoba [es'koβa] *f* ❶ (*para barrer*) Besen *m;* **no vender ni una** ~ (*fam fig*) auf keinen grünen Zweig kommen ❷ (BOT) Ginster *m* ❸ (*fam: mujer*) Bohnenstange *f*

escobazo [esko'βaθo] *m* ❶ (*golpe*) Besenhieb *m;* **echar a alguien a ~s** (*fam*) jdn in hohem Bogen hinauswerfen ❷ (*Arg, Chil:*

barredura): **dar un** ~ **al suelo** kurz über den Boden fegen

escobilla [esko'βiʎa] *f* ❶ (*cepillo, t.* ELEC) Bürste *f* ❷ (*escoba*) Handfeger *m* ❸ (*para limpiar el polvo*) Staubwedel *m* ❹ (*brezo*) Besenheide *f* ❺ (*cardencha*) Karde *f* ❻ (*del limpiaparabrisas*) Wischblatt *nt*

escocedura [eskoθe'ðura] *f* ❶ (*picor*) Brennen *nt* ❷ (*irritación*) Entzündung *f*

escocer [esko'θer] *irr como cocer* **I.** *vi* ❶ (*picar*) brennen ❷ (*ofender*) kränken; (*irritar*) ärgern; **no me escuece que no me hayan invitado** es macht mir nichts aus, dass ich nicht eingeladen wurde **II.** *vr:* ~ **se** ❶ (*inflamarse*) sich entzünden ❷ (*dolerse*) sich gekränkt fühlen; (*enfadarse*) sich ärgern

escocés[1] [esko'θes] *m* ❶ (*lengua*) Schottisch(e) *nt* ❷ (*tela*) Schotten *m* ❸ (*dibujo*) Schottenmuster *nt* ❹ (*bebida*) Scotch *m*

escocés, -esa[2] [esko'θes, -esa] **I.** *adj* schottisch; **bufanda escocesa** Schal mit Schottenmuster; **cuadros escoceses** Schottenmuster *nt;* **falda escocesa** Kilt *m;* (*para mujeres*) Schottenrock *m* **II.** *m, f* Schotte, -in *m, f*

Escocia [es'koθja] *f* Schottland *nt*

escoger [esko'xer] <g→j> **I.** *vi* sich *dat* das Beste herauspicken; **no has sabido** ~ du hast die falsche Wahl getroffen **II.** *vt* ❶ (*elegir*) (aus)wählen (*de* aus +*dat, de entre* unter +*dat*) ❷ (*decidirse*) wählen (*entre* zwischen +*dat*) ❸ (*seleccionar*) auslesen; (*persona*) auserwählen; (*apartar*) aussortieren

escogido, -a [esko'xiðo, -a] *adj* ❶ *ser* (*selecto*) ausgewählt; (*persona*) auserwählt; **mercancías escogidas** Artikel erster Wahl ❷ *estar* (*elegido*) ausgesucht; **estos plátanos están ya muy ~s** bei diesen Bananen sind die besten bereits aussortiert worden

escolar [esko'lar] **I.** *adj* schulisch; **curso** ~ Schuljahr *nt;* **en edad** ~ schulpflichtig **II.** *mf* Schüler(in) *m(f)*

escolaridad [eskolari'ðað] *f* ❶ (*en una escuela*) Schulausbildung *m;* **libro de** ~ Zeugnisheft *f;* **la** ~ **es obligatoria** es besteht Schulpflicht ❷ (*en un centro de enseñanza*) Ausbildung(szeit) *f;* **perder la** ~ von einem Kurs ausgeschlossen werden

escolarización [eskolariθa'θjon] *f* Einschulung *f;* ~ **obligatoria** Schulpflicht *f;* **esta región tiene una tasa de** ~ **muy baja** in dieser Gegend besuchen nur wenige Kinder die Schule

escolarizar [eskolari'θar] <z→c> *vt* einschulen; ~ **una región** die Möglichkeit des

Schulbesuchs in einer Gegend gewährleisten

escolástica [esko'lastika] *f* (FILOS) Scholastik *f*

escolero, -a [esko'lero, -a] *m, f* (*Perú: escolar*) Schüler(in) *m(f)*

escoliosis [esko'ljosis] *f inv* (MED) Skoliose *f*

escollo [es'koʎo] *m* (*peñasco, dificultad*) Klippe *f;* (*riesgo*) Gefahr *f;* **sortear un ~** eine Klippe umschiffen

escolta [es'kolta] *f* ❶ (MIL) Eskorte *f;* (*real*) Leibgarde; **buque de ~** Geleitboot *nt* ❷ (*acompañamiento*) Geleit *nt;* (*acompañante*) Begleiter(in) *m(f);* **dar ~ a alguien** jdn geleiten ❸ (*guardaespaldas*) Leibwächter *f;* (*guardia*) Leibwache *f* ❹ (*guardias civiles*) Streife *f* der Guardia civil

escoltar [eskol'tar] *vt* (*acompañar*) geleiten; (MIL, POL) eskortieren

escombro [es'kombro] *m* ❶ *pl* (*de una obra*) (Bau)schutt *m;* (*de una ruina*) Trümmer *ntpl* ❷ (*loc*): **hacer ~** (*Arg*) Staub aufwirbeln

esconder [eskon'der] **I.** *vt* (*ocultar*) verstecken (*de* vor +*dat*); (*de las miradas*) verbergen (*de* vor +*dat*); (*tapar*) verdecken; **su comportamiento esconde alguna intención** hinter seinem/ihrem Verhalten steckt irgendeine Absicht; **el fondo del mar esconde muchas riquezas** der Meeresgrund birgt große Schätze **II.** *vr:* **~se** ❶ (*persona*) sich verstecken (*de* vor +*dat*) ❷ (*cosas*) verborgen sein

escondidas [eskon'diðas] *adv:* **a ~** heimlich; **a ~ del profesor** ohne dass der Lehrer es merkte

escondido, -a [eskon'diðo, -a] *adj* ❶ (*secreto*) geheim; **en ~** heimlich ❷ (*retirado*) abgelegen

escondido(s) [eskon'diðo(s)] *m(pl)* (*Am*) Versteckspiel *nt*

escondite [eskon'dite] *m* ❶ (*juego*) Versteckspiel *nt;* **jugar al ~** Versteck(en) spielen ❷ (*lugar*) Versteck *nt*

escondrijo [eskon'drixo] *m* Versteck *nt*

escopeta [esko'peta] *f* (*arma*) Gewehr *nt;* **~ de aire comprimido** Luftgewehr *nt*

escopetazo [eskope'taθo] *m* ❶ (*tiro*) Schuss *m* ❷ (*herida*) Schusswunde *f* ❸ (*bomba*) Überrraschung(snachricht) *f;* (*golpe*) Schlag *m;* **la novedad fue un gran ~** die Neuigkeit schlug ein wie eine Bombe

escopetear [eskopete'ar] *vt* ❶ (*Méx: con indirectas*) sticheln ❷ (*Ven: contestar mal*) über den Mund fahren (*a* +*dat*) *fam*

escoplo [es'koplo] *m* Meißel *m;* (*para madera*) Beitel *m;* **~ de cantería**

(Stein)meißel *m*

escorar [esko'rar] **I.** *vi* ❶ (*barco*) krängen ❷ (*marea*) den tiefsten Stand erreichen **II.** *vt* abstützen

escorbuto [eskor'βuto] *m* Skorbut *m*

escorchar [eskor'tʃar] *vt* (*Arg: molestar*) stören; (*enfadar*) ärgern; **¡no me escorches la paciencia!** lass mich in Ruhe!

escoria [es'korja] *f* ❶ (*residuo mineral*) Schlacke *f* ❷ (*hez*) Abschaum *m* ❸ (*basura*) Abfall *m*

Escorpio [es'korpjo] *m* (ASTR) Skorpion *m*

escorpión [eskor'pjon] *m* (*alacrán*) Skorpion *m*

Escorpión [eskor'pjon] *m* (ASTR) Skorpion *m*

escotado¹ [esko'taðo] *m* Ausschnitt *m*

escotado, -a² [esko'taðo, -a] *adj* ❶ (*vestido*) ausgeschnitten; **lleva un vestido muy ~** sie trägt ein (tief) dekolletiertes Kleid ❷ (*mujer*) dekolletiert; **va muy escotada** sie trägt ein tiefes Dekolletee

escotadura [eskota'ðura] *f* (*cortadura*) Aussparung *f;* (*en el cuello*) (Hals)ausschnitt *m*

escotar [esko'tar] **I.** *vt* ❶ (*cortar un escote*) mit einem Ausschnitt versehen ❷ (*ajustar*) zurechtschneiden ❸ (*pagar*) anteilig bezahlen **II.** *vi:* **~ entre todos** zusammenlegen

escote [es'kote] *m* ❶ (*en el cuello*) (Hals)ausschnitt *m;* **~ en pico** V-Ausschnitt *m* ❷ (*busto*) Dekolletee *nt* ❸ (*dinero*) Anteil *m;* **comprar algo a ~** für etw zusammenlegen; **pagaron la cena a ~** jeder bezahlte seinen Teil des Essens

escotilla [esko'tiʎa] *f* Luke *f*

escozor [esko'θor] *m* ❶ (*picor*) Brennen *nt* ❷ (*resentimiento*) Groll *m* ❸ (*pena*) Schmerz *m*

escribanía [eskriβa'nia] *f* ❶ (*juego*) Schreibtischset *nt* ❷ (*oficina*) Kanzlei *f* ❸ (*Am: notaría*) Notariat *nt*

escribano [eskri'βano] *m* ❶ (*notario*) Notar *m* ❷ (*secretario judicial*) Gerichtsschreiber *m* ❸ (*amanuense*) Schreibkraft *f*

escribiente [eskri'βjente] *mf* Schreibkraft *f*

escribir [eskri'βir] *irr* **I.** *vi, vt* schreiben; **~ algo a mano/a máquina** etw von Hand/auf der Maschine schreiben; **escrito a mano/a máquina** hand-/maschinengeschrieben; **¿cómo se escribe tu nombre?** wie wird dein Name geschrieben? **II.** *vr:* **~se** ❶ (*comunicarse*) korrespondieren; **se escriben mucho** sie schreiben sich *dat* oft ❷ (*loc*): **no se escribe lo bella que es** ihre Schönheit lässt sich nicht in Worte fassen; **estaba escrito que acabarían casándose** ihre Heirat war vom Schicksal vorbestimmt

escrito¹ [es'krito] *m* ❶ (*carta*) Schreiben *nt;* (*nota*) Notiz *f;* ~ **de amenazas** Drohbrief *m;* **por** ~ schriftlich ❷ (*literario/científico, t.* JUR) Schrift *f*

escrito, -a² [es'krito, -a] **I.** *pp de* **escribir** **II.** *adj* schriftlich

escritor(a) [eskri'tor(a)] *m(f)* (*autor*) Verfasser(in) *m(f);* (*de obras literarias*) Schriftsteller(in) *m(f)*

escritorio [eskri'torjo] *m* ❶ (*mesa*) Schreibtisch *m* ❷ (*oficina*) Büro *nt;* (*de un abogado/notario*) Kanzlei *f* ❸ (INFOR) Arbeitsoberfläche *f*

escritura [eskri'tura] *f* ❶ (*acto*) Schreiben *nt* ❷ (*signos*) Schrift *f;* ~ **fonética** Lautschrift *f* ❸ (*documento*) Schriftstück *nt;* (*documento notarial*) Urkunde *f;* ~ **de compraventa** Verkaufsurkunde *f;* ~ **de hipoteca** Hypothekenbrief *m;* ~ **de seguro** Versicherungspolice *f;* ~ **social** Gesellschaftsvertrag *m;* **mediante** ~ urkundlich ❹ (REL): **las Sagradas E~s** die Heilige Schrift

escriturar [eskritu'rar] *vt* notariell beurkunden

escroto [es'kroto] *m* Hodensack *m*

escrúpulo [es'krupulo] *m* ❶ (*duda*) Skrupel *m;* ~**s de conciencia** Gewissensbisse *mpl;* **ser una persona sin** ~**s** skrupellos sein ❷ (*escrupulosidad*) Gewissenhaftigkeit *f* ❸ (*aprensión*) Ekel *m;* **me da** ~ **beber de latas** ich finde es eklig, aus Dosen zu trinken

escrupulosidad [eskrupulosi'ðað] *f* Gewissenhaftigkeit *f*

escrupuloso, -a [eskrupu'loso, -a] *adj* ❶ (*meticuloso*) gewissenhaft ❷ (*honrado*) anständig ❸ (*delicado*) empfindlich ❹ (*que causa escrúpulos*) bedenklich

escrutador(a) [eskruta'ðor(a)] **I.** *adj* prüfend **II.** *m(f)* (*que recuenta votos*) Wahlhelfer(in) *m(f);* (*que examina los votos*) Wahlprüfer(in) *m(f)*

escrutar [eskru'tar] *vt* ❶ (*mirar*) mustern ❷ (*controlar*) prüfen ❸ (*recontar*) auszählen

escrutinio [eskru'tinjo] *m* ❶ (*examen*) Musterung *f;* (*control*) Prüfung *f* ❷ (*recuento*) Stimmenauszählung *f* ❸ (*votación*) Wahl *f*

escuadra [es'kwaðra] *f* ❶ (*para dibujar*) Zeichendreieck *nt;* ~ **de delineante** Reißschiene *f;* **a** ~ rechtwinklig ❷ (*de apoyo/fijación*) Winkel *m* ❸ (MIL: *de infantería*) Trupp *m;* (*de aviones*) Geschwader *nt;* (*de naves*) Flotte *f* ❹ (MIL: *cargo*) Korporal *m* ❺ (*cuadrilla*) Trupp *m*

escuadrilla [eskwa'ðriʎa] *f* (AERO) Staffel *f*

escuadrón [eskwa'ðron] *m* (MIL) Geschwader *nt*

escualidez [eskwali'ðeθ] *f sin pl* (*delgadez extrema*) Dürrheit *f*

escuálido, -a [es'kwaliðo, -a] *adj* ❶ (*flaco*) dürr; (*macilento*) abgezehrt ❷ (*sucio*) schmutzig; (*asqueroso*) widerlich

escucha¹ [es'kutʃa] *m* (MIL) Späher *m*

escucha² [es'kutʃa] *f* (*de conversaciones*) Abhören *nt;* ~ **telefónica** Abhören eines Telefons; **servicio de** ~ (militärischer) Abhördienst *m;* **estar a la** ~ ganz Ohr sein

escuchar [esku'tʃar] **I.** *vi* ❶ (*atender*) zuhören ❷ (*en secreto*) lauschen; **el que escucha su mal oye** (*prov*) der Lauscher an der Wand hört seine eigene Schand' ❸ (*obedecer*) gehorchen **II.** *vt* ❶ (*oír*) hören; (*seguir*) anhören; (*en secreto*) belauschen; ~ **un concierto** sich *dat* ein Konzert anhören; ~ **una conversación telefónica** ein Telefongespräch abhören; ~ (**la**) **radio** Radio hören ❷ (*prestar atención*) zuhören (*a* +*dat*); **¡escúchame bien!** pass gut auf! ❸ (*obedecer*) hören (auf +*akk*) **III.** *vr:* ~**se** sich gerne reden hören

escudar [esku'ðar] **I.** *vt* (*proteger*) beschützen (*de* vor +*dat*) **II.** *vr:* ~**se** ❶ (*excusarse*) sich verschanzen (*en* hinter +*dat*) ❷ (*ampararse*) sich wappnen (*con/de* mit +*dat*)

escudería [eskuðe'ria] *f* (DEP) Rennstall *m*

escudilla [esku'ðiʎa] *f* Suppenschale *f*

escudo [es'kuðo] *m* ❶ (*arma*) (Schutz)schild *m* ❷ (*amparo*) Schutz *m;* (*persona*) Beschützer *m* ❸ (*emblema*): ~ (**de armas**) Wappen *nt*

escudriñar [eskuðri'ɲar] *vt* ❶ (*examinar*) untersuchen; (*una habitación*) durchsuchen; ~ **en la intimidad de alguien** in jds Privatleben herumschnüffeln ❷ (*mirar*) absuchen; ~ **el cielo en busca de aviones** den Himmel nach Flugzeugen absuchen

escuela [es'kwela] *f* ❶ (*institución, edificio*) Schule *f;* (*de enseñanza primaria*) Grundschule *f;* **E~ de Bellas Artes** Kunstakademie *f;* ~ **de conducir** Fahrschule *f;* ~ **de idiomas** Sprachschule *f;* ~ **normal** pädagogische Hochschule; ~ **de párvulos** Kindergarten *m;* ~ **superior técnica** technische Hochschule; ~ **taller** Lehrwerkstatt *f* ❷ (*método de enseñanza*) Unterricht *m* ❸ (*conocimientos*) (Schul)bildung *f;* **ha tenido buena** ~ er/sie hat eine ausgezeichnete Ausbildung genossen; **la vida es la mejor** ~ das Leben ist die beste Schule

④ (*estilo, seguidores*) Schule *f*; **la ~ holandesa/de Dürer** die flämische/dürersche Schule; **su ejemplo ha hecho ~** sein/ihr Beispiel hat Schule gemacht ⑤ (*doctrina*) Lehre *f*

escueto, -a [es'kweto, -a] *adj* ① (*sin adornos*) nüchtern ② (*lenguaje*) sachlich; (*pey*) trocken; **explicar algo de forma escueta** etw mit knappen Worten schildern ③ (*desembarazado*) frei

escuincle, -a [es'kwiŋkle, -a] *m*, *f* (*Méx: fam: chiquillo, -a*) Junge *m*, Mädchen *nt*

esculcar [eskul'kar] <c→qu> *vt* (*AmC, Col, Méx: registrar*) durchsuchen

esculpir [eskul'pir] *vt* ① (*modelar*) gestalten; **~ a cincel** meißeln; **~ en madera** (in Holz) schnitzen; **~ una figura en mármol** eine Figur aus Marmor hauen ② (*grabar*) (ein)gravieren (*en* in +*akk*)

escultor(a) [eskul'tor(a)] *m(f)* Bildhauer(in) *m(f)*; **~ de madera** Holzschnitzer *m*

escultórico, -a [eskul'toriko, -a] *adj* bildhauerisch; **arte ~** Bildhauerkunst *f*

escultura [eskul'tura] *f* ① (*obra*) Skulptur *f*; **~ de madera** Holzschnitzerei *f* ② (*arte*) Bildhauerkunst *f*; **~ en madera** Holzschnitzerei *f*

escultural [eskul̯tu'ral] *adj* ① (*escultórico*) bildhauerisch; **arte ~** Bildhauerkunst *f* ② (*bello*) bildschön; (*cuerpo*) wohlgeformt; **esta chica tiene medidas ~es** dieses Mädchen hat Idealmaße

escupidera [eskupi'ðera] *f* ① (*para escupir*) Spucknapf *m* ② (*Am: orinal*) Nachttopf *m*; **pedir la ~** (*fig: acobardarse*) Angst bekommen; (*considerarse vencido*) das Handtuch werfen

escupir [esku'pir] **I.** *vi* ① (*por la boca*) spucken ② (*vulg: cantar*) singen *fam* **II.** *vt* ① (*por la boca*) ausspucken; **~ sangre** Blut spucken ② (*soltar*) abgeben; **~ al cielo** (*fam fig*) sich *dat/akk* ins eigene Fleisch schneiden; **~ a alguien a la cara** (*fig*) jdn schwer beleidigen ③ (*arrojar*) ausstoßen; **~ fuego** Feuer speien; **el volcán escupe lava** der Vulkan spuckt Lava ④ (*tratar mal*) mit Füßen treten ⑤ (*vulg: decir*) ausspucken *fam;* **escupe lo que sabes** jetzt spuck schon aus, was du weißt

escurreplatos [eskurre'platos] *m inv* Geschirrständer *m*

escurridizo, -a [eskurri'ðiθo, -a] *adj* ① (*objeto*) schlüpfrig; (*terreno*) rutschig ② (*persona*) aalglatt; (*respuesta*) ausweichend; (*problema*) schwer fassbar

escurrido, -a [esku'rriðo, -a] *adj* ① (*flaco*) mager; **~ de caderas** schmalhüftig; **~ de pecho** flachbrüstig ② (*ropa*) eng ③ (*Méx,*

PRico: avergonzado) peinlich berührt

escurridor [eskurri'ðor] *m* ① (*colador*) (Abtropf)sieb *nt* ② (*escurreplatos*) Geschirrständer *m* ③ (*de una lavadora*) (Wäsche)schleuder *f*

escurrir [esku'rrir] **I.** *vi* (*gotear*) tropfen; (*ropa, verdura*) abtropfen **II.** *vt* ① (*una vasija*) völlig entleeren; **~ la** (**botella de**) **cerveza** die Bierflasche bis auf den letzten Tropfen leeren ② (*ropa*) auswringen; (*platos, verdura*) abtropfen lassen ③ (*deslizar*) gleiten lassen; **~ la mano por encima de algo** die Hand über etw gleiten lassen; **deslizó el dinero en mi bolsillo** er/sie ließ das Geld unauffällig in meine Tasche gleiten **III.** *vr:* **~se** ① (*resbalar*) ausrutschen ② (*desaparecer*) entwischen; **~se** (**por**) **entre la gente** in der Menge untertauchen ③ (*escaparse*) entgleiten; **el pez se me escurrió de** (**entre**) **las manos** der Fisch glitt mir aus den Händen; **~se por un agujero** durch ein Loch rutschen; **las perlas se me escurren entre los dedos** die Perlen gleiten mir durch die Finger ④ (*gotear*) tropfen; (*soltar agua*) abtropfen ⑤ (*fam: dar*) sich vertun; **me he escurrido en la propina** ich habe aus Versehen zu viel Trinkgeld gegeben ⑥ (*fam: decir*) sich verplappern

esdrújulo, -a [es'druxulo, -a] *adj* auf der drittletzten Silbe betont

ese¹ [ese] *f* S, s *nt*; **ir haciendo ~s** (*fam*) torkeln

ese, -a² [ese, -a] **I.** *adj* <esos, -as> diese(r, s); (*Am*) jene(r, s); **¿~ coche es tuyo?** ist das dein Auto?; **esas sillas están en el paso** die Stühle da stehen im Weg; **el chico ~ no me cae bien** der Typ da ist mir nicht sympathisch **II.** *pron dem v.* **ése, ésa, eso**

ése, ésa, eso [ese, esa, eso] *pron dem* <ésos, -as> der/die/das; **me lo ha dicho ésa** die da hat es mir erzählt; **¿por qué no vamos a otro bar? − ~ no me gusta** lass uns doch in eine andere Kneipe gehen − die da drüben gefällt mir nicht; **llegaré a eso de las doce** ich komme so gegen zwölf Uhr an; **me ofrecieron mucho dinero pero, ¡ni por ésas!** sie boten mir viel Geld, aber da war nichts zu wollen; **estaba trabajando, en eso** (**que**) **tocaron al timbre** ich war gerade am Arbeiten, da klingelte es an der Tür; **¡a ~!** haltet den Dieb!; **eso mismo te acabo de decir** genau das habe ich soeben zu dir gesagt; **aun con eso prefiero quedarme en casa** ich bleibe trotzdem lieber zu Hause; **lejos de eso** ganz im Gegenteil; **no es eso**

darum geht es doch gar nicht; **por eso** (**mismo**) (gerade) deswegen; **¿y eso?** wieso das?; **¿y eso qué?** na und?; **¡eso sí que no!** das kommt nicht in die Tüte! *fam; v. t.* **ese, -a**

esencia [e'senθja] *f* ❶ (*naturaleza*) Wesen *nt;* **se dice que el alemán es por ~ trabajador** es heißt, der Deutsche sei von Natur aus fleißig ❷ (*fondo*) Wesentliche(s) *nt;* **quinta ~** Quintessenz *f;* **ser de ~** wesentlich sein; **en ~** im Wesentlichen ❸ (QUÍM) Essenz *f;* **~ de café** Kaffeeextrakt *m;* **~ de rosas** Rosenöl *nt* ❹ (*colmo*) Inbegriff *m;* **ser la ~ de la arrogancia** die Arroganz in Person sein

esencial [esen'θjal] *adj* ❶ (*sustancial*) wesentlich; **elemento ~** Hauptbestandteil *m* ❷ (*indispensable*) unerlässlich (*a/para* für +*akk*); **alimento ~** Grundnahrungsmittel *nt* ❸ (*loc*): **aceite ~** ätherisches Öl *nt*

esencialismo [esenθja'lismo] *m sin pl* (FILOS) Essentialismus *m*

esencialmente [esenθjal'mente] *adv* im Wesentlichen

esfera [es'fera] *f* ❶ (MAT) Kugel *f* ❷ (*del reloj*) Zifferblatt *nt* ❸ (*ámbito, t.* ASTR) Sphäre *f;* **~ de actividad** Wirkungskreis *m;* **~ de influencia** Einflussbereich *m* ❹ (*clase*) Gesellschaftsschicht *f;* **las altas ~s de la sociedad** die besseren Kreise

esférico¹ [es'feriko] *m* (DEP) (Spiel)ball *m*

esférico, -a² [es'feriko, -a] *adj* ❶ (*redondo*) kugelförmig ❷ (ASTR, MAT) sphärisch

esfinge [es'finxe] *f* ❶ (*animal fabuloso*) Sphinx *f;* **ser una ~** (*fig*) undurchschaubar sein ❷ (ZOOL) Nachtfalter *m*

esforzado, -a [esfor'θaðo, -a] *adj* (*valiente*) tapfer

esforzar [esfor'θar] *irr como forzar* I. *vt* ❶ (*forzar*) anstrengen; **~ demasiado la vista** die Augen überanstrengen ❷ (*dar fuerza*) verstärken; **~ la voz** die Stimme heben ❸ (*dar ánimo*) ermutigen II. *vr:* **~se** (*moralmente*) sich bemühen (*en/por/para* zu +*inf*); (*físicamente*) sich anstrengen (*en/por/para* zu +*inf*)

esfuerzo [es'fwerθo] *m* ❶ (*acción de esforzarse*) Anstrengung *f;* **sin ~** mühelos; **hacer un ~** sich anstrengen; **me ha costado muchos ~s conseguirlo** es hat mich viel Mühe gekostet, das zu erreichen; **no lo conseguiremos si tú no haces un ~ por tu parte** ohne dein Dazutun schaffen wir es nicht ❷ (*económico*) (finanzielles) Opfer *nt;* **hacer un ~** sich (finanziell) einschränken ❸ (*valor*) Mut *m* ❹ (*vigor*) Kraft *f*

esfumar [esfu'mar] I. *vt* (*contornos*) verwischen; (*colores*) abtönen II. *vr:* **~se** sich auflösen; (*desaparecer*) verschwinden; (*nubes*) sich verziehen; (*contornos*) verschwimmen; (*fam: marcharse*) sich aus dem Staub machen

esgrima [es'ɣrima] *f* Fechten *nt;* **practicar la ~** fechten

esgrimir [esɣri'mir] *vt* ❶ (*blandir*) schwingen ❷ (*utilizar*) anführen

esguince [es'ɣinθe] *m* ❶ (MED) Verstauchung *f;* **hacerse un ~ en el tobillo** sich *dat* den Knöchel verstauchen ❷ (*cuarteo*) Ausweichmanöver *nt* ❸ (*gesto*) abfällige Geste *f*

eslabón [esla'βon] *m* ❶ (*de una cadena*) (Ketten)glied *nt* ❷ (*entre acontecimientos*) Bindeglied *nt*

eslabonar [eslaβo'nar] I. *vt* ❶ (*encadenar*) verketten ❷ (*fig: relacionar*) verknüpfen II. *vr:* **~se** sich verketten

eslalon [es'lalon] *m* (DEP) Slalom *m*

eslavo, -a [es'laβo, -a] I. *adj* slawisch II. *m, f* Slawe, -in *m, f*

eslip [es'lip] <eslips> *m* Slip *m*

eslogan [es'loɣan] *m* Slogan *m*

eslora [es'lora] *f* ❶ (*longitud*) Schiffslänge *f* ❷ *pl* Schiffsbalken *mpl*

eslovaco, -a [eslo'βako, -a] I. *adj* slowakisch II. *m, f* Slowake, -in *m, f*

Eslovaquia [eslo'βakja] *f* Slowakei *f*

Eslovenia [eslo'βenja] *f* Slowenien *nt*

esloveno, -a [eslo'βeno, -a] I. *adj* slowenisch II. *m, f* Slowene, -in *m, f*

esmaltar [esmal'tar] *vt* ❶ (*metal*) emaillieren; (*cerámica*) glasieren ❷ (*adornar de colores*) bemalen ❸ (*embellecer*) schmücken

esmalte [es'malte] *m* ❶ (*barniz*) Schmelz *m;* (*sobre metal*) Email *nt;* (*sobre porcelana*) Glasur *f;* **~ de laca** Emaillack *m;* **sin ~** unglasiert ❷ (*de uñas*) Nagellack *m* ❸ (*labor*) Emaillierung *f* ❹ (*objeto*) Emailarbeit *f;* **pulsera con ~s** emaillierter Armreif ❺ (*de los dientes*) Zahnschmelz *m* ❻ (*lustre*) Glanz *m* ❼ (*adorno*) Verzierung *f*

esmerado, -a [esme'raðo, -a] *adj* ❶ (*persona*) sorgfältig ❷ (*obra*) tadellos

esmeralda [esme'ralda] I. *adj* smaragdgrün II. *f* Smaragd *m;* **~ oriental** Korund *m*

esmerar [esme'rar] I. *vt* polieren II. *vr:* **~se** ❶ (*obrar con esmero*) sorgfältig arbeiten; **~se en la limpieza** gründlich putzen ❷ (*esforzarse*) sich *dat* Mühe geben (*en* bei +*dat*); **se esmera en no cometer errores** er/sie bemüht sich Fehler zu vermeiden ❸ (*lucirse*) sich hervortun; **hoy te**

has **esmerado** en la comida heute hast du dich mit dem Essen selbst übertroffen

esmerarse [esme'rarse] *vr* ❶ (*obrar con esmero*) sorgfältig arbeiten; ~ **en la limpieza** gründlich putzen ❷ (*esforzarse*) sich bemühen (*en* zu + *inf*) ❸ (*lucirse*) sich hervortun; **hoy te has esmerado en la comida** heute hast du dich mit dem Essen selbst übertroffen

esmeril [esme'ril] *m* (*roca*) Schmirgel *m*; **papel de** ~ Schmirgelpapier *nt*

esmerilar [esmeri'lar] *vt* (ab)schmirgeln

esmero [es'mero] *m* Sorgfalt *f*; **con** ~ gewissenhaft

esmirriado, -a [esmi'rrjaðo, -a] *adj* (*flaco*) dürr; (*raquítico*) schmächtig

esmoquin [es'mokin] *m* (*traje*) Smoking *m*; (*chaqueta*) Smokingjackett *nt*

esnifar [esni'far] *vt* (*argot: cocaína*) schnupfen; (*pegamento, pintura*) schnüffeln

esnob [es'noᵝ] I. *adj* versnobt II. *mf* Snob *m*

esnobismo [esno'ᵝismo] *m* Snobismus *m*

eso ['eso] *pron dem v.* **ése**

esófago [e'sofaɣo] *m* Speiseröhre *f*

esos ['esos] *adj v.* **ese, -a**

ésos ['esos] *pron dem v.* **ése**

esotérico, -a [eso'teriko, -a] *adj* esoterisch

esoterismo [esote'rismo] *m sin pl* Esoterik *f*

espabilada [espaᵝi'laða] *f* (*Col: parpadeo*) Lidschlag *m*; **en una** ~ auf einen Schlag

espabilado, -a [espaᵝi'laðo, -a] *adj* ❶ (*listo*) aufgeweckt ❷ (*despierto*) wach

espabilar [espaᵝi'lar] I. *vi* ❶ (*darse prisa*) sich beeilen ❷ (*avivarse*) dazulernen; **si quieres empezar a trabajar por tu cuenta, tienes que** ~ wenn du dich selb(st)ständig machen willst, musst du noch einiges lernen II. *vt* ❶ (*despertar*) munter machen ❷ (*avivar*) aufrütteln; **en la mili ya lo** ~**án** beim Bund werden sie ihm schon zeigen, wo es langgeht; **es muy perezosa, pero en el colegio ya la** ~**án** sie ist sehr faul, aber in der Schule werden sie ihr schon Dampf machen ❸ (*acabar deprisa*) schnell erledigen; (*fortuna*) durchbringen; (*comida*) verdrücken *fam* ❹ (*robar*) stehlen ❺ (*matar*) erledigen III. *vr:* ~**se** ❶ (*sacudir el sueño*) munter werden; (*la pereza*) sich aufrappeln *fam*; **tómate un café para** ~**te** trink einen Kaffee, damit du richtig wach wirst ❷ (*darse prisa*) sich beeilen ❸ (*avivarse*): **se ha espabilado desde que va al colegio** seit er/sie zur Schule geht, ist er/sie viel aufgeweckter ❹ (*Am: marcharse*) sich aus dem Staub machen *fam*

espaciador [espaθja'ðor] *m* Leertaste *f*

espacial [espa'θjal] *adj* räumlich; **estación** ~ Raumstation *f*

espaciar [espa'θjar] I. *vt* (*sillas*) auseinander rücken; (*alumnos*) auseinander setzen; (*letras*) sperren; ~ **las visitas** zwischen den Besuchen Zeit verstreichen lassen; ~ **los árboles** einen Zwischenraum zwischen den Bäumen lassen II. *vr:* ~**se** (*en un discurso*) ausschweifen

espacio [es'paθjo] *m* ❶ (*área*) Raum *m*; (*superficie*) Fläche *f*; (*trayecto*) Strecke *f*; ~ **vacío** luftleerer Raum; ~ **verde** Grünfläche *f*; ~ **vital** Lebensraum *m*; ~ **web** (INFOR) Website *f* ❷ (*que ocupa un cuerpo*) Platz *m*; ~ **necesario** Platzbedarf *m* ❸ (*entre objetos*) Zwischenraum *m*; (TIPO) Leerschritt *m*; (INFOR) Leerzeichen *nt*; (TÉC) Spiel *nt* ❹ (*de tiempo*) Zeitraum *m*; **en el** ~ **de dos meses** innerhalb von zwei Monaten; **por** ~ **de tres horas** drei Stunden lang ❺ (ASTR) Weltraum *m* ❻ (*programa*) Sendung *f*; ~ **informativo** Nachrichtensendung *f*

espaciosidad [espaθjosi'ðað] *f* Geräumigkeit *f*

espacioso, -a [espa'θjoso, -a] *adj* (*lugar*) geräumig

espada¹ [es'paða] *m* ❶ (TAUR) Matador *m* ❷ (ZOOL) Schwertfisch *m*

espada² [es'paða] *f* (*arma*) Schwert *nt*; (DEP) Degen *m*; ~ **negra** Florett *nt*; **desnudar la** ~ das Schwert zücken; **el despido era mi** ~ **de Damocles** eine mögliche Entlassung schwebte wie ein Damoklesschwert über meinem Haupt; **tu respuesta es** ~ **de dos filos** deine Antwort ist ein zweischneidiges Schwert; **estar entre la** ~ **y la pared** (*fam*) in einer Zwickmühle sein; **pintan** ~**s** ≈Schwert ist Trumpf

espadachín [espaða'tʃin] *m* ❶ (*esgrimidor*) (geübter) Fechter *m* ❷ (*fanfarrón*) Prahlhans *m*; (*pendenciero*) Raufbold *m*

espadaña [espa'ðaɲa] *f* ❶ (*campanario*) Glockenturm *m* ❷ (BOT) Rohrkolben *m*

espagueti(s) [espa'ɣeti(s)] *m/pl* Spaghetti *pl*; ~ **s a la boloñesa** Spaghetti Bolognese

espalda [es'palda] *f* ❶ (ANAT) Rücken *m*; **ancho de** ~**s** breitschult(e)rig; **ser cargado de** ~**s** einen krummen Rücken haben; **andar de** ~**s** rückwärts gehen; **con las manos en la** ~ mit hinter dem Rücken verschränkten Händen; **estar de** ~ **a alguien** hinter jdm sein; **estar de** ~ **a la pared** mit dem Rücken zur Wand stehen; **atacar por la** ~ hinterrücks überfallen; **coger a alguien por la** ~ (*fig*) jdm in den Rücken fallen; **doblar la** ~ (*fig*) arbeiten;

volver la ~ a alguien (*fam fig*) jdn links liegen lassen; **hablar a ~s de alguien** hinter jds Rücken reden; **me caí de ~s al oír eso** (*fam*) ich war wie vor den Kopf geschlagen, als ich das hörte; **tener las ~s muy anchas** (*fam fig*) einen breiten Buckel haben; **tener las ~s bien guardadas** (*fam*) gute Beziehungen haben; **la responsabilidad recae sobre mis ~s** die Verantwortung lastet auf meinen Schultern; **vivir de ~s a la realidad** an der Wirklichkeit vorbeileben ❷(DEP) Rückenschwimmen *nt;* **100 metros ~** 100 Meter Rücken; **¿sabes nadar ~?** kannst du rückenschwimmen?; **nadar de ~s va bien para la columna** Rückenschwimmen ist gut für die Wirbelsäule ❸(*de un edificio*) Rückseite *f* ❹(*de un animal*) Rücken *m;* (*para el consumo*) Rückenstück *nt*

espaldarazo [espalda'raθo] *m* (HIST) Ritterschlag *m;* **dar el ~ a alguien** jdn als gleichberechtigt anerkennen

espaldera [espal'dera] *f* ❶(*de un muro*) Spalier *nt;* **árbol a ~** (BOT) Spalierbaum *m;* **cultivar plantas en ~** Pflanzen an einem Spalier ziehen ❷(DEP) Sprossenwand *f*

espaldilla [espal'diʎa] *f* ❶(*de una res*) Bug *m* ❷(ANAT) Schulterblatt *nt*

espaldista [espal'dista] *mf* (DEP) Rückenschwimmer(in) *m(f)*

espanglis [es'panlis] *m* Spanglish *nt*

espantadizo, -a [espanta'ðiθo, -a] *adj* ❶(*persona*) schreckhaft ❷(*caballo*) scheu

espantajo [espan'taxo] *m* ❶(*espantapájaros*) Vogelscheuche *f;* **tal como vas vestido pareces un ~** in diesem Aufzug siehst du wie eine Vogelscheuche aus ❷(*fantoche*) Schreckgespenst *nt*

espantamoscas [espanta'moskas] *m inv* Fliegenklatsche *f*

espantapájaros [espanta'paxaros] *m inv* Vogelscheuche *f*

espantar [espan'tar] **I.** *vt* ❶(*dar susto*) erschrecken; (*dar miedo*) Angst machen +*dat* ❷(*ahuyentar a un animal*) verscheuchen; (*asustándolo*) aufscheuchen; (*caballos*) scheu machen ❸(*miedo, penas*) verjagen ❹(*asombrar*) erstaunen **II.** *vr:* **~se** ❶(*personas*) sich erschrecken (*de/por* bei/vor +*dat*) ❷(*animales*) scheu werden; (*caballo*) scheuen (*de/por* vor +*dat*)

espanto [es'panto] *m* ❶(*miedo*) Schrecken *m;* **¡qué ~!** wie entsetzlich!; **hace un calor de ~** es ist schrecklich heiß; **los precios son de ~** die Preise sind unerschwinglich; **estar curado de ~s** (*fam*)

sich nicht so leicht erschrecken lassen ❷(*terror*) panische Angst *f* ❸(*enfermedad*) Schock *m* ❹(*Am: fantasma*) Gespenst *nt*

espantosidad [espantosi'ðað] *f* (AmC, Col, PRico: horror) Grauen *nt*

espantoso, -a [espan'toso, -a] *adj* ❶(*horroroso*) entsetzlich ❷(*feo*) hässlich ❸(*enorme*) enorm

España [es'paɲa] *f* Spanien *nt*

ℹ Land & Leute

España (offiziell: **Reino de España**) ist eine konstitutionelle Monarchie mit einem Zweikammernsystem. Der König Juan Carlos I. wurde am 22.11.1975 zum Staatsoberhaupt ernannt; Thronfolger ist Kronprinz Felipe de Asturias. Die offizielle Landessprache ist Spanisch. Seit 1978 sind auch el *gallego* – Galicisch, el *catalán* – Katalanisch und el *euskera/ el vasco* – Baskisch als Nationalsprachen anerkannt.

---

español¹ [espa'ɲol] *m* Spanisch(e) *nt;* **clases de ~** Spanischunterricht *m;* **aprender ~** Spanisch lernen; **traducir al ~** ins Spanische übersetzen

español(a)² [espa'ɲol(a)] **I.** *adj* spanisch **II.** *m(f)* Spanier(in) *m(f)*

españolizar [espaɲoli'θar] <z→c> **I.** *vt* hispanisieren **II.** *vr:* **~se** hispanisiert werden

esparadrapo [espara'ðrapo] *m* Heftpflaster *nt*

esparcimiento [esparθi'mjento] *m* ❶(*acción*) Verstreuung *f* ❷(*diversión*) Zerstreuung *f*

esparcir [espar'θir] <c→z> **I.** *vt* ❶(*cosas*) verstreuen; (*líquido*) versprengen; **el viento ha esparcido los papeles de la mesa** der Wind hat die Papiere vom Tisch geweht ❷(*mancha*) größer machen ❸(*noticia*) verbreiten ❹(*distraer*): **~ el ánimo** sich zerstreuen **II.** *vr:* **~se** ❶(*cosas*) verstreut werden ❷(*noticias*) sich verbreiten ❸(*distraerse*) sich zerstreuen; **¿qué haces para ~te?** was machst du als Zeitvertreib?

espárrago [es'parrayo] *m* (BOT) Spargel *m;* **¡vete a freír ~s!** (*fam*) scher dich zum Teufel!; **ser un ~** (*fig*) eine Bohnenstange sein

esparraguera [esparra'yera] *f* (BOT) Spargel *m*

esparrancarse [esparraŋˈkarse] <c→qu> *vr* die Beine spreizen

espartillo [esparˈtiʎo] *m* (*Am*), **esparto** [esˈparto] *m* Espartogras *nt*

espasmo [esˈpasmo] *m* Krampf *m*

espasmódico, -a [espasˈmoðiko, -a] *adj* krampfartig

espátula [esˈpatula] *f* (TÉC) Spachtel *m;* (MED) Spatel *m*

especia [esˈpeθja] *f* Gewürz *nt*

especial [espeˈθjal] *adj* besonders; (*adecuado*) speziell; (*raro*) seltsam; **edición/comisión/escuela** ~ Sonderausgabe/-kommission/-schule *f;* **en** ~ insbesondere; **¿qué has hecho hoy? – nada en** ~ was hast du heute gemacht? – nichts Besonderes; **no pensaba en nada en** ~ ich dachte an nichts Bestimmtes; **él es para mí alguien muy** ~ er bedeutet mir sehr viel

especialidad [espeθjaliˈðað] *f* ❶ (*de un restaurante/una empresa*) Spezialität *f* ❷ (*rama*) Spezialgebiet *nt;* (DEP) Disziplin *f*

especialista [espeθjaˈlista] *mf* ❶ (*experto*) Spezialist(in) *m(f)* (*en* für +*akk*) ❷ (*médico*) Facharzt, -ärztin *m, f* ❸ (CINE) Stuntman, -woman *m, f*

especialización [espeθjaliθaˈθjon] *f* Spezialisierung *f* (*en* auf +*akk*); **mi** ~ **es la física cuántica** mein Spezialgebiet ist die Quantenphysik

especializar [espeθjaliˈθar] <z→c> *vi, vr:* ~ **se** sich spezialisieren (*en* auf +*akk*); **personal especializado** Fachkräfte *fpl*

especialmente [espeθjalˈmente] *adv* besonders; **lo he hecho** ~ **para ti** ich habe es extra für dich gemacht; **muebles** ~ **diseñados para minusválidos** speziell auf die Bedürfnisse von Behinderten abgestimmte Möbel

especie [esˈpeθje] *f* ❶ (*clase, t.* BOT, ZOOL) Art *f;* ~ **amenazada de extinción** vom Aussterben bedrohte Tierart; **la** ~ **animal** die Tiere; **ese es una** ~ **de cantante** er ist sozusagen Sänger; **gente de todas las** ~**s** Menschen jeder Gattung; **un hombre de mala** ~ ein übel gesinnter Mann; **no me gusta esta** ~ **de vida** ich mag diese Art (von) Leben nicht; **es de esa** ~ **de personas que nunca están tristes** er/sie gehört zu den Menschen, die nie traurig sind ❷ (*rumor*) Gerücht *nt;* **corre la** ~ **que...** man sagt, dass ... ❸ (COM): **pagar en** ~**s** in Naturalien zahlen

especificación [espeθifikaˈθjon] *f* ❶ (*explicación*) genaue Darlegung *f* ❷ (*precisión*) Angabe *f;* **especificaciones técnicas** technische Daten

especificar [espeθifiˈkar] <c→qu> *vt* ❶ (*explicar*) im Einzelnen darlegen; **el ministro especificó los problemas actuales de la economía** der Minister erläuterte im Einzelnen die aktuellen Wirtschaftsprobleme; **no** ~ **los pormenores de las negociaciones** nicht auf die Einzelheiten der Verhandlungen eingehen ❷ (*citar*) angeben; (*enumerar*) aufzählen

específico, -a [espeˈθifiko, -a] *adj* spezifisch; **el significado** ~ **de una palabra** die eigentliche Bedeutung eines Wortes

espécimen [esˈpeθimen] *m* <especímenes> ❶ (*ejemplar*) Exemplar *nt;* ~ **de lujo** Prachtexemplar *nt* ❷ (*muestra*) Probe *f*

espectacular [espektakuˈlar] *adj* spektakulär

espectacularidad [espektakulariˈðað] *f* ❶ (*aparatosidad*) spektakulärer Charakter *m* ❷ (*efectismo*) Effekthascherei *f* ❸ (*ostentosidad*) theatralische Art *f*

espectáculo [espekˈtakulo] *m* ❶ (TEAT) Schauspiel *nt;* (*de variedades*) Show *f;* ~ **de circo** Zirkusvorstellung *f;* ~ **deportivo** Sportereignis *nt* ❷ (*visión*) Anblick *m* ❸ (*fam: escándalo*): **dar el** [*o* **un**] ~ eine Szene machen

espectador(a) [espektaˈðor(a)] *m(f)* Zuschauer(in) *m(f)*

espectral [espekˈtral] *adj* ❶ (*fantasmal*) gespenstisch ❷ (FÍS) Spektral-

espectro [esˈpektro] *m* ❶ (*fantasma*) Gespenst *nt* ❷ (FÍS) Spektrum *nt*

especulación [espekulaˈθjon] *f* Spekulation *f*

especulador(a) [espekulaˈðor(a)] *m(f)* Spekulant(in) *m(f)*

especular [espekuˈlar] *vi* ❶ (*conjeturar, t.* FIN) spekulieren; ~ **en la Bolsa** an der Börse spekulieren ❷ (*meditar*) nachgrübeln

especulativo, -a [espekulaˈtiβo, -a] *adj* ❶ (*que especula*) spekulativ ❷ (*teórico*) theoretisch

espejismo [espeˈxismo] *m* ❶ (*óptico*) Fata Morgana *f* ❷ (*de la imaginación*) Illusion *f*

espejo [esˈpexo] *m* Spiegel *m;* ~ **retrovisor** Rückspiegel *m;* **mirarse al** ~ sich im Spiegel betrachten; **el cine es el** ~ **de la vida** das Kino spiegelt das Leben wider; **esta obra es un** ~ **de la sociedad actual** dieses Werk ist ein Spiegelbild der heutigen Gesellschaft

espeleología [espeleoloˈxia] *f sin pl* Höhlenkunde *f*

espeleólogo, -a [espeleˈoloɣo, -a] *m, f* Höhlenforscher(in) *m(f)*

espeluznante [espeluθˈnante] *adj* haarsträubend

espeluznar [espeluθ'nar] **I.** vt ❶ (*los cabellos*) sträuben; (*por el miedo*) die Haare zu Berge stehen lassen +*dat* ❷ (*horrorizar*) entsetzen **II.** vr: ~ **se** entsetzt sein

espera [es'pera] f ❶ (*acción*) Warten nt; (*estado*) Erwartung f; (*duración*) Wartezeit f; **lista de** ~ Warteliste f; **sala de** ~ Wartesaal m; **tuvimos dos horas de** ~ wir mussten zwei Stunden lang warten; **estoy a la** ~ **de recibir la beca** ich erwarte jeden Moment die Zusage über das Stipendium; **en** ~ **de su respuesta** (*final de carta*) in Erwartung Ihrer Antwort; **en** ~ **de tu carta, te mando el paquete** ich schicke dir schon einmal das Paket und erwarte demnächst deinen Brief; **esta** ~ **me saca de quicio** diese Warterei geht mir auf die Nerven ❷ (*paciencia*) Geduld f ❸ (*plazo*) Aufschub m; **no tener** ~ keinen Aufschub dulden; **sin** ~ unverzüglich

esperanto [espe'ranto] m Esperanto nt

esperanza [espe'ranθa] f Hoffnung f; ~ **de vida** Lebenserwartung f; **no tener** ~**s** keine Hoffnung haben; **abrigar** ~**s** Hoffnungen hegen; **estar en estado de buena** ~ guter Hoffnung sein; **poner las** ~**s en algo** die Hoffnungen auf etw setzen; **tener** ~**s de conseguir un puesto de trabajo** Aussichten auf einen Arbeitsplatz haben; **veo el futuro con** ~ ich bin sehr zuversichtlich

esperanzador(a) [esperanθa'ðor(a)] adj hoffnungsvoll

esperanzar [esperan'θar] <z→c> **I.** vt Hoffnung machen +*dat* **II.** vr: ~ **se** sich dat Hoffnungen machen (*en* auf +*akk*)

esperar [espe'rar] **I.** vi ❶ (*aguardar*) warten (*auf* +*akk*); (*con paciencia*) abwarten; ~ **al aparato** (*teléfono*) am Apparat bleiben; **hacerse de** ~ auf sich warten lassen; **es de** ~ **que...** +*subj* es ist zu erwarten, dass ...; **esperemos y veamos cómo evolucionan las cosas** warten wir ab und sehen wir, wie es weitergeht; **¡que se espere!** er/sie soll gefälligst warten; **espera, que no lo encuentro** Augenblick, ich finde es jetzt nicht; **ganaron la copa tan esperada** sie gewannen den heiß ersehnten Pokal; **¡ay, no puedo** ~ **(de curiosidad)!** ich kann es kaum abwarten!; **uno sólo tiene que** ~ **a que las cosas lleguen** man muss die Dinge nur auf sich zukommen lassen ❷ (*confiar*) hoffen; **espero que sí** ich hoffe doch; ~ **en alguien** die Hoffnung auf jdn setzen; **espero que nos veamos pronto** hoffentlich sehen wir uns bald **II.** vt ❶ (*aguardar*) warten (*auf* +*akk*); (*un bebé, recibir, pensar*) erwarten; (*con paciencia*) abwarten; **hace una hora que lo espero** ich warte seit einer Stunde auf ihn; **te espero mañana a las nueve** ich erwarte dich morgen um neun Uhr; **ya me lo esperaba** das dachte ich mir schon; **nos esperan malos tiempos** uns stehen schlimme Zeiten bevor; **espero su decisión con impaciencia** (*final de carta*) ich sehe Ihrer Entscheidung gespannt entgegen; **te espera una prueba dura** du kannst dich auf eine harte Probe gefasst machen ❷ (*confiar*) hoffen (auf +*akk*); **esperando recibir noticias tuyas...** in der Hoffnung, bald von dir zu hören ...; **espero sacar grandes ganancias de este negocio** ich erhoffe mir von diesem Geschäft große Gewinne

esperma [es'perma] m Sperma nt

espermicida [espermi'θiða] m Spermizid nt

esperpento [esper'pento] m ❶ (*persona*) groteske Figur f ❷ (*desatino*) Unsinn m

espesar [espe'sar] **I.** vt (*líquido*) eindicken; (*salsa*) binden **II.** vr: ~ **se** (*bosque*) dichter werden; (*niebla*) sich verdichten; (*salsa*) eindicken

espeso, -a [es'peso, -a] adj ❶ (*cabello, niebla, bosque*) dicht; (*líquido*) dick(flüssig); (*muro*) dick ❷ (*persona*) schlampig ❸ (*Arg, Perú, Ven: molesto*) lästig

espesor [espe'sor] m ❶ (*grosor*) Dicke f ❷ (*densidad*) Dichte f

espesura [espe'sura] f ❶ (*del cabello/bosque*) Dichte f; (*de un muro*) Dicke f; (*de un líquido*) Dickflüssigkeit f ❷ (*bosque*) Dickicht nt

espetar [espe'tar] vt ❶ (*ave, objeto*) aufspießen ❷ (*fam: palabrota*) ausstoßen; ~ **una bronca a alguien** jdn anschnauzen; ~ **un sermón a alguien** jdm eine Predigt halten; ~ **cuatro verdades a alguien** jdm den Kopf waschen

espía [es'pia] mf Spion(in) m(f); (*de la policía*) Spitzel m; ~ **doble** Doppelagent(in) m(f)

espiantar [espjan'tar] **I.** vi, vr: ~ **se** (*Arg, Chil: fam: alejarse*) weggehen; (*huir*) fliehen **II.** vt (*RíoPl: hurtar*) klauen

espiar [espi'ar] < 1. pres: espío > **I.** vi (*hacer espionaje*) spionieren **II.** vt (*algo*) ausspionieren; (*a alguien*) nachspionieren +*dat*; (*para la policía*) bespitzeln

espiga [es'piɣa] f ❶ (BOT) Ähre f; **dibujo de** ~ Fischgrätenmuster nt ❷ (*clavo*) Stift m

espigado, -a [espi'ɣaðo, -a] adj ❶ (*forma*) ährenförmig ❷ (*maduro*) reif ❸ (*árbol*) hoch; (*persona*) lang aufgeschossen

espigarse [espi'ɣarse] <g→gu> vr in die

Höhe schießen

espigón [espi'ɣon] *m* ❶ (*de un clavo*) Spitze *f* ❷ (*espiga*) Ähre *f* ❸ (*dique*) (Hafen)mole *f*; (*rompeolas*) Wellenbrecher *m* ❹ (*aguijón*) Stachel *m*

espina [es'pina] *f* ❶ (*de pescado*) Gräte *f* ❷ (BOT) Dorn *m* ❸ (*astilla*) Splitter *m* ❹ (ANAT): ~ (**dorsal**) Rückgrat *nt* ❺ (*inconveniente*) Schwierigkeit *f*; **dar mala** ~ (*fam*) argwöhnisch machen ❻ (*pesar*) Kummer *m*; **sacarse una** ~ (*fam: desquitarse*) sich revanchieren; (*desahogarse*) sich *dat* etwas von der Seele reden

espinaca [espi'naka] *f* Spinat *m*

espinal [espi'nal] *adj* Rückgrat-; **médula** ~ Rückenmark *nt*

espinazo [espi'naθo] *m* (ANAT) Rückgrat *nt*; **doblar el** ~ (*fig*) kein Rückgrat haben

espinilla [espi'niʎa] *f* ❶ (ANAT) Schienbein *nt*; **dar a alguien una patada en la** ~ jdm vors Schienbein treten ❷ (MED) Mitesser *m*; **sacarse una** ~ sich *dat* einen Mitesser ausdrücken

espinillera [espini'ʎera] *f* (DEP) Schienbeinschützer *m*

espino [es'pino] *m* ❶ (BOT): ~ **albar** Weißdorn *m* ❷ (TÉC): **alambre de** ~ Stacheldraht *m*

espinoso, -a [espi'noso, -a] *adj*, **espinudo, -a** [espi'nuðo, -a] *adj* (AmC, CSur) ❶ (*planta*) dornig; (*pescado*) grätig ❷ (*problema*) haarig

espionaje [espjo'naxe] *m* Spionage *f*; ~ **industrial** Werk(s)spionage *f*; **servicio de** ~ **alemán** Bundesnachrichtendienst *m*

Espira [es'pira] *f* Speyer *nt*

espiración [espira'θjon] *f* (MED) Ausatmen *nt*

espiral [espi'ral] **I.** *adj* spiralförmig; **escalera** ~ Wendeltreppe *f* **II.** *f* (*línea, anticonceptivo*) Spirale *f*

espirar [espi'rar] **I.** *vi* (*aire*) ausatmen **II.** *vt* (*olor*) verströmen

espiritismo [espiri'tismo] *m sin pl* Spiritismus *m*; **sesión de** ~ spiritistische Sitzung

espiritista [espiri'tista] *adj* spiritistisch

espíritu [es'piritu] *m* Geist *m*; (*ánimo*) Gemüt *nt*; (*valor*) Mut *m*; ~ **de compañerismo** kameradschaftlicher Geist; ~ **de contradicción** Widerspruchsgeist *m*; ~ **emprendedor** Unternehmungsgeist *m*; ~ **de la época** Zeitgeist *m*; ~ **de observación** (*don*) Beobachtungsgabe *f*; **el E~ Santo** (REL) der Heilige Geist; ~ **de solidaridad** Gemeinschaftsgeist *m*; **pobre de** ~ Kleingeist *m*; **exhalar el** ~ den Geist aufgeben; **cobrar** ~ Mut fassen; **levantar el** ~ **a alguien** jdn aufmuntern; **tener un** ~ **de**

rebelión ein rebellisches Gemüt haben; **hacer algo con** ~ **alegre** etw voller Freude tun; **evocar los** ~**s** die Geister beschwören

espiritual [espiritu'al] *adj* ❶ (*del espíritu*) geistig; (*persona*) vergeistigt; **vida** ~ Seelenleben *nt*; **mantenemos una relación puramente** ~ unsere Beziehung ist rein geistiger Natur ❷ (REL) geistlich

espiritualidad *f* Geistigkeit *f*, Spiritualität *f* geh

espita [es'pita] *f* ❶ (*de una cuba*) Zapfhahn *m*; ~ **del gas** Gashahn *m* ❷ (*palmo*) Spanne *f* ❸ (*fam: borracho*) Säufer(in) *m(f)*

esplendidez [esplendi'deθ] *f* ❶ (*generosidad*) Großzügigkeit *f* ❷ (*magnificencia*) Pracht *f*

espléndido, -a [es'plendiðo, -a] *adj* ❶ (*generoso*) großzügig ❷ (*aspecto*) prächtig; (*día*) herrlich; (*comida*) vorzüglich; (*ocasión, idea, resultado*) großartig

esplendor [esplen'dor] *m* Glanz *m*; (*fig*) Pracht *f*

esplendoroso, -a [esplendo'roso, -a] *adj* (*fig*) prachtvoll

espliego [es'pljeɣo] *m* Lavendel *m*

esplín [es'plin] *m* (*melancolía*) Schwermut *f*

espolear [espole'ar] *vt* ❶ (*al caballo*) die Sporen geben +*dat* ❷ (*a alguien*) anspornen

espoleta [espo'leta] *f* (*de bomba*) Zünder *m*

espolón [espo'lon] *m* ❶ (ZOOL: *de gallinas*) Sporn *m*; (*de caballos*) Fessel *f*; **tener más espolones que un gallo** (*fam*) sehr erfahren sein ❷ (*muro*) Damm *m*; **el** ~ **de Burgos** die Promenade in Burgos ❸ (NÁUT: *de galera*) Rammsporn *m* ❹ (GEO) Ausläufer *m* ❺ (ARQUIT) Widerlager *nt*

espolvorear [espolβore'ar] *vt* (GASTR) bestäuben

esponja [es'poŋxa] *f* ❶ (*para lavar, t.* ZOOL) Schwamm *m*; ~ **de baño** Badeschwamm *m*; **beber como una** ~ (*fam*) saufen wie ein Loch; **¡pasemos la** ~**!** (*fam*) Schwamm drüber! ❷ (*persona*) Schmarotzer *m*

esponjar [espoŋ'xar] **I.** *vt* ❶ (*la tierra*) auflockern; (*una masa*) schaumig machen ❷ (*líquido*) mit dem Schwamm abwischen; (*coche*) waschen **II.** *vr*: ~**se** ❶ (*engreírse*) sich aufblähen ❷ (*de aspecto*) aufblühen

esponjoso, -a [espoŋ'xoso, -a] *adj* (*masa*) schaumig; (*pan*) aufgeweicht

esponsorizar [esponsori'θar] <z→c> *vt*

sponsern

espontáneamente [espoṇtanea'meṇte] *adv* ❶ (*impensadamente*) spontan ❷ (*voluntariamente*) freiwillig

espontaneidad [espoṇtanei̯'ðað] *f* Spontan(e)ität *f*

espontáneo, -a [espoṇ'taneo, -a] *adj* spontan; (*saludo*) ungezwungen; **curación espontánea** Spontanheilung *f*

espora [es'pora] *f* Spore *f*

esporádico, -a [espo'raðiko, -a] *adj* sporadisch

esportivo, -a [espor'tiβo, -a] *adj* (*Am*) ❶ (*deportivo*) sportlich ❷ (*afectando descuido*) lässig

esposa [es'posa] *f v.* **esposo**

esposar [espo'sar] *vt* Handschellen anlegen +*dat*

esposas [es'posas] *fpl* (*manillas*) Handschellen *fpl;* **colocar las ~ a alguien** jdm Handschellen anlegen

esposo, -a [es'poso, -a] *m, f* Ehemann, -frau *m, f;* **le presento a mi esposa** ich möchte Ihnen meine Frau vorstellen; **salude a su ~ de mi parte** grüßen Sie Ihren Mann von mir; **los ~s** das Ehepaar

espray [es'prai̯] *m* ❶ (*líquido*) Spray *m o nt* ❷ (*envase*) Sprühdose *f*

esprint [es'priṇt] *m* Sprint *m*

esprintar [espriṇ'tar] *vt* sprinten

esprínter [es'priṇter] *mf* Sprinter(in) *m(f)*

espuela [es'pwela] *f* ❶ (*de la bota*) Sporn *m* ❷ (*acicate*) Ansporn *m;* **poner las ~s a alguien** jdn anspornen

espuerta [es'pwerta] *f* Korb *m;* **a ~s** haufenweise

espuma [es'puma] *f* ❶ (*burbujas*) Schaum *m;* (*de las olas*) Gischt *m o f;* **~ de afeitar** Rasierschaum *m;* **crecer como la ~** (*fam: persona*) sehr schnell wachsen; (*cosa*) rapide steigen ❷ (*materia*) Schaumstoff *m*

espumar [espu'mar] **I.** *vi* ❶ (*hacer espuma*) schäumen ❷ (*aumentar*) rapide steigen **II.** *vt* den Schaum abschöpfen (von +*dat*)

espumarajo [espuma'raxo] *m* ❶ (*pey: espuma*) dreckiger Schaum *m* ❷ (*de la boca*) Geifer *m;* **echar ~s por la boca** (*fig*) vor Wut schäumen

espumoso, -a [espu'moso, -a] *adj* (*masa*) schaumig; (*líquido*) schäumend; **vino ~** Schaumwein *m*

espurio, -a [es'purjo, -a] *adj* ❶ (*falso*) falsch ❷ (*persona*) unehelich

esputo [es'puto] *m* Speichel *m;* (MED) Auswurf *m*

esqueje [es'kexe] *m* Steckling *m*

esquela [es'kela] *f* ❶ (*nota*) kurze Mitteilung *f* ❷ (*necrológica*): **~** (**mortuoria**) Todesanzeige *f;* **publicar una ~** eine Todesanzeige aufgeben

esquelético, -a [eske'letiko, -a] *adj* ❶ (ANAT) Skelett- ❷ (*persona*) spindeldürr

esqueleto [eske'leto] *m* ❶ (ANAT) Skelett *nt;* **después de la operación quedé hecho un ~** nach der Operation war ich nur noch ein Skelett; **esta noche vamos a mover el ~** (*fam*) heute Abend schwingen wir das Tanzbein ❷ (*de un avión/barco*) Gerippe *nt;* (*de un edificio*) Skelett *nt* ❸ (*Col, AmC: impreso*) Formular *nt* ❹ (*Chil: de un escrito*) Entwurf *m*

esquema [es'kema] *m* ❶ (*gráfico*) Schema *nt;* **en ~** schematisch ❷ (*de una clase*) Konzept *nt;* **tengo que hacer el ~ del discurso** ich muss mir ein Konzept für die Rede machen

esquemático, -a [eske'matiko, -a] *adj* schematisch

esquematizar [eskemati'θar] <z→c> *vt* schematisieren

esquí [es'ki] *m* ❶ (*patín*) Ski *m;* **~ de fondo** Langlaufski *m* ❷ (*deporte*) Skisport *m;* **~ acuático** Wasserski *nt*

esquiador(a) [eskja'ðor(a)] *m(f)* Skiläufer(in) *m(f);* **~ de fondo** Langläufer *m*

esquiar [eski'ar] <*1. pres:* esquío> *vi* Ski laufen

esquila [es'kila] *f* ❶ (*cencerro*) Kuhglocke *f;* (*campanilla*) Glöckchen *nt* ❷ (*esquileo*) Schur *f*

esquilador(a) [eskila'ðor(a)] *m(f)* (AGR) Schafscherer(in) *m(f)*

esquilar [eski'lar] *vt* (*ovejas*) scheren; (*perros*) trimmen; **esta tarde iré a que me esquilen** heute Nachmittag gehe ich zum Friseur; **hoy sí que te han esquilado bien** heute hat der Friseur dich mächtig gestutzt

esquileo [eski'leo] *m* (*acción*) Schur *f*

esquilmar [eskil'mar] *vt* ❶ (*frutos*) ernten ❷ (*la tierra*) auslaugen ❸ (*explotar*) ausbeuten

esquimal [eski'mal] **I.** *adj* eskimoisch; **perro ~** Husky *m* **II.** *mf* Eskimo *m,* Eskimofrau *f*

esquina [es'kina] *f* (*de un edificio*) (Straßen)ecke *f;* (*de una mesa*) Ecke *f;* **casa que hace ~** Eckhaus *nt;* **hacer un saque de ~** (DEP) einen Eckball ausführen; **a la vuelta de la ~** um die Ecke; **doblar la ~** um die Ecke biegen

esquinar [eski'nar] **I.** *vi* eine Ecke bilden **II.** *vt* ❶ (*objetos*) über Eck legen ❷ (*maderos*) rechtwinklig zuschneiden **III.** *vr:* **~se** sich verfeinden

esquinazo [eski'naθo] *m* (*fam*) Hausecke *f;* **dar ~ a alguien** (*dejar plantado*) jdn versetzen; (*rehuir*) jdm aus dem Weg gehen

esquirla [es'kirla] *f* Splitter *m*

esquirol [eski'rol] *mf* Streikbrecher(in) *m(f)*

esquivar [eski'βar] I. *vt* ➊ (*golpe*) ausweichen +*dat* ➋ (*problema, encuentro*) vermeiden ➌ (*a alguien*) aus dem Weg gehen +*dat* II. *vr:* ~**se** sich drücken (vor +*dat*)

esquivo, -a [es'kiβo, -a] *adj* ➊ (*huidizo*) scheu ➋ (*arisco*) spröde

esquizofrenia [eskiθo'frenja] *f* Schizophrenie *f*

esquizofrénico, -a [eskiθo'freniko, -a] *adj* schizophren

esta ['esta] *adj v.* **este, -a**

ésta ['esta] *pron dem v.* **éste**

estabilidad [estaβili'ðaᵈ] *f* Stabilität *f;* (*de un trabajo*) Dauerhaftigkeit *f;* (*de una amistad*) Beständigkeit *f;* (*del carácter*) Standhaftigkeit *f*

estabilización [estaβiliθa'θjon] *f* Stabilisierung *f*

estabilizante [estaβili'θan̦te] *adj* stabilisierend

estabilizar [estaβili'θar] <z→c> I. *vt* stabilisieren; (*trabajo*) sichern; (*amistad*) festigen II. *vr:* ~**se** sich stabilisieren

estable [es'taβle] *adj* stabil; (*trabajo*) dauerhaft; (*tiempo*) beständig; (*carácter*) standhaft

establecer [estaβle'θer] *irr como crecer* I. *vi* festlegen II. *vt* ➊ (*fundar*) gründen; (*dictadura*) errichten; (*grupo de trabajo*) einsetzen; (*costumbre*) einführen; (*sucursal, tienda*) eröffnen; (*relaciones, contacto*) aufnehmen; (*principio, récord*) aufstellen; (*orden*) (wieder)herstellen; (*escuela*) einrichten; (*ley*) erlassen ➋ (*ordenar*) festlegen ➌ (*colocar*) aufstellen; (*campamento*) aufschlagen; (*colonos*) ansiedeln; (*conexión*) herstellen III. *vr:* ~**se** (*instalarse*) sich niederlassen (*en* in +*dat, de* als +*nom*); (*por cuenta propia*) sich selb(st)ständig machen (*de* als +*nom*)

establecimiento [estaβleθi'mjen̦to] *m* ➊ (*fundación*) Gründung *f;* (*de un grupo de trabajo*) Einsatz *m;* (*de una costumbre*) Einführung *f;* (*de una sucursal*) Eröffnung *f;* (*de relaciones*) Aufnahme *f;* (*de un principio/récord*) Aufstellung *f;* (*del orden*) (Wieder)herstellung *f;* (*de una escuela*) Einrichtung *f* ➋ (*tienda*) Geschäft *nt* ➌ (*institución*) Institution *f;* (*pública*) öffentliche Einrichtung *f;* (*empresa*) Unternehmen *nt* ➍ (*de personas*) Ansiedelung *f*

establo [es'taβlo] *m* ➊ (*cuadra*) Stall *m;*

esta casa es un ~ (*fig*) dieses Haus ist ein Saustall *fam* ➋ (*Cuba: cochera*) Garage *f;* (*para alquilar*) Autoverleih *m*

estaca [es'taka] *f* (*palo*) Pfahl *m;* (*para tienda*) Zeltpflock *m;* (*garrote*) Knüppel *m*

estacada [esta'kaða] *f* (Pfahl)zaun *m;* **dejar a alguien en la ~** jdn im Stich lassen; **quedarse alguien en la ~** (*por un negocio*) in der Patsche sitzen; (*en una disputa*) den Kürzeren ziehen

estacazo [esta'kaθo] *m* ➊ (*golpe*) Stockschlag *m* ➋ (*crítica*) scharfe Kritik *f;* (*rapapolvo*) Standpauke *f;* **dar un ~ a alguien** jdm eine Standpauke halten

estación [esta'θjon] *f* ➊ (*del año*) Jahreszeit *f;* (*temporada*) Zeit *f;* **~ de las flores** Frühjahr *nt;* **~ de las lluvias** Regenzeit *f* ➋ (*de trenes*) Bahnhof *m;* (*parada*) Station *f;* **~ de autobuses** Busbahnhof *m;* **~ central** Hauptbahnhof *m;* **~ de destino** Bestimmungsbahnhof *m;* **~ de metro** U-Bahn-Station *f* ➌ (RADIO, TV) Sender *m* ➍ (*centro, t.* REL) Station *f;* **~ meteorológica** Wetterwarte *f;* **~ orbital** Weltraumstation *f;* **~ de servicio** Tankstelle *f*

estacionamiento [estaθjona'mjen̦to] *m* ➊ (*colocación*) Aufstellung *f;* (*de personas*) Posterung *f;* (MIL) Stationierung *f* ➋ (MIL: *posición*) Stellung *f* ➌ (AUTO: *acción*) Parken *nt;* (*lugar*) Parkplatz *m*

estacionar [estaθjo'nar] I. *vt* ➊ (*colocar*) aufstellen; (*personas*) postieren; (MIL) stationieren ➋ (AUTO) parken II. *vr:* ~**se** ➊ (*alguien*) sich postieren ➋ (AUTO) parken ➌ (*parar*) stehen bleiben; **la producción se ha estacionado** die Produktion ist ins Stocken geraten

estacionario, -a [estaθjo'narjo, -a] *adj* stationär

estadio [es'taðjo] *m* ➊ (DEP) Stadion *nt* ➋ (MED) Stadium *m*

estadista [esta'ðista] *mf* ➊ (POL) bedeutender Politiker *m,* bedeutende Politikerin *f* ➋ (MAT) Statistiker(in) *m(f)*

estadística [esta'ðistika] *f* Statistik *f*

estadístico, -a [esta'ðistiko, -a] *adj* statistisch

estado [es'taðo] *m* ➊ (*condición*) Zustand *m;* (*situación*) Lage *f;* **~ de alarma** Alarmzustand *m;* **~ civil** Familienstand *m;* **~ de las cosas** (*general*) Stand der Dinge; (*de un hecho concreto*) Sachlage *f;* **~ de cuenta** Kontostand *m;* **~ de la economía** Wirtschaftslage *f;* **~ de emergencia** Notstand *m;* **~ financiero** Finanzlage *f;* **~ gaseoso** gasförmiger Zustand; **~ de guerra** Kriegszustand *m;* **~ de necesidad** (JUR) Notstand *m;* **~ de salud** Gesundheitszustand *m;* **en buen ~ de conservación** gut erhalten; **en ~ de embriaguez** in betrunkenem Zustand; **estar en ~ interesante** [*o* **de buena esperanza**] guter Hoffnung sein; **en ~ de merecer** unverheiratet ❷(POL) Staat *m;* **~ comunitario** Mitgliedsstaat der Europäischen Union; **~ miembro** Mitgliedsstaat *m;* **~ miembro de la UEME** EWWU-Teilnehmerland *nt;* **~ providencia** Wohlfahrtsstaat *m;* **presupuestos del ~** Staatshaushalt *m* ❸(MIL): **~ mayor** Generalstab *m* ❹(FIN): **~ de cuentas** Kassenbericht *m;* **~ de los gastos** Ausgabenseite *f*

Estados Unidos [es'taðos u'niðos] *mpl* Vereinigte Staaten *mpl*

estadounidense [estaðouni'ðense] *mf* (US-)Amerikaner(in) *m(f)*

estafa [es'tafa] *f* Betrug *m*

estafador(a) [estafa'ðor(a)] *m(f)* Betrüger(in) *m(f)*

estafar [esta'far] *vt* betrügen; **la cajera me ha estafado el cambio** die Kassiererin hat mich um das Wechselgeld betrogen

estafeta [esta'feta] *f* (*correos*) Postamt *nt*

estagnación [estaɣna'θjon] *f* (*AmC*) Stagnation *f*

estalactita [estalak'tita] *f* Stalaktit *m*

estalagmita [estalaɣ'mita] *f* Stalagmit *m*

estallar [esta'ʎar] *vi* ❶(*globo, neumático*) platzen; (*bomba*) explodieren; (*cristales*) zersplittern; (*látigo*) knallen; **estalló una ovación** Beifall brach los; **me estalla la cabeza** mir platzt der Schädel ❷(*revolución, incendio*) ausbrechen; (*tormenta*) losbrechen; **al ~ la guerra** bei Kriegsausbruch ❸(*risa, alegría*) losbrechen; **~ en llanto** in Tränen ausbrechen; **estaba enfadado y al final estalló** er war verärgert und platzte am Ende vor Wut

estallido [esta'ʎiðo] *m* ❶(*ruido*) Knall *m;* (*de un globo*) Platzen *nt;* (*explosión*) Explosion *f* ❷(*de una revolución*) Ausbruch *m;* **~ de cólera** Zornausbruch *m*

estambre [es'tambre] *m* ❶(*tela*) Kammgarnstoff *m;* (*hebra*) Kammgarn *nt* ❷(BOT) Staubgefäß *nt*

Estambul [estam'bul] *m* Istanbul *nt*

estamento [esta'mento] *m* Gesellschaftsschicht *f*

estampa [es'tampa] *f* ❶(*dibujo*) Bild *nt;* **~ de la Virgen** Marienbild *nt;* **dar algo a la ~** etw in Druck geben ❷(*huella*) Abdruck *m* ❸(*impresión*) Eindruck *m;* (*aspecto*) Aussehen *nt;* **un caballo de magnífica ~** ein Pferd von prächtiger Gestalt; **tienes mala ~** du siehst schlecht aus; **¡maldita sea tu ~!** verflucht seist du!; **ser la viva ~**

de la pobreza die Armut in Person sein; **ser la viva ~ de su padre** (*fam*) seinem Vater wie aus dem Gesicht geschnitten sein

estampación [estampa'θjon] *f sin pl* Drucken *nt;* (*con relieve*) Prägung *f*

estampado¹ [estam'paðo] *m* ❶(*tejido*) Druck *m;* **no me gusta este ~** dieses (Stoff)muster gefällt mir nicht ❷(*metal*) Prägung *f*

estampado, -a² [estam'paðo, -a] *adj* bedruckt

estampar [estam'par] **I.** *vt* ❶(*en papel, tela*) drucken (*en/sobre* auf +*akk*); (*con relieve*) prägen (*en/sobre* in/auf +*akk*); **~ un dibujo en una camiseta** ein T-Shirt mit einer Zeichnung bedrucken ❷(TÉC: *una chapa*) stanzen; (*un motivo en una chapa*) einstanzen; **~ pins** Pins ausstanzen; **se me quedó estampado en la cabeza** (*fig*) das hat sich mir eingeprägt ❸(*huella*) hinterlassen; **~ una firma** unterzeichnen; **~ la firma al pie del documento** die Unterschrift unter ein Dokument setzen ❹(*fam: arrojar*) knallen ❺(*fam: dar*) verpassen; **~ una bofetada a alguien** jdm eine knallen; **~ le un beso a alguien en la cara** jdm einen Kuss auf die Wange drücken **II.** *vr:* **~ se** (*fam*) prallen

estampida [estam'piða] *f* ❶(*huida*) überstürzte Flucht *f* ❷(*ruido*) Knall *m*

estampido [estam'piðo] *m* Knall *m;* **~ del trueno** Donnerschlag *m;* **dar un ~** knallen

estampilla [estam'piʎa] *f* ❶(*sello*) (Faksimile)stempel *m* ❷(*Am: de correos*) Briefmarke *f*

estampita [estam'pita] *f* Heiligenbild *nt;* **me han dado el timo de la ~** (*fam*) ich bin reingelegt worden

estancamiento [estaŋka'mjento] *m* ❶(*del agua*) (Auf)stauung *f* ❷(*de una mercancía*) Monopolisierung *f* ❸(*de los negocios*) Stagnation *f;* (*de un proceso*) Stillstand *m;* **~ coyuntural** Konjunkturstillstand *m*

estancar [estaŋ'kar] <c→qu> **I.** *vt* ❶(*un río*) (auf)stauen; **aguas estancadas** Stauwasser *nt* ❷(*mercancía*) monopolisieren ❸(*proceso*) zum Stillstand bringen **II.** *vr:* **~ se** ❶(*río*) sich (auf)stauen ❷(*negocio*) stagnieren; **me he estancado en los estudios** ich komme mit meinem Studium nicht weiter; **quedarse estancado** ins Stocken geraten

estancia [es'tanθja] *f* ❶(*permanencia*) Aufenthalt *m;* **~ en un hospital** Krankenhausaufenthalt *m* ❷(*habitación*) Wohnraum *m;* (*de palacio*) Gemach *nt* ❸(*Am: hacienda*) Landgut *nt* ❹(*Cuba, Ven:*

quinta) Landhaus *nt*

estanciera [estan'θjera] *f* (*Arg: furgoneta*) Lieferwagen *m*

estanciero, -a [estan'θjero, -a] *m, f* (*CSur, Col, Ven*) ❶ (*de ganado*) Farmer(in) *m(f)* ❷ (*de latifundios*) Großgrundbesitzer(in) *m(f)*

estanco¹ [es'taŋko] *m* ❶ (*establecimiento*) Tabak(waren)laden *m* ❷ (*monopolio*) Monopol *nt*

---

i Land & Leute

Im **estanco** kann man nicht nur Zigaretten und Zigarren kaufen, wie in einem deutschen Tabakwarenladen oder einer österreichischen Trafik, sondern auch *Briefmarken – sellos*, *Zeitungen – periódicos*, *Zeitschriften – revistas* und offizielle Dokumente, wie zum Beispiel das Formular zur Lohnsteuererklärung. Außerdem sind **estancos** oft auch Annahmestellen für Toto und Lotto.

---

estanco, -a² [es'taŋko, -a] *adj* ❶ (*NÁUT*) wasserdicht ❷ (*separado*) abgeschlossen

estándar [es'taɳdar] **I.** *adj* Standard-; **tipo** ~ Standardversion *f* **II.** *m* Standard *m*

estandarización [estaɳdariθa'θjon] *f* Standardisierung *f*

estandarizar [estaɳdari'θar] <z→c> *vt* standardisieren

estandarte [estaɳ'darte] *m* Standarte *f*

estanque [es'taŋke] *m* ❶ (*en un parque*) Teich *m* ❷ (*para el riego*) Wasserbassin *nt*

estanquero, -a [estaŋ'kero, -a] *m, f* Tabak(waren)händler(in) *m(f)*

estante [es'tante] *m* ❶ (*para libros*) Bücherbrett *nt;* (*para muebles*) (Einlege)boden *m;* (*en una tienda*) Ständer *m* ❷ (*mueble*) Regal *nt*

estantería [estante'ria] *f* Regal *nt;* (*de toda la pared*) Regalwand *f*

estañar [esta'ɲar] *vt* (*Ven*) ❶ (*herir*) verletzen ❷ (*echar*) entlassen

estaño [es'taɲo] *m* Zinn *nt;* ~ **para soldar** Lötzinn *nt*

estar [es'tar] *irr* **I.** *vi* ❶ (*hallarse*) sein; (*un objeto: derecho*) stehen; (*tumbado*) liegen; (*colgando*) hängen (*en* an +*dat*); (*durante un tiempo*) sich aufhalten; **Valencia está en la costa** Valencia liegt an der Küste; **¿está Pepe?** ist Pepe da?; **¿dónde estábamos?** wo waren wir stehen geblieben?; **como estamos aquí tú y yo** so wahr wir hier sitzen; **ya lo hago yo,**

para eso estoy ich übernehme das, das ist das Mindeste, was ich tun kann; **¿está la comida?** ist das Essen fertig? ❷ (*sentirse*) sich fühlen; **¿cómo estás?** wie geht es dir?; **ya estoy mejor** es geht mir schon besser; **hoy no estoy bien** ich fühle mich heute nicht wohl ❸ (+ *adjetivo/participio*): ~ **asomado al balcón** auf dem Balkon stehen; ~ **cansado** müde sein; ~ **sentado** sitzen; ~ **ubicado** (*Am*) sich befinden; ~ **viejo** alt aussehen; **el asado está rico** der Braten schmeckt gut; **está visto que...** es ist offensichtlich, dass ... ❹ (+ *bien/mal*): ~ **mal de azúcar** kaum Zucker haben; ~ **mal de la cabeza** spinnen; ~ **mal de dinero** schlecht bei Kasse sein; **una semana de descanso te ~á bien** eine Woche Urlaub wird dir gut tun; **eso te está bien empleado** (*fam*) das geschieht dir recht; **esa blusa te está bien** diese Bluse steht dir gut; **este peinado no te está bien** diese Frisur steht dir nicht ❺ (+ *a*): ~ **al caer** (*persona*) bald kommen; (*suceso*) bevorstehen; **están al caer las diez** es ist bald zehn Uhr; ~ **al día** auf dem Laufenden sein; **estamos a uno de enero** heute ist der 1. Januar; **¿a qué estamos?** den Wievielten haben wir heute?; **las peras están a 2 euros el kilo** die Birnen kosten 2 Euro das Kilo; **el cuadro está ahora a 10.000 euros** das Bild ist nun auf 10.000 Euro gestiegen; **las acciones están a 8 euros** die Aktien liegen bei 8 Euro; **Sevilla está a 40 grados** in Sevilla sind es 40 Grad; **el termómetro está a diez grados** das Thermometer zeigt zehn Grad an; **están uno a uno** das Spiel steht eins zu eins; ~ **a examen** kurz vor einer Prüfung stehen; **estoy a lo que decida la asamblea** ich schließe mich der Entscheidung der Versammlung an; **estoy a oscuras en este tema** ich habe keinen blassen Schimmer von diesem Thema ❻ (+ *con*): **estoy con mi novio** ich bin mit meinem Freund zusammen; **en el piso estoy con dos más** ich teile die Wohnung mit zwei Leuten; **estoy contigo en este punto** ich stimme mit dir in diesem Punkt überein ❼ (+ *de*): ~ **de broma** zum Scherzen aufgelegt sein; ~ **de charla** einen Schwatz halten; ~ **de mal humor** schlecht gelaunt sein; ~ **de parto** in den Wehen liegen; ~ **de pie** stehen; ~ **de suerte** Glück haben; ~ **de secretario** als Sekretär arbeiten; ~ **de viaje** verreist sein; **en esta reunión estoy de más** ich bin in dieser Sitzung überflüssig; **esto que has dicho estaba de más** was du gesagt hast, war überflüssig ⑧(+ *en*): **el problema está en el dinero** das Problem ist das Geld; **yo estoy en que él no dice la verdad** ich bin überzeugt (davon), dass er lügt; **no estaba en sí cuando lo hizo** er/sie war nicht ganz bei sich *dat*, als er/sie es tat; **siempre estás en todo** dir entgeht nichts; **estoy en lo que tú dices** ich weiß, wovon du sprichst ⑨(+ *para*): **hoy no estoy para bromas** heute bin ich nicht zu Späßen aufgelegt; **~ para morir** im Sterben liegen; **el tren está para salir** der Zug fährt in Kürze ab ⑩(+ *por*): **estoy por llamarle** ich bin versucht ihn anzurufen; **eso está por ver** das wird sich zeigen; **la historia de esta ciudad está por escribir** die Geschichte dieser Stadt muss noch geschrieben werden; **este partido está por la democracia** diese Partei setzt sich für die Demokratie ein ⑪(+ *gerundio*): **¿qué estás haciendo?** was machst du da?; **estoy haciendo la comida** ich bereite gerade das Essen zu; **siempre estás mirando la tele** du siehst dauernd fern; **he estado una hora esperando el autobús** ich habe eine Stunde lang auf den Bus gewartet; **estoy escribiendo una carta** ich bin gerade dabei, einen Brief zu schreiben; **¡lo estaba viendo venir!** ich habe es kommen sehen!; **este pastel está diciendo cómeme** bei diesem Kuchen läuft mir das Wasser im Munde zusammen ⑫(+ *que*): **estoy que no me tengo** ich bin fix und fertig; **está que trina** er/sie ist außer sich *dat* ⑬(+ *sobre*): **estáte sobre este asunto** kümmere dich um diese Angelegenheit; **siempre tengo que ~ sobre mi hijo para que coma** ich muss immer hinter meinem Sohn her sein, damit er was isst; **ser una persona que siempre está sobre sí** (*serena*) sich immer ganz ruhig verhalten; (*impasible*) nie seine Gefühle offenbaren ⑭(*loc*): **a las 10 en casa, ¿estamos?** du bist um 10 Uhr zu Hause, verstanden? II. *vr:* **~se** ① (*hallarse*) sein ② (*permanecer*) bleiben; **~se de charla** ein Schwätzchen halten; **te puedes ~ con nosotros** du kannst bei uns bleiben; **me estuve con ellos toda la tarde** ich verbrachte den ganzen Nachmittag bei ihnen; **¡estáte quieto!** (*callado*) sei ruhig!; (*quieto*) Hände weg!

estárter [es'tarter] *m* (AUTO) Starter *m*

estatal [esta'tal] *adj* staatlich

estatalizar [estatali'θar] <z→c> *vt* verstaatlichen

estática [es'tatika] *f sin pl* Statik *f*

estático, -a [es'tatiko, -a] *adj* statisch; (*pas-*

mado) sprachlos

estatua [es'tatwa] *f* Statue *f*

estatuaria [esta'twaria] *f* Bildhauerei *f*

estatuilla [esta'twiʎa] *f:* **este año la ~ no fue a parar a una película española** dieses Jahr bekam kein spanischer Film den Oscar

estatura [esta'tura] *f* Statur *f;* **¿qué ~ tienes?** wie groß bist du?; **es un hombre de ~ pequeña** er ist klein von Statur

estatus [es'tatus] *m* Status *m*

estatutario, -a [estatu'tarjo, -a] *adj* satzungsgemäß

estatuto [esta'tuto] *m* ① (*de una sociedad*) Satzung *f;* **~ del Banco Central** Zentralbankstatut *nt* ② (JUR, POL) Gesetz *nt;* (*de autonomía*) Verfassung *f;* **~ de los trabajadores** Betriebsverfassungsgesetz *nt*

este[1] ['este] *m* Osten *m;* (METEO, NÁUT) Ost *m;* **Alemania del E~** Ostdeutschland *nt*

este, -a[2] ['este, -a] I. *adj* <estos, -as> diese(r, s); **~ perro es el mío** das ist mein Hund; **esta casa es nuestra** dieses Haus gehört uns II. *pron dem v.* **éste, ésta, esto**

éste, ésta, esto ['este, 'esta, 'esto] *pron dem* <éstos, -as> der/die/das; (a) **éstos no los he visto nunca** die habe ich nie gesehen; **~ se cree muy importante** der hält sich für sehr wichtig; **antes yo también tenía una camisa como ésta** früher hatte ich auch so ein Hemd; (**estando**) **en esto** [o **en éstas**]**, llamaron a la puerta** in diesem Moment klingelte es an der Tür; **¡ésta sí que es buena!** das ist ja ein Ding!; **te lo juro, por ésta(s)** darauf kannst du Gift nehmen; *v. t.* **este, -a**

estela [es'tela] *f* ① (NÁUT) Kielwasser *nt* ② (*de avión*) Kondensstreifen *m;* (*de cohete*) Rauchfahne *f* ③ (*rastro*) Spur *f;* **dejar una ~ de recuerdos** eine Reihe von Erinnerungen hinterlassen

estelar [este'lar] *adj* ① (NÁUT) stellar; **sistema ~** Sternsystem *nt* ② (*extraordinario*): **invitado ~** Stargast *m;* **programa ~** (TV) Erfolgssendung *f*

estelaridad [estelari'ðað] *f* (*Chil: popularidad*) Beliebtheit *f;* **tener una gran ~** sich größter Beliebtheit erfreuen

estenografía [estenoɣra'fia] *f* Stenografie *f*

estenografiar [estenoɣrafi'ar] < *l. pres:* estenografío> *vt* stenografieren

estenotipia [esteno'tipja] *f* Stenotypie *f*

estentóreo, -a [esten'toreo, -a] *adj* (*voz*) laut; (*risa*) schallend; (*acento*) ausgeprägt

estepa [es'tepa] *f* ① (GEO) Steppe *f* ② (BOT) Zistrose *f*

estera [es'tera] *f* (Fuß)matte *f*

estercolero [esterko'lero] *m* ① (*montón*)

Misthaufen *m* ❷ (*lugar*) Saustall *m abw*

estéreo [es'tereo] **I.** *adj* (*fam*) stereo(phon); **disco** ~ Stereoaufnahme *f* **II.** *m* ❶ (*estereofonía*) Stereo *nt* ❷ (*equipo*) Stereoanlage *f*

estereofónico, -a [estereo'foniko, -a] *adj* Stereo-, stereophon(isch)

estereotipado, -a [estereoti'paðo, -a] *adj* stereotyp

estereotipar [estereoti'par] *vt* ❶ (TIPO) stereotypieren ❷ (*frase*) klischeehaft darstellen

estereotipo [estereo'tipo] *m* Stereotyp *nt*

estéril [es'teril] *adj* ❶ (*persona, tierra*) unfruchtbar ❷ (MED) steril ❸ (*trabajo*) nutzlos; (*esfuerzo*) fruchtlos; (*discusión*) unfruchtbar

esterilidad [esterili'ðað] *f* ❶ (*de una persona/un terreno*) Unfruchtbarkeit *f* ❷ (MED) Sterilität *f*

esterilización [esteriliθa'θjon] *f* Sterilisation *f*

esterilizar [esterili'θar] <z→c> *vt* sterilisieren

esterilla [este'riʎa] *f* ❶ (*estera*) kleine (Fuß)matte *f*; ~ **eléctrica** Heizdecke *f*; ~ **del wáter** Klosettumrandung *f* ❷ (*Ecua: rejilla*): **silla de** ~ Korbstuhl *m*

esterlina [ester'lina] *adj*: **libra** ~ Pfund *nt* Sterling

esternón [ester'non] *m* Brustbein *nt*

estero [es'tero] *m* ❶ (*Am: pantano*) Sumpf *m* ❷ (*Cuba: ría*) Bucht *f* ❸ (*Chil, Ecua: arroyo*) Bach *m* ❹ (*Ven: aguazal*) Wasserlache *f*; **estar en el** ~ in der Klemme sitzen

esteroide [este'roiðe] *m* (QUÍM) Steroid *nt*

estertor [ester'tor] *m* (*respiración*) Röcheln *nt*

esteta [es'teta] *mf* Ästhet(in) *m(f)*

estética [es'tetika] *f* Ästhetik *f*

estéticienne [esteti'θjen] *mf* Kosmetiker(in) *m(f)*

esteticista [esteti'θista] **I.** *adj* ästhetizistisch **II.** *mf* ❶ (*de esteticismo*) Ästhetizist(in) *m(f)* ❷ (*estéticienne*) Kosmetiker(in) *m(f)*

estético, -a [es'tetiko, -a] *adj* ästhetisch; **no** ~ unästhetisch

estetoscopio [estetos'kopjo] *m* Stethoskop *nt*

estiaje [es'tjaxe] *m* (*nivel*) Niedrigwasser *nt*

estibador(a) [estiβa'ðor(a)] *m(f)* (NÁUT) Stauer(in) *m(f)*

estibar [esti'βar] *vt* (*cargar*) verstauen; (*distribuir*) trimmen

estiércol [es'tjerkol] *m* Mist *m*; **sacar el** ~ ausmisten

estigma [es'tiɣma] *m* Stigma *nt*; (*en el cuerpo*) Wundmal *nt*; (*de un hierro*) Brandmal *nt*

estigmatizar [estiɣma'tiθar] <z→c> *vt* brandmarken; (REL) stigmatisieren

estilar [esti'lar] **I.** *vi* die Angewohnheit haben (zu +*inf*); **estila levantarse pronto** er/sie steht gewöhnlich früh auf **II.** *vr*: ~ **se** üblich sein; **ya no se estila llevar bombachos** Reiterhosen sind aus der Mode gekommen

estilista [esti'lista] *mf* ❶ (LIT) Stilist(in) *m(f)* ❷ (*diseño*) Stylist(in) *m(f)*

estilístico, -a [esti'listiko, -a] *adj* stilistisch

estilización [estiliθa'θjon] *f* Stilisierung *f*; (*diseño*) Styling *nt*

estilizar [estili'θar] <z→c> *vt* stilisieren

estilo [es'tilo] *m* ❶ (*modo, t.* ARTE, LIT) Stil *m*; ~ **de la fuente** (INFOR) Schrifttyp *m*; **al** ~ **de...** im Stil ... +*gen*; **por el** ~ so ungefähr; **¿qué, estás mal?, pues yo estoy por el** ~ so, dir geht es schlecht? mir geht es nicht besser; **algo por el** ~ etwas in der Art; **ya me habían dicho algo por el** ~ ich hatte schon so etwas (Ähnliches) gehört ❷ (DEP) Schwimmstil *m*; ~ **libre** Freistil *m*; ~ (**de**) **pecho** Brustschwimmen *nt* ❸ (LING): ~ **directo/indirecto** direkte/indirekte Rede ❹ (BOT) Griffel *m*

estilográfica [estilo'ɣrafika] *f* Füllfederhalter *m*

estima [es'tima] *f* (Hoch)achtung *f*; **tener a alguien en mucha** ~ jdn sehr hoch schätzen

estimable [esti'maβle] *adj* ❶ (*apreciable*) schätzenswert ❷ (*calculable*) (ab-, ein)schätzbar

estimación [estima'θjon] *f* ❶ (*aprecio*) (Hoch)achtung *f*; ~ **propia** Selbstachtung *f* ❷ (*evaluación*) Schätzung *f*; ~ **de ventas** Verkaufsprognose *f*

estimado, -a [esti'maðo, -a] *adj* (*apreciado*) geachtet; (*en cartas*) geehrt

estimar [esti'mar] **I.** *vt* ❶ (*apreciar*) schätzen; ~ **a alguien mucho** jdn hoch schätzen; ~ **a alguien poco** jdn gering schätzen; ~ **en demasía** überschätzen ❷ (*valorar*) schätzen (*en auf* +*akk*); (*tasar*) überschlagen ❸ (*juzgar*) halten (für +*akk*); **lo estimó oportuno** er/sie hielt es für angemessen; ~ **que...** der Meinung sein, dass ... **II.** *vr*: ~ **se** ❶ (*apreciarse*) sich schätzen ❷ (*calcularse*) geschätzt werden (*en auf* +*akk*)

estimativo, -a [estima'tiβo, -a] *adj* geschätzt; **valor** ~ Schätzwert *m*

estimulante [estimu'lante] *m* Stimulans *nt*

estimular [estimu'lar] *vt* ❶ (*excitar*) anregen; (*en la sexualidad*) stimulieren ❷ (*ani-*

mar) motivieren; (ECON) Anreize schaffen (für +*akk*)

estímulo [es'timulo] *m* ➊ (MED) Reiz *m* ➋ (*incentivo*) Motivation *f;* (ECON) Anreiz *m; ~* **de la exportación** Exportförderung *f*

estío [es'tio] *m* (*elev*) Sommer *m*

estipendio [esti'pendjo] *m* Lohn *m*

estipulación [estipula'θjon] *f* ➊ (*convenio*) (mündliche) Vereinbarung *f* ➋ (JUR) Klausel *f*

estipular [estipu'lar] *vt* ➊ (*acordar*) (mündlich) vereinbaren ➋ (*fijar*) festsetzen

estirado, -a [esti'raðo, -a] *adj* ➊ (*adusto*) barsch; (*engreído*) eingebildet ➋ (*escaso*) knapp; (*justo*) eng ➌ (*tacaño*) knaus(e)rig

estiramiento [estira'mjento] *m* Strecken *nt*

estirar [esti'rar] I. *vi* ziehen; **no estires más que se rompe la cuerda** hör auf zu ziehen, sonst reißt die Schnur II. *vt* ➊ (*alargar*) (lang) ziehen; (*suma*) strecken; (*un discurso*) in die Länge ziehen; ~ **el bolsillo** den Gürtel enger schnallen ➋ (*alisar*) glatt ziehen; ~ **la masa** den Teig ausrollen; **aún tengo que** ~ **la cama** ich muss das Bett noch machen ➌ (*extender*) dehnen ➍ (*tensar*) spannen ➎ (*piernas, brazos*) (aus)strecken; **voy a salir a** ~ **un poco las piernas** ich gehe mir mal ein bisschen die Beine vertreten; ~ **demasiado un músculo** einen Muskel überdehnen ➏ (*alambre*) ziehen III. *vr:* ~ **se** sich strecken

estirón [esti'ron] *m* ➊ (*tirón*) Ruck *m* ➋ (*crecimiento*): **¡vaya** ~ **que ha dado el niño!** (*fam*) der Junge ist aber groß geworden!

estirpe [es'tirpe] *f* Abstammung *f*

estival [esti'βal] *adj* sommerlich

esto ['esto] *pron dem v.* **éste**

estocada [esto'kaða] *f* ➊ (*golpe*) Degenstoß *m;* (TAUR) Todesstoß *m* ➋ (*herida*) Stichverletzung *f*

Estocolmo [esto'kolmo] *m* Stockholm *nt*

estofa [es'tofa] *f* (*pey: calidad*) Art *f;* **gente de baja** ~ Pack *nt*

estofado [esto'faðo] *m* (GASTR) Schmorfleisch *nt*

estofar [esto'far] *vt* ➊ (*guisar*) schmoren ➋ (*enguatar*) wattieren

estoicismo [estoi'θismo] *m sin pl* ➊ (FILOS: *escuela*) Stoa *f;* (*doctrina*) Stoizismus *m* ➋ (*impasibilidad*) Stoizismus *m,* Unerschütterlichkeit *f*

estoico, -a [es'toiko, -a] *adj* stoisch

estola [es'tola] *f* Stola *f*

estólido, -a [es'toliðo, -a] I. *adj* dumm II. *m, f* Dummkopf *m*

estomacal [estoma'kal] *adj* Magen-; **tras-**

torno ~ Magenverstimmung *f*

estómago [es'tomaʝo] *m* Magen *m;* **algo se le asiente a alguien en el** ~ (*fam*) etw liegt jdm schwer im Magen; **lo tengo asentado en el** ~ (*fig*) ich kann ihn nicht ausstehen; **se me revolvió el** ~ mir wurde schlecht; **tener buen** ~ (*fig*) ein dickes Fell haben

Estonia [es'tonja] *f* Estland *nt*

estonio, -a [es'tonjo, -a] I. *adj* estnisch II. *m, f* Este, -in *m, f*

estoque [es'toke] *m* ➊ (*espadín*) Stoßdegen *m;* **estar hecho un** ~ (*fig*) spindeldürr sein ➋ (BOT) Schwertlilie *f*

estorbar [estor'βar] I. *vi* ➊ (*obstaculizar*) hinderlich sein +*dat* ➋ (*molestar*) stören II. *vt* ➊ (*impedir*) verhindern ➋ (*obstaculizar*) behindern ➌ (*molestar*) stören

estorbo [es'torβo] *m* ➊ (*molestia*) Ärgernis *nt;* **sal de casa, que sólo eres un** ~ geh aus dem Haus, du stehst einem nur im Weg ➋ (*obstáculo*) Hindernis *nt* ➌ (*molestia*) Störung *f*

estornino [estor'nino] *m* Star *m*

estornudar [estornu'ðar] *vi* niesen

estornudo [estor'nuðo] *m* Niesen *nt*

estos ['estos] *adj v.* **este, -a**

estrabismo [estra'βismo] *m sin pl* Schielen *nt*

estrado [es'traðo] *m* Podium *nt;* ~ **del testigo** (JUR) Zeugenstand *m;* **citar a alguien para** ~ **s** jdn vor Gericht laden

estrafalario, -a [estrafa'larjo, -a] *adj* (*fam*) ➊ (*ropa*) schlampig ➋ (*extravagante*) exzentrisch; (*ridículo*) lächerlich

estragar [estra'ʝar] <g→gu> *vt* ➊ (*dañar*) zerstören ➋ (*embotar*) abstumpfen; (*gusto*) verderben

estrago [es'traʝo] *m* Verwüstung *f;* **hacer grandes** ~ **s en la población civil** viele Opfer unter der Zivilbevölkerung fordern

estragón [estra'ʝon] *m* Estragon *m*

estramador [estrama'ðor] *m* (*Méx: peine*) Kamm *m*

estrambótico, -a [estram'botiko, -a] *adj* sonderbar

estramonio [estra'monjo] *m* Stechapfel *m*

estrangulación [estraŋgula'θjon] *f* ➊ (*acción*) Erwürgen *nt;* (*efecto*) Strangulation *f;* (*ahorcado*) Erhängen *nt* ➋ (MED) Abschnürung *f;* ~ **de intestinos** Strangulation *f* ➌ (TÉC) Drosselung *f*

estrangulador¹ [estraŋgula'ðor] *m* (TÉC): ~ **de aire** Choke *m*

estrangulador(a)² [estraŋgula'ðor(a)] *m(f)* (*asesino*) Würger(in) *m(f)*

estrangulamiento [estraŋgula'mjento] *m* ➊ (*de persona*) Erwürgen *nt* ➋ (*lentitud*)

Drosselung *f* ❸(*estrechamiento*) Verengung *f*

estrangular [estraŋgu'lar] **I.** *vt* ❶(*asesinar*) erwürgen; (*ahorcar*) erhängen ❷(MED) abschnüren ❸(TÉC) drosseln **II.** *vr:* ~ **se** sich erhängen

estraperlista [estraper'lista] *mf* Schwarzhändler(in) *m(f)*

estraperlo [estra'perlo] *m* ❶(*tráfico*) Schwarzhandel *m;* **adquirir algo de** ~ etw schwarz erstehen ❷(*mercancía*) Schmuggelware *f*

Estrasburgo [estras'βurɣo] *m* Straßburg *nt*

estratagema [estrata'xema] *f* ❶(MIL) Kriegslist *f* ❷(*artimaña*) Trick *m*

estratega [estra'teɣa] *mf* Stratege, -in *m, f*

estrategia [estra'texja] *f* Strategie *f*

estratégico, -a [estra'texiko, -a] *adj* strategisch

estratificar [estratifi'kar] <c→qu> **I.** *vt* (GEO) stratifizieren **II.** *vr:* ~ **se** (GEO) sich in Schichten (ab)lagern

estrato [es'trato] *m* (*t.* GEO) Schicht *f;* ~ **social** Gesellschaftsschicht *f*

estratosfera [estratos'fera] *f* (METEO) Stratosphäre *f*

estrechamente [estretʃa'mente] *adv* ❶(*pobremente*) ärmlich; **vivimos** ~ wir kommen gerade so über die Runden ❷(*íntimamente*) eng ❸(*rigurosamente*) strikt

estrechamiento [estretʃa'mjento] *m* ❶(*angostura*) Verengung *f;* (*punto estrecho*) Engpass *m;* ~ **del mercado monetario** Geldverknappung *f;* **mañana comenzarán con el** ~ **de la carretera** morgen beginnen sie mit der Verengung der Straße ❷(*de gastos*) Einschränkung *f* ❸(*de amistad*) engere Verflechtung *f;* ~ **de las relaciones económicas** Intensivierung der Wirtschaftsbeziehungen ❹(*para caber*) Zusammenrücken *nt* ❺(*abrazo*) Umarmen *nt;* ~ **de manos** Händeschütteln *nt*

estrechar [estre'tʃar] **I.** *vt* ❶(*angostar*) verengen; (*ropa*) enger machen ❷(*abrazar*) an sich drücken; (*la mano*) schütteln ❸(*amistad*) vertiefen; **hemos estrechado nuestra relación** unsere Beziehung ist enger geworden ❹(*obligar*) nötigen **II.** *vr:* ~ **se** ❶(*camino*) enger werden ❷(*fam: en un asiento*) näher zusammenrücken ❸(*dos personas*) sich umarmen; ~ **se las manos** sich *dat* die Hände schütteln ❹(*amistad*) enger werden ❺(*económicamente*) sich einschränken; ~ **se el cinturón** (*fam*) den Gürtel enger schnallen

estrechez [estre'tʃeθ] *f* ❶(*espacial*) Enge *f;*

~ **de espíritu** Beschränktheit *f* ❷(*rigidez*) Strenge *f* ❸(*de amistad*) Innigkeit *f* ❹(*escasez*) Knappheit *f;* (*apuro*) Engpass *m;* ~ **de dinero** Geldmangel *m* ❺ *pl* (*económicamente*) finanzielle Probleme *ntpl*

estrecho¹ [es'tretʃo] *m* (GEO) Meerenge; ~ **de Gibraltar** Straße von Gibraltar

estrecho, -a² [es'tretʃo, -a] *adj* ❶(*angosto*) eng; **él es muy** ~ **de caderas** er ist sehr schmal um die Hüften ❷(*amistad*) innig ❸(*ropa*) eng (anliegend) ❹(*con poco sitio*) dicht gedrängt ❺(*rígido*) strikt ❻(*argot: sexualmente*) verklemmt ❼(*loc, fam*): **hacérselas pasar estrechas a alguien** jdn in eine schwierige Lage bringen

estregar [estre'ɣar] *irr como fregar* **I.** *vt* ❶(*frotar*) fest reiben; (*para limpiar*) schrubben ❷(*cepillar*) bürsten ❸(*sacar brillo*) polieren **II.** *vr:* ~ **se** sich reiben (*contra* an +*dat*)

estrella [es'treʎa] *f* ❶(ASTR) Stern *m;* ~ **fija** Fixstern *m;* ~ **fugaz** Sternschnuppe *f;* ~ **de rabo** Komet *m;* ~ **de Venus** Abendstern *m* ❷(*destino*) Glücksstern *m;* **haber nacido con buena/mala** ~ unter einem günstigen/ungünstigen Stern geboren sein; **tener buena/mala** ~ Glück/Unglück haben ❸(CINE, TEAT) Star *m;* **una nueva** ~ **del teatro** ein neuer Stern am Theaterhimmel ❹(TIPO) Sternchen *nt* ❺(ZOOL): ~ **de mar** Seestern *m* ❻(ZOOL: *en caballos*) Blesse *f* ❼ *pl* (*loc*): **querer contar las** ~**s** nach den Sternen greifen; **poner a alguien por las** ~**s** jdn in den Himmel heben; **ver las** ~**s** (**de dolor**) (vor Schmerz) Sterne sehen

estrellado, -a [estre'ʎaðo, -a] *adj* ❶(*esteliforme*) sternenförmig ❷(*noche, cielo*) stern(en)klar; (*lleno de estrellas*) mit Sternen bedeckt; **cielo** ~ Sternenhimmel *m* ❸(*avión*) abgestürzt ❹(*loc*): **huevos** ~**s** (GASTR) Spiegeleier *ntpl*

estrellar [estre'ʎar] **I.** *adj* Stern(en)- **II.** *vt* (*romper*) zerbrechen; (*arrojar*) schlagen (*contra* gegen +*akk*); ~ **huevos en una sartén** Eier in eine Pfanne schlagen **III.** *vr:* ~ **se** ❶(*chocar*) fahren (*contra/en* gegen +*akk*); ~ **se con alguien** (*fig*) mit jdm aneinander geraten ❷(*avión, barco*) zerschellen (*contra/en* an +*dat*); (*globo*) zerplatzen; (*morir*) durch einen Unfall ums Leben kommen ❸(*fracasar*) scheitern (*contra/en* an +*dat*)

estrellato [estre'ʎato] *m* ❶(*artista*) Glanzzeit *f* ❷(*conjunto de artistas*) Stargruppe *f*

estrellón [estre'ʎon] *m* (*Méx: choque*) Aufprall *m*

estremecedor(a) [estreme θe'ðor(a)] *adj* ❶(*emoción*) erschütternd ❷(*horrible*) schaurig

estremecer [estreme'θer] *irr como crecer* **I.** *vt* ❶(*conmover*) erschüttern ❷(*hacer tiritar*) schau(d)ern lassen **II.** *vr:* ~**se** ❶(*por un suceso*) erschüttert sein; **se estremeció mucho al escuchar la noticia** die Nachricht erschütterte ihn/sie sehr; **se estremecieron sus creencias** sein/ihr Glaube war erschüttert ❷(*de susto*) zusammenfahren ❸(*temblar*) zittern (*de* vor +*dat*)

estremecimiento [estremeθi'mjeṇto] *m* ❶(*emoción*) Erschütterung *f* ❷(*de cañonazo/terremoto*) Erbeben *nt* ❸(*de frío/miedo*) Erschau(d)ern *nt* ❹(*de susto*) Zusammenzucken *nt*

estrenar [estre'nar] **I.** *vt* ❶(*usar*) zum ersten Mal verwenden; (*ropa*) zum ersten Mal tragen; (*edificio*) einweihen; ~ **un piso** als erster Mieter eine Wohnung beziehen; **sin** ~ ungebraucht; **estos guantes están sin** ~ diese Handschuhe sind noch ungetragen ❷(CINE, TEAT) uraufführen ❸(*trabajo*) neu anfangen; ~ **un cargo** ein Amt antreten **II.** *vr:* ~**se** ❶(*carrera artística*) sein Debüt geben ❷(CINE, TEAT) Premiere haben ❸(*trabajo*) antreten (*en* +*akk*)

estreno [es'treno] *m* ❶(*uso*) erstmaliger Gebrauch *m;* (*edificio*) Einweihung *f;* ~ **de piso** Erstbezug *m;* **ser de** ~ ganz neu sein ❷(*de un actor/músico*) Debüt *nt;* (*de una obra*) Premiere *f*

estreñido, -a [estre'ɲiðo, -a] *adj* verstopft

estreñimiento [estreɲi'mjeṇto] *m* Verstopfung *f*

estreñir [estre'ɲir] *irr como ceñir vt* (*comida*) zu Verstopfung führen (bei +*dat*); **las judías me estriñen** von Bohnen bekomme ich Verstopfung

estrépito [es'trepito] *m* ❶(*ruido*) Lärm *m;* **reírse con** ~ schallend lachen ❷(*ostentación*) Aufsehen *nt;* **con gran** ~ mit großem Getöse

estrepitoso, -a [estrepi'toso, -a] *adj* geräuschvoll; **aplausos** ~**s** tosender Beifall; **risa estrepitosa** schallendes Gelächter

estrés [es'tres] *m* Stress *m;* **producir** ~ Stress hervorrufen

estresante [estre'saṇte] *adj* stressig

estresar [estre'sar] *vt* stressen

estría [es'tria] *f* ❶(ARQUIT) Rille *f* ❷ *pl* (*rayas*) Streifen *mpl;* ~**s del embarazo** Schwangerschaftsstreifen *mpl*

estriado, -a [estri'aðo, -a] *adj* ❶(ARQUIT) gerillt ❷(*con rayas*) gestreift

estribación [estriβa'θjon] *f* (GEO) (Gebirgs)ausläufer *m*

estribar [estri'βar] *vi* sich stützen (*en* auf +*akk*); **nuestro éxito estriba en nuestra larga experiencia** unser Erfolg beruht auf unserer langen Erfahrung; **la dificultad estriba en la falta de práctica** die Schwierigkeit liegt in der mangelnden Praxis

estribillo [estri'βiʎo] *m* ❶(MÚS) Refrain *m* ❷(LIT) Kehrreim *m* ❸(*expresión repetitiva*) Lieblingswort *nt;* (*frase*) Lieblingssatz *m;* **siempre** (**con**) **el mismo** ~ (*fig*) immer die gleiche alte Leier

estribo [es'triβo] *m* ❶(*de jinete*) Steigbügel *m;* **estar sobre los** ~**s** (*fig*) auf der Hut sein; **perder los** ~**s** (*fig*) die Nerven verlieren ❷(*del coche*) Trittbrett *nt;* (*de la moto*) Fußraste *f* ❸(*entibo*) Strebe *f* ❹(*respaldo*) Stütze *f*

estribor [estri'βor] *m* (NÁUT) Steuerbord *nt*

estricnina [estriɣ'nina] *f* Strychnin *nt*

estricto, -a [es'trikto, -a] *adj* ❶(*severo*) streng ❷(*exacto*) strikt

estridencia [estri'ðeṇθja] *f* ❶(*de colores*) Schrillheit *f* ❷(*sonido*) schriller Ton *m*

estridente [estri'ðeṇte] *adj* schrill

estripazón [estripa'θon] *m* (*AmC*) ❶(*apretura*) Gedränge *nt* ❷(*destrozo*) Zerstörung *f*

estrofa [es'trofa] *f* Strophe *f;* **canción de cuatro** ~**s** Lied mit vier Strophen

estrógeno [es'troxeno] *m* Östrogen *nt*

estroncio [es'troṇθjo] *m sin pl* Strontium *nt*

estropajo [estro'paxo] *m* (*de fregar*) Topfreiniger *m;* **poner a alguien como un** ~ jdn fertig machen; **servir de** ~ (*fig*) die Dreckarbeit machen

estropajoso, -a [estropa'xoso, -a] *adj* ❶(*seco*) trocken; (*carne*) zäh ❷(*pelo*) struppig ❸(*tartajoso*) stammelnd ❹(*andrajoso*) zerlumpt

estropear [estrope'ar] **I.** *vt* ❶(*deteriorar*) beschädigen ❷(*destruir*) kaputtmachen; (*planes*) zunichte machen; (*cosecha*) zerstören; (*comida*) verderben; **con lo que dijiste, lo has estropeado todo** durch das, was du gesagt hast, hast du alles verdorben ❸(*aspecto*) altern (lassen); **desde la muerte de su mujer está muy estropeado** seit dem Tod seiner Frau ist er stark gealtert; **está muy estropeado por la enfermedad** durch die Krankheit ist er stark angeschlagen **II.** *vr:* ~**se** ❶(*deteriorarse*) sich verschlechtern ❷(*averiarse*) kaputtgehen; (*comida*) schlecht werden; (*planes*) scheitern

estropicio [estro'piθjo] *m* ❶ (*destrozo*) Schaden *m* ❷ (*alboroto*) Krach *m*

estructura [estruk'tura] *f* Struktur *f;* (*disposición*) Anordnung *f;* ~ **de subventanas** (INFOR) Frame *m o nt*

estructuración [estruktura'θjon] *f* Strukturierung *f*

estructural [estruktu'ral] *adj* strukturell; **problemas** ~**es** Strukturprobleme *ntpl*

estructuralismo [estruktura'lismo] *m sin pl* (LING) Strukturalismus *m*

estructurar [estruktu'rar] **I.** *vt* strukturieren; (*clasificar*) gliedern (*en* in +*akk*) **II.** *vr:* ~ **se** sich gliedern (*en* in +*akk*)

estruendo [es'trwendo] *m* ❶ (*ruido*) Lärm *m* ❷ (*alboroto*) Radau *m* ❸ (*ostentación*) Aufsehen *nt*

estruendoso, -a [estrwen'doso, -a] *adj* geräuschvoll; (*aplauso*) tosend

estrujar [estru'xar] **I.** *vt* ❶ (*apretar*) pressen; (*naranja*) auspressen ❷ (*machacar*) zerquetschen; (*papel*) zerknüllen ❸ (*al saludar*) drücken **II.** *vr:* ~ **se** ❶ (*entre mucha gente*) sich durchquetschen ❷ (*apretujarse*) sich zusammendrängen

estuario [es'twarjo] *m* Ästuar *nt*

estucar [estu'kar] <c→qu> *vt* ❶ (*adornar*) mit Stuck verkleiden ❷ (*una fachada*) verputzen

estuche [es'tuʧe] *m* Etui *nt;* (*cajita*) Kästchen *nt;* ~ **de gafas** Brillenetui *nt;* ~ **de joyas** Schmuckkästchen *nt;* ~ **de violín** Geigenkasten *m*

estuco [es'tuko] *m* ❶ (*ornamento*) Stuck *m* ❷ (*enyesado*) Putz *m*

estudiado, -a [estu'djaðo, -a] *adj* (*amanerado*) gekünstelt

estudiante [estu'djante] *mf* ❶ (*de universidad*) Student(in) *m(f);* ~ **de ciencias** Student(in) der Naturwissenschaften; ~ **de románicas** Romanistikstudent(in) *m(f)* ❷ (*de escuela*) Schüler(in) *m(f)*

estudiantil [estudjan'til] *adj* studentisch; **movimiento** ~ Studentenbewegung *f*

estudiar [estu'djar] *vt* ❶ (*aprender*) lernen ❷ (*analizar*) untersuchen ❸ (*obra de teatro*) einstudieren ❹ (*observar*) studieren ❺ (*reflexionar*) überdenken; **lo** ~ **é** werde darüber nachdenken ❻ (*cursar estudios universitarios*) studieren; ~ **para médico** Medizin studieren

estudio [es'tudjo] *m* ❶ (*trabajo intelectual*) Lernen *nt;* **dedicarse tres horas todos los días al** ~ täglich drei Stunden lernen ❷ (*ensayo, obra*) Studie *f;* (*informe*) Bericht *m;* (*investigación*) Untersuchung *f;* ~ **de impacto ambiental** Umweltverträglichkeitsstudie *f;* **estar en** ~ untersucht werden ❸ (MÚS) Etüde *f* ❹ (ARTE) Studie *f* ❺ (RADIO, TV) Studio *nt;* ~ **cinematográfico** Filmstudio *nt;* ~ **radiofónico** Rundfunkstudio *nt;* ~ **de registro de sonido** Aufnahmestudio *nt* ❻ (*taller*) Atelier *nt* ❼ *pl* (Hochschul)studium *nt;* **cursar** ~**s** studieren; **no se me dan bien los** ~**s** das Studium fällt mir schwer; **tener** ~**s** eine akademische Ausbildung besitzen

estudioso, -a [estu'djoso, -a] *adj* fleißig

estufa [es'tufa] *f* ❶ (*calentador*) Ofen *m;* ~ **eléctrica** Heizlüfter *m* ❷ (*invernadero*) Treibhaus *nt;* **criar a alguien en** ~ (*fig*) jdn überbehüten ❸ (*en las curas*) Schwitzkasten *m*

estulticia [estul'tiθja] *f* (*elev*) Torheit *f*

estupefacción [estupefaʲ'θjon] *f* ❶ (*asombro*) Verblüffung *f;* (*sorpresa*) Überraschung *f* ❷ (*espanto*) Bestürzung *f* ❸ (MED) Betäubung *f*

estupefaciente [estupefa'θjente] *m* (MED) Betäubungsmittel *nt;* (*droga*) Rauschgift *nt*

estupefacto, -a [estupe'fakto, -a] *adj* ❶ (*atónito*) perplex ❷ (*espantado*) bestürzt

estupendo, -a [estu'pendo, -a] *adj* wunderbar; **¡~!** super!

estupidez [estupi'ðeθ] *f* Dummheit *f*

estúpido, -a [es'tupiðo, -a] **I.** *adj* dumm **II.** *m, f* Dummkopf *m*

estupor [estu'por] *m* ❶ (MED) Benommenheit *f* ❷ (*asombro*) Verblüffung *f* ❸ (*espanto*) Bestürzung *f*

estupro [es'tupro] *m* Vergewaltigung *f*

esturión [estu'rjon] *m* Stör *m*

esvástica [es'βastika] *f* Hakenkreuz *nt*

etapa [e'tapa] *f* ❶ Etappe *f;* (*fase*) Phase *f;* (*época*) Zeit *f;* (ELEC) Stufe *f;* **por** ~**s** (*fig*) schrittweise; **quemar** ~**s** (*fig fam*) vorpreschen; **quemar** ~**s con el coche** (*fig fam*) durchbrettern; **cohete de varias** ~**s** Mehrstufenrakete *f*

etarra [e'tarra] **I.** *adj:* **un comando** ~ ein Kommando der ETA **II.** *mf* ETA-Angehörige(r) *mf*

etcétera [e⁽ð⁾'θetera] et cetera

éter ['eter] *m* Äther *m*

etéreo, -a [e'tereo, -a] *adj* ätherisch

eternidad [eterni'ðað] *f* Ewigkeit *f;* **tardar una** ~ ewig dauern

eternizar [eterni'θar] <z→c> **I.** *vt* verewigen; (*pey: alargar*) endlos in die Länge ziehen **II.** *vr:* ~ **se** sich verewigen; ~ **se en algo** sich ewig lang an etw *dat* aufhalten

eterno, -a [e'terno, -a] *adj* ewig; (*discurso*) endlos

ética ['etika] *f* ❶ (FILOS) Ethik *f* ❷ (*moral*) Ethos *nt;* ~ **profesional** Berufsethos *nt*

❸ (*fam: decencia*) Anstand *m;* **no tener ~** kein bisschen Anstand besitzen

ético, -a ['etiko, -a] *adj* ethisch

etílico, -a [e'tiliko, -a] *adj* ❶ (QUÍM) Äthyl- ❷ (*alcohólico*) Alkohol-; **borrachera etílica** Alkoholvergiftung *f;* **en estado ~** in alkoholisiertem Zustand

etilismo [eti'lismo] *m* Alkoholismus *m;* (*intoxicación*) Alkoholvergiftung *f*

etimología [etimolo'xia] *f sin pl* Etymologie *f*

etimológico, -a [etimo'loxiko, -a] *adj* etymologisch

etíope [e'tiope] **I.** *adj* äthiopisch **II.** *mf* Äthiopier(in) *m(f)*

Etiopía [etjo'pia] *f* Äthiopien *nt*

etiqueta [eti'keta] *f* ❶ (*rótulo*) Etikett *nt;* **~ del precio** Preisschild *nt* ❷ (*convenciones*) Etikette *f;* **~ de palacio** Hofetikette *f;* **~ de la red** (INFOR) Netikette *f;* **de ~** (*solemne*) Gala-; (*ceremonioso*) förmlich; **función de ~** Galavorstellung *f;* **de rigurosa ~** Abendkleidung erwünscht; **traje de ~** Galaanzug *m;* **ir de ~** (*fam*) sehr elegant angezogen sein

etiquetar [etike'tar] *vt* etikettieren

etnia ['eᵈnja] *f* (*pueblo*) Volk *nt*

étnico, -a ['eᵈniko, -a] *adj* ethnisch

etnografía [eᵈnoɣra'fia] *f sin pl* Ethnographie *f*

etnología [eᵈnolo'xia] *f sin pl* Völkerkunde *f*

etnólogo, -a [eᵈ'noloɣo, -a] *m, f* Ethnologe, -in *m, f*

E.U. [es'taðos u'niðos], **E.U.A.** [es'taðos u'niðos] (*Am*) *abr de* **Estados Unidos** USA *pl*

eucalipto [euka'lipto] *m,* **eucaliptus** [euka'liptus] *m inv* (BOT) Eukalyptus *m*

eucaristía [eukaris'tia] *f* Eucharistie *f*

eufemismo [eufe'mismo] *m* Euphemismus *m*

euforia [eu'forja] *f* Euphorie *f*

eufórico, -a [eu'foriko, -a] *adj* euphorisch

Eurasia [eu'rasja] *f* Eurasien *nt*

euro ['euro] *m* Euro *m;* **billetes ~** Eurobanknoten *fpl;* **monedas ~** Euromünzen *fpl;* **la fijación del valor del ~** die Festsetzung des Wertes des Euro; **la introducción del ~** die Einführung des Euro; **ley de introducción del ~** Euro-Einführungsgesetz *nt;* **la transición al ~** der Übergang zum Euro

eurocámara [euro'kamara] *f* (POL) Europaparlament *nt*

eurocheque [euro'tʃeke] *m* Euroscheck *m;*

eurocomisario, -a [eurokomi'sarjo, -a] *m, f* (POL) Mitglied *nt* der Europäischen Kommission; **Eurocopa** [euro'kopa] *f* (DEP)

Europakal *m;* **eurocracia** [euro'kraθja] *f* (POL) Eurokratie *f;* **eurócrata** [eu'rokrata] *mf* (POL) Eurokrat(in) *m(f);* **eurocrédito** [euro'kreðito] *m* Eurokredit *m;* **eurodiputado, -a** [euroðipu'taðo, -a] *m, f* Europaabgeordnete(r) *mf;* **eurodivisa** [euroði'βisa] *f* (FIN) Euro-Devise *f,* Eurowährung *f;* **eurodólar** [euro'ðolar] *m* (ECON) Eurodollar *m;* **euroelecciones** [euroeleˠ'θjones] *fpl* Europawahlen *fpl;* **euroescéptico, -a** [euroes'θeptiko, -a] *m, f* (POL) Euroskeptiker(in) *m(f);* **euromarco** [euro'marko] *m* Euromark *f;* **euromercado** [euromer'kaðo] *m* (ECON) Euromarkt *m*

Europa [eu'ropa] *f* Europa *nt;* **Copa de ~** (DEP) Europacup *m*

europarlamentario, -a [europarlamen'tarjo, -a] *m, f* Europaparlamentarier(in) *m(f);* **europarlamento** [europarla'mento] *m* Europäisches Parlament *nt*

europeidad [europeiˈðaᵈ] *f* (*carácter*) europäisches Wesen *nt;* (*convicción*) europäische Gesinnung *f*

europeísmo [europe'ismo] *m sin pl* europäischer Gedanke *m*

europeísta [europe'ista] **I.** *adj* europafreundlich **II.** *mf* überzeugter Europäer *m,* überzeugte Europäerin *f*

europeización [europeiθa'θjon] *f* Europäisierung *f*

europeizar [europei'θar] *irr como enraizar vt* europäisieren

europeo, -a [euro'peo, -a] **I.** *adj* europäisch; **Consejo E~** Europarat *m* **II.** *m, f* Europäer(in) *m(f)*

Europol [euro'pol] *f* Europol *f*

euroterrorismo [euroterro'rismo] *m* Euroterrorismus *m*

eurotúnel [euro'tunel] *m* Eurotunnel *m*

eurovisión [euro'βisjon] *f* Eurovision *f*

euscaldún, -una [euskal'dun, -una] *adj* baskisch

Euskadi [eus'kaði] *m* Baskenland *nt*

Euskadi ist der baskische Name des *País Vasco – Baskenland.* Diese *Comunidad Autónoma* im Norden Spaniens besteht aus drei *provincias:* Álava (Hauptstadt: Vitoria), Guipúzcoa (Hauptstadt: San Sebastián) und Vizcaya (Hauptstadt: Bilbao). In Bilbao befindet sich das berühmte Guggenheim Museum.

euskera [eus'kera] *adj*, **eusquera** [eus'kera] *adj* baskisch

Euskera bedeutet *vasco* – *baskisch* im Baskischen. Seit 1978 wird die baskische Sprache als spanische Nationalsprache anerkannt. Das Baskische ist keine romanische Sprache, sein Ursprung ist immer noch nicht geklärt. Die ersten literarischen Zeugnisse des Baskischen gehen auf das 16. Jahrhundert zurück.

eutanasia [euta'nasja] *f* Sterbehilfe *f*

evacuación [eβakwa'θjon] *f* ❶ (*personas*) Evakuierung *f*; (*de edificios*) Räumung *f* ❷ (MED) Stuhlgang *m*

evacuar [eβa'kwar] *vt* ❶ (*ciudad, población*) evakuieren; (MIL) räumen ❷ (*diligencias, trámites*) erledigen; (*deber*) erfüllen; (*consulta*) durchführen; (*negocio, trato*) abschließen ❸ (MED) abführen; ~ **el vientre** den Darm entleeren

evadir [eβa'ðir] **I.** *vt* (*evitar*) vermeiden; (*preguntas*) ausweichen +*dat*; (*peligro*) entgehen +*dat*; (*enemigo*) entrinnen +*dat*; ~ **la mirada** den Blickkontakt meiden; ~ **el riesgo** der Gefahr entgehen **II.** *vr*: ~ **se** entkommen (*de* aus +*dat*)

evaluable [eβalu'aβle] *adj* schätzbar

evaluación [eβalwa'θjon] *f* ❶ (*valoración*) Bewertung *f*; (*apreciación*) Schätzung *f* ❷ (ENS) Test *m*

evaluar [eβalu'ar] <*1. pres:* evalúo> *vt* ❶ (*valorar*) bewerten; (*apreciar*) schätzen (*en* auf +*akk*); (*analizar*) auswerten ❷ (ENS) benoten

evangélico, -a [eβaŋ'xeliko, -a] **I.** *adj* evangelisch **II.** *m, f* Protestant(in) *m(f)*

evangelio [eβaŋ'xeljo] *m* Evangelium *nt*; **el** ~ **según San Mateo** das Matthäusevangelium; **decir el** ~ (*fig*) die reine Wahrheit sagen

evangelizar [eβaŋxeli'θar] <z→c> *vt* evangelisieren

evaporación [eβapora'θjon] *f* Verdampfung *f*

evaporar [eβapo'rar] **I.** *vt* ❶ (*convertir en vapor*) verdampfen lassen ❷ (*gastar*) verbrauchen **II.** *vr*: ~ **se** ❶ (*convertirse en vapor*) verdampfen ❷ (*desaparecer*) verschwinden; (*fam: persona*) verduften

evaporización [eβapori'θa'θjon] *f sin pl* Verdampfung *f*

evasión [eβa'sjon] *f* Flucht *f*; ~ **de impues-** tos (ECON) Steuerflucht *f*; **lectura de** ~ Unterhaltungsliteratur *f*; ~ **de la realidad** Flucht vor der Wirklichkeit

evasiva [eβa'siβa] *f* ❶ (*rodeo*) Ausflucht *f* ❷ (*pretexto*) Vorwand *m* ❸ (*escapatoria*) Hintertürchen *nt fam*

evasivo, -a [eβa'siβo, -a] *adj* ausweichend; (*ambiguo*) zweideutig

evasor(a) [eβa'sor(a)] *m(f)* ❶ (*fugitivo*) Entkommene(r) *mf* ❷ (ECON): ~ **fiscal** [*o* **de impuestos**] Steuerflüchtling *m*

evento [e'βento] *m* ❶ (*incidente*) Vorfall *m*; (*importante*) Ereignis *nt*; **a todo** ~ auf jeden Fall; ~ **social** gesellschaftliches Ereignis ❷ (DEP) Spiel *nt*

eventual [eβeŋ'twal] *adj* ❶ (*posible*) eventuell; (*accidental*) zufällig; (*inseguro*) unsicher; (*provisional*) vorübergehend; **trabajo** ~ Zeitarbeit *f* ❷ (*adicional*) Sonder-; **ingresos** ~ **es** Nebeneinkünfte *fpl*

eventualidad [eβeŋtwali'ðaⁿ] *f* ❶ (*cualidad*) Möglichkeit *f* ❷ (*hecho*) unvorhergesehener Fall *m*

eventualmente [eβeŋtwal'mente] *adv* eventuell; (*tal vez*) vielleicht

evidencia [eβi'ðenθja] *f* (*certidumbre*) Offensichtlichkeit *f*; **poner algo en** ~ (*probar*) etw beweisen; (*hacer claro*) etw deutlich machen; **poner a alguien en** ~ jdn bloßstellen

evidenciar [eβiðen'θjar] *vt* (*demostrar*) beweisen; (*patentizar*) offensichtlich machen

evidente [eβi'ðente] *adj* offensichtlich; (*pruebas*) klar

evidentemente [eβiðente'mente] *adv* offensichtlich; ¡~! natürlich!

evitable [eβi'taβle] *adj* vermeidbar

evitar [eβi'tar] **I.** *vt* ❶ (*impedir*) vermeiden; (*prevenir*) vorbeugen +*dat*; (*molestias, disgustos*) ersparen; **pude** ~ **mayores estragos** ich konnte Schlimmeres verhindern ❷ (*rehuir*) ausweichen +*dat*; (*a alguien*) aus dem Weg gehen +*dat* **II.** *vr*: ~ **se** ❶ (*cosas*) sich vermeiden lassen ❷ (*personas*) sich *dat* aus dem Weg gehen

evocación [eβoka'θjon] *f* ❶ (*de espíritus*) Anrufung *f* ❷ (*recuerdo*) Erinnerung *f* (*de* an +*akk*)

evocar [eβo'kar] <c→qu> *vt* ❶ (*espíritus*) anrufen ❷ (*recordar*) ins Gedächtnis zurückrufen; (*revivir*) in Erinnerungen schwelgen (an +*akk*); **estuvimos toda la tarde evocando nuestra niñez** wir schwelgten den ganzen Mittag in Kindheitserinnerungen; **tu presencia evocó en mí el recuerdo de tu madre** deine Anwesenheit rief mir deine Mutter ins

Gedächtnis zurück

evolución [eβolu'θjon] *f* ❶ (*desarrollo*) Entwicklung *f;* (MED) Krankheitsverlauf *f* ❷ (*cambio*) Veränderung *f;* **experimentar una ~** eine Veränderung durchmachen ❸ (BIOL) Evolution *f* ❹ (MIL) Manöver *nt* ❺ *pl* (*vueltas*) Drehungen *fpl*

evolucionar [eβoluθjo'nar] *vi* ❶ (*desarrollarse*) sich (weiter)entwickeln ❷ (*cambiar*) sich (ver)ändern ❸ (MED) verlaufen ❹ (*dar vueltas*) sich drehen ❺ (MIL) manövrieren

evolucionismo [eβoluθjo'nismo] *m sin pl* ❶ (BIOL) Evolutionstheorie *f* ❷ (FILOS) Evolutionismus *m*

ex [eˠs] I. ehemalige(r); **~ novia** Exfreundin *f* II. *mf* (*fam*) Ex *mf*

exacción [eˠsaˠ'θjon] *f* (*cobro*) Eintreibung *f;* (*imposición*) Erhebung *f;* (*de impuestos*) Steuererhebung *f*

exacerbación [eˠsaθerβa'θjon] *f sin pl* ❶ (*sentimiento*) Reizung *f* ❷ (*enfermedad*) Verschlimmerung *f*

exacerbar [eˠsaθer'βar] I. *vt* ❶ (*dolor*) verschlimmern; (*crisis*) verschärfen ❷ (*irritar*) wütend machen II. *vr:* **~se** ❶ (*dolor*) sich verschlimmern; (*crisis*) sich verschärfen ❷ (*irritarse*) wütend werden

exactitud [eˠsakti'tuð] *f* ❶ (*veracidad*) Richtigkeit *f* ❷ (*precisión*) Genauigkeit *f* ❸ (*puntualidad*) Pünktlichkeit *f*

exacto, -a [eˠ'sakto, -a] *adj* ❶ (*correcto*) exakt; **eso no es del todo ~** das stimmt nicht ganz ❷ (*con precisión*) genau; (*al copiar algo*) (original)getreu ❸ (*puntual*) pünktlich

exageración [eˠsaxera'θjon] *f* Übertreibung *f*

exagerado, -a [eˠsaxe'raðo, -a] I. *adj* übertrieben; (*publicidad*) überzogen; (*precio*) überhöht; (*en los gestos*) theatralisch II. *m, f* Wichtigtuer(in) *m(f);* **¡eres un ~!** du übertreibst wieder einmal (maßlos)!; (*loco*) du bist ja verrückt!

exagerar [eˠsaxe'rar] *vi, vt* ❶ (*sobrepasarse*) es übertreiben (*con/en* mit +*dat*); **~ los precios** die Preise zu hoch ansetzen; **~ los gestos** sich sehr theatralisch geben; **pienso que ese paso sería ~** ich denke, dass wir mit diesem Schritt zu weit gehen würden ❷ (*al relatar*) übertreiben; **¡anda, anda, no exageres tanto!** (*fam*) jetzt mach mal halblang!

exaltación [eˠsalta'θjon] *f* ❶ (*gloria*) Verherrlichung *f* ❷ (*entusiasmo*) Begeisterung *f;* (*pasión*) Erregung *f;* (*excitación*) Aufregung *f*

exaltado, -a [eˠsal'taðo, -a] I. *adj* ❶ (*sobreexcitado*) sehr aufgeregt; (*apasionado*) leidenschaftlich; (*entusiasmado*) begeistert ❷ (*violento*) hitzköpfig ❸ (*radical*) radikal II. *m, f* ❶ (*nervioso*) Hitzkopf *m* ❷ (POL) Extremist(in) *m(f)* ❸ (*loco*) Verrückte(r) *mf*

exaltar [eˠsal'tar] I. *vt* ❶ (*elevar*) erheben (*a* in +*akk*) ❷ (*realzar*) loben; (*en exceso*) verherrlichen II. *vr:* **~se** ❶ (*apasionarse*) sich begeistern (*con* für +*akk*) ❷ (*excitarse*) sich aufregen (*con* über +*akk*); (*obsesionarse*) sich hineinsteigern (*con* in +*akk*)

examen [eˠ'samen] *m* ❶ (*prueba, reflexión*) Prüfung *f;* **~ de conductor** Fahrprüfung *f;* **~ de ingreso** Aufnahmeprüfung *f;* **~ de selectividad** *spanische Hochschulzulassungsprüfung;* **tribunal de exámenes** Prüfungskommission *f;* **suspender un ~** durch eine Prüfung fallen ❷ (*médico*) Untersuchung *f;* **someterse a un ~** sich einer Untersuchung unterziehen ❸ (TÉC, AUTO) Inspektion *f* ❹ (*estudio*) Untersuchung *f;* (*indagación*) Nachforschung *f*

examinador(a) [eˠsamina'ðor(a)] *m(f)* Prüfer(in) *m(f)*

examinar [eˠsami'nar] I. *vt* ❶ (*en una prueba, reflexionar*) prüfen ❷ (*médico*) untersuchen ❸ (TÉC, AUTO) inspizieren ❹ (*estudiar*) untersuchen; (*observar*) genau beobachten ❺ (ADMIN, JUR) Einsicht nehmen (in +*akk*); **para ~lo** zur Ansicht; **al ~lo** bei der Durchsicht II. *vr:* **~se** (*en una prueba*) geprüft werden; **mañana me examino de francés** morgen werde ich in Französisch geprüft; **volver a ~se** die Prüfung wiederholen

exangüe [eˠ'sangwe] *adj* ❶ (*sin sangre*) blutleer; (*desangrado*) verblutet ❷ (*agotado*) völlig erschöpft

exánime [eˠ'sanime] *adj* ❶ (*inánime*) leblos ❷ (*debilitado*) völlig erschöpft

exasperación [eˠsaspera'θjon] *f* (*ira*) Wut *f*

exasperante [eˠsaspe'rante] *adj* verzweifelt; **es ~** es ist zum Verzweifeln

exasperar [eˠsaspe'rar] I. *vt* wütend machen II. *vr:* **~se** wütend werden

excarcelar [eskarθe'lar] *vt* aus der Haft entlassen

excavación [eskaβa'θjon] *f* (Aus)graben *nt;* (*en la arqueología*) Ausgrabung *f;* (*en la construcción*) Erdaushub *m*

excavadora [eskaβa'ðora] *f* Bagger *m*

excavar [eska'βar] *vt* graben; (*en arqueología*) ausgraben; (*en la construcción*) ausheben; (AGR) umgraben

excedencia [esθe'ðenθja] *f* (*de una cargo*)

Beurlaubung f

excedente [esθe'ðente] **I.** *adj* ❶ (*sobrante*) überschüssig ❷ (*funcionario*) beurlaubt **II.** *m* Überschuss *m;* ~ **en la balanza comercial** Handelsbilanzüberschuss *m*

exceder [esθe'ðer] **I.** *vi* hinausgehen (*de* über +*akk*) **II.** *vt* ❶ (*aventajar: persona*) übertreffen (*en* an +*dat*); (*cosa*) überragen ❷ (*sobrepasar*) übersteigen (*en* um +*akk*) **III.** *vr:* ~**se** ❶ (*sobrepasar*) hinausgehen (*de* über +*akk*) ❷ (*pasarse*) es übertreiben; **has vuelto a** ~**te** du bist wieder einmal zu weit gegangen; **te excedes en el uso de tacos** du übertreibst es (ein bisschen) mit den Kraftausdrücken ❸ (*loc*): ~**se a sí mismo** sich selbst übertreffen

excelencia [esθe'lenθja] *f* ❶ (*exquisitez*) Vorzüglichkeit *f;* **por** ~ schlechthin ❷ (*tratamiento*) Exzellenz *f*

excelente [esθe'lente] *adj* hervorragend

excelentísimo, -a [esθelen'tisimo, -a] *adj:* ~ **Sr. D. Carlos Molina** Seine Exzellenz Herr Carlos Molina; **excelentísima Sra. Dª. Sofía Rodríguez** Ihre Exzellenz Frau Sofía Rodríguez

excelso, -a [es'θelso, -a] *adj* ❶ (*muy eminente*) erhaben; (*de gran categoría*) hochrangig ❷ (*excelente*) hervorragend

excentricidad [esθentriθi'ðaᵈ] *f* Exzentrizität *f;* **estoy harta de tus** ~**es** ich habe deine Extravaganzen langsam satt

excéntrico, -a [es'θentriko, -a] **I.** *adj* exzentrisch **II.** *m, f* Exzentriker(in) *m(f)*

excepción [esθeβ'θjon] *f* Ausnahme *f;* ~ **de la regla** Abweichung von der Regel; **con** ~ **de algunos casos** von einigen Fällen absehen; **sin** ~ (**ninguna**) ausnahmslos; **de** ~ außergewöhnlich; **a** [*o* **con**] ~ **de...** außer ... +*dat*; **todo el mundo a** [*o* **con**] ~ **de mí** alle, mich ausgenommen; **la** ~ **confirma la regla** (*prov*) Ausnahmen bestätigen die Regel

excepcional [esθeβθjo'nal] *adj* außergewöhnlich

excepto [es'θepto] *adv* außer +*dat*; **todo el mundo** ~ **yo** alle, mich ausgenommen; ~ **algunos casos** von einigen Fällen absehen

exceptuar [esθeptu'ar] <*1. pres:* exceptúo> *vt* ausnehmen (*de* von +*dat*); ~ **de un deber** von einer Pflicht entbinden

excesivo, -a [esθe'siβo, -a] *adj* exzessiv; **exposición excesiva** (FOTO) Überbelichtung *f*

exceso [es'θeso] *m* ❶ (*demasía*) Übermaß *nt* (*de* an +*dat*); (*en los sentimientos*) Überschwänglichkeit *f;* ~**s de capacidad** Überkapazitäten *fpl;* ~ **de demanda** Nachfrageüberschuss *m;* ~ **de deudas** Überschuldung *f;* ~ **de equipaje** Übergepäck *nt;* ~ **de peso** Übergewicht *nt;* **en** ~ übermäßig ❷ (*abuso*) Maßlosigkeit *f;* ~ **de alcohol** übermäßiger Alkoholgenuss; ~ **de velocidad** Geschwindigkeitsüberschreitung *f;* **comer con** [*o* **en**] ~ zu viel essen; **solía beber hasta el** ~ er/sie trank gewöhnlich bis zum Exzess ❸ (FIN) Überschuss *m* ❹ *pl* (*libertinaje*) Exzesse *mpl;* **en su juventud cometió muchos** ~**s** in seiner Jugend hat er/sie sehr exzessiv gelebt ❺ *pl* (*desorden*) Ausschreitungen *fpl*

excitable [esθi'taβle] *adj* (*irritable*) reizbar; **muy** ~ aufbrausend

excitación [esθita'θjon] *f* ❶ (*exaltación, t. sexual*) Erregung *f* ❷ (*irritación*) Aufregung *f* ❸ (*incitación*) Anregung *f*

excitante [esθi'tante] **I.** *adj* ❶ (*emocionante*) aufregend ❷ (MED) stimulierend ❸ (*sexualmente*) erregend **II.** *m* (MED) Stimulans *nt*

excitar [esθi'tar] **I.** *vt* ❶ (*incitar*) anstacheln (*a* zu +*dat*); (*apetito*) anregen ❷ (*poner nervioso*) aufregen ❸ (*sexualmente*) erregen **II.** *vr:* ~**se** ❶ (*enojarse*) sich aufregen ❷ (*sexualmente*) erregt sein

exclamación [esklama'θjon] *f* ❶ (*frase*) Ausruf *m;* **signo de** ~ Ausrufezeichen *nt* ❷ (*grito*) Aufschrei *m;* **lanzar una** ~ **de sorpresa** überrascht aufschreien

exclamar [eskla'mar] *vi, vt* ❶ (*declamar*) rufen ❷ (*gritar*) schreien

excluir [esklu'ir] *irr como huir vt* ❶ (*expulsar, eliminar*) ausschließen (*de* aus/von +*dat*) ❷ (*rechazar*) ablehnen

exclusión [esklu'sjon] *f* ❶ (*eliminación*) Ausschluss *m;* **con** ~ **de la prensa** unter Ausschluss der Presse ❷ (*expulsión*) Ausscheiden *nt* ❸ (*rechazo*) Ablehnung *f*

exclusiva [esklu'siβa] *f* ❶ (*privilegio*) Exklusivrecht *nt* ❷ (*monopolio*) Monopol *nt* ❸ (PREN) Exklusivbericht *m*

exclusivamente [esklusiβa'mente] *adv* ausschließlich

exclusive [esklu'siβe] *adv* ausschließlich, exklusive; **cerrado hasta el 27 de agosto** ~ geschlossen bis einschließlich 26. August

exclusividad [esklusiβi'ðaᵈ] *f* Exklusivität *f*

exclusivo, -a [esklu'siβo, -a] *adj* ausschließlich, exklusiv; **contrato** ~ Exklusivvertrag *m;* **modelo** ~ Sonderanfertigung *f;* **derechos de promoción y venta exclusiva en Alemania** Alleinverkaufs- und Vertriebsrechte in Deutschland

excma. [esθelen'tisima] *adj abr de* **excelentísima: la** ~ **señora presidente...** Ihre

Exzellenz Frau Präsidentin ...

excmo. [esθeleṇ'tisimo] *adj abr de* **exce-lentísimo: el ~ señor presidente...** Seine Exzellenz Herr Präsident ...

excombatiente [eskomba'tjeṇte] *mf* Veteran(in) *m(f)*

excomulgar [eskomul'ɣar] <g→gu> *vt* (REL) exkommunizieren

excomunión [eskomu'njon] *f* (REL) Exkommunikation *f*

excoriación [eskorja'θjon] *f* Hautabschürfung *f*

excoriar [esko'rjar] *vt* aufscheuern

excrecencia [eskre'θenθja] *f* Wucherung *f*

excremento [eskre'meṇto] *m* Exkrement *nt*

exculpar [eskul'par] I. *vt* von Schuld entlasten II. *vr:* ~ **se** sich rechtfertigen

excursión [eskur'sjon] *f* ❶ (*paseo*) Ausflug *m;* ~ **a pie** Wanderung *f;* **ir de** ~ einen Ausflug machen; **¿adónde vais de ~?** wohin geht der Ausflug? ❷ (*de estudios*) Exkursion *f*

excursionista [eskursjo'nista] *mf* Ausflügler(in) *m(f);* (*de estudios*) Exkursionsteilnehmer(in) *m(f)*

excusa [es'kusa] *f* ❶ (*pretexto*) Ausrede *f* ❷ (*disculpa*) Entschuldigung *f;* **presenter sus ~s** sich entschuldigen ❸ (*justificación*) Rechtfertigung *f*

excusable [esku'saβle] *adj* entschuldbar

excusar [esku'sar] I. *vt* ❶ (*justificar*) rechtfertigen ❷ (*disculpar*) entschuldigen ❸ (*eximir*) befreien ❹ (*evitar*) vermeiden ❺ (+ *inf*): **excusas venir** es ist nicht nötig, dass du kommst II. *vr:* ~ **se** sich entschuldigen (*de* für + *akk*)

execrable [eɣse'kraβle] *adj* abscheulich

exegesis [eɣse'xesis] *f inv* Exegese *f*

exención [eɣseṇ'θjon] *f* Befreiung *f* (*de* von + *dat*); ~ **de derechos de aduana** Zollfreiheit *f;* ~ **de impuestos** Steuerbefreiung *f;* ~ **del servicio militar** Freistellung vom Wehrdienst

exento, -a [eɣ'seṇto, -a] *adj* frei (*de* von + *dat*); ~ **de aranceles** zollfrei; ~ **de averías** störungsfrei; ~ **de impuestos** steuerfrei; ~ **de mantenimiento** wartungsfrei; **rentas exentas del impuesto** nicht steuerpflichtige Einkünfte; **estar ~ de la jurisdicción local** der örtlichen Gerichtsbarkeit entzogen sein

exequias [eɣ'sekjas] *fpl* Begräbnisfeierlichkeiten *fpl*

exfoliador [esfolja'ðor] *m* (*Chil, Méx:* cuaderno) Abreißblock *m;* (*calendario*) Abreißkalender *m*

exfoliar [esfo'ljar] I. *vt* ablösen; **la falta de**

humedad **exfolia la piel** Feuchtigkeitsmangel führt zum Abschuppen der Haut II. *vr:* ~ **se** (*pintura*) abblättern; (*corteza*) sich ablösen

exhalación [eɣsala'θjon] *f* ❶ (*rayo*) Blitz *m;* **pasar corriendo como una** ~ wie der Blitz vorbeisausen ❷ (*estrella*) Sternschnuppe *f*

exhalar [eɣsa'lar] I. *vt* ❶ (*emanar*) ausströmen ❷ (*suspiros, quejas*) ausstoßen II. *vr:* ~ **se por llegar a tiempo** sich bemühen rechtzeitig zu kommen

exhaustivo, -a [eɣsaṵs'tiβo, -a] *adj* erschöpfend

exhausto, -a [eɣ'saṵsto, -a] *adj* erschöpft

exhibición [eɣsiβi'θjon] *f* ❶ (*ostentación*) Zurschaustellung *f* ❷ (*exposición*) Ausstellung *f* ❸ (*presentación*) Vorführung *f;* ~ **cinematográfica** Filmvorführung *f;* ~ **deportiva** sportliche Darbietungen

exhibicionismo [eɣsiβiθjo'nismo] *m sin pl* Exhibitionismus *m*

exhibicionista [eɣsiβiθjo'nista] *mf* Exhibitionist(in) *m(f)*

exhibidor(a) [eɣsiβiðor(a)] *m(f)* Aussteller(in) *m(f)*

exhibir [eɣsi'βir] I. *vt* ❶ (*mostrar*) vorzeigen ❷ (*ostentar*) angeben (mit + *dat*) ❸ (JUR) vorlegen II. *vr:* ~ **se** sich zur Schau stellen; ~ **se en público** in der Öffentlichkeit auftreten

exhortación [eɣsorta'θjon] *f* ❶ (*ruego*) eindringliche Bitte *f* ❷ (*amonestación*) Verwarnung *f*

exhortar [eɣsor'tar] *vt* ❶ (*rogar*) ermahnen (*a* zu + *dat*) ❷ (*amonestar*) verwarnen

exhumación [eɣsuma'θjon] *f* Exhumierung *f*

exhumar [eɣsu'mar] *vt* exhumieren

exigencia [eɣsi'xenθja] *f* ❶ (*demanda*) Forderung *f;* **tener ~s** (*fam*) Ansprüche stellen ❷ (*requisito*) Anforderung *f*

exigente [eɣsi'xeṇte] *adj* anspruchsvoll; **ser muy ~** hohe Ansprüche stellen

exigible [eɣsi'xiβle] *adj* (*obligación*) fällig; (JUR) einklagbar

exigir [eɣsi'xir] <g→j> *vt* ❶ (*solicitar*) fordern; **el docente exige demasiado** der Dozent stellt zu hohe Anforderungen ❷ (*reclamar, pedir*) verlangen; **la carta exige contestación** der Brief muss beantwortet werden

exiguo, -a [eɣ'siɣwo, -a] *adj* gering

exil(i)ado, -a [eɣsi'l(j)aðo, -a] I. *adj* im Exil lebend II. *m, f* (politischer) Flüchtling *m*

exil(i)ar [eɣsi'l(j)ar] I. *vt* ins Exil schicken II. *vr:* ~ **se** ins Exil gehen; **muchos chilenos se ~on en la RDA** viele Chilenen gingen in die DDR ins Exil

exilio [eˠˈsiljo] *m* Exil *nt*

eximio, -a [eˠˈsimjo, -a] *adj* hervorragend

eximir [eˠsiˈmir] **I.** *vt* befreien (*de* von +*dat*); ~ **de obligaciones** von einer Verpflichtung befreien; ~ **de responsabilidades** der Verantwortung entheben **II.** *vr:* ~ **se** sich entziehen (*de* +*dat*)

existencia [eˠsisˈtenθja] *f* ① (*vida*) Existenz *f* ② *pl* (COM) Vorrat *m;* **liquidación de** ~ **s** Ausverkauf *m;* **renovar las** ~ **s** das Lager wieder auffüllen; **en tanto haya** ~ **s** solange der Vorrat reicht ③ (*loc*): **en** ~ (COM) vorrätig

existencial [eˠsistenˈθjal] *adj* existenziell

existencialismo [eˠsistenθjaˈlismo] *m sin pl* (FILOS) Existenzialismus *m*

existente [eˠsisˈtente] *adj* ① (*que existe*) vorhanden ② (COM) vorrätig

existir [eˠsisˈtir] *vi* existieren; (*cosas*) vorhanden sein; **existen numerosas actividades** es gibt zahlreiche Aktivitäten; **cree que existen ovnis** er/sie glaubt, dass es Ufos gibt

exitazo [eˠsiˈtaθo] *m* (*fam*) Riesenerfolg *m*

éxito [ˈeˠsito] *m* Erfolg *m;* ~ **de taquilla** Kassenschlager *m;* ~ **de ventas** Verkaufsschlager *m;* **con** ~ erfolgreich; **sin** ~ erfolglos

exitoso, -a [eˠsiˈtoso, -a] *adj* erfolgreich

éxodo [ˈeˠsoðo] *m* Exodus *m;* ~ **rural** Landflucht *f;* ~ **urbano** Stadtflucht *f*

exonerar [eˠsoneˈrar] *vt* ① (*eximir*) befreien (*de* von +*dat*) ② (*relevar*) absetzen (*de* von +*dat*); ~ **a alguien de su cargo** jdn seines Amtes entheben

exorbitancia [eˠsorβiˈtanθja] *f* ① (*excesividad*) Übermaß *nt* ② (*exageración*) Übertreibung *f*

exorbitante [eˠsorβiˈtante] *adj* ① (*excesivo*) übermäßig; (*precio*) überhöht ② (*exagerado*) übertrieben

exorbitar [eˠsorβiˈtar] *vt* aufbauschen

exorcismo [eˠsorˈθismo] *m* Geisterbeschwörung *f*

exornar [eˠsorˈnar] *vt* schmücken; (LIT) ausschmücken

exótico, -a [eˠsotiko, -a] *adj* exotisch

exotismo [eˠsoˈtismo] *m* Exotik *f*

expandir [espanˈdir] **I.** *vt* ① (*dilatar*) ausdehnen ② (*divulgar*) verbreiten **II.** *vr:* ~ **se** ① (*dilatarse*) sich ausdehnen ② (*extenderse*) sich ausbreiten ③ (*divulgarse*) sich verbreiten

expansión [espanˈsjon] *f* ① (*dilatación*) Ausdehnung *f;* (POL) Expansion *f* ② (*extensión*) Ausbreitung *f* ③ (*crecimiento*) Wachstum *nt* ④ (*difusión*) Verbreitung *f*

⑤ (*diversión*) Entspannung *f*

expansionarse [espansjoˈnarse] *vr* ① (*dilatarse*) sich ausdehnen ② (*fam: sincerarse*) sich aussprechen (*con* bei +*dat*) ③ (*fam: divertirse*) sich amüsieren

expansionismo [espansjoˈnismo] *m sin pl* (POL) Expansionsdrang *m*

expansivo, -a [espanˈsiβo, -a] *adj* ① (*dilatable*) ausdehnbar ② (*comunicativo*) mitteilsam

expatriar [espatriˈar] <*1. pres:* expatrío> **I.** *vt* ① (*exiliar*) des Landes verweisen ② (*quitar la ciudadanía*) ausbürgern **II.** *vr:* ~ **se** ① (*exiliarse*) das Land verlassen ② (*renunciar a la ciudadanía*) sich ausbürgern lassen

expectación [espektaˈθjon] *f* ① (*expectativa*) Erwartung *f;* **con** ~ erwartungsvoll ② (*interés*) Interesse *nt*

expectante [espekˈtante] *adj* (*atento*) erwartungsvoll

expectativa [espektaˈtiβa] *f* ① (*expectación*) Erwartung *f;* **estar a la** ~ **de algo** etw erwarten ② (*perspectiva*) Aussicht *f*

expectorante [espektoˈrante] *adj* schleimlösend

expectorar [espektoˈrar] *vt* aushusten

expedición [espeðiˈθjon] *f* ① (*viaje*) Expedition *f;* ~ **científica** Forschungsreise *f;* ~ **militar** Feldzug *m* ② (*grupo*) Expedition(sgruppe) *f* ③ (*remesa*) Versand *m;* (**empresa de**) ~ Spedition *f;* **oficina de** ~ Versandabteilung *f*

expedicionario, -a [espeðiθjoˈnarjo, -a] **I.** *adj* Expeditions- **II.** *m, f* Expeditionsteilnehmer(in) *m(f)*

expedientar [espeðjenˈtar] *vt* (JUR) ein Verfahren eröffnen (*a* gegen +*akk*); (ADMIN, MIL) ein Disziplinarverfahren einleiten (*a* gegen +*akk*)

expediente [espeˈðjente] *m* ① (*asunto judicial*) Rechtssache *f;* **instruir un** ~ ein Verfahren betreiben ② (*sumario*) Dossier *nt* ③ (*administrativo*) Dienstverfahren *nt* ④ (*trámite*) Bearbeitung *f;* **cubrir el** ~ (*fam*) nur das Nötigste tun ⑤ (*legajo*) Personalakte *f*

expedir [espeˈðir] *irr como pedir vt* ① (*tramitar*) erledigen; (*carta*) aufsetzen ② (*despachar*) versenden; ~ **por avión** per Luftfracht verschicken; ~ **por correo** verschicken; ~ **por vía marítima** verschiffen ③ (*documentos*) ausstellen

expeditar [espeðiˈtar] *vt* ① (*Am: acelerar*) beschleunigen ② (*AmC, Méx: despachar*) schnell bearbeiten

expedito, -a [espeˈðito, -a] *adj* ① (*desembarazado*) unbehindert ② (*rápido*) schnell

expeler [espe'ler] *vt* (*sangre, excreto*) auswerfen; (*aire, humo*) ausstoßen

expendedor[1] [espeṇde'ðor] *m:* ~ **automático** Warenautomat *m;* ~ **de bebidas** Getränkeautomat *m;* ~ **de cigarrillos** Zigarettenautomat *m;* ~ **de jabón** Seifenspender *m*

expendedor(a)[2] [espeṇde'ðor(a)] **I.** *adj:* **máquina** ~**a de billetes** Fahrkartenautomat *m;* **máquina** ~**a de tabaco** Zigarettenautomat *m* **II.** *m(f)* Verkäufer(in) *m(f)*

expendeduría [espeṇdeðu'ria] *f* Verkaufsstelle *f;* (*de tabaco*) Tabakladen *m*

expendio [es'peṇdjo] *m* (*And, Méx, Ven:* *estanco*) Tabakladen *m*

expensas [es'pensas] *fpl* Kosten *pl;* **vivir a** ~ **de alguien** sich von jdm aushalten lassen

experiencia [espe'rjeṇθja] *f* ❶ (*práctica*) Erfahrung *f;* ~ **docente** Lehrerfahrung *f;* **falta de** ~ **laboral** mangelnde Berufserfahrung; **tener mucha/poca** ~ erfahren/unerfahren sein; **saber algo por** ~ **propia** etw aus eigener Erfahrung wissen ❷ (*vivencia*) Erlebnis *nt* ❸ (*experimento*) Versuch *m*

experimentación [esperimeṇta'θjon] *f* Experimentieren *nt;* **en fase de** ~ im Versuchsstadium

experimentado, -a [esperimeṇ'taðo, -a] *adj* ❶ (*con experiencia*) erfahren ❷ (*comprobado*) erprobt; **no** ~ **en animales** (*en etiquetas*) ohne Tierversuche

experimental [esperimeṇ'tal] *adj* experimentell

experimentar [esperimeṇ'tar] **I.** *vi* experimentieren **II.** *vt* ❶ (*probar*) ausprobieren ❷ (*sentir*) fühlen ❸ (*sufrir*) erfahren; ~ **un alza** steigen; ~ **un aumento** an Wert gewinnen; ~ **una caída** sinken; ~ **una pérdida** einen Verlust erleiden

experimento [esperi'meṇto] *m* Experiment *nt*

experto, -a [es'perto, -a] **I.** *adj* sachkundig **II.** *m, f* ❶ (*conocedor*) Experte, -in *m, f* ❷ (*perito*) Sachverständige(r) *mf*

expiación [espja'θjon] *f* ❶ (*purgación*) Sühne *f* ❷ (*castigo*) Strafe *f* (*de* für +*akk*)

expiar [espi'ar] <*1. pres:* expío> *vt* ❶ (*purgar*) sühnen ❷ (*pena*) büßen (für +*akk*)

expirar [espi'rar] *vi* ❶ (*morir*) sterben; (*cultura*) untergehen ❷ (*plazo*) ablaufen; **antes de** ~ **el mes** vor Monatsende

explanada [espla'naða] *f* (*espacio*) freier Platz *m*

explanar [espla'nar] *vt* ❶ (*allanar*) einebnen ❷ (*explicar*) erklären

explayar [espla'ʝar] **I.** *vt* ausdehnen; ~ **la mirada** den Blick schweifen lassen **II.** *vr:* ~ **se** ❶ (*extenderse*) sich ausdehnen ❷ (*expresarse*) sich verbreiten (*en* über +*akk*); (*confiarse*) sich aussprechen (*con* bei +*dat*) ❸ (*divertirse*) sich amüsieren

explicable [espli'kaβle] *adj* ❶ (*que se puede explicar*) erklärbar ❷ (*comprensible*) verständlich

explicación [esplika'θjon] *f* ❶ (*aclaración*) Erklärung *f;* **pedir explicaciones** eine Erklärung verlangen ❷ (*motivo*) Grund *m;* **sin dar explicaciones** ohne Begründung ❸ (*interpretación*) Auslegung *f* ❹ *pl* (*excusas*) Entschuldigung *f;* **dar explicaciones** sich entschuldigen

explicar [espli'kar] <*c*→*qu*> **I.** *vt* ❶ (*manifestar*) schildern ❷ (*aclarar*) erklären ❸ (*exponer*) unterrichten ❹ (*dar motivos*) begründen ❺ (*interpretar*) auslegen ❻ (*justificar*) rechtfertigen **II.** *vr:* ~ **se** ❶ (*comprender*) begreifen; **no me lo explico** es ist mir unbegreiflich ❷ (*disculparse*) sich entschuldigen ❸ (*articularse*) sich ausdrücken; **¿me explico?** habe ich mich deutlich ausgedrückt?; **ella se explica muy bien** sie ist sehr redegewandt

explícito, -a [es'pliθito, -a] *adj* ausdrücklich

exploración [esplora'θjon] *f* ❶ (*investigación*) Erforschung *f* ❷ (MED) Untersuchung *f* ❸ (MIL) Aufklärung *f*

explorador(a) [esplora'ðor(a)] **I.** *adj* ❶ (*investigador*) Forschungs- ❷ (MIL) Aufklärungs- **II.** *m(f)* ❶ (*investigador*) Forscher(in) *m(f)* ❷ (*scout*) Pfadfinder(in) *m(f)*

explorar [esplo'rar] *vt* ❶ (*investigar*) erforschen ❷ (MED) untersuchen ❸ (MIL) aufklären

explosión [esplo'sjon] *f* ❶ (*estallido*) Explosion *f;* ~ **demográfica** Bevölkerungsexplosion *f;* **gran** ~ (FÍS) Urknall *m;* **motor de** ~ Verbrennungsmotor *m;* **hacer** ~ explodieren ❷ (*detonación*) Detonation *f;* (*voladura*) Sprengung *f;* ~ **fallida** Fehlzündung *f* ❸ (*arrebato*) Ausbruch *m;* ~ **de carcajadas** Ausbrechen in Gelächter

explosionar [esplosjo'nar] **I.** *vi* explodieren **II.** *vt* zünden

explosivo[1] [esplo'siβo] *m* Sprengstoff *m*

explosivo, -a[2] [esplo'siβo, -a] *adj* explosiv; **artefacto** ~ Sprengkörper *m*

explotación [esplota'θjon] *f* ❶ (*aprovechamiento*) Nutzung *f;* (AGR) Bebauung *f;* (MIN) Abbau *m;* ~ **abusiva** Raubbau *m;* ~ **a cielo abierto** Tagebau *m;* ~ **de la energía** Energienutzung *f;* ~ **minera** Bergbau *m* ❷ (*empresa*) Betrieb *m* ❸ (*abuso*) Ausbeutung f

explotador(a) [esplota'ðor(a)] **I.** adj ➊(empresa) betreibend; **empresa ~a** Betreiberfirma f ➋(que abusa) Ausbeuter- **II.** m(f) ➊(utilizador) Nutzer(in) m(f); (empresario, artesano) Betreiber(in) m(f) ➋(abusador) Ausbeuter(in) m(f)

explotar [esplo'tar] **I.** vi ➊(estallar) explodieren; ~ **en carcajadas** in Gelächter ausbrechen ➋(tener un arrebato) platzen **II.** vt ➊(recursos, terreno) nutzen; (AGR) bebauen; (MIN) abbauen; ~ **pozos petrolíferos** Ölquellen erschließen ➋(empresa) betreiben ➌(abusar) ausbeuten

expoliar [espo'ljar] vt ausrauben

expolio [es'poljo] m ➊(acción) Plünderung f ➋(botín) Beute f

exponente [espo'nente] m ➊(ejemplo) Beispiel nt; (índice) Ausdruck m ➋(MAT) Exponent m

exponer [espo'ner] irr como poner **I.** vt ➊(mostrar) darlegen ➋(hablar) vortragen ➌(exhibir) ausstellen ➍(interpretar) auslegen ➎(someter) aussetzen ➏(arriesgar) riskieren ➐(abandonar) aussetzen ➑(FOTO) belichten **II.** vr: ~**se** ➊(descubrirse) sich aussetzen ➋(arriesgarse) sich einem Risiko aussetzen

exportación [esporta'θjon] f Export m

exportador(a) [esporta'ðor(a)] **I.** adj Export- **II.** m(f) Exporteur(in) m(f)

exportar [espor'tar] vt exportieren (a nach +dat)

exposición [esposi'θjon] f ➊(explicación) Beschreibung f ➋(informe) Bericht m ➌(exhibición) Ausstellung f; ~ **universal** Weltausstellung f ➍(posición) Lage f ➎(FOTO) Belichtung f

expósito, -a [es'posito, -a] **I.** adj Findel- **II.** m, f Findelkind nt

expositor(a) [esposi'tor(a)] m(f) ➊(que exhibe) Aussteller(in) m(f) ➋(que aclara) Referent(in) m(f)

exprés [es'pres] **I.** adj inv Eil-; **café ~** Espresso m; **olla ~** Schnellkochtopf m **II.** m Schnellzug m

expresamente [espresa'mente] adv ➊(literalmente) ausdrücklich ➋(deliberadamente) vorsätzlich

expresar [espre'sar] **I.** vt ➊(manifestar) äußern ➋(decir) aussprechen ➌(indicar) zu erkennen geben **II.** vr: ~**se** (hacerse entender) sich ausdrücken; (hablar) sich äußern

expresión [espre'sjon] f ➊(palabra) Ausdruck m; (locución) Wendung f ➋(gesto) Ausdruck m ➌(declaración) Äußerung f ➍pl(saludos) Grüße mpl

expresionismo [espresjo'nismo] m sin pl (ARTE) Expressionismus m

expresionista [espresjo'nista] **I.** adj expressionistisch **II.** mf Expressionist(in) m(f)

expresividad [espresiβi'ðað] f Ausdrucksstärke f

expresivo, -a [espre'siβo, -a] adj ➊(vivo) lebhaft ➋(revelador) ausdrucksvoll ➌(significativo) bezeichnend ➍(afectuoso) herzlich

expreso¹ [es'preso] **I.** m ➊(tren) D-Zug m ➋(correo) Eilbote m **II.** adv absichtlich

expreso, -a² [es'preso, -a] adj ➊(explícito) ausdrücklich ➋(claro) deutlich ➌(rápido) Eil-; **tren ~** D-Zug m; **enviar una carta por (correo) ~** einen Brief per Eilpost verschicken

exprimidor [esprimi'ðor] m Entsafter m

exprimir [espri'mir] vt ➊(frutas) auspressen; ~ **a alguien para que hable** (fig) jdn ausquetschen ➋(ropa) auswringen ➌(persona) ausbeuten

expropiación [espropja'θjon] f Enteignung f; ~ **forzosa** Zwangsenteignung f

expropiar [espro'pjar] vt enteignen

expuesto, -a [es'pwesto, -a] **I.** pp de exponer **II.** adj ➊(peligroso) gefährlich ➋(sin protección) gefährdet ➌(sensible) anfällig (a für +akk); ~ **a perturbaciones** störanfällig

expugnar [espuɣ'nar] vt erstürmen

expulsar [espul'sar] vt ➊(a alguien) hinauswerfen (de aus +dat); (del país) vertreiben (de aus +dat); (excluir) ausstoßen (de aus +dat); ~ **a alguien de la escuela** jdn von der Schule verweisen; ~ **del campo de juego** (DEP) vom Platz stellen; ~ **de la sala** des Saales verweisen ➋(emitir) ausstoßen

expulsión [espul'sjon] f ➊(del país) Vertreibung f; ~ **del campo de juego** (DEP) Platzverweis m; ~ **de la escuela** Schulverweis m ➋(emisión) Ausstoß m

expurgar [espur'ɣar] <g→gu> vt ➊(purificar) reinigen ➋(censurar) zensieren

exquisitez [eskisi'teθ] f ➊(refinamiento) Erlesenheit f; (de vestido) Eleganz f; (de trato) Kultiviertheit f; (de plato) Köstlichkeit f ➋(manjar) Delikatesse f

exquisito, -a [eski'sito, -a] adj exquisit

extasiar [esta'sjar] <1. pres: extasío> **I.** vt verzücken **II.** vr: ~**se** in Verzückung geraten (con über +akk)

éxtasis ['estasis] m inv Ekstase f

extemporáneo, -a [estempo'raneo, -a] adj ➊(a destiempo) unzeitgemäß; **son unas temperaturas extemporáneas para esta altura del año** diese Temperaturen sind außergewöhnlich für die Jahreszeit ② (*inoportuno*) unpassend; (*inadecuado*) unangebracht

extender [esten'der] <e→ie> **I.** *vt* ① (*papeles*) ausbreiten (*en/sobre/por* auf +*dat*); (*pintura, betún, semillas*) verteilen (*en/sobre* auf +*dat*); ~ **la mantequilla** die Butter verstreichen ② (*desplegar*) strecken; ~ **la mano** die Hand ausstrecken ③ (*ensanchar*) ausdehnen; (*agrandar*) erweitern; ~ **la vista** in die Ferne blicken ④ (*propagar*) verbreiten (*por* in +*dat*, über +*akk*) ⑤ (*escribir*) ausstellen; (*documento*) aufsetzen **II.** *vr:* ~ **se** ① (*terreno*) sich erstrecken; (*en la cama*) sich ausstrecken ② (*prolongarse*) dauern (*a/hasta* bis +*akk*) ③ (*difundirse, expresarse*) sich verbreiten (*por* über +*akk*); ~ **se en discusiones interminables** sich in endlosen Diskussionen verlieren

extendido, -a [esten'diđo, -a] *adj* ① (*amplio*) weit; **un parentesco muy** ~ eine weit verzweigte Verwandtschaft ② (*prolongado*) lang ③ (*conocido*) verbreitet; **estar muy** ~ weit verbreitet sein ④ (*detallado*) ausführlich

extensible [esten'siβle] *adj* ① (*ampliable*) ausdehnbar ② (*desplegable*) ausziehbar; **mesa** ~ Ausziehtisch *m* ③ (*elástico*) dehnbar ④ (INFOR) erweiterungsfähig

extensión [esten'sjon] *f* ① (*dimensión*) Ausdehnung *f;* (*longitud*) Länge *f;* **en toda la** ~ **de la palabra** im weitesten Sinne des Wortes; **por** ~ im weiteren Sinne ② (*difusión*) Verbreitung *f* ③ (*duración*) Dauer *f* ④ (*ampliación*) Erweiterung *f;* ~ **hacia el este** (POL) Osterweiterung *f;* ~ **eléctrica** Verlängerungsschnur *f* ⑤ (TEL) Nebenanschluss *m*

extensivo, -a [esten'siβo, -a] *adj* extensiv; **hacer extensiva una invitación a alguien** eine Einladung auf jdn ausdehnen; **hacer** ~ **s sus saludos a alguien** jdm Grüße ausrichten

extenso, -a [es'tenso, -a] *adj* ① (*amplio*) weit ② (*dilatado*) ausführlich

extenuación [estenwa'θjon] *f* ① (*agotamiento*) Erschöpfung *f* ② (*debilidad*) Entkräftung *f*

extenuar [estenu'ar] <1. *pres:* extenúo> *vt* ① (*agotar*) erschöpfen ② (*debilitar*) entkräften ③ (*enflaquecer*) ausmergeln

exterior [este'rjor] **I.** *adj* ① (*de fuera*) äußere(r, s); **aspecto** ~ Äußere(s) *nt* ② (*extranjero*) ausländisch; **Ministerio de Asuntos E** ~ **es** Außenministerium *nt;* **relaciones** ~ **es** Auslandsbeziehungen *fpl* **II.** *m* ① (*parte de afuera, apariencia*) Äußere(s)

nt ② (*extranjero*) Ausland *nt;* **en el** ~ im Ausland

exteriorización [esterjoriθa'θjon] *f* Äußerung *f*

exteriorizar [esterjori'θar] <z→c> *vt* (*manifestar*) zeigen; (*revelar*) zum Ausdruck bringen

exteriormente [esterjor'mente] *adv* äußerlich

exterminación [estermina'θjon] *f* ① (*aniquilación*) Ausrottung *f* ② (*devastación*) Zerstörung *f*

exterminar [estermi'nar] *vt* ① (*aniquilar*) ausrotten ② (*devastar*) zerstören

exterminio [ester'minjo] *m* ① (*aniquilación*) Ausrottung *f* ② (*devastación*) Zerstörung *f*

externo, -a [es'terno, -a] *adj* äußerlich; **consultorios** ~ **s** Ambulanz *f*

extinción [estiŋ'θjon] *f* ① (*apagado*) Löschen *nt;* ~ **de incendios** Brandlöschung *f* ② (ECOL) Aussterben *nt;* **en vías de** ~ vom Aussterben bedroht ③ (*de obligación/derecho*) Erlöschen *nt;* (*de contrato*) Ablauf *m*

extinguir [estiŋ'gir] <gu→g> **I.** *vt* ① (*apagar*) löschen ② (*finalizar*) auslöschen **II.** *vr:* ~ **se** ① (*apagarse*) erlöschen ② (*finalizar*) zu Ende gehen; (ECOL) aussterben

extinto, -a [es'tinto, -a] **I.** *adj* ① (*apagado*) erloschen ② (*AmS, Méx: muerto*) verstorben **II.** *m, f* (*AmS, Méx*) Verstorbene(r) *mf*

extintor [estiŋ'tor] *m:* ~ **de incendios** Feuerlöscher *m*

extirpación [estirpa'θjon] *f* ① (MED) (operative) Entfernung *f;* (*de un miembro*) Amputation *f* ② (*erradicación*) Ausrottung *f* ③ (*desarraigo*) Entwurzelung *f*

extirpar [estir'par] *vt* ① (MED) (operativ) entfernen; (*miembro*) amputieren ② (*erradicar*) ausrotten ③ (*arrancar*) ausreißen

extorsión [estor'sjon] *f* ① (*chantaje*) Erpressung *f* ② (*molestia*) Umstände *mpl;* **ser una** ~ viele Umstände machen

extorsionar [estorsjo'nar] *vt* ① (*chantajear*) erpressen ② (*molestar*) Umstände machen +*dat*

extorsionista [estorsjo'nista] *mf* Erpresser(in) *m(f)*

extra¹ ['estra] **I.** *adj* ① (*adicional*) Extra-; **horas** ~ **s** Überstunden *fpl;* **paga** ~ Lohnzulage *f* ② *inv* (*excelente*) erstklassig; **de calidad** ~ von besonderer Qualität **II.** *prep:* ~ **de** zusätzlich zu +*dat* **III.** *m* ① (*complemento*) Extra *nt;* (*en periódico, revista*) Sonderbericht *m* ② (*paga*) Lohnzulage *f*

extra² ['estra] *mf* ① (CINE, TV) Statist(in)

_m(f)_ ❷ (_ayudante_) Aushilfe _f_

extracción [estraᵞ'θjon] _f_ ❶ (_sacar_) Herausziehen _nt;_ (_de un diente_) Ziehen _nt;_ ~ **de sangre** Blutentnahme _f_ ❷ (_lotería_) Ziehung _f_ ❸ (_origen_) Herkunft _f_ ❹ (MIN) Förderung _f_

extracomunitario, -a [estrakomuni'tarjo, -a] _adj_ außergemeinschaftlich; (_de la UE_) außerhalb der EU

extraconyugal [estrakonɟu'ɣal] _adj_ außerehelich

extractar [estrak'tar] _vt_ exzerpieren; (_resumir_) resümieren

extracto [es'trakto] _m_ ❶ (_resumen_) Zusammenfassung _f_ ❷ (_pasaje_) Auszug _m;_ ~ **impreso** (INFOR) Ausdruck _m_ ❸ (QUÍM) Extrakt _m o nt_

extractor [estrak'tor] _m:_ ~ **de humo** Rauchabzug _m_

extradición [estraði'θjon] _f_ Auslieferung _f_

extraditar [estraði'tar] _vt_ ausliefern

extraer [estra'er] _irr como traer vt_ ❶ (_sacar_) herausziehen; (_dientes_) ziehen; ~ **de un libro** exzerpieren ❷ (QUÍM) extrahieren ❸ (MAT) ziehen ❹ (MIN) fördern

extraescolar [estraesko'lar] _adj_ außerschulisch; **extrajudicial** [estraxuði'θjal] _adj_ außergerichtlich

extralimitarse [estralimi'tarse] _vr_ zu weit gehen; ~ **en sus funciones** seine Befugnisse überschreiten; ~ **en sus esfuerzos** sich überanstrengen

extramatrimonial [estramatrimo'njal] _adj_ außerehelich

extranjería [estraŋxe'ria] _f_ ❶ (_estatus_) Ausländerstatus _m_ ❷ (JUR) Ausländerrecht _nt;_ **ley de** ~ Ausländergesetz _nt_

extranjerizar [estraŋxeri'θar] <z→c> **I.** _vt_ ausländische Sitten einführen (in +_dat_); (_masivamente_) überfremden **II.** _vr:_ ~ **se** ❶ (_adoptar lo extranjero_) sich _dat_ ausländische Sitten aneignen ❷ (_nacionalizarse en el extranjero_) sich im Ausland einbürgern

extranjero¹ [estraŋ'xero] _m_ Ausland _nt_

extranjero, -a² [estraŋ'xero, -a] **I.** _adj_ ausländisch; **lengua extranjera** Fremdsprache _f_ **II.** _m, f_ Ausländer(in) _m(f)_

extrañamente [estraɲa'mente] _adv_ merkwürdigerweise

extrañar [estra'ɲar] **I.** _vt_ ❶ (_desterrar_) ausweisen ❷ (_sorprender_) erstaunen; **¡no me extraña!** das habe ich mir schon gedacht! ❸ (_encontrar extraño_) ungewohnt finden ❹ (_echar de menos_) vermissen **II.** _vr:_ ~ **se** sich wundern (_de_ über +_akk_)

extrañeza [estra'ɲeθa] _f_ ❶ (_rareza_) Befremden _nt;_ **causar** ~ befremden

❷ (_perplejidad_) Verwunderung _f_

extraño, -a [es'traɲo, -a] **I.** _adj_ ❶ (_raro, forastero_) fremd; (_extranjero_) ausländisch ❷ (_peculiar_) sonderbar; (_extraordinario_) ungewöhnlich **II.** _m, f_ (_forastero_) Fremde(r) _mf;_ (_extranjero_) Ausländer(in) _m(f)_

extraoficial [estraofi'θjal] _adj_ inoffiziell

extraordinario¹ [estraorði'narjo] _m_ (PREN) Sonderausgabe _f_

extraordinario, -a² [estraorði'narjo, -a] _adj_ ❶ (_fuera de lo normal_) außerordentlich; (_muy bueno_) hervorragend ❷ (_por añadidura_) Sonder- ❸ (_raro_) merkwürdig ❹ (_sorprendente_) überraschend

extraparlamentario, -a [estraparlamen'tarjo, -a] _adj_ außerparlamentarisch

extrapolar [estrapo'lar] _vt_ ❶ (MAT) extrapolieren ❷ (_extender_) ausweiten (_a_ auf +_akk_) ❸ (_concluir_) erschließen (_aus_ +_dat_)

extrarradio [estra'rraðjo] _m_ Außenbezirk _m_

extrasensorial [estrasenso'rjal] _adj_ übersinnlich; **extraterrestre** [estrate'rrestre] **I.** _adj_ außerirdisch **II.** _mf_ Außerirdische(r) _mf_

extravagancia [estraβa'ɣanθja] _f_ ❶ (_rareza_) Extravaganz _f_ ❷ (_excentricidad_) Verschrobenheit _f_

extravagante [estraβa'ɣante] **I.** _adj_ ❶ (_raro_) extravagant ❷ (_excéntrico_) verrückt **II.** _mf_ Spinner(in) _m(f)_

extraviado, -a [estraβi'aðo, -a] _adj_ ❶ (_confuso_) verwirrt ❷ (_apartado_) abgelegen

extraviar [estraβi'ar] <_1. pres:_ extravío> **I.** _vt_ ❶ (_despistar_) vom Weg abbringen ❷ (_perder_) verlieren; (_dejar_) verlegen **II.** _vr:_ ~ **se** ❶ (_errar el camino_) sich verirren ❷ (_perderse_) abhanden kommen; (_carta_) verloren gehen ❸ (_descarriarse_) vom rechten Weg abkommen

extravío [estra'βio] _m_ ❶ (_desviación_) Irregehen _nt_ ❷ (_pérdida_) Verlieren _nt_ ❸ (_perdición_) Ausschweifung _f_

extremado, -a [estre'maðo, -a] _adj_ ❶ (_excesivo_) extrem ❷ (_exagerado_) übertrieben

Extremadura [estrema'ðura] _f_ Estremadura _f_

extremar [estre'mar] **I.** _vt:_ ~ **la prudencia** äußerst vorsichtig sein; **la policía extremó las medidas de seguridad** die Polizei traf strengste Sicherheitsvorkehrungen **II.** _vr:_ ~ **se** sich _dat_ größte Mühe geben (_en_ bei +_dat_)

extremaunción [estremauɲ'θjon] _f_ (REL) letzte Ölung _f_

extremeño, -a [estre'meɲo, -a] **I.** _adj_ aus Estremadura **II.** _m, f_ Einwohner(in) _m(f)_ von Estremadura

extremidad [estremi'ða⁰] f ❶ (cabo) Ende nt ❷ pl (ANAT) Gliedmaßen fpl
extremismo [estre'mismo] m Extremismus m; ~ **derechista** Rechtsextremismus m
extremista [estre'mista] I. adj extremistisch II. mf Extremist(in) m(f)
extremo¹ [es'tremo] m ❶ (cabo) Ende nt; a **tal** ~ so weit; **con** [o **en**] ~ äußerst; **en último** ~ äußerstenfalls; **pasar de un** ~ a **otro** von einem Extrem ins andere fallen; (tiempo) plötzlich umschlagen; **los** ~s **se tocan** (prov) Gegensätze ziehen sich an ❷ (asunto) Punkt m; **en este** ~ in dieser Hinsicht ❸ (punto límite) Äußerste(s) nt; **esto llega hasta el** ~ **de...** das geht so weit, dass ... ❹ pl (aspavientos): **hacer** ~s viel Aufheben machen
extremo, -a² [es'tremo, -a] I. adj ❶ (sumo) äußerste(r, s) ❷ (distante) letzte(r, s); **los barrios más** ~s die am weitesten entfernten Viertel ❸ (opuesto) entgegengesetzt II. m, f (DEP) Außenstürmer(in) m(f); ~ **derecha** Rechtsaußen m
extrínseco, -a [es'trinseko, -a] adj (externo) äußerlich; **circunstancias extrínsecas** äußere Umstände
extrovertido, -a [estroβer'tiðo, -a] adj (PSICO) extravertiert
exuberancia [eˠsuβe'raŋθja] f Üppigkeit f
exuberante [eˠsuβe'raŋte] adj üppig
exudar [eˠsu'ðar] vi, vt (MED, QUÍM) ausschwitzen
exultante [eˠsul'taŋte] adj jubelnd
exultar [eˠsul'tar] vi jubeln
eyaculación [eɟakula'θjon] f ❶ (acción) Samenerguss m ❷ (sperma) Ejakulat nt
eyacular [eɟaku'lar] vi ejakulieren

F, f ['efe] f F, f nt; ~ **de Francia** F wie Friedrich
fa [fa] m inv (MÚS) f, F nt; ~ **sostenido** Fis nt
fabada [fa'βaða] f Bohneneintopf m

fábrica ['faβrika] f ❶ (lugar de producción) Fabrik f; ~ **de cerveza** Brauerei f; **en** [o **ex**] ~ ab Werk ❷ (de ladrillo, piedra) Mauerwerk nt; **obra de** ~ gemauertes Bauwerk ❸ (edificio) Gebäude nt ❹ (fondos de iglesias) Kirchenmittel ntpl ❺ (invención): ~ **de embustes** Schwindelei f; ~ **de mentiras** Lügengespinst nt
fabricación [faβrika'θjon] f Herstellung f; ~ **en masa** Massenproduktion f
fabricante [faβri'kaŋte] mf ❶ (que fabrica) Hersteller(in) m(f) ❷ (dueño) Fabrikant(in) m(f)
fabricar [faβri'kar] <c→qu> vt ❶ (producir) herstellen; ~ **cerveza** Bier brauen ❷ (construir) erbauen ❸ (inventar) erfinden
fabril [fa'βril] adj Fabrik-; (de la fabricación) fabrikmäßig
fábula ['faβula] f ❶ (LIT) Fabel f ❷ (fam: invención) (Lügen)geschichte f ❸ (relato mitológico) Sage f
fabulador(a) [faβula'ðor(a)] m(f) ❶ (fabulista) Fabeldichter(in) m(f) ❷ (que inventa cosas fabulosas) Aufschneider(in) m(f)
fabular [faβu'lar] vt fabulieren
fabuloso, -a [faβu'loso, -a] adj ❶ (inventado) erdichtet; **personaje** ~ Fabelwesen nt ❷ (extraordinario) großartig
facción [faˠ'θjon] f ❶ (banda) aufrührerische Gruppe f ❷ (de un partido) Splittergruppe f ❸ pl (rasgos) (Gesichts)züge mpl
faccioso, -a [faˠ'θjoso, -a] I. adj aufrührerisch II. m, f ❸ (rebelde) Aufrührer(in) m(f) ❷ (de un partido) Parteigänger(in) m(f)
faceta [fa'θeta] f ❶ (de poliedros) Facette f ❷ (aspecto) Seite f

facha[1] ['faʧa] f Aussehen nt, Äußere(s) nt; **tener una ~ sospechosa** verdächtig aussehen; **estar hecho una ~** (fam) lächerlich aussehen

facha[2] ['faʧa] I. adj (fam pey) rechtsradikal II. mf (fam pey) Rechtsradikale(r) mf

fachada [fa'ʧaða] f ① (de un edificio) Fassade f ② (apariencia) Erscheinung f, Äußere(s) nt; **su buen humor es pura ~** seine/ihre gute Laune ist reine Fassade

fachendear [faʧɛnde'ar] vi (fam) protzen

fachendoso, -a [faʧɛn'ðoso, -a] I. adj (fam) großtuerisch II. m, f (fam) Angeber(in) m(f)

facial [fa'θjal] adj Gesichts-

fácil ['faθil] adj ① (sin dificultades) leicht, einfach; **la ventana es ~ de abrir** das Fenster lässt sich leicht öffnen ② (cómodo) bequem ③ (probable) wahrscheinlich; **es ~ que... +** subj es ist wahrscheinlich, dass ...; **es ~ que nieve** wahrscheinlich wird es schneien ④ (carácter) nachgiebig

facilidad [faθili'ðað] f ① (sin dificultad) Leichtigkeit f ② (dotes) Begabung f; **tener ~ para algo** für etw begabt sein; **tener ~ para los idiomas** sprachbegabt sein ③ pl Erleichterungen fpl; **ofrecer** [o **dar**] **~es a alguien para algo** jdm bei etw dat entgegenkommen

facilitación [faθilita'θjon] f sin pl ① (alivio) Erleichterung f; (posibilitación) Ermöglichung f ② (suministro) Bereitstellung f

facilitar [faθili'tar] vt ① (favorecer) erleichtern; (posibilitar) ermöglichen ② (suministrar) besorgen; (entregar) zur Verfügung stellen

fácilmente [faθil'mɛnte] adv ① (sin dificultad) mühelos ② (con probabilidad) wahrscheinlich

facineroso, -a [faθine'roso, -a] m, f ① (delincuente) Verbrecher(in) m(f) ② (malvado) Bösewicht m

facistol [faθis'tol] m (Chor)pult nt

facsímil(e) [faɣ'simil(e)] m ① (reproducción) Faksimile nt ② (TEL) Bildtelegrafie f

factibilidad [faktiβili'ðað] f Durchführbarkeit f

factible [fak'tiβle] adj durchführbar, machbar

fáctico, -a ['faktiko, -a] adj faktisch

factor [fak'tor] m (causa, t. MAT) Faktor m; **~ de riesgo** Risikofaktor m

factoría [fakto'ria] f ① (emporio) Handelsniederlassung f ② (fábrica) Fabrik f

factoring ['faktoriŋ] m <factorings> (COM) Factoring nt

factótum [fak'totun] m (fam) Mädchen nt für alles

factual [fak'twal] adj faktisch

factura [fak'tura] f ① (hechura) Ausführung f ② (cuenta) Rechnung f; (recibo) Quittung f; **pasar ~** die Rechnung ausstellen; **su holgazanería le pasa ahora ~** (fam) das ist die Quittung für seine/ihre Faulheit

facturación [faktura'θjon] f ① (elaboración de una factura) Berechnung f ② (FERRO) Gepäckaufgabe f

facturar [faktu'rar] vt ① (cobrar) berechnen; **~ los gastos de transporte** die Transportkosten in Rechnung stellen ② (FERRO) aufgeben ③ (AERO): **~ (el equipaje)** (das Gepäck) abfertigen, einchecken

facultad [fakul'taθ] f ① (atribuciones) Befugnis f; **tener ~ para algo** zu etw dat befugt sein; **conceder ~es a alguien (para algo)** jdn (zu etw dat) bevollmächtigen ② (aptitud) Fähigkeit f; **recobrar sus ~es** wieder zu sich dat kommen ③ (UNIV) Fakultät f ④ (profesorado) Lehrkörper m ⑤ pl (dotes) Talent nt

facultar [fakul'tar] vt berechtigen (para zu +dat)

facultativo, -a [fakulta'tiβo, -a] I. adj ① (potestativo) fakultativ ② (UNIV) Fakultäts- ③ (del médico) ärztlich II. m, f Arzt m, Ärztin f

facundia [fa'kundja] f ① (verbosidad) Redseligkeit f ② (locuacidad) Beredsamkeit f

facundo, -a [fa'kundo, -a] adj ① (verboso) redselig ② (locuaz) redegewandt

fado ['faðo] m Fado m

faena [fa'ena] f ① (tarea) Arbeit f; **~s domésticas** Hausarbeit(en) f(pl) ② (fam: mala pasada) Streich m; **hacer una ~ a alguien** jdm einen Streich spielen

faenar [fae'nar] I. vi ① (laborar) (hart) arbeiten ② (pescar) fischen II. vt (matar reses) schlachten

fagot[1] [fa'ɣoᵗ] m Fagott nt

fagot[2] [fa'ɣoᵗ] mf Fagottist(in) m(f)

fagotista [faɣo'tista] mf Fagottist(in) m(f)

fain [faįn] adj (Am: estupendo) prima; (calidad) hochwertig

fair play [fer pleį] m sin pl (DEP) Fairplay nt

faisán [faį'san] m Fasan m

faite ['faįte] I. adj (Am) kämpferisch II. m

(*Am*) Kämpfer *m*

faitear [faiˈteˈar] *vi* (*Am*) sich prügeln

faja [ˈfaxa] *f* ❶ (*para ceñir*) Korsett *nt;* (*para abrigar*) (Leib)binde *f* ❷ (*distintivo honorífico*) Schärpe *f* ❸ (*franja*) Streifen *m* ❹ (*de libros*) Bauchbinde *f*

fajar [faˈxar] I. *vt* ❶ (*envolver*) umwickeln; (*periódicos*) bündeln ❷ (*Am: golpear*) schlagen II. *vr:* ~**se** ❶ (*ponerse una faja*) sich *dat* eine Schärpe anlegen ❷ (*Am: pelearse*) sich schlagen III. *vi:* ~ **con alguien** jdn angreifen

fajín [faˈxin] *m* ❶ *dim de* **faja** ❷ (*de generales, funcionarios*) (Amts)schärpe *f*

fajina [faˈxina] *f* ❶ (*en la era*) Garbenhaufen *m* ❷ (*de leña*) Reisigbündel *nt* ❸ (MIL: *haz de ramas*) Faschine *f*

fajo [ˈfaxo] *m* ❶ (*papeles*) Bündel *nt* ❷ *pl* (*de bebé*) Babyausstattung *f*

fakir [faˈkir] *m* Fakir *m*

falacia [faˈlaθja] *f* ❶ (MIL) Truppe *f;* (HIST) Phalanx *f* ❷ (ANAT: *de las manos*) Fingerknochen *m;* (*de los pies*) Zehenknochen *m*

falangista [falaŋˈxista] I. *adj* (POL) falangistisch II. *mf* (POL) Falangist(in) *m(f)*

falaz [faˈlaθ] *adj* betrügerisch

falca [ˈfalka] *f* Keil *m*

falcado, -a [falˈkaðo, -a] *adj* sichelförmig

falcar [falˈkar] <c→qu> *vt* (*reg*) unterkeilen

falda [ˈfalda] *f* ❶ (*vestido*) Rock *m;* ~ **pantalón** Hosenrock *m;* ~ **plisada** Plisseerock *m;* **estar pegado a las** ~**s de una mujer** unter dem Pantoffel einer Frau stehen; **se ha criado bajo las** ~**s de mamá** er/sie ist wohl behütet aufgewachsen ❷ (*regazo*) (Rock)schoß *m* ❸ (*de una mesa camilla*) Tischdecke für einen Tisch mit darunter liegendem Kohlenbecken ❹ (*de sombrero*) Hutkrempe *f* ❺ (*de una montaña*) Bergabhang *m* ❻ (GASTR) Rippenfleisch *nt* ❼ (*loc*): **es asunto de** ~**s** das ist Frauensache; **le tiran mucho las** ~**s** er ist hinter den Frauen her

faldero [falˈdero] *m* ❶ (*hombre*) Schürzenjäger *m* ❷ (*animal*): **perro** ~ Schoßhund *m*

faldón [falˈdon] *m* ❶ (*de una camisa*) Schoß *m* ❷ (*de una funda*) Volant *m* ❸ (ARQUIT) Walm *m* ❹ (*de la chimenea*) Kaminrahmen *m*

falencia [faˈlenθja] *f* (*Am*) Konkurs *m,* Bankrott *m*

falibilidad [faliβiliˈðað] *f* Fehlbarkeit *f*

falible [faˈliβle] *adj* (*erróneo*) fehlbar; (*engañoso*) trügerisch

fálico, -a [ˈfaliko, -a] *adj* phallisch

falla [ˈfaʎa] *f* ❶ (*defecto*) Defekt *m;* (*en un sistema*) Störung *f;* (*en un arma*) Ladehemmung *f* ❷ (GEO) Verwerfung *f*

fallar [faˈʎar] I. *vi* ❶ (JUR) ein Urteil fällen ❷ (*malograrse: proyecto*) misslingen; (*plan, intento*) fehlschlagen ❸ (*no funcionar*) versagen; **le** ~ **on los nervios** seine/ ihre Nerven machten nicht mit; **algo le falla** etwas ist nicht in Ordnung mit ihm/ ihr; **no falla nunca** (*cosa*) das funktioniert immer; (*persona*) auf ihn/sie ist Verlass ❹ (*romperse*) nachgeben ❺ (*no cumplir con su palabra*): ~ **a alguien** jdn im Stich lassen; (*en una cita*) jdn versetzen II. *vt* ❶ (JUR) fällen; ~ **la absolución** auf Freispruch erkennen; ~ **un pleito** einen Rechtsstreit beilegen ❷ (DEP) danebenschießen ❸ (*en el juego de naipes*) einen Trumpf ausspielen

Fallas [ˈfaʎas] *fpl:* **las** ~ die Fallas (*Volksfest in Valencia am Sankt-Josefs-Tag* (*19. März*))

fallecer [faʎeˈθer] *irr como crecer vi* sterben

fallecido, -a [faʎeˈθiðo, -a] I. *adj* verstorben II. *m, f* Verstorbene(r) *mf*

fallecimiento [faʎeθiˈmjento] *m* Sterben *nt*

fallero, -a [faˈʎero, -a] *m, f* Teilnehmer(in) am Umzug der Fallas

fallido, -a [faˈʎiðo, -a] I. *adj* ❶ (*proyecto*) misslungen; (*intento*) gescheitert ❷ (COM: *deuda*) uneintreibbar ❸ (*en quiebra*) bankrott II. *m, f* Bankrotteur(in) *m(f)*

fallo [ˈfaʎo] *m* ❶ (JUR) Urteil *nt* ❷ (*error*)

Fehler *m;* (*omisión*) Auslassung *f;* ~ **humano** menschliches Versagen; **el asunto solo tiene un pequeño** ~ die Sache hat nur einen kleinen Haken ❸ (TÉC) Defekt *m* ❹ (*en el juego de naipes*) Fehlfarbe *f* ❺ (*fracaso*) Fehlschlag *m*

falo ['falo] *m* (*elev*) Phallus *m*

falocracia [falo'kraθja] *f* Männerherrschaft *f*

falsario, -a [fal'sarjo, -a] **I.** *adj* falsch **II.** *m, f* ❶ (*mentiroso*) Lügner(in) *m(f)* ❷ (*que falsifica monedas*) Falschmünzer(in) *m(f)*

falseable [false'aβle] *adj* fälschbar

falseador(a) [falsea'ðor(a)] *m(f)* (Ver)fälscher(in) *m(f)*

falseamiento [falsea'mjento] *m* (Ver)fälschung *f*

falsear [false'ar] **I.** *vi* ❶ (*flaquear*) nachgeben ❷ (MÚS) verstimmt sein **II.** *vt* ❶ (*adulterar al referir*) verfälschen; (*verdad*) entstellen ❷ (*falsificar materialmente*) fälschen

falsedad [false'ðað] *f* (*en el carácter*) Falschheit *f;* (*hipocresía*) Heuchelei *f*

falsete [fal'sete] *m* (MÚS) Falsett *nt;* **cantar en** ~ falsettieren

falsificación [falsifika'θjon] *f* (*acto*) Fälschen *nt;* (*objeto*) Fälschung *f;* ~ **de billetes** Falschgeldherstellung *f*

falsificador(a) [falsifika'ðor(a)] *m(f)* Fälscher(in) *m(f);* ~ **de documentos** Urkundenfälscher *m;* ~ **de moneda** Falschmünzer *m*

falsificar [falsifi'kar] <c→qu> *vt* fälschen; (*balance*) frisieren; ~ **la verdad** die Wahrheit verfälschen

falso¹ ['falso] **I.** *m* (Saum)besatz *m* **II.** *adv:* **en** ~ (*falsamente*) falsch; **jurar en** ~ einen Meineid schwören; **coger a alguien en** ~ jdn bei einer Lüge ertappen; **dar un golpe en** ~ (*movimiento*) nicht treffen; **dar un paso en** ~ einen Fehltritt tun

falso, -a² ['falso, -a] **I.** *adj* ❶ (*no cierto, no auténtico*) falsch; **¡~!** das ist gelogen! ❷ (*no natural*) künstlich; (*pseudo*) Schein-; **llave falsa** Dietrich *m;* **puerta falsa** blinde Tür ❸ (*caballería*) widerspenstig **II.** *m, f* (*mentiroso*) Lügner(in) *m(f);* (*hipócrita*) Heuchler(in) *m(f)*

falta ['falta] *f* ❶ (*carencia*) Mangel *m* (*de* an +*dat*); (*ausencia*) Abwesenheit *f;* ~ **de dinero** Geldmangel *m;* ~ **de educación** Respektlosigkeit *f;* ~ **de liquidez** Liquiditätsengpass *m;* **echar en** ~ **algo/a alguien** etw/jdn vermissen; **hacer** ~ **algo/alguien** etw/jdn brauchen; **¡ni** ~ **que hace!** das ist absolut nicht nötig! ❷ (*equivocación*) Fehler *m;* ~ **ortográfica** Recht-

schreibfehler *m;* **sin** ~**s** fehlerlos; **sin** ~ ganz sicher, zweifellos ❸ (DEP) Foul(spiel) *nt* ❹ (JUR) Übertretung *f;* (*omisión censurable*) Unterlassung *f;* (*descuido castigable*) Fahrlässigkeit *f*

faltar [fal'tar] *vi* ❶ (*no estar*) fehlen (an +*dat*); (*persona*) fernbleiben; (*cosa*) nicht vorhanden sein; ~ **a clase** dem Unterricht fernbleiben; ~ **a una cita** ein Treffen versäumen; **me faltan mis llaves** ich vermisse meine Schlüssel; **nos falta dinero para...** wir haben nicht genug Geld, um ...; **no falta quien...** es gibt auch einige, die ...; **falta (por) saber si...** es ist nur noch die Frage, ob ...; **¡no** ~**ía** [*o* **faltaba**] **más!** das fehlte gerade noch!; (*respuesta a agradecimiento*) das war doch nicht der Rede wert!; (*asentir amablemente*) aber selbstverständlich!; **¡lo que faltaba!** das hat uns gerade noch gefehlt!; **por si algo faltaba...** nicht genug damit ... ❷ (*necesitarse*) brauchen; **me falta tiempo para hacerlo** ich habe nicht genug Zeit, um das zu machen; ~ (**por**) **hacer** noch getan werden müssen ❸ (*temporal: quedar*) fehlen, dauern; **faltan cuatro días para tu cumpleaños** es sind noch vier Tage bis zu deinem Geburtstag; **falta mucho para que venga** es dauert noch lange, bis er/sie kommt; **falta poco para las doce** es ist fast zwölf Uhr; **faltan diez para las nueve** (*Am*) es ist zehn vor neun; **poco le faltó para llorar** er/sie war drauf und dran zu weinen ❹ (*no cumplir*): ~ **a** verstoßen gegen +*akk;* ~ **a su palabra** wortbrüchig werden; ~ **a su mujer** seine Frau betrügen; **no** ~**é en dárselo** ich werde es ihr/ihm ganz sicher geben ❺ (*ofender*) verletzen ❻ (*cometer una falta*): ~ **en algo** etw falsch machen ❼ (*elev: morir*) dahingehen

falto, -a ['falto, -a] *adj* (*escaso*) knapp (*de* an/mit +*dat*); (*desprovisto*) ohne (*de* +*akk*); ~ **de recursos** mittellos; **está** ~ **de cariño** ihm mangelt es an Zuneigung

faltón, -ona [fal'ton, -ona] *adj* (*fam*) ❶ (*que falta a su palabra*) wortbrüchig ❷ (*negligente*) unachtsam, nachlässig ❸ (*Am: vago*) faul

faltriquera [faltri'kera] *f* Rocktasche *f;* (*a la cintura*) Gürteltasche *f*

falúa [fa'lua] *f* (NÁUT) Küstenschiff *nt*

fama ['fama] *f* ❶ (*gloria*) Ruhm *m;* (*celebridad*) Berühmtheit *f;* **tener** ~ berühmt sein; **dar** ~ **a algo/alguien** etw/jdn berühmt machen ❷ (*reputación*) Ruf *m;* **tener** ~ **de fanfarrón** als Aufschneider gelten; **ser de mala** ~ von zweifelhaftem Ruf sein

F

③ (*rumor*) Gerücht *nt;* **corre la ~ de que...** +(*subj*) es wird gesagt, dass ...

famélico, -a [fa'meliko, -a] *adj* ausgehungert

familia [fa'milja] *f* **①** (*pareja e hijos*) Familie *f;* (*que comparten una casa*) Haushalt *m;* ~ **numerosa** kinderreiche Familie; **cabeza de** ~ Familienoberhaupt *nt* **②** (*parentela*) Familie *f;* **libro de** ~ Familienstammbuch *nt;* **de buena** ~ aus gutem Hause; **eso viene de** ~ das ist seit Generationen so; **en** ~ im (engsten) Familienkreis; **ser de la** ~ zur Familie gehören; **acordarse de la ~ de alguien** (*argot*) jds Familie verfluchen **③** (*hijos*) Kinder *ntpl*

familiar [fami'ljar] **I.** *adj* **①** (*íntimo*) familiär; **asunto** ~ Familienangelegenheit *f;* **economía** ~ privater Haushalt **②** (*conocido*) vertraut **II.** *mf* (*pariente*) Verwandte(r) *mf*

familiaridad [familjari'ðað] *f* (*confianza*) Vertraulichkeit *f;* (*trato familiar*) Vertrautheit *f*

familiarizar [familjari'θar] <z→c> **I.** *vt* (*acostumbrar*) vertraut machen (*con* mit +*dat*) **II.** *vr:* ~**se** sich gewöhnen (*con* an +*akk*); ~**se con un sistema nuevo** sich in ein neues System einarbeiten

famoso, -a [fa'moso, -a] *adj* (*conocido*) berühmt (*por* durch +*akk*); (*fam: sonado*) allseits bekannt

fan [fan] *mf* <fans> (*admirador*) Fan *m;* (*de fútbol*) Schlachtenbummler(in) *m(f)*

fanal [fa'nal] *m* **①** (NÁUT) Signallaterne *f;* (*de barco*) Schiffslaterne *f* **②** (*campana*) Glasglocke *f*

fanático, -a [fa'natiko, -a] **I.** *adj* fanatisch **II.** *m, f* **①** (*fam: hincha*) Anhänger(in) *m(f)* (*de* von +*dat*); **es una fanática del rock** sie ist ganz wild auf Rockmusik **②** (*pey: extremista*) Fanatiker(in) *m(f)*

fanatismo [fana'tismo] *m sin pl* Fanatismus *m*

fanatizar [fanati'θar] <z→c> *vt* aufhetzen

fané [fa'ne] *adj* **①** (*arrugado*) faltig, runzelig; (*marchito*) verwelkt **②** (*vulgar*) geschmacklos

fanega [fa'neɣa] *f* Fanega *f* (*je nach Region unterschiedliches Hohlmaß oder Flächenmaß*)

fanfarria [faɱ'farrja] *f* **①** (*fam: jactancia*) Prahlerei *f* **②** (MÚS) Fanfarenzug *m*

fanfarrón, -ona [faɱfa'rron, -ona] **I.** *adj* (*fam: chulo*) prahlerisch **II.** *m, f* (*fam: bravucón*) Prahlhans *m*

fanfarronada [faɱfarro'naða] *f* (*fam*) Prahlerei *f*

fanfarronear [faɱfarrone'ar] *vi* (*fam*) prahlen

fanfarronería [faɱfarrone'ria] *f* (*fam*) Prahlerei *f*

fangal [faŋ'gal] *m* Morast *m*

fango ['faŋgo] *m* **①** (*lodo*) Schlamm *m;* **baños de** ~ (MED) Fangobäder *ntpl* **②** (*deshonra*) Schande *f*

fangoso, -a [faŋ'goso, -a] *adj* schlammig

fantasear [fantase'ar] **I.** *vi* **①** (*soñar*) fantasieren **②** (*presumir*) prahlen **II.** *vt* erfinden

fantaseo [fanta'seo] *m* Fantasiererei *f*

fantasía [fanta'sia] *f* **①** (*imaginación*) Fantasie *f;* (*cosa imaginada*) Hirngespinst *nt;* **joyas de** ~ Modeschmuck *m;* **¡déjate de ~s!** hör auf zu träumen! **②** (LIT) Fiktion *f* **③** (MÚS) Fantasie *f*

fantasioso, -a [fanta'sjoso, -a] **I.** *adj* **①** (*inventado*) erfunden; **idea fantasiosa** Fantasterei *f* **②** (*fachendoso*) großtuerisch **II.** *m, f* Träumer(in) *m(f)*

fantasma [fan'tasma] **I.** *m* **①** (*aparición*) Gespenst *nt;* **andar como un** ~ herumirren; **aparecer como un** ~ plötzlich auftauchen **②** (*visión*) Phantom *nt* **③** (*fam: fanfarrón*) Angeber(in) *m(f)* **II.** *adj* Schein-; **empresa** ~ Briefkastenfirma *f*

fantasmada [fantas'maða] *f* (*fam*) Prahlerei *f*

fantasmagoría [fantasmaɣo'ria] *f* Trugbild *nt;* (TEAT) Phantasmagorie *f*

fantasmagórico, -a [fantasma'ɣoriko, -a] *adj* illusionistisch; (TEAT) phantasmagorisch

fantasmal [fantas'mal] *adj* gespenstisch, Gespenster-

fantasmón, -ona [fantas'mon, -ona] **I.** *adj* (*fam*) wichtigtuerisch **II.** *m, f* Angeber(in) *m(f)*

fantástico, -a [fan'tastiko, -a] *adj* **①** (*irreal*) fantastisch, unwirklich **②** (*fam: fabuloso*) fabelhaft, toll

fantochada [fanto'tʃaða] *f* **①** (*fantasmada*) Prahlerei *f* **②** (*tontería*) Unsinn *m*

fantoche [fan'totʃe] *m* **①** (*títere*) Marionette *f* **②** (*mamarracho*) Vogelscheuche *f*

3 (*fantasmón*) Prahlhans *m*

FAO ['fao] *f abr de* **Organización de las Naciones Unidas para la Agricultura y la Alimentación** FAO *f*, Welternährungsorganisation *f*

faquir [fa'kir] *m* Fakir *m*

farad [fa'raδ] <farads> *m* (Fís) Farad *nt*

faralá [fara'la] *f* <faralaes> **1** (*volante*) Volant *m* **2** (*fam: oropel*) Schnickschnack *m*, Firlefanz *m*

farallón [fara'ʎon] *m* Klippe *f*

farándula [fa'randula] *f* **1** (*farsa*) Komödiantentum *nt* **2** (TEAT) primitive Wanderbühne *f* **3** (*fam: palabrería*) Bauernfängerei *f*

faraón [fara'on] *m* Pharao *m*

faraónico, -a [fara'oniko, -a] *adj* pharaonisch

fardada [far'δaδa] *f* (*fam*) Protzerei *f*

fardar [far'δar] *vi* (*fam: presumir*) protzen; (*impresionar*) Eindruck schinden

fardo ['farδo] *m* **1** (*bulto*) Ballen *m*; (*de ropa*) Kleiderbündel *nt* **2** (*fam: obeso*) Dickwanst *m*

fardón, -ona [far'δon, -ona] *adj* (*fam*) **1** (*chulo*) elegant (gekleidet), schick **2** (*vistoso*) klasse; (*coche*) schnittig

farero, -a [fa'rero, -a] *m, f* Leuchtturmwärter(in) *m(f)*

farfullar [farfu'ʎar] *vi* (*fam*) **1** (*balbucear*) stottern **2** (*chapucear*) pfuschen

farfullero, -a [farfu'ʎero, -a] *m, f* (*fam*) **1** (*tartamudo*) Stotterer, -in *m, f* **2** (*chapucero*) Pfuscher(in) *m(f)*

faria® ['farja] *m o f* Zigarrenmarke

farináceo, -a [fari'naθeo, -a] *adj* mehlig, Mehl-

faringe [fa'rinxe] *f* (ANAT) Rachen *m*, Schlund *m*

faringitis [farin'xitis] *f inv* (MED) Rachenentzündung *f*

farisaico, -a [fari'saiko, -a] *adj* **1** (*fariseo*) pharisäisch **2** (*falso*) heuchlerisch

fariseo, -a [fari'seo, -a] *m, f* **1** (*de la secta judía*) Pharisäer(in) *m(f)* **2** (*hipócrita*) Heuchler(in) *m(f)*

farmacéutico, -a [farma'θeutiko, -a] **I.** *adj* pharmazeutisch; **industria farmacéutica** Pharmaindustrie *f*; **productos ~s** Arzneimittel *ntpl* **II.** *m, f* Apotheker(in) *m(f)*

farmacia [far'maθja] *f* **1** (*tienda*) Apotheke *f*; **~ de guardia** Bereitschaftsapotheke *f* **2** (*ciencia*) Pharmazie *f*

fármaco ['farmako] *m* Arzneimittel *nt*

farmacodependencia [farmakoδepen'denθja] *f* Medikamentenabhängigkeit *f*

farmacología [farmakolo'xia] *f* (MED) Pharmakologie *f*

farmacólogo, -a [farma'koloɣo, -a] *m, f* Pharmakologe, -in *m, f*

farmacopea [farmako'pea] *f* (MED) **1** (*técnica*) Technik *f* der Arzneimittelzubereitung **2** (*libro*) amtliches Arzneibuch *nt*

faro ['faro] *m* **1** (AUTO) Scheinwerfer *m*; **~ antiniebla** Nebelscheinwerfer *m* **2** (NÁUT) Leuchtturm *m*

farol [fa'rol] *m* **1** (*lámpara*) Laterne *f*; (*de papel*) Papierlaterne *f*; **~ de calle** Straßenlaterne *f*; **hacer de ~** (*fam*) den Aufpasser/die Anstandsdame spielen **2** (DEP) Handstand *m* **3** (*fam: fanfarronada*) Protzerei *f*; (*patraña*) Bluff *m*; **tirarse un ~** bluffen **4** *pl* (Am: *ojos*) Augen *ntpl*; **¡adelante con los ~es!** (*fam*) vorwärts!, nur zu!

farola [fa'rola] *f* Straßenlaterne *f*

farolear [farole'ar] *vi* (*fam*) große Töne spucken

farolero, -a [faro'lero, -a] **I.** *adj* (*fam*) prahlerisch **II.** *m, f* Prahlhans *m*

farolillo [faro'liʎo] *m* Lampion *m*; **~ rojo** (*fam*) Schlusslicht *nt*

farra ['farra] *f*: **estar** [*o* **ir**] **de ~** (*fam*) einen draufmachen

fárrago ['farraɣo] *m* Durcheinander *nt*

farragoso, -a [farra'ɣoso, -a] *adj* verworren

farruco, -a [fa'rruko, -a] **I.** *adj* kühn; **ponerse ~ con alguien** jdm die Stirn bieten **II.** *m, f* Draufgänger(in) *m(f)*

farsa ['farsa] *f* **1** (TEAT: *farándula*) Komödiantentum *nt*; (*sainete*) Schwank *m* **2** (*engaño*) Schwindel *m*

farsante [far'sante] **I.** *adj* (*fam*) schwindlerisch **II.** *mf* (*fam*) Schwindler(in) *m(f)*

FAS [fas] *fpl* (MIL) *abr de* **Fuerzas Armadas** Streitkräfte *fpl*

fascículo [fas'θikulo] *m* **1** (*publicación*) Faszikel *m* **2** (ANAT) (Muskel)strang *m*

fascinación [fasθina'θjon] *f* Faszination *f*; **sentir ~ por algo** sich für etw begeistern

fascinador(a) [fasθina'δor(a)] *adj*, **fascinante** [fasθi'nante] *adj* faszinierend; (*persona*) bezaubernd; (*libro*) fesselnd

fascinar [fasθi'nar] **I.** *vi, vt* (*encantar*) faszinieren; (*libro*) fesseln **II.** *vr*: **~se** sich begeistern lassen

fascismo [fas'θismo] *m sin pl* Faschismus *m*

fascista [fas'θista] **I.** *adj* faschistisch **II.** *mf* Faschist(in) *m(f)*

fascistoide [fasθis'toiδe] *adj* faschistoid

fase ['fase] *f* **1** (*período*) Phase *f*; **~ transitoria** Übergangsphase *f* **2** (*estado*) Stufe *f* **3** (ELEC, FÍS, QUÍM) Phase *f*; **de tres ~s** dreiphasig; (*nave espacial*) dreistufig

fast food [fas fuᵈ] *m o f sin pl* Fastfood *nt*

fastidiado, **-a** [fasti'ðjaðo, -a] *adj* (*enfermo*) angeschlagen

fastidiar [fasti'ðjar] **I.** *vt* ❶ (*molestar*) stören ❷ (*causar hastío*) anekeln ❸ (*aburrir*) langweilen ❹ (*loc*): **¡no te fastidia!** soweit kommt's noch! **II.** *vr:* ~ **se** (*fam*) ❶ (*enojarse*) sich ärgern (*con/de* über +*akk*); **¡fastídiate!** geschieht dir (ganz) recht!; **¡hay que ~ se!** da muss man durch! ❷ (*aguantarse*) sich abfinden müssen (*con/de* mit +*dat*) ❸ (*Am: perjudicarse*) sich *dat* schaden

fastidio [fas'tiðjo] *m* ❶ (*disgusto*) Ärgernis *nt;* (*mala suerte*) Pech *nt* ❷ (*aburrimiento*) Langeweile *f* ❸ (*hastío*) Ekel *m*

fastidioso, **-a** [fasti'ðjoso, -a] *adj* ❶ (*molesto*) lästig ❷ (*aburrido*) langweilig ❸ (*pesado*) unerträglich; **persona fastidiosa** Nervensäge *f fam*

fasto¹ ['fasto] *m* ❶ (*pompa*) Pomp *m* ❷ *pl* (*anales*) Annalen *pl*

fasto, **-a**² ['fasto, -a] *adj* (*fecha*) günstig

fastuosidad [fastwosi'ðaᵈ] *f* Pracht *f*

fastuoso, **-a** [fastu'oso, -a] *adj* (*casa*, *boda*) prachtvoll; (*persona*) prunksüchtig

fatal [fa'tal] **I.** *adj* ❶ (*inevitable*) unausweichlich; **momento** ~ entscheidender Augenblick ❷ (*desagradable*) unangenehm ❸ (*funesto*) verhängnisvoll, fatal; (*mortal*) tödlich; **mujer** ~ Femme fatale *f* ❹ (JUR) nicht aufschiebbar ❺ (*fam: muy mal*) mies **II.** *adv* (*fam*) mies; **el examen me fue** ~ die Prüfung ist schlecht gelaufen

fatalidad [fatali'ðaᵈ] *f* ❶ (*desgracia*) Verhängnis *nt* ❷ (*destino*) Schicksalsfügung *f*

fatalismo [fata'lismo] *m sin pl* Schicksalsglaube *m*

fatalista [fata'lista] **I.** *adj* fatalistisch **II.** *mf* ❶ (*que sigue el fatalismo*) Fatalist(in) *m(f)* ❷ (*fam: pesimista*) Pessimist(in) *m(f)*

fatídico, **-a** [fa'tiðiko, -a] *adj* ❶ (*que predice el futuro*) wahrsagend ❷ (*fam: algo*) Unheil bringend

fatiga [fa'tiɣa] *f* ❶ (*cansancio*) Ermüdung *f* ❷ (*sofocos*) Atemnot *f* ❸ (TÉC) Verschleiß *m* ❹ *pl* (*sacrificios*) Mühe *f*

fatigado, **-a** [fati'ɣaðo, -a] *adj* ❶ (*agotado*) müde ❷ (*sofocado*) außer Atem ❸ (TÉC) ermüdet

fatigador(a) [fatiɣa'ðor(a)] *adj* anstrengend

fatigar [fati'ɣar] <g→gu> **I.** *vt* ❶ (*cansar*) ermüden ❷ (*molestar*) stören; (*importunar*) belästigen **II.** *vr:* ~ **se** ❶ (*agotarse*) ermüden; (*ojos*) überanstrengt werden ❷ (*sacrificarse*) sich abplagen ❸ (*sofocarse*) außer Atem kommen

fatigoso, **-a** [fati'ɣoso, -a] *adj* ❶ (*trabajo*) anstrengend ❷ (*persona*) erschöpft; (*jadeante*) kurzatmig

fatuidad [fatwi'ðaᵈ] *f* (*vanidad*) Eitelkeit *f;* (*inmodestia*) Überheblichkeit *f*

fatuo, **-a** ['fatwo, -a] *adj* ❶ (*presumido*) eingebildet; (*jactancioso*) prahlerisch ❷ (*necio*) albern

fauces ['fauθes] *fpl* ❶ (ZOOL) Rachen *m* ❷ (*Am: dientes*) Eckzähne *mpl*

fauna ['fauna] *f* Tierwelt *f*

fauno ['fauno] *m* Faun *m*

fausto¹ ['fausto] *m* (*lujo*) Pracht *f;* (*ostentación*) Pomp *m*

fausto, **-a**² ['fausto, -a] *adj* glücklich

favela [fa'βela] *f* (*Am*) ❶ (*casucha*) Barracke *f* ❷ *pl* (*barrio*) Slums *pl*

favor [fa'βor] *m* ❶ (*servicio*) Gefallen *m*, Gefälligkeit *f;* (*ayuda*) Hilfe *f;* **por** ~ bitte; **hacer un ~ a alguien** jdm einen Gefallen tun; **pedir un ~ a alguien** jdn um einen Gefallen bitten; **te lo pido por** ~ ich bitte dich inständig darum; **hagan el ~ de venir puntualmente** seien Sie bitte pünktlich ❷ (*gracia*) Begünstigung *f;* **a** [*o* **en**] ~ **de alguien** zugunsten [*o* zu Gunsten] von jdm; **tener a alguien a su ~** jdn auf seiner Seite haben; **a ~ del viento/de la corriente** mit Rückenwind/stromabwärts ❸ (*beneficio*): **voto a** ~ Jastimme *f;* **estar a ~ de algo** sich für etw aussprechen; **votar a ~ de alguien** für jdn stimmen

favorable [faβo'raβle] *adj* ❶ (*propicio*) günstig (*a/para* für +*akk*) ❷ (*optimista*) positiv ❸ (*benévolo*) wohlwollend

favorecedor(a) [faβoreθe'ðor(a)] *adj* vorteilhaft; **un vestido muy ~ para ti** das Kleid steht dir sehr gut

favorecer [faβore'θer] *irr como crecer* **I.** *vt* ❶ (*beneficiar*) sich positiv auswirken (*a* auf +*akk*) ❷ (*ayudar*) unterstützen ❸ (*dar preferencia*) bevorzugen ❹ (*prendas de vestir*) gut stehen +*dat* **II.** *vr:* ~ **se** Profit schlagen [*o* ziehen] (*de* aus +*dat*)

favorecido, **-a** [faβore'θiðo, -a] *adj* ❶ (*propiciado*) begünstigt (*por* durch +*akk*) ❷ (*fotografía*) gut getroffen

favoritismo [faβori'tismo] *m* (*nepotismo*) Vetternwirtschaft *f;* (*parcialidad*) Bevorzugung *f*

favorito, **-a** [faβo'rito, -a] **I.** *adj* Lieblings-; **plato** ~ Leibspeise *f* **II.** *m, f* ❶ (*del rey*) Günstling *m;* ~ **del público** Publikumsliebling *m;* **la favorita del rey** die Geliebte des Königs ❷ (DEP) Favorit(in) *m(f)*

fax [fa's] *m inv* Fax *nt;* **número de** ~ Faxnummer *f;* **papel para** [*o* **de**] ~ Faxpapier *nt;* **mandar un ~ a una empresa/a Sue-cia** ein Fax an eine Firma/nach Schweden schicken

faxear [faˠseˈar] *vt* faxen

faz [faθ] *f* ❶ (*elev: rostro*) Gesicht *nt* ❷ (*anverso*) Vorderseite *f*

FCC [efeθeˈθe] *abr de* **fluorclorocarbonados** FCKW *nt*

fe [fe] *f* ❶ (*religión*) Glaube *m* (*en* an +*akk*); **~ en Dios** Glaube an Gott; **dar profesión de ~** das Glaubensbekenntnis sprechen ❷ (*confianza*) Vertrauen *nt* (*en* zu +*dat*); **digno de ~** glaubwürdig; **tener ~ en alguien** zu jdm Vertrauen haben; **dar ~ a algo/alguien** jdm/etw *dat* Glauben schenken; **dar ~ de algo** etw bestätigen; **de buena/mala ~** mit guter/böser Absicht ❸ (*lealtad*) Treue *f* ❹ (*certificado*) Urkunde *f;* **~ de bautismo/de matrimonio** Tauf-/Trauschein *m;* **~ de erratas** Nachtrag *m* (zur Richtigstellung von Druckfehlern)

fealdad [fealˈdaᵈ] *f* ❶ (*monstruosidad*) Hässlichkeit *f* ❷ (*indignidad*) Gemeinheit *f*

febrero [feˈβrero] *m* Februar *m; v. t.* **marzo**

febril [feˈβril] *adj* ❶ (*con fiebre*) fieb(e)rig; **acceso ~** Fieberanfall *m* ❷ (*agitado*) fieberhaft

fecal [feˈkal] *adj* fäkal; **sustancias ~es** Fäkalien *fpl*

fecha [ˈfetʃa] *f* ❶ (*data*) Datum *nt;* (*señalada*) Termin *m;* **~ de caducidad** Verfallsdatum *nt;* **~ de cierre** Schlusstermin *m;* **~ clave** Stichtag *m;* **~ de las elecciones** Wahltag *m;* **~ de nacimiento** Geburtsdatum *nt,* Geburtstag *m;* **sin ~** undatiert; **en la ~ fijada** termingerecht; **hasta la ~** bis zum heutigen Tag; **adelantar/atrasar la ~ de algo** etw vor-/zurückdatieren; **¿cuál es la ~ de hoy?** der Wievielte ist heute? ❷ (ECON) (Zeit *f* nach) Sicht *f;* **a 30 días ~** 30 Tage dato ❸ *pl* (*época*) Zeit(en) *f(pl);* **en estas ~s** dieser Tage

fechable [feˈtʃaβle] *adj* datierbar

fechado, -a [feˈtʃaðo, -a] *adj* (*en cartas*): **~ el...** mit Datum vom ...

fechador [fetʃaˈðor] *m* Datumsstempel *m*

fechar [feˈtʃar] *vt* datieren

fechoría [fetʃoˈria] *f* ❶ (*delito*) Missetat *f* ❷ (*travesura*) Streich *m*

fécula [ˈfekula] *f* Stärke *f*

fecundación [fekundaˈθjon] *f* Befruchtung *f*

fecundar [fekunˈdar] *vt* (BIOL) befruchten; (*fertilizar*) fruchtbar machen

fecundidad [fekundiˈðaᵈ] *f* Fruchtbarkeit *f*

fecundización [fekundiθaˈθjon] *f* (AGR) Düngung *f*

fecundizar [fekundiˈθar] <z→c> *vt* fruchtbar machen; (*mediante abonos*) düngen

fecundo, -a [feˈkundo, -a] *adj* ❶ (*prolífico*) fruchtbar ❷ (*tierra*) fruchtbar; (*campo*) ertragreich ❸ (*creador*) produktiv

FED [feᵈ] *m* (UE) *abr de* **Fondo Europeo de Desarrollo** EEF *m*

fedatario [feðaˈtarjo] *m* Notar *m*

federación [feðeraˈθjon] *f* Verband *m;* (*de estados*) Föderation *f*

federado, -a [feðeˈraðo, -a] *adj* föderativ; **estado ~** Bundesland *nt*

federal [feðeˈral] **I.** *adj* Bundes-; (*partidario del federalismo*) bundesstaatlich; **estado ~** Bundesstaat *m;* **república ~** Bundesrepublik *f* **II.** *mf* Föderalist(in) *m(f)*

federalismo [feðeraˈlismo] *m sin pl* Föderalismus *m*

federalista [feðeraˈlista] **I.** *adj* föderalistisch **II.** *mf* Föderalist(in) *m(f)*

federalizar [feðeraliˈθar] <z→c> **I.** *vt* föderalisieren **II.** *vr:* **~se** sich bundesstaatlich zusammenschließen

federar [feðeˈrar] **I.** *vt* (*aliarse*) verbünden; (*federalizar*) zu einer Föderation vereinigen **II.** *vr:* **~se** (*unirse*) sich verbünden; (*federalizarse*) sich bundesstaatlich zusammenschließen

federativo, -a [feðeraˈtiβo, -a] *adj* bundesstaatlich, Bundes-

fehaciente [feaˈθjente] *adj* eindeutig; (JUR) beweiskräftig

felación [felaˈθjon] *f* Fellatio *f*

felicidad [feliθiˈðaᵈ] *f* ❶ (*dicha*) Glück *nt;* **¡~es!** (herzlichen) Glückwunsch!; **te deseamos muchas ~es** wir wünschen dir alles Gute ❷ (*alegría*) Freude *f*

felicitación [feliθitaˈθjon] *f* ❶ (*enhorabuena*) Glückwunsch *m* ❷ (*tarjeta*) Glückwunschkarte *f;* (*escrito*) Glückwunschschreiben *nt*

felicitar [feliθiˈtar] **I.** *vt* gratulieren (*a* +*dat,* *por* zu +*dat*) **II.** *vr:* **~se** sich *dat* gratulieren (*por* zu +*dat*); **~se de que...** +*subj* sich freuen, dass ...

feligrés, -esa [feliˈɣres, -esa] *m, f* Pfarrgemeindemitglied *nt*

feligreses [feliˈɣreses] *mpl* (Pfarr)gemeinde *f*

felino, -a [feˈlino, -a] *adj* (ZOOL) katzenartig

feliz [feˈliθ] *adj* ❶ (*dichoso*) glücklich; **¡~ año nuevo!** ein glückliches neues Jahr!; **¡~ Navidad!** frohe Weihnachten!; **¡~ viaje!** gute Reise! ❷ (*exitoso*) gelungen, erfolgreich

felón, -ona [feˈlon, -ona] **I.** *adj* ❶ (*traidor*) verräterisch ❷ (*infame*) gemein **II.** *m, f* ❶ (*traidor*) Verräter(in) *m(f)* ❷ (*infame*)

Schurke, -in *m, f*

felonía [felo'nia] *f* ❶ (*deslealtad*) Verrat *m* ❷ (*infamia*) Gemeinheit *f* ❸ (*Am:* JUR) schweres Delikt *nt*

felpa ['felpa] *f* ❶ (*peluche*) Plüsch *m* ❷ (*fam: paliza*) Prügel *mpl* ❸ (*fam: reprimenda*) Verweis *m*

felpudo[1] [fel'puðo] *m* Fußmatte *f*

felpudo, -a[2] [fel'puðo, -a] *adj* plüschartig

femenino[1] [feme'nino] *m* (LING) Femininum *nt*

femenino, -a[2] [feme'nino, -a] *adj* ❶ (*de sexo femenino*) weiblich; **equipo** ~ Damenmannschaft *f* ❷ (*afeminado*) verweichlicht ❸ (LING) feminin

feminidad [femini'ðað] *f* Weiblichkeit *f*

feminismo [femi'nismo] *m sin pl* (*doctrina*) Feminismus *m;* (*movimiento*) Frauenbewegung *f*

feminista [femi'nista] I. *adj* feministisch II. *mf* Feminist(in) *m(f)*

feminización [feminiθa'θjon] *f sin pl* ❶ (BIOL, LING) Feminisierung *f* ❷ (*sociedad*) gesellschaftliche Emanzipation *f* der Frau

femoral [femo'ral] *adj* (ANAT) Oberschenkel-

fémur ['femur] *m* (ANAT) Oberschenkelknochen *m*

fenecer [fene'θer] *irr como crecer vi* ❶ (*morirse*) sterben ❷ (*acabarse*) enden

fenicio, -a [fe'niθjo, -a] I. *adj* phönizisch II. *m, f* Phönizier(in) *m(f)*

fénix ['feniˠs] *m* Phönix *m*

fenomenal [fenome'nal] I. *adj* ❶ (*fenoménico*) Phänomen- ❷ (*extraordinario*) großartig; (*susto*) unglaublich ❸ (*fam: tremendo*) toll II. *adv* (*fam*) fabelhaft

fenómeno [fe'nomeno] I. *adj inv* (*fam*) phänomenal; **¡~!** super! II. *m* ❶ (*suceso, t.* FILOS, MED) Phänomen *nt;* (*maravilla*) Wunder *nt* ❷ (*genio*) Genie *nt* ❸ (*monstruo*) Ungeheuer *nt* III. *adv* toll

fenotipo [feno'tipo] *m* (BIOL) Phänotyp *m*

feo[1] ['feo] I. *m* (*fam*) ❶ (*grosería*) Gemeinheit *f;* **hacer un** ~ **a alguien** zu jdm gemein sein ❷ (*aspecto*) Hässlichkeit *f* II. *adv* (*fam*) schlecht; **dejar** ~ **a alguien** jdn blamieren

feo, -a[2] ['feo, -a] *adj* ❶ (*espantoso*) hässlich; **le tocó bailar con la más fea** (*fig*) er/sie hat den Kürzeren gezogen; **la cosa se está poniendo fea** es wird langsam brenzlig; **tener las cartas muy feas** sehr schlechte Karten haben ❷ (*reprobable*) gemein; **está muy** ~ **lo que hiciste** so etwas macht man nicht

feracidad [feraθi'ðað] *f* Fruchtbarkeit *f*

feraz [fe'raθ] *adj* fruchtbar

féretro ['feretro] *m* Sarg *m*

feria ['ferja] *f* ❶ (*exposición*) Messe *f;* ~ **de muestras** Mustermesse *f* ❷ (*fiesta*) Fest *nt* ❸ (*verbena*) Jahrmarkt *m;* **puesto de** ~ Jahrmarktsbude *f*

ferial [fe'rjal] I. *adj* (*de exposición*) Messe-; **recinto** ~ Messegelände *nt* II. *m* Messegelände *nt*

feriante [fe'rjante] *mf* ❶ (*que exhibe*) Messeaussteller(in) *m(f);* (*en la verbena*) Schausteller(in) *m(f)* ❷ (*que compra*) Messebesucher(in) *m(f)*

feriar [fe'rjar] I. *vi* Urlaub nehmen (*en* an +*dat*) II. *vt* ❶ (*mercar*) kaufen ❷ (*vender*) verkaufen ❸ (*permutar*) tauschen

fermentación [fermenta'θjon] *f* (Ver)gärung *f;* (*de tabaco, té*) Fermentation *f*

fermentar [fermen'tar] I. *vi* ❶ (*vino*) (ver)gären; (*tabaco, té*) fermentieren ❷ (*agitarse*) gären, brodeln II. *vt* vergären

fermento [fer'mento] *m* ❶ (*sustancia*) Gärmittel *nt* ❷ (*origen*) Auslöser *m*

ferocidad [feroθi'ðað] *f* ❶ (*salvajismo*) Wildheit *f* ❷ (*crueldad*) Grausamkeit *f*

feroz [fe'roθ] *adj* ❶ (*salvaje*) wild ❷ (*cruel*) grausam; (*violento*) gewalttätig ❸ (*fam: muy grande*) riesig

férreo, -a ['ferreo, -a] *adj* ❶ (*de hierro*) Eisen- ❷ (*del ferrocarril*) Eisenbahn-; **vía férrea** Eisenbahngleis *nt* ❸ (*tenaz*) eisern

ferrería [ferre'ria] *f* Eisenhütte *f*

ferretería [ferrete'ria] *f* ❶ (*tienda*) Eisenwarengeschäft *nt;* (*ramo de establecimientos*) Eisenwarenhandel *m* ❷ (*ferrería*) Eisenhütte *f*

ferretero, -a [ferre'tero, -a] *m, f* Eisenwarenhändler(in) *m(f)*

férrico, -a ['ferriko, -a] *adj* (QUÍM) eisenhaltig

ferrocarril [ferroka'rril] *m* ❶ (*vía*) Schienen *fpl* ❷ (*tren*) Eisenbahn *f;* ~ **de cremallera** Zahnradbahn *f;* ~ **de vía ancha** Breitspurbahn *f;* **por** ~ per Bahn

ferroviario, -a [ferro'βjarjo, -a] I. *adj* Eisenbahn- II. *m, f* Bahnangestellte(r) *mf*

ferruginoso, -a [ferruxi'noso, -a] *adj* ❶ (*agua, mineral*) eisenhaltig ❷ (*color*) rotbraun

ferry ['ferri] *m* Fähre *f*

fértil ['fertil] *adj* ❶ (*tierra*) fruchtbar; **estar en edad** ~ im gebärfähigen Alter sein ❷ (*rico*) reich (*en* an +*dat*)

fertilidad [fertili'ðað] *f* Fruchtbarkeit *f;* (*de tierra t.*) Ergiebigkeit *f*

fertilización [fertiliθa'θjon] *f* (*de tierra*) Fruchtbarmachung *f;* ~ **in vitro** In-vitro-Fertilisation *f*

fertilizante [fertili'θaṇte] *m* Düngemittel *nt*

fertilizar [fertili'θar] <z→c> *vt* fruchtbar machen; (*abonar*) düngen

férula ['ferula] *f* ❶ (*palmeta*) Zuchtrute *f* ❷ (*castigo*) Stockhieb *m*

férvido, -a ['ferβiðo, -a] *adj* (*elev*) ❶ (*hirviente*) kochend ❷ (*sentimiento*) leidenschaftlich

ferviente [fer'βjeṇte] *adj* begeistert

fervor [fer'βor] *m* ❶ (*calor*) Hitze *f* ❷ (*celo*) Eifer *m;* **con ~** eifrig ❸ (*piedad religiosa*) Frömmigkeit *f*

fervoroso, -a [ferβo'roso, -a] *adj* eifrig

festejar [feste'xar] **I.** *vt* ❶ (*celebrar*) feiern ❷ (*galantear*): ~ **a alguien** jdm den Hof machen ❸ (*Am: azotar*) verprügeln **II.** *vr:* ~ **se** feiern

festejo [fes'texo] *m* ❶ (*conmemoración*) Fest *nt,* Feier *f* ❷ (*galanteo*) (Um)werben *nt* ❸ *pl* (*actos públicos*) Feierlichkeiten *fpl*

festín [fes'tin] *m* ❶ (*celebración*) Feier *f* ❷ (*banquete*) Festessen *nt*

festival [festi'βal] *m* Festival *nt;* ~ **de cine** Filmfestspiele *ntpl*

festividad [festiβi'ðað] *f* ❶ (*conmemoración*) Feierlichkeit *f* ❷ (*día*) Festtag *m*

festivo, -a [fes'tiβo, -a] *adj* ❶ (*de fiesta*) Feier-, Fest-; **día** ~ Feiertag *m* ❷ (*humorístico*) witzig, lustig; (*persona*) scherzhaft

festón [fes'ton] *m* ❶ (*guirnalda*) Girlande *f* ❷ (*remate cosido*) Borte *f* (mit Kettenstichen)

festonear [festone'ar] *vt* ❶ (*bordar*) (mit Kettenstich) versäumen ❷ (*adornar*) mit Girlanden schmücken

fetal [fe'tal] *adj* fötal, Fötus-

fetén [fe'ten] **I.** *adj inv* (*fam*) ❶ (*excelente*) hervorragend ❷ (*auténtico*) echt **II.** *f* (*fam: verdad*) Wahrheit *f*

fetiche [fe'tiʧe] *m* Fetisch *m*

fetichismo [feti'ʧismo] *m sin pl* Fetischismus *m*

fetichista [feti'ʧista] **I.** *adj* fetischistisch **II.** *mf* Fetischist(in) *m(f)*

fetidez [feti'ðeθ] *f* Gestank *m*

fétido, -a ['fetiðo, -a] *adj* übel riechend

feto ['feto] *m* ❶ (MED) Leibesfrucht *f* ❷ (*monstruo*) Missgeburt *f*

feúcho, -a [fe'uʧo, -a] *adj* (*fam*) hässlich

feudal [feu'ðal] *adj* Feudal-, Lehns-; **señor** ~ Feudalherr *m*

feudalismo [feuða'lismo] *m sin pl* ❶ (*sistema*) Feudalismus *m* ❷ (*época*) Feudalzeit *f*

feudo ['feuðo] *m* Lehn(s)gut *nt;* **este pueblo es un ~ de los socialistas** dieses Dorf ist ein Bollwerk der Sozialisten

FFAA ['fwerθas ar'maðas] *abr de* **Fuerzas Armadas** Streitkräfte *fpl*

FFCC [ferroka'rriles] *abr de* **ferrocarriles** Eisenbahn *f*

fiabilidad [fjaβili'ðað] *f* ❶ (*de una persona*) Zuverlässigkeit *f* ❷ (*de una empresa*) Seriosität *f*

fiable [fi'aβle] *adj* ❶ (*persona*) zuverlässig ❷ (*empresa*) seriös

fiado, -a [fi'aðo, -a] *adj* zuversichtlich; **comprar al ~** auf Kredit kaufen

fiador¹ [fja'ðor] *m* (*de puerta*) Riegel *m;* (*de pistola*) Sicherung *f*

fiador(a)² [fja'ðor(a)] *m(f)* Bürge, -in *m, f* (*de* für +*akk*); **salir ~ por alguien** für jdn bürgen

fiambre [fi'ambre] **I.** *adj* ❶ (GASTR) kalt ❷ (*fam: noticia*) veraltet; (*discurso*) nicht aktuell **II.** *m* ❶ (GASTR) Wurstwaren *fpl* ❷ (*fam: cadáver*) Leiche *f;* **ese está ~** der ist mausetot

fiambrera [fjam'βrera] *f* (*cesta*) Picknickkorb *m;* (*caja*) Frischhaltebox *f*

fianza [fi'anθa] *f* ❶ (*depósito*) Kaution *f* ❷ (*garantía*) Garantie *f* ❸ (*fiador*) Bürge, -in *m, f*

fiar [fi'ar] <*1. pres:* fío> **I.** *vi* ❶ (*al vender*) Kredit geben; **en esa tienda no fían** in diesem Geschäft wird nicht angeschrieben ❷ (*confiar*) vertrauen (*en* auf +*akk*) **II.** *vt* ❶ (*garantizar*) bürgen (für +*akk*) ❷ (*dar crédito*) auf Kredit überlassen ❸ (*confiar*) anvertrauen; **es de ~** er/sie ist zuverlässig **III.** *vr:* ~ **se** sich verlassen (*de* auf +*akk*); **no te fíes de lo que dice** glaub ihm/ihr kein Wort

fiasco ['fjasko] *m* Fiasko *nt*

fibra ['fiβra] *f* ❶ (*filamento, t.* BIOL, MED) Faser *f;* ~ **muscular** (MED) Muskelfaser *f;* ~ **de vidrio** Glasfaser *f* ❷ (*vigor*) Kraft *f;* **no tiene ~ suficiente para llevar la empresa** ihm/ihr fehlt das Zeug zur Leitung der Firma ❸ *pl* (*en alimentos*) Ballaststoffe *mpl*

fibroso, -a [fi'βroso, -a] *adj* faserig; (MED) fibrös

ficción [fik'θjon] *f* ❶ (*simulación*) Vortäuschung *f* ❷ (*invención*) Erfindung *f;* ~ **novelesca** Roman *m;* **ciencia** ~ Science-fiction *f*

ficha ['fiʧa] *f* ❶ (*de ruleta*) Jeton *m;* (*de dominó*) (Spiel)stein *m* ❷ (*para una máquina*) Jeton *m;* (*de teléfono*) Münze *f;* (*de guardarropa*) Marke *f* ❸ (*tarjeta informativa*) Karteikarte *f;* (*en el trabajo*) Stechkarte *f;* ~ **perforada** (INFOR) Lochkarte *f;* ~ **policial** Polizeiakte *f* ❹ (DEP) Ablösesumme *f* ❺ (*bribón*) Gauner *m*

fichaje [fi'tʃaxe] m (DEP) Verpflichtung f (eines Spielers)

fichar [fi'tʃar] I. vi ❶ (DEP) sich verpflichten ❷ (en el trabajo) stechen II. vt ❶ (registrar) in die Kartei aufnehmen; (la policía) die Personalien aufnehmen (a +gen, von +dat); **estar fichado** vorbestraft sein ❷ (fam: desconfiar) in eine (bestimmte) Schublade stecken ❸ (DEP) verpflichten ❹ (anotar informaciones) kartieren

fichero [fi'tʃero] m ❶ (archivador) Kartei f; (caja) Karteikasten m ❷ (INFOR) Datei f

ficticio, -a [fik'tiθjo, -a] adj (frei) erfunden

fidedigno, -a [fiðe'diɣno, -a] adj glaubwürdig

fideicomiso [fideiko'miso] m (JUR) Treuhandschaft f

fidelidad [fiðeli'ðað] f ❶ (lealtad) Treue f ❷ (precisión) Genauigkeit f; **alta ~** Highfidelity f

fideo [fi'ðeo] m ❶ (GASTR) Suppennudel f ❷ (fam: persona) Bohnenstange f

fiduciario, -a [fiðuθi'ðarjo, -a] I. adj treuhänderisch II. m, f Treuhänder(in) m(f)

fiebre ['fjeβre] f Fieber nt; **~ del heno** Heuschnupfen m; **~ del juego** Spielleidenschaft f; **~ del oro** Goldrausch m; **~ palúdica** Malaria f; **tener poca ~** erhöhte Temperatur haben

fiel [fjel] I. adj ❶ (persona) treu; **ser ~ a una promesa** sein Versprechen halten; **siempre me han sido ~es** sie haben immer zu mir gehalten ❷ (retrato) getreu ❸ (memoria) gut II. m ❶ (seguidor) Anhänger m ❷ (de una balanza) Zeiger m; **él podría inclinar el ~ de la balanza** er könnte das Zünglein an der Waage sein ❸ (inspector) Eichmeister m ❹ pl (REL) Gläubigen mpl

fieltro ['fjeltro] m ❶ (paño) Filz m ❷ (sombrero) Filzhut m

fiera ['fjera] f ❶ (ZOOL) Raubtier nt ❷ (TAUR) Stier m ❸ (persona) Bestie f, Unmensch m; **llegó hecho una ~** (fam) er/sie kam außer sich dat vor Wut an

fiereza [fje'reθa] f ❶ (de un animal) Wildheit f ❷ (de una persona) Brutalität f

fiero, -a ['fjero, -a] adj ❶ (feroz) wild ❷ (cruel) brutal ❸ (feo) hässlich ❹ (fuerte) stark

fierro ['fjerro] m (Am) ❶ (hierro) Eisen nt ❷ (del ganado) Brandzeichen nt

fiesta ['fjesta] f ❶ (día) Feiertag m; **¡Felices F~s!** Frohe Weihnachten!; **hoy hago ~** heute mache ich frei ❷ (celebración) Fest nt; **~ mayor** (de una ciudad) Stadtfest nt; (de un pueblo) Dorffest nt; **aguar la ~ a alguien** (fam) jdm den Spaß verderben ❸ pl (caricias): **hacer ~s a alguien** jdm um den Bart gehen fam ❹ (loc, fam): **estar de ~** gut aufgelegt sein; **acabemos la ~ en paz** lass/lasst uns keinen Streit anfangen

fifí [fi'fi] m (Am: señorito) Fatzke m fam, Snob m

fifiriche [fifi'ritʃe] adj (Am: enclenque) schwächlich

fig. [fiɣura'tiβo] abr de **figurativo** figurativ

figura [fi'ɣura] f ❶ (de un cuerpo, t. ARTE, MAT, MÚS) Figur f; **~ decorativa** (persona) Lückenbüßer m; **un vestido que realza la ~** (que adelgaza) ein Kleid, das schlank macht; (que modela) ein figurbetontes Kleid ❷ (cara) Gesicht nt; (aspecto) Aussehen nt ❸ (imagen) Gestalt f; **se distinguía la ~ de un barco** die Umrisse eines Schiffes zeichneten sich ab ❹ (TEAT) Gestalt f ❺ (personaje) Persönlichkeit f; **las grandes ~s del deporte** die Größen des Sports ❻ (mueca) Grimasse f ❼ (ilustración) Abbildung f ❽ (de la baraja) Bube, Reiter oder König in den spanischen Spielkarten

figuración [fiɣura'θjon] f ❶ (ARTE) Figuration f ❷ (imaginación) Einbildung f ❸ (CINE) Statisten mpl

figurado, -a [fiɣu'raðo, -a] adj ❶ (lenguaje) bildlich ❷ (uso) figürlich; **en sentido ~** im übertragenen Sinne

figurante [fiɣu'rante] mf Statist(in) m(f)

figurar [fiɣu'rar] I. vi ❶ (encontrarse) erscheinen; **no figura en la lista** er/sie steht nicht auf der Liste; **figura en el puesto número tres** er/sie rangiert auf Platz drei ❷ (destacar) eine wichtige Rolle spielen ❸ (aparentar) angeben; **le gusta un montón ~** er/sie legt viel Wert auf sein/ihr Äußeres II. vt ❶ (representar) darstellen ❷ (TEAT) spielen ❸ (simular) vortäuschen; **figuró no haber oído el comentario** er/sie tat so, als ob er/sie den Kommentar nicht gehört hätte III. vr: **~se** sich dat vorstellen; **¡figúrate!** stell dir vor!; **no vayas a ~te que...** bilde dir bloß nicht ein, dass ...

figurativo, -a [fiɣura'tiβo, -a] *adj* figürlich; **no** ~ abstrakt

figurín [fiɣu'rin] *m* ❶ *(dibujo)* Modezeichnung *f;* *(modelo)* Schaufensterpuppe *f* ❷ *(persona)* Modegeck *m*

figurinista [fiɣuri'nista] *mf* Modezeichner(in) *m(f);* (CINE, TEAT) Kostümbildner(in) *m(f)*

figurón [fiɣu'ron] *m* ❶ *(fam: fachendoso)* Angeber *m* ❷ (NÁUT): ~ **de proa** Galionsfigur *f*

fijación [fixa'θjon] *f* ❶ *(sujeción)* Befestigung *f;* *(con chinchetas)* Anheften *nt;* *(con cuerdas)* Anbinden *nt;* *(con cola)* Aufkleben *nt;* *(con clavos)* Annageln *nt;* *(con cadenas)* Anketten *nt;* *(con tornillos)* Anschrauben *nt* ❷ *(de precio, regla)* Festlegung *f* ❸ *(de la mirada)* Fixierung *f* ❹ *(de esquíes)* Bindung *f* ❺ *(loc):* **tener una** ~ **por alguien** eine Schwäche für jdn haben

fijado [fi'xaðo] *m* (FOTO) Fixierbad *nt*

fijador [fixa'ðor] *m* ❶ *(para el pelo)* Haarfestiger *m* ❷ *(de pintura)* Fixiermittel *nt* ❸ (FOTO) Fixierbad *nt*

fijapelo [fixa'pelo] *m* Haarfestiger *m*

fijar [fi'xar] **I.** *vt* ❶ *(sujetar)* befestigen *(a/ en* an +*dat);* *(con chinchetas)* anheften; *(con cuerdas)* anbinden; *(con cola)* aufkleben; *(con clavos)* annageln; *(con cadenas)* anketten; *(con tornillos)* anschrauben; ~ **una placa en la pared** eine Tafel an der Wand anbringen; **prohibido** ~ **carteles** Plakate ankleben verboten ❷ *(la mirada)* heften *(en* auf +*akk);* ~ **la atención en algo** die Aufmerksamkeit auf etw richten ❸ *(residencia, precio)* festlegen ❹ (QUÍM) fixieren ❺ *(puerta)* einsetzen **II.** *vr:* ~ **se** ❶ *(en un lugar)* sich niederlassen *(en* in +*dat)* ❷ *(atender)* aufpassen; **no se ha fijado en mi nuevo peinado** er/sie hat nicht gemerkt, dass ich eine neue Frisur habe; **ese se fija en todo** ihm entgeht nichts; **fíjate bien en lo que te digo** hör mir mal gut zu ❸ *(mirar)* anschauen; **no se fijó en mí** er/sie beachtete mich nicht

fijeza [fi'xeθa] *f* ❶ *(seguridad)* Sicherheit *f* ❷ *(persistencia)* Beharrlichkeit *f;* **mirar con** ~ **a alguien** jdn anstarren

fijo, -a ['fixo, -a] **I.** *adj* ❶ *(estable)* fest; **cliente** ~ Stammgast *m;* **precio** ~ Fixpreis *m* ❷ *(idea)* fix ❸ *(mirada)* starr ❹ *(trabajador)* fest angestellt **II.** *adv* sicher; **saber algo de** ~ etw mit Sicherheit wissen

fila ['fila] *f* ❶ *(hilera)* Reihe *f;* ~ **de coches** Autoschlange *f;* **en** ~ **india** im Gänsemarsch; **aparcar en doble** ~ in der zweiten Reihe parken; **ir en** ~ in Reih und

Glied gehen; **salir de la** ~ aus der Reihe tanzen *fam* ❷ (MIL) Glied *nt;* **¡en** ~ **s!** antreten!; **¡rompan** ~ **s!** weg(ge)treten!; **llamar a** ~ **s** zum Militärdienst einberufen ❸ *(fam: tirria)* Groll *m* ❹ (MAT) Reihe *f* ❺ *pl (de un partido)* Reihen *fpl*

filamento [fila'mento] *m* ❶ *(de un tejido)* Faden *m* ❷ (ELEC) Glühfaden *m* ❸ (BOT) Staubfaden *m*

filamentoso, -a [filamen'toso, -a] *adj* faserig

filantropía [filantro'pia] *f sin pl,* **filantropismo** [filantro'pismo] *m sin pl* Menschenliebe *f*

filántropo [fi'lantropo] *mf* Menschenfreund(in) *m(f)*

filar [fi'lar] *vt* *(fam: calar)* durchschauen; *(estar precavido)* voreingenommen sein (gegenüber +*dat)*

filarmonía [filarmo'nia] *f sin pl* (MÚS) Musikliebe *f*

filarmónica [filar'monika] *f* *(Méx: acordeón)* Ziehharmonika *f*

filarmónico, -a [filar'moniko, -a] *adj* philharmonisch; **orquesta filarmónica** Philharmonie *f*

filatelia [fila'telja] *f* Briefmarkenkunde *f*

filatelista [filate'lista] *mf* Briefmarkensammler(in) *m(f)*

filete [fi'lete] *m* ❶ (ARQUIT) Zierleiste *f* ❷ *(ribete)* Saum *m* ❸ (GASTR: *solomillo)* Lendenstück *nt;* *(lonja)* Filet *nt* ❹ (TIPO) Linie *f;* *(de adorno)* Zierlinie *f* ❺ (TÉC) Gewinde *nt*

filetear [filete'ar] *vt* ❶ (ARQUIT) mit Leisten verzieren ❷ *(un vestido)* (ein)säumen ❸ (GASTR) in Scheiben schneiden ❹ (TÉC) das Gewinde schneiden (von +*dat)*

filfa ['filfa] *f* *(fam)* ❶ *(mentira)* Lüge *f* ❷ *(engañifa)* Betrug *m*

filiación [filja'θjon] *f* ❶ *(origen)* Abstammung *f;* *(de ideas)* Herkunft *f* ❷ *(datos personales)* Personalien *fpl* ❸ *(en un partido)* Mitgliedschaft *f (en* in +*dat)*

filial [fi'ljal] **I.** *adj* Kindes-; **equipo** ~ (DEP) zweite Mannschaft **II.** *f* (COM) Filiale *f* ❷ (REL) Filialkirche *f*

filibustero [filiβus'tero] *m* (HIST) Pirat *m*

filigrana [fili'ɣrana] *f* ❶ *(de orfebrería)* Filigranarbeit *f* ❷ *(en un papel)* Wasserzeichen *nt*

Filipinas [fili'pinas] *fpl:* **las** ~ die Philippinen

filipino, -a [fili'pino, -a] **I.** *adj* philippinisch **II.** *m, f* Philippiner(in) *m(f)*

filisteo, -a [filis'teo, -a] **I.** *adj* Philister- **II.** *m, f* (HIST) Philister(in) *m(f)*

filloas [fi'ʎoas] *fpl* (GASTR) *dünne, mit*

Creme gefüllte Crêpes

film [film] *m* Film *m*

filmación [filma'θjon] *f* ❶ (*de reportaje*) Filmen *nt* ❷ (*rodaje*) Dreharbeiten *fpl* ❸ (*de novela*) Verfilmung *f*

filmadora [filma'ðora] *f* Filmkamera *f*

filmar [fil'mar] *vt* ❶ (*reportaje*) filmen ❷ (*rodar*) drehen ❸ (*novela*) verfilmen

filme ['filme] *m* Film *m*

fílmico, -a ['filmiko, -a] *adj* Film-, filmisch

filmina [fil'mina] *f* Dia(positiv) *nt*

filmografía [filmoɣra'fia] *f* Filmografie *f*

filmoteca [filmo'teka] *f* Filmothek *f*

filo ['filo] *m* ❶ (*de cuchillo*) Schneide *f;* **un arma de dos ~ s** (*fig*) ein zweischneidiges Schwert ❷ (*entre dos partes*) Trennungslinie *f* ❸ (*AmC: hambre*) Hunger *m* ❹ (*loc*): **al ~ del amanecer** bei Tagesanbruch; **al ~ de la medianoche** Punkt Mitternacht

filología [filolo'xia] *f* Philologie *f;* **~ germánica** Germanistik *f;* **~ hispánica** Hispanistik *f*

filólogo, -a [fi'loloɣo, -a] *m, f* Philologe, -in *m, f*

filón [fi'lon] *m* ❶ (*MIN*) Flöz *nt* ❷ (*negocio*) Goldgrube *f*

filoso, -a [fi'loso, -a] *adj* (*Am: afilado*) scharf

filosofal [filoso'fal] *adj:* **piedra ~** Stein *m* der Weisen

filosofar [filoso'far] *vi* philosophieren (*de/ sobre* über *+akk*)

filosofía [filoso'fia] *f* ❶ (*disciplina*) Philosophie *f* ❷ (*serenidad*) Gelassenheit *f*

filosófico, -a [filo'sofiko, -a] *adj* philosophisch

filósofo, -a [fi'losofo, -a] *m, f* Philosoph(in) *m(f)*

filoxera [filoⁿ'sera] *f* (*insecto*) Reblaus *f*

filtración [filtra'θjon] *f* ❶ (*de un líquido*) Filtern *nt;* (*de la luz*) Durchscheinen *nt* ❷ (*de información*) Durchsickern *nt;* (*de datos*) Auswahl *f*

filtrador [filtra'ðor] *m* Filter *m o nt*

filtrar [fil'trar] **I.** *vi* ❶ (*líquido*) durchsickern (*por* durch *+akk*); (*luz*) durchscheinen (*por* durch *+akk*) ❷ (*tubería*) undicht sein **II.** *vt* ❶ (*por un filtro*) filtern ❷ (*datos*) auswählen ❸ (*noticia*) durchsickern lassen **III.** *vr:* **~se** ❶ (*líquido*) durchsickern; (*luz*) durchscheinen ❷ (*noticia*) durchsickern ❸ (*dinero*) dahinschwinden

filtro ['filtro] *m* ❶ (*tamiz*) Filter *m o nt;* **cigarrillo con ~** Filterzigarette *f* ❷ (*poción*) Trank *m*

filudo, -a [fi'luðo, -a] *adj* (*Am*) messerscharf

fimosis [fi'mosis] *f inv* (*MED*) Phimose *f*

fin [fin] *m* ❶ (*término*) Ende *nt;* **~ de semana** Wochenende *nt;* **a ~(es) de mes** am Monatsende; **algo toca a su ~** etw geht dem Ende entgegen; **poner ~ a algo** etw *dat* ein Ende setzen; **sin ~** endlos; **al ~ y al cabo, a ~ de cuentas** letzten Endes ❷ (*propósito*) Ziel *nt;* **~es benéficos** wohltätige Zwecke; **~es deshonestos** unehrenhafte Absichten; **a ~ de que** *+subj* damit

finado, -a [fi'naðo, -a] *m, f* Verstorbene(r) *mf*

final¹ [fi'nal] **I.** *adj* ❶ (*producto, resultado*) End-; (*fase, examen*) Schluss-; (*solución*) endgültig; **el juicio ~** (*REL*) das Jüngste Gericht; **palabras ~es** Schlussworte *ntpl* ❷ (*LING*) final **II.** *m* Ende *nt;* (*de un libro*) Ausgang *m;* (*MÚS*) Finale *nt;* **película con ~ feliz** Film mit Happyend; **al ~ no nos lo dijo** er/sie sagte es uns letztendlich nicht

final² [fi'nal] *f* (*DEP: partido*) Finale *nt;* (*ronda*) Endrunde *f*

finalidad [finali'ðað] *f* Ziel *nt;* (*FILOS*) Finalität *f*

finalista [fina'lista] *mf* ❶ (*en un concurso*) Teilnehmer(in) *m(f)* der Schlussrunde; (*DEP*) Finalist(in) *m(f)* ❷ (*FILOS*) Vertreter(in) *m(f)* des Finalismus

finalización [finaliθa'θjon] *f* Abschluss *m;* **~ de contrato** Vertragsablauf *m*

finalizar [finali'θar] <z→c> **I.** *vi* abschließen; (*plazo*) ablaufen **II.** *vt* beenden, abschließen

finalmente [final'mente] *adv* endlich, schließlich

financiación [finanθja'θjon] *f* Finanzierung *f;* **~ de los partidos** Parteienfinanzierung *f*

financiador(a) [finanθja'ðor(a)] *m(f)* Geldgeber(in) *m(f)*

financiamiento [finanθja'mjento] *m v.* **financiación**

financiar [finan'θjar] *vt* finanzieren

financiera [finan'θjera] *f* Finanzinstitut *nt*

financiero, -a [finan'θjero, -a] **I.** *adj* finanziell **II.** *m, f* Finanzexperte, -in *m, f*

finanzas [fi'nanθas] *fpl* Finanzen *fpl*

finar [fi'nar] *vi* sterben

finca ['fiŋka] *f* (*urbana*) Grundstück *nt;* (*rústica*) Landgut *nt*

finés, -esa [fi'nes, -esa] **I.** *adj* finnisch **II.** *m, f* Finne, -in *m, f*

fineza [fi'neθa] *f* ❶ (*delgadez*) Dünne *f* ❷ (*suavidad*) Zartheit *f* ❸ (*de calidad*) Feinheit *f* ❹ (*cumplido*) Kompliment *nt* ❺ (*regalo*) Aufmerksamkeit *f* ❻ (*primor*) Feinarbeit *f*

fingido, -a [fiŋ'xiðo, -a] *adj* vorgetäuscht; (*persona*) falsch

fingidor(a) [fiŋxi'ðor(a)] *m(f)* (*de una enfermedad*) Simulant(in) *m(f)*; (*de sentimientos*) Heuchler(in) *m(f)*

fingimiento [fiŋxi'mjento] *m* ① (*de una enfermedad*) Vortäuschung *f*; (*de un sentimiento*) Vorheucheln *nt* ② (*engaño*) Täuschung *f*; (*hipocresía*) Heuchelei *f*

fingir [fiŋ'xir] <g→j> I. *vi, vt* vortäuschen; (*sentimiento*) heucheln II. *vr:* ~ **se** sich ausgeben (für +*akk*)

finiquitar [finiki'tar] *vt* ① (*cuenta*) saldieren ② (*fam: asunto*) abschließen

finiquito [fini'kito] *m* Schlussabrechnung *f*

finisecular [finiseku'lar] *adj* der Jahrhundertwende

finito, -a [fi'nito, -a] *adj* begrenzt; **número ~** (MAT) endliche Zahl

finlandés, -esa [finlan'des, -esa] I. *adj* finnisch II. *m, f* Finne, -in *m, f*

Finlandia [fin'landja] *f* Finnland *nt*

fino¹ ['fino] *m* trockener Sherry *m*

fino, -a² ['fino, -a] *adj* ① (*delgado*) dünn; **lluvia fina** feiner Regen ② (*liso*) fein, zart ③ (*de calidad*) fein; **oro ~** Feingold *nt*; **tener un paladar ~** ein Feinschmecker sein ④ (*sentido*) fein; **de oído ~** hellhörig ⑤ (*cortés*) höflich; **modales ~s** gute Manieren ⑥ (*astuto*) schlau ⑦ (*metal*) edel

finolis [fi'nolis] I. *adj inv* (*fam*) geziert II. *mf inv* (*fam*) arroganter Mensch *m*

finta ['finta] *f* (*t.* DEP) Finte *f*; **hacer una ~** fintieren

fintar [fin'tar] *vi* (DEP) fintieren

finura [fi'nura] *f* ① (*delgadez*) Dünne *f* ② (*suavidad*) Zartheit *f* ③ (*calidad*) Feinheit *f* ④ (*cortesía*) Höflichkeit *f* ⑤ (*astucia*) Schläue *f*

fiordo ['fjorðo] *m* Fjord *m*

firma ['firma] *f* ① (*en documentos*) Unterschrift *f*; ~ **electrónica** elektronische Unterschrift ② (*de un acuerdo*) Unterzeichnung *f* ③ (*empresa*) Firma *f*

firmamento [firma'mento] *m* Firmament *nt*

firmante [fir'mante] *mf* Unterzeichner(in) *m(f)*

firmar [fir'mar] *vi, vt* unterschreiben; (*un acuerdo*) unterzeichnen; ~ **autógrafos** Autogramme geben; ~ **un cheque** einen Scheck ausstellen

firme ['firme] I. *adj* (*fijo*) fest; (*estable*) stabil; (*seguro*) sicher; (*carácter*) unerschütterlich; (*postura corporal*) stramm; (*amistad*) treu; **tierra ~** Festland *nt*; **¡~s!** (MIL) still gestanden!; **con mano ~** mit ruhiger Hand; **esta mesa no está ~** dieser Tisch wackelt; **ser ~ en sus propósitos** feste Absichten haben II. *m* ① (*de la carretera*) (Straßen)belag *m* ② (*de guijo*) Kiesschicht *f* III. *adv:* **de ~** (*fuertemente*) stark; (*sin parar*) unaufhörlich; **el calor aprieta de ~** es herrscht eine sengende Hitze

firmeza [fir'meθa] *f* ① (*solidez*) Festigkeit *f*; (*de un mueble*) Stabilität *f* ② (*de una creencia*) Unerschütterlichkeit *f*; ~ **de carácter** Charakterstärke *f* ③ (*perseverancia*) Beharrlichkeit *f*

fiscal [fis'kal] I. *adj* ① (*del fisco*) Fiskal- ② (*de los impuestos*) Steuer- II. *mf* ① (JUR) Staatsanwalt, -wältin *m, f*; F~ **General del Estado** Generalstaatsanwalt, -wältin *m, f* ② (*interventor*) Steuerbeamte(r) *mf*, Steuerbeamtin *f*

fiscalía [fiska'lia] *f* Staatsanwaltschaft *f*

fiscalidad [fiskali'ðað] *f* Steuergesetzgebung *f*

fiscalización [fiskaliθa'θjon] *f* Prüfung *f*; (*de impuestos*) Steuerprüfung *f*

fiscalizador(a) [fiskaliθa'ðor(a)] *m(f)* Prüfer(in) *m(f)*; (*de impuestos*) Steuerprüfer(in) *m(f)*

fiscalizar [fiskali'θar] <z→c> *vt* prüfen; (*lo fiscal*) steuerlich prüfen

fisco ['fisko] *m* Staatskasse *f*

fisgar [fis'ɣar] <g→gu> I. *vi* ① (*burlarse*) sich lustig machen (*de* über +*akk*) ② (*indagar*) (herum)schnüffeln (*en* in +*dat*) *fam*; **le encanta ~ en mis asuntos** er/sie steckt gerne die Nase in meine Angelegenheiten II. *vt* ① (*pescar*) mit der Harpune fischen ② (*con el olfato*) schnüffeln

fisgón, -ona [fis'ɣon, -ona] *m, f* ① (*pey*) (*que se burla*) Spötter(in) *m(f)* ② (*que indaga*) Schnüffler(in) *m(f) fam*

fisgonear [fisɣone'ar] *vi* (*pey*) (herum)schnüffeln (*en* in +*dat*) *fam*

física ['fisika] *f* Physik *f*

físicamente [fisika'mente] *adv* ① (*corporalmente*) körperlich ② (*verdaderamente*) wirklich

físico¹ ['fisiko] *m* Körperbau *m*; **tener un buen ~** eine gute Figur haben

físico, -a² ['fisiko, -a] I. *adj* ① (*del cuerpo*) physisch, körperlich; **educación física** (ENS) Sport *m* ② (FÍS) physikalisch II. *m, f* Physiker(in) *m(f)*

fisiología [fisjolo'xia] *f* Physiologie *f*

fisiológico, -a [fisjo'loxiko, -a] *adj* physiologisch

fisiólogo, -a [fi'sjoloɣo, -a] *m, f* Physiologe, -in *m, f*

fisión [fi'sjon] *f* ① (FÍS) Spaltung *f* ② (BIOL) Zellteilung *f*

fisionar [fisjo'nar] *vt* spalten
fisionomía [fisjono'mia] *f v.* **fisonomía**
fisioterapeuta [fisjotera'peųta] *mf* Krankengymnast(in) *m(f)*
fisioterapia [fisjote'rapja] *f* Physiotherapie *f*
fisonomía [fisono'mia] *f* ❶ (*del rostro*) Gesichtsausdruck *m* ❷ (*aspecto*) Aussehen *nt*
fisonómico, -a [fiso'nomiko, -a] *adj* physiognomisch; **rasgos ~s** Gesichtszüge *mpl*
fisonomista [fisono'mista] *mf* Physiognom(in) *m(f)*; **¿eres un buen ~?** hast du ein gutes Personengedächtnis?
fístula ['fistula] *f* ❶ (*tubo*) Röhre *f* ❷ (MED) Fistel *f*
fisura [fi'sura] *f* ❶ (*grieta*) Riss *m*; (*grande*) Spalte *f* ❷ (MED: *en un hueso*) Knochenriss *m* ❸ (MED: *en el ano*) Afterschrunde *f*
fitness ['fitnes] *m sin pl* (DEP) Fitness *f*
fixing ['fiɣsiŋ] *m* <fixings> (FIN) Fixing *nt*
flac(c)idez [fla⁽ᵛ⁾θi'ðeθ] *f* ❶ (*de las carnes*) Schlaffheit *f* ❷ (*de la piel*) Welkheit *f*
flác(c)ido, -a ['fla⁽ᵛ⁾θiðo, -a] *adj* ❶ (*carnes*) schlaff ❷ (*piel*) welk ❸ (*vestiduras*) bauschig
flaco¹ ['flako] *m* Schwäche *f*
flaco, -a² ['flako, -a] *adj* ❶ (*delgado*) dünn; **los años de las vacas flacas** die mageren Jahre ❷ (*escaso*) gering; **rendimientos ~s** kümmerliche Erträge ❸ (*débil*) schwach; **punto ~** Schwachpunkt *m*
flacucho, -a [fla'kutʃo, -a] *adj* (*pey fam*) mager
flagelación [flaxela'θjon] *f* Auspeitschung *f*
flagelar [flaxe'lar] **I.** *vt* ❶ (*azotar*) auspeitschen; (REL) geißeln ❷ (*verbalmente*) scharf kritisieren **II.** *vr:* **~ se** sich geißeln
flagelo [fla'xelo] *m* Geißel *f*
flagrante [fla'ɣrante] **I.** *adj* (*evidente*) offenkundig **II.** *adv:* **en ~** in flagranti
flamante [fla'mante] *adj* (*fam*) ❶ (*vistoso*) auffallend ❷ (*nuevo*) (funkel)neu
flambear [flambe'ar] *vt* (GASTR) flambieren
flamear [flame'ar] **I.** *vi* ❶ (*llamear*) lodern ❷ (*bandera*) flattern **II.** *vt* ❶ (GASTR) flambieren ❷ (MED) abflammen
flamenco¹ [fla'meŋko] *m* ❶ (*lengua*) Flämisch(e) *nt* ❷ (ZOOL) Flamingo *m* ❸ (*cante*) Flamenco *m*
flamenco, -a² [fla'meŋko, -a] **I.** *adj* ❶ (*de Flandes*) flämisch ❷ (*andaluz*) Flamenco-; **cante ~** Flamenco *m* ❸ (*chulo*) angeberisch **II.** *m, f* Flame *m*, Flämin *f*

weltweit bekannt. Ausgangspunkt des **flamenco** sind drei traditionsreiche Kulturvölker: Andalusier, Mauren und Zigeuner. Gesang und Tanz (Solo- oder Paartanz) werden immer von rhythmischem Händeklatschen, Fingerschnippen, und verschiedenen Rufen begleitet.

flamígero, -a [fla'mixero, -a] *adj:* **estilo ~** (ARTE) Flamboyantstil *m*
flan [flan] *m* (GASTR) ≈Karamellpudding *m*

flanco ['flaŋko] *m* Flanke *f*
Flandes ['flandes] *m* Flandern *nt*
flanquear [flaŋke'ar] *vt* ❶ (*estar al lado*) flankieren ❷ (MIL: *atacar*) von der Flanke her angreifen; (*proteger*) seitlich decken
flaquear [flake'ar] *vi* ❶ (*fuerzas*) nachlassen; (*salud*) sich verschlechtern ❷ (*en un examen*) eine schwache Leistung zeigen ❸ (*demanda*) abflauen ❹ (*edificio*) baufällig werden
flaqueza [fla'keθa] *f* ❶ (*de flaco*) Magerkeit *f* ❷ (*debilidad*) Schwäche *f*
flas [flas] *m*, **flash** [flaʃ] *m inv* ❶ (FOTO) Blitz *m* ❷ (*noticia*) Eilmeldung *f*
flato ['flato] *m* ❶ (MED) Blähung *f* ❷ (*Am: melancolía*) Schwermut *f*
flatoso, -a [fla'toso, -a] *adj* (*Am: miedoso*) ängstlich
flatulencia [flatu'lenθja] *f* (MED) Blähsucht *f*
flauta¹ ['flaųta] *f* Flöte *f*; **~ dulce** Blockflöte *f*; **~ travesera** Querflöte *f*
flauta² ['flaųta] *mf*, **flautista** [flaų'tista] *mf* Flötist(in) *m(f)*
flebitis [fle'βitis] *f inv* (MED) Venenentzündung *f*
flecha ['fletʃa] *f* ❶ (*arma*) Pfeil *m*; **ser rápido como una ~** pfeilschnell sein ❷ (*sagita*) Bogenhöhe *f* ❸ (*de torre*) Turmspitze *f* ❹ (*de viga*) Durchbiegung *f*
flechar [fle'tʃar] **I.** *vi* den Bogen gespannt

haben **II.** *vt* ❶ (*un arco*) spannen ❷ (*fam: enamorar*) den Kopf verdrehen +*dat*

flechazo [fleˈtʃaθo] *m* ❶ (*de flecha*) Pfeilschuss *m* ❷ (*fam: de amor*): **lo nuestro fue un** ~ bei uns war es Liebe auf den ersten Blick

fleco [ˈfleko] *m* ❶ (*adorno*) Franse *f* ❷ (*del pelo*) Pony *m* ❸ *pl* (*de vestido*) ausgefranster Rand *m*

fleje [ˈflexe] *m* Bandeisen *nt*

flema [ˈflema] *f* ❶ (*calma*) Trägheit *f* ❷ (*mucosidad*) Schleim *m*

flemático, -a [fleˈmatiko, -a] **I.** *adj* phlegmatisch **II.** *m, f* Phlegmatiker(in) *m(f)*

flemón [fleˈmon] *m* ❶ (MED) Entzündung *f* ❷ (*dental*) Zahnfleischentzündung *f*

flequillo [fleˈkiʎo] *m* Pony *m*

fletador(a) [fletaˈdor(a)] *m(f)* ❶ (*de avión*) Charterer, -in *m, f* ❷ (COM) Befrachter(in) *m(f)*

fletamento [fletaˈmento] *m* ❶ (*de avión*) Chartern *nt* ❷ (COM: *acción*) Verfrachtung *f* ❸ (*contrato*) Frachtvertrag *m*

fletar [fleˈtar] **I.** *vt* ❶ (*avión*) chartern ❷ (COM) verfrachten ❸ (*Am: vehículo*) verleihen ❹ (*CSur: despedir*) entlassen **II.** *vr:* ~**se** (*AmC: fastidiarse*) sich abfinden müssen (*con/de* mit +*dat*)

flete [ˈflete] *m* ❶ (*carga*) Frachtgut *nt* ❷ (COM: *tasa*) Fracht *f* ❸ (*Am: tarifa*) Mietpreis *m*

flexibilidad [fleˠsiβiliˈdaᵈ] *f* ❶ (*de palo*) Biegsamkeit *f*; (*de músculo*) Elastizität *f* ❷ (*de una persona*) Anpassungsfähigkeit *f*; ~ **de precios** Preisflexibilität *f*

flexibilización [fleˠsiβiliθaˈθjon] *f* Flexibilisierung *f*

flexibilizar [fleˠsiβiliˈθar] <z→c> *vt* flexibilisieren

flexible [fleˠˈsiβle] *adj* ❶ (*palo*) biegsam; (*músculo*) elastisch ❷ (*persona*) anpassungsfähig; **horario** ~ Gleitzeit *f*

flexión [fleˠˈsjon] *f* ❶ (*del cuerpo*) Beugen *nt*; ~ **de tronco** Rumpfbeuge *f*; ~ **de brazos en la espaldera** Klimmzüge am Reck ❷ (LING) Flexion *f* ❸ (GEO) Flexur *f*

flexionar [fleˠsjoˈnar] *vt* beugen

flexo [ˈfleˠso] *m* biegsame (Schreib)tischlampe *f*

flipado, -a [fliˈpaðo, -a] *adj* (*argot*) high

flipante [fliˈpante] *adj* (*argot*) cool

flipar [fliˈpar] **I.** *vt* (*argot*) antörnen **II.** *vi, vr:* ~**se** (*argot*) ausflippen

flirt [flirt] *m* <flirts> Flirt *m*

flirtear [flirteˈar] *vi* flirten

flirteo [flirˈteo] *m* Flirt *m*

flojear [floxeˈar] *vi* ❶ (*disminuir*) nachlassen; (*interés*) abflauen ❷ (*en una materia*) schwach sein (*en* in +*dat*)

flojedad [floxeˈðaᵈ] *f* ❶ (*debilidad*) Schwäche *f* ❷ (*pereza*) Faulheit *f*

flojera [floˈxera] *f* (*fam*) ❶ (*debilidad*) Schwäche *f*; **coger** ~ **de piernas** weiche Knie bekommen ❷ (*pereza*) Faulheit *f*

flojo, -a [ˈfloxo, -a] *adj* ❶ (*cuerda*) locker; (*nudo*) lose ❷ (*vino*) leicht; (*argumento*) schwach; (*viento*) flau; (*café*) dünn; (*luz*) matt; ~ **de carácter** charakterschwach; **estoy** ~ **en alemán** mein Deutsch ist nicht so gut; **la política me la trae floja** (*vulg*) ich kümmere mich einen Dreck um Politik ❸ (*cosecha*) mager ❹ (*demanda*) schwach ❺ (*obrero*) faul ❻ (*Am: cobarde*) feig(e)

floppy [ˈflopi] *m* (INFOR) Floppydisk *f*

flor [flor] *f* ❶ (BOT: *planta*) Blume *f*; (*parte de la planta*) Blüte *f*; **estar en** ~ blühen; **camisa de** ~**es** geblümtes Hemd ❷ (*lo más selecto*) Auslese *f*; **la** ~ **y la nata de la sociedad** die Crème de la Crème ❸ (*piropo*) Schmeichelei *f* ❹ (*de los metales*) Irisieren *nt* ❺ (*de las pieles*) Narbenseite *f* ❻ (*virginidad*) Jungfräulichkeit *f* ❼ (*del vino*) Kahmhaut *f* ❽ (*loc*): **pasó volando a** ~ **de tierra** es flog dicht am Boden vorbei; **tengo los nervios a** ~ **de piel** meine Nerven sind zum Zerreißen gespannt

flora [ˈflora] *f* (BOT, MED) Flora *f*

floración [floraˈθjon] *f* ❶ (*acción*) Blühen *nt* ❷ (*tiempo*) Blüte(zeit) *f*

florear [floreˈar] **I.** *vi* ❶ (*la espada*) schwingen ❷ (MÚS) (auf der Gitarre) tremolieren ❸ (*Am: florecer*) blühen **II.** *vt* ❶ (*adornar*) mit Blumen schmücken ❷ (*harina*) sieben ❸ (*naipes*) falsch mischen ❹ (*piropear*) schmeicheln +*dat*

florecer [floreˈθer] *irr como crecer* **I.** *vi* ❶ (*planta*) blühen ❷ (*industria*) florieren **II.** *vr:* ~ **se** (ver)schimmeln

floreciente [floreˈθjente] *adj* ❶ (*planta*) blühend ❷ (*industria*) florierend

florecimiento [floreθiˈmjento] *m* ❶ (*de una planta*) Blühen *nt* ❷ (*de una industria*) Florieren *nt*

Florencia [floˈrenθja] *f* Florenz *nt*

florentino, -a [florenˈtino, -a] **I.** *adj* florentinisch **II.** *m, f* Florentiner(in) *m(f)*

floreo [floˈreo] *m* ❶ (*conversación*) Geschwätz *nt* ❷ (MÚS) Tremolo *nt*

florero [floˈrero] *m* ❶ (*jarrón*) (Blumen)vase *f* ❷ (*maceta*) Blumentopf *m*

floresta [floˈresta] *f* ❶ (*bosque*) Wald *m* ❷ (*de poemas*) Anthologie *f*

florete [floˈrete] *m* Florett *nt*

floricultor(a) [florikulˈtor(a)] *m(f)* Blumenzüchter(in) *m(f)*

floricultura [floriku'tura] *f* Blumenzucht *f*

florido, -a [flo'riðo, -a] *adj* ❶ (*con flores*) Blumen-; (*floreciente*) blühend; **árbol** ~ Baum in Blüte ❷ (*selecto*) erlesen ❸ (*lenguaje*) blumig ❹ (*vaca*) gescheckt

florín [flo'rin] *m* Gulden *m*

floripondio [flori'pondjo] *m* (*pey*) ❶ (*flor*) hässliche Blume *f* ❷ (*adorno*) kitschiger Schmuck *m*

florista [flo'rista] *mf* ❶ (*comerciante*) Blumenhändler(in) *m(f)* ❷ (*vendedor*) Blumenverkäufer(in) *m(f)* ❸ (*que hace ramos*) Florist(in) *m(f)*

floristería [floriste'ria] *f* Blumengeschäft *nt*

flota ['flota] *f* ❶ (AERO, NÁUT) Flotte *f* ❷ (*de vehículos*) Fuhrpark *m;* ~ **de camiones** Lkw-Park *m*

flotación [flota'θjon] *f* ❶ (*en agua: activo*) Schwimmen *nt;* (*pasivo*) Treiben *nt;* (*en aire*) Schweben *nt;* **línea de** ~ (NÁUT) Wasserlinie *f* ❷ (TÉC) Schwimmaufbereitung *f* ❸ (FIN) Floating *nt*

flotador [flota'ðor] *m* ❶ (TÉC: *de pesca*) Schwimmer *m* ❷ (*en barcos*) Rettungsring *m;* (*para niños*) Schwimmring *m*

flotar [flo'tar] *vi* ❶ (*en agua: activamente*) schwimmen; (*pasivamente*) treiben; (*en aire*) schweben; (MED) flottieren ❷ (*bandera*) flattern ❸ (FIN) floaten

flote ['flote] *m:* **estar a** ~ flott sein; **mantenerse a** ~ (*t. fig*) sich über Wasser halten; **sacar a** ~ **una empresa** eine Firma wieder flottmachen

fluctuación [fluktwa'θjon] *f* ❶ (*oscilación*) Schwankung *f* ❷ (*irresolución*) Schwanken *nt*

fluctuante [fluktu'ante] *adj* schwankend

fluctuar [fluktu'ar] *<1. pres:* fluctúo> *vi* schwanken; **estoy fluctuando entre comprarme un coche o no** ich weiß nicht, ob ich mir ein Auto kaufen soll oder nicht

fluidez [flwi'ðeθ] *f* ❶ (*de un líquido*) Flüssigkeit *f;* **hablar con** ~ **un idioma extranjero** eine Fremdsprache fließend sprechen ❷ (*de expresión*) (Rede)gewandtheit *f*

fluido[1] [flu'iðo] *m* ❶ (*líquido*) Flüssigkeit *f;* (QUÍM) Fluid *nt* ❷ (ELEC) Strom *m*

fluido, -a[2] [flu'iðo, -a] *adj* ❶ (*alimento*) flüssig; **es** ~ **de palabra** er ist redegewandt ❷ (*tráfico*) fließend

fluir [flu'ir] *irr como huir vi* ❶ (*correr*) fließen; (*brotar*) heraussprudeln ❷ (*palabras*) fließen

flujo ['fluxo] *m* ❶ (*de un líquido*) Fluss *m;* ~ **de datos** (*t.* INFOR) Datenfluss *m;* ~ **de palabras** Redeschwall *m* ❷ (*de la marea*) Flut *f* ❸ (MED) Absonderung *f;* ~ **de vien-**

tre Durchfall *m*

fluminense [flumi'nense] **I.** *adj* aus Rio de Janeiro **II.** *mf* Einwohner(in) *m(f)* von Rio de Janeiro

flúor ['fluor] *m* (QUÍM) Fluor *nt*

fluorescencia [flwores'θenθja] *f* Fluoreszenz *f*

fluorescente [flwores'θente] **I.** *adj* fluoreszierend; **tubo** ~ Leuchtstoffröhre *f* **II.** *m* Leuchtstoffröhre *f*

fluvial [flu'βjal] *adj* Fluss-; **puerto** ~ Binnenhafen *m*

FM [e'feme/efe'eme] *f abr de* **Frecuencia Modulada** UKW *f*

FMI [efe(e)me'i] *m abr de* **Fondo Monetario Internacional** IWF *m*

fobia ['foβja] *f* ❶ (MED) Phobie *f* ❷ (*aversión*) Widerwille *m* (*a/por* gegen +*akk*)

foca ['foka] *f* ❶ (ZOOL) Robbe *f* ❷ (*piel*) Robbenfell *nt* ❸ (*pey: gordo*) Fettsack *m*

focal [fo'kal] *adj* fokal; **distancia** ~ Brennweite *f*

focalizar [fokali'θar] <z→c> *vt* fokussieren

foco ['foko] *m* ❶ (FÍS, MAT) Brennpunkt *m* ❷ (*centro*) Mittelpunkt *m;* ~ **de infección** Infektionsherd *m* ❸ (*lámpara*) Scheinwerfer *m* ❹ (*Am: bombilla*) Glühbirne *f*

fofo, -a ['fofo, -a] *adj* schwabbelig; **estoy** ~ ich habe Speck angesetzt

fogata [fo'ɣata] *f* (*en el campo*) Lagerfeuer *nt;* (*de alegría*) Freudenfeuer *nt;* (*como baliza*) Signalfeuer *nt*

fogón [fo'ɣon] *m* ❶ (*de la cocina*) Herd *m* ❷ (*de máquinas de vapor*) Kessel *m;* (FERRO) Feuerbüchse *f* ❸ (*de un cañón*) Zündloch *nt* ❹ (*Am: fogata*) Lagerfeuer *nt*

fogonazo [foɣo'naθo] *m* ❶ (*de arma*) Mündungsfeuer *nt* ❷ (*de pólvora*) Pulverblitz *m*

fogonero [foɣo'nero] *m* Heizer *m*

fogosidad [foɣosi'ðað] *f* ❶ (*de pasión*) Feuer *nt* ❷ (*de persona*) Temperament *nt* ❸ (*de debate*) Hitze *f*

fogoso, -a [fo'ɣoso, -a] *adj* ❶ (*pasión*) feurig ❷ (*persona*) temperamentvoll ❸ (*debate*) hitzig ❹ (*caballo*) feurig

fogueado, -a [foɣe'aðo, -a] *adj* (*Am*) erfahren

foguear [foɣe'ar] **I.** *vt* ❶ (*un arma*) (mit einem Schuss) reinigen ❷ (MIL) ans Gefecht gewöhnen ❸ (*a penalidades*) abhärten (*a* gegen +*akk*) **II.** *vr:* ~**se** sich abhärten (*a* gegen +*akk*)

fogueo [fo'ɣeo] *m:* **bala de** ~ Platzpatrone *f*

foja ['foxa] *f* (*Am*) Seite *f;* ~ **de servicios** Personalakte *f*

folclor(e) [fol'klor(e)] *m* Folklore *f*

folclórico, -a [fol'kloriko, -a] **I.** *adj* folkloristisch **II.** *m, f* Flamencosänger(in) *m(f)*

folclorista [folklo'rista] *mf* Folklorist(in) *m(f)*

foliación [folja'θjon] *f* ❶ (TIPO) Foliieren *nt* ❷ (BOT: *echar hojas*) Blattbildung *f;* (*colocación*) Blattanordnung *f* ❸ (GEO) Schichtung *f*

foliar [fo'ljar] **I.** *adj* Blatt- **II.** *vt* (TIPO) foliieren

folio ['foljo] *m* ❶ (*de un libro*) Folio *nt* ❷ (*hoja de papel*) Blatt *nt*

folk [folk] *m sin pl* (MÚS) Folkmusik *f*

folklorismo [folklo'rismo] *m* Folkloristik *f*

folklorista [folklo'rista] *mf* Folklorist(in) *m(f)*

follador [foʎa'ðor] *m* ❶ (*que afuella*) Balgtreter *m* ❷ (*vulg: fornicador*) Hurenbock *m*

follaje [fo'ʎaxe] *m* ❶ (*de árbol, bosque*) Laub(werk) *nt* ❷ (*adorno*) Laubgewinde *nt* ❸ (*en un texto*) Geschwafel *nt;* (*al hablar*) Geschwätz *nt*

follar[1] [fo'ʎar] **I.** *vi* (*vulg*) bumsen **II.** *vt* ❶ (*vulg: coitar*) bumsen ❷ (*vulg: fastidiar*) in Rage bringen ❸ (*deshacer*) in einzelne Blätter zerlegen

follar[2] [fo'ʎar] <o→ue> **I.** *vt* ❶ (*soplar*) anfachen ❷ (*fam: suspender*) durchfallen lassen **II.** *vr:* ~ **se** (*vulg*) einen fahren lassen *fam*

folletín [foʎe'tin] *m* Feuilleton *nt;* **novela de** ~ Schundroman *m*

folletinesco, -a [foʎeti'nesko, -a] *adj* feuilletonistisch

folleto [fo'ʎeto] *m* Broschüre *f;* ~ **publicitario** Werbeprospekt *m*

follón[1] [fo'ʎon] *m* (*fam*) ❶ (*alboroto*) Krach *m;* **armar un** ~ ein Chaos veranstalten ❷ (*asunto enojoso*) unangenehme Sache *f*

follón, -ona[2] [fo'ʎon, -ona] *adj* ❶ (*chulo*) angeberisch ❷ (*holgazán*) nachlässig

follonero, -a [foʎo'nero, -a] *m, f* Radaumacher(in) *m(f)*

fomentar [fomen'tar] *vt* ❶ (*empleo*) fördern; (*economía*) ankurbeln ❷ (*discordias*) schüren

fomento [fo'mento] *m* ❶ (*del empleo*) Förderung *f;* (*de la economía*) Ankurbelung *f;* **Banco Internacional de Reconstrucción y F~** Internationale Bank für Wiederaufbau und Entwicklung, Weltbank *f* ❷ (*de discordias*) Schüren *nt*

fonda ['fonda] *f* (billige) Pension *f*

fondeadero [fondea'ðero] *m* Ankerplatz *m*

fondeado, -a [fonde'aðo, -a] *adj* (*Am*) wohlhabend

fondear [fonde'ar] **I.** *vi* (NÁUT) vor Anker liegen **II.** *vt* ❶ (*anclar*) verankern ❷ (*sondear*) (aus)loten ❸ (*registrar*) durchsuchen; (*una cuestión*) gründlich untersuchen; ~ **un asunto** einer Sache auf den Grund gehen

fondeo [fon'deo] *m* ❶ (NÁUT) Ankern *nt;* (*sondeo*) Ausloten *nt* ❷ (*registro*) Durchsuchung *f*

fondillos [fon'diʎos] *mpl* Hosenboden *m*

fondista [fon'dista] *mf* ❶ (*de una fonda*) (Gast)wirt(in) *m(f)* ❷ (DEP) Langstreckenläufer(in) *m(f)*

fondo ['fondo] *m* ❶ (*de un cajón*) Boden *m;* (*del río*) Grund *m;* (*de un valle*) Sohle *f;* **los bajos** ~ **s** die Unterwelt; **en el** ~ **de su corazón** im Grunde seines/ihres Herzens; **tratar un tema a** ~ ein Thema gründlich behandeln; **en este asunto hay mar de** ~ an dieser Sache ist etwas faul; **tocar** ~ (ECON) den Tiefstand erreichen ❷ (*de un edificio*) Tiefe *f;* **al** ~ **del pasillo** am Ende des Ganges; **mi habitación está al** ~ **de la casa** mein Zimmer liegt auf der Hinterseite des Hauses ❸ (*lo esencial*) Kern *m;* **artículo de** ~ Leitartikel *m;* **en el** ~ eigentlich; **ir al** ~ **de un asunto** einer Sache auf den Grund gehen; **hay un** ~ **de verdad en lo que dices** in deinen Worten steckt ein Körnchen Wahrheit ❹ (*índole*) Wesen *nt,* Natur *f;* **persona de buen** ~ gutherziger Mensch; **tiene un buen** ~ in ihm/ihr steckt ein guter Kern ❺ (*de un cuadro*) Hintergrund *m;* (*de una tela*) Untergrund *m* ❻ (*conjunto de cosas*) Bestände *mpl;* (*de biblioteca*) Bücherbestand *m* ❼ (DEP) Ausdauer *f;* **corredor de** ~ Langstreckenläufer *m;* **esquiador de** ~ Langläufer *m* ❽ (FIN, POL) Fonds *m;* **F~ Monetario Internacional** Internationaler Währungsfonds; **F~ Social Europeo** Europäischer Sozialfonds ❾ *pl* (*medios*) Mittel *ntpl;* ~ **s públicos** Staatspapiere *ntpl;* **cheque sin** ~ **s** ungedeckter Scheck ❿ (NÁUT) Tiefgang *m;* **tocar** ~ auf Grund laufen; **irse a** ~ untergehen ⓫ (*contenido*) Gehalt *m;* **su carta tiene un** ~ **amargo** sein/ihr Brief hat einen bitteren Unterton

fondón, -ona [fon'don, -ona] *adj* (*pey fam*) schwerfällig

fonética [fo'netika] *f* Phonetik *f*

foniatría [fonja'tria] *f* Phoniatrie *f*

fonógrafo [fo'noɣrafo] *m* (FÍS) Phonograph *m*

fonología [fonolo'xia] *f* (LING) Phonologie *f*

fonoteca [fono'teka] *f* Phonothek *f*

fontana [fon'tana] *f* (*elev*) (Spring)brunnen *m*

fontanería [fonta'ria] *f* ❶ (*acción*) Installation *f* ❷ (*conducto*) (Wasser)leitungen *fpl* ❸ (*establecimiento*) Klempnerei *f*

fontanero, -a [fonta'nero, -a] **I.** *adj* (*natural*) Quell-; (*artificial*) Brunnen- **II.** *m, f* Installateur(in) *m(f)*

footing ['futiŋ] *m sin pl* Jogging *nt;* **hacer ~** joggen

foque ['foke] *m* ❶ (NÁUT) Klüver *m* ❷ (*fam: cuello*) Vatermörder *m*

forajido, -a [fora'xiðo, -a] **I.** *adj* gesetzesflüchtig **II.** *m, f* flüchtiger Verbrecher *m,* flüchtige Verbrecherin *f*

foral [fo'ral] *adj* ❶ (*de los privilegios*) partikularrechtlich; **derecho** ~ Partikularrecht *nt* ❷ (*de la jurisdicción*) gerichtlich ❸ (*de las leyes*) gesetzlich

foráneo, -a [fo'raneo, -a] *adj* ❶ (*de otro lugar*) fremd ❷ (*extraño*) fremdartig

forastero, -a [foras'tero, -a] **I.** *adj* ❶ (*de otro lugar*) fremd; (*extranjero*) ausländisch ❷ (*extraño*) fremdartig **II.** *m, f* Fremde(r) *mf;* (*extranjero*) Ausländer(in) *m(f)*

forcejear [forθexe'ar] *vi* ❶ (*esforzarse*) sich anstrengen ❷ (*resistir*) sich widersetzen +*dat*

forcejeo [forθe'xeo] *m* ❶ (*esfuerzo*) (Kraft)anstrengung *f* ❷ (*resistencia*) Widerstand *m*

forense [fo'rense] **I.** *adj* gerichtlich; **médico** ~ Gerichtsmediziner *m* **II.** *mf* Gerichtsmediziner(in) *m(f)*

forestal [fores'tal] *adj* forstlich, Forst-; **camino** ~ Waldweg *m;* **repoblación** ~ Aufforstung *f*

forestar [fores'tar] *vt* aufforsten

forfait [for'fai̯t] *m* (COM) Pauschale *f*

forfaiting [for'fai̯tiŋ] <forfaitings> *m* (COM) Forfaitierung *f*

forja ['forxa] *f* ❶ (*fragua*) Schmiede *f;* (*de platero*) Silberschmiede *f* ❷ (*ferrería*) (Eisen)hütte *f* ❸ (*del metal*) Schmieden *nt* ❹ (*creación*) Schaffung *f* ❺ (*argamasa*) Mörtel *m*

forjar [for'xar] **I.** *vt* ❶ (*metal*) schmieden ❷ (*muro*) mauern; (*revocar*) verputzen ❸ (*inventar*) schmieden ❹ (*crear*) schaffen; (*imperio*) aufbauen **II.** *vr:* ~ **se** ❶ (*imaginarse*) sich *dat* ausdenken ❷ (*crear*) sich aufbauen

forma ['forma] *f* ❶ (*figura*) Form *f;* **las ~s de una mujer** die weiblichen Rundungen; **en ~ de gota** tropfenförmig; **dar ~ a algo** (*formar*) etw formen; (*precisar*) etw konkretisieren ❷ (*manera*) Art (und Weise) *f;* ~ **de comportamiento** Verhaltensweise *f;* **defecto de** ~ (JUR) Formfehler *m;* **tiene una extraña** ~ **de andar** er/sie hat einen

eigenartigen Gang; **de** ~ **libre** formlos; **en** ~ **escrita** schriftlich; **en** (**buena y**) **debida** ~ vorschriftsmäßig; **de** ~ **que** so dass; **de todas** ~**s, ...** jedenfalls ...; **lo haré de una u otra** ~ ich werde es auf jeden Fall machen; **no hay** ~ **de abrir la puerta** die Tür lässt sich überhaupt nicht öffnen ❸ (*comportamiento*) Form *f* ❹ (*molde*) Form *f* ❺ (DEP) Form *f*

formación [forma'θjon] *f* ❶ (*creación*) (Heraus)bildung *f,* Entstehung *f;* (*de una sociedad*) Gründung *f;* ~ **del balance** Bilanzaufstellung *f;* ~ **de humo** Rauchentwicklung *f* ❷ (*de personas, t.* MIL) Verband *m;* ~ **política** politische Gruppierung; ~ **de tropas** Truppenverband *m;* **desfilar en** ~ **cerrada** in geschlossener Formation marschieren ❸ (*educación*) (Aus)bildung *f;* ~ **de adultos** Erwachsenenbildung *f;* ~ **escolar** Schulbildung *f;* ~ **profesional** Berufsausbildung *f* ❹ (GEO) (Gesteins)formation *f* ❺ (*forma*) Form *f*

formal [for'mal] *adj* ❶ (*relativo a la forma*) formal; **requisito** ~ Formalität *f* ❷ (*serio*) seriös; (*educado*) anständig; (*cumplidor*) zuverlässig ❸ (*oficial*) formell, förmlich; **una invitación** ~ eine offizielle Einladung; **tiene novio** ~ sie hat einen festen Freund

formalidad [formali'ðaθ] *f* ❶ (*seriedad*) Seriosität *f;* (*exactitud*) Zuverlässigkeit *f* ❷ (ADMIN, JUR) Formalität *f* ❸ (*norma de comportamiento*) Formalität *f*

formalismo [forma'lismo] *m* Formalismus *m*

formalizar [formali'θar] <z→c> **I.** *vt* ❶ (*dar forma*) formalisieren ❷ (*solemnizar*) offiziell machen; ~ **un noviazgo** (*comprometerse*) sich verloben; (*casarse*) heiraten ❸ (JUR) in die vorgeschriebene Form bringen; ~ **un contrato** einen Vertrag ordnungsgemäß abschließen; ~ **una solicitud** einen Antrag stellen **II.** *vr:* ~ **se** ❶ (*formarse*) zustande kommen ❷ (*volverse formal*) vernünftig werden ❸ (*ofenderse*) sich entrüsten

formar [for'mar] **I.** *vi* ❶ (MIL) antreten ❷ (*figurar*) gehören (*en* zu +*dat*) **II.** *vt* ❶ (*dar forma*) formen ❷ (*constituir*) bilden; (MIL) formieren; ~ **parte de** gehören zu +*dat* ❸ (*educar*) erziehen; (*enseñar*) (aus)bilden **III.** *vr:* ~ **se** ❶ (*crearse*) sich bilden; (MIL) sich formieren ❷ (*ser educado*) ausgebildet werden; **se ha formado a sí mismo** er ist Autodidakt ❸ (*desarrollarse*) sich entwickeln ❹ (*hacerse*) sich *dat* bilden; ~ **se una idea de algo** sich *dat* ein Bild von etw *dat* machen

formatear [formate'ar] *vt* (INFOR) formatieren

formateo [forma'teo] *m* (INFOR) Formatierung *f*

formativo, -a [forma'tiβo, -a] *adj* ❶ (*que da forma*) gestaltend ❷ (*educativo*) erzieherisch; (*instructivo*) (Aus)bildungs- ❸ (LING) Wortbildungs-

formato [for'mato] *m* Format *nt;* ~ **de datos** (INFOR) Datenformat *nt;* ~ **de texto** (INFOR) Textformat *nt;* ~ **vertical** Hochformat *nt*

formica® [for'mika] *f sin pl* Resopal® *nt*

formidable [formi'ðaβle] *adj* ❶ (*fam: estupendo*) toll ❷ (*temible*) furchtbar ❸ (*enorme*) riesig

formol® [for'mol] *m sin pl* Formol® *nt*

formón [for'mon] *m* ❶ (*escoplo*) (Stech)beitel *m* ❷ (*sacabocados*) Stanze *f*

fórmula ['formula] *f* (*t.* MAT, QUÍM) Formel *f;* ~ **de despedida** Schlussformel *f;* **coche de** ~ **1** (DEP) Formel-1-Wagen *m*

formulación [formula'θjon] *f* ❶ (*de una idea*) Formulierung *f;* ~ **de balances** Bilanzaufstellung *f;* ~ **de la propuesta** Antragstellung *f* ❷ (FÍS) Aufstellung *f* einer Formel

formular [formu'lar] **I.** *adj* formelhaft **II.** *vt* ❶ (*expresar con una fórmula*) in einer Formel ausdrücken ❷ (*manifestar*) formulieren, zum Ausdruck bringen; ~ **demanda** Klage erheben; ~ **denuncia** Anzeige erstatten ❸ (*recetar*) verschreiben

formulario[1] [formu'larjo] *m* ❶ (*impreso*) Formular *nt;* ~ **para giro postal** Zahlkarte *f* ❷ (*colección de fórmulas*) Formelsammlung *f;* (*de recetas*) Rezeptbuch *nt;* (*de modelos*) Mustersammlung *f*

formulario, -a[2] [formu'larjo, -a] *adj* ❶ (*cortés*) formell ❷ (*formular*) formelhaft

formulismo [formu'lismo] *m* Formalismus *m*

fornicar [forni'kar] <c→qu> *vi* Geschlechtsverkehr haben; (*pey*) (herum)huren; (REL) die Ehe brechen

fornido, -a [for'niðo, -a] *adj* stämmig

foro ['foro] *m* ❶ (*plaza*) Forum *nt;* ~ **romano** Forum Romanum ❷ (JUR: *lugar*) Gerichtssaal *m* ❸ (JUR: *curia*) Rechtsanwaltschaft *f* ❹ (TEAT) Kulisse *f;* **desaparecer por el** ~ unbemerkt verschwinden

forofo, -a [fo'rofo, -a] *m, f* Fan *m*

forraje [fo'rraxe] *m* ❶ (*pasto*) (Vieh)futter *nt;* (*verde*) Grünfutter *nt;* (*Am: seco*) Trockenfutter *nt* ❷ (*fam: fárrago*) Mischmasch *m*

forrar [fo'rrar] **I.** *vt* (*el exterior*) umhüllen (*de/con* mit +*dat*); (*el interior*) ausschlagen (*de/con* mit +*dat*); (*una prenda*) füttern (*de/con* mit +*dat*); (*una butaca*) beziehen (*de/con* mit +*dat*); (*un libro*) einbinden (*con* mit +*dat*); (*una pared*) verkleiden (*con* mit +*dat*); ~ **con algodón** wattieren **II.** *vr:* ~ **se** (*fam*) ❶ (*enriquecerse*) sich *dat* eine goldene Nase verdienen ❷ (*hartarse*) sich *dat* den Bauch voll schlagen (*de* mit +*dat*)

forro ['forro] *m* ❶ (*exterior*) Hülle *f;* (*interior*) (Innen)verkleidung *f;* (*de una prenda*) Futter *nt;* (*de una butaca*) Bezug *m;* (*de un libro*) Einband *m;* (*de una pared*) Verkleidung *f* ❷ (NÁUT) Beplankung *f* ❸ (AUTO): ~ **de freno** Bremsbelag *m* ❹ (*loc*): **ni por el** ~ (*fam*) nicht im Geringsten

fortachón, -ona [forta'tʃon, -ona] *adj* (*fam*) stämmig

fortalecedor(a) [fortaleθe'ðor(a)] *adj* ❶ (*vigorizador*) stärkend ❷ (*que da ánimo*) ermutigend ❸ (*reforzante*) Befestigungs-

fortalecer [fortale'θer] *irr como crecer* **I.** *vt* ❶ (*vigorizar*) stärken ❷ (*animar*) ermutigen ❸ (*reforzar*) befestigen **II.** *vr:* ~ **se** ❶ (*vigorizarse*) sich stärken ❷ (*volverse más fuerte*) stärker werden

fortalecimiento [fortaleθi'mjento] *m* ❶ (*de una cosa*) Befestigung *f* ❷ (*del cuerpo*) Stärkung *f* ❸ (*del ánimo*) Ermutigung *f*

fortaleza [forta'leθa] *f* ❶ (*fuerza*) Kraft *f;* **de poca** ~ schwächlich ❷ (*virtud*) Seelenstärke *f* ❸ (*robustez*) Robustheit *f* ❹ (MIL) Festung(sanlage) *f*

fortificación [fortifika'θjon] *f* ❶ (*fortalecimiento*) Stärkung *f* ❷ (MIL: *acción*) Befestigung *f* ❸ (MIL: *obra*) Befestigung(sanlage) *f*

fortificar [fortifi'kar] <c→qu> **I.** *vt* ❶ (*fortalecer*) stärken ❷ (MIL) befestigen **II.** *vr:* ~ **se** ❶ (*fortalecerse*) stärker werden ❷ (MIL) sich verschanzen

fortín [for'tin] *m* ❶ (*fuerte*) kleine Festung(sanlage) *f* ❷ (*defensa*) Schanze *f*

fortísimo, -a [for'tisimo, -a] *adj superl de* **fuerte**

fortuito, -a [for'twito, -a/fortu'ito, -a] *adj* zufällig

fortuna [for'tuna] *f* ❶ (*suerte*) Glück *nt;* **por** ~ (*afortunadamente*) zum Glück; (*por casualidad*) zufällig(erweise) ❷ (*destino*) Schicksal *nt* ❸ (*capital*) Vermögen *nt;* ~ **s** Besitztümer *ntpl;* **su voz era su** ~ seine/ihre Stimme war sein/ihr Kapital

fórum ['forun] *m* Forum *nt*

forúnculo [fo'ruŋkulo] *m* (MED) Furunkel *m o nt*

forzado[1] [for'θaðo] *m* ❶ (*presidiario*) Sträfling *m* ❷ (*galeote*) Galeerensträfling *m*

forzado, -a² [for'θaðo, -a] *adj* ❶ (*artificial*) gezwungen; **trabajos** ~**s** Zwangsarbeit *f* ❷ (*ocupado*) besetzt

forzar [for'θar] *irr* **I.** *vt* ❶ (*obligar*) zwingen ❷ (*un acontecimiento*) erzwingen ❸ (*violar*) vergewaltigen ❹ (*esforzar*) überbeanspruchen; (*voz*) überanstrengen ❺ (*obligar a entrar*) hineinzwängen; (*a abrirse*) aufbrechen **II.** *vr:* ~ **se** ❶ (*obligarse*) sich zwingen ❷ (*esforzarse*) sich überanstrengen

forzoso, -a [for'θoso, -a] *adj* zwangsläufig, zwingend; **aterrizaje** ~ Notlandung *f;* **venta forzosa** Zwangsverkauf *m*

forzudo, -a [for'θuðo, -a] *adj* sehr stark

fosa ['fosa] *f* ❶ (*hoyo*) Grube *f;* (*alargado, t.* GEO) Graben *m;* (MIL) Festungsgraben *m* ❷ (*sepultura*) Grab *nt* ❸ (ANAT) Höhle *f*

fosfato [fos'fato] *m* (QUÍM) Phosphat *nt*

fosforecer [fosfore'θer] *irr como crecer vi* phosphoreszieren

fosforescencia [fosfores'θenθja] *f* Phosphoreszenz *f*

fosforescente [fosfores'θente] *adj* phosphoreszierend

fósforo ['fosforo] *m* ❶ (QUÍM) Phosphor *m* ❷ (*cerilla*) Streichholz *nt*

fósil ['fosil] **I.** *adj* ❶ (GEO) fossil ❷ (*fam: anticuado*) steinzeitlich **II.** *m* Fossil *nt*

fosilizado, -a [fosili'θaðo, -a] *adj* (GEO) fossil

fosilizarse [fosili'θarse] <z→c> *vr* ❶ (GEO) fossilisieren ❷ (*fam: persona*) verknöchern

foso ['foso] *m* ❶ (*hoyo*) Grube *f;* (*alargado*) Graben *m;* (MIL) (Festungs)graben *m* ❷ (MÚS, TEAT) Orchestergraben *m* ❸ (*en un garaje*) Reparaturgrube *f* ❹ (DEP) Sandgrube *f*

foto ['foto] *f* Foto *nt;* ~ (**tamaño**) **carnet** Passfoto *nt*

fotocomposición [fotokomposi'θjon] *f* Fotosatz *m*

fotocopia [foto'kopja] *f* (Foto)kopie *f*

fotocopiadora [fotokopja'ðora] *f* (Foto)kopierer *m*

fotocopiar [fotoko'pjar] *vt* (foto)kopieren

fotoeléctrico, -a [fotoe'lektriko, -a] *adj* lichtelektrisch

fotogénico, -a [foto'xeniko, -a] *adj* ❶ (*motivo*) bildwirksam; (*persona*) fotogen ❷ (*color*) fotogen

fotografía [fotoɣra'fia] *f* ❶ (*imágen*) Foto *nt;* ~ **aérea** Luftaufnahme *f;* ~ **en color** Farbfoto *nt;* ~ (**tamaño**) **carnet** Passbild *nt;* **albúm de** ~**s** Fotoalbum *nt* ❷ (*arte*) Fotografie *f*

fotografiar [fotoɣrafi'ar/fotoɣra'fjar] < *I. pres:*

fotografío> **I.** *vi* fotografieren **II.** *vt* ❶ (*hacer fotos*) fotografieren ❷ (*describir*) detailliert beschreiben

fotográfico, -a [foto'ɣrafiko, -a] *adj* fotografisch, Foto-; **máquina fotográfica** Fotoapparat *m;* **papel** ~ Fotopapier *nt*

fotógrafo, -a [fo'toɣrafo, -a] *m, f* Fotograf(in) *m(f)*

fotograma [foto'ɣrama] *m* ❶ (CINE) Standbild *nt* ❷ (FOTO) Fotogramm *nt*

fotomatón [fotoma'ton] *m* ❶ (*mecanismo*) Fotomaton® ❷ (*cabina*) Passbildautomat *m* ❸ (*argot: foto*) Passbild *nt* aus dem Automaten

fotómetro [fo'tometro] *m* Lichtmesser *m*

fotomodelo [fotomo'ðelo] *mf* (Foto)modell *nt*

fotomontaje [fotomoɲ'taxe] *m* Fotomontage *f*

fotonovela [fotono'βela] *f* Fotoroman *m*

fotoquímica [foto'kimika] *f* (QUÍM) Fotochemie *f*

fotoquímico, -a [foto'kimiko, -a] *adj* (QUÍM) fotochemisch

fotorreportaje [fotorrepor'taxe] *m* Fotoreportage *f*

fotosíntesis [foto'sintesis] *f sin pl* (QUÍM) Fotosynthese *f*

fotovoltaico, -a [fotoβol'taị ko, -a] *adj* fotovoltaisch

FP [efe'pe] *f abr de* **Formación Profesional** Berufsausbildung *f*

frac [frakᵏ] *m* <*fracs o fraques*> Frack *m*

fracasar [fraka'sar] *vi* ❶ (*no tener éxito*) scheitern; **la película fracasó** der Film fiel (beim Publikum) durch; ~ **en un examen** durch eine Prüfung fallen ❷ (NÁUT) zerschellen

fracaso [fra'kaso] *m* ❶ (*acción*) Scheitern *nt* ❷ (*fiasco*) Misserfolg *m* ❸ (*desastre*) Unglück *nt*

fracción [fraⱽ'θjon] *f* ❶ (*división*) (Zer)teilen *nt;* (*ruptura*) Zerbrechen *nt;* (*de una cantidad*) Aufsplitterung *f* ❷ (*parte*) Bruchteil *m;* (*de un objeto*) Bruchstück *nt;* (*de una organización*) Fraktion *f;* ~ **parlamentaria** (Parlaments)fraktion *f* ❸ (MAT) Bruchzahl *f* ❹ (QUÍM) Fraktion *f*

fraccionamiento [fraⱽθjona'mjeɲto] *m* ❶ (*división*) Zerteilung *f;* (*ruptura*) Zerbrechen *nt;* (*de una cantidad*) Aufsplitterung *f;* (*de una organización*) Zersplitterung *f* ❷ (QUÍM) Fraktionierung *f*

fraccionar [fraⱽθjo'nar] **I.** *vt* ❶ (*dividir*) (zer)teilen; (*romper*) zerbrechen; (*una cantidad*) aufsplittern; (*una organización*) spalten ❷ (QUÍM) fraktionieren **II.** *vr:* ~ **se** zerbrechen; (*grupo*) sich spalten

fraccionario, **-a** [fraᵛθjoˈnarjo, -a] *adj* ❶ (MAT) Bruch-; **número** ~ Bruchzahl *f* ❷ (POL) fraktionell ❸ (*incompleto*) bruchstückhaft

fractura [frakˈtura] *f* ❶ (*rotura*) Bruch *m;* (MED) Fraktur *f* ❷ (GEO: *falla*) Verwerfung *f*

fracturar [fraktuˈrar] I. *vt* zerbrechen; (*una caja fuerte*) aufbrechen II. *vr:* ~ **se** (zer)brechen

fragancia [fraˈɣanθja] *f* Duft *m*

fragata [fraˈɣata] *f* ❶ (NÁUT) Fregatte *f* ❷ (ZOOL) Fregattvogel *m*

frágil [ˈfraxil] *adj* ❶ (*objeto*) zerbrechlich ❷ (*constitución*) zart; (*anciano*) gebrechlich ❸ (*salud*) anfällig ❹ (*carácter*) schwach; **tener una memoria** ~ vergesslich sein

fragilidad [fraxiliˈðaᵈ] *f* ❶ (*de un objeto*) Zerbrechlichkeit *f* ❷ (*de la constitución*) Zartheit *f;* (*de un anciano*) Gebrechlichkeit *f* ❸ (*de la salud*) Anfälligkeit *f* ❹ (*del carácter*) Schwäche *f*

fragilizar [fraxiliˈθar] <z→c> *vt* schwächen

fragmentación [fraɣmentaˈθjon] *f* Zerlegung *f,* (Zer)teilung *f;* (*en muchos pedazos*) Zerstückelung *f;* (*de un cristal*) Zersplitterung *f*

fragmentar [fraɣmenˈtar] I. *vt* (*dividir*) zerlegen, (zer)teilen; (*en muchos pedazos*) zerstückeln; (*romper*) zerschlagen; (*una roca*) zerbröckeln II. *vr:* ~ **se** (*cristal*) zersplittern; (*roca*) zerbröckeln

fragmentario, **-a** [fraɣmenˈtarjo, -a] *adj* ❶ (*compuesto*) (aus Fragmenten) zusammengesetzt ❷ (*incompleto*) bruchstückhaft

fragmento [fraɣˈmento] *m* ❶ (*parte*) (Bruch)stück *nt;* (*de un cristal*) Scherbe *f;* (*de una roca*) Brocken *m;* (*de un tejido*) Fetzen *m;* (*de un papel*) Schnipsel *m o nt* ❷ (LIT, MÚS: *parte*) Fragment *nt,* Auszug *m*

fragor [fraˈɣor] *m* Getöse *nt*

fragoroso, **-a** [fraɣoˈroso, -a] *adj* dröhnend

fragosidad [fraɣosiˈðaᵈ] *f* ❶ (*de un monte*) Dichte *f* ❷ (*de un camino*) Unwegsamkeit *f* ❸ (*lugar*) unwegsame Gegend *f;* (*lleno de arbustos*) Dickicht *nt*

fragoso, **-a** [fraˈɣoso, -a] *adj* ❶ (*áspero*) unwegsam ❷ (*ruidoso*) lärmend

fragua [ˈfraɣwa] *f* Schmiede *f*

fraguar [fraˈɣwar] <gu→gü> I. *vi* ❶ (*cemento*) sich verfestigen ❷ (*idea*) sich durchsetzen II. *vt* (*metal*) schmieden; **¿qué estás fraguando?** was heckst du nun wieder aus?

fraile [ˈfrai̯le] *m* ❶ (REL) Mönch *m* ❷ (*en un vestido*) Falte *f* ❸ (*en una chimenea*)

(*Rauch*)abzug *m* ❹ (TIPO) blass gedruckte Stelle *f*

frambuesa [framˈbwesa] *f* Himbeere *f*

frame [ˈfrei̯m] *m* (INFOR) Frame *m o nt*

francés, **-esa** [franˈθes, -esa] I. *adj* französisch; **tortilla francesa** Omelett *nt* II. *m, f* Franzose *m,* Französin *f*

Francfort [ˈframforᵗ] *m* Frankfurt *nt;* **salchicha de F**~ Frankfurter Würstchen

Francia [ˈfranθja] *f* Frankreich *nt*

franciscano, **-a** [franθisˈkano, -a] I. *adj* ❶ (REL) franziskanisch ❷ (*Am: pardo*) (grau)braun II. *m, f* Franziskaner(in) *m(f)*

francmasonería [franᵐmasoneˈria/fraᵐmasoneˈria] *f* Freimaurerei *f*

franco¹ [ˈfranko] *m* ❶ (*moneda francesa, belga*) Franc *m;* (*suiza*) Franken *m* ❷ (*lengua*) Fränkisch(e) *nt*

franco, **-a²** [ˈfranko, -a] I. *adj* ❶ (*sincero*) aufrichtig ❷ (*generoso*) großzügig (*a/ para*) *con/para* gegenüber +*dat*) ❸ (*libre*) frei; **puerto** ~ Freihafen *m;* ~ **a bordo** frei an Bord; ~ **de derechos** gebührenfrei; ~ **en fábrica** ab Werk ❹ (*claro*) klar ❺ (HIST) fränkisch ❻ (*francés*) französisch II. *m, f* Franke *m,* Fränkin *f*

francófilo, **-a** [franˈkofilo, -a] *adj* frankophil

francotirador [frankotiraˈðor] *m* ❶ (*guerrillero*) Freischärler *m;* (*tirador emboscado*) Heckenschütze *m* ❷ (*persona aislada*) Querschläger *m fam;* **ser un** ~ quer schießen *fam*

franela [fraˈnela] *f* ❶ (*tejido*) Flanell *m* ❷ (*Am: camiseta*) (Herren)unterhemd *nt*

franja [ˈfranxa] *f* ❶ (*guarnición*) Borte *f* ❷ (*tira*) Streifen *m;* **en la misma** ~ **horaria** im gleichen Zeitraum

franquear [frankeˈar] I. *vt* ❶ (*carta*) frankieren; **a** ~ **en destino** Porto bezahlt Empfänger ❷ (*desobstruir*) räumen ❸ (*fam: río*) überqueren; (*puerta*) durchschreiten; (*obstáculo*) überwinden ❹ (*conceder*) gewähren ❺ (*dar libertad*) freilassen II. *vr:* ~ **se** sich anvertrauen (*con/a* +*dat*)

franqueo [franˈkeo] *m* ❶ (*sellos*) Porto *nt;* **sin** ~ unfrankiert ❷ (*acción: de una carta*) Frankieren *nt* ❸ (*de un esclavo*) Freilassung *f* ❹ (*de una salida*) Räumung *f*

franqueza [franˈkeθa] *f* ❶ (*sinceridad*) Aufrichtigkeit *f;* **admitir algo con** ~ etw unumwunden zugeben ❷ (*generosidad*) Großzügigkeit *f* ❸ (*familiaridad*) Vertrautheit *f;* **no tengo suficiente** ~ **con ella como para pedirle este favor** ich kenne sie nicht gut genug, um sie um diesen Gefallen zu bitten ❹ (*exención*) Befreiung *f*

franquicia [fraŋ'kiθja] *f* ① (*de franqueo*) Abgabenfreiheit *f;* **en ~** abgabenfrei ② (ECON) Franchising *nt*

franquiciador(a) [fraŋkiθja'ðor(a)] **I.** *adj* (COM) Franchising- **II.** *m(f)* (COM) Franchisinggeber(in) *m(f)*

franquismo [fraŋ'kismo] *m sin pl* ① (*régimen*) Franco-Ära *f* ② (*movimiento*) Franquismus *m*

franquista [fraŋ'kista] **I.** *adj* franquistisch **II.** *mf* Anhänger(in) *m(f)* Francos

fraques ['frakes] *pl de* **frac**

frasco ['frasko] *m* ① (*botella*) Flasche *f;* (*de perfume*) Flakon *m o nt;* **~ pulverizador** Zerstäuber *m* ② (*Am: medida*) ≈2,37 Liter

frase ['frase] *f* ① (*oración*) Satz *m* ② (*locución*) (Rede)wendung *f;* (*fam: refrán*) Sprichwort *nt;* (*expresión famosa*) geflügeltes Wort *nt;* **~ hecha** Redensart *f;* **~ proverbial** Sprichwort *nt* ③ (*sin valor*) Phrase *f* ④ (*estilo*) Ausdrucksweise *f* ⑤ (MÚS) Phrase *f*

fraseología [fraseolo'xia] *f* ① (LING) Phraseologie *f* ② (*verbosidad*) Phrasendrescherei *f*

fraternal [frater'nal] *adj* brüderlich

fraternidad [fraterni'ðaᵈ] *f* Brüderlichkeit *f*

fraternizar [fraterni'θar] <z→c> *vi* ① (*unirse*) sich verbrüdern; (POL) fraternisieren ② (*alternar*) (freundschaftlich) verkehren

fratricida [fratri'θiða] *mf* Brudermörder(in) *m(f)*

fratricidio [fratri'θiðjo] *m* Brudermord *m*

fraude ['frauðe] *m* (*t.* JUR) Betrug *m;* **~ fiscal** Steuerhinterziehung *f;* **cometer ~** betrügen

fraudulento, -a [frauðu'lento, -a] *adj* (*t.* JUR) betrügerisch; **publicidad fraudulenta** irreführende Werbung

fray [frai] *m* (REL) Bruder *m*

frazada [fra'θaða] *f* (*Am*) Bettdecke *f;* (*de lana*) Wolldecke *f*

frecuencia [fre'kwenθja] *f* ① (*repetición*) Häufigkeit *f;* **con ~** oft ② (FÍS) Frequenz *f*

frecuentar [frekwen'tar] *vt* ① (*acción*) oft wiederholen ② (*lugar*) regelmäßig besuchen, verkehren (*in* +*dat*) ③ (*a alguien*) sich regelmäßig treffen (*a* mit +*dat*)

frecuente [fre'kwente] *adj* ① (*repetido*) häufig ② (*usual*) üblich

free-lance [fri-lans] *mf* Freiberufler(in) *m(f)*

fregadero [freɣa'ðero] *m* Spülbecken *nt;* (*en la cocina*) Spüle *f*

fregado¹ [fre'ɣaðo] *m* ① (*limpieza*) Säuberung *f;* (*de los platos*) Spülen *nt* ② (*fam: enredo*) Schlamassel *m o nt* ③ (*pey:*

pelea) Streit *m*

fregado, -a² [fre'ɣaðo, -a] *adj* ① (*Am: descarado*) frech; (*fastidioso*) zudringlich ② (*Am: astuto*) gewitzt ③ (*AmC: severo*) streng

fregador [freɣa'ðor] *m* ① (*fregadero*) Spülbecken *nt* ② (*estropajo*) (Spül)schwamm *m*

fregar [fre'ɣar] *irr vt* ① (*frotar*) abreiben ② (*limpiar: el suelo*) (nass) wischen; (*los platos*) spülen ③ (*Am: fam: molestar*) nerven

fregona [fre'ɣona] *f* ① (*utensilio*) Wischmopp *m* ② (*pey: sirvienta*) Putzfrau *f* ③ (*pey: mujer ordinaria*) Schlampe *f*

freidora [frei'ðora] *f* Fritteuse *f*

freír [fre'ir] *irr* **I.** *vt* ① (*guisar*) braten; (*en mucho aceite*) frittieren; **mandar a alguien a ~ espárragos** (*fam*) jdn zum Teufel schicken ② (*fam: molestar*) nerven; **me tiene frito con sus preguntas** er/sie geht mir mit seiner/ihrer Fragerei auf die Nerven ③ (*fam: matar*) umlegen; **~ a balazos** abknallen **II.** *vr:* **~se** ① (*alimento*) braten ② (*fam: persona*) vor Hitze umkommen; **aquí te fríes** hier herrscht eine Affenhitze

frejol [fre'xol] *m*, **fréjol** ['frexol] *m* (*Perú*) *v.* **frijol**

frenar [fre'nar] **I.** *vt* ① (*hacer parar*) zum Stillstand bringen ② (*un impulso*) dämpfen; (*un desarollo*) hemmen; (*a una persona*) zurückhalten, bremsen **II.** *vi* (ab)bremsen; **~ en seco** abrupt abbremsen **III.** *vr:* **~se** sich bremsen (*en* bei +*dat*)

frenazo [fre'naθo] *m* ① (AUTO) Vollbremsung *f* ② (*del desarrollo*) Dämpfung *f;* **sufrir un ~** (*fig*) stark gebremst werden

frenesí [frene'si] *m* ① (*exaltación*) Leidenschaft *f;* (*violenta*) Raserei *f* ② (*locura*) Wahnsinn *m;* (*delirio furioso*) Tobsucht *f*

frenético, -a [fre'netiko, -a] *adj* ① (*exaltado*) frenetisch; **aplauso ~** stürmischer Beifall ② (*loco*) wahnsinnig ③ (*furioso*) rasend

freno ['freno] *m* ① (TÉC) Bremse *f* ② (*para un caballo*) Trense *f* ③ (*contención*) Zügel *m;* **tirar del ~ a alguien** jdn zügeln; **no tener ~** nicht zu bremsen sein

frente¹ ['frente] *f* ① (*parte de la cara*) Stirn *f;* **fruncir la ~** die Stirn runzeln; **hacer ~ a alguien/a algo** jdm/etw *dat* die Stirn bieten; **no tener dos dedos de ~** (*fam*) nichts im Kopf haben ② (*cara*) Gesicht *nt;* **~ a ~** von Angesicht zu Angesicht; **bajar la ~** sich schämen

frente² ['frente] **I.** *m* ① (*delantera*) Vorderseite *f;* (*de un edificio*) Front *f,* Stirnseite *f;* **de ~** frontal ② (POL, METEO) Front *f;* **¡de ~!**

(MIL) Marsch! ❸ (*cabeza*) Spitze *f;* **al ~** (*dirección*) nach vorne; (*lugar*) vorne; **de ~** (*de cara*) von vorne; (*hacia delante*) nach vorne; (*enfrente*) gegenüber; (*sin rodeos*) direkt; **estar al ~ de algo** etw leiten; **ponerse al ~** die Führung übernehmen ❹ (*de un escrito*) Kopf *m* **II.** *prep* ❶ **~ a** (*enfrente de*) gegenüber +*dat;* (*delante de*) vor +*dat;* (*contra*) gegen +*akk;* (*ante*) angesichts +*gen* ❷ **en ~ de** gegenüber +*dat*

fresa ['fresa] **I.** *adj* erdbeerfarben **II.** *f* ❶ (BOT) Erdbeere *f* ❷ (TÉC) Fräser *m,* Fräse *f*

fresadora [fresa'ðora] *f* Fräsmaschine *f,* Fräse *f*

fresal [fre'sal] *m* Erdbeerfeld *nt*

fresar [fre'sar] *vt* fräsen

frescales [fres'kales] *mf inv* (*fam*) Frechdachs *m*

fresco¹ ['fresko] *m* ❶ (*frescor*) Frische *f;* (*frío moderado*) Kühle *f;* (*viento*) Brise *f;* **salir a tomar el ~** an die frische Luft gehen; **hoy hace ~** heute ist es kühl ❷ (ARTE) Fresko *nt* ❸ (*Am: refresco*) Erfrischung *f*

fresco, -a² ['fresko, -a] **I.** *adj* ❶ (*frío*) kühl; (*prenda*) luftig; (*cutis*) frisch, rosig; (*olor*) frisch ❷ (*reciente*) frisch; **noticia fresca** taufrische Nachricht ❸ (*descansado*) ausgeruht ❹ (*fam: desvergonzado*) frech ❺ (*impasible*) ungerührt ❻ (*equivocado*): **estar ~** (*fam*) auf dem Holzweg sein **II.** *m, f* (*fam*) Frechdachs *m;* (*pey*) unverschämte Person *f*

frescor [fres'kor] *m* ❶ (*frío moderado*) Kühle *f;* (*frescura*) Frische *f* ❷ (ARTE) Fleischton *m*

frescura [fres'kura] *f* ❶ (*frescor*) Frische *f;* (*frío moderado*) Kühle *f* ❷ (*desvergüenza*) Unverschämtheit *f* ❸ (*desembarazo*) Ungezwungenheit *f;* **con ~** ungehemmt

fresno ['fresno] *m* Esche *f*

fresón [fre'son] *m* Erdbeerart aus Chile

fresquera [fres'kera] *f* ≈Speisekammer *f*

fresquería [freske'ria] *f* (*Am*) Erfrischungsstand *m*

frialdad [frjal'dað] *f* ❶ (*frío*) Kälte *f* ❷ (*despego*) Distanziertheit *f;* **me trató con ~** er/sie war mir gegenüber sehr kühl ❸ (*impasibilidad*) Gleichgültigkeit *f* ❹ (*falta de sentimientos*) Gefühlskälte *f;* (*frigidez*) Frigidität *f* ❺ (*estilo*) Ausdruckslosigkeit *f;* (*del ambiente*) Kälte *f*

fricandó [frikan'do] *m* ≈Fleischeintopf *m*

fricción [frik'θjon] *f* ❶ (*resistencia*) Reibung *f* ❷ (*del cuerpo*) Abreibung *f;* (*con linimento*) Einreiben *nt* ❸ (*desavenencia*) Reibungen *fpl;* (*disputa*) Reiberei *f*

friccionar [frikθjo'nar] *vt* (*en seco*) abreiben; (*con linimento*) einreiben

friega ['frjeɣa] *f* ❶ (*fricción*) Einreibung *f* ❷ (*Am: molestia*) Plage *f* ❸ (*fam: zurra*) Abreibung *f*

friegaplatos [frjeɣa'platos] *m inv* Geschirrspüler *m*

frigidez [frixi'ðeθ] *f* ❶ (*frialdad*) Kälte *f* ❷ (*de la mujer*) Frigidität *f*

frígido, -a ['frixiðo, -a] *adj* ❶ (*elev: frío*) kalt ❷ (*mujer*) frigid(e)

frigorífico¹ [friɣo'rifiko] *m* ❶ (*nevera*) Kühlschrank *m* ❷ (*local*) Kühlhaus *nt*

frigorífico, -a² [friɣo'rifiko, -a] *adj* Kälte erzeugend; **camión ~** Kühlwagen *m*

frijol [fri'xol] *m,* **fríjol** ['frixol] *m* (*Am:* BOT) Bohne *f*

frío¹ ['frio] *m* Kälte *f;* **hace ~** es ist kalt; **hace un ~ que pela** es ist eiskalt; **coger ~** sich erkälten; **tengo ~** mir ist kalt

frío, -a² ['frio, -a] *adj* ❶ (*no caliente*) kalt ❷ (*despegado*) frostig; (*relación*) gespannt ❸ (*falto de sentimientos*) gefühlskalt; (*frígida*) frigide ❹ (*impasible*) ungerührt ❺ (*inexpresivo*) ausdruckslos; (*ambiente*) kühl

friolera [frjo'lera] *f* ❶ (*cosa pequeña*) Kleinigkeit *f* ❷ (*fam: montón*) Haufen *m*

friolero, -a [frjo'lero, -a] *adj* kälteempfindlich

frisar [fri'sar] **I.** *vi* ❶ (*acercarse*) zugehen (*en* +*akk*) ❷ (*simpatizar*) sich gut verstehen **II.** *vt* ❶ (*tejido*) aufrauen ❷ (NÁUT) abdichten

Frisia ['frisja] *f* Friesland *nt*

friso ['friso] *m* ❶ (ARQUIT) Fries *m* ❷ (*de la pared*) Leiste *f*

frisón, -ona [fri'son, -ona] **I.** *adj* friesisch; (*de los Países Bajos*) friesländisch **II.** *m, f* Friese, -in *m, f;* (*de los Países Bajos*) Friesländer(in) *m(f)*

fritanga [fri'taŋga] *f* (*Am*) ❶ (*comida frita*) Frittüre *f* ❷ (*instrumento*) Fritteuse *f*

frito¹ ['frito] *m* Gebratene(s) *nt*

frito, -a² ['frito, -a] **I.** *pp de* **freír** **II.** *adj* ❶ (*comida*) gebraten ❷ (*fam: dormido*): **quedarse ~** einnicken ❸ (*fam: muerto*) tot; **quedarse ~** abkratzen; **dejar a alguien ~** jdn um die Ecke bringen ❹ (*fam: harto*): **estar ~ con** die Nase voll haben von +*dat*

frivolidad [friβoli'ðað] *f* ❶ (*ligereza*) Leichtlebigkeit *f* ❷ (*coquetería*) Koketterie *f* ❸ (*trivialidad*) Oberflächlichkeit *f* ❹ (*sensualidad*) Frivolität *f*

frívolo, -a ['friβolo, -a] *adj* ❶ (*ligero*) leichtlebig ❷ (*coqueto*) kokett, eitel ❸ (*superficial*) oberflächlich ❹ (*sensual*) frivol

fronda ['fronda] *f* ① (*hoja*) Blatt *nt* ② *pl* (*follaje*) Laub(werk) *nt*

frondosidad [frondosi'ðaᵈ] *f* ① (*de una planta*) dichte Belaubung *f;* (*de un bosque*) Dichte *f* ② (*follaje*) Laub(werk) *nt*

frondoso, -a [fron'doso, -a] *adj* (*planta*) blätt(e)rig; (*árbol*) dicht belaubt; (*bosque*) dicht

frontal [fron'tal] **I.** *adj* ① (ANAT) Stirn- ② (*relativo al frente*) Vorder- ③ (*de frente*) frontal **II.** *m* ① (ANAT) Stirnbein *nt* ② (REL) Frontale *f*

frontenis [fron'tenis] *m sin pl Variante der Pelota*

frontera [fron'tera] *f* ① (*límite*) Grenze *f* (*entre* zwischen +*dat*); **atravesar la** ~ die Grenze überqueren ② (*frontispicio*) Vorderseite *f;* (*de un edificio*) Fassade *f;* (*de un libro*) Titelseite *f*

fronterizo, -a [fronte'riθo, -a] *adj* ① (*en la frontera*) Grenz-; (*país*) angrenzend ② (*frontero*) gegenüberliegend

frontis ['frontis] *m inv* (*frontispicio*) Vorderseite *f;* (*de un edificio*) Fassade *f*

frontispicio [frontis'piθjo] *m* ① (*delantera*) Vorderseite *f;* (*de un edificio*) Fassade *f* ② (*de un libro*) Frontispiz *nt,* Titelseite *f* ③ (ARQUIT) Giebel *m,* Frontispiz *nt* ④ (*cara*) Antlitz *nt*

frontón [fron'ton] *m* ① (*pared*) Wand *f* (*zum Pelotaspielen*) ② (*pista*) (Pelota-)Spielfeld *nt;* (*edificio*) (Pelota-)Halle *f* ③ (ARQUIT) Giebel *m,* Frontispiz *nt*

ⓘ Land & Leute

Frontón heißt die Wand zum Pelotaspielen und auch das Pelotaspiel an sich (**jugar al frontón**). In fast jedem Dorf Spaniens gibt es einen **frontón**.

frotación [frota'θjon] *f,* **frotadura** [frota'ðura] *f* ① (*acción*) Reiben *nt;* (*con cepillo*) Frottieren *nt* ② (*efecto*) Reibung *f*

frotamiento [frota'mjento] *m* (*acción de frotar*) (Ab)reiben *nt;* (*con cepillo*) Frottieren *nt*

frotar [fro'tar] **I.** *vt* reiben; (*con cepillo*) frottieren; (*con un estropajo*) scheuern **II.** *vr:* ~ **se** sich reiben (*contra* an +*dat*); ~ **se con una toalla** sich mit einem Handtuch abreiben

frotis ['frotis] *m inv* (MED) Abstrich *m*

fructífero, -a [fruk'tifero, -a] *adj* fruchtbringend

fructificación [fruktifika'θjon] *f* ① (*de una planta*) Fruchtbildung *f* ② (*de un esfuerzo*) Nutzen *m*

fructificar [fruktifi'kar] <c→qu> *vi* ① (*planta*) Früchte tragen ② (*esfuerzo*) fruchten

frugal [fru'γal] *adj* ① (*persona*) genügsam ② (*comida*) frugal

frugalidad [fruγali'ðaᵈ] *f* ① (*de persona*) Genügsamkeit *f* ② (*de comidas*) Frugalität *f*

fruición [frwi'θjon] *f* Genuss *m*

frunce ['frunθe] *m* Falte *f*

fruncimiento [frunθi'mjento] *m* ① (*pliegue*) Falte *f* ② (*arrugamiento*) Zerknittern *nt* ③ (*de los labios*) Kräuseln *nt;* (*de la frente*) Runzeln *nt;* (*del entrecejo*) Zusammenziehen *nt*

fruncir [frun'θir] <c→z> **I.** *vt* ① (*tela*) fälteln ② (*labios*) kräuseln; (*frente*) runzeln; ~ **el entrecejo** die Augenbrauen zusammenziehen **II.** *vr:* ~ **se** zerknittern

fruslería [frusle'ria] *f* ① (*baratija*) Kleinigkeit *f* ② (*fam: bagatela*) Belanglosigkeit *f* ③ (*fam: tontería*) Blödsinn *m*

frustración [frustra'θjon] *f* ① (*de planes*) Zunichtemachen *nt;* (*fracaso*) Scheitern *nt;* (*de una esperanza*) Zerschlagung *f* ② (*desilusión*) Enttäuschung *f*

frustrado, -a [frus'traðo, -a] *adj* (*persona*) frustriert; (*intento*) vergeblich

frustrar [frus'trar] **I.** *vt* ① (*estropear*) zunichte machen; ~ **las esperanzas de alguien** jds Hoffnungen zerschlagen ② (*decepcionar*) enttäuschen **II.** *vr:* ~ **se** ① (*plan*) scheitern ② (*esperanzas*) sich zerschlagen

fruta ['fruta] *f* Frucht *f;* (*nombre colectivo*) Obst *nt;* ~ **s de Aragón** kandierte Früchte mit Schokoladenüberzug; ~ **del tiempo** Frischobst *nt;* ~ **s tropicales** tropische Früchte; **de postre comimos** ~ zum Nachtisch gab es Obst

frutal [fru'tal] **I.** *adj* Obst- **II.** *m* Obstbaum *m*

frutera [fru'tera] *adj o f v.* **frutero²**

Frutera [fru'tera] *f* (*Am*) United Fruit Company *f*

frutería [frute'ria] *f* Obsthandlung *f*

frutero¹ [fru'tero] *m* ① (*recipiente*) Obstschale *f* ② (ARTE) Stillleben *nt*

frutero, -a² [fru'tero, -a] **I.** *adj* Obst-; **es muy** ~ er isst viel und gerne Obst **II.** *m, f* Obsthändler(in) *m(f)*

fruticultura [frutikul'tura] *f* Obstanbau *m*

fruto ['fruto] *m* ① (BOT) Frucht *f* ② (*hijo*) (Leibes)frucht *f* ③ (*rendimiento*) Ertrag *m;* (*ganancia*) Gewinn *m;* (*resultado*) Produkt *nt;* (*provecho*) Nutzen *m;* (JUR) Frucht *f*

fucsia¹ ['fuᵞsja] **I.** *adj* (*color*) pink **II.** *m*

Pink *nt*

fucsia² ['fuɣsja] *f* (BOT) Fuchsie *f*

fue [fwe] ❶ *3. pret de* **ir** ❷ *3. pret de* **ser**

fuego ['fweɣo] *m* ❶ (*llamas*) Feuer *nt;* (*incendio*) Brand *m;* ~ **s artificiales** Feuerwerk *nt;* **a** ~ **lento** (GASTR) bei schwacher Hitze; (*fig*) langsam; **prender** [*o* **pegar**] ~ **a algo** etw anzünden; **echar** ~ **por los ojos** vor Wut sprühen ❷ (MIL) (Geschütz)feuer *nt;* **estar entre dos** ~ **s** zwischen die Fronten geraten ❸ (*ardor*) Hitze *f;* **en el** ~ **de la discusión** im Eifer des Gefechts

fuel [fwel] *m* Heizöl *nt*

fuelle ['fweʎe] *m* ❶ (*instrumento*) Blasebalg *m* ❷ (*de un tren*) Faltenbalg *m;* (*de una cámara*) Balgen *m* ❸ (*de un vestido*) Falte *f* ❹ (*de un carruaje*) Faltverdeck *nt* ❺ (*fam: pulmones*) Puste *f;* (*aguante*) Ausdauer *f* ❻ (*fam: soplón*) Petze *f*

fuente ['fwente] *f* ❶ (*manantial*) Quelle *f* ❷ (*construcción*) Brunnen *m* ❸ (*plato llano*) Platte *f;* (*plato hondo*) Schüssel *f* ❹ (*origen*) Quelle *f;* ~ **s bien informadas** gut informierte Kreise

fuera ['fwera] **I.** *adv* ❶ (*lugar*) draußen; **por** ~ außen; **de** ~ (*por la parte exterior*) von außen; (*de otro lugar*) von außerhalb; **el nuevo maestro es de** ~ der neue Lehrer ist nicht von hier ❷ (*dirección*) hinaus; ¡~! raus!; ¡~ **con esto!** weg damit!; ¡~ **de mi vista!** nur hin bloß aus den Augen!; **salir** ~ hinausgehen; **hacia** ~ nach draußen; **echar a alguien** ~ jdn hinauswerfen ❸ (*tiempo*) außerhalb; ~ **de plazo** nach Fristablauf ❹ (*fam: de viaje*) weg; **me voy** ~ **una semana** ich verreise für eine Woche **II.** *prep* ❶ (*local, t. fig*) außer *+dat;* **estar** ~ **de casa** außer Haus sein; ~ **de serie** ausgezeichnet; ~ **de juego** (DEP) Abseits *nt* ❷ (*excepto*): ~ **de** abgesehen von *+dat* **III.** *conj:* ~ **de que...** *+subj* abgesehen davon, dass ... **IV.** *m* Buhruf *m*

fueraborda [fwera'βorða] *m* ❶ (*motor*) Außenbordmotor *m* ❷ (*embarcación*) Außenborder *m*

fuero ['fwero] *m* ❶ (*privilegio*) Sonderrecht *nt* ❷ (*jurisdicción*) Gerichtsbarkeit *f;* ~ **interno** Gewissen *nt* ❸ (*código*) Gesetzessammlung *f*

fuerte ['fwerte] **I.** *adj* <*fortísimo*> ❶ (*resistente*) stark; (*robusto*) robust; **caja** ~ Safe *m o nt;* **hacerse** ~ standhaft bleiben; **ser** ~ **de carácter** charakterstark sein ❷ (*musculoso*) kräftig; (*gordo*) korpulent ❸ (*intenso*) heftig; (*sonido*) laut; (*comida*) würzig; **un vino** ~ ein schwerer Wein ❹ (*valiente*) tapfer ❺ (*sólido*) stabil; (*duro*)

hart; (*tela*) reißfest ❻ (*genio*) schwierig ❼ (*poderoso*) mächtig ❽ (*versado*) gewandt; **estar** ~ **en matemáticas** sehr gut in Mathematik sein ❾ (*considerable*) beträchtlich ❿ (*violento*) derb; (*expresión*) grob; **palabra** ~ Kraftausdruck *m* ⓫ (*terreno*) unwegsam ⓬ (LING: *vocal*) stark; (*forma*) stammbetont ⓭ (MIL) befestigt **II.** *m* ❶ (*de una persona*) Stärke *f* ❷ (MIL) Festung(sanlage) *f* ❸ (MÚS) Forte *nt* ❹ (*auge*) Höhepunkt *m* **III.** *adv* ❶ (*en abundancia*) viel; **desayunar** ~ reichhaltig frühstücken ❷ (*con fuerza*) fest; (*con intensidad*) heftig ❸ (*en voz alta*) laut

fuerza ['fwerθa] *f* ❶ (*capacidad física, t.* FÍS) Kraft *f;* ~ **de ánimo** Mut *m;* ~ **de voluntad** Willenskraft *f;* **tiene más** ~ **que yo** er/sie ist stärker als ich; **sin** ~ **s** kraftlos ❷ (*capacidad de soportar*) Stärke *f;* (*eficacia*) Wirksamkeit *f* ❸ (*poder*) Macht *f;* ~ **de disuasión** Überzeugungskraft *f;* ~ **mayor** höhere Gewalt ❹ (*violencia*) Gewalt *f;* **a** [*o* **por**] **la** ~ mit Gewalt; **por** ~ (*por necesidad*) gezwungenermaßen; (*con violencia*) gewaltsam ❺ (*intensidad*) Wucht *f* ❻ (*expresividad*) Ausdruckskraft *f* ❼ (*auge*) Höhepunkt *m* ❽ *pl* (POL) Kräfte *fpl;* (MIL) Streitkräfte *fpl;* ~ **s del orden público** Polizei *f* ❾ (ELEC) Strom *m* ❿ (*loc*): **a** ~ **de** mittels *+gen;* **lo ha conseguido todo a** ~ **de trabajo** er/sie hat sich *dat* alles hart erarbeitet

fuga ['fuɣa] *f* ❶ (*huida*) Flucht *f* (*de aus* +*dat*); (*de la cárcel*) Ausbruch *m* (*de aus* +*dat*); ~ **de cerebros** Braindrain *m;* **darse a la** ~ die Flucht ergreifen ❷ (*en tubos*) Leck *nt;* (*de líquido*) Auslaufen *nt;* (*de gas*) Ausströmen *nt;* **la cañería tiene una** ~ das Rohr ist undicht; **hubo una** ~ **de gas/petróleo** es ist Gas/Öl ausgetreten ❸ (MÚS) Fuge *f* ❹ (*auge*) Höhepunkt *m*

fugacidad [fuɣaθi'ðað] *f* ❶ Flüchtigkeit *f;* (*caducidad*) Vergänglichkeit *f*

fugarse [fu'ɣarse] <g→gu> *vr* fliehen (*de aus* +*dat*); (*capital*) abfließen; ~ **de la cárcel** aus dem Gefängnis ausbrechen

fugaz [fu'ɣaθ] *adj* flüchtig; (*caduco*) vergänglich; **estrella** ~ Sternschnuppe *f*

fugitivo, -a [fuxi'tiβo, -a] **I.** *adj* flüchtig; (*belleza*) vergänglich **II.** *m, f* Flüchtling *m;* (*de la cárcel*) Ausbrecher(in) *m(f)*

fulana [fu'lana] *f* (*pey*) Nutte *f*

fulano, -a [fu'lano, -a] *m, f* ❶ (*evitando el nombre*) Herr *m* Soundso, Frau *f* Soundso ❷ (*persona indeterminada*) Herr *m* X, Frau *f* X; **no me importa lo que digan** ~ **y mengano** es ist mir egal, was Hinz und Kunz davon halten ❸ (*amante*) Geliebte(r) *mf*

fular [fu'lar] *m* ❶ (*tela*) Foulard *m* ❷ (*pañuelo*) Halstuch *nt*

fulcro ['fulkro] *m* Drehpunkt *m*

fulero, -a [fu'lero, -a] *adj* (*fam*) ❶ (*chapucero*): **eres muy** ~ du bist ein Pfuscher ❷ (*embustero*) falsch

fulgor [ful'ɣor] *m* (*resplandor*) Strahlen *nt*; (*centelleo*) Funkeln *nt*; (*de una superficie*) Glanz *m*

fulgurante [fulɣu'rante] *adj* ❶ (*dolor*) heftig ❷ (*rápido*) blitzartig; **carrera** ~ Blitzkarriere *f*

fulgurar [fulɣu'rar] *vi* (*resplandecer*) strahlen; (*centellear*) funkeln; (*espejear*) glänzen

fullería [fuʎe'ria] *f* ❶ (*trampa*) Betrug *m*; (*en el juego*) Schummelei *f fam*; **hacer** ~**s** mogeln ❷ (*treta*) Trick *m*

fullero, -a [fu'ʎero, -a] **I.** *adj* ❶ (*tramposo*) betrügerisch ❷ (*fam: astuto*) gerissen **II.** *m, f* ❶ (*tramposo*) Betrüger(in) *m(f)*; (*en el juego*) Falschspieler(in) *m(f)* ❷ (*fam: astuto*) Gauner(in) *m(f)*

fulminación [fulmina'θjon] *f* ❶ (*de un explosivo*) Zündung *f* ❷ (*emisión*) Schleudern *nt*; (*de amenazas*) Ausstoßen *nt* ❸ (*aniquilación*) Vernichtung *f* ❹ (*de una sentencia*) Verhängung *f*

fulminante [fulmi'nante] **I.** *adj* ❶ (*rápido*) blitzartig; (*inesperado*) plötzlich ❷ (*explosivo*) zündend ❸ (*mirada*) hasserfüllt **II.** *m* Zündstoff *m*

fulminar [fulmi'nar] **I.** *vi* zünden **II.** *vt* ❶ (*arrojar*) schleudern ❷ (*dañar*) treffen; (*aniquilar*) vernichten; (*matar*) umbringen; (*enfermedad*) dahinraffen ❸ (*imponer*) anordnen; ~ **una censura** eine Zensur verhängen ❹ (*amenazar*) mit Drohungen überschütten

fumadero [fuma'ðero] *m* Rauchzimmer *nt*; ~ **de opio** Opiumhöhle *f*

fumador(a) [fuma'ðor(a)] **I.** *adj* rauchend **II.** *m(f)* Raucher(in) *m(f)*; **no** ~ Nichtraucher *m*

fumar [fu'mar] **I.** *vi, vt* rauchen **II.** *vr:* ~**se** ❶ (*fumar*) rauchen ❷ (*fam: gastar*) verjubeln ❸ (*fam: faltar*) versäumen; ~**se la clase** den Unterricht schwänzen

fumigación [fumiɣa'θjon] *f* Ausräuchern *nt*

fumigar [fumi'ɣar] <g→gu> *vt* ausräuchern

fumista [fu'mista] *mf* Ofensetzer(in) *m(f)*

funambulesco, -a [funambu'lesko, -a] *adj* ❶ (*extravagante*) extravagant ❷ (*relativo al funámbulo*) Seiltänzer-; (*como un funámbulo*) seiltänzerisch

funámbulo, -a [fu'nambulo, -a] *m, f* Seiltänzer(in) *m(f)*

función [fun'θjon] *f* ❶ (*papel, t.* BIOL, MAT) Funktion *f;* **el precio está en** ~ **de la calidad** der Preis hängt von der Qualität ab ❷ (*cargo*) Amt *nt;* (*tarea*) Tätigkeit *f;* **entrar en** ~ tätig werden; (*cargo*) ein Amt antreten; **el ministro en funciones** der stellvertretende Minister ❸ (*acto*) Veranstaltung *f;* (CINE, TEAT) Vorstellung *f*

funcional [funθjo'nal] *adj* ❶ (*relativo a la función*) funktionell ❷ (*utilitario*) zweckmäßig

funcionalidad [funθjonali'ðað] *f* Zweckmäßigkeit *f*

funcionamiento [funθjona'mjento] *m* ❶ (*marcha*) Funktionieren *nt;* ~ **administrativo** Verwaltungsablauf *m;* ~ **del mercado** Marktordnung *f;* **poner en** ~ in Gang setzen ❷ (*rendimiento*) Funktionsfähigkeit *f;* (*manera de funcionar*) Funktionsweise *f;* **en estado de** ~ einsatzbereit; (*máquina*) betriebsfähig

funcionar [funθjo'nar] *vi* funktionieren; (*estar trabajando*) in Betrieb sein; **el coche no funciona bien** der Wagen läuft nicht gut; **la televisión no funciona** der Fernseher ist kaputt *fam*

funcionariado [funθjona'rjaðo] *m* (*del Estado*) Beamtenschaft *f;* (*de una organización*) Funktionäre *mpl*

funcionario, -a [funθjo'narjo, -a] *m, f* (*de una organización*) Funktionär(in) *m(f)*; (*del Estado*) Beamte(r) *mf*, Beamtin *f*

funda ['funda] *f* (*cubierta*) Hülle *f;* (*para gafas*) Etui *nt;* (*de libro*) Umschlag *m;* (*de almohada*) Bezug *m;* (*de butaca*) Überzug *m;* (*de máquina*) Abdeckhaube *f;* (*de revólver*) Halfter *f o nt;* ~ **nórdica** Bettbezug *m*

fundación [funda'θjon] *f* ❶ (*creación*) Gründung *f* ❷ (*institución*) Stiftung *f* ❸ (*justificación*) Begründung *f* ❹ (*origen*) Ursprung *m* ❺ (*de una estructura*) Unterbau *m*

fundado, -a [fun'daðo, -a] *adj* fundiert

fundador(a) [funda'ðor(a)] **I.** *adj* Gründer-, Gründungs- **II.** *m(f)* (Be)gründer(in) *m(f)*

fundamental [fundamen'tal] *adj* ❶ (MAT) Grund- ❷ (*esencial*) Haupt-; (*básico*) grundlegend; **argumento** ~ Hauptgrund *m;* **conocimientos** ~**es** Grundkenntnisse *fpl*

fundamentalismo [fundamenta'lismo] *m sin pl* Fundamentalismus *m*

fundamentalista [fundamenta'lista] **I.** *adj* fundamentalistisch **II.** *mf* Fundamentalist(in) *m(f)*

fundamentar [fundamen'tar] *vt* ❶ (ARQUIT) fundamentieren ❷ (*basar*) stützen (*en* auf +*akk*) ❸ (*establecer*) begründen ❹ (*hacer firme*) festigen

fundamento [funda'mento] *m* ❶ (ARQUIT) Fundament *nt* ❷ (*base*) Grundlage *f* ❸ (*motivo*) Grund *m;* **sin** ~ unbegründet ❹ (*formalidad*) Vernunft *f;* (*seriedad*) Ernsthaftigkeit *f;* **hablar sin** ~ nur Unsinn reden ❺ *pl* (*conocimientos*) (Grund)-kenntnisse *fpl*

fundar [fun'dar] **I.** *vt* ❶ (*crear*) gründen ❷ (TÉC) stützen (*sobre/en* auf +*akk*) ❸ (*basar*) stützen (*en/sobre* auf +*akk*); (*justificar*) begründen (*en* mit +*dat*) **II.** *vr:* ~**se** ❶ (*basarse*) sich stützen (*en* auf +*akk*); (*tener su justificación*) beruhen (*en* auf +*dat*) ❷ (*asentarse*) ruhen (*en/sobre* auf +*dat*)

fundición [fundi'θjon] *f* ❶ (*de un metal*) Schmelzen *nt* ❷ (*en una forma*) Gießen *nt* ❸ (*de ideas*) Verschmelzung *f* ❹ (*taller*) Gießerei *f* ❺ (*hierro*) Gusseisen *nt* ❻ (TIPO) Satz *m* Schriftzeichen

fundidor [fundi'ðor] *m* Gießer *m*

fundir [fun'dir] **I.** *vt* ❶ (*deshacer*) schmelzen ❷ (*dar forma*) gießen ❸ (*un aparato eléctrico*) durchbrennen lassen ❹ (*unir*) (miteinander) verschmelzen; (*empresas*) zusammenlegen ❺ (*Am: gastar*) verjubeln *fam* **II.** *vr:* ~**se** ❶ (*deshacerse*) (zer)schmelzen ❷ (*aparato eléctrico*) durchbrennen ❸ (*unirse*) (miteinander) verschmelzen (*en* zu +*dat*); (*empresas*) sich zusammenschließen (*en* zu +*dat*) ❹ (*Am: arruinarse*) zugrunde gehen; (*negocio*) Bankrott machen

fúnebre ['funeβre] *adj* ❶ (*triste*) traurig ❷ (*sombrío*) düster ❸ (*de los difuntos*) Toten-; **coche** ~ Leichenwagen *m;* **pompas** ~**s** (*ceremonia*) Begräbnis *nt;* (*empresa*) Bestattungsinstitut *nt*

funeral [fune'ral] **I.** *adj* Bestattungs-, Beerdigungs- **II.** *m* ❶ (*entierro*) Begräbnis *nt* ❷ *pl* (*misa*) Trauergottesdienst *m,* Trauerfeier *f*

funeraria [fune'rarja] *f* Bestattungsinstitut *nt*

funerario, -a [fune'rarjo, -a] *adj* Bestattungs-, Beerdigungs-

funesto, -a [fu'nesto, -a] *adj* ❶ (*aciago*) verhängnisvoll ❷ (*desgraciado*) verheerend; (*triste*) traurig ❸ (*fam: sin talento*) katastrophal

fungible [fun'xiβle] *adj* ❶ (*gastable*) verschleißbar; (*fugaz*) vergänglich ❷ (JUR) vertretbar

fungicida [funxi'θiða] **I.** *adj* pilztötend **II.** *m* Fungizid *nt*

fungir [fun'xir] <g→j> *vi* ❶ (*Am: un cargo*) das Amt innehaben (*de* +*gen*) ❷ (*AmC: presumir*) angeben

funicular [funiku'lar] **I.** *adj* Bergbahn-; (*de cable aéreo*) Seilbahn-; **tren** ~ Bergbahn *f* **II.** *m* Bergbahn *f;* ~ **aéreo** Seilbahn *f*

furcia ['furθja] *f* (*pey*) Nutte *f*

furgón [fur'yon] *m* ❶ (*carro*) Wagen *m;* (*camioneta*) Transporter *m* ❷ (FERRO: *para el equipaje*) Gepäckwagen *m;* (*para mercancías*) Güterwagen *m*

furgoneta [furyo'neta] *f* Kleintransporter *m*

furia ['furja] *f* ❶ (*ira*) Zorn *m* ❷ (*ímpetu*) Wucht *f* ❸ (*persona*) Furie *f* ❹ (*fam: energía*) Eifer *m* ❺ (*auge*) Höhepunkt *m*

furibundo, -a [furi'βundo, -a] *adj* ❶ (*furioso*) zornerfüllt ❷ (*fam: entusiasta*) begeistert; (*extremado*) fanatisch

furioso, -a [fu'rjoso, -a] *adj* ❶ (*furibundo*) wütend ❷ (*loco*) tobsüchtig ❸ (*violento*) heftig; (*tempestad*) tosend ❹ (*tremendo*) enorm; (*sentimiento*) unbändig

furor [fu'ror] *m* ❶ (*ira*) Wut *f* ❷ (*ímpetu*) Wucht *f* ❸ (*energía*) Eifer *m* ❹ (*auge*) Höhepunkt *m;* **hacer** ~ Furore machen ❺ (*afición*) Begeisterung *f* ❻ (*locura*) Tobsuchtsanfall *m* ❼ (MED): ~ **uterino** Nymphomanie *f*

furtivo, -a [fur'tiβo, -a] *adj* heimlich; **cazador** ~ Wilderer *m*

furúnculo [fu'runkulo] *m* (MED) Furunkel *nt o m*

fusa ['fusa] *f* (MÚS) Zweiunddreißigstelnote *f*

fuselaje [fuse'laxe] *m* (AERO) Rumpf *m*

fusible [fu'siβle] **I.** *adj* schmelzbar **II.** *m* Sicherung *f*

fusil [fu'sil] *m* Gewehr *nt*

fusilamiento [fusila'mjento] *m* ❶ (*ejecución*) standrechtliche Erschießung *f* ❷ (*fam: de textos*) Abkupfern *nt*

fusilar [fusi'lar] *vt* ❶ (*ejecutar*) standrechtlich erschießen ❷ (*fam: copiar*) abkupfern

fusilería [fusile'ria] *f* ❶ (*fusiles*) Gewehre *ntpl* ❷ (*soldados*) Schützen *mpl* ❸ (*fuego*) Gewehrfeuer *nt*

fusilero [fusi'lero] *m* Schütze *m* (der Infanterie)

fusión [fu'sjon] *f* ❶ (*fundición*) Schmelzen *nt* ❷ (*unión, t.* ECON) Fusion *f*

fusionar [fusjo'nar] **I.** *vi* schmelzen **II.** *vt* ❶ (*deshacer*) schmelzen ❷ (*unir*) verschmelzen; (*empresas*) fusionieren **III.** *vr:* ~**se** (miteinander) verschmelzen; (*empresas*) fusionieren

fusta ['fusta] *f* ❶ (*látigo*) Peitsche *f* ❷ (*leña*)

Reisig *nt* ❸ (*tejido*) Wollstoff *m*

fuste ['fuste] *m* ❶ (*madera*) Holz *nt* ❷ (*vara*) Stange *f;* (*de una lanza*) Schaft *m* ❸ (ARQUIT) Säulenschaft *m* ❹ (*importancia*) Bedeutung *f;* (*sustancia*) Gehalt *m;* (*de una persona*) Format *nt* ❺ (*arzón*) Sattelbaum *m*

fustigar [fusti'ɣar] <g→gu> *vt* ❶ (*azotar*) peitschen ❷ (*reprender*) tadeln

futbito [fuð'βito] *m* (*fam*) Hallenfußball *m*

fútbol ['fuðβol] *m* Fußball *m*

futbolín [fuðβo'lin] *m* Tischfußballspiel *m*

futbolista [fuðβo'lista] *mf* Fußballspieler(in) *m(f)*

futbolístico, -a [fuðβo'listiko, -a] *adj* fußballerisch, Fußball-

fútbol-sala ['fuðβol-'sala] *m sin pl* Hallenfußball *m*

fútil ['futil] *adj* belanglos

futilidad [futili'ðað] *f* Belanglosigkeit *f*

futurible [futu'riβle] I. *adj* möglich; (*acontecimiento*) eventuell (eintretend); (*persona*) in Frage kommend II. *mf* Anwärter(in) *m(f)*

futurismo [futu'rismo] *m sin pl* Futurismus *m*

futuro¹ [fu'turo] *m* ❶ (*tiempo*) Zukunft *f* ❷ (LING) Futur *nt* ❸ (FIN): **compra de ~ s** Terminkauf *m*

futuro, -a² [fu'turo, -a] I. *adj* (zu)künftig II. *m, f* (*fam*) Zukünftige(r) *mf*

futurología [futurolo'xia] *f* Futurologie *f*

futurólogo, -a [futu'roloɣo, -a] *m, f* Futurologe, -in *m, f*

G, g [xe] *f* G, g *nt; ~* **de Gerona** G wie Gustav

gabacho, -a [ga'βatʃo, -a] *m, f* (*pey: francés*) Franzose *m*, Französin *f*

gabán [ga'βan] *m* Mantel *m*

gabardina [gaβar'ðina] *f* ❶ (*tela*) Gabardine *m o f* ❷ (*prenda*) Trenchcoat *m*

gabarra [ga'βarra] *f* (NÁUT: *para carga y descarga*) Frachtkahn *m;* (*más pequeña*) Leichter *m;* (*remolcada*) Schleppkahn *m*

gabela [ga'βela] *f* Abgabe *f*

gabinete [gaβi'nete] *m* ❶ (*estudio*) Arbeitsraum *m;* (*junto a la alcoba*) Salon *m* ❷ (*tocador*) Toilettentisch *m* ❸ (*museo*) Kabinett *nt* ❹ (*de médico*) Praxis *f* ❺ (POL)

Kabinett *nt* ❻ (*loc*): *~* **de prensa** Pressestelle *f*

Gabón [ga'βon] *m* Gabun *nt*

gabonés, -esa [gaβo'nes, -esa] I. *adj* gabunisch II. *m, f* Gabuner(in) *m(f)*

gacela [ga'θela] *f* Gazelle *f;* **corre como una** *~* er/sie ist flink wie ein Wiesel

gaceta [ga'θeta] *f* ❶ (HIST: *periódico*) Zeitung *f* ❷ (HIST: *BOE*) *spanisches Gesetzblatt* ❸ (*fam: correveidile*) Klatschmaul *nt*

gacetilla [gaθe'tiʎa] *f* ❶ (*de un periódico*) Kurznachrichtenübersicht *f* ❷ (*noticia*) Kurznachricht *f*

gacetillero, -a [gaθeti'ʎero, -a] *m, f* Journalist(in) *m(f)*

gacha ['gatʃa] *f* ❶ (*fam: barro*) Schlamm *m* ❷ *pl* (*comida*) Brei *m*

gachí [ga'tʃi] <gachíes> *f* (*fam*) Mädel *nt*, Puppe *f*

gacho, -a ['gatʃo, -a] *adj* (herunter)hängend; **orejas gachas** Schlappohren *ntpl;* **sombrero** *~* Schlapphut *m*

gachó [ga'tʃo] *m* (*fam*) Kerl *m*

gaditano, -a [gaði'tano, -a] I. *adj* aus Cádiz II. *m, f* Einwohner(in) *m(f)* von Cádiz

gaélico, -a [ga'eliko, -a] *adj* gälisch

gafa ['gafa] *f* ❶ *pl* (*anteojos*) Brille *f; ~* **s de inmersión** Taucherbrille *f;* **llevar** *~* **s de** Brille tragen; **ponerse las** *~* **s** die Brille aufsetzen ❷ (*varilla*) Brillenbügel *m* ❸ (TÉC: *grapa*) Klammer *f* ❹ (TÉC: *abrazadera*) Krampe *f*

gafar [ga'far] *vt* ❶ (*con grapas*) verklammern ❷ (*con las uñas*) sich festkrallen (an +*dat*) ❸ (*fam: mala suerte*) Unglück bringen +*dat*

gafe ['gafe] *m* ❶ (*cenizo*) Unglücksbringer *m* ❷ (*aguafiestas*) Spielverderber *m*

gafotas [ga'fotas] I. *adj inv* (*pey*): **algunos niños miopes tienen complejo de** *~* manche kurzsichtigen Kinder haben einen Komplex, weil sie Brillenträger sind II. *mf inv* (*pey*) Brillenschlange *f fam pey*

gag [gaɣ] *m* <gags> Gag *m*

gago, -a ['gaɣo, -a] I. *adj* (*Am*) stotternd II. *m, f* Stotterer, -in *m, f*

gaita ['gaita] *f* ❶ (MÚS: *gallega*) Dudelsack *m;* (*zamorana*) Flageolett *nt* ❷ (*fam: cuello*) Hals *m* ❸ (*fam: lata*): **vaya** *~* **tener que hacer eso** das machen zu müssen ist die reinste Qual ❹ (*loc*): **estar hecho una** *~* kränklich sein; **estar de** *~* (*fam*) guter Dinge sein

---

i Land & Leute

Gaita heißt der spanische Dudelsack, ein Blasinstrument, das vor allem im

Nordwesten Spaniens, also in *Galicia* und *Asturias*, gespielt wird. Die **gaita** wird z. B. zu populärer galicischer Tanzmusik gespielt, etwa der *muñeira* oder *jota gallega*; in diesem Fall spricht man von **gaita gallega**. Heutzutage ist die **gaita** ein auch bei jungen Musikern sehr beliebtes Musikinstrument.

gaitero, -a [gaiˈtero, -a] *m, f* (*de gaita gallega*) Dudelsackspieler(in) *m(f)*; (*de gaita zamorana*) Flageolettspieler(in) *m(f)*

gaje [ˈgaxe] *m* Einkommen *nt*; **los ~s del oficio** (*irón*) die Unannehmlichkeiten des Berufs

gajo [ˈgaxo] *m* ➊ (*de naranja*) Segment *nt* ➋ (*racimo*) Traube *f* ➌ (*rama*) herabgefallener Zweig *m*

gala [ˈgala] *f* ➊ (*fiesta*) Gala *f* ➋ (*garbo*) Anmut *f* ➌ (*selecto*) Beste(s) *nt* ➍ *pl* (*vestido*) Kleider *ntpl*

galáctico, -a [gaˈlaktiko, -a] *adj* (ASTR) galaktisch

galaico, -a [gaˈlaiko, -a] *adj* galicisch

galaicoportugués, -esa [galaikoportuˈɣes, -esa] *adj* galicisch-portugiesisch

galán [gaˈlan] *m* ➊ (*hombre*) Galan *m* ➋ (*novio*) Liebhaber *m* ➌ (TEAT: *papel*) jugendlicher Liebhaber *m*

galante [gaˈlante] *adj* ➊ (*atento*) aufmerksam ➋ (*mujer*) kokett ➌ (*historia*) pikant

galanteador(a) [galanteaˈðor(a)] *adj* umwerbend

galantear [galanteˈar] *vt* den Hof machen (*a* +*dat*)

galantería [galanteˈria] *f* ➊ (*hacia una mujer*) Höflichkeit *f* (*hacia* gegenüber +*dat*) ➋ (*amabilidad*) Aufmerksamkeit *f* (*hacia* gegenüber +*dat*) ➌ (*generosidad*) Großzügigkeit *f* (*hacia* gegenüber +*dat*)

galápago [gaˈlapaɣo] *m* (ZOOL) Süßwasserschildkröte *f*; **tener más conchas que un ~** (*fam*) sehr gerissen sein

galardón [galarˈðon] *m* Preis *m*

galardonar [galarðoˈnar] *vt* auszeichnen; **~ a alguien con un título** jdm einen Titel verleihen

galaxia [gaˈlaksja] *f* ➊ (*universo*) Galaxie *f* ➋ (*AmC*) Prominenz *f*

galbana [galˈβana] *f* (*fam*) Faulheit *f*

galena [gaˈlena] *f* Galenit *m*

galeno [gaˈleno] *m* (*fam*) Doktor *m*

galeón [galeˈon] *m* Galeone *f*

galeote [galeˈote] *m* Galeerensträfling *m*

galera [gaˈlera] *f* ➊ (NÁUT) Galeere *f* ➋ (ZOOL) Heuschreckenkrebs *m* ➌ (TIPO) (Setz)schiff *nt* ➍ (MAT) Divisionszeichen *nt*

➎ (*Am: cobertizo*) Schuppen *m* ➏ (*Am: sombrero*) Zylinder(hut) *m*

galerada [galeˈraða] *f* (TIPO) Fahne *f*

galería [galeˈria] *f* ➊ (*corredor*) Galerie *f* ➋ (*de arte*) Kunstgalerie *f* ➌ *pl* (*grandes almacenes*) Kaufhaus *nt* ➍ *pl* (*bulevar*) Ladenpassage *f* ➎ (MIN) Stollen *m* ➏ (TEAT) Galerie *f* ➐ (*subterránea*) Tunnel *m*

galerista [galeˈrista] *mf* Galerist(in) *m(f)*

galés, -esa [gaˈles, -esa] **I.** *adj* walisisch **II.** *m, f* Waliser(in) *m(f)*

Gales [ˈgales] *m*: (**País de**) **~** Wales *nt*

galgo, -a [ˈgalɣo, -a] *m, f* (ZOOL) Windhund, -hündin *m, f*

Galia [ˈgalja] *f* Gallien *nt*

Galicia [gaˈliθja] *f* Galicien *nt*

galicismo [galiˈθismo] *m* Gallizismus *m*

gálico, -a [ˈgaliko, -a] *adj* gallisch

galimatías [galimaˈtias] *m inv* ➊ (*lenguaje*) Kauderwelsch *nt* ➋ (*enredo*) Durcheinander *nt*

gallardear [gaʎarðeˈar] *vi* ➊ (*ostentar gallardía*) Mut zur Schau tragen ➋ (*presumir*) prahlen (*de* mit +*dat*)

gallardía [gaʎarˈðia] *f* ➊ (*apostura*) Stattlichkeit *f* ➋ (*garbo*) Anmut *f* ➌ (*valentía*) Mut *m*

gallardo, -a [gaˈʎarðo, -a] *adj* ➊ (*de aspecto*) stattlich ➋ (*garboso*) anmutig ➌ (*valiente*) mutig

gallear [gaʎeˈar] **I.** *vi* ➊ (*fanfarronear*) angeben ➋ (*alzar la voz*) brüllen ➌ (*creerse importante*) sich *dat* viel einbilden **II.** *vt* (*el gallo a la gallina*) treten

gallego, -a [gaˈʎeɣo, -a] **I.** *adj* galicisch **II.** *m, f* ➊ (*habitante*) Galicier(in) *m(f)* ➋ (*AmS: pey: español*) Spanier(in) *m(f)*

galleguismo [gaʎeˈɣismo] *m* Galicismus *m*

galleta [gaˈʎeta] *f* ➊ (*dulce*) Keks *m*; (*bizcocho*) Zwieback *m* ➋ (MIN) Würfelkohle *f* ➌ (*fam: bofetada*) Ohrfeige *f*

galletero [gaʎeˈtero] *m* Keksdose *f*

gallina [gaˈʎina] *f* ➊ (*hembra del gallo*) Huhn *nt*; ~ **clueca** Glucke *f* ➋ (*fam: cobarde*) Feigling *m* ➌ (*juego*): **jugar a la ~ ciega** Blindekuh spielen ➍ (*loc*): **se me pone la carne de ~** ich bekomme eine Gänsehaut

gallinazo [gaʎiˈnaθo] *m* Truthahngeier *m*

gallinero [gaʎiˈnero] *m* ➊ (*corral*) Hühnerstall *m* ➋ (TEAT) Olymp *m*

gallito [gaˈʎito] *m*: **ser un ~** der Hahn im Korb sein; **ponerse ~** agressiv werden

gallo [ˈgaʎo] *m* ➊ (*ave*) Hahn *m*; ~ **de pelea** Kampfhahn *m*; ~ **silvestre** Auerhahn *m* ➋ (*pez*) Heringskönig *m* ➌ (*engreído*) Angeber *m* ➍ (MÚS): **soltar un ~** kicksen ➎ (*esputo*) Auswurf *m* ➏ (*Am:*

hombre fuerte) starker Mann *m* ⑦ (*loc*):
misa de(**1**) ~ Christmette *f*; **pata de** ~ Krähenfüße *mpl*; **peso** ~ (DEP) Bantamgewicht *nt*; **alzar el** ~ großspurig werden; **en menos que canta un** ~ im Nu; **si el dinero fuera mío, otro** ~ **nos cantara** (*fam*) wenn das Geld mir gehören würde, würde die Lage anders aussehen

galo, -a ['galo, -a] I. *adj* ① (*de la Galia*) gallisch ② (*francés*) französisch II. *m, f* ① (*de la Galia*) Gallier(in) *m(f)* ② (*francés*) Franzose *m*, Französin *f*

galón [ga'lon] *m* ① (*cinta*) Borte *f* ② (MIL: *distintivo*) Litze *f* ③ (*medida inglesa*) Gallone *f*

galopada [galo'paða] *f* Galopprennen *nt*

galopar [galo'par] *vi* galoppieren

galope [ga'lope] *m* Galopp *m*

galopín [galo'pin] *m* ① (*golfillo*) Straßenjunge *m* ② (*granuja*) Gauner *m* ③ (*granujilla*) Bengel *m*

galorrománico¹ [galorro'maniko] *m* (LING) Galloromanisch(e) *nt*

galorrománico, -a² [galorro'maniko, -a] *adj* (LING) galloromanisch

galpón [gal'pon] *m* (*AmS*) Schuppen *m*

galvanismo [galβa'nismo] *m sin pl* (FÍS) Galvanismus

galvanización [galβaniθa'θjon] *f* ① (MED) Galvanisation *f* ② (TÉC) Galvanisierung *f*

galvanizar [galβani'θar] <z→c> *vt* ① (TÉC) galvanisieren; (*con cinc*) verzinken ② (*una institución*) beleben

gama ['gama] *f* ① (MÚS) Tonleiter *f* ② (*escala*) Skala *f*; ~ **de ofertas** Angebotspalette *f*; **una** ~ **baja de productos** Billigprodukte *ntpl*

gamada [ga'maða] *adj*: **cruz** ~ Hakenkreuz *nt*

gamba ['gamba] *f* ① (ZOOL) Garnele *f* ② (GASTR) Krabbe *f*

gamberrada [gambe'rraða] *f* rowdyhafter Streich *m*; **hacer ~s** etwas anstellen

gamberrear [gamberre'ar] *vi* gaunern

gamberro, -a [gam'berro, -a] *m, f* Rowdy *m*

gambeta [gam'beta] *f* ① (*Am: distensión*) Verrenkung *f* ② (*Am: evasiva*) ausweichende Antwort *f*; (*fútbol*) Dribbling *nt*; **hacer ~s** dribbeln

gameto [ga'meto] *m* (BIOL) Fortpflanzungszelle *f*

gamma ['gam(m)a] *f* Gamma *nt*

gammaglobulina [gam(m)ayloβu'lina] *f* (BIOL, QUÍM) Gammaglobulin *nt*

gamo ['gamo] *m* Damhirsch *m*

gamonal [gamo'nal] *m* (*Am: cacique*) Kazike *m*

gamuza [ga'muθa] *f* ① (*animal*) Gämse *f* ② (*piel*) Gämsleder *nt* ③ (*paño*) Fensterleder *nt*

gana ['gana] *f* Lust *f* (*de* auf +*akk*); **tengo ~s de comer** ich habe Appetit; **de buena** ~ gerne; **de mala** ~ ungerne; **tengo ~s de irme de vacaciones** ich möchte gerne Urlaub machen; **no me da la** (**real**) ~ (*fam*) ich will einfach nicht; **son ~s de fastidiar** sie wollen uns ja nur das Spiel verderben!; **me quedé con las ~s de verle** ich musste leider damit abfinden, ihn nicht sehen zu können; **este es feo con ~s** (*fam*) der ist ja furchtbar hässlich!

ganadería [ganaðe'ria] *f* ① (*ganado*) Viehbestand *m* ② (*crianza*) Viehzucht *f*; ~ **biológica** artgerechte Viehhaltung ③ (*comercio*) Viehhandel *m*

ganadero, -a [gana'ðero, -a] I. *adj* Vieh- II. *m, f* ① (*criador*) Viehzüchter(in) *m(f)* ② (*tratante*) Viehhändler(in) *m(f)*

ganado [gana'ðo] *m* ① (*reses*) Vieh *nt*; ~ **bovino** [*o vacuno*] Rinder *ntpl*; ~ **cabrío** Ziegen *fpl*; ~ **ovino** Schafe *ntpl*; ~ **porcino** Schweine *ntpl* ② (*Am*: ~ **vacuno**) Rinder *ntpl* ③ (*fam: de personas*) Schar *f*, Horde *f*

ganador(a) [gana'ðor(a)] I. *adj* ① (*ganar*) siegend, Sieges- ② (*victorioso*) siegreich II. *m(f)* Gewinner(in) *m(f)*

ganancia [ga'nanθja] *f* ① (*beneficio*) Gewinn *m* ② (*sueldo*) Verdienst *m*

ganancioso, -a [ganan'θjoso, -a] *adj* ① (*que da ganancia*) gewinnbringend ② (*beneficiado*): **salir** ~ **de algo** einen Nutzen aus etw *dat* ziehen

ganapán [gana'pan] *m* ① (*pey: peón*) Gelegenheitsarbeiter *m* ② (*rudo*) Grobian *m*

ganar [ga'nar] I. *vi* ① (*en el juego*) gewinnen ② (*mejorar*) gewinnen (*en* an +*dat*); ~ **en condición social** sich gesellschaftlich verbessern; **¿qué esperas** ~ **con esto?** was erhoffst du dir davon?; **con esto sólo puedes salir ganando** das kann dir nur von Nutzen sein II. *vt* ① (*trabajando*) verdienen; **con ese negocio consiguió** ~ **mucho dinero** dieses Geschäft brachte ihm/ihr viel Geld ein ② (*jugando*) gewinnen; (*premio*) erringen; (*a alguien*) besiegen (*a* +*akk*); **le he ganado 10 euros a los dados** ich habe ihm/ihr 10 Euro beim Würfeln abgenommen ③ (*adquirir*) gewinnen; (*libertad*) erlangen; (*conocimientos*) erwerben; ~ **experiencia** Erfahrungen sammeln; ~ **peso** zunehmen; ~ **velocidad** schneller werden ④ (*llegar a*) erreichen; ~ **la orilla**

ans Ufer gelangen ❺ (*aventajar*) übertreffen (*en an* +*dat*) ❻ (MIL: *ciudad*) erobern ❼ (*a una persona*) für sich gewinnen **III.** *vr:* ~ **se** ❶ (*dinero*) verdienen; ~ **se la vida** seinen Lebensunterhalt verdienen ❷ (*a alguien*) für sich gewinnen ❸ (*loc*): **si no me sale, me la gano** wenn mir das nicht gelingt, dann blüht mir was

ganchillo [gan'tʃiʎo] *m* ❶ (*gancho*) Häkelnadel *f* ❷ (*labor*) Häkelarbeit *f;* **hacer ~** häkeln

gancho ['gantʃo] *m* ❶ (*instrumento*) Haken *m* ❷ (DEP: *boxeo*) Haken *m;* (*baloncesto*) Hookshot *m* ❸ (*de árbol*) Aststumpf *m* ❹ (*algo que atrae*) Blickfang *m* ❺ (*Am: horquilla*) Haarnadel *f* ❻ (*garabato*) Haken *m* ❼ (*atractivo*) Anziehungskraft *f* ❽ (*persona*) Lockvogel *m*

ganchudo, -a [gan'tʃuðo, -a] *adj* hakenförmig

gandul(a) [gan'dul(a)] **I.** *adj* faul **II.** *m(f)* Faulpelz *m*

gandulear [gandule'ar] *vi* faulenzen

gandulería [gandule'ria] *f* Faulheit *f*

gandulitis [gandu'litis] *f sin pl* (*fam*) Faulenzerei *f*

ganga ['gaŋga] *f* ❶ (*oferta*) günstiges Angebot *nt;* **¿sólo vale 2 euros? ¡pues sí que es una ~!** das kostet nur 2 Euro? das ist ja spottbillig!; **¡menuda ~ este nuevo jefe!** mit dem neuen Chef haben wir uns ja was Schönes eingehandelt! ❷ (ZOOL) Flughuhn *nt* ❸ (MIN) Gangstein *m*

ganglio ['gaŋgljo] *m* (ANAT) Ganglion *nt*

gangosear [gaŋgose'ar] *vi* näseln

gangoso, -a [gaŋ'goso, -a] **I.** *adj* näselnd **II.** *adv:* **hablar ~** näseln

gangrena [gaŋ'grena] *f* (MED) Brand *m* ❷ (*mal*) Hauptübel *nt*

gangrenarse [gaŋgre'narse] *vr* den Brand bekommen

gángster ['gaⁿster] *mf* Gangster(in) *m(f)*

ganguear [gaŋge'ar] *vi* näseln

gangueo [gaŋ'geo] *m* Näseln *nt*

gansada [gan'saða] *f* Albernheit *f*, Faxen *fpl*

gansear [ganse'ar] *vi* ❶ (*fam: vaguear*) (faul) herumlungern ❷ (*decir gansadas*) herumalbern

ganso, -a ['ganso, -a] *m, f* ❶ (*ave*) Gans *f;* (*macho*) Gänserich *m* ❷ (*perezoso*) Faulenzer(in) *m(f)* ❸ (*estúpido*) Dummkopf *m;* **hacer el ~** herumalbern

Gante ['gante] *m* Gent *nt*

ganzúa¹ [gan'θua] *f* (*llave*) Dietrich *m*

ganzúa² [gan'θua] *m* Einbrecher(in) *m(f)*

gañán [ga'ɲan] *m* ❶ (*mozo*) Bauernjunge *m* ❷ (*tosco*) Rüpel *m*

gañido [ga'ɲiðo] *m* (*de animal*) Heulen *nt;* (*de perro*) Jaulen *nt;* (*de aves*) Krächzen *nt;* (*de personas*) Keuchen *nt*

gañir [ga'ɲir] <*3. pret:* gañó> *vi* (*animal*) heulen; (*perro*) jaulen; (*las aves*) krächzen; (*personas*) schnaufen, keuchen

gañote [ga'ɲote] *m* Kehle *f*

garabatear [garaβate'ar] **I.** *vt* (*al escribir*) (hin)kritzeln **II.** *vi* ❶ (TÉC) (einen) Haken verwenden ❷ (*al escribir*) kritzeln ❸ (*al hablar*) um den heißen Brei herumreden

garabato [gara'βato] *m* ❶ (*gancho*) Haken *m* ❷ (*al escribir*) Gekritzel *nt* ❸ (*atractivo*) Anziehungskraft *f*

garaje [ga'raxe] *m* ❶ (*para coches*) Garage *f* ❷ (*taller*) Autowerkstatt *f*

garambaina [garam'baina] *f* ❶ (*adorno*) Flitterkram *m* ❷ *pl* (*ademanes*) Getue *nt* ❸ *pl* (*garrapatos*) Gekritzel *nt* ❹ *pl* (*tonterías*) Unsinn *m*

garante [ga'rante] **I.** *adj* garantierend **II.** *mf* Bürge, -in *m, f*

garantía [garan'tia] *f* ❶ (*seguridad*) Garantie *f* ❷ (FIN: *aval*) Bürgschaft *f;* (*caución*) Kaution *f* ❸ (COM) Garantie *f;* ~ **s constitucionales** (POL) Grundrechte *ntpl;* **sin ~** ohne Gewähr

garantir [garan'tir] *irr como abolir vt v.* **garantizar**

garantizador(a) [garantiθa'ðor(a)] *m(f)* Bürge, -in *m, f*

garantizar [garanti'θar] <z→c> *vt* ❶ (*asegurar*) garantieren; **no está garantizado que él sea el orador** es steht noch nicht fest, ob er der Redner ist ❷ (JUR) gewährleisten; (*deuda*) bürgen (*por* für +*akk*)

garañón [gara'ɲon] *m* ❶ (*asno*) Eselhengst *m;* (*camello*) Kamelhengst *m* ❷ (*Am: caballo semental*) Zuchthengst *m*

garapiña [gara'piɲa] *f* ❶ (*galón*) Borte *f* ❷ (GASTR) Kandierung *f*

> **i**   **Land & Leute**
>
>   **Garapiña** (oder auch: **garrapiña**) ist ein lateinamerikanisches Erfrischungsgetränk, das mit Ananasschalen, Wasser und Milch zubereitet wird.

---

garapiñar [garapi'ɲar] *vt* kandieren

garbancero, -a [garβan'θero, -a] **I.** *adj* Kichererbsen- **II.** *m, f* Kichererbsenhändler(in) *m(f)*

garbanzo [gar'βanθo] *m* Kichererbse *f;* **ganarse los ~ s** (*fam*) seinen Lebensunterhalt verdienen; **ser el ~ negro** das schwarze Schaf sein

garbear [garβe'ar] **I.** *vi* ❶ (*afectar garbo*)

prahlen ❷ (*trampear*) sich durchschlagen **II.** *vt* ❶ (*garbas*) in Garben binden ❷ (*robar*) stehlen **III.** *vr:* ~ **se** spazieren gehen

garbeo [gar'βeo] *m* Spaziergang *m*

garbillar [garβi'ʎar] *vt* sieben

garbillo [gar'βiʎo] *m* ❶ (*criba*) Sieb *nt* ❷ (MIN) Kleinerz *nt*

garbo ['garβo] *m* ❶ (*elegancia*) Anmut *f*; (*de movimiento*) Grazie *f* ❷ (*brío*) Schwung *m* ❸ (*generosidad*) Großzügigkeit *f* ❹ (*de un escrito*) Charme *m*

garboso, -a [gar'βoso, -a] *adj* ❶ (*elegante*) anmutig ❷ (*brioso*) schwungvoll ❸ (*generoso*) großzügig

garceta [gar'θeta] *f* ❶ (*ave*) Seidenreiher *m* ❷ (*pelo*) Schläfenlocke *f*

gardenia [gar'ðenja] *f* Gardenie *f*

garduña [gar'ðuɲa] *f* Hausmarder *m*

garete [ga'rete] *m:* **ir(se) al** ~ (*proyecto*) scheitern; (NÁUT) treiben

garfa ['garfa] *f* Klaue *f*

garfio ['garfjo] *m* spitzer Haken *m*

gargajear [garɣaxe'ar] *vi* spucken

gargajo [gar'ɣaxo] *m* zäher Auswurf *m*

garganta [gar'ɣanta] *f* ❶ (*gaznate*) Kehle *f*; (*cuello*) Hals *m*; (*empeine*) Spann *m*; **tener buena** ~ eine gute Stimme haben; **se me hizo un nudo en la** ~ **de nervioso que estaba** die Aufregung schnürte mir die Kehle zu ❷ (*de un objeto*) Hals *m* ❸ (GEO: *quebrada*) Schlucht *f*; (*angostura*) Engpass *m* ❹ (TÉC) Seilnut *f* ❺ (ARQUIT) Schaft *m*

gargantilla [garɣan'tiʎa] *f* ❶ (*cinta*) Halsband *nt* ❷ (*collar*) Halskette *f*; (*de perlas*) Perlenkette *f*

gárgaras ['garɣaras] *fpl* Gurgeln *nt*; **hacer** ~ gurgeln; **¡vete a hacer** ~! scher dich zum Teufel!

gargarear [garɣare'ar] *vi* (*Chil, Guat, Perú*) gurgeln

gargarizar [garɣari'θar] <z→c> *vi* gurgeln

gárgola ['garɣola] *f* (ARQUIT) Wasserspeier *m*

garita [ga'rita] *f* ❶ (*de centinelas*) Schilderhaus *nt* ❷ (*de portero*) Pförtnerloge *f* ❸ (FERRO) Bahnwärterhäuschen *nt* ❹ (*de fortificación*) Mauertürmchen *nt*

garito [ga'rito] *m* ❶ (*local*) illegale Spielhalle *f* ❷ (*ganancia*) Gewinn *m* (beim Glücksspiel)

garlar [gar'lar] *vi* (*fam*) schwätzen

garlito [gar'lito] *m* ❶ (*nasa*) Fischreuse *f* ❷ (*fam: trampa*) Falle *f*

garlopa [gar'lopa] *f* Langhobel *m*

garnacha [gar'natʃa] *f* ❶ (BOT) Garnacha *nt* ❷ (*vino*) Garnachawein *m*

garra ['garra] *f* ❶ (*de animal*) Kralle *f*; **caer**

en las ~ **s de alguien** in jds Fänge geraten; **la policía le echó la** ~ **al ladrón** die Polizei konnte den Dieb schnappen ❷ (*pey: mano*) Pfote *f* ❸ (NÁUT) Enterhaken *m* ❹ *pl* (*Am: harapos*) Fetzen *mpl* ❺ (*fam: brío*): **este equipo tiene** ~ diese Mannschaft hat Pep

garrafa [ga'rrafa] *f* ❶ (*de vidrio*) Karaffe *f* ❷ (*con cesto*) Korbflasche *f*; **vino de** ~ offener Wein

garrafal [garra'fal] *adj* riesig, ungeheuer

garrapata [garra'pata] *f* Zecke *f*

garrapatear [garrapate'ar] *vi*, *vt* kritzeln

garrapiña [garra'piɲa] *f v.* **garapiña**

garrapiñar [garrapi'ɲar] *vt* kandieren

garrido, -a [ga'rriðo, -a] *adj* ❶ (*gallardo*) stattlich ❷ (*galano*) elegant

garrocha [ga'rrotʃa] *f* Lanze *f*

garronear [garrone'ar] *vi* (*Arg*) schmarotzen (*a* bei + *dat*)

garrotazo [garro'taθo] *m* Schlag *m* mit dem Knüppel

garrote [ga'rrote] *m* ❶ (*palo*) Knüppel *m* ❷ (*ligadura*) Knebel *m* ❸ (*de ejecución*) Würgschraube *f*

garrotillo [garro'tiʎo] *m sin pl* (MED) Diphtherie *f*

garrucha [ga'rrutʃa] *f* Rolle *f*

garrulería [garrule'ria] *f* Geschwätz *nt*

gárrulo, -a ['garrulo, -a] *adj* ❶ (*pájaro*) zwitschernd ❷ (*persona*) geschwätzig, schwatzhaft ❸ (*arroyo*) murmelnd; (*viento*) flüsternd

garúa [ga'rua] *f* (*Am: llovizna*) Nieseln *nt*

garuar [ga'rwar] *vimpers* (*Am: lloviznar*) nieseln

garza ['garθa] *f* Reiher *m*

garzón, -ona [gar'θon, -ona] *m*, *f* (*Am: camarero*) Kellner(in) *m(f)*

gas [gas] *m* ❶ (*fluido*) Gas *nt*; ~ **natural** Erdgas *nt*; **bombona de** ~ Gasflasche *f*; **cartucho de** ~ Gaspatrone *f*; **cocina de** ~ Gasherd *m*; **agua con** ~ Sprudel *m*; **agua sin** ~ stilles Wasser ❷ (AUTO): **dar** ~ Gas geben; **ir a todo** ~ mit Vollgas fahren ❸ *pl* (*en el estómago*): ~ **es** Blähungen *fpl*

gasa ['gasa] *f* ❶ (*tela*) Gaze *f* ❷ (*de luto*) Trauerflor *m* ❸ (MED) Verband(s)mull *m* ❹ (*pañal*) Windel *f*

gascón, -ona [gas'kon, -ona] **I.** *adj* gascognisch **II.** *m*, *f* Gascogner(in) *m(f)*

gasear [gase'ar] *vt* ❶ (*agua*) Kohlensäure zusetzen + *dat* ❷ (*algodón*) gasieren ❸ (*matar*) vergasen

gaseiforme [gasei̯'forme] *adj* gasförmig

gaseoducto [gaseo'ðukto] *m* Erdgasleitung *f*

gaseosa [gase'osa] *f* süßer Sprudel *m*

Als **gaseosa** wird ein süßer Sprudel bezeichnet, der mit Süßstoff statt mit Zucker hergestellt wird. Es ist in Spanien nicht üblich, kohlensäurehaltiges Mineralwasser zu trinken, sondern lediglich Leitungswasser. Mit **gaseosa** und rotem Tafelwein bzw. Tischwein bereitet man im Sommer gern den erfrischenden *tinto de verano* zu.

gaseoso, -a [gase'oso, -a] *adj* ❶ *(con gas)* gashaltig ❷ *(gaseiforme)* gasförmig
gasfitería [gasfite'ria] *f (Am)* Klempnerei *f*
gasificación [gasifika'θjon] *f* Vergasung *f*
gasificar [gasifi'kar] <c→qu> *vt* ❶ *(TÉC: transformar en gas)* vergasen ❷ *(un líquido)* mit Kohlensäure versetzen
gasoducto [gaso'ðukto] *m* Gasfernleitung *f*
gasógeno [ga'soxeno] *m* Gasgenerator *m*
gasoil [ga'soil] *m*, **gas-oil** [ga'soil] *m* Diesel(öl) *nt*
gasóleo [ga'soleo] *m* Diesel(öl) *nt*
gasolina [gaso'lina] *f* Benzin *nt;* **~ con/sin plomo** verbleites/bleifreies Benzin; **~ súper** Super(benzin) *nt;* **echar ~** tanken
gasolinera [gasoli'nera] *f* ❶ *(establecimiento)* Tankstelle *f* ❷ *(lancha)* Motorboot *nt*
gastado, -a [gas'taðo, -a] *adj* ❶ *(vestido)* abgetragen; *(cuello)* abgescheuert; *(zapato)* abgelaufen; *(talón)* abgetreten; *(suelo)* ausgetreten; *(neumático)* abgefahren; *(pilas)* leer ❷ *(expresión)* abgedroschen ❸ *(persona)* verbraucht
gastador¹ [gasta'ðor] *m* ❶ *(MIL: zapador)* Pionier *m* ❷ *(condenado)* Zwangsarbeiter *m*
gastador(a)² [gasta'ðor(a)] **I.** *adj* verschwenderisch **II.** *m(f)* Verschwender(in) *m(f)*
gastar [gas'tar] **I.** *vt* ❶ *(dinero)* ausgeben ❷ *(vestido)* abtragen; *(zapato)* ablaufen; *(talón)* abtreten; *(suelo)* austreten; *(neumático)* abfahren ❸ *(tiempo)* investieren ❹ *(electricidad)* verbrauchen ❺ *(tener)*: **mal/buen humor** stets schlecht/gut gelaunt sein ❻ *(poseer)* haben ❼ *(loc)*: **~ pocas palabras** nicht viele Worte machen; **~ bromas a alguien** seine Scherze mit jdm treiben **II.** *vr:* **~se** ❶ *(dinero)* ausgeben ❷ *(vestido)* sich abnutzen ❸ *(consumirse)* verbraucht werden
Gasteiz [gas'teiθ] *m* Vitoria *nt*
gasto ['gasto] *m* ❶ *(de dinero)* Ausgabe *f;* *(en un negocio)* Kosten *pl;* (ECON, COM: *desembolso)* Ausgabe *fpl;* *(costos adicionales)* Unkosten *pl;* **dinero para ~s corrientes** Taschengeld *nt;* **~s de inscripción** Einschreibegebühren *fpl;* **~s de personal** Personalaufwand *m;* **el ~ público** die Staatsausgaben; **~s de representación** Spesen *pl* ❷ *(de fuerza)* Aufwand *m* *(de an +dat)*; **~ de tiempo** Zeitaufwand *m* ❸ *(consumo)* Verbrauch *m* *(de an +dat)* ❹ *(de una fuente)* Ergiebigkeit *f*
gástrico, -a ['gastriko, -a] *adj* Magen-
gastritis [gas'tritis] *f inv* (MED) Magenschleimhautentzündung *f*
gastroenteritis [gastroente'ritis] *f inv* (MED) Magen-Darm-Entzündung *f*
gastrointestinal [gastrointesti'nal] *adj* (MED) gastrointestinal
gastronomía [gastrono'mia] *f sin pl* ❶ *(arte culinaria)* Gastronomie *f* ❷ (ECON) Gaststättengewerbe *nt*
gastronómico, -a [gastro'nomiko, -a] *adj* gastronomisch
gastrónomo, -a [gas'tronomo, -a] *m, f* ❶ *(que trabaja en gastronomía)* Gastronom(in) *m(f)* ❷ *(gourmet)* Feinschmecker(in) *m(f)*
gata ['gata] *f* ❶ *(hembra del gato)* Katze *f* ❷ *(nubecilla)* Wolken *fpl* am Berg ❸ *(madrileña)* Madriderin *f* ❹ *(loc)*: **hacer la ~ muerta** *(fam)* den Bescheidenen spielen
gatas ['gatas]: **andar a ~** auf allen vieren gehen
gateado, -a [gate'aðo, -a] *adj* katzenhaft; **marmol ~** geäderter Marmor
gatear [gate'ar] **I.** *vi* ❶ *(trepar)* klettern ❷ *(ir a gatas)* krabbeln ❸ *(Am: enamorar)* hinter den Frauen her sein **II.** *vt* ❶ *(arañar)* kratzen ❷ *(fam: robar)* mausen
gatera [ga'tera] *f* ❶ *(de gatos)* Katzendurchschlupf *m* ❷ *(NÁUT)* Klüse *f* ❸ *(Am: verdulera)* Gemüsefrau *f*
gatillo [ga'tiʎo] *m* ❶ *(percursor)* Abzug *m;* **apretar el ~** abdrücken ❷ *(de dentista)* Zahnzange *f* ❸ *(de cuadrúpedo)* Widerrist *m* ❹ *(ratero)* Spitzbube *m*
gato ['gato] *m* ❶ *(félido)* Katze *f;* *(macho)* Kater *m;* **el G~ con Botas** der Gestiefelte Kater; **ser ~ viejo** ein alter Hase sein; **dar ~ por liebre a alguien** *(fam)* jdm ein X für ein U vormachen; **aquí hay ~ encerrado** *(fam)* hier ist etwas faul; **llevarse el ~ al agua** *(fam)* den Vogel abgeschossen haben; **éramos cuatro ~s en el cine** *(fam)* es waren nur ein paar Leute im Kino; **¿quién le pone el cascabel al ~?** *(fig)* wer hängt der Katze die Schelle um?; **buscarle los tres pies al ~** Haarspalterei

betreiben; **andar como el perro y el ~**
wie Hund und Katze sein ➋ (*astuto*) Gauner *m* ➌ (*madrileño*) Madrider *m* ➍ (TÉC:
de coche) Wagenheber *m;* (*de carpintero*)
Schraubzwinge *f* ➎ (*para dinero*) Geldbeutel *m*

GATT [gat] *m abr de* **Acuerdo General
sobre Aranceles y Comercio** GATT *nt*

gatuno, -a [ga'tuno, -a] *adj* Katzen-, katzenhaft

gatuperio [gatu'perjo] *m* ➊ (*mezcla*)
Mischmasch *m* ➋ (*embrollo*) Intrige *f*

gaucho¹ ['gaʊʧo] *m* (*Am*) ➊ (*campesino*)
Gaucho *m* ➋ (*jinete*) guter Reiter *m*

gaucho, -a² ['gaʊʧo, -a] *adj* ➊ (*de gaucho*)
Gaucho-, gauchohaft ➋ (*Am: grosero*)
grob ➌ (*Am: astuto*) gerissen

gaveta [ga'βeta] *f* ➊ (*de escritorio*) Schubfach *nt* ➋ (*de albañil*) Mörtelpfanne *f*

gavia ['gaβja] *f* ➊ (*zanja*) Entwässerungs-
graben *m* ➋ (NÁUT: *vela*) Marssegel *nt*
➌ (*gaviota*) Möwe *f*

gavilán [ga'βilan] *m* ➊ (*ave*) Sperber *m*
➋ (*de pluma*) Spitze *f* ➌ (*de espada*)
Parierstange *f* ➍ (*del cardo*) Distelblüte *f*

gavilla [ga'βiʎa] *f* ➊ (*fajo*) Garbe *f* ➋ (*cuadrilla*) Bande *f*

gaviota [ga'βjota] *f* Möwe *f*

gay [gai] *m* Schwule(r) *m*

gazapera [gaθa'pera] *f* ➊ (*madriguera*)
Kaninchenbau *m* ➋ (*de mala gente*)
Schlupfwinkel *m* ➌ (*riña*) Zankerei *f*

gazapo [ga'θapo] *m* ➊ (*conejo*) junges
Kaninchen *nt* ➋ (*en un periódico*) (Zeitungs)ente *f* ➌ (*fam: al hablar*) Versprecher
m

gazmoñería [gaθmoɲe'ria] *f* ➊ (*mojigatería*) Scheinheiligkeit *f* ➋ (*hipocresía*) Heuchelei *f*

gazmoño, -a [gaθ'moɲo, -a] *adj* ➊ (*mojigato*) scheinheilig ➋ (*hipócrita*) heuchlerisch

gaznápiro, -a [gaθ'napiro, -a] *m*, *f*
➊ (*simple*) Einfaltspinsel *m* ➋ (*gamberro*)
Halbstarke(r) *mf*

gaznatada [gaθna'taða] *f* (*Am*) Ohrfeige *f*

gaznate [gaθ'nate] *m* Kehle *f*

gazpacho [gaθ'paʧo] *m* (GASTR) Gazpacho
m

GB [dʒiɣa'baịt] *m* (INFOR) *abr de* **gigabyte**
GB *nt*

Gbit [dʒiɣa'bit] *m* (INFOR) *abr de* **gigabit**
GBit *nt*

Gbyte [dʒiɣa'baịt] *m* (INFOR) *abr de* **gigabyte** GByte *nt*

géiser ['xeịser] *m* Geysir *m*

geisha ['geịsa] *f* Geisha *f*

gel [xel] *m* Gel *nt*

gelatina [xela'tina] *f* ➊ (*sustancia*) Gelatine *f* ➋ (GASTR) Sülze *f*

gelatinizar [xelatini'θar] <z→c> *vt* (GASTR)
gelieren

gelatinoso, -a [xelati'noso, -a] *adj* ➊ (*como
la gelatina*) gallertartig ➋ (*de gelatina*) gal-
lertig

gélido, -a ['xeliðo, -a] *adj* eiskalt

gema ['xema] *f* ➊ (*piedra preciosa*) Edelstein *m;* (*entallada*) Gemme *f* ➋ (BOT)
Knospe *f*

gemebundo, -a [xeme'βuņdo, -a] *adj* (*de
dolor*) stöhnend; (*de pena*) seufzend

gemelo, -a [xe'melo, -a] **I.** *adj* Zwillings-;
hermanos ~s Zwillinge *mpl* **II.** *m, f* (*mellizo*) Zwilling *m*

gemelos [xe'melos] *mpl* ➊ (*anteojos*) Fernglas *nt;* **~ de teatro** Opernglas *nt* ➋ (ASTR)
Zwillinge *mpl* ➌ (*de la camisa*) Manschettenknopf *m*

gemido [xe'miðo] *m* ➊ (*de dolor*) Stöhnen
nt; (*de pena*) Seufzer *m;* (*al llorar*) Wimmern *nt* ➋ (*de animal*) Heulen *nt*

geminación [xemina'θjon] *f* ➊ (*duplicación*) Verdopp(e)lung *f* ➋ (LING) Gemina-
tion *f*

Géminis ['xeminis] *m inv* (ASTR) Zwillinge
mpl

gemir [xe'mir] *irr como pedir vi* ➊ (*de
dolor*) stöhnen; (*de pena*) seufzen ➋ (*animal*) heulen

gen [xen] *m* (BIOL) Gen *nt*

genciana [xen'θjana] *f* Enzian *m*

gendarme [xeņ'darme] *m* Gendarm *m*

genealogía [xenealo'xia] *f* Genealogie *f*

genealógico, -a [xenea'loxiko, -a] *adj*
genealogisch; **árbol ~** Stammbaum *m*

generable [xene'raβle] *adj* erzeugbar

generación [xenera'θjon] *f* ❶ (TÉC: *producción*) Erzeugung *f;* **instrucción de** ~ (INFOR) Erzeugungsanweisung *f* ❷ (COM: *creación*) Schaffung *f* ❸ (BIOL: *procreación*) Zeugung *f* ❹ (*descendientes*) Generation *f*

generacional [xeneraθjo'nal] *adj* Generations-

generador[1] [xenera'ðor] *m* (TÉC) Generator *m*

generador(a)[2] [xenera'ðor(a)] *adj* ❶ (TÉC) Erzeugungs-, erzeugend ❷ (COM) schaffend; **medidas** ~ **as de empleo** Arbeitsbeschaffungsmaßnahmen *fpl* ❸ (BIOL) Zeugungs-

general [xene'ral] **I.** *adj* ❶ (*universal*) Allgemein-, allgemein; (*huelga*) General-; (*cuartel*) Haupt-; (*impresión*) Gesamt-; **cultura** ~ Allgemeinbildung *f;* **junta** ~ (**extraordinaria**) (außerordentliche) Hauptversammlung *f;* **regla** ~ allgemein gültige Regel; **de uso** ~ (*para todo uso*) für den allgemeinen Gebrauch; (*para el mundo*) für die Allgemeinheit; **por lo** ~, **en** ~ im Allgemeinen; **por regla** ~ in der Regel; **en** ~ **me siento satisfecho** im Großen und Ganzen bin ich zufrieden; **en** ~ **hace mejor tiempo aquí que allí** das Wetter hier schöner als dort ❷ (*vago*) allgemein; **tengo una idea** ~ **del tema** ich weiß ungefähr, worum es geht **II.** *m* General *m;* ~ **en jefe** Oberbefehlshaber *m*

generalato [xenera'lato] *m* ❶ (MIL) Generalswürde *f,* Generalat *nt* ❷ (REL) Generalat *nt*

generalidad [xenerali'ðað] *f* ❶ (*calidad general*) Allgemeinheit *f;* (*validez general*) Allgemeingültigkeit *f;* **en la** ~ **de los casos** in den meisten Fällen ❷ (*vaguedad*): **respondió con una** ~ er/sie gab keine konkrete Antwort; **hablar de** ~ **es** eine unverbindliche Unterhaltung führen ❸ *pl* (*conocimientos generales*) allgemeine Kenntnisse *fpl*

Generalitat [xenerali'tat] *f* autonome Regierung Kataloniens

Generalitat ist der Name der autonomen Regierung von *Cataluña – Katalonien*, die während der *Segunda República – Zweiten Republik*, von 1931 bis 1936, im Amt war. Während der Francodiktatur war sie verboten, 1977 wurde die **Generalitat** wieder eingesetzt.

generalizable [xenerali'θaβle] *adj* verallgemeinerbar

generalización [xenerali θa'θjon] *f* ❶ (*universalización*) Verallgemeinerung *f* ❷ (*difusión*) allgemeine Verbreitung *f*

generalizador(a) [xenerali θa'ðor(a)] *adj* verallgemeinernd

generalizar [xenerali'θar] <z→c> *vt* ❶ (*hacer general*) verallgemeinern ❷ (*difundir*) verbreiten

generalmente [xeneral'meņte] *adv* ❶ (*en general*) im Allgemeinen ❷ (*ampliamente*) allgemein ❸ (*habitualmente*) gewöhnlich, normalerweise

generar [xene'rar] *vt* ❶ (*producir*) erzeugen; ~ **beneficios** Gewinne abwerfen ❷ (*provocar*) hervorrufen; ~ **un clima de confianza** ein Klima des Vertrauens schaffen

generativo, -a [xenera'tiβo, -a] *adj* ❶ (TÉC) Erzeugungs-; (BIOL) Zeugungs- ❷ (LING) generativ

generatriz [xenera'triθ] *f* ❶ (FÍS) Stromerzeuger *m* ❷ (MAT) Mantellinie *f*

genérico, -a [xe'neriko, -a] *adj* ❶ (*de la especie*) Gattungs-, generisch ❷ (LING): **nombre** ~ Gattungsname *m*

género ['xenero] *m* ❶ (BIOL) Gattung *f;* **este** ~ **de animales está extinguido** diese Tierart ist ausgestorben ❷ (*manera*) Weise *f* ❸ (*clase*) Sorte *f;* **¿qué** ~ **de hombre es?** was für ein Mensch ist er?; **sin ningún** ~ **de dudas** ohne den geringsten Zweifel; **tomar todo** ~ **de precauciones** alle denkbaren Vorsichtsmaßnahmen ergreifen ❹ (LING) Genus *nt* ❺ (LIT) Gattung *f;* ~ **épico** Epik *f;* ~ **lírico** Lyrik *f* ❻ (COM: *artículo*) Ware *f;* (*tela*) (Kleider)stoff *m;* ~ **de punto** Strickware *f* ❼ (ARTE) Genre *f*

generosidad [xenerosi'ðað] *f* ❶ (*magnanimidad*) Edelmut *m* ❷ (*desinterés*) Großzügigkeit *f*

generoso, -a [xene'roso, -a] *adj* ❶ (*magnánimo*) edelmütig (*con/para con* gegenüber +*dat*) ❷ (*desinteresado*) großzügig ❸ (*abundante*) reichlich ❹ (*loc*): **vino** ~ Dessertwein *m*

génesis ['xenesis] *f inv* Entstehung *f*

Génesis ['xenesis] *m* Schöpfungsgeschichte *f*

genética [xe'netika] *f sin pl* (BIOL) Genetik *f*

genético, -a [xe'netiko, -a] *adj* genetisch

genial [xe'njal] *adj* ❶ (*idea*) genial ❷ (*gracioso*) witzig ❸ (*estupendo*) toll

genialidad [xenjali'ðað] *f* ❶ (*cualidad*) Genialität *f* ❷ (*acción*) Geniestreich *m*

genio ['xenjo] *m* ❶ (*carácter*) Charakter *m;* **tener buen/mal** ~ gutmütig/jähzornig sein; **esta chica tiene mucho** ~ dieses Mädchen hat ein aufbrausendes Wesen ❷*(talento)* Veranlagung *f* ❸*(aptitud)* Genie *nt* ❹*(persona)* Genie *nt;* **el ~ de Cervantes** der Genius Cervantes ❺*(empuje)* Tatkraft *f* ❻*(de una época)* (Zeit)geist *m* ❼*(de los cuentos)* Kobold *m; (ser fabuloso)* (Flaschen)geist *m* ❽(ARTE) Genius *m*

genista [xe'nista] *f* Ginster *m*

genital [xeni'tal] *adj* Geschlechts-

genitales [xeni'tales] *mpl* Geschlechtsorgane *ntpl*

genitivo [xeni'tiβo] *m* (LING) Genitiv *m*

genocidio [xeno'θiðjo] *m* Völkermord *m*

genoma [xe'noma] *m* (BIOL) Genom *nt*

genotipo [xeno'tipo] *m* (BIOL) Genotypus *m*

Génova ['xenoβa] *f* Genua *nt*

genovés, -esa I. *adj* genuesisch II. *m, f* Genuese, -in *m, f*

gente ['xente] *f* ❶*(personas)* Leute *pl;* ~ **de armas** Soldaten *mpl;* ~ **joven/mayor** die Jungen/Alten; ~ **menuda** Kinder *ntpl;* **a este partido le preocupa la ~** dieser Partei geht es um die Menschen; **tienes que tratar más con la ~** du musst mehr unter die Leute (gehen); **¿qué dirá la ~?** was werden die Leute (dazu) sagen?; **la ~ dice que...** man sagt, dass ...; **tener don de ~s** gut mit Menschen umgehen können ❷*(personal)* Personal *nt* ❸(MIL: *tropa)* Truppe *f;* (NÁUT) Besatzung *f* ❹*(fam: parentela)* Familienangehörige(n) *mpl;* **¿qué tal tu ~?** wie geht's deiner Familie? ❺*(Am: honrado)* anständiger Mensch *m*

? Grammatik

> **gente** wird mit dem Verb im Singular verwendet: *La gente está inquieta. – Die Leute sind beunruhigt.*

gentil [xen'til] I. *adj* ❶*(pagano)* heidnisch ❷*(apuesto)* gut aussehend; *(elegante)* anmutig ❸*(amable)* höflich II. *mf* Heide, -in *m, f*

gentileza [xenti'leθa] *f* ❶*(garbo)* Anmut *f* ❷*(cortesía)* Höflichkeit *f;* **¿tendría Ud. la ~ de ayudarme?** wären Sie so nett mir zu helfen?

gentilicio, -a [xenti'liθjo, -a] *adj* (LING): **nombre ~** Völkername *m*

gentío ~ [xen'tio] *m sin pl* Gedränge *nt*

gentuza [xen'tuθa] *f (pey)* Pöbel *m*

genuflexión [xenufleˠ'sjon] *f* Kniebeuge *f*

genuino, -a [xe'nwino, -a] *adj (persona)* echt; *(manuscrito)* authentisch; *(amor)*

wahr; **es un caso ~ de histeria** das ist ein reiner Fall von Hysterie

geocentrismo [xeoθen'trismo] *m sin pl* (ASTR) Egozentrik *f*

geodesia [xeo'ðesja] *f* Erdmessung *f*

geodinámica [xeoði'namika] *f* (GEO) Geodynamik *f*

geografía [xeoɣra'fia] *f sin pl* Geographie *f*

geográfico, -a [xeo'ɣrafiko, -a] *adj* geographisch

geógrafo, -a [xe'oɣrafo, -a] *m, f* Geograph(in) *m(f)*

geología [xeolo'xia] *f sin pl* Geologie *f*

geológico, -a [xeo'loxiko, -a] *adj* geologisch

geólogo, -a [xe'oloɣo, -a] *m, f* Geologe, -in *m, f*

geometría [xeome'tria] *f sin pl* Geometrie *f*

geométrico, -a [xeo'metriko, -a] *adj* geometrisch

geopolítico, -a [xeopo'litiko, -a] *adj* geopolitisch

Georgia [xe'orxja] *f* Georgien *nt; (en los Estados Unidos)* Georgia *nt*

georgiano, -a [xeor'xjano, -a] I. *adj* georgisch II. *m, f* Georgier(in) *m(f)*

geosfera [xeos'fera] *f* (GEO) Geosphäre *f*

geranio [xe'ranjo] *m* Geranie *f*

gerencia [xe'renθja] *f (de una empresa)* (Geschäfts)führung *f; (de un banco)* Leitung *f; (de un teatro)* Intendanz *f*

gerente [xe'rente] *mf (de una gran empresa)* Geschäftsführer(in) *m(f); (de una pequeña empresa)* Betriebsleiter(in) *m(f); (de un banco)* Leiter(in) *m(f); (de un departamento)* Abteilungsleiter(in) *m(f); (de un teatro)* Intendant(in) *m(f);* ~ **de producción** Produktionsmanager(in) *m(f)*

geriatra [xe'rjatra] *mf* Geriater(in) *m(f)*

geriatría [xeria'tria] *f sin pl* Geriatrie *f,* Altersheilkunde *f*

geriátrico, -a [xe'rjatriko, -a] *adj* geriatrisch; **clínica geriátrica** Altenpflegeheim *nt*

gerifalte [xeri'falte] *m* ❶*(halcón)* Gerfalke *m* ❷*(persona)* wichtige Persönlichkeit *f*

germánico, -a [xer'maniko, -a] I. *adj* ❶*(de Germania)* germanisch ❷*(de Alemania)* deutsch II. *m, f* ❶*(de Germania)* Germane, -in *m, f* ❷*(de Alemania)* Deutsche(r) *mf*

germanio [xer'manjo] *m* (QUÍM) Germanium *nt*

germanismo [xerma'nismo] *m* Germanismus *m*

germanista [xerma'nista] *mf* Germanist(in) *m(f)*

germanización [xermaniθa'θjon] *f* Germanisierung *f*

germanizar [xermani'θar] <z→c> *vt* eindeutschen

germano, -a [xer'mano, -a] *adj o m, f v.* **germánico**

germanófilo, -a [xerma'nofilo, -a] *adj* germanophil, deutschfreundlich

germanófobo, -a [xerma'nofoβo, -a] *adj* germanophob, deutschfeindlich

germanooccidental [xermano(o)ɣθiðeɲ'tal] I. *adj* westdeutsch II. *mf* Westdeutsche(r) *mf*, Wessi *m abw*

germanooriental [xermano(o)rjeɲ'tal] I. *adj* ostdeutsch II. *mf* Ostdeutsche(r) *mf*, Ossi *m abw*

germen ['xermen] *m* ❶ (BIOL) Keim *m* ❷ (*origen*) Ursprung *m*

germicida [xermi'θiða] *f* keimtötendes Mittel *nt*

germinación [xermina'θjon] *f* (Auf)keimen *nt*

germinar [xermi'nar] *vi* ❶ (BOT) sprießen ❷ (*sospechas*) aufkeimen (*en* in +*dat*)

gerontocracia [xeroɲto'kraθja] *f* (POL) Gerontokratie *f*

gerontología [xeroɲtolo'xia] *f sin pl* Gerontologie *f*, Alternsforschung *f*

gerundense [xeruɲ'dense] I. *adj* aus Gerona II. *mf* Einwohner(in) *m(f)* Geronas

gerundio [xe'ruɲdjo] *m* (LING) Gerundium *nt*

gesta ['xesta] *f* Heldentat *f*

gestación [xesta'θjon] *f* ❶ (*de una persona*) Schwangerschaft *f*; (*de un animal*) Trächtigkeit *f* ❷ (*de un proyecto*) Reifungsprozess *m*; (*de un plan*) Ausarbeitung *f*; (*de un complot*) Anzett(e)lung *f*; **el proyecto está en** ~ das Projekt ist in Planung

gestar [xes'tar] I. *vt* tragen II. *vr:* **~se** (*proceso*) sich entwickeln; (*plan*) ausgearbeitet werden; (*proyecto*) in Planung sein; (*complot*) angezettelt werden

gesticulación [xestikula'θjon] *f* Gestik *f*; (*de la cara*) Mimik *f*

gesticulador(a) [xestikula'ðor(a)] *adj* gestikulierend

gesticular [xestiku'lar] I. *adj* Gebärden- II. *vi* (*con las manos*) gestikulieren; (*con la cara*) das Gesicht verziehen

gestión [xes'tjon] *f* ❶ (*diligencia*) Schritt *m*, Formalität *f* ❷ (*de una empresa*) Geschäftsführung *f*; **la** ~ **de gobierno** die Amtsführung der Regierung; **la** ~ **al frente de la escuela** die Schulleitung ❸ (INFOR): ~ **de ficheros** Dateiverwaltung *f*

gestionar [xestjo'nar] *vt* ❶ (*asunto*) in die Wege leiten ❷ (*negocio*) führen

gesto ['xesto] *m* ❶ (*con el cuerpo*) Geste *f*; (*con la mano*) Handbewegung *f*; (*con el rostro*) Grimasse *f* ❷ (*semblante*) Gesicht *nt*; **torcer el** ~ eine saure Miene machen ❸ (*acto*) Geste *f*; **un** ~ **de apoyo** ein Zeichen der Unterstützung

gestor(a) [xes'tor(a)] I. *adj* geschäftsführend II. *m(f)* Agent(in) *m(f)* für Verwaltungsformalitäten

gestual [xes'twal] *adj* Gebärden-; **lenguaje** ~ Gebärdensprache *f*

gestualidad [xestwali'ðaᵈ] *f* (*del rostro*) Gesichtsausdruck *m*; (*del cuerpo*) Gestik *f*

getei [xete'i] *m* (AUTO) GTI *m*

ghanés, -esa [ga'nes, -esa] I. *adj* ghanaisch II. *m, f* Ghanaer(in) *m(f)*

GHz [dʒiɣa'xerθ] (INFOR) *abr de* **gigahertz** GHz

giba ['xiβa] *f* ❶ (*chepa*) Buckel *m* ❷ (*bulto*) Beule *f* ❸ (*molestia*) Belästigung *f*

gibar [xi'βar] *vt* ❶ (*concorvar*) krümmen ❷ (*fam: jorobar*) belästigen

gibón [xi'βon] *m* Gibbon *m*

gibosidad [xiβosi'ðaᵈ] *f* Buckel *m*

---

i **Land & Leute**

Gibraltar bzw. **el Peñón (de Gibraltar)** befindet sich im südlichsten Teil Spaniens. Seit 1713 ist es britische Kronkolonie. Die Meerenge zwischen Europa und Afrika wird als **Estrecho de Gibraltar** – *Straße von Gibraltar* – bezeichnet. Die Einwohner **Gibraltars** werden *llanitos* genannt.

---

gibraltareño, -a [xiβralta'reɲo, -a] I. *adj* gibraltarisch II. *m, f* Gibraltarer(in) *m(f)*

Giga ['dʒiɣa] *m* (INFOR) Gigabyte *nt*

gigabyte [dʒiɣa'baⁱt] *m* (INFOR) Gigabyte *nt*; ~**s por segundo** Gigabyte pro Sekunde

gigante [xi'ɣaɲte] I. *adj* riesig II. *m* ❶ (*ser fabuloso*) Riese *m*; **un** ~ **con pies de barro** ein Koloss auf tönernen Füßen ❷ (*en fiesta popular*) Riesenfigur *f* aus Pappmaschee ❸ (*persona*) Gigant *m*

gigantesco, -a [xiɣan'tesko, -a] *adj* riesig

gigantismo [xiɣan'tismo] *m sin pl* (MED) Riesenwuchs *m*

gigoló [dʒiɣo'lo] *m* Gigolo *m*

gilipollada [xilipo'ʎaða] *f* (*vulg*) ❶ (*acción, palabras*) Blödsinn *m fam* ❷ (*cosa*) Ramsch *m fam*

gilipollas [xili'poʎas] *mf inv* (*vulg*) Arschloch *nt*

gilipollez [xilipo'ʎeθ] *f* (*vulg*) Blödsinn *m fam*

gimnasia [xim'nasja] f ❶ (disciplina) Gymnastik f ❷ (DEP) Turnen nt; ~ rítmica rhythmische Sportgymnastik; **hacer** ~ turnen ❸ (ENS) Sport m ❹ (ejercicio) Übung f

gimnasio [xim'nasjo] m Turnhalle f; ~ (**de musculación**) Fitnesscenter nt

gimnasta [xim'nasta] mf Turner(in) m(f)

gimnástico, -a [xim'nastiko, -a] adj ❶ (de la disciplina) gymnastisch ❷ (del deporte) Turn-

gimotear [ximote'ar] vi ❶ (pey: gemir) stöhnen ❷ (lloriquear) wimmern

gimoteo [ximo'teo] m ❶ (gemidos) Gestöhn(e) nt ❷ (lloriqueo) Gewimmer nt

ginebra [xi'neβra] f Gin m

Ginebra [xi'neβra] f Genf nt

ginebrino, -a [xine'βrino, -a] I. adj genferisch II. m, f Genfer(in) m(f)

ginecología [xinekolo'xia] f sin pl Frauenheilkunde f

ginecológico, -a [xineko'loxiko, -a] adj gynäkologisch

ginecólogo, -a [xine'koloɣo, -a] m, f Frauenarzt, -ärztin m, f

ginesta [xi'nesta] f Ginster m

gingival [xinxi'βal] adj (MED) Zahnfleisch-; **inflamación** ~ Zahnfleischentzündung f

gingivitis [xinxi'βitis] f inv (MED) Zahnfleischentzündung f

ginkgo ['ɡiŋko] m (BOT) Ginkgo m

gira ['xira] f ❶ (de un día) Ausflug m; (más larga) Rundfahrt f ❷ (de un artista) Tournee f

girado, -a [xi'raðo, -a] m, f (FIN) Bezogene(r) mf

giralda [xi'ralda] f Wetterfahne f; (en forma de gallo) Wetterhahn m

girar [xi'rar] I. vi ❶ (dar vueltas) sich drehen (alrededor de um +akk) ❷ (conversación) sich drehen (sobre/en torno a um +akk) ❸ (COM: letra) ziehen (a cargo de auf +akk); **este negocio gira mucho** dieses Geschäft macht viel Umsatz ❹ (torcer) abbiegen; (barco) abdrehen II. vt ❶ (dar la vuelta) drehen; ~ **la vista** sich umsehen ❷ (COM: letra) ziehen (a cargo de auf +akk); (dinero) überweisen (a an +akk)

girasol [xira'sol] m Sonnenblume f

giratorio, -a [xira'torjo, -a] adj Dreh-

giro ['xiro] m ❶ (vuelta) Drehung f; **un** ~ **de volante** eine Umdrehung des Lenkrades ❷ (cariz) Wendung f; **tomar un** ~ **favorable/negativo** sich zum Guten/ Schlechten wenden; **me preocupa el** ~ **que toma este asunto** ich bin über die Entwicklung dieser Angelegenheit beunruhigt ❸ (LING: locución) (Rede)wendung f ❹ (COM: letra) Überweisung f; ~ **postal** Postanweisung f ❺ (COM: de una empresa) Umsatz m

gitanada [xita'naða] f ❶ (acción) Zigeunerstreich m ❷ (engaño) Schwindel m ❸ (zalamería) Schmeichelei f

gitanear [xitane'ar] vi ❶ (hacer el gitano) sich wie ein Zigeuner benehmen ❷ (en negocio) betrügerisch handeln ❸ (chalanear) schachern

gitanería [xitane'ria] f ❶ (halago) hinterlistige Schmeichelei f ❷ (grupo) Zigeunertruppe f ❸ (vida) Zigeunerleben nt ❹ (acción) Zigeunerstreich m

gitanismo [xita'nismo] m ❶ (SOCIOL) Zigeunertum nt ❷ (LING) Wörter und Redewendungen aus der Zigeunersprache

gitano, -a [xi'tano, -a] I. adj ❶ (de los gitanos) Zigeuner- ❷ (galanero) schmeichlerisch ❸ (tramposo) schwindlerisch II. m, f ❶ (calé) Zigeuner(in) m(f); **va hecho un** ~ (fig) er sieht heruntergekommen aus ❷ (estafador) Schwindler(in) m(f)

glaciación [glaθja'θjon] f Vereisung f

glacial [gla'θjal] adj ❶ (helado) eiskalt; **zona** ~ Eiszone f ❷ (persona) kalt

glaciar [gla'θjar] m (GEO) Gletscher m

glaciarismo [glaθja'rismo] m (GEO) Gletscherlandschaft f

gladiador [glaðja'ðor] m Gladiator m

gladiolo [gla'ðjolo] m, **gladíolo** [gla'ðiolo] m Gladiole f

glande ['glande] m (ANAT) Eichel f

glándula ['glandula] f (ANAT) Drüse f

glandular [glandu'lar] adj Drüsen-

glasé [gla'se] m (Glanz)taft m

glasear [glase'ar] vt ❶ (alimentos) glasieren ❷ (papel) satinieren

glaucoma [glaʊ'koma] m (MED) grüner Star m

glicerina [gliθe'rina] f (QUÍM) Glycerin nt

global [glo'βal] adj ❶ (total) global; **valoración** ~ Pauschalurteil nt abw ❷ (cantidad) Gesamt- ❸ (informe) umfassend

globalidad [gloβali'ðaᵈ] f Gesamtheit f

globalización [gloβaliθa'θjon] f ❶ (de un problema) globale Betrachtung f ❷ (generalización) Verallgemeinerung f

globalizador(a) [gloβaliθa'ðor(a)] adj alles umfassend

globalizante [gloβali'θante] adj verallgemeinernd

globalizar [gloβali'θar] <z→c> vt ❶ (problema) global betrachten ❷ (generalizar) (stark) verallgemeinern ❸ (cantidad) pauschalieren

globalmente [gloβal'mente] adv insgesamt

globo ['gloβo] m ❶ (esfera) Kugel f; ~ **de**

una lámpara Lampenschirm *m;* ~ **ocular** Augapfel *m* ❷ (*Tierra*) Erdball *m* ❸ (*mapa*) Globus *m* ❹ (*para niños*) (Luft)ballon *m;* ~ **aerostático** (Heißluft)ballon *m* ❺ (*fam: borrachera*) Rausch *m* ❻ (*fam: enfado*) Rage *f* ❼ (*fam: preservativo*) Pariser *m* ❽ (DEP: *tenis*) Lob *m*

globular [gloβu'lar] *adj* ❶ (*de globo*) kugelförmig ❷ (*de glóbulo*) Blutkörperchen-

globulina [gloβu'lina] *f* (BIOL) Globulin *nt*

glóbulo ['gloβulo] *m* ❶ (*esfera*) Kügelchen *nt* ❷ (ANAT) Blutkörperchen *nt*

gloria[1] ['glorja] *f* ❶ (*fama*) Ruhm *m;* **Goya es una ~ nacional** Goya ist der Stolz Spaniens; **sin pena ni** ~ sang- und klanglos ❷ (*paraíso*) Himmelreich *nt;* **conseguir la** ~ die ewige Seligkeit erlangen; **Dios le tenga en su** ~ Gott habe ihn selig; **estar en la** ~ (*fam*) im siebten Himmel sein ❸ (*esplendor*) Herrlichkeit *f* ❹ (*gusto*) Freude *f;* **este pastel sabe a** ~ dieser Kuchen schmeckt himmlisch

gloria[2] ['glorja] *m* (REL) Gloria *nt*

gloriarse [glori'arse/glo'rjarse] < *1. pres:* me glorío> *vr* ❶ (*presumir*) sich rühmen (*de* +*gen*) ❷ (*complacerse*) sich freuen (*de/en* über +*akk*)

glorieta [glo'rjeta] *f* ❶ (*cenador*) Gartenhäuschen *nt* ❷ (*plazoleta*) Rondell *nt* ❸ (*cruce*) Kreisverkehr *m*

glorificación [glorifika'θjon] *f* Verherrlichung *f*

glorificar [glorifi'kar] <c→qu> **I.** *vt* verherrlichen **II.** *vr:* ~**se** sich rühmen (*de* +*gen*)

glorioso, -a [glo'rjoso, -a] *adj* ❶ (*famoso*) ruhmreich ❷ (REL) selig ❸ (*estupendo*) herrlich ❹ (*jactancioso*) prahlerisch

glosa ['glosa] *f* ❶ (*aclaración*) Erläuterung *f* (*a* zu +*dat*); (*anotación*) Bemerkung *f* (*a* zu +*dat*); (*comentario*) Kommentar *m* (*a* zu +*dat*) ❷ (LIT) Glosse *f* ❸ (MÚS) freie Variation *f*

glosar [glo'sar] *vt* ❶ (*comentar*) erläutern; (LIT) glossieren ❷ (*tergiversar*) verdrehen

glosario [glo'sarjo] *m* Glossar *nt*

glotis ['glotis] *f sin pl* (ANAT) Glottis *f*

glotón[1] [glo'ton] *m* (*animal*) Vielfraß *m*

glotón, -ona[2] [glo'ton, -ona] **I.** *adj* gefräßig **II.** *m, f* Vielfraß *m fam*

glotonear [glotone'ar] *vi* gierig essen, schlingen

glotonería [gloton'ria] *f* Essgier *f*

glucemia [glu'θemja] *f* (MED) Blutzuckerspiegel *m*

glucosa [glu'kosa] *f* Traubenzucker *m;* (QUÍM) Glucose *f*

gluten ['gluten] *m* ❶ (*cola*) Klebstoff *m* ❷ (BOT) Gluten *nt*

glúteo ['gluteo] *m* (ANAT) Gesäßmuskel *m*

glutinoso, -a [gluti'noso, -a] *adj* klebrig

gnomo ['nomo] *m* Zwerg *m*

gnosis ['nosis] *f inv* (REL) Gnosis *f*

gnosticismo [nosti'θismo] *m sin pl* (REL) Gnostizismus *m*

gobernabilidad [goβernaβili'ðað] *f sin pl* Regierbarkeit *f*

gobernable [goβer'naβle] *adj* ❶ (*país*) regierbar ❷ (*nave*) steuerbar

gobernación [goβerna'θjon] *f* Regieren *nt*

gobernador(a) [goβerna'ðor(a)] **I.** *adj* regierend **II.** *m(f)* Gouverneur(in) *m(f);* ~ **del Banco Central** Zentralbankpräsident *m;* ~ **del Banco de España** der Präsident der spanischen Zentralbank

gobernanta [goβer'nanta] *f* (*Am*) ❶ (*niñera*) Kinderfrau *f* ❷ (*institutriz*) Hauslehrerin *f*

gobernante [goβer'nante] *mf* Regierende(r) *mf*

gobernar [goβer'nar] <e→ie> *vt* ❶ (POL: *mandar*) regieren ❷ (*dirigir*) leiten; (*nave*) steuern; ~ **una casa** den Haushalt führen ❸ (*máquina*) bedienen ❹ (*a una persona*) beherrschen

gobierno [go'βjerno] *m* ❶ (POL) Regierung *f;* ~ **absoluto** Alleinherrschaft *f;* ~ **autonómico** Regionalregierung *f;* ~ **en la sombra** Schattenkabinett *nt;* **en círculos afines al** ~ in regierungsnahen Kreisen ❷ (*ministros*) Kabinett *nt* ❸ (*del gobernador*) Gouverneursamt *nt;* (*residencia*) Gouverneurssitz *m* ❹ (*dirección*) Führung *f* ❺ (*de una nave*) Manövrierfähigkeit *f* ❻ (*de una máquina*) Bedienung *f*

goce ['goθe] *m* Genuss *m*

godo, -a ['goðo, -a] **I.** *adj* gotisch **II.** *m, f* ❶ (HIST) Gote, -in *m, f* ❷ (AmC: *pey: español*) Spanier(in) *m(f)*

gofre ['gofre] *m* Waffel *f*

gofrera [go'frera] *f* Waffeleisen *nt*

gol [gol] *m* (DEP) Tor *nt;* ~ **del empate** Ausgleichstor *nt;* **meter un** ~ ein Tor schießen; **meterle un** ~ **a alguien** (*fam*) jdn hereinlegen

gola ['gola] *f* ❶ (*garganta*) Kehle *f* ❷ (*gorguera*) Halskrause *f*

golazo [go'laθo] *m* (DEP) Traumtor *nt*

goleador(a) [golea'ðor(a)] *m(f)* (DEP) Torjäger(in) *m(f)*

golear [gole'ar] *vt* (DEP) vernichtend schlagen

goleta [go'leta] *f* (NÁUT) Schoner *m*

golf [golf] *m sin pl* (DEP) Golf *nt*

golfa ['golfa] *f* ❶ (*fam: puta*) Hure *f*

② *v.* golfo²

golfear [golfe'ar] *vi* sich herumtreiben

golfista [gol'fista] *mf* (DEP) Golfspieler(in) *m(f)*

golfo¹ ['golfo] *m* (GEO) Golf *m*

golfo, -a² ['golfo, -a] *m, f* **①** (*pilluelo*) Straßenkind *nt* **②** (*vagabundo*) Strolch *m*

gollería [goʎe'ria] *f* Leckerbissen *m*

gollete [go'ʎete] *m* **①** (ANAT: *garganta*) Kehle *f* **②** (*de vasija*) (Flaschen)hals *m*

golondrina [golon'drina] *f* **①** (*pájaro*) Schwalbe *f* **②** (*reg: barca*) Motorboot *nt*

golondrino [golon'drino] *m* **①** (*pájaro*) junge Schwalbe *f* **②** (*vagabundo*) Landstreicher *m*

golosina [golo'sina] *f* **①** (*manjar*) Leckerbissen *m* **②** (*dulce*) Süßigkeit *f* **③** (*deseo*) Naschsucht *f* **④** (*cosa apetitosa*) Versuchung *f*

golosinear [golosine'ar] *vi* naschen

goloso, -a [go'loso, -a] **I.** *adj* **①** (*de dulces*) naschhaft **②** (*apetitoso*) appetitanregend **II.** *m, f* Leckermaul *nt*

golpe ['golpe] *m* **①** (*impacto*) Schlag *m;* (*choque*) Stoß *m;* ~ **de Estado** Staatsstreich *m,* Putsch *m;* ~ **de pincel** Pinselstrich *m;* ~ **de tos** Hustenanfall *m;* **a** ~ **de vista** mit einem Blick; **dar un** ~ einen Schlag versetzen; **parar un** ~ einen Schlag abwehren; **cerrar la puerta de** ~ die Tür zuschlagen; **la puerta se abrió de** ~ die Tür flog auf; **me he dado un** ~ **en la cabeza** ich habe mir den Kopf angestoßen; **no pegar** ~ (*fam*) keinen Schlag tun **②** (*gran cantidad*): ~ **de gente** Menschenmenge *f* **③** (TÉC: *pestillo*) Schnappriegel *m* **④** (*sorpresa*) Überraschung *f* **⑤** (*ocurrencia*) Einfall *m* **⑥** (*atraco*) Überfall *m* **⑦** (*de vestido*) Besatz *m* **⑧** (DEP): ~ **bajo** Tiefschlag *m;* ~ **franco** Freistoß *m* **⑨** (*loc*): **de** ~ (**y porrazo**) (*al mismo tiempo*) auf einen Schlag; (*de repente*) mit einem Schlag, plötzlich; **me lo tragué de un** ~ ich schluckte es alles auf einmal

golpear [golpe'ar] **I.** *vi* **①** (*dar un golpe*) schlagen **②** (*latir*) klopfen **③** (TÉC: *motor*) klopfen **II.** *vt* schlagen; (*en la puerta*) klopfen (an *+akk*); (*a alguien*) verprügeln **III.** *vr:* ~**se** sich schlagen; **me he golpeado la cabeza contra la pared** ich bin mit dem Kopf gegen die Wand gestoßen

golpetazo [golpe'taθo] *m* wuchtiger Schlag *m*

golpetear [golpete'ar] **I.** *vi* **①** (*dar golpes*) hämmern **②** (*traquetear*) klappern **II.** *vt* einhämmern (auf *+akk*)

golpista [gol'pista] **I.** *adj* Putsch- **II.** *mf* Putschist(in) *m(f)*

goma ['goma] *f* **①** (*sustancia*) Gummi *nt o m;* ~ **elástica** Kautschuk *m* **②** (*producto*): ~ **de borrar** Radiergummi *m;* ~ **elástica** Gummiband *nt* **③** (*fam: preservativo*) Gummi *m o nt* **④** (*Am: resaca*) Kater *m fam*

goma-dos ['goma-ðos] *f sin pl* Plastiksprengstoff *m*

gomaespuma [gomaes'puma] *f* Schaumgummi *m*

gomero [go'mero] *m* (*Am: árbol*) Kautschukbaum *m*

gomina® [go'mina] *f* Haarfestiger *m*

gominola [gomi'nola] *f* ≈Gummibärchen *nt*

gomosidad [gomosi'ðaˀ] *f* **①** (*elasticidad*) Elastizität *f* **②** (*adherencia*) Klebrigkeit *f*

gomoso [go'moso] *m* Dandy *m*

gónada ['gonaða] *f* (MED) Keimdrüse *f*

góndola ['gondola] *f* **①** (*de Venecia*) Gondel *f* **②** (*Am*) Omnibus *m*

gondolero [gondo'lero] *m* Gondoliere *m*

gong [goŋ] *m* <gongs>, **gongo** ['goŋgo] *m* Gong *m*

gonorrea [gono'rrea] *f* (MED) Gonorrhö *f*

gordo¹ ['gorðo] *m* **①** (*grasa*) Fett *nt* **②** (*lotería*): **el** ~ das große Los

gordo, -a² ['gorðo, -a] **I.** *adj* (*persona*) dick; (*comida*) fett; (*tejido*) grob; (*suceso*) wichtig; (*salario*) üppig; **el dedo** ~ der Daumen; **una mentira gorda** eine faustdicke Lüge; **es un pez** ~ er/sie ist ein hohes Tier; **me cae** ~ ich kann ihn nicht ausstehen; **ha pasado algo muy** ~ es ist etwas Ernstes geschehen; **se armó la gorda** (*fam*) es gab einen Riesenkrach **II.** *m, f* (*fam*) Dicke(r) *mf*

gordura [gor'ðura] *f* (*obesidad*) Fettleibigkeit *f;* (*corpulencia*) Korpulenz *f;* (*tejido adiposo*) Fett *nt*

gorgojo [gor'yoxo] *m* **①** (*insecto*) Kornwurm *m* **②** (*fam: persona*) Zwerg *m*

gorgoritear [goryorite'ar] *vi* (*fam*) trillern

gorgotear [goryote'ar] *vi* **①** (*hacer ruido*) gluckern; (*arroyo*) gurgeln **②** (*burbujear*) brodeln

gorgoteo [goryo'teo] *m* **①** (*ruido*) Gluckern *nt;* (*de un arroyo*) Gurgeln *nt* **②** (*borboteo*) Brodeln *nt*

gorguera [gor'yera] *f* **①** (*gola*) Halskrause *f* **②** (*de la armadura*) Halsberge *f*

gorila [go'rila] *m* Gorilla *m*

gorjear [gorxe'ar] **I.** *vi* **①** (*personas*) trillern **②** (*pájaros*) zwitschern; (*alondra*) tirilieren **II.** *vr:* ~**se** **①** (*niño*) glucksen **②** (*Am: burlarse*) sich lustig machen (*de* über *+akk*)

gorjeo [gor'xeo] *m* **①** (*de personas*) Trillern *nt* ❷ (*de pájaros*) Gezwitscher *nt*; (*de la alondra*) Tirili *nt*

gorra ['gorra] *f* ❶ (*prenda*) Mütze *f*; ~ **de visera** Schirmkappe *f* ❷ (*para niños*) Babymützchen *nt* ❸ (*loc*): **andar de** ~ schmarotzen; **vivir de** ~ auf fremde Kosten leben

gorrear [gorre'ar] *vi* (*fam*) schmarotzen; **¿te puedo** ~ **un cigarrillo?** kann ich von dir eine Zigarette schnorren?

gorrero [go'rrero] *m* (*fam*) Schmarotzer *m*

gorrinada [gorri'naða] *f* Schweinerei *f*

gorrinera [gorri'nera] *f* Schweinestall *m*

gorrino, -a [go'rrino, -a] *m, f* ❶ (*cochinillo*) Spanferkel *nt*; (*cerdo*) Schwein *nt*; (*cerda*) Sau *f* ❷ (*pey: persona*) Schwein *nt,* Sau *f*

gorrión [gorri'on] *m* ❶ (*pardal*) Sperling *m* ❷ (*AmC: colibrí*) Kolibri *m*

gorro ['gorro] *m* Mütze *f*; (*de uniforme*) Schiffchen *nt*; ~ **para bebés** Babymützchen *nt*; ~ **de natación** Badekappe *f*; ~ **de papel** Papiermütze *f*; **estoy hasta el** ~ (*fig*) ich habe die Nase voll

gorrón¹ [go'rron] *m* ❶ (*piedra*) Kiesel(stein) *m* ❷ (*TÉC*) Zapfen *m*

gorrón, -ona² [go'rron, -ona] *m, f* ❶ (*gorrero*) Schmarotzer *m* ❷ (*AmC: egoísta*) Egoist(in) *m(f)*

gorronear [gorrone'ar] *vi v.* **gorrear**

gorronería [gorrone'ria] *f* ❶ (*de gorrero*) Schmarotzen *nt* ❷ (*avaricia*) Geiz *m*

gota ['gota] *f* ❶ (*de líquido*) Tropfen *m*; **café con** ~**s de ron** Kaffee mit einem Schuss Rum; **el agua salía** ~ **a** ~ **del grifo** das Wasser tröpfelte aus dem Hahn; **apurar el vaso hasta la última** ~ das Glas bis zur Neige leeren; **la** ~ **que colma el vaso** der Tropfen, der das Fass zum Überlaufen bringt; **parecerse como dos** ~**s de agua** sich *dat* wie ein Ei dem anderen gleichen ❷ (*pizca*) kleiner Rest *m*; **no queda ni** ~ **de agua** es ist kein Tropfen Wasser mehr da; **no tiene ni una** ~ **de paciencia** er/ sie hat kein bisschen Geduld ❸ (*METEO*): ~ **fría** Kalt(luft)front *f* ❹ (*MED: enfermedad*) Gicht *f* ❺ (*gotero*) Tropf *m*

gotear [gote'ar] *vi* ❶ (*líquido*) tropfen; (*lentamente*) tröpfeln ❷ (*dar*) tropfenweise geben ❸ (*recibir*) tropfenweise bekommen

goteo [go'teo] *m* ❶ (*gotear*) Tropfen *nt* ❷ (MED) Tropf *m*

gotera [go'tera] *f* ❶ (*filtración*) Tropfen *m* ❷ (*grieta*) undichte Stelle *f*; **hay una** ~ **en el baño** im Badezimmer regnet es durch ❸ (*mancha*) Fleck(en) *m* ❹ (*achaque*) Wehwehchen *nt*; (*más fuerte*) Gebrechen *nt* ❺ *pl* (*Am: afueras*) Stadtrand *m*

gotero [go'tero] *m* ❶ (MED) Tropf *m* ❷ (*Am: cuentagotas*) Tropfenzähler *m*

gótico, -a ['gotiko, -a] *adj* gotisch; **el barrio** ~ **de Barcelona** das gotische Viertel von Barcelona

Gotinga [go'tiŋga] *f* Göttingen *nt*

gotoso, -a [go'toso, -a] **I.** *adj* (MED) gichtkrank **II.** *m, f* (MED) Gichtkranke(r) *mf*

gouda ['gouða] *m* (GASTR) Gouda(-Käse) *m*

gozada [go'θaða] *f* (*fam: para la vista*) Augenschmaus *m*; (*para el oído*) Ohrenschmaus *m*

gozar [go'θar] <z→c> **I.** *vi* ❶ (*complacerse*) Gefallen finden (an + *dat*) ❷ (*disfrutar*) sich erfreuen (*de* + *gen*); ~ **de una increíble fortuna** ein unglaubliches Vermögen haben **II.** *vt* ❶ (*disfrutar*) genießen ❷ (*poseer carnalmente*): ~ **a una mujer** mit einer Frau schlafen **III.** *vr*: ~**se** sich erfreuen (*en* an + *dat*)

gozne ['goθne] *m* ❶ (*de puerta*) (Tür)angel *f* ❷ (*de una caja*) Scharnier *nt*

gozo ['goθo] *m* ❶ (*delicia*) Wonne *f*; (*placer*) Freude *f* ❷ (*alegría*) Freude *f*; **mi** ~ **en un pozo** es ist alles im Eimer ❸ (*del fuego*) Aufflackern *nt*

gr. ['gramo] *abr de* **gramo** g

grabación [graβa'θjon] *f* ❶ (*de disco*) Aufnahme *f* ❷ (TV: *de una serie*) Aufzeichnung *f* ❸ (INFOR) Speichern *nt*

grabado [gra'βaðo] *m* ❶ (ARTE: *acción*) Gravieren *nt*; (*en piedra*) Einmeißeln *nt*; (*en madera*) Einschnitzen *nt* ❷ (ARTE: *copia*) Stich *m*; ~ **al agua fuerte** Ätzung *f*; ~ **en madera** Holzschnitt *m* ❸ (*arte*) Gravierkunst *f* ❹ (*ilustración*) Abbildung *f*

grabador¹ [graβa'ðor] *m:* ~ **de CDs** CD-Brenner *m*

grabador(a)² [graβa'ðor(a)] *m(f)* Graveur(in) *m(f)*

grabadora [graβa'ðora] *f* Tonbandgerät *nt*

grabadura [graβa'ðura] *f* ❶ (*acción*) Gravieren *nt*; (*en piedra*) Einmeißeln *nt*; (*en madera*) Einschnitzen *nt* ❷ (*efecto: en metal*) Gravur *f*; (*en madera*) Schnitzwerk *nt*

grabar [gra'βar] **I.** *vt* ❶ (ARTE) (ein)gravieren (*en* in + *akk*); (*en piedra*) einmeißeln; (*en madera*) einschnitzen ❷ (*disco*) aufnehmen; (*en vídeo*) aufzeichnen ❸ (INFOR) speichern ❹ (*fijar*) einprägen **II.** *vr*: ~**se** sich einprägen + *dat*

gracejo [gra'θexo] *m* Witz *m*

gracia ['graθja] *f* ❶ *pl* (*agradecimiento*): ¡~**s**! danke!; ¡**muchas** ~**s**! vielen Dank!; ¡~**s a Dios!** Gott sei Dank!; **te debo las** ~**s** ich bin dir zu Dank verpflichtet; **no me ha dado ni las** ~**s** er hat sich nicht einmal bei mir bedankt; ~**s a tus esfuerzos lo conseguí** ich schaffte es dank deiner Bemühungen ② (REL) Gnade *f* ③ (*perdón*) Begnadigung *f* ④ (*favor*) Gunst *f* ⑤ (*agrado*): **me cae en ~** er/sie ist mir sympathisch ⑥ (*garbo*) Anmut *f*; **está escrito con ~** es ist geistreich geschrieben ⑦ (*chiste*) Witz *m*; (*diversión*) Spaß *m*; **no tiene (ni) pizca de ~** das ist gar nicht lustig; **no me hace nada de ~** das finde ich gar nicht lustig; **si lo haces se va la ~** wenn du es tust, geht der Reiz verloren; **este cómico tiene poca ~** dieser Komiker ist langweilig; **la ~ es que...** das Witzige daran ist, dass ...; **no estoy hoy para ~s** ich bin heute nicht zu(m) Scherzen aufgelegt ⑧ (*ocurrencia*): **hoy ha hecho otra de sus ~s** er/sie hat heute wieder was Schönes angerichtet

grácil ['graθil] *adj* grazil

gracilidad [graθili'ðaᵈ] *f* Grazilität *f*

gracioso, -a [gra'θjoso, -a] **I.** *adj* ① (*atractivo*) anmutig ② (*chistoso*) witzig; **para mí no fue nada ~** das fand ich gar nicht lustig ③ (*gratis*) unentgeltlich **II.** *m, f* (TEAT) Spaßvogel *m*; **algún ~ me ha escondido las llaves** irgendein Witzbold hat meine Schlüssel versteckt; **no te hagas el ~ conmigo** komm mir bloß nicht komisch

grada ['graða] *f* ① (*peldaño*) Stufe *f* ② (*de un estadio*) (Sitz)reihe *f* ③ (*AGR*) Egge *f* ④ (NÁUT) Helling *f* ⑤ *pl* (*escalinata*) Freitreppe *f* ⑥ *pl* (*Am: atrio*) Vorhalle *f*

gradación [graða'θjon] *f* ① (*escalonamiento*) Abstufung *f* ② (MÚS) Steigerung *f* ③ (*retórica*) Gradation *f*

gradería [graðe'ria] *f*, **graderío** [graðe'rio] *m* (*t. fig*) Tribüne *f*

grado ['graðo] *m* ① (*nivel*) Grad *m* (*de* an +*dat*); **~ de confianza** Maß an Vertrauen; **quemaduras de primer ~** (MED) Verbrennungen ersten Grades; **en ~ sumo** in höchstem Grade ② (*parentesco*) Verwandtschaftsgrad *m* ③ (JUR): **en primer ~** in erster Instanz ④ (ENS) (Schul)klasse *f*; **~ elemental** Grundstufe *f* ⑤ (*universitario*) akademischer Grad *m*; **~ de doctor** Doktorwürde *f* ⑥ (MAT) Grad *m*; **~ centígrado** Grad Celsius ⑦ (LING): **~ comparativo** Komparativ *m* ⑧ (MIL: *rango*) Rang *m* ⑨ (*de alcohol*) Prozent *nt*

graduable [graðu'aβle] *adj* ① (*herramienta*) verstellbar ② (*temperatura*) graduierbar

graduación [graðwa'θjon] *f* ① (*regulación, t.* TÉC) Einstellung *f* ② (*en grados*) Gradeinteilung *f*; (*en niveles*) Abstufung *f*; (*de*

personas) Einstufung *f*; (*de precios*) Staffelung *f* ③ (*de un vino*) Alkoholgehalt *m* ④ (MIL) Rang *m*

graduado, -a [graðu'aðo, -a] **I.** *adj* ① (*aparato*) Grad-, Stufen- ② (*colores*) abgestuft **II.** *m, f* ① (UNIV) Akademiker(in) *m(f)*; **~ en ingeniería** Diplomingenieur *m* ② (ENS): **~ escolar** (*fam*) Hauptschulabgänger *m*

graduador [graðwa'ðor] *m* Regler *m*

gradual [graðu'al] *adj* allmählich

gradualmente [graðwal'mente] *adv* ① (*en grados*) stufenweise ② (*progresivamente*) allmählich

graduar [graðu'ar] <*1. pres:* gradúo> **I.** *vt* ① (*regular*) einstellen ② (TÉC) gradieren; (*aparato*) eichen; (*líquido*) den Alkoholgehalt bestimmen +*gen*; **~ la vista** die Brillengläser anpassen ③ (*en niveles*) (grad-weise) abstufen; (*precios*) staffeln ④ (ENS) graduieren ⑤ (MIL) einen Rang verleihen (*a* +*dat*) **II.** *vr:* **~se: se graduó en económicas** er/sie machte seine/ihre Diplomprüfung in VWL

grafema [gra'fema] *m* (LING) Graphem *nt*

grafía [gra'fia] *f* Schreibweise *f*

gráfica ['grafika] *f* ① (*diagrama*) Schaubild *nt* ② (*curva*) Kurve *f*

gráfico¹ [grafiko] *m* Schaubild *nt*; **~ de tarta** Tortendiagramm *nt*; **tarjeta de ~s** (INFOR) Grafikkarte *f*

gráfico, -a² [grafiko, -a] *adj* ① (*de la escritura*) Schrift- ② (*del dibujo*) grafisch; **diccionario ~** Bildwörterbuch *nt* ③ (*claro*) anschaulich

grafismo [gra'fismo] *m* ① (*grafía*) Schreibweise *f* ② (*aspecto estético*) Grafik *f* ③ (INFOR) grafische Darstellung *f*

grafista [gra'fista] *mf* Grafiker(in) *m(f)*

grafito [gra'fito] *m* (MIN) Graphit *m*

grafología [grafolo'xia] *f sin pl* Graphologie *f*

grafológico, -a [grafo'loxiko, -a] *adj* graphologisch

grafólogo, -a [gra'foloɣo, -a] *m, f* Graphologe, -in *m, f*

gragea [gra'xea] *f* Dragee *nt*

grajear [graxe'ar] *vi* ① (*el grajo*) krächzen ② (*un bebé*) glucksen

grajilla [gra'xiʎa] *f* Dohle *f*

grajo ['graxo] *m* ① (*ave*) Saatkrähe *f* ② (*charlatán*) Schwätzer *m* ③ (*Am: sobaquina*) Schweißgeruch *m*

gral. [xene'ral] *adj abr de* **general** allg.

gramática [gra'matika] *f* (LING) Grammatik *f*; **tener mucha ~ parda** (*fam*) listig sein

gramatical [gramati'kal] *adj* grammatikalisch; **regla ~** Grammatikregel *f*

gramaticalización [gramatikaliθaˈθjon] *f*
sin pl (LING) Grammatikalisation *f*
gramático, -a [graˈmatiko, -a] *m, f* Grammatiker(in) *m(f)*
gramilla [graˈmiʎa] *f* (*Am: hierba*) Gras *nt*
gramo [ˈgramo] *m* Gramm *nt*
gramófono [graˈmofono] *m* Grammophon *nt*
gramola [graˈmola] *f* ❶ (*gramófono*) Grammophon *nt* ❷ (*en un bar*) Musikbox *f*
gran [gran] *adj v.* **grande**
grana [ˈgrana] *f* ❶ (*acción*) Reifen *nt* der Getreidekörner ❷ (*semilla*) Same(n) *m* ❸ (*color*) Scharlach(rot) *nt* ❹ (*tela*) Scharlach *m* ❺ (*cochinilla*) Koschenille(laus) *f*; (*color*) Koschenille *f* ❻ (*quermes*) Kermes *m*
granada [graˈnaða] *f* ❶ (*fruto*) Granatapfel *m* ❷ (*proyectil*) Granate *f*
granadilla [granaˈðiʎa] *f* ❶ (*fruto*) Passionsfrucht *f* ❷ (*AmC: planta*) Passionsblume *f*
granadino, -a [granaˈðino, -a] **I.** *adj* aus Granada **II.** *m, f* Einwohner(in) *m(f)* von Granada
granado¹ [graˈnaðo] *m* Granat(apfel)baum *m*
granado, -a² *adj* ❶ (*ilustre*) vornehm ❷ (*maduro*) reif ❸ (*alto*) hoch aufgeschossen
granar [graˈnar] **I.** *vi* Körner entwickeln **II.** *vt* treiben
granate [graˈnate] **I.** *adj* granatfarben, granatrot **II.** *m* Granatstein *m*
Gran Bretaña [gram breˈtaɲa] *f* Großbritannien *nt*
grancanario, -a [graŋkaˈnarjo, -a] **I.** *adj* aus Gran Canaria **II.** *m, f* Einwohner(in) *m(f)* von Gran Canaria
grande [ˈgrande] **I.** *adj* <más grande *o* mayor, grandísimo> (*precediendo un sustantivo singular: gran*) groß; **gran ciudad** Großstadt *f*; ~ **como una montaña** riesengroß; **una habitación** ~ ein geräumiges Zimmer; **una gran suma de dinero** eine hohe Geldsumme; **una gran mentira** eine faustdicke Lüge; **vino gran cantidad de gente** es kamen sehr viele Leute; **tengo un gran interés por...** ich bin sehr interessiert an ... +*dat*; **no me preocupa gran cosa** das kümmert mich nicht besonders ❷ (*de edad*) alt; **Juan es más** ~ **que Pedro** Juan ist älter als Pedro ❸ (*moralmente*): **un gran hombre** ein bedeutender Mann; **una gran idea** eine großartige Idee ❹ (*loc*): **pasarlo en** ~ sich großartig amüsieren; **este tra-**

bajo me va ~ ich bin dieser Arbeit nicht gewachsen; **vivir a lo** ~ auf großem Fuß leben **II.** *m* ❶ (*prócer*) Größe *f*; **los** ~**s de la industria** die Großindustriellen ❷ (*título*): **G**~ **de España** Grande *m* Spaniens

---

? Grammatik

grande steht nach einem Substantiv und bezeichnet die Größe von etw/ jdm: *un restaurante grande – ein großes Restaurant, una fiesta grande – ein großes Fest.*

gran – *ansehnlich, bedeutend* steht vor einem Substantiv und hebt die Qualität von etw/jdm hervor: *un gran restaurante – ein hervorragendes Restaurant, una gran fiesta – ein großartiges Fest.*

---

grandemente [grandeˈmente] *adv* (*mucho*) sehr; (*extremadamente*) äußerst
grandeza [granˈdeθa] *f* ❶ (*vastedad*) Größe *f*; **delirio de** ~ Größenwahn *m* ❷ (*excelencia de cosas*) Großartigkeit *f* ❸ (*de personas*) Größe *f* ❹ (*de un Grande*) Würde *f*
grandilocuencia [grandiloˈkwenθja] *f* ❶ (*de estilo*) Schwülstigkeit *f* ❷ (*de una persona*) hochtrabende Ausdrucksweise *f*
grandilocuente [grandiloˈkwente] *adj* hochtönend
grandiosidad [grandjosiˈðað] *f* Großartigkeit *f*
grandioso, -a [granˈdjoso, -a] *adj* großartig
grandullón, -ona [granduˈʎon, -ona] *adj* hoch aufgeschossen
granear [graneˈar] *vt* ❶ (*semilla*) (aus)säen ❷ (*pólvora*) körnen ❸ (*cuero*) aufrauen ❹ (ARTE: *grabado en cobre*) granieren
granel [graˈnel]: **a** ~ (*sin envase*) unverpackt; (*suelto*) lose; (*líquido*) vom Fass; (*en abundancia*) haufenweise; **carga a** ~ Schüttgut *nt*
granero [graˈnero] *m* Scheune *f*; **Castilla es el** ~ **de España** Kastilien ist die Kornkammer Spaniens
granítico, -a [graˈnitiko, -a] *adj* ❶ (*relativo al granito*) Granit- ❷ (*parecido al granito*) granitartig
granito [graˈnito] *m* (MIN) Granit *m*
granizada [graniˈθaða] *f* ❶ (*pedrisco*) Hagelschauer *m* ❷ (*de balas*) Kugelhagel *m*
granizado [graniˈθaðo] *m* Erfrischungsgetränk; ~ **de café** Kaffee *m* mit Eis

Granizado bezeichnet ein Erfrischungsgetränk mit zerstoßenem Eis, mit Zitronen- (**granizado de limón**), Orangen- (**granizado de naranja**) oder Kaffeegeschmack (**granizado de café**).

granizar [grani'θar] <z→c> *vimpers* hageln

granizo [gra'niθo] *m* Hagel *m*

granja ['granxa] *f* ❶ (*finca*) Bauernhof *m*; (*en la zona anglosajona*) Farm *f* ❷ (*cafetería*) Milchbar *f*

granjear [granxe'ar] **I.** *vt* ❶ (*ganado*) handeln ❷ (*adquirir*) erwerben **II.** *vr:* ~ **se** für sich gewinnen

granjero, -a [gran'xero, -a] *m, f* Landwirt(in) *m(f)*, Bauer *m*, Bäuerin *f*; (*en la zona anglosajona*) Farmer(in) *m(f)*

grano ['grano] *m* ❶ (*de cereales*) (Samen)korn *nt*; (*de café*) Bohne *f*; ~ **s** Getreide *nt*; ~ **de trigo** Weizenkorn *nt*; ~ **de uva** Weintraube *f*; **vaya al** ~ kommen Sie zur Sache; **apartar el** ~ **de la paja** die Spreu vom Weizen trennen ❷ (*TÉC*) Korn *nt*; **de** ~ **duro** grobkörnig; **de** ~ **fino** feinkörnig ❸ (*de piel*) Narbe *f* ❹ (*MED*) Pickel *m* ❺ (*loc*): **aportó su** ~ **de arena** er/sie trug sein/ihr Scherflein bei; **de un** ~ (**de arena**) **hace una montaña** aus einer Mücke macht er/sie einen Elefanten

granoso, -a [gra'noso, -a] *adj* körnig

granuja¹ [gra'nuxa] *m* ❶ (*pilluelo*) Schelm *m* ❷ (*bribón*) Gauner *m*; **el muy** ~ **me ha engañado** der Mistkerl hat mich reingelegt

granuja² [gra'nuxa] *f* ❶ (*uva*) Traubenkamm *m* ❷ (*de las frutas*) Kern *m*

granujada [granu'xaða] *f* ❶ (*travesura*) Streich *m* ❷ (*bribonada*) Schurkerei *f*

granujería [granuxe'ria] *f* ❶ (*travesura*) Streich *m* ❷ (*bribonada*) Schurkerei *f* ❸ (*de pillos*) Rasselbande *f* ❹ (*de bribones*) Gaunerbande *f*

granujiento, -a [granu'xjento, -a] *adj* ❶ (*cara*) pickelig ❷ (*superficie*) rau

granulación [granula'θjon] *f* Granulation *f*

granulado [granu'laðo] *m* Granulat *nt*

granulador [granula'ðor] *m* Granulationsapparat *m*

granular [granu'lar] **I.** *adj* ❶ (*superficie*) körnig ❷ (*cuero*) aufgeraut **II.** *vt* granulieren

granuloso, -a [granu'loso, -a] *adj* körnig

grapa ['grapa] *f* ❶ (*para papeles*) Heftklammer *f*; (*para madera*) Krampe *f* ❷ (*licor*) Grappa *m* ❸ (*de la uva*) Kamm *m*

grapadora [grapa'ðora] *f* Heftmaschine *f*

grapar [gra'par] *vt* heften

grasa ['grasa] *f* ❶ (*ANAT*) Fett *nt*; ~ **de cerdo** Schweineschmalz *nt*; **cocinar sin** ~ fettarm kochen; **tengo mucha** ~ **en la barriga** ich habe viel Speck am Bauch; **el deporte quita la** ~ Sport lässt die Pfunde schmelzen ❷ (*TÉC: lubricante*) Schmieröl *nt* ❸ (*mugre*) Schmutz *m* ❹ (*MIN*): **las** ~ **s** die Schlacke

grasiento, -a [gra'sjento, -a] *adj* fettig; (*de aceite*) ölig

graso, -a ['graso, -a] *adj* ❶ (*grasiento*) fettig ❷ (*gordo*) dick

gratén [gra'ten] *m* (*GASTR*): **al** ~ überbacken

gratificación [gratifika'θjon] *f* ❶ (*recompensa*) Belohnung *f*; (*sobre objetos perdidos*) Finderlohn *m* ❷ (*del sueldo*) Sondervergütung *f*; ~ **de Navidad** Weihnachtsgeld *nt* ❸ (*propina*) Trinkgeld *nt*

gratificante [gratifi'kante] *adj* erfreulich

gratificar [gratifi'kar] <c→qu> *vt* ❶ (*recompensar*) belohnen (*por* für +*akk*); **se** ~ **á a quien lo encuentre** ein Finderlohn ist ausgesetzt ❷ (*en el trabajo*) eine Sondervergütung zahlen (*a* +*dat*) ❸ (*complacer*) zufrieden stellen

gratinado [grati'naðo] *m* (*GASTR*) Gratin *nt*

gratinador [gratina'ðor] *m* Grill *m* zum Überbacken

gratinar [grati'nar] *vt* (*GASTR*) überbacken, gratinieren

gratis ['gratis] *adv* kostenlos, gratis

gratitud [grati'tuð] *f* Dankbarkeit *f*

grato, -a ['grato, -a] *adj* ❶ (*agradable*) angenehm; ~ **al paladar** köstlich; **tu novio me ha dado una grata impresión** dein Freund hat bei mir einen sehr guten Eindruck gemacht; **tu visita me es muy grata** dein Besuch kommt mir sehr gelegen ❷ (*en una carta*): **me es** ~ **comunicarle que...** ich freue mich Ihnen mitteilen zu können, dass ...

gratuidad [gratwi'ðað] *f* ❶ (*de gratis*) Unentgeltlichkeit *f* ❷ (*arbitrariedad*) Willkürlichkeit *f* ❸ (*algo infundado*) Unbegründetheit *f*

gratuito, -a [gra'twito, -a] *adj* ❶ (*gratis*) kostenlos ❷ (*arbitrario*) willkürlich ❸ (*infundado*) unbegründet; **es una acusación gratuita** diese Anklage ist ungerechtfertigt; **este rumor es** ~ dieses Gerücht ist aus der Luft gegriffen; **lo que has hecho ha sido bastante** ~ was du gemacht hast, hättest du dir schenken können

grava ['graβa] *f* ❶ (*casquijo*) Kies *m* ❷ (*cascajo*) Schotter *m*

gravable [graˈβaβle] *adj* steuerpflichtig

gravamen [graˈβamen] *m* ❶ (*carga*) Last *f* ❷ (*de los ingresos*) Versteuerung *f;* (*del Estado*) Besteuerung *f* ❸ (UE) Abschöpfung *f*

gravar [graˈβar] *vt* ❶ (*cargar*) belasten ❷ (FIN) besteuern; ~ **con un impuesto** eine Steuer erheben (auf +*akk*)

grave [ˈgraβe] *adj* ❶ (*objeto*) schwer ❷ (*enfermedad*) schlimm; **está** ~ er/sie ist schwer krank ❸ (*persona, situación*) ernst; **es un momento** ~ **para la industria** es ist eine kritische Zeit für die Industrie ❹ (*estilo*) streng, nüchtern ❺ (*sonido*) tief ❻ (LING): **acento** ~ Gravis *m;* **palabra** ~ auf der vorletzten Silbe betontes Wort

gravedad [graβeˈðað] *f* ❶ (FÍS) Schwerkraft *f;* **centro de** ~ Schwerpunkt *m* ❷ (MÚS: *de los sonidos*) Tiefe *f* ❸ (MED): **estar herido de** ~ schwer verletzt sein ❹ (*de un estilo*) Strenge *f* ❺ (*de una situación, persona*) Ernst *m*

gravidez [graβiˈðeθ] *f* Schwangerschaft *f*

grávido, -a [ˈgraβiðo, -a] *adj* ❶ (*mujer*) schwanger ❷ (*elev: cargado*) (rand)voll, voll geladen

gravilla [graˈβiʎa] *f* Feinkies *m;* (*en la calzada*) (Roll)splitt *m*

gravitación [graβitaˈθjon] *f* (FÍS) Anziehungskraft *f;* (*de la tierra*) Schwerkraft *f*

gravitar [graβiˈtar] *vi* ❶ (FÍS) gravitieren ❷ (*un cuerpo*) ruhen (*sobre* auf +*dat*) ❸ (*recaer*) lasten (*sobre* auf +*dat*)

gravitatorio, -a [graβitaˈtorjo, -a] *adj* Gravitations-

gravoso, -a [graˈβoso, -a] *adj* ❶ (*pesado*) lästig; (*duro*) beschwerlich; (*libro*) schwierig ❷ (*costoso*) kostspielig

graznar [graθˈnar] *vi* (*cuervo*) krächzen; (*ganso*) schnattern; (*pato*) quaken

graznido [graθˈniðo] *m* (*cuervo*) Krächzen *nt;* (*ganso*) Schnattern *nt;* (*pato*) Quaken *nt*

greca [ˈgreka] *f* ❶ (*adorno*) Mäanderband *nt* ❷ (*Am: cafetera eléctrica*) Kaffeemaschine *f*

Grecia [ˈgreθja] *f* Griechenland *nt*

grecolatino, -a [grekolaˈtino, -a] *adj* griechisch-lateinisch

grecorromano, -a [grekorroˈmano, -a] *adj* griechisch-römisch

greda [ˈgreða] *f* ❶ (*arcilla*) Kreide *f* ❷ (*para desengrasar*) Bleicherde *f*

gredal [greˈðal] *m* Kreidegrube *f*

gregal [greˈɣal] *adj* Herden-

gregario, -a [greˈɣarjo, -a] *adj* ❶ (*persona*) Herden- ❷ (*soldado*) gemein

gregarismo [greɣaˈrismo] *m sin pl* Herden-

trieb *m*

gregoriano, -a [greɣoˈrjano, -a] *adj* gregorianisch

greguería [greɣeˈria] *f* Stimmengewirr *nt*

gremial [greˈmjal] **I.** *adj* ❶ (*de un gremio*) Innungs- ❷ (HIST) Zunft- **II.** *mf* Verbandsangehörige(r) *mf*

gremialismo [gremjaˈlismo] *m sin pl* ❶ (*mundo de*) Innungswesen *nt* ❷ (*doctrina*) Zunftgeist *m* ❸ (*tendencia*) Neigung *f* zur Verbandsbildung

gremio [ˈgremjo] *m* ❶ (*asociación*) Innung *f* ❷ (HIST) Zunft *f*

greña [ˈgreɲa] *f* (*cabellos*) Haarschopf *m;* **andar a la** ~ aneinander geraten

greñudo, -a [greˈɲuðo, -a] *adj* zerzaust

gres [gres] *m* ❶ (*arcilla*) (Töpfer)ton *m* ❷ (*producto*) Steingut *nt*

gresca [ˈgreska] *f* ❶ (*bulla*) Krach *m* ❷ (*riña*) Zankerei *f*

grial [griˈal] *m* Gral *m*

griego, -a [ˈgrjeɣo, -a] **I.** *adj* griechisch **II.** *m, f* Grieche, -in *m, f*

grieta [ˈgrjeta] *f* ❶ (*en la pared*) Riss *m* ❷ (*en una taza*) Sprung *m;* (*más grande*) Spalte *f* ❸ (*en la piel*) Schrunde *f*

grifa [ˈgrifa] *f* Haschisch *nt o m*

grifo¹ [ˈgrifo] *m* ❶ (TÉC) Hahn *m;* **agua del** ~ Leitungswasser *nt;* **me he dejado el** ~ **abierto** ich habe den Hahn nicht zugedreht ❷ (*mitología*) Greif *m* ❸ (*Perú: gasolinera*) Tankstelle *f*

grifo, -a² [ˈgrifo, -a] *adj* kraus

grillado, -a [griˈʎaðo, -a] *adj* (*fam: loco*) verrückt

grillarse [griˈʎarse] *vr* ❶ (*tubérculo*) auskeimen ❷ (*fam: persona*) überschnappen

grillera [griˈʎera] *f* ❶ (*agujero*) Grillenloch *nt* ❷ (*jaula*) Grillenkäfig *m* ❸ (*fam: lugar*): **esto es una** ~ das ist ja das reinste Irrenhaus ❹ (*de la policía*) Streifenwagen *m*

grillete [griˈʎete] *m* ❶ (*cepo*) Fußfessel *f* ❷ (NÁUT) Schäkel *m*

grillo [ˈgriʎo] *m* ❶ (*insecto*) Grille *f* ❷ (*tubérculo*) Keim *m* ❸ *pl* (*grilletes*) Fußfesseln *fpl*

grima [ˈgrima] *f* Schauder *m;* **me da** ~ **ver cómo la maltratas** es macht mich krank zu sehen, wie du sie misshandelst

gringada [griŋˈgaða] *f* (*Am: fam*) ❶ (*truco sucio*) Ganoventrick *m* ❷ (*grupo de gringos*) Gruppe *f* von Gringos

gringo¹ [ˈgriŋgo] *m* (*fam*) Kauderwelsch *nt*

gringo, -a² [ˈgriŋgo, -a] *m, f* (*Am: fam*) ❶ (*persona*) Gringo *m;* (*pey*) Ausländer *m* ❷ (*de EE.UU.*) Amerikaner(in) *m(f)*, Yankee *m abw*

gripa [ˈgripa] *f* (*Am*) Grippe *f*

gripal [gri'pal] *adj* (MED) grippal

griparse [gri'parse] *vr* (TÉC) sich festfressen

gripe ['gripe] *f* (MED) Grippe *f*

griposo, -a [gri'poso, -a] I. *adj* (MED): **estoy** ~ ich habe die Grippe II. *m, f* Grippekranke(r) *mf*

gris [gris] I. *adj* ❶ (*color*) grau; ~ **marengo** dunkelgrau; **de ojos** ~**es** grauäugig ❷ (*persona*) fade II. *m* ❶ (*color*) Grau *nt* ❷ (*viento*) kalter Wind *m* ❸ (HIST: *policía*) Bulle *m fam*

grisáceo, -a [gri'saθeo, -a] *adj*, **grisoso, -a** [gri'soso, -a] *adj* (*Am*) gräulich

grisú [gri'su] *m* <grisúes *o* grisús> (MIN) Grubengas *nt*

gritar [gri'tar] *vi, vt* ❶ (*dar gritos*) schreien ❷ (*reprender*) anschreien ❸ (*en un concierto*) auspfeifen

griterío [grite'rio] *m* Geschrei *nt*

grito ['grito] *m* Schrei *m;* ~ **de protesta** Protestruf *m;* **pegar un** ~ einen Schrei ausstoßen; **me lo dijo a** ~**s** er/sie schrie mich an; **a** ~ **limpio** [*o* **pelado**] mit lautem Geschrei; **poner el** ~ **en el cielo por algo** viel Aufhebens um etw machen; **Bosnia está pidiendo a** ~**s ayuda internacional** Bosnien bittet inständig um internationale Hilfe

groenlandés, -esa [groenlan'des, -esa] I. *adj* grönländisch II. *m, f* Grönländer(in) *m(f)*

Groenlandia [groen'landja] *f* Grönland *nt*

grogui ['groɣi] *adj* groggy

grosella [gro'seʎa] *f* Johannisbeere *f*

grosellero [grose'ʎero] *m* (BOT) Johannisbeerstrauch *m*

grosería [grose'ria] *f* ❶ (*descortesía*) Unhöflichkeit *f* ❷ (*ordinariez*) Gewöhnlichkeit *f* ❸ (*tosquedad*) Rohheit *f* ❹ (*estupidez*) Dummheit *f* ❺ (*observación*) vulgäre Äußerung *f;* (*palabrota*) Schimpfwort *nt*

grosero, -a [gro'sero, -a] *adj* ❶ (*descortés*) unhöflich ❷ (*ordinario*) gewöhnlich, ordinär ❸ (*tosco*) plump

grosor [gro'sor] *m* Dicke *f*

grotesco, -a [gro'tesko, -a] *adj* grotesk

grúa ['grua] *f* ❶ (*máquina*) Kran *m* ❷ (*vehículo*) Abschleppwagen *m*

gruesa ['ɣrwesa] *f* (*cantidad*) Gros *nt*

grueso¹ ['ɣrweso] *m* ❶ (*espesor*) Dicke *f* ❷ (*parte principal*) Gros *nt* ❸ (MED: *intestino*) Dickdarm *m* ❹ (COM): **vender en** ~ en gros verkaufen ❺ (TIPO) (Schrift)kegel *m*

grueso, -a² ['ɣrweso, -a] *adj* ❶ (*persona*) korpulent ❷ (*objeto*) dick ❸ (*mar*) schwer ❹ (*broma*) derb ❺ (*tela*) grob

grulla ['ɣruʎa] *f* Kranich *m*

grumete [gru'mete] *m* (NÁUT) Schiffsjunge *m*

grumo ['grumo] *m* ❶ (*coágulo*) Klumpen *m;* ~ **de sangre** (Blut)gerinnsel *nt* ❷ (*de uvas*) Bündel *nt;* (*de lechuga*) (Salat)herz *nt* ❸ (*de planta*) Schössling *m;* (*en patatas*) Auge *nt*

grumoso, -a [gru'moso, -a] *adj* klumpig, verklumpt

gruñido [gru'ɲiðo] *m* ❶ (*del cerdo*) Grunzen *nt* ❷ (*del perro*) Knurren *nt* ❸ (*de persona*) Murren *nt* ❹ (*de puerta*) Quietschen *nt*

gruñir [gru'ɲir] <3. *pret:* gruñó> *vi* ❶ (*cerdo*) grunzen ❷ (*perro*) knurren ❸ (*persona*) murren ❹ (*puerta*) quietschen

gruñón, -ona [gru'ɲon, -ona] I. *adj* (*fam*) brummig II. *m, f* (*fam*) Brummbär *m;* **es un viejo** ~ er ist ein alter Brummbart

grupa ['grupa] *f* Kruppe *f;* **volver** ~**s** (MIL) kehrtmachen

grupal [gru'pal] *adj* Gruppen-

grupo ['grupo] *m* ❶ (*conjunto*) Gruppe *f;* ~ (**industrial**) (COM) Konzern *m;* ~ **de noticias** (INFOR) Newsgroup *f;* ~ **parlamentario** (POL) Fraktion *f;* ~ **de presión** (POL) Lobby *f;* ~ **principal** (INFOR) Hauptgruppe *f;* **trabajo en** ~ Teamarbeit *f* ❷ (TÉC) Aggregat *nt*

grupúsculo [gru'puskulo] *m* (POL) Splittergruppe *f*

gruta ['gruta] *f* (*artificial*) Grotte *f;* (*natural*) Höhle *f*

guaca ['gwaka] *f* (*Am*) ❶ (*tumba*) indianische Begräbnisstätte *f* ❷ (*tesoro*) verborgener Schatz *m* ❸ (*hucha*) Spardose *f;* **hacer** ~ Geld machen

guacal [gwa'kal] *m* (*AmC: calabaza*) Kalebassenbaum *m*

guacamayo [gwaka'maʈo] *m* Ara *m*

guacamol(e) [gwaka'mol(e)] *m* (*Am:* GASTR) Avocadocreme *f*

guachada [gwa'ʧaða] *f* (*Am: fam: canallada*) Schurkenstreich *m*

guachimán [gwaʧi'man] *m* (*Am: vigilante*) Wächter *m*

guacho, -a ['gwaʧo, -a] *m, f* (*AmS: huérfano*) Waisenkind *nt;* (*expósito*) ausgesetztes Kind *nt*

guadalajareño, -a [gwaðalaxa'reɲo, -a]
I. *adj* aus Guadalajara **II.** *m*, *f* Einwoh-
ner(in) *m(f)* von Guadalajara

guadaña [gwa'ðaɲa] *f* Sense *f*

guadañar [gwaða'ɲar] *vt* mit der Sense
mähen

guagua ['gwaɣwa] *f* ❶ (*trivialidad*) Lappalie *f* ❷ (*Am: autobús*) Bus *m*

guajiro, -a [gwa'xiro, -a] **I.** *adj* bäurisch
II. *m*, *f* (*Cuba*) weißer Bauer *m*, weiße
Bäuerin *f*

gualdo, -a ['gwaldo, -a] *adj* goldgelb; **la
bandera roja y gualda** die spanische
Flagge

guanábano [gwa'naβano] *m* (*Am: árbol*)
Stachelannone *f*

guanaco¹ [gwa'nako] *m* (*mamífero*) Gua-
nako *m* o *nt*

guanaco, -a² [gwa'nako, -a] **I.** *adj* (*Am:
tonto*) dumm, einfältig; (*lento*) tranig *fam*
II. *m*, *f* ❶ (*Am: tonto*) Einfaltspinsel *m*,
Dummkopf *m* ❷ (*AmC: habitante*) Ein-
wohner(in) *m(f)* von El Salvador

guanche ['gwantʃe] *m* ❶ (*persona*) Urein-
wohner der kanarischen Inseln ❷ (HIST:
lengua) *Sprache der Einwohner Gran
Canarias*

> **i** **Land & Leute**
>
> Das Wort **guanche** bezeichnet
> sowohl die Ureinwohner der Kanari-
> schen Inseln wie deren Sprache. Die
> *Islas Canarias* wurden im 15. Jahrhun-
> dert von den Spaniern erobert.

guano ['gwano] *m* ❶ (*excrementos*)
Guano *m* ❷ (*CSur: estiércol*) Dung *m*

guantada [gwaɲ'taða] *f* Ohrfeige *f*; **dar
una ~ a alguien** jdn ohrfeigen

guantazo [gwaɲ'taθo] *m* v. **guantada**

guante ['gwaɲte] *m* Handschuh *m*; ~
cibernético [o **virtual**] Datenhandschuh *f*;
ir [o **sentar**] **como un** ~ wie angegossen
sitzen; **recoger el** ~ den Fehdehandschuh
aufnehmen; **colgar los ~s** (*boxeador*) die
Boxhandschuhe an den Nagel hängen; (*futbolista*) die Fußballschuhe an den Nagel
hängen; **le echaron el** ~ **al ladrón** der
Dieb wurde geschnappt

guantelete [gwaɲte'lete] *m* Panzerhand-
schuh *m*

guantera [gwaɲ'tera] *f* (AUTO) Handschuhfach *nt*

guantero, -a [gwaɲ'tero, -a] *m*, *f* Hand-
schuhmacher(in) *m(f)*

guapear [gwape'ar] *vi* (*fam*) ❶ (*ostentar*)

sein Äußeres zur Schau stellen ❷ (*fanfarronear*) prahlen (*de* mit +*dat*)

guaperas [gwa'peras] *m inv* (*fam*) eitler
Mensch *m*; **va de** ~ er spielt den wilden
Mann

guaperío [gwape'rio] *m* Schickeria *f*

guapeza [gwa'peθa] *f* ❶ (*aspecto*) Schönheit *f*; (*elegancia*) Eleganz *f* ❷ (*en los vestidos*) Eitelkeit *f* ❸ (*valentonería*) Mut *m*

guapo¹ ['gwapo] *m* ❶ (*Am: pey: pendenciero*) Raufbold *m* ❷ (*galán*) Galan *m*

guapo, -a² ['gwapo, -a] *adj* ❶ (*atractivo*)
hübsch, gut aussehend ❷ (*en el vestir*)
schick ❸ (*Am: valiente*) mutig

guaraca [gwa'raka] *f* (*Am: honda*) Schleuder *f*; (*látigo*) Peitsche *f*

guaraná [gwara'na] *f* (*Am: planta*) Guara-
napflanze *f*

guarangada [gwaraŋ'ɣaða] *f* (*Am: grosería*) Flegelei *f*

guaraní [gwara'ni] **I.** *adj* Guarani- **II.** *m*
Guaraní *m*

guarapo [gwa'rapo] *m* (*Am: jugo*) Zucker-
rohrsaft *m*; (*bebida*) Zuckerrohrschnaps *m*

guarda¹ ['gwarða] *f* ❶ (*acto*) Wache *f*
❷ (*protección*) Schutz *m* ❸ (*de un libro*)
Vorsatz *m* ❹ (*de la ley*) Befolgung *f* ❺ *pl*
(*de llave*) Einkerbung *f* im Schlüsselbart;
(*de cerradura*) Zuhaltung *f* ❻ *pl* (*de abanico*) Stäbe *mpl*

guarda² ['gwarða] *mf* Wächter(in) *m(f)*; ~
forestal Förster(in) *m(f)*

guardabarrera [gwarðaβa'rrera] *mf* Bahn-
wärter(in) *m(f)*

guardabarros [gwarða'βarros] *m inv*
Schutzblech *nt*

guardabosque(s) [gwarða'βoske(s)] *mf*
(*inv*) Förster(in) *m(f)*

guardacostas [gwarða'kostas] *m inv* Boot
nt der Küstenwache

guardaespaldas [gwarðaes'paldas] *mf inv*
Leibwächter(in) *m(f)*

guardagujas [gwarða'ɣuxas] *mf inv* (FERRO)
Weichensteller(in) *m(f)*

guardameta [gwarða'meta] *mf* (DEP) Torwart, -frau *m*, *f*

guardapolvo [gwarða'polβo] *m* Staubman-
tel *m*

guardar [gwar'ðar] **I.** *vt* ❶ (*vigilar*) bewachen; (*rebaño*) hüten ❷ (*proteger*)
beschützen (*de* vor +*dat*) ❸ (*ley*) einhalten ❹ (*conservar*) (auf)bewahren; ~ **en la
memoria intermedia** (INFOR) zwischen-
speichern; ~ **un sitio** einen Platz freihalten; ~ **le un trozo de pastel a alguien**
jdm ein Stück Kuchen aufheben; **guár-
dame esto que ahora vengo** heb das für
mich auf, ich komme sofort ❺ (*poner*):

¿dónde has guardado las servilletas? wo hast du die Servietten hingetan?; ~ **el dinero en el banco** das Geld auf die Bank bringen; ~ **algo en el bolsillo** etw in die Tasche stecken ⑥ (*quedarse con*) behalten ⑦ (*ahorrar*) sparen; ~ **las fuerzas** seine Kräfte schonen ⑧ (*loc*): ~ **cama** das Bett hüten; ~ **silencio** Stillschweigen bewahren; ~ **las distancias** Distanz wahren **II.** *vr:* ~ **se** ① (*conservar*) aufheben ② (*protegerse*) sich hüten (*de* vor +*dat*)

guardarropa¹ [gwarða'rropa] *m* Garderobe *f*

guardarropa² [gwarða'rropa] *mf* ① (*de vestuario: mujer*) Garderobe(n)frau *f*; (*hombre*) Garderobier *m* ② (TEAT: *guardarropía*) Requisiteur(in) *m(f)*

guardarropía [gwarðarro'pia] *m* ① (TEAT: *accesorios*) Requisiten *ntpl;* **de** ~ Schein- ② (*cuarto*) Requisitenkammer *f*

guardavía [gwarða'βia] *mf* (FERRO) Bahnwärter(in) *m(f)*

guardería [gwarðe'ria] *f* (*hasta tres años*) Kinderkrippe *f;* (*más de tres años*) Kindergarten *m;* (*durante todo el día*) Kindertagesstätte *f*

guardia¹ ['gwarðja] *f* ① (*vigilancia*) Wache *f;* **¿cuál es la farmacia de ~?** welche Apotheke hat Notdienst?; **estar de** ~ (*por la noche*) Nachtdienst haben; (*el fin de semana*) Wochenenddienst haben; (MIL) Wache schieben ② (DEP) Deckung *f;* **bajar la** ~ die Deckung fallen lassen; **en** ~ (*esgrima*) en garde ③ (*instituciones*): **la G~ Civil** die Guardia civil; ~ **municipal** [*o* **urbana**] Gemeindepolizei *f;* **estar en** ~ auf der Hut sein; **poner a alguien en** ~ jdn in Alarmbereitschaft versetzen

guardia² ['gwarðja] *mf:* ~ **civil** Beamte(r) *mf* der Guardia civil, Beamtin *f* der Guardia civil; ~ **municipal** [*o* **urbano**] Gemeindepolizist(in) *m(f);* ~ **de tráfico** Verkehrspolizist(in) *m(f)*

guardián, -ana [gwar'ðjan, -ana] *m, f* ① (*protector*) Hüter(in) *m(f);* **perro** ~ Wachhund *m* ② (*en el zoo*) Wärter(in) *m(f)*

guardilla [gwar'ðiʎa] *f* ① (*habitación*) Dachzimmer *nt* ② (*ventana*) Dachfenster *nt*

guarecer [gware'θer] *irr como crecer* **I.** *vt* ① (*proteger*) schützen (*de* vor +*dat*) ② (*albergar*) beherbergen; **le guarecí en mi casa** ich nahm ihn bei mir auf ③ (*curar*) heilen **II.** *vr:* ~ **se** ① (*cobijarse*) sich flüchten ② (*de la lluvia*) sich unterstellen

guarida [gwa'riða] *f* ① (*cueva*) Höhle *f;* (*de animales*) Bau *m* ② (*refugio*) Versteck *nt*

guarismo [gwa'rismo] *m* (MAT) Ziffer *f*

guarnecer [gware'θer] *irr como crecer* *vt* ① (*adornar*) verzieren (*con/de* mit +*dat*); (GASTR) garnieren; (*vestido*) besetzen ② (MIL: *ciudad*) eine Garnison (in einer Stadt) stationieren ③ (*equipar*) ausrüsten (*con/de* mit +*dat*); (*proveer*) versehen (*con/de* mit +*dat*), ausstatten (*con/de* mit +*dat*)

guarnición [gwarni'θjon] *f* ① (*adorno*) Verzierung *f;* (*en vestido*) Besatz *m;* (*joya*) (Ein)fassung *f* ② (MIL) Garnison *f* ③ (GASTR) Garnierung *f* ④ *pl* (*arreos*) Geschirr *nt*

guarrería [gwarre'ria] *f* Schweinerei *f*

guarro, -a ['gwarro, -a] **I.** *adj* ① (*cosa*) dreckig; **chiste** ~ anstößiger Witz ② (*persona*) schlampig; (*moralmente*) unanständig **II.** *m, f* Schwein *nt*

guasa ['gwasa] *f* ① (*burla*) Scherz *m;* **estar de** ~ zum Scherzen aufgelegt sein ② (*sosería*) Fadheit *f*

guasanga [gwa'saŋga] *f* (*Am: bullanga*) Remmidemmi *nt*

guasca ['gwaska] *f* (*Am*) Peitsche *f*

guasearse [gwase'arse] *vr* sich lustig machen (*de* über +*akk*)

guasería [gwase'ria] *f* (*Arg, Chil: grosería*) Unhöflichkeit *f*

guaso, -a ['gwaso, -a] *adj* (*CSur*) ① (*rústico*) bäurisch ② (*torpe*) grob, unhöflich

guasón, -ona [gwa'son, -ona] *m, f* Spaßvogel *m*

guata ['gwata] *f* ① (*algodón*) Watte *f* ② (*Am: barriga*) Bauch *m*

---

i | **Land & Leute**

Guatemala (offiziell: *República de Guatemala*) liegt in Mittelamerika. Die Hauptstadt heißt auch *Guatemala*. Die offizielle Landessprache ist Spanisch. Die Währungseinheit **Guatemalas** ist der *quetzal*.

---

guatemalteco, -a [gwatemal'teko, -a] **I.** *adj* guatemaltekisch **II.** *m, f* Guatemalteke, -in *m, f*

guateque [gwa'teke] *m* (*fam*) Party *f*

guau-guau [gwau̯-gwau̯] <guau-guaus> *m* (*fam*) Wauwau *m*

guay [gwai̯] *adj* (*fam*) klasse

guayaba [gwa'ɟaβa] *f* ① (*fruto*) Guajave *f* ② (*Am: mentira*) Lüge *f*

guayabo [gwa'ɟaβo] *m* Guajavabaum *m*

Guayana [gwa'ɟana] *f* Guyana *nt*

guayanés, -esa [gwaɟa'nes, -esa] **I.** *adj*

guyanisch **II.** *m*, *f* Guyaner(in) *m(f)*

gubernamental [guβernamenˈtal] *adj*
❶ (*relativo a*) Regierungs- ❷ (*partidario*)
regierungstreu

gubernativo, -a [guβernaˈtiβo, -a] *adj*
Regierungs-; **policía gubernativa** Staats-
polizei *f*

gubia [ˈguβja] *f* (TÉC) Hohlmeißel *m*

guedeja [geˈðexa] *f* ❶ (*mechón de pelo*)
(Haar)strähne *f*; **con esas ~s encima de
la cara** mit dieser ins Gesicht hängenden
Mähne ❷ (*cabellera larga*) langes Haar *nt*

guepardo [geˈparðo] *m* Gepard *m*

güero, -a [ˈgwero, -a] **I.** *adj* (*Am: rubio*)
blond **II.** *m*, *f* (*Am: rubio*) Blonde(r) *m*

guerra [ˈgerra] *f* Krieg *m*; **~ de precios/
tarifas** Preis-/Tarifkampf *m*; **la Primera
G~ Mundial** der Erste Weltkrieg; **ir a la ~**
in den Krieg ziehen; **estar en pie de ~
con alguien** mit jdm auf Kriegsfuß stehen;
estos niños dan mucha ~ (*fam*) diese
Kinder sind sehr anstrengend

Wenn man in Spanien von **guerra
civil** spricht, dann meint man so gut
wie immer die **„guerra civil española"** – den *Spanischen Bürgerkrieg*
(1936-1939). Spanien spaltete sich in
zwei gegnerische Parteien: *los republi-
canos* – die Republikaner bzw. *Loyalis-
ten* und *los falangistas/nacionalistas* –
die Nationalisten.

guerreador(a) [gerreaˈðor(a)] **I.** *adj* (*que
guerrea*) Krieg führend; (*inclinado a la
guerra*) angriffslustig; **es un niño muy ~**
er ist ein sehr aggressiver Junge **II.** *m(f)*
(*que guerrea*) Kriegführende(r) *mf*; (*inclinado a la guerra*) Angriffslustige(r) *mf*

guerrear [gerreˈar] *vi* ❶ (*hacer guerra*)
Krieg führen ❷ (*resistir*) sich zur Wehr setzen

guerrera [geˈrrera] *f* Uniformjacke *f*

guerrero, -a [geˈrrero, -a] **I.** *adj* ❶ (*de
guerra*) Kampf-, kämpferisch ❷ (*travieso*)
ausgelassen ❸ (*revoltoso*) ungezogen
II. *m*, *f* Krieger(in) *m(f)*

guerrilla [geˈrriʎa] *f* Freischar *f*; (*en Latinoamérica*) Guerilla *f*

guerrillear [gerriʎeˈar] *vi* einen Guerillakrieg führen

guerrillero, -a [gerriˈʎero, -a] *m*, *f* Frei-
schärler(in) *m(f)*; (*en Latinoamérica*) Gue-
rillakämpfer(in) *m(f)*, Guerillero, -a *m*, *f*

gueto [ˈgeto] *m* Getto *nt*

guía¹ [ˈgia] *m* ❶ (MIL) Flügel *m* ❷ (*manillar*) Lenkstange *f*

guía² [ˈgia] *f* ❶ (*pauta*) Richtschnur *f*
❷ (*persona*) Leitbild *nt* ❸ (*manual*) Handbuch *nt*; **~ comercial** Firmenadressbuch
nt; **~ de ferrocarriles** Kursbuch *nt*; **~
telefónica** Telefonbuch *nt*; **~ turística**
Reiseführer *m* ❹ (*planta*) Leittrieb *m*
❺ (TÉC) Führungsschiene *f* ❻ (*del bigote*)
Schnurrbartspitze *f* ❼ (*del abanico*) Stäbe
mpl ❽ (*PRico: volante*) Lenkrad *nt* ❾ *pl*
(*riendas*) Zügel *mpl*

guía³ [ˈgia] *mf* (*de un grupo*) Führer(in)
m(f); **~ turístico** Fremdenführer *m*

guiar [giˈar] <*1. pres:* guío> **I.** *vt* ❶ (*a alguien*) führen ❷ (*conversación*) lenken
❸ (*planta*) hochbinden **II.** *vr*: **~se** sich
richten (*por* nach +*dat*); **me guío por mi
instinto** ich folge meinem Instinkt

guija [ˈgixa] *f* Kiesel(stein) *m*

guijarro [giˈxarro] *m* ❶ (*canto*) Kie-
sel(stein) *m* ❷ *pl* (*en playa*) Geröll *nt*

guijo [ˈgixo] *m* Schotter *m*

guillarse [giˈʎarse] *vr* (*fam*) ❶ (*chiflarse*)
überschnappen ❷ (*irse*): **guillárselas**
abhauen

guillotina [giʎoˈtina] *f* ❶ (*de ejecución*)
Guillotine *f* ❷ (*para papel*) (Papier)schnei-
demaschine *f* ❸ (TÉC): **ventana de ~** (nach
oben zu öffnendes) Schiebefenster *f*

guillotinar [giʎotiˈnar] *vt* ❶ (*decapitar*)
guillotinieren ❷ (*papel*) schneiden

guinda [ˈginda] *f* ❶ (*fruta*) Sauerkirsche *f*
❷ (NÁUT: *de arboladura*) Bemastungshöhe *f*
❸ (*loc*): **y la ~ fue que...** (*fam*) und der
Hammer war, dass ...

guindilla [ginˈdiʎa] *f* (GASTR) Paprikaschote
f; (*pequeña*) Peperoni *f*

guindo [ˈgindo] *m* ❶ (*árbol*) Sauerkirsch-
baum *m* ❷ (*loc*): **subirse al ~** (*fam*) in die
Luft gehen

guineo [giˈneo] *m* (*Am: banana*) Banane *f*

guiñapo [giˈɲapo] *m* ❶ (*trapo*) Lumpen *m*
❷ (*andrajoso*) zerlumpter Mensch *m*
❸ (*degradado*) heruntergekommener
Mensch *m* ❹ (*debilucho*) Schwächling *m*

guiñar [giˈɲar] **I.** *vt* zwinkern **II.** *vi* (NÁUT)
gieren

guiño [ˈgiɲo] *m* (*con el ojo*) (Zu)zwinkern
nt; **hacer un ~** zwinkern; (*en señal de
algo*) zuzwinkern

guiñol [giˈɲol] *m* ❶ (*teatro*) Kasper(le)thea-
ter *nt* ❷ (*títere*) Kasperpuppe *f*

guión [giˈon] *m* ❶ (*de una conferencia*)
Konzept *nt* ❷ (CINE) Drehbuch *nt*; (TV)
Skript *nt* ❸ (LING: *al fin de renglón*) Trennungsstrich *m*; (*de compuesto*) Bindestrich *m*; (*en diálogo*) Gedankenstrich *m*

❹ (*persona*) Führer *m* ❺ (*real*) königliche Standarte *f* ❻ (*de procesión*) Prozessionsfahne *f*

guionista [gjo'nista] *mf* (CINE) Drehbuchautor(in) *m(f)*; (TV) Skriptautor(in) *m(f)*

guipar [gi'par] *vt* (*vulg*) glotzen (*a* auf +*akk*) *fam*

guiri ['giri] *mf* (*pey*) ❶ (*extranjero*) Ausländer(in) *m(f)* ❷ (*guardia*) Beamte(r) *mf* der Guardia civil, Beamtin *f* der Guardia civil

---

i Land & Leute

    Das Wort **guiri** stammt aus dem Baskischen und bedeutete ursprünglich Parteigänger der Königin Cristina, später einfach Liberaler. Heute werden damit vor allem junge Touristen, insbesondere amerikanische, bezeichnet. Zunächst wurde **guiri** eher als Schimpfwort gebraucht, heute gehört es zur spanischen Jugendsprache und hat keine unbedingt abfällige Bedeutung.

---

guirigay [giri'yai] *m* <guirigayes *o* guirigáis> (*fam*) ❶ (*lenguaje*) Kauderwelsch *nt* ❷ (*griterío*) Geschrei *nt* ❸ (*barullo*) Wirrwarr *m*

guirlache [gir'latʃe] *m* Krokant *m*

guirnalda [gir'nalda] *f* Girlande *f*

guisa ['gisa] *f*: **no puedes hacerlo de esta ~** du kannst es so nicht machen

guisado [gi'saðo] *m* Schmorbraten *m*

guisante [gi'sante] *m* Erbse *f*

guisar [gi'sar] **I.** *vt* ❶ (*cocinar*) kochen; (*con salsa*) schmoren ❷ (*tramar*) aushecken **II.** *vr*: **~se** sich anbahnen; **se está guisando** es köchelt vor sich hin

guiso ['giso] *m* ❶ (*plato*) Gericht *nt* ❷ (*en salsa*) Schmorbraten *m*

guisote [gi'sote] *m* (*pey*) Fraß *m*

güisqui ['gwiski] *m* Whisky *m*

guita ['gita] *f* ❶ (*cuerda*) Bindfaden *m* ❷ (*fam: dinero*) Kohle *f*

guitarra [gi'tarra] *f* ❶ (*instrumento*) Gitarre *f* ❷ (*loc*): **venir como una ~ en un entierro** fehl am Platz(e) sein; **chafar la ~ a alguien** jdm einen Strich durch die Rechnung machen

guitarrero, -a [gita'rrero, -a] *m, f* ❶ (*fabricante*) Gitarrenhersteller(in) *m(f)* ❷ (*guitarrista*) Gitarrenspieler(in) *m(f)*; (*profesional*) Gitarrist(in) *m(f)*

guitarrista [gita'rrista] *mf* Gitarrenspieler(in) *m(f)*; (*profesional*) Gitarrist(in) *m(f)*

güito ['gwito] *m* ❶ (*fam: sombrero*) Hut *m* ❷ (*de albaricoque*) Aprikosenkern *m*

gula ['gula] *f* Gefräßigkeit *f*

gulasch [gu'laʃ] *m* Gulasch *nt o m*

guripa [gu'ripa] *m* (*fam*) ❶ (*soldado*) Soldat *m* ❷ (*guardia*) (Gemeinde)polizist *m* ❸ (*golfo*) Gauner *m*

gurmet [gur'met] *mf* Gourmet *m*

gurrumino[1] [gurru'mino] *m* Pantoffelheld *m*

gurrumino, -a[2] [gurru'mino, -a] *adj* ❶ (*ruin*) knauserig ❷ (*mezquino*) schäbig

gurú [gu'ru] *m* Guru *m*

gusanillo [gusa'niʎo] *m* Würmchen *nt*; **matar el ~** (*comiendo*) eine Kleinigkeit essen; (*bebiendo*) auf nüchternen Magen Schnaps trinken

gusano [gu'sano] *m* ❶ (*lombriz*) Wurm *m*; **~ de tierra** Regenwurm *m*; **~ de luz** Glühwürmchen *nt fam* ❷ (*oruga*) Raupe *f* ❸ (*malo*) verächtlicher Mensch *m* ❹ (*abatido*) niedergeschlagener Mensch *m*

gusarapo [gusa'rapo] *m* (ZOOL) Made *f*

gustar [gus'tar] *vi* ❶ (*agradar*) gefallen; (*actividad*) gern tun; (*persona*) gern haben; (*comida*) schmecken; **como Ud. guste** wie Sie wünschen; **¿te gusta estar aquí?** gefällt es dir hier?; **me gusta nadar** ich schwimme gern ❷ (*querer*): **~ de** belieben zu ...; **me gustas** ich mag dich ❸ (*condicional*): **me ~ía saber...** ich wüsste gern ...

gustativo, -a [gusta'tiβo, -a] *adj* Geschmacks-

gustazo [gus'taθo] *m* ❶ (*placer*) Riesenspaß *m*; **tuve el ~ de darle la mano** ich hatte (endlich) das Vergnügen, ihm/ihr die Hand zu geben ❷ (*ante una desgracia*) Schadenfreude *f*

gustillo [gus'tiʎo] *m* Nachgeschmack *m*

gusto ['gusto] *m* ❶ (*sentido*) Geschmack(ssinn) *m*; **una broma de mal ~** ein geschmackloser Scherz; **no hago nada a su ~** ich kann es ihm/ihr nie recht machen; **lo ha hecho a mi ~** er/sie hat es ganz nach meinem Geschmack gemacht; **sobre ~s no hay nada escrito** über Geschmack lässt sich nicht streiten ❷ (*sabor*) Geschmack *m* (*a* nach +*dat*); **huevos al ~** Eier nach Wahl ❸ (*placer*) Vergnügen *nt*; **~s caros** teures Vergnügen; **encontrar ~ en algo** Freude an etw *dat* finden; **estar a ~** sich wohl fühlen; **tanto ~ en conocerla – el ~ es mío** sehr erfreut – ganz meinerseits; **hago lo que me viene en ~** ich mache, was ich will

gustoso, -a [gus'toso, -a] *adj* ❶ (*sabroso*) köstlich ❷ (*con gusto*): **te acompañaré ~**

ich werde dich gern begleiten ③ (*agradable*) angenehm

gutapercha [guta'pertʃa] *f* Guttapercha *f o nt*

gutural [gutu'ral] *adj* guttural

gym-jazz [dʒim'dʒas] *m* (DEP) Jazzgymnastik *f*

gymkhana [dʒiŋ'kana] *f* Gymkhana *nt*

H, h ['atʃe] *f* H, h *nt;* ~ **de Historia** H wie Heinrich

ha [xa] *interj* ah!, ach!; **¡~, ~!** haha(ha)!

haba ['aβa] *f* ❶ (BOT) Saubohne *f;* **son ~ s contadas** (*es seguro*) das ist ganz sicher; (*es escaso*) das ist knapp; **en todas partes cuecen ~ s** das kommt in den besten Familien vor ❷ (*de café*) (Kaffee)bohne *f* ❸ (*del caballo*) Gaumengeschwulst *f* ❹ (*del pene*) Eichel *f*

Habana [a'βana] *f:* **la ~** Havanna *nt*

habanero, -a [aβa'nero, -a] **I.** *adj* aus Havanna **II.** *m, f* Einwohner(in) *m(f)* von Havanna

habano [a'βano] *m* Havanna(zigarre) *f*

haber [a'βer] *irr* **I.** *aux* ❶ (*en tiempos compuestos*) haben, sein; **ha ido al cine** er/sie ist ins Kino gegangen; **he comprado el periódico** ich habe die Zeitung gekauft ❷ (*de obligación*) müssen; **¿qué ha de ser cierto?** das soll wahr sein? ❸ (*futuro*) **él no ha de decirlo** er wird es nicht sagen ❹ (*imperativo*): **no tengo sitio – ¡~ venido antes!** ich habe keinen Platz – du hättest früher kommen sollen! **II.** *vimpers* ❶ (*ocurrir*) geschehen; **ha habido un terremoto en Japón** in Japan hat es ein Erdbeben gegeben; **¿qué hay?** was ist los?; **¿qué hay, Pepe?** wie geht's, Pepe? ❷ (*efectuar*): **hoy no hay cine** heute gibt's keine Kinovorstellung; **ayer hubo reunión** gestern fand die Sitzung statt; **después habrá baile** später wird getanzt ❸ (*existir*) geben; **aquí no hay agua** hier gibt es kein Wasser; **a este negocio no hay nada que hacerle** mit diesem Geschäft kann man keinen Blumentopf gewinnen *fam;* **eso es todo... ¡y ya no hay más!** das ist alles ... und damit basta!; **¿hay algo entre tú y ella?** läuft etwas zwischen euch beiden?; **hay poca gente**

es sind wenige Leute da; **hay quien cree que...** manche (Leute) glauben, dass ...; **¡muchas gracias! – no hay de qué** vielen Dank! – gern geschehen!; **no hay para ponerse así** es gibt keinen Grund, sich derart aufzuregen; **no hay quien me gane al ping-pong** keiner kann mich im Tischtennis schlagen ❹ (*hallarse*) sein; **hay un cuadro en la pared** an der Wand hängt ein Bild; **había un papel en el suelo** auf dem Boden lag ein Blatt Papier ❺ (*tiempo*) vor +*dat;* **había una vez...** es war einmal ... ❻ (*obligatoriedad*): **¡hay que ver cómo están los precios!** mein Gott, wie teuer alles geworden ist!; **hay que trabajar más** man muss mehr arbeiten; **no hay que olvidar que...** man darf nicht vergessen, dass ... **III.** *vt:* **compra cuantos sellos pueda** ~ er/sie kauft alle erhältlichen Briefmarken **IV.** *vr:* ~ **se** (*comportarse*) sich benehmen; (*entenderse*) auskommen (*con* mit +*dat*); **habérselas con alguien** es mit jdm zu tun bekommen **V.** *m* ❶ (*capital*) Haben *nt* ❷ (*en cuenta corriente*) (Gut)haben *nt;* **pasaré la cantidad a tu** ~ ich werde die Summe auf dein Konto überweisen ❸ *pl* (*emolumentos*) Einkünfte *fpl*

habichuela [aβi'tʃwela] *f* Bohne *f*

hábil ['aβil] *adj* ❶ (*diestro*) geschickt; **ser ~ para algo** für etw Geschick haben ❷ (*en el oficio*) tüchtig ❸ (*astuto*) schlau; **una respuesta ~** eine schlagfertige Antwort ❹ (JUR) fähig; **días ~ es** Arbeitstage *mpl*

habilidad [aβili'ðaᵈ] *f* ❶ (*destreza*) Geschicklichkeit *f;* **no tengo gran ~ con las manos** ich habe zwei linke Hände ❷ (*facultad*) Können *nt;* (*para los negocios*) (Geschäfts)tüchtigkeit *f* ❸ (*astucia*) Schläue *f* ❹ (*gracia*) Anmut *f;* **se mueve con ~** er/sie bewegt sich anmutig

habilidoso, -a [aβili'ðoso, -a] *adj* ❶ (*dies-*

tro) geschickt ❷(*en los negocios*) (geschäfts)tüchtig ❸(*astuto*) schlau ❹(*gracioso*) anmutig

habilitación [aβilita'θjon] *f* ❶(JUR: *de personas*) Befähigung *f* (*para* zu +*dat*) ❷(*de empleo*) Zahlungsbevollmächtigung *f* ❸(*oficina*) Zahlstelle *f* ❹(*de un espacio*) Umgestaltung *f*

habilitar [aβili'tar] I. *vt* ❶(JUR: *a personas*) befähigen; (*documentos*) für rechtsgültig erklären ❷(COM: *dar capital*) finanzieren ❸(*proveer*) versorgen (*de* mit +*dat*); ~ **horas de visita** Sprechstunden festlegen ❹(*espacio*) umgestalten II. *vr:* ~ **se** sich versorgen (*de* mit +*dat*)

habiloso, -a [aβi'loso, -a] *adj* (*Am*) ❶(*hábil*) flink ❷(*astuto*) schlau

habitabilidad [aβitaβili'ðaᵈ] *f sin pl* Bewohnbarkeit *f*

habitable [aβi'taβle] *adj* bewohnbar

habitación [aβita'θjon] *f* ❶(*cuarto*) Zimmer *nt* ❷(*vivienda*) Wohnung *f* ❸(*acción*) Wohnen *nt*

habitáculo [aβi'takulo] *m* ❶(*vivienda*) Wohnung *f* ❷(*espacio*) Wohnraum *m* ❸(AUTO) Innenraum *m*

habitante [aβi'tante] *mf* ❶(*en ciudad*) Einwohner(in) *m(f)* ❷(*de una isla*) Bewohner(in) *m(f)*

habitar [aβi'tar] I. *vi* wohnen (*en* in +*dat*); **hace tiempo que habita en Alemania** er/sie lebt seit langem in Deutschland II. *vt* bewohnen

hábitat ['aβitaᵗ] *m* <hábitats> Habitat *nt*

hábito ['aβito] *m* ❶(*costumbre*) (An)gewohnheit *f;* **he dejado el ~ de fumar** ich habe mir das Rauchen abgewöhnt ❷(REL: *sotana*) Habit *m o nt;* (*orden*) Orden *m*

habituación [aβitwa'θjon] *f sin pl* Gewöhnung *f*

habitual [aβitu'al] *adj* gewöhnlich; **bebedor** ~ Gewohnheitstrinker *m;* **cliente** ~ Stammgast *m;* **lo dijo con su ironía** ~ er/sie sagte es mit der ihm/ihr eigenen Ironie

habituar [aβitu'ar] <*1. pres:* habitúo> *vt, vr:* ~ **se** (sich) gewöhnen (*a* an +*akk*)

habla ['aβla] *f* ❶(*facultad*) Sprache *f;* **quedarse sin** ~ sprachlos sein ❷(*acto*) Sprechen *nt;* (LING) Parole *f;* **país de** ~ **alemana** deutschsprachiges Land; **¡Juan al** ~**!** Juan am Apparat! ❸(*manera*) Sprechweise *f* ❹(*dialecto*) Mundart *f*

hablado, -a [a'βlaðo, -a] *adj:* **bien** ~ sprachgewandt; **ser bien/mal** ~ sich gewählt/derb ausdrücken

hablador(a) [aβla'ðor(a)] I. *adj* gesprächig II. *m(f)* ❶(*cotorra*) Plappermaul *nt fam* ❷(*chismoso*) Klatschmaul *nt fam*

habladuría [aβlaðu'ria] *f* Gerede *nt*

hablante [a'βlante] *mf* Sprecher(in) *m(f)*

hablar [a'βlar] I. *vi* ❶(*decir*) sprechen (*de/sobre* über +*akk,* von +*dat*), reden (*de/sobre* über +*akk*); ~ **a gritos** schreien; ~ **al oído** ins Ohr flüstern; **déjeme terminar de** ~ lassen Sie mich ausreden; ~ **claro** zur Sache kommen; **este autor no habla de este tema** dieser Autor behandelt dieses Thema nicht; **la policía le ha hecho** ~ die Polizei hat ihn zum Reden gebracht; **los números hablan por sí solos** die Zahlen sprechen für sich; **¡ni** ~**!** auf gar keinen Fall!, kommt nicht in Frage [*o* infrage]!; **por no** ~ **de...** ganz zu schweigen von ... +*dat;* **¡y no se hable más!** und damit basta! ❷(*conversar*) reden (*de/sobre* über +*akk*); ~ **con franqueza** offen sprechen; ~ **por los codos** (*fam*) wie ein Wasserfall reden; ~ **por teléfono** telefonieren; **no he podido** ~ **con él** er war nicht ansprechbar ❸(*tratamiento*) ansprechen (*de* mit +*dat*); **nos hablamos de tú/Ud.** wir duzen/siezen uns II. *vt* ❶(*idioma*) sprechen ❷(*asunto*) besprechen III. *vr:* ~ **se** miteinander reden; **no se hablan** es herrscht Funkstille zwischen ihnen

hablilla [a'βliʎa] *f* Gerede *nt*

hablista [a'βlista] *mf* gewandter Redner *m,* gewandte Rednerin *f*

hacedero, -a [aθe'ðero, -a] *adj* machbar, durchführbar

hacedor(a) [aθe'ðor(a)] *m(f)* ❶(*creador*) Schöpfer(in) *m(f)* ❷(*de una hacienda*) (Landgut)verwalter(in) *m(f);* (*Am*) (Hazienda)verwalter(in) *m(f)*

hacendado, -a [aθen'daðo, -a] I. *adj* vermögend II. *m,* *f* ❶(*de una hacienda*) Großgrundbesitzer(in) *m(f)* ❷(*AmS: de ganado*) Viehzüchter(in) *m(f)*

hacendoso, -a [aθen'doso, -a] *adj* tüchtig

hacer [a'θer] *irr* I. *vt* ❶(*producir*) machen; (*vestido*) nähen; (*coche*) herstellen; **la casa está hecha de madera** das Haus ist aus Holz; **Dios hizo al hombre** Gott schuf den Menschen ❷(*realizar*) machen, tun; (*servicio*) erweisen; (*maleta*) packen;

(*favor*) tun; (*balance*) ziehen; (*libro*) schreiben; (*disparo*) abgeben; (*solitario*) legen; **¿qué hacemos hoy?** was unternehmen wir heute?; ~ **una llamada** anrufen; **demuestra lo que sabes** ~ zeig, was in dir steckt; **hazlo por mí** tu es mir zuliebe; **a medio** ~ halb fertig; **¡Dios mío, qué has hecho!** mein Gott, was hast du da angerichtet!; **lo hecho, hecho está** was geschehen ist, ist geschehen; **puedes** ~ **lo que quieras** du kannst tun und lassen, was du willst; **¿qué haces por aquí?** was bringt dich hierher?; **¡me la has hecho!** du hast mich reingelegt! ❸(*con el intelecto: demagogia*) betreiben; (*poema*) schreiben; (*pregunta*) stellen; (*observación*) anstellen; (*discurso*) halten ❹(*ocasionar: sombra*) spenden; (*ruido*) machen; (*daño*) zufügen (*a* +*dat*); (*destrozos*) anrichten; **no puedes** ~**me esto** das kannst du mir nicht antun ❺(*caber*) fassen; **esta bota hace cinco litros** in dieses Fass gehen fünf Liter ❻(*construir*) bauen; (*monumento*) errichten ❼(*disponer: maleta*) packen ❽(*procurar*) schaffen; **¿puedes** ~ **me sitio?** kannst du etwas zur Seite rücken? ❾(*transformar*): ~ **pedazos algo** etw kaputtmachen; **estás hecho un hombre** du bist ja groß geworden ❿(*habituar*) sich gewöhnen (*a* an +*akk*) ⓫(*cortar*) schneiden (lassen); **¿quién te hace el pelo?** zu welchem Friseur gehst du? ⓬(*conseguir*) schaffen; (*dinero*) verdienen; (*amistad*) schließen ⓭(*llegar*): ~ **puerto** einlaufen; ~ **noche en...** übernachten in ... +*dat* ⓮(*más sustantivo*): ~ **caja** (FIN) abrechnen; ~ **caso a alguien** jdm gehorchen; ~ **cumplidos** Umstände machen; ~ **frente a algo/alguien** etw *dat*/jdm die Stirn bieten; ~ **gimnasia** (*con aparatos*) turnen; (*en el suelo*) Gymnastik machen; ~ **uso de algo** etw gebrauchen ⓯(*más verbo*): ~ **creer algo a alguien** jdm etw weismachen; ~ **venir a alguien** jdn zu sich *dat* rufen; **hazle pasar** bitte ihn herein; **no me hagas contarlo** erspare es mir, das erzählen zu müssen ⓰(*limpiar*) sauber machen; ~ **los platos** das Geschirr spülen ⓱(TEAT): ~ **una obra** ein Theaterstück aufführen; ~ **el** (**papel de**) **Fausto** den Faust spielen ⓲(ENS: *carrera*) studieren; **¿haces francés o inglés?** lernst du Französisch oder Englisch? ⓳(GASTR: *comida*) zubereiten; (*patatas*) kochen; (*pastel*) backen; **quiero la carne bien hecha** ich möchte das Fleisch gut durchgebraten **II.** *vi* ❶(*convenir*) passen; **eso no hace al caso** das tut nichts zur Sache

❷(*oficio*) arbeiten (*de* als +*nom*) ❸(*con preposición*): **por lo que hace a Juan...** was Juan angeht, ...; **hizo como que no me vio** er/sie übersah mich (einfach) **III.** *vr:* ~**se** ❶(*volverse*) werden; ~**se del Madrid** dem Sportverein von Real Madrid beitreten ❷(*crecer*) wachsen ❸(*simular*) sich verstellen; **se hace a todo** er/sie gibt sich mit allem zufrieden ❹(*habituarse*) sich gewöhnen (*a* an +*akk*) ❺(*cortarse*) sich *dat* schneiden lassen ❻(*parecer*) glauben ❼(*conseguir*) schaffen; ~**se respetar** sich *dat* Respekt verschaffen; ~**se con el poder** an die Macht gelangen ❽(*resultar*): **se me hace muy difícil creer eso** es fällt mir sehr schwer, das zu glauben **IV.** *vimpers* ❶(*tiempo*): **hace frío/calor** es ist kalt/warm; **hoy hace un buen día** heute haben wir schönes Wetter ❷(*temporal*) vor +*dat;* **hace tres días** vor drei Tagen; **no hace mucho** vor kurzem; **desde hace un día** seit einem Tag

hacha ['atʃa] *f* ❶(*herramienta*) Axt *f;* (*más pequeña*) Beil *nt;* (*de los indios*) Tomahawk *m* ❷(*antorcha*) Fackel *f* ❸(*vela*) große Kerze *f*

hachazo [a'tʃaθo] *m* Axthieb *m*

hache ['atʃe] *f* H, h *nt;* **por** ~ **o por be** aus irgendeinem Grund

hachear [atʃe'ar] *vt* hacken

hachero [a'tʃero] *m* ❶(*candelero*) Kerzenleuchter *m* ❷(*persona*) Holzfäller *m*

hachís [a'tʃis] *m* Haschisch *nt*

hacia ['aθja] *prep* ❶(*dirección*) nach +*dat,* zu +*dat;* **el pueblo está más** ~ **el sur** das Dorf liegt weiter südlich; **el pueblo está yendo** ~ **Valencia** das Dorf liegt auf dem Weg nach Valencia; **fuimos** ~ **allí** wir gingen dorthin; **vino** ~ **mí** er/sie kam zu mir herüber ❷(*cerca de*) gegen +*akk* ❸(*respecto a*) gegenüber +*dat*

hacienda [a'θjenda] *f* ❶(*finca*) (Land)gut *nt* ❷(*bienes*) Vermögen *nt;* **la** ~ **pública** die Staatsfinanzen; **¿pagas mucho a** ~**?** zahlst du viel Steuern?

Hacienda [a'θjenda] *f* (FIN) Steuerbehörde *f;* **el Ministro de Economía y** ~ der Wirtschafts- und Finanzminister

hacinamiento [aθina'mjento] *m* (*de haces*) Aufschichtung *f;* (*de objetos*) Anhäufung *f;* (*de personas*) Gedränge *nt*

hacinar [aθi'nar] **I.** *vt* aufschichten **II.** *vr:* ~**se** (*personas*) sich drängen; (*objetos*) sich anhäufen

hacker ['xaker] *mf* (INFOR) Hacker *m*

hada ['aða] *f* Fee *f;* **cuento de** ~**s** Märchen *nt*

hado ['aðo] *m* Schicksal *nt*

Haití [ai'ti] *m* Haiti *nt*

haitiano, -a [ai'tjano, -a] **I.** *adj* haitianisch **II.** *m, f* Haitianer(in) *m(f)*

hala ['ala] *interj* ❶ (*sorpresa*) (ach) du meine Güte! ❷ (*prisa*) los!

halagador(a) [alaɣa'ðor(a)] *adj* ❶ (*que halaga*) schmeichelhaft ❷ (*prometedor*) viel versprechend

halagar [ala'ɣar] <g→gu> *vt* ❶ (*mostrar afecto*) umschmeicheln ❷ (*satisfacer*) erfreuen ❸ (*adular*) schmeicheln (*a +dat*)

halago [a'laɣo] *m* ❶ (*acción*) Schmeicheln *nt* ❷ (*palabras*) Lob *nt*

halagüeño, -a [ala'ɣweno, -a] *adj* ❶ (*halagador*) schmeichelhaft ❷ (*adulador*) schmeichlerisch ❸ (*prometedor*) viel versprechend

halcón [al'kon] *m* Falke *m*

halconero, -a [alko'nero, -a] *m, f* Falkner(in) *m(f)*

hálito ['alito] *m* ❶ (*aliento*) Atem *m* ❷ (*vapor*) Dunst *m* ❸ (*elev: viento*) Windhauch *m*

hall [xol] *m* (Eingangs)halle *f*

hallar [a'ʎar] **I.** *vt* ❶ (*encontrar*) finden; (*sin buscar*) stoßen (auf *+akk*) ❷ (*inventar*) erfinden ❸ (*averiguar*) herausfinden ❹ (*darse cuenta*) feststellen ❺ (*tierra*) entdecken **II.** *vr:* ~ **se** ❶ (*sitio*) sich aufhalten ❷ (*estado*) sein; **no me hallo a gusto aquí** ich fühle mich hier nicht wohl; **se halló con la resistencia de su partido** er/sie stieß auf den Widerstand seiner/ihrer Partei

hallazgo [a'ʎaθɣo] *m* ❶ (*acción*) Entdeckung *f* ❷ (*cosa*) Fund *m* ❸ (MED) Befund *m*

halo ['alo] *m* ❶ (ASTR) Halo *m* ❷ (FOTO) Lichthof *m* ❸ (REL) Heiligenschein *m*, Aureole *f* ❹ (*aureola*) Aura *f*

halógeno [a'loxeno] *m* (QUÍM) Halogen *nt*

haltera [al'tera] *f* (DEP) Hantel *f*

halterofilia [altero'filja] *f* (DEP) Gewichtheben *nt*

halterófilo, -a [alte'rofilo, -a] *m, f* (DEP) Gewichtheber(in) *m(f)*

hamaca [a'maka] *f* ❶ (*cama*) Hängematte *f* ❷ (*tumbona*) Liegestuhl *m* ❸ (*AmS: mecedora*) Schaukelstuhl *m*

hambre ['ambre] *f* ❶ (*apetito*) Hunger *m*; **huelga de** ~ Hungerstreik *m*; **matar el** ~ den Hunger stillen; **me ha entrado (el)** ~ ich habe Hunger bekommen; **morirse de** ~ verhungern; **ser más listo que el** ~ sehr gerissen sein; **a buen** ~ **no hay pan duro** (*prov*) Hunger ist der beste Koch ❷ (*de la población*) Hungersnot *f* ❸ (*deseo*) Hunger *m* (*de* nach *+dat*); ~ **de poder** Machtgier *f*

hambrear [ambre'ar] *vt* (*Am*) ❶ (*hacer pasar hambre*) aushungern ❷ (*explotar*) ausbeuten

hambriento, -a [am'brjento, -a] *adj* ❶ (*con hambre*) hungrig ❷ (*deseoso*) gierig (*de* nach *+dat*); ~ **de poder** machthungrig

hambrón, -ona [am'bron, -ona] *m, f* Nimmersatt *m*

hambruna [am'bruna] *f* (*Am*) Hungersnot *f*

Hamburgo [am'burɣo] *m* Hamburg *nt*

hamburgués, -esa [ambur'ɣes, -esa] **I.** *adj* hamburgisch **II.** *m, f* Hamburger(in) *m(f)*

hamburguesa [ambur'ɣesa] *f* (GASTR: *sola*) Frikadelle *f*; (*bocadillo*) Hamburger *m*

hamburguesería [amburɣese'ria] *f* Schnellimbiss *m*

hampa ['ampa] *f* ❶ (*gente*) Gesindel *nt* ❷ (*mundo*) Unterwelt *f*

hampón [am'pon] *m* ❶ (*maleante*) Verbrecher *m* ❷ (*valentón*) Angeber *m*

hámster ['xamster] *m* Hamster *m*

handicap ['xandikaᵖ] *m* Handikap *nt*

hangar [aŋ'gar] *m* (AERO) Flugzeughalle *f*

Hanovre [(x)a'noβre] *m* Hannover *nt*

hansa ['(x)ansa] *f* (HIST) Hanse *f*

hanseático, -a [(x)anse'atiko, -a] **I.** *adj* Hanse- **II.** *m, f* Hanseat(in) *m(f)*

haragán, -ana [ara'ɣan, -ana] *m, f* Faulenzer(in) *m(f)*

haraganear [araɣane'ar] *vi* faulenzen

haraganería [araɣane'ria] *f* Faulenzerei *f*

harakiri [(x)ara'kiri] *m* Harakiri *nt*

harapiento, -a [ara'pjento, -a] *adj* zerlumpt

harapo [a'rapo] *m* Lumpen *m*

haraposo, -a [ara'poso, -a] *adj* zerlumpt; **se presentó con un atuendo** ~ er/sie erschien in abgerissener Aufmachung

hardware ['xar⁽ð⁾wer] *m* (INFOR) Hardware *f*

harem [a'ren] *m*, **harén** [a'ren] *m* Harem *m*

harina [a'rina] *f* ❶ (GASTR) Mehl *nt*; ~ **integral** Vollkornmehl *nt*; ~ **de trigo** Weizenmehl *nt* ❷ (*polvo*) Pulver *nt* ❸ (*loc, fam*): **esto es** ~ **de otro costal** das ist etwas anderes

harinoso, -a [ari'noso, -a] *adj* ❶ (*parecido a la harina*) mehlartig ❷ (*con harina*) mehlig

harmonía [armo'nia] *f* ❶ (*concordancia*) Harmonie *f* ❷ (MÚS) Harmonielehre *f*

harnero [ar'nero] *m* Sieb *nt*

harpía [ar'pia] *f* ❶ (*figura mitológica*) Harpyie *f* ❷ (*bruja*) Hexe *f*

hartar [ar'tar] *irr* **I.** *vt* ❶ (*saciar*) sättigen (*de* mit *+dat*) ❷ (*fastidiar*) belästigen (*con* mit +*dat*); **me harta con sus chistes** ich habe seine/ihre Witze satt **II.** *vr:* ~ **se** ❶ (*saciarse*) sich satt essen (*de* mit +*dat*); (*en exceso*) sich voll essen (*de* mit +*dat*) ❷ (*cansarse*) überdrüssig werden (*de* +*gen*); ~ **se de reír** sich totlachen; **me he hartado del tiempo que hace en Alemania** ich habe das Wetter in Deutschland satt

hartazgo [arˈtaɣo] *m* Übersättigung *f;* **darse un** ~ (**de dulces**) sich (an Süßigkeiten) überessen; **tengo un** ~ **de televisión** ich habe zu viel ferngesehen

harto, -a [ˈarto, -a] **I.** *adj* ❶ (*repleto*) satt; (*en exceso*) übersatt ❷ (*sobrado*): **tengo hartas razones** ich habe genügend Gründe ❸ (*loc*): **estar** ~ **de alguien/algo** jds/etw *gen* überdrüssig sein **II.** *adv* (*sobrado*) ausreichend; (*muy*) sehr

hartura [arˈtura] *f* Übersättigung *f*

hasta [ˈasta] **I.** *prep* ❶ (*de lugar*) bis (zu); **te llevo** ~ **la estación** ich fahre dich bis zum Bahnhof; **volamos** ~ **Madrid** wir flogen bis (nach) Madrid; ~ **cierto punto** bis zu einem gewissen Grad(e) ❷ (*de tiempo*) bis; ~ **ahora** bisher; ~ **el próximo año** bis zum nächsten Jahr ❸ (*en despedidas*): **¡~ luego!** bis später!; **¡~ la vista!** auf Wiedersehen!; **¡~ la próxima!** bis zum nächsten Mal! **II.** *adv* selbst **III.** *conj:* ~ **cuando come lee el periódico** sogar beim Essen liest er/sie die Zeitung; **no consiguió un trabajo fijo** ~ **que cumplió 40 años** erst als er/sie 40 wurde, bekam er/sie eine feste Stelle

hastiar [astiˈar] <*1. pres:* hastío> **I.** *vt* ❶ (*hartar*) satt bekommen ❷ (*repugnar*) anekeln ❸ (*aburrir*) langweilen **II.** *vr:* ~ **se de alguien/algo** jdn/etw satt haben

hastío [asˈtio] *m* ❶ (*repugnancia*) Ekel *m* ❷ (*disgusto*) Überdruss *m* ❸ (*tedio*) Langeweile *f*

hatajo [aˈtaxo] *m* ❶ (*de ganado*) kleine Herde *f* ❷ (*de personas*) Haufen *m*

hato [ˈato] *m* ❶ (*de ropa*) Bündel *nt* ❷ (*de ganado*) kleine Herde *f* ❸ (*montón*) Haufen *m*

Hawai [xaˈwaj] *m* Hawaii *nt*

hawaiano, -a [xawaˈjano, -a] **I.** *adj* hawaiisch **II.** *m, f* Hawaiianer(in) *m(f)*

haya [ˈaɟa] *f* ❶ (*árbol*) Buche *f* ❷ (*madera*) Buchenholz *nt*

Haya [ˈaɟa] *f:* **La** ~ Den Haag *nt*

hayal [aˈɟal] *m*, **hayedo** [aˈɟeðo] *m* Buchenwald *m*

hayuco [aˈɟuko] *m* Buchecker *f*

haz [aθ] *m* ❶ (*hato*) Bündel *nt* ❷ (FÍS) Strahl *m;* ~ **luminoso** Lichtbündel *nt*

haza [ˈaθa] *f* Stück *nt* Acker(land)

hazaña [aˈθaɲa] *f* Heldentat *f*

hazmerreír [aθmerreˈir] *m inv* Witzfigur *f;* **es el** ~ **de la gente** alle lachen ihn aus

HB ist das Kurzwort für *Herri Batasuna*, eine politische, nationalistisch orientierte Partei in *Euskadi – Baskenland*, die für die Unabhängigkeit des Baskenlandes eintritt.

he [e] *1. pres de* **haber**

heavy[1] [ˈxeβi] **I.** *adj* heavy; **música** ~ Heavy Metal *nt* **II.** *m sin pl* Heavy-Metal-Anhänger(in) *m(f)*

heavy[2] [ˈxeβi] <heavys *o* heavies> *m* Heavy Metal *nt*

hebilla [eˈβiʎa] *f* Schnalle *f*

hebra [ˈeβra] *f* ❶ (*hilo*) Faden *m* ❷ (*fibra*) Faser *f;* **tabaco de** ~ Feinschnitt *m*

hebreo[1] [eˈβreo] *m* ❶ (*lengua*) Hebräisch(e) *nt* ❷ (*fam: mercader*) Kaufmann *m* ❸ (*fam: usurero*) Wucherer *m*

hebreo, -a[2] [eˈβreo, -a] **I.** *adj* hebräisch **II.** *m, f* Hebräer(in) *m(f)*

hebroso, -a [eˈβroso, -a] *adj* faserig

hecatombe [ekaˈtombe] *f* Hekatombe *f*

hechicería [etʃiθeˈria] *f* ❶ (*arte*) Hexenkunst *f* ❷ (*acto*) Hexerei *f* ❸ (*hechizo*) Zauber *m*

hechicero, -a [etʃiˈθero, -a] *m, f* ❶ (*brujo*) Zauberer, -in *m, f* ❷ (*de tribu*) Medizinmann, -frau *m, f*

hechizar [etʃiˈθar] <z➞c> *vt* ❶ (*embrujar*) verhexen ❷ (*encantar*) bezaubern, in seinen Bann ziehen

hechizo [eˈtʃiθo] *m* Zauber *m;* **romper el** ~ den Bann brechen

hecho[1] [ˈetʃo] *m* ❶ (*circunstancia*) Tatsache *f* ❷ (*acto*) Tat *f;* ~ **delictivo** Straftat *f;* **los H~s de los Apóstoles** die Apostelgeschichte ❸ (*suceso*) Ereignis *nt;* (JUR) Tatbestand *m;* **exposición de los** ~ **s** Darstellung des Sachverhalts; **lugar de los** ~ **s** Tatort *m;* **los** ~ **s que causaron el incendio** die Ursache des Brandes ❹ (*loc*): **de** ~ (*efectivamente*) tatsächlich; (*en realidad*) eigentlich; (*por la fuerza*) de facto; **de** ~ **el piso es mío** die Wohnung gehört eigentlich mir

hecho, -a[2] [ˈetʃo, -a] **I.** *pp de* **hacer: a lo** ~, **pecho** für seine Taten muss man auch geradestehen **II.** *adj* ❶ (*maduro*) reif; **vino** ~ abgelagerter Wein ❷ (*cocido*) gar; **me gusta la carne hecha** mir schmeckt das

Fleisch durchgebraten; **el pollo está demasiado** ~ das Hühnchen ist zu stark gebraten ➌ (*acabado*) fertig; **frase hecha** feste Wendung; **traje** ~ Anzug von der Stange ➍ (*adulto*) erwachsen

hechura [e'tʃura] *f* ➊ (*factura*) Anfertigung *f* ➋ (*de un vestido*) Schnitt *m* ➌ (*obra*) Werk *nt;* (*de Dios*) Kreatur *f;* **este caos seguro que es ~ tuya** dieses Durcheinander hast bestimmt du angerichtet ➍ (*del cuerpo*) Körperbau *m*

hectárea [ek'tarea] *f* Hektar *nt*

hectogramo [ekto'ɣramo] *m* Hektogramm *nt*

hectolitro [ekto'litro] *m* Hektoliter *m o nt*

hectómetro [ek'tometro] *m* Hektometer *m o nt*

heder [e'ðer] <e→ie> *vi* ➊ (*apestar*) stinken (*a* nach +*dat*) ➋ (*molestar*) auf die Nerven gehen +*dat*

hediondez [eðjon'deθ] *f* Gestank *m*

hediondo, -a [e'ðjondo, -a] *adj* ➊ (*fétido*) übel riechend ➋ (*repugnante*) ekelhaft ➌ (*obsceno*) unanständig

hedonismo [eðo'nismo] *m sin pl* Hedonismus *m*

hedonista [eðo'nista] **I.** *adj* hedonistisch **II.** *mf* Hedonist(in) *m(f)*

hedor [e'ðor] *m* Gestank *m* (*a* nach +*dat*)

hegemonía [exemo'nia] *f* Hegemonie *f*

hegemónico, -a [exe'moniko, -a] *adj* hegemonisch

helada [e'laða] *f* Frost *m;* **las primeras ~ s del año** die ersten Frosteinbrüche des Jahres; **anoche cayó una ~** heute Nacht hat es gefroren

heladera [ela'ðera] *f* Kühlschrank *m*

heladería [elaðe'ria] *f* Eiscafé *nt*

helado¹ [e'laðo] *m* (Speise)eis *nt,* Eiscreme *f*

helado, -a² [e'laðo, -a] *adj* ➊ (*frío*) Eis-, eisig; **el lago está** ~ der See ist zugefroren; **las cañerías están heladas** die Wasserleitung ist eingefroren ➋ (*turulato*) verblüfft; (*de miedo*) starr (*de* vor +*dat*)

helador(a) [ela'ðor(a)] *adj* eisig, eiskalt

heladora [ela'ðora] *f* Eismaschine *f*

helar [e'lar] <e→ie> **I.** *vt* ➊ (*congelar*) gefrieren (lassen) ➋ (*pasmar*) verblüffen **II.** *vimpers* frieren **III.** *vr:* ~ **se** ➊ (*congelarse*) gefrieren; **el lago se ha helado** der See ist zugefroren ➋ (*morir*) erfrieren ➌ (*pasar frío*) frieren; ~ **se de frío** vor Kälte erstarren

helecho [e'letʃo] *m* Farnkraut *nt*

helénico, -a [e'leniko, -a] *adj* ➊ (*antiguo*) hellenisch ➋ (*actual*) griechisch

helenista [ele'nista] *mf* Hellenist(in) *m(f)*

hélice ['eliθe] *f* ➊ (TÉC) Propeller *m;* (*de avión t.*) Luftschraube *f;* (*de barco*) Schiffsschraube *f* ➋ (ANAT) Helix *f* ➌ (MAT) Spirale *f*

helicoidal [elikoi̯'ðal] *adj* Spiral-, spiralförmig

helicóptero [eli'koptero] *m* Hubschrauber *m*

helio ['eljo] *m* (QUÍM) Helium *nt*

heliocéntrico, -a [eljo'θentriko, -a] *adj* (ASTR) heliozentrisch

heliocentrismo [eljoθen'trismo] *m sin pl* (ASTR) heliozentrisches Weltsystem *nt*

heliosfera [eljos'fera] *f* (ASTR) Heliosphäre *f*

helipuerto [eli'pwerto] *m* Heliport *m*

helvético, -a [el'βetiko, -a] **I.** *adj* schweizerisch **II.** *m, f* Schweizer(in) *m(f)*

hematocrito [emato'krito] *m* (MED) Hämatokritwert *m*

hematoma [ema'toma] *m* (MED) Bluterguss *m*

hembra ['embra] *f* ➊ (*mujer*) Frau *f* ➋ (ZOOL) Weibchen *nt* ➌ (BOT) weibliche Blüte *f* ➍ (TÉC) (Schrauben)mutter *f*

hembraje [em'braxe] *m* (*AmS*) ➊ (*de ganado*) Herde *f* Weibchen ➋ (*pey: de mujeres*) Gruppe *f* von Weibern

hemeroteca [emero'teka] *f* Zeitungsarchiv *nt*

hemiciclo [emi'θiklo] *m* ➊ (*semicírculo*) Halbkreis *m* ➋ (*sala*) halbkreisförmiger Saal *m* ➌ (POL: *en España*) Parlamentssaal *m*

hemiplejia [emi'plexja] *f,* **hemiplejía** [emiple'xia] *f* (MED) Hemiplegie *f,* halbseitige Lähmung *f*

hemipléjico, -a [emi'plexiko, -a] **I.** *adj* halbseitig gelähmt **II.** *m, f* Hemiplegiker(in) *m(f)*

hemisférico, -a [emis'feriko, -a] *adj* hemisphärisch

hemisferio [emis'ferjo] *m* ➊ (GEO) (Erd)halbkugel *f* ➋ (ANAT: *del cerebro*) Hemisphäre *f*

hemodinámica [emoði'namika] *f* (MED) Hämodynamik *f*

hemofilia [emo'filja] *f* (MED) Bluterkrankheit *f*

hemoglobina [emoɣlo'βina] *f* (BIOL) Hämoglobin *nt*

hemorragia [emo'rraxia] *f* (MED) starke Blutung *f*

hemorroides [emo'rroi̯ðes] *fpl* (MED) Hämorriden *fpl*

hemostático [emos'tatiko] *m* (MED) Hämostatikum *nt*

henar [e'nar] *m* Heufeld *nt*

henchir [en'tʃir] *irr como pedir* **I.** *vt* anfüllen; ~ **los pulmones de aire** tief einatmen; ~ **una maleta** einen Koffer voll stopfen **II.** *vr:* ~**se** (*hartarse de comida*) sich voll stopfen

hender [en'der] <e→ie> **I.** *vt* **1** (*algo de madera*) spalten; (*algo de plástico*) aufschlitzen **2** (*abrirse paso*) sich *dat* einen Weg bahnen (durch +*akk*) **II.** *vr:* ~**se** sich spalten

hendidura [endi'ðura] *f* **1** (*raja*) Spalte *f;* (*en la pared*) Riss *m;* (*en un jarrón*) Sprung *m* **2** (*de una guía*) Kerbe *f*

hendija [en'dixa] *f* (*Am: rendija*) Spalt *m*

hendimiento [endi'mjento] *m* Spalten *nt*

hendir [en'dir] *irr como cernir* *vt* v. **hender**

henequén [ene'ken] *m* (*Am*) Agave *f*

henil [e'nil] *m* Heuboden *m*

heno ['eno] *m* Heu *nt;* **fiebre del ~** Heuschnupfen *m*

hepático, -a [e'patiko, -a] *adj* hepatisch, Leber-; **cirrosis hepática** Leberzirrhose *f*

hepatitis [epa'titis] *f inv* (MED) Hepatitis *f,* Leberentzündung *f*

hepatología [epatolo'xia] *f* (MED) Hepatologie *f*

heptaedro [epta'eðro] *m* (MAT) Heptaeder *nt*

heptágono [ep'taɣono] *m* Siebeneck *nt*

heptatlón [epta^ð'lon] *m* (DEP) Siebenkampf *m*

heráldica [e'raldika] *f sin pl* Wappenkunde *f*

heráldico, -a [e'raldiko, -a] *adj* heraldisch

herbáceo, -a [er'βaθeo, -a] *adj* **1** (*de hierba*) Gras- **2** (*de hierbas medicinales*) krautig, krautartig

herbajar [erβa'xar] **I.** *vi* weiden, grasen **II.** *vt* weiden lassen

herbaje [er'βaxe] *m* **1** (*lugar*) Weide *f* **2** (*comida*) Grasfutter *nt*

herbario [er'βarjo] *m* Pflanzensammlung *f*

herbicida [erβi'θiða] *m* Unkrautvertilgungsmittel *nt*

herbívoro [er'βiβoro] *m* Pflanzenfresser *m*

herbolario[1] [erβo'larjo] *m* Heilkräuterladen *m*

herbolario, -a[2] [erβo'larjo, -a] **I.** *adj* unbesonnen **II.** *m, f* Heilkräuterhändler(in) *m(f)*

herborista [erβo'rista] *mf* Heilkräuterhändler(in) *m(f)*

herboristería [erβoriste'ria] *f v.* **herbolario[1]**

herborizar [erβori'θar] <z→c> *vt* botanisieren

hercio ['erθjo] *m* (FÍS) Hertz *nt*

hercúleo, -a [er'kuleo, -a] *adj* herkulisch; (*fig*) riesenstark

hércules ['erkules] *m inv* (*fig*) Herkules *m*

heredable [ere'ðaβle] *adj* (ver)erblich

heredad [ere'ðað] *f* **1** (*finca*) Landgut *nt* **2** (*terreno*) Grundstück *nt*

heredar [ere'ðar] *vt* **1** (*recibir*) erben; **propiedad heredada** vererbtes Eigentum; **problemas heredados del franquismo** Erblasten aus der Zeit des Franco-Regimes **2** (*dar*) zum Erben einsetzen

heredero, -a [ere'ðero, -a] *m, f* Erbe, -in *m, f;* **el ~ del trono** der Thronfolger; **el príncipe ~** der Kronprinz

hereditario, -a [ereði'tarjo, -a] *adj* **1** (*de la herencia*) Erb- **2** (*rasgos*) Erb-, vererbbar; **enfermedad hereditaria** Erbkrankheit *f*

hereje [e'rexe] *mf* (REL) Ketzer(in) *m(f)*

herejía [ere'xia] *f* **1** (REL) Ketzerei *f* **2** (*insulto*) Beleidigung *f* **3** (*fechoría*) Streich *m* **4** (*disparate*) Unsinn *m*

herencia [e'renθja] *f* **1** (JUR) Erbschaft *f* **2** (*legado*) Erbe *nt;* **una ~ de la antigüedad** ein Vermächtnis der Antike

herético, -a [e'retiko, -a] *adj* ketzerisch

herida [e'riða] *f* **1** (*lesión*) Wunde *f;* **tocar a alguien en la ~** (*fig*) jds wunden Punkt treffen **2** (*ofensa*) Beleidigung *f*

herido, -a [e'riðo, -a] **I.** *adj* **1** (*lesionado*) verletzt (*en* an +*dat*); (MIL) verwundet (*en* an +*dat*); ~ **de gravedad** schwer verletzt; (MIL) schwer verwundet **2** (*ofendido*) beleidigt **II.** *m, f* Verletzte(r) *mf;* (MIL) Verwundete(r) *mf;* **en el atentado no hubo ~s** bei dem Anschlag wurde niemand verletzt

herir [e'rir] *irr como sentir* **I.** *vt* **1** (*lesionar*) verletzen (*en* an +*dat*); (MIL) verwunden (*en* an +*dat*) **2** (*golpear*) schlagen **3** (*flecha*) (durch die Luft) schwirren **4** (*instrumento*) anschlagen **5** (*sol*) bestrahlen **6** (*ofender*) verletzen; **no quisiera ~ susceptibilidades** ich möchte niemandem zu nahe treten **7** (*acertar*) treffen **II.** *vr:* ~**se** sich verletzen (*en* an +*dat*)

hermafrodita [ermafro'ðita] **I.** *adj* zwittrig **II.** *m* Zwitter *m*

hermafroditismo [ermafroði'tismo] *m sin pl* (BIOL, MED) Zwittrigkeit *f*

hermanado, -a [erma'naðo, -a] *adj* ähnlich (*con* +*dat*); **ciudad hermanada** Partnerstadt *f*

hermanamiento [ermana'mjento] *m* **1** (*de ciudades*) Partnerschaft *f* **2** (*acción*) Verbrüderung *f*

hermanar [erma'nar] **I.** *vt* (*unir*) verbinden; **Cambridge está hermanada con Heidelberg** Cambridge ist eine Partnerstadt Heidelbergs **II.** *vr:* ~**se** sich verbrüdern

H

hermanastro, -a [ermaˈnastro, -a] *m, f* Stiefbruder, -schwester *m, f*

hermandad [ermaŋˈdaᵈ] *f* ❶ (*parentesco*) geschwisterliche Beziehung *f* ❷ (*amistad*) innige Freundschaft *f* ❸ (*agrupación*) Innung *f;* (REL) Bruderschaft *f*

hermano, -a [erˈmano, -a] *m, f* (*pariente*) Bruder *m,* Schwester *f;* ~ **de padre/de madre** Halbbruder väterlicherseits/mütterlicherseits; ~ **político** Schwager *m;* **mi** ~ **mayor/pequeño** mein älterer/jüngerer Bruder; **tengo tres** ~**s** (*sólo chicos*) ich habe drei Brüder; (*chicos y chicas*) ich habe drei Geschwister; **lenguas hermanas** verwandte Sprachen

hermético, -a [erˈmetiko, -a] *adj* ❶ (*objeto*) hermetisch; (*al aire*) luftdicht; (*al agua*) wasserdicht ❷ (*persona*) äußerst verschlossen ❸ (*texto*) schwer verständlich

hermetismo [ermeˈtismo] *m* Verschlossenheit *f*

hermetizar [ermetiˈθar] <z→c> *vt* hermetisch verschließen

hermosear [ermoseˈar] *vt* ❶ (*a una persona*) herausputzen ❷ (*a una cosa*) verschönern, schmücken

hermoso, -a [erˈmoso, -a] *adj* ❶ (*paisaje*) schön; (*día*) herrlich ❷ (*persona*) wunderschön ❸ (*niño*) niedlich ❹ (*salón*) prächtig ❺ (*gesto*) schön ❻ (*palabras*) nett

hermosura [ermoˈsura] *f* Schönheit *f*

hernia [ˈernja] *f* (MED) (Eingeweide)bruch *m*

herniarse [erˈnjarse] *vr* sich *dat* einen Bruch heben; **¡no te herniarás, no!** na ja, du wirst dir schon kein Bein (dabei) ausreißen!

héroe [ˈeroe] *m* ❶ (*personaje*) Held *m* ❷ (*mitología*) Heros *m* ❸ (TEAT) Heldendarsteller *m*

heroicidad [eroiθiˈdaᵈ] *f* ❶ (*hazaña*) Heldentat *f* ❷ (*cualidad*) Heldentum *nt*

heroico, -a [eˈroi̯ko, -a] *adj* heldenhaft

heroína [eroˈina] *f* ❶ (*de héroe*) Heldin *f* ❷ (*droga*) Heroin *nt*

heroinómano, -a [eroi̯ˈnomano, -a] *m, f* Heroinsüchtige(r) *mf*

heroísmo [eroˈismo] *m sin pl* Heldentum *nt*

herpes [ˈerpes] *m o f inv* (MED) Herpes *m*

herrador [erraˈdor] *m* Hufschmied *m*

herradura [erraˈdura] *f* ❶ (*de caballo*) Hufeisen *nt;* **camino de** ~ Reitweg *m* ❷ (ZOOL) Hufeisennase *f*

herraje(s) [eˈrraxe(s)] *m(pl)* Eisenbeschläge *mpl*

herramienta [erraˈmjeṇta] *f* Werkzeug *nt;* ~ **agrícola** landwirtschaftliches Gerät;

caja de (**las**) ~**s** Werkzeugkasten *m*

herrar [eˈrrar] <e→ie> *vt* ❶ (*caballo*) beschlagen ❷ (*a un animal*) mit Brandzeichen kennzeichnen

herrería [erreˈria] *f* Schmiede *f*

herrerillo [erreˈriʎo] *m* (ZOOL) Blaumeise *f*

herrero [eˈrrero] *m* Schmied *m*

herrete [eˈrrete] *m* Nestelstift *m*

herrumbre [eˈrrumbre] *f* (*orín, t. bot*) Rost *m*

herrumbroso, -a [errumˈbroso, -a] *adj* rostig

hertz [erᵈs] *m* (FÍS) Hertz *nt*

hertzio [ˈerᵈsjo] *m* (FÍS) Hertz *nt*

hervidero [erβiˈdero] *m* ❶ (*manantial*) heiße Quelle *f;* **un** ~ **de intrigas** ein Intrigenherd ❷ (*multitud*) Gewimmel *nt*

hervido [erˈβiðo] *m* ❶ (*de los alimentos*) Kochen *nt;* (*de los líquidos*) Aufkochen *nt* ❷ (*burbujeo*) Brodeln *nt* ❸ (*AmS: cocido*) Eintopf *m*

hervidor [erβiˈðor] *m* ❶ (*de cocina*) Kocher *m* ❷ (TÉC) Heizrohr *nt*

hervir [erˈβir] *irr como sentir* **I.** *vi* ❶ (*alimentos*) kochen ❷ (*burbujear*) brodeln ❸ (*desinfectar*) abkochen ❹ (*el mar*) tosen ❺ (*persona*) kochen; **hierve en cólera** er/sie kocht vor Wut; **le hierve la sangre** sein/ihr Blut gerät in Wallung ❻ (*abundar*): **esta calle hierve en rumores** diese Straße ist eine wahre Gerüchteküche **II.** *vt* (auf)kochen (lassen)

hervor [erˈβor] *m* ❶ (*acción*) Kochen *nt;* **levantar el** ~ aufkochen ❷ (*burbujeo*) Brodeln *nt* ❸ (*de la juventud*) Feuer *nt*

Hesse [ˈ(x)ese] *m* Hessen *nt*

heterodoxo, -a [eteroˈðoᵞso, -a] *adj* heterodox

heterogeneidad [eteroxenei̯ˈðaᵈ] *f* Heterogenität *f*

heterogéneo, -a [eteroˈxeneo, -a] *adj* verschiedenartig, heterogen

heterónimo [eteˈronimo] *m* (LING) Heteronym *nt*

heterosexual [eteroseᵞsˈwal] **I.** *adj* heterosexuell **II.** *mf* Heterosexuelle(r) *mf*

heterosexualidad [eteroseᵞswaliˈðaᵈ] *f sin pl* Heterosexualität *f*

hexadecimal [eᵞsaðeθiˈmal] *adj* hexadezimal

hexaedro [eᵞsaˈeðro] *m* (MAT) Sechsflächner *m,* Hexaeder *nt*

hexagonal [eᵞsaɣoˈnal] *adj* sechseckig, hexagonal

hexágono [eᵞsˈaɣono] *m* Sechseck *nt,* Hexagon *nt*

hez [eθ] *f* ❶ (*poso*) Bodensatz *m* ❷ *pl* (*escoria*) Abschaum *m* ❸ *pl* (*excremen-*

tos) Kot *m*

hibernación [iβerna'θjon] *f* ① (ZOOL) Winterschlaf *m* ② (MED) Hibernation *f*

hibernal [iβer'nal] *adj* Winter-, winterlich

hibernar [iβer'nar] *vi* Winterschlaf halten

hibisco [i'βisko] *m* Hibiskus *m*

hibridación [iβriða'θjon] *f* Hybridisierung *f*

hibridismo [iβri'ðismo] *m* (*t.* BIOL: *carácter híbrido*) Gemisch *nt*

híbrido¹ ['iβriðo] *m* (BIOL) Hybride *m o f*

híbrido, -a² ['iβriðo, -a] *adj* hybrid; **computador** ~ (INFOR) Hybridrechner *m*

hidalgo¹ [i'ðalɣo] *m* (HIST) Edelmann *m*

hidalgo, -a² [i'ðalɣo, -a] *adj* ① (*de los nobles*) adelig ② (*noble*) edel ③ (*generoso*) großmütig

hidra ['iðra] *f* ① (*pólipo*) Süßwasserpolyp *m* ② (ASTR) Hydra *f*

hidratante [iðra'tante] *adj* Feuchtigkeit spendend; **crema** ~ Feuchtigkeitscreme *f*

hidratar [iðra'tar] *vt* ① (QUÍM) hydratisieren ② (*piel*) mit einer Feuchtigkeitscreme behandeln

hidrato [i'ðrato] *m* (QUÍM) Hydrat *nt*

hidráulica [i'ðraulika] *f* Hydraulik *f*

hídrico, -a ['iðriko, -a] *adj* ① (*relativo al agua*) Wasser- ② (*que contiene agua*) wasserhaltig

hidroavión [iðroaβi'on] *m* Wasserflugzeug *nt*

hidrocarburo [iðrokar'βuro] *m* (QUÍM) Kohlenwasserstoff *m*

hidrodinámico, -a [iðroði'namiko, -a] *adj* hydrodynamisch

hidroeléctrico, -a [iðroe'lektriko, -a] *adj* hydroelektrisch; **central hidroeléctrica** Wasserkraftwerk *nt*

hidrófilo, -a [i'ðrofilo, -a] *adj* hydrophil

hidrofobia [iðro'foβja] *f* ① (MED: *fobia al agua*) Wasserphobie *f* ② (*rabia*) Tollwut *f*

hidrófobo, -a [i'ðrofoβo, -a] *adj* ① (QUÍM) hydrophob ② (*rabioso*) tollwütig

hidrófugo, -a [i'ðrofuɣo, -a] *adj* feuchtigkeitsbeständig

hidrogenar [iðroxe'nar] *vt* (QUÍM) hydrieren

hidrógeno [i'ðroxeno] *m* (QUÍM) Wasserstoff *m*

hidrografía [iðroɣra'fia] *f sin pl* Gewässerkunde *f*, Hydrografie *f*

hidrográfico, -a [iðro'ɣrafiko, -a] *adj* hydrografisch

hidrología [iðrolo'xia] *f* (GEO) Hydrologie *f*

hidrológico, -a [iðro'loxiko, -a] *adj* hydrologisch

hidromiel [iðro'mjel] *m* Honigwasser *nt*

hidropesía [iðrope'sia] *f* (MED) Wassersucht *f*, Hydropsie *f*

hidrópico, -a [i'ðropiko, -a] *adj* ① (MED) wassersüchtig ② (*fig: insaciable*) unersättlich

hidroplano [iðro'plano] *m* ① (AERO) Wasserflugzeug *nt* ② (NÁUT) Gleitboot *nt*

hidrosfera [iðros'fera] *f* (GEO) Hydrosphäre *f*

hidrosoluble [iðroso'luβle] *adj* wasserlöslich

hidrostático, -a [iðros'tatiko, -a] *adj* hydrostatisch

hidroterapia [iðrote'rapja] *f* (MED) Hydrotherapie *f*

hidróxido [i'ðroᵞsiðo] *m* (QUÍM) Hydroxid *nt*

hiedra ['jeðra] *f* Efeu *m*

hiel [ɟel] *f* ① (*bilis*) Galle *f* ② (*amargura*) Bitterkeit *f*; **echar la** ~ sich abrackern ③ *pl* (*adversidades*) Probleme *ntpl*

hielo ['ɟelo] *m* ① (*del agua*) Eis *nt;* ~ **en la carretera** Glatteis *nt;* ~ **picado** zerhacktes Eis; **el barco ha quedado aprisionado en el** ~ das Schiff ist eingefroren ② *pl* (*helada*) Frost *m* ③ (*frialdad*) Kälte *f* ④ (*loc*): **me quedé de** ~ ich war wie vor den Kopf geschlagen

hiena ['ɟena] *f* Hyäne *f*

hierático, -a [ɟe'ratiko, -a] *adj* hieratisch

hierba ['ɟerβa] *f* ① (*planta*) Gras *nt* ② (*comestible*) Kraut *nt;* ~ **medicinal** Heilkraut *nt;* **infusión de** ~**s** Kräutertee *m;* **mala** ~ Unkraut *nt;* **haber pisado mala/buena** ~ Pech/Glück haben; **mala** ~ **nunca muere** (*prov*) Unkraut vergeht nicht ③ (*césped*) Rasen *m;* **tenis sobre** ~ (DEP) Rasentennis *nt* ④ (*pasto*) Weideland *nt* ⑤ (*fam: droga*) Gras *nt* ⑥ (*pl* (*veneno*) Gifttrank *m* ⑦ (*loc*): **y otras** ~ **s** (*irón*) et cetera pp.

hierbabuena [ɟerβa'βwena] *f* Minze *f*

hierbajo [ɟer'βaxo] *m* Unkraut *nt*

hierra ['ɟerra] *f* (*Am*) Brandzeichen *nt*

hierro ['ɟerro] *m* ① (*metal, t.* DEP) Eisen *nt;* **edad del** ~ Eisenzeit *f;* **salud de** ~ eiserne Gesundheit; **voluntad de** ~ eiserner Wille; **quitar** ~ **a un asunto** eine Angelegenheit herunterspielen ② (*del ganado*) Brandzeichen *nt* ③ (*para marcar*) Brandeisen *nt* ④ (*de lanza*) Spitze *f* ⑤ (*arma*) Waffe *f* ⑥ (*herramienta*) Werkzeug *nt* aus Eisen ⑦ *pl* (*grilletes*) Handschellen *fpl* ⑧ *pl* (*cadenas*) Ketten *fpl*

hifi ['ifi/'xaˌifi] *adj* Hi-Fi-

hígado ['iɣaðo] *m* ① (ANAT) Leber *f* ② *pl* (*valor*) Mumm *m fam*

higiene [i'xjene] *f* Hygiene *f;* ~ **personal** Körperpflege *f*

higiénico, -a [i'xjeniko, -a] *adj* hygienisch; **compresa higiénica** Damenbinde *f;*

papel ~ Toilettenpapier *nt*
higienización [ixjeniθa'θjon] *f* Sanierung *f*
higienizar [ixjeni'θar] <z→c> *vt* sanieren
higo ['iɣo] *m* ❶ (*fruto*) Feige *f* ❷ (*cosa sin valor*): **esto me importa un** ~ das ist mir völlig egal; **esto no vale un** ~ das ist keinen Deut wert ❸ (*algo arrugado*): **estar hecho un** ~ (*persona*) ganz runzelig sein; (*ropa*) zerknittert sein
higrómetro [i'ɣrometro] *m* Hygrometer *nt*
higuera [i'ɣera] *f* Feigenbaum *m;* **estar en la** ~ nichts mitbekommen
hijastro, -a [i'xastro, -a] *m, f* Stiefsohn, -tochter *m, f*
hijo, -a ['ixo, -a] *m, f* ❶ (*parentesco*) Sohn *m,* Tochter *f;* ~ **adoptivo** Adoptivkind *nt;* ~ **político** Schwiegersohn *m;* ~ **predilecto** (**de una ciudad**) Ehrenbürger *m* (einer Stadt); ~ **de puta** (*vulg*) Scheißkerl *m;* ~ **único** Einzelkind *nt;* **un** ~ **de papá** ein verwöhnter Jugendlicher; **pareja sin** ~**s** kinderloses Paar; **como cualquier** ~ **de vecino** wie jedermann; **es** ~ **de Madrid** er ist gebürtiger Madrider ❷ *pl* (*descendencia*) Kinder *ntpl*
híjole ['ixole] *interj* (*Am: fam: caramba*) Donnerwetter!
hijuela [i'xwela] *f* ❶ (*de camino*) Abzweigung *f* ❷ (*de herencia*) Erbteil *nt* ❸ (*de una institución*) Zweigstelle *f*
hila ['ila] *f* ❶ (*acción*) Spinnen *nt* ❷ *pl* (*hebras*) Scharpie *f*
hilacha [i'latʃa] *f,* **hilacho** [i'latʃo] *m* (Tuch)faser *f*
hilachoso, -a [ila'tʃoso, -a] *adj* ausgefranst
hilada [i'laða] *f* ❶ (*hilera*) Reihe *f* ❷ (ARQUIT) Lage *f*
hilado [i'laðo] *m* ❶ (*acción*) Spinnen *nt* ❷ (*hilo*) Faden *m;* (*en la industria*) Gespinst *nt;* **fábrica de** ~**s** Spinnerei *f*
hilador(a) [ila'ðor(a)] *m(f)* Spinner(in) *m(f)*
hiladora [ila'ðora] *f* Spinnmaschine *f*
hilandería [ilande'ria] *f* ❶ (*arte*) Spinnen *nt* ❷ (*fábrica*) Spinnerei *f*
hilandero¹ [ilan'dero] *m* (*lugar*) Spinnerei *f*
hilandero, -a² [ilan'dero, -a] *m, f* Spinner(in) *m(f)*
hilar [i'lar] *vt* ❶ (*hilo*) (ver)spinnen; (*arañas*) weben ❷ (*discurrir*) (miteinander) verknüpfen; ~ **fino** Haarspalterei betreiben
hilarante [ila'rante] *adj* sehr lustig; **gas** ~ Lachgas *nt*
hilaridad [ilari'ðað] *f* Heiterkeit *f;* **esta comedia provoca la** ~ **del público** diese Komödie bringt das Publikum zum Lachen
hilatura [ila'tura] *f* ❶ (*fábrica*) Spinnerei *f* ❷ (*fabricación*) (Ver)spinnen *nt*

hilaza [i'laθa] *f* ❶ (*hilo*) Faden *m* ❷ (*en la industria*) Gespinst *nt*
hilera [i'lera] *f* ❶ (*fila*) Reihe *f;* (*de cosas iguales*) Zeile *f;* (MIL) Glied *nt;* **colocarse en la** ~ anstehen ❷ (TÉC) Spinndüse *f*
hilo ['ilo] *m* ❶ (*hebra*) Faden *m;* (*para coser*) Garn *nt;* (*más resistente*) Zwirn *m;* ~ **bramante** Schnur *f;* ~ **de perlas** Perlenschnur *f;* **cortar el** ~ **de la vida a alguien** (*fig*) jdm den Lebensfaden abschneiden; **mover los** ~**s** (*fig*) die Fäden in der Hand haben; **pender de un** ~ (*fig*) an einem seidenen Faden hängen ❷ (*tela*) Leinen *nt* ❸ (TÉC) dünner Draht *m;* ~ **conductor** Leitungsdraht *m;* **telegrafía sin** ~**s** drahtlose Telegrafie ❹ (*de un discurso*) (roter) Faden *m;* **no sigo el** ~ **de la película** ich kann der Handlung des Films nicht folgen; **perder el** ~ (**de la conversación**) (bei einem Gespräch) den (roten) Faden verlieren; **recoger el** ~ **de la historia** den (roten) Faden der Geschichte wieder aufnehmen ❺ (*de un líquido*) Rinnsal *nt*
hilván [il'βan] *m* ❶ (*costura*) Heftnaht *f* ❷ (*hilo*) Heftfaden *m*
hilvanado [ilβa'naðo] *m* Heften *nt*
hilvanar [ilβa'nar] *vt* ❶ (*vestido*) heften ❷ (*frases*) (miteinander) verknüpfen; **un discurso mal hilvanado** eine zusammenhang(s)lose Rede
himen ['imen] *m* (ANAT) Jungfernhäutchen *nt*
himeneo [ime'neo] *m* Hochzeit *f*
himno ['imno] *m* Hymne *f*
hincapié [iŋka'pje] *m* Aufstemmen *nt;* **hacer** ~ **en algo** Nachdruck auf etw legen
hincar [iŋ'kar] <c→qu> **I.** *vt* ❶ (*clavar*) (ein)treiben (*en* in +*akk*); (*golpeando*) (hin)einschlagen (*en* in +*akk*); ~ **el diente en la pera** (*fam*) in die Birne hineinbeißen ❷ (*pie*) aufstützen (*en* auf +*dat/akk*), aufstemmen (*en* auf +*dat/akk*) **II.** *vr:* ~ **se de rodillas** niederknien
hincha¹ ['intʃa] *f* (*fam: tirria*) Groll *m*
hincha² ['intʃa] *mf* (*seguidor*) Fan *m*
hinchable [in'tʃaβle] *adj* aufblasbar; **colchón** ~ Luftmatratze *f;* **muñeca** ~ Gummipuppe *f*
hinchada [in'tʃaða] *f* Fans *mpl*
hinchado, -a [in'tʃaðo, -a] *adj* ❶ (*pie*) geschwollen; (*cara*) aufgedunsen; (*madera*) aufgequollen; (*velas*) (auf)gebläht ❷ (*estilo*) schwülstig ❸ (*persona*) aufgeblasen
hinchamiento [intʃa'mjento] *m* (An)schwellung *f*
hinchar [in'tʃar] **I.** *vt* ❶ (*globo*) aufblasen; (*neumático*) aufpumpen; (*telas*) (auf)blä-

hen; (*estómago*) (auf)blähen; ~ **la bici** das Fahrrad aufpumpen ❷(*exagerar*) aufbauschen; **¡no lo hinches!** halt die Luft an! *fam* ❸(*río*) anschwellen lassen ❹(*AmS: molestar*) nerven *fam* ❺(*loc*): ~ **de palos a alguien** (*fam*) jdn windelweich schlagen; **te voy a ~ los morros** (*vulg*) ich poliere dir noch die Fresse **II.** *vr:* ~**se** ❶(*pierna*) anschwellen; **se me ha hinchado mucho el pie** mein Fuß ist ganz dick ❷(*engreírse*) sich aufblasen ❸(*de comer*) sich überessen (*de* an +*dat*) ❹(*hacer mucho*): ~**se a mirar/a escuchar algo** sich an etw *dat* satt sehen/hören; ~**se a insultar a alguien** jdn unaufhörlich beschimpfen

hinchazón [intʃa'θon] *f* ❶(*del pie*) (An)schwellung *f;* (*del río*) Anschwellen *nt;* (*de la madera*) (Auf)quellen *nt;* (*de las velas*) Blähen *nt* ❷(*soberbia*) Aufgeblasenheit *f* ❸(*de un estilo*) Schwülstigkeit *f*

hindi ['iɲdi] *m* Hindi *nt*

hindú [iɲ'du] *mf* ❶(*indio*) Inder(in) *m(f)* ❷(*del hinduismo*) Hindu *mf*

hinduismo [iɲduˈismo] *m sin pl* (REL) Hinduismus *m*

hinduista [iɲduˈista] **I.** *adj* (REL) hinduistisch **II.** *mf* (REL) Hindu *m*

hinojo [i'noxo] *m* ❶(*planta*) Fenchel *m* ❷(*rodilla*) Knie *nt;* **de** ~**s** auf Knien; **ponerse de** ~**s** sich hinknien

hipar [i'par] *vi* ❶(*tener hipo*) Schluckauf haben ❷(*perros*) hecheln ❸(*fatigarse*) sich überarbeiten ❹(*sollozar*) (auf)schluchzen ❺(*desear*) lechzen (*por* nach +*dat*)

hiper ['iper] *m* (*fam*) großer Supermarkt *m*

hiperacidez [iperaθi'deθ] *f* Übersäuerung *f*

hiperactividad [iperaktiβi'ðað] *f* Überaktivität *f*

hiperactivo, -a [iperak'tiβo, -a] *adj* überaktiv

hipérbola [i'perβola] *f* (MAT) Hyperbel *f*

hipérbole [i'perβole] *f* (LIT) Hyperbel *f*

hiperbólico, -a [iper'βoliko, -a] *adj* (MAT) hyperbolisch

hipercrítico, -a [iper'kritiko, -a] *adj* hyperkritisch

hiperenlace [iperen'laθe] *m* (INFOR) Hyperlink *m*

hiperinflación [iperiɱfla'θjon] *f* (COM) Hyperinflation *f*

hipermercado [ipermer'kaðo] *m* großer Supermarkt *m*

hipermétrope [iper'metrope] *adj* (MED) weitsichtig

hipermetropía [ipermetro'pia] *f* (MED) Weitsichtigkeit *f*

hiperonimia [ipero'nimja] *f* (LING) Hyperonymie *f*

hiperrealismo [iperrea'lismo] *m sin pl* Hyperrealismus *m*

hipersensibilidad [ipersensiβili'ðað] *f sin pl* Überempfindlichkeit *f*

hipersensible [ipersen'siβle] *adj* überempfindlich

hipertensión [iperten'sjon] *f* (MED) Bluthochdruck *m*

hipertenso, -a [iper'tenso, -a] **I.** *adj* hypertonisch **II.** *m, f* Hypertoniker(in) *m(f);* **mi padre es** ~ mein Vater hat einen zu hohen Blutdruck

hipertexto [iper'testo] *m* (INFOR) Hypertext *m*

hipertrofia [iper'trofja] *f* Hypertrophie *f*

hipertrofiarse [ipertro'fjarse] *vr* übermäßig wuchern

hípica ['ipika] *f sin pl* Pferdesport *m*

hípico, -a ['ipiko, -a] *adj* Pferde-; **concurso** ~ Springreiten *nt*

hipido [i'piðo] *m* Schluchzer *m*

hipnosis [iβ'nosis] *f inv* Hypnose *f*

hipnótico[1] [iβ'notiko] *m* Schlafmittel *nt*

hipnótico, -a[2] [iβ'notiko, -a] *adj* hypnotisch

hipnotismo [iβno'tismo] *m* Hypnotik *f*

hipnotización [iβnotiθa'θjon] *f* Hypnotisieren *nt*

hipnotizador(a) [iβnotiθa'ðor(a)] *m(f)* Hypnotiseur(in) *m(f)*

hipnotizar [iβnoti'θar] <z→c> *vt* hypnotisieren

hipo ['ipo] *m* ❶(*fisiológico*) Schluckauf *m* ❷(*deseo*) Sehnsucht *f* (*de/por* nach +*dat*) ❸(*tirria*) Groll *m*

hipocalórico, -a [ipoka'loriko, -a] *adj* kalorienarm

hipocentro [ipo'θentro] *m* (GEO) Erdbebenherd *m*

hipocondría [ipokoɲ'drja] *f* (MED) Hypochondrie *f*

hipocondríaco, -a [ipokoɲ'driako, -a] **I.** *adj* hypochondrisch **II.** *m, f* Hypochonder *m*

hipocondrio [ipo'koɲdrjo] *m* (ANAT) Hypochondrium *nt*

hipocrático, -a [ipo'kratiko, -a] *adj* hippokratisch

hipocresía [ipokre'sia] *f* ❶(*comportamiento*) Heuchelei *f* ❷(*modo de ser*) Scheinheiligkeit *f*

hipócrita [i'pokrita] **I.** *adj* ❶(*en el comportamiento*) heuchlerisch ❷(*en el modo de ser*) scheinheilig **II.** *mf* Heuchler(in) *m(f)*

hipodérmico, -a [ipo'ðermiko, -a] *adj* (MED) subkutan

hipódromo [i'poðromo] *m* (DEP) Pferderennbahn *f*
hipófisis [i'pofisis] *f inv* (ANAT) Hypophyse *f*
hipogastrio [ipo'ɣastrjo] *m* (ANAT) Unterleib *m*
hipoglucemia [ipoɣlu'θemja] *f* (MED) Hypoglykämie *f*
hipopótamo [ipo'potamo] *m* Nilpferd *nt*
hipotálamo [ipo'talamo] *m* (ANAT) Hypothalamus *m*
hipoteca [ipo'teka] *f* Hypothek *f*
hipotecable [ipote'kaβle] *adj* hypothekarisch belastbar
hipotecar [ipote'kar] <c→qu> *vt* mit einer Hypothek belasten; **si haces eso ~ás tu libertad** wenn du das machst, setzt du deine Freiheit aufs Spiel
hipotecario, -a [ipote'karjo, -a] *adj* Hypotheken-; **crédito ~** Hypothekarkredit *m*
hipotensión [ipoten'sjon] *f* (MED) niedriger Blutdruck *m*
hipotenso, -a [ipo'tenso, -a] I. *adj* hypotonisch II. *m, f* Hypotoniker(in) *m(f)*; **mi mujer es hipotensa** meine Frau hat einen zu niedrigen Blutdruck
hipotenusa [ipote'nusa] *f* (MAT) Hypotenuse *f*
hipotermia [ipo'termja] *f* (MED) Unterkühlung *f*; **muerte por ~** Kältetod *m*
hipótesis [i'potesis] *f inv* Hypothese *f*
hipotético, -a [ipo'tetiko, -a] *adj* hypothetisch; **es totalmente ~ que...** es ist eine reine Hypothese, dass ...
hipotónico, -a [ipo'toniko, -a] I. *adj* hypotonisch II. *m, f* Hypotoniker(in) *m(f)*
hippie ['xipi] I. *adj* Hippie-; **moda ~** Hippielook *m* II. *mf* Hippie *m*
hippismo [xi'pismo] *m* (SOCIOL) Hippietum *nt*
hippy ['xipi] *v.* **hippie**
hiriente [i'rjente] *adj* verletzend; **una observación ~** eine spitze Bemerkung
hirsuto, -a [ir'suto, -a] *adj* ① (*pelo*) borstig, struppig ② (*planta*) stachelig ③ (*carácter*) widerborstig
hirviente [ir'βjente] *adj* kochend
hisopear [isope'ar] *vt* mit dem Weih(wasser)wedel besprengen
hisopo [i'sopo] *m* ① (*planta*) Ysop *m* ② (*de iglesia*) Weih(wasser)wedel *m*
hispalense [ispa'lense] I. *adj* aus Sevilla II. *mf* Einwohner(in) *m(f)* von Sevilla
hispánico, -a [is'paniko, -a] *adj* ① (*de España*) spanisch ② (*de Hispania*) hispanisch; **Filología Hispánica** Hispanistik *f*
hispanidad [ispani'ðaᵈ] *f sin pl* ① (*calidad*) Hispanität *f* ② (*conjunto*) spanische Kultur *f*

hispanismo [ispa'nismo] *m* Hispanismus *m*
hispanista [ispa'nista] *mf* Hispanist(in) *m(f)*
hispanización [ispaniθa'θjon] *f sin pl* Hispanisierung *f*
hispanizar [ispani'θar] <z→c> *vt, vr:* ~**se** (sich) hispanisieren
hispano, -a [is'pano, -a] I. *adj* ① (*español*) spanisch ② (*en EE.UU.*) Hispano-, hispanoamerikanisch II. *m, f* ① (*español*) Spanier(in) *m(f)* ② (*en EE.UU.*) Hispanoamerikaner(in) *m(f)*
Hispanoamérica [ispanoa'merika] *f* hispanoamerikanische Länder *ntpl*

i **Land & Leute**

Hispanoamérica ist ein Sammelbegriff für die 19 Länder Süd- und Mittelamerikas, in denen Spanisch als offizielle Landessprache gesprochen wird. Im Gegensatz dazu bezieht sich der Ausdruck *Latinoamérica* (oder auch *América Latina*) auf all jene Länder Mittel- und Südamerikas, die von den Spaniern, Portugiesen und Franzosen kolonisiert wurden.

hispanoamericanismo [ispanoameri-ka'nismo] *m sin pl* (SOCIOL) *soziale Bewegung für die kulturelle Einheit der spanischsprachigen Länder in Süd- und Mittelamerika*
hispanoamericano, -a [ispanoameri'kano, -a] I. *adj* hispanoamerikanisch II. *m, f* Hispanoamerikaner(in) *m(f)*
hispanohablante [ispanoa'βlante] I. *adj* Spanisch sprechend; **los países ~s** die spanischsprachigen Länder II. *mf* spanischer Muttersprachler *m*, spanische Muttersprachlerin *f*
histeria [is'terja] *f* Hysterie *f*
histérico, -a [is'teriko, -a] I. *adj* hysterisch II. *m, f* Hysteriker(in) *m(f)*
histerismo [iste'rismo] *m* Hysterie *f*
histología [istolo'xia] *f* (MED) Histologie *f*
historia [is'torja] *f* Geschichte *f*; ~ **natural** Naturwissenschaft *f*; ~ **universal** Weltgeschichte *f*; **pasar a la ~** (*ser importante*) in die Geschichte eingehen; (*no ser actual*) längst überholt sein; **cuenta la ~ completa** sag die ganze Wahrheit; **¡déjate de ~s!** komm zur Sache!; **ésa es la misma ~ de siempre** das ist das alte Lied; **¡no me vengas con ~s!** erzähl mir doch keine Märchen!; **eso sólo son ~s** das ist doch nur Klatsch

historiador(a) [istorja'ðor(a)] *m(f)* Historiker(in) *m(f)*

historial [isto'rjal] **I.** *adj* geschichtlich **II.** *m* ❶ (*antecedentes*) Vorgeschichte *f;* ~ **delictivo** Vorstrafen *fpl* ❷ (*currículo*) Lebenslauf *m;* ~ **profesional** beruflicher Werdegang; **este hecho no empañará el** ~ **de esta institución** dieses Ereignis wird diese Institution nicht in Verruf bringen; **él tiene un** ~ **intachable** er hat sich *dat* nie etwas zuschulden kommen lassen

historiar [isto'rjar] *vt* ❶ (*contar*) geschichtlich darstellen ❷ (ARTE) Historienbilder malen (von +*dat*) ❸ (*Am: enmarañar*) verwirren

historicidad [istoriθi'ðað] *f sin pl* Geschichtlichkeit *f*

historicismo [istori'θismo] *m* Histori(zi)smus *m*

histórico, -a [is'toriko, -a] *adj* geschichtlich, historisch; **un miembro** ~ **del partido** einer der Parteigründer

historieta [isto'rjeta] *f* ❶ (*anécdota*) Anekdote *f* ❷ (*con viñetas*) Bildergeschichte *f;* (*cómic*) Comic(strip) *m*

historiografía [istorjoɣra'fia] *f sin pl* Geschichtsschreibung *f*

historiográfico, -a [istorjo'ɣrafiko, -a] *adj* (HIST) historiographisch

historiógrafo, -a [isto'rjoɣrafo, -a] *m, f* Geschichtsschreiber(in) *m(f)*

historiología [istorjolo'xia] *f* (HIST) Historiologie *f*

histrión [is'trjon] *m* ❶ (HIST) Histrione *m* ❷ (*actor*) Schauspieler *m* ❸ (*payaso*) Clown *m;* (TEAT) Narr *m* ❹ (*efectista*) Effekthascher *m*

histriónico, -a [is'trjoniko, -a] *adj* theatralisch

histrionismo [istrjo'nismo] *m* ❶ (*teatralidad*) übertriebenes Auftreten *nt* ❷ (*efectismo*) Effekthascherei *f*

hita ['ita] *f* ❶ (*clavo*) kopfloser Nagel *m* ❷ (*hito*) Meilenstein *m*

hitleriano, -a [xiθle'rjano, -a] *adj* Hitler-

hito ['ito] *m* ❶ (*mojón*) Markstein *m* ❷ (*blanco*) Meilenstein *m;* **mirar a alguien de** ~ **en** ~ jdn anstarren

hit-parade [xitpa'raðe] *m* Hitparade *f*

hobby ['xoβi] *m* <hobbies> Hobby *nt*

hocicar [oθi'kar] <c→qu> **I.** *vt* ❶ (*hozar*) (die Erde) aufwühlen ❷ (*pey: besar*) abknutschen **II.** *vi* ❶ (*caerse*) auf die Nase fallen ❷ (*fam: dificultad*) stoßen (*con* auf +*akk*) ❸ (NÁUT: *amorrar*) buglastig sein

hocico [o'θiko] *m* ❶ (*morro*) Schnauze *f;* (*de cerdo*) Rüssel *m* ❷ (*vulg: cara*) Visage *f* ❸ (*vulg: boca*) Fresse *f;* **caer de** ~**s** auf die

Nase fallen *fam;* **estar de** ~**s** schmollen; **meter el** ~ **en todo** seine Nase überall hineinstecken

hocicudo, -a [oθi'kuðo, -a] *adj* (*Am*) ❶ (*malhumorado*) schlecht gelaunt ❷ (*disgustado*) verärgert

hockey ['xokei] *m sin pl* Hockey *nt;* ~ **sobre patines** Rollhockey *nt*

hogar [o'ɣar] *m* ❶ (*de cocina*) Herd *m;* (*de chimenea*) Kamin *m;* (*de fundición*) Ofenraum *m;* (*de un tren*) Feuerbüchse *f* ❷ (*casa*) Zuhause *nt;* ~ **del pensionista** Altenheim *nt;* **artículos para el** ~ Haushaltsgeräte *ntpl;* **persona sin** ~ Obdachlose(r) *m* ❸ (*familia*) Familie *f*

hogareño, -a [oɣa'reɲo, -a] *adj* häuslich

hogaza [o'ɣaθa] *f* Rundbrot *nt*

hoguera [o'ɣera] *f* ❶ (*en un campamento*) (Lager)feuer *nt;* (*de alegría*) Freudenfeuer *nt* ❷ (HIST: *ejecución*) Scheiterhaufen *m*

hoja ['oxa] *f* ❶ (*de una planta*) Blatt *nt;* (*pétalo*) (Blüten)blatt *nt;* ~ **del bosque** Laub *nt;* **árbol sin** ~**s** kahler Baum; **los árboles vuelven a echar** ~**s** die Bäume fangen an zu sprießen ❷ (*de papel*) Blatt *nt* Papier; (*de madera*) Platte *f;* (*de metal*) Folie *f;* ~ **de lata** Blech *nt;* ~ **volante** Flugblatt *nt;* ~ **de una mesa** (*extensible*) ausziehbarer Teil eines Tisches; **pasar la** ~ umblättern; (*fig*) einen neuen Anfang machen ❸ (*formulario*) Bogen *m;* (FERRO) Frachtschein *m;* ~ **de pedido** Bestellschein *m;* ~ **de servicios** Personalakte *f;* **tener una buena** ~ **de servicios** ein verdienter Arbeiter sein ❹ (*de arma*) Klinge *f;* ~ **de afeitar** Rasierklinge *f* ❺ (*de ventana*) (Fenster)flügel *m;* (*de puerta*) (Tür)flügel *m* ❻ (*loc*): **esto no tiene vuelta de** ~ daran gibt es nichts zu rütteln

hojalata [oxa'lata] *f* Blech *nt*

hojalatería [oxalate'ria] *f* Klempnerei *f*

hojalatero [oxala'tero] *m* Klempner *m*

hojaldra [o'xaldra] *f,* **hojaldre** [o'xaldre] *m* Blätterteig *m;* **pastel de** ~ Pastete *f*

hojarasca [oxa'raska] *f* ❶ (*hojas*) (dürres) Laub *nt* ❷ (*paja*) leeres Geschwätz *nt fam*

hojear [oxe'ar] *vt* ❶ (*leer*) überfliegen ❷ (*pasar hojas*) blättern

hojoso, -a [o'xoso, -a] *adj* belaubt

hojuela [o'xwela] *f* ❶ (*hoja*) einzelnes Blättchen *nt* ❷ (GASTR) dünne Waffel *f* ❸ (*AmC: hojaldre*) Blätterteig *m*

hola ['ola] *interj* hallo!

holán [o'lan] *m* (*AmC: lienzo*) Leinenstoff *m*

holanda [o'landa] *f* feiner Leinenstoff *m*

Holanda [o'landa] *f* Holland *nt*

holandés, -esa [olan̪des, -esa] **I.** *adj* holländisch; **la escuela holandesa** (ARTE) die Niederländische Schule **II.** *m, f* Holländer(in) *m(f)*

holding ['xoldiŋ] *m* <holdings> (COM) Holding(gesellschaft) *f;* **el ~ de empresas fiduciarias** die Treuhandanstalt

holgado, -a [ol'yaðo, -a] *adj* ❶ (*vestido*) weit ❷ (*espacioso*) geräumig; **en este coche se va ~** dieses Auto hat innen viel Platz; **ir ~ de tiempo** genug Zeit haben

holganza [ol'yanθa] *f* ❶ (*ociosidad*) Untätigkeit *f;* (*agradable*) Ruhe(pause) *f* ❷ (*diversión*) Vergnügen *nt;* (*regocijo*) Belustigung *f*

holgar [ol'yar] *irr como colgar* **I.** *vi* ❶ (*sobrar*) überflüssig sein; **huelgan las palabras** das bedarf keiner Erklärung ❷ (*descansar*) Urlaub haben **II.** *vr:* **~se** ❶ (*alegrarse*) sich freuen (*de/con* über +*akk*) ❷ (*divertirse*) sich amüsieren (*de* über +*akk*)

holgazán, -ana [olya'θan, -ana] *m, f* Faulenzer(in) *m(f)*

holgazanear [olyaθane'ar] *vi* faulenzen

holgazanería [olyaθane'ria] *f* Faulenzerei *f*

holgorio [ol'yorjo] *m* lärmendes Vergnügen *nt*

holgura [ol'yura] *f* ❶ (*de vestido*) Weite *f* ❷ (TÉC) Spiel *nt* ❸ (*bienestar*): **vivir con ~** in guten Verhältnissen leben

holladura [oʎa'ðura] *f* ❶ (*acción*) Betreten *nt* ❷ (*huella*) Fußabdruck *m*

hollar [o'ʎar] <o→ue> *vt* ❶ (*pisar*) betreten ❷ (*despreciar*) missachten

hollejo [o'ʎexo] *m* Schale *f*

hollín [o'ʎin] *m* Ruß *m*

holocausto [olo'kaʊsto] *m* ❶ (*genocidio*) Holocaust *m* ❷ (REL) Brandopfer *nt*

holografía [oloɣra'fia] *f* Holografie *f*

holográfico, -a [olo'ɣrafiko, -a] *adj* (FOTO) holographisch

hológrafo, -a [o'loɣrafo, -a] *adj* holografisch

holograma [olo'ɣrama] *m* Hologramm *nt*

hombracho [om'bratʃo] *m,* **hombrachón** [ombra'tʃon] *m* kräftiger Mann *m*

hombrada [om'braða] *f* Heldentat *f*

hombradía [ombra'ðia] *f* v. **hombría**

hombre ['ombre] **I.** *m* ❶ (*varón*) Mann *m;* **el ~ de la calle** (*fig*) der Mann auf der Straße; **~ de confianza** Vertrauensmann *m;* **~ de estado** Staatsmann *m;* **~ de negocios** Geschäftsmann *m;* **~ de paja** (*fig*) Strohmann *m;* **el ~ del tiempo** der Moderator des Wetterberichtes; **el defensa fue al ~** (DEP) der Verteidiger ging an den Mann; **¡está hecho un ~!** er ist schon ein gestandener Mann!; **hacer un ~ de alguien** aus jdm einen Mann machen;

se comportó como un ~ er stand seinen Mann ❷ (*ser humano*) Mensch *m;* **~ de las cavernas** Höhlenmensch *m;* **~ del montón** Durchschnittsmensch *m;* **¡~ al agua!** Mann über Bord! ❸ (*fam: marido*) Mann *m* **II.** *interj* Mann!, Mensch!; **¿qué tal?** na, wie geht's?; **¡cállate, ~!** Mensch, sei still!; **pero, ¡~!** (mein lieber) Mann!; **¡sí, ~!** aber natürlich!

hombre-anuncio ['ombre-a'nunθjo] *m* <hombres-anuncio> Plakatträger *m*

hombrear [ombre'ar] **I.** *vi* den starken Mann spielen **II.** *vr:* **quiere ~se con su padre** er versucht, es seinem Vater gleichzutun

hombrecillo [ombre'θiʎo] *m* Hopfen *m*

hombre-lobo ['ombre-'loβo] *m* <hombres-lobo> Werwolf *m*

hombre-mono ['ombre-'mono] *m* <hombres-mono> Affenmensch *m*

hombrera [om'brera] *f* ❶ (*almohadilla*) Schulterpolster *nt* ❷ (*de uniforme*) Schulterklappe *f* ❸ (*de armadura*) Vorderflug *m*

hombre-rana ['ombre-'rrana] *m* <hombres-rana> Taucher *m*

hombría [om'bria] *f* Männlichkeit *f;* **un acto de ~** eine Heldentat

hombro ['ombro] *m* ❶ (ANAT) Schulter *f;* **ancho de ~s** breitschult(e)rig; **cargado de ~s** bucklig; **echarse al ~** (*fig*) sich ins Zeug legen; **encogerse de ~s** die Achseln zucken; **llevar algo a ~s** etw auf dem Rücken tragen; **mirar a alguien por encima del ~** auf jdn herabsehen ❷ (TIPO) Fleisch *nt*

hombruno, -a [om'bruno, -a] *adj* männlich (wirkend); **mujer hombruna** Mannweib *nt*

homenaje [ome'naxe] *m* ❶ (*el honrar*) Ehrung *f;* **hacer una fiesta en ~ de alguien** jdm zu Ehren ein Fest veranstalten; **rendir ~ a alguien** jdn ehren ❷ (HIST) Huldigung *f*

homenajear [omenaxe'ar] *vt* ehren

homeópata [ome'opata] *mf* Homöopath(in) *m(f)*

homeopatía [omeopa'tia] *f sin pl* Homöopathie *f*

homeopático, -a [omeo'patiko, -a] *adj* homöopathisch

homicida [omi'θiða] **I.** *adj* Mord- **II.** *mf* (*cuando está planeado*) Mörder(in) *m(f);* (*cuando no lo está*) Totschläger(in) *m(f);* (JUR) Täter(in) *m(f)*

homicidio [omi'θiðjo] *m* Tötung *f;* (*planeado*) Mord *m;* (*no planeado*) Totschlag *m;* **brigada de ~s** Mordkommission *f*

homínido [o'miniðo] *m* (BIOL) Hominide *m*

homo ['omo] *adj* (*fam*) homo(sexuell)
homofonía [omofo'nia] *f* ① (LING) Gleich-klang *m* ② (MÚS) Homophonie *f*
homogeneidad [omoxenei'ðaᵈ] *f sin pl* Homogenität *f*
homogeneización [omoxeneiθa'θjon] *f* Homogenisierung *f*
homogeneizar [omoxenei'θar] <z→c> *vt* ① (QUÍM) homogenisieren ② (*uniformar*) homogen machen, homogenisieren *geh*
homogéneo, -a [omo'xeneo, -a] *adj* homogen, einheitlich
homógrafo[1] [o'moɣrafo] *m* Homograf *nt*
homógrafo, -a[2] [o'moɣrafo, -a] *adj* homo-graf
homologable [omolo'ɣaβle] *adj* gültig; **el récord no es** ~ der Rekord kann nicht anerkannt werden
homologación [omoloɣa'θjon] *f* ① (*de una escuela*) amtliche Genehmigung *f* ② (DEP: *de un récord*) Anerkennung *f*; (*de un cir-cuito*) Homologation *f* ③ (TÉC: *de un casco*) Typenprüfung *f* ④ (JUR: *de un arre-glo*) gerichtliche Genehmigung *f*; (*de un convenio*) verbindliche Erklärung *f*
homologar [omolo'ɣar] <g→gu> I. *vt* ① (*escuela*) amtlich genehmigen ② (DEP: *récord*) anerkennen; (*circuito*) homologie-ren ③ (TÉC): **casco homologado** TÜV-ge-prüfter Helm ④ (JUR: *arreglo*) gerichtlich genehmigen; (*convenio*) für verbindlich erklären II. *vr*: ~ **se** sich angleichen
homólogo, -a [o'moloɣo, -a] I. *adj* ① (*aná-logo*) ähnlich ② (BIOL) homolog II. *m, f* Amtskollege, -in *m, f*
homonimia [omo'nimja] *f* (LING) Homony-mie *f*
homónimo[1] [o'monimo] *m* Homonym *nt*
homónimo, -a[2] [o'monimo, -a] I. *adj* homonym II. *m, f* Namensvetter(in) *m(f)*
homosexual [omoseˠ'swal] I. *adj* homose-xuell II. *mf* Homosexuelle(r) *mf*
homosexualidad [omoseˠswali'ðaᵈ] *f sin pl* Homosexualität *f*
honda ['onda] *f* Schleuder *f*
hondo[1] ['ondo] *m* Boden *m*
hondo, -a[2] ['ondo, -a] *adj* tief; **en lo** ~ **del valle** unten im Tal; **respirar** ~ tief einat-men
hondonada [ondo'naða] *f* (GEO) Mulde *f*
hondura [on'dura] *f* Tiefe *f*; **meterse en** ~**s** klug daherreden
Honduras [on'duras] *f* Honduras *nt*

Honduras liegt in Mittelamerika und grenzt an Nicaragua, El Salvador und Guatemala, an das Karibische Meer und den Pazifischen Ozean. Die Hauptstadt heißt *Tegucigalpa*. Spanisch ist die offizielle Landessprache. Die Währungseinheit in **Honduras** ist der *lempira*.

hondureño, -a [ondu'reɲo, -a] I. *adj* hon-duranisch II. *m, f* Honduraner(in) *m(f)*
honestidad [onesti'ðaᵈ] *f sin pl* ① (*honra-dez*) Ehrlichkeit *f* ② (*formalidad*) Pflicht-bewusstsein *nt* ③ (*decencia*) Anständig-keit *f* ④ (*decoro*) Ehrbarkeit *f*; (*en sentido moral*) Sittsamkeit *f*
honesto, -a [o'nesto, -a] *adj* ① (*honrado*) ehrlich ② (*cumplidor*) pflichtbewusst ③ (*decente*) anständig ④ (*decoroso*) ehr-bar; (*en sentido moral*) sittsam
hongo ['oŋgo] *m* ① (BOT) Pilz *m*; **solo como un** ~ ganz allein ② (*sombrero*) Melone *f*
honor [o'nor] *m* Ehre *f*; **cuestión de** ~ Ehrensache *f*; **¡palabra de** ~! Ehrenwort!; **¡por mi** ~! bei meiner Ehre!; **hacer** ~ **a su fama** seinem Ruf gerecht werden; **es para mí un gran** ~ es ist mir eine große Ehre; **hacer los** ~**es** die Gäste begrüßen; **hacer** ~ **a las obligaciones** den Verpflichtungen nachkommen
honorabilidad [onoraβili'ðaᵈ] *f* Ehrbar-keit *f*
honorable [ono'raβle] *adj* ehrbar
honorario[1] [ono'rarjo] *m* Honorar *nt*
honorario, -a[2] [ono'rarjo, -a] *adj* Ehren-; **cónsul** ~ Honorarkonsul *m*
honorífico, -a [ono'rifiko, -a] *adj* Ehren-
honra ['onra] *f* ① (*honor*) Ehre *f* ② (*pun-donor*) Ehrgefühl *nt* ③ (*reputación*) Ruf *m* ④ (REL): ~**s fúnebres** Trauerfeier *f*
honradez [onra'ðeθ] *f* ① (*integridad*) Ehr-lichkeit *f* ② (*valor moral*) Ehrenhaftigkeit *f*; (*decencia*) Anständigkeit *f*; **falta de** ~ Unredlichkeit *f*
honrado, -a [on'rraðo, -a] *adj* (*íntegro*) ehrlich; (*moral*) ehrenhaft; (*decente*) anständig; **llevar una vida honrada** ein redliches Leben führen
honrar [on'rrar] I. *vt* ehren; **nos honra con su presencia** Sie beehren uns mit Ihrer Gegenwart II. *vr*: ~ **se con** [*o de*] **algo** etw als eine Ehre ansehen
honrilla [on'rriʎa] *f* Ehrgefühl *nt*
honroso, -a [on'rroso, -a] *adj* ehrenvoll
hontanar [onta'nar] *m* Quelle *f*
hooligan ['xuliɣan] <hooligan *o* hooli-gans> *m* Hooligan *m*
hopo ['opo] *m* ① (*rabo*) buschiger Schwanz

m; (*de zorro*) Lunte *f* ❷ (*mechón*) Haarbüschel *nt*

hora ['ora] *f* ❶ (*de un día*) Stunde *f;* **media ~** eine halbe Stunde; **un cuarto de ~** eine Viertelstunde; **una ~ y media** anderthalb Stunden; **~ de consulta** Sprechstunde *f;* **~s extraordinarias** Überstunden *fpl;* **~ feliz** Happy Hour; **~s punta** Hauptverkehrszeit *f;* **noticias de última ~** letzte Nachrichten; **a la ~** pünktlich; **a primera ~ de la tarde** am frühen Nachmittag; **a última ~ de la tarde** am späten Nachmittag; **a última ~** in letzter Sekunde; **el pueblo está a dos ~s de camino** das Dorf ist zwei Wegstunden entfernt; **estuve esperando ~s y ~s** ich wartete stundenlang ❷ (*del reloj*) Uhrzeit *f;* **¿qué ~ es?** wie viel Uhr ist es?; **¿a qué ~ vendrás?** um wie viel Uhr kommst du?; **adelantar la ~** die Uhr vorstellen; **retrasar la ~** die Uhr zurückstellen; **el dentista me ha dado ~ para el martes** ich habe am Dienstag einen Termin beim Zahnarzt; **poner el reloj en ~** die Uhr stellen ❸ (*tiempo*) Zeit *f;* **a la ~ de la verdad...** wenn es ernst wird ...; **comer entre ~s** zwischendurch essen; **estar en ~s bajas** eine schwache Stunde haben; **no lo dejes para última ~** schieb es nicht bis zum letzten Augenblick auf; **tener ~s de vuelo** sehr erfahren sein; **ven a cualquier ~** du kannst jederzeit kommen; **ya va siendo ~ que... +*subj*** es wird höchste Zeit, dass ... ❹ (REL) Gebetsstunde *f* ❺ *pl* (*mitología*): **las ~s** die Horen

horadar [ora'ðar] *vt* durchbohren

hora-hombre ['ora-'ombre] <horas-hombre> *f* (ECON) Arbeitsstunde *f;* **con las huelgas se pierden al año miles y miles de horas-hombre** durch Streiks gehen pro Jahr Tausende von Arbeitsstunden verloren

horario[1] ['orarjo] *m* ❶ (*escolar*) Stundenplan *m;* (*de medio de transporte*) Fahrplan *m;* (*de despacho*) Geschäftszeiten *fpl;* (*de consulta*) Sprechzeiten *fpl;* **~ de atención al público** Öffnungszeiten *fpl;* **~ comercial** (Laden)öffnungszeiten *fpl;* **~ flexible** gleitende Arbeitszeit; **~ de oficina** Dienststunden *fpl;* **¿qué ~ hacen?** wann haben Sie geöffnet? ❷ (*manecilla*) Stundenzeiger *m*

horario, -a[2] ['orarjo, -a] *adj* Stunden-

horca ['orka] *f* ❶ (*para colgar*) Galgen *m* ❷ (*bieldo*) Heugabel *f* ❸ (*horquilla*) Gabelstütze *f*

horcajadas [orka'xaðas]: **a ~** rittlings

horchata [or'tʃata] *Erdmandelmilch f*

---

horda ['orða] *f* ❶ (*de salvajes*) Horde *f* ❷ (*banda*) Bande *f*

horizontal [oriθon'tal] **I.** *adj* waag(e)recht **II.** *f* Horizontale *f*

horizontalidad [oriθontali'ðað] *f sin pl* waag(e)rechte Lage *f*

horizonte [ori'θonte] *m* Horizont *m*

horma ['orma] *f* ❶ (TÉC: *molde*) Form *f* ❷ (*muelle*) Schuhspanner *m;* **~ de zapatos** Schuhleisten *m;* **encontrar la ~ de su zapato** (*fam: cosa*) genau das finden, was man sucht; (*persona*) den Mann/die Frau seines Lebens finden

hormiga [or'miɣa] *f* Ameise *f;* **~ blanca** Termite *f;* **ser una ~** (*fig*) emsig arbeiten

hormigón [ormi'ɣon] *m* Beton *m;* **~ armado** Stahlbeton *m*

hormigonera [ormiɣo'nera] *f* Betonmischmaschine *f*

hormigueante [ormiɣe'ante] *adj* kribbelnd

hormiguear [ormiɣe'ar] *vi* ❶ (*picar*) kribbeln ❷ (*gente*) wimmeln (*de* von +*dat*)

hormigueo [ormi'ɣeo] *m* ❶ (*picor*) Kribbeln *nt;* **tengo un ~ en la espalda** mein Rücken kribbelt ❷ (*multitud*) Gewimmel *nt*

hormiguero[1] [ormi'ɣero] *m* ❶ (*de hormigas*) Ameisenhaufen *m* ❷ (*de gente*) Gewimmel *nt;* **la plaza era un ~ de gente** auf dem Platz wimmelte es von Menschen

hormiguero, -a[2] [ormi'ɣero, -a] *adj* Ameisen-

hormona [or'mona] *f* Hormon *nt*

hormonal [ormo'nal] *adj* hormonal, hormonell

hormonar [ormo'nar] *vt* mit Hormonen behandeln

hornacina [orna'θina] *f* (ARQUIT) Nische *f*

hornada [or'naða] *f* Schub *m* (*aus dem Backofen*); **una ~ de médicos** (*fam*) ein Schub frisch gebackener Ärzte

hornalla [or'naʎa] *f* (*Am*) ❶ (*parrilla*) Rost *m* ❷ (*del fogón*) Aschenschieber *m* ❸ (*horno*) Ofen *m*

hornear [orne'ar] *vt* backen

hornero, -a [or'nero, -a] *m, f* Bäcker(in) *m(f)*

hornillo [or'niʎo] *m* (*cocina*) Herd *m;* (*de*

una cocina) Kochplatte *f;* ~ **de gas** Gaskocher *m;* ~ **portátil** (Camping)kocher *m*

horno ['orno] *m* ❶ (*cocina*) Backofen *m;* ~ **microondas** Mikrowelle *f;* **recién salido del** ~ frisch gebacken; **asar al** ~ grillen; **no está el** ~ **para bollos** jetzt ist nicht der richtige Augenblick zum Spaßen ❷ (TÉC) Ofen *m;* ~ **crematorio** Verbrennungsofen *m;* **alto** ~ Hochofen *m*

horóscopo [o'roskopo] *m* Horoskop *nt*

horqueta [or'keta] *f* ❶ (*horca*) Gabel *f* ❷ (*horquilla*) Gabelstütze *f* ❸ (*de un árbol*) Astgabel *f*

horquilla [or'kiʎa] *f* ❶ (*del pelo*) Haarnadel *f* ❷ (*de bicicleta*) Gabel *f* ❸ (*de árboles*) Gabelstütze *f* ❹ (*espacio entre dos magnitudes*) Bandbreite *f*

horrendo, -a [o'rrendo, -a] *adj v.* **horroroso**

hórreo ['orreo] *m* Getreidespeicher *m*

horrible [o'rriβle] *adj* ❶ (*horroroso*) schrecklich; **un crimen** ~ eine Gräueltat; **una historia** ~ eine Schauergeschichte ❷ (*muy feo*) äußerst hässlich

horripilante [orripi'lante] *adj* haarsträubend

horripilar [orripi'lar] **I.** *vt* ❶ (*erizar*) die Haare sträuben +*dat;* **estas historias me horripilan** bei diesen Geschichten sträuben sich mir die Haare ❷ (*horrorizar*) entsetzen **II.** *vr:* ~ **se** entsetzt sein

horrísono, -a [o'rrisono, -a] *adj* schaurig; **un griterío** ~ ein ohrenbetäubendes Geschrei

horro, -a ['orro, -a] *adj* ❶ (*esclavo*) freigelassen ❷ (*exento*) befreit (*de* von +*dat*) ❸ (*carente*): ~ **de experiencia** unerfahren; ~ **de fortuna** vermögend

horror [o'rror] *m* ❶ (*miedo*) Entsetzen *nt;* **¡qué** ~**!** wie entsetzlich!; **siento** ~ **a la oscuridad** ich habe panische Angst vor der Dunkelheit ❷ (*aversión*) Horror *m* (*a* vor +*dat*); **el diseño moderno me parece un** ~ mir ist das moderne Design ein Gräuel; **me da** ~ **verte con esta corbata** ich finde deine Krawatte entsetzlich ❸ *pl* (*actos*) Gräuel *mpl;* **los** ~ **es de la guerra** die Gräuel des Krieges ❹ (*mucho*): **gana un** ~ **de dinero** er/sie verdient ein Heidengeld; **hoy hace un** ~ **de frío** heute ist es schrecklich kalt

horrorizar [orrori'θar] <z→c> **I.** *vt* mit Entsetzen erfüllen; **me horrorizó ver el accidente** der Anblick des Unfalls hat mich entsetzt **II.** *vr:* ~ **se** entsetzt sein (*de* über +*akk*), (er)schaudern (*de* vor +*dat*)

horroroso, -a [orro'roso, -a] *adj* entsetzlich, schrecklich; **una escena horrorosa**

ein Grauen erregender Anblick; **su última novela es horrorosa** sein/ihr letzter Roman ist furchtbar schlecht

hortaliza [orta'liθa] *f* Gemüse *nt;* **la lechuga es una** ~ der Kopfsalat zählt zu den Gemüsepflanzen

hortelano, -a [orte'lano, -a] *m, f* Gemüsegärtner(in) *m(f);* ~ **aficionado** Kleingärtner *m*

hortensia [or'tensja] *f* Hortensie *f*

hortera¹ [or'tera] **I.** *adj* geschmacklos **II.** *m* (*argot*) Bauer *m*

hortera² [or'tera] *f* hölzerner Napf *m*

horterada [orte'raða] *f* (*argot*) Geschmacklosigkeit *f;* **este vestido es una** ~ dieses Kleid ist völlig geschmacklos; **esta película es una** ~ dieser Film ist kitschig

hortícola [or'tikola] *adj* Gartenbau-; **producto** ~ Gartenerzeugnis *nt*

horticultor(a) [ortikul'tor(a)] *m(f)* Gemüsegärtner(in) *m(f)*

horticultura [ortikul'tura] *f sin pl* Gartenbau *m*

hortofrutícula [ortofru'tikola] *adj* Gartenbau-

hortofruticultura [ortofrutikul'tura] *f sin pl* Obst- und Gartenbau *m*

hosco, -a ['osko, -a] *adj* ❶ (*persona*) mürrisch ❷ (*de piel*) dunkelbraun ❸ (*ambiente*) düster

hospedaje [ospe'ðaxe] *m* ❶ (*acción*) Beherbergung *f* ❷ (*situación*) Unterkunft *f;* **dar** ~ **a alguien** jdn beherbergen ❸ (*coste*) Pension *f* ❹ (*casa*) Gasthaus *nt*

hospedar [ospe'ðar] **I.** *vt* beherbergen **II.** *vr:* ~ **se** ❶ (*en una pensión*) unterkommen (*en* bei/*in* +*dat*) ❷ (*pernoctar*) übernachten (*en* in +*dat*)

hospedería [ospeðe'ria] *f* ❶ (*fonda*) Gasthaus *nt* ❷ (*en convento*) Gästezimmer *nt*

hospedero, -a [ospe'ðero, -a] *m, f* (Gast)wirt(in) *m(f)*

hospiciano, -a [ospi'θjano, -a] *m, f* ❶ (*niño*) Waisenkind *nt* ❷ (*pobre*) Armenhäusler(in) *m(f)*

hospicio [os'piθjo] *m* ❶ (*para niños*) Waisenhaus *nt* ❷ (*para pobres*) Armenhaus *nt* ❸ (*en un monasterio*) Hospiz *nt*

hospital [ospi'tal] *m* Krankenhaus *nt;* ~ **militar** Lazarett *nt*

hospitalario, -a [ospita'larjo, -a] *adj* ❶ (*acogedor*) gastfreundlich ❷ (*de hospital*) Krankenhaus-

hospitalicio, -a [ospita'liθjo, -a] *adj* gastfreundlich

hospitalidad [ospitali'ðað] *f sin pl* Gastfreundschaft *f*

hospitalización [ospitaliθa'θjon] *f* ❶ (*envío*) Krankenhauseinweisung *f* ❷ (*estancia*) Krankenhausaufenthalt *m*

hospitalizar [ospitali'θar] <z→c> *vt* in ein Krankenhaus einweisen; **ayer ~on a mi madre** meine Mutter wurde gestern ins Krankenhaus eingeliefert; **estoy hospitalizado desde el domingo** seit Sonntag liege ich im Krankenhaus

hosquedad [oske'ða∂] *f* ❶ (*de una persona*) mürrischer Charakter *m* ❷ (*de un lugar*) Düsterheit *f*

hostal [os'tal] *m* Gasthaus *nt*

hostelería [ostele'ria] *f* Hotel- und Gaststättengewerbe *nt;* **escuela superior de ~** Hotelfachschule *f*

hostelero, -a [oste'lero, -a] **I.** *adj* Gaststätten- **II.** *m, f* Gastwirt(in) *m(f)*

hostería [oste'ria] *f* Gasthaus *nt*

hostia ['ostja] **I.** *f* ❶ (REL) Hostie *f;* (*sin consagrar*) Oblate *f;* **¡me cago en la ~!** (*vulg*) verdammt noch mal! *fam* ❷ (*vulg: bofetada*) Ohrfeige *f;* (*golpe*) Schlag *m;* **darse una ~** sich *dat* anschlagen; **¡este examen es la ~!** diese Prüfung ist der reinste Hammer! *fam;* **hace un tiempo de la ~** (*malo*) das Wetter ist heute beschissen; (*bueno*) das Wetter ist heute prima *fam;* **iba a toda ~** er/sie hatte einen Affenzahn drauf *fam* **II.** *interj* (*vulg*) Sakrament (noch mal)! *fam*

hostiar [os'tjar] *vt* (*vulg: bofetada*) eine Ohrfeige versetzen (*a+dat*); (*golpe*) einen Schlag versetzen (*a+dat*)

hostigador(a) [ostiɣa'ðor(a)] *adj* lästig

hostigamiento [ostiɣa'mjento] *m* ❶ (*fustigación*) Auspeitschen *nt* ❷ (*molestia*) Belästigung *f* ❸ (*apremio*) Druck *m*

hostigar [osti'ɣar] <g→gu> *vt* ❶ (*fustigar*) auspeitschen ❷ (*molestar*) belästigen; (*con observaciones*) necken ❸ (*incitar*) bedrängen ❹ (MIL) unaufhörlich angreifen ❺ (*Col: fastidiar*) lästig fallen *+dat*

hostil [os'til] *adj* feindselig; **le hicieron un recibimiento ~** er/sie wurde unfreundlich empfangen

hostilidad [ostili'ða∂] *f* Feindseligkeit *f;* (*más aguda*) Feindschaft *f*

hostilizar [ostili'θar] <z→c> *vt* ❶ (*hostigar*) anfeinden ❷ (MIL) unaufhörlich angreifen

hostión [os'tjon] *m* (*vulg*) heftiger Schlag *m*

hotel [o'tel] *m* ❶ (*establecimiento*) Hotel *nt;* **~ residencia** Aparthotel *nt* ❷ (*casa*) (Einzel)haus *nt;* (*mansión*) Villa *f*

hotelero, -a [ote'lero, -a] **I.** *adj* Hotel-; **industria hotelera** Hotelgewerbe *nt* **II.** *m, f* Hotelbesitzer(in) *m(f)*, Hotelier *m*

hotelito [ote'lito] *m* (*casa*) (Einzel)haus *nt;*

(*mansión*) Villa *f*

hovercraft [oβer'kraf] *m* <hovercrafts> Luftkissenfahrzeug *nt*

hoy [oi] *adv* heute; **~ (en) día** heutzutage; **de ~ a mañana** von heute auf morgen; **de ~ en adelante** ab heute; **los niños de ~ (en día)** die Kinder von heute; **llegará de ~ a mañana** er/sie kann jeden Tag kommen

hoya ['oɟa] *f* ❶ (*hoyo*) Grube *f* ❷ (*sepultura*) Grab *nt* ❸ (GEO: *hondonada*) Mulde *f*

hoyo ['oɟo] *m* ❶ (*concavidad*) Grube *f* ❷ (*agujero*) Loch *nt* ❸ (*sepultura*) Grab *nt*

hoyuelo [o'ɟwelo] *m* ❶ (*en la barba*) (Kinn)grübchen *nt* ❷ (*en la mejilla*) (Wangen)grübchen *nt*

hoz [oθ] *f* ❶ (AGR) Sichel *f* ❷ (GEO: *desfiladero*) Engpass *m;* (*garganta*) Schlucht *f*

hozar [o'θar] <z→c> **I.** *vi* wühlen **II.** *vt* aufwühlen

huarmi ['warmi] *f* (AmS) ❶ (*mujer muy trabajadora*) fleißige Frau *f* ❷ (*ama de casa*) Hausfrau *f*

huasca ['waska] *f* (Am: *látigo*) Peitsche *f*

huaso, -a ['waso, -a] **I.** *adj* (AmS: *campesino*) bäuerisch **II.** *m, f* (AmS: *campesino*) Bauer *m,* Bäuerin *f*

hubo ['uβo] *3. pret de* **haber**

hucha ['utʃa] *f* ❶ (*alcancía*) Sparbüchse *f* ❷ (*ahorros*) Ersparnisse *fpl*

hueco[1] ['weko] *m* ❶ (*agujero*) Loch *nt;* **~ del ascensor** Aufzug(s)schacht *m;* **~ de la mano** hohle Hand; **~ de la ventana** Fensteröffnung *f* ❷ (*lugar*) Sitzplatz *m;* **hazme un ~** mach mir etwas Platz ❸ (*vacío*) Lücke *f;* **hazme un ~ para mañana** nimm dir morgen ein bisschen Zeit für mich

hueco, -a[2] ['weko, -a] *adj* ❶ (*ahuecado*) hohl; (*vacío*) leer ❷ (*sonido*) hohl ❸ (*tierra*) locker ❹ (*palabras*) leer ❺ (*persona*) eitel; **ponerse ~** sich wichtig tun; **tener la cabeza hueca** (*pey*) ein Hohlkopf sein ❻ (*estilo*) schwülstig

huecograbado [wekoɣra'βaðo] *m* (TIPO) Tiefdruck *m*

huelga ['welɣa] *f* Streik *m;* **~ de advertencia** Warnstreik *m;* **~ de brazos caídos** Sitzstreik *m;* **~ de hambre** Hungerstreik *m;* **convocar una ~** einen Streik ausrufen; **declararse en ~** in (den) Streik treten; **hacer ~** streiken; **en esta fábrica estamos en ~** in dieser Fabrik wird gestreikt

huelgo ['welɣo] *m* ❶ (*aliento*) Atem *m* ❷ (*holgura*) Weite *f* ❸ (TÉC) Spiel *nt*

huelguista [wel'ɣista] *mf* Streikende(r) *mf*

huelguístico, -a [wel'ɣistiko, -a] *adj* Streik-

huella ['weʎa] *f* ❶ (*señal*) Abdruck *m;* **~ de**

un animal Fährte *f;* ~ **dactilar** Fingerabdruck *m* ❷ (*vestigio*) Spur *f;* **seguir las ~ s de alguien** in jds Fußstapfen treten

huelveño, -a [wel'βeɲo, -a] **I.** *adj* aus Huelva **II.** *m, f* Einwohner(in) *m(f)* von Huelva

huérfano, -a ['werfano, -a] **I.** *adj* Waisen-; ~ **de padre** vaterlos; **quedarse** ~ verwaisen; **la ciudad se queda huérfana en invierno** die Stadt ist im Winter menschenleer **II.** *m, f* Waisenkind *nt;* ~ **de padre y madre** Vollwaise *f*

huero, -a ['wero, -a] *adj:* **discurso** ~ inhaltslose Rede; **huevo** ~ Windei *nt;* **la cosa ha salido huera** die Sache ist schief gegangen

huerta ['werta] *f* Huerta *f*

huerto ['werto] *m* Gemüsegarten *m;* ~ **familiar** Kleingarten *m;* **llevar a alguien al ~** (*fam*) jdn rumkriegen

huesa ['wesa] *f* Grab *nt*

hueso ['weso] *m* ❶ (ANAT) Knochen *m;* **carne sin** ~ knochenloses Fleisch; **dio con sus ~ s en la cárcel** er/sie landete im Gefängnis; **dar en** ~ (*fam*) auf Schwierigkeiten stoßen; **está pirrada por sus ~ s** (*fam*) sie hat sich in ihn verknallt; **este profesor es un** ~ bei diesem Professor kommt fast keiner durch; **no puede con sus ~ s** (*fam*) er/sie kann sich kaum noch auf den Beinen halten; **te voy a romper los ~ s** ich werde dir alle Knochen brechen ❷ (BOT) (Obst)kern *m* ❸ (*faena*) schweres Stück *nt* Arbeit; **un** ~ **duro de roer** eine harte Nuss ❹ (*Am: trabajo*) bequemer Posten *m*

huésped¹ ['wespeð] *m* (BIOL) Wirt *m*

huésped(a)² ['wespeð, -eða] *m(f)* (*invitado*) Gast *m*

hueste ['weste] *f* ❶ (HIST: *ejército*) Heerschar *f* ❷ (*de un partido*) Anhängerschaft *f*

huesudo, -a [we'suðo, -a] *adj* ❶ (*persona*) knochig ❷ (*carne*) mit vielen Knochen

hueva ['weβa] *f* Fischei *nt*

huevada [we'βaða] *f* (*AmS: fam: estupidez*) Dummheit *f*

huevear [weβe'ar] *vi* (*fam*) ❶ (*hacer tonterías*) Dummheiten machen ❷ (*perder el tiempo*) rumhängen

huevera [we'βera] *f* Eierbecher *m*

huevería [weβe'ria] *f* Eierhandlung *f*

huevero¹ [we'βero] *m* Eierbecher *m*

huevero, -a² [we'βero, -a] *m, f* Eierhändler(in) *m(f)*

huevo ['weβo] *m* ❶ (BIOL) Ei *nt;* ~ **duro** hart gekochtes Ei; ~ **s fritos** Spiegeleier *ntpl;* ~ **pasado por agua** weich gekochtes Ei; ~ **s revueltos** Rührreier *ntpl;* **clara de** ~

Eiweiß *nt;* **poner un** ~ ein Ei legen ❷ (*para zurcir*) Stopfei *nt* ❸ (*vulg: testículo*) Ei *nt fam;* **¡estoy hasta los ~ s!** ich habe die Nase voll! *fam;* **me importa un** ~ das ist mir scheißegal; **¡tiene ~ s la cosa!** das ist ja wohl der Hammer! *fam;* **me costó un** ~ (*de dinero*) das hat mich eine schöne Stange Geld gekostet *fam;* (*de dificultades*) das hat mich viel Mühe gekostet

huida [u'iða] *f* Flucht *f;* ~ **del lugar del accidente** Fahrerflucht *f;* **no hay** ~ **posible** es gibt kein Entkommen

huidizo, -a [ui'ðiθo, -a] *adj* flüchtig, scheu

huido, -a [u'iðo, -a] *m, f* Flüchtige(r) *mf*

huir [u'ir] *irr* **I.** *vi* ❶ (*escapar*) fliehen (*de* vor +*dat*); ~ **de casa** von zu Hause weglaufen; **el tiempo huye** die Zeit vergeht wie im Fluge; **pudieron** ~ **a sus perseguidores** sie konnten ihren Verfolgern entkommen ❷ (*marcharse en coche*) davonfahren; (*a pie*) davoneilen **II.** *vt* (*cosa*) vermeiden; (*persona*) meiden (*de* +*akk*)

huiro [u'iro] *m* (*AmS: alga*) Alge *f*

hule ['ule] *m* ❶ (*para la mesa*) Wachstuch *nt;* **pon el** ~ **en la mesa** leg die Wachstischdecke auf ❷ (*tela*) Ölleinwand *f* ❸ (*Am: caucho*) Kautschuk *m*

hulla ['uʎa] *f* Steinkohle *f*

hullero, -a [u'ʎero, -a] *adj* Steinkohle(n)-; **período** ~ (GEO) Karbon *nt*

humanamente [umana'mente] *adv* menschlich; **hacer todo lo** ~ **posible** alles Menschenmögliche tun

humanidad [umani'ðað] *f* ❶ (*género humano*) Menschheit *f;* **un crimen contra la** ~ ein Verbrechen gegen die Menschlichkeit ❷ (*naturaleza, caridad humana*) Menschlichkeit *f* ❸ (*fam: corpulencia*) Korpulenz *f* ❹ *pl* (*letras*) Geisteswissenschaften *fpl*

humanismo [uma'nismo] *m sin pl* Humanismus *m*

humanista [uma'nista] *mf* Humanist(in) *m(f)*

humanístico, -a [uma'nistiko, -a] *adj* humanistisch

humanitario, -a [umani'tarjo, -a] *adj* humanitär; **organización humanitaria** Hilfsorganisation *f*

humanitarismo [umanita'rismo] *m sin pl* Humanitarismus *m*

humanización [umaniθa'θjon] *f sin pl* ❶ (*dignificación*) Humanisierung *f* ❷ (ARTE) Vermenschlichung *f*

humanizador(a) [umaniθa'ðor(a)] *adj* humanisierend

humanizar [umani'θar] <z→c> **I.** *vt* ❶ (*dignificar*) humanisieren ❷ (ARTE) vermenschlichen **II.** *vr:* ~ **se** menschlicher werden

humano, -a [u'mano, -a] *adj* ❶ (*del hombre*) Menschen-; **naturaleza humana** menschliche Natur; **ser** ~ Mensch *m* ❷ (*condiciones*) menschlich

humanoide [uma'noi̯ðe] *m* menschenähnliches Wesen *nt*

humareda [uma'reða] *f* Rauchwolke *f*

humazo [u'maθo] *m* dichter Rauch *m*

humear [ume'ar] **I.** *vi* ❶ (*humo*) rauchen ❷ (*vapor*) dampfen ❸ (*enemistad*) weiterbestehen ❹ (*engreírse*) prahlen **II.** *vr:* ~ **se** rauchen

humectador [umekta'ðor] *m* Luftbefeuchter *m*

humectante [umek'tante] *adj* befeuchtend

humedad [ume'ðað] *f* Feuchtigkeit *f*

humedal [ume'ðal] *m* Feuchtgebiet *nt*

humedecer [umeðe'θer] *irr como crecer vt* befeuchten

húmedo, -a ['umeðo, -a] *adj* feucht; (GEO) humid

humero [u'mero] *m* Fuchs *m*

húmero ['umero] *m* (ANAT) Oberarmknochen *m*

humidificación [umiðifika'θjon] *f* Befeuchtung *f;* **la lluvia ha producido una** ~ **del aire** der Regen hat zu erhöhter Luftfeuchtigkeit geführt

humidificador [umiðifika'ðor] *m* Luftbefeuchter *m*

humidificar [umiðifi'kar] <c→qu> *vt* befeuchten

humildad [umil'dað] *f* ❶ (*modestia*) Bescheidenheit *f* ❷ (*religiosa*) Demut *f* ❸ (*social*) Armut *f*

humilde [u'milde] *adj* ❶ (*modesto*) bescheiden; **un** ~ **trabajador** ein einfacher Arbeiter ❷ (*en sentido religioso*) demütig ❸ (*condición social*) einfach; **ser de orígenes** ~ **s** aus bescheidenen Verhältnissen stammen

humillación [umiʎa'θjon] *f* ❶ (*degradación*) Demütigung *f* ❷ (*vergüenza*) Beschämung *f*

humillar [umi'ʎar] **I.** *vt* ❶ (*degradar*) demütigen ❷ (*avergonzar*) beschämen **II.** *vr:* ~ **se** sich demütigen (*a/ante* vor +*dat*)

humo ['umo] *m* ❶ (*de chimenea*) Rauch *m;* **señal de** ~ Rauchsignal *nt;* **en ese bar siempre hay** ~ diese Kneipe ist immer völlig verqualmt; **la chimenea echa** ~ der Schornstein raucht; **tragar el** ~ **al fumar** auf Lunge rauchen ❷ (*vapor*) Dampf *m* ❸ (*al cocinar*) Dunst *m* ❹ *pl* (*vanidad*) Einbildung *f;* **bajarle los** ~ **s a alguien** jdm einen Dämpfer versetzen; **subírsele**

los ~ **s a la cabeza** hochnäsig werden; **tener muchos** ~ **s** sehr eingebildet sein

humor [u'mor] *m* ❶ (*cualidad*) Humor *m;* **¡pero no tienes sentido del** ~ **o qué!** Mensch, du verstehst wohl keinen Spaß! ❷ (*humorismo*) Humor *m* ❸ (*ánimo*) Laune *f;* **estar de buen/mal** ~ gut/ schlecht gelaunt sein; **no estoy de** ~ **para bailar** ich bin nicht zum Tanzen aufgelegt ❹ (MED: *líquido*) Körpersaft *m*

humorada [umo'raða] *f* ❶ (*capricho*) Laune *f* ❷ (*dicho*) witziger Einfall *m;* **dejémonos de** ~ **s** lassen wir die Witze

humorado, -a [umo'raðo, -a] *adj:* **bien/ mal** ~ (*por un momento*) gut gelaunt/ schlecht gelaunt; (*carácter*) humorvoll/ humorlos

humorismo [umo'rismo] *m sin pl* Humor *m*

humorista [umo'rista] *mf* Komiker(in) *m(f);* (*dibujante*) Humorist(in) *m(f)*

humorístico, -a [umo'ristiko, -a] *adj* humoristisch

humus ['umus] *m sin pl* Humus *m*

hundido, -a [un'diðo, -a] *adj* ❶ (*ojos*) tief liegend; (*techo*) eingesunken ❷ (*persona*) deprimiert

hundimiento [unndi'mjento] *m* ❶ (*de un barco*) Untergang *m;* (*después de tocado*) Versenkung *f* ❷ (*de un edificio*) Einsturz *m* ❸ (ECON) Zusammenbruch *m* ❹ (GEO: *depresión*) Vertiefung *f*

hundir [un'dir] **I.** *vt* ❶ (*barco*) versenken ❷ (*edificio*) abreißen ❸ (*sumergir*): ~ **la mano en el agua** die Hand ins Wasser (ein)tauchen; ~ **los pies en el barro** die Füße in den Schlamm stecken ❹ (*suelo*) versenken ❺ (*proyecto*) zunichte machen; (*empresa*) zugrunde richten; (*esperanzas*) zerstören; **la crisis económica ha hundido a muchos empresarios** die wirtschaftliche Krise hat viele Unternehmer ruiniert **II.** *vr:* ~ **se** ❶ (*barco*) untergehen; (*después de ser tocado*) (ver)sinken ❷ (*edificio*) einstürzen; (*suelo*) sinken; **el euro se hunde** der Euro fällt ❸ (*fracasar*) scheitern; **me he hundido en el tercer set** im dritten Satz war ich völlig von der Rolle *fam*

húngaro, -a ['ungaro, -a] **I.** *adj* ungarisch **II.** *m, f* Ungar(in) *m(f)*

Hungría [un'gria] *f* Ungarn *nt*

huno, -a ['uno, -a] **I.** *adj* (HIST) hunnisch **II.** *m, f* (HIST) Hunne, -in *m, f*

huracán [ura'kan] *m* Orkan *m;* **las tropas pasaron como un** ~ **por la ciudad** die Stadt wurde von den Truppen dem Erdboden gleichgemacht

huracanado, -a [uraka'naðo, -a] *adj* orkanartig

huraño, -a [u'raɲo, -a] *adj* ❶ (*insociable*)
ungesellig ❷ (*hosco*) mürrisch

hurgar [ur'ɣar] <g→gu> *vt* ❶ (*revolver*)
herumwühlen (*en* in +*dat*), (herum)kra-
men (*en* in +*dat*) ❷ (*con un palo*)
(herum)stochern (*in* +*dat*); ~ **el fuego** das
Feuer schüren; ~ **la nariz** in der Nase bohren ❸ (*fisgonear*) (herum)schnüffeln
❹ (*incitar*) schüren

hurgón[1] [ur'ɣon] *m* Feuerhaken *m*

hurgón, -ona[2] [ur'ɣon, -ona] *adj* herum-
schnüffelnd

hurgonear [urɣone'ar] *vt* (das Feuer) schüren

hurguetear [urɣete'ar] *vt* (*Am*) (herum)schnüffeln

hurí [u'ri] *f* Huri *f*

hurón, -ona [u'ron, -ona] *m, f* ❶ (*animal*)
Frettchen *nt* ❷ (*fam: husmeador*) Schnüff-
ler(in) *m(f)* ❸ (*fam: huraño*) ungeselliger
Mensch *m*

huronear [urone'ar] *vi* ❶ (*cazar*) frettieren
❷ (*fisgonear*) (herum)schnüffeln, herum-
stöbern

huronera [uro'nera] *f* ❶ (*madriguera*)
Frettchenbau *m* ❷ (*escondrijo*) Versteck
nt; (*de ladrones*) Räuberhöhle *f*

hurra ['urra] *interj* hurra!

hurtadillas [urta'ðiʎas]: **a ~** heimlich; **lo
hizo a ~ de su novia** er tat es hinter dem
Rücken seiner Freundin

hurtar [ur'tar] **I.** *vt* ❶ (*robar*) stehlen
❷ (*con el peso*) betrügen ❸ (*mar*) fort-
schwemmen ❹ (*cuerpo*) ausweichen +*dat*
❺ (*ocultar*) verbergen **II.** *vr:* **~se** sich entziehen (*a* +*dat*); **~se al trabajo** sich vor
der Arbeit drücken

hurto ['urto] *m* ❶ (*acción*) Diebstahl *m*
❷ (*cosa*) Diebesbeute *f*

húsar ['usar] *m* Husar *m*

husmear [usme'ar] *vi, vt* ❶ (*perro*) schnüffeln ❷ (*fisgonear*) (aus)schnüffeln

husmeo [us'meo] *m* ❶ (*de un perro*)
Schnüffeln *nt* ❷ (*fisgoneo*) Schnüffelei *f*

huso ['uso] *m* ❶ (*textil*) Spindel *f* ❷ (GEO): ~
horario Zeitzone *f*

hutu ['utu] *mf* Hutu *mf*

huy [uj] *interj* ❶ (*de dolor*) au! ❷ (*de
asombro*) ach!

I, i [i] *f* I, i *nt;* ~ **de Italia** I wie Ida; ~ **griega**
Ypsilon *nt*

I+D [i mas ðe] *abr de* **Investigación y
Desarrollo** Forschung und Entwicklung

IBERIA [i'βerja] *f* spanische Fluggesellschaft

ibérico, -a [i'βeriko, -a] *adj* iberisch; **Península Ibérica** Iberische Halbinsel

Iberoamérica [iβeroa'merika] *f* Iberoame-
rika *nt*

iberoamericano, -a [iβeroameri'kano, -a]
I. *adj* iberoamerikanisch **II.** *m, f* Iberoame-
rikaner(in) *m(f)*

ibicenco, -a [iβi'θeŋko, -a] **I.** *adj* ibizen-
kisch **II.** *m, f* Ibizenker(in) *m(f)*

ibidem ['iβiðen] *adv* ibidem

iceberg [iθe'βer⟨ɣ⟩] *m* <icebergs> Eisberg *m*

icono [i'kono] *m*, **ícono** ['ikono] *m* ❶ (REL)
Ikone *f* ❷ (INFOR) Icon *nt*

iconoclasta [ikono'klasta] **I.** *adj* bilderstür-
merisch **II.** *mf* Bilderstürmer(in) *m(f)*

iconografía [ikonoɣra'fia] *f* Ikonographie *f*

ictericia [ikte'riθja] *f sin pl* (MED) Gelbsucht *f*

ictiología [iktjolo'xia] *f sin pl* Fischkunde *f*

ida ['iða] *f* ❶ (*marcha*) Hinweg *m;* (*en vehí-
culo*) Hinfahrt *f;* ~ **y vuelta** Hin- und
Rückfahrt *f* ❷ (*acción inconsiderada*)
Unbesonnenheit *f;* (*pronto*) Anwandlung *f*

idea [i'ðea] *f* ❶ (FILOS) Idee *f* ❷ (*conocimiento*) Vorstellung *f;* **ni** ~ keine Ahnung,
sich *dat* ein Bild von etw *dat/*jdm machen;
dar a alguien (una) ~ de algo jdm etw
veranschaulichen ❸ (*pensamiento*) Idee *f;*
~ **fundamental** Grundgedanke *m;* **tuvo la
~ de** +*inf* er/sie kam auf die Idee zu +*inf*
❹ (*opinión*) Meinung *f* ❺ (*propósito*) Vorhaben *nt;* **tener ~ de hacer algo** beabsichtigen etw zu tun; **vino con ~ de con-
vencerme** er/sie kam mit der Absicht,
mich zu überzeugen ❻ *pl* (*convicciones*)
Gesinnung *f*

ideal [iðe'al] **I.** *adj* ❶ (*imaginario*) ideell
❷ (*perfecto*) ideal **II.** *m* Ideal *nt*

idealismo [iðea'lismo] *m* Idealismus *m*

idealista [iðea'lista] **I.** *adj* idealistisch **II.** *mf*
Idealist(in) *m(f)*

idealización [iðealiθa'θjon] *f* Idealisie-
rung *f*

idealizar [iðeali'θar] <z→c> *vt* idealisieren

idear [iðe'ar] *vt* ❶ (*concebir*) sich *dat* ausdenken ❷ (*inventar*) erfinden ❸ (*trazar un
proyecto*) planen; (*un plan*) entwerfen

ideario [iðe'arjo] *m* ❶ (*conjunto de ideas*)

Gedankengut *nt* ❷ (*ideología*) Ideologie *f*

ídem ['iðen] *pron* der-, die-, dasselbe; ~ **de**
~ (*fam*) ebenfalls (nicht)

idéntico, -a [i'ðentiko, -a] *adj* ❶ (*igual*)
identisch; **es ~ a su madre** er ist genau
wie seine Mutter ❷ (*semejante*) sehr ähnlich

identidad [iðenti'ðaᵈ] *f* ❶ (*coincidencia*)
völlige Übereinstimmung *f* ❷ (*personalidad*) Identität *f;* **carné de** ~ Personalausweis *m;* **probar su** ~ sich ausweisen

identificable [iðentifi'kaβle] *adj* identifi-
zierbar

identificación [iðentifika'θjon] *f* ❶ (*de alguien*) Identifizierung *f* ❷ (INFOR) Ken-
nung *f*

identificador [iðentifika'ðor] *m* (INFOR)
Kennzeichen *nt;* ~ **de mensajes** Nach-
richtenkennung *f*

identificar [iðentifi'kar] <c→qu> **I.** *vt*
❶ (*reconocer, establecer la identidad*)
identifizieren ❷ (*equiparar*) gleichsetzen
II. *vr:* ~ **se** ❶ (*solidarizarse*) sich identifizieren (*con* mit +*dat*) ❷ (*compenetrarse*)
sich hineinversetzen (*con* in +*akk*) ❸ (*demostrar su identidad*) sich ausweisen

ideología [iðeolo'xia] *f* Ideologie *f*

ideologizar [iðeoloxi'θar] <z→c> *vt* ideo-
logisieren

ideólogo, -a [iðe'oloɣo, -a] *m, f* Ideologe,
-in *m, f*

idílico, -a [i'ðiliko, -a] *adj* idyllisch

idilio [i'ðiljo] *m* ❶ (LIT) Idylle *f* ❷ (*relación
amorosa*) Romanze *f*

idioma [i'ðjoma] *m* Sprache *f*

idiomático, -a [iðjo'matiko, -a] *adj* idiomatisch

idiomatismo [iðjoma'tismo] *m* (LING) idio-
matische Struktur *f*

idiosincrasia [iðjosiŋ'krasja] *f* Idio(syn)kra-
sie *f*

idiosincrásico, -a [iðjosiŋ'krasiko, -a] *adj*
(*característico*) kennzeichnend; (*susceptible*) idiosynkratisch

idiota [i'ðjota] **I.** *adj* schwachsinnig **II.** *mf*
❶ (MED) Schwachsinnige(r) *mf* ❷ (*estú-
pido*) Idiot(in) *m(f)*

idiotez [iðjo'teθ] *f* ❶ (*t.* MED) Schwachsinn
m ❷ (*estupidez*) Blödsinn *m*

idiotizar [iðjoti'θar] <z→c> **I.** *vi* verdummen **II.** *vt* ❶ (*atontar*) verdummen ❷ (*desconcertar*) verblüffen

ido, -a ['iðo, -a] *adj* ❶ (*fam: mal de la
cabeza*) verrückt ❷ (*AmC: borracho*)
betrunken

idólatra [i'ðolatra] **I.** *adj* ❶ (*que rinde
culto*) Götzendienst treibend ❷ (*que ama
excesivamente*) leidenschaftlich ergeben

(*de* +*dat*) **II.** *mf* ❶ (*quien rinde culto*) Göt-
zendiener(in) *m(f)* ❷ (*quien ama una persona o cosa*) leidenschaftlicher Verehrer
m, leidenschaftliche Verehrerin *f*

idolatrar [iðola'trar] *vt* ❶ (*rendir culto*) (als
Götzen) anbeten ❷ (*adorar*) vergöttern;
(*amar*) abgöttisch lieben

idolatría [iðola'tria] *f* ❶ (*culto*) Götzendienst *m* ❷ (*adoración*) Vergötterung *f*

ídolo ['iðolo] *m* ❶ (*pey: divinidad*) Götze
m; (*efigie*) Götzenbild *nt* ❷ (*persona*) Idol
nt

idoneidad [iðonei̯'ðaᵈ] *f* ❶ (*aptitud*) Tauglichkeit *f* ❷ (*capacidad*) Fähigkeit *f*

idóneo, -a [i'ðoneo, -a] *adj* ❶ (*apropiado*)
geeignet ❷ (*capaz*) fähig

iglesia [i'ɣlesja] *f* Kirche *f;* **casarse por la** ~
kirchlich heiraten

iglú [i'ɣlu] *m* Iglu *m o nt*

ígneo, -a ['iɣneo, -a] *adj* ❶ (*de fuego*)
Feuer- ❷ (*de color de fuego*) feuerfarben

ignición [iɣni'θjon] *f* ❶ (*combustión*) Verbrennen *nt;* (*incandescencia*) Glühen *nt*
❷ (*inicio de una combustión*) Entzünden
nt

ignífugo, -a [iɣ'nifuɣo, -a] *adj* (*que protege
contra el fuego*) feuersicher; (*que no se
quema*) feuerbeständig

ignominia [iɣno'minja] *f* Schande *f*

ignominioso, -a [iɣnomi'njoso, -a] *adj*
schändlich

ignorancia [iɣno'ranθja] *f* ❶ (*desconocimiento*) Unwissenheit *f* ❷ (*incultura*) Bildungslücke *f*

ignorante [iɣno'rante] **I.** *adj* ❶ (*descono-
cedor*) unwissend (*de* über +*akk*) ❷ (*inculto*) ungebildet **II.** *mf* (*pey*) Ignorant(in)
m(f)

ignorar [iɣno'rar] *vt* ❶ (*desconocer*) nicht
kennen; (*no saber*) nicht wissen ❷ (*no
hacer caso*) ignorieren

ignoto, -a [iɣ'noto, -a] *adj* (*elev*) unbekannt

igual¹ [i'ɣwal] **I.** *adj* ❶ (*idéntico*) (genau)
gleich; (*semejante*) (sehr) ähnlich; **¿habrá
cosa ~?** hat man so etwas schon einmal
gesehen? ❷ (*llano*) eben ❸ (*constante:
temperaturas*) gleich bleibend; (*clima*)
ausgeglichen; (*ritmo*) gleichmäßig ❹ (MAT)
kongruent ❺ (*lo mismo*) gleichgültig; **¡es
~!** (das ist) egal!; **me da** [*o* **me es**] ~ es ist
mir egal **II.** *mf* Gleichgestellte(r) *mf;* **no
tener** ~ einzigartig sein **III.** *adv* ❶ (*fam:
quizá*) vielleicht ❷ (*loc*): ~ **que...** genauso
wie ...; **al** ~ **que...** ebenso wie ...

igual² [i'ɣwal] *m* (MAT) Gleichheitszeichen
nt

igualación [iɣwala'θjon] *f* ❶ (*iguala-
miento*) Gleichmachung *f;* (*equiparación*)

Gleichstellung *f* ➋ (*allanamiento*) (Ein)ebnung *f* ➌ (*nivelación*) Ausgleich *m* ➍ (*ajuste*) Anpassung *f* ➎ (*convenio*) Übereinkunft *f*

igualado, -a [iɣwaˈlaðo, -a] *adj* ➊ (*parecido*) ähnlich ➋ (*empatado*) unentschieden

igualar [iɣwaˈlar] **I.** *vt* ➊ (*hacer igual*) gleichmachen; (*equiparar*) gleichstellen ➋ (*allanar*) (ein)ebnen ➌ (*nivelar*) ausgleichen ➍ (*ajustar*) anpassen **II.** *vi* ➊ (*equivaler*) gleichkommen (*en* +*dat*) ➋ (*combinar*) passen (*con* zu +*dat*) **III.** *vr:* ~**se** ➊ (*parecerse*) gleichen (*a/con* +*dat*) ➋ (*compararse*) sich vergleichen (*con* mit +*dat*) ➌ (*ponerse al igual*) sich (einander) angleichen

igualatorio, -a [iɣwalaˈtorjo, -a] *adj* gleichmachend

igualdad [iɣwalˈdað] *f* ➊ (*uniformidad*) Gleichheit *f*; ~ **de derechos** Gleichberechtigung *f* ➋ (*semejanza*) Ähnlichkeit *f* ➌ (*regularidad*) Gleichmäßigkeit *f*; (*de superficie*) Ebenheit *f*

igualitario, -a [iɣwaliˈtarjo, -a] *adj* egalitär

igualitarismo [iɣwalitaˈrismo] *m sin pl* Egalitarismus *m*

igualmente [iɣwalˈmente] **I.** *interj* danke, gleichfalls; **II.** *adv* ➊ (*del mismo modo*) gleichermaßen ➋ (*también*) ebenfalls

iguana [iˈɣwana] *f* (ZOOL) Leguan *m*

ijada [iˈxaða] *f* ➊ (ANAT) Flanke *f* ➋ (*dolor*) Seitenstechen *nt*

ikurriña [ikuˈrriɲa] *f* grün-rot-weiße Nationalflagge der Basken

ilegal [ileˈɣal] *adj* gesetzwidrig, illegal

ilegalidad [ileɣaliˈðað] *f* Gesetzwidrigkeit *f*

ilegible [ileˈxiβle] *adj* ➊ (*la letra*) unleserlich ➋ (*el contenido*) unlesbar

ilegitimar [ilexitiˈmar] *vt* ➊ (*asunto*) für unrechtmäßig erklären ➋ (*hijo*) für unehelich erklären

ilegitimidad [ilexitimiˈðað] *f* ➊ (*asunto*) Unrechtmäßigkeit *f* ➋ (*hijo*) Unehelichkeit *f*

ilegítimo, -a [ileˈxitimo, -a] *adj* ➊ (*asunto*) unrechtmäßig ➋ (*hijo*) unehelich; (*relación*) außerehelich ➌ (*exigencia*) ungerechtfertigt

ileón [ileˈon] *m* (ANAT) ➊ (*intestino delgado*) Krummdarm *m* ➋ (*cadera*) Hüftbein *nt*

ilerdense [ilerˈðense] **I.** *adj* aus Lérida **II.** *mf* Einwohner(in) *m(f)* von Lérida

ileso, -a [iˈleso, -a] *adj* unverletzt

iletrado, -a [ileˈtraðo, -a] *adj* ➊ (*inculto*) ungebildet ➋ (*analfabeto*) des Lesens und Schreibens unkundig

ilícito, -a [iˈliθito, -a] *adj* verboten

ilimitado, -a [ilimiˈtaðo, -a] *adj* unbegrenzt

ilocalizable [ilokaliˈθaβle] *adj* unauffindbar

ilógico, -a [iˈloxiko, -a] *adj* unlogisch

iluminación [iluminaˈθjon] *f* ➊ (*el alumbrar*) Beleuchten *nt* ➋ (*alumbrado*) Beleuchtung *f*; (*el adorno*) Festbeleuchtung *f* ➌ (REL) Erleuchtung *f*

iluminado, -a [ilumiˈnaðo, -a] *adj* ➊ (*un lugar*) beleuchtet; (*un monumento*) angestrahlt ➋ (REL) erleuchtet ➌ (*fam: borracho*) betrunken; (*drogado*) high

iluminador(a) [iluminaˈðor(a)] *m(f)* Illuminator(in) *m(f)*

iluminar [ilumiˈnar] *vt* ➊ (*alumbrar*) beleuchten; (*como decoración*) festlich beleuchten; (*un monumento*) anstrahlen ➋ (REL) erleuchten ➌ (ARTE) illuminieren

ilusión [iluˈsjon] *f* ➊ (*espejismo*) (Sinnes)täuschung *f* ➋ (*esperanza*) Hoffnung *f* ➌ (*visión*) (falsche) Vorstellung *f*; **hacerse ilusiones** sich *dat* etwas vormachen ➍ (*sueño*) Traum *m* ➎ (*alegría*) Freude *f*; **ese viaje me hace mucha** ~ ich freue mich sehr auf diese Reise

ilusionante [ilusjoˈnante] *adj* traumhaft

ilusionar [ilusjoˈnar] **I.** *vt* ➊ (*hacer ilusiones*) falsche Hoffnungen machen +*dat* ➋ (*engañar*) täuschen **II.** *vr:* ~**se** ➊ (*esperanzarse*) sich *dat* falsche Hoffnungen machen ➋ (*alegrarse*) sich freuen (*con* über +*akk*)

ilusionismo [ilusjoˈnismo] *m* (*magia*) Zauberei *f*

ilusionista [ilusjoˈnista] *mf* Zauberkünstler(in) *m(f)*

iluso, -a [iˈluso, -a] **I.** *adj* leichtgläubig **II.** *m, f* ➊ (*soñador*) Träumer(in) *m(f)* ➋ (*entusiasta*) Schwärmer(in) *m(f)*

ilusorio, -a [iluˈsorjo, -a] *adj* ➊ (*engañoso*) trügerisch ➋ (*de ningún efecto*) zwecklos

ilustración [ilustraˈθjon] *f* ➊ (*imagen*) Abbildung *f*; ~ **gráfica** grafische Darstellung ➋ (*aclaración*) Veranschaulichung *f* ➌ (*instrucción*) Bildung *f* ➍ (HIST): **la I~** die Aufklärung

ilustrado, -a [ilusˈtraðo, -a] **I.** *adj* ➊ (*con imágenes*) bebildert ➋ (*aclarado*) veranschaulicht ➌ (*instruido*) gebildet ➍ (*perteneciente al movimiento intelectual*) aufgeklärt **II.** *m, f* Aufklärer(in) *m(f)*

ilustrador(a) [ilustraˈðor(a)] **I.** *adj* ➊ (*ilustrativo*) illustrierend ➋ (*aclarativo*) veranschaulichend ➌ (*instructivo*) lehrreich **II.** *m(f)* Illustrator(in) *m(f)*

ilustrar [ilusˈtrar] **I.** *vt* ➊ (*con imágenes*) bebildern ➋ (*aclarar*) veranschaulichen ➌ (*instruir*) aufklären **II.** *vr:* ~**se** sich bilden

ilustrativo, -a [ilustra'tiβo, -a] *adj* ❶ (*aclarador*) anschaulich ❷ (*sintomático*) bezeichnend

ilustre [i'lustre] *adj* (*famoso*) berühmt; (*egregio*) erlaucht

imagen [i'maxen] *f* ❶ (*t.* TV) Bild *nt* ❷ (*representación exacta*) Abbild *nt;* (*fiel*) Ebenbild *nt* ❸ (*representación mental*) Bild *nt* ❹ (*fama*) Image *nt* ❺ (*escultura sagrada*) Heiligenfigur *f;* (*pintura*) Heiligenbild *nt*

imaginable [imaxi'naβle] *adj* vorstellbar

imaginación [imaxina'θjon] *f* (*imaginativa*) Vorstellung(skraft) *f;* (*fantasía*) Fantasie *f;* **ni por ~** auf keinen Fall

imaginar [imaxi'nar] I. *vt* ❶ (*representarse*) sich *dat* vorstellen ❷ (*idear*) sich *dat* ausdenken; (*inventar*) erfinden; ~ **fantasmas** Gespenster sehen ❸ (*suponer*) vermuten; (*sospechar*) ahnen II. *vr:* ~ **se** ❶ (*representarse*) sich *dat* vorstellen; **me lo imagino** das denke ich mir ❷ (*figurarse*) sich *dat* einbilden

imaginario, -a [imaxi'narjo, -a] *adj* ❶ (*t.* MAT) imaginär ❷ (*inventado*) erfunden ❸ (*figurado*) eingebildet

imaginativo, -a [imaxina'tiβo, -a] *adj* ❶ (*fantasioso*) fantasievoll ❷ (*ocurrente*) einfallsreich

imaginería [imaxine'ria] *f* ❶ (*bordado*) figurative Seidenstickerei *f* ❷ (*escultura sagrada*) Heiligenfiguren *fpl;* (*pintura*) Heiligenbilder *ntpl*

imán [i'man] *m* ❶ (*t. fig: hierro*) Magnet *m* ❷ (REL) Imam *m*

iman(t)ación [imana'θjon/imaṇta'θjon] *f* Magnetisierung *f*

iman(t)ar [ima'nar/imaṇ'tar] *vt* magnetisieren

imbatibilidad [imbatiβili'ðað] *f* *sin pl* Unschlagbarkeit *f*

imbatible [imba'tiβle] *adj* unschlagbar

imbebible [imbe'βiβle] *adj* ❶ (*no potable*) nicht trinkbar ❷ (*con mal sabor*) ungenießbar

imbécil [im'beθil] I. *adj* ❶ (*t.* MED) schwachsinnig ❷ (*estúpido*) blöd II. *mf* ❶ (MED) Schwachsinnige(r) *mf* ❷ (*estúpido*) Schwachkopf *m*

imbecilidad [imbeθili'ðað] *f* ❶ (*t.* MED) Schwachsinn *m* ❷ (*estupidez*) Blödsinn *m*

imberbe [im'berβe] *adj* ❶ (*sin barba*) bartlos ❷ (*pey: inmaduro*) (noch) grün

imbornal [imbor'nal] *m* ❶ (*alcantarilla*) Wasserabzugsrinne *f* ❷ (NÁUT) Speigat(t) *m*

imborrable [imbo'rraβle] *adj* ❶ (*lápiz*) nicht ausradierbar; (*tinta*) nicht (aus)lösch-

bar ❷ (*acontecimiento*) unauslöschlich

imbricación [imbrika'θjon] *f* ❶ (ARQUIT) dachziegelartige Anordnung *f* ❷ (*superposición*) Überlappung *f;* (*entrecruzamiento*) Überschneidung *f*

imbricar [imbri'kar] <c→qu> I. *vt* überlappen II. *vr:* ~ **se** ❶ (*superponerse*) sich überlappen ❷ (*entrecruzarse*) sich überschneiden ❸ (*entrelazarse*) ineinander greifen

imbuido, -a [imbu'iðo, -a] *adj* durchdrungen (*de* von +*dat*)

imbuir [imbu'ir] *irr como huir* I. *vt* ❶ (*inculcar*) einprägen ❷ (*transmitir*) vermitteln II. *vr:* ~ **se** sich *dat* zu Eigen machen (*de* +*akk*)

IME [iⁿsti'tuto mone'tarjo eu̯ro'peo] *m abr de* **Instituto Monetario Europeo** EWI *nt*

imitable [imi'taβle] *adj* nachahmenswert

imitación [imita'θjon] *f* ❶ (*copia*) Nachahmung *f;* (*reproducción*) Nachbildung *f;* **a ~ de...** nach dem Vorbild von ... ❷ (*como falsificación*) Imitation *f;* **perlas de ~** Kunstperlen *fpl*

imitado, -a [imi'taðo, -a] *adj* ❶ (*copiado*) nachgemacht ❷ (*falso*) unecht

imitador(a) [imita'ðor(a)] *m(f)* ❶ (*copista*) Nachmacher(in) *m(f);* (*parodista*) Imitator(in) *m(f)*

imitamonas [imita'monas] *mf inv* (*fam*) Nachäffer(in) *m(f);* **deja de hacer el ~** hör mit der Nachäfferei auf

imitar [imi'tar] *vt* ❶ (*copiar*) nachmachen; (*parodiar*) imitieren; (*reproducir*) nachbilden; ~ **una firma** eine Unterschrift fälschen ❷ (*asemejarse*) ähneln +*dat*

impaciencia [impa'θjeṇθja] *f* Ungeduld *f*

impacientar [impaθjeṇ'tar] I. *vt* ungeduldig machen II. *vr:* ~ **se** die Geduld verlieren

impaciente [impa'θjeṇte] *adj* ❶ *ser* (*paciencia*) ungeduldig ❷ *estar* (*intranquilo*) unruhig ❸ *estar* (*ansioso*) begierig

impactar [impak'tar] *vt* ❶ (*un proyectil*) einschlagen (*en* in +*akk*) ❷ (*un acontecimiento*) beeindrucken

impacto [im'pakto] *m* ❶ (*choque de un proyectil*) Einschlag *m;* (*huella*) Treffer *m* ❷ (*Am: en el boxeo*) (Faust)schlag *m* ❸ (*golpe emocional*) Schlag *m fig* ❹ (*efecto*) (große) Wirkung *f;* (*impresión*) Eindruck *m;* ~ (**medio**)**ambiental** Umweltbelastung *f* ❺ (INFOR) Hit *m*

impagable [impa'ɣaβle] *adj* ❶ (*no pagable*) unbezahlbar ❷ (*inapreciable*) unschätzbar

impago [im'paɣo] *m* Nichtzahlung *f;* ~ **de impuestos** Steuerumgehung *f*

impalpable [impal'paβle] *adj* ❶ (*intocable*) nicht fühlbar; (*imperceptible*) nicht wahrnehmbar ❷ (*sutil*) fein

impar [im'par] I. *adj* ❶ (*número*) ungerade ❷ (*sin par*) ungleich ❸ (ANAT) unpaarig ❹ (*sin igual*) einzigartig II. *m* ungerade Zahl *f*

imparable [impa'raβle] *adj* unhaltbar

imparcial [impar'θjal] *adj* ❶ (*sin tomar partido*) unparteiisch ❷ (*sin prejuicios*) unvoreingenommen ❸ (*justo*) gerecht

imparcialidad [imparθjali'ðað] *f* ❶ (*falta de parcialidad*) Unparteilichkeit *f* ❷ (*falta de prevención*) Unvoreingenommenheit *f*

impartir [impar'tir] *vt* ❶ (*dar*) erteilen ❷ (*conferir*) gewähren ❸ (*comunicar*) mitteilen

impasibilidad [impasiβili'ðað] *f* ❶ (*insensibilidad*) Gefühllosigkeit *f* ❷ (*indiferencia*) Gleichmütigkeit *f*

impasible [impa'siβle] *adj* ❶ (*insensible*) gefühllos ❷ (*indiferente*) gleichmütig

impavidez [impaβi'ðeθ] *f* Unerschrockenheit *f*

impávido, -a [im'paβiðo, -a] *adj* unerschrocken

impecable [impe'kaβle] *adj* ❶ *ser* (*correcto*) untad(e)lig ❷ *estar* (*nuevo*) tadellos

impedido, -a [impe'ðiðo, -a] I. *adj* behindert; **estar ~ para algo** zu etw *dat* unfähig sein II. *m, f* Behinderte(r) *mf*

impedimento [impeði'mento] *m* ❶ (*que imposibilita algo*) Verhinderung *f* ❷ (*obstáculo*) Hindernis *nt*; (*acerca del matrimonio*) Ehehindernis *nt* ❸ (*t.* MED) Behinderung *f*

impedir [impe'ðir] *irr como pedir vt* ❶ (*imposibilitar*) verhindern ❷ (*obstaculizar*) behindern; (*el paso*) versperren ❸ (*estorbar*) abhalten (von +*dat*)

impeler [impe'ler] *vt* ❶ (*empujar*) (fort)schieben ❷ (*impulsar*) in Bewegung setzen ❸ (*incitar*) bewegen (*a* zu +*dat*)

impenetrabilidad [impenetraβili'ðað] *f* ❶ (*inaccesibilidad*) Undurchdringlichkeit *f*; (*de personas*) Unzugänglichkeit *f* ❷ (*impermeabilidad*) Undurchlässigkeit *f* ❸ (*incomprensibilidad*) Undurchsichtigkeit *f*

impenetrable [impene'traβle] *adj* ❶ (*inaccesible*) undurchdringlich; (*persona*) unzugänglich ❷ (*impermeable*) undurchlässig ❸ (*incomprensible*) undurchsichtig

impenitencia [impeni'tenθja] *f* Unbußfertigkeit *f*

impenitente [impeni'tente] *adj* (*empedernido*) eingefleischt; (*incorregible*) unverbesserlich

impensable [impen'saβle] *adj* undenkbar

impensado, -a [impen'saðo, -a] *adj* ❶ (*repentino*) unvermutet ❷ (*imprevisto*) unvorhergesehen; (*inesperado*) unerwartet

impepinable [impepi'naβle] *adj* (*fam*) bombensicher

imperar [impe'rar] *vi* ❶ (*reinar*) herrschen (*sobre* über +*akk*) ❷ (*predominar*) vorherrschen

imperativo[1] [impera'tiβo] *m* ❶ (LING) Imperativ *m* ❷ *pl* (*exigencia*) Gebot *nt*; (*necesidad*) Notwendigkeit *f*

imperativo, -a[2] [impera'tiβo, -a] *adj* ❶ (*autoritario*) befehlend; (*imperioso*) gebieterisch ❷ (*exigente*) fordernd; (*obligatorio*) zwingend

imperceptible [imperθep'tiβle] *adj* ❶ (*inapreciable*) nicht wahrnehmbar ❷ (*minúsculo*) unmerklich

imperdible [imper'ðiβle] I. *adj* unverlierbar II. *m* Sicherheitsnadel *f*

imperdonable [imperðo'naβle] *adj* unverzeihlich

imperecedero, -a [impereθe'ðero, -a] *adj* unvergänglich

imperfección [imperfeɣ'θjon] *f* ❶ (*falta de perfección*) Unvollkommenheit *f* ❷ (*defecto*) Mangel *m*

imperfecto[1] [imper'fekto] *m* (LING) Imperfekt *m*

imperfecto, -a[2] [imper'fekto, -a] *adj* ❶ (*persona*) unvollkommen ❷ (*cosa incompleta*) unvollständig; (*inacabada*) unvollendet; (*defectuosa*) mangelhaft

imperial [impe'rjal] I. *adj* kaiserlich II. *f* ❶ (*de un autobús*) oberer Stock *m* ❷ (*de una carroza*) Verdeck *nt*

imperialismo [imperja'lismo] *m* (POL) Imperialismus *m*

imperialista [imperja'lista] I. *adj* imperialistisch II. *mf* Imperialist(in) *m(f)*

impericia [impe'riθja] *f* ❶ (*ineptitud*) Unfähigkeit *f* ❷ (*inexperiencia*) Unerfahrenheit *f* ❸ (*torpeza*) Ungeschicklichkeit *f*

imperio [im'perjo] *m* ❶ (*territorio*) Reich *nt*; (*t. fig*) Imperium *nt* ❷ (*mandato*) Herrschaft *f* ❸ (*autoridad*) Macht *f* ❹ (ARTE) Empirestil *m* ❺ (*altanería*) Hochmut *m*

imperioso, -a [impe'rjoso, -a] *adj* ❶ (*autoritario*) gebieterisch ❷ (*urgente*) dringend; (*forzoso*) zwingend

impermeabilidad [impermeaβili'ðað] *f* (Wasser)undurchlässigkeit *f*

impermeabilizar [impermeaβili'θar] *vt* <z→c> ❶ (*un tejido*) wasserdicht machen ❷ (*una abertura*) abdichten

impermeable [imperme'aβle] I. *adj* (wasser)dicht II. *m* Regenmantel *m*

impermutabilidad [impermutaβili'ðað] *f* *sin pl* Unvertauschbarkeit *f*

impersonal [imperso'nal] *adj* (*t.* LING) unpersönlich

impersonalidad [impersonali'ðað] *f* Unpersönlichkeit *f*

impertérrito, -a [imper'territo, -a] *adj* (*impávido*) unerschrocken; (*sin miedo*) furchtlos

impertinencia [imperti'nenθja] *f* ❶ (*insolencia*) Ungehörigkeit *f*; (*descaro*) Unverschämtheit *f* ❷ (*inoportunidad*) unpassende Bemerkung *f* ❸ (*importunidad*) Zudringlichkeit *f*

impertinente [imperti'nente] **I.** *adj* ❶ (*insolente*) ungehörig; (*descarado*) unverschämt ❷ (*inoportuno*) unangebracht ❸ (*pesado*) zudringlich **II.** *mf* unverschämte Person *f*

imperturbabilidad [imperturβaβili'ðað] *f* (*firmeza*) Unerschütterlichkeit *f*; (*seguridad*) Unbeirrtheit *f*

imperturbable [impertur'βaβle] *adj* (*firme*) unerschütterlich; (*seguro*) unbeirrt

ímpetu ['impetu] *m* ❶ (*vehemencia*) Heftigkeit *f* ❷ (*brío*) Schwung *m* ❸ (*violencia*) Gewalt *f*

impetuosidad [impetwosi'ðað] *f* Ungestüm *nt*

impetuoso, -a [impetu'oso, -a] *adj* ❶ (*temperamento*) ungestüm ❷ (*movimiento*) heftig; (*fuerza*) wuchtig ❸ (*acto*) unbedacht

impiedad [impje'ðað] *f* ❶ (*falta de fe*) Gottlosigkeit *f* ❷ (*de piedad*) Herzlosigkeit *f*

impío, -a [im'pio, -a] **I.** *adj* ❶ (*irreligioso*) gottlos ❷ (*inclemente*) unbarmherzig ❸ (*irrespetuoso*) respektlos **II.** *m, f* Gottlose(r) *mf*

implacable [impla'kaβle] *adj* ❶ (*imposible de ablandar*) unversöhnlich ❷ (*riguroso*) unerbittlich

implantación [implanta'θjon] *f* ❶ (MED) Implantation *f* ❷ (*introducción*) Einführung *f* ❸ (*asentamiento*) Ansiedlung *f* ❹ (*generalización*) Einbürgerung *f*

implantar [implan'tar] **I.** *vt* ❶ (*establecer*) errichten; (*asentar*) ansiedeln ❷ (*instituir*) (be)gründen ❸ (*introducir*) einführen ❹ (MED) einpflanzen, implantieren **II.** *vr:* ~ **se** ❶ (*establecerse*) sich niederlassen ❷ (*generalizarse*) sich einbürgern

implante [im'plante] *m* (MED) Implantat *nt*

implementar [implemen'tar] *vt* (*Am*) ❶ (*un método*) anwenden ❷ (*un plan*) ausführen; (*una orden*) vollziehen; (*un deber*) erfüllen

implemento [imple'mento] *m* (*Am: uten-*

silio) Gerät *nt;* (*accesorio*) Zubehör *nt;* ~ **s agrícolas** landwirtschaftliche Geräte

implicación [implika'θjon] *f* ❶ (*inclusión*) Einbeziehung *f* ❷ (*participación en un delito*) Beteiligung *f* ❸ (*consecuencia*) Auswirkung *f* ❹ (*significado*) Bedeutung *f* ❺ (*contradicción*) Widerspruch *m;* (*oposición*) Gegensatz *m*

implicar [impli'kar] <c→qu> **I.** *vt* ❶ (*envolver*) verwickeln ❷ (*contener*) beinhalten; (*una consecuencia*) zur Folge haben ❸ (*significar*) bedeuten **II.** *vi* (*impedir*) entgegenstehen (*en* +*akk*) **III.** *vr:* ~ **se** sich verwickeln (*en* in +*akk*)

implícito, -a [im'pliθito, -a] *adj* ❶ (*incluido*) (mit) eingeschlossen; (*una circunstancia*) (mit) einbezogen ❷ (*sobreentendido*) implizit ❸ (*tácito*) stillschweigend

implorar [implo'rar] *vt* (*a alguien*) anflehen; (*algo*) flehen (um +*akk*); ~ (**el**) **perdón** um Verzeihung flehen

impoluto, -a [impo'luto, -a] *adj* ❶ (*limpio*) rein ❷ (*sin tacha moral*) makellos

imponderable [imponde'raβle] *adj* ❶ (*incalculable*) unwägbar ❷ (*inestimable*) unschätzbar

imponderables [imponde'raβles] *mpl* Unwägbarkeiten *fpl*

imponente [impo'nente] **I.** *adj* ❶ (*impresionante*) eindrucksvoll ❷ (*que infunde respeto*) beeindruckend ❸ (*inmenso*) mächtig; (*grandioso*) imposant ❹ (*fam: atractivo*) toll **II.** *mf* (FIN) Einleger(in) *m(f)*

imponer [impo'ner] *irr como* poner **I.** *vt* ❶ (*idea*) aufzwingen; (*carga*) auferlegen (*a/sobre* +*dat*); (*impuestos*) erheben (*sobre* für +*akk*); (*sanciones*) verhängen ❷ (*nombre*) geben ❸ (*respeto*) einflößen ❹ (FIN) einzahlen; (*invertir*) anlegen ❺ (*informar*) in Kenntnis setzen (*de* über +*akk*) **II.** *vi* imponieren **III.** *vr:* ~ **se** ❶ (*hacerse necesario*) sich aufdrängen; (*hacerse ineludible*) unbedingt notwendig sein ❷ (*hacerse obedecer*) sich durchsetzen (*a* gegen +*akk*); (*prevalecer*) sich behaupten (*a* gegen +*akk*) ❸ (*tomar como obligación*) sich *dat* auferlegen ❹ (*informarse*) sich informieren (*de* über +*akk*); (*familiarizarse*) sich vertraut machen (*en* mit +*dat*)

imponible [impo'niβle] *adj* ❶ (FIN) besteuerbar ❷ (*importación*) verzollbar ❸ (*fam: ropa*) nicht tragbar

impopular [impopu'lar] *adj* ❶ (*antipático*) unbeliebt ❷ (*desfavorable*) unpopulär

impopularidad [impopulari'ðað] *f* Unbeliebtheit *f*

importación [importa'θjon] *f* ❶ (*acción*) Einfuhr *f* ❷ (*producto*) Importware *f*

importador(a) [importa'ðor(a)] **I.** *adj* Einfuhr- **II.** *m(f)* Importeur(in) *m(f)*

importancia [impor'taṇθja] *f* ❶ (*interés*) Bedeutung *f*; **sin** ~ bedeutungslos ❷ (*extensión*) Ausmaß *nt* ❸ (*trascendencia*) Tragweite *f* ❹ (*prestigio*) Ansehen *nt*; (*influencia*) Einfluss *m*; **darse** ~ (*fam*) angeben

importante [impor'taṇte] *adj* ❶ (*de gran interés*) bedeutend; **lo** ~ **es...** +*inf* Hauptsache ... ❷ (*dimensión*) beachtlich ❸ (*cantidad*) beträchtlich ❹ (*calidad*) wertvoll ❺ (*situación*) ernst ❻ (*persona*) berühmt; (*influyente*) einflussreich

importar [impor'tar] **I.** *vt* ❶ (*mercancía*) einführen, importieren ❷ (*precio*) betragen ❸ (*traer consigo*) mit sich bringen **II.** *vi* von Bedeutung sein; **¡no importa!** (das) macht nichts!; **¿a ti qué te importa?** was geht dich das an?; **¿te importa esperar?** macht es dir was aus zu warten?

importe [im'porte] *m* (*cuantía*) Betrag *m*; (*total*) Summe *f*

importunar [importu'nar] *vt* (*incomodar*) belästigen; (*molestar*) stören

importunidad [importuni'ðað] *f* ❶ (*incomodidad*) Belästigung *f*; (*molestia*) Störung *f* ❷ (*indiscreción*) Aufdringlichkeit *f*

importuno, -a [impor'tuno, -a] *adj* ❶ (*incómodo*) lästig; (*molesto*) störend ❷ (*indiscreto*) aufdringlich ❸ (*inoportuno*) ungelegen

imposibilidad [imposiβili'ðað] *f* Unmöglichkeit *f*

imposibilitado, -a [imposiβili'taðo, -a] *adj* ❶ (*impedido*) (körper)behindert; (*paralítico*) gelähmt ❷ (*de acudir*) verhindert

imposibilitar [imposiβili'tar] *vt* (*impedir*) verhindern; (*evitar*) vermeiden

imposible [impo'siβle] **I.** *adj* ❶ (*irrealizable*) unmöglich ❷ (*fam: insoportable*) unerträglich ❸ (*Am: repugnante*) ekelhaft **II.** *m:* **lo** ~ das Unmögliche

imposición [imposi'θjon] *f* ❶ (*de una carga*) Auferlegung *f*; (*de condena*) Verhängung *f* ❷ (*de condiciones*) Auflage *f* ❸ (*de impuestos*) Besteuerung *f* ❹ (*de un nombre*) Vergabe *f* ❺ (REL): ~ **de manos** Handauflegung *f* ❻ (FIN) Einlage *f*

impositiva [imposi'tiβa] *f* (*Am*) Finanzamt *nt*

impositivo, -a [imposi'tiβo, -a] *adj* ❶ (FIN) Steuer- ❷ (*CSur: imperativo*) entschieden

impostergable [imposter'yaβle] *adj* unaufschiebbar

impostor(a) [impos'tor(a)] **I.** *adj* ❶ (*difamador*) verleumderisch ❷ (*tramposo*) betrügerisch **II.** *m(f)* ❶ (*difamador*) Ver-

leumder(in) *m(f)* ❷ (*tramposo*) Betrüger(in) *m(f)*

impostura [impos'tura] *f* ❶ (*calumnia*) Verleumdung *f* ❷ (*trampa*) Betrug *m*

impotencia [impo'teṇθja] *f* ❶ (*falta de poder*) Machtlosigkeit *f* ❷ (*incapacidad*) Unfähigkeit *f* ❸ (MED) Impotenz *f*

impotente [impo'teṇte] *adj* ❶ (*sin poder*) machtlos ❷ (*incapaz*) unfähig ❸ (*desvalido*) schwach ❹ (MED) impotent

impracticable [imprakti'kaβle] *adj* ❶ (*irrealizable*) unausführbar ❷ (*intransitable*) unbefahrbar; (*incómodo de pasar*) unwegsam

imprecación [impreka'θjon] *f* Fluch *m*

imprecar [impre'kar] *vt* <c→qu> verfluchen

imprecisión [impreθi'sjon] *f* ❶ (*falta de precisión*) Ungenauigkeit *f* ❷ (*falta de determinación*) Unbestimmtheit *f*

impreciso, -a [impre'θiso, -a] *adj* ❶ (*no preciso*) ungenau ❷ (*indefinido*) vage

impredecible [impreðe'θiβle] *adj* nicht voraussagbar

impregnar [impreɣ'nar] **I.** *vt* ❶ (*empapar*) tränken; (*un tejido*) imprägnieren ❷ (*penetrar*) durchtränken ❸ (*influir*) erfüllen **II.** *vr:* ~**se** sich voll saugen (*con/de* mit +*dat*)

impremeditación [impremeðita'θjon] *f* *sin pl* Unbesonnenheit *f*; **la** ~ **de su respuesta** seine/ihre unbedachte Antwort

impremeditado, -a [impremeði'taðo, -a] *adj* ❶ (*impensado*) unüberlegt ❷ (*irreflexivo*) unbedacht ❸ (*involuntario*) unbeabsichtigt

imprenta [im'preṇta] *f* ❶ (*técnica*) (Buch)druck *m* ❷ (*arte*) Buchdruckerkunst *f* ❸ (*taller*) (Buch)druckerei *f* ❹ (*impresión*) Druck *m* ❺ (JUR): ~ **genética** genetischer Fingerabdruck *m*

imprescindible [impresθiṇ'diβle] *adj* ❶ (*ineludible*) unumgänglich ❷ (*obligatorio*) unerlässlich ❸ (*insustituible*) unentbehrlich

impresentable [impreseṇ'taβle] *adj* nicht vorzeigbar

impresión [impre'sjon] *f* ❶ (*huella*) Abdruck *m* ❷ (TIPO) Druck *m*; (*acto*) Drucklegung *f* ❸ (INFOR) Ausdruck *m* ❹ (FOTO) Abzug *m* ❺ (*grabación*) (Ton)aufnahme *f* ❻ (*sensación*) (Sinnes)eindruck *m*; (*opinión*) Eindruck *m*

impresionable [impresjo'naβle] *adj* ❶ (*fácil de impresionar*) leicht zu beeindrucken; (*de alterar*) leicht erregbar ❷ (*sensible*) empfindsam ❸ (TIPO) druckbar ❹ (INFOR) ausdruckbar

impresionante [impresjo'naṇte] *adj*
❶ (*emocionante*) beeindruckend ❷ (*de gran efecto*) wirkungsvoll ❸ (*magnífico*) großartig

impresionar [impresjo'nar] **I.** *vt* ❶ (*emocionar*) beeindrucken; (*conmover*) erschüttern ❷ (*inculcar*) einprägen ❸ (FOTO) belichten ❹ (*grabar*) bespielen **II.** *vr:* ~ **se** (*emocionarse*) beeindruckt sein; (*conmoverse*) erschüttert sein

impresionismo [impresjo'nismo] *m* (ARTE) Impressionismus *m*

impresionista [impresjo'nista] **I.** *adj* (ARTE) impressionistisch **II.** *mf* (ARTE) Impressionist(in) *m(f)*

impreso¹ [im'preso] *m* ❶ (*hoja*) Druckerzeugnis *nt* ❷ (*formulario*) Formular *nt* ❸ (*envío*) Drucksache *f;* ~ **publicitario** Werbedrucksache *f*

impreso, -a² [im'preso, -a] *pp de* **imprimir**

impresor(a) [impre'sor(a)] **I.** *adj* Druck- **II.** *m(f)* Drucker(in) *m(f)*

impresora [impre'sora] *f* (INFOR) Drucker *m;* ~ **de inyección de tinta** (Farb)tintenstrahldrucker *m;* ~ **láser** Laserdrucker *m*

imprevisible [impreβi'siβle] *adj* unvorhersehbar

imprevisión [impreβi'sjon] *f* ❶ (*despreocupación*) Sorglosigkeit *f;* (*descuido*) Unachtsamkeit *f* ❷ (*ligereza*) Leichtsinnigkeit *f*

imprevisor(a) [impreβi'sor(a)] *adj* ❶ (*despreocupado*) sorglos; (*descuidado*) unachtsam ❷ (*ligero*) leichtsinnig

imprevisto¹ [impre'βisto] *m* ❶ (*percance inesperado*) unerwartetes Ereignis *nt* ❷ *pl* (*gastos*) unvorhergesehene Ausgaben *fpl*

imprevisto, -a² [impre'βisto, -a] *adj* (*no previsto*) unvorhergesehen; (*inesperado*) unerwartet

imprimir [impri'mir] *vt irr* ❶ (TIPO) drucken (*en/sobre* auf +*dat*); (*editar*) herausbringen (*en/sobre* auf +*dat*); (*reproducir*) abdrucken (*en/sobre* auf +*dat*) ❷ (INFOR) ausdrucken ❸ (*t. fig: un sello*) aufprägen ❹ (*inculcar*) einprägen ❺ (*transmitir*) verleihen

improbabilidad [improβaβili'ðaᵈ] *f* Unwahrscheinlichkeit *f*

improbable [impro'βaβle] *adj* unwahrscheinlich

ímprobo, -a ['improβo, -a] *adj* ❶ (*elev: inmoral*) unredlich ❷ (*esfuerzo*) mühselig, beschwerlich; (*trabajo*) hart

improcedente [improθe'ðeṇte] *adj* ❶ (*inoportuno*) unangemessen; (*extemporáneo*) unpassend ❷ (*inadecuado*) unzweckmä-

ßig ❸ (*antirreglamentario*) unzulässig; (JUR) rechtswidrig

improductividad [improðuktiβi'ðaᵈ] *f* ❶ (*falta de productividad*) Unproduktivität *f* ❷ (*falta de rendimiento*) Unergiebigkeit *f* ❸ (*falta de rentabilidad*) Unwirtschaftlichkeit *f*

improductivo, -a [improðuk'tiβo, -a] *adj* ❶ (*no productivo*) unproduktiv ❷ (*sin rendimiento*) unergiebig ❸ (*antieconómico*) unwirtschaftlich

impronta [im'proṇta] *f* ❶ (*de una imagen*) Abdruck *m* ❷ (*huella*) Spuren *fpl*

impronunciable [impronuṇ'θjaβle] *adj* unaussprechbar

improperio [impro'perjo] *m* (*ofensa*) Beleidigung *f;* (*insulto*) Beschimpfung *f*

impropiedad [impropje'ðaᵈ] *f* ❶ (*inexactitud en el lenguaje*) Ungenauigkeit *f;* (*incorrección*) Unrichtigkeit *f* ❷ (*inoportunidad*) Unangemessenheit *f* ❸ (*ineptitud*) Untauglichkeit *f*

impropio, -a [im'propjo, -a] *adj* ❶ (*inoportuno*) unpassend; **ese comportamiento es ~ en él** dieses Verhalten passt nicht zu ihm ❷ (*inapropiable*) ungeeignet ❸ (MAT) unecht

improrrogable [improrro'ɣaβle] *adj* ❶ (*no prolongable*) nicht verlängerbar ❷ (*no aplazable*) unaufschiebbar

improvisación [improβisa'θjon] *f* Improvisation *f*

improvisar [improβi'sar] *vt* improvisieren

improviso, -a [impro'βiso, -a] *adj* unerwartet; **de ~** plötzlich; **coger a alguien de ~** jdn überraschen

improvisto, -a [impro'βisto, -a] *adj* (*imprevisto*) unvorhergesehen; **a la improvista** plötzlich

imprudencia [impru'ðeṇθja] *f* ❶ (*irreflexión*) Unbesonnenheit *f* ❷ (*descuido*) Unvorsichtigkeit *f* ❸ (*indiscreción*) Taktlosigkeit *f* ❹ (JUR) Fahrlässigkeit *f*

imprudente [impru'ðeṇte] *adj* ❶ (*irreflexivo*) unbesonnen; (*insensato*) unklug ❷ (*incauto*) unvorsichtig ❸ (*indiscreto*) taktlos ❹ (JUR) fahrlässig

impudicia [impu'ðiθja] *f* (*desvergüenza*) Schamlosigkeit *f*

impúdico, -a [im'puðiko, -a] *adj* (*obsceno*) unzüchtig

impudor [impu'ðor] *m* (*desvergüenza*) Schamlosigkeit *f*

impuesto [im'pwesto] *m* (FIN) Steuer *f;* ~ **sobre la renta** Einkommenssteuer *f;* ~ **sobre los salarios** Lohnsteuer *f;* **libre de** ~ **s** steuerfrei; **sujeto a** ~ **s** steuerpflichtig

impugnación [impuɣna'θjon] *f* ❶ (*t.* JUR)

Anfechtung *f* ❷ (*negación*) Bestreiten *nt* ❸ (*objeción*) Einwand *m*

impugnar [impuɣ'nar] *vt* ❶ (*t.* JUR) anfechten ❷ (*combatir*) bestreiten; (*una teoría*) zu widerlegen suchen

impulsar [impul'sar] *vt* ❶ (*empujar*) schieben ❷ (*incitar*) bewegen (*a* zu +*dat*) ❸ (*estimular*) antreiben; (*promover*) vorantreiben

impulsión [impul'sjon] *f* ❶ (TÉC) Antrieb *m* ❷ (*elev: empuje*) Anstoß *m*

impulsividad [impulsiβi'ðaᵈ] *f* Impulsivität *f*

impulsivo, -a [impul'siβo, -a] **I.** *adj* impulsiv **II.** *m, f* impulsiver Mensch *m*

impulso [im'pulso] *m* ❶ (*empujón*) Stoß *m* ❷ (*estímulo*) Anstoß *m;* (*exterior*) Antrieb *m;* ~ **sexual** Sexualtrieb *m* ❸ (*empuje*) Schwung *m* ❹ (FÍS) Impuls *m*

impulsor(a) [impul'sor(a)] **I.** *adj* antreibend **II.** *m(f)* Anstifter(in) *m(f)*

impune [im'pune] *adj* straffrei

impunidad [impuni'ðaᵈ] *f* Straffreiheit *f*

impuntualidad [impuṇtwali'ðaᵈ] *f* Unpünktlichkeit *f*

impureza [impu'reθa] *f* ❶ (*t.* REL) Unreinheit *f* ❷ (*suciedad*) Verunreinigung *f* ❸ (*obscenidad*) Unzucht *f*

impuro, -a [im'puro, -a] *adj* ❶ (*t.* REL) unrein ❷ (*sucio*) verschmutzt ❸ (*obsceno*) unzüchtig

imputabilidad [imputaβili'ðaᵈ] *f* Zurechnungsfähigkeit *f*

imputable [impu'taβle] *adj* zurückzuführen (*a* auf +*akk*)

imputación [imputa'θjon] *f* ❶ (*insinuación*) Unterstellung *f* ❷ (*acusación*) Beschuldigung *f*

imputar [impu'tar] *vt* ❶ (*atribuir*) zurückführen (*a* auf +*akk*) ❷ (*cargar*) aufbürden (*a* +*dat*) ❸ (COM) verbuchen (*a* auf +*akk*)

inabarcable [inaβar'kaβle] *adj* unermesslich

inacabable [inaka'βaβle] *adj* unendlich

inaccesibilidad [inaᵞθesiβili'ðaᵈ] *f* ❶ (*inasequibilidad*) Unerreichbarkeit *f;* (*de una persona*) Unnahbarkeit *f* ❷ (*incomprensibilidad*) Unverständlichkeit *f*

inaccesible [inaᵞθe'siβle] *adj* ❶ (*inalcanzable*) unerreichbar (*para* für +*akk*); (*persona*) unnahbar ❷ (*incomprensible*) unverständlich

inacción [inaᵞθjon] *f* (*inactividad*) Untätigkeit *f;* (*ociosidad*) Nichtstun *nt*

inaceptable [inaθep'taβle] *adj* unannehmbar

inactividad [inaktiβi'ðaᵈ] *f* ❶ (*inacción*) Tatenlosigkeit *f;* (*desocupación*) Untätig-

keit *f* ❷ (*de una sustancia*) Unwirksamkeit *f* ❸ (MED) Inaktivität *f*

inactivo, -a [inak'tiβo, -a] *adj* ❶ (*persona*) tatenlos; (*desocupado*) untätig ❷ (*funcionamiento*) stillgelegt ❸ (*volcán*) untätig ❹ (*sustancia*) unwirksam ❺ (MED) inaktiv

inadaptabilidad [inaðaptaβili'ðaᵈ] *f* mangelnde Anpassungsfähigkeit *f*

inadaptable [inaðap'taβle] *adj* (*inaplicable*) nicht anwendbar (*a* auf +*akk*); (*no aclimatable*) nicht anpassungsfähig

inadaptación [inaðapta'θjon] *f* (*inadaptabilidad*) mangelndes Anpassungsvermögen *nt;* (*resultado*) Unangepasstheit *f*

inadecuación [inaðekwa'θjon] *f* ❶ (*falta de apropiación*) Unangemessenheit *f* ❷ (*inutilidad*) Untauglichkeit *f*

inadecuado, -a [inade'kwaðo, -a] *adj* ❶ (*inapropiado*) unangemessen ❷ (*no apto*) ungeeignet

inadmisible [inaðmi'siβle] *adj* ❶ (*insostenible*) unzulässig ❷ (*intolerable*) unannehmbar

inadvertencia [inaðβer'teṇθja] *f* Unachtsamkeit *f*

inadvertido, -a [inaðβer'tiðo, -a] *adj* ❶ (*descuidado*) unachtsam; **me cogió** ~ er/sie hat mich überrascht ❷ (*desapercibido*) unbemerkt

inagotable [inaɣo'taβle] *adj* unerschöpflich

inaguantable [inaɣwaṇ'taβle] *adj* unerträglich

inalámbrico, -a [ina'lambriko, -a] *adj* (TEL) schnurlos

inalcanzable [inalkaṇ'θaβle] *adj* unerreichbar

inalienable [inalje'naβle] *adj* unveräußerlich

inalterabilidad [inalteraβili'ðaᵈ] *f sin pl* Unveränderbarkeit *f;* (*persona*) Unerschütterlichkeit *f*

inalterable [inalte'raβle] *adj* ❶ (*invariable*) unveränderlich ❷ (*permanente*) beständig ❸ (*imperturbable*) unerschütterlich

inalterado, -a [inalte'raðo, -a] *adj* unverändert

inamovible [inamo'βiβle] *adj* unversetzbar

inanición [inani'θjon] *f* Erschöpfung *f*

inanidad [inani'ðaᵈ] *f* Nichtigkeit *f*

inanimado, -a [inani'maðo, -a] *adj*, **inánime** [i'nanime] *adj* leblos

inapelable [inape'laβle] *adj* ❶ (JUR) unanfechtbar ❷ (*inevitable*) unvermeidbar

inapetencia [inape'teṇθja] *f* Appetitlosigkeit *f*

inaplazable [inapla'θaβle] *adj* ❶ (*impostergable*) unaufschiebbar ❷ (*urgente*) (besonders) dringend

inaplicable [inapli'kaβle] *adj* unanwendbar

inapreciable [inapre'θjaβle] *adj* ❶ (*de gran valor*) unschätzbar ❷ (*imperceptible*) nicht wahrnehmbar

inaprensible [inapren'siβle] *adj* ❶ (*inasible*) nicht greifbar ❷ (*incomprensible*) unverständlich

inasequible [inase'kiβle] *adj* unerreichbar; (*a causa del precio*) unerschwinglich

inaudible [inaṷ'điβle] *adj* unhörbar

inaudito, -a [inaṷ'đito, -a] *adj* ❶ (*sin precedente*) noch nie da gewesen ❷ (*vituperable*) unerhört

inauguración [inaṷɣura'θjon] *f* ❶ (*puente*) Einweihung *f* ❷ (*estatua*) Enthüllung *f* ❸ (*exposición*) Vernissage *f* ❹ (*comienzo*) Anfang *m*

inaugural [inaṷɣu'ral] *adj* Eröffnungs-

inaugurar [inaṷɣu'rar] *vt* ❶ (*puente*) einweihen ❷ (*estatua*) enthüllen ❸ (*comenzar*) anfangen

inca ['iŋka] I. *adj* Inka- II. *m* Inka *m*

Die **incas** waren ein kleiner indianischer Stamm in *Perú*. Im 15. Jahrhundert aber expandierten sie ihr Reich, das sich schließlich über das heutige Kolumbien und Ecuador, Peru und Bolivien bis in den Norden Argentiniens und Chiles hinein erstreckte.

incalculable [iŋkalku'laβle] *adj* ❶ (*invalorable*) unschätzbar ❷ (*no cuantificable*) unbezifferbar ❸ (*comportamiento*) unberechenbar

incalificable [iŋkalifi'kaβle] *adj* ❶ (*indecible*) unbeschreiblich ❷ (*reprobable*) tadelnswert

incandescencia [iŋkaɳdes'θeɳθja] *f* ❶ (Fís: *metal*) Weißglut *f* ❷ (*pasión, temperamento*) Erregung *f*; (*furia, enfado*) Weißglut *f*

incandescente [iŋkaɳdes'θeɳte] *adj* ❶ (Fís: *metal*) weiß glühend ❷ (*temperamento*) erregt; (*pasión*) glühend

incansable [iŋkan'saβle] *adj* unermüdlich

incapacidad [iŋkapaθi'đađ] *f* ❶ (*ineptitud*) Unfähigkeit *f* ❷ (*psíquica*) Behinderung *f*

incapacitación [iŋkapaθita'θjon] *f* ❶ (*minusvalía*) Behinderung *f* ❷ (JUR) Entmündigung *f*

incapacitado, -a [iŋkapaθi'tađo, -a] I. *adj* ❶ (*incompetente*) unbefugt ❷ (*para nego-*

cios) entmündigt II. *m, f* ❶ (*minusválido*) Behinderte(r) *mf* ❷ (JUR: *para negocios*) Geschäftsunfähige(r) *mf*

incapacitar [iŋkapaθi'tar] *vt* ❶ (JUR: *para negocios*) entmündigen ❷ (*impedir*) nicht erlauben

incapaz [iŋka'paθ] *adj* ❶ (*inepto*) unfähig (*de* zu +*dat*) ❷ (JUR: *sin capacidad legal*) unmündig ❸ (*sin talento*) ungeschickt

incasable [iŋka'saβle] *adj* ❶ (*imposible de casar*) nicht zu verheiraten ❷ (JUR: *sin autorización legal*) eheunfähig

incautación [iŋkaṷta'θjon] *f* Beschlagnahmung *f*

incautarse [iŋkaṷ'tarse] *vr* ❶ (*confiscar*) beschlagnahmen (*de* +*akk*) ❷ (*adueñarse*) Besitz ergreifen (*de* von +*dat*)

incauto, -a [iŋ'kaṷto, -a] *adj* ❶ (*sin cautela*) unvorsichtig; (*confiado*) gutgläubig ❷ (*ingenuo*) naiv

incendiar [inθen'djar] I. *vt* (*sin intención*) entzünden; (*intencionalmente*) anzünden II. *vr:* ~ **se** sich entzünden

incendiario, -a [inθen'djarjo, -a] I. *adj* ❶ (*para producir un incendio*) Brand- ❷ (*subversivo*) aufwiegelnd II. *m, f* Brandstifter(in) *m(f)*

incendio [in'θendjo] *m* Brand *m;* ~ **intencionado** Brandstiftung *f*

incentivación [inθentiβa'θjon] *f* Schaffung *f* von Anreizen (*de* für +*akk*)

incentivar [inθenti'βar] *vt* fördern (*a* +*akk*)

incentivo [inθen'tiβo] *m* Anreiz *m*

incertidumbre [inθerti'đumbre] *f* ❶ (*inseguridad*) Unsicherheit *f* ❷ (*duda*) Ungewissheit *f*, Zweifel *m*

incesante [inθe'sante] *adj* unaufhörlich

incesto [in'θesto] *m* Blutschande *f*, Inzest *m*

incestuoso, -a [inθestu'oso, -a] *adj* blutschänderisch

incidencia [inθi'đenθja] *f* ❶ (*efecto*) Auswirkungen *fpl* ❷ (*suceso*) Zwischenfall *m* ❸ (MAT) Einfall *m*

incidente [inθi'đente] I. *adj* ❶ (*que interrumpe*) störend ❷ (*al margen*) beiläufig ❸ (*ocasional*) gelegentlich II. *m* Zwischenfall *m*

incidir [inθi'đir] *vi* ❶ (*consecuencias*) Auswirkungen haben (*en* auf +*akk*) ❷ (*elev: falta*) verfallen (*en* in +*akk*) ❸ (Fís: *elev*) einfallen (*en* in +*akk*) ❹ (*tema*) hervorheben (*en* +*akk*) ❺ (MED) inzidieren (*en* +*akk*)

incienso [in'θjenso] *m* Weihrauch *m*

incierto, -a [in'θjerto, -a] *adj* ungewiss

incineración [inθinera'θjon] *f* Verbrennung *f*; (*de personas*) Einäscherung *f*

incinerador[1] [inθinera'ðor] *m* **1** (TÉC) Verbrennungsanlage *f* **2** (*para cadáveres*) Feuerbestattungsofen *m*

incinerador(a)[2] [inθinera'ðor(a)] *adj* **1** (TÉC) Verbrennungs- **2** (*para cadáveres*) Einäscherungs-

incineradora [inθinera'ðora] *f* (*para basuras*) Müllverbrennungsanlage *f*

incinerar [inθine'rar] *vt* **1** (TÉC) verbrennen **2** (*cadáveres*) einäschern

incipiente [inθi'pjente] *adj* beginnend

incisión [inθi'sjon] *f* **1** (MED) (Ein)schnitt *m* **2** (*elev: corte*) Schnitt *m*

incisivo, -a [inθi'siβo, -a] *adj* schneidend; **diente ~** Schneidezahn *m*

inciso [in'θiso] *m* **1** (TIPO) Absatz *m* **2** (LING: *paréntesis*) Einschub *m;* (*coma*) Komma *nt* **3** (*al relatar*) Exkurs *m* **4** (*en documentos*) Randbemerkung *f*

incitación [inθita'θjon] *f* **1** (*instigación*) Anstiftung *f* **2** (*ánimo*) Ansporn *m*

incitante [inθi'tante] *adj* **1** (*instigador*) aufstachelnd **2** (*que anima*) anregend

incitar [inθi'tar] *vt* **1** (*instigar*) anstiften (*a* zu +*dat*) **2** (*animar*) anspornen

incívico, -a [in'θiβiko, -a] *adj* asozial

incivil [inθi'βil] *adj*, **incivilizado, -a** [inθiβili'θaðo, -a] *adj* **1** (*inculto*) unzivilisiert **2** (*rudo*) brutal

inclasificable [inklasifi'kaβle] *adj* nicht klassifizierbar

inclemencia [inkle'menθja] *f* **1** (*falta de clemencia*) Unbarmherzigkeit *f* **2** (*clima*) Härte *f;* (*invierno*) Strenge *f;* (*paisaje*) Unwirtlichkeit *f;* **las ~s del tiempo** die Unbilden des Wetters

inclemente [inkle'mente] *adj* **1** (*falto de clemencia*) unbarmherzig **2** (*clima*) hart; (*invierno*) streng; (*paisaje*) unwirtlich

inclinación [inklina'θjon] *f* **1** (*declive*) Neigung *f* **2** (*reverencia*) Verbeugung *f;* (*con la cabeza*) Zunicken *nt* **3** (*afecto*) Zuneigung *f* (*por* für +*akk*) **4** (*tendencias*) Neigungen *fpl*

inclinado, -a [inkli'naðo, -a] *adj* **1** (*ángulo*) geneigt (*a* zu +*dat*) **2** (*de cuerpo*) gebeugt **3** (*dispuesto*) geneigt

inclinar [inkli'nar] **I.** *vt* **1** (*posición*) beugen **2** (*influenciar*) geneigt machen **II.** *vr:* **~se** **1** (*persona, árboles*) sich beugen **2** (*propender*) geneigt sein (*a* zu +*dat*) **3** (*preferir*) neigen (*por* zu +*dat*)

incluir [inklu'ir] *irr como huir vt* **1** (*comprender*) umfassen; (*contener*) beinhalten; **todo incluido** alles inklusive **2** (*formar parte*) mit aufnehmen

inclusa [in'klusa] *f* Findelhaus *nt*

inclusión [inklu'sjon] *f* **1** (*integración*) Einschließung *f* **2** (*formar parte*) Aufnahme *f;* **con ~ de...** einschließlich ... **+*gen***

inclusive [inklu'siβe] *adv* einschließlich

incluso[1] [in'kluso] **I.** *adv* sogar **II.** *prep* sogar; **habéis aprobado todos, ~ tú** ihr habt alle bestanden, selbst du

incluso, -a[2] [in'kluso, -a] *adj* eingeschlossen

incoar [inko'ar] *vt* **1** (*comenzar*) anfangen **2** (JUR: *proceso*) eröffnen

incógnita [in'koɣnita] *f* **1** (MAT: *magnitud*) unbekannte Größe *f* **2** (*enigma*) Rätsel *nt;* (*secreto*) Geheimnis *nt;* **despejar la ~** (*enigma*) das Rätsel lösen; (*secreto*) das Geheimnis lüften

incógnito, -a [in'koɣnito, -a] *adj* unbekannt

incoherencia [inkoe'renθja] *f* Zusammenhanglosigkeit *f*

incoherente [inkoe'rente] *adj* unzusammenhängend

incoloro, -a [inko'loro, -a] *adj* farblos

incólume [in'kolume] *adj* unversehrt

incombustibilidad [inkombustiβili'ðað] *f sin pl* Feuerfestigkeit *f*

incombustible [inkombus'tiβle] *adj* feuerfest

incomible [inko'miβle] *adj* ungenießbar

incomodado, -a [inkomo'ðaðo, -a] *adj* **1** (*enfadado*) ärgerlich **2** (*ofendido*) beleidigt; **eso la dejó incomodada** sie war deswegen verärgert

incomodar [inkomo'ðar] **I.** *vt* stören **II.** *vr:* **~se** **1** (*molestarse*) sich bemühen **2** (*CSur: enfadarse*) sich beleidigt fühlen

incomodidad [inkomoði'ðað] *f,* **incomodo** [inko'moðo] *m* **1** (*inconfortable*) Unbequemlichkeit *f* **2** (*molestia*) Ärgernis *nt*

incómodo, -a [in'komoðo, -a] *adj* **1** (*inconfortable*) unbequem; **estar ~** sich unbehaglich fühlen **2** (*molesto*) lästig

incomparable [inkompa'raβle] *adj* **1** (*no comparable*) unvergleichbar **2** (*extraordinario*) unvergleichlich

incomparecencia [inkompare'θenθja] *f* (JUR) Nichterscheinen *nt*

incompasivo, -a [inkompa'siβo, -a] *adj* mitleidlos

incompatibilidad [inkompatiβili'ðað] *f* Inkompatibilität *f;* **~ de oficios** Verbot der Ämterhäufung

incompatible [inkompa'tiβle] *adj* inkompatibel

incompetencia [inkompe'tenθja] *f* **1** (*inaptitud*) Unfähigkeit *f* **2** (*sin poder legal*) Unzuständigkeit *f*

incompetente [inkompe'tente] *adj* **1** (*inapto*) unfähig **2** (*sin poder legal*) unbefugt

incompleto, -a [iŋkomˈpleto, -a] *adj*
❶ (*inacabado*) unvollständig ❷ (*deficiente*) dürftig
incomprensibilidad [iŋkomprensiβiliˈðaᵈ]
f sin pl Unverständlichkeit *f*
incomprensible [iŋkomprenˈsiβle] *adj*
❶ (*no inteligible*) unverständlich ❷ (*inexplicable*) nicht nachvollziehbar
incomprensión [iŋkomprenˈsjon] *f* ❶ (*no
querer comprender*) Unverständnis *nt*
❷ (*no poder comprender*) Unverständlichkeit *f*
incomprensivo, -a [iŋkomprenˈsiβo, -a]
adj verständnislos; **ella es incompren-
siva con sus alumnos** sie bringt kein Verständnis für ihre Schüler auf
incomunicación [iŋkomunikaˈθjon] *f*
❶ (*aislamiento*) Isolation *f* ❷ (*en prisión*)
Einzelhaft *f* ❸ (*falta de comunicación*)
Kommunikationsmangel *m*
incomunicado, -a [iŋkomuniˈkaðo, -a] *adj*
❶ (*aislado*) von der Außenwelt abgeschlossen ❷ (*en prisión*) in Einzelhaft
incomunicar [iŋkomuniˈkar] <c→qu> *vt*
❶ (*aislar*) in Einzelhaft nehmen ❷ (*bloquear*) abriegeln
inconcebible [iŋkonθeˈβiβle] *adj* ❶ (*inimaginable*) unvorstellbar ❷ (*inadmisible*)
unbegreiflich
inconciliable [iŋkonθiˈljaβle] *adj* unvereinbar
inconcluso, -a [iŋkonˈkluso, -a] *adj* unbeen-
det
inconcreción [iŋkonkreˈθjon] *f* Ungenauigkeit *f*
inconcreto, -a [iŋkonˈkreto, -a] *adj* vage
incondicional [iŋkondiθjoˈnal] **I.** *adj*
bedingungslos **II.** *mf* (*amigo*) bedingungs-
loser Freund *m*, bedingungslose Freundin
f; (*servil*) treu Ergebene(r) *mf*
inconexión [iŋkoneˣˈsjon] *f* Zusammenhanglosigkeit *f*; **la ~ de los esfuerzos de
los dos profesores** das mangelnde
Zusammenwirken der beiden Lehrer
inconexo, -a [iŋkoˈneˣso, -a] *adj* unzusammenhängend
inconformismo [iŋkomforˈmismo] *m* Non-
konformismus *m*
inconfundible [iŋkomfunˈdiβle] *adj* unverwechselbar
incongruencia [iŋkonˈgrwenθja] *f* (*incoherencia*) Unvereinbarkeit *f*
incongruente [iŋkonˈgrwente] *adj* (*contradictorio*) unvereinbar
inconmensurable [iŋkonmensuˈraβle/
iŋkommensuˈraβle] *adj* ❶ (*que no puede
medirse*) unmessbar ❷ (*enorme*) unermesslich

inconmovible [iŋkonmoˈβiβle/iŋkommo-
ˈβiβle] *adj* ❶ (*cosas*) nicht zu bewegen
❷ (*personas*) unerschütterlich
inconsciencia [iŋkonˢˈθjenθja] *f* ❶ (MED:
desmayo) Bewusstlosigkeit *f* ❷ (*insensatez*) Gedankenlosigkeit *f*; (*irresponsabilidad*) Verantwortungslosigkeit *f*; (*ignorancia*) Ahnungslosigkeit *f*
inconsciente [iŋkonˢˈθjente] *adj* ❶ *estar*
(MED: *desmayado*) bewusstlos ❷ *ser*
(*insensato*) gedankenlos; (*irresponsable*)
verantwortungslos; (*ignorante*) ahnungslos ❸ *ser* (*gesto*) instinktiv
inconsecuente [iŋkonseˈkwente] *adj*
inkonsequent
inconsistencia [iŋkonsisˈtenθja] *f* Unbeständigkeit *f*
inconsistente [iŋkonsisˈtente] *adj* ❶ (*irregular*) unbeständig ❷ (*poco sólido*) nicht
fest; (*argumento*) schwach
inconsolable [iŋkonsoˈlaβle] *adj* untröstlich
inconstancia [iŋkonˢˈtanθja] *f* Unbeständigkeit *f*
inconstante [iŋkonˢˈtante] *adj* ❶ (*irregular*) veränderlich ❷ (*caprichoso*) unbeständig
inconstitucional [iŋkonˢtituθjoˈnal] *adj*
verfassungswidrig
inconstitucionalidad [iŋkonˢtituθjona-
liˈðaᵈ] *f* Verfassungswidrigkeit *f*
incontable [iŋkonˈtaβle] *adj* ❶ (*innumerable*) unzählig ❷ (*innarrable*) nicht erzähl-
bar
incontenible [iŋkonteˈniβle] *adj* ❶ (*irrefrenable*) unaufhaltbar ❷ (*fuera de control*) unkontrollierbar
incontestable [iŋkontesˈtaβle] *adj* ❶ (*innegable*) unbestreitbar ❷ (*pregunta*) nicht
zu beantworten
incontinencia [iŋkontiˈnenθja] *f* ❶ (MED:
evacuaciones) Inkontinenz *f* ❷ (*desmesura*) Maßlosigkeit *f*
incontrolable [iŋkontroˈlaβle] *adj* unkontrollierbar
incontrolado, -a [iŋkontroˈlaðo, -a] **I.** *adj*
❶ (*que no puede controlarse*) unkontrolliert ❷ (*que no puede verificarse*) unüber-
prüft ❸ (*violento*) wild, gewalttätig **II.** *m,
f* Gewalttätige(r) *mf*
incontrovertible [iŋkontroβerˈtiβle] *adj*
unbestreitbar
inconveniencia [iŋkombeˈnjenθja] *f*
❶ (*descortesía*) Ungebührlichkeit *f*; (*disparate*) unpassende Bemerkung *f* ❷ (*no
adecuado*) Unangemessenheit *f* ❸ *pl* (*desventajas*) Nachteile *mpl*
inconveniente [iŋkombeˈnjente] **I.** *adj*
❶ (*descortés*) ungebührlich; (*disparate*)

taktlos ❷(*no adecuado*) unangemessen ❸(*no aconsejable*) unratsam **II.** *m* ❶(*desventaja*) Nachteil *m* ❷(*obstáculo*) Hindernis *nt*

incordiar [iŋkor'ðjar] *vt* ärgern; ¡no incordies! es reicht!

incordio [iŋ'korðjo] *m* ❶(MED: *bubón*) Leistengeschwulst *f* ❷(*fam: molestia*) Ärgernis *nt*

incorporación [iŋkorpora'θjon] *f* ❶(*al enderezarse*) Sichaufrichten *nt;* (*al sentarse*) Sichaufsetzen *nt* ❷(*integración*) Eingliederung *f;* (*en un equipo*) Aufnahme *f;* ~ **a filas** (MIL) Einberufung *f*

incorporar [iŋkorpo'rar] **I.** *vt* ❶(*integrar*) einbinden (*a/en* in +*akk*) ❷(*a un grupo*) aufnehmen (*a/en* in +*akk*) ❸(*a una persona*) aufrichten ❹(MIL) einziehen (*a/en* zu +*dat*) **II.** *vr:* ~ **se** ❶(*en el trabajo*) sich einfinden (*a/en* an +*dat*) ❷(*agregarse*) hinzukommen (*a/en* zu +*dat*) ❸(*enderezarse*) sich aufrichten ❹(MIL: *a filas*) sich zum Militärdienst melden

incorrección [iŋkorre'γˈθjon] *f* ❶(*no correcto*) Unrichtigkeit *f* ❷(*falta*) Fehler *m* ❸(*descortesía*) Unhöflichkeit *f*

incorrecto, -a [iŋko'rrekto, -a] *adj* ❶(*erróneo*) unrichtig ❷(*descortés*) unhöflich

incorregible [iŋkorre'xiβle] *adj* unverbesserlich

incorruptibilidad [iŋkorruptiβili'ðaˀ] *f sin pl* ❶(*de un cuerpo*) Unverderblichkeit *f* ❷(*fig: moral*) Unbestechlichkeit *f*

incorruptible [iŋkorrup'tiβle] *adj* unbestechlich

incorrupto, -a [iŋko'rrupto, -a] *adj* ❶(*personas*) integer ❷(*cosas*) unversehrt

incredibilidad [iŋkreðiβili'ðaˀ] *f* Unglaubwürdigkeit *f*

incredulidad [iŋkreðuli'ðaˀ] *f* ❶(*desconfianza*) Misstrauen *nt* ❷(REL: *sin fe*) Unglaube *m*

incrédulo, -a [iŋ'kreðulo, -a] **I.** *adj* ❶(*desconfiado*) misstrauisch ❷(REL: *sin fe*) ungläubig **II.** *m, f* ❶(*desconfiado*) Skeptiker(in) *m(f)* ❷(REL: *sin fe*) Ungläubige(r) *mf*

increíble [iŋkre'iβle] *adj* unglaublich

incrementar [iŋkremen'tar] **I.** *vt* erhöhen **II.** *vr:* ~ **se** (an)steigen

incremento [iŋkre'mento] *m* ❶(*aumento*) Erhöhung *f* ❷(*crecimiento*) Wachstum *nt*

increpar [iŋkre'par] *vt* tadeln

incriminar [iŋkrimi'nar] *vt* ❶(JUR: *acusar*) (öffentlich) anschuldigen ❷(*falta*) vorwerfen

incruento, -a [iŋ'krwento, -a] *adj* unblutig

incrustación [iŋkrusta'θjon] *f* ❶(*proceso*)

Verkrustung *f* ❷(ARTE) Einlegearbeiten *fpl* ❸(MED) Krustenbildung *f* ❹(*costra*) verkrusteter Belag *m*

incrustar [iŋkrus'tar] **I.** *vt* (ARTE: *con madera*) einlegen (*de* mit +*dat*) **II.** *vr:* ~ **se** ❶(*introducirse*) sich festsetzen ❷(MED) verkrusten

incubación [iŋkuβa'θjon] *f* ❶(MED) Inkubationszeit *f* ❷(ZOOL) (Aus)brüten *nt;* (*período*) Brutzeit *f*

incubadora [iŋkuβa'ðora] *f* ❶(MED) Brutkasten *m* ❷(*para animales*) Brutofen *m*

incubar [iŋku'βar] **I.** *vt* (ZOOL) (aus)brüten **II.** *vr:* ~ **se** sich entwickeln

incuestionable [iŋkwestjo'naβle] *adj* unumstritten

inculcar [iŋkul'kar] <c→qu> **I.** *vt* ❶(*enseñar*) mühsam beibringen (*a/en* +*dat*) ❷(*infundir*) eintrichtern (*a/en* +*dat*) **II.** *vr:* ~ **se** hartnäckig bestehen (*en* auf +*dat*)

inculpación [iŋkulpa'θjon] *f* Anschuldigung *f*

inculpar [iŋkul'par] *vt* anklagen (*de* +*gen*)

inculto, -a [iŋ'kulto, -a] *adj* ❶(*sin instrucción*) ungebildet ❷(*comportamiento*) unkultiviert ❸(AGR: *sin cultivar*) unbebaut

incultura [iŋkul'tura] *f* ❶(*falta de enseñanza*) Bildungsmangel *m* ❷(*comportamiento*) Ungeschliffenheit *f*

incumbencia [iŋkum'beņθja] *f* Zuständigkeit *f*

incumbir [iŋkum'bir] *vi* ❶(*atañer*) angehen (*a* +*akk*) ❷(ADMIN: *ser de la competencia*) obliegen (*a* +*dat*)

incumplimiento [iŋkumpli'mjento] *m* Nichterfüllung *f;* ~ **de contrato** Vertragsbruch *m*

incumplir [iŋkum'plir] *vt* (*contrato*) nicht erfüllen; (*regla*) verletzen; (*promesa*) brechen

incurable [iŋku'raβle] **I.** *adj* ❶(*enfermedad*) unheilbar ❷(*sin esperanza*) hoffnungslos **II.** *mf* unheilbar Kranker *m,* unheilbar Kranke *f*

incurrir [iŋku'rrir] *vi* ❶(*situación mala*) geraten (*en* in +*akk*); ~ **en una falta** einen Fehler begehen; ~ **en viejas costumbres** in alte Gewohnheiten zurückverfallen ❷(*odio*) sich *dat* zuziehen; ~ **en responsabilidad** haften

incursión [iŋkur'sjon] *f* Einfall *m,* Eindringen *nt*

indagación [iŋdaγa'θjon] *f* ❶(*en general*) Untersuchung *f* ❷(*de policía*) Ermittlung *f*

indagar [iŋda'γar] <g→gu> *vt* ermitteln (in +*dat*)

indebido, -a [iŋde'βiðo, -a] *adj* ❶(*cantida-*

des) nicht geschuldet ② (*injusto*) ungerechtfertigt; (*ilícito*) unrechtmäßig; **respuesta indebida** unangebrachte Antwort

indecencia [inde'θenθja] *f* ① (*persona*) Unschicklichkeit *f*; (*obscenidad*) Unanständigkeit *f* ② (*acción*) unanständiges Verhalten *nt*; (*dicho*) unanständiger Ausdruck *m*

indecente [inde'θente] *adj* ① (*inadecuado*) unmöglich ② (*obsceno*) unanständig; (*sin vergüenza*) unverschämt ③ (*guarro*) anstößig

indecisión [indeθi'sjon] *f* ① (*irresolución*) Unentschlossenheit *f* ② (*vacilación*) Wankelmut *m*

indeciso, -a [inde'θiso, -a] *adj* ① (*irresoluto*) unentschlossen ② (*que vacila*) wankelmütig ③ (*resultado*) unklar

indecoroso, -a [indeko'roso, -a] *adj* ① (*indecente*) unanständig ② (*incorrecto*) unpassend

indefendible [indefen'diβle] *adj* unhaltbar

indefensable [indefen'saβle] *adj* (*argumento*) unhaltbar; (*hecho, delito*) nicht zu rechtfertigen

indefensión [indefen'sjon] *f* Wehrlosigkeit *f*

indefenso, -a [inde'fenso, -a] *adj* wehrlos

indefinible [indefi'niβle] *adj* undefinierbar

indefinidamente [indefiniða'mente] *adv* auf unbestimmte Zeit

indefinido, -a [indefi'niðo, -a] *adj* (*t.* LING) unbestimmt; **contrato de trabajo** ~ unbefristeter Arbeitsvertrag

indeformable [indefor'maβle] *adj* unverformbar

indeleble [inde'leβle] *adj* (*elev*) unauslöschlich

indelicadeza [indelika'ðeθa] *f* ① (*vulgaridad*) Grobheit *f* ② (*desconsideración*) Taktlosigkeit *f*

indelicado, -a [indeli'kaðo, -a] *adj* taktlos

indemne [in'demne] *adj* ① (*persona*) unverletzt ② (*cosa*) unbeschädigt

indemnización [indemniθa'θjon] *f* ① (*pago*) Entschädigung *f*; ~ **de despido** Abfindung *f* ② *pl* (*después de una guerra*) Reparationen *fpl*

indemnizar [indemni'θar] <z→c> *vt* ① (*daños y perjuicios*) entschädigen (*de* für + *akk*) ② (*gastos*) erstatten

independencia [indepen'denθja] *f* Unabhängigkeit *f*; **con** ~ **de algo** unabhängig von etw *dat*

independentismo [independen'tismo] *m* (POL) Unabhängigkeitsbewegung *f*

independentista [independen'tista] *mf* (POL) Unabhängigkeitskämpfer(in) *m(f)*

independiente [indepen'djente] *adj* ① (*libre*) unabhängig; **un piso** ~ eine Wohnung mit eigenem Eingang ② (*profesión*) selb(st)ständig ③ (*soltero*) ungebunden ④ (*sin partido*) parteilos

independización [independiθa'θjon] *f* (*liberación*) Befreiung *f*; (*adolescente*) Selb(st)ständigwerden *nt*

independizar [independi'θar] <z→c>
I. *vt* befreien (*de* von + *dat*) **II.** *vr*: ~ **se** ① (*liberarse*) sich unabhängig machen ② (*adolescente*) selb(st)ständig werden

indescifrable [indesθi'fraβle] *adj* ① (*ilegible*) unentzifferbar ② (*misterio*) unergründlich

indescriptible [indeskrip'tiβle] *adj* unbeschreiblich

indeseable [indese'aβle] **I.** *adj* unerwünscht **II.** *mf* Schurke, -in *m, f*

indestructible [indestruk'tiβle] *adj* unzerstörbar

indeterminación [indetermina'θjon] *f* ① (*inconcreción*) Unbestimmtheit *f* ② (*indecisión*) Unentschlossenheit *f*

indeterminado, -a [indetermi'naðo, -a] *adj* ① (*inconcreto*) unbestimmt ② (*indeciso*) unentschlossen

indexación [indeksa'θjon] *f* (*t.* INFOR) Verzeichniserstellung *f*

indexar [indek'sar] *vt* (INFOR) indexieren

India ['indja] *f* ① (*en el oriente*): **la** ~ Indien *nt* ② *pl* Hispanoamerika *nt* ③ (ZOOL): **conejillo de** ~ **s** Meerschweinchen *nt*; (*fig fam: con quien se experimenta*) Versuchskaninchen *nt*

indiada [in'djaða] *f* (*Am: grupo de indios*) Indianer *mpl*

indicación [indika'θjon] *f* ① (*señal*) Hinweis *m*; (*por escrito*) Vermerk *m*; ~ **de las fuentes** Quellenangaben *fpl* ② (MED: *síntoma*) Anzeichen *nt*; (*en recetas*) Indikation *f* ③ (*consejo*) Tipp *m*; **por** ~ **de...** auf Anregung von ... ④ *pl* (*instrucciones*) Anweisungen *fpl*

indicado, -a [indi'kaðo, -a] *adj* ① (*aconsejable*) ratsam; (*adecuado*) angebracht; **eso es lo más** ~ das ist das Allerbeste ② (MED: *tratamiento*) indiziert

indicador [indika'ðor] *m* Anzeiger *m*; (TÉC) Anzeigetafel *f*; (ECON) Indikator *m*; ~ **de carretera** Straßenschild *nt*; ~ **de gasolina** Benzinuhr *f*

indicar [indi'kar] <c→qu> *vt* ① (TÉC: *aparato*) anzeigen ② (*señalar*) hinweisen (auf + *akk*); (*sugerir*) aufmerksam machen (auf + *akk*); (*mostrar*) zeigen ③ (MED) indizieren

indicativo[1] *m* (LING: *modo*) Indikativ *m*

indicativo, -a² [iŋdika'tiβo, -a] *adj* ➊ (LING) anzeigend ➋ (*ilustrativo*) bezeichnend

índice ['iŋdiθe] *m* ➊ (*recopilación*) Verzeichnis *nt;* (*biblioteca*) Katalog *m;* (*de libro*) Inhaltsverzeichnis *nt* ➋ (*dedo*) Zeigefinger *m* ➌ (*estadísticas*) Rate *f;* ~ **de audiencia** Einschaltquote *f;* ~ **de paro** Arbeitslosenquote *f* ➍ (TÉC) Zeiger *m;* (*de reloj*) Uhrzeiger *m*

indicio [iŋ'diθjo] *m* ➊ (*señal*) (An)zeichen *nt* ➋ (JUR) Indiz *nt* ➌ (*vestigio*) Spur *f*

indiferencia [iŋdife'reŋθja] *f* Gleichgültigkeit *f*

indiferente [iŋdife'reŋte] *adj* gleichgültig (*a* gegenüber +*dat*), indifferent *geh;* **me es** ~ das ist mir gleich

indígena [iŋ'dixena] **I.** *adj* einheimisch; (*en Latinoamérica*) Indio- **II.** *mf* Ureinwohner(in) *m(f);* (*en Latinoamérica*) Indio *m,* Indiofrau *f*

indigencia [iŋdi'xeŋθja] *f* Armut *f*

indigenismo [iŋdixe'nismo] *m* ➊ (LING) Indigenismus *m* (*Lehnwort aus einer Eingeborenensprache*) ➋ (POL: *en Latinoamérica*) politische Bewegung zur Verteidigung der Rechte der Indios und zur Wahrung ihres Kulturguts

indigente [iŋdi'xeŋte] **I.** *adj* arm **II.** *mf* Bedürftige(r) *mf*

indigerible [iŋdixe'riβle] *adj* unverdaulich

indigestar [iŋdixes'tar] **I.** *vt* schlecht bekommen +*dat* **II.** *vr:* ~**se** ➊ (*empacharse*) sich *dat* den Magen verderben (*de/por* durch +*akk*) ➋ (*fam: hacerse antipático*) gegen den Strich gehen +*dat* ➌ (*Am: inquietarse*) sich beunruhigen

indigestión [iŋdixes'tjon] *f* Verdauungsstörung *f;* **contraer una** ~ sich *dat* den Magen verderben

indigesto, -a [iŋdi'xesto, -a] *adj* ➊ *ser* (*difícil de digerir*) unverdaulich ➋ *estar* (*indigerido*) unverdaut; **estar** ~ (*persona*) Verdauungsprobleme haben ➌ *estar* (*de mal humor*) mürrisch

indignación [iŋdiɣna'θjon] *f* Empörung *f*

indignado, -a [iŋdiɣ'naðo, -a] *adj* empört (*con/contra/por* über +*akk*)

indignante [iŋdiɣ'naŋte] *adj* empörend

indignar [iŋdiɣ'nar] **I.** *vt* empören **II.** *vr:* ~**se** sich empören (*con/contra/por* über +*akk*)

indignidad [iŋdiɣni'ðaθ] *f* ➊ (*cualidad*) Unwürdigkeit *f* ➋ (*acto*) Gemeinheit *f*

indigno, -a [iŋ'diɣno, -a] *adj* ➊ (*desmerecedor*) unwürdig; ~ **de confianza** nicht vertrauenswürdig ➋ (*vil*) gemein

índigo ['iŋdiɣo] *m* Indigo *nt o m*

indio, -a ['iŋdjo, -a] **I.** *adj* ➊ (*de la India*) indisch ➋ (*de América*) indianisch ➌ (*loc*): **en fila india** im Gänsemarsch **II.** *m, f* ➊ (*de la India*) Inder(in) *m(f)* ➋ (*de América*) Indianer(in) *m(f)* ➌ (*loc*): **hacer el** ~ (*tonterías*) Blödsinn machen; (*el ridículo*) sich lächerlich machen

indirecta [iŋdi'rekta] *f* (*fam*) Anspielung *f*

indirecto, -a [iŋdi'rekto, -a] *adj* mittelbar; **complemento** ~ (LING) indirektes Objekt

indisciplina [iŋdisθi'plina] *f* Disziplinlosigkeit *f*

indisciplinado, -a [iŋdisθipli'naðo, -a] **I.** *adj* (*falto de disciplina*) disziplinlos; (*desobediente*) ungehorsam; (*insumiso*) unbeugsam **II.** *m, f* (*desobediente*) Ungehorsame(r) *mf;* (*insumiso*) Unbeugsame(r) *mf*

indiscreción [iŋdiskre'θjon] *f* ➊ (*no guardar un secreto*) Indiskretion *f* ➋ (*observación*) taktlose Bemerkung *f* ➌ (*curiosidad*) (taktlose) Neugierde *f*

indiscreto, -a [iŋdis'kreto, -a] *adj* ➊ (*imprudente*) taktlos ➋ (*que no guarda secretos*) schwatzhaft

indiscriminado, -a [iŋdiskrimi'naðo, -a] *adj* gleich behandelnd

indiscutible [iŋdisku'tiβle] *adj* unbestreitbar

indisociable [iŋdiso'θjaβle] *adj* untrennbar; (QUÍM) nicht spaltbar

indisoluble [iŋdiso'luβle] *adj* ➊ (QUÍM: *sustancia*) unauflöslich ➋ (*inseparable*) unauflösbar

indispensable [iŋdispen'saβle] *adj* unerlässlich; **lo** (**más**) ~ das Allernötigste; **el requisito** ~ **es...** die unabdingbare Voraussetzung ist ...

indisponer [iŋdispo'ner] *irr como poner* **I.** *vt* ➊ (*enemistar*) aufbringen (*con/contra* gegen +*akk*) ➋ (*de salud*) mitnehmen, zusetzen +*dat* **II.** *vr:* ~**se** ➊ (*enemistarse*) sich entzweien ➋ (*ponerse mal*) krank werden

indisposición [iŋdisposi'θjon] *f* ➊ (*de salud*) Unpässlichkeit *f* ➋ (*desgana*) Lustlosigkeit *f*

indispuesto, -a [iŋdis'pwesto, -a] *adj* ➊ (*enfermizo*) unpässlich ➋ (*con desgana*) lustlos ➌ (*molesto*) verstimmt

indistinguible [iŋdistiŋ'ɣiβle] *adj* nicht unterscheidbar (*de* von +*dat*)

indistintamente [iŋdistiŋta'meŋte] *adv* ➊ (*indiscriminadamente*) ohne Unterschied ➋ (*irreconocible*) undeutlich

indistinto, -a [iŋdis'tiŋto, -a] *adj* ➊ (*elev: indiferenciado*) undifferenziert ➋ (*igual*) gleich ➌ (*difuso*) undeutlich; (*poco claro*) unbestimmt

individual [iɳdiβi'ðwal] *adj* ❶ (*personal*) individuell; (*peculiar*) einzigartig ❷ (*simple*) Einzel- ❸ (*CSur: idéntico*) identisch

individualista [iɳdiβiðwa'lista] **I.** *adj* individualistisch **II.** *mf* Individualist(in) *m(f)*

individualizar [iɳdiβiðwali'θar] <z→c> *vt* einzeln betrachten

individuo [iɳdi'βidwo] *m* ❶ (*espécimen*) Individuum *nt* ❷ (*miembro*) Mitglied *nt* ❸ (*pey: sujeto*) Typ *m*

indivisible [iɳdiβi'siβle] *adj* unteilbar

Indochina [iɳdo'tʃina] *f* Indochina *nt*

indócil [iɳ'doθil] *adj* ❶ (*desobediente*) ungehorsam ❷ (*cabezota*) eigensinnig

indoctrinar [iɳdoktri'nar] *vt* (*Am*) indoktrinieren

indocumentado, -a [iɳdokumeɳ'taðo, -a] *adj* ❶ *ser* (*no registrado*) nicht dokumentiert ❷ *estar* (*sin documentos*) ohne (Ausweis)papiere ❸ *ser* (*pey: ignorante*) unwissend

índole ['iɳdole] *f* ❶ (*condición*) Wesensart *f* ❷ (*manera de ser*) Charakter *m* ❸ (*clase*) Art *f*

indolencia [iɳdo'lenθja] *f* ❶ (*apatía*) Teilnahmslosigkeit *f* ❷ (*indiferencia*) Gleichgültigkeit *f* ❸ (*desgana*) Lustlosigkeit *f*

indolente [iɳdo'leɳte] *adj* ❶ (*apático*) teilnahmslos ❷ (*indiferente*) gleichgültig ❸ (*con desgana*) lustlos

indomable [iɳdo'maβle] *adj* ❶ (*que no se somete*) unbeugsam ❷ (*indomesticable*) unzähmbar ❸ (*fuera de control*) unkontrollierbar

indómito, -a [iɳ'domito, -a] *adj* ❶ (*indomable*) unbeugsam ❷ (*rebelde*) unbändig

Indonesia [iɳdo'nesja] *f* Indonesien *nt*

indonesio, -a [iɳdo'nesjo, -a] **I.** *adj* indonesisch **II.** *m, f* Indonesier(in) *m(f)*

inducción [iɳduɣ'θjon] *f* ❶ (ELEC: *corriente*) Induktion *f* ❷ (FILOS: *razonamiento*) Schlussfolgerung *f* ❸ (*instigación*) Anstiftung *f*

inducir [iɳdu'θir] *irr como traducir vt* ❶ (ELEC: *corriente*) induzieren ❷ (FILOS: *razonar*) (schluss)folgern (*de* aus +*dat*); **de todo esto induzco que...** aus alledem schließe ich, dass ... ❸ (*instigar*) anstiften (*a/en* zu +*dat*); ~ **a error** zu einem Fehler verleiten

inductividad [iɳduktiβi'ðaᵈ] *f* (ELEC) Induktivität *f*

inductor(a) [iɳduk'tor(a)] *adj* ❶ (ELEC: *corriente*) induzierend ❷ (*instigador*) verleitend

indudable [iɳdu'ðaβle] *adj* zweifellos; **es ·· que...** es besteht kein Zweifel (daran),

dass ...

indulgencia [iɳdul'xenθja] *f* ❶ (REL: *pecados*) Ablass *m* ❷ (*elev: cualidad*) Nachsicht *f;* **proceder sin ~ contra...** gnadenlos vorgehen gegen ...

indulgente [iɳdul'xeɳte] *adj* (*elev*) nachsichtig (*con* gegenüber +*dat*)

indultar [iɳdul'tar] *vt* ❶ (JUR: *perdonar*) begnadigen; (*después del proceso*) freisprechen (*de* von +*dat*); ~ **a alguien de la pena de muerte** jdm die Todesstrafe erlassen ❷ (*eximir*) ausnehmen (*de* aus +*dat*)

indulto [iɳ'dulto] *m* ❶ (*perdón total*) Straferlass *m* ❷ (*perdón parcial*) Strafminderung *f* ❸ (*exención*) Befreiung *f*

indumentaria [iɳdumeɳ'tarja] *f* ❶ (*ropa*) Kleidung *f* ❷ (HIST) Trachtenkunde *f*

industria [iɳ'dustrja] *f* ❶ (*conjunto*) Industrie *f;* (*sector*) Sektor *m;* ~ **del automóvil** Autoindustrie *f* ❷ (*empresa*) Unternehmen *nt;* (*fábrica*) Fabrik *f* ❸ (*dedicación*) Hingabe *f* ❹ (*maña*) Geschicklichkeit *f;* **de** ~ (*a propósito*) absichtlich

industrial [iɳdus'trjal] **I.** *adj* Industrie-, industriell; **nave** ~ Fabrikhalle *f;* **planta** ~ Fabrik(anlage) *f;* **polígono** ~ Industriegebiet *nt* **II.** *mf* Industrielle(r) *mf;* (*fabricante*) Fabrikant(in) *m(f)*

industrialismo [iɳdustrja'lismo] *m* Industrialismus *m*

industrialización [iɳdustrjaliθa'θjon] *f* Industrialisierung *f*

industrializar [iɳdustrjali'θar] <z→c> *vt, vr:* ~ **se** (sich) industrialisieren

industrioso, -a [iɳdus'trjoso, -a] *adj* ❶ (*trabajador*) unternehmerisch ❷ (*mañoso*) geschickt

inédito, -a [i'neðito, -a] *adj* ❶ (*no publicado*) unveröffentlicht ❷ (*desconocido*) unbekannt

inefable [ine'faβle] *adj* unbeschreiblich, unsagbar

inefectivo, -a [inefek'tiβo, -a] *adj* ❶ (*sin resultado*) ineffektiv, fruchtlos ❷ (COM: *no rentable*) unwirtschaftlich

ineficacia [inefi'kaθja] *f* ❶ (*sin resultado*) Ineffektivität *f* ❷ (COM: *sin rentabilidad*) Unwirtschaftlichkeit *f* ❸ (*de una persona*) Inkompetenz *f*

ineficaz [inefi'kaθ] *adj* ❶ (*cosa*) ineffektiv ❷ (*persona*) inkompetent

ineficiencia [inefi'θjenθja] *f* Ineffizienz *f*

ineficiente [inefi'θjeɳte] *adj* unwirtschaftlich

ineludible [inelu'ðiβle] *adj* (*elev*) unvermeidlich

INEM [i'nem] *m abr de* **Instituto Nacional de Empleo** *Staatliches Institut für Arbeits-*

vermittlung

INEM ist das Akronym oder Kurzwort für *Instituto Nacional de Empleo*, was im deutschsprachigen Raum dem Arbeitsamt entspricht. In den Aufgabenbereich des **INEM** fallen u. a. die Arbeitsvermittlung und die Gewährung von Arbeitslosengeld.

---

inenarrable [inena'rraβle] *adj* unbeschreiblich

inepcia [i'neβθja] *f* (*Am*) ❶ (*ineptitud*) Unfähigkeit *f* ❷ (*necedad*) Torheit *f*

ineptitud [inepti'tuð] *f* ❶ (*incapacidad*) Unfähigkeit *f* (*para* zu +*dat*) ❷ (*incompetencia*) Untauglichkeit *f* (*para* für +*akk*)

inepto, -a [i'nepto, -a] *adj* ❶ (*incapaz*) unfähig (*para* zu +*dat*) ❷ (*incompetente*) untauglich (*para* für +*akk*)

inequívoco, -a [ine'kiβoko, -a] *adj* eindeutig

inercia [i'nerθja] *f* (*t.* Fís) Trägheit *f*; **por ~** aus Gewohnheit

inerme [i'nerme] *adj* ❶ (*desarmado*) unbewaffnet ❷ (BIOL: *sin aguijón*) stachellos; (*sin púas*) dornenlos ❸ (*indefenso*) wehrlos

inerte [i'nerte] *adj* ❶ (*sin vida*) tot ❷ (*inmóvil*) leblos

inescrutable [ineskru'taβle] *adj* (*elev*) unergründlich

inesperado, -a [inespe'raðo, -a] *adj* unerwartet

inestabilidad [inestaβili'ðað] *f* ❶ (*t.* TÉC: *fragilidad*) Instabilität *f* ❷ (*variabilidad*) Unbeständigkeit *f*

inestable [ines'taβle] *adj* ❶ (*t.* TÉC: *frágil*) instabil ❷ (*variable*) unbeständig

inestimabilidad [inestimaβili'ðað] *f sin pl* Unschätzbarkeit *f*

inestimable [inesti'maβle] *adj* unschätzbar

inevitable [ineβi'taβle] *adj* unvermeidbar

inexactitud [inexsakti'tuð] *f* ❶ (*no exacto*) Ungenauigkeit *f* ❷ (*error*) Fehler *m*

inexacto, -a [inex'sakto, -a] *adj* ❶ (*no exacto*) ungenau ❷ (*erróneo*) falsch

inexcusable [inesku'saβle] *adj* ❶ (*ineludible*) unumgänglich ❷ (*sin disculpa*) unverzeihlich

inexistencia [inexsis'tenθja] *f* Inexistenz *f*

inexistente [inexsis'tente] *adj* nicht vorhanden

inexorabilidad [inexsoraβili'ðað] *f* (*elev*) Unerbittlichkeit *f*

inexorable [inexso'raβle] *adj* (*elev*) unerbittlich (*en* in +*dat*)

inexperiencia [inespe'rjenθja] *f* Unerfahrenheit *f*

inexperto, -a [ines'perto, -a] *adj* unerfahren

inexplicable [inespli'kaβle] *adj* unerklärlich

inexpresividad [inespresiβi'ðað] *f* Unbeschreiblichkeit *f*

inexpresivo, -a [inespre'siβo, -a] *adj* ❶ (*cara, mirada*) ausdruckslos ❷ (*cosa*) nichts sagend

inexpugnable [inespuɣ'naβle] *adj* ❶ (*inconquistable*) uneinnehmbar ❷ (*irreductible*) unerschütterlich

inextricable [inestri'kaβle] *adj* ❶ (*enmarañado*) undurchdringlich ❷ (*complicado*) verwickelt

infalibilidad [imfaliβili'ðað] *f* Unfehlbarkeit *f*

infalible [imfa'liβle] *adj* unfehlbar

infamante [imfa'mante] *adj* schändlich

infamar [imfa'mar] *vt* schänden

infamatorio, -a [imfama'torjo, -a] *adj* (*elev*) schändlich; **palabras infamatorias** verleumderische Worte

infame [im'fame] *adj* ❶ (*vil*) gemein ❷ (*muy malo*) miserabel

infamia [im'famja] *f* ❶ (*canallada*) Gemeinheit *f* ❷ (*deshonra*) Schande *f*

infancia [im'fanθja] *f* ❶ (*niñez*) Kindheit *f*; **enfermedades de la ~** Kinderkrankheiten *fpl* ❷ (*etapa inicial*) Anfang *m* ❸ (*niños*) Kinder *ntpl*

infante, -a [im'fante, -a] *m, f* ❶ (*elev: niño/niña*) Knabe *m,* Mädchen *nt;* **jardín de ~s** (*Am*) Kindergarten *m* ❷ (*príncipe/princesa*) Infant(in) *m(f)* ❸ (*soldado*) Infanterist(in) *m(f)*

infantería [imfante'ria] *f* (MIL) Infanterie *f*

infanticida [imfanti'θiða] **I.** *adj:* **madre ~** Kind(e)smörderin *f* **II.** *mf* Kindermörder(in) *m(f)*

infanticidio [imfanti'θiðjo] *m* Kind(e)smord *m*

infantil [imfan'til] *adj* ❶ (*referente a la infancia*) Kinder-; **trabajo ~** Kinderarbeit *f;* **sonrisa ~** kindliches Lächeln ❷ (*pey: ingenuo*) kindisch

infarto [im'farto] *m* Infarkt *m*

infatigable [imfati'ɣaβle] *adj* unermüdlich (*en* in +*dat, para* bei +*dat*)

infausto, -a [im'fausto, -a] *adj* unheilvoll

infección [imfeɣ'θjon] *f* (MED) ❶ (*contaminación*) Ansteckung *f* ❷ (*afección*) Infektion *f*

infeccioso, -a [imfeɣ'θjoso, -a] *adj* (MED)

infektiös; **enfermedad infecciosa** Infektionskrankheit *f*

infectar [imfek'tar] I. *vt* ❶ (MED: *contagiar*) anstecken ❷ (*fam: contaminar*) verseuchen ❸ (*corromper*) infizieren II. *vr:* ~ **se** ❶ (*contagiarse*) sich anstecken ❷ (*inflamarse*) sich entzünden

infecto ,-a [im'fekto, -a] *adj* ❶ (*contagiado*) infiziert (*de* mit +*dat*) ❷ (*nauseabundo*) widerlich ❸ (*corrupto*) schmutzig

infecundidad [imfekuṇdi'ðaᵈ] *f* Unfruchtbarkeit *f*

infelicidad [imfeliθi'ðaᵈ] *f* ❶ (*falta de felicidad*) Unzufriedenheit *f* ❷ (*suerte adversa*) Unglück *nt*

infeliz [imfe'liθ] I. *adj* ❶ (*no feliz*) unglücklich ❷ (*fam: ingenuo*) treudoof II. *mf* (*fam*) ❶ (*desgraciado*) Unglückliche(r) *mf* ❷ (*buenazo*) armer Tropf *m*

inferior [imfe'rjor] I. *adj* ❶ (*debajo*) untere(r, s); **labio** ~ Unterlippe *f* ❷ (*de menos calidad*) minderwertiger (*a* als +*nom*) ❸ (*de menos categoría*) niedriger (*a* als +*nom*) ❹ (*menos*) geringer (*a* als +*nom*) ❺ (*subordinado*) untergeben II. *mf* Untergebene(r) *mf*

inferioridad [imferjori'ðaᵈ] *f* Unterlegenheit *f;* **estar en** ~ **de condiciones** im Nachteil sein

inferir [imfe'rir] *irr como sentir* I. *vt* ❶ (*deducir*) schließen (*de/por* aus +*dat*) ❷ (*ocasionar*) herbeiführen ❸ (*causar*) zufügen II. *vr:* ~ **se** hervorgehen (*de* aus +*dat*)

infernal [imfer'nal] *adj* höllisch; **ruido** ~ Höllenlärm *m*

infértil [im'fertil] *adj* unfruchtbar

infertilidad [imfertili'ðaᵈ] *f sin pl* Unfruchtbarkeit *f*

infestar [imfes'tar] *vt* ❶ (*inundar*) überschwemmen (*de* mit +*dat*) ❷ (*infectar*) anstecken (*de* mit +*dat*) ❸ (*causar*) zufügen ❹ (*corromper*) infizieren (*de* mit +*dat*)

inficionar [imfiθjo'nar] *vt* ❶ (*contaminar*) verseuchen ❷ (*envenenar*) vergiften ❸ (*corromper*) verderben

infidelidad [imfiðeli'ðaᵈ] *f* ❶ (*deslealtad*) Untreue *f* ❷ (*incredulidad*) Unglaube *m*

infiel [im'fjel] I. *adj* <infidelísimo> ❶ (*desleal*) untreu ❷ (*pagano*) ungläubig ❸ (*inexacto*) nicht getreu II. *mf* Ungläubige(r) *mf*

infiernillo [imfjer'niʎo] *m* Kocher *m*

infierno [im'fjerno] *m* ❶ (*t.* REL) Hölle *f;* **mandar al** ~ zum Teufel jagen ❷ (*en la mitología*) Unterwelt *f*

infiltración [imfilˠtra'θjon] *f* ❶ (*el penetrar*) Einsickern *nt* ❷ (*propagación*) Ver-

breitung *f* ❸ (POL) Einschleusung *f*

infiltrar [imfil'trar] I. *vt* ❶ (*penetrar*) einsickern lassen (*en* in +*akk*) ❷ (*inculcar*) verbreiten (*entre* unter +*dat*) II. *vr:* ~ **se** ❶ (*penetrar*) einsickern (*en* in +*akk*) ❷ (*introducirse*) sich einschleusen (*en* in +*akk*)

ínfimo ,-a ['imfimo, -a] *adj* ❶ (*muy bajo*) unterste(r, s) ❷ (*mínimo*) geringste(r, s) ❸ (*vil*) niederträchtigste(r, s)

infinidad [imfini'ðaᵈ] *f* ❶ (*cualidad de infinito*) Unendlichkeit *f* ❷ (*gran número*) Unmenge *f* (*de* an/von +*akk*)

infinitesimal [imfinitesi'mal] *adj* (MAT) infinitesimal; **cálculo** ~ Infinitesimalrechnung *f*

infinitivo [imfini'tiβo] *m* (LING) Infinitiv *m*

infinito¹ [imfi'nito] *m* (*t.* MAT) Unendliche(s) *nt*

infinito ,-a² [imfi'nito, -a] *adj* ❶ (*ilimitado*) unendlich; (*cosas no materiales*) grenzenlos ❷ (*incontable*) unzählbar

infinitud [imfini'tuᵈ] *f sin pl* Unendlichkeit *f*

inflable [im'flaβle] *adj* aufblasbar

inflación [imfla'θjon] *f* ❶ (*el inflar*) Aufblasen *nt;* (MED) Aufblähung *f* ❷ (ECON) Inflation *f* ❸ (*exceso*) Übermaß *nt*

inflacionismo [imflaθjo'nismo] *m* (ECON) Inflationismus *m*

inflacionista [imflaθjo'nista] *adj* (ECON) inflationär

inflamable [imfla'maβle] *adj* leicht entzündbar

inflamación [imflama'θjon] *f* ❶ (*t.* MED) Entzündung *f* ❷ (TÉC) Zündung *f;* **punto de** ~ Zündpunkt *m*

inflamar [imfla'mar] I. *vt* ❶ (*encender*) entzünden ❷ (*excitar*) entflammen II. *vr:* ~ **se** (*t.* MED) sich entzünden

inflamatorio ,-a [imflama'torjo, -a] *adj* (MED) entzündlich

inflar [im'flar] I. *vt* ❶ (*llenar de aire*) aufblasen ❷ (*exagerar*) aufbauschen II. *vr:* ~ **se** ❶ (*hincharse*) sich aufblähen (*de* mit +*dat*) ❷ (*fam: de comida*) sich voll stopfen (*de* mit +*dat*)

inflexibilidad [imfleˠsiβili'ðaᵈ] *f* ❶ (*rigidez*) Inflexibilität *f* ❷ (*firmeza*) Unnachgiebigkeit *f* (*a* gegenüber +*dat, en* in +*dat*)

inflexible [imfleˠ'siβle] *adj* ❶ (*rígido*) unbiegsam ❷ (*firme*) unnachgiebig (*a* gegenüber +*dat, en* in +*dat*)

inflexión [imfleˠ'sjon] *f* ❶ (*torcimiento*) Biegung *f* ❷ (*referente a la voz*) Modulation *f* ❸ (MAT) Wendepunkt *m* ❹ (LING) Flexion *f*

infligir [imfli'xir] <g→j> *vt:* ~ **un castigo**

eine Strafe auferlegen; **~ daño** Schaden verursachen; (*dolor*) Schmerz zufügen

influencia [iɱˈflweŋθja] *f* Einfluss *m* (*en/ sobre* auf +*akk*)

influenciable [iɱflwenˈθjaβle] *adj* beeinflussbar

influenciar [iɱflwenˈθjar] I. *vt* beeinflussen II. *vr:* **~ se** sich beeinflussen lassen

influir [iɱfluˈir] *irr como huir* I. *vi* ① (*contribuir*) beeinflussen (*en/sobre* +*akk*) ② (*actuar*) einwirken (*en/sobre* auf +*akk*) II. *vt* beeinflussen III. *vr:* **~ se** sich beeinflussen lassen (*de* von +*dat*)

influjo [iɱˈfluxo] *m* ① (*influencia*) Einfluss *m* ② (*flujo*) Flut *f*

influyente [iɱfluˈʝente] *adj* einflussreich

información [iɱformaˈθjon] *f* Information *f* (*sobre* über +*akk*); (*oficina*) Auskunft(sstelle) *f*

informador (a) [iɱformaˈðor(a)] *m(f)* ① (*informante*) Informant(in) *m(f)* ② (*periodista*) Berichterstatter(in) *m(f)*

informal [iɱforˈmal] *adj* ① (*desenfadado*) informal; **lenguaje ~** Umgangssprache *f* ② (*no cumplidor*) unzuverlässig

informalidad [iɱformaliˈðaⁿ] *f* Unzuverlässigkeit *f*

informante [iɱforˈmante] *mf* Informant(in) *m(f)*

informar [iɱforˈmar] I. *vt* ① (*comunicar*) informieren (*de/sobre* über +*akk*) ② (*elev: fundamentar*) begründen II. *vi* (JUR) plädieren III. *vr:* **~ se** sich informieren (*de* über +*akk*)

informática [iɱforˈmatika] *f* elektronische Datenverarbeitung *f*

informático, **-a** [iɱforˈmatiko, -a] I. *adj:* **fallo ~** Computerfehler *m* II. *m*, *f* Informatiker(in) *m(f)*

informativo[1] [iɱformaˈtiβo] *m* Nachrichtensendung *f*

informativo, **-a**[2] [iɱformaˈtiβo, -a] *adj* informativ; **boletín ~** (*por escrito*) Informationsblatt *nt*; (*radial*) Nachrichten *fpl*

informatización [iɱformatiθaˈθjon] *f* Umstellung *f* auf EDV

informatizar [iɱformatiˈθar] <z→c> *vt* auf EDV umstellen

informe [iɱˈforme] I. *adj* ① (*sin forma*) unförmig ② (*indefinido*) unbestimmt II. *m* ① (*exposición*) Bericht *m* (*sobre* über +*akk*) ② *pl* (*referencias*) Referenzen *fpl* (*sobre* über +*akk*)

infortunado, **-a** [iɱfortuˈnaðo, -a] *adj* unglückselig

infortunio [iɱforˈtunjo] *m* ① (*adversidad*) Unglück *nt* ② (*mala suerte*) Pech *nt*

infotainment [iɱfoˈtainmenᵗ] *m* Infotainment *nt*

infracción [iɱfraⱽˈθjon] *f* Verstoß *m* (*de* gegen +*akk*); **~ de tráfico** Verkehrsübertretung *f*

infractor (a) [iɱfrakˈtor(a)] I. *adj* zuwiderhandelnd II. *m(f)* Zuwiderhandelnde(r) *mf;* (JUR) Rechtsbrecher(in) *m(f)*

infraestructura [iɱfraestrukˈtura] *f* ① (*construcción*) Unterbau *m* ② (*medios*) Infrastruktur *f*

infrahumano, **-a** [iɱfrauˈmano, -a] *adj* menschenunwürdig

infranqueable [iɱfraŋkeˈaβle] *adj* unüberwindbar

infrarrojo, **-a** [iɱfraˈrroxo, -a] *adj* (FÍS) infrarot; **rayos ~s** Infrarotstrahlen *mpl*

infrautilización [iɱfrautiliθaˈθjon] *f* Nichtauslastung *f*

infrautilizar [iɱfrautiliˈθar] <z→c> *vt* nicht erschöpfend nutzen

infravalorar [iɱfraβaloˈrar] *vt* unterbewerten

infrecuencia [iɱfreˈkwenθja] *f* Seltenheit *f*

infrecuente [iɱfreˈkwente] *adj* selten

infringir [iɱfriŋˈxir] <g→j> *vt* verstoßen (*gegen* +*akk*)

infructuoso, **-a** [iɱfruktuˈoso, -a] *adj* unfruchtbar

ínfula [ˈiɱfula] *f* ① (REL) Inful *f* ② *pl* (*soberbia*): **darse ~s** sich wichtig machen

infundado, **-a** [iɱfunˈdaðo, -a] *adj* unbegründet

infundio [iɱˈfundjo] *m* Gerücht *nt*

infundir [iɱfunˈdir] *vt* einflößen; (REL) geben; **~ sospechas** einen Verdacht aufkommen lassen

infusión [iɱfuˈsjon] *f* ① (*disolución*) Aufguss *m* ② (*bebida*) (Kräuter)tee *m*

ingeniar [iŋxeˈnjar] I. *vt* erfinden II. *vr:* **~ se** sich *dat* ausdenken

ingeniería [iŋxenjeˈria] *f* ① (*técnica*) Technik *f* ② (*disciplina*) Ingenieurwissenschaft *f;* **escuela de ~** Ingenieurfachschule *f*

ingeniero, **-a** [iŋxeˈnjero, -a] *m*, *f* Ingenieur(in) *m(f)*

ingenio [iŋˈxenjo] *m* ① (*inventiva*) Erfindungsgabe *f* ② (*talento para contar*) Esprit *m* ③ (*persona*) Genie *nt* ④ (*maña*) Geschick *nt* ⑤ (*máquina*) Maschine *f*

ingeniosidad [iŋxenjosiˈðaⁿ] *f* ① (*ingenio*) Erfindergeist *m* ② (*dicho*) Spruch *m*

ingenioso, **-a** [iŋxeˈnjoso, -a] *adj* ① (*hábil*) geschickt ② (*listo*) geistreich

ingente [iŋˈxente] *adj* enorm; **~ cantidad** Unmenge *f*

ingenuidad [iŋxenwiˈðaⁿ] *f* ① (*inocencia*) Naivität *f* ② (*torpeza*) Torheit *f*

ingenuo, **-a** [iŋˈxenwo, -a] *adj* naiv

ingerir [iŋxe'rir] *irr como sentir* vt ❶ (*referente a medicamentos*) einnehmen ❷ (*beber*) trinken; (*comer*) essen

ingestión [iŋxes'tjon] *f* ❶ (*referente a medicamentos*) Einnahme *f* ❷ (*el beber*) Trinken *nt*; (*el comer*) Essen *nt*

Inglaterra [iŋgla'terra] *f* England *nt*

ingle ['iŋgle] *f* (ANAT) Leiste *f*

inglés, -esa [iŋ'gles, -esa] **I.** *adj* englisch; **llave inglesa** Engländer *m* **II.** *m*, *f* Engländer(in) *m(f)*

ingobernable [iŋgoβer'naβle] *adj* ❶ (*no gobernable*) unregierbar ❷ (*no dirigible*) unsteuerbar

ingratitud [iŋgrati'tuð] *f* Undankbarkeit *f*

ingrato, -a [iŋ'grato, -a] *adj* undankbar (*con/para con* gegenüber +*dat*)

ingravidez [iŋgraβi'ðeθ] *f* Schwerelosigkeit *f*

ingrávido, -a [iŋ'graβiðo, -a] *adj* ❶ (*falta de gravedad*) schwerelos ❷ (*ligero*) leicht

ingrediente [iŋgre'ðjente] *m* ❶ (*sustancia*) Zutat *f* ❷ (*elemento*) Bestandteil *m*

ingresar [iŋgre'sar] **I.** *vi* ❶ (*inscribirse*) eintreten (*en* in +*akk*) ❷ (*hospitalizarse*) eingeliefert werden **II.** *vt* ❶ (*meter*) einzahlen; ~ **un cheque** einen Scheck einreichen ❷ (*hospitalizar*) einliefern (*en* in +*akk*) ❸ (*percibir*) verdienen

ingreso [iŋ'greso] *m* ❶ (*inscripción*) Eintritt *m*; **examen de** ~ Aufnahmeprüfung *f* ❷ (*ceremonia*) Aufnahmezeremoniell *nt* ❸ (*alta*) Einlieferung *f* ❹ (*en una cuenta*) Einzahlung *f* ❺ *pl* (*retribuciones*) Einnahmen *fpl*

íngrimo, -a ['iŋgrimo, -a] *adj* (*Am: solitario*) einsam

inhábil [i'naβil] *adj* ❶ (*torpe*) ungeschickt ❷ (JUR): **día** ~ Feiertag *m*

inhabilidad [inaβili'ðað] *f* Ungeschicklichkeit *f*

inhabilitación [inaβilita'θjon] *f* (JUR) ❶ (*incapacitación*) Unfähigkeit *f*; ~ **especial** Unfähigkeit zu einzelnen Ämtern ❷ (*interdicción*) Berufsverbot *nt*; ~ **especial temporal** Berufsverbot auf Zeit

inhabilitar [inaβili'tar] *vt* (JUR) ❶ (*incapacitar*) für unfähig erklären (*para* +*gen*) ❷ (*prohibir*) ein Berufsverbot aussprechen (*a* gegen +*akk*)

inhabitable *adj* unbewohnbar

inhabitado, -a [inaβi'taðo, -a] *adj* unbewohnt

inhabitual [inaβitu'al] *adj* ungewohnt

inhalador [inala'ðor] *m* (MED) Inhalationsapparat *m*

inhalar [ina'lar] *vt* einatmen; (MED) inhalieren

inherente [ine'rente] *adj* innewohnend (*a* +*dat*)

inhibición [iniβi'θjon] *f* ❶ (*represión*) Unterdrückung *f* ❷ (*abstención*) Zurückhaltung *f* ❸ (MED) Hemmung *f* ❹ (JUR) Ablehnung *f* (*eines Richters*)

inhibir [ini'βir] **I.** *vt* ❶ (*reprimir*) unterdrücken ❷ (BIOL) hemmen ❸ (JUR) (einen Richter) ablehnen **II.** *vr:* ~ **se** sich heraushalten (*de/en* aus +*dat*); ~ **se de hacer algo** sich zurückhalten etw zu tun

inhibitorio, -a [iniβi'torjo, -a] *adj* (JUR) Untersagungs-

inhospitalario, -a [inospita'larjo, -a] *adj*, **inhóspito, -a** [i'nospito, -a] *adj* ungastlich

inhumación [inuma'θjon] *f* Beisetzung *f*

inhumanidad [inumani'ðað] *f* Unmenschlichkeit *f*

inhumano, -a [inu'mano, -a] *adj* unmenschlich

inhumar [inu'mar] *vt* (*elev*) beisetzen

iniciación [iniθja'θjon] *f* ❶ (*comienzo*) Beginn *m* ❷ (*introducción*) Einführung *f* (*a/en* in +*akk*) ❸ (*sobre algo secreto*) Einweihung *f* ❹ (*de un novato*) Initiation *f*

iniciado, -a [ini'θjaðo, -a] **I.** *adj* eingeweiht **II.** *m*, *f* Eingeweihte(r) *mf*

iniciador(a) [iniθja'ðor(a)] *m(f)* Initiator(in) *m(f)*

inicial [ini'θjal] **I.** *adj* anfänglich; **fase** ~ Anfangsphase *f* **II.** *f* Anfangsbuchstabe *m*

inicializar [iniθjali'θar] <z→c> *vt* (INFOR) initialisieren

iniciar [ini'θjar] **I.** *vt* ❶ (*comenzar*) beginnen ❷ (*introducir*) einführen (*en* in +*akk*) ❸ (*revelar un secreto*) einweihen (*en* in +*akk*) ❹ (INFOR) booten; ~ **el funcionamiento del ordenador** den Rechner urladen **II.** *vr:* ~ **se** ❶ (*comenzar*) beginnen ❷ (*introducirse*) sich vertraut machen (*en* mit +*dat*)

iniciativa [iniθja'tiβa] *f* Initiative *f*

inicio [i'niθjo] *m* Beginn *m*

inigualable [iniɣwa'laβle] *adj* unvergleichlich

inimaginable [inimaxi'naβle] *adj* unvorstellbar

ininteligible [ininteli'xente] *adj* unverständlich; (*escritura*) unleserlich

ininterrumpido, -a [ininterrum'piðo, -a] *adj* ununterbrochen

iniquidad [iniki'ðað] *f* ❶ (*injusticia*) Ungerechtigkeit *f* ❷ (*infamia*) Gemeinheit *f*

injerencia [iŋxe'renθja] *f* Einmischung *f* (*en* in +*akk*)

injerir [iŋxe'rir] *irr como sentir* **I.** *vt* ❶ (*introducir*) einführen (*en* in +*akk*) ❷ (*injertar*) pfropfen **II.** *vr:* ~ **se** sich einmischen

(*en* in +*akk*)

injertar [iɲxer'tar] *vt* ❶ (*plantas*) pfropfen ❷ (MED) verpflanzen

injerto [iɲ'xerto] *m* ❶ (*el injertar*) Pfropfung *f* ❷ (*resultado del injertar*) Kreuzung *f* ❸ (*brote*) Pfröpfling *m* ❹ (MED) Verpflanzung *f*

injuria [iŋ'xurja] *f* (*con palabras*) Beschimpfung *f*; (*con acciones o palabras*) Beleidigung *f*

injuriar [iŋxu'rjar] *vt* (*con palabras*) beschimpfen; (*con acciones*) beleidigen

injurioso, -a [iŋxu'rjoso, -a] *adj* beleidigend

injusticia [iŋxus'tiθja] *f* Ungerechtigkeit *f*

injustificado, -a [iŋxustifi'kaðo, -a] *adj* ungerechtfertigt

injusto, -a [iŋ'xusto, -a] *adj* ungerecht; (*t.* JUR: *injustificado*) ungerechtfertigt

inmaculado, -a [iⁿmaku'laðo, -a/iᵐmaku'laðo, -a] *adj* ❶ (*limpísimo*) rein ❷ (*impecable*) makellos

inmadurez [iⁿmaðu'reθ/iᵐmaðu'reθ] *f sin pl* Unreife *f*

inmaduro, -a [iⁿma'ðuro, -a/iᵐma'ðuro, -a] *adj* unreif

inmanente [iⁿma'nente/iᵐma'nente] *adj* (*elev*) innewohnend (*a* +*dat*)

inmaterializar [iⁿmaterjali'θar/iᵐmaterjali'θar] <z→c> **I.** *vt* entmaterialisieren **II.** *vr:* ~ **se** sich entmaterialisieren

inmediaciones [iⁿmeðja'θjones/iᵐmeðja'θjones] *fpl* nähere Umgebung *f*

inmediatamente [iⁿmeðjata'mente/iᵐmeðjata'mente] *adv* ❶ (*sin demora*) sofort ❷ (*directamente*) unmittelbar

inmediatez [iⁿmeðja'teθ/iᵐmeðja'teθ] *f sin pl* Unmittelbarkeit *f*

inmediato, -a [iⁿme'ðjato, -a/iᵐme'ðjato, -a] *adj* ❶ (*sin demora*) sofortig; **de** ~ sofort ❷ (*directo*) unmittelbar ❸ (*próximo*) nächstgelegen

inmejorable [iⁿmexo'raβle/iᵐmexo'raβle] *adj* vortrefflich, hervorragend

inmemorable [iⁿmemo'raβle/iᵐmemo'raβle] *adj*, **inmemorial** [iⁿmemo'rjal/iᵐmemo'rjal] *adj* sehr weit zurückliegend; **desde tiempos** ~**es** seit Menschengedenken

inmensidad [iⁿmensi'ðaδ/iᵐmensiðaδ] *f* ❶ (*extensión*) Unermesslichkeit *f* ❷ (*cantidad*) ungeheure Menge *f*

inmenso, -a [iⁿ'menso, -a/iᵐ'menso, -a] *adj* unermesslich

inmensurable [iⁿmensu'raβle/iᵐmensu'raβle] *adj* unmessbar

inmerecido, -a [iⁿmere'θiðo, -a/iᵐmere'θiðo, -a] *adj* unverdient

inmersión [iⁿmer'sjon/iᵐmer'sjon] *f* ❶ (*su-*mersión) Eintauchen *nt* ❷ (ASTR) Immersion *f*

inmerso, -a [iⁿ'merso, -a/iᵐ'merso, -a] *adj* versunken (*en* in +*akk*)

inmigración [iⁿmiɣra'θjon/iᵐmiɣra'θjon] *f* Einwanderung *f*

inmigrante [iⁿmi'ɣrante/iᵐmi'ɣrante] *mf* Einwanderer, -in *m, f*

inmigrar [iⁿmi'ɣrar/iᵐmi'ɣrar] *vi* einwandern

inmigratorio, -a [iⁿmiɣra'torjo, -a/iᵐmiɣra'torjo, -a] *adj* Einwanderungs-

inminente [iⁿmi'nente/iᵐmi'nente] *adj* nahe bevorstehend

inmiscuir [iⁿmisku'ir/iᵐmisku'ir] *irr como huir* **I.** *vt* mischen **II.** *vr:* ~ **se** sich einmischen (*en* in +*akk*)

inmisericorde [iⁿmiseri'korðe/iᵐmiseri'korðe] *adj* unbarmherzig

inmobiliaria [iⁿmoβi'ljarja/iᵐmoβi'ljarja] *f* Immobilienfirma *f*

inmobiliario, -a [iⁿmoβi'ljarjo, -a/iᵐmoβi'ljarjo, -a] *adj* Immobilien-

inmoderado, -a [iⁿmoðe'raðo, -a/iᵐmoðer'aðo, -a] *adj* unmäßig

inmodestia [iⁿmo'ðestja/iᵐmo'ðestja] *f* Unbescheidenheit *f*

inmodesto, -a [iⁿmo'ðesto, -a/iᵐmo'ðesto, -a] *adj* unbescheiden

inmolación [iⁿmola'θjon/iᵐmola'θjon] *f* Opfer *nt*

inmolar [iⁿmo'lar/iᵐmo'lar] *vt, vr:* ~(**se**) (sich) opfern (*por* für +*akk*)

inmoral [iⁿmo'ral/iᵐmo'ral] *adj* unmoralisch; (*en cuestiones sexuales*) unsittlich

inmoralidad [iⁿmorali'ðaδ/iᵐmorali'ðaδ] *f* ❶ (*indignidad*) Unmoral *f* ❷ (*indecencia*) Unsittlichkeit *f*

inmortal [iⁿmor'tal/iᵐmor'tal] *adj* unsterblich

inmortalidad [iⁿmortali'ðaδ/iᵐmortali'ðaδ] *f* Unsterblichkeit *f*

inmortalizar [iⁿmortali'θar/iᵐmortali'θar] <z→c> *vt, vr:* ~(**se**) (sich) unsterblich machen

inmóvil [iⁿ'moβil/iᵐ'moβil] *adj* bewegungslos

inmovilidad [iⁿmoβili'ðaδ/iᵐmoβili'ðaδ] *f* Bewegungslosigkeit *f*

inmovilismo [iⁿmoβi'lismo/iᵐmoβi'lismo] *m* Fortschrittsfeindlichkeit *f*

inmovilización [iⁿmoβiliθa'θjon/iᵐmoβiliθa'θjon] *f* ❶ (*incapaz de moverse*) Bewegungsunfähigkeit *f*; (MIL) Immobilität *f* ❷ (MED) Ruhigstellung *f* ❸ (COM) (feste) Anlage *f*

inmovilizar [iⁿmoβili'θar/iᵐmoβili'θar] <z→c> **I.** *vt* ❶ (*paralizar*) lähmen; ~ **a al-**

guien jdn bewegungsunfähig machen ❷(MED) ruhig stellen ❸(COM) (fest) anlegen **II.** *vr:* ~ **se** bewegungsunfähig werden

inmueble [iⁿ'mweβle/iᵐ'mweβle] **I.** *adj* unbeweglich **II.** *m* Grundbesitz *m*

inmundicia [iⁿmuɳ'diθja/iᵐmuɳ'diθja] *f* ❶(*suciedad*) Schmutz *m* ❷(*indecencia*) Unanständigkeit *f*

inmundo, -a [iⁿ'muɳdo, -a/iᵐ'muɳdo, -a] *adj* schmutzig

inmune [iⁿ'mune/iᵐ'mune] *adj* ❶(MED) immun (*a* gegen +*akk*) ❷(*exento*) befreit (*de* von +*dat*)

inmunidad [iⁿmuni'ðaᵈ/iᵐmuni'ðaᵈ] *f* Immunität *f*

inmunización [iⁿmuniθa'θjon/iᵐmuniθa'θjon] *f* (*acción*) Immunisierung *f*; (*resultado*) Immunität *f*

inmunizar [iⁿmuni'θar/iᵐmuni'θar] <z→c> **I.** *vt* immunisieren **II.** *vr:* ~ **se** immun werden

inmunodeficiencia [iⁿmunoðefi'θjenθja/iᵐmunoðefi'θjeɳθja] *f* (MED) Immunschwäche *f*; **síndrome de** ~ **adquirida** erworbenes Immundefektsyndrom

inmunología [iⁿmunolo'xia/iᵐmunolo'xia] *f* (MED) Immunologie *f*

inmunólogo, -a [iⁿmu'noloɣo, -a/iᵐmu'noloɣo, -a] *m, f* (MED) Immunologe, -in *m, f*

inmutabilidad [iⁿmutaβili'ðaᵈ/iᵐmutaβili'ðaᵈ] *f* ❶(*inmodificable*) Unveränderlichkeit *f* ❷(*imperturbable*) Unerschütterlichkeit *f*

inmutable [iⁿmu'taβle/iᵐmu'taβle] *adj* ❶(*inmodificable*) unveränderlich ❷(*imperturbable*) unerschütterlich

inmutar [iⁿmu'tar/iᵐmu'tar] **I.** *vt* ❶(*afectar*) erschüttern ❷(*variar*) verändern **II.** *vr:* ~ **se** sich erschüttern lassen (*por* durch +*akk*); **sin** ~ **se** gelassen

innato, -a [in'nato, -a] *adj* angeboren; **tiene un talento** ~ er/sie ist ein Naturtalent

innatural [innatu'ral] *adj* unnatürlich

innavegable [innaβe'ɣaβle] *adj* ❶(*aguas*) nicht schiffbar ❷(*embarcación*) manövrierunfähig

innecesario, -a [inneθe'sarjo, -a] *adj* unnötig

innegable [inne'ɣaβle] *adj* unbestreitbar

innoble [in'noβle] *adj* gemein

innocuo, -a [in'nokwo, -a] *adj* unschädlich

innovación [innoβa'θjon] *f* Innovation *f*

innovador(a) [innoβa'ðor(a)] **I.** *adj* innovativ **II.** *m(f)* Neuerer, -in *m, f*

innovar [inno'βar] *vt* innovieren

innumerable [innume'raβle] *adj* zahllos; **un gentío** ~ unzählig viele Menschen

inobservancia [inoβser'βaɳθja] *f* Missachtung *f*

inocencia [ino'θenθja] *f* ❶(*falta de culpabilidad*) Unschuld *f* ❷(*falta de malicia*) Harmlosigkeit *f* ❸(*ingenuidad*) Naivität *f*

inocentada [inoθen'taða] *f* ❶(*tontada*) Dummheit *f* ❷(*broma*) Art Aprilscherz *am 28. Dezember;* **gastar una** ~ **a alguien** jdn in den April schicken

i Land & Leute

Eine **inocentada** ist einem Aprilscherz vergleichbar, aber man scherzt nicht im April, sondern am 28. Dezember, dem „día de los (Santos) Inocentes", und zwar zum Gedenken an die „santos inocentes", die unschuldigen Kinder, die – laut dem *Evangelio según San Mateo* – Matthäusevangelium – Herodes in Bethlehem ermorden ließ.

inocente [ino'θente] *adj* ❶(*sin culpa*) unschuldig ❷(*sin malicia*) harmlos ❸(*ingenuo*) naiv, einfältig

inocentón, -ona [inoθeɳ'ton, -ona] *adj* (*fam*) blöde

inocuidad [inokwi'ðaᵈ] *f* *sin pl* Unschädlichkeit *f*

inocular [inoku'lar] *vt* ❶(MED) inokulieren ❷(*serpientes*) einspritzen

inocuo, -a [i'nokwo, -a] *adj* unschädlich

inodoro¹ [ino'ðoro] *m* Wasserklosett *nt*

inodoro, -a² [ino'ðoro, -a] *adj* geruchlos

inofensivo, -a [inofen'siβo, -a] *adj* harmlos

inoficioso, -a [inofi'θjoso, -a] *adj* (*Am*) nutzlos

inolvidable [inolβi'ðaβle] *adj* unvergesslich

inoperante [inope'raɳte] *adj* wirkungslos

inopinado, -a [inopi'naðo, -a] *adj* unerwartet

inoportunidad [inoportuni'ðaᵈ] *f* ❶(*fuera de lugar*) Unangebrachtheit *f* ❷(*fuera de tiempo*) ungünstiger Zeitpunkt *m*

inoportuno, -a [inopor'tuno, -a] *adj* ❶(*fuera de lugar*) unangebracht ❷(*fuera de tiempo*) ungelegen

inorgánico, -a [inor'ɣaniko, -a] *adj* ❶(*no viviente*) anorganisch ❷(*no organizado*) unorganisiert

inoxidable [inoˠsi'ðaβle] *adj* rostfrei

input ['imput] *m* <inputs> (INFOR) Input *m o nt*

inquebrantable [iɳkeβraⁿ'taβle] *adj* (*decisión*) unerschütterlich; (*cosa*) unzerbrechlich

inquietante [iŋkje'taɲte] *adj* beunruhigend

inquietar [iŋkje'tar] **I.** *vt* beunruhigen **II.** *vr:* ~**se** sich beunruhigen (*con/por* wegen +*gen/dat*)

inquieto, -a [iŋ'kjeto, -a] *adj* ❶ *estar* (*intranquilo*) unruhig ❷ *ser* (*desasosegado*) ruhelos

inquietud [iŋkje'tuð] *f* ❶ (*intranquilidad*) Unruhe *f* ❷ (*desasosiego*) Ruhelosigkeit *f* ❸ (*preocupación*) Beunruhigung *f* ❹ *pl* (*anhelos*) Interessen *ntpl*

inquilino, -a [iŋki'lino, -a] *m, f* Mieter(in) *m(f)*

inquina [in'kina] *f* Abneigung *f*

inquirir [iŋki'rir] *irr como* adquirir *vt* untersuchen

inquisición [iŋkisi'θjon] *f* Untersuchung *f*

Inquisición [iŋkisi'θjon] *f* Inquisition *f*

inquisidor[1] [iŋkisi'ðor] *m* Inquisitor *m*

inquisidor(a)[2] [iŋkisi'ðor(a)] *adj* neugierig

inquisitivo, -a [iŋkisi'tiβo, -a] *adj* neugierig

inri ['inrri] *m* (*rótulo en la cruz*) I.N.R.I.; **para más** ~ (*fig*) um das Maß voll zu machen

insaciable [insa'θjaβle] *adj* unersättlich; (*sed*) unstillbar

insalubre [insa'luβre] *adj* gesundheitsschädlich

insalubridad [insaluβri'ðað] *f* Gesundheitsschädlichkeit *f*

insalvable [insal'βaβle] *adj* nicht zu retten; (*obstáculo*) unüberwindbar

insanable [insa'naβle] *adj* unheilbar

insano, -a [in'sano, -a] *adj* ❶ (*insalubre*) ungesund ❷ (*loco*) wahnsinnig

insatisfacción [insatisfak'θjon] *f sin pl* Unzufriedenheit *f*

insatisfactorio, -a [insatisfak'torjo, -a] *adj* unbefriedigend

insatisfecho, -a [insatis'fetʃo, -a] *adj* unzufrieden

inscribir [inˢkri'βir] *irr como* escribir **I.** *vt* ❶ (*registrar*) anmelden (*en* für +*akk*) ❷ (*grabar*) einmeißeln (*en* in +*akk*) ❸ (*alistar*) eintragen (*en* in +*akk*) ❹ (MAT) einbeschreiben **II.** *vr:* ~**se** ❶ (*registrarse*) sich anmelden (*en* für +*akk*) ❷ (*alistarse*) sich eintragen (*en* in +*akk*); (*en la universidad*) sich einschreiben (*en* an +*dat*)

inscripción [inˢkri'θjon] *f* ❶ (*registro*) Anmeldung *f* ❷ (*alistamiento*) Eintragung *f*; (*en la universidad*) Einschreibung *f* (*en* an +*dat*) ❸ (*escrito grabado*) Inschrift *f*

inscrito, -a [inˢ'krito, -a] *pp de* **inscribir**

insecticida [insekti'θiða] *m* Insektizid *nt*

insecto [in'sekto] *m* Insekt *nt*

inseguridad [inseɣuri'ðað] *f* Unsicherheit *f*

inseguro, -a [inse'ɣuro, -a] *adj* unsicher

inseminación [insemina'θjon] *f* Befruchtung *f*; (*de un animal*) Besamung *f*

inseminar [insemi'nar] *vt* befruchten; (*animal*) besamen

insensatez [insensa'teθ] *f* ❶ (*falta de sensatez*) Unvernunft *f* ❷ (*disparate*) Unsinn *m*

insensato, -a [insen'sato, -a] *adj* unvernünftig

insensibilidad [insensiβili'ðað] *f* ❶ (*física o afectiva*) Gefühllosigkeit *f* (*a* gegenüber +*dat*) ❷ (*resistencia*) Unempfindlichkeit *f* (*a* gegen +*akk*)

insensibilizar [insensiβili'θar] <z→c> **I.** *vt* unempfindlich machen; (MED) betäuben **II.** *vr:* ~**se** ❶ (*resistir*) unempfindlich werden (*hacia* gegen +*akk*) ❷ (*no sentir*) gefühllos werden

insensible [insen'siβle] *adj* ❶ (*física o afectivamente*) gefühllos (*a* gegenüber +*dat*) ❷ (*resistente*) unempfindlich (*a* gegen +*akk*) ❸ (*imperceptible*) unmerklich

inseparable [insepa'raβle] *adj* ❶ (*que no se puede separar*) untrennbar ❷ (*referente a amigos*) unzertrennlich

inserción [inser'θjon] *f* ❶ (*inclusión*) Einfügen *nt;* ~ **social** soziale Eingliederung ❷ (MED) Ansatz *m*

insertar [inser'tar] **I.** *vt* ❶ (*llave*) hineinstecken; (*disquete*) einlegen; (*moneda*) einwerfen ❷ (*texto*) einfügen (*en* in +*akk*) ❸ (*anuncio*) aufgeben **II.** *vr:* ~**se** ❶ (*músculo*) ansetzen ❷ (*tumor*) (hin)einwachsen (*en* in +*akk*)

inservible [inser'βiβle] *adj* unbrauchbar

insidia [in'siðja] *f* ❶ (*asechanzas*) Intrigen *fpl* ❷ (*engaño*) Hinterlistigkeit *f* ❸ (*trampa*) Falle *f*

insidioso, -a [insi'ðjoso, -a] **I.** *adj* ❶ (*intrigante*) intrigant ❷ (*capcioso*) hinterlistig, hinterhältig ❸ (*enfermedad*) heimtückisch **II.** *m, f* Intrigant(in) *m(f)*

insigne [in'siɣne] *adj* ❶ (*personaje público*) prominent; (*científico*) erlaucht *geh* ❷ (*tontería*) sehr groß

insignia [in'siɣnja] *f* ❶ (*de asociación*) Abzeichen *nt;* (*honorífica*) Ehrenzeichen *nt;* (*militar*) Insigne *nt* ❷ (*bandera*) Flagge *f*

insignificancia [insiɣnifi'kaɲθja] *f* ❶ (*pequeñez*) Kleinigkeit *f* ❷ (*no significancia*) Bedeutungslosigkeit *f* ❸ (*no importancia*) Unwichtigkeit *f*

insignificante [insiɣnifi'kaɲte] *adj* ❶ (*pequeño*) gering(fügig) ❷ (*no significante*) unbedeutend ❸ (*no importante*) unwichtig

insinceridad [insiŋθeri'ðaᵈ] *f* Aufrichtigkeit *f*

insincero, -a [insiŋ'θero, -a] *adj* ❶ (*no sincero*) unaufrichtig ❷ (*falso*) falsch

insinuación [insinwa'θjon] *f* ❶ (*alusión*) Andeutung *f* (*a* über +*akk*) ❷ (*engatusamiento*) Einschmeichelung *f*

insinuante [insinu'aṇte] *adj* ❶ (*palabras*) einschmeichelnd ❷ (*comportamiento*) schmeichlerisch ❸ (*seductor*) verführerisch

insinuar [insinu'ar] <*1. pres:* insinúo> I. *vt* ❶ (*dar a entender*) andeuten; **¿qué estás insinuando?** worauf willst du hinaus? ❷ (*hacer creer*): **¿quién te ha insinuado tal tontería?** wer hat dir so einen Unsinn eingeredet? II. *vr:* ~**se** ❶ (*engatusar*) sich einschmeicheln (*a* bei +*dat*) ❷ (*fam: amorosamente*) sich ranmachen (*a* an +*akk*) ❸ (*cosa*) sich andeuten, sich abzeichnen

insipidez [insipi'ðeθ] *f* ❶ (*de comida*) Fadheit *f* ❷ (*de persona: aburrida*) Langweiligkeit *f*; (*sin espíritu*) Geistlosigkeit *f*

insípido, -a [in'sipiðo, -a] *adj* ❶ (*comida*) fade ❷ (*persona: aburrida*) langweilig; (*sin espíritu*) geistlos

insistencia [insis'teṇθja] *f* ❶ (*perseverancia*) Hartnäckigkeit *f* ❷ (*énfasis*) Nachdruck *m;* **pedir algo con** ~ nachdrücklich um etw bitten ❸ (*exigencia*) Drängen *nt*

insistente [insis'teṇte] *adj* ❶ (*perseverante*) hartnäckig; (*machacón*) aufdringlich ❷ (*con énfasis*) nachdrücklich

insistir [insis'tir] *vi* ❶ (*perseverar*) bestehen (*en* auf +*dat*) ❷ (*exigir*) dringen (*en* auf +*akk*) ❸ (*recalcar*) betonen (*en* +*akk*)

in situ [in 'situ] *adv* vor Ort

insobornable [insoβor'naβle] *adj* unbestechlich

insociable [inso'θjaβle] *adj,* **insocial** [inso'θjal] *adj* ungesellig

insolación [insola'θjon] *f* ❶ (METEO) Sonneneinstrahlung *f* ❷ (MED) Sonnenstich *m*

insolencia [inso'leṇθja] *f* ❶ (*impertinencia*) Frechheit *f* ❷ (*arrogancia*) Arroganz *f*

insolentarse [insoleṇ'tarse] *vr* frech werden (*con* gegenüber +*dat*)

insolente [inso'leṇte] *adj* ❶ (*impertinente*) frech ❷ (*arrogante*) arrogant

insolidario, -a [insoli'ðarjo, -a] *adj* unsolidarisch

insólito, -a [in'solito, -a] *adj* ❶ (*inhabitual*) ungewöhnlich ❷ (*extraordinario*) außergewöhnlich

insolubilizar [insoluβili'θar] <z→c> *vt* (QUÍM) unlöslich machen

insoluble [inso'luβle] *adj* ❶ (*no soluble*) unlöslich ❷ (*insolucionable*) unlösbar

insolvencia [insol'βeṇθja] *f* Zahlungsunfähigkeit *f;* (ECON) Insolvenz *f*

insolvente [insol'βeṇte] I. *adj* zahlungsunfähig; (ECON) insolvent II. *mf* Zahlungsunfähige(r) *mf*

insomne [in'somne] *adj* schlaflos

insomnio [in'somnjo] *m* Schlaflosigkeit *f*

insondable [inson'daβle] *adj* unergründlich

insonorización [insonoriθa'θjon] *f* Schallisolation *f*

insonorizado, -a [insonori'θaðo, -a] *adj* schalldicht

insonorizar [insonori'θar] <z→c> *vt* schalldicht machen

insoportable [insopor'taβle] *adj* unerträglich

insoslayable [insosla'ɟaβle] *adj* unvermeidbar

insospechable [insospe'tʃaβle] *adj* (*imprevisible*) unvorhersehbar; (*sorprendente*) überraschend

insospechado, -a [insospe'tʃaðo, -a] *adj* (*no esperado*) unerwartet; (*no sospechado*) unvermutet

insostenible [insoste'niβle] *adj* unhaltbar

inspección [iⁿspeɣ'θjon] *f* ❶ (*reconocimiento*) Inspektion *f;* ~ **de Trabajo** Gewerbeaufsicht *f* ❷ (*de equipaje*) Kontrolle *f* ❸ (*de trabajo*) Aufsicht *f* ❹ (*de una máquina*) Inspizierung *f* ❺ (TÉC) (Über)prüfung *f;* I~ **Técnica de Vehículos** TÜV *m*

inspeccionar [iⁿspeɣθjo'nar] *vt* ❶ (*reconocer*) inspizieren ❷ (*equipaje*) kontrollieren ❸ (*trabajo*) beaufsichtigen ❹ (TÉC) (über)prüfen

inspector(a) [iⁿspek'tor(a)] *m(f)* ❶ (*controlador*) Inspektor(in) *m(f)* ❷ (ENS) Schulrat, -rätin *m, f*

inspiración [iⁿspira'θjon] *f* ❶ (*de aire*) Einatmung *f* ❷ (*artística*) Eingebung *f,* Inspiration *f*

inspirador(a) [iⁿspira'ðor(a)] *adj* ❶ (*de aire*) inspiratorisch; **músculo** ~ Atemmuskel *m* ❷ (*artístico*) inspirierend

inspirar [iⁿspi'rar] I. *vt* ❶ (*aire*) einatmen ❷ (*ideas*) inspirieren ❸ (*confianza*) einflößen II. *vr:* ~**se** sich inspirieren lassen (*en* von +*dat*)

instalación [iⁿstala'θjon] *f* ❶ (*acción*) Installation *f;* (*de baño*) Einbau *m* ❷ (*lo instalado, t.* TÉC) Anlage *f;* (*de teléfono*) Anschluss *m* ❸ *pl* (*edificio*) Einrichtungen *fpl;* **instalaciones deportivas** Sportanlagen *fpl*

instalador(a) [iⁿstala'ðor(a)] *m(f)* Installateur(in) *m(f)*

instalar [iⁿsta'lar] **I.** *vt* ❶ (*calefacción*) installieren; (*teléfono*) anschließen; (*baño*) einbauen ❷ (*alojar*) unterbringen ❸ (*en un cargo*) einsetzen (*en* in +*akk*) **II.** *vr:* ~**se** ❶ (*en una ciudad*) sich niederlassen; ~**se en un sillón** es sich *dat* in einem Sessel bequem machen ❷ (*negocio*) sich selb(st)ständig machen

instancia [iⁿs'tanǂeja] *f* ❶ (*acción de instar*) inständige Bitte *f* ❷ (*solicitud*) Gesuch *nt;* (*petición formal*) Ersuchen *nt* ❸ (JUR) Instanz *f;* **en última** ~ (*fig*) wenn keine andere Wahl bleibt

instantánea [iⁿstan'tanea] *f* (FOTO) Momentaufnahme *f*

instantáneo, -a [iⁿstan'taneo, -a] *adj* augenblicklich; (*efecto*) sofortig; (*café*) Instant-; (*interruptor*) Moment-; **la muerte fue instantánea** der Tod trat unmittelbar ein

instante [iⁿs'tante] *m* Augenblick *m;* **¡un** ~**!** Moment mal!; **al cabo de un** ~ kurz danach; **en un** ~ sehr schnell; **pienso en ti a cada** ~ ich denke ständig an dich

instar [iⁿs'tar] *vi, vt* (*pedir*) eindringlich bitten (um +*akk*); (*solución*) drängen (auf +*akk*)

instauración [iⁿstauɾa'ǂjon] *f* ❶ (*de imperio*) Errichtung *f* ❷ (*de democracia*) Einführung *f* ❸ (*de plan*) Aufstellung *f*

instaurar [iⁿstau'rar] *vt* ❶ (*imperio*) errichten ❷ (*democracia*) einführen ❸ (*plan*) aufstellen

instigación [iⁿstiɣa'ǂjon] *f* ❶ (*a algo malo*) Anstiftung *f* ❷ (*a rebelión*) Anzettelung *f;* (*de las masas*) Aufhetzung *f*

instigador(a) [iⁿstiɣa'ðor(a)] **I.** *adj* ❶ (*a algo malo*) anstiftend ❷ (*a rebelión*) anzettelnd; (*de las masas*) aufhetzend **II.** *m(f)* ❶ (*a algo malo*) Anstifter(in) *m(f)* ❷ (*a rebelión*) Anzett(e)ler(in) *m(f)*

instigar [iⁿsti'ɣar] <g→gu> *vt* ❶ (*a algo malo*) anstiften ❷ (*rebelión*) anzetteln; (*a las masas*) aufhetzen

instintivo, -a [iⁿstin'tiβo, -a] *adj* instinktiv

instinto [iⁿs'tinto] *m* Instinkt *m;* ~ **de supervivencia** Überlebenstrieb *m*

institución [iⁿstitu'ǂjon] *f* ❶ (*social*) Institution *f;* ~ **penitenciaria** Strafanstalt *f* ❷ (*fundación*) Gründung *f* ❸ (*establecimiento: de comité*) Einrichtung *f;* (*de derecho*) Einführung *f;* (*de beca*) Stiftung *f;* (*de norma, de horario*) Aufstellung *f*

institucional [iⁿstituǂjo'nal] *adj* institutionell

institucionalización [iⁿstituǂjonaliǂa-

'ǂjon] *f* Institutionalisierung *f*

institucionalizar [iⁿstituǂjonali'ǂar] <z→c> *vt* institutionalisieren

instituir [iⁿstitu'ir] *irr como huir vt* ❶ (*fundar*) gründen ❷ (*establecer: comisión*) einrichten; (*derecho*) einführen; (*beca*) stiften; (*norma*) aufstellen; (*sistema*) festlegen

instituto [iⁿsti'tuto] *m* ❶ (ENS: *de bachillerato*) Gymnasium *nt* ❷ (*científico*) Institut *nt;* **I~ Monetario Europeo** Europäisches Währungsinstitut; **I~ Nacional de Empleo** Bundesanstalt für Arbeit ❸ (REL) (Ordens)regel *f* ❹ (*loc*): ~ **de belleza** Schönheitssalon *m*

institutriz [iⁿstitu'triǂ] *f* Hauslehrerin *f*

instrucción [iⁿstruⱽ'ǂjon] *f* ❶ (*enseñanza*) Unterricht *m;* (*en una máquina*) Schulung *f* ❷ (*conocimientos*) Bildung *f;* (*formación*) Ausbildung *f* ❸ *pl* (*órdenes*) Anweisungen *fpl;* (*directrices*) Richtlinien *fpl* ❹ (JUR: *proceso*) Einleitung *f*

instructivo, -a [iⁿstruk'tiβo, -a] *adj* lehrreich

instructor(a) [iⁿstruk'tor(a)] **I.** *adj:* **juez** ~ (JUR) Untersuchungsrichter *m* **II.** *m(f)* (*en escuela*) Lehrer(in) *m(f);* (*en empresa, t.* MIL) Ausbilder(in) *m(f)*

instruido, -a [iⁿstru'iðo, -a] *adj* gebildet

instruir [iⁿstru'ir] *irr como huir vt* ❶ (*enseñar*) unterrichten (*en* in +*dat*); (*en una máquina*) ausbilden (*en* an +*dat*); (*en tarea específica*) schulen ❷ (*informar*) unterrichten (*de/sobre* über +*akk*) ❸ (JUR: *proceso*) einleiten

instrumentación [iⁿstrumenta'ǂjon] *f* ❶ (*acción*) Instrumentierung *f* ❷ (*resultado*) Instrumentation *f*

instrumental [iⁿstrumeⁿ'tal] **I.** *adj* instrumental; (*música*) Instrumental- **II.** *m* ❶ (LING) Instrumental *m* ❷ (*de médico, t.* MÚS) Instrumentarium *nt*

instrumentalizar [iⁿstrumentali'ǂar] <z→c> *vt* instrumentalisieren

instrumentar [iⁿstrumeⁿ'tar] *vt* (*t.* MÚS) instrumentieren

instrumentista [iⁿstrumeⁿ'tista] *mf*

① (*músico*) Instrumentalist(in) *m(f)* ② (*fabricante*) Instrumentenmacher(in) *m(f)* ③ (*de quirófano*) Operationsassistent(in) *m(f)*

instrumento [inˢtru'meṇto] *m* ① (*utensilio*) Werkzeug *nt* ② (MÚS) (Musik)instrument *nt* ③ (*medio*) Mittel *nt* ④ (JUR) Instrument *nt*

insubordinación [insuβorðina'θjon] *f* (*rebeldía*) Aufsässigkeit *f*

insubordinado, -a [insuβorði'naðo, -a] **I.** *adj* ① (*rebelde*) aufsässig ② (MIL) ungehorsam **II.** *m, f* Aufsässige(r) *mf*

insubordinar [insuβorði'nar] **I.** *vt* aufhetzen **II.** *vr:* ~ **se** den Gehorsam verweigern

insubsanable [insuβsa'naβle] *adj* ① (*daño*) irreparabel *geh;* (JUR) unheilbar ② (*deficiencia*) nicht behebbar ③ (*dificultad*) unüberwindbar

insuficiencia [insufi'θjeṇθja] *f* ① (*cualidad*) unzureichende Beschaffenheit *f;* (*de conocimientos*) Unzulänglichkeit *f* ② (*escasez*) Knappheit *f;* (*falta*) Mangel *m* ③ (MED) Insuffizienz *f*

insuficiente [insufi'θjeṇte] **I.** *adj* ungenügend; (*conocimientos*) unzureichend **II.** *m* (ENS) ≈mangelhaft; **he sacado un ~ en inglés** ich bin in Englisch durchgefallen

insuflar [insu'flar] *vt* ① (MED) einblasen ② (*ánimo*) einflößen

insufrible [insu'friβle] *adj* unerträglich

insular [insu'lar] *adj* Insel-

insularidad [insulari'ðaðˠ] *f* Insellage *f*

insulina [insu'lina] *f* (MED) Insulin *nt*

insulso, -a [in'sulso, -a] *adj* ① (*comida*) fade ② (*persona, película*) langweilig

insultante [insul'taṇte] *adj* beleidigend; (*de modo grosero*) ausfallend

insultar [insul'tar] *vt* ① (*con insultos*) beschimpfen ② (*con injurias*) beleidigen

insulto [in'sulto] *m* ① (*palabra gruesa*) Beschimpfung *f* ② (*injuria*) Beleidigung *f*

insumergible [insumer'xiβle] *adj* unsinkbar

insumisión [insumi'sjon] *f* ① (*de un pueblo*) Rebellion *f* ② (MIL) Wehr- und Zivildienstverweigerung *f* ③ (*intransigencia*) Unbeugsamkeit *f*

insumiso [insu'miso] *m* (*objetor de conciencia*) Wehrdienstverweigerer *m;* (*en Alemania*) Wehr- und Zivildienstverweigerer *m*

insuperable [insupe'raβle] *adj* ① (*dificultad*) unüberwindbar ② (*resultado*) unübertrefflich

insurgente [insur'xeṇte] **I.** *adj* aufständisch **II.** *mf* Aufständische(r) *mf*

Insurrección [insurreˠ'θjon] *f* Aufstand *m;*

~ **militar** Militärputsch *m*

insurrecto, -a [insu'rrekto, -a] **I.** *adj* aufständisch **II.** *m, f* Aufständische(r) *mf*

insustancial [insustan'θjal] *adj* ① (*sin sustancia*) gehaltlos ② (*sin interés*) uninteressant ③ (*no importante*) bedeutungslos ④ (*superficial*) oberflächlich

insustituible [insustitu'iβle] *adj* unersetzlich

intachable [inta'ʧaβle] *adj* makellos; (*comportamiento*) einwandfrei

intacto, -a [in'takto, -a] *adj* ① (*no tocado*) unberührt ② (*no dañado*) intakt ③ (*puro*) rein ④ (*no tratado*) unbehandelt

intangible [iṇtaŋ'xiβle] *adj* ① (*inviolable*) unantastbar ② (*intocable*) unberührbar ③ (*inmaterial*) immateriell

integración [iṇteɣra'θjon] *f* Integration *f* (*en* in +*akk*)

integrador [iṇteɣra'ðor] *m* Integrator *m*

integral [iṇte'ɣral] **I.** *adj* ① (*completo*) vollständig; (*plan*) einheitlich ② (*pan*) Vollkorn- ③ (*elemento*) integral ④ (MAT): **cálculo** ~ Integralrechnung *f* **II.** *f* (MAT) Integral *nt*

integrante [iṇte'ɣraṇte] **I.** *adj* ① (*que integra*) integrativ ② (*elemento*) integrierend **II.** *m* Mitglied *nt*

integrar [iṇte'ɣrar] **I.** *vt* ① (*constituir*) bilden ② (*en conjunto, t.* MAT) integrieren **II.** *vr:* ~ **se** sich integrieren

integridad [iṇteɣri'ðaðˠ] *f* ① (*de territorio*) Vollständigkeit *f* ② (*de un territorio*) Unverletzlichkeit *f* ③ (*honradez*) Integrität *f* ④ (*física*) Unversehrtheit *f*

integrismo [iṇte'ɣrismo] *m* ① (*ideológico*) Fundamentalismus *m* ② (*católico*) Integralismus *m*

integrista [iṇte'ɣrista] *mf* ① (*ideológico*) Fundamentalist(in) *m(f)* ② (*católico*) Integralist(in) *m(f)*

íntegro, -a ['iṇteɣro, -a] *adj* ① (*completo*) vollständig ② (*persona*) integer, unbestechlich

intelecto [iṇte'lekto] *m* Intellekt *m*

intelectual [iṇtelektu'al] **I.** *adj* intellektuell; (*interés*) geistig; (*facultad*) geistig, intellektuell **II.** *mf* Intellektuelle(r) *mf*

intelectualidad [iṇtelektwali'ðaðˠ] *f* ① (*facultad*) Intellektualität *f* ② (*personas*) Intelligenz *f*

inteligencia [iṇteli'xeṇθja] *f* ① (*capacidad*) Intelligenz *f* ② (*comprensión*) Verständnis *nt* ③ (*acuerdo*) Verständigung *f* ④ (POL): **servicio de** ~ Geheimdienst *m;* (*en Alemania*) Bundesnachrichtendienst *m*

inteligente [iṇteli'xeṇte] *adj* intelligent

inteligibilidad [iṇtelixiβili'ðaðˠ] *f sin pl* Verständlichkeit *f*

inteligible [inteli'xiβle] *adj* ❶ (*comprensible*) verständlich ❷ (FILOS) intelligibel ❸ (*sonido*) deutlich hörbar

intemperancia [intempe'ranθja] *f* ❶ (*intolerancia*) Intoleranz *f* ❷ (*intransigencia*) Unnachgiebigkeit *f* ❸ (*falta de moderación*) Maßlosigkeit *f*

intemperante [intempe'rante] *adj* ❶ (*intolerante*) intolerant ❷ (*intransigente*) unnachgiebig ❸ (*no moderado*) maßlos

intemperie [intem'perje] *f* ❶ (*el aire libre*): **a la** ~ im Freien; **dormir a la** ~ unter freiem Himmel schlafen ❷ (*del clima*) Rauheit *f*; (*mal tiempo*) schlechtes Wetter *nt*

intempestivo, **-a** [intempes'tiβo, -a] *adj* ❶ (*observación*) unangebracht ❷ (*visita*) unpassend

intemporalidad [intemporali'ðað] *f sin pl* Zeitlosigkeit *f*

intención [inten'θjon] *f* ❶ (*propósito*) Absicht *f*; (*propósito firme*) Vorsatz *m*; **sin** ~ unabsichtlich; **tener segundas intenciones** Hintergedanken haben ❷ (*idea*) Plan *m* ❸ (*objetivo*) Zweck *m*

intencionado, **-a** [intenθjo'naðo, -a] *adj* absichtlich; (JUR) vorsätzlich; **bien** ~ wohlwollend; **mal** ~ übel gesinnt

intencional [intenθjo'nal] *adj* ❶ (*relativo a la intención*) zielgerichtet ❷ (*con intención*) absichtlich

intencionalidad [intenθjonali'ðað] *f* Absichtlichkeit *f*; (JUR) Vorbedacht *m*

intendencia [inten'denθja] *f* ❶ (MIL) Intendantur *f* ❷ (*dirección*) Betriebsleitung *f* ❸ (*CSur: distrito*) Verwaltungsbezirk *m*

intendente [inten'dente] *m* ❶ (MIL) Verwaltungsoffizier *m* ❷ (*de empresa*) Betriebsleiter *m* ❸ (*CSur: de un distrito*) Vorsteher *m* eines Verwaltungsbezirks

intensidad [intensi'ðað] *f* ❶ (*fuerza, t.* FÍS) Intensität *f*; (*de tormenta*) Heftigkeit *f* ❷ (*de palabras*) Eindringlichkeit *f*

intensificación [intensifika'θjon] *f sin pl* Verstärkung *f*, Intensivierung *f*

intensificar [intensifi'kar] <c→qu> **I.** *vt* verstärken, intensivieren **II.** *vr*: ~ **se** sich verstärken; (*calor*) stärker werden; (*tráfico, tensión*) zunehmen; (*conflicto*) sich verschärfen

intensivo, **-a** [inten'siβo, -a] *adj* intensiv; (*curso*) Intensiv-

intenso, **-a** [in'tenso, -a] *adj* ❶ (*fuerza, olor*) intensiv ❷ (*palabras*) eindringlich ❸ (*tormenta*) heftig ❹ (*frío*) durchdringend ❺ (*color*) grell

intentar [inten'tar] *vt* ❶ (*probar*) versu-

chen ❷ (*proponerse*) vorhaben

intento [in'tento] *m* ❶ (*lo intentado*) Versuch *m* ❷ (*propósito*) Absicht *f*

intentona [inten'tona] *f* (*fam*) tollkühner Versuch *m*

interacción [intera^r'θjon] *f* ❶ (*influencia*) Wechselwirkung *f* ❷ (PSICO) Interaktion *f*

interactivo, **-a** [interak'tiβo, -a] *adj* interaktiv

interanual [interanu'al] *adj* jährlich

intercalación [interkala'θjon] *f* Einfügung *f*; ~ **de líneas** Zeilenschaltung *f*

intercalar [interaka'lar] **I.** *adj* eingeschaltet; (*año*) interkalar **II.** *vt* einfügen; (*en un periódico*) einlegen

intercambiable [interkam'bjaβle] *adj* austauschbar

intercambiar [interkam'bjar] **I.** *vt* austauschen; ~ **correspondencia con alguien** mit jdm in Briefwechsel stehen **II.** *vr*: ~ **se** (*lugares*) (miteinander) wechseln

intercambio [inter'kambjo] *m* ❶ (*de estudiantes*) Austausch *m* ❷ (*de lugares*) Tausch *m*

interceder [interθe'ðer] *vi* sich einsetzen (*por/en favor de* für + *akk*)

interceptar [interθep'tar] *vt* ❶ (*comunicaciones*) unterbrechen; (*el paso de algo*) hemmen; (*pelota*) auffangen; (*tráfico*) aufhalten, ins Stocken bringen ❷ (*mensaje*) abfangen; (*conversación telefónica*) abhören ❸ (*calle*) (ab)sperren

interceptor [interθep'tor] *m* (MIL) Abfangjäger *m*

intercesión [interθe'sjon] *f* ❶ (*en favor de alguien*) Fürsprache *f* ❷ (*en secuestro*) Vermittlung *f*

intercesor(a) [interθe'sor(a)] **I.** *adj* (*en favor de alguien*) fürsprechend; (*entre contendientes*) vermittelnd **II.** *m(f)* (*en favor de alguien*) Fürsprecher(in) *m(f)*; (*entre contendientes*) Vermittler(in) *m(f)*

intercomunicación [interkomunika'θjon] *f* Kommunikation *f*

intercomunicador [interkomunika'ðor] *m* (Gegen)sprechanlage *f*

intercomunicar [interkomuni'kar] <c→qu> *vt* (miteinander) verbinden

interconectar [interkonek'tar] *vt* (ELEC) zusammenschalten

intercontinental [interkontinen'tal] *adj* interkontinental

intercultural [interkultu'ral] *adj* interkulturell

interdependencia [interðepen'denθja] *f* gegenseitige Abhängigkeit *f*

interdisciplinar [interðisθipli'nar] *adj*,

interdisciplinario, **-a** [interðisθipli'narjo,

-a] *adj* interdisziplinär

interés [iṇte'res] *m* ❶ (*importancia*) Bedeutung *f* ❷ (*deseo*) Interesse *nt;* **tengo mucho ~ en que...** es liegt mir viel daran, dass ...; **tengo ~ por saber...** ich bin gespannt darauf zu erfahren, ... ❸ (*atención*) Interesse *nt;* **no poner ~ en algo** etw *dat* keine Aufmerksamkeit schenken ❹ (*provecho*) Interesse *nt;* **el ~ público** das öffentliche Wohl; **esto redunda en ~ tuyo** das kommt dir zugute ❺ (FIN) Zinssatz *m;* (*rendimiento*) Zinsen *mpl;* **un 10% de ~** 10 % Zinsen; **dar mucho ~** viel Zinsen abwerfen ❻ *pl* (*preferencias*) Interessen *ntpl*

interesadamente [iṇteresaða'meṇte] *adv* interessiert; **actuar ~** (*por propio interés*) aus eigenem Interesse handeln; (*por interés material*) materialistisch handeln

interesado, -a [iṇtere'saðo, -a] I. *adj* interessiert; **estar ~ en algo** an etw *dat* interessiert sein II. *m, f* Interessent(in) *m(f)*

interesante [iṇtere'saṇte] *adj* interessant; **hacerse el ~** sich aufspielen

interesar [iṇtere'sar] I. *vi* interessieren; **este tema no me interesa** dieses Thema interessiert mich nicht II. *vt* ❶ (*inspirar interés*) interessieren; (*libro*) begeistern ❷ (*en un negocio*) interessieren (*para* für +*akk*) ❸ (*atraer*) reizen, anziehen III. *vr:* **~se** ❶ (*por algo*) sich interessieren (*por* für +*akk*) ❷ (*preguntar por*) fragen (*por* nach +*dat*); **~se por la salud de alguien** sich nach jds Befinden erkundigen

interface [iṇter'fei̯s] *m,* **interfase** [iṇter'fase] *m,* **interfaz** [iṇter'faθ] *f* (INFOR) Schnittstelle *f;* **~ de usuario** Benutzerschnittstelle *f*

interfecto, -a [iṇter'fekto, -a] I. *adj* ermordet II. *m, f* ❶ (JUR) Ermordete(r) *mf* ❷ (*fam: susodicho*) besagte Person *f*

interferencia [iṇterfe'reṇθja] *f* ❶ (FÍS) Störung *f* ❷ (LING) Interferenz *f* ❸ (*en asunto*) Einmischung *f*

interferir [iṇterfe'rir] *irr como sentir vi* ❶ (FÍS) interferieren ❷ (*en asunto*) sich einmischen (*en* in +*akk*); **eso no interfiere en absoluto** das stört überhaupt nicht

interfono [iṇter'fono] *m* (Gegen)sprechanlage *f*

intergubernamental [iṇterɣuβerna-meṇ'tal] *adj* zwischenstaatlich; (*acuerdo*) Regierungs-

interinidad [iṇterini'ðað] *f* ❶ (*cualidad*) Vorläufigkeit *f;* **estar en situación de ~** eine befristete Stelle haben ❷ (*de un cargo*) Vertretungsdauer *f*

interino, -a [iṇte'rino, -a] I. *adj* ❶ (*funcionario*) stellvertretend ❷ (*plaza*) befristet ❸ (POL) Interims- II. *m, f* (*suplente*) (Stell)vertreter(in) *m(f)* ❷ (*funcionario*) Referendar(in) *m(f);* (*maestro*) Studienreferendar(in) *m(f)*

interior [iṇte'rjor] I. *adj* innere(r, s); **decoración ~** Innenausstattung *f;* **mercado ~** (COM: *de la UE*) Binnenmarkt *m;* (*de Alemania*) Inlandsmarkt *m;* **ropa ~** Unterwäsche *f;* **la vida ~ de una persona** das Innenleben eines Menschen II. *m* ❶ (*lo de dentro*) Innere(s) *nt;* (*la parte*) Innenseite *f;* **el ~ de un país** das Landesinnere; **Ministerio del I~** (POL) Innenministerium *nt* ❷ (*de alguien*) Innere(s) *nt* ❸ (DEP) Innenstürmer(in) *m(f)*

interiores [iṇte'rjores] *mpl* ❶ (*entrañas*) Innereien *fpl* ❷ (*fam: de una cosa*) Innenleben *nt* ❸ (ARQUIT) Innenraum *m* ❹ (CINE: *secuencias*) Innenaufnahmen *fpl;* (*decorados*) Kulissen *fpl*

interioridad [iṇterjori'ðað] *f* ❶ (*cualidad*) Innerlichkeit *f* ❷ *pl* (*de alguien*) Privatleben *nt;* (*de una familia*) Familiengeheimnisse *ntpl*

interiorismo [iṇterjo'rismo] *m sin pl* (ARTE: *decoración*) Innendekoration *f;* (*arquitectura*) Innenarchitektur *f*

interiorista [iṇterjo'rista] *mf* ❶ (*arquitecto*) Innenarchitekt(in) *m(f)* ❷ (*diseñador*) Raumgestalter(in) *m(f)*

interiorizar [iṇterjori'θar] <z→c> *vt* verinnerlichen

interiormente [iṇterjor'meṇte] *adv* ❶ (*en su interior*) innerlich ❷ (*internamente*) intern

interjección [iṇterxeɣ'θjon] *f* (LING) Ausrufewort *nt,* Interjektion *f*

interlocutor(a) [iṇterloku'tor(a)] *m(f)* Gesprächspartner(in) *m(f);* **~es sociales** (ECON) Tarifpartner *mpl*

intermediario, -a [iṇterme'ðjarjo, -a] I. *adj* vermittelnd II. *m, f* ❶ (*mediador*) Vermittler(in) *m(f)* ❷ (*comerciante*) Zwischenhändler(in) *m(f)*

intermedio¹ [iṇter'meðjo] *m* Pause *f*

intermedio, -a² [iṇter'meðjo, -a] *adj* ❶ (*capa*) Zwischen- ❷ (*período de tiempo*) dazwischenliegend ❸ (*calidad*) mittlere(r, s); **mandos ~s** mittlere Führungsebene

interminable [iṇtermi'naβle] *adj* unendlich

intermitencia [iṇtermi'teṇθja] *f* ❶ (*calidad*) kurze Unterbrechung *f* ❷ (MED) Intermission *f*

intermitente [iṇtermi'teṇte] *m* Blinklicht

nt; (AUTO) Blinker *m*

internación [iṇterna'θjon] *f v.* **internamiento**

internacional [iṇternaθjo'nal] *adj* international; **derecho** ~ (JUR) Völkerrecht *nt;* **partido** ~ (DEP) Länderspiel *nt*

internacionalidad [iṇternaθjonali'ðaᵈ] *f* Internationalität *f*

internacionalismo [iṇternaθjona'lismo] *m* Internationalismus *m*

internacionalización [iṇternaθjonaliθa'θjon] *f* Internationalisierung *f*

internacionalizar [iṇternaθjonali'θar] <z→c> *vt* internationalisieren

internado¹ [iṇter'naðo] *m* Internat *nt*

internado, -a² [iṇter'naðo, -a] **I.** *adj* interniert **II.** *m, f* ❶ (*alumno*) Internatsschüler(in) *m(f)* ❷ (*demente*) Internierte(r) *mf*

internamiento [iṇterna'mjeṇto] *m* ❶ (*en hospital*) Einweisung *f* (*en* in +*akk*) ❷ (MIL) Internierung *f* (*en* in +*dat*)

internar [iṇter'nar] **I.** *vt* ❶ (*penetrar*) hineinbringen (*en* in +*akk*) ❷ (*en hospital*) einweisen (*en* in +*akk*); (*en asilo*) unterbringen (*en* in +*dat*) ❸ (MIL) internieren **II.** *vr:* ~**se** ❶ (*penetrar*) eindringen; (DEP) in die gegnerische Hälfte vorstürmen ❷ (*en tema*) sich intensiv beschäftigen (*en* mit +*dat*)

internauta [iṇter'nauta] *mf* (INFOR) Internetsurfer(in) *m(f)*

internet [iṇter'net] *f sin pl* (INFOR) Internet *nt*

internista [iṇter'nista] **I.** *adj* (MED) internistisch; **médico** ~ Internist *m* **II.** *mf* (MED) Internist(in) *m(f)*

interno, -a [iṇ'terno, -a] **I.** *adj* innere(r, s), intern; **cuestión de régimen** ~ (*de una empresa*) innerbetriebliche Angelegenheit; (*de un partido*) innerparteiliche Angelegenheit **II.** *m, f* Internatsschüler(in) *m(f)*

interpelación [iṇterpela'θjon] *f* (POL) (parlamentarische) Anfrage *f*

interpelar [iṇterpe'lar] *vt* (POL) interpellieren

interpolación [iṇterpola'θjon] *f* Interpolation *f*

interponer [iṇterpo'ner] *irr como poner* **I.** *vt* ❶ (*entre varias cosas*) einfügen; (*entre dos cosas: silla*) dazwischenstellen; (*papel*) dazwischenlegen; (*a alguien*) dazwischensetzen ❷ (*en un asunto*) einschalten ❸ (JUR) einlegen **II.** *vr:* ~**se** eingreifen

interposición [iṇterposi'θjon] *f* ❶ (*entre varias cosas*) Einfügung *f;* (*de una silla*) Dazwischenstellen *nt;* (*de un papel*)

Dazwischenlegen *nt;* (*de alguien*) Dazwischensetzen *nt* ❷ (*en un asunto*) Eingreifen *nt* ❸ (JUR) Einlegung *f*

interpretable [iṇterpre'taβle] *adj* (*texto, t.* MÚS) interpretierbar; (TEAT) darstellbar

interpretación [iṇterpreta'θjon] *f* ❶ (*de texto*) Auslegung *f* ❷ (TEAT) Darstellung *f;* (MÚS) Interpretation *f;* **escuela de** ~ (TEAT) Theaterschule *f* ❸ (*traducción oral*) Dolmetschen *nt*

interpretador¹ [iṇterpreta'ðor] *m* (INFOR) Interpreter *m*

interpretador(a)² [iṇterpreta'ðor(a)] *m(f)* Interpret(in) *m(f)*

interpretar [iṇterpre'tar] *vt* ❶ (*texto*) auslegen ❷ (TEAT) darstellen; (MÚS) interpretieren ❸ (*traducir oralmente*) dolmetschen

interpretativo, -a [iṇterpreta'tiβo, -a] *adj* auslegend; **fuerza interpretativa** Darstellungskraft *f*

intérprete¹ [iṇ'terprete] *m* (INFOR) Interpreter *m*

intérprete² [iṇ'terprete] *mf* ❶ (*de texto*) Interpret(in) *m(f) geh* ❷ (*actor*) Schauspieler(in) *m(f)* ❸ (*traductor*) Dolmetscher(in) *m(f)*

interprofesional [iṇterprofesjo'nal] *adj* berufsunabhängig; **Salario Mínimo I~** gesetzlicher Mindestlohn

interpuesto, -a [iṇter'pwesto, -a] *pp de* **interponer**

interregional [iṇterrexjo'nal] *adj* interregional

interrelacionado, -a [iṇterrelaθjo'naðo, -a] *adj* zusammenhängend

interrelacionar [iṇterrelaθjo'nar] *vt* (miteinander) in Beziehung setzen

interrogación [iṇterroɣa'θjon] *f* Frage *f*

interrogador(a) [iṇterroɣa'ðor(a)] **I.** *adj* fragend **II.** *m(f)* ❶ (*que pregunta*) Fragesteller(in) *m(f)* ❷ (*policía*) Vernehmungsbeamte(r) *mf, -beamtin f*

interrogante¹ [iṇterro'ɣaṇte] **I.** *adj* fragend **II.** *m* Fragezeichen *nt*

interrogante² [iṇterro'ɣaṇte] *m o f* Frage *f*

interrogar [iṇterro'ɣar] <g→gu> *vt* ❶ (*hacer preguntas*) (be)fragen ❷ (*policía*) verhören

interrogativo, -a [iṇterroɣa'tiβo, -a] *adj* ❶ (*mirada*) fragend ❷ (LING) interrogativ; (*pronombre, oración*) Interrogativ-

interrogatorio [iṇterroɣa'torjo] *m* Verhör *nt*

interrumpir [iṇterrum'pir] *vt* ❶ (*cortar*) unterbrechen; (*bruscamente al hablar*) ins Wort fallen (*a* +*dat*); (*tráfico*) stören ❷ (*estudios*) abbrechen; ~ **las vacaciones** (*por unos días*) den Urlaub unterbrechen; (*definitivamente*) den Urlaub abbrechen

interrupción [inˌteruβ'θjon] *f* ❶ (*corte*) Unterbrechung *f*; (*del tráfico*) Störung *f*; **sin** ~ ununterbrochen ❷ (*de los estudios*) Abbruch *m*

interruptor [inˌterup'tor] *m* (ELEC) Schalter *m*

intersección [inˌterseˠ'θjon] *f* ❶ (*de dos líneas*) Schnittstelle *f* ❷ (*de dos calles*) Kreuzung *f*

intersticio [inˌters'tiθjo] *m* ❶ (*espacio*) Zwischenraum *m*; (*en pared*) Riss *m*; (*entre placas*) Fuge *f* ❷ (BIOL) Interstitium *nt*

interurbano, -a [inˌterur'βano, -a] *adj* zwischen Städten; **conferencia interurbana** (TEL) Inlandsgespräch *nt*

intervalo [inˌter'βalo] *m*, **intérvalo** [in'ter-βalo] *m* ❶ (*lapso de tiempo*) Zeitraum *m*; **a ~ s** in Abständen ❷ (MÚS) Intervall *nt*

intervención [inˌterβeɲ'θjon] *f* ❶ (*participación*) Teilnahme *f* (*en* an +*dat*) ❷ (*en conflicto*) Eingreifen *nt* (*en* in +*akk*); (*en temas familiares*) Einmischung *f* ❸ (*mediación*) Vermittlung *f* ❹ (POL) Eingriff *m* ❺ (MED) Operation *f* ❻ (*del teléfono*) Anzapfen *nt*; (*del correo*) Unterschlagung *f*

intervencionismo [inˌterβeɲθjo'nismo] *m* (POL) Interventionismus *m*

intervenir [inˌterβe'nir] *irr como venir* **I.** *vi* ❶ (*tomar parte*) teilnehmen (*en* an +*dat*) ❷ (*en conflicto*) eingreifen (*en* an +*akk*) ❸ (*mediar*) vermitteln (*en* in/bei +*dat*) ❹ (*factores*) eine Rolle spielen ❺ (*suceder*) dazwischenkommen **II.** *vt* ❶ (MED) operieren ❷ (*incautar*) beschlagnahmen ❸ (*teléfono*) anzapfen; (*correo*) unterschlagen ❹ (COM) prüfen

interventor(a) [inˌterβeɲ'tor(a)] *m(f)* ❶ (COM) Buchprüfer(in) *m(f)* ❷ (POL) Wahlprüfer(in) *m(f)*

intervertebral [inˌterβerte'βral] *adj* (ANAT) zwischen den Wirbeln

interviú [inˌter'βju] *m o f* Interview *nt*

intestinal [inˌtesti'nal] *adj* Darm-

intestino[1] [inˌtes'tino] *m* ❶ (ANAT) Darm *m* ❷ *pl* (*tripas*) Eingeweide *pl*

intestino, -a[2] [inˌtes'tino, -a] *adj* innere(r, s); **luchas intestinas** (*en un país*) Bürgerkrieg *m*; (*en un partido*) innerparteiliche Auseinandersetzungen

íntimamente [inˌtima'mente] *adv* ❶ (*estrechamente*) eng ❷ (*en lo íntimo*) in seinem Inneren

intimar [inti'mar] **I.** *vi* vertraut werden **II.** *vt* auffordern

intimidación [inˌtimiða'θjon] *f* Einschüchterung *f*

intimidad [inˌtimi'ðaᵈ] *f* ❶ (*personal*) Vertrautheit *f* ❷ *pl* (*sexuales*) Intimitäten *fpl*; (*privacidad*) Privatangelegenheiten *fpl* ❸ (*vida privada*) Intimsphäre *f*

intimidar [inˌtimi'ðar] **I.** *vt* einschüchtern **II.** *vr:* ~ **se** sich einschüchtern lassen

intimidatorio, -a [inˌtimiða'torjo, -a] *adj* einschüchternd

intimismo [inˌti'mismo] *m* (LIT) intimistische Strömung *f*

íntimo, -a ['intimo, -a] *adj* ❶ (*interior*) innerlich ❷ (*interno*) intern ❸ (*amigo*) eng ❹ (*velada*) gemütlich ❺ (*conversación*) privat

intocable [inˌto'kaβle] **I.** *adj* unberührbar **II.** *mf* Unberührbare(r) *mf*

intolerable [inˌtole'raβle] *adj* unerträglich

intolerancia [inˌtole'ranθja] *f* Intoleranz *f*

intolerante [inˌtole'rante] *adj* intolerant

intoxicación [inˌtoˠsika'θjon] *f* Vergiftung *f*

intoxicar [inˌtoˠsi'kar] <c→qu> *vt*, *vr:* ~ (**se**) (sich) vergiften

intracomunitario, -a [inˌtrakomuni'tarjo, -a] *adj* EU-, gemeinschaftlich

intraducible [inˌtraðu'θiβle] *adj* unübersetzbar

intragable [inˌtra'ɣaβle] *adj* ungenießbar

intramuscular [inˌtramusku'lar] *adj* (MED) intramuskulär

intranet [inˌtra'net] *f* (INFOR) Intranet *nt*

intranquilidad [inˌtraŋkili'ðaᵈ] *f* sin pl Unruhe *f*

intranquilizador(a) [inˌtraŋkiliθa'ðor(a)] *adj* beunruhigend

intranquilizar [inˌtraŋkili'θar] <z→c> *vt*, *vr:* ~ (**se**) (sich) beunruhigen

intranquilo, -a [inˌtraŋ'kilo, -a] *adj* ❶ (*nervioso*) unruhig ❷ (*preocupado*) besorgt ❸ (*excitado*) aufgeregt

intransferible [inˌtraⁿsfe'riβle] *adj* nicht übertragbar

intransigencia [inˌtransi'xenθja] *f* ❶ (*no condescendencia*) Unnachgiebigkeit *f* ❷ (*intolerancia*) Intoleranz *f*

intransigente [inˌtransi'xente] *adj* ❶ (*no condescendiente*) unnachgiebig ❷ (*intolerante*) intolerant

intransitable [inˌtransi'taβle] *adj* (*a pie*) nicht begehbar; (*en coche*) nicht befahrbar

intransitivo, -a [inˌtransi'tiβo, -a] *adj* (LING) intransitiv

intrascendencia [inˌtrasθeɲ'deɲθja] *f* sin pl Unwichtigkeit *f*

intrascendental [inˌtrasθeɲdeɲ'tal] *adj* unwesentlich

intrascendente [inˌtrasθeɲ'dente] *adj*

El ordenador

el ordenador, el computador (*Am*), la computadora (*Am*)			der Computer
1 el altavoz	die Lautsprecher	8 la impresora	der Drucker
2 los libros	die Bücher	9 el joystick	der Joystick
3 los disquetes	die Disketten	10 el teclado	die Tastatur
4 el escáner	der Scanner	11 el ratón	die Maus
5 el procesador	der Prozessor	12 la alfombrilla del ratón	das Mauspad
6 la pantalla	der Bildschirm	13 el escritorio	der Schreibtisch
7 la webcam	die Webcam	14 la silla giratoria	der Drehstuhl

Colores y estampados

Farben und Muster

1	pata de gallo	das Hahnentrittmuster	11	naranja	orange
2	a/de rayas	gestreift	12	a/de cuadros verdes y blancos	grünweiß kariert
3	a/de cuadros	kariert	13	amarillo, -a	gelb
4	azul	blau	14	verde	grün
5	rosa, rosado, -a	rosa	15	marrón	braun
6	rojo, -a	rot	16	azul claro	hellblau
7	de flores, floreado, -a	geblümt	17	verde claro	hellgrün
8	con puntos	gepunktet	18	el zigzag	das Zickzackmuster
9	con ondas	das Wellenmuster	19	los cuadros escoceses	das Schottenkaro
10	violeta, morado, -a	violett, lila	20	el estampado de cachemira	das Paisleymuster

unwichtig

intratable [iṇtra'taβle] *adj* ① (*persona*) unfreundlich ② (*material*) unnachgiebig ③ (*asunto*) tabu ④ (*enfermedad*) unbehandelbar

intravenoso, -a [iṇtraβe'noso, -a] *adj* (MED) intravenös

intrepidez [iṇtrepi'ðeθ] *f* Kühnheit *f*

intrépido, -a [iṇ'trepiðo, -a] *adj* kühn

intriga [iṇ'triɣa] *f* ① (*maquinación*) Intrige *f* ② (*de una película*) Verwicklung *f*

intrigante [iṇtri'ɣaṇte] I. *adj* ① (*persona*) intrigant ② (*película*) spannend II. *mf* Intrigant(in) *m(f)*

intrigar [iṇtri'ɣar] <g→gu> I. *vi* intrigieren II. *vt* neugierig machen

intrincado, -a [iṇtriṇ'kaðo, -a] *adj* (*bosque*) dicht; (*camino*) verschlungen; (*nudo*) kompliziert; (*situación*) verwickelt

intrincar [iṇtriṇ'kar] <c→qu> *vt* (*hilos*) verwirren; (*asunto*) (ver)komplizieren

intríngulis [iṇ'triṇgulis] *m inv* (*fam*) ① (*intención*) Absicht *f* ② (*dificultad*) Haken *m*

intrínseco, -a [iṇ'trinseko, -a] *adj* ① (*interior*) innerlich; **valor** ~ innerer Wert ② (*propio*) eigen ③ (*esencial*) wesentlich (*de* für + *akk*)

introducción [iṇtroðuᵞ'θjon] *f* ① (*acción: de una llave*) Hineinstecken *nt;* (*de supositorio*) Einführung *f;* (*de moneda*) Einwurf *m;* (*de clavo*) (Hin)einschlagen *nt;* (*de medidas*) Einleitung *f;* (INFOR: *de disquete*) Einlegen *nt;* (INFOR: *de datos*) Eingabe *f* ② (*de moda*) Einführung *f;* (*de mercancías*) Einfuhr *f* ③ (*de libro*) Vorwort *nt,* Einleitung *f* ④ (MÚS) Einleitung *f,* Vorspiel *nt*

introducir [iṇtroðu'θir] *irr como traducir* I. *vt* ① (*objeto: llave*) hineinstecken; (*supositorio*) einführen; (*moneda*) einwerfen; (*clavo*) (hin)einschlagen; (*medidas*) einleiten; (INFOR: *disquete*) einlegen; (INFOR: *datos*) eingeben ② (*moda*) einführen (*en* in + *akk*) ③ (*discordia*) stiften II. *vr:* ~ **se** ① (*meterse*) eindringen ② (*en un ambiente*) eingeführt werden (*en* in + *akk*) ③ (*moda*) aufkommen ④ (*entrometerse*) sich einmischen (*en* in + *akk*)

introductorio, -a [iṇtroðuk'torjo, -a] *adj* einführend; **capítulo** ~ einleitendes Kapitel

intromisión [iṇtromi'sjon] *f* Einmischung *f* (*en* in + *akk*)

introspección [iṇtrospeᵞ'θjon] *f* Selbstbeobachtung *f*

introspectivo, -a [iṇtrospek'tiβo, -a] *adj* (PSICO) introspektiv

introversión [iṇtroβer'sjon] *f* Introvertiert-

heit *f*

introvertido, -a [iṇtroβer'tiðo, -a] *adj* introvertiert

intrusión [iṇtru'sjon] *f* Eindringen *nt;* (*en la vida privada*) Einmischung *f*

intrusismo [iṇtru'sismo] *m* unbefugte Berufsausübung *f*

intruso, -a [iṇ'truso, -a] I. *adj* ① (*profesional*) unqualifiziert ② (*en un grupo*) eingedrungen II. *m, f* ① (*en reunión*) Eindringling *m;* ~ **informático** (INFOR) Hacker *m* ② (*en fiesta*) ungebetener Gast *m*

intubar [iṇtu'βar] *vt* (MED) intubieren

intuición [iṇtwi'θjon] *f* Intuititon *f;* **saber algo por** ~ etw intuitiv wissen

intuir [iṇtu'ir] *irr como huir vt* ① (*reconocer*) intuitiv wissen ② (*presentir*) (vor)ahnen; **intuyo que ...** ich habe das Gefühl, dass ...

intuitivo, -a [iṇtwi'tiβo, -a] *adj* intuitiv

inundación [inuṇda'θjon] *f* Überschwemmung *f*

inundar [inuṇ'dar] *vt* überschwemmen

inusitado, -a [inusi'taðo, -a] *adj* ① (*inhabitual*) ungewöhnlich ② (*extraordinario*) außergewöhnlich ③ (*raro*) selten

inusual [inusu'al] *adj* ① (*inhabitual*) ungewöhnlich ② (*extraordinario*) außergewöhnlich

inútil [i'nutil] I. *adj* ① (*que no sirve*) unbrauchbar; (MIL) (wehrdienst)untauglich ② (*esfuerzo*) vergeblich ③ (*sin sentido*) sinnlos II. *mf* (*torpe*) Taugenichts *m*

inutilidad [inutili'ðað] *f* Nutzlosigkeit *f;* (*laboral*) Berufsunfähigkeit *f;* (MIL) Wehruntauglichkeit *f*

inutilizar [inutili'θar] <z→c> *vt* ① (*objeto*) unbrauchbar machen; (*sello*) entwerten; (*instalaciones*) zerstören ② (*al enemigo*) kampfunfähig machen

invadir [imba'ðir] *vt* ① (MIL: *país*) überfallen ② (*entrar en gran número*) einfallen (*en* + *akk*) ③ (*plaga*) heimsuchen ④ (*tristeza*) überkommen ⑤ (*jurisdicción*) eingreifen (*in* + *akk*); (*privacidad*) eindringen (*in* + *akk*)

invalidación [imbaliða'θjon] *f* (*acción*) Entwertung *f;* (*resultado*) Ungültigkeit *f*

invalidar [imbali'ðar] *vt* (*anular*) ungültig machen; (*declarar nulo*) für ungültig erklären; (JUR: *matrimonio*) für nichtig erklären; (*acuerdo*) rückgängig machen

invalidez [imbali'ðeθ] *f* ① (*nulidad*) Ungültigkeit *f;* (JUR: *de matrimonio*) Nichtigkeit *f;* (*de acuerdo*) Rückgängigmachen *nt* ② (MED) Invalidität *f;* **pensión de** ~ Invalidenrente *f*

inválido, -a [im'baliðo, -a] I. *adj* ① (MED)

invalid(e) ❷ (*acuerdo*) ungültig; (JUR) nichtig **II.** *m, f* Invalide(r) *mf*

invariable [imbarja'βle] *adj* unveränderlich; (MAT) invariabel

invasión [imba'sjon] *f* ❶ (*t.* MIL) Invasion *f* ❷ (*de plaga*) Heimsuchung *f* ❸ (*en jurisdicción*) Eingriff *m;* (*en privacidad*) Eindringen *nt* ❹ (MED) Invasion *f*

invasor(a) [imba'sor(a)] **I.** *adj* eindringend **II.** *m(f)* Eindringling *m;* (MIL) Eroberer, -in *m, f*

invectiva [imbek'tiβa] *f* Schmährede *f*

invencible [imbeṇ'θiβle] *adj* ❶ (*inderrotable*) unbesiegbar ❷ (*insuperable*) unübertrefflich ❸ (*obstáculo*) unüberwindbar

invención [imbeṇ'θjon] *f* Erfindung *f*

invendible [imben'diβle] *adj* unverkäuflich; (COM) unabsetzbar

inventar [imben'tar] *vt* erfinden

inventariar [imbeṇta'rjar] < *I. pres:* inventarío> *vt* eine Inventur machen +*gen*

inventario [imbeṇ'tarjo] *m* ❶ (*recuento*) Bestandsaufnahme *f* ❷ (*lista*) Inventar *nt,* Bestandsverzeichnis *nt*

inventiva [imbeṇ'tiβa] *f* Erfindungsgabe *f*

invento [im'beṇto] *m* Erfindung *f*

inventor(a) [imbeṇ'tor(a)] *m(f)* Erfinder(in) *m(f)*

inverificable [imberifi'kaβle] *adj* ❶ (*que no se puede probar*) nicht nachweisbar ❷ (*incontrolable*) unüberprüfbar

invernadero [imberna'ðero] *m* (BOT) Treibhaus *nt*

invernal [imber'nal] *adj* winterlich; **sueño** ~ (ZOOL) Winterschlaf *m*

invernar [imber'nar] <e→ie> *vi* (ZOOL) überwintern; (*los que duermen*) Winterschlaf halten

inverosímil [imbero'simil] *adj* ❶ (*increíble*) unglaubwürdig ❷ (*que no parece verdad*) unwahrscheinlich

inverosimilitud [imberosimili'tuð] *f* ❶ (*falta de credibilidad*) Unglaubwürdigkeit *f* ❷ (*falta de probabilidad*) Unwahrscheinlichkeit *f*

inversión [imber'sjon] *f* ❶ (COM, FIN: *dinero*) Investition *f* ❷ (*al revés*) Inversion *f*

inversionista [imbersjo'nista] *mf* Investor(in) *m(f)*

inverso, -a [im'berso, -a] *adj* umgekehrt

inversor(a) [imber'sor(a)] *m(f)* Investor(in) *m(f)*

invertebrado, -a [imberte'βraðo, -a] *adj* ❶ (ZOOL: *sin columna vertebral*) wirbellos ❷ (*débil*) ohne Rückgrat

invertible [imber'tiβle] *adj* umkehrbar

invertido, -a [imber'tiðo, -a] **I.** *adj* ❶ (*al revés*) umgekehrt ❷ (*sexualmente*) homo-

sexuell **II.** *m, f* Homosexuelle(r) *mf*

invertir [imber'tir] *irr como sentir vt* ❶ (*orden*) umkehren ❷ (*dinero*) anlegen ❸ (*tiempo*) investieren ❹ (INFOR) invertieren

investidura [imbesti'ðura] *f* (*en un cargo*) Einsetzung *f;* (REL) Investitur *f*

investigación [imbestiɣa'θjon] *f* ❶ (*indagación*) Untersuchung *f;* (*averiguación*) Ermittlung *f;* ~ **de mercado** Marktforschung *f* ❷ (*ciencia*) Forschung *f* ❸ (*estudio*) Untersuchung *f*

investigador(a) [imbestiɣa'ðor(a)] **I.** *adj* Forschungs-; **comisión** ~**a** Untersuchungsausschuss *m* **II.** *m(f)* Forscher(in) *m(f)*

investigar [imbesti'ɣar] <g→gu> *vt* ❶ (*indagar*) untersuchen; (*averiguar*) ermitteln ❷ (*en la ciencia*) erforschen

investir [imbes'tir] *irr como pedir vt* (*en un cargo*) einsetzen

inveterado, -a [imbete'raðo, -a] *adj* ❶ (*costumbre*) althergebracht, tief verwurzelt ❷ (*por adicción*) Gewohnheits-

inviabilidad [imbjaβili'ðað] *f sin pl* Undurchführbarkeit *f*

inviable [im'bjaβle] *adj* undurchführbar

invicto, -a [im'bikto, -a] *adj* unbesiegt

invidencia [imbi'ðeṇθja] *f* Blindheit *f*

invidente [imbi'ðeṇte] **I.** *adj* blind **II.** *mf* Blinde(r) *mf*

invierno [im'bjerno] *m* ❶ (*estación*) Winter *m* ❷ (*Am: lluvias*) Regenzeit *f* ❸ (*AmC: aguacero*) Platzregen *m*

inviolabilidad [imbjolaβili'ðað] *f* (POL: *de derechos*) Unverletzbarkeit *f*

inviolable [imbjo'laβle] *adj* (POL: *derechos*) unverletzbar

invisibilidad [imbisiβili'ðað] *f* Unsichtbarkeit *f*

invisible [imbi'siβle] *adj* unsichtbar

invitación [imbita'θjon] *f* ❶ (*a una fiesta*) Einladung *f* ❷ (*a una acción*) Aufforderung *f* ❸ (*tarjeta*) Einladungsschreiben *nt*

invitado, -a [imbi'taðo, -a] **I.** *adj* eingeladen **II.** *m, f* Gast *m;* ~ **de honor** Ehrengast *m*

invitar [imbi'tar] *vt* ❶ (*convidar*) einladen (*a/para* zu +*dat*); **esta vez invito yo** dieses Mal geht es auf meine Rechnung ❷ (*instar*) auffordern (*a* zu +*dat*); (*rogar*) bitten

invocación [imboka'θjon] *f* Anrufung *f*

invocar [imbo'kar] <c→qu> *vt* ❶ (*dirigirse*) anrufen; (*suplicar*) flehentlich bitten ❷ (*alegar*) anführen ❸ (JUR: *apoyarse en una ley*) sich berufen (auf +*akk*)

involución [imbolu'θjon] *f* ❶ (POL) Rückfall *m* ❷ (BIOL) Rückbildung *f*

involucionismo [imboluθjo'nismo] *m* (POL)
Haltung von Reaktionären
involucionista [imboluθjo'nista] **I.** *adj*
(POL) reaktionär **II.** *mf* (POL) Reaktionär(in)
m(f)
involucrar [imbolu'krar] **I.** *vt* verwickeln
(*en* in +*akk*) **II.** *vr*: ~ **se** ❶ (*inmiscuirse*)
sich einmischen (*en* in +*akk*) ❷ (*interve-*
nir) eingreifen (*en* in +*akk*)
involuntariedad [imboluɳtarje'ða͂ͩ] *f*
❶ (*por obligación*) Unfreiwilligkeit *f*
❷ (*falta de voluntad*) fehlender Wille *m*
❸ (*sin querer*) Unabsichtlichkeit *f*
involuntario, -a [imboluɳ'tarjo, -a] *adj*
❶ (*por obligación*) unfreiwillig ❷ (*sin que-*
rer) unabsichtlich
involutivo, -a [imbolu'tiβo, -a] *adj* rückschrittlich
invulnerabilidad [imbulneraβili'ða͂ͩ] *f*
❶ (*que no puede ser herido*) Unverletzbarkeit *f* ❷ (*insensibilidad*) Unempfindlichkeit *f*
invulnerable [imbulne'raβle] *adj* ❶ (*que*
no puede ser herido) unverletzbar ❷ (*in-*
sensible) unempfindlich (*a* für +*akk*); **es** ~
a las críticas Kritik prallt an ihm/ihr ab
inyección [inɟeˠ'θjon] *f* ❶ (MED: *ampolla*)
Spritze *f* ❷ (TÉC) Injektion *f*; **motor de** ~
Einspritzmotor *m*
inyectable [inɟek'taβle] **I.** *adj* (MED) injizier-
bar **II.** *m* (MED) Injektionsmittel *nt*
inyectar [inɟek'tar] *vt* (ein)spritzen
inyector [inɟek'tor] *m* (TÉC) Injektor *m*;
(*motor*) Einspritzdüse *f*; (*máquina de*
vapor) Strahlpumpe *f*
ión [i'on] *m* (QUÍM) Ion *nt*
ionosfera [ionos'fera] *f* Ionosphäre *f*
IPC [ipe'θe] *m* (ECON) *abr de* **Índice de Pre-**
cios al Consumidor Verbraucherpreisin-
dex *m*
ir [ir] *irr* **I.** *vi* ❶ (*general*) gehen; **¡voy!** ich
komme!; **¡vamos!** los!, auf!; **¡vamos a**
ver! mal sehen!; ~ **a pie** zu Fuß gehen; ~
en bicicleta (mit dem) Fahrrad fahren; ~ **a**
caballo reiten; **tengo que** ~ **a Paris** ich
muss nach Paris (verreisen); ~ **detrás de**
una chica einem Mädchen nachlaufen;
dejarse ~ sich gehen lassen; **¿qué tal?** –
vamos tirando (*fam*) wie geht's? – na ja,
es geht so ❷ (*coger*) holen ❸ (*progresar*)
laufen; **¿cómo va la tesina?** was macht
die Diplomarbeit?; **¿cómo te va?** wie läuft
es bei dir?; **va para médica** sie wird Ärztin; **en lo que va de año** im Laufe dieses
Jahres ❹ (*diferencia*): **de dos a cinco van**
tres von der Zwei bis zur Fünf sind es drei
❺ (*referirse*): **eso no va por ti** das bezieht
sich nicht auf dich; **¿pero tú sabes de lo**

que va? weißt du überhaupt, worum es
geht? ❻ (*interj: sorpresa*): **¡vaya coche!**
was für ein Auto!; **¡qué va!** ach was!
❼ (*con verbo*): **iban charlando** sie gingen
und unterhielten sich dabei; **voy a**
hacerlo ich werde es tun ❽ (*edad*) zugehen (*para* auf +*akk*) **II.** *vr*: ~ **se** ❶ (*mar-*
charse) (weg-, fort)gehen ❷ (*dirección*)
kommen (*para* nach +*dat*) ❸ (*resbalar*)
ausrutschen ❹ (*perder*) verlieren
ira ['ira] *f* Wut *f*
iracundo, -a [ira'kuɳdo, -a] *adj* jähzornig
Irán [i'ran] *m* Iran *m*
iraní [ira'ni] **I.** *adj* iranisch **II.** *mf* Iraner(in)
m(f)
Iraq [i'rak] *m* Irak *m*
iraquí [ira'ki] **I.** *adj* irakisch **II.** *mf* Iraker(in)
m(f)
irascible [iras'θiβle] *adj* jähzornig
irgo ['irɣo] *1. pres de* **erguir**
irguió [ir'ɣjo] *3. pret de* **erguir**
iridio [i'riðjo] *m* (QUÍM) Iridium *nt*
iridiscente [iriðis'θeɳte] *adj* irisierend
iris ['iris] *m* ❶ (ANAT: *ojo*) Iris *f* ❷ (*loc*): **arco**
~ Regenbogen *m*
irisación [irisa'θjon] *f* (FÍS) *Reflexe in den*
Regenbogenfarben, die z.B. in Metall
annimmt, nachdem es in sehr heißem
Zustand in Wasser getaucht worden ist
irisar [iri'sar] **I.** *vi* Regenbogenfarben annehmen **II.** *vt* in den Regenbogenfarben schillern lassen
Irlanda [ir'laɳda] *f* Irland *nt*
irlandés, -esa [irlaɳ'des, -esa] **I.** *adj* irisch
II. *m, f* Ire, -in *m, f*
ironía [iro'nia] *f* Ironie *f*
irónico, -a [i'roniko, -a] **I.** *adj* ironisch **II.** *m,*
f Ironiker(in) *m(f)*
ironizar [ironi'θar] <z→c> *vt* ironisieren
IRPF [ierrepe'efe/ierre'pefe] *m abr de* **Im-**
puesto sobre la Renta de las Personas
Físicas *Einkommensteuer der abhängig*
Beschäftigten, Selb(st)ständigen und
Künstler und aus bestimmten Kapitalerträ-
gen
irracional [irraθjo'nal] *adj* (*contra la*
razón) irrational; (*contra la lógica*) unlogisch; **número** ~ (MAT) irrationale Zahl;
ser ~ Tier *nt*
irracionalidad [irraθjonali'ða͂ͩ] *f sin pl* Irra-
tionalität *f*
irradiación [irraðja'θjon] *f* ❶ (*de material*
nuclear) Strahlung *f* ❷ (MED: *tratamiento*)
Bestrahlung *f*; (*dolor*) Ausstrahlung *f*
irradiar [irra'ðjar] **I.** *vt* ❶ (*emitir*) ausstrahlen ❷ (*difundir*) verbreiten ❸ (*trata-*
miento) bestrahlen **II.** *vi* strahlen **III.** *vr*:
~ **se** sich verbreiten, ausstrahlen

irrazonable [irraθo'naβle] *adj* unvernünftig

irreal [irre'al] *adj* irreal

irrealidad [irreali'ðaᵈ] *f* Irrealität *f*

irrealizable [irreali'θaβle] *adj* undurchführbar

irrebatible [irreβa'tiβle] *adj*, **irrechazable** [irretʃa'θaβle] *adj* unwiderlegbar

irreconciliable [irrekonθi'ljaβle] *adj* unversöhnlich

irreconocible [irrekono'θiβle] *adj* unerkennbar

irrecuperable [irrekupe'raβle] *adj* unwiederbringbar

irreductible [irreðuk'tiβle] *adj* unbeugsam

irreemplazable [irrempla'θaβle] *adj* unersetzbar

irreflexión [irrefleɣ'sjon] *f* Unbedachtheit *f*

irreflexivo, -a [irrefleɣ'siβo, -a] *adj* ❶ (*acción*) unüberlegt ❷ (*persona*) unbedacht ❸ (*precipitado*) voreilig

irrefrenable [irrefre'naβle] *adj* ❶ (*desarrollo*) unaufhaltsam ❷ (*persona*) nicht zurückzuhalten

irrefutable [irrefu'taβle] *adj* unumstößlich

irregular [irreɣu'lar] *adj* ❶ (*desigual*) unregelmäßig ❷ (*contra las reglas*) regelwidrig; (*sin reglas*) regellos; (*anómalo*) außerplanmäßig

irregularidad [irreɣulari'ðaᵈ] *f* ❶ (*desigualdad*) Unregelmäßigkeit *f* ❷ (*del terreno*) Unebenheit *f* ❸ (*contra las reglas*) Regelwidrigkeit *f*; (*sin reglas*) Regellosigkeit *f*

irrelevancia [irrele'βanθja] *f* Irrelevanz *f*

irrelevante [irrele'βante] *adj* irrelevant

irremediable [irreme'ðjaβle] *adj* ❶ (*inevitable*) unvermeidbar ❷ (*irreparable*) nicht wieder gutzumachen ❸ (*daño físico*) unheilbar

irremisible [irremi'siβle] *adj* ❶ (*falta*) unverzeihlich ❷ (*pérdida*) nicht wieder gutzumachen

irrenunciable [irrenunˈθjaβle] *adj* ❶ (*imprescindible*) unverzichtbar ❷ (*destino*) unentrinnbar

irreparable [irrepa'raβle] *adj* ❶ (*que no se puede reparar*) irreparabel; (*incompensable*) unersetzlich ❷ (*daño físico*) nicht heilbar

irrepetible [irrepe'tiβle] *adj* unwiederholbar

irreprimible [irrepri'miβle] *adj* nicht zu unterdrücken

irreprochable [irrepro'tʃaβle] *adj* tadellos

irreproducible [irreproðu'θiβle] *adj* ❶ (*irrepetible*) unwiederholbar ❷ (*que ya no se puede fabricar*) nicht mehr produzierbar

irresistible [irresis'tiβle] *adj* ❶ (*atractivo*)

unwiderstehlich ❷ (*inaguantable*) unerträglich

irresoluble [irreso'luβle] *adj* unlösbar

irresolución [irresolu'θjon] *f* ❶ (*indecisión*) Unentschlossenheit *f* ❷ (*vacilación*) Zögern *nt*

irresoluto, -a [irreso'luto, -a] *adj* ❶ (*indeciso*) unentschlossen ❷ (*vacilante*) zögerlich ❸ (*problema*) ungelöst

irrespetuoso, -a [irrespetu'oso, -a] *adj* respektlos

irrespirable [irrespi'raβle] *adj* ❶ (*por tóxico*) giftig ❷ (*aire*) stickig

irresponsabilidad [irresponsaβili'ðaᵈ] *f* ❶ (*falta de responsabilidad*) Unverantwortlichkeit *f*; (*por minoría de edad*) Unmündigkeit *f* ❷ (*desconsideración*) Verantwortungslosigkeit *f* ❸ (COM: *sociedades*) Nichthaftung *f*

irresponsable [irrespon'saβle] **I.** *adj* ❶ (*no responsable*) nicht verantwortlich (*de* für +*akk*) ❷ (*desconsiderado*) verantwortungslos ❸ (COM: *sociedades*) nicht haftbar (*de* für +*akk*) **II.** *mf* ❶ (*no responsable*) nicht verantwortliche Person *f* ❷ (*desconsiderado*) verantwortungslose Person *f*

irreverencia [irreβe'renθja] *f* Respektlosigkeit *f*

irreverente [irreβe'rente] *adj* respektlos

irreversibilidad [irreβersiβili'ðaᵈ] *f sin pl* Umkehrbarkeit *f*

irreversible [irreβer'siβle] *adj* irreversibel

irrevocable [irreβo'kaβle] *adj* ❶ (*no revocable*) unwiderruflich; (*firme*) unverrückbar ❷ (*inamovible*) unabsetzbar

irrigación [irriɣa'θjon] *f* ❶ (AGR: *regadío*) Bewässerung *f* ❷ (MED: *del intestino*) Einlauf *m*

irrigar [irri'ɣar] <g→gu> *vt* ❶ (AGR: *regar*) bewässern ❷ (MED: *la sangre*) durchbluten; (*el intestino*) durchspülen

irrisorio, -a [irri'sorjo, -a] *adj* lächerlich

irritabilidad [irritaβili'ðaᵈ] *f sin pl* Reizbarkeit *f*

irritable [irri'taβle] *adj* reizbar

irritación [irrita'θjon] *f* ❶ (MED: *órgano*) Reizung *f*; (*de piel*) (Haut)ausschlag *m* ❷ (*desatención*) Verwirrung *f* ❸ (*enfado*) Ärger *m*

irritante [irri'tante] *adj* ❶ (*enojar*) ärgerlich ❷ (*molesto*) irritierend ❸ (MED: *órgano*) reizend

irritar [irri'tar] **I.** *vt* ❶ (*enojar*) ärgern ❷ (*molestar*) irritieren ❸ (MED: *órgano*) reizen **II.** *vr*: ~ **se** ❶ (*enojarse*) sich aufregen ❷ (MED: *órgano*) sich entzünden

irrompible [irrom'piβle] *adj* ❶ (*material*) unzerbrechlich ❷ (*amistad*) unverbrüchlich *geh*

irrumpir [irrum'pir] *vi* (gewaltsam) eindringen (*en* in +*akk*)

irrupción [irruβ'θjon] *f* ❶ (*entrada*) plötzliches Eindringen *nt* ❷ (MIL: *invasión*) Einfallen *nt;* (*ataque*) Angriff *m*

isla ['isla] *f* Insel *f*

Islam [is'lan] *m* (REL) Islam *m*

islámico, -a [is'lamiko, -a] *adj* islamisch

islamismo [isla'mismo] *m* (REL) Islam(ismus) *m*

islamización [islamiθa'θjon] *f* Islamisation *f*

islamizar [islami'θar] <z→c> *vt* islamisieren

islandés, -esa [islan'des, -esa] **I.** *adj* isländisch **II.** *m, f* Isländer(in) *m(f)*

Islandia [is'landja] *f* Island *nt*

isleño, -a [is'leɲo, -a] **I.** *adj* Insel- **II.** *m, f* Inselbewohner(in) *m(f)*

islote [is'lote] *m* (unbewohnte) Felseninsel *f*

isobara [iso'βara] *f*, **isóbara** [i'soβara] *f* (METEO) Isobare *f*

isótopo [i'sotopo] *m* (QUÍM) Isotop *nt*

Israel [i(s)rra'el] *m* Israel *nt*

israelí [i(s)rrae'li] **I.** *adj* israelisch **II.** *mf* Israeli *mf*

israelita [i(s)rrae'lita] **I.** *adj* israelitisch **II.** *mf* Israelit(in) *m(f)*

istmo ['ismo] *m* (GEO) Landenge *f*

Italia [i'talja] *f* Italien *nt*

italiano, -a [ita'ljano, -a] **I.** *adj* italienisch **II.** *m, f* Italiener(in) *m(f)*

itálico, -a [i'taliko, -a] *adj* italisch **II.** *m, f* Italiker(in) *m(f)*

itinerante [itine'rante] *adj* Wander-

itinerario [itine'rarjo] *m* ❶ (*ruta*) Strecke *f* ❷ (FERRO: *horario*) (Zug)fahrplan *m* ❸ (AERO: *vuelo*) Flugstrecke *f*

ITV [ite'uβe] *f abr de* **Inspección Técnica de Vehículos** TÜV *m*

IVA ['iβa] *m*, **I.V.A.** ['iβa] *m abr de* **impuesto sobre el valor añadido** MWSt. *f*

izada [i'θaða] *f* (*Am: alzamiento*) Aufstand *m*

izar [i'θar] <z→c> *vt* hissen

izda. [iθ'kjerða] *adj*, **izdo.** [iθ'kjerðo] *adj abr de* **izquierda, izquierdo** linke(r, s)

izquierda [iθ'kjerða] *f* ❶ (*mano*) linke Hand *f* ❷ (POL) Linke *f* ❸ (*lado*) linke Seite *f*; **a la ~** links; **ser un cero a la ~** (*fam*) eine Null sein

izquierdismo [iθkjer'ðismo] *m* (POL) linksgerichtete Tendenzen *fpl;* (*grupo*) linksgerichtete Bewegung *f*

izquierdista [iθkjer'ðista] **I.** *adj* (POL) linksgerichtet **II.** *mf* (POL) Linke(r) *mf*

izquierdo, -a [iθ'kjerðo, -a] *adj* linke(r, s)

J

J, j ['xota] *f* J, j *nt;* ~ **de José** J wie Julius

ja [xa] *interj* ha

jabalí [xaβa'li] *m* <jabalíes> Wildschwein *nt*

jabalina [xaβa'lina] *f* ❶ (ZOOL) Wildsau *f* ❷ (DEP) Speer *m*

jabato¹ [xa'βato] *m* ❶ (ZOOL) Frischling *m* ❷ (*hombre*) kühner Mann *m;* **luchar como un ~** sehr mutig kämpfen

jabato, -a² [xa'βato, -a] *adj* kühn

jabón [xa'βon] *m* ❶ (*para lavar*) Seife *f;* **pastilla de ~** Stück Seife; **dar ~** (*fig*) jdm Honig um den Bart schmieren; **dar un ~ a alguien** (*fig*) jdn ausschimpfen ❷ (*PRico, Arg: susto*) Schreck *m*

jabonadura [xaβona'ðura] *f* ❶ (*acción*) Einseifen *nt* ❷ (*espuma*) (Seifen)schaum *m* ❸ *pl* (*agua*) Seifenwasser *nt*

jabonar [xaβo'nar] *vt* ❶ (*con jabón*) einseifen, abseifen ❷ (*fam: reprender*) schelten, ausschimpfen

jaboncillo [xaβon'θiʎo] *m* ❶ (*de tocador*) Toilettenseife *f* ❷ (*de sastre*) Schneiderkreide *f*

jabonera [xaβo'nera] *f* ❶ (*para depositar jabón*) Seifenschale *f* ❷ (BOT) Seifenkraut *nt*

jabonero, -a [xaβo'nero, -a] **I.** *adj* ❶ (*del jabón*) seifig ❷ (TAUR) weißlich gelb **II.** *m, f* ❶ (*productor*) Seifensieder(in) *m(f)* ❷ (*vendedor*) Seifenhändler(in) *m(f)*

jabonoso, -a [xaβo'noso, -a] *adj* Seifen-, seifig

---

i | **Land & Leute**

Jabugo: Jamón de Jabugo bezeichnet einen sehr feinen, luftgetrockneten Schinken aus der gleichnamigen Ortschaft **Jabugo** in der *provincia* von *Huelva* (im Südwesten Andalusiens).

---

jaca ['xaka] *f* ❶ (*caballo*) kleines Pferd *nt* ❷ (*yegua*) Stute *f* ❸ (*Am: gallo*) Kampfhahn *m*

jacal [xa'kal] *m* (*Méx, Ven*) Hütte *f*

jacalear [xakale'ar] *vi* (*Méx*) klatschen, tratschen *fam*

jácara ['xakara] *f* ❶ (*fam: mentira*) Märchen; (*historia*) Geschichte *f* ❷ (*molestia*) Ärgernis *nt*

jacarandoso, -a [xakaraṇ'doso, -a] *adj* fröhlich

jacarero, -a [xaka'rero, -a] *m, f* (*fam*) Spaßvogel *m*

jácena ['xaθena] *f* (ARQUIT) Unterzug *m*

jacinto [xa'θiṇto] *m* (BOT) Hyazinthe *f*

jaco ['xako] *m* (*caballo*) Klepper *m*

jacobinismo [xakoβi'nismo] *m sin pl* (POL) ❶ (*doctrina de los jacobinos*) Jakobinertum *nt* ❷ (*tendencia política*) Jakobinismus *m*

jactancia [xak'taṇθja] *f* Prahlerei *f*, Angeberei *f*

jactancioso, -a [xaktaṇ'θjoso, -a] I. *adj* angeberisch II. *m, f* Angeber(in) *m(f)*

jactarse [xak'tarse] *vr* prahlen (*de* mit +*dat*)

jaculatoria [xakula'torja] *f* Stoßgebet *nt*

jacuz(z)i® [ʃa'kuᵈsi] *m* Whirlpool *m*

jade ['xaðe] *m* Jade *m o f*

jadear [xaðe'ar] *vi* (*persona*) keuchen; (*perro*) hecheln

jadeo [xa'ðeo] *m* (*de persona*) Keuchen *nt;* (*de perro*) Hecheln *nt*

jaenero, -a [xae'nero, -a]**, jaenés, -esa** [xae'nes, -esa] I. *adj* aus Jaén II. *m, f* Einwohner(in) *m(f)* von Jaén

jaez [xa'eθ] *m* ❶ (*de caballo*) Geschirr *nt* ❷ (*de persona*) Sorte *f*; **persona de mal ~** bösartiger Mensch; **no te fíes de gente de ese ~** traue solchen Leuten nicht

jaguar [xa'ɣwar] *m* Jaguar *m*

jaiba ['xaiβa] I. *adj* ❶ (*Ant, Méx: astuto*) gerissen ❷ (*Cuba: perezoso*) faul II. *f* (*Am: cangrejo*) Flusskrebs *m*

jaima ['xaima] *f* Nomadenzelt *nt*

jalada [xa'laða] *f* (*Méx: fam*) ❶ (*exageración*) Übertreibung *f* ❷ (*fumada*) Zug *m* (an der Zigarette)

jalado, -a [xa'laðo, -a] *adj* ❶ (*Méx: exagerado*) übertrieben ❷ (*Am: demacrado*) abgezehrt ❸ (*Am: obsequioso*) gefällig ❹ (*Am: borracho*) betrunken

jalar [xa'lar] I. *vt* ❶ (*una cuerda*) ziehen (an +*dat*) ❷ (*una persona*) anziehen ❸ (*fam: comer*) mampfen II. *vi* (*Bol, PRico, Urug: largarse*) abhauen III. *vr:* ~**se** (*Am: emborracharse*) sich betrinken

jalbegue [xal'βeɣe] *m* Tünche *f*

jalea [xa'lea] *f* Gelee *nt*

jalear [xale'ar] *vt* (*animar*) anfeuern

jaleo [xa'leo] *m* ❶ (*barullo*) Lärm *m;* (*desorden*) Durcheinander *nt;* **armar ~** Lärm machen; **me he armado un ~ con los nombres** (*fam*) ich habe alle Namen durcheinander gebracht ❷ (*riña*) Streit *m*

jalón [xa'lon] *m* ❶ (*vara*) Absteckpfahl *m* ❷ (*hito*) Meilenstein *m*

jalonar [xalo'nar] *vt* ❶ (*un terreno*) abste-

cken ❷ (*marcar*) prägen

jamaicano, -a [xamai̯'kano, -a] I. *adj* jamaikanisch II. *m, f* Jamaikaner(in) *m(f)*

jamar [xa'mar] *vt, vr:* ~**se** (*fam: comer*) verdrücken

jamás [xa'mas] *adv* nie(mals); ~ **de los jamases** nie und nimmer; ~ **había tenido la oportunidad** nie zuvor hatte ich die Gelegenheit gehabt; **¿habías leído ~ algo parecido?** hast du je zuvor so etwas gelesen?; **nunca digas nunca ~** sag niemals nie

jamba ['xamba] *f* (*de la ventana*) Fensterpfosten *m;* (*de la puerta*) Türpfosten *m*

jamelgo [xa'melɣo] *m* (*fam*) Klepper *m*

jamón [xa'mon] *m* Schinken *m;* ~ **dulce** [*o* **de York**] gekochter Schinken; ~ **serrano** luftgetrockneter Schinken; **¡y un ~!** (*fam*) kommt überhaupt nicht in Frage!

jamona [xa'mona] *f* (*fam: mujer gruesa*) gut gepolsterte(, nicht mehr ganz junge) Frau *f*

jangada [xaŋ'gaða] *f* ❶ (*balsa*) Floß *nt* ❷ (*tontería*) dumme Bemerkung *f* ❸ (*fam: trastada*) gemeiner Trick *m*

Japón [xa'pon] *m* Japan *nt*

japonés, -esa [xapo'nes, -esa] I. *adj* japanisch II. *m, f* Japaner(in) *m(f)*

jaque ['xake] *m* ❶ (DEP) Schach *nt;* ~ **mate** (Schach)matt *nt;* **dar ~** Schach bieten; **tener a alguien en ~** jdn in Schach halten ❷ (*fam: perdonavidas*) Angeber *m*

jaquear [xake'ar] *vt* (DEP) Schach bieten +*dat*

jaqueca [xa'keka] *f* Migräne *f*; **este tipo me da ~** (*fam*) dieser Kerl geht mir auf die Nerven

jarabe [xa'raβe] *m* Sirup *m;* (*para la tos*) Hustensaft *m;* ~ **de pico** (*fam*) Geschwätz *nt;* **dar ~ de palo a alguien** (*fam*) jdm eine Tracht Prügel verpassen

jarana [xa'rana] *f* ❶ (*juerga*) Gaudi *f o nt;* **ir de ~** (*fam*) einen draufmachen ❷ (*discusión*) Krach *m* ❸ (*Am: burla*) Spaß *m*, Scherz *m* ❹ (*AmC: deuda*) Schuld *f* ❺ (*Col: embuste*) Lüge *f*

jaranero, -a [xara'nero, -a] *adj:* **ser un ~** sehr gern feiern

jarcia ['xarθja] *f* ❶ (NÁUT: *para pescar*) Fischfangausrüstung *f* ❷ *pl* (NÁUT: *de velero*) Tauwerk *nt*

jardín [xar'ðin] *m* Garten *m;* **los jardines de una ciudad** die Grünanlagen einer Stadt; ~ **de infancia** (*hasta los tres años*) Kinderkrippe *f;* (*a partir de tres años*) Kindergarten *m;* **trabajar en el ~** gärtnern

jardinear [xarðine'ar] *vt* (*Am*) gärtnern

jardinera [xarði'nera] *f* ❶ (*profesión*) Gärtnerin *f;* **a la** ~ (GASTR) nach Gärtnerinart ②(*maceta*) Blumenkasten *m*

jardinería [xarðine'ria] *f* (*arte*) Gartenkunst *f;* (*cuidado*) Gartenpflege *f*

jardinero, -a [xarði'nero, -a] *m, f* Gärtner(in) *m(f)*

jarra ['xarra] *f* Krug *m;* (*de agua, café*) Kanne *f;* **ponerse de** [*o* **en**] ~**s** die Arme in die Hüften stemmen

jarro ['xarro] *m* Krug *m;* (*de agua*) Kanne *f;* **echarle a alguien un** ~ **de agua fría** (*fig*) jdn um seine Hoffnungen bringen

jarrón [xa'rron] *m* Vase *f*

jartón, -ona [xar'ton, -ona] *m, f* (*AmC, Méx*) Vielfraß *m fam*

jaspe ['xaspe] *m* ❶(*cuarzo*) Jaspis *m* ②(*mármol*) geäderter Marmor *m*

jaspear [xaspe'ar] *vt* (*tejido*) jaspieren; (*papel*) marmorieren

jauja ['xauxa] *f* Schlaraffenland *nt;* **¡pero te crees que esto es J~!** was hast du bloß für (falsche) Vorstellungen!; **para ti la vida es J~** für dich ist das Leben wohl nur ein einziger Spaß

jaula ['xaula] *f* (*para animales*) Käfig *m*

jauría [xau'ria] *f* Meute *f*

jayán, -ana [xa'ʝan, -ana] *m, f* Riese, -in *m, f*

jazmín [xaθ'min] *m* Jasmin *m*

jazz [dʒas] *m sin pl* Jazz *m;* **tocar** ~ jazzen

jazzista [dʒa'sista] *mf* Jazzmusiker(in) *m(f)*

J.C. [xesu'kristo] *m abr de* **Jesucristo** Jesus Christus *m*

jeans [dʒins] *mpl* Jeans *f(pl)*

jeep [dʒip] *m* <jeeps> Jeep *m*

jefatura [xefa'tura] *f* ❶(*cargo*) Leitung *f* ②(*sede*): ~ **del gobierno** Amt *nt* des Regierungschefs; ~ **de policía** Polizeipräsidium *nt*

jefazo [xe'faθo] *m* (*fam*) hohes Tier *nt*

jefe, -a ['xefe, -a] *m, f* (*de una organización, empresa*) Chef(in) *m(f);* (*de un departamento*) Leiter(in) *m(f);* (*de una banda*) Anführer(in) *m(f);* ~ **de filas** (DEP) Mannschaftskapitän *m;* ~ **de(l) Estado** Staatsoberhaupt *nt;* ~ **de gobierno** Regierungschef *m;* ~ **de partido** Parteivorsitzende(r) *m;* **redactor** ~ Chefredakteur *m;* **en mi casa no soy yo el** ~**, sino mi mujer** zu Hause hat meine Frau die Hosen an

jengibre [xeŋ'xiβre] *m* Ingwer *m*

jeque ['xeke] *m* Scheich *m*

jerarca [xe'rarka] *mf* Oberhaupt *nt*

jerarquía [xerar'kia] *f* Hierarchie *f*

jerárquico, -a [xe'rarkiko, -a] *adj* hierarchisch

jerarquización [xerarkiθa'θjon] *f* Hierar-

chisierung *f*

jerarquizar [xerarki'θar] <z→c> *vt* hierarchisieren

jerez [xe'reθ] *m* Sherry *m*

jerga ['xerɣa] *f* (*lenguaje*) Jargon *m*

jergón [xer'ɣon] *m* (*fam: persona*) Fettwanst *m*

jeribeque [xeri'βeke] *m:* **hacer** ~**s** Grimassen schneiden

jerigonza [xeri'ɣonθa] *f* ❶(*galimatías*) Kauderwelsch *nt* ②(*jerga*) Jargon *m*

jeringa [xe'riŋɡa] *f* (*instrumento*) (Injektions)spritze *f*

jeringar [xeriŋ'ɡar] <g→gu> *vt* ❶(*con la jeringa*) spritzen ②(*molestar*) belästigen, plagen

jeringuilla [xeriŋ'ɡiʎa] *f* (Injektions)spritze *f*

jeroglífico¹ [xero'ɣlifiko] *m* ❶(*signo*) Hieroglyphe *f* ②(*pasatiempo*) Bilderrätsel *nt*

jeroglífico, -a² [xero'ɣlifiko, -a] *adj* hieroglyphisch

jersey [xer'sei] *m* Pullover *m;* ~ **de cuello alto** Rollkragenpullover *m*

Jesucristo [xesu'kristo] *m* Jesus Christus *m*

jesuítico, -a [xesu'itiko, -a] *adj* Jesuiten-

Jesús [xe'sus] *m* Jesus *m;* **¡~!** (*al estornudar*) Gesundheit!; (*interjección*) o mein Gott!; **en un** (**decir**) ~ im Nu

jeta ['xeta] *f* ❶(*fam: cara*) Visage *f;* **ese tiene una** ~ **increíble** (*fig*) der ist unglaublich frech ②(*labios*) wulstige Lippen *fpl* ❸(*del cerdo*) Rüssel *m* ❹(*Arg: nariz*) Nase *f*

ji [xi] **I.** *f* Chi *nt* **II.** *interj* ha!

jíbaro, -a ['xiβaro, -a] *adj* ❶(*Am: campesino*) bäuerlich; (*costumbres, vida*) ländlich ②(*Am: planta, animal*) wild ❸(*Ant, Méx: huraño*) menschenscheu

jibia ['xiβja] *f* Sepia *f*

jibraltareño, -a [xiβralta'reɲo, -a] **I.** *adj* gibraltarisch **II.** *m, f* Gibraltarer(in) *m(f)*

jícara ['xikara] *f* (*taza*) (Schokoladen)tasse *f*

jienense, -a [xje'nense, -a] **I.** *adj* aus Jaén **II.** *m, f* Einwohner(in) *m(f)* von Jaén

jijona [xi'xona] *m* Mandelnugat *m o nt* (aus

Jijona)

jilguero [xil'ɣero] *m* (ZOOL) Distelfink *m*

jineta [xi'neta] *f* ❶ (ZOOL) Ginsterkatze *f* ❷ (*monta*): **montar a la ~** mit kurzen Steigbügeln reiten

jinete [xi'nete] *m* (*persona*) Reiter *m;* (*profesional*) Jockei *m*

jinetear [xinete'ar] *vt* (*Am: domar*) zureiten

jiñar [xi'ɲar] *vi, vr:* ~ **se** (*vulg*) scheißen

jira ['xira] *f* ❶ (*jirón*) Fetzen *m* ❷ (*picnic*) Picknick *m*

jirafa [xi'rafa] *f* ❶ (ZOOL) Giraffe *f* ❷ (*para el micro*) Galgen *m*

jirón [xi'ron] *m* Fetzen *m;* **hacer algo jirones** etw zerreißen

jiu-jitsu [dʒju-'dʒiˀdˀsu] *m* (DEP) Jiu-Jitsu *nt*

JJ.OO. ['xweɣos o'limpikos] *abr de* **Juegos Olímpicos** Olympische Spiele *ntpl*

jo [xo] *interj* ❶ (*so*) hü ❷ (*sorpresa*) Wahnsinn

jobar [xo'βar] *interj* (*fam*) verdammt (noch mal)!

jobillo [xo'βiʎo] *m* (*PRico: fam*): **irse de ~ s** die Schule schwänzen

jockey ['xokei̯] *m* Jockei *m*

jocosidad [xokosi'ðaˀd] *f* ❶ (*cualidad*) Humor *m* ❷ (*chiste*) Witz *m*

jocoso, -a [xo'koso, -a] *adj* witzig

jocundidad [xokuṇdi'ðaˀd] *f* Heiterkeit *f*

jocundo, -a [xo'kuṇdo, -a] *adj* heiter, fröhlich

joder [xo'ðer] **I.** *vt* (*vulg*) ❶ (*copular*) ficken ❷ (*fastidiar*) nerven *fam;* **¡no me jodas!** erzähl mir keinen Scheiß!; **¡no te jode!** das ist ja kaum zu fassen!; **¡¡jódete!** zum Teufel mit dir! *fam* ❸ (*echar a perder*) vermasseln *fam* ❹ (*robar*) klauen *fam* **II.** *vi* (*vulg*) ficken **III.** *vr:* ~ **se** (*vulg*) ❶ (*fastidiarse*) sich abfinden; **¡hay que ~ se!** verdammt noch mal! *fam* ❷ (*echar a perder*): **nuestra amistad se ha jodido** unsere Freundschaft ist im Eimer *fam;* **la tele se ha jodido** der Fernseher ist im Arsch **IV.** *interj* (*vulg*) Scheiße!

jodido, -a [xo'ðiðo, -a] *adj* (*vulg*): **estoy ~** (*enfermo*) mir geht's beschissen; (*en un apuro*) ich sitze in der Scheiße; **ser ~** (*difícil*) schwierig sein; **es ~ tener que trabajar tanto** es ist verdammt hart, so viel arbeiten zu müssen

jodón, -ona [xo'ðon, -ona] **I.** *adj* (*Méx: fam*) nervtötend **II.** *m, f* (*Méx: fam*) Nervensäge *f*

jogging ['djoɣiŋ] *m* <joggings> Jogging *nt;* **esta mañana he hecho ~** heute Morgen war ich joggen

joint venture, joint-venture ['dʒoi̯m 'benʧa] *f* (ECON) Jointventure *nt*

jóker ['dʒoker] <jókers> *m* (*comodín*) Joker *m*

jolgorio [xol'ɣorjo] *m* Gaudi *f o nt*

jolín [xo'lin] *interj*, **jolines** [xo'lines] *interj* verdammt (noch mal)!

jopé [xo'pe] *interj* Mensch!

Jordania [xor'ðanja] *f* Jordanien *nt*

jordano, -a [xor'ðano, -a] **I.** *adj* jordanisch **II.** *m, f* Jordanier(in) *m(f)*

jornada [xor'naða] *f* ❶ (*de trabajo*) Arbeitstag *m;* (*tiempo trabajado*) Arbeitszeit *f;* ~ **continua** gleitende Arbeitszeit; ~ **partida** Arbeitstag mit (langer) Mittagspause; **trabajo media ~** ich arbeite halbtags ❷ (*viaje*) Tagesreise *f;* (*andando*) Tage(s)marsch *m;* **este pueblo está a dos ~ s de viaje** dieses Dorf liegt zwei Tagesreisen entfernt

jornal [xor'nal] *m* (*paga*) Tagelohn *m;* **trabajar a ~** als Tagelöhner arbeiten

jornalero, -a [xorna'lero, -a] *m, f* Tagelöhner(in) *m(f)*

joroba [xo'roβa] *f* ❶ (*de persona*) Buckel *m* ❷ (*de camello*) Höcker *m* ❸ (*molestia*) Belästigung *f*

jorobado, -a [xoro'βaðo, -a] **I.** *adj* buck(e)lig **II.** *m, f* Buck(e)lige(r) *mf*

jorobar [xoro'βar] **I.** *vt* (*fam*) nerven **II.** *vr:* ~ **se** (*fam*) sich abfinden; **si no le gusta, ¡que se jorobe!** wenn es ihm/ihr nicht passt, hat er/sie Pech gehabt!

jota ['xota] *f* ❶ (*letra*) J *nt;* **no entender** [*o* **saber**] **ni ~** (*fam*) keinen blassen Schimmer haben; **no ver ni ~** (*fam*) stockblind sein ❷ (*baile*) Jota *f*

i Land & Leute

Die **jota** ist ein traditioneller spanischer Tanz, mit einem auffallend schnellen Takt. Zur Musikbegleitung gehören die typischen *castañuelas* – *Kastagnetten*. Die wohl bekannteste **jota** ist **la jota de Aragón**.

jotero, -a [xo'tero, -a] **I.** *adv* die Jota betreffend **II.** *m, f* Jotatänzer(in) *m(f)*

joven ['xoβen] **I.** *adj* jung; **de muy ~** in früher Jugend **II.** *mf* junger Mann *m,* junge Frau *f;* **los jóvenes** die jungen Leute

jovenzuelo, -a [xoβeṇ'θwelo, -a] *m, f* (*pey*) Grünschnabel *m*

jovial [xo'βjal] *adj* fröhlich

jovialidad [xoβjali'ðaˀd] *f* Fröhlichkeit *f*

joya ['xoɨa] *f* ❶ (*alhaja*) Schmuckstück *nt;* (*piedra*) Juwel *nt o m;* **las ~ s** der Schmuck

② (*persona, cosa*) Juwel *nt;* **esta mujer de la limpieza es una** ~ sie ist ein Juwel von einer Putzfrau; **este niño es una** ~ dieses Kind ist ein wahrer Schatz

joyería [xoɟe'ria] *f* Juwelierladen *m*

joyero¹ [xo'ɟero] *m* Schmuckkästchen *nt*

joyero, -a² [xo'ɟero, -a] *m, f* Juwelier(in) *m(f)*

juanete [xwa'nete] *m* (*del pie*) (Fuß)ballen *m*

jubilación [xuβila'θjon] *f* **①** (*acción*) Pensionierung *f* **②** (*pensión*) Rente *f*

jubilado, -a [xuβi'laðo, -a] *m, f* Rentner(in) *m(f)*

jubilar [xuβi'lar] **I.** *vt* **①** (*a alguien*) pensionieren **②** (*fam: un objeto*) ausrangieren **II.** *vr:* ~**se** **①** (*retirarse*) in Rente gehen **②** (*AmC: hacer novillos*) schwänzen

júbilo ['xuβilo] *m* Jubel *m*

jubiloso, -a [xuβi'loso, -a] *adj* jubelnd; **estar** ~ überglücklich sein

jubón [xu'βon] *m* Wams *nt*

judaico, -a [xu'ðaiko, -a] *adj* jüdisch

judaísmo [xuða'ismo] *m sin pl* Judaismus *m*

judeocristiano, -a [xuðeokris'tjano, -a] *adj* jüdisch-christlich

judería [xuðe'ria] *f* Judenviertel *nt*

judía [xu'ðia] *f* **①** (*mujer*) Jüdin *f* **②** (BOT) Bohne *f*

judicatura [xuðika'tura] *f* **①** (*cargo*) Richteramt *nt* **②** (*de un país*) Richterstand *m* **③** (*ejercicio*) Rechtsprechung *f*, Judikatur *f;* ~ **del trabajo** Arbeitsgerichtsbarkeit *f*

judicial [xuði'θjal] *adj* (*de justicia*) Justiz-; (*de juicio*) Gerichts-; (*de juez*) richterlich

judío, -a [xu'ðio, -a] **I.** *adj* jüdisch **II.** *m, f* Jude *m*, Jüdin *f*

judo ['dʒuðo] *m* (DEP) Judo *nt*

judoka [dʒu'ðoka] *mf* (DEP) Judoka *mf*

juego ['xweɣo] *m* **①** (*diversión*) Spiel *nt;* ~ **de mesa** Gesellschaftsspiel *nt;* ~ **de los roles** Rollenspiel *nt;* **hacer** ~**s malabares** jonglieren; **hacer trampas en el** ~ falsch spielen; **hay muchos millones en** ~ es wird um viele Millionen gespielt; **perder dinero en el** ~ Geld verspielen; **tengo mal** ~ ich habe schlechte Karten; **poner en** ~ (*fig*) aufs Spiel setzen; **diciendo esto le hace el** ~ **a su rival** seine/ihre Äußerungen kommen seinem/ihrem Gegner zugute; **se le ve fácilmente el** ~ man kann ihn/sie leicht durchschauen; **no toma nuestra relación a** ~ er/sie nimmt unsere Beziehung nicht ernst; **desgraciado en el** ~**, afortunado en amores** (*prov*) Pech im Spiel, Glück in der Liebe **②** (DEP) Spiel *nt;* ~ **en blanco** Null-zu-

Null-Spiel *nt;* ~ **limpio** Fairplay *nt;* ~ **sucio** unfaires Spiel; **fuera de** ~ Abseits *nt;* **entrar en** ~ ins Spiel kommen **③** (*conjunto de botones, ropa interior*) Garnitur *f;* ~ **de mesa** Service *nt;* **estos colores no hacen** ~ diese Farben passen nicht zusammen **④** (TÉC) Spiel *nt;* **esta llave no hace** ~ **con la cerradura** dieser Schlüssel passt nicht ins Schloss

juerga ['xwerɣa] *f* Gaudi *f o nt;* **ayer estuve de** ~ (*fam*) ich habe gestern einen draufgemacht; **se le nota en la cara que se ha corrido unas cuantas** ~**s** (*fam*) man sieht ihm/ihr an, dass er/sie ein ausschweifendes Leben geführt hat; **ayer noche se armó una** ~ **increíble en este bar** (*fam*) gestern Abend war in dieser Kneipe der Bär los

juerguista [xwer'ɣista] *mf* (*salidor*) Nachtschwärmer *m;* (*fiestero*) Partylöwe *m*, Partygirl *nt*

jueves ['xweβes] *m inv* Donnerstag *m;* **J~ Santo** Gründonnerstag *m;* **no ser nada del otro** ~ nichts Weltbewegendes sein; *v. t.* **lunes**

juez [xweθ] *mf* (*t.* JUR) Richter(in) *m(f);* ~ **de instrucción** Untersuchungsrichter(in) *m(f);* ~ **de línea** [*o* **de banda**] (DEP) Linienrichter(in) *m(f)*

jugada [xu'ɣaða] *f* **①** (DEP) Spielzug *m;* ~ **de ajedrez** Schachzug *m;* ~ **antirreglamentaria** Foul *nt;* **las** ~**s de Michael Jordan encandilan al público** das Publikum ist von der Spielweise Michael Jordans begeistert; **Maradona hizo una** ~ **genial** Maradona spielte einen genialen Ball **②** (*apuesta*) Wette *f* **③** (*jugarreta*) Streich *m;* **hacerle** [*o* **gastarle**] **una** ~ **a alguien** jdm übel mitspielen

jugador(a) [xuɣa'ðor(a)] **I.** *adj:* **mi marido es muy** ~ mein Mann ist eine Spielernatur **II.** *m(f)* (*t.* DEP) Spieler(in) *m(f);* ~ **profesional** Profi *m*

jugar [xu'ɣar] *irr* **I.** *vi* **①** (*a un juego, deporte*) spielen; ~ **de líbero** auf der Liberoposition spielen; ~ **limpio/sucio** fair/ unfair spielen; ~ **a la lotería** (in der) Lotterie spielen; ~ **a policías y ladrones** Räuber und Gendarm spielen; **¿puedo** ~**?** darf ich mitspielen?; **¿a qué juegas?** (*fig*) was soll denn das? **②** (*bromear*) scherzen; **hacer algo por** ~ etw aus Spaß machen **③** (*en un negocio*) beteiligt sein (*en* an +*dat*); ~ **a la bolsa** an der Börse spekulieren **④** (*hacer juego*) zusammenpassen **II.** *vt* **①** (*un juego, una partida*) spielen; **me la han jugado** (*fig*) man hat mir übel mitgespielt **②** (*apostar*) wetten; ~ **fuerte**

mit hohem Einsatz spielen ❸ (*una carta*) (aus)spielen; (*una torre*) spielen; **¿quién juega?** wer ist dran?; (*al ajedrez*) wer ist am Zug? **III.** *vr:* **~se** ❶ (*la lotería*) verlost werden ❷ (*apostar*) wetten (um +*akk*), setzen (*a* auf +*akk*); **¿qué te juegas que...?** wollen wir wetten, dass ...? ❸ (*a-rriesgar*) aufs Spiel setzen; **~se el todo por el todo** alles auf eine Karte setzen

jugarreta [xuɣaˈrreta] *f* (*fam*) übler Streich *m;* **hacerle una ~ a alguien** jdm übel mitspielen

juglar(esa) [xuˈɣlar, xuɣlaˈresa] *m(f)* (HIST) Spielmann *m,* fahrender Sänger *m,* fahrende Sängerin *f*

jugo [ˈxuɣo] *m* ❶ (*de fruta, carne*) Saft *m;* **~s gástricos** Magensäfte *mpl* ❷ (*esencia*) Substanz *f;* **declaraciones con mucho ~** bedeutungsschwere Äußerungen; **este jefe saca el ~ a sus trabajadores** dieser Chef beutet seine Arbeitnehmer aus

jugosidad [xuɣosiˈðaᵈ] *f* Saftigkeit *f*

jugoso, -a [xuˈɣoso, -a] *adj* ❶ (*fruta, carne*) saftig ❷ (*color*) frisch

juguete [xuˈɣete] *m* ❶ (*objeto*) Spielzeug *nt;* **el barco era un ~ de las olas** das Schiff war ein Spielball der Wellen ❷ *pl* (COM) Spielwaren *fpl*

juguetear [xuɣeteˈar] *vi* ❶ (*con las llaves, un boli*) herumspielen; (*con una pelota*) tändeln ❷ (*los niños*) herumtollen

juguetería [xuɣeteˈria] *f* Spielwarengeschäft *nt*

juguetero, -a [xuɣeˈtero, -a] **I.** *adj* Spielzeug- **II.** *m, f* Spielwarenhändler(in) *m(f)*

juguetón, -ona [xuɣeˈton, -ona] *adj* verspielt

juicio [ˈxwiθjo] *m* ❶ (*facultad para juzgar*) Urteilsfähigkeit *f* ❷ (*razón*) Vernunft *f,* Verstand *m;* **falta de ~** Unvernunft *f;* **recobrar el ~** zur Vernunft kommen; **tú no estás en tu sano ~** du bist wohl nicht bei Verstand ❸ (*opinión*) Meinung *f,* Urteil *nt;* **a mi ~** meiner Meinung nach; **emitir un ~ sobre algo** etw beurteilen ❹ (JUR) Gerichtsverfahren *nt,* Prozess *m;* **~ criminal** Strafverfahren *nt;* **el día del J~ final** (REL) der jüngste Tag; **llevar a alguien a ~** jdm den Prozess machen

juicioso, -a [xwiˈθjoso, -a] *adj* (*sensato*) vernünftig; (*acertado*) treffend

julepe [xuˈlepe] *m* ❶ (*castigo*) Strafe *f;* (*reprimenda*) Standpauke *f;* **dar ~ a alguien** (*castigar*) jdn bestrafen; (*dar una reprimenda*) jdm eine Standpauke halten ❷ (*Am: miedo*) Angst *f* ❸ (*Am: ajetreo*) Plackerei *f;* **dar un ~ a alguien** (*fam*) jdm zu viel Arbeit aufhalsen

julio [ˈxuljo] *m* ❶ (FÍS) Joule *nt* ❷ (*mes*) Juli *m; v. t.* **marzo**

juma [ˈxuma] *f* (*Am: fam*) Rausch *m*

jumado, -a [xuˈmaðo, -a] *adj* (*Am: fam*) besoffen

jumento [xuˈmento] *m* Esel *m*

jumo¹ [ˈxumo] *m* (PRico) Rausch *m*

jumo, -a² [ˈxumo, -a] *adj* (*Am: borracho*) betrunken

juncal [xuŋˈkal] *adj* (*gallardo*) stattlich

junco [ˈxuŋko] *m* ❶ (BOT) Binse *f* ❷ (*bastón*) Spazierstock *m* ❸ (*embarcación*) Dschunke *f*

jungla [ˈxuŋgla] *f* Dschungel *m*

junio [ˈxunjo] *m* Juni *m; v. t.* **marzo**

júnior [ˈdʒunjor] *m* <juniores> Junior *m*

junta [ˈxunta] *f* ❶ (*comité*) Ausschuss *m;* (*consejo*) Rat *m;* **~ calificadora** (ENS) Prüfungskommission *f;* **~ directiva** Vorstand *m;* **~ general** Generalversammlung *f;* **~ militar** Militärjunta *f;* **~ municipal** Gemeinderat *m* ❷ (*reunión*) Sitzung *f;* **celebrar ~** (*de la ~ directiva*) eine Vorstandssitzung abhalten; (*de la ~ general*) eine Generalversammlung abhalten ❸ (TÉC: *de dos ladrillos, tablas*) Fuge *f;* (*de dos tubos*) Verbindung(sstelle) *f;* (*sellado*) Dichtung *f*

juntar [xunˈtar] **I.** *vt* ❶ (*aproximar*): **~ la mesa a la pared** den Tisch an die Wand rücken; **~ las sillas** die Stühle zusammenrücken ❷ (*unir*) verbinden ❸ (*reunir: personas*) versammeln; (*objetos*) (an)sammeln; (*dinero*) (an)sparen ❹ (*puerta, ventana*) anlehnen **II.** *vr:* **~se** ❶ (*reunirse*) sich versammeln ❷ (*unirse*) sich zusammenschließen ❸ (*aproximarse*) zusammenrücken ❹ (*liarse con alguien*) zusammenziehen; **se han juntado** sie wohnen zusammen

junto¹ [ˈxunto] **I.** *adv:* **hablaba por teléfono y trabajaba en el ordenador, todo ~** er/sie telefonierte und arbeitete gleichzeitig am PC; **tengo en ~ cien euros** ich habe alles insgesamt hundert Euro; **comprar por ~** in großen Mengen kaufen **II.** *prep* ❶ (*local*): **~ a** neben +*dat,* an +*dat;* **¿quién es el que está ~ a ella?** wer ist der Mann (da) neben ihr?; **estábamos ~ a la entrada** wir waren am Eingang; **pasaron ~ a nosotros** sie liefen an uns vorbei ❷ (*con movimiento*): **~ a** neben +*akk,* an +*akk;* **he puesto la botella ~ a las otras** ich habe die Flasche neben die anderen gestellt; **pon la silla ~ a la mesa** rück den Stuhl an den Tisch ❸ (*con, en compañía de*): **~ con** mit +*dat*

junto, -a² [ˈxunto, -a] *adj* zusammen,

gemeinsam; **nos sentamos todos ~s** wir saßen alle beieinander; **me las pagarás todas juntas** das wirst du mir büßen

juntura [xuŋˈtura] *f* (TÉC: *de dos ladrillos, tablas*) Fuge *f*; (*de dos tubos*) Verbindung(sstelle) *f*; (*sellado*) Dichtung *f*

jura [ˈxura] *f* Eid *m*

jurado[1] [xuˈraðo] *m* **①** (JUR: *miembro*) Geschworene(r) *mf*; (*tribunal*) Geschworenen *mpl* **②** (*de un examen*) Prüfungskommission *f* **③** (*de un concurso*) Jury *f*

jurado, -a[2] [xuˈraðo, -a] *adj* vereidigt; **intérprete ~** Gerichtsdolmetscher *m*

juramentar [xuramenˈtar] **I.** *vt* vereidigen **II.** *vr:* **~ se** sich eidlich verpflichten

juramento [xuraˈmento] *m* **①** (*t.* JUR: *jura*) Eid *m;* **falso ~** Meineid *m;* **estar bajo ~** unter Eid stehen; **tomar ~ a alguien** jdn vereidigen **②** (*blasfemia*) Fluch *m*

jurar [xuˈrar] **I.** *vt* schwören (*por* bei + *dat*); **~ en falso** einen falschen Eid ablegen; **~ por todos los santos** Stein und Bein schwören; **jurársela(s) a alguien** (*fam*) jdm Rache schwören **II.** *vi* fluchen

jurel [xuˈrel] *m* Makrele *f*

jurídico, -a [xuˈriðiko, -a] *adj* Rechts-, juristisch

jurisdicción [xurisðiɣˈθjon] *f* **①** (JUR: *potestad*) Rechtsprechung *f*; **~ militar** Militärgerichtsbarkeit *f;* **ese caso no está dentro de la ~ de este tribunal** dieser Fall fällt nicht in die Zuständigkeit dieses Gerichts **②** (*territorio*) Gerichtsbezirk *m*

jurisdiccional [xurisðiɣθjoˈnal] *adj* gerichtlich; **no ~** außergerichtlich; **aguas ~es** Hoheitsgewässer *nt(pl)*

jurisperito, -a [xurispeˈrito, -a] *m, f* Rechtskundige(r) *mf*

jurisprudencia [xurispruˈðenθja] *f* **①** (*ciencia*) Rechtswissenschaft *f* **②** (*legislación*) Rechtsprechung *f*

jurista [xuˈrista] *mf* Jurist(in) *m(f)*

jurungar [xuruŋˈgar] <g→gu> *vt, vr:* **~ se** (*Ven*) (sich) langweilen

justamente [xustaˈmente] *adv* **①** (*con justicia*) mit [*o* zu] Recht **②** (*precisamente*) genau, gerade **③** (*ajustadamente*): **este vestido viene ~ al cuerpo** das ist ein eng anliegendes Kleid

justicia [xusˈtiθja] *f* **①** (*cualidad*) Gerechtigkeit *f;* **en ~, él merece ganar el premio** genau genommen sollte er den Preis gewinnen; **hacerle ~ a alguien** jdm gerecht werden **②** (*derecho*) Recht *nt;* **administrar ~** Recht sprechen **③** (*poder judicial*) Justiz *f*

justiciero, -a [xustiˈθjero, -a] *adj* gerechtigkeitsliebend

justificable [xustifiˈkaβle] *adj* (*comportamiento*) entschuldbar; (*error*) nachweisbar

justificación [xustifikaˈθjon] *f* **①** (*disculpa*) Rechtfertigung *f;* **no hay ~ para lo que has hecho** es gibt keine Entschuldigung für das, was du gemacht hast **②** (*prueba*) Beweis *m;* (*documento*) Beleg *m*

justificante [xustifiˈkante] *m* Beleg *m;* (*de ausencia*) ärztliches Attest *nt*

justificar [xustifiˈkar] <c→qu> **I.** *vt* **①** (*disculpar*) rechtfertigen; **mi desconfianza es justificada** mein Misstrauen ist berechtigt **②** (*probar*) beweisen; (*con documentos*) belegen **II.** *vr:* **~ se** sich rechtfertigen

justipreciar [xustipreˈθjar] *vt* (*apreciar*) (ab)schätzen; (*tasar*) taxieren

justiprecio [xustiˈpreθjo] *m* (*aprecio*) Bewertung *f*; (*tasación*) Taxierung *f*

justo[1] [ˈxusto] **I.** *adv* **①** (*exactamente*) genau; **llegué ~ a tiempo** ich kam gerade noch rechtzeitig **②** (*escasamente*) gerade; **tengo ~ para vivir** mir reicht es gerade so zum Leben **II.** *mpl* Gerechten *pl*

justo, -a[2] [ˈxusto, -a] *adj* **①** (*persona, decisión*) gerecht **②** (*exacto*) genau; (*acertado*) treffend; **el peso ~** das exakte Gewicht; **¿tiene el dinero ~?** es que no tengo cambio** haben Sie das Geld passend? ich habe nämlich kein Kleingeld **③** (*escaso*) knapp **④** (*ajustado*) eng; **este abrigo me viene ~** dieser Mantel ist mir zu eng

juvenil [xuβeˈnil] **I.** *adj* Jugend-, jugendlich *f* **II.** *mf* (DEP): **juego con los ~es** ich spiele in der Jugendmannschaft

juventud [xuβenˈtuð] *f* **①** (*edad*) Jugend *f* **②** (*estado*) Jugendlichkeit *f* **③** (*jóvenes*) Jugend *f*, Jugendliche(n) *mpl*

juzgado [xuθˈɣaðo] *m* **①** (*jueces, local*) Gericht *nt* **②** (*territorio*) Gerichtsbezirk *m*

juzgar [xuθˈɣar] <g→gu> **I.** *vt* **①** (*juez: decidir*) richten (über + *akk*); (*condenar*) verurteilen **②** (*opinar sobre*) beurteilen; (*considerar*) halten; **~ mal a alguien** jdn falsch einschätzen; **juzgo necesario avisarle** ich halte es für angebracht, ihm/ihr Bescheid zu sagen; **le ~on de maleducado** sie hielten ihn für ungezogen; **no te juzgo capaz de hacerlo** ich halte dich nicht für fähig es zu tun **II.** *vi* **①** (*juez*) richten **②** (*opinar*) urteilen; **~ sobre apariencias** nach dem äußeren Anschein urteilen; **a ~ por como me mira, debe conocerme** so, wie er/sie mich ansieht, scheint er/sie mich zu kennen

K

K, k [ka] *f* K, k *nt;* ~ **de Kilo** K wie Kaufmann
ka [ka] *f* K *nt*
kafkiano, -a [kaf'kjano, -a] *adj* (LIT) kafka-
esk
káiser ['ka͜iser] *m* Kaiser *m*
kaki ['kaki] *adj* khakifarben
kamikaze [kami'kaθe] *m* (MIL) Kamikaze *m*
kanguro [kaŋ'guro] *m* Känguru *nt*
kantismo [kan'tismo] *m inv* (FILOS) Kantia-
nismus *m*
kappa ['kapa] *f* Kappa *nt*
karaoke [kara'oke] *m* Karaoke *nt*
karate [ka'rate] *m*, **kárate** ['karate] *m* (DEP)
Karate *nt*
karateka [kara'teka] *mf* (DEP) Karatekämp-
fer(in) *m(f)*
karma ['karma] *m* (REL) Karma(n) *nt*
kart [karᵗ] *m* <karts> Go-Kart *m*
kartin(g) ['kartiŋ] *m* <kartin(g)s> ❶ (DEP)
Go-Kart-Rennen *nt* ❷ (*para niños*) Kettcar
nt
katiuska [ka'tjuska] *f* Gummistiefel *m*
kayac [ka'ɟaᵏ] *m* <kayacs> (DEP) Kajak *m o*
nt
Kazajstán [kaθaˠs'tan] *m* Kasachstan *nt*
KB [kilo'βa͜it] *m* (INFOR) *abr de* **kilobyte** KB
nt
kb [kilo'βiᵗ] *m* (INFOR) *abr de* **kilobit** KBit *nt*
Kbit [kilo'βiᵗ] *m* (INFOR) *abr de* **kilobit** KBit
nt
Kbps [kilo'βiᵗs por se'ɣu̜ndo] (INFOR) *abr de*
kilobits por segundo Kbit/s
KBps [kilo'βa͜iᵗs por se'ɣu̜ndo] (INFOR) *abr de*
kilobytes por segundo KB/s
kbyte [kilo'βa͜iᵗ] *abr de* **kilobyte** kbyte
kebab [ke'βaᵝ] *m* <kebabs> (GASTR) Kebab
m
kéfir ['kefir] *m* Kefir *m*
kelvin ['kelβin] *m* (FÍS) Kelvin *nt*
keniano, -a [ke'njano, -a] I. *adj* kenianisch
II. *m*, *f* Kenianer(in) *m(f)*
keniata [ke'njata] I. *adj* kenianisch II. *mf*
Kenianer(in) *m(f)*
keroseno [kero'seno] *m* Kerosin *nt*
ketchup ['keᵈtʃup] *m* <ketchups> Ketschup
m o nt
kg ['kilo'ɣramo] *abr de* **kilogramo** kg
kibutz [ki'βuθ] *m* <kibutzs> Kibbuz *m*
kikirikí [kikiri'ki] *m* Kikeriki *nt*
kilo ['kilo] I. *m* Kilo *nt* II. *adv* (*argot:*
mucho) sehr viel

kilobyte [kilo'βai̯ᵗ] *m* (INFOR) Kilobyte *nt;* ~ **s**
por segundo Kilobyte pro Sekunde
kilocaloría [kilokalo'ria] *f* Kilokalorie *f*
kilociclo [kilo'θiklo] *m* Kilohertz *nt*
kilogramo [kilo'ɣramo] *m* Kilogramm *nt*
kilohercio [kilo'erθjo] *m* Kilohertz *nt*
kilolitro [kilo'litro] *m* Kiloliter *m*
kilometraje [kilome'traxe] *m* ❶ (AUTO)
Kilometerstand *m* ❷ (*distancia*) Entfernung *f;* **hay que recorrer un buen** ~ wir
müssen einige Kilometer zurücklegen
kilometrar [kilome'trar] *vt* ❶ (*medir*) nach
Kilometern messen ❷ (*río, carretera*) kilo-
metrieren
kilométrico, -a [kilo'metriko, -a] *adj* ❶ (*en*
kilómetros) kilometrisch ❷ (*muy largo*)
kilometerlang; (*escrito*) ellenlang
kilómetro [ki'lometro] *m* Kilometer *m*
kilotón [kilo'ton] *m* Kilotonne *f*
kilovatio [kilo'βatjo] *m* Kilowatt *nt*
kilovatio-hora [kilo'βatjo-'ora] *m* <kilova-
tios-hora> Kilowattstunde *f*
kilowatio [kilo'βatjo] *m v.* **kilovatio**
kimono [ki'mono] *m* Kimono *m*
kínder ['kinder] *m inv,* **kindergarten**
[kinder'ɣarten] *m inv* (*Am*) Kindergarten *m*
kit [kit] *m* <kits> Baukasten *m*
kiwi ['kiβi] *m* Kiwi *f*
kl [kilo'litro] *abr de* **kilolitro** kl
kleenex® ['k/lineˠs] *m inv,* **klínex**® ['kli-
neˠs] *m inv* Tempo® *nt*
km [ki'lometro] *abr de* **kilómetro** km
km/h [ki'lometro por 'ora] *abr de* **kilóme-**
tro por hora km/h
k.o. ['kao] *m* (DEP) *abr de* **knockout** K.o. *m*
koala [ko'ala] *m* Koala *m*
kodak® ['koðaᵏ] *f* <kodaks> (*Am:* FOTO)
Kleinbildkamera *f*
Kremlin ['kremlin] *m* Kreml *m*
Kurdistán [kurðis'tan] *m* Kurdistan *nt*
kurdo, -a ['kurðo, -a] I. *adj* kurdisch II. *m*, *f*
Kurde, -in *m*, *f*
kuwaití [ku̯βa͜i'ti] I. *adj* kuwaitisch II. *mf*
Kuwaiter(in) *m(f)*
kv. [kilo'βatjo] *m abr de* **kilovatio** kW
kv/h. [kilo'βatjo 'ora] *abr de* **kilovatio-hora**
kWh

L, l ['ele] *f* L, l *nt;* ~ **de Lorenzo** L wie Ludwig

l ['litro] *abr de* **litro(s)** l

l. ['liβro-le i] ❶ *abr de* **libro** Buch ❷ *abr de* **ley** Gesetz

L. [le i-'lira] ❶ *abr de* **Ley** Gesetz ❷ *abr de* **lira(s)** L.

la [la] **I.** *art det v.* **el, la, lo II.** *pron pers f sg* ❶ *(objeto directo)* sie; **¡tráeme~!** bring sie mir! ❷ *(enclítico)* es; **¡buena ~ hemos hecho!** da haben wir uns etwas eingebrockt! ❸ *(con relativo):* ~ **que...** die(jenige), die ...; ~ **cual** die ❹ *(laísmo)* ihr **III.** *m* (MÚS) A *nt*

laberíntico, -a [laβe'rintiko, -a] *adj* labyrinthisch; *(fig)* verworren

laberinto [laβe'rinto] *m* ❶ *(lugar)* Labyrinth *nt* ❷ *(maraña)* Durcheinander *nt*

labia ['laβja] *f (fam)* Zungenfertigkeit *f;* **tener mucha** ~ ein flinkes Mundwerk haben

labial [la'βjal] *adj* Lippen-

lábil ['laβil] *adj (carácter, t.* QUÍM*)* labil; *(frágil)* unsicher

labio ['laβjo] *m* ❶ *(boca)* Lippe *f;* (ZOOL) Lefze *f;* ~ **leporino** Hasenscharte *f;* **los** ~ **s** der Mund; **cerrar los** ~ **s** schweigen; **morderse los** ~ **s** sich *dat* auf die Lippen beißen; *(fig)* sich *dat* das Lachen verbeißen ❷ *(borde)* Rand *m* ❸ *pl (vulva)* Schamlippen *fpl*

labor [la'βor] *f* Arbeit *f; (manualidad)* Handarbeit *f; (labranza)* Feldarbeit *f;* ~ **de ganchillo** Häkelarbeit *f;* **sus** ~ **es** *(formularios)* Hausfrau *f;* **hacer** ~ **es** handarbeiten

laborable [laβo'raβle] *adj* ❶ (AGR) kultivierbar ❷ *(de trabajo):* **día** ~ Werktag *m*

laboral [laβo'ral] *adj* Arbeits-

laboralista [laβora'lista] **I.** *adj:* **abogado** ~ Arbeitsrechtler *m* **II.** *mf* Arbeitsrechtler(in) *m(f)*

laborar [laβo'rar] **I.** *vi* ❶ *(gestionar)* sich bemühen *(por/en favor de* um *+akk)* ❷ *(intrigar)* intrigieren **II.** *vt v.* **labrar**

laboratorio [laβora'torjo] *m* Labor *nt*

laborear [laβore'ar] *vt* ❶ *v.* **labrar** ❷ (MIN) fördern

laboreo [laβo'reo] *m* ❶ (AGR) Ackerbau *m* ❷ (MIN) Bergbau *m;* ~ **exhaustivo** Raubbau *m*

laboriosidad [laβorjosi'ðaᵈ] *f* Fleiß *m*

laborioso, -a [laβo'rjoso, -a] *adj* ❶ *(trabajador)* fleißig ❷ *(difícil)* mühsam

laborismo [laβo'rismo] *m* (POL) Labourbewegung *f*

laborista [laβo'rista] **I.** *adj:* **partido** ~ Labour Party *f* **II.** *mf* Anhänger(in) *m(f)* der Labour Party

labrado¹ [la'βraðo] *m* ❶ *(acción)* Bearbeitung *f;* (AGR) Bestellung *f* ❷ *(resultado)* Arbeit *f; (dibujo)* Muster *nt;* *(de un cristal)* Schliff *m* ❸ *(campo)* Acker *m* ❹ *pl (tierra)* Ackerland *nt*

labrado, -a² [la'βraðo, -a] *adj* ❶ *(telas)* gemustert; *(objetos)* fein gearbeitet; *(madera)* behauen; *(cristal)* geschliffen ❷ (AGR) bestellt; **campo** ~ Ackerland *nt*

labrador(a) [laβra'ðor(a)] *m(f)* Landwirt(in) *m(f)*

labrantío¹ [laβran'tio] *m* Ackerland *nt*

labrantío, -a² [laβran'tio, -a] *adj* ❶ *(cultivado)* bebaut ❷ *(cultivable)* anbaufähig

labranza [la'βranθa] *f* ❶ *(cultivo)* Ackerbau *m* ❷ *(trabajo)* Feldarbeit *f* ❸ *(hacienda)* Bauernhof *m*

labrar [la'βrar] *vt* ❶ *(trabajar un material)* bearbeiten; *(un dibujo)* herausarbeiten; *(cristal)* schleifen; **sin** ~ unbearbeitet ❷ *(cultivar)* bestellen; *(arar)* pflügen; *(en jardín)* hacken ❸ (MIN) ausbeuten ❹ *(coser)* nähen; *(bordar)* sticken ❺ *(acuñar)* prägen ❻ *(causar gradualmente)* bewirken; ~ **la felicidad de alguien** jdm zu seinem Glück verhelfen; ~ **la perdición de alguien** jdn ins Verderben stürzen

labriego, -a [la'βrjeɣo, -a] *m, f* Landwirt(in) *m(f)*

laburar [laβu'rar] *vi (Arg, Urug)* arbeiten

laca ['laka] *f* ❶ *(pintura)* Lack *m* ❷ *(para el pelo)* Haarlack *m;* *(spray)* Haarspray *m o nt*

lacar [la'kar] <c→qu> *vt* lackieren

lacayo [la'kaɟo] *m* ❶ *(criado)* Lakai *m* ❷ *(pey: adulador)* Speichellecker *m*

lacerante [laθe'rante] *adj* unangenehm; *(dolor)* stechend; *(grito)* gellend

lacerar [laθe'rar] *vt* ❶ *(herir)* verletzen; ~ **el alma** das Herz zerreißen ❷ *(magullar)* quetschen ❸ *(la honra)* Schaden zufügen *+dat*

lacero, -a [la'θero, -a] *m, f* ❶ *(laceador)* Lassowerfer(in) *m(f)* ❷ *(perrero)* Hundefänger(in) *m(f)*

lacio, -a ['laθjo, -a] *adj* ❶ *(marchito)* welk ❷ *(flojo)* schlaff; *(cabello)* glatt

lacón [la'kon] *m* (luftgetrockneter) Vorderschinken *m*

lacónico, -a [la'koniko, -a] *adj* lakonisch; *(persona)* wortkarg

laconismo [lako'nismo] *m* Lakonismus *m*

lacra ['lakra] *f* ❶ *(de una enfermedad)*

Folgeerscheinung *f;* (*cicatriz*) Narbe *f*
❷ (*vicio*) Laster *nt*
lacrar [la'krar] *vt* ❶ (*cerrar*) versiegeln
❷ (*contagiar*) anstecken ❸ (*perjudicar*)
schädigen
lacre ['lakre] *m* Siegellack *m*
lacrimal [lakri'mal] *adj* Tränen-; **bolsa ~**
Tränensack *m*
lacrimógeno, -a [lakri'moxeno, -a] *adj:* **gas**
~ Tränengas *nt;* **película lacrimógena**
(*pey*) Schnulze *f*
lacrimoso, -a [lakri'moso, -a] *adj* ❶ (*lloroso*) tränend ❷ (*lastimoso*) zu Tränen
rührend ❸ (*quejumbroso*) wehleidig
lactancia [lak'tanθja] *f* ❶ (*acción*) Säugen
nt ❷ (*período*) Stillzeit *f*
lactante [lak'tante] I. *adj* stillend II. *mf*
Säugling *m*
lactar [lak'tar] I. *vt* stillen, säugen II. *vi* saugen
lacteado, -a [lakte'aðo, -a] *adj* Milch-,
milchhaltig; **harina lacteada** Milchpulver
nt
lácteo, -a ['lakteo, -a] *adj* Milch-; (*parecido*) milchig; **vía láctea** Milchstraße *f*
láctico, -a ['laktiko, -a] *adj* Milch-
lactosa [lak'tosa] *f* Milchzucker *m*
lacustre [la'kustre] *adj* See-; **construcciones ~s** Pfahlbauten *mpl*
ladeado, -a [laðe'aðo, -a] *adj* schief
ladear [laðe'ar] I. *vt* ❶ (*inclinar*) (zur Seite)
neigen; (*un sombrero*) schief aufsetzen
❷ (*desviar*) ausweichen +*dat;* **~ un problema** einem Problem aus dem Weg
gehen II. *vi* (*caminar*) einen Hang entlanglaufen; (*desviarse*) vom Weg abkommen
III. *vr:* **~se** ❶ (*inclinarse*) sich (zur Seite)
neigen ❷ (*Chil: enamorarse*) sich verlieben ❸ (*loc*): **~se con alguien** sich auf jds
Seite stellen
ladeo [la'ðeo] *m* seitliche Neigung *f*
ladera [la'ðera] *f* Abhang *m*
ladilla [la'ðiʎa] *f* Filzlaus *f*
ladino, -a [la'ðino, -a] *adj* ❶ (*taimado*)
abgefeimt ❷ (*políglota*) sprachgewandt
lado ['laðo] *m* ❶ (*lateral, t.* MAT) Seite *f;* **por**
un ~ ... y por el otro ~ ... einerseits ... und
andererseits ...; **a ambos ~s** beiderseits;
por el ~ materno mütterlicherseits; **ir de**
un ~ a otro hin und her gehen; **dormir**
del ~ izquierdo auf der linken Seite schlafen; **por todos ~s** überall; **dejar de ~ a**
alguien jdn ignorieren; **mirar de ~ a alguien** jdn schief anblicken; **al ~** daneben;
la casa de al ~ das Haus nebenan; **al ~ de**
(*estar junto a*) neben +*dat;* (*colocar junto*
a) neben +*akk;* **al ~ mío, a mi ~** (*estar*)
neben mir; (*colocar*) neben mich

❷ (*borde*) Kante *f;* (*extremo*) Rand *m;*
(*parte*) Teil *m* ❸ (*lugar*) Gegend *f;* **por el**
~ del río in der Nähe des Flusses; **ir a**
algún otro ~ irgendwo anders hingehen
❹ (*punto de vista*) Aspekt *m;* **por el ~**
ecológico vom ökologischen Standpunkt;
el ~ bueno de la vida die angenehme(n)
Seite(n) des Lebens ❺ (*camino*) Weg *m;*
tomar por otro ~ einen anderen Weg einschlagen ❻ (*partido*): **me puse de tu ~**
ich ergriff für dich Partei
ladrador(a) [laðra'ðor(a)] *adj* bellend;
dice el refrán: perro ~ poco mordedor
es heißt: Hunde, die bellen, beißen nicht
ladrar [la'ðrar] *vi* (*perro*) bellen; (*amenazar*) kläffen; **perro que ladra no muerde**
(*prov*) Hunde, die bellen, beißen nicht
ladrido [la'ðrido] *m* ❶ (*perro*) Gebell *nt*
❷ (*pey: calumnia*) Beschimpfung *f*
ladrillo [la'ðriʎo] *m* ❶ (*de construcción*)
Ziegel(stein) *m;* **color ~** Ziegelrot *nt*
❷ (TEAT, LIT) (langweiliger) Schinken *m*
ladrón¹ [la'ðron] *m* (*enchufe*) Mehrfachstecker *m*
ladrón, -ona² [la'ðron, -ona] I. *adj* diebisch
II. *m, f* (*bandido*) Dieb(in) *m(f);* **~ cuatrero** Viehdieb *m;* **la ocasión hace al ~**
(*prov*) Gelegenheit macht Diebe
ladronera [laðro'nera] *f* ❶ (*escondrijo*)
Diebesnest *nt* ❷ (*de un río o acequia*)
unbefugte Wasserentnahme *f* ❸ (*defraudación*) Gaunerei *f*
ladronzuelo, -a [laðron'θwelo, -a] *m, f*
(*ratero*) Taschendieb(in) *m(f)*
lagar [la'ɣar] *m* ❶ (*aceite*) Ölpresse *f;*
(*vino*) Kelter *f* ❷ (*edificio*) Kelterei *f*
lagartija [laɣar'tixa] *f* Mauereidechse *f*
lagarto¹ [la'ɣarto] I. *interj* toi, toi, toi! II. *m*
❶ (*reptil*) Eidechse *f* ❷ (*Am: caimán*) Kaiman *m*
lagarto, -a² [la'ɣarto, -a] I. *adj* verschlagen
II. *m, f* (*persona*) Schlauberger(in)
lagartón, -ona [laɣar'ton, -ona] I. *adj*
schlau; (*pey*) durchtrieben II. *m, f* Schlauberger(in) *m(f) fam;* (*pey*) gerissener
Mensch *m*
lago ['laɣo] *m* See *m;* **L~ de Constanza**
Bodensee *m*
lágrima ['laɣrima] *f* ❶ (*del ojo*) Träne *f;* **llorar ~s de sangre por algo** wegen etw
gen/dat heiße Tränen vergießen; **llorar a**
~ viva, deshacerse en ~s bitterlich weinen; **ser el paño de ~s de alguien** jds
Trost sein ❷ (*de vino*) Schlückchen *nt*
lagrimal [laɣri'mal] I. *adj* Tränen- II. *m* Tränensack *m*
lagrimear [laɣrime'ar] *vi* tränen
lagrimón [laɣri'mon] *m* (*fam*) dicke Träne *f*

lagrimoso, **-a** [laɣriˈmoso, -a] *adj* tränend
laguna [laˈɣuna] *f* ① (*agua salada*) Lagune *f;* (*dulce*) Teich *m* ② (*omisión*) Lücke *f;* ~ **en la memoria** Gedächtnislücke *f*
laicado [laiˈkaðo] *m* Laien *mpl*
laicización [laiθiθaˈθjon] *f* Verweltlichung *f*
laicizar [laiθiˈθar] <z→c> *vt* verweltlichen
laico, **-a** [ˈlaiko, -a] **I.** *adj* weltlich **II.** *m, f* Laie, -in *m, f*

laja [ˈlaxa] *f* Steinplatte *f;* ~ **de pizarra** Schieferplatte *f*
lama [ˈlama] *f* ① (*cieno*) Schlick *m* ② (*de metal*) Lahn *m*
lamaísmo [lamaˈismo] *m* (REL) Lamaismus *m*
lambda [lambða] *f* (*letra griega*) Lambda *nt*
lamé [laˈme] *m* Lamé *m*
lameculos [lameˈkulos] *mf inv* (*vulg*) Arschkriecher(in) *m(f)*
lamedura [lameˈðura] *f* Lecken *nt*
lamentable [lamenˈtaβle] *adj* jämmerlich
lamentación [lamentaˈθjon] *f* (*acción*) (Weh)klagen *nt;* (*expresión*) (Weh)klage *f;* **las lamentaciones** das Gejammer
lamentar [lamenˈtar] **I.** *vt* beklagen; **lo lamento** ich bedaure es **II.** *vr:* ~**se** sich beklagen (*de* über +*akk*)
lamento [laˈmento] *m* Wehklagen *nt*
lameplatos [lameˈplatos] *mf inv* ① (*fam: goloso*) Leckermaul *nt* ② (*pobre*) armer Schlucker *m*
lamer [laˈmer] **I.** *vt* ① (*pasar la lengua*) (ab)lecken ② (*tocar*) leicht berühren; **las olas lamen las arenas** die Wellen rollen an den Strand; **mejor lamiendo que mordiendo** (*fig*) man erreicht mehr mit Lob als mit Tadel **II.** *vr:* ~**se** sich lecken
lamido¹ [laˈmiðo] *m* Lecken *nt*
lamido, **-a²** [laˈmiðo, -a] *adj* ① (*flaco*) dünn ② (*pálido*) blass ③ (*relamido*) geschniegelt ④ (*gastado*) abgewetzt
lámina [ˈlamina] *f* ① (*hojalata*) dünnes Blech *nt;* (*hoja de metal*) Folie *f;* (*segmento*) Lamelle *f;* ~ **para proyector** Overheadfolie *f* ② (TIPO) Druckplatte *f*

③ (*ilustración*) Abbildung *f;* **con** ~**s** illustriert
laminación [laminaˈθjon] *f* Walzen *nt*
laminado¹ [lamiˈnaðo] *m* (Aus)walzen *nt*
laminado, **-a²** [lamiˈnaðo, -a] *adj* ausgewalzt
laminador [laminaˈðor] *m* (*empresa*) Walzwerk *nt*
laminar [lamiˈnar] **I.** *adj* ① (*en forma de lámina*) Folien- ② (*formado de láminas*) schichtartig **II.** *vt* ① (*cortar*) (aus)walzen ② (*guarnecer*) mit Platten verkleiden
lámpara [ˈlampara] *f* ① (*luz*) Lampe *f;* ~ **de alarma** Warnleuchte *f;* ~ **fluorescente** Leuchtstoffröhre *f;* ~ **de pie** Stehlampe *f;* **atizar la** ~ (*fig fam*) noch eine Runde Wein einschenken ② (TV, RADIO) Röhre *f* ③ (*mancha*) Fettfleck *m*
lamparilla [lampaˈriʎa] *f* (*luz*) Nachtlampe *f*
lamparón [lampaˈron] *m:* ~ **de grasa** großer Fettfleck *m*
lampiño, **-a** [lamˈpiɲo, -a] *adj* (*sin barba*) bartlos; (*sin pelo*) haarlos
lampista [lamˈpista] *mf* ① (*fabricante*) Lampenhersteller(in) *m(f)* ② (*vendedor*) Lampenverkäufer(in) *m(f)* ③ (*sereno*) Lampenanzünder(in) *m(f)*
lampistería [lampisteˈria] *f* ① (*fábrica*) Lampenfabrik *f* ② (*tienda*) Lampengeschäft *nt* ③ (*almacén*) Lampenwerkstatt *f*
lana [ˈlana] *f* ① (*material*) Wolle *f;* ~ **esquilada** Schurwolle *f;* **perro de** ~**s** Pudel *m;* **cardarle la** ~ **a alguien** (*fig fam*) jdm gehörig die Meinung sagen ② (*tela*) Wollstoff *m* ③ (*vulg: dinero*) Kohle *f fam*
lanar [laˈnar] *adj* Woll-; **ganado** ~ Wollvieh *nt*
lance [ˈlanθe] *m* ① (*acción*) Wurf *m;* (*red*) Auswerfen *nt* ② (*trance*) kritische Situation *f* ③ (*pelea*) Streit *m;* ~ **de honor** Duell *nt* ④ (*juego*) Aktion *f* ⑤ (*fam: compra*) Gelegenheit *f;* **comprar de** ~ ein Schnäppchen machen; **de** ~ aus zweiter Hand ⑥ (*loc*): ~ **de amor** Liebesabenteuer *nt;* ~ **de fortuna** Schicksalswendung *f*
lancero [lanˈθero] *m* ① (*soldado*) Lanzenreiter *m* ② (*torero*) Lanzenkämpfer *m*
lancha [ˈlantʃa] *f* ① (*piedra*) Steinplatte *f;* ~ **de pizarra** Schieferplatte *f* ② (*bote*) Kahn *m;* ~ **a remolque** Schleppkahn *m;* ~ **de salvamento** Seenotrettungskreuzer *m*
lanchar [lanˈtʃar] *vi* (*Ecua*) (*nublarse*) sich bewölken ② (*helar*) (ge)frieren
lancinante [lanθiˈnante] *adj* (*dolor*) stechend
land [land] *m* (deutsches) Bundesland *nt*
landa [ˈlanda] *f* Heide *f*

landó [laŋ'do] *m* Landauer *m*

lanería [lane'ria] *f* Wollwarengeschäft *nt*

lanero, **-a** [la'nero, -a] *adj* Woll-

langosta [laŋ'gosta] *f* ❶ (*insecto*) Heuschrecke *f;* **los muchachos son la ~** (*fam*) vor den Jungen ist nichts (Essbares) sicher; **por esta nevera ha pasado la ~** der Kühlschrank ist total leer geräumt worden ❷ (*crustáceo*) Languste *f*

langostino [laŋgos'tino] *m* Garnele *f*

langucia [laŋ'guθja] *f* (*Am*) Gefräßigkeit *f*

languidecer [laŋgiðe'θer] *irr como crecer vi* ❶ (*debilitarse*) verkümmern; (*alguien*) dahinsiechen; (*flores*) verwelken; (*fuego*) verglimmen; **~ de amor** sich vor Liebe verzehren; **la conversación languideció** die Unterhaltung verlief schleppend ❷ (*espíritu*) niedergeschlagen sein

languidez [laŋgi'ðeθ] *f* ❶ (*debilidad*) Mattigkeit *f* ❷ (*espíritu*) Niedergeschlagenheit *f*

lánguido, **-a** ['laŋgiðo, -a] *adj* ❶ (*débil*) matt ❷ (*espíritu*) niedergeschlagen

lanilla [la'niʎa] *f* (*pelillo*) (Woll)flor *m*

lanolina [lano'lina] *f* Wollfett *nt*

lanoso, **-a** [la'noso, -a] *adj*, **lanudo**, **-a** [la'nuðo, -a] *adj* wollig; (*oveja*) wollreich

lanza ['laŋθa] *f* ❶ (*arma*) Lanze *f;* **quebrar ~s** (*fig*) sich verfeinden ❷ (*carro*) Deichsel *f*

lanzabengalas [laŋθaβeŋ'galas] *m inv* Leuchtpistole *f*

lanzacohetes [laŋθako'etes] *m inv* Raketenwerfer *m*

lanzada [laŋ'θaða] *f* (*golpe*) Lanzenstoß *m;* (*herida*) Lanzenstich *m*

lanzadera [laŋθa'ðera] *f* ❶ (*textil*) (Weber)schiffchen *nt* ❷ (AERO) Raumfähre *f*

lanzado, **-a** [laŋ'θaðo, -a] *adj* ❶ (*decidido*) entschlossen ❷ (*impetuoso*) ungestüm; (*fogoso*) feurig

lanzador(a) [laŋθa'ðor(a)] *m(f)* Werfer(in) *m(f)*

lanzallamas [laŋθa'ʎamas] *m inv* Flammenwerfer *m*

lanzamiento [laŋθa'mjento] *m* Wurf *m;* **~ de bombas** Bombenabwurf *m;* **~ comercial** Lancierung *f;* **~ espacial** Raketenstart *m;* **~ de peso** Kugelstoßen *nt*

lanzamisiles [laŋθami'siles] *m inv* Raketenwerfer *m*

lanzar [laŋ'θar] <z→c> **I.** *vt* ❶ (*arrojar*) werfen (*a* auf +*akk*); **~ peso** kugelstoßen ❷ (*al mercado*) auf den Markt bringen **II.** *vr:* **~se** sich stürzen (*a/sobre* auf +*akk*); **~se a correr** losrennen; **~se al agua** ins Wasser springen; **~se en paracaídas** mit dem Fallschirm abspringen; **~se en**

picado im Sturzflug fliegen

lanzaroteño, **-a** [laŋθaro'teɲo, -a] **I.** *adj* aus Lanzarote **II.** *m*, *f* Bewohner(in) *m(f)* von Lanzarote

lanzatorpedos [laŋθator'peðos] *m inv* Torpedoträger *m*

laña ['laɲa] *f* (*grapa*) Metallklammer *f*

lapa ['lapa] *f* ❶ (ZOOL) Napfschnecke *f* ❷ (*fam: persona*) Klette *f*

lapicera [lapi'θera] *f* (*Arg*) Füller *m*

lapicero [lapi'θero] *m* ❶ (*para lápices*) Bleistifthalter *m* ❷ (*lápiz*) Bleistift *m* ❸ (*Am: bolígrafo*) Kugelschreiber *m*

lápida ['lapiða] *f* Steintafel *f;* **~ conmemorativa** Gedenktafel *f*

lapidación [lapiða'θjon] *f* Steinigung *f;* **le condenaron a muerte por ~** er ist zum Tode durch Steinigen verurteilt worden

lapidar [lapi'ðar] *vt* steinigen

lapidario, **-a** [lapi'ðarjo, -a] *adj* ❶ (*piedras preciosas*) Edelstein- ❷ (*categórico*) lapidar, kurz und bündig

lapislázuli [lapis'laθuli] *m* Lapislazuli *m*

lápiz ['lapiθ] *m* (*de grafito*) Bleistift *m;* (*cosmético*) Stift *m;* **~ de color** Buntstift *m;* **~ de pizarra** Griffel *m*

lápiz-ratón ['lapiθ-ra'ton] *m* (INFOR) Lichtstift *m*

lapón, **-ona** [la'pon, -ona] **I.** *adj* lappländisch **II.** *m*, *f* (*habitante*) Lappländer(in) *m(f)*, Lappe, -in *m*, *f*

Laponia [la'ponja] *f* Lappland *nt*

lapso ['laβso] *m* ❶ (*período*): **~** (**de tiempo**) Zeitraum *m* ❷ *v.* **lapsus**

lapsus ['laβsus] *m* Fehler *m*

laquear [lake'ar] *vt* lackieren

lar [lar] *m* ❶ (*fuego*) Herd *m* ❷ (*hogar*) Heim (und Herd) *nt*

lardo ['larðo] *m* ❶ (*tocino*) Speck *m* ❷ (*grasa*) Schmalz *nt*

largar [lar'ɣar] <g→gu> **I.** *vt* ❶ (*soltar*) loslassen ❷ (*fam: golpe*) versetzen; (*bofetada*) geben ❸ (*fam: discurso*) vom Stapel lassen **II.** *vr:* **~se** ❶ (*irse*) abhauen; (*de casa*) ausreißen ❷ (*Am: comenzar*) in Bewegung setzen; **~se a hacer algo** etw mit Schwung beginnen **III.** *vi* (*fam*) schwätzen

largavistas [larɣa'βistas] *m inv* Fernrohr *nt*

largo[1] ['larɣo] **I.** *adv* ❶ (*en abundancia*) reichlich; **~ y tendido** in Hülle und Fülle ❷ (*loc*): **a lo ~ de** (*lugar*) an +*dat* ... entlang; (*período*) während; **a lo ~ del día** im Laufe des Tages; **pasear a lo ~ de la playa** am Strand entlanggehen; **¡~ de aquí!** weg hier! **II.** *m* (*longitud*) Länge *f;* **nadar tres ~s** drei Bahnen schwimmen; **diez metros de ~** zehn Meter lang

largo, -a² ['larɣo, -a] *adj* ❶ (*tamaño, duración*) lang; **a ~ plazo, a la larga** langfristig; **a la larga o a la corta** über kurz oder lang; **a lo ~ de muchos años** viele Jahre lang; **dar largas a algo** etw auf die lange Bank schieben; **el pantalón te está ~** die Hose ist dir zu lang; **ir de ~** ein langes Kleid tragen; (*de gala*) ein Abendkleid tragen; **pasar de ~** weitergehen; (*fig*) außer Acht lassen; **tener cincuenta años ~s** weit über fünfzig sein; **tiene las manos largas** (*pegar*) ihm/ihr rutscht leicht die Hand aus; (*robar*) er/sie ist ein Langfinger ❷ (*extensivo*) ausführlich; (*mucho*) reichlich; **por ~** ausführlich ❸ (*fam: astuto*) clever

largometraje [larɣome'traxe] *m* Spielfilm *m*

larguero [lar'ɣero] *m* ❶ (*carpintería*) Holm *m* ❷ (DEP) (Tor)latte *f*

largueza [lar'ɣeθa] *f* ❶ (*largo*) Länge *f* ❷ (*generosidad*) Großzügigkeit *f* ❸ (*liberalidad*) Toleranz *f*

larguirucho, -a [larɣi'rutʃo, -a] *adj* (*fam*) schlaksig

largura [lar'ɣura] *f* Länge *f*; **con ~** spielend

laringe [la'rinxe] *f* Kehlkopf *m*

laringitis [lariŋ'xitis] *f inv* Kehlkopfentzündung *f*; (MED) Laryngitis *f*

larva ['larβa] *f* Larve *f*

larvado, -a [lar'βaðo, -a] *adj* verborgen

las [las] **I.** *art det v.* **el, la, lo II.** *pron pers f pl* ❶ (*objeto directo*) sie; **¡míra~!** schau sie dir an! ❷ (*con relativo*): **~ que...** die(jenigen), die ...; **~ cuales** die ❸ (*laísmo*) ihnen

lasaña [la'saɲa] *f* (GASTR: *plato de origen italiano*) Lasagne *f*

lascivia [las'θiβja] *f* ❶ (*lujuria*) Lüsternheit *f* ❷ (*indecencia*) Unanständigkeit *f* ❸ (*sensualidad*) Laszivität *f*

lascivo, -a [las'θiβo, -a] *adj* ❶ (*sensual*) lasziv ❷ (*lujurioso*) lüstern ❸ (*indecente*) unanständig

láser ['laser] *m* Laser *m*

lasitud [lasi'tuð] *f* Mattigkeit *f*

laso, -a ['laso -a] *adj* matt

lástima ['lastima] *f* ❶ (*compasión*) Mitleid *nt*; **dar** [*o* **causar**] **~** Mitleid erwecken; **de** [*o* **por**] **~** aus Mitleid; **estar hecho una ~** in einem jämmerlichen Zustand sein; **¡qué ~!** wie schade! ❷ (*lamentación*) Jammer *m*; **llorar ~s** herumjammern

lastimadura [lastima'ðura] *f* Verletzung *f*

lastimar [lasti'mar] **I.** *vt* ❶ (*herir*) verletzen; **las botas me han lastimado los pies** ich habe mir in den Schuhen die Füße wund gelaufen ❷ (*agraviar*) beleidigen **II.** *vr*: **~se** ❶ (*herirse*) sich verletzen ❷ (*quejarse*) wehklagen (*de* über +*akk*)

lastimero, -a [lasti'mero, -a] *adj*, **lastimoso, -a** [lasti'moso, -a] *adj* mitleiderregend

lastra ['lastra] *f* Steinplatte *f*

lastrar [las'trar] **I.** *vt* ❶ (*poner peso*) (mit Ballast) beladen ❷ (*subrayar*) bekräftigen **II.** *vi* Ballast aufladen

lastre ['lastre] *m* ❶ (*cantera*) Schotterstein *m* ❷ (NÁUT) Ballast *m*

lata ['lata] *f* ❶ (*metal*) Blech *nt* ❷ (*envase*) Blechdose *f*, Blechbüchse *f* ❸ (*conversación*) langweilige Unterhaltung *f* ❹ (*fam: pesadez*) Last *f*; **dar la ~** nerven; **¡vaya ~!** (*fastidio*) das ist echt ätzend!; (*aburrido*) das ist ja stinklangweilig!

latazo [la'taθo] *m* (*fam*) ❶ (*tontería*) Blech *nt* ❷ (*pesadez*) Last *f*; **ser un ~** (*pesado*) lästig sein; (*fastidioso*) ätzend sein; (*aburrido*) stinklangweilig sein; **dar el ~** nerven

latente [la'tente] *adj* latent

lateral [late'ral] *adj* ❶ (*lado*) seitlich ❷ (*secundario*) Neben-

lateralidad [laterali'ðað] *f sin pl* (PSICO) Lateralität *f*

látex ['lateʏs] *m* Latex *m*

latido [la'tiðo] *m* ❶ (*corazón*) Schlagen *nt*; (*herida, arteria*) Pochen *nt*; **los ~s del corazón** der Herzschlag ❷ (*perro*) kurzes Bellen *nt*

latifundio [lati'fundjo] *m* Großgrundbesitz *m*

latifundista [latifun'dista] *mf* Großgrundbesitzer(in) *m(f)*

latigazo [lati'ɣaθo] *m* ❶ (*golpe*) Peitschenhieb *m* ❷ (*chasquido*) Peitschenknall *m* ❸ (*destino*) Schicksalsschlag *m* ❹ (*reprimenda*) Rüffel *m fam* ❺ (*fam: trago*) Schlückchen *nt*

látigo ['latiɣo] *m* Peitsche *f*

latiguillo [lati'ɣiʎo] *m* (*fam*) ❶ (*efectismo*) Effekthascherei *f* ❷ (*muletilla*) Füllwort *nt*; (*expresión*) stereotype Wendung *f*

latín [la'tin] *m* Latein *nt*; **saber** (**demasiado**) **~** (*fam fig*) (zu) clever sein

latinismo [lati'nismo] *m* (LING) Latinismus *m*

latino, -a [la'tino, -a] **I.** *adj* ❶ (*del latín*) lateinisch; **América Latina** Lateinamerika *nt* ❷ (*de descendientes de pueblos latinizados*) Latino- ❸ (LING) romanisch **II.** *m, f* (*descendiente de pueblos latinizados*) Latino, -a *m, f*

Latinoamérica [latinoa'merika] *f* Lateinamerika *nt*

latinoamericano, -a [latinoameri'kano, -a] **I.** *adj* lateinamerikanisch **II.** *m, f* Lateinamerikaner(in) *m(f)*

latir [la'tir] *vi* ❶ (*corazón*) klopfen; (*arteria, herida*) pochen ❷ (*perros*) kurz bellen

latitud [lati'tuð] *f* ❶ (GEO, ASTR) Breite *f* ❷ (*extensión*) Ausdehnung *f*

latitudinal [latituði'nal] *adj* Breiten-

lato, -a ['lato, -a] *adj* (*amplio*) weit; (*extendido*) ausgedehnt; **en sentido ~** im weitesten Sinne

latón [la'ton] *m* Messing *nt*

latoso, -a [la'toso, -a] *adj* lästig

latrocinio [latro'θinjo] *m* Diebstahl *m*

laúd [la'uð] *m* (MÚS) Laute *f*

laudable [lau'ðaβle] *adj* lobenswert

láudano ['lauðano] *m* (MED) Laudanum *nt*

laudatorio, -a [lauða'torjo, -a] *adj* lobend; **discurso ~** Laudatio *f*

laudo ['lauðo] *m* Schiedsspruch *m*

laureado, -a [laure'aðo, -a] *adj* ❶ (*coronado*) lorbeerbekränzt ❷ (*premiado*) preisgekrönt

laurear [laure'ar] *vt* ❶ (*coronar*) mit Lorbeeren bekränzen ❷ (*premiar*) (mit einem Preis) auszeichnen

laurel [lau'rel] *m* ❶ (*árbol*) Lorbeer(baum) *m* ❷ (*condimento*) Lorbeer *m* ❸ *pl* (*honor*) Lorbeeren *fpl*; **dormirse en los ~es** sich auf seinen Lorbeeren ausruhen

laureola [laure'ola] *f* (*de laureles*) Lorbeerkranz *m*; (*aureola*) Heiligenschein *m*

lauro ['lauro] *m* ❶ *v.* **laurel** ❷ (*gloria*) Ruhm *m*

lava ['laβa] *f* (*volcán*) Lava *f*

lavable [la'βaβle] *adj* waschbar; (*color*) waschecht

lavabo [la'βaβo] *m* ❶ (*pila*) Waschbecken *nt* ❷ (*cuarto*) Toilette *f*

lavacoches [laβa'kotʃes] *m inv* (*instalación*) Autowaschanlage *f*

lavacristales [laβakris'tales] *mf inv* Fensterputzer(in) *m(f)*

lavadero [laβa'ðero] *m* (*de ropa*) Waschküche *f*

lavado [la'βaðo] *m* Wäsche *f*; (MED) Spülung *f*

lavadora [laβa'ðora] *f* Waschmaschine *f*

lavafaros [laβa'faros] *m inv* (AUTO) Scheinwerferscheibenwischer *m*

lavamanos [laβa'manos] *m inv* Waschbecken *nt*

lavanda [la'βanda] *f* Lavendel *m*

lavandería [laβande'ria] *f* Wäscherei *f*

lavaplatos [laβa'platos] *m inv* Spülmaschine *f*

lavar [la'βar] **I.** *vt* (*limpiar*) waschen; **~ la cabeza** die Haare waschen; **~ los platos** das Geschirr spülen **II.** *vr:* **~se** sich waschen; **~se los dientes** sich *dat* die Zähne putzen

lavativa [laβa'tiβa] *f* ❶ (*enema*) Einlauf *m* ❷ (*instrumento*) Klistierspritze *f*

lavavajillas [laβaβa'xiʎas] *m inv* (Geschirr)spülmaschine *f*

lavotear [laβote'ar] **I.** *vt* flüchtig waschen **II.** *vr:* **~ se** sich oberflächlich waschen

laxante [lak'sante] *m* Abführmittel *nt*

laxar [lak'sar] *vt* ❶ (*relajar*) lockern ❷ (*vientre*) entleeren

laxitud [laksi'tuð] *f* Schlaffheit *f*

laxo, -a ['lakso, -a] *adj* ❶ (*flojo*) schlaff ❷ (*moral*) lax

lazada [la'θaða] *f* Schlinge *f*

lazareto [laθa'reto] *m* (*de contagiosos*) Quarantänestation *f*

lazo ['laθo] *m* ❶ (*nudo*) Schlinge *f* ❷ (*para caballos*) Lasso *nt*; (*para conejos*) Fangschlinge *f* ❸ (*cinta*) Schleife *f* ❹ (*vínculo*) Band *nt*; **~ s afectivos** emotionale Bindungen

lda. [limi'taða], **ldo.** [limi'taðo] *abr de* **limitado, -a** mit beschränkter Haftung

le [le] *pron pers* ❶ *m sg* (*reg: objeto directo*) ihn; (*forma cortés*) Sie ❷ *mf sg* (*objeto indirecto*) ihm, ihr; (*forma cortés*) Ihnen; **¡da~ un beso!** gib ihm/ihr einen Kuss!

leal [le'al] *adj* treu

lealtad [leal'tað] *f* Treue *f*

lebrel [le'βrel] *m* Windhund *m*

lección [lek'θjon] *f* ❶ (*lectura*) Lesen *nt* ❷ (*pl*) (*enseñanza escolar*) Unterricht *m*; **tomar lecciones de matemáticas** Mathematikstunden nehmen ❸ (UNIV) Vorlesung *f* ❹ (*tema a estudiar*) Lektion *f*; **dar la ~** (*fam*) im Unterricht drankommen ❺ (*advertencia*) Lektion *f*; **dar una ~ a alguien** jdm eine Lektion erteilen; **¡que te sirva de ~!** das soll dir eine Lehre sein!

lechada [le'tʃaða] *f* (*argamasa*) Mörtel *m*

lechal [le'tʃal] **I.** *adj* (*cachorro*) Jung-; **cordero ~** Milchlamm *nt* **II.** *m* (*cordero*) Milchlamm *nt*

lechar [le'tʃar] *adj* ❶ (*cachorro*) Jung-; **corzo ~** Kitz *nt* ❷ (*productor*): **vaca ~** Milchkuh *f*

lechazo [le'tʃaθo] *m* Milchlamm *nt*

leche ['letʃe] *f* ❶ (*líquido*) Milch *f*; **~ en polvo** Milchpulver *nt*; **~ desmaquillante** Reinigungsmilch *f* ❷ (*vulg: esperma*) Sperma *nt* ❸ (*loc*): **¡~!** (*fam*) Scheiße!; **ser la ~** unmöglich sein; **estar de mala ~** (*fam*) mies drauf sein; **tener mala ~** (*fam*) fies sein

lechera [le'tʃera] *f* ❶ (*recipiente*) Milchkanne *f* ❷ (*argot: coche de policía*) Polizeiauto *nt* ❸ *v.* **lechero**

lechería [letʃe'ria] *f* Milchgeschäft *nt*
lechero, -a [le'tʃero, -a] **I.** *adj* Milch- **II.** *m, f* Milchmann, -frau *m, f*
lechigada [letʃi'γaða] *f* Wurf *m*
lecho ['letʃo] *m* Bett *nt;* (*río*) Flussbett *nt*
lechón, -ona [le'tʃon, -ona] *m, f* Ferkel *nt*
lechoso, -a [le'tʃoso, -a] *adj* ❶ (*como leche*) milchig ❷ (*planta, fruta*) milchhaltig
lechuga [le'tʃuγa] *f* Kopfsalat *m;* **como una ~** (*fig*) frisch und munter; **ser más fresco que una ~** (*fam*) rotzfrech sein
lechuguino, -a [letʃu'γino, -a] *m, f* (*pey: presumido*) Geck *m,* (Mode)püppchen *f*
lechuza [le'tʃuθa] *f* Eule *f*
lectivo, -a [lek'tiβo, -a] *adj:* **ciclo ~** (ENS) Schuljahr *nt;* (UNIV) Vorlesungszeit *f;* **día ~** Unterrichtstag *m*
lector¹ [lek'tor] *m* (INFOR) Lesegerät *nt*
lector(a)² [lek'tor(a)] *m(f)* ❶ (*que lee*) Leser(in) *m(f);* (*en voz alta*) Vorleser(in) *m(f)* ❷ (*editorial, profesor*) Lektor(in) *m(f)*
lectorado [lekto'raðo] *m* Lektorat *nt*
lectura [lek'tura] *f* ❶ (*acción de leer*) Lesen *nt;* (*instrumento*) Ablesen *nt;* (*disertación*) Lesung *f;* **~** (**en voz alta**) Vorlesen *nt* ❷ (*obra*) Lektüre *f* ❸ (*conocimientos*) Belesenheit *f*
leer [le'er] *irr vt* ❶ (*percibir*) lesen; (*instrumento*) ablesen; **~ en voz alta** vorlesen ❷ (*interpretar*) deuten; **~ en la cara** vom Gesicht ablesen
legación [leγa'θjon] *f* Gesandtschaft *f*
legado [le'γaðo] *m* ❶ (POL) Gesandte(r) *m;* (REL) Legat *m* ❷ (*herencia*) Vermächtnis *nt*
legajo [le'γaxo] *m* Akte *f*
legal [le'γal] *adj* ❶ (*determinado por la ley*) gesetzlich; **medicina ~** Gerichtsmedizin *f* ❷ (*conforme a la ley*) legal ❸ (*fiel*) rechtschaffen
legalidad [leγali'ðað] *f* Legalität *f;* **al filo de la ~** am Rande der Legalität; **fuera de la ~** illegal
legalista [leγa'lista] *adj* gesetzestreu
legalización [leγaliθa'θjon] *f* ❶ (*autorización*) Legalisierung *f* ❷ (*atestamiento*) Beglaubigung *f*
legalizar [leγali'θar] <z→c> *vt* ❶ (*autorizar*) legalisieren ❷ (*atestar*) beglaubigen
légamo ['leγamo] *m* (*cieno*) Schlick *m*
legaña [le'γaɲa] *f* Tränenflüssigkeit *f;* **tienes ~s** dir tränen die Augen; (*al despertar*) du hast Schlaf in den Augen
legar [le'γar] <g→gu> *vt* ❶ (*legado*) vermachen ❷ (*enviar*) entsenden
legendario, -a [lexen'darjo, -a] *adj* sagenhaft; (*famoso*) berühmt
leggings ['leγins] *mpl* Leggings *pl*

legibilidad [lexiβili'ðað] *f* Lesbarkeit *f*
legible [le'xiβle] *adj* lesbar
legión [le'xjon] *f* ❶ (MIL) Legion *f* ❷ (*multitud*) Schar *f*
legionario, -a [lexjo'narjo, -a] **I.** *adj* Legion- **II.** *m, f* Legionär(in) *m(f)*
legionella [lexjo'nela] *f* (MED) ❶ (*bacteria*) Legionellabakterium *nt* ❷ (*enfermedad*) Legionärskrankheit *f*
legislación [lexisla'θjon] *f* (*acción*) Gesetzgebung *f;* (*leyes*) Recht *nt*
legislador(a) [lexisla'ðor(a)] **I.** *adj* gesetzgeberisch **II.** *m(f)* ❶ (*que legisla*) Gesetzgeber(in) *m(f)* ❷ (*Am: parlamentario*) Abgeordnete(r) *mf*
legislar [lexis'lar] *vi* Gesetze erlassen
legislativo, -a [lexisla'tiβo, -a] *adj* gesetzgebend; **poder ~** Legislative *f*
legislatura [lexisla'tura] *f* ❶ (*período*) Legislaturperiode *f* ❷ (*Am: parlamento*) Parlament *nt*
legítima [le'xitima] *f* (JUR) Pflichtteil *m o nt*
legitimación [lexitima'θjon] *f* ❶ (*legalización*) Legalisierung *f* ❷ (*habilitación*) Legitimation *f* ❸ (*hijo*) Anerkennung *f*
legitimar [lexiti'mar] **I.** *vt* ❶ (*dar legitimidad*) für rechtmäßig erklären ❷ (*habilitar*) berechtigen ❸ (*hijo*) anerkennen **II.** *vr:* **~se** sich ausweisen
legitimidad [lexitimi'ðað] *f* Legitimität *f;* **~ de un niño** Ehelichkeit eines Kindes
legítimo, -a [le'xitimo, -a] *adj* ❶ (*legal*) rechtmäßig; **defensa legítima** Notwehr *f* ❷ (*verdadero*) echt ❸ (*hijo*) ehelich
lego, -a ['leγo, -a] **I.** *adj* ❶ (*no eclesiástico*) weltlich ❷ (*ignorante*) unwissend **II.** *m, f* Laie, -in *m, f;* **ser un ~ en el tema** nichts von der Sache verstehen
legua ['leγwa] *f* Meile *f;* **a la ~** von weitem
leguleyo, -a [leγu'leʝo, -a] *m, f* (*pey*) Winkeladvokat(in) *m(f)*
legumbre [le'γumbre] *f* Hülsenfrucht *f;* **frutas y ~s** Obst und Gemüse
leguminosas [leγumi'nosas] *fpl* Leguminosen *fpl*
lehendakari [le(e)nda'kari] *m* (POL) Ministerpräsident der baskischen Regionalregierung
leíble [le'iβle] *adj* lesbar
leído, -a [le'iðo, -a] *adj* (*persona*) belesen; (*revista*) viel gelesen

---

ℹ️ Land & Leute

leísmo *m*: Der Begriff **leísmo** bezeichnet die nicht den Regeln entsprechende Verwendung von ‚le(s)' als Akkusativobjekt anstelle von ‚lo(s)' bzw. ‚la(s)‘, z. B.: *Les visité ayer, a mis hermanas.* anstelle von *Las visité ayer, a mis hermanas.*

lejanía [lexa'nia] *f* Ferne *f*

lejano, -a [le'xano, -a] *adj* fern (*de* von +*dat*); (*parentesco*) entfernt; **en un futuro no muy ~** in absehbarer Zeit

lejía [le'xia] *f* ❶ (QUÍM) Lauge *f* ❷ (*para lavar*) Waschlauge *f*; (*para decolorar*) Bleichlauge *f*

lejos ['lexos] I. *adv* weit (entfernt); **a lo ~** in der Ferne; **de ~** von weitem; **ir demasiado ~** (*fig*) zu weit gehen; **llegar ~** (*fig*) es weit bringen; **sin ir más ~** (*fig*) (so) zum Beispiel II. *prep:* ~ **de** weit (entfernt) von +*dat*; **está muy ~ de mí hacer algo** (*fig*) es liegt mir fern, etw zu tun

lelo, -a ['lelo, -a] *adj* (*fam*) ❶ *ser* (*tonto*) doof ❷ *estar* (*pasmado*) verdutzt; (*mareado*) benommen

lema ['lema] *m* ❶ (*tema*) Grundgedanke *m*; (*mote*) Motto *nt* ❷ (*contraseña*) Kennwort *nt*

lencería [lenθe'ria] *f* ❶ (*telas*) Stoffe *mpl*; (*ropa de cama*) Bettwäsche *f* ❷ (*tienda de telas*) Wäschegeschäft *nt*; (*de ropa interior*) Miederwarengeschäft *nt*; ~ **de un almacén** Wäscheabteilung eines Kaufhauses ❸ (*ropa interior*) Damen(unter)wäsche *f*; (*ropa sujeta*) Miederwaren *fpl*

lengua ['lengwa] *f* ❶ (ANAT) Zunge *f*; ~ **de trapo** (*fam*) Stotterer *m*; ~ **viperina** (*fam*) spitze Zunge; **atar la ~ a alguien** jdm den Mund verbieten; **darle a la ~** (*fam*) quasseln; **lo tengo en la punta de la ~** es liegt mir auf der Zunge; **morderse la ~** (*t. fig*) sich *dat* auf die Zunge beißen; **no tener pelos en la ~** kein Blatt vor den Mund nehmen; **parecer que alguien ha comido ~** viel reden; **sacar la ~ a alguien** jdm die Zunge herausstrecken; **se me trabó la ~** ich habe mich verhaspelt; **tener la ~ demasiado larga** ein loses Mundwerk haben; **tirar a alguien de la ~** (*fam fig*) jdm die Würmer aus der Nase ziehen; **aquí alguien se ha ido de la ~** da hat sich wohl jemand verplappert ❷ (LING) Sprache *f*; ~ **materna** Muttersprache *f*; ~ **oficial** Amtssprache *f* ❸ (*forma*) Zunge *f*; ~ **del agua** Uferstreifen *m* ❹ (*de campana*) Glockenklöppel *m*

lenguado [len'gwaðo] *m* Seezunge *f*

lenguaje [len'gwaxe] *m* Sprache *f*; ~ **técnico** Fachsprache *f*

lenguaraz [lengwa'raθ] *adj* frech

lenguaz [len'gwaθ] *adj* geschwätzig

lengüeta [len'gweta] *f* (*zapato*) Lasche *f*; (*balanza*) Zünglein *nt*; (*flauta*) Zunge *f*

lengüetazo [lengwe'taθo] *m* Zungenschlag *m*; (*lamer*) Lecken *nt*

lengüetear [lengwete'ar] *vi* (*Am: fam*) schwatzen

lengüilargo, -a [lengwi'larɣo, -a] *adj* (*fam*) scharfzüngig

lenguón, -ona [len'gwon, -ona] I. *adj* (*Am: calumniador*) gehässig; (*chismoso*) klatschhaft II. *m, f* (*Am: calumniador*) Verleumder(in) *m(f)*; (*chismoso*) Klatschmaul *nt fam*

lenidad [leni'ðað] *f sin pl* Nachsicht *f*

lenificar [lenifi'kar] <c→qu> *vt* lindern

leninista [leni'nista] I. *adj* (POL) leninistisch II. *mf* (POL) Leninist(in) *m(f)*

lenitivo, -a [leni'tiβo, -a] *adj* lindernd

lente ['lente] *m o f* ❶ (*gafas*) Brille *f*; **llevar ~s** eine Brille tragen ❷ (*cristal, t.* FOTO) Linse *f*; ~ **convergente** Sammellinse *f*

lenteja [len'texa] *f* Linse *f*; **dar algo por un plato de ~s** (*fig*) etw für ein Linsengericht hergeben

lentejuela [lente'xwela] *f* (*adorno*) Paillette *f*

lenticular [lentiku'lar] *adj* linsenförmig

lentilla [len'tiʎa] *f* Kontaktlinse *f*

lentitud [lenti'tuð] *f* Langsamkeit *f*; (*fig*) Trägheit *f*; **con ~** langsam

lento, -a ['lento, -a] *adj* langsam; (*fig*) träge; (*enfermedad*) schleichend; **a cámara lenta** in Zeitlupe; **a paso ~** langsamen Schrittes; **quemar a fuego ~** (*fig*) quälen

leña ['leɲa] *f sin pl* ❶ (*madera*) (Brenn)holz *nt*; **echar ~ al fuego** Holz auflegen; (*fig*) Öl ins Feuer gießen; **llevar ~ al monte** (*fig*) Eulen nach Athen tragen ❷ (*castigo*) Prügel *mpl*; **¡~ con él!** gib ihm Saures!; **dar ~** verprügeln; **recibir ~** Prügel einstecken

leñador(a) [leɲa'ðor(a)] *m(f)* Holzfäller(in) *m(f)*

leñazo [le'ɲaθo] *m* (*fam*) Schlag *m*; **¡qué ~ se pegó!** er/sie hat ganz schön was abgekriegt!; **darse un ~ en la cabeza** sich *dat* den Kopf anschlagen

leñe ['leɲe] *interj* verdammt noch mal!

leño ['leɲo] *m* ❶ (*de árbol*) Holzklotz *m* ❷ (*tonto*) Dummkopf *m*

leñoso, -a [le'ɲoso, -a] *adj* holzig

Leo ['leo] *m* (ASTR) Löwe *m*

león [le'on] *m* Löwe *m*; (*Am: puma*) Puma *m*; ~ (**marino**) Seelöwe *m*; **no es tan fiero el ~ como lo pintan** (*fam*) nichts ist so schlimm, wie es aussieht

leonado, -a [leo'naðo, -a] *adj* falb

leonera [leo'nera] *f* ❶ (*jaula*) Löwenkäfig

m ❷ (*habitación*) Rumpelkammer *f*

leonés, -esa [leo'nes, -esa] **I.** *adj* aus León **II.** *m, f* Einwohner(in) *m(f)* von León

leonino, -a [leo'nino, -a] *adj* Löwen-

leontina [leon̩'tina] *f* Uhrkette *f*

leopardo [leo'parðo] *m* Leopard *m*

leotardo(s) [leo'tarðo(s)] *m(pl)* Strumpfhose *f*

lépero, -a ['lepero, -a] **I.** *adj* ❶ (*AmC: grosero*) ordinär; (*vil*) niederträchtig ❷ (*Cuba: perspicaz*) scharfsinnig ❸ (*Ecua: fam: arruinado*) abgebrannt **II.** *m, f* (*AmC*) Schurke, -in *m, f*

leporino, -a [lepo'rino, -a] *adj* hasenartig; **labio ~** Hasenscharte *f*

lepra ['lepra] *f sin pl* Lepra *f*

leproso, -a [le'proso, -a] **I.** *adj* leprös **II.** *m, f* Leprakranke(r) *mf*

lerdo, -a ['lerðo, -a] *adj* schwerfällig

leridano, -a [leri'ðano, -a] **I.** *adj* aus Lérida **II.** *m, f* Einwohner(in) *m(f)* von Lérida

les [les] *pron pers* ❶ *m pl* (*reg: objeto directo*) sie; (*forma cortés*) Sie ❷ *mf pl* (*objeto indirecto*) ihnen; (*forma cortés*) Ihnen

lesbiana [les'βjana] *f* Lesbierin *f*

lesbianismo [lesβja'nismo] *m sin pl* lesbische Liebe *f*

lésbico, -a ['lesβiko, -a] *adj* lesbisch

lesera [le'sera] *f* (*Am*) Dummheit *f*

lesión [le'sjon] *f* Verletzung *f*; **~ cardiaca** Herzfehler *m*

lesionar [lesjo'nar] **I.** *vt* ❶ (*herir*) verletzen ❷ (*dañar*) schaden +*dat* **II.** *vr:* **~se** sich verletzen

lesivo, -a [le'siβo, -a] *adj* schädlich

leso, -a ['leso, -a] *adj* verletzt

letal [le'tal] *adj* (*elev*) tödlich

letalidad [letali'ðaðᵈ] *f sin pl* tödliche Wirkung *f*; (*mortalidad*) Letalität *f*

letanía [leta'nia] *f* Litanei *f*; **¡ya está éste con su ~!** jetzt fängt der schon wieder mit der alten Leier an!

letárgico, -a [le'tarxiko, -a] *adj* lethargisch

letargo [le'tarɣo] *m* Lethargie *f*; (*de un animal*) Winterschlaf *m*

letón, -ona [le'ton, -ona] **I.** *adj* lettisch **II.** *m, f* Lette, -in *m, f*

Letonia [le'tonja] *f* Lettland *nt*

letra ['letra] *f* ❶ (*signo*) Buchstabe *m*; **~ de molde** Fettdruck *m*; **~ mayúscula/minúscula** Groß-/Kleinbuchstabe *m*; **con ~ mayúscula/minúscula** groß-/kleingeschrieben; **al pie de la ~** wortwörtlich; **por ~** Wort für Wort; **poner cuatro ~s a alguien** jdm ein paar Zeilen schreiben ❷ (*escritura*) Schrift *f* ❸ *pl* (*saber*) Wissen *nt*; (*ciencias*) Geisteswissenschaften *fpl*; **bellas ~s** Literatur *f*; **aprender las primeras ~s** (*fam fig*) sich *dat* die Grundkenntnisse aneignen; **hombre de ~s** gebildeter Mann ❹ (*MÚS*) Text *m* ❺ (*COM*): **~ (de cambio)** Wechsel *m*; **~ al portador** Inhaberpapier *nt*; **~ a la vista** Sichtwechsel *m*; **girar una ~ a cargo de alguien** einen Wechsel auf jdn ziehen

letrado, -a [le'traðo, -a] **I.** *adj* gelehrt **II.** *m, f* (*JUR*) Anwalt, -wältin *m, f*

letrero [le'trero] *m* Schild *nt*

letrina [le'trina] *f* Latrine *f*

letrista [le'trista] *mf* Textdichter(in) *m(f)*

leucemia [leu̯'θemja] *f sin pl* Leukämie *f*

leucocito [leu̯ko'θito] *m* Leukozyt *m*

leva ['leβa] *f* ❶ (*MIL*) Einberufung *f* ❷ (*barco*) Ablegen *nt*

levadizo, -a [leβa'ðiθo, -a] *adj* hebbar; **puente ~** Zugbrücke *f*

levadura [leβa'ðura] *f* ❶ (*masa*) Hefe *f*; **polvo de ~** Backpulver *nt* ❷ (*hongo*) Hefepilz *m*

levantador(a) [leβan̩ta'ðor(a)] **I.** *adj* (hoch)hebend **II.** *m(f):* **~ de pesos** Gewichtheber *m*

levantamiento [leβan̩ta'mjen̩to] *m* ❶ (*amotinamiento*) Aufstand *m* ❷ (*alzar*) Hochheben *nt*; **~ del cadáver** (amtliche) Leichenschau *f*

levantar [leβan̩'tar] **I.** *vt* ❶ (*alzar*) (hoch)heben; (*del suelo*) aufheben; (*algo tumbado/inclinado*) wieder aufrichten; (*polvo*) aufwirbeln; (*telón*) heben; (*cartel*) aufstellen; (*un campamento*) abbrechen; (*las anclas*) lichten; **después del fracaso ya no levantó cabeza** nach dem Unglück hat er/sie sich nicht mehr erholt; **~ el vuelo** zum Flug anheben ❷ (*despertar*) wecken ❸ (*construir*) bauen; (*monumento*) errichten; (*muro*) hochziehen ❹ (*suprimir*) beenden; (*embargo, castigo*) aufheben ❺ (*mapa*) aufnehmen; **~ acta** protokollieren (*de* +*akk*); **no ~ás falso testimonio** du sollst kein falsches Zeugnis ablegen ⑥(*voz*) heben; ~ **la voz a al-guien** jdn anschreien ⑦(*mirada, mano*) (er)heben ⑧(*caza*) aufstöbern **II.** *vr:* ~**se** ①(*de la cama*) aufstehen (*de* aus +*dat*); ~**se con el pie izquierdo** mit dem linken Fuß zuerst aufstehen ②(*sobresalir*) sich erheben ③(*sublevarse*) sich erheben; **se ~ on pocas voces críticas** es wurden nur wenige kritische Stimmen laut ④(*viento*) aufkommen ⑤(*robar*) sich auf und davon machen ⑥(*telón*) aufgehen

levante [le'βaɲte] *m sin pl* Osten *m;* (*viento*) Ostwind *m*

Levante [le'βaɲte] *m* Levante *m* (*Ostküste Spaniens bzw. die Regionen País Valenciano und Murcia*)

levantino, -a [leβaɲ'tino, -a] **I.** *adj* levantinisch **II.** *m, f* Levantiner(in) *m(f)*

levantisco, -a [leβaɲ'tisko, -a] *adj* unruhig

levar [le'βar] *vt:* ~ (**las**) **anclas** die Anker lichten

leve ['leβe] *adj* (*enfermedad*) harmlos; (*peso, error*) leicht; (*sanción*) gnädig; (*pecado*) lässlich

levedad [leβe'ðað] *f sin pl* Leichtigkeit *f*

levitación [leβita'θjon] *f* Levitation *f*

levitar [leβi'tar] *vi* in der Luft schweben

lexema [leɣ'sema] *m* (LING) Lexem *nt*

lexicalización [leɣsikaliθa'θjon] *f* (LING) Lexikalisierung *f*

lexicalizar [leɣsikali'θar] <z→c> *vt* lexikalisieren

léxico ['leɣsiko] *m* ①(*diccionario*) Wörterbuch *nt* ②(*vocabulario*) Wortschatz *m*

lexicografía [leɣsikoɣra'fia] *f* (LING) Lexikographie *f*

lexicología [leɣsikolo'xia] *f* (LING) Lexikologie *f*

lexicón [leɣsi'kon] *m* Wörterbuch *nt*

ley [leį] *f* ①(JUR, REL, FÍS) Gesetz *nt;* **L~ de cierre de comercios** Ladenschlussgesetz *nt;* ~ **del embudo** (*pey fam*) Willkür *f;* **la L~ Fundamental** das Grundgesetz; **L~ General Tributaria** Abgabenordnung *f;* ~ **marcial** Standrecht *nt;* **la ~ seca** die Prohibition; ~ **de la selva** Recht des Stärkeren; **fuerza de ~** Gesetzeskraft *f;* **proyecto de ~** Gesetzentwurf *m;* **hacer algo con todas las de la ~** etw mit allem, was dazu gehört, machen; **respetar las ~es del juego** die Spielregeln einhalten; **hecha la ~, hecha la trampa** für jedes Gesetz findet sich ein Hintertürchen; **regirse por la ~ del embudo** mit zweierlei Maß messen; **según la ~ vigente** laut geltendem Recht; **se le aplicó la ~ de la fuga** er/sie wurde auf der Flucht erschossen; **ser de ~** (*fam*) recht und billig sein

②*pl* (*estudio*) Jura ③(*oro*) Feingehalt *m;* (*monedas*) Korn *nt;* **oro de** ~ Feingold *nt;* **ser de buena** ~ (*fig*) zuverlässig sein

leyenda [le'ɟenda] *f* ①(LIT, REL) Legende *f* ②(*plano*) Legende *f* ③(*moneda*) Umschrift *f*

lezna ['leθna] *f* Ahle *f*

liana [li'ana] *f* Liane *f*

liar [li'ar] <1. *pres:* lío> **I.** *vt* ①(*fardo*) zusammenbinden; (*paquete*) einwickeln; ~ **el petate** (*fam*) sein Bündel schnüren ②(*cigarrillo*) drehen ③(*fam: engañar*) an der Nase herumführen; (*enredar*) einwickeln ④(*loc, fam*): **¡ahora sí que la hemos liado!** jetzt haben wir es vermasselt! **II.** *vr:* ~**se** ①(*fam: juntarse*) sich einlassen ②(*embarullarse*) durcheinander kommen; ~**se la manta a la cabeza** (*fam*) eine voreilige Entscheidung treffen ③(*ponerse a*): ~**se a golpes con alguien** sich mit jdm prügeln

libanés, -esa [liβa'nes, -esa] **I.** *adj* libanesisch **II.** *m, f* Libanese, -in *m, f*

Líbano ['liβano] *m:* **El** ~ der Libanon

libar [li'βar] *vi* (*abeja*) saugen

libelo [li'βelo] *m* Pamphlet *nt*

libélula [li'βelula] *f* Libelle *f*

liberación [liβera'θjon] *f* Befreiung *f;* (*puesta en libertad*) Freilassung *f*

liberal [liβe'ral] **I.** *adj* (*t.* POL) liberal; (*generoso*) großzügig **II.** *mf* Liberale(r) *mf*

liberalidad [liβerali'ðað] *f* (*generosidad*) Großzügigkeit *f*

liberalismo [liβera'lismo] *m* (POL) Liberalismus *m*

liberalización [liβeraliθa'θjon] *f* Liberalisierung *f*

liberalizar [liβerali'θar] <z→c> *vt* liberalisieren

liberar [liβe'rar] *vt* befreien; (*soltar*) freilassen; (*eximir*) freistellen

liberiano, -a [liβe'rjano, -a] **I.** *adj* liberianisch **II.** *m, f* Liberianer(in) *m(f)*

líbero ['liβero] *m* (DEP) Libero *m*

libérrimo, -a [li'βerrimo, -a] *adj superl de* **libre**

libertad [liβer'tað] *f* ①(*libre arbitrio*) Freiheit *f;* ~ **de culto** Glaubensfreiheit *f;* **poner en** ~ freilassen; **tomarse demasiadas** ~**es** sich *dat* zu viel herausnehmen ②(*naturalidad*) Unbefangenheit *f*

libertador(a) [liβerta'ðor(a)] **I.** *adj* befreiend **II.** *m(f)* Befreier(in) *m(f)*

libertar [liβer'tar] *vt* befreien

libertario, -a [liβer'tarjo, -a] **I.** *adj* anarchistisch **II.** *m, f* Anarchist(in) *m(f)*

libertinaje [liβerti'naxe] *m* Zügellosigkeit *f*

libertino, -a [liβer'tino, -a] **I.** *adj* zügellos

II. m, f zügelloser Mensch m
Libia ['liβja] f Libyen nt
libidinoso, -a [liβiði'noso, -a] adj lüstern
libido [li'βiðo] f sin pl Trieb m
libio, -a ['liβjo, -a] **I.** adj libysch **II.** m, f Libyer(in) m(f)
libra ['liβra] f Pfund nt; ~ **esterlina** Pfund Sterling; **una** ~ **de judías** ein Pfund Bohnen
Libra ['liβra] f (ASTR) Waage f
librado, -a [li'βraðo, -a] adj: **salir bien** ~ mit einem blauen Auge davonkommen fam; **salir mal** ~ schlecht wegkommen fam
librador(a) [liβra'ðor(a)] m(f) (COM) Aussteller(in) m(f)
libramiento [liβra'mjento] m, **libranza** [li'βranθa] f Zahlungsanweisung f; (de un cheque) Ausstellung f
librar [li'βrar] **I.** vt ❶ (dejar libre) befreien (de von/aus +dat); (salvar) retten (de vor +dat); **¡líbreme Dios!** Gott bewahre!; **y líbranos del mal** und befreie uns von dem Bösen ❷ (COM) ausstellen; ~ **una letra a cargo de alguien** einen Wechsel auf jdn ziehen **II.** vi (fam: tener libre) frei haben **III.** vr: ~**se** (quedar libre) sich befreien (de von/aus +dat); (salvarse) sich retten (de vor +dat); **¡se libró de una buena!** das ging gerade noch gut!
libre ['liβre] <libérrimo> adj ❶ (en general) frei; (independiente) unabhängig; **zona de** ~ **cambio** Freihandelszone f; ~ **de franqueo** portofrei; **dar vía** ~ grünes Licht geben; **este vestido me deja los brazos** ~**s** in diesem Kleid kann ich die Arme frei bewegen; **estar** ~ **de preocupaciones** keine Sorgen haben; **la imaginación es** ~ Fantasie kennt keine Grenzen; **eres bien** ~ **de hacerlo** es steht dir frei, es zu tun ❷ (soltero) ledig ❸ (descarado) frech
librea [li'βrea] f (traje) Livree f
librecambio [liβre'kambjo] m sin pl Freihandel m
librepensador(a) [liβrepensa'ðor(a)] m(f) Freidenker(in) m(f)
librería [liβre'ria] f ❶ (tienda) Buchhandlung f; (papelería) Schreibwarengeschäft nt; ~ **de depósito** Sortimentsbuchhandlung f; ~ **de ocasión** modernes Antiquariat ❷ (biblioteca) Bibliothek f ❸ (estantería) Bücherregal nt
librero, -a [li'βrero, -a] m, f Buchhändler(in) m(f)
libreta [li'βreta] f ❶ (cuaderno) Heft nt; (para notas) Notizbuch nt ❷ (de ahorros) Sparbuch nt

libro ['liβro] m (escrito) Buch nt; (volumen) Band m; ~ **de bolsillo** Taschenbuch nt; ~ **científico** Fachbuch nt; ~ **de cocina** Kochbuch nt; **los** ~**s de contabilidad** die Geschäftsbücher; ~ **de escolaridad** Zeugnisheft nt; ~ **de familia** Familienstammbuch nt; ~ **ilustrado** Bildband m; **los L~s Sagrados** die Heilige Schrift; ~ **de texto** Lehrbuch nt; **colgar los** ~**s** das Studium an den Nagel hängen; **cantar a** ~ **abierto** vom Blatt singen; **hablar como un** ~ **abierto** reden wie ein Buch
licencia [li'θenθja] f ❶ (permiso) Erlaubnis f; (para un libro) Druckerlaubnis f; (Méx: de conducir) Führerschein m; ~ **de obras** Baugenehmigung f; ~ **de pesca/de armas** Angel-/Waffenschein m ❷ (soldado): **estar tres días de** ~ drei Tage Ausgang haben ❸ (libertad) Freiheit f
licenciado, -a [liθen'θjaðo, -a] m, f ❶ (estudiante) ≈Akademiker(in) m(f); ~ **en economía** Diplomvolkswirt m ❷ (soldado) Verabschiedete(r) m
licenciar [liθen'θjar] **I.** vt (despedir) entlassen; (soldado) verabschieden **II.** vr: ~**se** sein Examen machen
licenciatura [liθenθja'tura] f (título) Titel m; (carrera) Hochschulabschluss m
licencioso, -a [liθen'θjoso, -a] adj (persona) ausschweifend; (conducta) anstößig; **mujer licenciosa** Prostituierte f
liceo [li'θeo] m ❶ (sociedad) Klub m ❷ (Am: colegio) Gymnasium nt
lichi ['liʧi] m Litschi f
licitación [liθita'θjon] f ❶ (concurso) (öffentliche) Ausschreibung f ❷ (subasta) Versteigerung f
licitador(a) [liθita'ðor(a)] m(f) Bieter(in) m(f)
licitar [liθi'tar] vt bieten
lícito, -a ['liθito, -a] adj ❶ (permitido) zulässig ❷ (justo) gerecht
licitud [liθi'tuð] f sin pl Zulässigkeit f
licor [li'kor] m Likör m
licorería [likore'ria] f ❶ (fábrica) Likörfabrik f ❷ (tienda) Likörladen m
licuadora [likwa'ðora] f Entsafter m
licuar [li'kwar] <1. pres: licúo> vt ❶ (FÍS) verflüssigen ❷ (fruta) auspressen ❸ (MIN) schmelzen
líder ['liðer] mf Führer(in) m(f); (empresa) Marktführer(in) m(f); (DEP) Führende(r) mf; (de una liga) Tabellenführer m; **la empresa** ~ das führende Unternehmen; **es el** ~ **de los jóvenes** er ist ein Idol der Jugend
liderar [liðe'rar] vt ❶ (ser el primero) anführen; **el equipo que lidera la clasifi-**

cación der Tabellenführer ② (*dirigir*) leiten

liderato [liðe'rato] *m sin pl,* **liderazgo** [liðe'raɣyo] *m sin pl* Führung *f;* **capacidad de** ~ Führungsqualitäten *fpl*

lidia ['liðja] *f* Kampf *m;* (TAUR) Stierkampf *m*

lidiar [li'ðjar] *vt, vi* kämpfen (mit +*dat*); ~ (**un toro**) mit einem Stier kämpfen; ~ **con los niños** (*fig*) sich mit den Kindern herumärgern

liebre [lje'βre] *f* Hase *m;* ~ **marina** Seehase *m;* **donde menos se piensa salta la** ~ (*fig*) unverhofft kommt oft

lienzo ['ljenθo] *m* ① (*tela*) Leinen *nt;* (*para cuadros*) Leinwand *f* ② (*óleo*) (Öl)gemälde *nt*

liga ['liɣa] *f* ① (*alianza*) Bund *m* ② (*prenda*) Strumpfhalter *m* ③ (DEP) Liga *f*

ligamento [liɣa'mento] *m* Band *nt*

ligar [li'ɣar] <g→gu> I. *vi* (*fam: tontear*) anbändeln II. *vt* ① (*atar*) (fest)binden ② (*metal*) legieren ③ (*unir*) verbinden III. *vr:* ~**se** ① (*unirse*) sich binden (*a* an +*akk*) ② (*fam: tontear*) anbändeln (*a/con* mit +*dat*)

ligazón [liɣa'θon] *f* (*unión*) Verbindung *f*

ligereza [lixe'reθa] *f* ① (*rapidez*) Schnelligkeit *f* ② (*levedad*) Leichtigkeit *f* ③ (*error*) Leichtfertigkeit *f*

ligero, -a [li'xero, -a] *adj* ① (*leve, ingrávido*) leicht; (*ruido*) leise; (*tierra*) locker ② (*ágil*) flink ③ (*loc*): ~ **de cascos** (*fam*) oberflächlich; **ir muy** ~ **de ropa** sehr leicht gekleidet sein; **hacer algo a la ligera** etw tun ohne groß zu überlegen; **tomarse algo a la ligera** etw auf die leichte Schulter nehmen

lignito [liɣ'nito] *m* Braunkohle *f*

ligón, -ona [li'ɣon, -ona] *m, f* Anmacher(in) *m(f) abw;* **ser un** ~ gerne flirten

ligue ['liɣe] *m* (*fam*) ① (*acción*) Flirt *m* ② (*persona*) Freund(in) *m(f)*

liguero¹ [li'ɣero] *m* Strumpfhaltergürtel *m*

liguero, -a² [li'ɣero, -a] *adj* (DEP) Liga-; **competición liguera** Liga *f*

lija ['lixa] *f* ① (*papel*) Sandpapier *nt,* Glaspapier *nt;* (*piel*) Haifischhaut *f* ② (ZOOL) Katzenhai *m*

lijadora [lixa'ðora] *f* Schleifmaschine *f*

lijar [li'xar] *vt* (ab)schleifen

lila¹ ['lila] I. *adj* lila II. *f* (BOT) Flieder *m*

lila² ['lila] *m* (*color*) Lila *nt*

liliputiense [lilipu'tjense] I. *adj* liliputanisch II. *mf* Liliputaner(in) *m(f)*

lima ['lima] *f* ① (*instrumento*) Feile *f;* **rebajar con la** ~ abfeilen; **comer como una** ~ (*fam*) essen wie ein Mähdrescher ② (*fruta*) Limette *f;* (*árbol*) Limettenbaum *m*

limadura [lima'ðura] *f* ① (*pulido*) (Zurecht)feilen *nt* ② *pl* (*partículas*) Feilspäne *mpl*

limar [li'mar] *vt* ① (*pulir*) (zurecht)feilen; (*fig*) den letzten Schliff geben +*dat* ② (*consumir*) aufreiben

limaza [li'maθa] *f* Nacktschnecke *f*

limbo ['limbo] *m* ① (REL) Vorhölle *f;* **estar en el** ~ (*fam: distraído*) geistig abwesend sein; (*no enterado*) keine Ahnung haben ② (*de vestido*) Rand *m*

limeño, -a [li'meɲo, -a] I. *adj* aus Lima II. *m, f* Bewohner(in) *m(f)* von Lima

limitación [limita'θjon] *f* Beschränkung *f;* (*de una norma*) Einschränkung *f;* **sin limitaciones** unbeschränkt; **el plan tiene sus limitaciones pero ha sido eficaz** der Plan war im Großen und Ganzen erfolgreich

limitado, -a [limi'taðo, -a] *adj* ① (*poco*) knapp; (*medios*) beschränkt; **un número** ~ eine begrenzte Anzahl ② (*tonto*) beschränkt

limitar [limi'tar] I. *vi* (an)grenzen (*con* an +*akk*) II. *vt* begrenzen; (*libertad*) einschränken; (*definir*) (genau) festlegen III. *vr:* ~**se** sich beschränken (*a* auf +*akk*)

límite ['limite] *m* Grenze *f;* (*inconveniente*) Schranken *fpl;* ~ **de crédito** Kreditlinie *f;* **situación** ~ Grenzsituation *f;* **sin** ~**s** grenzenlos; **la fecha** ~ **para entregarlo es el...** der letzte Abgabetermin ist der ...

limítrofe [li'mitrofe] *adj* angrenzend; **países** ~**s** Nachbarländer *ntpl*

limo ['limo] *m* Schlamm *m*

limón [li'mon] I. *adj* zitronengelb II. *m* Zitrone *f*

limonada [limo'naða] *f* (Zitronen)limonade *f;* ~ **de vino** Sangria *f*

limonar [limo'nar] *m* ① (AGR) Zitronenpflanzung *f* ② (*Guat*) *v.* **limonero**

limonero [limo'nero] *m* Zitronenbaum *m*

limosna [li'mosna] *f* Almosen *nt;* **pedir** ~ betteln

limosnear [limosne'ar] *vi* betteln

limosnero, -a [limos'nero, -a] I. *adj* wohltätig II. *m, f* (*Am: pedigüeño*) Bettler(in) *m(f)*

limoso, -a [li'moso, -a] *adj* schlammig

limpiabarros [limpja'βarros] *m inv* Fußabtreter *m*

limpiabotas [limpja'βotas] *mf inv* Schuhputzer(in) *m(f)*

limpiachimeneas [limpjatʃime'neas] *mf inv* Schornsteinfeger(in) *m(f)*

limpiacristales¹ [limpjakris'tales] *m inv* (*producto*) Fensterputzmittel *nt*

limpiacristales² [limpjakris'tales] *mf inv* (*persona*) Fensterputzer(in) *m(f)*

limpiador¹ [limpja'ðor] *m* Putzmittel *nt*

limpiador(a)² [limpja'ðor(a)] I. *adj* reinigend; **leche** ~ **a** Reinigungsmilch *f* II. *m(f)* Raumpfleger(in) *m(f)*

limpiametales [limpjame'tales] *m inv* Metallputzmittel *nt;* **limpiamuebles** [limpja'mweβles] *m inv* Möbelpolitur *f;* **limpiaparabrisas** [limpjapara'βrisas] *m inv* Scheibenwischer *m*

limpiar [lim'pjar] I. *vt* ❶ (*suciedad*) reinigen; (*zapatos, dientes, casa*) putzen; (*chimenea*) fegen; (*pescado*) ausnehmen; ~ **el polvo** Staub wischen ❷ (*librar*) säubern; ~ **de culpas** von Schuld reinwaschen ❸ (*fam: robar*) klauen II. *vi* (*quitar la suciedad*) putzen, sauber machen III. *vr:* ~ **se** sich reinigen; (*nariz, dientes*) sich *dat* putzen; ~ **se de fiebre** kein Fieber mehr haben

límpido, -a ['limpiðo, -a] *adj* (*elev: limpio*) klar

limpieza [lim'pjeθa] *f* ❶ (*lavar*) Reinigung *f;* (*casa, zapatos*) Putzen *nt;* (*fig*) Säuberung *f;* ~ **de cutis** Gesichtsreinigung *f;* ~ **a fondo** Großputz *m;* **hacer la** ~ sauber machen; **señora de la** ~ Putzfrau *f* ❷ (*estado*) Sauberkeit *f* ❸ (*eliminación*) Säuberung *f* ❹ (*habilidad*) Geschicklichkeit *f*

limpio¹ ['limpjo] *adv* ❶ (*sin trampas*) sauber; **jugar** ~ fair spielen ❷ (*loc*): **escribir en** ~ ins Reine schreiben; **en** ~ (*dinero*) netto; **¿qué has sacado en** ~ **de todo este asunto?** (*fig*) was hat dir diese Sache nun gebracht?

limpio, -a² ['limpjo, -a] *adj* (*cocina, persona*) sauber; (*aire*) rein; (*agua*) klar; (*almendra*) geschält; (*fig*) rein; **acabar a tortazo** ~ (*fam*) in eine Schlägerei ausarten; **lo dejaron** ~ (*fam: sin dinero*) er war völlig blank

limusina [limu'sina] *f* Limousine *f*

linaje [li'naxe] *m* Abstammung *f;* **de rancio** ~ von altem Adelsgeschlecht

linaza [li'naθa] *f* Leinsamen *m;* **aceite de** ~ Leinöl *nt*

lince ['linθe] *m* Luchs *m;* **ser un** ~ (*fig*) ein Fuchs sein; **tener ojos de** ~ Augen wie ein Luchs haben

linchamiento [lintʃa'mjento] *m* Lynchjustiz *f*

linchar [lin'tʃar] *vt* lynchen

lindar [lin'dar] *vi* angrenzen (*con* an + *akk*)

linde ['linde] *m o f,* **lindero** [lin'dero] *m* (Grundstücks)grenze *f;* (*camino*) Grenzweg *m*

lindeza [lin'deθa] *f* ❶ (*bonito*) Niedlichkeit *f* ❷ (*gracioso*) Witzigkeit *f* ❸ *pl* (*irón: insulto*) Schimpfworte *ntpl;* **me dijo esas y otras** ~ **s parecidas** so und ähnlich hat er/sie mich bezeichnet

lindo, -a ['lindo, -a] *adj* hübsch; (*niño*) süß; **divertirse a lo** ~ sich gut amüsieren

línea ['linea] *f* ❶ (MAT, MIL, ECON) Linie *f;* (*raya*) Strich *m;* ~ **de intersección** Schnittstelle *f;* ~ **recta** Gerade *f;* **fracasar en toda la** ~ auf der ganzen Linie versagen ❷ (*fila*) Reihe *f* ❸ (*renglón*) Zeile *f;* ~ **en blanco** Leerzeile *f;* **leer entre** ~ **s** zwischen den Zeilen lesen; **te pongo cuatro** ~ **s para...** ich schreibe dir ein paar Zeilen um ... ❹ (*de transporte*) Linie *f;* (*trayecto*) Strecke *f;* ~ **aérea** Fluglinie *f;* ~ **férrea** Bahnlinie *f;* ~ **coche de** ~ Linienbus *m* ❺ (TEL) Leitung *f;* ~ **directa** [*o* **caliente**] Hotline *f;* ~ **para el fax** Faxanschluss *m* ❻ (*pariente*) (Verwandtschafts)linie *f;* **por** ~ **materna** mütterlicherseits ❼ (DEP) Linie *f;* ~ **de meta** (*fútbol*) Torlinie *f;* (*atletismo*) Ziellinie *f* ❽ (*tipo*) Linie *f;* **guardar la** ~ auf die Linie achten ❾ (*directriz*) Leitlinie *f*

lineal [line'al] *adj* ❶ (*relativo a la línea*) Linien- ❷ (*como una línea*) linienförmig; (*hoja*) länglich ❸ (*proporcional, t.* MAT, ARTE) linear

linfa ['linfa] *f* (BIOL) Lymphe *f*

linfático, -a [lim'fatiko, -a] *adj* lymphatisch; **ganglio** ~ Lymphknoten *m*

linfocito [limfo'θito] *m* (BIOL) Lymphozyt *m*

lingotazo [lingo'taθo] *m* (*fam*) Schluck *m;* **pegarse un** ~ sich *dat* einen hinter die Binde gießen

lingote [lin'gote] *m* Barren *m;* (*de acero*) Block *m*

lingüista [lin'gwista] *mf* Sprachwissenschaftler(in) *m(f)*

lingüística [lin'gwistika] *f* Sprachwissenschaft *f*

lingüístico, -a [lin'gwistiko, -a] *adj* sprachwissenschaftlich

linier [li'njer] *m* (DEP) Linienrichter *m*

linimento [lini'mento] *m* Einreibemittel *nt*

lino ['lino] *m* ❶ (BOT) Flachs *m* ❷ (*tela*) Leinen *nt*

linografía [linoɣra'fia] *f* Druckverfahren *nt* auf Leinen

linóleo [li'noleo] *m* Linoleum *nt*

linotipista [linoti'pista] *mf* (TIPO) Linotypist(in) *m(f)*

linterna [lin'terna] *f* ❶ (*de mano*) Taschenlampe *f;* ~ **mágica** Laterna *f* magica ❷ (*farol*) Laterne *f* ❸ (*faro*) Leuchtturm *m*

lío ['lio] *m* ❶ (*de ropa*) Bündel *nt* ❷ (*embrollo*) Durcheinander *nt;* **¡déjame de** ~ **s!** damit will ich nichts zu tun haben!;

me hago un ~ con tus explicaciones deine Erklärungen bringen mich durcheinander; ¡me meto en cada ~! ich gerate immer in die unmöglichsten Situationen; no entiendo ese ~ das ist mir zu verworren ❸ (fam: relación) Verhältnis nt; sé que tienes un ~ por ahí ich weiß, dass du was mit jemandem hast

liofilizar [ljofili'θar] <z→c> vt gefriertrocknen

lioso, -a [li'oso, -a] adj (difícil) verworren; persona liosa Intrigant(in) m(f)

lípido ['lipiðo] m (BIOL) Lipid nt

lipotimia [lipo'timja] f (MED) Ohnmacht f; le ha dado una ~ er/sie ist ohnmächtig geworden

liquen ['liken] m Flechte f

liquidación [likiða'θjon] f ❶ (de una mercancía) Ausverkauf m; ~ por fin de temporada (invierno) Winterschlussverkauf m; (verano) Sommerschlussverkauf m; ~ total Räumungsverkauf m ❷ (de una empresa) Auflösung f ❸ (de una factura) Begleichung f; (cuenta) Abrechnung f

liquidador(a) [likiða'ðor(a)] m(f) Konkursverwalter(in) m(f)

liquidar [liki'ðar] vt ❶ (licuar) verflüssigen ❷ (fam: acabar) erledigen; (matar) töten ❸ (mercancía) ausverkaufen; ~ las existencias das Lager räumen ❹ (cerrar) auflösen ❺ (factura) begleichen

liquidez [liki'ðeθ] f ❶ (agua) Flüssigkeit f ❷ (COM) Liquidität f

líquido¹ ['likiðo] m ❶ (agua) Flüssigkeit f; ~ amniótico Fruchtwasser nt; ~ de frenos Bremsflüssigkeit f ❷ (saldo) Überschuss m; ~ imponible zu versteuernder Betrag

líquido, -a² ['likiðo, -a] adj ❶ (material, consonante) flüssig ❷ (dinero) liquid; renta líquida Nettoerlös m

lira ['lira] f ❶ (moneda) Lira f ❷ (instrumento) Lyra f, Leier f

lírica ['lirika] f Lyrik f

lírico, -a ['liriko, -a] I. adj ❶ (LIT) lyrisch ❷ (MÚS) Opern- II. m, f Lyriker(in) m(f)

lirio ['lirjo] m Lilie f; ~ de los valles Maiglöckchen nt

lirismo [li'rismo] m sin pl ❶ (LIT) Lyrik f ❷ (sentimentalismo) Schwärmerei f

lirón [li'ron] m Siebenschläfer m; dormir como un ~ schlafen wie ein Murmeltier

lis [lis] f Lilie f; flor de ~ (blasón) Wappenlilie f

Lisboa [lis'βoa] f Lissabon nt

lisboeta [lisβo'eta] I. adj aus Lissabon II. mf Lissaboner(in) m(f)

lisiado, -a [li'sjaðo, -a] I. adj verkrüppelt

II. m, f Krüppel m

lisiadura [lisja'ðura] f (efecto) Verkrüppelung f; (acción) Verkrüppeln nt

lisiar [li'sjar] I. vt (lesionar) verletzen; (mutilar) verstümmeln II. vr: ~se sich verletzen

liso, -a ['liso, -a] adj ❶ (superficie, pelo) glatt; los 100 metros ~s der 100-Meter-Lauf ❷ (tela) einfarbig; (vestido) schlicht

lisonja [li'sonxa] f Schmeichelei f

lisonjeador(a) [lisonxea'ðor(a)] I. adj schmeichelnd; no seas tan ~ con tu jefe umschmeichele deinen Chef nicht zu viel II. m(f) Schmeichler(in) m(f)

lisonjear [lisonxe'ar] vt schmeicheln +dat

lisonjero, -a [lison'xero, -a] I. adj schmeichelnd II. m, f Schmeichler(in) m(f)

lista ['lista] f ❶ (enumeración) Liste f; ~ de la compra Einkaufszettel m; ~ electoral Wählerliste f; ~ única Einheitsliste f; estar en la ~ de espera auf der Warteliste stehen; pasar ~ (leer) die Namen aufrufen; (controlar siempre) eine Anwesenheitsliste führen ❷ (tira) Streifen m; (de madera) Leiste f; a ~s gestreift

listado¹ [lis'taðo] m Auflistung f

listado, -a² [lis'taðo, -a] adj gestreift

listar [lis'tar] vt auflisten

listillo, -a [lis'tiʎo, -a] m, f (pey) Klugscheißer(in) m(f)

listín [lis'tin] m (de teléfonos) Telefonbuch nt

listo, -a ['listo, -a] adj ❶ ser (inteligente) klug; (sagaz) gerissen; (hábil) geschickt; pasarse de ~ zu weit gehen ❷ estar (preparado) fertig; ~ para enviar (INFOR) sendebereit; ~ para el envío/para el tiraje versandfertig/druckreif; ~ para despegar startklar; estás ~ si crees que... (fam) wenn du meinst, dass ..., hast du dich geschnitten

listón [lis'ton] m (madero) Latte f; poner el ~ muy alto (fig) einen sehr hohen Maßstab anlegen

lisura [li'sura] f ❶ (llano) Glätte f ❷ (Am: frescura) Frechheit f ❸ (fig: ingenuidad) Naivität f

litera [li'tera] f (cama) Etagenbett nt; (FERRO) Liegewagenplatz m; (NÁUT) Schlafkoje f

literal [lite'ral] adj wörtlich

literalmente [literal'mente] adv ❶ (al pie de la letra) (wort)wörtlich; traduce ~ de una lengua a otra er übersetzt immer wörtlich ❷ (en sentido estricto) buchstäblich; estoy ~ arruinado ich bin im wahrsten Sinne des Wortes ruiniert

literario, -a [lite'rarjo, -a] adj literarisch;

lenguaje ~ Schriftsprache *f*
literato, -a [lite'rato, -a] *m, f* Literat(in) *m(f)*
literatura [litera'tura] *f* Literatur *f;* ~ **barata** Schundliteratur *f;* ¡**eso es sólo hacer** ~! das ist bloß leeres Gerede!
litigación [litiɣa'θjon] *f* (JUR: *acción*) Rechtsstreit *m;* (*resultado*) Prozessführung *f*
litigante [liti'ɣante] **I.** *adj* (*en un juicio*) prozessführend **II.** *mf* Prozessteilnehmer(in) *m(f)*
litigar [liti'ɣar] <g→gu> *vt* ❶ (*disputar, t.* JUR) streiten ❷ (*llevar a juicio*) prozessieren (*con/contra* gegen +*akk*)
litigio [li'tixjo] *m* ❶ (*disputa*) Streit *m;* **en caso de** ~ im Streitfall; **en** ~ strittig ❷ (*juicio*) Prozess *m*
litografía [litoɣra'fia] *f* ❶ (*arte, grabado*) Lithographie *f* ❷ (*procedimiento*) Steindruck *m*
litografiar [litoɣrafi'ar] <*I. pres:* litografío> *vt* lithographieren
litoral [lito'ral] **I.** *adj* Küsten- **II.** *m* (*costa*) Küste *f;* (*playa*) Strand *m*
litosfera [litos'fera] *f* (GEO) Lithosphäre *f*
litri ['litri] *adj* (*fam*) affektiert
litro ['litro] *m* Liter *m o nt;* **un** ~ **de leche** ein Liter Milch

---

? Grammatik

litro steht stets mit der Präposition ‚de': *He comprado un litro y medio de leche. – Ich habe anderthalb Liter Milch gekauft.*

Lituania [li'twanja] *f* Litauen *nt*
lituano, -a [li'twano, -a] **I.** *adj* litauisch **II.** *m, f* Litauer(in) *m(f)*
liturgia [li'turxja] *f* Liturgie *f*
litúrgico, -a [li'turxiko, -a] *adj* liturgisch; **ornamento** ~ Kirchenschmuck *m*
liviandad [libjaṇ'daðᵈ] *f* ❶ (*frivolidad*) Leichtfertigkeit *f* ❷ (*lascivia*) Lüsternheit *f*
liviano, -a [li'βjano, -a] *adj* ❶ (*superficial*) leichtfertig ❷ (*lascivo*) unanständig ❸ (*ligero*) leicht; (*error*) unbedeutend
lividecer [liβiðe'θer] *irr como crecer vi* erbleichen
lividez [liβi'ðeθ] *f* Blässe *f*
lívido, -a ['liβiðo, -a] *adj* ❶ (*amoratado*) dunkelviolett; ~ **de frío** blaugefroren ❷ (*pálido*) blass
living ['liβiŋ] *m* <livings> Wohnzimmer *nt*
llaga ['ʎaɣa] *f* ❶ (*herida*) Wunde *f;* (*úlcera*) Geschwür *nt;* (*ampolla*) Blase *f* ❷ (*pena*) Schmerz *m*

llagar [ʎa'ɣar] <g→gu> **I.** *vt* (*herir*) verwunden; (*rozar*) wund scheuern **II.** *vr:* ~ **se** ❶ (*ulcerarse*) eitern ❷ (*herirse*) sich wund reiben; ~ **se** (**los pies**) sich *dat* Blasen (an den Füßen) laufen
llama ['ʎama] *f* ❶ (*fuego*) Flamme *f;* (*fig*) Feuer *nt* ❷ (ZOOL) Lama *nt*
llamada [ʎa'maða] *f* ❶ (*voz*) Ruf *m;* ~ **al orden** Ordnungsruf *m;* ~ **del programa** (INFOR) Programmaufruf *m* ❷ (*de teléfono*) Anruf *m;* ~ **urbana** Ortsgespräch *nt* ❸ (*gesto*) Herbeiwinken *nt* ❹ (*a la puerta*) Klopfen *nt* ❺ (*en un libro*) Hinweis *nt* ❻ (MIL) Appell *m*
llamado, -a [ʎa'maðo, -a] *adj* (*conocido como*) so genannte(r, s)
llamador [ʎama'ðor] *m* ❶ (*picaporte*) (Tür)klopfer *m* ❷ (*timbre*) (Klingel)knopf *m*
llamamiento [ʎama'mjento] *m* ❶ (*exhortación*) Aufruf *m;* (*soldado*) Appell *m;* **hacer un** ~ **a todos** an alle appellieren ❷ (MIL): ~ **a filas** Einberufung *f* zum Wehrdienst ❸ (JUR: *citación*) Vorladung *f*
llamar [ʎa'mar] **I.** *vt* ❶ (*voz*) rufen; (*por teléfono*) anrufen; ~ **a declarar a alguien** jdn zur Aussage vorladen; ~ **a filas** (MIL) einberufen; **le llaman al teléfono** er wird am Telefon verlangt; ~ **a capítulo a alguien** jdn zur Rechenschaft ziehen; ~ **al perro con un silbido** nach dem Hund pfeifen ❷ (*denominar*) nennen; **lo llamé idiota a la cara** ich sagte ihm ins Gesicht, dass er ein Idiot sei ❸ (*despertar*) (er)wecken; ~ **la atención** (*reprender*) ermahnen; (*ser llamativo*) auffallen; ~ **la atención sobre algo** auf etw aufmerksam machen **II.** *vi* ❶ (*a la puerta*) anklopfen; (*el timbre*) klingeln; ¿**quién llama?** wer ist da? ❷ (*fam: gustar*) schmecken; **el chocolate no me llama nada** Schokolade ist nicht mein Ding **III.** *vr:* ~ **se** heißen; ¿**cómo te llamas?** wie heißt du?; ¡**como me llamo... que lo harás!** du machst das, so wahr ich ... heiße!
llamarada [ʎama'raða] *f* ❶ (*llama*) Flackerfeuer *nt* ❷ (*rubor*) Röte *f*
llamativo, -a [ʎama'tiβo, -a] *adj* (*traje*) auffällig; (*color*) grell
llamear [ʎame'ar] *vi* lodern
llana ['ʎana] *f* (*herramienta*) Kelle *f*
llanero, -a [ʎa'nero, -a] *m, f* Bewohner(in) *m(f)* des Flachlandes
llaneza [ʎa'neθa] *f sin pl* Umgänglichkeit *f*
llanito, -a [ʎa'nito, -a] *m, f* (*fam*) Einwohner(in) *m(f)* Gibraltars
llano¹ ['ʎano] *m* Ebene *f*
llano, -a² ['ʎano, -a] *adj* ❶ (*liso*) flach; (*te-*

rreno) eben ❷ (*campechano*) umgänglich ❸ (LING) auf der vorletzten Silbe betont ❹ (*loc*): **el pueblo** ~ das (einfache) Volk; **a la pata la llana** ohne Umstände

llanta [ˈʎanta] *f* (*rueda*) Reifen *m;* (*cerco*) Felge *f;* ~ **de aleación** Alufelge

llantina [ʎanˈtina] *f* (*fam*) Geflenne *nt*

llanto [ˈʎanto] *m* Weinen *nt*

llanura [ʎaˈnura] *f* Ebene *f*

llave [ˈʎaβe] *f* ❶ (*instrumento, t. fig*) Schlüssel *m;* (*reloj*) Uhrschlüssel *m;* ~ **de contacto** (AUTO) Zündschlüssel *m;* ~ **maestra** Hauptschlüssel *m;* **ama de** ~**s** Wirtschafterin *f;* ~ **s en mano** schlüsselfertig; **echar la** ~ abschließen; **estar bajo** ~ unter Verschluss sein; **la** ~ **no entra** der Schlüssel passt nicht; **la** ~ **para descubrir el secreto** der Schlüssel zum Geheimnis; **meter/sacar la** ~ den Schlüssel hineinstecken/abziehen ❷ (MÚS) Ventil *nt* ❸ (*grifo*) Hahn *m* ❹ (*tuerca*) Schraubenschlüssel *m;* ~ **inglesa** Engländer *m* ❺ (*interruptor*) Schalter *m* ❻ (TIPO) Klammer *f* ❼ (DEP) Griff *m*

llavero [ʎaˈβero] *m* (*utensilio*) Schlüsselring *m*

llegada [ʎeˈɣaða] *f* ❶ (*al destino*) Ankunft *f* ❷ (*meta*) Ziel *nt*

llegar [ʎeˈɣar] <g→gu> I. *vi* ❶ (*al destino*) ankommen; (*avión*) landen; (*barco*) einlaufen; (*correo*) eingehen; ~ **a la meta** (DEP) ins Ziel kommen; **estar al** ~ jeden Augenblick (an)kommen; **¡hasta ahí podíamos** ~**!** das fehlte gerade noch!; ~ **a Madrid** in Madrid ankommen; ~ **tarde** sich verspäten ❷ (*recibir*): **no me ha llegado el dinero** ich habe das Geld noch nicht erhalten ❸ (*durar*) halten (*a* bis +*akk*); ~ **a viejo** alt werden; ~ **a los ochenta** die achtzig erreichen; **el enfermo no** ~**á hasta la primavera** der Kranke wird das Frühjahr nicht mehr erleben ❹ (*ascender*) betragen (*a* +*akk*); **la cinta no llega a tres metros** das Band ist keine drei Meter lang; **no** ~ **a veinte euros** keine zwanzig Euro kosten ❺ (*lograr*): **ese** ~**á lejos** der wird es weit bringen; ~ **a ser muy rico** steinreich werden; **llegamos a recoger 8.000 firmas** es ist uns gelungen, 8.000 Unterschriften zu sammeln; ~ **a ministro** es zum Minister bringen; **nunca** ~**é a entenderte** ich werde dich nie verstehen ❻ (*ser suficiente*) (aus)reichen ❼ (*tocar*) reichen (*a/ hasta* bis zu +*dat*); **el niño no llega a los productos de limpieza** das Kind kommt nicht an die Putzmittel heran; **no me llegas ni a la suela de los zapatos** du

kannst mir nicht das Wasser reichen ❽ (*loc*): **ha llegado a mis oídos que...** ich habe erfahren, dass ...; ~ **al alma** unter die Haut gehen; ~ **a la conclusión de que...** zu dem Schluss kommen, dass ...; **¡todo llega!** alles hat seine Zeit!; **¡ya** ~**á la primavera!** der Frühling wird schon kommen! II. *vr:* ~ **se** (*ir*) gehen; ~**se por casa de alguien** bei jdm vorbeikommen

llenar [ʎeˈnar] I. *vt* ❶ (*atestar*) füllen (*de* mit +*dat*); **es necesario** ~ **esa laguna** (*fig*) diese Lücke muss geschlossen werden; **los niños** ~**on el suelo de papeles** die Kinder ließen überall auf dem Boden Papier herumliegen; ~**se los bolsillos de caramelos** sich *dat* die Taschen mit Bonbons voll stopfen ❷ (*comida*) sättigen ❸ (*cumplimentar*) ausfüllen ❹ (*colmar*) erfüllen (*de* mit +*dat*); (*satisfacer*) ausfüllen ❺ (*agradecer*) gefallen +*dat* II. *vr:* ~**se** (*fam*) ❶ (*comida*) sich voll stopfen (*de* mit +*dat*) ❷ (*irritarse*) genug haben (*de* von +*dat*)

lleno[1] [ˈʎeno] *m:* **ese día en el teatro se logró el** ~ an diesem Tag war das Theater ausverkauft

lleno, -a[2] [ˈʎeno, -a] *adj* (*recipiente*) voll; **luna llena** Vollmond *m;* ~ **de** voller +*gen/dat,* voll mit +*dat;* **a la planta le da el sol de** ~ die Pflanze steht in der prallen Sonne; **el autobús iba** ~ der Bus war voll; **estoy** ~ (*fam*) ich bin satt

llevadero, -a [ʎeβaˈðero, -a] *adj* erträglich

llevar [ʎeˈβar] I. *vt* ❶ (*a un destino, acompañar*) bringen; (*transportar*) befördern; (*en brazos*) tragen; (*viento*) wehen; ~ **a alguien en el coche** jdn (im Auto) mitnehmen; ~ **algo a alguien** jdm etw bringen ❷ (*exigir, cobrar*) verlangen; (*costar*) kosten; **este trabajo lleva mucho tiempo** diese Arbeit ist sehr zeitaufwändig ❸ (*tener*): ~ **consigo** dabeihaben ❹ (*conducir*) führen; ~ **de la mano** an der Hand führen; **esto no lleva a ninguna parte** das führt zu nichts ❺ (*ropa*) tragen ❻ (*coche*) fahren ❼ (*finca*) pachten ❽ (*estar*) sein; ~ **estudiando tres años** seit drei Jahren studieren; **llevo cuatro días aquí** ich bin seit vier Tagen hier ❾ (*gestionar*) führen; ~ **las cuentas** die Buchhaltung machen ❿ (*inducir*) bringen (*a* zu +*dat*), dazu bringen (*a* zu +*inf*); ~ **a pensar que...** vermuten lassen, dass ... ⓫ (*exceder*) übertreffen; **te llevo dos años** ich bin zwei Jahre älter als du; **me llevas dos centímetros** du bist zwei Zentimeter größer als ich ⓬ (*loc*): ~ **a cabo** durchführen; ~ **consigo** [*o* **aparejado**] mit sich bringen; ~ **el compás** den

Takt schlagen; ~ **idea de hacer algo** vorhaben etw zu tun; ~ **la voz cantante** das Sagen haben; **a él le gusta ~ la contraria** er widerspricht immer; **dejarse ~ por la ira** in Wut geraten; **llevaba trazas de no acabar nunca** es schien kein Ende zu nehmen; ~ **la corriente a alguien** jdm immer Recht geben; ~ **camino de hacer algo** auf dem (besten) Weg sein etw zu tun; **no te dejes ~ por él** hör nicht auf ihn; **tú llevas las de perder** du wirst den Kürzeren ziehen; **... y me llevo cuatro** (MAT) ... und behalte vier **II.** vr: ~**se** ① (coger) mitnehmen; **la riada se llevó (por delante) el puente** der Sturzbach riss die Brücke mit sich dat; ~**se un susto** einen Schrecken bekommen; ~**se dos años** zwei Jahre auseinander sein; ~**se la palma** den Vogel abschießen ② (ganar) gewinnen; ~**se la mayor/peor parte** den Löwenanteil bekommen/den Kürzeren ziehen ③ (estar de moda) in sein ④ (soportarse) auskommen; **mi jefe y yo nos llevamos bien/mal** ich komme mit meinem Chef gut/schlecht aus

llorar [ʎo'rar] **I.** vi ① (lágrimas) weinen; **desahogarse llorando** sich ausweinen; **la película te hacía** ~ der Film rührte dich zu Tränen; **me lloran los ojos** mir tränen die Augen; ~ **de alegría** vor Freude weinen; ~ **como una Magdalena** (fam) heulen wie ein Schlosshund; **quien no llora no mama** (fam) wer nicht schreit, geht leer aus ② (vid, árbol) bluten **II.** vt ① (lágrimas) weinen (por um +akk); (fig) trauern (por/a um +akk); ~ **la muerte de alguien** jdn beweinen ② (quejarse) beklagen ③ (lamentar) bereuen

llorera [ʎo'rera] f (fam) Geheule nt

llorica [ʎo'rika] mf (fam) Heulpeter m, Heulsuse f

lloriquear [ʎorike'ar] vi wimmern

lloriqueo [ʎori'keo] m Gewimmer nt

lloro(s) [ʎoro(s)] m(pl) Weinen nt; **con estos ~s no conseguirás nada** mit diesen Tränen erreichst du nichts

llorón, -ona [ʎo'ron, -ona] **I.** adj weinerlich; **sauce** ~ Trauerweide f **II.** m, f Heulpeter m fam, Heulsuse f fam

lloroso, -a [ʎo'roso, -a] adj verweint

llovedizo, -a [ʎoβe'ðiθo, -a] adj (techo) undicht; **agua llovediza** Regenwasser nt

llover [ʎo'βer] <o→ue> vi, vt, vimpers regnen; **está lloviendo** es regnet; **llueve a mares** [o **a cántaros**] es regnet in Strömen; ~ **sobre mojado** Schlag auf Schlag kommen; **como llovido del cielo** wie aus heiterem Himmel; **llueven las malas**

noticias es hagelt schlechte Nachrichten; **me escucha como quien oye** ~ (fam) es interessiert ihn/sie nicht die Bohne, was ich erzähle; **ya ha llovido mucho desde aquella** (fig) seitdem ist schon viel Wasser den Rhein hinabgeflossen

llovizna [ʎo'βiθna] f Nieselregen m

lloviznar [ʎoβiθ'nar] vimpers: **está lloviznando** es nieselt

lluvia [ʎuβja] f ① (chubasco) Regen m; ~ **de estrellas** Sternschnuppenschwarm m; **época de las** ~**s** Regenzeit f ② (cantidad) Unmenge f ③ (Am: ducha) Dusche f

lluvioso, -a [ʎu'βjoso, -a] adj regnerisch; **tiempo** ~ Regenwetter nt

lo [lo] **I.** art det v. **el, la, lo II.** pron pers m y nt sg ① (objeto: masculino) ihn; (neutro) es; **¡llámá~!** ruf ihn!; **¡haz~!** tu es! ② (con relativo): ~ **que...** (das,) was ...; ~ **cual** was; ~ **que quiero decir es que...** was ich sagen will ist, dass ...

loa ['loa] f (alabanza) Lob nt

loable [lo'aβle] adj löblich

loar [lo'ar] vt loben

lob [loβ] m (DEP) Lob m

lobato [lo'βato] m ① (lobo) junger Wolf m ② (cachorro) Welpe m

lobby ['loβi] m (POL) Lobby f

lobera [lo'βera] f (ZOOL) ① (guarida) Wolfshöhle f ② (monte) Wolfsversteck nt

lobezno [lo'βeθno] m junger Wolf m

lobo, -a ['loβo, -a] m, f Wolf m, Wölfin f; ~ **cerval** Luchs m; ~ **de mar** (fam/fig) alter Seebär; ~ **marino** Seehund m; **en esa ocasión le vimos las orejas al** ~ wir sind gerade noch einmal davongekommen; **meterse en la boca del** ~ sich in die Höhle des Löwen begeben; **ser un** ~ **con piel de oveja** ein Wolf im Schafspelz sein; **tener un hambre de** ~**s** einen Bärenhunger haben

lóbrego, -a ['loβreɣo, -a] adj finster

lobreguez [loβre'ɣeθ] f Dunkelheit f

lobulado, -a [loβu'laβo, -a] adj (hoja) gelappt

lóbulo ['loβulo] m (ANAT) Flügel m; ~ **de la oreja** Ohrläppchen nt

local [lo'kal] **I.** adj örtlich; **periódico** ~ Lokalblatt nt **II.** m Raum m; (COM) Geschäftsraum m; ~ **público** Lokal nt

localidad [lokali'ðaθ] f ① (municipio) Ort m ② (entrada) Eintrittskarte f; (asiento) Sitz(platz) m

localismo [loka'lismo] m (pey: chovinismo) Lokalpatriotismus m

localista [loka'lista] adj (pey) lokalpatriotisch; **escritor** ~ Heimatschriftsteller m

localización [lokaliθa'θjon] f ① (búsqueda)

Aufspüren *nt;* (AERO) Ortung *f* ❷ (*posición*) Standort *m*

localizador [lokaliθa'ðor] *m* (INFOR) URL *m*

localizar [lokali'θar] <z→c> *vt* ❶ (*limitar*) eingrenzen; (AERO) orten; (*fuego, epidemia*) eindämmen ❷ (*encontrar*) finden; ~ **por teléfono** telefonisch erreichen

loción [lo'θjon] *f* ❶ (*líquido*) Flüssigkeit *f;* ~ **capilar** Haarwasser *nt;* ~ **tónica** Gesichtswasser *nt* ❷ (*crema*) Lotion *f;* ~ **bronceadora** Sonnenmilch *f;* ~ **hidratante** Feuchtigkeitslotion *f* ❸ (*fricción*) Einreibung *f*

loco, -a ['loko, -a] **I.** *adj* ❶ (*chalado*) verrückt; **a lo** ~, **a tontas y a locas** ohne Sinn und Verstand; **estar** ~ **de atar** völlig verrückt sein; **estar** ~ **por la música** Musik lieben; **estar** ~ **con la bicicleta** furchtbar gern Rad fahren; **estar** ~ **de contento** sich freuen wie verrückt; **estar medio** ~ nicht alle Tassen im Schrank haben *fam* ❷ (*maravilloso*) toll; **tener una suerte loca** unwahrscheinliches Glück haben **II.** *m, f* Verrückte(r) *mf;* **casa de** ~**s** (*t. fig*) Tollhaus *nt;* **cada** ~ **con su tema** jedem Tierchen sein Pläsierchen; **hacerse el** ~ nicht reagieren; **hacer el** ~ herumspinnen; **tener una vena de** ~ nicht recht bei Trost sein

locomoción [lokomo'θjon] *f* Fortbewegung *f*

locomotor(a) [lokomo'tor(a)] *adj* Bewegungs-

locomotora [lokomo'tora] *f* Lokomotive *f*

locomotriz [lokomo'triθ] *adj* treibend

locuacidad [lokwaθi'ðaᵈ] *f* Gesprächigkeit *f;* (*charlatanería*) Geschwätzigkeit *f*

locuaz [lo'kwaθ] *adj* gesprächig; (*charlatán*) geschwätzig

locución [loku'θjon] *f* (*expresión*) Wendung *f;* ~ **prepositiva** Präpositionalergänzung *f*

locura [lo'kura] *f* ❶ (*enajenación mental*) Wahn(sinn) *m;* ~ **bovina** Rinderwahnsinn *m;* **querer con** ~ wahnsinnig lieben; **una casa de** ~ eine Traumwohnung ❷ (*disparate*) Verrücktheit *f;* **andar haciendo** ~**s** Unfug treiben

locutor(a) [loku'tor(a)] *m(f)* Sprecher(in) *m(f)*

locutorio [loku'torjo] *m* ❶ (*claustro*) Sprechzimmer *nt* ❷ (TEL) Telefonzelle *f*

lodazal [loða'θal] *m* Morast *m*

lodo ['loðo] *m* Schlamm *m*

logaritmo [loɣa'riᵈmo] *m* (MAT) Logarithmus *m;* **tabla de** ~**s** Logarithmentafel *f*

logia ['loxja] *f* ❶ (ARQUIT) Loggia *f* ❷ (*reunión*) Loge *f*

lógica ['loxika] *f* Logik *f*

lógico, -a ['loxiko, -a] *adj* logisch; (*normal*) natürlich

logística [lo'xistika] *f* Logistik *f*

logístico, -a [lo'xistiko, -a] *adj* logistisch

logo ['loɣo] *m* Logo *nt*

logopeda [loɣo'peða] *mf* Logopäde, -in *m, f*

logopedia [loɣo'peðja] *f* Logopädie *f*

logotipo [loɣo'tipo] *m* (*distintivo*) Emblem *nt;* (*de una empresa*) Firmenzeichen *nt;* (*para un producto*) Warenzeichen *nt*

logrado, -a [lo'ɣraðo, -a] *adj* gelungen; **te ha quedado muy** ~ **el cuadro** das Bild ist dir sehr gut gelungen

lograr [lo'ɣrar] **I.** *vt* erreichen; (*premio*) gewinnen; **logré convencerla** ich schaffte es, sie zu überzeugen **II.** *vr:* ~**se** gelingen

logrero, -a [lo'ɣrero, -a] *m, f* Wucherer, -in *m, f*

logro ['loɣro] *m* Erfolg *m*

logroñés, -esa [loɣro'ɲes, -esa] **I.** *adj* aus Logroño **II.** *m, f* Einwohner(in) *m(f)* von Logroño

loma ['loma] *f* Hügel *m*

lombriz [lom'briθ] *f* Wurm *m;* ~ **intestinal** Spulwurm *m;* ~ **de tierra** Regenwurm *m*

lomo ['lomo] *m* ❶ (*espalda*) Rücken *m;* **agachar el** ~ (*fam fig*) malochen; **sobarle el** ~ **a alguien** (*fam fig*) jdm um den Bart gehen ❷ (*solomillo*) Lende *f* ❸ (*de libro*) Buchrücken *m* ❹ (*de cuchillo*) Rücken *m* ❺ (*loc, fam*): **ser un mentiroso de tomo y** ~ es faustdick hinter den Ohren haben

lona ['lona] *f* Plane *f*

loncha ['lonʧa] *f* Scheibe *f*

londinense [londi'nense] **I.** *adj* aus London **II.** *mf* Londoner(in) *m(f)*

Londres ['londres] *m* London *nt*

longanimidad [lonɣanimi'ðaᵈ] *f sin pl* Geduld *f*

longánimo, -a [lon'ɣanimo, -a] *adj* geduldig

longaniza [lonɣa'niθa] *f* Bratwurst *f* (*aus Hackfleisch*)

longevidad [lonxeβi'ðaᵈ] *f sin pl* (*duración*) Lebensdauer *f;* (*larga*) Langlebigkeit *f;* (*edad*) hohes Alter *nt*

longevo, -a [lon'xeβo, -a] *adj* (*que dura*) langlebig; (*viejo*) sehr alt

longitud [lonxi'tuᵈ] *f* Länge *f;* **salto de** ~ Weitsprung *m;* **cuatro metros de** ~ vier Meter lang; **cincuenta grados** ~ **este/ oeste** fünfzig Grad östlicher/westlicher Länge; **estar en la misma** ~ ~ (*fig*) auf der gleichen Wellenlänge liegen

longitudinal [lonxituði'nal] *adj:* **corte** ~ Längsschnitt *m*

longitudinalmente [lonxituðinal'menͭe]

adv der Länge nach

longui(s) ['loŋgi(s)] *mf inv:* **hacerse el ~** (*fam*) sich taub stellen

lonja ['loŋxa] *f* ① (COM) Warenbörse *f* ② (*loncha*) Scheibe *f*

lontananza [lonta'nanθa] *f sin pl* (ARTE) Ferne *f;* **se ve un barco en ~** man sieht ein Schiff in der Ferne

looping ['lupiŋ] *m* <loopings> (AERO) Looping *m* o *nt*

loor [lo'or] *m* (*elev*) Lob *nt;* **en ~ de la Virgen María** zu Ehren der Jungfrau Maria

loquear [loke'ar] *vi* (*fam*) spinnen

loquero [lo'kero] *m* (*fam*) Irrenaufseher *m*

lordosis [lor'ðosis] *f inv* (MED) Lordose *f*

Lorena [lo'rena] *f* Lothringen *nt;* **Alsacia y ~** Elsaß-Lothringen *nt*

loro ['loro] *m* ① (ZOOL) Papagei *m;* **repetir como un ~** alles nachplappern ② (*fam pey: mujer*) hässliche Frau *f*

los [los] **I.** *art det v.* **el, la, lo II.** *pron pers m y nt pl* ① (*objeto directo*) sie; **¡lláma~!** ruf sie! ② (*con relativo*): ~ **que...** die(jenigen), die ...; ~ **cuales** die

losa ['losa] *f* (*piedra*) (Stein)platte *f;* (*lápida*) Grabstein *m;* (*baldosa*) Fliese *f*

loseta [lo'seta] *f dim de* **losa**

lote ['lote] *m* ① (*parte*) Teil *m;* (COM) Posten *m* ② (*argot*): **darse el ~** knutschen

lotería [lote'ria] *f* Lotterie *f;* ~ **primitiva** Lotto *nt;* **administración de ~** Lottoannahmestelle *f;* **a Juan le tocó la ~** Juan hat in der Lotterie gewonnen; **un décimo de la ~** ein (Lotterie)los; **¡con ese hijo te tocó la ~!** mit diesem Sohn hast du richtig Glück gehabt!; **jugar a la ~** in der Lotterie spielen; (*primitiva*) Lotto spielen

lotero, -a [lo'tero, -a] *m, f* Lotterielosverkäufer(in) *m(f)*

loto¹ ['loto] *m* ① (*planta*) Lotus *m* ② (*flor*) Lotusblüte *f*

loto² ['loto] *f* (*fam*) Lotto *nt*

Lovaina [lo'βaina] *f* Leuven *nt*

loza ['loθa] *f* Steingut *nt;* (*vajilla*) Steingutgeschirr *nt*

lozanía [loθa'nia] *f sin pl* ① (*vegetación*) Üppigkeit *f* ② (*persona: robustez*) Kraft *f;* (*salud*) Gesundheit *f*

lozano, -a [lo'θano, -a] *adj* ① (*planta*) üppig ② (*persona: robusta*) kraftvoll; (*saludable*) gesund

LSD [ele(e)se'ðe] *m* (QUÍM) *abr de* **Lysergsäurediäthylamid** LSD *nt*

lubina [lu'βina] *f* Seebarsch *m*

lubricación [luβrika'θjon] *f v.* **lubrificación**

lubricante [luβri'kante] *adj v.* **lubrificante**

lubricar [luβri'kar] <c→qu> *vt* (ein)schmieren

lúbrico, -a ['luβriko, -a] *adj* (*obsceno*) schlüpfrig

lubrificación [luβrifika'θjon] *f* ① (*acción*) (Ein)schmieren *nt* ② (*efecto*) Schmiere *f*

lubrificante [luβrifi'kante] *adj* (Ein)schmier-; **aceite ~** Schmieröl *nt*

lubrificar [luβrifi'kar] <c→qu> *vt* (ein)schmieren

Lucayas [lu'kaɟas] *fpl:* **islas ~** Bahamas *pl*

lucense [lu'θense] **I.** *adj* aus Lugo **II.** *mf* Einwohner(in) *m(f)* von Lugo

Lucerna [lu'θerna] *f* Luzern *nt*

lucernario [luθer'narjo] *m* Dachfenster *nt*

lucero [lu'θero] *m* ① (*estrella*) Stern *m* ② (*mancha*) Blesse *f*

lucha ['lutʃa] *f* Kampf *m* (*por* um +*akk*); (DEP) Ringkampf *m;* ~ **cuerpo a cuerpo** Kampf Mann gegen Mann; ~ **contra la droga** Drogenbekämpfung *f*

luchador(a) [lutʃa'ðor(a)] *m(f)* Kämpfer(in) *m(f);* (DEP) Ringer(in) *m(f)*

luchar [lu'tʃar] *vi* kämpfen (*por* um +*akk*), ringen (*por* um +*akk*)

lucidez [luθi'ðeθ] *f sin pl* ① (*estado*) Klarheit *f* ② (*clarividencia*) Hellsichtigkeit *f;* (*sagacidad*) Scharfsinn *m;* **antes de morir tuvo todavía un momento de ~** bevor er/sie starb, hatte er/sie noch einen hellen Augenblick

lucido, -a [lu'θiðo, -a] *adj* (*brillante*) fantastisch; (*escogida*) auserlesen

lúcido, -a ['luθiðo, -a] *adj* ① (*clarividente*) hell(sichtig); (*sagaz*) scharfsinnig ② (*sobrio*) klar

luciérnaga [lu'θjernaɣa] *f* Glühwürmchen *nt*

Lucifer [luθi'fer] *m* (REL) Luzifer *m*

lucimiento [luθi'mjento] *m:* **una ópera de gran ~** eine glanzvolle Opernaufführung

lucio ['luθjo] *m* (ZOOL) Hecht *m*

lucir [lu'θir] *irr* **I.** *vi* ① (*brillar*) leuchten; (*sol*) scheinen; **esa lámpara luce muy poco** diese Lampe gibt sehr wenig Licht

②(*compensar*) sich auszahlen; (*verse*) zur Geltung kommen; **el vestido no le luce** das Kleid sieht an ihr nicht gut aus; **es un trabajo pesado y que no luce** die Mühe zahlt sich nicht aus; **ese collar luce mucho con el vestido rojo** diese Kette kommt mit dem roten Kleid gut zur Geltung; **este jersey hecho a mano no luce** man sieht nicht, wie viel Mühe in diesem selbst gestrickten Pullover steckt; **me he pasado la mañana recogiendo, pero no me luce** ich habe den ganzen Morgen aufgeräumt, aber man sieht nicht viel davon; **no te luce el dinero que tienes** man sieht dir nicht an, dass du viel Geld hast **II.** *vt* (*exhibir*) zur Schau stellen **III.** *vr:* ~**se** ① (*exhibirse*) sich zeigen ② (*destacarse*) sich auszeichnen; **¡ahora sí que nos hemos lucido!** (*irón*) jetzt haben wir uns aber schön blamiert!

lucrarse [lu'krarse] *vr* profitieren

lucrativo, -a [lukra'tiβo, -a] *adj* einträglich; **no** ~ unentgeltlich; **sin fines** ~**s** gemeinnützig

lucro ['lukro] *m* Gewinn *m;* **ánimo de** ~ Gewinnstreben *nt;* **sin ánimo de** ~ gemeinnützig

luctuoso, -a [luktu'oso, -a] *adj* traurig

ludibrio [lu'ðiβrjo] *m* Spott *m;* **hacer** ~ **de alguien** jdn verspotten

lúdico, -a ['luðiko, -a] *adj* ① (*relativo al juego*) Spiel- ② (*no serio*) spielerisch; **el aspecto** ~ **de la vida** die angenehmen Seiten des Lebens

ludopatía [luðopa'tia] *f* (MED) Spielsucht *f*

ludoteca [luðo'teka] *f* Spielraum *m*

luego ['lweɣo] **I.** *adv* ① (*después*) später; **¡hasta** ~! tschüs! ② (*entonces*) ③ (*por supuesto*): **desde** ~ selbstverständlich **II.** *conj* ① (*así que*) also ② (*después de*): ~ **que** nachdem

lugar [lu'ɣar] *m* ① (*sitio, localidad*) Ort *m;* (*situación*) Platz *m;* ~ **de autos** Tatort *m;* ~ **de nacimiento** Geburtsort *m;* **en algún** ~ **de la casa** irgendwo im Haus; **hacerse una composición de** ~ das Für und Wider abwägen; **la observación está fuera de** ~ die Bemerkung ist fehl am Platz; **yo en** ~ **de Ud....** ich an Ihrer Stelle ... ② (*localidad*) Ortschaft *f* ③ (*motivo*): **no des** ~ **a que te reprendan** gib ihnen keinen Anlass dich zu tadeln; **dar** ~ **a un escándalo** einen Skandal verursachen ④ (*loc*): **tener** ~ stattfinden; **en primer/ segundo** ~ erstens/zweitens; **en** ~ **de** (an)statt

lugareño, -a [luɣa'reɲo, -a] **I.** *adj* dörflich **II.** *m, f* Dorfbewohner(in) *m(f)*

lugarteniente [luɣarte'njeɲte] *m* Stellvertreter *m*

lúgubre ['luɣuβre] *adj* (*sombrío*) düster

lugués, -esa [lu'ɣes, -esa] **I.** *adj* aus Lugo **II.** *m, f* Bewohner(in) *m(f)* von Lugo

lujo ['luxo] *m* Luxus *m;* **permitirse el** ~ **de...** sich *dat* den Luxus leisten, zu ...; **con gran** ~ **de detalles** sehr ausführlich

lujoso, -a [lu'xoso, -a] *adj* luxuriös

lujuria [lu'xurja] *f* Lüsternheit *f*

lujuriar [luxu'rjar] *vi* ① (REL) sich der Wollust hingeben ② (*animales*) sich paaren

lujurioso, -a [luxu'rjoso, -a] **I.** *adj* lüstern **II.** *m, f* Lüstling *m,* lüsterne Frau *f*

lumbago [lum'baɣo] *m* Hexenschuss *m*

lumbalgia [lum'balxja] *f* (MED) Lendenschmerz *m*

lumbar [lum'bar] *adj* Lenden-

lumbre ['lumbre] *f sin pl* (*llamas*) Feuer *nt;* (*brasa*) Glut *f;* **sentados al amor de la** ~ in der Nähe des Kamins sitzend; **poner a la** ~ auf das Feuer stellen

lumbrera [lum'brera] *f* ① (*claraboya*) Dachluke *f* ② (*talento*) Genie *nt*

luminarias [lumi'narjas] *fpl* (*para fiestas*) (Fest)beleuchtung *f*

luminiscencia [luminis'θeɳθja] *f* Lumineszenz *f*

luminosidad [luminosi'ðaᵈ] *f* Leuchten *nt;* (*astro, día*) Helligkeit *f*

luminoso, -a [lumi'noso, -a] *adj* ① (*brillante*) leuchtend; (*día*) hell; **anuncio** ~ Leuchtreklame *f;* **potencia luminosa** Lichtstärke *f* ② (*excelente*) blendend

luminotecnia [lumino'teɣnja] *f* Beleuchtungstechnik *f*

luna ['luna] *f* ① (ASTR) Mond *m;* (*luz*) Mondlicht *nt;* ~ **creciente/menguante** zunehmender/abnehmender Mond; ~ **llena/ nueva** Voll-/Neumond *m;* ~ **de miel** Flitterwochen *fpl;* **media** ~ Halbmond *m;* **a la luz de la** ~ im Mondschein; **estar en la** ~ in den Wolken schweben; **pedir la** ~ nach den Sternen greifen; **quedarse a la** ~ **de Valencia** das Nachsehen haben; **tener** ~**s** (*fig*) launisch sein ② (*cristal*) Glas *nt;* (*espejo*) Spiegelglas *nt;* **armario de** ~ Spiegelschrank *m;* ~**s del coche** Autofenster *ntpl*

lunar [lu'nar] **I.** *adj* Mond- **II.** *m* ① (*en la piel*) Muttermal *nt* ② (*en una tela*) Tupfen *m* ③ (*mancha*) Fleck *m*

lunático, -a [lu'natiko, -a] *adj* launisch

lunes ['lunes] *m inv* Montag *m;* ~ **de carnaval** Rosenmontag *m;* ~ **de Pascua** Ostermontag *m;* **el** ~ am Montag; **el** ~ **pasado** letzten Montag; **el** ~ **que viene** nächsten Montag; **el** ~ **por la noche/al medio-**

día/por la mañana/por la tarde Montagabend/-mittag/-morgen/-nachmittag *m;* **los ~ por la noche/al mediodía/por la mañana/por la tarde** montagabends/-mittags/-morgens/-nachmittags; (**todos**) **los ~** jeden Montag, montags; **en la noche del ~ al martes** in der Nacht von Montag auf Dienstag; **el ~ entero** den ganzen Montag (über); **cada dos ~** (**del mes**) jeden zweiten Montag (im Monat); **hoy es ~, once de marzo** heute ist Montag, der elfte März; **pasar de ir al trabajo el ~** einen blauen Montag machen

luneta [lu'neta] *f* **❶** (*adorno*) Halbmond *m* **❷** (*anteojo*) Glas *nt*

lupa ['lupa] *f* Lupe *f*

lupanar [lupa'nar] *m* Bordell *nt*

lúpulo ['lupulo] *m* Hopfen *m*

luso, -a ['luso, -a] **I.** *adj* portugiesisch **II.** *m, f* Portugiese, -in *m, f*

lustrabotas [lustra'βotas] *mf inv* (*Am*) Schuhputzer(in) *m(f)*

lustrar [lus'trar] *vt* polieren; (*zapatos*) putzen

lustre ['lustre] *m* **❶** (*brillo*) Glanz *m;* **sacar ~ a los zapatos/a los muebles** die Schuhe blank putzen/die Möbel polieren; **tener ~** (*fig*) gut aussehen **❷** (*Am: betún*) Schuhcreme *f*

lustro ['lustro] *m* Jahrfünft *nt;* **en el último ~** in den letzten fünf Jahren

lustroso, -a [lus'troso, -a] *adj* glänzend; **estar ~** (*fig*) gut aussehen

luteranismo [lutera'nismo] *m* (REL) Luthertum *nt*

luterano, -a [lute'rano, -a] **I.** *adj* (REL) luther(an)isch **II.** *m, f* (REL) Lutheraner(in) *m(f)*

luto ['luto] *m* Trauer *f;* (*vestido*) Trauerkleid *nt;* **ir de ~** Trauer tragen; **estar de ~ por alguien** um jdn trauern; **declarar día de ~ nacional** zum Staatstrauertag erklären

luxación [luɣsa'θjon] *f* Verrenkung *f*

Luxemburgo [luɣsem'burɣo] *m* Luxemburg *nt*

luxemburgués, -esa [luɣsembur'ɣes, -esa] **I.** *adj* luxemburgisch **II.** *m, f* Luxemburger(in) *m(f)*

luz [luθ] *f* **❶** (*resplandor*) Licht *nt;* **~ corta** Abblendlicht *nt;* **~ larga** Fernlicht *nt;* **~ natural** Tageslicht *nt;* **traje de luces** Torerokostüm *nt;* **a la ~ del día** bei Tageslicht; **a media ~** im Zwielicht; **claro como la ~ del día** glasklar; **dar a ~** entbinden; (+ *objeto*) zur Welt bringen; **¡~ de mis ojos!** mein Schatz!; **salir a la ~** (*fig*) ans Licht kommen; **arrojar ~ sobre un asesinato** Licht in einen Mordfall bringen; **a la ~ de**

los nuevos datos... nach den neuen Erkenntnissen ... **❷** (*energía*) Strom *m;* **¡da la ~!** mach das Licht an! **❸** (*fuente de luz*) Lichtquelle *f;* (*lámpara*) Lampe *f;* **encender/apagar la ~** das Licht an-/ausmachen **❹** (ARQUIT) Fenster *nt* **❺** *pl* (*inteligencia*) Verstand *m;* **el Siglo de las Luces** die Aufklärung; **ser de pocas luces** nicht bis drei zählen können; **tener pocas luces** beschränkt sein; **a todas luces** zweifellos

M m

M, m ['eme] *f* M, m *nt;* **~ de Madrid** M wie Martha

Mª [ma'ria] *abr de* **María** María

maca ['maka] *f* (*daño*) (kleiner) Fehler *m;* (*en un mueble*) Schramme *f;* (*fruta*) Druckstelle *f;* (*del carácter*) Makel *m*

macabro, -a [ma'kaβro, -a] *adj* makaber

macaco, -a [ma'kako, -a] **I.** *adj* (*Cuba, Chil: feo*) hässlich **II.** *m, f* **❶** (ZOOL) Makak *m,* Makakenweibchen *nt;* (*masculino y femenino*) Meerkatze *f* **❷** (*Am: pey*) Brasilianer(in) *m(f)*

macana [ma'kana] *f* **❶** (*Am: tontería*) Unsinn *m* **❷** (*mentira*) Lüge *f* **❸** (ECON) Ladenhüter *m* **❹** (*Am: porra*) Knüppel *m*

macanear [makane'ar] **I.** *vi* (*CSur: disparatar*) Unsinn reden; (*hacer tonterías*) Unsinn machen; (*mentir*) schwindeln **II.** *vt* (*fam: chapucear*) verpfuschen

macanudo, -a [maka'nuðo, -a] *adj* (*Am: fam*) toll

macarra [ma'karra] *m* (*fam*) **❶** (*chorizo*) Gauner *m* **❷** (*chulo*) Zuhälter *m*

macarrón [maka'rron] *m* **❶** *pl* (*pasta*) Makkaroni *pl* **❷** (*bollo*) Makrone *f*

macedonia [maθe'ðonja] *f:* **~ de frutas** Obstsalat *m*

Macedonia [maθe'ðonja] *f* Makedonien *nt*

macedonio, -a [maθe'ðonjo, -a] **I.** *adj* makedonisch **II.** *m, f* Einwohner(in) *m(f)* Makedoniens

maceración [maθera'θjon] *f* **❶** (GASTR) Einlegen *nt;* **dejar la carne en ~ durante unas horas** das Fleisch einige Stunden lang einlegen *f* Mazeration *f* **❸** (*mortificación*) (Selbst)kasteiung *f*

macerar [maθe'rar] **I.** *vt* **❶** (*con golpes*) weich klopfen **❷** (*con un líquido*) aufweichen; (*en un líquido*) einweichen; (GASTR) einlegen ③ (*mortificar*) kasteien **II.** *vr:* ~ **se** sich kasteien

maceta [ma'θeta] *f* ① (*tiesto*) Blumentopf *m* ② (*Chil: ramo*) Blumenstrauß *m* ③ (*martillo*) Fäustel *m*

macetero [maθe'tero] *m* Blumenständer *m;* (*Am*) Blumenkasten *m*

machacar [matʃa'kar] <c→qu> **I.** *vt* ① (*triturar*) zerstampfen ② (*insistir*) herumreiten (auf *+dat*) *fam* ③ (*fam: estudiar*) durchackern ④ (*fam: destruir*) kleinkriegen **II.** *vr:* ~ **se** (*argot*) sich abrackern; **machacársela** (*vulg*) sich *dat* einen runterholen

machacón, -ona [matʃa'kon, -ona] *adj* (*pey*) lästig; **¡no seas ~!** (*no insistas*) hör auf, ständig darauf rumzureiten!

machaconería [matʃakone'ria] *f* (*pey*) Beharrlichkeit *f*

machamartillo [matʃamar'tiʎo]: **a** ~ (*ser*) durch und durch; (*creer*) fest; (*repetir*) ununterbrochen

machetazo [matʃe'taθo] *m* ① (*golpe*) (Säbel)hieb *m;* **recibir un** ~ einen Schlag mit dem Säbel bekommen ② *aum de* **machete**

machete [ma'tʃete] *m* ① (*arma*) Säbel *m* ② (*cuchillo*) Machete *f* ③ (*Arg: fam: chuleta*) Spickzettel *m*

machetear [matʃete'ar] **I.** *vt, vi* (*Arg: fam: copiar*) spicken **II.** *vr:* ~ **se** (*Méx: trabajar*) hart arbeiten; (*fam: empollar*) büffeln

machihembrar [matʃiem'brar] *vt* ① (TÉC) *caja y espiga*) (ver)spunden ② (*ranura y lengüeta*) einfalzen

machismo [ma'tʃismo] *m* Männlichkeitswahn *m*

machista [ma'tʃista] *adj* Macho-, chauvinistisch

macho ['matʃo] **I.** *m* ① (ZOOL: *masculino*) Männchen *nt;* ~ **cabrío** Ziegenbock *m* ② (*fam: machote*) Kerl *m* ③ (*pieza*) Haken *m* ④ (ARQUIT) Pfeiler *m* **II.** *adj* ① (*masculino*) männlich ② (*fuerte*) stark, kräftig

machona [ma'tʃona] *f* (*Am: fam*) Mannweib *nt*

machote [ma'tʃote] **I.** *m* ① (*fam: hombre*) (ganzer) Kerl *m* ② (*Am: borrador*) Entwurf *m;* (*modelo*) Modell *nt* **II.** *adj* (*argot*) ① (*viril*) männlich ② (*atractivo*) toll

machucar [matʃu'kar] <c→qu> *vt* ① (*golpear*) einschlagen (auf *+akk*) ② (*destruir*) zertrümmern; (*aplastar*) zerquetschen

machucho, -a [ma'tʃutʃo, -a] *adj* ① *estar* (*pey: viejo*) nicht mehr ganz jung; **¡qué ~!** so ein alter Knacker! ② *ser* (*tranquilo*) besonnen

macilento, -a [maθi'lento, -a] *adj* ① (*pálido*) bleich; (*cansado*) abgespannt ② (*flaco*) abgezehrt ③ (*triste*) abgehärmt

macizo¹ [ma'θiθo] *m* ① (*masa*) Masse *f;* (*trozo*) Block *m* ② (GEO) (Gebirgs)massiv *nt* ③ (*plantas*) Beet *nt* ④ (ARQUIT) Pfeiler *m* ⑤ *pl* (GASTR) (im Fass) eingelegte Sardinen *fpl*

macizo, -a² [ma'θiθo, -a] *adj* ① (*oro, puerta*) massiv; **de plata maciza** massiv silbern ② (*persona*) kräftig; **estar** ~ gut gebaut sein; **un tío** ~ ein knackiger Typ ③ (*sólido*) solide

macramé [makra'me] *m* ① (*tejido*) Makrameearbeit *f;* **hacer** ~ Makrameearbeiten knüpfen ② (*hilo*) (Makramee)faden *m*

macrobiótica [makro'βjotika] *f* Makrobiotik *f*

macroconcierto [makrokon'θjerto] *m* (*argot*) Megakonzert *nt*

macrocosmo(s) [makro'kosmo(s)] *m sin pl* (FÍS, FILOS) Makrokosmos *m*

macroeconomía [makroekono'mia] *f* (ECON) Makroökonomie *f*

macroinstrucción [makroinstruɰ'θjon] *f* (INFOR) Makro *nt*

mácula ['makula] *f* ① (*mancha*) Fleck *m;* (*fig*) Makel *m;* **sin** ~ (*fig*) makellos ② (*fam: engaño*) Schwindel *m*

macuto [ma'kuto] *m* ① (*mochila*) Rucksack *m;* (MIL) Tornister *m* ② (*argot: joroba*) Buckel *m* ③ (*Ven: de los mendigos*) Bettelkorb *m*

madeja [ma'dexa] *f* ① (*de hilo*) Knäuel *nt o m;* ~ **sin cuenda** wirres Knäuel; (*fig*) verworrene Angelegenheit; **enredar la** ~ (*fig*) zusätzliche Verwirrung stiften ② (*cabello*) Mähne *f* ③ (*pey: hombre dejado*) Schlamper *m;* (*perezoso*) Faulpelz *m*

madera [ma'dera] *f* ① (*de los árboles*) Holz *nt;* **de** ~ hölzern; **tocar** ~ auf Holz klopfen; **¡toca ~!** toi, toi, toi!; **ser de la misma** ~ aus dem gleichen Holz geschnitzt sein; **tener** [*o* **ser de**] **buena/mala** ~ einen guten/schlechten Charakter haben ② (*fam: policía*) Bullen *mpl*

maderaje [made'raxe] *m*, **maderamen** [made'ramen] *m* Gebälk *nt;* ~ **de techo** Dachstuhl *m*

maderería [madere'ria] *f* Holzhandel *m;* (*almacén*) Holzlager *nt*

madero [ma'dero] *m* ① (*viga*) (Holz)balken *m;* (*tablón*) (Holz)planke *f* ② (*persona*) Tölpel *m*

madona [ma'dona] *f* Madonna *f*

madrastra [ma'drastra] *f* ① (*pariente*) Stiefmutter *f* ② (*pey: mala madre*) Rabenmutter *f*

madraza [ma'ðraθa] f (fam): **es una verdadera ~** sie ist mit Leib und Seele Mutter
madre ['maðre] f ❶ (de familia) Mutter f; **~
de leche** Amme f; **~ política** Schwiegermutter f; **¡~ (mía)!** (oh) mein Gott!; **¡~ de
Dios!** um Gottes willen!; **como su ~ lo/la
parió** (fam) (pudel)nackt; **¡la ~ que lo
parió!** (vulg) dieser Scheißkerl!; **¡la ~ que
te parió!** (vulg) verdammt noch mal! fam;
¡viva la ~ que te parió! (fam) bravo!; **¡tu
~!** (fam) von wegen!; **de puta ~** (vulg)
geil fam; **el ciento y la ~** (fam) eine
Menge Leute ❷ (REL): **la ~ Teresa** Mutter
Theresa; **~ superior** Oberin f ❸ (origen)
Mutter-; **~ patria** Mutterland nt; **ahí está
la ~ del cordero** (fam) da liegt der Hase
im Pfeffer ❹ (GEO) Flussbett nt ❺ (TÉC)
(Haupt)träger m ❻ (GASTR) Bodensatz m
❼ (loc): **los alquileres se están
saliendo de ~** die Mieten geraten außer
Kontrolle; **sacar a alguien de ~** jdn aus
der Fassung bringen
madreperla [maðre'perla] f Perlmuschel f
madreselva [maðre'selβa] f (BOT) Geißblatt
nt
madridista [maðri'ðista] I. mf Real-Ma-
drid-Fan m II. adj: **club ~** Fußballklub m
Real Madrid
madriguera [maðri'yera] f ❶ (guarida)
Bau m ❷ (escondrijo) Schlupfwinkel m
madrileño, -a [maðri'leɲo, -a] I. adj aus
Madrid; **las noches madrileñas** die
Madrider Nächte II. m, f Madrider(in)
m(f)
madrina [ma'ðrina] f ❶ (de bautismo)
(Tauf)patin f ❷ (de boda): **~ (de boda)**
Trauzeugin f ❸ (de un artista/una asociación) Förderin f
madroño [ma'ðroɲo] m ❶ (BOT: arbusto)
Erdbeerbaum m ❷ (BOT: fruta) Erdbeere f
❸ (borla) Troddel f
madrugada [maðru'yaða] f ❶ (alba) (Morgen)dämmerung f; **en la** [o **de**] **~** früh morgens; **salimos de viaje de ~** wir brachen
bei Tagesanbruch auf; **a las cinco de la ~**
um fünf Uhr früh ❷ (horas después de la
media noche): **a las tres de la ~** um drei
Uhr nachts ❸ (madrugón): **pegarse una
~** sehr früh aufstehen
madrugador(a) [maðruɣa'ðor(a)] I. adj
❶ (que se levanta pronto): **ser muy ~**
sehr früh aufstehen ❷ (fam: astuto) aufgeweckt II. m(f) Frühaufsteher(in) m(f)
madrugar [maðru'yar] <g→gu> vi (sehr)
früh aufstehen; **tienes que ~ más para
ganarme** (fam fig) um mich auszuste-
chen, musst du früher aufstehen; **a quien
madruga, Dios le ayuda** (prov) Morgen-

stund hat Gold im Mund; **no por mucho
~ amanece más temprano** (prov) eile
mit Weile
madrugón [maðru'yon] m: **darse un ~**
sehr früh aufstehen
maduración [maðura'θjon] f ❶ (acción)
Reifung f ❷ (efecto) Reife f
madurar [maðu'rar] I. vt ❶ (hacer
maduro) reifen ❷ (reflexionar sobre)
durchdenken II. vi, vr: **~se** (volverse
maduro) reifen; (persona) reifer werden
madurez [maðu'reθ] f Reife f; (de un plan)
Ausgereiftheit f; **estar en la ~** im reiferen
Alter sein
maduro, -a [ma'ðuro, -a] adj (fruta) reif;
(plan) ausgereift; (persona: prudente) reif;
(mayor) im reiferen Alter; **una manzana
demasiado madura** ein überreifer Apfel;
en la edad madura im reiferen Alter;
estar a las duras y a las maduras auch
die Nachteile in Kauf nehmen
maestranza [maes'tranθa] f (MIL) Artillerie-
werkstatt f; (armería) Waffenschmiede f
maestría [maes'tria] f ❶ (habilidad)
Geschicklichkeit f; **con ~** meisterhaft ❷ (título) Meistertitel m
maestro, -a [ma'estro, -a] I. adj ❶ (principal) Haupt- ❷ (que muestra gran conocimiento) meisterlich; **obra maestra** Meisterwerk nt ❸ (animal) Haus- II. m, f
❶ (profesor) Lehrer(in) m(f); (de primera
enseñanza) Grundschullehrer(in) m(f)
❷ (persona de gran conocimiento) Meis-
ter(in) m(f) ❸ (de un taller) Meister(in)
m(f); (capataz) Vorarbeiter(in) m(f); **~ de
cocina** Küchenchef m; **~ de obras** Bauleiter m ❹ (lo que enseña) Lehrmeister(in)
m(f); **la vida es la mejor maestra** das
Leben ist die beste Schule ❺ (MÚS) Maestro
m
mafia ['mafja] f Mafia f; **~ de la cocaína**
Kokainmafia f
mafioso, -a [ma'fjoso, -a] I. adj Mafia-
II. m, f Mafioso, -a m, f
magazine [maɣa'sin] m Illustrierte f
magdalena [mayða'lena] f (pastel) ≈Bis-
kuit m o nt; **estar como una M~** völlig
aufgelöst sein; **llorar como una M~** wie
ein Schlosshund weinen

---

i ▌ Land & Leute

Genauso wie die churros gehören die
magdalenas unbedingt zu einem spanischen Frühstück. Dabei handelt es
sich um kleine Feingebäckstücke mit
Mehl, Öl, Eiern und Zucker als Zuta-

M

ten. Sie werden in kleinen weißen
Papierförmchen gebacken.

magenta [ma'xeṇta] **I.** *adj* magentarot **II.** *f*
(FOTO) Magenta *nt*

magia ['maxja] *f* ❶ (*arte*) Magie *f* ❷ (*poder*) Zauberkraft *f* ❸ (*atractivo*) Zauber *m*

magiar¹ [ma'xjar] *m* Madjarisch(e) *nt*

magiar² [ma'xjar] **I.** *adj* madjarisch **II.** *mf*
Madjar(in) *m(f)*

mágico, -a ['maxiko, -a] **I.** *adj* ❶ (*misterioso*) magisch; **varita mágica** Zauberstab
m ❷ (*maravilloso*) fantastisch **II.** *m*, *f* Zauberer, -in *m*, *f*

magín [ma'xin] *m* (*fam*) Fantasie *f*

magisterio [maxis'terjo] *m* ❶ (*labor*)
Unterricht *m;* **dedicarse al** ~ unterrichten
❷ (*profesión*) Lehramt *nt;* **estudiar** ~ auf
Lehramt studieren; **dedicarse al** ~ im
Lehramt tätig sein ❸ (*maestros*) Lehrer
mpl

magistrado, -a [maxis'trado, -a] *m*, *f* (*funcionario superior*) hoher Beamter *m*, hohe
Beamtin *f;* (JUR: *juez*) Richter(in) *m(f)*

magistral [maxis'tral] *adj* ❶ (ENS) Unter-
richts- ❷ (*con maestría*) meisterhaft
❸ (*tono*) lehrerhaft

magistratura [maxistra'tura] *f* ❶ (*oficio*)
Richteramt *nt;* (*dignidad*) Richterwürde *f*
❷ (*tiempo*) Amtszeit *f* ❸ (*jueces*) Richter
mpl; (*funcionarios*) Justizbeamte *mpl*

magma ['maɣma] *f* Magma *nt*

magnanimidad [maɣnanimi'ðað] *f* ❶ (*generosidad*) Großzügigkeit *f* ❷ (*nobleza*)
Edelmut *m*

magnánimo, -a [maɣ'nanimo, -a] *adj*
❶ (*generoso*) großzügig ❷ (*noble*) edelmütig

magnate [maɣ'nate] *m* Magnat *m;* ~ **de
las finanzas** Finanzmagnat *m*

magnesia [maɣ'nesja] *f* (QUÍM) Magnesia *f*

magnesio [maɣ'nesjo] *m* Magnesium *nt*

magnético, -a [maɣ'netiko, -a] *adj* magnetisch

magnetismo [maɣne'tismo] *m* Magnetis-
mus *m;* (*fig*) Anziehungskraft *f;* **ejercer
un intenso** ~ **sobre alguien** eine magne-
tische Anziehungskraft auf jdn ausüben

magnetizar [maɣneti'θar] <z→c> *vt*
❶ (*un cuerpo*) magnetisieren ❷ (*hipnotizar*) hypnotisieren ❸ (*encantar*) verzaubern; (*entusiasmar*) begeistern; (*retener la
atención*) fesseln

magnetofón [maɣneto'fon] *m* Tonbandgerät *nt*

magnetofónico, -a [maɣneto'foniko, -a]
adj Tonband-; **cinta magnetofónica** Ton-

band *nt*

magnetófono [maɣne'tofono] *m* Tonbandgerät *nt*

magnetoscopio [maɣnetos'kopjo] *m* (TÉC)
Magnetoskop *nt*

magnificar [maɣnifi'kar] <c→qu> **I.** *vt*
(*glorificar*) verherrlichen; (*alabar*) preisen
II. *vr:* ~ **se** (*parecer más grande*) größer
wirken; (*hacerse más grande*) sich größer
machen

magnificencia [maɣnifi'θeṇθja] *f* ❶ (*esplendor*) Pracht *f* ❷ (*liberalidad*) Großmut *f*

magnífico, -a [maɣ'nifiko, -a] *adj* ❶ (*lujoso*) prachtvoll; (*valioso*) wertvoll ❷ (*estupendo*) herrlich ❸ (*excelente*) großartig
❹ (*liberal*) großmütig ❺ (*título*): **M~
Señor Rector, ...** Eure Magnifizenz, ...

magnitud [maɣni'tuð] *f* ❶ (*tamaño, t.* FÍS)
Größe *f* ❷ (*importancia*) Ausmaß *nt;* **la** ~
de este problema es alarmante dieses
Problem hat beängstigende Ausmaße angenommen

magno, -a ['maɣno, -a] *adj* (*importante*)
bedeutend; **Alejandro M~** Alexander der
Große; **aula magna** Audimax *nt*

magnolia [maɣ'nolja] *f* Magnolienblüte *f*

magnolio [maɣ'nolio] *m* (BOT) Magnolie *f*

mago, -a ['maɣo, -a] *m*, *f* Zauberer, -in *m*, *f;*
los Reyes M~s die Heiligen Drei Könige

magra ['maɣra] *f* Scheibe *f* Schinken

magrear [maɣre'ar] *vt* (*vulg*) betatschen
fam

magrebí [maɣre'βi] **I.** *adj* maghrebinisch
II. *mf* Maghrebiner(in) *m(f)*

magro¹ ['maɣro] *m* (*como el lomo*)
(Schweine)filet *nt;* (*fam: carne magra*)
(mageres) Fleisch *nt*

magro, -a² ['maɣro, -a] *adj* mager

maguey [ma'ɣei̯] *m* (*Am*) Agave *f*

magulladura [maɣuʎa'ðura] *f*, **magulla-
miento** [maɣuʎa'mjeṇto] *m* (*en el
cuerpo*) Quetschung *f;* (*en una fruta*)
Druckstelle *f*

magullar [maɣu'ʎar] *vt* quetschen

Maguncia [ma'ɣuṇθja] *f* Mainz *nt*

maguntino, -a [maɣuṇ'tino, -a] **I.** *adj*
Mainzer **II.** *m*, *f* Mainzer(in) *m(f)*

mahometano, -a [maome'tano, -a] **I.** *adj*
mohammedanisch **II.** *m*, *f* Mohammeda-
ner(in) *m(f)*

mahonesa [mao'nesa] *f* Majonäse *f*

maicena® [mai̯'θena] *f* Maismehl *nt*

maicillo [mai̯'θiʎo] *m* (*Am*) Hirse *f*

maillot [ma'ʎot] *m* ❶ (*bañador*) Badeanzug
m ❷ (*camiseta*) Trikot *nt*

maíz [ma'iθ] *m* Mais *m*

majada [ma'xaða] *f* ❶ (*aprisco*) Pferch *m*

② (*estiércol*) Mist *m*

majaderear [maxaðere'ar] *vt* (*Am*) auf die Nerven gehen +*dat fam*

majadería [maxaðe'ria] *f* **①** (*tontería*) Blödsinn *m fam*; **¡no hagas caso a sus ~s!** hör nicht auf sein/ihr dummes Geschwätz! **②** (*imprudencia*) Unverschämtheit *f*

majadero, -a [maxa'ðero, -a] **I.** *adj* **①** (*insensato*) dämlich **②** (*porfiado*) lästig **③** (*imprudente*) unverschämt **II.** *m, f* **①** (*imbécil*) Idiot(in) *m(f)* **②** (*porfiador*) Nervensäge *f fam*

majar [ma'xar] *vt* **①** (*en un mortero*) zerstampfen **②** (*en la era*) dreschen **③** (*molestar*) auf die Nerven gehen +*dat fam* **④** (*fam: azotar*) eindreschen (auf +*akk*)

majara [ma'xara], **majareta** [maxa'reta] **I.** *adj* (*fam*) verrückt **II.** *mf* (*fam*) Spinner(in) *m(f)*

majestad [maxes'tað] *f* **①** (*título*) Majestät *f*; **Su ~, ...** Eure (Königliche) Hoheit, ... **②** (*majestuosidad*) Würde *f*

majestuosidad [maxestwosi'ðað] *f* Würde *f*

majestuoso, -a [maxestu'oso, -a] *adj* majestätisch

majeza [ma'xeθa] *f* (*fam*) Großtuerei *f*; **va vestida con ~** sie läuft aufgemacht herum

majo, -a ['maxo, -a] *adj* **①** (*bonito*) hübsch; (*guapo*) gut aussehend **②** (*agradable*) nett **③** (*ataviado*) zurechtgemacht; **ponte maja para la fiesta** mach dich für das Fest hübsch

mal [mal] **I.** *adj v.* **malo II.** *m* **①** (*daño*) Schaden *m*; (*injusticia*) Unrecht *nt*; (*sufrimiento*) Leid *nt*; **la caída del dólar le ha hecho mucho ~** der Kursverfall des Dollars hat ihm/ihr sehr geschadet **②** (*lo malo*) Böse *nt*; **el ~ menor** das kleinere Übel; **estoy a ~ con mi vecino** ich habe mich mit meinem Nachbarn zerstritten; **tomarse algo a ~** etw übel nehmen; **tomarse a ~ un consejo** einen Ratschlag in den falschen Hals bekommen; **¡no te lo tomes tan a ~!** nimm es dir doch nicht so zu Herzen!; **decir ~ de alguien** schlecht von jdm reden; **menos ~** Gott sei Dank **③** (*inconveniente*) Nachteil *m*; **el ~ está en que...** das Üble daran ist, dass ... **④** (*enfermedad*) Krankheit *f*; **~ de montaña** Höhenkrankheit *f*; **~ de vientre** Bauchweh *nt* **⑤** (*desgracia*) Unglück *nt*; **no te preocupes, no hay ~ que por bien no venga** mach dir keine Sorgen, es kommen auch mal bessere Zeiten; **no hay ~ que por bien no venga** (*prov*) ≈Glück und Unglück liegen nah beieinander; **bien**

vengas, ~, si vienes solo (*prov*) ein Unglück kommt selten allein **III.** *adv* **①** (*de ~ a manera, insuficientemente*) schlecht; **dejar ~ a alguien** jdn blamieren; **esto acabará ~** das wird noch böse enden; **vas a acabar ~** mit dir wird es noch böse enden; **este chico va de ~ en peor** mit diesem Jungen wird es immer schlimmer; **aprobar los exámenes más ~ que bien** die Prüfungen mehr schlecht als recht bestehen; **~ que bien, el negocio sigue funcionando** trotz allem läuft das Geschäft noch; **~ que bien, tendré que ir al dentista este mes** ich muss wohl oder übel diesen Monat zum Zahnarzt; **me sentó ~ que te fueras sin despedirte** es hat mich gekränkt, dass du gegangen bist, ohne dich zu verabschieden; **la nueva compañera me cae ~** die neue Kollegin ist mir unsympathisch; **estar ~ de dinero** schlecht bei Kasse sein **②** (*equivocadamente*) falsch **③** (*difícilmente*): **~ podrás ganar con esta moto** mit diesem Motorrad wirst du wohl kaum siegen

> **? Grammatik**
>
> **mal** ist ein Adverb, das ein Verb näher bestimmt: *Mi primo canta muy mal. – Mein Cousin singt sehr schlecht.*
>
> **malo** ist ein Adjektiv, das ein Substantiv näher bestimmt: *Carlos es un niño muy malo. – Carlos ist ein sehr unartiges Kind.*

malabarismo [malaβa'rismo] *m* (*juegos malabares*) Jonglieren *nt*; **hacer ~s para mantener su puesto de trabajo** (*fig*) Seiltänze vollführen, um seinen Arbeitsplatz zu sichern

malabarista [malaβa'rista] *mf* (*artista*) Jongleur(in) *m(f)*

malaconsejado, -a [malakonse'xaðo, -a] *adj* schlecht beraten; **actuar ~** falsch handeln

malaconsejar [malakonse'xar] *vt* schlecht beraten; **actuar malaconsejado** falsch handeln

malacostumbrado, -a [malakostum-'braðo, -a] *adj*: **estar ~** (*mimado*) verwöhnt sein; (*sin modales*) schlechte Manieren haben; (*vicioso*) einen schlechten Lebenswandel führen

malacostumbrar [malakostum'brar] **I.** *vt* **①** (*mimar*) verwöhnen **②** (*educar mal*) schlecht erziehen **③** (*viciar*) einen schlechten Einfluss ausüben (*a* auf +*akk*) **II.** *vr*:

M

~ **se** sich *dat* einen schlechten Lebenswandel angewöhnen

malagueño, **-a** [mala'ɣeɲo, -a] **I.** *adj* aus Malaga **II.** *m*, *f* Einwohner(in) *m(f)* von Malaga

malandante [malan'daɳte] *adj* unglückselig; **persona** ~ Pechvogel *m fam*

malandanza [malan'danθa] *f* (*desgracia*) Unglück *nt;* (*golpe*) Schicksalsschlag *m*

malandrín, **-ina** [malan'drin, -ina] **I.** *adj* böse **II.** *m*, *f* Schurke, -in *m*, *f*

malapata [mala'pata] *mf* **1** (*patoso*) Tollpatsch *m;* **tener** ~ (*poca destreza*) unbeholfen sein; (*malas intenciones*) gemein sein **2** (*ceniza*) Pechvogel *m fam* **3** (*loc*): **la cosa tiene** ~ da stimmt was nicht

malaquita [mala'kita] *f* Malachit *m*

malaria [ma'larja] *f* Malaria *f*

Malasia [ma'lasja] *f* Malaysia *nt*

malasombra [mala'sombra] **I.** *adj* **1** (*desastrado*) tollpatschig **2** (*malvado*) gemein **II.** *mf* **1** (*desastre*) Tollpatsch *m* **2** (*mala persona*) gemeine Person *f*

malaventura [malaβen'tura] *f* **1** (*desgracia*) Unglück *nt;* (*golpe*) Schicksalsschlag *m* **2** (*mala suerte*) Pech *nt*

malaventuranza [malaβentu'ranθa] *f* (*mala suerte*) Pech *nt;* (*infortunio*) Unglück *nt*

malayo, **-a** [ma'laɟo, -a] **I.** *adj* (*cultura*) malaiisch; (POL) malaysisch **II.** *m*, *f* **1** (*raza*) Malaie, -in *m*, *f* **2** (POL) Malaysier(in) *m(f)*

malbaratar [malβara'tar] *vt* **1** (*vender barato*) zu Schleuderpreisen verkaufen *fam* **2** (*malgastar*) verprassen; **malbarató toda la herencia en sólo un año** er/sie hat die gesamte Erbschaft in nur einem Jahr durchgebracht

malcarado, **-a** [malka'raðo, -a] *adj* **1** (*repulsivo*) abstoßend **2** (*enfadado*) eingeschnappt; (*furioso*) zähneknirschend; (*malhumorado*) verdrießlich

malcomer [malko'mer] *vi* **1** (*poco*) nur wenig essen; **el dinero sólo da para** ~ das Geld reicht nur für das Nötigste an Essen **2** (*sin ganas*) ohne Appetit essen **3** (*cosas de mala calidad*) sich schlecht ernähren

malcriado, **-a** [malkri'aðo, -a] *adj* (*mal educado*) ungezogen; (*descortés*) unhöflich

malcriar [malkri'ar] <*1. pres:* malcrío> *vt* verziehen

maldad [mal'dað] *f* Bosheit *f*

maldecir [malde'θir] *irr* **I.** *vt* verfluchen; **¡te maldigo!** Fluch über dich! **II.** *vi* **1** (*jurar*) fluchen **2** (*hablar mal*) schlecht sprechen (*de* über +*akk*); (*difamar*) verleum-

den (*de* +*akk*) **3** (*quejarse*) sich beklagen (*de* über +*akk*)

maldición [maldi'θjon] *f* **1** (*imprecación*) Fluch *m*, Verwünschung *f;* **parece que le ha caído una** ~ sein/ihr Leben scheint wie verflucht; **en el mismo año le cayó la** ~ **del mago** noch im selben Jahr erfüllte sich der Fluch des Zauberers **2** (*juramento*) Kraftausdruck *m;* **soltar una** ~ **contra alguien** über jdn fluchen

maldito, **-a** [mal'dito, -a] **I.** *pp de* maldecir **II.** *adj* **1** (*endemoniado*) verdammt; **¡maldita sea!** (*fam*) verdammt noch mal!; **¡~ seas!** (*vulg*) du verfluchter Idiot! *fam;* **maldita la idea que tengo del tema** (*fam*) ich habe nicht die geringste Ahnung von dem Thema; ~ **el caso que me hacen** (*fam*) kein Mensch achtet auf mich; **no vale la maldita pena** (*fam*) es lohnt sich ganz und gar nicht; **¡maldita la gracia** (**que me hace**)! das ist ja eine schöne Bescherung!; **¡malditas las ganas** (**que tengo**)! ich habe nicht die geringste Lust! **2** (*maligno*) bösartig; **¡vete,** ~! scher dich zum Teufel!; **soltar la maldita** ein loses Mundwerk haben

maleabilidad [maleaβili'ðað] *f* **1** (*de un metal*) Schmiedbarkeit *f* **2** (*flexibilidad*) Biegsamkeit *f*

maleable [male'aβle] *adj* **1** (*forjable*) schmiedbar **2** (*flexible*) geschmeidig **3** (*dócil*) gefügig

maleante [male'aɳte] **I.** *adj* **1** (*delincuente*) verbrecherisch; **gente** ~ Gesindel *nt* **2** (*maligno*) boshaft **II.** *mf* **1** (*delincuente*) Gauner(in) *m(f);* ~**s** Gesindel *nt* **2** (*persona maligna*) Schuft *m*

malear [male'ar] **I.** *vt* **1** (*pervertir*) verderben **2** (*dañar: a alguien*) Schaden zufügen +*dat;* (*algo*) beschädigen; (*perjudicar*) schaden +*dat* **II.** *vr:* ~ **se** (moralisch) verkommen

malecón [male'kon] *m* **1** (*dique*) Damm *m* **2** (*rompeolas*) Kai *m* **3** (FERRO) Bahndamm *m*

maledicencia [maleði'θenθja] *f* üble Nachrede *f;* (JUR) Verleumdung *f*

maleducado, **-a** [maleðu'kaðo, -a] *adj* **1** (*sin modales*) ohne Manieren; (*niño*) ungezogen; **tu amigo es muy** ~ dein Freund hat überhaupt keine Manieren **2** (*descortés*) unhöflich **3** (*mimado*) verwöhnt

maleducar [maleðu'kar] *vt* verziehen

maleficiencia [malefi'θjenθja] *f* Boshaftigkeit *f*

maleficio [male'fiθjo] *m* **1** (*hechizo*) Zauberei *f;* (*efecto*) Zauber *m;* **desligar un** ~

einen Zauber brechen ❷ (*daño*) Schaden *m*

maléfico, -a [ma'lefiko, -a] **I.** *adj* ❶ (*perjudicial*) schädlich ❷ (*que hechiza*) Zauberei betreibend; **poder** ~ Zauberkraft *f;* **temían a la gitana maléfica** sie hatten Angst vor der Zigeunerin und ihrer Hexerei **II.** *m, f* Zauberer, -in *m, f*

malentendido [malenten'diðo] *m* Missverständnis *nt*

malestar [males'tar] *m* ❶ (*físico*) Unwohlsein *nt* ❷ (*espiritual*) Unbehagen *nt*

maleta¹ [ma'leta] *f* Koffer *m;* **hacer la** ~ den Koffer packen

maleta² [ma'leta] *m* (*diletante*) Dilettant *m;* (DEP) Anfänger(in) *m(f);* **este carpintero es un** ~ dieser Schreiner hat zwei linke Hände

maletero¹ [male'tero] *m* (AUTO) Kofferraum *m*

maletero, -a² [male'tero, -a] *m, f* ❶ (*Chil: ladrón*) (Taschen)dieb(in) *m(f)* ❷ (*en las estaciones*) Gepäckträger(in) *m(f)*

maletín [male'tin] *m* (*de aseo*) Kosmetikkoffer *m;* (*para herramientas*) Werkzeugkoffer *m;* (*de un médico*) Arztkoffer *m;* (*en una bici*) Satteltasche *f;* ~ (**de viaje**) Handkoffer *m*

malevolencia [maleβo'lenθja] *f* ❶ (*malignidad*) Böswilligkeit *f* ❷ (*animosidad*) Missgunst *f;* **no me trates con** ~ sei nicht so gemein zu mir

malévolo, -a [ma'leβolo, -a] *adj* gemein

maleza [ma'leθa] *f* ❶ (*hierbas malas*) Unkraut *nt;* **el jardín se está llenando de** ~ der Garten verwildert zunehmend ❷ (*matorral*) Gestrüpp *nt*

malformación [malforma'θjon] *f* (*deformidad*) Missbildung *f;* ~ **cardíaca** Herzfehler *m*

malgastador(a) [malɣasta'ðor(a)] **I.** *adj* verschwenderisch **II.** *m(f)* Verschwender(in) *m(f);* **ser un** ~ nicht mit Geld umgehen können

malgastar [malɣas'tar] *vt* verschwenden; ~ **todo el dinero en tabaco** sein gesamtes Geld für Zigaretten ausgeben; ~ **dinero en el bingo** Geld beim Bingo verspielen; **con él no haces más que** ~ **tu paciencia** mit ihm verschwendest du nur deine Geduld; ~ **el tiempo charlando** die Zeit verplaudern; ~ **una oportunidad** eine Chance vertun

malhablado, -a [mala'βlaðo, -a] **I.** *adj* (*fresco*) frech; **ser** ~ unanständig reden **II.** *m, f* (*descarado*) respektloser Mensch *m;* **en este bar sólo hay** ~**s** in dieser Kneipe reden alle unanständig

malhadado, -a [mala'ðaðo, -a] **I.** *adj* ❶ (*desventurado*) unglücklich ❷ (*que trae mala suerte*) Unheil bringend; **es un anillo** ~ dieser Ring bringt nur Unglück **II.** *m, f* Unglücksrabe *m fam;* **ha sido toda su vida un** ~ er war sein Leben lang vom Unglück verfolgt

malhechor(a) [male'tʃor(a)] **I.** *adj* kriminell **II.** *m(f)* Verbrecher(in) *m(f)*

malherir [male'rir] *irr como sentir vt* schwer verletzen

malhumor [malu'mor] *m* schlechte Laune *f;* **estar de** ~ schlechte Laune haben; **tener** ~ ein übellauniger Mensch sein

malhumorado, -a [malumo'raðo, -a] *adj* ❶ *ser* übellaunig ❷ *estar* schlecht gelaunt; **estar** ~ schlechte Laune haben

malicia [ma'liθja] *f* ❶ (*intención malévola*) Arglist *f;* **hacer todo con** ~ stets arglistig handeln ❷ (*maldad*) Boshaftigkeit *f* ❸ (*picardía*) Verschlagenheit *f;* **tener mucha** ~ sehr verschlagen sein ❹ (*interpretación maliciosa*) Argwohn *m* ❺ (*fam: sospecha*) Zweifel *m;* **tener sus** ~**s** Zweifel hegen; **no tener** ~ naiv sein

maliciar [mali'θjar] *vt, vr:* ~ **se** ❶ (*sospechar*) argwöhnen; **no malicies de cualquiera** sei doch nicht allen gegenüber so argwöhnisch; ~ **de todo** hinter allem etwas Schlechtes wittern ❷ (*pervertir*) verderben

malicioso, -a [mali'θjoso, -a] *adj* ❶ (*con intención malévola*) arglistig ❷ (*maligno*) boshaft ❸ (*que sospecha malicia*) argwöhnisch

malignidad [maliɣni'ðað] *f* Bösartigkeit *f*

maligno, -a [ma'liɣno, -a] *adj* (*pernicioso*) gefährlich; (*persona*) gemein; (*sonrisa*) hämisch; (MED) bösartig

malintencionado, -a [malintenθjo'naðo, -a] *adj* arglistig

malinterpretar [malinterpre'tar] *vt* missverstehen

malla [ma'ʎa] *f* ❶ (*de un tejido*) Masche *f;* **de** ~ (**s**) **ancha(s)/estrecha(s)/fina(s)** weit-/eng-/feinmaschig; **caer en las** ~**s de alguien** in jds Fänge geraten ❷ (*tejido*) Netz *nt* ❸ (*vestido*) (Gymnastik)trikot *nt* ❹ *pl* (*pantalones*) Leggings *fpl* ❺ (*Am: de baño*) Badeanzug *m*

mallorquín, -ina [maʎor'kin, -ina] **I.** *adj* mallorquinisch **II.** *m, f* Mallorquiner(in) *m(f)*

malnutrición [malnutri'θjon] *f sin pl* Unterernährung *f*

malnutrido, -a [malnu'triðo, -a] *adj* unterernährt

malo, -a ['malo, -a] **I.** *adj* <peor, pésimo>

(*precediendo un sustantivo masculino: mal*) ❶ (*en general*) schlecht; **mala gestión** Misswirtschaft *f;* **palabras malas** unanständige Worte; **tengo mala cabeza para los números** ich kann mir Zahlen schlecht merken; **eres ~ de entender** aus dir wird man nicht schlau; **fumar es ~ para la salud** Rauchen schadet der Gesundheit; **de mala gana** widerwillig; **me gusta el piso, lo ~ es que es demasiado caro** mir gefällt die Wohnung, aber leider ist sie zu teuer; **tener mala mano para algo** ungeschickt in etw *dat* sein; **siempre anda con malas mujeres** er verkehrt nur mit Flittchen; **se casó sin decirnos ni una mala palabra** er/sie heiratete, ohne uns ein Sterbenswörtchen davon zu sagen; **es ~ para madrugar** er steht nicht gerne früh auf; **~ sería si no llegáramos a una solución** es wäre ja gelacht, wenn wir zu keiner Lösung gelängen; **tener mala suerte** Pech haben; **hace un tiempo malísimo** das Wetter ist miserabel; **el trabajo en las minas es muy ~** die Arbeit im Bergwerk ist sehr hart; **me vino de malas** er/sie/es kam mir ungelegen; **la chapa de este coche es mala** dieses Auto ist aus billigem Blech; **hacer un trabajo de mala manera** eine Arbeit schlampig ausführen; **hierba mala nunca muere** (*prov*) Unkraut vergeht nicht; **más vale ~ conocido que bueno por conocer** (*prov*) besser den Spatz in der Hand als die Taube auf dem Dach ❷ (*falso*) unecht ❸ (*malévolo*) böse; **tener mal genio** leicht reizbar sein; **una mala persona** ein schlechter Mensch; **venir de malas** böse Absichten haben ❹ (*enfermo*) krank; **caer ~ krank werden** ❺ (*travieso*) ungezogen ❻ (*estropeado*) schlecht; (*leche*) sauer; (*ropa*) abgetragen **II.** *adv:* **si no pagas voluntariamente tendré que intentarlo por las malas** wenn du nicht freiwillig bezahlst, muss ich zu anderen Mitteln greifen; **hoy te llevo al dentista aunque sea por las malas** ich bring dich heute zum Zahnart und wenn es mit Gewalt sein muss; **podemos llegar a un acuerdo por las buenas o por las malas** wir können uns im Guten oder im Bösen einigen; **estoy a malas con mi jefe** ich stehe mit meinem Chef auf dem Kriegsfuß; **se pusieron a malas por una tontería** sie haben sich wegen einer Nichtigkeit zerstritten; **andan a malas** sie haben Krach (miteinander); **han vuelto a fallar un penalti, hoy están de ~s** sie haben schon wieder einen Elfmeter verschossen, das

Glück steht heute nicht auf ihrer Seite **III.** *m, f* Bösewicht *m*

malograr [malo'ɣrar] **I.** *vt* ❶ (*desaprovechar*) vergeuden; **has malogrado la ocasión** du hast die Chance vertan ❷ (*frustrar*) scheitern lassen ❸ (*estropear*) ruinieren **II.** *vr:* **~se** ❶ (*fallar*) scheitern; **se han malogrado mis esperanzas** meine Hoffnungen wurden enttäuscht ❷ (*estropearse*) verderben ❸ (*desarrollarse mal*) missraten ❹ (*morir demasiado pronto*) (zu) früh sterben; (*morir en un accidente*) verunglücken ❺ (*interrumpirse*) beendet werden

maloliente [malo'ljente] *adj* stinkend; **me molestan tus cigarros ~s** mich stört der Gestank deiner Zigarren

malparado, -a [malpa'raðo, -a] *adj* (*roto, herido*) übel zugerichtet; **salió ~ de la pelea** er wurde bei der Schlägerei übel zugerichtet

malparar [malpa'rar] *vt* (*persona*) übel zurichten; **salió malparado de la pelea** er wurde bei der Schlägerei übel zugerichtet; **salir malparado de un asunto** bei einer Sache schlecht wegkommen

malparir [malpa'rir] *vi* eine Fehlgeburt haben

malpensado, -a [malpen'saðo, -a] *adj* argwöhnisch; **no seas tan ~** denk doch nicht immer gleich an das Schlimmste

malquerencia [malke'reŋθja] *f* ❶ (*antipatía*) Abneigung *f;* **sentir mucha ~ hacia alguien** eine starke Abneigung gegen jdn verspüren ❷ (*mala voluntad*) Übelwollen *nt;* **sentir ~ hacia alguien** jdm schlecht gesonnen sein

malquistar [malkis'tar] **I.** *vt* entzweien; **me has malquistado con tu familia** du hast deine Familie und mich entzweit **II.** *vr:* **~se** sich zerstreiten

malsano, -a [mal'sano, -a] *adj* ❶ (*insano*) ungesund ❷ (*enfermizo*) kränklich ❸ (*moralmente*) verderblich

malsonante [malso'nante] *adj* (*sonido*) unangenehm (klingend); (*palabra*) unanständig; (*doctrina*) anstößig; **ruidos ~s** Missklänge *mpl*

malta ['malta] *f* ❶ (AGR) Malz *nt* ❷ (*café*) Malzkaffee *m* ❸ (*Arg: cerveza*) Malzbier *nt*

maltés, -esa [mal'tes, -esa] **I.** *adj* maltesisch **II.** *m, f* Malteser(in) *m(f)*

maltratar [maltra'tar] *vt* ❶ (*tratar mal*) schlecht behandeln ❷ (*daño físico/psíquico*) misshandeln; **~ de obra** handgreiflich werden (gegen +*akk*) ❸ (*insultar*): **~ (de palabra)** beschimpfen ❹ (*estropear*) übel zurichten

maltrato [mal'trato] *m* ❶ (*físico, psíquico*) Misshandlung *f* ❷ (*insulto*) Beschimpfung *f* ❸ (*de una cosa*) Beschädigung *f*

maltrecho, -a [mal'tretʃo, -a] *adj* ❶ (*golpeado*) übel zugerichtet ❷ (*deprimido*) am Boden zerstört

malva ['malβa] **I.** *adj* (blass)lila **II.** *f* (BOT) Malve *f;* **estar criando ~s** (*fam fig*) sich *dat* die Radieschen von unten angucken; **ser (como) una ~** (*fam*) lammfromm sein

malvado, -a [mal'βaðo, -a] **I.** *adj* ruchlos; **una persona malvada** ein durch und durch schlechter Mensch **II.** *m, f* Unmensch *m*

malvavisco [malβa'βisko] *m* Hibiskus *m*

malvender [malβeṇ'der] *vt* unter Wert verkaufen

malversación [malβersa'θjon] *f* Veruntreuung *f,* Unterschlagung *f;* **~ de los caudales públicos** Veruntreuung öffentlicher Gelder

malversar [malβer'sar] *vt* unterschlagen

Malvinas [mal'βinas] *fpl* Falklandinseln *fpl*

malvís [mal'βis] *m inv* Rotdrossel *f*

mama ['mama] *f* ❶ (*de una mujer*) Brust(drüse) *f;* (*de un animal*) Zitze *f;* (*ubre*) Euter *m* ❷ (*fam: mamá*) Mama *f*

mamá [ma'ma] *f* (*fam*) Mama *f*

mamada [ma'maða] *f* ❶ (*acción*) Trinken *nt* (von Muttermilch); **el bebé se queda dormido después de cada ~** nach dem Stillen schläft das Baby immer ein ❷ (*cantidad mamada*) Brustmahlzeit *f* ❸ (*Am: ganga*) Schnäppchen *nt;* **¡vaya ~!** das ist ja geschenkt! ❹ (*loc, vulg*): **dar una ~ a alguien** jdm einen blasen

mamar [ma'mar] **I.** *vt, vi* ❶ (*en el pecho*) trinken; **no le des de ~ tanto al niño** still das Kind nicht so oft ❷ (*adquirir*): **has mamado la pereza (con la leche)** du hast die Faulheit mit der Muttermilch eingesaugt ❸ (*fam: comer*) futtern ❹ (*vulg*): **mamársela a alguien** jdm einen blasen **II.** *vr:* **~se** ❶ (*vulg: emborracharse*) sich voll laufen lassen *fam* ❷ (*fam: sin esfuerzo*): **se ha mamado este puesto** er/sie hat diese Stelle geschenkt gekriegt; **me lo he mamado** ich habe ihn (locker) in die Tasche gesteckt

mamario, -a [ma'marjo, -a] *adj* (ANAT) Brust(drüsen)-; (ZOOL) Zitzen-; (*ubre*) Euter-

mamarrachada [mamarra'tʃaða] *f* ❶ (*mamarracho*) Pfusch *m fam* ❷ (*acción ridícula*) Quatsch *m fam;* **no hace más que ~s** er/sie benimmt sich unmöglich

mamarracho [mama'rratʃo] *m* ❶ (*persona que viste mal*) Vogelscheuche *f;* (*ridícula*)

Witzfigur *f fam* ❷ (*cosa mal hecha*) Pfusch *m fam;* (*fea*) Ungetüm *nt;* (*sin valor*) Kitsch *m* ❸ (*persona despreciable*) Nichtsnutz *m*

mambo ['mambo] *m* (MÚS) Mambo *m*

mameluco [mame'luko] *m* ❶ (*bobo*) Dummkopf *m* ❷ (*Am: de bebé*) Strampelanzug *m*

mamífero [ma'mifero] **I.** *adj* Säuge- **II.** *m* Säugetier *nt*

mamografía [mamoɣra'fia] *f* (MED) Mammographie *f*

mamón, -ona [ma'mon, -ona] **I.** *adj* (*bebé*) im Säuglingsalter; **niño ~** Säugling *m;* **tiene una niña muy mamona** ihr Baby muss oft gestillt werden **II.** *m, f* ❶ (*niño*) Säugling *m* ❷ (*vulg: insulto*) Wichser *m,* Fotze *f* ❸ (*Am: fam: borracho*) Saufkopf *m*

mamotreto [mamo'treto] *m* ❶ (*pey: libro*) Wälzer *m* ❷ (*armatoste*) Gerümpel *nt;* **esta butaca es un ~** das ist ein Ungetüm von einem Sessel

mampara [mam'para] *f* (*cancel*) Wandschirm *m*

mamporro [mam'porro] *m* (*fam*) Schlag *m;* **darse un ~ contra la barandilla** sich am Geländer anstoßen; **con el hielo me pegué un ~ en medio de la calle** bei der Glätte hat es mich mitten auf der Straße hingeschlagen

mampostería [mamposte'ria] *f* ❶ (*obra*) Mauerwerk *nt;* **~ de ladrillos en bruto** Rohbau *m* ❷ (*oficio*) Maurerhandwerk *nt*

mamut [ma'muð] *m* <mamuts> Mammut *nt*

maná [ma'na] *m* ❶ (*enviado por Dios*) Manna(brot) *nt* ❷ (*de ciertas plantas*) Manna *nt* ❸ (*regalo*) Geschenk *nt* (des Himmels)

manada [ma'naða] *f* ❶ (*rebaño*) Herde *f;* (*de peces/aves*) Schwarm *m;* (*de lobos/ciervos*) Rudel *nt;* **~ de gallinas** Schar Hühner; **~ de gente** Menschenschar *f;* **una ~ de curiosos** eine Gruppe Neugieriger; **llegaron en [o a] ~s al concierto** die Leute kamen scharenweise zum Konzert; **pasamos la frontera en ~** wir überquerten geschlossen die Grenze ❷ (*cantidad*) Hand *f* voll

manager ['manadʒer] *mf* <managers> Manager(in) *m(f)*

manantial [manan'tjal] **I.** *adj* Quell- **II.** *m* ❶ (*fuente natural*) Quelle *f;* **~ caliente** Thermalquelle *f;* **~ medicinal** Heilquelle *f* ❷ (*fuente artificial*) Brunnen *m* ❸ (*origen*) Ursprung *m*

manar [ma'nar] **I.** *vt* hervorbringen; **la fuente mana agua fría** aus dem Brunnen sprudelt eiskaltes Wasser; **la herida no paraba de ~ sangre** aus der Wunde floss ununterbrochen Blut **II.** *vi* ❶ (*surgir*) fließen; **el agua manaba sucia de la fuente** aus dem Brunnen sprudelte schmutziges Wasser ❷ (*fluir fácilmente*) strömen; **las palabras manaban de su boca** die Worte sprudelten förmlich über seine/ihre Lippen ❸ (*abundar*) im Überfluss vorhanden sein; **en esta huerta manan los naranjos** dieser Garten ist reich an Orangenbäumen; **esta familia mana en** [*o* de] **dinero** diese Familie schwimmt in Geld

manaza [ma'naθa] *f* große Hand *f*

manazas [ma'naθas] *mf inv* Tölpel *m*; **ser un ~** zwei linke Hände haben

mancebo[1] [man'θeβo] *m* ❶ (*asistente*) Gehilfe *m*; (*en una farmacia*) Apothekersgehilfe *m*; (*en una tienda*) Ladengehilfe *m* ❷ (*oficial*) (Handwerks)geselle *m* ❸ (*mozo*) Bursche *m* ❹ (*soltero*) Junggeselle *m*

mancebo, -a[2] [man'θeβo, -a] *adj* jung

mancha ['mantʃa] *f* ❶ (*en la ropa/piel*) Fleck *m*; (*de tinta*) Klecks *m*; (*salpicadura*) Sprenkel *m* ❷ (*toque de color*) (Farb)tupfer *m*; **este perro es blanco con ~s negras** dieser Hund ist gescheckt; **la corbata tiene ~s azules y blancas** die Krawatte ist blauweiß gesprenkelt ❸ (*boceto*) Farbskizze *f* ❹ (*deshonra*) Makel *m*; **sin ~** makellos

Mancha ['mantʃa] *f*: **canal de la ~** Ärmelkanal *m*

manchado, -a [man'tʃaðo, -a] *adj* ❶ (*ropa, mantel*) schmutzig ❷ (*cara, fruta*) fleckig ❸ (*caballos, vacas*) gescheckt; (*salpicado*) gesprenkelt

manchar [man'tʃar] **I.** *vt* ❶ (*ensuciar*) schmutzig machen ❷ (*desprestigiar*) beschmutzen **II.** *vr:* **~se** (*ensuciarse*) sich schmutzig machen

manchego, -a [man'tʃeɣo, -a] **I.** *adj* aus der spanischen Region La Mancha **II.** *m, f* Bewohner(in) *m(f)* von La Mancha

mancilla [man'θiʎa] *f* Makel *m*; **sin ~** makellos; (*pasado*) tadellos

mancillar [manθi'ʎar] *vt* beflecken

manco, -a ['manko, -a] **I.** *adj* ❶ (*de un brazo*) einarmig; (*de una mano*) einhändig; **es ~ de la mano izquierda/derecha** (*le falta*) ihm fehlt die linke/rechte Hand; (*la tiene inutilizada*) seine linke/rechte Hand ist gelähmt; **no ser** (*cojo ni*) **~** (*ser hábil*) sehr geschickt sein; (*ser largo de manos*) langfing(e)rig sein ❷ (*defectuoso*) fehlerhaft; (*incompleto*) unvollständig **II.** *m, f* (*con un brazo*) Einarmige(r) *mf*;

(*con una mano*) Einhändige(r) *mf*

mancomunar [maŋkomu'nar] **I.** *vt* vereinen **II.** *vr:* **~se** sich zusammenschließen

mancomunidad [maŋkomuni'ðað] *f* (*comunidad*) Gemeinschaft *f*

mancuerna [maŋ'kwerna] *f* ❶ (*pareja*) zusammengebundenes Paar *nt;* **~ de reses** an den Hörnern zusammengebundene Tiere ❷ (*correa*) Strick *m* (mit dem die Rinder an den Hörnern zusammengebunden werden) ❸ (*Col, Cuba, Chil: hojas de tabaco*) an den Stielen zusammengewachsene Tabakblätter *ntpl*

manda ['manda] *f* Vermächtnis *nt*

mandadero, -a [manda'ðero, -a] *m, f* Bote, -in *m, f*

mandado [man'daðo] *m* (*encargo*) Auftrag *m;* (*orden*) Befehl *m;* (*compra*) Besorgung *f;* **hacer un ~** Besorgungen machen

mandamás [manda'mas] *mf* (*pey fam*) befehlshaberische Person *f*

mandamiento [manda'mjento] *m* ❶ (*orden*) Befehl *m;* **~ de detención** Haftbefehl *m;* **~ judicial** gerichtliche Verfügung ❷ (*precepto*) Gebot *nt*

mandar [man'dar] **I.** *vt* ❶ (*ordenar*) befehlen; **~ a alguien que...** +*subj* jdm befehlen zu ... +*inf;* **lo que Ud. mande** zu Ihren Diensten ❷ (*prescribir*) vorschreiben ❸ (*dirigir*) leiten; (*gobernar*) regieren ❹ (*encargar*) veranlassen; **~ buscar/hacer/venir** holen/machen/kommen lassen ❺ (*enviar*) schicken; **~ al cuerno** (*fam*) zum Teufel schicken; **~ a freír espárragos** (*fam*) zum Kuckuck schicken ❻ (*legar*) vermachen ❼ (TÉC) steuern; **mandado a distancia** ferngesteuert **II.** *vr:* **~se** sich *dat* selbst helfen (können)

mandarina [manda'rina] *f* Mandarine *f*

mandatario, -a [manda'tarjo, -a] *m, f* Bevollmächtigte(r) *mf;* **primer ~** (POL) Staatschef *m*

mandato [man'dato] *m* ❶ (*orden*) Befehl *m;* (*prescripción*) Vorschrift *f;* (*delegación*) Auftrag *m;* **~ judicial** gerichtliche Anweisung, **~ de pago** Mahnbescheid *m;* **por ~ de las leyes** auf Grund der gesetzlichen Bestimmungen ❷ (POL) Mandat *nt;* **~ internacional** völkerrechtliches Mandat; **~ parlamentario** Abgeordnetensitz *m*

mandíbula [man'diβula] *f* ❶ (ANAT) Kiefer *m;* **reír(se) a ~ batiente** sich ausschütten vor Lachen ❷ (TÉC) Backe *f;* **~ prensora/de sujeción** Klemm-/Greifbacke *f*

mandil [man'dil] *m* ❶ (*delantal*) Schürze *f;* (*de cuero*) (Leder)schurz *m* ❷ (*Am: de caballería*) Satteldecke *f*

mandilón [mandi'lon] *m* (*fam*) Schlappschwanz *m*

mandinga [maɲˈdiŋga] *m* ① (*Am: fam: diablo*) Teufel *m* ② (*Arg: fam: muchacho*) Lausbub *m*

mando ['maɳdo] *m* ① (*poder*) Macht *f;* (MIL) Kommando *nt;* (*del presidente*) Präsidialgewalt *f;* **don de** ~ Führungsqualitäten *fpl;* **estar al** ~ **de** das Kommando haben über; **estar bajo el** ~ **de alguien** unter jds Befehl stehen; **tener el** ~ **y el palo** (*fam*) das (absolute) Sagen haben ② (*quien lo tiene*): ~ **s intermedios de una empresa** mittleres Management eines Unternehmens; **alto** ~ (MIL) Oberbefehlshaber *m* ③ (TÉC) Steuerung *f;* ~ **a distancia** Fernsteuerung *f;* ~ **manual** Handantrieb *m;* **botón de** ~ Bedienungsknopf *m*

mandolina [maɳdoˈlina] *f* Mandoline *f*

mandón, -ona [maɳˈdon, -ona] **I.** *adj* herrschsüchtig **II.** *m, f* herrschsüchtige Person *f*

mandril [maɳˈdril] *m* ① (ZOOL: *mono*) Mandrill *m* ② (TÉC: *espiga*) (Richt)dorn *m;* (*plato de sujeción*) (Spann)futter *nt;* ~ **de taladrar** Bohrfutter *nt*

manducar [maɳduˈkar] <c→qu> *vi, vt* (*fam*) futtern

manducatoria [maɳdukaˈtorja] *f* (*fam*) Essen *nt*

manecilla [maneˈθiʎa] *f* ① (*del reloj*) Zeiger *m* ② (*broche*) Verschluss *m* ③ (TÉC) Griff *m* ④ (*signo*) Hinweiszeichen *nt* (in Handform)

manejabilidad [manexaβiliˈðað] *f* ① (*de un objeto*) Handlichkeit *f* ② (*de una persona*) Fügsamkeit *f* ③ (AUTO) Wendigkeit *f*

manejable [maneˈxaβle] *adj* ① (*objeto*) handlich ② (*persona*) fügsam ③ (AUTO) wendig

manejar [maneˈxar] **I.** *vt* ① (*usar*) handhaben; (*máquina*) bedienen; (*fig*) umgehen (mit +*dat*); ~ **el cuchillo** mit dem Messer hantieren; **manejas bien las cifras** du kannst gut mit Zahlen umgehen; **saber** ~ **el dinero** gut mit Geld umgehen können; **'¡manéjese con cuidado!'** ,Vorsicht! Zerbrechlich!' ② (INFOR) steuern ③ (*dirigir*) leiten; ~ **intereses** Interessen vertreten ④ (*a alguien*) manipulieren; **maneja al marido a su antojo** sie macht mit ihrem Mann, was sie will ⑤ (*Am: un coche*) lenken **II.** *vr:* ~**se** zurechtkommen; **saber** ~ **se en la vida** sich gut im Leben zurechtfinden; **manejárselas** (*fam*) sich *dat* zu helfen wissen

manejo [maˈnexo] *m* ① (*uso*) Handhabung *f;* (*de una máquina*) Bedienung *f;* (*fig*) Umgang *m* (*de* mit +*dat*); (*utilización*)

Bedienung *f;* ~ **del agua** Wasserbewirtschaftung *f;* ~ **de animales** Umgang mit Tieren; ~ **a distancia** Fernbedienung *f* ② (INFOR) Steuerung *f;* ~ **de errores** Fehlerbehandlung *f;* ~ **de la memoria** Speicherbenutzung *f;* ~ **de información** Informationsaufbereitung *f* ③ (*trato*) Umgang *m* ④ (*de un negocio*) Leitung *f* ⑤ (*Am: de un coche*) Steuerung *f* ⑥ *pl* (*intrigas*) Machenschaften *fpl*

manera [maˈnera] *f* ① (*forma, modo*) Art *f,* Weise *f;* ~ **de decir** Redensart *f;* ~ **de obrar** Verhalten *nt;* ~ **de pensar** Ansicht *f;* ~ **de proceder** Vorgehensweise *f;* ~ **de ser** Wesen *nt;* ~ **de ver las cosas** Einstellung *f;* **a la** ~ **de** in der Art von; **a la** ~ **de la casa** nach Art des Hauses; **a** ~ **de** wie; **a mi** ~ auf meine Art; **a mi** ~ **de ver** meiner Ansicht nach; **de la** ~ **que sea** egal wie; **de cualquier** ~ [*o* **de todas** ~s], **no pienso ir ahí** ich gehe jedenfalls nicht dorthin; **de esta** ~ so; **de** ~ **que** (*finalidad*) so dass; **mañana tienes que madrugar, de** ~ **que es mejor que te acuestes pronto** morgen musst du früh aufstehen, also ist es besser, wenn du bald ins Bett gehst; **¿de** ~ **que sacaste mala nota?** du hast also eine schlechte Note bekommen?; **de ninguna** ~ keinesfalls; **se echó a gritar de tal** ~ **que...** er/sie fing derartig an zu schreien, dass ...; **de una** ~ **o de otra** so oder so; **en cierta** ~ in gewisser Weise; **en gran** ~ wesentlich; **no hay** ~ **de...** es ist unmöglich zu ...; **¡qué** ~ **de llover!** so ein Regen!; **sobre** ~ übermäßig (viel); **primero se lo dije de buena** ~ erstmal habe ich ihn/sie höflich darauf hingewiesen; **contestar de mala** ~ eine freche Antwort geben; **hacer las cosas de mala** ~ pfuschen ② *pl* (*modales*) Manieren *fpl;* **¡estas no son** ~**s!** das ist keine Art!

manga [ˈmaŋga] *f* ① (*del vestido*) Ärmel *m;* ~ **a la sisa** ärmellos; **de** ~**s cortas/largas** kurzärm(e)lig/langärm(e)lig; **estar en** ~**s de camisa** formlos gekleidet sein; **¡a buenas horas** ~**s verdes!** zu spät ist zu spät!; **ir** ~ **por hombro** (*fam*) drunter und drüber gehen; **poner algo** ~ **por hombro** (*fam*) etw heillos durcheinander bringen; **sacarse algo de la** ~ (*fig*) etw aus dem Ärmel schütteln; **ser más corto que las** ~**s de un chaleco** (*fig*) extrem schüchtern sein; **tener** (**la**) [*o* **ser de**] ~ **ancha** (*fig*) alles durchgehen lassen ② (*tubo*) Schlauch *m* ③ (AERO): ~ **de aire** Windsack *m* ④ (METEO): ~ **de viento/de agua** Wind-/Wasserhose *f* ⑤ (GASTR) Spritzbeutel *m* ⑥ (*fam: borrachera*) Schwips *m* ⑦ (*Arg:*

M

pey: grupo de personas) Haufen *m* (Leute)
❽(*loc*): **hacer ~s y capirotes** (*fam*)
unbesonnen handeln; **tirar la ~** (*fam*) sich
dat Geld pumpen

manganesa [maŋga'nesa] *f* (MIN) Braunstein *m*, Pyrolusit *m*

manganeso [maŋga'neso] *m* Mangan *nt*

mangante [maŋ'gante] *mf* (*fam*) ❶(*ladrón*) Gauner(in) *m(f)* ❷(*holgazán*) Faulpelz *m* ❸(*mendigo*) Bettler(in) *m(f)*

manganzón, -ona [maŋgan'θon, -ona] *m*, *f* (*Am*) Faulenzer(in) *m(f)*

mangar [maŋ'gar] <g→gu> *vt* (*fam*) klauen

mango ['maŋgo] *m* ❶(*puño*) Griff *m*; (*alargado*) Stiel *m*; **tener la sartén por el ~** (*fig*) das Heft fest in der Hand haben ❷(*árbol*) Mangobaum *m* ❸(*fruta*) Mango *f*

mangoneador(a) [maŋgonea'ðor(a)] *adj* ❶(*entrometido*) zudringlich ❷(*dominador*) herrschsüchtig ❸(*vago*) faul

mangonear [maŋgone'ar] **I.** *vi* (*fam*) ❶(*entrometerse*) sich einmischen (*en* in +*akk*) ❷(*vaguear*) sich herumtreiben **II.** *vt* (*fam*) bevormunden

mangoneo [maŋgo'neo] *m* (*fam*) ❶(*entremetimiento*) Einmischung *f* ❷(*vagancia*) Herumtreiberei *f*

manguear [maŋge'ar] *vt* (*Arg: fam: dinero*) pumpen

manguera [maŋ'gera] *f* (*tubo*) Schlauch *m*

mangueta [maŋ'geta] *f* ❶(*listón*) Leiste *f* ❷(*palanca*) Hebel *m* ❸(*retrete*) Ableitrohr *nt*

manguito [maŋ'gito] *m* ❶(*mitón*) Muff *m* ❷(*protección*) Ärmelschoner *m* ❸(*cilindro hueco*) Manschette *f* ❹(*anillo*) Schelle *f*

maní [ma'ni] *m* Erdnuss *f*

manía [ma'nia] *f* ❶(*locura*) Wahn *m* ❷(*extravagancia*) Marotte *f* ❸(*obsesión*) fixe Idee *f*; **tener ~ por la moda** ein Modenarr sein ❹(*fam: aversión*) Abneigung *f*; **tener(le) ~ a alguien** jdn nicht leiden können; **cogerle ~ a alguien** eine Abneigung gegen jdn entwickeln

maniaco, -a [ma'njako, -a], **maníaco, -a** [ma'niako, -a] **I.** *adj* wahnsinnig **II.** *m*, *f* Wahnsinnige(r) *mf*; **~ sexual** Sexbesessene(r) *m*; (*delincuente*) Triebtäter *m*

maniatar [manja'tar] *vt* (*persona*) an den Händen fesseln; **lo ~on a la silla** sie haben ihn mit den Händen an den Stuhl gebunden

maniático, -a [ma'njatiko, -a] **I.** *adj* ❶(*loco*) verrückt ❷(*extravagante*) seltsam **II.** *m*, *f* ❶(*loco*) Wahnsinnige(r) *mf*;

un ~ de futbol ein Fußballfreak; **ser un ~ del cine** ein großer Kinoliebhaber sein ❷(*extravagante*) Sonderling *m*

manicomio [mani'komjo] *m* Irrenanstalt *f*

manicura [mani'kura] *f* Maniküre *f*

manicuro, -a [mani'kuro, -a] *m*, *f* Handpfleger(in) *m(f)*, Maniküre *f*

manido, -a [ma'niðo, -a] *adj* ❶(*alimentos*) leicht verdorben; (*fruta*) überreif ❷(*objetos*) gebraucht; (*libro*) abgegriffen; (*ropa*) abgetragen ❸(*trillado*) abgedroschen ❹(*oculto*) verborgen

manierismo [manje'rismo] *m* (ARTE) Manierismus *m*

manifestación [manifesta'θjon] *f* ❶(*expresión*) Bekundung *f*; **como ~ de cariño** als Ausdruck der Zuneigung ❷(*reunión*) Demo(nstration) *f*

manifestante [manifes'tante] *mf* Demonstrant(in) *m(f)*

manifestar [manifes'tar] <e→ie> **I.** *vt* ❶(*declarar*) erklären ❷(*mostrar*) zeigen **II.** *vr:* **~se** ❶(*declararse*) sich äußern; **~se a favor/en contra de algo** sich für/gegen etw aussprechen ❷(*revelarse*) sich zeigen (*en* in +*dat*) ❸(*política*) demonstrieren

manifiesto¹ [mani'fjesto] *m* Manifest *nt*

manifiesto, -a² [mani'fjesto, -a] *adj* ❶(*evidente*) eindeutig ❷(*loc*): **poner de ~** (*revelar*) offenbaren; (*expresar*) zum Ausdruck bringen

manija [ma'nixa] *f* (*palanca*) Griff *m*

manilargo, -a [mani'larɣo, -a] **I.** *adj* ❶(*hurtador*) langfing(e)rig ❷(*dadivoso*) großzügig **II.** *m*, *f* Langfinger *m*

manilla [ma'niʎa] *f* ❶(*pulsera*) Armreif *m* ❷ *pl* (*para prisioneros*) Handschellen *fpl* ❸ *v.* **manija** (*del reloj*) Uhrzeiger *m*

manillar [mani'ʎar] *m* Lenker *m*

maniobra [mani'oβra] *f* ❶(*operación manual*) Handgriff *m* ❷(*uso*) Bedienung *f* ❸(*ardid*) Intrige *fpl*; **~s fraudulentas** betrügerische Handlungen ❹(MIL) Manöver *nt*; **estar de ~s** im Manöver sein ❺(*vehículo*) Steuern *nt*; (FERRO) Rangieren *nt*; (*movimiento*) Manöver *nt*

maniobrabilidad [manjoβraβili'ðað] *f* (*vehículo*) Lenkbarkeit *f*

maniobrable [manjo'βraβle] *adj* lenkbar; **un vehículo fácilmente ~** ein wendiges Fahrzeug

maniobrar [manjo'βrar] **I.** *vi* ❶(MIL) ein Manöver abhalten ❷(*intrigar*) intrigieren **II.** *vt* ❶(*manejar*) steuern ❷(*manipular*) beeinflussen

manipulación [manipula'θjon] *f* ❶(*empleo*) Handhabung *f* ❷(*elaboración*) Verarbeitung f ❸ (*alteración*) Manipulation f

manipulador[1] [manipula'ðor] m ❶ (*morse*) Morsetaster m ❷ (TEL) Telegrafenschlüssel m

manipulador(a)[2] [manipula'ðor(a)] *adj* manipulierend

manipular [manipu'lar] *vt* ❶ (*maniobrar*) handhaben; (*máquina*) bedienen ❷ (*elaborar*) verarbeiten ❸ (*alterar*) manipulieren ❹ (*interferir*) eingreifen (in +*akk*) ❺ (*manosear*) hantieren (mit +*dat*)

maniqueísmo [manike'ismo] m *sin pl* ❶ (REL) Manichäismus m ❷ (POL) Schwarzweißmalerei f

maniquí [mani'ki] <maniquíes> m ❶ (*modelo*) Mannequin nt ❷ (*muñeco*) Schaufensterpuppe f ❸ (*pelele*) Marionette f

manir [ma'nir] *irr como abolir vt* (*carne*) abhängen lassen

manirroto, -a [mani'rroto, -a] *adj* verschwenderisch

manita [ma'nita] f; **hacer ~s** Händchen halten; **ser un ~s** handwerklich geschickt sein

manivela [mani'βela] f Kurbel f

manjar [man'xar] m ❶ (*comestible*) Speise f ❷ (*exquisitez*) Delikatesse f

mano ['mano] f ❶ (ANAT) Hand f; **a ~ alzada** (*votación*) durch Handzeichen; **a ~ armada** bewaffnet; **a ~s llenas** großzügig; **alzar la ~ contra alguien** gegen jdn die Hand erheben; **apretón de ~s** Handschlag m; **bajo ~** unter der Hand; **cargar las ~s** übertreiben; **coger a alguien con las ~s en la masa** jdn auf frischer Tat ertappen; **cogidos de las ~s** Hand in Hand; **comer de la ~ de alguien** (*fig*) jdm aus der Hand fressen; **con la ~ en el corazón** freimütig; **dar de ~** (*al trabajo*) die Arbeit niederlegen; **dar de ~ a alguien** jdn links liegen lassen; **echar una ~ a alguien** jdm helfen; **dejar algo en ~s de alguien** jdm etw überlassen; **echar ~ de alguien** auf jdn zurückgreifen; **ser de ~ abierta/cerrada** großzügig/geizig sein; **estar al alcance de la ~** in Reichweite sein; **estar ~ sobre ~** (*fig*) die Hände in den Schoß legen; **hecho a ~** handgefertigt; **irse a las ~s** handgreiflich werden; **su vida se le había ido de las ~s** er/sie hatte die Kontrolle über sein/ihr Leben verloren; **se le ha ido la ~** (*desmesura*) er/sie hat das Maß überschritten; (*violencia*) er/sie ist handgreiflich geworden; **lavarse las ~s** (**como Pilatos**) seine Hände in Unschuld waschen; **llevar a alguien de la ~** jdn an der Hand führen; (*fig*) Einfluss auf jdn ausüben; **~ a ~** (*fig*)

gleichzeitig; **¡~s a la obra!** ans Werk!; **meter ~** sich einmischen; **meter ~ a alguien** (*fam*) jdn befingern; **pedir la ~ de alguien** um jds Hand anhalten; **poner las ~s en el fuego por alguien** für jdn die Hand ins Feuer legen; **si a ~ viene...** wenn es gelegen ist ...; **echar ~ de una oferta** ein Angebot in Anspruch nehmen; **traer algo entre ~s** etw im Schilde führen; **tomarle la ~ a algo** (*fam*) sich in etw einarbeiten; **untar la ~ a alguien** jdn bestechen; **muchas ~s en un plato hacen mucho garabato** (*prov*) viele Köche verderben den Brei ❷ (ZOOL) Vorderfuß m; (*de un perro*) Vorderpfote f; **~ de ave** Klaue f; **~ de elefante** Rüssel m ❸ (*reloj*) Zeiger m ❹ (*lado*) Seite f; **a** [*o* **de**] **la ~ derecha** auf der rechten Seite ❺ (*aplicación*) (Farb)auftrag m; (*capa*) (Farb)schicht f; **una ~ de pintura** ein Anstrich; **la pared necesita una ~ de pintura** die Wand muss noch einmal gestrichen werden; **dar la última ~ a algo** etw *dat* den letzten Schliff geben; **una ~ de azotes** eine Tracht Prügel ❻ (*trabajador*) Arbeiter(in) m(f); **~ de obra** Arbeitskraft f; **~ de obra especializada** Facharbeiter(in) m(f) ❼ (*habilidad*) Geschicklichkeit f; **tener buena ~ para coser** im Nähen geschickt sein; **tener ~s verdes** einen grünen Daumen haben ❽ (*de naipes*) Runde f; **ser ~** herauskommen ❾ (*de ajedrez*) Partie f

manojo [ma'noxo] m Hand f voll; **~ de llaves** Schlüsselbund m *o* nt; **ser un ~ de nervios** ein Nervenbündel sein

manopla [ma'nopla] f ❶ (*guante*) Fäustling m ❷ (*para lavarse*) Waschlappen m

manoseado, -a [manose'aðo, -a] *adj* ❶ (*sobado*) gebraucht ❷ (*trillado*) abgedroschen

manosear [manose'ar] *vt* betasten; (*fam pey*) betatschen

manotazo [mano'taθo] m Schlag m; **dar ~s** um sich schlagen

manotear [manote'ar] *vi* gestikulieren

manotón [mano'ton] m Schlag m

mansalva [man'salβa] *adv*: **a ~** (*sobre seguro*) sicher; (*traidoramente*) aus dem Hinterhalt; (*en gran cantidad*) massenweise

mansedumbre [manse'ðumbre] f ❶ (*suavidad*) Sanftmut f ❷ (*sumisión*) Gehorsam m

mansión [man'sjon] f ❶ (*casa suntuosa*) Villa f ❷ (*morada*) Wohnsitz m ❸ (*detención*) Rast f; **hacer ~** sich aufhalten

manso, -a ['manso, -a] *adj* ❶ (*dócil*) sanft

M

② (*animales*) zahm ③ (*aguas*) still ④ (*viento*) lau ⑤ (*clima*) mild

manta[1] ['manta] *f* ① (*cobertor*) Decke *f;* ~ **de cama** Tagesdecke *f;* **a** ~ massenhaft; **liarse la** ~ **a la cabeza** (*actuar con decisión*) Nägel mit Köpfen machen; (*de modo irreflexivo*) unbedacht handeln; (*aceptar*) sich *dat* etwas aufhalsen lassen; **tirar de la** ~ Machenschaften aufdecken ② (*zurra*) Tracht *f* Prügel ③ (ZOOL) Rochen *m*

manta[2] ['manta] *mf* (*persona torpe*) Tölpel *m*

mantear [mante'ar] *vt auf einer Decke mehrmals in die Luft werfen und wieder auffangen*

manteca [man'teka] *f* ① (*grasa*) Fett *nt;* ~ **de cerdo** Schweineschmalz *nt* ② (*mantequilla*) Butter *f;* **como** ~ butterweich; **eso no se le ocurre ni al que asó la** ~ um so etwas anzustellen, muss man schon ganz schön doof sein

mantecado [mante'kaðo] *m* ① (*bollo*) (weihnachtliches) Schmalzgebäck *nt* ② (*helado*) Milcheis *nt*

mantecoso, -a [mante'koso, -a] *adj* ① (*de manteca*) Butter-; (*sabor*) butt(e)rig ② (*consistencia*) butterweich; (*carne*) zart

mantel [man'tel] *m* Tischdecke *f;* **levantar los** ~**es** (*fig*) nach dem Essen vom Tisch aufstehen; **comer a** ~**es** fein essen; **estar a mesa y** ~ freie Verpflegung haben

mantelería [mantele'ria] *f* Tischwäsche *f*

mantener [mante'ner] *irr como* tener **I.** *vt* ① (*conservar*) halten; (*orden, relaciones*) aufrechterhalten; ~ **a punto** instand halten; ~ **la línea** fit bleiben; ~ **la calma** die Ruhe bewahren ② (*perseverar*) beharren (auf +*dat*) ③ (*sustentar*) unterhalten; ~ **correspondencia con alguien** mit jdm in Briefkontakt stehen ④ (*sostener*) stützen ⑤ (*proseguir*) in Gang halten; ~ **una conversación con alguien** mit jdm ein (langes) Gespräch führen **II.** *vr:* ~ **se** ① (*sostenerse*) sich halten ② (*continuar*) bleiben ③ (*perseverar*) festhalten (an +*dat*); ~ **se en sus trece** (*fam*) auf seinem Standpunkt beharren ④ (*sustentarse*) seinen Lebensunterhalt bestreiten (*gracias a* mit +*dat*)

mantenido, -a [mante'niðo, -a] *adj* anhaltend

mantenimiento [manteni'mjento] *m* ① (*alimentos*) Unterhalt *m* ② (TÉC) Wartung *f;* ~ **de datos** (INFOR) Datenpflege *f;* **sin** ~ wartungsfrei

mantequera [mante'kera] *f* ① (*elaboración manual*) Butterfass *nt;* (*elaboración mecá-*

nica) Buttermaschine *f* ② (*para conservar*) Butterdose *f;* (*en frigorífico*) Butterfach *nt*

mantequilla [mante'kiʎa] *f* Butter *f*

mantilla [man'tiʎa] *f* ① (*de mujer*) Mantille *f* ② (*de niño*) Wickeltuch *nt;* **estar en** ~**s** (*fam fig*) noch in den Windeln stecken; **estar en** ~**s sobre algo** (*fam*) wenig Ahnung von etw *dat* haben ③ (*de caballo*) Satteldecke *f*

i **Land & Leute**

Die **mantilla** ist ein um die Schulter (manchmal um die Taille oder um den Kopf) getragenes dreieckiges Tuch aus Spitze und Tüll mit langen Fransen und ist meist mit Blumenmotiven bestickt. In den meisten Regionen Spaniens gehört sie zur traditionellen weiblichen Festkleidung. Bei vornehmen Hochzeiten trägt die *madrina – Trauzeugin* eine schwarze **mantilla española.**

mantis ['mantis] *f* (ZOOL) Gottesanbeterin *f*

manto ['manto] *m* ① (*prenda*) Umhang *m;* (*talar*) Talar *m* ② (*capa*) Schicht *f;* **el** ~ **ácido de la piel** der Säureschutzmantel der Haut ③ (*velo*) Schleier *m* ④ (MIN) (dünne) Erdschicht *f* ⑤ (GEO): ~ **terrestre** Erdmantel *m* ⑥ (BOT): ~ **vegetal** Pflanzendecke *f*

mantón [man'ton] *m* Umschlagtuch *nt*

manual [manu'al] **I.** *adj* ① (*con las manos*) Hand- ② (*manejable*) handlich **II.** *m* Handbuch *nt;* ~ **de referencia** Nachschlagewerk *nt*

manualidad [manwali'ðað] *f* ① (*trabajo manual*) Handarbeit *f* ② (*pasatiempo*) Bastelarbeit *f*

manubrio [ma'nuβrjo] *m* ① (*puño*) Griff *m* ② (*manivela*) Kurbel *f;* **piano de** ~ Drehorgel *f*

manufacturación [manufaktura'θjon] *f* Herstellung *f*

manufacturar [manufaktu'rar] *vt* herstellen

manuscrito[1] [manus'krito] *m* ① (*escrito a mano*) Handschrift *f* ② (*de un autor*) Manuskript *nt*

manuscrito, -a[2] [manus'krito, -a] *adj* handschriftlich

manutención [manuten'θjon] *f* ① (*alimentos*) Unterhalt *m* ② (TÉC) Instandhaltung *f*

manzana [man'θana] *f* ① (*fruta*) Apfel *m;* **la** ~ **de la discordia** der Zankapfel; **sano como una** ~ kerngesund ② (*cuadra*) (Häuser)block *m;* **dar la vuelta a la** ~ um

den Block gehen
manzanal [maɲθa'nal] *m* (BOT) ❶ (*terreno*)
Apfelbaumplantage *f* ❷ (*árbol*) Apfelbaum
m
manzanilla [maɲθa'niʎa] *f* ❶ (*planta*)
Kamille *f* ❷ (*flor*) Kamillenblüte *f* ❸ (*infusión*) Kamillentee *m* ❹ (*vino*) Manzanil-
la(wein) *m*

manzano [maɲ'θano] *m* Apfelbaum *m*
maña ['maɲa] *f* ❶ (*habilidad*) Geschicklich-
keit *f;* **darse** [*o* **tener**] ~ **para** [*o* **con**] **algo**
etw gut können ❷ (*astucia*) Schläue *f;*
más vale ~ **que fuerza** List geht über
Kraft ❸ *pl* (*caprichos*) Mucken *fpl;* **tener**
~ **s** verwöhnt sein
mañana[1] [ma'ɲana] **I.** *f* (*temprana*) Morgen *m;* (*hasta el mediodía*) Vormittag *m;* **a**
las 5 de la ~ um 5 Uhr morgens; **de la**
noche a la ~ über Nacht; **de** ~ frühmorgens; **por la** ~ morgens/vormittags; **todas**
las ~ **s** jeden Morgen/Vormittag; ~ **por la**
~ morgen früh/Vormittag **II.** *adv* ❶ (*día*)
morgen; ¡**hasta** ~! bis morgen!; **pasado** ~
übermorgen; ~ **será otro día** morgen ist
auch noch ein Tag; **no dejes para** ~ **lo**
que puedas hacer hoy (*prov*) was du
heute kannst besorgen, das verschiebe
nicht auf morgen ❷ (*futuro*) in der
Zukunft
mañana[2] [ma'ɲana] *m* Zukunft *f;* **el día de**
~ in näherer Zukunft
mañanero, -a [maɲa'nero, -a] **I.** *adj* ❶ (*madrugador*) Frühaufsteher- ❷ (*de la
mañana*) Morgen- **II.** *m, f* Frühaufste-
her(in) *m(f)*
maño, -a ['maɲo, -a] **I.** *adj* aus Aragonien
II. *m, f* Aragonier(in) *m(f)*
mañoso, -a [ma'ɲoso, -a] *adj* ❶ (*hábil*)
geschickt ❷ (*sagaz*) flink ❸ (*caprichoso*)
verwöhnt ❹ (*terco*) störrisch
maoísta [mao'ista] **I.** *adj* (POL) maoistisch
II. *mf* (POL) Maoist(in) *m(f)*
mapa ['mapa] *m* (Land)karte *f;* ~ **astronómico** Himmelskarte *f;* **borrar del** ~
(*matar*) umbringen; **desaparecer del** ~

verschwinden; **no estar en el** ~ (*fig*)
außergewöhnlich sein
mapache [ma'patʃe] *m,* **mapachín**
[mapa'tʃin] *m* (*Am*) Waschbär *m*
mapamundi [mapa'muɲdi] *m* ❶ (*mapa*)
Weltkarte *f* ❷ (*fam: trasero*) Hintern *m*
maqueta [ma'keta] *f* ❶ (ARQUIT) (Ent-
wurfs)modell *nt* ❷ (*formato*) Layout *nt*
maquetación [maketa'θjon] *f* (PREN) Layout *nt*
maquetar [make'tar] *vt* (TIPO) das Layout
machen (von +*dat*), layouten
maquiavélico, -a [makja'βeliko, -a] *adj*
(*retorcido*) heimtückisch
maquillador(a) [makiʎa'ðor(a)] *m(f)* Visa-
gist(in) *m(f);* (TEAT) Maskenbildner(in)
m(f)
maquillaje [maki'ʎaxe] *m* ❶ (*acción*)
Schminken *nt* ❷ (*producto*) Make-up *nt;*
(TEAT) Schminke *f*
maquillar [maki'ʎar] **I.** *vt* ❶ (*poner base de
fondo*) Make-up auftragen (auf +*akk*);
(*con pinturas*) schminken ❷ (*disimular*)
beschönigen **II.** *vr:* ~ **se** (*con base de
fondo*) Make-up auflegen; (*con pinturas*)
sich schminken
máquina ['makina] *f* ❶ (*artefacto*)
Maschine *f;* ~ **de afeitar** Rasierapparat *m;*
~ **de coser/lavar** Näh-/Waschmaschine *f;*
~ **fotográfica** Kamera *f;* ~ **de escribir
automática** elektrische Schreibmaschine;
~ **destructora de documentos** Aktenver-
nichter *m;* **a toda** ~ mit Volldampf *fam;*
escrito a ~ maschinengeschrieben; **hecho
a** ~ maschinell hergestellt ❷ (*aparato de
monedas*) Automat *m;* ~ **de tabaco** Zigarettenautomat *m;* ~ **tragaperras** (*fam*)
Spielautomat *m* ❸ (*tren*) Lokomotive *f*
maquinación [makina'θjon] *f* Intrige *f*
maquinal [maki'nal] *adj* ❶ (*de la máquina*)
Maschinen-, maschinell ❷ (*acción, movimiento*) mechanisch
maquinar [maki'nar] *vt* ❶ (*urdir*) aushecken ❷ (*trabajar*) maschinell bearbeiten
maquinaria [maki'narja] *f* ❶ (*máquinas*)
Maschinenpark *m* ❷ (*mecanismo*) Mechanismus *m* ❸ (*industria*) Maschinenbauin-
dustrie *f*
maquinilla [maki'niʎa] *f* Rasierapparat *m*
maquinista [maki'nista] *mf* ❶ (*con-
structor*) Maschinenbauer(in) *m(f)*
❷ (*conductor*) Maschinenführer(in) *m(f);*
~ **de trenes** Lokführer(in) *m(f)*
maquinización [makiniθa'θjon] *f* Automatisierung *f*
maquinizar [makini'θar] <z→c> *vt*
mechanisieren
mar [mar] *m o f* ❶ (GEO) Meer *nt,* See *f;* **M**~

M

Antártico Südliches Eismeer; M~ **de las Antillas** Karibisches Meer; M~ **de Aral** Aralsee *m;* M~ **Ártico** Nordpolarmeer *nt;* M~ **Báltico** Ostsee *f;* M~ **de Irlanda** Irische See; M~ **Mediterráneo** Mittelmeer *nt;* M~ **del Norte** Nordsee *f;* **en alta** ~ auf hoher See; ~ **adentro** seewärts; ~ **de fondo** Dünung *f;* (*fig*) unterschwellige Spannung; **por** ~ auf dem Seeweg; **hacerse a la** ~ in See stechen; **arar en el** ~ (*fig*) Wasser in den Rhein tragen; **arrojarse a la** ~ (*fig*) ins kalte Wasser springen; **quien no se aventura no pasa la** ~ (*prov*) wer nicht wagt, der nicht gewinnt ❷ (*fam: abundancia*) Unmenge *f;* **hay la** ~ **de...** es gibt ... in Hülle und Fülle; **llueve a** ~**es** es schüttet; **llorar a** ~**es** wie ein Schlosshund weinen; **sudar a** ~**es** sehr stark schwitzen; **ser la** ~ **de aburrido** entsetzlich langweilig sein; **ser la** ~ **de bonita** äußerst hübsch sein

---

i Land & Leute

Der **Mar Cantábrico** – *Kantabrisches Meer* liegt an Spaniens atlantischer Nordküste. Von Westen nach Osten befinden sich folgende *Comunidades Autónomas* – autonome *Regionen* an dieser Küste: *Galicia, Asturias, Cantabria* und *el País Vasco.*

---

maraca [ma'raka] *f* ❶ (*instrumento musical*) Rumbakugel *f* ❷ (*sonajero*) Kürbisrassel *f*
maracuyá [maraku'ʧa] *m* (BOT) Maracuja *f*
marajá [mara'xa] *m* Maharadscha *m*
maraña [ma'raɲa] *f* ❶ (*maleza*) Gestrüpp *nt* ❷ (*lío*) Wirrwarr *m;* ~ **de cabello** zerzaustes Haar; ~ **de hilo** unentwirrbarer Knäuel ❸ (*embuste*) List *f*
marasmo [ma'rasmo] *m* ❶ (*debilitamiento*) Kräfteverfall *m* ❷ (*inmovilidad*) Stillstand *m*
maratón [mara'ton] *m o f* Marathon *m;* **la reunión fue verdaderamente un** ~ es war wahrhaftig eine Marathonsitzung
maravilla [mara'βiʎa] *f* ❶ (*portento*) Wunder *nt;* **a las mil** ~**s, de** ~ wunderbar; **hablar** ~ **s de alguien** jdn in den Himmel loben; **hacer** ~**s** (*fig*) wahre Wunder vollbringen ❷ (*admiración*) Bewunderung *f* ❸ (*caléndula*) Ringelblume *f*
maravillar [maraβi'ʎar] I. *vt* in Bewunderung versetzen II. *vr:* ~**se** sich wundern (*de* über +*akk*)
maravilloso, -a [maraβi'ʎoso, -a] *adj* wunderbar

marbellí [marβe'ʎi] *adj* aus Marbella
marca ['marka] *f* ❶ (*distintivo*) Kennzeichen *nt;* ~ **de agua** Wasserzeichen *nt;* ~ **de ganado** Brandzeichen *nt* ❷ (*de productos*) Marke *f;* ~ **registrada** eingetragenes Warenzeichen; **ropa de** ~ Designerkleider *ntpl;* **un idiota de** ~ **mayor** ein Idiot ersten Ranges ❸ (*huella*) Spur *f* ❹ (DEP) Rekord *m* ❺ (*medida*) Standard *m* ❻ (INFOR) Marke *f;* ~ (**de texto**) Lesezeichen *nt,* Bookmark *f o nt*
marcadamente [markaða'mente] *adv* ❶ (*claramente*) deutlich ❷ (*singularmente*) besonders, vor allem ❸ (*con énfasis*) nachdrücklich
marcado, -a [mar'kaðo, -a] *adj* ❶ (*señalado*) markiert ❷ (*evidente*) deutlich ❸ (*singular*) sonderbar ❹ (*enfático*) nachdrucksvoll
marcador [marka'ðor] *m* ❶ (*tablero*) Anzeigetafel *f;* **abrir el** ~ die ersten Punkte erzielen; **cerraron el** ~ **con tres tantos** sie beendeten das Spiel mit drei Toren ❷ (*Arg: rotulador*) Filzstift *m*
marcaje [mar'kaxe] *m* (DEP) Deckung *f*
marcapaso(s) [marka'paso(s)] *m* (*inv*) (Herz)schrittmacher *m*
marcar [mar'kar] <c→qu> I. *vt* ❶ (*señalar*) markieren; (*ganado*) mit Brandzeichen versehen; (*mercancías*) auszeichnen; ~ **una época** eine Epoche prägen; ~ **el compás** den Takt (an)geben ❷ (*resaltar*) hervorheben ❸ (*teléfono*) wählen ❹ (*cabello*) (ein)legen ❺ (*naipes*) zinken ❻ (DEP): ~ **un gol** ein Tor schießen; ~ **un punto** einen Punkt erzielen ❼ (DEP: *a un jugador*) decken II. *vr:* ~**se** sich abzeichnen
marcha ['marʧa] *f* ❶ (*movimiento*) Gang *m;* **poner en** ~ in Gang setzen; (*producción*) aufnehmen ❷ (*caminata*) Lauf *m* ❸ (*curso*) Verlauf *m;* ~ **de los negocios** Geschäftsverlauf *m;* **la** ~ **de los acontecimientos** der Gang der Ereignisse; **sobre la** ~ zum richtigen Zeitpunkt ❹ (*velocidad*) Gang *m;* ~ **atrás** Rückwärtsgang *m;* **a toda** ~ mit voller Geschwindigkeit ❺ (*t.* MIL, MÚS) Marsch *m;* ~ **silenciosa** Schweigemarsch *m* ❻ (*salida*) Abreise *f;* **¡en** ~! los geht's! ❼ (*argot: acción*) Stimmung *f;* **¡aquí hay mucha** ~! hier ist die Hölle los!; **ir de** ~ ausgehen; **tener** ~ unternehmungslustig sein
marchador(a) [marʧa'ðor(a)] *m(f)* unermüdlicher Läufer *m,* unermüdliche Läuferin *f*
marchamo [mar'ʧamo] *m* ❶ (*aduanas*)

Zollplombe *f* ❷ (*embutidos*) Gütesiegel *nt*

marchante [mar'tʃante] I. *adj* kommerziell II. *mf* Händler(in) *m(f)*; ~ **de obras de arte** Kunsthändler(in) *m(f)*

marchar [mar'tʃar] I. *vi* ❶ (*ir*) gehen; ¡**marchando!** los geht's! ❷ (*funcionar*) laufen; ~ **sobre ruedas** (*fig*) wie geschmiert laufen II. *vr:* ~**se** ❶ (*irse*) (weg)gehen; ¿**os marcháis?** geht ihr (schon)? ❷ (*huir*) ausreißen; ~**se del país** das Land verlassen

marchitar [martʃi'tar] I. *vi* ❶ (*plantas*) welken ❷ (*personas*) dahinwelken II. *vr:* ~**se** verwelken

marchito, -a [mar'tʃito, -a] *adj* welk

marchoso, -a [mar'tʃoso, -a] *adj* ❶ (*salidor*) unternehmungslustig ❷ (*elegante*) schick

marcial [mar'θjal] *adj* kriegerisch; **artes ~es** Kampfsportarten *fpl*; **ley ~** Ausnahmezustand *m*

marcialidad [marθjali'ðaᵈ] *f sin pl* kriegerisches Wesen *nt*

marcianitos [marθja'nitos] *mpl* (*fam*) kleine grüne Männchen *ntpl*

marciano, -a [mar'θjano, -a] I. *adj* Mars- II. *m, f* Marsmensch *m*

marco ['marko] *m* ❶ (*recuadro*) Rahmen *m*; (*armazón*) Gestell *nt*; **el ~ legal** der rechtliche Rahmen ❷ (*ambiente*) Rahmen *m* ❸ (*moneda*) Mark *f*

marea [ma'rea] *f* ❶ (*mar*) Gezeiten *pl*; ~ **alta** Flut *f*; ~ **baja** Ebbe *f*; ~ **negra** Ölpest *f*; ~ **roja** Algenpest *f*; ~ **viva** Springflut *f*; **contra viento y** ~ (*fig*) komme, was da wolle ❷ (*multitud*) Menge *f*; **una** ~ **humana** eine Menschenflut

mareado, -a [mare'aðo, -a] *adj* ❶ (*indispuesto*) krank; (*en el mar*) seekrank; (*al viajar*) reisekrank; **estoy** ~ mir ist übel ❷ (*aturdido*) schwind(e)lig, **estoy** ~ mir ist schwind(e)lig ❸ (*bebido*) beschwipst *fam*

mareante [mare'ante] *adj* ❶ (*que produce vértigo*) schwindelerregend; (*que produce náuseas*) Übelkeit erregend ❷ (*que causa molestia*) nervenaufreibend; **su llanto le resultaba** ~ sein/ihr Weinen ging ihm/ihr auf die Nerven

marear [mare'ar] I. *vt* ❶ (*fam: molestar*) auf die Nerven gehen +*dat* ❷ (*MED*): **algo marea a alguien** jdm wir von etw *dat* schlecht ❸ (*aturdir*) schwind(e)lig machen; (*fig*) überfordern II. *vr:* ~**se** ❶ (*enfermarse*) krank werden; (*en el mar*) seekrank werden; (*al viajar*) reisekrank werden ❷ (*quedar aturdido*): **me mareo** mir wird schwind(e)lig ❸ (*emborracharse*) sich betrinken

marejada [mare'xaða] *f* hoher Seegang *m*;

(*fig*) Brodeln *nt*

marejadilla [marexa'ðiʎa] *f* leichter Seegang *m*

maremagno [mare'maɣno] *m*, **maremágnum** [mare'maɣnun] *m* ❶ (*multitud*) Unmenge *f* ❷ (*confusión*) Durcheinander *nt*

maremoto [mare'moto] *m* Seebeben *nt*

mareo [ma'reo] *m* ❶ (*malestar*) Übelkeit *f*; (*en el mar*) Seekrankheit *f*; (*al viajar*) Reisekrankheit *f* ❷ (*vértigo*) Schwindelanfall *m* ❸ (*loc*): ¡**qué** ~ **de hombre!** was für ein unausstehlicher Kerl!

marfil [mar'fil] *m* ❶ (*elefante*) Elfenbein *nt* ❷ (*dentadura*) Zahnbein *nt*

marfileño, -a [marfi'leɲo, -a] I. *adj* ❶ (*nacionalidad*) von der Elfenbeinküste ❷ (*material*) elfenbeinern II. *m, f* Ivorer(in) *m(f)*

margarina [marɣa'rina] *f* Margarine *f*

margarita [marɣa'rita] *f* ❶ (BOT: *mayor*) Margerite *f*; (*menor*) Gänseblümchen *nt*; **deshojar ~s** ,er/sie liebt mich, er/sie liebt mich nicht' spielen ❷ (*bebida*) Margarita *f* ❸ (ZOOL) Perlmuschel *f* ❹ (*perla*) Perle *f*; **echar ~s a puercos** Perlen vor die Säue werfen ❺ (TIPO) Typenrad *nt*

margen ['marxen] *m o f* ❶ (*borde*) Rand *m*; **el ~ del río** das Flussufer; **al ~** abseits; **dejar al ~** ausschließen; **mantenerse al ~ de algo** (*fig*) sich aus etw *dat* heraushalten ❷ (*página*) (Seiten)rand *m* ❸ (*libertad*) Spielraum *m*; **dar** ~ Gelegenheit geben ❹ (*ganancia*) Spanne *f*; ~ **de costos** Kostenrahmen *m*; ~ **de seguridad** Sicherheitsmarge *f*

marginación [marxina'θjon] *f* ❶ (*exclusión*) Ausgrenzung *f* ❷ (POL) Diskriminierung *f*

marginado, -a [marxi'naðo, -a] I. *adj* ❶ (*excluído*) diskriminiert ❷ (*aislado*) isoliert II. *m, f* Außenseiter(in) *m(f)*

marginal [marxi'nal] *adj* ❶ (*al margen*) Rand- ❷ (*secundario*) nebensächlich

marginar [marxi'nar] *vt* ❶ (*ignorar algo*) beiseite lassen; (*a alguien*) ausgrenzen ❷ (*acotar*) mit Randbemerkungen versehen

maría [ma'ria] *f* ❶ (*fam: ama de casa*) Heimchen *nt* am Herd ❷ (*argot: marihuana*) Gras *nt*

marica [ma'rika] *m* (*vulg*) ❶ (*homosexual*) Schwule(r) *m fam* ❷ (*cobarde*) Hosenscheißer *m* ❸ (*insulto grosero*) Arschloch *nt*

Maricastaña [marikas'taɲa] *f:* **tiempos de ~** (*fam*) Anno Tobak; **desde los tiempos de ~** seit ewigen Zeiten; **este chiste es de los tiempos de ~** dieser Witz ist doch schon uralt

maricón [mariˈkon] *m* (*vulg*) *v.* **marica**

mariconada [marikoˈnaða] *f* (*vulg*) ❶ (*acción malintencionada*) Schweinerei *f fam;* **hacer una ~ a alguien** jdn reinlegen ❷ (*tontería*) Blödsinn *m fam*

marido [maˈriðo] *m* Ehegatte *m;* **mi ~** mein Mann

mariguana [mariˈɣwana] *f sin pl,* **marihuana** [mariˈwana] *f sin pl* Marihuana *nt*

marimacho [mariˈmatʃo] *m* (*fam*) Mannweib *nt*

marimandón, -ona [marimanˈdon, -ona] *m, f* (*fam*) herrschsüchtige Person *f*

marimorena [marimoˈrena] *f* (*fam*) Streit *m;* **armar la ~** schweren Streit anfangen; **se armó la ~** ein wüster Streit brach los

marina [maˈrina] *f* ❶ (*flota*) Marine *f* ❷ (ARTE) Seestück *nt* ❸ (GEO) Küstengebiet *nt*

marinar [mariˈnar] *vt* ❶ (*conservar*) einpökeln ❷ (*aderezar*) marinieren

marine [maˈrine] *m* (MIL) Marineinfanterist *m* (*der britischen und amerikanischen Streitkräfte*)

marinero[1] [mariˈnero] *m* Seemann *m;* **~ de agua dulce** (*irón*) Landratte *f*

marinero, -a[2] [mariˈnero, -a] *adj* ❶ (*relativo al mar*) See-; **buque ~** seetüchtiges Schiff; **pueblo ~** Fischerdorf *nt;* **pescado a la marinera** Fischgericht mit Tomaten und Muscheln in Weinsoße ❷ (*relativo a la marina*) Marine-; **nudo ~** Seemannsknoten *m*

marino[1] [maˈrino] *m* (*navegante*) Seemann *m*

marino, -a[2] [maˈrino, -a] *adj* ❶ (*relativo al mar*) See- ❷ (*relativo a la marina*) Marine-

marioneta [marjoˈneta] *f* ❶ (*títere*) Marionette *f* ❷ *pl* (*teatro*) Marionettentheater *nt*

mariposa [mariˈposa] *f* ❶ (BIOL) Schmetterling *m;* **~ nocturna** Nachtfalter *m* ❷ (*lámpara*) Öllampe *f* ❸ (DEP) Schmetterlingsstil *m* ❹ (*fam pey: afeminado*) Tunte *f*

mariposear [mariposeˈar] *vi* ❶ (*ser inconstante*) flatterhaft sein ❷ (*flirtear*) herumflirten ❸ (*rondar*) sich herumdrücken (*a um +akk*)

mariquita[1] [mariˈkita] *f* ❶ (*insecto*) Marienkäfer *m* ❷ (*perico*) Papagei *m*

mariquita[2] [mariˈkita] *m* (*fam*) Schwule(r) *m*

marisabidilla [marisaβiˈðiʎa] *f* (*fam*) Besserwisserin *f*

mariscal [marisˈkal] *m* Marschall *m*

marisco [maˈrisko] *m* Meeresfrucht *f*

marisma [maˈrisma] *f* Marschland *nt*

marisquería [mariskeˈria] *f* ❶ (*tienda*) Fachgeschäft *nt* für Meeresfrüchte ❷ (*restaurante*) Spezialitätenrestaurant *nt* für Meeresfrüchte

marital [mariˈtal] *adj* ehelich; **vida ~** Eheleben *nt*

marítimo, -a [maˈritimo, -a] *adj* maritim, See-; **ciudad marítima** Küstenstadt *f;* **seguro ~** Schifffahrtsversicherung *f*

marjal [marˈxal] *m* Moor *nt*

marketing [ˈmarketin] *m* (COM) Marketing *nt;* **director de ~** Vertriebsleiter *m;* **plan de ~** Marketingplan *m*

marmita [marˈmita] *f* Kochtopf *m*

mármol [ˈmarmol] *m* Marmor *m;* **frío como el ~** kalt wie Stein; **de ~** marmorn

marmóreo, -a [marˈmoreo, -a] *adj* marmorn, Marmor-

marmota [marˈmota] *f* ❶ (ZOOL) Murmeltier *nt* ❷ (*fam: dormilón*) Schlafmütze *f* ❸ (*pey: criada*) Trampel *m o nt*

maroma [maˈroma] *f* ❶ (*cuerda*) Tau *nt* ❷ (*Am: pirueta*) Kunststück *nt* ❸ (*Am: cambio de partido político*) plötzlicher Parteiwechsel *m;* (*de opinión*) plötzliche Meinungsänderung *m*

maromo [maˈromo] *m* (*argot*) Kerl *m*

marqués, -esa [marˈkes, -esa] *m, f* Marquis(e) *m(f)*

marquesina [markeˈsina] *f* Markise *f*

marquetería [marketeˈria] *f* Intarsie *f*

marrajo[1] [maˈrraxo] *m* (ZOOL) Mako *m*

marrajo, -a[2] [maˈrraxo, -a] *adj* (*toro*) bösartig; (*persona*) verschlagen

marrana [maˈrrana] *f* ❶ (*cerda*) Sau *f* ❷ (*fam pey: mujer sucia*) Schlampe; (*vil*) Miststück *nt*

marranada [marraˈnaða] *f* (*fam*) Schweinerei *f*

marrano[1] [maˈrrano] *m* ❶ (*cerdo*) Schwein *nt* ❷ (*fam pey: hombre sucio*) Schmutzfink *m;* (*grosero*) ungehobelter Kerl *m;* (*vil*) Schuft *m*

marrano, -a[2] [maˈrrano, -a] *adj* ❶ (*cochino*) ungehobelt ❷ (*sucio*) dreckig

marrar [ma'rrar] *vi* ❶ (*error*) danebenschießen; ~ **el golpe** (*fig*) einen Bock schießen ❷ (*desviarse*) vom rechten Weg abkommen

marras ['marras] *adv:* **tema de** ~ Gemeinplatz *m;* **la persona de** ~ die besagte Person; **lo de** ~ die alte Geschichte

marrón [ma'rron] **I.** *adj* (kastanien)braun **II.** *m* (*Am: martillo*) Vorschlaghammer *m*

marroquí [marro'ki] **I.** *adj* marokkanisch **II.** *mf* Marokkaner(in) *m(f)*

marroquín¹ [marro'kin] *m* (*tafilete*) Maroquin *m o nt*, Saffianleder *nt*

marroquín, -ina² [marro'kin, -ina] **I.** *adj* marokkanisch **II.** *m, f* Marokkaner(in) *m(f)*

marroquinería [marrokine'ria] *f* Lederwaren *fpl;* (*industria*) Lederwarenindustrie *f*

Marruecos [ma'rrwekos] *m* Marokko *nt*

marrullería [marruʎe'ria] *f* aufgesetzte Freundlichkeit *f;* **déjate de** ~**s** hör auf mit deinem Geschmeichel

marrullero, -a [marru'ʎero, -a] **I.** *adj* übertrieben freundlich **II.** *m, f* (durchtriebener) Schmeichler *m,* (durchtriebene) Schmeichlerin *f*

Marsella [mar'seʎa] *f* Marseille *nt*

marsellés, -esa [marse'ʎes, -esa] **I.** *adj* aus Marseille **II.** *m, f* Marseiller(in) *m(f)*

marsopa [mar'sopa] *f* Schweinswal *m*

marsupial [marsu'pjal] **I.** *adj:* **animal** ~ Beuteltier *nt* **II.** *m* Beuteltier *nt*

marta ['marta] *f* ❶ (*animal*) Marder *m;* ~ **cebellina** Zobel *m* ❷ (*piel*) Marderfell *nt*

Marte ['marte] *m* Mars *m*

martes ['martes] *m inv* Dienstag *m;* **¡~ y trece!** ≈Freitag, der 13.; *v. t.* **lunes**

martillar [marti'ʎar] *vt v.* **martillear**

martillazo [marti'ʎaθo] *m* Hammerschlag *m*

martillear [marti'ʎe'ar] *vt* ❶ (*golpear*) hämmern (auf +*akk*) ❷ (*atormentar*) martern ❸ (*repetir*) ständig wiederholen

martilleo [marti'ʎeo] *m* Gehämmer *nt*

martillo [mar'tiʎo] *m* ❶ (*herramienta, t.* ANAT) Hammer *m;* **pez** ~ Hammerhai *m;* **creer algo a macha** ~ etw felsenfest glauben ❷ (*subasta*) Auktionshaus *nt*

martín [mar'tin] *m:* ~ **pescador** Eisvogel *m;* ~ **del río** Nachtreiher *m*

martinete [marti'nete] *m* ❶ (ZOOL) Nachtreiher *m* ❷ (MÚS: *macillo*) (Klavier)hammer *m* ❸ (*mazo*) Fallhammer *m;* (*para clavar estacas*) Pfahlramme *f*

martingala [martiŋ'gala] *f* (*fam*) Trick *m*

mártir ['martir] *mf* Märtyrer(in) *m(f)*

martirio [mar'tirjo] *m* (REL) Martyrium *nt;* (*fig*) Marter *f*

martirizar [martiri'θar] <z→c> *vt* martern

maruja [ma'ruxa] *f* (*fam*) ≈Klatschtante *f*

Als Eigennamen verwendet und großgeschrieben steht **Maruja** für die Kurzform des Doppelnamens *María Eugenia*. In den letzten Jahren hat das Wort jedoch eine Bedeutungserweiterung erfahren: Es bezeichnet in allgemeiner Bedeutung, also kleingeschrieben, eine Klatschtante oder geschwätzige Frau. Dabei handelt es sich um eine abwertende, recht sexistische bzw. machistische Bedeutung, die allerdings in der spanischen Umgangssprache sehr verbreitet ist.

marxismo [mar'sismo] *m sin pl* Marxismus *m*

marxista [mar'sista] **I.** *adj* marxistisch **II.** *mf* Marxist(in) *m(f)*

marzo ['marθo] *m* März *m;* **en** ~ im März; **a principios/a mediados/a fin(al)es de** ~ Anfang/Mitte/Ende März; **el 21 de** ~ der 21. März; **el mes de** ~ **tiene 31 días** der März hat 31 Tage; **el pasado** ~ **fue muy frío** im vergangenen März war es kalt

mas [mas] **I.** *m* Gehöft *nt* **II.** *conj* (LIT) aber, jedoch

más [mas] **I.** *adv* ❶ (*cantidad*): ~ **dinero** mehr Geld ❷ (*comparativo*): ~ **grande/pequeño** größer/kleiner; ~ **temprano/tarde** früher/später; ~ **correr** ~ schneller laufen; **esto me gusta** ~ das gefällt mir besser; **es** ~ **guapo que tú** er sieht besser aus als du ❸ (*superlativo*): **la** ~ **bella** die Schönste; **el** ~ **listo de la clase** der Beste der Klasse; **el modelo que** ~ **se lleva** das Modell, das am meisten getragen wird; **lo que** ~ **me gusta** was mir am besten gefällt; **lo que** ~ **quieras** was dir am liebsten ist ❹ (*con numerales/cantidad*): ~ **de treinta** über dreißig; **son** ~ **de las diez** es ist 10 Uhr vorbei ❺ (*preferencia*): ~ **quiero la muerte que la esclavitud** lieber möchte ich sterben, als in der Sklaverei zu leben ❻ (*tan*): **¡está** ~ **guapa!** wie gut sie aussieht!; **¡qué tarde** ~ **apacible!** was für ein gemütlicher Nachmittag! ❼ (*con pronombre interrogativo/indefinido*): **¿algo** ~? noch etwas?; **no, nada** ~ nein, nichts mehr ❽ (*en frases negativas*) nicht mehr; **no puedo** ~ ich kann nicht mehr;

M

nunca ~ nie wieder ❾ (MAT) plus; **tengo tres libros,** ~ **los que he prestado** ich habe drei Bücher abgesehen von denen, die ich verliehen habe ❿ (*loc*): ~ **o menos** mehr oder weniger; **el** ~ **allá** das Jenseits; **a lo** ~ höchstens; **a** ~ **no poder** bis zum Gehtnichtmehr *fam;* **a** ~ **tardar** spätestens; **a** ~ **y mejor** nur noch; **llueve a** ~ **y mejor** es regnet und regnet; **divertirse a** ~ **y mejor** sich köstlich amüsieren; **cada día** [*o* vez] ~ immer mehr; **como el que** ~ so wie jedermann; **cuanto** ~ **mejor** je mehr, je lieber; **de** ~ zu viel; **hay comida de** ~ es gibt reichlich zu essen; **estar de** ~ überflüssig sein; **el que** ~ **y el que menos** jeder von uns; **es** ~, ~ **aún** mehr noch; **ayer lo vi; es** ~: **hablé con él** gestern habe ich ihn gesehen, ja, ich habe sogar mit ihm gesprochen; **de lo** ~ äußerst; **lo** ~ **posible** so sehr es nur geht; **lo** ~ **pronto posible** so früh wie möglich; ~ **acá** hierher; ~ **adelante** (*local*) weiter vorn; (*temporal*) später; ~ **allá de esto** darüber hinaus; ~ **bien** vielmehr; **no es muy delgado; es** ~ **bien gordo** er ist eher dick als dünn; ~ **de la cuenta** viel zu viel; **¿cómo te ha ido?** – ~ **o menos** wie ist es dir ergangen? – so einigermaßen; ~ **o menos** (*aproximadamente*) ungefähr; **le va** ~ **o menos** es geht ihm/ihr nicht so gut; ~ **que nunca** wie nie zuvor; **ni** ~ **ni menos** genauso; **por** ~ **que lo intento, no consigo dormirme** so sehr ich mich auch bemühe, ich kann einfach nicht einschlafen; **¿qué** ~ **da?** was macht das schon?; **quien** ~ **y quien menos** jeder; **sin** ~ **acá ni** ~ **allá** (*fam*) mir nichts, dir nichts; **sin** ~ **ni** ~ aus heiterem Himmel; **tener sus** ~ **y sus menos** seine Vor- und Nachteile haben; **todo lo** ~ höchstens; **el no va** ~ das Höchste; **el no va** ~ (**de la moda**) der letzte Schrei (der Mode) **II.** *m* (MAT) Plus(zeichen) *nt*

masa ['masa] *f* ❶ (*pasta*) Masse *f;* (*para hornear*) Teig *m;* **coger a alguien con las manos en la** ~ jdn auf frischer Tat ertappen ❷ (*volumen, muchedumbre*) Masse *f;* ~ **monetaria** Geldmenge *f;* **medios de comunicación de** ~**s** Massenmedien *ntpl*

masacrar [masa'krar] *vt* massakrieren

masacre [ma'sakre] *f* Massaker *nt*

masaje [ma'saxe] *m* Massage *f;* **dar** ~**s** massieren; **darse** ~**s** sich massieren lassen

masajear [masaxe'ar] *vt* massieren

masajista [masa'xista] *mf* Masseur(in) *m(f)*

mascar [mas'kar] <c→qu> *vt* ❶ (*masticar*) kauen ❷ (*mascullar*) murmeln ❸ (*presentir*) vorausahnen

máscara ['maskara] *f* ❶ (*careta*) Maske *f;* **traje de** ~ Verkleidung *f;* **quitar la** ~ **a alguien** (*fig*) jdm die Maske vom Gesicht reißen; **quitarse la** ~ (*fig*) die Maske fallen lassen ❷ *pl* (*fiesta*) Maskenball *m* ❸ (*enmascarado*) Maskierte(r) *mf;* (*de Carnaval*) Narr *m*, Närrin *f*

mascarada [maska'raða] *f* ❶ (*baile*) Maskenball *m* ❷ (*farsa*) Täuschung *f*

mascarilla [maska'riʎa] *f* ❶ (*máscara*) Maske *f* ❷ (*protección*) Mundschutz *m* ❸ (*cosmética*) Gesichtspackung *f;* ~ **exfoliante** Peelingmaske *f;* ~ **facial** Gesichtsmaske *f* ❹ (*molde*) Gesichtsabdruck *m*

mascarón [maska'ron] *m* (ARQUIT) Maskaron *m;* ~ **de proa** Galionsfigur *f*

mascota [mas'kota] *f* Maskottchen *nt*

masculinidad [maskulini'ðað] *f* Männlichkeit *f*

masculinizar [maskulini'θar] <z→c> *vt* maskulinisieren

masculino¹ [masku'lino] *m* (LING) Maskulinum *nt*

masculino, -a² [masku'lino, -a] *adj* ❶ (*de hombre*) männlich ❷ (*para hombre*) Männer-; **moda masculina** Herrenmode *f* ❸ (LING): **género** ~ maskuliner Genus *m*

mascullar [masku'ʎar] *vt* murmeln

masía [ma'sia] *f* Gehöft *nt*

masificación [masifika'θjon] *f* ❶ (*uniformización*) Uniformierung *f* ❷ (*intensificación*) Intensivierung *f* ❸ (*repleción*) Überfüllung *f*

masificar [masifi'kar] <c→qu> *vt* ❶ (*hacer accesible a las masas*) für die breite Masse zugänglich machen; (*mercancías*) zur Massenware machen ❷ (*influir masivamente a favor de algo*) massiven Druck ausüben (auf +*akk*); ~ **la presencia de la policía** ein massives Polizeiaufgebot einsetzen

masilla [ma'siʎa] *f* Fensterkitt *m*

masivo, -a [ma'siβo, -a] *adj* ❶ (*grande*) massiv ❷ (*fuerte*) stark ❸ (*de masas*) Massen-

masón, -ona [ma'son, -ona] *m, f* Freimaurer(in) *m(f)*

masoquismo [maso'kismo] *m* Masochismus *m*

masoquista [maso'kista] **I.** *adj* masochistisch **II.** *mf* Masochist(in) *m(f)*

mastectomía [mastekto'mia] *f* (MED) Brustamputation *f*

máster ['master] *m* <másters> (UNIV) Master *m*

masticar [masti'kar] <c→qu> *vt* ❶ (*mascar*) kauen ❷ (*meditar*) nachgrübeln (über +*akk*)

mástil ['mastil] *m* ❶ (NÁUT) Mast *m*
❷ (*poste*) Pfahl *m* ❸ (*de un violín*) Hals *m*

mastín [mas'tin] *m* Bulldogge *f*

mastodonte [masto'ðonte] *m* Mastodon *nt*

mastuerzo [mas'twerθo] *m* ❶ (BOT) Kresse *f* ❷ (*hombre*) Tölpel *m*

masturbación [masturβa'θjon] *f* Mastur-
bation *f*

masturbarse [mastur'βarse] *vr* masturbieren

mata ['mata] *f* ❶ (*matorral*) Gestrüpp *nt*
❷ (*planta*) Staude *f*; (*arbusto*) Strauch *m*
❸ *pl* (*fam: cabellera*) Mähne *f* ❹ (*loc,
fam*): **a salto de** ~ (*repentinamente*)
plötzlich; (*superficialmente*) irgendwie;
vivir a salto de ~ von der Hand in den
Mund leben

matadero [mata'ðero] *m* ❶ (*desolladero*)
Schlachthof *m;* **ir al** ~ (*fig*) sich in Lebensgefahr begeben; **llevar al** ~ (*fig*) in den
sicheren Tod schicken ❷ (*fatiga*) Plackerei *f*

matador(a) [mata'ðor(a)] **I.** *adj* ❶ (*que
mata*) tödlich ❷ (*cansador*) erschöpfend
❸ (*fam: feo*) potthässlich **II.** *m(f)* ❶ (*asesino*) Mörder(in) *m(f)* ❷ (TAUR) Matador
m, a *f*

matamoscas [mata'moskas] *m inv* ❶ (*insecticida*) Insektenspray *nt* ❷ (*objeto*)
Fliegenklatsche *f* ❸ (*trampa*) Fliegenfalle *f*

matanza [ma'tanθa] *f* ❶ (*el matar*) Töten
nt ❷ (*en batallas*) Gemetzel *nt;* **hacer
una** ~ ein Gemetzel anrichten ❸ (*car-
neada*) Schlachtung *f;* **hacer la** ~ (*das
Schlachtfest feiern ❹ (GASTR) Schlachtplat-
te *f*

matar [ma'tar] **I.** *vt* ❶ (*quitar la vida*) töten;
~ **a golpes** erschlagen; ~ **a palos** zu Tode
prügeln; ~ **a puñaladas** erstechen; ~ **a
tiros** erschießen; **que me maten si yo
esperaba una cosa así** (*fam fig*) also, so
was habe ich im Traum nicht erwartet
❷ (*carnear*) schlachten ❸ (*hambre, sed*)
stillen ❹ (*luz, fuego, cal, yeso*) löschen
❺ (*sellos*) abstempeln ❻ (*redondear*)
abrunden ❼ (*naipes*) stechen ❽ (*color,
brillo*) mattieren ❾ (*acabar con alguien*)
zugrunde richten; ~ **a disgustos** zu Tode
ärgern ❿ (*aniquilar*) vernichten; (*el
tiempo*) totschlagen; (*el aburrimiento/
nerviosismo*) überwinden ⓫ (*molestar*)
quälen; ~ **a preguntas a alguien** jdm ein
Loch in den Bauch fragen *fam* **II.** *vr:* ~ **se**
❶ (*suicidarse*) sich *dat* das Leben nehmen
❷ (*aniquilarse*) sich gegenseitig umbringen ❸ (*trabajar descanso*) sich abrackern;
~ **se por algo** für etw leben und sterben

matarife [mata'rife] *mf* Schlachter(in) *m(f)*

matarratas [mata'rratas] *m inv* ❶ (*raticida*) Rattengift *nt* ❷ (*pey fam: aguardiente*) Fusel *m*

matasanos [mata'sanos] *mf inv* (*fam irón*)
Arzt *m*, Ärztin *f*; (*pey*) Quacksalber(in)
m(f)

matasellos [mata'seʎos] *m inv* Poststempel
m

matasuegras [mata'sweɣras] *m inv* (*fam*)
Tröte *f*

match [matʃ] *m* Spiel *nt*

mate ['mate] **I.** *adj* matt **II.** *m* ❶ (*ajedrez*)
Matt *nt;* **jaque** ~ Schachmatt *nt* ❷ (*AmS:
planta*) Matestrauch *m;* (*bebida*)
Mate(tee) *m*

matemática [mate'matika] *adj o f v.* **matemático**

matemáticas [mate'matikas] *fpl* Mathematik *f*

matemático, -a [mate'matiko, -a] **I.** *adj*
❶ (MAT) mathematisch ❷ (*exacto*) exakt
II. *m, f* Mathematiker(in) *m(f)*

materia [ma'terja] *f* ❶ (*substancia, t.* FÍS)
Materie *f;* ~ **gris** (ANAT) graue Substanz; ~
prima Rohstoff *m* ❷ (*tema*) Materie *f;* **en
~ de** hinsichtlich +*gen* ❸ (*disciplina*)
Sachgebiet *nt;* (ENS) Fach *nt;* ~ **penal** (JUR)
Strafrecht *nt*

material [mate'rjal] **I.** *adj* ❶ (*real*) materiell; **daño** ~ Sachschaden *m;* **el autor** ~
del hecho der Hintermann ❷ (*tosco*) prosaisch **II.** *m* Material *nt;* ~ **de construcción** Baustoffe *mpl;* ~ **de enseñanza**
Lehrmittel *ntpl;* ~ **de oficina** Büroartikel
mpl

materialismo [materja'lismo] *m* Materialismus *m;* ~ **dialéctico** (FILOS) dialektischer
Materialismus

materialista [materja'lista] **I.** *adj* materialistisch **II.** *mf* Materialist(in) *m(f)*

materialización [materjaliθa'θjon] *f sin pl*
Verwirklichung *f;* (*en parapsicología*)
Materialisation *f*

materializar [materjali'θar] <z→c> **I.** *vt*
❶ (*hacer material*) materialisieren
❷ (*realizar*) verwirklichen ❸ (*hacer aparecer*) erscheinen lassen **II.** *vr:* ~ **se** ❶ (*to-*

mar cuerpo) Gestalt annehmen ❷ (*hacerse realidad*) sich verwirklichen ❸ (*aparecerse*) sich materialisieren; (*fantasmas*) erscheinen

materialmente [materjal'meņte] *adv* tatsächlich; **ser ~ posible** durchaus möglich sein

maternal [mater'nal] *adj* mütterlich, Mutter-

maternidad [materni'ðaᵈ] *f* ❶ (*el ser madre*) Mutterschaft *f* ❷ (*hospital*) Entbindungsheim *nt;* (*en un hospital*) Entbindungsstation *f*

materno, -a [ma'terno, -a] *adj* mütterlich; **abuelo ~** Großvater mütterlicherseits; **lengua materna** Muttersprache *f*

matinal [mati'nal] *adj* morgendlich

matiné [mati'ne] *f* Matinee *f*

matiz [ma'tiθ] *m* ❶ (*gradación*) Nuance *f* ❷ (*toque*) Touch *m fam* ❸ (*rasgo*) Feinheit *f*

matización [matiθa'θjon] *f* Schattierung *f*

matizar [mati'θar] <z→c> *vt* ❶ (*combinar colores o tonos*) schattieren; **~ de** [*o* **en**] [*o* **con**] **rojo** rot schattieren ❷ (*graduar*) abtönen (*de/con* mit +*dat*) ❸ (*de un sentido*) nuancieren (*de* mit +*dat*); **~ una frase de significado irónico** einem Satz eine ironische Nuance geben

matón, -ona [ma'ton, -ona] *m, f* ❶ (*chulo*) Rowdy *m* ❷ (*guardaespaldas*) Leibwächter(in) *m(f)* ❸ (*asesino*) Killer(in) *m(f)*

matorral [mato'rral] *m* Dickicht *nt*

matraca [ma'traka] *f* ❶ (*carraca*) Ratsche *f* ❷ (*instrumento*) Klapper *f* ❸ (*loc*): **dar la ~** quengeln; **ser ~** lästig sein

matraquear [matrake'ar] *vi* ❶ (*hacer sonar la matraca*) rasseln ❷ (*importunar*) quengeln

matraz [ma'traθ] *m* Kolben *m*

matrero, -a [ma'trero, -a] *adj* ❶ (*astuto*) schlau ❷ (*receloso*) misstrauisch ❸ (*engañoso*) trügerisch ❹ (*AmS: fugitivo*) flüchtig

matricidio [matri'θiðjo] *m* Muttermord *m*

matrícula [ma'trikula] *f* ❶ (*documento*) Anmeldebescheinigung *f* ❷ (*inscripción*) Anmeldung *f* ❸ (UNIV) Immatrikulation *f* ❸ (AUTO: *placa*) Nummernschild *nt;* **~ de vehículo** Autokennzeichen *nt;* **número de la ~** Autonummer *f* ❹ (*lista*) Verzeichnis *nt* ❺ (*conjunto de alumnos*) Schülerzahl *f* ❻ (*loc*): **aprobar con ~ de honor** mit summa cum laude bestehen

matriculación [matrikula'θjon] *f* Anmeldung *f;* (*en la universidad*) Immatrikulation *f*

matricular [matriku'lar] **I.** *vt* anmelden;

(UNIV) immatrikulieren **II.** *vr:* **~ se en la Universidad** sich an der Universität immatrikulieren; **~ se de oyente** sich als Gasthörer(in) einschreiben

matrimonial [matrimo'njal] *adj* ehelich; **agencia ~** Heiratsinstitut *nt;* **vida ~** Eheleben *nt*

matrimonio [matri'monjo] *m* ❶ (*institución*) Ehe *f;* (*ceremonia*) Heirat *f;* **~ canónico** kirchliche Trauung; **~ civil** standesamtliche Trauung; **consumar el ~** die Ehe vollziehen; **contraer ~** heiraten ❷ (*marido y mujer*) Ehepaar *nt;* **cama de ~** Ehebett *nt*

matriz [ma'triθ] **I.** *f* ❶ (*útero*) Gebärmutter *f* ❷ (*molde*) Gussform *f* ❸ (TIPO) Matrize *f* ❹ (*de un talonario*) Verwendungsnachweis *m* ❺ (MAT) Matrix *f* **II.** *adj* Stamm-; **lengua ~** Grundsprache *f*

matrona [ma'trona] *f* ❶ (*comadrona*) Hebamme *f* ❷ (*de familia*) Matrone *f*

maturrango, -a [matu'rraŋgo, -a] **I.** *adj* ❶ (*AmS: mal jinete*) schlecht reitend ❷ (*Chil: tosco*) schwerfällig **II.** *m, f* schlechter Reiter *m,* schlechte Reiterin *f*

matute [ma'tute] *m* ❶ (*contrabando*) Schmuggel *m;* **de ~** (*fig*) heimlich; **pasar de ~** schmuggeln; **viajar de ~** schwarzfahren ❷ (*género*) Schmuggelware *f* ❸ (*casa de juegos*) Spielhölle *f*

matutino, -a [matu'tino, -a] *adj* morgendlich; **periódico ~** Morgenzeitung *f;* **sesión matutina** Vormittagsvorstellung *f*

maula¹ ['mau̯la] *f* ❶ (*baratija*) Ramsch *m fam;* **este coche es una ~** dieses Auto ist eine Schrottkarre *fam* ❷ (*engaño*) List *f*

maula² ['mau̯la] *mf* (*fam*) ❶ (*tramposo*) Betrüger(in) *m(f)* ❷ (*inútil*) Taugenichts *m*

maullar [mau̯'ʎar] *irr como aullar vi* miauen

maullido [mau̯'ʎiðo] *m* Miauen *nt*

mauritano, -a [mau̯ri'tano, -a] **I.** *adj* mauretanisch **II.** *m, f* Mauretanier(in) *m(f)*

mausoleo [mau̯so'leo] *m* Mausoleum *nt*

maxilar [maˠsi'lar] **I.** *adj* Kiefer- **II.** *m* Kiefer *m*

máxima ['maˠsima] *f* Maxime *f*

maximalismo [maˠsima'lismo] *m* Extremismus *m*

máxime ['maˠsime] *adv* vor allem

maximizar [maˠsimi'θar] <z→c> *vt* maximieren

máximo, -a ['maˠsimo, -a] **I.** *adj* maximal; **rendimiento ~** Höchstleistung *f;* **triunfo ~** größter Erfolg; **pon la radio al ~** lass das Radio ganz laut laufen **II.** *m, f* Maximum *nt;* **como ~** höchstens; (*temporal*) spätestens

maya¹ ['maʝa] *f* (BOT) Gänseblümchen *nt*
maya² I. *adj* Maya-; **cultura** ~ Mayakultur
f II. *mf* Maya *mf*

Die **mayas**, ein in Mittelamerika (im heutigen Mexiko, Guatemala und Honduras) beheimateter indianischer Kulturstamm, waren auf sehr vielen Gebieten hoch entwickelt. Davon zeugen die zahlreichen Ruinen, wie die aus Steinblöcken zusammengesetzten Pyramiden, ihre Inschriften und Zeichnungen und nicht zuletzt ihr sehr genaues Kalendersystem.

mayestático, -a [maʝes'tatiko, -a] *adj* majestätisch; **plural** ~ Pluralis majestatis *m*
mayo ['maʝo] *m* ❶ (*mes*) Mai *m; v. t.* **marzo** ❷ (*árbol*) Maibaum *m*
mayonesa [maʝo'nesa] *f* Majonäse *f*
mayor [ma'ʝor] I. *adj* ❶ (*tamaño*): ~ **que** größer als; **el** ~ **barco** das größte Schiff; **mal** ~ Unannehmlichkeit *f;* **comercio al por** ~ Großhandel *m;* **se repartieron palos al por** ~ es wurden kräftig Schläge verteilt ❷ (*edad*): ~ **que** älter als; **mi hermano** ~ mein älterer Bruder; **el** ~ **de mis hermanos** mein ältester Bruder; **ser** ~ alt sein; ~ **de edad** volljährig; **persona** ~ älterer Mensch; **los** ~**es** die Erwachsenen ❸ (MÚS) Dur *nt; tono* ~ Dur *nt;* **tercera** ~ große Terz; **escala en do** ~ C-Dur-Tonleiter *f* II. *m* ❶ (MIL) Major *m* ❷ (*superior*) Vorgesetzte(r) *m* ❸ *pl* (*ascendientes*) Vorfahren *mpl*
mayoral [maʝo'ral] *m* (*capataz*) Vorarbeiter *m*
mayorcito, -a [maʝor'θito, -a] *adj* (*fam*): **¡si ya eres** ~! du bist doch schon ein großer Junge!
mayordomo, -a [maʝor'ðomo, -a] *m, f* Hausverwalter(in) *m(f); (de una mansión)* Gutsverwalter(in) *m(f)*
mayoría [maʝo'ria] *f* Mehrheit *f;* ~ **de edad** Volljährigkeit *f;* ~ **relativa** einfache Mehrheit; **la** ~ **tiene un coche** die meisten besitzen ein Auto
mayorista [maʝo'rista] I. *adj* Großhandels-; **comercio** ~ Großhandel *m* II. *mf* Großhändler(in) *m(f)*
mayoritariamente [maʝoritarja'mente] *adv* überwiegend
mayoritario, -a [maʝori'tarjo, -a] *adj* Mehrheits-; **tener el apoyo** ~ von der Mehrheit unterstützt werden

mayormente [maʝor'mente] *adv* hauptsächlich, vor allem, insbesondere
mayúscula [ma'ʝuskula] *f* Großbuchstabe *m;* **escribirse con** ~ großgeschrieben werden
mayúsculo, -a [ma'ʝuskulo, -a] *adj* ❶ (*fam: grande*) riesig ❷ (*loc*): **letra mayúscula** Großbuchstabe *m*
maza ['maθa] *f* ❶ (*porra*) Keule *f* ❷ (*para machacar*) Stößel *m* ❸ (*percusor*) Schlägel *m*
mazacote [maθa'kote] *m* ❶ (*hormigón*) Beton *m;* **esta esponja está hecha un** ~ dieser Schwamm ist ganz hart geworden ❷ (*fam: comida*) ≈Pampe *f*
mazacotudo, -a [maθako'tuðo, -a] *adj* (*Am*) plump
mazapán [maθa'pan] *m* Marzipan *nt*
mazazo [ma'θaθo] *m* Schlag *m;* **dar** ~**s a alguien** (*fig*) jdm schaden; **la muerte de su hijo fue un** ~ **para él** der Tod seines Sohnes war ein schwerer Schlag für ihn
mazmorra [maθ'morra] *f* Verlies *nt*
mazo ['maθo] *m* ❶ (*martillo*) Holzhammer *m* ❷ (*maza pequeña*) Stößel *m* ❸ (*manojo*) Bündel *nt* ❹ (*persona pesada*) Nervensäge *f fam*
mazorca [ma'θorka] *f* (*del maíz*) Maiskolben *m; (del cacao)* Kakaoschote *f*
mazurca [ma'θurka] *f* Mazurka *f*
Mb [meɣa'βiˀ] *m* (INFOR) *abr de* **megabit** MBit *nt*
Mbit [meɣa'βiˀ] *m* (INFOR) *abr de* **megabit** MBit *nt*
Mbyte [meɣa'βaiˀ] *m abr de* **megabyte** MByte *nt*
me [me] I. *pron pers* ❶ (*objeto directo*) mich; **¡míra**~**!** sieh mich an! ❷ (*objeto indirecto*) mir; **da**~ **el libro** gib mir das Buch II. *pron refl:* ~ **lavo** ich wasche mich; ~ **voy** ich gehe; ~ **he comprado un piso** ich habe mir eine Wohnung gekauft; ~ **lavo el pelo** ich wasche mir die Haare
meada [me'aða] *f* ❶ (*fam: orina*) Pisse *f;* **echar una** ~ pinkeln ❷ (*mancha de orina*) Urinlache *f;* **aquí hay una** ~ **de gato** eine Katze hat hierhin gepinkelt *fam*
meadero [mea'ðero] *m* (*vulg*) Pissbecken *nt*
meandro [me'andro] *m* (*curva*) Biegung *f*
mear [me'ar] *vi, vr:* ~**se** (*fam*) pinkeln; **el niño se ha meado en el pantalón** das Kind hat in die Hose gemacht; ~**se de risa** sich totlachen
meato [me'ato] *m* Gang *m;* ~ **auditivo** Gehörgang *m;* ~ **urinario** Harnröhre *f*
mecachis [me'katʃis] *interj* (*fam*) ❶ (*enfado*) verflixt ❷ (*sorpresa*) na so was

mecánica [meˈkanika] *f* Mechanik *f*

mecánico, -a [meˈkaniko, -a] **I.** *adj* mechanisch **II.** *m, f* Mechaniker(in) *m(f)*

mecanismo [mekaˈnismo] *m* ❶ (*dispositivo*) Mechanismus *m;* **el ~ de cambios del SME** (FIN) der Wechselkursmechanismus des IWS ❷ (*funcionamiento*) Verfahren *nt*

mecanización [mekaniθaˈθjon] *f* Mechanisierung *f;* ~ **agrícola** Mechanisierung der Landwirtschaft

mecanizar [mekaniˈθar] <z→c> *vt* ❶ (*automatizar*) mechanisieren ❷ (*elaborar*) mechanisch bearbeiten

mecano [meˈkano] *m* (*juguete*) Baukasten *m*

mecanografía [mekanoɣraˈfia] *f* Maschineschreiben *nt*

mecanografiar [mekanoɣraˈfjar] <1. *pres:* mecanografío> *vt* mit der Maschine schreiben

mecanógrafo, -a [mekaˈnoɣrafo, -a] *m, f* Maschinenschreiber(in) *m(f)*

mecedora [meθeˈðora] *f* Schaukelstuhl *m*

mecenas [meˈθenas] *mf inv* Mäzen(in) *m(f)*

mecer [meˈθer] <c→z> **I.** *vt* ❶ (*menear*) schütteln ❷ (*balancear*) wiegen; (*columpiar*) schaukeln **II.** *vr:* ~ **se** ❶ (*menearse*) sich schütteln ❷ (*balancearse*) sich wiegen; (*columpiarse*) schaukeln

mecha [ˈmetʃa] *f* ❶ (*pabilo*) Docht *m;* (*de explosivos*) Zündschnur *f* ❷ (*gasa*) (Verbands)mull *m* ❸ (*mechón*) (Haar)strähne *f* ❹ *pl* (*mechones teñidos*) Strähnchen *ntpl,* gefärbte Haarsträhnen *fpl;* **hacerse ~s** sich *dat* Strähnchen (ins Haar) machen lassen ❺ (*tocino*) Speck(streifen) *m* ❻ (*loc*): **a toda ~** wie der geölte Blitz; **aguantar ~** alles über sich ergehen lassen

mechar [meˈtʃar] *vt* (GASTR) spicken; **he mechado el pavo para que esté más jugoso** damit er saftiger wird, habe ich den Puter gespickt

mechero [meˈtʃero] *m* ❶ (*quemador*) Brenner *m* ❷ (*encendedor*) Feuerzeug *nt*

mechón [meˈtʃon] *m* Büschel *nt*

Mecklemburgo-Pomerania Occidental [ˈmeklemˈburɣo-pomeˈranja oˈɣθiðeṇ'tal] *m* Mecklenburg-Vorpommern *nt*

medalla [meˈðaʎa] *f* Medaille *f;* ~ **militar** Orden *m*

medallero [meðaˈʎero] *m* Medaillenrang *m*

medallista [meðaˈʎista] *mf* (*ganador*) Medaillengewinner(in) *m(f)*

medallón [meðaˈʎon] *m* Medaillon *nt*

médano [ˈmeðano] *m,* **medaño** [meˈðaɲo] *m* ❶ (*duna*) Düne *f* ❷ (*bajío*) Sandbank *f*

media [ˈmeðja] *f* ❶ (*promedio*) Mittel *nt* ❷ (*calceta*) Strumpf *m;* (*Am: calcetín*) Socke *f*

mediacaña [meðjaˈkaɲa] *f* Hohlkehle *f,* Kannele *f*

mediación [meðjaˈθjon] *f* Vermittlung *f*

mediado, -a [meˈðjaðo, -a] *adj* halb voll; **a ~s de semana** Mitte der Woche

mediador(a) [meðjaˈðor(a)] *m(f)* Vermittler(in) *m(f)*

mediano, -a [meˈðjaniero, -a] **I.** *adj* (*en medio*) Zwischen- **II.** *m, f* (*intermediario*) Vermittler(in) *m(f)*

medianía [meðjaˈnia] *f* ❶ (*término medio*) Mittelmaß *nt* ❷ (*mediocridad*) Mittelmäßigkeit *f* ❸ (*persona*): **ser una ~** (*inteligencia*) nicht der Hellste sein

mediano, -a [meˈðjano, -a] *adj* ❶ (*calidad*) mittelmäßig ❷ (*tamaño*) von mittlerer Größe; **talla mediana** Größe M ❸ (ECON) mittelständisch

medianoche [meðjaˈnotʃe] *f* ❶ (*hora*) Mitternacht *f;* **a ~** mitten in der Nacht ❷ (*panecillo*) ≈Milchbrötchen *nt*

mediante [meˈðjaṇte] **I.** *adj:* **Dios ~** so Gott will **II.** *prep* mittels +*gen;* (*a través de*) durch +*akk*

mediar [meˈðjar] *vi* ❶ (*intermediar*) vermitteln ❷ (*interceder*) sich einsetzen (*por* für +*akk*) ❸ (*realizar hasta la mitad*) bis zur Hälfte schaffen ❹ (*interponerse*) behindern ❺ (*transcurrir*) vergehen ❻ (*existir*) dazwischen liegen; **entre tú y yo media un abismo** zwischen dir und mir liegen Welten

mediático, -a [meˈðjatiko, -a] *adj* Medien-; **sociedad mediática** Mediengesellschaft *f*

mediatizar [meðjatiˈθar] <z→c> *vt* ❶ (POL) mediatisieren ❷ (*coartar*) einschränken

mediato, -a [meˈðjato, -a] *adj* mittelbar

medicación [meðikaˈθjon] *f* ❶ (*tratamiento*) Behandlung *f* ❷ (*medicamentos*) ≈Medikamente *ntpl*

medicamento [meðikaˈmeṇto] *m* Medikament *nt;* ~ **circulatorio** Kreislaufmittel *nt*

medicar [meðiˈkar] <c→qu> **I.** *vt* Medikamente verabreichen +*dat* **II.** *vr:* ~ **se** Medikamente einnehmen

medicina [meðiˈθina] *f* Medizin *f;* **la ~ naturista** die Naturheilkunde

medicinal [meðiθiˈnal] *adj* medizinisch; **balón ~** Medizinball *m;* **hierba ~** Arzneipflanze *f*

medición [meðiˈθjon] *f* Messung *f;* ~ **de tiempos** Zeitnahme *f*

médico, -a [ˈmeðiko, -a] **I.** *adj* ärztlich, Arzt-; **cuerpo ~** Ärzteschaft *f* **II.** *m, f* Arzt *m,* Ärztin *f;* **Colegio de M~s** Ärztekammer *f; ~* **de cabecera** Hausarzt *m; ~* **forense** Gerichtsmediziner *m; ~* **naturista** Naturheilkundler *m*

medida [me'ðiða] *f* ❶ (*medición*) Messung *f* ❷ (*dimensión*) Maß *nt;* **a la ~** maßgeschneidert; **tomar la(s) ~(s)** Maß nehmen; **hasta cierta ~** in gewissem Maße; **en la ~ de lo posible** im Rahmen des Möglichen; **a ~ que** in dem Maße wie ❸ (*LIT*) Versmaß *nt* ❹ (*prudencia*) Vorsicht *f;* **con ~** behutsam ❺ (*moderación*) Maß *nt;* **sin ~** maßlos ❻ (*acción*) Maßnahme *f;* **tomar ~s** Maßnahmen ergreifen

medidor[1] [meði'ðor] *m* ❶ (*instrumento*) Messgerät *nt* ❷ (*Am: contador*) Zähler *m*

medidor(a)[2] [meði'ðor(a)] **I.** *adj* messend; **reloj ~** Messuhr *f* **II.** *m(f)* Vermesser(in) *m(f)*

medieval [meðje'βal] *adj* mittelalterlich

medievo [me'ðjeβo] *m* Mittelalter *nt;* **la sociedad del ~** die mittelalterliche Gesellschaft

medio[1] ['meðjo] *m* ❶ (*mitad*) Mitte *f;* **en ~ de** zwischen +*dat;* **en ~ de todo** trotz allem; **meterse por ~** (*fig*) dazwischenfunken *fam;* **quitar de en ~** (*fam fig*) aus dem Weg schaffen ❷ (*instrumento*) Mittel *nt; ~* **de transporte** Verkehrsmittel *nt;* **por ~ de** mittels +*gen* ❸ (*PREN, RADIO, TV*) Medium *nt; ~***s de comunicación** Massenmedien *ntpl* ❹ (*entorno*) Milieu *nt; ~* **ambiente** Umwelt *f* ❺ (*DEP*) Mittelfeldspieler *m* ❻ (*Cuba: moneda*) 5-Cent-Münze *f* ❼ *pl* (*fuentes*) Quellen *fpl* ❽ *pl* (*capital*) (finanzielle) Mittel *ntpl;* **estar corto de ~s** knapp bei Kasse sein *fam*

medio, -a[2] ['meðjo, -a] **I.** *adj* ❶ (*mitad*) halb; **a las cuatro y media** um halb fünf; **litro y ~** anderthalb Liter; **mi media naranja** (*fig*) meine bessere Hälfte ❷ (*promedio*): **ciudadano ~** Durchschnittsbürger *m* **II.** *adv* halb; *~* **vestido** halb nackt; **a ~ asar** halb gegrillt; *~* **dormido, dormido a medias** halb eingeschlafen; **tomar a medias** teilen; **ir a medias** halbe-halbe machen *fam*

? Grammatik

medio steht ohne unbestimmten Artikel: *medio kilo de tomates* – ein halbes Kilo Tomaten, *media botella de agua* – eine halbe Flasche Wasser.

---

medioambiental [meðjoambjen̩'tal] *adj* Umwelt-

mediocre [me'ðjokre] *adj* mittelmäßig

mediocridad [meðjokri'ðað] *f* Mittelmäßigkeit *f*

mediodía [meðjo'dia] *m* ❶ (*hora*) Mittag *m;* **al ~** mittags ❷ (*sur*) Süden *m*

mediofondista [meðjofon̩'dista] *mf* (*DEP*) Mittelstreckenläufer(in) *m(f)*

medir [me'ðir] *irr como pedir* **I.** *vt* ❶ (*calcular*) messen ❷ (*sopesar*) abwägen; *~* **los riesgos** die Risiken abwägen ❸ (*moderar*) mäßigen **II.** *vi* messen **III.** *vr: ~***se** sich messen

meditabundo, -a [meðita'βun̩do, -a] *adj* nachdenklich

meditación [meðita'θjon] *f* Meditation *f*

meditar [meði'tar] *vt, vi* meditieren (*en/ sobre* über +*akk*)

mediterráneo, -a [meðite'rraneo, -a] *adj* mediterran; **isla mediterránea** Mittelmeerinsel *f*

Mediterráneo [meðite'rraneo] *m* Mittelmeer *nt*

medrar [me'ðrar] *vi* ❶ (*crecer*) gedeihen ❷ (*avanzar*) Erfolg haben

medroso, -a [me'ðroso, -a] **I.** *adj* ❶ *estar* verängstigt ❷ *ser* ängstlich **II.** *m, f* Feigling *m*

médula ['meðula] *f* ❶ (*ANAT*) Knochenmark *nt; ~* **espinal** Rückenmark *nt* ❷ (*BOT*) Mark *nt* ❸ (*meollo*) Kern *m;* **hay que llegar a la ~ de las cosas** man muss den Sachen auf den Grund gehen; **estar hasta la ~** (*fam*) die Nase (gestrichen) voll haben

medular [meðu'lar] *adj* ❶ (*tuétano*) Knochenmark-; (*médula espinal*) Rückenmark- ❷ (*esencial*) Kern-; **parte ~** Kernstück *nt*

medusa [me'ðusa] *f* Qualle *f*

mefítico, -a [me'fitiko, -a] *adj* ❶ (*dañino*) giftig ❷ (*fétido*) stinkend

megabit [meɣa'βit] *m* (*INFOR*) Megabit *nt; ~/***segundo** Megabit/Sekunde

megabyte [meɣa'βai̯t] *m* (*INFOR*) Megabyte *nt; ~/***segundo** Megabyte/Sekunde

megaciclo [meɣa'θiklo] *m* Megahertz *nt*

megafonía [meɣafo'nia] *f* ❶ (*técnica*) Verstärkertechnik *f* ❷ (*conjunto de aparatos*) Verstärkeranlage *f*

megáfono [me'ɣafono] *m* Megaphon *nt*

megalomanía [meɣaloma'nia] *f* Größenwahn *m*

megalómano, -a [meɣa'lomano, -a] *adj* größenwahnsinnig; **megavatio** [meɣa'βatjo] *m* Megawatt *nt*

mejicano, -a [mexi'kano, -a] **I.** *adj* mexikanisch **II.** *m, f* Mexikaner(in) *m(f)*

Méjico ['mexiko] *m* Mexiko *nt*

mejilla [me'xiʎa] *f* Wange *f*

mejillón [mexi'ʎon] *m* Miesmuschel *f*

mejor [me'xor] I. *adj* ❶ (*compar*) besser; (es) ~ **que...** +*subj* es ist besser, wenn ...; **cambiar a** ~ sich bessern; **pasar a** ~ **vida** hinscheiden ❷ (*superl*): **el** ~ **alumno** der beste Schüler; **la** ~ **nota** die beste Note; **el/la/lo** ~ der/die/das Beste; ~ **postor** Meistbietende(r) *m;* **el** ~ **día** eines schönen Tages II. *adv* besser; ~ **dicho** womöglich; ~ **que** ~ um so besser; ~ **quiero un coche viejo que una moto** ich hätte lieber ein altes Auto als ein Motorrad

mejora [me'xora] *f* ❶ (*mejoramiento*) Verbesserung *f;* ~ **salarial** Gehaltsaufbesserung *f* ❷ (*puja*) höheres Gebot *nt*

mejorable [mexo'raβle] *adj* verbesserungsfähig

mejoramiento [mexora'mjento] *m* Verbesserung *f*

mejorana [mexo'rana] *f* Majoran *m*

mejorar [mexo'rar] I. *vt* ❶ (*perfeccionar*) verbessern ❷ (*superar*) übertreffen; (*subasta*) überbieten II. *vi, vr:* ~**se** ❶ (*enfermo*) genesen; **¡que se mejore!** gute Besserung! ❷ (*tiempo*) besser werden

mejoría [mexo'ria] *f* Besserung *f*

mejunje [me'xunxe] *m* ❶ (*cosmético, medicamento*) Mixtur *f* ❷ (*pey: bebida*) Gesöff *nt*

melancolía [melaŋko'lia] *f* Melancholie *f*

melancólico, -a [melaŋ'koliko, -a] I. *adj* melancholisch II. *m, f* Melancholiker(in) *m(f)*

melanina [mela'nina] *f* Melanin *nt*

melanoma [mela'noma] *m* Melanom *nt*

melena [me'lena] *f* ❶ (*crin*) Mähne *f* ❷ (*pelo*) lange Haare; **soltarse la** ~ die Haare offen tragen; (*fig*) sich *dat* einen Ruck geben

melenudo, -a [mele'nuðo, -a] I. *adj* langhaarig II. *m, f* Langhaarige(r) *mf*

melifluo, -a [me'liflwo, -a] *adj* ❶ (*como la miel*) honigsüß ❷ (*amable*) zuckersüß

melillense [meli'ʎense] I. *adj* aus Melilla II. *mf* Einwohner(in) *m(f)* von Melilla

melindre [me'lindre] *m* ❶ (*con miel y harina*) ≈Honigpfannkuchen *m;* (*con mazapán*) ≈Marzipanschnecke *f* ❷ *pl* (*delicadeza exagerada*) Zimperlichkeit *f;* (*afectada*) Geziertheit *f;* **hacer** ~**s** sich zieren

melindroso, -a [melin'droso, -a] I. *adj* (*delicado*) zimperlich; (*afectado*) geziert II. *m, f* (*persona delicada*) zimperliche Person *f;* (*afectada*) affektierte Person *f*

melisa [me'lisa] *f* Melisse *f*

mella ['meʎa] *f* ❶ (*hendidura*) Scharte *f* ❷ (*hueco*) Lücke *f* ❸ (*merma*) Schmälerung *f* ❹ (*loc*): **hacer** ~ beeindrucken

mellar [me'ʎar] *vt* ❶ (*hacer mellas*) ruinieren ❷ (*disminuir*) schmälern

mellizo, -a [me'ʎiθo, -a] I. *adj* ❶ (*gemelo*) Zwillings- ❷ (*igual*) gleich II. *m, f* Zwilling *m*

melocotón [meloko'ton] *m* ❶ (*fruto*) Pfirsich *m* ❷ (*fam: borrachera*) Rausch *m*

melocotonero [melokoto'nero] *m* Pfirsichbaum *m*

melodía [melo'ðia] *f* (*sucesión de sonidos*) Melodie *f*

melódico, -a [me'loðiko, -a] *adj* melodisch

melodioso, -a [melo'ðjoso, -a] *adj* melodiös

melodrama [melo'drama] *m* Melodram(a) *nt*

melodramático, -a [meloðra'matiko, -a] *adj* melodramatisch

melómano, -a [me'lomano, -a] *m, f* (fanatischer) Musikliebhaber *m,* (fanatische) Musikliebhaberin *f*

melón¹ [me'lon] *m* ❶ (*fruto*) Melone *f* ❷ (*fam: cabeza*) Birne *f*

melón, -ona² [me'lon, -ona] *m, f* (*fam*) Dummkopf *m*

melonar [melo'nar] *m* Melonenfeld *nt*

melopea [melo'pea] *f* (*fam: borrachera*) Rausch *m*

meloso, -a [me'loso, -a] *adj* lieblich

membrana [mem'brana] *f* Membran *f;* ~ **mucosa** Schleimhaut *f*

membrete [mem'brete] *m* Briefkopf *m*

membrillo [mem'briʎo] *m* (*árbol*) Quittenbaum *m;* (*fruto*) Quitte *f;* **carne** [*o* **dulce**] **de** ~ Quittenbrot *nt*

membrudo, -a [mem'bruðo, -a] *adj* stämmig

memez [me'meθ] *f* Dummheit *f*

memo, -a ['memo, -a] I. *adj* dumm II. *m, f* Dummkopf *m*

memorable [memo'raβle] *adj* denkwürdig

memorándum [memo'randun] *m* <memorandos> Memorandum *nt*

memoria [me'morja] *f* ❶ (*facultad*) Gedächtnis *nt;* (*recuerdo*) Erinnerung *f* (*de* an +*akk*); **a la** [*o* **en**] ~ **de** im Gedenken an +*akk;* **de** ~ auswendig; **flaco de** ~ vergesslich; **hacer** ~ scharf nachdenken; **traer a la** ~ ins Gedächtnis rufen; **venir a la** ~ einfallen ❷ (*informe*) Bericht *m* ❸ (INFOR) Speicher *m* ❹ *pl* (*autobiografía*) Memoiren *pl*

memorial [memo'rjal] *m* ❶ (*petición*) Bittschrift *f* ❷ (*agenda*) Notizbuch *nt* ❸ (*boletín*) Mitteilungsblatt *nt*

memorización [memoriθa'θjon] *f* ❶ (*aprendizaje*) Auswendiglernen *nt* ❷ (INFOR) Speicherung *f*

memorizar [memori'θar] <z→c> *vt* ❶ (*aprender*) auswendig lernen ❷ (INFOR) speichern

mena ['mena] *f* (MIN) Erz *nt*

menaje [me'naxe] *m* Hausrat *m*

mención [men'θjon] *f* Erwähnung *f;* **digno de** ~ erwähnenswert; **hacer** ~ **de** erwähnen

mencionar [menθjo'nar] *vt* erwähnen

menda ['menda] **I.** *pron pers* (*fam*) ich; **aquí el** [*o* **este**] ~ **no dijo nada** ich habe nichts gesagt **II.** *pron indef* (*fam*): **un** ~ irgendjemand

mendaz [men'daθ] *adj* (*elev*) verlogen

mendicante [mendi'kante] **I.** *adj* Bettel- **II.** *mf* Bettler(in) *m(f)*

mendicidad [mendiθi'ðaᵈ] *f* (*pordiosería*) Bettelei *f;* (*fenómeno social*) Bettlertum *nt;* **vivir de la** ~ vom Betteln leben

mendigar [mendi'yar] <g→gu> *vi, vt* betteln (um +*akk*)

mendigo, -a [men'diyo, -a] *m, f* Bettler(in) *m(f)*

mendrugo [men'druyo] *m* ❶ (*trozo de pan*) Stück *nt* trockenes Brot ❷ (*fam: torpe*) Trottel *m*

menear [mene'ar] **I.** *vt* schwenken; (*cabeza*) schütteln; ~ **la cola** mit dem Schwanz wedeln **II.** *vr:* ~**se** ❶ (*moverse*) wackeln ❷ (*fam: apresurarse*) sich sputen

meneo [me'neo] *m* ❶ (*brusco*) Ruck *m* ❷ (*fam: vapuleo*) Abreibung *f;* **dar un** ~ **a alguien** jdm eine Abreibung verpassen

menester [menes'ter] *m* ❶ (*necesidad*) Notwendigkeit *f;* **ser** ~ nötig sein; **haber** ~ **de algo** etw brauchen ❷ *pl* (*tareas*) Pflichten *fpl* ❸ *pl* (*necesidades fisiológicas*) Bedürfnisse *ntpl*

menesteroso, -a [meneste'roso, -a] **I.** *adj* bedürftig **II.** *m, f* Bedürftige(r) *mf*

menestra [me'nestra] *f* (Gemüse)eintopf *m*

menestral(a) [menes'tral(a)] *m(f)* Handwerker(in) *m(f)*

mengano, -a [men'gano, -a] *m, f:* **fulano y** ~ Herr X und Herr Y

mengua ['mengwa] *f* ❶ (*disminución*) Rückgang *m;* **sin** ~ **de** ohne Beeinträchtigung +*gen* ❷ (*carencia*) Mangel *m;* **sin** ~ absolut ❸ (*descrédito*) Verruf *m*

menguante [men'gwante] *f* ❶ (*marea*) Ebbe *f;* (*estiaje*) Niedrigwasser *nt* ❷ (*mengua*) Rückgang *m*

menguar [men'gwar] <gu→gü> **I.** *vi* abnehmen **II.** *vt* reduzieren; (*punto*) abnehmen

menhir [me'nir] *m* Menhir *m*

meninge [me'ninxe] *f* Hirnhaut *f;* **estrujarse las** ~**s** (*fam*) sich *dat* das Hirn zermartern

meningitis [menin'xitis] *f inv* Hirnhautentzündung *f*

menisco [me'nisko] *m* Meniskus *m*

menopausia [meno'pausja] *f* (*climaterio*) Wechseljahre *ntpl*

menor [me'nor] **I.** *adj* ❶ (*tamaño*): **Asia M~** Kleinasien *nt;* ~ **que** kleiner als; (*número*) niedriger als; **al por** ~ detailliert; (COM) en détail; **no dar la** ~ **importancia a algo** etw *dat* nicht die geringste Bedeutung beimessen ❷ (*edad*): ~ **que** jünger als; ~ **de edad** minderjährig; **el** ~ **de mis hermanos** mein jüngster Bruder ❸ (MÚS) Moll; **tono** ~ Moll *nt;* **tercera** ~ kleine Terz **II.** *mf* (~ **de edad**) Minderjährige(r) *mf;* **esta película no es apta para** ~ **es** dieser Film ist nicht jugendfrei

menorquín, -ina [menor'kin, -ina] **I.** *adj* aus Menorca **II.** *m, f* Einwohner(in) *m(f)* von Menorca

menos ['menos] **I.** *adv* ❶ (*contrario de más*) weniger; **a** ~ **que** es sei denn; **el/la** ~ **...** der/die am wenigsten ...; **el piso** (**el**) ~ **caro** die preiswerteste Wohnung; **eso es lo de** ~ das ist nicht so wichtig; **lo** ~ das Mindeste; **al** [*o* **por lo**] ~ wenigstens; **aún** ~ erst recht nicht; **cuanto** ~ **...** (**tanto**) **más** je weniger ... desto mehr; **de** ~ zu wenig; **echar de** ~ vermissen; **en** ~ **de nada** in Null Komma nichts; **ir a** ~ herunterkommen; ~ **de** weniger als; ~ **mal** Gott sei Dank; **¡ni mucho** ~ **!** auf keinen Fall! ❷ (MAT) minus ❸ (*excepto*) außer; **todo** ~ **eso** alles, nur das nicht **II.** *m* (MAT) Minuszeichen *nt*

menoscabar [menoska'βar] *vt* ❶ (*disminuir*) vermindern ❷ (*dañar*) beschädigen; (*fig*) schaden +*dat* ❸ (*desacreditar*) in Verruf bringen

menoscabo [menos'kaβo] *m* ❶ (*disminución*) Verminderung *f* ❷ (*daño*) Beschädigung *f;* (*fig*) Schaden *m;* **sufrir** ~ Schaden nehmen

menospreciable [menospre'θjaβle] *adj* verachtenswert

menospreciar [menospre'θjar] *vt* ❶ (*despreciar*) verachten ❷ (*desdeñar*) gering schätzen ❸ (*subestimar*) unterschätzen

menospreciativo, -a [menospreθja'tiβo, -a] *adj* geringschätzig

menosprecio [menos'preθjo] *m* ❶ (*desprecio*) Verachtung *f* ❷ (*desdén*) Geringschätzung *f* ❸ (*subestimación*) Unterschätzung *f*

mensaje [men'saxe] *m* Botschaft *f;* ~ **de error** (INFOR) Fehlermeldung *f;* ~ (**de**) **radio** Funkspruch *m;* ~ **de socorro** Not-

M

ruf *m*

mensajería [mensaxe'ria] *f* Kurierdienst *m*

mensajero, **-a** [mensa'xero, -a] **I.** *adj* Boten-; **paloma mensajera** Brieftaube *f* **II.** *m*, *f* Bote, -in *m*, *f*

menstruación [me\[n\]strwa'θjon] *f* Menstruation *f*

menstrual [me\[n\]stru'al] *adj* menstrual; **tener dolores ~es** Menstruationsbeschwerden haben

menstruar [me\[n\]stru'ar] <*1. pres:* menstrúo> *vi* die Menstruation haben

mensual [mensu'al] *adj* ❶ (*cada mes*) monatlich; **revista ~** Monatszeitschrift *f* ❷ (*que dura un mes*) Monats-

mensualidad [menswali'ðaˀ] *f* ❶ (*sueldo*) Monatseinkommen *nt* ❷ (*paga*) monatliche Zahlung *f*; (*compra aplazada*) Monatsrate *f*; **~ del alquiler** Monatsmiete *f*

mensurable [mensu'raβle] *adj* messbar

mensurar [mensu'rar] *vt* messen

menta ['menta] *f* ❶ (*planta*) Minze *f* ❷ (*infusión*) Pfefferminztee *m* ❸ (*extracto*) Pfefferminzöl *nt;* **caramelo de ~** Pfefferminzbonbon *nt*

mentado, **-a** [men'taðo, -a] *adj* berühmt

mental [men'tal] *adj* geistig; **cálculo ~** Kopfrechnen *nt*

mentalidad [mentali'ðaˀ] *f* Mentalität *f*

mentalización [mentaliθa'θjon] *f* Vergegenwärtigung *f*

mentalizar [mentali'θar] <z→c> *vt, vr:* **~ se** (sich *dat*) klar machen

mentar [men'tar] <e→ie> *vt* erwähnen; **~ la soga en casa del ahorcado** indiskret sein

mente ['mente] *f* ❶ (*pensamiento*) Denken *nt;* **tener en** (**la**) **~** vorhaben; **no puedo quitarme esa idea de la ~** dieser Gedanke geht mir (einfach) nicht aus dem Kopf; **el nombre se me ha ido de la ~** der Name ist mir entfallen; **tener la ~ en blanco** sich nicht erinnern (können); **traer a la ~** ins Gedächtnis rufen ❷ (*intelecto*) Verstand *m*

mentecatez [menteka'teθ] *f* Dummheit *f*

mentecato, **-a** [mente'kato, -a] **I.** *adj* dumm **II.** *m*, *f* Dummkopf *m*

mentir [men'tir] *irr como sentir vi* ❶ (*engañar*) lügen; **miente más que habla** er/sie lügt wie gedruckt; **¡miento!** falsch!, Irrtum! ❷ (*inducir a error*) täuschen

mentira [men'tira] *f* (*embuste*) Lüge *f*; **¡parece ~!** unglaublich!

mentiroso, **-a** [menti'roso, -a] **I.** *adj* (*persona*) verlogen **II.** *m*, *f* Lügner(in) *m(f)*

mentís [men'tis] *m inv* Dementi *nt;* **dar un ~ a algo** etw dementieren

mentol [men'tol] *m* Menthol *nt*

mentolado, **-a** [mento'laðo, -a] *adj* mentholhaltig; **cigarillo ~** Mentholzigarette *f*

mentón [men'ton] *m* Kinn *nt*

mentor [men'tor] *m* Mentor *m*

menú [me'nu] *m* <menús> ❶ (*comida*) Menü *m* ❷ (*minuta*) Speisekarte *f* ❸ (INFOR) Menü *nt*

menudear [menuðe'ar] **I.** *vi* häufig vorkommen **II.** *vt* häufig tun; **~ sus visitas** häufig zu Besuch kommen

menudencia [menu'ðenθja] *f* ❶ (*pequeñez*) Kleinigkeit *f* ❷ (*meticulosidad*) Kleinlichkeit *f* ❸ *pl* (*del cerdo*) (Schweine)innereien *fpl*

menudillos [menu'ðiλos] *mpl* (*despojos*) Geflügelinnereien *fpl*

menudo, **-a** [me'nuðo, -a] *adj* ❶ (*minúsculo*) winzig ❷ (*pequeño y delgado*) zierlich ❸ (*fútil*) unbedeutend ❹ (*minucioso*) kleinlich; **relatar algo por ~** etw haarklein erzählen ❺ (*exclamación*): **¡menuda película!** was für ein toller Film!; **¡~ lío has armado!** da hast du dir ja was Schönes eingebrockt! ❻ (*loc*): **a ~** oft; **por** [*o* **a**] **la menuda** (COM) en détail

meñique [me'ɲike] **I.** *m* kleiner Finger *m* **II.** *adj* (*fam*) winzig

meollo [me'oλo] *m* ❶ (*sesos*) Hirn *nt* ❷ (*médula*) Mark *nt* ❸ (*fundamento*) Kern *m*

mequetrefe [meke'trefe] *m* (*fam*) Volltrottel *m*

meramente [mera'mente] *adv* nur

mercachifle [merka'tʃifle] *m* Krämer *m*

mercadear [merkaðe'ar] *vi* handeln

mercadeo [merka'ðeo] *m* Handel *m*

mercader [merka'ðer] *m* Händler *m;* **~ de grueso** Großhändler *m*

mercadería [merkaðe'ria] *f* Ware *f*

mercadillo [merka'ðiλo] *m* Flohmarkt *m*

mercado [mer'kaðo] *m* (*t.* ECON) Markt *m;* **~ de capitales** Kapitalmarkt *m;* **~ de divisas** Devisenbörse *f;* **~ exterior/interior** Auslands-/Binnenmarkt *m;* **M~ único europeo** Europäischer Binnenmarkt; **el ~ de Madrid** die Madrider Markthalle; **~ de valores** Wertpapierbörse *f;* **hay ~ los sábados** samstags ist Markttag

mercadotecnia [merkaðo'teɣnja] *f* Marketing *nt*

mercancía [merkan'θia] *f* Ware *f*

mercante [mer'kante] **I.** *adj* Handels- **II.** *mf* Händler(in) *m(f)*

mercantil [merkan'til] *adj* Handels-

mercantilismo [merkanti'lismo] *m* ❶ (*sistema económico*) Merkantilismus *m* ❷ (*espíritu mercantil*) Geschäftemacherei *f*

mercantilizar [merkaɳtili'θar] <z→c> *vt* kommerzialisieren

merced [mer'θeᵈ] *f* Gnade *f;* ~ **a** dank +*gen;* **estar a ~ de alguien** jdm ausgeliefert sein

mercenario, -a [merθe'narjo, -a] I. *adj* Söldner- II. *m, f* Söldner(in) *m(f)*

mercería [merθe'ria] *f* ❶ (*artículos*) Kurzwaren *fpl* ❷ (*tienda*) Kurzwarenhandlung *f*

Mercosur [merko'sur] *m* (POL) *gemeinsamer Markt des südlichen Lateinamerika*

mercurio [mer'kurjo] *m* (QUÍM) Quecksilber *nt*

Mercurio [mer'kurjo] *m* (ASTR) Merkur *m*

merecedor(a) [mereθe'dor(a)] *adj* würdig; **hacerse ~ de algo** etw verdienen

merecer [mere'θer] *irr como crecer* I. *vt* ❶ (*ser digno de*) verdienen; **merece que... +***subj* er/sie verdient es, dass ...; **merece respeto de nuestra parte** ihr/ ihm gebührt unser Respekt; **este libro merece mención** dieses Buch ist erwähnenswert ❷ (*valer*) wert sein; **no merece la pena** es lohnt sich nicht II. *vi:* ~ **bien de alguien/algo** sich verdient machen um jdn/etw III. *vr:* ~**se** verdienen

merecido [mere'θiðo] *m* verdiente Strafe *f;* **se llevó su ~** es geschah ihm/ihr recht

merecimiento [mereθi'mjeɳto] *m* Verdienst *nt*

merendar [mereɳ'dar] <e→ie> I. *vi, vt* vespern II. *vr:* ~**se** (*fam*) sich (gegenseitig) ausstechen; ~**se a alguien** jdn ausstechen

merendero [mereɳ'dero] *m* Ausflugslokal *nt*

merengue [me'reŋge] *m* ❶ (*dulce*) Baiser *nt* ❷ (*persona débil*) Schwächling *m* ❸ (*CSur: fam: lío*) Chaos *nt*

meridiano[1] [meri'djano] *m* (ASTR) Meridian *m*

meridiano, -a[2] [meri'djano, -a] *adj* ❶ (*del mediodía*) Mittags- ❷ (*evidente*) klar

meridional [meridjo'nal] I. *adj* südlich; **Andalucía está en la España ~** Andalusien liegt in Südspanien II. *mf* Südländer(in) *m(f)*

merienda [me'rjeɳda] *f* ❶ (*comida por la tarde*) Vesper *f* ❷ (*picnic*) Picknick *nt;* **ir de ~** picknicken; ~ **de negros** (*fig*) heilloses Durcheinander

mérito ['merito] *m* ❶ (*merecimiento*) Verdienst *nt;* **hacer ~s** sich dienstbeflissen zeigen; **callarse sus ~s** sein Licht unter den Scheffel stellen ❷ (*valor*) Wert *m; de ~* (*obra*) beachtlich; (*persona*) verdienstvoll

meritorio, -a [meri'torjo, -a] I. *adj* beachtlich II. *m, f* (*aprendiz*) Lehrling *m;* (*empleado sin sueldo*) Volontär(in) *m(f);* (*durante poco tiempo*) Praktikant(in) *m(f)*

merlo ['merlo] *m* (*Am*) Dummkopf *m*

merluza [mer'luθa] *f* ❶ (ZOOL) Seehecht *m* ❷ (*vulg: borrachera*) ordentlicher Schwips *m fam;* **coger una buena ~** sich *dat* einen antrinken *fam;* **estar** (**con la**) ~ einen sitzen haben *fam*

merluzo, -a [mer'luθo, -a] *adj* (*fam*) dumm

merma ['merma] *f* Abnahme *f;* ~ **de peso** Gewichtsverlust *m*

mermar [mer'mar] I. *vt* verringern; (*sueldo*) kürzen; ~ **peso** an Gewicht verlieren II. *vi, vr:* ~**se** sich verringern

mermelada [merme'laða] *f* Marmelade *f*

mero[1] ['mero] I. *adv* ❶ (*AmC, Méx: pronto*) bald ❷ (*Méx: muy*) sehr ❸ (*Méx: precisamente*) genau II. *m* ❶ (ZOOL) Riesenzackenbarsch *m* ❷ (*Méx: jefe*) Boss *m*

mero, -a[2] ['mero, -a] *adj* ❶ (*sencillo*) einfach ❷ (*sin nada más*) bloß; **la mera verdad** die reine Wahrheit ❸ (*Méx: preciso*) genau ❹ (*Méx: propio*) eigene(r, s)

merodear [meroðe'ar] *vi* herumstreichen (*por* in +*dat*); (*saqueando*) plündernd umherziehen (*por* in +*dat*)

merodeo [mero'ðeo] *m* Plündern *nt*

mes [mes] *m* ❶ (*período*) Monat *m;* **a principios/a mediados/a fin(al)es de ~** Anfang/Mitte/Ende des Monats; **1000 euros al ~** monatlich 1000 Euro; **todos los ~es** (all)monatlich; **el ~ corriente** der laufende Monat; **el ~ que viene/pasado** (*adv*) nächsten/letzten Monat; **hace un ~** vor einem Monat ❷ (*sueldo*): ~ (**de trabajo**) Monatsgehalt *nt;* **con un ~ de anticipo** einen Monat im Voraus ❸ (*fam: menstruación*) Regel *f;* **tener el ~** seine Tage haben

mesa ['mesa] *f* ❶ (*mueble*) Tisch *m;* ~ **de despacho** Schreibtisch *m;* ~ **de tertulia** Stammtisch *m;* **vino de ~** Tafelwein *m;* **poner/quitar la ~** den Tisch decken/ abräumen; **en la ~** (*comiendo*) bei Tisch; **¡a la ~!** zu Tisch, bitte!; **servir una ~** an einem Tisch bedienen; **bendecir la ~** das Tischgebet sprechen; **tener a alguien a ~ y a mantel** jdn sehr gut bewirten; **vivir** [*o* **estar**] **a ~ puesta** ohne Müh und Arbeit leben ❷ (*junta directiva*) Präsidium *nt* ❸ (POL): ~ **electoral** Wahlausschuss *m* ❹ (GEO) Hochebene *f* ❺ (INFOR): ~ **digitalizadora** Mousepad *nt* ❻ (*pensión*) Verpflegung *f;* ~ **y cama** Kost und Logis

mesar [me'sar] *vt, vr:* ~**se los** [*o* ~ **sus**] **pelos** sich *dat* die Haare raufen

M

meseta [me'seta] *f* (GEO) Hochebene *f*

mesías [me'sias] *m* Messias *m*

Mesías [me'sias] *m* Messias *m*

mesilla [me'siʎa] *f* ❶(*mesa pequeña*) Tischchen *nt;* ~ **de noche** Nachttisch *m;* ~ **de ruedas** Serviertischchen *nt* ❷(*descansillo*) Treppenabsatz *m*

mesón [me'son] *m* Gasthaus *nt*

mesonero, -a [meso'nero, -a] *m*, *f* (Gast)wirt(in) *m(f)*

mestizaje [mesti'θaxe] *m* ❶(*entre blancos e indios*) Vermischung von Weißen und Indianern ❷(*colectivo*) Mestizen *mpl* ❸(*cruce*) Rassenmischung *f*

mestizo, -a [mes'tiθo, -a] I. *adj* ❶(*entre blancos e indios*) mestizisch ❷(*entre dos razas*) mischrassig II. *m*, *f* ❶(*entre blancos e indios*) Mestize, -in *m*, *f* ❷(*entre dos razas*) Mischling *m*

> **i** **Land & Leute**
>
> Ein **mestizo** bezeichnet in Lateinamerika einen Mischling aus einem weißen (d. h. europäischen) und einem indianischen Elternteil. In Brasilien werden die **mestizos** dagegen *mamelucos* genannt.

mesura [me'sura] *f* ❶(*moderación*) Maß *nt* ❷(*cortesía*) Höflichkeit *f*, Umsicht *f* ❸(*calma*) Beherrschung *f*

meta¹ ['meta] *f* (*en las carreras, t. fig*) Ziel *nt;* (*portería*) Tor *nt;* **la** ~ **de su vida** sein/ ihr Lebensziel; **fijarse una** ~ sich *dat* ein Ziel setzen

meta² ['meta] *mf* (*portero*) Torhüter(in) *m(f)*

metabolismo [metaβo'lismo] *m* Stoffwechsel *m*

metabolizar [metaβoli'θar] <z→c> *vt* ❶(*alterar*) (im Stoffwechselprozess) umsetzen ❷(*eliminar*) (im Stoffwechselprozess) abbauen

metadona [meta'ðona] *f* Methadon *nt*

metafísica [meta'fisika] *f* ❶(FILOS) Metaphysik *f* ❷(*pedantería*) Pedanterie *f*

metafísico, -a [meta'fisiko, -a] I. *adj* ❶(FILOS) metaphysisch ❷(*difícil*) kompliziert II. *m*, *f* Metaphysiker(in) *m(f)*

metáfora [me'tafora] *f* Metapher *f*

metafórico, -a [meta'foriko, -a] *adj* metaphorisch

metal [me'tal] *m* ❶(*material*) Metall *nt;* ~ **noble** Edelmetall *nt;* ~ **pesado** Schwermetall *nt* ❷(*de voz*) Klang *m* ❸(*instrumento*) Blechblasinstrument *nt* ❹(*dinero*): **el vil** ~ das (leidige) Geld

metálico¹ [me'taliko] *m* (*monedas*) Münzgeld *nt;* **en** ~ (in) bar; **premio en** ~ Geldpreis *m*

metálico, -a² [me'taliko, -a] *adj* ❶(*parecido al metal*) metallisch ❷(*que contiene metal*) metallen; **tela metálica** Drahtgitter *nt*

metalizar [metali'θar] <z→c> I. *vt* metallisieren II. *vr:* ~**se** ❶(*adquirir propiedades metálicas*) metallisieren ❷(*interesarse demasiado por el dinero*) nur ans Geld denken

metalurgia [meta'lurxja] *f sin pl* Metallurgie *f*

metalúrgico, -a [meta'lurxiko, -a] I. *adj* metallurgisch; **industria metalúrgica** Metallindustrie *f* II. *m*, *f* Metallarbeiter(in) *m(f)*

metamorfismo [metamor'fismo] *m* (GEO) Metamorphose *f*

metamorfosear [metamorfose'ar] I. *vt* verändern II. *vr:* ~**se** sich verwandeln

metamorfosis [metamor'fosis] *f inv* ❶(ZOOL, GEO) Metamorphose *f* ❷(*en una persona*) Verwandlung *f*

metano [me'tano] *m* Methan *nt*

metástasis [me'tastasis] *f inv* (MED) Metastase *f*

metedura [mete'ðura] *f:* **¡vaya** ~ **de pata!** was für eine Blamage!

meteórico, -a [mete'oriko, -a] *adj* ❶(METEO) meteorisch ❷(*rápido*) kometenhaft

meteorismo [meteo'rismo] *m* Blähungen *fpl*

meteorito [meteo'rito] *m* Meteorit *m*

meteoro [mete'oro] *m* ❶(METEO) Himmelserscheinung *f* ❷(ASTR) Meteor *m*

meteorología [meteorolo'xia] *f sin pl* Wetterkunde *f*

meteorológico, -a [meteoro'loxiko, -a] *adj* meteorologisch; **informe** ~ Wetterbericht *m;* **estación meteorológica** Wetterwarte *f*

meteorólogo, -a [meteo'roloɣo, -a] *m*, *f* Meteorologe, -in *m*, *f*

meter [me'ter] I. *vt* ❶(*introducir*) (hinein)stecken; (*en una caja, una bolsa*) (hinein)legen; **¡mete el enchufe!** steck den Stecker ein!; ~ **un clavo en la pared** einen Nagel in die Wand schlagen; ~ **el coche en el garaje** das Auto in die Garage fahren ❷(*persona*): ~ **a alguien en la cárcel** jdn ins Gefängnis stecken ❸(*invertir*) investieren; ~ **en el banco** auf die Bank bringen ❹(*en costura*) enger machen ❺(*fam: en cocina*) hinzufügen; **¡no le metas más sal!** mach kein Salz mehr rein! ⑥(DEP): ~ **un gol** ein Tor schießen ⑦(*de contrabando*) (ein)schmuggeln ⑧(*argot: encascar*) aufschwatzen; (*vender*) unterjubeln; (*enjaretar*) aufhalsen; **nos metió una película aburridísima** wir mussten uns bei ihm/ihr einen besonders langweiligen Film anschauen; **le metieron tres meses de cárcel** sie haben ihn/sie zu drei Monaten Gefängnis verdonnert ⑨(*argot: pegar*): ~ **un puñetazo a alguien** jdm einen Fausthieb verpassen ⑩(*provocar*): ~ **miedo/un susto a alguien** jdm Angst/einen Schrecken einjagen; ~ **prisa a alguien** jdn zur Eile antreiben; ~ **ruido** Lärm machen ⑪(*hacer participar*) beteiligen; ~ **a toda la familia en el asunto** die ganze Familie in die Angelegenheit verwickeln ⑫(*emplear*) einstellen (*de* als +*akk*); ~ **a alguien a fregar platos** jdn als Tellerwäscher einstellen; ~ **a una chica de peluquera** ein Mädchen eine Lehre als Friseuse beginnen lassen ⑬(*loc*): ~ **la pata** ins Fettnäpfchen treten; ~ **mano a alguien** (*fam*) jdn befummeln; **a todo** ~ (*argot*) ganz schnell; **me has metido en un buen lío** (*argot*) du hast mich ganz schön hineingeritten **II.** *vr:* ~**se** ①(*fam: aceptar algo*): **¿cuándo se te ~á esto en la cabeza?** wann wirst du das je kapieren? ②(*introducirse*) hineinkommen; ~**se el dedo en la nariz** in der Nase bohren; ~**se algo en la cabeza** sich *dat* etw in den Kopf setzen ③(*entrar en un lugar*) verschwinden; **le vi** ~**se en un cine** ich sah ihn ins Kino hineingehen; ~**se entre la gente** in der Menschenmenge untertauchen; **se metió en el armario** er/sie hat sich im Schrank versteckt; **¿dónde se habrá metido?** wo steckt er/sie bloß?; ~**se para adentro** hineingehen ④(*entrar indebidamente*) eindringen ⑤(*inmiscuirse*) sich einmischen; ~**se donde no lo/la llaman** [*o* **le importa**] sich in etwas einmischen, das einen nichts angeht ⑥(*provocar*): ~**se con alguien** jdn ärgern ⑦(*comenzar un oficio*): ~**se monja** ins Kloster gehen; ~**se a actor** Schauspieler werden ⑧(*loc*): ~**se en camisa de once varas** sich übernehmen; **¡métetelo donde te quepa!** (*argot*) steck's dir sonst wohin!

metereología [metereolo'xia] *f sin pl* v. **meteorología**

metereológico, -a [metereo'loxiko, -a] *adj* v. **meteorológico**

meticuloso, -a [metiku'loso, -a] **I.** *adj* kleinlich **II.** *m, f* Pedant(in) *m(f)*

metida [me'tiða] *f* (*fam: avance*): **dar una** ~ **a algo** sich mit etw *dat* gründlich befassen; **tengo que darle una buena** ~ **a los estudios** ich muss mich mal richtig (ins Lernen) hineinknien

metido¹ [me'tiðo] *m* (*fam*) ①(*reprimenda*) Anpfiff *m;* **pegar un** ~ **a alguien** jdn anpfeifen ②(*daño*): **el coche ha dejado un buen** ~ **en la valla** das Auto hat eine ziemliche Delle im Zaun verursacht

metido, -a² [me'tiðo, -a] *adj* ①(*introvertido*): ~ **en sí mismo** introvertiert ②(*envuelto*) verwickelt; **sigue estando muy** ~ **en el negocio a pesar de su edad** er ist immer noch voll im Geschäft, trotz seines Alters ③(*con abundantes*): **un muchacho** ~ **en carnes** ein beleibter Junge; **una mujer metida en años** eine Frau im fortgeschrittenen Alter ④(*fam: relación*): **está muy** ~ **con esa chica** er hat zu diesem Mädchen eine enge Beziehung; **está muy** ~ **con la dirección de la empresa** er hat einen guten Draht zur Geschäftsleitung ⑤(*puesto*): **la llave está metida** der Schlüssel steckt

metl [me⁰l] *m* (*Méx*) Agave *f*

metódico, -a [me'toðiko, -a] **I.** *adj* methodisch **II.** *m, f* Methodiker(in) *m(f)*

metodista [meto'ðista] **I.** *adj* methodistisch **II.** *mf* Methodist(in) *m(f)*

método ['metoðo] *m* ①(*sistema*) Methode *f;* (*para enseñar*) Lehrmethode *f;* **proceder con** ~ systematisch vorgehen ②(*libro*) Lehrbuch *nt;* **un** ~ **de guitarra** eine Gitarrenschule

metodología [metoðolo'xia] *f* ①(*ciencia*) Methodologie *f* ②(*referente a la enseñanza*) Methodik *f*

metomentodo [metomen'toðo] **I.** *adj inv* neugierig **II.** *mf inv* (*fam*) neugieriger Mensch *m;* **ser un** ~ seine Nase überall hineinstecken

metraje [me'traxe] *m* Filmlänge *f;* **película de largo** ~ Film in Langfassung; **película de corto** ~ Kurzfilm *m*

metralla [me'traʎa] *f* ①(*munición*) Schrot *m o nt;* **fuego de** ~ Maschinengewehrfeuer *nt* ②(*trozos*) (Kugel)splitter *mpl*

metralleta [metra'ʎeta] *f* Schnellfeuerwaffe *f*

métrica ['metrika] *f* Metrik *f*

métrico, -a ['metriko, -a] *adj* metrisch

metro ['metro] *m* ①(*unidad*) Meter *m o nt;* ~ **cuadrado** Quadratmeter *m o nt;* ~ **cúbico** Kubikmeter *m o nt;* **no levantar un** ~ **del suelo** sehr klein sein ②(*para medir*) Metermaß *nt;* ~ **de cinta** Maßband *nt;* ~ **plegable** Zollstock *m* ③(*metropoli-*

tano) U-Bahn *f* ❹ (*poesía*) Versmaß *nt* ❺ (MÚS) Metrum *nt*

metrónomo [me'tronomo] *m* Metronom *nt*

metrópoli [me'tropoli] *f* (*urbe*) Weltstadt *f;* (*capital*) Hauptstadt *f*

metropolitano[1] [metropoli'tano] *m* (FERRO) U-Bahn *f*

metropolitano, -a[2] [metropoli'tano, -a] *adj* ❶ (*de la capital*) hauptstädtisch ❷ (*de la urbe*) weltstädtisch

mexicano, -a [mexi'kano, -a] *adj o m, f v.* **mejicano**

México ['mexiko] *m* Mexiko *nt*

i Land & Leute

México bzw. **Méjico** (offiziell: *Estados Unidos Mexicanos*) liegt in Mittelamerika und grenzt im Norden an die USA. Die Hauptstadt *Ciudad de México − Mexiko-Stadt* hat fast 20 Millionen Einwohner. Spanisch ist die offizielle Landessprache. Die Währungseinheit **Mexikos** ist der *peso*. Die Ureinwohner **Mexikos**, die *aztecas − Azteken*, nannten sich selbst *mexica*.

mezcla ['meθkla] *f* ❶ (*sustancia*) Mischung *f;* ~ **de carburantes** Kraftstoffgemisch *nt;* ~ **explosiva** explosives Gemisch; (*fig*) explosive Mischung ❷ (*acto*) Mischen *nt* ❸ (*tela*) Mischgewebe *nt;* **sin** ~ rein ❹ (*argamasa*) Mörtel *m*

mezclar [meθ'klar] **I.** *vt* ❶ (*unir*) (ver)mischen; (GASTR: *añadir*) unterrühren ❷ (*revolver*) durcheinander bringen; (*confundir*) verwechseln ❸ (*involucrar*) hineinziehen **II.** *vr:* ~**se** ❶ (*inmiscuirse*) sich einmischen ❷ (*en un grupo de personas*): ~**se entre los espectadores** sich unter die Zuschauer mischen; ~**se con gente de mucho dinero** mit sehr reichen Leuten zusammenkommen ❸ (*revolverse*) durcheinander geraten

mezcolanza [meθko'lanθa] *f* (*fam*) Mischmasch *m*

mezquindad [meθkin'daδ] *f* ❶ (*tacañería*) Geiz *m* ❷ (*acto vil*) Gemeinheit *f*

mezquino, -a [meθ'kino, -a] **I.** *adj* ❶ (*tacaño*) geizig ❷ (*innoble*) gemein ❸ (*insuficiente*) dürftig ❹ (*despreciable*) schäbig **II.** *m, f* Geizhals *m*

mezquita [meθ'kita] *f* Moschee *f*

mi [mi] **I.** *adj pos* (*antepuesto*) mein(e); ~ **amigo/amiga/casa** mein Freund/meine Freundin/mein Haus; ~**s amigos/amigas** meine Freunde/Freundinnen **II.** *m inv* (MÚS) e *nt;* ~ **mayor** E-Dur *nt;* ~ **menor** e-Moll *nt*

mí [mi] *pron pers:* **a** ~ (*objeto directo*) mich; (*indirecto*) mir; **para** ~ für mich; **¿y a** ~ **qué?** na und?; **para** ~ (**que**)... meiner Meinung nach ...; **por** ~ von mir aus; **por** ~ **que no quede** an mir soll's nicht liegen; **por** ~ **mismo** allein; **¡a** ~ **con esas!** erzähl das deiner Großmutter!; **¡a** ~**!** (*¡socorro!*) (zu) Hilfe!

miaja ['mjaxa] *f* Krümel *m*

miau [mjau̯] miau

mica ['mika] *f* ❶ (MIN) Glimmer *m* ❷ (*And: orinal*) Nachttopf *m* ❸ (*AmC: fam: borrachera*) Vollrausch *m*

micción [mik'θjon] *f* Wasserlassen *nt*

mico[1] ['miko] *m* (*fam*) ❶ (*hombre lujurioso*) Wüstling *m* ❷ (*loc*): **dar el** ~ **a alguien** (*engañar*) jdn betrügen; **dar** ~ **a alguien** (*dejar plantado*) jdn versetzen; **quedarse hecho un** ~ (*avergonzado*) völlig blamiert sein; **volverse** ~ außer Fassung geraten

mico, -a[2] ['miko, -a] *m, f* ❶ (ZOOL) Affe *m*, Äffin *f* ❷ (*fam: persona fea*) hässlicher Kauz *m*, Vogelscheuche *f* ❸ (*fam: niño*) Äffchen *nt* ❹ (*fam: persona presumida*) koketter Mensch *m*

micra ['mikra] *f* Mikrometer *nt*

micro ['mikro] *m* Mikro *nt*

microbio [mi'kroβjo] *m* Mikrobe *f*

microbiología [mikroβjolo'xia] *f sin pl* Mikrobiologie *f*

microbús [mikro'βus] *m* Kleinbus *m*

microchip [mikro't∫ip] *m* Mikrochip *m*

microcircuito [mikroθirku'ito] *m* (ELEC) Mikroschaltung *f*

microcosmo(s) [mikro'kosmo(s)] *m* (*inv*) Mikrokosmos *m*

microeconomía [mikroekono'mia] *f* Mikroökonomie *f*

microficha [mikro'fit∫a] *f* Mikrofiche *f*

microfilm [mikro'film] *m* <microfilm(e)s> Mikrofilm *m*

microfilmar [mikrofil'mar] *vt* auf Mikrofilm aufnehmen

micrófono [mi'krofono] *m* Mikrofon *nt*

microonda [mikro'onda/mi'kronda] *f* (*cocina, t.* FÍS) Mikrowelle *f;* **horno (de)** ~**s** Mikrowellenherd *m*

microordenador [mikro(o)rδena'δor] *m* Mikrocomputer *m*

microorganismo [mikro(o)rɣa'nismo] *m* Mikrobe *f*

microprocesador [mikroproθesa'δor] *m* Mikroprozessor *m*

microscópico, -a [mikros'kopiko, -a] *adj*

mikroskopisch; (*fam: minúsculo*) winzig (klein); **de tamaño ~** mikroskopisch klein

microscopio [mikros'kopjo] *m* Mikroskop *nt;* **~ de 60 aumentos** Mikroskop mit 60facher Vergrößerung; **~ electrónico** Elektronenmikroskop *nt*

microtenis [mikro'tenis] *m inv* (*Am*) Tischtennis *nt*

miedica [mje'ðika] **I.** *adj* (*fam*) ängstlich **II.** *mf* (*fam*) Angsthase *m*

miedo ['mjeðo] *m* ➊ (*angustia*) Angst *f* (*a/de* vor +*dat*); **por ~ a** [*o* **de**] aus Angst vor; **por ~ de que...** +*subj* aus Angst davor, dass ...; **meter ~ a alguien** jdm Angst einjagen; **dar ~** Angst machen; **tener ~ de algo/alguien** vor etw *dat*/jdm Angst haben, sich vor etw *dat*/jdm fürchten; **me entró** [*o* **dio**] **~** ich bekam Angst; **morirse de ~** eine Sterbensangst haben; **cagarse de ~** (*vulg*) sich *dat* vor Angst in die Hosen machen *fam;* **al que mal vive, el ~ le sigue** (*prov*) ≈wer unredlich lebt, den verfolgt die Angst; **a quien ~ han, lo suyo le dan** (*prov*) ≈wer gefürchtet wird, bekommt, was er will ➋ (*fam: maravilloso*): **de ~** toll; **el concierto estuvo de ~** das Konzert war sagenhaft ➌ (*fam: terrible*): **de ~** schrecklich; **hace un frío de ~** es ist hundekalt

miedoso, -a [mje'ðoso, -a] **I.** *adj* ➊ *ser* (*temeroso*) ängstlich ➋ *estar* (*asustadizo*) schreckhaft **II.** *m, f* Feigling *m*

miel [mjel] *f* ➊ (*de abeja*) Honig *m;* **~ blanca** Bienenhonig *m;* **~ extraída** Schleuderhonig *m* ➋ (*loc*): **luna de ~** Flitterwochen *fpl;* **quedarse con la ~ en los labios** das Nachsehen haben; **si encima me pagan el viaje ¡~ sobre hojuelas!** wenn sie auch noch die Reisekosten übernehmen, um so besser!; **hacerse de ~** sich einschmeicheln; **hazte de ~ y te comerán las moscas** (*prov*) wer mit den Wölfen heult, wird von den Wölfen gefressen; **no hay ~ sin hiel** (*prov*) keine Rose ohne Dornen

mielga ['mjelɣa] *f* Luzerne *f*

miembro ['mjembro] **I.** *m* ➊ *pl* (*extremidades*) Glieder *ntpl* ➋ (*pene*): **~** (**viril**) (männliches) Glied *nt* ➌ (*socio*) Mitglied *nt;* **no ~** Nichtmitglied *nt;* **~ de pleno derecho** Vollmitglied *nt;* **hacerse ~ de** Mitglied werden in +*dat* ➍ (LING, MAT) Glied *nt* ➎ (*parte*) Teil *m* **II.** *adj:* **los Estados ~s** die Mitglied(s)staaten

mientes ['mjentes] *fpl* Gedanken *mpl;* **caer en** (**las**) **~** plötzlich in den Sinn kommen; **parar** [*o* **poner**] **~ en algo** über etw nachdenken; **traer a las ~** in Erinnerung rufen;

todo se le vino a las **~** er/sie erinnerte sich wieder an alles; **¡ni por ~!** niemals!

mientras ['mjentras] **I.** *adv* währenddessen; **~** (**tanto**) inzwischen **II.** *conj:* **~** (**que**) während; **~** (**que**) +*subj* solange; **~ se ríe no se llora** solange man lacht, weint man nicht; **~ más le dan más pide el niño** je mehr das Kind bekommt, desto mehr will es

miércoles ['mjerkoles] *m inv* Mittwoch *m;* **~ de ceniza** Aschermittwoch *m;* **~ santo** Mittwoch vor Gründonnerstag; *v. t.* **lunes**

mierda ['mjerða] *f* (*vulg*) ➊ (*heces*) Scheiße *f* ➋ (*porquería*) Dreck *m fam* ➌ (*loc*): **el maestro nuevo es una ~** der neue Lehrer ist eine Flasche *fam;* **esta película es una ~** dieser Film ist Scheiße; **¡200 euros, una ~!** 200 Euro, nie im Leben!; **es una ~ de coche** das ist ein Scheißauto; **cubrirse de ~** (*fig*) sich selbst in die Scheiße reiten; **mandar a la ~** zum Teufel jagen *fam;* **¡vete! a la ~!** verpiss dich doch! *fam;* **¡eso te importa una ~!** das geht dich einen Scheiß an!; **¡~!** Scheiße!; **¡una ~!** ich glaub du spinnst wohl! *fam;* **¿qué ~ ocurre?** was zum Teufel ist los? *fam;* **irse a la ~** sich zum Teufel scheren *fam;* **no valer una ~** zu nichts nütze sein; **no comerse ni** (**una**) **~** nicht einen einzigen Treffer landen; **¡vaya ~ que cogí ayer!** (*borrachera*) Mensch, war ich gestern voll! *fam*

mies [mjes] *f* ➊ (*cereal maduro*) Korn *nt* ➋ (*temporada*) Ernte(zeit) *f* ➌ *pl* (*campos*) Kornfelder *ntpl*

miga ['miɣa] *f* ➊ (*pan*) Krume *f;* **hacer buenas/malas ~s con alguien** mit jdm gut/schlecht auskommen; **hacer ~s a alguien** jdn fertig machen; **estar hecho ~** (*cansado*) völlig kaputt sein; **hacer ~s** zerfetzen ➋ (*esencia*) Substanz *f;* **esto tiene su ~** das ist komplizierter als man denkt

migaja [mi'ɣaxa] *f* ➊ (*trocito*) Stückchen *nt;* **una ~ de algo** ein ganz klein wenig von etw *dat* ➋ *pl* (*sobras*) Reste *mpl*

migración [miɣra'θjon] *f* ➊ (*emigración*) Auswanderung *f* ➋ (ZOOL) Migration *f*

migraña [mi'ɣraɲa] *f* Migräne *f*

migratorio, -a [miɣra'torjo, -a] *adj* Wanderungs-

mijo ['mixo] *m* Hirse *f*

mil [mil] **I.** *adj inv* tausend; **dos ~ millones** zwei Milliarden; **ya se lo he dicho ~ veces** ich habe es ihm/ihr schon hundert Mal gesagt; *v. t.* **ocho II.** *m* ➊ (*número*) Tausend *nt; v. t.* **ocho** ➋ (*cantidad indefinida*): **~es** Tausende *ntpl;* **a ~es** zu Tausenden; **~es y ~es** Tausende und Abertau-

sende; **varios ~es de dólares** einige
Tausend Dollar ③(*loc*): **a las ~** (**y qui-
nientas**) viel zu spät; **pasar las ~ y una**
viel durchmachen

milagrero, -a [milaˈɣrero, -a] I. *adj* ① (*que
cree en milagros*) wundergläubig ② (*milagroso*) wundertätig II. *m, f* ① (*que cree en
milagros*) Person *f*, die an Wunder glaubt
② (*milagroso*) Wundertäter(in) *m(f)*

milagro [miˈlaɣro] *m* Wunder *nt;* **hacer ~s**
Wunder vollbringen; **contar la vida y ~s
de alguien** detailliert aus jds Leben erzählen; **esta vez se escapó de ~** dieses Mal
hat er/sie noch einmal Glück gehabt; **si
sales de ésta, solo saldrás de ~** wenn du
es dieses Mal schaffst, dann nur mit sehr
viel Glück; **~** (**sería**) **que... +*subj*** es wäre
ein Wunder, wenn ...

milagroso, -a [milaˈɣroso, -a] *adj* ① (*que
hace milagros*) wundertätig ② (*ocurrido
por milagro*) wundersam ③ (*maravilloso*)
wunderbar

Milán [miˈlan] *m* Mailand *nt*

milanés, -esa [milaˈnes, -esa] I. *adj* mailän-
disch II. *m, f* Mailänder(in) *m(f)*

milanesa [milaˈnesa] *f* (GASTR) (Wiener)
Schnitzel *nt*

milano [miˈlano] *m* Milan *m*

milenario¹ [mileˈnarjo] *m* (*aniversario*)
tausendster Jahrestag *m;* (*fiesta*) Tausend-
jahrfeier *f*

milenario, -a² [mileˈnarjo, -a] *adj* tausendjährig

milenio [miˈlenjo] *m* Jahrtausend *nt*

milenrama [milenˈrrama] *f* Schafgarbe *f*

milésimo, -a [miˈlesimo, -a] I. *adj* tausends-
te(r, s); *v. t.* **octavo** II. *m, f* (*ordinal*) Tau-
sendste(r) *mf o nt*

mili [ˈmili] *f* (*fam*) Wehrdienst *m;* **ir a** [*o*
hacer] **la ~** den Wehrdienst (ab)leisten;
(*en Alemania*) zum Bund gehen; **¿ya
hiciste la ~?** warst du schon beim Bund?;
tener mucha ~ (*argot*) kein unbeschriebenes Blatt mehr sein

milibar [miliˈβar] *m* Millibar *nt*

milicia [miˈliθja] *f* ① (*tropa*) Miliz *f;* **~
nacional** (*ciudadanos*) Bürgerwehr *f*
② (*actividades militares*) Manöver *nt*

miligramo [miliˈɣramo] *m* Milligramm *nt*

mililitro [miliˈlitro] *m* Milliliter *m*

milimetrado, -a [milimeˈtraðo, -a] *adj* Mill-
imeter-; **papel ~** Millimeterpapier *nt*

milimétrico, -a [miliˈmetriko, -a] *adj* milli-
metergenau

milímetro [miˈlimetro] *m* Millimeter *m o
nt*

militancia [miliˈtanθja] *f* (POL) (aktive) Mitgliedschaft *f*, (aktive) Teilnahme *f*

militante [miliˈtante] I. *adj* militant II. *mf*
(*de una partido*) Mitglied *nt*

militar [miliˈtar] I. *vi* ① (*cumplir el servicio*) dienen (*en* bei/in *+dat*) ② (*en un partido*) angehören (*en +dat*) ③ (*loc*): **~ en
favor de/contra algo** sich für/gegen etw
einsetzen II. *adj* Militär-; **los altos mandos ~es** die Militärs III. *m* Soldat *m*

militarizar [militariˈθar] <z→c> *vt* milita-
risieren

milla [ˈmiʎa] *f* Meile *f;* **~ marina** Seemeile *f*

millar [miˈʎar] *m* Tausend *nt;* **protestaron
a ~es** sie protestierten zu Tausenden

millón [miˈʎon] *m* Million *f;* **mil millones**
Milliarde *f;* **cuatro millones de habitantes** vier Millionen Einwohner; **un ~ de
gracias** tausend Dank

millonada [miʎoˈnaða] *f* (*fam: muchísimo
dinero*) Vermögen *nt*

millonario, -a [miʎoˈnarjo, -a] *m, f* Millio-
när(in) *m(f)*

millonésimo, -a [miʎoˈnesimo, -a] I. *adj*
millionste(r, s) II. *m, f* (*ordinal*) Millions-
te(r) *mf o nt; v. t.* **octavo**

milpa [ˈmilpa] *f* (*Am*) ① (*campo*) Maisfeld
nt ② (*planta*) Mais *m*

milpiés [milˈpjes] *m inv* Tausendfüß(l)er *m*

mimar [miˈmar] *vt* ① (*consentir*) verwöhnen; (*excesivamente*) verhätscheln ② (*favorecer*) bevorzugen

mimbre [ˈmimbre] *m* ① (*material*) Korbge-
flecht *nt;* **de ~** geflochten; **muebles de ~**
Rattanmöbel *ntpl;* **silla de ~** Korbstuhl *m*
② (*ramita*) Weidenrute *f*

mimbrera [mimˈbrera] *f* Korbweide *f*

mimeografiar [mimeoɣraˈfjar] <1. *pres:*
mimeografío> *vt* (*Am*) vervielfältigen

mimeógrafo [mimeˈoɣrafo] *m* (*Am*)
Kopiergerät *nt*

mimetismo [mimeˈtismo] *m* (ZOOL) Mimi-
kry *f*

mímica [ˈmimika] *f* ① (*facial*) Mimik *f*
② (*señas*) Gebärdensprache *f* ③ (*ademanes*) Gestik *f*

mímico, -a [ˈmimiko, -a] *adj* mimisch;
(TEAT) schauspielerisch

mimo ['mimo] *m* ❶ (*actor*) Mime, -in *m*, *f*; **hacer ~ de alguien** jdn mimen ❷ (*caricia*) Zärtlichkeit *f*; **necesitar mucho ~** viele Streicheleinheiten brauchen ❸ (*condescencia*) Verhätschelung *f*; **le dan demasiado ~** er/sie wird zu sehr verhätschelt ❹ (*con cariño*): **realizar su trabajo con ~** seine Arbeit mit Liebe machen

mimosa [mi'mosa] *f* Mimose *f*

mimoso, -a [mi'moso, -a] *adj* ❶ (*mimado*) verhätschelt ❷ *ser* (*cariñoso*) verschmust ❸ *estar* (*apegado*) anhänglich

mina ['mina] *f* ❶ (MIN) Bergwerk *nt*; **~ de carbón** Kohlenbergwerk *nt*; **este negocio es una ~** dieses Geschäft ist eine (wahre) Goldgrube ❷ (*pasillo subterráneo*) Stollen *m* ❸ (*explosivo*) Mine *f*; **~ de mar** Seemine *f*; **~ de tierra** Landmine *f* ❹ (*de lápiz/bolígrafo*) Mine *f*

minar [mi'nar] **I.** *vt* ❶ (*excavar*) unterhöhlen ❷ (*colocar minas*) verminen ❸ (*debilitar*) unterminieren **II.** *vr*: **~se** (*argot: hartarse*) sich *dat* den Bauch voll schlagen

minarete [mina'rete] *m* Minarett *nt*

mineral [mine'ral] **I.** *adj* mineralisch; **agua ~** Mineralwasser *nt* **II.** *m* ❸ (GEO) Mineral *nt* ❷ (MIN) Erz *nt*

mineralogía [mineralo'xia] *f sin pl* Mineralogie *f*

minería [mine'ria] *f* ❶ (*explotación*) Bergbau *m* ❷ (*técnica*) Bergbautechnik *f*

minero, -a [mi'nero, -a] **I.** *adj* bergmännisch **II.** *m*, *f* (*trabajador*) Bergarbeiter(in) *m(f)*

miniatura [minja'tura] *f* Miniatur *f*

minibús [mini'βus] *m* Kleinbus *m*

minicadena [minika'ðena] *f* Mini-Stereoanlage *f*

minidisco [mini'ðisko] *m* (INFOR) Minidiskette *f*

minifalda [mini'falda] *f* Minirock *m*

minifundio [mini'fundjo] *m* landwirtschaftlicher Kleinbetrieb *m*

minifundista [mini'fundista] *mf* Kleinbauer, -bäuerin *m*, *f*

minigolf [mini'yolf] *m* Minigolf *nt*

minimalista [minima'lista] **I.** *adj* minimalistisch **II.** *mf* Minimalist(in) *m(f)*

minimizar [minimi'θar] <z→c> *vt* ❶ (*simplificar*) minimalisieren ❷ (*subestimar*) herunterspielen

mínimo[1] ['minimo] *m* Minimum *nt*; **~ de presión** (METEO) Tiefdruckgebiet *nt*; **el ~ de respeto** das Mindeste an Achtung; **como ~** (*cantidad*) mindestens; **como ~ podrías llamar por teléfono** du könntest wenigstens anrufen; **reducir al ~** auf das Mindestmaß reduzieren

mínimo, -a[2] ['minimo, -a] *adj* ❶ *superl de* **pequeño** Mindest-; **las temperaturas mínimas** die Tiefstwerte; **cifra mínima** kleinste Zahl; **la mínima obligación posible** die geringstmögliche Verpflichtung; **sin el más ~ ruido** ohne den geringsten Laut; **no ayudar en lo más ~** kein bisschen helfen ❷ (*minucioso*) minuziös

minino, -a [mi'nino, -a] *m*, *f* (*fam*) Kater *m*, Katze *f*

miniordenador [minjorðena'ðor] *m* (INFOR) Kleincomputer *m*

miniprimer *m o f* (*fam*) Stabmixer *m*

miniserie [mini'serje] *f* Mehrteiler *m*

ministerial [ministe'rjal] *adj* (*de minister*) Ministerial-; (*de gobierno*) Regierungs-

ministerio [minis'terjo] *m* ❶ (*cartera, edificio*) Ministerium *nt* ❷ (*cargo*) Ministeramt *nt* ❸ (*gabinete*) (Regierungs)kabinett *nt*

ministro, -a [mi'nistro, -a] *m*, *f* ❶ (*de un gobierno*) Minister(in) *m(f)*; **primera ministra** Ministerpräsidentin *f*; **~ sin cartera** Minister ohne Geschäftsbereich; **M~ (Federal) del Interior/de Hacienda/de Economía** (Bundes)innen-/(Bundes)finanz-/(Bundes)wirtschaftsminister; **M~ Federal de Educación y Ciencia** Bundesminister für Bildung und Wissenschaft ❷ (JUR) Gerichtsdiener(in) *m(f)* ❸ (*en la embajada*) Gesandte(r) *mf*

minivacaciones [miniβaka'θjones] *fpl* Kurzurlaub *m*; **minivestido** [miniβes'tiðo] *m* Minikleid *nt*

minoría [mino'ria] *f* Minderheit *f*; **~ de bloqueo** Sperrminorität *f*; **~ de edad** Minderjährigkeit *f*

minoridad [minori'ðað] *f* Minderjährigkeit *f*

minorista [mino'rista] **I.** *adj* Einzelhandels- **II.** *mf* Einzelhändler(in) *m(f)*

minoritario, -a [minori'tarjo, -a] *adj* Minderheits-

minucia [mi'nuθja] *f* ❶ (*de poca importancia*) Kleinigkeit *f* ❷ *pl* (*para decorar*) Nippes *m*

minuciosidad [minuθjosi'ðað] *f* Genauigkeit *f*

minucioso, -a [minu'θjoso, -a] *adj* minuziös

minúscula [mi'nuskula] *f* (LING) Kleinbuchstabe *m*; **en ~s** in Kleinbuchstaben; **escribirse con ~** kleingeschrieben werden

minúsculo, -a [mi'nuskulo, -a] *adj* ❶ (*muy pequeño*) sehr klein, winzig ❷ (LING): **letra minúscula** Kleinbuchstabe *m*

minusvalía [minusβa'lia] *f* ❶ (*física*) (körperliche) Behinderung f ❷ (COM) Wertverlust m

minusvalidez [minusβali'ðeθ] f (körperliche) Behinderung f

minusválido, -a [minus'βaliðo, -a] I. adj körperbehindert II. m, f Körperbehinderte(r) mf

minusvalorar [minusβalo'rar] vt unterbewerten

minuta [mi'nuta] f ❶ (cuenta) Honorarrechnung f ❷ (borrador) Konzept nt; (copia) Zweitschrift f ❸ (apunte) Notiz f ❹ (menú) Menü nt

minutero [minu'tero] m Minutenzeiger m

minuto [mi'nuto] m Minute f; **sin perder un** ~ augenblicklich; **vuelvo en un** ~ ich bin gleich wieder da

mío, -a ['mio, -a] pron pos ❶ (de mi propiedad): **el libro es** ~ das Buch gehört mir; **la botella es mía** das ist meine Flasche; **¡ya es** ~! geschafft! ❷ (tras artículo): **el** ~/**la mía/lo** ~ meine(r, s); **los** ~**s** meine; (parientes) meine Angehörigen; **ésta es la mía** (fam) das ist die Gelegenheit für mich; **una de las mías** einer von meinen (wohlbekannten) Streichen; **¡esto sí que es lo** ~! (lo conozco) damit kenne ich mich wirklich aus!; (me gusta) das ist etwas, das ich wirklich mag! ❸ (tras substantivo) mein(e), von mir; **una amiga mía** eine Freundin von mir; **¡amor** ~! mein Liebes!; (no) **es culpa mía** es ist (nicht) meine Schuld

miocardio [mjo'karðjo] m Herzmuskel m

mioma [mi'oma] m Myom nt

miope [mi'ope] I. adj kurzsichtig II. mf Kurzsichtige(r) mf

miopía [mjo'pia] f Kurzsichtigkeit f

mira ['mira] f ❶ (para apuntar) Visier nt ❷ (MIL) Wachturm m; **estar a la** ~ **de alguien** nach jdm Ausschau halten ❸ (mirada) Blick m; **poner la** ~ **en algo/alguien** (atención) das Augenmerk auf etw/ jdn richten; **poner la** ~ **en algo** (aspirar) etw anstreben; **con amplias** ~**s** mit Weitblick; **de** ~**s estrechas** engstirnig; **con** ~**s a** im Hinblick auf +akk ❹ (pl) (intención) Absicht f; **con** ~**s desinteresadas** in uneigennütziger Absicht

mirada [mi'raða] f Blick m; ~ **perdida** Blick ins Leere; **devorar con la** ~ mit den Augen verschlingen; **echar una** ~ **a algo** einen (kurzen) Blick auf etw werfen; **levantar la** ~ aufblicken; **apartar la** ~ wegsehen; **ser el blanco de las** ~**s** alle Blicke auf sich ziehen

mirado, -a [mi'raðo, -a] adj ❶ (respetuoso) rücksichtsvoll ❷ (fam: delicado) pingelig

❸ (cuidadoso) umsichtig ❹ (respetado): **estar bien/mal** ~ (persona) wohl angesehen/nicht gerne gesehen sein; **está mal** ~ **ir sin regalo** es wird nicht gern gesehen, wenn man ohne ein Geschenk kommt ❺ (si bien se mira): **bien** ~, ... eigentlich ...

mirador [mira'ðor] m ❶ (atalaya) Aussichtspunkt m ❷ (balcón) (verglaster) Balkon m; (ventana) Erkerfenster nt

miramiento [mira'mjento] m ❶ (consideración) Rücksicht(nahme) f; **tener** ~ **con alguien** auf jdn Rücksicht nehmen; **sin** ~ rücksichtslos; **andar con** ~**s** auf alles und jeden Rücksicht nehmen; **sin** ~**s de** ungeachtet +gen ❷ (cuidado) Umsicht f; **sin** ~ unvorsichtig ❸ (timidez) Scheu f ❹ pl (cortesías) Höflichkeiten fpl, Aufmerksamkeiten fpl

mirar [mi'rar] I. vt ❶ (ver) (an)schauen; (observar) beobachten; ~ **por la ventana** aus dem Fenster schauen; ~ **por un agujero** durch ein Loch schauen; ~ **atrás** zurückblicken; ~ **alrededor** um sich schauen; ~ **fijamente a alguien** jdn anstarren; ~ **por encima** kurz überfliegen ❷ (buscar) nachschauen ❸ (prestar atención) aufpassen (auf +akk); **mira bien el dinero que te devuelven** pass mit dem Wechselgeld auf; **¡mira el bolso!** behalte die Tasche im Auge! ❹ (meditar) überdenken ❺ (tener en cuenta) sich richten (nach +dat); **siempre estás mirando tu porvenir** du denkst ständig an deine Zukunft; ~ **el dinero** aufs Geld schauen; **siempre miramos por nuestros hijos** wir wollen immer nur das Beste für unsere Kinder ❻ (dar): **la casa mira al este** das Haus liegt nach Osten; **la ventana mira al mar** das Fenster geht zum Meer hinaus ❼ (estimar): ~ **bien** schätzen; ~ **mal** nicht gern sehen; ~ **algo con buena cara** von etw abgeneigt sein; ~ **algo con mala cara** etw dat abgeneigt sein II. vi ❶ (aviso): **¡mira! ya llega** schau! da kommt er/sie schon ❷ (amenaza): **¡pero mira lo que estás haciendo!** Mensch, schau mal, was du da machst! ❸ (tener en cuenta): **mira, que no nos queda mucho tiempo** denk daran, wir haben nicht mehr viel Zeit; **mira que si se cae este jarrón** stell dir vor, diese Vase fällt herunter ❹ (ir a ver): **mira** (a ver) **si han llegado ya** geh mal schauen, ob sie schon gekommen ist ❺ (loc): **eres de mírame y no me toques** du bist aber sehr empfindlich; **mire, ya se lo he explicado tres veces** schauen Sie mal, ich habe es Ihnen schon dreimal erklärt; **¡pues, mira por donde ...!** (*fam*) sieh mal einer an, (was) ...; **mira, mira, con que tú también apareces por aquí** sieh mal einer an, du kommst also auch hier vorbei; **mira, mira, déjate de tonterías** ach, komm schon, hör mit dem Blödsinn auf; **mira que es tonta, ¿eh?** sie ist aber wirklich sehr doof; **quedarse mirando** (*sorprendido*) ratlos (drein)schauen; **se mire como** [*o por donde*] **se mire** wie man es auch dreht und wendet; **por lo que mira a...** was ...+*akk* betrifft; **si bien se mira, mirándolo bien, bien mirado** eigentlich III. *vr:* ~ **se** (*verse*) sich anschauen; ~ **se a los ojos** sich *dat* in die Augen schauen; ~ **se en el espejo** sich im Spiegel betrachten

mirasol [mira'sol] *m* Sonnenblume *f*

miriápodo [mi'rjapoðo] *m* Tausendfüß(l)er *m*

mirilla [mi'riʎa] *f* (*en la puerta*) Spion *m*; (*en la pared*) Guckloch *nt*; (FOTO) Sucher *m*

mirlo ['mirlo] *m* ① (ZOOL) Amsel *f* ② (*argot: lengua*): **achantar el** ~ keinen Pieps sagen

mirón, -ona [mi'ron, -ona] I. *adj* schaulustig II. *m, f* ① (*espectador curioso*) Schaulustige(r) *mf*; (*pey: de intimidades*) Spanner(in) *m(f)* ② (INFOR) Lurker *m*

mirra ['mirra] *f* Myrrhe *f*

mirto ['mirto] *m* Myrte *f*

misa ['misa] *f* (REL: *ceremonia*) Gottesdienst *m*; ~ **de difuntos** Totenmesse *f*; ~ **del gallo** Christmette *f*; **ir a** ~ in die Kirche gehen; **ayudar a** ~ ministrieren; **cantar** ~ Primiz feiern; **decir** ~ einen Gottesdienst halten; **eso va a** ~ (*fam*) darauf kannst du Gift nehmen; **no saber de la** ~ **la media** (*fam*) keinen blassen Schimmer haben

misal [mi'sal] *m* (REL) Messbuch *nt*

misantropía [misan̪tro'pia] *f sin pl* Menschenfeindlichkeit *f*

misántropo, -a [mi'san̪tropo, -a] I. *adj* menschenfeindlich II. *m, f* Menschenfeind *m*

miscelánea [misθe'lanea] *f* (*revoltijo*) Mischung *f*

miserable [mise'raβle] I. *adj* ① (*pobre*) ärmlich ② (*lamentable*) erbärmlich ③ (*tacaño*) knauserig ④ (*poco, mísero*) schäbig; **un sueldo** ~ ein Hungerlohn II. *mf* ① (*desdichado*) Pechvogel *m fam*; (*que da pena*) bedauernswerter Mensch *m* ② (*canalla*) gemeiner Mensch *m*

miseria [mi'serja] *f* ① (*pobreza*) Elend *nt*; **caer en la** ~ in Not und Elend geraten; **vivir en la** ~ in Armut leben ② (*poco dinero*) lächerliche Summe *f* ③ (*tacañe-ría*) Geiz *m* ④ *pl* (*infortunios*) Schicksalsschläge *mpl*

misericordia [miseri'korðja] *f* ① (*compasión*) Erbarmen *nt* ② (*perdón*) Gnade *f*

misericordioso, -a [miserikor'ðjoso, -a] *adj* ① (*que siente*) teilnahmsvoll ② (*que perdona*) gnädig (*con/para* (*con*) mit +*dat*)

mísero, -a ['misero, -a] *adj v.* miserable

misérrimo, -a [mi'serrimo, -a] *adj* ärmlichst; **gana un salario** ~ sein Verdienst ist mehr als erbärmlich

misil [mi'sil] *m*, **mísil** ['misil] *m* Rakete *f*; ~ **de alcance medio** Mittelstreckenrakete *f*; ~ **antiaéreo** Flugabwehrrakete *f*

misión [mi'sjon] *f* Mission *f*

misionero, -a [misjo'nero, -a] *m, f* Missionar(in) *m(f)*

mismamente [misma'men̪te] *adv* ① (*sólo*) lediglich ② (*literalmente*) genauso ③ (*hasta*) sogar; **da** ~ **escalofríos** da läuft es einem geradezu kalt den Rücken herunter ④ (*en realidad*) eigentlich ⑤ (*precisamente*) gerade; **ayer** ~ **estuvimos hablando de ello** gestern erst haben wir darüber geredet

mismo¹ ['mismo] *adv* ① (*incluso*) selbst; **me duele sentado** ~ es schmerzt selbst beim Sitzen ② (*manera*): **así** ~ genauso ③ (*justamente*): **ahí** ~ genau da; **aquí** ~ gleich hier; **ayer** ~ gerade gestern ④ (*ejemplo*): **nos podemos ver el miércoles** ~ wir können uns zum Beispiel am Mittwoch sehen

mismo, -a² ['mismo, -a] *adj* ① (*idéntico*): **el/lo** ~ derselbe/dasselbe; **la misma** dieselbe; **al** ~ **tiempo** gleichzeitig; **da lo** ~ das ist egal; **por lo** ~ aus demselben Grund; **lo** ~ **José como** [*o que*] **María** sowohl José als auch María; **lo** ~ **que coma o no coma, sigo engordando** ob ich nun esse oder nicht, ich nehme weiterhin zu; **lo** ~ **no vienen** es kann gut sein, dass sie gar nicht kommen; **quedar** [*o seguir*] **en las mismas** keinen Fortschritt gemacht haben ② (*semejante*): **el** ~/**la misma**/**lo** ~ der/die/das Gleiche; **llevar la misma falda** den gleichen Rock tragen ③ (*reflexivo*) selbst; **te perjudicas a ti** ~ du schadest dir selbst; **yo misma lo vi** ich habe es selbst gesehen; **lo hizo por sí misma** sie tat es für sich; **lo podemos hacer nosotros** ~**s** wir können es selbst machen ④ (*precisamente*): **este** ~ **perro fue el que me mordió** genau dieser Hund hat mich gebissen; **¡eso** ~**!** genau! ⑤ (*hasta*) selbst; **el** ~ **embajador asistió a la fiesta** der Botschafter selbst nahm an der Feier teil; **mi misma familia me**

abandonó meine eigene Familie ließ mich im Stich

misoginia [miso'xinja] *f sin pl* Frauenhass *m;* (MED, PSICO) Misogynie *f*

misógino, -a [mi'soxino, -a] **I.** *adj* (MED, PSICO) misogyn **II.** *m, f* Frauenhasser(in) *m(f);* (MED, PSICO) Misogyn *m*

miss [mis] *f* Schönheitskönigin *f; ~* **Alemania** Miss Germany

misterio [mis'terjo] *m* (*enigma, secreto*) Geheimnis *nt;* **obrar con** *~* geheimnisvoll tun

misterioso, -a [miste'rjoso, -a] *adj* geheimnisvoll

mística ['mistika] *f sin pl* Mystik *f*

misticismo [misti'θismo] *m* Mystizismus *m*

místico, -a ['mistiko, -a] **I.** *adj* mystisch **II.** *m, f* Mystiker(in) *m(f)*

mistificación [mistifika'θjon] *f* Täuschung *f*

mistificar [mistifi'kar] <c→qu> *vt* ❶ (*burlarse*) hereinlegen *fam* ❷ (*falsear*) verfälschen

mitad [mi'taᵈ] *f* ❶ (*parte igual*) Hälfte *f; ~* **hombre** *~* **bestia** halb Mensch, halb Tier; **a** *~* **de precio** zum halben Preis; **cara** *~* (*cónyuge*) bessere Hälfte; **mezcla harina y agua,** *~* **y** *~* vermische Mehl und Wasser im Verhältnis eins zu eins; **¿estás contenta?** *–* *~* **y** *~* bist du zufrieden? – teils, teils ❷ (*medio*) Mitte *f;* **en** *~* **del bosque** mitten im Wald; **cortar por la** *~* in der Mitte durchschneiden ❸ (DEP) Halbzeit *f*

mítico, -a ['mitiko, -a] *adj* mythisch, Sagen-

mitigar [miti'yar] <g→gu> **I.** *vt* ❶ (*dolores*) lindern, mildern; (*laira*) beschwichtigen; (*hambre, sed*) stillen; (*temperamento*) zügeln; *~* **la inquietud de alguien** jdn beruhigen ❷ (*colores, calor, luz*) abschwächen; *~* **las olas** die Fluten dämmen **II.** *vr:* **~se** ❶ (*dolores*) nachlassen ❷ (*color, calor, luz*) sich abschwächen

mitin ['mitin] *m* Treffen *nt*

mito ['mito] *m* Mythos *m,* Sage *f*

mitología [mitolo'xia] *f* Mythologie *f*

mitológico, -a [mito'loxiko, -a] *adj* mythologisch

mitólogo, -a [mi'toloɣo, -a] *m, f* Mythologe, -in *m, f*

mitomanía [mitoma'nia] *f sin pl* manisches Lügen *nt*

mitómano, -a [mi'tomano, -a] *m, f* manischer Lügner *m,* manische Lügnerin *f*

mitón [mi'ton] *m* fingerloser Handschuh *m*

mitra ['mitra] *f* Mitra *f*

mixto¹ ['misto] *m* (*fósforo*) Streichholz *nt*

mixto, -a² ['misto, -a] *adj* gemischt

mixtura [mis'tura] *f* Mischung *f*

ml. [mili'litro] *abr de* **mililitro** ml

mnemotecnia [nemo'teɣnja] *f sin pl* Mnemotechnik *f*

mobbing ['moβiŋ] *m sin pl* Mobbing *nt*

mobiliario [moβi'ljarjo] *m* Mobiliar *nt*

moca ['moka] *m* ❶ (*café*) Mokka *m* ❷ (*Ecua: ciénaga*) Sumpf *m*

mocasín [moka'sin] *m* Mokassin *m*

mocedad [moθe'ðaᵈ] *f* Jugend *f*

mocetón, -ona [moθe'ton, -ona] *m, f* (*chico*) strammer Bursche *m;* (*chica*) dralles Mädchen *nt*

mochales [mo'tʃales] *adj inv* (*fam*): **estar** *~* bekloppt sein

mochila [mo'tʃila] *f* Rucksack *m;* (*de un soldado*) Tornister *m;* (*de un estudiante*) Ranzen *m;* (*para bebés*) Babytrage *f*

mochilero, -a [motʃi'lero, -a] *m, f* Rucksacktourist(in) *m(f);* **ir de mochilera** backpacken

mocho, -a ['motʃo, -a] *adj* ❶ (*cuerno*) stumpf; (*árbol*) gekappt ❷ (*cabeza*) kahl ❸ (*Am: mutilado*) verstümmelt

mochuelo [mo'tʃwelo] *m* ❶ (ZOOL) Kauz *m* ❷ (*fam: carga*) Bürde *f;* **cargar a alguien con el** *~* jdm eine Arbeit aufbürden; **siempre me toca cargar con el** *~* immer bleibt es an mir hängen

moción [mo'θjon] *f* ❶ (*movimiento*) Bewegung *f* ❷ (POL) Antrag *m;* **presentar una** *~* **de censura** einen Misstrauensantrag einbringen

moco¹ ['moko] *m* ❶ (*materia*) Schleim *m;* (*de la nariz*) (Nasen)schleim *m;* **limpiarse los** *~***s** sich *dat* die Nase putzen; **llorar a** *~* **tendido** (*fam*) Rotz und Wasser heulen ❷ (*del pavo*) Hautlappen *m* ❸ (*de una mecha*) Dochtende *nt;* **a** *~* **de candil** bei Kerzenlicht

moco, -a² ['moko, -a] *adj* (*fam: borracho*) sternhagelvoll; (*drogado*) high

mocoso, -a [mo'koso, -a] **I.** *adj* rotzig *fam* **II.** *m, f* (*pey*) Rotzbengel *m,* Rotzgöre *f*

moda ['moða] *f* Mode *f;* **vestido/peinado de** *~* modische Kleidung/Frisur; **estar de** *~* (in) Mode sein; **ponerse/pasar de** *~* in Mode/aus der Mode kommen; **ir a la** (**última**) *~* sich nach der neuesten Mode kleiden

modal [mo'ðal] **I.** *adj* modal **II.** *mpl* Manieren *fpl;* *~* **es de la mesa** Tischsitten *fpl;* **¡qué** *~* **es son estos!** so was gehört sich nicht!; **¿has olvidado tus** *~* **es?** wo bleiben denn deine Manieren?

modalidad [moðali'ðaᵈ] *f* Art *f; ~* **es de un contrato** Vertragsbestimmungen *fpl*

modelar [moðe'lar] *vt* modellieren; (*fig*) formen

modélico, **-a** [mo'ðeliko, -a] *adj* beispielhaft; **su comportamiento fue** ~ sein/ihr Benehmen war tadellos

modelismo [moðe'lismo] *m* Modellbau *m*

modelo¹ [mo'ðelo] *m* ❶ (*arquetipo*) Vorbild *nt;* **un político** ~ ein vorbildlicher Politiker ❷ (*muestra*) Muster *nt;* **hacer algo según el** ~ etw nach einer Vorlage anfertigen ❸ (*maqueta, de coche, t.* COM) Modell *nt;* ~ **fuera de mercado** Auslaufmodell *nt* ❹ (*esquema*) Schema *nt* ❺ (*vestido*) Modell *nt*

modelo² [mo'ðelo] *mf* ❶ (*de modas*) Model *nt* ❷ (ARTE, FOTO) Modell *nt;* ~ **vivo** Aktmodell *nt*

módem ['moðen] *m* Modem *nt o m*

moderación [moðera'θjon] *f* ❶ (*comedimiento*) Mäßigung *f;* **comer con** ~ sich beim Essen mäßigen ❷ (TV, RADIO) Moderation *f* ❸ (*de un debate*) Leitung *f*

moderado, **-a** [moðe'raðo, -a] **I.** *adj* (*fuerza, alegría, propuesta*) gemäßigt; (*velocidad, vida*) mäßig; (*precio, petición*) maßvoll; (*castigo*) mild **II.** *m, f* (POL) gemäßigter Politiker *m,* gemäßigte Politikerin *f*

moderador(a) [moðera'ðor(a)] **I.** *adj* mäßigend **II.** *m(f)* ❶ (TV, RADIO) Moderator(in) *m(f)* ❷ (*de un debate*) Diskussionsleiter(in) *m(f)*

moderar [moðe'rar] **I.** *vt* ❶ (*disminuir*) mäßigen ❷ (TV, RADIO) moderieren ❸ (*debate*) leiten **II.** *vr:* ~ **se** sich mäßigen

modernidad [moðerni'ðaθ] *f* ❶ (*cualidad*) Modernität *f* ❷ (*espíritu*) Moderne *f*

modernismo [moðer'nismo] *m* ❶ (ARTE, LIT) Modernismus *m* ❷ (ARQUIT) Jugendstil *m*

modernización [moðerniθa'θjon] *f* Modernisierung *f*

modernizador(a) [moðerniθa'ðor(a)] *adj* modernisierend

modernizar [moðerni'θar] <z→c> **I.** *vt* modernisieren **II.** *vr:* ~ **se** moderner werden; (*en forma de pensar*) moderner denken

moderno, **-a** [mo'ðerno, -a] *adj* modern; **edad moderna** Neuzeit *f;* **historia moderna** neuere Geschichte

modestia [mo'ðestja] *f* ❶ (*humildad, sencillez*) Bescheidenheit *f;* ~ **aparte, pero...** ich will mich ja nicht rühmen, aber ...; **vestir con** ~ sich schlicht kleiden ❷ (*conformidad*) Genügsamkeit *f* ❸ (*de una mujer*) Anstand *m*

modesto, **-a** [mo'ðesto, -a] *adj* ❶ (*humilde, sencillo*) bescheiden ❷ (*poco complicado*) genügsam ❸ (*mujer*) anständig

módico, **-a** ['moðiko, -a] *adj* (*cantidad*) gering; (*precio*) angemessen

modificación [moðifika'θjon] *f* Veränderung *f;* (*de plan*) Abänderung *f;* (*de tema*) Abwandlung; (LING) Modifikation *f;* ~ **de estatutos** Satzungsänderung *f*

modificar [moðifi'kar] <c→qu> **I.** *vt* verändern; (*plan*) abändern; (*texto*) bearbeiten; (*tema*) abwandeln; (LING) modifizieren **II.** *vr:* ~ **se** sich verändern

modismo [mo'ðismo] *m* (Rede)wendung *f*

modista [mo'ðista] *mf* Damenschneider(in) *m(f)*

modisto [mo'ðisto] *m* Modemacher *m*

modo ['moðo] *m* ❶ (*manera*) Art *f;* ~ **de andar** Gang *m;* ~ **de hablar** Sprechweise *f;* **hazlo a tu** ~ mach es auf deine Art; **hacer algo de cualquier** ~ etw oberflächlich machen; **a mi** ~ **de pensar** nach meiner Auffassung; **no me gusta tu** ~ **de pensar** mir gefällt deine Einstellung nicht; **encontrar un** ~ **de resolver el problema** eine Lösung für das Problem finden; **de este** ~ so; **he encontrado el** ~ **de hacerlo** ich habe herausgefunden, wie man es machen kann; **no es** ~ **de hablar a un superior** in einem solchen Ton spricht man nicht mit einem Vorgesetzten ❷ (LING, INFOR) Modus *m;* ~ **de operación** Betriebsart *f* ❸ *pl* (*comportamiento*) Benehmen *nt;* **tener buenos/malos** ~**s** gute/schlechte Manieren haben; **decir algo con buenos/malos** ~**s** sich höflich/unhöflich ausdrücken; **¿qué** ~ **s son esos?** was ist denn das für eine Art? ❹ (*loc*): **de cualquier** ~ **no hubiera ido** ich wäre sowieso nicht hingegangen; **de** ~ **que lo has conseguido** du hast es also geschafft; **de ningún** ~ auf keinen Fall; **utilizar el paraguas a** ~ **de espada** den Regenschirm als Schwert benutzen; **en cierto** ~ gewissermaßen; **de todos** ~**s no hubo heridos** es gab immerhin keine Verletzten; **de todos** ~**s, lo volvería a intentar** ich würde es jedenfalls noch einmal versuchen; **de todos** ~**s es mejor que te vayas** auf alle Fälle ist es besser, wenn du jetzt gehst

modorra [mo'ðorra] *f* ❶ (*somnolencia*) Schläfrigkeit *f* ❷ (*por la bebida*) Katzenjammer *m fam*

modorro, **-a** [mo'ðorro, -a] *adj* ❶ (*somnoliento*) schläfrig ❷ (*torpe*) schwerfällig ❸ (*atontado*) benommen ❹ (*fruta*) faul

modoso, **-a** [mo'ðoso, -a] *adj:* **ser** [*o* **estar**] ~ gute Manieren haben

modulador [moðula'ðor] *m* (INFOR) Modulator *m*

modular [moðu'lar] *vt, vi* modulieren

M

módulo ['moðulo] *m* ❶ (ARQUIT, ELEC, INFOR) Modul *nt* ❷ (*de una prisión*) Trakt *m* ❸ (*de un mueble*) (Anbau)element *nt* ❹ (ENS) Kurs *m* ❺ (MÚS) Modulation *f* ❻ (AERO): ~ **de mando** Raumkapsel *f*

mofa ['mofa] *f* Spott *m;* **hacer** ~ **de algo** sich über etw lustig machen

mofar [mo'far] *vi, vr:* ~**se** sich lustig machen (*de* über +*akk*)

mofeta [mo'feta] *f* ❶ (ZOOL) Stinktier *nt* ❷ (MIN) Grubengas *nt*

moflete [mo'flete] *m* Pausbacke *f*

mofletudo, -a [mofle'tuðo, -a] *adj* pausbäckig

mogollón [moɣo'ʎon] *m* ❶ (*vulg: cantidad*) Haufen *m;* **había** ~ **de gente en la fiesta** es waren unheimlich viele Leute auf dem Fest; **había** ~ **de público en el pabellón** die Halle war gerammelt voll *fam* ❷ (*vulg: lío*) Zoff *m fam* ❸ (*gratis*): **entramos al cine de** ~ wir kamen umsonst ins Kino ❹ (*vulg: entrometimiento*) Einmischung *f*

mohín [mo'in] *m* Grimasse *f;* **hacer un** ~ **gracioso** das Gesicht zu einer lustigen Grimasse verziehen

mohíno, -a [mo'ino, -a] *adj* ❶ (*enfadado*) verärgert; (*de mal humor*) missmutig ❷ (*triste*) traurig

moho ['mo(o)] *m* ❶ (BOT) Moder *m;* (*en la pared/alimentos*) Schimmel *m;* (*en líquidos*) Kahm *m;* **no** (**dejar**) **criar** ~ (*alimentos*) schnell verzehren; (*un objeto*) ständig benutzen ❷ (*óxido*) Rost *m* ❸ (*desidia*) Arbeitsscheu *f*

mohoso, -a [mo'oso, -a] *adj* ❶ (*de moho*) mod(e)rig; (*pared, alimentos*) schimmelig; (*líquido*) kahmig ❷ (*oxidado*) rostig

moisés [moi'ses] *m inv* tragbarer Babykorb *m;* **metió al recién nacido en un** ~ er/sie legte das Neugeborene in ein Körbchen

mojama [mo'xama] *f* getrockneter Thunfisch *m*

mojar [mo'xar] I. *vt* ❶ (*con un líquido*) nass machen; (*ligeramente*) befeuchten; (*para planchar*) einsprengen ❷ (*el pan*) eintauchen ❸ (*fam: celebrar*) begießen ❹ (*fam: apuñalar*) abstechen II. *vi* (*fam: en un asunto*) verwickelt sein (*en* in +*akk*) III. *vr:* ~**se** ❶ (*con un líquido*) nass werden; ~**se los pies** nasse Füße bekommen ❷ (*fam: comprometerse*) Farbe bekennen

mojicón [moxi'kon] *m* ❶ (GASTR) ≈Biskuit *m* o *nt* ❷ (*fam: puñetazo*) Schlag *m* ins Gesicht

mojigatería [moxiɣate'ria] *f* ❶ (*gazmoñería*) Duckmäuserei *f* ❷ (*hipocresía*) Heuchelei *f*

mojigato, -a [moxi'ɣato, -a] *adj* ❶ (*gazmoño*) duckmäuserisch ❷ (*hipócrita*) heuchlerisch

mojón [mo'xon] *m* ❶ (*hito*) Grenzstein *m;* ~ **kilométrico** Kilometerstein *m* ❷ (*poste*) Wegweiser *m*

mol [mol] *m* Mol *nt*

molar [mo'lar] I. *adj* ❶ (*de muela*): **diente** ~ Backenzahn *m* ❷ (*de moler*) Mühl- II. *m* Backenzahn *m* III. *vi* (*fam*) ❶ (*gustar*) gefallen +*dat;* **este libro me mola** dieses Buch finde ich gut; **me molan las rubias** ich stehe auf Blondinen; **me mola este tío** dieser Kerl ist genau mein Typ ❷ (*llevarse*) in (Mode) sein; **ahora mola llevar pelo corto** kurze Haare sind jetzt in IV. *vt* (*argot*) antörnen

Moldavia [mol'daβja] *f* Moldawien *nt*

moldavo, -a [mol'daβo, -a] I. *adj* moldawisch II. *m, f* Moldawier(in) *m(f)*

molde ['molde] *m* ❶ (TÉC) (Guss)form *f;* (GASTR) (Back)form *f;* (TIPO) Matrize *f;* **pan de** ~ Kastenbrot *nt;* **letras de** ~ Druckbuchstaben *mpl;* **este vestido te viene de** ~ dieses Kleid passt dir wie angegossen; **me vienes como de** ~ du kommst mir wie gerufen; **este director de cine rompe** ~ ist das ein bahnbrechender Regisseur ❷ (*modelo*) Vorbild *nt*

moldeable [molde'aβle] *adj* formbar; **el carácter de un niño es fácilmente** ~ der Charakter eines Kindes ist leicht formbar

moldeador [moldea'ðor] *m* (*para el cabello*) Lockenstab *m*

moldear [molde'ar] *vt* ❶ (*formar*) formen; **diversas circunstancias han moldeado su vida** verschiedene Begebenheiten haben sein/ihr Leben geprägt ❷ (*vaciar*) (ab)gießen

moldura [mol'dura] *f* ❶ (*listón*) Leiste *f* ❷ (ARQUIT) Sims *m* o *nt*

mole[1] ['mole] *f* (*masa*) Masse *f*

mole[2] ['mole] *m* (*Méx*) ❶ (*salsa*) Chilisoße *f;* ~ **verde** Soße aus grünen Chilis und grünen Tomaten ❷ (*guiso*) Chilieintopf *m*

molécula [mo'lekula] *f* Molekül *nt*

molecular [moleku'lar] *adj* molekular; **biología** ~ Molekularbiologie *f*

moler [mo'ler] <o→ue> vt ① (café, trigo) mahlen; (aceitunas) pressen; (caña de azúcar) auspressen; ~ **a alguien a palos** jdn windelweich prügeln ② (fatigar) erschöpfen; **estoy molido de la excursión** dieser Ausflug hat mich völlig geschafft ③ (molestar) belästigen ④ (estropear) beschädigen

molestar [moles'tar] **I.** vt (estorbar) stören; (fastidiar) belästigen; (dolores) plagen; (enfadar) ärgern; **esta camisa me molesta** dieses Hemd ist mir zu eng; **este dolor en la espalda me molesta** dieser Schmerz im Rücken macht mir zu schaffen **II.** vr: ~**se** ① (tomarse la molestia) sich dat die Mühe machen; **ni siquiera te has molestado en comprobarlo** du hast es gar nicht erst überprüft; **no te molestes en ir allí** du brauchst nicht dorthin zu gehen; **no te molestes por mí** mach dir meinetwegen keine Umstände; **no tendrías que haberte molestado** das wäre wirklich nicht nötig gewesen ② (ofenderse) sich beleidigt fühlen; **se ha molestado por tu comentario** deine Bemerkung hat ihn/sie gekränkt

molestia [mo'lestʃa] f ① (fastidio) Belästigung f; (por dolores) Plage f; **ser una** ~ lästig sein; **no es ninguna** ~ das stört überhaupt nicht ② (inconveniente) Unannehmlichkeit f; **no es ninguna** ~ (**para mí**) das macht mir keine Umstände; **tomarse la** ~ sich dat die Mühe machen; **perdonen las** ~**s** bitte entschuldigen Sie die Störung ③ (enfado) Ärger m ④ (dolor) Beschwerde f

molesto, -a [mo'lesto, -a] adj ① ser (desagradable) unangenehm; (fastidioso) lästig; **esta comida es molesta para el estómago** dieses Essen liegt schwer im Magen ② estar (enfadado) verärgert (por über +akk); (ofendido) beleidigt (por wegen +gen/dat) ③ estar (incómodo) unbehaglich; **estoy ~ por el vendaje** der Verband stört mich

molicie [mo'liθje] f ① (elev: blandura) Weichheit f ② (comodidad): **vivir en la** ~ ein behagliches Leben führen

molido, -a [mo'liðo, -a] adj (fam: cansado): **estoy** ~ ich bin fix und fertig; **el trabajo me ha dejado** ~ die Arbeit hat mich völlig geschafft

molinero, -a [moli'nero, -a] **I.** adj Mühlen- **II.** m, f Müller(in) m(f)

molinete [moli'nete] m ① (en una ventana) Ventilator m ② (juguete) Windrad nt

molinillo [moli'niʎo] m ① (aparato): ~ **de café** Kaffeemühle f ② (juguete) Windrad nt ③ (para batir) Quirl m

molino [mo'lino] m ① (máquina) Mühle f; ~ **de agua/de viento** Wasser-/Windmühle f; **cada uno lleva el agua a su** ~ (fig) jeder ist nur auf seinen eigenen Vorteil bedacht ② (inquieto) Nervenbündel nt fam ③ (pesado) Nervensäge f fam

mollar [mo'ʎar] adj ① (fruta) weich; (carne) ohne Knochen ② (persona) leichtgläubig ③ (trabajo) einträglich

mollejas [mo'ʎexas] fpl (GASTR) (Kalbs)bries nt

mollera [mo'ʎera] f ① (de la cabeza) Schädeldecke f ② (fontanela) Fontanelle f; **la** ~ **se cierra** die Fontanelle schließt sich; **tiene la** ~ **cerrada** (fig) er/sie ist vernünftig ③ (seso) Verstand m; **eso no me entra en la** ~ das will mir nicht in den Kopf; **ser duro de** ~ schwer von Begriff sein

molón, -ona [mo'lon, -ona] adj ① (fam: bonito) klasse ② (presumido) angeberisch ③ (Guat, Ecua, Méx: fastidioso) lästig

molotov [molo'tof] m: **cóctel** ~ Molotowcocktail m

molusco [mo'lusko] m Weichtier nt

momentáneo, -a [momen'taneo, -a] adj ① (instantáneo) augenblicklich ② (provisional) provisorisch; **hacer un arreglo** ~ notdürftig reparieren ③ (temporal) vorübergehend

momento [mo'mento] m ① (instante) Augenblick m, Moment m; **¡espera un** ~ **!** Augenblick!; **de un** ~ **a otro** jeden Augenblick; **al** ~ sofort; **en cualquier** [o **todo**] ~ jederzeit; **en el** ~ **adecuado** zum geeigneten Zeitpunkt; **en el** ~ **de la salida** beim Start; **en este** ~ **hay demasiado paro** heutzutage ist die Arbeitslosigkeit zu hoch; **en este** ~ **estaba pensando en ti** ich habe gerade an dich gedacht; **de** ~, **no te puedo decir nada** ich kann dir vorerst nichts sagen; **de** ~ **leeré el periódico y**

M

luego... ich lese zunächst die Zeitung und dann ...; **de** [*o* **por el**] ~ **no sé nada de él** ich weiß immer noch nichts von ihm; **en un ~ de flaqueza** in einem Anfall von Schwäche; **la tensión aumentaba por ~s** die Spannung stieg von Minute zu Minute; **aparecer en el último** ~ in letzter Minute auftauchen; **en todo** ~ **mantuvo la calma** er/sie verlor nie die Ruhe; **no tengo un** ~ **libre** ich habe keinen Augenblick Ruhe; **hace un** ~ **que ha salido** er/sie ist gerade eben gegangen; **este estudiante me pregunta a cada** ~ dieser Student stellt mir ununterbrochen Fragen ❷(*período*) Zeitraum *m;* **atravieso un mal** ~ ich mache gerade eine schwere Zeit durch ❸(*actualidad*) Gegenwart *f;* **la música del** ~ die Musik von heute ❹(*situación*) Lage *f* ❺(FÍS) Moment *nt*

momia ['momja] *f* ❶(*egipcia*) Mumie *f* ❷(*persona*) abgemagerter Mensch *m;* (*hombre*) Hering *m fam*

momificar [momifi'kar] <c→qu> *vt* mumifizieren

momio¹ ['momjo] *m* gutes Geschäft *nt;* **este trabajo es un** ~ bei dieser Arbeit reißt man sich *dat* kein Bein aus *fam;* **este traje es un** ~ dieser Anzug ist ein richtiges Schnäppchen *fam;* **de** ~ kostenlos

momio, -a² ['momjo, -a] *adj* mager

mona ['mona] *f* ❶(ZOOL) Äffin *f* ❷(*fam: borrachera*) Rausch *m;* **coger una** ~ sich *dat* einen Rausch antrinken; **estar como una** ~ einen Affen (sitzen) haben; **dormir la** ~ seinen Rausch ausschlafen; **tener una** ~ sternhagelvoll sein ❸(GASTR): ~ **de Pascua** Osterkuchen *m* ❹(*loc*): **estar hecho una** ~ tief beschämt sein; **vete a freír** ~**s** scher dich zum Teufel

monacal [mona'kal] *adj* ❶(*del monje*) Mönchs- ❷(*del convento*) Kloster-; **vida** ~ Klosterleben *nt*

Mónaco ['monako] *m* Monaco *nt*

monada [mo'naða] *f* ❶(*zalamería*) Schmeichelei *f* ❷(*gracia*) Drolligkeit *f* ❸ *pl* (*amaneramiento*) affiges Gehabe *nt* ❹(*algo bonito*): **es una** ~ **de chica** sie ist ein reizendes Mädchen; **¡qué** ~ **de vestido!** was für ein entzückendes Kleid!; **este bebé es una** ~ dieses Baby ist goldig

monaguillo, -a [mona'γiʎo, -a] *m, f* Ministrant(in) *m(f)*

monarca [mo'narka] *mf* Monarch(in) *m(f)*

monarquía [monar'kia] *f* Monarchie *f*

Spaniens Staatsform ist eine **monarquía parlamentaria** – *konstitutionelle Monarchie*, d.h. der König, Juan Carlos I. ist zwar das Staatsoberhaupt, die Macht liegt aber seit 1977 in den Händen einer demokratisch gewählten Regierung.

monárquico, -a [mo'narkiko, -a] **I.** *adj* ❶(*de la monarquía*) monarchisch ❷(*partidario*) monarchistisch **II.** *m, f* Monarchist(in) *m(f)*

monarquismo [monar'kismo] *m* (POL) Monarchismus *m*

monasterio [monas'terjo] *m* Kloster *nt*

monástico, -a [mo'nastiko, -a] *adj* ❶(*del monje*) Mönchs- ❷(*del convento*) klösterlich; **lleva una vida monástica** er lebt wie ein Mönch

monda ['monda] *f* ❶(*acción*) Schälen *nt* ❷(*peladura*) Schale *f* ❸(*poda*) Beschneiden *nt* ❹(*loc, fam*): **tus chistes son la** ~ deine Witze sind zum Schreien; **este pueblo es la** ~, **nadie sabe dónde está el cine** dieses Dorf ist ein Witz; keiner weiß, wo das Kino ist

mondadientes [monda'ðjentes] *m inv* Zahnstocher *m*

mondadura [monda'ðura] *f* ❶(*acción*) Schälen *nt* ❷ *pl* (*peladuras*) Schalen *fpl*

mondar [mon'dar] **I.** *vt* ❶(*plátano, patata, palo*) schälen; (*guisantes*) enthülsen; (*rama*) entrinden ❷(*árbol*) beschneiden **II.** *vr:* ~**se** ❶(*pelarse*) sich schälen ❷(*loc*): ~**se los dientes** sich *dat* in den Zähnen stochern; ~**se de risa** (*fam*) sich totlachen

mondo, -a ['mondo, -a] *adj* ❶(*cabeza*) haarlos ❷(*de dinero*): **quedarse** ~ (**y lirondo**) (*fam*) völlig blank sein ❸(*sin nada más*): **vivo sólo de mi sueldo** ~ ich lebe nur von meinem Gehalt; **para comer sólo tenemos un bocadillo** ~ zum Essen haben wir nichts als ein Sandwich; **la verdad monda y lironda** (*fam*) die nackte Wahrheit

mondongo [mon'dongo] *m* Eingeweide *ntpl*

moneda [mo'neða] *f* ❶(*pieza*) Münze *f;* ~ **de dos euros** Zweieurostück *nt;* ~ **suelta** Kleingeld *nt;* **teléfono de** ~**s** Münzfernsprecher *m;* **pagar a alguien con la misma** ~ es jdm mit gleicher Münze heimzahlen ❷(*de un país*) Währung *f;* ~ **base** Leitwährung *f;* ~ **de curso legal** gesetzliches Zahlungsmittel; ~ **extranjera** Devisen *fpl;* ~ **fuerte/débil** harte/weiche Währung; ~ **nacional** Landeswährung *f;* ~ **de los países participantes** Teilnehmerwährung *f* ❸ *(loc):* **la otra cara de la ~** die Kehrseite der Medaille; **esto es ~ corriente** das ist nichts Ungewöhnliches; **si él me ofrece calidad, yo le pago en buena ~** wenn er mir Qualität bietet, werde ich seinen Forderungen entsprechen

monedero [mone'ðero] *m* ❶ *(bolsa)* Geldbeutel *m* ❷ *(persona):* ~ **falso** Falschmünzer *m*

monegasco, -a [mone'γasko, -a] **I.** *adj* monegassisch **II.** *m, f* Monegasse, -in *m, f*

monería [mone'ria] *f (gracia)* Drolligkeit *f*

monetario, -a [mone'tarjo, -a] *adj* Währungs-; **institución monetaria** Geldinstitut *nt;* **tormentas monetarias** starke Währungsschwankungen

monetarismo [moneta'rismo] *m sin pl* Monetarismus *m*

monetizar [moneti'θar] <z→c> *vt* ❶ *(billetes)* in Umlauf bringen ❷ *(convertir en moneda)* monetisieren

Mongolia [moŋ'golja] *f* Mongolei *f*

mongólico, -a [moŋ'goliko, -a] **I.** *adj* (MED) mongoloid **II.** *m, f* (MED) Mongoloide *mf;* **ser un ~** mongoloid sein

mongolismo [moŋgo'lismo] *m sin pl* (MED) Mongolismus *m*

mongoloide [moŋgo'loiðe] *adj* mongoloid; **tiene rasgos ~s** er hat mongoloide Züge

monigote [moni'γote] *m* ❶ *(dibujo mal hecho)* Gekritzel *nt;* *(figura)* (Strich)männchen *nt;* **hacer ~s** *(figuras humanas)* Männchen malen; *(borrones)* herumkritzeln ❷ *(muñeco)* Flickenpuppe *f* ❸ *(persona)* Hampelmann *m*

monitor¹ [moni'tor] *m* (TÉC, TV, INFOR) Monitor *m*

monitor(a)² [moni'tor(a)] *m(f) (de un deporte)* Übungsleiter(in) *m(f); (de un campamento)* (Gruppen)leiter(in) *m(f);* ~ **de natación** Schwimmlehrer *m*

monitorio, -a [moni'torjo, -a] *adj* ermahnend; **carta monitoria** Mahnschreiben *nt*

monja ['moŋxa] *f* Nonne *f*

monje ['moŋxe] *m* Mönch *m*

monjil [moŋ'xil] **I.** *adj* Nonnen-; **llevar una vida ~** *(fig)* ein sehr bescheidenes Leben führen **II.** *m* Nonnentracht *f*

mono¹ ['mono] *m* ❶ (ZOOL) Affe *m;* **estar de ~s** schmollen; **¿tengo ~s en la cara?** was starrst du mich so an?; **hacer ~s a alguien** jdm schöne Augen machen ❷ *(fantoche)* Hampelmann *m;* **en esta casa soy** el último ~ in diesem Haus bin ich ein Nichts ❸ *(traje)* Overall *m; (de mecánico)* Blaumann *m fam* ❹ *(argot: de drogas)* Turkey *m;* **tener el ~** auf Turkey sein; **le entra el ~** er bekommt Entzugserscheinungen ❺ *(persona fea)* Scheusal *nt* ❻ *(joven tonto)* Lackaffe *m fam* ❼ *(dibujo)* (Strich)männchen *nt*

mono, -a² ['mono, -a] *adj (niño)* süß; *(chica)* hübsch; *(vestido)* entzückend

monocarril [monoka'rril] *m* Einschienenbahn *f*

monocolor [monoko'lor] *adj* einfarbig; (ARTE, FOTO) monochrom; **un gobierno ~** eine Regierungspartei mit absoluter Mehrheit

monocorde [mono'korðe] *adj* ❶ (MÚS): **instrumento ~** Monochord *nt* ❷ *(monótono)* eintönig

monóculo [mo'nokulo] *m* Monokel *nt*

monocultivo [monokul'tiβo] *m* Monokultur *f*

monofásico, -a [mono'fasiko, -a] *adj* einphasig

monogamia [mono'γamja] *f sin pl* Monogamie *f*

monogámico, -a [mono'γamiko, -a] *adj* monogam

monógamo, -a [mo'noγamo, -a] *adj* monogam

monografía [monoγra'fia] *f* Monographie *f*

monograma [mono'γrama] *m* Monogramm *nt*

monolingüe [mono'liŋgwe] *adj* einsprachig

monolítico, -a [mono'litiko, -a] *adj* monolithisch

monologar [monolo'γar] <g→gu> *vi* monologisieren

monólogo [mo'noloγo] *m* Monolog *m*

monopatín [monopa'tin] *m* Skateboard *nt*

monoplaza [mono'plaθa] *m* (AUTO) Einsitzer *m;* **los ~s están en la parrilla de salida** die Rennwagen befinden sich am Startplatz

monopolio [mono'poljo] *m* Monopol *nt*

monopolización [monopoliθa'θjon] *f* Monopolisierung *f*

monopolizar [monopoli'θar] <z→c> *vt* (COM) monopolisieren; *(fig)* mit Beschlag belegen; ~ **la atención de alguien** jds Aufmerksamkeit auf sich ziehen

monosílabo¹ [mono'silaβo] *m* einsilbiges Wort *nt;* **responder con ~s** einsilbig antworten

monosílabo, -a² [mono'silaβo, -a] *adj* einsilbig

monoteísmo [monote'ismo] *m* Monotheismus *m*

monotonía [monoto'nia] *f* Eintönigkeit *f*

monótono, -a [mo'notono, -a] *adj* eintönig

monóxido [mo'noɣsiðo] *m* Monoxid *nt*

monseñor [monse'ɲor] *m* Monsignore *m*

monserga [mon'serɣa] *f* (*fam*) ❶ (*lengua*) dummes Geschwätz *nt;* **¡no me vengas con ~s!** hör auf mit dem Quatsch! ❷ (*lata*) Last *f;* **este trabajo es una ~** diese Arbeit geht mir auf die Nerven

monstruo ['monstrwo] *m* ❶ (*ser fantástico*) Ungeheuer *nt* ❷ (*feo*) Scheusal *nt* ❸ (*perverso*) Unmensch *m* ❹ (*artista*) Meister *m* ❺ (*loc*): **una actuación ~** eine Veranstaltung der Superlative

monstruosidad [monstrwosi'ðað] *f* Ungeheuerlichkeit *f;* **eso que dices es una ~** das, was du sagst, ist ja ungeheuerlich!

monstruoso, -a [monstru'oso, -a] *adj* ❶ (*desfigurado*) missgestaltet ❷ (*terrible*) abscheulich; **es ~ tener que estudiar durante el verano** es ist eine Zumutung, den Sommer über lernen zu müssen ❸ (*enorme*) riesig

monta ['monta] *f* ❶ (*de maquinaria*) Montage *f;* (*de joyas*) Einfassen *nt* ❷ (*de caballo*) Besteigen *nt* ❸ (*importe*) Endsumme *f* ❹ (*importancia*) Bedeutung *f;* **de poca ~** unbedeutend

montacargas [monta'karɣas] *m inv* Lastenaufzug *m;* (MIN) Förderkorb *m*

montador(a) [monta'ðor(a)] *m(f)* ❶ (TÉC: *de máquinas*) Monteur(in) *m(f);* (*de grandes máquinas*) Maschinenschlosser(in) *m(f)* ❷ (CINE) Cutter(in) *m(f)*

montaje [mon'taxe] *m* ❶ (TÉC) Montage *f;* (*de una tribuna*) Aufbau *m* ❷ (CINE, FOTO) Montage *f* ❸ (TEAT) Inszenierung *f* ❹ (*engaño*) abgekartetes Spiel *nt*

montante [mon'tante] *m* ❶ (*importe*) Endsumme *f* ❷ (*de máquina*) Ständer *m;* (*de escalera/ventana*) Pfosten *m*

montaña [mon'taɲa] *f* ❶ (GEO: *monte*) Berg *m;* (*zona*) Gebirge *nt;* **~ rusa** Achterbahn *f;* **prefiero la ~ al mar** ich ziehe die Berge dem Meer vor; **la fe mueve ~s** der Glaube versetzt Berge ❷ (*de cosas*) Haufen *m*

montañero, -a [monta'ɲero, -a] *m, f* Bergsteiger(in) *m(f)*

montañés, -esa [monta'ɲes, -esa] **I.** *adj* ❶ (*de la montaña*) Berg- ❷ (*de Santander*) aus Santander **II.** *m, f* Einwohner(in) *m(f)* von Santander

montañismo [monta'ɲismo] *m* Bergsteigen *nt*

montañoso, -a [monta'ɲoso, -a] *adj* gebirgig

montaplatos [monta'platos] *m inv* Speiseaufzug *m*

montar [mon'tar] **I.** *vi* ❶ (*subir a una bici, un caballo*) aufsteigen (*en* auf *+akk*); (*en un coche*) einsteigen (*en* in *+akk*) ❷ (*ir a caballo*) reiten; **~ en bici** Rad fahren ❸ (*una cuenta*) sich belaufen (*a* auf *+akk*) ❹ (*loc*): **~ en cólera** in Zorn geraten; **tanto monta que vaya como que no** es ist egal, ob ich gehe oder nicht **II.** *vt* ❶ (*subir a un caballo*) besteigen; **no montes al niño en el alféizar** setz das Kind nicht aufs Fensterbrett ❷ (*ir a caballo*) reiten ❸ (*acaballar*) decken ❹ (*máquina*) montieren; (*una tribuna*) aufbauen; (*tienda*) aufschlagen ❺ (*clara de huevo*) steif schlagen ❻ (*casa*) einrichten ❼ (*negocio*) eröffnen ❽ (TEAT) inszenieren ❾ (*diamante*) (ein)fassen ❿ (*arma*) spannen ⓫ (CINE) cutten ⓬ (*fam: excursión*) aufziehen ⓭ (*guardia, ejército*) aufstellen ⓮ (*loc*): **~la** Krach schlagen; **~ un número** ein Riesentheater veranstalten **III.** *vr:* **~se** ❶ (*subir*) hinaufsteigen; **no montes ahí** steig da nicht hinauf ❷ (*fam: arreglárselas*): **¿cómo te lo montas con el trabajo?** wie kommst du mit der Arbeit zurecht?; **no nos lo montamos muy bien entre nosotros** wir kommen miteinander nicht klar; **me lo monto solo** ich komme alleine zurecht

montaraz [monta'raθ] *adj* ❶ (*salvaje*) wild ❷ (*resistente*) abgehärtet ❸ (*tosco*) ungehobelt ❹ (*arisco*) spröde

monte ['monte] *m* ❶ (*montaña*) Berg *m;* **el ~ de los Olivos** der Ölberg ❷ (*bosque*) Wald *m;* **~ alto** (Hoch)wald *m;* **~ bajo** Unterholz *nt;* **batir el ~** (*cazar*) auf die Jagd gehen; (*buscar*) den Wald durchforsten; **echarse al ~** in den Untergrund gehen ❸ *pl* (*cordillera*) Gebirge *nt* ❹ (*loc*): **~ de piedad** Pfandhaus *nt;* **no todo el ~ es orégano** (*prov*) ≈alles hat seine Tücken

Montenegro [monte'neɣro] *m* Montenegro *nt*

montepío [monte'pio] *m* ❶ (*caja para viudas*) Witwenkasse *f;* (*para huérfanos*) Waisenkasse *f* ❷ (*pensión de viuda*) Witwenrente *f;* (*de huérfano*) Waisenrente *f*

montera [mon'tera] *f* ❶ (*gorra*) Kappe *f;* **ponerse el mundo por ~** auf die ganze Welt pfeifen ❷ (*de una galería*) Glasdach *nt*

montería [monte'ria] *f* (Treib)jagd *f*

montés, -esa [mon'tes, -esa] *adj* wild; **cabra montesa** Steinbock *m;* **gato ~** Wildkatze *f*

montículo [moṇˈtikulo] *m* Hügel *m*

monto [ˈmoṇto] *m* Gesamtbetrag *m*

montón [moṇˈton] *m* Haufen *m;* **un ~ de ropa** ein Haufen Wäsche; **había un ~ de gente** es waren unheimlich viele Leute da; **tengo problemas a montones** (*fam*) ich habe Probleme ohne Ende; **tomar montones de pastillas** (*fam*) Unmengen von Tabletten schlucken; **ser del ~** ein Durchschnittsmensch sein; **tener una cara del ~** ein Allerweltsgesicht haben; **la bomba atómica redujo Hiroshima a un ~ de escombros** die Atombombe legte Hiroshima in Schutt und Asche

montura [moṇˈtura] *f* ➊(*arnés*) Geschirr *nt;* (*silla*) Sattel *m* ➋(*animal*) Reittier *nt* ➌(*de gafas*) Gestell *nt;* (*de una joya*) (Ein)fassung *f*

monumental [monumeṇˈtal] *adj* ➊(*grande*) enorm; (*de importancia*) monumental; (*error*) gewaltig ➋(*de monumento*): **el Madrid ~** die Sehenswürdigkeiten Madrids

monumentalizar [monumeṇtaliˈθar] <z→c> *vt* monumentalisieren

monumento [monuˈmeṇto] *m* Denkmal *nt;* (*grande*) Monument *nt;* ~ **funerario** Grabmal *nt;* ~ **de la literatura** literarischer Meilenstein; **los ~s de una ciudad** die Sehenswürdigkeiten einer Stadt; **esta casa es un ~ nacional** dieses Haus steht unter Denkmalschutz; **esta chica es un ~** dieses Mädchen ist bildschön

monzón [moṇˈθon] *m o f* Monsun *m*

moña [ˈmoṇa] *f* ➊(*lazo*) Schleife *f* ➋(*fam: borrachera*) Rausch *m;* **estar ~** betrunken sein

moño [ˈmoṇo] *m* ➊(*pelo*) Haarknoten *m* ➋(*lazo*) Schleife *f* ➌(*plumas*) Schopf *m* ➍(*Col: capricho*) Marotte *f* ➎(*Chil: pelo*) Haar *nt;* (*copete*) Schopf *m* ➏ *pl* (*adornos*) Flitterkram *m* ➐(*loc*): **quitar ~s a alguien** jdm einen Dämpfer versetzen; **ponerse ~s** angeben; **estar hasta el ~ de algo** (*fam*) die Nase gestrichen voll von etw *dat* haben; **se me ha puesto en el ~ de...** ich habe es mir in den Kopf gesetzt zu ...

MOPU [ˈmopu] *m abr de* **Ministerio de Obras Públicas y Urbanismo** Bau- und Stadtplanungsministerium *nt*

moquear [mokeˈar] *vi:* **estás moqueando** dir läuft die Nase

moqueta [moˈketa] *f* Teppichboden *m*

mora [ˈmora] *f* ➊(*del moral*) Maulbeere *f;* (*de la zarzamora*) Brombeere *f* ➋(*JUR*) Verzug *m*

morada [moˈraða] *f* ➊(*casa*) Wohnung *f*

➋(*residencia*) Wohnsitz *m* ➌(*estancia*) Aufenthalt *m;* **la eterna ~** das Jenseits

morado, -a [moˈraðo, -a] *adj* dunkelviolett; **poner un ojo ~ a alguien** jdm ein blaues Auge verpassen; **pasarlas moradas** Blut und Wasser schwitzen; **ponerse ~ (comiendo)** sich *dat* den Bauch voll schlagen *fam*

moral [moˈral] **I.** *adj* ➊(*ético*) moralisch; **código ~** Sittenkodex *m;* **tengo la certidumbre ~** ich nehme mit Sicherheit an ➋(*espiritual*) geistig **II.** *f* Moral *f;* ~ **relajada** lockere Moralvorstellungen; **tú y yo no tenemos la misma ~** wir haben unterschiedliche Moralvorstellungen; **levantar la ~ a alguien** jdn aufrichten; **hay que tener ~ para hacer eso** man muss echt viel Mut aufbringen, um das zu tun; **tener más ~ que el Alcoyano** sich nie geschlagen geben

moraleja [moraˈlexa] *f* Moral *f*

moralidad [moraliˈðað] *f* (*cualidad*) Sittlichkeit *f*

moralista [moraˈlista] *mf* Moralist(in) *m(f)*

moralización [moraliθaˈθjon] *f* Moralisierung *f;* ~ **de los paganos** Heidenbekehrung *f*

moralizar [moraliˈθar] <z→c> **I.** *vi* moralisieren **II.** *vt* moralisch machen

morapio [moˈrapjo] *m* (*fam*) Rotwein *m*

morar [moˈrar] *vi* (*elev*) wohnen (*en* in +*dat*)

moratón *m* blauer Fleck *m*

moratoria [moraˈtorja] *f* Aufschub *m;* (*FIN*) Zahlungsaufschub *m;* ~ **nuclear** Atomstopp *m*

morbidez [morβiˈðeθ] *f* Weichheit *f;* (*ARTE*) Morbidezza *f*

mórbido, -a [ˈmorβiðo, -a] *adj* ➊(*enfermo*) kränklich ➋(*suave*) zart

morbo [ˈmorβo] *m* ➊(*enfermedad*) Krankheit *f* ➋(*interés malsano*) krankhaftes Interesse *nt;* **este partido de fútbol tiene mucho ~** dieses Fußballspiel erregt die Gemüter; **el color negro me da ~** die Farbe Schwarz turnt mich an *fam*

morbosidad [morβosiˈðað] *f* ➊(*enfermedad*) Kränklichkeit *f* ➋(*de placer/imaginación*) Krankhaftigkeit *f*

morboso, -a [morˈβoso, -a] *adj* ➊(*clima*) ungesund ➋(*placer, imaginación*) krankhaft

morcilla [morˈθiʎa] *f* ➊(*GASTR*) Blutwurst *f* ➋(*TEAT*) Extempore *nt* ➌(*Cuba: mentira*) Lüge *f* ➍(*loc*): **¡que te den ~!** (*vulg*) du kannst mich mal! *fam*

morcillo [morˈθiʎo] *m* Haxe *f*

mordacidad [morðaθiˈðað] *f* ➊(*de una*

M

palabra) Bissigkeit *f;* (*de una crítica*) Schärfe *f* ❷ (*sabor*) Schärfe *f* ❸ (*poder corrosivo*) Ätzkraft *f*

mordaz [mor'ðaθ] *adj* ❶ (*palabra*) bissig; (*crítica*) scharf ❷ (*sabor*) scharf ❸ (*corrosivo*) ätzend

mordaza [mor'ðaθa] *f* ❶ (*en la boca*) Knebel *m;* **quieren ponerme una** ~ (*fig*) man will mich mundtot machen ❷ (TÉC) (Klemm)backe *f*

mordedor(a) [mor'ðeðor(a)] *adj* bissig; **perro ladrador, poco** ~ (*prov*) Hunde, die (viel) bellen, beißen nicht

mordedura [morðe'ðura] *f* Biss *m*

morder [mor'ðer] <o→ue> I. *vt* ❶ (*con los dientes*) beißen (in +*akk*); **te voy a hacer** ~ **el polvo** ich mache dich fertig *fam;* **está que muerde** er/sie ist fuchsteufelswild ❷ (*atrapar*) einklemmen ❸ (*lima*) (ab)schleifen ❹ (*corroer*) zersetzen ❺ (*Am: estafar*) betrügen II. *vr:* ~ **se** sich beißen; ~ **se las uñas** Nägel kauen; ~ **se la lengua** sich *dat* auf die Zunge beißen; **no** ~ **se la lengua** kein Blatt vor den Mund nehmen

mordida [mor'ðiða] *f* ❶ (*Méx: fam: acción*) Biss *m* ❷ (*dinero*) Bestechungsgeld *nt* ❷ (*Arg*) *v.* **mordisco**

mordiscar [morðis'kar] <c→qu> *vt* knabbern (an +*dat*)

mordisco [mor'ðisko] *m* ❶ (*acción*) Biss *m* ❷ (*herida*) Bisswunde *f* ❸ (*trozo*) Bissen *m*

mordisquear [morðiske'ar] *vt* knabbern (an +*dat*)

morena [mo'rena] *f* ❶ (ZOOL) Muräne *f* ❷ (*pan*) Schwarzbrot *nt* ❸ (GEO) Moräne *f*

moreno¹ [mo'reno] *m* Bräune *f*

moreno, -a² [mo'reno, -a] I. *adj* dunkel; (*de piel*) braun; (*de cabello*) dunkelhaarig; (*de ojos*) dunkeläugig II. *m, f* ❶ (*negro*) Farbige(r) *mf* ❷ (*Cuba: mulato*) Mulatte, -in *m, f*

morera [mo'rera] *f* Maulbeerbaum *m*

morería [more'ria] *f* ❶ (*barrio*) Maurenviertel *nt* ❷ (*país*) maurisches Land *nt*

morete [mo'rete] *m* (*AmC*), **moretón** [more'ton] *m* (*fam*) blauer Fleck *m*

morfema [mor'fema] *m* Morphem *nt*

morfina [mor'fina] *f* Morphium *nt*

morfinómano, -a [morfi'nomano, -a] I. *adj* morphiumsüchtig II. *m, f* Morphiumsüchtige(r) *mf*

morfología [morfolo'xia] *f* (FILOS, BIOL, LING) Morphologie *f*

morfosintaxis [morfosiṇ'taᵛsis] *f inv* (LING) Morphosyntax *f*

morgue ['morɣe] *f* (*Am*) Leichenschauhaus

nt

moribundo, -a [mori'βuṇdo, -a] I. *adj* im Sterben liegend II. *m, f* Sterbende(r) *mf*

morigeración [morixera'θjon] *f* Mäßigung *f*

morigerado, -a [morixe'raðo, -a] *adj* ❶ (*moderado*) mäßig ❷ (*bien criado*) artig ❸ (*de buenas costumbres*) anständig

morigerar [morixe'rar] *vt* mäßigen

morir [mo'rir] *irr* I. *vi* ❶ (*perecer*) sterben (*de* an +*dat*); (*en catástrofe, guerra*) umkommen; (*en un accidente*) tödlich verunglücken; ~ **de hambre/de sed** verhungern/verdursten; ~ **ahogado** (*en agua*) ertrinken; (*en humo*) ersticken; ~ **de viejo** an Altersschwäche sterben; ~ **en un incendio** in den Flammen umkommen; ~ **a causa de las graves heridas** seinen schweren Verletzungen erliegen; ~ **al pie del cañón** bis zum letzten Atemzug arbeiten ❷ (*tarde*) zur Neige gehen; (*luz*) erlöschen; (*tradición*) aussterben; (*camino*) enden; (*río*) münden; (*sonido*) ersterben II. *vr:* ~ **se** ❶ (*perecer*) sterben; (*planta*) eingehen; **se le ha muerto su padre** sein/ihr Vater ist verstorben; **¡así se mueras!** (*fam*) hoffentlich krepierst du! ❷ (*con 'de'*): ~ **se de hambre/de sed** verhungern/verdursten; ~ **se de frío** erfrieren; ~ **se de vergüenza** sich zu Tode schämen; ~ **se de risa** sich totlachen; ~ **se de pena** vor Kummer sterben ❸ (*con 'por'*): **me muero por conocer a tu nueva novia** ich brenne darauf, deine neue Freundin kennen zu lernen; **me muero (de ganas) por saber lo que te dijo** ich bin gespannt, was er/sie dir gesagt hat; **me muero por ella** ich bin total verrückt nach ihr ❹ (*miembro del cuerpo*) einschlafen

morisco, -a [mo'risko, -a] I. *adj* Morisken-II. *m, f* Moriske *mf*

mormón, -ona [mor'mon, -ona] *m, f* Mormone, -in *m, f*

moro, -a ['moro, -a] I. *adj* (*musulmán*) maurisch II. *m, f* Maure, -in *m, f;* **ser un** ~ (*fig fam*) sehr eifersüchtig sein; **¡hay** ~ **s a la costa!** (*fig*) Vorsicht!; **¡no hay** ~ **s en la costa!** (*fig*) die Luft ist rein!

morocho, -a [mo'rotʃo, -a] *adj* (*CSur: trigueño*) brünett

morondo, -a [mo'roṇdo, -a] *adj* kahl

morosidad [morosi'ðaᵈ] *f* ❶ (*de deudor*) Säumigkeit *f* ❷ (*lentitud*) Langsamkeit *f*

moroso, -a [mo'roso, -a] I. *adj* ❶ (*deudor*) säumig ❷ (*elev: lento*) langsam; (*estilo*) schwerfällig; **el río avanza de manera morosa** der Fluss fließt träge dahin II. *m, f* säumiger Zahler *m,* säumige Zahlerin *f*

morral [mo'rral] *m* ❶ (*de las caballerías*) Futtersack *m* ❷ (*zurrón*) Rucksack *m*

morralla [mo'rraʎa] *f* ❶ (*pescados*) kleine Fische *mpl* ❷ (*gente*) Gesindel *nt* ❸ (*cosas*) Plunder *m*

morrear(se) [morre'ar(se)] *vt, vr* (*vulg*) knutschen *fam*

morriña [mo'rriɲa] *f sin pl* (*fam: nostalgia*) Heimweh *nt*

Land & Leute

Eigentlich handelt es sich um ein Wort galicischen Ursprungs, das Traurigkeit, Schwermut und Melancholie bedeutet. In anderen Gebieten Spaniens wird **morriña** sofort mit dem Heimweh so vieler nach Amerika oder in die europäischen Nachbarländer ausgewanderter Galicier in Verbindung gebracht, d. h. mit einer großen Sehnsucht nach der Heimat.

---

morro ['morro] *m* ❶ (ZOOL: *hocico*) Schnauze *f;* (*boca*) Maul *nt* ❷ (*pey: de persona*) Schnauze *f;* **beber a ~** aus der Flasche trinken; **caer de ~s** (*fam*) auf die Schnauze fallen; **te voy a partir los ~s** (*fam*) ich poliere dir die Schnauze; **estar de ~(s)** schmollen; **torcer el ~** ein saures Gesicht machen; **tiene un ~ que se lo pisa** (*fam*) er/sie ist unglaublich unverschämt; **lo hizo así, por el ~** (*fam*) er/sie hat das einfach aus Spaß so gemacht; **se quedó el dinero por** (**todo**) **el ~** er/sie hat das Geld einfach behalten ❸ (*de pistola*) Mündung *f;* (*de barco/avión/coche*) Nase *f* ❹ (*montículo*) Hügel *m*

morrocotudo, -a [morroko'tuðo, -a] *adj* (*fam*) ❶ (*formidable*) spitze ❷ (*susto, disgusto*) ungeheuer

morrón [mo'rron] **I.** *adj:* **pimiento ~** gebratene rote Paprika *f* **II.** *m* (*fam: golpe*) Schlag *m*

morsa ['morsa] *f* Walross *nt*

morse ['morse] *m* Morsealphabet *nt;* **señal ~** Morsezeichen *nt*

mortadela [morta'ðela] *f* Mortadella *f*

mortaja [mor'taxa] *f* ❶ (*sábana*) Leichentuch *nt;* (*vestidura*) Totenhemd *nt* ❷ (*Am: de cigarrillo*) Zigarettenpapier *nt*

mortal [mor'tal] **I.** *adj* ❶ (*sujeto a la muerte*) sterblich ❷ (*que la causa*) tödlich; **pecado ~** Todsünde *f;* **peligro ~** Lebensgefahr *f;* **tener un odio ~ a alguien** jdn auf den Tod nicht leiden können ❸ (*pe-*

---

sado) tödlich; (*aburrido*) todlangweilig **II.** *mf* Sterbliche(r) *mf*

mortalidad [mortali'ðað] *f* ❶ (*cualidad*) Sterblichkeit *f* ❷ (*número*) Sterblichkeit(srate) *f*

mortandad [mortan'dað] *f* Massensterben *nt;* **el virus ébola causó una ~ en Zaire** das Ebolavirus kostete in Zaire viele Menschenleben; **la ~ de la guerra en Ruanda** das Gemetzel in Ruanda

mortecino, -a [morte'θino, -a] *adj* (*luz*) trüb; (*color*) matt; (*fuego*) erlöschend

mortero [mor'tero] *m* ❶ (*cuenco*) Mörser *m* ❷ (MIL) Mörser *m* ❸ (*cemento*) Mörtel *m*

mortífero, -a [mor'tifero, -a] *adj* tödlich

mortificación [mortifika'θjon] *f* ❶ (*tormento*) Qual *f* ❷ (REL) Kasteiung *f* ❸ (*humillación*) Demütigung *f*

mortificar [mortifi'kar] <c→qu> **I.** *vt* ❶ (*atormentar*) quälen ❷ (REL) kasteien ❸ (*humillar*) demütigen **II.** *vr:* **~se** ❶ (*atormentarse*) sich grämen (*por* über +*akk,* wegen +*gen/dat*) ❷ (REL) sich kasteien ❸ (*Méx: avergonzarse*) sich schämen

mortuorio, -a [mortu'orjo, -a] *adj* Todesanzeige

moruno, -a [mo'runo, -a] *adj* maurisch

mosaico [mo'saiko] *m* Mosaik *nt*

mosca ['moska] *f* ❶ (ZOOL) Fliege *f;* **por si las ~s** (*fam*) für alle Fälle; **estar con** [*o* **tener**] **la ~ en** [*o* **detrás de**] **la oreja** (*fam*) misstrauisch sein; **estar ~** (*fam: receloso*) misstrauisch sein; (*enfadado*) eingeschnappt sein; **no se oía el vuelo de una ~** man hätte eine Stecknadel fallen hören können; **papar ~s** (*fam*) Maulaffen feilhalten; **¿qué ~ te ha picado?** was ist denn in dich gefahren?; **andar cazando ~s** über den Wolken schweben ❷ (*barba*) Fliege *f* ❸ (*persona*) Nervensäge *f fam* ❹ (*fam: dinero*) Kohle *f;* **aflojar la ~** Geld locker machen

moscada [mos'kaða] *adj:* **nuez ~** Muskatnuss *f*

moscarda [mos'karða] *f* Schmeißfliege *f*

moscardón [moskar'ðon] *m* ❶ (*moscarda*) Schmeißfliege *f* ❷ (*tábano*) Bremse *f* ❸ (*avispón*) Hornisse *f* ❹ (*persona*) Nervensäge *f fam*

moscatel [moska'tel] *m* Muskateller *m*

Land & Leute

Als **moscatel** wird ein aus der Traubensorte Muskateller gewonnener Dessertwein bezeichnet. Der **moscatel** verdankt seinen Namen dem süßlichen

und aromatischen – muskatähnlichen –
Geschmack. Er wird besonders zu
Nachspeisen gern getrunken.

moscón[1] [mos'kon] *m v.* **moscardón**

moscón, -ona[2] [mos'kon, -ona] *m, f* Nervensäge *f fam*

moscovita [mosko'βita] **I.** *adj* moskauisch **II.** *mf* Moskauer(in) *m(f)*

Moscú [mos'ku] *m* Moskau *nt*

Mosela [mo'sela] *m* Mosel *f*

mosqueado, -a [moske'aðo, -a] *adj* ❶ (*fam: enfadado*) eingeschnappt; **estar ~ con alguien** auf jdn sauer sein ❷ (*moteado*) getüpfelt; (*vaca*) scheckig

mosquear [moske'ar] **I.** *vt* verscheuchen **II.** *vr:* **~se** (*fam: enfadarse*) einschnappen

mosqueo [mos'keo] *m* Wut *f;* **cogió un ~ de aúpa** er/sie raste vor Wut

mosquete [mos'kete] *m* Muskete *f*

mosquetero [moske'tero] *m* (*soldado*) Musketier *m*

mosquetón [moske'ton] *m* ❶ (*arma*) Karabiner *m* ❷ (*anilla*) Karabinerhaken *m*

mosquita [mos'kita] *f:* **~ muerta** Duckmäuser *m;* **se hace la ~ muerta** er/sie sieht aus, als ob er/sie keiner Fliege etwas zuleide tun könnte

mosquitera [moski'tera] *f,* **mosquitero** [moski'tero] *m* Moskitonetz *nt*

mosquito [mos'kito] *m* Stechmücke *f;* (*en zonas tropicales*) Moskito *m*

---

i Land & Leute

Mossos d'esquadra ist die Bezeichnung der Polizisten der autonomen katalanischen Regierung, vergleichbar den *ertzainas* im Baskenland. Zu den Mitgliedern dieser Einheiten zählen auch Frauen.

---

mostacho [mos'tatʃo] *m* ❶ (*bigote*) Schnurrbart *m* ❷ (*fam: mancha*) Gesichtsfleck *m*

mostaza [mos'taθa] *f* Senf *m;* (*semilla*) Senfsamen *m;* (**de**) **color ~** senffarben

mosto ['mosto] *m* Most *m*

mostrador [mostra'ðor] *m* ❶ (*tienda*) Ladentisch *m;* (*escaparate*) Schaufenster *nt* ❷ (*bar*) Theke *f* ❸ (*ventanilla*) Schalter *m*

mostrar [mos'trar] <o→ue> **I.** *vt* (*enseñar*) zeigen; (*presentar*) vorzeigen; **¡no muestres tu miedo!** lass dir deine Angst nicht anmerken! **II.** *vr:* **~se** sich zeigen;

~se amigo sich freundlich zeigen

mostrenco, -a [mos'treŋko, -a] **I.** *adj* (*fam*) herrenlos; **bienes ~s** (JUR) herrenlose Güter **II.** *m, f* (*pey*) dicker, schwerfälliger Mensch *m*

mota ['mota] *f* ❶ (*partícula*) Fremdkörper *m;* **~** (**de polvo**) Staubkorn *nt* ❷ (*mancha*) Fleck *m;* (*lunar*) Punkt *m* ❸ (*tejido*) Knötchen *nt* ❹ (*montaña*) einsamer Hügel *m*

mote ['mote] *m* ❶ (*apodo*) Spitzname *m;* **~ cariñoso** Kosename *m* ❷ (*Am: maíz*) gekochter Mais *m*

moteado, -a [mote'aðo, -a] *adj* gesprenkelt

motear [mote'ar] *vt* tüpfeln

motejar [mote'xar] *vt* (*tildar*) bezeichnen (*de* als +*akk*)

motel [mo'tel] *m* Motel *nt*

motilidad [motili'ðað] *f* Beweglichkeit *f*

motín [mo'tin] *m* Meuterei *f*

motivación [motiβa'θjon] *f* ❶ (PSICO) Motivation *f* ❷ (*explicación*) Begründung *f*

motivador(a) [motiβa'ðor(a)] *adj* motivierend

motivar [moti'βar] *vt* ❶ (*incitar*) motivieren (*a* zu +*dat*) ❷ (*explicar*) begründen (*con/en* mit +*dat*) ❸ (*provocar*) verursachen; **los puntos que motivan el presente contrato son...** die diesem Vertrag zugrunde liegenden Punkte sind ...

motivo [mo'tiβo] *m* ❶ (*causa*) Grund *m;* (*crimen*) Motiv *nt;* **con ~ de...** anlässlich +*gen;* **por este ~** deshalb; **carecer de ~ alguno** unbegründet sein ❷ (*composición, sello*) Motiv *nt;* (*tela*) Muster *nt*

moto ['moto] *f* (*fam*) Motorrad *nt;* **ir en ~** Motorrad fahren; **iba como una ~** (*argot*) er war voll wie eine Haubitze

motocicleta [motoθi'kleta] *f* Motorrad *nt;* **ir en ~** Motorrad fahren

motociclismo [motoθi'klismo] *m sin pl* Motorradsport *m*

motociclista [motoθi'klista] *mf* Motorradfahrer(in) *m(f)*

motocross [moto'kros] *m sin pl* (DEP) Motocross *nt*

motonáutica [moto'nautika] *f sin pl* (DEP) Motorbootsport *m*

motoneta [moto'neta] *f* (*Am*) Motorroller *m*

motor[1] [mo'tor] *m* ❶ (TÉC: *t. fig*) Motor *m;* **~ de búsqueda** Suchmaschine *f;* **~ de explosión** Verbrennungsmotor *m;* **~ de reacción** Düsentriebwerk *nt;* **vehículo de ~** Kraftfahrzeug *nt* ❷ (*causa*) Beweggrund *m*

motor(a)[2] [mo'tor(a)] *adj* bewegend; **nervio ~** Bewegungsnerv *m*

motora [mo'tora] *f* Motorboot *nt*

motorismo [moto'rismo] *m sin pl* Motorsport *m*

motorista [moto'rista] *mf* ❶ (DEP) Motorradfahrer(in) *m(f)* ❷ (*chófer*) Kraftfahrer(in) *m(f)* ❸ (*policía*) Polizist(in) *m(f)* auf einem Motorrad

motorización [motoriθa'θjon] *f sin pl* Motorisierung *f*

motorizar [motori'θar] <z→c> *vt* motorisieren

motorola® [moto'rola] *m* Handy *nt*

motosierra [moto'sjerra] *f* Motorsäge *f*

motriz [mo'triθ] *adj* antreibend; **fuerza ~** Triebkraft *f*

mountain bike ['mon̪tan βai̯k] *f inv* Mountainbike *nt*

mousse [mus] *m* Mousse *f*

movedizo, -a [moβe'ðiθo, -a] *adj* ❶ (*móvil*) beweglich; **arenas movedizas** Treibsand *m* ❷ (*inconstante*) wankelmütig

mover [mo'βer] <o→ue> **I.** *vt* ❶ (*desplazar*) bewegen; **~ la cola** mit dem Schwanz wedeln; **~ la cabeza** den Kopf schütteln ❷ (*ajedrez*) ziehen ❸ (*incitar*) bewegen ❹ (INFOR) verschieben; **~ archivo** eine Datei verschieben ❺ (*loc*): **~ a compasión** Mitleid erregen; **~ a lágrimas** zu Tränen rühren **II.** *vr:* **~se** sich bewegen; **¿nos movemos o qué?** gehen wir nun oder nicht?; **¡venga, muévete!** los, nun mach schon!

movible [mo'βiβle] *adj* ❶ (*pieza*) beweglich ❷ (*carácter*) wankelmütig

movida [mo'βiða] *f* (*argot*) Szene *f*; **¡qué ~!** (*lío*) was für ein Durcheinander!; (*ambiente*) was für eine Bombenstimmung!

Movida wird heute allgemein für lebhaftes Treiben, insbesondere für das Nachtleben in der Hauptstadt Madrid verwendet. Man spricht vor allem von **movida madrileña**, weil der ursprünglich Ende der 70er Jahre entstandene Begriff die moderne Lebensweise in Madrid nach Überwindung der Franco-Herrschaft bezeichnete. Es entstanden neue Trends in Mode, Musik, Kunst und Film und unter Jugendlichen wurde es üblich, nachts von einem Lokal zum anderen zu ziehen. Das Ganze hat die spanische Hauptstadt Enrique Tierno Galván, einem populären Sozialisten und Universitätsprofes-

sor, zu verdanken. Während seiner Amtszeit als Bürgermeister der Stadt (1979–1986) verstand er es, die Menschen zu begeistern und machte Madrid zu einer dynamischen, modernen Hauptstadt.

---

movido, -a [mo'βiðo, -a] *adj* ❶ (*foto*) verwackelt ❷ (*agitado*) bewegt; (*activo*) aktiv; (*vivo*) lebhaft; **he tenido un día muy ~** heute war bei mir viel los ❸ (MÚS) schnell

móvil ['moβil] **I.** *adj* mobil **II.** *m* ❶ (*para colgar*) Mobile *nt* ❷ (*crimen*) Motiv *nt* ❸ (TEL) Handy *nt*

movilidad [moβili'ðað] *f sin pl* Mobilität *f*

movilización [moβiliθa'θjon] *f* ❶ (*recursos, tropas*) Mobilisierung *f* ❷ (*huelga*) Streik *m* ❸ (*dinero*) Bereitstellung *f*

movilizar [moβili'θar] <z→c> *vt* ❶ (*ejército, recursos, fuerzas*) mobilisieren ❷ (*dinero*) flüssig machen

movimiento [moβi'mjen̪to] *m* ❶ (*t.* FÍS) Bewegung *f*; **~ vibratorio** Vibration *f*; **hacer ~s** (ARQUIT) sich setzen; **poner en ~** in Gang setzen; **había mucho ~ en las tiendas** in den Geschäften war viel Betrieb ❷ (*ajedrez*) Zug *m* ❸ (MÚS) Tempo *nt* ❹ (HIST, LIT, POL) Bewegung *f*; **el M~ (Nacional)** der Franco-Putsch ❺ (COM) Umsatz *m*; **~ de cuenta** Kontobewegung *f*; **~s bursátiles** Börsengeschäfte *ntpl*

moza ['moθa] *f* ❶ (*chica*) Mädchen *nt*; **¡está ya hecha una ~!** sie ist schon ein großes Mädchen! ❷ (*criada*): **~ (de cámara)** Dienstmädchen *nt*

mozalbete [moθal'βete] *m* junger Bursche *m*

Mozambique [moθam'bike] *m* Mozambique *nt*

mozambiqueño, -a [moθambi'keɲo, -a] **I.** *adj* aus Mozambique **II.** *m, f* Bewohner(in) *m(f)* von Mozambique

mozárabe [mo'θaraβe] **I.** *adj* mozarabisch **II.** *mf* Mozaraber(in) *m(f)* (*unter maurischer Herrschaft lebender Spanier*)

mozo¹ ['moθo] *m* ❶ (*criado*) Diener *m*; **~ (de café)** Kellner *m*; **~ (de estación)** Gepäckträger *m* ❷ (*soldado*) Wehrpflichtige(r) *m*

mozo, -a² ['moθo, -a] **I.** *adj* ❶ (*joven*) jung; **la gente moza** die Jugend ❷ (*soltero*) ledig **II.** *m, f* (*chico*) Junge *m*; (*chica*) Mädchen *nt*; (*joven*) junger Mann *m*, junge Frau *f*; **¡pero si estás hecho un ~!** (*a un chico*) du bist ja schon ein richtiger junger Mann!; (*a un adulto*) du hast dich aber gut gehalten!

mu [mu] **I.** *interj* (*vaca*) muh **II.** *m:* **no decir ni** ~ keinen Pieps sagen

mucamo, -a [mu'kamo, -a] *m, f* (*Am:* *criado*) Diener *m;* (*criada*) Dienstmädchen *nt*

muceta [mu'θeta] *f* (*del doctor/juez*) Robe *f*

muchachada [mutʃa'tʃaða] *f* (*Am*) junge Leute *pl*

muchacho, -a [mu'tʃatʃo, -a] *m, f* ❶ (*chico*) Junge *m;* (*chica*) Mädchen *nt* ❷ (*criado*) Diener *m;* (*criada*) Dienstmädchen *nt*

muchedumbre [mutʃe'ðumbre] *f* ❶ (*de cosas*) Menge *f;* **salió volando una** ~ **de pájaros** ein großer Vogelschwarm flog auf ❷ (*de personas*) Menschenmenge *f*

mucho, -a ['mutʃo, -a] **I.** *adj* viel; **esto es ~ para ella** das ist zu viel für sie; **hace ya ~ tiempo que...** es ist schon lange her, dass ...; **muchas veces** oft; **eso me parece ~ decir** das scheint mir etwas gewagt; **mal de ~s, consuelo de tontos** (*prov*) geteiltes Leid ist halbes Leid **II.** *adv* (*intensidad*) sehr; (*cantidad*) viel; (*mucho tiempo*) lange; (*muchas veces*) oft; **lo sentimos ~** es tut uns sehr Leid; **no hace ~ estuvo aquí** vor kurzem war er/sie hier; **es con ~ el más simpático** er ist mit Abstand der Netteste; **¡pero que muy ~!** aber hallo!; **lo tenemos en ~** wir schätzen ihn sehr; **por ~ que se esfuercen, no lo conseguirán** wie sehr sie sich auch anstrengen, sie werden es nicht schaffen; **no era nuestra intención molestarle ni ~ menos** wir wollten Sie wirklich nicht stören; **tener cincuenta años, como ~** höchstens fünfzig (Jahre alt) sein

mucosa [mu'kosa] *f* Schleimhaut *f*

mucosidad [mukosi'ðað] *f* (*moco*) Schleim *m*

mucoso, -a [mu'koso, -a] *adj* schleimig; **membrana mucosa** Schleimhaut *f*

muda ['muða] *f* ❶ (*ropa interior*) Unterwäsche *f;* (*cama*) Bettwäsche *f* ❷ (*serpiente*) Häuten *nt* ❸ (*pájaro*) Mauser *f* ❹ (*pelo*) Haarwechsel *m* ❺ (*voz*) Stimmbruch *m;* **estar de ~** im Stimmbruch sein

mudable [mu'ðaβle] *adj* veränderlich

mudanza [mu'ðanθa] *f* (*de casa*) Umzug *m;* **camión de ~s** Möbelwagen *m;* **estar de ~** umziehen

mudar [mu'ðar] **I.** *vi, vt* ❶ (*cambiar*) ändern; (*por uno nuevo*) wechseln ((*de*) +*akk*); ~ (**de**) **pluma/piel** sich mausern/häuten; ~ **de voz** im Stimmbruch sein; **los años le han mudado el** [*o* **de**] **carácter** mit dem Alter hat sich sein/ihr Charakter

verändert ❷ (*de ropa*) umziehen **II.** *vr:* ~**se** ❶ (*casa*) umziehen; **nos mudamos** (**de aquí**) wir ziehen aus; ~**se a Granada** nach Granada ziehen; ~**se a una casa nueva** in ein neues Haus ziehen ❷ (*ropa*): ~**se** (**de ropa**) sich umziehen

mudéjar [mu'ðexar] **I.** *adj* Mudejar-; **estilo** ~ Mudejarstil *m* **II.** *m* Mudejar *m* (*unter christlicher Herrschaft lebender Maure, 12. – 16. Jh.*)

mudez [mu'ðeθ] *f sin pl* Stummheit *f;* (*silencio*) Schweigen *nt*

mudo, -a ['muðo, -a] **I.** *adj* stumm; **cine ~** Stummfilm *m;* **quedarse ~ de asombro** vor Staunen sprachlos werden **II.** *m, f* Stumme(r) *mf*

mueble ['mweβle] **I.** *m* ❶ (*pieza*) Möbelstück *nt;* ~ **bar** Hausbar *f;* ~ **biblioteca** Bücherwand *f;* **cama ~** Klappbett *nt;* ~ **zapatero** Schuhschrank *m;* ~ **de cocina** Küchenschrank *m* ❷ *pl* Möbel *pl;* ~**s de cocina** Einbauküche *f;* ~**s de época** antike Möbel; ~**s tapizados** Polstermöbel *pl* **II.** *adj:* **bienes** ~**s** bewegliche Güter *ntpl*

mueblería [mweβle'ria] *f* ❶ (*fábrica*) Möbelfabrik *f;* (*taller*) Möbelwerkstatt *f* ❷ (*comercio*) Möbelgeschäft *nt*

mueca ['mweka] *f* Grimasse *f;* **hacer ~s** Grimassen schneiden

muela ['mwela] *f* ❶ (*diente*) Backenzahn *m;* ~**s del juicio** Weisheitszähne *mpl;* ~ **picada** kariöser Zahn ❷ (*molino*) Mühlstein *m* ❸ (*para afilar*) Schleifscheibe *f* ❹ (*cerro*) Hügel *m*

muelle ['mweʎe] **I.** *m* ❶ (*resorte*) Sprungfeder *f;* (*reloj*) Uhrfeder *f* ❷ (*puerto*) Kai *m;* ~ **flotante** Landungsbrücke *f* ❸ (*andén*) Rampe *f* **II.** *adj* (*blando*) weich; (*cómodo*) bequem

muérdago ['mwerðaɣo] *m* Mistel *f*

muermo ['mwermo] *m* ❶ (*caballo*) Rotz *m* ❷ (*argot*): **¡qué ~!** wie öde!

muerte ['mwerte] *f* Tod *m;* (*asesinato*) Mord *m;* (*destrucción*) Vernichtung *f;* ~ **a traición** Meuchelmord *m;* ~ **forestal** Waldsterben *nt;* **pena de ~** Todesstrafe *f;* **morir de ~ natural** eines natürlichen Todes sterben; **a ~** erbarmungslos; **a ese tipo lo odio a ~** ich hasse diesen Typen wie die Pest; **de mala ~** elend; **hasta que la ~ os separe** (*matrimonio*) bis dass der Tod euch scheidet; **en caso de ~** im Todesfalle; **luchar contra la ~** mit dem Tode ringen; **estar enfermo de ~** todkrank sein; **llevarse un susto de ~** zu Tode erschrecken; **condenar a ~** zum Tode verurteilen; **en el lecho de ~** am

Sterbebett

muerto, **-a** ['mwerto, -a] **I.** *pp de* **morir**
II. *adj* tot; **cal muerta** gelöschter Kalk;
horas muertas Mußestunden *fpl;* **naturaleza muerta** Stillleben *nt;* **estar** ~ (**de
cansancio**) totmüde sein; **estar** ~ **de
hambre/sed** fast vor Hunger/Durst sterben; **para mí esa está muerta** für mich
existiert sie nicht mehr; **no tener dónde
caerse** ~ (*fam pey*) bettelarm sein **III.** *m, f*
Tote(r) *mf;* (*difunto*) Verstorbene(r) *mf;*
(*cadáver*) Leiche *f;* **están tocando a** ~ sie
läuten die Totenglocken; **ahora me car-
gan el** ~ **a mí** jetzt wollen sie mir den
schwarzen Peter zuschieben; **hacerse el** ~
den toten Mann spielen; **hacer el** ~
(**nadando**) den toten Mann machen

muesca ['mweska] *f* Kerbe *f*
muesli ['mwesli] *m* Müsli *nt*
muestra ['mwestra] *f* ❶ (*mercancía*) Muster *nt;* ~ **gratuita** Gratisprobe *f;* **feria de
~s** Messe *f;* **por la** ~ **se conoce el paño**
(*prov*) der Apfel fällt nicht weit vom
Stamm ❷ (*prueba*) Probe *f;* ~ **hecha al
azar** Stichprobe *f* ❸ (*demostración*)
Beweis *m;* **dar ~(s) de valor** seinen Mut
beweisen; **de ~,** ein Beispiel möge genügen ❹ (*de labores*) Muster *nt;*
~ **de bordado/punto** Stick-/Strickmuster
nt ❺ (*rótulo*) Schild *nt*
muestrario [mwes'trarjo] *m* Katalog *m*
muestreo [mwes'treo] *m* Stichprobenent-
nahme *f*
mugido [mu'xiðo] *m* ❶ (*vaca*) Muhen *nt*
❷ (*viento, mar*) Tosen *nt*
mugir [mu'xir] <g→j> *vi* ❶ (*vaca*) muhen
❷ (*viento, agua*) tosen
mugre ['muɣre] *f sin pl* Schmutz *m*
mugriento, **-a** [mu'ɣrjento, -a] *adj* schmutzig
mujer [mu'xer] *f* Frau *f;* ~ **de edad** alte
Frau; ~ **fácil** leichtes Mädchen; ~ **fatal**
Femme fatale *f;* ~ **de la limpieza** Putzfrau
f; ~ **de la calle** Dirne *f;* **una** ~ **de rompe
y rasga** eine Frau, die weiß, was sie will;
le presento a mi ~ ich möchte Ihnen
meine Frau vorstellen; **ser una** ~ **de su
casa** eine gute Hausfrau sein; **tomar** ~ heiraten; **está hecha toda una** ~ sie ist schon
eine richtige Frau; **esto es cosa de ~es**
das ist Frauensache
mujeriego [muxe'rjeɣo] *m* Frauenheld *m*
mujerzuela [muxer'θwela] *f* (*pey: prostituta*) Nutte *f*
muladar [mula'ðar] *m* (*basurero*) Mülldeponie *f;* (*estiércol*) Mistgrube *f*
muladí [mula'ði] *mf zu Zeiten der arabi-
schen Herrschaft in Spanien: Christ, der*

den moslemischen Glauben annahm
mulato, **-a** [mu'lato, -a] **I.** *adj* (*mestizo*)
Mulatten-; (*color*) dunkelbraun **II.** *m, f*
Mulatte, -in *m, f*
muleta [mu'leta] *f* ❶ (*apoyo*) Krücke *f;*
andar con ~s an Krücken gehen ❷ (TAUR)
Muleta *f*
muletilla [mule'tiʎa] *f* (*coletilla*) Flickwort
nt
mullido, **-a** [mu'ʎiðo, -a] *adj* weich
mullir [mu'ʎir] <3. pret: mulló> *vt*
❶ (*cama*) aufschütteln ❷ (*tierra*) auf-
schütten; (*cepas*) häufeln
mulo, **-a** ['mulo, -a] *m, f* (*caballo y asna*)
Maulesel *m;* (*asno y yegua*) Maultier *nt*
multa ['multa] *f* Geldstrafe *f;* **poner una** ~
a alguien jdn mit einer Geldstrafe belegen
multar [mul'tar] *vt* mit einer Geldstrafe
belegen; **me han multado con 30 euros**
ich muss 30 Euro Strafe zahlen
multicine [multi'θine] *m* Kino *nt* (*mit mehreren Sälen*)
multicolor [multiko'lor] *adj* bunt; (TIPO)
mehrfarbig
multicopiar [multiko'pjar] *vt* vervielfältigen
multicopista [multiko'pista] *f* Kopiergerät
nt
multicultural [multikul tu'ral] *adj* multikulturell; **un encuentro/una sociedad** ~
eine multikulturelle Begegnung/Gesell-
schaft
multiforme [multi'forme] *adj* vielgestaltig
multifuncional [multifunθjo'nal] *adj* mul-
tifunktional
multilingüe [multi'liŋgwe] *adj* mehrsprachig
multimedia [multi'medja] *adj inv* multimedial; **programa** ~ **de computadora** Mul-
timedia-Computerprogramm *nt*
multimillonario, **-a** [multimiʎo'narjo, -a]
m, f Multimillionär(in) *m(f)*
multinacional [multinaθjo'nal] **I.** *adj* mul-
tinational **II.** *f* multinationaler Konzern *m*
múltiple ['multiple] *adj* mehrfach;
(*variado*) vielfältig; ~**s veces** mehrmals
multiplicación [multiplika'θjon] *f* ❶ (MAT)
Multiplikation *f* ❷ (*reproducción*) Vermehrung *f*
multiplicar [multipli'kar] <c→qu> **I.** *vi, vt*
❶ (MAT) multiplizieren (*por* mit +*dat*); **la
tabla de** ~ das Einmaleins ❷ (*reproducir*)
vermehren ❸ (*aumentar*) vervielfachen
II. *vr:* ~**se** ❶ (*reproducirse*) sich vermehren; **¡creced y multiplicaos!** (REL) wach-
set und mehret euch! ❷ (*desvivirse*) überall gleichzeitig sein
multiplicidad [multipliθi'ðað] *f* Vielfalt *f*

múltiplo, -a ['multiplo, -a] **I.** *adj* vielfach
II. *m, f* Vielfache(s) *nt*

multitud [multi'tuð] *f* ❶ (*cantidad*) Menge
f; **una ~ de flores** eine Menge Blumen
❷ (*gente*) (Volks)massen *fpl;* (*vulgo*)
gemeines Volk *nt*

multitudinario, -a [multituði'narjo, -a] *adj*
Massen-

multiuso [multi'uso] *adj inv* Mehrzweck-

mundanal [munda'nal] *adj,* **mundano, -a**
[mun'dano, -a] *adj* ❶ (*del mundo*) weltlich; (*terrenal*) irdisch ❷ (*extravagante*)
mondän

mundial [mun'djal] *adj* weltweit; **campeonato ~ de fútbol** Fußballweltmeisterschaft *f;* **guerra ~** Weltkrieg *m;* **a nivel ~**
weltweit

mundillo [mun'diʎo] *m* ❶ (*ambiente*) Welt
f; **el ~ de la música** die Welt der Musik;
ella se maneja bien en ese ~ in diesen
Kreisen weiß sie sich zu benehmen ❷ (*encaje*) Klöppelkissen *nt*

mundo ['mundo] *m* ❶ (*tierra, t. fig*) Welt *f;*
(*planeta*) Erde *f;* (*globo*) Erdkugel *f;* **~ profesional** Berufsleben *nt;* **el ~ antiguo** das
Altertum; **el otro ~** das Jenseits; **no sabemos si en los otros ~s hay vida** wir wissen nicht, ob es auf den anderen Planeten
Leben gibt; **dar la vuelta al ~** eine Weltreise machen; **echar al ~** in die Welt setzen; **venir al ~** auf die Welt kommen; **irse
de este ~** sterben; **se bañaban como
Dios los/las trajo al ~** sie badeten splitternackt; **ver ~** sich in der Welt umsehen;
andar por esos ~s de Dios (*fam: estar de
viaje*) die Welt bereisen; (*estar perdido*)
irgendwo stecken; **recorrer medio ~** in
der Welt herumkommen; **con la mayor
tranquilidad del ~** in aller Seelenruhe;
rápidamente se le cae el ~ encima
ihm/ihr wird schnell alles zu viel; **vivir en
otro ~** (*fig*) hinter dem Mond leben; **este
~ es un pañuelo** die Welt ist ein Dorf;
desde que el ~ es ~ seit die Welt besteht;
ponerse el ~ por montera, reírse del ~
tun und lassen, was man will; **hacer un ~
de algo** aus etw *dat* ein Drama machen;
así va [*o* **anda**] **el ~** das ist der Lauf der
Welt; **¡deja el ~ correr!** lass es gut sein!;
no es nada del otro ~ das ist nichts
Besonderes; **por nada del ~** um nichts auf
der Welt; **dejó el ~ y se metió monja** sie
entsagte der Welt und wurde Nonne
❷ (*humanidad*) Welt *f;* **a la vista de todo
el ~** vor allen Leuten; **todo el ~ sabe
que...** jedermann weiß, dass ...; **lo sabe
medio ~** die halbe Welt weiß es schon
❸ (*experiencia*) Weltkenntnis *f;* **Lola**

tiene mucho ~ Lola ist eine Frau von Welt

mundología [mundolo'xia] *f sin pl* (*fam*)
Lebenserfahrung *f*

Munich ['muniʃ] *m* München *nt*

munición [muni'θjon] *f* (*de armas*) Munition *f*

municipal [muniθi'pal] *adj* städtisch; **parque ~** Stadtpark *m;* **término ~** Gemeindebezirk *m*

municipalidad [muniθipali'ðað] *f* ❶ (*administración*) Gemeindeverwaltung *f* ❷ (*corporación*) Gemeinderat *m*

municipio [muni'θipjo] *m* ❶ (*población*)
Gemeinde *f,* Gemeindebezirk *m* ❷ (*ayuntamiento*) Rathaus *nt* ❸ (*concejo*) Gemeinderat *m*

munificencia [munifi'θenθja] *f sin pl* Großzügigkeit *f*

muniqués, -esa [muni'kes, -esa] **I.** *adj*
münchnerisch **II.** *m, f* Münchner(in) *m(f)*

munir [mu'nir] **I.** *vt* (*CSur*) versehen (*de*
mit *+dat*); **ir munido de los documen-
tos necesarios** die erforderlichen Papiere
bei sich *dat* haben **II.** *vr:* **~se** (*CSur*) sich
versehen (*de* mit *+dat*); **~se del equipo
necesario** sich ausrüsten; **~se de sufi-
cientes provisiones** sich mit ausreichend
Proviant eindecken

muñeca [mu'ɲeka] *f* ❶ (*brazo*) Handgelenk
nt ❷ (*juguete*) Puppe *f* ❸ (*maniquí*)
Schneiderpuppe *f;* **~ hinchable** Dummy
m ❹ (*fig: niña*) niedliches Mädchen *nt*

muñeco [mu'ɲeko] *m* ❶ (*juguete*) Puppe *f;*
~ articulado Gliederpuppe *f;* **~ de nieve**
Schneemann *m* ❷ (*pey: monigote*) Marionette *f*

muñequera [muɲe'kera] *f* Armband *nt*

muñón [mu'ɲon] *m* Stumpf *m*

mural [mu'ral] **I.** *adj* Wand- **II.** *m* Wandbild
nt

muralista [mura'lista] *mf* Wandmaler(in)
m(f)

muralla [mu'raʎa] *f* Mauer *f*

murciélago [mur'θjelaɣo] *m* Fledermaus *f*

murga ['murɣa] *f* (*fam: banda*) schlechte
Musikkapelle *f;* **dar la ~ a alguien** jdm auf
den Wecker gehen; **¡deja de darme la ~!**
lass mich endlich in Ruhe!

murmullo [mur'muʎo] *m* ❶ (*voz*) Gemurmel *nt;* (*cuchicheo*) Geflüster *nt* ❷ (*hojas,
agua*) Rauschen *nt*

murmuración [murmura'θjon] *f* (*calumnia*) üble Nachrede *f;* (*cotilleo*) Klatsch *m
fam*

murmurar [murmu'rar] **I.** *vi, vt* (*entre dientes*) murmeln; (*susurrar*) flüstern; **~ al
oído** ins Ohr flüstern **II.** *vi* ❶ (*gruñir*) murren ❷ (*criticar*) herziehen (*de* über *+akk*);

(*chismorrear*) klatschen (*de* über +*akk*)
❸(*agua, hojas*) rauschen

muro ['muro] *m* Mauer *f;* (*pared*) Wand *f;*
~ **de contención** Schutzwall *m;* **M~ de
las Lamentaciones** Klagemauer *f;* ~
medianero Zwischenwand *f*

murria ['murrja] *f sin pl* (*fam: tristeza*)
Trübsinn *m*

murrio, -a ['murrjo, -a] *adj* trübsinnig

mus [mus] *m ein Kartenspiel*

musa ['musa] *f* Muse *f;* **soplarle a alguien
la** ~ von der Muse geküsst werden; (*en un
juego*) Glück im Spiel haben

musaraña [musa'raɲa] *f* ❶(ZOOL) Spitzmaus *f* ❷(*fig: bicho*) kleines Tier *nt;*
(*insecto*) kleines Insekt *nt;* **pensar en las
~s** (*fig*) in Gedanken woanders sein
❸(*nubecilla*) Flimmern *nt*

muscular [musku'lar] *adj* Muskel-

muscularse [musku'larse] *vr* die Muskeln
trainieren

musculatura [muskula'tura] *f* Muskulatur *f*

músculo ['muskulo] *m* Muskel *m;* ~ **del-
toide** Schultermuskel *m;* **ser ~ puro** nur
aus Muskeln bestehen

musculoso, -a [musku'loso, -a] *adj* muskulös

muselina [muse'lina] *f* Musselin *m*

museo [mu'seo] *m* Museum *nt;* ~ **etnográ-
fico** Völkerkundemuseum *nt*

museografía [museoɣra'fia] *f* Museums-
verwaltung *f*

museología [museolo'xia] *f sin pl* Muse-
umskunde *f*

musgo ['musɣo] *m* Moos *nt*

música ['musika] *f* ❶(*sonido*) Musik *f;*
(*partituras*) Noten *fpl;* ~ **folclórica** Volksmusik *f;* ~ **ratonera** (*fam fig*) Katzenmu-
sik *f;* ~ **sacra** Kirchenmusik *f;* **banda de** ~
(Musik)kapelle *f;* **caja de** ~ Spieldose *f;*
¡véte con la ~ a otra parte! lass mich in
Ruhe!; **tus palabras nos sonaron a ~ celestial** deine Worte waren Musik in unseren Ohren; **tener talento para la ~** musikalisch sein ❷(*orquesta*) (Musik)kapelle *f*

musical [musi'kal] **I.** *adj* musikalisch; **composición** ~ Musikstück *nt* **II.** *m* Musical
nt

musicalizar [musikali'θar] <z→c> *vt* (MÚS)
vertonen

músico, -a ['musiko, -a] **I.** *adj* Musik- **II.** *m,
f* Musiker(in) *m(f);* (*compositor*) Kompo-
nist(in) *m(f);* ~ **ambulante** (Straßen)musi-
kant *m*

musicografía [musikoɣra'fia] *f sin pl*
Musikwissenschaft *f*

musicología [musikolo'xia] *f sin pl* Musikwissenschaft *f*

musicólogo, -a [musi'koloɣo, -a] *m, f*
Musikwissenschaftler(in) *m(f)*

musitar [musi'tar] *vi* ❶(*balbucear*) murmeln; (*susurrear*) flüstern; ~ **al oído** ins
Ohr flüstern ❷(*hojas*) rauschen

muslo ['muslo] *m* (*persona*) Oberschenkel
m; (*animal*) Keule *f*

mustela [mus'tela] *f* Wiesel *nt*

mustio, -a ['mustjo, -a] *adj* ❶(*flores*) welk
❷(*triste*) bedrückt

musulmán, -ana [musul'man, -ana] **I.** *adj*
moslemisch **II.** *m, f* Moslem *m,* Moslime *f*

mutable [mu'taβle] *adj* veränderlich

mutación [muta'θjon] *f* ❶(*transformación*) (Ver)änderung *f* ❷(*genes*) Mutation
f ❸(TEAT) Szenenwechsel *m* ❹(METEO)
Wetterumschwung *m*

mutante [mu'tante] *mf* Mutant(e) *m(f)*

mutar [mu'tar] *vt, vr:* ~ **se** (sich) ändern

mutilado, -a [muti'laðo, -a] *m, f* Krüppel
m; ~ **de guerra** Kriegsversehrte(r) *m*

mutilar [muti'lar] *vt* ❶(*cuerpo*) verstümmeln ❷(*recortar*) kürzen

mutis ['mutis] *m inv* ❶(TEAT) Abgang *m;* ~
por el foro Abgang *m;* **hacer** ~ abgehen
❷(*loc*): **¡~!** Ruhe!

mutismo [mu'tismo] *m* Schweigsamkeit *f;*
no hay manera de sacarlo de su ~ es ist
unmöglich, ihn aus der Reserve zu locken

mutual [mu'tual] **I.** *adj* gegenseitig **II.** *f*
(CSur) Sozialversicherung *f*

mutualidad [mutwali'ðað] *f* ❶(*reciprocidad*) Gegenseitigkeit *f* ❷(*cooperativa*)
≈Verein *m* auf Gegenseitigkeit; ~ **de accidentes de trabajo** Berufsgenossenschaft *f;*
~ **obrera** Arbeiterhilfe *f*

mutuo, -a ['mutwo, -a] *adj* gegenseitig

muy [mwi] *adv* sehr; **es** ~ **improbable
que...** +*subj* es ist höchst unwahrscheinlich, dass ...; **¡guárdate ~ mucho de irlo
contando por ahí!** (*fam*) hüte dich bloß
das überall zu erzählen!; ~ **a pesar mío** zu
meinem größten Bedauern; ~ **de tarde en
tarde** sehr selten; ~ **de mañana** sehr früh
morgens; **¿y qué ha hecho el ~ tunante?**
und was hat der Schelm gemacht?; **le
saluda ~ atentamente, ...** (*en cartas*)
hochachtungsvoll, ...; **¡dejarnos planta-
dos: eso es ~ de María!** uns einfach sitzen zu lassen; das ist typisch Maria!; **es
Ud. ~ libre de hacer lo que quiera** es
steht Ihnen völlig frei, das zu tun, was
Ihnen beliebt

? Grammatik

muy ist ein Adverb und wird mit
Adjektiven und anderen Adverbien ver-

wendet: *El edificio es muy antiguo. – Das Gebäude ist sehr alt. Ella hace siempre su trabajo muy bien. – Sie macht ihre Arbeit immer sehr gut.*

mucho wird mit Verben sowie auch mit Substantiven gebraucht: *Hoy hemos trabajado mucho. – Heute haben wir viel gearbeitet. Actualmente no tengo mucho tiempo libre. – Zur Zeit habe ich nicht viel Freizeit.*

N n

N, n ['ene] *f* N, n *nt;* ~ **de Navarra** N wie Nordpol

naba ['naβa] *f* Steckrübe *f*

nabo ['naβo] *m* ❶ (BOT) weiße Rübe *f* ❷ (ARQUIT) Spindel *f* ❸ (*vulg: pene*) Schwanz *m fam*

nácar ['nakar] *m* Perlmutt *nt;* **de** ~ perlmuttern

nacarado, -a [naka'raðo, -a] *adj* perlmuttern

nacarino, -a [naka'rino, -a] *adj* perlmuttern

nacer [na'θer] *irr como crecer* **I.** *vi* ❶ (*venir al mundo*) geboren werden; **nací el 29 de febrero** ich bin am 29. Februar geboren; **no nací ayer** ich bin doch nicht von gestern *fam;* **de pies/cabeza** ein Sonntagskind/Pechvogel sein; **haber nacido para la música** der geborene Musiker sein; **nadie nace enseñado** (*prov*) es ist noch kein Meister vom Himmel gefallen; **no con quien naces, sino con quien paces** (*prov*) sage mir, mit wem du verkehrst, und ich sage dir, wer du bist ❷ (*del huevo*) schlüpfen ❸ (*germinar*) sprießen ❹ (*astro*) aufgehen; (*día*) anbrechen; **al ~ el día** bei Tagesanbruch ❺ (*originarse*) seinen Ursprung haben (*de/en* +*dat*); (*arroyo*) entspringen; (*surgir*) entstehen (*de* aus +*dat*, *de* durch +*akk*); **nació una duda en su mente** er/sie fing an zu zweifeln **II.** *vr:* ~ **se** keimen

nacido, -a [na'θiðo, -a] **I.** *adj:* **bien** ~ (*origen*) aus guter Familie; (*comportamiento*) wohlerzogen; ~ **de padres ricos** aus wohlhabendem Hause **II.** *m, f:* **recién** ~ Neugeborene(s) *nt;* **los** ~**s el 2 de abril**

alle am 2. April Geborenen; **un mal** ~ ein Fiesling

naciente¹ [na'θjente] *m* (*oriente*) Orient *m;* (*este*) Osten *m*

naciente² [na'θjente] *f* (*Arg, Par*) Quelle *f*

nacimiento [naθi'mjento] *m* ❶ (*venida al mundo*) Geburt *f;* **de** ~ von Geburt an ❷ (*linaje*) Herkunft *f;* **ser de humilde** ~ aus bescheidenen Verhältnissen stammen ❸ (*comienzo*) Anfang *m;* ~ **del pelo** Haaransatz *m*

nación [na'θjon] *f* Nation *f*

nacional [naθjo'nal] *adj* (POL) national; (ECON) inländisch; (*instituciones*) Staats-; **fiesta** ~ Nationalfeiertag *m;* **carretera** ~ (*en Alemania*) Bundesstraße *f;* (*en España*) Nationalstraße *f;* **moneda** ~ Landeswährung *f;* **producto** ~ Inlandsprodukt *nt;* **renta** ~ Volkseinkommen *nt*

nacionalidad [naθjonali'ðað] *f* (*ciudadanía*) Staatsangehörigkeit *f;* **ser de** ~ **española** die spanische Staatsangehörigkeit besitzen

nacionalismo [naθjona'lismo] *m sin pl* Nationalismus *m*

nacionalista [naθjona'lista] **I.** *adj* nationalistisch **II.** *mf* Nationalist(in) *m(f)*

nacionalización [naθjonaliθa'θjon] *f* ❶ (*ente*) Verstaatlichung *f* ❷ (*persona*) Einbürgerung *f*

nacionalizar [naθjonali'θar] <z→c> **I.** *vt* ❶ (*ente*) verstaatlichen ❷ (*persona*) einbürgern **II.** *vr:* ~ **se alemán** die deutsche Staatsangehörigkeit annehmen

nacionalsocialismo [naθjonalsoθja'lismo] *m sin pl* (HIST) Nationalsozialismus *m*

naco ['nako] *m* ❶ (*AmC: cobarde*) Feigling *m;* (*marica*) Schwule(r) *m fam* ❷ (*Arg: miedo*) Angst *f*

nada ['naða] **I.** *pron indef* nichts; **¡gracias!** – **¡de** ~! danke! – keine Ursache!; **¡pues** ~!** also gut!; **por** ~ **se queja** er/sie beschwert sich wegen jeder Kleinigkeit; **como si** ~ als wäre nichts dabei; **le costó** ~ **más y** ~ **menos que...** es kostete ihn/sie die stolze Summe von ...; ~ **menos que el director** der Direktor höchstpersönlich **II.** *adv* nichts; ~ **más** (*solamente*) nur; (*no más*) nichts mehr; **¡~ más!** das wär's!; ~ **de** ~ überhaupt nichts; **no ser** ~ **difícil** gar nicht schwierig sein; **¡~ de eso!** nichts da! *fam;* **¡casi** ~!** unglaublich!; **antes de** ~ (*sobre todo*) vor allem; (*primero*) zuallererst; **para** ~ umsonst; **a cada** ~ (*Am*) dauernd **III.** *f* Nichts *nt*

nadador(a) [naða'ðor(a)] *m(f)* Schwimmer(in) *m(f)*

nadar [na'ðar] *vi* schwimmen; ~ **en deu-**

das sich vor Schulden nicht mehr retten können

nadería [naðe'ria] *f* Nichtigkeit *f*

nadie ['naðje] *pron indef* niemand; **tú no eres ~ para...** du hast kein Recht zu ...; **un don ~** ein Niemand

nado ['naðo] *adv:* **a ~** schwimmend

nafta ['nafta] *f* (*CSur: gasolina*) Benzin *nt*

naftalina [nafta'lina] *f* (QUÍM) Naphthalin *nt*

nagual [na'ɣwal] *f* (*Méx*) Lüge *f*

nagualear [naɣwale'ar] *vi* (*Méx: mentir*) lügen; (*robar*) klauen

naif [na'if] *adj* naiv

nailon ['najlon] *m* Nylon® *nt*

naipe ['najpe] *m* ① (*carta*) (Spiel)karte *f* ② *pl* (*baraja*) Kartenspiel *nt*

najarse [na'xarse] *vr* (*fam*) abhauen

nalga ['nalɣa] *f* Gesäßhälfte *f*; **~ s** Gesäß *nt*

namibio, -a [na'miβjo, -a] **I.** *adj* namibisch **II.** *m, f* Namibier(in) *m(f)*

nana ['nana] *f* ① (*canción*) Wiegenlied *nt* ② (*fam: abuela*) Oma *f*; **del año de la ~** uralt ③ (*niñera*) Kindermädchen *nt*

nanay [na'naj] *interj* (*fam*) kommt nicht in die Tüte!

nano, -a ['nano, -a] *adj* (*fam*): **¡qué ~ (que) es!** so ein Zwerg!

nanoya [na'noʝa] *f* (*Guat*) Großmutter *f*

napa ['napa] *f* ① (*piel*) Nappa(leder) *nt* ② (*fibras*) Vlies *nt*

napia(s) ['napja(s)] *f(pl)* (*fam*) Zinken *m*

Nápoles ['napoles] *m* Neapel *nt*

napolitano, -a [napoli'tano, -a] **I.** *adj* neapolitanisch **II.** *m, f* Neapolitaner(in) *m(f)*

naranja [na'raŋxa] **I.** *f* Orange *f*; **tu media ~** deine bessere Hälfte; **¡~s!** Quatsch! **II.** *adj:* (**de color**) **~** orange(n)

naranjada [naraŋ'xaða] *f* Orangenlimonade *f*

naranjado, -a [naraŋ'xaðo, -a] *adj* orange(n)

naranjal [naraŋ'xal] *m* Orangenhain *m*

naranjo [na'raŋxo] *m* Orangenbaum *m*

narcisismo [narθi'sismo] *m sin pl* Narzissmus *m*

narcisista [narθi'sista] **I.** *adj* narzisstisch **II.** *mf* ① (*en la mitología*) Narziss *m* ② (*erótico*) Narzisst *m*

narciso [nar'θiso] *m* ① (*persona*) Narziss *m* ② (BOT) Narzisse *f*

narco ['narko] *m* (*argot*) Dealer *m*

narcosis [nar'kosis] *f inv* Narkose *f*

narcoterrorismo [narkoterro'rismo] *m sin pl* Drogenterrorismus *m*

narcoterrorista [narkoterro'rista] *mf* Drogenterrorist(in) *m(f)*

narcótico¹ [nar'kotiko] *m* Betäubungsmittel *nt*

narcótico, -a² [nar'kotiko, -a] *adj* betäubend

narcotizante [narkoti'θante] **I.** *adj* narkotisierend; **le administraron una sustancia ~** sie gaben ihm/ihr ein Narkotikum **II.** *m* Narkotikum *nt*

narcotizar [narkoti'θar] <z→c> *vt* betäuben

narcotraficante [narkotrafi'kante] *mf* Drogenhändler(in) *m(f)*

narcotráfico [narko'trafiko] *m* Drogenhandel *m*

nardo ['narðo] *m* (BOT) Narde *f*

narigón¹ [nari'ɣon] *m* ① (*nariz*) große Nase *f* ② (*agujero*) Nasenloch *nt* ③ (*argolla*) Nasenring *m*

narigón, -ona² [nari'ɣon, -ona] *adj* mit einer großen Nase

narigudo, -a [nari'ɣuðo, -a] *adj* (*narigón*) mit einer großen Nase

nariz [na'riθ] *f* ① (ANAT) Nase *f*; **~ chata** Stumpfnase *f*; **~ ganchuda** Hakennase *f*; **~ respingona** Himmelfahrtsnase *f*; (*pequeña*) Stupsnase *f*; **estar hasta las narices** (*fam*) die Nase voll haben; **hasta que se me hinchen las narices** (*fam*) bis mir der Kragen platzt; **darse de narices con alguien** (*fam*) jdm (geradewegs) in die Arme laufen; **por narices** (*fam*) auf jeden Fall; **hago lo que me sale por las narices** (*fam*) ich mache, was ich will; **romper las narices a alguien** jdm die Schnauze polieren *fam*; **¡(qué) narices!** (*fam*) das wär ja noch schöner!; **no ver más allá de sus narices** (*fam*) nicht über den Tellerrand hinausgucken (können); **quedarse con un palmo de narices** (*fam*) in die Röhre schauen ② (*intuición*) Riecher *m fam*; **me da en la ~ que...** ich habe das Gefühl, dass ...

narizota [nari'θota] *f* große Nase *f*

narración [narra'θjon] *f* Erzählung *f*

narrador(a) [narra'ðor(a)] *m(f)* Erzähler(in) *m(f)*

narrar [na'rrar] *vt* (*contar*) erzählen; (*informar*) berichten

narrativa [narra'tiβa] *f* Prosa *f*

narrativo, -a [narra'tiβo, -a] *adj* erzählend; (LIT) narrativ

nasal [na'sal] **I.** *adj* ① (ANAT) Nasen- ② (LING) nasal **II.** *m* (LING) Nasal(laut) *m*

nasalizar [nasali'θar] <z→c> *vt* (LING) nasalieren

nata ['nata] *f* ① (*producto*) Sahne *f*; **~ montada** Schlagsahne *f* ② (*sobre un líquido*) Haut *f* ③ (*lo más selecto*) Erlesenste(s) *nt;* **la crema y ~ de la sociedad** die Crème de la Crème der Gesellschaft

natación [nata'θjon] *f* Schwimmen *nt*

natal [na'tal] *adj* Geburts-; **ciudad** ~ Heimatstadt *f*

natalicio, **-a** [nata'liθjo, -a] *adj* Geburtstags-

natalidad [natali'ðaᵈ] *f* Geburtenrate *f;* **de fuerte/baja** ~ geburtenstark/geburtenschwach

natatorio, **-a** [nata'torjo, -a] *adj* Schwimm-

natillas [na'tiλas] *fpl* ≈Cremespeise *f*

Natividad [natiβi'ðaᵈ] *f* ❶ *(navidades)* Weihnachten *nt* ❷ (REL) *Fest der Geburt Jesu, der Jungfrau Maria oder Johannes des Täufers*

nativo, **-a** [na'tiβo, -a] **I.** *adj* ❶ *(natal)* Heimat- ❷ *(metal)* rein ❸ *(Am: persona)* einheimisch **II.** *m, f (Am)* Einheimische(r) *mf*

nato, **-a** ['nato, -a] *adj* geboren

natural [natu'ral] **I.** *adj* ❶ *(no artificial, sencillo)* natürlich; *(elaboración)* roh; *(alimentos)* unbehandelt; **al** ~ *(comportamiento)* ungekünstelt; **esto es lo más** ~ **del mundo** *(normal)* das ist doch völlig natürlich; *(lógico)* das ist doch selbstverständlich ❷ *(nacido)*: **ser** ~ **de Alemania** gebürtiger Deutscher sein **II.** *m* Naturell *nt*

naturaleza [natura'leθa] *f* ❶ *(campo)* Natur *f;* ~ **muerta** Stillleben *nt;* **en plena** ~ in der freien Natur ❷ *(manera)* Natur *f* ❸ *(índole)* Beschaffenheit *f;* **de** ~ **pública** öffentlich-rechtlich ❹ *(derecho de ciudadano)* Bürgerrecht *nt*

naturalidad [naturali'ðaᵈ] *f sin pl* Natürlichkeit *f*

naturalista [natura'lista] **I.** *adj* (ARTE, FILOS, LIT) naturalistisch **II.** *mf* (ARTE, FILOS, LIT) Naturalist(in) *m(f)*

naturalizar [naturali'θar] <z→c> **I.** *vt* einbürgern; ~ **costumbres** Bräuche annehmen; ~ **un animal** ein Tier heimisch machen **II.** *vr:* ~ **se** *(habituarse)* sich einleben

naturalmente *adv* natürlich, selbstverständlich

naturismo [natu'rismo] *m sin pl* ❶ *(naturopatía)* Naturheilkunde *f* ❷ *(nudismo)* Freikörperkultur *f*

naufragar [naufra'ɣar] <g→gu> *vi* ❶ *(hundirse)* Schiffbruch erleiden ❷ *(fracasar)* scheitern

naufragio [nau'fraxjo] *m* ❶ *(accidente)* Schiffbruch *m* ❷ *(fracaso)* Fehlschlag *m;* *(de negociaciones)* Scheitern *nt*

náufrago, **-a** ['naufraɣo, -a] **I.** *adj* schiffbrüchig **II.** *m, f* Schiffbrüchige(r) *mf*

náusea ['nausea] *f* Übelkeit *f;* **el pavo relleno me da** ~ **s** gefüllten Puter finde ich ekelhaft

nauseabundo, **-a** [nausea'βundo, -a] *adj* Ekel erregend

náuseas ['nauseas] *fpl* Übelkeit *f;* **tengo** ~ mir ist schlecht; **dar** ~ **a alguien** jdn anekeln

náutica ['nautika] *f sin pl* Schifffahrtskunde *f*

náutico, **-a** ['nautiko, -a] *adj* Schifffahrts-

nava ['naβa] *f* Senke *f*

navaja [na'βaxa] *f* ❶ *(cuchillo)* Taschenmesser *nt;* ~ **de afeitar** Rasiermesser *nt;* ~ **automática** Springmesser *nt* ❷ (ZOOL) Schwertmuschel *f*

navajada [naβa'xaða] *f,* **navajazo** [naβa'xaθo] *m* ❶ *(golpe)* Messerstich *m* ❷ *(herida)* Stichwunde *f*

navajero, **-a** [naβa'xero, -a] *m, f (delincuente)* Messerstecher(in) *m(f)*

naval [na'βal] *adj (marítimo)* See-; *(referente a barcos)* Schiffs-

navarro, **-a** [na'βarro, -a] **I.** *adj* aus Navarra **II.** *m, f* Einwohner(in) *m(f)* von Navarra

nave ['naβe] *f* ❶ *(barco)* Schiff *nt;* **quemar las** ~ **s** *(fig)* alle Brücken hinter sich *dat* abbrechen ❷ *(en una iglesia)* (Kirchen)schiff *nt;* ~ **central** Mittelschiff *nt* ❸ *(almacén)* (Lager)halle *f*

navegable [naβe'ɣaβle] *adj* schiffbar; **rutas** ~ **s** Schifffahrtsstraßen *fpl*

navegación [naβeɣa'θjon] *f* Schifffahrt *f*

navegante [naβe'ɣante] *mf* ❶ *(por mar)* Seefahrer(in) *m(f)* ❷ (INFOR) Surfer(in) *m(f);* ~ **de** [*o* **por**] **Internet** Internetsurfer *m*

navegar [naβe'ɣar] <g→gu> **I.** *vi, vt* (mit einem Schiff) fahren; ~ **ocho millas por hora** acht Meilen pro Stunde zurücklegen **II.** *vi* ❶ *(vagar)* herumgehen ❷ (INFOR) surfen; ~ **en** [*o* **por**] **la Web/red** im Web/Netz surfen

Navidad [naβi'ðaᵈ] *f* Weihnachten *nt;* **¡feliz** ~ **!** fröhliche Weihnachten!

---

i | **Land & Leute**

In den meisten spanischen *Comunidades Autónomas – autonomen Regionen* gibt es nur einen Weihnachtstag, **el día de Navidad,** am 25. Dezember. An *Nochebuena – Heiligabend* geht man um Mitternacht mit der ganzen Familie zur *misa del gallo – Christmette.* Weihnachtslieder heißen auf Spanisch *villancicos.*

---

navideño, **-a** [naβi'ðeɲo, -a] *adj* Weihnachts-; *(ambiente)* weihnachtlich

naviera [na'βjera] *f* Reederei *f*
naviero, -a [na'βjero, -a] **I.** *m*, *f* Schiffsei-
gentümer(in) *m(f)* **II.** *adj* Schifffahrts-
navío [na'βio] *m* Schiff *nt*
nazi ['naθi] **I.** *adj* (HIST) Nazi- **II.** *mf* (HIST)
Nazi *m*
nazismo [na'θismo] *m sin pl* Nationalsozialismus *m*
N. de la R. ['nota ðe la rreða'ɣ'θjon] *abr de*
Nota de la Redacción Anm. d. Red.
N. del T. ['nota ðel traðuk'tor] *abr de* Nota
del Traductor Anm. des Übersetzers
NE [nor'ðeste] *abr de* Nordeste NO
neandertal [neaṇder'tal] *m:* hombre de ~
Neandertaler *m*
neblina [ne'βlina] *f* Bodennebel *m*
neblinoso, -a [neβli'noso, -a] *adj* (*nebuloso*) neb(e)lig; (*brumoso*) dunstig
nebulizador [neβuliθa'ðor] *m* Zerstäuber
m
nebulosidad [neβulosi'ðað] *f* ❶ (*niebla*)
Nebelbildung *f* ❷ (*nubes*) Bewölkung *f*
nebuloso, -a [neβu'loso, -a] *adj* ❶ (*brumoso*) neb(e)lig ❷ (*nuboso*) bewölkt
❸ (*vago*) nebulös ❹ (*oscuro*) düster
necedad [neθe'ðað] *f* Dummheit *f;* no
decir más que ~es nur dummes Zeug
reden
necesariamente [neθesarja'meṇte] *adv*
zwangsläufig
necesario, -a [neθe'sarjo, -a] *adj* notwendig; es ~ que... +*subj* es ist notwendig,
dass ...; la lluvia hizo ~ quedarse en
casa wegen des Regens mussten wir zu
Hause bleiben
neceser [neθe'ser] *m* ❶ (*de aseo*) Kulturbeutel *m* ❷ (*de costura*) Necessaire *nt*
necesidad [neθesi'ðað] *f* ❶ (*ser preciso*)
Notwendigkeit *f;* de primera ~ lebensnotwendig; de toda ~ dringend; no tiene ~
de trabajar er/sie braucht nicht zu arbeiten ❷ (*demanda*) Bedarf *m;* ~ del arrendador Eigenbedarf des Vermieters ❸ (*requerimiento*) Bedürfnis *nt;* tener ~ de
algo etw brauchen ❹ (*apuro*) Not *f* ❺ *pl*
(*evacuación corporal*) Notdurft *f;* hacer
sus ~es seine Notdurft verrichten
necesitado, -a [neθesi'taðo, -a] **I.** *adj*
(*pobre*) bedürftig; estar ~ de amor Liebe
brauchen **II.** *m*, *f* Bedürftige(r) *mf*
necesitar [neθesi'tar] **I.** *vt* ❶ (*precisar*)
brauchen, benötigen; se necesita piso
Wohnung gesucht ❷ +*inf* (*tener que*)
müssen; necesitas comer algo du musst
etwas essen **II.** *vi* (*precisar*) brauchen (*de
+akk*)
necio, -a [ˈneθjo, -a] **I.** *adj* dumm; a palabras necias, oídos sordos (*prov*) eine

dumme Frage verdient eine dumme Antwort **II.** *m*, *f* Dummkopf *m*
nécora ['nekora] *f* Krabbe *f*
necrófago, -a [ne'krofaɣo, -a] **I.** *adj* Aas
fressend **II.** *m*, *f* Aasfresser *m*
necrofilia [nekro'filja] *f* Nekrophilie *f*
necrología [nekrolo'xia] *f* ❶ (*biografía*)
Nachruf *m* ❷ (*nota*) Todesanzeige *f*
necrológico, -a [nekro'loxiko, -a] *adj*
Todes-
necrópolis [ne'kropolis] *f inv* Nekropolis *f*
necropsia [ne'kroβsja] *f* (MED) Nekropsie *f,*
Obduktion *f*
néctar ['nektar] *m* ❶ (*t.* BOT) Nektar *m*
❷ (*licor*) Likör *m*
nectarina [nekta'rina] *f* Nektarine *f*
neerlandés, -esa [ne(e)rlaṇ'des, -esa]
I. *adj* niederländisch **II.** *m*, *f* Niederlän-
der(in) *m(f)*
nefando, -a [ne'faṇdo, -a] *adj* niederträchtig
nefario, -a [ne'farjo, -a] *adj* ruchlos
nefasto, -a [ne'fasto, -a] *adj* unheilvoll;
(*día*) schwarz
nefrítico, -a [ne'fritiko, -a] *adj* Nieren-
nefrología [nefrolo'xia] *f* (MED) Nephrolo-
gie *f*
nefrosis [ne'frosis] *f inv* (MED) Nephrose *f*
negación [neɣa'θjon] *f* ❶ (*desmentir*)
Leugnen *nt;* (*renegar*) Verleugnen *nt*
❷ (*denegar*) Verweigerung *f* ❸ (LING)
Negation *f*
negado, -a [ne'ɣaðo, -a] **I.** *adj* ungeeignet
II. *m*, *f:* ser un ~ para las matemáticas
schlecht in Mathematik sein; ser un ~
para las labores de la casa im Haushalt
zwei linke Hände haben
negar [ne'ɣar] *irr como fregar* **I.** *vt* ❶ (*decir
que no*) verneinen; (*desmentir*) leugnen;
(*renegar*) verleugnen ❷ (*rehusar*) verweigern; (*rechazar*) abschlagen **II.** *vr:* ~se sich
weigern
negativa [neɣa'tiβa] *f* (*negación*) Nein *nt;*
(*rehusamiento*) Weigerung *f;* (*rechazo*)
Absage *f*
negativo¹ [neɣa'tiβo] *m* (FOTO) Negativ *nt*
negativo, -a² [neɣa'tiβo, -a] *adj* (*t.* MAT,
FOTO) negativ; tu respuesta fue negativa
du hast Nein gesagt
negligencia [neɣli'xeṇθja] *f* (*descuido*)
Nachlässigkeit *f;* (JUR) Fahrlässigkeit *f*
negligente [neɣli'xeṇte] **I.** *adj* (*descuidado*) nachlässig; (JUR) fahrlässig; ser ~ en
[o para] su trabajo nachlässig arbeiten
II. *mf* (JUR) fahrlässig Handelnde(r) *mf*
negociable [neɣo'θjaβle] *adj* verhandelbar;
el precio es ~ Preis nach Vereinbarung
negociación [neɣoθja'θjon] *f* (*convenio*)

Verhandlung *f;* ~ **colectiva** Tarifverhandlung *f;* **entrar en negociaciones con alguien** mit jdm Verhandlungen aufnehmen

negociado [neɣo'θjaðo] *m* ❶ (*dependencia*) Geschäftsstelle *f;* (ADMIN) Amt *nt* ❷ (*AmS: negocio*) Klüngelei *f*

negociador(a) [neɣoθja'ðor(a)] **I.** *adj* Verhandlungs- **II.** *m(f)* ❶ (*comerciante*) Händler(in) *m(f)* ❷ (*mediador*) Unterhändler(in) *m(f)*

negociante [neɣo'θjante] *mf* Händler(in) *m(f)*

negociar [neɣo'θjar] **I.** *vi* handeln (*en/con* mit +*dat*) **II.** *vi, vt* (*dialogar*) verhandeln **III.** *vt* (*concertar*) aushandeln

negocio [ne'ɣoθjo] *m* ❶ (*comercio*) Geschäft *nt;* ~ **al detalle** Einzelhandel *m;* ~ **redondo** (*fam*) Bombengeschäft *nt* ❷ (*asunto*) Sache *f*

negrero, -a [ne'ɣrero, -a] *m, f* ❶ (*que se dedica a la trata de esclavos*) Sklavenhändler(in) *m(f)* ❷ (*tirano*) Tyrann(in) *m(f)* ❸ (*CSur: aprovechado*) Ausbeuter(in) *m(f)*

negrilla [ne'ɣriʎa] *f,* **negrita** [ne'ɣrita] *f* (TIPO) halbfette Schrift *f*

negro, -a ['neɣro, -a] **I.** *adj* schwarz; ~ **del sol** sonnengebräunt; **estar/ponerse** ~ (*fam*) wütend sein/werden; **verse para...** (*fam*) große Mühe haben zu ...; **verse** ~ [*o* **pasarlas negras**] **para encontrar algo** etw nur mit Mühe finden; **las pasé negras** (*fam: sufrí*) es ging mir dreckig; **tener la negra** (*fam*) eine Pechsträhne haben **II.** *m, f* ❶ (*persona*) Schwarze(r) *mf;* **trabajar como un** ~ (*fam*) schuften ❷ (*escritor*) Ghostwriter(in) *m(f)* ❸ (*Arg: fam: cariño*) Liebling *m*

negrura [ne'ɣrura] *f* Schwärze *f*

negruzco, -a [ne'ɣruθko, -a] *adj* schwärzlich

nemotécnica [nemo'teɣnika] *f* Mnemotechnik *f;* **regla de** ~ Eselsbrücke *f*

nene, -a ['nene, -a] *m, f* (*fam: niño*) Junge *m,* Mädchen *nt;* (*expresión de cariño*) Kleine(r) *mf*

nenúfar [ne'nufar] *m* Seerose *f*

neocapitalismo [neokapita'lismo] *m sin pl* (ECON) Neokapitalismus *m*

neoclasicismo [neoklasi'θismo] *m sin pl* (ARTE, LIT) Klassizismus *m;* (ARQUIT) Neoklassizismus *m*

neoclásico, -a [neo'klasiko, -a] *adj* (ARTE, LIT) klassizistisch; (ARQUIT) neoklassizistisch

neófito, -a [ne'ofito, -a] *m, f* ❶ (*bautizado*) Neugetaufte(r) *mf* ❷ (*iniciado*) Anfänger(in) *m(f)*

neolatino, -a [neola'tino, -a] *adj* (LING) neulateinisch

neoliberal [neoliβe'ral] *mf* (ECON, POL) Neoliberale(r) *mf*

neoliberalismo [neoliβera'lismo] *m sin pl* (ECON) Neoliberalismus *m*

neolítico [neo'litiko] *m* Jungsteinzeit *f*

neologismo [neolo'xismo] *m* Neologismus *m*

neón [ne'on] *m* Neon *nt*

neonato, -a [neo'nato, -a] **I.** *adj* neugeboren **II.** *m, f* Neugeborene(s) *nt*

neonazi [neo'naθi] *mf* Neonazi *mf*

neonazismo [neona'θismo] *m* (POL) Neonazismus *m*

neoyorquino, -a [neoɟor'kino, -a] **I.** *adj* aus New York **II.** *m, f* New Yorker(in) *m(f)*

neozelandés, -esa [neoθelan'des, -esa] **I.** *adj* neuseeländisch **II.** *m, f* Neuseeländer(in) *m(f)*

nepalés, -esa [nepa'les, -esa] **I.** *adj* nepalesisch **II.** *m, f* Nepalese, -in *m, f*

nepotismo [nepo'tismo] *m sin pl* Vetternwirtschaft *f*

nervadura [nerβa'ðura] *f* ❶ (ARQUIT) Rippe *f* ❷ (BOT) Äderung *f*

nervio ['nerβjo] *m* ❶ (*conductor*) Nerv *m;* **ataque de** ~ **s** Nervenzusammenbruch *m;* **crispar los** ~ **s a alguien, poner a alguien los** ~ **s de punta** (*fam: enfadar*) jdn auf hundert bringen; (*poner nervioso*) jdn nervös machen; **estar atacado de los** ~ **s** nervlich sehr angespannt sein; **ser un puro** ~ (*fam*) das reinste Nervenbündel sein ❷ (*tendón*) Sehne *f* ❸ (BOT) Ader *f* ❹ (*libro*) Heftschnur *f* ❺ (*ímpetu*) Energie *f* ❻ (*alma*) Triebfeder *f*

nerviosidad [nerβjosi'ðað] *f* ❶ (*tensión*) Nervenanspannung *f* ❷ (*nerviosismo*) Nervosität *f*

nerviosismo [nerβjo'sismo] *m* Nervosität *f*

nervioso, -a [ner'βjoso, -a] *adj* ❶ (ANAT) Nerven- ❷ (*intranquilo*) nervös

nervudo, -a [ner'βuðo, -a] *adj* sehnig

netiqueta [neti'keta] *f* (INFOR, TEL) Netikette *f* (*im Internet*)

neto, -a ['neto, -a] *adj* ❶ (*claro*) klar ❷ (*no bruto*) netto

neumático [neʊ'matiko] *m* Reifen *m*

neumólogo, -a [neʊ'moloɣo, -a] *m, f* (MED) Lungenfacharzt, -ärztin *m, f*

neumonía [neʊmo'nia] *f* (MED) Lungenentzündung *f*

neural [neʊ'ral] *adj* Nerven-

neuralgia [neʊ'ralxja] *f* (MED) Nervenschmerzen *mpl*

neurastenia [neʊras'tenja] *f* (MED) Neurasthenie *f*

neurocirugía [neu̯roθiru'xia] *f* (MED) Neurochirurgie *f*

neurología [neu̯rolo'xia] *f sin pl* Neurologie *f*

neurólogo, -a [neu̯'roloɣo, -a] *m, f* Neurologe, -in *m, f*

neurona [neu̯'rona] *f* Neuron *nt*

neurosis [neu̯'rosis] *f inv* Neurose *f*

neurótico, -a [neu̯'rotiko, -a] I. *adj* neurotisch II. *m, f* Neurotiker(in) *m(f)*

neurotizar [neu̯roti'θar] <z→c> *vt* (*fam*) nerven

neutral [neu̯'tral] I. *adj* (*imparcial*) neutral; (*sin partido*) parteilos II. *mf* (*persona imparcial*) Unparteiische(r) *mf;* (*sin partido*) Parteilose(r) *mf;* (*Estado*) neutraler Staat *m*

neutralidad [neu̯trali'ðað] *f* Neutralität *f*

neutralización [neu̯traliθa'θjon] *f* Neutralisierung *f*

neutralizador(a) [neu̯traliθa'ðor(a)] *adj* neutralisierend

neutralizar [neu̯trali'θar] <z→c> I. *vt* neutralisieren II. *vr:* ~ **se** sich neutralisieren

neutro, -a ['neu̯tro, -a] *adj* ❶ (*t.* QUÍM) neutral ❷ (ZOOL) geschlecht(s)los ❸ (LING) sächlich; **género** ~ Neutrum *nt*

neutrón [neu̯'tron] *m* Neutron *nt*

nevada [ne'βaða] *f* ❶ (*caída*) Schneefall *m* ❷ (*nieve*) Schnee *m*

nevado, -a [ne'βaðo, -a] *adj* ❶ (*cubierto*) verschneit ❷ (*blanco*) schneeweiß

nevar [ne'βar] <e→ie> *vimpers* schneien

nevera [ne'βera] *f* (*frigorífico*) Kühlschrank *m*

nevisca [ne'βiska] *f* leichter Schneefall *m*

neviscar [neβis'kar] <c→qu> *vimpers* leicht schneien

nexo ['neʸso] *m* Verbindung *f*

ni [ni] *conj:* ~ **...** ~ weder ... noch ...; **no fumo** ~ **bebo** ich rauche und trinke nicht; ~ (**siquiera**) nicht einmal; **¡~ lo pienses!** auf gar keinen Fall!; **sin más** ~ **más** plötzlich; **¡~ que fuera tonto!** er ist doch nicht dumm!; ~ **bien** (*Arg*) sobald (als) ...

Nicaragua [nika'raʸwa] *f* Nicaragua *nt*

Nicaragua liegt in Mittelamerika, grenzt im Norden an Honduras, im Süden an Costa Rica, im Osten an die Karibik und im Westen an den Pazifik. Die Hauptstadt **Nicaraguas** heißt Managua. Die offizielle Landessprache ist Spanisch. Die Währungseinheit ist der *córdoba.*

nicaragüense [nikara'ʸwense] I. *adj* nicaraguanisch II. *mf* Nicaraguaner(in) *m(f)*

nicho ['nitʃo] *m* Nische *f;* (*sepultura*) Grabnische *f*

nicotina [niko'tina] *f* Nikotin *nt*

nidada [ni'ðaða] *f* ❶ (*huevos*) Gelege *nt* ❷ (*polluelos*) Brut *f*

nidal [ni'ðal] *m* ❶ (*lugar*) Nest *nt* ❷ (*huevo*) Nestei *nt*

nidificar [niðifi'kar] <c→qu> *vi* nisten

nido ['niðo] *m* ❶ (*lecho*) Nest *nt;* ~ **de discordias** Unruheherd *m;* **caerse del** ~ naiv sein ❷ (*nidal*) Nistplatz *m*

niebla ['njeβla] *f* Nebel *m;* **hace** ~ es ist neb(e)lig

nieto, -a ['njeto, -a] *m, f* Enkel(in) *m(f);* ~ **segundo** Urenkel *m*

nieve ['njeβe] *f* ❶ (*precipitación*) Schnee *m;* ~ **carbónica** Trockeneis *nt* ❷ *pl* Schneefall *m* ❸ (*argot: cocaína*) Schnee *m* ❹ (*AmC: helado*) (Frucht)eis *nt*

NIF [nif] *m abr de* **Número de identificación fiscal** Steuernummer *f*

nigeriano, -a [nixe'rjano, -a] I. *adj* nigerianisch II. *m, f* Nigerianer(in) *m(f)*

nigromancia [niɣro'manθja] *f* Totenbeschwörung *f*

nigromántico, -a [niɣro'mantiko, -a] *adj* die Totenbeschwörung betreffend

nihilismo [ni(i)'lismo] *m sin pl* (FILOS) Nihilismus *m*

nihilista [ni(i)'lista] I. *adj* (FILOS) nihilistisch II. *mf* (FILOS) Nihilist(in) *m(f)*

Nilo ['nilo] *m* Nil *m*

nilón [ni'lon] *m* Nylon® *nt*

nimbo ['nimbo] *m* (*aureola*) Heiligenschein *m*

nimiedad [nimje'ðað] *f* ❶ (*insignificancia*) Kleinigkeit *f* ❷ (*minuciosidad*) Kleinlichkeit *f*

nimio, -a ['nimjo, -a] *adj* ❶ (*sin importancia*) unwichtig ❷ (*minucioso*) pedantisch

ninfa ['nimfa] *f* ❶ (*mitología*) Nymphe *f* ❷ (*joven*) Grazie *f* ❸ (ZOOL) Puppe *f*

ninfómana [nim'fomana] *f* (MED, PSICO) Nymphomanin *f*

ningún [niŋ'gun] *adj indef v.* **ninguno**

ningunear [niŋgune'ar] *vt* ❶ (*no tomar en consideración*) übergehen ❷ (*menospreciar*) verachten

ninguneo [niŋgu'neo] *m* Verachtung *f*

ninguno, -a [niŋ'guno, -a] I. *adj indef* (*precediendo un substantivo masculino singular: ningún*) keine(r, s); **por ningún lado** nirgends; **de ninguna manera** keinesfalls; **ninguna vez** nie; **en sitio** ~ nirgendwo II. *pron indef* keine(r, s); (*personas*) niemand; **no quiso venir** ~ niemand wollte kommen

niña ['niɲa] f ❶ (*chica*) Mädchen nt ❷ (*persona no adulta*) Kind nt; v. t. **niño** ❸ (ANAT) Pupille f; **eres como las ~s de mis ojos** du bist mein Augenstern

niñato, -a [ni'ɲato, -a] m, f (*fam*) Rotzbengel m, Rotzgöre f

niñera [ni'ɲera] f Kindermädchen nt

niñería [niɲe'ria] f ❶ (*de niños*) Kinderei f ❷ (*fam: pequeñez*) Kinkerlitzchen nt

niñero, -a [ni'ɲero, -a] I. adj kinderlieb II. m, f Babysitter m; **estar de ~** babysitten

niñez [ni'ɲeθ] f Kindheit f

niño ['niɲo] m ❶ (*chico*) Junge m ❷ (*persona no adulta*) Kind nt; **~ de la bola** Glückspilz m; **~ mimado** (*favorito*) Liebling m; **~ de pecho** Säugling m; **~ probeta** Retortenbaby nt; **¡no seas ~!** sei nicht kindisch! ❸ (*reg: joven*) junger Mann m

nipón, -ona [ni'pon, -ona] I. adj japanisch II. m, f Japaner(in) m(f)

níquel ['nikel] m Nickel nt

niquelar [nike'lar] vt vernickeln

niqui ['niki] m (*camiseta*) T-Shirt nt

nirvana [nir'βana] f (REL) Nirwana nt

níspero ['nispero] m ❶ (BOT: *arbusto y fruto*) Mispel f ❷ (*Am:* BOT) Kumquat f

nitidez [niti'ðeθ] f Klarheit f; (FOTO) Schärfe f

nítido, -a ['nitiðo, -a] adj klar; (FOTO) scharf

nitrato [ni'trato] m Nitrat nt

nítrico, -a ['nitriko, -a] adj: **ácido ~** Salpetersäure f

nitrito [ni'trito] m Nitrit nt

nitro ['nitro] m Salpeter m

nitrógeno [ni'troxeno] m Stickstoff m

nitroglicerina [nitroɣliθe'rina] f Nitroglyzerin nt

nitroso, -a [ni'troso, -a] adj salpet(e)rig

nivel [ni'βel] m ❶ (*instrumento*) Wasserwaage f ❷ (*horizontalidad, grado, t.* INFOR) Ebene f; **~ estilístico** Stilebene f; **a ~** auf gleicher Höhe ❸ (*cota*) Pegel m; **~ de la riada** Hochwasserpegel m; **sobre el ~ del mar** über dem Meer(esspiegel) ❹ (*estándar*) Niveau nt; **~ de vida** Lebensstandard m; **estar al ~ de algo/alguien** mit etw dat/jdm mithalten können; **estar al ~ de lo exigido** den Anforderungen entsprechen

nivelación [niβela'θjon] f Nivellierung f; **~ del presupuesto** Haushaltsausgleich m

nivelado, -a [niβe'laðo, -a] adj ❶ (*horizontal*) waag(e)recht ❷ (*plano*) eben

nivelador¹ [niβela'ðor] m (TÉC) Nivellierinstrument nt

nivelador(a)² [niβela'ðor(a)] adj nivellierend

nivelar [niβe'lar] I. vt ❶ (*a igual nivel*) ausgleichen ❷ (*horizontal*) (ein)ebnen; (GEO, TÉC) nivellieren; (*parcela*) planieren II. vr: **~se** sich ausgleichen; **~se con alguien** jds Niveau erreichen

níveo, -a ['niβeo, -a] adj schneeweiß

no [no] adv ❶ (*respuesta*) nein; **¡que ~!** nein, und nochmals nein! ❷ (+ *verbo/adjetivo*) nicht; **~ protegido** ungeschützt; **hoy ~ hay clase** heute ist vorlesungsfrei ❸ (*prefijo*) Nicht- ❹ (*retórica*) oder nicht? ❺ (*loc*): **¡a que ~!** wetten, dass nicht!; **¿cómo ~?** aber klar doch!; **~ sea que...** +*subj* sonst ... womöglich; **a ~ ser que...** +*subj* es sei denn, dass ...; **a ~** (*Col*) (als) ...; **~... nada** nichts; **~... nadie** niemand; **~... nunca** niemals; **~ bien...** +*subj* sobald ...; **o, si ~** anderenfalls; **~ tal** gar nicht; **~ ya** nicht nur; **ya ~** nicht mehr; **~ tiene más que un abrigo** er/sie hat nur einen Mantel; **~ quedan más que dos botellas** es sind nur noch zwei Flaschen da; **~ querer más hijos** keine Kinder mehr wollen; **~ quiero hablar más de esto** ich will darüber nicht mehr sprechen; **tener un ~ sé que** das gewisse Etwas haben

? Grammatik

Auf die Verneinung **no** folgen weitere negative Partikel, wenn der Sprecher eine besondere Nuance ausdrücken oder etwas besonders betonen will: *No entiendo nada. – Ich verstehe überhaupt nichts. No he estado nunca en Japón. – Ich bin noch nie in Japan gewesen.* Wenn diese negativen Partikeln vor dem Verb stehen, wird **no** weggelassen: *Nunca he estado en Jamaica. – Ich bin noch nie in Jamaica gewesen.*

NO [noro'este] abr de **Noroeste** NW

nº ['numero] abr de **número** Nr.

nobiliario, -a [noβi'ljarjo, -a] adj Adels-

nobilísimo, -a [noβi'lisimo, -a] adj superl de **noble**

noble ['noβle] I. adj <nobilísimo> ❶ (*aristócrata*) ad(e)lig ❷ (*t.* QUÍM) edel ❸ (*bueno*) gutmütig ❹ (*obediente*) gehorsam II. mf Adlige(r) mf

nobleza [no'βleθa] f ❶ (*linaje*) Adel m ❷ (*hidalguía*) Edelmut m ❸ (*bondad*) Gutmütigkeit f ❹ (*obediencia*) Gehorsamkeit f

noche ['notʃe] f ❶ (~ *tardía*) Nacht f; ~ **cerrada** stockfinstere Nacht; **N~ Vieja** Silvester m o nt; **media ~** Mitternacht f; **pasar una ~ en blanco** eine schlaflose Nacht verbringen; **a media ~** mitten in der Nacht; **por la ~** nachts; **ayer (por la)** ~ gestern Nacht; **hacerse de ~** Nacht werden; **hacer ~ en** übernachten in +*dat*; **ser como la ~ y el día** wie Tag und Nacht sein; **de la ~ a la mañana** von heute auf morgen ❷ (~ *temprana*) Abend m; **por la ~** abends ❸ (*oscuridad*) Dunkelheit f; **es de ~** es ist dunkel

Nochebuena [notʃe'bwena] f Heiligabend m; **en ~** an Heiligabend

nocherniego, -a [notʃer'njeɣo, -a] adj o m, f v. **noctámbulo**

nochero [no'tʃero] m ❶ (*CSur: vigilante*) Nachtwächter m ❷ (*Col: mesilla*) Nachttisch m

Nochevieja [notʃe'βjexa] f Silvester m o nt; **esta ~** dieses Jahr an Silvester

nocilla® [no'θiʎa] f Nutella® f

noción [no'θjon] f ❶ (*idea*) Vorstellung f ❷ pl (*fundamentos*) Grundkenntnisse fpl

nocividad [noθiβi'ðað] f Schädlichkeit f

nocivo, -a [no'θiβo, -a] adj schädlich; ~ **para la salud** gesundheitsschädlich

noctambulismo [noktambu'lismo] m sin pl ❶ (*sueño*) Schlafwandeln nt ❷ (*diversión*): **en este barrio hay mucho ~** in diesem Viertel sind viele Nachtschwärmer unterwegs

noctámbulo, -a [nok'tambulo, -a] **I.** adj ❶ (*sonámbulo*) schlafwandelnd ❷ (*trasnochador*): **ser ~** ein Nachtmensch sein; (*salir*) ein Nachtschwärmer sein **II.** m, f ❶ (*sonámbulo*) Schlafwandler(in) m(f) ❷ (*trasnochador*) Nachtmensch m; (*que sale*) Nachtschwärmer(in) m(f)

nocturno[1] [nok'turno] m (MÚS) Nocturne f

nocturno, -a[2] [nok'turno, -a] adj (*de noche*) Nacht-; (BOT, ZOOL) nachtaktiv

nodo ['noðo] m Knoten m

nodriza [no'ðriθa] f ❶ (*ama*) Amme f ❷ (*transporte*): **avión ~** Tankflugzeug nt; **buque ~** Mutterschiff nt

nódulo ['noðulo] m ❶ (MED) Knoten m ❷ (MIN) Knolle f

nogal [no'ɣal] m, **noguera** [no'ɣera] f (Wal)nussbaum m

nómada ['nomaða] **I.** adj nomadisch; **pueblo ~** Nomadenvolk nt **II.** mf Nomade, -in m, f

nomadismo [noma'ðismo] m sin pl Nomadenleben nt

nomás [no'mas] adv (Am) ❶ (*solamente*)

nur ❷ (*apenas*) kaum ❸ (*loc*): ~ **que** +*subj* sobald; **¡pase ~!** kommen Sie nur herein!

nombradía [nombra'ðia] f (*reputación*) Ruf m; (*fama*) Berühmtheit f; **de gran ~** berühmt

nombrado, -a [nom'braðo, -a] adj berühmt

nombramiento [nombra'mjento] m ❶ (*designación*) Ernennung f ❷ (*documento*) Ernennungsurkunde f

nombrar [nom'brar] vt ❶ (*citar*) nennen; (*mencionar*) erwähnen ❷ (*llamar*) benennen ❸ (*designar*) ernennen (zu +*dat*); (*abogado*) bestellen

nombre ['nombre] m ❶ (*designación*) Name m; ~ **y apellido** Vor- und Zuname; ~ **de familia** Nachname m; ~ **ficticio** Pseudonym nt; ~ **de pila, primer ~** Vorname m; ~ **del producto** Produktbezeichnung f; ~ **de soltera** Mädchenname m; ~ **de soltero** Geburtsname m; ~ **de usuario** Benutzername m; **sin ~** namenlos; **a su propio ~** unter eigenem Namen; **conocer a alguien de ~** jdn dem Namen nach kennen; **dar su ~** seinen Namen nennen; **poner un ~ a alguien** jdm einen Namen geben; **llamar a las cosas por su ~** die Dinge beim Namen nennen; **tu conducta no tiene ~** dein Verhalten ist unerhört; **reservar a ~ de X** auf den Namen X reservieren ❷ (*reputación*) Ruf m; **de ~** angesehen ❸ (LING) Substantiv nt; ~ **común** Gattungsname m; ~ **propio** Eigenname m

i **Land & Leute**

Auffällig sind im Spanischen die Kurzformen für bestimmte **nombres** – *Eigennamen*, die vor allem bei Doppelnamen oder längeren Namen vorkommen können. Bei Frauennamen *Chus* für *María Jesús*, *Marisa* für *María Isabel*, *Mariví* für *María Victoria*, *Inma* für *Inmaculada*, *Merche* bzw. *Merce* für *Mercedes*; bei Männernamen *Josema* für *José María*, *Josechu* für *José Jesús*, *Pepe* für *José*, *Manu* für *Manuel*, *Rafa* für *Rafael*, *Paco* für *Francisco*, um nur einige der bekanntesten Beispiele zu nennen.

nomenclátor [nomeŋ'klator] m (Namen)verzeichnis nt

nomenclatura [nomeŋkla'tura] f Nomenklatur f

nomeolvides [nomeol'βiðes] f inv (BOT)

Vergissmeinnicht *nt*

nómina ['nomina] *f* ❶ (*lista*) Verzeichnis *nt*; (*de sueldos*) Gehaltsliste *f* ❷ (*haberes*) Gehalt *nt*

nominación [nomina'θjon] *f* Ernennung *f*

nominal [nomi'nal] *adj* ❶ (*relativo al nombre*) Namen(s)-; **citación** ~ namentliche Nennung; **por llamamiento** ~ namentlich ❷ (*sólo de nombre*) nominal; **sueldo** ~ Nominaleinkommen *nt*; **valor** ~ Nennwert *m* ❸ (LING) nominal

nominalizar [nominali'θar] <z→c> *vt* (LING) nominalisieren; ~ **una oración** einen Satz nominalisieren

nominalmente [nominal'mente] *adv* namentlich

nominar [nomi'nar] *vt* ernennen (zu +*dat*)

nominativo[1] [nomina'tiβo] *m* (LING) Nominativ *m*

nominativo, -a[2] [nomina'tiβo, -a] *adj* Namens-

non [non] **I.** *adj* ungerade **II.** *m* ❶ (*número*) ungerade Zahl *f*; **de** ~ ungerade; **estar de** ~ (*fam*) allein sein; **quedar de** ~ (*fam*) übrig bleiben ❷ *pl* (*loc*): **decir** (**que**) ~ **es** Nein sagen

nonada [no'naða] *f* Kleinigkeit *f*

nonagenario, -a [nonaxe'narjo, -a] **I.** *adj* neunzigjährig, in den Neunzigern **II.** *m, f* Neunzigjährige(r) *mf*

nonato, -a [no'nato, -a] *adj* ❶ (*nacimiento*) durch Kaiserschnitt zur Welt gebracht ❷ (*no existente*) (noch) nicht vorhanden; (*no acaecido*) (noch) nicht geschehen

nono, -a ['nono, -a] *adj* neunte(r, s); *v. t.* **octavo**

noquear [noke'ar] *vt* k.o. schlagen

nordeste [nor'ðeste] *m* ❶ (*dirección*) Nordosten *m*; (NÁUT, METEO) Nordost *m* ❷ (*viento*) Nordostwind *m*

nórdico, -a ['norðiko, -a] *adj* nordisch

noria ['norja] *f* ❶ (*para agua*) Wasserrad *nt* ❷ (*fam: trabajo*) Tretmühle *f* ❸ (*columpio*) Riesenrad *nt*

norirlandés, -esa [norirlaṇ'des, -esa] **I.** *adj* nordirisch **II.** *m, f* Nordire, -in *m, f*

norma ['norma] *f* ❶ (*regla*) Regel *f*; (*general*) Norm *f*; ~**s de circulación** (Straßen)verkehrsregeln *fpl*; ~ **técnica** Standard *m*; **observar la** ~ die Norm erfüllen; **como** ~ (**general**) in der Regel ❷ (*escuadra*) Winkelmaß *nt*

normal [nor'mal] *adj* ❶ (*habitual*) normal ❷ (*según la norma*) vorschriftsmäßig

normalidad *f* Normalität *f*; **volver a la** ~ zur Normalität zurückkehren

normalización [normaliθa'θjon] *f* ❶ (*regularización*) Normalisierung *f* ❷ (*reglamen-*

tación) Normung *f*; ~ **elemental** Grundnormung *f*

normalizar [normali'θar] <z→c> *vt* ❶ (*volver normal*) normalisieren ❷ (*reglar*) normen

normalmente [normal'mente] *adv* normal(erweise)

normando, -a [nor'maṇdo, -a] **I.** *adj* normannisch **II.** *m, f* Normanne, -in *m, f*

normativa [norma'tiβa] *f* (gesetzliche) Regelungen *fpl*; ~ **comunitaria** (UE) Gemeinschaftsrecht *nt*

normativo, -a [norma'tiβo, -a] *adj* maßgebend

nornordeste [nornor'ðeste] *m* ❶ (*punto cardinal*) Nordnordost(en) *m* ❷ (*viento*) Nordnordostwind *m*

nornoroeste [nornoro'este] *m* ❶ (*punto cardinal*) Nordnordwest(en) *m* ❷ (*viento*) Nordnordwestwind *m*

noroccidental [noroɣθiðeṇ'tal] *adj* nordwestlich

noroeste [noro'este] *m* ❶ (*dirección*) Nordwesten *m*; (NÁUT, METEO) Nordwest *m* ❷ (*viento*) Nordwestwind *m*

nororiental [nororjeṇ'tal] *adj* nordöstlich

norte ['norte] *m* ❶ (*punto cardinal*) Norden *m*; (METEO, NÁUT) Nord *m*; **el** ~ **de España** Nordspanien *nt*; **al** ~ **de** nördlich von +*dat* ❷ (*viento*) Nordwind *m* ❸ (*polo ártico*) Nordpol *m* ❹ (*guía*) Wegweiser *m* ❺ (*objetivo*) Ziel *nt*

norteafricano, -a [norteafri'kano, -a] **I.** *adj* nordafrikanisch **II.** *m, f* Nordafrikaner(in) *m(f)*

norteamericano, -a **I.** *adj* nordamerikanisch **II.** *m, f* Nordamerikaner(in) *m(f)*

norteño, -a [nor'teɲo, -a] **I.** *adj* nordisch **II.** *m, f* Nordländer(in) *m(f)*

Noruega [no'rweɣa] *f* Norwegen *nt*

noruego, -a [no'rweɣo, -a] **I.** *adj* norwegisch **II.** *m, f* Norweger(in) *m(f)*

nos [nos] **I.** *pron pers* ❶ (*objeto*) uns ❷ (*mayestático*) wir **II.** *pron refl* uns

nosocomio [noso'komjo] *m* (*Am: hospital*) Krankenhaus *nt*

nosotros, -as [no'sotros, -as] *pron pers 1. pl* ❶ (*sujeto*) wir ❷ (*tras preposición*) uns

nostalgia [nos'talxja] *f* (*de lugar*) Heimweh *nt*; (*de personas*) Sehnsucht *f* (*de* nach +*dat*); (*del pasado*) Nostalgie *f*

nostálgico, -a [nos'talxiko, -a] *adj* (*de alguien*) sehnsuchtsvoll; (*del pasado*) nostalgisch; **sentimiento** ~ Heimweh *nt*; **estar** ~ Heimweh haben

nota ['nota] *f* ❶ (*anotación*) Vermerk *m*; (*explicación*) Anmerkung *f*; (*advertencia*) Hinweis *m*; ~ **al pie de la página** Fußnote *f;* ~ **preliminar** Vorbemerkung *f* ❷ (*apunte*) Notiz *f;* **tomar** ~ sich *dat* Notizen machen; **tomar** (**buena**) ~ **de algo** etw zur Kenntnis nehmen ❸ (*aviso*) Mitteilung *f;* ~ **circular** Rundschreiben *nt* ❹ (*calificación*) Note *f;* **sacar malas** ~**s** schlechte Noten bekommen ❺ (*factura*) Schein *m;* ~ **de caja** Kassenzettel *m* ❻ (*cuenta*) Rechnung *f* ❼ (*detalle*) Merkmal *nt;* **una** ~ **individual** eine individuelle Note ❽ (MÚS) Note *f* ❾ (*crédito*) Ansehen *nt;* **de** ~ (*importante*) wichtig; (*conocido*) bekannt; **de mucha** ~ berühmt ❿ (*loc, fam*): **dar la** ~ unangenehm auffallen; **dejar mala** ~ einen schlechten Eindruck hinterlassen; **forzar la** ~ übertreiben

notabilidad [notaβili'ðað] *f* ❶ (*importancia*) Wichtigkeit *f* ❷ (*personalidad*) (wichtige) Persönlichkeit *f;* **es una** ~ **en su género** er/sie ist eine Koryphäe auf seinem/ihrem Gebiet

notable [no'taβle] **I.** *adj* beachtlich; (*suma*) beträchtlich **II.** *m* ❶ (*calificación*) Note *f* 'gut'; **sacar cuatro** ~**s** viermal die Note 'gut' bekommen ❷ *pl* (*personas importantes*) Honoratioren *pl*

notación [nota'θjon] *f* ❶ (*sistema*) Zeichensystem *nt;* ~ **musical** Notenschrift *f;* ~ **fonética** phonetische Umschrift ❷ (MAT, QUÍM) Formel *f*

notar [no'tar] *vt* ❶ (*percibir*) (be)merken; (*calor*) spüren; **hacer** ~ hinweisen auf; **hacerse** ~ (*algo*) sich bemerkbar machen; (*alguien*) auffallen; **no te le nota nada** man merkt dir nichts an; **nótese que...** man beachte, dass ... ❷ (*apuntar*) notieren

notaría [nota'ria] *f* Notariat *nt*

notariado, -a [nota'rjaðo, -a] *adj* notariell beglaubigt

notarial [nota'rjal] *adj* (JUR) Notariats-; (*hecho por el notario*) notariell

notario, -a [no'tarjo, -a] *m, f* Notar(in) *m(f)*

noticia [no'tiθja] *f* Nachricht *f;* ~ **falsa** Falschmeldung *f;* ~ **de prensa** Zeitungsnachricht *f;* **no tener** ~ **de alguien** lange nichts von jdm gehört haben; **tener** ~ **de algo** Kenntnis von etw *dat* haben; **andar atrasado de** ~**s** schlecht informiert sein

noticiario [noti'θjarjo] *m* (RADIO, TV) Nachrichten *fpl;* ~ **deportivo** Sportnachrichten *fpl*

noticiero[1] [noti'θjero] *m* ❶ (*periódico*) Zeitung *f* ❷ (RADIO, TV) Nachrichten *fpl*

noticiero, -a[2] [noti'θjero, -a] *m, f* (Zeitungs)berichterstatter(in) *m(f)*

notificación [notifika'θjon] *f* Mitteilung *f;* ~ **de accidentes** Unfallmeldung *f;* ~ **por** **escrito** schriftlicher Bescheid; ~ **pública** öffentliche Bekanntmachung; ~ **de la sentencia** Urteilsverkündung *f*

notificador [notifika'ðor] *adj* (FIN) avisierend

notificar [notifi'kar] <c→qu> *vt* mitteilen; **hacer** ~ bekannt machen

notoriedad [notorje'ðað] *f* ❶ (*nombradía*) Berühmtheit *f;* **adquirir** ~ berühmt werden ❷ (*evidencia*) Offenkundigkeit *f*

notorio, -a [no'torjo, -a] *adj* ❶ (*conocido*) allgemein bekannt ❷ (*evidente*) offenkundig

novatada [noβa'taða] *f* ❶ (*broma*) Streich *m;* **gastar la** ~ **a alguien** jdm einen Streich spielen ❷ (*fam: complicación*) Ungeschick *nt*

novato, -a [no'βato, -a] *m, f* (*en sitio*) Neuling *m;* (*en actividad*) Anfänger(in) *m(f);* (INFOR) Newbie *m,* Neuling *m* im Internet

novecientos, -as [noβe'θjentos, -as] *adj* neunhundert; *v. t.* **ochocientos**

novedad [noβe'ðað] *f* ❶ (*acontecimiento*) Neuigkeit *f;* **¿hay alguna** ~**?** gibt es was Neues?; **las últimas** ~**es** das Neueste; **el enfermo sigue sin** ~**es** der Zustand des Kranken ist unverändert; **¡sin** ~ **en el frente!** keine Vorkommnisse! ❷ (*cosa*) Neuheit *f;* (*libro*) Neuerscheinung *f*

novedoso, -a [noβe'ðoso, -a] *adj* (*Am*) neuartig

novel [no'βel] **I.** *adj* (*futuro*) angehende(r, s); (*sin experiencia*) unerfahren **II.** *mf* Anfänger(in) *m(f)*

novela [no'βela] *f* Roman *m;* ~ **corta** Novelle *f;* ~ **por entregas** Fortsetzungsroman *m;* ~ **policíaca** Krimi(nalroman) *m;* **¡déjate de** ~**s!** erzähl doch keine Märchen!

novelar [noβe'lar] **I.** *vi* Romane schreiben **II.** *vt* in Romanform erzählen

novelesco, -a [noβe'lesko, -a] *adj* Roman-; (*parecido*) romanhaft; (*fig*) fantastisch

novelista [noβe'lista] *mf* Romanautor(in)

N

m(f)

novelística [noβe'listika] *f sin pl* Romanliteratur *f*

novelístico, -a [noβe'listiko, -a] *adj* (*relativo a la novela*) den Roman betreffend; (*a la novelística*) die Romanliteratur betreffend

novelón [noβe'lon] *m* Schinken *m fam*

noveno, -a [no'βeno, -a] **I.** *adj* (*parte*) neuntel; (*numeración*) neunte(r, s) **II.** *m, f* Neuntel *nt; v. t.* **octavo**

noventa [no'βenta] *adj inv* neunzig; *v. t.* **ochenta**

noventón, -ona [noβen'ton, -ona] **I.** *adj* in den Neunzigern **II.** *m, f* Neunzigjährige(r) *mf*

noviazgo [no'βjaθɣo] *m* ❶ (*para casarse*) Brautzeit *f* ❷ (*fam: relación*) Beziehung *f*

noviciado [noβi'θjaðo] *m* ❶ (*REL*) Noviziat *nt* ❷ (*aprendizaje*) Probezeit *f*

novicio, -a [no'βiθjo, -a] **I.** *adj* unerfahren **II.** *m, f* ❶ (*REL*) Novize, -in *m, f* ❷ (*principiante*) Anfänger(in) *m(f)*

noviembre [no'βjembre] *m* November *m; v. t.* **marzo**

novillada [noβi'ʎaða] *f* (*corrida*) Stierkampf *m* (*mit Jungstieren*)

---

i **Land & Leute**

Einen Stierkampf mit *novillos – Jungstieren*, die man nicht tötet, bezeichnet man als **novillada**. In kleinen Dörfern werden diese **novilladas** während der Volksfeste veranstaltet: junge Burschen reizen die *novillos* und rennen zum Vergnügen der restlichen Dorfbewohner hinter ihnen her.

---

novillero, -a [noβi'ʎero, -a] *m, f* (*torero*) angehender Stierkämpfer *m,* angehende Stierkämpferin *f*

novillo, -a [no'βiʎo, -a] *m, f* ❶ (*animal*) Jungstier *m,* Jungkuh *f* ❷ (*loc, fam*): **hacer ~s** (die Schule) schwänzen

novio, -a ['noβjo, -a] *m, f* ❶ (*para casarse*) Bräutigam *m,* Braut *f;* **los ~s** das Brautpaar; **viaje de ~s** Hochzeitsreise *f* ❷ (*en relación amorosa*) Freund(in) *m(f);* **echarse novia** sich *dat* eine Freundin zulegen; **tontear con el ~** flirten; **esa chica tiene sólo quince años y ya tiene ~** dieses Mädchen ist erst fünfzehn und hat schon einen Freund

novísimo, -a [no'βisimo, -a] *adj* brandneu; (*noticia*) brandaktuell

nubarrón [nuβa'rron] *m* Gewitterwolke *f*

nube ['nuβe] *f* Wolke *f; ~* **de humo y gases** Smog *m; ~* **de mosquitos** Mückenschwarm *m; ~* **de verano** (*METEO*) Platzregen *m;* (*enfado*) vorübergehende Verstimmung; (*pequeñez*) Bagatelle *f;* **descargar una ~** regnen; **estar por las ~s** entsetzlich teuer sein; **se puso por las ~s** er/sie ging in die Luft; **andar por las ~s** geistesabwesend sein; **vivir en las ~s** völlig realitätsfern sein; **bajar de las ~s** auf den Boden der Tatsachen zurückkehren; **poner a alguien por las ~s** jdn in den Himmel heben

núbil ['nuβil] *adj* heiratsfähig

nublado [nu'βlaðo] *m* ❶ (*METEO*) Gewölk *nt* ❷ (*peligro*) drohende Gefahr *f*

nublar [nu'βlar] **I.** *vt* ❶ (*nubes*) bewölken ❷ (*mente, ojos*) trüben **II.** *vr: ~***se** ❶ (*nubes*) sich bewölken ❷ (*mente, ojos*) sich trüben; **se me nubla la vista** mir wird schwarz vor Augen

nubosidad [nuβosi'ðað] *f* Bewölkung *f*

nuboso, -a [nu'βoso, -a] *adj* bewölkt

nuca ['nuka] *f* Genick *nt,* Nacken *m*

nuclear [nukle'ar] *adj* Kern-; **energía ~** Kernenergie *f*

nuclearizar [nukleari'θar] <z→c> *vt* ❶ (*un lugar*) auf Kernenergie umstellen ❷ (*un ejército*) mit Kernwaffen aufrüsten

núcleo ['nukleo] *m* (*centro*) Kern *m; ~* **de una idea** Kerngedanke *m; ~* **de población** Siedlung *f; ~* **productivo** Produktionszentrum *nt*

nudillo [nu'ðiʎo] *m* (*ANAT*) (Finger)knöchel *m*

nudismo [nu'ðismo] *m* Nudismus *m*

nudo ['nuðo] *m* ❶ (*atadura*) Knoten *m;* (*mota*) Noppe *f; ~* **corredizo** Schlinge *f;* **deshacer el ~** den Knoten lösen; **hacer un ~ en la garganta** die Kehle zuschnüren ❷ (*madera*) Knorren *m; ~* **de rama** Astloch *nt;* **sin ~s** astfrei ❸ (*MED, NÁUT*) Knoten *m* ❹ (*punto de reunión*) Knotenpunkt *m; ~* **de comunicaciones** Verkehrsknotenpunkt *m* ❺ (*cosa que une*): **el ~ de la amistad** die Freundschaftsbande ❻ (*dificultad*): **el ~ del problema es…** das Verzwickte an dem Problem ist …

nudoso, -a [nu'ðoso, -a] *adj* knotig; (*madera*) knorrig

nuera ['nwera] *f* Schwiegertochter *f*

nuestro, -a ['nwestro, -a] **I.** *adj pos* (*antepuesto*) unser(e); **~ perro/gato** unser Hund/unsere Katze; **~s nietos** unsere Enkel; **por nuestra parte** unsererseits; **hacer de las nuestras** was anstellen **II.** *pron pos* ❶ (*propiedad*): **la casa es nuestra** das Haus gehört uns; **¡ya es ~!**

(*fig*) wir haben es geschafft! ❷ (*tras artículo*): **el ~/la nuestra/lo ~** der/die/das unsere, unsere(r, s); **los ~s** unsere; (*parientes*) unsere Angehörigen; **¡eso es lo ~!** das ist genau das Richtige für uns!; **ésta es la nuestra** (*fam fig*) das ist die Gelegenheit für uns ❸ (*tras substantivo*) unser(e), von uns; **una amiga nuestra** eine Freundin von uns; **es culpa nuestra** es ist unsere Schuld

nueva ['nweβa] *f* Neuigkeit *f;* **esto me coge de ~s** darauf war ich nicht gefasst; **no te hagas de ~s** tu doch nicht so, als ob du nichts wüsstest!

nuevamente [nweβa'mente] *adv* ❶ (*otra vez*) nochmals ❷ (*últimamente*) neuerdings

nueve ['nweβe] *adj inv* neun; *v. t.* **ocho**

nuevo ,-a ['nweβo, -a] **I.** *adj* neu; **de ~** von neuem; **hacer de ~** noch einmal machen; **sentirse como ~** sich wie neugeboren fühlen; **¿qué hay de ~?** was gibt's Neues?; **hasta ~ aviso** bis auf weitere Mitteilung; **ponerle a alguien la cara nueva** jdn kräftig verprügeln **II.** *m, f* Neue(r) *mf*

nuez [nweθ] *f* ❶ (BOT) Walnuss *f;* **- de anacardo** Cashewnuss *f;* **~ de coco** Kokosnuss *f;* **~ moscada** Muskatnuss *f;* **cascar nueces** Nüsse knacken; **mucho ruido y pocas nueces** (*prov*) viel Lärm um nichts ❷ (ANAT) Adamsapfel *m;* **apretar la ~ a alguien** (*fam*) jdn (er)würgen

nulidad [nuli'ðað] *f* ❶ (*no válido*) Ungültigkeit *f;* **declarar la ~ de algo** etw für ungültig erklären ❷ (*persona*) Niete *f;* **ser una ~** eine Null sein

nulo ,-a ['nulo, -a] *adj* ❶ (*inválido*) ungültig; **declarar ~** für nichtig erklären ❷ (*incapaz*) unfähig; **soy ~ para las matemáticas** in Mathematik bin ich eine Niete

núm. ['numero] *abr de* **número** Nr.

numen ['numen] *m* (*del artista*) Inspiration *f*

numeración [numera'θjon] *f* ❶ (*sistema*) Nummerierung *f;* **~ arábiga** arabisches Zahlensystem; **~ correlativa** fortlaufende Nummerierung; **~ decimal** Dezimalsystem *nt* ❷ (*acción*) Zählung *f*

numerador [numera'ðor] *m* ❶ (MAT) Zähler *m* ❷ (*aparato*) Zähler *m;* (*sello*) Nummernstempel *m*

numeral [nume'ral] **I.** *adj* Zahl(en)- **II.** *m* (LING) Zahlwort *nt*

numerar [nume'rar] *vt* ❶ (*poner números*) nummerieren; **~ correlativamente** durchnummerieren ❷ (*contar*) zählen

numerario¹ [nume'rarjo] *m* Bargeld *nt*

numerario , -a² [nume'rarjo, -a] *adj* ❶ (*de*

números) Zahlen- ❷ (*fijo*) ordentlich

numéricamente [numerika'mente] *adv* der Zahl nach

numérico , -a [nu'meriko, -a] *adj* numerisch; **cerradura de combinación numérica** Zahlenschloss *nt*

número ['numero] *m* ❶ (MAT) Zahl *f;* **~ cardinal** Grundzahl *f;* **~ primo** Primzahl *f;* **~ quebrado** Bruchzahl *f;* **~ de varias cifras** mehrstellige Zahl; **en ~s redondos** aufgerundet; **aprender de ~s** (*fam*) Rechnen lernen; **hacer ~s** Berechnungen anstellen; **hacer ~s para ver si...** ausrechnen, ob ... ❷ (*cantidad*) (An)zahl *f;* **~ de habitantes** Einwohnerzahl *f;* **sin ~** unzählig ❸ (*cifra*) Nummer *f;* (*en la lotería*) Losnummer *f;* **~ de matrícula** Kfz-Kennzeichen *nt;* **~ de zapatos** Schuhgröße *f;* **es el ~ uno de la clase** er/sie ist Klassenbester/Klassenbeste ❹ (*edición*) Nummer *f;* **~ suelto** Einzelheft *nt;* **el ~ 1000** die tausendste Ausgabe ❺ (LING) Numerus *m*

numeroso ,-a [nume'roso, -a] *adj* zahlreich

numismática [numis'matika] *f sin pl* Numismatik *f*

nunca ['nuŋka] *adv* nie; **~ jamás** niemals; **más que ~** mehr denn je

nuncio ['nuŋθjo] *m* ❶ (REL) Nuntius *m* ❷ (*que anuncia*) Vorbote *m*

nupcial [nuβ'θjal] *adj* Hochzeits-; **corona ~** Brautkranz *m*

nupcias ['nuβθjas] *fpl* Hochzeit *f;* **segundas ~** zweite Ehe; **posteriores ~** Wiederheirat *f*

nurse ['nurse] *f* (*Am*) ❶ (*niñera*) Kindermädchen *nt* ❷ (*enfermera*) Krankenschwester *f*

nursery ['nurseri] *f* (*Arg*) Geburtsstation *f*

nutria ['nutrja] *f* Fischotter *m*

nutricio ,-a [nu'triθjo, -a] *adj* ❶ (*nutritivo*) nahrhaft ❷ (*loc*): **madre nutricia** Pflegemutter *f*

nutrición [nutri'θjon] *f* Ernährung *f*

nutricional [nutriθjo'nal] *adj* Ernährungs-; **tabla ~** Ernährungstabelle *f*

nutrido , -a [nu'triðo, -a] *adj* ❶ (*alimentado*) genährt; **bien ~** wohlgenährt ❷ (*numeroso*) zahlreich; (*biblioteca*) gut ausgestattet

nutriente [nu'trjente] **I.** *adj* nahrhaft **II.** *m* Nahrungsmittel *nt*

nutrir [nu'trir] **I.** *vt* ❶ (*alimentar*) ernähren; (*piel*) nähren ❷ (*fortalecer*) stärken **II.** *vr:* **~se** sich ernähren (*con/de* von +*dat*)

nutritivo ,-a [nutri'tiβo, -a] *adj* nahrhaft

nylon ® ['nailon] *m* Nylon® *nt*

N

Ññ

Oo

Ñ, ñ ['eɲe] *f* Ñ, ñ *nt* (*fünfzehnter Buchstabe des spanischen Alphabets*)

Der 15. Buchstabe – **la eñe** – ist gleichzeitig das Markenzeichen des spanischen *alfabeto*. Bis vor wenigen Jahren gehörten das ‚ch', – *la che* – (direkt nach dem ‚c') und auch das ‚ll' – *la elle* – (nach dem ‚l') dazu, weil beide eigenständige Laute sind. Das musste geändert werden, um das spanische Alphabet zu internationalisieren, d. h. Alphabeten anderer Sprachen anzupassen.

ña [ɲa] *f* (*AmC, AmS: fam: señora*) Frau (*als Anrede*)

ñam-ñam [ɲam-ɲam] *interj* (*fam*) lecker!

ñandú [ɲan'du] *m* (ZOOL) Nandu *m*

ñaña ['ɲaɲa] *f* (*Chil*) Amme *f*

ñañaras [ɲa'ɲaras] *fpl* (*Méx: fam*) Angstschauder *m*

ñaque ['ɲake] *m* Gerümpel *nt*

ñata ['ɲata] *f* (*Am: fam*) Nase *f*

ñato, -a ['ɲato, -a] **I.** *adj* ❶ (*CSur: chato*) stumpfnasig ❷ (*Col: gangoso*) nasal **II.** *m, f* (*Am*) Liebling *m*

ñiquiñaque [ɲiki'ɲake] *m* (*fam: cosa*) Schnickschnack *m;* (*persona*) Dummkopf *m*

ñoñería [ɲoɲe'ria] *f* ❶ (*simpleza*) Blödheit *f* ❷ (*dengues*) Zimperlichkeit *f*

ñoño, -a ['ɲoɲo, -a] **I.** *adj* (*fam*) ❶ (*soso*) fade; (*aburrido*) langweilig ❷ (*tonto*) blöd ❸ (*remilgado*) zimperlich **II.** *m, f* (*Am*) ❶ (*dengoso*) Zimperliese *f* ❷ (*tonto*) Dummkopf *m* ❸ (*aburrido*) Langweiler(in) *m(f)*

ñoqui ['ɲoki] *m* Gnocchi *pl*

ñu [ɲu] *m* Gnu *nt*

ñudo ['ɲuðo] *m* Knoten *m;* **al ~** (*Am: fam*) vergebens

O, o [o] *f* O, o *nt;* **~ de Oviedo** O wie Otto

o, ó [o] *conj* oder; **~ ..., ~ ...** entweder ..., oder ...; **~ sea** das heißt; **~ bien** oder auch

o wird stets zu **u** vor einem mit ‚o' oder ‚ho' beginnenden Wort: *siete u ocho* – sieben oder acht, *Marta u Olga* – Marta oder Olga, *oriental u occidental* – östlich oder westlich, *ayer u hoy* – gestern oder heute. Zwischen Zahlen wird **o** jedoch mit einem Akzent versehen, um es von der Zahl Null zu unterscheiden: *20 ó 30* – 20 oder 30.

O [o'este] *abr de* **oeste** W

oasis [o'asis] *m inv* Oase *f*

obcecación [oβθeka'θjon] *f* Verblendung *f*

obcecado, -a [oβθe'kaðo, -a] *adj* verblendet

obcecar [oβθe'kar] <c→qu> **I.** *vt* verblenden **II.** *vr:* **~ se** verblendet sein

obedecer [oβeðe'θer] *irr como crecer* **I.** *vt* (*a alguien*) gehorchen +*dat;* (*instrucciones*) befolgen; (*someterse*) sich fügen +*dat;* **hacerse ~** sich *dat* Gehorsam verschaffen; **~ una orden** einem Befehl Folge leisten; **~ a la gravedad** dem Gesetz der Schwerkraft unterliegen **II.** *vi* (*provenir*) zurückzuführen sein (*a auf* +*akk*)

obedecimiento [oβeðeθi'mjento] *m* Befolgung *f*

obediencia [oβe'ðjenθja] *f* Gehorsam *m*

obediente [oβe'ðjente] *adj* gehorsam

obelisco [oβe'lisko] *m* Obelisk *m*

obertura [oβer'tura] *f* Ouvertüre *f*

obesidad [oβesi'ðað] *f* Fettleibigkeit *f*

obeso, -a [o'βeso, -a] *adj* fett(leibig)

óbice ['oβiθe] *m* (*elev*): **no ser ~ para que alguien...** +*subj* jdn nicht daran hindern zu ... +*inf*

obispado [oβis'paðo] *m* ❶ (*cargo*) Bischofsamt *nt* ❷ (*diócesis*) Bistum *nt*

obispo [o'βispo] *m* (REL) Bischof *m;* **~ auxiliar** Weihbischof *m;* **trabajar para el ~** (*fig*) ohne Entgelt arbeiten; **cada muerte de un ~** (*fig*) alle Jubeljahre

óbito ['oβito] *m* Tod *m*

obituario [oβi'twarjo] *m* ❶ (*libro*) Totenregister *nt* ❷ (*Am: defunción*) Sterbefall *m* ❸ (*Am: del periódico*) Todesanzeigen *fpl*

objeción [oβxe'θjon] *f* Einwand *m;* ~ **de conciencia** Kriegsdienstverweigerung aus Gewissensgründen

objetar [oβxe'tar] *vt* einwenden; **tengo algo que** ~ ich habe etwas dagegen (einzuwenden)

objetivación [oβxetiβa'θjon] *f* Objektivierung *f*

objetivar [oβxeti'βar] *vt* objektivieren

objetividad [oβxetiβi'ðað] *f* Objektivität *f*

objetivismo [oβxeti'βismo] *m* (FILOS) Objektivismus *m*

objetivo[1] [oβxe'tiβo] *m* ❶ (*finalidad*) Ziel *nt;* **tener como** ~ zum Ziel haben ❷ (FOTO) Objektiv *nt* ❸ (*blanco*) Ziel *nt*

objetivo ,-a[2] [oβxe'tiβo, -a] *adj* objektiv

objeto [oβ'xeto] *m* ❶ (*cosa*) Gegenstand *m;* ~ **de lujo** Luxusartikel *m;* ~ **perdido** Fundsache *f;* **no tener** ~ gegenstandslos sein ❷ (*motivo*) Zweck *m;* **el** ~ **de la presente es...** Anlass dieses Schreibens ist ...; **con** (**el**) [*o* **al**] ~ **de...** um zu ...; **no tener** ~ zwecklos sein; **tener por** ~ bezwecken

objetor [oβxe'tor] *m:* ~ **de conciencia** Kriegsdienstverweigerer *m* aus Gewissensgründen

oblea [o'βlea] *f* ❶ (*hostia*) Oblate *f;* **estar hecho una** ~ (*fam*) spindeldürr sein ❷ (*sello*) Siegelmarke *f*

oblicuidad [oβlikwi'ðað] *f* Schräge *f*

oblicuo ,-a [o'βlikwo, -a] *adj* schräg

obligación [oβliɣa'θjon] *f* ❶ (*deber*) Verpflichtung *f;* ~ **alimenticia** Unterhaltspflicht *f;* ~ **de comunicación** Mitteilungspflicht *f;* ~ **de secreto** Schweigepflicht *f;* **contraer una** ~ eine Verpflichtung eingehen; **cumplir con una** ~ eine Verpflichtung erfüllen; **dedicarse a sus obligaciones** seinen Pflichten nachgehen; **faltar a sus obligaciones** seine Pflichten vernachlässigen; **tener la** ~ **de algo** zu etw *dat* verpflichtet sein ❷ (*deuda*) Schuld *f;* (*documento*) Schuldschein *m;* (*título*) Obligation *f*

obligado, -a [oβli'ɣaðo, -a] *adj* ❶ *estar* (*fuerza*) gezwungen (*a* zu +*dat*); (*deber*) verpflichtet (*a* zu +*dat*) ❷ *ser* (*imprescindible*) notwendig; **tema** ~ Pflichtthema *nt;* **es** ~**...** es gehört sich ... ❸ *estar* (*agradecido*) zu Dank verpflichtet (*a* +*dat*)

obligar [oβli'ɣar] <g→gu> I. *vt* ❶ (*forzar*) zwingen (*a* zu +*dat*); (*comprometer*) verpflichten (*a* zu +*dat*) ❷ (*Chil, Arg*) zum Trinken einladen II. *vr:* ~**se** sich verpflichten (*a* zu +*dat*)

obligatoriedad [oβliɣatorje'ðað] *f* Zwang *m;* **de** ~ **general** allgemein verbindlich; ~

de visado Visumspflicht *f;* ~ **del voto** Wahlpflicht *f*

obligatorio , -a [oβliɣa'torjo, -a] *adj* verpflichtend, obligatorisch; **asignatura obligatoria** Pflichtfach *nt;* **compromiso** ~ bindende Abmachung; **no** ~ nicht zwingend (vorgeschrieben); (*oferta*) unverbindlich; **es** ~ **llevar puesto el casco** das Tragen eines Helmes ist Pflicht

oblongo ,-a [o'βloŋgo, -a] *adj* länglich

obnubilación [oβnuβila'θjon] *f* ❶ (*trastorno*) Benommenheit *f* ❷ (*ofuscación*) Verblendung *f*

obnubilar [oβnuβi'lar] *vt* (*trastornar*) benebeln; (*ofuscar*) (ver)blenden

oboe [o'βoe] *m* ❶ (*instrumento*) Oboe *f* ❷ (*músico*) Oboist *m*

obra ['oβra] *f* ❶ (*creación, labor*) Werk *nt;* ~ **benéfica** Wohltätigkeit *f;* ~**s completas** gesammelte Werke; ~ **de consulta** Nachschlagewerk *nt;* ~ **meritoria** verdienstvolle Tat; ~ **de teatro** Theaterstück *nt;* **por** ~ (**y gracia**) **de** dank +*gen* ❷ (*institución*): ~ **benéfica** Hilfswerk *nt;* ~ **pía** karitative Stiftung ❸ (*construcción*) Bau *m;* (*edificio*) Bauwerk *nt;* ~ **de caminos, canales y puertos** Tiefbau *m;* ~**s de construcción** Bauarbeiten *fpl;* ~**s públicas** öffentliche Bauten; ~ **de reforma** Umbau *m;* ~ **vieja** Altbau *m;* **mano de** ~ Arbeitskraft *f;* **estar de** [*o* **hacer**] ~**s** umbauen; ~ **empezada, medio acabada** (*prov*) frisch gewagt ist halb gewonnen

obrador[1] [oβra'ðor] *m* (*taller*) Werkstatt *f;* (*de confitería*) Konditorei *f*

obrador(a)[2] [oβra'ðor(a)] I. *adj* arbeitend II. *m(f)* Arbeiter(in) *m(f)*

obrar [o'βrar] I. *vi* ❶ (*actuar*) handeln; ~ **contra las buenas costumbres** gegen die guten Sitten verstoßen; ~ **a tontas y a locas** (*fam*) unbedacht vorgehen ❷ (*fam: defecar*) Stuhlgang haben ❸ (*encontrarse*) sich befinden II. *vi, vt* ❶ (*hacer efecto*) wirken; ~ **buen efecto** eine gute Wirkung haben; ~ **sobre alguien/algo** auf jdn/etw einwirken ❷ (*construir*) bauen ❸ (*hacer*) herstellen; (*trabajar*) bearbeiten; **sin** ~ unbearbeitet

obrerismo [oβre'rismo] *m* ❶ (POL) Arbeiterbewegung *f* ❷ (*conjunto*) Arbeiterschaft *f*

obrerista [oβre'rista] I. *adj* Arbeiter- II. *mf* Anhänger(in) *m(f)* der Arbeiterbewegung

obrero ,-a [o'βrero, -a] I. *adj* (*relativo al trabajo*) Arbeits-; (*relativo al obrero*) Arbeiter- II. *m, f* Arbeiter(in) *m(f);* ~ **agrícola** Landarbeiter *m;* ~ **asalariado** Lohnarbeiter *m;* ~ **desocupado** Arbeitslose(r) *m;* ~ **espe-**

cializado Facharbeiter *m;* ~ **fijo** feste
Arbeitskraft; **ser alguien** ~ **de su propia
ruina** sich selbst ins Unglück stürzen
obscenidad [oβˢθeniˈðaᵈ] *f* Obszönität *f*
obsceno, -a [oβˢˈθeno, -a] *adj* obszön
obscurecer [oβˢkureˈθer] *irr como crecer vt
v.* oscurecer
obscuridad [oβˢkuriˈðaᵈ] *f v.* oscuridad
obscuro, -a [oβˢˈkuro, -a] *adj v.* oscuro
obsequiar [oβseˈkjar] *vt* ❶ (*con atenciones*) beehren; (*con bebidas/comida*)
bewirten; (*con regalos*) beschenken
❷ (*agasajar*) zuvorkommend behandeln;
(*festejar*) feiern; ~ **con su presencia** mit
seiner Anwesenheit beehren; ~ **a alguien
con un banquete** zu jds Ehren ein Bankett geben ❸ (*Am: regalar*) schenken
obsequio [oβˈsekjo] *m* ❶ (*agasajo*) Gefälligkeit *f;* **¡hágame Ud. este ~!** tun Sie mir
den Gefallen!; **en ~ de alguien** zu jds
Ehren ❷ (*regalo*) Geschenk *nt*
obsequiosidad [oβsekjosiˈðaᵈ] *f* Dienstbeflissenheit *f*
obsequioso, -a [oβseˈkjoso, -a] *adj* (*cortés*)
zuvorkommend
observable [oβserˈβaβle] *adj* wahrnehmbar
observación [oβserβaˈθjon] *f* ❶ (*contemplación*) Beobachtung *f;* (*vigilancia*) Überwachung *f* ❷ (*comentario*) Bemerkung *f;*
~ **marginal** Randbemerkung *f* ❸ *v.* observancia
observador(a) [oβserβaˈðor(a)] I. *adj*
beobachtend II. *m(f)* Beobachter(in) *m(f)*
observancia [oβserˈβanθja] *f* Beachtung *f;*
(*orden*) Befolgung *f;* (*normas, plazos*) Einhaltung *f*
observante [oβserˈβante] *adj* (*orden*)
streng
observar [oβserˈβar] *vt* ❶ (*contemplar*)
beobachten ❷ (*cumplir*) beachten; (*orden*) befolgen; (*normas, plazos*) einhalten
❸ (*notar*) bemerken; **hacer ~ algo a alguien** jdn auf etw aufmerksam machen
observatorio [oβserβaˈtorjo] *m* Observatorium *nt;* ~ **astronómico** Sternwarte *f;* ~
meteorológico Wetterwarte *f*
obsesión [oβseˈsjon] *f* (*preocupación*)
Besessenheit *f;* (*idea*) fixe Idee *f;* (*pasión*)
Leidenschaft *f;* (PSICO) Zwangsvorstellung *f*
obsesionado, -a [oβsesjoˈnaðo, -a] *adj*
besessen; **está ~ con ella** er ist verrückt
nach ihr
obsesionante [oβsesjoˈnante] *adj* ständig
quälend; **una idea** ~ eine quälende Vorstellung
obsesionar [oβsesjoˈnar] I. *vt* ❶ (*tormen-
tar*) quälen; (*fig*) verfolgen ❷ (*atraer*) in

seinen Bann schlagen; **el fútbol le obse-
siona** er ist ein Fußballfanatiker II. *vr:* ~ **se**
besessen sein (*con* von +*dat*)
obsesivo, -a [oβseˈsiβo, -a] *adj* Zwangs-
obseso, -a [oβˈseso, -a] I. *adj* besessen
II. *m, f* Besessene(r) *mf*
obsolescencia [oβsolesˈθenθja] *f* Überalterung *f*
obsolescente [oβsolesˈθente] *adj:* **es una
expresión** ~ dieser Ausdruck wird immer
weniger gebraucht
obsoleto, -a [oβsoˈleto, -a] *adj* veraltet
obstaculización [oβˢtakuliθaˈθjon] *f*
Behinderung *f;* ~ **de las comunicaciones**
(AUTO) Verkehrsstörung *f*
obstaculizar [oβˢtakuliˈθar] <z→c> *vt*
behindern; ~ **la carretera** die Straße blockieren; ~ **el progreso** dem Fortschritt im
Wege stehen
obstáculo [oβˢˈtakulo] *m* Hindernis *nt;* **salvar un** ~ ein Hindernis nehmen; **triunfar
ante todos los** ~**s** sämtliche Hindernisse
überwinden; **poner** ~ **s a alguien** jdm
Hindernisse in den Weg legen
obstante [oβˢˈtante] *adv:* **no** ~ trotzdem
obstar [oβˢˈtar] I. *vi* hinderlich sein +*dat*
II. *vimpers* entgegenstehen +*dat;* **eso no
obsta para que...** ... steht nichts entgegen
obstetricia [oβˢteˈtriθja] *f* Geburtshilfe *f*
obstinación [oβˢtinaˈθjon] *f* Hartnäckigkeit *f*
obstinado, -a [oβˢtiˈnaðo, -a] *adj* hartnäckig
obstinarse [oβˢtiˈnarse] *vr* hartnäckig bestehen (*en* auf +*dat*); ~ **en su silencio** sich
durch nichts zum Reden bringen lassen; ~
contra algo/alguien et *dat*w/jdm die
Stirn bieten
obstrucción [oβˢstruˠˈθjon] *f* Blockierung *f;*
(MED) Verstopfung *f*
obstruccionismo [oβˢstruˠθjoˈnismo] *m*
(POL) Verschleppungstaktik *f*
obstruir [oβˢstruˈir] *irr como huir* I. *vt* ❶ (*el
paso, acción*) blockieren ❷ (*una tubería*)
verstopfen II. *vr:* ~ **se** verstopfen
obtención [oβtenˈθjon] *f* Erlangung *f;*
(QUÍM) Gewinnung *f;* ~ **de alimentos** Nah-
rungsmittelerzeugung *f;* ~ **de datos**
Datenerhebung *f;* ~ **de la velocidad
máxima** Erreichen der Höchstgeschwindigkeit
obtener [oβteˈner] *irr como tener vt* erlangen; (QUÍM) gewinnen; (*resultado, ventaja,
ganancia*) erzielen; ~ **un pedido** einen
Auftrag erhalten; **difícil de** ~ schwer zu
bekommen
obtenible [oβteˈniβle] *adj* erhältlich
obturación [oβturaˈθjon] *f* (*cierre*) Ver-

schluss *m;* (*bloqueo*) Verstopfung *f;* (*de dientes*) Füllung *f*

obturador [oβtura'ðor] *m* (FOTO) Blende *f*

obturar [oβtu'rar] *vt* (*cerrar*) verschließen; (*bloquear*) verstopfen; (*los dientes*) plombieren

obtuso, -a [oβ'tuso, -a] *adj* ❶ (*cosa*) stumpf ❷ (*persona*) begriffsstutzig

obús [o'βus] *m* ❶ (*artillería*) Haubitze *f* ❷ (*proyectil*) Granate *f*

obviar [oβ'βjar] **I.** *vi* (*obstar*) hinderlich sein +*dat* **II.** *vt* (*evitar*) abwenden; (*remover*) aus dem Weg räumen; ~ **un problema** ein Problem lösen

obviedad [oββje'ðað] *f* Offensichtlichkeit *f*

obvio, -a [o'ββjo, -a] *adj* offensichtlich; **es** ~ **das** liegt auf der Hand; **lo** ~ **del mensaje** die Eindeutigkeit der Botschaft

oc ['oṇdas 'kortas] *abr de* **ondas cortas** KW

oca ['oka] *f* (ZOOL) Gans *f;* **¡es la** ~**!** das ist die Höhe!

---

i Land & Leute

„El Juego de la Oca" ist ein spanisches Brettspiel, das aus 64 mit verschiedenen Figuren bemalten Feldern besteht. Auf jedem 3. bis 4. Feld ist eine **oca** – Gans abgebildet. Jedes Mal, wenn ein(e) Spieler(in) auf ein solches Feld kommt, muss er/sie Folgendes laut sagen: *De oca a oca y tiro porque me toca.* Dann darf er/sie auf das nächste Feld mit einer **oca** und sogar noch einmal würfeln.

---

ocasión [oka'sjon] *f* Gelegenheit *f;* **coche de** ~ Gebrauchtwagen *m;* **aprovechar/desperdiciar la** ~ die Gelegenheit nutzen/versäumen; **en esta** ~ bei dieser Gelegenheit; **llegada la** ~ gegebenenfalls; **contadas ocasiones** seltene Gelegenheiten; **en ocasiones** gelegentlich; **en la primera** ~ bei nächster Gelegenheit; **con** ~ **de** anlässlich +*gen;* **dar a alguien** ~ **para quejarse** jdm Anlass geben sich zu beschweren; **la** ~ **la pintan calva** man muss die Gelegenheit beim Schopf(e) fassen; **la** ~ **hace al ladrón** (*prov*) Gelegenheit macht Diebe

ocasional [okasjo'nal] *adj* ❶ (*no habitual*) gelegentlich; **trabajo** ~ Gelegenheitsarbeit *f* ❷ (*casual*) zufällig ❸ (*para una ocasión*) Gelegenheits- ❹ (*causante*) verursachend; **enfermedad** ~ Grundleiden *nt*

ocasionar [okasjo'nar] *vt* verursachen; ~ **dolores de cabeza a alguien** jdm Kopf-

---

schmerzen bereiten

ocaso [o'kaso] *m* ❶ (ASTR) Untergang *m;* (*del sol*) Sonnenuntergang *m;* (*fig*) Abend *m* ❷ (*decadencia*) Niedergang *m*

occidental [oɣθiðen'tal] *adj* westlich; **potencias** ~**es** Westmächte *fpl*

occidentalización [oɣθiðentaliθa'θjon] *f* Verwestlichung *f*

occidentalizar [oɣθiðentali'θar] <z→c> *vt* verwestlichen

occidente [oɣθi'ðente] *m* Westen *m*

occipital [oɣθipi'tal] *adj* (ANAT) Hinterhaupt-; **hueso** ~ Hinterhauptbein *nt*

occipucio [oɣθi'puθjo] *m* Hinterkopf *m*

occiso, -a [oɣ'θiso, -a] *adj* ermordet

OCDE [oθeðe'e] *f abr de* **Organización para la Cooperación y el Desarrollo Económicos** OECD *f*

Oceanía [oθea'nia] *f* Ozeanien *nt*

océano [o'θeano] *m* ❶ (*mar*) Ozean *m;* ~ **Austral** Südsee *f;* ~ **Boreal** Nordsee *f;* ~ **Glacial** Eismeer *nt;* ~ **Pacífico** Pazifischer Ozean, Pazifik *m* ❷ (*cantidad*) Unmenge *f;* ~ **de gente** Menschenmasse *f;* **un** ~ **de sangre** Ströme von Blut; **un** ~ **de gente salía del concierto** eine Flut von Menschen strömte aus dem Konzertsaal

oceanografía [oθeanoɣra'fia] *f* Meereskunde *f*

oceanógrafo, -a [oθea'noɣrafo, -a] *m, f* Meereskundler(in) *m(f)*

oceanología [oθeanolo'xia] *f* Ozeanologie *f*

ocelote [oθe'lote] *m* Ozelot *m*

ochenta [o'tʃenta] **I.** *adj inv* achtzig; **los años** ~ die Achtzigerjahre; **un hombre de alrededor de** ~ **años** ein Mann um die achtzig; **una mujer en sus** ~ eine Frau in den Achtzigern **II.** *m* Achtzig *f*

ochentavo, -a [otʃen'taβo, -a] **I.** *adj* achtzigstel **II.** *m, f* Achtzigstel *nt*

ochentón, -ona [otʃen'ton, -ona] **I.** *adj* in den Achtzigern **II.** *m, f* Achtziger(in) *m(f);* **un** ~ ein Mann in den Achtzigern

ocho ['otʃo] **I.** *adj inv* acht; **jornada de** ~ **horas** Achtstundentag *m;* ~ **veces mayor/menor que...** achtmal so groß wie .../kleiner als ...; **a las** ~ um acht Uhr; **son las** ~ **y media de la mañana/tarde** es ist halb neun (Uhr) morgens/abends; **las** ~ **y cuarto/menos cuarto** viertel nach acht/vor acht; **las** ~ **en punto** Punkt acht Uhr; **el** ~ **de agosto** der achte August; **dentro de** ~ **días** in acht Tagen; **de aquí a** ~ **días** heute in acht Tagen; **echar a alguien con los** ~**s y los nueves** jdm gehörig die Meinung sagen; **ser más chulo que un** ~ ein aufgeblasener Gockel sein **II.** *m* Acht *f*

ochocientos, **-as** [otʃo'θjentos, -as] *adj* achthundert

ocio ['oθjo] *m* Muße *f;* ~ **anual** Jahresurlaub *m;* **horas de** ~ Freizeit *f;* **entregarse al** ~ nichts tun

ociosidad [oθjosi'ðaᵈ] *f* Müßiggang *m;* **la** ~ **es madre de todos los vicios** (*prov*) Müßiggang ist aller Laster Anfang

ocioso, **-a** [o'θjoso, -a] *adj* ❶ *estar* (*inactivo*) müßig ❷ *ser* (*inútil*) unnütz; **palabras ociosas** leeres Gerede

oclusión [oklu'sjon] *f* Verschluss *m*

ocre ['okre] *adj* ocker

octaedro [okta'eðro] *m* (MAT) Oktaeder *nt*

octagonal [oktaɣo'nal] *adj* achteckig

octágono [ok'taɣono] *m* Achteck *nt*

octano [ok'tano] *m* (QUÍM) Oktan *nt*

octava [ok'taβa] *f* ❶ (LIT, MÚS) Oktave *f* ❷ (REL: *fiesta*) (achttägige) Festwoche *f*

octavilla [okta'βiʎa] *f* (*volante*) Flugblatt *nt;* ~ **difamatoria** Schmähschrift *f*

octavo, **-a** [ok'taβo, -a] **I.** *adj* achte(r, s); **en** ~ **lugar** an achter Stelle; (*enumeración*) achtens; **estoy en** ~ **curso** ich bin in der achten Klasse; **la octava parte** der achte Teil, ein Achtel **II.** *m, f* Achtel *nt*

octogenario, **-a** [oktoxe'narjo, -a] **I.** *adj* in den Achtzigern **II.** *m, f* Achtziger(in) *m(f)*

octógono [ok'toɣono] *m* Achteck *nt*

octubre [ok'tuβre] *m* Oktober *m; v. t.* **marzo**

óctuplo, **-a** ['oktuplo, -a] *adj* achtfach

ocular [oku'lar] **I.** *adj* Augen-; **examen** ~ Sehtest *m* **II.** *m* Okular *nt*

oculista [oku'lista] *mf* Augenarzt, -ärztin *m, f*

ocultación [okulta'θjon] *f,* **ocultamiento** [okulta'mjento] *m* Verbergen *nt;* (*secreto*) Verheimlichung *f;* ~ **fiscal** Steuerhinterziehung *f*

ocultar [okul'tar] **I.** *vt* (*esconder*) verbergen (*de* vor +*dat*); (*callar*) verschweigen (*de* vor) +*dat*); (*disimular*) verheimlichen (*de* vor) +*dat*); ~ **la cara entre** [*o* con] **las manos** das Gesicht hinter den Händen verbergen **II.** *vr:* ~ **se** sich verstecken

ocultismo [okul'tismo] *m* Okkultismus *m*

oculto, **-a** [o'kulto, -a] *adj* (*escondido*) verborgen; (*secreto*) geheim; **de** ~ inkognito; **en** ~ insgeheim; **traerse algo** ~ etw im Schilde führen

ocupación [okupa'θjon] *f* ❶ (*trabajo*) Beschäftigung *f;* ~ **lucrativa** Erwerbstätigkeit *f;* ~ **del ocio** Freizeitbeschäftigung *f;* ~ **temporal** befristetes Beschäftigungsverhältnis; **sin** ~ arbeitslos ❷ (*apoderamiento, t.* MIL) Besetzung *f;* ~ **hotelera**

Hotelbelegung *f;* **primera** ~ **de un apartamento** Erstbezug einer Wohnung; **zona de** ~ besetztes Gebiet

ocupacional [okupaθjo'nal] *adj* Berufs-

ocupante [oku'pante] **I.** *adj* (MIL) Besatzungs- **II.** *mf* ❶ (*de vehículo*) (Fahrzeug)insasse, -in *m, f;* (*de tren/autobús*) Fahrgast *m;* (*de avión/barco*) Passagier(in) *m(f)* ❷ (*de un edificio*) Bewohner(in) *m(f)*

ocupar [oku'par] **I.** *vt* ❶ (*sitio*) einnehmen ❷ (*un cargo*) innehaben ❸ (*asiento, línea de teléfono*) belegen ❹ (*vivienda*) bewohnen ❺ (MIL) besetzen ❻ (*a una persona*) beschäftigen ❼ (*tiempo*) in Anspruch nehmen **II.** *vr:* ~ **se** sich beschäftigen (*con/en/de* mit +*dat*); (*cuidar*) sich kümmern (*um* +*akk*); **ella se ocupó de todo** sie hat alles arrangiert

ocurrencia [oku'rrenθja] *f* ❶ (*idea*) Idee *f;* **¡qué** ~ **pensar que es mi culpa!** wie kommst du denn darauf, es sei meine Schuld?; **dijo que podía comerse 20 panecillos, ¡qué** ~**!** er/sie hat behauptet 20 Brötchen essen zu können − so ein Quatsch!; **se bañó en el mar en pleno invierno, ¡qué** ~**!** er/sie badete mitten im Winter im Meer − so eine Schnapsidee!; **tener la** ~ **de...** auf die Idee kommen zu ... ❷ (*acontecimiento*) Vorfall *m*

ocurrente [oku'rrente] *adj* einfallsreich

ocurrir [oku'rrir] **I.** *vi* geschehen; **¿qué ocurre? was ist los?; ¿qué te ocurre?** was hast du?; **lo que ocurre es que...** die Sache ist so: ...; **cuida de que no vuelva a** ~ **algo semejante** sorge dafür, dass so etwas nie wieder vorkommt **II.** *vr:* ~ **se** einfallen +*dat;* **no se me ocurre nada** mir fällt nichts ein; **no se le ocurre más que decir tonterías** er kommt nur auf Dummheiten; **¿cómo se te ocurrió esto/esa tontería?** wie bist du denn auf die Idee/Schnapsidee gekommen?; **nunca se me hubiese ocurrido pensar que...** ich wäre nie auf die Idee gekommen, dass ...

oda ['oða] *f* Ode *f* (*a* an +*akk*)

odiar [o'ðjar] *vt* hassen; ~ **a muerte** auf den Tod hassen

odio ['oðjo] *m* Hass *m;* **hacer algo por** ~ **a alguien** jdm etw aus Hass antun

odioso, **-a** [o'ðjoso, -a] *adj* ❶ (*hostil*) gehässig ❷ (*repugnante*) widerlich ❸ (*Am: fastidioso*) lästig

odisea [oði'sea] *f* Odyssee *f*

odontología [oðontolo'xia] *f* Zahnmedizin *f*

odontólogo, **-a** [oðon'toloɣo, -a] *m, f* Zahnarzt, -ärztin *m, f*

odre ['oðɾe] *m* (*cuero*) (Wein)schlauch *m*

OEA [oe'a] *f abr de* **Organización de los Estados Americanos** OAS *f*

oeste [o'este] *m* ❶ (*punto*) Westen *m;* **el lejano** ~ der Wilde Westen; **película del** ~ Western *m;* **hacia el** ~ westwärts; **al** ~ **de...** westlich von ... ❷ (*viento*) Westwind *m*

ofender [ofen'der] **I.** *vt* ❶ (*humillar*) beleidigen; ~ **la vista** eine Beleidigung für das Auge sein; ~ **a Dios** sündigen; **hacerse el** ~ schmollen ❷ (*herir*) verletzen **II.** *vr:* ~ **se** beleidigt sein; **¡no te ofendas conmigo!** sei mir nicht böse!

ofendido, -a [ofen'diðo, -a] **I.** *adj* beleidigt **II.** *m, f* Beleidigte(r) *mf;* (JUR) Geschädigte(r) *mf;* **hacerse el** ~ schmollen

ofensa [o'fensa] *f* Beleidigung *f;* **dicho sea sin** ~ **de nadie** mit dem Gesagten möchte ich niemandem zu nahe treten

ofensiva [ofen'siβa] *f* Angriff *m;* **tomar la** ~ zum Angriff übergehen

ofensivo, -a [ofen'siβo, -a] *adj* ❶ (*hiriente*) beleidigend ❷ (*dañino*) schädlich; ~ **para el medio ambiente** umweltschädlich ❸ (*que ataca*) Angriffs

ofensor(a) [ofen'sor(a)] *adj* beleidigend

oferta [o'ferta] *f* Angebot *nt;* ~ **de empleo** Stellenangebot *nt;* ~ **especial** Sonderangebot *nt;* **este supermercado tiene muchas** ~**s** in diesem Supermarkt sind viele Waren im Angebot; **hacer mayor** ~ überbieten

ofertar [ofer'tar] *vt* anbieten; **invitar a alguien a** ~ jdn zu einem Angebot auffordern

office ['ofis] *m* Anrichte *f*

oficial [ofi'θjal] *adj* offiziell; **boletín** ~ Amtsblatt *nt*

oficial(a) [ofi'θjal(a)] *m(f)* ❶ (*oficio manual*) Geselle, -in *m, f;* (*administrativo*) kaufmännischer Angestellter *m,* kaufmännische Angestellte *f;* ~ **de albañil** Maurerpolier *m;* ~ **cervecero** Braugehilfe *m;* ~ **de obra** Bauhandwerker *m;* ~ **a de peluquería** Friseurgesellin *f;* ~**a** (**de secretaría**) Sekretärin *f* ❷ (MIL) Offizier *m;* ~ **de complemento** Reserveoffizier *m;* ~ **marinero** Schiffsoffizier *m* ❸ (*funcionario*) Beamte(r) *mf,* Beamtin *f;* ~ **del juzgado** Gerichtsschreiber *m;* ~ **de pluma** Dienststellenleiter *m;* ~ **del registro civil** Standesbeamte(r) *m*

oficialidad [ofiθjali'ðað] *f* ❶ (*carácter*) offizieller Charakter *m* ❷ (MIL) Offizierskorps *nt*

oficialismo [ofiθja'lismo] *m* ❶ (*Arg: burocracia*) Bürokratie *f* ❷ (*Am: del gobierno*)

Regierungsapparat *m*

oficializar <z→c> *vt* offiziell bestätigen

oficiar [ofi'θjar] **I.** *vt* ❶ (REL) zelebrieren ❷ (*comunicar*) amtlich mitteilen **II.** *vi* (*fam: obrar*) fungieren (*de* als +*nom*); ~ **de intérprete** dolmetschen

oficina [ofi'θina] *f* Büro *nt;* ~ **de asistencia social** Sozialamt *nt;* ~ **colectiva** Großraumbüro *nt;* ~ **de correos** Postamt *nt;* ~ **de cuenta** Rechnungshof *m;* ~ **de empleo** Arbeitsamt *nt;* ~ **de información matrimonial** Eheberatungsstelle *f;* ~ **de ingeniería** Konstruktionsbüro *nt;* ~ **de maquinaria** Maschinenwerkstatt *f;* ~ **de matrícula** Zulassungsstelle *f;* ~ **de objetos perdidos** Fundbüro *nt;* ~ **de pasaportes** Passbehörde *f*

oficinista [ofiθi'nista] *mf* Büroangestellte(r) *mf*

oficio [o'fiθjo] *m* ❶ (*profesión*) Beruf *m;* ~ **de ebanista** Tischlerhandwerk *nt;* ~ **especializado** ≈anerkannter Lehrberuf; **ejercer un** ~ einem Beruf nachgehen; **sin** ~ **ni beneficio** ungelernt; **tomar algo por** ~ (*fam fig*) etw gewohnheitsmäßig tun; **ser del** ~ (*fam*) auf den Strich gehen ❷ (*función*) Amt *nt;* **defensor de** ~ Pflichtverteidiger *m;* **de** ~ von Amts wegen; **ofrecer sus buenos** ~**s** seine guten Dienste anbieten ❸ (*escrito*) amtliches Schreiben *nt* ❹ (REL) Gottesdienst *m;* ~ **de difuntos** Totenmesse *f;* **Santo O**~ *f*

oficiosidad [ofiθjosi'ðað] *f* ❶ (*actividad*) Geschäftigkeit *f* ❷ (*atención*) Dienstbeflissenheit *f*

oficioso, -a [ofi'θjoso, -a] *adj* ❶ (*activo*) geschäftig ❷ (*servicial*) dienstbeflissen ❸ (*extraoficial*) halbamtlich; **mentira oficiosa** Notlüge *f*

ofidios [o'fiðjos] *mpl* Schlangen *fpl*

ofimática [ofi'matika] *f* Bürotechnik *f*

ofrecer [ofɾe'θer] *irr como crecer* **I.** *vt* (*brindar*) anbieten; (*presentar, dar*); (REL) darbringen; ~ **un banquete** ein Festessen geben; ~ **grandes dificultades** große Schwierigkeiten mit sich bringen; ~ **un sacrificio** ein Opfer bringen; **vamos a** ~ (*fig fam*) wir geben etwas trinken **II.** *vr:* ~**se** ❶ (*brindarse*) sich anbieten; **¿se le ofrece algo?** was darf es sein?; **¿qué se le ofrece?** womit kann ich (Ihnen) dienen? ❷ (*ocurrirse*) einfallen

ofrecimiento [ofɾeθi'mjento] *m* ❶ (*oferta*) Angebot *nt* ❷ (REL) Darbringung *f*

ofrenda [o'fɾenda] *f* (milde) Gabe *f;* (*sacrificio*) Opfergabe *f*

ofrendar [ofɾen'dar] *vt* spenden; (*sacrifi-*

car) opfern

oftalmía [oftal'mia] *f* Augenentzündung *f*

oftálmico ,-a [of'talmiko, -a] *adj* Augen-

oftalmología [oftalmolo'xia] *f* Augenheilkunde *f*

oftalmólogo , -a [oftal'moloγo, -a] *m, f*
Augenarzt, -ärztin *m, f*

ofuscación [ofuska'θjon] *f*,**ofuscamiento**
[ofuska'mjento] *m* (*vista*) Blendung *f*; (*de
la mente*) Trübung *f*; (*de alguien*) Verblendung *f*

ofuscar [ofus'kar] <c→qu> I. *vt* (*cegar*)
blenden; (*la mente*) trüben; ~ (**la mente**)
a alguien jdn verblenden II. *vr:* ~**se** beharren (*en* auf +*dat*); ~**se con una idea** von
einer Idee besessen sein

ogro ['oγro] *m* ❶(*mitología*) Menschen
fressender Riese *m* ❷(*persona*) Scheusal
nt

oh [o] *interj* oh

ohm [om] *m*,**ohmio** ['omjo] *m* Ohm *nt*

oída [o'iða] *f:* **de** ~ **s** vom Hörensagen

oído [o'iðo] *m* ❶(*sentido*) Gehör *nt;* **tener
buen** ~ ein gutes Gehör haben; **aprender
de** ~ nach Gehör lernen; **aguzar el** ~ die
Ohren spitzen; **aplicar el** ~ aufmerksam
zuhören ❷(ANAT) Ohr *nt;* **cera de** ~ **s**
Ohrenschmalz *nt;* **zumbido de** ~ **s** Ohrensausen *nt;* **me zumban los** ~ **s** mir klingen
die Ohren; **cerrar los** ~ **s a algo** die Ohren
vor etw *dat* verschließen; **duro de** ~
schwerhörig; **dar** ~ **s a alguien** (*escuchar*)
jdm sein Ohr leihen; (*creer*) jdm glauben;
hacer ~ **s de mercader** sich taub stellen;
ladrar a alguien al ~ jdm in den Ohren
liegen; **llegar a** ~ **s de alguien** jdm zu
Ohren kommen; **¡**~ **al parche!** aufgepasst!; **pegarse al** ~ ins Ohr gehen; **regalar los** ~ **s** schmeicheln; **ser todo** ~ **s** ganz
Ohr sein; **a palabras necias** ~ **s sordos**
(*prov*) eine dumme Frage verdient eine
dumme Antwort

oír [o'ir] *irr vt* (*sentir*) hören; (*escuchar*)
anhören; **¡oye!** na hör mal!; **¡oye, ven
aquí!** du, komm mal her!; **¿oyes?** hast du
verstanden?; **¡oiga!** hallo!; ~ **como quien
oye llover** nur mit halbem Ohr hinhören;
¡Dios te oiga! dein Wort in Gottes Ohr!; ~
decir que... hören, dass ...; **parece que
no has oído bien** du hast dich wohl ver-
hört; **ya me oirá** der/die hört noch von
mir!; **no se oye el vuelo de una mosca**
es ist so still, dass man eine Stecknadel fallen hören könnte

ojal [o'xal] *m* ❶(*para botones*) Knopfloch
nt ❷(*ojete*) Öse *f*

ojalá [oxa'la] *interj* hoffentlich; **¡**~ **tuvieras
razón!** wenn du nur Recht hättest!

ojeada [oxe'aða] *f:* **echar una** ~ **a algo**
einen flüchtigen Blick auf etw werfen;
¿puedes echar una ~ **a mi maleta?**
kannst du bitte meinen Koffer im Auge
behalten?

ojear [oxe'ar] *vt* ❶(*mirar con atención*)
beäugen ❷(*pasar la vista*) durchsehen
❸(*la caza*) aufscheuchen

ojera [o'xera] *f* kleine Schale *f* zur Augen-
spülung

ojeras [o'xeras] *fpl* Augenringe *mpl;* **tener**
~ Ringe unter den Augen haben

ojeriza [oxe'riθa] *f* Abneigung *f;* **tener** ~ **a
alguien** jdn nicht ausstehen können

ojeroso , -a [oxe'roso, -a] *adj* mit Ringen
unter den Augen

ojete [o'xete] *m* ❶(*ojal*) Öse *f* ❷(*vulg:
ano*) Arschloch *nt* ❸(*Arg: vagina*) Vagina *f*

ojímetro [o'ximetro] *m* (*fam*): **a** ~ aufs
Geratewohl

ojiva [o'xiβa] *f* (*arco*) Spitzbogen *m*

ojival [oxi'βal] *adj* spitzbogig

ojo ['oxo] *m* ❶(ANAT) Auge *nt;* ~ **de buey**
(NÁUT) Bullauge *nt;* ~ **del caldo** Fettauge
nt; ~ **de gallo** (*fig*) Hühnerauge *nt;* ~ **s
rasgados** Schlitzaugen *ntpl;* ~ **s saltones**
Glupschaugen *ntpl;* **a** ~ nach Augenmaß; **a**
~ **s cerrados** (*fig*) ohne nachzudenken; **a**
~ **s vistas** augenscheinlich; **abrir los** ~ **s**
(*fig*) die Augen offen halten; **aguzar los**
~ **s** die Augen zusammenkneifen; **andar
con cien** ~ **s** sehr vorsichtig sein; **cerrar
los** ~ **s a algo** (*fig*) die Augen vor etw *dat*
verschließen; **con los** ~ **s cerrados** (*fig*) in
blindem Vertrauen; **clavar los** ~ **s en algo**
den Blick auf etw heften; **comerse con
los** ~ **s** mit den Augen verschlingen;
costar un ~ **de la cara** ein Vermögen kosten; **echar el** ~ **a algo/alguien** (*querer*)
ein Auge auf etw/jdn werfen; (*vigilar*)
etw/jdn im Auge behalten; **en un abrir y
cerrar de** ~ **s** im Nu; **estar entrampado
hasta los** ~ **s** bis über die Ohren verschuldet sein; **estoy con el agua hasta los** ~ **s**
das Wasser steht mir bis zum Halse; **hacer
del** ~ sich *dat* zublinzeln; **los niños lle-
nan antes los** ~ **s que la barriga** bei Kindern sind die Augen meist größer als der
Magen; **meter por los** ~ **s** aufdrängen;
mirar con buenos/malos ~ **s** gern
haben/nicht ausstehen können; **¡mis** ~ **s!**
(*fig*) mein Schatz!; **no parecerse ni en el
blanco de los** ~ **s** sich *dat* kein bisschen
ähnlich sehen; **no pegar** ~ kein Auge
zutun; **no saber dónde poner los** ~ **s** niemanden haben, an den man sich wenden
kann; **no tener** ~ **s en la cara** (*fig*) keine
Augen im Kopf haben; **tener** ~ (*cuidado*)

vorsichtig sein; ¡~! Vorsicht!; ¡~ con este tipo! nimm dich vor diesem Kerl in Acht!; ¡~ al dinero que es el amor verdadero! man kann nicht von Luft und Liebe leben!; pasar los ~s por algo etw überfliegen; poner delante de los ~s de alguien (fig) jdm vor Augen führen; poner los ~s en blanco die Augen verdrehen; ¡qué ~ tienes! dir entgeht aber auch nichts!; sacarle los ~s a alguien jdm die Augen auskratzen; ser el ~ derecho de alguien jds rechte Hand sein; ser todo ~s aufmerksam zusehen; tener a alguien entre ~s (estar enfadado) auf jdn schlecht zu sprechen sein; (tener manía) jdm grollen; tener ~ a algo etw im Auge behalten; tener ~ clínico gut diagnostizieren können; (fig) ein scharfer Beobachter sein; tiene mucho ~ con los turistas er/sie versteht es, mit Touristen umzugehen; ~ por ~ (y diente por diente) (prov) Auge um Auge, Zahn um Zahn; ~s que no ven, corazón que no siente (prov) aus den Augen, aus dem Sinn ❷ (agujero) Loch nt; ~ de aguja Nadelöhr nt; ~ de cerradura Schlüsselloch nt; ~ de patio Lichthof nt; ~ de un puente Brückenbogen m; meterse por el ~ de una aguja pfiffig sein

ojota [o'xota] f (Am: sandalia) Sandale f

okapi [o'kapi] m Okapi nt

okupa [o'kupa] mf (argot) Hausbesetzer(in) m(f)

ola [ˈola] f Welle f; ~ de calor Hitzewelle f

olé [oˈle] interj bravo; (TAUR) olé

oleada [oleˈaða] f ❶ (ola) Brecher m ❷ (cantidad) Flut f; ~ de gente Menschenmenge f; derramar ~s de tinta (fig) sich dat die Finger wund schreiben

oleaginoso, -a [oleaxiˈnoso, -a] adj (con aceite) ölhaltig; (como aceite) ölartig

oleaje [oleˈaxe] m Seegang m

óleo [ˈoleo] m ❶ (aceite) Olivenöl n ❷ (ARTE) Ölfarbe f; cuadro al ~ Ölbild nt; pintar al ~ in Öl malen ❸ (REL): administrar los ~s die Letzte Ölung geben

oleoducto [oleoˈðukto] m Pipeline f

oleografía [oleoɣraˈfia] f (ARTE) Öldruck m

oleosidad [oleosiˈðað] f Öligkeit f

oleoso, -a [oleˈoso, -a] adj ölig

oler [oˈler] irr I. vi riechen (a nach +dat); ~ (bien) duften; ~ (mal) stinken II. vt riechen; ~ una flor an einer Blume riechen; ~ el peligro die Gefahr wittern

olfatear [olfateˈar] I. vt ❶ (oliscar) beschnuppern ❷ (husmear) wittern II. vi ❶ (oliscar) schnuppern ❷ (curiosear) herumschnüffeln fam

olfateo [olfaˈteo] m Wittern nt

olfativo, -a [olfaˈtiβo, -a] adj Geruchs-

olfato [olˈfato] m Geruchssinn m; tener (buen) ~ (fig) einen guten Riecher haben

oligarca [oliˈɣarka] mf (POL) Oligarch(in) m(f)

oligarquía [oliɣarˈkia] f Oligarchie f

oligofrenia [oliɣoˈfrenja] f Schwachsinn m

oligofrénico, -a [oliɣoˈfreniko, -a] I. adj schwachsinnig II. m, f Schwachsinnige(r) mf

olimpiada [olimˈpjaða] f, **olimpíada** [olimˈpiaða] f Olympiade f

olímpico, -a [oˈlimpiko, -a] adj olympisch

olimpo [oˈlimpo] m Olymp m

oliscar [olisˈkar] <c→qu> vi ❶ (oler) anfangen zu stinken ❷ v. olfatear

olisquear [oliskeˈar] vt, vi v. olfatear

oliva [oˈliβa] I. adj: (verde) ~ oliv(grün) II. f ❶ (BOT) Olive f ❷ (color) Oliv(grün) nt

oliváceo, -a [oliˈβaθeo, -a] adj oliv(grün)

olivarero, -a [oliβaˈrero, -a] adj Oliven-; región olivarera Olivenanbaugebiet nt

olivero, -a [oliˈβero, -a] adj Oliven-; cultivo ~ Olivenanbau m

olivo [oˈliβo] m Olivenbaum m; el Monte de los ~s (REL) der Ölberg; tomar el ~ (fam) verduften

olla [ˈoʎa] f ❶ (para cocinar) Kochtopf m; ~ exprés Dampfkochtopf m; ~ de grillos (fam) Tohuwabohu nt; tengo la cabeza como una ~ de grillos mir schwirrt der Kopf ❷ (GASTR) Eintopf m; ser el garbanzo negro de la ~ (fam) das schwarze Schaf sein; por un garbanzo no se descompone la ~ (prov) niemand ist unersetzlich

ollar [oˈʎar] m Nüster f

olmedo [olˈmeðo] m (BOT) Ulmenwald m

olmo [ˈolmo] m Ulme f; pedir peras al ~ etwas Unmögliches verlangen

olor [oˈlor] m Geruch m; (buen) ~ Duft m; (mal) ~ Gestank m; viene al ~ de tu dinero er/sie wittert dein Geld; vivir en ~ de santidad wie ein Heiliger verehrt werden

oloroso, -a [oloˈroso, -a] adj duftend

OLP [oele'pe] *f abr de* **Organización para la Liberación de Palestina** PLO *f*

olvidadizo, -a [olβiða'ðiθo, -a] *adj* vergesslich

olvidar(se) [olβi'ðar(se)] *vt, vr* vergessen; (*idioma*) verlernen; **no ~ que...** (*considerar*) bedenken, dass ...; **dejar olvidado** liegen lassen; **se me ha olvidado** [*o* **me he olvidado de**] **tu nombre** ich habe deinen Namen vergessen

olvido [ol'βiðo] *m* ❶ (*falta de memoria*) Vergesslichkeit *f* ❷ (*omisión*) Vergessen *nt;* **~ de sí mismo** Selbstvergessenheit *f;* **caer en (el) ~** in Vergessenheit geraten; **enterrar en el ~** für immer vergessen

ombligo [om'bliɣo] *m* ❶ (ANAT) (Bauch)nabel *m;* **se me encoge el ~** mir wird angst und bange ❷ (*centro*) Mittelpunkt *m;* **el ~ del mundo** der Nabel der Welt

omega [o'meɣa] *f* ❶ (*letra griega*) Omega *nt* ❷ (*fig: final*) Ende *nt*

ominoso, -a [omi'noso, -a] *adj* ominös

omisión [omi'sjon] *f* ❶ (*supresión*) Auslassung *f* ❷ (*negligencia*) Unterlassung *f;* **~ de auxilio** unterlassene Hilfeleistung

omiso, -a [o'miso, -a] *adj* (*negligente*) nachlässig; **hacer caso ~ de algo** etw nicht beachten

omitir [omi'tir] *vt* ❶ (*no hacer*) unterlassen; **no ~ esfuerzos** keine Mühen scheuen ❷ (*pasar por alto*) auslassen; (*coma*) weglassen

ómnibus ['omniβus] *m* (AUTO) (Omni)bus *m*

omnímodo, -a [om'nimoðo, -a] *adj* unumschränkt

omnipotencia [omnipo'tenθja] *f* Allmacht *f*

omnipotente [omnipo'tente] *adj* allmächtig

omnipresencia [omnipre'senθja] *f* Allgegenwart *f*

omnipresente [omnipre'sente] *adj* allgegenwärtig

omnisciencia [omnis'θjenθja] *f* Allwissenheit *f*

omnisciente [omnis'θjente] *adj* allwissend

omnívoro, -a [om'niβoro, -a] I. *adj* alles fressend II. *m, f* Allesfresser *m*

omoplato [omo'plato] *m,* **omóplato** [o'moplato] *m* Schulterblatt *nt*

OMS [oms] *f abr de* **Organización Mundial de la Salud** WHO *f*

onanismo [ona'nismo] *m* Onanie *f*

once ['onθe] *adj inv* elf; **estar a las ~** (*fam: ropa*) schlecht sitzen; **estar a las ~ y cuarto** (*fig fam*) nicht richtig ticken; **tomar las ~** eine Frühstückspause machen; *v. t.* **ocho**

onceavo, -a [on̯θe'aβo, -a] *adj* elftel; *v. t.* **octavo**

onceno, -a [on̯'θeno, -a] *adj* elfte(r, s); **el ~, no estorbar** (*fam*) das elfte Gebot: du sollst nicht stören; *v. t.* **octavo**

oncología [onkolo'xia] *f* (MED) Onkologie *f*

oncólogo, -a [on̯'koloɣo, -a] *m, f* (MED) Onkologe, -in *m, f*

onda ['onda] *f* ❶ (*t.* FÍS, RADIO) Welle *f;* **~ explosiva** Druckwelle *f;* **~s del pelo** Wellen im Haar; **estar en la ~ de algo** (*fam: comprender*) über etw Bescheid wissen; (*seguir*) bei etw dat mitmachen ❷ (*Am: loc*): **¡qué buena ~!** klasse!; **tener ~ con alguien** auf jdn scharf sein *fam*

ondear [onde'ar] *vi* (*formar*) sich wellen; (*moverse*) wogen; (*bandera*) flattern

ondulación [ondula'θjon] *f* ❶ (*movimiento*) Wellenbewegung *f* ❷ (*formación*) Wellung *f;* **~ permanente** Dauerwelle *f*

ondulado, -a [ondu'laðo, -a] *adj* wellig; **cartón ~** Wellpappe *f*

ondulante [ondu'lante] *adj* Wellen formend

ondular [ondu'lar] I. *vi* (*formar ondas*) sich wellen; (*moverse*) wogen; (*bandera*) flattern; (*culebra*) sich winden II. *vt* wellen

ondulatorio, -a [ondula'torjo, -a] *adj* wellenförmig; **movimiento ~** Wellenbewegung *f*

oneroso, -a [one'roso, -a] *adj* ❶ (*molesto*) lästig; (*gravoso*) belastend ❷ (*costoso*) kostspielig ❸ (*remunerable*) entgeltlich

ONG [oene'xe] *f abr de* **Organización No Gubernamental** NGO *f*

onírico, -a [o'niriko, -a] *adj* Traum-

ónix ['oniẏs] *m* Onyx *m*

on-line ['onlaịn] *adj* (INFOR) Online-; **servicios ~** Onlinedienste *mpl*

onomástica [ono'mastika] *f* ❶ (*materia*) Namenkunde *f* ❷ (*día*) Namenstag *m;* **hoy es mi ~** ich habe heute Namenstag

onomástico, -a [ono'mastiko, -a] *adj* Namen(s)-; **fiesta onomástica** Namenstagsfest *nt*

onomatopeya [onomato'pe+a] *f* (LING) ❶ (*palabra*) Onomatopoetikum *nt* ❷ (*figura*) Lautmalerei *f*

ontología [onto'loxia] *f* (FILOS) Ontologie *f*

ONU ['onu] *f abr de* **Organización de las Naciones Unidas** UNO *f*

onubense [onu'βense] **I.** *adj* aus Huelva **II.** *mf* Einwohner(in) *m(f)* von Huelva

onza ['onθa] *f* Unze *f*

opacidad [opaθi'ðaᵈ] *f* Lichtundurchlässigkeit *f*

opaco , -a [o'pako, -a] *adj* ❶ (*no transparente*) lichtundurchlässig ❷ (*sin brillo*) matt; (*oscuro*) düster; (*voz*) belegt ❸ (*persona*) unscheinbar

opalescente [opales'θente] *adj* schillernd

ópalo ['opalo] *m* Opal *m*

opción [oβ'θjon] *f* ❶ (*elección*) Wahl *f*; (*posibilidad*) Wahlmöglichkeit *f*; ~ **del menú** (INFOR) Menüoption *f*; **a** ~ **nach Wahl** ❷ (*derecho*) Anrecht *nt* (*a* auf +*akk*); ~ **al cambio** Umtauschrecht *nt* ❸ (ECON, JUR, POL) Option *f*; ~ **de compra** Kaufoption *f*

opcional [oβθjo'nal] *adj* nach Wahl, Wahl-; (INFOR) optional

OPEP [o'pep] *f abr de* **Organización de Países Exportadores de Petróleo** OPEC *f*

ópera ['opera] *f* Oper *f*

operación [opera'θjon] *f* ❶ (MAT, MED, MIL) Operation *f*; ~ **cesárea** Kaiserschnitt *m*; ~ **quirúrgica** chirurgischer Eingriff ❷ (*actividad*) Tätigkeit *f*; (*negocio*) Geschäft *nt*; ~ **por acciones** Aktiengeschäft *nt*; ~ **de saneamiento** Sanierungsmaßnahme *f*

operado , -a [ope'raðo, -a] *adj* (TÉC) bedient; ~ **a mano** von Hand gesteuert; ~ **por teclado** tastaturgesteuert

operador (a) [opera'ðor(a)] *m(f)* ❶ (CINE) Filmvorführer(in) *m(f)*; ~ **de cámara** Kameramann *m* ❷ (INFOR) Operator(in) *m(f)* ❸ (MED) Chirurg(in) *m(f)*

operante [ope'rante] *adj* wirkend

operar [ope'rar] **I.** *vi* ❶ (*actuar*) vorgehen; (MIL) operieren ❷ (COM) handeln; ~ **con bancos** Bankgeschäfte tätigen ❸ (*tener efecto*) wirken **II.** *vt* ❶ (MED) operieren ❷ (*producir un efecto*) bewirken; ~ **milagros** Wunder vollbringen **III.** *vr*: ~ **se** sich operieren lassen

operario , -a [ope'rarjo, -a] *m, f* Arbeiter(in) *m(f)*; ~ **sin cualificar** ungelernter Arbeiter

operatividad [operatiβi'ðaᵈ] *f* Betriebsfähigkeit *f*; ~ **de las decisiones** Entscheidungsfähigkeit *f*

operativo , -a [opera'tiβo, -a] *adj*

❶ (*efectivo*) wirksam ❷ (INFOR): **sistema** ~ Betriebssystem *nt*

operatorio , -a [opera'torjo, -a] *adj* (MED) operativ

opereta [ope'reta] *f* Operette *f*

operístico , -a [ope'ristiko, -a] *adj* Opern-; **temporada operística** Opernsaison *f*

opiáceo , -a [o'pjaθeo, -a] *adj* ❶ (*con opio*) opiumhaltig ❷ (*del opio*) Opium-

opinable [opi'naβle] *adj* (*discutible*) diskutabel; (*controvertido*) strittig

opinar [opi'nar] *vi, vt* ❶ (*pensar*) meinen; (*creer*) glauben; ~ **bien/mal de algo/alguien** über etw/von jdm eine gute/schlechte Meinung haben; **¿tú qué opinas** (**de** [*o* **sobre**] **esto**)? was meinst du (dazu)?; **¿qué opinas del nuevo jefe?** was hältst du vom neuen Chef? ❷ (*expresar*) sich äußern (*sobre/en/de* über +*akk*); **¿puedo** ~? darf ich meine Meinung dazu äußern?

opinión [opi'njon] *f* Meinung *f*; (*postura*) Stellungnahme *f*; (*punto de vista*) Ansicht *f*; **en mi** ~ meiner Meinung nach; **cambiar de** ~ seine Meinung ändern; **dar su** ~ (**sobre algo**) seine Meinung (zu etw *dat*) äußern; **ser de otra/la misma** ~ anderer/ der gleichen Meinung sein; **ser de la ~ que...** der Meinung sein, dass ...; **tener buena/mala** ~ **de algo/alguien** über etw/von jdm eine gute/schlechte Meinung haben

opio ['opjo] *m* Opium *nt*

opiómano , -a [o'pjomano, -a] **I.** *adj* opiumsüchtig **II.** *m, f* Opiumsüchtige(r) *mf*

opíparo , -a [o'piparo, -a] *adj* opulent

oponente [opo'nente] *mf* Gegner(in) *m(f)*

oponer [opo'ner] *irr como* **poner I.** *vt* ❶ (*enfrentar*) entgegensetzen; (*confrontar*) gegenüberstellen ❷ (*objetar*) einwenden (*a/contra* gegen +*akk*); ~ **reparos** Einwände erheben; ~ **resistencia** Widerstand leisten **II.** *vr*: ~ **se** ❶ (*rechazar*) dagegen sein; ~ **se a algo** gegen etw sein ❷ (*enfrentarse*) sich dagegenstellen ❸ (*obstaculizar*) behindern ❹ (*ser contrario*) völlig unterschiedlich sein ❺ (*estar enfrente*) gegenüberliegen

oporto [o'porto] *m* Portwein *m*

oportunidad [oportuni'ðaᵈ] *f* ❶ (*cualidad*) Opportunität *f*; (*temporal*) Rechtzeitigkeit *f*; (*adecuación*) Zweckmäßigkeit *f* ❷ (*posibilidad*) Gelegenheit *f*; (*ocasión*) Chance *f*; **a la primera** ~ bei der ersten Gelegenheit; **una segunda** ~ eine zweite Chance; **aprovechar la** ~ die Gelegenheit nutzen; (**no**) **tener** ~ **de...** (keine) Gelegenheit haben zu ... ❸ *pl* (*ofertas*) Sonderangebote *ntpl*

oportunismo [oportu'nismo] *m* Opportunismus *m*

oportuno, -a [opor'tuno, -a] *adj* angebracht; (*propicio*) günstig; (*adecuado*) zweckmäßig; (*apropiado*) geeignet; (*al caso*) zutreffend; (*permisible*) zulässig; **es muy** ~ das kommt sehr gelegen; **en el momento** ~ im rechten Augenblick; (*cuando llegue*) zu gegebener Zeit

oposición [oposi'θjon] *f* ❶ (*resistencia*) Widerstand *m;* **encontrar** ~ auf Widerstand stoßen; **presentar** ~ Widerstand leisten ❷ (POL) Opposition *f* ❸ (*objeción*) Einwendung *f* ❹ (*contraposición*) Gegensatz *m* ❺ (*pl*) (*examen*) Auswahlprüfung *f* für den öffentlichen Dienst; **por** ~ per Auswahlverfahren; **presentarse a unas oposiciones** an Auswahlprüfungen für den öffentlichen Dienst teilnehmen

opositar [oposi'tar] *vi* sich bewerben (*a* um +*akk*), an den Auswahlprüfungen für den öffentlichen Dienst teilnehmen

opositor(a) [oposi'tor(a)] **I.** *adj* oppositionell; **partido** ~ Oppositionspartei *f* **II.** *m(f)* (*oponente*) Gegner(in) *m(f);* (POL) Mitglied *nt* der Opposition

---

---

opresión [opre'sjon] *f* ❶ (*angustia*) Beklemmung *f* ❷ (*represión*) Unterdrückung *f* ❸ (*presión*) Druck *m;* (*compresión*) Einengung *f*

opresivo, -a [opre'siβo, -a] *adj* ❶ (*agobiante*) bedrückend ❷ (*represivo*) unterdrückend; (*constringente*) beengend ❸ (*apresionante*) drückend; (*comprimente*) einengend

opresor(a) [opre'sor(a)] **I.** *adj* unterdrückend **II.** *m(f)* Unterdrücker(in) *m(f)*

oprimir [opri'mir] *vt* ❶ (*presionar*) drücken; (*comprimir*) einengen ❷ (*agobiar*) bedrücken ❸ (*reprimir*) unterdrücken; (*constreñir*) beengen

oprobiar [opro'βjar] *vt* (*vilipendiar*) verleumden; (*infamar*) schänden (*Ansehen oder Ruf*)

oprobio [o'proβjo] *m* Schande *f*

oprobioso, -a [opro'βjoso, -a] *adj* schändlich

optar [op'tar] *vi* ❶ (*escoger*) wählen (*por* +*akk*); (*decidirse*) sich entscheiden (*por* für +*akk*) ❷ (*aspirar*) (für sich) beanspruchen (*a* +*akk*); (*solicitar*) sich bewerben (*a* um +*akk*); ~ **a un cargo** ein Amt anstreben ❸ (*tener acceso*) Anspruch haben (*a* auf +*akk*)

optativo, -a [opta'tiβo, -a] *adj* fakultativ; (**asignatura**) **optativa** Wahl(pflicht)fach *nt*

óptica ['optika] *f* ❶ (FÍS) Optik *f* ❷ (*establecimiento*) Optikergeschäft *nt* ❸ (*punto de vista*) Sichtweise *f;* **bajo esta** ~ aus diesem Blickwinkel betrachtet

óptico, -a ['optiko, -a] **I.** *adj* optisch; **nervio** ~ Sehnerv *m* **II.** *m, f* Optiker(in) *m(f)*

optimar [opti'mar] *vt* optimieren

optimismo [opti'mismo] *m* Optimismus *m*

optimista [opti'mista] **I.** *adj* optimistisch **II.** *mf* Optimist(in) *m(f)*

optimización [optimiθa'θjon] *f* Optimierung *f*

optimizar [optimi'θar] <z→c> *vt* optimieren

óptimo[1] ['optimo] *m* Optimum *nt*

óptimo, -a[2] ['optimo, -a] **I.** *superl de* **bueno II.** *adj* optimal; (*excelente*) ausgezeichnet

opuesto, -a [o'pwesto, -a] **I.** *pp de* **oponer II.** *adj* ❶ (*enfrente*) gegenüberliegend; **al lado** ~ auf der Gegenseite; **en dirección opuesta** in der Gegenrichtung ❷ (*diverso*) gegenteilig; (*contrario*) gegensätzlich; (*enfrentado*) entgegengesetzt; **polo** ~ (*t. fig*) Gegenpol *m;* **el sexo** ~ das andere Geschlecht ❸ (*enemigo*) gegnerisch

opugnar [opuɣ'nar] *vt* (*oponerse*) sich widersetzen +*dat*; (*combatir*) bekämpfen

opulencia [opu'lenθja] *f* ❶ (*abundancia*) Überfluss *m;* (*exuberancia*) Üppigkeit *f* ❷ (*riqueza*) Reichtum *m*

opulento, -a [opu'lento, -a] *adj* ❶ (*abundante*) üppig; (*lujoso*) luxuriös ❷ (*rico*) sehr reich

opúsculo [o'puskulo] *m* Opuskulum *nt*

oquedad [oke'ðað] *f* ❶ (*concavidad*) Vertiefung *f* ❷ (*vacío*) Hohlraum *m*

ora ['ora] *conj* (*elev*) ~ ..., ~ ... bald ..., bald ...

oración [ora'θjon] *f* ❶ (REL) Gebet *nt;* **decir una** ~ ein Gebet sprechen ❷ (*frase*) Satz *m;* (*discurso*) Rede *f;* ~ **coordinada** beigeordneter Satz; ~ **subordinada** Nebensatz

m

oráculo [o'rakulo] *m* Orakel *nt*

orador(a) [ora'ðor(a)] *m(f)* Redner(in) *m(f)*; (*portavoz*) Sprecher(in) *m(f)*

oral [o'ral] *adj* mündlich; **sexo** ~ Oralverkehr *m*; **vista** ~ (JUR) Verhör *nt*; **por vía** ~ (MED) zum Einnehmen

orangután [oranɡu'tan] *m* Orang-Utan *m*

orar [o'rar] *vi* (*elev*) beten (*por* für +*akk*); (*rogar*) flehen (*por* um +*akk*)

orate [o'rate] *mf* (*loco*) Narr *m*, Närrin *f*; (*necio*) Tor(in) *m(f)*; **casa de** ~**s** (*enfermos*) Irrenanstalt *f*; (*caóticos*) Taubenschlag *m fam*

oratoria [ora'torja] *f* ❶ (*retórica*) Redekunst *f* ❷ (*elocuencia*) Redegewandtheit *f*

oratorio¹ [ora'torjo] *m* (REL) Kapelle *f*

oratorio, -a² [ora'torjo, -a] *adj* rednerisch

orbe ['orβe] *m* ❶ (*círculo*) Kreis *m*; (*esfera*) Sphäre *f*; (*terráqueo*) Erdkugel *f* ❷ (*mundo*) Welt *f*

órbita ['orβita] *f* ❶ (ASTR, FÍS) Umlaufbahn *f*; ~ **planetaria** Planetenbahn *f*; ~ **terrestre** Erdumlaufbahn *f*; **poner en** ~ in eine Umlaufbahn bringen; **estar en** ~ (*fig*) auf dem Laufenden sein; **estar fuera de** ~ (*fig*) hinter dem Mond leben ❷ (*ámbito*) Bereich *m*; (*de influencia*) Einflussbereich *m* ❸ (ANAT) Augenhöhle *f*; **se me salían los ojos de las** ~**s** (*fig*) mir fielen fast die Augen aus dem Kopf

orbitar [orβi'tar] **I.** *vi* (ASTR, TÉC) umlaufen **II.** *vt* (ASTR, TÉC) in eine Umlaufbahn bringen

orca ['orka] *f* Schwertwal *m*

órdago ['orðaɣo] *m*: **de** ~ (*fam*) enorm

orden¹ ['orðen] <órdenes> *m* ❶ (*colocación, organización, t.* BIOL) Ordnung *f*; **en** ~ ordentlich; (*reglamentario*) ordnungsgemäß; **alterar el** ~ die Ordnung stören; **llamar al** ~ zur Ordnung rufen; **poner en** ~ in Ordnung bringen; **ser persona de** ~ ein ordentlicher Mensch sein; (*fig*) ein rechtschaffener Mensch sein; **sin** ~ **ni concierto** planlos ❷ (*sucesión*) Reihenfolge *f*; **en** [*o* **por**] **su** (**debido**) ~ wie es sich gehört; **por** ~ der Reihe nach; **por** ~ **de antigüedad** nach dem Dienstalter ❸ (*categoría*) Rang *m*; **de primer/segundo** ~ erst-/zweitrangig; **del** ~ **de** etwa ❹ (JUR): ~ **constitucional** Verfassung *f*; ~ **jurídico** Rechtsordnung *f* ❺ (ARQUIT) Säulenordnung *f* ❻ (REL) Weihe *f*

orden² ['orðen] <órdenes> *f* ❶ (*mandato*) Befehl *m*; (*disposición*) Verfügung *f*; (*ordenamiento*) Verordnung *f*; ~ **de arresto** Haftbefehl *m*; ~ **ministerial** Ministerialerlass *m*; ~ **de registro** Durchsuchungsbe-

fehl *m*; **órdenes son órdenes** Befehl ist Befehl; **¡a la** ~ **!** zu Befehl!; **contrario a las órdenes** befehlswidrig; **dar una** ~ einen Befehl erteilen; **cumplir una** ~ einen Befehl ausführen; **estar a las órdenes de alguien** unter jds Befehl stehen; **hasta nueva** ~ bis auf Widerruf; **tus deseos son órdenes para mí** (*irón*) dein Wunsch sei mir Befehl; **estar a la** ~ **del día** (*fig*) an der Tagesordnung sein ❷ (COM, FIN) Order *f*; ~ **de entrega** Lieferschein *m*; ~ **de giro** Überweisungsauftrag *m*; ~ **de pago** Zahlungsanweisung *f*; ~ **permanente** Dauerauftrag *m*; **por** ~ im Auftrag; **por** ~ **de** im Auftrag von ❸ (REL) Orden *m*; **entrar en una** ~ einem Orden beitreten ❹ (*condecoración*) Orden *m* ❺ (HIST) Orden *m*; ~ **de caballería** Ritterorden *m* ❻ *pl* (REL: *sacramento*) Weihen *fpl*; **las órdenes mayores/menores** die höheren/niederen Weihen

ordenación [orðena'θjon] *f* ❶ (*disposición*) (An)ordnung *f* ❷ (*ordenanza*) Anordnung *f*; (*regulación*) Regelung *f*; ~ **jurídica** Rechtsordnung *f*; ~ **territorial** Raumordnung *f* ❸ (REL) Priesterweihe *f*

ordenado, -a [orðe'naðo, -a] **I.** *adj* ❶ (*en orden*) geordnet; ❷ (*encaminado*) ausgerichtet (*a* auf +*akk*) ❸ *ser* (*persona*) ordentlich **II.** *m, f* (REL) Ordinierte(r) *mf*

ordenador [orðena'ðor] *m* Computer *m*; ~ **de a bordo** (AUTO) Bordcomputer *m*; ~ **de escritorio** Desktop *m*; ~ **personal** PC *m*; ~ **portátil** Notebook *nt*; **asistido por** ~ computergestützt

ordenamiento [orðena'mjento] *m* (*ordenación*) Anordnung *f*; (*regulación*) Regelung *f*; ~ **constitucional** Verfassung *f*; ~ **jurídico** Rechtsordnung *f*

ordenancista [orðenan'θista] *adj* obrigkeitshörig

ordenanza¹ [orðe'nanθa] *f* ❶ (*ordenación*) Anordnung *f*; (*medida*) Verordnung *f* ❷ *pl* (ADMIN, MIL) Dienstordnung *f*

ordenanza² [orðe'nanθa] *m* ❶ (MIL) Ordonnanz *f* ❷ (*botones*) Bote *m*

ordenar [orðe'nar] **I.** *vi* Ordnung schaffen; (*en casa*) aufräumen **II.** *vt* ❶ (*arreglar*) ordnen; (*habitación, armario*) aufräumen; (*colocar*) anordnen; (*clasificar*) ordnen (*por* nach +*dat*) ❷ (*mandar*) anordnen ❸ (REL) ordinieren **III.** *vr*: ~**se** (REL) die Priesterweihe empfangen

ordeñadora [orðeɲa'ðora] *f* Melkmaschine *f*

ordeñar [orðe'ɲar] *vt* melken

ordinal [orði'nal] **I.** *adj* Ordnungs-;

número ~ Ordnungszahl *f* **II.** *m* Ordnungszahl *f*

ordinariez [orðina'rjeθ] *f* (*vulgaridad*) Vulgarität *f*

ordinario , -a [orði'narjo, -a] *adj* ❶ (*t.* JUR: *regular*) ordentlich ❷ (*habitual*) gewöhnlich; **de** ~ üblicherweise ❸ (*grosero*) ordinär

orear [ore'ar] **I.** *vt* ❶ (*airear*) lüften ❷ (*secar*) (an der Luft) trocknen **II.** *vr:* ~**se** (*fam*) frische Luft schnappen

orégano [o'reɣano] *m* (*especia*) Oregano *m*; (*planta*) Dost *m*; **todo el monte es** ~ (*fig*) alles läuft wie am Schnürchen *fam*

oreja [o'rexa] *f* ❶ (ANAT) Ohr *nt*; (*sentido*) Gehör *nt*; **aguzar las** ~**s** die Ohren spitzen; **con las** ~**s gachas** (*fig*) mit hängendem Kopf; **agachar las** ~**s** klein beigeben; **¡no agaches las** ~**s!** halt die Ohren steif!; **calentar las** ~**s a alguien** jdm eins hinter die Ohren geben; (*fig*) jdm die Ohren lang ziehen; **enseñar la** ~ (*fig*) sein wahres Gesicht zeigen; **ver las** ~**s al lobo** (*fig*) in Teufelsküche geraten; **haber visto las** ~**s al lobo** nochmal mit einem blauen Auge davongekommen sein; **ser todo** ~**s** ganz Ohr sein ❷ (*lateral*) Seitenteil *m* o *m*; (*lengüeta*) Zunge *f*; (*del zapato*) Lasche *f*; **sillón de** ~**s** Ohrensessel *m*

orejera [ore'xera] *f* ❶ (*en una gorra*) Ohrenklappe *f* ❷ *pl* (*en una cinta*) Ohrenschützer *mpl*

orejero , -a [ore'xero, -a] *m, f* (*Chil: pey*) Petze *f*

orensano , -a [oren'sano, -a] **I.** *adj* aus Orense **II.** *m, f* Einwohner(in) *m(f)* von Orense

oreo [o'reo] *m* ❶ (*ventilación*) Lüften *nt* ❷ (*desecación*) Trocknung *f* an der Luft

orfanato [orfa'nato] *m* Waisenhaus *nt*

orfandad [orfaŋ'daᵈ] *f* ❶ (*estado*) Verwaisung *f* ❷ (*pensión*) Waisenrente *f*

orfebre [or'feβre] *mf* Kunstschmied(in) *m(f)*; (*orifice*) Goldschmied(in) *m(f)*; (*platero*) Silberschmied(in) *m(f)*

orfebrería [orfeβre'ria] *f* ❶ (*obra*) Schmiedearbeit *f*; (*en oro*) Goldschmiedearbeit *f* ❷ (*arte*) Schmiedekunst *f*; (*en oro*) Goldschmiedekunst *f*

orfelinato [orfeli'nato] *m* Waisenhaus *nt*

orfeón [orfe'on] *m* Gesangverein *m*

orgánico , -a [or'ɣaniko, -a] *adj* organisch; **Ley Orgánica del Estado** Grundgesetz *nt*

organigrama [orɣani'ɣrama] *m* Organigramm *nt*; ~ **del programa** (INFOR) Programmablaufplan *m*

organillo [orɣa'niʎo] *m* Drehorgel *f*

organismo [orɣa'nismo] *m* ❶ (ANAT, BIOL) Organismus *m* ❷ (*institución*) Einrichtung *f*; ~ **oficial** Behörde *f*

organista [orɣa'nista] *mf* Organist(in) *m(f)*

organización [orɣaniθa'θjon] *f* Organisation *f*; ~ **central** Dachverband *m*; **O**~ **del Tratado del Atlántico Norte** Nordatlantikpakt *m*

organizado , -a [orɣani'θaðo, -a] *adj* ❶ **estar** organisiert ❷ **ser** ordentlich

organizador(a) [orɣaniθa'ðor(a)] **I.** *adj* organisierend; (*organizativo*) organisatorisch; **comité** ~ Organisationsausschuss *m* **II.** *m(f)* (*de un evento*) Veranstalter(in) *m(f)*; ~ **de despacho** Bürobutler *m*

organizar [orɣani'θar] <z→c> **I.** *vt* ❶ (*preparar*) organisieren ❷ (*crear*) aufbauen ❸ (*ordenar*) ordnen; (*estructurar*) gliedern ❹ (*realizar*) durchführen; (*celebrar*) veranstalten **II.** *vr:* ~**se** ❶ (*asociarse*) sich zusammenschließen ❷ (*surgir*) zustande kommen; **¡menuda se organizó!** da war der Teufel los!; **se organizó una pelea** es kam zur Schlägerei ❸ (*estructurarse*) sich gliedern ❹ (*ordenar*) haushalten (mit +*dat*); ~**se el tiempo** sich *dat* die Zeit einteilen

organizativo , -a [orɣaniθa'tiβo, -a] *adj* organisatorisch

órgano ['orɣano] *m* ❶ (*organismo, t.* ANAT) Organ *nt*; ~ **judicial** Gerichtsbehörde *f*; ~**s sexuales** Geschlechtsorgane *ntpl* ❷ (MÚS) Orgel *f*; ~ **automático** Musikautomat *m*; ~ **electrónico** E-Orgel *f*

orgasmo [or'ɣasmo] *m* Orgasmus *m*

orgía [or'xia] *f* Orgie *f*; (*crápula*) Trinkgelage *nt*; (*desenfreno*) Zügellosigkeit *f*

orgiástico , -a [or'xjastiko, -a] *adj* orgiastisch; (*desenfrenado*) zügellos

orgullo [or'ɣuʎo] *m* ❶ (*satisfacción*) Stolz *m* (*por/de* auf +*akk*); ~ **profesional** Berufsehre *f*; **sentir** ~ **por alguien/algo** stolz auf jdn/etw sein; **tener el** ~ **de...** stolz darauf sein, zu ... ❷ (*soberbia*) Hochmut *m*

orgulloso , -a [orɣu'ʎoso, -a] *adj* ❶ **estar** (*satisfecho*) stolz (*con/de* auf +*akk*); **sentirse** ~ **de algo/alguien** stolz auf etw/jdn sein ❷ **ser** stolz; (*soberbio*) hochmütig

orientación [orjeŋta'θjon] *f* ❶ (*situación*) Orientierung *f* ❷ (*posición*) Ausrichtung *f* ❸ (*ajuste*) Einstellung *f* ❹ (*asesoramiento*) Beratung *f*; (*dirección*) Lenkung *f* ❺ (*tendencia*) Tendenz *f*; **tu** ~ **política** deine politische Einstellung

oriental [orjen'tal] **I.** *adj* ❶ (*del Este*) östlich; **Alemania O**~ Ostdeutschland *nt* ❷ (*Oriente Medio/Próximo*) orientalisch; **alfombra** ~ Orientteppich *m* ❸ (*Extremo*

Oriente) fernöstlich; (*asiático*) asiatisch
II. *mf* ❶ (*Oriente Medio/Próximo*) Orientale, -in *m, f* ❷ (*Extremo Oriente*) Asiate, -in *m, f*

orientalismo [orjenta'lismo] *m* ❶ (*estudio, disciplina*) Orientalistik *f* ❷ (*carácter oriental*) orientalische Wesensart *f*

orientalista [orjenta'lista] *mf* Orientalist(in) *m(f)*

orientar [orjen'tar] **I.** *vt* ❶ (*dirigir*) ausrichten (*a/hacia* auf +*akk*); **orientado a la práctica** praxisorientiert ❷ (*ajustar*) einstellen ❸ (*asesorar*) beraten; (*dirigir*) lenken **II.** *vr:* ~**se** ❶ (*dirigirse*) sich ausrichten; (*fig*) sich orientieren; ~**se bien** eine gute Orientierung haben; **se orientó muy bien en el trabajo** er/sie fand sich sehr gut in die Arbeit hinein ❷ (*tender*) tendieren (*a/hacia* zu +*dat*)

orientativo, -a [orjenta'tiβo, -a] *adj* Orientierungs-; **programa** ~ Orientierungsprogramm *nt*

oriente [o'rjente] *m* ❶ (GEO) Osten *m;* (*países*) Orient *m;* **el O~ Próximo, el Cercano O~** der Nahe Osten; **el Extremo** [*o* **Lejano**] **O~** der Ferne Osten ❷ (*viento*) Ostwind *m*

orífice [o'rifiθe] *m* Goldschmied(in) *m(f)*

orificio [ori'fiθjo] *m* (*agujero*) Loch *nt;* (*abertura*) Öffnung *f;* ~ **de salida** Mündung *f*

origen [o'rixen] *m* ❶ (*principio*) Ursprung *m* ❷ (*causa*) Ursache *f;* **dar** ~ **a** [*o* **ser** ~ **de**] **algo** etw verursachen; **tener su** ~ **en algo** von etw *dat* herrühren ❸ (*ascendencia*) Abstammung *f* ❹ (*procedencia*) Herkunft *f;* **de** ~ **español** aus Spanien; **ser de** ~ **español** gebürtiger Spanier/gebürtige Spanierin sein

original [orixi'nal] **I.** *adj* ❶ (*auténtico*) original; **versión** ~ Originalfassung *f* ❷ (*primigenio*) ursprünglich; (*natural*) urwüchsig; **el pecado** ~ die Erbsünde ❸ (*originario*) stammend (*de* aus +*dat*) ❹ (*creativo*) originell ❺ (*singular*) eigenartig **II.** *m* Original *nt;* **fiel al** ~ originalgetreu

originalidad [orixinali'ðað] *f* ❶ (*autenticidad*) Originalität *f* ❷ (*del origen*) Ursprünglichkeit *f;* (*carácter primigenio*) Urwüchsigkeit *f* ❸ (*creatividad*) Originalität *f* ❹ (*singularidad*) Eigentümlichkeit *f*

originar [orixi'nar] **I.** *vt* (*causar*) verursachen; (*provocar*) hervorrufen **II.** *vr:* ~**se** entspringen; (*surgir*) entstehen; (*proceder*) herrühren (*en* von +*dat*)

originario, -a [orixi'narjo, -a] *adj* ❶ (*original*) ursprünglich; (*innato*) angeboren ❷ (*oriundo*) stammend (*de* aus +*dat*); **es**

~ **de Chile** er ist gebürtiger Chilene ❸ (*de origen*): **país** ~ Herkunftsland *nt*

orilla [o'riʎa] *f* ❶ (*borde*) Rand *m* ❷ (*ribera*) Ufer *nt;* **a** ~**s del Rhin** am Rhein(ufer); ~ **de** (*fam*) bei ❸ *pl* (*Am: arrabales*) Stadtrand *m*

orillar [ori'ʎar] *vt* ❶ (*tela*) säumen; (*adornar*) verzieren ❷ (*resolver*) erledigen ❸ (*sortear*) umgehen

orillo [o'riʎo] *m* Webkante *f*

orín [o'rin] *m* ❶ (*pl*) (*orina*) Urin *m* ❷ (*óxido*) Rost *m;* **cubierto de** ~ rostig

orina [o'rina] *f* <orines> Urin *m*

orinal [ori'nal] *m* Nachttopf *m;* (*de niño*) Töpfchen *nt*

orinar [ori'nar] **I.** *vi, vt* urinieren; ~ **sangre** Blut im Urin haben; **ir a** ~ (*fam*) aufs Klo gehen **II.** *vr:* ~**se** unkontrolliert Harn lassen; ~**se en la cama** das Bett nässen; **estoy orinándome** (*fam*) ich muss ganz schnell aufs Klo

oriundo, -a [o'rjundo, -a] *adj* stammend (*de* aus +*dat*); **es** ~ **de Méjico** er ist gebürtiger Mexikaner

orla ['orla] *f* (*de tela*) Borte *f;* ~ **de luto** Trauerrand *m*

orlar [or'lar] *vt* (*adornar*) verzieren

ornamentación [ornamenta'θjon] *f* Verzierung *f*

ornamental *adj* ornamental, verzierend

ornamentar [ornamen'tar] *vt* verzieren

ornamento [orna'mento] *m* ❶ (*adorno*) Verzierung *f* ❷ *pl* (REL: *vestiduras*) Ornat *m*

ornar [or'nar] *vt* schmücken (*con/de* mit +*dat*)

ornato [or'nato] *m* Zier(de) *f*

ornitólogo, -a [orni'toloɣo, -a] *m, f* Ornithologe, -in *m, f;* (*criador*) Vogelzüchter(in) *m(f)*

ornitorrinco [ornito'rriŋko] *m* Schnabeltier *nt*

oro ['oro] *m* ❶ (*metal*) Gold *nt;* ~ **de ley** Feingold *nt;* **bañado en** ~ vergoldet; **de** ~ golden; **color** ~ goldfarben; **como los chorros del** ~ (*fam*) wie geleckt; **guardar como** ~ **en paño** wie seinen Augapfel hüten; **pagar a peso de** ~ mit Gold aufwiegen; **prometer a alguien el** ~ **y el moro** (*fam*) jdm das Blaue vom Himmel versprechen; **mi palabra es** ~ auf mein Wort ist Verlass; **valer su peso en** ~ nicht mit Gold aufzuwiegen sein; **no es** ~ **todo lo que reluce** (*prov*) es ist nicht alles Gold, was glänzt ❷ (*dinero*) Gold(geld) *nt;* **hacerse de** ~ steinreich werden; **nadar en** ~ im Geld schwimmen *fam*

orografía [oroɣra'fia] *f sin pl* (GEO) Orographie *f*

orondo , -a [o'rondo, -a] *adj* ❶ (*recipiente*) (dick)bauchig ❷ (*gordo*) dickbäuchig ❸ (*engreído*) aufgeblasen

oropel [oro'pel] *m* ❶ (*latón*) Flittergold *nt* ❷ (*adorno, t. pey*) Flitter *m*

oropéndola [oro'pendola] *f* (ZOOL) Pirol *m*

orquesta [or'kesta] *f* Orchester *nt*

orquestación [orkesta'θjon] *f* (MÚS) Orchestrierung *f*

orquestar [orkes'tar] *vt* ❶ (MÚS) orchestrieren ❷ (*pey: organizar*) inszenieren

orquestina [orkes'tina] *f* (*de baile*) Tanzorchester *nt*

orquídea [or'kiðea] *f* Orchidee *f*

ortiga [or'tiɣa] *f* Brennnessel *f*

orto ['orto] *m* (ASTR) Sonnenaufgang *m*

ortocentro [orto'θentro] *m* (MAT) Orthozentrum *nt*

ortodoncia [orto'donθja] *f* Kieferorthopädie *f*

ortodoxia [orto'ðoɣsja] *f* Orthodoxie *f*; (REL) Rechtgläubigkeit *f*

ortodoxo , -a [orto'ðoɣso, -a] **I.** *adj* orthodox; **ser católico ~** ein strenger Katholik sein **II.** *m, f* Orthodoxe(r) *mf*

ortogonal [ortoɣo'nal] *adj* rechtwinklig

ortografía [ortoɣra'fia] *f* Rechtschreibung *f*; **falta de ~** Rechtschreibfehler *m*

ortográfico , -a [orto'ɣrafiko, -a] *adj* orthographisch; **reglas ortográficas** Rechtschreibung *f*; **reforma ortográfica** Rechtschreibreform *f*

ortopeda [orto'peða] *mf* Orthopäde, -in *m, f*

ortopedia [orto'peðja] *f* Orthopädie *f*

ortopédico , -a [orto'peðiko, -a] **I.** *adj* orthopädisch; **pierna ortopédica** Beinprothese *f* **II.** *m, f* Orthopäde, -in *m, f*

ortopedista [ortope'ðista] *mf* Orthopäde, -in *m, f*

oruga [o'ruɣa] *f* ❶ (ZOOL) Raupe *f* ❷ (TÉC) Raupenkette *f*

orujo [o'ruxo] *m* ❶ (*residuo*) Trester *mpl* ❷ (*aguardiente*) Trester(schnaps) *m*

orzuelo [or'θwelo] *m* Gerstenkorn *nt*

os [os] **I.** *pron pers* (*objeto*) euch **II.** *pron refl: ¿~ marcháis?* geht ihr?

osa ['osa] *f* Bärin *f*; **¡anda la ~!** ach, du liebe Zeit!; **la O~ Mayor/Menor** (ASTR) der Große/Kleine Bär [*o* Wagen]

osadía [osa'ðia] *f* Kühnheit *f*

osado , -a [o'saðo, -a] *adj* kühn

osamenta [osa'menta] *f* (*esqueleto*) Geripp *nt*; (*restos mortales*) Gebein *nt*

osar [o'sar] *vi* wagen; **¿cómo osas decir esto?** wie kannst du es nur wagen, das zu sagen?

osario [o'sarjo] *m* Ossarium *nt*; (ARTE) Kar-

ner *m*

oscense [os'θense] **I.** *adj* aus Huesca **II.** *mf* Einwohner(in) *m(f)* von Huesca

oscilación [osθila'θjon] *f* (*vaivén*) Schwingung *f*; (*variación*) Schwankung *f*; (*indecisión*) Unschlüssigkeit *f*

oscilante [osθi'lante] *adj* (*indeciso*) unschlüssig

oscilar [osθi'lar] *vi* (*en vaivén*) schwingen; (*péndulo*) pendeln; (*variar*) schwanken

oscilatorio , -a [osθila'torjo, -a] *adj* schwingend

oscurantismo [oskuran'tismo] *m* Obskurantismus *m*

oscurecer [oskure'θer] *irr como crecer* **I.** *vimpers* dunkel werden **II.** *vt* ❶ (*privar de luz, t. fig*) verdunkeln ❷ (*confundir*) verwirren **III.** *vr:* **~ se** ❶ (*volverse oscuro, t. fig*) sich verdunkeln ❷ (*debilitarse, t. fig*) verblassen **IV.** *m* Abenddämmerung *f*; **al ~** in der Abenddämmerung

oscurecimiento [oskureθi'mjento] *m* (*t. fig*) Verdunk(e)lung *f*; (*anochecer*) Dunkelwerden *nt*

oscuridad [oskuri'ðað] *f* ❶ (*falta de luz*) Dunkelheit *f*; **en la ~** im Dunkeln ❷ (*falta de claridad*) Unklarheit *f*; **en la ~** im Unklaren

oscuro , -a [os'kuro, -a] *adj* (*t. fig*) dunkel; **azul ~** dunkelblau; **a oscuras** im Dunkeln; **de ~ origen** von zweifelhafter Herkunft

óseo , -a ['oseo, -a] *adj* knöchern; **restos ~ s** Knochen *mpl*

osera [o'sera] *f* Bärenhöhle *f*

osezno , -a [o'seθno, -a] *m, f* Bärenjunge(s) *nt*

osificar [osifi'kar] <c→qu> *vt, vr:* **~ se** verknöchern

osmosis [os'mosis] *f inv*, **ósmosis** ['osmosis] *f inv* ❶ (QUÍM, BOT) Osmose *f* ❷ (*influencia*) Beeinflussung *f*

oso ['oso] *m* Bär *m*; **~ de peluche** Teddy(bär) *m*; **~ blanco** Eisbär *m*; **fuerte como un ~** bärenstark

ostensible [osten'siβle] *adj* offenkundig; **hacer ~** offenbaren

ostensivo , -a [osten'siβo, -a] *adj* ❶ (*manifiesto*) offensichtlich ❷ (*ostentoso*) ostentativ

ostentación [ostenta'θjon] *f* Zurschaustellen *nt*; (*jactancia*) Prahlerei *f*; **hacer ~ de algo** etw zur Schau stellen; (*jactarse*) mit etw *dat* prahlen

ostentador (a) [ostenta'ðor(a)] **I.** *adj* prahlerisch **II.** *m(f)* Prahler(in) *m(f)*

ostentar [osten'tar] *vt* ❶ (*mostrar*) zur Schau stellen; (*jactarse*) prahlen (mit

+*dat*) ❷ (*poseer*) aufweisen; (*puesto, poder*) innehaben

ostentativo , **-a** [ostenˈtatiβo, -a] *adj v.* ostensivo

ostentoso , **-a** [ostenˈtoso, -a] *adj* ❶ (*jactancioso*) prahlerisch ❷ (*llamativo*) auffallend; (*provocativo*) ostentativ

osteopatía [osteopaˈtia] *f* (MED) Osteopathie *f;* (*patología*) Knochenerkrankung *f*

ostra [ˈostra] *f* Auster *f;* **aburrirse como una ~** sich zu Tode langweilen; **¡~s!** herrje!

ostracismo [ostraˈθismo] *m* (*de la vida pública*) Ächtung *f;* (*exilio*) Verbannung *f;* **condenar al ~** (*fig*) ächten

ostrogodo , **-a** [ostroˈɣoðo, -a] **I.** *adj* ostgotisch **II.** *m, f* Ostgote, -in *m, f*

otalgia [oˈtalxia] *f* Ohrenschmerzen *mpl*

OTAN [oˈtan] *f abr de* **Organización del Tratado del Atlántico Norte** NATO *f*

otario , **-a** [oˈtarjo, -a] **I.** *adj* (*CSur*) dumm **II.** *m, f* (*CSur*) Dummkopf *m*

otear [oteˈar] **I.** *vt* (*ver*) erspähen; (*escudriñar*) absuchen; (*observar*) beobachten **II.** *vi* spähen; (*desde un alto*) hinabspähen

otero [oˈtero] *m* Anhöhe *f*

otitis [oˈtitis] *f inv* Ohrenentzündung *f; ~* **media** Mittelohrentzündung *f*

otomán [otoˈman] *m* (*tejido*) Ottoman *m*

otomana [otoˈmana] *f* Ottomane *f*

otomano , **-a** [otoˈmano, -a] **I.** *adj* osmanisch **II.** *m, f* Osmane, -in *m, f*

otoñal [otoˈɲal] *adj* ❶ (*lugar, tiempo*) herbstlich ❷ (*persona*) älter; **un amor ~** eine späte Liebe

otoño [oˈtoɲo] *m* (*estación*) Herbst *m;* **a fin(al)es de ~** im Spätherbst; **el ~ (de la vida)** der Herbst des Lebens

otorgamiento [otorɣaˈmjento] *m* ❶ (JUR) Verleihung *f;* (*concesión*) Erteilung *f;* (*de documento*) Ausstellung *f;* (*de contrato*) Abschluss *m;* (*de licencia*) Vergabe *f; ~* **de poder** Vollmachterteilung *f* ❷ (*consentimiento*) Bewilligung *f*

otorgar [otorˈɣar] <g→gu> *vt* ❶ (*conferir*) verleihen; (*conceder*) erteilen; (*ayudas*) gewähren; (*expedir*) ausstellen; ~ **licencia** eine Lizenz vergeben; ~ **un plazo** eine Frist einräumen; ~ **poderes** eine Vollmacht erteilen ❷ (*acceder*) bewilligen; ~ **su consentimiento** seine Zustimmung geben

otorrinolaringólogo , **-a** [otorrinolarinˈɡoloɣo, -a] *m, f* Hals-Nasen-Ohren-Arzt, -Ärztin *m, f*

otro , **-a** [ˈotro, -a] *adj o pron indef* ❶ (*distinto*) ein anderer, eine andere; ~**s** andere; **el ~/la otra/lo ~** der/die/das andere;

otra persona, ~ jemand anders; **ninguna otra persona, ningún** ~ kein anderer; ~ **tanto** noch einmal so viel; **al** ~ **día** am Tag darauf; **el** ~ **día** neulich; **en otra ocasión** ein anderes Mal; **en** ~ **sitio** woanders; **de un sitio a** ~ hin und her; **la otra semana** vorige Woche; **otra cosa** etwas anderes; **¡otra vez será!** ein anderes Mal!; **eso ya es otra cosa** das ist schon besser; **otra vez** noch (ein)mal; **no** ~ **que** kein anderer als; **ésa es otra** (*cosa distinta*) das ist noch einmal etwas anderes; (*irón: aún peor*) das ist ja noch schöner!; **¡a otra cosa mariposa!** Schluss jetzt!; **¡hasta otra (vez)!** bis zum nächsten Mal! ❷ (*uno más*) noch eine(r, s); **otras tres personas** noch drei (weitere) Personen; **¡otra, otra!** Zugabe!; **es** ~ **Mozart** er ist ein zweiter Mozart

otrosí [otroˈsi] *adv* ferner

ovación [oβaˈθjon] *f* Beifall *m;* **dar una ~** Beifall spenden; **recibir una ~** Beifall ernten

ovacionar [oβaθjoˈnar] *vt* Beifall spenden +*dat*

oval [oˈβal] , **ovalado** , **-a** [oβaˈlaðo, a] *adj* oval

ovalar [oβaˈlar] *vt* oval machen

óvalo [ˈoβalo] *m* (*forma*) Oval *nt*

ovario [oˈβarjo] *m* (ANAT) Eierstock *m*

oveja [oˈβexa] *f* Schaf *nt;* **cada ~ con su pareja** (*prov*) Gleich und Gleich gesellt sich gern

overbooking [oβerˈbukiŋ] *m* (ECON) Überbelegung *f*

overol [oβeˈrol] *m* (*Am*) Overall *m*

ovetense [oβeˈtense] **I.** *adj* aus Oviedo **II.** *m* Einwohner(in) *m(f)* von Oviedo

oviducto [oβiˈðukto] *m* Eileiter *m*

ovillar [oβiˈʎar] **I.** *vt* zu einem Knäuel wickeln; (*enrollar*) aufwickeln **II.** *vr:* ~**se** sich zusammenrollen

ovillo [oˈβiʎo] *m* Knäuel *m o nt;* (*fig*) Wirrwarr *m;* **hacerse un ~** (*enredarse*) sich verwickeln; (*encogerse*) sich zusammenrollen; (*al hablar*) sich verhaspeln

ovino , **-a** [oˈβino, -a] **I.** *adj* Schaf-; **ganado ~** Schafe *ntpl* **II.** *m, f* Schaf *nt*

ovíparo , **-a** [oˈβiparo, -a] *adj* Eier legend

ovni [ˈoβni] *m* UFO *nt*

ovoide [oˈβoiðe] **I.** *adj* eiförmig **II.** *m* ❶ (MAT) Ovoid *nt* ❷ (*Am: pelota*) Rugbyball *m*

ovulación [oβulaˈθjon] *f* Eisprung *m*

ovular [oβuˈlar] *vi* einen Eisprung haben

óvulo [ˈoβulo] *m* (ANAT) Eizelle *f*

oxidable [oˈ~siˈðaβle] *adj* (*metal*) leicht rostend

oxidación [oˈ~siðaˈθjon] *f* ❶ (QUÍM) Oxidation *f* **2** (*metal*) (*Ver*)rosten *nt*

oxidante [oˠsiˈðante] **I.** *adj* (QUÍM) oxidierend **II.** *m* Oxidationsmittel *nt*

oxidar [oˠsiˈðar] **I.** *vt* **1** (QUÍM) oxidieren **2** (*metal*) rosten lassen; **un hierro oxidado** ein Stück rostiges Eisen **II.** *vr:* ~ **se 1** (*metal*) rosten; (*mente*) verkalken; ~ **se de no moverse** einrosten **2** (QUÍM) oxidieren

óxido [ˈoˠsiðo] *m* **1** (QUÍM) Oxid *nt* **2** (*orín*) Rost *m*

oxigenación [oˠsixenaˈθjon] *f* Versetzung *f* mit Sauerstoff

oxigenar [oˠsixeˈnar] **I.** *vt* **1** (*cabello*) mit Wasserstoffperoxid blondieren; (**rubio**) **oxigenado** wasserstoffblond **2** (QUÍM) mit Sauerstoff versetzen; **agua oxigenada** Wasserstoffperoxid *nt* **II.** *vr:* ~ **se** (*fam*) frische Luft schnappen

oxígeno [oˠsixeno] *m* Sauerstoff *m*

oyente [oˈɟente] *mf* Zuhörer(in) *m(f)*; (RADIO) Hörer(in) *m(f)*; (**libre**) ~ (UNIV) Gasthörer(in) *m(f)*

ozono [oˈθono] *m* Ozon *nt*; **el agujero en la capa de** ~ das Ozonloch

ozonosfera [oθonosˈfera] *f* Ozonschicht *f*; (METEO) Ozonosphäre *f*

ozonoterapia [oθonoteˈrapja] *f* (MED) Ozontherapie *f*

P p

P, p [pe] *f* P, p *nt;* ~ **de París** P wie Paula

pabellón [paβeˈʎon] *m* **1** (*tienda*) Zelt *nt* **2** (*bandera*) Flagge *f* **3** (ARQUIT) Pavillon *m* **4** (ANAT: *de la oreja*) Ohrmuschel *f*

pabilo [paˈβilo] *m*, **pábilo** [ˈpaβilo] *m* Docht *m*

pábulo [ˈpaβulo] *m* Nahrung *f;* (*fig*) Nährboden *m;* **dar** ~ **a rumores** Gerüchte hervorrufen

paca [ˈpaka] *f* (*fardo*) Packen *m;* (*de paja*) Ballen *m*

pacato, -a [paˈkato, -a] *adj* **1** (*mojigato*) bigott **2** (*apacible*) ruhig **3** (*tímido*) furchtsam

pacense [paˈθense] **I.** *adj* **1** aus Badajoz **2** aus Beja **II.** *mf* **1** Einwohner(in) *m(f)* von Badajoz **2** Einwohner(in) *m(f)* von Beja

pacer [paˈθer] *irr como* **crecer I.** *vi* grasen **II.** *vt* abgrasen

pachá [paˈtʃa] *m* Pascha *m;* **vivir como un** ~ leben wie Gott in Frankreich

pachanga [paˈtʃaŋga] *f* **1** (*danza*) kubanischer Tanz **2** (*Am: fam: fiesta*) Fest *nt* **3** (DEP) Fußball/Korbball mit nur einem Tor/einem Korb

pachanguero, -a [patʃaŋˈgero, -a] *adj:* **una fiesta pachanguera** ein lautes Fest

pachorra [paˈtʃorra] *f* (*fam*) Trägheit *f*

pachucho, -a [paˈtʃutʃo, -a] *adj* **1** (*fam: persona*) schlapp **2** (*fruta*) überreif

pachulí [patʃuˈli] *m* (BOT) Patschulipflanze *f*

paciencia [paˈθjenθja] *f* (*espera*) Geduld *f;* **se me acabó la** ~ meine Geduld ist am Ende

paciente [paˈθjente] **I.** *adj* geduldig; **ser** ~ **con alguien** mit jdm viel Geduld haben **II.** *mf* Patient(in) *m(f)*

pacificación [paθifikaˈθjon] *f* (*establecer paz*) Befriedung *f;* (*reconciliación*) Aussöhnung *f*

pacificador(a) [paθifikaˈðor(a)] **I.** *adj* Frieden stiftend **II.** *m(f)* Frieden(s)stifter(in) *m(f)*

pacificar [paθifiˈkar] <c→qu> **I.** *vi* den Frieden wiederherstellen **II.** *vt* (*apaciguar*) befrieden; (*reconciliar*) aussöhnen **III.** *vr:* ~ **se** sich beruhigen; (*viento*) nachlassen

pacífico, -a [paˈθifiko, -a] *adj* **1** (*de ánimo tranquilo*) friedfertig; **carácter** ~ Friedfertigkeit *f* **2** (*en estado tranquilo*) ruhig

Pacífico [paˈθifiko] *m* Pazifik *m*

pacifismo [paθiˈfismo] *m* Pazifismus *m*

pacifista [paθiˈfista] **I.** *adj* pazifistisch **II.** *mf* Pazifist(in) *m(f)*

paco, -a [ˈpako, -a] *adj* (*Am*) rötlich

pacotilla [pakoˈtiʎa] *f* **1** (*calidad inferior*) Schund *m;* **tienda de** ~ **s** Kramladen *m;* **de** ~ (*mercancía*) minderwertig; (*restaurante*) zweitklassig; **ser de** ~ nichts wert sein; **hacer su** ~ zu Geld kommen **2** (*Am: chusma*) Gesindel *nt*

pactar [pakˈtar] **I.** *vi* sich fügen; **¡hay que** ~ **para sobrevivir!** im Leben muss man Kompromisse machen! **II.** *vt* einen Pakt schließen

pactista [pakˈtista] **I.** *adj* kompromissbereit **II.** *mf* Paktierer(in) *m(f)*

pacto [ˈpakto] *m* Pakt *m;* (*contrato*) Vertrag *m;* ~ **de estabilidad y crecimiento** (*económicos*) Stabilitäts- und Wachstumspakt *m*

padecer [paðeˈθer] *irr como* **crecer I.** *vi* leiden **II.** *vt* **1** (*sufrir*) leiden (unter +*dat*); (*enfermedad*) leiden (an +*dat*); ~ **un error** einem Irrtum unterliegen **2** (*soportar*) ertragen

padecimiento [paðeθiˈmjento] *m* **1** (*sufri-*

miento) Leiden _nt_ ② (_enfermedad_) Krankheit _f_

padrastro [pa'ðrastro] _m_ ① (_marido de madre_) Stiefvater _m_ ② (_mal padre_) Rabenvater _m_

padrazo [pa'ðraθo] _m:_ **es un** ~ (_fam_) er ist ein toller Vater

padre ['paðre] **I.** _m_ ① (_t._ REL) Vater _m;_ ~ **espiritual** Seelsorger _m;_ **¡tu ~!** (_fam_) verdammt noch mal!; **tal ~, tal hijo** (_prov_) der Apfel fällt nicht weit vom Stamm ② _pl_ (_antepasados_) Vorfahren _mpl;_ **dormir con sus ~s** tot sein ③ _pl_ (_padre y madre_) Eltern _pl_ **II.** _adj_ (_fam_) riesengroß; **un escándalo** ~ ein Riesenskandal; **recibir una paliza de** ~ **y muy señor mío** windelweich geprügelt werden

padrenuestro [paðre'nwestro] _m_ Vaterunser _nt_

padrillo [pa'ðriʎo] _m_ (_CSur_) Deckhengst _m_

padrinazgo [paðri'naθɣo] _m_ ① (_título_) Patenschaft _f_ ② (_protección_) Schutz _m_

padrino [pa'ðrino] _m_ ① (_de bautizo_) (Tauf)pate _m;_ ~ (**de boda**) Trauzeuge _m;_ **tener buenos ~s** (_fig_) gute Beziehungen haben

padrón [pa'ðron] _m_ ① (_nómina_) Einwohnerverzeichnis _nt_ ② (_irón: infamia_) Schandfleck _m_ ③ (_Am: caballo_) Zuchthengst _m_

padrote [pa'ðrote] _m_ (_AmC, Méx_) ① (_equino_) Deckhengst _m;_ (_bovino_) Zuchtbulle _m_ ② (_fam: alcahuete_) Zuhälter _m_

paella [pa'eʎa] _f_ ① (_comida_) Paella _f_ ② (_utensilio_) Paellapfanne _f_

paellada [pae'ʎaða] _f_ ≈Paellaessen _nt_

paellera [pae'ʎera] _f_ (_utensilio_) Paellapfanne _f_

pág. ['paxina] _abr de_ **página** S.

paga ['paɣa] _f_ ① (_sueldo_) Lohn _m_ ② (_acto_) Zahlung _f_

pagadero, -a [paɣa'ðero, -a] _adj_ ① (_a pagar_) fällig ② (_pagable_) zahlbar

pagado, -a [pa'ɣaðo, -a] _adj_ (_en aduana_) verzollt; ~ **de sí mismo** selbstgefällig

pagador(a) [paɣa'ðor(a)] _m(f)_ ① (_que paga_) Zahler(in) _m(f)_ ② (_cajero_) Kassenführer(in) _m(f)_

pagaduría [paɣaðu'ria] _f_ Zahlstelle _f_

paganismo [paɣa'nismo] _m sin pl_ Heidentum _nt_

paganizar [paɣani'θar] <z→c> **I.** _vi_ Heide werden **II.** _vt_ zum Heidentum bekehren

pagano, -a [pa'ɣano, -a] **I.** _adj_ heidnisch **II.** _m, f_ ① (_infiel_) Heide, -in _m, f_ ② (_fam: pagador_) Zahler(in) _m(f);_ **hacer de** ~ immer für die anderen zahlen

pagar [pa'ɣar] <g→gu> **I.** _vt_ ① (_gastos, a alguien_) bezahlen; (_sueldo que se debe_) auszahlen; (_una deuda_) begleichen; ~ **un anticipo** eine Anzahlung leisten; **una cuenta sin** ~ eine unbezahlte Rechnung; ~ **una deuda a plazos** eine Schuld abzahlen; **ahora tiene que** ~ **el pato** (_fig_) jetzt muss er/sie es ausbaden ② (_expiar_) büßen; ~ **una condena** eine Strafe verbüßen; **¡me las** ~ **ás!** das wirst du mir büßen! ③ (_recompensar_) vergelten; (_una visita_) erwidern; **¡Dios se lo pague!** vergelt's Gott! **II.** _vr:_ ~**se** ① (_aficionarse_) eingenommen sein (_de/con_ von +_dat_); (_presumir_) angeben (_de_ mit +_dat_) ② (_contentarse_) sich abspeisen lassen (_de/con_ mit +_dat_)

pagaré [paɣa're] _m_ Schuldschein _m_

página ['paxina] _f_ ① (_hoja_) Seite _f;_ ~ **principal**, ~ **inicial** (INFOR) Homepage _f;_ ~ **web** (INFOR) Webseite _f;_ **pasar la** ~ (**adelante**) (vor)blättern ② (_episodio_) Kapitel _nt_

paginación [paxina'θjon] _f_ Seitennummerierung _f_

paginar [paxi'nar] _vt_ mit Seitenzahlen versehen

pago ['paɣo] _m_ ① (_reintegro_) Zahlung _f;_ ~ **adicional** Nachzahlung _f;_ ~ **extraordinario** Zuschlag _m;_ ~ **inicial** Anzahlung _f;_ ~ **a plazos** Ratenzahlung _f;_ **día de** ~ Zahltag _m;_ **anticipar el** ~ vorauszahlen; **sujeto a** ~ zahlungspflichtig ② (_salario_) Lohn _m;_ ~ **anticipado** Vorschuss _m;_ ~ **por hora** Stundenlohn _m;_ ~ **por incapacidad** Krankengeld _nt_ ③ (_fig: recompensa_) Vergeltung _f;_ **¿éste es el** ~ **que me das?** so dankst du es mir? ④ (_heredad_) Gut _nt_ ⑤ (_Arg, Perú: de nacimiento_) Heimatort _m_

pagoda [pa'ɣoða] _f_ Pagode _f_

paila [ˈpaila] _f_ (_Am: sartén_) Pfanne _f_

paipai [paiˈpai] _m_ Fächer _m_

país [pa'is] _m_ (GEO, POL) Land _nt;_ ~ **comunitario** EU-Land _nt;_ ~ **industrializado** Industrienation _f;_ ~ **limítrofe** Nachbarland *nt;* ~ **en vías de desarrollo** Entwicklungsland *nt;* ~ **en vías de industrialización** Schwellenland *nt;* ~ **miembro de la UEME** EWWU-Teilnehmerland *nt*

paisa ['paisa] *m (Am) v.* **paisano**

paisaje [pai̯'saxe] *m* Landschaft *f*

paisajismo [pai̯sa'xismo] *m* (ARTE) Landschaftsmalerei *f*

paisajista [pai̯sa'xista] *mf* Landschaftsmaler(in) *m(f)*

paisano, -a [pai̯'sano, -a] *m, f* ❶ (*no militar*) Zivilist(in) *m(f);* **ir de** ~ in Zivil gehen ❷ (*compatriota*) Landsmann, -männin *m, f* ❸ (*campesino*) Bauer *m,* Bäuerin *f*

Países Bajos [pa'ises 'βaxos] *mpl* Niederlande *pl*

paja ['paxa] *f* Stroh *nt;* (*pajilla*) Strohhalm *m;* **cama de** ~ Streu *f;* **apartar el grano de la** ~ (*t. fig*) die Spreu vom Weizen trennen; **no pesar una** ~ völlig unbedeutend sein; **no dormirse en las** ~**s** (*fig*) keine Gelegenheit versäumen; **hacerse una** ~ (*vulg*) sich *dat* einen runterholen

pajar [pa'xar] *m* Scheune *f;* **buscar una aguja en un** ~ (*fig*) eine Stecknadel im Heuhaufen suchen

pájara ['paxara] *f* ❶ (*ave*) kleiner Vogel *m* ❷ (*cometa*) Drachen *m* ❸ (*pey: mujer*) gerissenes Frauenzimmer *nt* ❹ (*loc*): **me entró la** ~ auf einmal fühlte ich mich hundeelend

pajarera [paxa'rera] *f* Voliere *f*

pajarería [paxare'ria] *f* ❶ (*multitud de pájaros*) Vogelschwarm *m* ❷ (*comercio*) Tierhandlung *f*

pajarero, -a [paxa'rero, -a] **I.** *adj* ❶ (*de pájaros*) Vogel-; **redes pajareras** Vogelnetze *ntpl* ❷ (*persona*) lustig ❸ (*telas*) bunt(scheckig) ❹ (*Am: caballos*) leicht scheuend **II.** *m, f* (*cazador de pájaros*) Vogelfänger(in) *m(f);* (*criador de pájaros*) Vogelzüchter(in) *m(f);* (*vendedor de pájaros*) Vogelhändler(in) *m(f)*

pajarita [paxa'rita] *f* (*corbata*) Fliege *f*

pájaro ['paxaro] *m* Vogel *m;* ~ **bobo** (Riesen)pinguin *m;* ~ **carpintero** Specht *m;* ~ **mosca** Kolibri *m;* ~ **de cuenta** (*fig fam*) schräger Vogel; ~ **gordo** (*fig*) hohes Tier; **tener la cabeza llena de** ~**s** ein Luftikus sein; **voló el** ~ (*fig fam*) der Vogel ist ausgeflogen; **más vale** ~ **en mano que ciento volando** (*prov*) besser einen Spatz in der Hand als eine Taube auf dem Dach

pajarraco [paxa'rrako] *m* (*fam: pillo*) Gauner(in) *m(f)*

paje ['paxe] *m* (*criado*) Page *m*

pajero [pa'xero] *m* (*CSur: vulg*) Wichser *m*

pajita [pa'xita] *f* Strohhalm *m*

pajizo, -a [pa'xiθo, -a] *adj* ❶ (*con/de paja*) Stroh- ❷ (*color*) strohgelb ❸ (*cabello*) strohig

pajolero, -a [paxo'lero, -a] *adj* (*fam*) verflixt

pajonal [paxo'nal] *m* (*Am*) Gestrüpp *nt*

Pakistán [pakis'tan] *m* Pakistan *nt*

pakistaní [pakista'ni] **I.** *adj* pakistanisch **II.** *mf* Pakistaner(in) *m(f)*

pala ['pala] *f* ❶ (*para cavar*) Schaufel *f;* (*cuadrada*) Spaten *m;* ~ **mecánica** Löffelbagger *m;* (*Am*) Bulldozer *m* ❷ (*del timón*) Ruderblatt *nt* ❸ (*raqueta*) Schläger *m;* (*bate*) Schlagholz *nt* ❹ (*del calzado*) Oberleder *nt*

palabra [pa'laβra] *f* Wort *nt;* ~ **clave** Kodewort *nt;* (*t.* INFOR) Passwort *nt;* (*en una conversación*) Stichwort *nt;* ~**s cruzadas** Kreuzworträtsel *nt;* ~ **extranjera** Fremdwort *nt;* ~**s insultantes** Schmähworte *ntpl;* ~ **de matrimonio** Eheversprechen *nt;* ~**s mayores** Schimpfwörter *ntpl;* ~ **técnica** Fachausdruck *m;* **libertad de** ~ Redefreiheit *f;* **bajo** ~ auf Ehrenwort; **buenas** ~**s** leere Worte; **de** ~ (*oral*) mündlich; (*que cumple sus promesas*) zuverlässig; **de pocas** ~**s** wortkarg; **ahorrar** ~**s** nicht viele Worte machen; **aprender las** ~**s** Vokabeln lernen; **beber las** ~**s a alguien** jdm ganz aufmerksam zuhören; **coger a alguien la** ~ jdn beim Wort nehmen; **cumplir la** ~ sein Wort halten; **faltar a la** ~ sein Wort nicht halten; **dejar a alguien con la** ~ **en la boca** jdn nicht ausreden lassen; **hablar a medias** ~**s** nur Andeutungen machen; **llevar la** ~ das Wort führen; **medir las** ~**s** seine Worte genau abwägen; **no entender** ~ kein Wort verstehen; **quitar a alguien la** ~ **de la boca** jdm das Wort aus dem Munde nehmen; **tener el don de** ~ wortgewandt sein; **voy a ponerle dos** ~**s** ich will ihm/ihr ein paar Zeilen schreiben

palabreo [pala'βreo] *m* leeres Gerede *nt;* **¡déjate de tanto** ~**!** hör auf mit diesem Geschwätz!

palabrería [palaβre'ria] *f* leeres Gerede *nt*

palabrero, -a [pala'βrero, -a] **I.** *adj* geschwätzig **II.** *m, f* Schwätzer(in) *m(f)*

palabrota [pala'βrota] *f* Schimpfwort *nt*

palaciego, -a [pala'θjeγo, -a] **I.** *adj* höfisch, Hof- **II.** *m, f* Höfling *m,* Hofdame *f*

palacio [pa'laθjo] *m* Palast *m;* **P~ de las Cortes** Parlamentsgebäude *nt;* **P~ de Justicia** Gerichtsgebäude *nt;* ~ **municipal** Rathaus *nt*

palada [pa'laða] *f* ❶ (*de la pala*): **una** ~ eine Schaufel voll ❷ (*de remo*) Ruderschlag *m*

paladar [pala'ðar] *m* Gaumen *m;* ~ **blando** Gaumensegel *nt;* **tener buen** ~ ein Feinschmecker sein

paladear [palaðe'ar] *vt* ❶ *(degustar)* schmecken ❷ *(saborear)* auskosten; ~ **un dulce** eine Süßigkeit im Munde zergehen lassen

paladín [pala'ðin] *m* ❶ *(caballero valeroso)* Ritter *m* ❷ *(defensor)* Paladin *m*

palanca [pa'laŋka] *f* ❶ *(pértiga)* Hebel *m;* *(palanqueta)* Brechstange *f;* ~ **de mando** (AERO) Steuerknüppel *m;* (INFOR) Joystick *m* ❷ *(influencia)* Einfluss *m;* **tener mucha** ~ sehr einflussreich sein ❸ *(en las piscinas)* Sprungbrett *nt*

palangana [palaŋ'gana] *f(jofaina)* (Wasch)-becken *nt*

palanganear [palaŋgane'ar] *vi* (*Am: fam*) angeben

palanquear [palaŋke'ar] *vt* (*Am*) ❶ *(apalancar)* mit Hebeln bewegen ❷ *(influenciar)* verschiedene Hebel in Bewegung setzen (für +*akk*)

palanqueta [palaŋ'keta] *f* Brecheisen *nt*

palatal [pala'tal] *adj* Gaumen-

Palatinado [palati'naðo] *m* Pfalz *f*

palatino, -a [pala'tino, -a] **I.** *adj* ❶ (ANAT) Gaumen-; **hueso** ~ Gaumenbein *nt* ❷ *(del palacio)* höfisch; **vida palatina** Hofleben *nt* ❸ *(del Palatinado)* pfälzisch; **conde** ~ Pfalzgraf *m* **II.** *m, f* *(habitante)* Pfälzer(in) *m(f)*

palco ['palko] *m* (*Am*) Tribüne *f;* (TEAT) Loge *f*

palenque [pa'leŋke] *m* ❶ *(estacada)* Umzäunung *f* ❷ *(palestra)* Kampfplatz *m*

palentino, -a [palen̩'tino, -a] **I.** *adj* aus Palencia **II.** *m, f* Einwohner(in) *m(f)* von Palencia

paleografía [paleoɣra'fia] *f sin pl* Paläographie *f*

paleógrafo, -a [pale'oɣrafo, -a] *m, f* Paläograph(in) *m(f)*

paleolítico[1] [paleo'litiko] *m sin pl* Paläolithikum *nt*

paleolítico, -a[2] [paleo'litiko, -a] *adj* paläolithisch

paleontología [paleon̩tolo'xia] *f sin pl* Paläontologie *f*

paleontólogo, -a [paleon̩'toloɣo, -a] *m, f* Paläontologe, -in *m, f*

palestino, -a [pales'tino, -a] **I.** *adj* palästinensisch **II.** *m, f* Palästinenser(in) *m(f)*

paleta [pa'leta] *f* ❶ *(pala)* kleine Schaufel *f; (del albañil)* Maurerkelle *f* ❷ *(del pintor)* Palette *f* ❸ *(de turbinas)* Schaufel *f* ❹ *(omóplato)* Schulterblatt *nt*

paletada [pale'taða] *f:* **una** ~ **de yeso** eine Kelle voll Gips

paletilla [pale'tiʎa] *f* *(omóplato)* Schulterblatt *nt*

paletizar [paleti'θar] <z→c> *vt* palettieren

paleto[1] [pa'leto] *m* Damhirsch *m*

paleto, -a[2] [pa'leto, -a] **I.** *adj* provinziell **II.** *m, f* Provinzler(in) *m(f) fam*

paliar [pa'ljar] <*I. pres:* palío, palio> *vt* ❶ *(delito)* vertuschen ❷ *(enfermedad)* lindern ❸ *(restar importancia)* verharmlosen

paliativo[1] [palja'tiβo] *m* Schmerzmittel *nt*

paliativo, -a[2] [palja'tiβo, -a] *adj* (MED) (schmerz)lindernd; **remedio** ~ Schmerzmittel *nt*

paliatorio, -a [palja'torjo, -a] *adj* beschönigend

palidecer [paliðe'θer] *irr como crecer vi* ❶ *(persona)* erblassen ❷ *(cosa)* verblassen

palidez [pali'ðeθ] *f* Blässe *f*

pálido, -a ['paliðo, -a] *adj* blass; *(luz)* fahl; *(estilo)* ausdruckslos

paliducho, -a [pali'ðutʃo, -a] *adj* *(fam)* blässlich

palier [pa'ljer] *m* (AUTO) Halbachse *f*

palillero [pali'ʎero] *m* ❶ *(para palillos de dientes)* Zahnstocherbehälter *m* ❷ *(portaplumas)* Federhalter *m*

palillo [pa'liʎo] *m* ❶ *(palo)* Stöckchen *nt;* **tener las piernas como** ~**s** Storchenbeine haben ❷ *(para los dientes)* Zahnstocher *m* ❸ *(para el tambor)* Trommelschlägel *m;* **tocar todos los** ~**s** *(fig)* alle Hebel in Bewegung setzen

palio ['paljo] *m* *(baldaquín)* Baldachin *m;* **recibir a alguien bajo** ~ *(fig)* jdn besonders freudig empfangen

palique [pa'like] *m* *(fam)* Geplauder *nt;* **estar de** ~ **con alguien** ein Schwätzchen mit jdm halten

palisandro [pali'san̩dro] *m* Palisanderholz *nt*

paliza [pa'liθa] *f* *(zurra)* (Tracht *f*) Prügel *mpl; (esfuerzo)* Anstrengung *f;* **dar una buena** ~ eine ordentliche Tracht Prügel verpassen; **les dieron una buena** ~ **en el partido** sie wurden beim Spiel ganz schön abgefertigt; **¡qué** ~ **me he pegado subiendo la montaña!** war das vielleicht anstrengend, den Berg zu besteigen!; **¡no me des la** ~**!** geh mir nicht auf die Nerven!

palma ['palma] *f* ❶ *(palmera)* Palme *f; (hoja de palmera)* Palm(en)blatt *nt* ❷ *(triunfo)* Sieg *m;* **llevarse la** ~ den Sieg davontragen ❸ (ANAT) Handfläche *f;*

conozco el barrio como la ~ de mi **mano** ich kenne das Viertel wie meine Westentasche; **llevar a alguien en ~s** jdn auf Händen tragen ❹ *pl* (*ruido*) Händeklatschen *nt;* (*aplauso*) Beifall *m;* **tocar las ~s** in die Hände klatschen; (*aplaudir*) Beifall klatschen

palmada [pal'maða] *f* ❶ (*golpe*) Schlag *m* ❷ *pl* (*ruido*) Händeklatschen *nt;* **~s de aplauso** Beifallklatschen *nt;* **dar ~s** in die Hände klatschen

palmar [pal'mar] I. *m* Palmenwald *m;* **ser más viejo que un ~** uralt sein II. *vi* (*fam*): **~la** sterben

palmarés [palma'res] *m* (DEP) Siegerliste *f*

palmario, -a [pal'marjo, -a] *adj* offenkundig; **la diferencia es palmaria** der Unterschied liegt auf der Hand

palmatoria [palma'torja] *f* (*candelero*) Leuchter *m*

palmeado, -a [palme'aðo, -a] *adj* ❶ (*figura*) palmenförmig ❷ (ZOOL) mit Schwimmhäuten; **pata palmeada** Schwimmfuß *m*

palmear [palme'ar] *vi* (*aplaudir*) klatschen

palmense [pal'mense] I. *adj* aus Las Palmas de Gran Canaria II. *mf* Einwohner(in) *m(f)* von Las Palmas de Gran Canaria

palmera [pal'mera] *f* Palme *f*

palmeral [palme'ral] *m* Palmenwald *m*

palmero, -a [pal'mero, -a] I. *adj* aus Santa Cruz de la Palma II. *m, f* Einwohner(in) *m(f)* von Santa Cruz de la Palma

palmípedas [pal'mipeðas] *fpl* (ZOOL) Schwimmvögel *mpl*

palmípedo, -a [pal'mipeðo, -a] *adj* (*Vögel*) mit Schwimmhäuten

palmito [pal'mito] *m* ❶ (*palma*) Zwergpalme *f;* (*tallo blanco, comestible*) Palmherz *nt* ❷ (*fam: cara bonita*) hübsches Gesicht *nt;* **esta mujer tiene buen ~** diese Frau hat ein hübsches Gesicht

palmo ['palmo] *m* Handbreit *f;* **~ a ~** Schritt für Schritt; **conocer una ciudad ~ a ~** jeden Winkel einer Stadt kennen; **dejar a alguien con un ~ de narices** (*fam*) jdm eine lange Nase machen; **con un ~ de la lengua fuera** (*fam*) ächzend

palmotear [palmote'ar] *vi* klatschen

palmoteo [palmo'teo] *m* (*aplauso*) Beifallklatschen *nt*

palo ['palo] *m* ❶ (*bastón*) Stock *m;* (*vara*) Stab *m;* (*garrote*) Knüppel *m;* (*estaca*) Pfahl *m;* (NÁUT) Mast *m;* **~ de agua** (*Am*) Regenguss *m;* **~ de la escoba** Besenstiel *m;* **~ de hockey** Hockeyschläger *m;* **~ de mando** (AERO, NÁUT) Steuerknüppel *m;* **~ de la portería** Torpfosten *m;* **~ de tienda**

Zeltstange *f;* **ser un ~** (*Am: fig*) eine wichtige Persönlichkeit sein; **cada ~ aguanta su vela** (*prov*) jeder muss für seine (eigenen) Taten geradestehen ❷ (*madera*) Holz *nt;* **de tal ~, tal astilla** (*prov*) der Apfel fällt nicht weit vom Stamm ❸ (*paliza*) Schlag *m;* **andar a ~s** verkracht sein; **dar ~s de ciego** blind um sich schlagen; (*fig*) unüberlegt handeln; **dar un ~ a alguien** jdn fertig machen; **echar a alguien a ~s** jdn gewaltsam rausschmeißen; **liarse a ~s con alguien** auf jdn einschlagen; **moler a alguien a ~s** jdn windelweich prügeln

paloma [pa'loma] *f* (*ave*) Taube *f;* **~ mensajera** Brieftaube *f;* **ser una ~ sin hiel** (*fig*) keiner Fliege etwas antun können

palomar [palo'mar] *m* Taubenschlag *m*

palomilla [palo'miʎa] *f* ❶ (*mariposa nocturna*) Motte *f* ❷ (*tornillo*) Flügelmutter *f*

palomita [palo'mita] *f* (*de maíz*) Popcorn *nt*

palomo [pa'lomo] *m* Täuberich *m*

palotada [palo'taða] *f* Schlag *m;* **no dar ~** (*fig*) nichts richtig machen

palote [pa'lote] *m* ❶ (*palillo*) (kurzer) Stock *m* ❷ (*ejercicio*) Schreibübung *f*

palpable [pal'paβle] *adj* ❶ (*tangible*) ertastbar ❷ (*evidente*) klar, einleuchtend

palpación [palpa'θjon] *f* (MED) Abtasten *nt*

palpar [pal'par] *vt* ❶ (*tocar*) abtasten; (*fam: magrear*) betatschen ❷ (*percibir*) spüren; **se palpaba el entusiasmo** die Begeisterung war deutlich spürbar

palpitación [palpita'θjon] *f* ❶ (*estremecimiento*) Zuckung *f* ❷ (*del pulso*) Pulsschlag *m;* (*del corazón*) Herzschlag *m;* (*por estar excitado*) Herzklopfen *nt*

palpitante [palpi'tante] *adj* ❶ (*corazón*) klopfend ❷ (*fig: emocionante*) ergreifend; (*interés*) brennend; **un problema de ~ actualidad** ein akutes Problem

palpitar [palpi'tar] *vi* ❶ (*contraerse*) zucken; (*corazón, pulso*) schlagen ❷ (*manifestarse*): **en sus palabras palpita la dulzura** aus seinen/ihren Worten spricht die Zärtlichkeit

pálpito ['palpito] *m* Vorahnung *f*

palta ['palta] *f* (*AmS*) Avocado *f*

palúdico, -a [pa'luðiko, -a] *adj* sumpfig; **fiebre palúdica** Sumpffieber *nt*

paludismo [palu'ðismo] *m* (MED) Malaria *f*

palurdo, -a [pa'lurðo, -a] I. *adj* ungeschliffen II. *m, f* Tölpel *m*

palustre [pa'lustre] I. *adj* sumpfig; **planta ~** Sumpfpflanze *f* II. *m* Maurerkelle *f*

pamela [pa'mela] *f* Strohhut *m*

pamema [pa'mema] *f* (*fam*) ❶ (*tontería*)

Unsinn *m* ❷ (*melindre*) Zimperlichkeit *f*
pampa ['pampa] *f* Pampa *f*

Panamá [pana'ma] *m* Panama *nt*

Die **Pampa** ist eine ebene, baumlose
Grassteppenlandschaft in Argentinien.
Sie erweist sich als landwirtschaftlich
sehr produktiv, denn der feuchte
Boden, der hauptsächlich aus feinem
Sand, Lehm und Schlamm besteht, ist
ideal für den Getreideanbau geeignet.

Panamá wird vom *Panamakanal* in
zwei Teile geteilt und verbindet Südamerika mit Mittel- und Nordamerika.
Die gleichnamige Hauptstadt – **Panamá**
– ist auch die größte Stadt des Landes.
Die offizielle Landessprache ist Spanisch, auch wenn Englisch sehr viel
verwendet wird. Die Währungseinheit
Panamas heißt *balboa*.

pámpano ['pampano] *m* (*vástago*) Ranke *f*;
(*hoja*) Weinblatt *nt*; **echar ~s** sich ranken
pampero, -a [pam'pero, -a] **I.** *adj* aus der
Pampa **II.** *m, f* Pampabewohner(in) *m(f)*
pamplina [pam'plina] *f* (*fam: pamema*)
Unsinn *m*
pamplonés, -esa [pamplo'nes, -esa] **I.** *adj*
aus Pamplona **II.** *m, f* Einwohner(in) *m(f)*
von Pamplona
pamplonica [pamplo'nika] *adj o mf* (*fam*)
v. **pamplonés**
pan [pan] *m* ❶ (*alimento, t. fig*) Brot *nt*; ~
de azúcar Zuckerhut *m*; ~ **candeal** Wei-
zenbrot *nt*; ~ **integral** Vollkornbrot *nt*; ~
con mantequilla Butterbrot *nt*; ~ **de
molde** Kastenbrot *nt*; ~ **de munición**
Kommissbrot *nt*; ~ **negro de Westfalia**
Pumpernickel *m*; ~ **rallado** Semmelbrösel
mpl; **estar a ~ y agua** bei Wasser und Brot
sitzen; **¡el ~ de cada día!** (*fig*) immer die
gleiche Leier!; **este año hay mucho ~** dieses Jahr fällt die Ernte gut aus; (**llamar**) **al
~, ~ y al vino, vino** die Dinge beim
Namen nennen; **comer el ~ de alguien**
(*fig*) jdm auf der Tasche liegen; **comer ~
con corteza** (*fig: ser independiente*)
selb(st)ständig sein; (*recuperar la salud*)
wieder gesund sein; **con su ~ se lo coma**
er/sie muss selbst wissen, was er/sie tut;
no cocérsele a alguien el ~ sehr ungeduldig sein; **ser ~ comido** kinderleicht
sein; **ser más bueno que el ~, ser un
pedazo de ~** herzensgut sein ❷ (*pieza*):
un ~ de jabón ein Stück Seife ❸ (*laminilla*) Plättchen *nt*
pana ['pana] *f* (*tejido*) Kord(samt) *m*
panacea [pana'θea] *f* Allheilmittel *nt*
panadería [panaðe'ria] *f* Bäckerei *f*
panadero, -a [pana'ðero, -a] *m, f*
Bäcker(in) *m(f)*
panafricanismo [panafrika'nismo] *m* (POL)
Panafrikanismus *m*
panal [pa'nal] *m* Wabe *f*
panamá [pana'ma] *m* Panamahut *m*

panameño, -a [pana'meɲo, -a] **I.** *adj* aus
Panama **II.** *m, f* Panamaer(in) *m(f)*
panamericanismo [panamerika'nismo] *m*
(POL) Panamerikanismus *m*
panarabismo [panara'βismo] *m* (POL) Pan-
arabismus *m*
pan bimbo® [pan 'βimβo] *m* Toastbrot *nt*
pancarta [paŋ'karta] *f* Plakat *nt*
panceta [pan'θeta] *f* (GASTR) durchwachse-
nes Schweinespeckstück
pancho, -a ['panʧo, -a] *adj* (*tranquilo*)
ruhig
pancista [pan'θista] *mf* Opportunist(in)
m(f)
páncreas ['paŋkreas] *m inv* Bauchspeicheldrüse *f*
pancreático, -a [paŋkre'atiko, -a] *adj* (ANAT)
Bauchspeicheldrüsen-; **jugos ~s** Bauch-
speichel *m*
panda¹ ['panda] *m* (ZOOL) Panda *m*
panda² ['panda] *f v.* **pandilla**
pandear [pande'ar] *vi, vr:* ~**se** (*pared o
viga*) sich durchbiegen
pandemónium [pande'monjun] *m* Pandä-
monium *nt*; (*fig fam*) *lauter, tumultuöser
Schauplatz*
pandeo [pan'deo] *m* Durchbiegen *nt*
pandereta [pande'reta] *f*, **pandero**
[pan'dero] *m* (MÚS) Tamburin *nt*
pandilla [pan'diʎa] *f* Bande *f*; (*de amigos*)
Clique *f*; ~ **de ladrones** Verbrecherbande *f*
panecillo [pane'θiʎo] *m* Brötchen *nt*
panegírico¹ [pane'xiriko] *m* Lobrede *f*
panegírico, -a² [pane'xiriko, -a] *adj* rühmend
panel [pa'nel] *m* ❶ (*carpintería*) Paneel *nt*
❷ (TÉC) Tafel *f*; ~ **de control** Steuerpult *nt*
❸ (*encuesta*) Panel *nt* ❹ (*que discute en
público*) Diskussionsrunde *f*
panera [pa'nera] *f* ❶ (*para trigo*) Getreide-
kammer *f* ❷ (*cesto*) Brotkorb *m*
paneuropeísmo [paneurope'ismo] *m* (POL)
Paneuropa-Bewegung *f*

P

pánfilo , **-a** ['pamfilo, -a] *adj* ❶ (*fácil de engañar*) gutgläubig ❷ (*lento*) schwerfällig

panfletista [pamfle'tista] *mf* Pamphletist(in) *m(f)*

panfleto [pam'fleto] *m* Pamphlet *nt*

pánico[1] ['paniko] *m* Panik *f;* **entrar en** ~ in Panik geraten; **tener** ~ **a algo** panische Angst vor etw *dat* haben

pánico , **-a**[2] ['paniko, -a] *adj* panisch

panificadora [panifika'ðora] *f* Brotfabrik *f*

panificar [panifi'kar] <c→qu> *vt* zu Brot verarbeiten

panislamismo [panisla'mismo] *m* (POL) Panislamismus *m*

panizo [pa'niθo] *m* (BOT) Hirse *f*

panocha [pa'notʃa] *f,* **panoja** [pa'noxa] *f* ❶ (*de maíz*) Maiskolben *m* ❷ (*espiga*) Ähre *f;* (*racimo*) Rispe *f*

panoli [pa'noli] **I.** *adj* (*fam*) einfältig **II.** *mf* (*fam*) Simpel *m*

panoplia [pa'noplja] *f* ❶ (*armadura completa*) (vollständige) Ausrüstung *f* eines Kriegers ❷ (*colección de armas*) Waffensammlung *f* ❸ (*en arqueología*) Waffenkunde *f*

panorama [pano'rama] *m* Panorama *nt;* (*fig*) Überblick *m;* **el** ~ **de cráteres en la luna** die Kraterlandschaft auf dem Mond

panorámica [pano'ramika] *f* (Aus)blick *m;* (CINE, FOTO, TV) Gesamtaufnahme *f*

panorámico , **-a** [pano'ramiko, -a] *adj* Panorama-; **vista panorámica** Rundblick *m*

pantagruélico , **-a** [paṇta'ɣrweliko, -a] *adj* (*comidas*) üppig; **banquete** ~ Festmahl *nt*

pantalán [paṇta'lan] *m* Kai *m* (*aus Holz oder Rohr*)

pantalla [paṇ'taʎa] *f* ❶ (*de la lámpara*) Lampenschirm *m* ❷ (*protección*) Abschirmung *f;* ~ **antirruido** Lärmschutzwand *f;* **servirse de alguien como** ~ hinter jds Rücken Schutz suchen; **servir de** ~ (*testaferro*) als Strohmann fungieren ❸ (INFOR, TV) Bildschirm *m;* ~ **completa** Gesamtanzeige *f;* ~ **cromática** Farbbildschirm *m* ❹ (CINE) Leinwand *f;* ~ **panorámica** Breitwand *f;* **estrella de la** ~ Filmstar *m;* **pequeña** ~ (*fam*) Fernsehen *nt*

pantalón [paṇta'lon] *m* Hose *f;* ~ **bombacho** Knickerbocker *pl;* ~ **de pinzas** Bundfaltenhose *f;* ~ **pitillo** Röhrenhose *f;* ~ **tejano** [*o* **vaquero**] Jeans(hose) *f;* **llevar los pantalones** (*fig*) die Hosen anhaben

pantanal [paṇta'nal] *m* Sumpfgebiet *nt*

pantano [paṇ'tano] *m* ❶ (*laguna, t. fig*) Sumpf *m* ❷ (*embalse*) Stausee *m*

pantanoso , **-a** [paṇta'noso, -a] *adj* sumpfig

panteísmo [paṇte'ismo] *m* (REL, FILOS) Pantheismus *m*

panteón [paṇte'on] *m* ❶ (HIST) Pantheon *nt* ❷ (*sepultura*) Grabstätte *f;* ~ **de familia** Familiengrab *nt* ❸ (*Am: cementerio*) Friedhof *m*

pantera [paṇ'tera] *f* (ZOOL) Panther *m*

pantimedia (**s**) [paṇti'meðja(s)] *f(pl)* (*Méx*) Strumpfhose *f*

pantis ['paṇtis] *mpl* (*fam*) Nylonstrumpfhose *f*

pantomima [paṇto'mima] *f* Pantomime *f*

pantomimo [paṇto'mimo] *m* Pantomime *m*

pantorrilla [paṇto'rriʎa] *f* Wade *f*

pantufla [paṇ'tufla] *f,* **pantuflo** [paṇ'tuflo] *m* Pantoffel *m*

panza ['paṇθa] *f* ❶ (*barriga, de un recipiente*) Bauch *m;* **llenarse la** ~ sich *dat* den Wanst voll schlagen *fam* ❷ (ZOOL) Pansen *m*

panzada [paṇ'θaða] *f* ❶ (*golpe*) Stoß *m* mit dem Bauch ❷ (*hartazgo*) Übersättigung *f;* **darse una** ~ sich *dat* den Bauch voll schlagen

pañal [pa'ɲal] *m* Windel *f;* **dejar en** ~**es a alguien** jdn weit hinter sich *dat* lassen; **estar aún en** ~**es** (*fig*) noch in den Kinderschuhen stecken; **sacar a alguien de** ~**es** (*fig fam*) jdn aus dem Elend erretten; **en física estoy en** ~**es** von Physik habe ich keine Ahnung

pañería [paɲe'ria] *f* (*comercio*) Tuchhandel *m;* (*tienda*) Tuchhandlung *f*

paño ['paɲo] *m* ❶ (*tejido*) Stoff *m;* (*ancho de una tela*) Stoffbahn *f;* ~ **asargado** Tweed *m;* ~ **tirolés** Loden *m;* ¡**conozco el** ~! (*fig*) ich weiß Bescheid!; **hay** ~ **que cortar** (*fig*) es ist genug von allem da ❷ (*trapo, prenda*) Tuch *nt;* ~ **de cocina** Küchenhandtuch *nt;* ~**s menores** Unterwäsche *f;* **aplicar** ~**s calientes** heiße Umschläge machen; **¡no me vengas con** ~**s calientes!** (*fig*) komm mir nicht mit nutzlosen Ratschlägen!; **ser el** ~ **de lágrimas de alguien** (*fig*) jds Tröster sein ❸ (*compresa*) Binde *f;* ~ **higiénico** Damenbinde *f* ❹ (*mancha*) Leberfleck *m*

pañoleta [paɲo'leta] *f* Halstuch *nt*

pañuelo [pa'ɲwelo] *m* ❶ (*moquero*) Taschentuch *nt;* **el mundo es un** ~ die Welt ist ein Dorf ❷ (*pañoleta*) Halstuch *nt;* (*de cabeza*) Kopftuch *nt*

papa[1] ['papa] *m* Papst *m*

papa[2] ['papa] *f* ❶ (*reg, Am: patata*) Kartoffel *f;* **no entender ni** ~ überhaupt nichts verstehen ❷ (*fam*) *v.* **paparrucha** ❸ *pl* (*comida*) Brei *m*

papá [pa'pa] *m* (*fam*) ❶ (*padre*) Papa *m*; **P~ Noel** Weihnachtsmann *m* ❷ *pl:* **los ~s** die Eltern

papachos [papa'patʃos] *mpl* (*Méx*) Streicheleinheiten *fpl;* **hacer ~** streicheln

papada [pa'paða] *f* (*de la persona*) Doppelkinn *nt;* (*del animal*) Wamme *f*

papagayo [papa'ɣaʝo] *m* ❶ (*loro*) Papagei *m* ❷ (*hablador*) Schwätzer *m;* **hablar como un ~** unaufhörlich quasseln ❸ (*pez*) Papageifisch *m*

papal [pa'pal] **I.** *adj* päpstlich **II.** *m* (*Am*) Kartoffelfeld *nt*

papamoscas [papa'moskas] *m inv* ❶ (ZOOL) Fliegenschnäpper *m* ❷ (*fam: papanatas*) Trottel *m*

papamóvil [papa'moβil] *m* Papstmobil *nt*

papanatas [papa'natas] *m inv* (*fam*) Trottel *m*

papanatismo [papana'tismo] *m* Trotteligkeit *f*

paparrucha [papa'rrutʃa] *f* (*fam*), **paparruchada** [paparru'tʃaða] *f* (*fam*) ❶ (*noticia falsa*) Falschmeldung *f;* (*patraña*) Schwindel *m* ❷ (*obra sin valor*) Schund *m;* **ese libro es una ~** dieses Buch ist der reinste Schund

papaya [pa'paʝa] *f* (*fruta*) Papaya *f*

papayo [pa'paʝo] *m* Papaya *f,* Melonenbaum *m*

papear [pape'ar] *vi* lallen

papel [pa'pel] *m* ❶ (*para escribir, material*) Papier *nt;* (*escritura*) Schriftstück *nt;* **~ de barba** Büttenpapier *nt;* **~ de calcar** Pauspapier *nt;* **~ cebolla** Durchschlagpapier *nt;* **~ continuo** Endlospapier *nt;* **~ de envolver** Einschlagpapier *nt;* **~ de estraza** Packpapier *nt;* **~ de fumar** Zigarettenpapier *nt;* **~ higiénico** Toilettenpapier *nt;* **~ de hilo** Leinenpapier *nt;* **~ de lija** Schmirgelpapier *nt;* **~ maché** Pappmaschee *nt;* **~ mojado** (*fig*) wertloses Schriftstück; **~ moneda** Papiergeld *nt;* **~ de música** Notenpapier *nt;* **~ pautado** Linienpapier *nt;* **~ pintado** Tapete *f;* **~ de plata** Aluminiumfolie *f;* **~ reciclado** Umweltschutzpapier *nt;* **~ secante** Löschpapier *nt;* **~ de tornasol** Lackmuspapier *nt;* **tus palabras fueron ~ mojado** deine Worte waren nichts als leere Versprechungen; **ponerse más blanco que el ~** kreideweiß werden ❷ (*rol*) Rolle *f;* **~ protagónico** Hauptrolle *f;* **~ secundario** Nebenrolle *f;* **hacer su ~** sich bewähren; **hacer un ~ ridículo** sich lächerlich aufführen; **hacer buen/mal ~** beeindruckend/lächerlich wirken; **hacer el ~ de malo en la película** im Film den Bösen

spielen; **repartir los ~es** die Rollen besetzen ❸ *pl* (*documentos*) Dokumente *ntpl;* (*de identidad*) (Ausweis)papiere *ntpl;* **~es bursátiles** Börsenwertpapiere *ntpl*

papela [pa'pela] *f* (*fam*) Ausweispapiere *ntpl*

papeleo [pape'leo] *m* (*trámites*) Papierkram *m fam;* **~ burocrático** Papierkrieg *m fam pey*

papelera [pape'lera] *f* ❶ (*cesto*) Papierkorb *m* ❷ (*fábrica*) Papierfabrik *f* ❸ (*mueble*) Aktenschrank *m*

papelería [papele'ria] *f* Schreibwarengeschäft *nt*

papelero, -a [pape'lero, -a] **I.** *adj* Papier- **II.** *m, f* (*vendedor*) Schreibwarenhändler(in) *m(f)*

papeleta [pape'leta] *f* (*cédula*) Zettel *m;* (*en el examen*) ausgeloste Prüfungsfrage *f;* **~ del monte de piedad** Pfandschein *m;* **~ de propaganda** Flugblatt *nt;* **menuda ~ le ha tocado** er steht vor einer ganz schön schwierigen Aufgabe

papelón [pape'lon] *m* ❶ (*pey: papel inútil*) Wisch *m fam* ❷ (*fam: actuación*) Blamage *f;* **¡qué ~!** wie peinlich!; **hacer un ~** sich blamieren ❸ (*cartón*) dünner Karton *m*

papelote [pape'lote] *m,* **papelucho** [pape'lutʃo] *m* ❶ (*pey: inútil*) Wisch *m fam* ❷ (*reciclable*) Altpapier *nt*

papera [pa'pera] *f* ❶ (*bocio*) Kropf *m* ❷ *pl* (*enfermedad*) Mumps *m*

papi ['papi] *m* (*fam*) Papi *m*

papila [pa'pila] *f* (ANAT) Papille *f*

papilla [pa'piʎa] *f* Brei *m;* **dar ~ a alguien** (*fig*) jdm etwas vormachen; **echar la primera ~** sich heftig übergeben; **hacer ~ a alguien** (*fig*) jdn fertig machen; **estar hecho ~** (*fig*) völlig fertig sein

papiro [pa'piro] *m* Papyrus *m*

papiroflexia [papiro'fleʝsja] *f* Origami *nt*

papirotazo [papiro'taθo] *m* (*fam*) Kopfnuss *f*

papista [pa'pista] **I.** *adj* papistisch *abw;* **ser más ~ que el papa** päpstlicher sein als der Papst **II.** *mf* Papist(in) *m(f) abw*

papo ['papo] *m* ❶ (*buche, fam: bocio*) Kropf *m* ❷ (*papada*) Wamme *f*

paquebote [pake'βote] *m* Passagierschiff *nt*

paquete[1] [pa'kete] *m* ❶ (*t. fig: atado*) Paket *nt;* **meter un ~ a alguien** (*reprender*) jdn zusammenstauchen; (*castigar*) jdn bestrafen ❷ (*fam: hombre*): **ayer ibas hecho un ~** gestern warst du aber herausgeputzt

paquete, -a[2] [pa'kete, -a] *adj* (*Arg*) schick

paquete-bomba [pa'kete-'βomba] *m*

<paquetes-bomba> Briefbombe *f*
paquetería [pakete'ria] *f* ❶ (*paquete*) Paketgut *nt* ❷ (*Arg: vanidad*) Eitelkeit *f*
paquidermo [paki'ðermo] **I.** *adj* (ZOOL) dickhäutig **II.** *m* (ZOOL) Dickhäuter *m*
paquistaní [pakista'ni] *adj o mf v.* **pakistaní**
par [par] **I.** *adj* ❶ (*número*) gerade ❷ (*igual*) gleich; **a la ~** gleichzeitig; **esta película entretiene a la ~ que instruye** dieser Film ist unterhaltsam und bildend zugleich; **abrir una ventana de ~ en ~** ein Fenster sperrangelweit öffnen; **sin ~** unvergleichlich **II.** *m* ❶ (*dos cosas*) Paar *nt;* **un ~ de zapatos** ein Paar Schuhe; **~ de pantalones/de tijeras** eine Hose/eine Schere ❷ (*algunos*): **un ~ de minutos** ein paar Minuten
para ['para] **I.** *prep* ❶ (*destino*) für +*akk;* **asilo ~ ancianos** Altenheim *nt;* **un regalo ~ el niño** ein Geschenk für das Kind ❷ (*finalidad*) für +*akk,* zu +*dat;* **gafas ~ bucear** Taucherbrille *f;* **servir ~ algo** zu etw *dat* nützlich sein; **las frutas son buenas ~ guardar la línea** Obst ist gut für die schlanke Linie; **¿~ qué es esto?** wozu ist das gut? ❸ (*dirección*) nach +*dat;* **voy ~ Madrid** ich fahre nach Madrid; **mira ~ acá** schau hierher ❹ (*duración*) für +*akk;* (*plazo*) an +*dat;* **~ siempre** für immer; **con esto tenemos ~ rato** damit kommen wir eine Zeit lang aus; **vendrá ~ Navidad/finales de marzo** er/sie kommt zu Weihnachten/gegen Ende März; **estará listo ~ el viernes** am Freitag ist es fertig; **diez minutos ~ las once** (*Am*) zehn (Minuten) vor elf ❺ (*contraposición*) für +*akk;* **es muy activo ~ la edad que tiene** für sein Alter ist er noch sehr aktiv ❻ (*trato*): **~** (**con**) zu +*dat;* **es muy amable ~ con nosotros** er/sie ist sehr freundlich zu uns ❼ (*loc*): **estar ~ ...** (*disposición*) bereit sein zu ...; (*a punto de*) im Begriff sein zu ...; **no estoy ~ bromas** ich bin nicht zu Späßen aufgelegt; **está ~ llover** es fängt gleich an zu regnen; **está ~ llegar** er/sie muss jeden Augenblick hier sein; **quiere estar ~ sí** er/sie möchte allein sein; **~ mí, esto no es lo mismo** das ist meiner Ansicht nach nicht dasselbe; **~ mí que va a llover** ich glaube, dass es gleich regnet **II.** *conj* ❶ +*inf* um ... zu; **he venido ~ darte las gracias** ich bin gekommen, um dir zu danken ❷ +*subj* damit; **te mando al colegio ~ que aprendas algo** ich schicke dich zur Schule, damit du etwas lernst

? Grammatik

para drückt Ziel oder Zweck aus: *El regalo es para mi madre. – Das Geschenk ist für meine Mutter. Estudio español para ir a Ecuador. – Ich lerne Spanisch, weil ich nach Ecuador fahren will.*
Dagegen drückt **por** Ursache aus: *Lo ha hecho por sus hijos. – Sie/er hat es ihren/seinen Kindern zuliebe getan.*

parabién [para'βjen] *m* Glückwunsch *m;* **dar el ~ a alguien** jdn beglückwünschen
parábola [pa'raβola] *f* ❶ (*alegoría*) Gleichnis *nt* ❷ (MAT) Parabel *f*
parabólica [para'βolika] *f* Parabolantenne *f*
parabólico, -a [para'βoliko, -a] *adj* ❶ (*alegórico*) gleichnishaft; **expresarse en sentido ~** in Gleichnissen reden ❷ (MAT) parabolisch ❸ (TÉC) Parabol-
parabrisas [para'βrisas] *m inv* Windschutzscheibe *f*
paracaídas [paraka'iðas] *m inv* Fallschirm *m*
paracaidismo [parakai̯'ðismo] *m sin pl* Fallschirmspringen *nt*
paracaidista [parakai̯'ðista] *mf* (DEP) Fallschirmspringer(in) *m(f);* (MIL) Fallschirmjäger(in) *m(f)*
parachoques [para'tʃokes] *m inv* Stoßstange *f*
parada [pa'raða] *f* ❶ (*de un autobús/tranvía*) Haltestelle; **~ de taxis** Taxistand *m* ❷ (*acción de parar*) Anhalten *nt;* **~ de una fábrica** Produktionsstopp *m;* **estoy cansada, tenemos que hacer una ~** ich bin müde, wir müssen eine Rast einlegen ❸ (DEP, MIL) Parade *f;* **paso de ~** Stechschritt *m;* **salirle a alguien a la ~** jdm zuvorkommen
paradero [para'ðero] *m* ❶ (*en una autopista*) Rastplatz *m* ❷ (*de una persona*) Aufenthaltsort *m;* (*de una cosa*) Verbleib *m;* **está en ~ desconocido** sein/ihr Aufenthaltsort ist unbekannt; **no logramos descubrir el ~ del paquete** es gelang uns nicht herauszufinden, wo das Paket (gelandet) ist; **si sigues así tendrás mal ~** wenn du so weiter machst, wird es noch böse mit dir enden
paradigma [para'ðiɣma] *m* (*ejemplo*) Modell *nt*
paradisíaco, -a [paraði'siako, -a] *adj* paradiesisch; **un placer ~** ein himmlisches Vergnügen

parado ,-a [pa'raðo, -a] **I.** *adj* ❶ (*que no se mueve*) stillstehend; (*fábrica*) stillgelegt; **estar** ~ stillstehen; **quedarse** ~ stehen bleiben; (*fig*) verblüfft sein; **me quedé tan ~ que no pude decir nada** ich war völlig sprachlos; **me has dejado** ~ du hast mich überrascht ❷ (*sin empleo*) arbeitslos ❸ (*remiso*) träge ❹ (*tímido*) scheu ❺ (*loc*): **salir mal/bien ~ de un asunto** bei einer Sache schlecht/gut wegkommen; **fui la peor parada en este negocio** ich habe bei diesem Geschäft den Kürzeren gezogen **II.** *m, f* Arbeitslose(r) *mf;* ~ **de larga duración** Langzeitarbeitslose(r) *m*
paradoja [para'ðoxa] *f* ❶ (*absurdidad*) Paradoxie *f;* **esto es una** ~ das ist doch widersinnig ❷ (*contradicción*) Widerspruch *m*
paradójico ,-a [para'ðoxiko, -a] *adj* paradox
parador [para'ðor] *m* Hotel *nt*

Die **Paradores (Nacionales) de Turismo** sind überwiegend staatlich verwaltete Hotels, die sich meist an touristisch wichtigen und kulturhistorisch bedeutenden Punkten Spaniens befinden. Ein **parador** ist mit Sicherheit eine gute Wahl, nicht nur was Zimmereinrichtung und -service betrifft, sondern auch in Bezug auf die Küche. Einer der bekanntesten ist der **Parador de los Reyes Católicos** in Santiago de Compostela. Mittlerweile ist es beschlossene Sache, dass die **paradores** privatisiert werden und ihre Zahl um jährlich etwa zehn erhöht wird.

paraestatal [paraesta'tal] *adj* halbstaatlich
parafernalia [parafer'nalja] *f* Begleitumstände *mpl;* **la ~ de la guerra** das ganze Drumherum des Krieges
parafina [para'fina] *f* Paraffin *nt*
parafrasear [parafrase'ar] *vt* paraphrasieren; ~ **un término** einen Begriff umschreiben
paráfrasis [pa'rafrasis] *f inv* Paraphrase *f*
parágrafo [pa'rayrafo] *m* ❶ (*de un texto*) Absatz *m;* **...,** ~ **aparte ...**, neuer Absatz; (*fam fig*) **...**, soweit zu diesem Thema ❷ (*signo ortográfico*) Paragraphzeichen *nt* ❸ (*fam: charla*) Schwätzchen *nt;* **echar un** ~ ein Schwätzchen halten; **echar ~s** viel reden

paraguas [pa'raywas] *m inv* Regenschirm *m*
Paraguay [para'ywai] *m* Paraguay *nt*

Paraguay liegt in Südamerika und grenzt an Bolivien, Brasilien und Argentinien. Als Binnenland besitzt es keine Meeresküsten. Die Hauptstadt **Paraguays** ist **Asunción**. Die offiziellen Landessprachen sind Spanisch und *guaraní*. Auch die Landeswährung heißt *guaraní*.

paraguayo ,-a [para'ywaɟo, -a] **I.** *adj* aus Paraguay **II.** *m, f* Paraguayer(in) *m(f)*
paragüería [paraywe'ria] *f* Regenschirmgeschäft *nt*
paragüero [para'ywero] *m* (*mueble*) Schirmständer *m*
paraíso [para'iso] *m* ❶ (*en el cielo*) Paradies *nt;* **el** ~ **terrenal** der Himmel auf Erden; **entrar en el** ~ in den Himmel kommen ❷ (TEAT) Galerie *f* ❸ (*Méx: gallinero*) Hühnerstall *m*
paraje [pa'raxe] *m* ❶ (*lugar*) Ort *m;* (*punto*) Stelle *f;* (*paisaje*) Gegend *f* ❷ (*estado*) Zustand *m*
paralela [para'lela] *f* ❶ (MAT) Parallele *f* ❷ *pl* (DEP) Barren *m;* ~**s asimétricas** Stufenbarren *m*
paralelismo [parale'lismo] *m* (*semejanza*) Übereinstimmung *f;* (LING) Parallelismus *m;* (MAT) Parallelität *f*
paralelo[1] [para'lelo] *m* ❶ (*comparación*) Vergleich *m;* **establecer un ~ entre dos cosas** zwei Dinge miteinander vergleichen; **estos libros no admiten ~** diese Bücher kann man nicht (miteinander) vergleichen ❷ (GEO) Breitenkreis *m* ❸ (ELEC): **conexión en** ~ Parallelschaltung *f;* **conectado en** ~ parallel geschaltet
paralelo ,-a[2] [para'lelo, -a] *adj* parallel (*a* zu +*dat*); **líneas paralelas** Parallelen *fpl;* **las calles son paralelas** die Straßen verlaufen parallel zueinander; **seguir caminos ~s** sich ähnlich entwickeln
paralelogramo [paralelo'yramo] *m* Parallelogramm *nt*
parálisis [pa'ralisis] *f inv* Lähmung *f;* ~ **infantil** Kinderlähmung *f;* **sufre ~ de las piernas** seine/ihre Beine sind gelähmt
paralítico ,-a [para'litiko, -a] **I.** *adj* (*persona*) gelähmt **II.** *m, f* Gelähmte(r) *mf*
paralización [paraliθa'θjon] *f* ❶ (*del cuerpo*) Lähmung *f* ❷ (*de un proyecto*)

Abbrechen *nt;* (*de un proceso*) Behinderung *f;* ~ **de una obra** Baustopp *m*

paralizador(a) [paraliθa'ðor(a)] *adj* lähmend

paralizar [parali'θar] <z→c> I. *vt* ❶ (*persona*) lähmen; **el frío/el miedo la paralizó** sie erstarrte vor Kälte/vor Angst ❷ (*cosa*) lahm legen; ~ **un transporte** einen Transport blockieren II. *vr:* ~ **se** ❶ (*persona*) erstarren (*de* vor +*dat*) ❷ (*cosa*) zum Erliegen kommen

paramento [para'menṭo] *m* ❶ (*adorno*) Schmuck *m;* (*ornamento*) Verzierung *f;* (*vestidura*) Gewand *nt* ❷ (*para un caballo*) Satteldecke *f*

parámetro [pa'rametro] *m* Parameter *m*

paramilitar [paramili'tar] *adj* paramilitärisch; **fuerzas ~ es** paramilitärische Einheiten

páramo ['paramo] *m* ❶ (*terreno desierto*) Öde *f;* (*infértil*) unfruchtbares Land *nt;* (*yermo*) Brachfeld *nt;* (*altiplano*) Hochebene *f* ❷ (*lugar desamparado*) Einöde *f*

parangón [paraŋ'gon] *m* (*comparación*) Vergleich *m;* (*semejanza*) Entsprechung *f;* **sin** ~ unvergleichlich

parangonar [paraŋgo'nar] *vt* ❶ (*comparar*) vergleichen ❷ (TIPO) justieren

paraninfo [para'niɱfo] *m* (*salón*) Aula *f*

paranoia [para'noja] *f* Paranoia *f*

paranoico, -a [para'noi̯ko, -a] I. *adj* ❶ (*loco*) paranoid ❷ (*relativo a la paranoia*) paranoisch II. *m, f* Paranoiker(in) *m(f)*

paranoide [para'noi̯ðe] *adj* (MED) paranoid

paranormal [paranor'mal] *adj* (PSICO) übersinnlich

paraolímpico, -a [parao'limpiko, -a] *adj* (DEP) paraolympisch

parapente [para'penṭe] *m* Paragliding *nt*

parapetarse [parape'tarse] *vr* sich verschanzen; ~ **tras una excusa** eine Entschuldigung vorschieben; **se parapetó en el hecho de que no tenía dinero** er/sie drückte sich unter dem Vorwand, kein Geld zu haben

parapeto [para'peto] *m* ❶ (MIL) Schutzwall *m;* (*barricada*) Barrikade *f* ❷ (*baranda*) Brüstung *f*

paraplejia [para'plexja] *f*, **paraplejía** [paraple'xia] *f* Querschnittslähmung *f*

parapléjico, -a [para'plexiko, -a] I. *adj* (*persona*) querschnittsgelähmt II. *m, f* Querschnittsgelähmte(r) *mf*

para(p)sicología [para(β)sikolo'xia] *f* Parapsychologie *f*

para(p)sicólogo, -a [para(β)si'koloɣo, -a] *m, f* Parapsychologe, -in *m, f*

parar ['parar] I. *vi* ❶ (*detenerse*) anhalten; (*en un discurso*) innehalten; **hablar sin** ~ pausenlos reden; **¿para el tren en este pueblo?** hält der Zug in diesem Dorf?; **nunca para en casa** er/sie ist nie zu Hause; **a la vuelta paramos en casa de mi tía** auf dem Rückweg besuchten wir meine Tante; **la máquina funciona sin** ~ die Maschine läuft nonstop; **mis hijos no me dejan** ~ meine Kinder lassen mich nicht zur Ruhe kommen; **mis remordimientos de conciencia no me dejan** ~ mein schlechtes Gewissen lässt mir keine Ruhe ❷ (*terminar*) aufhören; **ha parado de llover** es hat aufgehört zu regnen; **no para de quejarse** er/sie klagt unablässig; **no para (de trabajar)** er/sie ist ständig auf Trab ❸ (*acabar*) enden; **si sigues así irás a** ~ **a la cárcel/~ás mal** wenn du so weitermachst, endest du noch im Gefängnis/wird es mit dir noch böse enden; **la maleta fué a** ~ **a Bilbao** der Koffer landete schließlich in Bilbao; **por fin, el paquete fué a** ~ **a tus manos** das Paket gelangte schließlich doch zu dir; **¿dónde iremos a** ~ **?** wo soll das noch enden?; **¿en qué irá a** ~ **esto?** wohin soll das führen?; **salimos bien/mal parados del asunto** wir sind bei der Sache gut/schlecht weggekommen; **¿dónde quieres ir a** ~ **con esto?** worauf willst du damit hinaus?; **siempre venimos a** ~ **al mismo tema** wir kommen immer wieder auf dasselbe Thema zu sprechen ❹ (*vivir*) sich aufhalten; **no sé dónde para** ich weiß nicht, wo er/sie sich gerade aufhält; **siempre para en el mismo hotel** er/sie übernachtet immer im selben Hotel; **¿paras mucho en este bar?** (*fam*) bist du oft in dieser Kneipe? ❺ (*convertirse*): **la tienda paró en un restaurante** aus dem Laden wurde ein Restaurant II. *vt* ❶ (*detener*) anhalten; (*un golpe*) abwehren; (*un gol*) halten; (*el motor*) abstellen; **cuando se enfada no hay quien lo pare** wenn er wütend ist, ist er nicht zu bremsen ❷ (*en el juego*) setzen III. *vr:* ~ **se** ❶ (*detenerse*) anhalten; (*reloj*) stehen bleiben; **el reloj se ha parado** die Uhr ist stehen geblieben; ~ **se a pensar** gründlich nachdenken; ~ **se a descansar** eine (Ruhe)pause einlegen ❷ (*Am: levantarse*) aufstehen

pararrayos [para'rra†os] *m inv* Blitzableiter *m*

parasitar [parasi'tar] *vt* (BIOL) schmarotzen

parasitario, -a [parasi'tarjo, -a] *adj* parasitär; **una enfermedad parasitaria** eine durch Parasiten übertragene Krankheit

parásito, -a [pa'rasito, -a] **I.** *adj* ① (BIOL)
parasitär; **planta parásita** Schmarotzer-
pflanze *f* ② (*persona*) schmarotzerhaft
II. *m, f* ① (BIOL) Parasit *m* ② (*persona*)
Schmarotzer(in) *m(f)*

parasitos [para'sitos] *mpl* Störgeräusche
ntpl

parasol [para'sol] *m* ① (*quitasol*) Sonnenschirm *m* ② (*umbela*) Markise *f* ③ (*en el
coche*) Sonnenblende *f* ④ (BOT) Para-
sol(pilz) *m*

parcela [par'θela] *f* ① (*terreno*) Grundstück *nt*; ~ **de cultivo** Feld *nt*; ~ **edificable** Baugrundstück *nt* ② (*parte*)
(Bruch)teil *m*

parcelación [parθela'θjon] *f* Parzellie-
rung *f*

parcelar [parθe'lar] *vt* (*dividir*) parzellie-
ren; (*medir*) vermessen

parche ['partʃe] *m* ① (*pegote*) Flicken *m;*
(*para una herida*) Pflaster *nt;* **bolsillo de ~**
aufgesetzte Tasche; ~ **para el ojo** Augenklappe *f;* **poner un** ~ flicken ② (*retoque*)
(notdürftige) Ausbesserung *f;* (*de pintura*)
(Farb)klecks *m;* **poner ~ s** notdürftig aus-
hessern; (*fig*) sich mit Nullösungen behelfen ③ (*piel del tambor*) Trommelfell *nt*
④ (*tambor*) Trommel *f* ⑤ (*loc*): **pegar un
~ a alguien** jdn über den Tisch ziehen

parchear [partʃe'ar] *vt* ① (*poner parches*)
(notdürftig) ausbessern; (*con pegotes*) flicken ② (*manosear*) betasten

parchís [par'tʃis] *m* (*juego*) Mensch-ärgere-
dich-nicht *nt*

parcial [par'θjal] **I.** *adj* ① (*de una parte*)
teilweise, Teil-; (*eclips*) partiell; **la venta ~
del terreno** der Verkauf eines Teils des
Grundstücks ② (*incompleto*) unvollständig ③ (*arbitrario*) parteiisch; (*crítico*) voreingenommen; (*juez*) befangen ④ (*partidario*): **ser ~ de una teoría** eine Theorie
vertreten **II.** *mf* Anhänger(in) *m(f)*

parcialidad [parθjali'ðaᵈ] *f* ① (*preferencia*)
Parteilichkeit *f* ② (*bando*) Fraktion *f;*
(*seguidores*) Anhänger *mpl* ③ (*familiaridad*) Vertrautheit *f* ④ (*de un pueblo*)
Stamm *m*

parco, -a ['parko, -a] *adj* ① (*moderado*)
bescheiden; (*sobrio*) nüchtern ② (*escaso*)
spärlich; ~ **en palabras** wortkarg; **ser ~
en conceder favores** mit Gefälligkeiten
geizen

pardiez [par'ðjeθ] *interj* Donnerwetter!

pardillo¹ [par'ðiʎo] *m* Rotkehlchen *nt*

pardillo, -a² [par'ðiʎo, -a] **I.** *adj* ① (*palurdo*) tölpelhaft ② (*principiante*) unerfahren **II.** *m, f* ① (*palurdo*) Tölpel *m* ② (*principiante*) Anfänger(in) *m(f)*

pardo, -a ['parðo, -a] **I.** *adj* ① (*color*)
(grau)braun; (*terroso*) erdfarben; **oso ~**
Braunbär *m;* **de ojos ~ s** braunäugig ② (*oscuro*) düster; (*nube*) grau ③ (*voz*) klanglos
II. *m, f* (*Am*) Mulatte, -in *m, f*

pardusco, -a [par'ðusko, -a] *adj* bräunlich

pareado [pare'aðo] *m* Paarreim *m*

parear [pare'ar] *vt* ① (*formar parejas*) paarweise zusammentun; (*atar*) paarweise
bündeln; (*ropa*) paarweise zusammenlegen ② (BIOL) paaren ③ (*igualar*) aufeinander abstimmen

parecer [pare'θer] **I.** *vi irr como crecer*
① (*tener cierto aspecto*) aussehen; (*aparentar*) scheinen; **a lo que parece**
anscheinend; **tu idea me parece bien** ich
bin mit deiner Idee einverstanden; **parece
mayor de lo que es** er/sie sieht älter aus
als er/sie ist; **parece mentira que...**
+*subj* (es ist) kaum zu glauben, dass ...;
aunque parezca mentira so unglaublich
es auch ist; **me parece que no tienes
ganas** ich glaube, du hast keine Lust;
parece que va a llover es sieht nach
Regen aus; **¿qué te parece?** was hältst du
davon?; **¿qué te parece el piso?** wie findest du die Wohnung?; **si te parece bien,
...** wenn du einverstanden bist, ...; **parecen hermanos** sie sehen aus wie
Geschwister ② (*aparecer*) erscheinen;
quien no parece, perece (*prov*) wer
nicht will, der hat schon **II.** *vr:* ~ **se** *irr
como crecer* sich ähneln; **se parece a
una estrella de cine** er/sie sieht aus wie
ein bekannter Filmstar; **te pareces
mucho a tu madre** du ähnelst deiner
Mutter sehr; **¡esto se te parece!** das sieht
dir (wieder einmal) ähnlich! **III.** *m* ① (*opinión*) Meinung *f;* (*juicio*) Urteil *nt;* **a mi ~**
meiner Meinung nach; **arrimarse al ~ de
la mayoría** sich der Mehrheit anschließen;
esto es cuestión de ~ es das ist (reine)
Ansichtssache; **toma mi ~** hör auf mich
② (*aspecto*) Aussehen *nt;* (*apariencia*)
Anschein *m;* **ser de buen ~** gut aussehen;
al ~ anscheinend; **por el bien ~** um den
äußeren Schein zu wahren

parecido¹ [pare'θiðo] *m* Ähnlichkeit *f;* **tienes un gran ~ con tu hermana** du
ähnelst deiner Schwester sehr

parecido, -a² [pare'θiðo, -a] *adj* ① (*semejante*) ähnlich ② (*loc*): **ser bien/mal ~**
(*persona*) gut/schlecht aussehen; (*cosa*)
schicklich/unschicklich sein; **esto no es
bien ~** das schickt sich nicht

pared [pa'reð] *f* ① (*tabique*) Wand *f;*
(*muro*) Mauer *f;* (*de una montaña*)
(Fels)wand *f;* (*separación*) (Trenn)wand *f;*

(*superficie lateral*) (Seiten)wand *f;* ~ **abdominal** Bauchdecke *f;* ~ **maestra** tragende Wand; **dejar a alguien pegado a la** ~ (*fig*) jdn in die Enge treiben; **quedarse pegado a la** ~ (*fig*) sich in die Enge getrieben fühlen; **entre cuatro** ~**es** von der Außenwelt abgeschnitten; **estar blanco como la** ~ kreidebleich sein; **estar entre la espada y la** ~ mit dem Rücken zur Wand stehen; **hablar a la** ~ in den Wind reden; **¡cuidado, que estas** ~**es oyen!** Vorsicht, diese Wände haben Ohren!; **subirse por las** ~**es** (*fig*) die Wände hochgehen; **se subía por las** ~**es al oír la noticia** die Nachricht brachte ihn/sie auf die Palme; **vivimos** ~ **por medio** wir leben Tür an Tür ② (*personas*) Mauer *f;* (*cosas*) Berg *m*

paredón [pare'ðon] *m* Mauer *f;* **llevar a alguien al** ~ jdn an die Wand stellen

pareja [pa'rexa] *f* ① (*par*) Paar *nt;* (*de la guardia civil*) Streife *f* der Guardia civil; ~ **de hecho** Ehe ohne Trauschein; **hacen buena** ~ sie passen gut zusammen; **¿dónde está la** ~ **de este guante?** wo ist das Gegenstück zu diesem Handschuh? ② (*compañero*) Partner(in) *m(f);* (*en un baile*) Tanzpartner(in) *m(f)* ③ *pl* (*en los dados*) Pasch *m;* (*en los naipes*) Pärchen *nt* ④ (DEP): ~**s mixtas** gemischtes Doppel *nt* ⑤ (*loc*): **su bondad y su modestia corrían** ~**s** er/sie war ebenso gütig wie bescheiden; **no correr** ~**s** nicht vereinbar sein

parejo ,-a [pa'rexo, -a] *adj* ① (*igual*) gleich; (*semejante*) (sehr) ähnlich; **por** (**un**) ~ gleich; **los caballos iban** ~**s** die Pferde lagen Kopf an Kopf ② (*llano*) eben

parentela [paren'tela] *f* Verwandtschaft *f*

parentesco [paren'tesko] *m* (*entre familiares*) Verwandtschaft *f;* (*entre cosas*) Bindung *f;* ~ **por consanguinidad** Blutsverwandtschaft *f*

paréntesis [pa'rentesis] *m inv* ① (*signo*) Klammer *f;* **poner algo entre** ~ etw in Klammern setzen; **entre** ~**, ...** (*fig*) übrigens ...; **abrir/cerrar el** ~ Klammer auf/ zu; (*fig*) etw unterbrechen/wieder aufnehmen ② (*oración*) Parenthese *f* ③ (*interrupción*) Unterbrechung *f;* **hicimos un** ~ **para almorzar** wir legten eine Frühstückspause ein

pareo [pa'reo] *m* ① (*vestido*) großes Tuch, *das um den Körper geschlungen und von Frauen z.B. am Strand getragen wird* ② (*acción de unir*) (paarweises) Zusammenfügen *nt;* (*acción de igualar*) Abstimmen *nt* ③ (BIOL) Paarung *f*

paria ['parja] *mf* ① (*en la India*) Paria *m* (*Angehörige(r) der untersten Kaste in Indien*) ② (*marginado*) Ausgestoßene(r) *mf,* Geächtete(r) *mf*

parida [pa'riða] *f* ① (*animal*) Weibchen, *das gerade geworfen hat* ② (*fam: tontería*) Blödsinn *m*

paridad [pari'ðað] *f* ① (*comparación*) Gleichsetzung *f* ② (FIN, ECON) Parität *f;* ~ **adquisitiva** Kaufkraftparität *f;* ~ (**de cambio**) (Währungs)parität *f* ③ (*igualdad*) Gleichheit *f;* (*semejanza*) (große) Ähnlichkeit *f;* ~ **de fuerzas** Kräftegleichgewicht *nt;* **competir a** ~ **de medios** unter denselben Bedingungen (miteinander) konkurrieren

pariente , -a [pa'rjente, -a] **I.** *adj* ① (*parecido*) ähnlich ② (*de la misma familia*) verwandt **II.** *m, f* ① (*familiar*) Verwandte(r) *mf;* **los** ~**s** die Verwandtschaft; ~ **mayor** Urahne *m* ② (*fam: marido, mujer*) Mann *m,* Frau *f;* **mi** ~ (*irón*) mein Angetrauter

parihuela(s) [pari'wela(s)] *f(pl)* (Trag)bahre *f*

paripé [pari'pe] *m* Show *f;* **hacer el** ~ eine Show abziehen *fam;* (*presumir*) sich aufspielen; (*fingir*) falsche Tatsachen vortäuschen; (*fingir cariño*) Zuneigung heucheln

parir [pa'rir] **I.** *vt* ① (*dar a luz*) gebären; (*animal*) werfen ② (*producir*) hervorbringen; (*causar*) verursachen **II.** *vi* ① (*descubrirse*) ans Licht kommen ② (*expresarse*) sich verständlich machen; **pares sin dificultad** du kannst deine Gedanken gut in Worte fassen

París [pa'ris] *m* Paris *nt*

parisiense [pari'sjense] **I.** *adj* pariserisch, Pariser **II.** *m, f* Pariser(in) *m(f)*

parisino ,-a [pari'sino, -a] *adj v.* **parisiense**

paritario , -a [pari'tarjo, -a] *adj* paritätisch

paritorio [pari'torjo] *m* ① (*sala*) Kreißsaal *m* ② (*AmC: parto*) Entbindung *f*

parking ['parkin] *m* <parkings> (*cubierto*) Parkhaus *nt;* (*abierto*) Parkplatz *m*

párkinson ['parkinson] *m* (MED) Parkinsonkrankheit *f*

parlamentar [parlamen'tar] *vi* ① (*hablar*) sich unterhalten ② (*negociar*) verhandeln

parlamentario , -a [parlamen'tarjo, -a] **I.** *adj* parlamentarisch; **debate** ~ Parlamentsdebatte *f* **II.** *m, f* ① (*diputado*) Parlamentarier(in) *m(f)* ② (*negociador*) Unterhändler(in) *m(f)*

parlamentarismo [parlamenta'rismo] *m* (POL) Parlamentarismus *m*

parlamento [parla'mento] *m* ① (*cámara*) Parlament *nt* ② (*discurso*) Rede *f;* (TEAT)

Monolog *m* ❸ (*negociaciones*) Verhandlungen *f*

parlanchín, -ina [parlan'ʧin, -ina] **I.** *adj* (*fam*) geschwätzig **II.** *m, f* (*fam: persona cotorra*) Quasselstrippe *f;* (*indiscreta*) Klatschmaul *nt*

parlar [par'lar] **I.** *vi* ❶ (*hablar*) sprechen ❷ (*fam: cotorrear*) plappern **II.** *vt* (*revelar*) ausplaudern

parlotear [parlote'ar] *vi v.* **parlar**

parloteo [parlo'teo] *m* ❶ (*charla*) Plappern *nt* ❷ (*conversación*) Schwätzchen *nt*

parné [par'ne] *m* (*fam: dinero*) Kohle *f*

paro ['paro] *m* ❶ (*pararse*) Stillstand *m;* ~ **cardíaco** Herzstillstand *m* ❷ (*parar: una máquina*) Abstellen *nt;* (*una fábrica*) Stilllegung *f;* (*de trabajar*) Arbeitsunterbrechung *f* ❸ (*huelga*): ~ **laboral** Streik *m;* (*por parte de los empresarios*) Aussperrung *f* ❹ (*desempleo*) Arbeitslosigkeit *f;* ~ **forzoso** Arbeitslosigkeit *f;* **estar en** ~ arbeitslos sein ❺ (ZOOL) Meise *f;* ~ **carbonero** Kohlmeise *f*

parodia [pa'roðja] *f* Parodie *f* (*de* auf +*akk*); **hacer una** ~ **de algo** etw parodieren

parodiar [paro'ðjar] *vt* parodieren

parodista [paro'ðista] *mf* Parodist(in) *m(f)*

parón [pa'ron] *m* (*paro brusco*) plötzliches Anhalten *nt;* (*paro prolongado*) langandauernder Stillstand *m*

parpadeante [parpaðe'ante] *adj* flackernd

parpadear [parpaðe'ar] *vi* ❶ (*ojos*) blinzeln; **sin** ~ (*fig*) ohne mit der Wimper zu zucken ❷ (*luz*) flimmern; (*llama*) flackern

parpadeo [parpa'ðeo] *m* ❶ (*de los ojos*) Blinzeln *nt* ❷ (*de una luz*) Flimmern *nt;* (*de una llama*) Flackern *nt*

párpado [par'paðo] *m* (Augen)lid *nt*

parque ['parke] *m* ❶ (*jardín*) Park *m;* ~ **de atracciones** Vergnügungspark *m;* **P~ Natural** Naturschutzgebiet *nt;* ~ **zoológico** Zoo *m* ❷ (*depósito*) Lager *nt;* ~ **de bomberos** Feuerwehrhaus *nt;* ~ **militar** Arsenal *nt* ❸ (*conjunto*) Bestand *m;* ~ **industrial** Gewerbepark *m;* ~ **de maquinaria** Maschinenpark *m;* ~ **móvil** öffentlicher Fuhrpark; ~ **de vehículos** Fuhrpark *m* ❹ (*para niños*) Laufstall *m*

parqué [par'ke] *m* Parkett *nt*

parqueadero [parkea'ðero] *m* (*Am*) Parkplatz *m*

parquear [parke'ar] *vt* (*Am*) parken

parquedad [parke'ðað] *f* ❶ (*en el gasto*) Sparsamkeit *f;* (*en el uso*) Genügsamkeit *f* ❷ (*parsimonia*) Zurückhaltung *f;* **habla con** ~ er/sie ist wortkarg

parquet [par'ke⁽ᵗ⁾] *m* Parkett *nt*

parquímetro [par'kimetro] *m* Parkuhr *f*

parra ['parra] *f* (*vid*) Weinstock *m;* **subirse a la** ~ (*enfadarse*) in die Luft gehen; (*darse importancia*) abheben; (*fam: atreverse*) übermütig werden

parrafada [parra'faða] *f* ❶ (*conversación detenida*) eingehendes Gespräch *nt;* (*conversación confidencial*) vertrauliches Gespräch *nt;* **echar una** ~ ein Gespräch unter vier Augen führen ❷ (*monólogo*) Wortschwall *m;* (*irón*) Predigt *f*

párrafo ['parrafo] *m v.* **parágrafo**

parral [pa'rral] *m* ❶ (*parras*) Spalier *nt;* (*techo*) Weinlaube *f* ❷ (*viña*) Weinberg *m*

parranda [pa'rranda] *f* (*juerga*) Trubel *m;* (*de bar en bar*) Kneipentour *f;* **ir de** ~ um die Häuser ziehen

parricida [parri'θiða] *mf* (*padre*) Vatermörder(in) *m(f);* (*madre*) Muttermörder(in) *m(f);* (*hijo*) Kindsmörder(in) *m(f)*

parricidio [parri'θiðjo] *m* (*padre*) Vatermord *m;* (*madre*) Muttermord *m;* (*hijo*) Kindsmord *m*

parrilla [pa'rriʎa] *f* ❶ (*para la brasa*) (Grill)rost *m;* (*de un horno*) (Ofen)rost *m* ❷ (*establecimiento*) (Grill)restaurant *nt* ❸ (DEP): ~ (**de salida**) Startplatz *m* ❹ (*Am:* AUTO) Dachgepäckträger *m*

parrillada [parri'ʎaða] *f* Grillplatte *f;* ~ **de pescado/de carne** gegrillte Fisch-/Fleischspezialitäten

párroco ['parroko] **I.** *adj* Gemeinde- **II.** *m* Pfarrer *m*

parroquia [pa'rrokja] *f* ❶ (*territorio, fieles*) Gemeinde *f* ❷ (*iglesia*) (Pfarr)kirche *f* ❸ (*clientela*) (Stamm)kundschaft *f*

parroquial [parro'kjal] *adj* Gemeinde-; **iglesia** ~ Pfarrkirche *f*

parroquiano, -a [parro'kjano, -a] **I.** *adj* Gemeinde- **II.** *m, f* ❶ (*feligrés*) Gemeindemitglied *nt* ❷ (*cliente*) Stammkunde, -in *m, f*

parsimonia [parsi'monja] *f* ❶ (*calma*) Ruhe *f;* (*lentitud*) Trägheit *f;* **con** ~ in aller Ruhe ❷ (*en los gastos*) Sparsamkeit *f* ❸ (*prudencia*) Rücksicht *f;* (*moderación*) Zurückhaltung *f*

parsimonioso, -a [parsimo'njoso, -a] *adj* ❶ (*tranquilo*) ruhig; (*flemático*) träge ❷ (*ahorrador*) sparsam ❸ (*prudente*) rücksichtsvoll; (*moderado*) zurückhaltend

parte¹ ['parte] *f* ❶ (*porción*) Teil *m;* (*elemento*) (Bestand)teil *m;* (*de repuesto*) Ersatzteil *nt;* ~ **alicuota** Bruchteil *m;* ~ **constitutiva** Bestandteil *m;* ~ **esencial** wesentlicher Bestandteil; ~ **del león** Löwenanteil *m;* ~ **del mundo** Erdteil *m;* **una cuarta** ~ ein Viertel; **de varias** ~**s**

mehrteilig; **en** ~ teilweise; **en gran** ~ zu einem großen Teil; **en mayor** ~ größtenteils; ~ **por** ~ Stück für Stück; **por** ~ **s** der Reihe nach; **tomar** ~ **en algo** an etw *dat* teilnehmen; **tener** ~ **en algo** an etw *dat* beteiligt sein ❷ *(repartición)* Anteil *m* *(de an* + *gen)*, Teil *m* *(de* + *gen)*; ~ **hereditaria** Erbteil *nt;* **dar** ~ **a alguien en algo** jdn an etw *dat* beteiligen; **llevarse la peor** ~ den Kürzeren ziehen; **llevarse la mejor** ~ am besten abschneiden ❸ *(lugar)* Ort *m;* ¿**a qué** ~? wohin?; **a ninguna** ~ nirgendwohin; **en ninguna** ~ nirgends; **en cualquier** ~ irgendwo; **por todas (las)** ~**s** überall; **en otra** ~ woanders, anderswo; ¿**de qué** ~ **de España es tu familia?** aus welcher Gegend Spaniens stammt deine Familie?; **no llevar a ninguna** ~ *(fig)* zu nichts führen; **en todas** ~**s (se) cuecen habas** *(prov)* das passiert woanders auch; **que no te dé vergüenza, ¡en todas** ~**s (se) cuecen habas!** schäm dich nicht, das kommt in den besten Familien vor! ❹ *(bando, t.* JUR*)* Partei *f;* *(en un negocio)* Teilhaber(in) *m(f);* *(en una discusión)* Gesprächsteilnehmer(in) *m(f);* ~ **contratante** Vertragspartner *m;* ~ **laboral** Arbeitnehmerseite *f;* ~ **pública** Staatsanwalt *m* ❺ *(lado)* Seite *f;* ~ **de delante/de atrás** Vorder-/Rückseite *f;* **dale recuerdos de mi** ~ grüß ihn/sie von mir; **somos primos por** ~ **de mi padre/de mi madre** wir sind Cousins väterlicherseits/mütterlicherseits; **por mi** ~ **puedes hacer lo que quieras** von mir aus kannst du tun, was du willst; **estar de** ~ **de alguien** auf jds Seite sein; **ponerse de** ~ **de alguien** jds Partei ergreifen; **saber de buena** ~ aus zuverlässiger Quelle wissen; **me tienes de tu** ~ ich bin auf deiner Seite; **de** ~ **a** ~ *(de un lado a otro)* von rechts nach links; *(de arriba a abajo)* von oben nach unten; **por otra** ~ and(e)rerseits; *(además)* außerdem ❻ *(sección)* Teil *m;* *(tomo)* Band *m;* *(capítulo)* Kapitel *nt* ❼ *(*TEAT*,* MÚS*: papel)* Part *m;* *(actor)* Schauspieler(in) *m(f);* *(cantante)* Sänger(in) *m(f)* ❽ *pl (genitales)* Geschlechtsteile *ntpl;* **me dió una patada en salva sea la** ~ er/sie trat mich in den Allerwertesten ❾ *(loc):* **no lo tomes** [*o* **eches**] **a mala** ~ versteh mich nicht falsch; **de primeros de mes a esta** ~ seit Beginn dieses Monats; **de unos cuantos días a esta** ~ seit einigen Tagen

parte² ['parte] *m* ❶ *(comunicado)* Bericht *m;* *(telegráfico)* Telegramm *nt;* *(por radio)* Funkmeldung *f;* **dar** ~ Bericht erstatten; **tienes que dar** ~ **del robo a la policía**

du musst den Diebstahl der Polizei melden ❷ *(*RADIO*,* TV*)* Nachrichten *fpl;* ~ **meteorológico** Wetterbericht *m*

partero, -a [par'tero, -a] *m, f* Geburtshelfer(in) *m(f)*

parterre [par'terre] *m* ❶ *(arriate)* Blumenbeet *nt* ❷ *(jardín)* Gartenanlage *f*

partición [parti'θjon] *f* ❶ *(acción de partir)* Aufteilung *f* *(entre unter* + *dat)* ❷ *(*MAT*)* Division *f*

participación [partiθipa'θjon] *f* ❶ *(intervención)* Teilnahme *f* *(en an* + *dat)*; *(en un negocio)* Beteiligung *f* *(en an* + *dat)*; *(en una decisión)* Mitbestimmung *f;* ~ **en los beneficios** Gewinnbeteiligung *f* ❷ *(parte)* Anteil *m* *(en an* + *dat)* ❸ *(billete)* (Lotterie)los *nt;* *(parte que se juega)* (anteiliger) Lotterieeinsatz *m* ❹ *(anuncio)* Anzeige *f;* *(aviso)* Mitteilung *f*

participante [partiθi'pante] *mf* *(en una acción)* Teilnehmer(in) *m(f)* *(en an* + *dat)*; *(en una empresa)* Teilhaber(in) *m(f)*

participar [partiθi'par] I. *vi* ❶ *(tomar parte)* teilnehmen *(en an* + *dat)*; **los países participantes** die Teilnehmerländer; ~ **en un juego** mitspielen; **participo en tu alegría** ich freue mich mit dir ❷ *(tener parte)* beteiligt sein *(en an* + *dat)*; ~ **en una herencia** Miterbe sein II. *vt* ❶ *(comunicar)* mitteilen ❷ *(tener en común)* teilen *(de* + *akk)*; **participamos de la misma opinión** wir sind derselben Meinung

partícipe [par'tiθipe] I. *adj* beteiligt II. *mf* Beteiligte(r) *mf* *(de an* + *dat)*; *(en una empresa)* Teilhaber(in) *m(f);* **hacer a alguien** ~ **de algo** *(compartir)* etw mit jdm teilen; *(informar)* jdm etw mitteilen

participio [parti'θipjo] *m* Partizip *nt;* ~ **activo** [*o* **de presente**] Partizip Präsens; ~ **pasivo** [*o* **de pretérito**] Partizip Perfekt

partícula [par'tikula] *f* ❶ *(t.* FÍS*,* QUÍM*)* Teilchen *nt;* ~ **elemental** Elementarteilchen *nt;* ~ **s de polvo** Staubpartikel *ntpl o fpl* ❷ *(*LING*)* Partikel *f;* ~ **prepositiva** Präfix *nt*

particular¹ [partiku'lar] I. *adj* ❶ *(propio)* eigen; *(individual)* individuell; *(típico)* typisch; *(personal)* persönlich; **el sabor** ~ **del azafrán** der typische Safrangeschmack ❷ *(raro)* eigenartig ❸ *(extraordinario)* besondere(r, s); **caso** ~ Sonderfall *m;* **en** ~ besonders; **posee un talento** ~ **para dibujar** er/sie kann außergewöhnlich gut zeichnen ❹ *(privado)* privat; **envíamelo a mi domicilio** ~ schick es mir an meine Privatadresse ❺ *(determinado)* bestimmt; **tenemos que concentrarnos en este problema** ~ wir müssen uns auf dieses eine Problem konzentrieren **II.** *mf* Privatperson *f*

particular² [partiku'lar] *m* Angelegenheit *f*

particularidad [partikulari'ðað] *f* ❶ (*especialidad*) Besonderheit *f;* (*singularidad*) Einzigartigkeit *f;* (*peculiaridad*) Außergewöhnliche(s) *nt;* **la ~ de este método estriba en que...** das Besondere an diesem Verfahren ist, dass ... ❷ (*rareza*) Eigenart *f* ❸ (*detalle*) Detail *nt;* (*circunstancia*) Umstand *m;* **las ~es del crimen** die näheren Umstände des Verbrechens ❹ (*en el trato*) Vertraulichkeit *f*

particularismo [partikula'rismo] *m* ❶ (*preferencia del interés propio*) Voranstellen *nt* persönlicher Interessen ❷ (*individualismo*) Individualismus *m* ❸ (POL) Partikularismus *m*

particularización [partikulariθa'θjon] *f* ❶ (*relato detallado*) detailgenaue Beschreibung *f* ❷ (*referencia*) direkte Bezugnahme (auf +*akk*) ❸ (*distinción*) Hervorhebung *f*

particularizar [partikulari'θar] <z→c> **I.** *vt* ❶ (*explicar*) (detailliert) erläutern ❷ (*mostrar preferencia*) bevorzugen ❸ (*personalizar*) sich konkret beziehen (*en* auf +*akk*) ❹ (*distinguir*) charakterisieren; **sus saques particularizan su estilo de jugar** das Besondere an seinem Spiel ist sein Aufschlag **II.** *vi* (*explicar*) ins Detail gehen

particularmente [partikular'mente] *adv* vor allem

partida [par'tiða] *f* ❶ (*salida*) Abfahrt *f* ❷ (*envío*) Sendung *f* ❸ (FIN) Posten *m;* ~ **doble** doppelte Buchführung ❹ (*anotación*) (Register)eintrag *m;* (*certificado*) Urkunde *f;* ~ **de defunción** Sterbeurkunde *f* ❺ (*juego*) Partie *f;* **jugar una ~ de ajedrez** eine Partie Schach spielen; **jugar una mala ~ a alguien** jdm übel mitspielen ❻ (*grupo*) Gruppe *f;* (MIL) Truppe *f;* (*de amigos*) Clique *f;* (*en un juego*) Mannschaft *f;* (*excursión*) Partie *f;* ~ **de campo** Landpartie *f* ❼ (*muerte*) Tod *m* ❽ (*lugar*) Bezirk *m*

partidario, -a [parti'ðarjo, -a] **I.** *adj* (*parcial*) parteiisch; (*juez*) befangen **II.** *m, f* ❶ (*seguidor*) Anhänger(in) *m(f);* (*afiliado*) Mitglied *nt;* (*de un proyecto, una idea*) Befürworter(in) *m(f);* **ser ~ de algo** etw befürworten ❷ (*guerrillero*) Partisan(in) *m(f)*

partidismo [parti'ðismo] *m* ❶ (*parcialidad*) Parteilichkeit *f;* (*de un juez*) Befangenheit *f;* (*a favor de un partido*) politische Neigung *f* ❷ (POL) Parteitreue *f*

partidista [parti'ðista] **I.** *adj* ❶ (*parcial*)

parteiisch; (*juez*) befangen ❷ (*sometido a la ideología de un partido*) parteitreu; **ser ~ sich an die Parteilinie halten ❸ (*relativo a un partido*) parteilich **II.** *mf* Parteianhänger(in) *m(f)*

partido¹ [par'tiðo] *m* ❶ (POL) Partei *f;* ~ **de clase media** Mittelstandspartei *f;* ~ **de derecha(s)/de izquierda(s)** Rechts-/Linkspartei *f;* ~ **obrero** Arbeiterpartei *f;* ~ **pequeño** Splitterpartei *f;* ~ **popular** Volkspartei *f;* ~ **único** Einheitspartei *f* ❷ (*grupo*) (Interessen)gruppe *f;* **formar sich zusammenschließen; **esta idea tiene mucho ~** diese Idee wird von vielen befürwortet; **el candidato tenía cada vez menos ~** der Kandidat hatte immer weniger Anhänger; **la película tuvo mucho ~ en el extranjero** der Film war im Ausland sehr erfolgreich ❸ (DEP: *juego*) Spiel *nt;* ~ **amistoso** Freundschaftsspiel *nt* ❹ (*equipo*) Mannschaft *f* ❺ (*para casarse*) Partie *f;* **encontrar un buen ~** eine gute Partie machen ❻ (ADMIN) Bezirk *m;* ~ **judicial** Gerichtsbezirk *m;* **cabeza de ~** Bezirkshauptstadt *f* ❼ (*determinación*) Stellungnahme *f;* **tomar ~** (*inclinarse*) Partei ergreifen (*a favor de* für +*akk*); (*opinar*) Stellung beziehen; (*decidirse*) sich entscheiden; (MIL) sich freiwillig melden ❽ (*provecho*) Nutzen *m;* **de esto aún se puede sacar ~** daraus lässt sich noch was machen; **no sacarás ~ de él** er ist ein hoffnungsloser Fall; **saqué ~ del asunto** ich habe von der Sache profitiert ❾ (*Am: del pelo*) Scheitel *m*

partido, -a² [par'tiðo, -a] *adj* (*liberal*) freigebig

partidor [parti'ðor] *m* Verteiler *m*

partir [par'tir] **I.** *vt* ❶ (*dividir*) teilen (*en* in +*akk*); (MAT) dividieren (*en* durch +*akk*); ~ **por la mitad** halbieren ❷ (*romper*) zerbrechen; (*en muchas piezas*) zertrümmern; (*madera*) (zer)hacken; (*una nuez*) knacken; ~ **el pan** (REL) das Brot brechen; ~ **la cabeza a alguien** jdm den Schädel einschlagen ❸ (TÉC) spalten ❹ (*repartir*) aufteilen; (*clasificar*) klassifizieren ❺ (*compartir*) teilen ❻ (*una baraja*) abheben **II.** *vi* ❶ (*tomar como base*) ausgehen (*de* von +*dat*); **a ~ de ahora** von nun an; **a ~ de mañana** ab morgen; **a ~ de las seis** ab sechs Uhr; **a ~ de entonces** von da an ❷ (*salir de viaje*) abreisen; (*ponerse en marcha*) losfahren; (*a pie*) losgehen; **partimos de Heidelberg a las cinco** wir sind um fünf in Heidelberg losgefahren **III.** *vr:* ~ **se** (*rajarse*) zerbrechen; (*cristal*) zersplittern; ~ **se de risa** sich vor Lachen biegen

partisano, -a [parti'sano, -a] *m*, *f* Partisan(in) *m(f)*

partitivo, -a [parti'tiβo, -a] *adj* ❶ (LING) partitiv ❷ (*que se puede partir*) teilbar; (*que se puede romper*) zerbrechlich

partitura [parti'tura] *f* Partitur *f*

parto ['parto] *m* (*alumbramiento*) Geburt *f*; (*de un animal*) Werfen *nt*; ~ **prematuro** Frühgeburt *f*; **dolores de** ~ Wehen *fpl*; **estar de** ~ in den Wehen liegen; **esto es el** ~ **de los montes** der Berg kreißte und gebar eine Maus

parturienta [partu'rjenta] *f* ❶ (*que está de parto*) Gebärende *f* ❷ (*que acaba de parir*) Wöchnerin *f*

parva ['parβa] *f* ❶ (AGR) Dreschgut *nt* ❷ (*montón*) Menge *f*; (*de chiquillos*) Kinderschar *f*

parvedad [parβe'ðað] *f* ❶ (*escasez*) Spärlichkeit *f*; (*pequeñez*) Winzigkeit *f*; (*poquedad*) Kleinigkeit *f* ❷ (*para comer*) Happen *m*

parvo, -a ['parβo, -a] *adj* (*pequeño*) klein; (*escaso*) spärlich

parvulario [parβu'larjo] *m* Kindergarten *m*; (*educación preescolar*) Vorschule *f*

parvulista [parβu'lista] *adj* Vorschul-

párvulo, -a ['parβulo, -a] *m*, *f* Kind *nt* (im Vorschulalter); **escuela de ~s** Vorschule *f*; **clase de ~s** Vorschulklasse *f*

pasa ['pasa] *f* (*uva seca*) Rosine *f*; ~ **de Corinto** Korinthe *f*; **chocolate de ron y ~s** Trauben-Nuss-Schokolade *f*; **estar hecho una** ~ (*fam*) verrunzelt sein

pasable [pa'saβle] *adj* passabel

pasacalle [pasa'kaʎe] *m* Marsch *m*

pasada [pa'saða] *f* ❶ (*paso*) Vorbeigehen *nt*; **hacer varias ~s** mehrmals vorbeigehen; **de** ~ im Vorbeigehen; (*fig*) flüchtig; **dar** ~ **a algo** (*fig*) etw durchgehen lassen ❷ (*mano*) Durchgang *m*; (*pintura*) Anstrich *m*; **dar una** ~ **a algo** etw überarbeiten; **dar otra** ~ **con agua limpia** nochmals mit klarem Wasser drüberwischen ❸ (*fam: comportamiento*) Gemeinheit *f*; **¡vaya (mala)** ~**!** so eine Gemeinheit!; **hacer una mala** ~ **a alguien** jdm übel mitspielen ❹ (*fam: exageración*) Übertreibung *f* ❺ (*puntada*) (Heft)stich *m*; (*costura*) (Heft)naht *f*; **dar unas ~s** heften (*a +akk*) ❻ (*con la plancha*): **sólo le voy a dar una** ~ ich bügle nur leicht drüber ❼ (*en un juego*) Durchgang *m*

pasadero, -a [pasa'ðero, -a] *adj* ❶ (*aceptable*) passabel; (*tolerable*) erträglich ❷ (*transitable*) überquerbar

pasadizo [pasa'ðiθo] *m* (*pasillo*) Durch-

gang *m*; (*entre dos calles*) Passage *f*; ~ **secreto** Geheimgang *m*

pasado¹ [pa'saðo] *m* ❶ (*tiempo, vida, t.* LING) Vergangenheit *f*; **en el** ~ früher; **son cosas del** ~ das ist Schnee von gestern ❷ *pl* (*antepasados*) Vorfahren *mpl*

pasado, -a² [pa'saðo, -a] *adj* ❶ (*de atrás*) vergangen; **el año** ~ letztes Jahr; **la conferencia del año** ~ die letztjährige Konferenz; ~ **mañana** übermorgen; ~**s dos meses** nach zwei Monaten; ~ **de moda** veraltet; (*vestido*) altmodisch ❷ (*estropeado*) kaputt; (*fruta*) faul; (*alimentos*) verdorben; (*leche*) sauer; (*mantequilla*) ranzig; (*ropa*) abgetragen; (*flores*) welk; **el yogur está** ~ **de fecha** das Verfallsdatum des Joghurts ist überschritten ❸ (*muy cocido*) übergar; (*verdura*) zerkocht; **¿quieres el filete muy ~?** möchtest du das Steak sehr durchgebraten?; **un huevo** ~ **por agua** ein weichgekochtes Ei

pasador [pasa'ðor] *m* ❶ (*alfiler*) (Steck)nadel *f*; (*imperdible*) Sicherheitsnadel *f*; (*broche*) Anstecknadel *f*; (*de corbata*) Krawattennadel *f*; (*para sujetarlo a la camisa*) Krawattenhalter *m* ❷ (*para el cabello*) Haarspange *f* ❸ (*cerrojo*) (Tür)riegel *m* ❹ (*colador*) Sieb *nt* ❺ *pl* (*gemelos*) Manschettenknöpfe *mpl*

pasaje [pa'saxe] *m* ❶ (*paso*) Passieren *nt*; (*de una calle*) Überquerung *f*; (*de un territorio*) Durchquerung *f* ❷ (*derecho*) Wegegeld *m* ❸ (*en barco*) Schiffspassage *f* ❹ (*billete de avión*) Flugticket *nt*; (*de barco*) Schiffsticket *nt*; (*precio*) Tarif *m* ❺ (*pasajeros*) Passagiere *mpl* ❻ (*pasillo*) Durchgang *m*; ~ **subterráneo** Unterführung *f* ❼ (*estrecho*) Meerenge *f*

pasajero, -a [pasa'xero, -a] **I.** *adj* ❶ (*transitorio*) vorübergehend; (*breve*) kurz(lebig); (*fugaz*) flüchtig; (*perecedero*) vergänglich ❷ (*calle, plaza*) belebt **II.** *m*, *f* (*viajero*) Reisende(r) *mf*; (*en barco/avión*) Passagier(in) *m(f)*; (*en tren/coche*) Fahrgast *m*; **tren de ~s** Personenzug *m*

pasamanería [pasamane'ria] *f* ❶ (*obra de pasamanos*) Posamentierarbeit *f* ❷ (*taller, tienda de pasamanos*) Posamenterie *f* ❸ (*oficio*) Posamentierhandwerk *nt*

pasamano(s) [pasa'mano(s)] *m(pl)* (*barandal*) Handlauf *m*; (*barandilla*) Geländer *nt*

pasamontañas [pasamon'taɲas] *m inv* Kopfschützer *m*

pasante [pa'sante] **I.** *adj* (*viajante*) auf der Durchreise **II.** *mf* ❶ (*auxiliar*) Assistent(in) *m(f)*; (*de un abogado*) Referendar(in) *m(f)*; ~ **de pluma** Schreiber(in) *m(f)* ❷ (*profesor*) Repetitor(in) *m(f)*

pasaporte [pasa'porte] *m* (*para viajar*) (Reise)pass *m;* **dar ~ a alguien** (*despedirlo*) jdm den Laufpass geben *fam;* (*matarlo*) jdn umlegen *fam*

pasapuré(s) [pasapu're(s)] *m* (*inv*) Passiersieb *nt*

pasar [pa'sar] **I.** *vi* ❶ (*por delante*) vorbeigehen; (*en coche*) vorbeifahren; ~ **corriendo** vorbeilaufen; ~ **desapercibido** unbemerkt bleiben; ~ **de largo** (*no detenerse*) nicht anhalten; (*no entrar*) nicht hereinkommen; **pásate un momento por mi casa** komm doch auf einen Sprung zu mir; **dejar ~** (*por delante*) vorbeilassen; **no dejes ~ la oportunidad** lass die Gelegenheit nicht ungenutzt; **el avión pasó por encima del Teide** das Flugzeug flog über den Teide ❷ (*por un hueco*) durchgehen; (*en coche*) durchfahren; **el sofa no pasa por la puerta** das Sofa passt nicht durch die Tür; **el Ebro pasa por Zaragoza** der Ebro fließt durch Zaragoza; ~ **por una crisis** eine Krise durchleben ❸ (*trasladarse*) hinübergehen; (*entrar*) hereinkommen; **me hizo ~** er/sie hat mich herein; **pasemos al comedor** lass uns doch ins Esszimmer gehen ❹ (*acaecer*) passieren; **¿qué pasa?** was ist los?; **¿qué te pasa?** was hast du?; **pase lo que pase** auf jeden Fall; **dejar ~ algo** etw zulassen; **lo que pasa es que, ...** es ist Folgendes: ... ❺ (*acabar*) vorübergehen; **ya ha pasado la tormenta** das Gewitter ist vorbei; **cuando pasen las vacaciones...** nach den Ferien ... ❻ (*el tiempo*) vergehen; **han pasado dos semanas sin llover** es hat schon seit zwei Wochen nicht mehr geregnet; **lo pasado, pisado** Schwamm drüber ❼ (*ser transferido*) übergehen; (MED) sich übertragen ❽ (*poder existir*) auskommen; **vamos pasando** es geht uns (einigermaßen) gut ❾ (*aparentar*) durchgehen (*por* als +*nom*); **pasa por nuevo** alle glauben, es sei neu; **podrías ~ por alemana** man könnte dich glatt für eine Deutsche halten; **hacerse ~ por médico** sich als Arzt ausgeben ❿ (*cambiar*) übergehen (*a* zu +*dat*); **paso a explicarte porqué** ich erzähle dir jetzt, warum; ~ **a mayores** sich verschlimmern ⓫ (*ser admisible*) durchgehen; **arreglándolo aún puede ~** wenn du es reparierst, ist es noch brauchbar; ~ **por un control** einer Prüfung standhalten ⓬ (*no jugar*) passen ⓭ (*fam: no necesitar*) verzichten (können) (*de* auf +*akk*); **yo paso de salir** ich möchte nicht ausgehen; **paso de esta película** dieser Film interessiert mich nicht; **pasa de todo** ihm/ihr ist alles

egal ⓮ (*loc*): ~ **por alto** auslassen; ~ **por encima de** (*un obstáculo*) überwinden; (*una persona*) übergehen, ignorieren **II.** *vt* ❶ (*atravesar*) überqueren; (*un territorio*) durchqueren; ~ **el semáforo en rojo** (*a pie*) über eine rote Ampel laufen; (*en coche*) über eine rote Ampel fahren; ~ **el puente** über die Brücke gehen ❷ (*por un hueco*) (durch)führen; ~ **la tarjeta por la ranura** die Karte durch den Schlitz ziehen; ~ **algo por debajo de la puerta** etw unter der Tür durchschieben ❸ (*trasladar*) verlegen; ~ **a limpio** ins Reine schreiben ❹ (*dar*) reichen ❺ (*una temporada*) verbringen; ~ **el invierno en Mallorca** auf Mallorca überwintern; ~ **lo bien** sich amüsieren; ~ **lo en grande** einen Riesenspaß haben; ~ **lo mal** eine schlechte Zeit durchleben; **¡que lo paséis bien!** viel Spaß! ❻ (*sufrir*) leiden; ~ **hambre** hungern; ~ **frío** frieren; **has pasado mucho** du hast viel durchgemacht; **pasé un mal rato** es ging mir schlecht ❼ (*transmitir*) übertragen; (*una película*) vorführen; (*una noticia*) weiterleiten; (*dinero*) überweisen; ~ **un recado** etwas ausrichten; **me has pasado el resfriado** du hast mich mit deiner Erkältung angesteckt; **le paso a la Sra. Ortega** ich verbinde Sie mit Fr. Ortega ❽ (*sobrepasar*) übertreffen; (*cierta edad*) überschreiten; **he pasado los treinta** ich bin schon über dreißig; **te paso en altura** ich bin größer als du ❾ (*hacer deslizar*): ~ **la mano por la mesa** mit der Hand über den Tisch streichen; ~ **la aspiradora** Staub saugen ❿ (*tolerar*) durchgehen lassen ⓫ (*aprobar*) bestehen ⓬ (*omitir*) auslassen ⓭ (*leer sin atención*) überfliegen; (*recitar sin atención*) herunterleiern ⓮ (*repasar*) wiederholen; (*estudiar*) durchgehen ⓯ (*tragar*) (hinunter)schlucken; **no puedo ~ me la pastilla** ich krieg die Tablette nicht runter ⓰ (*colar*) passieren ⓱ (*la pelota*) abspielen; (*a alguien*) zuspielen ⓲ (*las hojas de un libro*) umblättern ⓳ (*géneros prohibidos*) schmuggeln **III.** *vr:* ~ **se** ❶ (*acabarse*) verstreichen; (*dolor*) nachlassen; **se me han pasado las ganas** ich habe keine Lust mehr; **ya se le ~ á él el enfado** sein/ihr Ärger wird schon verfliegen; ~ **se de fecha** das Verfallsdatum überschreiten ❷ (*exagerar*) übertreiben; ~ **se de la raya** über die Stränge schlagen; ~ **se de listo** besonders schlau sein wollen; **te has pasado de listo** da hast du dich selbst überlistet; **te has pasado un poco con la sal** du hast etwas zu viel Salz genommen ❸ (*por un sitio*) vorbeigehen; **me pasé un rato por casa de mi tía** ich habe kurz bei meiner Tante vorbeigeschaut; **se me pasó por la cabeza que...** es ging mir durch den Kopf, dass ...; **no se te pasará ni por la imaginación** du wirst ja wohl nicht im Traum daran denken; ~ **se la mano por el pelo** sich *dat* mit der Hand durch die Haare fahren ❹ (*cambiar*) wechseln (*a* zu +*dat*); (MIL) überlaufen (*a* zu +*dat*); **se ha pasado de trabajadora a perezosa** sie ist jetzt nicht mehr fleißig, sondern faul ❺ (*olvidarse*) entfallen; **se me pasó tu cumpleaños** ich habe deinen Geburtstag vergessen ❻ (*estropearse*) verderben; (*fruta*) faul werden; (*alimentos*) schlecht werden; (*leche*) sauer werden; (*mantequilla*) ranzig werden; (*flores*) welken; **se ha pasado el arroz** der Reis ist zerkocht ❼ (*escaparse*) entgehen; **se me pasó la oportunidad** ich verpasste die Chance; **se me pasó el turno** ich merkte nicht, dass ich an der Reihe war ❽ (*loc*): ~ **se de moda** aus der Mode kommen

pasarela [pasa'rela] *f* ❶ (*para desfiles*) Laufsteg *m* ❷ (*de un barco*) Gangway *f* ❸ (*puente provisional*) Steg *m*; (*para peatones*) Fußgängerübergang *m*

pasarrato [pasa'rato] *m* (*Méx*, *PRico*), **pasatiempo** [pasa'tjempo] *m* (*diversión*) Zeitvertreib *m*; (*hobby*) Freizeitbeschäftigung *f*; **los** ~ **s del periódico** die Rätselecke in der Zeitung

Pascua ['paskwa] *f* ❶ (*de resurrección*) Ostern *nt*; ~ **de florida** Ostersonntag *m*; **mona de** ~ ≈Osterkuchen *m*; **de** ~ **s a Ramos** sehr selten ❷ (*fiesta judía*) Passah(fest) *nt* ❸ *pl* (*navidad*) Weihnachten *nt*; **dar las** ~ **s** frohe Weihnachten wünschen ❹ *pl* (*pentecostés*) Pfingsten *nt* ❺ (*loc*): **¡y santas** ~ **s!** und damit basta!; **santas** ~ **s** wenn es dann sein muss; **estar como una(s)** ~ (**s**) sich freuen wie ein Schneekönig; **tener cara de** ~ (**s**) (*fam*) strahlen wie ein Honigkuchenpferd; **hacer la** ~ **a alguien** jdm das Leben schwer machen

pascual [pas'kwal] *adj* ❶ (*relativo a la pascua cristiana*) Oster-, österlich ❷ (*relativo a la pascua judía*) Passah- ❸ (*navideño*) Weihnachts-, weihnachtlich ❹ (*de pentecostés*) Pfingst-, pfingstlich

pase ['pase] *m* ❶ (*desfile*) Modenschau *f* ❷ (DEP) Pass *m* ❸ (CINE) (Film)vorführung *f* ❹ (*en los naipes*) Passen *nt* ❺ (*permiso*) Erlaubnis *f*; (*licencia*) Lizenz *f*; (MIL) Passierschein *m*; (*para entrar gratis*) Freikarte *f*; (*para viajar en tren*) Freifahrkarte *f*;

(*durante un largo periodo*) Dauerkarte *f*; ~ (**de transporte**) Transporterlaubnis *f* ❻ (*Am*: *pasaporte*) (Reise)pass *m*

paseante [pase'ante] *mf* Spaziergänger(in) *m(f)*; ~ (**en corte**) (*fam*) Müßiggänger(in) *m(f)*

pasear [pase'ar] I. *vt* ❶ (*en coche*) spazieren fahren; (*a pie*) spazieren führen; ~ **al perro** mit dem Hund Gassi gehen *fam*; ~ **a un caballo** einem Pferd Auslauf verschaffen ❷ (*llevar a todas las partes*) (überall) herumzeigen II. *vi*, *vr*: ~ **se** ❶ (*a pie*) spazieren gehen; (*en coche*) spazieren fahren; (*a caballo*) ausreiten (*por* in +*dat*) ❷ (*caballo*) traben III. *vr*: ~ **se** ❶ (*discurrir*): **se me pasean miles de ideas por la cabeza** mir schießen tausend Ideen durch den Kopf ❷ (*estar ocioso*) herumhängen

paseo [pa'seo] *m* ❶ (*a pie*) Spaziergang *m*; (*en coche/barco*) Spazierfahrt *f*; (*en caballo*) Ausritt *m*; **dar un** ~ spazieren gehen; **¡vete a** ~**!** hau ab!; **mandar a alguien a** ~ jdn zum Teufel jagen ❷ (*para pasear*) Promenade *f*; ~ **marítimo** Strandpromenade *f* ❸ (*distancia*) Katzensprung *m*; **de aquí al colegio sólo hay un** ~ von hier bis zur Schule ist es nur ein Katzensprung

pasillo [pa'siʎo] *m* (*corredor*) Korridor *m*; (*entre habitaciones/pisos*) Gang *m*

pasión [pa'sjon] *f* ❶ (*ardor*) Leidenschaft *f*; ~ **de ánimo** Sehnsucht *f*; **con** ~ leidenschaftlich; **sin** ~ nüchtern ❷ (*afecto*) Liebe *f*; (*preferencia*) Vorliebe *f*; **sentir** ~ **por el fútbol** passionierter Fußballfan sein ❸ (*padecimiento*) Leiden *nt* ❹ (*de Jesucristo*) Passion *f*

pasional [pasjo'nal] *adj* ❶ (*ardiente*) leidenschaftlich; **crimen** ~ Verbrechen aus Leidenschaft ❷ (REL) Passions-

pasionaria [pasjo'narja] *f* ❶ (BOT) Passionsblume *f* ❷ (*flor*) Passionsblüte *f* ❸ (*fruto*) Passionsfrucht *f*

pasividad [pasiβi'ðað] *f* Passivität *f*

pasivo[1] [pa'siβo] *m* ❶ (*deuda*) Verbindlichkeiten *fpl* ❷ (*en el balance*) Soll *nt* ❸ (LING) Passiv *nt* ❹ (*pensión*) Rente *f*

pasivo, -a[2] [pa'siβo, -a] I. *adj* ❶ (*que es objeto, indiferente, inactivo*) passiv ❷ (LING) passivisch; **verbo** ~ Verb im Passiv; **voz pasiva** Passiv *nt* ❸ (ECON): **haber** ~ Rente *f*; **las clases** ~**s** die Rentenempfänger II. *m*, *f* Rentenempfänger(in) *m(f)*

pasma ['pasma] *f* (*fam*) Bullen *mpl*

pasmado, -a [pas'maðo, -a] I. *adj* (*torpe*) tölpelhaft II. *m*, *f* Tölpel *m*

pasmar [pas'mar] I. *vt* ❶ (*enfriar*) gefrieren lassen; **la helada ha pasmado las lechu-**

gas die Salatköpfe sind im Frost eingegangen ❷ (*asombrar*) verblüffen; **me has dejado pasmado** ich bin sprachlos; **no te quedes** ~ schau nicht so dumm aus der Wäsche ❸ (*enajenar*) begeistern ❹ (*aturdir*) betäuben **II.** *vr:* ~**se** ❶ (*helarse*) gefrieren; (*planta*) im Frost eingehen ❷ (*asombrarse*) verblüfft sein ❸ (*quedar fascinado*) begeistert sein (*ante* von +*dat*)

pasmarote [pasma'rote] *m* (*fam*) Trottel *m*

pasmo ['pasmo] *m* ❶ (*asombro*) Verwunderung *f;* (*admiración*) Bewunderung *f* ❷ (*objeto*) Erstaunliche(s) *nt;* **ser el ~ de alguien** (*fam: asombrar*) jdn verblüffen; (*enajenar*) jdn begeistern

pasmoso, -a [pas'moso, -a] *adj* unglaublich

paso ['paso] **I.** *m* ❶ (*acción de pasar*) Vorbeiziehen *nt;* (*a pie*) Vorbeischreiten *nt;* (*en coche*) Vorbeifahren *nt;* **al ~** im Vorübergehen; **me salió al ~ en el pasillo** er/sie hielt mich auf dem Gang an; **ceder el ~** (*a una persona*) vorlassen; (*en el tráfico*) Vorfahrt gewähren +*dat;* **estar de ~** auf der Durchreise sein; **al ~ que come ve la tele** er/sie sieht während des Essens fern; **de ~** (*indirectamente*) nebenbei; **de ~ que vas al centro, puedes llevarme a la estación** wenn du in die Stadt fährst, kannst du mich bei der Gelegenheit am Bahnhof absetzen; **nadie salió al ~ de sus mentiras** keiner gebot seinen/ihren Lügen Einhalt ❷ (*movimiento*) Schritt *m;* (*progreso*) Fortschritt *m;* **bailar a ~ de vals** einen Walzer tanzen; **ir al ~** im Schritt gehen; **llevar el ~ al ritmo de una melodía** im Rhythmus einer Melodie marschieren; **marcar el ~** auf der Stelle marschieren; **a cada ~** ständig; **a ~ llano** problemlos; **~ a ~** Schritt für Schritt; **contar los ~s a alguien** jdn auf Schritt und Tritt beobachten; **dar un ~ adelante/atrás** einen Schritt nach vorne/nach hinten machen; **dar un ~ en falso** mit dem Fuß umknicken; (*fig*) einen falschen Schritt machen; **he dado un enorme ~ en mis investigaciones** ich bin in meinen Forschungen einen enormen Schritt vorangekommen ❸ (*velocidad*) Tempo *nt;* **a ~s agigantados** im Eilschritt; (*fig*) rapide; **a buen ~** schnell; **a ~ de tortuga** im Schneckentempo; **a este ~ no llegarás** bei diesem Tempo kommst du nie an; **a este ~ no conseguirás nada** (*fig*) auf diese Art (und Weise) erreichst du nichts ❹ (*sonido*) Schritt *m;* (*de un caballo*) Hufschlag *m* ❺ (*manera de andar*) Gang *m;* **salir de su ~** neue Wege beschreiten ❻ (*pisada*) Fußabdruck *m;* (*de un animal*) Spur *f;* **seguir**

los ~s de alguien jdn auf Schritt und Tritt verfolgen; (*fig*) in jds Fußstapfen treten; **volver sobre sus ~s** umkehren ❼ (*distancia*) Schritt *m;* **vive a dos ~s de mi casa** er/sie wohnt gleich bei mir um die Ecke ❽ (*pasillo*) Durchgang *m;* (*en el mar*) Straße *f;* (*entre montañas*) (Berg)pass *m;* **~ subterráneo** Unterführung *f;* **abrirse ~** sich *dat* Durchgang verschaffen; (*fig*) seinen Weg machen; **esta puerta da ~ al jardín** diese Tür führt in den Garten; **¡prohibido el ~!** (*pasar*) Durchgang verboten!; (*entrar*) kein Zutritt!; **andar en malos ~s** auf Abwege geraten; **con este dinero puedo salir del ~** dieses Geld hilft mir aus der Klemme; **sólo lo has dicho para salir del ~** das hast du nur gesagt, um dich aus der Affäre zu ziehen ❾ (*para atravesar algo*) Übergang *m;* **~ cebra** Zebrastreifen *m;* **~ a nivel** (Eisen)bahnübergang *m;* **¡~!** Platz da! ❿ (*medida*) Schritt *m;* **dar todos los ~s necesarios** die erforderlichen Schritte unternehmen; **no dar ~** nichts unternehmen; **dar un ~ en falso** einen Fauxpas begehen ⓫ (*de un contador*) Zählereinheit *f;* **marcar los ~s** die Einheiten zählen ⓬ (*de un escrito*) Passage *f* **II.** *adv* leise

pasodoble [paso'doβle] *m* Paso doble *m*

pasota [pa'sota] **I.** *adj* anarchistisch; (*fig*) cool **II.** *mf* (*gesellschaftlicher*) Außenseiter *m,* (*gesellschaftliche*) Außenseiterin *f;* (*fig*) Freak *m;* **ser un ~** (*fig*) über den Dingen stehen

pasotismo [paso'tismo] *m* ❶ (*movimiento*) No-Future-Bewegung *f* ❷ (*forma de pensar*) Null-Bock-Mentalität *f*

paspartú [paspar'tu] <paspartúes> *m* Passepartout *nt*

pasquín [pas'kin] *m* Schmähschrift *f*

pasta ['pasta] *f* ❶ (*masa*) Paste *f;* (*para un pastel*) Teig *m;* (*para paredes*) Spachtelmasse *f;* (*para madera, ventanas*) Kitt *m;* **~ de dientes** Zahnpasta *f* ❷ (*fideos*) Nudeln *fpl;* (*comida italiana*) Nudelgericht *nt* ❸ (*pastelería*) Kleingebäck *nt* ❹ (*encuadernación*) Bucheinband *m* ❺ (*fam: dinero*) Knete *f* ❻ (*madera*) Holz *nt;* **tener ~ para algo** das Zeug zu etw *dat* haben; **tiene ~ para ser ministro** er ist aus dem Holz, aus dem man Minister macht; **tener buena ~** ein gutmütiges Wesen haben

pastar [pas'tar] **I.** *vt* weiden lassen **II.** *vi* weiden

pastel [pas'tel] *m* ❶ (*torta*) Kuchen *m;* (*bollo*) Gebäckstück *nt;* (*de carne/pescado*) Pastete *f* ❷ (*lápiz*) Buntstift *m*

❸(*pintura*) Pastell *nt* ❹(*chapucería*) Pfusch *m* ❺(*loc*): **descubrir el** ~ **Lunte riechen; vámonos antes de que se descubra el** ~ lass uns abhauen, bevor alles auffliegt

pastelear [pastele'ar] *vi* ❶(*contemporizar*) sich einschmeicheln ❷(*chanchullear*) mauscheln

pasteleo [paste'leo] *m* (*fam*) Schmeichelei *f*

pastelería [pastele'ria] *f* ❶(*comercio, arte*) Konditorei *f* ❷(*pasteles*) Backwaren *fpl*

pastelero, -a [paste'lero, -a] *m*, *f* ❶(*repostero*) Konditor(in) *m(f)* ❷(*contemporizador*) Wendehals *m;* **ser un** ~ sein Fähnchen nach dem Wind drehen; (*transigir fácilmente*) kein Rückgrat haben

pastelillo [paste'liʎo] *m* (*dulce*) Gebäckstück *nt;* (*de carne/pescado*) Pastetchen *nt*

paste(u)rizar [paste(ɥ)ri'θar] <z→c> *vt* pasteurisieren

pastiche [pas'tiʧe] *m* Plagiat *nt*

pastilla [pas'tiʎa] *f* ❶(*medicinal*) Tablette *f;* ~ **de amoníaco** Salmiakpastille *f;* ~ **contra el dolor** Schmerztablette *f;* ~ **para la garganta** Lutschtablette *f;* ~ **para la tos** Hustenbonbon *nt* ❷(*dulce*) Bonbon *nt;* ~ **de café con leche** Mokkabonbon *nt* ❸(*trozo*) Stück *nt;* ~ **de caldo** Brühwürfel *m;* ~ **de chocolate** Tafel Schokolade; ~ **de jabón** Stück Seife ❹(*loc*): **ir a toda** ~ (*fam*) einen Affenzahn draufhaben

pastizal [pasti'θal] *m* Weide *f*

pasto ['pasto] *m* ❶(*pastura*) Weiden *nt* ❷(*pastizal*) Weide *f* ❸(*hierba*) Weidegras *nt;* ~ **seco** Heu *nt* ❹(*alimento*) Futter *nt* ❺(*materia, rumores*) Nahrung *f;* **ser** ~ **de las llamas** den Flammen zum Opfer fallen; **ser** ~ **de la murmuración** ein gefundes Fressen für böse Zungen sein ❻(*loc*): **a todo** ~ im Überfluss; **pudimos beber y comer a** ~ wir konnten nach Herzenslust essen und trinken; **de** ~ für den täglichen Gebrauch; **vino de** ~ Tafelwein *m*

pastón [pas'ton] *m* ❶ *aum de* **pasta** (*fam*): **un** ~ ein Haufen Geld ❷(*tierra*) (unfruchtbares) Weideland *nt*

pastor[1] [pas'tor] *m* ❶(REL) Pastor *m;* (*obispo*) Bischof *m* ❷(ZOOL): ~ **alemán** Schäferhund *m;* **perro** ~ Hirtenhund *m*

pastor(a)[2] [pas'tor(a)] *m(f)* (*de ganado*) (Vieh)hirt(in) *m(f);* (*de ovejas*) Schäfer(in) *m(f)*

pastoral [pasto'ral] **I.** *adj* ❶(*relativo a los prelados*) Bischofs-; **carta** ~ Hirtenbrief *m*

❷(*idílico*) pastoral; **poesía** ~ Hirtendichtung *f* **II.** *m* (MÚS, LIT) Pastorale *nt o f*

pastorear [pastore'ar] *vt* ❶(*cuidar el ganado*) hüten; (*llevarlo a los pastos*) auf die Weide treiben ❷(REL) (be)hüten ❸(*AmC: mimar*) verwöhnen ❹(*Am: atisbar*) beäugen

pastoreo [pasto'reo] *m* Weiden *nt*

pastoso, -a [pas'toso, -a] *adj* ❶(*blando*) geschmeidig ❷(*pegajoso*) klebrig; (*espeso*) zäh(flüssig); **lengua pastosa** belegte Zunge ❸(*voz*) sonor ❹(*Am: región*) reich an Weidefläche

pata ['pata] *f* ❶(ANAT: *fam*) Bein *nt;* (*de un perro*) Pfote *f;* (*de un gato*) Tatze *f;* (*de una silla*) Stuhlbein *nt;* (*de una mesa*) Tischbein *nt;* ~ **de gallo** (BOT) Hahnenfuß *m;* (*dibujo*) Hahnentrittmuster *nt;* ~ **s de gallo** (*en el rostro*) Krähenfüße *mpl;* ~ **de palo** Holzbein *nt;* **mala** ~ (*fam*) Pech *nt;* **estirar la** ~ (*fam*) den Löffel abgeben; **ir a** ~ (*fam*) zu Fuß gehen; **meter la** ~ (*cometer una indiscreción*) ins Fettnäpchen treten; (*intervenir*) dazwischenpfuschen; **he metido la** ~ ich habe es verdorben; ~ **s arriba** durcheinander; **la habitación está** ~ **s arriba** im Zimmer herrscht ein wüstes Durcheinander; **poner todo** ~ **s arriba** alles auf den Kopf stellen; **a la** ~ **coja** auf einem Bein; **a (la)** ~ **llana** ungekünstelt; **a cuatro** ~ **s** auf allen Vieren; **poner a alguien de** ~ **s en la calle** jdn an die (frische) Luft setzen ❷(ZOOL) Ente *f* ❸(*fam: cojo*) Hinkebein *nt*

patada [pa'taða] *f* ❶(*contra algo*) (Fuß)tritt *m;* (*en el suelo*) (Auf)stampfen *nt;* **dar una** ~ **contra la pared** gegen die Wand treten; **dar** ~ **s en el suelo** auf den Boden stampfen; **romper una puerta a** ~ **s** eine Tür eintreten; **dar la** ~ **a alguien** jdm den Laufpass geben; **me da cien** ~ **s** er/sie/es geht mir gegen den Strich; **echar a alguien a** ~ **s** jdn hochkant hinauswerfen; **tratar a alguien a** ~ **s** jdn mit Füßen treten; **a** ~ **s** (*fig*) in Hülle und Fülle ❷(*fam: paso*) Schritt *m;* (*de un caballo*) Hufschlag *m;* **esto me ha costado muchas** ~ **s** (*fig*) ich habe mich dafür ganz schön abstrampeln müssen ❸(*huella de un pie*) Fußabdruck *m;* (*de una pata*) Spur *f*

i Land & Leute

Patagonia – *Patagonien* liegt im südlichsten Teil Chiles und Argentiniens, noch südlich der Pampa. Diese weite, spärlich bewachsene, öde Steppe ist im Gegensatz zur Pampa nicht für den Getreideanbau geeignet, sondern wird hauptsächlich für die Schafzucht genutzt.

patalear [patale'ar] *vi* strampeln; (*en el suelo*) trampeln; ~ **de rabia** vor Wut wild auf den Boden stampfen; **está que patalea** er/sie ist außer sich *dat*

pataleo [pata'leo] *m* ① (*acción de patalear*) Strampeln *nt;* (*en el suelo*) Trampeln *nt* ② (*ruido*) Getrappel *nt* ③ (*queja*) Protest *m;* **derecho al** ~ Recht auf Widerrede

pataleta [pata'leta] *f* (*fam*) Wutanfall *m*

patán [pa'tan] **I.** *adj* bauernhaft; **ser** ~ (*fig*) keine Manieren haben **II.** *m* Bauer *m*

patata [pa'tata] *f* Kartoffel *f;* ~ **s fritas** Pommes frites *pl;* **una bolsa de** ~ **s fritas** eine Tüte (Kartoffel)chips; **no entender ni** ~ (*fam: palabra*) kein Wort verstehen; (*ser tonto*) strohdumm sein

patatal [pata'tal] *m* Kartoffelacker *m*

patatús [pata'tus] *m inv* (*fam*) ① (*desmayo*) Ohnmachtsanfall *m;* **le dio un** ~ er/sie wurde ohmächtig ② (*síncope*) Zusammenbruch *m;* **me ha dado un** ~ ich bin zusammengeklappt

paté [pa'te] (GASTR) Leberpastete *f*

patear [pate'ar] **I.** *vt* ① (*dar golpes*) treten (gegen +*akk*); ~ **el estómago a alguien** jdm [*o* jdn] in den Magen treten ② (*pisotear*) zertrampeln ③ (*tratar rudamente*) mit Füßen treten **II.** *vi* ① (*en el suelo*) trampeln; (*estar enfadado*) (vor Wut) außer sich *dat* sein ② (*andar mucho*) viel herumlaufen; **estar pateando todo el día** den ganzen Tag auf Achse sein; **tuve que** ~ **para tener este éxito** für diesen Erfolg habe ich mich abstrampeln müssen

patentado, -a [paten̯'taðo, -a] *adj* (JUR) patentiert

patentar [paten̯'tar] *vt* ① (*registrar*) patentieren (lassen) ② (*conceder patentes*) genehmigen

patente [pa'ten̯te] **I.** *adj* ① (*visible*) sichtbar ② (*evidente*) eindeutig; **hacer** ~ aufzeigen; (*comprobar*) beweisen; (*revelar*) ans Licht bringen **II.** *f* ① (*documento*) Bescheinigung *f;* (*permiso*) Genehmigung *f;* ~ **de comercio** Gewerbeschein *m;* ~ **de sanidad** Gesundheitspass *m* ② (*título*) Patent *nt;* ~ **de piloto** Pilotenschein *m* ③ (JUR) Patent *nt;* ~ **industrial** gewerbliches Patent; ~ **pendiente** zum Patent angemeldet; ~ **de privilegio** Erfindungspatent *nt;* **solicitar la** ~ zum Patent anmelden

patentizar [paten̯ti'θar] <z→c> *vt* aufzei-

gen; (*comprobar*) beweisen; (*revelar*) ans Licht bringen

patera [pa'tera] *f* kleines Holzboot *nt*

paternal [pater'nal] *adj* väterlich; **amor** ~ Vaterliebe *f*

paternalismo [paterna'lismo] *m* ① (*carácter paternal*) Väterlichkeit *f* ② (*actitud protectora*) Bevormundung *f* ③ (POL) Paternalismus *m*

paternidad [paterni'ðað] *f* ① (*relación*) Vaterschaft *f* ② (*calidad*) Väterlichkeit *f* ③ (REL): **Vuestra P**~ Euer Hochwürden

paterno, -a [pa'terno, -a] *adj* väterlich, Vater-; **casa paterna** Elternhaus *nt;* **mi abuelo** ~ mein Großvater väterlicherseits

patético, -a [pa'tetiko, -a] *adj* ① (*conmovedor*) ergreifend; (*tierno*) rührend; (*manifestando dolor*) leidend ② (*pey: exagerado*) pathetisch

patetismo [pate'tismo] *m sin pl* ① (*que conmueve*) Bewegende(s) *nt,* Ergreifende(s) *nt* ② (*pey: sentimentalidad exagerada*) Pathetik *f*

patibulario, -a [patiβu'larjo, -a] *adj* ① (*relativo al patíbulo*) Hinrichtungs-; **horca patibularia** Galgen *m* ② (*terrible*) schaurig; **novela patibularia** Gruselroman *m*

patíbulo [pa'tiβulo] *m* Schafott *nt;* (*horca*) Galgen *m*

paticojo, -a [pati'koxo, -a] **I.** *adj* (*fam*) hinkend **II.** *m, f* (*fam*) Hinkebein *nt*

patidifuso, -a [patiði'fuso, -a] *adj* verblüfft; (*de horror*) entsetzt; **me quedé** ~ ich war sprachlos

patilla [pa'tiʎa] *f* ① (*de unas gafas*) Bügel *m;* (*de un madero*) Stift *m* ② *pl* (*pelo*) Koteletten *pl*

patín [pa'tin] *m* ① (*de hielo*) Schlittschuh *m;* (*de ruedas*) Rollschuh *m;* **patines en línea** Inlineskates *mpl* ② (*patinete*) Roller *m* ③ (*de vela*) Katamaran *m;* (*de pedales*) Tretboot *nt* ④ (TÉC) Kufe *f*

pátina ['patina] *f sin pl* Patina *f*

patinador(a) [patina'ðor(a)] **I.** *adj* (*sobre cuchillas*) gleitend; (*sobre ruedas*) rollend **II.** *m(f)* (*de hielo*) Schlittschuhläufer(in) *m(f);* (*sobre ruedas*) Rollschuhläufer(in) *m(f);* (*artístico sobre hielo*) Eiskunstläufer(in) *m(f);* (*sobre ruedas*) Rollkunstläufer(in) *m(f);* (*de velocidad*) Eisschnellläufer(in) *m(f)*

patinaje [pati'naxe] *m* ① (*sobre hielo*) Schlittschuhlaufen *nt;* (*sobre ruedas*) Rollschuhlaufen *nt;* ~ **artístico** (*sobre hielo*) Eiskunstlauf *m;* (*sobre ruedas*) Rollkunstlauf *m;* ~ **de velocidad** Eisschnelllauf *m* ② (*deslizamiento*) (Aus)rutschen *nt;* (*de un vehículo*) Schleudern *nt*

patinar [pati'nar] *vi* ❶ (*sobre patines de hielo*) Eis laufen; (*sobre patines de ruedas*) Rollschuh laufen ❷ (*deslizarse*) ausrutschen; (*un vehículo*) ins Schleudern geraten ❸ (*equivocarse*) sich *dat* einen Ausrutscher leisten

patinazo [pati'naθo] *m* ❶ (*deslizamiento*) (Aus)rutschen *nt;* (*de un vehículo*) Schleudern *nt* ❷ (*equivocación, indiscreción*) Ausrutscher *m*

patinete [pati'nete] *m* Roller *m*

patio ['patjo] *m* ❶ (ARQUIT) Hof *m;* (*interior*) Innenhof *m;* (*entre dos casas*) Hinterhof *m;* ~ **de recreo** Schulhof *m* ❷ (TEAT) Parkett *nt*

patitieso, -a [pati'tjeso, -a] *adj* ❶ (*paralizado*) steif; (*de frío*) starr; **quedarse** ~ **de frío** vor Kälte erstarren ❷ (*sorprendido*) verdutzt; **quedarse** ~ sprachlos sein ❸ (*presumido*) hochnäsig

patito, -a [pa'tito, -a] *adj* (*Am*) (zitronen)gelb

patizambo, -a [pati'θambo, -a] *adj* krummbeinig; **ser** ~ X-Beine haben

pato, -a ['pato, -a] *m, f* ❶ (ZOOL) Ente *f;* (*macho*) Erpel *m;* **pagar el** ~ der/die Leidtragende sein; **estar hecho un** ~ (**de agua**) klatschnass sein ❷ (*fam: torpe*) Trampel *m o nt*

patochada [pato'tʃaða] *f* (*tontería*) Unsinn *m;* **decir** ~**s** albernes Zeug reden

patógeno, -a [pa'toxeno, -a] *adj* (MED) krankheitserregend; **gérmen** ~ Krankheitserreger *m*

patología [patolo'xia] *f* Pathologie *f*

patológico, -a [pato'loxiko, -a] *adj* (MED) pathologisch; (*fig*) krankhaft

patólogo, -a [pa'toloɣo, -a] *m, f* Pathologe, -in *m, f*

patoso, -a [pa'toso, -a] *adj* ❶ (*soso*) witzlos ❷ (*torpe*) ungeschickt

patraña [pa'traɲa] *f* Lüge *f*

patria [pa'tria] *f* Heimat *f;* ~ **adoptiva** Wahlheimat *f;* ~ **celestial** Himmel *m;* **madre** ~ Mutterland *nt;* (*Am*) Spanien *nt*

patriarca [pa'trjarka] *m* (REL) Patriarch *m*

patriarcado [patrjar'kaðo] *m* (SOCIOL, REL) Patriarchat *nt*

patrimonial [patrimo'njal] *adj* Erb-; **bien** ~ Erbe *nt*

patrimonio [patri'monjo] *m* ❶ (*herencia*) Erbe *nt;* ~ **cultural** Kulturgut *nt* ❷ (*riqueza*) Vermögen *nt*

patrio, -a [pa'trjo, -a] *adj* ❶ (*relativo a la patria*) Heimat-, vaterländisch ❷ (*relativo al padre*) väterlich

patriota [pa'trjota] **I.** *adj* patriotisch **II.** *mf* ❶ (*que ama a su patria*) Patriot(in) *m(f)*

❷ (*compatriota*) Landsmann, -männin *m, f*

patrioterismo [patrjote'rismo] *m* Chauvinismus *m*

patriotero, -a [patrjo'tero, -a] **I.** *adj* chauvinistisch **II.** *m, f* Chauvinist(in) *m(f)*

patriótico, -a [pa'trjotiko, -a] *adj* patriotisch

patriotismo [patrjo'tismo] *m* ❶ (*del patriota*) Patriotismus *m* ❷ (*del patriotero*) Chauvinismus *m*

patrocinador(a) [patroθina'ðor(a)] *m(f)* Schirmherr(in) *m(f);* (DEP) Sponsor(in) *m(f)*

patrocinar [patroθi'nar] *vt* unterstützen; (*apadrinar*) die Schirmherrschaft übernehmen +*gen;* (DEP) sponsern

patrocinio [patro'θinjo] *m* ❶ (*protección*) Unterstützung *f;* (*cargo*) Schirmherrschaft *f* ❷ (DEP) Sponsoring *nt*

patrón[1] [pa'tron] *m* ❶ (*modelo*) Muster *nt;* (*de costura*) Schnittmuster *nt* ❷ (FIN) ~ **monetario** Ankerwährung *f*

patrón, -ona[2] [pa'tron, -ona] *m, f* ❶ (*que protege*) Beschützer(in) *m(f)* ❷ (*jefe*) Chef(in) *m(f)* ❸ (*de una casa*) Hausherr(in) *m(f);* (*de una pensión*) Hauswirt(in) *m(f)* ❹ (*santo*) Schutzheilige(r) *mf*

patronal [patro'nal] **I.** *adj* (*empresario*) Arbeitgeber-; **cierre** ~ Aussperrung *f* **II.** *f* Arbeitgeberverband *m*

patronato [patro'nato] *m*, **patronazgo** [patro'naθɣo] *m* ❶ (*protección*) Schirmherrschaft *f* ❷ (ECON) Arbeitgeberverband *m* ❸ (*fundación*) Wohlfahrtsverband *m* ❹ (*junta directiva*) Vorstand *m*

patrono, -a [pa'trono, -a] *m, f* ❶ (*jefe*) Arbeitgeber(in) *m(f)* ❷ (*de un feudo*) Gutsherr(in) *m(f)* ❸ (*miembro del patronato*) Vorstandsmitglied *nt* ❹ (REL) Schutzheilige(r) *mf*

patrulla [pa'truʎa] *f* (MIL) Patrouille *f;* (*de policía*) (Polizei)streife *f;* **estoy de** ~ ich bin im Streifendienst; **la policía está de** ~ die Polizei geht auf Streife

patrullar [patru'ʎar] *vi, vt* patrouillieren

patrullero [patru'ʎero] *m* ❶ (MIL: *buque*) Patrouillenboot *nt;* (*avión*) Flugzeug *nt* für Erkundungsflüge ❷ (*de policía*) Polizeistreife *f*

patucos [pa'tukos] *mpl* (*para bebés*) Babyschühchen *ntpl;* (*para mayores*) Bettschuhe *mpl*

paular [paʊ'lar] *m* (*pantano*) Morast *m*

paulatinamente [paʊlatina'mente] *adv* allmählich

paulatino, -a [paʊla'tino, -a] *adj* (sehr)

langsam

paupérrimo, -a [pau̯'perrimo, -a] *adj*
superl de **pobre**

pausa ['pau̯sa] *f* Pause *f;* **con** ~ langsam

pausado, -a [pau̯'saðo, -a] *adj* langsam

pauta ['pau̯ta] *f* ① (*modelo*) Muster *nt*
② (*normas*) Grundsatz *m;* **marcar la** ~
eine Regel aufstellen ③ (*falsilla*) Linien *fpl*
④ (*regla*) Lineal *nt*

pautado, -a [pau̯'taðo, -a] *adj* liniert

pautar [pau̯'tar] *vt* ① (*rayar el papel*) linieren ② (*dar reglas*) vorschreiben

pava ['paβa] *f* ① (ZOOL) *v.* **pavo** ② (*fam*):
pelar la ~ (*los enamorados*) turteln
③ (*Am: olla*) Kessel *m;* (*tetera*) Teekanne *f*
④ (*Am: sombrero*) Strohhut *m* ⑤ (*And,
AmC: flecos*) Fransen *fpl*

pavada [pa'βaða] *f* ① (*CSur: disparate*)
Blödsinn *m* ② (*CSur: poquísimo*) lächerli-
cher Betrag *m* ③ (*AmC: mala suerte*) Pech
nt

pavear [paβe'ar] **I.** *vi* ① (*CSur: hacer el
tonto*) herumblödeln ② (*CSur: pelar la
pava*) turteln **II.** *vt* ① (*And, CSur: bromear*) verschaukeln ② (*And: asesinar*)
hinterhältig umbringen

pavimentación [paβimenta'θjon] *f* ① (*con
adoquín*) Pflastern *nt;* (*con asfalto*)
Asphaltieren *nt* ② (*con losas*) Fliesen *nt*

pavimentar [paβimen'tar] *vt* (*con adoquín*) pflastern; (*con asfalto*) asphaltieren;
(*con losas*) fliesen

pavimento [paβi'mento] *m* ① (*recubrimiento: en una casa*) Estrich *m;* (*en la carretera*) Unterbau *m* ② (*material: en una
casa*) (Fuß)bodenbelag *m;* (*en una carretera*) Straßenbelag *m*

pavo, -a ['paβo, -a] **I.** *m, f* ① (ZOOL) Truthahn *m,* Pute *f;* ~ **real** Pfau *m* ② (*persona*) Tölpel *m* ③ (*loc*): **estar en la edad
del** ~ in den Flegeljahren sein; **comer** ~
(*fam*) ein Mauerblümchen sein; **no es
moco de** ~ (*fam*) das ist kein Kinkerlitzchen; **se me subió el** ~ (*fam*) ich wurde
putterrot; **ir de** ~ (*Am*) schwarzfahren
II. *adj* tölpelhaft

pavonearse [paβone'arse] *vr* sich aufspielen (*de* mit +*dat*)

pavor [pa'βor] *m* Entsetzen *nt*

pavoroso, -a [paβo'roso, -a] *adj* entsetzlich

payasada [paɟa'saða] *f* Clownerie *f;* (*pey*)
Blödsinn *m*

payasear [paɟase'ar] *vi* herumalbern

payaso, -a [pa'ɟaso, -a] *m, f* ① (*del circo*)
Clown *m* ② (*bromista*) Spaßvogel *m;*
¡deja de hacer el ~! hör auf den Kasper
zu spielen!

payés, -esa [pa'ɟes, -esa] *m, f* (*reg*) Bauer

m, Bäuerin *f*

payo, -a ['paɟo, -a] **I.** *adj* hinterwäldlerisch
II. *m, f* ① (*campesino ignorante*) Hinter-
wäldler(in) *m(f)* ② (*no gitano*) Nichtzi-
geuner(in) *m(f)*

paz [paθ] *f* Frieden *m;* (*tratado*) Friedensvertrag *m;* **hacer las paces** sich versöhnen; **no dar** ~ **a la lengua** ohne Punkt
und Komma reden; **estar en** ~ **con alguien** mit jdm quitt sein; **¡a la** ~ **de Dios!**
Friede sei mit dir!; **¡... y en** ~! ... und
Schluss!; **que en** ~ **descanse** Gott hab
ihn/sie selig

pazguato, -a [paθ'ɣwato, -a] **I.** *adj* dumm
II. *m, f* Dummkopf *m*

pazo ['paθo] *m* Herrensitz *m*

PC [pe'θe] *m* (INFOR) *abr de* **personal computer** PC *m;* ~ **multimedia** Multimedia-PC *m*

P.C. [pe'θe] *m abr de* **Partido Comunista**
KP *f*

P.D. [pos'ðata] *abr de* **posdata** PS

pe [pe] *f* P *nt;* **de** ~ **a pa** von A bis Z

peaje [pe'axe] *m* ① (*de tránsito*) Transitge-
buhr *f;* (*de carretera*) Autobahngebühr *f,*
Mautgebühr *f Österr* ② (*taquilla*) Maut *f,*
Mautstelle *f Österr*

peana [pe'ana] *f* (*pedestal*) Sockel *m*

peatón, -ona [pea'ton, -ona] *m, f* Fußgän-
ger(in) *m(f)*

peatonal [peato'nal] *adj* Fußgänger-; **zona**
~ Fußgängerzone *f*

peatonalizar [peatonali'θar] <z→c> *vt*
zur Fußgängerzone machen

pebetero [peβe'tero] *m* Duftlampe *f*

peca ['peka] *f* Sommersprosse *f*

pecado [pe'kaðo] *m* Sünde *f;* ~ **capital** Todsünde *f;* ~ **original** Erbsünde *f;* **sin** ~ frei
von Sünde; (*fig*) makellos; **pagar sus** ~**s**
seine Fehler teuer bezahlen; **sería un** ~
rechazarlos es wäre eine Sünde, sie nicht
anzunehmen; **a** ~ **nuevo, penitencia
nueva** (*prov*) auf neue Sünde folgt neue
Reue; **¡estos niños de mis** ~**s!** (*irón fam*)
was soll ich mit diesen Kindern nur
machen?; **¡ay, José de mis** ~**s!** (*irón fam*)
ach, mein über alles geliebter José!

pecador(a) [peka'ðor(a)] **I.** *adj* sündig
II. *m(f)* Sünder(in) *m(f)*

pecaminoso, -a [pekami'noso, -a] *adj*
sündhaft

pecar [pe'kar] <c→qu> *vi* ① (REL: *t. fig*)
sündigen ② (*errar*) einen Fehler machen
③ (*por exceso*): ~ **por exceso** es übertreiben; **peca por exceso de confianza** er/
sie ist zu vertrauensselig; **éste no peca de
hablador** der redet ja nicht gerade viel

pecera [pe'θera] *f* Fischglas *nt*

pechador(a) [petʃa'ðor(a)] m(f) (Arg: fam) Schnorrer(in) m(f)

pechar [pe'tʃar] vt ❶ (pagar) zahlen ❷ (empujar) stoßen ❸ (Arg: fam: pedir) schnorren; **~ a alguien** jdn anpumpen

pechina [pe'tʃina] f ❶ (concha) (leere) Muschel f ❷ (ARQUIT) (Bogen)zwickel m

pecho ['petʃo] m ❶ (ANAT) Brust f; **dar el ~ al bebé** das Baby stillen; **el bebé toma el ~** das Baby wird gestillt; **a ~ descubierto** (sin armas) unbewaffnet; (fig) (ganz) offen; **dar el ~ a alguien** (fig) jdm die Stirn bieten; **gritar a todo ~** aus vollem Halse schreien; **partirse el ~ por alguien** sich dat für jdn ein Bein ausreißen ❷ (pulmones) Lunge f ❸ (en la costura) Oberweite f ❹ (conciencia) Herz nt; **abrir su ~ a alguien** jdm sein Herz ausschütten; **tomarse algo muy a ~** sich dat etw sehr zu Herzen nehmen ❺ (coraje) Mut m; **¡~ al agua!** nur Mut!

pechuga [pe'tʃuɣa] f ❶ (pecho de ave) Geflügelbrust f; **~ de pollo** Hähnchenbrust f ❷ (fam: de mujer) Dekolletee nt

pechugón, -ona [petʃu'ɣon, -ona] I. adj (Am) ❶ (descarado) frech ❷ (franco) offen II. m, f (Am: descarado) freche Person f

pecíolo [pe'θiolo] m Blattstiel m

pecoso, -a [pe'koso, -a] adj sommersprossig

pectoral [pekto'ral] I. adj ❶ (ANAT) Brust- ❷ (contra la tos) hustenlindernd II. m (MED) Hustenmittel nt

pecuario, -a [pe'kwarjo, -a] adj Vieh-

pecueca [pe'kweka] f (Col, Ecua, Ven) ❶ (pezuña) Huf m ❷ (olor) Fußgeruch m

peculiar [peku'ljar] adj ❶ (especial) besondere(r, s) ❷ (raro) sonderbar

peculiaridad [pekuljari'ðaᵈ] f ❶ (singularidad) Besonderheit f ❷ (distintivo) Eigentümlichkeit f

peculio [pe'kuljo] m Vermögen nt; **pagar de su ~** aus eigener Tasche bezahlen

pecuniario, -a [peku'njarjo, -a] adj finanziell (das Bargeld betreffend); **mi situación pecuniaria no es buena** ich bin im Moment etwas knapp bei Kasse

pedagogía [peðaɣo'xia] f sin pl Pädagogik f

pedagógico, -a [peða'ɣoxiko, -a] adj pädagogisch

pedagogo, -a [peða'ɣoɣo, -a] m, f Pädagoge, -in m, f

pedal [pe'ðal] m Pedal nt; **pisar el ~** (AUTO) Gas geben

pedalear [peðale'ar] vi (in die Pedale) treten

pedante [pe'ðante] I. adj besserwisserisch II. mf Besserwisser(in) m(f)

pedantería [peðante'ria] f Besserwisserei f

pedazo [pe'ðaθo] m ❶ (parte) Stück nt; **~ de papel** Papierfetzen m; **caerse a ~s** zu Bruch gehen; **estoy que me caigo a ~s** (fam) ich bin völlig kaputt; **hacerse ~s** kaputtgehen; **hacer ~s** kaputtmachen; (madera) in Stücke hacken; (un pastel) in Stücke teilen; (papel) in Stücke reißen; (con tijeras) in Stücke schneiden ❷ (persona): **~ de mi alma** mein Herz; **ser un ~ de pan** sehr gutmütig sein; **¡~ de animal!** (fam) du Idiot!; **¡~ de bruto!** (fam) du Trampel!; **¡~ de alcornoque!** (fam) du Holzkopf!

pederasta [peðe'rasta] m Päderast m

pederastia [peðe'rastja] f sin pl Päderastie f

pedernal [peðer'nal] m Feuerstein m

pedestal [peðes'tal] m ❶ (cimiento) Fuß m; **tener a alguien en un ~** jdn sehr hoch schätzen ❷ (apoyo) Grundlage f

pedestre [pe'ðestre] adj ❶ (a pie) zu Fuß (gehend); **carrera ~** Wettgehen nt ❷ (chabacano) plump

pediatra [pe'ðjatra] mf Kinderarzt, -ärztin m, f

pediatría [peðja'tria] f sin pl Kinderheilkunde f

pediátrico, -a [pe'ðjatriko, -a] adj pädiatrisch; **clínica pediátrica** Kinderklinik f

pedicura [peði'kura] f Fußpflege f; **hacerse la ~** zur Fußpflege gehen

pedicuro, -a [peði'kuro, -a] m, f Fußpfleger(in) m(f)

pedida [pe'ðiða] f: **~ de mano** Heiratsantrag m

pedido¹ [pe'ðiðo] m (COM: de un servicio) Auftrag m; (de un producto) Bestellung f; **~ suplementario** Nachbestellung f; **enviar sobre ~** auf Bestellung liefern; **a ~** auf Bestellung; **a ~ de** im Auftrag von

pedido, -a² [pe'ðiðo, -a] adj ❶ (solicitado) vorgemerkt; **este anillo ya lo tiene ~ mi nieta** dieser Ring ist schon für meine Enkelin vorgemerkt ❷ (encargado) bestellt; **el armario ya está ~** der Schrank ist schon in Auftrag gegeben

pedigrí [peði'ɣri] m Stammbaum m

pedigüeño, -a [peði'ɣweɲo, -a] I. adj quengelig II. m, f Quengler(in) m(f)

pedilón, -ona [peði'lon, -ona] adj (Am) quengelig

pedimento [peði'mento] m (petición) Antrag m

pedir [pe'ðir] irr vt ❶ (rogar) bitten; **~ algo a alguien** jdn um etw bitten; **os pido que hagáis menos ruido** ich bitte euch etwas leiser zu sein; **al agradecido, más de lo pedido** (prov) dem Dankbaren gebührt mehr als er erbittet ② (*exigir, cobrar*) verlangen; (*necesitar*) brauchen; (*solicitar*) beantragen; (*demandar*) fordern; **~ a gritos algo** (*fig*) förmlich nach etw *dat* schreien; **una paella que no hay más que ~** eine sagenhafte Paella ③ (*encargar*) bestellen ④ (*para casarse*): **~ la mano de alguien** um jds Hand anhalten; **~ en matrimonio a alguien** jdm einen Heiratsantrag machen ⑤ (*mendigar*) betteln; **~ limosna** um eine milde Gabe bitten; **están pidiendo para la Cruz Roja** sie sammeln für das Rote Kreuz; **ni sirvas a quien sirvió, ni pidas a quien pidió** (*prov*) diene keinem, der gedient hat, und bettle bei keinem, der gebettelt hat

pedo [ˈpeðo] *m* (*vulg*) ① (*ventosidad*) Furz *m;* **tirarse un ~** einen fahren lassen *fam* ② (*borrachera*) Suff *m fam;* **estar en ~** voll wie eine Haubitze sein *fam;* **ponerse en ~** sich voll laufen lassen *fam*

pedofilia [peðoˈfilja] *f sin pl* Pädophilie *f*

pedorro, -a [peˈðorro, -a] *m, f* (*vulg*) Furzer(in) *m(f) fam*

pedrada [peˈðraða] *f* ① (*lanzar*) Steinwurf *m;* **matar a alguien a ~s** jdn steinigen; **pegar una ~ a alguien** einen Stein nach jdm werfen ② (*ofensa*) spitze Bemerkung *f* ③ (*loc*): **la noticia le sentó como una ~** die Nachricht traf ihn wie ein Schlag; **venir como ~ en ojo de boticario** wie gerufen kommen

pedrea [peˈðrea] *f* ① (*lanzar pedradas*) Steinigung *f* ② (METEO) Hagelsturm *m* ③ (*lotería*) Kleinstlotteriegewinn *m*

pedregal [peðreˈɣal] *m* Schotterplatz *m*

pedregoso, -a [peðreˈɣoso, -a] *adj* steinig

pedrera [peˈðrera] *f* Steinbruch *m*

pedrería [peðreˈria] *f* Juwelen *ntpl*

pedrisco [peˈðrisko] *m* (METEO) Hagel *m*

pedrusco [peˈðrusko] *m* ① (*piedra*) Steinblock *m* ② (*Am*) v. **pedregal**

pedúnculo [peˈðuŋkulo] *m* Stiel *m*

pega [ˈpeɣa] *f* ① (*fam: dificultades*) Haken *m;* **poner ~s a alguien** jdn kritisieren ② (*pregunta*) Fangfrage *f* ③ (*falso*): **de ~** falsch ④ (*CSur, Méx: argot: trabajo*) Job *m*

pegada [peˈɣaða] *f* (*CSur*) ① (*mentira*) Lüge *f* ② (*suerte*) Glückspilz *m*

pegadizo, -a [peɣaˈðiθo, -a] **I.** *adj* ① (*pegajoso*) klebrig; (*enfermedad*) ansteckend; **melodía pegadiza** Ohrwurm *m fam* ② (*postizo*) künstlich ③ (*gorrón*) schmarotzend **II.** *m, f* Schmarotzer(in) *m(f)*

pegajoso, -a [peɣaˈxoso, -a] *adj* ① (*adhesivo*) klebrig ② (*pesado*) aufdringlich ③ (MED) ansteckend

pegamento [peɣaˈmento] *m* Kleber *m*

pegar [peˈɣar] <g→gu> **I.** *vt* ① (*aglutinar*) kleben; (*madera*) leimen; **~ un sello** eine Briefmarke aufkleben; **no he pegado ni ojo en toda la noche** ich habe die ganze Nacht kein Auge zugetan ② (*con hilo/grapa*) heften ③ (*muebles*): **la mesilla a la cama** den Nachttisch nahe an das Bett rücken ④ (*contagiar*) anstecken ⑤ (*fuego*) legen ⑥ (*golpear*) schlagen; **~ una paliza a alguien** jdn grün und blau schlagen ⑦ (*un grito*) loslassen; (*una patada/bofetada*) verpassen; (*un tiro*) abfeuern; **~ un salto** aufspringen; **~ un susto a alguien** jdm einen Schrecken einjagen ⑧ (*Am: argot: tener suerte*): **~ la** Schwein haben ⑨ (*Méx: atar*) festmachen **II.** *vi* ① (*hacer juego*) (gut) zusammenpassen; **te pegan bien los zapatos con el bolso** deine Schuhe passen sehr gut zur Tasche; **esto no pega ni con cola** das passt überhaupt nicht zusammen ② (*rozar*) streifen (*en +akk*); (*tocar*) stoßen (*en an +akk*) ③ (*golpear*) schlagen (*en gegen +akk*) ④ (*argot: currar*) malochen ⑤ (*loc*): **¡cómo pega el sol hoy!** heute ist es ganz schön heiß in der Sonne! **III.** *vr:* **~se** ① (*con algo*) sich stoßen (*con an +dat*); (*con alguien*) sich schlagen (*con mit +dat*); **~se un tortazo en el coche** (*fam*) einen Autounfall bauen ② (*quemarse*) anbrennen ③ (*entrometerse*) sich einmischen (*a in +akk*) ④ (*aficionarse*) sich begeistern (*a für +akk*) ⑤ (*acompañar siempre*) sich hängen (*a an +akk*); **~se a alguien** (*perseguir*) sich an jds Fersen heften; **siempre anda pegado a mí** er hängt an mir wie eine Klette ⑥ (*contagiarse*): **finalmente se me pegó el sarampión** schließlich bekam auch ich die Masern ⑦ (*fam: loc*): **pegársela a alguien** (*burlarse*) jdn auf den Arm nehmen; **pegársela al marido/a la mujer** fremdgehen; **~se un tiro** sich erschießen; **~se un tiro en la cabeza** sich *dat* eine Kugel durch den Kopf jagen

pegatina [peɣaˈtina] *f* Aufkleber *m*

pegote [peˈɣote] *m* ① (*emplasto*) Heftpflaster *nt* ② (*pey fam: guisote*) Mansch *m* ③ (*fam: persona*) Schmarotzer *m* ④ (*fam: chapuza*) Schlamperei *f* ⑤ (*loc*): **esa corbata es un ~** (*fam*) diese Krawatte ist völlig daneben; **tirarse ~s** (*argot*) aufschneiden

peinado¹ [peiˈnaðo] *m* Frisur *f;* **hacerse un ~** sich frisieren

peinado, -a² [peiˈnaðo, -a] *adj* (*arreglado*) zurechtgemacht; (*relamido*) herausgeputzt

peinador [peiˌnaˈðor] *m* ① (*para peinar*)

Frisierumhang *m;* (*para afeitar*) Rasierumhang *m* ❷ (*tocador*) Frisiertisch *m*

peinar [pei̯'nar] **I.** *vt* ❶ (*desenredar*) kämmen ❷ (*acicalar*) frisieren ❸ (*rastrear*) durchkämmen **II.** *vr:* ~ **se** sich kämmen

peine ['pei̯ne] *m* (*para peinarse*) Kamm *m;* **¡te vas a enterar de lo que vale un ~!** (*fig*) du wirst deine gerechte Strafe schon noch bekommen!; **¡ya apareció el ~!** (*fig*) jetzt hab ich's!

peineta [pei̯'neta] *f* Zierkamm *m*

p.ej. [por e'xemplo] *abr de* **por ejemplo** z.B.

pejiguera [pexi'ɣera] *f* (*fam*) Unannehmlichkeiten *fpl*

pekinés[1] [peki'nes] *m* (*perro*) Pekinese *m*

pekinés, -esa[2] [peki'nes, -esa] **I.** *adj* Pekinger **II.** *m, f* Einwohner(in) *m(f)* Pekins

pela ['pela] *f* ❶ (*fam: dinero*): **me debes 1000 ~s** du schuldest mir 1000 Mäuse; **no me queda ni una sola ~** ich habe nicht einen müden Groschen mehr; **no me quedan más ~s** ich habe keine Knete mehr; **~ larga** Geld wie Heu ❷ (*estar pelando*) Schälen *nt*

pelada [pe'laða] *f* ❶ (*rapada*) (sehr kurzer) Haarschnitt *m* ❷ (*CSur: calva*) Glatze *f* ❸ (*Am: error*) Irrtum *m*

peladilla [pela'ðiʎa] *f* ❶ (*almendra*) Mandel mit Zuckerglasur ❷ (*guijarro*) Kieselstein *m*

pelado[1] [pe'laðo] *m* (*fam: pobretón*) armer Schlucker *m*

pelado, -a[2] [pe'laðo, -a] *adj* ❶ (*rapado*) kahl geschoren ❷ (*escueto*) einfach ❸ (*despojado*) kahl ❹ (*fam: números*) glatt; **esto vale las 5000 peladas** das kostet glatte 5000 ❺ (*Am: fam: sin dinero*) knapp bei Kasse

peladuras [pela'ðuras] *fpl* (*cáscaras*) Schalen *fpl*

pelagatos [pela'ɣatos] *m inv* (*fam*) armer Teufel *m*

pelaje [pe'laxe] *m* ❶ (*piel*) Fell *nt* ❷ (*pey: pinta*) Art *f*

pelambre [pe'lambre] *m o f* ❶ (*pelo*) Haare *ntpl;* (*de animales*) Fell *nt;* (*pelambrera*) Mähne *f* ❷ (*zona calva*) kahle Stelle *f* ❸ (*Am: habladurías*) Gerede *nt*

pelambrera [pelam'brera] *f* ❶ (*pelo*) Mähne *f* ❷ (*calvicie*) Kahlköpfigkeit *f*

pelandusca [pelaṇ'duska] *f* (*fam*) Nutte *f*

pelapatatas [pelapa'tatas] *m inv* Kartoffelschäler *m*

pelar [pe'lar] **I.** *vt* ❶ (*pelo*) schneiden; (*rapar*) scheren; (*plumas*) rupfen; (*frutas, verduras*) schälen; (*animales*) häuten ❷ (*murmurar*) lästern (*a* über +*akk*) ❸ (*ro-*

bar) bestehlen ❹ (*en el juego*) ausnehmen ❺ (*difícil*): **duro de ~** ein harter Brocken ❻ (*Am: argot: dar una paliza*) verprügeln ❼ (*And: argot: morir*): **~ la** ins Gras beißen **II.** *vi* (*fam*): **hace un frío que pela** es ist saukalt **III.** *vr:* **~ se** ❶ (*el pelo*) sich *dat* die Haare schneiden lassen; **ir a ~ se** zum Friseur gehen ❷ (*la piel*) sich schälen ❸ (*vulg: masturbarse*): **pelársela** sich *dat* einen runterholen ❹ (*fam: loc*): **corre que se las pela** er/sie rennt wie der Teufel; **pelárselas por algo** nach etw *dat* verrückt sein; **pelárselas por hacer algo** alles daransetzen, um etw tun zu können

pelaverduras [pelaβer'ðuras] *m inv* Gemüseschäler *m*

peldaño [pel'daɲo] *m* (Treppen)stufe *f;* (*escalera portátil*) Sprosse *f*

pelea [pe'lea] *f* ❶ (*en general*) Streit *m* ❷ (*lucha: personas*) Schlägerei *f;* (*animales*) Kampf *m* ❸ (*verbal*) Auseinandersetzung *f;* (*en matrimonio*) Ehekrach *m*

peleador(a) [pelea'ðor(a)] **I.** *adj* ❶ (*relativo a pelea*) Kampf- ❷ (*meterse con todos*) streitlustig **II.** *m(f)* ❶ (*que lucha*) Kämpfer(in) *m(f)* ❷ (*pendenciero*) Raufbold *m*

pelear [pele'ar] **I.** *vi* ❶ (*luchar*) kämpfen ❷ (*discutir*) streiten ❸ (*sufrir*) erdulden ❹ (*trabajar*) sich abmühen (*por* für +*akk*) ❺ (*afanarse*) sich bemühen (*con* um +*akk*) **II.** *vr:* ~ **se** ❶ (*en general*) sich streiten (*por* um +*akk*) ❷ (*con violencia*) sich prügeln (*por* um +*akk*) ❸ (*enemistarse*) sich zerstreiten

pelele [pe'lele] *m* ❶ (*muñeco*) (Stroh)puppe *f* ❷ (*de bebés*) Strampelanzug *m* ❸ (*fam: persona*) Hampelmann *m*

peleón[1] [pele'on] *m* (*fam: vino*) Fusel *m*

peleón, -ona[2] [pele'on, -ona] *adj* kampflustig

peletería [pelete'ria] *f* ❶ (*costura*) Kürschnerei *f;* (*venta*) Pelz(fach)geschäft *nt* ❷ (*AmC: zapatería*) Schuhgeschäft *nt*

peliagudo, -a [pelja'ɣuðo, -a] *adj* ❶ (*animal*) langhaarig ❷ (*complicado*) haarig; (*situación*) verzwickt

pelicano [peli'kano] *m,* **pelícano** [pe'likano] *m* Pelikan *m*

película [pe'likula] *f* Film *m;* **~ en blanco y negro** Schwarzweißfilm *m;* **de ~** außergewöhnlich; **como de ~** wie im Märchen; **un matrimonio como de ~** eine Bilderbuchehe; **poner en ~** verfilmen; **¡allá ~ s!** mach, was du willst!

peliculón [peliku'lon] *m* (*fam: película buena*) sehr guter Film *m;* (*larga y aburrida*) Schinken *m fig;* (*sentimental*)

Schnulze *f*

peligrar [peliˈɣrar] *vi* in Gefahr sein; ~ **de hacer algo** Gefahr laufen etw zu tun; **hacer** ~ gefährden

peligro [peˈliɣro] *m* Gefahr *f;* ~ **de incendio** Brandgefahr *f;* **puesta en** ~ Gefährdung *f;* **correr (un gran)** ~ in (großer) Gefahr sein; **correr** ~ **de hacer algo** Gefahr laufen etw zu tun; **estar en** ~ **de muerte** in Lebensgefahr sein; **fuera de** ~ außer Gefahr; **poner en** ~ gefährden; **poniendo en** ~ **su propia vida** unter Einsatz des eigenen Lebens

peligrosidad [peliɣrosiˈðaᵈ] *f* Gefährlichkeit *f;* **de alta** ~ hochgefährlich

peligroso, -a [peliˈɣroso, -a] *adj* gefährlich

pelillo [peˈliʎo] *m (fam: pequeñez)* Bagatelle *f;* **echar** ~**s a la mar** das Kriegsbeil begraben; **¡~s a la mar!** Schwamm drüber!; **no se para en** ~**s** er/sie hält sich nicht mit Kleinigkeiten auf

pelirrojo, -a [peliˈrroxo, -a] *adj* rothaarig

pella [ˈpeʎa] *f* ❶ *(masa)* Klumpen *m;* ~ **de algodón** Wattebausch *m* ❷ *(fam: dinero)* Batzen *m* Geld

pelleja [peˈʎexa] *f* ❶ *(de animal)* Fell *nt* ❷ *(fam: persona muy delgada)* Bohnenstange *f;* **ser una** ~ nur Haut und Knochen sein ❸ *(vulg: prostituta)* Nutte *f fam pey*

pellejo [peˈʎexo] *m* ❶ *(de animal)* Fell *nt* ❷ *(de persona)* Haut *f;* **arriesgarse el** ~ Kopf und Kragen riskieren; **para esto yo no daría mi** ~ dafür würde ich meinen Kopf nicht hinhalten; **si yo estuviera en tu** ~... ich an deiner Stelle ...; **no caber en su** ~ vor Stolz und Zufriedenheit platzen; **pagar con el** ~ mit dem Leben bezahlen; **perder el** ~ *(fig fam)* ins Gras beißen; **quitar el** ~ **a alguien** über jdn lästern; **salvar(se) el** ~ mit heiler Haut davonkommen; **no tener más que el** ~ nur (noch) Haut und Knochen sein ❸ *(odre)* Weinschlauch *m* ❹ *(fruta)* Haut *f;* *(salchicha)* Pelle *f* ❺ *(de las uñas)* Nagelhaut *f* ❻ *(fam: ebrio)* Trinker *m*

pellizcar [peʎiθˈkar] <c→qu> **I.** *vt* ❶ *(repizcar)* kneifen ❷ *(fam: pizcar algo)* abzwacken; *(comida)* naschen **II.** *vr:* ~**se** sich *dat* einklemmen

pellizco [peˈʎiθko] *m* ❶ *(pizco)* Kneifen *nt;* **dar un** ~ **a alguien** jdn kneifen ❷ *(poquito)* Stückchen *nt;* *(de sal)* Prise *f;* *(de tu bocadillo)* Bissen *m*

pelma [ˈpelma] *m (fam)*, **pelmazo** [pelˈmaθo] *m (fam: pesado)* Nervensäge *f*

pelo [ˈpelo] *m* ❶ *(cabello)* Haar *nt;* *(de animal)* Fell *nt;* *(de ave)* Flaum *m;* *(de barba)* Stoppel(n) *f(pl);* **tener el** ~ **rubio** blondes Haar haben; **tirar el** ~ *(perro)* haaren; **por un** ~ **te caes** *(fig)* um ein Haar wärst du heruntergefallen; **escaparse por un** ~ gerade noch entkommen; **agarrarse a un** ~ *(fig)* sich an jedem Strohhalm festklammern; **colgado de un** ~ *(fig)* am seidenen Faden hängend; **contar algo con** ~**s y señales** etw haarklein erzählen; **cortar un** ~ **en el aire** *(cuchillo)* sehr scharf sein; *(listo)* sehr scharfsinnig sein; **estar hasta los** ~**s** die Nase gestrichen voll haben; **no tener** ~**s en la lengua** kein Blatt vor den Mund nehmen; **no tocar un** ~ *(de la ropa)* **a alguien** jdm kein Haar krümmen; **soltarse el** ~ die Haare offen tragen; *(fig)* sagen, was Sache ist; **tomarle el** ~ **a alguien** jdn auf den Arm nehmen; **no tener (un)** ~ **de tonto** kein bisschen blöd sein ❷ *(vello, pelusa)* Härchen *ntpl;* *(de tela/plantas/un bebé)* Flaum *m;* *(de alfombra)* Flor *m* ❸ *(loc, fam):* **de** ~ betucht; **la gente de medio** ~ die kleinen Leute; **luce buen** ~ ihm/ihr geht es gut; **a** ~ *(la cabeza descubierta)* ohne Kopfbedeckung; *(sin prepararse)* unvorbereitet; **cabalgar a** ~ ohne Sattel reiten; **al** ~ genau; **todo irá al** ~ es wird alles glattgehen; **el traje ha quedado al** ~ der Anzug sitzt wie angegossen; **venir al** ~ sehr gelegen kommen; **sin venir al** ~ völlig unangebracht; **a contra** ~ ungelegen; **de** ~ en pecho mutig; **no se mueve ni un** ~ **de aire** es geht kein bisschen Wind; **no se te ve el** ~, **¿por dónde andas?** du lässt dich ja gar nicht mehr blicken, wo steckst du denn?

pelón, -ona [peˈlon, -ona] **I.** *adj* ❶ *(calvo)* glatzköpfig ❷ *(rapado)* kurz geschoren **II.** *m, f (fam: pobre)* armer Schlucker *m*

pelota¹ [peˈlota] *f* ❶ *(balón)* Ball *m;* **echar la** ~ **a alguien** *(fig)* jdm den schwarzen Peter zuspielen ❷ *(esfera, proyectil)* Kugel *f;* **devolver la** ~ **a alguien** *(argumentar)* den Spieß umdrehen; *(vengarse)* es jdm mit gleicher Münze heimzahlen; **la** ~ **sigue en el tejado** *(fig)* die Sache ist immer noch ungeklärt ❸ *(juego)* Pelota *f* ❹ *pl (vulg: testículos)* Eier *ntpl;* **y esto lo hago así porque me sale de las** ~**s** und das mache ich so, weil es mir passt *fam;* **¡fíjate, que tiene** ~**s!** Mensch, der/die hat aber Mumm! *fam;* **tocar las** ~**s** auf die Eier gehen ❺ *(argot: loc):* **de** ~ **s** geil; **en** ~**s** splitter(faser)nackt; **dejar a alguien en** ~**s** *(juego)* jdn völlig ausnehmen; *(ropa)* jdn völlig ausziehen; **pillar a alguien en** ~**s** *(fig)* jdn unvorbereitet antreffen; **hacer la** ~ **a alguien** bei jdm schleimen; **¡y esto es así, por** ~**s!** und das ist und bleibt so, basta!

pelota² [pe'lota] *m* (*fam*) Schleimer *m*

pelotazo [pelo'taθo] *m* ❶ (*con el pie*) (harter) Schuss *m*; (*tirando*) Wurf *m*; (*con la raqueta*) Schlag *m* ❷ (*argot: bebida*) harte Mischung *f*; **meterse un** ~ sich *dat* einen hinter die Binde gießen

pelotear [pelote'ar] **I.** *vi* ❶ (DEP) sich einspielen ❷ (*de un sitio al otro*) hin- und herwerfen (*con +akk*) **II.** *vt* (*cuentas*) vergleichen

peloteo [pelo'teo] *m* (DEP) Einspielen *nt*

pelotera [pelo'tera] *f* (*fam*) Auseinandersetzung *f*

pelotillero, -a [peloti'ʎero, -a] **I.** *adj* (*fam*) schleimig **II.** *m, f* (*fam*) Schleimer(in) *m(f)*

pelotón [pelo'ton] *m* ❶ (*enredo*) Wirrwarr *m* ❷ (*de gente*) Ansammlung *f*; (*en carreras*) Feld *nt*; (MIL) Trupp *m*

pelotudo, -a [pelo'tuðo, -a] **I.** *adj* (*CSur: vulg*) saublöd **II.** *m, f* (*CSur: vulg*) Vollidiot(in) *m(f)*

peluca [pe'luka] *f* Perücke *f*; **usar** ~ eine Perücke tragen

peluche [pe'luʧe] *m* ❶ (*tejido*) Plüsch *m* ❷ (*juguete*) Plüschtier *nt*; **oso** ~ Teddybär *m*

pelucón¹ [pelu'kon] *m* (*And: fam*) hohes Tier *nt*

pelucón, -ona² [pelu'kon, -ona] *adj* (*And: fam*) langhaarig

peludo, -a [pe'luðo, -a] *adj* ❶ (*peliagudo*) stark behaart; (*con una barba*) bärtig ❷ (*AmC: fam: difícil*) haarig

peluquería [peluke'ria] *f* Friseursalon *m*; ~ **de señoras/señores** Damen-/Herrensalon *m*; **ir a la** ~ zum Friseur gehen

peluquero, -a [pelu'kero, -a] *m, f* Friseur, -euse *m, f*

peluquín [pelu'kin] *m* Toupet *nt*; ¡**ni hablar del** ~! das kommt gar nicht in Frage!

pelusa [pe'lusa] *f*, **pelusilla** [pelu'siʎa] *f* ❶ (*vello*) Flaum *m*; (*tejido*) Flor *m* ❷ (*de polvo*) Staubfussel *f* ❸ (*fam: celos*) Eifersucht *f*; **sentir** ~ eifersüchtig sein ❹ (*envidia*) Neid *m*; **sentir** ~ neidisch sein

pélvico, -a [ˈpelβiko, -a] *adj* (ANAT) Becken-; **hueso** ~ Beckenknochen *m*

pelvis [ˈpelβis] *f inv* (ANAT) Becken *nt*

pena [ˈpena] *f* ❶ (*tristeza*) Kummer *m*; **ahogar las** ~**s** seinen Kummer ertränken ❷ (*lástima*): **ser una** ~ schade sein; ¡**qué** ~! schade!; **me da mucha** ~ **el gato** die Katze tut mir unwahrscheinlich leid; **me da mucha** ~ **el tener que verlo así** es tut mir in der Seele weh, ihn so sehen zu müssen ❸ (*sanción*) Strafe *f*; ~ **de cadena perpetua** lebenslange Haftstrafe; ~ **capital** Todesstrafe *f*; ~ **pecuniaria** Geldstrafe *f* ❹ (*dificultad*) Mühsal *f*; **pasar las** ~**s del purgatorio** die Hölle auf Erden durchmachen; **a duras** ~**s** mit Mühe und Not; (*apenas*) kaum; **sin** ~ **ni gloria** mittelmäßig; **valer la** ~ sich lohnen; ¡**allá** ~**s!** ist mir doch egal! ❺ (*Am: vergüenza*) Scham *f*; **tener** ~ sich schämen ❻ (*loc*): **so** ~ **que...** +*subj* es sei denn, ...

penable [pe'naβle] *adj* strafbar

penacho [pe'naʧo] *m* ❶ (*adorno, t. de aves*) Federbusch *m* ❷ (*fam: vanidad*) Hochmut *m*

penado, -a [pe'naðo, -a] **I.** *adj* ❶ (*triste*) betrübt ❷ (*difícil*) mühsam ❸ (*Am: tímido*) schüchtern **II.** *m, f* Sträfling *m*

penal [pe'nal] **I.** *adj* (JUR) Straf-; **antecedentes** ~**es** Vorstrafen *fpl* **II.** *m* ❶ (*prisión*) Gefängnis *nt* ❷ (*Am: falta*) Foul *nt* ❸ (*penalti*) Elfmeter *m*; (*en baloncesto*) Freiwurf *m*

penalidad [penali'ðað] *f* ❶ (*molestia*) Strapaze *f* ❷ (*sanción*) Strafe *f*

penalización [penaliθa'θjon] *f* Bestrafung *f*

penalizar [penali'θar] <*z→c*> *vt* bestrafen

penalti [pe'nalti] *m* <*penaltis*> ❶ (*falta*) Foul *nt*; **área de** ~**s** Strafraum *m* ❷ (*sanción*) Elfmeter *m*; (*en baloncesto*) Freiwurf *m*

ℹ **Land & Leute**

   casarse de penalti: Diese Metapher, die aus dem Fußballsport übernommen wurde – **penalti** heißt Elfmeter – bedeutet soviel wie heiraten müssen, weil die Frau schwanger ist. Im übertragenen Sinne ist also die Hochzeit die Strafe dafür, dass man im Strafraum der Gesellschaft gegen soziale Regeln verstoßen hat.

penar [pe'nar] **I.** *vt* ❶ (*castigar*) bestrafen ❷ (*prever la ley*) unter Strafe stellen **II.** *vi* ❶ (*padecer*) leiden; ~ **de amores** Liebeskummer haben ❷ (*ansiar*) sich sehnen (*por* nach +*dat*)

penca [ˈpeŋka] *f* ❶ (*hoja*) Blatt *nt* ❷ (*Am: borrachera*): **agarrarse una** ~ sich betrinken ❸ (*And: atractivo*): **una** ~ **de hombre/de mujer** ein Bild von einem Mann/ von einer Frau; **una** ~ **de casa** ein wunderschönes Haus

penco [ˈpeŋko] *m* ❶ (*jamelgo*) Klepper *m* ❷ (*And: fam: atractivo*): **un** ~ **de hombre/de mujer** ein Bild von einem Mann/

von einer Frau ❸ (*fam: holgazán*) Faulpelz
m; (*inútil*) Nichtsnutz *m;* (*torpe*) Tollpatsch *m*

pendejo¹ [peɲˈdexo] *m* (*fam*) ❶ (*del
pubis*) Schamhaar *nt* ❷ (*cobarde*) Angsthase *m* ❸ (*imbécil*) Idiot *m*

pendejo, -a² [peɲˈdexo, -a] I. *adj* (*fam*)
❶ (*Am: necio*) dumm, einfältig ❷ (*cobarde*) feige ❸ (*And: listo*) schlau, gewitzt
II. *m, f* (*sabelotodo*) Besserwisser(in)
m(f), Neunmalkluge(r) *mf*

pendencia [peɲˈdenθja] *f* Streit *m;* **armar
~** Streit anfangen

pendenciero, -a [peɲˈdenˈθjero, -a] *adj*
streitsüchtig

pender [peɲˈder] *vi* ❶ (*colgar*) hängen
(*de/en* an +*dat*); (*cernerse*) schweben
(*sobre* über +*dat*) ❷ (JUR) abhängen (*ante*
von +*dat*)

pendiente¹ [peɲˈdjente] I. *adj* ❶ (*hacia
arriba*) steigend; (*hacia abajo*) fallend
❷ (*problema, asunto, cuenta*) offen; (*trabajo, pedido*) unerledigt; **una cuenta ~
de pago** eine fällige Rechnung; **quedar ~
una asignatura** ein Fach nicht bestehen
❸ (*fam: ocuparse*): **voy a salir un
momento, mientras, estate ~ del arroz**
ich gehe mal kurz hinaus, pass solange auf
den Reis auf; **¡tú estate ~ de lo tuyo!**
kümmere du dich um deine Angelegenheiten!; **estar ~ de los labios de alguien**
(*estar atento*) an jds Lippen hängen; **de
momento, sólo estoy ~ de si me conce-
den la beca o no** im Augenblick beschäftigt mich nur, ob ich das Stipendium
bekomme oder nicht ❹ (*depender*): **estamos ~s de lo que digan nuestros
padres** wir müssen erst abwarten, was
unsere Eltern entscheiden II. *m* (*de oreja*)
Ohrring *m;* (*de nariz*) Nasenring *m*

pendiente² [peɲˈdjente] *f* ❶ (*cuesta*)
Abhang *m;* **de mucha ~** sehr steil ❷ (*del
tejado*) Neigung *f*

péndola [ˈpeɲdola] *f* ❶ (*de reloj*) Pendel *nt*
❷ (*reloj*) Penduluhr *f*

pendón [peɲˈdon] *m* (*estandarte*) Banner
nt

pendular [peɲduˈlar] *adj* Pendel-

péndulo [ˈpeɲdulo] *m* Pendel *nt*

pene [ˈpene] *m* Penis *m*

penetrabilidad [penetraβiliˈðað] *f* Durch-
dringungsvermögen *nt*

penetración [penetraˈθjon] *f* ❶ (*acción*)
Durchdringung *f* ❷ (*comprensión*) Auffassungsgabe *f;* (*inteligencia*) Scharfsinn *m*

penetrante [peneˈtrante] *adj* ❶ (*profundo*)
tief gehend; (*dolor*) stark ❷ (*frío*) beißend;
(*hedor*) penetrant

penetrar [peneˈtrar] I. *vi* eindringen (*en/
entre/por* in +*akk*) II. *vt* ❶ (*luz, sonido,
proyectil*) durchdringen; (*mirada*) durchbohren ❷ (*entender*) verstehen; **~ un
misterio** hinter ein Geheimnis kommen;
~ una intención eine Absicht erkennen;
~ los pensamientos de alguien jds
Gedanken lesen III. *vr:* **~se** sich *dat*
bewusst werden (*de* über +*akk*)

penicilina [peniθiˈlina] *f* Penizillin *nt*

península [peˈninsula] *f* Halbinsel *f*

peninsular [peninsuˈlar] *adj* Halbinsel-; **las
costas ~es** die Küsten der Halbinsel

penique [peˈnike] *m* Penny *m*

penitencia [peniˈtenθja] *f* ❶ (*pena*) Sühne
f; **imponer una ~ a alguien** jdm eine
Strafe auferlegen ❷ (REL) Buße *f;* **hacer ~**
Buße tun ❸ (*arrepentimiento*) Reue *f*

penitenciaría [penitenθjaˈria] *f* Strafanstalt *f*

penitenciario, -a [peniteɲˈθjarjo, -a] *adj*
❶ (*relativo a la penitenciaría*) Gefängnis-
❷ (*relativo a la penitencia*) Straf-

penitente [peniˈtente] I. *adj* reuig II. *mf*
(REL) Büßer(in) *m;* (*que se confiesa*) Beich-
tende(r) *mf*

penoso, -a [peˈnoso, -a] *adj* ❶ (*arduo*) heikel ❷ (*dificultoso*) mühselig ❸ (*con pena*)
traurig ❹ (*Am: vergonzoso*) scheu

pensado, -a [penˈsaðo, -a] *adj* ❶ (*reflexionado*) überdacht; **esto está poco ~** das ist
nicht wohl überlegt; **lo tengo bien ~** ich
habe mir das genau überlegt; **tener ~
hacer algo** vorhaben etw zu tun; **el día
menos ~ volverá** wenn man es am
wenigsten erwartet, wird er/sie zurückkommen ❷ (*persona*): **ser un mal ~**
immer gleich das Schlimmste vermuten

pensador(a) [pensaˈðor(a)] I. *adj* denkend,
überlegend II. *m(f)* Denker(in) *m(f)*

pensamiento [pensaˈmjento] *m* ❶ (*acción*) (Nach)denken *nt* ❷ (*idea*) Idee *f;*
(*intención*) Absicht *f* ❸ (*objeto*) Gedanke

m; **ya el ~ solo me da risa** schon beim bloßen Gedanken daran muss ich lachen ❹ (*mente*) Sinn *m;* **tengo un problema en el ~** ein Gedanke beschäftigt mich; **¿cuándo te vino esa idea al ~?** wann fiel dir das ein? ❺ (*apotegma*) Maxime *f* ❻ (*contenido*) Thema *nt* ❼ (BOT) Stiefmütterchen *nt*

pensar [pen'sar] <e→ie> I. *vi, vt* ❶ (*proyectar algo en la mente*) denken (*en* an +*akk*); (*considerar*) bedenken; **todo pasa cuando menos se piensa** (**en ello**) alles geschieht, wenn man am wenigsten damit rechnet; **¡ni ~lo!** nicht im Traum!; **¡no quiero ni ~lo!** nicht auszudenken! ❷ (*reflexionar*) nachdenken; **nos dio mucho que ~ que no hubiera regresado aún** es gab uns zu denken, dass er/sie noch nicht zurück war; **esto es algo para ~lo bien** das ist etwas, was gut überdacht sein muss; **lo hicimos sin ~lo** wir taten es, ohne zu überlegen; **sin ~lo me dió una bofetada** und plötzlich gab er/sie mir eine Ohrfeige; **pensándolo bien** bei genauerer Betrachtung ❸ (*concluir*) beschließen II. *vi* (*opinar*) denken; (*suponer*) annehmen; (*imaginarse*) sich *dat* denken können; **pienso que deberíamos irnos** ich denke wir sollten gehen; **~ muy mal de alguien** eine schlechte Meinung von jdm haben III. *vt* ❶ (*intención*) vorhaben; **pensábamos venir este fin de semana** wir wollten dieses Wochenende kommen; **lo pensó mejor y no lo hizo** er/sie besann sich eines Besseren und tat es nicht ❷ (*inventar, tramar*) sich *dat* ausdenken

pensativo, -a [pensa'tiβo, -a] *adj* nachdenklich

pensión [pen'sjon] *f* ❶ (*paga*) (Alters)rente *f;* **~ recibida de la empresa** Betriebsrente *f;* **~ de viudez** Witwenrente *f;* **aún no cobra la ~** (*no recibe la paga*) er/sie bekommt noch keine Rente bezahlt; (*no tiene la edad*) er/sie ist noch nicht in Rente ❷ (*para huéspedes*) Pension *f* ❸ (*precio por alojamiento*) Kostgeld *nt;* **~ completa** Vollpension *f*

pensionado¹ [pensjo'naðo] *m* (ENS) Internat *nt*

pensionado, -a² [pensjo'naðo, -a] *m, f* (*jubilado*) Rentner(in) *m(f)*

pensionar [pensjo'nar] *vt* pensionieren

pensionista [pensjo'nista] *mf* ❶ (*jubilado*) Rentner(in) *m(f)* ❷ (*huésped*) Pensionsgast *m* ❸ (*alumno*) Internatsschüler(in) *m(f)*

pentagonal [pentaɣo'nal] *adj* fünfeckig

pentágono [pen'taɣono] *m* Fünfeck *nt*

pentagrama [penta'ɣrama] *m* Notenlinien *fpl*

pentámetro [pen'tametro] *m* (LIT) Pentameter *m*

pentatlón [penta^ðlon] *m* Fünfkampf *m*

Pentecostés [pentekos'tes] *m* (REL) ❶ (*cristiano*) Pfingsten *nt;* **Pascua de ~** Pfingstsonntag *m* ❷ (*judío*) Passah(fest) *nt*

penúltimo, -a [pe'nultimo, -a] *adj* vorletzte(r, s)

penumbra [pe'numbra] *f* Halbdunkel *nt;* (ASTR) Halbschatten *m*

penuria [pe'nurja] *f* ❶ (*escasez*) Mangel *m;* (FIN) Geldmangel *m;* **pasar muchas ~s** viel durchmachen ❷ (*pobreza*) Armut *f*

peña [ˈpeɲa] *f* ❶ (*roca*) Fels(en) *m* ❷ (*grupo*) Zirkel *m;* (*de aficionados*) Fanklub *m;* (*tertulia*) Stammtisch *m;* (*de jóvenes*) Clique *f*

peñasco [pe'nasko] *m* (*peña*) Felsblock *m*

peñascoso, -a [peɲas'koso, -a] *adj* felsig

peñón [pe'non] *m* ❶ (*peñasco*) Felsblock *m;* **el P~** Gibraltar *nt* ❷ (*monte*) Felsengebirge *nt*

peón [pe'on] *m* ❶ (*obrero*) Hilfsarbeiter *m;* (*jornalero*) Tagelöhner *m;* (AGR) Landarbeiter *m;* (*Méx: aprendiz*) Lehrling *m* ❷ (*en juegos*) Stein *m;* **~ de ajedrez** Bauer *m* ❸ (*juguete*) Brummkreisel *m*

peonza [pe'onθa] *f* (*juguete*) Kreisel *m*

peor [pe'or] *adv o adj compar de* **mal**(**o**) (*calidad*) schlechter; (*condición*) schlimmer; **en matemáticas soy ~ que tú** in Mathematik bin ich schlechter als du; **el ~ de la clase** der Schlechteste in der Klasse; **el pequeño es el ~ de los dos** der Kleine ist der Schlimmere von beiden; **y verás, será ~ aún** und du wirst sehen, es kommt noch schlimmer; **el ~ día, verás como te hablará** wenn du es am wenigsten erwartest, wird er/sie dich ansprechen; **en el ~ de los casos** schlimmstenfalls; **pero lo ~ de todo fue...** aber das Allerschlimmste war ...; **vas de mal en ~** es wird immer schlimmer mit dir; **~ es nada** besser als gar nichts

pepa [ˈpepa] *f* ❶ (*Am: pepita*) Kern *m* ❷ (*And: mentira*) Lügengeschichte *f*

Pepa [ˈpepa] *f* (*fam*): **¡viva la ~!** (*indiferencia*) mir ist das piepegal; (*regocijo*) Hurra!

Pepe [ˈpepe] *m:* **ponerse como un ~** (*argot*) es sich *dat* supergut gehen lassen; **ver menos que ~ Leches** (*argot*) blind wie ein Maulwurf sein

pepinillo [pepi'niʎo] *m* Essiggurke *f*

pepino [pe'pino] *m* ❶ (*para ensaladas*) Gurke *f;* **eso me importa un ~** (*fam*) das ist mir total egal ❷ (*melón*) unreife Honigmelone *f*

pepita [pe'pita] *f* (BOT) Kern *m*

pepsina [peβ'sina] *f* Pepsin *nt*

pequeñajo, -a [pekeɲaxo, -a] **I.** *adj* (*fam*) klein **II.** *m, f* (*fam*) Kleine(r) *mf*

pequeñez [pekeɲeθ] *f* ❶ (*tamaño*) Kleinheit *f* ❷ (*minucia*) Kleinigkeit *f*

pequeño, -a [pe'keɲo, -a] **I.** *adj* klein; (*cuento, falda*) kurz; **es la misma casa, sólo que en pequeña** das ist das gleiche Haus, nur kleiner; **ya desde ~ solía venir a este sitio** schon als ich klein war, kam ich hierher **II.** *m, f* Kleine(r) *mf*

pequeñoburgués, -esa [pekeɲoβur'ɣes, -esa] **I.** *adj* kleinbürgerlich **II.** *m, f* Kleinbürger(in) *m(f)*

pequinés¹ [peki'nes] *m* (ZOOL) Pekinese *m*

pequinés, -esa² [peki'nes, -esa] **I.** *adj* Pekinger **II.** *m, f* Pekinger(in) *m(f)*

pera ['pera] **I.** *adj* schick; **restaurante ~** Nobelrestaurant *nt;* **niño ~** *Kind aus einer besseren Familie* **II.** *f* ❶ (BOT) Birne *f;* **pedir ~s al olmo** das Unmögliche verlangen; **eso es la ~** das ist der Gipfel; **poner a alguien las ~s a cuarto** jdn zurechtweisen ❷ (*barba*) Ziegenbart *m* ❸ (TÉC): **~ de goma** Handblasebalg *m* ❹ (*vulg: loc*): **hacerse una ~** sich *dat* einen runterholen; **tocarse la ~** Däumchen drehen *fam*

peral [pe'ral] *m* Birnbaum *m*

peralte [pe'ralte] *m* (TÉC) Überhöhung *f*

perca ['perka] *f* Barsch *m*

percance [per'kanθe] *m* (*contratiempo*) Zwischenfall *m;* (*por culpa propia*) Missgeschick *nt;* (*de plan / proyecto*) (Rück)-schlag *m*

per cápita [per 'kapita] *adv* pro Kopf; **consumo ~** Pro-Kopf-Verbrauch *m*

percatación [perkata'θjon] *f* Bewusstwerdung *f*

percatarse [perka'tarse] *vr* (*darse cuenta*) merken (*de + akk*); (*comprender*) verstehen (*de + akk*)

percebe [per'θeβe] *m* ❶ (ZOOL: *crustáceo*) essbare Entenmuschel ❷ (*fam: tonto*) Dummkopf *m*

percepción [perθeβ'θjon] *f* ❶ (*acción*) Wahrnehmung *f* ❷ (*idea*) Gedanke *m;* (*impresión*) Eindruck *m* ❸ (FIN) Erhebung *f*

perceptibilidad [perθeptiβili'ðað] *f* ❶ (*cualidad*) Wahrnehmbarkeit *f* ❷ (*capacidad*) Wahrnehmungsfähigkeit *f*

perceptible [perθep'tiβle] *adj* ❶ (*que puede comprenderse*) fassbar ❷ (FIN) einziehbar

perceptivo, -a [perθep'tiβo, -a] *adj* perzeptorisch

perceptor(a) [perθep'tor(a)] *m(f)* Bezieher(in) *m(f)*

percha ['pertʃa] *f* ❶ (*en el armario*) Kleiderbügel *m* ❷ (*perchero*) Garderobenständer *m;* (*en la tienda*) Kleiderständer *m;* **vestido de ~** Kleid von der Stange ❸ (*AmC: chaqueta*) Sakko *nt* ❹ (*argot: tipo*) Körperbau *m*

perchero [per'tʃero] *m* Garderobe *f;* **~ (de pared)** Garderobenhaken *m;* **~ (de pie)** Garderobenständer *m*

percibir [perθi'βir] *vt* ❶ (*notar*) wahrnehmen ❷ (*darse cuenta*) sehen ❸ (*comprender*) verstehen ❹ (*cobrar*) beziehen

percusión [perku'sjon] *f* ❶ (*golpeo*) Erschütterung *f* ❷ (TÉC) Schlag *m;* **barra de ~** Brecheisen *nt* ❸ (*al examinar*) Abklopfen *nt* ❹ (MÚS) Percussion *f;* **instrumento de ~** Schlaginstrument *nt*

percusionista [perkusjo'nista] *mf* (*de bongos, congas*) Perkussionist(in) *m(f);* (*de batería*) Schlagzeuger(in) *m(f)*

percusor [perku'sor] *m* Schlagbolzen *m*

percutir [perku'tir] *vt* ❶ (TÉC) schlagen ❷ (MED: *examinar*) abklopfen

percutor [perku'tor] *m* v. percusor

perdedor(a) [perðe'ðor(a)] **I.** *adj* Verlierer- **II.** *m(f)* Verlierer(in) *m(f)*

perder [per'ðer] <e→ie> **I.** *vt* ❶ (*en general*) verlieren; **~ la cuenta** sich verrechnen; **ayúdame a buscar mis gafas, que las he perdido** hilf mir mal suchen, ich habe meine Brille verlegt; **~ terreno** (*fig*) den Anschluss verlieren ❷ (*malgastar*) vergeuden ❸ (*no aprovechar*): **si llego tarde al espectáculo pierdo la entrada** wenn ich zu spät zur Veranstaltung komme, wird meine Eintrittskarte ungültig ❹ (*peso*) abnehmen; (*costumbre*) ablegen ❺ (*oportunidad, tren*) verpassen ❻ (*ocasionar daños*) zerstören; **el fuego perdió todo el edificio** das Feuer legte das ganze Gebäude in Schutt und Asche; **esa equivocación nos perdió** dieser Fehler wurde uns zum Verhängnis; **el juego le ~á** das Spiel wird ihn noch ins Unglück stürzen; **el régimen lo llevo muy bien, lo que me pierde es ver comer a los demás** die Diät halte ich sehr gut ein, ich werde nur schwach, wenn ich andere essen sehe ❼ (ENS: *suspender*): **~ el curso** das Schuljahr wiederholen müssen **II.** *vi* ❶ (*en general*) verlieren; **Portugal perdió por 1 a 2 frente a Italia** Portugal verlor 1 zu 2 gegen Italien; **tener buen ~** ein guter Verlierer sein; **vas a salir perdiendo** du wirst am Ende den Kürzeren ziehen; **tener todas las de ~** keine guten Karten haben;

lo echó todo a ~ er/sie verlor alles; **la comida se quemó y todo se echó a ~** das Essen verbrannte und es war nichts mehr zu retten; **cómete esos plátanos que sino se echan a ~** iss diese Bananen, sonst werden sie schlecht ➋ (*decaer*) einbüßen (*en* an +*dat*); **por mi profesión he perdido mucho en salud** durch meinen Beruf habe ich meine Gesundheit vernachlässigt ➌ (*desteñir*) abfärben III. *vr:* ~**se** ➊ (*extraviarse*) abhanden kommen; **¿qué se le habrá perdido por allí?** (*fig*) was hat er/sie dort bloß verloren? ➋ (*por el camino*) sich verlaufen (*en/por* in +*dat*) ➌ (*bailando*) aus dem Takt kommen; (*leyendo*) in den Zeilen verrutschen; ~**se en palabrerías complicadas** (*hablando*) sich in wilden Verstrickungen verlieren ➍ (*desaparecer*) verschwinden ➎ (*arruinarse*) sich ruinieren (*por* mit +*dat*) ➏ (*desperdiciarse*) verloren gehen; **se pierde mucha agua por falta de conciencia ecológica** aus mangelndem Umweltbewusstsein wird viel Wasser verschwendet ➐ (*ocasión*) verpassen; **si no te vienes, tú te lo pierdes** wenn du nicht mitkommst, bist du selbst schuld ➑ (*extingirse*) aussterben; **poco a poco la minifalda se va perdiendo** der Minirock wird immer weniger getragen ➒ (*exceso*) (ganz) verrückt sein (*por* nach +*dat*)

perdición [perði'θjon] *f* ➊ (*acción, daño*) Verlust *m* ➋ (*moral*) Ruin *m*

pérdida ['perðiða] *f* Verlust *m;* ~ **de cabellos** Haarausfall *m;* ~ **de conciencia** Bewusstlosigkeit *f;* ~ **por fricción** Reibungsverlust *m;* **esto es una** ~ **de tiempo** das ist reine Zeitverschwendung; **es fácil de encontrar, no tiene** ~ es ist leicht zu finden, man kann es gar nicht verfehlen; **el edificio ha sufrido** ~**s enormes después del incendio** das Gebäude hat nach dem Brand erhebliche Schäden erlitten; **el coche tiene una leve** ~ **de aceite** der Öltank des Autos leckt leicht

perdidamente [perðiða'mente] *adv* ➊ (*inútilmente*) umsonst ➋ (*con exceso*): **estar** ~ **enamorado** bis über beide Ohren verliebt sein

perdido, -a [per'ðiðo, -a] I. *adj* ➊ (*que no se encuentra*) verloren; **dar a alguien por** ~ jdn für vermisst erklären; **dar algo por** ~ die Suche nach etw *dat* aufgeben; (*fig*) etw für verloren geben; **estar** ~ in einer ausweglosen Lage sein ➋ (*vicioso, sin salida*) hoffnungslos; **estar loco** ~ (*fam*) vollkommen verrückt sein ➌ (*loc, fam: manchar*): **poner algo** ~ etw ganz dreckig machen;

ponerse ~ **de pintura** sich mit Farbe voll schmieren II. *m, f* ➊ (*fam: vago*) Taugenichts *m;* (*pobre*) armer Hund *m* ➋ (*libertino*) Windhund *m* ➌ (*fam*): **hacerse el** ~ sich rar machen

perdiz [per'ðiθ] *f* Rebhuhn *nt;* **ni todos los días** ~**, ni todos los días Beatriz** nur nicht übertreiben; **... y fueron felices y comieron perdices.** ... und wenn sie nicht gestorben sind, dann leben sie noch heute.

perdón [per'ðon] *m* ➊ (*absolución*) Verzeihung *f;* (*de pecados*) Vergebung *f* ➋ (*indulto*) Begnadigung *f;* (*gracia*) Gnade *f* ➌ (*disculpa*): **¡~!** Entschuldigung!; **¿~?** (wie) bitte?; ~**se** ~**!** Verzeihung, darf ich?; **no cabe** ~ es ist unentschuldbar; **pedir** ~ **a alguien** jdn um Verzeihung bitten; **y os tengo que decir, con** ~ **de la mesa, que esto es una porquería** und ich muss euch sagen, bitte verzeiht mir den Ausdruck bei Tisch, dass das hier eine Schweinerei ist

perdonable [perðo'naβle] *adj* verzeihlich

perdonar [perðo'nar] *vt* ➊ (*ofensa*) verzeihen; (*pecado*) vergeben; (*pena, deuda*) erlassen; **no te perdono** ich verzeihe dir nicht; **perdona que te interrumpa** entschuldige, dass ich dich unterbreche; **perdona, ¿puedo pasar?** Entschuldigung, darf ich durch?; **perdona pero estás equivocado** es tut mir leid, aber ich glaube, du irrst dich ➋ (*obligación*) befreien (von +*dat*); **te perdono los 10 euros** ich schenke dir die 10 Euro; **les he perdonado la tarde a mis empleados** ich habe meinen Angestellten den Nachmittag freigegeben ➌ (*loc*): **no perdono ningún esfuerzo** ich scheue keine Mühe; **no perdono ningún medio** ich lasse kein Mittel unversucht; **la guerra no perdona a nadie** der Krieg verschont niemanden

perdulario, -a [perðu'larjo, -a] I. *adj* ➊ (*descuidado*) schlampig ➋ (*vicioso*) lasterhaft II. *m, f* Taugenichts *m*

perdurabilidad [perðuraβili'ðað] *f* ➊ (*durabilidad*) Dauerhaftigkeit *f* ➋ (*eternidad*) Ewigkeit *f*

perdurable [perðu'raβle] *adj* ➊ (*duradero*) dauerhaft ➋ (*eterno*) ewig; **las** ~**s obras de reparación del puente** die unendlich langen Reparaturarbeiten an der Brücke

perdurar [perðu'rar] *vi* ➊ (*todavía*) anhalten ➋ (*indefinidamente*) Bestand haben; **su recuerdo** ~**á para siempre entre nosotros** er/sie wird uns für immer in Erinnerung bleiben

perecedero, -a [pereθe'ðero, -a] *adj* ➊ (*pa-*

sajero) vergänglich ❷ (*alimento*) leicht verderblich

perecederos [pereθe'ðeros] *mpl* leicht verderbliche Waren *fpl*

perecer [pere'θer] *irr como crecer* **I.** *vi* ❶ (*morir*) sterben; (*en accidente/la guerra*) ums Leben kommen; ~ **de sed** verdursten ❷ (*daño, sufrimiento*) leiden (*de*+*akk*) **II.** *vr:* ~ **se** sich sehnen (*por* nach +*dat*)

peregrinación [pereγrina'θjon] *f*, **peregrinaje** [pereγri'naxe] *m* Wallfahrt *f;* **ir en** ~ pilgern

peregrinar [pereγri'nar] *vi* ❶ (REL) pilgern ❷ (*viajar: a pie*) (herum)wandern; (*con vehículo*) (herum)reisen; **para matricularme tuve que** ~ **por ciento de oficinas** für meine Immatrikultion musste ich einen Marsch durch hunderte von Büros auf mich nehmen

peregrino, -a [pere'γrino, -a] **I.** *adj* ❶ (*extraño*) fremd ❷ (*raro*) seltsam ❸ (*extraordinario*) außerordentlich **II.** *m, f* Pilger(in) *m(f)*

perejil [pere'xil] *m* ❶ (BOT) Petersilie *f* ❷ *pl* (*adornos*) Flitter *m*

perenne [pe'renne] *adj* ❶ (*perpetuo*) ewig; (BOT) immergrün ❷ (*constante*) ständig; **ser de** ~ **buen humor** immer gut gelaunt sein

perennidad [pereⁿni'ðaᵈ] *f* ❶ (*perpetuidad*) Ewigkeit *f* ❷ (*constancia*) Beständigkeit *f*

perentoriedad [pereⁿtorje'ðaᵈ] *f* ❶ (*urgencia*) Dringlichkeit *f* ❷ (*de decisión*) Beständigkeit *f*

perentorio, -a [pereⁿ'torjo, -a] *adj* ❶ (*urgente*) dringlich ❷ (*pago*) fällig ❸ (*decisión*) endgültig; **plazo** ~ Ausschlussfrist *f*

pereza [pe'reθa] *f* ❶ (*gandulería*) Faulheit *f* ❷ (*de movimientos*) Trägheit *f;* **me dio** ~ **ir y me quedé en casa** ich hatte keine Lust zu gehen und blieb zu Hause

perezoso, -a [pere'θoso, -a] *adj* ❶ (*gandul*) faul ❷ (*movimiento*) träge ❸ (*loc*): **y ni corto ni** ~ **me soltó un sopapo** und ohne lange darüber nachzudenken, verpasste er/sie mir eine Ohrfeige

perfección [perfeⱼ'θjon] *f* Vollkommenheit *f;* **estilo de gran** ~ vollendeter Stil; **hacer algo a la** ~ etw perfekt tun

perfeccionamiento [perfeⱼθjona'mjeⁿto] *m* Vervollkommnung *f;* (*de técnica, sistema*) Perfektionierung *f geh;* (*profesional*) Fortbildung *f*

perfeccionar [perfeⱼθjo'nar] *vt* vervollkommnen; (*de técnica, sistema*) perfektionieren

perfeccionismo [perfeⱼθjo'nismo] *m sin pl* Perfektionismus *m*

perfeccionista [perfeⱼθjo'nista] **I.** *adj* perfektionistisch **II.** *mf* Perfektionist(in) *m(f)*

perfectamente [perfekta'meⁿte] *adv:* **sabes ~ que...** du weißt ganz genau, dass ...; **te entiendo** ~ ich verstehe dich voll und ganz; **es** ~ **comprensible** es ist völlig verständlich; **¡~!** in Ordnung!

perfecto¹ [per'fekto] *m* (LING) Perfekt *nt*

perfecto, -a² [per'fekto, -a] *adj* ❶ *ser* perfekt; (*obra, belleza, harmonía*) vollkommen; (*ideal*) ideal; **nadie es** ~ nobody is perfect; **habla un alemán** ~ er/sie spricht perfekt Deutsch; **un** ~ **caballero** ein vollendeter Kavalier; **eres un** ~ **idiota** du bist ein Vollidiot ❷ *estar* einwandfrei ❸ (LING): **pretérito** ~ Perfekt *nt*

perfidia [per'fiðja] *f* ❶ (*deslealtad*) Treulosigkeit *f* ❷ (*traición*) Verrat *m*

pérfido, -a [perfiðo, -a] *adj* ❶ (*desleal*) treulos ❷ (*traidor*) verräterisch

perfil [per'fil] *m* ❶ (*de cara, t.* TÉC) Profil *nt;* ~ **genético** genetisches Profil; **de** ~ im Profil ❷ (*contorno*) Umriss *m* ❸ (*de personalidad/doctrina*) Grundzug *m;* **el** ~ **del candidato** das Anforderungsprofil des Bewerbers

perfilar [perfi'lar] **I.** *vt* ❶ (*retocar*) abrunden ❷ (*sacar perfil*) die Umrisse skizzieren +*gen;* (TÉC) profilieren **II.** *vr:* ~ **se** ❶ (*ponerse de perfil*) sich im Profil zeigen ❷ (*distinguirse*) sich abzeichnen ❸ (*fam: aderezarse*) sich herausputzen

perforación [perfora'θjon] *f* ❶ (*con máquina*) (Durch)bohrung *nt;* (*de oreja*) Durchstechen *nt;* (*de otras partes del cuerpo*) Piercing *nt;* (*de papel*) Lochung *f;* (*con muchos agujeros*) Durchlöcherung *f* ❷ (*agujeros, línea*) Perforation *f*

perforar [perfo'rar] *vt* (*con máquina*) (durch)bohren; (*oreja*) durchstechen; (*papel*) lochen; (*con muchos agujeros*) durchlöchern; (*para decorar/para arrancar*) perforieren

perfumado, -a [perfu'maðo, -a] *adj* parfümiert

perfumador [perfuma'ðor] *m* (*utensilio*) Parfümzerstäuber *m*

perfumar [perfu'mar] **I.** *vt* parfümieren; **las flores perfuman la habitación** der Blumenduft erfüllt das Zimmer **II.** *vi* duften

perfume [per'fume] *m* ❶ (*sustancia*) Parfüm *nt* ❷ (*olor*) Duft *m*

perfumería [perfume'ria] *f* ❶ (*tienda*) Parfümerie *f* ❷ (*productos*) Parfümartikel *mpl*

perfumista [perfu'mista] *mf* ❶ (*fabricante*) Parfümeur(in) *m(f)* ❷ (*vendedor*) Parfümhändler(in) *m(f)*

pergamino [perɣa'mino] *m* Pergament *nt;* **libro (con encuadernación) en ~** Pergamentband *m;* **familia de ~s** Familie adliger Herkunft

pergeñar [perxe'ɲar] *vt (fam)* skizzieren

pérgola ['perɣola] *f* Pergola *f*

pericardio [peri'karðjo] *m* (ANAT) Herzbeutel *m*

pericia [pe'riθja] *f* ❶ *(habilidad)* Geschick *nt* ❷ *(práctica)* Erfahrung *f*

pericial [peri'θjal] *adj* sachkundig; **informe ~** Sachverständigengutachten *nt*

perico [pe'riko] *m* ❶ (ZOOL) Sittich *m* ❷ *(orinal)* Nachttopf *m* ❸ *(espárrago)* (großer) Spargel *m* ❹ *(argot)* Koks *m*

periferia [peri'ferja] *f* Peripherie *f; (de ciudad)* Stadtrand *m*

perifollo [peri'foʎo] *m* ❶ (BOT) Kerbel *m* ❷ *(fam: adornos)* Flitter *m*

perífrasis [pe'rifrasis] *f inv* Umschreibung *f*

perifrástico, -a [peri'frastiko, -a] *adj* umschreibend

perilla [pe'riʎa] *f* ❶ *(barba)* Kinnbart *m* ❷ *(loc):* **esto viene de ~s** das kommt wie gerufen

perillán, -ana [peri'ʎan, -ana] *m, f* ❶ *(niño)* Frechdachs *m* ❷ *(adulto)* Schlitzohr *nt*

perímetro [pe'rimetro] *m* (MAT) Umfang *m*

perineo [peri'neo] *m* (ANAT) Damm *m*

perinola [peri'nola] *f (peonza)* Kreisel *m*

periodicidad [perjoðiθi'ðað] *f* Regelmäßigkeit *f*

periódico¹ [pe'rjoðiko] *m (diario)* Zeitung *f*

periódico, -a² [pe'rjoðiko, -a] *adj* regelmäßig; **sistema ~** (QUÍM) Periodensystem *nt*

periodismo [perjo'ðismo] *m* ❶ *(profesión)* Journalismus *m* ❷ *(estudios)* Journalistik *f*

periodista [perjo'ðista] *mf* Journalist(in) *m(f)*

periodístico, -a [perjo'ðistiko, -a] *adj* ❶ *(de los periodistas)* journalistisch ❷ *(de los periódicos)* Zeitungs-; **reportaje ~** Zeitungsbericht *m*

periodización [perjoðiθa'θjon] *f* Periodisierung *f*

periodo [pe'rjoðo] *m,* **período** [pe'rioðo] *m* ❶ *(tiempo)* Zeitraum *m; ~* **de doble circulación** Doppelwährungsphase *f; ~* **productivo** Lebensarbeitszeit *f; ~* **de prueba** Probezeit *f; ~* **transitorio** [*o* **de transición**] Übergangszeit *f* ❷ *(época)* Zeit *f; ~* **álgido** Höhepunkt *m; ~* **glacial** Eiszeit *f* ❸ *(menstruación, t.* MAT, FÍS, GEO) Periode *f*

periostio [pe'rjostjo] *m* (ANAT) Knochenhaut *f*

peripatético, -a [peripa'tetiko, -a] **I.** *adj* (FILOS) peripatetisch **II.** *m, f* (FILOS) Peripatetiker(in) *m(f)*

peripecia [peri'peθja] *f (incidente)* Zwischenfall *m;* **ha pasado por muchas ~s en esta vida** er/sie hat in seinem/ihrem Leben schon viele Auf und Abs durchlebt

peripuesto, -a [peri'pwesto, -a] *adj (fam)* geschniegelt

periquete [peri'kete] *m:* **esto lo hago yo en un ~** das erledige ich im Handumdrehen; **estoy lista en un ~** ich bin gleich fertig

periquito [peri'kito] *m* (ZOOL) Wellensittich *m*

periscopio [peris'kopjo] *m* Fernrohr *nt*

perista [pe'rista] *mf* Hehler(in) *m(f)*

peristilo [peris'tilo] *m* Peristyl(ium) *nt*

peritaje [peri'taxe] *m* ❶ *(informe)* Gutachten *nt* ❷ (UNIV) Ingenieurstudium *nt*

peritar [peri'tar] *vt* begutachten

perito, -a [pe'rito, -a] **I.** *adj* sachkundig **II.** *m, f* ❶ *(experto)* Sachverständige(r) *mf* ❷ (UNIV) Diplomingenieur(in) *m(f); ~* **agrónomo** Diplomlandwirt *m; ~* **mercantil** Diplom-Kaufmann *m;* **Escuela de P~s** ≈Fachhochschule *f*

peritoneo [perito'neo] *m* Bauchfell *nt*

perjudicar [perxuði'kar] <c→qu> **I.** *vt* ❶ *(causar daño)* schaden *+dat; (objeto)* beschädigen; *(naturaleza)* zerstören; *(proceso, desarrollo)* beeinträchtigen; *(organización)* durcheinander bringen; **fumar perjudica la salud** Rauchen gefährdet die Gesundheit ❷ *(causar desventaja)* benachteiligen **II.** *vr: ~* **se** sich *dat* (selbst) schaden

perjudicial [perxuði'θjal] *adj* ❶ *(que causa daño)* schädlich *(a/para* für *+akk); ~* **para la salud** gesundheitsschädlich ❷ *(desventajoso)* nachteilig *(a/para* für *+akk)*

perjuicio [per'xwiθjo] *m* ❶ *(daño)* Schaden *m (a* an *+dat); (de imagen)* Schädigung *f; (de objeto)* Beschädigung *f; (de naturaleza)* Zerstörung *f; (de libertad)* Beeinträchtigung *f; (de organización)* Durcheinanderbringen *nt;* **causar ~s** Schaden zufügen *+dat;* **sin ~ de que... +*subj* ungeachtet der Tatsache, dass ... ❷ *(detrimento)* Nachteil *m;* **ir en ~ de alguien** jdm zum Nachteil gereichen

perjurador(a) [perxura'ðor(a)] *adj* meineidig; **testigo ~** meineidiger Zeuge

perjurar [perxu'rar] *vi* ❶ *(en falso)* einen Meineid leisten ❷ *(faltar al juramento)* seinen Eid brechen

perjurio [per'xurjo] *m* ❶ *(en falso)* Meineid *m* ❷ *(faltar al juramento)* Eidbruch *m*

perla ['perla] *f* Perle *f; ~* **cultivada** Zuchtperle *f;* **eso viene de** ~**s** das kommt wie gerufen

permanecer [permane'θer] *irr como crecer vi* ❶ (*estar*): ~ **quieto** stehen bleiben; ~ **invariable** gleichbleiben ❷ (*seguir*): ~ **dormido** weiterschlafen; ~ **sentado** sitzen bleiben

permanencia [perma'nenθja] *f* ❶ (*estancia*) Aufenthalt *m;* (*duración*) Dauerhaftigkeit *f* ❷ (*persistencia*) Beständigkeit *f* ❸ (*continuación*) Fortdauer *f;* **luchar para lograr la** ~ **en primera** (DEP) kämpfen, um nicht in die zweite Liga abzusteigen

permanente [perma'nente] **I.** *adj* ständig, permanent; (*relación*) dauerhaft; (*lluvia*) anhaltend; **estado** ~ Dauerzustand *m* **II.** *f* Dauerwelle *f*

permeabilidad [permeaβili'ðaðˀ] *f* Durchlässigkeit *f*

permeable [perme'aβle] *adj* durchlässig; ~ **al agua** wasserdurchlässig

permisible [permi'siβle] *adj* zulässig

permisión [permi'sjon] *f* Erlaubnis *f*

permisividad [permisiβi'ðaðˀ] *f* Nachgiebigkeit *f;* (*moral*) Freizügigkeit *f*

permisivo, -a [permi'siβo, -a] *adj* nachgiebig; (*en lo moral*) freizügig

permiso [per'miso] *m* ❶ (*aprobación, autorización*) Erlaubnis *f;* ~ **de residencia/de trabajo** Aufenthalts-/Arbeitserlaubnis *f;* **me dio** ~ **para hacerlo** er/sie erlaubte mir es zu tun; **pedir** ~ **a alguien** jdn um Erlaubnis bitten ❷ (*licencia*) Schein *m;* ~ **de conducir** Führerschein *m* ❸ (*vacaciones*) Urlaub *m;* **pedir** ~ Urlaub beantragen; **estar de** ~ (MIL) auf Urlaub sein

permitir [permi'tir] **I.** *vt* ❶ (*consentir*) erlauben; **¿me permite pasar/entrar/salir?** darf ich bitte durch/hinein/hinaus?; **no está permitido fumar** Rauchen ist verboten; **si me permite la expresión** wenn ich mir den Ausdruck erlauben darf ❷ (*autorizar*) genehmigen ❸ (*hacer posible, tolerar*) zulassen; **esta máquina permite trabajar el doble** mit dieser Maschine kann die doppelte Arbeitsleistung erbracht werden; **no permito que me levantes la voz** diesen Ton lasse ich mir nicht gefallen **II.** *vr:* ~ **se** sich *dat* erlauben

permuta [per'muta] *f* (Aus)tausch *m*

permutación [permuta'θjon] *f* (Aus)tausch *m;* (MAT) Permutation *f*

permutar [permu'tar] *vt* (aus)tauschen

pernear [perne'ar] *vi* ❶ (*piernas*) strampeln ❷ (*fam: andar*) sich *dat* die Beine wund laufen ❸ (*fam: rabiar*) toben

pernera [per'nera] *f* Hosenbein *nt*

pernicioso, -a [perni'θjoso, -a] *adj* schädlich (*para* für + *akk*); (*tumor*) bösartig

pernil [per'nil] *m* ❶ (*del pantalón*) Hosenbein *nt* ❷ (*del cerdo*) Keule *f*

pernio ['pernjo] *m* Angel *f*

perno ['perno] *m* (*con cabeza*) Bolzen *m;* (*sin cabeza*) Stift *m*

pernoctar [pernok'tar] *vi* übernachten

pero ['pero] **I.** *conj* aber; (*sin embargo*) jedoch; **¡**~ **si todavía es una niña!** sie ist doch noch ein Kind!; **¡**~ **si ya le conoces!** du kennst ihn doch!; **¿**~ **qué es lo que quieres?** was willst du eigentlich? **II.** *m* (*objeción*) Aber *nt;* **el proyecto tiene sus** ~**s** das Projekt hat so seine Tücken; **sin un** ~ ohne Wenn und Aber; **poner** ~**s a algo** an etw *dat* etwas auszusetzen haben; **¡no hay** ~ **que valga!** keine Widerrede!; **poner** ~**s a todo** an allem etwas auszusetzen haben

perogrullada [peroɣru'ʎaða] *f* Binsenweisheit *f*

Perogrullo [peroˈɣruʎo] *m:* **verdad de** ~ Binsenweisheit *f*

perol [pe'rol] *m* Kessel *m*

peroné [pero'ne] *m* Wadenbein *nt*

peronista [pero'nista] **I.** *adj* peronistisch **II.** *mf* Peronist(in) *m(f)*

peroración [perora'θjon] *f* (*discurso*) Rede *f*

perorar [pero'rar] *vi* ❶ (*dar discurso*) eine Rede halten; (*pey*) salbadern ❷ (*fam: hablar*) palavern ❸ (*pedir*) inständig bitten

perorata [pero'rata] *f* (*pey*) Tirade *f*

peróxido [pe'roɣsiðo] *m* Peroxid *nt*

perpendicular [perpendiku'lar] **I.** *adj* senkrecht; (*pared*) lotrecht **II.** *f* Senkrechte *f*

perpendicularidad [perpendikulari'ðaðˀ] *f* senkrechte Lage *f*

perpetración [perpetra'θjon] *f* Begehen *nt,* Begehung *f*

perpetrar [perpe'trar] *vt* begehen

perpetuar [perpetu'ar] < *1. pres:* perpetúo> **I.** *vt* ❶ (*recuerdo, memoria*) bewahren ❷ (*nombre, situación*) verewigen ❸ (*error, mentira*) aufrechterhalten **II.** *vr:* ~ **se** fortleben

perpetuidad [perpetwi'ðaðˀ] *f* ❶ (*continuidad*) Beständigkeit *f* ❷ (*eternidad*) Ewigkeit *f;* **a** ~ auf ewig; **condenar a** ~ zu lebenslänglicher Freiheitsstrafe verurteilen ❸ (*de crédito*) Unkündbarkeit *f*

perpetuo, -a [per'petwo, -a] *adj* ❶ (*incesante*) fortwährend; **nieves perpetuas** ewiger Schnee ❷ (*vitalicio*) lebenslänglich; (*renta*) auf Lebenszeit ❸ (*crédito*)

P

unkündbar

perplejidad [perplexi'ðaᵈ] *f* Verwirrung *f*
perplejo, -a [per'plexo, -a] *adj* verwirrt;
me quedé ~ cuando me lo dijo ich war
wie vor den Kopf geschlagen, als er/sie es
mir sagte

perra ['perra] *f* ❶ (ZOOL) Hündin *f* ❷ (*obstinación*) Fimmel *m* *fam* ❸ (*fam: rabieta*)
Wutanfall *m;* **coger una ~** einen Wutanfall
bekommen ❹ (*fam: modorra*) Schläfrig-
keit *f;* (*pereza*) Faulheit *f* ❺ (*puta*) Hure *f*
abw ❻ (*fam: dinero*) Kohle *f;* **no tener
una ~** völlig abgebrannt sein ❼ (*fam: borrachera*) Rausch *m*

perrera [pe'rrera] *f* (*casa*) Hundehütte *f;*
(*edificio*) Hundezwinger *m*
perrería [perre'ria] *f* (*vileza*) Gemeinheit *f*
perrero, -a [pe'rrero, -a] *m, f* Hundefän-
ger(in) *m(f)*

perrito [pe'rrito] *m:* ~ **caliente** Hotdog *m o
nt*

perro[1] ['perro] *m* (ZOOL: *t. pey*) Hund *m;* ~
callejero Promenadenmischung *f;* ~ **faldero** Schoßhund *m;* ~ **de lanas** Pudel *m;*
~ **lazarillo** Blindenhund *m;* **humor de ~s**
Hundslaune *f;* **tiempo de ~s** Hundewetter *nt;* **¡cuidado con el ~!** Vorsicht, bissiger Hund!; **sacar al ~** mit dem Hund Gassi
gehen *fam;* **echar los ~s a alguien** jdn
fertig machen; **se llevan como el ~ y el
gato** sie sind wie Hund und Katze; **morir
como un ~** gottverlassen sterben; **¡venga
ya, a otro ~ con ese hueso!** das kannst
du deiner Großmutter erzählen!; **ser ~
viejo** ein alter Hase sein; **a ~ flaco todo
son pulgas** (*prov*) ein Unglück kommt selten allein; ~ **ladrador, poco mordedor**
(*prov*) Hunde, die bellen, beißen nicht

perro, -a[2] ['perro, -a] *adj* gemein; **llevar
una vida perra** ein Hundeleben führen
perruno, -a [pe'rruno, -a] *adj* Hunde-;
tengo el olfato ~ ich habe ein sehr feines
Gespür

persa ['persa] **I.** *adj* persisch; **alfombra ~**
Perserteppich *m* **II.** *mf* Perser(in) *m(f)*
persecución [perseku'θjon] *f* Verfolgung *f;*
~ **en coche** (Auto)verfolgungsjagd *f*
persecutorio, -a [perseku'torjo, -a] *adj* Ver-
folgungs-; **tener manía persecutoria** an
Verfolgungswahn leiden
perseguidor(a) [perseɣi'ðor(a)] **I.** *adj* ver-
folgend **II.** *m(f)* Verfolger(in) *m(f)*
perseguimiento [perseɣi'mjento] *m v.*
persecución
perseguir [perse'ɣir] *irr como seguir* vt verfolgen; (*contrato, chica*) hinterherlaufen;
la policía persigue al fugitivo die Polizei
ist hinter dem Ausbrecher her; **me persi-**

gue la mala suerte ich bin vom Pech verfolgt; **me persiguen los remordimientos** mich plagen Gewissensbisse; **el jefe
me persigue todo el día** mein Chef sitzt
mir den ganzen Tag im Nacken; **¿qué persigues con esto?** was willst du damit
erreichen?

perseveración [perseβera'θjon] *f* (PSICO)
Perseveration *f*
perseverancia [perseβe'ranθja] *f* ❶ (*insistencia*) Beharrlichkeit *f* (*en* bei +*dat*)
❷ (*en trabajo, actividad*) Ausdauer *f* (*en*
bei +*dat*) ❸ (*firmeza*) Standhaftigkeit *f*
perseverante [perseβe'rante] *adj* ❶ (*insistente*) beharrlich ❷ (*constante*) ausdauernd ❸ (*firme*) standhaft
perseverar [perseβe'rar] *vi* ❶ (*insistir*)
beharren (*en* auf +*dat*) ❷ (*mantener*)
durchhalten; ~ **en algo** bei etw *dat* nicht
aufgeben

Persia ['persja] *f* Persien *nt*
persiana [per'sjana] *f* Rollladen *m*
pérsico, -a ['persiko, -a] *adj* persisch
persignarse [persiɣ'narse] *vr* sich bekreuzigen
persistencia [persis'tenθja] *f* ❶ (*insistencia*) Beharrlichkeit *f* ❷ (*perduración*)
Anhalten *nt* ❸ (*en trabajo, actividad*) Ausdauer *f*
persistente [persis'tente] *adj* ❶ (*persona*)
beharrlich ❷ (*acción*) anhaltend; (*recuerdo*) bleibend
persistir [persis'tir] *vi* ❶ (*insistir*) beharren
(*en* auf +*dat*) ❷ (*perdurar*) anhalten
persona [per'sona] *f* Person *f;* ~ **de contacto** Ansprechpartner *m;* ~ (**non**) **grata**
Persona (non) grata; **en ~** persönlich; **ser
buena/mala ~** ein guter/böser Mensch
sein; **había muchas ~s** es waren viele
Leute da; **no había ninguna ~ allí** es war
niemand da; **se apareció en la ~ de...** er/
sie erschien in der Gestalt von ...; **ese es
una ~ de cuidado** bei ihm ist Vorsicht
geboten
personaje [perso'naxe] *m* ❶ (*personalidad*) Persönlichkeit *f;* ~ **de culto** Kultfigur *f* ❷ (TEAT, LIT) Person *f*
personal[1] [perso'nal] **I.** *adj* persönlich;
datos ~es Personalien *fpl;* **pronombre ~**
Personalpronomen *nt* **II.** *m* ❶ (*plantilla*)
Personal *nt;* (*en empresa*) Belegschaft *f;* ~
de a bordo (AERO) Flugzeugbesatzung *f;* ~
docente Lehrkräfte *fpl;* ~ **de tierra** (AERO)
Bodenpersonal *nt* ❷ (*fam: gente*) Leute *pl*
personal[2] [perso'nal] *f* (DEP) Foul *nt*
personalidad [personali'ðaᵈ] *f* Persönlichkeit *f*
personalismo [persona'lismo] *m* ❶ (POL)

Personenkult *m* ② (FILOS) Personalismus *m*
③ (*alusión*) persönliche Anspielung *f*; **no tenemos que actuar con ~s** es gibt keinen Grund persönlich zu werden

personalización [personaliθa'θjon] *f* Personalisierung *f*

personalizar [personali'θar] <z→c> *vt*
① (*aludir*) namentlich nennen ② (*hacer personal*) persönlich gestalten

personarse [perso'narse] *vr* persönlich erscheinen (*en* bei +*dat*); **~ en juicio** vor Gericht erscheinen; **persónese ante el director** melden Sie sich beim Chef; **el lunes tengo que personarme en el INEM** am Montag bin ich beim Arbeitsamt vorgeladen

personero, -a [perso'nero, -a] *m, f* (*Am*) Vertreter(in) *m(f)*

personificación [personifika'θjon] *f* Verkörperung *f*; (*de cualidades*) Personifizierung *f*

personificar [personifi'kar] <c→qu> *vt* verkörpern; **personifica la maldad** er/sie ist die Bosheit in Person

perspectiva [perspek'tiβa] *f* ① (*general*) Perspektive *f* ② (*vista*) Anblick *m* ③ *pl* (*posibilidad*) Aussichten *fpl* ④ (*distancia*): **aún no disponemos de la ~ adecuada para valorar este periodo** wir haben noch nicht die nötige Distanz, um diese Periode zu beurteilen

perspicacia [perspi'kaθja] *f* Scharfsinn *m*

perspicaz [perspi'kaθ] *adj* ① (*vista*) gut ② (*persona*) scharfsinnig

persuadir [perswa'ðir] **I.** *vt* ① (*inducir*) überreden; **le ~é para que no haga el viaje** ich werde ihm die Reise ausreden ② (*convencer*) überzeugen **II.** *vr*: **~se** sich überzeugen

persuasión [perswa'sjon] *f* ① (*acto*) Überredung *f*; **emplear todo su poder de ~** seine ganze Überredungskunst aufbieten ② (*convencimiento*) Überzeugung *f*; **tener la ~ de que...** davon überzeugt sein, dass ...

persuasivo, -a [perswa'siβo, -a] *adj*, **persuasorio, -a** [perswa'sorjo, -a] *adj* überzeugend

pertenecer [pertene'θer] *irr como crecer vi* ① (*ser de*) gehören (*a* +*dat*); **esta casa me pertenece** dieses Haus gehört mir; **esta cita pertenece a Hamlet** dieses Zitat stammt aus Hamlet ② (*tener obligación*): **a ti te pertenece barrer** du bist für das Fegen zuständig

perteneciente [pertene'θjente] *adj* (da)zugehörig; **los países ~s a la ONU** die Mitglied(s)staaten der UNO; **todo lo ~ al caso**

alles, was mit dem Fall zu tun hat; **un cuadro ~ a la colección de Thyssen** ein Gemälde aus der Thyssen-Sammlung

pertenencia [perte'neɲθja] *f* ① (*acción*) Zugehörigkeit *f* ② *pl* (*bienes*) Eigentum *nt* ③ *pl* (*accesorios*) Zubehör *nt*

pértiga ['pertiɣa] *f* (*vara*) lange Stange *f*; (DEP) Stabhochsprungstab *m*; **la ~ del trole** der Stromabnehmer; **salto de ~** Stabhochsprung *m*; **saltar con ~** Stabhochsprung machen

pertiguista [perti'ɣista] *mf* (DEP) Stabhochspringer(in) *m(f)*

pertinacia [perti'naθja] *f* ① (*de lluvia*) Andauern *nt* ② (*de persona*) Hartnäckigkeit *f*

pertinaz [perti'naθ] *adj* ① (*lluvia, tos*) anhaltend ② (*persona*) hartnäckig

pertinente [perti'nente] *adj* ① (*oportuno*) angemessen ② (*datos, indicación*) sachdienlich; (*pregunta, comentario*) sachbezogen ③ (*relativo*): **en lo ~ a...** was ... betrifft

pertrechar [pertre'tʃar] **I.** *vt* ausrüsten **II.** *vr*: **~se** (*de alimentos*) sich versorgen (*de/con* mit +*dat*); (*de equipamiento*) sich ausrüsten (*de/con* mit +*dat*)

pertrechos [per'tretʃos] *mpl* Ausrüstung *f*

perturbable [pertur'βaβle] *adj* leicht aus der Ruhe zu bringen

perturbación [perturβa'θjon] *f* Störung *f*; (*social*) Unruhe *f*

perturbado, -a [pertur'βaðo, -a] **I.** *adj* (PSICO) geistesgestört **II.** *m, f*: **~ (mental)** Geistesgestörte(r) *m*

perturbador(a) [perturβa'ðor(a)] **I.** *adj* ① (*noticia*) beunruhigend ② (*ruido*) störend **II.** *m(f)* ① (*por hacer ruido*) Ruhestörer(in) *m(f)* ② (*por alborotar*) Unruhestifter(in) *m(f)*

perturbar [pertur'βar] *vt* stören; (*confundir*) verwirren; (*alterar*) aus der Ruhe bringen

Perú [pe'ru] *m* Peru *nt*

ⓘ Land & Leute

Perú liegt im Westen Südamerikas; es ist das drittgrößte Land, nach Brasilien und Argentinien. Die Hauptstadt und zugleich größte Stadt **Perus** ist Lima. Offizielle Landessprachen sind sowohl Spanisch wie auch *quechua*. Die Währungseinheit **Perus** ist der *sol*. Die Ureinwohner **Perus** waren die *incas*.

peruano, -a [pe'rwano, -a] **I.** *adj* perua-

P

nisch **II.** *m*, *f* Peruaner(in) *m(f)*

perversidad [perβersiˈðaˤ] *f* ❶(*maldad*) Bösartigkeit *f* ❷(*sexual*) Perversität *f*

perversión [perβerˈsjon] *f* ❶(*acción*) Pervertierung *f;* (*de costumbres*) Verfall *m;* ~ **de menores** Verführung von Minderjährigen ❷(*cualidad*) Perversion *f*

perverso, -a [perˈβerso, -a] *adj* ❶(*malo*) böse ❷(*moral*) verkommen ❸(*sexual*) pervers

pervertido, -a [perβerˈtiβo, -a] **I.** *adj* pervers **II.** *m*, *f* Perverse(r) *mf*

pervertimiento [perβertiˈmjento] *m* Pervertierung *f;* (*de menores*) Verführung *f;* (*de costumbres*) Verfall *m*

pervertir [perβerˈtir] *irr como sentir* **I.** *vt* ❶(*costumbres*) verderben ❷(*a alguien*) verführen ❸(*corromper*) pervertieren **II.** *vr:* ~ **se** ❶(*en costumbres, ideología*) pervertieren ❷(*depravarse*) verkommen

pervivencia [perβiˈβenθja] *f* Weiterleben *nt*

pervivir [perβiˈβir] *vi* weiterleben

pesa [ˈpesa] *f* Gewicht *nt;* (DEP) Hantel *f;* ~ **del reloj** Uhrgewicht *nt;* **hacer** (**entrenamiento de**) ~**s** Krafttraining machen; **levantamiento de** ~**s** Gewichtheben *nt*

pesadez [pesaˈðeθ] *f* ❶(*de objeto*) Schwere *f* ❷(*de movimiento*) Schwerfälligkeit *f* ❸(*de sueño*) Tiefe *f* ❹(*de tarea*) Lästigkeit *f* ❺(*de persona*) Aufdringlichkeit *f* ❻(*de viaje*) Mühsamkeit *f* ❼(*de lectura*) Langatmigkeit *f* ❽(*de dibujo*) Überladung *f*

pesadilla [pesaˈðiʎa] *f* Alptraum *m*

pesado, -a [peˈsaðo, -a] *adj* ❶(*que pesa*) schwer; **tengo la cabeza pesada** ich habe einen schweren Kopf; **tengo el estómago** ~ das Essen liegt mir schwer im Magen ❷(*lento*) schwerfällig ❸(*molesto*) lästig ❹(*duro*) mühsam; **hacer un diccionario es** ~ ein Wörterbuch zu schreiben ist eine langwierige Angelegenheit ❺(*aburrido*) langweilig ❻(*sueño*) bleiern; (*tiempo*) drückend; (*viaje*) lang; (*lectura*) langatmig; (*dibujo*) schnörkelig

pesadumbre [pesaˈðumbre] *f* Kummer *m*

pésame [ˈpesame] *m* Beileid *nt;* **dar el** ~ sein Beileid aussprechen; **reciba mi más sincero** ~ **por la muerte de su hermana** zum Tod Ihrer Schwester möchte ich Ihnen mein aufrichtiges Beileid aussprechen

pesantez [pesanˈteθ] *f* Schwere *f*

pesar [peˈsar] **I.** *vi* ❶(*tener peso*) wiegen; **esta caja pesa mucho** diese Kiste ist sehr schwer; **pon encima lo que no pese** stell die leichten Sachen oben drauf ❷(*cargo,*

responsabilidad) (schwer) lasten (auf +*dat*); (*problemas*) belasten +*akk* ❸(*hipoteca*) lasten (*sobre* auf +*dat*) **II.** *vt* ❶(*objeto, persona*) wiegen; (*cantidad concreta*) auswiegen; **¿me puede** ~ **la fruta?** können Sie mir das Obst bitte auswiegen? ❷(*ventajas*) abwägen ❸(*disgustar*): **me pesa haberte mentido** ich bedauere es, dich belogen zu haben; **mal que te pese...** ob es dir nun gefällt oder nicht, ...; **pese a quien pese** egal, was es kostet; **pese a que...** obwohl ... **III.** *m* ❶(*pena*) Kummer *m;* **muy a** ~ **mío** zu meinem großen Bedauern ❷(*remordimiento*) Gewissensbisse *mpl* ❸(*loc*): **a** ~ **de...** trotz +*gen;* **a** ~ **de todo lo quiere intentar** er/sie will es trotz allem versuchen

pesaroso, -a [pesaˈroso, -a] *adj* ❶(*afligido*) traurig; **está** ~ **por haberlo dicho** er bedauert (es) sehr, es gesagt zu haben ❷(*disgustado*) verärgert ❸(*preocupado*) besorgt

pesca [ˈpeska] *f* ❶(*acción*) Fischfang *m;* **ir de** ~ auf Fischfang gehen ❷(*oficio, industria*) Fischerei *f;* ~ **de altura** Hochseefischerei *f;* ~ **de bajura** Küstenfischerei *f* ❸(*captura*) Fang *m*

pescadería [peskaðeˈria] *f* (*tienda*) Fischgeschäft *nt*

pescadero, -a [peskaˈðero, -a] *m*, *f* Fischhändler(in) *m(f)*

pescadilla [peskaˈðiʎa] *f* (junger) Seehecht *m*

pescado [pesˈkaðo] *m* Fisch *m*

pescador(a) [peskaˈðor(a)] *m(f)* (*de caña*) Angler(in) *m(f);* (*de mar*) Fischer(in) *m(f)*

pescante [pesˈkante] *m* ❶(NÁUT) Davit *m* ❷(*de carruaje*) Kutschbock *m* ❸(TEAT) Bühnenmaschine *f* ❹(*de grúa*) Ausleger *m*

pescar [pesˈkar] <c→qu> *vt* ❶(*con caña*) angeln; (*en barco*) fischen; **ir a** ~ **sardinas** auf Sardinenfang gehen ❷(*resfriado*) sich *dat* zuziehen ❸(*fam: novio*) sich *dat* angeln ❹(*fam: entender*) kapieren ❺(*sorprender*) erwischen

pescozón [peskoˈθon] *m* Schlag *m* ins Genick

pescuezo [pesˈkweθo] *m* Nacken *m;* **retorcer el** ~ **a alguien** jdm den Hals umdrehen; **sacar el** ~ hochnäsig sein; **salvar el** ~ den Hals aus der Schlinge ziehen

pese [ˈpese] *adv:* ~ **a** trotz +*gen*

pesebre [peˈseβre] *m* Krippe *f;* (*de Navidad*) Weihnachtskrippe *f*

peseta [peˈseta] *f* Pesete *f;* **cambiar la** ~ (*fig fam*) kotzen

pesetero, -a [pese'tero, -a] *m, f* Raffke *m fam;* **este comerciante es un** ~ dieser Kaufmann denkt nur ans Geld
pesimismo [pesi'mismo] *m sin pl* Pessimismus *m*
pesimista [pesi'mista] **I.** *adj* pessimistisch **II.** *mf* Pessimist(in) *m(f)*
pésimo, -a ['pesimo, -a] *adj* sehr schlecht
peso ['peso] *m* ❶ (*de objeto*) Gewicht *nt;* **coger/perder** ~ zu-/abnehmen; **¿qué** ~ **tiene?** wie viel wiegt es?; **vender a** ~ nach Gewicht verkaufen; **comprar a** ~ **de oro** zu einem überhöhten Preis kaufen; **eso cae de su propio** ~ das liegt auf der Hand ❷ (*pesadez*) Schwere *f;* **tener** ~ **en las piernas** schwere Beine haben ❸ (*importancia*) Bedeutung *f;* **es un gran** ~ **dentro de la empresa** er/sie ist in der Firma ein großes Tier; **tener una razón de** ~ einen gewichtigen Grund haben ❹ (*carga*) Last *f;* **llevar el** ~ **de algo** die Verantwortung für etw tragen; **me saco un** ~ **de encima** mir fällt ein Stein vom Herzen ❺ (DEP: *bola*) Kugel *f* ❻ (DEP: *boxeo*): ~ **gallo** Bantamgewicht *nt* ❼ (*moneda*) Peso *m*
pespuntar [pespuṇ'tar] *vt* (ab)steppen
pespunte [pes'puṇte] *m* ❶ (*acción*) Steppen *nt* ❷ (*costura*) Steppnaht *f* ❸ (*puntada*) Steppstich *m*
pespuntear [pespuṇte'ar] *vt* (ab)steppen
pesquero¹ [pes'kero] *m* Fischdampfer *m*
pesquero, -a² [pes'kero, -a] *adj* Fischer-
pesquisa¹ [pes'kisa] *f* Nachforschung *f;* (*de la policía*) Ermittlung *f;* **hacer** ~ **s** Nachforschungen anstellen
pesquisa² [pes'kisa] *m* (*Arg, Ecua, Par*) Geheimpolizist *m*
pesquisar [peski'sar] *vt* ermitteln (in +*dat*)
pestaña [pes'taɲa] *f* (ANAT) Wimper *f;* **quemarse las** ~ **s** (*fig*) die ganze Nacht büffeln
pestañ(e)ar [pesta'ɲar/pestaɲe'ar] *vi* blinzeln; **escuchó la sentencia sin** ~ er/sie zuckte nicht einmal mit der Wimper, als er/sie das Urteil hörte
pestañeo [pesta'ɲeo] *m* Blinzeln *nt*
peste ['peste] *f* ❶ (MED) Pest *f;* ~ **bubónica** Beulenpest *f* ❷ (*olor*) Gestank *m;* **aquí**

hay una ~ **increíble** hier stinkt es wie die Pest ❸ (*plaga*) Plage *f* ❹ (*loc*): **echar** ~ **s de alguien** jdn schlecht machen
pesticida [pesti'θiða] *m* Pestizid *nt*
pestífero, -a [pes'tifero, -a] *adj* ❶ (*fétido*) übel riechend ❷ (*pernicioso*) schädlich
pestilencia [pesti'leɳθja] *f* ❶ (MED) Pest *f* ❷ (*olor*) Gestank *m*
pestilente [pesti'leɳte] *adj v.* **pestífero**
pestillo [pes'tiʎo] *m* ❶ (*de puerta: pasador*) Riegel *m;* (*tirador*) (Tür)klinke *f;* **echar el** ~ die Tür verriegeln ❷ (*de la cerradura*) Falle *f;* ~ **de golpe** Schnappschloss *nt*
petaca [pe'taka] *f* ❶ (*para cigarros*) Zigarrenetui *nt;* (*para tabaco*) Tabakbeutel *m* ❷ (*Am: caja*) Lederkoffer *m;* (*baúl*) Schrankkoffer *m;* (*cesto*) (Weiden)korb *m* ❸ (*AmC: joroba*) Buckel *m*
petacón, -ona [peta'kon, -ona] *adj* (*Am*) pummelig
pétalo ['petalo] *m* Blütenblatt *nt*
petanca [pe'taɳka] *f* Boccia *f o nt*
petardo [pe'tarðo] *m* ❶ (*cohete*) Sprengkörper *m;* (*de fiesta*) Böller *m;* **tirar** ~ **s** böllern ❷ (*estafa*) Schwindel *m;* **pegar un** ~ **a alguien** jdn übers Ohr hauen ❸ (*loc*): **alguien es un** ~ jd ist hässlich wie die Nacht; **algo es un** ~ etw ist stinklangweilig
petate [pe'tate] *m* ❶ (*de soldado*) Gepäck *nt;* (*de marinero*) Seesack *m;* **liar el** ~ (*fig*) sein Bündel schnüren ❷ (*fam: despreciable*) Schuft *m*
petición [peti'θjon] *f* ❶ (*ruego*) Bitte *f;* (*formal*) Ersuchen *nt;* **a** ~ **de...** auf Ersuchen von ...; **¿has hecho ya la** ~ **de mano?** hast du schon um die Hand deiner Freundin angehalten? ❷ (*escrito*) Gesuch *nt* ❸ (*solicitud*) Antrag *m*
peticionar [petiθjo'nar] *vt* (*Am*) ersuchen (um +*akk*)
petimetre [peti'metre] *m* Geck *m*
petirrojo [peti'rroxo] *m* Rotkehlchen *nt*
petiso, -a [pe'tiso, -a] **I.** *adj* (*Arg, Urug*) ❶ (*pequeño*) klein; (*muy pequeño*) winzig ❷ (*enano*) kleinwüchsig **II.** *m, f* kleinwüchsige Person *f*
petitorio, -a [peti'torjo, -a] *adj* Bitt-
peto ['peto] *m* ❶ (*de armadura*) Brustpanzer *m* ❷ (*de bebé/delantal*) Latz *m*
pétreo, -a ['petreo, -a] *adj* ❶ (*como piedra*) steinartig ❷ (*pedregoso*) steinig ❸ (*duro*) steinhart
petrificación [petrifika'θjon] *f* Versteinerung *f*
petrificado, -a [petrifi'kaðo, -a] *adj* versteinert; **me quedé** ~ ich war wie versteinert

petrificar [petrifi'kar] <c→qu> I. vt ❶ (convertir en piedra) versteinern ❷ (a alguien) erstarren lassen II. vr: ~se zu Stein werden

petrodólar [petro'ðolar] m Petrodollar m

petróleo [pe'troleo] m ❶ (carburante) (Erd)öl nt ❷ (de lámpara) Petroleum nt

petrolero¹ [petro'lero] m (barco) (Erdöl)tanker m

petrolero, -a² [petro'lero, -a] I. adj ❶ (del carburante) (Erd)öl- ❷ (de la lámpara) Petroleum- II. m, f (persona) Brandstifter(in) m(f)

petrolífero, -a [petro'lifero, -a] adj ölhaltig; **campo** ~ (Erd)ölfeld nt; **industria petrolífera** (Erd)ölindustrie f

petroquímica [petro'kimika] f sin pl Petrolchemie f

petroquímico, -a [petro'kimiko, -a] adj petrolchemisch

petulancia [petu'lanθja] f ❶ (arrogancia) Arroganz f ❷ (insolencia) Unverschämtheit f

petulante [petu'lante] adj ❶ (arrogante) arrogant; (creído) eingebildet ❷ (insolente) unverschämt

petunia [pe'tunja] f Petunie f

peúco [pe'uko] m Babyschuh m

peyorativo, -a [peɟora'tiβo, -a] adj abwertend

pez¹ [peθ] m (ZOOL) Fisch m; **estar como el ~ en el agua** sich pudelwohl fühlen; **estar ~ en español** kein Wort Spanisch sprechen; **ese es un buen ~** der ist ein gerissener Bursche

pez² [peθ] f ❶ (betún) Pech nt ❷ (excremento) Kindspech nt

pezón [pe'θon] m ❶ (BOT) Stiel m ❷ (de mujer) Brustwarze f ❸ (de animal) Zitze f

pezuña [pe'θuɲa] f ❶ (de león, águila) Klaue f; (de caballo, asno) Huf m ❷ pl (fam: de persona) Quanten pl

PHN [plan iðro'loxiko naθjo'nal] abr de **Plan Hidrológico Nacional** staatlicher Plan m zur Wasserversorgung

pi [pi] f (MAT) Pi nt

piadoso, -a [pja'ðoso, -a] adj ❶ (misericordioso) barmherzig; (bondadoso) gutherzig ❷ (devoto) fromm

pialar [pja'lar] vt (Am) mit dem Lasso einfangen

pianista [pja'nista] mf Klavierspieler(in) m(f); (profesional) Pianist(in) m(f)

piano [pi'ano] I. m Klavier nt; ~ **de cola** Flügel m II. adv (MÚS) piano

piar [pi'ar] <1. pres: pío> vi ❶ (pollo) piep(s)en ❷ (clamar): ~ **por algo** sich dat etw brennend wünschen

piara [pi'ara] f Schweineherde f

piastra [pi'astra] f Piaster m

PIB [pei'βe] m abr de **Producto Interior Bruto** BIP nt

pibe, -a ['piβe, -a] m, f (Arg: chico) Junge m; (chica) Mädchen nt

pica ['pika] f ❶ (lanza) Lanze f ❷ (de cartas) Pik f

picacho [pi'katʃo] m Bergspitze f

picada [pi'kaða] f ❶ (de avispa) Stich m; (de serpiente) Biss m; (de pez) Anbiss m ❷ (CSur: tapas) Häppchen nt

picadero [pika'ðero] m (para adiestrar) Reitbahn f; (escuela) Reitschule f

picadillo [pika'ðiʎo] m (carne picada) Hackfleisch nt; (GASTR) Haschee nt; (para embutido) Wurstfüllung f; (para salchichas) Brät nt; **hacer ~ a alguien** (fam) aus jdm Hackfleisch machen

picado¹ [pi'kaðo] m (de avión) Sturzflug m; **las acciones cayeron en ~** die Aktien fielen ins Bodenlose; **su fama ha caído en ~** sein/ihr Stern ist rapide gesunken

picado, -a² [pi'kaðo, -a] adj ❶ (con picaduras: abrigo) mottenzerfressen; (fruta) angefressen; (muela) faul; (cara) pockennarbig ❷ (con agujeros) durchlöchert ❸ (mar) kabbelig ❹ (fam: enfadado) pikiert

picador [pika'ðor] m ❶ (adiestrador) Zureiter(in) m(f) ❷ (TAUR) Pikador m ❸ (MIN) Hauer m

picadura [pika'ðura] f ❶ (de avispa) Stich m; (de serpiente) Biss m ❷ (en ropa) Mottenloch nt; (en metal) angefressene Stelle f ❸ (tabaco) Grobschnitt m ❹ (caries) Karies f

picante [pi'kante] I. adj pikant II. m ❶ (GASTR) scharf gewürztes Gericht nt ❷ (de comida) Schärfe f ❸ (de expresión) Pikanterie f

picapica [pika'pika] f: (**polvos de**) ~ Juckpulver nt

picapleitos [pika'pleitos] m inv Winkeladvokat m

picaporte [pika'porte] m ❶ (aldaba) Türklopfer m ❷ (tirador) Türklinke f ❸ (pestillo) Riegel m

picar [pi'kar] <c→qu> I. vi ❶ (sol, ojos) brennen ❷ (chile, pimienta) scharf sein ❸ (pez, clientes) anbeißen fam ❹ (de la comida) kleine Mengen essen ❺ (tener picazón) jucken; **me pica la espalda** es juckt mich am Rücken ❻ (avión) einen Sturzflug machen ❼ (puerta) klopfen (a an +akk) ❽ (loc): ~ **muy alto** hoch hinaus wollen; **su actitud pica en valiente** sein/ihr Verhalten kann man als mutig bezeichnen **II.** vt ❶ (con punzón) stechen ❷ (sacar): ~ **una oliva de la lata** eine Olive aus der Dose picken ❸ (insecto) stechen; (serpiente) beißen ❹ (ave) picken ❺ (desmenuzar) zerkleinern; **carne picada** Hackfleisch nt; **tabaco picado** Grobschnitt m ❻ (caballo) die Sporen geben +dat ❼ (papel, tela) durchstechen; (billete) lochen ❽ (ofender) verletzen; **estar picado con alguien** auf jdn sauer sein; **¿qué mosca te ha picado?** welche Laus ist dir über die Leber gelaufen? ❾ (incitar) anspornen ❿ (TIPO) eintippen **III.** vr: ~**se** ❶ (metal) angefressen werden; (muela) faul werden; (ropa) (von Motten) zerfressen sein; (vino) einen Stich bekommen; (semillas) unbrauchbar werden ❷ (mar) kabbelig werden ❸ (ofenderse) gekränkt sein; (mosquearse) sich ärgern; ~**se por nada** schnell beleidigt sein; **siempre se pica cuando juega** er/sie kann nicht verlieren ❹ (Am: embriagarse) sich betrinken

picardear [pikarðe'ar] **I.** vi Unfug treiben **II.** vr: ~**se** üble Gewohnheiten annehmen

picardía [pikar'ðia] f ❶ (malicia) Verschmitztheit f; **lo dije con** ~ ich habe mir meinen Teil gedacht, als ich das sagte ❷ (travesura) Streich m ❸ (broma) Spaß m

picaresca [pika'reska] f ❶ (LIT) Schelmenliteratur f ❷ (hampa) Gaunertum nt

picaresco, -a [pika'resko, -a] adj ❶ (astuto) schelmisch ❷ (comentario) frech

pícaro, -a ['pikaro, -a] **I.** adj ❶ (granuja) betrügerisch ❷ (astuto) schelmisch ❸ (comentario) frech **II.** m, f (granuja) Gauner(in) m(f)

picarón [pika'ron] m (Am: buñuelo) ≈Krapfen m

picatoste [pika'toste] m geröstetes Brot nt

picazón [pika'θon] f ❶ (comezón) Jucken nt ❷ (disgusto) Ärger m

picha ['pitʃa] f (vulg) Schwanz m fam

pichi ['pitʃi] m ❶ (falda) Trägerrock m ❷ (CSur: fam: pipí) Pipi nt

pichicato, -a [pitʃi'kato, -a] **I.** adj (AmC) knauserig **II.** m, f (AmC) Egoist(in) m(f)

pichichi [pi'tʃitʃi] m (DEP) Torschützenkönig m

pichín [pi'tʃin] m (CSur: fam: pipí) Pipi nt

pichón¹ [pi'tʃon] m (ZOOL) junge Taube f

pichón, -ona² [pi'tʃon, -ona] m, f (querido) Schatz m

pichulear [pitʃule'ar] vt ❶ (Chil: engañar) betrügen ❷ (CSur: negociar) verschachern

picnic ['piɣniɣ] m Picknick nt

pico ['piko] m ❶ (pájaro) Specht m ❷ (del pájaro) Schnabel m ❸ (fig: boca) Mund

m; ~ **de oro** ausgezeichneter Redner; **tener un buen** ~ ein flinkes Mundwerk haben; **¡él de ~ todo lo que quieras!** versprechen tut er viel!; **alguien se fue del** ~ jd hat sich verplappert; **¡ese se perderá por el** ~**!** der wird sich noch um Kopf und Kragen reden! ❹ (herramienta) Spitzhacke f ❺ (montaña) Spitze f; **cortado a** ~ steil ❻ (jarra) Tülle f ❼ (loc): **llegar a las cuatro y** ~ um kurz nach vier kommen; **tiene ya cuarenta y** ~ **de años** er/sie ist längst in den Vierzigern

picor [pi'kor] m (en la piel) Jucken nt; (en la boca) Brennen nt

picota [pi'kota] f (tortura) Pranger m; **poner en la** ~ **a alguien** jdn an den Pranger stellen

picotada [piko'taða] f, **picotazo** [piko'taθo] m (ave) Schnabelhieb m; (insecto) Stich m; **pegar un** ~ stechen; **arrancar a** ~**s** aushacken

picotear [pikote'ar] **I.** vi ❶ (comer) ≈knabbern ❷ (hablar) schwatzen **II.** vt anpicken **III.** vr: ~**se** ❶ (personas) sich zanken ❷ (pájaros) schnäbeln

pictografía [piktoɣra'fia] f (LING) Bilderschrift f

pictograma m Piktogramm nt

pictórico, -a [pik'toriko, -a] adj malerisch; **técnica pictórica** Maltechnik f

picudo, -a [pi'kuðo, -a] adj ❶ (puntiagudo) spitz; (anguloso) kantig ❷ (charlatán) schwatzhaft

pie [pje] m ❶ (extremidad, medida) Fuß m; ~**s planos** Plattfüße mpl; **¿qué** ~ **calza Ud.?** welche Schuhgröße haben Sie?; **al** ~ **del árbol** am Baumstamm; **al** ~ **de la carta** am Ende des Briefes; **a(l)** ~ **de (la) obra** auf der Baustelle; **venir a** ~ zu Fuß kommen; **a** ~ **firme** ohne sich von der Stelle zu rühren; **quedarse de** ~ stehen bleiben; **estar de** ~ stehen; **ponerse de** ~ aufstehen; **estar al** ~ **del cañón** Gewehr bei Fuß stehen; **seguí al** ~ **de la letra tu consejo** ich bin deinem Rat aufs Wort gefolgt; **buscarle tres** ~**s al gato** (daño) ein Unglück heraufbeschwören; (complicaciones) eine Sache schwieriger machen, als sie ist; **caer de** ~**s** auf die Füße fallen; **ya sabemos de qué** ~ **cojea** (fig) wir kennen seine/ihre Schwächen schon; **con buen** ~ fröhlich; **este informe está hecho con los** ~**s** dieser Bericht ist sehr schlecht gemacht; **hay que andarse con** ~**s de plomo** man muss sehr vorsichtig sein; **ya tiene un** ~ **en el hoyo** er/sie steht schon mit einem Bein im Grab; **echar** ~ **a tierra** aussteigen; **estar en** ~

de guerra auf (dem) Kriegsfuß stehen; **no hacer** ~ **en una piscina** in einem Schwimmbecken nicht stehen können; **perder** ~ den Boden unter den Füßen verlieren; **se marchó del hospital por su propio** ~ er/sie konnte laufen, als er/sie das Krankenhaus verließ; **este nació de** ~ der ist unter einem günstigen Stern geboren; **hoy no doy** ~ **con bola** (*fam*) heute kriege ich nichts geregelt; **estoy cansada: no me tengo en** ~ ich bin ganz erschöpft: ich kann nicht mehr stehen; **parar los** ~ zur Räson bringen; ~**s, ¿para qué os quiero?** nichts wie weg hier!; **poner** ~**s en polvorosa** sich aus dem Staub machen; **no le des** ~ **para que se queje de ti** liefere ihm/ihr keinen Anlass sich über dich zu beschweren ❷ (TIPO): ~ **de imprenta** Druckvermerk *m;* ~ **de página** Fußzeile *f* ❸ (*planta*) Stängel *m;* (*tronco*) Stamm *m;* ~ **de vid** Rebstock *m* ❹ (*métrica*) Versfuß *m* ❺ (TEAT) Stichwort *nt* ❻ (*trípode*) Stativ *nt* ❼ (*loc*): ~ **de banco** (*fam*) Schnapsidee *f;* ~ **de fuerza** (*Am*) Streitkräfte *fpl;* **en** ~ **de igualdad** gleichberechtigt; **creer a** ~ **juntillas** ganz fest glauben; **de a** ~ normal

piedad [pje'ðaˈ] *f sin pl* ❶ (REL) Frömmigkeit *f;* (*compasión*) Erbarmen *nt;* **¡ten** ~ **de nosotros!** erbarme dich unser! ❷ (*loc*): **monte de** ~ Pfandhaus *nt*

piedra ['pjeðra] *f* ❶ (GEO, MED) Stein *m;* ~ **angular** (*fig*) Eckstein *m;* ~ **filosofal** (*fig*) Stein der Weisen; ~ **pómez** Bimsstein *m;* ~ **preciosa** Edelstein *m;* ~ **de toque** (*fig*) Prüfstein *m;* **cartón** ~ Pappmaschee *nt;* **edad de** ~ Steinzeit *f;* **no te quejes, ¡que menos da una** ~! (*fig*) beklag dich nicht, es hätte auch noch schlimmer kommen können!; **no dejará** ~ **por mover hasta que lo consiga** (*fig*) er/sie wird alle Hebel in Bewegung setzen, um es zu schaffen; **poner la primera** ~ den Grundstein legen; **no quedó** ~ **sobre** ~ kein Stein blieb auf dem anderen; **cuando lo supimos nos quedamos de** ~ als wir es erfuhren, waren wir wie versteinert; **tirar la** ~ **y esconder la mano** nicht für seine Taten einstehen; **tirarse** ~**s a su propio tejado** sich *dat/akk* ins eigene Fleisch schneiden ❷ (*granizo*) Hagel *m* ❸ (*mechero*) Feuerstein *m*

piel [pjel] *f* ❶ (*de persona*) Haut *f;* **se me puso la** ~ **de gallina oyendo su historia** ich bekam eine Gänsehaut, als ich seine/ihre Geschichte hörte; **estos niños son de la** ~ **del diablo** diese Kinder sind richtige Rabauken; **en esa empresa se dejó la** ~ er/sie hat sich in außerordentlichem

Maße in dieses Unternehmen eingebracht ❷ (*de animal*) Pelz *m;* (*cuero*) Leder *nt* ❸ (*de fruta*) Schale *f*

pienso ['pjenso] *m* (*ganado*) Futter *nt;* ~ **completo** Fertigfutter *nt*

pierna ['pjerna] *f* (*extremidad*) Bein *nt;* (*entre la rodilla y el pie*) Unterschenkel *m;* (*ternera*) Keule *f;* ~ **ortopédica** Beinprothese *f;* **estirar las** ~**s** sich *dat* die Beine vertreten; **con las** ~**s cruzadas** mit übergeschlagenen Beinen; **dormir a** ~ **suelta** fest schlafen

pieza ['pjeθa] *f* ❶ (*pedazo*) Stück *nt;* (*parte*) Teil *nt;* (*reproducción*) Exemplar *nt;* ~ **de artillería** Geschütz *nt;* ~ **de recambio** Ersatzteil *nt;* ~ **suelta** Einzelteil *nt;* **un traje de** ~**s** ein zweiteiliges Kostüm; ~ **por** ~ Stück für Stück; **vender a** ~**s** nach Stück verkaufen; **¡menuda** ~ **está hecho ese!** das ist mir ein sauberer Vogel!; **se quedó de una** ~ **al oírlo** als er/sie es hörte, verschlug es ihm/ihr die Sprache ❷ (*caza*) Stück *nt* Wild; (*pesca*) Fisch *m* ❸ (MÚS, TEAT) Stück *nt* ❹ (*damas*) Stein *m;* (*ajedrez*) Figur *f* ❺ (*Am: habitación*) Zimmer *nt* ❻ (*moneda*) Münze *f*

pifia ['pifja] *f* ❶ (*error*) Fauxpas *m* ❷ (*And: escarnio*) Hohn *m*

pifiar [pi'fjar] **I.** *vi* ❶ (*flauta*) unsauber anblasen ❷ (*billar*) einen Fehlstoß machen **II.** *vt* (*Arg, And*) verhöhnen

pigmentación [piɣmenta'θjon] *f* Pigmentierung *f*

pigmentar [piɣmen'tar] *vt* pigmentieren

pigmento [piɣ'mento] *m* (BIOL) Pigment *nt;* (*pintura*) Farbstoff *m*

pigmeo, -a [piɣ'meo, -a] *m, f* Pygmäe, -in *m, f;* (*enano*) Zwerg(in) *m(f);* (*pey*) Knirps *m*

pignorar [piɣno'rar] *vt* verpfänden

piído [pi'iðo] *m* Piepen *nt*

pija ['pixa] *f* (*Am: vulg: pene*) Schwanz *m fam*

pijada [pi'xaða] *f* (*argot: tontería*) Blödsinn *m;* **¡eso son** ~**s!** das ist doch ausgemachter Blödsinn!

pijama [pi'xama] *m* Schlafanzug *m*

pijo[1] ['pixo] *m* (*vulg: pene*) Schwanz *m fam;* **¡y un** ~! verdammte Scheiße!

pijo, -a[2] ['pixo, -a] *m, f* (*argot*) Yuppie *m fam*

pijotada [pixo'taða] *f* (*vulg*) *v.* **pijada**

pijotero, -a [pixo'tero, -a] *adj* ❶ (*pey: fastidioso*) lästig ❷ (*Am: tacaño*) knickerig

pila ['pila] *f* ❶ (*recipiente*) Becken *nt;* (*lavadero*) Spülbecken *nt;* (*fuente*) Brunnenbecken *nt;* (*bautismal*) Taufbecken *nt;* **nombre de** ~ Taufname *m* ❷ (FÍS) Batterie *f;* ~ **reversible** Akku(mulator)batterie *f*

❸ (*montón*) Stapel *m;* **una ~ de libros** ein Stapel Bücher ❹ (ARQUIT) Brückenpfeiler *m* ❺ (INFOR): **~ de discos** (Magnetplatten)laufwerk *nt*

pila-botón ['pila-βo'ton] *f* <pilas-botón> (*batería*) Babyzelle *f*

pilar [pi'lar] *m* ❶ (*camino*) Wegweiser *m* ❷ (*columna*) Säule *f* ❸ (*fuente*) Brunnenbecken *nt* ❹ (*apoyo*) Stütze *f*

pilastra [pi'lastra] *f* (ARQUIT) Pilaster *m*

píldora ['pildora] *f* Pille *f;* **la ~** (**anticonceptiva**) die (Antibaby)pille; **dorar la ~ a alguien** jdm die bittere Pille versüßen; **me tragué la ~** (*fig*) ich habe es geschluckt

pileta [pi'leta] *f* (*RíoPl*) ❶ (*de cocina*) Spülbecken *nt* ❷ (*piscina*) Schwimmbad *nt* ❸ (*abrevadero*) Tränke *f*

pillaje [pi'ʎaxe] *m* Plünderung *f*

pillar [pi'ʎar] *vt* ❶ (*encontrar*) antreffen; (*en flagrante*) ertappen; **me pillas de buen humor** ich bin heute gut gelaunt; **la noche nos pilló en el monte** die Nacht überraschte uns auf dem Berg; **eso no me pilla de sorpresa** das ist für mich keine Überraschung; **aquí te pillo, aquí te mato** (*fig*) jetzt oder nie; **tu casa nos pilla de camino** dein Haus liegt für uns auf dem Weg; **Correos no nos pilla cerca** die Post ist nicht gerade nah für uns ❷ (*atropellar*) überfahren ❸ (*entender*) verstehen ❹ (*robar*) rauben ❺ (*Arg: orinar*) pinkeln *fam*

pillastre [pi'ʎastre] *m* (*fam*) Gauner *m*

pillería [piʎe'ria] *f* Schurkenstreich *m*

pillín, -ina [pi'ʎin, -ina] *adj* schlau

pillo, -a ['piʎo, -a] I. *adj* (*fam*) schlau II. *m, f* (*fam*) Gauner(in) *m(f)*

pilluelo, -a [pi'ʎwelo, -a] *adj* (*fam*) schlau

pilón [pi'lon] *m* ❶ (*lavadero*) (Brunnen)becken *nt;* (*abrevadero*) Tränke *f* ❷ (*mortero*) Mörser *m* ❸ (*pesa*) Läufer *m* ❹ (ARQUIT) Säule *f*

piloso, -a [pi'loso, -a] *adj* behaart, Haar-

pilotaje [pilo'taxe] *m* ❶ (*dirigir*) Steuern *nt* ❷ (*ciencia*) Lotsenkunde *f* ❸ (*tasa*) Lotsengeld *nt* ❹ (ARQUIT) Pfahlwerk *nt*

pilotar [pilo'tar] *vt* (*barco*) lotsen; (*coche, avión*) steuern

pilote [pi'lote] *m* Pfahl *m*

piloto¹ [pi'loto] *m* (*lámpara*) Warnlampe *f*

piloto² [pi'loto] I. *mf* ❶ (NÁUT) Steuermann *m;* (*práctico*) Lotse, -in *m, f* ❷ (AERO) Pilot(in) *m(f);* **poner el ~ automático** den Autopiloten einschalten ❸ (AUTO) Fahrer(in) *m(f);* **~ de carreras** Rennfahrer(in) *m(f)* II. *adj* (*de prueba*) Versuchs-; (*de modelo*) Muster-; **experiencia ~** Pilotversuch *m*

piltrafa [pil'trafa] *f* ❶ (*carne*) schlechtes Fleisch *nt* ❷ (*persona*) Wrack *nt*

pilucho, -a [pi'luʧo, -a] *adj* (*Chil*) nackt

pimentero [pimen'tero] *m* ❶ (BOT) Pfefferstrauch *m* ❷ (*vasija*) Pfefferstreuer *m*

pimentón [pimen'ton] *m* Paprika *m*

pimienta [pi'mjenta] *f* Pfeffer *m*

pimiento [pi'mjento] *m* Paprika *m;* **~ encarnado** roter Paprika; **me importa un ~ lo que él diga** es ist mir vollkommen wurscht, was er sagt

pimpante [pim'pante] *adj* elegant; (*lozano*) stramm

pimpollo [pim'poʎo] *m* ❶ (*capullo*) Rosenknospe *f* ❷ (*monada*) hübsches Kind *nt;* **estás hecho un ~** du bist wie der junge Frühling ❸ (*brote*) Trieb *m*

pimpón [pim'pon] *m* (DEP) Tischtennis *nt*

pin [pin] *m inv* Stift *m*

PIN [pin] *abr de* **personal identification number** PIN

pinacoteca [pinako'teka] *f* Pinakothek *f*

pináculo [pi'nakulo] *m* Giebel *m*

pinar [pi'nar] *m* Kiefernwald *m*

pincel [pin'θel] *m* Pinsel *m*

pincelada [pinθe'laða] *f* Pinselstrich *m;* **dar las últimas ~s** (*fig*) den letzten Schliff geben

pincelar [pinθe'lar] *vt* (be)malen; (*retratar*) porträtieren

pinchadiscos [pinʧa'ðiskos] *mf inv* Diskjockey *m*

pinchar [pin'ʧar] I. *vi* ❶ (*rueda*) einen Platten haben ❷ (*fracasar*) versagen; **ese aquí ni pincha ni corta** der hat hier gar nichts zu melden II. *vt* ❶ (*alfiler*) stechen ❷ (*estimular*) aufreizen; (*mortificar*) kränken ❸ (*inyección*) eine Spritze geben +*dat;* **tengo que ir al médico para que me pinche** ich muss zum Arzt und mir eine Spritze geben lassen ❹ (*teléfono*) anzapfen III. *vr:* **~se** ❶ (*alfiler*) sich stechen ❷ (*rueda*): **se nos ha pinchado una rueda** wir haben einen Platten ❸ (*insulina*) sich *dat* spritzen ❹ (*argot: drogarse*) sich *dat* einen Schuss setzen

pinchazo [pin'ʧaθo] *m* ❶ (*espina*) Stich *m;* **me dieron unos ~s insoportables en el estómago** ich spürte heftige Stiche im Magen ❷ (*neumático*) Reifenpanne *f;* **tuvimos un ~ tras la curva** nach der Kurve hatten wir einen Platten

pinche ['pinʧe] *mf* Küchenhilfe *f*

pinchito [pin'ʧito] *m* (*tapat*) Snack *m;* (*en un palillo*) Spieß *m*

pincho ['pinʧo] *m* (*avispa*) Stachel *m;* (*rosa*) Dorn *m*

i **Land & Leute**

Pincho ist ein Snack oder Imbiss, eine kleine Mahlzeit für zwischendurch. Da man in Spanien sehr spät zu Mittag isst, ist es üblich zwischen elf und dreizehn Uhr, einen **pincho** in einer *bar–Kneipe* oder in einem Café zu sich zu nehmen. Abends ist es üblich, eine Runde durch die *bares* zu machen, um **pinchos** zu essen; das nennt man „ir de pinchos".

pinciano, -a [piŋ'θjano, -a] I. *adj* aus Valladolid II. *m, f* Einwohner(in) *m(f)* von Valladolid

pinedo [pi'neðo] *m* ⟨AmC⟩ Kiefernwald *m*

pingajo [piŋ'gaxo] *m* ⟨fam⟩ Fetzen *m*

pingo ['piŋgo] *m* ❶⟨fam: harapo⟩ Fetzen *m* ❷⟨fam pey: mujer⟩ Schlampe *f* ❸⟨CSur: caballo⟩ Pferd *nt* ❹⟨loc, fam⟩: **ir de ~** die Zeit vertrödeln; **poner a alguien hecho un ~** jdn ordentlich herunterputzen

pingonear [piŋgone'ar] *vi* ⟨fam⟩ die Zeit vertrödeln

ping-pong [piŋ'poŋ] *m sin pl* Tischtennis *nt*

pingüe ['piŋgwe] *adj* ⟨negocio⟩ einträglich; **~s beneficios** hohe Gewinne

pingüino [piŋ'gwino] *m* Pinguin *m*

pino ['pino] *m* ❶⟨árbol, madera⟩ Kiefer *f*; **~ piñonero** Pinie *f* ❷⟨loc⟩: **hacer el ~** ⟨DEP⟩ einen Handstand machen; **vivir en el quinto ~** sehr weit weg wohnen

pinta ['pinta] *f* ❶⟨mancha⟩ Flecken *m*; ⟨animal⟩ Tüpfel *m o nt*; **a ~s** getupft ❷⟨fam: aspecto⟩ Aussehen *nt*; **tener ~ de caro** teuer aussehen; **tener buena ~** ⟨GASTR⟩ lecker aussehen; ⟨persona⟩ gut aussehen; **sacar por la ~** am Aussehen erkennen

pintada [pin'taða] *f* ❶⟨ZOOL⟩ Perlhuhn *nt* ❷⟨pared⟩ Wandkritzelei *f*

pintado, -a [pin'taðo, -a] *adj* ⟨animal⟩ gesprenkelt; **papel ~** Tapete *f*; **eso viene como ~** das kommt wie gerufen; **el traje te sienta que ni ~** das Kostüm steht dir ausgezeichnet; **no lo puedo ver ni ~** ich kann ihn nicht ausstehen

pintalabios [pinta'laβjos] *m inv* Lippenstift *m*

pintamonas [pinta'monas] *mf inv* schlechter Maler *m*, schlechte Malerin *f*

pintar [pin'tar] I. *vi* ❶⟨ARTE⟩ malen ❷⟨bolígrafo⟩ schreiben II. *vt* ❶⟨pared⟩ (an)streichen; ⟨con dibujos⟩ bemalen; **~ de azul** blau (an)streichen; **¡recién pintado!** frisch gestrichen! ❷⟨cuadro⟩ malen; **¿qué pinta ese aquí?** ⟨fig⟩ was hat der denn hier zu suchen?; **no ~ nada** ⟨fig: persona⟩ nichts zu sagen haben; ⟨asunto⟩ nicht von Bedeutung sein ❸⟨describir⟩ schildern III. *vr:* **~se** sich schminken

pintarrajear [pintarraxe'ar] I. *vi* ⟨fam⟩ klecksen II. *vt* ⟨fam⟩ beklecksen

pinto, -a ['pinto, -a] *adj* gesprenkelt

pintor(a) [pin'tor(a)] *m(f)* Maler(in) *m(f)*

pintoresco, -a [pinto'resko, -a] *adj* malerisch

pintura [pin'tura] *f* ❶⟨arte⟩ Malerei *f*; **~ a la aguada** Aquarellmalerei *f*; **~ al óleo** Ölmalerei *f*; **~ rupestre** Höhlenmalerei *f*; **voy a clases de ~** ich habe Malunterricht ❷⟨cuadro⟩ Gemälde *nt*; **no lo puedo ver ni en ~** ich kann ihn nicht ausstehen ❸⟨color⟩ Farbe *f*; ⟨barniz⟩ Lack *m*; **caja de ~s** Malkasten *m*; **dar una capa de ~ a algo** etw (über)streichen

pinturero, -a [pintu'rero, -a] I. *adj* eingebildet II. *m, f* eingebildeter Mensch *m*

pinza(s) ['pinθa(s)] *f(pl)* ❶⟨tenacilla⟩ Zange *f*; ⟨para la ropa⟩ Wäscheklammer *f*; ⟨para depilar⟩ Pinzette *f* ❷⟨costura⟩ Abnäher *m* ❸⟨cangrejo⟩ Schere *f*

pinzamiento [pinθa'mjento] *m* ⟨MED⟩ Klammern *nt*

pinzar [pin'θar] <z→c> *vt* mit der Klemme nehmen

pinzón [pin'θon] *m* Fink *m*

piña ['piŋa] *f* ❶⟨pino⟩ Kiefernzapfen *m* ❷⟨fruta⟩ Ananas *f*

piñata [pi'ɲata] *f* ❶⟨olla⟩ Kochtopf *m* ❷⟨en una fiesta⟩ geschmücktes Tongefäß mit Süßigkeiten für Kinder, das zerschlagen wird

piñón [pi'ɲon] *m* ❶⟨pino⟩ Pinienkern *m*; **estar a partir un ~ con alguien** ⟨fam⟩ mit jdm dick befreundet sein ❷⟨TÉC⟩ Zahnrad *nt*

pío¹ [pio] *m* Piepen *nt*; **no decir ni ~** keinen Piep sagen *fam*; **¡~, ~, ~!** put, put, put!

pío, -a² [pio, -a] *adj* ⟨piadoso⟩ fromm; ⟨bondadoso⟩ gutherzig; **monte ~** berufsgenossenschaftliche Kasse; **obra pía** karitative Stiftung

piocha ['pjotʃa] *adj* ⟨Méx: fam: magnífico⟩ super

piojo ['pjoxo] *m* Laus *f*; **estar como ~s en costura** eingepfercht sein

piojoso, -a [pjo'xoso, -a] I. *adj* ❶⟨con piojos⟩ verlaust; ⟨miserable⟩ lumpig; ⟨sucio⟩ schmutzig ❷⟨pey: mezquino⟩ gemein

II. *m*, *f* (*pey*) Bösewicht *m*
piola ['pjola] *f* (*AmS: cuerda*) Schnur *f*
piolet [pjo'let] *m* Eispickel *m*
piolín [pjo'lin] *m* (*AmS*) Schnur *f*
pionero, -a [pjo'nero, -a] *m*, *f* Pionier(in) *m(f)*
pipa ['pipa] *f* ❶ (*fumador*) Pfeife *f*; **preparar la ~** die Pfeife stopfen ❷ (*tonel*) Weinfässchen *nt* ❸ (*fruta*) Kern *m* ❹ (*CRi: fam: cabeza*) Rübe *f* ❺ (*argot: pistola*) Ballermann *m* ❻ *pl* (*de girasol*) (geröstete) Sonnenblumenkerne *mpl* ❼ (*loc, fam*): **lo pasamos ~** wir haben uns sehr gut amüsiert

---

---

pipe ['pipe] *m* (*AmC: camarada*) Kumpel *m*
pipeta [pi'peta] *f* (QUÍM) Pipette *f*
pipí [pi'pi] *m* (*fam*) Pipi *nt*
pipiolo, -a [pi'pjolo, -a] *m*, *f* ❶ (*irón: novato*) Anfänger(in) *m(f)* ❷ (*Méx: niño*) Kind *nt*
pique ['pike] *m* ❶ (*rivalidad*) Groll *m*; **menudo ~ se traían entre ellos** sie waren ziemlich wütend aufeinander ❷ (*Arg, Par, Nic: camino*) Schneise *f* ❸ (*loc*): **irse a ~** (NÁUT) sinken; (*plan*) scheitern
piqueta [pi'keta] *f* Spitzhacke *f*
piquete [pi'kete] *m* ❶ (*huelga*) Streikposten *m* ❷ (MIL) Kommando *nt* ❸ (*jalón*) Pflock *m*
pira ['pira] *f* (*hoguera*) Lagerfeuer *nt*; **~ funeraria** Scheiterhaufen *m*
pirado, -a [pi'raðo, -a] I. *adj* (*argot*) bekloppt II. *m*, *f* (*argot*) Irre(r) *mf*
piragua [pi'raɣwa] *f* Kanu *nt*
piragüismo [piraɣ'wismo] *m* Kanusport *m*
piragüista [piraɣ'wista] *mf* (DEP) Kanufahrer(in) *m(f)*
piramidal [pirami'ðal] *adj* pyramidenförmig
pirámide [pi'ramiðe] *f* Pyramide *f*
piraña [pi'raɲa] *f* Piranha *m*
pirarse [pi'rarse] *vr* (*argot*) verschwinden; **~ de la clase** den Unterricht schwänzen

pirata [pi'rata] I. *mf* Pirat(in) *m(f)* II. *adj* Raub-; **emisora ~** Piratensender *m*
piratear [pirate'ar] *vi* Seeraub begehen; (*copiar*) Raubdrucke herstellen
piratería [pirate'ria] *f* Piraterie *f*; **~ informática** (INFOR) Computerpiraterie *f*
pirca ['pirka] *f* (*AmC*) Steinmauer *f*
pirenaico, -a [pire'naiko, -a] *adj* Pyrenäen-; **el Aneto es el pico ~ más elevado** der (Pico de) Aneto ist der höchste Gipfel der Pyrenäen
Pirineos [piri'neos] *mpl* Pyrenäen *pl*
piripi [pi'ripi] *adj* (*fam*) leicht beschwipst
piromanía [piroma'nia] *f* (MED, PSICO) Pyromanie *f*
pirómano, -a [pi'romano, -a] *m*, *f* Pyromane, -in *m*, *f*
piropear [pirope'ar] *vt* (*fam*) Komplimente machen +*dat*
piropo [pi'ropo] *m* ❶ (*fam: lisonja*) Kompliment *nt*; **echar ~s** Komplimente machen ❷ (*granate*) Pyrop *m*
pirotecnia [piro'teɣnia] *f sin pl* Pyrotechnik *f*
pirrarse [pi'rrarse] *vr* (*argot*) verrückt sein (*por* nach +*dat*)
pírrico, -a ['pirriko, -a] *adj* Pyrrhus-; **victoria pírrica** Pyrrhussieg *m*
pirueta [pi'rweta] *f* Pirouette *f*
piruleta [piru'leta] *f*, **pirulí** [piru'li] *m* <pirulís> Lutscher *m*
pis [pis] *m* (*fam*) Pipi *nt*
pisa ['pisa] *f* ❶ (*acción de pisar*) Treten *nt* ❷ (*fam: paliza*) Tracht *f* Prügel
pisada [pi'saða] *f* ❶ (*acción*) Tritt *m* ❷ (*huella*) Fußstapfen *m*; **seguir las ~s de alguien** (*fig*) in jds Fußstapfen treten ❸ (*patada*) Fußtritt *m*
pisapapeles [pisapa'peles] *m inv* Briefbeschwerer *m*
pisar [pi'sar] *vt* ❶ (*poner el pie*) treten; **¡no pises las flores!** tritt nicht auf die Blumen!; **me han pisado en el bus** jemand ist mir im Bus auf den Fuß getreten; **ir pisando huevos** (*fig*) wie auf Eiern gehen; **~ los talones a alguien** (*fig*) jdm auf den Fersen folgen; **~ fuerte** (*fig*) selbstbewusst auftreten ❷ (*entrar*) betreten ❸ (*uvas, aceitunas*) keltern; (*tierra*) stampfen ❹ (*humillar*) schikanieren ❺ (*fam: planes*) vereiteln; **con su proyecto me pisan el terreno** mit ihrem Vorhaben kommen sie mir ins Gehege; **me han pisado el tema** sie sind mir mit dem Thema zuvorgekommen
piscicultura [pisθikul'tura] *f* Fischzucht *f*
piscifactoría [pisθifakto'ria] *f* Fischzucht *f*; **~ de truchas** Forellenzucht *f*

piscina [pis'θina] *f* Schwimmbad *nt;* ~ **cubierta** Hallenbad *nt*

Piscis [pis'θis] *m* (ASTR) Fische *mpl*

piscolabis [pisko'laβis] *m inv* (*fam*) Imbiss *m*

piso ['piso] *m* ❶ (*pavimento*) (Fuß)boden *m;* (*calle*) Pflaster *nt* ❷ (*planta*) Stock *m;* **de dos ~s** zweistöckig ❸ (*zapato, t.* MIN) Sohle *f* ❹ (*vivienda*) Wohnung *f*

pisotear [pisote'ar] *vt* niedertreten; (*fig*) mit Füßen treten

pisotón [piso'ton] *m* Tritt *m;* **dar un ~ a alguien** jdm auf den Fuß treten

pispar [pis'par] *vt* (*Arg: oír*) belauern; (*observar*) beobachten

pista ['pista] *f* ❶ (*huella, indicio*) Spur *f;* **estar sobre la buena ~** auf der richtigen Spur sein; **seguirle la ~ a alguien** jdn verfolgen ❷ (*circo, t.* AERO, DEP) Piste *f;* (*de baile*) Tanzfläche *f;* ~ **de esquí de fondo** Loipe *f* ❸ (*camino*) Rollbahn *f* ❹ (INFOR) Trackball *m*

pistacho [pis'tatʃo] *m* Pistazie *f*

pistero [pis'tero] *m* (*taza*) Schnabeltasse *f*

pistilo [pis'tilo] *m* (BOT) Stempel *m*

pisto ['pisto] *m* ❶ (*caldo*) Hühnerbrühe *f* ❷ (*fritada*) Gemüsepfanne *f* ❸ (*mezcla*) Mischmasch *m* ❹ (*AmC: dinero*) Geld *nt* ❺ (*loc*): **él se da mucho ~** er ist ein alter Angeber

pistola [pis'tola] *f* ❶ (*arma*) Pistole *f* ❷ (*del pintor*) Spritzpistole *f*

pistolera [pisto'lera] *f* (Pistolen)halfter *m*

pistolero, -a [pisto'lero, -a] *m, f* Bandit(in) *m(f)*

pistoletazo [pistole'taθo] *m* (Pistolen)schuss *m*

pistón [pis'ton] *m* ❶ (*émbolo*) Kolben *m* ❷ (*arma*) Sprengkapsel *f* ❸ (MÚS) Klappe *f*

pistonudo, -a [pisto'nuðo, -a] *adj* (*argot*) stark

pita ['pita] *f* ❶ (BOT) Agave *f* ❷ (*fam: gallina*) Henne *f;* **¡~, ~, ~!** put, put, put!

pitanza [pi'tanθa] *f* ❶ (*alimentos*) Essen *nt;* (*ración*) Ration *f* ❷ (*precio*) Entgelt *nt*

pitar [pi'tar] **I.** *vt, vi* ❶ (*tocar*) pfeifen; **me pitan los oídos** ich habe Ohrensausen ❷ (*pagar*) zahlen ❸ (*AmS: fumar*) rauchen ❹ (*Chil: engañar*) betrügen **II.** *vi* ❶ (*fam: funcionar*) gut laufen ❷ (*loc*): **salir pitando** eilig davonlaufen; **¡con la mitad vas que pitas!** mit der Hälfte hast du mehr als genug!

pitido [pi'tiðo] *m* Pfiff *m*

pitillera [piti'ʎera] *f* (*estuche*) Zigarettenetui *nt*

pitillo [pi'tiʎo] *m* Zigarette *f*

pito¹ ['pito] *m* ❶ (*silbato*) Pfeife *f;* (*claxon*)

Hupe *f;* **hacer ~s** (mit den Fingern) schnippen; **por ~s o por flautas no puedes ayudarme** (*fam*) du hast immer einen Grund, weshalb du mir nicht helfen kannst; **tomar a alguien por el ~ del sereno** (*fam*) jdn nicht ernst nehmen; **no me importa un ~** (*fam*) das ist mir schnuppe; **no valer un ~** (*fam*) keinen Pfifferling wert sein ❷ (*canica*) Murmel *f;* **jugar a los ~s** mit Murmeln spielen ❸ (*cigarro*) Zigarette *f* ❹ (*fam: pene*) Pimmel *m*

pito, -a² ['pito, -a] *adj* (*fam*) elegant; **iba todo ~** er sah aus wie geleckt

pitón [pi'ton] *m* ❶ (ZOOL) Pythonschlange *f* ❷ (*cuerno*) Hornspitze *f;* (*toro*) Horn *nt* ❸ (*pitorro*) Schnabel *m*

pitonisa [pito'nisa] *f* Wahrsagerin *f*

pitorrearse [pitorre'arse] *vr* (*fam*) sich lustig machen (*de* über + *akk*)

pitorreo [pito'rreo] *m* (*fam*) Spott *m;* **¡esto es un ~!** das ist ja der reine Hohn!

pitorro [pi'torro] *m* (*fam*) Schnabel *m*

pitufo [pi'tufo] *m* (*fam*) Schlumpf *m*

pituita [pi'twita] *f* Schleim *m*

pituitario, -a [pitwi'tarjo, -a] *adj* schleimig; **glándula pituitaria** Hypophyse *f;* **membrana pituitaria** Nasenschleimhaut *f*

pívot ['piβoˀt] *mf* (DEP) mittlerer Angriffsspieler *m,* mittlere Angriffsspielerin *f*

pivotar [piβo'tar] *vi:* ~ **en torno a un asunto** sich um ein Thema drehen

pivote [pi'βote] *m* (TÉC) Zapfen *m*

pixel ['piˠsel] *m* Pixel *nt*

piyama [pi'ɟama] *m* (*Am*) Schlafanzug *m*

pizarra [pi'θarra] *f* ❶ (*roca*) Schiefer *m* ❷ (*encerado*) (Schiefer)tafel *f*

pizarrín [piθa'rrin] *m* Griffel *m*

pizarrón [piθa'rron] *m* (*Am: encerado*) (Wand)tafel *f*

pizca ['piθka] *f* ❶ (*fam: poco*) kleines Stück *nt;* **una ~** ein bisschen; **una ~ de sal** eine Prise Salz; **no tienes ni ~ de vergüenza** du schämst dich wohl überhaupt nicht ❷ (*Méx: cosecha*) Ernte *f*

pizcar [piθ'kar] <c→qu> *vt* (*Méx*) ernten

pizco ['piθko] *m* ❶ (*poco*) kleines Stück *nt;* **un ~** ein bisschen ❷ (*fam: pellizco*) Kneifen *nt*

pizpireta [piθpi'reta] *adj* (*mujer*) lebhaft

pizza ['pitsa] *f* Pizza *f*

pizzería [pitse'ria] *f* Pizzeria *f*

placa ['plaka] *f* ❶ (*lámina*) Platte *f;* ~ **giratoria** Drehscheibe *f* ❷ (*cartel*) Schild *nt;* ~ **conmemorativa** Gedenktafel *f* ❸ (*plancha, t.* FOTO, INFOR) Scheibe *f,* Platte *f;* ~ **gráfica 16 colores** Grafikkarte 16-farbig; ~ **solar fotovoltaica** Sonnenkollektor *m* ❹ (AUTO) Nummernschild *nt* ❺ (MED): ~

dental Zahnbelag *m*

placebo [pla'θeβo] *m* (MED) Placebo *nt*

pláceme ['plaθeme] *m* Glückwunsch *m*

placenta [pla'θeṇta] *f* Plazenta *f*

placentero, -a [plaθeṇ'tero, -a] *adj* angenehm

placentino, -a [plaθeṇ'tino, -a] I. *adj* aus Plasencia II. *m, f* Einwohner(in) *m(f)* von Plasencia

placer [pla'θer] I. *m* (*goce*) Freude *f*; **con sumo** ~ mit großem Vergnügen (*sexual*) Lust *f*; **casa de** ~ Bordell *nt* (*arena*) Sandbank *f* II. *vi irr como crecer* gefallen +*dat*; **¡haré lo que me plazca!** ich werde das tun, wozu ich Lust habe!

placero, -a [pla'θero, -a] *m, f* (*Am: vendedor*) Straßenverkäufer(in) *m(f)*

plácet ['plaθeᵗ] *m* (*formal*) Zustimmung *f*; **dar el** ~ **a algo** sein Plazet zu etw *dat* geben

placidez [plaθi'ðeθ] *f* Ruhe *f*

plácido, -a ['plaθiðo, -a] *adj* ruhig

plafón [pla'fon] *m* Deckenleuchte *f*

plaga ['playa] *f* (AGR) Plage *f* (*calamidades*) Leid *nt*; (*lacra*) Geißel *f* (*abundancia*) Überfluss *m* (*de* an +*dat*); **este año hemos tenido una** ~ **de cerezas** dieses Jahr hatten wir eine Kirschenschwemme

plagado, -a [pla'yaðo -a] *adj* voll (*de* mit +*dat*); **el texto estaba** ~ **de faltas** der Text wimmelte von Fehlern; **la casa está plagada de cucarachas** das Haus ist voller Kakerlaken

plagar [pla'yar] <g→gu> I. *vt* (*llenar*) voll stopfen (*de* mit +*dat*); ~**on la ciudad de carteles** die Stadt wurde vollkommen zuplakatiert II. *vr:* ~**se** heimgesucht werden (*de* von +*dat*); **el pueblo se plagó de ratas** das Dorf wurde von einer Rattenplage heimgesucht

plagiar [pla'xjar] *vt* (*copiar*) abschreiben (*Am: secuestrar*) entführen

plagio ['plaxjo] *m* (*copia*) Plagiat *nt* (*Am: secuestro*) Entführung *f*

plaguicida [playi'θiða] *m* (AGR) Pflanzenschutzmittel *nt*

plan [plan] *m* (*proyecto*) Plan *m*; ~ **de emergencia** Notstandsplan *m*; **si no tienes** ~ **para esta noche paso a buscarte** wenn du heute Abend noch nichts vorhast, hole ich dich ab (*argot: ligue*) (Liebes)bekanntschaft *f* (*loc*): **esto no es** ~ (*argot*) so geht es nicht (weiter); **en** ~ **de ... als ...**; **está en un** ~ **que no lo soporto** (*argot*) so, wie er zur Zeit drauf ist, ertrage ich ihn nicht

plana ['plana] *f* (*folio*) Seite *f*; **a toda** ~ ganzseitig; **un artículo en primera** ~ ein Artikel auf der ersten Seite (*caligrafía*) Schreibübung *f* (*planicie*) Ebene *f* (*loc*): **la** ~ **mayor del partido** die Parteispitze

plancha ['plantʃa] *f* (*lámina*) Platte *f*; (TIPO) Druckplatte *f* (*para ropa*) Bügeleisen *nt* (NÁUT) Laufplanke *f* (*fam: desacierto*) Blamage *f*; **hacer** [*o* **tirarse**] **una** ~ sich blamieren (GASTR): **a la** ~ gegrillt

planchado¹ [plan'tʃaðo] *m* (*acción*) Bügeln *nt*; (*ropa*) Bügelwäsche *f*

planchado, -a² [plan'tʃaðo, -a] *adj* (*AmC: acicalado*) geschniegelt *fam* (*loc*): **lo dejé** ~ (*fam fig*) er war platt

planchar [plan'tʃar] *vt* bügeln

planchazo [plan'tʃaθo] *m* (*ropa*) kurzes Bügeln *nt* (*desacierto*) Blamage *f*

plancton ['plaⁿkton] *m sin pl* Plankton *nt*

planeador [planea'ðor] *m* (AERO) Segelflugzeug *nt*

planeadora [planea'ðora] *f* (*embarcación*) schnelles Boot mit Außenbordmotor

planeamiento [planea'mjeṇto] *m* Planung *f*; ~ **preliminar** Vorplanung *f*

planear [plane'ar] I. *vi* (*ave*) schweben; (AERO) gleiten II. *vt* planen

planeta [pla'neta] *m* (ASTR) Planet *m*

planetario¹ [plane'tarjo] *m* Planetarium *nt*

planetario, -a² [plane'tarjo, -a] *adj* Planeten-

planicie [pla'niθje] *f* Ebene *f*

planificación [planifika'θjon] *f* Planung *f*; ~ **regional** Raumplanung *f*

planificador(a) [planifika'ðor(a)] *m(f)* Planer(in) *m(f)*; ~ **económico** Wirtschaftsplaner *m*

planificar [planifi'kar] <c→qu> *vt* planen

planisferio [planis'ferjo] *m* Sternkarte *f*

plano¹ ['plano] *m* (MAT) Ebene *f*; ~ **inclinado** schiefe Ebene (*mapa*) Plan *m*; **levantar un** ~ einen Plan entwerfen (CINE): **primer** ~ Großaufnahme *f*; **en primer** ~ (*delante*) im Vordergrund (*loc*): **de** ~ durchaus; **aceptó de** ~ **nuestra propuesta** er/sie nahm unseren Vorschlag ohne Einschränkungen an

plano, -a² ['plano, -a] *adj* flach; **superficie plana** Ebene *f*

planta ['plaṇta] *f* (BOT) Pflanze *f*; ~ **anual** einjährige Pflanze; ~ **bulbosa** Zwiebelgewächs *nt*; ~ **de interior** Zimmerpflanze *f*; ~ **medicinal** Arzneipflanze *f*; ~ **vivaz** Staude *f* (*pie*) Fußsohle *f* (*fábrica*) Anlage *f*; ~ **de abastecimientos de agua** Wasserwerk *nt*; ~ **de compost** Kompostieranlage *f*; ~ **incineradora** Müllverbrennungsanlage f; ~ **de reciclaje de basuras** Müllaufbereitungsanlage f; ~ **siderúrgica** Stahlwerk nt ④ (Am: ELEC:): ~ **de energía atómica/hidráulica** Atomkraft-/Wasserkraftwerk nt ⑤ (piso) Stockwerk nt; ~ **alta/baja** Ober-/Erdgeschoss nt ⑥ (AR-QUIT) Grundriss m; (proyecto) Bauplan m ⑦ (loc): **tener buena** ~ gut aussehen

plantación [planta'θjon] f Pflanzung f; (finca) Plantage f

plantado, -a [plan'taðo, -a] adj (fam): **bien** ~ (atractivo) gut aussehend

plantar [plan'tar] **I.** vt ① (bulbo) pflanzen; **han plantado el monte** der Berg ist aufgeforstet worden ② (clavar) befestigen; ~ **una tienda de campaña** ein Zelt aufschlagen ③ (fam: tortazo) versetzen ④ (fam: cita) versetzen; **desapareció y me dejó plantado** er/sie verschwand und ließ mich einfach stehen; **dejó plantada a su novia** er ließ seine Freundin sitzen; **lo ~on en la calle** man hat ihn entlassen ⑤ (abandonar) aufgeben **II.** vr: ~**se** ① (resistirse) sich widersetzen (ante + dat) ② (asno, perro) nicht von der Stelle wollen ③ (aparecer) auftauchen; **se ~on en mi casa en un periquete** sie waren blitzschnell bei mir ④ (negarse) sich hartnäckig weigern ⑤ (en los naipes) passen; **aquí me planto** ich passe

plante ['plante] m Streik m; **dar** ~ **a alguien** jdn sitzen lassen

planteamiento [plantea'mjento] m ① (idea) Gesichtspunkt m; **tu** ~ **de la cuestión no me parece el adecuado** dein Ansatz scheint mir nicht der richtige zu sein ② (MAT) Ansatz m

plantear [plante'ar] **I.** vt ① (asunto, problema) angehen; **este problema está mal planteado** dieses Problem ist falsch angegangen worden ② (causar) verursachen; (discusión) auslösen **II.** vr: ~**se** ① (reflexionar) überdenken ② (cuestión) aufwerfen; **ahora me planteo la pregunta si...** für mich wirft sich jetzt die Frage auf, ob ...

plantel [plan'tel] m ① (vivero) Baumschule f ② (conjunto) Gruppe f ③ (Arg: plantilla) Belegschaft f

planteo [plan'teo] m (Arg) Protest m

plantificar [plantifi'kar] <c→qu> **I.** vt (golpe) versetzen **II.** vr: ~**se** auftauchen; **se plantificó allí al poco tiempo** er/sie war in kürzester Zeit da

plantilla [plan'tiʎa] f ① (empleados) Belegschaft f; ~ **de profesores** Lehrerschaft f ② (zapato) Einlegesohle f ③ (zapatero) Brandsohle f ④ (patrón) Schablone f

⑤ (equipo) Mannschaft f

plantío [plan'tio] m ① (plantación) Pflanzung f ② (terreno) Garten m; (AGR) Plantage f ③ (lo plantado) Bepflanzung f

plantón [plan'ton] m ① (AGR) Setzling m ② (loc): **dar un** ~ **a alguien** jdn versetzen; **y ahora estoy de** ~ jetzt muss ich hier stehen und warten

plañidero, -a [plaɲi'ðero, -a] adj (lloroso) weinerlich; (lastimero) erbärmlich

plañir [pla'ɲir] <3. pret: plañó> vi jammern

plaqué [pla'ke] m (de oro) Goldüberzug m; (de plata) Silberüberzug m

plaqueta [pla'keta] f Thrombozyt m

plasma ['plasma] m Plasma nt

plasmación [plasma'θjon] f Gestaltung f; (representación) Darstellung f

plasmar [plas'mar] vt ① (moldear, t. fig) gestalten ② (representar) widerspiegeln

plasta¹ ['plasta] f (mal hecha) ≈Pfusch m; (desastre) Katastrophe f

plasta² ['plasta] mf (pey) Nervensäge f

plástica ['plastika] f Plastik f

plasticidad [plastiθi'ðað] f Plastizität f; (fig) Anschaulichkeit f

plástico¹ ['plastiko] m Kunststoff m

plástico, -a² ['plastiko, -a] adj ① (materia) Plastik-; **papel** ~ Plastikfolie f ② (modelable, expresivo) plastisch; **las artes plásticas** die bildenden Künste

plastificación [plastifika'θjon] f ① (revestimiento) Einschweißen nt in Plastik ② (con plastificante) Weichmachen nt

plastificar [plastifi'kar] <c→qu> vt (in Plastik) einschweißen

plastilina® [plasti'lina] f Plastilin® nt

plata ['plata] f ① (metal) Silber nt; ~ **labrada** Silber(geschirr) nt; ~ **de ley** Feinsilber nt; **bodas de** ~ Silberhochzeit f ② (moneda) Silbergeld nt ③ (Am: dinero) Geld nt; **¡adiós mi** ~**!** (CSur: fam) jetzt ist alles verloren! ④ (loc): **hablar en** ~ Klartext reden

plataforma [plata'forma] f ① (estrado) Podium nt ② (tranvía) Plattform f; (vagón) Plattformwagen m; ~ **de elevación** Hebebühne f; ~ **giratoria** Drehscheibe f ③ (POL) Forum nt ④ (GEO): ~ **continental** Kontinentalsockel m

platal [pla'tal] m (Am: dineral) viel Geld nt; (fig) Vermögen nt

platanero [plata'nero] m (árbol) Bananenstaude f

plátano ['platano] m ① (árbol frondoso) Platane f ② (árbol frutal tropical) Banane(n)staude f; (fruta) Banane f; ~ **guineo** Kochbanane f

platea [pla'tea] f Parkett nt

plateado, -a [plateˈaðo, -a] *adj* silbern
platear [plateˈar] *vt* versilbern
platense [plaˈtense] *adj* ❶ (*de La Plata*) aus
La Plata ❷ (*de Río de La Plata*) aus den
Rio-de-la-Plata-Ländern
platería [plateˈria] *f* ❶ (*tienda*) Juwelierge-
schäft *nt* ❷ (*taller*) Silberschmiede *f* ❸ (*vajilla*) Silbergeschirr *nt*
platero, -a [plaˈtero, -a] *m, f* Silber-
schmied(in) *m(f);* (*joyero*) Juwelier(in)
m(f)
plática [ˈplatika] *f* ❶ (*conversación*) Unterhaltung *f;* **estar de** ~ plaudern ❷ (*sermón*) Predigt *f*
platicar [platiˈkar] <c→qu> *vi* (*fam*) sich
unterhalten
platija [plaˈtixa] *f* Flunder *f*
platillo [plaˈtiʎo] *m* ❶ (*de una taza*) Untertasse *f* ❷ (*balanza*) Waagschale *f* ❸ (MÚS)
Becken *nt*
platina [plaˈtina] *f* ❶ (*microscopio*) Objekt-
tisch *m* ❷ (TIPO) Tiegel *m* ❸ (INFOR) Platine *f*
platino [plaˈtino] *m* ❶ (QUÍM) Platin *nt* ❷ *pl*
(AUTO) Unterbrecher *mpl*
plato [ˈplato] *m* ❶ (*vajilla*) Teller *m;* (*para
taza*) Untertasse *f;* **tiro al** ~ (DEP) Tontaubenschießen *nt;* **ahora tengo que pagar
los** ~**s rotos** (*fig*) nun muss ich die Sache
auch ausbaden; **tener cara de no haber
roto un** ~ **en la vida** aussehen, als ob man
keiner Fliege etwas zuleide tun könnte;
comer en un mismo ~ (*fig*) wie Pech
und Schwefel zusammenhalten ❷ (*comida*) Gericht *nt;* ~ **combinado** ≈Teller-
gericht *nt;* ~ **fuerte** Hauptgericht *nt;* (*fig*)
Hauptthema *nt;* **hoy hay** ~ **único** heute
gibt es nur einen Gang; **nos sirvieron tres**
~**s y postre** uns wurden drei Gänge und
Nachtisch serviert ❸ (*balanza*) Waagschale *f*
plató [plaˈto] *m* (CINE) Kulisse *f*
platón [plaˈton] *m* (*Am*) Schüssel *f*
platónico, -a [plaˈtoniko, -a] *adj* platonisch
platudo, -a [plaˈtuðo, -a] *adj* (*Am*) steinreich
plausibilidad [plausiβiliˈðað] *f* Plausibilität *f*
plausible [plauˈsiβle] *adj* ❶ (*loable*) lobenswert ❷ (*admisible*) plausibel
playa [ˈplaʝa] *f* ❶ (*mar*) Strand *m;* ~ **naturista** FKK-Strand *m* ❷ (*Am: espacio*)
Gelände *nt;* ~ **de estacionamiento** Parkplatz *m*
play-back [pleiˈβak] *m* <play-backs> Play-
back *nt*
play-boy [pleiˈβoi] *m* <play-boys> Play-
boy *m*

playera [plaˈʝera] *f* (*Guat, Méx: camiseta*)
T-Shirt *nt*
playeras [plaˈʝeras] *fpl* (*zapatillas*) ≈Turn-
schuhe *mpl*
plaza [ˈplaθa] *f* ❶ (*espacio, t.* COM) Platz *m;*
(*de mercado*) Marktplatz *m;* (*de toros*)
Arena *f;* ~ **de abastos** Markt *m;* **fuimos a
la** ~ **a comprar** wir sind auf den Markt
einkaufen gegangen ❷ (*asiento*) Sitzplatz
m; (*de garaje/parking*) Stellplatz *m*
❸ (*empleo*) Stelle *f* ❹ (*en instituciones/
viajes*) Platz *m*

Die **Plaza Mayor** ist der Marktplatz
bzw. Hauptplatz in einer Stadt. Man
sagt, dass Spaniens schönster Marktplatz Salamancas **Plaza Mayor** ist.
Wenn man als Fremder in Salamanca
einen Treffpunkt ausmacht, dann
bestimmt *debajo del reloj de la Plaza
Mayor.*

plazo [ˈplaθo] *m* ❶ (*vencimiento*) Frist *f;* ~
de entrega Lieferzeit *f;* ~ **de preaviso**
Kündigungsfrist *f;* **a corto/largo** ~ kurz-/
langfristig; **fuera del** ~ nicht fristgemäß;
en el ~ **de un mes** innerhalb eines
Monats; **en el banco tengo dos millones
a** ~ **fijo** ich habe auf der Bank zwei Millionen festgelegt; **¿cuándo vence el** ~ **para
la presentación de solicitudes?** wann
läuft die Bewerbungsfrist ab? ❷ (*cantidad*)
Rate *f;* **a** ~**s** auf Raten
plazoleta [plaθoˈleta] *f,* **plazuela**
[plaˈθwela] *f dim de* **plaza**
pleamar [pleaˈmar] *f* Flut *f*
plebe [ˈpleβe] *f sin pl* ❶ (HIST) Plebs *f*
❷ (*pey: chusma*) Gesindel *nt*
plebeyo, -a [pleˈβeʝo, -a] **I.** *adj* ❶ (*t.* HIST)
plebejisch ❷ (*sin linaje*) bürgerlich ❸ (*inculto*) ungebildet; (*grosero*) ungehobelt
II. *m, f* ❶ (*t.* HIST) Plebejer(in) *m(f)* ❷ (*sin
linaje*) Bürgerliche(r) *mf* ❸ (*grosero*) Grobian *m*
plebiscito [pleβisˈθito] *m* Volksbefragung *f*
plegable [pleˈɣaβle] *adj* (*papel*) faltbar;
(*mueble*) zusammenklappbar; **silla** ~
Klappstuhl *m*
plegar [pleˈɣar] *irr como* **fregar** **I.** *vt* ❶ (*doblar*) zusammenfalten; (*muebles*) zusammenklappen ❷ (*imprenta*) falzen **II.** *vr:*
~ **se** sich fügen
plegaria [pleˈɣarja] *f* Gebet *nt*
pleitear [pleiteˈar] *vt* (JUR) prozessieren
pleito [ˈpleito] *m* ❶ (JUR) Prozess *m* ❷ (*dis-*

puta) Streit *m*

plenario, -a [ple'narjo, -a] *adj:* **asamblea plenaria** Vollversammlung *f;* **sesión plenaria** Plenarsitzung *f*

plenilunio [pleni'lunjo] *m sin pl* Vollmond *m*

plenipotenciario, -a [plenipoten'θjarjo, -a] **I.** *adj* bevollmächtigt **II.** *m, f* Bevollmächtigte(r) *mf*

plenitud [pleni'tuᵈ] *f* ❶ (*totalidad*) Fülle *f;* **sensación de** ~ vollkommene Zufriedenheit ❷ (*apogeo*) Höhepunkt *m;* **en la ~ de sus facultades físicas** auf der Höhe seiner/ihrer körperlichen Fähigkeiten

pleno¹ ['pleno] *m* Plenum *nt;* **el ayuntamiento en** ~ die gesamte Stadtverwaltung

pleno, -a² ['pleno, -a] *adj* voll; ~ **empleo** Vollbeschäftigung *f;* **en el ~ uso de sus facultades mentales** unter Einsatz all seiner/ihrer geistigen Fähigkeiten; **le robaron a plena luz del día** er wurde am hellichten Tag ausgeraubt; **en ~ verano** im Hochsommer

pletórico, -a [ple'toriko, -a] *adj* strotzend (*de* vor +*dat*); ~ **de salud** kerngesund

pleura ['pleu̯ra] *f* Brustfell *nt*

pleuresía [pleu̯re'sia] *f* Rippenfellentzündung *f*

plexiglás® [pleˠsi'ɣlas] *m sin pl* Plexiglas® *nt*

pléyade ['pleˌtaᵈe] *f* ❶ (LIT) Pléiade *f* ❷ (*multitud*): **había una ~ de candidatos** es gab eine Menge Bewerber

plica ['plika] *f* versiegelter Umschlag *m*

pliego ['pljeˠo] *m* ❶ (*hoja*) Bogen *m* ❷ (*documento*) Schrift *f;* ~ **de cargos** Anklageschrift *f;* ~ **de condiciones** Ausschreibungsbedingungen *fpl* ❸ (*libro*) Heft *nt* ❹ (*comunicación*) Postsendung *f*

pliegue ['pljeˠe] *m* (*doblez, t.* GEO) Falte *f;* **el mantel cae hasta el suelo haciendo ~s** die Tischdecke fällt in Falten bis auf den Boden

plinto ['plinto] *m* ❶ (ARQUIT) Plinthe *f* ❷ (DEP) Bock *m*

plisado [pli'saᵈo] *m* Plissee *nt*

plisar [pli'sar] *vt* plissieren

plomada [plo'maᵈa] *f* (*albañilería*) Lot *nt;* **echar la ~** ausloten

plomazo [plo'maθo] *m* ❶ (*fam: pesado*) Nervensäge *f* ❷ (*perdigón*) Schusswunde *f*

plomizo, -a [plo'miθo, -a] *adj* ❶ (*color*) bleigrau ❷ (*material*) bleiern

plomo ['plomo] *m* ❶ (*metal*) Blei *nt;* **gasolina sin** ~ bleifreies Benzin; **andarse con pies de** ~ (*fig*) sehr vorsichtig sein; **caer a** ~ der Länge nach hinfallen; **ser un** ~ sehr lästig sein ❷ (*plomada*) Bleilot *nt* ❸ (*bala*)

Kugel *f* ❹ *pl* (ELEC) Sicherung *f*

pluma ['pluma] *f* ❶ (*ave*) Feder *f;* **cambiar la ~** sich mausern; **quedarse cacareando y sin ~s** trotz eines Misserfolgs noch frohlocken; **vestirse de ~s ajenas** sich mit fremden Federn schmücken ❷ (*escribir*) Feder *f;* ~ **estilográfica** Füllfederhalter *m* ❸ (*escritor*) Schriftsteller *m* ❹ (*estilo*) Stil *m*

plumada [plu'maᵈa] *f* Federstrich *m*

plumaje [plu'maxe] *m* ❶ (*ave*) Gefieder *nt* ❷ (*adorno*) Federbusch *m*

plumazo [plu'maθo] *m* (*trazo*) Federstrich *m;* **suprimieron de un ~ las subvenciones** alle Subventionen wurden auf einmal gestrichen

plúmbeo, -a ['plumbeo, -a] *adj* bleischwer; (*fig*) bleiern

plumear [plume'ar] *vt* (*Am: escribir*) schreiben

plumero [plu'mero] *m* ❶ (*limpieza*) Staubwedel *m* ❷ (*plumier*) Griffelkasten *m* ❸ (*adorno*) Federbusch *m* ❹ (*loc*): **a ése se le ve el ~** der ist leicht zu durchschauen

plumier [plu'mjer] *m* (*caja*) Griffelkasten *m;* (*estuche*) Federmäppchen *nt*

plumilla [plu'miʎa] *f* Feder *f*

plumón [plu'mon] *m* ❶ (*ave*) Daune *f* ❷ (*cama*) Federbett *nt*

plural [plu'ral] **I.** *adj* vielfältig; **número ~** Plural *m* **II.** *m* Plural *m;* ~ **mayestático** Pluralis majestatis *m*

pluralidad [plurali'ᵈaᵈ] *f* Vielfältigkeit *f;* **a ~ de votos** mehrheitlich

pluralizar [plurali'θar] <z→c> *vt* ❶ (*generalizar*) verallgemeinern; **tú cuenta lo que te pasó a ti y no pluralices** erzähl, was dir passiert ist, und sprich nicht im Plural ❷ (LING) die Pluralform bilden (von +*dat*)

plurianual [plurianu'al] *adj* mehrjährig

pluriempleado, -a [pluriemple'aᵈo, -a] *m, f* Person, die mehrere Arbeitsplätze gleichzeitig hat

pluriempleo [pluriem'pleo] *m* Mehrfachbeschäftigung *f*

plurifamiliar [plurifami'ljar] *adj* Mehrfamilien-

plurilingüe [pluri'liŋgwe] *adj* (*políglota*) mehrsprachig

pluripartidismo [pluriparti'ᵈismo] *m* Mehrparteiensystem *nt*

plus [plus] *m* (*gratificación*) Zulage *f;* (*ventaja*) Vorteil *m;* **de** ~ zusätzlich; ~ **por trabajar en días festivos** Feiertagszulage *f*

pluscuamperfecto [pluskwamper'fekto] *m* Plusquamperfekt *nt*

plusmarca [plus'marka] *f* (DEP) Rekord *m*
plusmarquista [plusmar'kista] *mf* Rekordhalter(in) *m(f);* **ser el ~ mundial de lanzamiento de jabalina** den Weltrekord im Speerwerfen halten
plusvalía [plusβa'lia] *f sin pl* Mehrwert *m*
plutonio [plu'tonjo] *m* Plutonium *nt*
pluvial [plu'βjal] *adj* Regen-
pluviómetro [plu'βjometro] *m* (METEO) Regenmesser *m*
pluviosidad [pluβjosi'ðað] *f* Niederschlagsmenge *f*
P.M. [pe'eme] *f abr de* **policía militar** Militärpolizei *f*
PN ['peso 'neto] *m abr de* **peso neto** Nettogewicht *nt*
PNB [pe(e)ne'be] *m abr de* **producto nacional bruto** BSP *nt*
PNN [pe'nene] *m abr de* **producto nacional neto** Nettosozialprodukt *nt*
PNV [pene'uβe] *m abr de* **Partido Nacionalista Vasco** *Baskische Nationalistische Partei*

i Land & Leute

Der **PNV** (*Partido Nacionalista Vasco*), die wichtigste nationalistische Partei in *Euskadi/ País Vasco – Baskenland*, wurde schon 1894 gegründet. Ihr jetziger Führer heißt Xabier Arzalluz.

p.o. [por 'orðen] *abr de* **por orden** i.A.
población [poβla'θjon] *f* ❶ (*habitantes*) Bevölkerung *f;* **~ activa** (ECON) erwerbstätige Bevölkerung ❷ (*localidad*) Ort *m* ❸ (BIOL) Population *f*
poblado¹ [po'βlaðo] *m* (*pueblo*) Dorf *nt;* (*colonia*) Siedlung *f*
poblado, -a² [po'βlaðo, -a] *adj* ❶ (*habitado*) bewohnt ❷ (*cejas*) dicht
poblador(a) [poβla'ðor(a)] *m(f)* (*habitante*) Bewohner(in) *m(f);* (*colono*) Siedler(in) *m(f)*
poblamiento [poβla'mjento] *m* ❶ (*acción*) Bevölkern ❷ (*asentamiento*) (An)siedlung *f;* **~ urbano** Stadtsiedlung *f*
poblar [po'βlar] <o→ue> **I.** *vi, vt* ❶ (*colonizar*) besiedeln ❷ (BOT) bepflanzen (*de* mit +*dat*); **han poblado el monte de pinos** der Berg ist mit Pinien aufgeforstet worden ❸ (*habitar*) bewohnen ❹ (ZOOL): **distintas especies pueblan el fondo del mar** verschiedene Arten leben auf dem Meeresgrund **II.** *vr:* **~se** sich füllen; **la costa se pobló rápidamente** die Küste war bald voller Menschen

pobre ['poβre] **I.** *adj* <paupérrimo> arm (*de* an +*dat*); (*desgraciado*) unglücklich; (*humilde*) elend; **¡~ de ti si dices mentiras!** wehe dir, wenn du lügst!; **es una lengua ~ de expresiones** in dieser Sprache gibt es kaum Redewendungen **II.** *mf* Arme(r) *mf;* (*mendigo*) Bettler(in) *m(f)*
pobremente [poβre'mente] *adv* (*con pobreza*) ärmlich; (*con escasez*) spärlich
pobreza [po'βreθa] *f* ❶ (*necesidad*) Armut *f* ❷ (*pusilanimidad*) Kleinmütigkeit *f*
pocho, -a ['potʃo, -a] *adj* ❶ (*fruta*) verdorben ❷ (*persona*) matt
pochoclo [po'tʃoklo] *m* (*Arg*) Popcorn *nt*
pocilga [po'θilγa] *f* Schweinestall *m*
pócima ['poθima] *f,* **poción** [po'θjon] *f* Arznei *f;* (*pey: brebaje*) Gesöff *nt;* **la ~ mágica** der Zaubertrank
poco¹ ['poko] **I.** *m* ❶ (*cantidad*): **un ~ de azúcar** ein bisschen Zucker; **acepta el ~ de dinero que te puedo dar** nimm das wenige Geld, das ich dir geben kann; **espera un ~** warte ein wenig ❷ *pl* wenige; **los ~s que vinieron...** die wenigen, die kamen ...; **es un envidioso como hay ~s** er ist ein Neidhammel wie sonst keiner **II.** *adv* wenig; **escribir ~** wenig schreiben; **es ~ simpático** er ist nicht sehr sympathisch; **nos da ~ más o menos lo mismo** es ist uns relativ egal; **~ a ~** Schritt für Schritt; **~ a ~ dejamos de creerle** allmählich haben wir aufgehört ihm zu glauben; **a ~ de llegar...** kurz nachdem er gekommen war ...; **~ después** bald darauf; **dentro de ~** bald; **desde hace ~** seit kurzem; **hace ~** vor kurzem; **a [o con] [o por] ~ que se esfuerce lo conseguirá** wenn er/sie sich nur ein wenig anstrengt, wird es ihm/ihr gelingen; **por ~ me estrello** beinahe hätte ich einen Unfall gehabt; **tener en ~ a alguien** nicht viel von jdm halten; **y por si fuera ~...** und obendrein ...
poco, -a² ['poko, -a] <poquísimo> *adj* wenig, gering; **~s de los presentes lo sabían** nur wenige der Anwesenden wussten es; **aquí hay poca comida para dos personas** das ist zu wenig Essen für zwei Personen; **hay pocas colecciones mejores que ésta** es gibt kaum eine bessere Sammlung als diese; **las probabilidades son pocas** die Wahrscheinlichkeit ist gering; **tiene pocas probabilidades de aprobar** er/sie hat wenig Chancen zu bestehen
podadera [poða'ðera] *f* (*tijeras*) Baumschere *f;* (*navaja*) Gartenmesser *nt*
podar [po'ðar] *vt* beschneiden

podenco [po'ðeŋko] *m* (spanischer) Jagdhund *m*

poder [po'ðer] **I.** *vi irr* können; **no ~ más de hambre** schrecklichen Hunger haben; **yo a ti te puedo** (*fam*) ich bin stärker als du; **no ~ con el alma** hundemüde sein; **no puedes cogerlo sin permiso** du darfst das nicht unerlaubt nehmen; **no podemos abandonarlo** wir können ihn nicht einfach im Stich lassen; **bien pod(r)ías habérmelo dicho** du hättest mir das sehr wohl sagen können; **bien puede haber aquí un millón de abejas** es ist gut möglich, dass es hier eine Million Bienen gibt; **no puedo verlo todo el día sin hacer nada** ich halte es nicht aus, ihn den ganzen Tag so untätig zu sehen; **no puedo con mi madre** ich komme mit meiner Mutter nicht klar; **la sala se llenó a más no ~** der Saal war zum Bersten voll; **de ~ ser, no dudes que lo hará** wenn er/sie kann, wird er/sie es zweifellos tun; **no pude menos que preguntarle qué hacía por allí** ich konnte nicht umhin ihn/sie zu fragen, was er/sie dort tat **II.** *vimpers irr:* **puede ser que después vuelva** vielleicht komme ich später zurück; **¡puede!** kann sein!; **¿se puede?** darf man (hereinkommen)? **III.** *m* ❶ (*autoridad, t.* POL) Macht *f;* **~ absoluto** unumschränkte Macht; **~ ejecutivo** Exekutive *f;* **~ judicial** Judikative *f;* **~ legislativo** Legislative *f;* **los ~es fácticos** die tatsächliche Macht; **los ~es públicos** die Behörden; **la división de ~es** die Gewaltenteilung; **el partido en el ~** die Regierungspartei; **subir al ~** die Macht übernehmen; **los documentos están en ~ del juez** die Dokumente sind in der Gewalt des Richters; **haré todo lo que esté en mi ~** ich werde alles tun, was in meiner Macht steht ❷ (*autorización*) Vollmacht *f;* **~ de decisión** Entscheidungsbefugnis *f* ❸ (*fuerza*) Kraft *f;* **~ adquisitivo** (ECON) Kaufkraft *f*

poderío [poðe'rio] *m* ❶ (*autoridad*) Macht *f* ❷ (*riqueza*) Reichtum *m* ❸ (*fuerza*) Kraft *f*

poderoso, -a [poðe'roso, -a] *adj* ❶ (*influyente*) mächtig ❷ (*rico*) reich ❸ (*eficaz*) wirkungsvoll

podio ['poðjo] *m*, **pódium** ['poðjun] *m* (*tarima*) Podium *nt;* (DEP) Podest *nt;* (ARQUIT) Sockel *m*

podólogo, -a [po'ðoloɣo, -a] *m, f* Facharzt, -ärztin *m, f* für Fußleiden

podredumbre [poðre'ðumbre] *f* ❶ (*putrefacción*) Fäulnis *f* ❷ (*depravación*) Verkommenheit *f*

podrido, -a [po'ðriðo, -a] *adj* faul; (*fig*) verdorben; **estar ~ de dinero** stinkreich sein

podrir [po'ðrir] *irr vt, vr v.* **pudrir**

poema [po'ema] *m* Gedicht *nt;* **~ épico** Epos *nt;* **~ en prosa** lyrische Prosa; **¡fue todo un ~!** (*gracioso*) das war vielleicht lustig!

poemario [poe'marjo] *m* (LIT) Gedichtsammlung *f*

poesía [poe'sia] *f* ❶ (*género*) Poesie *f* ❷ (*poema*) Gedicht *nt;* **libro de ~(s)** Gedichtband *m*

poeta, -isa [po'eta, poe'tisa] *m, f* Dichter(in) *m(f)*

poética [po'etika] *f* Poetik *f*

poético, -a [po'etiko, -a] *adj* dichterisch; (*t. fig*) poetisch; **arte poética** Poetik *f;* **licencia poética** dichterische Freiheit

poetisa [poe'tisa] *f v.* **poeta**

poetizar [poeti'θar] <z→c> *vt* poetisieren

pogromo [po'ɣromo] *m* Pogrom *m o nt*

póker ['poker] *m sin pl* Poker *nt o m;* **poner cara de ~** ein Pokerface aufsetzen

polaco, -a [po'lako, -a] **I.** *adj* polnisch **II.** *m, f* Pole, -in *m, f*

polaina [po'laịna] *f* Gamasche *f*

polar [po'lar] *adj* polar; **Círculo P~ Ártico/Antártico** nördlicher/südlicher Polarkreis

polaridad [polari'ðað] *f* (FÍS) Polarität *f;* (*fig*) Gegensätzlichkeit *f*

polarización [polariθa'θjon] *f* Polarisierung *f*

polarizar [polari'θar] <z→c> *vt* (FÍS) polarisieren; (*fig*) anziehen; **el espectáculo polarizó la atención de los visitantes** das Stück zog die Zuschauer in seinen Bann

polaroid® [pola'roịð] *f* (FOTO) Polaroidkamera® *f*

polca ['polka] *f* Polka *f*

polea [po'lea] *f* Rolle *f;* (*roldana*) Seilrolle *f;* **sistema de ~s** Flaschenzug *m*

polémica [po'lemika] *f* Polemik *f*

polémico, -a [po'lemiko, -a] *adj* strittig

polemizar [polemi'θar] <z→c> *vi* polemisieren (*con/contra* gegen *+akk*)

polen ['polen] *m* Pollen *m;* **tengo alergia al ~** ich habe eine Pollenallergie

poleo [po'leo] *m* (BOT) Polei *m;* **menta ~** Poleiminze *f*

polera [po'lera] *f* ❶ (*Chil: camiseta*) T-Shirt *nt* ❷ (*Arg: de cuello alto*) Rollkragenpulli *m*

poli ['poli] *f* (*fam*) Polente *f*

poliamida [polja'miða] *f* Polyamid *nt*

policía[1] [poli'θia] *f* Polizei *f;* **~ antidisturbios** Antiterrorpolizei *f;* **~ autónoma** *Poli-*

zei der spanischen Autonomien; **agente de** ~ Polizist(in) *m(f);* **coche de** ~ Streifenwagen *m;* **comisaría de** ~ Polizeiwache *f;* **jefatura de** ~ Polizeipräsidium *nt*

policía² [poli'θia] *mf* Polizist(in) *m(f);* **perro** ~ Polizeihund *m*

policiaco, -a [poli'θjako, -a] *adj,* **policíaco, -a** [poli'θiako, -a] *adj* polizeilich; **Estado** ~ Polizeistaat *m;* **película/novela policíaca** Kriminalfilm *m/*-roman *m*

policial [poli'θjal] *adj v.* **policíaco**

policlínica [poli'klinika] *f,* **policlínico** [poli'kliniko] *m* Poliklinik *f*

policromar [polikro'mar] *vt* (*Wände, Skulpturen*) mit mehreren Farben versehen

policromía [polikro'mia] *f* ① (ARTE) Polychromie *f* ② (TIPO) Mehrfarbendruck *m*

polideportivo [poliðepor'tiβo] *m* Sportzentrum *nt*

poliedro [poli'eðro] *m* (MAT) Polyeder *nt*

poliéster [po'ljester] *m* Polyester *m*

polietileno [poljeti'leno] *m* Polyäthylen *nt*

polifacético, -a [polifa'θetiko, -a] *adj* vielseitig

polifonía [polifo'nia] *f sin pl* (MÚS) Polyphonie *f*

poligamia [poli'ɣamja] *f sin pl* Polygamie *f*

poligámico, -a [poli'ɣamiko, -a] *adj* (SOCIOL) die Polygamie betreffend

polígamo, -a [po'liɣamo, -a] *adj* polygam

políglota [po'liɣlota] **I.** *adj* polyglott **II.** *mf* Polyglotte(r) *mf*

poliglotismo [poliɣlo'tismo] *m* Mehrsprachigkeit *f*

poligonal [poliɣo'nal] *adj* vieleckig

polígono [po'liɣono] *m* ① (MAT) Vieleck *nt* ② (*loc*): ~ **industrial** Industriegebiet *nt*

polilla [po'liʎa] *f* Motte *f;* **no tener** ~ **en la lengua** kein Blatt vor den Mund nehmen

polímero [po'limero] *m* (QUÍM) Polymer *nt*

polimorfismo [polimor'fismo] *m sin pl* (QUÍM, ZOOL) Polymorphie *f*

polimorfo, -a [poli'morfo, -a] *adj* vielgestaltig

polinesio, -a [poli'nesjo, -a] **I.** *adj* polynesisch **II.** *m, f* Polynesier(in) *m(f)*

polinización [poliniθa'θjon] *f* Bestäubung *f*

polinizar [polini'θar] <z→c> *vt* (BOT) bestäuben (*con* mit + *dat*)

polinomio [poli'nomjo] *m* (MAT) Polynom *nt*

polio ['poljo] *f inv,* **poliomielitis** [poljomje'litis] *f inv* Kinderlähmung *f*

pólipo ['polipo] *m* Polyp *m*

polisemia [poli'semja] *f sin pl* Polysemie *f*

polisémico, -a [poli'semiko, -a] *adj* (LING) mehrdeutig

polisílabo, -a [poli'silaβo, -a] *adj* mehrsilbig

politécnico, -a [poli'teɣniko, -a] *adj* polytechnisch

política [po'litika] *f* Politik *f;* **P~ Agraria Común** (UE) Gemeinsame Agrarpolitik; ~ **interior/exterior** Innen-/Außenpolitik *f;* ~ **monetaria** Währungspolitik *f;* ~ **pesquera** Fischereipolitik *f*

político, -a [po'litiko, -a] **I.** *adj* ① (POL) politisch; **ciencias políticas** Politikwissenschaften *fpl;* **economía política** Volkswirtschaft(slehre) *f* ② (*parentesco*) Schwieger-; **hermano** ~ Schwager *m;* **hermana política** Schwägerin *f* **II.** *m, f* Politiker(in) *m(f)*

politización [politiθa'θjon] *f* Politisierung *f*

politizar [politi'θar] <z→c> *vt, vr:* ~ **se** (sich) politisieren

politología [politolo'xia] *f sin pl* Politologie *f*

politólogo, -a [poli'toloɣo, -a] *m, f* Politologe, -in *m, f*

poliuretano [poljure'tano] *m* (QUÍM) Polyurethan *nt*

polivalencia [poliβa'lenθja] *f* Mehrwertigkeit *f*

póliza ['poliθa] *f* ① (JUR) Police *f;* **me he hecho una** ~ **de seguros** ich habe eine Versicherungspolice abgeschlossen ② (*sello*) Stempelmarke *f*

polizón [poli'θon] *m* blinder Passagier *m*

polizonte [poli'θoṇte] *m* (*pey*) Bulle *m fam*

polka ['polka] *f* (MÚS) *v.* **polca**

polla ['poʎa] *f* ① (*gallina*) Junghenne *f;* ~ **de agua** (ZOOL) Blesshuhn *nt* ② (*chica*) junges Mädchen *nt* ③ (*vulg: pene*) Schwanz *m fam* ④ (*Am: carrera*) Pferderennen *nt*

pollera [po'ʎera] *f* ① (*gallinero*) Hühnerstall *m* ② (*Am: falda*) Rock *m*

pollería [poʎe'ria] *f* Geflügelhandlung *f*

pollerudo [poʎe'ruðo] **I.** *adj* (CSur) ① (*chismoso*) klatschhaft ② (*blando*) weichlich; **niño** ~ Mamasöhnchen *nt;* **hombre** ~ Memme *f* **II.** *m* (*CSur: pey: clérigo*) Priester *m*

pollino, -a [po'ʎino, -a] *m, f* ① (*borrico*) junger Esel *m,* junge Eselin *f* ② (*fig: tonto*) Dummkopf *m*

pollito, -a [po'ʎito, -a] *m, f* (*t. fig*) Küken *nt*

pollo ['poʎo] *m* ① (GASTR) Hähnchen *nt;* ~ **asado** Brathähnchen *nt* ② (*cría*) (Vogel)junge(s) *nt;* (*de gallina*) junges Huhn *nt;* **sacar** ~ **s** Hühner züchten; **voló el** ~ (*fig*) die Hoffnung ist dahin ③ (*joven*) junger Bursche *m*

polluelo [po'ʎwelo] *m* Küken *nt*

polo ['polo] *m* **❶**(GEO, FÍS, ASTR) Pol *m;* ~ **ártico** [*o* **boreal**] Nordpol *m;* ~ **antártico** [*o* **austral**] Südpol *m;* ~ **industrial** Entwicklungsregion *f* **❷**(DEP) Polo *nt* **❸**(*camiseta*) Polohemd *nt* **❹**(*helado*) Eis *nt* am Stiel

pololear [polole'ar] *vi* (*AmS*) gehen (*con* mit +*dat*)

polonés, -esa [polo'nes, -esa] **I.** *adj* polnisch **II.** *m, f* Pole, -in *m, f*

polonesa [polo'nesa] *f* Polonäse *f*

Polonia [po'lonja] *f* Polen *nt*

poltrón, -ona [pol'tron, -ona] *adj* faul

poltrona [pol'trona] *f* Lehnstuhl *m*

polución [polu'θjon] *f* **❶**(*contaminación*) Verschmutzung *f;* ~ **ambiental** Umweltverschmutzung *f* **❷**(*semen*) Samenerguss *m*

polucionar [poluθjo'nar] *vt* (ECOL) verschmutzen

polvareda [polβa'reða] *f* Staubwolke *f;* **levantar una** ~ (*fig*) viel Staub aufwirbeln

polvera [pol'βera] *f* Puderdose *f*

polvo ['polβo] *m* **❶**(*limpieza*) Staub *m;* **quitar el** ~ abstauben; **hacer** ~ (*algo*) kaputtmachen; (*a alguien*) fertig machen; **estoy hecho** ~ (*fam*) ich bin fix und fertig; **hacer morder el** ~ **a alguien** jdn ins Gras beißen lassen; **sacudir a alguien el** ~ (*fig*) jdn verprügeln **❷**(*sustancia*) Pulver *nt;* **levadura en** ~ Backpulver *nt* **❸**(*vulg: coíto*) Nummer *f fam;* **echar un** ~ eine Nummer schieben *fam* **❹** *pl* (*cosmética*) Puder *m*

pólvora ['polβora] *f* (Schieß)pulver *nt;* **no haber inventado la** ~ das Pulver auch nicht (gerade) erfunden haben

polvoriento, -a [polβo'rjento, -a] *adj* staubig

polvorín [polβo'rin] *m* Pulverkammer *f;* **estamos sentados sobre un** ~ (*fig*) wir sitzen auf einem Pulverfass

polvorón [polβo'ron] *m* ≈Schmalzgebäck *nt*

polvoso, -a [pol'βoso, -a] *adj* (*Am*) staubig

pomada [po'maða] *f* Salbe *f;* ~ **contra mosquitos** Mückenschutzsalbe *f*

pomelo [po'melo] *m* Grapefruit *f*

Pomerania [pome'ranja] *f* Pommern *nt*

pómez ['pomeθ] *f* Bimsstein *m*

pomo ['pomo] *m* **❶**(*puerta*) Türknauf *m* **❷**(*poma*) Duftkugel *f;* (*frasco*) Flakon *m* **❸**(BOT) Kernfrucht *f* **❹**(*espada*) Knauf *m*

pompa ['pompa] *f* **❶**(*burbuja*) Blase *f* **❷**(*esplendor*) Pracht *f;* (*ostentación*) Pomp *m;* ~**s fúnebres** Bestattungsinstitut *nt*

pompis ['pompis] *m inv* (*fam*) Po(po) *m*

posposidad [pomposi'ðaᵈ] *f* Prunk *m*

pomposo, -a [pom'poso, -a] *adj* pompös; (*grandilocuente*) hochtrabend; (*estilo*) geschwollen

pómulo ['pomulo] *m* Backenknochen *m*

ponchada [pon'tʃaða] *f* (*CSur: fam*): **una** ~ **de** ein Haufen +*gen*

ponche ['pontʃe] *m* Punsch *m*

poncho¹ ['pontʃo] *m* Poncho *m*

poncho, -a² ['pontʃo, -a] *adj* (*Am*) faul

ponderación [pondera'θjon] *f* **❶**(*elogio*) Lob *nt* **❷**(*el sopesar*) Abwägen *nt;* **con** ~ vorsichtig **❸**(*el pesar*) Abwiegen *nt* **❹**(*exageración*) Übertreibung *f*

ponderar [ponde'rar] *vt* **❶**(*sopesar*) abwägen **❷**(*encomiar*) preisen

ponderativo, -a [pondera'tiβo, -a] *adj* **❶**(*cauteloso*) vorsichtig **❷**(*que alaba*) rühmend

ponencia [po'nenθja] *f* Referat *nt;* (*informe*) Bericht *m*

ponente [po'nente] *mf* Referent(in) *m(f);* (*informador*) Berichterstatter(in) *m(f)*

poner [po'ner] *irr* **I.** *vt* **❶**(*colocar*) stellen; (*horizontalmente*) legen; (*inyección*) geben; (*sellos, etiqueta*) aufkleben; (*tirita*) auflegen; (*huevos*) legen; **pon el espejo mirando hacia mí** dreh den Spiegel zu mir hin; **pon la ropa en el tendero** häng die Wäsche auf den Ständer; **¿dónde habré puesto...?** wo habe ich nur ... gelassen?; **lo pongo en tus manos** (*fig*) ich lege es in deine Hände; **eso es querer** ~ **barreras al campo** (*prov*) das ist eine Zumutung **❷**(*disponer*) herrichten; (*la mesa*) decken; ~ **algo a disposición de alguien** jdm etw zur Verfügung stellen **❸**(*encender*) anmachen; **pon el despertador para las cuatro** stell den Wecker auf vier Uhr; ~ **en marcha** in Gang bringen **❹**(*convertir*) machen; ~ **de mal humor a alguien** jdm die Laune verderben; **la noticia me puso de buen humor** die Nachricht versetzte mich in gute Laune; ~ **colorado a alguien** jdn verlegen machen; **el sol te pondrá moreno** in der Sonne wirst du braun werden **❺**(*suponer*) annehmen; **pon que no viene** stell dir mal vor, er/sie kommt nicht; **pongamos que resolvemos el problema en dos días...** nehmen wir mal an, wir lösen dieses Problem in zwei Tagen ...; **pongamos por** [*o* **el**] **caso que no llegue a tiempo** gesetzt den Fall, er/sie kommt nicht rechtzeitig **❻**(*exponer*): ~ **la ropa a secar al sol** die Wäsche zum Trocknen in der Sonne ausbreiten; ~ **la leche al fuego** die Milch auf den Herd stellen; ~ **en peligro**

aufs Spiel setzen ❼ (*contribuir*) beitragen; (*juego*) setzen; **¿cúanto has puesto tú en el fondo común?** wie viel hast du in die Kasse gezahlt?; **pusimos todo de nuestra parte** wir haben von uns aus alles getan ❽ (*una expresión*) machen; ~ **mala cara** ein böses Gesicht machen ❾ (*tratar*) behandeln; ~ **a alguien a parir** jdn übel beschimpfen; ~ **a alguien por las nubes** jdn in den Himmel heben; ~ **de idiota** (*pey*) wie einen Trottel behandeln ❿ (*denominar*) nennen; **le pusieron por** [*o* **de**] **nombre Manolo** sie haben ihn Manolo genannt; **¿qué nombre le van a ~?** welchen Namen soll er/sie bekommen? ⓫ (*espectáculo*) zeigen; ~ **en escena** inszenieren; **¿qué ponen hoy en el cine?** was läuft heute im Kino? ⓬ (*imponer*): **hoy nos han puesto muchos deberes** heute haben wir viele Hausaufgaben aufbekommen; ~ **una multa** eine Strafe auferlegen; ~ **condiciones** Bedingungen stellen ⓭ (*instalar*) einrichten ⓮ (*a trabajar*): **tendré que ~ a mis hijos a trabajar** ich werde meinen Kindern eine Arbeit suchen müssen; **puse a mi hijo de aprendiz de panadero** ich habe meinem Sohn eine Lehrstelle als Bäcker gesucht ⓯ (*añadir*) hinzufügen ⓰ (*escribir*) schreiben; (*un telegrama*) aufgeben; ~ **entre comillas** in Anführungszeichen setzen; ~ **la firma** unterschreiben; ~ **un anuncio** inserieren; ~ **por escrito la propuesta** den Vorschlag schwarz auf weiß niederschreiben; **te pongo cuatro letras para decirte que…** ich schreibe dir nur Zeilen, um dir zu sagen, dass … ⓱ (*estar escrito*) stehen ⓲ (*vestido, zapato*) anziehen; (*anillo*) anstecken; (*gafas*) aufsetzen; **le puso el collar al cuello** er/sie legte ihm/ihr die Kette um ⓳ (*teléfono*) verbinden; **me puse a habla con mi amigo** ich setzte mich mit meinem Freund in Verbindung ⓴ (*loc*): ~ **aparte** beiseite legen; ~ **atención** aufpassen; ~ **en la calle** (*fig*) auf die Straße setzen; **pusieron a diez trabajadores en la calle** zehn Arbeiter sind entlassen worden; ~ (**en**) **claro** klarstellen; ~ **algo en conocimiento de alguien** jdn von etw *dat* in Kenntnis setzen; ~ **a alguien al corriente de algo** jdn über etw informieren; ~ **por delante** vorschieben; ~ **al día** auf den neuesten Stand bringen; ~ **por encima** bevorzugen; ~ **en evidencia** beweisen; ~ **el grito en el cielo** sich empören; ~ **en movimiento** in Bewegung setzen; ~ **peros a algo** Bedenken gegen etw haben; ~ **algo en práctica** etw in die

Tat umsetzen; ~ **algo en tela de juicio** an etw *dat* zweifeln; ~ **a la venta** verkaufen **II.** *vr*: ~ **se** ❶ (*vestido, zapato*) sich anziehen; **ponte guapo** mach dich hübsch; ~ **se de invierno** sich winterlich kleiden; ~ **se de luto** Trauer tragen; ~ **se de largo** sich festlich kleiden ❷ (ASTR) untergehen; **el sol se pone por el oeste** die Sonne geht im Westen unter ❸ (*mancharse*): **se pusieron perdidos de barro** sie waren von oben bis unten voller Matsch ❹ (*comenzar*) anfangen; **por la tarde se puso a llover** nachmittags fing es an zu regnen ❺ (*con adjetivo*) werden; **se puso chulo y no nos dejó entrar** er wollte sich aufspielen und ließ uns nicht hinein; **estás en tu casa, ponte cómodo** fühl dich wie zu Hause, mach es dir bequem ❻ (*loc*): **¡no te pongas así que no es para tanto!** stell dich doch nicht so an!; **díle que se ponga al teléfono** sag ihm/ihr, er/sie soll ans Telefon kommen; ~ **se las botas** bis zum Umfallen essen; **nos pusimos de acuerdo para comprarle un regalo** wir haben uns darauf geeinigt, ein gemeinsames Geschenk zu kaufen; **¡póngase en mi lugar!** versetzen Sie sich in meine Lage!

póney ['poni] *m* Pony *nt*

pongo ['poŋgo] *1. pres de* **poner**

poni ['poni] *m* Pony *nt*

poniente [po'njente] *m* ❶ (*oeste*) Westen *m* ❷ (*viento*) Westwind *m*

pontevedrés, -esa [ponteβe'ðres, -esa] **I.** *adj* aus Pontevedra **II.** *m, f* Einwohner(in) *m(f)* von Pontevedra

pontificado [pontifi'kaðo] *m* (REL) Pontifikat *nt*

pontificar [pontifi'kar] <c→qu> *vi* (*fig*) dozieren

pontífice [pon'tifiθe] *m* (HIST) Pontifex *m*; **Sumo** [*o* **Romano**] **P~** (REL) Pontifex maximus *m*

pontón [pon'ton] *m* ❶ (*barco*) Ponton *m* ❷ (*puente*) Pontonbrücke *f*

ponzoña [pon'θoɲa] *f* Gift *nt*

ponzoñoso, -a [ponθo'ɲoso, -a] *adj* giftig; (*fig*) schädlich

pop [pop] **I.** *adj inv* Pop- **II.** *m inv* Popmusik *f*

popa ['popa] *f* ❶ (*barco*) Heck *nt*; **viento en ~** Rückenwind *m*; **a ~** achtern ❷ (*fam: trasero*) Hintern *m*

pope ['pope] *m* (REL) Pope *m*

popero [po'pero] *m* (*fam*) Popfan *m*

populacho [popu'latʃo] *m* Pöbel *m*

popular [popu'lar] *adj* ❶ (*del pueblo*) volkstümlich; **aire** ~ Volkslied *nt* ❷ (*conocido*) populär; (*admirado*) beliebt

popularidad [populari'ðað] *f* Popularität *f*

popularización [populariθa'θjon] *f* Popularisierung *f*

popularizar [populari'θar] <z→c> **I.** *vt* populär machen; (*extender*) verbreiten **II.** *vr:* ~ **se** populär werden

populismo [popu'lismo] *m sin pl* (POL) Populismus *m*

populista [popu'lista] **I.** *adj* ❶ (*relativo al pueblo*) Volks-; **partido** ~ Volkspartei *f* ❷ (*relativo al populismo*) populistisch **II.** *mf* Populist(in) *m(f)*

populoso, -a [popu'loso, -a] *adj* dicht besiedelt

popurrí [popu'rri] *m* Potpourri *nt*

poquedad [poke'ðað] *f* ❶ (*escasez*) Knappheit *f* ❷ (*pusilanimidad*) Kleinmut *m* ❸ (*insignificancia*) Kleinigkeit *f*

póquer ['poker] *m* Poker *nt o m*

poquito [po'kito] *adv* wenig; **bébelo ~ a poco** trink es Schluck für Schluck

por [por] *prep* ❶ (*lugar: a través de*) durch +*akk;* (*vía*) über +*akk;* (*en*) in +*dat;* ~ **aquí** hier entlang; **limpia la botella ~ dentro/ fuera** spül die Flasche von innen/außen; **pasé ~ Madrid hace poco** ich war vor kurzem in Madrid; **adelantar ~ la izquierda** links überholen; **volar ~ encima de los Alpes** über die Alpen fliegen; **ese pueblo está ~ Castilla** das Dorf liegt irgendwo in Kastilien; **la cogió ~ la cintura** er/sie fasste sie um die Taille ❷ (*tiempo*) für +*akk,* um +*akk;* ~ **la(s) mañana(s)** morgens; **mañana ~ la mañana** morgen früh; ~ **la tarde** nachmittags; **ayer ~ la noche** gestern Abend; ~ **noviembre** im November; ~ **fin** endlich; **tengo un contrato ~ tres años** ich habe einen Vertrag für drei Jahre ❸ (*a cambio de*) für +*akk;* (*en lugar de*) statt +*gen;* (*sustituyendo a alguien*) anstelle +*gen;* **le cambié el libro ~ el álbum** ich habe das Buch gegen das Album getauscht ❹ (*agente*) von +*dat* ❺ (MAT: *multiplicación*) mal ❻ (*reparto*) pro; **toca a cuatro ~ cabeza** jeder von uns bekommt vier; **el ocho ~ ciento** acht Prozent vier; **el ocho ~ ciento** acht Prozent ❼ (*finalidad*) für +*akk* ❽ (*causa*) wegen +*gen/dat;* (*en cuanto a*) von ... aus; **lo merece ~ los esfuerzos que ha hecho** er/sie hat es verdient, weil er/sie sich so bemüht hat; **lo hago ~ ti** ich tue es dir zuliebe; ~ **desesperación** aus Verzweiflung; ~ **consiguiente** folglich; ~ **eso** deshalb; ~ **lo que a eso se refiere** was das betrifft; ~ **mí que se vayan** meinetwegen können sie gehen; **no te preocupes ~ hacer muchas fotocopias** mach dir keine Sorgen wegen der

vielen Fotokopien ❾ (*preferencia*) für +*akk;* **estoy ~ dejarlo plantado** ich bin kurz davor, ihn sitzen zu lassen; **estar loco ~ alguien** verrückt nach jdm sein ❿ (*dirección*): **voy ~ tabaco** ich gehe Zigaretten holen ⓫ (*pendiente*): **este pantalón está ~ lavar** diese Hose muss gewaschen werden ⓬ (*aunque*) trotz +*gen;* ~ **muy cansado que esté no lo dejará a medias** trotz seiner Müdigkeit wird er es fertig stellen ⓭ (*medio*) per +*akk;* (*alguien*) durch +*akk;* **poner ~ escrito** aufschreiben; **al ~ mayor** en gros ⓮ (*interrogativo*): **¿~ (qué)?** warum? ⓯ (*final*): ~ **que** +*subj* damit; **hizo todo ~ que no viniera** er/sie tat alles, damit er/sie nicht käme; **lo hago ~ si acaso** ich mache es vorsichtshalber ⓰ (*casi*): ~ **poco** fast; **por ~ me ahogo** ich wäre beinahe ertrunken

porcelana [porθe'lana] *f* Porzellan *nt;* ~ **de Sajonia** Meißner Porzellan

porcentaje [porθen'taxe] *m* Prozentsatz *m;* ~ **de derechos del autor** Tantiemen *fpl*

porcentual [porθentu'al] *adj* prozentual

porche ['portʃe] *m* ❶ (*pórtico*) Vorhalle *f* ❷ (*cobertizo*) Veranda *f*

porcino, -a [por'θino, -a] *adj* Schweine-

porción [por'θjon] *f* Teil *m,* Portion *f*

pordiosear [porðjose'ar] *vi* betteln

pordiosería [porðjose'ria] *f* Bettelei *f*

pordiosero, -a [porðjo'sero, -a] *m, f* Bettler(in) *m(f)*

porfía [por'fia] *f* Hartnäckigkeit *f;* **a ~** mit großem Eifer

porfiador(a) [porfja'ðor(a)] **I.** *adj* streitsüchtig **II.** *m(f)* Starrkopf *m*

porfiar [porfi'ar] <*1. pres:* porfío> *vi* ❶ (*insistir*) beharren (*en* auf +*dat*); **porfió en cerrar la puerta** er/sie wollte unbedingt die Tür schließen ❷ (*disputar*) streiten

pormenor [porme'nor] *m* Einzelheit *f*

pormenorizado, -a [pormenori'θaðo, -a] *adj* detailliert

pormenorizar [pormenori'θar] <z→c> *vt* genau beschreiben

porno ['porno] **I.** *adj inv* (*fam*) pornografisch **II.** *m* (*fam*) Porno *m*

pornografía [pornoɣra'fia] *f* Pornografie *f*

pornográfico, -a [porno'ɣrafiko, -a] *adj* pornografisch

poro ['poro] *m* Pore *f*

pororó [poro'ro] *m* (*CSur: palomitas*) Popcorn *nt*

porosidad [porosi'ðað] *f* Porosität *f*

poroso, -a [po'roso, -a] *adj* porös

poroto [po'roto] *m* (*AmS*) Bohne *f;* (*guiso*) Bohnengericht *nt*

porque ['porke] *conj* ❶ (*causal*) weil; **lo**

hizo ~ **sí** er/sie tat es aus Eigensinn ② +*subj* (*final*) damit; **recemos** ~ **llueva** lasst uns um Regen beten

porqué [por'ke] *m* Grund *m*

porquería [porke'ria] *f* (*fam*) ① (*suciedad*) Dreck *m* ② (*acto*) Schweinerei *f* ③ (*comida*) Schweinefraß *m* ④ (*cacharro*) Mistding *nt* ⑤ (*pequeñez*) Kleinigkeit *f*

porqueriza [porke'riθa] *f* Schweinestall *m*

porra ['porra] *f* ① (*bastón*) Schlagstock *m* ② (*churro*) gebratenes Spritzgebäck ③ (*loc, fam*): ¡**vete a la** ~! scher dich zum Teufel!; ¡~(**s**)! verdammt!

porrazo [po'rraθo] *m* Schlag *m*

porrero, -a [po'rrero, -a] *m, f* (*argot*) Kiffer(in) *m(f)*

porreta [po'rreta] *f*: **en** ~(**s**) splitternackt

porro ['porro] *m* ① (*argot: canuto*) Joint *m* ② (*puerro*) Lauch *m* ③ (*fam: torpe*) Trampel *m o nt*

porrón [po'rron] *m* Wasserkrug *m*

---

i Land & Leute

Der **porrón** ist ein gläsernes Trinkgefäß für Wein mit einer langen Tülle. Wie auch bei der *bota* (*de vino*) wird der *vino* direkt aus dem **porrón** getrunken. Dazu hebt man den **porrón** mit einer Hand in die Höhe und lässt so den Wein von der Tülle in den Mund fließen.

---

portaaviones [porta(a)βi'ones] *m inv* Flugzeugträger *m*

portacasco [porta'kasko] *m* (AUTO) Vorrichtung *f* für den Helm

portada [por'taða] *f* ① (*fachada*) Portal *nt* ② (TIPO) Titelblatt *nt*; (PREN) Titelseite *f*

portador(a) [porta'ðor(a)] *m(f)* ① (*de gérmenes*) Träger(in) *m(f)* ② (COM) Inhaber(in) *m(f)*

portaequipaje(s) [portaeki'paxe(s)] *m* (*inv*) ① (*maletero*) Kofferraum *m* ② (*baca, de bicicleta*) Gepäckträger *m* ③ (*tren*) Gepäcknetz *nt*

portafolios [porta'foljos] *m inv* Aktentasche *f*

portahelicópteros [portaeli'kopteros] *m inv* (MIL) Hubschrauberträger *m*

portal [por'tal] *m* ① (*de un edificio*) Eingangsbereich *m*; (*soportal*) Vorhalle *f*; ~ **de Belén** (REL) Krippe *f* ② (INFOR) Homepage *f*

portalámpara(s) [porta'lampara(s)] *m* (*inv*) Fassung *f*

portaligas [porta'liɣas] *m inv* (*Am: liguero*) Strumpfhalter *m*

portalón [porta'lon] *m* ① (ARQUIT) Tor *nt* ② (NÁUT) Fallreeptür *f*

portamaletas [portama'letas] *m inv* (AUTO) Kofferraum *m*

portaminas [porta'minas] *m inv* Druckbleistift *m*, Drehbleistift *m*

portamonedas [portamo'neðas] *m inv* Geldbörse *f*

portante [por'tante] *m*: **tomar el** ~ (*fam*) verduften; **dar el** ~ **a alguien** jdn entlassen

portar [por'tar] **I.** *vt* (*perro*) apportieren **II.** *vr*: ~**se** sich benehmen; ~**se bien con alguien** jdm gegenüber zuvorkommend sein; **el niño se porta bien/mal** das Kind ist artig/unartig; ~**se como un hombre** tapfer sein; **nuestro equipo se ha portado** unsere Mannschaft hat sich glänzend geschlagen

portátil [por'tatil] *adj* tragbar; **máquina de escribir** ~ Reiseschreibmaschine *f*; **ordenador** ~ Laptop *m*

portavoz[1] [porta'βoθ] *m* ① (*periódico*) Organ *nt* ② (*bocina*) (Trichter)sprachrohr *nt*

portavoz[2] [porta'βoθ] *mf* (*persona*) Sprecher(in) *m(f)*

portazo [por'taθo] *m* Zuschlagen *nt* (einer Tür); **dar un** ~ die Tür heftig zuschlagen; **despedirse con un** ~ die Tür hinter sich *dat* zuschlagen; **darle a alguien un** ~ **en las narices** (*fam*) jdm die Tür vor der Nase zuschlagen

porte ['porte] *m* ① (*transporte*) Beförderung *f*; ~ **aéreo** Luftfracht *f*; **gastos de** ~ Frachtspesen *pl*; ~ **debido** Fracht zahlt Empfänger ② (*gastos de transporte*) Fracht(gebühr) *f* ③ (*correo*) Porto *nt*; ~ **por expreso** Eilzustellgebühr *f*; ~ **de un paquete** Paketgebühr *f*; ~ **suplementario** Nachporto *nt* ④ (*buque*) Ladefähigkeit *f*; **buque de gran** ~ Seeschiff *nt* ⑤ (*aspecto*) Auftreten *nt*; **es un hombre de** ~ **distinguido** er ist eine vornehme Erscheinung; **mostrar un** ~ **severo** streng wirken

porteador(a) [portea'ðor(a)] *m(f)* Frachtführer(in) *m(f)*; ~ **naviero** Reeder *m*; ~ **público** Spediteur *m*

portear [porte'ar] **I.** *vi* Fenster/Türen zuschlagen **II.** *vt* befördern

portento [por'tento] *m* Wunder *nt* (*de* an +*dat*); **niño** ~ Wunderkind *nt*; **un** ~ **de energía** ein Energiebündel; **admirar un** ~ nicht schlecht staunen

portentoso, -a [porten̦'toso, -a] *adj* wunderbar

porteño, -a [por'teɲo, -a] *m, f* ① (*Arg*) Einwohner(in) *m(f)* von Buenos Aires

❷ (*Chil*) Einwohner(in) *m(f)* von Valparaiso ❸ (*Col*) Einwohner(in) *m(f)* von Puerto Carreño

portería [porteˈria] *f* ❶ (*cuarto*) Pförtnerloge *f*; (*casa*) Pförtnerhaus *n* ❷ (*empleo del portero*) Pförtnerstelle *f* ❸ (DEP) Tor *nt*

portero, -a [porˈtero, -a] *m, f* ❶ (*conserje*) Pförtner(in) *m(f)*; ~ **automático** (Gegen)sprechanlage *f* ❷ (*Arg: administrador*) Hausverwalter(in) *m(f)* ❸ (DEP: *fútbol*) Torwart, -frau *m, f*

portezuela [porteˈθwela] *f* ❶ *dim de* **puerta** ❷ (*del coche*) Wagentür *f*; (*del tren*) Abteiltür *f*; (*del horno*) Ofentür *f*

pórtico [ˈportiko] *m* ❶ (*porche*) Säulenhalle *f*; (*galería*) Säulengang *m* ❷ (INFOR) Schnittstelle *f*

portilla [porˈtiʎa] *f* (NÁUT) Bullauge *nt*

portillo [porˈtiʎo] *m* ❶ (*abertura*) Durchschlupf *m* ❷ (*postigo*) Pförtchen *nt* ❸ (*entre montañas*) Engpass *m* ❹ (*punto débil*) Schwachstelle *f*

portorriqueño, -a [portorriˈkeɲo, -a] I. *adj* puertoricanisch II. *m, f* Puertoricaner(in) *m(f)*

portuario, -a [porˈtwarjo, -a] I. *adj* Hafen- II. *m, f* Hafenarbeiter(in) *m(f)*

Portugal *m* Portugal *nt*

portugués, -esa [portuˈɣes, -esa] I. *adj* portugiesisch II. *m, f* Portugiese, -in *m, f*

porvenir [porβeˈnir] *m* Zukunft *f*; **en el** ~ **lejano** in ferner Zukunft; **lleno de** ~ zukunftsträchtig; **tener el** ~ **asegurado** eine gesicherte Zukunft haben; **un joven de** ~ ein junger Mann, der eine viel versprechende Zukunft vor sich *dat* hat

pos [pos] I. *adv:* **ir en** ~ **de algo** hinter etw *dat* hergehen; **ir en** ~ **de alguien** jdm nachgehen; **van en** ~ **del éxito** sie laufen dem Erfolg hinterher II. *conj* (*Méx: fam*) *v.* **pues**

posada [poˈsaða] *f* ❶ (*parador*) Raststätte *f*; (*fonda*) Gasthof *m*; (*pensión*) Pension *f* ❷ (*hospedaje*) Beherbergung *f*; **dar** ~ **a alguien** jdn beherbergen; **hacer** ~ einkehren; **pedir** ~ um Unterkunft bitten ❸ (*apartamento*) Wohnung *f*

posaderas [posaˈðeras] *fpl* (*fam*) Hintern *m*

posadero, -a [posaˈðero, -a] *m, f* Gastwirt(in) *m(f)*

posar [poˈsar] I. *vi* ❶ (*reposar*) sich ausruhen ❷ (*modelo*) posieren ❸ (*hospedarse*) logieren II. *vt* ❶ (*poner suavemente*) sanft auflegen (*sobre* auf +*akk*) ❷ (*carga*) absetzen ❸ (*mirada*) richten (*sobre* auf +*akk*) III. *vr:* ~**se** sich setzen; **el sol se posaba en el mar** die Sonne ging über dem Meer

unter; **la golondrina se posó en el árbol** die Schwalbe landete auf dem Baum

posavasos [posaˈβasos] *m inv* Untersetzer *m* (*für Gläser*)

poscomunismo [poskomuˈnismo] *m sin pl* Postkommunismus *m*

posdata [posˈðata] *f* Postskriptum *nt*

pose [ˈpose] *f* (*postura*) Pose *f*

poseedor(a) [pose(e)ˈðor(a)] *m(f)* Besitzer(in) *m(f)*

poseer [poseˈer] *irr como leer* I. *vt* besitzen; ~ **bien un idioma** eine Sprache gut beherrschen; ~ **una importante posición social** eine bedeutende gesellschaftliche Stellung einnehmen; ~ **a alguien a la fuerza** jdn vergewaltigen II. *vr:* ~**se** sich beherrschen

poseído, -a [poseˈiðo, -a] I. *adj* besessen (*de/por* von +*dat*); ~ **de odio** hasserfüllt; **una chica poseída de su belleza** ein Mädchen, das sich *dat* auf seine Schönheit viel einbildet II. *m, f* Besessene(r) *mf*; **gritar como un** ~ wie ein Wahnsinniger schreien

posesión [poseˈsjon] *f* (*propiedad*) Besitz *m*; **estoy en** ~ **de su atenta carta...** ich habe Ihr freundliches Schreiben erhalten ...

posesionar [posesjoˈnar] I. *vt:* ~ **a alguien de algo** jdm etw überlassen II. *vr:* ~**se de un nuevo cargo** Besitz ergreifen

posesividad [posesiβiˈðað] *f* Besitzgier *f*

posesivo, -a [poseˈsiβo, -a] *adj* ❶ (*persona*) Besitz ergreifend ❷ (LING) possessiv; **pronombre** ~ Possessivpronomen *nt*

poseso, -a [poˈseso, -a] I. *adj* besessen II. *m, f* Besessene(r) *mf*

posguerra [posˈɣerra] *f* Nachkriegszeit *f*

posibilidad [posiβiliˈðað] *f* ❶ (*lo posible*) Möglichkeit *f*; **tener grandes** ~**es de éxito** gute Aussichten auf Erfolg haben ❷ (*aptitud*) Eignung *f*; **tienes** ~**es de llegar a ser un buen actor** du hast das Zeug zu einem guten Schauspieler ❸ (*facultad*) Fähigkeit *f*; **esto está por encima de mis** ~**es** das übersteigt meine Kräfte ❹ *pl* (*medios económicos*) Vermögen *nt*; **estás viviendo por encima de tus** ~**es** du lebst über deine Verhältnisse

posibilitar [posiβiliˈtar] *vt* ermöglichen

posible [poˈsiβle] I. *adj* möglich; **hacer** ~ ermöglichen; **hacer lo** ~ **para que...** +*subj* sich anstrengen, um zu ... +*inf*; **hacer todo lo** ~ sein Möglichstes tun; **hacer todo lo humanamente** ~ das Menschenmögliche tun; **es** ~ **que...** +*subj* vielleicht ...; **es muy** ~ **que...** +*subj* es ist sehr wahrscheinlich, dass ...; **¡no es** ~**!** das kann nicht wahr sein!; ¿será ~? soll man es für möglich halten?; **si es** ~ wenn möglich; **en lo** ~ nach Möglichkeit; **lo antes** ~ möglichst bald; **no lo veo** ~ ich sehe keine Möglichkeit **II.** *m* ❶ (*lo probable*) Mögliche(s) *nt* ❷ *pl* (*recursos*) Mittel *ntpl*

posiblemente [posiβle'mente] *adv* möglicherweise

posición [posi'θjon] *f* (*colocación, postura, t.* MIL) Stellung *f;* ~ **clave** Schlüsselposition *f;* ~ **del cuerpo** Körperhaltung *f;* ~ **del cursor** Cursorposition *f;* **la** ~ **económica** die wirtschaftlichen Verhältnisse; ~ **de empleado** Angestelltenverhältnis *nt;* **la** ~ **geográfica** die geographische Lage; **en buena** ~ wirtschaftlich gut gestellt; **de** ~ hoch gestellt, von Rang; **mi** ~ **ante este asunto...** meine Einstellung zu dieser Frage ...; **tomar** ~ Stellung beziehen

posicionamiento [posiθjona'mjento] *m* Positionierung *f*

posicionar [posiθjo'nar] **I.** *vi* Stellung beziehen **II.** *vt* positionieren

posindustrial [posindus'trjal] *adj* postindustriell

positivista [positi'βista] **I.** *adj* positivistisch **II.** *mf* Positivist(in) *m(f)*

positivo¹ [posi'tiβo] *m* (FOTO) Positiv *nt*

positivo, **-a**² [posi'tiβo, -a] *adj* ❶ (*afirmativo, favorable, t.* MAT, FÍS) positiv ❷ (*cierto*) tatsächlich ❸ (*seguro*) sicher ❹ (*práctico*) sachlich; **un hombre** ~ ein Optimist

posmodernidad [posmoðerni'ðað] *f sin pl* Postmoderne *f*

poso ['poso] *m* ❶ (*sedimento*) Bodensatz *m;* **hasta los** ~ **s** (*fig*) bis zur Neige ❷ (*descanso*) Ruhe *f*

posología [posolo'xia] *f* (MED) Dosierung *f*

posponer [pospo'ner] *irr como poner vt* ❶ (*postergar*) zurückstellen ❷ (*aplazar*) verschieben

postal [pos'tal] **I.** *adj* postalisch, Post-; **una fotografía tamaño** ~ ein Foto im Postkartenformat **II.** *f* Postkarte *f*

postdata [pos'ðata] *f* Postskriptum *nt*

poste ['poste] *m* ❶ (*pilar*) Pfosten *m;* (ELEC, TEL) Mast *m;* ~ **indicador** Wegweiser *m;* ~ **kilométrico** Kilometerstein *m;* **dar** ~ **a alguien** jdn lange warten lassen; **estar hecho un** ~ untätig herumstehen; **más serio que un** ~ todernst; **no contestar más un** ~ überhaupt keine Antwort geben; **oler el** ~ Lunte riechen; **ser un** ~ (*lerdo*) sehr träge sein; (*fam: sordo*) stocktaub sein ❷ (*castigo*): **dar** ~ **a alguien** jdn in die Ecke stellen

postema [pos'tema] *f* (*Méx: pus*) Eiter *m*

póster ['poster] *m* Poster *nt o m*

postergación [posterγa'θjon] *f* ❶ (*aplazamiento*) Verschiebung *f* ❷ (*posposición injusta*) Schlechterstellung *f,* Zurücksetzung *f*

postergar [poster'γar] <g→gu> *vt* ❶ (*aplazar*) verschieben; ~ **la fecha** zurückdatieren ❷ (*posponer injustamente*) übergehen; ~ **al saber** das Wissen nicht gebührend würdigen; ~ **el ascenso de alguien** jdn bei der Beförderung übergehen

posteridad [posteri'ðað] *f* ❶ (*descendencia*) Nachkommenschaft *f* ❷ (*generaciones venideras*) Nachwelt *f* ❸ (*futuro*) Zukunft *f* ❹ (*fama póstuma*) Nachruhm *m;* **pasar a la** ~ berühmt werden

posterior [poste'rjor] *adj* ❶ (*de tiempo*) spätere(r, s); ~ **a** nach +*dat* ❷ (*de lugar*) hintere(r, s); ~ **a alguien** hinter jdm; **la parte** ~ **de la cabeza** der Hinterkopf; **en la parte** ~ **del coche está el maletero** im hinteren Teil des Autos befindet sich der Kofferraum

posterioridad [posterjori'ðað] *f* spätere Zeit *f;* ~ **de fecha** späteres Datum; **con** ~ nachträglich

posteriormente [posterjor'mente] *adv* nachher

postgrado [pos'γraðo] *m:* **de** ~ Postgraduierten-

postigo [pos'tiγo] *m* ❶ (*puerta falsa*) Blendtür *f* ❷ (*portillo*) Pförtchen *nt;* (*puerta pequeña en otra mayor*) kleine Nebentür *f* ❸ (*contraventana*) Fensterladen *m*

postín [pos'tin] *m* ❶ (*lujo*) Luxus *m;* **de** ~ luxuriös ❷ (*presunción*) Wichtigtuerei *f;* **darse mucho** ~ sich aufspielen

postinear [postine'ar] *vi* sich aufspielen

postinero, **-a** [posti'nero, -a] *adj* (*fam*) aufgeblasen

postizo¹ [pos'tiθo] *m* Haarteil *nt*

postizo, **-a**² [pos'tiθo, -a] *adj* künstlich; **cuello** ~ Stehkragen *m;* **dentadura postiza** (falsches) Gebiss *nt;* **nombre** ~ Spitzname *m;* **ojo** ~ Glasauge *nt;* **pelo** ~ Perücke *f*

postoperatorio, **-a** [posopera'torjo, -a] *adj* (MED) postoperativ; **asistencia postoperatoria del paciente** postoperative Versorgung des Patienten

postor(a) [pos'tor(a)] *m(f)* Bieter(in) *m(f);* **mejor** ~ Meistbietende(r) *m*

postración [postra'θjon] *f* ❶ (*humillación*) Kniefall *m* ❷ (*por enfermedad*) Entkräftung *f;* (*por aflicción*) Niedergeschlagenheit *f;* ~ **nerviosa** Nervenzusammenbruch

m

postrado, -a [pos'traðo, -a] *adj* ❶ (*arrodillado*) auf der Erde kniend ❷ (*humillado*) erniedrigt ❸ (*abatido*) kraftlos; ~ **de dolor** schmerzgebeugt; ~ **en cama** bettlägerig; **quedar** ~ **por una enfermedad** daniederliegen ❹ (*desanimado*) niedergeschlagen

postrar [pos'trar] I. *vt* ❶ (*derribar*) niederwerfen ❷ (*humillar*) demütigen ❸ (*debilitar*) schwächen II. *vr:* ~ **se** ❶ (*arrodillarse*) (sich) niederknien (*ante* vor +*dat*) ❷ (*perder las fuerzas*) zusammenbrechen

postre ['postre] *m* Nachtisch *m;* **servir los** ~**s** den Nachtisch auftragen; **a** (**la**) ~ (*fig*) letztendlich; **llegar a los** ~**s** (*fig*) zu spät kommen

postrero, -a [pos'trero, -a] *adj* letzte(r, s)

postrimerías [postrime'rias] *fpl* ❶ (*personas*) Lebensabend *m;* **estar en sus** ~ mit dem Tode ringen ❷ (*tiempo*) letzter Abschnitt *m;* **en las** ~ **del siglo pasado** gegen Ende des letzten Jahrhunderts

postulado [postu'laðo, -a] *m* Forderung *f*

postulante, -a [postu'lante, -a] *m, f* ❶ (*solicitante*) Bewerber(in) *m(f)* ❷ (REL) Postulant(in) *m(f)* ❸ (*colecta*) Sammler(in) *m(f)* von Geldspenden

postular [postu'lar] *vt* ❶ (*pedir*) bitten (um +*akk*); (*donativos*) sammeln ❷ (*solicitar*) sich bewerben (um +*akk*)

póstumo, -a ['postumo, -a] I. *adj* post(h)um; (*hijo*) nachgeboren; **fama póstuma** Nachruhm *m* II. *m, f* Nachgeborene(r) *mf*

postura [pos'tura] *f* ❶ (*colocación*) Stellung *f* ❷ (*actitud*) Einstellung *f* ❸ (*subasta*) Gebot *nt;* ~ **mayor** Meistgebot *nt;* **hacer** ~ bieten ❹ (*cantidad*) Einsatz *m* ❺ (*convenio*) Abkommen *nt* ❻ (*de las aves*) Gelege *nt;* (*poner huevos*) Eierlegen *nt* ❼ (BOT) Setzling *m* ❽ (*loc*): ~ **del sol** Sonnenuntergang *m*

post-venta [pos'βenta] I. *adj:* **servicio** ~ Kundendienst *m* II. *f* Garantiezeit *f*

potabilizar [potaβili'θar] <z→c> *vt* trinkbar machen

potable [po'taβle] *adj* ❶ (*bebible*) trinkbar; **agua** ~ Trinkwasser *nt* ❷ (*fam: aceptable*) annehmbar; **Juan es una persona** ~ Juan ist ganz nett

potaje [po'taxe] *m* ❶ (*sopa*) (Gemüse)suppe *f;* (*guiso*) (Gemüse)eintopf *m* ❷ (*legumbres secas*) Dörrgemüse *nt* ❸ (*brebaje*) Gebräu *nt* ❹ (*fam: mezcla*) Mischmasch *m*

potasio [po'tasjo] *m* Kalium *nt*

pote ['pote] *m* ❶ (*de barro*) irdenes Gefäß

nt; (*de metal*) Blechbüchse *f;* (*para plantas*) Blumentopf *m* ❷ (*para cocinar*) Kochtopf *m* ❸ (GASTR) Eintopf *m* ❹ (*loc*): **a** ~ in Hülle und Fülle; **darse** ~ sich wichtig machen

potencia [po'tenθja] *f* ❶ (*fuerza*) Kraft *f;* (*capacidad*) Vermögen *nt;* ~ **de carga** Tragkraft *f;* ~ **explosiva** Sprengkraft *f;* ~ **generativa** Potenz *f;* ~ **imaginativa** Einbildungskraft *f;* ~ **intelectual** geistiges Leistungsvermögen; ~ **mágica** Zauberkraft *f;* ~ **del motor** Motorleistung *f;* ~ **motriz** Antriebsleistung *f;* ~ **visual** Sehvermögen *nt* ❷ (*poder*) Macht *f;* **gran** ~ Großmacht *f* ❸ (INFOR): ~ **de entrada/de salida** Eingangs-/Ausgangsleistung *f* ❹ (FILOS) Möglichkeit *f;* **en** ~ potenziell ❺ (MAT) Potenz *f;* **elevar a** ~**s** potenzieren

potenciación [potenθja'θjon] *f* ❶ (*incrementación*) Verstärkung *f* ❷ (MAT) Potenzierung *f*

potencial [poten'θjal] I. *adj* ❶ (*que tiene potencia*) leistungsstark ❷ (*posible*) potenziell ❸ (LING): **el modo** ~ der Konditional II. *m* ❶ (*poder, capacidad*) Potenzial *nt;* ~ **financiero** Finanzkraft *f* ❷ (FÍS) Potenzial *nt;* ❸ (ELEC) Spannung *f* ❸ (LING) Konditional *m*

potencialización [potenθjaliθa'θjon] *f* gesteigerte Wirkung einiger Medikamente bei gleichzeitiger Einnahme anderer Medikamente

potenciar [poten'θjar] *vt* (ver)stärken

potente [po'tente] *adj* ❶ (*poderoso*) mächtig ❷ (*eficiente*) leistungsfähig ❸ (*sexualidad*) potent

potestad [potes'tað] *f* Amtsgewalt *f;* ~ **electoral** Wahlberechtigung *f;* ~ **legislativa** Legislative *f;* ~ **reglamentaria** Verordnungsgewalt *f;* **patria** ~ Sorgerecht *nt*

potestativo, -a [potesta'tiβo, -a] *adj* fakultativ, Wahl-; **materia potestativa** (ENS) Wahlfach *nt*

potingue [po'tinge] *m* (*pey*) ❶ (*bebida*) Gebräu *nt* ❷ (*fam: cosmético*) Schminke *f;* **darse** ~**s** sich anmalen

potranco, -a [po'tranko, -a] *m, f* Fohlen *nt*

potro ['potro] *m* ❶ (ZOOL) Fohlen *nt* ❷ (DEP) (Turn)bock *m* ❸ (*de tortura*) Folterbank *f;* **tener a alguien en el** ~ (*fig*) jdn auf die Folter spannen ❹ (*de herrar*) Notstall *m* ❺ (*lo que atormenta*) Qual *f*

poza ['poθa] *f* (*charca*) Pfütze *f*

pozal [po'θal] *m* (*cubo*) Schöpfeimer *m*

pozo ['poθo] *m* ❶ (*manantial*) Brunnen *m;* ~ **de garrucha** Ziehbrunnen *m* ❷ (*hoyo profundo*) Schacht *m;* ~ **de abono líquido** Jauchegrube *f;* ~ **airón** tiefe

Grube; ~ **de extracción** Förderschacht *m;* ~ **de lobos** Fallgrube *f;* ~ **negro** Fäkaliengrube *f;* ~ **petrolífero** Ölquelle *f;* ~ **de retrete** Latrine *f;* **caer en un** ~ *(fig)* in Vergessenheit geraten; **ser un** ~ **sin fondo** *(fig)* ein Fass ohne Boden sein; **ser un** ~ **de ciencia** *(fig)* ein unerschöpfliches Wissen haben ❸ *(CSur: bache)* Schlagloch *nt*

p.p. [por po'ðer] *abr de* **por poder** pp.

práctica ['praktika] *f* ❶ *(experiencia)* Praxis *f;* ~ **en la conducción** Fahrpraxis *f;* **una** ~ **de muchos años** langjährige Erfahrung; **adquirir** ~ Erfahrung sammeln; **perder la** ~ aus der Übung kommen; **tener** ~ **en algo** Übung in etw *dat* haben; **la** ~ **hace al maestro** *(prov)* Übung macht den Meister ❷ *(ejercitación)* Übung *f* ❸ *(ejercicio de algo)* Ausübung *f;* ~ **profesional** Berufsausübung *f* ❹ *(cursillo)* Praktikum *nt;* ~ **preprofesional** Berufspraktikum *nt* ❺ *(realización)* Ausführung *f;* **en la** ~ in der Praxis; **llevar a la** ~ in die Praxis umsetzen; **poner en** ~ realisieren; **poner en** ~ **una posibilidad** von einer Möglichkeit Gebrauch machen ❻ *(costumbre)* Brauch *m;* ~ **judicial** Rechtspflege *f;* **la** ~ **de los negocios** die Geschäftsgepflogenheiten ❼ *(modo)* Art und Weise *f;* *(método)* Methode *f;* **la** ~ **comercial** die Geschäftsmethoden

practicable [prakti'kaβle] *adj* ❶ *(realizable)* realisierbar, durchführbar ❷ *(camino)* begehbar; *(calle)* befahrbar ❸ *(puerta, ventana)* benutzbar

practicante [prakti'kaṇte] **I.** *adj* praktizierend; **un católico** ~ ein praktizierender Katholik **II.** *mf* ❶ *(que practica)* Praktikant(in) *m(f)* ❷ *(que tiene título para curar sin ser médico)* Heilpraktiker(in) *m(f)* ❸ *(farmacia)* Apothekengehilfe, -helferin *m, f*

practicar [prakti'kar] <c→qu> **I.** *vi* ein Praktikum absolvieren **II.** *vt* praktizieren; ~ **deporte** Sport treiben; **estudió medicina, pero no practica** er/sie hat Medizin studiert, übt aber den Beruf nicht aus;

~ **el español** die spanische Sprache sprechen; ~ **una operación** eine Operation durchführen

práctico[1] ['praktiko] *m* Lotse *m;* ~ **de aeropuerto** Fluglotse *m*

práctico, -a[2] ['praktiko, -a] **I.** *adj* praktisch; *(experimentado)* erfahren **II.** *m, f* Praktiker(in) *m(f)*

pradera [pra'ðera] *f* große Wiese *f*

pradería [praðe'ria] *f* Weideland *nt*

prado ['praðo] *m* (*para ganado*) Weide *f;* (*para pasear*) Wiese *f*

Praga ['praɣa] *f* Prag *nt*

pragmático, -a [praɣ'matiko, -a] **I.** *adj* pragmatisch **II.** *m, f* Pragmatiker(in) *m(f)*

pragmatismo [praɣma'tismo] *m* Pragmatismus *m*

praguense [pra'ɣense] **I.** *adj* Prager **II.** *mf* Prager(in) *m(f)*

prángana ['praŋgana] *f* (*Méx, PRico*) bittere Armut *f*

preacuerdo [prea'kwerðo] *m* Vorvereinbarung *f*

preámbulo [pre'ambulo] *m* Präambel *f;* **sin** ~**s** *(fig)* ohne Umschweife; **no andarse con** ~**s** mit der Tür ins Haus fallen; **¡déjese de** ~**s!** kommen Sie zur Sache!

preaviso [prea'βiso] *m* Voranmeldung *f*

prebenda [pre'βeṇda] *f* ❶ (REL) Pfründe *f* ❷ *(fam: trabajo)* ruhiger Posten *m*

precalentamiento [prekaleṇta'mjeṇto] *m* Vorwärmung *f;* (DEP) Aufwärmen *nt*

precalentar [prekaleṇ'tar] <e→ie> **I.** *vt* vorwärmen **II.** *vr:* ~**se** (DEP) sich aufwärmen

precampaña [prekam'paɲa] *f* Vorfeld *nt*

precariedad [prekarje'ðað] *f* Unsicherheit *f*

precario, -a [pre'karjo, -a] *adj* ❶ *(de poca estabilidad)* prekär ❷ (JUR) widerruflich

precaución [prekaṷ'θjon] *f* Vorsicht *f;* **tomar precauciones** Vorkehrungen treffen

precaver [preka'βer] **I.** *vt* (*prevenir*) vorbeugen +*dat;* (*evitar*) verhindern **II.** *vr:* ~**se** sich schützen (*de* vor +*dat, contra* gegen +*akk*); **hay que** ~**se de todas las eventualidades** man muss auf alles gefasst sein

precavido, -a [preka'βiðo, -a] *adj* vorsichtig

precedencia [preθe'ðeṇθja] *f* ❶ *(prioridad)* Vorrang *m,* Vorzug *m;* **dar** ~ **a alguien** jdm den Vortritt lassen ❷ *(superioridad)* Überlegenheit *f*

precedente [preθe'ðeṇte] **I.** *adj* vorhergehende(r, s) **II.** *m* Präzedenzfall *m;* **sentar un** ~ einen Präzedenzfall schaffen; **sin** ~**s** beispiellos

preceder [preθe'ðer] *vt* ❶ (*anteceder*) vorausgehen +*dat;* **un banquete precedido de varios discursos** ein Festessen, dem mehrere Reden vorausgehen ❷ (*tener primacía*) Vorrang haben (*a* vor +*dat*); ~ **en categoría** höher gestellt sein

preceptista [preθep'tista] **I.** *adj* lehrmeisterhaft **II.** *mf* Lehrmeister(in) *m(f);* (LIT) Theoretiker(in) *m(f)*

preceptiva [preθep'tiβa] *f* Grundregeln *fpl*

preceptivo, -a [preθep'tiβo, -a] *adj* vorschriftsmäßig

precepto [pre'θepto] *m* ❶ (*mandamiento*) Befehl *m* ❷ (*norma*) Vorschrift *f;* ~ **básico** Grundsatz *m;* ~ **de conducta** Verhaltensregel *f;* ~ **jurídico** Rechtssatz *m;* ~ **de ley** gesetzliche Vorschrift

preceptor(a) [preθep'tor(a)] *m(f)* Lehrer(in) *m(f);* (*que viene a casa*) Hauslehrer(in) *m(f)*

preceptuar [preθeptu'ar] <*1. pres:* preceptúo> *vt* vorschreiben

preces ['preθes] *fpl* ❶ (*oraciones*) Gebet *nt* ❷ (*súplicas*) Bitte *f*

preciado, -a [pre'θjaðo, -a] *adj* ❶ (*estimado*) geschätzt ❷ (*jactancioso*) angeberisch; ~ **de sí mismo** eingebildet

preciarse [pre'θjarse] *vr* sich brüsten (*de* mit +*dat*)

precintar [preθin'tar] *vt* ❶ (*aduana*) plombieren ❷ (*cigarrillos*) banderolieren

precinto [pre'θinto] *m* (*sello*) Siegel *nt;* ~ **de aduana** Zollplombe *f*

precio ['preθjo] *m* Preis *m;* ~ **abordable** erschwinglicher Preis; ~ **alzado** Pauschalbetrag *m;* ~ **astronómico** Wucherpreis *m;* ~ **al consumidor** Verbraucherpreis *m;* ~ **al contado** Nettopreis *m;* ~ **de conversión** Konversionskurse *mpl;* **el ~ de conversión del euro y las respectivas monedas nacionales** die Konversionskurse zwischen dem Euro und den nationalen Währungseinheiten; ~ **de coste** Selbstkostenpreis *m;* ~ **al detalle** Einzelhandelspreis *m;* ~ **de fábrica** Herstellerpreis *m;* ~ **irrisorio** Schleuderpreis *m;* ~ **de liquidación** Räumungspreis *m;* ~ **al por mayor** Mengenpreis *m;* ~ **preferente** Vorzugspreis *m;* ~ **de presentación** Einführungspreis *m;* ~ **al productor** Erzeugerpreis *m;* ~ **prohibitivo** unerschwinglicher Preis; ~ **razonable** angemessener Preis; ~ **recomendado** Preisempfehlung *f;* ~ **de rescate** Lösegeld *nt;* ~ **de salvación** Bergelohn *m;* ~ **solicitado** Preis auf Anfrage; ~ **de tarifa** Listenpreis *m;* ~ **de temporada** saisonbedingter Preis; ~**s únicos** Einheitspreise *mpl;* ~ **unitario** Einzel-

preis *m;* ~ **de venta al público** Verkaufspreis *m;* **a buen** ~ günstig; **a** ~ **controlado** preisgebunden; **a mitad de** ~ zum halben Preis; **a poco** ~ billig; **a** ~ **de oro** sehr teuer; **poner el** ~ mit einer Preisangabe versehen; **¿qué** ~ **tiene el libro?** wie viel kostet das Buch?; **de todos los** ~**s** in allen Preislagen; **no tener** ~ (*fig*) unbezahlbar sein; **al** ~ **de la salud** auf Kosten der Gesundheit; **querer conseguir algo a cualquier** ~ etw um jeden Preis erreichen wollen; **poner** ~ **a la cabeza de alguien** einen Preis auf jds Kopf aussetzen

preciosidad [preθjosi'ðað] *f* Kostbarkeit *f;* **este cuadro es una** ~ dieses Bild ist sehr kostbar; (*fig*) dieses Bild ist eine Augenweide; **esta chica es una** ~ dieses Mädchen ist entzückend

precioso, -a [pre'θjoso, -a] *adj* ❶ (*valioso*) kostbar ❷ (*hermoso*) entzückend

precipicio [preθi'piθjo] *m* Abgrund *m;* **estar al borde del** ~ (*fig*) am Rande des Abgrunds stehen

precipitación [preθipita'θjon] *f* ❶ (*prisa*) Hast *f;* **con** ~ übereilt ❷ (METEO) Niederschlag *m*

precipitadamente [preθipitaða'mente] *adv* überstürzt

precipitado, -a [preθipi'taðo, -a] *adj* (*apresurado*) übereilt; ~ **en el hablar** vorlaut

precipitar [preθipi'tar] **I.** *vt* ❶ (*arrojar*) (hinab)stürzen; **lo** ~**on por la ventana** sie stürzten ihn aus dem Fenster ❷ (*apresurar*) übereilen; (*accelerar*) beschleunigen **II.** *vr:* ~**se** ❶ (*arrojarse*) sich (hinab)stürzen (*a* in +*akk, por/desde* von +*dat*) ❷ (*atacar*) sich stürzen (*sobre* auf +*akk*) ❸ (*acontecimientos*) sich überstürzen; (*personas*) überstürzt handeln; **¡no se precipite!** nur keine Hast!

precisamente [preθisa'mente] *adv* genau; **¿tiene que ser** ~ **hoy?** muss es ausgerechnet heute sein?; ~ **por eso** eben deshalb

precisar [preθi'sar] **I.** *vi* unbedingt nötig sein **II.** *vt* ❶ (*determinar*) präzisieren ❷ (*necesitar*) benötigen; **preciso tu ayuda** ich brauche deine Hilfe ❸ (*obligar*) zwingen

precisión [preθi'sjon] *f* ❶ (*exactitud*) Genauigkeit *f;* **aparato de** ~ Präzisionsgerät *nt;* ~ **de funcionamiento** Zuverlässigkeit *f;* ~ **de tiro** Treffsicherheit *f;* **hablar con** ~ deutlich sprechen ❷ (*determinación*) Bestimmtheit *f* ❸ (*necesidad*) Notwendigkeit *f;* **tener** ~ **de hacer algo** etw tun müssen

preciso, -a [pre'θiso, -a] *adj* ❶ (*necesario*) notwendig; **es** ~ **que...** +*subj* es ist notwendig, dass ...; **es ~ que nos veamos** wir müssen uns unbedingt sehen; **si es ~ ...** falls erforderlich ... ❷ (*exacto*) genau; (*estilo*) klar; **a la hora precisa** pünktlich

preclaro, -a [preˈklaro, -a] *adj* berühmt

precocidad [prekoθiˈðað] *f* ❶ (*del niño*) Frühreife *f* ❷ (*de tiempo*) Frühzeitigkeit *f*

precocinado, -a [prekoθiˈnaðo, -a] *adj* vorgekocht; **plato ~** Fertiggericht *nt*

preconcebido, -a [prekonθeˈβiðo, -a] *adj* vorgefasst; **tener ideas preconcebidas** Vorurteile haben

preconcebir [prekonθeˈβir] *irr como pedir vt* bedenken

preconizable [prekoniˈθaβle] *adj* anerkennenswert

preconizar [prekoniˈθar] <z→c> *vt* ❶ (*recomendar*) befürworten ❷ (*encomiar*) lobpreisen

precoz [preˈkoθ] *adj* frühreif

precursor(a) [prekurˈsor(a)] **I.** *adj* bahnbrechend **II.** *m(f)* Vorläufer(in) *m(f)*

predador(a) [preðaˈðor(a)] *m(f)* ❶ Plünderer, -in *m, f* ❷ (*animal*) Raubtier *nt*

predecesor(a) [preðeθeˈsor(a)] *m(f)* ❶ (*en el cargo*) Vorgänger(in) *m(f)* ❷ (*antepasados*) Vorfahr(in) *m(f)*

predecir [preðeˈθir] *irr como decir vt* voraussagen

predefinir [preðefiˈnir] *vt* (REL) vorbestimmen

predestinado, -a [preðestiˈnaðo, -a] *adj* ❶ (*elegido*) auserkoren ❷ (*destino*) vorherbestimmt; **estar ~ al crimen** zum Verbrecher prädestiniert sein

predestinar [preðestiˈnar] *vt* vorherbestimmen

predeterminación [preðeterminaˈθjon] *f* Vorausbestimmung *f*

predeterminar [preðetermiˈnar] *vt* vorausbestimmen

prédica [ˈpreðika] *f* Predigt *f*; (*discurso*) Rede *f*

predicación [preðikaˈθjon] *f* ❶ (*sermonear*) Predigen *nt* ❷ (*sermón*) Predigt *f*

predicado [preðiˈkaðo] *m* (LING) Prädikat *nt*

predicador(a) [preðikaˈðor(a)] **I.** *adj* predigend **II.** *m(f)* Prediger(in) *m(f)*

predicar [preðiˈkar] <c→qu> *vt* ❶ (*sermonear*) predigen; **~ en desierto** tauben Ohren predigen; **hay que ~ con el ejemplo** man muss mit gutem Beispiel vorangehen; **una cosa es ~ y otra dar trigo** (*prov*) ≈Reden und Handeln ist zweierlei; **no se puede ~ y andar en la procesión** (*prov*) man kann nicht auf zwei Hochzeiten tanzen ❷ (*publicar*) verkünden ❸ (*elogiar*) überschwänglich loben

❹ (*amonestar*) die Leviten lesen +*dat fam*

predicativo, -a [preðikaˈtiβo, -a] *adj* (LING) prädikativ

predicción [preðiˈɣˈθjon] *f* Vorhersage *f*; **~ económica** Wirtschaftsprognose *f*

predilección [preðileˈɣˈθjon] *f* Vorliebe *f*

predilecto, -a [preðiˈlekto, -a] *adj* bevorzugt; **hijo ~** Lieblingskind *nt*; **plato ~** Leibgericht *nt*

predio [ˈpreðjo] *m* ❶ (JUR) Grundstück *nt*; **~ familiar** Familienbesitz *m*; **~ grande** Großbesitz *m* ❷ (*finca*) Gut *nt*; **~ familiar** Familienbetrieb *m*; **~ pequeño** bäuerlicher Kleinbetrieb

predisponer [preðispoˈner] *irr como poner* **I.** *vt* ❶ (*fijar por anticipado*) im Voraus festlegen; **predispongamos ya la fecha de nuestra próxima reunión** lass uns jetzt schon den Termin unserer nächsten Sitzung festlegen; **venía predispuesto a pelearse** er war auf Streit aus, als er kam ❷ (*influir*) beeinflussen; **~ a alguien a favor/en contra de alguien** jdn für/gegen jdn einnehmen ❸ (*inclinar*) empfänglich machen (*a* für I *akk*), (MED) anfällig machen (*a* für +*akk*) **II.** *vr*: **~ se** ❶ (*prepararse*) sich einstellen (*a* auf +*akk*) ❷ (*tomar partido*) sich *dat* vorschnell ein Urteil bilden (*respecto a/de* über +*akk*); **~ se a favor/en contra de alguien** jdm gegenüber positiv/negativ eingestellt sein

predisposición [preðisposiˈθjon] *f* Veranlagung *f*; (*tendencia*) Neigung *f*; (MED) Prädisposition *f*; **~ al crimen** kriminelle Veranlagung; **tener ~ a engordar** zum Dickwerden neigen

predispuesto, -a [preðisˈpwesto, -a] **I.** *pp de* **predisponer II.** *adj* ❶ *ser* (*sensible*) anfällig; **ser ~ a coger todos los virus** für jegliche Art von Viren empfänglich sein ❷ *estar* (*prevenido*) voreingenommen; **estar (mal) ~ contra alguien** jdm gegenüber voreingenommen sein

predominante [preðomiˈnante] *adj* vorherrschend

predominar [preðomiˈnar] *vi, vt* ❶ (*prevalecer*) überwiegen; **aquí predomina el compañerismo** bei uns wird Kameradschaft groß geschrieben; **en este parque las palomas predominan en número sobre los gorriones** in diesem Park sind die Tauben den Spatzen zahlenmäßig weit überlegen ❷ (*sobresalir*) überragen ((*sobre*) +*akk, en* an +*dat*)

predominio [preðoˈminjo] *m* ❶ (*poder*) Vorherrschaft *f* (*en* in +*dat*) ❷ (*preponderancia*) Übergewicht *nt* (*en* an +*dat*) ❸ (*superioridad*) Vorrang *m* (*sobre* vor

+*dat*)

preeminencia [pre(e)mi'nenθja] *f* Vorrang *m*

preeminente [pre(e)mi'nente] *adj* vorrangig

preescolar [pre(e)sko'lar] *adj* vorschulisch; **edad** ~ Vorschulalter *nt*

preestablecido, -a [pre(e)staβle'θiðo, -a] *adj* bereits festgelegt

preestreno [pre(e)s'treno] *m* Voraufführung *f*

preexistente [pre(e)ʸsis'tente] *adj* vorher bestehend; (FILOS) präexistent

preexistir [pre(e)ʸsis'tir] *vi* vorher bestehen

prefabricado, -a [prefaβri'kaðo, -a] *adj* vorgefertigt; **casa prefabricada** Fertighaus *nt*

prefacio [pre'faθjo] *m* (*libro*) Vorwort *nt;* (*discurso*) Vorrede *f*

preferencia [prefe'renθja] *f* ❶ (*elección, trato*) Bevorzugung *f* (*por+gen*); **mostrar** ~ **por alguien** jdn bevorzugen ❷ (*predilección*) Vorliebe *f* (*por* für +*akk*); **sentir** ~ **por alguien** eine Vorliebe für jdn haben ❸ (*prioridad*) Vorrang *m;* ~ **de paso** Vorfahrt *f;* **precio de** ~ Vorzugspreis *m;* **sitio de** ~ Rangloge *f;* **tener** ~ **ante alguien** den Vortritt vor jdm haben; **dar** ~ den Vorzug geben; **de** ~ vorzugsweise

preferente [prefe'rente] *adj* vorrangig; (*urgente*) vordringlich; **acciones** ~**s** (FIN) Vorzugsaktien *fpl*

preferentemente [preferente'mente] *adv* hauptsächlich

preferible [prefe'riβle] *adj* vorzuziehen; **sería** ~ **que lo hicieras** du solltest es besser tun

preferiblemente [preferiβle'mente] *adv* besser

preferido, -a [prefe'riðo, -a] *adj* bevorzugt, Lieblings-

preferir [prefe'rir] *irr como sentir vt* vorziehen; **prefiero que... +***subj* es ist mir lieber, wenn ...; **prefiero ir a pie** ich gehe lieber zu Fuß

prefigurar [prefiɣu'rar] **I.** *vt* eine erste Vorstellung geben (von +*dat*) **II.** *vr:* ~ **se** sich *dat* im Voraus denken [*o* ausmalen]

prefijar [prefi'xar] *vt* ❶ (*determinar*) (im Voraus) festsetzen ❷ (LING) präfigieren

prefijo [pre'fixo] *m* ❶ (LING) Präfix *nt* ❷ (TEL) Vorwahl(nummer) *f*

pregón [pre'ɣon] *m* öffentliche Bekanntmachung *f;* **con/sin** ~ (*fig*) mit (großem)/ ohne (jegliches) Aufsehen

pregonar [preɣo'nar] *vt* ❸ (*en público*) öffentlich ausrufen; ~ **una mercancía** eine Ware anpreisen ❷ (*lo que estaba*

oculto) ausposaunen *fam;* ~ **a los cuatro vientos** (*fam*) an die große Glocke hängen; ~ **a tambor batiente** ausplaudern ❸ (*alabar*) öffentlich loben

pregonero, -a [preɣo'nero, -a] *m, f* ❶ (*público*) Ausrufer(in) *m(f); (en el mercado*) Marktschreier(in) *m(f)* ❷ (*fam: chismoso*) Klatschmaul *nt*

pregunta [pre'ɣunta] *f* ❶ (*demanda*) Frage *f;* ~ **capciosa** Fangfrage *f;* **hacer** ~**s capciosas a alguien** jdn aufs Glatteis führen *fam;* **estar a la cuarta** ~ schlecht bei Kasse sein; **estrechar a** ~**s a alguien** jdm Löcher in den Bauch fragen *fam;* **a tal** ~ **tal respuesta** auf dumme Fragen bekommt man dumme Antworten ❷ (*de datos*) Abfrage *f*

preguntar [preɣun'tar] **I.** *vt* fragen; ~ **la lección** abfragen; ~ **a un sospecho** einen Verdächtigen verhören; ~ **por alguien** nach jdm fragen; **quien pregunta no yerra** (*prov*) mit Fragen kommt man durch die Welt **II.** *vr:* ~ **se** sich fragen

preguntón, -ona [preɣun'ton, -ona] *adj* wissbegierig

prehistoria [preis'torja] *f* Vorgeschichte *f*

prehistórico, -a [preis'toriko, -a] *adj* prähistorisch

preindustrial [preindus'trjal] *adj* vorindustriell

preinscribir [preiⁿskri'βir] *vt, vr:* ~ **se** (sich) voreintragen

prejubilación [prexuβila'θjon] *f* Vorruhestand *m*

prejuicio [pre'xwiθjo] *m* Vorurteil *nt*

prejuzgar [prexuθ'ɣar] <g→gu> *vt* vorschnell beurteilen

prelado [pre'laðo] *m* Prälat *m*

preliminar [prelimi'nar] *adj* ❶ (*inicial*) einleitend, Vor- ❷ (*preparatorio*) vorbereitend

preliminares [prelimi'nares] *mpl* Vorverhandlungen *fpl*

preludiar [prelu'ðjar] **I.** *vi* (MÚS) präludieren **II.** *vt* einleiten

preludio [pre'luðjo] *m* ❶ (*principio*) Einleitung *f* ❷ (*composición*) Präludium *nt*

premamá [prema'ma] *adj inv:* **vestido** ~ Umstandskleid *nt*

prematrimonial [prematrimo'njal] *adj* vorehelich

prematuro, -a [prema'turo, -a] *adj* ❶ (*persona*) frühreif ❷ (*antes de tiempo*) vorzeitig; (*apresurado*) voreilig; **detección prematura del cáncer** Krebsfrüherkennung *f;* **nacimiento** ~ Frühgeburt *f*

premeditación [premeðita'θjon] *f* Vorsatz *m;* **con** ~ vorsätzlich

premeditadamente [premeðitaða'mente] *adv* vorsätzlich

premeditado, -a [premeði'taðo, -a] *adj* wissentlich

premeditar [premeði'tar] *vt* (*pensar*) sich *dat* vorher überlegen; (*planear*) planen; (JUR) vorsätzlich planen

premiado, -a [pre'mjaðo, -a] I. *adj* preisgekrönt II. *m, f* Preisträger(in) *m(f)*

premiar [pre'mjar] *vt* ❶ (*recompensar*) belohnen ❷ (*dar un premio*) prämieren

premier [pre'mjer] *mf* Premierminister(in) *m(f)*

premio ['premjo] *m* ❶ (*galardón*) Preis *m;* ~ **Nobel** (de literatura) Nobelpreis *m* (für Literatur); **conceder un** ~ einen Preis verleihen ❷ (*recompensa*) Belohnung *f;* ~ **por hallazgo** Finderlohn *m* ❸ (*remuneración*) Prämie *f;* ~ **al ahorro** Sparprämie *f;* ~ **de antigüedad** Dienstalterszulage *f;* ~ **de constancia** Treueprämie *f;* ~ **de natalidad** Mutterschaftsgeld *nt* ❹ (*lotería*) Lotteriegewinn *m;* **el** ~ **gordo** der Haupttreffer ❺ (*ganador*) Preisträger(in) *m(f);* **García Márquez es** ~ **Nobel de literatura** García Márquez ist Literaturnobelpreisträger

premioso, -a [pre'mjoso, -a] *adj* ❶ (*ajustado*) eingeengt ❷ (*molesto*) lästig ❸ (*estrecho*) eng ❹ (*torpe*) schwerfällig ❺ (*estricto*) streng

premisa [pre'misa] *f* ❶ (*condición*) Voraussetzung *f* ❷ (*indicio*) Kennzeichen *nt*

premonición [premoni'θjon] *f* (*presentimiento*) Vorahnung *f*

premonitorio, -a [premoni'torjo, -a] *adj* vorwarnend; (MED) prämonitorisch

premunir [premu'nir] I. *vt* (*Am*) versorgen (*de* mit +*dat*) II. *vr:* ~ **se** (*Am*) sich eindecken (*de* mit +*dat*)

premura [pre'mura] *f* ❶ (*apuro*) Dringlichkeit *f* ❷ (*prisa*) Eile *f* ❸ (*falta*) Mangel *m* (*de* an +*dat*)

prenatal [prena'tal] *adj* vorgeburtlich

prenda ['prenda] *f* ❶ (*fianza*) Pfand *nt;* **en** ~ als Pfand; **en** ~**s** als Beweis; **hacer** ~ Pfand einbehalten; **soltar** ~ sich verpflichten; **no soltar** ~ (*fam*) nichts herauslassen; **a mí no me duelen** ~**s** es macht mir gar nichts aus ❷ (*pieza*) Kleidungsstück *nt;* ~**s interiores** Unterwäsche *f;* ~ **protectora** Schutzkleidung *f* ❸ (*cariño*) Schatz *m;* **la** ~ **de mi corazón** mein Herzallerliebster/meine Herzallerliebste ❹ (*cualidades*) Gabe *f;* ~**s del espíritu** Geistesgaben *fpl;* **un hombre de** ~**s** ein begabter Mensch

prendar [pren'dar] I. *vt* ❶ (*tomar como*

prenda) pfänden ❷ (*ganar el afecto*) für sich gewinnen II. *vr:* ~ **se** sich verlieben (*de* in +*akk*)

prendedor [prende'ðor] *m* (*broche*) Brosche *f;* (*de corbata*) Krawattennadel *f*

prender [pren'der] I. *vi* (*planta*) Wurzeln schlagen; (*medicamentos*) anschlagen; (*ideas*) sich verbreiten; **sus ideas prendieron fácilmente en la juventud** seine/ihre Ideen fanden bei der Jugend sofort Anklang II. *vt* ❶ (*sujetar*) befestigen; (*con alfileres*) feststecken; (*con cola*) festkleben; (*en un gancho*) aufhängen; (*el pelo*) hochstecken; (*juntar el pelo*) zusammenbinden; ~ **un babero a un niño** einem Kind ein Lätzchen umbinden; ~ **un alfiler de corbata** eine Krawattennadel anstecken ❷ (*detener*) festnehmen ❸ (*fuego*): **el coche prendió fuego** das Auto fing Feuer ❹ (*Am: encender*) anzünden; (*luz*) anmachen; ~ **un cigarrillo** eine Zigarette anstecken III. *vr:* ~ **se** ❶ (*mujeres*) sich herausputzen; ~ **se una flor en el ojal** sich *dat* eine Blume ins Knopfloch stecken ❷ (*PRico: emborracharse*) sich betrinken

prensa ['prensa] *f* ❶ (*máquina*) Presse *f;* ~ **de uvas** Weinpresse *f* ❷ (*imprenta*) Druckerei *f;* **dar a la** ~ in Druck geben; **estar en** ~ sich im Druck befinden ❸ (PREN) Presse *f;* ~ **amarilla** Sensationspresse *f;* ~ **especializada** Fachpresse *f;* **secretario de** ~ Pressesprecher *m;* **P~ y Relaciones Públicas** Presse- und Öffentlichkeitsarbeit *f;* **tener buena/mala** ~ (*fig*) einen guten/ schlechten Ruf haben

prensar [pren'sar] *vt* pressen; (*uvas*) keltern

prensil [pren'sil] *adj* Greif-

preñada [pre'ɲaða] *adj* (*mujer*) schwanger

preñado, -a [pre'ɲaðo, -a] *adj* ❶ (*animal*) trächtig ❷ (*lleno*) voll (*de* mit +*dat*); **una nube preñada de agua** eine regenschwere Wolke; **una palabra preñada** ein tiefsinniges Wort; ~ **de dificultades** voller Schwierigkeiten; ~ **de emoción** gefühlvoll

preñar [pre'ɲar] *vt* ❶ (*mujer*) schwängern ❷ (*animal*) decken ❸ (*llenar*) füllen

preñez [pre'ɲeθ] *f* ❶ (*de la mujer*) Schwangerschaft *f* ❷ (*del animal*) Trächtigkeit *f* ❸ (*incertidumbre*) Ungewissheit *f;* (*dificultad*) Schwierigkeit *f*

preocupación [preokupa'θjon] *f* ❶ (*desvelo*) Sorge *f* (*por* um +*akk,* wegen +*gen*/ *dat*); **¡déjate de preocupaciones!** mach dir nicht so viele Gedanken!; **sin preocupaciones** sorglos ❷ (*pesadumbre*) Kummer *m;* **causar preocupaciones a al-**

guien jdm Kummer bereiten ❸ (*obsesión*) fixe Idee *f;* **tu única ~ es el dinero** du denkst nur ans Geld ❹ (*prejuicio*) Voreingenommenheit *f;* (JUR) Befangenheit *f*

preocupado, **-a** [preokuˈpaðo, -a] *adj* (*inquieto*) besorgt (*por* wegen +*gen/dat*, über +*akk*); **mi padre anda bastante ~** mein Vater macht sich *dat* ziemlich große Sorgen; **tener el espíritu ~ por algo** völlig mit etw *dat* beschäftigt sein

preocupante [preokuˈpaɲte] *adj* Besorgnis erregend

preocupar [preokuˈpar] **I.** *vt* ❶ (*inquietar*) beunruhigen, Sorgen machen +*dat;* **¿por qué preocupas tanto a tus padres?** warum bereitest du deinen Eltern solche Sorgen? ❷ (*prevenir*) einnehmen (*por* für +*akk, contra* gegen +*akk*) **II.** *vr:* **~ se** ❶ (*inquietarse*) sich *dat* Sorgen machen (*por* um +*akk,* wegen +*gen/dat*); **¡no se preocupe!** seien Sie unbesorgt!; **¡no te preocupes tanto!** mach dir nicht so viele Gedanken! ❷ (*encargarse*) sich kümmern (*de* um +*akk*); **no se preocupa de arreglar el asunto** er/sie hält es nicht für nötig, die Sache in Ordnung zu bringen ❸ (*tener prejuicios*) voreingenommen sein

preolímpico, **-a** [preoˈlimpiko, -a] *adj* vorolympisch

preparación [preparaˈθjon] *f* ❶ (*de un asunto*) Vorbereitung *f* ❷ (*de la comida*) Zubereitung *f* ❸ (*de materias primas*) Aufbereitung *f;* **~ de datos** (INFOR) Datenaufbereitung *f* ❹ (*formación*) Ausbildung *f;* **~ académica** Hochschulausbildung *f;* **~ especializada** Fachausbildung *f;* **~ profesional** Berufsausbildung *f;* **sin ~** ohne Vorbildung ❺ (*farmacéutica*) Präparat *nt*

preparado[1] [prepaˈraðo] *m* Präparat *nt;* **~ listo** Fertigpräparat *nt*

preparado, **-a**[2] [prepaˈraðo, -a] *adj* (*listo*) bereit; **~ (para funcionar)** betriebsbereit; **tener ~** bereithalten; **~ para recepción** empfangsbereit

preparar [prepaˈrar] **I.** *vt* ❶ (*disponer*) vorbereiten; (*la comida*) zubereiten; (*materias primas*) aufbereiten; **en esta escuela profesional te preparan bien** auf dieser Berufsschule erhältst du eine gute Ausbildung; **en inglés me prepara una profesora nativa** ich werde von einer Engländerin in Englisch unterrichtet; **~ un buque para zarpar** ein Schiff klarmachen zum Auslaufen; **~ el camino** den Weg bahnen; **~ una casa para vivir en ella** ein Haus herrichten; **~ un discurso** eine Rede ausarbeiten; **~ las maletas** die Koffer packen;

ya puedes ~ la maleta (*fam*) es kann jederzeit losgehen; **~ la tierra** den Boden bearbeiten ❷ (QUÍM) ansetzen ❸ (INFOR: *datos*) aufbereiten; (*programa*) erstellen ❹ (ANAT) präparieren **II.** *vr:* **~ se** sich vorbereiten (*para/a* auf/für +*akk*); **me preparaba a salir, cuando empezó a llover** ich wollte mich gerade zum Gehen fertig machen, da fing es an zu regnen; **se prepara una tormenta** es braut sich ein Unwetter zusammen; **~ se para cualquier eventualidad** sich auf alles gefasst machen

preparativo[1] [prepараˈtiβo] *m* Vorbereitung *f*

preparativo, **-a**[2] [preparaˈtiβo, -a] *adj* vorbereitend

preparatorio, **-a** [preparaˈtorjo, -a] *adj* vorbereitend; **curso ~** Vorbereitungskurs *m;* **trabajos ~s** Vorarbeiten *fpl*

prepo [ˈprepo] (*Arg*) **de ~** mit Gewalt

preponderancia [prepoɲdeˈranθja] *f* Übergewicht *nt*

preponderante [prepoɲdeˈraɲte] *adj* vorherrschend

preponderar [prepoɲdeˈrar] *vi* überwiegen

preposición [preposiˈθjon] *f* Präposition *f*

prepotencia [prepoˈteɲθja] *f* ❶ (*superioridad*) Übermächtigkeit *f* ❷ (*arrogancia*) Arroganz *f*

prepotente [prepoˈteɲte] *adj* ❶ (*superior*) übermächtig ❷ (*arrogante*) überheblich

prepucio [preˈpuθjo] *m* (ANAT) Vorhaut *f*

prerrequisito [prerrekiˈsito] *m* Vorbedingung *f*

prerrogativa [prerroɣaˈtiβa] *f* (*privilegio*) Vorrecht *nt*

presa [ˈpresa] *f* ❶ (*acción*) (Ein)fangen *nt;* **las llamas hicieron ~ en la casa** das Haus wurde ein Opfer der Flammen ❷ (*objeto, de caza*) Beute *f;* **hacer una ~** Beute machen; (*un ave*) Beute schlagen; **ser ~ del terror** von Panik ergriffen werden ❸ (ZOOL): **animal de ~** Raubtier *nt* ❹ (*dique: en valle*) Talsperre *f;* (*en río*) Staudamm *m* ❺ (*colmillo*) Fangzahn *m* ❻ (*uña*) Kralle *f* ❼ (*acequia*) Bewässerungskanal *m* ❽ (*de comida*) Stück *nt* ❾ (DEP) Griff *m;* **~ de brazo** (*judo*) Armhebel *m*

presagiar [presaˈxjar] *vt* voraussagen; **estas nubes presagian tormenta** diese Wolken sehen nach Gewitter aus

presagio [preˈsaxjo] *m* ❶ (*señal*) Omen *nt* ❷ (*presentimiento*) Vorahnung *f*

presbicia [presˈβiθja] *f* Weitsichtigkeit *f*

presbiterio [presˈβiterjo] *m* Altarraum *m*

presbítero [pres'βitero] *m* Priester *m*

prescindible [presθin'diβle] *adj* entbehrlich

prescindir [presθin'dir] *vi* ❶ (*renunciar a*) verzichten (*de* auf +*akk*); **tenemos que ~ del coche** wir müssen ohne Auto auskommen; **no podemos ~ de él** wir kommen ohne ihn nicht zurecht ❷ (*pasar por alto*) übergehen (*de* +*akk*); **han prescindido de mi opinión** sie haben meine Meinung ignoriert ❸ (*no contar*) nicht rechnen (*de* mit +*dat*)

prescribir [preskri'βir] *irr como escribir* **I.** *vi* (*delito*) verjähren **II.** *vt* ❶ (*indicar*) vorschreiben; **prescrito por la ley** gesetzlich vorgeschrieben ❷ (MED) verordnen; (*recetar*) verschreiben

prescripción [preskriβ'θjon] *f* ❶ (*indicación*) Vorschrift *f* ❷ (MED) Verordnung *f*; (*receta*) Rezept *nt* ❸ (*de delito*) Verjährung *f*

prescrito, -a [pres'krito, -a] *adj* ❶ (*ordenado*) vorgeschrieben ❷ (*extinguido*) verjährt

preseleccionar [preseleɣθjo'nar] *vt* vorher auswählen; (DEP) (eine Auswahlmannschaft) aufstellen

presencia [pre'senθja] *f* ❶ (*asistencia*) Gegenwart *f*; **sin la ~ del ministro** ohne Beisein des Ministers ❷ (*aspecto*) Aussehen *nt*; **buena ~** gepflegtes Äußeres; **tener buena ~** gut aussehen ❸ (*existencia*): **estamos en ~ del aeropuerto más grande de Europa** wir haben den größten Flughafen Europas vor uns; **los vecinos están asustados por la ~ de ladrones** die Nachbarn haben Angst vor den Dieben; **la constante ~ de ese recuerdo no le dejaba dormir** die ständige Erinnerung daran brachte ihn um den Schlaf

presencial [presen'θjal] *adj*: **testigo ~** Augenzeuge, -in *m, f*

presenciar [presen'θjar] *vt* ❶ (*asistir*) beiwohnen +*dat*; **10.000 personas ~on el concierto** 10.000 Leute besuchten das Konzert ❷ (*ver*) sehen

presentable [presen'taβle] *adj*: **este trabajo está ~** diese Arbeit ist akzeptabel; **este trabajo es ~** diese Arbeit kann man vorzeigen; **ponerse ~** sich zurechtmachen; **vestido así no estás ~** in diesem Aufzug kannst du dich nicht sehen lassen

presentación [presenta'θjon] *f* ❶ (*de una novela, t.* TV, RADIO) Präsentation *f*; (*de una máquina/un número artístico*) Vorführung *f*; (TEAT) Inszenierung *f* ❷ (*de instancia/dimisión/trabajo*) Einreichen *nt*; **el plazo de ~ de solicitudes finaliza hoy** die Frist für die Antragstellung läuft heute ab ❸ (*de argumentos*) Vorbringen *nt*; (*de pruebas*) Beibringen *nt*; (*de propuesta*) Unterbreitung *f* ❹ (*de pasaporte/documento*) Vorlage *f*; **a su ~** (**de la letra**) bei Vorlage (des Wechsels) ❺ (*aspecto*) Aussehen *nt*; (*de un libro*) Aufmachung *f* ❻ (*Am: súplica*) Gesuch *nt*

presentador(a) [presenta'ðor(a)] *m(f)* (*de programa*) Moderator(in) *m(f)*; (*de telediario*) Nachrichtensprecher(in) *m(f)*

presentar [presen'tar] *vt* ❶ (*mostrar*) vorstellen; (*moda*) vorführen ❷ (*ofrecer*) aufweisen; **el viaje presenta dificultades** die Reise birgt Schwierigkeiten in sich; **la ciudad presenta un aspecto de gala** die Stadt zeigt sich in vollem Glanz; **este informe presenta los sucesos de una manera clara** dieser Bericht legt die Geschichte deutlich dar ❸ (TV, RADIO) präsentieren; (TEAT) aufführen; (*presentador*) moderieren ❹ (*instancia, dimisión, trabajo*) einreichen ❺ (*argumentos*) vorbringen; (*pruebas*) beibringen; (*propuesta*) unterbreiten ❻ (*pasaporte, documento*) vorlegen ❼ (*persona*) vorstellen; **te presento a mi marido** darf ich dir meinen Mann vorstellen? ❽ (*candidato*) vorschlagen

presente¹ [pre'sente] *m* ❶ (*actualidad*) Gegenwart *f*; **hasta el ~** bis jetzt; **por el ~** augenblicklich ❷ (LING) Präsens *nt* ❸ (*regalo*) Geschenk *nt*

presente² [pre'sente] **I.** *adj* ❶ (*que está*) anwesend; **¡~!** hier!; **estar ~** dabei sein ❷ (*actual*) gegenwärtig ❸ (*este*): **la ~ edición** diese Ausgabe; **la ~ tesina** die vorliegende Diplomarbeit ❹ (*loc*): **hay que tener ~ las circunstancias** man muss sich *dat* die Umstände vor Augen führen; **por la ~ deseo comunicarle que...** (*en una carta*) hiermit möchte ich Ihnen mitteilen, dass ...; **ten ~ lo que te he dicho** denk daran, was ich dir gesagt habe **II.** *mf* (*asistente*) Anwesende(r) *mf*

presentimiento [presenti'mjento] *m* Vorahnung *f*; **tengo el ~ de que...** ich habe das Gefühl, dass ...

presentir [presen'tir] *irr como sentir* *vt* voraussahnen; **presiento que mañana lloverá** ich habe das Gefühl, dass es morgen regnen wird

preservación [preserβa'θjon] *f* Schutz *m*

preservar [preser'βar] **I.** *vt* schützen (*de/contra* vor +*dat*) **II.** *vr*: **~ se** sich schützen (*de/contra* vor +*dat*)

preservativo [preserβa'tiβo] *m* Präservativ *nt*

P

presidencia [presi'ðeṇθja] *f* ❶ (*mandato*) Präsidentschaft *f;* **asumir la** ~ das Präsidentenamt antreten; **esta orden viene de** ~ dieser Befehl kommt vom Präsidenten selbst ❷ (*edificio*) Amtssitz *m* des Präsidenten ❸ (*de organización/asamblea: conjunto*) Präsidium *nt;* (*individuo*) Vorsitzende(r) *mf;* **asumir la** ~ den Vorsitz übernehmen

presidencial [presiðeṇ'θjal] *adj* ❶ (POL) präsidial, Präsidenten- ❷ (*de asamblea*) Vorstands-

presidencialismo [presiðeṇθja'lismo] *m sin pl* (POL) Präsidialsystem *nt*

presidente [presi'ðeṇte] *mf* ❶ (POL) Präsident(in) *m/f;* ~ **alemán Rau** Bundespräsident Rau; **el ~ de Baden-Württemberg** der Ministerpräsident von Baden-Württemberg ❷ (*de asociación*) Vorsitzende(r) *mf*

presidiario, -a [presi'ðjarjo, -a] *m, f* Häftling *m*

presidio [pre'siðjo] *m* Gefängnis *nt;* **condenar a 20 años de** ~ zu 20 Jahren Gefängnis verurteilen

presidir [presi'ðir] *vt* ❶ (*ocupar presidencia*) den Vorsitz (inne)haben (in +*dat*) ❷ (*mandar*) leiten ❸ (*dominar*) dominieren

presilla [pre'siʎa] *f* Schlaufe *f*

presión [pre'sjon] *f* Druck *m;* ~ **arterial** Blutdruck *m;* ~ **competitiva** Konkurrenzdruck *m;* ~ **fiscal** Steuerbelastung *f;* ~ **social** sozialer Zwang; **grupo de** ~ Lobby *f;* **zona de altas presiones** (METEO) Hochdruckgebiet *nt;* **cerrar a** ~ unter Druck verschließen; **¿a qué** ~ **llevas las ruedas?** mit welchem Reifendruck fährst du?; **estar bajo** ~ unter Druck stehen; **hacer** ~ **sobre alguien** jdn unter Druck setzen; **no acepto presiones de nadie** ich lasse mich nicht unter Druck setzen; **Arantxa se ha sabido sacar muy bien la** ~ **de**

encima con este golpe Arantxa hat sich mit diesem Schlag aus der Bedrängnis befreit

presionar [presjo'nar] *vt* ❶ (*apretar*) drücken ❷ (*coaccionar*) unter Druck setzen

preso, -a ['preso, -a] *m, f* Häftling *m*

prestación [presta'θjon] *f* ❶ (*de ayuda/ servicio*) Leistung *f;* ~ **por desempleo** Arbeitslosengeld *nt;* **prestaciones en especie** Sachleistungen *fpl;* ~ **de servicios** Erbringung von Dienstleistungen; **P~ Social Sustitutoria** Zivildienst *m* ❷ *pl* (*de coche*) Extras *ntpl;* **un coche con todas las prestaciones técnicas** ein Auto mit allen technischen Finessen

prestado, -a [pres'taðo, -a] *adj:* **voy de** ~, **el traje me lo han dejado** der Anzug gehört mir nicht, ich habe ihn mir nur geliehen; **vivir de** ~ **en casa de alguien** umsonst bei jdm wohnen

prestamista [presta'mista] *mf* (Geld)verleiher(in) *m/f;* (*profesional, contra fianza*) Pfandleiher(in) *m/f;* (*banco*) Darlehensgeber(in) *m/f*

préstamo ['prestamo] *m* ❶ (*acción*) (Aus)leihen *nt* ❷ (*lo prestado: para exposición*) Leihgabe *f;* (FIN) Darlehen *nt;* ~ **hipotecario** Bauspardarlehen *nt;* ~ **a interés fijo** Darlehen mit festen Zinssätzen; **la duración de un** ~ die Laufzeit eines Darlehens ❸ (LING) Lehnwort *nt*

prestancia [pres'taṇθja] *f* ❶ (*excelencia*) Vorzüglichkeit *f* ❷ (*distinción*) Vornehmheit *f*

prestar [pres'tar] **I.** *vt* ❶ (*dejar*) (aus)leihen, borgen; (*pagando a cambio*) (ver)leihen; **¿me prestas la bici, por favor?** kannst du mir bitte dein Fahrrad (aus)leihen?; **el banco me ha prestado el dinero** die Bank hat mir das Geld geliehen ❷ (*dedicar*): ~ **ayuda/servicios** Hilfe-/Dienste leisten; ~ **colaboración** mithelfen; ~ **apoyo** Unterstützung zusagen ❸ (*declaración*) abgeben; (*juramento*) leisten ❹ (*silencio*) bewahren; (*paciencia*) aufbringen; (*atención*) schenken; ~ **oídos** Aufmerksamkeit schenken **II.** *vi* ❶ (*dar de sí*): **los zapatos son pequeños pero ya** ~ **án** die Schuhe sind klein, aber sie werden sich schon weiten; **este pantalón presta mucho** diese Hose dehnt sich sehr; **esta cuerda no presta** dieses Seil reicht nicht ❷ (*ser útil*) taugen **III.** *vr:* ~ **se** ❶ (*ofrecerse*) sich anbieten (*para* für +*akk*); **se prestó a ayudarme en la mudanza** er/sie bot mir seine/ihre Hilfe beim Umzug an ❷ (*avenirse*) sich bequemen (*a* zu +*dat*) ❸ (*dar motivo*) verursachen; **tus palabras se prestan a confusión** deine Worte stiften Verwirrung

prestatario, -a [presta'tarjo, -a] *m, f* Darlehensnehmer(in) *m(f)*

presteza [pres'teθa] *f* Schnelligkeit *f; (de ejecución)* Promptheit *f*

prestidigitación [prestiðixita'θjon] *f* Taschenspielerei *f;* **un número de ~** ein Taschenspielerkunststück

prestidigitador(a) [prestiðixita'ðor(a)] *m(f)* Taschenspieler(in) *m(f)*

prestigiar [presti'xjar] *vt* Ansehen verleihen +*dat*

prestigio [pres'tixjo] *m* Ansehen *nt;* **una cuestión de ~** eine Prestigesache; **hoy viene un conferenciante de ~** der heutige Redner gilt als Kapazität auf seinem Gebiet

prestigioso, -a [presti'xjoso, -a] *adj* angesehen; **muy ~** hoch angesehen

presto¹ ['presto] *adv* **①** *(rápidamente)* schnell **②** *(al instante)* sofort

presto, -a² ['presto, -a] *adj* **①** *(listo)* bereit **②** *(rápido)* prompt

presumible [presu'miβle] *adj* vermutlich; **es ~ que... +*subj*** es ist anzunehmen, dass ...

presumido, -a [presu'miðo, -a] *adj* **①** *(arrogante)* arrogant **②** *(vanidoso)* eitel

presumir [presu'mir] **I.** *vi* **①** *(vanagloriarse)* angeben *(de* mit +*dat)* **②** *(cuidarse)* sich herausputzen; **~ más que una mona** *(fam)* ein Lackaffe/ein Modepüppchen sein **II.** *vt* annehmen

presunción [presun'θjon] *f* **①** *(sospecha)* Annahme *f* **②** *(petulancia)* Angeberei *f* **③** *(vanidad)* Einbildung *f*

presunto, -a [pre'sunto, -a] *adj* **①** *(supuesto)* vermutlich; **el ~ asesino** der mutmaßliche Mörder **②** *(equivocadamente)* vermeintlich

presuntuosidad [presuntwosi'ðaᵈ] *f* **①** *(petulancia)* Angeberei *f* **②** *(vanidad)* Einbildung *f*

presuntuoso, -a [presuntu'oso, -a] *adj* eitel

presuponer [presupo'ner] *irr como poner* *vt* **①** *(suponer)* voraussetzen **②** *(calcular)* veranschlagen

presuposición [presuposi'θjon] *f* Voraussetzung *f*

presupuestar [presupwes'tar] *vt* **①** (POL, ECON) den Haushaltsplan aufstellen *(für +akk)* **②** *(gastos)* veranschlagen; **~ los gastos en tres millones** die Kosten mit drei Millionen veranschlagen

presupuestario, -a [presupwes'tarjo, -a] *adj (proyecto)* Budget-; *(política, déficit)* Haushalts-; *(razón)* budgetär

presupuesto [presu'pwesto] *m* **①** (POL, ECON) Haushalt(splan) *m; ~* **anual** Jahresetat *m;* **P~ General del Estado** Staatshaushalt *m;* **la confección del ~** die Aufstellung des Haushaltsplanes **②** *(cálculo)* (Kosten)voranschlag *m* **③** *(suposición)* Voraussetzung *f*

presuroso, -a [presu'roso, -a] *adj* eilig; **iba ~ por la calle** er eilte durch die Straße

pretencioso, -a [preten'θjoso, -a] *adj* eitel

pretender [preten'der] *vt* **①** *(aspirar a)* streben (nach +*dat);* **~ subir de categoría** eine Beförderung anstreben **②** *(pedir)* beanspruchen; **¿qué pretendes que haga?** was soll ich tun?; **no puedes ~ que te traten con corrección si...** du kannst nicht verlangen, dass die Leute höflich zu dir sind, wenn ... **③** *(tener intención)* vorhaben; **no pretendía molestar** ich wollte nicht stören **④** *(intentar)* versuchen **⑤** *(afirmar)* behaupten **⑥** *(puesto)* sich bewerben (um +*akk*) **⑦** *(cortejar)* werben (um +*akk*)

pretendiente [preten'djente] *m (de trabajo)* Bewerber *m; (de mujer)* Verehrer; *(a la corona)* Thronanwärter *m*

pretensión [preten'sjon] *f* **①** *(derecho)* Anspruch *m; ~* **económica** Gehaltsforderung *f* **②** *(ambición)* Ehrgeiz *m; (aspiración)* Streben *nt;* **es una persona con muchas pretensiones** er/sie will hoch hinaus; **es una persona con pocas pretensiones** er/sie gibt sich mit wenig zufrieden; **tener muchas pretensiones laborales** Karriere machen wollen; **tiene la ~ de que vaya con él** er/sie erwartet, dass ich mit ihm gehe **③** *pl (vanidad):* **tiene pretensiones de actor** er spielt sich als Schauspieler auf **④** *(solicitud)* Bewerbung *f*

pretérito¹ [pre'terito] *m* (LING) Präteritum *nt*

pretérito, -a² [pre'terito, -a] *adj* vergangen

pretextar [pretes'tar] *vt* vorschieben; **pretextó que estaba enfermo** er gab vor krank zu sein; **siempre pretexta algo** er/sie findet immer einen Vorwand

pretexto [pre'testo] *m* Vorwand *m;* **a ~ de...** unter dem Vorwand ...

pretil [pre'til] *m* **①** *(de puente)* Brüstung *f* **②** *(Am: atrio)* Vorhalle *f*

pretina [pre'tina] *f* **①** *(cinta)* (Hosen)schnalle *f* **②** *(de calzoncillos)* Gummizug *m* **③** *(de prenda)* Gürtel *m* **④** *(cintura)* Taille *f*

prevalecer [preβale'θer] *irr como crecer* *vi* **①** *(imponerse)* sich durchsetzen *(entre/sobre* gegenüber +*dat);* **la verdad preva-**

leció **sobre la mentira** die Wahrheit siegte über die Lüge ❷ (*predominar*) vorherrschen; **en esta ciudad prevalecen los de derechas sobre los de izquierdas** in dieser Stadt gibt es mehr Rechte als Linke ❸ (*triunfar*) siegen ❹ (BOT) Wurzeln schlagen ❺ (*prosperar*) gedeihen

prevaleciente [preβaleˈθjente] *adj* (*moda*) aktuell; (*costumbre*) weit verbreitet

prevalerse [preβaˈlerse] *irr como valer vr* ❶ (*de alguien*) ausnutzen (*de +akk*) ❷ (*de algo*) sich bedienen (*de +gen*)

prevaricación [preβarikaˈθjon] *f* ❶ (*del deber*) Pflichtverletzung *f* ❷ (JUR) Rechtsbeugung *f*

prevaricar [preβariˈkar] <c→qu> *vi* ❶ (*faltar al deber*) seine Pflicht verletzen ❷ (JUR) das Recht beugen ❸ (*fam: desvariar*) spinnen

prevención [preβenˈθjon] *f* ❶ (*preparativo*) Vorbereitung *f* ❷ (*precaución*) Vorkehrung *f;* ~ **de accidentes** Unfallverhütung *f;* ~ **de siniestros** Schadensvorbeugung *f* ❸ (MED) Vorbeugung *f;* ~ **del cáncer** Krebsvorsorge *f*

prevenido, -a [preβeˈniðo, -a] *adj* ❶ *estar* (*alerta*): **estar** ~ auf der Hut sein ❷ *ser* (*previsor*) vorsichtig; **hombre** ~ **vale por dos** (*prov*) Vorsicht ist besser als Nachsicht

prevenir [preβeˈnir] *irr como venir* **I.** *vt* ❶ (*preparar*) vorbereiten; ~ **las armas** zum Kampf rüsten ❷ (*proveer*) versorgen (*de* mit +*dat*) ❸ (*protegerse de*) vorbeugen +*dat*; (*evitar*) verhindern; **más vale** ~ **que curar** (*prov*) vorbeugen ist besser als heilen ❹ (*advertir*) warnen ❺ (*predisponer*): ~ **a alguien a favor/en contra de alguien** jdn für/gegen jdn einnehmen **II.** *vr*: ~**se** ❶ (*proveerse*) sich versorgen (*de* mit +*dat*), sich versehen (*de* mit +*dat*) ❷ (*tomar precauciones*) Vorkehrungen treffen ❸ (*contra alguien*) feindlich eingestellt sein (*contra* gegenüber +*dat*)

preventivo, -a [preβenˈtiβo, -a] *adj* vorbeugend; **guerra preventiva** Präventivkrieg *m;* **medida preventiva** Vorbeugungsmaßnahme *f;* **prisión preventiva** Untersuchungshaft *f*

prever [preˈβer] *irr como ver vt* vorhersehen

previo¹ [ˈpreβjo] *m* (TV, CINE) Play-back *nt*

previo, -a² [ˈpreβjo, -a] *adj* vorherige(r, s); (**sin**) ~ **aviso** (ohne) Vorankündigung; **previa presentación del D.N.I.** bei Vorlage des Personalausweises; ~ **pago de la matrícula** gegen eine Einschreibegebühr; **tuve una entrevista previa con él** ich hatte zuvor eine Besprechung mit ihm

previsible [preβiˈsiβle] *adj* ❶ (*probable*) voraussichtlich ❷ (*que se puede prever*) voraussehbar; **dentro de un futuro** ~ in absehbarer Zeit; **era** ~ das war vorauszusehen

previsión [preβiˈsjon] *f* ❶ (*de prever*) Vorhersage *f;* ~ **del tiempo** Wettervorhersage *f;* **las previsiones económicas** die Wirtschaftsprognosen; **esto supera todas las previsiones** das übertrifft alle Erwartungen; **en** ~ **de...** falls ... ❷ (*precaución*) Vorsorge *f;* **hay que tener** ~ **de futuro** man muss für die Zukunft vorsorgen ❸ (*cálculo*) Voranschlag *m*

previsor(a) [preβiˈsor(a)] *adj* ❶ (*con visión*) vorausschauend ❷ (*política*) weit blickend ❷ (*precavido*) vorsorglich

previsto, -a [preˈβisto, -a] *adj:* **el éxito estaba** ~ der Erfolg war zu erwarten; **todo lo necesario está** ~ es ist für alles Notwendige gesorgt

prez [preθ] *m o f* ❶ (*honor*) Ehre *f* ❷ (*gloria*) Ruhm *m*

prieto, -a [ˈprjeto, -a] *adj* ❶ (*apretado*) eng ❷ (*negro*) schwarz; (*negruzco*) schwärzlich ❸ (*tacaño*) geizig

prima [ˈprima] *f* ❶ (*pariente*) Kusine *f;* ~ **hermana/segunda** Kusine ersten/zweiten Grades ❷ (FIN) Prämie *f*

primacía [primaˈθia] *f* ❶ (*supremacía*) Vorrangstellung *f;* (MIL, POL) Vormachtstellung *f* ❷ (*prioridad*) Vorrang *m*

primada [priˈmaða] *f* (*fam*): **no hagas la** ~ **de comprarte este traje** sei nicht so dumm dir den Anzug zu kaufen; **me han hecho una** ~ man hat mich übers Ohr gehauen

primar [priˈmar] **I.** *vi:* **en esta escuela prima el orden** in dieser Schule ist Ordnung das Wichtigste; **aquí priman los enchufes sobre la capacidad personal** hier sind Beziehungen wichtiger als persönliche Fähigkeiten **II.** *vt* eine Prämie bezahlen +*dat*

primario, -a [priˈmarjo, -a] *adj* ❶ (*principal, primero*) primär; **corriente primaria** (ELEC) Primärstrom *m;* **enseñanza primaria** Grund- und Hauptschule *f;* **necesidades primarias** Grundbedürfnisse *ntpl* ❷ (*persona*) simpel

primate [priˈmate] *m* Primat *m*

primavera [primaˈβera] **I.** *adj* simpel **II.** *f* ❶ (*estación*) Frühling *m;* **estar en la** ~ **de la vida** im Frühling des Lebens stehen ❷ (BOT) Primel *f* ❸ *pl* (*años*) Lenze *mpl*

primaveral [primaβeˈral] *adj* Frühlings-

primer [priˈmer] *adj v.* **primero, -a**

primera [priˈmera] *f* ❶ (AUTO) erster Gang

m; **ir en** ~ im ersten Gang fahren ❷ (FERRO, AERO): **viajar en** ~ erster Klasse reisen ❸ (*loc*): **de** ~ erstklassig; **fue eliminado a las ~s de cambio** er schied bereits nach ein paar Runden aus; **a las ~s de cambio** (*de repente*) plötzlich; **lo hice a la** ~ ich habe es auf Anhieb geschafft

primeriza [prime'riθa] *f* Erstgebärende *f*

primerizo, -a [prime'riθo, -a] *m, f* (*novato*) Neuling *m*

primero[1] [pri'mero] *adv* ❶ (*en primer lugar*) zuerst; **~..., segundo...** erstens ..., zweitens ...; ~ **dice una cosa, luego otra** er/sie sagt einmal hü und einmal hott *fam* ❷ (*antes*) lieber

primero, -a[2] [pri'mero, -a] **I.** *adj* (*ante sustantivo masculino: primer*) erste(r, s); **primera calidad** Topqualität *f;* **primera edición** Erstausgabe *f;* **el Primer Ministro** der Premierminister; **primera representación** Uraufführung *f;* **estado** ~ ursprünglicher Zustand; **a primera hora** (**de la mañana**) früh morgens; **a ~s de mes** am Monatsanfang; **de primera calidad** erstklassig; **desde un primer momento** von Anfang an; **en primer lugar** zuerst; **ocupar una de las primeras posiciones** einen der vorderen Plätze belegen; **lo ~ es lo** ~ immer der Reihe nach; **para mí tú eres lo** ~ du kommst für mich an erster Stelle; **lo ~ es ahora la familia** die Familie hat jetzt Vorrang **II.** *m, f* Erste(r) *mf;* **el** ~ **de la carrera** der Erstplatzierte im Rennen; **el** ~ **de la clase** der Klassenbeste; **estar entre los ~s** unter den Ersten sein; **eres el** ~ **en llegar** du bist als Erster angekommen

? Grammatik

primero steht immer nach einem maskulinen Substantiv im Singular oder allein als Pronomen: *Voy al piso primero. –Ich gehe in den ersten Stock. Tú has sido el primero en felicitarme. –Du bist der erste gewesen, der mir gratuliert hat.*

Dagegen steht **primer** stets vor einem maskulinen Substantiv im Singular: *Hoy es el primer día de mis vacaciones. – Heute ist mein erster Ferientag.*

primicia [pri'miθja] *f* ❶ (*lo primero*) Erstling *m* ❷ (PREN, TV, RADIO) Exklusivmeldung *f* ❸ *pl* (*frutos*): **las ~s** die ersten Früchte

primitivo, -a [primi'tiβo, -a] *adj* primitiv;

los habitantes ~s die Ureinwohner; **lotería primitiva** (*spanisches*) Lotto; **palabra primitiva** (LING) Stammwort *nt*

primo[1] ['primo] *m* ❶ (*pariente*) Cousin *m;* ~ **hermano/segundo** Vetter ersten/zweiten Grades ❷ (*fam: ingenuo*) Einfaltspinsel *m;* **he hecho el ~: he pagado 50 euros por esto** man hat mich übers Ohr gehauen: ich habe dafür 50 Euro bezahlt; **¡no seas ~!** sei doch kein Dummkopf!

primo, -a[2] ['primo, -a] *adj* ❶ (*primero*): **materia prima** Rohstoff *m* ❷ (*primoroso*) geschickt ❸ (*excelente*) vortrefflich ❹ (MAT): **número** ~ Primzahl *f*

primogénito, -a [primo'xenito, -a] *adj* erstgeboren **II.** *m, f* Erstgeborene(r) *mf*

primogenitor(a) [primoxeni'tor(a)] *m(f)* Erzeuger(in) *m(f);* **los ~es** die Vorfahren

primor [pri'mor] *m* ❶ (*habilidad*) Geschicklichkeit *f* ❷ (*esmero*) Sorgfältigkeit *f;* **hacer algo con** ~ etw sorgfältig machen ❸ (*cosa*) Meisterwerk *nt* ❹ (*loc*): **llueve que es un** ~ es regnet in Strömen

primordial [primor'ðjal] *adj* ❶ (*más importante*) vorrangig; **este asunto es de interés** ~ diese Angelegenheit hat Vorrang ❷ (*fundamental*) wesentlich; **para vivir en Alemania es** ~ **hablar alemán** um in Deutschland zu leben, muss man unbedingt Deutsch sprechen

primoroso, -a [primo'roso, -a] *adj* ❶ (*hábil*) geschickt ❷ (*con esmero*) sorgfältig; **es un bordado** ~ das ist eine sauber gearbeitete Stickerei ❸ (*excelente*) vortrefflich; **labios ~s** sehr schöne Lippen

prímula ['primula] *f* Primel *f*

princesa [prin'θesa] *f v.* **príncipe**[2]

principado [prinθi'paðo] *m* Fürstentum *nt;* **el P~** Katalonien *nt;* **el P~ de Andorra** Andorra *nt*

principal[1] [prinθi'pal] *m* ❶ (*piso*) erster Stock *m* ❷ (*edición*) Erstausgabe *f*

principal[2] [prinθi'pal] **I.** *adj* ❶ (*más importante*) hauptsächlich; **el problema** ~ das Hauptproblem; **su carrera profesional era lo** ~ **para él** seine Karriere war für ihn das Wichtigste ❷ (*esencial*) wesentlich **II.** *mf* (*de negocio*) Geschäftsinhaber(in) *m(f)*

principalmente [prinθipal'mente] *adv* hauptsächlich; **él ha sido** ~ **el que ha hecho el trabajo** im Wesentlichen hat er die Arbeit erledigt

príncipe[1] ['prinθipe] *adj:* **edición** ~ Erstausgabe *f*

príncipe[2] ['prinθipe, prin'θesa] *m,* **princesa** *f* ❶ (*soberano*) Fürst(in) *m(f)* ❷ (*hijo del rey*) Prinz *m,* Prinzessin *f;* ~

heredero Kronprinz *m;* **el P~ de Asturias** der spanische Kronprinz; **el ~ azul** der Märchenprinz

principesco, -a [prin̦θi'pesko, -a] *adj* fürstlich

principiante [prin̦θi'pjan̦te] *mf* Anfänger(in) *m(f)*

principio [prin̦'θipjo] *m* ❶ *(comienzo)* Anfang *m;* **al ~** am Anfang; **ya desde el ~** bereits am Anfang; **desde un ~** von Anfang an; **a ~s de diciembre** Anfang Dezember; **dar ~ a algo** mit etw *dat* anfangen ❷ *(causa)* Ursache *f; (origen)* Ursprung *m;* **el ~ de la discusión** der Auslöser der Diskussion ❸ *(fundamento, t.* FÍS*)* Prinzip *nt;* **en ~** im Prinzip ❹ *(QUÍM)* Element *nt* ❺ *pl (de ciencia)* Abriss *m*

pringado, -a [prin̦'gaðo, -a] *m, f:* **¡calla, ~!** *(pey)* halt die Klappe, du Trottel!

pringar [prin̦'gar] <g→gu> **I.** *vt* ❶ *(manchar)* beschmieren *(de/con* mit *+dat)* ❷ *(mojar)* eintauchen *(en* in *+akk)* ❸ *(fam: herir)* verwunden ❹ *(fam: desacreditar)* runtermachen **II.** *vi* ❶ *(fam: en negocio)* beteiligt sein *(en* an *+dat)* ❷ *(fam: trabajar)* schuften ❸ *(Am: lloviznar)* nieseln ❹ *(fam: morir)* abkratzen **III.** *vr:* **~se** ❶ *(mancharse)* sich beschmieren *(de/con* mit *+dat)* ❷ *(en negocio)* beteiligt sein *(en* an *+dat)* ❸ *(loc):* **se ha pringado en 20 euros** er/sie hat 20 Euro mitgehen lassen

pringoso, -a [prin̦'goso, -a] *adj* schmierig

pringue ['prin̦ge] *m* ❶ *(grasa)* Fett *nt* ❷ *(suciedad)* Schmutz *m* ❸ *(loc):* **¿que tienes que repetir el trabajo? ¡vaya ~ tío!** *(fam)* was, du musst die Arbeit nochmal machen? so eine Schweinerei!

prior(a) [pri'or(a)] *m(f)* (REL) Prior(in) *m(f)*

prioridad [prjori'ðaðᵈ] *f* ❶ *(anterioridad)* Vorzeitigkeit *f* ❷ *(urgencia)* Priorität *f;* **de máxima ~** von allerhöchster Dringlichkeit; **dar ~ a un asunto** eine Angelegenheit vorrangig behandeln ❸ (AUTO) Vorfahrt *f*

prioritario, -a [prjori'tarjo, -a] *adj* vorrangig; **este plan es ~** dieser Plan hat Vorrang

prisa ['prisa] *f* Eile *f;* **a toda ~** in aller Eile; **de ~** schnell; **de ~ y corriendo** *(con demasiada prisa)* hastig; *(rápidamente)* schleunigst; **no corre ~** es hat Zeit; **¡date ~!** beeil dich!; **meter ~** zur Eile drängen; **tengo ~** ich habe es eilig; **no tengas ~** lass dir Zeit

prisión [pri'sjon] *f* ❶ *(reclusión)* Haft *f; (de guerra)* Gefangenschaft *f;* **~ celular** Einzelhaft *f;* **~ preventiva** Untersuchungshaft *f* ❷ *(edificio)* Gefängnis *nt;* **~ de alta seguridad** Hochsicherheitsgefängnis *nt;*

estar en ~ im Gefängnis sitzen

prisionero, -a [prisjo'nero, -a] *m, f* Gefangene(r) *mf; (convicto)* Häftling *m;* **hacer ~ a alguien** jdn gefangen nehmen

prisma ['prisma] *m (figura)* Prisma *nt*

prismático, -a [pris'matiko, -a] *adj* prismatisch

prismáticos [pris'matikos] *mpl* Fernglas *nt*

privacidad [priβaθi'ðaðᵈ] *f* Privatsphäre *f*

privación [priβa'θjon] *f* ❶ *(desposesión)* Entzug *m;* **~ de libertad** (JUR) Freiheitsberaubung *f; (cárcel)* Freiheitsentzug *m* ❷ *(carencia)* Entbehrung *f*

privado¹ [pri'βaðo] *m (de rey)* Günstling *m; (de ministro)* Protegé *m*

privado, -a² [pri'βaðo, -a] *adj* ❶ *(reunión, fiesta)* privat; *(sesión)* nicht öffentlich ❷ *(personal, confidencial)* privat; **vida privada** Privatleben *nt;* **en el trabajo es insoportable, pero en ~ ...** bei der Arbeit ist er/sie unerträglich, aber privat ...; **quisiera hablar en ~ contigo** ich möchte mit dir unter vier Augen sprechen ❸ *(falto):* **~ de...** ohne ...; **~ de flexibilidad** *(cosa)* ungeschmeidig; *(persona)* unflexibel; **~ de inteligencia** beschränkt; **~ de la libertad** inhaftiert; **~ de medios** mittellos

privanza [pri'βan̦θa] *f (de príncipe)* Gunst *f; (de ministro)* Protektion *f*

privar [pri'βar] **I.** *vt* ❶ *(desposeer):* **~ a alguien del permiso de conducir** jdm die Fahrerlaubnis entziehen; **~ a alguien de libertad** jdn seiner Freiheit berauben; **~ a alguien de un derecho** jdm ein Recht aberkennen; **~ a alguien de un cargo** jdn eines Amtes entheben ❷ *(prohibir)* verbieten; **no me prives de visitarte** erlaub mir bitte dich zu besuchen ❸ *(gustar)* schwärmen (für *+akk*); **está privado por esa chica** er hat an diesem Mädchen einen Narren gefressen **II.** *vi* ❶ *(estar de moda)* in Mode sein ❷ *(influir)* in Gunst stehen *(con* bei *+dat)* **III.** *vr:* **~se** verzichten *(de* auf *+akk)*; **no se privan de nada** es fehlt ihnen an nichts

privativo, -a [priβa'tiβo, -a] *adj (propio)* eigen *(de +dat)*; **esta facultad es privativa del presidente** dazu ist ausschließlich der Präsident befugt

privatización [priβatiθa'θjon] *f* Privatisierung *f*

privatizar [priβati'θar] <z→c> *vt* privatisieren

privilegiado, -a [priβile'xjaðo, -a] **I.** *adj* privilegiert; *(memoria)* hervorragend **II.** *m, f* Privilegierte(r) *mf*

privilegiar [priβile'xjar] *vt* privilegieren

privilegio [priβi'lexjo] *m* Privileg *nt;* **~ fis-**

cal Steuererleichterung *f*

pro [pro] **I.** *m o f* ❶ (*provecho*) Pro *nt;* **valorar los ~s y los contras** Pro und Kontra abwägen; **en ~ de** zugunsten +*gen;* **campaña en ~ de la erradicación de las pruebas nucleares** Kampagne gegen Atomtests ❷ (*loc*): **un hombre de ~** ein rechtschaffener Mann **II.** *prep* für +*akk,* pro +*akk*

proa ['proa] *f* (NÁUT) Bug *m;* **poner la ~ en un asunto** eine Sache energisch anpacken; **poner la ~ a alguien** jdm die Stirn bieten

probabilidad [proβaβili'ðað] *f* ❶ (*verosimilitud*) Wahrscheinlichkeit *f;* **con toda ~** aller Wahrscheinlichkeit nach ❷ (*posibilidad*) Aussicht *f;* **hay ~es de rescatar los rehenes** es besteht Aussicht auf Befreiung der Geiseln

probable [pro'βaβle] *adj* ❶ (*verosímil*) wahrscheinlich; **un resultado ~** ein mögliches Ergebnis; **el ~ campeón** der voraussichtliche Sieger ❷ (*que se puede probar*) nachweisbar

probablemente [proβaβle'meņte] *adv* wahrscheinlich

probado, -a [pro'βaðo, -a] *adj* ❶ (*cosa, cualidad, método*) erprobt; (*trabajador*) bewährt ❷ (*demostrado*) bewiesen

probador [proβa'ðor] *m* Umkleidekabine *f*

probar [pro'βar] <o→ue> **I.** *vt* ❶ (*demostrar*) beweisen; **todavía no está probado que sea culpable** seine/ihre Schuld ist noch nicht erwiesen ❷ (*experimentar*) ausprobieren; (*aparato*) (aus)testen ❸ (*a alguien*) auf die Probe stellen ❹ (*vestido*) anprobieren ❺ (GASTR) probieren; **no he probado nunca una paella** ich habe noch nie Paella gegessen **II.** *vi* ❶ (*intentar*) versuchen ❷ (*ser conveniente*): **~ bien/mal** gut/schlecht bekommen

probatorio, -a [proβa'torjo, -a] *adj* Beweis-

probatura [proβa'tura] *f* (*fam*) Versuch *m;* (TEAT, CINE) Probe *f*

probeta [pro'βeta] *f* (*tubo*) Reagenzglas *nt;* **~ graduada** Messglas *nt*

probidad [proβi'ðað] *f* ❶ (*honradez*) Rechtschaffenheit *f* ❷ (*integridad*) Integrität *f*

problema [pro'βlema] *m* ❶ (*cuestión*) Frage *f* ❷ (*dificultad*) Problem *nt;* **~s de adaptación** Anpassungsschwierigkeiten *fpl;* **~ de liquidez** Liquiditätsengpass *m;* **el planteamiento del ~** die Problemstellung ❸ (*ejercicio*) Aufgabe *f*

problemática [proβle'matika] *f* Problematik *f*

problemático, -a [proβle'matiko, -a] *adj* problematisch

probo, -a ['proβo, -a] *adj* ❶ (*honrado*) rechtschaffen ❷ (*íntegro*) integer

proboscide [pro'βosθiðe] *f* Rüssel *m*

procacidad [prokaθi'ðað] *f* ❶ (*insolencia*) Unverschämtheit *f* ❷ (*grosería*) Grobheit *f*

procaz [pro'kaθ] *adj* ❶ (*insolente*) unverschämt ❷ (*grosero*) grob

procedencia [proθe'ðeņθja] *f* ❶ (*origen*) Herkunft *f;* **anunciar la ~ del tren** ankündigen, woher der Zug kommt ❷ (JUR) Zulässigkeit *f*

procedente [proθe'ðeņte] *adj* ❶ (*oportuno*) angebracht ❷ (*que viene de*) aus; **el tren ~ de Hamburgo con destino a Múnich** der Zug von Hamburg nach München ❸ (JUR) berechtigt

proceder [proθe'ðer] **I.** *m* ❶ (*comportamiento*) Verhalten *nt* ❷ (*actuación*) Vorgehen *nt* **II.** *vi* ❶ (*familia*) abstammen (*de* von +*dat*); (*de un lugar*) kommen (*de* aus +*dat*); (*idea*) entstehen (*de* aus +*dat*); (*pasión*) herrühren (*de* von +*dat*) ❷ (*actuar*) verfahren ❸ (*ser oportuno*) angebracht sein; **no ~** unangebracht sein; **ahora procede guardar silencio** wir sollten jetzt ganz ruhig sein; **táchese lo que no proceda** Unzutreffendes bitte streichen ❹ (*pasar a*) schreiten (*a* zu +*dat*) ❺ (JUR: *iniciar un proceso*) ein Verfahren einleiten; (*procesar*) prozessieren

procedimiento [proθeði'mjeņto] *m* ❶ (*actuación*) Vorgehen *nt;* **¿qué ~ se puede seguir aquí?** wie kann man hier vorgehen? ❷ (*método*) Verfahren *nt* ❸ (JUR) Gerichtsverfahren *nt*

prócer ['proθer] **I.** *adj* bedeutend **II.** *m* bedeutende Persönlichkeit *f*

procesado, -a [proθe'saðo, -a] *m, f* Angeklagte(r) *mf*

procesador [proθesa'ðor] *m* Prozessor *m*

procesal [proθe'sal] *adj* (*costos, actuación*) Prozess-; (*regla, derecho*) Verfahrens-

procesamiento [proθesa'mjeņto] *m* ❶ (JUR) Prozessführung *f* ❷ (INFOR) Verarbeitung *f;* **~ en línea** Onlineverarbeitung *f*

procesar [proθe'sar] *vt* ❶ (JUR) prozessieren (*a* gegen +*akk*); **le procesan por violación** er steht wegen Vergewaltigung vor Gericht ❷ (TÉC) verarbeiten

procesión [proθe'sjon] *f* ❶ (*marcha*) Marsch *m;* (REL) Prozession *f* ❷ (*hilera*) Reihe *f;* (*de personas*) Schlange *f* ❸ (*loc*): **permaneció tranquilo aunque la ~ iba por dentro** er blieb ruhig, obwohl es in seinem Innern ganz anders aussah

proceso [pro'θeso] *m* ❶ (*desarrollo*) Prozess *m,* Vorgang *m;* **~ de cambio para las**

transacciones en efectivo Bargeldumstellung *f;* ~ **de una enfermedad** Krankheitsentwicklung *f* ❷(*procedimiento*) Verfahren *nt* ❸(JUR: *causa*) Prozess *m* ❹(*intervalo*): **en el** ~ **de un mes** innerhalb eines Monats; **en el** ~ **de esta semana** im Laufe der Woche

proclama [proˈklama] *f* ❶(*matrimonial*) Aufgebot *nt* ❷(*política*) Aufruf *m*

proclamación [proklamaˈθjon] *f* Verkündigung *f*

proclamar [proklaˈmar] **I.** *vt* ❶(*hacer público*) verkünden; ~ **la República** die Republik ausrufen ❷(*aclamar*) zujubeln +*dat* ❸(*sentimiento*) offenbaren ❹(*ganador*) ausrufen; **fue proclamado Premio Nobel** er wurde mit dem Nobelpreis ausgezeichnet **II.** *vr:* ~ **se presidente** sich zum Präsidenten erklären; ~ **se ganador** gewinnen

proclive [proˈkliβe] *adj* geneigt (*a* zu +*dat*)

procreación [prokreaˈθjon] *f* ❶(*engendramiento*) Zeugung *f* ❷(*reproducción*) Fortpflanzung *f*

procreador(a) [prokreaˈðor(a)] **I.** *adj* erzeugend **II.** *m(f)* Erzeuger(in) *m(f)*

procrear [prokreˈar] *vt* ❶(*engendrar*) zeugen ❷(*reproducirse*) sich fortpflanzen

procurador(a) [prokuraˈðor(a)] *m(f)* Bevollmächtigte(r) *mf;* (*en negocios*) Prokurist(in) *m(f);* (*en tribunal*) Klagevertreter(in) *m(f)*

procurar [prokuˈrar] **I.** *vt* ❶(*intentar*) versuchen; **procura hacerlo lo mejor que puedas** versuch dein Bestes zu tun; **procura que no te vean más por aquí** lass dich hier nicht mehr blicken; **procura que no te oigan** pass auf, dass dich niemand hört ❷(*proporcionar*) verschaffen **II.** *vr:* ~ **se** sich *dat* verschaffen, sich *dat* besorgen

prodigalidad [proðiɣaliˈðað] *f* ❶(*despilfarro*) Verschwendung *f* ❷(*abundancia*) Fülle *f*

prodigar [proðiˈɣar] <g→gu> **I.** *vt* ❶(*malgastar*) verschwenden ❷(*dar*) überhäufen (*de* mit +*dat*) **II.** *vr:* **se prodigó en toda clase de atenciones con nosotros** er/sie erwies uns allerlei Gefälligkeiten; **se prodigó en elogios hacia él** er/sie lobte ihn überschwänglich; **se prodiga tanto en las explicaciones que nadie la entiende** ihre Erklärungen sind so umständlich, dass niemand sie versteht

prodigio [proˈðixjo] *m* Wunder *nt;* **niño** ~ Wunderkind *nt*

prodigiosidad [proðixjosiˈðað] *f* (*extraordinario*) Außergewöhnlichkeit *f;* (*maravilloso*) Wunderbare(s) *nt*

prodigioso, -a [proðiˈxjoso, -a] *adj* ❶(*extraordinario*) außerordentlich ❷(*maravilloso*) wunderbar

pródigo, -a [ˈproðiɣo, -a] *adj* ❶(*malgastador*) verschwenderisch ❷(*generoso*) großzügig ((*para*) *con* gegenüber +*dat*); **la pródiga naturaleza** die reiche Natur ❸(*loc*): **el hijo** ~ der verlorene Sohn

producción [proðuˈᵛθjon] *f* ❶(*de frutos*) Hervorbringung *f* ❷(*de cereales*) Produktion *f* ❸(*fabricación, t.* CINE) Produktion *f;* (*cuadro*) Anfertigung *f;* (*libro*) Herstellung *f;* ~ **en cadena** Fließbandfertigung *f;* ~ **por encargo** Auftragsfertigung *f;* ~ **en masa** Massenproduktion *f;* ~ **a medida** Fertigung nach Maß ❹(JUR: *de pruebas*) Erbringung *f;* (*de documentos*) Beibringung *f*

producir [proðuˈθir] *irr como* traducir **I.** *vt* ❶(*frutos*) hervorbringen ❷(*fabricar, t.* CINE) produzieren, herstellen; (*energía*) erzeugen; (*cuadro*) anfertigen ❸(*beneficios*) (ein)bringen; (*intereses*) tragen ❹(*alegría*) bereiten; (*aburrimiento*) hervorrufen; (*miedo*) auslösen; (*daño*) zufügen; (*impresión*) machen; ~ **tristeza** traurig stimmen ❺(JUR: *pruebas*) erbringen; (*documentos*) beibringen **II.** *vr:* ~ **se** ❶(*fabricarse*) produziert werden ❷(*tener lugar*) sich ereignen; **se produjo una crisis** es kam zu einer Krise; **se ha producido una mejora** es ist eine Besserung eingetreten ❸(*ocurrir*) sich ergeben; **cuando se produzca el caso...** wenn der Fall eintritt ...

productividad [proðuktiβiˈðað] *f* Produktivität *f;* (*de máquina*) Leistungsfähigkeit *f;* (*de mina*) Ergiebigkeit *f;* (*de negocio*) Einträglichkeit *f;* (*de tierra*) Fruchtbarkeit *f*

productivo, -a [proðukˈtiβo, -a] *adj* produktiv; (*máquina*) leistungsfähig; (*mina*) ertragreich; (*negocio*) einträglich; (*tierra*) ertragreich

producto [proˈðukto] *m* ❶(*objeto, t.* QUÍM, MAT) Produkt *nt,* Erzeugnis *nt;* ~ **abastecido** Zulieferprodukt *nt;* ~ **agrícola** Agrarprodukt *nt;* ~ **alimenticio** Nahrungsmittel *nt;* ~ **s alimenticios** Lebensmittel *ntpl;* ~ **de belleza** Kosmetikartikel *m;* ~ **estancado** Monopolware *f;* ~ **s a granel** Massengüter *ntpl;* ~ **de línea blanca** No-Name-Produkt *nt;* ~ **de marca** Markenartikel *m;* ~ **s químicos** Chemikalien *fpl;* ~ **(semi)manufacturado** (Halb)fertigware *f;* ~ **terminado** Fertigprodukt *nt* ❷(*de un negocio*) Ertrag *m;* (*de una venta*) Erlös *m;* **P~ Interior Bruto** Bruttoinlandsprodukt *nt;* **P~ Nacional Bruto** Bruttosozialprodukt *nt*

productor(**a**) [proðuk'tor(a)] **I.** *adj* Produktions-, produzierend **II.** *m(f)* Produzent(in) *m(f)*

proemio [pro'emjo] *m* Vorwort *nt*

proeza [pro'eθa] *f* Heldentat *f*

profanación [profana'θjon] *f* ❶ (*de templo*) Entweihung *f* ❷ (*de memoria, nombre*) Beschmutzung *f*

profanar [profa'nar] *vt* ❶ (*templo, cementerio*) entweihen ❷ (*memoria, nombre*) beschmutzen

profano, -a [pro'fano, -a] *adj* ❶ (*secular*) weltlich, profan ❷ (*irreverente*) respektlos ❸ (*ignorante*) unerfahren; **soy ~ en esta materia** ich habe von diesem Thema keine Ahnung

profecía [profe'θia] *f* Prophezeiung *f*

proferir [profe'rir] *irr como sentir vt* von sich *dat* geben; (*insulto, grito*) ausstoßen; (*queja*) äußern

profesar [profe'sar] **I.** *vt* ❶ (*oficio*) ausüben ❷ (*admiración*) bekunden ❸ (*religión, doctrina*) sich bekennen (zu + *dat*) ❹ (ENS) lehren **II.** *vi, vr:* ~**se** die Ordensgelübde ablegen

profesión [profe'sjon] *f* ❶ (*empleo*) Beruf *m;* **la ~ más antigua del mundo** das älteste Gewerbe der Welt; **trabajar en una ~ liberal** freiberuflich arbeiten ❷ (*de admiración*) Bekundung *f* ❸ (*de religión, doctrina*) Bekenntnis *nt* (*de* zu + *dat*); ~ **de fe** Glaubensbekenntnis *nt* ❹ (*loc*): **hacer ~ de algo** (*jactarse*) mit etw *dat* prahlen

profesional [profesjo'nal] **I.** *adj* ❶ (*de la profesión*) beruflich; **ética ~** Berufsethos *nt;* **secreto ~** Schweigepflicht *f* ❷ (*no aficionado*) professionell; **deportista ~** Profi *m* ❸ (*académico*) akademisch **II.** *mf* ❶ (*experto, no aficionado*) Profi *m* ❷ (*académico*) Akademiker(in) *m(f)*

profesionalismo [profesjona'lismo] *m sin pl* ❶ (*cualidad*) Professionalismus *m* ❷ (*de un trabajo*) Professionalität *f*

profesionalizar [profesjonali'θar] <z→c> *vt* professionalisieren

profesionista [profesjo'nista] *mf* (*Méx*) Akademiker(in) *m(f)*

profesor(**a**) [profe'sor(a)] *m(f)* (*no universitario*) Lehrer(in) *m(f)*; (*universitario*) Dozent(in) *m(f)*; (*catedrático*) Professor(in) *m(f)*; ~ **agregado** außerordentlicher Professor; ~ **numerario** ordentlicher Professor

profesorado [profeso'raðo] *m* ❶ (*cargo no universitario*) Lehramt *nt* ❷ (*conjunto*) Lehrkörper *m;* (*en la escuela*) Lehrer-

schaft *f*

profeta, -isa [pro'feta, profe'tisa] *m, f* Prophet(in) *m(f);* **nadie es ~ en su tierra** der Prophet gilt nichts im eigenen Land(e)

profetizar [profeti'θar] <z→c> *vt* prophezeien

profiláctico, -a [profi'laktiko, -a] *adj* prophylaktisch

profilaxis [profi'laˠsis] *f inv* Prophylaxe *f*

prófugo[1] ['profuɣo] *m* (MIL) Fahnenflüchtige(r) *m*

prófugo, -a[2] ['profuɣo, -a] *m, f* Flüchtige(r) *mf*

profundamente [profunda'mente] *adv* tief; ~ **ofendido** zutiefst beleidigt; ~ **sentido** tief empfunden; **una persona ~ moral** ein äußerst moralischer Mensch

profundidad [profundi'ðaˤ] *f* Tiefe *f;* **analizar en ~** ergründen; **tener mucha/poca ~** sehr tief/nicht sehr tief sein; **una cueva de cinco metros de ~** eine fünf Meter tiefe Höhle

profundizar [profundi'θar] <z→c> **I.** *vt* vertiefen **II.** *vi:* ~ **en algo** etw vertiefen

profundo, -a [pro'fundo, a] *adj* tief; (*capa, estrato*) tief liegend; (*observación*) tiefsinnig; (*pena*) tief empfunden; (*dificultad*) tief greifend; **psicología profunda** Tiefenpsychologie *f;* **en lo más ~ de mi corazón** im Grunde meines Herzens

profusión [profu'sjon] *f* Fülle *f* (*de* an + *dat*); ~ **de ideas** Ideenreichtum *m;* ~ **de trabajo** Übermaß an Arbeit; **con ~ de detalles** detailliert; **hay gran ~ de noticias** es gibt viele Neuigkeiten

profuso, -a [pro'fuso, -a] *adj* übermäßig

progenie [pro'xenje] *f* ❶ (*casta*) Geschlecht *nt* ❷ (*clan*) Sippe *f*

progenitor(**a**) [proxeni'tor(a)] *m(f)* ❶ (*antepasado*) direkter Vorfahr(e) *m*, direkte Vorfahrin *f* ❷ (*mayor*) Vater *m*, Mutter *f;* **los ~es** die Eltern

programa [pro'ɣrama] *m* (*t.* INFOR) Programm *nt;* ~ **de las clases** (**de la Universidad**) Vorlesungsverzeichnis *nt;* ~ **de estudios** Lehrplan *m;* ~ **de trabajo** Arbeitsplan *m;* ~ **antivirus** [*o* **cazavirus**] Antivirenprogramm *nt;* ~ **aplicativo** [*o* **de aplicación**] Anwendungsprogramm *nt;* ~ **contaminado** virusverseuchte Software; ~ **de demostración** Demosoftware *f;* ~ **de gráficas** Grafikprogramm *nt;* ~ **de tratamiento de textos** Textverarbeitungsprogramm *nt;* ~**s utilitarios** Utilities *pl*

programación [proɣrama'θjon] *f* ❶ (*acción*) Programmierung *f* ❷ (TV, RADIO) Programm *nt*

programador(**a**) [proɣrama'ðor(a)] *m(f)*

Programmierer(in) *m(f)*

programar [proɣra'mar] *vt* programmieren; **la conferencia está programada para el domingo** der Vortrag steht für Sonntag auf dem Programm; **¿qué tienes programado para esta tarde?** was hast du heute Nachmittag vor?

progre ['proɣre] **I.** *adj* (*fam*) fortschrittlich; (POL) links; **sus ideas son ~s** er/sie ist links eingestellt **II.** *mf* Progressist(in) *m(f)*; (POL) Linke(r) *mf*

progresar [proɣre'sar] *vi* Fortschritte machen (*en* in +*dat*, bei +*dat*); (*enfermedad*) fortschreiten; (*ciencia*) sich weiterentwickeln; **~ profesionalmente** beruflich vorwärts kommen

progresión [proɣre'sjon] *f* ❶ (*avance*) Fortschreiten *nt* ❷ (MAT) Reihe *f* ❸ (MÚS) Sequenz *f*

progresismo [proɣre'sismo] *m sin pl* Progressismus *m geh*

progresista [proɣre'sista] **I.** *adj* fortschrittlich, progressiv **II.** *mf* Progressist(in) *m(f)*

progresivamente [proɣresiβa'mente] *adv* zunehmend; **recuperarse ~** sich nach und nach erholen

progresivo, -a [proɣre'siβo, -a] *adj* (*que progresa*) fortschreitend; (*que aumenta*) zunehmend; (FIN) progressiv; **aspecto ~** (LING) Verlaufsform *f*

progreso [pro'ɣreso] *m* Fortschritt *m*

prohibición [proiβi'θjon] *f* Verbot *nt*

prohibido, -a [proi'βiðo, -a] *adj;* **~ fumar** Rauchen verboten; **fruto ~** verbotene Früchte

prohibir [proi'βir] *irr vt* verbieten; **en los hospitales prohiben fumar** in Krankenhäusern herrscht Rauchverbot

prohibitivo, -a [proiβi'tiβo, -a] *adj*, **prohibitorio, -a** [proiβi'torjo, -a] *adj* Verbots-; **a precio ~** unerschwinglich

prohijar [proi'xar] *irr como airar vt* ❶ (*a alguien*) adoptieren ❷ (*doctrina*) übernehmen

prójimo ['proximo] *m* ❶ (*semejante*) Mitmensch *m;* **amor al ~** Nächstenliebe *f* ❷ (*pey: sujeto*) Typ *m;* **¡menudo ~ tenemos de vecino!** da haben wir ja einen schönen Nachbarn!

prole ['prole] *f* Kinder *ntpl;* **padre con numerosa ~** Vater einer kinderreichen Familie

prolegómeno [prole'ɣomeno] *m* (*a un escrito*) Vorbemerkung *f;* (*al hablar*) Vorrede *f;* **déjate de ~s y ve al grano** (*fam*) spar dir deine (langen) Vorreden und komm zur Sache

proletariado [proleta'rjaðo] *m* Proletariat

nt

proletario, -a [prole'tarjo, -a] **I.** *adj* proletarisch; **barrio ~** Arbeiterviertel *nt* **II.** *m, f* Proletarier(in) *m(f);* **tiene modales de ~** er benimmt sich wie im Prolet

proletarizar [proletari'θar] <z→c> *vt* proletarisieren

proliferación [prolifera'θjon] *f* ❶ (*en cantidad*) Vermehrung *f* ❷ (*incontrolada, t.* MED) Wuchern *nt* ❸ (*de armas*) Verbreitung *f;* **tratado de no ~ de armas nucleares** Atom(waffen)sperrvertrag *m*

proliferar [prolife'rar] *vi* ❶ (*en cantidad*) sich vermehren ❷ (*incontroladamente, t.* MED) wuchern ❸ (*epidemia, rumor*) um sich greifen

prolífico, -a [pro'lifiko, -a] *adj* fruchtbar; (*escritor*) äußerst produktiv

prolijidad [prolixi'ðað] *f* ❶ (*de un relato*) Weitschweifigkeit *f* ❷ (*esmero*) Minuziösität *f* ❸ (*pesadez*) Umständlichkeit *f*

prolijo, -a [pro'lixo, -a] *adj* ❶ (*extenso*) weitschweifig ❷ (*esmerado*) minuziös ❸ (*cargante*) umständlich

prologar [prolo'ɣar] <g→gu> *vt* ein Vorwort schreiben (zu +*dat*); **edición prologada por...** Ausgabe mit einem Vorwort von ...

prólogo ['proloɣo] *m* (*de libro*) Vorwort *nt;* (TEAT, DEP) Prolog *m*

prolongación [prolonɡa'θjon] *f* Verlängerung *f;* (*de decisión*) Hinauszögerung *f*

prolongado, -a [prolon'ɡaðo, -a] *adj* länglich; **un sobre ~** ein Umschlag im Querformat

prolongar [prolon'ɡar] <g→gu> **I.** *vt* verlängern; (*decisión*) hinauszögern; (*un estado*) in die Länge ziehen **II.** *vr:* **~se** sich verlängern; (*un estado*) sich in die Länge ziehen; (*reunión*) länger dauern; **la fiesta se prolongó hasta bien entrada la noche** das Fest dauerte bis tief in die Nacht; **las negociaciones se están prolongando demasiado** die Verhandlungen ziehen sich zu sehr in die Länge

promediar [prome'ðjar] **I.** *vt* ❶ (*repartir*) halbieren ❷ (*sacar promedio*) den Durchschnitt ermitteln +*gen* **II.** *vi* ❶ (*mediar*) vermitteln ❷ (*temporal*): **antes de ~ el año** in der ersten Jahreshälfte; **promediaba el mes cuando...** es war Mitte des Monats, als ...

promedio [pro'meðjo] *m* Durchschnitt *m;* **veo la tele un ~ de dos horas al día** ich sehe jeden Tag durchschnittlich zwei Stunden fern

promesa [pro'mesa] *f* Versprechen *nt;* (REL) Gelübde *nt;* **~ de matrimonio** Verlobung

f; **el director me ha dado su ~ de que...**
der Direktor hat mir zugesagt, dass ...
prometedor(a) [promete'ðor(a)] *adj* viel
versprechend
prometer [prome'ter] **I.** *vt* versprechen;
(REL) geloben; **te prometo que lo haré** du
kannst dich darauf verlassen, dass ich es
tue; **te prometo por mis muertos que...**
ich gebe dir mein Ehrenwort, dass ...; **~ el
oro y el moro** das Blaue vom Himmel versprechen; **lo prometido es deuda** (*prov*)
was man verspricht, muss man auch halten
II. *vi:* **este negocio promete** das ist ein
viel versprechendes Geschäft **III.** *vr:* **~ se**
❶ (*novios*) sich verloben ❷ (*esperar*) sich
dat versprechen; **prometérselas muy
felices** sich *dat* viel versprechen
prometido, -a [prome'tiðo, -a] *m, f* Verlob-
te(r) *mf*
prominencia [promi'nenθja] *f* ❶ (*abultamiento*) hervortretende Stelle *f* ❷ (*del terreno*) Anhöhe *f* ❸ (*med*) Auswuchs *m*
prominente [promi'nente] *adj* ❶ (*pómulo*)
vorstehend; (*nariz*) vorspringend ❷ (*persona*) hervorragend
promiscuidad [promiskwi'ðað] *f* ❶ (*mezcla*) Mischung *f* ❷ (*de sexos*): **aboga a
favor de la ~ de sexos en las escuelas**
er/sie ist für gemischte Schulen ❸ (*sexual*)
Promiskuität *f*
promiscuo, -a [pro'miskwo, -a] *adj* ❶ (*pey:
mezclado*) gemischt ❷ (*ambiguo*) zweideutig ❸ (*sexualmente*) promiskuitiv
promoción [promo'θjon] *f* ❶ (*de
empresa/alguien*) Förderung *f* ❷ (*de categoría*) Beförderung *f* ❸ (*de producto/pelí-
cula, t.* DEP) Promotion *f* ❹ (*de licenciados*) Jahrgang *m*
promocionar [promoθjo'nar] **I.** *vt* ❶ (*a
empresa/alguien*) fördern ❷ (*de categoría*) befördern ❸ (*producto, película*) werben (für +*akk*); **está promocionando su
nueva película** er/sie ist auf Promotion-
tour für seinen/ihren neuen Film **II.** *vi*
(DEP) um den Aufstieg spielen
promontorio [promon'torjo] *m* ❶ (*terreno*) Anhöhe *f;* (*montes*) Vorgebirge *nt*
❷ (*de papeles*) Stapel *m*
promotor(a) [promo'tor(a)] *m(f)* ❶ (*de
altercado*) Anstifter(in) *m(f)*, Rädelsfüh-
rer(in) *m(f)* ❷ (*patrocinador*) Förderer, -in
m, f; (*deportivo, artístico*) Promoter(in)
m(f); (*de espectáculo*) Veranstalter(in)
m(f)
promovedor(a) [promoβe'ðor(a)] *m(f)*
❶ (*de altercado*) Anstifter(in) *m(f)* ❷ (*patrocinador*) Förderer, -in *m, f*
promover [promo'βer] <o→ue> *vt*

❶ (*querella*) erheben; (*proceso*) anstrengen; (*recurso*) einlegen ❷ (*en el cargo*)
befördern ❸ (*escándalo, aplausos*) auslösen; (*altercado*) anfangen
promulgación [promulɣa'θjon] *f* Verkündung *f;* (*divulgación*) Verbreitung *f*
promulgar [promul'ɣar] <g→gu> *vt* verkünden; (*divulgar*) verbreiten
pronombre [pro'nombre] *m* Pronomen *nt*
pronominal [pronomi'nal] *adj* pronominal, Pronominal-; **verbo ~** reflexives Verb
pronosticación [pronostika'θjon] *f* Vorhersage *f*
pronosticar [pronosti'kar] <c→qu> *vt*
vorhersagen
pronóstico [pro'nostiko] *m* Voraussage *f;*
(ECON, MED) Prognose *f;* (DEP) Tipp *m;* **lesiones de ~ reservado** ziemlich schwere
Verletzungen
prontitud [pronti'tuð] *f* ❶ (*celeridad*)
Schnelligkeit *f;* (*de ejecución*) Promptheit *f*
❷ (*de ingenio*) Scharfsinn *m*
pronto¹ ['pronto] **I.** *adv* ❶ (*rápido*) prompt
❷ (*enseguida*) bald; (*inmediatamente*)
gleich ❸ (*temprano*) früh ❹ (*loc*). **al ~**
sofort; **de ~** auf einmal; **¡hasta ~!** bis
bald!; **por de** [*o* **lo**] **~** fürs erste **II.** *conj:*
tan ~ como sobald; **tan ~ como llega-
ron/lleguen** sobald sie ankamen/ankom-
men
pronto, -a² ['pronto, -a] *adj* ❶ (*rápido*)
prompt; (*despierto*) flink; **inteligencia
pronta** wache Intelligenz ❷ (*dispuesto*)
bereit; **estar ~** (*CSur*) fertig sein
prontuario [pron'twarjo] *m* ❶ (*resumen*)
Abriss *m* ❷ (*manual*) Handbuch *nt*
pronunciación [pronunθja'θjon] *f* ❶ (LING)
Aussprache *f* ❷ (JUR) Verlesung *f*
pronunciado, -a [pronun'θjaðo, -a] *adj*
ausgesprochen; (*marcado*) ausgeprägt;
arrugas pronunciadas tiefe Falten; **una
curva pronunciada** eine scharfe Kurve;
rasgos ~s markante (Gesichts)züge
pronunciamiento [pronunθja'mjento] *m*
❶ (*alzamiento*) Putsch *m* ❷ (JUR) Fällung *f;*
~ judicial Richterspruch *m;* **~ de sentencia** Urteilsverkündung *f*
pronunciar [pronun'θjar] **I.** *vt* ❶ (*articular*) aussprechen; **~ un brindis por alguien** auf jdn einen Trinkspruch ausbringen; **~ un discurso** eine Rede halten; **~
unas palabras** ein paar Worte sprechen; **~
sentencia** das Urteil verkünden ❷ (*resaltar*) betonen **II.** *vr:* **~ se** ❶ (*levantarse*)
putschen ❷ (*apoyar*) sich aussprechen
❸ (*opinar*) Stellung nehmen (*sobre* zu
+*dat*) ❹ (*acentuarse*) ausgeprägter werden

propagación [propaɣaˈθjon] f ❶ (*multiplicación*) Vermehrung f; (*reproducción*) Fortpflanzung f ❷ (*extensión*) Verbreitung f; (*transmisión*) Ausbreitung f

propagador(a) [propaɣaˈðor(a)] I. *adj* verbreitend II. m(f) Verbreiter(in) m(f); (*de rumores*) Gerüchtemacher(in) m(f)

propaganda [propaˈɣanda] f ❶ (MIL, POL) Propaganda f ❷ (*publicidad*) Werbung f; (*promoción*) Publicity f

propagandístico, -a [propaɣanˈdistiko, -a] *adj* propagandistisch; **campaña propagandística** Propagandafeldzug m

propagar [propaˈɣar] <g→gu> I. *vt* ❶ (*multiplicar*) vermehren; (*reproducir*) fortpflanzen ❷ (*extender, divulgar*) verbreiten; ~ **un rumor** ein Gerücht in die Welt setzen II. *vr*: ~**se** ❶ (*multiplicarse*) sich vermehren; (*reproducirse*) sich fortpflanzen ❷ (*extenderse, divulgarse*) sich verbreiten; (*incendio, enfermedad*) sich ausbreiten; (*epidemia*) grassieren; (*propalarse*) ruchbar werden ❸ (*transmitirse*) sich übertragen

propalar [propaˈlar] I. *vt* verbreiten II. *vr*: ~**se** ruchbar werden

propano [proˈpano] m Propan(gas) nt

propasar [propaˈsar] I. *vt* überschreiten II. *vr*: ~**se** (*extralimitarse*) zu weit gehen; (*excederse*) über das Ziel hinausschießen (*en* bei +*dat*); ~**se con alguien** jdm an die Wäsche wollen

propedéutico, -a [propeˈðeutiko, -a] *adj* propädeutisch

propender [propenˈder] *vi* neigen (*a* zu +*dat*); (MED) anfällig sein (*a* für +*akk*)

propensión [propenˈsjon] f Neigung f (*a* zu +*dat*); (MED) Anfälligkeit f (*a* für +*akk*); ~ **al consumo** Konsumbereitschaft f; **tener gran ~ a resfriarse** sich sehr leicht erkälten

propenso, -a [proˈpenso, -a] *adj* (*a enfermedades*) anfällig (*a* für +*akk*); (*dispuesto*) bereit (*a* zu +*dat*); **ser ~ a algo** zu etw *dat* neigen

propiamente [propjaˈmente] *adv* eigentlich; (*realmente*) wirklich; (*exactamente*) genau; ~ **dicho** genau genommen

propiciar [propiˈθjar] I. *vt* ❶ (*aplacar*) versöhnen ❷ (*favorecer*) begünstigen; (*posibilitar*) ermöglichen; **el viento propició la extensión de las llamas** durch den Wind griff der Brand um sich II. *vr*: ~**se** (*conseguir*) gewinnen; **con sus palabras se propició el respeto de todos** seine Worte verschafften ihm/ihr bei allen Respekt

propiciatorio, -a [propiθjaˈtorjo, -a] *adj*

Sühn(e)-; **víctima propiciatoria** Sühn(e)-opfer nt; (*fig*) Sündenbock m

propicio, -a [proˈpiθjo, -a] *adj* ❶ (*favorable*) günstig; **en el momento ~** im günstigsten Moment ❷ (*dispuesto*) bereit (*a* zu +*dat*); **mostrarse (poco) ~ a/para...** sich (wenig) geneigt zeigen zu ...

propiedad [propjeˈðað] f ❶ (*pertenencia*) Eigentum nt; (*inmuebles*) Besitz m; (*derechos*) Urheberrecht nt; ~ **exclusiva** Alleinbesitz m; ~ **horizontal** Wohnungseigentum nt; ~ **industrial/intelectual** gewerbliches/geistiges Eigentum; ~ **(in)mobiliaria** (Im)mobilien pl; ~ **rústica** landwirtschaftlicher Grundbesitz; **un piso de mi ~** eine Eigentumswohnung; **en ~** Eigentums-; **ser ~ de alguien** jdm gehören ❷ (*cualidad, t.* FÍS) Eigenschaft f; ~**es** Beschaffenheit f ❸ (*corrección*) Richtigkeit f; (*exactitud*) Genauigkeit f; **expresarse con ~** sich treffend ausdrücken

propietario, -a [propjeˈtarjo, -a] I. *adj* besitzend II. m, f Eigentümer(in) m(f); (*terrateniente*) Grundbesitzer(in) m(f); (*casero*) Vermieter(in) m(f)

propina [proˈpina] f Trinkgeld nt; **de ~** (*fig*) obendrein

propinar [propiˈnar] *vt* (*golpes*) versetzen

propio, -a [ˈpropjo, -a] *adj* ❶ (*de uno mismo*) eigene(r, s); **con la propia mano** eigenhändig; **con sus propias manos** mit eigenen Händen; **entregar en propia mano** persönlich übergeben; **en defensa propia** in Notwehr; **es tu propia culpa** du bist selbst schuld; **lo he visto con mis ~s ojos** ich habe es mit eigenen Augen gesehen; **tengo piso ~** ich habe eine Eigentumswohnung ❷ (*mismo*) selbst; **lo ~** dasselbe; **el ~ interesado** der Interessent selbst; **al ~ tiempo** zur gleichen Zeit; **nombre ~** (LING) Eigenname m ❸ (*característico*) eigen(tümlich); **los productos ~s del país** die heimischen Produkte des Landes; **eso (no) es ~ de ti** das passt (nicht) zu dir ❹ (*apropiado*) angemessen

proponer [propoˈner] *irr como* poner I. *vt* ❶ (*sugerir, presentar*) vorschlagen (*como* als +*akk, para* für +*akk*); ~ **un brindis por alguien** auf jdn ein Hoch ausbringen ❷ (*plantear*) stellen; ~ **un acertijo** ein Rätsel aufgeben; ~ **una cuestión** eine Frage aufwerfen ❸ (*solicitar*) beantragen II. *vr*: ~**se** sich *dat* vornehmen; (*tener intención*) vorhaben; **¿qué te propones?** was hast du eigentlich vor?

proporción [proporˈθjon] f ❶ (*relación*) Verhältnis nt; **no guardar ~ con algo** in keinem Verhältnis zu etw *dat* stehen

Ropa   Kleidung

1	los pantalones de pata de elefante	die Schlaghose	15	la chaqueta de punto	die Strickjacke
2	la gabardina	der Trenchcoat	16	el gorro de lana	die Wollmütze
3	el abrigo	der Mantel	17	el jersey, el pul(l)óver (*Am*)	der Pullover
4	la bufanda	der Schal	18	los pantalones cortos	die Shorts
5	el impermeable	der Regenmantel	19	el pantalón, los pantalones	die Hose
6	la blusa	die Bluse	20	la camisa de manga corta	das kurzärm(e)lige Hemd
7	el top/la camiseta sin mangas	das ärmellose Top			
8	la falda escocesa	der Schottenrock	21	la camisa	das Hemd
9	la falda	der Rock	22	el chaleco de punto	der Pullunder
10	los vaqueros, los tejanos (*Am*)	die Jeans	23	la gorra	die Mütze
11	la chaqueta, la campera (*Am*)	die Jacke, das Jackett	24	la camiseta	das T-Shirt
12	el blazer	der Blazer	25	el chaleco	die Weste
13	la cazadora, el rompevientos (*Am*)	die Windjacke	26	el suéter	das Sweatshirt
14	el plumas	die Daunenjacke	27	los guantes	die Handschuhe

1	las botas de trabajo	die Arbeitsstiefel
2	las botas de goma	die Gummistiefel
3	las sandalias	die Sandalen
4	los zapatos de/con cordones	die Schnürschuhe
5	las (zapatillas) deportivas	die Turnschuhe
6	los zapatos de salón	die Pumps
7	los mocasines, los kiowas	die Mokassins
8	las botas	die Stiefel
9	los zapatos bajos de señora	die Slipper
10	los zapatos de tacón alto/ de tacos altos (*Am*)	die hochhackigen Schuhe
11	las sandalias de tacón alto	die Slingpumps

② (*porcentaje*) Anteil *m* ③ *pl* (*dimensión*) Ausmaß *nt;* **un accidente de enormes proporciones** ein Unfall größten Ausmaßes

proporcional [proporθjo'nal] *adj* proportional; (*relativo*) anteilig; **reparto** ~ proportionale Verteilung; **sistema** ~ (POL) Verhältniswahlsystem *nt*

proporcionalidad [proporθjonali'ðað] *f* (*t.* MAT) Proportionalität *f*

proporcionar [proporθjo'nar] *vt* ① (*dar proporción*) proportionieren; (*adecuar*) anpassen (*a an* +*akk*) ② (*repartir*) proportional aufteilen ③ (*facilitar*) beschaffen; (*conseguir*) besorgen; (*procurar*) verschaffen; (*crear*) schaffen, (*producir*) bringen; ~ **víveres a alguien** jdn mit Lebensmitteln versorgen ④ (*ocasionar*) bewirken; ~ **disgustos a alguien** jdm Sorgen bereiten

proposición [proposi'θjon] *f* ① (*propuesta*) Vorschlag *m;* (*solicitud*) Antrag *m;* (*oferta*) Angebot *nt;* ~ **de ley** Gesetzesvorlage *f;* ~ **de matrimonio** Heiratsantrag *m* ② (*oración*) Satz *m*

propósito [pro'posito] I. *m* ① (*intención*) Absicht *f;* (*plan*) Plan *m;* **buenos** ~**s** gute Vorsätze; **tener el** ~ **de...** vorhaben zu ... ② (*objetivo*) Ziel *nt* ③ (*loc*): **a** ~ (*adrede*) absichtlich; (*adecuado*) angemessen; (*por cierto*) übrigens; **fuera de** ~ unangebracht; **¡a** ~**!** **tu hermana viene mañana** apropos, deine Schwester kommt morgen II. *prep:* **a** ~ **de** über +*akk*

propuesta [pro'pwesta] *f* (*proposición*) Vorschlag *m;* (*solicitud*) Antrag *m;* (*oferta*) Angebot *nt;* (*recomendación*) Empfehlung *f;* (*presentación*) Aufstellung *f;* ~ **global** Verhandlungspaket *nt;* **a** ~ **de alguien** auf jds Antrag hin; **formular una** ~ einen Antrag stellen

propugnar [propuɣ'nar] *vt* (*defender*) verfechten; (*apoyar*) eintreten (für +*akk*); (*promover*) fördern

propulsar [propul'sar] *vt* ① (TÉC) antreiben ② (*fomentar*) fördern

propulsión [propul'sjon] *f* (TÉC) Antrieb *m;* ~ **delantera/trasera** (AUTO) Vorderrad-/Hinterradantrieb *m;* ~ **a hélice** Propellerantrieb *m;* ~ **por reacción** Düsenantrieb *m;* ~ **total** (AUTO) Allradantrieb *m*

propulsor [propul'sor] *m* (TÉC) ① (*combustible*) Treibstoff *m* ② (*motor*) Triebwerk *nt;* ~ **de hélice** Propellertriebwerk *nt*

prorrata [pro'rrata] *f* (*parte*) Anteil *m;* (*cuota*) Rate *f*

prorratear [prorrate'ar] *vt* (ECON, FIN) nach Verhältnis teilen; **pago prorrateado** anteilige Zahlung

prórroga ['prorroɣa] *f* ① (*prolongación*) Verlängerung *f;* (ECON) Stundung *f;* ~ **de pago** Zahlungsaufschub *m* ② (*dilatoria*) Aufschub *m;* (*retraso*) Verschiebung *f;* (*aplazamiento*) Verlegung *f;* (*cambio de fecha*) Vertagung *f*

prorrogable [prorro'ɣaβle] *adj* ① (*ampliable*) verlängerungsfähig ② (*aplazable*) verlegbar

prorrogación [prorroɣa'θjon] *f* Verlängerung *f*

prorrogar [prorro'ɣar] <g→gu> *vt* ① (*prolongar*) verlängern; (ECON) stunden ② (*dilatar*) aufschieben; (*retrasar*) verschieben; (*aplazar*) verlegen; (*cambiar de fecha*) vertagen; (JUR) prorogieren

prorrumpir [prorrum'pir] *vi* ① (*salir*) hervorbrechen ② (*estallar*) ausbrechen

prosa ['prosa] *f* Prosa *f;* **texto en** ~ Prosatext *m*

prosaico, -a [pro'saiko, -a] *adj* prosaisch

prosapia [pro'sapja] *f* Abstammung *f;* **de mucha** ~ ad(e)lig

proscribir [proskri'βir] *irr como escribir vt* ächten

proscrito, -a [pros'krito, -a] I. *pp de* **proscribir** II. *m, f* Geächtete(r) *mf*

prosecución [proseku'θjon] *f* ① (*continuación*) Fortsetzung *f* ② (*de un fin, t.* JUR) Verfolgung *f;* ~ **criminal** Strafverfolgung *f*

prosecutor(a) [proseku'tor(a)] *m(f)* (JUR) öffentlicher Ankläger *m,* öffentliche Anklägerin *f*

proseguir [prose'ɣir] *irr como seguir* I. *vi* (*alguien*) weitermachen; (METEO) anhalten; ~ **con** [*o* **en**] **algo** (*mantener*) etw beibehalten; (*continuar con*) etw fortsetzen II. *vt* ① (*continuar*) fortsetzen ② (*un fin*) verfolgen ③ (JUR) verfolgen; ~ **diligencias** das Strafmaß ermitteln

proselitismo [proseli'tismo] *m* Sendungsbewusstsein *nt*

proselitista [proseli'tista] I. *adj* sendungsbewusst II. *mf* Proselytenmacher(in) *m(f)* *abw*

prosificar [prosifi'kar] <c→qu> *vt* in Prosa übertragen

prosista [pro'sista] *mf* Prosaschriftsteller(in) *m(f)*

prospección [prospeɣ'θjon] *f* (MIN) Prospektierung *f;* ~ **petrolífera** Erdölsuche *f;* ~ **de mercado** (ECON) Marktforschung *f*

prospecto [pros'pekto] *m* (*folleto*) Prospekt *m o nt;* (*de instrucciones*) Bedienungsanleitung *f;* (*informativo*) Broschüre *f;* (*de un medicamento*) Packungsbeilage *f*

prosperar [prospe'rar] *vi* ① (*crecer*) gedeihen; (*avanzar*) gut vorankommen; (*flore-*

cer) florieren; (*tener éxito*) Erfolg haben ❷ (*imponerse*) sich einbürgern

prosperidad [prosperi'ðað] *f* (*bienestar*) Wohlstand *m;* ~ **económica** Wirtschaftsaufschwung *m*

próspero, -a ['prospero, -a] *adj* ❶ (*feliz*) glücklich; **¡P~ Año Nuevo!** frohes neues Jahr!; (*brindis*) prosit Neujahr! ❷ (*floreciente*) florierend ❸ (*rico*) wohlhabend; (*con éxito*) erfolgreich

próstata ['prostata] *f* Prostata *f*

prosternarse [proster'narse] *vr* sich niederwerfen

prostíbulo [pros'tiβulo] *m* Bordell *nt*

prostitución [prostitu'θjon] *f* Prostitution *f;* **ejercer la** ~ der Prostitution nachgehen

prostituir [prostitu'ir] *irr como huir* I. *vt* auf den Strich schicken II. *vr:* ~ **se** auf den Strich gehen; (*fig*) sich prostituieren; (*denigrarse*) sich erniedrigen

prostituto, -a [prosti'tuto, -a] *m, f* Prostituierte(r) *mf*

protagonismo [protaɣo'nismo] *m* Geltung *f;* **afán de** ~ Geltungssucht *f*

protagonista [protaɣo'nista] I. *adj:* **la actriz** ~ die Hauptdarstellerin; **el papel** ~ die Hauptrolle II. *mf* Hauptperson *f;* (CINE, TEAT) Hauptdarsteller(in) *m(f);* (LIT) (Roman)held(in) *m(f)*

protagonizar [protaɣoni'θar] <z→c> *vt* (*un papel*) spielen; **un gran actor protagoniza esta película** in diesem Film spielt ein namhafter Schauspieler die Hauptrolle

protección [proteɣ'θjon] *f* Schutz *m;* (*recubrimiento*) Abdeckung *f;* (*apoyo*) Unterstützung *f;* (*mecenazgo, t.* POL) Protektion *f;* (MIL) Deckung *f;* (*patrocinio*) Schirmherrschaft *f;* ~ **acústica** Lärmschutz *m;* ~ **antiaérea** Luftschutz *m;* ~ **anticopia** Kopierschutz *m;* ~ **contra incendios** Brandschutz *m;* ~ **a la maternidad** Mutterschutz *m;* ~ **del medio ambiente** Umweltschutz *m;* ~ **de menores** Jugendschutz *m;* ~ **sanitaria** Gesundheitsschutz *m;* **ser de alta** ~ (*crema*) einen hohen Schutzfaktor haben; **poner a alguien bajo** ~ jdn unter Schutz stellen; **tomar a alguien bajo su** ~ jdn in Schutz nehmen

proteccionismo [proteɣθjo'nismo] *m* (ECON) Protektionismus *m;* ~ **económico** Wirtschaftsprotektionismus *m*

proteccionista [proteɣθjo'nista] I. *adj* protektionistisch; **política** ~ Schutzzollpolitik *f* II. *mf* Protektionist(in) *m(f)*

protector[1] [protek'tor] *m* Schutz *m;* ~ **labial** Lippen(schutz)pomade *f;* ~ **solar** Sonnen(schutz)creme *f*

protector(a)[2] [protek'tor(a)] I. *adj* schüt-

zend; **casco** ~ Schutzhelm *m;* **sociedad** ~**a de animales** Tierschutzverein *m* II. *m(f)* (*persona*) Beschützer(in) *m(f);* (*mecenas*) Gönner(in) *m(f);* (*proxeneta*) Zuhälter *m;* (POL) Protektor(in) *m(f);* (*patrocinador*) Schirmherr(in) *m(f)*

protectorado [protekto'raðo] *m* Protektorat *nt*

proteger [prote'xer] <g→j> I. *vt* ❶ (*resguardar*) (be)schützen (*de/contra* vor +*dat*) ❷ (*asegurar*) (ab)sichern ❸ (ECOL) unter Naturschutz stellen; (*como mecenas*) fördern ❹ (POL) protegieren II. *vr:* ~ **se** sich schützen (*de/contra* vor +*dat*); ~ **se los ojos** seine Augen schützen

protegido, -a [prote'xiðo, -a] I. *adj* geschützt; ~ **contra escritura** (INFOR) schreibgeschützt; ~ **contra el uso indebido** missbrauchgeschützt; ~ **por patente** patentgeschützt II. *m, f* Protegé *m;* (*pupilo*) Mündel *nt*

proteína [prote'ina] *f* Protein *nt*

prótesis ['protesis] *f inv* Prothese *f;* ~ **auditiva** Hörgerät *nt*

protesta [pro'testa] *f* ❶ (*queja*) Protest *m* ❷ (JUR) Einspruch *m* ❸ (*aseveración*) Beteuerung *f*

protestante [protes'tante] I. *adj* (REL) protestantisch II. *mf* (REL) Protestant(in) *m(f)*

protestantismo [protestan'tismo] *m sin pl* ❶ (REL) Protestantismus *m;* **convertir al** ~ zum Protestantismus bekehren ❷ (*pey: inconformismo*) Querulantentum *nt*

protestar [protes'tar] I. *vi* ❶ (*oponerse, quejarse*) protestieren ❷ (*aseverar*) beteuern (*de* +*akk*) II. *vt* ❶ (*confesar*) bekennen ❷ (JUR) anfechten

protestón, -ona [protes'ton, -ona] I. *adj* (*fam*) nörglerisch II. *m, f* (*fam*) Meckerfritze, -liese *m, f*

protocolar [protoko'lar] I. *vt* protokollieren II. *adj* protokollarisch

protocolo [proto'kolo] *m* Protokoll *nt*

protón [pro'ton] *m* Proton *nt*

prototipo [proto'tipo] *m* Prototyp *m*

protuberancia [protuβe'ranθja] *f* Höcker *m;* (*bulto*) Wulst *m o f;* (*excrecencia*) Auswuchs *m*

protuberante [protuβe'rante] *adj* hervortretend

provecho [pro'βetʃo] *m* ❶ (*aprovechamiento*) Nutzen *m;* (*ventaja*) Vorteil *m;* (*producto*) Ertrag *m;* (*beneficio*) Gewinn *m;* **propio** ~ Eigennutz *m;* ~ **de** von Nutzen; **nada de** ~ nichts Brauchbares; **en** ~ **de alguien** zu jds Wohl(e); **sacar** ~ **de algo** aus etw *dat* Nutzen ziehen; **sacar** ~ **de alguien** jdn ausnutzen ❷ (*progreso*)

Fortschritt *m;* (*mejora*) Besserung *f* ❸ (*de alimentos*) Bekömmlichkeit *f;* **¡buen ~!** guten Appetit!; **hacer** (**buen**) ~ gut bekommen

provechoso, -a [proβe'tʃoso, -a] *adj* einträglich; (*productivo*) ertragreich; (*útil*) nützlich; (*ventajoso*) vorteilhaft; (*saludable*) gesund; (*digestivo*) bekömmlich

proveedor[1] [proβe(e)'ðor] *m* (INFOR) Anbieter *m,* Provider *m*

proveedor(a)[2] [proβe(e)'ðor(a)] I. *adj* Liefer- II. *m(f)* Lieferant(in) *m(f)*

proveer [proβe'er] *irr* I. *vi* sorgen (*de* für +*akk*); ~ **a las necesidades de alguien** jdn versorgen; **¡Dios ~á!** der Herrgott wird's schon richten! II. *vt* ❶ (*abastecer*) versorgen (*de* mit +*dat*); (*equipar*) ausstatten (*de* mit +*dat*); (*dotar*) versehen (*de* mit +*dat*); (*suministrar*) beliefern (*de* mit +*dat*) ❷ (*un puesto*) besetzen; (*conceder*) vergeben ❸ (JUR) entscheiden (*sobre* über +*akk*) III. *vr:* ~**se** sich eindecken (*de* mit +*dat*)

proveniente [proβe'njente] *adj:* **el tren ~ de Madrid** der Zug aus Madrid

provenir [proβe'nir] *irr como venir vi* herkommen (*de* von +*dat*); (*proceder*) herrühren (*de* von +*dat*); (*ser originario*) stammen (*de* aus +*dat*)

Provenza [pro'βenθa] *f* Provence *f*

proverbial [proβer'βjal] *adj* sprichwörtlich; (*sabido*) allgemein bekannt

proverbio [pro'βerβjo] *m* Sprichwort *nt;* (*pensamiento*) Spruch *m*

providencia [proβi'ðenθja] *f* ❶ (*prevención*) Vorsehung *f* ❷ (*medida*) Vorsorge *f* ❸ (JUR) Verfügung *f;* (*disposición*) Entscheidung *f;* ~ **ejecutoria** Vollstreckungsbescheid *m*

providencial [proβiðen'θjal] *adj* ❶ (*de la providencia*) von der Vorsehung bestimmt ❷ (*oportuno*) angebracht; **su intervención resultó ~** sein/ihr Eingreifen war ausschlaggebend

provincia [pro'βinθja] *f* Provinz *f;* (*Arg: estado*) (Glied)staat *m;* **ciudad de ~s** Kleinstadt *f*

provincial [proβin'θjal] I. *adj* Provinz(ial)-; **capital ~** Provinzhauptstadt *f;* **delegación ~** Provinzialbehörde *f* II. *m* (REL) Provinzial *m*

provincianismo [proβinθja'nismo] *m sin pl* (*pey*) Provinzialität *f*

provinciano, -a [proβin'θjano, -a] I. *adj* provinziell; (*pey*) provinzlerisch II. *m, f* Provinzbewohner(in) *m(f);* (*pey*) Provinzler(in) *m(f)*

provisión [proβi'sjon] *f* ❶ (*reserva*) Vorrat *m;* **provisiones** Proviant *m* ❷ (*suministro*) Versorgung *f* ❸ (*cobertura*) Deckung *f;* (*reserva*) Rücklage *f* ❹ (*comisión*) Provision *f* ❺ (*medida*) Vorsichtsmaßnahme *f* ❻ (*de un cargo*) Besetzung *f* ❼ (JUR) Anordnung *f*

provisional [proβisjo'nal] *adj* provisorisch; (*temporal*) vorläufig; **gobierno ~** Interimsregierung *f;* **medida ~** Übergangslösung *f*

provisionalidad [proβisjonali'ðað] *f* Vorläufigkeit *f*

provisorio, -a [proβi'sorjo, -a] *adj v.* **provisional**

provisto, -a [pro'βisto, -a] I. *pp de* **proveer** II. *adj:* ~ **al efecto** dafür vorgesehen

provocación [proβoka'θjon] *f* ❶ (*ataque*) Provokation *f;* (*instigación*) Anstiftung *f* ❷ (*causa*) Hervorrufen *nt;* (MED) Auslösen *nt*

provocador[1] [proβoka'ðor] *m* Auslöser *m;* (MED) Erreger *m*

provocador(a)[2] [proβoka'ðor(a)] I. *adj* provokant; (*excitante*) aufreizend; (MED) auslösend II. *m(f)* (POL) Provokateur(in) *m(f)*

provocar [proβo'kar] <c→qu> I. *vt* ❶ (*incitar*) provozieren; (*irritar*) aufregen; (*excitar*) aufreizen; (*instigar*) anstiften; (POL) aufwiegeln; **¡no me provoques!** geh mir nicht auf die Nerven!; (*advertencia*) ich warne dich! ❷ (*causar*) provozieren; (MED) auslösen; (*artificialmente*) einleiten; ~ **risa a alguien** jdn zum Lachen bringen; ~ **lástima a alguien** jds Mitleid erregen; ~ **un cambio/una guerra** zu einer Wende/ einem Krieg führen; ~ **una escena** eine Szene machen; ~ **un incendio** einen Brand verursachen II. *vi* (*Am: apetecer*): (**no**) **me provoca** ich habe (keine) Lust

provocativo, -a [proβoka'tiβo, -a] *adj* provokativ; (*excitante*) aufreizend

proxeneta [proˠse'neta] *mf* (*de prostitutas*) Zuhälter *m;* (*alcahuete*) Kuppler(in) *m(f)*

proxenetismo [proˠsene'tismo] *m sin pl* (*t. JUR*) Zuhälterei *f;* (*alcahueteo*) Kuppelei *f*

próximamente [proˠsima'meⁿte] *adv* demnächst

proximidad [proˠsimi'ðað] *f* ❶ (*cercanía*) Nähe *f;* ~ es Nachbarschaft *f;* **en las ~es** in der Nähe ❷ (*parentesco*) Verwandtschaftsgrad *m*

próximo, -a ['proˠsimo, -a] *adj* ❶ (*cercano*) nahe (*a* bei/zu +*dat*); (*local*) nahe gelegen; (*temporal*) nahe bevorstehend; **en fecha próxima** demnächst; **estar ~ a...** drauf und dran sein zu ... ❷ (*siguiente*) nächste(r, s); **el ~ año** nächstes Jahr; **el ~ viernes** am nächsten Freitag; **el ~ 3 de octubre** am 3. Oktober diesen Jahres; **la próxima vez** nächstes Mal; **¡hasta la próxima!** bis bald!; ~ **al próximo tema** zum nächsten Thema übergehen

proyección [proˠeˠ'θjon] *f* ❶ (FÍS, FOTO, CINE) Projektion *f;* (*sesión*) Vorführung *f;* (*lanzamiento*) Werfen *nt;* (*impulso*) Schleudern *nt;* ~ **de sombras** Schattenwurf *m* ❷ (*cartografía*) Projektion *f* ❸ (ARQUIT, MAT) Grundriss *m* ❹ (*influencia*) Einfluss *m;* (*orientación*) Orientierung *f;* **una empresa de ~ internacional** eine weltweit orientierte Firma ❺ (*proyecto*) Planung *f*

proyectable [proˠek'taβle] *adj:* **asiento ~** (AERO) Schleudersitz *m*

proyectar [proˠek'tar] **I.** *vt* ❶ (FÍS, FOTO, CINE) projizieren; (*lanzar*) werfen (*hacia* auf +*akk*); (*impulsar*) schleudern (*hacia* gegen +*akk*); ~ **luz/sombra** Licht/Schatten werfen ❷ (*planear*) planen; (*diseñar*) entwerfen; (TÉC) konstruieren ❸ (*proponerse*) vorhaben **II.** *vr:* ~ **se** ❶ (*luz, sombra*) fallen (*sobre* auf +*akk*) ❷ (PSICO) sich projizieren (*en* auf +*akk*) ❸ (*orientarse*) sich orientieren

proyectil [proˠek'til] *m* Geschoss *nt;* ~ **anticarro** Panzerabwehrgeschoss *nt*

proyectista [proˠek'tista] *mf* Projektant(in) *m(f);* (*diseñador*) Konstrukteur(in) *m(f);* (CINE: *operador*) Vorführer(in) *m(f)*

proyecto [pro'ˠekto] *m* Projekt *nt;* (*proyección*) Planung *f;* (*borrador*) Entwurf *m;* (*pormenorizado*) Ausarbeitung *f;* (*propuesta*) Vorschlag *m;* ~ **fin de carrera** (UNIV) Diplomarbeit *f;* (*en Letras*) Magisterarbeit *f;* ~ **de gobierno** Kabinettsentwurf *m;* ~ **de ley** Gesetz(es)entwurf *m;* **en ~** geplant; **tener ~s** Pläne haben; **tener algo en ~** etw vorhaben

proyector [proˠek'tor] *m* (FOTO, CINE) Projektor *m;* (*lanzador*) Werfer *m;* ~ **de cine** Filmprojektor *m;* ~ **de luz** Scheinwerfer *m;* ~ **de luz diurna** Tageslichtprojektor *m*

prudencia [pru'ðenθja] *f* ❶ (*precaución*)

Vorsicht *f;* (*previsión*) Bedachtsamkeit *f;* (*cautela*) Behutsamkeit *f* ❷ (*cordura*) Vernunft *f;* (*astucia*) Klugheit *f* ❸ (*moderación*) Mäßigkeit *f*

prudencial [pruðen'θjal] *adj* (*razonable*) vernünftig; (*adecuado*) angebracht; (*previsor*) bedachtsam; **una cantidad ~** eine angemessene Menge

prudenciarse [pruðen'θjarse] *vr* (*Am*) ❶ (*ser prudente*) vorsichtig sein ❷ (*moderarse*) sich mäßigen ❸ (*conservar la calma*) Ruhe bewahren

prudente [pru'ðente] *adj* ❶ (*precavido*) vorsichtig; (*previsor*) bedacht; (*cauteloso*) behutsam ❷ (*razonable*) vernünftig; (*avisado*) klug ❸ (*adecuado*) angemessen

prueba ['prweβa] *f* ❶ (*examen*) Prüfung *f;* (*test*) Test *m;* (*experimento*) Versuch *m;* (*comprobación*) Probe *f;* (*ensayo*) Erprobung *f;* (DEP: *competición*) Wettkampf *m;* (*de ropa*) Anprobe *f;* (TIPO) Probeabzug *m;* (TÉC) Probelauf *m;* ~ **de alcoholemia** (Blut)alkoholtest *m;* ~ **de aptitud** Eignungstest *m;* ~ **al azar** Stichprobe *f;* ~ **de azúcar en la sangre** Blutzuckertest *m;* ~ **clasificatoria/eliminatoria** Qualifikations-/Ausscheidungsspiel *nt;* ~ **de degustación** Kostprobe *f;* (*cata*) Weinprobe *f;* ~ **de fuego** (*fig*) Feuerprobe *f;* ~ **de imprenta** Druckfahne *f;* ~ s **nucleares** Atomversuche *mpl;* **período de ~** Probezeit *f;* **poner a ~** auf die Probe stellen; **someter a ~** einer Prüfung unterziehen; **sufrir una dura ~** eine schwere Prüfung durchmachen; **a ~ de agua** wasserdicht; **a ~ de balas** kugelsicher; **a ~ de robo** diebstahlsicher; **a título de ~** zur Probe; **a toda ~** voll erprobt; (*fig*) mit allen Wassern gewaschen ❷ (*testimonio*) Beweis *m;* (*verificación*) Nachweis *m;* ~ **circunstancial** Indizienbeweis *m;* ~ **documental** Urkundenbeweis *m;* ~ **de paternidad** Vaterschaftsnachweis *m;* **dar ~s de afecto** Zuneigung beweisen; **en ~ de nuestro reconocimiento** als Zeichen unserer Anerkennung; **presentar la ~** den Nachweis erbringen; **ser ~ de algo** ein Beweis für etw sein; **tener ~s de que...** beweisen können, dass ...

prurito [pru'rito] *m* ❶ (*picor*) Juckreiz *m* ❷ (*afán*) innerer Ansporn *m*

Prusia ['prusja] *f* Preußen *nt*

prusiano, -a [pru'sjano, -a] **I.** *adj* preußisch **II.** *m, f* Preuße, -in *m, f*

P.S. [pos es'kriptun] *abr de* post scriptum PS

(p)seudo- ['seuðo] pseudo-

(p)**seudónimo** [seu̯'ðonimo] *m* Pseudonym *nt*

(p)**sicoanálisis** [sikoa'nalisis] *m sin pl* Psychoanalyse *f*

(p)**sicoanalista** [sikoana'lista] *mf* Psychoanalytiker(in) *m(f)*

(p)**sicoanalizar** [sikoanali'θar] <z→c> *vt* (MED) psychoanalysieren

(p)**sicodélico, -a** [siko'ðeliko, -a] *adj* psychedelisch

(p)**sicofármaco** [siko'farmako] *m* Psychopharmakon *nt*

(p)**sicología** [sikolo'xia] *f sin pl* ①(*ciencia*) Psychologie *f;* ~ **infantil** Kinderpsychologie *f* ②(*vida anímica*) Psyche *f*

(p)**sicológico, -a** [sikolo'xiko, -a] *adj* psychologisch; **terror** ~ Psychoterror *m*

(p)**sicólogo, -a** [si'koloɣo, -a] *m, f* Psychologe, -in *m, f;* **es muy/poco** ~ (*fam*) er ist sehr/wenig einfühlsam

(p)**sicópata** [si'kopata] *mf* Psychopath(in) *m(f);* ~ **sexual** Triebtäter *m*

(p)**sicopatología** [sikopatolo'xia] *f* (MED) Psychopathologie *f*

(p)**sicosis** [si'kosis] *f inv* Psychose *f;* ~ **colectiva** Massenpsychose *f*

(p)**sicosomático, -a** [sikoso'matiko, -a] *adj* psychosomatisch

(p)**sicoterapeuta** [sikotera'peu̯ta] *mf* Psychotherapeut(in) *m(f)*

(p)**sicoterapéutico, -a** [sikotera'peu̯tiko, -a] *adj* (PSICO) psychotherapeutisch

(p)**sicoterapia** [sikote'rapja] *f* Psychotherapie *f*

(p)**sique** ['sike] *f* Psyche *f*

(p)**siquiatra** [si'kjatra] *mf* Psychiater(in) *m(f)*

(p)**siquiatría** [sikja'tria] *f* Psychiatrie *f*

(p)**siquiátrico, -a** [si'kjatriko, -a] *adj* psychiatrisch

(p)**síquico, -a** [si'kiko, -a] *adj* psychisch

PSOE [pe'soe] *m abr de* **Partido Socialista Obrero Español** *sozialistische spanische Arbeiterpartei*

PSOE ist die Abkürzung für *Partido Socialista Obrero Español*, die sozialistische Arbeiterpartei in Spanien. Sie regierte 13 Jahre lang, von 1983 bis 1996. In dieser Zeit war ihr Vorsitzender, Felipe González, *el presidente de gobierno* – Ministerpräsident. Ihr jetziger Vorsitzender heißt José Luis Rodríguez Zapatero.

pta. [pe'seta] *f* <pt(a)s.> *abr de* **peseta** Pesete *f*

púa ['pua] *f* ①(*espina*) Stachel *m* ②(*del peine*) Zinke *f;* (*pico*) Zacken *m* ③(MÚS) Plektron *nt*

pub [paβ] <pubs> *m* Pub *m o nt*

púber ['puβer] *adj* geschlechtsreif

pubertad [puβer'tað] *f* Pubertät *f*

púbico, -a ['puβiko, -a] *adj* Scham-; **zona púbica** Schamgegend *f*

pubis ['puβis] *m inv* (*zona*) Scham(gegend) *f;* (*hueso*) Schambein *nt*

publicable [puβli'kaβle] *adj* druckreif

publicación [puβlika'θjon] *f* ①(*acción*) Veröffentlichung *f;* (*anuncio*) Bekanntmachung *f;* (*proclamación*) Verkündung *f;* (JUR) Offenlegung *f* ②(TIPO: *edición*) Publikation *f;* (*impreso*) Druckwerk *nt;* ~ **electrónica** (*resultado*) elektronische Publikation; (*proceso*) elektronisches Publizieren; ~ **reciente** Novität *f*

publicar [puβli'kar] <c→qu> I. *vt* veröffentlichen; (*anunciar*) bekannt geben; (JUR) offen legen; (*proclamar*) verkünden II. *vr:* ~**se** erscheinen

publicidad [puβliθi'ðað] *f* ①(*carácter público*) Öffentlichkeit *f;* **dar** ~ bekannt machen; **este programa le ha dado mucha** ~ durch diese Sendung ist er/sie sehr bekannt geworden ②(*propaganda*) Werbung *f,* Reklame *f;* (*promoción*) Publicity *f;* ~ **disimulada** Schleichwerbung *f;* ~ **sobreimpresa** Werbeeinblendung *f;* ~ **en TV** Fernsehwerbung *f;* **hacer** ~ **de algo** für etw werben

publicista [puβli'θista] *mf* Publizist(in) *m(f)*

publicitario, -a [puβliθi'tarjo, -a] *adj* Werbe-

público¹ ['puβliko] *m* ①(*colectividad*) Öffentlichkeit *f;* **en** ~ in aller Öffentlichkeit; **aparecer en** ~ öffentlich auftreten; **el gran** ~ die breite Masse ②(*asistente*) Publikum *nt;* **para todos los** ~**s** für jeden Geschmack; (CINE) freigegeben ab 6 Jahren; **abierto/cerrado al** ~ für den Publikumsverkehr geöffnet/geschlossen; **hoy hay poco** ~ heute ist wenig Betrieb

público, -a² ['puβliko, -a] *adj* ①(*no privado*) öffentlich; (*estatal*) staatlich; **deuda pública** öffentliche Anleihe; **relaciones públicas** Publicrelations *pl;* **el sector** ~ die öffentliche Hand; **transporte** ~ öffentliche Verkehrsmittel ②(*común*) allgemein; **de utilidad pública** gemeinnützig ③(*conocido*) allgemein bekannt; **escándalo** ~ öffentlicher Skandal; **hacer** ~ publik machen; **hacerse** ~ bekannt wer-

P

den; **ser del dominio** ~ allgemein bekannt sein

pucha ['puʧa] *interj* (*CSur: caramba*): ¡la ~! Donnerwetter!

pucherazo [puʧe'raθo] *m* (*electoral*) Wahlbetrug *m*

puchero [pu'ʧero] *m* ❶ (*olla*) Kochtopf *m* ❷ (GASTR) ≈Eintopf *m* ❸ (*fam: alimento*) das tägliche Brot; **hay que ganarse el** ~ man muss ja seine Brötchen verdienen ❹ (*loc*): **hacer** ~**s** eine Schnute ziehen

pucho ['puʧo] *m* (*Am: resto*) Rest *m;* (*colilla*) Zigarettenstummel *m*

pudibundo, -a [puði'βuɳdo, -a] *adj* (*pey*) prüde

púdico, -a ['puðiko, -a] *adj v.* **pudoroso**

pudiente [pu'ðjeɳte] *adj* wohlhabend

pudin ['puðin] *m,* **pudín** [pu'ðin] *m* Pudding *m*

pudor [pu'ðor] *m* ❶ (*recato*) Sittsamkeit *f;* (*decencia*) Züchtigkeit *f;* (*vergüenza*) Schamhaftigkeit *f* ❷ (*modestia*) Bescheidenheit *f*

pudoroso, -a [puðo'roso, -a] *adj* ❶ (*recatado*) sittsam; (*vergonzoso*) schamhaft; (*decente*) züchtig ❷ (*modesto*) bescheiden

pudridero [puðri'ðero] *m* (*estercolero*) Misthaufen *m;* (*muladar*) Mistgrube *f;* (*de cadáveres*) Leichenkammer *f*

pudrir [pu'ðrir] *irr* **I.** *vt* ❶ (*descomponer*) zum Faulen bringen; (*fig*) verderben; **estar podrido de dinero** (*fig*) vor Geld stinken *fam* ❷ (*fam: molestar*) stinken +*dat* **II.** *vr:* ~**se** (ver)faulen; (*descomponerse*) verrotten; (*estropearse*) vergammeln; (*fig*) verderben; ~**se en la cárcel** (*argot*) im Knast verschimmeln; **¡ahí te pudras!** (*vulg*) von mir aus kannst du verrecken! *fam*

pueblerino, -a [pweβle'rino, -a] **I.** *adj* dörflich; (*pey*) bäurisch **II.** *m, f* Dorfbewohner(in) *m(f);* (*pey*) Bauerntölpel *m*

pueblo ['pweβlo] *m* ❶ (*nación*) Volk *nt;* (*tribu*) Volksstamm *m;* **el** ~ **bajo** das gemeine Volk; **un hombre del** ~ ein Mann aus dem Volke ❷ (*población*) Dorf *nt;* ~ **costero** Küstenort *m;* ~ **de mala muerte** (*fam*) trostloses Kaff; ~ **joven** (*Am*) Slums *pl;* **de** ~ Land-; (*pey*) bäurisch

puente ['pweɳte] *m* ❶ (*construcción*) Brücke *f;* ~ **aéreo** Luftbrücke *f;* (AERO) Luftpendelverkehr *m* ❷ (*de las gafas*) Brillensteg *m;* (*de un instrumento*) Steg *m;* ~ **dental** (Zahn)brücke *f* ❸ (NÁUT) Brückendeck *nt;* ~ **de mando** Kommandobrücke *f;* ~ **de maniobras/de paseo** Arbeits-/Promenadendeck *nt* ❹ (ELEC) Überbrückung *f;*

hacer un ~ **a un coche** ein Auto kurzschließen ❺ (*loc*): **hacer/tener** ~ einen Brückentag machen/haben

puenting ['pweɳtiŋ] *m* (DEP) Bungeejumping *nt*

puerco, -a ['pwerko, -a] **I.** *adj* ❶ *estar* (*fam: sucio*) saudreckig ❷ *ser* (*indecente*) schweinisch *fam* **II.** *m, f* ❶ (*cerdo*) Schwein *nt;* (*macho*) Eber *m;* (*hembra*) Sau *f;* ~ **espín** Stachelschwein *nt* ❷ (*fam: persona sucia*) Schlamper *m,* Schlampe *f;* (*obsceno*) Schweinigel *m* ❸ (*fam: canalla*) Schweinehund *m*

puericultor(a) [pwerikul'tor(a)] *m(f)* (MED) Kinderkrankenpfleger, -schwester *m, f;* (*en la guardería*) Kindergärtner(in) *m(f)*

puericultura [pweriku'ltura] *f sin pl* Kinderkrankenpflege *f*

pueril [pwe'ril] *adj* ❶ (*infantil*) kindlich; **edad** ~ Kindesalter *nt* ❷ (*inmaduro*) kindisch

puerilidad [pwerili'ðað] *f* Kinderei *f;* (*tontería*) Albernheit *f*

puerro ['pwerro] *m* Lauch *m*

puerta ['pwerta] *f* ❶ (*abertura*) Tür *f;* (*portal*) Pforte *f;* (*portalón*) Tor *nt;* (*acceso*) Zugang *m;* ~ **de la calle** Haustür *f;* ~ **corredera** Schiebetür *f;* ~ **cortafuego** Brandschutztür *f;* ~ **del maletero** Kofferraumklappe *f;* ~ **de servicio** Lieferanteneingang *m;* ~ **de socorro** Notausgang *m;* **día de** ~**s abiertas** Tag der offenen Tür; **quinta** ~ (AUTO) Heckklappe *f;* **a la** ~ **de casa** vor der Haustür; **a** ~ **abierta** (*t.* JUR) öffentlich; **a** ~ **cerrada** (*t.* JUR) nicht öffentlich; **a las** ~**s de la muerte** an der Schwelle des Todes; **enseñar la** ~ **a alguien** jdm die Tür weisen; **estar a las** ~**s** (*fig*) vor der Tür stehen; **dar a alguien con la** ~ **en las narices** jdm die Tür vor der Nase zuschlagen; **de** ~**s adentro** (*fig*) intern; **ir de** ~ **en** ~ von Haus zu Haus gehen; **cerrar las** ~**s a alguien** (*fig*) jdm den Weg versperren; **poner a alguien en la** ~ (**de la calle**) jdn vor die Tür setzen; **por la** ~ **grande** (TAUR) *t. fig*) mit Glanz und Gloria; **tiene todas las** ~**s abiertas** (*fig*) ihm/ihr stehen alle Türen offen ❷ (DEP) Tor *nt;* **disparo a** ~ Torschuss *m*

puerto ['pwerto] *m* ❶ (NÁUT) Hafen *m;* (*ciudad*) Hafenstadt *f;* ~ **deportivo** Jachthafen *m;* ~ **franco** Freihafen *m;* ~ **interior** Binnenhafen *m;* ~ **marítimo** Seehafen *m;* ~ **de matrícula** Heimathafen *m;* **tomar** ~ den Hafen anlaufen ❷ (*de montaña*) Bergpass *m* ❸ (INFOR) Schnittstelle *f;* ~ **para modem** Modemanschluss *m;* ~ **serie** serielle Schnittstelle; ~ **de transmisión en**

paralelo/en serie Parallel-/Serienschnittstelle *f* ❹ (*refugio*) Zuflucht *f*

puertorriqueño, -a [pwertorri'keɲo, -a] **I.** *adj* puertoricanisch **II.** *m, f* Puertoricaner(in) *m(f)*

pues [pwes] **I.** *adv* ❶ (*entonces*) dann; (*así que*) also; **Ana quiere conocerte − ~ que venga** Ana möchte dich kennen lernen − dann soll sie kommen; **he vuelto a suspender − ~ estudia más** ich bin schon wieder durchgefallen − dann musst du eben mehr lernen; **~ entonces, nada** dann eben nicht ❷ (*ilativo*) also; **~ bien** also gut; **la consecuencia es, ~, ...** daraus folgt also ...; **dejémoslo, ~** lassen wir es also lieber sein ❸ (*causal*) nämlich; **estudio alemán − ¡ah, ~ yo también!** ich lerne Deutsch − ach, ich auch!; **yo soy de Salamanca − ~ yo, de Soria** ich komme aus Salamanca − und ich aus Soria; **¿quién es? − ~ no sé** wer ist es? − ich weiß es nicht ❹ (*expletivo*) doch; **¿estuvisteis por fin en Toledo? − ~ no/sí** wart ihr schließlich in Toledo? − nein, doch nicht/ ja; **¡~ esto no es nada!** das ist noch gar nichts!; **estoy muy cansado − ~ aún queda mucho camino** ich bin sehr müde − wir haben aber noch eine ziemlich lange Strecke vor uns; **¡qué caro! − ¿sí? − a mí me parece barato** wie teuer! − findest du? ich finde es eher billig ❺ (*exclamativo*): **¡~ vaya lata!** so ein Mist!; **¡~ no faltaría más!** das wäre ja noch schöner! ❻ (*interrogativo*): **no voy a salir − ¿~ cómo es eso?** ich gehe nicht aus − wieso das denn?; **¿~ qué quieres?** was willst du denn?; **¿y ~?** ja, und?; **¿~ qué ha pasado?** was ist denn passiert? ❼ (*atenuación*): **¿por qué no viniste a la fiesta? − ~ es que tenía mucho que hacer** warum bist du nicht zur Party gekommen? − tja, ich hatte viel zu tun; **¿nos vemos mañana? − ~ no sé todavía** sehen wir uns morgen? − tja, ich weiß noch nicht ❽ (*insistencia*): **~ así es** so ist es halt; **~ claro** aber klar; **¡vamos ~!** na, los!; **¡~ entonces!** na,

dann! **II.** *conj* ❶ (*causal*): **no me queda otro remedio, venderé el coche da** mir nichts anderes übrig bleibt, werde ich das Auto verkaufen; **no voy de viaje, ~ no tengo dinero** ich mache keine Reise, denn ich habe kein Geld ❷ (*elev*): **~ que da**

puesta ['pwesta] *f* ❶ (*general*) Stellung *f*; **~ a cero** Nullstellung *f*; (*calibrar*) Eichung *f*; **~ al día** Aktualisierung *f*; **~ en escena** (TEAT) Inszenierung *f*; **~ en función** Betätigung *f*; **~ en funcionamiento** Inbetriebnahme *f*; **~ en hora** Zeiteinstellung *f*; **~ en libertad** Haftentlassung *f*; **~ en marcha** Inbetriebnahme *f*; (AUTO) Anlassen *nt*; **~ en práctica** Verwirklichung *f*; **~ a punto** Generalrevision *f*; (AUTO) (Urlaubs)check *m* ❷ (*de aves*) Gelege *nt* ❸ (*de sol*) Sonnenuntergang *m* ❹ (*en el juego*) Einsatz *m*

puestero, -a [pwes'tero, -a] *m, f* Standverkäufer(in) *m(f)*; (*en el mercado*) Markthändler(in) *m(f)*

puesto[1] ['pwesto] *m* ❶ (*lugar*) Platz *m*; (*posición*) Stellung *f*; **~ de información** Auskunftsstelle *f*; **~ de observación** (ASTR) Beobachtungsstation *f*; (MED) Wachstation *f*; **ceder/mantener el ~** (DEP) den Listenplatz verlieren/halten ❷ (*empleo*) (Arbeits)stelle *f*; (*cargo*) Amt *nt*; (*posición*) Position *f* ❸ (*tenderete*) (Markt)stand *m*; (*feria de muestras*) Messestand *m*; (*chiringuito*) Imbissstand *m*; **~ de periódicos** Zeitungskiosk *m* ❹ (MIL) Posten *m* ❺ (*guardia*) Wache *f*; **~ de policía** Polizeiwache *f*; **~ de socorro** Rettungswache *f* ❻ (*caza*) Hochsitz *m*

puesto, -a[2] ['pwesto, -a] **I.** *pp de* **poner** **II.** *adj* ❶ (COM) (frei) ab; **~ en ésta** frei ab hier; **~ en fábrica** ab Werk ❷ (*loc*): **~ al día** auf dem neuesten Stand; **ir muy bien ~** (*fam*) schick angezogen sein; **tienen el piso muy bien ~** (*fam*) sie haben die Wohnung sehr gut eingerichtet; **tenerlos muy bien ~s** (*vulg*) ein ganzer Kerl sein *fam*; **estar ~ en un tema** (*fam*) sich in einem Thema auskennen **III.** *conj*: **~ que da**

puf [puf] **I.** *interj* ächz **II.** *m* (*asiento*) Puff *m*

púgil ['puxil] *m* (DEP), **pugilista** [puxi'lista] *m* (DEP) Boxer *m*

pugna ['puɣna] *f* (*lucha*) Kampf *m*; (*conflicto*) Streit *m*

pugnar [puɣ'nar] *vi* ❶ (*pelear*) streiten; (*fig*) hadern ❷ (*esforzarse*) ringen (*por* um +*akk*) ❸ (*intentar*) kämpfen (*por* um +*akk*)

puja ['puxa] *f* ❶ (*esfuerzo*) Anstrengung *f*

② (*en una subasta*) höheres Gebot *nt;* ~ **mínima** Mindestgebot *nt*

pujante [pu'xante] *adj* kräftig; (*fig*) aufstrebend

pujanza [pu'xanθa] *f* (*fuerza*) Kraft *f;* (*impulso*) Schwung *m;* (*brío*) Elan *m*

pujar [pu'xar] *vi* **①** (*esforzarse*) sich anstrengen; ~ **por** sich bemühen zu **②** (*en una subasta*) höher bieten

pularda [pu'larða] *f* Poularde *f*

pulcritud [pulkri'tuð] *f* **①** (*aseo*) Reinlichkeit *f* **②** (*cuidado*) Sorgfalt *f;* (*finura*) Feinheit *f*

pulcro, -a ['pulkro, -a] <pulquérrimo> *adj* **①** (*aseado*) reinlich **②** (*cuidadoso*) sorgfältig; (*fino*) fein

pulga ['pulɣa] *f* Floh *m;* (INFOR) (Programm)fehler *m;* **tener malas ~s** (*fam*) schnell aus der Haut fahren; **buscar las ~s a alguien** (*fam*) jdn auf die Palme bringen

pulgada [pul'ɣaða] *f* (*medida*) Zoll *m;* (*fam: aproximada*) Daumenbreite *f*

pulgar [pul'ɣar] **I.** *adj:* **dedo** ~ Daumen *m* **II.** *m* Daumen *m*

Pulgarcito [pulɣar'θito] *m* Däumling *m*

pulgón [pul'ɣon] *m* Blattlaus *f*

pulido¹ [pu'liðo] *m* Polieren *nt;* (*abrillantado*) Glätten *nt;* (*esmerilado*) Schliff *m;* (*con cera*) Bohnern *nt*

pulido, -a² [pu'liðo, -a] *adj* **①** (*brillante*) blank **②** (*fino*) fein; (*estilo*) ausgefeilt

pulidor¹ [puli'ðor] *m* (TÉC) Poliermaschine *f;* (*con cera*) Bohnermaschine *f;* (*esmeriladora*) Schleifmaschine *f*

pulidor(a)² [puli'ðor(a)] *adj* (TÉC) Polier-

pulimentar [pulimen'tar] *vt* polieren; (*alisar*) glätten; (*esmerilar*) schleifen

pulimento [puli'mento] *m* **①** *v.* **pulido¹** **②** (*sustancia*) Politur *f*

pulir [pu'lir] **I.** *vt* **①** (*abrillantar*) polieren; (*suavizar*) glätten; (*esmerilar*) schleifen; (*con cera*) bohnern **②** (*perfeccionar*) den letzten Schliff geben +*dat;* (*refinar*) Schliff verpassen +*dat* **II.** *vr:* ~**se** **①** (*refinarse*) Schliff bekommen **②** (*derrochar*) verschwenden

pulla ['puʎa] *f* Stichelei *f*

pullman ['pulman] *m* (*Am: coche cama*) Schlafwagen *m*

pu(l)lóver [pu'loβer] *m* (*Am: jersey*) Pullover *m*

pulmón [pul'mon] *m* Lunge *f;* ~ **de acero** eiserne Lunge; ~ **acuático** Unterwasseratemgerät *nt;* **a pleno** ~ aus voller Lunge; **enfermo de** ~ lungenkrank; **padecer de los pulmones** es auf der Lunge haben

pulmonar [pulmo'nar] *adj* Lungen-

pulmonía [pulmo'nia] *f* Lungenentzün-

dung *f*

pulóver [pu'loβer] *m* (*Am: jersey*) Pullover *m*

pulpa ['pulpa] *f* **①** (ANAT) Mark *nt;* ~ **cerebral** Gehirnmasse *f;* ~ **dental** Pulpa *f* **②** (*de la fruta*) Fruchtfleisch *nt;* ~ **de madera** Holzmasse *f*

    pulpería *f*: In Lateinamerika ist eine **pulpería** ein Kolonialwarengeschäft, wo man Waren aller Art kaufen kann, mit Ausschank alkoholischer Getränke. Diese **pulperías** sind den kleinen *tiendas de pueblo* sehr ähnlich, die man in Spanien noch relativ oft in kleinen Dörfern vorfindet.

púlpito ['pulpito] *m* Kanzel *f*

pulpo ['pulpo] *m* **①** (ZOOL) Krake *m;* **como un ~ en un garaje** (*fam*) fehl am Platze **②** (*sujeción*) Gepäckspinne *f*

    Speziell in *Galicia* wird sehr viel **pulpo** – *Krake* gegessen. Der *pulpo a la gallega* wird folgendermaßen zubereitet: Zuerst wird der **pulpo** gekocht, dann schneidet man ihn in Scheiben, schließlich wird er mit Olivenöl, Salz und scharfem Paprika angemacht; man serviert den **pulpo** immer auf einem Holzteller.

pulquérrimo, -a [pul'kerrimo, -a] *adj* *superl de* **pulcro**

pulsación [pulsa'θjon] *f* **①** (ANAT: *latido*) Pulsschlag *m* **②** (*de una tecla*) Tastendruck *m;* (*mecanografía*) Anschlag *m;* ~ **doble** (INFOR) Überschreiben *nt*

pulsador [pulsa'ðor] *m* (*tecla*) Taste *f;* (*botón*) Knopf *m;* (*conmutador*) Schalter *m*

pulsar [pul'sar] **I.** *vi* (*latir*) pulsieren **II.** *vt* **①** (*oprimir*) drücken; (*teclado*) anschlagen; ~ **el timbre** klingeln **②** (*tomar el pulso*) den Puls fühlen +*dat;* ~ **la opinión pública** die öffentliche Meinung sondieren

pulsera [pul'sera] *f* Armband *nt;* **reloj de** ~ Armbanduhr *f*

pulso ['pulso] *m* Puls *m;* (*fig*) Behutsamkeit *f;* **a** ~ (*sin apoyarse*) freihändig; (*por su propio esfuerzo*) auf eigene Faust; **con** ~ behutsam; **echar un** ~ **a alguien** mit jdm

Arm drücken; **tener buen** ~ eine ruhige Hand haben; **tomar el** ~ **a alguien** jdm den Puls fühlen

pulular [pulu'lar] *vi* ❶(*brotar*) sprießen ❷(*multiplicarse*) wuchern ❸(*bullir*): **los turistas pululaban por la plaza** der Platz wimmelte von Touristen

pulverizador [pulβeriθa'ðor] *m* (*aparato*) Sprühgerät *nt;* (*botella*) Sprühflasche *f;* (*atomizador*) Zerstäuber *m;* (*spray*) Sprühdose *f*

pulverizar [pulβeri'θar] <z→c> **I.** *vt* ❶(*reducir a polvo*) pulverisieren; (*rallar*) zerreiben; (*moler*) zermahlen ❷(*atomizar*) zerstäuben ❸(*fig: aniquilar*) vernichten; (*argumento*) entkräften **II.** *vr:* ~**se** zu Staub werden

pum [pun] *interj* bums!; **ni** ~ (*fam*) nicht die Bohne

puma ['puma] *m* Puma *m*

pumita [pu'mita] *f* Bimsstein *m*

puna ['puna] *f* (*AmS*) ❶(*altiplano*) Puna *f* ❷(*malestar*) Höhenkrankheit *f*

punción [pun'θjon] *f* Einstich *m*

pundonor [pundo'nor] *m* ❶(*honorabilidad*) Anständigkeit *f* ❷(*honor*) Ehre *f*

pundonoroso, -a [pundono'roso, -a] *adj* (*honorable*) grundanständig

punible [pu'niβle] *adj* strafbar; **no** ~ straffrei

punición [puni'θjon] *f* Bestrafung *f*

punitivo, -a [puni'tiβo, -a] *adj* Straf-, strafend

punki ['puŋki] **I.** *adj* punkig **II.** *mf* Punk(er) *m*, Punkerin *f*

punta ['punta] *f* Spitze *f;* (*pico*) Zacken *m;* (*extremo*) Ende *nt;* (*de tierra*) Landzunge *f;* (*un poco*) Körnchen *nt;* **a** ~ **de navaja/ pistola** mit gezücktem Messer/gezogener Pistole; **acabar en** ~ spitz zulaufen; **estar de** ~ **con alguien** mit jdm zerstritten sein liegen; **de** ~ **a** ~ restlos; **de** ~ **en blanco** (*fam*) herausgeputzt; **hora(s)** ~ Stoßzeit *f;* **ponerse de** ~ **con alguien** sich mit jdm anlegen; **se me pusieron los pelos de** ~ die Haare standen mir zu Berge; **sacar** ~ (*afilar*) anspitzen; **lo tenía en la** ~ **de la lengua** es lag mir auf der Zunge

puntada [pun'taða] *f* (*costura*) Nahtstich *m;* (*pinchazo*) Nadelstich *m;* (*fig*) Stichelei *f*

puntaje [pun'taxe] *m* (*Am*) *v.* **puntuación**

puntal [pun'tal] *m* ❶(*madero*) Balken *m;* (*fig: apoyo*) Stütze *f* ❷(*Am: refrigerio*) Häppchen *nt*

puntapié [punta'pje] *m* Fußtritt *m;* **a** ~**s** mit Fußtritten; **pegar un** ~ **a alguien** jdm einen Tritt versetzen; **tratar a alguien a**

~**s** (*fig*) jdn mit Füßen treten

puntazo [pun'taθo] *m* ❶(*pinchazo*) Stich *m;* (TAUR) Hornstoß *m* ❷(*pulla*) Stichelei *f* ❸(*argot: muy bien*): **¡eres un** ~**!** du bist echt eine Wucht!

puntear [punte'ar] *vt* ❶(*marcar con puntos*) punktieren; (*motear*) tüpfeln ❷(*tachar*) abhaken ❸(*dar puntadas*) sticheln (gegen +*akk*) ❹(MÚS) zupfen

puntería [punte'ria] *f* ❶(*apuntar*) Zielen *nt* ❷(*destreza*) Treffsicherheit *f;* **tener buena/mala** ~ ein guter/schlechter Schütze sein

puntero¹ [pun'tero] *m* (*vara*) Zeigestock *m*

puntero, -a² [pun'tero, -a] **I.** *adj* ❶(*con puntería*) treffsicher ❷(*sobresaliente*) führend; **el equipo** ~ (DEP) die Spitzenmannschaft **II.** *m, f* Spitzenreiter(in) *m(f)*

puntiagudo, -a [puntja'ɣuðo, -a] *adj* spitz

puntilla [pun'tiʎa] *f* ❶(*encaje*) Spitzenbordüre *f* ❷(*marcador*) (Schreib)griffel *m* ❸(*golpe de gracia*) Gnadenstoß *m;* **dar la** ~ **a alguien** (*fig*) jdm den Rest geben ❹(*loc*): **de** ~**s** auf Zehenspitzen; **andar de** ~**s** auf Zehenspitzen gehen; **ponerse de** ~**s** sich auf die Zehenspitzen stellen

puntilloso, -a [punti'ʎoso, -a] *adj* ehrpusselig; (*criticón*) kritt(e)lig; (*descontentadizo*) heikel

punto ['punto] *m* ❶(*general*) Punkt *m;* ~ **álgido** Höhepunkt *m;* ~ **y aparte** (LING) neuer Absatz; ~ **de arranque** Ausgangspunkt *m;* **¡~ en boca!** Mund zu!; ~ **cardinal** Himmelsrichtung *f;* ~ **cero** Nullpunkt *m;* ~ **clave** Angelpunkt *m;* ~ **y coma** (LING) Semikolon *nt;* **sin** ~ **de comparación** ohne möglichen Vergleich; ~ **de destino** Bestimmungsort *m;* ~ **de ebullición** Siedepunkt *m;* ~ **de encuentro** Treffpunkt *m;* ~ **de enlace a la red** (INFOR) Einwahlknoten *m;* ~ **esencial** Schwerpunkt *m;* ~ **final** (*t. fig*) Schlusspunkt *m;* ~ **fuerte** Stärke *f;* ~ **de intersección** Schnittpunkt *m;* ~ **máximo** Höhepunkt *m;* ~ **muerto** (AUTO) Leerlauf *m;* ~ **de referencia** Anhaltspunkt *m;* ~ **y seguido** (LING) Punkt *m* (ohne neuen Absatz); ~ **s suspensivos** Auslassungspunkte *mpl;* ~ **a tratar** Tagesordnungspunkt *m;* ~ **de venta** Verkaufsstelle *f;* ~ **de vista** Standpunkt *m;* **dos** ~**s** (LING) Doppelpunkt *m;* **dar el** ~ den letzten Schliff geben +*dat;* **derrotar/ganar por** ~**s** nach Punkten schlagen/gewinnen; **poner** ~ **final a algo** den Schlussstrich unter etw ziehen; **poner a** ~ (TÉC) checken; (*ajustar*) justieren; **poner los** ~**s sobre las íes** (*fig*) Klartext sprechen; **tener a** ~ bereithalten; **al** ~ (*en seguida*) sofort; **hasta tal ~ que...** dermaßen, dass ...; **con ~ s y comas** haarklein; **de todo ~** durchaus; **la una en ~** Punkt ein Uhr; **en ~ a** bezüglich +*gen;* **hasta cierto ~** gewissermaßen; **¿hasta qué ~?** inwiefern?; **¡y ~!** und damit basta!; **¡vamos por ~ s!** jetzt aber langsam! ❷(*calceta*) Stricken *nt;* (*labor*) Strickarbeit *f;* **~ de media** Stricken *nt;* **de ~** gestrickt; **chaqueta de ~** Strickjacke *f;* **hacer ~** stricken ❸(*puntada*) Stich *m;* **~ de sutura** Stich *m;* **la herida necesitó diez ~ s** die Wunde wurde mit zehn Stichen genäht ❹(*pey: tipo*) Individuum *nt;* **es un ~ filipino** er/sie ist eine miese Kanaille ❺(*loc*): **a ~** (*preparado*) bereit; (GASTR) gar; **a ~ de** kurz davor zu; **a ~ fijo** bestimmt; **a ~ de nieve** (GASTR) steif geschlagen; **en su ~** (GASTR) gar; (*fig*) genau richtig

puntuación [puntwa'θjon] *f* ❶(LING) Zeichensetzung *f;* **signo de ~** Satzzeichen *nt* ❷(*calificación*) Bewertung *f;* (*escuela*) Benotung *f;* (DEP) Punktzahl *f;* **sistema de ~** Punktsystem *nt*

puntual [puntu'al] *adj* ❶(*concreto*) punktuell ❷(*exacto*) genau ❸(*sin retraso*) pünktlich

puntualidad [puntwali'ðaᵈ] *f* Pünktlichkeit *f;* **falta de ~** Unpünktlichkeit *f*

puntualización [puntwaliθa'θjon] *f* (*detalle*) Einzelangabe *f;* (*precisión*) Präzisierung *f;* (*aclaración*) Klarstellung *f*

puntualizar [puntwali'θar] <z→c> *vt* (*especificar*) im Einzelnen anführen; (*precisar*) präzisieren; (*aclarar*) klarstellen

puntuar [puntu'ar] <*I. pres:* puntúo> *vt* ❶(*un escrito*) Satzzeichen setzen (in +*dat*) ❷(*conseguir puntos*) punkten ❸(*calificar*) benoten; (DEP) mit Punkten bewerten

punzada [pun'θaða] *f* (*dolor*) stechender Schmerz *m;* (*en los costados*) Seitenstechen *nt*

punzante [pun'θante] *adj* ❶(*puntiagudo*) spitz ❷(*mordaz*) bissig

punzar [pun'θar] <z→c> **I.** *vt* ❶(*pinchar*) stechen; (*agujerear*) lochen; (*grabar*) stanzen ❷(*conciencia*) nagen (an +*dat*) **II.** *vi* (*doler*) stechen

punzón [pun'θon] *m* Ahle *f;* (*sello*) Punze *f;* (*cincel*) Stichel *m;* (*taladro*) Bohrmeißel *m;* (*buril*) Griffel *m*

puñado [pu'paðo] *m* Handvoll *f;* **a ~ s** (*mucho*) haufenweise; **un ~** (*argot: mucho*) total

puñal [pu'pal] *m* Dolch *m;* **poner a alguien el ~ al pecho** jdm das Messer an die Kehle setzen

puñalada [pupa'laða] *f* Dolchstoß *m;* (*herida*) Dolchstich *m;* (*fig*) Stoß *m* (ins Herz); **coser a ~ s** mit Stichen durchlöchern; **dar una ~ trapera a alguien** (*fig*) jdm in den Rücken fallen

puñeta [pu'peta] *f* (*vulg*) ❶(*molestia*): **¡(qué) ~ (s)!** so ein Scheiß!; **hacer la ~ a alguien** jdm eine schöne Suppe einbrocken *fam;* (*adrede*) jdn schikanieren ❷(*bobada*) dummes Zeug *nt fam;* **¡déjate de ~ s!** hör mit dem Scheiß auf!; **¿qué ~ s estás diciendo?** was redest du da für einen Scheiß?; **en la quinta ~** am Arsch der Welt ❸(*Am: masturbación*) Wichsen *nt;* **mandar a alguien a hacer ~ s** jdn zum Teufel schicken *fam;* **¡vete a hacer ~ s!** scher dich zum Teufel! *fam*

puñetazo [pupe'taθo] *m* Faustschlag *m*

puñetero, -a [pupe'tero, -a] *adj* (*fam*) verdammt; **el muy ~ no me ayudó** der Scheißkerl hat mir nicht geholfen

puño [pupo] *m* ❶(*mano*) Faust *f;* **~ cerrado** geballte Faust; **apretar los ~ s** (*fig*) die Zähne zusammenbeißen; **comerse los ~ s** (*fig*) einen Bärenhunger haben; **como un ~** faustgroß; **con el ~ en alto** mit erhobener Faust; **verdades como ~ s** die reine Wahrheit; **de su ~ y letra** eigenhändig; **meter a alguien en un ~** jdn in die Enge treiben; **tener a alguien en un ~** jdn unter der Fuchtel haben ❷(*puñado*) Hand *f* voll ❸(*mango*) Griff *m;* (*pomo*) Knauf *m* ❹(*de la ropa*) Manschette *f;* (*de punto*) Armbund *m;* (*adorno*) Ärmelbesatz *m;* **~ vuelto** Ärmelaufschlag *m*

pupa ['pupa] *f* ❶(*ampolla*) Lippenbläschen *nt;* (*heridilla*) kleine Wunde *f* ❷(*fam: dolor*) Wehweh(chen) *nt;* **¡~!** aua! ❸(ZOOL) Puppe *f*

pupila [pu'pila] *f* (ANAT) Pupille *f;* **tener ~** (*fam*) ausgefuchst sein

pupilaje [pupi'laxe] *m* (*tutela*) Vormundschaft *f*

pupilar [pupi'lar] *adj* ❶(ANAT) Pupillen- ❷(JUR) Mündel-

pupilo, -a [pu'pilo, -a] *m, f* Mündel *nt*

pupitre [pu'pitre] *m* ❶(*escritorio*) (Schreib)pult *nt;* (*en la escuela*) Schulbank *f* ❷(TÉC) Pult *nt;* **~ de control** Schaltpult *nt;* **~ de mezclas** Mischpult *nt*

purasangre [pura'sangre] **I.** *adj* Vollblut- **II.** *m* Vollblut(pferd) *nt*

puré [pu're] *m* Püree *nt;* **hacer ~** pürieren; (*fig*) zerstampfen; **estar hecho ~** (*fig fam*) fix und fertig sein

pureza [pu'reθa] *f* Reinheit *f;* (*integridad*) Lauterkeit *f*

purga ['purɣa] *f* ❶(*medicamento*) Abführ-

mittel *nt* ❷ (*eliminación*) Säuberung *f*
purgación [purɣa'θjon] *f* ❶ (MED) Abführen
nt ❷ (TÉC) Ablassen *nt* ❸ *pl* (*fam: blenorra-*
gia) Tripper *m*
purgante [pur'ɣaɳte] **I.** *adj* ❶ (MED) abführ-
rend ❷ (TÉC) reinigend **II.** *m* ❶ (MED)
Abführmittel *nt* ❷ (TÉC) Reinigungsmittel
nt
purgar [pur'ɣar] <g→gu> **I.** *vt* ❶ (*limpiar*)
säubern; (*aguas*) klären; (*fig*) reinigen
❷ (MED) purgieren ❸ (*evacuar*) ablassen
❹ (*expiar*) büßen; (JUR) verbüßen **II.** *vr:*
~**se** ❶ (*limpiarse, t. fig*) sich reinigen (*de*
von +*dat*) ❷ (MED) ein Abführmittel einnehmen
purgativo, -a [purɣa'tiβo, -a] *adj* abführend
purgatorio [purɣa'torjo] *m* Fegefeuer *nt*
purificación [purifika'θjon] *f* Läuterung *f;*
(*limpieza*) Reinigung *f;* (TÉC) Klärung *f;*
(REL) Purifikation *f;* **la P~** Lichtmess
purificador¹ [purifika'ðor] *m* Reiniger *m;* ~
de humos Rauchfilter *m*
purificador(a)² [purifika'ðor(a)] *adj:*
planta ~a Kläranlage *f*
purificar [purifi'kar] <c→qu> **I.** *vt* (*lim-*
piar) reinigen; (*fig*) befreien **II.** *vr:* ~**se**
sich läutern; (*fig*) sich befreien
purista [pu'rista] **I.** *adj* puristisch **II.** *mf*
Purist(in) *m(f)*
puritanismo [purita'nismo] *m sin pl* (REL)
Puritanismus *m;* (*fig*) Sittenstrenge *f*
puritano, -a [puri'tano, -a] **I.** *adj* puritanisch **II.** *m, f* Puritaner(in) *m(f)*
puro¹ ['puro] *m* Zigarre *f*
puro, -a² ['puro, -a] *adj* rein; (*inmaculado*)
makellos; (*auténtico*) echt; (*sin mezcla*)
pur; (*íntegro*) lauter; **por pura cortesía**
aus reiner Höflichkeit; **pura lana** reine
Schurwolle; **la pura verdad** die reine
Wahrheit; **pura casualidad** purer Zufall;
de ~ miedo vor lauter Angst; **se cae de ~**
bueno/tonto er ist einfach zu gut/blöd
púrpura ['purpura] **I.** *adj* purpurrot **II.** *f*
(*color*) Purpur *m*
purpúreo, -a [pur'pureo, -a] *adj* purpurrot
purpurina [purpu'rina] *f* ❶ (*colorante*
rojo) Purpurin *nt* ❷ (*polvo de metal*) Glit-
zerstaub *m*
purulento, -a [puru'leɳto, -a] *adj* eitrig
pus [pus] *m sin pl* Eiter *m*
pusilánime [pusi'lanime] *adj* zaghaft
pusilanimidad [pusilanimi'ðaθ] *f* Zaghaftigkeit *f*
pústula ['pustula] *f* Pustel *f*
puta ['puta] *f* (*vulg*) Nutte *f fam;* **casa de**
~**s** Puff *m fam;* (*fig*) Sauladen *m fam;* **ir de**
~**s** (herum)huren *fam*
putada [pu'taða] *f* (*vulg*) Sauerei *f fam;*

hacer una ~ a alguien jdm übel mitspielen *fam*
putañear [putaɲe'ar] *vi* (*fam*) (herum)hu-
ren
putativo, -a [puta'tiβo, -a] *adj* vermeintlich
puteada [pute'aða] *f* (*CSur: vulg*) Fluch *m;*
dar ~s fluchen
putear [pute'ar] **I.** *vi* (*fam: ir de putas*)
(herum)huren **II.** *vt* (*argot: fastidiar*) schikanieren; **me putea tanta gilipollez** der
ganze Scheiß geht mir auf den Sack; **estoy**
puteado ich bin völlig am Arsch; **¡te han**
puteado bien! die haben dich ganz schön
angeschmiert!
puticlub [puti'kluᵝ] *m* (*argot*) Bumslokal *nt*
puto, -a ['puto, -a] *adj* (*vulg*) verdammt
fam; **¡de puta madre!** geil! *fam;* **¡qué**
puta suerte! so ein Schweineglück! *fam;*
el ~ coche no arranca das Scheißauto
springt nicht an; **ni puta idea** keinen blassen Schimmer *fam;* **las estoy pasando**
putas es geht mir völlig dreckig *fam*
putrefacción [putrefaɣ'θjon] *f* Verrottung *f*
putrefacto, -a [putre'fakto, -a] *adj* verrottet
pútrido, -a ['putriðo, -a] *adj* faul
puya ['puɟa] *f* ❶ (*punta*) Spitze *f* ❷ (*inju-*
ria) Stichelei *f;* **echar una ~ a alguien**
gegen jdn sticheln
puzzle ['puθle] *m* Puzzle *nt;* **hacer un ~**
puzzeln
PVP ['preθjo ðe 'βeɳta (a)l 'puβliko] *m abr*
de **Precio de Venta al Público** Ladenver-
kaufspreis *m*
PYME ['pime] *fpl abr de* **Pequeñas y**
Medianas Empresas Klein- und Mittelbe-
triebe *mpl*

---

i   **Land & Leute**

PYME(S) lautet die Abkürzung für
pequeñas y medianas empresas –
kleine und mittlere Betriebe, Betriebs-
formen, die charakteristisch für Spaniens Wirtschaft sind. Die Abkürzung
hat sich zum eigenständigen Lexem
entwickelt und wird daher auch oft
kleingeschrieben: **la pyme** im Singular
und **las pymes** im Plural.

Q, q [ku] *f* Q, q *nt;* ~ **de Quebec** Q wie Quelle

qm [kiṇ'tal 'metriko] *abr de* **quintal métrico** 100 Kilo, q *Österr; Schweiz*

que [ke] **I.** *pron rel* ❶ (*con antecedente*) der/die/das; **la pelota ~ está pinchada** der Ball, der kaputt ist; **la pelota ~ compraste** der Ball, den du gekauft hast; **el rey al ~ sirvo** der König, dem ich diene; **la historia de ~ te hablé** die Geschichte, von der ich dir erzählt habe; **reacciones a las ~ estamos acostumbrados** Reaktionen, an die wir gewöhnt sind; **el proyecto en el ~ trabajo** das Projekt, an dem ich arbeite; **la empresa para la ~ trabajo** die Firma, für die ich arbeite ❷ (*sin antecedente*): **el/la/lo ~...** der(jenige)/die(jenige)/das(jenige), der/die/das ...; **los ~ hayan terminado** diejenigen, die fertig sind; **el ~ quiera, ~ se marche** wer will, kann gehen; **es de los ~...** er gehört zu denen, die ...; **el ~ más y el ~ menos** jeder; **es todo lo ~ sé** das ist alles, was ich weiß; **lo ~ haces** (das,) was du machst; **no sabes lo difícil ~ es** du weißt nicht, wie schwer das ist ❸ (*con preposición*): **de lo ~ habláis** wovon ihr sprecht **II.** *conj* ❶ (*completivo*) dass; **me pidió ~ le ayudara** er/sie bat mich um Hilfe ❷ (*estilo indirecto*): **ha dicho ~...** er/sie hat gesagt, dass ... ❸ (*comparativo*): **más alto ~ él** größer als; **lo mismo ~ vd** genauso viel wie ❹ (*porque*) denn; **le ayudaré, seguro, ~ se lo he prometido** ich helfe ihm/ihr bestimmt, ich habe es ihm/ihr doch versprochen ❺ (*para ~*): **dio órdenes a los trabajadores ~ trabajaran más rápido** er/sie befahl den Arbeitern schneller zu arbeiten ❻ (*sin ~*): **no voy de vacaciones, ~ no me roben** im Urlaub werde ich immer bestohlen ❼ (*de manera ~*): **corre ~ vuela** er/sie ist äußerst schnell ❽ (*o, ya*): **~ paguen, ~ no paguen, eso ya se verá** ob sie zahlen oder nicht, werden wir ja sehen ❾ (*y*): **lo hizo él, ~ no yo** er hat es getan, ich nicht ❿ (*frecuentativo*): **y él dale ~ dale con la guitarra** und er spielte unaufhörlich Gitarre ⓫ (*explicativo*): **es ~, hoy no vendré, es ~ estoy cansado** ich komme heute nicht, ich bin nämlich müde; **no es ~ no pueda, es ~ no quiero** nicht, dass ich nicht könnte, aber ich will einfach nicht; **¿es ~ no puedes venir?**

kannst du etwa nicht kommen? ⓬ (*enfático*): **¡~ sí/no!** aber ja doch!/nein, auf keinen Fall!; **sí ~ lo haré** ja, ich tue es ganz bestimmt ⓭ (*de duda*): **¿~ no está en casa?** er/sie soll nicht zu Hause sein? ⓮ (*exclamativo*): **¡~ me canso!** ich kann nicht mehr!; **¡~ sea yo el que tenga que hacerlo!** ausgerechnet ich soll es tun! ⓯ (*con verbo*): **hay ~ trabajar más** man muss mehr arbeiten; **tener ~ hacer algo** etw tun müssen; **dar ~ hablar** Anlass zum Gerede geben ⓰ (*loc*): **antes ~** bevor; **por mucho ~ tú digas...** was du auch sagst ...; **a menos ~... +*subj*** es sei denn, ...; **con tal (de) ~... +*subj*** vorausgesetzt, dass ...; **a la ~ llegue** wenn er/sie kommt; **yo ~ tú...** ich an deiner Stelle ...

qué [ke] *adj o pron inter* ❶ (*general*) was; (*cuál*) welche(r, s); (*qué clase de*) was für eine(r, s); **¿por ~?** warum?; **¿en ~ piensas?** woran denkst du?; **¿para ~?** wozu?, wofür?; **¿de ~ hablas?** wovon redest du?; **¿a ~ esperas?** worauf wartest du?; **¿~ día llega?** an welchem Tag kommt er/sie?; **¿~ cerveza tomas?** was für ein Bier trinkst du?; **¿a ~ vienes?** was suchst du hier?; **¿~ edad tiene?** wie alt ist er/sie?; **según ~ gente no la soporto** bestimmte Leute ertrage ich nicht ❷ (*exclamativo*): **¡~ alegría!** das freut mich sehr!; **¡~ gracia!** wie witzig!; **¡~ suerte!** welch ein Glück! ❸ (*cuán*): **¡~ magnífica vista!** so ein schöner Blick!; **¡mira ~ contento está!** sieh, wie glücklich er ist! ❹ (*cuánto*): **¡~ de gente!** wie viele Leute! ❺ (*loc*): **¿~?** wie bitte?, was? *fam;* **¿~ tal?** wie geht's?; **¿~ tal si...?** wie wär's, wenn ...?; **¿y ~?** na und?; **¿y a mí ~?** was geht mich das an?; **~, ¿vienes o no?** was ist nun, kommst du oder nicht?

quebrada [ke'βraða] *f* ❶ (*paso*) Pass *m* ❷ (*hendidura*) Schlucht *f* ❸ (*Am: arroyo*) Bach *m*

quebradero [keβra'ðero] *m:* **producir ~(s) de cabeza a alguien** jdm Kopfzerbrechen bereiten

quebradizo, -a [keβra'ðiθo, -a] *adj* ❶ (*objeto*) zerbrechlich ❷ (*de salud*) kränklich; (*persona mayor*) gebrechlich ❸ (*voz*) brüchig

quebrado¹ [ke'βraðo] *m* (MAT) Bruch *m*

quebrado, -a² [ke'βraðo, -a] *adj* ❶ (*empresa*) bankrott ❷ (*herniado*) an einem Leistenbruch leidend ❸ (*terreno*) holp(e)rig ❹ (*rostro*) blass

quebrantable [keβraṇ'taβle] *adj* zerbrechlich

quebrantado, -a [keβraṇ'taðo, -a] *adj*

❶(*pared*) rissig ❷(*salud*): **tengo las espaldas quebrantadas** mir tut der Rücken weh; **la operación me ha dejado muy ~** die Operation hat mich körperlich sehr mitgenommen

quebrantahuesos [keβɾaṇta'wesos] *m inv* ❶(BOT) Bartgeier *m* ❷(*fam: persona pesada*) Nervensäge *f*

quebrantar [keβɾaṇ'tar] **I.** *vt* ❶(*romper*) zerbrechen; (*cascar*) (auf)knacken; (*sello*) aufbrechen; (*machacar*) zermalmen; **~ la prisión** aus dem Gefängnis ausbrechen ❷(*ley*) brechen; (*obligación*) nicht nachkommen +*dat;* (*secreto*) preisgeben ❸(*furia*) schwächen; (*autoridad*) unterminieren; (*salud*) ruinieren **II.** *vr:* **~se** (*estado de salud*) ruiniert sein; (*fuerza*) abnehmen

quebranto [ke'βɾaṇto] *m* ❶(*de romper*) Zerbrechen *nt;* (*de cascar*) (Auf)knacken *nt;* (*de machacar*) Zermalmen *nt* ❷(*económico*) Zusammenbruch *m* ❸(*moral*) Niedergeschlagenheit *f;* (*físico*) Erschöpfung *f* ❹(*pena*) Kummer *m*

quebrar [ke'βɾar] <e→ie> **I.** *vt* ❶(*romper*) zerbrechen ❷(*interrumpir*) unterbrechen ❸(*el cuerpo*) beugen ❹(*rostro*) erblassen lassen ❺(*ley*) brechen ❻(*suavizar*) abschwächen **II.** *vi* ❶(*con alguien*) Schluss machen ❷(*ceder*) nachlassen ❸(COM) Konkurs machen ❹(*intento*) scheitern ❺(*Méx: darse por vencido*) sich geschlagen geben **III.** *vr:* **~se** ❶(MED) sich *dat* einen Bruch heben ❷(*la voz*) sich überschlagen ❸(*rostro*) erblassen ❹(*cuerpo*) sich beugen; **~se de dolor** sich vor Schmerzen krümmen

quechua ['keʧwa] **I.** *adj* Quechua- **II.** *mf* (*persona*) Quechua *mf*

> **Quechua** – *Ketschua/Quechua* bezeichnet sowohl die Ureinwohner Perus wie auch deren Sprache. Das **Quechua** ist die zweite offizielle Landessprache Perus.

quedada [ke'ðaða] *f* (*fam: burla*) Spott *m*

quedar [ke'ðar] **I.** *vi* ❶(*permanecer*) bleiben; **los problemas quedan atrás** die Probleme sind gelöst; **¿cuánta gente queda?** wie viele Leute sind noch da?; **~ a deber algo** etw schulden ❷(*sobrar*) übrig bleiben; **no nos queda otro remedio que...** uns bleibt nichts anderes übrig als zu ...; **no queda pan** es gibt kein Brot mehr; **no queda ningún ejemplar de**

este libro das Buch ist vergriffen ❸(*resultar*): **todo quedó en una simple discusión** am Ende wurde nur noch gestritten; **~ acordado** vereinbart werden; **~ cojo** hinken; **~ eliminado** ausscheiden; **~ fuera de servicio** (ECON) den Betrieb einstellen; **~ en ridículo** sich lächerlich machen ❹(*acordar*) vereinbaren (*en* +*akk*); **¿en qué habéis quedado?** wie seid ihr verblieben?; **quedamos a las 10** wir haben uns um 10 Uhr verabredet; **¿quedamos a las 10?** wollen wir uns um 10 Uhr treffen?; **primero dices una cosa y luego otra, ¿en qué quedamos?** zuerst behauptest du das eine, dann das andere – was ist nun? ❺(*estar situado*) liegen; **~ por** [*o* **hacia**] **el norte** im Norden liegen; **~ lejos de algo** weit von etw *dat* entfernt sein ❻(*faltar*): **quedan aún 100 km para llegar a casa** es sind immer noch 100 km bis nach Hause; **aún queda mucho por hacer** es gibt noch viel zu tun ❼(*terminar*) zu Ende sein; **... y ahí quedó el concierto** ... und das war das Ende des Konzerts ❽(*en una subasta*): **el cuadro queda por medio millón de euros** den Zuschlag erhält das Gebot von einer halben Million Euro ❾(+ *por*): **~ por cobarde** für einen Feigling gehalten werden ❿(*loc*): **por mí que no quede** an mir soll es nicht liegen; **~ bien/mal** einen guten/schlechten Eindruck hinterlassen; **~ mal en un examen** bei einer Prüfung schlecht abschneiden; **~ mal con un amigo** sich mit einem Freund entzweien; **~ como un señor** einen guten Eindruck hinterlassen; **~ como un idiota** als völliger Idiot dastehen **II.** *vr:* **~se** ❶(*permanecer*) bleiben; **~se atrás** zurückbleiben; **~se en blanco** [*o* **in albis**] ein(en) Black-out haben; **~se colgado** (*ordenador*) abstürzen; **durante la tormenta nos quedamos a oscuras** während des Gewitters fiel der Strom aus; **cuando me lo dijo me quedé muda/de piedra** als er/sie es mir sagte, verschlug es mir die Sprache/erstarrte ich vor Schreck ❷(*resultar*): **~se ciego** blind werden; **~se viudo** verwitwen; **al freír la carne se ha quedado en nada** nach dem Braten war das Fleisch zusammengeschrumpft ❸(*conservar, adquirir*): **me quedo con el coche pequeño** ich nehme das kleine Auto; **quédate el libro** du kannst das Buch behalten; **~se sin nada** alles verlieren; **entre el mar y la montaña me quedo con el mar** ich ziehe das Meer dem Gebirge vor ❹(*burlarse*): **~se con alguien** jdn an der

Q

Nase herumführen

quedo, -a ['keðo, -a] I. *adj* ❶ (*quieto*) ruhig ❷ (*voz, paso*) leise II. *adv* leise

quehacer [kea'θer] *m* Aufgabe *f;* **los ~es de la casa** die Hausarbeit; **dar ~ a alguien** jdm Mühe bereiten

queja ['kexa] *f* Klage *f;* **no tengo ~ de él** ich kann mich über ihn nicht beklagen

quejarse [ke'xarse] *vr* ❶ (*formular queja*) sich beklagen (*de* über +*akk*); **se queja del frío** er/sie jammert über die Kälte; **¿qué tal te va el negocio?** − **bien, gracias, no puedo quejarme** wie läuft dein Geschäft? − danke, ich kann nicht klagen ❷ (*gemir*) stöhnen (*de* über +*akk*)

quejica [ke'xika] I. *adj* (*por dolor*) wehleidig; (*por manera de ser*) nörg(e)lig; **¡no seas ~, hombre!** hör auf zu meckern! II. *mf* Jammerlappen *m;* (*criticón*) Nörgler(in) *m(f)*

quejido [ke'xiðo] *m* Jammern *nt;* (*constante*) Gejammer *nt;* **~ de dolor** Schmerzensschrei *m;* **dar ~s** jammern

quejoso, -a [ke'xoso, -a] *adj:* **estar ~ de alguien** sich über jdn beklagen

quejumbroso, -a [kexum'broso, -a] *adj* (*voz*) weinerlich; (*por dolor*) wehleidig

quelite [ke'lite] *m* (*Méx*) Gemüse *nt*

quelonio [ke'lonjo] *m* (ZOOL) Schildkröte *f*

quema ['kema] *f* ❶ (*acción*) Verbrennen *nt;* (*completa*) Niederbrennen *nt* ❷ (*incendio*) Brand *m;* (*fuego*) Feuer *nt;* **huir de la ~** (*fig*) die Gefahr meiden

quemado, -a [ke'maðo, -a] *adj:* **este político está ~** (*fam*) dieser Politiker ist völlig ausgebrannt; **estar ~ con alguien** (*fam*) mit jdm böse sein

quemador¹ [kema'ðor] *m* ❶ (TÉC) Brenner *m* ❷ (*Am: encendedor*) Feuerzeug *nt*

quemador(a)² [kema'ðor(a)] *m(f)* Brandstifter(in) *m(f)*

quemadura [kema'ðura] *f* Brandwunde *f;* **~ de primer grado** Verbrennung ersten Grades

quemar [ke'mar] I. *vi* brennen; **cuidado, esta sopa quema** vorsicht, diese Suppe ist heiß II. *vt* ❶ (*objeto*) verbrennen; (*casa: completamente*) niederbrennen; **~ un bosque** einen Wald in Brand stecken ❷ (*comida*) anbrennen lassen ❸ (*aguardiente*) brennen ❹ (*sol*) verbrennen ❺ (*licor, pimienta*) brennen; **este chili quema la garganta/la lengua** dieser Chili brennt im Hals/auf der Zunge ❻ (*lejía*) ätzen ❼ (*planta: calor*) ausdörren; (*planta: frío*) erfrieren lassen ❽ (*fortuna*) vergeuden ❾ (*fastidiar*) ärgern ❿ (*AmC: denunciar*) anzeigen III. *vr:* **~se** ❶ (*arder*) (ver)bren-

nen; **el bosque se quema** der Wald brennt (ab); **me he quemado los cabellos** ich habe mir die Haare versengt ❷ (*herir*) verbrennen ❸ (*comida*) verbrennen; (*ligeramente*) anbrennen ❹ (*tener calor*): **me estoy quemando** mir ist sehr heiß ❺ (*por una pasión*): **~se de amor** vor Liebe vergehen ❻ (*acertar*): **¡que te quemas!** (ganz) heiß!

quemarropa [kema'rropa]: **disparar a ~** aus kürzester Entfernung schießen; **hacer preguntas a ~** rundheraus fragen

quemazón [kema'θon] *f* ❶ (*quema*) (Ver)brennen *nt* ❷ (*calor*) große Hitze *f* ❸ (*ardor*): **siento una ~ en el estómago** ich verspüre ein Brennen im Magen ❹ (*dicho*) spitze Bemerkung *f*

quepi(s) ['kepi(s)] *m* (*inv*) (*Am: gorro militar*) Käppi *nt*

quepo ['kepo] *1. pres de* **caber**

queque ['keke] *m* (*Chil, Perú: bollo*) Rührkuchen *m*

querella [ke'reλa] *f* ❶ (JUR) Klage *f;* **~ criminal** Anklage *f;* **poner una ~ contra alguien** gegen jdn klagen ❷ (*discordia*) Streit *m*

querellante [kere'λante] I. *adj* klagend II. *mf* Kläger(in) *m(f)*

querellarse [kere'λarse] *vr* ❶ (*quejarse*) sich beklagen (*de/por* über +*akk*) ❷ (JUR) klagen

querencia [ke'renθja] *f* (*aprecio*) Anhänglichkeit *f;* (*cariño*) Zuneigung *f;* (*afición*) Vorliebe *f;* **tomar ~ a algo/alguien** etw/jdn lieb gewinnen

querer [ke'rer] *irr* I. *vt* ❶ (*desear*) wollen; (*más suave*) mögen; **como tú quieras** wie du willst [*o* möchtest]; **has ganado − ¿qué más quieres?** du hast gewonnen − was willst du mehr?; **hacer algo queriendo/sin ~** etw mit Absicht/unbeabsichtigt tun; **quisiera tener 20 años menos** ich wäre gern 20 Jahre jünger; **eso es lo que quería decir** genau das meinte ich; **quiero que sepáis que...** ihr sollt wissen, dass ...; **y yo, ¡qué quieres que le haga!** was soll ich denn tun!; **~ es poder** wer will, der kann ❷ (*amar*) gern haben, mögen; (*más fuerte*) lieben; **te quiero con locura** ich bin ganz verrückt nach dir ❸ (*pedir*) wollen, verlangen ❹ (*requerir*): **estas plantas quieren mucha agua** diese Pflanzen brauchen viel Wasser ❺ (*loc*): **donde quiera que esté** wo immer er/sie auch sein mag; **¡por lo que más quieras, deja ese tema!** ich bitte dich, lass das Thema!; **como quiera que sea** auf jeden Fall **II.** *vimpers:* **parece que quiere llover** es sieht (ganz) nach Regen aus **III.** *m* Liebe *f*

querido, -a [ke'riðo, -a] **I.** *adj* lieb **II.** *m, f* (*amante*) Geliebte(r) *mf;* (*como vocativo*) Liebling *m*

queroseno [kero'seno] *m* Kerosin *nt*

querubín [keru'βin] *m* ❶ (REL) Cherub *m* ❷ (*niño*) Engelknabe *m*

quesera [ke'sera] *f* (*plato*) Käseglocke *f*

quesería [kese'ria] *f* ❶ (*fábrica*) Käserei *f* ❷ (*tienda*) Käseladen *m*

quesito [ke'sito] *m* ❶ *dim de* **queso** ❷ (*unidad*) (Käse)ecke *f*

queso ['keso] *m* ❶ (GASTR) Käse *m;* **~ de bola** Edamer Käse; **~ rallado** Reibkäse *m;* **darla con ~ a alguien** jdn reinlegen ❷ (*fam: pie*) Fuß *m;* **te huelen los ~s** du hast Käsefüße

quicio ['kiθjo] *m* ❶ (*de puerta*) Türangel *f;* (*de ventana*) Fensterangel *f* ❷ (*loc*): **sacar de ~** auf die Palme bringen; **me saca de ~ ver maltratar a un niño** wenn jemand ein Kind misshandelt, sehe ich einfach rot; **me saca de ~ verla llorar** es macht mich wahnsinnig, sie weinen zu sehen; **no saques las cosas de ~** übertreibe nicht; **en esta casa todo está fuera de ~** in diesem Haus ist alles aus den Fugen geraten

quico ['kiko] *m* (*fam*) geröstetes Maiskorn *nt*

quid [kið] *m:* **ese es el ~ de la cuestión** das ist der springende Punkt; **dar en el ~** den Nagel auf den Kopf treffen

quiebra ['kjeβra] *f* ❶ (COM) Konkurs *m;* **dar en ~** Konkurs machen ❷ (*hendidura*) Spalte *f;* (*rotura*) Riss *m* ❸ (*fracaso*) Scheitern *nt;* (*pérdida*) Verlust *m,* Einbuße *f;* **la ~ de los valores** der Verfall der Werte; **este asunto no tiene ~** diese Sache kann nicht schief gehen

quiebro ['kjeβro] *m* ❶ (*movimiento*) Ausweichen *nt;* **Maradona le hizo un ~ al defensa** Maradona wich dem Verteidiger aus ❷ (*gorgorito*) Trillern *nt*

quien [kjen] *pron rel* ❶ (*con antecedente*) der/die/das, welche(r, s); **el chico de ~ ...** der Junge, von dem ...; **las chicas con ~es...** die Mädchen, mit denen ... ❷ (*sin antecedente*) der(jenige)/die(jenige)/das(jenige), der/die/das ...; **no hay ~ lo aguante** es ist nicht auszuhalten mit ihm;

hay ~ dice que... manche sagen, dass ...; **~ opine eso...** wer das meint, ...; **~ más, ~ menos, todos tenemos problemas** jeder hat Probleme, der eine mehr, der andere weniger

quién [kjen] *pron inter* wer; **¿~ es?** (*llama*) wer ist da?; **¿~ es son tus padres?** wer sind deine Eltern?; **¿a ~ has visto?** wen hast du gesehen?; **¿a ~ se lo has dado?** wem hast du es gegeben?; **¿~ eres tú para decirme esto?** mit welchem Recht sagst du mir das?; **¿por ~ me tomas?** für wen hälst du mich?; **¡~ tuviera 20 años!** wäre ich doch wieder 20!

quienquiera [kjeŋ'kjera] *pron indef* <quienesquiera> (irgend)wer; **~ que sea que pase** wer auch immer da ist, er/sie soll eintreten

quieto, -a [kjeto, -a] *adj* ❶ (*tranquilo*) ruhig; **no puede estar nunca ~** (*niño*) er kann nicht stillsitzen ❷ (*parado*) stillstehend; **quedarse ~** sich nicht bewegen; **el asunto está ~** die Sache geht nicht voran

quietud [kje'tuð] *f* ❶ (*calma*) Ruhe *f* ❷ (*inmovilidad*) Unbeweglichkeit *f*

quijada [ki'xaða] *f* Kiefer *m*

quijotesco, -a [kixo'tesko, -a] *adj* ❶ (*referido a*) Don Quichotte betreffend ❷ (*idealista*) weltfremd

quilate [ki'late] *m* Karat *nt;* **de muchos ~s** (*t. fig*) hochkarätig

quilla ['kiʎa] *f* (NÁUT) Kiel *m*

quilo ['kilo] *m* ❶ (*peso*) Kilo *nt* ❷ (*loc*): **sudar el ~** (*fam*) sich abrackern

quilombo [ki'lombo] *m* ❶ (*Chil: burdel*) Puff *m* o *nt fam* ❷ (*Ven: choza*) Hütte *f* ❸ (*Arg: jaleo*) Durcheinander *nt*

quimba ['kimba] *f* ❶ (*Am: garbo*) Anmut *f* ❷ (*Am: sandalia*) Sandale *f* ❸ (*Col: conflicto*) Auseinandersetzung *f*

quimbambas [kim'bambas] *fpl:* **estar en las ~** völlig zerstreut sein

quimera [ki'mera] *f* (*ilusión*) Trugbild *nt;* (*aprensión*) fixe Idee *f*

quimérico, -a [ki'meriko, -a] *adj* chimärisch; (*fantástico*) fantastisch

química ['kimika] *f* Chemie *f*

químico, -a ['kimiko, -a] **I.** *adj* chemisch; **productos ~s** Chemikalien *fpl* **II.** *m, f* Chemiker(in) *m(f)*

quimioterapia [kimjote'rapja] *f* (MED) Chemotherapie *f*

quimono [ki'mono] *m* Kimono *m*

quina ['kina] *f* Chinarinde *f;* **ser más malo que la ~** ein übler Bursche; **tragar ~** (*fig*) die (bittere) Pille schlucken

quincalla [kiŋ'kaʎa] *f* ❶ (*objetos*) Eisenwaren *fpl* ❷ (*adornos*) Flitter(kram) *m*

quincallería [kiŋkaʎe'ria] *f* ➊ (*tienda*) Eisenwarenhandlung *f* ➋ (*objetos*) Eisenwaren *fpl* ➌ (*adornos*) Flitter(kram) *m*

quince ['kinθe] **I.** *adj inv* fünfzehn; **dentro de ~ días** in vierzehn Tagen **II.** *m* Fünfzehn *f; v. t.* **ocho**

quinceañero, -a [kinθea'ɲero, -a] **I.** *adj* fünfzehnjährig **II.** *m, f* Fünfzehnjährige(r) *mf*

quinceavo, -a [kinθe'aβo, -a] *adj* fünfzehntel; *v. t.* **octavo**

quincena [kiŋ'θena] *f* (*días*) vierzehn Tage *mpl*, zwei Wochen *fpl*

quincenal [kinθe'nal] *adj* vierzehntägig; **revista ~** Halbmonatsschrift *f*

quincuagenario, -a [kiŋkwaxe'narjo, -a] **I.** *adj* ➊ (*de 50 partes*) fünfzigteilig ➋ (*de 50 años*) fünfzigjährig **II.** *m, f* Fünfzigjährige(r) *mf*

quincuagésimo, -a [kiŋkwa'xesimo, -a] **I.** *adj* (*parte*) fünfzigstel; (*numeración*) fünfzigste(r, s); **la quincuagésima parte de...** ein Fünfzigstel von ... **II.** *m, f* Fünfzigstel *nt; v. t.* **octogésimo**

quiniela [ki'njela] *f* ➊ (*juego*) (Fußball)toto *nt;* **jugar a las ~s** im Toto tippen ➋ (*boleto*) Totoschein *m* ➌ (*CSur: lotería*) Lotterie *f*

quinientos, -as [ki'njentos, -as] *adj* fünfhundert; *v. t.* **ochocientos**

quinina [ki'nina] *f* Chinin *nt*

quinqué [kiŋ'ke] *m* Petroleumlampe *f*

quinquenal [kiŋke'nal] *adj* fünfjährig; **plan ~** Fünfjahresplan *m*

quinqui ['kiŋki] *mf* (*fam*) Verbrecher(in) *m(f)*

quinta ['kinta] *f* ➊ (MIL): **entrar en ~s** einberufen werden; **ese es de mi ~** er gehört zu meinem Jahrgang ➋ (*casa*) Landhaus *nt*

quintaesencia [kintae'senθja] *f* Quintessenz *f*

quintal [kin'tal] *m* Zentner *m*, Quintal *m* *Österr, Schweiz;* **~ métrico** hundert Kilo

quintar [kin'tar] *vt* (MIL) einberufen

quinteto [kin'teto] *m* (MÚS) Quintett *nt*

quintillizo, -a [kinti'ʎiθo, -a] *m, f* Fünfling *m*

Quintín [kin'tin] *m:* **se armó la de San ~** (*fam*) es gab einen Mordskrach

quinto[1] ['kinto] *m* Wehrpflichtige(r) *m*

quinto, -a[2] ['kinto, -a] **I.** *adj* (*parte*) fünftel; (*numeración*) fünfte(r, s) **II.** *m, f* Fünftel *nt; v. t.* **octavo**

quíntuple ['kintuple] *adj v.* **quíntuplo**

quintuplicar [kintupli'kar] <c→qu> *vt* verfünffachen

quíntuplo, -a ['kintuplo, -a] *adj* fünffach; *v. t.* **óctuplo**

quiosco ['kjosko] *m* ➊ (*de jardín*) Pavillon *m* ➋ (*de periódicos*) Kiosk *m*

quiosquero, -a [kjos'kero, -a] *m, f* Kioskbesitzer(in) *m(f)*

quiquiriquí [kikiri'ki] *m* ➊ (*onomatopeya*) Kikeriki *nt* ➋ (*persona*) Großmaul *nt*

quirófano [ki'rofano] *m* Operationssaal *m;* **pasar por el ~** operiert werden

quiromancia [kiro'manθja] *f* Handlesekunst *f*

quiromasaje [kiroma'saxe] *m* Chiromassage *f*

quirúrgico, -a [ki'rurxiko, -a] *adj* chirurgisch

quirurgo, -a [ki'ruryo, -a] *m, f* Chirurg(in) *m(f)*

quisicosa [kisi'kosa] *f* (*fam*) Rätsel *nt*

quiso ['kiso] *3. pret de* **querer**

quisque ['kiske] *pron indef* (*fam*), **quisqui** ['kiski] *pron indef* (*vulg*): **cada ~** jeder; **todo ~** alle (Welt); **se lo dijo a todo ~** er/sie hing es an die große Glocke

quisquilla [kis'kiʎa] *f* ➊ (*pequeñez*) Kleinigkeit *f* ➋ (ZOOL) Garnele *f*

quisquilloso, -a [kiski'ʎoso, -a] *adj* ➊ (*susceptible*) überempfindlich ➋ (*meticuloso*) pingelig

quiste ['kiste] *m* Zyste *f*

quitaesmalte [kitaes'malte] *m* Nagellackentferner *m*

quita(i)pón [kita'pon/kitaꞯ'pon] *m:* **ser de ~** abnehmbar sein; (*fig*) pflegeleicht sein

quitamanchas [kita'mantʃas] *m inv* Fleck(en)entferner *m*

quitamiedos [kita'mjeðos] *m inv* (*en carretera*) Leitplanke *f*

quitanieves [kita'njeβes] *f inv* Schneepflug *m*

quitar [ki'tar] **I.** *vt* ➊ (*piel, funda*) abziehen; (*sombrero, tapa*) abnehmen; (*jersey, zapato*) ausziehen; (*botón*) abtrennen; **la mesa** den Tisch abräumen; **una capucha de quita y pon** eine abnehmbare Kapuze ➋ (*desposeer*) wegnehmen; (*robar*) stehlen; **me lo has quitado de la boca** du hast mir das Wort aus dem Munde genommen; **el café me quita el sueño** wenn ich Kaffee trinke, kann ich nicht schlafen; **ese asunto me quita el sueño** diese Sache raubt mir den Schlaf ➌ (*mancha*) entfernen; (*obstáculo*) beseitigen; (*dolor*) abklingen lassen; (*vida*) nehmen ➍ (*de plan, horario, texto*) streichen ➎ (*regla*) abschaffen ➏ (*apartar*) wegnehmen; (*mueble*) wegstellen; **¡quita!** (*¡no me molestes!*) geh mir aus dem Weg!; (*¡deja eso!*) lass das!; (*¡déjate de tonterías!*) hör auf! ➐ (MAT) abziehen; **quitando**

dos bis auf zwei ❽ (*loc*): **el médico me ha quitado de fumar** der Arzt hat mir das Rauchen verboten; **ese ni quita ni pone en la empresa** der hat in der Firma nicht viel zu sagen **II.** *vr:* ~**se** ❶ (*anillo*) abziehen; (*barba, sombrero, gafas*) abnehmen; (*jersey, zapatos*) ausziehen; (*vida*) sich *dat* nehmen; ~**se de la bebida** sich *dat* das Trinken abgewöhnen; ❷ (*loc*): ~**se de encima algo/a alguien** sich *dat* etw/jdn vom Halse schaffen; **quítate de mi vista** geh mir aus dem Weg; ~**se años (de encima)** sich jünger machen

quitasol [kita'sol] *m* Sonnenschirm *m*

quizá(s) [ki'θa(s)] *adv* vielleicht; ~ **y sin** ~ ganz bestimmt

quórum ['kworun] *m sin pl* Quorum *nt*

R r

R, r ['erre] *f* R, r *nt;* ~ **de Ramón** R wie Richard

rabadilla [rraβa'ðiʎa] *f* (ANAT) Steißbein *nt*

rabanito [rraβa'nito] *m* Radieschen *nt*

rábano ['rraβano] *m* Rettich *m;* ~ **picante** Meerrettich *m;* **déjame tu coche – ¡y un** ~**!** (*fam*) leih mir dein Auto – nichts da!; **tu hermano es más listo que tú – ¡y un** ~**!** (*fam*) dein Bruder ist schlauer als du – von wegen!; **me importa un** ~ (*fam*) das ist mir piepegal; **tomar el** ~ **por las hojas** (*fam: interpretación*) es völlig missverstehen; (*ejecución*) das Pferd am Schwanz aufzäumen

rabí [rra'βi] *m* <rabíes> Rabbi *m*

rabia ['rraβja] *f* ❶ (*hidrofobia*) Tollwut *f* ❷ (*furia*) Wut *f;* **¡qué** ~**!** wie ärgerlich!; **tener/tomar** ~ **a alguien** (*enfado*) auf jdn wütend sein/werden; (*manía*) jdn nicht ausstehen können; **me da** ~ **sólo pensarlo** schon der Gedanke daran macht mich wütend ❸ (*fam*): **con** ~ (*mucho*) maßlos

rabiar [rra'βjar] *vi* ❶ (*padecer rabia: animal*) tollwütig sein; (*persona*) an Tollwut erkrankt sein ❷ (*enfadarse*) vor Wut rasen; **hacer** ~ **a alguien** jdn bis aufs Blut reizen ❸ (*sufrir*) rasen (*de* vor +*dat*) ❹ (*ansiar*) brennen (*por* auf +*akk*) ❺ (*desear*) erpicht sein (*por* auf +*akk*) ❻ (*loc*): **a** ~ (*mucho*) wahnsinnig; **está que rabia** (*fam: picante*) es ist höllisch scharf

rabieta [rra'βjeta] *f* Wutanfall *m*

rabietas [rra'βjetas] *mf inv* (*fam*) leicht aufbrausender Mensch *m*

rabillo [rra'βiʎo] *m* ❶ (*pedúnculo*) Stängel *m;* (*tallo*) Stiel *m* ❷ (*extremo*) Ende *nt* ❸ (*del ojo*) Augenwinkel *m;* **mirar con** [*o* **por**] **el** ~ **del ojo** (*con disimulo*) aus den Augenwinkeln betrachten; (*con recelo*) misstrauisch beäugen; (*con desprecio*) schief ansehen ❹ (BOT) Taumellolch *m*

rabino [rra'βino] *m* Rabbiner *m*

rabioso, -a [rra'βjoso, -a] *adj* ❶ (*hidrofóbico*) tollwütig ❷ (*furioso*) wütend; (*desconsiderado*) rabiat ❸ (*fam: picante*) höllisch scharf ❹ (*fig: vehemente*) brennend; **un tema de rabiosa actualidad** ein hochaktuelles Thema

rabo ['rraβo] *m* ❶ (*cola*) Schwanz *m;* **salir con el** ~ **entre las piernas** (*fam fig*) den Schwanz einziehen; **aún queda el** ~ **por desollar** (*fam fig*) das dicke Ende kommt noch ❷ (*extremo*) Ende *nt* ❸ (*tallo*) Stängel *m* ❹ (*vulg: pene*) Schwanz *m fam*

racanear [rrakane'ar] *vi, vt* (*fam*) knausern; ~ **algo a alguien** mit etw *dat* jdm gegenüber knausern; ~ **dinero a alguien** jdn kurz halten

racanería [rrakane'ria] *f* (*fam: acto*) Knauserei *f;* (*carácter*) Knauserigkeit *f*

rácano, -a ['rrakano, -a] *adj* ❶ (*fam: tacaño*) knauserig ❷ (*reg: enclenque*) mick(e)rig ❸ (*fam: gandul*) arbeitsscheu

racha ['rratʃa] *f* ❶ (*de aire*) Windstoß *m* ❷ (*fase*) Phase *f;* **a** [*o* **por**] ~**s** phasenweise; **tener buena/mala** ~ eine Glückssträhne/Pechsträhne haben ❸ (*loc*): **arrancar un coche a** ~**s, dar una** ~ **a un coche** ein Auto anschieben

racheado, -a [rratʃe'aðo, -a] *adj* stoßartig; **viento** ~ (NÁUT) Bö(e) *f*

racial [rra'θjal] *adj* (*étnico*) rassisch; **disturbios** ~**es** Rassenunruhen *fpl*

racimo [rra'θimo] *m* Traube *f;* ~ **de uvas** Traube Weinbeeren

raciocinar [rraθjoθi'nar] *vi* (*razonar*) rational denken; (*deducir*) schlussfolgern

raciocinio [rraθjo'θinjo] *m* (*facultad*) rationales Denken *nt;* (*razón*) Vernunft *f;* (*proceso mental*) Gedankenfolge *f*

ración [rra'θjon] *f* ❶ (*tapa*) Portion *f;* **una** ~ **de patatas fritas** eine Portion Pommes; **una** ~ **de queso** ein Käseteller *m* ❷ (MIL) Ration *f;* **poner a alguien a media** ~ (*fig*) jdn auf halbe Ration setzen

racional [rraθjo'nal] *adj* rational

racionalismo [rraθjona'lismo] *m sin pl* (FILOS) Rationalismus *m*

racionalista [rraθjona'lista] **I.** *adj* (FILOS)

rationalistisch **II.** *mf* (FILOS) Rationalist(in) *m(f)*

racionalización [rraθjonaliθa'θjon] *f* (ECON, PSICO) Rationalisierung *f*

racionalizar [rraθjonali'θar] <z→c> *vt* rationalisieren

racionamiento [rraθjona'mjento] *m* Rationierung *f*

racionar [rraθjo'nar] *vt* ❶ (*repartir*) in Rationen aufteilen ❷ (*limitar*) rationieren

racismo [rra'θismo] *m sin pl* Rassismus *m*

racista [rra'θista] **I.** *adj* rassistisch **II.** *mf* Rassist(in) *m(f)*

radar [rra'ðar] *m* Radar *m o nt;* **por** ~ über Radar

radiación [rraðja'θjon] *f* Strahlung *f;* (*irradiación*) Ausstrahlung *f;* (*tratamiento*) Bestrahlung *f;* ~ **solar** Sonnen(ein)strahlung *f*

radiactividad [rraðjaktiβi'ðað] *f* Radioaktivität *f*

radiactivo, -a [rraðjak'tiβo, -a] *adj* radioaktiv

radiado, -a [rra'ðjaðo, -a] *adj* ❶ (*forma*) strahlenförmig ❷ (RADIO) Rundfunk-

radiador [rraðja'ðor] *m* ❶ (*calefacción*) Heizkörper *m* ❷ (AUTO) Kühler *m*

radial [rra'ðjal] *adj* ❶ (*forma*) strahl(enförm)ig; (TÉC) radial; (BIOL, MAT) radiär; **músculo** ~ (ANAT) Speichenmuskel *m* ❷ (*Am:* RADIO) Rundfunk-

radiante [rra'ðjante] *adj* (*brillante*) glänzend; ~ **de alegría/felicidad** freude-/glückstrahlend; **estás** ~ **con ese vestido** in diesem Kleid siehst du glänzend aus; **está** ~ **con su nuevo trabajo** er/sie strahlt vor Glück über seine/ihre neue Stelle

radiar [rra'ðjar] **I.** *vi* ❶ (*irradiar*) strahlen ❷ (*emitir*) funken **II.** *vt* ❶ (*irradiar; t.* RADIO) ausstrahlen; **un debate radiado** eine im Rundfunk übertragene Diskussion ❷ (MED) bestrahlen ❸ (*Am: eliminar*) streichen

radical [rra'ðikal] **I.** *adj* ❶ (*extremado*) radikal ❷ (*t.* BOT: *de la raíz*) Wurzel- ❸ (MAT) radikal ❹ (*fundamental*) gründlich **II.** *m* ❶ (LING) Stamm *m* ❷ (MAT, QUÍM, PSICO) Radikal *nt* ❸ (MAT: *signo*) Wurzelzeichen *nt* **III.** *mf* (POL) Radikale(r) *mf;* ~ **de derecha** Rechtsradikale(r) *mf*

radicalismo [rraðika'lismo] *m sin pl* Radikalismus *m*

radicalización [rraðikaliθa'θjon] *f* Radikalisierung *f*

radicalizar [rraðikali'θar] <z→c> **I.** *vt* radikalisieren **II.** *vr:* ~**se** ❶ (*extremar*) sich radikalisieren ❷ (*agudizarse*) sich ver-

schärfen

radicar [rraði'kar] <c→qu> **I.** *vi* ❶ (*t.* BOT: *arraigar*) Wurzeln schlagen; (*fig*) wurzeln (*en* in +*dat*); **el problema radica en su comportamiento** das Problem liegt in seinem/ihrem Verhalten ❷ (*estar asentado*) ansässig sein ❸ (*basarse*) beruhen (*en* auf +*dat*); (*consistir*) bestehen (*en* in +*dat*) **II.** *vr:* ~**se** (*establecerse*) sich niederlassen

radio[1] ['raðjo] *f* (RADIO, TEL) ❶ (*radiodifusión*) Rundfunk *m;* **hablar por la** ~ im Radio sprechen; **retransmitir por** ~ im Rundfunk übertragen ❷ (*receptor*) Radio(gerät) *nt;* (*radiotelefonía*) Funk(sprech)gerät *nt;* ~ **del coche** Autoradio *nt;* **dirigido por** ~ funkgesteuert ❸ (*emisora*) (Radio)sender *m;* ~ **pirata** Piratensender *m*

radio[2] ['raðjo] *m* ❶ (MAT) Radius *m* ❷ (*en la rueda*) (Rad)speiche *f* ❸ (ANAT) Speiche *f* ❹ (QUÍM) Radium *nt* ❺ (*ámbito*) Bereich *m;* (*esfera*) Kreis *m;* ~ **de acción** Aktionsradius *m;* (*fig*) Wirkungsbereich *m;* ~ **de alcance** Reichweite *f;* ~ **de atracción** Einzugsgebiet *nt;* ~ **visual** Sichtfeld *nt;* **en un** ~ **de varios kilómetros** im Umkreis von mehreren Kilometern

radioactividad [rraðjoaktiβi'ðað] *f* Radioaktivität *f*

radioactivo, -a [rraðjoak'tiβo, -a] *adj* radioaktiv

radioaficionado, -a [rraðjoafiθjo'naðo, -a] *m, f* Amateurfunker(in) *m(f)*

radiocasete [rraðjoka'sete] *m o f* Radiorekorder *m*

radiocomunicación [rraðjokomunika'θjon] *f* ❶ (*radioenlace*) Funk(sprech)verbindung *f* ❷ (*radioconferencia*) Funkgespräch *nt*

radiodespertador [rraðjoðesperta'ðor] *m* Radiowecker *m*

radiodifusión [rraðjoðifu'sjon] *f* Rundfunk *m;* (*radiotransmisión*) Rundfunkübertragung *f*

radiodifusora [rraðjoðifu'sora] *f* (*Am*) Rundfunksender *m*

radioelectricidad [rraðjoelektriθi'ðað] *f* (ELEC, FÍS) Radioelektrizität *f*

radioemisora [rraðjoemi'sora] *f* (RADIO) (Rund)funksender *m;* (*estación*) Rundfunkstation *f*

radioescucha [rraðjoes'kutʃa] *mf v.* **radioyente**

radiofonía [rraðjofo'nia] *f* ❶ (*radiodifusión*) Rundfunk *m* ❷ (*radiotelefonía*) Sprechfunk *m*

radiofónico, -a [rraðjo'foniko, -a] *adj* (RADIO, TEL) Radio-; **guión** ~ Hörspiel *nt;*

programa ~ (*programación*) Radiopro-
gramm *nt;* (*emisión*) Rundfunkprogramm
nt
radiografía [rraðjoɣra'fia] *f* ❶ (*técnica*)
Radiografie *f* ❷ (*placa*) Röntgenaufnahme *f*
radiografiar [rraðjoɣrafi'ar] < *l. pres:*
radiografío> *vt* ❶ (RADIO, TEL) funken
❷ (MED) röntgen
radiología [rraðjolo'xia] *f* (MED) ❶ (*ciencia*) Radiologie *f* ❷ (*aplicación*) Röntgeno-
logie *f;* **servicio de** ~ Röntgenabteilung *f*
radiólogo, **-a** [rra'ðjoloɣo, -a] *m, f* Radiologe, -in *m, f*
radiopatrulla [rraðjopa'truʎa] *f* Funkstreife *f*
radioso, **-a** [rra'ðjoso, -a] *adj* (*Am*) *v.*
radiante
radiotaxi [rraðjo'taɣsi] *m* Funktaxi *nt*
radiotecnia [rraðjo'teknja] *f* (RADIO, TEL)
Radiotechnik *f*
radiotelecomunicación [rraðjotelekomu-
nika'θjon] *f* (RADIO, TEL) Funkwesen *nt*
radioteléfono [rraðjote'lefono] *m* (RADIO,
TEL) Funktelefon *nt*
radiotelegrafía [rraðjoteleɣra'fia] *f sin pl*
(RADIO, TEL) Funktelegrafie *f*
radiotelegrafiar [rraðjoteleɣrafi'ar] < *l. pres:*
radiotelegrafío> *vt* funken
radiotelégrafo [rraðjote'leɣrafo] *m* (TEL)
Funktelegraf *m*
radioterapia [rraðjote'rapja] *f* Bestrahlung *f*
radiotransmisor [rraðjotraⁿsmi'sor] *m*
(RADIO, TEL) Funksender *m*
radioyente [rraðjo'ʝente] *mf* (RADIO)
Hörer(in) *m(f);* ~ **clandestino** Schwarz-
hörer *m*
R.A.E. ['rrae] *f abr de* **Real Academia
Española de la Lengua** Spanische
Sprachakademie *f*

raedera [rrae'ðera] *f* Schaber *m*
raedura [rrae'ðura] *f* ❶ (*rascado*) Schabsel
nt; (*brizna*) Schäbe *f* ❷ (MED) Ausschaben
nt
raer [rra'er] *irr vt* ❶ (*raspar*) (ab)schaben;
(MED) ausschaben ❷ (*desgastar*) abscheu-
ern; (*deslucir*) abwetzen
ráfaga ['rrafaɣa] *f* ❶ (*de aire*) Windstoß *m*
❷ (*de lluvia*) (Regen)schauer *m* ❸ (*de luz*)
Lichtblitz *m* ❹ (*inspiración*) Erleuchtung *f*

❺ (*de disparos*) Salve *f*
rafting ['rraftiŋ] *m* (DEP) Rafting *nt*
ragú [rra'ɣu] <ragús> *m* Ragout *m*
raído, **-a** [rra'iðo, -a] *adj* (*deslucido*) schäbig; (*gastado*) abgetragen; (*rozado*) abge-
weLzt
raigambre [rrai̯'ɣambre] *f* ❶ (BOT: *raíces*)
Wurzelwerk *nt* ❷ (*fig: tradición*) Verwurzelung *f;* **sin** ~ traditionslos; **tener** ~ verwurzelt sein; **mi familia es de** ~ **conser-
vadora** meine Familie ist von jeher konservativ gewesen
raíl [rra'il] *m* Schiene *f*
raíz [rra'iθ] *f* ❶ (ANAT, BOT: *t. fig*) Wurzel *f;*
de ~ (*fig*) völlig; **arrancar de** ~ (*fig*) mit
Stumpf und Stiel ausrotten; **atajar de** ~
(*fig*) im Keim ersticken; **echar raíces** (*fig*)
Wurzeln schlagen; **como si hubiera
echado raíces** (*fig*) wie angewurzelt;
tener sus raíces en un lugar (*fig*) an
einem Ort fest verwurzelt sein ❷ (*causa*)
Ursache *f;* (*origen*) Ursprung *m;* **a** ~ **de** als
Folge von; **tener su** ~ **en algo** in etw *dat*
begründet liegen ❸ (LING) Stamm *m*
❹ (MAT) Wurzel *f;* ~ **cuadrada/cúbica**
Quadrat-/Kubikwurzel *f;* **extraer la** ~ die
Wurzel ziehen
raja ['rraxa] *f* ❶ (*grieta*) Riss *m;* (*resquebrajadura*) Sprung *m;* (*hendedura*) Spalt *m*
❷ (*abertura*) Schlitz *m;* (*separación*) Ritze
f; (*vulg: vulva*) Möse *f;* (~ *del culo*) Arsch-
ritze *f* ❸ (*rodaja*) Scheibe *f*
rajá [rra'xa] <rajaes> *m* Radscha *m*
rajar [rra'xar] **I.** *vi* ❶ (*pey: hablar mal*) tratschen (*de* über +*akk*) ❷ (*fam: charlar*)
quatschen **II.** *vt* ❶ (*cortar*) schneiden (in
+*akk*); (*abrir*) (auf)schlitzen; (*hender*) auf-
spalten; (*quitar*) abschneiden; (*partir*) zerlegen; (*en rajas*) in Scheiben schneiden
❷ (*fam: apuñalar*) einstechen (auf +*akk*)
III. *vr:* ~ **se** ❶ (*abrirse*) aufplatzen; (*agrie-
tarse*) aufspringen ❷ (*argot: echarse
atrás*) kneifen ❸ (*argot: disculparse*) absagen ❹ (*cortarse*) sich schneiden (in +*akk*)
rajatabla [rraxa'taβla]: **a** ~ (*estrictamente*)
sehr streng; (*exactamente*) haargenau; (*a
toda costa*) um jeden Preis
ralea [rra'lea] *f* (*pey*) Gesindel *nt;* **son
todos de la misma** ~ das ist alles die gleiche Sippschaft
ralentí [rralen'ti] *m sin pl* ❶ (CINE) Zeitlupe
f; **al** ~ (*fig*) im Zeitlupentempo ❷ (AUTO)
Leerlauf *m;* **en** ~ im Leerlauf
ralentización [rralenθiθa'θjon] *f* Verlangsamung *f;* (ECON) rückläufige Tendenz *f*
ralentizar [rralenti'θar] <z→c> **I.** *vt* verlangsamen; (ECON) abschwächen **II.** *vr:* ~ **se**
sich verlangsamen

R

rallador [rraʎa'ðor] *m* Raspel *f*

ralladura [rraʎa'ðura] *f* Raspel *m*

rallar [rra'ʎar] *vt* reiben; (*verdura, nueces, chocolate*) raspeln; **pan rallado** Semmelbrösel *pl*

rally(e) ['rrali] <rallys> *m* Rallye *f*

ralo, -a ['rralo, -a] *adj* ❶ (*escaso*) spärlich; (*árboles*) licht; (*cabello*) schütter; (*tejido*) fadenscheinig ❷ (*CSur: insustancial*) fadenscheinig

RAM [rram] *f* (INFOR) *abr de* **Random Access Memory** RAM *nt;* **memoria** ~ RAM-Speicher *m*

rama ['rrama] *f* ❶ (*de árbol, t.* BOT, MAT) Ast *m;* (*ramo*) Zweig *m;* ~ **florida** Blütenzweig *m;* ~ **s secas** Reisig *nt;* **algodón en** ~ Rohbaumwolle *f;* (*preparado*) Watte *f;* **canela en** ~ Zimtstangen *fpl;* **andarse por las** ~ **s** (*rodeos*) um den heißen Brei herumreden; **irse por las** ~ **s** (*desviarse*) abschweifen ❷ (*ámbito*) Zweig *m;* (*sector*) Gebiet *nt;* (ECON) Branche *f* ❸ (*derivación*) Abzweigung *f* ❹ (*parentesco*) Linie *f;* **por la** ~ **materna/paterna** mütterlicher-/väterlicherseits

ramadán [rrama'ðan] *m* (REL) Ramadan *m*

ramaje [rra'maxe] *m* Geäst *nt;* (*follaje*) Gezweig *nt*

ramal [rra'mal] *m* ❶ (*cabo*) Strang *m* ❷ (*ramificación*) Abzweigung *f;* (*de un río*) Seitenarm *m;* (FERRO) Nebenbahn *f*

ramalazo [rrama'laθo] *m* ❶ (*trallazo*) Hieb *m;* (*marca*) Striemen *m;* (*fig: de dolor*) Stechen *nt* ❷ (*fam: parecido*) Hauch *m;* **tener un** ~ **a su padre** etwas von seinem Vater haben; **tener un** ~ **de loco** etwas Verrücktes an sich *dat* haben; **tener** ~ (*aire de homosexual*) tuntig sein

rambla ['rrambla] *f* (*paseo*) Allee *f*

ramera [rra'mera] *f* Hure *f*

ramificación [rramifika'θjon] *f* Verzweigung *f*

ramificarse [rramifi'karse] <c→qu> *vr* sich verzweigen

ramillete [rrami'ʎete] *m* Sträußchen *nt;* (*para la mesa*) Blumengesteck *nt*

ramo ['rramo] *m* ❶ (*de flores*) Strauß *m* ❷ (*de árbol*) Zweig *m* ❸ (*ámbito*) Zweig *m;* (*sector*) Gebiet *nt;* (ECON) Branche *f;* ~ **de la construcción** Baugewerbe *nt;* **del** ~ vom Fach

rampa ['rrampa] *f* ❶ (*inclinación*) Rampe *f;* (*en carretera*) Auffahrt *f;* **en** ~ am Hang ❷ (*fam: contracción*) Krampf *m*

ramplón, -ona [rram'plon, -ona] *adj* ❶ (*basto*) grob; (*chapucero*) pfuscherhaft ❷ (*vulgar*) derb; (*chabacano*) geschmacklos ❸ (*simplón*) platt

ramplonería [rramplone'ria] *f* ❶ (*bastedad*) Grobheit *f;* (*chapucería*) Pfuscherei *f;* (*chapuza*) Pfusch *m* ❷ (*vulgaridad*) Derbheit *f;* (*chabacanería*) Geschmacklosigkeit *f* ❸ (*simplonería*) Plattheit *f*

rana ['rrana] *f* (ZOOL) Frosch *m;* ~ **de San Antonio** Laubfrosch *m;* **hombre** ~ Froschmann *m;* **el príncipe** ~ der Froschkönig; **tener ojos de** ~ Glupschaugen haben; **salir** ~ **a alguien** (*fam*) jdn schwer enttäuschen; **cuando las** ~ **s críen pelo** am Sankt-Nimmerleins-Tag

ranchero, -a [rran'tʃero, -a] *m, f* ❶ (MIL) Feldkoch, -köchin *m, f* ❷ (*granjero*) Rancher(in) *m(f);* (*pey*) Bauerntölpel *m* ❸ (*colono*) Siedler(in) *m(f)*

rancho ['rrantʃo] *m* ❶ (*t.* MIL: *comida*) Verpflegung *f;* (*pey: de mala calidad*) Fraß *m;* **hacer el** ~ kochen; **hacer** ~ **aparte** (*fig*) sein eigenes Süppchen kochen ❷ (*granja*) Ranch *f*

ranciarse [rran'θjarse] *vr* ranzig werden

rancio, -a ['rranθjo, -a] *adj* ❶ (*antiguo*) uralt; (*pey: anticuado*) altbacken ❷ (*grasas*) ranzig

rancotán [rranko'tan] *adv* (*Am: al contado*) (in) bar

rango ['rrango] *m* (*categoría, puesto*) Rang *m;* (*ordenación*) Rangordnung *f;* **de primer/segundo** ~ erst-/zweitrangig; **según el** ~ rangabhängig; **de** (**alto**) ~ hochrangig

rangoso, -a [rran'goso, -a] *adj* (*AmC*) ❶ (*generoso*) großzügig ❷ (*ostentoso*) prahlerisch

ranking ['rrankiŋ] <rankings> *m* ❶ (*clasificación*) Rangliste *f* ❷ (*puesto*) Stelle *f* in der Rangordnung

ranúnculo [rra'nuŋkulo] *m* Ranunkel *f*

ranura [rra'nura] *f* Schlitz *m;* (*muesca*) Nut *f;* (*junta*) Fuge *f;* (*fisura*) Ritze *f*

rap [rrap] *m* (MÚS) Rap *m*

rapacidad [rrapaθi'ðað] *f* Raffgier *f*

rapapolvo [rrapa'polβo] *m* (*fam*) Rüffel *m;* **echar un** ~ **a alguien** jdn abkanzeln

rapar [rra'par] *vt* ❶ (*pelo*) stutzen ❷ (*fam: mangar*) klauen

rapaz¹ [rra'paθ] **I.** *adj* (*ávido*) raffgierig; (*expoliador*) räuberisch; **ave** ~ Greifvogel *m* **II.** *f* Greifvogel *m*

rapaz(a)² [rra'paθ(a)] *m(f)* (kleines) Kind *nt;* (*muchacho*) (kleiner) Junge *m;* (*niña*) (kleines) Mädchen *nt*

rape ['rrape] *m* ❶ (*pescado*) Seeteufel *m* ❷ (*fam: afeitado*) Blitzrasur *f;* **al** ~ (*pelo*) kahl geschoren; (*a la orilla*) haarscharf geschnitten

rapé [rra'pe] *m* Schnupftabak *m;* **polvos de** ~ Schnupftabak *m*

rapear [rrape'ar] *vi* (MÚS) rappen

rapidez [rrapi'ðeθ] *f* Schnelligkeit *f;* ~ **de reflejos** gute Reflexe; **con** (**gran**) ~ rasend schnell

rápido¹ ['rrapiðo] *m* ➊ (*tren*) Eilzug *m* ➋ *pl* (*de un río*) Stromschnelle *f*

rápido, -a² ['rrapiðo, -a] *adj* ➊ (*veloz*) schnell ➋ (*breve*) flüchtig ➌ (*corriente*) reißend

rapiña [rra'piɲa] *f* Raub *m;* (*saqueo*) Plünderung *f;* **animal de** ~ Raubtier *nt*

rapiñar [rrapi'ɲar] *vt* rauben; (*saquear*) plündern

raposo, -a [rra'poso, -a] *m, f* ➊ (*zorro*) Fuchs *m,* Füchsin *f* ➋ (*astuto*) Schlitzohr *nt*

rapsodia [rraβ'soðja] *f* (LIT, MÚS) Rhapsodie *f*

raptar [rrap'tar] *vt* entführen

rapto ['rrapto] *m* ➊ (*secuestro*) Entführung *f;* ~ **de un niño** Kindesentführung *f* ➋ (*arrebato*) Anfall *m;* **en un** ~ **de celos** in einem Anfall von Eifersucht; **en un** ~ **de generosidad** in einer Anwandlung von Großzügigkeit

raptor(a) [rrap'tor(a)] *m(f)* Entführer(in) *m(f)*

raque ['rrake] *adj* (*Ven*) dürr

raqueta [rra'keta] *f* ➊ (DEP: *pala*) Schläger *m* ➋ (DEP: *tenista*) Tennisspieler(in) *m(f)* ➌ (*para nieve*) Schneeschuh *m* ➍ (*del croupier*) Rateau *nt*

raquídeo, -a [rra'kiðeo, -a] *adj* (ANAT) Spinal-; **bulbo** ~ verlängertes Rückenmark; (MED) Medulla *f* oblongata

raquítico, -a [rra'kitiko, -a] *adj* ➊ (MED) rachitisch ➋ (*fam: enclenque*) mick(e)rig ➌ (*débil*) schwächlich

raquitismo [rraki'tismo] *m sin pl* Rachitis *f*

raramente [rrara'mente] *adv* ➊ (*casi nunca*) selten ➋ (*extrañamente*) seltsamerweise

rareza [rra'reθa] *f* ➊ (*escasez*) Seltenheit *f* ➋ (*cualidad*) Seltsamkeit *f* ➌ (*curiosidad*) Rarität *f* ➍ (*peculiaridad*) Eigenartigkeit *f;* (*manía*) Marotte *f;* **tener sus** ~**s** (*ser caprichoso*) seine Launen haben

raro, -a ['rraro, -a] *adj* ➊ (*extraño, inesperado*) seltsam; **¡**(**qué**) **cosa más rara!** (wie) komisch! ➋ (*inusual*) selten; (*escaso*) rar; **rara vez** selten; **raras personas** (nur) wenige Menschen; **no es** ~ **que...** +*subj* es kommt nicht selten vor, dass ... ➌ (FÍS, QUÍM) dünn; **gases** ~**s** Edelgase *ntpl*

ras [rras] *m* Höhengleichheit *f;* **a**(**l**) ~ **de** auf der Höhe von; **a** ~ **de agua** auf Wasserhöhe; **a** ~ **de tierra** ebenerdig; **volar a** ~ **de suelo** dicht am Boden (entlang)fliegen; **al** ~ gestrichen voll

rasante [rra'sante] **I.** *adj* rasant **II.** *f* Gefälle *nt;* **cambio de** ~ Gefälle *nt*

rasar [rra'sar] **I.** *vt* ➊ (*igualar*) abstreichen ➋ (*rozar*) streifen ➌ (*arrasar*) dem Erdboden gleichmachen **II.** *vr:* ~**se** (*cielo*) aufklaren

rascacielos [rraska'θjelos] *m inv* Wolkenkratzer *m*

rascadura [rraska'ðura] *f* Kratzen *nt*

rascar [rras'kar] <c→qu> **I.** *vt* ➊ (*arrascar*) kratzen ➋ (*raspar*) abkratzen; (*con espátula*) abschaben ➌ (*fam irón: instrumento*): ~ **la guitarra** auf der Gitarre herumklimpern; ~ **el violín** auf der Geige kratzen **II.** *vr:* ~**se** ➊ (*arrascarse*) sich kratzen; ~**se la barriga** (*reg: fam fig*) sich auf die faule Haut legen; ~**se la faltriquera** (*fam*) das Portmonee zücken; **no tener tiempo ni para** ~**se** (*fam fig*) keine freie Minute haben ➋ (AmS: *achisparse*) sich *dat* einen antrinken

rasero [rra'sero] *m* Abstreifer *m* (für ein Maß); **medirlo todo con** [*o* por] **el mismo** ~ alles über einen Kamm scheren

rasgadura [rrasɣa'ðura] *f* Riss *m*

rasgar [rras'ɣar] <g→gu> **I.** *vt* ➊ (*romper por un lado*) einreißen; (*en dos*) durchreißen; (*en pedazos*) zerreißen; (*abrir*) aufreißen; **ojos rasgados** Schlitzaugen *ntpl* ➋ (*cortar*) aufschlitzen **II.** *vr:* ~**se** ➊ (*desgarrarse*) reißen ➋ (*Am: vulg: diñarla*) abkratzen *fam*

rasgo ['rrasɣo] *m* ➊ (*del rostro*) Gesichtszug *m;* (*del carácter*) Charakterzug *m* ➋ (*acción*) Handlung *f;* **un** ~ **de generosidad** eine großzügige Geste ➌ (*trazo*) Linienführung *f;* **a grandes** ~**s** in großen Zügen

rasgón [rras'ɣon] *m* Riss *m*

rasguear [rrasɣe'ar] **I.** *vi* (*en la escritura*) (Feder)striche ziehen **II.** *vt* (MÚS) anschlagen

rasguñar [rrasɣu'ɲar] **I.** *vt* ➊ (*arañar*) zerkratzen; (*herir*) aufkratzen; (*cortar*) aufritzen ➋ (ARTE) skizzieren **II.** *vr:* ~**se** (*arañarse*) sich kratzen; (*herirse*) sich aufkratzen; (*cortarse*) sich aufritzen; (*excoriarse*) sich aufschürfen (*con* an +*dat*)

rasguño [rras'ɣuɲo] *m* (*arañazo*) Kratzer *m;* (*rasponazo*) Schramme *f;* (*excoriación*) Abschürfung *f;* **sin un** ~ (*fig*) völlig unversehrt

raso¹ ['rraso] *m* Satin *m*

raso, -a² ['rraso, -a] *adj* ➊ (*liso*) glatt; (*llano*) flach ➋ (*cielo*) klar; **al** ~ im Freien ➌ (*al borde*) randvoll; **una cucharada**

rasa ein gestrichener Esslöffel
raspa ['rraspa] *f* ❶ (*del pescado*) Gräte *f*
❷ (*del cereal*) Granne *f* ❸ (*Am: ramera*)
Straßenhure *f*❹ (*fam fig: delgado*) dünner
Hering *m*
raspado [rras'paðo] *m* ❶ (TÉC) (Ab)schaben
nt; (*limado*) Raspeln *nt* ❷ (MED) Ausscha-
bung *f*
raspador [rraspa'ðor] *m* ❶ (*instrumento*)
Schaber *m;* (*lima*) Raspel *f;* (MED) Kürette *f*
❷ (*de fósforos*) Reibfläche *f*
raspadura [rraspa'ðura] *f* ❶ (*raspado*)
Abkratzen *nt;* (*con espatúla*) Abschaben
nt ❷ (*brizna*) Späne *mpl*
raspar [rras'par] I. *vi* (*ser rasposo*) kratzen;
(*en sorteos*) rubbeln II. *vt* ❶ (*rascar*)
abkratzen ❷ (MED) ausschaben ❸ (*rozar*)
streifen ❹ (*Am: fam: mangar*) klauen
❺ (*AmS: fam: abroncar*) anschnauzen
III. *vr:* ~ **se** sich aufschürfen (*con* an +*dat*)
rasponazo [rraspo'naθo] *m* Schramme *f*
rasposo, -a [rras'poso, -a] *adj* rau
rasqueta [rras'keta] *f* Schaber *m;* (*en serigrafía*) Rakel *f*
rasquiña [rras'kiɲa] *f* (*Am: comezón*) Juckreiz *m*
rastra ['rrastra] *f* ❶ (*rastrillo*) Harke *f*❷ (*rastro*) Spur *f* ❸ (*loc*): **a ~ s** widerwillig; **ir a
~ s** (*fam*) sich dahinschleppen; **llevar a ~ s**
mitschleifen
rastreador(a) [rrastrea'ðor(a)] I. *adj* Spuren suchend; **perro ~** Spürhund *m* II. *m(f)*
Fährtensucher(in) *m(f)*
rastrear [rrastre'ar] I. *vt* ❶ (*seguir*) nachspüren +*dat* ❷ (*investigar*) nachforschen
+*dat* ❸ (*llevar arrastrando*) schleppen
❹ (*registrar*) durchkämmen ❺ (*minas*)
suchen II. *vi* ❶ (*investigar*) nachforschen
❷ (*rastrillar*) harken
rastreo [rras'treo] *m* ❶ (*persecución*)
Nachspüren *nt* ❷ (*pesquisa*) Nachforschung *f*❸ (*pesca*) Grundnetzfang *m*
rastrero, -a [rras'trero, -a] *adj* ❶ (*tendido
por el suelo*) kriechend; **planta rastrera**
Kriechpflanze *f* ❷ (*rastreador*) Spuren
suchend; **perro ~** Spürhund *m* ❸ (*pey:
servil*) kriecherisch ❹ (*pey: despreciable*)
verachtenswert; (*canallesco*) niederträchtig
rastrillar [rrastri'ʎar] *vt* harken
rastrillo [rras'triʎo] *m* ❶ (*herramienta*)
Harke *f*❷ (*mercadillo*) Flohmarkt *m*
rastro ['rrastro] *m* ❶ (*indicio, pista*) Spur *f;*
ni ~ keine Spur; **sin dejar** (**ni**) **~** spurlos;
seguir el ~ a [*o de*] **alguien** jdm nachspüren ❷ (*mercadillo*) Flohmarkt *m* ❸ (*herramienta*) Harke *f*
rastrojo [rras'troxo] *m* (*residuo*) Stoppel *f*

rasurar [rrasu'rar] I. *vt* rasieren II. *vr:* ~ **se**
sich rasieren
rata[1] ['rrata] *f* (ZOOL) Ratte *f;* ~ **de alcantarilla** Kanalratte *f;* ~ **de biblioteca** (*fig*)
Bücherwurm *m;* **más pobre que las ~ s**
arm wie eine Kirchenmaus; **escabullirse
como una ~** sich davonstehlen
rata[2] ['rrata] *mf* ❶ (*descuidero*) Dieb(in)
m(f) ❷ (*rácano*) Geizkragen *m*
ratear [rrate'ar] I. *vi* (*gatear*) krabbeln II. *vt*
❶ (*fam: mangar*) mitgehen lassen ❷ (*fam:
racanear*) knausern (mit +*dat*) ❸ (*prorratear*) aufteilen
ratería [rrate'ria] *f*❶ (*hurto*) (kleiner) Diebstahl *m* ❷ (*racanería*) Knauserei *f*
ratero, -a [rra'tero, -a] *m, f* Dieb(in) *m(f)*
raticida [rrati'θiða] *m* Rattengift *nt*
ratificación [rratifika'θjon] *f* ❶ (JUR, POL)
Ratifizierung *f* ❷ (*confirmación*) Bestätigung *f*
ratificar [rratifi'kar] <c→qu> I. *vt* ❶ (JUR,
POL) ratifizieren ❷ (*confirmar*) bestätigen
II. *vr:* ~ **se** ❶ (JUR, POL) in Kraft treten
❷ (*reafirmarse*) beharren (*en* auf +*dat*)
ratio ['rratjo] *m* Quote *f;* ~ **de tesorería**
(FIN) Liquiditätsgrad *m*
Ratisbona [rratis'βona] *f* Regensburg *nt*
rato ['rrato] *m* Weile *f;* (*momento*) Augenblick *m;* **a ~ s** von Zeit zu Zeit; **a cada ~**
immer wieder; **al** (**poco**) **~** (kurz) darauf;
de ~ en ~ ab und zu; **todo el ~** die ganze
Zeit; **un buen ~** eine ganze Weile; **en un
~ perdido** in einer Mußestunde; **pasar un
buen/mal ~** eine gute/schlechte Zeit verbringen; **pasar el ~** sich *dat* die Zeit vertreiben; **tener para ~** noch viel vor sich
dat haben; **aún hay para ~** das wird noch
dauern; **¡hasta otro ~!** bis zum nächsten
Mal!; **un ~** (**largo**) (*fam fig*) jede Menge;
me gusta un ~ (*fam*) es gefällt mir
unheimlich gut; **es un ~ tonto** (*fam*) er/
sie ist so was von blöd
ratón [rra'ton] *m* Maus *f;* ~ (**electrónico**)
(INFOR) Maus *f;* ~ **de biblioteca** (*fig*)
Bücherwurm *m*
ratonera [rrato'nera] *f* ❶ (*trampa*) Mausefalle *f;* (*fig*) Falle *f;* **estar en una ~** (*fig*) in
der Falle sitzen; **caer en la ~** (*fig*) in die
Falle tappen ❷ (*agujero*) Mauseloch *nt*
ratonero [rrato'nero] *m* (Mäuse)bussard *m*
raudal [rrau'ðal] *m* Flut *f;* ~ **de palabras**
Redeschwall *m;* **a ~ es** (*fig*) in Hülle und
Fülle; **por la ventana entra la luz a ~ es**
das Licht flutet durchs Fenster
raudo, -a ['rrauðo, -a] *adj* rasch
raviolis [rra'βjolis] *mpl* (GASTR) Ravioli *pl*
raya ['rraʈa] *f* ❶ (*línea*) Strich *m;* (*sobre la
calzada*) Fahrbahnbegrenzung *f;* (*guión*)

Gedankenstrich *m;* (*de quebrado*) Bruchstrich *m;* a ~ s strichweise; **pasar(se) de la** ~ (*fig*) zu weit gehen; **tener a alguien a** ~ jdn im Zaume halten ❷ (*franja*) Streifen *m;* (*cortafuegos*) Waldschneise *f;* **a ~ s** (*estampado*) gestreift ❸ (*del pelo*) Scheitel *m;* ~ **al lado/en medio** Seiten-/Mittelscheitel *m;* **hacer la** ~ das Haar scheiteln ❹ (ZOOL) Rochen *m* ❺ (*doblez*) (Bügel)falte *f*

rayado [rra'ɟaðo] *m* (*líneas*) Linierung *f;* (*plumeado*) Schraffur *f;* (*rayajo*) Gekritzel *nt*

rayador [rraɟa'ðor] *m* (*Am:* ZOOL) *eine Art Seeschwalbe*

rayano, -a [rra'ɟano, -a] *adj* angrenzend (*en* an +*akk*)

rayar [rra'ɟar] **I.** *vi* ❶ (*lindar*) (an)grenzen (*con* an +*akk*) ❷ (*asemejarse*) grenzen (*en* an +*akk*) ❸ (*amanecer*): ~ **el alba** dämmern; **al** ~ **el día** bei Tagesanbruch **II.** *vt* ❶ (*marcar con rayas*) linieren; (*plumear*) schraffieren ❷ (*tachar*) (durch)streichen ❸ (*arañar*) verkratzen ❹ (*grabar*) ritzen **III.** *vr:* ~ **se** einen Kratzer abbekommem

rayo ['rraɟo] *m* ❶ (*de luz*) Strahl *m;* ~ **de luna** Mondschein *m* ❷ (*radiación*): ~ **s infrarrojos** Infrarotstrahlen *mpl;* ~ **s X** Röntgenstrahlen *mpl;* **emitir** ~ **s** strahlen ❸ (*relámpago*) Blitz *m;* **¡** ~ **s** (**y centellas**)! (Himmel)donnerwetter!; **ha caído un** ~ **en la torre** ein Blitz hat in den Turm eingeschlagen; **como un** ~ (*fig*) blitzschnell; **como tocado por el** ~ (*fig*) wie vom Blitz getroffen; **echar** ~ **s y centellas** (*fig*) Gift und Galle speien; **¡mal** ~ **te parta!** (*fam*) der Teufel soll dich holen!; **que un** ~ **me parta si no es verdad** (*fam*) mich soll der Schlag treffen, wenn es nicht stimmt ❹ (*infortunio*) (Schicksals)schlag *m* ❺ (*radio*) Speiche *f*

raza ['rraθa] *f* ❶ (*casta*) Rasse *f;* (*estirpe*) Geschlecht *nt;* (*pueblo*) Volk *nt;* **de** ~ rassig; **de** ~ **blanca/negra** weiß/schwarz ❷ (*temperamento*) Rassigkeit *f;* **de** (**pura**) ~ rassig

razón [rra'θon] **I.** *f* ❶ (*discernimiento*) Vernunft *f;* (*entendimiento*) Verstand *m;* **puesto en** ~ vernünftig; **entrar en** ~ zur Vernunft kommen; **meter en** ~ zur Vernunft bringen; **hacer perder la** ~ **a alguien** jdn um den Verstand bringen; **privar de la** ~ **a alguien** jdn seiner Sinne berauben ❷ (*argumento*) Begründung *f;* (*razonamiento*) Argumentation *f;* (**no**) **atender a razones** sich (nicht) überzeugen lassen; **ponerse a razones con alguien** sich mit jdm auseinander setzen;

venirse a razones con alguien mit jdm übereinkommen ❸ (*motivo*) Grund *m;* (*justificación*) Berechtigung *f;* ~ **de Estado** Staatsräson *f;* ~ **de ser** Daseinsberechtigung *f;* ~ **de más para...** +*inf,* ~ **de más para que...** +*subj* ein Grund mehr zu ... +*inf;* **la** ~ **por la que...** der Grund, aus dem ...; **fuera de** ~ grundlos; **por** ~ **de** auf Grund von; **por razones de seguridad** aus Sicherheitsgründen; **por una u otra** ~ aus dem einen oder anderen Grund; **tener razones para...** +*inf* Grund haben zu ... +*inf* ❹ (*acierto*) Recht *nt;* **la** ~ **de la fuerza** das Recht des Stärkeren; **¡con** (**mucha**) ~ **!** (völlig) zu Recht!; **sin** ~ zu Unrecht; **cargarse de** ~ sich völlig im Recht fühlen; **dar la** ~ **a alguien** jdm Recht geben; **llevar la** ~ das Recht auf seiner Seite haben; **tener** (**mucha**) ~ (vollkommen) Recht haben; **en eso** (**no**) **tienes** ~ da hast du (Un)recht; **me asiste la** ~ ich habe das Recht auf meiner Seite; **perder la** ~ (*fig*) den Ton verfehlen ❺ (*información*) Auskunft *f;* (*recado*) Nachricht *f;* ~ **aquí** Näheres hier; **dar** ~ **de alguien** Auskunft über jdn erteilen; **dar** ~ **de sí** von sich *dat* hören lassen; (*fig*) seinen Mann stehen; **mandar** ~ **a alguien de algo** jdm etw ausrichten lassen; **pedir** ~ **de alguien** sich nach jdm erkundigen ❻ (MAT: *proporción*) Verhältnis *nt;* **a** ~ **de tres por persona** drei pro Kopf; **a** ~ **del 10 %** zu 10 %; **a** ~ **de 2 euros el kilo** zu 2 Euro pro Kilo; **este coche consume a** ~ **de seis litros por 100 kilómetros** dieses Auto verbraucht sechs Liter auf 100 Kilometer ❼ (JUR): ~ **social** Firma *f* **II.** *prep:* **en** ~ **de** (*en cuanto a*) hinsichtlich +*gen;* (*a causa de*) aufgrund +*gen*

razonable [rraθo'naβle] *adj* ❶ (*sensato*) vernünftig ❷ (*justo*) angemessen; (*adecuado*) angebracht

razonamiento [rraθona'mjento] *m* ❶ (*pensamientos*) Gedankengang *m;* (*reflexión*) Überlegung *f* ❷ (*argumentación*) Argumentation *f;* (*exposición*) Erörterung *f;* (*fundamentación*) Begründung *f;* **tus** ~ **s no son convincentes** deine Ausführungen sind nicht stichhaltig ❸ (*conversación*) Diskussion *f*

razonar [rraθo'nar] **I.** *vi* ❶ (*pensar*) (nach)denken; (*juzgar*) urteilen; (*reflexionar*) überlegen; (*deducir*) Schlüsse ziehen ❷ (*argumentar*) argumentieren ❸ (*conversar*) diskutieren ❹ (*corresponder*) eingehen (*con* auf +*akk*); **es inútil tratar de** ~ **con él** es bringt nichts, sich mit ihm auseinander zu setzen **II.** *vt* ❶ (*exponer*) dar-

legen ❷ (*fundamentar*) begründen
RDA [erreðe'a] *f abr de* **República Demo-**
crática Alemana DDR *f*
RDSI [erreðe(e)se'i] *f* (INFOR, TEL) *abr de* **Red**
Digital de Servicios Integrados ISDN *nt*
re [rre] *m* (MÚS) d, D *nt;* ~ **bemol** Des *nt*
reabrir [rrea'βrir] *irr como abrir vt* wieder
eröffnen; (JUR) wieder aufnehmen
reacción [rreaɣ'θjon] *f* Reaktion *f;* ~ **en**
cadena Kettenreaktion *f;* ~ **excesiva**
Überreaktion *f;* **avión a** ~ Düsenflugzeug
nt
reaccionar [rreaɣθjo'nar] *vi* reagieren (*a/*
ante auf +*akk*); (*responder*) antworten (*a*
auf +*akk*); (*repercutir*) sich auswirken
(*en/sobre* auf +*akk*); (*sobreponerse*) überwinden (*a* +*akk*); (*entrar en calor*) sich
aufwärmen; **el cuerpo no reacciona a**
las pastillas der Körper spricht nicht auf
die Tabletten an
reaccionario, -a [rreaɣθjo'narjo, -a] **I.** *adj*
reaktionär **II.** *m, f* Reaktionär(in) *m(f)*
reacio, -a [rre'aθjo, -a] *adj* abgeneigt (*a*
+*dat*); **el pintor era** ~ **a mostrarse en**
público der Maler zeigte sich ungern in
der Öffentlichkeit; **es** ~ **a las fiestas** er
geht nur ungern auf Feste
reacondicionar [rreakondiθjo'nar] *vt* neu
einrichten; (*reconstruir*) wiederherstellen;
(*reestructurar*) umstrukturieren
reactivación [rreaktiβa'θjon] *f* ❶ (*t.* TÉC,
MED) Reaktivierung *f* ❷ (ECON) Wiederauf-
schwung *m;* ~ **económica** Ankurbelung
der Wirtschaft
reactivar [rreakti'βar] *vt* reaktivieren;
(ECON) ankurbeln
reactivo [rreak'tiβo] *m* Reagens *nt;* (*indica-*
dor) Indikator *m;* (*fig*) Auslöser *m*
reactor [rreak'tor] *m* ❶ (*motor*) Reaktor *m*
❷ (*propulsor*) Düsentriebwerk *nt*
❸ (*avión*) Düsenflugzeug *nt*
readaptación [rreaðapta'θjon] *f* Wieder-
anpassung *f* (*a* an +*akk*); (*reintegración*)
Wiedereingliederung *f* (*a* in +*akk*); ~ **pro-**
fesional Umschulung *f*
readaptar [rreaðap'tar] **I.** *vt* wieder anpassen (*a* an +*akk*); (*reintegrar*) wieder eingliedern (*a* in +*akk*); (*profesión*) umschu-
len **II.** *vr:* ~ **se** sich wieder anpassen (*a* an
+*akk*); (*reintegrarse*) sich wieder eingliе-
dern (*a* in +*akk*)
readmisión [rreaðmi'sjon] *f* Wiederzulas-
sung *f;* (*de despedidos*) Wiedereinstellung *f*
readmitir [rreaðmi'tir] *vt* wieder zulassen;
(*despedidos*) wieder einstellen
reafirmación [rreafirma'θjon] *f* erneute
Bekräftigung *f*

reafirmar [rreafir'mar] **I.** *vt* ❶ (*apoyar*)
bekräftigen ❷ (*poner firme*) stärken; (*la*
piel) straffen ❸ (*insistir*) beharren (auf
+*dat*) **II.** *vr:* ~ **se** ❶ (*confirmarse*) sich
erneut behaupten (*como* als +*nom*) ❷ (*in-*
sistir) beharren (*en* auf +*dat*)
reagrupar [rreaɣru'par] **I.** *vt* umgruppie-
ren; (*redistribuir*) neu einteilen **II.** *vr:* ~ **se**
sich neu gruppieren
reajustar [rreaxus'tar] *vt* ❶ (*adaptar*) neu
anpassen; (*reestructurar*) umgestalten;
(*reorganizar*) neu gestalten ❷ (TÉC) nach-
justieren ❸ (ECON) angleichen
reajuste [rrea'xuste] *m* ❶ (*adaptación*)
Neuanpassung *f;* (*reestructuración*) Umgestaltung *f;* (*reorganización*) Neugestaltung
f ❷ (TÉC) Nachjustierung *f* ❸ (ECON) Angleichung *f;* ~ **salarial** Lohnausgleich *m*
real [rre'al] **I.** *adj* ❶ (*verdadero*) wirklich;
(*verídico*) wahr; (*auténtico*) echt; (MAT)
reell; (FILOS) real; (ECON, JUR) Real- ❷ (*del*
rey) königlich; **Alteza** ~ Königliche
Hoheit; **palacio** ~ Königspalast *m* ❸ (*es-*
pléndido) prachtvoll **II.** *m* ❶ (*dinero*) Real
m; **estar sin un** ~ (*fam*) keinen roten Heller mehr haben ❷ (*de la feria*) Messplatz
m; (*prado*) Festwiese *f*
realce [rre'alθe] *m* ❶ (*relieve*) Reliefarbeit *f*
❷ (*esplendor*) Glanz *m;* (*acento*) Betonung *f;* **dar** ~ unterstreichen
realeza [rrea'leθa] *f* ❶ (*dignidad*) Königs-
würde *f* ❷ (*grandeza*) Herrlichkeit *f;*
(*boato*) Pracht *f*
realidad [rreali'ðað] *f* Realität *f;* (*verdad*)
Wahrheit *f;* **ajeno a la** ~ wirklichkeitsfremd; **en** ~ in Wirklichkeit; **hacer** ~ verwirklichen; **hacerse** ~ sich verwirklichen;
(*cumplirse*) sich erfüllen
realismo [rrea'lismo] *m sin pl* ❶ (ARTE, LIT,
FILOS, CINE) Realismus *m* ❷ (*ideología*) Rea-
listik *f* ❸ (POL) Royalismus *m*
realista [rrea'lista] **I.** *adj* ❶ (ARTE, LIT, FILOS,
CINE) realistisch ❷ (POL) royalistisch **II.** *mf*
❶ (ARTE, LIT, FILOS, CINE) Realist(in) *m(f)*
❷ (POL) Royalist(in) *m(f)*
realizable [rreali'θaβle] *adj* ❶ (*practicable*)
realisierbar; (*factible*) machbar ❷ (ECON)
verwertbar; **bienes** ~ **s** Vermögensgegen-
stände *mpl*
realización [rrealiθa'θjon] *f* ❶ (*materializa-*
ción) Verwirklichung *f;* (*cumplimiento*)
Erfüllung *f* ❷ (*ejecución*) Durchführung *f*
❸ (*organización*) Gestaltung *f* ❹ (ECON)
Realisierung *f;* ~ **de un pedido** Auftrags-
abwicklung *f;* ~ **de plusvalías** Gewinnmitnahme *f* ❺ (CINE) Realisation *f*
realizador(a) [rreali θa'ðor(a)] *m(f)* (CINE,
TV) Regisseur(in) *m(f)*

realizar [rreali'θar] <z→c> I. vt ① (*hacer realidad*) verwirklichen; (*sueños*) erfüllen ② (*efectuar*) durchführen; (*hacer*) unternehmen ③ (ECON) realisieren; (*ganancia, aportaciones*) einbringen ④ (CINE, TV) realisieren ⑤ (*Am: notar*) (be)merken II. vr: ~se ① (*desarrollarse*) sich selbst verwirklichen ② (*materializarse*) sich verwirklichen; (*hacerse realidad*) Wirklichkeit werden; (*cumplirse*) in Erfüllung gehen

realmente [rreal'mente] *adv* (*en efecto*) wirklich; (*verdaderamente*) wahrhaftig; (*auténticamente*) echt; (*de hecho*) tatsächlich

realquilar [rrealki'lar] *vt* untervermieten; **vivir en una vivienda realquilada** zur Untermiete wohnen

realzar [rreal'θar] <z→c> *vt* ① (*labrar*) herauswölben ② (*acentuar*) betonen; (*subrayar*) unterstreichen

reamargo, -a [rrea'marɣo, -a] *adj* (*Am*) sehr bitter

reamigo, -a [rrea'miɣo, -a] *m, f* (*Am*) sehr guter Freund *m,* sehr gute Freundin *f;* **son ~s del director** sie sind sehr gut mit dem Direktor befreundet

reanimación [rreanima'θjon] *f* Wiederbelebung *f*

reanimar [rreani'mar] I. vt ① (*reavivar*) wieder beleben ② (*reactivar*) reaktivieren ③ (*animar*) ermutigen II. vr: ~se ① (*recuperar el conocimiento*) wieder zu sich *dat* kommen ② (*restablecerse*) wieder aufleben ③ (*animarse*) neuen Mut schöpfen

reanudar [rreanu'ðar] *vt* wieder aufnehmen

reaparecer [rreapare'θer] *irr como crecer vi* wieder erscheinen; (CINE, TEAT) wieder auftreten

reapertura [rreaper'tura] *f* Wiedereröffnung *f;* (JUR) Wiederaufnahme *f*

rearmar [rrear'mar] *vt* wieder bewaffnen (*con* mit +*dat*)

reata [rre'ata] *f* ① (*correa, animales*) Koppel *f;* **una ~ de mulos** eine Koppel Maultiere; **de ~** (*sucesivamente*) der Reihe nach; (*en hilera*) in Reihen ② (*Am: de flores*) Blumenbeet *nt*

reavivación [rreaβiβa'θjon] *f* Wiederaufleben *nt*

reavivar [rreaβi'βar] I. vt wieder beleben II. vr: ~se wieder aufleben

rebaba [rre'βaβa] *f* Grat *m*

rebaja [rre'βaxa] *f* ① (*oferta*) Sonderangebot *nt;* ~s **de verano** Sommerschlussverkauf *m;* **estar de** ~s heruntergesetzte Waren haben ② (*descuento*) Rabatt *m;* (*reducción*) Preisnachlass *m;* **ya vendrá el**

tío Paco con la ~ (*fam fig*) irgendeinen Haken wird die Sache schon haben

rebajamiento [rreβaxa'mjento] *m* ① (*condescendencia*) Herablassung *f* ② (*humillación*) Herabwürdigung *f*

rebajar [rreβa'xar] I. vt ① (*abaratar*) reduzieren ② (*humillar*) demütigen ③ (*mitigar*) dämpfen; (*t.* FOTO: *debilitar*) abschwächen; (*disminuir*) mindern ④ (*una bebida*) verdünnen ⑤ (*dispensar*) vom Dienst freistellen ⑥ (*limar*) abfeilen; (*pulir*) abschleifen; (*acepillar*) abhobeln II. vr: ~se ① (*humillarse*) sich herabwürdigen ② (*condescender*) sich herablassen (*a* zu +*dat*) ③ (*dispensarse*) sich vom Dienst freistellen lassen

rebanada [rreβa'naða] *f* Scheibe *f*

rebanar [rreβa'nar] *vt* ① (*hacer rebanadas*) in Scheiben schneiden ② (*partir*) abschneiden

rebañar [rreβa'ɲar] *vt* ① (*apurar*) auskratzen ② (*pey: recoger*) raffen

rebaño [rre'βaɲo] *m* Herde *f;* (*fig*) Horde *f*

rebasar [rreβa'sar] *vt* ① (*sobrepasar*) überschreiten; (MIL) stürmen; ~ **el límite** (*fig*) über das Ziel hinausschießen; **esto rebasa los límites de mi paciencia** ich bin mit meiner Geduld am Ende ② (*exceder*) übertreffen (*en* um +*akk*)

rebatir [rreβa'tir] *vt* ① (*discutir*) bestreiten; (*refutar*) widerlegen; (*rechazar*) zurückweisen ② (*repeler*) zurückschlagen ③ (*batir*) klopfen ④ (*abatir*) zusammenklappen

rebato [rre'βato] *m* ① (*llamamiento*) Sturmläuten *nt;* **tocar a** ~ die Sturmglocke läuten; (*fig*) Alarm schlagen ② (*ataque*) Überraschungsangriff *m*

rebeca [rre'βeka] *f* Strickjacke *f*

rebeco [rre'βeko] *m* Gämse *f*

rebelarse [rreβe'larse] *vr* rebellieren; (*oponerse*) sich auflehnen

rebelde [rre'βelde] I. adj ① (*indócil*) rebellisch; (*levantisco*) aufsässig; (*fig*) widerspenstig ② (*insurrecto*) aufständisch ③ (*persistente*) hartnäckig ④ (*difícil*) verzwickt ⑤ (JUR) säumig II. mf (*indócil, insurrecto*) Rebell(in) *m(f);* (*revoltoso*) Aufführer(in) *m(f)*

rebeldía [rreβel'dia] *f* ① (*cualidad*) Aufsässigkeit *f;* (*fig*) Widerspenstigkeit *f* ② (*oposición*) Widerstand *m* ③ (*insubordinación*) Aufsässigkeit *f;* (MIL) Gehorsamsverweigerung *f* ④ (JUR) Nichterscheinen *nt;* **declarar en** ~ für säumig erklären; **juzgar en** ~ in Abwesenheit verurteilen

rebelión [rreβe'ljon] *f* Rebellion *f;* (*levantamiento*) Aufstand *m*

reblandecer [rreβlande'θer] *irr como cre-*

cer **I.** *vt* weich machen **II.** *vr:* ~ se weich
werden

reblandecimiento [rreβlandeθi'mjento] *m*
Erweichung *f;* ~ **cerebral/óseo** (MED)
Gehirn-/Knochenerweichung *f*

rebobinar [rreβoβi'nar] *vt* (*retroceder*)
zurückspulen

reborde [rre'βorðe] *m* ❶ (*acanaladura*)
Sicke *f* ❷ (*rebordeado*) Randverstärkung *f*
❸ (*rebaba*) Gussnaht *f*

rebosadero [rreβosa'ðero] *m* Überlauf *m;*
(*en presas*) Überfall *m;* (*metalurgia*) Steigrichter *m*

rebosante [rreβo'sante] *adj* überfüllt;
(*vaso*) randvoll; (*fig*) überquellend (*de* vor
+*dat*); ~ **de salud** vor Gesundheit strotzend

rebosar [rreβo'sar] *vi* ❶ (*desbordar*) überlaufen; (*fig*) überquellen (*de* vor +*dat*); **le
rebosa el dinero/la soberbia** er/sie
strotzt vor Geld/Hochmut; **la gota que
hizo** ~ **el vaso** der Tropfen, der das Fass
zum Überlaufen brachte ❷ (*estar lleno*)
wimmeln (*de* vor +*dat*); (*lleno*) **a** ~ brechend voll ❸ (*abundar*) schwimmen

rebotar [rreβo'tar] **I.** *vi* ❶ (*botar*) abprallen;
(*repetidamente*) hüpfen ❷ (*chocar*) prallen (*contra/en* gegen/auf +*akk*); **salir
rebotado** zurückprallen; (*fig*) hochkant
rausfliegen **II.** *vt* ❶ (*botar*) prellen ❷ (*fam:
enfadar*) verprellen **III.** *vr:* ~ se ❶ (*vino*)
umschlagen ❷ (*fam: enfadarse*) sauer werden

rebote [rre'βote] *m* (*bote*) Abprall *m;* (DEP)
Abpraller *m;* (*golpe*) Prellen *nt;* **de** ~
(*como resultado*) als indirekte Folge; (*sentimiento*) wieder aufflackernd

rebozar [rreβo'θar] <z→c> **I.** *vt* ❶ (*envolver*) verhüllen ❷ (GASTR) panieren **II.** *vr:*
~ se sich verhüllen

rebozo [rre'βoθo] *m* ❶ (*velo*) Verhüllung *f*
❷ (*pretexto*) Vorwand *m;* **sin** ~ aufrichtig

rebrotar [rreβro'tar] *vi* ❶ (BOT) Knospen
treiben ❷ (*agitaciones*) wieder aufflammen

rebujo [rre'βuxo] *m* Knäuel *m o nt;* (*trapos*) Bündel *nt;* **hacer un** ~ **con la ropa**
die Wäsche zu einem Bündel zusammenknäulen

rebullir [rreβu'ʎir] <3. *pret:* rebulló> *vi, vr:*
~ se sich bewegen; **sin** ~ se ganz ruhig

rebuscado, -a [rreβus'kaðo, -a] *adj* gekünstelt; (*palabras*) gespreizt

rebuscar [rreβus'kar] <c→qu> **I.** *vi* herumsuchen **II.** *vt* (*buscar*) durchsuchen **III.** *vr:*
rebuscárselas (*CSur: defenderse*) sich
durchschlagen

rebuznar [rreβuθ'nar] *vi* (*burro*) iahen

rebuzno [rre'βuθno] *m* Eselsschrei *m*

recabar [rreka'βar] *vt* ❶ (*obtener*) erhalten
(*de* bei/von +*dat*); (*datos*) erheben ❷ (*pedir*) sich bemühen (um +*akk*)

recadero, -a [rreka'ðero, -a] *m, f* Bote, -in
m, f

recado [rre'kaðo] *m* ❶ (*mensaje*) Nachricht *f;* **dar el** ~ **a alguien** jdm Bescheid
geben; **¿puedes darle el siguiente** ~**?**
kannst du ihm/ihr Folgendes ausrichten?
❷ (*encargo*) Besorgung *f*

recaer [rreka'er] *irr como* caer *vi* ❶ (*culpa,
herencia*) fallen (*en/sobre* auf +*akk*)
❷ (*enfermedad*) einen Rückfall erleiden
❸ (*delito*) rückfällig werden; ~ **en el
mismo error una y otra vez** immer wieder in den gleichen Fehler verfallen; ~ **en
la bebida** wieder anfangen zu trinken

recaída [rreka'iða] *f* Rückfall *m*

recalar [rreka'lar] **I.** *vi* ❶ (NÁUT) anlaufen
(*en* +*akk*) ❷ (*persona*) erscheinen (*en*
bei/in +*dat*) **II.** *vt* durchtränken **III.** *vr:*
~ se durchtränkt werden

recalcar [rrekal'kar] <c→qu> *vt* ❶ (*palabras*) betonen ❷ (*apretar*) zusammenpressen ❸ (*llenar*) voll stopfen; ~ **la cuba con
mosto** das Fass mit Most füllen

recalcitrante [rrekalθi'trante] *adj* hartnäckig

recalentamiento [rrekalenta'mjento] *m*
Überhitzung *f;* ~ **económico** (ECON) Konjunkturüberhitzung *f*

recalentar [rrekalen'tar] <e→ie> **I.** *vt*
❶ (*comida*) aufwärmen ❷ (*aparato*) überhitzen **II.** *vr:* ~ se (*motor*) heißlaufen

recalificar [rrekalifi'kar] <c→qu> *vt* neu
qualifizieren

recámara [rre'kamara] *f* ❶ (*para ropa*) Kleiderkammer *f* ❷ (*arma*) Patronenlager *nt*

recambiar [rrekam'bjar] *vt* ❶ (*intercambiar*) wieder umtauschen ❷ (*sustituir*)
auswechseln

recambio [rre'kambjo] *m* (*repuesto*) Ersatz
m; (*envase*) Nachfüllpackung *f*

recapacitar [rrekapaθi'tar] **I.** *vt* überdenken **II.** *vi* nachdenken

recapitulación [rrekapitula'θjon] *f* Zusammenfassung *f*

recapitular [rrekapitu'lar] *vt* zusammenfassen

recarga [rre'karɣa] *f* Nachfüllung *f*

recargado, -a [rrekar'ɣaðo, -a] *adj* (*exagerado*) übertrieben; (*lenguaje*) gespreizt

recargar [rrekar'ɣar] <g→gu> *vt* ❶ (*pila*)
aufladen ❷ (*impuesto*) heraufsetzen
❸ (*decorar*) überladen; **el vestido recargado de lazos y botones no se vendió**
das Kleid mit den vielen Schleifen und

Knöpfen wurde nicht gekauft ④ (*carga*) überladen; ~ **de trabajo** mit Arbeit überhäufen

recargo [rre'karɣo] *m* ① (*tasas*) Zuschlag *m;* (*sobreprecio*) Aufschlag *m;* **llamada sin** ~ gebührenfreier Anruf ② (*fiebre*) starker Fieberanfall *m*

recatado, -a [rreka'taðo, -a] *adj* ① (*decoroso*) sittsam; (*modesto*) bescheiden ② (*cauto*) zurückhaltend

recatar [rreka'tar] *vt* verheimlichen

recato [rre'kato] *m* ① (*decoro*) Sittsamkeit *f* ② (*cautela*) Zurückhaltung *f;* (*pudor*) Scheu *f*

recauchutar [rrekauʧu'tar] *vt* (*llanta*) runderneuern

recaudación [rrekauða'θjon] *f* ① (*cobro*) Einnehmen *nt;* (*cantidad*) Einnahmen *fpl;* ~ **diaria** Tageseinnahmen *fpl* ② (*de impuestos*) Steuererhebung *f;* (*cantidad*) Steuerbetrag *m*

recaudar [rrekau'ðar] *vt* (*impuestos*) erheben; (*dinero*) einziehen

recaudo [rre'kauðo] *m* ① (*ganancia*) Einnehmen *nt* ② (JUR) Kaution *f* ③ (*loc*): **poner algo a buen** ~ etw in Sicherheit bringen

recebo [rre'θeβo] *m* (*gravilla*) feiner Steinkies *m*

recelar [rreθe'lar] **I.** *vt* (*temer*) argwöhnen **II.** *vi, vr:* ~ **se** misstrauen (*de* +*dat*); (**me**) **recelo de mi secretaria** ich traue meiner Sekretärin nicht ganz

recelo [rre'θelo] *m* Argwohn *m;* **mirar con** ~ argwöhnisch betrachten

receloso, -a [rreθe'loso, -a] *adj* argwöhnisch; **estar** ~ **de alguien** jdm misstrauen; **ponerse** ~ Argwohn schöpfen; **poner** ~ **a alguien** jds Argwohn erregen

recensión [rreθen'sjon] *f* Rezension *f*

recepción [rreθeβ'θjon] *f* Empfang *m,* Rezeption *f*

recepcionista [rreθeβθjo'nista] *mf* Empfangschef, -dame *m, f*

receptáculo [rreθep'takulo] *m* (*cavidad*) Behälter *m*

receptividad [rreθeptiβi'ðaᵈ] *f* Aufnahmefähigkeit *f;* (MED) Anfälligkeit *f*

receptivo, -a [rreθep'tiβo, -a] *adj* ① (*curioso*) aufmerksam ② (MED) anfällig

receptor[1] [rreθep'tor] *m* (*radio*) Empfänger *m;* (*teléfono*) Hörer *m*

receptor(a)[2] [rreθep'tor(a)] *m(f)* ① (*recipiente*) Empfänger(in) *m(f)* ② (JUR) Gerichtsvollzieher(in) *m(f)*

recesión [rreθe'sjon] *f* Rezession *f*

receso [rre'θeso] *m* (*Am: vacaciones*) Urlaub *m*

receta [rre'θeta] *f* Rezept *nt;* **con** ~ **médica** auf Rezept; **venta con** ~ rezeptpflichtig

recetar [rreθe'tar] *vt* ① (MED) verordnen ② (*fam: pedir*) bestellen; ~ **largo** viele Wünsche haben

recetario [rrcθe'tarjo] *m* ① (GASTR) Kochbuch *nt* ② (MED: *libro*) Arzneibuch *nt;* (*talonario*) Rezeptblock *m;* (*de un enfermo*) Krankenblatt *nt*

rechazar [rreʧa'θar] <z→c> *vt* zurückweisen; (*denegar, no tolerar*) ablehnen; (*órgano*) abstoßen; ~ **de plano las acusaciones** die Anschuldigungen weit von sich *dat* weisen

rechazo [rre'ʧaθo] *m* Zurückweisung *f;* (*denegación*) Ablehnung *f;* (*de un órgano*) Abstoßen *nt*

rechiflar [rreʧi'flar] **I.** *vt* auspfeifen **II.** *vr:* ~ **se** sich lustig machen (*de* über +*akk*)

rechinamiento [rreʧina'mjento] *m* Knarren *nt;* ~ **de dientes** Zähneknirschen *nt*

rechinar [rreʧi'nar] *vi* knarren; ~ **los dientes** mit den Zähnen knirschen

rechistar [rreʧis'tar] *vi* (sich) mucksen

rechoncho, -a [rre'ʧonʧo, -a] *adj* (*fam*) pummelig

rechupete [rreʧu'pete]: **de** ~ ausgezeichnet; **la tarta estaba de** ~ der Kuchen war sehr lecker

recibidor [rreθiβi'ðor] *m* Vorzimmer *nt*

recibimiento [rreθiβi'mjento] *m* ① (*acogida*) Empfang *m;* **le dispensaron un** ~ **multitudinario** sie empfingen ihn/sie mit großer Begeisterung ② (*recibidor*) Vorzimmer *nt*

recibir [rreθi'βir] **I.** *vt* ① (*tomar*) bekommen, erhalten ② (*personas*) empfangen ③ (*aceptar*) aufnehmen **II.** *vi* (*médico*) Sprechstunde haben; (*ministro*) Besucher empfangen **III.** *vr:* ~ **se** die Staatsprüfung bestehen (*de* als +*nom*); (*médico, farmacéutico*) die Approbation erlangen; ~ **se de abogado** als Anwalt zugelassen werden

recibo [rre'θiβo] *m* ① (*de la luz, del agua*) Rechnung *f;* ~ **de entrega** Lieferschein *m* ② (*de una carta*) Empfang *m* ③ (*recibidor*) Vorzimmer *nt* ④ (*loc*): **ser de** ~ annehmbar sein; **si llaman, abre tú porque yo no estoy de** ~ wenn sie klingeln, mach du auf; ich bin noch nicht fertig

reciclable [rreθi'klaβle] *adj* wieder verwertbar

reciclaje [rreθi'klaxe] *m* Recycling *nt;* ~ **profesional** (*fig*) Umschulung *f*

reciclar [rreθi'klar] *vt* wieder verwerten

recién [rre'θjen] *adv* ① (*acabado de*) soeben; ~ **cocido/pintado** frisch gebacken/gestrichen; **los** ~ **casados** die Jungvermählten; **el** ~ **nacido** das Neugeborene ❷ (*Am: en cuanto*) sobald

reciente [rre'θjeṇte] *adj* ❶ (*nuevo*) neu; (*fresco*) frisch ❷ (*que acaba de suceder*) jüngst; **a causa de una enfermedad** ~ **no puedo moverme** wegen einer Krankheit, die mich vor kurzem befallen hat, kann ich mich nicht bewegen; **un libro de** ~ **publicación** ein gerade erschienenes Buch

recientemente [rreθjeṇte'meṇte] *adv* vor kurzem

recinto [rre'θiṇto] *m* Gelände *nt;* ~ **fortificado** Festung *f;* ~ **universitario** Campus *m*

recio, -a ['rreθjo, -a] **I.** *adj* ❶ (*fuerte*) stark ❷ (*rígido*) hart; **en lo más** ~ **del invierno** mitten im strengsten Winter ❸ (*raudo*) schnell **II.** *adv* heftig; **hablar** ~ laut sprechen

recipiente [rreθi'pjeṇte] *m* Behälter *m;* (*de vidrio/barro*) Gefäß *nt*

reciprocidad [rreθiproθi'ða⁰] *f* Gegenseitigkeit *f*

recíproco, -a [rre'θiproko, -a] *adj* gegenseitig; **... y a la recíproca** ... und umgekehrt

recitación [rreθita'θjon] *f* Rezitation *f*

recitador(a) [rreθita'ðor(a)] **I.** *adj* rezitatorisch **II.** *m/f)* Rezitator(in) *m(f)*

recital [rreθi'tal] *m* (MÚS) Konzert *nt;* (LIT) Dichterlesung *f*

recitar [rreθi'tar] *vt* vortragen; ~ **maquinalmente el menú** den Speiseplan herunterrasseln

reclamación [rreklama'θjon] *f* ❶ (*recurso*) Einspruch *m;* (*queja*) Beschwerde *f;* (*de defectos*) Reklamation *f* ❷ (*exigencia*) Forderung *f;* (*de deuda*) Mahnung *f*

reclamar [rrekla'mar] **I.** *vi* (*protestar*) Einspruch erheben; (*quejarse*) sich beschweren (*por* über +*akk, a* bei +*dat*); (*defectos*) reklamieren (*ante* bei +*dat*) **II.** *vt* (*pedir*) fordern; (*una deuda*) anmahnen; **nos reclama el dinero que nos prestó hace un mes** er/sie verlangt das Geld zurück, das er/sie uns vor einem Monat geliehen hat; **el terrorista es reclamado por la justicia sueca a Italia** die schwedische Justiz verlangt von Italien die Auslieferung des Terroristen; **España reclama Gibraltar a Inglaterra desde hace siglos** seit Jahrhunderten macht Spanien gegenüber England Ansprüche auf Gibraltar geltend

reclamo [rre'klamo] *m* ❶ (*caza*) Lockvogel *m;* (*utensilio*) Lockpfeife *f;* (*grito*) Lockruf *m;* **acudir al** ~ in die Falle gehen ❷ (COM) Reklame *f*

reclasificar [rreklasifi'kar] <c→qu> *vt* neu einteilen; ~ **un puesto de trabajo** eine

Arbeitsstelle neu einstufen

reclinable [rrekli'naβle] *adj* verstellbar; **asiento** ~ Liegesitz *m*

reclinar [rrekli'nar] **I.** *vt* anlehnen; (*hacia atrás*) zurücklehnen; **reclinó su cabeza contra** [*o* **en**] [*o* **sobre**] **mis hombros** er/sie lehnte seinen/ihren Kopf an meine Schulter **II.** *vr:* ~ **se** (*inclinarse*) sich (an)lehnen (*contra/en/sobre* an/gegen +*akk*); (*apoyarse*) sich (auf)stützen (*en/sobre* auf +*akk*)

reclinatorio [rreklina'torjo] *m* Betstuhl *m*

recluir [rreklu'ir] *irr como huir* **I.** *vt* einsperren **II.** *vr:* ~ **se** sich zurückziehen

reclusión [rreklu'sjon] *f* ❶ (JUR) Haft *f* ❷ (*aislamiento*) Zurückgezogenheit *f*

recluso, -a [rre'kluso, -a] **I.** *adj* (*preso*) inhaftiert; **la población reclusa vive en condiciones inhumanas** Häftlinge leben unter unmenschlichen Bedingungen **II.** *m, f* Häftling *m*

recluta [rre'kluta] *mf* Rekrut(in) *m(f)*

reclutamiento [rrekluta'mjeṇto] *m* Rekrutierung *f*

reclutar [rreklu'tar] *vt* rekrutieren

recobrar [rreko'βrar] **I.** *vt* wiederbekommen; ~ **las fuerzas** wieder zu Kräften kommen; ~ **las pérdidas** den Verlust wettmachen; ~ **el sentido** wieder zu sich *dat* kommen; ~ **la vista** das Sehvermögen wiedererlangen; ~ **las ganas de vivir** neuen Lebensmut schöpfen **II.** *vr:* ~ **se** sich erholen

recochineo [rrekotʃi'neo] *m* (*fam pey: burla*) Spott *m;* **sin** ~ Spaß beiseite

recodo [rre'koðo] *m* (*río*) Biegung *f*

recogedor [rrekoxe'ðor] *m* Kehrschaufel *f*

recogepelotas [rrekoxepe'lotas] *mf inv* (DEP: *chico*) Balljunge *m;* (*chica*) Ballmädchen *nt*

recoger [rreko'xer] <g→j> **I.** *vt* ❶ (*buscar*) abholen; **te voy a** ~ **a la estación** ich hole dich vom Bahnhof ab; **recogen las cartas a las ocho** die Briefkästen werden um acht geleert ❷ (*coger*) einsammeln; (*ordenar*) aufräumen; (*guardar*) wegräumen; ~ **del suelo** vom Boden aufheben; **¡es hora de** ~**!** Schluss für heute! ❸ (*juntar*) sammeln ❹ (*cosecha*) ernten; ~ **la fruta de su trabajo** die Früchte seiner Arbeit ernten; **quien siembra vientos, recoge tempestades** (*prov*) wer Wind sät, wird Sturm ernten ❺ (*acoger*) aufnehmen ❻ (*arremangar: vestido*) raffen; (*pantalón*) hochziehen ❼ (*cabello*) hochstecken ❽ (*enrollar: velas*) einholen; (*cortinas*) zusammenraffen **II.** *vr:* ~ **se** ❶ (*a casa*) nach Hause gehen; (*a la cama*) ins Bett gehen ② (REL) sich sammeln

recogida [rreko'xiða] *f* (*juntar*) Einsammeln *nt*; (*buscar*) Abholen *nt*; ~ **de basuras** Abfallentsorgung *f*; ~ **de beneficios** (FIN) Gewinnmitnahme *f*; ~ **del correo** Briefkastenleerung *f*; ~ **de equipajes** (AERO) Gepäckausgabe *f*

recogido, -a [rreko'xiðo, -a] *adj* ① (*acogedor*) gemütlich ② (*retirado*) zurückgezogen

recogimiento [rrekoxi'mjeṇto] *m* (*devoción*) Andacht *f*; (*retraimiento*) Zurückgezogenheit *f*; **oímos la misa con** ~ wir haben andächtig die Messe gehört

recolección [rrekole'k'θjon] *f* (AGR) Ernte *f*; (*periodo*) Erntezeit *f*

recolectar [rrekolek'tar] *vt* ① (*cosas*) sammeln ② (*frutos*) ernten

recolector(a) [rrekolek'tor(a)] I. *adj* ① (*de dinero*) (ein)sammelnd ② (*de cosecha*) Ernte- II. *m(f)* ① (*de dinero*) Sammler(in) *m(f)* ② (*cosechador*) Pflücker(in) *m(f)*

recomendable [rrekomen'daβle] *adj* ratsam

recomendación [rrekomeṇda'θjon] *f* Empfehlung *f*; **con la ayuda de tu** ~ auf deine Empfehlungen hin; **por** ~ **de mi médico** auf Empfehlung meines Arztes; **al ser hijo del alcalde tiene muchas recomendaciones** als Sohn des Bürgermeisters hat er gute Beziehungen

recomendado, -a [rrekomen'daðo, -a] I. *adj* (*precio*) unverbindlich; **precio de venta al público** ~ unverbindliche Preisempfehlung II. *m, f* (*enchufado*) Schützling *m*

recomendar [rrekomeṇ'dar] <e→ie> *vt* empfehlen; **nos recomendó no salir de casa** er/sie riet uns, nicht aus dem Haus zu gehen

recomenzar [rrekomeṇ'θar] *irr como empezar vt* nochmal anfangen (*a* zu +*inf*)

recompensa [rrekom'pensa] *f*, **recompensación** [rrekompensa'θjon] *f* Belohnung *f*; **ofrecer una** ~ **de 50 euros por algo** eine Belohnung von 50 Euro für etw aussetzen; **¿es ésta la** ~ **a todos mis esfuerzos?** ist das der Dank für (all) meine Mühe?; **en** ~ als Belohnung

recompensar [rrekompen'sar] *vt* ① (*a alguien*) belohnen (*de/por* für +*akk*); ~ **de un daño** entschädigen; **fue recompensado por sus gastos** ihm wurden seine Auslagen vergütet ② (*un servicio*) vergüten

recomponer [rrekompo'ner] *irr como poner vt* reparieren

reconcentrar [rrekoṇθeṇ'trar] I. *vt* konzen-

trieren (*en* auf +*akk*) II. *vr:* ~ **se** sich in Gedanken vertiefen; ~ **se en algo** sich in etw vertiefen

reconciliación [rrekoṇθilja'θjon] *f* Versöhnung *f*; **darse la mano en señal de** ~ sich *dat* die Hand zur Versöhnung reichen

reconciliador(a) [rrekoṇθilja'ðor(a)] *adj* versöhnend

reconciliar [rrekoṇθi'ljar] I. *vt* versöhnen II. *vr:* ~ **se** sich versöhnen

recóndito, -a [rre'koṇdito, -a] *adj* verborgen; **la casa está en lo más** ~ **del bosque** das Haus ist tief im Wald verborgen; **en lo más** ~ **de mi corazón** im Innersten meines Herzens

reconfortante [rrekomfor'taṇte] *adj* Trost bringend

reconfortar [rrekomfor'tar] *vt* trösten

reconocer [rrekono'θer] *irr como crecer* I. *vt* ① (*identificar*) erkennen; ~ **por la voz** an der Stimme erkennen; **el pintor reconoció el cuadro como suyo** der Maler hat das Bild als seins erkannt ② (*admitir*) zugestehen; (*un error*) zugeben; ~ **como hijo** als Sohn anerkennen ③ (*examinar*) überprüfen; (MED) untersuchen ④ (POL) anerkennen ⑤ (MIL) aufklären ⑥ (*advertir*) erkennen; **reconociendo que...** in der Erkenntnis, dass ... II. *vr:* ~ **se** ① (*declararse*) sich bekennen; ~ **se culpable** sich schuldig bekennen ② (*loc*): **no se reconoció a sí misma** sie kannte sich selbst nicht mehr; **no me reconocí en la novela** ich habe mich in dem Roman nicht wieder erkannt

reconocido, -a [rrekono'θiðo, -a] *adj* (*agradecido*) dankbar

reconocimiento [rrekonoθi'mjeṇto] *m* ① (POL) Anerkennung *f*; **el no** ~ **de Bosnia-Herzegovina** die Nichtanerkennung von Bosnien-Herzegowina ② (*exploración*) Erkundung *f*; ~ **médico** ärztliche Untersuchung; ~ **precoz** (MED) Früherkennung *f*; **vuelo de** ~ Aufklärungsflug *m* ③ (*gratitud*) Dankbarkeit *f*; **en** ~ **de mi labor** als Dank für meine Leistungen ④ (INFOR): ~ **de errores** Fehlererkennung *f*

reconquista [rrekoṇ'kista] *f* Wiedereroberung *f*

---

i Land & Leute

Die **Reconquista** (722-1492) wurde nach acht Jahrhunderten maurischer Besetzung mit der Rückeroberung des Königreiches von Granada beendet. Acht Jahrhunderte lang war es das einzige Ziel der christlichen Herrscher gewesen, die Araber aus der *Península Ibérica* zu vertreiben. Die Mauren und Juden, die in Spanien bleiben wollten, mussten zum christlichen Glauben konvertieren.

reconquistar [rrekoŋkis'tar] *vt* zurückerobern; (*fig*) wiedergewinnen

reconsiderar [rrekonsiðe'rar] *vt* nachdenken (über +*akk*)

reconstituir [rrekonˢstitu'ir/rrekoⁿsti'twir] *irr como huir vt* ① (*restablecer*) wiederherstellen ② (*rehacer*) rekonstruieren; ~ **una escena histórica** eine Szene historisch getreu nachbilden

reconstituyente [rrekoⁿstitu'ɟente] *m* (MED) Kräftigungsmittel *nt*

reconstrucción [rrekoⁿstruʸ'θjon] *f* ① (*país*) Wiederaufbau *m* ② (JUR) Rekonstruktion *f*

reconstruir [rrekoⁿstru'ir/rrekoⁿs'trwir] *irr como huir vt* ① (*reedificar*) wieder aufbauen ② (*componer*) rekonstruieren; (*completar*) zusammenfügen

recontar [rrekoⁿ'tar] <o→ue> *vt* ① (*cantidad*) zählen; (*votos*) zählen ② (*cuento*) nacherzählen

recontra [rre'koⁿtra] (*Am: fam*): **¡idiota! – ¡que te ~!** Blödmann! – selber Blödmann!

recontrabueno, -a [rrekoⁿtra'βweno, -a] *adj* (*Am: fam*) echt gut

recontracaro, -a [rrekoⁿtra'karo, -a] *adj* (*Am: fam*) total überteuert

reconvenir [rrekombe'nir] *irr como venir vt* (*reprender*) tadeln (*por* wegen +*gen/dat*)

reconvertir [rrekomber'tir] *irr como sentir vt* umstellen

Recopa [rre'kopa] *f* (DEP) Pokal *m* der Pokalsieger

recopilación [rrekopila'θjon] *f* Sammlung *f*

recopilar [rrekopi'lar] *vt* zusammenstellen

récord ['rrekor⁽ᵈ⁾] <récords> *m* Rekord *m*

recordar [rrekor'ðar] <o→ue> I. *vi, vt* ① (*acordarse*) sich erinnern (an +*akk*) ② (*traer a la memoria, semejar*) erinnern (an +*akk*); **recuérdale a mamá que me traiga el libro** erinnere Mama daran, dass sie mir das Buch mitbringen soll; **este paisaje me recuerda (a) la Toscana** diese Landschaft erinnert mich an die Toskana; **si mal no recuerdo** wenn ich mich recht erinnere II. *vi, vr:* ~ **se** (*Arg, Méx: despertarse*) aufwachen III. *vr:* ~ **se** (*acordarse*) sich erinnern

recordatorio [rrekorða'torjo] *m* ① (*comunión*) Erinnerungskarte *f* zur Kommu-

nion; (*fallecimiento*) Todesanzeige *f* ② (*advertencia*) Mahnung *f* (*de* an +*akk*)

recorrer [rreko'rrer] *vt* ① (*atravesar*) durchqueren; (*viajar por*) bereisen; ~ **Europa en bicicleta** mit dem Fahrrad durch Europa reisen ② (*trayecto*) zurücklegen; **recorrimos tres kilómetros a pie** wir sind drei Kilometer zu Fuß gelaufen ③ (*registrar*) durchsuchen; (*terreno*) absuchen ④ (*texto*) überlesen; ~ **con la vista** überfliegen

recorrido [rreko'rriðo] *m* ① (*trayecto, itinerario*) Strecke *f*; (*a pie*) Wegstrecke *f*; (*en coche*) Fahrstrecke *f*; **vuelo de corto/ largo** ~ Kurz-/Langstreckenflug *m* ② (*vuelta*) Tour *f*

recortable [rrekor'taβle] *adj* zum Ausschneiden; **muñeca** ~ Anziehpuppe *f*

recortado, -a [rrekor'taðo, -a] *adj* (*hoja*) ausgezackt; (*costa*) gezackt

recortar [rrekor'tar] I. *vt* ① (*figuras*) ausschneiden; (*barba, uñas*) schneiden; (*quitar*) abschneiden ② (*disminuir*) kürzen II. *vr:* ~ **se** sich abzeichnen; **el perfil de las montañas se recorta sobre el horizonte** die Silhouette der Berge zeichnet sich am Horizont ab

recorte [rre'korte] *m* ① (*periódico*) Ausschnitt *m* ② (*rebajamiento*) Kürzung *f* ③ *pl* (*cortaduras*) Abfall *m*; ~**s de papel** Papierschnitzel *mpl o ntpl*; ~**s de tela** Stoffreste *mpl*

recostar [rrekos'tar] <o→ue> I. *vt* (*apoyar*) (auf)stützen (*en/sobre* auf +*akk*); (*inclinar*) (an)lehnen (*contra/en* an/gegen +*akk*); ~ **la espalda contra una columna** sich mit dem Rücken gegen eine Säule lehnen II. *vr:* ~ **se** (*inclinarse*) sich (an)lehnen (*contra/en* an/gegen +*akk*); (*apoyarse*) sich (auf)stützen (*en/sobre* auf +*akk*)

recoveco [rreko'βeko] *m* ① (*escondrijo*) Schlupfwinkel *m* ② (*falta de claridad*) Undurchschaubarkeit *f*; **sin** ~ ehrlich; **persona con** ~ undurchsichtige Person ③ (*vuelta*) Biegung *f*

recreación [rrekrea'θjon] *f* ① (*reproducción*) Nachahmung *f* ② (*diversión*) Zeitvertreib *m*

recrear [rrekre'ar] I. *vt* ① (*reproducir*) nachahmen ② (*divertir*) unterhalten II. *vr:* ~ **se** sich zerstreuen; **se recrea contemplando cuadros** er/sie schaut sich *dat* gern Bilder an

recreativo, -a [rrekrea'tiβo, -a] *adj* entspannend; (**salón de juegos**) ~**s** Spielhölle *f*

recreo [rre'kreo] *m* (Schul)pause *f*; **de** ~ Freizeit-; **casa de** ~ Wochenendhaus *nt*; **puerto de** ~ Jachthafen *m*

recriminación [rrekrimina'θjon] *f* ❶ (*reproche*) Vorwurf *m* ❷ (*acusación*) Beschuldigung *f*

recriminar [rrekrimi'nar] *vt* ❶ (*reprochar*) Vorwürfe machen +*dat* ❷ (*acusar*) beschuldigen

recriminatorio, -a [rrekrimina'torjo, -a] *adj* (*con reproches*) vorwurfsvoll; (*acusando*) beschuldigend

recrudecer [rrekruðe'θer] *irr como crecer vi, vr:* ~ **se** sich verschlimmern; (*conflicto*) sich verschärfen

recrudecimiento [rrekruðeθi'mjento] *m* Verschlimmerung *f*; (*combate*) Verschärfung *f*

recta ['rrekta] *f* Gerade *f*; **entrar en la** ~ **final** (DEP: *t. fig*) in die Zielgerade einlaufen

rectamente [rrekta'mente] *adv* (*honradamente*) redlich

rectangular [rrektaŋgu'lar] *adj* rechteckig

rectángulo¹ [rrek'taŋgulo] *m* Rechteck *nt*

rectángulo, -a² [rrek'taŋgulo, -a] *adj* rechtwinklig

rectificación [rrektifika'θjon] *f* (*corrección*) Berichtigung *f*; (*de alguien*) Verbesserung *f*

rectificar [rrektifi'kar] <c→qu> *vt* ❶ (*corregir*) berichtigen; (*a alguien*) verbessern ❷ (*carretera*) begradigen

rectilíneo, -a [rrekti'lineo, -a] *adj* ❶ (*forma*) geradlinig ❷ (*persona*) streng

rectitud [rrekti'tuð] *f* (*honradez*) Rechtschaffenheit *f*

recto¹ ['rrekto] *m* (ANAT) Mastdarm *m*

recto, -a² [rrekto, -a] *adj* ❶ (*t.* MAT: *forma*) gerade; **ángulo** ~ rechter Winkel; **línea recta** Gerade *f* ❷ (*sin desviarse*) geradewegs; (*dirección*) geradeaus; **siga todo** ~ gehen Sie geradeaus weiter ❸ (*honrado*) rechtschaffen

rector(a) [rrek'tor(a)] **I.** *adj* leitend **II.** *m(f)* Rektor(in) *m(f)*

rectorado [rrekto'raðo] *m* Rektorat *nt*

recua ['rrekwa] *f* Herde *f* (*von Lasttieren*); **con él llegó toda su** ~ **de amigos** (*fam*) mit ihm kam eine ganze Horde von Freunden

recuadro [rre'kwaðro] *m* (*casilla*) Kästchen *nt*

recubierto [rreku'βjerto] *pp de* **recubrir**

recubrimiento [rrekuβri'mjento] *m* Beschichtung *f*

recubrir [rreku'βrir] *irr como abrir vt* überziehen

recuento [rre'kwento] *m* Nachzählung *f*; ~ **de votos** Stimmenauszählung *f*

recuerdo [rre'kwerðo] *m* ❶ (*evocación*) Erinnerung *f*; **en** [*o como*] ~ **de nuestro**

encuentro zum Andenken an unsere Begegnung; **traer al** ~ ins Gedächtnis rufen; **tener un buen** ~ **de algo** etw in guter Erinnerung haben ❷ (*de un viaje*) Souvenir *nt* ❸ *pl* (*saludos*) Grüße *mpl*; **dales muchos** ~s **de mi parte** sag ihnen viele Grüße von mir; **María te manda muchos** ~s María lässt dich herzlich grüßen

recular [rreku'lar] *vi* ❶ (*retroceder*) zurückweichen; (*automóvil*) rückwärts fahren; (*para aparcar*) (rückwärts) einparken ❷ (*fam: ceder*) nachgeben

recuperable [rrekupe'raβle] *adj* (zu)rückgewinnbar; (*material*) wieder verwertbar; **no** ~ (*estado*) nicht wiederherstellbar; (*material*) nicht wieder verwertbar

recuperación [rrekupera'θjon] *f* ❶ (*recobrar*) Wiedergewinnung *f*; ~ **de datos** (INFOR) Datenwiederherstellung *f* ❷ (ECON) Aufschwung *m*; ~ **de las cotizaciones** Kurserholung *f*; **la** ~ **de los precios** das Wiederanziehen der Preise ❸ (*enfermo*) Genesung *f* ❹ (*materiales*) Recycling *nt* ❺ (*asignatura*) Bestehen *nt*; **examen de** ~ Wiederholungsklausur *f* ❻ (*rescate*) Bergung *f*

recuperar [rrekupe'rar] **I.** *vt* ❶ (*recobrar*) wiedererlangen; (MIL) zurückerobern ❷ (*tiempo*) nachholen ❸ (*papel, hierro*) wieder verwerten ❹ (*rescatar*) bergen ❺ (*asignatura*) (im zweiten Anlauf) bestehen; **mi hijo no recuperó la física en el examen de septiembre** mein Sohn ist bei der Physikprüfung auch im zweiten Anlauf im September durchgefallen **II.** *vr:* ~ **se** sich erholen

recurrencia [rreku'rrenθja] *f* (MAT) Rekursion *f*

recurrir [rreku'rrir] *vi* ❶ (JUR) Beschwerde einlegen ❷ (*dirigirse*) sich wenden (*a* an +*akk*); (*acudir*) zurückgreifen (*a* auf +*akk*); ~ **a la justicia** den Rechtsweg beschreiten; ~ **a todos los medios** alle Hebel in Bewegung setzen; **no tener a quien** ~ niemanden haben, an den man sich wenden kann; **si no me pagas** ~**é a un abogado** wenn du nicht zahlst, werde ich einen Anwalt einschalten

recurso [rre'kurso] *m* ❶ (JUR): ~ (**de apelación**) Berufung *f*; ~ **de amparo** Verfassungsbeschwerde *f*; ~ **de queja** Beschwerde *f*; **interponer un** ~ **contra la sentencia** gegen das Urteil Einspruch erheben ❷ (*remedio*) Hilfe *f*; (*expediente*) Zuflucht *f*; **no me queda otro** ~ **que...** es bleibt mir nichts anderes übrig als ... ❸ *pl* (*bienes*) Mittel *ntpl*; **familias sin** ~s mittellose Familien ④ *pl* (*reservas*) Vorräte *mpl;* ~ **s naturales** natürliche Ressourcen; **el país cuenta con abundantes ~ s minerales** das Land ist reich an Bodenschätzen ⑤ (*loc*): **ser una persona de ~ s** ein findiger Kopf sein

recusación [rrekusa'θjon] *f* (*t.* JUR) Ablehnung *f*

recusar [rreku'sar] *vt* ablehnen

red [rreð] *f* Netz *nt;* ~ **comercial** Vertriebsnetz *nt;* ~ **vial** Straßennetz *nt;* **echar las ~ es** die Netze auswerfen; **han desarticulado una ~ de carteristas** sie haben einen Ring von Taschendieben zerschlagen; **caer en la ~** (*fig*) in die Falle gehen

redacción [rreðaɣ'θjon] *f* ① (ENS) Aufsatz *m* ② (PREN) Redaktion *f*

redactar [rreðak'tar] *vt* verfassen; (*documento*) aufsetzen; (*testamento*) abfassen

redactor(a) [rreðak'tor(a)] *m/f)* Verfasser(in) *m/f;* (PREN) Redakteur(in) *m/f)*

redada [rre'ðaða] *f* ① (*de la policía*) Razzia *f* ② (*pescado, t. fig*) Fischzug *m*

redaño [rre'ðaɲo] *m* ① (ANAT) Gekröse *nt* ② (*loc*): **tener muchos ~ s** Mut haben

redecilla [rreðe'θiʎa] *f* (*pelo*) Haarnetz *nt;* (*equipaje*) Gepäcknetz *nt*

rededor [rreðe'ðor] *m:* **al** [*o* **en**] ~ ringsherum; **al ~ de la casa** rings um das Haus

redefinir [rreðefi'nir] *vt* neu definieren

redención [rreðen'θjon] *f* ① (REL) Erlösung *f* ② (*cautivo*) Befreiung *f* ③ (*finca*) Ablösung *f*

redentor(a) [rreðen'tor(a)] *m/f)* Erlöser(in) *m/f)*

redescubrir *vt* wieder entdecken, neu entdecken

redescuento [rreðes'kwento] *m* (ECON) nachträglicher Preisnachlass *m*

redicho, -a [rre'ðitʃo, -a] *adj* (*fam*) affektiert

redil [rre'ðil] *m* Pferch *m;* **volver al ~** (*fig*) wieder auf den rechten Weg kommen

redimir [rreði'mir] *vt* ① (REL) erlösen ② (*esclavo*) loskaufen ③ (*finca*) ablösen

redistribución [rreðistriβu'θjon] *f* Umverteilung *f*

redistribuir [rreðistri'βwir] *irr como huir vt* umverteilen; ~ **la riqueza** den Wohlstand umverteilen

rédito ['rreðito] *m* Rendite *f*

redituar [rreðitu'ar] <*3. pres:* reditúa> *vt* abwerfen

redoblar [rreðo'βlar] **I.** *vt* ① (*aumentar*) verdoppeln ② (*clavo*) umbiegen **II.** *vi* (*tambor*) einen Trommelwirbel schlagen; (*tormenta, t. fig*) heftiger werden

redoble [rre'ðoβle] *m* (Trommel)wirbel *m*

redomado, -a [rreðo'maðo, -a] *adj* gerissen

redonda [rre'ðonda] *f* ① (*dehesa*) Aue *f;* **en tres kilómetros a la ~** im Umkreis von drei Kilometern ② (MÚS) ganze Note *f*

redondear [rreðonde'ar] *vt* (ab)runden; ~ **por defecto/por exceso** ab-/aufrunden

redondel [rreðon'del] *m* Kreis *m*

redondez [rreðon'deθ] *f* Rundung *f;* **en toda la ~ de la Tierra** auf dem ganzen Erdenrund

redondo, -a [rre'ðondo, -a] *adj* (*circular, t.* MAT) rund; (*redondeado*) abgerundet; **mirar con unos ojos ~ s como platos** anstarren; **hacer un negocio ~** ein gutes Geschäft machen; **se cayó ~** (*derrumbarse*) er/sie ist der Länge nach hingefallen; (*quedarse mudo*) ihm/ihr blieb die Sprache weg; **negarse en ~** sich rundheraus weigern

reducción [rreðuɣ'θjon] *f* ① (*disminución, t.* QUÍM) Reduktion *f;* (*de precios, gastos*) Senkung *f;* (*rebaja*) Rabatt *m;* (*de personal*) Abbau *m;* ~ **de la jornada laboral** Arbeitszeitverkürzung *f* ② (ECON) Kürzung *f;* (JUR) Minderung *f* ③ (*fotografía, dibujo*) Verkleinerung *f* ④ (FÍS, MAT) Reduktion *f;* ~ **de quebrados** Bruchkürzung *f;* **tabla de ~** Umrechnungstabelle *f* ⑤ (MED) Einrenken *nt*

reducido, -a [rreðu'θiðo, -a] *adj* (*pequeño*) klein; (*estrecho*) eng

reducir [rreðu'θir] *irr como traducir* **I.** *vt* ① (*disminuir, t.* QUÍM) reduzieren; (*personal*) abbauen; (*gastos*) senken; (*precios*) herabsetzen ② (*foto, dibujo*) verkleinern; ~ **de escala** in einem kleineren Maßstab wiedergeben ③ (*someter*) unterwerfen; **la policía redujo al agresor** die Polizei überwältigte den Täter ④ (*convertir*) verwandeln (*a* in +*akk*); **el fuego redujo la casa a cenizas** bei dem Feuer brannte das Haus völlig nieder; ~/**quedar reducido a escombros** in Schutt und Asche legen/liegen; ~ **al absurdo algo** etw ad absurdum führen ⑤ (*limitar*) beschränken (*a* auf +*akk*) ⑥ (*resumir*) zusammenfassen; (*acortar*) kürzen ⑦ (MED) einrenken ⑧ (MAT) umrechnen; ~ **al común denominador** (*t. fig*) auf einen gemeinsamen Nenner bringen **II.** *vi* (AUTO) zurückschalten **III.** *vr:* ~**se** sich beschränken (*a* auf +*akk*)

redundancia [rreðun'danθja] *f* Redundanz *f*

redundante [rreðun'dante] *adj* überflüssig

redundar [rreðun'dar] *vi:* **eso redunda en beneficio nuestro** das liegt in unserem eigenen Interesse; **eso redunda en beneficio de todos** das wirkt sich vorteilhaft

für alle aus; **eso ~ á en perjuicio vuestro** das wird schlimme Folgen für euch haben
reduplicar [rreðupli'kar] <c→qu> *vt* verdoppeln; (LING) reduplizieren
reedición [rre(e)ði'θjon] *f* Neuauflage *f*
reedificación [rre(e)ðifika'θjon] *f* Wiederaufbau *m*
reedificar [rre(e)ðifi'kar] <c→qu> *vt* wieder aufbauen
reeditar [rre(e)ði'tar] *vt* neu auflegen
reeducación [rre(e)ðuka'θjon] *f* (MED) Krankengymnastik *f*
reelaborar [rre(e)laβo'rar] *vt* wieder verarbeiten
reelección [rre(e)leⁱ'θjon] *f* Wiederwahl *f*
reelegir [rre(e)le'xir] *irr como elegir vt* wieder wählen
reembolsar [rre(e)mbol'sar] *vt* zurückerstatten
reembolso [rre(e)m'bolso] *m* (*devolución*) Rückerstattung *f;* **me enviarán el paquete contra ~** ich bekomme das Paket per Nachnahme geschickt
reemplazar [rre(e)mpla'θar] <z→c> *vt* ersetzen; (*representar*) vertreten
reemplazo [rre(e)m'plaθo] *m* ① (*sustitución*) Austausch *m;* (DEP) Auswechseln *nt* ② (*tropas*) Reserve *f;* **ser del mismo ~** demselben Jahrgang angehören
reemprender [rre(e)mpren'der] *vt* wieder aufnehmen
reencarnación [rre(e)ŋkarna'θjon] *f* Reinkarnation *f*
reencarnar [rre(e)ŋkar'nar] *vi, vr:* **~ se** wieder geboren werden
reencontrar [rre(e)ŋkon'trar] <o→ue> *vt* wieder treffen
reencuentro [rre(e)ŋ'kwentro] *m* ① (*encuentro*) Wiedersehen ② (*choque*) Zusammenstoß *m* ③ (MIL) Gefecht *nt*
reenganchar [rre(e)ŋgan'tʃar] I. *vt* wieder anwerben II. *vr:* **~ se** ① (MIL) sich weiter verpflichten ② (*fig: droga*) wieder süchtig werden
reenviar [rre(e)mbi'ar] < *1. pres:* reenvío> *vt* (*al remitente*) zurückschicken (*a* an +*akk*); (*a un nuevo destinatario*) weitersenden (*a* an +*akk*)
reenvío [rre(e)m'bio] *m* (*al remitente*) Rücksendung *f* (*a* an +*akk*); (*a un nuevo destinatario*) Weitersendung *f* (*a* an +*akk*)
reestreno [rre(e)s'treno] *m* Wiederaufführung *f*
reestructuración [rre(e)struktura'θjon] *f* (ECON) Umstrukturierung *f;* **~ financiera** finanzielle Umstrukturierung
reestructurar [rre(e)struktu'rar] *vt* umstrukturieren

refacción [rrefaⁱ'θjon] *f* Imbiss *m*
refaccionar [rrefaⁱθjo'nar] *vt* (*Am: edificios*) renovieren
refajo [rre'faxo] *m* (*de tela gruesa*) Flanellrock *m;* (*combinación*) Unterrock *m*
refectorio [rrefek'torjo] *m* Speisesaal *m*
referencia [rrefe'renθja] *f* ① (*relación*) Bezug *m;* (*alusión*) Anspielung *f* (*a* auf +*akk*); (*indicación*) Hinweis *m* (*a* auf +*akk*); **punto de ~** Anhaltspunkt *m;* **con ~ a** bezüglich +*gen;* **hacer una pequeña ~ a alguien** jdn am Rande erwähnen ② *pl* (*informes*) Referenzen *fpl* ③ (*nota*) (Akten)zeichen *nt;* **nuestra/su ~** (*en un escrito*) unser/Ihr Zeichen ④ (*relato*) Erzählung *f*
referendo [rrefe'rendo] *m,* **referéndum** [rrefe'rendun] <referéndums> *m* (*popular*) Volksabstimmung *f;* (*sindical*) Urabstimmung *m*
referente [rrefe'rente] *adj* bezüglich (*a* +*gen*); (**en lo**) **~ a su queja** mit Bezug auf Ihre Klage
referir [rrefe'rir] *irr como sentir* I. *vt* berichten II. *vr:* **~ se** sich beziehen (*a* auf +*akk*); **en** [*o* **por**] **lo que se refiere a nuestras relaciones** was unsere Beziehungen betrifft; **no me estaba refiriendo a Ud.** damit habe ich nicht Sie gemeint
refilón [rrefi'lon]: **mirar de ~** schräg ansehen; **el sol da en mi ventana de ~** die Sonne scheint nicht direkt in mein Zimmer
refinado, -a [rrefi'naðo, -a] *adj* raffiniert
refinamiento [rrefina'mjento] *m* Raffinesse *f*
refinanciar [rrefinan'θjar] *vt* (FIN) refinanzieren; (*créditos*) umschulden; **~ la deuda** die Schulden refinanzieren
refinar [rrefi'nar] I. *vt* (*petróleo, azúcar*) raffinieren; (*grasas*) verfeinern; (*metal*) veredeln II. *vr:* **~ se** sich *dat* bessere Manieren angewöhnen
refinería [rrefine'ria] *f* Raffinerie *f*
refino, -a [rre'fino, -a] *adj* hochfein
reflectar [rreflek'tar] *vi* (FÍS) reflektieren
reflector[1] [rreflek'tor] *m* (*foco*) Rückstrahler *m*
reflector(a)[2] [rreflek'tor(a)] *adj* reflektierend
reflejar [rrefle'xar] I. *vi, vt* widerspiegeln; **tus palabras reflejan miedo** deine Worte verraten Angst II. *vr:* **~ se** sich (wider)spiegeln
reflejo[1] [rre'flexo] *m* ① (*luz*) Reflex *m;* **las esmeraldas despiden unos preciosos ~ s verdes** Smaragde haben einen wunderschönen grünen Glanz ② (*imagen*) (Wider)spiegelung *f;* **su comportamiento**

R

es un fiel ~ de su estado de ánimo
sein/ihr Verhalten spiegelt seinen/ihren
Gemütszustand genau wider ❸(MED,
PSICO) Reflex *m*; **para ello hay que ser
rápido de ~ s** dafür braucht man sehr gute
Reflexe

reflejo, -a² [rre'flexo, -a] *adj* reflektiert;
dolor ~ ausstrahlender Schmerz; **movimiento ~** Reflexbewegung *f*

reflexión [rrefle^ɣ'sjon] *f* ❶(*consideraciones*) Überlegung *f* ❷(*rayos*) Reflexion *f*

reflexionar [rrefle^ɣsjo'nar] *vi, vt* nachdenken (*sobre/en* über +*akk*); **reflexiona
bien antes de dar ese paso** überleg es dir
gut, bevor du diesen Schritt unternimmst

reflexividad [rrefle^ɣsiβi'ða^ð] *f* (FILOS) Reflexivität *f*

reflexivo, -a [rrefle^ɣ'siβo, -a] *adj* ❶(*sensato*) besonnen; (*reflectante*) nachdenklich ❷(LING) reflexiv

reflotar [rreflo'tar] *vt* (*t.* NÁUT) wieder flottmachen

refluir [rreflu'ir] *irr como huir vi* zurückfließen

reflujo [rre'fluxo] *m* Ebbe *f*

refocilarse [rrefoθi'larse] *vr* (*pey*) sich weiden (*con/en* an +*dat*)

reforestación [rreforesta'θjon] *f* (Wieder)aufforstung *f*

reforestar [rrefores'tar] *vt* (wieder) aufforsten

reforma [rre'forma] *f* ❶(*mejora*) Verbesserung *f*; (*modificación*) Reform *f*; ~ **educativa** Schulreform *f*; ~ **monetaria** Währungsreform *f*; ~ **del sistema tributario**
Steuerreform *f* ❷(ARQUIT: *reestructuración*) Umbau *m*; (*renovación*) Renovierung *f*; **hacer una ~ en el cuarto de
baño** das Badezimmer renovieren ❸(REL):
R~ Protestante Reformation *f* ❹(*reparación*) Wiederherstellung *f*

reformador(a) [rreforma'ðor(a)] **I.** *adj*
❶(*que mejora*) verbessernd; (*que modifica*) reformerisch; (*partidario de reformas*) reformfreudig; **política ~a** Reformpolitik *f* ❷(REL) Reformations- **II.** *m(f)*
❶(*ejecutor, partidario de reformas*) Reformer(in) *m(f)* ❷(REL) Reformator(in) *m(f)*

reformar [rrefor'mar] **I.** *vt* ❶(*mejorar*) verbessern; (*modificar*) reformieren; ~ **su
conducta** sich besser benehmen ❷(*a alguien*) umerziehen ❸(ARQUIT: *reestructurar*) umbauen; (*renovar*) renovieren
❹(REL) reformieren ❺(*rehacer*) wiederherstellen ❻(*deshacer*) auflösen **II.** *vr:*
~ **se** sich bessern; ~ **se en el vestir** sich
besser kleiden

reformatorio¹ [rreforma'torjo] *m* Erzie-

hungsanstalt *f*; ~ **para delincuentes juveniles** Jugendvollzugsanstalt *f*

reformatorio, -a² [rreforma'torjo, -a] *adj*
(*que mejora*) verbessernd; (*que modifica*)
reformerisch

reformismo [rrefor'mismo] *m sin pl* Reformismus *m*

reformista [rrefor'mista] **I.** *adj* (*que
reforma*) Reform-; (*partidario de reformas*) reformfreudig; **tendencias ~s**
Reformbestrebungen *fpl*; **ser ~** (*ejecutar
reformas*) Reformen durchführen; (*ser partidario*) sich für Reformen einsetzen **II.** *mf*
Reformer(in) *m(f)*

reforzamiento [rreforθa'mjento] *m* ❶(*de
algo*) Verstärkung *f*; (*con vigas*) Verstrebung *f* ❷(*de alguien*) Ermutigung *f*

reforzar [rrefor'θar] *irr como forzar* **I.** *vt*
❶(*fortalecer*) verstärken; (*con vigas*) verstreben ❷(*animar*) ermutigen **II.** *vr:* ~ **se**
Mut fassen

refracción [rrefra^ɣ'θjon] *f* (FÍS) (Licht)brechung *f*

refractar [rrefrak'tar] **I.** *vt* brechen **II.** *vr:*
~ **se** sich brechen

refractario, -a [rrefrak'tarjo, -a] *adj* ❶(*rebelde*) störrisch; **ser ~ a algo** etw ablehnen ❷(*inmune*) immun (*a* gegen +*akk*)
❸(QUÍM, FÍS) feuerfest

refrán [rre'fran] *m* Sprichwort *nt*

refranero [rrefra'nero] *m* Sprichwörtersammlung *f*

refregar [rrefre'ɣar] *irr como fregar* **I.** *vt*
❶(*frotar*) abreiben; ~ **con un cepillo**
scheuern; ~ **la cacerola con un estropajo,** ~ **un estropajo por la cacerola**
den Topf (mit einem Putzschwamm) blank
scheuern ❷(*fam: reprochar*) vorhalten; ~
algo a alguien (por las narices) jdm etw
unter die Nase reiben **II.** *vr:* ~ **se** sich
(ab)reiben; ~ **se los ojos** sich *dat* die
Augen reiben; ~ **se la manga contra la
puerta recién pintada** mit dem Ärmel die
frisch gestrichene Tür streifen

refrenar [rrefre'nar] **I.** *vt* zügeln **II.** *vr:* ~ **se**
sich zügeln

refrendar [rrefren'dar] *vt* ❶(*autorizar*)
gegenzeichnen ❷(*un pasaporte*) mit
Sichtvermerk versehen ❸(*aceptar*)
zustimmen +*dat*

refrescante [rrefres'kante] *adj* (*que
refresca*) kühl; (*a alguien*) erfrischend

refrescar [rrefres'kar] **I.** *vt* ❶(*a algo*)
abkühlen; (*a alguien*) erfrischen; **el baño
me ha refrescado** das Bad war sehr erfrischend ❷(*cosas olvidadas*) auffrischen;
(*sentimiento*) neu aufleben lassen; ~ **la
memoria** dem Gedächtnis nachhelfen

II. *vi* ❶ (*aire*) abkühlen ❷ (*dar fresco*) erfrischen; **esta bebida refresca mucho** das ist ein sehr erfrischendes Getränk ❸ (*beber*) eine Erfrischung zu sich *dat* nehmen ❹ (*reponerse*) sich ausruhen ❺ (*viento*) auffrischen **III.** *vr:* ~**se** ❶ (*aire, cosa*) auffrischen; **el día se ha refrescado** es ist kühler geworden ❷ (*persona: mojarse*) sich abkühlen, sich erfrischen; (*beber*) eine Erfrischung zu sich *dat* nehmen; **voy a ducharme para ~me** ich geh mich mal unter der Dusche abkühlen; ~**se con una cerveza** sich mit einem Bier erfrischen ❸ (*reponerse*) sich ausruhen ❹ (*tomar el fresco*) an die frische Luft gehen ❺ (*viento*) auffrischen **IV.** *vimpers:* **por la tarde refresca** abends kühlt es ab

refresco [rre'fresko] *m* ❶ (*bebida*) Erfrischung *f*; (*gaseosa, naranjada*) Erfrischungsgetränk *nt* ❷ (*comidas y bebidas*) Imbiss *m*; (*refrigerio*) Snack *m*

refriega [rre'frjeɣa] *f* ❶ (MIL) Scharmützel *nt* ❷ (*fam: pelea*) Streit *m*; (*violenta*) Schlägerei *f*

refrigeración [rrefrixera'θjon] *f* Kühlung *f*; (*de una habitación*) Klimatisierung *f*; ~ **por aire/agua** Luft-/Wasserkühlung *f*

refrigerador[1] [rrefrixera'ðor] *m* ❶ (*nevera*) Kühlschrank *m*; (*cámara*) Kühlkammer *f*; (*instalación*) Kühlanlage *f* ❷ (*de un automóvil*) Kühler *m*

refrigerador(**a**)[2] [rrefrixera'ðor(a)] *adj* kühlend; **aparato** ~ (*para comestibles*) Kühlanlage *f*; (*para habitaciones*) Klimaanlage *f*

refrigeradora [rrefrixera'ðora] *f* (*Perú: nevera*) Kühlschrank *m*

refrigerar [rrefrixe'rar] **I.** *vt* (*enfriar*) kühlen; (*una habitación*) klimatisieren **II.** *vr:* ~**se** ❶ (*enfriarse*) (sich) abkühlen ❷ (*reponer fuerzas*) sich stärken

refrigerio [rrefri'xerjo] *m* Imbiss *m*

refrito [rre'frito] *m* ❶ (GASTR) in Öl angebratene Zwiebeln mit Knoblauch ❷ (*pey: de una obra*) Aufguss *m*

refuerzo [rre'fwerθo] *m* ❶ (*reforzamiento*) Verstärkung *f*; (*viga*) Verstrebung *f*; (*parche*) Flicken *m* ❷ (*ayuda*) Unterstützung *f*; (*complemento*) Nachschub *m* ❸ *pl* (MIL) Verstärkung *f*

refugiado, -a [rrefu'xjaðo, -a] *m, f* Flüchtling *m*

refugiarse [rrefu'xjarse] *vr* (*en un lugar*) Zuflucht suchen (*en* in +*dat*); (*de algo*) sich in Sicherheit bringen (*de* vor +*dat*); ~ **en una mentira** zu einer Lüge greifen; **se refugió en mis brazos** er/sie suchte in meinen Armen Trost

refugio [rre'fuxjo] *m* ❶ (*protección, consuelo*) Zuflucht *f* (*de* vor +*dat*) ❷ (*lugar*) Zufluchtsort *m*; (*construcción*) Schutzhütte *f*; ~ (**montañero**) Berghütte *f* ❸ (MIL) Bunker *m* ❹ (*para mendigos*) Obdachlosenasyl *nt* ❺ (*persona*) Stütze *f* ❻ (*tráfico*) Verkehrsinsel *f*

refulgencia [rreful'xeŋθja] *f* Leuchten *nt*

refulgir [rreful'xir] <g→j> *vi* leuchten

refundición [rrefuɲdi'θjon] *f* ❶ (*fundición*) Einschmelzung *f*; (*modificación*) Umschmelzung *f* ❷ (*revisión*) Überarbeitung *f*; (*de un libro*) Neubearbeitung *f* ❸ (*reunión*) Verschmelzung *f*

refundir [rrefuɲ'dir] **I.** *vt* ❶ (*metal: fundir*) einschmelzen; (*modificar*) umschmelzen ❷ (*revisar*) überarbeiten; (*libro*) neu bearbeiten ❸ (*reunir*) (miteinander) verschmelzen ❹ (*perder*) verlieren **II.** *vr:* ~**se** ❶ (*reunirse*) verschmelzen ❷ (*AmC: perderse*) abhanden kommen

refunfuñar [rrefuɱfu'ɲar] *vi* murren

refunfuñón, -ona [rrefuɱfu'ɲon, -ona] **I.** *adj* mürrisch, brummig **II.** *m, f* Brummbär *m*

refutación [rrefuta'θjon] *f* ❶ (*acción, palabras*) Widerlegung *f* ❷ (*argumento*) (Gegen)argument *nt*; (*prueba*) (Gegen)beweis *m*

refutar [rrefu'tar] *vt* widerlegen

regadera [rreɣa'ðera] *f* ❶ (*recipiente*) Gießkanne *f* ❷ (*reguera*) Bewässerungsgraben *m* ❸ (*loc*): **estar como una** ~ (*fam*) spinnen

regadío[1] [rreɣa'ðio] *m* Bewässerungsgelände *nt*; **estos campos son de** ~ diese Felder werden (künstlich) bewässert

regadío, -a[2] [rreɣa'ðio, -a] *adj* ❶ (*de riego*) bewässert ❷ (*que se puede regar*) bewässerbar

regalado, -a [rreɣa'laðo, -a] *adj* ❶ (*cómodo*) angenehm; **llevar una vida regalada** ein sorgloses Leben führen ❷ (*barato*) spottbillig; **vender algo a precio** ~ etw zu einem Schleuderpreis verkaufen; **a este precio el vestido es** ~ zu diesem Preis ist das Kleid (fast) geschenkt ❸ (*delicado*) verweichlicht ❹ (*deleitoso*) entzückend; (*sabroso*) köstlich

regalar [rreɣa'lar] **I.** *vt* ❶ (*obsequiar*) schenken; **en esta tienda regalan la fruta** (*fig*) in diesem Laden ist Obst spottbillig ❷ (*mimar*) verwöhnen ❸ (*deleitar*) ergötzen ❹ (*acariciar*) liebkosen **II.** *vr:* ~**se** ❶ (*llevar buena vida*) es sich *dat* gut gehen lassen; ~**se la buena vida** ein sorgloses Leben führen ❷ (*proporcionarse*) sich *dat* gönnen (*con* +*akk*) ❸ (*deleitarse*)

R

sich ergötzen (*con* an +*dat*)

regalía [rreɣa'lia] *f* ❶ (*privilegio*) Privileg *nt;* (*del Estado, la Corona*) Hoheitsrecht *nt* ❷ (*pago*) Gehaltszuschlag *m* ❸ (*tasa*) Lizenzgebühr *f*

regaliz [rreɣa'liθ] *m* ❶ (*golosina*) Lakritze *f* ❷ (BOT) Süßholzstrauch *m*

regalo [rre'ɣalo] *m* ❶ (*obsequio*) Geschenk *nt;* **a este precio el coche es un** ~ zu diesem Preis ist der Wagen geschenkt ❷ (*gusto*) Genuss *m;* ~ **para la vista** Augenschmaus *m* ❸ (*comodidad*) Komfort *m*

regalón, -ona [rreɣa'lon, -ona] *adj* (*fam*) verwöhnt

regañadientes [rreɣaɲa'ðjentes]: **a** ~ zähneknirschend

regañado, -a [rreɣa'ɲaðo, -a] *adj* (*boca*) schief; (*ojo*) nicht schließend

regañar [rreɣa'ɲar] **I.** *vt* (*fam*) schimpfen (mit +*dat*) **II.** *vi* ❶ (*reñir*) (sich) streiten; (*dejar de tener trato*) sich zerstreiten; **ha regañado con su novio** (*reñir*) sie hat sich mit ihrem Freund gestritten; (*separarse*) sie hat sich von ihrem Freund getrennt; **estoy regañado con mis vecinos** meine Nachbarn und ich sind zerstritten ❷ (*refunfuñar*) murren

regañina [rreɣa'ɲina] *f* ❶ (*reprensión*) Schelte *f;* **echar una** ~ **a alguien** mit jdm schimpfen ❷ (*riña*) Reiberei *f;* **tener una** ~ **por algo** sich wegen etw *gen/dat* streiten

regaño [rre'ɣaɲo] *m* ❶ (*fam: reprensión*) Schelte *f;* **echar un** ~ **a alguien** mit jdm schimpfen ❷ (*gesto*) saure Miene *f*

regañón, -ona [rreɣa'ɲon, -ona] **I.** *adj* ❶ (*pendenciero*) streitsüchtig ❷ (*refunfuñón*) mürrisch **II.** *m, f* ❶ (*pendenciero*) Streithahn *m fam* ❷ (*refunfuñón*) Brummbär *m*

regar [rre'ɣar] *irr como fregar vt* ❶ (*con agua; una planta, el jardín*) gießen; (*las calles, el césped*) sprengen; (AGR) bewässern ❷ (*con un líquido*) voll spritzen; (*mojar*) nass machen; (*con algo menudo*) bestreuen; ~ **el suelo con arena** Sand auf den Boden streuen; ~ **la alfombra con pintura** Farbe auf dem Teppich verschütten; ~ **algo con lágrimas** etw mit Tränen benetzen ❸ (*atravesar*) durchfließen

regata [rre'ɣata] *f* (DEP) Regatta *f*

regate [rre'ɣate] *m* Ausweichmanöver *nt*

regatear [rreɣate'ar] **I.** *vi* ❶ (*mercadear*) handeln ❷ (*hacer regates*) ausweichen **II.** *vt* ❶ (*debatir*) aushandeln ❷ (*escasear*) geizen (mit +*dat*); **no** ~ **esfuerzos** keine Mühen scheuen ❸ (*vender*) (wieder) ver-

kaufen

regateo [rreɣa'teo] *m sin pl* Handeln *nt*

regazo [rre'ɣaθo] *m* Schoß *m*

regencia [rre'xenθja] *f* ❶ (*gobierno*) Regentschaft *f* ❷ (*dirección*) Leitung *f;* (*de un negocio*) Geschäftsführung *f*

regeneración [rrexenera'θjon] *f* ❶ (*t.* BIOL) Regenerierung *f* ❷ (ELEC) Rückkopplung *f*

regenerador¹ [rrexene'raðor] *m* ❶ (*agente*) Regenerierungsmittel *nt;* ~ **del cabello** Haarwuchsmittel *nt* ❷ (TÉC) Regenerator *m*

regenerador(a)² [rrexene'raðor(a)] *adj* regenerierend

regenerar [rrexene'rar] **I.** *vt* ❶ (*algo*) regenerieren ❷ (*a alguien*) bessern ❸ (ELEC) rückkoppeln **II.** *vr:* ~ **se** ❶ (*renovarse*) sich regenerieren; (*cabello*) nachwachsen ❷ (*reformarse*) sich bessern

regentar [rrexen'tar] *vt* ❶ (*dirigir*) leiten ❷ (*ejercer*) innehaben

regente [rre'xente] *mf* ❶ (*que gobierna*) Herrscher(in) *m(f)* ❷ (*que dirige*) Leiter(in) *m(f);* (*un negocio*) Geschäftsführer(in) *m(f)*

regicidio [rrexi'θiðjo] *m* Königsmord *m*

regidor(a) [rrexi'ðor(a)] **I.** *adj* ❶ (*que gobierna*) regierend; (*que dirige*) leitend **II.** *m(f)* ❶ (*concejal*) Gemeinderat, -rätin *m, f* ❷ (TEAT) Inspizient(in) *m(f)*

régimen ['rreximen] *m* <regímenes> ❶ (*sistema*) System *nt;* (*reglamentos*) Ordnung *f;* ~ **abierto** (*en una prisión*) Freigang *m;* ~ **legal de la seguridad social para jubilación e invalidez** gesetzliche Rentenversicherung; ~ **de patentes** Patentwesen *nt;* ~ **penitenciario** Strafvollzugsrecht *nt* ❷ (POL) Regierungssystem *nt* ❸ (*dieta*) Diät *f;* ~ **de adelgazamiento** Schlankheitsdiät *f;* **estar a** ~ Diät essen; **poner a** ~ auf Diät setzen ❹ (*manera de vivir*) Lebensweise *f;* **llevar un** ~ **de austeridad** enthaltsam leben ❺ (LING) Rektion *f*

regimiento [rrexi'mjento] *m* Regiment *nt*

regio, -a ['rrexjo, -a] *adj* ❶ (*real*) königlich ❷ (*magnífico*) prächtig

región [rre'xjon] *f* ❶ (*territorio*) Gegend *f,* Gebiet *nt* ❷ (*espacio*) Bereich *m;* (*del cuerpo*) Region *f;* ~ **abdominal** Bauchgegend *f*

regional [rrexjo'nal] *adj* regional

regionalizar [rrexjonali'θar] <z→c> *vt* (POL) regionalisieren

regir [rre'xir] *irr como elegir* **I.** *vt* ❶ (*gobernar*) regieren; (*dirigir*) leiten ❷ (*guiar*) lenken; (*ley*) regeln ❸ (LING) regieren **II.** *vi* ❶ (*tener validez*) gelten ❷ (*funcionar*) funktionieren ❸(*fam: estar cuerdo*) bei Verstand sein; **¡tú no riges!** du tickst wohl nicht richtig! **III.** *vr:* ~ **se** sich richten (*por* nach +*dat*)

registrado, -a [rrexis'traðo, -a] *adj* verzeichnet

registrador(a) [rrexistra'ðor(a)] **I.** *adj* Registrier- **II.** *m(f)* ❶(*funcionario*) Registrator(in) *m(f)*; ~ **de la propiedad** Grundbuchführer(in) *m(f)* ❷(TÉC) Schreiber *m*; ~ **de sonidos** (Ton)aufnahmegerät *nt*

registrar [rrexis'trar] **I.** *vt* ❶(*examinar*) durchsuchen; **¡a mí que me registren!** (*fig*) ich habe damit nichts zu tun! ❷(*inscribir*) registrieren; (*una empresa, un patente*) anmelden; **marca registrada** (eingetragene) Schutzmarke *f* ❸(*incluir*) aufnehmen ❹(*señalar*) registrieren; (*grabar*) aufzeichnen **II.** *vr:* ~ **se** ❶(*inscribirse*) sich einschreiben ❷(*observarse*) zu verzeichnen sein

registro [rre'xistro] *m* ·❶(*examinación*) Durchsuchung *f*; ~ **de la casa** Haus(durch)suchung *f* ❷(*con un instrumento*) Registrierung *f*; (*grabación*) Aufzeichnung *f* ❸(*inscripción*) Registrierung *f*; (*inclusión*) Aufnahme *f* ❹(*de una empresa, una patente*) Anmeldung *f*; (*de datos*) Erfassung *f* ❹(*nota*) (Register)eintrag *m*; (*protocolo*) Protokoll *nt*; ~ **de entrada/de salida** Eingangs-/Ausgangsvermerk *m*; ~ **de inventario** Inventurliste *f* ❺(*libro*) Register *nt*; ~ **de autores** Autorenkatalog *m*; ~ **electoral** Wählerverzeichnis *nt*; ~ **de entradas/salidas** Eingangs-/Ausgangsbuch *nt*; ~ **de la propiedad** Grundbuch *nt* ❻(*oficina*) Amt *nt*; (*archivo*) Registratur *f*; ~ **civil** Standesamt *nt*; ~ **de la propiedad** Grundbuchamt *nt*; ~ **de la propiedad industrial** Patentamt *nt* ❼(*abertura*) Schieber *m* ❽(*de un mecanismo*) Regler *m* ❾(*de un libro*) Register *nt* ❿(MÚS) Register *nt*; **tiene un ~ muy amplio** er/sie hat einen großen Stimmumfang; **tocar todos los ~s** (*fig*) alle Register ziehen

regla ['rreɣla] *f* ❶(*instrumento*) Lineal *nt*; ~ **de cálculo** Rechenschieber *m* ❷(*norma*) Regel *f*; ~**s de exportación** (COM) Ausfuhrbestimmungen *fpl*; **por ~ general** in der Regel; **estar en ~** in Ordnung sein; **poner en ~** regeln; **salir de la ~** zu weit gehen; **ser la ~** üblich sein; **la ~ es que...** +*subj* es ist üblich, dass ...; **por qué ~ de tres...** warum in aller Welt ...; **la excepción confirma la ~** (*prov*) Ausnahmen bestätigen die Regel ❸(MAT): ~ **de tres** Dreisatz *m*; **las cuatro ~s** die vier

Grundrechenarten ❹(*moderación*) Maß *nt*; **beber con** ~ in Maßen trinken ❺(*menstruación*) Regel *f*; **le viene la** ~ sie bekommt ihre Tage

reglaje [rre'ɣlaxe] *m* ❶(*de un mecanismo*) Regelung *f* ❷(*del papel*) Linierung *f*

reglamentación [rreɣlamenta'θjon] *f* ❶(*acción*) Regelung *f*; (*pey*) Reglementierung *f* ❷(*reglas*) Vorschriften *fpl*; (*escrita*) Ordnung *f*

reglamentar [rreɣlamen'tar] *vt* regeln; (*con leyes*) gesetzlich regeln; (*pey*) reglementieren

reglamentario, -a [rreɣlamen'tarjo, -a] *adj* ❶(*relativo al reglamento*) Ordnungs- ❷(*conforme al reglamento*) vorgeschrieben; (*acto, comportamiento*) vorschriftsgemäß

reglamento [rreɣla'mento] *m* Vorschriften *fpl*; (*escrito*) Ordnung *f*; (JUR, ADMIN) Verfügung *f*; (DEP) Reglement *nt*; (*de una organización*) Statut *nt*; (*del legislador*) Verordnung *f*; (*de una empresa*) Betriebsordnung *f*; ~ **europeo** EU-Verordnung *f*; ~ (**de funcionarios**) Dienstordnung *f*; ~ (**interno**) Geschäftsordnung *f*; ~ **de tráfico** Straßenverkehrsordnung *f*

reglar [rre'ɣlar] **I.** *vt* ❶(*reglamentar*) regeln ❷(*con líneas*) linieren ❸(TÉC) normen **II.** *vr:* ~ **se** ❶(*sujetarse*) sich richten (*por* nach +*dat*) ❷(*moderarse*) sich beschränken (*auf* +*akk*)

regocijado, -a [rreɣoθi'xaðo, -a] *adj* fröhlich

regocijar [rreɣoθi'xar] **I.** *vr:* ~ **se** ❶(*alegrarse*) sich freuen (*con* über +*akk*) ❷(*divertirse*) Spaß haben (*con* an +*dat*) **II.** *vt* erfreuen

regocijo [rreɣo'θixo] *m* ❶(*alegría*) Freude *f*; (*diversión*) Spaß *m*; **esperar algo con** ~ sich auf etw freuen ❷(*júbilo*) Jubel *m*; ~**s públicos** Feierlichkeiten *fpl*

regodearse [rreɣoðe'arse] *vr* ❶(*gozar*) genießen (*con/en* +*akk*); (*alegrarse*) sich freuen (*con/en* über +*akk*); **se regodea viéndome sufrir** es macht ihm/ihr Spaß, mich leiden zu sehen ❷(*fam: chacotear*) spaßen

regodeo [rreɣo'ðeo] *m* ❶(*placer*) Vergnügen *nt* ❷(*fam: chacoteo*) Spaßen *nt*; (*burla*) Spaß *m* ❸(*fam: fiesta*) Fest *nt*

regoldar [rreɣol'dar] *vi* rülpsen *fam*

regordete, -a [rreɣor'ðete, -a] *adj* mollig

regresar [rreɣre'sar] **I.** *vi* (*volver*) zurückkehren **II.** *vt* (*Méx: devolver*) zurückgeben **III.** *vr:* ~ **se** (*Am: volver*) zurückkehren

regresión [rreɣre'sjon] *f* Rückgang *m*

regresivo, -a [rreɣre'siβo, -a] *adj* rückläufig

R

regreso [rre'ɣreso] *m* (*vuelta*) Rückkehr *f;* (**viaje de**) ~ Rückreise *f;* **estar de** ~ zurück sein

reguero [rre'ɣero] *m* ❶ (*chorro*) Rinnsal *nt* ❷ (*señal*) Spur *f;* **expandirse como un** ~ **de pólvora** (*fig*) sich wie ein Lauffeuer verbreiten

regulación [rreɣula'θjon] *f* ❶ (*reglamentación*) Regelung *f;* ~ **administrativa** Verwaltungserlass *m* ❷ (*t.* TÉC: *organización, ajustación*) Regulierung *f;* (*de un río*) Begradigung *f;* **de** ~ **automática** selbst regulierend; ~ **de la demanda** (ECON) Nachfragesteuerung *f*

regulado, -a [rreɣu'laðo, -a] *adj* (*reglamentario*) vorschriftsgemäß

regulador [rreɣula'ðor] *m* Regler *m*

regular [rreɣu'lar] **I.** *vt* ❶ (*t.* TÉC: *organizar, ajustar*) regulieren; (*el volumen*) einstellen ❷ (*reglamentar*) regeln ❸ (*poner en orden*) in Ordnung bringen **II.** *adj* ❶ (*conforme a una regla*) regulär; **verbos** ~ **es** regelmäßige Verben; **por lo** ~ gewöhnlich; **tu comportamiento no me parece ni medio** ~ (*fam*) ich finde dein Verhalten völlig daneben ❷ (*reglamentado, ordenado*) geregelt ❸ (*estable*) konstant ❹ (*uniforme*) gleichmäßig ❺ (*mediano*) durchschnittlich; (*mediocre*) mittelmäßig; (*nota*) befriedigend; **de tamaño** ~ mittelgroß **III.** *adv* mittelmäßig

regularidad [rreɣulari'ðaˀ] *f* ❶ (*conformidad*) Ordnungsmäßigkeit *f* ❷ (*periodicidad*) Regelmäßigkeit *f;* **con** ~ regelmäßig ❸ (*uniformidad*) Gleichmäßigkeit *f* ❹ (*estabilidad*) Konstanz *f* ❺ (*medianía*) Durchschnittlichkeit *f;* (*mediocridad*) Mittelmäßigkeit *f* ❻ (*puntualidad*) Pünktlichkeit *f*

regularización [rreɣulariθa'θjon] *f* ❶ (*normalización*) Normalisierung *f* ❷ (ECON) Saldenbereinigung *f*

regularizar [rreɣulari'θar] <z→c> **I.** *vt* (*poner en orden*) in Ordnung bringen; (*normalizar*) normalisieren **II.** *vr:* ~ **se** (*regularse*) in Ordnung kommen; (*normalizarse*) sich normalisieren

regularmente [rreɣular'mente] *adv* (*ordinariamente*) normalerweise

regulativo, -a [rreɣula'tiβo, -a] *adj* regelnd

regurgitar [rreɣurxi'tar] *vi, vt* erbrechen

regusto [rre'ɣusto] *m* (*que queda*) Nachgeschmack *m;* (*secundario*) Beigeschmack *m;* **el cuadro tiene un cierto** ~ **surrealista** das Bild erinnert an surrealistische Werke

rehabilitación [rreaβilita'θjon] *f* ❶ (*t.* JUR, MED: *de alguien*) Rehabilitierung *f;* (*restitu-*

ción) Wiedereinsetzung *f* ❷ (*de una cosa*) Wiederherstellung *f;* (*de un edificio*) Wiederaufbau *m*

rehabilitar [rreaβili'tar] **I.** *vt* ❶ (*t.* JUR, MED: *a alguien*) rehabilitieren; (*restituir*) wieder einsetzen ❷ (*una cosa*) wiederherstellen; (*un edificio*) wieder aufbauen; ~ **la memoria** [*o* **la buena fama**] **de alguien** jdn rehabilitieren **II.** *vr:* ~ **se** sich rehabilitieren

rehacer [rrea'θer] *irr como* hacer **I.** *vt* ❶ (*volver a hacer*) noch einmal machen; ~ **una carta** einen Brief neu schreiben ❷ (*reconstruir*) wiederherstellen; (*reparar*) reparieren; (*un edificio*) wieder aufbauen; ~ **su vida con alguien** einen neuen Anfang mit jdm wagen **II.** *vr:* ~ **se** (*recuperar las fuerzas*) wieder zu Kräften kommen; (*la salud*) gesund werden; (*la tranquilidad*) die Fassung wiedergewinnen; ~ **se de una desgracia** sich von einem Schicksalsschlag erholen

rehecho, -a [rrea'etʃo, -a] **I.** *pp de* rehacer **II.** *adj* (*robusto*) gedrungen

rehén [rre'en] *m* ❶ (*persona*) Geisel *f* ❷ (*cosa*) Unterpfand *nt*

rehogar [rreo'ɣar] <g→gu> *vt* andünsten

rehuir [rreu'ir] *irr como* huir *vt* ❶ (*eludir*) (ver)meiden; ~ **a alguien** jdm aus dem Weg gehen; ~ **una obligación** sich einer Verpflichtung entziehen; **rehuye fregar los platos** er/sie drückt sich vor dem Spülen ❷ (*rechazar*) verweigern; **rehuye decir la verdad** er/sie weigert sich die Wahrheit zu sagen

rehusar [rreu'sar] *vt* ablehnen; (*el pago*) verweigern; (*una reclamación*) abweisen; **¡rehusado!** Annahme verweigert!; **rehusa verme** er/sie weigert sich mich zu sehen

reimplantar [rreimplan̩'tar] *vt* ❶ (*introducir*) wieder einführen ❷ (MED) wieder einpflanzen

reimportar [rreimpor'tar] *vt* wieder einführen; (ECON) reimportieren

reimpresión [rreimpre'sjon] *f* Neuauflage *f;* ~ **pirata** Raubdruck *m*

reimprimir [rreimpri'mir] *irr como* imprimir *vt* neu auflegen

reina ['rrei̯na] *f* ❶ (*soberana, la mejor; t.* ZOOL) Königin *f;* ~ **madre** Königinmutter *f;* ~ **abeja** Bienenkönigin *f* ❷ (*fam: cariño*) Schatz *m* ❸ (*dama*) Dame *f* ❹ (BOT): ~ **luisa** Melisse *f*

reinado [rrei̯'naðo] *m* ❶ (*gobierno*) Herrschaft *f;* (*tiempo*) Regierungszeit *f* ❷ (*auge*) Blütezeit *f* ❸ (*predominio*) Vorherrschaft *f*

reinar [rreɪ'nar] *vi* ❶ (*gobernar*) regieren, herrschen ❷ (*dominar*) vorherrschen ❸ (*existir*) herrschen

reincidencia [rreinθi'ðeɲθja] *f* Rückfall *m*

reincidente [rreinθi'ðeɲte] **I.** *adj* rückfällig **II.** *mf* Rückfalltäter(in) *m(f)*

reincidir [rreinθi'ðir] *vi* ❶ (*error*) erneut begehen (*en* +*akk*); ~ **en un delito** rückfällig werden; ~ **siempre en el mismo error** immer wieder in den alten Fehler verfallen ❷ (MED) einen Rückfall erleiden

reincorporación [rreiŋkorpora'θjon] *f* Wiedereingliederung *f;* ~ (**al trabajo**) Wiedereinstellung *f*

reincorporar [rreiŋkorpo'rar] **I.** *vt* wieder eingliedern (*a* in +*akk*); ~ **a alguien a un puesto** jdn wieder einstellen; ~ **al servicio** wieder in den Dienst aufnehmen **II.** *vr:* ~**se** (*a un territorio/una corporación*) wieder beitreten (*a* +*dat*); (*a un servicio/un empleo*) wieder aufnehmen (*a* +*akk*); ~**se al trabajo** wieder arbeiten (gehen)

reiniciar [rreini'θjar] *vi* (noch einmal) von vorn beginnen

reino ['rreino] *m* Reich *nt;* (*de un monarca*) Königreich *nt;* **R~ Unido** Vereinigtes Königreich; **mi ~ por una silla** ein Himmelreich für einen Stuhl

reinserción [rreinser'θjon] *f* soziale Wiedereingliederung *f;* (*de un criminal*) Resozialisierung *f*

reinsertar [rreinser'tar] *vt* wieder in die Gesellschaft eingliedern; (*a un criminal*) resozialisieren

reinstaurar [rreinstau'rar] *vt* (*imperio, sistema, orden*) neu begründen; (*democracia, dictadura, costumbres*) wieder einführen; (*plan, normas*) wieder aufstellen

reintegración [rreinteɣra'θjon] *f* ❶ (*reincorporación*) Wiedereingliederung *f;* (*en un cargo*) Wiedereinsetzung *f* ❷ (*de gastos*) Erstattung *f;* ~ **de los daños** Schaden(s)ersatz *m*

reintegrar [rreinte'ɣrar] **I.** *vt* ❶ (*reincorporar*) wieder aufnehmen; (*en un cargo*) wieder einsetzen; ~ **a alguien a su puesto de trabajo** jdn wieder einstellen ❷ (*devolver*) zurückgeben; (*dinero*) erstatten; (*desembolsos*) ersetzen **II.** *vr:* ~**se** ❶ (*reincorporarse*) sich wieder eingliedern; (*a una organización*) wieder eintreten; ~**se al trabajo** wieder arbeiten (gehen) ❷ (*recobrar*) zurückerhalten (*de* +*akk*)

reintegro [rrein'teɣro] *m* ❶ (*reintegración*) Wiedereingliederung *f;* (*en un cargo*) Wiedereinsetzung *f* ❷ (*premio*): **me tocó un ~** ich habe den Einsatz zurückgewonnen

reír [rre'ir] *irr* **I.** *vi* ❶ (*desternillarse*) lachen; **echarse a ~** auflachen; **no me hagas ~** (*fig*) mach dich nicht lächerlich; **me río de tu dinero** (*fig*) ich pfeife auf dein Geld; **el que ríe último ríe mejor** (*prov*) wer zuletzt lacht, lacht am besten ❷ (*sonreír*) lächeln **II.** *vr:* ~**se** ❶ (*desternillarse*) lachen (*de* über +*akk*); ~**se a carcajadas** aus vollem Hals lachen; ~**se en las barbas de alguien** jdm ins Gesicht lachen; ~**se hasta de su sombra** über jede Kleinigkeit lachen ❷ (*sonreír*) lächeln ❸ (*burlarse*) sich lustig machen (*de* über +*akk*); (*de alguien t.*) auslachen (*de* +*akk*); (*no tomar en serio*) lachen (*de* über +*akk*) ❹ (*fam: romperse*) kaputtgehen **III.** *vt* belachen, lachen (über +*akk*)

reiteración [rreitera'θjon] *f* Wiederholung *f;* (JUR) Rückfall *m*

reiteradamente [rreiteraða'meɲte] *adv* wiederholt

reiterar [rreite'rar] **I.** *vt* wiederholen; **te reitero las gracias** ich möchte dir nochmals danken; **reiteró su intención de ayudarme** er/sie betonte immer wieder, dass er/sie mir helfen wolle **II.** *vr:* ~**se** (sich) wiederholen; **se reiteró en su decisión de dejar de fumar** er/sie betonte immer wieder, dass er/sie das Rauchen aufgeben wolle

reivindicación [rreiβindika'θjon] *f* Forderung *f* (*de* nach +*dat*)

reivindicar [rreiβindi'kar] <c→qu> *vt* ❶ (*pedir*) fordern ❷ (*recobrar*) zurückgewinnen ❸ (*una acción*) sich bekennen (zu +*dat*); ~ **un atentado** sich zu einem Attentat bekennen

reja ['rrexa] *f* ❶ (*barras*) Gitter *nt;* **estar entre ~s** (*fam fig*) hinter Gittern sitzen ❷ (*del arado*) Pflugschar *f* ❸ (*labor*) Umpflügen *nt*

rejilla [rre'xiʎa] *f* (*enrejado*) Gitter *nt;* (*parrilla*) Rost *m;* (*brasero*) Ofen *m;* (*tejido*) Geflecht *nt;* (*para equipaje*) Gepäcknetz *nt*

rejo ['rrexo] *m* ❶ (*punta*) Stachel *m* ❷ (*Am: látigo*) Peitsche *f*

rejón [rre'xon] *m* (*barra*) Lanze *f*

rejuvenecer [rrexuβene'θer] *irr como crecer* **I.** *vt* ❶ (*hacer más joven*) verjüngen; **este peinado te rejuvenece** diese Frisur macht dich jünger ❷ (*modernizar*) modernisieren **II.** *vr:* ~**se** jünger aussehen

rejuvenecimiento [rrexuβeneθi'mjeɲto] *m* ❶ (*de alguien, un colectivo*) Verjüngung *f* ❷ (*modernización*) Modernisierung *f*

relación [rrela'θjon] *f* ❶ (*entre cosas/*

R

hechos) Zusammenhang *m;* ~ **entre la causa y el efecto** Kausalzusammenhang *m;* **hacer** ~ **a** sich beziehen auf *+akk;* **con** ~ *[o* **en** ~*]* **a su escrito** bezüglich Ihres Schreibens ❷ *(entre dos magnitudes)* Verhältnis *nt;* ~ **calidad-precio** Preis-Leistungs-Verhältnis *nt;* **los gastos no guardan** ~ **con el presupuesto** die Ausgaben stehen in keinem Verhältnis zum Kostenvoranschlag ❸ *(entre personas)* Beziehung *f;* **relaciones públicas** Publicrelations *fpl;* **tener relaciones con alguien** Kontakt zu jdm haben; **tener muchas relaciones** *(amigos)* einen großen Bekanntenkreis haben; *(influyentes)* gute Beziehungen haben; **tienen buenas/malas relaciones** sie haben ein gutes/schlechtes Verhältnis (zueinander) ❹ *pl* *(noviazgo)* Verlobung *f;* **han roto sus relaciones** sie haben ihre Verlobung gelöst ❺ *pl* *(amoría)* Verhältnis *nt;* **mantienen relaciones** sie haben ein Verhältnis miteinander; **mantener relaciones sexuales con alguien** Geschlechtsverkehr mit jdm haben ❻ *(relato)* Schilderung *f;* *(informe)* Bericht *m;* **hacer una** ~ **de algo** etw schildern; **hacer una** ~ **detallada de algo** ausführlich über etw berichten ❼ *(lista)* Verzeichnis *nt*

relacionar [rrelaθjoˈnar] **I.** *vt* ❶ *(poner en relación)* in Zusammenhang bringen ❷ *(relatar)* schildern **II.** *vr:* ~ **se** ❶ *(estar relacionado)* zusammenhängen ❷ *(iniciar relaciones)* in Beziehung treten *(con zu +dat)*; *(mantener relaciones)* Kontakt haben *(con zu +dat);* ~ **se mucho** *(tener amigos)* einen großen Bekanntenkreis haben; *(influyentes)* gute Beziehungen haben

relajación [rrelaxaˈθjon] *f* ❶ *(distensión, distracción)* Entspannung *f* ❷ *(malas costumbres)* Zügellosigkeit *f* ❸ *(debilitación)* Erschlaffung *f* ❹ *(atenuación)* Lockerung *f;* ~ **de la pena** Strafmilderung *f* ❺ (MED) Verstauchung *f;* *(de la hernia)* Leistenbruch *m*

relajado, -a [rrelaˈxaðo, -a] *adj* ❶ *(débil)* schlaff ❷ *(vicioso)* zügellos

relajante [rrelaˈxaṇte] **I.** *adj* entspannend **II.** *m* (MED) Relaxans *nt*

relajar [rrelaˈxar] **I.** *vt* ❶ *(distender, distraer)* entspannen ❷ *(suavizar)* lockern; *(la pena)* mildern **II.** *vr:* ~ **se** ❶ *(distenderse, descansar)* sich entspannen ❷ *(debilitarse)* erschlaffen ❸ *(suavizarse)* lockerer werden ❹ *(viciarse)* in schlechte Gewohnheiten verfallen ❺ *(lesionarse)* sich *dat* verstauchen; *(herniarse)* sich *dat*

einen Leistenbruch zuziehen

relamer [rrelaˈmer] **I.** *vt* ablecken **II.** *vr:* ~ **se** ❶ *(los labios)* sich *dat* die Lippen lecken ❷ *(gozar)* genießen *(con +akk);* ~ **se con un manjar** eine Speise für sein Leben gern essen ❸ *(gloriarse)* prahlen *(de* mit *+dat)* ❹ *(arreglarse)* sich herausputzen ❺ *(animal)* sich putzen

relamido, -a [rrelaˈmiðo, -a] *adj* ❶ *(arreglado)* geleckt ❷ *(afectado)* affektiert

relámpago [rreˈlampaɣo] *m* Blitz *m;* **ser (veloz como) un** ~ schnell wie der Blitz sein

relampaguear [rrelampaɣeˈar] *vi, vimpers* blitzen

relampagueo [rrelampaˈɣeo] *m* Blitzen *nt*

relanzamiento [rrelanˈθaˈmjeṇto] *m* ❶ *(reactivación)* Wiederbelebung *f;* **medidas de** ~ (ECON) konjunkturbelebende Maßnahmen ❷ *(rechazo)* Abstoßen *nt* ❸ *(venta)* erneuter Vertrieb *m* ❹ *(expulsión)* Zurückschleudern *nt*

relanzar [rrelanˈθar] <z→c> *vt* ❶ *(reactivar)* wieder beleben; ~ **la economía** die Wirtschaft ankurbeln ❷ *(rehusar)* ablehnen ❸ *(vender)* wieder auf den Markt bringen ❹ *(arrojar)* zurückschleudern

relatar [rrelaˈtar] *vt* schildern

relativamente *adv* relativ, verhältnismäßig

relatividad [rrelatiβiˈðað] *f sin pl* Relativität *f*

relativismo [rrelatiˈβismo] *m sin pl* (FILOS) Relativismus *m*

relativización [rrelatiβiθaˈθjon] *f* Relativierung *f*

relativizar [rrelatiβiˈθar] <z→c> *vt* relativieren

relativo¹ [rrelaˈtiβo] *m* *(pronombre)* Relativpronomen *nt;* **oración de** ~ Relativsatz *m*

relativo, -a² [rrelaˈtiβo, -a] *adj* ❶ *(referente)* betreffend; **un artículo** ~ **a...** ein Artikel über ... ❷ *(dependiente)* relativ; **pronombre** ~ Relativpronomen *nt;* **ser** ~ **a** abhängig sein von *+dat* ❸ *(poco)* gering

relato [rreˈlato] *m* Schilderung *f,* Bericht *m;* (LIT) Erzählung *f;* ~ **corto** Kurzgeschichte *f*

relax [rreˈlaʏs] *m inv* Entspannung *f;* (MED, PSICO) Relaxation *f*

relé [rreˈle] *m* Relais *nt*

relegar [rreleˈɣar] <g→gu> *vt* *(apartar)* verweisen; *(desterrar)* des Landes verweisen; ~ **algo a un plano secundario** etw in den Hintergrund drängen; **ser relegado al olvido** in Vergessenheit geraten

relente [rreˈleṇte] *f* (Nacht)tau *m*

relevancia [rreleˈβaṇθja] *f* Wichtigkeit *f*

relevante [rreleˈβaṇte] *adj* ❶ *(importante)*

wichtig ❷ (*sobresaliente*) herausragend
relevar [rrele'βar] **I.** *vt* ❶ (*acentuar*) hervorheben ❷ (*liberar*) befreien; ~ **de un jura-**
miento von einem Eid entbinden; ~ **a al-**
guien de sus deudas jdm seine Schulden
erlassen; ~ **a alguien de sus culpas** jdm
seine Sünden vergeben ❸ (JUR: *destituir*)
entheben; ~ **a alguien de un cargo** jdn
eines Amtes entheben ❹ (*reemplazar*)
ersetzen; (MIL, DEP) ablösen **II.** *vr:* ~ **se** sich
abwechseln
relevo [rre'leβo] *m* ❶ (*reemplazo*) Ablösung *f* ❷ *(pl)* (*competición*) Staffel *f;* **ca-**
rrera de ~s Staffellauf *m*
relieve [rre'ljeβe] *m* ❶ (ARTE, GEO) Relief *nt;*
en bajo ~ vertieft ❷ (*renombre*) Ansehen
nt; **de** ~ bedeutend ❸ (*loc*): **poner de** ~
hervorheben
religión [rreli'xjon] *f* ❶ (*creencia, doctrina*)
Religion *f;* ~ **reformada** Protestantismus
m; **sin** ~ konfessionslos ❷ (*virtud*) Frömmigkeit *f* ❸ (*orden*): **entrar en** ~ ins Kloster gehen
religiosidad [rrelixjosi'ðað] *f* ❶ (*observan-*
cia) Religiosität *f* ❷ (*piedad*) Frömmigkeit
f ❸ (*puntualidad*) Pünktlichkeit *f;* (*exacti-*
tud) Gewissenhaftigkeit *f*
religioso, -a [rreli'xjoso, -a] **I.** *adj* ❶ (*rela-*
tivo a una doctrina) religiös ❷ (*que cree*)
gläubig ❸ (*pío*) fromm ❹ (*puntual*) pünktlich; (*exacto*) gewissenhaft ❺ (*relativo a*
una orden) Ordens- **II.** *m, f* Mönch *m,*
Nonne *f*
relinchar [rrelin'tʃar] *vi* wiehern
relincho [rre'lintʃo] *m* ❶ (*de un caballo*)
Wiehern *nt* ❷ (*de alguien*) Jauchzer *m*
reliquia [rre'likja] *f* ❶ (*resto*) Relikt *nt*
❷ (REL) Reliquie *f* ❸ (*achaque*) Beschwerden *fpl*
rellano [rre'ʎano] *m* (*de escalera*) Treppenabsatz *m*
rellenar [rreʎe'nar] **I.** *vt* ❶ (*t.* GASTR: *llenar*)
füllen (*de/con* mit +*dat*); (*una almohada*)
ausstopfen; (*un sillón*) polstern; ~ **los agu-**
jeros de yeso die Löcher vergipsen
❷ (*por completo*) ganz voll machen;
(*demasiado*) voll stopfen ❸ (*volver a lle-*
nar) nachfüllen, auffüllen ❹ (*completar*)
ausfüllen ❺ (*fam: dar de comer*) (mit
Essen) voll stopfen **II.** *vi* ❶ (*llenarse*) sich
(an)füllen (*de* mit +*dat*) ❷ (*fam: comer*)
sich voll stopfen (*de* mit +*dat*)
relleno[1] [rre'ʎeno] *m* ❶ (*t.* GASTR: *material*)
Füllung *f* ❷ (*superfluidad*) Füllsel *nt;* **pala-**
bra de ~ Füllwort *nt*
relleno, -a[2] [rre'ʎeno, -a] *adj* ❶ (*lleno*)
gefüllt; (*demasiado*) voll gestopft ❷ (*fam:*
gordo) pummelig

reloj [rre'lox] *m* Uhr *f;* ~ **despertador**
Wecker *m;* ~ **de pulsera** Armbanduhr *f;* ~
para fichar Stechuhr *f;* **carrera contra** ~
Zeitfahren *nt;* **trabajar contra** ~ gegen die
Zeit arbeiten; **ser** (**como**) **un** ~ (*meca-*
nismo) wie am Schnürchen laufen; (*per-*
sona) auf die Minute pünktlich sein
relojería [rreloxe'ria] *f* Uhrmacherei *f*
relojero, -a [rrelo'xero, -a] *m, f* Uhrma-
cher(in) *m(f)*
reluciente [rrelu'θjente] *adj* glänzend; ~
de limpio blitzblank
relucir [rrelu'θir] *irr como lucir vi* ❶ (*despe-*
dir luz) leuchten; (*reflejar luz*) glänzen
❷ (*sobresalir*) glänzen ❸ (*loc*): **sacar/**
salir a ~ zur Sprache bringen/kommen
reluctante [rreluk'tante] *adj* widerstrebend
relumbrar [rrelum'brar] *vi* ❶ (*emitir luz*)
leuchten, strahlen; (*reflejar*) glänzen
❷ (*sobresalir*) glänzen
relumbrón [rrelum'bron] *m* ❶ (*destello*)
Aufleuchten *nt* ❷ (*oropel*) Talmi *nt*
❸ (*loc*): **de** ~ (*cosa*) nicht wirklich wertvoll; (*cargo*) nicht wirklich einflussreich
remachado, -a [rrema'tʃaðo, -a] *adj* ❶ (*na-*
riz) platt ❷ (*Col: callado*) wortkarg
remachar [rrema'tʃar] **I.** *vt* ❶ (*golpear*) einhämmern ❷ (*doblar*) umschlagen; (*aplas-*
tar) breit schlagen ❸ (*sujetar*) (ver)nieten
❹ (*subrayar*) nochmals betonen; ~ **algo a**
alguien jdm etw einhämmern **II.** *vr:* ~ **se**
(*Col*) schweigen
remache [rre'matʃe] *m* ❶ (*de dos piezas*)
Vernietung *f* ❷ (*clavo*) Niete *f*
remanente [rrema'nente] **I.** *adj* übrig **II.** *m*
Rest *m*
remangar [rremaŋ'gar] <g→gu> **I.** *vt*
hochkrempeln **II.** *vr:* ~ **se** ❶ (*las mangas*)
sich *dat* die Ärmel hochkrempeln ❷ (*fam:*
decidirse) sich aufraffen
remansarse [rreman'sarse] *vr* sich stauen
remanso [rre'manso] *m* (*represa*) ange-
stautes Wasser *nt;* (*agua muerta*) stehendes Gewässer *nt;* ~ **de paz** friedlicher Ort
m
remar [rre'mar] *vi* (*bogar*) rudern
remarcar [rremar'kar] <c→qu> *vt* ❶ (*vol-*
ver a marcar: un objeto) nochmals kennzeichnen; (*un número*) nochmals wählen
❷ (*hacer notar*) hervorheben ❸ (*notar*)
bemerken
rematado, -a [rrema'taðo, -a] *adj* vollkommen; **un tonto** ~ ein ausgesprochener
Dummkopf
rematar [rrema'tar] **I.** *vt* ❶ (*concluir*) beenden; (*terminar de hacer*) fertig stellen;
nunca rematas lo que has empezado
du bringst das, was du anfängst, nie zu

R

Ende ❷ (*de un tiro*) den Gnadenschuss geben +*dat*; (*de una puñalada*) den Gnadenstoß versetzen +*dat* ❸ (*una costura*) vernähen ❹ (*gastar*) aufbrauchen ❺ (DEP) aufs Tor schießen ❻ (*adjudicar*) zuschlagen ❼ (*vender*) ausverkaufen **II.** *vi* ❶ (DEP) aufs Tor schießen ❷ (*terminar*) enden (*en* in +*dat*); **la torre remata en punta** der Turm läuft nach oben spitz zu

remate [rre'mate] *m* ❶ (*conclusión*) Beendigung *f*; (*de un producto*) Fertigstellung *f*; **dar ~ a un edificio** ein Gebäude fertig stellen ❷ (*final, extremo*) Abschluss *m*; **poner ~ a un mueble** bei einem Möbelstück eine Abschlussverzierung anbringen ❸ (*puñalada*) Gnadenstoß *m*; (*tiro*) Gnadenschuss *m* ❹ (*adjudicación*) Zuschlag *m* ❺ (*oferta*) Höchstgebot *nt* ❻ (DEP) Abschluss *m* ❼ (*consumo*) Verbrauch *m*; **dar ~** aufbrauchen ❽ (*venta*) Ausverkauf *m* ❾ (*loc*): **estar loco de ~** vollkommen verrückt sein; **ser tonto de ~** ausgesprochen dumm sein; **para ~** zu allem Unglück; **por ~** am Ende

remecer [rreme'θer] *irr como crecer vt, vr:* **~se** (*Am: sacudir*) rütteln

remedar [rreme'ðar] *vt* (*imitar*) nachahmen; (*parodiar*) parodieren

remediar [rreme'ðjar] *vt* ❶ (*evitar*) vermeiden; (*un perjuicio*) verhindern; **no me cae bien, no puedo ~lo** ich kann mir nicht helfen, er/sie ist mir nicht sympathisch ❷ (*acabar con, reparar*) beheben; (*compensar*) wieder gutmachen; **llorando no remedias nada** davon, dass du weinst, wird es auch nicht besser; **más vale prevenir que tener que ~** (*prov*) Vorsicht ist besser als Nachsicht ❸ (*corregir*) verbessern ❹ (*ayudar*) helfen +*dat*

remedio [rre'meðjo] *m* ❶ (*arreglo*) Behebung *f*; (*compensación*) Wiedergutmachung *f*; (*corrección*) Verbesserung *f*; **poner ~ a un mal** einem Übel abhelfen; **no hay ~** da ist nichts zu machen; **no llores, ya no tiene ~** weine nicht, da ist nichts mehr zu machen; **eso tiene fácil ~** dem ist leicht abzuhelfen; **tu problema no tiene ~** dein Problem ist nicht zu lösen; **mi hermano no tiene ~** bei meinem Bruder ist alle Mühe umsonst; **sin ~** hoffnungslos; **un idealista sin ~** ein unverbesserlicher Idealist ❷ (*evitación*) Vermeidung *f*; (*de un perjuicio*) Verhinderung *f*; **sin ~** unvermeidlich; **la crisis no tiene ~** die Krise ist nicht zu vermeiden ❸ (*ayuda*) Hilfe *f*; **buscar ~ en sus amigos** bei seinen Freunden Trost suchen; **buscar ~ en la bebida** Zuflucht zum Alkohol nehmen

❹ (*medio*) Mittel *nt*; **~ naturalista** Naturheilmittel *nt*; **no hay/no tenemos más ~ que...** es gibt/uns bleibt keine andere Wahl als ...

remedo [rre'meðo] *m* ❶ (*imitación*) Nachahmung *f*; (*mal hecha*) Abklatsch *m* ❷ (*parodia*) Parodie *f*

rememoración [rrememora'θjon] *f* Erinnerung *f* (*de* an +*akk*)

rememorar [rrememo'rar] *vt* sich erinnern (an +*akk*)

remendar [rremen'dar] <e→ie> *vt* ❶ (*reparar*) ausbessern; (*con parches*) flicken; (*zurcir*) stopfen ❷ (*corregir*) verbessern ❸ (*añadir*) hinzufügen; **~ la salsa con vinagre** der Soße Essig zufügen

remero, -a [rre'mero, -a] *m, f* Ruderer, -in *m, f*

remesa [rre'mesa] *f* Sendung *f*; (FIN) Überweisung *f*

remezón [rreme'θon] *m* (*Am: sacudida*) Ruck *m*

remiendo [rre'mjendo] *m* ❶ (*reparación*) (notdürftige) Reparatur *f*; (*con parches*) Flickarbeit *f*; (*zurcidura*) Stopfarbeit *f* ❷ (*corrección*) Verbesserung *f* ❸ (*extra*) Zusatz *m* ❹ (*parche*) Flicken *m* ❺ (*mancha*) Fleck *m*

remilgado, -a [rremil'ɣaðo, -a] *adj* geziert

remilgo [rre'milɣo] *m* Gehabe *nt*; **sin ~s** ohne sich zu zieren; **hacer ~s** sich zieren

reminiscencia [rreminis'θenθja] *f* ❶ (*recuerdo*) (vage) Erinnerung *f* (*de* an +*akk*); **me quedan ~s de mi primera comunión** ich erinnere mich noch vage an meine erste Kommunion ❷ (*en una obra*) Anklang *m* (*de* an +*akk*); **la ópera tiene ~s wagnerianas** die Oper enthält Anklänge an Wagner ❸ (*lo que sobrevive*) Überbleibsel *nt* (*de* aus +*dat*)

remirar [rremi'rar] **I.** *vt* (*volver a mirar*) nochmals betrachten; (*mirar intensamente*) eingehend betrachten; **por más que miro y remiro no encuentro tu libro** so sehr ich auch suche, ich finde dein Buch nicht **II.** *vr:* **~se** ❶ (*poner cuidado*) umsichtig vorgehen ❷ (*mirar*) mit Genugtuung betrachten

remisible [rremi'siβle] *adj* (*deuda, pena*) erlässlich; (*pecado*) verzeihlich

remisión [rremi'sjon] *f* ❶ (*de una obligación*) Befreiung *f*; (*de los pecados*) Vergebung *f*; (*de una deuda/una pena*) Erlass *m*; **sin ~** rettungslos ❷ (*referencia*) Verweis *m* (*a* auf +*akk*) ❸ (*atenuación*) Rückgang *m* ❹ (*envío*) Versendung *f*; (*a alguien*) Zusendung *f*

remiso, -a [rre'miso, -a] *adj* (*reacio*) unwil-

lig; (*irresoluto*) zögerlich; (*lento*) träge;
mostrarse ~ a hacer algo keine(rlei)
Anstalten machen etw zu tun
remite [rre'mite] *m* Absender *m*
remitente [rremi'tente] *mf* Absender(in)
m(f)
remitir [rremi'tir] **I.** *vt* ❶ (*enviar*) (ab)sen-
den; (FIN) überweisen; **~ algo a alguien**
jdm etw (zu)schicken ❷ (*referirse*) verweisen (*a* auf +*akk*) ❸ (*de una obligación*)
befreien; **~ a alguien de una pena/
deuda** jdm eine Strafe/Schuld erlassen; **~
a alguien de sus pecados** jdm seine Sünden vergeben ❹ (*aplazar*) verschieben;
(*un juicio*) vertagen ❺ (*confiar*) überlassen ❻ (*ceder*) anstellen **II.** *vi* (*calmarse*)
nachlassen **III.** *vr:* **~se** (*referirse*) sich
beziehen (*a* auf +*akk*) ❷ (*calmarse*) nachlassen ❸ (*confiarse*) sich anvertrauen; **~se
al juez** sich der Entscheidung des Richters
unterwerfen
remo ['rremo] *m* ❶ (*pala*) Ruder *nt;* **tomar
el ~** (*fig fam*) die Führung übernehmen
❷ (DEP) Rudern *nt;* **a(l)** **~** rudernd; (*fig*) mit
Mühe; **a ~ y vela** (*fam*) ruck, zuck; **andar
al ~** (*fam fig*) schuften
remodelación [rremoðela'θjon] *f* Umgestaltung *f;* **~ del gabinete** Kabinettsumbil-
dung *f*
remodelar [rremoðe'lar] *vt* umgestalten;
(*gobierno*) umbilden
remojar [rremo'xar] **I.** *vt* ❶ (*mojar*) nass
machen; (*humedecer*) anfeuchten; (*empapar*) durchnässen; (*sumergir*) eintauchen;
(*ablandar*) einweichen ❷ (*celebrar*) begießen **II.** *vr:* **~se** (*mojarse*) nass werden;
(*bañarse*) (sich) baden
remojo [re'moxo] *m* ❶ (*empapamiento*)
Durchnässen *nt;* (*sumersión*) Eintauchen
nt; (*baño*) Bad *nt;* **poner en ~** einweichen
❷ (*celebración*) Umtrunk *m*
remojón [rremo'xon] *m* (*empapamiento*)
Durchnässen *nt;* (*sumersión*) Eintauchen
nt; (*baño*) Bad *nt;* **como no llevaba paraguas me di un ~** weil ich keinen Schirm
dabeihatte, wurde ich bis auf die Haut
nass; **darse un ~ en la piscina** im Pool
baden
remolacha [rremo'latʃa] *f* Rübe *f*
remolcador¹ [rremolka'ðor] *m* Schlepper
m
remolcador(a)² [rremolka'ðor(a)] *adj*
Schlepp-; **grúa ~a** Abschleppwagen *m*
remolcar [rremol'kar] <c→qu> *vt* ❶ (*arrastrar*) schleppen; (*un vehículo averiado*)
abschleppen ❷ (*convencer*) überreden
remolino [rremo'lino] *m* ❶ (*movimiento*)
Wirbel *m;* (*de agua*) Strudel *m;* **~ de**

viento Wirbelwind *m* ❷ (*pelo*) (Haar)wir-
bel *m* ❸ (*gente*) Gewimmel *nt* ❹ (*confusión*) Trubel *m* ❺ (*fam: persona*) Wirbelwind *m*
remolón, -ona [rremo'lon, -ona] **I.** *adj* faul
II. *m, f* (*vago*) Faulenzer(in) *m(f);* (*que
evita algo*) Drückeberger(in) *m(f) fam;*
hacerse el ~ (*vaguear*) faulenzen; **siempre se hace el ~ a la hora de fregar** er
drückt sich immer vor dem Abwasch
remolonear(se) [rremolone'ar(se)] *vi, vr*
(*vaguear*) faulenzen; (*evitar*) sich drücken
remolque [rre'molke] *m* ❶ (*arrastre*)
Schleppen *nt;* (*de un vehículo averiado*)
Abschleppen *nt* ❷ (*vehículo*) Anhänger *m*
❸ (*cuerda*) Schlepptau *nt;* (*para averías*)
Abschleppseil *nt;* **llevar a ~** im Schlepptau
haben; (*un coche averiado*) abschleppen;
hacer algo a ~ (*fig*) etw nur widerwillig
tun
remontar [rremon'tar] **I.** *vt* ❶ (*superar*)
überwinden ❷ (*subir*) hinaufgehen; (*en
coche/barco*) hinauffahren; **~ un río**
(*navegar*) flussaufwärts fahren; (*nadar*)
flussaufwärts schwimmen ❸ (*elevar*) aufsteigen lassen ❹ (*la caza*) verscheuchen
❺ (*el calzado*) besohlen; (*un pantalón*) flicken; (*una silla*) aufpolstern **II.** *vr:* **~se**
❶ (*volar*) aufsteigen; (*ave*) sich in die Lüfte
erheben ❷ (*gastos*) sich belaufen (*a* auf
+*akk*) ❸ (*pertenecer, retroceder*) zurückgehen; **la construcción de la iglesia se
remonta al siglo pasado** der Bau der Kirche geht ins letzte Jahrhundert zurück; **el
discurso se remonta a los orígenes del
automóvil** die Rede geht bis zu den
Ursprüngen des Automobils zurück
remonte [rre'monte] *m* ❶ (*vuelo*) Aufsteigen *nt;* (*de un ave*) Emporschwingen *nt*
❷ (*telesilla*) (Ski)lift *m* ❸ (*pelota*) (Variante der) Pelota *f* ❹ (*cesta*) (kurzer, flacher)
Pelotaschläger *m*
rémora ['rremora] *f* ❶ (ZOOL) Schiffshalter
m ❷ (*obstáculo*) Hindernis *nt*
remorder [rremor'ðer] <o→ue> **I.** *vt*
❶ (*atormentar*) quälen; **me remuerde (la
conciencia) no haber ayudado** ich habe
ein schlechtes Gewissen, weil ich nicht
geholfen habe ❷ (*morder*) erneut beißen
II. *vr:* **~se** sich quälen
remordimiento [rremorði'mjento] *m*
Gewissensbiss *m;* **tener ~s** (**de conciencia**) **por algo** Gewissensbisse wegen etw
gen/dat haben; **el ~ no lo deja dormir**
sein schlechtes Gewissen plagt ihn
remotamente [rremota'mente] *adv* ❶ (*vagamente*) vage ❷ (*lejos*) weit weg; (*apar-
tadamente*) abgelegen; (*hace tiempo*) vor

R

langer Zeit ❸(*loc*): **ni** ~ nicht im Entferntesten

remoto, -a [rre'moto, -a] *adj* ❶(*lejano*)
fern; (*hechos*) weit zurückliegend; **en
tiempos** ~**s** in ferner Vergangenheit
❷(*improbable*) unwahrscheinlich; **no
existe ni la más remota posiblidad** es
besteht nicht die geringste Chance; **no
tener ni la más remota idea** nicht die
blasseste Ahnung haben; **ni por lo más** ~
nicht im Entferntesten

remover [rremo'βer] <o→ue> I. *vt* ❶(*eliminar*) entfernen; (*apartar*) wegräumen;
(*dificultades*) aus dem Weg räumen
❷(*agitar*) aufwühlen; (*dar vueltas*)
umrühren ❸(*activar*) aufrühren ❹(*destituir*) absetzen; ~ **a alguien** (**de un cargo**)
jdn eines Amtes entheben II. *vi* herumwühlen III. *vr*: ~**se** ❶(*moverse*) sich wälzen ❷(*aguas*) in Wallung kommen

remozar [rremo'θar] <z→c> *vt* ❶(*algo*)
modernisieren ❷(*a alguien*) verjüngen

remunerable [rremune'raβle] *adj* entgeltlich

remuneración [rremunera'θjon] *f*
❶(*pago*) Bezahlung *f*, Vergütung *f*;
(*sueldo*) Lohn *m* ❷(*recompensa*) Belohnung *f* ❸(*rendimiento*) Gewinn *m*

remunerar [rremune'rar] *vt* ❶(*pagar*)
bezahlen; (*un trabajo*) vergüten; ~ **a alguien por un servicio** jdn für eine Dienstleistung entlohnen ❷(*recompensar*)
belohnen ❸(*rendir*) Gewinn bringen;
este negocio no te va a ~ das wird kein
Gewinn bringendes Geschäft für dich

remunerativo, -a [rremunera'tiβo, -a] *adj*
einträglich

remuneratorio, -a [rremunera'torjo, -a]
adj entgeltlich

renacentista *adj* Renaissance-; **pintor** ~
Renaissancemaler *m*

renacer [rrena'θer] *irr como crecer vi*
❶(*volver a nacer*) wieder geboren werden
❷(*regenerarse*) aufleben; **sentirse** ~ sich
wie neugeboren fühlen

renacimiento [rrenaθi'mjento] *m* ❶(ARTE,
LIT) Renaissance *f* ❷(FILOS, REL) Wiedergeburt *f* ❸(*regeneración*) Aufleben *f*

renacuajo[1] [rrena'kwaxo] *m* (ZOOL) Kaulquappe *f*

renacuajo, -a[2] [rrena'kwaxo, -a] *m, f* (*pey:
chico*) Knirps *m*; (*chica*) unscheinbares
Mädchen *f*

renal [rre'nal] *adj* Nieren-

Renania [rre'nanja] *f* Rheinland *nt*

Renania-Palatinado [rre'nanja-palati'na-
ðo] *m* Rheinland-Pfalz *nt*

Renania-Westfalia [rre'nanja-βes'falja] *f*

Nordrhein-Westfalen *nt*

renano, -a [rre'nano, -a] I. *adj* ❶(*del Rin*)
rheinisch; **provincia renana** Rheinpro-
vinz *f* ❷(*de Renania*) rheinländisch II. *m,
f* Rheinländer(in) *m(f)*

rencilla [rren'θiʎa] *f* Streit *m*

rencor [rreŋ'kor] *m* Groll *m;* **guardar** ~ **a
alguien** (mit) jdm böse sein

rencoroso, -a [rreŋko'roso, -a] *adj* ❶(*vengativo*) nachtragend ❷(*resentido*) verärgert

rendición [rrendi'θjon] *f* ❶(*capitulación*)
Kapitulation *f* ❷(*entrega*) Übergabe *f;* ~
de cuentas Rechnungslegung *f* ❸(*sumisión*) Hingabe *f* ❹(*utilidad*) Ertrag *m*
❺(*fatiga*) Erschöpfung *f* ❻(*conquista*)
Eroberung *f*

rendidamente [rrendiða'mente] *adv* hingebungsvoll; **estar** ~ **enamorado** unsterblich verliebt sein

rendido, -a [rren'diðo, -a] *adj* ❶(*cansado*)
todmüde ❷(*sumiso*) ergeben; **cayó** ~
ante su belleza er erlag ihrer Schönheit

rendija [rren'dixa] *f* Spalte *f*

rendimiento [rrendi'mjento] *m* ❶(*productividad*) Leistung *f*; (ECON: *máximo*)
Kapazität *f*; **a pleno** ~ voll ausgelastet
❷(*beneficio*) Ertrag *m;* **de gran** ~ sehr
ertragreich ❸(*cansancio*) Erschöpfung *f*
❹ *pl* (*ingresos*) Einkünfte *fpl* ❺(*humildad*) Unterwürfigkeit *f* ❻(*obsequiosidad*)
Zuvorkommenheit *f*

rendir [rren'dir] *irr como pedir* I. *vt* ❶(*rentar*) einbringen; ~ **utilidad** Gewinn bringen; ~ **fruto** Früchte tragen; **la inversión
ha rendido mucho** die Investition hat
sich bezahlt gemacht ❷(*trabajar*) leisten;
estas máquinas rinden mucho diese
Maschinen sind sehr leistungsfähig ❸(*tributar*) erweisen; ~ **las gracias a alguien**
jdm seinen Dank abstatten; ~ **importancia a algo** etw *dat* Bedeutung beimessen
❹(*entregar*) abgeben; (*pruebas*) erbringen; (*una confesión*) ablegen; ~ **cuentas**
abrechnen; (*fig*) Rechenschaft ablegen; ~
un informe Bericht erstatten; ~ **obse-
quios a alguien** jdn beschenken; ~ **la
comida** das Essen erbrechen; ~ **las armas**
kapitulieren ❺(*vencer*) besiegen, bezwingen ❻(*cansar*) ermüden; **me rindió el
sueño** der Schlaf übermannte mich
❼(*substituir*) ablösen II. *vr*: ~**se** ❶(*entregarse*) sich ergeben; ~**se al enemigo** vor
dem Feind kapitulieren; ~**se a la evidencia de algo** etw einsehen; ~**se a las razones de alguien** sich von jds Argumenten
überzeugen lassen ❷(*cansarse*): ~**se de
cansancio** vor Müdigkeit umfallen

renegado, -a [rrene'ɣaðo, -a] I. *adj* ❶ (*religión*) abtrünnig ❷ (*fam: carácter*) schroff II. *m, f* ❶ (*religión*) Abtrünnige(r) *mf* ❷ (*fam: carácter*) Miesepeter *m*

renegar [rrene'ɣar] *irr como fregar* I. *vi* ❶ (*protestar*) fluchen (*de* über +*akk*) ❷ (*renunciar*) sich lossagen; ~ **de la fe** vom Glauben abfallen; ~ **del partido** aus der Partei austreten II. *vt* ❶ (*negar*) verleugnen ❷ (*detestar*) verabscheuen

renegociar [rreneɣo'θjar] *vt* neu aushandeln

RENFE ['rremfe] *f abr de* **Red Nacional de Ferrocarriles Españoles** *spanische Eisenbahngesellschaft*

renglón [rreŋ'glon] *m* ❶ (*línea*) Zeile *f*; **a ~ seguido** sofort ❷ (*partida*) Posten *m*

rengo, -a ['rreŋgo, -a] *adj* (*CSur: cojo*) hinkend

renguear [rreŋge'ar] *vi* (*CSur: cojear*) hinken

reno ['rreno] *m* Ren(tier) *nt*

renombrado, -a [rrenom'braðo, -a] *adj* (*célebre*) renommiert, angesehen

renombrar [rrenom'brar] *vt* umbenennen

renombre [rre'nombre] *m* (guter) Ruf *m*; **una empresa de gran ~** ein namhaftes Unternehmen; **una persona de ~** eine angesehene Person; **adquirir ~** Ruhm erlangen; **gozar de ~** Ruhm genießen

renovable [rreno'βaβle] *adj* erneuerungsfähig

renovación [rrenoβa'θjon] *f* Erneuerung *f*; (*del pasaporte*) Verlängerung *f*; (*de un edificio*) Renovierung *f*

renovar [rreno'βar] <o→ue> *vt* erneuern; (*una casa*) renovieren; (*el pasaporte*) verlängern; (*un país*) reformieren; ~ **un pedido** nachbestellen; ~ **la pintura** den Anstrich erneuern; ~ **la memoria** das Gedächtnis auffrischen; ~ **un aviso** eine Mitteilung wiederholen

renquear [rreŋke'ar] *vi* (*persona*) hinken; (*animal*) lahmen

renta ['rrenta] *f* ❶ (*beneficio*) Ertrag *m*; (*ingresos*) Einkommen *nt*; ~ **per cápita** Pro-Kopf-Einkommen *nt*; ~ **s públicas** Staatseinkünfte *fpl* ❷ (*pensión*) Rente *f*; ~ **por incapacidad laboral** Erwerbsunfähigkeitsrente *f*; ~ **vitalicia** Rente auf Lebenszeit; ~ **de viudez** Witwenrente *f* ❸ (*alquiler*) Miete *f*; **en ~** zur Miete; **tomar a ~ un negocio** ein Geschäft pachten

rentabilidad [rrentaβili'ðaᵈ] *f* Wirtschaftlichkeit *f*; ~ **competitiva** Wettbewerbsfähigkeit *f*; **dar una ~ de...** einen Gewinn von ... abwerfen

rentabilizar [rrentaβili'θar] <z→c> *vt* Gewinn bringend bewirtschaften; ~ **una finca** ein Gut rentabel bewirtschaften

rentable [rren'taβle] *adj* rentabel

rentar [rren'tar] I. *vt* ❶ (*beneficio*) einbringen ❷ (*Am: alquilar*) mieten II. *vi* Gewinn bringen; ~ **bien** sich rentieren

rentista [rren'tista] *mf* ❶ (*pensionista*) Rentner(in) *m(f)* ❷ (*hacendista*) Finanzfachmann, -frau *m, f*

renuencia [rre'nweŋθja] *f* Widerspenstigkeit *f*

renuente [rre'nwente] *adj* widerspenstig

renuevo [rre'nweβo] *m* ❶ (*tallo*) Trieb *m* ❷ (*renovación*) Erneuerung *f*

renuncia [rre'nunθja] *f* ❶ (*abandono*) Verzicht *m* (*a/de* auf +*akk*); ~ **del cargo** Amtsniederlegung *f*; ~ **al contrato** Rücktritt vom Vertrag; **presentar su ~** kündigen ❷ (*escrito*) Entlassungsurkunde *f*

renunciación [rrenunθja'θjon] *f* (JUR) Verzicht *m*

renunciar [rrenun'θjar] *vi* ❶ (*desistir*) verzichten (*a* auf +*akk*); ~ **al trono** abdanken; ~ **a un cargo** ein Amt niederlegen; ~ **a una herencia** ein Erbe ausschlagen ❷ (*rechazar*) ablehnen (*a* +*akk*)

reñido, -a [rre'ɲiðo, -a] *adj* ❶ (*enojado*) zerstritten; **estoy ~ con él** ich bin böse auf ihn; **estar ~** (*fig*) unvereinbar sein ❷ (*encarnizado*) erbittert

reñir [rre'ɲir] *irr como ceñir* I. *vi* streiten; **¿has reñido con tu novio?** hast du dich mit deinem Freund gestritten? II. *vt* schelten

reo, -a ['rreo, -a] I. *adj* schuldig II. *m, f* (*culpado*) Angeklagte(r) *mf*; (*autor*) Täter(in) *m(f)*; ~ **de asesinato** Mörder *m*; ~ **habitual** Gewohnheitsverbrecher *m*; ~ **preventivo** Untersuchungshäftling *m*

reojo [rre'oxo] *m*: **mirar de ~** (*con hostilidad*) schief ansehen; (*con disimulo*) verstohlen ansehen

reordenar [rreorðe'nar] *vt* neu ordnen

reorganización [rreorɣaniθa'θjon] *f* Reorganisation *f*; ~ **del gobierno** Regierungsumbildung *f*

reorganizar [rreorɣani'θar] <z→c> *vt* reorganisieren; (*gobierno*) umbilden

reorientación [rreorjenta'θjon] *f* Neuorientierung *f*; ~ **política** (politischer) Kurs-

R

wechsel *m*

reorientar [rreorjeṇ'tar] *vt* neu orientieren

repanchigarse [rrepanʧi'ɣarse] <g→gu> *vr*; **repantigarse** [rrepaṇti'ɣarse] <g→gu> *vr* sich rekeln

reparable [rrepa'raβle] *adj* (*arreglable*) reparabel

reparación [rrepara'θjon] *f* ❶ (*arreglo*) Reparatur *f* ❷ (*indemnización*) Entschädigung *f*; (*enmienda*) Wiedergutmachung *f*; ~ **de perjuicios** Schaden(s)ersatz *m*

reparar [rrepa'rar] **I.** *vt* ❶ (*arreglar*) reparieren; ~ **el daño** den Schaden beheben ❷ (*indemnizar*) ersetzen; (*enmendar*) wieder gutmachen ❸ (*advertir*) merken (*en* +*akk*); (*considerar*) achten (*en* auf +*akk*); **sin** ~ **en gastos** ohne Rücksicht auf die Kosten; **no** ~ **en sacrificios/en gastos** kein Opfer/keine Kosten scheuen ❹ (*recuperar*): ~ **fuerzas** wieder zu Kräften kommen; **con la siesta reparo fuerzas** der Mittagsschlaf gibt mir neue Kraft **II.** *vr*: ~ **se** sich beherrschen

reparo [rre'paro] *m* ❶ (*arreglo*) Ausbesserung *f* ❷ (*inconveniente*) Bedenken *nt*; **sin** ~ **alguno** ganz ungeniert; **me da** ~ **decírselo** ich scheue mich davor, es ihm/ihr zu sagen ❸ (*objeción*) Einwand *m* (*a* gegen +*akk*); **sin** ~ anstandslos; **no andar con** ~**s** sich *dat* seiner Sache sicher sein; **poner** ~**s a algo** Einwände gegen etw haben

repartición [rreparti'θjon] *f* ❶ *v.* **repartimiento** ❷ (*Am: oficina*) Amt *nt*

repartidor(a) [rreparti'ðor(a)] *m(f)* (*recadero*) Zusteller(in) *m(f)*; ~ **de periódicos** Zeitungsbote, -in *m, f*

repartimiento [rreparti'mjeṇto] *m* (*distribución*) Verteilung *f*; (*división*) Aufteilung *f*

repartir [rrepar'tir] **I.** *vt* verteilen; (*correos*) zustellen; ~ **leña** (*fig*) Prügel austeilen **II.** *vr*: ~ **se** ❶ (*colocarse*) sich verteilen ❷ (*dividir*) aufteilen; ~ **se el mercado** den Markt unter sich aufteilen

reparto [rre'parto] *m* ❶ (*distribución*) Verteilung *f*; (*división*) Aufteilung *f*; ~ **de contribuciones** Steuerveranlagung *f*; ~ **domiciliario** Hauszustellung *f*; ~ **de equipajes** Gepäckausgabe *f*; ~ **postal** Postzustellung *f* ❷ (*relación*) Verhältnis *nt*; ~ **de poderes** (ECON) Machtverhältnisse *ntpl*

repasar [rrepa'sar] *vt* ❶ (*la ropa*) ausbessern ❷ (*un texto, la lección*) noch einmal durchgehen; **segunda edición repasada y corregida** zweite neu bearbeitete Auflage ❸ (*la cuenta*) nachprüfen ❹ (*un coche*) überholen ❺ (*una carta*) überflie-

gen

repaso [rre'paso] *m* ❶ (*revisión*) Überarbeitung *f* ❷ (*inspección*) (Über)prüfung *f*; (*de un coche*) Überholung *f*

repatear [rrepate'ar] *vt* (*fam*) nerven

repatriación [rrepatrja'θjon] *f* Rückführung *f*; (JUR, POL) Repatriierung *f*; ~ **de divisas** Devisenrückführung *f*

repatriar [rrepa'trjar] *vt* in die Heimat zurückschicken

repecho [rre'peʧo] *m* Böschung *f*

repeinar [rrepei̯'nar] **I.** *vt* sorgfältig kämmen; (*pey*) schniegeln **II.** *vr*: ~ **se** sich sorgfältig kämmen; (*pey*) sich schniegeln

repelente [rrepe'leṇte] **I.** *adj* ❶ (*rechazador*) abweisend; ~ **al agua** Wasser abweisend ❷ (*repugnante*) abstoßend ❸ (*redicho*) besserwisserisch **II.** *mf* (*sabelotodo*) Besserwisser(in) *m(f)*

repeler [rrepe'ler] *vt* ❶ (*rechazar*) abweisen; (*un ataque*) abwehren; **los imanes se repelen mutuamente** Magnete stoßen sich gegenseitig ab ❷ (*repugnar*) anwidern

repelo [rre'pelo] *m* ❶ (*pelo*) Gegenstrich *m*; **a** ~ gegen den Strich ❷ (*repugnancia*) Widerwille *m*

repelón [rrepe'lon] *m*: **dar repelones** an den Haaren ziehen; **a repelones** (*con dificultad*) mit Mühe und Not; (*con resistencia*) widerwillig; **de** ~ (*fig*) flüchtig; **ser más viejo que el** ~ abgedroschen sein

repeluzno [rrepe'luθno] *m* (*escalofrío*) Schauder *m*

repensar [rrepen'sar] <e→ie> *vt* durchdenken

repente [rre'peṇte] *m* plötzliche Bewegung *f*; **de** ~ plötzlich; **hablar de** ~ aus dem Stegreif reden; **tocar de** ~ vom Blatt spielen

repentino, -a [rrepeṇ'tino, -a] *adj* plötzlich

repercusión [rreperku'sjon] *f* ❶ (*efecto*) (Aus)wirkung *f*; **tener gran** ~ (*éxito*) großen Anklang finden ❷ (*del choque*) Rückprall *m*

repercutir [rreperku'tir] *vi* ❶ (*efecto*) sich auswirken (*en* auf +*akk*); ~ **en la salud** der Gesundheit schaden ❷ (*del choque*) zurückprallen ❸ (*eco*) widerhallen

repertorio [rreper'torjo] *m* ❶ (*lista*) Verzeichnis *nt*; ~ **legislativo** Gesetzessammlung *f* ❷ (*t.* TEAT) Repertoire *nt* (*de an* +*dat*)

repesca [rre'peska] *f* (*fam*) Wiederholungsprüfung *f*

repescar [rrepes'kar] <c→qu> *vt* (*fam*) erneut zulassen

repetición [rrepeti'θjon] *f* Wiederholung *f*; ~ **de orden** Nachbestellung *f*; **fusil de** ~

Repetiergewehr *nt;* **en caso de** ~ im Wiederholungsfall

repetido, -a [rrepe'tiðo, -a] *adj* wiederholt; **repetidas veces** mehrmals; **tengo muchos sellos** ~**s** ich habe viele Briefmarken doppelt

repetidor¹ [rrepeti'ðor] *m* (TÉC) Verstärker *m*

repetidor(a)² [rrepeti'ðor(a)] I. *adj* wiederholend II. *m(f)* ➊ (*estudiante*) Wiederholer(in) *m(f)* ➋ (*profesor*) Repetitor(in) *m(f)*

repetir [rrepe'tir] *irr como pedir* I. *vi* ➊ (*sabor*) aufstoßen; **los ajos repiten mucho** Knoblauch stößt einem immer wieder auf ➋ (*plato*): ~ **de un plato de comida** noch eine Portion essen II. *vt* ➊ (*reiterar*) wiederholen; ~ **curso** sitzen bleiben; ~ **un pedido de mercancía** Ware nachbestellen ➋ (*recitar*) aufsagen III. *vr:* ~ **se** sich wiederholen

repetitividad [rrepetitiβi'ðað] *f* Wiederholbarkeit *f*

repicar [rrepi'kar] <c→qu> I. *vi* (*campanas*) läuten; (*castañuelas*) klappern II. *vt* ➊ (*campanas*) läuten; (*instrumento*) schlagen; **no se puede estar en misa y** ~ man kann nicht auf zwei Hochzeiten gleichzeitig tanzen; **ponerse el traje de cuando repican gordo** sich in Schale werfen ➋ (*despedazar*) klein hacken III. *vr:* ~ **se** sich brüsten (*de* mit +*dat*)

repipi [rre'pipi] *adj* etepetete

repique [rre'pike] *m* ➊ (*de las campanas*) Läuten *nt* ➋ (*fam: riña*) Streiterei *f*

repiquetear [rrepikete'ar] *vi, vt* läuten; (*castañuelas*) schlagen

repiqueteo [rrepike'teo] *m* Geläute *nt;* (*castañuelas*) Klappern *nt*

repisa [rre'pisa] *f* Konsole *f;* ~ **de chimenea** Kaminsims *m;* ~ **de ventana** Fensterbrett *nt*

replanteamiento [rreplante̯a'mjento] *m* (*de un asunto*) Wiederaufwerfen *nt*

replantear [rreplante̯'ar] *vt* ➊ (*asunto*) wieder aufwerfen; (*plan*) neu konzipieren ➋ (ARQUIT) abstecken

replegar [rreple'ɣar] *irr como fregar* I. *vt* ➊ (*doblar*) mehrmals falten ➋ (*para atrás*) zurückklappen II. *vr:* ~ **se** (MIL) sich zurückziehen

repleto, -a [rre'pleto, -a] *adj* prall gefüllt (*de* mit +*dat*); (*demasiado*) voll gestopft (*de* mit +*dat*); **tener una cartera repleta de billetes** eine Brieftasche voller Geldscheine haben; **el tren está** ~ der Zug ist total überfüllt; **estoy** ~ ich bin vollkommen satt; **está repleta de energía** sie

sprüht vor Energie

réplica ['rreplika] *f* ➊ (*respuesta*) Antwort *f;* (*objeción*) Widerrede *f* ➋ (ARTE) Nachbildung *f*

replicar [rrepli'kar] <c→qu> I. *vt* erwidern II. *vi* ➊ (*replicar*) antworten ➋ (*contradecir*) widersprechen; **obedecer sin** ~ ohne Widerspruch gehorchen

repliegue [rre'pljeɣe] *m* ➊ (*dobladura*) Falte *f* ➋ (MIL) Rückzug *m*

repoblación [rrepoβla'θjon] *f* Wiederbevölkerung *f;* ~ **forestal** (Wieder)aufforstung *f*

repoblar [rrepo'βlar] <o→ue> *vt* wieder bevölkern; (*de árboles*) wieder aufforsten

repollo [rre'poʎo] *m* Kohl *m*

reponer [rrepo'ner] *irr como poner* I. *vt* ➊ (*volver a poner*) wieder hinstellen; (*teléfono*) auflegen; (*máquina*) wieder in Betrieb setzen; (*en su cargo*) wieder einsetzen ➋ (*reemplazar*) ersetzen ➌ (*completar*) auffüllen ➍ (*replicar*) erwidern ➎ (CINE, TEAT) wieder aufführen II. *vr:* ~ **se** sich erholen

reportaje [rrepor'taxe] *m* Bericht *m;* ~ **gráfico** Bildbericht *m*

reportar [rrepor'tar] I. *vt* ➊ (*refrenar*) zurückhalten ➋ (*proporcionar*) einbringen ➌ (*Am: informar*) berichten II. *vr:* ~ **se** sich zusammenreißen

reporte [rre'porte] *m* (*noticia*) Nachricht *f*

reportear [rreporte'ar] *vt* (*Am: entrevistar*) interviewen

repórter [rre'porter] *m* (*Am*), **reportero, -a** [rrepor'tero, -a] *m, f* Reporter(in) *m(f)*

reposabrazos [rreposa'βraθos] *m inv* Armlehne *f*

reposacabezas [rreposaka'βeθas] *m inv* Kopfstütze *f*

reposado, -a [rrepo'saðo, -a] *adj* ruhig; (*agua*) abgestanden

reposapiés [rreposa'pjes] *m inv* Fußstütze *f*

reposar [rrepo'sar] I. *vi* (aus)ruhen; **aquí reposan los restos mortales de...** hier ruht in Frieden ... II. *vt* zur Ruhe bringen; ~ **la comida** Mittagsruhe halten III. *vr:* ~ **se** (*líquidos*) sich (ab)setzen; (*vino*) ablagern

reposera [rrepo'sera] *f* (*Am: tumbona*) Liegestuhl *m*

reposición [rreposi'θjon] *f* ➊ (*de un objeto*) Ersetzung *f;* ~ **de existencias** Lagerauffüllung *f;* ~ **de maquinaria** Maschinenerneuerung *f* ➋ (*de lugar*) Rückstellung *f;* ~ **al cero** Nullstellung *f* ➌ (*del mercado*) Wiederbelebung *f* ➍ (*de una persona*) Erholung *f* ➎ (*de una situación*) Beruhigung *f* ➏ (TEAT) Neuinszenie-

R

rung *f*

reposo [rre'poso] *m* (*tranquilidad*) Ruhe *f;* (*descanso*) Erholung *f;* ~ **en cama** Bettruhe *f;* **una máquina en** ~ eine Maschine im Stillstand

repostada [rrepos'taða] *f* (*AmC: contestación*) Retourkutsche *f*

repostaje [rrepos'taxe] *m* (AUTO) Auftanken *nt*

repostar [rrepos'tar] *vt* ❶ (*provisiones*) sich neu versorgen (mit +*dat*) ❷ (*combustible*) auftanken

repostería [rreposte'ria] *f* ❶ (*pastelería, oficio*) Konditorei *f* ❷ (*productos*) Feingebäck *nt* ❸ (*mueble*) Anrichte *f* ❹ (NÁUT) Pantry *f*

repostero, -a [rrepos'tero, -a] *m, f* Konditor(in) *m(f)*

reprender [rrepren̦'der] *vt* tadeln; ~ **le algo a alguien** jdm etw vorwerfen

reprensión [rrepren'sjon] *f* Tadel *m;* (JUR) Verwarnung *f*

represa [rre'presa] *f* ❶ (*estancamiento*) Stauung *f* ❷ (*construcción*) Staudamm *m*

represalia [rrepre'salja] *f* Repressalie *f;* **en** ~ **por...** als Vergeltung für ...

represaliar [rrepresa'ljar] *vt* Repressalien ergreifen (gegen +*akk*)

represar [rrepre'sar] **I.** *vt* (*agua*) stauen; (*fig*) unterdrücken **II.** *vr:* ~ **se** sich stauen

representación [rrepresen̦ta'θjon] *f* ❶ (*substitución, delegación*) Vertretung *f;* ~ **colectiva** Arbeitnehmervertretung *f;* ~ **exclusiva** Alleinvertretung *f;* ~ **mayoritaria** Mehrheitswahl *f;* ~ **proporcional** Verhältniswahl *f;* **por** [*o* **en**] ~ stellvertretend ❷ (TEAT) Aufführung *f* ❸ (*reproducción*) Darstellung *f;* (*ilustración*) Abbildung *f;* ~ **digital** Digitalanzeige *f* ❹ (*idea*) Begriff *m* ❺ (*autoridad*) Ansehen *nt;* **ser hombre de** ~ eine angesehene Persönlichkeit sein

representante [rrepresen̦'tan̦te] *mf* ❶ (*delegado*) Abgeordnete(r) *mf;* (*suplente*) Vertreter(in) *m(f);* ~ **especial** Sonderbeauftragte(r) *mf* ❷ (*actor*) Darsteller(in) *m(f)*

representar [rrepresen̦'tar] **I.** *vt* ❶ (*substituir*) vertreten ❷ (*actuar*) spielen; (*una obra*) aufführen; ~ **el papel de amante** den Liebhaber spielen ❸ (*significar*) bedeuten ❹ (*encarnar, reproducir*) darstellen; (*personificar*) verkörpern; (*ilustrar*) abbilden; ~ **visualmente** (INFOR) auf dem Bildschirm anzeigen ❺ (*aparentar*) aussehen; **representa ser más joven** er/sie sieht jünger aus, als er/sie ist ❻ (*evocar*) schildern **II.** *vr:* ~ **se** sich *dat* vorstellen

representatividad [rrepresen̦tatiβi'ðað] *f* ❶ (*carácter*) repräsentativer Charakter *m* ❷ (*significado*) Aussagekraft *f;* **una obra de gran** ~ ein Werk von hoher Aussagekraft ❸ (JUR) Vertretungsbefugnis *f*

representativo, -a [rrepresen̦ta'tiβo, -a] *adj* repräsentativ; **gobierno** ~ parlamentarische Regierung

represión [rrepre'sjon] *f* (*contención*) Unterdrückung *f;* (*limitación*) Beschränkung *f;* ~ **de crímenes** Verbrechensbekämpfung *f*

represivo, -a [rrepre'siβo, -a] *adj* repressiv

reprimenda [rrepri'men̦da] *f* Tadel *m;* (*oficial*) Verweis *m*

reprimido, -a [rrepri'miðo, -a] *adj* ❶ (*contenido*) unterdrückt ❷ (*cohibido*) gehemmt

reprimir [rrepri'mir] **I.** *vt* unterdrücken **II.** *vr:* ~ **se** ❶ (*contenerse*) sich beherrschen; ~ **se de hablar** sich mit Worten zurückhalten ❷ (*cohibirse*) sich verkrampfen

reprivatizar [rrepriβati'θar] <z→c> *vt* (ECON, POL) reprivatisieren

reprobable [rrepro'βaβle] *adj* verwerflich

reprobación [rreproβa'θjon] *f* (*condenación*) Missbilligung *f;* (*rechazamiento*) Verwerfung *f*

reprobar [rrepro'βar] <o→ue> *vt* missbilligen

reprobatorio, -a [rreproβa'torjo, -a] *adj* tadelnd

réprobo, -a ['rreproβo, -a] **I.** *adj* verdammt **II.** *m, f* Verdammte(r) *mf*

reprochable [rrepro'tʃaβle] *adj* tadelnswert

reprochar [rrepro'tʃar] *vt* vorwerfen

reproche [rre'protʃe] *m* Vorwurf *m;* **en son de** ~ in vorwurfsvollem Ton; **hacer** ~**s a alguien por algo** jdm Vorwürfe wegen etw *gen/dat* machen

reproducción [rreproðu'θjon] *f* ❶ (*procreación*) Fortpflanzung *f;* ~ **bovina** Rinderzucht *f* ❷ (*repetición*) Reproduktion *f;* (*copia*) Vervielfältigung *f;* ~ (**de un libro**) Nachdruck *m;* ~ **de un discurso** Wiederholung eines Vortrags ❸ (*representación*) Wiedergabe *f;* ~ **magnetofónica** Bandaufnahme *f;* ~ **radiofónica** Rundfunkübertragung *f*

reproducible [rreproðu'θiβle] *adj* reproduzierbar

reproducir [rreproðu'θir] *irr como traducir* **I.** *vt* ❶ (*procrear*) fortpflanzen ❷ (*repetir*) reproduzieren; (*copiar*) vervielfältigen; (*un libro*) nachdrucken ❸ (*representar*) wiedergeben; (*imitar*) nachahmen; (*contar*) nacherzählen **II.** *vr:* ~ **se** sich fortpflanzen

reproductor[1] [rreproɗuk'tor] *m* (*aparato*) Wiedergabegerät *nt*; ~ **de discos compactos** CD-Player *m*

reproductor(a)[2] [rreproɗuk'tor(a)] **I.** *adj* Fortpflanzungs- **II.** *m(f)* (*animal*) Zuchttier *nt*

reptar [rrep'tar] *vi* kriechen

reptil [rrep'til] *m* Reptil *nt*

república [rre'puβlika] *f* Republik *f;* **R~ Federal de Alemania** Bundesrepublik Deutschland; ~ **miembro** Mitgliedsstaat *m*

Die **República Dominicana** – *Dominikanische Republik,* deren Hauptstadt *Santo Domingo* heißt, ist rund 50.000 Quadratkilometer groß. Spanisch ist die offizielle Landessprache. Weltbekannt ist der dominikanische Nationaltanz, der sog. *merengue.*

republicano, -a [rrepuβli'kano, -a] **I.** *adj* republikanisch **II.** *m, f* Republikaner(in) *m(f)*

repudiable [rrepu'ɗjaβle] *adj* verwerflich

repudiar [rrepu'ɗjar] *vt* ❶ (*rechazar*) ablehnen ❷ (*parientes*) verstoßen

repudio [rre'puɗjo] *m* ❶ (*rechazo*) Ablehnung *f* ❷ (*de parientes*) Verstoßung *f*

repuesto[1] [rre'pwesto] *m* ❶ (*pieza*) Ersatzteil *nt* ❷ (*de alimentos*) Vorrat *m* (*de* an +*dat*)

repuesto, -a[2] [rre'pwesto, -a] *pp de* **reponer**

repugnancia [rrepuɣ'nanθja] *f* ❶ (*repulsión*) Abneigung *f* (*a* gegen +*akk*); (*asco*) Ekel *m* (*a* vor +*dat*); **tener ~ al pescado** sich vor Fisch ekeln ❷ (*resistencia*) Widerwille *m;* **hacer algo con ~** etw widerwillig tun

repugnante [rrepuɣ'nante] *adj* ekelhaft

repugnar [rrepuɣ'nar] **I.** *vi* ❶ (*producir aversión*) abstoßen; (*asquear*) anekeln; **me repugna la carne grasosa** fettes Fleisch finde ich ekelhaft ❷ (*disgustar*) widerstreben +*dat* **II.** *vt* (*rehusar*) ablehnen **III.** *vr:* ~ **se** (*contradecirse*) sich (gegenseitig) ausschließen

repujar [rrepu'xar] *vt* (*metal*) treiben; (*cuero*) punzen

repulsa [rre'pulsa] *f* (*rechazo*) Ablehnung *f*

repulsar [rrepul'sar] *vt* (*persona*) zurückweisen; (*deseo*) abschlagen

repulsión [rrepul'sjon] *f* (*aversión*) Abneigung *f;* (*asco*) Ekel *m*

repulsivo, -a [rrepul'siβo, -a] *adj* ekelhaft

repuntar [rrepun'tar] **I.** *vi* ❶ (*AmS: reaparecer*) unverhofft erscheinen ❷ (*CSur: río*) wieder ansteigen **II.** *vt* ❶ (*RíoPl: el liderazgo*) wieder aufnehmen ❷ (*CSur: animales*) zusammentreiben

reputación [rreputa'θjon] *f* Ruf *m;* **mujer de mala ~** Prostituierte *f;* **tener muy buena/mala ~** höchst angesehen/sehr schlecht angesehen sein; **un local con mala ~** ein berüchtigtes Lokal

reputar [rrepu'tar] *vt* ❶ (*considerar*) halten (*por* für +*akk*) ❷ (*apreciar*) schätzen

requebrar [rreke'βrar] <e→ie> *vt* (*a una mujer*) Komplimente machen +*dat*

requemado, -a [rreke'maɗo, -a] *adj* ❶ (*color*) schwärzlich; (*piel*) stark verbrannt ❷ (*persona*) verwirrt

requemar [rreke'mar] **I.** *vt* ❶ (*asar bien*) durchbraten; (*demasiado*) anbrennen lassen ❷ (*plantas*) ausdörren ❸ (*doler*): ~ **la garganta/la lengua** im Hals/auf der Zunge brennen **II.** *vr:* ~ **se** ❶ (*quemarse*) anbrennen ❷ (*enfadarse*) sich grämen ❸ (*de un sentimiento*) sich verzehren (*de* vor +*dat*) ❹ (*plantas*) verdorren

requenete [rreke'nete] *adj* (*Ven: rechoncho*) pummelig

requerimiento [rrekeri'mjento] *m* ❶ (*requisitoria*) Ersuchen *nt* (*de* um +*akk*); (*escrito*) Antrag *m* (*de* auf +*akk*); ~ **de información** Anfrage *f;* **a** ~ **de** auf Verlangen von; **hacer el ~ para la publicación de las proclamas** das Aufgebot bestellen ❷ (*exigencia*) Anforderung *f* ❸ (*aviso*) Aufforderung *f* (*de* zu +*dat*)

requerir [rreke'rir] *irr vt* ❶ (*necesitar*) erfordern; **esto requiere toda la atención** hier ist höchste Aufmerksamkeit geboten; **este asunto requiere mucho tiempo** diese Angelegenheit ist sehr zeitraubend ❷ (*amorosamente*) den Hof machen +*dat*; ~ **de amores** Liebeserklärungen machen +*dat* ❸ (*intimar*) auffordern; ~ **a alguien que...** +*subj* jdn auffordern zu ... +*inf*

requesón [rreke'son] *m* Quark *m*

requetebién [rrekete'βjen] *adv* (*fam*) super

requetebueno, -a [rrekete'βweno, -a] *adj* (*Am: fam*) echt gut

requetecaro, -a [rrekete'karo, -a] *adj* (*Am: fam*) übermäßig teuer

requiebro [rre'kjeβro] *m* Kompliment *nt*

réquiem ['rrekjen] *m* Requiem *nt*

requisa [rre'kisa] *f* ❶ (*inspección*) Inspektion *f* ❷ (*confiscación*) Beschlagnahme *f*

requisar [rreki'sar] *vt* beschlagnahmen

requisito [rreki'sito] *m* (*requerimiento*) Anforderung *f*; (*condición*) Voraussetzung *f*; ~ **previo** Vorbedingung *f*; **exigir ciertos** ~**s** gewisse Anforderungen stellen; **con todos los** ~**s** (*fam fig*) mit allem Drum und Dran

res [rres] *f* ① (*animal*) Vieh *nt*; ~ **es de matadero** Schlachtvieh *nt* ② (*Am: vaca*) Rind *nt*

resabio [rre'saβjo] *m* ① (*sabor*) (schlechter) Nachgeschmack *m* ② (*costumbre*) schlechte Angewohnheit *f*

resaca [rre'saka] *f* ① (*fam: malestar*) Kater *m* ② (*olas*) Brandung *f*

resalado, -a [rresa'laðo, -a] *adj* anmutig

resaltar [rresal'tar] *vi* ① (*rebotar*) zurückprallen ② (*sobresalir*) hervorragen ③ (*desprenderse*) abspringen ④ (*distinguirse*) ins Auge springen; **hacer** ~ hervorheben

resalte [rre'salte] *m*, **resalto** [rre'salto] *m* (*saliente*) Absatz *m*

resanar [rresa'nar] *vt* ausbessern; (*con oro*) neu vergolden

resarcir [rresar'θir] <c→z> **I.** *vt* ① (*compensar*) entschädigen (*de* für +*akk*) ② (*reparar*) ausbessern **II.** *vr*: ~ **se** ① (*de un daño*) sich schadlos halten (*de* für +*akk*, *de* an +*dat*) ② (*de las fatigas*) sich erholen

resbaladizo, -a [rresβala'ðiθo, -a] *adj* rutschig

resbalamiento [rresβala'mjento] *m* Rutschen *nt*; **superficie de** ~ Gleitbahn *f*

resbalar [rresβa'lar] *vi* rutschen, gleiten; (*sin querer*) ausrutschen; ¡**cuidado con no** ~! Vorsicht Glatteis!; **mis palabras le resbalan** meine Worte lassen ihn/sie kalt

resbalón [rresβa'lon] *m* Ausrutscher *m*; **dar un** ~ ausrutschen

rescatar [rreska'tar] *vt* ① (*a un prisionero*) befreien; (*con dinero*) auslösen ② (*a un náufrago*) retten ③ (*algo perdido*) wiederfinden ④ (*una deuda*) begleichen ⑤ (*tiempo*) zurückgewinnen; **quisiera** ~ **mi juventud** ich wäre gerne wieder jung ⑥ (*culpas viejas*) wieder gutmachen ⑦ (*Am: mercancías*) Tauschhandel betreiben (mit +*dat*)

rescate [rres'kate] *m* ① (*de un prisionero*) Befreiung *f*; (*con dinero*) Auslösung *f* ② (*de un náufrago*) Rettung *f* ③ (*de una prenda*) (Pfand)einlösung *f* ④ (*recuperación*) Rückkauf *m*; **con facultad de** ~ mit Rückkaufrecht ⑤ (*dinero para rescatar*) Lösegeld *nt*

rescindir [rresθin'dir] *vt* (*la ley*) aufheben; (*un contratante*) (auf)kündigen

rescisión [rresθi'sjon] *f* (*la ley*) Ungültigkeitserklärung; (*un contratante*) Kündi-

gung *f*; ~ **de una deuda** Erlöschen einer Schuld

rescoldo [rres'koldo] *m* ① (*borrajo*) glimmende Asche *f*; **donde candelita hubo, siempre** ~ **quedó** (*prov*) alte Liebe rostet nicht ② (*escrúpulos*) Gewissensbisse *mpl*

resecar [rrese'kar] <c→qu> *vt* (*secar mucho*) austrocknen

reseco, -a [rre'seko, -a] *adj* ① (*muy seco*) sehr trocken ② (*flaco*) (spindel)dürr

resentido, -a [rresen'tiðo, -a] *adj* ① **estar** (*ofendido*) beleidigt ② **estar** (*débil*) angeschlagen ③ **ser** nachtragend

resentimiento [rresenti'mjento] *m* Groll *m*

resentirse [rresen'tirse] *irr como sentir vr* ① (*ofenderse*) sich ärgern (*por/de* über +*akk*) ② (*sentir dolor*) leiden (*de/con* unter +*dat*); ~ **del costado** Seitenstechen haben; **todavía se resiente de las heridas del accidente** die Unvallverletzungen machen ihm/ihr immer noch zu schaffen ③ (*debilitarse*) nachgeben; (*muros*) bersten; **los edificios se resintieron cuando abrieron el túnel del metro** als der Schacht für die U-Bahn gebaut wurde, bekamen die Gebäude Risse

reseña [rre'seɲa] *f* ① (*de un libro*) Rezension *f* ② (*de una persona*) (Personen)beschreibung *f* ③ (*narración*) Bericht *m* ④ (MIL) Musterung *f*

reseñar [rrese'ɲar] *vt* ① (*un libro*) besprechen ② (*una persona*) beschreiben ③ (*resumir*) berichten (über +*akk*) ④ (MIL) mustern

reserva [rre'serβa] *f* ① (*previsión*) Vorrat *m*; (FIN) Reserve *f*; (*fondos*) Rücklage *f*; ~ **de equipajes** (*Am*) Gepäckaufbewahrung(sstelle) *f*; **tener algo en** ~ etw vorrätig haben ② (*de plazas*) Reservierung *f* ③ (*biológica*) Reservat *nt* ④ (MIL) Reserve *f*; **pasar a la** ~ zur Reserve abgestellt werden ⑤ (*discreción*) Zurückhaltung *f*; **guardar la** ~ Verschwiegenheit bewahren ⑥ (*circunspección*) Vorbehalt *m*; ~ **mental** stillschweigender Vorbehalt; **a** ~ **de que...** +*subj* vorausgesetzt, dass ...; **sin la menor** ~ vorbehaltslos

reservadamente [rreserβaða'mente] *adv* im Vertrauen

reservado[1] [rreser'βaðo] *m* ① (FERRO) Sonderabteil *nt* ② (*habitación*) Nebenzimmer *nt*

reservado, -a[2] [rreser'βaðo, -a] *adj* ① (*derecho*) vorbehalten; **quedan** ~**s todos los derechos** alle Rechte vorbehalten ② (*callado*) reserviert ③ (*confidencial*) vertraulich ④ (*cauteloso*) vorsichtig

reservar [rreser'βar] **I.** *vt* ① (*retener plaza*)

reservieren; ~ **un asiento** (*ocupar*) einen Sitzplatz belegen; (*para un viaje*) einen Sitzplatz reservieren ❷(*guardar*) zurückbehalten; (*dinero*) zurücklegen ❸(*ocultar*) verheimlichen (*de* vor +*dat*) **II.** *vr:* ~ **se** ❶ (*conservarse*) sich schonen ❷(*cautelarse*) sich zurückhalten

reservista [rreser'βista] **I.** *adj* (MIL) Reserve- **II.** *mf* (MIL) Reservist(in) *m(f)*

resfriado [rresfri'aðo] *m* Erkältung *f*

resfriar [rresfri'ar] <*3. pres:* resfría> **I.** *vi, vt* abkühlen **II.** *vr:* ~ **se** ❶ (*enfriarse*) abkühlen ❷(MED) sich erkälten

resfrío [rres'frio] *m* (*Am*) Erkältung *f*

resguardar [rresɣwar'ðar] **I.** *vt* ❶ (*proteger*) (be)schützen (*de* vor +*dat*) ❷(*poner en seguridad*) sicherstellen; ~ **los derechos** alle Rechte vorbehalten **II.** *vr:* ~ **se** sich schützen (*de* vor +*dat*); ~ **se con un muro** hinter einer Mauer Schutz suchen

resguardo [rres'ɣwarðo] *m* ❶ (*protección*) Schutz *m* ❷(*guardia*) Sicherstellung *f*; ~ **de la legalidad** Wahrung der Gesetzlichkeit ❸(*recibo*) Quittung *f*; ~ **de almacén/de entrega** Lager-/Lieferschein *m*; ~ **de transferencia** Überweisungsbeleg *m*

residencia [rresi'ðenθja] *f* ❶(*domicilio*) Wohnsitz *m*; ~ **habitual** ständiger Wohnsitz; **cambiar de** ~ den Wohnort wechseln ❷(*estancia*) Aufenthalt *m* ❸(*casa lujosa*) Residenz *f*; ~ **real** Königspalast *m*; ~ **señorial** Herrenhaus *nt* ❹(*internado*) Heim *nt*; (*colegio*) Internat *nt*; ~ **de ancianos** Altersheim *nt*; ~ **de huérfanos** Waisenhaus *nt* ❺(*hostal*) Pension *f*

residencial [rresiðen'θjal] **I.** *adj* Wohn- **II.** *m* (*urbanización*) Wohnanlage *f*

residente [rresi'ðente] **I.** *adj* (*persona*) wohnhaft; (*por mucho tiempo*) ansässig; ~ **en el lugar** ortsansässig **II.** *mf* Einwohner(in) *m(f)*

residir [rresi'ðir] *vi* ❶(*habitar*) wohnen ❷(*radicar*) liegen

residual [rresiðu'al] *adj* Rest-, Abfall-

residuo [rre'siðwo] *m* ❶(*resto*) Rest *m*; (QUÍM) Rückstand *m* ❷ *pl* (*basura*) Abfall *m*; (*géneros defectuosos*) Ausschuss *m*; ~ **s de las fábricas** Fabrikabfälle *mpl*; ~ **s radiactivos** Atommüll *m*; ~ **s tóxicos** Giftmüll *m*

resignación [rresiɣna'θjon] *f* Resignation *f*; (*renuncia*) Verzicht *m*

resignar [rresiɣ'nar] **I.** *vt* niederlegen **II.** *vr:* ~ **se** resignieren; ~ **se con** [*o a*] **algo** sich mit etw *dat* abfinden

resina [rre'sina] *f* Harz *nt*

resistencia [rresis'tenθja] *f* Widerstand *m* (*a gegen* +*akk*); ~ **a la autoridad** Widerstand gegen die Staatsgewalt; ~ **al choque** Stoßfestigkeit *f*; ~ **al frío** Kältebeständigkeit *f*; ~ **al pago** Zahlungsverweigerung *f*; ~ **a la publicidad** Werbemüdigkeit *f*; ~ **a la rotura** Bruchfestigkeit *f*; **carrera de** ~ Dauerlauf *m*; **plato de** ~ Hauptgericht *nt*; **oponer** ~ Widerstand leisten; **formar parte de la** ~ im Widerstand sein; **la** ~ **alemana** die deutschen Widerstandskämpfer

resistente [rresis'tente] **I.** *adj* widerstandsfähig (*a gegen* +*akk*); ~ **al calor** hitzebeständig; ~ **a la intemperie** wetterfest; ~ **a la lavadora** waschmaschinenfest; ~ **a la luz** lichtecht; ~ **a la rotura** bruchsicher **II.** *mf* Widerstandskämpfer(in) *m(f)*

resistir [rresis'tir] **I.** *vi, vt* standhalten +*dat*; ~ **a una tentación** einer Versuchung widerstehen; ~ **al enemigo** dem Feind Widerstand leisten; **resistió la enfermedad** er/sie hat die Krankheit überstanden; **¡no resisto más!** ich halte das nicht länger aus!; **no resisto la comida pesada** ich kann schweres Essen nicht vertragen; **no puedo** ~ **a esta persona** ich kann diese Person nicht ausstehen **II.** *vr:* ~ **se** sich weigern

resistividad [rresistiβi'ðað] *f* (ELEC) Widerstandsfähigkeit *f*

resollar [rreso'ʎar] *vi* ❶ (*aspirar*) schnaufen; ~ **comiendo** schlürfen; **beber algo sin** ~ (*fig*) etw in einem Zug austrinken; **trabajar horas y horas sin** ~ (*fig*) pausenlos arbeiten ❷(*fam: dar noticia de sí*) von sich *dat* hören lassen

resolución [rresolu'θjon] *f* ❶ (*firmeza*) Entschlossenheit *f* ❷(*decisión*) Entschluss *m*; (POL) Resolution *f*; ~ **administrativa** Bescheid *m*; ~ **arbitral** Schiedsspruch *m*; ~ **judicial** Gerichtsentscheidung *f*; **tomar una** ~ einen Beschluss fassen ❸(*solución*) Auflösung *f*

resolutivo¹ [rresolu'tiβo] *m* (MED) Auflösungsmittel *nt*

resolutivo, -a² [rresolu'tiβo, -a] *adj* ❶ (*decisivo*) Entscheidungs- ❷(MED) auflösend

resoluto, -a [rreso'luto, -a] *adj* resolut

resolver [rresol'βer] *irr como* volver **I.** *vt* ❶(*acordar*) beschließen ❷(*solucionar*) lösen; ~ **un problema** ein Problem lösen ❸(*decidir*) beschließen ❹(*disolver*) auflösen **II.** *vr:* ~ **se** ❶(*solucionarse*) sich klären ❷(*decidirse*) sich entscheiden ❸(*disolverse*) sich auflösen

resonancia [rreso'nanθja] *f* Resonanz *f*; **caja de** ~ Resonanzboden *m*; **de** ~ **universal** weltbewegend; **este libro no tiene** ~ dieses Buch findet keinen Anklang

resonante [rreso'nante] *adj* (*importante*) nachhaltig; **con éxito** ~ mit glänzendem Erfolg; **una victoria** ~ ein bedeutender Sieg

resonar [rreso'nar] <o→ue> *vi* (wider)hallen; **los gritos de angustia resuenan todavía en mis oídos** ich höre immer noch die Angstschreie in meinen Ohren; ~ **fuera de las fronteras** (*fig*) über die Grenzen hinweg bekannt werden

resoplar [rreso'plar] *vi* schnauben; ~ **de rabia** vor Wut schnauben

resorte [rre'sorte] *m* Feder *f;* (*fig*) Triebfeder *f;* **tocar todos los ~s** (*fig*) alle Hebel in Bewegung setzen

respaldar [rrespal'dar] **I.** *vt* ❶ (*apoyar*) unterstützen ❷ (*proteger*) decken ❸ (*anotar*) auf der Rückseite vermerken **II.** *vr:* ~ **se** ❶ (*apoyarse*) sich anlehnen; (*hacia atrás*) sich zurücklehnen; ~ **se contra la pared** sich an die Wand lehnen; ~ **se en el sillón** sich im Sessel zurücklehnen ❷ (*ampararse*) sich *dat* Rückendeckung verschaffen **III.** *m* Rückenlehne *f*

respaldo [rres'paldo] *m* ❶ (*respaldar*) Rückenlehne *f* ❷ (*reverso*) Rückseite *f;* **en el** ~ auf der Rückseite ❸ (*apoyo*) Unterstützung *f;* (*protección*) Rückendeckung *f*

respectar [rrespek'tar] *vi* (*verbo defectivo*) betreffen; **por** [*o* **en**] **lo que respecta a él...** was ihn betrifft ...

respectivamente [rrespektiβa'mente] *adv:* **le hemos regalado** ~ **un coche** wir haben jedem/jeder ein Auto geschenkt; **Anne y Maite compran la fruta y el pan,** ~ Anne und Maite kaufen ein, die eine das Obst und die andere das Brot

respectivo, -a [rrespek'tiβo, -a] *adj* betreffende(r, s)

respecto [rres'pekto] *m* Hinsicht *f;* (**con**) ~ **a** bezüglich +*gen;* **con** ~ **a eso, al** ~ diesbezüglich; **a este** ~ in dieser Hinsicht; **al** ~ **de** im Verhältnis zu +*dat*

respetabilidad [rrespetaβili'ðað] *f* Achtbarkeit *f*

respetable [rrespe'taβle] *adj* ❶ (*digno de respeto*) achtbar; **persona** ~ Respektsperson *f* ❷ (*notable*) beachtlich

respetar [rrespe'tar] *vt* ❶ (*honrar*) respektieren; **hacerse** ~ sich *dat* Respekt verschaffen ❷ (*considerar*) Rücksicht nehmen (auf +*akk*) ❸ (*cumplir*) beachten

respeto [rres'peto] *m* ❶ (*veneración*) Respekt *m;* ~ **a las leyes** Achtung vor dem Gesetz; ~ **de un plazo** Einhaltung einer Frist; **falta de** ~ Respektlosigkeit *f;* **una persona de** ~ eine angesehene Person; **faltar al** ~ **a alguien** jdm keinen Respekt

entgegenbringen; **ofrecer los** ~**s a alguien** jdm seine Aufwartung machen; **¡mis** ~**s a su señora!** meine Empfehlungen an Ihre Frau Gemahlin!; **tener mucho** ~ **a las tormentas** große Angst vor Gewittern haben; **campar por sus** ~**s** auf seinen eigenen Nutzen bedacht sein ❷ (*loc*): **de** ~ Not-

respetuosidad [rrespetwosi'ðað] *f* Ehrerbietigkeit *f*

respetuoso, -a [rrespetu'oso, -a] *adj* respektvoll; **ser** ~ **con las leyes** die Gesetze beachten

respingar [rrespiŋ'gar] <g→gu> *vi* ❶ (*refunfuñar*) murren ❷ (*animal*) bocken ❸ (*falda*) abstehen

respingo [rres'piŋgo] *m* ❶ (*refunfuño*) Murren *nt* ❷ (*movimiento*) Ruck *m;* (*animal*) Aufbäumen *nt;* **dar un** ~ erschreckt in die Höhe fahren

respingón, -ona [rrespiŋ'gon, -ona] *adj* ❶ (*animal*) bockig ❷ (*levantado*) abstehend; **nariz respingona** Stupsnase *f*

respiración [rrespira'θjon] *f* (*inhalación*) Atmung *f;* (*aliento*) Atem *m;* ~ **artificial** künstliche Beatmung; ~ **boca a boca** Mund-zu-Mund-Beatmung *f;* **hacer la** ~ **boca a boca a alguien** jdn Mund-zu-Mund beatmen; **dificultad de** ~ Atemnot *f;* **cortar la** ~ (*fig*) den Atem verschlagen

respiradero [rrespira'ðero] *m* ❶ (*abertura*) Luftloch *nt* ❷ (*descanso*) Atempause *f* ❸ (*fam: órganos de respiración*) Atmungsorgane *ntpl*

respirar [rrespi'rar] *vi* atmen; ~ **aliviado** erleichtert aufatmen; ~ **trabajosamente** nach Luft schnappen; **sin** ~ (*fig*) pausenlos; **escuchar sin** ~ (*fig*) gespannt zuhören; **¡déjame que respire!** lass mich doch mal verschnaufen!; **no me atrevo a** ~ **delante de él** in seiner Gegenwart wage ich kaum zu atmen; **ahora sé por donde respira** jetzt weiß ich, wo es bei ihm/ihr langgeht

respiratorio, -a [rrespira'torjo, -a] *adj* Atmungs-; **vías respiratorias** Atemwege *mpl*

respiro [rres'piro] *m* ❶ (*respiración*) Atmen *nt* ❷ (*pausa*) Atempause *f* ❸ (*de alivio*) Seufzer *m*

resplandecer [rresplande'θer] *irr como crecer vi* (*lucir*) leuchten; (*reflejar*) glänzen; ~ **de alegría** vor Glück strahlen; ~ **por su inteligencia** durch seine Intelligenz hervorstechen

resplandeciente [rresplande'θjente] *adj* glänzend; ~ **de limpio** blitzblank

resplandor [rresplaɲ'dor] *m* Glanz *m*

responder [rrespoɲ'der] *vi* ❶ (*contestar*)
antworten; **el perro responde por el
nombre de...** der Hund hört auf den
Namen ... ❷ (*contradecir*) widersprechen
+*dat* ❸ (*corresponder*) entsprechen +*dat;*
(*cumplir con*) erfüllen +*akk* ❹ (*ser
responsable*) verantwortlich sein (*por* für
+*akk*) ❺ (*garantizar*) einstehen (*de/por/
con* für +*akk*); (*con dinero*) haften (*de/
por/con* für +*akk*); ~ **de una deuda** für
eine Schuld aufkommen

respondón, -ona [rrespoɲ'don, -ona] **I.** *adj*
frech **II.** *m, f* frecher Mensch *m*

responsabilidad [rresponsaβili'ðaᵈ] *f*
❶ (*por un niño*) Verantwortung *f* (*de/por*
für +*akk*); ~ **propia** Eigenverantwortung *f;*
exigir ~ zur Verantwortung ziehen ❷ (*por
un daño*) Haftung *f* (*de/por* für +*akk*); ~
civil Haftpflicht *f;* ~ **del daño** Scha-
den(s)ersatzpflicht *f;* **incurrir en** ~ haftbar
gemacht werden; **no acepto la** ~ ich
komme nicht dafür auf

responsabilizar [rresponsaβili'θar] <z→c>
I. *vt* verantwortlich machen (*de* für +*akk*)
II. *vr:* ~**se** (*asumir la responsabilidad*)
die Verantwortung übernehmen (*de* für
+*akk*); (*garantizar*) einstehen (*de* für
+*akk*); (JUR) die Haftung übernehmen (*de*
für +*akk*)

responsable [rrespon'saβle] **I.** *adj* verantwortlich (*de* für +*akk*); **ser civilmente** ~
persönlich haften **II.** *mf* Verantwortliche(r)
mf

respuesta [rres'pwesta] *f* Antwort *f* (*a* auf
+*akk*); ~ **negativa** abschlägige Antwort;
en ~ **a su carta del...** in Beantwortung
Ihres Schreibens vom ...; **dar la callada
por** ~ überhaupt nicht antworten; **por
toda** ~ **se encogió de hombros** seine/
ihre einzige Antwort war ein Achselzucken

resquebrajadura [rreskeβraxa'ðura] *f* Riss
m

resquebrajar [rreskeβra'xar] **I.** *vt* spalten
II. *vr:* ~**se** Risse bekommen

resquemor [rreske'mor] *m* ❶ (*escozor*)
Prickeln *nt* ❷ (*resentimiento*) Groll *m*

resquicio [rres'kiθjo] *m* ❶ (*abertura*) Ritze
f, Spalt *m* ❷ (*ocasión*) Ausweg *m;* ~ **de
esperanza** Hoffnungsschimmer *m*

resta ['rresta] *f* Subtrahieren *nt*

restablecer [rrestaβle'θer] *irr como crecer*
I. *vt* wiederherstellen **II.** *vr:* ~**se** sich erholen

restablecimiento [rrestaβleθi'mjento] *m*
❶ (*recuperación*) Wiederherstellung *f*
❷ (*cura*) Genesung *f*

restallar [rresta'ʎar] *vi* knallen; **hacer** ~ **el**

látigo mit der Peitsche knallen

restante [rres'tante] **I.** *adj* restlich; **cantidad** ~ Restbetrag *m* **II.** *m* Rest *m*

restañar [rresta'ɲar] *vt* (*la sangre*) stillen; ~
las heridas (*fig*) dem Ärger Einhalt gebieten

restar [rres'tar] **I.** *vi* übrig bleiben; **aún res-
tan algunos días para finalizar el año**
bis zum Jahresende fehlen noch einige
Tage **II.** *vt* abziehen; ~ **energías a alguien**
jdm Kräfte entziehen; **no** ~ **un ápice del
mérito** nicht im geringsten den Erfolg
schmälern; ~**se años** sich für jünger ausgeben, als man ist

restauración [rrestaura'θjon] *f* Wiederherstellung *f;* (ARTE) Restauration *f;* ~ **de la
monarquía** Wiedereinführung der Monarchie

restaurador(a) [rrestaura'ðor(a)] **I.** *adj*
wiederherstellend **II.** *m(f)* ❶ (*que res-
taura*) Wiederhersteller(in) *m(f);* (ARTE)
Restaurator(in) *m(f)* ❷ (*propietario de restaurante*) Restaurantbesitzer(in) *m(f)*

restaurante [rrestau'rante] *m* Restaurant
nt

restaurar [rrestau'rar] *vt* wiederherstellen;
(ARTE) restaurieren

restitución [rrestitu'θjon] *f* ❶ (*devolución*)
Rückgabe *f;* (FIN) Erstattung *f* ❷ (*reposición*) Wiederherstellung *f*

restituir [rrestitu'ir] *irr como huir* **I.** *vt*
❶ (*devolver*) zurückgeben; (FIN)
(zurück)erstatten ❷ (*restablecer*) wiederherstellen **II.** *vr:* ~**se** zurückkehren (*a* an
+*akk*)

resto ['rresto] *m* (*lo que sobra*) Rest *m;* ~**s
de un buque** Schiffswrack *nt;* **los** ~**s
mortales** die sterblichen Überreste; **lo
recordaré el** ~ **de mis días** ich werde ihn
bis ans Ende meiner Tage nicht vergessen

restregar [rrestre'ɣar] *irr como fregar* **I.** *vt*
scheuern; ~**le a alguien algo por las
narices** (*fig*) jdm etw unter die Nase reiben **II.** *vr:* ~**se** sich abreiben; ~**se los ojos**
sich *dat* die Augen reiben

restregón [rrestre'ɣon] *m* Abreibung *f,*
(Ab)reiben *nt*

restricción [rrestri'θjon] *f* (*limitación*)
Beschränkung *f;* (*recorte*) Kürzung *f;* ~ **de
la natalidad** Geburtenregelung *f;* ~ **mental** stiller Vorbehalt; **sin restricciones**
unbeschränkt

restrictivo, -a [rrestrik'tiβo, -a] *adj* einschränkend

restringir [rrestriɲ'xir] <g→j> *vt* einschränken (*a* auf +*akk*)

resucitación [rresuθita'θjon] *f* (MED) Wiederbelebung *f*

R

resucitar [rresuθi'tar] **I.** *vi* auferstehen **II.** *vt* ❶ (*de la muerte*) vom Tode erwecken ❷ (*un estilo, una moda*) neu beleben

resuello [rre'sweʎo] *m* Keuchen *nt;* **sin ~** außer Atem; **meterle a alguien el ~ en el cuerpo** jdn einschüchtern

resuelto, -a [rre'swelto, -a] **I.** *pp de* **resolver II.** *adj* resolut

resulta [rre'sulta] *f* ❶ (*resultado*) Ergebnis *nt* ❷ (*consecuencia*) Folge *f;* **de ~s de** infolge von

resultado [rresul'taðo] *m* Ergebnis *nt,* Resultat *nt;* **~ del reconocimiento** (**médico**) Befund *m;* **dar buen/mal ~** gelingen/misslingen; **tener por ~** zur Folge haben

resultar [rresul'tar] *vi* ❶ (*deducirse*) sich ergeben (*de* aus +*dat*) ❷ (*surtir*) sein; **~ muerto en un accidente** tödlich verunglücken ❸ (*tener éxito*) erfolgreich sein ❹ (*comprobarse*) sich erweisen (als +*nom*) ❺ (*loc*): **~ en beneficio de alguien** zu jds Gunsten verlaufen

resumen [rre'sumen] *m* ❶ (*sumario*) Zusammenfassung *f;* **en ~** kurz und gut ❷ (*extracto*) Auszug *m*

resumir [rresu'mir] **I.** *vt* zusammenfassen **II.** *vr:* **~ se** sich beschränken (*en* auf +*akk*)

resurgimiento [rresurxi'mjento] *m* Wiederaufleben *nt*

resurgir [rresur'xir] <g→j> *vi* ❶ (*reaparecer*) wieder erscheinen ❷ (*renacer*) auferstehen ❸ (*revivir*) wieder aufleben

resurrección [rresurreˠ'θjon] *f* ❶ (REL) Auferstehung *f;* **Pascua de R~** Ostern *nt* ❷ (*restablecimiento*) Wiederbelebung *f*

retablo [rre'taβlo] *m* ❶ (*obra arquitectónica*) Retabel *nt* ❷ (*pintura*) Gemäldegruppe mit biblischen Motiven; **ser un ~ de dolores** vom Schicksal geschlagen sein ❸ (*drama*) Theaterstück über ein biblisches Thema

retaguardia [rreta'ɣwarðja] *f* (MIL) Nachhut *f;* **a** [*o* **en**] **~** (*tarde*) verspätet; **a ~ de** (*detrás de*) hinter; **estar a la ~ de algo** (*fig*) auf etw lauern; **quedarse en la ~** (*fig*) im Hintergrund bleiben

retahíla [rreta'ila] *f* Reihe *f;* **soltar la ~** eine Liste runterbeten

retal [rre'tal] *m* Rest *m*

retama [rre'tama] *f* Ginster *m*

retar [rre'tar] *vt* herausfordern (*a* zu +*dat*)

retardar [rretar'ðar] **I.** *vt* verzögern **II.** *vr:* **~ se** sich verzögern; **me he retardado** ich bin in Verzug geraten

retardo [rre'tarðo] *m* Verzögerung *f;* **sufrir un ~** sich verzögern; **tener ~ con algo** mit etw *dat* in Verzug sein

retazo [rre'taθo] *m* ❶ (*retal*) Stoffrest *m* ❷ (*fragmento*) Fragment *nt;* (*de conversación*) Bruchstück *nt*

retemblar [rretem'blar] <e→ie> *vi* beben; **hacer ~** erbeben lassen

retén [rre'ten] *m* Reserve *f*

retención [rreten'θjon] *f* ❶ (*custodia*) Einbehaltung *f;* (*deducción*) Abzug *m;* **~ fiscal** Steuerabzug *m;* **certificado de retenciones** Bescheinigung über einbehaltene Abzüge ❷ (*memorizar*) Behalten *nt* ❸ (*moderación*) Zurückhaltung *f* ❹ (*tráfico*) Stau *m*

retener [rrete'ner] *irr como* **tener I.** *vt* ❶ (*conservar*) zurückhalten; (*el pasaporte*) einbehalten; (*la respiración*) anhalten ❷ (*recordar, detener*) behalten **II.** *vr:* **~ se** sich zurückhalten

retentiva [rreten'tiβa] *f* Gedächtnis *nt*

reticencia [rreti'θenθja] *f* ❶ (*indirecta*) Anspielung *f;* **andar con ~ s** (nur) Andeutungen machen ❷ (*renuncia*) Widerwille *m* ❸ (*reserva*) Vorbehalt *m* (*ante* gegen +*akk*)

reticente [rreti'θente] *adj* zögerlich

retícula [rre'tikula] *f* ❶ (*red*) Netz *nt* ❷ (TIPO) Raster *m*

reticular [rretiku'lar] *adj* netzartig; **bóveda ~** Netzgewölbe *nt*

retículo [rre'tikulo] *m* (*red*) Netz *nt*

retina [rre'tina] *f* Netzhaut *f*

retintín [rretin'tin] *m* ❶ (*son*) Nachklang *m* ❷ (*tonillo*) (ironischer) Unterton *m*

retiración [rretira'θjon] *f* (TIPO) Gegendruck *m*

retirada [rreti'raða] *f* ❶ (*abandono*) Rücktritt *m;* (MIL) Rückzug *m* ❷ (*eliminación*) Beseitigung *f*

retirado, -a [rreti'raðo, -a] **I.** *adj* ❶ (*lejos*) abgelegen ❷ (*jubilado*) pensioniert **II.** *m, f* Pensionär(in) *m(f)*

retirar [rreti'rar] **I.** *vt* ❶ (*apartar*) weglegen; (*tropas*) abziehen; (*dinero*) abheben ❷ (*echar*) verweisen; **~ on de la sala a los manifestantes** die Demonstranten wurden des Saales verwiesen ❸ (*recoger*) abholen ❹ (*quitar*) entziehen ❺ (*desdecirse*) zurücknehmen ❻ (*negar*) verweigern ❼ (*jubilar*) in den Ruhestand versetzen **II.** *vr:* **~ se** ❶ (*t.* MIL: *abandonar*) sich zurückziehen (*de* aus +*dat*) ❷ (*retroceder*) zurücktreten (*de* von +*dat*) ❸ (*jubilarse*) in den Ruhestand treten

retiro [rre'tiro] *m* ❶ (*pensión*) Pension *f* ❷ (*refugio*) abgelegener Ort *m* ❸ (*retraimiento*) Zurückgezogenheit *f*

reto ['rreto] *m* Herausforderung *f*

retocar [rreto'kar] <c→qu> *vt* (*repasar*)

überarbeiten; (*perfeccionar*) ausbessern; (FOTO) retuschieren

retomar [rreto'mar] *vt* wieder aufnehmen

retoñar [rreto'ɲar] *vi* (BOT) wieder sprießen; (*fig*) wieder auftreten

retoño [rre'toɲo] *m* ① (*vástago*) Spross *m* ② (*persona*) Sprössling *m*

retoque [rre'toke] *m* ① (*corrección*) Ausbesserung *f;* (FOTO) Retusche *f* ② (FIN) Bereinigung *f*

retorcer [rretor'θer] *irr como cocer* I. *vt* ① (*torcer*) verdrehen ② (*enroscar*) winden II. *vr:* ~ **se** ① (*enroscarse*) sich verdrehen ② (*de dolor*) sich winden (*de* vor +*dat*)

retorcido, -a [rretor'θiðo, -a] *adj* ① (*conceptuoso*) geschraubt ② (*maligno*) falsch ③ (*complicado*): **pensar de manera retorcida** um zwei Ecken denken; **¡qué ~!** das ist doppelt gemoppelt!

retorcimiento [rretorθi'mjento] *m* ① (*torcedura*) Verdrehung *f* ② (*vuelta*) Windung *f* ③ (*encorvadura*) Verkrümmung *f*

retórica [rre'torika] *f* Rhetorik *f*

retórico, -a [rre'toriko, -a] I. *adj* rhetorisch II. *m, f* Rhetoriker(in) *m(f)*

retornable [rretor'naβle] *adj:* **botella ~** Mehrwegflasche *f;* **botella no ~** Einwegflasche *f*

retornar [rretor'nar] I. *vi* zurückkehren II. *vt* ① (*devolver*) zurückgeben ② (*retroceder*) umwenden, umdrehen

retorno [rre'torno] *m* ① (*regreso*) Rückkehr *f* ② (*devolución*) Rückgabe *f*

retorta [rre'torta] *f* Retorte *f*

retortijón [rretorti'xon] *m* ① (*ensortijamiento*) Verkrümmung *f* ② (*dolor*) Stechen *nt;* **tengo un ~ de estómago** ich habe Magenkrämpfe

retozar [rreto'θar] <z→c> *vi* ① (*brincar*) tollen ② (*coquetear*) turteln

retozón, -ona [rreto'θon, -ona] *adj* verspielt

retracción [rretrak'ʸθjon] *f* ① (JUR) Zurücknahme *f* ② (*retroceso*) Rückkehr *f* ③ (*impedimento*) Verhinderung *f* ④ (*retiro*) Rücktritt *m* ⑤ (MED) Schrumpfung *f*

retractación [rretrakta'θjon] *f* Widerruf *m*

retractar [rretrak'tar] I. *vt* (*desdecirse*) zurücknehmen (*de* +*akk*); (JUR) widerrufen (*de* +*akk*) II. *vr:* ~ **se** widerrufen (*de* +*akk*)

retráctil [rre'traktil] *adj* einziehbar

retraer [rretra'er] *irr como traer* I. *vt* ① (*traer*) wiederbringen ② (JUR) zurücknehmen ③ (*impedir*) hindern (*de* an +*dat*) ④ (*encoger*) einziehen II. *vr:* ~ **se** ① (*retirarse*) zurücktreten (*de* von +*dat*) ② (*aislarse*) sich zurückziehen (*a/en* in +*akk*)

③ (*retroceder*) sich zurückversetzen (*a* in +*akk*)

retraído, -a [rretra'iðo, -a] *adj* (*reservado*) zurückhaltend

retraimiento [rretrai̯'mjento] *m* Zurückhaltung *f*

retransmisión [rretranˢsmi'sjon] *f* Übertragung *f;* **~ deportiva** Sportberichterstattung *f;* **~ por televisión** Fernsehübertragung *f*

retransmisor [rretranˢsmi'sor] *m* (TEL) Nebensender *m*

retransmitir [rretranˢsmi'tir] *vt* übertragen

retrasado, -a [rretra'saðo, -a] *adj* ① (*atrasado*) verspätet ② (*anticuado*) rückständig; **~ en tecnología** technologisch rückständig ③ (*no actual*) alt ④ (*subdesarrollado*) zurückgeblieben; **~ mental** geistig zurückgeblieben

retrasar [rretra'sar] I. *vt* ① (*demorar*) verzögern ② (*el reloj*) zurückstellen II. *vi* ① (*el reloj*) nachgehen ② (*no estar al día*) zurückbleiben III. *vr:* ~ **se** sich verspäten

retraso [rre'traso] *m* ① (*demora*) Verspätung *f* ② (*del desarrollo*) Rückständigkeit *f* ③ (*de la deuda*) Verzug *m;* **tener ~ en los pagos** mit den Zahlungen in Verzug sein

retratar [rretra'tar] *vt* porträtieren

retratista [rretra'tista] *mf* (*dibujante*) Porträtmaler(in) *m(f);* (*fotógrafo*) Porträtfotograf(in) *m(f)*

retrato [rre'trato] *m* ① (*representación*) Porträt *nt;* (FOTO) Porträtaufnahme *f* ② (*parecido*) Ebenbild *nt;* **ser el vivo ~ de alguien** jdm zum Verwechseln ähnlich sein

retrato-robot [rre'trato-rro'βoᵗ] <retratos-robot> *m* Phantombild *nt*

retreta [rre'treta] *f* Zapfenstreich *m*

retrete [rre'trete] *m* Toilette *f*

retribución [rretriβu'θjon] *f* Vergütung *f;* (*sueldo*) Gehalt *nt;* **retribuciones dinerarias** Geldbezüge *pl;* **retribuciones en especie** Sachbezüge *pl*

retribuir [rretriβu'ir] *irr como huir vt* ① (*remunerar*) vergüten ② (*Am: compensar*) sich erkenntlich zeigen (für +*akk*)

retributivo, -a [rretriβu'tiβo, -a] *adj* einträglich

retroactividad [rretroaktiβi'ðaᵈ] *f* Rückwirkung *f*

retroactivo, -a [rretroak'tiβo, -a] *adj* rückwirkend

retroalimentación [rretroalimenta'θjon] *f* Rückkopplung *f*

retroceder [rretroθe'ðer] *vi* ① (*regresar*) zurückgehen ② (*desistir*) zurückweichen

retroceso [rretro'θeso] *m* ① (*regresión*) Rückgang *m;* **~ en las negociaciones**

Rückschlag bei den Verhandlungen ② (MED) Rückfall *m*

retrógrado, **-a** [rre'troɣɾaðo, -a] **I.** *adj* ① (*que retrocede*) retrograd ② (*pey: reaccionario*) reaktionär **II.** *m*, *f* Reaktionär(in) *m(f)*

retropropulsión [rretropropul'sjon] *f* Rückstoßantrieb *m*

retroproyector [rretropɾoɟek'tor] *m* Overheadprojektor *m*

retrospección [rretrospeɣ'θjon] *f* Überprüfung *f*

retrospectiva [rretrospek'tiβa] *f* Rückblick *m*

retrospectivo, **-a** [rretrospek'tiβo, -a] *adj* retrospektiv

retrotraer [rretrotra'er] *irr como traer* **I.** *vt* ① (*antedatar*) (zu)rückdatieren ② (*retroceder*) zurückversetzen (*a* in +*akk*) **II.** *vr:* ~ **se** sich zurückversetzen (*a* in +*akk*)

retrovisor [rretroβi'sor] *m* Rückspiegel *m*; ~ **exterior** Außenspiegel *m*; **mirar por el espejo** ~ in den Rückspiegel schauen

retumbar [rretum'bar] *vi* dröhnen

reuma ['rreʊma] *m o f*, **reúma** [rre'uma] *m o f* Rheuma *nt*

reumático, **-a** [rreʊ'matiko, -a] *adj* rheumatisch

reumatismo [rreʊma'tismo] *m sin pl* Rheumatismus *m*

reumatología [rreʊmatolo'xia] *f* (MED) Rheumatologie *f*

reunificación [rreunifika'θjon] *f* Wiedervereinigung *f*

reunificar [rreunifi'kar] <c→qu> *vt* wieder vereinigen

reunión [rreu'njon] *f* ① (*encuentro, asamblea*) Versammlung *f*; ~ **de los trabajadores** Betriebsversammlung *f* ② (*conferencia*) Besprechung *f*; **estar en** ~ in einer Besprechung sein; **celebrar una** ~ eine Besprechung abhalten ③ (*el juntar*) Sammlung *f* ④ (*grupo, invitados*) Gesellschaft *f*

reunir [rreu'nir] *irr* **I.** *vt* ① (*congregar*) versammeln ② (*unir*) vereinigen ③ (*juntar*) sammeln **II.** *vr:* ~ **se** ① (*congregarse*) sich versammeln ② (*unir*) sich vereinigen ③ (*juntarse*) sich sammeln

reutilización [rreutiliθa'θjon] *f* Wiederverwertung *f*

reutilizar [rreutili'θar] <z→c> *vt* wieder verwerten

revalida [rre'βaliða] *f* ① (*confirmación*) Bestätigung *f* ② (*examen*) Abschlussprüfung *f*

revalidar [rreβali'ðar] **I.** *vt* bestätigen **II.** *vr:* ~ **se** anerkannt werden

revaloración [rreβalora'θjon] *f* Neubewertung *f*

revalorización [rreβaloriθa'θjon] *f* Aufwertung *f*

revalorizar [rreβalori'θar] <z→c> *vt* aufwerten

revaluación [rreβalwa'θjon] *f* Neubewertung *f*; (*elevamiento*) Aufwertung *f*

revaluar [rreβalu'ar] <*l. pres:* revalúo> *vt* neu bewerten; (*subir el valor*) aufwerten

revancha [rre'βantʃa] *f* ① (*desquite*) Revanche *f*; **tomarse la** ~ **por algo** sich für etw revanchieren ② (*venganza*) Vergeltung *f*; **tomarse la** ~ sich rächen

revelación [rreβela'θjon] *f* ① (*descubrimiento*) Enthüllung *f* ② (REL) Offenbarung *f*

revelado [rreβe'laðo] *m* (FOTO) Entwicklung *f*

revelador[1] [rreβela'ðor] *m* (FOTO) Entwickler *m*

revelador(a)[2] [rreβela'ðor(a)] *adj* aufschlussreich

revelar [rreβe'lar] *vt* ① (*dar a conocer*) enthüllen; (*un secreto*) lüften ② (FOTO) entwickeln ③ (REL) offenbaren

revellín [rreβe'ʎin] *m* ① (*Cuba: dificultad*) Schwierigkeit *f* ② (*loc*): **echar** ~ vor Wut schäumen

revender [rreβen'der] *vt* wieder verkaufen

revenir [rreβe'nir] *irr como venir vi*, *vr:* ~ **se** ① (*encoger*) schrumpfen ② (*agriarse*) sauer werden ③ (*secarse*) austrocknen

reventa [rre'βenta] *f* Wiederverkauf *m*

reventar [rreβen'tar] <e→ie> **I.** *vi* ① (*romperse*) platzen (*de/por* vor +*dat*); **lleno hasta** ~ zum Bersten voll; **la agonía del pobre**, ~ **por que no sobre** (*prov*) lieber den Magen verrenkt, als dem Wirt was geschenkt ② (*vulg: morir*) verrecken *fam*; **¡que reviente!** soll er/sie doch von mir aus verrecken! *fam* **II.** *vt* ① (*romper*) zum Platzen bringen ② (*fam: molestar*) nerven **III.** *vr:* ~ **se** ① (*romperse*) platzen ② (*vulg: morirse*) verrecken *fam*

reventón [rreβen'ton] *m* (AUTO): **tener un** ~ einen Platten haben

reverberación [rreβerβera'θjon] *f* (*de la luz*) Reflexion *f*; (*del sonido*) Widerhall *m*

reverberar [rreβerβe'rar] *vi* (*luz*) reflektiert werden; (*sonido*) widerhallen

reverbero [rreβer'βero] *m* ① *v.* **reverberación** ② (*farol*) (Straßen)laterne *f*; (AUTO) Scheinwerfer *m* ③ (*Am: hornillo*) Spirituskocher *m*

reverdecer [rreβerðe'θer] *irr como crecer vi* ① (*verdear*) (wieder) ergrünen ② (*vigorizar*) erstarken

reverencia [rreβe'renθja] *f* ① (*veneración*)

Hochachtung *f;* **Su R~** Euer Hochwürden ❷ (*inclinación*) Verbeugung *f*

reverenciar [rreβeren'θjar] *vt* ehren

reverendísimo, -a [rreβeren'disimo, -a] *adj* hochwürdig; **Su R~** Euer Hochwürden

reverendo, -a [rreβe'rendo, -a] **I.** *adj* ehrwürdig **II.** *m, f* Pfarrer(in) *m(f)*

reverente [rreβe'rente] *adj* ehrerbietig

reversibilidad [rreβersiβili'ðaᵈ] *f* Umkehrbarkeit *f*

reversible [rreβer'siβle] *adj* umkehrbar; (*prenda de vestir*) Wende-

reversión [rreβer'sjon] *f* Umkehrung *f*

reverso [rre'βerso] *m* (*dorso*) Rückseite *f;* **el ~ de la medalla** (*fig*) die Kehrseite der Medaille

revertir [rreβer'tir] *irr como sentir vi* zurückfallen (*a* an *+akk*); **revirtió en su beneficio** es verlief zu seinen/ihren Gunsten

revés [rre'βes] *m* ❶ (*reverso*) Rückseite *f;* **al** [*o* **del**] **~** umgekehrt; **te has puesto el jersey del ~** du hast deinen Pullover linksherum angezogen; **poner a alguien del ~** (*confundir*) jdn durcheinander bringen; (*poner a caldo*) jdm die Meinung ins Gesicht sagen ❷ (*golpe*) Schlag *m* mit dem Handrücken ❸ (DEP) Rückhand *f* ❹ (*infortunio*) Rückschlag *m;* **~ de fortuna** Schicksalsschlag *m*

revestimiento [rreβesti'mjento] *m* Verkleidung *f* (*con/de* mit *+dat*)

revestir [rreβes'tir] *irr como pedir* **I.** *vt* ❶ (*recubrir*) verkleiden (*con/de* mit *+dat*); **~ de cinc** verzinken ❷ (*tener*): **~ importancia** bedeutungsvoll sein **II.** *vr:* **~se** (*aparentar*) sich wappnen (*con/de* mit *+dat*)

reviejo, -a [rre'βjexo, -a] *adj* uralt

revisar [rreβi'sar] *vt* überprüfen; (TÉC) überholen; (*textos*) überarbeiten; (*edición*) neu bearbeiten

revisión [rreβi'sjon] *f* Überprüfung *f;* (TÉC) Überholung *f;* (JUR, TIPO) Revision *f;* (MED) Untersuchung *f*

revisionismo [rreβisjo'nismo] *m sin pl* Revisionismus *m*

revisor(a) [rreβi'sor(a)] *m(f)* ❶ (*controlador*) Prüfer(in) *m(f);* **~** (FERRO) Schaffner(in) *m(f)*

revista [rre'βista] *f* ❶ (PREN) Zeitschrift *f;* **las ~s del corazón** die Regenbogenpresse; **~ electrónica** elektronische Zeitschrift; **~ especializada** Fachzeitschrift *f;* **~ ilustrada** Illustrierte *f* ❷ (*inspección*) Überprüfung *f;* (MIL) Truppenbesichtigung *f;* **pasar ~ a las tropas** die Truppe besichtigen ❸ (*espectáculo*) Revue *f*

revitalización [rreβitaliθa'θjon] *f* (MED) Revitalisierung *f*

revitalizar [rreβitali'θar] <z→c> *vt* stärken; (MED) revitalisieren

revival [rri'βai̯βal] *m* Revival *nt*

revivificar [rreβiβifi'kar] <c→qu> *vt* beleben

revivir [rreβi'βir] **I.** *vi* wieder aufleben **II.** *vt* zu neuem Leben erwecken

revocación [rreβoka'θjon] *f* (*anulación*) Widerruf *m*

revocar [rreβo'kar] <c→qu> **I.** *vt* ❶ (*anular*) widerrufen, aufheben ❷ (*apartar*) abbringen ❸ (*hacer retroceder*) zurückdrängen ❹ (*enlucir*) tünchen **II.** *vi* (*humo*) abziehen

revolcar [rreβol'kar] *irr como volcar* **I.** *vt* ❶ (*derribar*) zu Boden werfen ❷ (*fam: vencer*) in den Sack stecken ❸ (*fam: suspender*) durchfallen lassen **II.** *vr:* **~se** ❶ (*restregarse*) sich wälzen (*por* auf *+dat*) ❷ (*obstinarse*) sich versteifen (*en* auf *+akk*)

revolcón [rreβol'kon] *m:* **dar un ~ a alguien** (*fig*) jdm einen schweren Schlag versetzen

revolotear [rreβolote'ar] *vi* flattern

revoloteo [rreβolo'teo] *m* Flattern *nt*

revoltijo [rreβol'tixo] *m* ❶ (*embrollo*) Durcheinander *nt* ❷ (*tripas*) Eingeweide *ntpl*

revoltoso, -a [rreβol'toso, -a] **I.** *adj* ❶ (*travieso*) unbändig, ungestüm ❷ (*rebelde*) aufsässig ❸ (*intrincado*) verworren **II.** *m, f* Störenfried *m*

revolución [rreβolu'θjon] *f* ❶ (*t.* POL: *cambio*) Revolution *f* ❷ (*inquietud*) Aufruhr *m* ❸ (*rotación*) Umdrehung *f;* **número de revoluciones** Drehzahl *f* ❹ (ASTR) Umlauf *m*

revolucionar [rreβoluθjo'nar] *vt* ❶ (*amotinar*) aufwiegeln ❷ (*transformar*) revolutionieren ❸ (*excitar*) in Aufregung versetzen ❹ (TÉC) die Drehzahl erhöhen *+gen*

revolucionario, -a [rreβoluθjo'narjo, -a] **I.** *adj* revolutionär **II.** *m, f* Revolutionär(in) *m(f)*

revoluta [rreβo'luta] *f* (*AmC*) *v.* **revolución**

revolver [rreβol'βer] *irr como volver* **I.** *vt* ❶ (*mezclar*) umrühren ❷ (*desordenar*) durcheinander bringen ❸ (*soliviantar*) aufwühlen ❹ (*investigar*) durchforsten **II.** *vr:* **~se** ❶ (*moverse*) sich wälzen; **se me revuelve el estómago** da dreht sich mir der Magen um ❷ (*enfrentarse*) sich widersetzen (*contra* *+dat*) ❸ (*el tiempo*) umschlagen

R

revólver [rre'βolβer] *m* Revolver *m*
revoque [rre'βoke] *m* ❶ (*acción*) Tünchen *nt* ❷ (*material*) Tünche *f*
revuelco [rre'βwelko] *m* (*golpe*) Schlag *m*
revuelo [rre'βwelo] *m* ❶ (*segundo vuelo*) Rückflug *m;* **de** ~ (*fig*) wie im Fluge ❷ (*turbación*) Aufruhr *m;* **causar** ~ für Aufruhr sorgen
revuelta [rre'βwelta] *f* ❶ (*tumulto*) Tumult *m* ❷ (*rebelión*) Revolte *f* ❸ (*encorvadura*) Krümmung *f;* **carretera con muchas** ~**s** kurvenreiche Straße ❹ (*cambio*) Umschwung *m*
revuelto, -a [rre'βwelto, -a] **I.** *pp de* **revolver II.** *adj* ❶ (*agitado*) aufgewühlt ❷ (*desordenado*) durcheinander ❸ (*tiempo*) wechselhaft ❹ (*irritado*) aufgebracht ❺ (*intrincado*) verworren
revulsivo, -a [rreβul'siβo, -a] *adj* (MED) hyperämisierend
rey [rrei] *m* König *m;* **los R**~**es Magos** die Heiligen Drei Könige; **el día de** ~**es** am Dreikönigsfest; **en tiempo del** ~ **Perico** anno dazumal; **ni quitar ni poner** ~ (*fig*) sich raushalten; **ni** ~ **ni roque** überhaupt niemand; **no temer** ~ **ni roque** weder Tod noch Teufel fürchten; **vivir a cuerpo de** ~ leben wie Gott in Frankreich

reyerta [rre'ɟerta] *f* heftige Auseinandersetzung *f*
reyezuelo [rreɟe'θwelo] *m* (ZOOL) Zaunkönig *m*
rezagado, -a [rreθa'ɣaðo, -a] *m, f* Nachzügler(in) *m(f)*
rezagar [rreθa'ɣar] <g→gu> **I.** *vt* ❶ (*dejar atrás*) zurückdrängen ❷ (*suspender*) aufschieben **II.** *vr:* ~ **se** zurückbleiben
rezar [rre'θar] <z→c> **I.** *vt* beten (*a* zu +*dat, por* für +*akk*); ~ **una oración** ein Gebet sprechen **II.** *vi* ❶ (*decir*) lauten ❷ (*corresponder*) passen (*con* zu +*dat*)
rezo [rre'θo] *m* ❶ (*el rezar*) Beten *nt* ❷ (*oración*) Gebet *nt*
rezongar [rreθoŋ'gar] <g→gu> *vi* murren
rezongón, -ona [rreθoŋ'gon, -ona] **I.** *adj*

(*fam*) mürrisch **II.** *m, f* (*fam*) Brummbär *m*
rezumar [rreθu'mar] **I.** *vi* ❶ (*filtrarse*) (durch)sickern (*por* durch +*akk*); **el sudor le rezumaba por la frente** der Schweiß stand ihm/ihr auf der Stirn ❷ (*rebosar*) strotzen (vor +*dat*) **II.** *vr:* ~ **se** (*traslucirse*) (durch)sickern
RFA [erre(e)fe'a] *f v.* **República Federal de Alemania** BRD *f*
ría ['rria] *f* ❶ (GEO) Ria *f* ❷ (DEP) Wassergraben *m*
riachuelo [rria'tʃwelo] *m* Bach *m*
riada [rri'aða] *f* Hochwasser *nt*
ribazo [rri'βaθo] *m* Böschung *f*

ribera [rri'βera] *f* (*orilla*) Ufer *nt;* (*tierra*) Uferlandschaft; (*vega*) Aue *f*
ribereño, -a [rriβe'reɲo, -a] **I.** *adj* Ufer-; **carretera ribereña** Uferstraße *f* **II.** *m, f* Uferbewohner(in) *m(f)*
ribete [rri'βete] *m* ❶ (*galón*) Besatz *m* ❷ (*adorno*) Verzierung *f;* (*de una narración*) Ausschmückung *f* ❸ *pl* (*indicios*) Züge *mpl*
ribeteado, -a [rriβete'aðo, -a] *adj* ❶ (*con ribetes*) eingesäumt ❷ (*ojos*) entzündet
ribetear [rriβete'ar] *vt* einfassen
ricamente [rrika'mente] *adv* ❶ (*con abundancia*) reichlich ❷ (*con placer*) genüsslich
ricino [rri'θino] *m* Rizinus *m*
rico, -a ['rriko, -a] **I.** *adj* ❶ (*acaudalado*) reich; **es muy** ~ er ist steinreich ❷ (*sabroso*) lecker; **la comida está muy rica** das Essen schmeckt sehr gut ❸ (*abundante*) reich (*en* an +*dat*) ❹ (*fructífero*) fruchtbar ❺ (*excelente*) prächtig ❻ (*simpático*) reizend **II.** *m, f* ❶ (*rico*) Reiche(r) *mf;* **nuevo** ~ Neureiche(r) *m* ❷ (*apelativo*) Schatz *m*
rictus ['rriktus] *m sin pl* Anflug *m*
ricura [rri'kura] *f* (*fam*): **ser una** ~ eine Wucht sein; **¡anda,** ~**!** auf geht's, mein Schatz!
ridiculez [rriðiku'leθ] *f* ❶ (*lo ridículo, nimiedad*) Lächerlichkeit *f;* **me pagan la** ~ **de cinco euros** sie zahlen mir lausige fünf Euro ❷ (*tontería*) Unsinn *m*

ridiculizar [rriðikuli'θar] <z→c> *vt* lächerlich machen

ridículo, -a [rri'ðikulo, -a] *adj* ❶ (*risorio*) lächerlich; **poner(se) en ~** (sich) lächerlich machen ❷ (*tacaño*) geizig

riego ['rrjeɣo] *m* Bewässerung *f*; **~ sanguíneo** Durchblutung *f*

riel [rrjel] *m* Schiene *f*

rienda ['rrjenda] *f* ❶ (*correa*) Zügel *m*; **a ~ suelta** zügellos; **aflojar las ~s** (*fig*) die Zügel lockern; **dar ~ suelta** (*fig*) die Zügel schießen lassen; **llevar las ~s** (*fig*) die Zügel in der Hand haben; **tirar de la ~** (*fig*) die Zügel anziehen; **tener las ~s del poder** (*fig*) an den Schalthebeln der Macht sitzen ❷ *pl* (*gobierno*) Führung *f*

riesgo ['rrjesɣo] *m* Risiko *nt*; **~ cambiario** Wechselkurs-Risiko *nt*; **~ monetario** Währungsrisiko *nt*; **a ~ de que... +***subj* auf die Gefahr hin, dass ...; **a ~ y ventura de...** auf Risiko von ...; **por cuenta y ~ propios** auf eigene Gefahr; **asumir un ~** ein Risiko eingehen; **correr el ~ de...** Gefahr laufen zu ...; **estar asegurado a todo ~** (AUTO) vollkaskoversichert sein; **exponer a un ~** in Gefahr bringen; **exponerse a un ~** sich in Gefahr begeben

rifa ['rrifa] *f* ❶ (*sorteo*) Verlosung *f* ❷ (*riña*) Streitigkeit *f*

rifar [rri'far] **I.** *vt* verlosen **II.** *vi* (sich) streiten

rifirrafe [rrifi'rrafe] *m* (*fam*) kleine Auseinandersetzung *f*

rifle ['rrifle] *m* Gewehr *nt*

rigidez [rrixi'ðeθ] *f* ❶ (*inflexibilidad*) Starrheit *f* ❷ (*severidad*) Strenge *f*

rígido, -a ['rrixiðo, -a] *adj* ❶ (*inflexible*) starr ❷ (*severo*) streng

rigor [rri'ɣor] *m* ❶ (*severidad*) Strenge *f* ❷ (*exactitud*) Genauigkeit *f*; **en ~** genau genommen ❸ (METEO): **~ del invierno** Strenge des Winters; **~ del verano** Hitze des Sommers ❹ (*loc*): **de ~** unerlässlich

rigurosidad [rriɣurosi'ðaᵈ] *f* Rigorosität *f*

riguroso, -a [rriɣu'roso, -a] *adj* ❶ (*severo*) rigoros ❷ (*exacto*) genau ❸ (METEO) extrem

rija ['rrixa] *f* (*riña*) Streit *m*

rijoso, -a [rri'xoso, -a] *adj* ❶ (*pendenciero*) streitlustig ❷ (*lujurioso*) lüstern; (*animal*) brünstig

rima ['rrima] *f* ❶ (LIT) Reim *m*; **tener ~** sich reimen ❷ (*montón*) Stapel *m*

rimar [rri'mar] **I.** *vi* ❶ (*versificar*) reimen ❷ (*tener rima*) sich reimen (*con* auf +*akk*) **II.** *vt* reimen (*con* auf +*akk*, *con* mit +*dat*)

rimbombancia [rrimbom'banθja] *f* Pomp *m*

rimbombante [rrimbom'bante] *adj* bombastisch

rímel ['rrimel] *m* Wimperntusche *f*

Rin [rrin] *m* Rhein *m*

rincón [rriŋ'kon] *m* ❶ (*esquina*) Ecke *f*; **por todos los rincones** (*fig*) überall ❷ (*escondrijo*) Winkel *m*; (*tranquilo*) stiller Winkel *m* ❸ (*fam: habitación*) Bude *f*

rinconera [rriŋko'nera] *f* (*armario*) Eckschrank *m*; (*mesa*) Ecktisch *m*

ringlera [rriŋ'glera] *f* Reihe *f*

rinoceronte [rrinoθe'ronte] *m* Nashorn *nt*

riña ['rriɲa] *f* Streit *m*; **~ de gallos** Hahnenkampf *m*

riñón [rri'ɲon] *m* ❶ (*órgano*) Niere *f*; **tener piedras en el ~** Nierensteine haben; **costar un ~** eine (schöne) Stange Geld kosten; **tener riñones** (*fig*) Schneid haben; **tener el ~ bien cubierto** (*fig*) gut betucht sein ❷ *pl* (*parte de la espalda*) Kreuz *nt* ❸ (*centro*) Kern *m*

riñonera [rriɲo'nera] *f* ❶ (*faja*) Nierengurt *m* ❷ (*cinturón con bolsa*) Gürteltasche *f*

río ['rrio] *m* Fluss *m*, Strom *m*; **~ abajo** flussabwärts; **~ arriba** flussaufwärts; **pescar en ~ revuelto** (*fig*) im Trüben fischen; **tener un ~ de oro** einen Goldesel haben; **no hay tío pásame el ~** daran kommt man nicht vorbei; **no llegará el agua al ~** (*fig*) so weit wird es nicht kommen

---

ℹ Land & Leute

Der **Rioja** ist wohl der bekannteste spanische Wein im deutschsprachigen Raum. Die **Comunidad Autónoma La Rioja** ist eine der wichtigsten Weingegenden Spaniens und erhielt als erste den offiziellen Titel *Denominación de Origen*, was so viel heißt wie amtlich anerkanntes Weinbaugebiet mit besonderer Qualifikation.

---

riojano, -a [rrio'xano, -a] **I.** *adj* aus Rioja **II.** *m*, *f* Einwohner(in) *m(f)* von Rioja

rioplatense [rriopla'tense] **I.** *adj* vom Rio de la Plata **II.** *mf* Person *f* vom Rio de la Plata

ripio ['rripjo] *m* ❶ (*cascajo*) Bauschutt *m*; **no valer un ~** (*sin valor*) nicht viel wert sein; (*feo*) eher hässlich sein ❷ (*palabra inútil*) Füllwort *nt*; **meter ~** Füllwörter verwenden; **no perder ~** sich *dat* nichts entgehen lassen

riqueza [rri'keθa] *f* Reichtum *m*

risa [rri'sa] *f* Lachen *nt*; **digno de ~** lächer-

R

lich; **mondarse de** ~ sich kaputtlachen; **llorar de** ~ Tränen lachen; **tener un ataque de** ~ einen Lachkrampf haben; **tomar algo a** ~ etw nicht ernst nehmen; **no quiero oír** ~ **s a mis espaldas** ich möchte nicht, dass hinter meinem Rücken gelacht wird; **¡qué** ~**!** (wie) köstlich!; **no estoy para** ~ **s** mir ist nicht zum Lachen zumute

risco ['rrisko] *m* steiler Felsen *m*

risible [rri'siβle] *adj* lustig

risotada [rriso'taδa] *f* Gelächter *nt;* **soltar una gran** ~ in schallendes Gelächter ausbrechen

ríspido, -a ['rrispiδo, -a] *adj* (*Am: rudo*) grob

ristra ['rristra] *f* ❶ (*trenza*) Zopf *m* ❷ (*fam: sarta*) Reihe *f*

risueño, -a [rri'sweɲo, -a] *adj* ❶ (*alegre*) heiter ❷ (*placentero*) behaglich ❸ (*próspero*) verheißungsvoll

rítmico, -a ['rriδmiko, -a] *adj* rhythmisch

ritmo ['rriδmo] *m* Rhythmus *m*

rito ['rrito] *m* Ritual *nt*

ritual [rritu'al] I. *adj* rituell II. *m* Ritual *nt*

ritualizar [rritwali'θar] <z→c> *vt* ritualisieren

rival [rri'βal] I. *adj* rivalisierend II. *mf* Rivale, -in *m, f*

rivalidad [rriβali'δaδ] *f* Rivalität *f*

rivalizar [rriβali'θar] <z→c> *vi* rivalisieren (*con* mit +*dat, por* um +*akk*)

rizado, -a [rri'θaδo, -a] *adj* (*cabello*) lockig

rizar [rri'θar] <z→c> I. *vt* ❶ (*encrespar*) kräuseln ❷ (*plegar*) fälteln II. *vr:* ~ **se** sich kräuseln

rizo¹ ['rriθo] *m* ❶ (*mechón*) Locke *f;* **rizar el** ~ (*imponerse*) sich durchboxen; (*complicar*) die Sache unnötig komplizieren ❷ (*terciopelo*) Plüsch *m* ❸ (AERO) Looping *m o nt;* **rizar el** ~ einen Looping drehen

rizo, -a² ['rriθo, -a] *adj* kraus

rizoma [rri'θoma] *m* Wurzelstock *m*

RNE ['rraδjo naβjo'nal de (e)s'paɲa] *f abr de* **Radio Nacional de España** Staatlicher Spanischer Rundfunk *m*

robar [rro'βar] *vt* ❶ (*hurtar*) stehlen; **me** ~**on en París** ich wurde in Paris bestoh-

len; **me robó la novia** (*fam*) er hat mir die Freundin ausgespannt; **esto roba mucho tiempo** das ist sehr zeitaufwändig ❷ (*un río*) fortspülen ❸ (*estafar*) übervorteilen ❹ (*en juegos*) ziehen

robellón [rroβe'ʎon] *m* Steinpilz *m*

roble ['rroβle] *m* Eiche *f;* **estar como un** ~ (sehr) robust sein

robo ['rroβo] *m* ❶ (*hurto*) Raub *m;* ~ **con homicidio** Raubmord *m;* ~ **a mano armada** bewaffneter Raubüberfall ❷ (*presa*) Beute *f* ❸ (*estafa*) Übervorteilung *f*

robot [rro'βot] <robots> *m* Roboter *m;* ~ **de cocina** Küchenmaschine *f*

robótica [rro'βotika] *f* Robotertechnik *f*

robotizar [rroβoti'θar] <z→c> *vt* ❶ (*automatizar*) automatisieren ❷ (*convertir en autómata*) zum Roboter machen

robustecer [rroβuste'θer] *irr como crecer* I. *vt* stärken II. *vr:* ~ **se** sich stärken

robusto, -a [rro'βusto, -a] *adj* robust

roca ['rroka] *f* ❶ (*materia*) Gestein *nt;* **ese hombre es una** ~ dieser Mann hat ein Herz aus Stein ❷ (*peña*) Felsen *m*

rocalla [rro'kaʎa] *f* Gesteinsbrocken *mpl*

rocambolesco, -a [rrokambo'lesko, -a] *adj* unglaublich

roce ['rroθe] *m* ❶ (*fricción*) Reibung *f* ❷ (*huella*) Streifen *m* ❸ (*contacto*) Umgang *m;* **tener mucho** ~ **con alguien** mit jdm gut bekannt sein ❹ (*pelea*) Reiberei *f*

rociar [rroθi'ar] <3. pres: rocía> I. *vimpers* tauen II. *vt* ❶ (*regar*) besprühen ❷ (*esparcir*) bestreuen (*de/con* mit +*dat*)

rocín [rro'θin] *m* ❶ (*jamelgo*) Klepper *m abw;* **ir de** ~ **a ruin** vom Regen in die Traufe kommen ❷ (*fam: tosco*) Tölpel *m*

rocío [rro'θio] *m* ❶ (*relente*) Tau *m;* **cae** ~ **es taut** ❷ (*lluvia*) Sprühregen *m* ❸ (*rociada*) Berieselung *f*

rock [rrok] I. *adj* Rock-; **grupo de música** ~ Rockband *f* II. *m* (MÚS) Rock *m*

rockero, -a [rro'kero, -a] I. *adj* rockig II. *m, f* Rocker *m*, Rockerbraut *f*

rocoso, -a [rro'koso, -a] *adj* felsig; **Montañas Rocosas** Rocky Mountains

rodaballo [rroδa'βaʎo] *m* (ZOOL) Steinbutt *m*

rodada [rro'δaδa] *f* Reifenspur *f*

rodado, -a [rro'δaδo, -a] *adj* ❶ (*fluido*) eingespielt; **venir** ~ (*sin dificultades*) wie geschmiert laufen; (*de perlas*) wie gerufen kommen ❷ (AUTO): **tráfico** ~ Straßenverkehr *m* ❸ (*caballo*) gescheckt, scheckig

rodaja [rro'δaxa] *f* Scheibe *f*

rodaje [rro'δaxe] *m* ❶ (CINE) Dreharbeiten

fpl ❷ (*rodar*) Einfahren *nt* ❸ (*impuesto*) Kraftfahrzeugsteuer *f* ❹ (*ruedas*) Räderwerk *nt*

Ródano ['rroðano] *m* Rhone *f*

rodapié [rroða'pje] *m* Sockel *m*

rodar [rro'ðar] <o→ue> **I.** *vi* ❶ (*dar vueltas, moverse sobre ruedas*) rollen; ~ **por el suelo** über den Boden rollen; **echarlo todo a ~** (*fig*) alles über Bord werfen ❷ (*girar sobre el eje*) rotieren ❸ (*deslizarse*) (herunter)rollen ❹ (*abundar*) in großer Menge vorhanden sein; **antes rodaban más las enfermedades infecciosas** früher traten Infektionskrankheiten häufiger auf ❺ (*ir*) umherlaufen; **he rodado de tienda en tienda** ich bin von Geschäft zu Geschäft gelaufen **II.** *vt* ❶ (*hacer dar vueltas*) rollen ❷ (*película*) drehen ❸ (*coche*) einfahren

rodear [rroðe'ar] **I.** *vi* ❶ (*circunvalar*) einen Umweg machen ❷ (*divagar*) Umschweife machen **II.** *vt* ❶ (*cercar*) umgeben (*de* mit +*dat*) ❷ (*hacer dar vueltas*) drehen ❸ (*un tema*) herumreden (um +*akk*) **III.** *vr:* ~**se** sich umgeben (*de* mit +*dat*)

rodeo [rro'ðeo] *m* ❶ (*desvío*) Umweg *m;* **dar un ~** einen Umweg machen; **conseguir algo con ~s** etw auf Umwegen erreichen ❷ (*evasiva*) Ausflucht *f;* **sin ~s** ohne Umschweife; **andarse con ~s** um den heißen Brei herumreden; **dejarse de ~s** Klartext reden ❸ (DEP) Rodeo *m o nt*

rodilla [rro'ðiʎa] *f* ❶ (ANAT) Knie *nt;* **de ~s** kniend; **ponerse de ~s** sich hinknien ❷ (*paño*) Scheuerlappen *m*

rodillera [rroði'ʎera] *f* ❶ (*protección*) Knieschützer *m,* Knieschoner *m* ❷ (*del pantalón*) ausgebeulte Knie *ntpl;* **para que no salgan ~s al pantalón** damit sich die Hose am Knie nicht ausbeult

rodillo [rro'ðiʎo] *m* ❶ (TÉC) Walze *f* ❷ (*de cocina*) Nudelholz *nt*

roedor [rroe'ðor] *m* Nagetier *nt*

roer [rro'er] *irr vt* nagen (*a* an +*dat*); **los ratones royeron mi libro** die Mäuse haben mein Buch zerfressen; ~**se las uñas** an den Nägeln kauen; **las preocupaciones me roen el alma** die Sorgen nagen an mir

rogar [rro'ɣar] *irr como colgar vt* bitten; (JUR) beantragen; **rogamos nos contesten inmediatamente nuestra carta** wir bitten um sofortige Beantwortung unseres Schreibens; **¡te ruego que me escuches!** hör mir doch bitte zu!; **le gusta hacerse de ~** er/sie lässt sich gerne bitten

rogativa [rroɣa'tiβa] *f* ❶ (*oración*) Bittgebet *nt* ❷ *pl* (*procesión*) Bittprozession *f*

rojizo, -a [rro'xiθo, -a] *adj* rötlich

rojo, -a ['rroxo, -a] *adj* (*t.* POL) rot; (*persona*) rothaarig; ~ **chillón/subido/burdeos** knallrot/tiefrot/weinrot; **al ~** (*vivo*) rot glühend; (*fig*) außer sich *dat* vor Wut; **poner ~ a alguien** jdn in Verlegenheit bringen; **ponerse ~** erröten

rol [rrol] *m* ❶ (*lista*) Verzeichnis *nt;* ~ **de pago** Gehaltsstreifen *m* ❷ (*papel*) Rolle *f;* **desempeñar un ~** eine Rolle spielen

rollito *m dim de* **rollo**; ~ **de primavera** (GASTR) Frühlingsrolle *f*

rollizo, -a [rro'ʎiθo, -a] *adj* ❶ (*robusto*) stramm ❷ (*cilíndrico*) walzenförmig

rollo ['rroʎo] *m* ❶ (*de papel, alambre*) Rolle *f;* (FOTO) Rollfilm *m;* **hacer un ~ de algo** etw zusammenrollen ❷ (*fam: cosa aburrida*) langweilige Sache *f;* **¡qué ~ de película!** so ein langweiliger Film!; **soltar siempre el mismo ~** immer wieder die alte Platte laufen lassen ❸ (*argot: tipo de vida*) Lebensweise *f;* (*asunto*) Geschichte *f;* **montarse el ~** sich *dat* sein Leben gestalten; **ir a su ~** nur an sich selbst denken; **tener mucho ~** viel reden; **traerse un mal ~** auf die schiefe Bahn geraten sein; **acaba con el ~, muchacho** mach Schluss damit, Junge; **corta el ~** (*palabrería*) hör auf (mit dem Gequatsche); (*mentiras*) erzähl das deiner Großmutter; **¿de qué va el ~?** worum geht es? ❹ (*del cuerpo*) Rettungsring(e) *m(pl)* *fam* ❺ (GASTR) Kringel *m;* **este niño está hecho un ~ de manteca** dieses Kind ist gut beisammen

Roma ['rroma] *f* Rom *nt;* **revolver ~ con Santiago para conseguir algo** alle Hebel in Bewegung setzen, um etw zu erreichen; **hablando de ~ por la puerta asoma** (*prov*) wenn man vom Teufel spricht, kommt er; **todos los caminos llevan a ~** (*prov*) alle Wege führen nach Rom

romana [rro'mana] *f* Schnellwaage *f*

romance [rro'manθe] **I.** *adj* romanisch **II.** *m* ❶ (*aventura, t.* LIT) Romanze *f;* ~ **de ciego** Bänkelsängerlied *nt;* **tiene un ~ con la vecina** er hat eine Affäre mit der Nachbarin ❷ (HIST: *castellano*) Spanisch(e) *nt;* **hablar en ~** (*fig*) klar und verständlich sprechen ❸ *pl* (*monsergas*) Geschwätz *nt;* **sólo son ~s** (*excusas*) das sind pure Ausflüchte!

románico, -a [rro'maniko, -a] *adj* romanisch

romanista [rroma'nista] *mf* Romanist(in) *m(f)*

romanizar [rromani'θar] <z→c> *vt, vi* romanisieren

romano, **-a** [rro'mano, -a] I. *adj* ❶ (*de Roma*) römisch ❷ (REL) römisch-katholisch ❸ (*latín*) lateinisch II. *m*, *f* (*de Roma*) Römer(in) *m(f)*

romanticismo [rromanti'θismo] *m sin pl* Romantik *f*

romántico, **-a** [rro'mantiko, -a] I. *adj* romantisch II. *m*, *f* Romantiker(in) *m(f)*

romaza [rro'maθa] *f* Ampfer *m*

rombal [rrom'bal] *adj* rautenförmig

rombo ['rrombo] *m* Raute *f*

romboide [rrom'boi̯ðe] *m* (MAT) Rhomboid *nt*

romería [rrome'ria] *f* ❶ (*peregrinaje*) Wallfahrt *f* ❷ (*fiesta*) Volksfest *nt* ❸ (*muchedumbre*) Menschenmenge *f*

---

i | **Land & Leute**

In der *Semana Santa – Karwoche* machen viele *andaluces – Andalusier* eine **romería** *– Wallfahrt*. Zur **romería**, die im Prinzip aus religiösen Gründen unternommen wird, gehören nach dem langen Wandern auch ein gutes Essen, Wein, Musik und Tanz.

---

romerito [rrome'rito] *m* (*Méx*) Gemüse *nt*

romero[1] [rro'mero] *m* (BOT) Rosmarin *m*

romero, **-a**[2] [rro'mero, -a] I. *adj* pilgernd, Pilger- II. *m*, *f* Pilger(in) *m(f)*

romo, **-a** ['rromo, -a] *adj* ❶ (*sin punta*) stumpf ❷ (*de nariz pequeña*) stumpfnasig ❸ (*tosco*) plump

rompecabezas [rrompeka'βeθas] *m inv* (*juego*) Puzzle *nt*; (*acertijo*) Rätsel *nt*

rompecorazones [rrompekora'θones] *mf inv* (*fam*) Herzensbrecher(in) *m(f)*

rompehielos [rrompe'jelos] *m inv* (NÁUT) Eisbrecher *m*

rompehuelgas [rrompe'welɣas] *mf inv* Streikbrecher(in) *m(f)*

rompeolas [rrompe'olas] *m inv* Wellenbrecher *m*

romper [rrom'per] I. *vi* ❶ (*las olas*) brechen ❷ (*empezar bruscamente*) (plötzlich) anfangen (*a* zu +*inf*); ~ **a llorar** in Tränen ausbrechen ❸ (*el día*) anbrechen; **al** ~ **el día** bei Tagesanbruch ❹ (*separarse*) sich trennen II. *vt* ❶ (*destrozar*) kaputtmachen; (*quebrar*) zerbrechen; (*un cristal*) einschlagen; (*un plato*) zerschlagen; (*papel, tela*) zerreißen; (*el pan*) brechen; (*los zapatos*) durchlaufen; (*un terreno*) roden; ~ **a martillazos/a golpes** zerhämmern/zerschlagen; ~ **doblando** abknicken; ~ **una ventana a pedradas** ein Fenster einwerfen; ~ **la cara a alguien** (*fam*) jdm den Schädel einschlagen ❷ (*negociaciones, relaciones*) abbrechen; (*contrato, promesa*) brechen; ~ **el silencio/el encanto** das Schweigen brechen/den Zauber lösen; ~ **el hilo del discurso** das Gespräch unterbrechen; ~ (**las**) **filas** (MIL) wegtreten ❸ (*iniciar*): ~ **el fuego** das Feuer eröffnen; **los pájaros rompen vuelo** die Vögel fliegen auf; **una persona de rompe y rasga** ein Draufgänger III. *vr*: ~**se** ❶ (*hacerse pedazos*) zerbrechen ❷ (*fracturarse*) sich *dat* brechen; ~**se la cabeza** (*fig*) sich *dat* den Kopf zerbrechen; **¿qué tripa se te ha roto?** (*fam fig*) warum bist du so schlecht drauf?

rompiente [rrom'pjente] *m* natürlicher Wellenbrecher *m*

rompimiento [rrompi'mjento] *m* (*rotura*) Bruch *m*; (*de negociaciones/relaciones*) Abbruch *m*

ron [rron] *m* Rum *m*

roncar [rroŋ'kar] <c→qu> *vi* (*persona*) schnarchen; (*gamo*) röhren; (*viento*) heulen; (*olas*) brausen; (*suelo*) knarren

roncha ['rrontʃa] *f* ❶ (*hinchazón*) Schwellung *f*; (*cardenal*) blauer Fleck *m*; (*picadura*) Quaddel *f* ❷ (*loncha*) dünne Scheibe *f*; **una** ~ **de chorizo** eine dünne Scheibe Paprikawurst ❸ (*fam: timo*) Prellerei *f*

ronco, **-a** ['rroŋko, -a] *adj* (*afónico*) heiser; (*áspero*) rau

ronda ['rronda] *f* ❶ (*de vigilancia*) Streife *f*; **hacer una** ~ **de inspección por la fábrica** einen Rundgang durch die Fabrik machen ❷ (*de copas*) Runde *f*; **pagar una** ~ **de vino** eine Runde Wein ausgeben ❸ (POL) Runde *f* ❹ (*jóvenes*) Rondasänger *mpl*; (*serenata*) (nächtliches) Ständchen *nt*; **andar de** ~ (*tocar música*) nächtliche Ständchen bringen; (*buscar aventura*) auf Liebesabenteuer aus sein ❺ (*avenida*) Ringstraße *f*

rondalla [rron'daʎa] *f* ❶ (*música*) Straßenmusik *f* ❷ (*conjunto musical*) Straßenmusikanten *mpl*

rondar [rron'dar] I. *vi* ❶ (*vigilar*) die Runde machen ❷ (*andar paseando de noche*) nachts umherstreifen II. *vt* ❶ (*a las mujeres*) den Hof machen +*dat* ❷ (*rodear*) umkreisen; **las mariposas nocturnas rondan la luz** die Nachtfalter umschwärmen das Licht; **lo ronda a todas horas para conseguir el empleo** er/sie ist ständig hinter ihm her, um den Job zu bekommen; **esta mujer anda rondando los setenta años** diese Frau ist um die siebzig

ronquera [rroŋ'kera] f Heiserkeit f

ronquido [rroŋ'kiðo] m (de una persona) Schnarchen nt; (del viento) Heulen nt; (del mar) Brausen nt; (de la sierra) Kreischen nt; (del suelo) Knarren nt; (del gamo) Röhren nt

ronronear [rronrrone'ar] vi (gato) schnurren

ronzar [rron'θar] <z→c> I. vi knacken II. vt (mascar) knabbern

roña ['rroɲa] f ❶ (sarna de carneros) Schafräude f ❷ (mugre) Schmutz m ❸ (mezquindad) Schäbigkeit f; (tacañería) Knauserigkeit f ❹ (orín) Rost m

roñería [rroɲe'ria] f (mezquindad) Schäbigkeit f; (tacañería) Knauserei f

roñoso, -a [rro'ɲoso, -a] adj ❶ (sarnoso) räudig ❷ (sucio) schmutzig ❸ (oxidado) verrostet ❹ (tacaño) geizig

ropa ['rropa] f ❶ (géneros de tela) Wäsche f; ~ **blanca** Kochwäsche f; ~ **de color** Buntwäsche f; ~ **delicada** Feinwäsche f; ~ (**interior**) Unterwäsche f; **cambiar la** ~ **de cama** das Bett frisch beziehen; **¡cuidado que hay** ~ **tendida!** (fig) Achtung: Feind hört mit! ❷ (vestidos, traje) Kleidung f; ~**s hechas** Konfektionskleidung f; **cambiar(se) la** ~ (sich) umziehen; **estar en** ~**s menores** in Unterwäsche dastehen; **poner(se) la** ~ (sich) anziehen; **ponerse** ~ **de abrigo** sich warm anziehen; **ligero de** ~ leicht gekleidet; **a quema** ~ unvermittelt; **disparar a quema** ~ aus unmittelbarer Nähe schießen; **de buena** ~ aus gutem Hause; **de poca** ~ armselig; **no tocarle la** ~ **a alguien** jdm nicht zu nahe treten

ropaje [rro'paxe] m ❶ (ropas) Kleidung f ❷ (ropa elegante) Robe f

ropero [rro'pero] m ❶ (armario) Kleiderschrank m ❷ (asociación benéfica) Kleidersammelstelle f

roque ['rroke] m ❶ (ajedrez) Turm m; **lo mismo me da rey que** ~ (fig) es ist mir vollkommen schnuppe fam ❷ (loc): **quedarse** ~ fest einschlafen

roquefort [rroke'for] <roqueforts> m Roquefort m

roqueño, -a [rro'keɲo, -a] adj ❶ (rocoso) felsig ❷ (duro) steinhart

roquero, -a [rro'kero, -a] I. adj ❶ (de rocas) Felsen-; **castillo** ~ Ritterburg f ❷ (MÚS) Rock- II. m, f Rocker(in) m(f)

rosa ['rrosa] I. adj rosa; ~ **pálido/antiguo/ fucsia** hellrosa/altrosa/pink II. f (BOT) Rose f; ~ **de azafrán** Safranblüte f; ~ **náutica** Windrose f; **color de** ~ Rosa nt; (como adjetivo) rosafarben; **esencia de** ~**s** Rosenöl nt; **tener la piel como una** ~ eine Pfirsichhaut haben; **encontrarse como las propias** ~**s** sich pudelwohl fühlen; **verlo todo color de** ~ alles durch die rosarote Brille sehen; **su vida no ha sido ningún camino de** ~**s** er/sie war nicht auf Rosen gebettet; **no hay** ~ **sin espinas** (prov) keine Rose ohne Dornen

rosáceo, -a [rro'saθeo, -a] adj rosig

rosado, -a [rro'saðo, -a] adj (color) rosa; **vino** ~ Rosé(wein) m

rosal [rro'sal] m Rosenstock m

rosaleda [rrosa'leða] f Rosengarten m

rosario [rro'sarjo] m ❶ (REL) Rosenkranz m; **tener el** ~ **al cuello y el diablo en el cuerpo** scheinheilig sein; **acabar como el** ~ **de la aurora** ein böses Ende nehmen ❷ (serie) Reihe f; **un** ~ **de coches/de injurias** eine Autoschlange/eine Flut von Schimpfworten

rosbif [rros'βif] <rosbifs> m Roastbeef nt

rosca ['rroska] f ❶ (TÉC) Gewinde nt; **el tornillo se pasó de** ~ das Schraubengewinde ist ausgeleiert; **pasarse de** ~ (fig) zu weit gehen ❷ (forma de espiral) Windung f; **hecho una** ~ zusammengerollt; **hacerse** ~ (gato, serpiente) sich zusammenrollen ❸ (bollo) Kringel m; (torta) Kranz m; ~ **de Reyes** (Méx) Dreikönigskuchen m; **no comerse una** ~ (fig) keinen Erfolg bei Männern/Frauen haben ❹ (loc): **hacer la** ~ **a alguien** jdm schmeicheln; **tirarse una** ~ bei der Prüfung durchrasseln

rosco ['rrosko] m (bollo) Kringel m; ~ **de viento** ≈Spritzkuchen m

roscón [rros'kon] m Kranzkuchen m; ~ **de Reyes** Dreikönigskuchen m

roseta [rro'seta] f ❶ (rosa pequeña) Röschen nt ❷ (parecida a la rosa) Rosette f ❸ pl (palomitas) Popcorn nt ❹ (de la regadera) (Gießkannen)brause f

rosetón [rrose'ton] m (ARQUIT) Rosette f; (en iglesias) Fensterrose f

rosquilla [rros'kiʎa] f Kringel m; **venderse como** ~**s** (fig) weggehen wie warme Semmeln

rostro ['rrostro] m ❶ (cara) Gesicht nt; **echar en** ~ **algo a alguien** (fig) jdm etw vorhalten; **hacer ~ al enemigo** dem Feind die Stirn bieten; **tener mucho ~** sehr dreist sein ❷ (*pico*) Schnabel *m*

rotación [rrota'θjon] *f* Umdrehung *f;* (FÍS) Rotation *f;* **~ de cultivos** (AGR) Fruchtfolge *f;* **~ del capital** Kapitalumsatz *m;* **~ de mercancías** Warenumschlag *m*

rotar [rro'tar] *vi* rotieren

rotativa [rrota'tiβa] *f* (TIPO) Rotations-(druck)maschine *f*

rotativo¹ [rrota'tiβo] *m* Zeitung *f*

rotativo, -a² [rrota'tiβo, -a] *adj* rotierend; **impresión rotativa** (TIPO) Rotationsdruck *m*

rotatorio, -a [rrota'torjo, -a] *adj* rotierend

roto¹ ['rroto] *m* (*desgarrón*) Riss *m;* (*agujero*) Loch *nt*

roto, -a² ['rroto, -a] I. *pp de* **romper** II. *adj* ❶ (*despedazado*) kaputt; **un vestido/un florero/un cristal ~** ein zerrissenes Kleid/eine zerbrochene Vase/eine eingeschlagene Scheibe; **no cayó en saco ~** (*fig*) die Mühe war nicht umsonst ❷ (*andrajoso*) zerlumpt ❸ (*licencioso*) ausschweifend ❹ (*destrozado*) zerstört

rotonda [rro'toŋda] *f* (ARQUIT) Rotunde *f*

rotoso, -a [rro'toso, -a] I. *adj* (*Am*) schäbig II. *m, f* zerlumpter Mensch *m*

rótula ['rrotula] *f* ❶ (ANAT) Kniescheibe *f* ❷ (TÉC) Kugelgelenk *nt*

rotulación [rrotula'θjon] *f* (*de letreros*) Beschriftung *f;* (*de mercancías*) Etikettierung *f*

rotulador [rrotula'ðor] *m* Filzstift *m*

rotuladora [rrotula'ðora] *f* Etikettiermaschine *f*

rotular [rrotu'lar] *vt* (*letreros*) beschriften; (*mercancías*) etikettieren; (CINE) mit Untertiteln versehen

rótulo ['rrotulo] *m* Aufschrift *f;* (*encabezamiento*) Überschrift *f;* (*etiqueta*) Etikett *nt;* (*letrero*) Schild *nt;* (*anuncio público*) Anschlag *m;* (CINE) Untertitel *m;* **~ de población** Ortsschild *nt*

rotundamente [rrotuŋda'meŋte] *adv* ❶ (*sin rodeos*) rundheraus ❷ (*terminantemente*) rundweg; **negar ~** strikt ablehnen

rotundidad [rrotuŋdi'ðaθ] *f* ❶ (*redondez*) Rundung *f* ❷ (*determinación*) Bestimmtheit *f*

rotundo, -a [rro'tuŋdo, -a] *adj* ❶ (*terminante*) entschieden, kategorisch; **un éxito ~** ein durchschlagender Erfolg; **una negativa rotunda** eine glatte Absage ❷ (*lleno y sonoro*) voll tönend; **palabras rotundas** gehaltvolle Worte

rotura [rro'tura] *f* Bruch *m*

roturar [rrotu'rar] *vt* (AGR) roden

roulotte [rru'lot] *f* (AUTO) Wohnwagen *m*

roya ['rroʝa] *f* Rost(pilz) *m*

royalty [rro'ʝalti] <royalties> *m* (ECON, FIN) Lizenzgebühr *f*

roza ['rroθa] *f,* **rozado** [rro'θaðo] *m* (*Arg: AGR*) Rodung *f*

rozadura [rroθa'ðura] *f* Schramme *f;* (*de la piel*) Hautabschürfung *f*

rozamiento [rroθa'mjeŋto] *m* ❶ (*fricción*) Reibung *f* ❷ (*roce*) Streifen *nt* ❸ (*desavenencias*) Reibereien *fpl*

rozar [rro'θar] <z→c> I. *vi* streifen; **roza (por) los cincuenta** er/sie ist um die fünfzig II. *vt* ❶ (*t. fig: tocar ligeramente*) streifen ❷ (*frotar*) reiben ❸ (AGR) roden; (*animales*) abgrasen III. *vr:* **~se** ❶ (*restregarse*) sich durchscheuern ❷ (*tropezarse*) stolpern ❸ (*trabarse la lengua*) stammeln ❹ (*relacionarse*) Umgang haben

rte. [rremi'teŋte] *abr de* **remitente** Abs.

RTVE [erreteuβe'e] *f abr de* **Radio Televisión Española** Spanische Rundfunk- und Fernsehanstalt *f*

rúa ['rrua] *f* Straße *f*

ruana ['rrwana] *f* (*AmS: poncho*) Poncho *m*

rubeola [rruβe'ola] *f sin pl,* **rubéola** [rru'βeola] *f sin pl* Röteln *pl*

rubí [rru'βi] *m* Rubin *m*

rubicundo, -a [rruβi'kuŋdo, -a] *adj* ❶ (*pelo*) rotblond ❷ (*rostro*) rotwangig

rubio, -a ['rruβjo, -a] I. *adj* blond II. *m, f* Blonde(r) *mf;* (*mujer*) Blondine *f*

rublo ['rruβlo] *m* Rubel *m*

rubor [rru'βor] *m* ❶ (*color*) Röte *f;* (*de vergüenza*) Schamröte *f* ❷ (*vergüenza*) Schamhaftigkeit *f;* **lo confieso con el ~ de mi cara** ich gestehe es zu meiner eigenen Schande; **el ~ le quema la cara** sein/ihr Gesicht ist schamrot

ruborizado, -a [rruβori'θaðo, -a] *adj* schamrot

ruborizar [rruβori'θar] <z→c> I. *vt* zum Erröten bringen II. *vr:* **~se** erröten

ruboroso, -a [rruβo'roso, -a] *adj* ❶ (*vergonzoso*) schamhaft ❷ (*ruborizado*) schamrot

rúbrica ['rruβrika] *f* ❶ (*firma*) Namenszeichen *nt;* (*después del nombre*) (Unterschrifts)schnörkel *m* ❷ (*epígrafe*) Überschrift *f*

---

i ◼ **Land & Leute**

In Spanien gehört zu der Unterschrift eine **rúbrica** – ein *Unterschriftsschnörkel,* der jeder Unterschrift die persönliche Note verleiht. Um Fälschungen zu verhindern, ist die **rúbrica** bei amtlichen Urkunden obligatorisch.

rubricar [rruβri'kar] <c→qu> vt ❶ (*firmar*) mit dem Namenszeichen versehen; (*ratificar*) unterzeichnen ❷ (*sellar*) besiegeln

rucio, -a [ˈrruθjo, -a] adj (*animales*) grau; **caballo ~** Grauschimmel m

rudeza [rruˈðeθa] f ❶ (*brusquedad*) Grobheit f ❷ (*tosquedad*) Plumpheit f ❸ (*torpeza*) Ungeschicklichkeit f

rudimentario, -a [rruðimenˈtarjo, -a] adj rudimentär

rudo, -a [ˈrruðo, -a] adj ❶ (*material*) rau; (*sin trabajar*) roh ❷ (*persona tosca*) plump; (*brusca*) grob; (*torpe*) ungeschickt; (*poco inteligente*) ungebildet ❸ (*penoso*) schwer; (*invierno*) hart

rueda [ˈrrweða] f ❶ (*que gira*) Rad nt; **~ de aspas** Windrad nt; **~ elevadora** Schöpfrad nt; **~ de paletas** Schaufelrad nt; **~ de repuesto** Ersatzreifen m; **vapor de ~s** Raddampfer m; **comulgar con ~s de molino** sich dat einen Bären aufbinden lassen; **todo marcha sobre ~s** (fig) alles läuft wie am Schnürchen; **el pavo hace la ~** der Pfau schlägt ein Rad; **hacer la ~** (fig) sich aufplustern; **hacer la ~ a una mujer** einer Frau den Hof machen ❷ (*de personas*) Runde f; **~ de prensa** Pressekonferenz f ❸ (*rodaja*) Scheibe f; **una ~ de salami** eine Scheibe Salami ❹ (*orden sucesivo*) Reihenfolge f

ruedo [ˈrrweðo] m ❶ (*contorno*) Umkreis m ❷ (*borde*) Rand m; (*del vestido*) Saum m ❸ (TAUR) Arena f; **echarse al ~** (fig) sich ins Abenteuer stürzen ❹ (*estera*) (runde) Matte f

ruego [ˈrrweɣo] m Bitte f; **~s y preguntas** (POL) Anfragen im Parlament; **no valen ~s ni súplicas** da hilft kein Bitten und Flehen

rufián [rruˈfjan] m ❶ (*chulo*) Zuhälter m ❷ (*granuja*) Gauner m

rugby [ˈrruɣβi] m sin pl (DEP: *del inglés*) Rugby nt

rugido [rruˈxiðo] m (*del león*) Brüllen nt; (*del viento*) Brausen nt; (*de las tripas*) Knurren nt

rugir [rruˈxir] <g→j> I. vi (*león*) brüllen; (*viento*) brausen; (*estómago*) knurren; **sus tripas rugen** sein/ihr Magen knurrt; **este hombre ruge** dieser Mann tobt vor Wut II. vimpers ruchbar werden

rugosidad [rruɣosiˈðaθ] f Runz(e)ligkeit f; (*arruga*) Runzel f; (TÉC) Rauheit f

rugoso, -a [rruˈɣoso, -a] adj ❶ (*arrugado*)

runz(e)lig ❷ (*áspero*) rau ❸ (*ondulado*) uneben

ruibarbo [rrwiˈβarβo] m Rhabarber m

ruido [ˈrrwiðo] m ❶ (*sonido*) Geräusch nt; (ELEC) Rauschen nt; **~s parásitos** Nebengeräusche ntpl ❷ (*estrépito*) Lärm m; **nivel de ~** Lärmpegel m; **mucho ~ y pocas nueces** (fig) viel Lärm um nichts; **hacer ~** (fig) Aufsehen erregen; **querer ~** (fig) auf Streit aus sein; **quitarse de ~s** (fig) sich aus gefährlichen Angelegenheiten heraushalten

ruidoso, -a [rrwiˈðoso, -a] adj laut; (fig) Aufsehen erregend; **una carcajada ruidosa** ein schallendes Gelächter; **tener un éxito ~** einen durchschlagenden Erfolg haben

ruin [rrwin] adj ❶ (*malvado*) niederträchtig; (*vil*) gemein ❷ (*tacaño*) knauserig ❸ (*enclenque*) mick(e)rig

ruina [ˈrrwina] f ❶ (*destrucción*) Einsturz m ❷ (ARQUIT) Ruine f; **las ~s de un castillo** die Burgruine; **este hombre está hecho una ~** dieser Mann ist nur noch ein Wrack ❸ pl (*escombros*) Trümmer pl; **convertir una ciudad en ~s** eine Stadt in Schutt und Asche legen; **declarar una casa en ~s** ein Haus für baufällig erklären ❹ (*perdición*) Ruin m; **causar la ~ de alguien** jdn zugrunde richten; **estar en la ~** ruiniert sein; **salvar a alguien de la ~** jdn vor dem Untergang bewahren

ruindad [rrwinˈdaθ] f ❶ (*maldad*) Gemeinheit f ❷ (*tacañería*) Knauserigkeit f

ruinoso, -a [rrwiˈnoso, -a] adj ❶ (*edificios*) baufällig ❷ (*perjudicial*) schädlich; (ECON) ruinös

ruiseñor [rrwiseˈɲor] m Nachtigall f

ruleta [rruˈleta] f ❶ (*juego*) Roulette nt ❷ (TÉC) Rändelrad nt

ruletero, -a [rruleˈtero, -a] m, f (AmC, Méx: *conductor*) Taxifahrer(in) m(f)

rulo [ˈrrulo] m ❶ (*del cabello*) Locke f ❷ (*rizador*) Lockenwickler m ❸ (TÉC) Walze f

ruma [ˈrruma] f (AmS: *montón*): **una ~ de...** ein Haufen ... +gen; **~s de...** Berge von ... +dat

Rumania [rruˈmanja] f, **Rumanía** [rrumaˈnia] f Rumänien nt

rumano, -a [rruˈmano, -a] I. adj rumänisch II. m, f Rumäne, -in m, f

rumba [ˈrrumba] f Rumba f

rumbo [ˈrrumbo] m ❶ (*dirección*) (Fahrt)richtung f; (AERO, NÁUT: t. fig) Kurs m; **tomar ~ a un puerto** einen Hafen ansteuern; **dar otro ~ a la conversación** dem Gespräch eine neue Wendung geben; **no tengo ~ fijo** ich habe kein bestimmtes

R

Ziel; **la negociación está tomando un ~ favorable** das Geschäft lässt sich gut an; **tomar otro ~** (POL) einen anderen Kurs einschlagen ❷ (*pompa*) Pracht *f;* **de ~** prunkvoll; **una fiesta con mucho ~** ein pompöses Fest

rumboso, -a [rrum'boso, -a] *adj* ❶ (*generoso*) großzügig ❷ (*pomposo*) prunkvoll

rumiante [rru'mjan̪te] *m* Wiederkäuer *m*

rumiar [rru'mjar] *vt* ❶ (*vacas*) wiederkäuen ❷ (*fam: cavilar*) nachgrübeln (über +*akk*) ❸ (*fam: refunfuñar*) murren

rumor [rru'mor] *m* ❶ (*chisme*) Gerücht *nt;* **a título de ~** gerüchteweise; **poner un ~ en circulación** ein Gerücht in die Welt setzen; **corren ~es de que...** es geht das Gerücht, dass ... ❷ (*ruido*) Geräusch *nt;* (*de las olas*) Brausen *nt;* (*del viento*) Säuseln *nt;* (*del bosque*) Rauschen *nt;* **~ de voces** Stimmengewirr *nt*

rumorearse [rrumore'arse] *vr:* **se rumorea que...** es geht das Gerücht um, dass ...

rumoroso, -a [rrumo'roso, -a] *adj* geräuschvoll; (*olas*) brausend; (*viento*) säuselnd; (*bosque*) rauschend

runrún [rrun'run] *m* (*fam*) ❶ (*ruido*) Geräusch *nt;* (*murmullo*) Gemurmel *nt* ❷ (*chisme*) Gerücht *nt*

rupestre [rru'pestre] *adj* Felsen-; **pintura ~** Höhlenmalerei *f*

rupia ['rrupja] *f* ❶ (*moneda de Indonesia*) Rupiah *f;* (*de la India y otros*) Rupie *f* ❷ (MED) Hautpustel *f*

ruptura [rrup'tura] *f* Bruch *m;* (*de relaciones*) Abbruch *m*

rural [rru'ral] I. *adj* ländlich; **vida ~** Landleben *nt* II. *m* ❶ (*Am: t. pey: rústico*) Bauer *m* ❷ *pl* (*Méx: policía*) Landpolizei *f*

ruralismo [rrura'lismo] *m sin pl* Bauerntum *nt*

Rusia ['rrusja] *f* Russland *nt*

ruso, -a ['rruso, -a] I. *adj* russisch; **ensaladilla rusa** ≈Kartoffelsalat *m* II. *m, f* Russe, -in *m, f*

rusticidad [rrusti̯θi'ða̯ð] *f* ländliche Einfachheit *f;* (*pey*) Ungeschliffenheit *f*

rústico, -a ['rrustiko, -a] I. *adj* ❶ (*campestre*) rustikal; **finca rústica** Bauernhof *m* ❷ (*tosco*) ungeschliffen; **en rústica** (TIPO) ungebunden II. *m, f* Bauer *m,* Bäuerin *f*

ruta ['rruta] *f* Weg *m;* **~ federal** (*Am*) Bundesstraße *f;* **~ de itinerario** Reiseroute *f;* **~ de vuelo** Flugstrecke *f;* **tienes que cambiar de ~ para aprobar el examen** um die Prüfung zu bestehen, musst du einen anderen Weg einschlagen

rutilante [rruti'lan̪te] *adj* glänzend

rutina [rru'tina] *f* ❶ (*costumbre*) Routine *f;*

~ cotidiana Alltag *m* ❷ (INFOR) Programm *nt*

rutinario, -a [rruti'narjo, -a] *adj* routinemäßig; **un hombre ~** ein Gewohnheitsmensch

S, s ['ese] *f* S, s *nt;* **~ de Sábado** S wie Siegfried

S. [san] *abr de* **San** St.

S.A. [ese'a] *f* ❶ *abr de* **Sociedad Anónima** AG *f* ❷ *abr de* **Su Alteza** I.H.

sábado ['saβaðo] *m* ❶ (*día*) Samstag *m; v. t.* **lunes** ❷ (*judaísmo*) Sabbat *m*

sabana [sa'βana] *f* Savanne *f*

sábana ['saβana] *f* (Bett)laken *nt;* **~ ajustable** Spannbetttuch *nt;* **se me han pegado las ~s** (*fam*) ich habe verschlafen

sabandija [saβan̪'dixa] *f* ❶ (*insecto*) Ungeziefer *nt* ❷ (*pey: persona*) Schurke, -in *m, f;* **¡qué ~!** was für ein Gesindel!

sabañón [saβa'ɲon] *m* Frostbeule *f;* **comer como un ~** (*fam pey*) wie ein Scheunendrescher essen

sabático, -a [sa'βatiko, -a] *adj* ❶ (*judaísmo*) Sabbat- ❷ (*universidad*): **un año ~** ≈ein Forschungsjahr

sabatino, -a [saβa'tino, -a] *adj* Samstag(s)-; (*judaísmo*) Sabbat-

sabbat ['saβat] *m* Sabbat *m*

sabedor(a) [saβe'ðor(a)] *adj* (*informado*) unterrichtet (*de* über +*akk*); **el general era ~ de esos manejos** der General war über diese Intrigen informiert

sabelotodo [saβelo'toðo] *mf inv* (*fam*) Besserwisser(in) *m(f)*

saber [sa'βer] *irr* I. *vt* ❶ (*estar informado*) wissen; **a ~** nämlich; **¡(véte tu) a ~ (si es cierto)!** wer weiß(, ob das stimmt)!; **(al menos) que yo sepa** soweit ich weiß; **~ más que Lepe** (*fam*) ein schlauer Fuchs sein; **¿se puede ~ si...?** darf man fragen, ob ...?; **no ~ ni jota** (*fam*) keine Ahnung haben; **sin ~lo yo** ohne mein Wissen; **¡va a ~ quién soy yo!** er/sie wird mich noch kennen lernen!; **¡no sé ni por dónde ando!** (*fam*) ich weiß nicht, wo mir der Kopf steht!; **¡pues no sé qué te diga!** ich weiß nicht so recht; **tener (un) no sé qué de raro** irgendetwas Seltsames an sich *dat* haben; **se sabe que...** bekanntlich ...

②(*habilidad para hacer algo*) können; **él sabe** (**hablar**) **ruso** er kann Russisch (sprechen); **no ~**(**se**) **la poesía** das Gedicht nicht (auswendig) können ③(*nombre*) kennen; **¿sabes mi nombre?** weißt du, wie ich heiße? ④(*conocer un arte*) sich auskennen ((*de*) mit/in +*dat*); ~ **mucho de literatura** sich in der Literatur gut auskennen ⑤(*noticia*) erfahren (*por* durch +*akk*, aus +*dat*); **lo supe por mi hermano/por el periódico** ich habe es von meinem Bruder/aus der Zeitung erfahren; **la prensa lo hizo ~ anoche** die Presse gab es gestern Abend bekannt **II.** *vi* ❶(*tener sabor*) schmecken (*a* nach +*dat*); (**me**) **supo a quemado** es schmeckte verbrannt; **la conferencia me supo a poco** ich hätte mehr von der Konferenz erwartet; **sabe a traición** es riecht nach Verrat; **me supo mal aquella respuesta** die Antwort hat mich geärgert ②(*tener noticia*) unterrichtet sein (*de* über +*akk*); **no sé nada de mi hermano** ich habe nichts von meinem Bruder gehört ③(*tener la habilidad*) fähig sein; **él no sabe resolver ni los ejercicios más fáciles** er ist nicht einmal fähig die einfachen Aufgaben zu lösen **III.** *vr:* **ésa se las sabe todas** (*fam*) der kann keiner etwas vormachen **IV.** *m sin pl* Wissen *nt;* **el ~ no ocupa lugar** (*prov*) Wissen schadet nie

sabidillo, -a [saβi'ðiʎo, -a] *m, f* (*fam*) Besserwisser(in) *m(f);* (*niño*) Naseweis *m;* **dárselas de ~** (*pey*) sich für besonders schlau halten

sabido, -a [sa'βiðo, -a] *adj* ❶(*conocido*) bekannt; **es cosa sabida** das ist eine altbekannte Tatsache; **dar por ~** als bekannt voraussetzen ②(*leído*) gebildet

sabiduría [saβiðu'ria] *f* ❶(*conocimientos*) Wissen *nt;* (*ciencia*) Wissenschaft *f* ②(*sensatez*) Weisheit *f* ③(*erudición*) Gelehrsamkeit *f*

sabiendas [sa'βjendas]: **a ~** bewusst; **lo hizo a ~ de que me molestaba** er/sie störte mich mit Absicht

sabihondo, -a [saβi'ondo, -a] *m, f v.* **sabiondo**

sabio, -a ['saβjo, -a] **I.** *adj* weise **II.** *m, f* Weise(r) *mf;* **errar es de ~s** (*prov*) Irren ist menschlich

sabiondo, -a [saβj'ondo, -a] *m, f* Besserwisser(in) *m(f);* (*niño*) Naseweis *m*

sablazo [sa'βlaθo] *m* ❶(*golpe*) Säbelhieb *m* ②(*fam*): **dar a alguien un ~** jdn um Geld anpumpen

sable ['saβle] *m* Säbel *m*

sablear [saβle'ar] *vi* (*fam*) schnorren

sablista [sa'βlista] *mf* (*fam*) Schmarotzer(in) *m(f)*

sabor [sa'βor] *m* Geschmack *m;* **tener** (**un**) **~ a naranja** nach Orangen schmecken; **de ~ romántico** mit einem Hauch von Romantik; **dejar un mal ~ de boca** einen üblen Nachgeschmack hinterlassen

saborear [saβore'ar] *vt* auskosten

sabotaje [saβo'taxe] *m* Sabotage *f*

saboteador(a) [saβotea'ðor(a)] **I.** *adj* Sabotage- **II.** *m(f)* Saboteur(in) *m(f)*

sabotear [saβote'ar] *vt* sabotieren; (*plan*) vereiteln

sabroso, -a [sa'βroso, -a] *adj* ❶(*sazonado*) schmackhaft ②(*gracioso*) pikant ③(*salado*) salzig

sabueso, -a [sa'βweso, -a] *m, f* ❶(*caza*) Schweißhund *m* ②(*fisgón*) Schnüffler(in) *m(f)*

saca ['saka] *f* ❶(*saco*) großer Sack *m* ②(*extracción*) Entnahme *f* ③(*exportación*) (Waren)ausfuhr *f* ④(*copia*) Abschrift *f*

sacabocados [sakaβo'kaðos] *m inv* Lochzange *f*

sacacorchos [saka'kortʃos] *m inv* Korkenzieher *m;* **tener que sacar las cosas a alguien con ~** jdm die Worte aus der Nase ziehen müssen

sacamanchas [saka'mantʃas] *m inv* Fleck(en)entferner *m*

sacamuelas [saka'mwelas] *mf inv* (*pey*) Zahnklempner(in) *m(f);* (*fig*) Plappermaul *nt*

sacapuntas [saka'puntas] *m inv* (Bleistift)spitzer *m*

sacar [sa'kar] <c→qu> **I.** *vt* ❶(*de un sitio*) herausnehmen; (*agua*) schöpfen; (*diente, espada*) ziehen; **~ a bailar** zum Tanz auffordern; **~ a alguien de la cama** (*fig*) jdn aus dem Bett jagen; **~ a alguien de la cárcel** jdn aus dem Gefängnis holen; **~ a alguien de quicio** jdn aus dem Häuschen bringen; **~ a pasear** spazieren führen; **¡sácalo del garaje!** hol es aus der Garage!; **¡saca las plantas al balcón!** bring die Pflanzen hinaus auf den Balkon!; **¿de dónde lo has sacado?** wo hast du es her?; **recién sacado del horno** frisch gebacken; **¡te voy a ~ los ojos!** (*fig*) dir werde ich es noch zeigen! ②(*de una situación*) retten; **~ adelante** (*persona, negocio*) vorwärts bringen; (*niño*) großziehen; (*con esfuerzo*) durchbringen; **~ a alguien del atolladero/de la pobreza** jdm aus der Klemme/aus der Not helfen ③(*solucionar*) lösen ④(*reconocer*) erkennen; **lo saqué por sus gafas** ich habe ihn an seiner Brille erkannt ⑤(*entrada*) lösen

6 (*obtener*) erreichen; (*premio*) gewinnen; (*votos*) bekommen; (*información*) entlocken; ~ **las consecuencias** Schlussfolgerungen ziehen; ~ **provecho de algo** aus etw *dat* Nutzen ziehen; ~ **el gordo** das große Los ziehen; **no** ~ **ni para vivir** kaum genug zum Leben verdienen; ~ **a alguien 20 euros** jdn um 20 Euro anpumpen *fam* **7** (MIN) fördern **8** (*aceite, vino*) auspressen **9** (*parte del cuerpo*) herausstrecken **10** (*foto*) machen; (*dibujo*) zeichnen; **¡sácame una foto!** fotografier mich mal!; **el pintor te sacó muy bien** der Maler hat dich gut getroffen **11** (*mancha*) entfernen **12** (*producto*) herausbringen; (*libro*) herausgeben; ~ **un apodo a alguien** sich *dat* für jdn einen Spitznamen ausdenken **13** (*mostrar*) zeigen; (*desenterrar*) ausgraben; ~ **en hombros** auf die Schultern nehmen; ~ **a relucir** (*pey*) wieder aufwärmen **14** (*ventaja*): **mi hermana me sacó dos minutos** meine Schwester war zwei Minuten schneller als ich **15** (*tenis*) aufschlagen; (*fútbol*) anspielen **II.** *vr*: ~ **se los zapatos** sich *dat* die Schuhe ausziehen; **se sacó una pestaña del ojo** er/sie wischte sich *dat* eine Wimper aus dem Auge

sacarina [sakaˈrina] *f sin pl* Süßstoff *m*

sacerdocio [saθerˈdoθjo] *m sin pl* **1** (*ministerio*) Priesteramt *nt* **2** (*estado*) Priesterstand *m* **3** (*órdenes*) Priesterweihe *f* **4** (*consagración*) Hingabe *f*; **él se toma la medicina como un** ~ er hat sich ganz der Medizin verschrieben

sacerdote [saθerˈðote] *m* Priester *m*

sacerdotisa [saθerðoˈtisa] *f* Priesterin *f*

saciado, -a [saˈθjaðo, -a] *adj* satt

saciar [saˈθjar] **I.** *vt* (*hambre, curiosidad*) stillen; (*instintos sexuales*) befriedigen **II.** *vr*: ~ **se** (*t. fig*) satt werden; **me sacié de salchichas** ich habe mich an Würstchen satt gegessen

saciedad [saθjeˈðaᵈ] *f sin pl* Sattheit *f*; **repetir hasta la** ~ bis zum Überdruss wiederholen

saco [ˈsako] *m* **1** (*bolsa*) Sack *m*; (*fig*) Haufen *m*; **hombre del** ~ Buhmann *m*; ~ **de trigo** Sack Weizen; **echar en** ~ **de trigo** (*fig fam*) in den Wind schlagen; **tu consejo no cayó en** ~ **roto** dein Ratschlag hat gewirkt; **meter en el mismo** ~ (*fig*) in einen Topf werfen **2** (*prenda*) Sakko *m o nt* **3** (*bahía*) Einbuchtung *f* **4** (*saqueo*) Plünderung *f*; **entrar a** ~ (aus)plündern

sacralizar [sakraliˈθar] <z→c> *vt* ≈einen sakralen Charakter verleihen; (*persona*) ≈als heilig verehren

sacramental [sakramenˈtal] **I.** *adj* **1** (REL)

sakramental; **auto** ~ Sakramentspiel *nt* (*christliches Theaterstück*) **2** (*palabra*) herkömmlich **II.** *f* (*reg: cofradía*) ≈Begräbnisbruderschaft *f*

sacramento [sakraˈmento] *m* Sakrament *nt*; **el** ~ **de la Eucaristía** das heilige Abendmahl; **administrar a alguien los últimos** ~**s** jdm die Sterbesakramente erteilen; **con todos los** ~**s** (*fig*) in aller Form

sacratísimo, -a [sakraˈtisimo, -a] *adj superl de* **sagrado**

sacrificar [sakrifiˈkar] <c→qu> **I.** *vt* **1** (*ofrecer*) opfern; (*t. fig*) widmen **2** (*animal*) schlachten **II.** *vr*: ~ **se** (*t. fig*) sich (auf)opfern (*por* für +*akk*)

sacrificio [sakriˈfiθjo] *m* Opfer *nt*; **el Santo S**~ die heilige Messe

sacrilegio [sakriˈlexjo] *m* Schändung *f*; (*fig*) Sakrileg *nt*

sacrílego, -a [saˈkrileɣo, -a] *adj* frevelhaft; **acción sacrílega** Freveltat *f*

sacristán [sakrisˈtan] *m* Küster *m*; **¡ése es un buen** ~**!** (*fam*) das ist ein gerissener Kerl!; **los dineros del** ~ **cantando se vienen y cantando se van** (*prov*) wie gewonnen, so zerronnen

sacristía [sakrisˈtia] *f* (*lugar*) Sakristei *f*

sacro, -a [ˈsakro, -a] *adj* **1** (*sagrado*) heilig **2** (ANAT) sakral; **hueso** ~ Kreuzbein *nt*

sacrosanto, -a [sakroˈsanto, -a] *adj* hochheilig; (*fig*) unantastbar

sacudida [sakuˈðiða] *f* Erschütterung *f*; ~ **eléctrica** elektrischer Schlag; ~ **sísmica** Erdstoß *m*; **el coche pegaba** ~**s** das Auto wackelte (hin und her); **¡dale una** ~ **a la alfombra!** klopf den Teppich aus!

sacudido, -a [sakuˈðiðo, -a] *adj* **1** (*intratable*) störrisch **2** (*atrevido*) kühn

sacudir [sakuˈðir] **I.** *vt* schütteln; (*noticia, terremoto*) erschüttern; (*pegar*) verprügeln; (*alfombras*) ausklopfen; ~ **el rabo** mit dem Schwanz wedeln; ~ **a alguien por los hombros** jdn an den Schultern packen und schütteln; **un estremecimiento le sacudió todo el cuerpo** ein Schauder fuhr ihm/ihr durch den Körper **II.** *vr*: ~ **se** sich schütteln; ~ **se la duda** jeden Zweifel von sich *dat* weisen; ~ **se el yugo** das Joch abschütteln; ~ **se a alguien de encima** jdn loswerden

sádico, -a [ˈsaðiko, -a] **I.** *adj* sadistisch **II.** *m, f* Sadist(in) *m(f)*

sadismo [saˈðismo] *m sin pl* Sadismus *m*

sadomasoquismo [saðomasoˈkismo] *m sin pl* Sadomasochismus *m*

saeta [saˈeta] *f* **1** (*flecha*) Pfeil *m* **2** (*reloj*) (Uhr)zeiger *m*; (*brújula*) Magnetnadel *f*

safari [sa'fari] *m* Safari *f;* ~ **fotográfico** Fotosafari *f*

sagacidad [saɣaθi'ðaᵈ] *f sin pl* Scharfsinn *m*

sagaz [sa'ɣaθ] *adj* scharfsinnig

sagitario [saxi'tarjo] *mf* Schütze *m;* **conozco a pocas (mujeres)** ~ ich kenne wenige Frauen, die Schütze sind

Sagitario [saxi'tarjo] *m* (ASTR) Schütze *m*

sagrado, -a [sa'ɣraðo, -a] <sacratísimo> *adj* heilig

sagrario [sa'ɣrarjo] *m* (*para las hostias*) Tabernakel *m*

Sahara [sa'ara] *m:* **el** ~ die Sahara

saharaui [saxa'rawi] *adj* saharauisch

sahariana [saxa'rjana] *f* leichte Tropenjacke *f* (mit Gürtel)

sahumar [sau'mar] *vt* räuchern

sahumerio [sau'merjo] *m* Räuchern *nt*

sainete [sai̯'nete] *m* (TEAT) Schwank *m*

sajón, -ona [sa'xon, -ona] **I.** *adj* sächsisch **II.** *m, f* Sachse *m,* Sächsin *f*

Sajonia [sa'xonja] *f* Sachsen *nt;* **Baja** ~ Niedersachsen *nt*

Sajonia-Anhalt [sa'xonja-'aŋxalᵗ] *f* Sachsen Anhalt *nt*

sake ['sake] *m* Sake *m*

sal [sal] *f* ❶ (*condimento*) Salz *nt;* ~ **común** Speisesalz *nt;* **poner demasiada** ~ **a algo** etw versalzen; **tener poca** ~ **en la mollera** (*fig fam*) wenig Grütze im Kopf haben ❷ *pl* (*perfume*) Riechsalz *nt;* ~ **es de baño** Badesalz *nt* ❸ (*gracia*) Witz *m;* (*encanto*) Charme *m;* **la** ~ **de la vida** die Würze des Lebens ❹ (*Am: mala suerte*) Pech *nt*

sala ['sala] *f* ❶ (*habitación*) Raum *m;* (*grande*) Saal *m;* ~ **de espera** Wartezimmer *nt;* ~ **de estar** Wohnzimmer *nt;* ~ **de fiestas** Tanzlokal *nt* ❷ (JUR) Kammer *f;* **S~ de lo Civil/Penal** Zivil-/Strafkammer *f*

salacot [sala'ko] <salacots> *m* Tropenhelm *m*

salado, -a [sa'laðo, -a] *adj* ❶ (*comida*) salzig ❷ (*gracioso*) witzig; (*encantador*) charmant ❸ (*Am: infortunado*) unglücklich

saladura [sala'ðura] *f* Pökeln *nt*

salamandra [sala'mandra] *f* (ZOOL) Salamander *m;* ~ **acuática** Molch *m*

salamanquesa [salamaŋ'kesa] *f* Gecko *m;* ~ **de agua** (Wasser)molch *m*

salame [sa'lame] *m* (*CSur*) ❶ (*salami*) Salami *f* ❷ (*papanatas*) Trottel *m*

salar [sa'lar] *vt* ❶ (*condimentar*) salzen; ~ **demasiado** versalzen ❷ (*para conservar*) (ein)pökeln ❸ (*Am: echar a perder*) verderben

salarial [sala'rjal] *adj* Lohn-

salario [sa'larjo] *m* Lohn *m;* ~ **en especie** Naturallohn *m*

salazón [sala'θon] *m* ❶ (*saladura*) Pökeln *nt* ❷ *pl* (*carne*) Pökelfleisch *nt;* (*pescado*) Pökelfisch *m*

salchicha [sal'tʃitʃa] *f* Wurst *f;* ~ **asada** Bratwurst *f;* **perro** ~ (*fam*) Dackel *m*

salchichería [saltʃitʃe'ria] *f* Wurstwarengeschäft *nt*

salchichón [saltʃi'tʃon] *m* ≈Salami *f*

saldar [sal'dar] *vt* ❶ (*cuenta, deuda*) begleichen; **todavía no hemos saldado nuestras diferencias** wir haben unsere Unstimmigkeiten noch nicht beigelegt ❷ (*mercancía*) ausverkaufen; **la tienda salda** das Geschäft macht Räumungsverkauf

saldo ['saldo] *m* ❶ (*diferencia*) Saldo *m;* (*pago*) Zahlung *f;* ~ **acreedor** Guthaben *nt;* ~ **de cuenta** Kontostand *m* ❷ *pl* (*rebajas*) Räumungsverkauf *m*

saledizo¹ [sale'ðiθo] *m* (ARQUIT) Stirnbrett *nt*

saledizo, -a² [sale'ðiθo, -a] *adj* vorspringend

salero [sa'lero] *m* ❶ (*objeto*) Salzstreuer *m* ❷ (*gracia*) Witz *m;* (*encanto*) Charme *m*

saleroso, -a [sale'roso, -a] *adj* (*fam: ingenioso*) witzig; (*encantador*) charmant

salida [sa'liða] *f* ❶ (*puerta*) Ausgang *m;* ~ **para coches** Ausfahrt *f;* **a la** ~ **del teatro** nach der Vorstellung; **callejón sin** ~ Sackgasse ❷ (*de un tren*) Abfahrt *f;* (*de un avión*) Start *m;* (*de un barco*) Auslaufen *nt* ❸ (*astro*) Aufgang *m* ❹ (DEP) Start *m;* **dar la** ~ das Startzeichen geben ❺ (COM) Absatz *m;* (*partida*) Ausgabe *f;* **este producto no tiene** ~ dieses Produkt ist unverkäuflich ❻ (*fam: ocurrencia*) Einfall *m;* ~ **de tono** unangebrachte Bemerkung; **¡menuda ~!** was für eine Schnapsidee! ❼ (*pretexto*) Ausrede *f* ❽ (*solución*) Ausweg *m;* **en este asunto no hay** ~ diese Sache ist ausweglos

saliente [sa'ljente] *adj* ❶ (*excelente*) hervorragend ❷ (*ojos*) hervorstehend ❸ (*ministro*) scheidend

salina [sa'lina] *f* (*instalación*) Salzwerk *nt;* (*mina*) Salzgrube *f*

salinidad [salini'ðaᵈ] *f sin pl* Salzgehalt *m*

salinización [saliniθa'θjon] *f* Versalzung *f;* ~ **de las aguas subterráneas** Grundwasserversalzung *f*

salinizarse [salini'θarse] *vr* versalzen

salino, -a [sa'lino, -a] *adj* (*salobre*) salzig

salir [sa'lir] *irr* **I.** *vi* ❶ (*de un sitio*) herauskommen (*de* aus +*dat*); (*ir fuera*) gehen (*de* aus +*akk*) ❷ (*de viaje*) abfahren;

(*avión*) starten; ~ **del huevo** (aus dem Ei) schlüpfen; ~ **pitando** (*fam*) davoneilen; **para ~ de dudas le pregunté directamente** um mir Klarheit zu verschaffen, habe ich ihn/sie direkt gefragt; ~ **por peteneras** (*fam*) vom Thema abschweifen ❸ (*aparecer*) erscheinen; (*sol*) aufgehen; (*fuente*) entspringen; (*flores*) sprießen; ~ **a la luz** ans Licht kommen; ~ **en la tele** ins Fernsehen kommen ❹ (*convertirse*) werden; **salió un buen artista** aus ihm ist ein guter Künstler geworden ❺ (*parecerse*) ähneln (*a + dat*); **este niño ha salido a su padre** der Junge kommt ganz nach seinem Vater ❻ (INFOR) verlassen (*de + akk*) ❼ (DEP) starten ❽ (*costar*) kosten; **nos sale a 5 euros el metro** es kostet uns 5 Euro pro Meter ❾ (*loc*): ~ **adelante** (irgendwie) weiterkommen; ~ **con alguien** (*fam*) mit jdm gehen; ~ **a dar una vuelta** spazieren gehen; ~ **mal con alguien** sich mit jdm entzweien **II.** *vr:* ~ **se** ❶ (*derramarse*) verlassen; (*líquido*) überlaufen; (*leche*) überkochen; (*vasija*) undicht sein; ~ **se de la Iglesia** aus der Kirche austreten; **el río se salió (de madre)** der Fluss ist über die Ufer getreten ❷ (*loc*): ~ **se con la suya** seinen Kopf durchsetzen

salitre [sa'litre] *m* Salpeter *m*

saliva [sa'liβa] *f* Speichel *m;* **gastar ~ en balde** (*fig fam*) sich *dat* den Mund fusselig reden; **tragar ~** (*fig fam*) seinen Ärger hinunterschlucken

salivar [sali'βar] *vi* Speichel bilden

salivazo [sali'βaθo] *m* Spucke *f*

salmantino, -a [salman'tino, -a] **I.** *adj* aus Salamanca **II.** *m, f* Einwohner(in) *m(f)* von Salamanca

salmo ['salmo] *m* Psalm *m;* **cantarle a alguien el ~** (*fig fam*) jdm die Leviten lesen

salmodiar [salmo'ðjar] **I.** *vi* Psalmen singen **II.** *vt* (*pey*) (herunter)leiern

salmón [sal'mon] **I.** *adj* lachsfarben **II.** *m* Lachs *m*

salmonelosis [salmone'losis] *f inv* Salmonellenvergiftung *f;* (MED) Salmonellose *f*

salmonete [salmo'nete] *m* Meerbarbe *f*

salmuera [sal'mwera] *f* Lake *f*

salobre [sa'loβre] *adj* salzig

salomónico, -a [salo'moniko, -a] *adj* ❶ (*sabio*) salomonisch ❷ (ARQUIT: *columna*) gewunden

salón [sa'lon] *m* ❶ (*de casa*) Wohnzimmer *nt* ❷ (*local*) Salon *m;* ~ **de baile** Tanzsaal *m;* ~ **de belleza** Schönheitssalon *m* ❸ (*muebles*) Wohnzimmermöbel *pl* ❹ (*feria*) Ausstellung *f*

salpicadero [salpika'ðero] *m* Armaturen-

brett *nt*

salpicadura [salpika'ðura] *f* (*acción*) (Be)spritzen *nt;* (*mancha*) (Spritz)fleck *m*

salpicar [salpi'kar] <c→qu> *vt* ❶ (*rociar*) bespritzen (*con/de* mit + *dat*); (*con pintura*) besprenkeln; ~ **la mesa de flores** den Tisch mit Blumen schmücken ❷ (*manchar*) beschmutzen (*con/de* mit + *dat*) ❸ (*con chistes*) würzen

salpicón [salpi'kon] *m v.* **salpicadura**

ⓘ Land & Leute

In *Colombia* und *Ecuador* ist der **salpicón** ein kaltes Fruchtsaftgetränk. In Spanien dagegen versteht man unter **salpicón** eine kalte Fleisch-, Fisch- oder Meeresfrüchteplatte.

salpimentar [salpimen'tar] <e→ie> *vt* mit Salz und Pfeffer würzen; (*fig*) würzen (*con/de* mit + *dat*)

salsa ['salsa] *f* ❶ (GASTR) Soße *f;* (*caldo*) Brühe *f;* ~ **mayonesa** Majonäse *f;* ~ **verde** Petersiliensoße *f;* **la ~ de San Bernardo** (*fig fam*) einen Bärenhunger; **estar en su propia ~** (*fig fam*) in seinem Element sein ❷ (*gracia*) Reiz *m;* **este libro tiene mucha ~** dieses Buch ist sehr spannend; **esa es la ~ de la vida** (*fam*) das macht das Leben lebenswert ❸ (MÚS) Salsa *f*

salsera [sal'sera] *f* Soßenschüssel *f*

saltado, -a [sal'taðo, -a] *adj* ❶ (*desprendido*) herausgefallen ❷ (*saltón*) hervorspringend; **ojos ~s** Glotzaugen *ntpl*

saltador¹ [salta'ðor] *m* (*comba*) Springseil *nt*

saltador(a)² [salta'ðor(a)] **I.** *adj* springend **II.** *m(f)* ❶ (*atleta*) Springer(in) *m(f);* ~ **de altura** Hochspringer *m;* ~ **de longitud** Weitspringer *m;* ~ **de pértiga** Stabhochspringer *m* ❷ (*saltimbanqui*) Seiltänzer(in) *m(f)*

saltamontes [salta'montes] *m inv* Heuschrecke *f*

saltar [sal'tar] **I.** *vi* ❶ (*botar*) springen; (*chispas*) sprühen; **por los aires** explodieren; (*fig*) schief gehen; ~ **de alegría** vor Freude in die Luft springen; ~ **a la cuerda** seilspringen; ~ **en pedazos** in Stücke zerspringen; **los jugadores ~on al terreno de juego** die Spieler liefen auf das Spielfeld ❷ (*lanzarse*) springen; ~ **al agua/a la calle** ins Wasser/auf die Straße springen; ~ **con paracaídas** fallschirmspringen ❸ (*explotar*) platzen; (*bomba*) explodieren; (*costura*) reißen ❹ (*atención*): **eso salta a**

la **vista** das ist offensichtlich ⑤ (*picarse*) (zornig) auffahren ⑥ (*irrumpir*) herausplatzen (*con* mit +*dat*) ⑦ (*trabajo*) eine steile Karriere machen; (*ser destituido*) abgesetzt werden ⑧ (*desprenderse*) abspringen **II.** *vt* ① (*movimiento*) springen (über +*akk*); **andar a la que salta** auf jede günstige Gelegenheit lauern ② (*animal*) decken **III.** *vr:* **~se** ① (*ley, norma*) missachten ② (*línea, párrafo*) überspringen ③ (*desprenderse*) abspringen; **se me saltó un botón** ich habe einen Knopf verloren; **se me ~on las lágrimas** mir kamen die Tränen

saltarín, -ina [salta'rin, -ina] **I.** *adj* (*saltar*) springend; (*bailar*) tanzend **II.** *m, f* ① (*bailarín*) Tänzer(in) *m(f)* ② (*zarandillo*) Luftikus *m fam*

salteador(a) [saltea'ðor(a)] *m(f)* Straßenräuber(in) *m(f)*

saltear [salte'ar] *vt* ① (*asaltar*) überfallen ② (GASTR) sautieren

saltimbanqui [saltim'baŋki] *m* Gaukler(in) *m(f)*

salto ['salto] *m* ① (*en general*) Sprung *m;* **~ de agua** Wasserfall *m;* (*presa*) Talsperre *f;* **de [o en] un ~** schnell; **apartarse de un ~** beiseite springen; **dar un ~** aufspringen; (*fig*) rasch vorwärtskommen; **dar ~s de alegría** vor Freude an die Decke springen; **dar un ~ atrás** zurückspringen; **me pegó un ~ el corazón** mein Herz tat einen Sprung; **moverse a ~s** sich sprunghaft bewegen; **vivir a ~ de mata** (*fig*) mehr schlecht als recht leben ② (INFOR): **~ de página** Seitenumbruch *m* ③ (DEP) Sprung *m;* **~ de altura** Hochsprung *m;* **~ de longitud** Weitsprung *m;* **~ con pértiga** Stabhochsprung *m;* **~ del potro** Bockspringen *nt* ④ (*trabajo*) Beförderung *f* ⑤ (*bata*): **~ de cama** Morgenrock *m*

saltón, -ona [sal'ton, -ona] *adj* ① (*saltarín*) springend ② (*sobresaliente*) hervorspringend; **ojos saltones** Glotzaugen *ntpl*

salubre [sa'luβre] *adj* <salubérrimo> (*saludable*) gesund; (*curativo*) heilsam

salubridad [saluβri'ðað] *f sin pl* Zuträglichkeit *f;* (*Am: higiene*) Hygiene *f*

salud [sa'luð] *f sin pl* (*estado físico*) Gesundheit *f;* ¡**~!** (*al estornudar*) Gesundheit!; (*saludo*) grüß Gott!; **a la ~ de...** auf das Wohl von ...; **rebosante de ~** kerngesund; ¡**~, dinero y amor!** (*fam*) prost!; **curarse en ~** (*fig*) es nicht darauf ankommen lassen; **gastar ~** sich wohl fühlen; **lo juro por la ~ de mis hijos** ich schwöre es bei meiner Seele

saludable [salu'ðaβle] *adj* ① (*sano*) gesund

② (*provechoso*) nützlich

saludar [salu'ðar] *vt* (*al encontrar*) grüßen; (MIL) salutieren; (*recibir*) begrüßen; (*mandar saludos*) einen Gruß bestellen +*dat;* **le saluda afectuosamente su...** (*formal*) es grüßt Sie herzlich Ihr ...; **he ido a ~ a mis padres** ich bin kurz bei meinen Eltern vorbeigegangen; **estos ya ni se saludan** die reden kein Wort mehr miteinander

saludo [sa'luðo] *m* Gruß *m;* (*recibimiento*) Begrüßung *f;* (*carta*) Grußformel *f;* **con un cordial ~** (*formal*) mit herzlichen Grüßen; ¡**déle ~s de mi parte!** grüßen Sie ihn/sie von mir!; **tu madre te manda ~s** deine Mutter lässt dich grüßen; ¡**muchos ~s a tu hermano de mi parte!** grüße deinen Bruder von mir!

salutación [saluta'θjon] *f* Gruß *m;* (*recibimiento*) Begrüßung *f;* (*oración*) Avemaria *nt*

salva ['salβa] *f* Salve *f;* **~ de aplausos** Beifallssturm *m*

salvación [salβa'θjon] *f* Rettung *f;* (REL) Erlösung *f;* **Ejército de S~** Heilsarmee *f*

salvado [sal'βaðo] *m* Kleie *f*

salvador(a) [salβa'ðor(a)] **I.** *adj* rettend; (REL) erlösend; (*curativo*) heilend **II.** *m(f)* Retter(in) *m(f);* (REL) Erlöser *m*

salvadoreño, -a [salβaðo'reɲo, -a] **I.** *adj* salvadorianisch **II.** *m, f* Salvadorianer(in) *m(f)*

salvaguardar [salβaɣwar'ðar] *vt* beschützen; (*derchos, intereses*) wahren

salvaguardia [salβa'ɣwarðja] *f* ① (*protección*) Schutz *m;* (*de intereses*) Wahrung *f* ② (MIL) Geleit *nt* ③ (*salvoconducto*) Geleitbrief *m*

salvajada [salβa'xaða] *f* Gräueltat *f*

salvaje [sal'βaxe] **I.** *adj* (*planta, animal*) wild; (*persona*) unzivilisiert; (*acto*) grausam **II.** *mf* Wilde(r) *mf;* (*persona ruda*) Barbar(in) *m(f)*

salvajismo [salβa'xismo] *m sin pl* (*animal*) Wildheit *f;* (*gamberrismo*) Vandalismus *m;* (*crueldad*) Grausamkeit *f*

salvamanteles [salβaman̪'teles] *m inv*

Untersetzer *m*

salvamento [salβa'mento] *m* Rettung *f;* (*accidente, naufragio*) Bergung *f*

salvar [sal'βar] **I.** *vt* ❶ (*peligro*) retten (*de* vor +*dat*); (REL) erlösen; ~ **del peligro** aus der Gefahr retten ❷ (*foso*) überspringen; (*distancia*) zurücklegen; (*obstáculo*) überwinden; ~ **las apariencias** den Schein wahren **II.** *vr:* ~**se** sich retten (*de* vor +*dat*); (REL) erlöst werden; ~**se por los pelos** nur knapp entkommen

salva-slip [salβas'lip] <salva-slips> *m* Slip-Einlage *f*

salvavidas [salβa'βiðas] *m inv* Rettungsring *m;* **bote** ~ Rettungsboot *nt;* **chaleco** ~ Schwimmweste *f*

salvedad [salβe'ðað] *f* ❶ (*excepción*) Ausnahme *f* ❷ (*condición*) Vorbehalt *m;* **con la** ~ **de que...** unter dem Vorbehalt, dass ...

salvia ['salβja] *f* Salbei *m o f*

salvo[1] ['salβo] *prep* außer +*dat;* ~ **que** [*o* **si**]... +*subj* es sei denn, dass ...; ~ **error u omisión** (*formal*) Irrtum bzw. Auslassung vorbehalten; ~ **aviso en contrario** (*formal*) vorbehaltlich anders lautender Mitteilungen

salvo, -a[2] ['salβo, -a] *adj* heil; **poner a** ~ in Sicherheit bringen

salvoconducto [salβokon'dukto] *m* Passierschein *m*

samba ['samba] *f* (MÚS) Samba *m o f*

sambenito [sambe'nito] *m* Büßerhemd *nt;* **colgar** [*o* **poner**] **el** ~ **a alguien** jdn abstempeln

samovar [samo'βar] *m* Samowar *m*

samuray [samu'rai̯] *m* Samurai *m*

san [san] *adj v.* **santo**

? **Grammatik**

san steht vor maskulinen Eigennamen, die nicht mit ,do-' oder ,to-' beginnen: *San Antonio, San Francisco.*

santo steht vor Namen, die mit ,do-' oder ,to-' beginnen: *Santo Domingo, Santo Tomás.*

sanar [sa'nar] **I.** *vi* gesund werden (*de* von +*dat*) **II.** *vt* heilen

sanatorio [sana'torjo] *m* Sanatorium *nt*

sanción [san'θjon] *f* ❶ (*multa*) Strafe *f;* (ECON) Sanktion *f* ❷ (*ley*) Gesetz *nt* ❸ (*autorización*) Genehmigung *f*

sancionable [sanθjo'naβle] *adj* strafbar

sancionar [sanθjo'nar] *vt* ❶ (*castigar*) bestrafen; (ECON: *aplicar sanciones*) Sanktio-

nen verhängen (*a* gegen +*akk*) ❷ (*aprobar*) billigen; (JUR) sanktionieren

sancochar [sanko'tʃar] *vt* (*Am:* GASTR: *rehogar*) anbraten

sancocho [san'kotʃo] *m* ❶ (*AmC, PRico, Ven: lío*) Durcheinander *nt* ❷ (*And, Ven*) ≈Eintopf *m*

sandalia [san'dalja] *f* Sandale *f*

sándalo ['sandalo] *m* (*árbol*) Sandelbaum *m;* (*madera*) Sandelholz *nt*

sandez [san'deθ] *f* Dummheit *f;* **no decir más que sandeces** nur Unsinn reden

sandía [san'dia] *f* Wassermelone *f*

sandunga [san'dunga] *f* (*fam*) ❶ (*gracia*) Anmut *f* ❷ (*Col, Chil, PRico*) ≈Gaudi *f*

sándwich ['sangwitʃ] *m* Sandwich *m o nt;* **día** ~ (*Arg: fam*) Brückentag *m*

saneado, -a [sane'aðo, -a] *adj* (*renta, haber*) lastenfrei

saneamiento [sanea'mjento] *m* ❶ (ARQUIT, ECON: *t. fig*) Sanierung *f* ❷ (JUR) Mängelhaftung *f*

sanear [sane'ar] *vt* ❶ (ARQUIT, ECON) sanieren ❷ (JUR) haften (für +*akk*); ~ **un vicio** einen Mangel beheben

Sanfermines [samfer'mines] *mpl* San-Fermín-Fest *nt* (*Volksfest in Pamplona am 7. Juli*)

i **Land & Leute**

Sanfermines *mpl* heißt das wichtigste Volksfest Pamplonas, das am 7. Juli beginnt. Touristen aus aller Welt und die Einwohner Pamplonas begeben sich mit einer weißen Hose, rotem T-Shirt und rotem Halstuch bekleidet auf die Straßen, um bei den wohl bekanntesten *encierros* dabei zu sein.

sangrar [san'grar] **I.** *vi* bluten; **estar sangrando por la nariz** Nasenbluten haben; **estar sangrando** (*fig*) ganz frisch sein **II.** *vt* ❶ (MED) zur Ader lassen; (*cerdo*) abstechen ❷ (*dinero*) schröpfen ❸ (*agua, resina*) abzapfen ❹ (TIPO) einrücken

sangre ['sangre] *f* Blut *nt;* (*linaje*) Abstammung *f;* (*carácter*) Gemüt *nt;* **a** ~ **fría** kaltblütig; **de** ~ **azul** blaublütig; **animales de** ~ **caliente/fría** Warm-/Kaltblüter *mpl;* (**caballo de**) **pura** ~ Vollblut(pferd) *nt;* **chupar la** ~ (**de las venas**) **a alguien** (*fam*) jdn ausnutzen; **conservar la** ~ **fría** ruhig Blut bewahren; **dar la** ~ **de sus venas** (*fig*) zu jedem Opfer bereit sein; **hacerse mala** ~ sich *dat* graue Haare wachsen lassen; **le hierve la** ~ er/sie kocht vor Wut; **no llegar la ~ al río** (*fam*) Pack schlägt sich, Pack verträgt sich; **llevar algo en la ~** etw im Blut haben; **se le sube la ~ a la cabeza** (*fig*) er/sie platzt vor Wut; **tener mala ~** (*fam*) hundsgemein sein; **la ~ se me heló en las venas** mir erstarrte das Blut in den Adern

sangría [saŋ'gria] *f* **①** (MED) Aderlass *m*; **una ~ de votos** ein hoher Stimmenverlust; **lo mismo son ~s que ventosas** (*fig fam*) da hilft weder das eine noch das andere **②** (*brazo*) Armbeuge *f* **③** (*aguas*) Abzapfung *f* **④** (*bebida*) Sangria *f*

Die **sangría** ist eine Bowle aus Rotwein, Wasser, Zucker, Zitrone und Orange. Sie wird traditionell kalt und in einer *jarra de barro – Tonkrug* serviert.

sangriento, -a [saŋ'grjento, -a] *adj* blutig; (*injusticia*) grausam; **hecho ~** Bluttat *f*

sanguijuela [saŋgi'xwela] *f* (ZOOL) Blutegel *m*; (*pey: persona*) Blutsauger *m*

sanguinario, -a [saŋgi'narjo, -a] *adj* (*persona, animal*) blutrünstig; (*hecho*) grausam

sanguíneo, -a [saŋ'gineo, -a] *adj* **①** (MED) Blut-; **rojo ~** blutrot **②** (*temperamento*) sanguinisch

sanguinolento, -a [saŋgino'lento, -a] *adj* blutig; (*color*) blutrot; (*ojos*) blutunterlaufen

sanidad [sani'ðað] *f sin pl* Gesundheit *f*; **~ privada** private Gesundheitsvorsorge; **~ (pública)** (öffentliches) Gesundheitswesen *nt*

sanitario¹ [sani'tarjo] *m* (*váter*) Toilette *f*

sanitario, -a² [sani'tarjo, -a] **I.** *adj* gesundheitlich; (*aparatos, medidas*) sanitär **II.** *m*, *f* Sanitäter(in) *m(f)*

sano, -a [ˈsano, -a] *adj* **①** (*robusto, saludable*) gesund; **~ de juicio** zurechnungsfähig; **cortar por lo ~** das Übel an der Wurzel packen; **estar más ~ que una manzana** kerngesund sein; **salir ~ y salvo** mit heiler Haut davonkommen **②** (*no roto*) heil **③** (*sincero*) ehrlich

sánscrito [ˈsanskrito] *m sin pl* Sanskrit *nt*

sansón [san'son] *m* (*fig*) bärenstarker Mann *m*

santanderino, -a [santande'rino, -a] **I.** *adj* aus Santander **II.** *m*, *f* Einwohner(in) *m(f)* von Santander

santero, -a [san'tero, -a] **I.** *adj* (*pey: beato*) frömmelnd; **ese es muy ~** das ist ein Betbruder **II.** *m*, *f* **①** (*pey: beato*) Betbruder,

-schwester *m*, *f* **②** (*guardián*) ≈Kirchendiener(in) *m(f)*

santiaguino, -a [santja'ɣino, -a] **I.** *adj* aus Santiago de Chile **II.** *m*, *f* Einwohner(in) *m(f)* von Santiago de Chile

santiamén [santja'men] *m:* **en un ~** im Nu

santidad [santi'ðað] *f* Heiligkeit *f*

santificación [santifika'θjon] *f* **①** (*consagración*) Weihung *f* **②** (*canonización*) Heiligsprechung *f*

santificar [santifi'kar] <c→qu> *vt* **①** (*consagrar*) heiligen **②** (*canonizar*) heilig sprechen **③** (*respetar*) heilig halten

santiguar [santi'ɣwar] <gu→gü> **I.** *vt* **①** (*signarse*) segnen **②** (*fam: maltratar*) misshandeln **II.** *vr:* **~ se** sich bekreuzigen

santo, -a [ˈsanto, -a] **I.** *adj* heilig; (*piadoso*) fromm; (*planta*) heilsam; (*inviolable*) unantastbar; **la Santa Sede** der Heilige Stuhl; **campo ~** Friedhof *m*; **Jueves S~** Gründonnerstag *m*; **Semana Santa** Karwoche *f*; **Viernes S~** Karfreitag *m*; **¿qué haces en Semana Santa?** was machst du zu Ostern?; **se pasó todo el ~ día haciendo...** den lieben langen Tag machte er/sie ... **II.** *m*, *f* **①** (*personaje*) Heilige(r) *mf*; **día de Todos los S~s** Allerheiligen *nt*; **se me ha ido el ~ al cielo** ich habe den Faden verloren; **no sé a ~ de qué me dijo eso** ich weiß beim besten Willen nicht, warum er/sie mir das gesagt hat; **¡ésta se come los ~s!** (*fig fam*) das ist eine Betschwester!; **hoy tengo el ~ de cara/espalda** heute habe ich richtig Glück/Pech; **yo creía que era llegar y besar el ~** (*fig*) ich habe mir das einfacher vorgestellt; **ése no es ~ de mi devoción** er ist nicht gerade mein Fall; **dormirse como un ~ (bendito)** (*fam*) sofort einschlafen; **ése hace perder la paciencia a un ~** er ist eine richtige Nervensäge; **alzarse con el ~ y la limosna** (*fig fam*) sich *dat* die Rosinen herauspicken; **quedarse para vestir ~s** (*fam: una mujer*) keinen Mann finden; **ser mano de ~** (*fam*) ein wunderbares Mittel sein **②** (*fiesta*) Namenstag *m*; **el día de mi ~** an meinem Namenstag **③** (*imagen*) (Heiligen)bild *nt*; **ver los ~s de un libro** sich *dat* die Bilder in einem Buch anschauen

santoral [santo'ral] *m* **①** (*hagiografía*) Heiligenlegende *f* **②** (*calendario*) Verzeichnis *nt* von Heiligennamen **③** (MÚS) Chorbuch *nt*

santuario [santu'arjo] *m* **①** (*templo*) Tempel *m*; (*capilla*) Kapelle *f* **②** (*Col: tesoro*) Schatz *m*

santurrón, -ona [santu'rron, -ona] **I.** *adj*

frömmelnd; (*hipócrita*) scheinheilig **II.** *m*, *f* Frömmler(in) *m(f)*; (*hipócrita*) Scheinheilige(r) *mf*

saña ['saɲa] *f* ❶ (*ira*) Wut *f* ❷ (*rencor*) Hass *m*; **lo hizo con toda la mala ~** er/sie tat es auf eine ganz gehässige Art

sapiencia [sa'pjenθja] *f sin pl* ❶ (*conocimientos*) Wissen *nt* ❷ (*sensatez*) Weisheit *f*

sapo ['sapo] *m* ❶ (ZOOL) Kröte *f*; **pisar el ~** (*fam fig*) spät aufstehen; **echar por la boca ~s y culebras** (*fam*) Gift und Galle spucken ❷ (*persona*) schwerfällige Person *f* ❸ (*fam: bicho*) Ungeziefer *nt*

saque ['sake] *m* ❶ (*fútbol*) Anstoß *m*; (*tenis*) Aufschlag *m*; **~ de esquina** Eckstoß *m* ❷ (*loc*): **tener buen ~** (*fam: apetito*) einen guten Appetit haben

saquear [sake'ar] *vt* plündern

saqueo [sa'keo] *m* Plünderung *f*

sarampión [saram'pjon] *m sin pl* (MED) Masern *pl*

sarao [sa'rao] *m* (*fiesta*) Tanzabend *m*; **¡menudo ~ se armó allí!** da war was los!

sarape [sa'rape] *m* (*Méx*) Poncho *m*

sarasa [sa'rasa] *m* (*pey*) Tunte *f*

sarcasmo [sar'kasmo] *m sin pl* Sarkasmus *m*

sarcástico, -a [sar'kastiko, -a] *adj* sarkastisch

sarcófago [sar'kofaɣo] *m* Sarkophag *m*; (*sepulcro*) Steinsarg *m*

sarcoma [sar'koma] *m* (MED: *tumor*) Sarkom *nt*

sardina [sar'ðina] *f* (ZOOL) Sardine *f*; **~s en aceite** *fpl*; **entierro de la ~** ≈Aschermittwochstreffen *nt*; **arrimar el ascua a su ~** (*fig*) seine Schäfchen ins Trockene bringen

sardo, -a ['sarðo, -a] **I.** *adj* sardi(ni)sch **II.** *m*, *f* Sardinier(in) *m(f)*

sardónico, -a [sar'ðoniko, -a] *adj* (*movimiento*) krampfhaft; (*rostro*) verzerrt; (*risa*) hämisch

sargento [sar'xento] *m* Feldwebel *m*

sargo ['sarɣo] *m* Weißbrasse *f*

sarmentoso, -a [sarmen'toso, -a] *adj*

(*extremidades*) knochig

sarmiento [sar'mjento] *m* (*tallo*) Ranke *f*

sarna ['sarna] *f sin pl* Krätze *f*; (*de los animales*) Räude *f*; **ser más viejo que la ~** (*fam*) steinalt sein; **~ con gusto no pica(, pero mortifica)** (*prov*) was nicht tötet, härtet ab

sarnoso, -a [sar'noso, -a] *adj* (*persona*) krätzig; (*animal*) räudig

sarpullido [sarpu'ʎiðo] *m* (*irritación*) Hautausschlag *m*

sarracina [sarra'θina] *f* Schlägerei *f*

Sarre ['sarre] *m* ❶ (*estado federado*) Saarland *nt* ❷ (*río*) Saar *f*

sarro ['sarro] *m* ❶ (MED: *de los dientes*) Zahnstein *m*; (*en la lengua*) Belag *m* ❷ (*poso*) Bodensatz *m*

sarta ['sarta] *f* ❶ (*hilo*) Schnur *f* ❷ (*serie*) Reihe *f*; **decir una ~ de tonterías** eine Dummheit nach der anderen sagen

sartén [sar'ten] *f* Pfanne *f*; **ella es la que tiene la ~ por el mango** (*fam fig*) sie hat das Heft in der Hand; **saltar de la ~ y en las brasas** (*fam*) vom Regen in die Traufe kommen

sastre, -a ['sastre, -a] *m*, *f* Schneider(in) *m(f)*; **traje ~** Kostüm *nt*; **de eso, será lo que tase un ~** (*fam*) das werden wir schon sehen

sastrería [sastre'ria] *f* Schneiderei *f*

Satanás [sata'nas] *m* Satan *m*

satánico, -a [sa'taniko, -a] *adj* teuflisch

satélite [sa'telite] *m* (ASTR, TÉC) Satellit *m*; (**país**) **~** Satellitenstaat *m*

satelizar [sateli'θar] <z→c> *vt* auf eine Erdumlaufbahn bringen

satén [sa'ten] *m* Satin *m*

satinado, -a [sati'naðo, -a] *adj*: **papel ~** Glanzpapier *nt*

satinar [sati'nar] *vt* (*papel*) glätten

sátira ['satira] *f* Satire *f*

satírico, -a [sa'tiriko, -a] **I.** *adj* satirisch **II.** *m*, *f* Satiriker(in) *m(f)*

satirizar [satiri'θar] <z→c> *vt* spötteln (über +*akk*)

sátiro ['satiro] *m* (*hombre lascivo*) Lustmolch *m*

satisfacción [satisfaɣ'θjon] *f* ❶ (*pago*) Bezahlung *f* ❷ (REL) Buße *f* ❸ (*estado*) Zufriedenheit *f*; (*alegría*) Freude *f*; **a mi entera ~** zu meiner vollen Zufriedenheit ❹ (*de deseos*) Befriedigung *f*

satisfacer [satisfa'θer] *irr como hacer* **I.** *vt* ❶ (*pagar*) (be)zahlen; **~ la penitencia por sus pecados** für seine Sünden büßen ❷ (*deseo, curiosidad*) befriedigen; (*hambre*) stillen; (*sed*) löschen; (*demanda*) decken; **~ todos los caprichos de sus**

hijos seinen Kindern jeden Wunsch erfüllen ❸ (*requisitos*) entsprechen +*dat* ❹ (*agravio*) wieder gutmachen **II.** *vr:* ~ **se** ❶ (*contentarse*) zufrieden sein ❷ (*agravio*) sich *dat* Genugtuung verschaffen

satisfactorio, -a [satisfak'torjo, -a] *adj* (*solución*) befriedigend; **no ser** ~ unbefriedigend sein; **resulta** ~ **comprobar que...** es ist erfreulich festzustellen, dass ...

satisfecho, -a [satis'fetʃo, -a] **I.** *pp de* **satisfacer II.** *adj* (*contento*) zufrieden; (*exigencias, deseo sexual*) befriedigt; ~ **de sí mismo** selbstzufrieden; **estar** ~ (*harto*) satt sein

sátrapa ['satrapa] *m* ❶ (HIST: *gobernador*) Satrap *m;* (*elev: tirano*) Tyrann *m* ❷ (*fam: astuto*) Schlauberger *m*

saturación [satura'θjon] *f* Sättigung *f*

saturar [satu'rar] *vt* sättigen

Saturno [sa'turno] *m* (ASTR) Saturn *m*

sauce ['sauθe] *m* Weide *f;* ~ **llorón** Trauerweide *f*

saúco [sa'uko] *m* Holunder *m*

saudí [sau'ði] <saudíes>, **saudita** [sau'ðita] **I.** *adj* saudiarabisch; **Arabia S~** Saudiarabien *nt* **II.** *mf* Saudiaraber(in) *m(f)*

sauna ['sauna] *f* Sauna *f*

saurio ['saurjo] *m* Schuppenkriechtier *nt;* **los** ~**s** (*categoría*) die Echsen; (*extinguidos*) die Saurier

savia ['saβja] *f* ❶ (BOT) Pflanzensaft *m;* (*de árbol*) Baumsaft *m* ❷ (*energía*) Kraft *f*

saxo ['saᵞso] *m* (*fam*), **saxofón** [saᵞso'fon] *m* Saxophon *nt*

saxofonista [saᵞsofo'nista] *mf* Saxophonist(in) *m(f)*

saxófono [saᵞsofono] *m* Saxophon *nt*

saya ['saʝa] *f* (*de mujer*) Unterrock *m*

sayo ['saʝo] *m* (*fam: vestido*) Kleid *nt;* **cortar a alguien un** ~ (*fig*) über jdn herziehen

sazón [sa'θon] *f* ❶ (*condimento*) Würze *f* ❷ (*madurez*) Reife *f;* **estar en** ~ reif sein ❸ (*loc*): **a la** ~ damals; **en** ~ zur rechten Zeit; **fuera de** ~ zu einem ungünstigen Zeitpunkt

sazonado, -a [saθo'naðo, -a] *adj* ❶ (*comida*) schmackhaft ❷ (*fruta*) reif ❸ (*frase*) witzig

sazonar [saθo'nar] *vt* ❶ (*comida*) würzen ❷ (*madurar*) reifen lassen

se [se] *pron* ❶ (*forma reflexiva*) sich ❷ (*objeto indirecto*): **mi hermana** ~ **lo prestó a su amiga** meine Schwester hat es ihrer Freundin geliehen ❸ (*oración impersonal*) man ❹ (*oración pasiva*): ~ **confirmó la sentencia** das Urteil wurde

bestätigt; ~ **ruega no fumar** bitte nicht rauchen

sé [se] *1. pres de* **saber**

sebear [seβe'ar] *vi* (*Ven*) miteinander schlafen

sebo ['seβo] *m* Fett *nt;* **hacer** ~ (*Arg: fam*) (faul) herumlungern

seboso, -a [se'βoso, -a] *adj* fettig

secadero [seka'ðero] *m* (*local*) Trockenraum *m;* (*recinto*) Trockenplatz *m*

secado [se'kaðo] *m* Trocknen *nt*

secador [seka'ðor] *m* (*para la ropa*) Wäscheständer *m;* (*para las manos*) Trockner *m;* (*para el pelo*) Trockenhaube *f;* ~ (**de mano**) Föhn *m*

secadora [seka'ðora] *f* (Wäsche)trockner *m*

secano [se'kano] *m* ❶ (*tierra*) unbewässertes Land *nt;* **cultivo de** ~ Trockenkultur *f;* **ése es de** ~ (*fam*) der zieht das Land dem Meer vor ❷ (*isleta*) Sandbank *f*

secante¹ [se'kante] **I.** *adj* schneidend; **línea** ~ Sekante *f* **II.** *m* ❶ (*pintura*) Trockenmittel *nt* ❷ (*papel*) Löschpapier *nt*

secante² [se'kante] *f* (MAT) Sekante *f*

secar [se'kar] <c→qu> **I.** *vt* ❶ (*deshumedecer*) trocknen; **papel secante** Löschpapier *nt* ❷ (*enjugar*) abtrocknen ❸ (*agostar*) austrocknen ❹ (*cicatrizar*) abheilen **II.** *vr:* ~ **se** ❶ (*deshumedecer*) trocknen ❷ (*enjugar*) sich abtrocknen ❸ (*desecarse*) austrocknen; (*fuente*) versiegen; (*agostarse*) vertrocknen ❹ (*curarse*) abheilen ❺ (*enflaquecer*) abmagern ❻ (*insensibilizarse*) abstumpfen ❼ (*estar sediento*) verdursten; ~ **se de sed** eingehen vor Durst

sección [sek'θjon] *f* ❶ (*cortadura, dibujo del perfil*) Schnitt *m* ❷ (*parte*) Teil *m*, Abschnitt *m;* ~ **por** ~ abschnitt(s)weise ❸ (*departamento*) Abteilung *f*

seccionar [sekθjo'nar] *vt* zerteilen

secesión [seθe'sjon] *f* (*separación*) Abspaltung *f;* (*fracción de Estado*) Sezession *f*

secesionismo [seθesjo'nismo] *m* (POL) Sezessionismus *m*

seco, -a ['seko, -a] *adj* ❶ (*sin agua*) trocken; **golpe** ~ dumpfer Schlag; **a secas** nur; **en** ~ plötzlich; **dejar** ~ **a alguien** jdn auf der Stelle umbringen; **estar** ~ großen Durst haben; **quedarse** ~ sterben ❷ (*desecado*) getrocknet; **frutos** ~**s** Trockenfrüchte *fpl* ❸ (*río*) ausgetrocknet ❹ (*marchito*) verwelkt ❺ (*flaco*) dürr ❻ (*cicatriz*) abgeheilt ❼ (*tajante*) trocken ❽ (*vino*) trocken

secreción [sekre'θjon] *f* ❶ (*sustancia*) Sekret *nt* ❷ (*el segregar*) Sekretion *f*

secretar [sekre'tar] *vt* absondern

secretaría [sekreta'ria] *f* ❶ (*oficina*) Sekretariat *nt* ②(*cargo*) Sekretärsposten *m* ③(*Am: ministerio*) Ministerium *nt*

secretariado [sekreta'rjaðo] *m* ①(*oficina*) Sekretariat *nt* ②(*cargo*) Sekretärsposten *m* ③(*carrera*) Sekretärslaufbahn *f*

secretario, -a [sekre'tarjo, -a] *m, f* ①(*de oficina*) Sekretär(in) *m(f);* ~ **con idiomas** Fremdsprachensekretär *m* ②(*Am: ministro*) Minister(in) *m(f)*

secretear [sekrete'ar] *vi* (*fam*) tuscheln

secreter [sekre'ter] *m* (*mueble*) Sekretär *m*

secretismo [sekre'tismo] *m* Geheimniskrämerei *f*

secreto¹ [se'kreto] *m* ①(*misterio*) Geheimnis *nt;* ~ **profesional** Schweigepflicht *f;* ~ **a voces** offenes Geheimnis; **en** ~ heimlich; **mantener en** ~ geheim halten; **guardar un** ~ ein Geheimnis hüten ②(*receta, método*) Geheimrezept *nt* ③(*reserva*) Vorsicht *f* ④(*lugar*) Geheimfach *nt*

secreto, -a² [se'kreto, -a] *adj* ①(*oculto*) geheim; **puerta secreta** Geheimtür *f* ②(*callado*) schweigsam

secta ['sekta] *f* (*grupo*) Sekte *f*

sectario, -a ['sek'tarjo, -a] **I.** *adj* ①(*de secta*) sektiererisch ②(*fanático*) fanatisch **II.** *m, f* ①(*de una secta*) Sektenmitglied *nt* ②(*fanático*) Fanatiker(in) *m(f)*

sectarismo [sekta'rismo] *m sin pl* Sektenwesen *nt*

sector [sek'tor] *m* ①(*t. MAT*) Sektor *m;* ~ **circular** Kreisausschnitt *m;* ~ **económico** Wirtschaftszweig *m;* ~ **hotelero** Hotelgewerbe *nt;* ~ **de la informática** Computerbranche *f;* ~ **de inicialización** (INFOR) Bootsektor *m;* ~ **multimedia** Multimediabereich *m;* ~ **servicios** Dienstleistungssektor *m* ②(*grupo*) Fraktion *f*

sectorial [sekto'rjal] *adj:* **huelga** ~ **de los campesinos** Streik im landwirtschaftlichen Bereich

secuaz [se'kwaθ] *mf* (*pey*) Parteigänger(in) *m(f)*

secuela [se'kwela] *f* Folge *f;* ~ (**de una enfermedad**) Folgeerscheinung *f;* **dejar** ~**s** Spuren hinterlassen

secuencia [se'kwenθja] *f* ①(*serie*) Reihe *f;* ~ **de caracteres** (*t. INFOR*) Zeichenfolge *f* ②(CINE) Sequenz *f* ③(*orden de las palabras*) Wortstellung *f*

secuestrador(a) [sekwestra'ðor(a)] *m(f)* Entführer(in) *m(f)*

secuestrar [sekwes'trar] *vt* ①(*raptar*) entführen ②(*embargar*) beschlagnahmen

secuestro [se'kwestro] *m* ①(*rapto*) Entführung *f* ②(*bienes*) beschlagnahmte Ware *f* ③(*embargo*) Beschlagnahmung *f*

secular [seku'lar] *adj* säkular

secularización [sekulariθa'θjon] *f* Säkularisation *f*

secularizar [sekulari'θar] <z→c> **I.** *vt* säkularisieren **II.** *vr:* ~ **se** *sich als Priester in den Laienstand versetzen lassen*

secundar [sekun'dar] *vt* unterstützen

secundario, -a [sekun'darjo, -a] *adj* (*segundo*) zweitrangig; (*cargo*) untergeordnet; **papel** ~ (CINE, TEAT) Nebenrolle *f;* **esto es** ~ das ist nebensächlich

sed [seð] *f* ①(*falta de agua*) Durst *m* ②(*plantas*) Wasserbedarf *m;* **tener** ~ Wasser brauchen ③(*afán*) Durst *m* (*de* nach +*dat*); ~ **de amor** Liebesbedürfnis *nt;* ~ **de poder** Machthunger *m*

seda ['seða] *f* ①(ZOOL) Spinnfaden *m* ②(*tela, hilo*) Seide *f;* **de** ~ **natural** reinseiden; **como una** ~ (*tacto*) seidenweich; (*persona*) pflegeleicht; (*sin tropiezos*) wie am Schnürchen ③(*cerda*) Borste *f*

sedación [seða'θjon] *f* (*calmar la excitación*) Beruhigung *f;* (*calmar el dolor*) Schmerzlinderung *f*

sedal [se'ðal] *m* (*para pescar*) Angelschnur *f*

sedante [se'ðante] **I.** *adj:* (**de efecto**) ~ schmerzlindernd **II.** *m* Schmerzmittel *nt*

sedar [se'ðar] *vt* lindern

sedativo, -a [seða'tiβo, -a] *adj* schmerzstillend

sede ['seðe] *f* (*residencia*) Sitz *m;* **la Santa S~** der Heilige Stuhl

sedentario, -a [seðen'tarjo, -a] *adj* sesshaft

sedentarismo [seðenta'rismo] *m sin pl* Sesshaftigkeit *f*

sedente [se'ðente] *adj* sitzend

sedición [seði'θjon] *f* Aufstand *m*

sedicioso, -a [seði'θjoso, -a] **I.** *adj* aufständisch; **acto** ~ Aufstand *m* **II.** *m, f* Aufständische(r) *mf*

sediento, -a [se'ðjento, -a] *adj* durstig (*de* nach +*dat*); ~ **de poder** machthungrig

sedimentación [seðimenta'θjon] *f* Ablagerung *f*

sedimentar [seðimen'tar] **I.** *vt* (*sosegar*) beruhigen **II.** *vr:* ~ **se** ①(*depositarse*) sich ablagern ②(*sosegarse*) sich beruhigen

sedimento [seði'mento] *m* Sediment *nt,* Bodensatz *m*

sedoso, -a [se'ðoso, -a] *adj* seidig

seducción [seðuɣ'θjon] *f* ①(*persuasión*) Verführung *f* ②(*tentación*) Verlockung *f*

seducir [seðu'θir] *irr como traducir vt* ①(*persuadir*) verführen ②(*fascinar*) verlocken

seductor(a) [seðuk'tor(a)] **I.** *adj* verführerisch; **artes** ~**as** Verführungskünste *fpl* **II.** *m(f)* Verführer(in) *m(f)*

sefardí I. adj sephardisch II. mf <sefardíes> Spaniole mf; **los ~es** die Sephardim

Sefardí wird der Nachfahre eines aus Spanien oder Portugal stammenden Juden genannt. Die Sprache heißt ebenfalls **sefardí**. Die **sefardíes** wurden Ende des 15. Jahrhunderts von der Iberischen Halbinsel vertrieben. Sie siedelten sich dann in Nordafrika und einigen europäischen Ländern an.

segador(a) [seɣa'ðor(a)] I. adj Mäh- II. m(f) Mäher(in) m(f)
segadora [seɣa'ðora] f Mähmaschine f
segar [se'ɣar] irr como fregar vt ❶ (cortar) abschneiden; (hierba) mähen; ~ **algo en flor** (fig) etw im Keim ersticken ❷ (frustrar) zerstören
seglar [se'ɣlar] adj weltlich
segmentación [seɣmenta'θjon] f Segmentation f; ~ **del mercado** (ECON) Marktaufteilung f
segmentar [seɣmen'tar] vt segmentieren
segmento [seɣ'mento] m (parte) Teil m; (MAT) Segment nt
segoviano, -a [seɣo'βjano, -a] I. adj aus Segovia II. m, f Einwohner(in) m(f) von Segovia
segoviense [seɣo'βjense] adj o mf v. **segoviano**
segregación [seɣreɣa'θjon] f Trennung f
segregacionismo [seɣreɣaθjo'nismo] m sin pl Doktrin f der Segregation
segregar [seɣre'ɣar] <g→gu> vt trennen
seguido, -a [se'ɣiðo, -a] adj ❶ (continuo) ununterbrochen; **un año** ~ ein ganzes Jahr ❷ (en línea recta) geradeaus; **por aquí** ~ auf diesem Weg
seguidor(a) [seɣi'ðor(a)] m(f) Anhänger(in) m(f)
seguimiento [seɣi'mjento] m (cumplimiento) Befolgung f; (persecución) Verfolgung f; (sucesión) Folge f
seguir [se'ɣir] irr I. vt ❶ (suceder, ser adepto) folgen +dat ❷ (perseguir) verfolgen ❸ (cursar): ~ **un curso de informática** einen Informatikkurs besuchen ❹ (acompañar) folgen +dat ❺ (continuar): ~ **adelante** weitermachen; **¡que sigas bien!** lass es dir weiterhin gut gehen! II. vi: **sigue por esta calle** geh diese Straße entlang III. vr: ~**se** folgen
según [se'ɣun] I. prep gemäß +dat, laut +gen/dat; ~ **eso** demnach; ~ **la ley** laut

Gesetz; ~ **tus propias/tu sonrisa** deinen Worten/deinem Lächeln nach II. adv ❶ (como) wie; ~ **lo convenido** wie vereinbart ❷ (mientras) während; **podemos hablar** ~ **vamos andando** wir können uns beim Laufen unterhalten ❸ (eventualidad): ~ (**y como**) je nachdem; ~ **el trabajo iré o no** je nachdem, ob ich viel Arbeit habe, werde ich gehen oder nicht
segunda [se'ɣunda] f ❶ (AUTO) zweiter Gang m ❷ (loc): **con ~s** mit Hintergedanken
segundero [seɣun'dero] m Sekundenzeiger m
segundo¹ [se'ɣundo] m (tiempo) Sekunde f
segundo, -a² [se'ɣundo, -a] I. adj zweite(r, s); **primo** ~ Cousin zweiten Grades; **segunda intención** Hintergedanke m; **vivir en el** ~ im zweiten Stock wohnen II. m, f Stellvertreter(in) m(f)
segundón, -ona [seɣun'don, -ona] m, f Zweitgeborene(r) mf
segur [se'ɣur] f ❶ (hacha) Beil nt ❷ (hoz) Sichel f
seguramente [seɣura'mente] adv ❶ (de modo seguro) mit Sicherheit ❷ (probablemente) sicherlich
seguridad [seɣuri'ðað] f ❶ (protección) Sicherheit f; **S~ Social** (ADMIN) Sozialversicherungssystem nt; **agentes de** ~ Sicherheitspolizei f; **departamento de** ~ Polizeirevier nt ❷ (certeza) Sicherheit f, Gewissheit f; **para mayor** ~ sicherheitshalber ❸ (firmeza) Sicherheit f; **habla con mucha** ~ er/sie ist sehr sicher im Sprechen ❹ (garantía) Garantie f ❺ (confiabilidad) Zuverlässigkeit f
seguro¹ [se'ɣuro] I. m ❶ (contrato) Versicherung f; ~ **médico** Krankenversicherung f; ~ **de protección jurídica** Rechtsschutzversicherung f; ~ **a riesgo parcial** (AUTO) Teilkaskoversicherung f; ~ **a todo riesgo** (AUTO) Vollkaskoversicherung f ❷ (mecanismo) Sicherung f II. adv sicher(lich); **a (buen)** [o **de**] ~ sicher(lich); **sobre** ~ ohne Risiko; **en** ~ unbeschadet; **tener** ~ **algo** (sich dat) etw gen sicher sein
seguro, -a² [se'ɣuro, -a] adj ❶ (exento de peligro) sicher ❷ (firme) fest ❸ (sólido) solide ❹ (convencido) sicher; ~ **de sí mismo** selbstsicher; **¿estás** ~? bist du (dir) sicher?
seis [sejs] I. adj inv sechs; v. t. **ocho** II. m inv Sechs f
seisavo, -a [sej'saβo, -a] adj sechstel; v. t.

octavo

seiscientos, -as [sei̯s'θi̯entos, -as] *adj* sechshundert; *v. t.* **ochocientos**

seísmo [se'ismo] *m* Erdbeben *nt*

selección [seleʸ'θi̯on] *f* Auswahl *f;* ~ **natural** natürliche Auslese; ~ **nacional de fútbol** Fußballnationalmannschaft *f*

seleccionador(a) [seleʸθi̯ona'ðor(a)] *m(f)* (DEP) Trainer(in) *m(f)*

seleccionar [seleʸθi̯o'nar] *vt* auswählen

selectividad [selektiβi'ðaðˀ] *f* ❶ (*elección*) Auswahl *f* ❷ (*selección*) Selektion *f* ❸ (UNIV) Eignungsprüfung für die Aufnahme an einer spanischen Universität

i **Land & Leute**

> Die **selectividad** ist eine staatliche Abschlussprüfung, die alle Schüler und Schülerinnen nach dem *bachillerato* ablegen müssen, wenn sie sich an einer spanischen Universität immatrikulieren möchten.

selectivo, -a [selek'tiβo, -a] *adj* selektiv; **método** ~ Auswahlmethode *f*

selecto, -a [se'lekto, -a] *adj* erlesen

selector¹ [selek'tor] *m* Regler *m;* ~ **de cambio de marcha** Schalthebel *m*

selector(a)² [selek'tor(a)] *adj* Wähl-

selenita¹ [sele'nita] *f* Selenit *m*

selenita² [sele'nita] *mf* Mondbewohner(in) *m(f)*

self-service [selfˀser'βis] *m sin pl* Selbstbedienung *f*

sellado, -a [se'ʎaðo, -a] *adj* (*timbrado*) abgestempelt

sellar [se'ʎar] *vt* ❶ (*timbrar*) stempeln ❷ (*dejar huella*) Spuren hinterlassen (in/auf +*dat*) ❸ (*concluir*) besiegeln ❹ (*precintar*) siegeln; (*cerrar*) versiegeln; ~ **los labios** Stillschweigen bewahren

sello [ˈseʎo] *m* ❶ (*instrumento, marca*) Stempel *m;* ~ **de garantía** Gütezeichen *nt;* ~ **oficial** Dienststempel *m* ❷ (*viñeta*) Marke *f;* ~ (**postal**) Briefmarke *f* ❸ (*precinto*) Siegel *nt;* **cerrar con un** ~ versiegeln ❹ (*distintivo*) Kennzeichen *nt;* **esta película lleva el** ~ **de su director** dieser Film trägt die Handschrift seines Regisseurs ❺ (*anillo*) Siegelring *m* ❻ (MED) Oblate *f*

selva [ˈselβa] *f* Wald *m;* ~ (**virgen**) Urwald *m*

selvático, -a [sel'βatiko, -a] *adj* ❶ (*de la selva*) Wald-; (*de jungla*) Urwald- ❷ (*salvaje*) wild

semáforo [se'maforo] *m* ❶ (*de circulación*) (Verkehrs)ampel *f* ❷ (*telégrafo*) Signalmast *m*

semana [se'mana] *f* Woche *f;* **S~ Santa** Karwoche *f;* **fin de** ~ Wochenende *nt;* **durante** ~**s** (**enteras**) wochenlang; **entre** ~ unter der Woche

semanal [sema'nal] *adj* wöchentlich; **revista** ~ Wochenzeitschrift *f*

semanario¹ [sema'narjo] *m* Wochenzeitung *f*

semanario, -a² [sema'narjo, -a] *adj* Wochen-

semántica [se'mantika] *f sin pl* Semantik *f*

semántico, -a [se'mantiko, -a] *adj* (LING) semantisch

semblante [sem'blante] *m* ❶ (*cara*) Gesicht *nt* ❷ (*expresión*) Gesichtsausdruck *m;* **tener un** ~ **alegre** einen glücklichen Eindruck machen; **componer el** ~ ein ernstes Gesicht machen

semblanza [sem'blanθa] *f* ❶ (*parecido*) Ähnlichkeit *f* ❷ (*bosquejo biográfico*) Kurzbiografie *f*

sembrado [sem'braðo] *m* Saatfeld *nt*

sembrador(a) [sembra'ðor(a)] *m(f)* Säer(in) *m(f)*

sembrar [sem'brar] <e→ie> *vt* ❶ (*plantar*) säen ❷ (*esparcir*) streuen; ~ **una calle de flores** eine Straße mit Blumen bestreuen; ~ **para el futuro** für die Zukunft vorsorgen; ~ **el terror** Angst verbreiten

semejante [seme'xante] **I.** *adj* ❶ (*similar*) ähnlich ❷ (*tal*) solch; ~ **persona** solch eine Person **II.** *m* Mitmensch *m*

semejanza [seme'xanθa] *f* (*similitud*) Ähnlichkeit *f*

semejar [seme'xar] **I.** *vi* ähneln +*dat* **II.** *vr:* ~**se** sich *dat* ähneln; ~**se a alguien** jdm ähneln

semen [ˈsemen] *m* ❶ (*espermatozoide*) Sperma *nt* ❷ (*semilla*) Samen *m*

semental [semen'tal] **I.** *adj* ❶ (AGR) Saat- ❷ (ZOOL) Zucht-; **caballo** ~ Zuchthengst *m* **II.** *m* Zuchttier *nt*

sementar [semen'tar] <e→ie> *vt* säen

sementera [semen'tera] *f* ❶ (*siembra*) Aussaat *f* ❷ (*sembrado*) Saatfeld *nt* ❸ (*cosa sembrada*) Saat *f* ❹ (*tiempo*) Saatzeit *f*

semestral [semes'tral] *adj* halbjährig; (UNIV) Semester-

semestre [se'mestre] *m* Halbjahr *nt;* (UNIV) Semester *nt*

semiárido, -a [semi'ariðo, -a] *adj* (GEO) semiarid; **clima** ~ semiarides Klima

semiautomático, -a [semiau̯to'matiko, -a] *adj* halbautomatisch

semicircular [semiθirku'lar] *adj* halbkreisförmig

semicírculo [semi'θirkulo] *m* (MAT) Halbkreis *m*

semiconductor [semikoṇduk'tor] *m* Halbleiter *m*

semiconsciente [semikoⁿs'θjeṇte] *adj* halb bei Bewusstsein

semicorchea [semikor'tʃea] *f* (MÚS) Sechzehntelnote *f*

semidesnatado, -a [semiðesna'taðo, -a] *adj* halbfett

semidiós, -osa [semi'ðjos, -osa] *m, f* Halbgott, -göttin *m, f*

semidormido, -a [semiðor'miðo, -a] *adj* im Halbschlaf

semielaborado, -a [semielaβo'raðo, -a] *adj* halb fertig

semiesfera [semies'fera] *f* Halbkugel *f*

semifinal [semifi'nal] *f* Halbfinale *nt;* **pasar a la ~** das Halbfinale erreichen

semifinalista [semifina'lista] *mf* (DEP) Halbfinalist(in) *m(f)*

semilla [se'miʎa] *f* Samen *m;* (*fig*) Keim *m*

semillero [semi'ʎero] *m* ➊ (*sementera*) Saatfeld *nt* ➋ (*origen*) Keim *m*

semilunar [semilu'nar] *adj* halbmondförmig

seminal [semi'nal] *adj* Samen-

seminario [semi'narjo] *m* ➊ (ENS, REL) Seminar *nt* ➋ (*origen*) Keim *m* ➌ (*sementera*) Saatfeld *nt*

seminarista [semina'rista] *mf* ➊ (REL) Seminarist(in) *m(f)* ➋ (ENS) Seminarteilnehmer(in) *m(f)*

semiología [semjolo'xia] *f sin pl* (LING, MED) Semiologie *f*

semioscuridad [semioskuri'ðaᵈ] *f* Halbdunkel *nt*

semiótica [se'mjotika] *f sin pl* (LING, MED) Semiotik *f*

semiprecioso, -a [semipre'θjoso, -a] *adj:* **piedra semipreciosa** Halbedelstein *m*

semiproducto [semipro'ðukto] *m* Halbfertigware *f*

semirrecto, -a [semi'rrekto, -a] *adj:* **ángulo ~** 45°-Winkel *m*

semiseco, -a [semi'seko, -a] *adj* halbtrocken; (*champán*) demi-sec

semita [se'mita] **I.** *adj* semitisch **II.** *mf* Semit(in) *m(f)*

semitismo [semi'tismo] *m sin pl* ➊ (*referente a las costumbres*) semitische Wesensart *f* ➋ (*referente al lenguaje*) semitische Spracheigentümlichkeit *f*

sémola ['semola] *f* Grieß *m*

sempiterno, -a [sempi'terno, -a] *adj* ewig

Sena ['sena] *m* Seine *f*

senado [se'naðo] *m* Senat *m*

i ▌ **Land & Leute**

Der **Senado de los Diputados**, d. h. der spanische Senat, setzt sich insgesamt aus 255 Senatoren zusammen: 208 von ihnen werden direkt gewählt, die restlichen 47 von den *Comunidades Autónomas*.

senador(a) [sena'ðor(a)] *m(f)* Senator(in) *m(f)*

sencillamente [senθiʎa'meṇte] *adv* schlichtweg

sencillez [senθi'ʎeθ] *f* ➊ (*simplicidad*) Einfachheit *f* ➋ (*naturalidad*) Schlichtheit *f* ➌ (*sinceridad*) Aufrichtigkeit *f* ➍ (*candidez*) Einfältigkeit *f*

sencillo, -a [sen'θiʎo, -a] *adj* ➊ (*simple*) einfach ➋ (*natural*) schlicht; **gente sencilla** einfache Leute ➌ (*sincero*) aufrichtig ➍ (*cándido*) einfältig

senda ['seṇda] *f* ➊ (*camino*) Pfad *m;* **~ del jardín** Gartenweg *m* ➋ (*método*) Weg *m*

senderismo [seṇde'rismo] *m* Wandern *nt*

sendero [seṇ'dero] *m v.* **senda**

sendos, -as ['seṇdos, -as] *adj:* **llegamos en ~ coches** wir kamen jeder mit seinem Wagen

senectud [senek'tuᵈ] *f* Alter *nt*

senegalés, -esa [seneɣa'les, -esa] **I.** *adj* senegalesisch **II.** *m, f* Senegalese, -in *m, f*

senil [se'nil] *adj* ➊ (*de la vejez*) Alters- ➋ (*decrépito*) senil

senilidad [senili'ðaᵈ] *f* (*decrepitud*) Senilität *f*

sénior ['senjor] **I.** *adj* senior **II.** *mf* Senior(in) *m(f)*

seno ['seno] *m* ➊ (*concavidad*) Vertiefung *f* ➋ (ANAT, MAT) Sinus *m;* **~ frontal** Stirnhöhle *f* ➌ (*matriz*) Schoß *m* ➍ (*pecho*) Brust *f*

sensación [sensa'θjon] *f* ➊ (*sentimiento*) Gefühl *nt* ➋ (*novedad*) Sensation *f* ➌ (*reacción*): **causar ~** Aufsehen erregen; **de ~** Aufsehen erregend

sensacional [sensaθjo'nal] *adj* sensationell

sensacionalismo [sensaθjona'lismo] *m sin pl* Sensationsgier *f*

sensacionalista [sensaθjona'lista] *adj* sensationslüstern; **prensa ~** Sensationspresse *f*

sensatez [sensa'teθ] *f* Besonnenheit *f*

sensato, -a [sen'sato, -a] *adj* besonnen

sensibilidad [sensiβili'ðaᵈ] *f* Sensibilität *f*

sensibilización [sensiβiliθa'θjon] *f* (*t.* FOTO) Sensibilisierung *f*

sensibilizar [sensiβili'θar] <z→c> *vt* sensibilisieren

sensible [sen'siβle] *adj* ❶ (*sensitivo*) empfindlich (*a gegen* +*akk*); (*impresionable*) sensibel; ~ **a los cambios de tiempo** wetterfühlig; ~ **a la luz** lichtempfindlich ❷ (*perceptible*) wahrnehmbar

sensiblemente [sensiβle'mẹnte] *adv* ❶ (*perceptible*) spürbar ❷ (*doloroso*) schmerzlich

sensiblería [sensiβle'ria] *f* Gefühlsduselei *f*

sensiblero, -a [sensi'βlero, -a] *adj* gefühlsdus(e)lig

sensitiva [sensi'tiβa] *f* Mimose *f*

sensitivo, -a [sensi'tiβo, -a] *adj* ❶ (*sensorial*) Sinnes-; **tacto** ~ Gefühlssinn *m* ❷ (*sensible*) sensibel ❸ (*sensual*) sinnlich

sensor [sen'sor] *m* Sensor *m*

sensorial [senso'rjal] *adj* sensorisch; **órgano** ~ Sinnesorgan *nt*

sensorio¹ [sen'sorjo] *m* Bewusstsein *nt*

sensorio, -a² [sen'sorjo, -a] *adj v.* **sensorial**

sensual [sensu'al] *adj* sinnlich

sensualidad [senswali'ðaᵈ] *f sin pl* Sinnlichkeit *f*

sentada [sen'taða] *f* (*protesta*) Sitzstreik *m*

sentado, -a [sen'taðo, -a] *adj* ❶ (*sensato*) besonnen ❷ (*loc*): **dar algo por** ~ etw nicht in Frage stellen; **doy por** ~ **que él acudirá** für mich steht fest, dass er kommt

sentar [sen'tar] <e→ie> I. *vi:* ~ **bien/mal** (*comida*) gut/schlecht bekommen; (*vestidos*) gut/schlecht stehen; ~ **como un tiro** auf den Magen schlagen II. *vt* setzen; **estar sentado** sitzen; **estar bien sentado** (*fig*) gut situiert sein III. *vr:* ~ **se** ❶ (*asentarse*) sich setzen; **¡siéntese!** nehmen Sie Platz! ❷ (*establecerse*) sich niederlassen ❸ (*estabilizarse*) sich stabilisieren

sentencia [sen'tenθja] *f* ❶ (*proverbio*) (Sinn)spruch *m* ❷ (JUR) Urteil *nt;* **dictar** ~ das Urteil sprechen

sentenciar [senten'θjar] *vt* ❶ (*decidir*) urteilen (über +*akk*) ❷ (*condenar*) verurteilen (*a* zu +*dat*)

sentido¹ [sen'tiðo] *m* ❶ (*facultad, significado*) Sinn *m;* ~ **común** gesunder Menschenverstand; ~ **del deber** Pflichtgefühl *nt;* ~ **del humor** Sinn für Humor; **costar un** ~ sündhaft teuer sein; **estar con los cinco** ~**s en el asunto** voll bei der Sache sein; **estar sin** ~ bewusstlos sein; **perder el** ~ in Ohnmacht fallen ❷ (*dirección*) Richtung *f;* **en el** ~ **de la flecha** in Pfeilrichtung; **en el** ~ **de las agujas del reloj** im Uhrzeigersinn

sentido, -a² [sen'tiðo, -a] *adj* ❶ (*conmovido*) innig ❷ (*sensible*) empfindlich; **ser muy** ~ keinen Spaß verstehen

sentimental [sentimen'tal] *adj* sentimental

sentimentalismo [sentimenta'lismo] *m* Sentimentalität *f*

sentimentaloide [sentimenta'loi̯ðe] *mf* (*pey*) gefühlsdusliger Mensch *m*

sentimiento [senti'mjẹnto] *m* ❶ (*emoción*) Gefühl *nt;* ~**s** gefühllos ❷ (*pena*) Bedauern *nt;* **le acompaño en el** ~ (mein) herzliches Beileid

sentir [sen'tir] *irr* I. *vt* ❶ (*percibir*) fühlen; **siento frío** mir ist kalt; **sin** ~ unvermittelt ❷ (*opinar*) meinen ❸ (*lamentar*) bedauern; **lo siento mucho** es tut mir sehr leid; **siento que...** +*subj* schade, dass ... II. *vr:* ~**se** ❶ (*estar*) sich fühlen ❷ (*padecer*) Beschwerden haben (*de* in +*dat*) III. *m* ❶ (*opinión*) Meinung *f;* ~ **popular** öffentliche Meinung; **en mi** ~ meiner Meinung nach ❷ (*sentimiento*) Gefühl *nt*

seña ['sẹɲa] *f* ❶ (*gesto*) Zeichen *nt;* **hacer** ~**s** winken ❷ (*particularidad*) Kennzeichen *nt;* ~**s mortales** unverwechselbare Kennzeichen; **por más** ~**s** außerdem ❸ *pl* (*dirección*) Adresse *f*

señal [se'ɲal] *f* ❶ (*particularidad*) Kennzeichen *nt* ❷ (*signo*) Zeichen *nt;* **en** ~ **de** als Zeichen +*gen;* **dar** ~**es de vida** (*fig*) von sich *dat* hören lassen ❸ (*teléfono*) Freizeichen *nt* ❹ (*huella*) Spur *f* ❺ (*cicatriz*) Narbe *f* ❻ (*adelanto*) Anzahlung *f;* **paga y** ~ Anzahlung *f;* **dejar una** ~ eine Anzahlung leisten

señalado, -a [seɲa'laðo, -a] *adj* ❶ (*famoso*) berühmt ❷ (*importante*) bedeutend, wichtig ❸ (*insigne*) hervorragend

señalar [seɲa'lar] I. *vt* ❶ (*anunciar*) signalisieren ❷ (*marcar*) kennzeichnen ❸ (*estigmatizar*) brandmarken ❹ (*mostrar*) zeigen ❺ (*indicar*) hinweisen (auf +*akk*) ❻ (*fijar*) festlegen ❼ (*firmar*) abzeichnen II. *vr:* ~**se** sich hervorheben

señalización [seɲaliθa'θjon] *f* Beschilderung *f*

señalizar [seɲali'θar] <z→c> *vt* beschildern

señera [se'ɲera] *f* (*bandera*) Banner *nt*

señero, -a [se'ɲero, -a] *adj* ❶ (*solitario*) einsam ❷ (*único*) einzigartig ❸ (*importante*) bedeutend

señor(a) [se'ɲor(a)] I. *adj* (*fam*) ❶ (*noble*) vornehm ❷ (*enorme*) gewaltig; ~**a casa** Mordshaus *nt* II. *m(f)* ❶ (*dueño*) Herr(in) *m(f)* (*de* über +*akk*) ❷ (*hombre*) Mann *m;* (*mujer*) Frau *f;* (*dama*) Dame *f;* ~**a de compañía** Anstandsdame *f;* **¡**~**as y** ~**es!** meine Damen und Herren! ❸ (*título*) Herr *m,* Frau *f;* **el** ~/**la** ~**a García** Herr/Frau García; **los** ~**es García** Herr und Frau

García; **muy** ~ **mío:** ... sehr geehrter Herr, ...; **¡no,** ~**!** keineswegs!; **¡sí,** ~**!** aber natürlich! ❹(REL): **el S~** der Herr; **nuestra S~a** die Heilige Maria; **descansar en el S~** entschlafen

señorear [seɲoreˈar] **I.** *vt* ❶(*dominar*) beherrschen ❷(*sobresalir*) überragen **II.** *vr:* ~**se** sich bemächtigen (*de* +*gen*)

señoría [seɲoˈria] *f* Herrschaft *f;* **Su S~** Euer Gnaden

señori(a)l [seɲoˈril/seɲoˈrjal] *adj* herrschaftlich; **casa** ~ Herrenhaus *nt*

señorío [seɲoˈrio] *m* ❶(*dominio*) Herrschaft *f* ❷(*territorio*) herrschaftlicher Besitz *m* ❸(*dignidad*) Würde *f* ❹(*personas*) Herrschaften *pl*

señorita [seɲoˈrita] *f* ❶(*tratamiento*) Fräulein *nt* ❷(*cigarro*) Zigarillo *m o nt*

señorito [seɲoˈrito] *m* junger Herr *m*

señuelo [seˈɲwelo] *m* Lockvogel *m;* (*fig*) Köder *m;* **caer en el** ~ in die Falle gehen

sépalo [ˈsepalo] *m* (BOT) Kelchblatt *nt*

separación [separaˈθjon] *f* ❶(*desunión*) Trennung *f* ❷(*espacio*) Zwischenraum *m*

separado [sepaˈraðo] *adv:* **por** ~ getrennt; **contar por** ~ einzeln zählen

separar [sepaˈrar] **I.** *vt* ❶(*desunir*) trennen (*de* von +*dat*) ❷(*apartar*) aussortieren ❸(*destituir*) entlassen (*de* aus +*dat*) **II.** *vr:* ~**se** sich trennen (*de* von +*dat*)

separatismo [sepataˈtismo] *m sin pl* (POL) Separatismus *m*

separo [seˈparo] *m* (*Méx: celda*) (Gefängnis)zelle *f*

sepelio [seˈpeljo] *m* Begräbnis *nt*

sepia [ˈsepja] *f* Sepia *f;* **de color** ~ sepia(braun)

septentrión [septenˈtrjon] *m* ❶(*polo ártico*) Nordpol *m* ❷(*norte*) Norden *m;* (**viento**) ~ Nordwind *m*

septentrional [septentrjoˈnal] *adj* nördlich

septicemia [septiˈθemja] *f* Blutvergiftung *f*

septiembre [sepˈtjembre] *m* September *m;* *v. t.* **marzo**

séptimo, -a [ˈseptimo, -a] **I.** *adj* (*parte*) siebtel; (*numeración*) siebte(r, s) **II.** *m, f* Siebtel *nt; v. t.* **octavo**

septuagenario, -a [septwaxeˈnarjo, -a] **I.** *adj* siebzigjährig **II.** *m, f* Siebzigjährige(r) *mf; v. t.* **octogenario**

septuagésimo, -a [septwaˈxesimo, -a] **I.** *adj* (*parte*) siebzigstel; (*numeración*) siebzigste(r, s); **la septuagésima parte de...** ein Siebzigstel von ... +*dat* **II.** *m, f* Siebzigstel *nt; v. t.* **octogésimo**

séptuplo, -a [ˈseptuplo, -a] *adj* siebenfach; *v. t.* **óctuplo**

sepulcral [sepulˈkral] *adj* Grab-; **silencio** ~ Grabesstille *f*

sepulcro [seˈpulkro] *m* ❶(*tumba*) Grab *nt;* **ser un** ~ (*fig*) verschwiegen wie ein Grab sein ❷(*relicario*) Schrein *m*

sepultar [sepulˈtar] **I.** *vt* ❶(*inhumar, t. fig*) begraben ❷(*cubrir*) unter sich *dat* begraben **II.** *vr:* ~**se** (*sumergir*) versinken

sepultura [sepulˈtura] *f* ❶(*sepelio*) Begräbnis *nt* ❷(*tumba*) Grab *nt;* **dar** ~ **a alguien** jdn zu Grabe tragen; **estar cavando su** ~ sich *dat* sein eigenes Grab schaufeln

sepulturero, -a [sepulˈturero, -a] *m, f* Totengräber(in) *m(f)*

sequedad [sekeˈðað] *f* ❶(*aridez*) Trockenheit *f* ❷(*descortesía*) Unfreundlichkeit *f;* **con** ~ unwirsch

sequía [seˈkia] *f* Dürre *f*

séquito [ˈsekito] *m* Gefolge *nt*

ser [ser] *irr* **I.** *aux* ❶(*construcción de la pasiva*): **las casas fueron vendidas** die Wohnungen wurden verkauft; **el triunfo fue celebrado** der Sieg wurde gefeiert ❷(*en frases pasivas*): **es de suponer que vendrán** es ist anzunehmen, dass sie kommen werden; **era de esperar** das war zu erwarten; **es de esperar que...** +*subj* man darf hoffen, dass ... **II.** *vi* ❶(*absoluto, copulativo, existir, constituir*) sein; **cuatro y cuatro son ocho** vier und vier ist acht; **éramos cuatro** wir waren zu viert; **¿quién es?** (*puerta*) wer ist da?; (*teléfono*) wer ist am Apparat?; **soy Pepe** (*al teléfono*) hier spricht Pepe; **es de noche** es ist Nacht; **son las cuatro** es ist vier Uhr; **el que fue director del teatro** der ehemalige Intendant des Theaters ❷(*tener lugar*): **el examen es mañana** die Klausur ist morgen; **el concierto es en el pabellón** das Konzert findet in der Sporthalle statt; **eso fue en 1995** das geschah (im Jahre) 1995 ❸(*costar*): **¿a cuánto es el pollo?** wie viel kostet das Hühnchen?; **¿cuánto es todo?** wie viel macht alles zusammen? ❹(*estar*): **el cine es en la otra calle** das Kino ist in der anderen Straße ❺(*convertirse en*): **¿qué quieres** ~ **de mayor?** was willst du werden, wenn du groß bist?; **¿qué es de él?** was macht er?; **qué ha sido de ella?** was ist aus ihr geworden?; **llegó a** ~ **ministro** er brachte es bis zum Minister ❻(*depender*): **todo es que se decida pronto** alles hängt nur davon ab, wie schnell er/sie eine Entscheidung trifft ❼(*con 'de': posesión*): **¿de quién es esto?** wem gehört das?; **el paquete es de él** das Paket gehört ihm; **el anillo es de plata** der Ring ist aus Silber; **el coche es de color azul** das Auto ist blau; **ser de Suabia** aus Schwaben kommen; **~ de 3 euros** 3 Euro kosten; **es de 30 años** er/sie ist 30 (Jahre alt); **lo que ha hecho es muy de ella** was sie gemacht hat, ist typisch für sie; **esta manera de hablar no es de un catedrático** diese Ausdrucksweise passt nicht zu einem Professor; **es de lo más guay** es ist einfach spitze; **eres de lo que no hay** du bist einzigartig; **es de un cobarde que no veas** er/sie ist schrecklich feige ❽ (*con 'para'*): **yo no soy para tutearlo** ich traue mich nicht ihn zu duzen; **este estilo no es para ti** dieser Stil passt nicht zu dir; **¿para quién es el vino?** wer bekommt den Wein?; **la película no es para niños** der Film ist nicht für Kinder geeignet; **no es para ponerse así** reg dich deshalb nicht so auf; **es como para no hablarte más** ich hätte guten Grund nicht mehr mit dir zu reden ❾ (*con 'que'*): **esto es que no lo has visto bien** wahrscheinlich hast du es nicht richtig gesehen; **es que ahora no puedo** ich kann jetzt nämlich nicht; **si es que merece la pena** wenn es sich überhaupt lohnt; **¡y es que tenía unas ganas de acabarlo!** wie habe ich mir gewünscht damit fertig zu werden! ❿ (*oraciones enfáticas, interrogativas*): **¡esto es!** (*así se hace*) gut so!; (*así se dice*) gut gesagt!; (*correcto*) richtig!; **¿pero qué es esto?** was soll denn das (sein)?; **¿cómo es eso?** wie ist das möglich?; **¡como debe ~¡** wie es sich gehört!; **¡no puede ~!** das kann doch nicht wahr sein!; **¿no puede ~?** ist es nicht möglich?; **¡eso es cantar!** das nennt man Singen! ⓫ (*en futuro*): **¿~á capaz?** wird er/sie das können?; **¡~á capaz!** der Typ ist echt dreist; **~á lo que ~á** mal sehen, was daraus wird ⓬ (*en infinitivo*): **manera de ~** Wesen *nt*; **razón de ~** Daseinsberechtigung *f*; **a no ~ que...** +*subj* es sei denn, dass ...; **todo puede ~** alles ist möglich; **quizá ganemos el campeonato – todo puede ~** vielleicht gewinnen wir die Meisterschaft – alles ist noch offen; **por lo que pueda ~** für alle Fälle; **con ~ su marido, no puede tragarla** obwohl er ihr Mann ist, kann er sie nicht ausstehen ⓭ (*en indicativo, condicional*): **es más** ja mehr noch; **siendo así** wenn das so ist; **y eso es todo** das wär's; **~ más/menos que alguien** besser/ schlechter als jd sein; **es igual** (*no importa*) macht nichts; **yo soy de los que piensan que...** ich gehöre zu denen, die glauben, dass ...; **de no haber sido por ti...** wenn du nicht gewesen wärst ...; **no**

es lo que tú piensas es ist nicht so, wie du denkst; **con el carisma que tiene sería un buen líder** (de un partido) bei seinem Charisma gäbe er einen guten (Partei)chef ab; **el lema electoral es: ...** die Wahlparole lautet: ... ⓮ (*en subjuntivo*): **si yo fuera tú** wenn ich du wäre; **si no fuera por eso...** wenn das nicht wäre ...; **si por mí fuera** wenn es nach mir ginge; **me tratas como si fuera un niño** du behandelst mich wie ein Kind; **sea lo que sea** wie dem auch sei; **lo que sea ~á es** kommt wie es kommen muss; **hazlo sea como sea** tu es, egal wie; **sea quien sea** egal wer; **dos reales, o sea, 50 céntimos** zwei Reales, das heißt, 50 Céntimos; **el color que quieras, pero que no sea rojo** irgendeine Farbe, außer Rot; **cómprame un chupa-chups o lo que sea** kauf mir einen Lutscher oder sonst was; **cómprame un chupa-chups ni que sea** kauf mir wenigstens einen Lutscher; **por listo que sea...** möge er noch so schlau sein ...; **cualquiera que sea el día** an irgendeinem Tag III. *m* ❶ (*criatura*) Wesen *nt*; **~ vivo** Lebewesen *nt* ❷ (*esencia*) Wesen *nt* ❸ (FILOS) Sein *nt*

sera ['sera] *f* Trag(e)korb *m*

serba ['serβa] *f* Vogelbeere *f*

Serbia ['serβja] *f* Serbien *nt*

serbio, -a ['serβjo, -a] I. *adj* serbisch II. *m, f* Serbe, -in *m, f*

serbocroata [serβokro'ata] I. *adj* serbokroatisch II. *m* (*lengua*) Serbokroatisch(e) *nt*

serenar [sere'nar] I. *vt* (*calmar*) beruhigen II. *vi, vr:* **~se** (*calmarse*) sich beruhigen; (*tiempo*) aufklaren

serenata [sere'nata] *f* Serenade *f*

serenidad [sereni'ðað] *f sin pl* ❶ (*sosiego*) Gelassenheit *f* ❷ (*príncipe*): **Su S~** Seine/ Ihre Durchlaucht

sereno¹ [se'reno] *m* ❶ (*humedad*) Tau *m;* **al ~** (*nachts*) im Freien ❷ (*vigilante*) ≈Nachtwächter *m*

sereno, -a² [se'reno, -a] *adj* ❶ (*sosegado*) ruhig ❷ (*sin nubes*) heiter

serial [se'rjal] *m* (RADIO, TV) Serie *f;* (*publicación*) Reihe *f*

serie ['serje] *f* ❶ (*sucesión*) Serie *f;* **~ de artículos** Produktreihe *f;* **~ televisiva** Fernsehserie *f;* **fuera de ~** herausragend ❷ (*gran cantidad, t.* MAT) Reihe *f* ❸ (DEP) Vorrunde *f*

seriedad [serje'ðaᵈ] *f sin pl* Ernsthaftigkeit *f*

serigrafía [seriɣra'fia] *f* (TIPO) Siebdruck *m*

serio, -a ['serjo, -a] *adj* ❶ (*grave*) ernst(haft) ❷ (*severo*) streng ❸ (*formal*) seriös ❹ (*responsable*) verantwortungsbewusst ❺ (*sin burla*) ernst(haft); **esto va en ~** das ist jetzt ernst gemeint; **¿en ~?** wirklich?

sermón [ser'mon] *m* Predigt *f;* **echar un ~ a alguien** jdm eine Standpauke halten

sermonear [sermone'ar] **I.** *vi* predigen **II.** *vt* (*fam*) eine Standpauke halten *+dat*

seropositivo, -a [seroposi'tiβo, -a] *adj* HIV-positiv

serosidad [serosɪ'ðaᵈ] *f* Lymphe *f*

serpear [serpe'ar] *vi* sich schlängeln

serpenteado, -a [serpente'aðo, -a] *adj* geschlängelt

serpenteante [serpente'ante] *adj* gewunden; **carretera ~** Serpentinenstraße *f*

serpentear [serpente'ar] *vi* sich schlängeln

serpenteo [serpen'teo] *m* Serpentine *f*

serpentín [serpen'tin] *m* ❶ (QUÍM) Kühlschlange *f* ❷ (*de armas de fuego*) Zündstift *m;* (*del mosquete*) Luntenschloss *nt* ❸ (*piedra*) Serpentin *m*

serpentina [serpen'tina] *f* (*de papel*) Luftschlange *f*

serpiente [ser'pjente] *f* Schlange *f;* **~ de cascabel** Klapperschlange *f;* **~ de vidrio** Blindschleiche *f*

serrado, -a [se'rraðo, -a] *adj* gezackt

serraduras [serra'ðuras] *fpl* Sägespäne *mpl*

serranía [serra'nia] *f* Bergland *nt*

serrano, -a [se'rrano, -a] *adj* Gebirgs-; **jamón ~** luftgetrockneter Schinken

serrar [se'rrar] <e→ie> *vt* sägen

serrería [serre'ria] *f* Sägewerk *nt*

serrín [se'rrin] *m* Sägemehl *nt*

serrucho [se'rruʧo] *m* (*sierra*) Fuchsschwanz *m*

servible [ser'βiβle] *adj* brauchbar

servicial [serβi'θjal] *adj* zuvorkommend

servicio [ser'βiθjo] *m* ❶ (*acción de servir*) Dienst *m;* **~ civil sustitutorio** Zivildienst *m;* **~ de información telefónica** Telefonauskunft *f;* **~ militar** Wehrdienst *m;* **~s**

on-line [*o* en 'linea] (INFOR) Onlinedienste *mpl;* **~ postal express** Eilzustellung *f;* **~ posventa** Kundendienst *m;* **estar de ~** im Dienst sein; **hacer el ~** den Wehrdienst ableisten; **hacer un ~ a alguien** jdm einen Dienst erweisen; **hacer un flaco ~ a alguien** jdm einen Bärendienst erweisen ❷ (*servidumbre*) Hauspersonal *nt;* **entrada de ~** Dienstboteneingang *m* ❸ (*culto*) Gottesdienst *m* ❹ (*cubierto*) Geschirr *nt;* **~ de té** Teeservice *nt* ❺ (*retrete*) Toilette *f* ❻ (DEP) Aufschlag *m* ❼ (ECON) Dienstleistung *f* ❽ (MED) Einlauf *m*

servidor(a) [serβi'ðor(a)] *m(f)* (*criado*) Diener(in) *m(f);* **un ~ se va a dormir** ich gehe schlafen; **¿quién es el último? – ~** wer ist der Letzte? – ich

servidumbre [serβi'ðumbre] *f* ❶ (*personal*) Dienerschaft *f* ❷ (*esclavitud*) Leibeigenschaft *f* ❸ (*trabajo de siervo*) Fron(arbeit) *f* ❹ (*sujeción*) Hörigkeit *f* ❺ (JUR) Dienstbarkeit *f*

servil [ser'βil] **I.** *adj* unterwürfig **II.** *m* Kriecher *m*

servilismo [serβi'lismo] *m sin pl* Unterwürfigkeit *f*

servilleta [serβi'ʎeta] *f* Serviette *f;* **doblar la ~** (*fig fam*) den Löffel abgeben

servilletero [serβiʎe'tero] *m* Serviettenhalter *m;* (*aro*) Serviettenring *m*

servir [ser'βir] *irr como pedir* **I.** *vi* ❶ (*ser útil*) nützen; **no sirve de nada** es bringt nichts; **no sirve para nada** das ist für nichts gut ❷ (*ser soldado/criado*) dienen ❸ (*ayudar*) behilflich sein; **¿en qué puedo ~le?** womit kann ich Ihnen dienen?; **¡para ~le!** zu Ihren Diensten! ❹ (*atender a alguien*) bedienen ❺ (DEP) aufschlagen ❻ (*suministrar*) (aus)liefern ❼ (*poner en el plato*) auftun ❽ (*en el vaso*) einschenken **II.** *vr:* **~se** ❶ (*utilizar*) sich bedienen (*de +gen*) ❷ (*dignarse*): **sírvase cerrar la ventana** seien Sie so freundlich und schließen Sie bitte das Fenster

servo ['serβo] *m* (AUTO, TÉC) Servomechanismus *m*

servoasistido, -a [serβoasis'tiðo, -a] *adj* Servo-

servodirección [serβoðireᵛ'θjon] *f* (AUTO) Servolenkung *f*

servofreno [serβo'freno] *m* (AUTO) Servobremse *f*

servomotor [serβomo'tor] *m* (TÉC) Servomotor *m*

sésamo ['sesamo] *m* (BOT) Sesam *m;* **¡ábrete, ~!** Sesam, öffne dich!; **barrio ~**

S

(TV) Sesamstraße *f*

sesenta [se'senta] **I.** *adj inv* sechzig **II.** *m* Sechzig *f*; *v. t.* **ochenta**

sesentavo, -a [sesen'taβo, -a] **I.** *adj* sechzigstel **II.** *m*, *f* Sechzigstel *nt*; *v. t.* **ochentavo**

sesentena [sesen'tena] *f* Einheit *f* von sechzig Stück; (HIST) Schock *nt*

sesentón, -ona [sesen'ton, -ona] **I.** *adj* sechzigjährig **II.** *m*, *f* Sechzigjährige(r) *mf*; *v. t.* **ochentón**

In bestimmten Regionen Südspaniens wird das spanische ‚z' (nach den Vokalen a, o, u) bzw. ‚c' (nach den Vokalen e und i), also das Phonem [θ] wie ein ‚s' ausgesprochen, z. B. *coser* statt *cocer*, was manchmal zu (sprachlichen) Missverständnissen führen kann. Dieses Phänomen wird **seseo** genannt. Das umgekehrte Sprachphänomen, also das Lispeln des ‚s', wird ceceo genannt.

sesera [se'sera] *f* ❶ (*cerebro*) Gehirn *nt* ❷ (*fam: cabeza*) Birne *f*; (*inteligencia*) Köpfchen *nt*

sesgar [ses'ɣar] <g→gu> *vt* ❶ (*cortar*) schräg schneiden ❷ (*torcer*) zur Seite biegen

sesgo ['sesɣo] *m* ❶ (*oblicuidad*) Schräge *f*; **al ~** schräg ❷ (*orientación*) Verlauf *m*

sesión [se'sjon] *f* ❶ (*reunión*) Sitzung *f*; **~ a puerta cerrada** nichtöffentliche Sitzung; **abrir/levantar la ~** die Sitzung eröffnen/schließen ❷ (*representación*) Vorstellung *f*; **~ de noche** Spätvorstellung *f*

seso ['seso] *m* ❶ (ANAT) Gehirn *nt* ❷ (*inteligencia*) Verstand *m*; **beber(se) los ~s** (*fig*) den Verstand verlieren; **calentarse los ~s** (*fam*) sich *dat* das Hirn zermartern; **tener sorbido el ~ a alguien** (*fam*) jdn voll im Griff haben ❸ *pl* (GASTR) Hirn *nt*

sesudo, -a [se'suðo, -a] *adj* ❶ (*inteligente*) intelligent ❷ (*sensato*) vernünftig

set [set] *m* <sets> ❶ (DEP) Satz *m* ❷ (*conjunto*) Set *m*

seta ['seta] *f* Pilz *m*; **crecer como ~s** wie Pilze aus dem Boden schießen

setecientos, -as [sete'θjentos, -as] *adj* siebenhundert; *v. t.* **ochocientos**

setenta [se'tenta] **I.** *adj inv* siebzig **II.** *m* Siebzig *f*; *v. t.* **ochenta**

setentavo, -a [seten'taβo, -a] **I.** *adj* siebzigstel **II.** *m*, *f* Siebzigstel *nt*; *v. t.* **ochentavo**

setentón, -ona [seten'ton, -ona] **I.** *adj* sieb-

zigjährig **II.** *m*, *f* Siebzigjährige(r) *mf*; *v. t.* **ochentón**

setiembre [se'tjembre] *m* *v.* **septiembre**

seto ['seto] *m* Zaun *m*; **~ vivo** Hecke *f*

seudónimo [seu'ðonimo] *m* Pseudonym *nt*

Seúl [se'ul] *m* Seoul *nt*

severidad [seβeri'ðað] *f sin pl* Strenge *f*

severo, -a [se'βero, -a] *adj* streng (*con* zu +*dat*)

sevillanas *fpl* (MÚS) Sevillanas *fpl*

Die **sevillanas** sind wohl der im Ausland bekannteste spanische Tanz. Seinen Namen verdankt der Tanz der Stadt Sevilla, der Hauptstadt Andalusiens, wo sich diese Variante der *seguidilla – spanischer Reihentanz* entwickelt hat.

sevillano, -a [seβi'ʎano, -a] **I.** *adj* aus Sevilla **II.** *m*, *f* Einwohner(in) *m(f)* von Sevilla

sexagenario, -a [seɣsaxe'narjo, -a] **I.** *adj* sechzigjährig **II.** *m*, *f* Sechzigjährige(r) *mf*; *v. t.* **octogenario**

sexismo [seɣ'sismo] *m sin pl* ❶ (*discriminación*) Sexismus *m* ❷ (*obsesión*) Sexbesessenheit *f*

sexista [seɣ'sista] **I.** *adj* sexistisch **II.** *mf* Sexist(in) *m(f)*

sexo ['seɣso] *m* ❶ (*conjunto de individuos, t.* BIOL) Geschlecht *nt* ❷ (*órganos*) Geschlechtsorgane *ntpl* ❸ (*actividad*) Sex *m*

sexólogo, -a [seɣ'soloɣo, -a] *m*, *f* Sexualforscher(in) *m(f)*, Sexualwissenschaftler(in) *m(f)*

sextante [ses'tante] *m* Sextant *m*

sexteto [ses'teto] *m* Sextett *nt*

sexto, -a ['sesto, -a] **I.** *adj* (*parte*) sechstel; (*numeración*) sechste(r, s) **II.** *m*, *f* Sechstel *nt*; *v. t.* **octavo**

sextuplicar [sestupli'kar] <c→qu> *vt*, *vr*: **~ se** (sich) versechsfachen

séxtuplo, -a ['sestuplo, -a] **I.** *adj* sechsfach **II.** *m*, *f* Sechsfache(s) *nt*; *v. t.* **óctuplo**

sexual [seɣsu'al] *adj* ❶ (BIOL) geschlechtlich; **órganos ~es** Geschlechtsorgane *ntpl* ❷ (*sexualidad*) sexuell, Sexual-

sexualidad [seɣswali'ðað] *f sin pl* Sexualität *f*

sha [ʃa] *m* Schah *m*

shock [ʃokᵏ/tʃokᵏ] *m* Schock *m*

si [si] **I.** *conj* ❶ (*condicional*) wenn; **~ acaso** wenn etwa; **~ no** sonst, andernfalls; **por ~ ...** für den Fall, dass ...; **por ~ acaso**

für alle Fälle ❷ (*en preguntas indirectas*) ob ❸ (*en oraciones concesivas*): ~ **bien** obwohl ❹ (*comparación*): **como** ~ ... +*subj* als ob ...; **el padre está más nervioso que** ~ **fuera él mismo a dar a luz** der Vater ist so nervös, als müsste er selbst entbinden ❺ (*en frases desiderativas*): ¡~ **hiciera un poco más de calor!** wenn es nur ein bisschen wärmer wäre! ❻ (*protesta, sorpresa*) doch; **¡pero** ~ **ella se está riendo!** aber sie lacht doch! ❼ (*énfasis*): **fíjate** ~ **es tonto que...** er ist so einfältig, dass ... II. *m* (MÚS) h *nt*

sí [si] I. *adv* ja; **¡**~, **señor!** jawohl, der Herr!; **porque** ~ einfach so; **¡(claro) que** ~**!** aber ja doch!; **¡eso** ~ **que no!** das kommt nicht in Frage!; **por** ~ **o por no** in jedem Fall; **¡**~ **que está buena la tarta!** Mensch, schmeckt der Kuchen gut! II. *pron pers* sich; **a** ~ **mismo** zu sich *dat;* **de** ~ von sich *dat* aus; **dar de** ~ genügen; (*tela*) sich weiten; **el tema da mucho de** ~ es ist ein sehr umfangreiches Thema; **en** [*o* **de por**] ~ an sich; **estar fuera de** ~ außer sich *dat* sein; **hablar entre** ~ untereinander reden; **por** ~ per se; **mirar por** ~ egoistisch sein III. *m* Ja *nt;* **dar el** ~ Ja sagen; (*casamiento*) das Jawort geben; **tener el** ~ **de la madre** die Erlaubnis der Mutter haben; **no hay entre ellos ni un** ~ **ni un no** sie sind sich vollkommen einig

siamés, -esa [sja'mes, -esa] *adj* siamesisch; **gato** ~ Siamkatze *f*

sibarita [siβa'rita] I. *adj* genusssüchtig II. *mf* Genießer(in) *m(f)*

sibaritismo [siβari'tismo] *m sin pl* Genusssucht *f*

Siberia [si'βerja] *f* Sibirien *nt*

siberiano, -a [siβe'rjano, -a] I. *adj* sibirisch II. *m, f* Sibir(i)er(in) *m(f)*

sibilino, -a [siβi'lino, -a] *adj* geheimnisvoll

sicalíptico, -a [sika'liptiko, -a] *adj* obszön

sicario [si'karjo] *m* Killer *m*

Sicilia [si'θilja] *f* Sizilien *nt*

siciliano, -a [siθi'ljano, -a] I. *adj* sizilianisch II. *m, f* Sizilianer(in) *m(f)*

sicología [sikolo'xia] *f v.* **(p)sicología**

sicomoro [siko'moro] *m* (BOT) Maulbeerfeigenbaum *m*

sida, SIDA ['siða] *m abr de* **síndrome de inmunodeficiencia adquirida** Aids *nt*

sidecar [siðe'kar] *m* <sidecares> Beiwagen *m*

sideral [siðe'ral] *adj* siderisch; **espacio** ~ Weltraum *m*

siderometalurgia [siðerometa'lurxja] *f sin pl* Eisenmetallurgie *f*

siderurgia [siðe'rurxja] *f* Eisenindustrie *f*

siderúrgico, -a [siðe'rurxiko, -a] *adj* Eisen-; **productos** ~**s** Produkte der Eisenindustrie

sidoso, -a [si'ðoso, -a] I. *adj* Aids-; **enfermo** ~ Aidskranke(r) *m* II. *m, f* Aidskranke(r) *mf*

sidra ['siðra] *f* Apfelwein *m*

ⓘ Land & Leute

Die **sidra**, ein Apfelwein, ist das beliebteste Getränk in *Asturias*. Die leicht alkoholhaltige **sidra asturiana** verdankt ihren süß-säuerlichen Geschmack den unterschiedlichen bei der Herstellung verwendeten Apfelsorten.

sidrería [siðre'ria] *f* Weinstube *f* (, *in der ausschließlich Apfelwein verkauft wird*)

siega ['sjeɣa] *f* ❶ (*el segar*) Mähen *nt* ❷ (*tiempo*) Mähzeit *f* ❸ (*mieses*) Gemähte(s) *nt*

siembra ['sjembra] *f* ❶ (*el sembrar*) Aussaat *f* ❷ (*tiempo*) Saatzeit *f* ❸ (*terreno*) Saatfeld *nt*

siempre ['sjempre] *adv* immer; **de** ~ seit jeher; **a la hora de** ~ zur gewohnten Zeit; **una amistad de** ~ eine langjährige Freundschaft; **eso es así desde** ~ das war schon immer so; ~ **pasa lo mismo** es ist immer das Gleiche; **¡hasta** ~**!** leb(e) wohl!; **por** ~ auf ewig; **por** ~ **jamás** für immer und ewig; ~ [*o* **y cuando**] **que...** +*subj* vorausgesetzt, dass ...

sien [sjen] *f* Schläfe *f*

sierpe ['sjerpe] *f* ❶ (ZOOL) große Schlange *f*; **tener una lengua de** ~ (*fig*) eine böse Zunge haben ❷ (*persona feroz*) fürchterlicher Mensch *m*; (*colérica*) zorniger Mensch *m*; (*fea*) hässlicher Mensch *m*

sierra ['sjerra] *f* ❶ (*herramienta*) Säge *f*; ~ **continua** Bandsäge *f*; ~ **mecánica** Motorsäge *f* ❷ (*lugar*) Sägewerk *nt* ❸ (GEO) Gebirgskette *f*; ~ **de peñascos cortados** Kammgebirge *nt*

siervo, -a ['sjerβo, -a] *m, f* ❶ (*esclavo*) Sklave, -in *m, f* ❷ (*servidor*) Diener(in) *m(f)*

siesta ['sjesta] *f* ❶ (*descanso*) Mittagsschlaf *m;* (*pausa del mediodía*) Mittagsruhe *f;* **echar** [*o* **dormir**] **la** ~ einen Mittagsschlaf halten ❷ (*hora de calor*) Mittagshitze *f*

siete ['sjete] I. *adj inv* sieben; **comer por** ~ essen wie ein Scheunendrescher; **pícaro de** ~ **suelas** (*fam*) Erzgauner *m; v. t.* **ocho** II. *m* ❶ (*número*) Sieben *f; v. t.* **ocho**

❷ (*fam: rasgón*) Riss *m* ❸ (*carpintería*) Schraubstock *m* ❹ (*AmS, Méx: vulg: ano*) Arsch *m*

sietemesino, -a [sjeteme'sino, -a] **I.** *adj:* **niño** ~ Siebenmonatskind *nt* **II.** *m, f* ❶ (*prematuro*) Siebenmonatskind *nt* ❷ (*fam: chico presumido*) Milchbart *m*

sífilis ['sifilis] *f inv* (MED) Syphilis *f*

sifón [si'fon] *m* ❶ (*tubo*) Saugheber *m* ❷ (*tubería, botella*) Siphon *m* ❸ (*soda*) Soda(wasser) *nt*

siga ['siɣa] *f* (*Chil*) Verfolgung *f*

sigilar [sixi'lar] *vt* ❶ (*ocultar*) verheimlichen ❷ (*sellar*) versiegeln

sigilo [si'xilo] *m* ❶ (*discreción*) Verschwiegenheit *f;* ~ **profesional** (berufliche) Schweigepflicht *f* ❷ (*secreto*) Geheimnis *nt;* ~ **sacramental** Beichtgeheimnis *nt* ❸ (*sello*) Siegel *nt*

sigiloso, -a [sixi'loso, -a] *adj* verschwiegen

sigla ['siɣla] *f* ❶ (*letra inicial*) Anfangsbuchstabe *m* ❷ (*rótulo de siglas*) Akronym *nt;* ~ **de fabricante** Herstellerzeichen *nt*

siglo ['siɣlo] *m* Jahrhundert *nt;* **S~ de las Luces** Zeitalter der Aufklärung; **el ~ XX** das 20. Jahrhundert; **por los ~s de los ~s** bis in alle Ewigkeit; **hace un ~ que no te veo** ich habe dich (schon) seit einer Ewigkeit nicht mehr gesehen; **retirarse del ~** sich aus dem weltlichen Leben zurückziehen

sigma ['siɣma] *f* Sigma *nt*

signar [siɣ'nar] **I.** *vt* ❶ (*marcar*) abzeichnen ❷ (*firmar*) unterschreiben ❸ (REL) bekreuzen **II.** *vr:* ~ **se** sich bekreuzigen

signatario, -a [siɣna'tarjo, -a] **I.** *adj* unterzeichnend; **poder** ~ (JUR) Unterschriftsvollmacht *f* **II.** *m, f* Unterzeichner(in) *m(f)*

signatura [siɣna'tura] *f* ❶ (*firma*) Unterschrift *f* ❷ (TIPO) Signatur *f*

significación [siɣnifika'θjon] *f* Bedeutung *f*

significado [siɣnifi'kaðo] *m* Bedeutung *f*

significante [siɣnifi'kaɳte] **I.** *adj* bezeichnend **II.** *m* (LING) Signifikant *m*

significar [siɣnifi'kar] <c→qu> **I.** *vt, vi* bedeuten; **¿qué significa eso?** was soll das bedeuten? **II.** *vr:* ~ **se** sich auszeichnen (*por* durch + *akk*)

significativo, -a [siɣnifika'tiβo, -a] *adj* bezeichnend

signo ['siɣno] *m* ❶ (*señal, t.* LING, MAT) Zeichen *nt;* ~ **de enfermedad** Krankheitssymptom *nt;* ~ **de más/menos** Plus-/ Minuszeichen *nt;* ~ **de la multiplicación** Malzeichen *nt;* ~ **de puntuación** Satzzeichen *nt* ❷ (*escrito*) Schriftzeichen *nt* ❸ (ASTR) Sternzeichen *nt* ❹ (LIT: *destino*) Schicksal *nt*

siguiente [si'ɣjeɳte] **I.** *adj* folgende(r, s); **de la ~ manera** folgendermaßen **II.** *mf* Nächste(r) *mf;* **¡el ~!** der Nächste, bitte!

sij [six] *m* Sikh *m*

sílaba ['silaβa] *f* Silbe *f;* ~ **aguda** betonte Silbe; **de dos ~s** zweisilbig

silabear [silaβe'ar] *vi, vt* in einzelnen Silben aussprechen

silba ['silβa] *f* Auspfeifen *nt*

silbar [sil'βar] *vi, vt* ❶ (*chiflar*) pfeifen; (*serpiente*) zischen; (*sirena*) heulen ❷ (*abuchear*) auspfeifen

silbatina [silβa'tina] *f* (*AmS*) Auspfeifen *nt*

silbato [sil'βato] *m* Pfeife *f*

silbido [sil'βiðo] *m* Pfiff *m;* (*serpiente*) Zischen *nt;* (*sirena*) Geheul *nt;* (*viento*) Pfeifen *nt;* ~ **de los oídos** Ohrensausen *nt*

silbo ['silβo] *m* ❶ (*silbido*) Pfiff *m* ❷ (*voz, serpiente*) Zischen *nt;* (*viento*) Pfeifen *nt*

silenciador [sileɳθja'ðor] *m* Schalldämpfer *m*

silenciar [sileɳ'θjar] *vt* ❶ (*callar*) verschweigen ❷ (*hacer callar*) zum Schweigen bringen

silencio [si'leɳθjo] *m* ❶ (*falta de ruido*) Stille *f;* **¡~!** Ruhe! ❷ (*el callar*) Schweigen *nt;* **en ~** stillschweigend; **entregar algo al ~** (*fig*) über etw schweigen; **guardar ~ sobre algo** über etw Stillschweigen bewahren; **imponer ~** Schweigen gebieten; **pasar algo en ~** etw unerwähnt lassen; **reducir al ~** zum Schweigen bringen; **romper el ~** das Schweigen brechen ❸ (MÚS) Pause *f*

silencioso, -a [sileɳ'θjoso, -a] *adj* ❶ (*poco hablador*) schweigsam ❷ (*callado*) schweigend ❸ (*sin ruido*) still; (*motor*) geräuscharm

Silesia [si'lesja] *f* Schlesien *nt*

silesio, -a [si'lesjo, -a] **I.** *adj* schlesisch **II.** *m, f* Schlesier(in) *m(f)*

sílex ['sileʲs] *m inv* Feuerstein *m*

sílfide ['silfiðe] *f* Sylphide *f*

sílice ['siliθe] *m* (QUÍM) Kieselsäure *f*

silicona [sili'kona] *f* Silikon *nt*

silicosis [sili'kosis] *f inv* (MED) Silikose *f*

silla ['siʎa] *f* ❶ (*asiento, t.* REL) Stuhl *m;* ~ **de manos** Sänfte *f;* ~ **plegable** Klappstuhl *m;* ~ **de ruedas** Rollstuhl *m* ❷ (*montura*) Sattel *m*

sillín [si'ʎin] *m* Sattel *m*

sillón [si'ʎon] *m* (*butaca*) (Arm)sessel *m*

silo ['silo] *m* Silo *m o nt;* ~ **de granos** Getreidesilo *m o nt*

silogismo [silo'xismo] *m* Syllogismus *m*

silueta [si'lweta] *f* Silhouette *f;* **cuidar la ~** auf die Figur achten

silvestre [sil'βestre] *adj* wild

silvicultor(a) [silβiku|'tor(a)] *m(f)* ❶ (*que cultiva*) Forstwirtschaftler(in) *m(f)* ❷ (*científico*) Forstwissenschaftler(in) *m(f)*

silvicultura [silβiku|'tura] *f* ❶ (*cultivo*) Forstwirtschaft *f* ❷ (*ciencia*) Forstwissenschaft *f*

slma ['sima] *f* Erdspalte *f*

simbiosis [sim'bjosis] *f inv* (BIOL: *t. fig*) Symbiose *f*

simbólico, -a [sim'boliko, -a] *adj* symbolisch

simbolismo [simbo'lismo] *m* ❶ (*sistema, significado*) Symbolik *f* ❷ (ARTE, LIT) Symbolismus *m*

simbolización [simboliθa'θjon] *f* Symbolisierung *f*

simbolizar [simboli'θar] <z→c> *vt* symbolisieren

símbolo ['simbolo] *m* Symbol *nt*

simbología [simbolo'xia] *f sin pl* ❶ (*estudio*) Symbolkunde *f* ❷ (*sistema*) Symbolik *f*

simetría [sime'tria] *f* Symmetrie *f*

simétrico, -a [si'metriko, -a] *adj* symmetrisch

simiente [si'mjente] *f* Samen *m*

símil ['simil] I. *adj* ähnlich II. *m* Vergleich *m*

similar [simi'lar] *adj* ähnlich

similitud [simili'tuᵈ] *f* Ähnlichkeit *f*

simio ['simjo] *m* Affe *m*

simpatía [simpa'tia] *f* ❶ (*agrado*) Sympathie *f*; **sentir ~ por algo** etw *dat* wohlwollend gegenüberstehen; **tener ~ por alguien** für jdn Sympathie empfinden ❷ (*carácter*) sympathisches Wesen *nt*

simpático, -a [sim'patiko, -a] *adj* sympathisch

simpatizante [simpati'θante] *mf* Sympathisant(in) *m(f)*

simpatizar [simpati'θar] <z→c> *vi* sympathisieren

simple ['simple] <simplísimo *o* simplícisimo> I. *adj* ❶ (*sencillo*) einfach ❷ (*fácil*) leicht, einfach ❸ (*mero*) bloß; **a ~ vista** mit bloßem Auge ❹ (*mentecato*) einfältig II. *m* ❶ (*persona*) einfältige Person *f* ❷ (*tenis*) Einzel *nt*

simplemente [simple'mente] *adv* nur, schlicht und einfach

simpleza [sim'pleθa] *f* ❶ (*bobería*) Einfältigkeit *f* ❷ (*tontería*) Dummheit *f* ❸ (*insignificancia*) Kleinigkeit *f*

simplicidad [simpliθi'ðaᵈ] *f sin pl* ❶ (*sencillez*) Einfachheit *f* ❷ (*ingenuidad*) Naivität *f*

simplicísimo, -a [simpli'θisimo, -a] *adj superl de* **simple**

simplificación [simplifika'θjon] *f* ❶ (*hacer simple*) Vereinfachung *f* ❷ (MAT) Kürzen *nt*

simplificar [simplifi'kar] <c→qu> *vt* ❶ (*facilitar*) vereinfachen ❷ (MAT) kürzen

simplismo [sim'plismo] *m* grobe Vereinfachung *f*

simplón, -ona [sim'plon, -ona] I. *adj* (*fam*) einfältig II. *m, f* (*fam*) Einfaltspinsel *m*

simposio [sim'posjo] *m* Symposium *nt*

simulación [simula'θjon] *f* Vortäuschung *f*

simulacro [simu'lakro] *m* ❶ (*apariencia*) Trugbild *nt* ❷ (*acción simulada*) Übung *f*

simulador¹ [simula'ðor] *m* (TÉC) Simulator *m;* **~ de vuelo** (AERO) Flugsimulator *m*

simulador(a)² [simula'ðor(a)] *m(f)* Simulant(in) *m(f)*

simular [simu'lar] *vt* vortäuschen

simultanear [simultane'ar] *vt* gleichzeitig tun

simultaneidad [simultaneiˌ'ðaᵈ] *f sin pl* Gleichzeitigkeit *f*

simultáneo, -a [simul'taneo, -a] *adj* gleichzeitig; **interpretación simultánea** Simultandolmetschen *nt*

sin [sin] I. *prep* ohne **+akk**; **~ dormir** ohne zu schlafen; **~ querer** ungewollt; (*mala intención*) ohne Absicht; **~ más** ohne weiteres; **~ más ni más** mir nichts, dir nichts II. *adv:* **~ embargo** trotzdem

sinagoga [sina'yoya] *f* Synagoge *f*

sincerarse [sinθe'rarse] *vr* sich aussprechen (*ante* bei +*dat*)

sinceridad [sinθeri'ðaᵈ] *f* Aufrichtigkeit *f*; **con toda ~** in aller Offenheit

sincero, -a [sin'θero, -a] *adj* aufrichtig

síncope ['sinkope] *m* (LING, MED, MÚS) Synkope *f*

sincronía [sinkro'nia] *f sin pl* ❶ (*simultaneidad*) Gleichzeitigkeit *f* ❷ (LING) Synchronie *f*

sincrónico, -a [sin'kroniko, -a] *adj* synchron

sincronización [sinkroniθa'θjon] *f* Synchronisation *f;* **~ de semáforos** grüne Welle

sincronizador(a) [sinkroniθa'ðor(a)] *m(f)* Synchronsprecher(in) *m(f)*

sincronizar [sinkroni'θar] <z→c> *vt* synchronisieren

sindical [sindi'kal] *adj* Gewerkschafts-

sindicalismo [sindika'lismo] *m* ❶ (*movimiento*) Gewerkschaftsbewegung *f* ❷ (*doctrina*) Syndikalismus *m*

sindicalista [sindika'lista] I. *adj* (*sindical*) gewerkschaftlich II. *mf* (*miembro*) Gewerkschaft(l)er(in) *m(f)*

sindicar [sindi'kar] <c→qu> I. *vt* ❶ (*organizar*) gewerkschaftlich organisieren

S

❷ (*delatar*) verraten **❸** (*poner bajo sospecha*) verdächtigen **II.** *vr:* ~ **se** einer Gewerkschaft beitreten

sindicato [sindi'kato] *m* Gewerkschaft *f*

síndico ['sindiko] *m* **❶** (*administrador de la quiebra*) Konkursverwalter *m* **❷** (*representante*) gewählter Vertreter *m*

síndrome ['sindrome] *m* Syndrom *nt;* ~ **de abstinencia** Entzugserscheinungen *fpl*

sinergia [si'nerxja] *f* Synergie *f*

sinfín [sim'fin] *m* Unmenge *f* (*de* an/von +*dat, de* +*gen*)

sinfonía [simfo'nia] *f* Sinfonie *f*

sinfónico, -a [sim'foniko, -a] *adj:* **orquesta sinfónica** Sinfonieorchester *nt*

singladura [siŋgla'ðura] *f* **❶** (NÁUT: *jornada*) Schiffstagesreise *f* **❷** (NÁUT: *intervalo de veinticuatro horas*) Etmal *nt* **❸** (*rumbo*) Kurs *m*

singular [siŋgu'lar] **I.** *adj* **❶** (*único*) einzeln; **ejemplar** ~ Einzelexemplar *nt* **❷** (*excepcional*) einzigartig; **en** ~ insbesondere **II.** *m* (LING) Einzahl *f*; **¡habla en** ~! (*fig*) sprich nur für dich!

singularidad [siŋgulari'ðað] *f* **❶** (*unicidad*) Einmaligkeit *f* **❷** (*excepcionalidad*) Einzigartigkeit *f* **❸** (*distinción*) Besonderheit *f*

singularizar [siŋgulari'θar] <z→c> **I.** *vt* (*particularizar*) herausheben **II.** *vr:* ~ **se** sich hervorheben

singularmente [siŋgular'mente] *adv* besonders

siniestralidad [sinjestrali'ðað] *f* Unfallfrequenz *f;* ~ **laboral** Unfallquote am Arbeitsplatz

siniestro¹ [si'njestro] *m* (*accidente*) Unfall *m;* (*catástrofe*) Unglück *nt*

siniestro, -a² [si'njestro, -a] *adj* **❶** (*izquierdo*) linke(r, s); **a diestra y siniestra** kreuz und quer **❷** (*maligno*) böse **❸** (*funesto*) unheilvoll

sinnúmero [sin'numero] *m sin pl* Unzahl *f* (*de* an/von +*dat, de* +*gen*)

sino ['sino] **I.** *m* Schicksal *nt* **II.** *conj* **❶** (*al contrario*) sondern **❷** (*solamente*): **no espero** ~ **que me creas** ich hoffe nur, dass du mir glaubst **❸** (*excepto*) außer +*dat*

sínodo ['sinoðo] *m* **❶** (REL) Synode *f;* **santo** ~ Synod *m* **❷** (ASTR) Konjunktion *f*

sinonimia [sino'nimja] *f* (LING) Synonymie *f*

sinónimo¹ [si'nonimo] *m* Synonym *nt*

sinónimo, -a² [si'nonimo, -a] *adj* synonym

sinopsis [si'noβsis] *f inv* **❶** (*resumen*) Zusammenfassung *f* **❷** (*esquema*) Diagramm *nt*

sinóptico, -a [si'noptiko, -a] *adj* (*resumido*) zusammenfassend; (*esquemático*) schematisch

sinrazón [sinrra'θon] *f* Unrecht *nt*

sinsabor [sinsa'βor] *m* **❶** (*insipidez*) Fadheit *f* **❷** (*disgusto*) Verdruss *m*

sinsentido [sinsen'tiðo] *m* Unsinn *m*

sintáctico, -a [sin'taktiko, -a] *adj* syntaktisch

sintagmático, -a [sintaɣ'matiko, -a] *adj* (LING) syntagmatisch

sintaxis [sin'taʏsis] *f inv* Syntax *f*

síntesis ['sintesis] *f inv* Synthese *f*; **en** ~ kurzum

sintético, -a [sin'tetiko, -a] *adj* synthetisch

sintetizador [sinteti'θaðor] *m* (MÚS) Synthesizer *m*

sintetizar [sinteti'θar] <z→c> *vt* **❶** (QUÍM) synthetisieren **❷** (*resumir*) zusammenfassen

síntoma ['sintoma] *m* Symptom *nt*

sintomático, -a [sinto'matiko, -a] *adj* symptomatisch

sintomatología [sintomatolo'xia] *f* Symptomatik *f*

sintonía [sinto'nia] *f* **❶** (*adecuación*) Abstimmung *f* **❷** (*señal sonora*) Jingle *m* **❸** (*loc*): **estar en** ~ (**con alguien**) (mit jdm) auf der gleichen Wellenlänge liegen

sintonización [sintoniθa'θjon] *f* (ELEC, RADIO, TV) Abstimmung *f*

sintonizar [sintoni'θar] <z→c> **I.** *vt* abstimmen; ~ **una emisora** einen Sender einstellen **II.** *vi* übereinstimmen

sinuosidad [sinwosi'ðað] *f* **❶** (*curvación*) Krümmung *f* **❷** (*concavidad*) Einbuchtung *f*

sinuoso, -a [sinu'oso, -a] *adj* **❶** (*curvado*) kurvig **❷** (*montañoso*) bergig **❸** (*retorcido*) heimtückisch

sinusitis [sinu'sitis] *f inv* (MED) (Nasen)nebenhöhlenentzündung *f*

sinvergüenza [simber'ɣwenθa] **I.** *adj* unverschämt **II.** *mf* unverschämte Person *f*

sionismo [sjo'nismo] *m sin pl* Zionismus *m*

síquico, -a ['sikiko, -a] *adj v.* **(p)síquico**

siquiera [si'kjera] **I.** *adv* wenigstens; **ni** ~ nicht einmal **II.** *conj* +*subj* auch wenn

sirena [si'rena] *f* Sirene *f*

sirga ['sirɣa] *f* Schlepptau *nt*

Siria ['sirja] *f* Syrien *nt*

sirio, -a [si'rjo, -a] **I.** *adj* syrisch **II.** *m, f* Syr(i)er(in) *m(f)*

siroco [si'roko] *m* (METEO) Schirokko *m*

sirope [si'rope] *m* (*AmC, Col: jarabe*) Sirup *m*

sirviente [sir'βjente] *mf* (*criado*) Bediensteter(r) *mf;* (*servidor*) Diener(in) *m(f)*

sisa ['sisa] *f* **❶** (*corte*) (Arm)ausschnitt *m* **❷** (*dinero*) geklautes Geld *nt fam*

sisar [si'sar] *vt* ❶ (*cortar una sisa*) den (Arm)ausschnitt schneiden (in +*akk*) ❷ (*hurtar*) klauen *fam*

sisear [sise'ar] *vt* auszischen

siseo [si'seo] *m* Zischen *nt*

sisirisco [sisi'risko] *m* (*Méx*) ❶ (*ano*) After *m* ❷ (*miedo*) Angst *f*

sísmico, -a ['sismiko, -a] *adj* seismisch

sismo ['sismo] *m* Erdbeben *nt*

sismografía [sismoɣra'fia] *f* (GEO) Seismographie *f*

sismógrafo [sis'moɣrafo] *m* Seismograph *m*

sistema [sis'tema] *m* System *nt;* ~ **de alarma** Alarmanlage *f;* ~ **antibloqueo de frenos** (AUTO) Antiblockiersystem *nt;* ~ **operativo** (INFOR) Betriebssystem *nt;* ~ **periódico** (QUÍM) Periodensystem *nt;* ~ **planetario** (ASTR) Planetensystem *nt;* **por** ~ grundsätzlich

sistemática [siste'matika] *f* (*t.* BIOL) Systematik *f*

sistemático, -a [siste'matiko, -a] *adj* systematisch

sistematizar [sistemati'θar] <z→c> *vt* systematisieren

sístole ['sistole] *f* (LIT, MED) Systole *f*

sitial [si'tjal] *m* Ehrenstuhl *m*

sitiar [si'tjar] *vt* belagern; (*fig*) in die Enge treiben

sitio ['sitjo] *m* ❶ (*espacio*) Platz *m;* ~ **de veraneo** Urlaubsort *m;* **en cualquier** ~ irgendwo; **en ningún** ~ nirgends; **en todos los** ~**s** überall; **guardar el** ~ **a alguien** jdm einen Platz freihalten; **hacer** ~ Platz machen; **ocupar mucho** ~ viel Platz beanspruchen; **poner a alguien en su** ~ (*fig*) jdm den Kopf waschen; **quedarse en su** ~ (*fig*) auf der Stelle tot sein ❷ (MIL) Belagerung *f*

sito, -a ['sito, -a] *adj* gelegen

situación [sitwa'θjon] *f* ❶ (*ubicación*) Lage *f* ❷ (*estado*) Situation *f;* **estar en** ~ **desahogada** wohlhabend sein

situado, -a [situ'aðo, -a] *adj* gelegen; **estar** ~ liegen; **estar bien** ~ (*trabajo*) gut situiert sein

situar [situ'ar] <*1. pres:* sitúo> I. *vt* (*colocar*) stellen; (*emplazar*) platzieren II. *vr:* ~**se** ❶ (*ponerse en un lugar*) sich stellen ❷ (*abrirse paso*) eine gehobene Position erreichen ❸ (DEP) sich platzieren

siútico, -a [si'utiko, -a] *adj* (*Chil: fam*) ❶ (*de mal gusto*) kitschig ❷ (*de nuevo rico*) neureich

S.L. [ese'ele] *f* (ECON, JUR) *abr de* **Sociedad Limitada** GmbH *f*

slalom [es'lalon] *m* (DEP) Slalom *m*

SME [ese(e)me'e] *m abr de* **Sistema Monetario Europeo** EWS *nt*

smog [es'moɣ] *m sin pl* Smog *m;* ~ **electrónico** Elektrosmog *m*

so [so] I. *interj* brr! II. *prep* unter +*dat;* ~ **pena de...** sonst droht die Strafe, dass ...; ~ **pretexto de que...** unter dem Vorwand, dass ... III. *m* (*fam*): ¡~ **imbécil!** du Idiot!

SO [suðo'este] *abr de* **sudoeste** SW

soba ['soβa] *f* (*fam*) ❶ (*manoseo*) Fummelei *f* ❷ (*zurra*) Tracht *f* Prügel

sobaco [so'βako] *m* Achsel(höhle) *f*

sobado¹ [so'βaðo] *m* Schmalzgebäck *nt*

sobado, -a² [so'βaðo, -a] *adj* ❶ (*objetos*) abgenutzt ❷ (*papel*) abgegriffen ❸ (*tema*) abgedroschen

sobaquera [soβa'kera] *f* ❶ (*en vestidos*) nicht geschlossene Naht im Bereich der Achselhöhle ❷ (*refuerzo*) Stoffeinlage zur Verstärkung im Bereich der Achselhöhle ❸ (*protección contra el sudor*) Armblatt *nt*

sobaquina [soβa'kina] *f* Achselgeruch *m*

sobar [so'βar] *vt* ❶ (*manosear*) betasten ❷ (*ablandar*) durchkneten ❸ (*pegar*) prügeln ❹ (*molestar*) belästigen

soberanamente [soβerana'mente] *adv* (*extremadamente*) äußerst; **divertirse** ~ sich köstlich amüsieren

soberanía [soβera'nia] *f* ❶ (POL) Souveränität *f;* ~ **territorial** Gebietshoheit *f* ❷ (*majestad*) Erhabenheit *f*

soberano, -a [soβe'rano, -a] I. *adj* ❶ (POL) souverän ❷ (*excelente*) erhaben ❸ (*fam: enorme*) gewaltig II. *m, f* (*monarca*) Herrscher(in) *m(f);* (*príncipe*) Fürst(in) *m(f)*

soberbia [so'βerβja] *f* ❶ (*orgullo*) Hochmut *m* ❷ (*suntuosidad*) Pracht *f* ❸ (*ira*) Jähzorn *m*

soberbio, -a [so'βerβjo, -a] *adj* ❶ (*orgulloso*) hochmütig ❷ (*suntuoso*) prächtig ❸ (*fam: enorme*) gewaltig

sobón, -ona [so'βon, -ona] *adj* ❶ (*impertinente*) plump-vertraulich ❷ (*fam: vago*) arbeitsscheu

sobornar [soβor'nar] *vt* bestechen

soborno [so'βorno] *m* ❶ (*acción*) Bestechung *f* ❷ (*dinero*) Bestechungsgeld *nt;* (*regalo*) Bestechungsgeschenk *nt*

sobra ['soβra] *f* ❶ (*exceso*) Überfluss *m;* **de** ~ (*en abundancia*) im Überfluss; (*inútilmente*) überflüssig; **saber algo de** ~ etw nur zu gut wissen ❷ *pl* (*desperdicios*) Abfall *m;* (*restos*) Reste *mpl*

sobradamente [soβraða'mente] *adv* zur Genüge

sobradillo [soβra'ðiʎo] *m* Wetterdach *nt*

sobrado[1] [soˈβɾaðo] **I.** *m* Dachboden *m*
II. *adv* zur Genüge

sobrado, -a[2] [soˈβɾaðo, -a] *adj* ❶ (*demasiado*) übermäßig viel; **estar ~ de algo**
etw in Hülle und Fülle haben ❷ (*atrevido*)
kühn ❸ (*rico*) wohlhabend, vermögend

sobrante [soˈβɾante] **I.** *adj* ❶ (*que sobra*)
übrig; (COM, FIN) überschüssig ❷ (*de más*)
überflüssig **II.** *m* (*que sobra*) Übriggebliebene(s) *nt;* (*superávit*) Überschuss *m;*
(*saldo*) Saldo *m*

sobrar [soˈβɾar] *vi* ❶ (*quedar*) übrig bleiben; **nos sobra bastante tiempo** uns
bleibt noch genügend Zeit ❷ (*abundar*) zu
viel sein; **me sobran cinco kilos** ich habe
fünf Kilo zu viel; **aquí sobran las palabras** hier wäre jedes Wort zu viel ❸ (*estar
de más*) überflüssig sein; (*molestar*) stören; **creo que sobras aquí** ich glaube, du
bist hier fehl am Platz

sobre [ˈsoβɾe] **I.** *m* ❶ (*para una carta*)
(Brief)umschlag *m;* **~ monedero** Geldbrief
m; **~ de ventanilla** Fensterbriefumschlag
m; **un ~ de levadura** ein Päckchen Backpulver ❷ (*fam: cama*) Bett *nt;* **irse al ~** in
die Falle gehen **II.** *prep* ❶ (*local: encima
de*) auf +*dat;* (*por encima de*) über +*dat*
❷ (*poner, movimiento*) auf +*akk;* **deja el
periódico ~ la mesa** leg die Zeitung auf
den Tisch; **marchar ~ la ciudad** bis in die
Stadt vordringen ❸ (*cantidad aproximada*): **pesar ~ los cien kilos** (so) um die
hundert Kilo wiegen ❹ (*aproximación
temporal*): **llegar ~ las tres** (so) gegen
drei Uhr (an)kommen; **irse de vacaciones ~ el 20** (so) um den 20.(herum) in
Urlaub fahren ❺ (*tema, asunto*) über
+*akk;* **~ ello** darüber ❻ (*reiteración*) über
+*akk;* **le caía lágrima ~ lágrima** er/sie
war in Tränen aufgelöst ❼ (*además de*)
außer +*dat* ❽ (*vigilar*): **estar ~ alguien**
jdn kontrollieren ❾ (*superioridad*): **el
boxeador triunfó ~ su adversario** der
Boxer besiegte seinen Gegner; **destacar ~
alguien por su estatura** größer als jd sein
❿ (*porcentajes*) von +*dat;* **tres ~ cien**
drei von hundert ⓫ (FIN): **un préstamo ~
una casa** ein Darlehen auf ein Haus; **préstame cien euros ~ este anillo** leih mir
hundert Euro für diesen Ring

sobreabundancia [soβɾeaβunˈdanθja] *f*
Überfluss *m* (*de* an +*dat*)

sobreabundar [soβɾeaβunˈdar] *vi* im Überfluss vorhanden sein

sobrealimentación [soβɾealimentaˈθjon] *f*
Überernährung *f*

sobrealimentar [soβɾealimenˈtar] *vt* überernähren; (*animales*) überfüttern

sobrecama [soβɾeˈkama] *f* Tagesdecke *f*

sobrecarga [soβɾeˈkarɣa] *f* (*de peso*) Überbelastung *f;* (*de tareas*) Überlastung *f*

sobrecargar [soβɾeˈkarɣar] **I.** *vt* (*por peso*)
überladen; (*por esfuerzo*) überbeanspruchen **II.** *vr:* **~ se** sich übernehmen; **~ se de
trabajo** sich *dat* zu viel Arbeit aufbürden

sobrecargo [soβɾeˈkarɣo] *m* ❶ (*de precio*)
Mehrpreis *m*, Aufpreis *m* ❷ (NÁUT: *oficial*)
Ladungsoffizier *m*, Superkargo *m*

sobrecogedor(a) [soβɾekoxeˈðor(a)] *adj*
❶ (*sorprendente*) überraschend ❷ (*espantoso*) erschreckend

sobrecoger [soβɾeˈkoxer] **I.** *vt* ❶ (*sorprender*) überraschen ❷ (*espantar*) erschrecken **II.** *vr:* **~ se** ❶ (*asustarse*) sich erschrecken ❷ (*sorprenderse*) erstaunt sein

sobrecubierta [soβɾekuˈβjerta] *f* Überdecke *f;* (*de libro*) Schutzumschlag *m*

sobredicho, -a [soβɾeˈðitʃo, -a] *adj* oben
genannt

sobredimensionar [soβɾeðimensjoˈnar] *vt*
überdimensionieren

sobredorar [soβɾeðoˈrar] *vt* ❶ (*con oro*)
vergolden ❷ (*con palabras*) beschönigen

sobredosis [soβɾeˈðosis] *f inv* Überdosis *f*

sobreentender [soβɾe(e)ntenˈder]
<e→ie> **I.** *vt* ❶ (*adivinar*) zwischen den
Zeilen lesen; **de todo ello sobreentendemos que…** aus all(e)dem schließen wir,
dass … ❷ (*presuponer*) voraussetzen **II.** *vr:*
~ se (*ser evidente*) sich von selbst verstehen; **aquí queda sobreentendido que…**
(*implicado*) das impliziert hier gleichzeitig,
dass …

sobreesdrújulo, -a [soβɾe(e)sˈdruxulo, -a]
adj (*palabra*) auf der viertletzten Silbe
betont

sobreestimar [soβɾe(e)stiˈmar] *vt* überschätzen

sobreexceder [soβɾe(e)sθeˈðer] **I.** *vt* übertreffen **II.** *vr:* **~ se** ausschweifen

sobreexcitar [soβɾe(e)sθiˈtar] **I.** *vt*
(*órgano*) überreizen **II.** *vr:* **~ se** sich übermäßig aufregen

sobreexpuesto, -a [soβɾe(e)sˈpwesto, -a]
adj ❶ (FOTO) überbelichtet ❷ (*arriba mencionado*) oben genannt

sobrehilado [soβɾeiˈlaðo] *m* ❶ (*acción*)
Heften *nt* ❷ (*puntada*) Heftstich *m*

sobrehilar [soβɾeiˈlar] *vt* heften

sobrehumano, -a [soβɾeuˈmano, -a] *adj*
übermenschlich

sobrellevar [soβɾeʎeˈβar] *vt* ❶ (*aguantar*)
ertragen; **~ mal** schwer nehmen; **~ bien**
mit Fassung tragen ❷ (*peso*): **~ algo a alguien** jdm etw abnehmen

sobremanera [soβɾemaˈnera] *adv* außerordentlich

sobremesa [soβre'mesa] *f* ❶ (*mantel*) Tischtuch *nt* ❷ (*postre*) Nachtisch *m* ❸ (*loc*): **de ~** (*después*) nach dem Essen; **conversación de ~** Tischgespräch *nt;* **programa de ~** (TV) (Nach)mittagsprogramm *nt;* **estar de ~** nach dem Essen noch (gemütlich) bei Tisch sitzen

sobrenadar [soβrena'ðar] *vi* (auf der Oberfläche) schwimmen

sobrenatural [soβrenatu'ral] *adj* ❶ (*preternatural*) übernatürlich; **ciencias ~es** Okkultismus *m;* **la vida ~** das Leben nach dem Tod ❷ (*extraordinario*) unglaublich

sobrenombre [soβre'nombre] *m* ❶ (*calificativo*) Beiname *m* ❷ (*apodo*) Spitzname *m*

sobrentender [soβrenten'der] <e→ie> *vt, vr v.* **sobreentender**

sobreparto [soβre'parto] *m* Wochenbett *nt;* **dolores de ~** Nachwehen *fpl;* **morir de ~** im Wochenbett sterben

sobrepasar [soβrepa'sar] *vt* ❶ (*en cantidad*) übersteigen; (*límite*) überschreiten; **~ su ámbito de responsabilidades** seine Befugnisse überschreiten ❷ (*aventajar*) übertreffen; (*un récord, el mejor*) schlagen ❸ (*adelantar*) überholen

sobrepeso [soβre'peso] *m* Übergewicht *nt*

sobreponer [soβrepo'ner] *irr como* **poner** I. *vt* ❶ (*encima de algo*) obenauf legen, obenauf stellen; (*cubierta*) legen; (*funda*) überziehen; (*bordado*) aufsetzen; (*añadir*) hinzugeben ❷ (*en consideración/rango/ autoridad*) stellen (*a* über +*akk*); (*anteponer*) den Vorzug geben +*dat;* **~ a alguien a todos los demás** jdn über alle anderen stellen II. *vr:* **~ se** ❶ (*calmarse*) sich beherrschen ❷ (*al enemigo, a una enfermedad*) besiegen; (*al miedo, a un susto*) überwinden

sobreprecio [soβre'preθjo] *m* Aufpreis *m*

sobrepujar [soβrepu'xar] *vt* übertreffen (*en* in +*dat*)

sobresaliente [soβresa'ljente] I. *adj* ❶ (*excelente*) hervorragend ❷ (ENS: *nota*) sehr gut II. *m* (ENS: *nota*) Sehr gut *nt*

sobresalir [soβresa'lir] *irr como* **salir** *vi* ❶ (*por tamaño/estatura, t.* ARQUIT) herausragen (*de* aus +*dat*) ❷ (*distinguirse*) sich abheben (*entre/por/de* von +*dat*) ❸ (*ser excelente*) sich auszeichnen (*en* durch +*akk*)

sobresaltar [soβresal'tar] I. *vi* hervorstechen II. *vt* erschrecken III. *vr:* **~ se** (sich) erschrecken (*con/de* bei +*dat*)

sobresalto [soβre'salto] *m* (*susto*) Schrecken *m;* (*turbación*) Bestürzung *f;* **con ~**

bestürzt; **de ~** plötzlich

sobresdrújulo, -a [soβres'ðruxulo, -a] *adj v.* **sobreesdrújulo**

sobreseer [soβrese'er] *irr como* **leer** I. *vt* (JUR: *dejar*) einstellen; (*aplazar*) vertagen; (*interrumpir*) aussetzen II. *vi* verzichten (*de/en* auf +*akk*); **~ en los pagos** die Zahlungen einstellen

sobreseimiento [soβresei̯'mjento] *m* (JUR: *fin*) Einstellung *f;* (*aplazamiento*) Aufschub *m;* (*interrupción*) Aussetzung *f;* (*renuncia*) Verzicht *m* (*de/en* auf +*akk*)

sobrestante [soβres'tante] *m* (*capataz*) Polier *m;* **~ de turno** Vorarbeiter *m*

sobrestimar [soβresti'mar] *vt* überschätzen

sobresueldo [soβre'sweldo] *m* Gehaltszulage *f*

sobretasa [soβre'tasa] *f* (*suplemento*) Zuschlag *m;* **~ por retraso** Säumniszuschlag *m*

sobretodo [soβre'toðo] *m* (Über)mantel *m*

sobrevalorar [soβreβalo'rar] *vt* überbewerten

sobrevenir [soβreβe'nir] *irr como* **venir** *vi* (*epidemia*) (plötzlich) aufkommen; (*desgracia, guerra*) hereinbrechen; (*tormenta*) losbrechen

sobreviviente [soβreβi'βjente] *mf* Überlebende(r) *mf*

sobrevivir [soβreβi'βir] *vi* (*a acontecimientos/alguien*) überleben (*a* +*akk*); (*después de cierta fecha*) weiterleben; **pero ella sigue sobreviviendo en mi recuerdo** aber sie lebt in meiner Erinnerung fort

sobrevolar [soβreβo'lar] <o→ue> *vt* überfliegen

sobrexceder [soβresθe'ðer] *vt, vr v.* **sobreexceder**

sobrexcitar [soβresθi'tar] *vt, vr v.* **sobreexcitar**

sobriedad [soβrje'ða] *f sin pl* ❶ (*sin comer/beber*) Nüchternheit *f* ❷ (*moderación*) Genügsamkeit *f* ❸ (*prudencia*) Besonnenheit *f* ❹ (*estilo*) Schlichtheit *f*

sobrino, -a [so'βrino, -a] *m, f* Neffe *m*, Nichte *f*

sobrinonieto, -a [soβrino'njeto, -a] *m, f* Großneffe *m*, Großnichte *f*

sobrio, -a ['soβrjo, -a] *adj* ❶ (*en ayunas, no borracho*) nüchtern ❷ (*moderado*) genügsam ❸ (*prudente*) besonnen; **~ de palabras** wortkarg ❹ (*estilo*) nüchtern

socaire [so'kai̯re] *m* Windschatten *m;* **al ~** im Windschatten; **al ~ de** (*fig: protección*) im Schutz +*gen;* (*pretexto*) unter dem Vorwand +*gen;* **estar al ~** (*fam: vaguear*) herumlungern

socaliña [soka'liɲa] *f* (*astucia*) List *f*

S

socarrar [soka'rrar] **I.** *vt* leicht anbrennen; (*tela*) ansengen **II.** *vr:* ~ **se** anbrennen

socarrón, -ona [soka'rron, -ona] **I.** *adj* ➊ (*sarcástico*) spöttisch ➋ (*astuto*) durchtrieben **II.** *m, f* ➊ (*pícaro*) Schelm *m* ➋ (*taimado*) verschlagene Person *f*

socarronería [sokarrone'ria] *f* List *f,* Tücke *f*

socavar [soka'βar] *vt* untergraben

socavón [soka'βon] *m* ➊ (MIN) Stollen *m* ➋ (*en el suelo*) Schlagloch *nt*

sociabilidad [soθjaβili'ðað] *f sin pl* ➊ (*en la convivencia*) Geselligkeit *f;* (*afabilidad*) Gemeinschaftssinn *m* ➋ (*capacidad de comunicación*) Kontaktfreudigkeit *f* ➌ (*compañerismo*) Kameradschaftlichkeit *f*

sociable [so'θjaβle] *adj* ➊ (*tratable*) gesellig; (*que no discute*) verträglich ➋ (*comunicativo*) kontaktfreudig ➌ (*afable*) kameradschaftlich

social [so'θjal] *adj* ➊ (*relativo a la sociedad*) gesellschaftlich; (*a la convivencia*) sozial ➋ (*por parte del estado*): **asistencia** ~ Sozialhilfe *f;* **asistente** ~ Sozialarbeiter *m;* **Estado S~** Wohlfahrtsstaat *m* ➌ (JUR, ECON) gesellschaftlich, Gesellschafts-

socialcristiano, -a [soθjalkris'tjano, -a] *adj* christlich-sozial

socialdemocracia [soθjaldemo'kraθja] *f* (POL) Sozialdemokratie *f*

socialdemócrata [soθjalde'mokrata] **I.** *adj* sozialdemokratisch **II.** *mf* Sozialdemokrat(in) *m(f)*

socialismo [soθja'lismo] *m sin pl* Sozialismus *m*

socialista [soθja'lista] **I.** *adj* sozialistisch **II.** *mf* Sozialist(in) *m(f)*

socialización [soθjaliθa'θjon] *f* Verstaatlichung *f*

socializar [soθjali'θar] <z→c> *vt* verstaatlichen

sociedad [soθje'ðað] *f* ➊ (*población, humanidad*) Gesellschaft *f;* ~ **del bienestar** Wohlstandsgesellschaft *f* ➋ (*trato*) Gesellschaft *f;* **la** ~ **con la que tratas** der Umgang, den du hast ➌ (*empresa*) Gesellschaft *f;* ~ **anónima** Aktiengesellschaft *f;* ~ **mediática** Mediengesellschaft *f* ➍ (*asociación*) Verein *m;* **la S~ de Jesús** der Jesuitenorden ➎ (JUR): ~ **conyugal** Ehegemeinschaft *f* ➏ (*mundo elegante*) Gesellschaft *f;* **la buena** [*o* **alta**] ~ die Highsociety

socio, -a ['soθjo, -a] *m, f* ➊ (*de una asociación*) Mitglied *nt* ➋ (*en sociedad comercial*) Gesellschafter(in) *m(f);* ~ **comercial** Handelspartner *m* ➌ (*argot: compañero*) Kumpel *m*

sociocultural [soθjokul̩tu'ral] *adj* soziokulturell

socioeconómico, -a [soθjoeko'nomiko, -a] *adj* sozioökonomisch

sociolingüística [soθjoliŋ'gwistika] *f sin pl* (LING) Soziolinguistik *f*

sociología [soθjolo'xia] *f sin pl* Soziologie *f*

sociólogo, -a [so'θjoloγo, -a] *m, f* Soziologe, -in *m, f*

sociopolítico, -a [soθjopo'litiko, -a] *adj* gesellschaftspolitisch

socorrer [soko'rrer] *vt* helfen +*dat;* ~ **a alguien con algo** jdm mit etw *dat* aushelfen

socorrido, -a [soko'rriðo, -a] *adj* ➊ (*útil*) hilfreich ➋ (*que ayuda*) hilfsbereit ➌ (*comprobado*) (alt)bewährt ➍ (*común*) alltäglich; (*trillado*) abgedroschen

socorrismo [soko'rrismo] *m sin pl* Rettungsdienst *m*

socorrista [soko'rrista] *mf* (*de playas*) Rettungsschwimmer(in) *m(f);* (*en piscinas*) Bademeister(in) *m(f)*

socorro [so'korro] *m* ➊ (*ayuda*) Hilfe *f;* (*salvamento*) Rettung *f;* **pedir** ~ um Hilfe rufen ➋ (*dinero*) Vorschuss *m*

soda ['soða] *f* (*bebida*) Sodawasser *nt*

sodio ['soðjo] *m* Natrium *nt*

sodomizar [soðomi'θar] <z→c> *vi* sodomieren

soez [so'eθ] *adj* obszön

sofá [so'fa] <sofás> *m* Sofa *nt*

sofá-cama [so'fa-'kama] <sofás-cama> *m* Schlafsofa *nt*

sofisma [so'fisma] *m* Sophisma *nt*

sofisticado, -a [sofisti'kaðo, -a] *adj* ➊ (*afectado*) gekünstelt ➋ (TÉC) hoch entwickelt

sofisticar [sofisti'kar] <c→qu> *vt* ➊ (*falsificar*) verfälschen ➋ (*pey: refinar*) künstlich wirken lassen

soflama [so'flama] *f* ➊ (*llama*) kleine Flamme *f* ➋ (*discurso ardoroso*) Hetzrede *f* ➌ (*rubor*) Schamröte *f* ➍ (*zalamería*) Schöntuerei *f;* (*engaño*) Täuschung *f*

sofocación [sofoka'θjon] *f* ➊ (*ahogo*) Atemnot *f* ➋ (*calor*) Hitzewallung *f* ➌ (*bochorno*) Beschämung *f*

sofocado, -a [sofo'kaðo, -a] *adj:* **estar** ~ außer Atem sein

sofocante [sofo'kan̩te] *adj* ➊ (*asfixiante*) beklemmend; (*ambiente, aire*) stickig; **hace un calor** ~ es ist unerträglich schwül ➋ (*avergonzante*) beschämend

sofocar [sofo'kar] <c→qu> **I.** *vt* ➊ (*asfixiar*) ersticken ➋ (*impedir que progrese*) hemmen; (*fuego*) ersticken; (*revolución*) im Keim ersticken; (*epidemia*) unterdrücken ➌ (*avergonzar*) beschämen ➍ (*eno-*

jar) aufregen *fam* **II.** *vr:* ~**se** ❶ (*ahogarse*) keine Luft (mehr) bekommen ❷ (*sonrojar*) sich schämen ❸ (*excitarse*) sich aufregen; (*enojarse*) aufbrausen

sofoco [so'foko] *m* ❶ (*ahogo*) Atemnot *f;* (*después de un esfuerzo*) Kurzatmigkeit *f* ❷ (*excitación*) Aufregung *f* ❸ (*calor*) Hitzewallung *f*

sofocón [sofo'kon] *m* (*fam*) ❶ (*enojo*) (Riesen)ärger *m* ❷ (*excitación*) Wut *f*

sofreír [sofre'ir] *irr como reír vt* anbraten

sofrito [so'frito] *m* (GASTR) Soße aus in Öl angebratenen Zwiebeln oder Tomaten zum Würzen von Speisen

software ['sof'wer] *m sin pl* (INFOR) Software *f;* ~ **de dictado** Diktatsoftware *f;* ~ **de dominio público** Shareware *f;* ~ **de control remoto** Fernsteuerungssoftware *f*

soga ['soɣa] *f* Seil *nt;* **dar** ~ das Seil langsam laufen lassen; **dar** ~ **a alguien** (*fig*) jdn einfach reden lassen; (*burlarse*) sich über jdn lustig machen; **Pedro está con la** ~ **al cuello** (*fig*) Pedro steht das Wasser bis zum Hals

sois [soɪs] *2. pres pl de* **ser**

soja ['soxa] *f* (BOT) Soja *f,* **semilla de** ~ Sojabohne *f;* ~ **transgénica** Gensoja *f*

sojuzgar [soxuθ'ɣar] <g→gu> *vt* unterwerfen

sol [sol] *m* ❶ (*astro*) Sonne *f;* (*luz*) Sonnenschein *m;* **al** ~ **puesto** im Morgengrauen; **de** ~ **a** ~ von (früh)morgens bis (spät)abends; **día de** ~ sonniger Tag; **ponerse al** ~ (*tumbarse*) sich in die Sonne legen; (*sentarse*) sich in die Sonne setzen; **tomar el** ~ sich sonnen; **hoy hace** ~ heute scheint die Sonne; **no dejar a alguien ni a** ~ **ni a sombra** nicht von jds Seite weichen; **arrimarse al** ~ **que más calienta** (*fig*) ein Trittbrettfahrer sein ❷ (GASTR): ~ **y sombra** Mixgetränk aus Anis und Weinbrand ❸ (*moneda*) Sol *m* ❹ (*fam: alabanza*) Goldstück *nt* ❺ (MÚS) g, G *nt;* ~ **mayor** G-Dur *nt*

solamente [sola'mente] *adv* ❶ (*únicamente*) nur ❷ (*expresamente*) einzig und allein

solana [so'lana] *f* ❶ (*en edificios*) Südseite *f;* (*en montañas*) Südhang *m* ❷ (*galería*) Wintergarten *m*

solano [so'lano] *m* Ostwind *m*

solapa [so'lapa] *f* ❶ (*chaqueta*) Revers *nt o* *m* ❷ (*libro*) Klappe *f* ❸ (*pretexto*) Vorwand *m*

solapado, -a [sola'paðo, -a] *adj* arglistig

solapamiento [solapa'mjento] *m* ❶ (*solapo*) Überlappung *f* ❷ (*en las llagas*) Höhlung *f* (*in einer Wunde bei Tieren*)

solapar [sola'par] **I.** *vi* sich überlappen **II.** *vt* ❶ (*cubrir*) überlappen ❷ (*chaqueta, vestido*) umschlagen ❸ (*disimular*) vertuschen

solar [so'lar] **I.** *adj* Sonnen-; **plexo** ~ Solarplexus *m* **II.** *m* ❶ (*terreno*) Grundstück *nt;* ~ **para edificaciones** Baugrundstück *nt* ❷ (*casa*) Stammsitz *m* ❸ (*linaje*) Abstammung *f;* **venir del** ~ **de...** aus dem Hause der ... kommen ❹ (*AmC: patio*) Innenhof *m* **III.** *vt* <o→ue> ❶ (*pavimentar*) fliesen ❷ (*calzado*) besohlen

solariego, -a [sola'rjeɣo, -a] **I.** *adj* ❶ (*de linaje noble*) adelig ❷ (*propiedad*) Stamm-; **casa solariega** Stammsitz *m* **II.** *m, f* ❶ (*noble*) Gutsherr(in) *m(f)* ❷ (*propiedad*) Stammgut *nt*

solárium [so'lariun] *m* <solarios> Solarium *nt*

solaz [so'laθ] *m* ❶ (*recreo*) Erholung *f* ❷ (*esparcimiento*) Vergnügung *f*

solazar [sola'θar] <z→c> **I.** *vt* ❶ (*recrear*) erfrischen ❷ (*divertir*) erheitern; (*entretener*) zerstreuen **II.** *vr:* ~**se** ❶ (*recrearse*) sich erholen ❷ (*divertirse*) sich vergnügen; (*entretenerse*) sich zerstreuen

soldada [sol'daða] *f* (*salario*) Lohn *m;* (MIL) Sold *m*

soldado, -a [sol'daðo, -a] *m, f* ❶ (MIL) Soldat(in) *m(f)* ❷ (*defensor*) Befürworter(in) *m(f)*

soldador [solda'ðor] *m* Lötkolben *m*

soldadura [solda'ðura] *f* (TÉC) ❶ (*trabajo*) Schweißarbeit(en) *f(pl)* ❷ (*punto de unión*) Schweißnaht *f*

soldar [sol'dar] <o→ue> **I.** *vt* (*con metal fundido*) löten; (*unir*) zusammenlöten; (*sólo mediante el calor*) schweißen; (*unir*) verschweißen; (*con pegamento*) zusammenkleben **II.** *vr:* ~**se** (*herida*) verheilen; (*huesos*) zusammenwachsen

soleado, -a [sole'aðo, -a] *adj* sonnig

solear [sole'ar] **I.** *vt* in die Sonne legen/stellen; (*blanquear*) bleichen **II.** *vr:* ~**se** sich sonnen

soledad [sole'ðað] *f* Einsamkeit *f*

solemne [so'lemne] *adj* ❶ (*ceremonioso*) feierlich; **discurso** ~ Festrede *f* ❷ (*mentira*) ungeheuer; (*error*) gewaltig

solemnidad [solemni'ðað] *f* ❶ (*cualidad*)

Feierlichkeit *f* ② (REL: *festividad*) Fest *nt* ③ *pl* (*formalidades*) Förmlichkeiten *fpl*

solemnizar [solemni'θar] <z→c> *vt* feierlich begehen

soler [so'ler] <o→ue> *vi:* ~ **hacer** gewöhnlich tun; **en España se suelen celebrar los santos** in Spanien ist es üblich, den Namenstag zu feiern; **suele ocurrir que...** es kommt oft vor, dass ...

solera [so'lera] *f* ① (*puntal*) Stützbalken *m* ② (*del molino*) Mühlstein *m* ③ (*del vino*) Bodensatz *m* ④ (*abolengo*) Tradition *f*; **un país de** ~ **celta** ein Land mit keltischer Tradition; **con mucha** ~ traditionsreich

solfa ['solfa] *f* ① (MÚS: *signos*) Noten *fpl*; (*arte de solfear*) Solfeggieren *nt*; (*melodía*) Melodie *f*; **estar** (*escrito*) **en** ~ völlig unleserlich sein ② (*fam: zurra*) Tracht *f* Prügel ③ (*loc*): **poner algo en** ~ (*ridiculizar*) etw lächerlich machen; (*con arte y orden*) etw sehr ordentlich machen

solfear [solfe'ar] *vt* ① (MÚS) solfeggieren ② (*pegar*) verprügeln ③ (*fam: reprender*) anmotzen

solfeo [sol'feo] *m* ① (MÚS: *acción*) Solfeggieren *nt*; (*fragmento*) Solfeggio *nt* ② (*fam: zurra*) Tracht *f* Prügel

solicitación [soliθita'θjon] *f* ① (*petición*) Bitte *f* ② (*para un trabajo*) Bewerbung *f*

solicitante [soliθi'tante] *mf* ① (*de una petición*) Antragsteller(in) *m(f)*; ~ **de asilo** Asylbewerber(in) *m(f)* ② (*para un trabajo*) Bewerber(in) *m(f)*

solicitar [soliθi'tar] *vt* ① (*pedir*) bitten (um +*akk*); (*gestionar*) beantragen; (*un trabajo*) sich bewerben (um +*akk*); ~ **un médico** nach einem Arzt verlangen ② (*compañía, amor, atención*) werben (um +*akk*); ~ **la mano de una mujer** um die Hand einer Frau anhalten; **te solicitan en todas partes** du bist heiß begehrt

solícito, -a [so'liθito, -a] *adj* (*diligente*) fleißig; (*cuidadoso*) sorgfältig

solicitud [soliθi'tuð] *f* ① (*diligencia*) Fleiß *m*; (*cuidado*) Gewissenhaftigkeit *f* ② (*petición*) Bitte *f*; (*formal*) Antrag *m*; ~ **de empleo** Bewerbung *f*

solidaridad [soliðari'ðað] *f sin pl* Solidarität *f*; **por** ~ **con** aus Solidarität mit +*dat*

solidario, -a [soli'ðarjo, -a] *adj* solidarisch; **hacerse** ~ **de alguien** für jdn eintreten

solidarizarse [soliðari'θarse] <z→c> *vr* sich solidarisieren; **me solidarizo con tu opinión** ich teile deine Meinung

solidez [soli'ðeθ] *f* Festigkeit *f*; (*estabilidad*) Haltbarkeit *f*

solidificación [soliðifika'θjon] *f* (FÍS) Verfestigung *f*

solidificar [soliðifi'kar] <c→qu> I. *vt* fest werden lassen; (*fig*) festigen II. *vr:* ~ **se** sich verfestigen

sólido¹ ['soliðo] *m* ① (FÍS) fester Körper *m* ② (*geometría*) Körper *m*

sólido, -a² ['soliðo, -a] *adj* (*t.* FÍS) fest; (*material, construcción*) stabil; (*colores*) farbecht; (*ingreso*) sicher; (*precios*) stabil; (*voz*) nachdrücklich

soliloquio [soli'lokjo] *m* Selbstgespräch *nt*; (TEAT) Monolog *m*

solio ['soljo] *m* Thron *m*; ~ **pontífico** Papsttum *nt*

solista [so'lista] *mf* Solist(in) *m(f)*

solitaria [soli'tarja] *f* Bandwurm *m*

solitario¹ [soli'tarjo] *m* ① (*diamante*) Solitär *m* ② (*cartas*) Patience *f*

solitario, -a² [soli'tarjo, -a] I. *adj* ① (*sin compañía*) allein; (*abandonado*) einsam; **en** ~ im Alleingang ② (*lugar*) einsam II. *m, f* Einsiedler(in) *m(f)*

soliviantar [soliβjan'tar] *vt* ① (*incitar*) aufwiegeln ② (*enojar*) verärgern ③ (*encandilar*) Flausen in den Kopf setzen +*dat* ④ (*inquietar*) aufregen; **los celos le tienen soliviantado** er ist krank vor Eifersucht

sollozar [soʎo'θar] <z→c> *vi* schluchzen

sollozo [so'ʎoθo] *m* Schluchzen *nt*

solo¹ ['solo] *m* ① (*baile, t.* MÚS) Solo *nt* ② (*cartas*) Patience *f*

solo, -a² ['solo, -a] *adj* ① (*sin compañía*) allein; (*sin familia*) allein stehend; (*abandonado*) einsam; **a solas** ganz allein; **por sí** ~ von selber; **lo hace como ella sola** sie macht es wie nur sie allein es kann ② (*único*) einzig; **ni una sola vez** nicht ein einziges Mal ③ (*sin añadir nada*) allein; (*café*) schwarz; **comer el pan** ~ das Brot ohne Aufstrich essen

sólo ['solo] *adv* ① (*únicamente*) nur; ~ **que...** es ist nur so, dass ...; **tan** ~ wenigstens; **aunque** ~ **sean 10 minutos de deporte al día...** (auch) mit nur 10 Minuten Sport am Tag ... ② (*expresamente*) einzig und allein

solomillo [solo'miʎo] *m* Filet *nt*

solsticio [sols'tiθjo] *m* Sonnenwende *f*

soltar [sol'tar] *irr* I. *vt* ① (*dejar de sujetar*) loslassen; (*liberar*) freilassen; (*dejar caer*) fallen lassen ② (*nudo*) lösen; (*quitar las ligaduras*) losbinden ③ (*para independizarse*) loslassen ④ (*expresión, grito*) loslassen; (*tacos*) ausstoßen; ~ **una carcajada** laut loslachen ⑤ (*paliza*) verpassen; (*tiro*) abfeuern; ~ **una bofetada a alguien** jdm eine runterhauen ⑥ (*puesto*) aufgeben ⑦ (*lágrimas*) vergießen ⑧ (AUTO: *embrague*) kommen lassen; (*frenos*) lösen; (*cinturón*) abschnallen ⑨ (*gases*): ~ **un pedo** (*fam*) einen Fahren lassen ⑩ (*fam: dinero*) ausgeben; ~ **la mosca** ein paar Kröten springen lassen **II.** *vr:* ~**se** ① (*liberarse*) sich befreien; (*de unas ataduras*) sich losmachen; ~**se de la mano** sich von der Hand losreißen ② (*un nudo/lazo/tiro*) sich lösen ③ (*al hablar*) sich gehenlassen; (*una palabra, expresión*) herausrutschen; **se me soltó la lengua** ich redete zu viel ④ (*desenvoltura*) sicher werden; ~**se a hacer algo** allmählich anfangen etw zu tun ⑤ (*para independizarse*) sich lösen

soltería [sol̦teˈria] *f* Ledigenstand *m*, Ehelosigkeit *f*

soltero, -a [solˈtero, -a] **I.** *adj* ledig **II.** *m, f* Junggeselle, -in *m, f;* **apellido de soltera** Mädchenname *m;* **de solteras solíamos salir mucho** als wir noch unverheiratet waren, gingen wir viel aus

solterón, -ona [sol̦teˈron, -ona] *m, f* alter Junggeselle *m,* alte Junggesellin *f;* (*pey: mujer*) alte Jungfer *f*

soltura [solˈtura] *f* Gewandtheit *f;* (*de forma relajada*) Ungezwungenheit *f;* (*al hablar*) Redegewandtheit *f*

solubilidad [soluβiliˈðaθ] *f* Löslichkeit *f*

soluble [soˈluβle] *adj* ① (*líquido*) löslich; ~ **en agua** wasserlöslich ② (*problema*) lösbar

solución [soluˈθjon] *f* ① (*líquido*) Lösung *f;* ~ **anticongelante** Frostschutzmittel *nt* ② (*de un problema*) Lösung *f;* **no tener** ~ unlösbar sein; (*situación*) ausweglos sein; **no hay más** ~ man kann nichts weiter tun ③ (*interrupción*): ~ **de continuidad** Unterbrechung *f*

solucionar [soluθjoˈnar] *vt* lösen

solvencia [solˈβenθja] *f* ① (FIN) Zahlungsfähigkeit *f* ② (*responsabilidad*) Vertrauenswürdigkeit *f;* ~ **moral** Charakter *m;* **de toda** ~ **moral** hochanständig

solventar [solβenˈtar] *vt* ① (*problema*) lösen; (*asunto*) erledigen; (*desavenencia*) beilegen ② (*deuda, cuenta*) begleichen

solvente [solˈβente] **I.** *adj* ① (FIN) zahlungsfähig ② (*sin deudas*) schuldenfrei ③ (*reputación*) redlich **II.** *m* (QUÍM) Lösungsmittel *nt*

somalí [somaˈli] <somalíes> *mf* Somalier(in) *m(f)*

somatizar [somatiˈθar] <z→c> *vt* (PSICO) somatisieren

sombra [ˈsombra] *f* ① (*proyección*) Schatten *m;* ~**s chinescas** Schattentheater *nt;* ~ **de ojos** (*producto cosmético*) Lidschatten *m;* **hacer** ~ Schatten werfen; **hacer** ~ **a al-**guien (*fig*) jdn in den Schatten stellen; **dar** (**una**) **buena** ~ viel Schatten spenden; **sentarse a la** ~ **de un árbol** sich in den Schatten eines Baumes setzen; **quita de ahí que me haces** ~ verschwinde da, du stehst mir in der Sonne; **esta persona se ha convertido en mi** ~ diese Person verfolgt mich überallhin; **no ver más que** ~**s a su alrededor** immer nur schwarz sehen; **no fiarse ni de su** (**propia**) ~ niemandem über den Weg trauen; **no es** ~ **de lo que era** er/sie ist nur noch der Schatten seiner/ihrer selbst ② *pl* (*oscuridad*) Dunkelheit *f* ③ (*clandestinidad*): **trabajar en la** ~ schwarzarbeiten ④ (ARTE) Schattierung *f* ⑤ (*cantidad mínima*) Schimmer *m;* **esto no tiene la más mínima** ~ **de verdad** da ist absolut nichts Wahres dran; **una** ~ **de tristeza** ein Anflug von Traurigkeit ⑥ (*de un difunto*) Geist *m* ⑦ (*defecto*) dunkler Fleck *m* ⑧ (*fam: carcel*): **a la** ~ im Knast; **poner a la** ~ einlochen ⑨ (*loc*): **ni por** ~ nicht im Traum; **adiós, ¡y vete por la** ~! (*fam*) tschüs, und pass auf dich auf!; **tener buena** ~ (*tener chiste*) geistreich sein; (*ser simpático*) sympathisch sein; (*tener suerte*) Glück haben; **tener mala** ~ (*tener mala suerte*) ein Pechvogel sein; (*ser antipático*) unsympathisch sein

sombreado [sombreˈaðo] *m* Schattierung *f*

sombrear [sombreˈar] *vt* ① (*dar sombra*) Schatten werfen (auf +*akk*); (*a alguien*) Schatten spenden +*dat;* ~ **los ojos** Lidschatten auftragen ② (ARTE) schattieren

sombrerería [sombrereˈria] *f* ① (*venta*) Hutgeschäft *nt* ② (*fabricación*) Hutmacherei *f*

sombrero [somˈbrero] *m* (*prenda, t.* BOT) Hut *m;* ~ **de copa** Zylinder *m;* **quitarse el** ~ **ante algo** den Hut vor etw *dat* ziehen

sombrilla [somˈbriʎa] *f* Sonnenschirm *m*

sombrío, -a [somˈbrio, -a] *adj* ① (*en la sombra*) schattig; (*oscuro*) dunkel ② (*triste*) düster; (*pesimista*) schwermütig

somero, -a [soˈmero, -a] *adj* ① (*aguas*) seicht ② (*superficial*) oberflächlich; (*vago*) vage

someter [someˈter] **I.** *vt* ① (*dominar*) unterwerfen; (*subyugar*) unterjochen; ~ **la voluntad** den Willen brechen ② (*a una acción/un tratamiento*) unterziehen (*a* +*dat*); (*a efectos*) aussetzen (*a* +*dat*) ③ (*plano, proyecto, ideas, oferta*) unterbreiten +*dat* ④ (*encomendar*) unterbreiten; **el asunto es sometido a los Tribunales** das Gericht hat über die Angelegenheit zu befinden ⑤ (*subordinar*) unterordnen; **todo está sometido a tu decisión** alles

hängt von deiner Entscheidung ab **II.** *vr:*
~ **se** ❶ (*en una lucha*) sich ergeben ❷ (*a
una acción/un tratamiento*) sich unterziehen (*a + dat*) ❸ (*a una decisión/opinión*)
sich beugen (*a + dat*); ~ **se a las órdenes/
a la voluntad de alguien** sich jds Anord-
nungen/Willen fügen
somier [so'mjer] <somieres> *m* (*de la
cama*) (Sprungfeder)rahmen *m*
somnífero[1] [som'nifero] *m* Schlafmittel *nt*
somnífero, -a[2] [som'nifero, -a] *adj* einschläfernd
somnolencia [somno'lenθja] *f* (*sueño*)
Schläfrigkeit *f*
somnoliento, -a [somno'ljento, -a] *adj*
(*con sueño*) schläfrig; (*al despertarse*) verschlafen
somos ['somos] *1. pres pl de* ser
son [son] **I.** *m* ❶ (*sonido*) Klang *m;* **bailar
al ~ de una guitarra** zum Klang einer
Gitarre tanzen ❷ (*rumor, voz*) Gerücht *nt;*
corre el ~ de que... es geht das Gerücht
um, dass ... ❸ (*loc*): ¿**a ~ de qué?, ¿a qué
~?** warum?; **bailar al ~ que le tocan**
(*fam*) nach der Pfeife anderer tanzen;
hacer algo a su ~ etw auf seine Art
machen; **venir en ~ de paz** in friedlicher
Absicht kommen; **en ~ de broma** als
Witz; **sin ~** grundlos; **sin ton ni ~** völlig
grundlos; **hablar sin ton ni ~** zusammen-
hangloses Zeug reden **II.** *3. pres pl de* ser
sonado, -a [so'naðo, -a] *adj* ❶ (*corriente*)
geläufig; (*famoso*) bekannt; (*escandaloso*)
Aufsehen erregend; (*sensacional*) sensationell ❷ (*loc, fam*): **estar ~** nicht richtig
ticken
sonajero [sona'xero] *m* Rassel *f*
sonambulismo [sonambu'lismo] *m sin pl*
Schlafwandeln *nt*
sonámbulo, -a [so'nambulo, -a] **I.** *adj*
schlafwandlerisch **II.** *m, f* Schlafwand-
ler(in) *m(f)*
sonante [so'nante] *adj:* **dinero contante y
~** Bargeld *nt*
sonar [so'nar] <o→ue> **I.** *vi* ❶ (*hacer
ruido: timbre, teléfono*) klingeln; (*campanas*) läuten; (*instrumento*) erklingen; **me
suenan las tripas** mir knurrt der Magen
❷ (*tener cierto sonido, parecerse, t.* LING,
MÚS) klingen; ~ **a algo** wie etw klingen; ~
a hueco hohl klingen; **esto me suena** das
kommt mir bekannt vor; (**tal y**) **como
suena** (*lo digo*) genauso, wie ich es sage
❸ (*loc*): **lo que sea ~á** was geschehen
muss, das soll geschehen **II.** *vt* ❶ (*instrumento*) spielen ❷ (*la nariz*) schnäuzen;
~ **le la nariz a un niño** einem Kind die
Nase putzen **III.** *vr:* ~ **se** sich schnäuzen

IV. *vimpers:* (**se**) **suena que...** es heißt,
dass ...
sonata [so'nata] *f* Sonate *f*
sonda ['sonda] *f* ❶ (*acción*) Sondieren *nt*
❷ (*catéter*) Sonde *f* ❸ (NÁUT) Lot *nt;* ~
acústica Echolot *nt*
sondar [son'dar] *vt* ❶ (MED) sondieren
❷ (NÁUT) (aus)loten ❸ (*explorar*) erkunden
sondear [sonde'ar] *vt* ❶ (MIN) Probeboh-
rungen machen (von + *dat*) ❷ (*fam: intención*) unter die Lupe nehmen
sondeo [son'deo] *m* ❶ (MED) Sondierung *f*
❷ (MIN) (Probe)bohrungen *fpl* ❸ (NÁUT)
(Aus)loten *nt* ❹ (*averiguación*) Erforschung *f;* ~ **de mercado** (ECON) Marktforschung *f*
soneto [so'neto] *m* Sonett *nt*
songa-songa ['soŋga-'soŋga] (*AmC, Chil,
Ecua*): **a la ~** klammheimlich
songo, -a ['soŋgo, -a] *adj* (*Col, Méx*)
❶ (*tonto*) blöd ❷ (*taimado*) hinterlistig
sonido [so'niðo] *m* ❶ (*ruido*) Ton *m*
❷ (*manera de sonar, t.* MÚS) Klang *m*
❸ (*fonema*) Laut *m* ❹ (FÍS) Schall *m* ❺ (RA-
DIO) Ton *m;* ~ **estereofónico** Stereoton *m*
sonoridad [sonori'ðað] *f* ❶ (*características,
t.* MÚS) Klang *m;* (*agradable*) Wohlklang *m*
❷ (LING) Stimmhaftigkeit *f*
sonorización [sonoriθa'θjon] *f* (*t.* CINE)
Vertonung *f*
sonorizar [sonori'θar] <z→c> *vt* ❶ (CINE)
vertonen ❷ (LING) stimmhaft aussprechen
sonoro, -a [so'noro, -a] *adj* ❶ (*que puede
sonar*) klingend; (*acústico*) akustisch;
(*bóveda*) (wider)hallend ❷ (*fuerte*) laut;
(*agradable*) wohlklingend; **una voz
sonora/poco sonora** eine kräftige/leise
Stimme ❸ (LING) stimmhaft ❹ (FÍS) Schall-
❺ (CINE): **banda sonora** Soundtrack *m;*
película sonora Tonfilm *m*
sonreír [sonre'ir] *irr como* reír **I.** *vi, vr:* ~ **se**
(*reír levemente*) lächeln; (*fugazmente*)
schmunzeln; ~ **a alguien** jdn anlächeln; ~
maliciosamente grinsen; ~ **de felicidad**
vor Glück strahlen **II.** *vi* (*la vida, la suerte*)
lachen; **le sonríe la fortuna** das Glück ist
auf seiner/ihrer Seite
sonriente [son'rrjente] *adj* ❶ (*sonrién-
dose*) lächelnd ❷ (*contentísimo*) strahlend, heiter, fröhlich
sonrisa [son'rrisa] *f* (*leve*) Lächeln *nt;*
(*fugaz*) Schmunzeln *nt;* (*maliciosa*) Grinsen *nt*
sonrojar [sonrro'xar] **I.** *vt* erröten lassen
II. *vr:* ~ **se** erröten
sonrojo [son'rroxo] *m* ❶ (*acción*) Erröten
nt ❷ (*rubor*) Schamröte *f* ❸ (*causa*)
Beschämung *f*

sonrosado, -a [sonrro'saðo, -a] *adj* ❶ (*de color rosa*) rosig ❷ (*mejillas*) rotbackig

sonrosar [sonrro'sar] **I.** *vt* rot werden lassen **II.** *vr:* ~ **se** rot werden

sonsacar [sonsa'kar] <c→qu> *vt* ❶ (*indagar*) herausbekommen (*a* aus +*dat*); (*secreto*) entlocken ❷ (*empleado*) abwerben

sonsear [sonse'ar] *vi* (*CSur: tontear*) blödeln

sonso, -a ['sonso, -a] *m, f* (*CSur: tonto*) Dumme(r) *mf*

sonsonete [sonso'nete] *m* ❶ (*golpecitos*) Klopfen *nt;* (*lluvia*) Prasseln *nt* ❷ (*de mofa*) spöttischer Unterton *m* ❸ (*monotonía*) Leiern *nt*

soñado, -a [so'ɲaðo, -a] *adj* (*con que se sueña*) erträumt; **el hombre** ~ der Traummann

soñador(a) [soɲa'ðor(a)] **I.** *adj* träumerisch **II.** *m(f)* Träumer(in) *m(f)*

soñar [so'ɲar] <o→ue> *vi, vt* träumen (*con* von +*dat*); ~ **despierto** tagträumen; **¡ni ~ lo!** nie im Leben!; **siempre he soñado con ser médico** mein Traum war schon immer, Arzt zu werden; **sueño con volver a verte** ich wünsche mir sehnlichst dich wieder zu sehen

soñolencia [soɲo'lenθja] *f* ❶ (*sueño*) Schläfrigkeit *f;* (*al despertarse*) Benommenheit *f* ❷ (MED) Somnolenz *f*

soñoliento, -a [soɲo'ljento, -a] *adj* schläfrig

sopa ['sopa] *f* ❶ (*caldo*) Suppe *f* ❷ *pl* (*pan*) eingetunktes Brot *nt* ❸ (*loc, pan*): **comer la** [o **andar a la**] ~ **boba** auf Kosten anderer leben; **estar** ~ sehr erkältet sein; **como una** ~, **hecho una** ~ (*mojado*) völlig durchnässt; **poner a alguien como la** ~ **de Pascua** jdm ordentlich die Leviten lesen; **ver hasta en la** ~ ständig und überall antreffen; **ése os da** ~**s con honda a todos vosotros** der steckt euch alle in die Tasche

sopapo [so'papo] *m* ❶ (*puñetazo*) Fausthieb *m* ❷ (*fam: bofetada*) Ohrfeige *f;* **te voy a dar un** ~ ich knall dir gleich eine!

sopera [so'pera] *f* Suppenschüssel *f*

sopero, -a [so'pero, -a] **I.** *adj* Suppen-; **ser muy** ~ sehr gerne Suppe essen **II.** *m, f* Suppenfreund *m*

sopesar [sope'sar] *vt* (in der Hand) wiegen; (*fig*) abwägen

sopetón [sope'ton] *m* Schlag *m;* **de** ~ völlig unvermittelt

soplagaitas [sopla'ɣaitas] *m inv* (*fam*) Blödmann *m*

soplar [so'plar] **I.** *vi* blasen; (*viento*) wehen; (*poco viento*) gehen; **¡sopla!** sag bloß!

II. *vt* ❶ (*con la boca*) blasen; (*apartar*) wegblasen; (*velas*) ausblasen; (*hinchar*) aufblasen; (*fuego*) anfachen; **soplado a boca** mundgeblasen ❷ (*en un examen*) vorsagen; (TEAT) soufflieren ❸ (*delatar*) verraten; (*entre alumnos*) verpetzen ❹ (*fam: hurtar*) klauen; (*cobrar*) abknöpfen ❺ (*golpe*) verpassen ❻ (*loc*): **hoy no te sopla la musa** heute wirst du nicht von der Muse geküsst **III.** *vr:* ~ **se** (*fam*) ❶ (*comer*) verdrücken; (*beber*) hinunterstürzen ❷ (*engreírse*) sich aufblasen

soplete [so'plete] *m* Gebläse *nt;* ~ **soldador** Schweißbrenner *m*

soplo ['soplo] *m* ❶ (*acción*) Blasen *nt;* **apagar las velas de un** ~ alle Kerzen auf einmal ausblasen ❷ (*viento leve*) Hauch *m;* ~ **de viento** Windstoß *m* ❸ (*tiempo*): **como un** ~ in Windeseile ❹ (*denuncia*) Hinweis *m* ❺ (*sonido*) Pfeifen *nt*

soplón, -ona [so'plon, -ona] *m, f* Verräter(in) *m(f);* (*entre alumnos*) Petze *f*

soponcio [so'ponθjo] *m* ❶ (*desmayo*) Ohnmacht *f* ❷ (*mareo*) Schwindelanfall *m*

sopor [so'por] *m* Schläfrigkeit *f;* (MED) Sopor *m*

soporífero¹ [sopo'rifero] *m* Schlafmittel *nt*

soporífero, -a² [sopo'rifero, -a] *adj* ❶ (*que da sueño*) einschläfernd; (*té*) schlaffördernd ❷ (*aburrido*) langweilig

soportable [sopor'taβle] *adj* erträglich

soportal [sopor'tal] *m* ❶ (*entrada*) überdachter (Haus)eingang *m* ❷ (*porche*) Säulengang *m*

soportar [sopor'tar] *vt* ❶ (*sostener*) halten ❷ (*aguantar*) ertragen, aushalten

soporte [so'porte] *m* (*apoyo, t. fig*) Stütze *f;* (*pilar*) Träger *m;* (*de barra*) Balken *m;* ~ **para bicicletas** Fahrradständer *m*

soprano¹ [so'prano] *m* (*voz*) Sopran *m*

soprano² [so'prano] *mf* Sopranist(in) *m(f)*

soquete [so'kete] *m* (*Am: calcetín*) Socke *f*

sor [sor] *f* (Ordens)schwester *f*

sorber [sor'βer] *vt* ❶ (*con los labios*) schlürfen; (*por una pajita*) trinken; (*por la nariz*) einziehen; (*tabaco*) schnupfen; (MED) inhalieren ❷ (*empaparse de*) aufsaugen ❸ (*escuchar*) in sich aufsaugen

sorbete [sor'βete] *m* Sorbet(t) *m* o *nt*

sorbo ['sorβo] *m* (*cantidad, trago*) Schluck *m;* **beber a** ~**s** in kleinen Schlucken trinken; **tomar de un** ~ in einem Schluck trinken; **échame otro** ~ schenk mir noch ein bisschen nach

sordera [sor'ðera] *f* ❶ (*privación*) Taubheit *f* ❷ (*disminución*) Schwerhörigkeit *f*

sordidez [sorði'ðeθ] *f* ❶ (*suciedad*) Schäbigkeit *f* ❷ (*obscenidad*) Obszönität *f*

❸(*avaricia*) Geiz *m,* Knickerigkeit *f* ❹(*mezquindad*) Gemeinheit *f*

sordo, -a ['sorðo, -a] **I.** *adj* ❶(*que no oye*) taub; ~ **de un oído** auf einem Ohr taub; **hacer oídos ~s** sich taub stellen; ~ **como una tapia** stocktaub ❷(*que oye mal*) schwerhörig ❸(*algo que no hace ruido*) leise; **a sordas, a lo ~, a la sorda** still und leise ❹(*de timbre oscuro*) dumpf ❺(*que no presta atención*) sich taub stellend ❻(*sentimiento, pasión*) still ❼(LING) stumm **II.** *m, f* ❶(*que no oye*) Taube(r) *mf;* **hacerse el ~** sich taub stellen; **predicar a los ~s** tauben Ohren predigen ❷(*que oye mal*) Schwerhörige(r) *mf*

sordomudo, -a [sorðo'muðo, -a] **I.** *adj* taubstumm **II.** *m, f* Taubstumme(r) *mf*

soriano, -a [so'rjano, -a] **I.** *adj* aus Soria **II.** *m, f* Einwohner(in) *m(f)* von Soria

sorna ['sorna] *f* ❶(*al obrar*) Schwerfälligkeit *f* ❷(*al hablar*) Spott *m*

sorprendente [sorpreɲ'dente] *adj* ❶(*inesperado*) überraschend; (*desarrollo, evolución*) ungeahnt; (*asombroso*) erstaunlich; **es ~ que...** +*subj* es ist erstaunlich, dass ... ❷(*que salta a la vista*) auffallend; **poseer una estatura ~** auffallend groß sein ❸(*extraordinario*) außergewöhnlich; **no es ~ que...** +*subj* es ist nicht (weiter) verwunderlich, dass ...

sorprender [sorpreɲ'der] **I.** *vt* ❶(*coger desprevenido*) überraschen; (*asombrar*) erstaunen, verblüffen; (*extrañar*) wundern; **no me ~ía que viniera** es würde mich nicht wundern, wenn er/sie käme; **durante un momento me quedé sorprendida** ich stutzte einen Augenblick lang ❷(*descubrir algo*) entdecken ❸(*pillar*) erwischen ❹(MIL: *atacar*) überfallen **II.** *vr:* ~ **se** (*no esperar*) überrascht sein; (*asombrarse*) erstaunt sein (*de* über +*akk*); (*extrañarse*) sich wundern; (*dudar*) stutzen

sorpresa [sor'presa] *f* ❶(*acción*) Überraschen *nt;* **coger a alguien de** [*o* por] ~ jdn überraschen ❷(*efecto*) Überraschung *f;* (*asombro*) Erstaunen *nt;* (*extrañeza*) Verwunderung *f* ❸(*regalo, noticia*) Überraschung *f*

sorpresivo, -a [sorpre'siβo, -a] *adj* (*Am*) ❶(*inesperado*) überraschend; (*asombroso*) erstaunlich ❷(*repentino*) plötzlich

sortear [sorte'ar] *vt* ❸(*decidir*) auslosen; (*destino*) losen; (*rifar*) verlosen ❷(*esquivar*) ausweichen +*dat*

sorteo [sor'teo] *m* ❶(*decisión*) Auslosen *nt;* (*rifa*) Verlosung *f;* (*lotería*) Ziehung *f* ❷(*esquivación*) Umgehung *f*

sortija [sor'tixa] *f* ❶(*joya*) Ring *m;* (*con sello*) Siegelring *m* ❷(*rizo*) (Haar)locke *f*

sortilegio [sorti'lexjo] *m* ❶(*brujería*) Hexerei *f;* **hacer ~** zaubern ❷(*vaticinio*) Wahrsagung *f;* **hacer ~** wahrsagen

sosegado, -a [sose'ɣaðo, -a] *adj* ❶(*apacible*) friedfertig ❷(*tranquilo*) ruhig

sosegar [sose'ɣar] *irr como fregar* **I.** *vt* (*calmar*) beruhigen **II.** *vi, vr:* ~ **se** (*descansar*) zur Ruhe kommen **III.** *vr:* ~ **se** (*calmarse*) sich beruhigen

soseras [so'seras] *mf inv* (*fam*) Langweiler(in) *m(f)*

sosería [sose'ria] *f* Fadheit *f;* **esto es una ~** hier ist absolut nichts los

sosia ['sosja] *m* Doppelgänger *m*

sosiego [so'sjeɣo] *m* Ruhe *f;* **hacer algo con ~** etw in aller Ruhe machen

soslayar [sosla'ʝar] *vt* ❶(*objeto*) schräg halten ❷(*evitar*) ausweichen +*dat;* (*encuentro*) vermeiden

soslayo, -a [sos'laʝo, -a] *adj* schräg; **mirar a alguien de ~** jdn aus den Augenwinkeln betrachten; **pasar de ~ por la casa de la abuela** im Vorbeigehen bei der Oma reinschauen; **pasar por un tema de** [*o* al] ~ ein Thema streifen

soso, -a ['soso, -a] *adj* ❶(*sin sal*) ungesalzen; (*sin sabor*) fade ❷(*persona*) fade

sospecha [sos'petʃa] *f* ❶(*suposición*) Vermutung *f* ❷(*desconfianza*) Misstrauen *nt* ❸(*de un crimen*) Verdacht *m;* (*contra alguien concreto*) Verdächtigung *f;* **bajo ~ de asesinato** unter Mordverdacht

sospechar [sospe'tʃar] **I.** *vt* ❶(*creer posible*) vermuten; **¡ya lo sospechaba!** das hatte ich mir schon gedacht! ❷(*recelar*) befürchten **II.** *vi* verdächtigen (*de* +*akk*)

sospechoso, -a [sospe'tʃoso, -a] **I.** *adj* verdächtig; **me resulta ~ que...** +*subj* es kommt mir verdächtig vor, dass ... **II.** *m, f* Verdächtige(r) *mf*

sostén [sos'ten] *m* ❶(*apoyo, t. fig*) Stütze *f;* **pilar de ~** Stützpfeiler *m* ❷(*prenda*) BH *m* ❸(*de familia*) Unterhalt *m;* (*alimentos*) Nahrung *f*

sostener [soste'ner] *irr como tener* **I.** *vt* ❶(*sujetar*) (fest)halten; **esta cuerda sostiene la pata de la mesa** an diesem Seil ist das Tischbein festgemacht ❷(*aguantar*) halten; (*por debajo*) tragen; (*por debajo, por los lados*) stützen ❸(*afirmar*) behaupten; (*idea, teoría*) vertreten ❹(*persona*) unterstützen ❺(*lucha*) bestehen; (*tren de vida*) durchhalten; (*velocidad, posición*) beibehalten; ~ **una larga conversación** ein langes Gespräch führen **II.** *vr:* ~ **se** ❶(*sujetarse*) sich festhalten ❷(*aguan-*

tarse) sich halten ❸ (*en pie*) sich aufrecht halten; (*sobre agua, en el aire*) sich halten ❹ (*económicamente*): **apenas me puedo** ~ ich kann kaum meinen Lebensunterhalt bestreiten ❺ (*en opinión*) beharren (*en* auf/bei +*dat*)

sostenido¹ [soste'niðo] *m* (MÚS) Kreuz *nt;* **poner un** ~ erhöhen (*a* +*akk*)

sostenido, -a² [soste'niðo, -a] *adj* ❶ (*esfuerzo*) ausdauernd ❷ (MÚS) erhöht; **fa** ~ Fis *nt*

sostenimiento [sosteni'mjento] *m* ❶ (*acción*) Halten *nt* ❷ (*apoyo*) Halt *m* ❸ (*manutención*) Unterhalt *m* ❹ (*mantenimiento*) Aufrechterhaltung *f*

sota ['sota] *f* (*naipe*) ≈Bube *m*

sotabarba [sota'βarβa] *f* Doppelkinn *nt*

sotana [so'tana] *f* Soutane *f*

sótano ['sotano] *m* ❶ (*piso*) Untergeschoss *nt* ❷ (*habitación*) Keller *m*

sotavento [sota'βento] *m* Lee *f o nt*

soterrar [sote'rrar] <e→ie> *vt* ❶ (*enterrar*) vergraben ❷ (*esconder*) verstecken; (*sentimientos*) verbergen

soto ['soto] *m* ❶ (*en río*) Baumgruppe *f* ❷ (*árboles*) Gehölz *nt;* (*arbustos, matas*) Gebüsch *nt*

sotreta [so'treta] *adj* (*Arg, Bol, Urug*) ❶ (*caballo*) störrisch ❷ (*holgazán*) faul; (*no fiable*) unzuverlässig

soturno, -a [so'turno, -a] *adj* (*Ven: taciturno*) verschlossen

souvenir [suβe'nir] *m* Souvenir *nt*

soviético, -a [so'βjetiko, -a] **I.** *adj* sowjetisch **II.** *m, f* Sowjetbürger(in) *m(f)*

soy [soi̯] *1. pres de* **ser**

spaguetti [ªspa'ɣeti] *mpl* Spaghetti *pl*

sponsorizar [esponsori'θar] *vt* sponsern

spot [es'poˡ] *m* <spots> (Werbe)spot *m*

spray [es'prai̯] *m* <sprays> Spray *m o nt*

sprint [es'priṇˡ] *m* Sprint *m;* **hacer un** ~ sprinten

sprintar [espriṇ'tar] *vt* (DEP) sprinten

squash [es'kwaʃ] *m sin pl* Squash *nt*

Sr. [se'ɲor] *abr de* **señor** H.; (*en direcciones*) Hrn.

Sra. [se'ɲora] *abr de* **señora** Fr.

Srta. [seɲo'rita] *f abr de* **señorita** Frl.

Sta. ['saṇta] *f abr de* **santa** St.

stand [es'tan] *m* <stands> (Messe)stand *m*

starter [es'tarter] <starters> *m* (*t.* AUTO) Starter *m*

status [es'tatus] *m inv* Status *m*

stick [es'tiˡk] *m* Schläger *m*

Sto. ['saṇto] *abr de* **santo** St.

stop [es'top] *m* ❶ (*parada*) Stopp *m* ❷ (*señal*) Stoppschild *nt*

su [su] *adj* (*de él*) sein(e); (*de ella*) ihr(e); ~

familia seine/ihre Familie

Suabia ['swaβja] *f* Schwaben *nt*

suabo, -a ['swaβo, -a] **I.** *adj* schwäbisch **II.** *m, f* Schwabe *m*, Schwäbin *f*

suampo ['swampo] *m* (*AmC: ciénaga*) Sumpf *m*

suave [su'aβe] *adj* ❶ (*superficie*) glatt; (*piel*) zart; (*jersey, cepillo, cabello, droga*) weich; (*masaje*) sanft; (*viento, noche*) mild; (*sopa, salsa*) sämig ❷ (*aterrizaje*) sanft; (*contacto*) sacht; (*curva, subida*) sanft; (*temperatura, tabaco*) mild ❸ (*carácter*) sanft; (*maneras*) geschliffen; (*palabras*) freundlich

suavidad [swaβi'ðað] *f sin pl* ❶ (*de superficie*) Glätte *f;* (*de piel*) Zartheit *f;* (*de jersey/cepillo*) Weichheit *f;* (*de masaje*) Sanftheit *f;* (*de viento/noche/temperatura*) Milde *f;* (*de sopa*) Sämigkeit *f* ❷ (*de aterrizaje/caricia/curva/subida*) Sanftheit *f* ❸ (*de carácter*) Sanftheit *f;* (*de palabras*) Freundlichkeit *f*

suavizante [swaβi'θante] **I.** *adj:* **crema** ~ Hautcreme *f* **II.** *m* ❶ (*para la ropa*) Weichspüler *m* ❷ (*para el cabello*) Spülung *f*

suavizar [swaβi'θar] <z→c> *vt* ❶ (*hacer suave*) weicher machen; (*pelo, piel*) geschmeidiger machen; (*superficie*) glätten; (*navaja*) schärfen ❷ (*expresión, posición*) mildern; (*situación*) entspannen ❸ (*persona*) besänftigen ❹ (*recorrido, trabajo*) erleichtern; (*velocidad*) reduzieren

subacuático, -a [suβa'kwatiko, -a] *adj* Unterwasser-

subalimentación [suβalimeṇta'θjon] *f* Unterernährung *f*

subalimentado, -a [suβalimeṇ'taðo, -a] *adj* unterernährt

subalterno, -a [suβaˡ'terno, -a] **I.** *adj* untergeben **II.** *m, f* (*empleado*) Untergebene(r) *mf*

subarrendar [suβarreṇ'dar] <e→ie> *vt* (*ceder: piso*) untervermieten; (*finca*) unterverpachten

subarriendo [suβa'rrjeṇdo] *m* (*cesión: de piso*) Untervermietung *f;* (*de finca*) Unterverpachtung *f*

subasta [su'βasta] *f* ❶ (*venta*) Versteigerung *f;* ~ **forzada** Zwangsversteigerung *f;* **sacar a** ~ **pública** öffentlich versteigern ❷ (*de plaza pública*) Ausschreibung *f*

subastador(a) [suβasta'ðor(a)] *m(f)* Auktionator(in) *m(f)*

subastar [suβas'tar] *vt* ❶ (*vender*) versteigern ❷ (*plaza pública*) ausschreiben

subcampeón, -ona [suβkampe'on, -ona] *m, f* Vizemeister(in) *m(f);* ~ **mundial** Vizeweltmeister *m*

subcampeonato [suβkampeo'nato] *m* Vizemeisterschaft *f*; **ha ganado el ~** er/sie ist Vizemeister(in) geworden

subconsciencia [suβkoⁿs'θjenθja] *f* Unterbewusstsein *nt*

subconsciente [suβkoⁿs'θjente] *adj* unterbewusst

subcontinente [suβkonti'nente] *m* Subkontinent *m*

subcontratante [suβkontra'tante] *mf* Subunternehmer(in) *m(f)*

subcontratar [suβkontra'tar] **I.** *vt* an einen Subunternehmer vergeben **II.** *vi* einen Subunternehmer verpflichten

subcultura [suβkul'tura] *f* Subkultur *f*

subcutáneo, -a [suβku'taneo, -a] *adj* subkutan

subdelegado, -a [suβðele'ɣaðo, -a] *m*, *f* Unterbevollmächtigte(r) *mf*; (POL) stellvertretender Delegierter *m*, stellvertretende Delegierte *f*

subdelegar [suβðele'ɣar] <g→gu> *vt* (JUR) delegieren

subdesarrollado, -a [suβðesarro'ʎaðo, -a] *adj* unterentwickelt

subdesarrollo [suβðesa'rroʎo] *m* Unterentwicklung *f*

subdirector(a) [suβðirek'tor(a)] *m(f)* stellvertretender Direktor *m*, stellvertretende Direktorin *f*

súbdito, -a ['suβðito, -a] *m*, *f* ❶ (*sometido*) Untertan(in) *m(f)* ❷ (POL) Staatsbürger(in) *m(f)*

subdividir [suβðiβi'ðir] *vt* unterteilen

subdivisión [suβðiβi'sjon] *f* Unterteilung *f*

subempleo [suβem'pleo] *m* Unterbeschäftigung *f*

subestimar [suβesti'mar] **I.** *vt* unterschätzen **II.** *vr*: ~**se** sich unterschätzen

subfusil [suβfu'sil] *m* automatische Handfeuerwaffe *f*

subgrupo *m* Untergruppe *f*

subida [su'βiða] *f* ❶ (*de una calle*) Steigung *f*; (*de un río*) Anstieg *m* ❷ (*cuesta*) Steigung *f*; **la calle hace ~** die Straße steigt an ❸ (*de precios/temperaturas/costes: acción*) Steigerung *f*; (*efecto*) Anstieg *m* ❹ (*en coche, teleférico*) Auffahrt *f* ❺ (POL): ~ **al poder** Machtergreifung *f*; ~ **al trono** Thronbesteigung *f*

subido, -a [su'βiðo, -a] *adj* ❶ (*color*) intensiv; (*olor*) scharf; **rojo/blanco ~** knallrot/ schneeweiß ❷ (*fam: persona*) eingebildet; (*tono*) überheblich ❸ (*precio*) überhöht

subinquilino, -a [suβiŋki'lino, -a] *m*, *f* Untermieter(in) *m(f)*

subinspector(a) [suβiⁿspek'tor(a)] *m(f)* Unterinspektor(in) *m(f)*

subir [su'βir] **I.** *vi* ❶ (*ascender: calle, cuesta*) ansteigen; (*humo*) aufsteigen; (*sol, pastel*) aufgehen; (*globo*) hochsteigen; (*río*) ansteigen; ~ **a la cima** zum Gipfel aufsteigen; ~ **a primera** (DEP) in die erste Liga aufsteigen; **la marea ha subido** es ist Flut ❷ (*andando*) hochgehen; (*en ascensor*) hochfahren; **sube a por tus cosas** geh hoch und hol deine Sachen ❸ (*aumentar*) steigen (*en* um +*akk*); **la gasolina ha subido** das Benzin ist teurer geworden ❹ (*montar: coche, metro*) einsteigen (*a* in +*akk*); (*caballo, globo, bici*) aufsteigen (*a auf* +*akk*); (*árbol*) klettern (*a auf* +*akk*) **II.** *vt* ❶ (*precio*) erhöhen; **hacer ~ los precios** die Preise hochtreiben ❷ (*música*) lauter stellen; (*voz*) erheben ❸ (*andando*) hinauflaufen; (*en coche*) hinauffahren; (*montaña*) besteigen ❹ (*poner más alto: brazos*) heben; (*cortina, persiana*) hochziehen; (*cuello de abrigo*) hochschlagen; (*cabeza*) hochhalten; (*pesas*) stemmen; ~ **un niño en brazos** ein Kind auf den Arm nehmen ❺ (*llevar*) hinauftragen; ~ **al tercer piso** in den dritten Stock hinauftragen ❻ (*pared*) hochziehen **III.** *vr*: ~**se** ❶ (*al tren, coche, a un globo*) einsteigen (*en* in +*akk*); (*a una bici*) aufsteigen (*en* auf +*akk*); (*a un árbol*) klettern (*a auf* +*akk*); (*a una silla*) steigen (*a auf* +*akk*) ❷ (*loc*): **se me ha subido el vino a la cabeza** der Wein ist mir zu Kopf gestiegen; ~**se a las barbas de alguien** (*fam*) jdm auf der Nase herumtanzen; **se me han subido los colores a la cabeza** ich bin schamrot geworden

súbito¹ ['suβito] *adv* plötzlich; **de ~** (*repentinamente*) plötzlich; (*inesperadamente*) unerwartet(erweise)

súbito, -a² ['suβito, -a] *adj* ❶ (*repentino*) plötzlich ❷ (*inesperado*) unerwartet ❸ (*carácter, genio*) hitzig

subjefe, -a [suβ'xefe, -a] *m*, *f* stellvertretender Leiter *m*, stellvertretende Leiterin *f*

subjetividad [suβxetiβi'ðað] *f sin pl* Subjektivität *f*

subjetivización [suβxetiβiθa'θjon] *f* (PSICO) Subjektivierung *f*

subjetivizar [suβxetiβi'θar] <z→c> *vt* subjektivieren

subjetivo, -a [suβxe'tiβo, -a] *adj* subjektiv

subjuntivo [suβxuⁿ'tiβo] *m* Konjunktiv *m*

sublevación [suβleβa'θjon] *f* Aufstand *m*

sublevar [suβle'βar] **I.** *vt* ❶ (*amotinar*) aufwiegeln ❷ (*irritar*) sehr ärgern **II.** *vr*: ~**se** sich auflehnen

sublimación [suβlima'θjon] *f* ❶ (*de alguien*) Verherrlichung *f* ❷ (PSICO, QUÍM)

Sublimierung *f*

sublimar [suβli'mar] *vt* ❶ (*a alguien*) verherrlichen ❷ (PSICO, QUÍM) sublimieren

sublime [su'βlime] *adj* erhaben

subliminal [suβlimi'nal] *adj* unterschwellig

submarinismo [su^βmari'nismo/su^mmari'nismo] *m sin pl* Tauchsport *m;* **hacer ~** tauchen

submarinista [su^βmari'nista/su^mmari'nista] *mf* (Sport)taucher(in) *m(f)*

submarino¹ [su^βma'rino/su^mma'rino] *m* U-Boot *nt*

submarino, -a² [su^βma'rino, -a/su^mma'rino, -a] *adj* Unterwasser-; (*vida*) unterseeisch

subnormal [suβnor'mal] **I.** *adj* geistig behindert **II.** *mf* (*persona*) geistig Behinderte(r) *mf;* **¡eres un ~!** (*pey*) du bist ja nicht ganz richtig im Kopf!

subnormalidad [suβnormali'ðaᵈ] *f* geistige Behinderung *f*

suboficial [suβofi'θjal] *m* (MIL) Unteroffizier *m*

subordinación [suβorðina'θjon] *f* Unterordnung *f;* (*obediencia*) Gehorsam *m*

subordinado, -a [suβorði'naðo, -a] **I.** *adj* ❶ (*en el trabajo*) untergeben ❷ (LING): **oración subordinada** Nebensatz *m* **II.** *m, f* (*en el trabajo*) Untergebene(r) *mf*

subordinar [suβorði'nar] *vt* unterordnen

subproducto [suβpro'ðukto] *m* Nebenprodukt *nt*

subrayado [suβrra'ɟaðo] *m* Unterstreichung *f*

subrayar [suβrra'ɟar] *vt* ❶ (*con raya*) unterstreichen ❷ (*recalcar*) betonen

subrepticio, -a [suβrrep'tiθjo, -a] *adj* ❶ (*pey: obtenido*) erschlichen ❷ (*a escondidas*) heimlich

subrogante [suβrro'ɣante] *adj* (*Chil: interino*) stellvertretend

subrogar [suβrro'ɣar] <g→gu> *vt* ❶ (*a alguien: temporalmente*) vertreten; (*definitivamente*) ersetzen ❷ (*algo*) ersetzen

subsanación [suβsana'θjon] *f* (*de un defecto*) Behebung *f;* (*de un error*) Wiedergutmachung *f*

subsanar [suβsa'nar] *vt* ❶ (*falta*) hinwegsehen (über +*akk*) ❷ (*error*) wieder gutmachen; (*defecto*) beheben; (*mal*) abhelfen +*dat* ❸ (*dificultad*) überwinden

subscripción [su^βskriβ'θjon] *f v.* **suscripción**

subsecretario, -a [suβsekre'tarjo, -a] *m, f* ❶ (POL) Staatssekretär(in) *m(f)* ❷ (*en oficina*) stellvertretender Sekretär *m,* stellvertretende Sekretärin *f*

subseguir [suβse'ɣir] *irr como seguir vi, vr:* **~ se** ❶ (*seguir*) unmittelbar folgen (*a* auf

+*akk*) ❷ (*deducirse*) sich ergeben (*de* aus +*dat*)

subsidiar [suβsi'ðjar] *vt* unterstützen

subsidiariedad [suβsiðjarje'ðaᵈ] *f sin pl* Subsidiarität *f;* **principio de ~** (UE) Subsidiaritätsprinzip *nt*

subsidiario, -a [suβsi'ðjarjo, -a] *adj* ❶ (*de subsidio*) unterstützend; **órgano ~** (*institución*) Hilfsorgan *nt* ❷ (*secundario*) sekundär

subsidio [suβ'siðjo] *m* Beihilfe *f;* ~ **de paro** Arbeitslosengeld *nt*

subsiguiente [suβsi'ɣjente] *adj* nachfolgend

subsistencia [suβsis'tenθja] *f* ❶ (*hecho*) Existenz *f* ❷ *pl* (*alimentos*) Nahrung *f* ❸ (*material*) Lebensunterhalt *m*

subsistente [suβsis'tente] *adj* (*existente*) bestehend

subsistir [suβsis'tir] *vi* ❶ (*vivir*) leben ❷ (*perdurar*) anhalten; (*creencia*) fortbestehen; (*empresa*) weiterbestehen

substancia [su^(β)s'tanθja] *f v.* **sustancia**

substantivo [su^(β)stan'tiβo] *adj o m v.* **sustantivo**

substitución [su^(β)stitu'θjon] *f v.* **sustitución**

substraer [su^(β)stra'er] *irr como traer vt v.* **sustraer**

substrato [su^βs'trato] *m* Substrat *nt*

subsuelo [suβ'swelo] *m* Untergrund *m;* **riquezas del ~** Bodenschätze *mpl*

subteniente [suβte'njente] *m* (MIL) Leutnant *m*

subterfugio [suβter'fuxjo] *m* (*evasiva*) Ausrede *f;* (*pretexto*) Vorwand *m*

subterráneo, -a [suβte'rraneo, -a] *adj* unterirdisch

subtitular [suβtitu'lar] *vt* untertiteln; **película subtitulada en alemán** Film mit deutschen Untertiteln

subtítulo [suβ'titulo] *m* Untertitel *m*

subtropical [suβtropi'kal] *adj* subtropisch

suburbano, -a [suβur'βano, -a] *adj* (*teatro, cine*) Vorstadt-; (*barrio*) vorstädtisch; **línea suburbana** Vorortbahn *f*

suburbial [suβur'βjal] *adj* (*teatro, cine*) Vorstadt-; (*barrio, distrito*) vorstädtisch

suburbio [su'βurβjo] *m* ❶ (*alrededores*) Vorstadt *f;* **vivir en los ~s de París** am Stadtrand von Paris wohnen ❷ (*barrio*) Vorort *m*

subvención [suββeɳ'θjon] *f* Zuschuss *m;* (POL) Subvention *f*

subvencionar [suββeɳθjo'nar] *vt* finanziell unterstützen; (POL) subventionieren; (ADMIN) bezuschussen

subvenir [suββe'nir] *irr como venir vi:* ~ **a**

las necesidades de alguien jdn unterstützen; ~ **a los gastos** die Kosten tragen

subversión [suββer'sjon] f Umsturz m

subversivo, **-a** [suββer'siβo, -a] adj umstürzlerisch

subvertir [suββer'tir] irr como sentir vt ❶ (sistema, gobierno) (um)stürzen ❷ (valor moral) untergraben ❸ (orden social) zerrütten

subyacente [suβɟa'θente] adj ❶ (capa) tiefer liegend ❷ (problema) zugrunde liegend

subyacer [suβɟa'θer] irr como yacer vi ❶ (estar debajo) darunter liegen ❷ (problema) zugrunde liegen

subyugar [suβɟu'ɣar] <g→gu> vt ❶ (oprimir) unterwerfen ❷ (sugestionar) bezaubern

succión [suɣ'θjon] f Saugen nt; **efecto de** ~ Saugwirkung f

succionar [suɣθjo'nar] vt (ein)saugen; (tierra, esponja) aufsaugen

sucedáneo[1] [suθe'ðaneo] m Ersatz m

sucedáneo, **-a**[2] [suθe'ðaneo, -a] adj Ersatz-

suceder [suθe'ðer] I. vi ❶ (seguir) folgen (a auf +akk) ❷ (en cargo) nachfolgen; ~ **al rey** die Thronfolge antreten ❸ (heredar) beerben +akk II. vt geschehen; **¿qué sucede?** was ist los?; **por lo que pueda** ~ für alle Fälle; **suceda lo que suceda** komme, was wolle; **lo más que puede** ~ **es que…** +subj im schlimmsten Fall …; **sucede que…** die Sache ist die, dass …

sucedido [suθe'ðiðo] m Ereignis nt

sucesión [suθe'sjon] f ❶ (acción) Folge f ❷ (serie) Aufeinanderfolge f ❸ (en el cargo) Nachfolge f; (de título) Erbfolge f; (del trono) Thronfolge f ❹ (herencia) Erbe nt ❺ (descendencia) Nachkommenschaft f

sucesivo, **-a** [suθe'siβo, -a] adj (aufeinander) folgend; **en lo** ~ von nun an; **hicimos el examen en dos días** ~ **s** wir hatten zwei Tage hintereinander Prüfung

suceso [su'θeso] m ❶ (hecho) Ereignis nt; (repentino) Vorfall m ❷ (transcurso) Verlauf m

sucesor(**a**) [suθe'sor(a)] m(f) ❶ (a un cargo) Nachfolger(in) m(f); (al trono) Thronfolger(in) m(f) ❷ (heredero) Erbe, -in m, f

sucesorio, **-a** [suθe'sorjo, -a] adj Nachfolge-; **comunidad sucesoria** Erbengemeinschaft f

suche [suʧe] I. adj (Ven: agrio) säuerlich II. m (Chil) ❶ (subalterno) Untergebene(r) m ❷ (rufián) Gauner m

suciedad [suθje'ðað] f ❶ (cualidad) Schmutzigkeit f ❷ (porquería) Schmutz m ❸ (jugada) Gemeinheit f

sucinto, **-a** [su'θinto, -a] adj kurz

sucio[1] ['suθjo] adv: **jugar** ~ unfair spielen

sucio, **-a**[2] ['suθjo, -a] adj schmutzig; (que se mancha fácilmente) schmutzempfindlich; (jugado) unfair; **tengo los apuntes en** ~ ich habe die Notizen nur ins Unreine geschrieben; **hacer el trabajo** ~ die Drecksarbeit machen

suculencia [suku'lenθja] f ❶ (de sabroso) Schmackhaftigkeit f ❷ (valor nutritivo) Nahrhaftigkeit f ❸ (jugosidad) Saftigkeit f

suculento, **-a** [suku'lento, -a] adj ❶ (sabroso) schmackhaft ❷ (nutritivo) nahrhaft ❸ (jugoso) saftig

sucumbir [sukum'bir] vi ❶ (rendirse) erliegen +dat; (JUR) unterliegen +dat; **Agassi sucumbió ante Pete Sampras** Agassi wurde von Pete Sampras geschlagen ❷ (morir) ums Leben kommen

sucursal [sukur'sal] f ❶ (de empresa) Niederlassung f; (de banco/negocio) Filiale f ❷ (negociado) Geschäftsstelle f

sudaca [su'ðaka] mf (pey fam) Lateinamerikaner(in) m(f)

sudadera [suða'ðera] f ❶ (DEP) Sweatshirt nt; **darse una** ~ aus allen Poren schwitzen ❷ (para caballería) Sattelunterlage f

sudado, **-a** [su'ðaðo, -a] adj verschwitzt; (rostro) schweißbedeckt

Sudáfrica [su'ðafrika] f Südafrika nt

sudafricano, **-a** [suðafri'kano, -a] I. adj südafrikanisch II. m, f Südafrikaner(in) m(f)

Sudamérica [suða'merika] f Südamerika nt

sudamericano, **-a** [suðameri'kano, -a] I. adj südamerikanisch II. m, f Südamerikaner(in) m(f)

Sudán [su'ðan] m Sudan nt

sudanés, **-esa** [suða'nes, -esa] I. adj sudanesisch II. m, f Sudanese, -in m, f

sudar [su'ðar] I. vi, vt schwitzen; **me sudan los pies** ich schwitze an den Füßen; **estoy sudando a chorros** ich bin schweißgebadet II. vi (fam: trabajar) sich abrackern III. vt ❶ (camisa) verschwitzen; ~ **la gota gorda** Blut und Wasser schwitzen ❷ (conseguir): **gano mucho pero lo sudo** ich verdiene zwar viel, muss aber auch schwer dafür schuften

sudeste [su'ðeste] m Südosten m

sudoeste [suðo'este] m Südwesten m

sudor [su'ðor] m ❶ (de la piel) Schweiß m; **con el** ~ **de mi frente** im Schweiße meines Angesichts

sudoroso, **-a** [suðo'roso, -a] adj schweißbedeckt

sudsudeste [suðsu'ðeste] *m* Südsüdosten *m;* (METEO) Südsüdost *m*

sudsudoeste [suðsuðo'este] *m* Südsüdwesten *m;* (METEO) Südsüdwest *m*

Suecia ['sweθja] *f* Schweden *nt*

sueco, -a ['sweko, -a] **I.** *adj* schwedisch **II.** *m, f* Schwede, -in *m, f;* **hacerse el ~** sich dumm stellen

suegro, -a ['sweɣro, -a] *m, f* Schwiegervater *m,* Schwiegermutter *f;* **los ~s** die Schwiegereltern

suela ['swela] *f* ❶ (*del zapato*) (Schuh)sohle *f;* **echar las medias ~s** die Schuhe besohlen (lassen); **tú no me llegas a la ~ del zapato** du kannst mir nicht das Wasser reichen ❷ (*loc, fam*): **es un tonto de siete ~s** er ist saudumm

sueldo ['sweldo] *m* (*por horas*) Lohn *m;* (*de empleado*) Gehalt *nt;* (*de funcionario*) Bezüge *mpl;* (MIL) Sold *m;* **~ fijo** Fixum *nt;* **¿qué ~ ganas?** wie viel verdienst du?

suelo ['swelo] *m* ❶ (*de la tierra*) (Erd)boden *m;* **~ natal** Heimat *f;* **poner una maleta en el ~** einen Koffer abstellen; **dar consigo en el ~** hinfallen; **besar el ~** auf die Nase fallen; **está muy hondo, no toco (el) ~** es ist sehr tief, ich komme nicht auf den Grund; **no toca con los pies en el ~ de contento** (*fig*) er kriegt sich vor Freude kaum ein ❷ (*de casa*) (Fuß)boden *m* ❸ (*terreno*) Grundstück *nt;* **~ edificable** Bauland *nt* ❹ (*de vasija*) Boden *m* ❺ (*poso*) Bodensatz *m* ❻ (DEP) Bodenturnen *nt;* **ejercicios de ~** Bodenübungen *fpl* ❼ (*loc*): **estar por los ~s** (*deprimido*) am Boden zerstört sein; **poner por el ~** durch den Schmutz ziehen; **no te dejes arrastrar por el ~** (*fig*) lass dich nicht so schlecht machen; **el plan se ha venido al ~** der Plan ist ins Wasser gefallen; **los pisos están por los ~s** (*fam*) die Wohnungen sind äußerst günstig

suelto¹ ['swelto] *m* ❶ (*dinero*) Kleingeld *nt* ❷ (*artículo*) Kurznachricht *f*

suelto, -a² ['swelto, -a] *adj* ❶ (*desenganchado: tornillo, arroz, lana*) locker ❷ (*desatado: cordón, pelo*) lose; (*broche*) offen; (*perro*) frei laufend ❸ (*no sujeto: hojas*) lose; **dinero ~** Kleingeld *nt;* **un prisionero anda ~** ein Gefangener läuft frei herum ❹ (*separado*) einzeln; **pieza suelta** Einzelteil *nt* ❺ (*vestido*) weit ❻ (*incontrolado*): **tener la lengua suelta** ein loses Mundwerk haben ❼ (*estilo*) gewandt; (*lenguaje*) flüssig; **dibujar con mano suelta** sehr geschickt zeichnen ❽ (*no envasado*) lose ❾ (*fam: no agarrotado*) locker; **eso lo hago yo fácil y ~** das

schaffe ich locker ❿ (*loc*): **voy ~ de vientre** ich habe Durchfall

sueño ['sweɲo] *m* ❶ (*acto de dormir*) Schlaf *m;* **me cogió el ~** der Schlaf überkam mich; **descabezar** [*o* **echarse**] **un ~** ein Nickerchen machen; **entre ~s** im Halbschlaf ❷ (*ganas de dormir*) Müdigkeit *f;* **tener ~** müde sein; **caerse de ~** vor Müdigkeit fast umfallen; **quitar el ~** den Schlaf rauben ❸ (*fantasía*) Traum *m;* **ni en** [*o* **por**] **~s haces tú eso** das schaffst du im Traum nicht; **un coche que es un ~** ein Traumauto; **los ~s, ~s son** (*prov*) Träume sind Schäume

suero ['swero] *m* ❶ (*de leche*) Molke *f* ❷ (MED) Serum *nt*

suerte ['swerte] *f* ❶ (*fortuna*) Glück *nt;* **¡buena ~!** viel Glück!; **tener buena/mala ~** Glück/Pech haben; **por ~** zum Glück; **probar ~** sein Glück versuchen; **ser cuestión de ~** Glückssache sein; **tener una ~ loca** ein Glückspilz sein; **dentro de la desgracia aún has tenido ~** du hast Glück im Unglück gehabt ❷ (*destino*) Schicksal *nt;* **echar algo a ~(s)** etw durch Los entscheiden; **¿quién sabe la ~ que te espera?** wer weiß, was noch auf dich zukommt? ❸ (*casualidad*) Zufall *m* ❹ (*manera*) Weise *f;* **de ~ que...** so dass ...; **de esta ~** so ❺ (*tipo*) Sorte *f;* **tratar con toda ~ de gente** mit allen möglichen Menschen verkehren ❻ (*condición*) Situation *f*

suéter ['sweter] *m* Pullover *m*

suficiencia [sufi'θjenθja] *f* ❶ (*lo bastante*) Hinlänglichkeit *f* ❷ (*presunción*) Einbildung *f;* **decir con aires de ~** in einem anmaßenden Ton sagen ❸ (*pedantería*) Pedanterie *f* ❹ (*aptitud*) Eignung *f*

suficiente [sufi'θjente] **I.** *adj* ❶ (*bastante*) genug, ausreichend; **ser ~** genügen; **~ que conozco eso yo** das kenne ich zur Genüge ❷ (*presumido*) eingebildet ❸ (*pedante*) pedantisch **II.** *m* (ENS: *nota*) Note *f* 'ausreichend'

sufijación [sufixa'θjon] *f* (LING) Suffixbildung *f*

sufijo [su'fixo] *m* Suffix *nt*

sufragar [sufra'ɣar] <g→gu> **I.** *vt* ❶ (*ayudar*) unterstützen ❷ (*costear: gastos*) bestreiten; (*tasa*) entrichten; (*beca*) finanzieren; (*vicios*) bezahlen **II.** *vi* (*Am:* *votar*) stimmen (*por* für *+akk*)

sufragio [su'fraxjo] *m* ❶ (*voto*) Stimme *f* ❷ (*derecho*) Wahlrecht *nt;* **~ universal** allgemeines Wahlrecht ❸ (*sistema*) Wahlsystem *nt;* **~ (universal) directo** (allgemeine) Direktwahl *f* ❹ (REL) Fürbitte *f*

sufrible [su'friβle] *adj* erträglich

sufrido, -a [su'friðo, -a] *adj* ❶ (*persona*) ergeben; **eres demasiado** ~ du lässt dir zu viel gefallen ❷ (*color*) gedeckt; **una tela sufrida** ein strapazierfähiger Stoff ❸ (*marido*) zu nachsichtig

sufridor¹ [sufri'ðor] *m* (*Col, Ven: sudadero*) Woilach *m*

sufridor(a)² [sufri'ðor(a)] *m/f* (*persona*) Leidende(r) *mf*

sufrimiento [sufri'mjento] *m* ❶ (*acción*) Leiden *nt* ❷ (*moral*) Leid *nt;* (*físico*) Schmerz *m*

sufrir [su'frir] *vt* ❶ (*aguantar*) ertragen; (*peso*) tragen; (*a alguien*) ausstehen können ❷ (*padecer*) erleiden; (*enfermedad*) leiden (*de* an +*dat*); ~ **de celos** krank vor Eifersucht sein; ~ **de la espalda** Rückenschmerzen haben; ~ **persecuciones** Verfolgungen ausgesetzt sein; ~ **quejas** Klagen über sich ergehen lassen; ~ **las consecuencias** unter den Folgen leiden ❸ (*experimentar: cambio, recaída, derrota*) erleiden; (*examen*) ablegen; (*desengaño*) erleben; (*accidente*) haben; (*pena*) büßen; ~ **una operación** sich einer Operation unterziehen

sugerencia [suxe'renθja] *f* ❶ (*inspiración*) Anregung *f* ❷ (*propuesta*) Vorschlag *m* ❸ (*recomendación*) Empfehlung *f*

sugerente [suxe'rente] *adj* anregend; **una imagen** ~ ein Bild, das die Fantasie anregt

sugerir [suxe'rir] *irr como sentir vt* ❶ (*inspirar*) anregen ❷ (*proponer*) vorschlagen ❸ (*insinuar*) andeuten ❹ (*evocar*) heraufbeschwören

sugestión [suxes'tjon] *f* ❶ (*inspiración*) Anregung *f* ❷ (*propuesta*) Vorschlag *m* ❸ (*de sugestionar*) Suggestion *f*

sugestionar [suxestjo'nar] I. *vt* ❶ (*ideas*) suggerieren ❷ (*dominar*) beeinflussen II. *vr:* ~**se** Autosuggestion praktizieren

sugestivo, -a [suxes'tiβo, -a] *adj* ❶ (*que sugiere*) anregend ❷ (*que influencia*) beeinflussend ❸ (*plan*) verlockend

suich [switʃ] *m* (*Méx: botón*) Schalter *m;* (*de un coche*) Anlasser *m*

suicida [swi'θiða] I. *adj* selbstmörderisch II. *mf* Selbstmörder(in) *m(f)*

suicidarse [swiθi'ðarse] *vr* sich umbringen

suicidio [swi'θiðjo] *m* Selbstmord *m*

suite [switˀ] *f* Suite *f*

Suiza ['swiθa] *f* Schweiz *f*

suizo¹ ['swiθo] *m* (GASTR) heiße Schokolade *f* mit Sahne

suizo, -a² ['swiθo, -a] I. *adj* schweizerisch; **chocolate** ~ Schweizer Schokolade II. *m, f* Schweizer(in) *m(f)*

sujeción [suxe'θjon] *f* ❶ (*dominio*) Beherrschung *f;* (*sometimiento*) Unterwerfung *f;* (*dependencia*) Abhängigkeit *f* ❷ (*agarre*) Festhalten *nt* ❸ (*aseguramiento*) Befestigung *f* ❹ (*a un convenio/una promesa*) Gebundenheit *f*

sujetador [suxeta'ðor] *m* ❶ (*sostén*) BH *m* ❷ (*del bikini*) (Bikini)oberteil *nt*

sujetapapeles [suxetapa'peles] *m inv* Büroklammer *f*

sujetar [suxe'tar] I. *vt* ❶ (*dominar*) beherrschen ❷ (*someter*) unterwerfen ❸ (*agarrar*) festhalten (*por* an +*dat*) ❹ (*asegurar*) befestigen; (*pelo*) feststecken; (*con clavos*) festnageln; (*con tornillos*) festschrauben II. *vr:* ~**se** ❶ (*agarrarse*) sich festhalten (*a* an +*dat*) ❷ (*a reglamento*) sich halten (*a* an +*akk*)

sujeto¹ [su'xeto] *m* ❶ (*tema*) Thema *nt* ❷ (*pey: individuo*) Subjekt *nt*

sujeto, -a² [su'xeto, -a] *adj* (*expuesto a*) verpflichtet (*a* zu +*dat*); (*a revisión/restricciones*) unterworfen (*a* +*dat*); ~ **a comprobación/aduana** nachweis-/zollpflichtig; ~ **a la inflación** inflationsanfällig; **estar** ~ **a fluctuaciones** Schwankungen ausgesetzt sein

sulfatar [sulfa'tar] *vt* (AGR) sulfat(is)ieren

sulfato [sul'fato] *m* Sulfat *nt*

sulfurar [sulfu'rar] I. *vt* ❶ (*con azufre*) schwefeln ❷ (*exasperar*) wütend machen (*por* mit +*dat*) II. *vr:* ~**se por algo/alguien** über etw/auf jdn wütend sein

sulfúrico, -a [sul'furiko, -a] *adj* Schwefel-

sulfuro [sul'furo] *m* Schwefel *m*

sultán, -ana [sul'tan, -ana] *m, f* Sultan(in) *m(f)*

suma ['suma] *f* ❶ (MAT: *acción*) Addition *f;* (*resultado*) Summe *f;* ~ **y sigue** (*fig fam*) und so weiter und so fort ❷ (*cantidad*) Summe *f* ❸ (*esencia*) Essenz *f* ❹ (*loc*): **en** ~ kurz und gut

sumamente [suma'mente] *adv* äußerst

sumar [su'mar] I. *vt* ❶ (MAT) addieren ❷ (*una obra*) zusammenfassen; (*hechos*) summieren II. *vr:* ~**se** (*a una manifestación/una idea*) sich anschließen (*a* +*dat*); (*a una discusión*) sich beteiligen (*a* an +*dat*)

sumario¹ [su'marjo] *m* ❶ (JUR) Ermittlungsverfahren *nt* ❷ (*resumen*) Zusammenfassung *f;* (*de hechos*) Sammlung *f*

sumario, -a² [su'marjo, -a] *adj* ❶ (*explicación*) kurz gefasst ❷ (JUR): **juicio** ~ Schnellverfahren *nt*

sumergible [sumer'xiβle] I. *adj* ❶ (*reloj*) wasserdicht ❷ (*submarino*) tauchfähig II. *m* Tauchboot *nt*

sumergir [sumer'xir] <g→j> I. *vt* (ein)tauchen II. *vr:* ~ **se** versinken

sumidero [sumi'ðero] *m* (*rejilla*) Abflussgitter *nt;* (*de la calle*) Gully *m* o nt

suministrable [suminis'traβle] *adj* (COM) lieferbar

suministrador[1] [suministra'ðor] *m* (COM) Zulieferer *m*

suministrador(**a**)[2] [suministra'ðor(a)] I. *adj* Liefer- II. *m(f)* (*persona*) Lieferant(in) *m(f)*; (*empresa*) Lieferfirma *f*

suministrar [suminis'trar] *vt* ❶ (*datos, información, t.* COM) liefern ❷ (*abastecer*) versorgen ❸ (*facilitar*) beschaffen

suministro [sumi'nistro] *m* ❶ (*de datos, información, t.* COM) Lieferung *f;* ~ **de informaciones** Auskunfterteilung *f* ❷ (*abastecimiento*) Versorgung *f;* ~ **de calorías** Kalorienzufuhr *f*

sumir [su'mir] I. *vt* (*hundir*) (ein)tauchen; ~ **en la miseria a alguien** jdn ins Elend stürzen II. *vr:* ~ **se** versinken

sumisión [sumi'sjon] *f* ❶ (*acción*) Unterwerfung *f* ❷ (*carácter*) Unterwürfigkeit *f* ❸ (*obediencia*) Gehorsamkeit *f*

sumiso, -a [su'miso, -a] *adj* ❶ (*que se somete*) unterwürfig ❷ (*que no rechista*) gehorsam

sumo, -a ['sumo, -a] *adj* ❶ (*más alto*) höchste(r, s); **a lo** ~ höchstens; **en grado** ~ hochgradig ❷ (*mayor*) größte(r, s)

suntuario, -a [sun̪tu'arjo, -a] *adj* Luxus-

suntuosidad [sun̪twosi'ðað] *f* ❶ (*lujo*) Luxus *m* ❷ (*opulencia*) Üppigkeit *f* ❸ (*aparatosidad*) Prunk *m*

suntuoso, -a [sun̪tu'oso, -a] *adj* ❶ (*lujoso*) luxuriös ❷ (*opulento*) üppig ❸ (*aparatoso*) aufwändig

supeditar [supeði'tar] I. *vt* ❶ (*someter*) unterwerfen ❷ (*subordinar*) unterordnen ❸ (*condicionar*) abhängig machen (*a* von + *dat*) II. *vr:* ~ **se** sich unterordnen

súper[1] ['super] I. *adj* (*fam*) super II. *m* Supermarkt *m*

súper[2] ['super] *f* Super(benzin) *nt*

superable [supe'raβle] *adj* ❶ (*récord*) verbesserbar ❷ (*situación*) überwindbar

superabundancia [superaβun̪'dan̪θja] *f* (*en cantidad*) Überfluss *m* (*de* an + *dat*); (*en diversidad*) Überfülle *f* (*de* von + *dat*)

superabundante [superaβun̪'dan̪te] *adj:* ~ **en...** (*positivo*) reich an ...; (*negativo*) mit übermäßig viel ...

superación [supera'θjon] *f* ❶ (*de récord*) Verbesserung *f* ❷ (*de situación*) Überwindung *f*

superar [supe'rar] I. *vt* ❶ (*sobrepasar: a alguien*) übertreffen; (*límite*) überschreiten;

(*récord*) brechen; ~ **todo lo que se había visto hasta ahora** alles bisher Dagewesene in den Schatten stellen ❷ (*prueba*) bestehen ❸ (*situación*) überwinden II. *vr:* ~ **se** sich selbst übertreffen

superávit [supe'raβit] *m* <superávit(s)> Überschuss *m*

superchería [supertʃe'ria] *f* (*engaño*) Betrug *m;* (*mentira*) Lüge *f*

supercopa [super'kopa] *f* (DEP) Supercup *m*

superdotado, -a [superðo'taðo, -a] *adj* hochbegabt

superferolítico, -a [superfero'litiko, -a] *adj* (*fam*) gekünstelt

superficial [superfi'θjal] *adj* oberflächlich; (*detalle*) äußerlich; **efecto** ~ Oberflächenwirkung *f*

superficialidad [superfiθjali'ðað] *f* Oberflächlichkeit *f*

superficie [super'fiθje] *f* ❶ (*parte externa*) Oberfläche *f;* ~ **cultivable** Anbaufläche *f;* **salir a la** ~ (*submarino*) auftauchen; (*minero*) auffahren; (*fig*) zum Vorschein kommen ❷ (MAT) Fläche *f;* (*área*) Flächeninhalt *m* ❸ (*apariencia*) äußerer Eindruck *m*

superfluo, -a [su'perflwo, -a] *adj* überflüssig; (*gastos*) unnötig

superhombre [super'ombre] *m* Übermensch *m*

superintendente [superin̪ten̪'den̪te] *mf* Leiter(in) *m(f);* (*de policía*) Hauptkommissar(in) *m(f)*

superior[1] [supe'rjor] *adj* ❶ (*más alto*) obere(r, s) *m;* **el curso** ~ **de un río** der Oberlauf eines Flusses; **el piso** ~ **al mío** die Wohnung über mir ❷ (*en calidad*) besser; (*en rango*) höher; (*en inteligencia/fuerza*) überlegen ❸ (*excelente*) hervorragend; **mujer** ~ Superfrau *f*

superior(**a**)[2] [supe'rjor(a)] *m(f)* ❶ (REL) Obere(r), -in *m, f* ❷ (*jefe*) Vorgesetzte(r) *mf*

superioridad [superjori'ðað] *f* (*ventaja*) Überlegenheit *f* (*sobre* über + *akk*); **hablar con un tono de** ~ in einem anmaßendem Ton sprechen

superlativo[1] [superla'tiβo] *m* (LING) Superlativ *m*

superlativo, -a[2] [superla'tiβo, -a] *adj* überragend; (LING) superlativisch

superlujo [super'luxo] *m* Spitzenqualität *f*

supermercado [supermer'kaðo] *m* Supermarkt *m*

supermoderno, -a [supermo'ðerno, -a] *adj* hochmodern

supernumerario, -a [supernume'rarjo, -a] I. *adj* ❶ (*número*) überzählig ❷ (*funciona-*

rio) außerplanmäßig **II.** *m, f* Beamtenan-
wärter(in) *m(f)*
superpetrolero [superpetro'lero] *m* Super-
tanker *m*
superpoblación [superpoβla'θjon] *f* Über-
völkerung *f*
superponer [superpo'ner] *irr como poner*
vt ❶ (*dos cosas*) aufeinander legen; ~ **algo**
a algo etw auf etw legen ❷ (*dar prioridad*)
Vorrang geben +*dat*
superposición [superposi'θjon] *f* Überei-
nanderlagerung *f*
superpotencia [superpo'teɲθja] *f* Großmacht *f;* **superproducción** [superpro-
ðuɣ'θjon] *f* ❶ (COM) Überproduktion *f*
❷ (CINE) Mammutproduktion *f*
supersónico, -a [super'soniko, -a] *adj*
Überschall-
superstición [supersti'θjon] *f* Aberglaube
m
supersticioso, -a [supersti'θjoso, -a] *adj*
abergläubisch
supervalorar [superβalo'rar] *vt* überbewerten
superventas [super'βentas] *m inv* Verkaufsschlager *m;* (*libro*) Bestseller *m*
supervisar [superβi'sar] *vt* beaufsichtigen;
(*en un examen*) Aufsicht führen (über
+*akk*)
supervisión [superβi'sjon] *f* ❶ (*vigilancia*)
Beaufsichtigung *f* ❷ (*en examen*) Aufsicht *f*
supervisor(a) [superβi'sor(a)] *m(f)* Aufse-
her(in) *m(f);* (*funcionario*) Aufsichtsbeam-
te(r) *mf,* -beamtin *f*
supervivencia [superβi'βeɲθja] *f* Überleben *nt*
superviviente [superβi'βjente] **I.** *adj* über-
lebend **II.** *mf* Überlebende(r) *mf*
superyó [super'ʝo] *m* (PSICO) Überich *nt*
supino, -a [su'pino, -a] *adj* ❶ (*posición*) auf
dem Rücken (liegend) ❷ (*excesivo*): **ignorancia supina** völlige Unwissenheit
suplantación [suplanta'θjon] *f* ❶ (*en el
trabajo*) unbefugte Vertretung *f* ❷ (*de
escrito*) Fälschung *f*
suplantar [suplan'tar] *vt* ❶ (*en el trabajo*)
unbefugt vertreten ❷ (*escrito*) fälschen
suplementario, -a [suplemen'tarjo, -a] *adj*
ergänzend; **tomo** ~ Ergänzungsband *m*
suplemento [suple'mento] *m* ❶ (*complemento*) Ergänzung *f* ❷ (*tomo*) Ergänzungsband *m* ❸ (*de periódico*) Beilage *f*
❹ (*precio*) Aufpreis *m;* (*del tren*) Zuschlag
m; (*plus*) Zulage *f;* ~ **por turnos** Schicht-
zulage *f*
suplencia [su'pleɲθja] *f* Vertretung *f*
suplente [su'plente] **I.** *adj* vertretend;

maestro ~ Aushilfslehrer *m* **II.** *mf* Vertretung *f;* (DEP) Ersatzspieler(in) *m(f)*
supletorio¹ [suple'torjo] *m* (TEL) Nebenanschluss *m*
supletorio, -a² [suple'torjo, -a] *adj* zusätzlich
súplica ['suplika] *f* Flehen *nt;* (*escrito*) Bitt-
gesuch *nt*
suplicación [suplika'θjon] *f* ❶ (*ruego*)
inständige Bitte *f* ❷ (JUR) Einspruch *m*
suplicar [supli'kar] <c→qu> *vt* ❶ (*rogar*)
anflehen; (*algo*) inständig bitten (um
+*akk*); ~ **de rodillas** auf Knien anflehen
❷ (JUR) Einspruch einlegen (gegen +*akk*)
suplicio [su'pliθjo] *m* ❶ (*tortura*) Folter *f*
❷ (*tormento*) Qual *f;* **el viaje fue un** ~ die
Reise war eine einzige Strapaze
suplir [su'plir] *vt* ❶ (*completar*) ergänzen
❷ (*sustituir*) ersetzen; ~ **el bolígrafo por
un lápiz** einen Bleistift statt eines Kugel-
schreibers benutzen ❸ (*en el trabajo*) vertreten
supo ['supo] *3. pret de* **saber**
suponer [supo'ner] *irr como poner* *vt*
❶ (*dar por sentado*) annehmen; **vamos a**
~ **que...** nehmen wir an, dass ...; **se
supone que...** es ist anzunehmen, dass ...;
suponiendo que... in der Annahme, dass
...; **supongamos que...** wenn wir davon
ausgehen, dass ...; **dar algo por supuesto**
etw für selbstverständlich halten ❷ (*figurar*) annehmen; **supongo que vendrás,
¿no?** – **supongo que sí** ich nehme an, du
kommst, oder? – wahrscheinlich schon;
no supongo que... +*subj* ich glaube
nicht, dass ...; **puedes** ~ **que...** du kannst
sicher sein, dass ...; **¿estás suponiendo
que...?** willst du damit andeuten, dass ...?
❸ (*atribuir*): **le supongo unos 40 años**
ich schätze ihn/sie auf etwa vierzig; **no le
suponía tan fuerte** ich habe ihn nicht für
so stark gehalten ❹ (*significar*) bedeuten;
(*demostrar*) beweisen; ~ **un duro golpe
para alguien** ein harter Schlag für jdn
sein; **esto me supone 100 euros al mes**
das kostet mich monatlich 100 Euro; **no** ~
molestia alguna keine Mühe bereiten
suposición [suposi'θjon] *f* Annahme *f,* Vermutung *f;* (*presunción*) Mutmaßung *f*
supositorio [suposi'torjo] *m* (MED) Zäpfchen *nt*
supremacía [suprema'θia] *f* (*superioridad*)
Überlegenheit *f;* (*política, económica*) Vorherrschaft *f;* (*prioridad*) Vorrang *m*
supremo, -a [su'premo, -a] *adj* (*altísimo*)
höchste(r, s); (*fig*) äußerste(r, s); **el
instante** ~ der Höhepunkt
supresión [supre'sjon] *f* ❶ (*eliminación*)

Abschaffung *f;* (*de fronteras*) Abbau *m;* (*de obstáculos*) Beseitigung *f;* (*de una regla*) Aufhebung *f* ❷ (*omisión*) Streichung *f*

supresor [supre'sor] *m;* ~ **de interferencias** (ELEC) Entstörer *m*

suprimir [supri'mir] *vt* ❶ (*poner fin*) abschaffen; (*fronteras*) abbauen; (*controles, obstáculos, amenaza*) beseitigen; (*regla*) aufheben ❷ (*omitir*) streichen ❸ (*silenciar*) verschweigen

supuesto¹ [su'pwesto] *m* Annahme *f*

supuesto, -a² [su'pwesto, -a] *adj* (*ladrón, asesino*) mutmaßlich; (*testigo, nombre*) angeblich; (*causa*) vermutlich; **por** ~ selbstverständlich; **dar algo por** ~ etw für selbstverständlich halten

supurar [supu'rar] *vi* eitern

sur [sur] *m* ❶ (*punto*) Süden *m;* (METEO) Süd *m;* **el** ~ **de España** Südspanien *nt* ❷ (*viento*) Südwind *m*

surafricano, -a [surafri'kano, -a] I. *adj* südafrikanisch II. *m, f* Südafrikaner(in) *m(f)*

suramericano, -a [surameri'kano, -a] I. *adj* südamerikanisch II. *m, f* Südamerikaner(in) *m(f)*

i Land & Leute

Surazo *m* bezeichnet in *Argentina* und *Bolivia* einen sehr starken Wind, der von Süden kommt. Die Wortbildung dieses meteorologischen Begriffes ist sehr einfach: das Substantiv *sur* – *Süden* wird mit der Vergrößerungsform *-azo* verbunden.

surcar [sur'kar] <c→qu> *vt* ❶ (*tierra*) (durch)furchen ❷ (*mar*): ~ **el mar** durch das Meer gleiten

surco ['surko] *m* ❶ (*en tierra*) Furche *f* ❷ (*arruga*) Falte *f* ❸ (*en disco*) Rille *f*

sureste [sur'este] *m* Südosten *m*

surf [surf] *m sin pl* Surfing *nt;* **hacer** ~ surfen

surfista [sur'fista] *mf* Surfer(in) *m(f)*

surgimiento [surxi'mjento] *m* (*de dificultades, de una disputa*) Aufkommen *nt;* (*de una persona, de un fantasma*) Auftauchen *nt*

surgir [sur'xir] <g→j> *vi* ❶ (*agua*) herausquellen ❷ (*aparecer: dificultades*) aufkommen; (*posibilidad*) sich ergeben; (*pregunta*) sich stellen; (*persona*) auftauchen ❸ (*edificio*) emporragen

suroeste [suro'este] *m* Südwesten *m*

surrealismo [surrea'lismo] *m sin pl* (ARTE) Surrealismus *m*

surrealista [surrea'lista] I. *adj* surrealistisch II. *mf* Surrealist(in) *m(f)*

surtido¹ [sur'tiðo] *m* Sortiment *nt*

surtido, -a² [sur'tiðo, -a] *adj* ❶ (*mezclado*) gemischt; **galletas surtidas** Keksmischung *f* ❷ (*variado*) sortiert

surtidor [surti'ðor] *m* ❶ (*chorro*) Fontäne *f;* (*fuente*) Springbrunnen *m* ❷ (*de gasolina*) Zapfsäule *f*

surtir [sur'tir] I. *vt* ❶ (*proveer*) versorgen (*de* mit +*dat*) ❷ (*loc*): ~ **efecto** (*palabras*) Wirkung haben; (*medicamento*) wirken II. *vi* herausquellen III. *vr:* ~**se** sich versorgen (*de* mit +*dat*)

susceptibilidad [susθeptiβili'ðað] *f* (*sensibilidad*) (Über)empfindlichkeit *f;* (MED) Anfälligkeit *f*

susceptible [susθep'tiβle] *adj* ❶ (*cosa*): ~ **de mejora** verbesserungsfähig; **materiales** ~**s de ser reutilizados** wiederverwendbare Stoffe ❷ (*persona: sensible*) (über)empfindlich; (*irritable*) reizbar

suscitar [susθi'tar] *vt* (*sospecha*) (er)wecken; (*discusión*) auslösen; (*escándalo*) verursachen; (*odio*) schüren; (*comentarios*) provozieren; (*problema*) schaffen; (*discordia*) entfachen; (*conflicto*) anstiften; (*antipatías, curiosidad*) hervorrufen

suscribir [suskri'βir] *irr como escribir* I. *vt* ❶ (*escrito*) unterschreiben ❷ (*opinión*) teilen ❸ (*acciones*) zeichnen II. *vr:* ~**se a una revista** eine Zeitschrift abonnieren

suscripción [suskriβ'θjon] *f* ❶ (*firma*) Unterzeichnung *f* ❷ (*de acciones*) Zeichnung *f* ❸ (*a una revista*) Abonnement *nt*

suscri(p)tor(a) [suskri(p)'tor(a)] *m(f)* ❶ (*firmante*) Unterzeichner(in) *m(f)* ❷ (*de acciones*) Zeichner(in) *m(f)* ❸ (*de una revista*) Abonnent(in) *m(f)*

susodicho, -a [suso'ðitʃo, -a] *adj* (*dicho arriba*) oben genannt; (*dicho antes*) zuvor erwähnt

suspender [suspen'der] *vt* ❶ (*tener en el aire*) aufhängen (*de* an +*dat*) ❷ (*trabajador*) suspendieren; (*deportista*) sperren ❸ (*en un examen*) durchfallen lassen; **he suspendido matemáticas** ich bin in Mathe durchgefallen ❹ (*interrumpir: sesión*) unterbrechen; (*tratamiento*) aussetzen; (*embargo*) aufheben; ~ **las disputas** den Streit beenden; **se ha suspendido la función de esta noche** die heutige Nachtvorstellung fällt aus ❺ (*embelesar*) bezaubern

suspense [sus'pense] *m* Spannung *f;* **una película de** ~ ein spannender Film

suspensión [suspen'sjon] *f* ❶ (TÉC) Aufhängung *f;* (AUTO) Federung *f* ❷ (*laboral*) Suspendierung *f;* (DEP) Sperre *f* ❸ (*interrupción: de sesión*) Unterbrechung *f;* (*de tratamiento*) Aussetzung *f;* (*de disputas*) Beendigung *f;* (*de producción*) Einstellung *f;* (*de embargo*) Aufhebung *f;* ~ **de armas** Waffenruhe *f;* ~ **de la pena** Strafaussetzung *f*

suspensivo, -a [suspen'siβo, -a] *adj:* **puntos** ~**s** Auslassungspunkte *mpl*

suspenso¹ [sus'penso] *m* ❶ (ENS): **sacar un** ~ durchfallen ❷ (*Am*) *v.* **suspense**

suspenso, -a² [sus'penso, -a] *adj* (*perplejo*) erstaunt

suspensores [suspen'sores] *mpl* (*Am: tiradores*) Hosenträger *mpl*

suspicacia [suspi'kaθja] *f* ❶ (*cualidad*) Misstrauen *nt* ❷ (*actitud*) misstrauisches Wesen *nt*

suspicaz [suspi'kaθ] *adj* misstrauisch

suspirado, -a [suspi'raðo, -a] *adj* ersehnt; **muy** ~ heiß ersehnt

suspirar [suspi'rar] *vi* ❶ (*dar suspiros*) seufzen ❷ (*anhelar*) sich sehnen (*por* nach +*dat*)

suspiro [sus'piro] *m* (*de persona*) Seufzer *m;* (*del viento*) Säuseln *nt*

sustancia [sus'tanθja] *f* ❶ (*materia, esencia*) Substanz *f;* ~ **activa** Wirkstoff *m;* **la** ~ **gris** (ANAT) die graue Substanz; **este ensayo no tiene** ~ dieses Essay ist gehaltlos ❷ (*de alimentos*) Nährwert *m* ❸ (*juicio*): **un fundamento sin** ~ eine fadenscheinige Begründung; **decir cosas sin** ~ Unsinn reden; **un comentario sin** ~ eine überflüssige Bemerkung ❹ (*loc*): **en** ~ kurz und gut

sustancial [sustan'θjal] *adj* ❶ (*esencial*) wesentlich; (*fundamental*) grundlegend ❷ (*comida*) nahrhaft ❸ (*libro*) gehaltvoll

sustanciar [sustan'θjar] *vt* ❶ (*resumir*) begründen ❷ (JUR): ~ **un proceso** einen Prozess betreiben

sustancioso, -a [sustan'θjoso, -a] *adj* ❶ (*comida*) nahrhaft ❷ (*libro*) gehaltvoll

sustantivo¹ [sustan'tiβo] *m* Substantiv *nt*

sustantivo, -a² [sustan'tiβo, -a] *adj* ❶ (*esencial*) wesentlich; (*fundamental*) grundlegend ❷ (LING) substantivisch

sustentáculo [susten'takulo] *m* Stütze *f*

sustentar [susten'tar] I. *vt* ❶ (*una cosa*) halten; (*columna*) stützen ❷ (*esperanza*) aufrechterhalten ❸ (*familia*) unterhalten II. *vr:* ~**se** ❶ (*alimentarse*) sich ernähren (*con/de* von +*dat*) ❷ (*aguantarse*) sich stützen (*en* auf +*akk*)

sustento [sus'tento] *m* ❶ (*mantenimiento*) (Lebens)unterhalt *m* ❷ (*apoyo*) Stütze *f*

sustitución [sustitu'θjon] *f* Ersatz *m;* (*tem-*

poral de alguien) Vertretung *f*

sustituir [sustitu'ir] *irr como huir* *vt* ❶ (*algo*) ersetzen ❷ (DEP) auswechseln ❸ (*a alguien: temporalmente*) vertreten; (*definitivamente*) ersetzen

sustitutivo¹ [sustitu'tiβo] *m* Ersatz *m*

sustitutivo, -a² [sustitu'tiβo, -a] *adj* Ersatz-

sustituto, -a [susti'tuto, -a] *m, f* Vertreter(in) *m(f)*

susto ['susto] *m* Schreck(en) *m;* **poner cara de** ~ ein erschrockenes Gesicht machen; **dar un** ~ einen Schreck einjagen; **pegarse un** ~ erschrecken; **pegarle un** ~ **a alguien** jdn erschrecken; **no ganar para** ~**s** keinen Augenblick Ruhe haben

sustracción [sustraɣ'θjon] *f* ❶ (MAT) Subtraktion *f* ❷ (*robo*) Entwendung *f;* (*malversación*) Unterschlagung *f* ❸ (*privación*) Entziehung *f* ❹ (*separación*) Trennung *f*

sustraendo [sustra'endo] *m* (MAT) Subtrahend *nt*

sustraer [sustra'er] *irr como traer* I. *vt* ❶ (*restar*) abziehen ❷ (*robar*) stehlen ❸ (*privar*) entziehen ❹ (*separar*) trennen II. *vr:* ~ **se de algo** sich etw *dat* entziehen; ~ **se de los periodistas** den Journalisten aus dem Wege gehen

sustrato [sus'trato] *m* Substrat *nt*

susurrar [susu'rrar] I. *vi* ❶ (*hablar bajo*) flüstern; (*no claro*) murmeln; ~ **algo a alguien** jdm etw zuflüstern ❷ (*viento*) rauschen II. *vr:* ~**se** umgehen III. *vimpers:* **se susurra que...** man munkelt, dass ...

susurro [su'surro] *m* ❶ (*al hablar: bajo*) Flüstern *nt;* (*no claro*) Murmeln *nt* ❷ (*del viento*) Rauschen *nt*

sutil [su'til] *adj* ❶ (*velo, hilo*) fein; (*rebanada*) dünn ❷ (*sabor*) fein; (*aroma*) zart ❸ (*diferencia, ironía*) subtil; (*jugada, sistema*) raffiniert ❹ (*persona*) spitzfindig

sutileza [suti'leθa] *f,* **sutilidad** [sutili'ðað] *f* ❶ (*de velo/hilo*) Feinheit *f* ❷ (*de sabor*) Feinheit *f;* (*de aroma*) Zartheit *f* ❸ (*de diferencia, ironía*) Subtilität *f;* (*de jugada, sistema*) Raffiniertheit *f* ❹ (*de persona*) Spitzfindigkeit *f*

sutilizar [sutili'θar] <z→c> *vt* ❶ (*hacer sutil*) verfeinern ❷ (*diferencia*) nuancieren; (*jugada*) verbessern ❸ (*discurrir*) austüfteln

sutura [su'tura] *f* Naht *f;* **punto de** ~ Stich *m*

suturar [sutu'rar] *vt* (ver)nähen

suyo, -a [su+o, -a] *adj o pron* (*de él*) seine(r); (*de ella, ellos, ellas*) ihre(r); (*de usted, ustedes*) Ihre(r); **el regalo es** ~ das Geschenk ist von ihm/ihr; **este encendedor es** ~ dieses Feuerzeug gehört ihm/ihr;

siempre **habla de los** ~**s** er/sie redet immer von seiner/ihrer Familie; ~ **afectísimo...** hochachtungsvoll, Ihr ...; **darle a alguien lo** ~ jdm geben, was er verdient; **ya ha hecho otra de las suyas** (*fam*) er/sie hat schon wieder was Schönes angerichtet; **leer 'Fausto' tiene lo** ~ (*es difícil*) ,Faust' zu lesen hat es in sich; (*es interesante*) ,Faust' zu lesen hat etwas für sich; **el problema es ya de** ~ **difícil de resolver** das Problem an sich ist schon schwer lösbar; **hacerse** ~ **a alguien** jdn für sich gewinnen; **hacer suyas las quejas de los alumnos** sich den Beschwerden der Schüler anschließen; **Albert es muy** ~ Albert ist sehr eigen; **eso es muy** ~ das ist typisch für ihn/sie; **ir a lo** ~ eigene Wege gehen

swazilandés, -esa [swaθilan'des, -esa] I. *adj* swasiländisch II. *m, f* Swasi *mf*

Swazilandia [swaθi'landja] *f* Swasiland *nt*

T t

T, t [te] *f* T, t *nt;* ~ **de Tarragona** T wie Theodor

taba ['taβa] *f* (ANAT) Sprungbein *nt;* **menear las** ~**s** (*fam: andar*) schnell laufen; (*fig*) alle Hände voll zu tun haben

tabacalero, -a [taβaka'lero, -a] I. *adj* Tabak(s)- II. *m, f* Tabakpflanzer(in) *m(f)*

tabaco [ta'βako] *m* ① (*planta, producto*) Tabak *m;* **de color** ~ tabakbraun; ~ **rubio** heller Tabak ② (*cigarrillo*) Zigarette *f;* (*cigarro*) Zigarre *f;* **¿tienes** ~**?** hast du Zigaretten?

tabalear [taβale'ar] I. *vt, vr:* ~ **se** schaukeln II. *vi* mit den Fingern trommeln

tábano ['taβano] *m* ① (ZOOL) Bremse *f* ② (*persona*) Nervensäge *f fam*

tabaquera [taβa'kera] *f* Tabakdose *f*

tabaquismo [taβa'kismo] *m sin pl* chronische Nikotinvergiftung *f*

tabardo [ta'βarðo] *m* Mantel *m*

tabarra [ta'βarra] *f* Plage *f;* **dar la** ~ nerven

taberna [ta'βerna] *f* Kneipe *f*

tabernáculo [taβer'nakulo] *m* (*sagrario*) Tabernakel *nt o m*

tabernario, -a [taβer'narjo, -a] *adj* ① (*de la taberna*) Kneipen- ② (*pey*) derb

tabernero, -a [taβer'nero, -a] *m, f* Wirt(in) *m(f)*

tabicar [taβi'kar] <c→qu> I. *vt* zumauern II. *vr:* ~ **se** verstopfen

tabique [ta'βike] *m* Trennwand *f;* ~ **nasal** Nasenscheidewand *f*

tabla ['taβla] *f* ① (*plancha*) Brett *nt;* ~ **de cocina** Schneidebrett *nt;* **ser la única** ~ **de salvación** (*fig*) die einzige Rettung sein ② (*de libro*) Inhaltsverzeichnis *nt* ③ (*lista*) Tabelle *f;* (*cuadro*) Tafel *f;* **las T~s de la Ley** die Gesetzestafeln; **decir la** ~ das Einmaleins aufsagen ④ (*de vestido*) Plisseefalte *f* ⑤ (*pintura*) Tafelbild *nt* ⑥ (AGR: *para plantas*) Beet *nt;* (*más grande*) Feld *nt* ⑦ *pl* (DEP) Remis *nt* ⑧ *pl* (TEAT) Bühne *f* ⑨ *pl* (*experiencia*): **un político con muchas** ~**s** ein Politiker mit großer Erfahrung ⑩ (*loc*): **a raja** ~ koste es, was es wolle; **hacer** ~ **rasa de algo** mit etw *dat* Tabula rasa machen

tablado [ta'βlaðo] *m* ① (*suelo*) Holzboden *m* ② (*entarimado*) Podium *nt* ③ (*del escenario*) Bühne *f*

tablao [ta'βlao] *m* ① (*escenario*) Bühne *f* ② (*local*) Flamencolokal *nt*

tablear [taβle'ar] *vt* ① (*madera*) in Bretter schneiden ② (*tela*) plissieren ③ (*terreno*) in Beete unterteilen ④ (*tierra*) einebnen

tablero [ta'βlero] *m* ① (*de madera*) Holztafel *f;* ~ **de anuncios** schwarzes Brett ② (*pizarra*) Tafel *f* ③ (DEP): ~ **de ajedrez/damas** Schach-/Damebrett *nt* ④ (*de mesa*) Tischplatte *f* ⑤ (AUTO) Armaturenbrett *nt* ⑥ (*ábaco*) Rechenbrett *nt*

tableta [ta'βleta] *f* ① (MED) Tablette *f* ② (*de chocolate*) Tafel *f*

tabletear [taβlete'ar] *vi* (*puerta*) klappern; (*máquina*) rattern

tableteo [taβle'teo] *m* (*de puerta, ventana*) Klappern *nt;* (*de metralleta, perforadora*) Knattern *nt*

tabloide [ta'βloiðe] *m* (*Am*) Boulevardzeitung *f*

tablón [ta'βlon] *m* ① (*de andamio*) Brett *nt;* ~ **de anuncios** schwarzes Brett ② (*borrachera*) Rausch *m* ③ (*Am: para plantas*) Beet *nt;* (*más grande*) Feld *nt*

tabú [ta'βu] *m* <tabúes> Tabu *nt*

tabuco [ta'βuko] *m* (*pey*) Bude *f*

tabulación [taβula'θjon] *f* ① (*con tabuladores*) Tabulierung *f* ② (INFOR) Tabellierung *f;* ~ **cruzada** Kreuztabelle *f*

tabulador [taβula'ðor] *m* (*tecla*) Tabulator *m*

tabular [taβu'lar] *vt* (*listar*) tabellieren

taburete [taβu'rete] *m* (*sin respaldo*) Hocker *m;* (*con respaldo*) Stuhl *m*

tacada [ta'kaða] *f* ① (*golpe*) Stoß *m;* **de una** ~ auf einmal ② (*carambolas*) Punkte *mpl*

tacañear [takaɲe'ar] *vi* knausern
tacañería [takaɲe'ria] *f* Knauserigkeit *f*
tacaño, -a [ta'kaɲo, -a] **I.** *adj* knauserig **II.** *m, f* Geizhals *m*
tacha ['taʧa] *f* ❶ (*defecto*) Fehler *m;* **sin ~** fehlerlos ❷ (*tachuela*) Tapeziernagel *m*
tachadura [taʧa'ðura] *f* ❶ (*acción*) Streichung *f* ❷ (*tachón*) Strich *m*
tachar [ta'ʧar] *vt* ❶ (*rayar*) (durch)streichen ❷ (*atribuir*) bezeichnen (*de* als + *akk*)
tacho ['taʧo] *m* (*Am*) ❶ (*vasija*) Kessel *m* ❷ (*hojalata*) Blech *nt* ❸ (*cubo*) Mülleimer *m*
tachón [ta'ʧon] *m* ❶ (*borrón*) Strich *m* ❷ (*tachuela*) Tapeziernagel *m*
tachonado, -a [taʧo'naðo, -a] *adj:* **~ de estrellas** mit Sternen übersät
tachonar [taʧo'nar] *vt* ❶ (*clavetear*) mit Tapeziernägeln befestigen ❷ (*adornar*) verzieren (*de/con* mit + *dat*)
tachuela [ta'ʧwela] *f* Tapeziernagel *m*
tácito, -a ['taθito, -a] *adj* stillschweigend
taciturno, -a [taθi'turno, -a] *adj* ❶ (*callado*) schweigsam ❷ (*melancólico*) niedergeschlagen
taco ['tako] *m* ❶ (*pedazo*) Block *m;* **~s de salida** Startblöcke *mpl* ❷ (*de arma*) Pfropf *m* ❸ (*de billar*) Queue *nt* ❹ (*de bota*) Stollen *m;* **~ de rosca** Schraubenstollen *m* ❺ (*de papel*) Block *m;* (*calendario*) Kalenderblock *m* ❻ (*fam: de jamón*) Würfel *m;* (*de vino*) Schluck *m* Wein; (*bocado*) Happen *m* ❼ (TÉC) Dübel *m* ❽ (*fam: palabrota*) Schimpfwort *nt;* **decir** [*o* **soltar**] **~s** fluchen ❾ (*fam: lío*) Durcheinander *nt;* **dejar hecho un ~** verwirren ❿ (*Am: tacón*) Absatz *m* ⓫ *pl* (*fam: años*) Jahre *ntpl*
tacógrafo [ta'koɣrafo] *m* Fahrtenschreiber *m;* (TÉC) Tachograph *m*
tacómetro [ta'kometro] *m* Tachometer *m*
tacón [ta'kon] *m* Absatz *m;* **~ de aguja** Stöckelabsatz *m*
taconear [takone'ar] **I.** *vi* ❶ (*suelo*) aufstampfen ❷ (*arrogantemente*) stolzieren **II.** *vr:* **~se todas las oficinas** alle Büros ablaufen
taconeo [tako'neo] *m* Aufstampfen *nt*
táctica ['taktika] *f* Taktik *f;* **ir con ~** taktisch vorgehen
táctico, -a ['taktiko, -a] **I.** *adj* taktisch **II.** *m, f* Taktiker(in) *m(f)*
táctil ['taktil] *adj* Tast-
tacto ['takto] *m* ❶ (*sentido*) Tastsinn *m;* **ser áspero al ~** sich rau anfühlen ❷ (*contacto*) Berührung *f* ❸ (*habilidad*) Takt *m;* **no tener ~** taktlos sein
taekwondo [tai'wondo] *m* (DEP) Taekwon-

do *nt*

tafetán [tafe'tan] *m* (*tela*) Taft *m*
tafilete [tafi'lete] *m* Saffian *m*
tahona [ta'ona] *f* (*panadería*) Bäckerei *f*
tahonero, -a [tao'nero, -a] *m, f* Bäcker(in) *m(f)*
tahúr [ta'ur] *m* Spieler(in) *m(f);* (*tramposo*) Falschspieler(in) *m(f)*
taiga ['taiɣa] *f* Taiga *f*
tailandés, -esa [tailan'des, -esa] **I.** *adj* thailändisch **II.** *m, f* Thailänder(in) *m(f)*
Tailandia [tai'landja] *f* Thailand *nt*
taimado, -a [tai'maðo, -a] *adj* (*maligno*) verschlagen
Taiwán [tai'wan] *m* Taiwan *nt*
taiwanés, -esa [taiwa'nes, -esa] **I.** *adj* taiwanisch **II.** *m, f* Taiwaner(in) *m(f)*
tajada [ta'xaða] *f* ❶ (*porción*) Scheibe *f;* **sacar ~ de algo** von etw *dat* profitieren ❷ (*fam: ronquera*): **tener una ~** einen Frosch im Hals haben ❸ (*fam: borrachera*) Rausch *m*
tajamar [taxa'mar] *m* ❶ (*espolón*) Rammsporn *m* ❷ (*de puente*) Wellenbrecher *m*
tajante [ta'xante] *adj* ❶ (*respuesta*) kategorisch; (*actitud*) unnachgiebig; (*medidas*) drastisch ❷ (*absoluto*) völlig ❸ (*cortante*) scharf
tajar [ta'xar] *vt* (durch)schneiden
tajo ['taxo] *m* ❶ (*corte*) Schnitt *m;* **darse un ~ en el dedo** sich *dat/akk* in den Finger schneiden ❷ (GEO) Steilwand *f* ❸ (*filo*) Schneide *f* ❹ (*trabajo*) Arbeit *f;* **ir al ~** arbeiten gehen ❺ (*de carnicero*) Hackblock *m;* (*para decapitar*) Richtblock *m*
tal [tal] **I.** *adj* ❶ (*igual*) so; **~ día hace un año** heute vor einem Jahr; **en ~ caso** in so einem Fall; **no digas ~ cosa** sag so etwas nicht; **no he dicho nunca ~ cosa** das habe ich nie gesagt ❷ (*tanto*) so; **la distancia es ~ que...** die Entfernung ist so groß, dass ... ❸ (*cierto*) gewiss **II.** *pron* ❶ (*alguien*): **~ habrá que piense así** es gibt sicher jemanden, der so denkt; **el ~** der Dings; **~ o cual** irgendjemand; **¡ése es otro que ~!** das ist auch so einer! ❷ (*cosa*): **no haré ~** ich mache so etwas nicht; **¡no hay ~!** das ist nicht wahr!; **hablar de ~ y cual** von diesem und jenem reden; **... y ~** (*enumeración*) ... und dergleichen **III.** *adv* ❶ (*así*) so ❷ (*de la misma manera*) genauso; **es ~ cual lo buscaba** das ist genau das, wonach ich gesucht habe; **son ~ para cual** sie sind einer wie der andere; **estar ~ cual** sich nicht verändert haben; **~ y como** genauso wie ❸ (*cómo*): **¿qué ~ (te va)?** wie geht's (dir)?; **¿qué ~ el viaje?** wie war die

Reise?; ¿qué ~ te lo has pasado? wie war's?; ¿qué ~ si tomamos una copa? wie wär's mit einem Drink?; ~ y como están las cosas so wie die Dinge stehen **IV.** *conj:* con ~ de... *+inf,* con ~ de que... *+subj* (*mientras*) wenn nur ...; (*condición*) vorausgesetzt, dass...

tala ['tala] *f* **1** (*de árboles*) Fällen *nt* **2** (*destrucción*) Verwüstung *f*

taladradora [talaðra'ðora] *f* Bohrmaschine *f*

taladrar [tala'ðrar] *vt* **1** (*con taladro*) durchbohren **2** (*oídos*) durchdringen

taladro [ta'laðro] *m* Bohrer *m*

talante [ta'lante] *m* **1** (*modo*) Art *f* **2** (*humor*) Laune *f;* de buen/mal ~ gut/schlecht gelaunt **3** (*gana*): de buen ~ gerne

talar [ta'lar] **I.** *adj:* túnica ~ Talar *m* **II.** *vt* **1** (*árboles*) fällen **2** (*destruir*) verwüsten

talco ['talko] *m* **1** (*mineral*) Talk *m* **2** (*polvos*) Puder *m o nt*

talega [ta'leɣa] *f* **1** (*bolsa*) Beutel *m* **2** (*fam: dinero*) Kohle *f*

talego [ta'leɣo] *m* **1** (*talega*) Beutel *m* **2** (*fam: persona*) Brocken *m* **3** (*argot: cárcel*) Knast *m*

talento [ta'lento] *m* (*capacidad*) Talent *nt;* de gran ~ hochbegabt; tener ~ para los idiomas sprachbegabt sein

talentoso, -a [talen'toso, -a] *adj* begabt

Talgo ['talɣo] *m abr de* **Tren Articulado Ligero Goicoechea Oriol** Talgo *m* (*spanischer Intercityzug*)

Der **Talgo**, d. h. *Tren Articulado Ligero Goicoechea Oriol,* ist dem Intercity vergleichbar. Der schnellste Zug in Spanien ist aber der *AVE* (*Alta Velocidad Española*), der die Strecke Madrid-Sevilla fährt.

---

talión [ta'ljon] *m* Talion *f;* la ley del ~ Talionslehre *f*

talismán [talis'man] *m* Talisman *m*

talla ['taʎa] *f* **1** (*de diamante*) Schliff *m* **2** (*en madera*) Schnitzerei *f;* (*en piedra*) Meißelung *f* **3** (*estatura*) Körpergröße *f;* ¿qué ~ haces? wir groß bist du?; ser de poca ~ klein sein; no dar la ~ (*MIL*) wehrdienstuntauglich sein; (*fig*) der Situation nicht gewachsen sein **4** (*medidor*) Messstab *m* **5** (*de vestido*) (Konfektions)größe *f;* un pantalón de la ~ 42 eine Hose in Größe 42 **6** (*moral, intelectual*) Format *nt*

tallado [ta'ʎaðo] *m* Meißelung *f;* (*en madera*) (Holz)schnitzerei *f*

tallar [ta'ʎar] *vt* **1** (*diamante*) schleifen **2** (*madera*) schnitzen; (*en piedra*) meißeln **3** (*la estatura*) messen **4** (*en juego*) Bankhalter sein

tallarín [taʎa'rin] *m* Bandnudel *f*

talle ['taʎe] *m* **1** (*cintura, del vestido*) Taille *f* **2** (*figura*) Figur *f*

taller [ta'ʎer] *m* **1** (*TÉC*) Werkstatt *f;* ~ artesanal Handwerksbetrieb *m* **2** (*seminario*) Workshop *m* **3** (*estudio*) Atelier *f*

taller-escuela [ta'ʎer-es'kwela] *f* (*ENS*) Lehrwerkstatt *f*

tallo ['taʎo] *m* **1** (*BOT*) Stiel *m* **2** (*renuevo*) Schössling *m* **3** (*germen*) Keim *m*

talludo, -a [ta'ʎuðo, -a] *adj* **1** (*BOT*) langstielig **2** (*mayor*) betagt **3** (*espigado*) hochgeschossen

talmud [tal'muð] *m* (*REL*) Talmud *m*

talón [ta'lon] *m* **1** (*del pie/zapato/calcetín*) Ferse *f;* pisar a alguien los talones (*fam: perseguir*) jdm auf den Fersen sein; (*emular*) mit jdm wetteifern **2** (*cheque*) Scheck *m;* hazme un ~ de 500 euros stell mir einen Scheck über 500 Euro aus **3** (*resguardo*) Abholschein *m;* (*recibo*) Quittung *f*

talonario [talo'narjo] *m* **1** (*de cheques*) Scheckheft *nt* **2** (*de recibos*) Quittungsheft *nt*

talud [ta'luð] *m* Böschung *f*

tamango [ta'mango] *m* (*CSur: calzado*) Schuhwerk *nt*

tamaño¹ [ta'maɲo] *m* **1** (*medida*) Größe *f;* de ~ natural lebensgroß; ¿de qué ~ es? wie groß ist es? **2** (*formato*) Format *nt;* en ~ grande großformatig

tamaño, -a² [ta'maɲo, -a] *adj* **1** (*grande*) groß **2** (*pequeño*) klein **3** (*semejante*) so; tamaña tontería so eine Dummheit

tamarindo [tama'rindo] *m* (*BOT*) Tamarinde *f*

tambalear [tambale'ar] *vi, vr:* ~ se schwanken; (*fig*) ins Wanken geraten; después de la operación se le tambaleaban las piernas nach der Operation war er/sie sehr schwach auf den Beinen

tambaleo [tamba'leo] *m* **1** (*de trapecista, árbol*) Schwanken *nt;* (*por cansancio*) Taumeln *nt;* (*de torre*) Wanken *nt* **2** (*de monarquía*) Wanken *nt geh*

tambar [tam'bar] *vt* (*Ecua: engullir*) verschlingen

tambarria [tam'barrja] *f* (*Am: holgorio*) Rummel *m;* (*Perú: fiesta*) Fest *nt*

también [tam'bjen] *adv* auch

tambo ['tambo] *m* (*Am: vaquería*) Molkerei *f*

tambor [tam'bor] *m* ❶ (*cilíndro, instrumento*) Trommel *f;* **tocar el** ~ trommeln; **proclamar algo a** ~ **batiente** für etw die Trommel rühren ❷ (*músico*) Trommler(in) *m(f)* ❸ (ANAT) Trommelfell *nt*

tamboril [tambo'ril] *m* Handtrommel *f*

tamborilear [tamborile'ar] *vi* ❶ (*tocar*) die Handtrommel spielen ❷ (*con dedos*) (mit den Fingern) trommeln

Támesis ['tamesis] *m:* **el** ~ die Themse

tamiz [ta'miθ] *m* Sieb *nt;* **pasar por el** ~ sieben

tamizar [tami'θar] <z→c> *vt* sieben; (*fig*) aussieben

tampoco [tam'poko] *adv* auch nicht; **ni puedo ni** ~ **quiero** ich kann und will nicht

tampón [tam'pon] *m* ❶ (*de tinta*) Stempelkissen *nt* ❷ (*para la mujer*) Tampon *m*

tamtam [tan'tan] *m* (MÚS) Tamtam *nt*

tan [tan] *adv* so; ~ **... como ...** so ...wie ...; ~ **es así que no he podido hacerlo** um es kurz zu machen: ich konnte es nicht tun; **de** ~ **simpático me resulta insoportable** er ist so sympathisch, dass ich ihn kaum ertrage; ~ **siquiera una vez** wenigstens einmal; **ni** ~ **siquiera** nicht einmal

tanatorio [tana'torjo] *m* Leichenhalle *f*

tanda ['tanda] *f* ❶ (*turno*) Reihe *f;* **estar en la** ~ anstehen; **¿me puedes guardar la** ~**?** kannst du für mich anstehen? ❷ (*serie*) Reihe *f;* **por** ~**s** reihenweise; **en** ~**s de ocho** (*en filas*) in Achterreihen; (*en grupos*) in Achtergruppen; ~ **de palos** Tracht Prügel ❸ (*de trabajo, capa*) Schicht *f* ❹ (*trabajo*) Arbeit *f,* Job *m fam*

tándem ['tandem] *m* Tandem *nt*

tanga ['tanga] *m* Tanga *m*

tangencial [tanxen'θjal] *adj* tangential (*a* an +*dat*); (*fuerza, presión*) Tangential-; (*distancia*) Tangenten-

tangente [tan'xente] *f* Tangente *f;* **salirse** [*o* **irse**] **por la** ~ (*fig*) einer Frage aus dem Wege gehen

tangible [tan'xiβle] *adj* berührbar; (*fig*) handfest

tango ['tango] *m* Tango *m*

tanque ['tanke] *m* ❶ (MIL) Panzer *m* ❷ (*cisterna*) Tank *m* ❸ (*vehículo*) Tankwagen *m* ❹ (*fam: de cerveza*) Halbe *f* ❺ (*vulg: gordo*) Brocken *m fam* ❻ (*Am: estanque*) Teich *m*

tanqueta [tan'keta] *f* (MIL) (Transport)panzer *m*

tantán [tan'tan] *m* Gong *m*

tantara(n)tán [tantara(n)'tan] *m* ❶ (*onomatopeya*) Trommeln *nt* ❷ (*golpe*) hefti-

ger Stoß *m*

tanteador [tantea'ðor] *m* ❶ (*aparato*) Anzeigetafel *f* ❷ (*persona*) Anschreiber *m*

tantear [tante'ar] *vt* ❶ (*calcular: cantidad*) (grob) berechnen; (*tamaño, volumen*) (grob) ausmessen; (*a ojo*) (ab)schätzen; (*precio*) überschlagen ❷ (*probar*) prüfen; (*sondear a alguien*) vorfühlen (bei +*dat*); ~ **el terreno** (*fig*) die Lage sondieren ❸ (*dibujo*) skizzieren ❹ (DEP: *puntos*) erzielen; (*goles*) schießen

tanteo [tan'teo] *m* ❶ (*cálculo: cantidad*) (grobe) Berechnung *f;* (*de tamaño, volumen*) (grobe) Ausmessung *f;* (*a ojo*) (Ab)schätzung *f;* (*de precio*) Überschlag *m;* **al** [*o* **por**] ~ ungefähr ❷ (*sondeo*) Sondierung *f* ❸ (DEP: *de puntos*) Punktestand *m;* (*de goles*) Spielstand *m;* ~ **final** Endergebnis *nt*

tanto¹ ['tanto] **I.** *m* ❶ (*cantidad*) bestimmte Menge *f;* (COM) Teilbeitrag *m;* ~ **alzado** Pauschalpreis *m;* ~ **por ciento** Prozentsatz *m;* **me pagan a** ~ **la hora** ich bekomme so viel die Stunde; **costar otro** ~ genauso viel kosten ❷ (*punto*) Punkt *m;* (*gol*) Tor *nt* ❸ (*loc*): **apuntarse un** ~ **a favor** einen Pluspunkt erzielen; **estar al** ~ **de algo** über etw auf dem Laufenden sein; **estar un** ~ **harto de algo** von etw *dat* die Nase ziemlich voll haben **II.** *adv* ❶ (*de tal modo*) so (sehr); **no es para** ~ so schlimm ist es nun auch wieder nicht; **pensé que vendrías;** ~ **es así que no salí de casa** ich dachte du würdest kommen und blieb deshalb zu Hause ❷ (*en tal cantidad*) so viel; **no me das ni** ~ **así de pena** du tust mir nicht im Geringsten Leid ❸ (*de duración*) so lange; **tu respuesta tardó** ~ **que...** deine Antwort kam so spät, dass ... ❹ (*comparativo*) (genau)so viel; ~ **mejor/ peor** um so besser/schlechter; ~ **como** (+ *subst*) genau(so) wie; **eso era** ~ **como no decir nada** das hieß so gut wie gar nichts; ~ **cuanto necesito para vivir** alles, was ich zum Leben brauche; ~ **si llueve como si no...** egal, ob es regnet oder nicht, ... ❺ (*loc*): **entre** ~ währenddessen, inzwischen; **por** (**lo**) ~ also; ~**... como...** sowohl ..., als auch ...; **¡ni** ~ **ni tan calvo!** lass uns mal nicht so übertreiben!; **por lo** ~ **mejor callar** also, besser nichts sagen; **en** ~ (**que**) +*subj* (*mientras*) solange

tanto, -a² ['tanto, -a] **I.** *adj* ❶ (*comparativo*) so viel; **no tengo** ~**s años como tú** ich bin nicht so alt wie du ❷ (*tal cantidad, ponderativo*) so viel; **tantas posibilidades** so viele Möglichkeiten; **¡hace** ~ **tiempo!** es ist so lange her!; **¡hace** ~

tiempo que no te veo! ich habe dich so lange nicht mehr gesehen!; ~ gusto en conocerle ich habe mich sehr gefreut, Sie kennen zu lernen; ¿a qué se debe tanta risa? worüber wird hier so gelacht? ❸ pl (número indefinido): en mil novecientos ochenta y ~s irgendwann in den Achtzigerjahren; estamos a ~s de enero wir haben den soundsovielten Januar; tener 40 y ~s años über vierzig sein; venir a las tantas (fam) sehr spät kommen II. pron dem: ~s so viele; coge ~s como quieras nimm, so viel du möchtest; no llego a ~ da bin ich überfordert; no me imaginaba que iba a llegar a ~ ich habe nicht geglaubt, dass es so weit kommen würde; jamás podré llegar a ~ ich werde es nie so weit bringen

Tanzania [taŋ'θanja] f Tansania nt

tanzano, -a [taŋ'θano, -a] I. adj tansanisch II. m, f Tansanier(in) m(f)

tañer [ta'ɲer] <3. pret: tañó> I. vt ❶ (instrumento) spielen ❷ (campanas) läuten II. vi (mit den Fingern) trommeln

tañido [ta'ɲiðo] m Klang m

taoísmo [tao'ismo] m sin pl Taoismus m

tapa ['tapa] f ❶ (cubierta) Deckel m; ~ de rosca Schraubverschluss m; libro de ~s duras Hardcover nt; levantarle a alguien la ~ de los sesos jdm eine Kugel durch den Kopf jagen ❷ (de zapato) Absatz m ❸ (GASTR) Snack m; una ~ de aceitunas eine Portion Oliven

Tapa ist ein Synonym für *pincho*, also ein Imbiss oder Snack. In *Andalucía* aber besteht eine **tapa** meistens aus *embutido o jamón – luftgetrockneter Wurst oder Schinken.* Man bekommt sie zu Wein oder Bier serviert.

tapaboca(s) [tapa'βoka(s)] m (inv) (bufanda) Schal m

tapadera [tapa'ðera] f ❶ (de vasija) Deckel m ❷ (negocio) Tarnung f

tapadillo [tapa'ðiʎo] m: de ~ heimlich

tapado¹ [ta'paðo] m (AmS: abrigo) Mantel m

tapado, -a² [ta'paðo, -a] adj (Am: animal) einfarbig

tapajuntas [tapa'xuntas] m inv (Ab)deckleiste f

tapar [ta'par] I. vt ❶ (cuerpo) bedecken; (cazuela, en cama) zudecken ❷ (puerta) zumauern; (desagüe) verstopfen; (agu-

jero) zustopfen; (botella) verschließen ❸ (vista): ¿te tapo? versperre ich dir die Sicht?; la pared nos tapa el viento die Wand schützt uns gegen den Wind ❹ (ocultar) verheimlichen II. vr: ~se ❶ (con ropa) sich einpacken fam; (en cama) sich zudecken; (completamente) (sich) einmummen; (con velo) sich verschleiern ❷ (oídos, ojos) sich dat zuhalten; ~se la cara sich dat die Hände vor das Gesicht halten

taparrabo(s) [tapa'rraβo(s)] m (inv) ❶ (de Tarzán) Lendenschurz m ❷ (bañador) Badehose f

tapear [tape'ar] vi (fam) durch Tapa-Bars ziehen

tapete [ta'pete] m Tischdecke f; ~ verde (fig) Spieltisch m; estar sobre el ~ (fig) zur Diskussion stehen; poner sobre el ~ (fig) zur Sprache bringen

tapia ['tapja] f Lehmwand f; (de jardín) Gartenmauer f; estar más sordo que una ~ stocktaub sein

tapiar [ta'pjar] vt ❶ (cerrar) zumauern ❷ (rodear) ummauern

tapicería [tapiθe'ria] f ❶ (tapices) Wandteppiche mpl ❷ (tienda: de tapices) Teppichgeschäft nt; (de muebles, t. taller) Polsterei f ❸ (arte) Gobelinstickerei f ❹ (tela) Polsterstoff m; muebles de ~ Polstermöbel ntpl

tapicero, -a [tapi'θero, -a] m, f ❶ (de sillones) Polsterer, -in m, f ❷ (de paredes) Tapezierer(in) m(f)

tapir [ta'pir] m (ZOOL) Tapir m

tapiz [ta'piθ] m Wandteppich m; (con dibujos) Gobelin m

tapizado [tapi'θaðo] m ❶ (de tapiz) Wandteppichweberei f ❷ (de una pared) Wandbehang m ❸ (de muebles, coches) Polsterung f

tapizar [tapi'θar] <z→c> vt (muebles) (mit Stoff) beziehen; (acolchar) polstern

tapón [ta'pon] m ❶ (obturador) Verschluss m; (cilindro, de fregadero) Stöpsel m; (de corcho) Korken m; (de cuba) Spund m; (AUTO) Tankdeckel m ❷ (persona) pummeliger Mensch m ❸ (MED) Tampon m; (para el oído) Ohrstöpsel m ❹ (cerumen) Wachspfropf m ❺ (de tráfico) Stau m

taponar [tapo'nar] vt ❶ (cerrar) verschließen; (con corcho) verkorken; (de plástico) zustöpseln; (cuba) verspunden; (con espátula) zuspachteln; (desagüe) verstopfen ❷ (herida) tamponieren

taponazo [tapo'naθo] m Knall m; al abrir la botella dio un ~ der Korken knallte beim Öffnen der Flasche

tapujarse [tapu'xarse] *vr* (*fam*) sich vermummen

tapujo [ta'puxo] *m* ❶ (*embozo*) Kragen *m* ❷ (*fam: disimulo*) Verhüllung *f;* **andar con ~ s** (*obrar*) heimlich tun; **no andarse con ~ s** (*hablar*) kein Blatt vor den Mund nehmen

taquear [take'ar] **I.** *vi* (*Am*) ❶ (*jugar*) Billard spielen ❷ (*arma*) schießen ❸ (*llenar*) voll stopfen **II.** *vr:* ~ **se** (*Am*) sich voll stopfen

taquicardia [taki'karðja] *f* Herzjagen *nt;* (MED) Tachykardie *f*

taquigrafía [takiɣra'fia] *f* Stenografie *f*

taquigrafiar [takiɣrafi'ar] < *l. pres:* taquigrafío> *vt* stenografieren

taquígrafo, -a [ta'kiɣrafo, -a] *m, f* Stenograf(in) *m(f)*

taquilla [ta'kiʎa] *f* ❶ (*armario*) Schließfach *nt;* (*archivador*) Fach *nt* ❷ (TEAT, CINE, DEP) Kasse *f;* (FERRO) (Fahrkarten)schalter *m;* (*de apuestas*) Wettannahme *f;* **éxito de ~** Kassenerfolg *m* ❸ (*recaudación*) Einnahmen *fpl*

taquillaje [taki'ʎaxe] *m* ❶ (*entradas*) Eintrittskarten *fpl* ❷ (*recaudaciones*) Einnahmen *fpl* (*aus Eintrittskarten*)

taquillero, -a [taki'ʎero, -a] **I.** *adj:* **artista ~/película taquillera** Kassenmagnet *m* **II.** *m, f* (FERRO) Schalterbeamte(r) *mf,* -beamtin *f;* (TEAT, CINE) Kartenverkäufer(in) *m(f)*

taquimecanografía [takimekanoɣra'fia] *f* Maschineschreiben und Stenographie

taquimecanógrafo, -a [takimeka'noɣrafo, -a] *m, f* Stenotypist(in) *m(f)*

tara ['tara] *f* (*defecto*) Mangel *m*

tarabilla [tara'βiʎa] *f* ❶ (*fam: parlanchín*) Quasselstrippe *f;* **hablar como una ~ descompuesta** wie ein Wasserfall reden ❷ (*palabra*) Geplapper *nt* ❸ (*de ventana*) (Fenster)riegel *m*

taracea [tara'θea] *f* Einlegearbeit *f*

taracear [taraθe'ar] *vt* mit Intarsien verzieren

tarado, -a [ta'raðo, -a] **I.** *adj* ❶ (*objeto*) schadhaft ❷ (*alocado*) verrückt; (*imbécil*) doof **II.** *m, f* (*loco*) Spinner(in) *m(f)*

tarambana [taram'bana] *mf* (*fam*) Spinner(in) *m(f)*

tarántula [ta'rantula] *f* Tarantel *f*

tarar [ta'rar] *vt* (COM) tarieren

tarará [tara'ra] *m v.* **tararí**

tararear [tarare'ar] *vt* trällern; (*con labios cerrados*) summen

tararí [tara'ri] *m* ❶ (*de trompeta*) Schmettern *nt* ❷ (*loc*): **estar ~** einen Rausch haben

tarascón [taras'kon] *m* (*AmS: mordedura*) Biss *m;* (*herida*) Bisswunde *f*

tardanza [tar'ðanθa] *f* Verspätung *f;* **perdona la ~ en escribirte** verzeih mir, dass ich dir so spät schreibe

tardar [tar'ðar] *vi* ❶ (*emplear tiempo*) brauchen; **a más ~** spätestens; **sin ~** unverzüglich; **no tardo nada** ich brauche nicht lange ❷ (*demasiado tiempo*): ~ **en llegar** zu spät kommen; (FERRO) mit Verspätung eintreffen; ~ **en responder** mit der Antwort zögern; **~án mucho en arreglarlo** es wird lange dauern, bis es repariert ist; **no ~é en volver** ich bin bald wieder da; **¡no tardes!** komm bald zurück!

tarde ['tarðe] **I.** *f* ❶ (*primeras horas*) Nachmittag *m;* **por la ~** nachmittags; **¡buenas ~ s!** guten Tag! ❷ (*últimas horas*) Abend *m;* **¡buenas ~ s!** guten Abend!; (**todos**) **los viernes por la ~** jeden Freitagabend **II.** *adv* spät; ~ **o temprano** früher oder später; **de ~ en ~** von Zeit zu Zeit; **se me hace ~** ich bin spät dran; **más vale ~ que nunca** (*prov*) besser spät als nie

tardecer [tarðe'θer] *irr como crecer vimpers:* **tardece** es wird dunkel

tardío, -a [tar'ðio, -a] *adj* ❶ (*atrasado*) spät; **es un consejo ~** dieser Rat kommt zu spät ❷ (*lento*) langsam ❸ (*vulg: sordo*) schwerhörig

tardo, -a ['tarðo, -a] *adj* langsam; ~ **de oído** schwerhörig

tardón, -ona [tar'ðon, -ona] **I.** *adj* ❶ (*lento*) langsam ❷ (*tonto*) begriffsstutzig **II.** *m, f* ❶ (*lento*) Trödler(in) *m(f) fam;* **es un ~** er verspätet sich immer ❷ (*tardo*) Spätzünder *m fam*

tarea [ta'rea] *f* ❶ (*faena*) Aufgabe *f* ❷ (*trabajo*) Arbeit *f;* ~ **s de la casa** Hausarbeit *f* ❸ *pl* (ENS) Hausaufgaben *fpl*

tarifa [ta'rifa] *f* Tarif *m*

tarificar [tarifi'kar] <c→qu> *vt* tarifieren

tarima [ta'rima] *f* Podium *nt*

tarjeta [tar'xeta] *f* ❶ Karte *f;* ~ **de embarque** (AERO) Bordkarte *f;* ~ **gráfica** [*o* **de gráficos**] (INFOR) Grafikkarte *f;* ~ **de sonido** (INFOR) Soundkarte *f*

tarjetero [tarxe'tero] *m* Geldbörse *f*

tarot [ta'roᵗ] *m* Tarot *nt o m*

tarquín [tar'kin] *m* Schlick *m*

tarraconense [tarrako'nense] **I.** *adj* aus Tarragona **II.** *mf* Einwohner(in) *m(f)* von Tarragona

tarrina [ta'rrina] *f* kleiner Behälter *m;* ~ **de helado** Eisbecher *m*

tarro ['tarro] *m* ❶ (*envase*) Becher *m;* (*de cristal*) Glas *nt* ❷ (*fam: cabeza*) Schädel *m;* **comer el ~ a alguien** auf jdn einschwätzen

tarso ['tarso] *m* (ANAT) Fußwurzel *f*

tarta ['tarta] *f* Torte *f*

tartaja [tar'taxa] *adj o mf v.* **tartajoso**

tartajear [tartaxe'ar] *vi* stottern

tartajoso, -a [tarta'xoso, -a] **I.** *adj* stotternd, stott(e)rig, stammelnd **II.** *m, f* Stammler(in) *m(f),* Stotterer, -in *m, f*

tartamudear [tartamuðe'ar] *vi* stottern

tartamudez [tartamu'ðeθ] *f* Stottern *nt;* (*por nervios*) Stammeln *nt*

tartamudo, -a [tarta'muðo, -a] **I.** *adj* stott(e)rig **II.** *m, f* Stotterer, -in *m, f*

tartán [tar'tan] *m* **①** (*tela*) Schottenstoff *m* **②** (®, DEP) Tartan® *m*

tártaro¹ ['tartaro] *m* **①** (QUÍM) Weinstein *m* **②** (*sarro*) Zahnstein *m* **③** (*elev: infierno*) Tartaros *m* **④** (*lengua*) Tartarisch(e) *nt*

tártaro, -a² ['tartaro, -a] **I.** *adj* tartarisch; **bistec** ~ Tartarbeefsteak *nt;* **salsa tártara** Tartarensoße *f* **II.** *m, f* Tartar(in) *m(f)*

tartera [tar'tera] *f* **①** (*para tartas*) Kuchenform *f* **②** (*fiambrera*) Frischhaltebox *f*

tarugo [ta'ruɣo] *m* **①** (*trozo*) Klotz *m* **②** (*clavija*) Pflock *m* **③** (*pan*) Brotkanten *m* **④** (*persona*) Trottel *m*

tarumba [ta'rumba] *adj* (*fam*): **estar** ~ durcheinander sein; **volver a alguien** ~ jdn verrückt machen

tasa ['tasa] *f* **①** (*valoración*) Schätzung *f* **②** (*precio*) Preis *m;* (*derechos*) Gebühr *f;* (*de impuesto*) Satz *m* **③** (*de joya*) Schätzwert *m* **④** (*porcentaje*) Rate *f;* ~ **de desempleo** Arbeitslosenquote *f;* ~ **de interés** Zinssatz *m*

tasación [tasa'θjon] *f* **①** (*de producto*) Festlegung *f* des Preises; (*de impuesto*) Veranlagung *f* **②** (*de joya*) Schätzung *f*

tasador(a) [tasa'ðor(a)] *m(f)* Schätzer(in) *m(f);* **perito** ~ Taxator *m*

tasajo [ta'saxo] *m* **①** (*trozo*) Stück *nt* Fleisch **②** (*salado*) Dörrfleisch *nt*

tasar [ta'sar] *vt* **①** (*precio*) den Preis festsetzen (für +*akk*); (*impuesto*) besteuern **②** (*valorar*) schätzen (*en* auf +*akk*); (*trabajo*) berechnen; ~ **en exceso** überbewerten **③** (*tabaco, comida*) dosieren; (*libertad*) einschränken

tasca ['taska] *f* (*taberna*) Kneipe *f*

tata¹ ['tata] *f* (*fam*) Kindermädchen *nt*

tata² ['tata] *m* (*Am: papá*) Vati *m*

tatarabuelo, -a [tatara'βwelo, -a] *m, f* Ururgroßvater *m*, Ururgroßmutter *f*

tataranieto, -a [tatara'njeto, -a] *m, f* Ururenkel(in) *m(f)*

tate ['tate] *interj* **①** (*cuidado*) aufgepasst! **②** (*despacito*) sachte! **③** (*sorpresa*) (ach) du meine Güte!

tatuaje [tatu'axe] *m* Tätowierung *f*

tatuar [tatu'ar] <*l. pres:* tatúo> *vt* tätowieren

taumaturgia [tauma'turxja] *f* Wunderkraft *f*

taumaturgo, -a [tauma'turɣo, -a] *m, f* Wundertäter(in) *m(f)*

taurino, -a [tau'rino, -a] *adj* **①** (*del toro*) Stier- **②** (*de la corrida*) Stierkampf-

Tauro ['tauro] *m* (ASTR) Stier *m;* **soy (de)** ~ ich bin (ein) Stier

tauromaquia [tauro'makja] *f sin pl* Stierkampfkunst *f*

tautología [tautolo'xia] *f* Tautologie *f*

taxativo, -a [taksa'tiβo, -a] *adj* beschränkend; (*categórico*) kategorisch

taxi ['taksi] *m* Taxi *nt*

taxidermista [taksiðer'mista] *mf* Taxidermist(in) *m(f)*

taxímetro [tak'simetro] *m* Taxameter *m o nt*

taxista [tak'sista] *mf* Taxifahrer(in) *m(f)*

taxonomía [taksono'mia] *f sin pl* (BIOL) Taxonomie *f*

taza ['taθa] *f* **①** (*de café*) Tasse *f;* **una** ~ **de café** (*con café*) eine Tasse Kaffee; (*para el café*) eine Kaffeetasse **②** (*del wáter*) Klobecken *nt* **③** (*de fuente*) Becken *nt*

tazón [ta'θon] *m* Schale *f*

te [te] **I.** *f* T *nt* **II.** *pron pers* **①** (*objeto directo*) dich; **¡míra~!** schau dich mal an! **②** (*objeto indirecto*) dir **III.** *pron refl:* ~ **vistes** du ziehst dich an; ~ **levantas** du stehst auf; **¿~ has lavado los dientes?** hast du dir die Zähne geputzt?

té [te] *m* Tee *m;* **dar a alguien el** ~ (*fig*) jdm auf die Nerven gehen

tea ['tea] *f* **①** (*astillas*) Kienspan *m;* (*antorcha*) Kienfackel *f* **②** (*fam: borrachera*) Rausch *m*

teatral [tea'tral] *adj* Theater-; (*efecto, experiencia, autor*) Bühnen-; (*fig*) theatralisch

teatralidad [teatrali'ðað] *f* Theatralik *f*

teatralizar [teatrali'θar] <*z→c*> *vt* theatralisieren

teatro [te'atro] *m* **①** (TEAT: *t. fig*) Theater *nt;* **obra de** ~ Theaterstück *nt;* (LIT) Schauspiel *nt;* **el** ~ **de Calderón** Calderons Dramen; **hacer** ~ (*t. fig*) Theater spielen; (*exagerar*) Theater machen **②** (*escenario*) Schauplatz *m*

tebeo [te'βeo] *m* Comic(heft) *nt;* **esto está más visto que el** ~ (*fam*) das ist ein alter Hut

teca ['teka] *f* Teak *nt*

techado [te'tʃaðo] *m* Dach *nt*

techar [te'tʃar] *vt* überdachen

techo ['tetʃo] *m* **①** (*de habitación*) (Zimmer)decke *f* ❷ (*de casa*) Dach *nt;* **vivir bajo el mismo** ~ unter einem Dach leben ❸ (*tope*) Limit *nt;* (*de evolución*) Höhepunkt *m*

techumbre [te'ʧumbre] *f* ❶ (*techo*) Dach *nt* ❷ (*estructura*) Dachkonstruktion *f*

tecla ['tekla] *f* ❶ (*de piano, ordenador*) Taste *f;* **tocar una** ~ (*piano, máquina de escribir*) eine Taste anschlagen; (*ordenador*) eine Taste drücken; **dar en la** ~ (*fam fig*) den richtigen Dreh finden; **hay que tocar muchas** ~**s para averiguar eso** man muss alle Register ziehen, um das herauszufinden ❷ (*materia*) heikles Thema *nt*

teclado [te'klaðo] *m* Tastatur *f;* **tocar los** ~**s en un grupo** als Keyboarder in einer Band spielen

teclear [tekle'ar] *vi* ❶ (*piano*) die Tasten anschlagen; (*ordenador*) tippen ❷ (*dedos*) mit den Fingern trommeln (auf +*akk*)

teclista [te'klista] *mf* Keyboardspieler(in) *m(f)*

técnica ['teɣnika] *f* Technik *f*

tecnicismo [teɣni'θismo] *m* Fachausdruck *m*

técnico, -a ['teɣniko, -a] I. *adj* ❶ (*de la técnica*) technisch ❷ (*de especialidad*) fachlich; **término** ~ Fachausdruck *m* II. *m, f* (*especialista*) Fachmann, -frau *m, f;* (TÉC) Techniker(in) *m(f)*

tecnificar [teɣnifi'kar] <c→qu> *vt* ❶ (*con técnica*) technifizieren ❷ (*con maquinaria*) technisieren

tecno ['teɣno] *m* (MÚS) Technomusik *f*

tecnocracia [teɣno'kraθja] *f* Technokratie *f*

tecnócrata [teɣ'nokrata] I. *adj* technokratisch II. *mf* Technokrat(in) *m(f)*

tecnocrático, -a [teɣno'kratiko, -a] *adj* technokratisch

tecnología [teɣnolo'xia] *f* ❶ (TÉC, ECON) Technologie *f;* ~ **punta** Spitzentechnologie *f* ❷ (*técnica*) Technik *f*

tecnológico, -a [teɣno'loxiko, -a] *adj* ❶ (TÉC) Technologie-; (*desarrollo*) technologisch; **parque** ~ Technologiepark *m* ❷ (*técnico*) technisch

tecnologizar [teɣnoloxi'θar] <z→c> *vt* technifizieren

tecnólogo, -a [teɣ'noloɣo, -a] *m, f* (TÉC) Technologe, -in *m, f*

tecolote [teko'lote] *m* (*AmC, Méx: búho*) Uhu *m*

tedio ['teðjo] *m* ❶ (*aburrimiento*) Langeweile *f;* **eso me produce** ~ das langweilt mich ❷ (*hastío*) Überdruss *m*

tedioso, -a [te'ðjoso, -a] *adj* langweilig

teja ['texa] *f* ❶ (*del tejado*) Dachziegel *m*

❷ (*sombrero*) Priesterhut *m* ❸ (*loc*): **pagar a toca** ~ bar auf den Tisch zahlen; **de** ~**s abajo** hier auf der Erde; **de** ~**s arriba** überirdisch

tejadillo [texa'ðiʎo] *m* (*de apisonadora, t.* ARQUIT) Wetterdach *nt*

tejado [te'xaðo] *m* Dach *nt;* **empezar la casa por el** ~ (*fig*) das Pferd von hinten aufzäumen; **la pelota sigue en el** ~ (*fig*) die Sache ist noch nicht entschieden; **tirar piedras sobre su propio** ~ (*fig*) sich *dat/ akk* ins eigene Fleisch schneiden; **quien tiene el** ~ **de vidrio, no tire piedras al de su vecino** (*prov*) wer im Glashaus sitzt, soll nicht mit Steinen werfen

tejano, -a [te'xano, -a] I. *adj* ❶ (*de Tejas*) texanisch ❷ (*ropa*) Jeans-; **pantalón** ~ Jeans(hose) *f* II. *m, f* Texaner(in) *m(f)*

tejanos [te'xanos] *mpl* (*pantalones*) Jeans *fpl*

tejar [te'xar] I. *vt* decken II. *m* Ziegelei *f*

tejedor(a) [texe'ðor(a)] *m(f)* Weber(in) *m(f)*

tejedura [texe'ðura] *f* ❶ (*acción*) Weben *nt* ❷ (*de hilos*) Gewebe *nt*

tejemaneje [texema'nexe] *m* (*fam*) ❶ (*actividad*) reges Treiben *nt;* **traerse un** ~ **increíble con los papeles** geschäftig mit den Papieren herumhantieren ❷ (*intriga*) Machenschaften *fpl*

tejer [te'xer] *vt* ❶ (*tela*) weben; ~ **y destejer** (*fig*) schalten und walten ❷ (*cestos, trenzas*) flechten ❸ (ZOOL) spinnen ❹ (*intrigas, plan*) schmieden

tejido [te'xiðo] *m* ❶ (*textura, t.* ANAT) Gewebe *nt* ❷ (*tela*) Stoff *m;* **los** ~**s** die Textilien

tejo ['texo] *m* ❶ (*disco*) Stück *nt* Dachziegel; **tirar los** ~**s a alguien** (*fam*) jdm Avancen machen ❷ (BOT) Eibe *f*

tejón [te'xon] *m* Dachs *m*

tejuelo [te'xwelo] *m* (TIPO) Signatur *f*

tela ['tela] *f* ❶ (*tejido*) Stoff *m;* ~ **de araña** Spinnennetz *nt;* ~ **metálica** Maschendraht *m;* ~ **de punto** Trikot *m* o *nt* ❷ (*en leche*) Haut *f* ❸ (*fam: asunto*) Thema *nt;* **hay** ~ **para rato** [o **marinera**] (*para discutir*) der Gesprächsstoff ist bei weitem nicht erschöpft; (*para trabajar*) es ist noch (unheimlich) viel zu erledigen; **este asunto trae** ~ es steckt einiges hinter dieser Sache; **este problema tiene** ~ dies ist ein äußerst heikles Problem ❹ (*lienzo*) Leinwand *f;* **una** ~ **de Barceló** ein Gemälde von Barceló ❺ (*fam: dinero*) Kohle *f* ❻ (*loc*): **llegar a las** ~**s del corazón** unter die Haut gehen; **poner algo en** ~ **de juicio** (*dudar*) etw in Frage [o infrage] stellen; (*tener reparos*) Bedenken gegen etw äußern

telar [te'lar] *m* (*máquina*) Webstuhl *m*

telaraña [tela'raɲa] *f* (*de araña*) Spinnennetz *nt;* **mirar las ~s** (*fig*) zerstreut sein; **tener ~s en los ojos** *de* (*fig*) verblendet sein

tele ['tele] *f* (*fam*) *abr de* **televisión: ver la ~** Fernsehen gucken

teleadicto, -a [telea'ðikto, -a] *adj* fernsehsüchtig

telearrastre [telea'rrastre] *m* (DEP) Schlepplift *m*

telebanco [tele'βaŋko] *m,* **telebanking** [tele'βaŋkiŋ] *m* (INFOR, TEL) Telebanking *nt*

telebasura [teleβa'sura] *f* (*fam*) Fernsehmüll *m*

telecabina [teleka'βina] *f* Seilbahn *f*

telecomando [teleko'mando] *m* (*de televisor*) Fernbedienung *f;* (*de una puerta*) Fernsteuerung *f*

telecomedia [teleko'meðja] *f* ① (*serie*) Fernsehserie *f* ② (*película*) Fernsehfilm *m*

telecomunicación [telekomunika'θjon] *f* ① (*sistema*) Telekommunikation *f,* Nachrichtentechnik *f;* **ingeniero de Telecomunicaciones** Nachrichtentechniker *m* ② *pl* (*empresa*) Fernmeldewesen *nt*

teleconcurso [telekoŋ'kurso] *m* Fernsehquiz *nt*

teleconferencia [telekomfe'renθja] *f* (INFOR) Telekonferenz *f*

telediario [teleði'arjo] *m* (Fernseh)nachrichten *fpl*

teledirigir [teledi̯ri'xir] <g→j> *vt* fernsteuern

telefax [tele'faʸs] *m* (TEL) Telefax *nt*

teleférico [tele'feriko] *m* (Draht)seilbahn *f*

telefilm [tele'film] *m* <telefilm(e)s> Fernsehfilm *m*

telefonazo [telefo'naθo] *m* (*fam*) Anruf *m;* **dar un ~ a alguien** jdn kurz anrufen

telefonear [telefone'ar] **I.** *vt* ① (*comunicar*) telefonisch mitteilen ② (*fam: a alguien*) anrufen **II.** *vi* telefonieren

telefonía [telefo'nia] *f* Fernmeldewesen *nt*

Telefónica [tele'fonika] *f:* **la ~** die *spanische Telefongesellschaft*

telefónico, -a [tele'foniko, -a] *adj* ① (*de teléfono*) telefonisch; **cabina telefónica** Telefonzelle *f;* **guía telefónica** Telefonbuch *nt;* **llamada telefónica** Anruf *m* ② (*de telefonía*) Fernmelde-

telefonista [telefo'nista] *mf* Telefonist(in) *m(f)*

teléfono [te'lefono] *m* ① (*sistema, aparato*) Telefon *nt;* **~ público** öffentlicher Fernsprecher; **~ de tarjeta** Kartentelefon *nt;* **por ~** telefonisch; **hablar por ~** telefonieren; **llamar por ~** anrufen ② (*número*) Telefonnummer *f* ③ *pl* (*compañía*) Telefongesellschaft *f*

telegrafía [teleɣra'fia] *f* Telegrafie *f*

telegrafiar [teleɣrafi'ar] <*1. pres:* telegrafío> *vt, vi* telegrafieren

telegráfico, -a [tele'ɣrafiko, -a] *adj* ① (*por telégrafo*) telegrafisch ② (*relativo a la telegrafía*) Telegrafen-

telegrafista [teleɣra'fista] *mf* Telegrafist(in) *m(f)*

telégrafo [te'leɣrafo] *m* ① (*aparato*) Telegraf *m* ② *pl* (*administración*) Telegrafenamt *nt*

telegrama [tele'ɣrama] *m* Telegramm *nt*

telele [te'lele] *m* (*fam*) Anfall *m;* **como me digas que no, me da un ~** wenn du Nein sagst, kriege ich einen Anfall

telemando [tele'mando] *m* Fernsteuerung *f;* (*de la televisión*) Fernbedienung *f*

telemarujeo [telemaru'xeo] *m* *niveaulose Gesprächskultur der Talkshows*

telemática [tele'matika] *f* Datenfernübertragung *f*

telemetría [teleme'tria] *f* (TÉC) Telemetrie *f*

telémetro [te'lemetro] *m* Entfernungsmesser *m*

telenovela [teleno'βela] *f* Seifenoper *f*

telenque [te'leŋke] **I.** *adj* ① (*Chil: temblón*) zitt(e)rig; (*enfermizo*) kränklich ② (*ElSal: torcido*) krumm **II.** *m* (*Guat: cachivache*) Sonderling *m*

teleobjetivo [teleoβxe'tiβo] *m* Teleobjektiv *nt*

telepatía [telepa'tia] *f sin pl* Telepathie *f*

telepático, -a [tele'patiko, -a] *adj* telepathisch

telequinesia [teleki'nesja] *f sin pl* Telekinese *f*

telera [te'lera] *f* ① (*travesaño*) Querbalken *m* ② (*de un arado, carro*) Lenkscheit *m* ③ (*de una prensa*) (Klemm)backe *f*

telerruta [tele'rruta] *f:* (**servicio de**) **~** *telefonischer Verkehrsmeldedienst*

telescópico, -a [teles'kopiko, -a] *adj* teleskopisch

telescopio [teles'kopjo] *m* Teleskop *nt*

telesilla [teleˈsiʎa] *f* Sessellift *m*
telespectador(a) [telespektaˈðor(a)] *m(f)* Fernsehzuschauer(in) *m(f)*
telesquí [telesˈki] *m* (Ski)lift *m*
teletexto [teleˈtesto] *m* Videotext *m*
teletienda [teleˈtjenda] *f* Teleshopping *nt*
teletipo [teleˈtipo] *m* Fernschreiber *m*
teletrabajo [teletraˈβaxo] *m* Tele(heim)arbeit *f*
televidente [teleβiˈðente] *mf v.* **telespectador**
televisar [teleβiˈsar] *vt* senden; (*en directo*) übertragen
televisión [teleβiˈsjon] *f* ❶ (*sistema, organización*) Fernsehen *nt*; ~ **digital** digitales Fernsehen; ~ **de pago** Pay-TV *nt* ❷ (*fam: televisor*) Fernseher *m*; ~ **en color** Farbfernseher *m*
televisivo, -a [teleβiˈsiβo, -a] *adj* ❶ (*relativo a*) Fernseh- ❷ (*apto para*) fürs Fernsehen geeignet
televisor [teleβiˈsor] *m* Fernsehgerät *nt*
televisual [teleβiˈswal] *adj* (TV) *v.* **televisivo**
télex [ˈteleɣs] *m* Telex *nt*
telón [teˈlon] *m* Vorhang *m*; **el** ~ **de acero** der eiserne Vorhang; ~ **de fondo** Hintergrund *m*
telonero, -a [teloˈnero, -a] **I.** *adj* (*artista*) das Vorprogramm bestreitend; (*boxeador*) den Vorkampf bestreitend **II.** *m, f* (*artista, boxeador, orador*) *Künstler, Boxer oder Redner, der das Vorprogramm bestreitet*
tema [ˈtema] *m* (*t.* MÚS, LIT) Thema *nt*; **cada loco con su** ~ jedem Tierchen sein Pläsierchen; **ése es el** ~ **de mi sermón** (*fig*) (das ist) meine Rede

temario [teˈmarjo] *m* Themenkreis *m*
temática [teˈmatika] *f* Thematik *f*
temático, -a [teˈmatiko, -a] *adj* thematisch
temblar [temˈblar] <e→ie> *vi* zittern; ~ **de miedo** vor Angst zittern; ~ **por alguien** um jdn zittern; **te tiemblan las carnes** du zitterst wie Espenlaub; **dejar temblando** (*comer*) fast ganz aufessen; (*beber*) fast leer trinken

tembleque [temˈbleke] *m* (*fam*) ❶ (*temblor*) Zittern *nt*; **me dio un** ~ ich fing (plötzlich) an zu zittern ❷ (*persona*) zitt(e)riger Mensch *m*
temblequear [temblekeˈar] *vi* (*fam*) zitt(e)rig sein
temblón¹ [temˈblon] *m* ❶ (BOT): (**álamo**) ~ Zitterpappel *f* ❷ (ZOOL) Zitterrochen *m*
temblón, -ona² [temˈblon, -ona] *adj* (*fam*) zitt(e)rig
temblor [temˈblor] *m* (*tembleque*) Zittern *nt*; (*escalofrío*) Schauder *m*; ~ **de frío** Schüttelfrost *m*; ~ (**de tierra**) Erdbeben *nt*
tembloroso, -a [tembloˈroso, -a] *adj* zitt(e)rig
temer [teˈmer] **I.** *vt* ❶ (*sentir temor*) fürchten ❷ (*sospechar*) (be)fürchten **II.** *vi* sich fürchten; ~ **por alguien** um jdn bangen **III.** *vr:* ~**se** (be)fürchten
temerario, -a [temeˈrarjo, -a] *adj* ❶ (*imprudente*) waghalsig ❷ (*sin fundamento*) unüberlegt
temeridad [temeriˈðað] *f sin pl* ❶ (*imprudencia*) Waghalsigkeit *f* ❷ (*insensatez*) unüberlegte Handlung *f*
temeroso, -a [temeˈroso, -a] *adj* ❶ (*medroso*) ängstlich; ~ **de Dios** gottesfürchtig; ~ **de que... +*subj*** aus Angst davor, dass ... ❷ (*temible*) Furcht erregend
temible [teˈmiβle] *adj* Furcht erregend
temor [teˈmor] *m* ❶ (*miedo*) Furcht *f* (*a/de* vor +*dat*); **por** ~ **a lo que diga la gente** aus Angst vor dem, was die Leute sagen ❷ (*sospecha*) Befürchtung *f*
témpano [ˈtempano] *m* ❶ (*pedazo*) Scheibe *f*; (*de hielo*) (Eis)scholle *f*; (*de tocino*) Speckscheibe *f*; **quedarse como un** ~ starr vor Kälte sein; **tener las manos como un** ~ eiskalte Hände haben ❷ (*tambor*) Pauke *f*; (*piel*) Trommelfell *nt*
temperamental [temperamenˈtal] *adj* ❶ (*del temperamento*) Temperaments-; **característica** ~ Charaktereigenschaft *f* ❷ (*persona*) temperamentvoll
temperamento [temperaˈmento] *m* (*carácter, vivacidad*) Temperament *nt*; **tener mucho** ~ sehr temperamentvoll sein
temperante [tempeˈrante] **I.** *adj* (*AmS: abstemio*) abstinent **II.** *mf* (*AmS*) Abstinenzler(in) *m(f)*
temperar [tempeˈrar] **I.** *vt* mäßigen; (MED) mildern **II.** *vr:* ~**se** sich mäßigen
temperatura [temperaˈtura] *f* Temperatur *f*; (*de una persona*) Körpertemperatur *f*; (*fiebre*) Fieber *nt*; **el niño tiene mucha** ~ der Kleine hat hohes Fieber; **tengo algo de** ~ ich habe (erhöhte) Temperatur

tempestad [tempes'taᵈ] *f* (*tormenta*) Gewitter *nt;* (*marejada*) Sturm *m;* (*agitación*) Aufruhr *f;* ~ **de aplausos** Beifallssturm *m;* ~ **de injurias** Flut von Beschimpfungen; ~ **de silbidos** Pfeifkonzert *nt;* **levantar** ~**es** Unruhe stiften; **levantar una** ~ **de protestas** einen Proteststurm auslösen

tempestivo, -a [tempes'tiβo, -a] *adj* (*elev*) gelegen, zeitlich günstig

tempestuoso, -a [tempestu'oso, -a] *adj* stürmisch; (*fig*) heftig

templado, -a [tem'plaðo, -a] *adj* ❶ (*tibio*) lau(warm) ❷ (*temperado*) mild ❸ (*moderado*) maßvoll; **ser** ~ **en la bebida** nur wenig trinken ❹ (*sereno*) ruhig ❺ (*valiente*) mutig ❻ (*fam: bebido*) beschwipst; **estar** ~ einen Schwips haben

templanza [tem'planθa] *f* ❶ (*moderación*) Enthaltsamkeit *f* ❷ (*clima, temperatura*) Milde *f*

templar [tem'plar] **I.** *vt* ❶ (*moderar*) mäßigen; (*suavizar*) lindern; (*calmar*) beruhigen ❷ (*calentar*) (auf)wärmen ❸ (MÚS) stimmen; ~ **a alguien la gaita** jdn zurechtweisen ❹ (*apretar*) anziehen ❺ (*mezclar*) verdünnen ❻ (*acero*) härten **II.** *vr:* ~**se** ❶ (*moderarse*) sich mäßigen (*en* bei/*in* +*dat*) ❷ (*calentarse*) wärmer werden; (*enfriarse*) abkühlen ❸ (*Am: enamorarse*) sich verlieben ❹ (*Col, Perú: emborracharse*) sich betrinken

temple ['temple] *m* ❶ (*valentía*) Mut *m* ❷ (*carácter*) Gemüt *nt;* (*humor*) Laune *f;* **estar de buen/mal** ~ gut/schlecht gelaunt sein ❸ (*temperatura*) Temperatur *f;* (*tiempo*) Wetter *nt* ❹ (*del acero: proceso*) Härtung *f;* (*dureza*) Härtegrad *m* ❺ (MÚS) Stimmen *nt* ❻ (ARTE) Temperafarbe *f*

templete [tem'plete] *m* (*armazón*) Schrein *m*

templo ['templo] *m* Tempel *m;* **una verdad como un** ~ (*fam*) eine unumstößliche Wahrheit

temporada [tempo'raða] *f* (*tiempo*) Zeit *f;* (*época*) Saison *f;* ~ **alta** Hauptsaison *f;* ~ **baja** (*anterior*) Vorsaison *f;* (*posterior*) Nachsaison *f;* **fruta de** ~ Obst der Jahreszeit; **llevo una** ~ **que salgo poco** in letzter Zeit bin ich wenig ausgegangen

temporal [tempo'ral] **I.** *adj* ❶ (*relativo al tiempo*) zeitlich ❷ (*no permanente*) vorübergehend; (*no eterno*) vergänglich; **contrato** ~ Zeitvertrag *m* ❸ (*secular*) weltlich ❹ (ANAT): **hueso** ~ Schläfenbein *nt* **II.** *m* ❶ (*tormenta*) Gewitter *nt;* (*marejada*) Sturm *m;* **capear el** ~ (*fig*) Schwierigkei-

ten meistern ❷ (ANAT) Schläfenbein *nt*

temporalidad [temporali'ðaᵈ] *f* ❶ (*limitación*) Befristung *f;* (*transitoriedad*) Vergänglichkeit *f* ❷ (REL) Weltlichkeit *f* ❸ *pl* (REL) Einkünfte *fpl* der Geistlichen

temporario, -a [tempo'rarjo, -a] *adj* (*Am*) zeitweilig

temporero, -a [tempo'rero, -a] **I.** *adj* Aushilfs-; **trabajador** ~ Aushilfe *f* **II.** *m, f* Aushilfe *f;* (AGR) Saisonarbeiter(in) *m(f)*

tempranero, -a [tempra'nero, -a] **I.** *adj* ❶ (*anticipado*) vorzeitig; (*fruta*) frühreif ❷ (*madrugador*): **ser** ~ ein Frühaufsteher sein; **¡qué** ~ **estás hoy!** heute bist du aber schon früh auf den Beinen! **II.** *m, f* Frühaufsteher(in) *m(f)*

temprano¹ [tem'prano] *adv* ❶ (*a primera hora*) früh; ~ **por la mañana** frühmorgens ❷ (*antes*) vorzeitig; **llegar** (**demasiado**) ~ zu früh sein

temprano, -a² [tem'prano, -a] *adj* früh; **a edad temprana** in jungen Jahren

tenacidad [tenaθi'ðaᵈ] *f sin pl* ❶ (*persona*) Hartnäckigkeit *f;* (*porfía*) Sturheit *f* ❷ (*material*) Widerstandsfähigkeit *f* ❸ (*dolor, mancha*) Hartnäckigkeit *f*

tenacillas [tena'θiʎas] *fpl* Zange *f;* (*para rizar*) Lockenschere *f;* (*para depilar*) Pinzette *f*

tenaz [te'naθ] *adj* ❶ (*perserverante*) beharrlich; (*cabezota*) stur; **ser** ~ **en sus decisiones** sich nicht von seinen Entscheidungen abbringen lassen ❷ (*resistente*) robust ❸ (*persistente*) hartnäckig; (*niebla*) dicht

tenaza(s) [te'naθa(s)] *f(pl)* Zange *f;* **no me pudieron sacar la verdad ni con** ~**s** es war unmöglich, die Wahrheit aus mir herauszubekommen; **no les podemos sacar el reloj ni con** ~**s** was wir auch tun, sie rücken die Uhr nicht raus

tenca ['teŋka] *f* Schleie *f*

tendajo [ten'daxo] *m* (*fam*) Kramladen *m*

tendal [ten'dal] *m* (*toldo*) Sonnendach *nt*

tendear [tende'ar] *vi* (*Méx*) bummeln

tendedero [tende'ðero] *m* ❶ (*lugar*) Trockenplatz *m* ❷ (*armazón*) Wäscheständer *m;* (*cuerdas*) Wäscheleine *f*

tendencia [ten'denθja] *f* ❶ (*inclinación*) Neigung *f* (*a* zu +*dat*); **tener** ~ **a algo** zu etw *dat* neigen ❷ (*dirección*) Tendenz *f;* ~ **alcista** Aufwärtstrend *m;* ~ **al alza/a la baja** steigende/rückläufige Tendenz; **las últimas** ~**s de la moda** die aktuellen Modetrends ❸ (*aspiración*) Streben *nt* (*a* nach +*dat*); ~**s autonomistas** Autonomiebestreben *nt*

tendenciosidad [tendenθjosi'ðaᵈ] *f* (*pey:*

hacia una ideología) Parteilichkeit *f*

tendencioso, -a [teɲdeɲ'θjoso, -a] *adj* (*pey*) tendenziös

tender [ten'der] <e→ie> I. *vt* ❶ (*desdoblar, esparcir*) ausbreiten (*sobre* auf +*dat*); ~ **la cama** (*Am*) das Bett machen; ~ **la mesa** (*Am*) den Tisch decken ❷ (*tumbar*) hinlegen (*sobre/en* auf +*akk*); (*de golpe*) zu Boden strecken ❸ (*colocar: ropa*) aufhängen; (*cuerda*) spannen; (*puente*) schlagen; (*línea, vía*) verlegen ❹ (*aproximar*) reichen; ~ **la mano a alguien** (*fig*) jdm helfen II. *vi* ❶ (*tirar*) tendieren; **tu cabello tiende a rojizo** deine Haarfarbe geht ins Rötliche ❷ (*inclinarse*) neigen (*a* zu +*dat*); **tiendo a salir poco** ich gehe nur ungern aus ❸ (*MAT*) gehen (*a* gegen +*akk*) ❹ (*aspirar*) streben (*a* nach +*dat*); (*estar dirigido*) abzielen (*a* auf +*akk*) III. *vr*: ~**se** ❶ (*tumbarse*) sich hinlegen (*sobre/en* auf +*akk*) ❷ (*abandonarse*) nachlässig werden

tenderete [tende'rete] *m* (COM) Stand *m*

tendero, -a [ten'dero, -a] *m, f* ❶ (*dueño*) Ladenbesitzer(in) *m(f)* ❷ (*dependiente*) Verkäufer(in) *m(f)*

tendido¹ [teɲ'diðo] *m* ❶ (*de un cable*) Verlegen *nt* ❷ (*cables*) Leitungen *fpl* ❸ (*ropa*) (zum Trocknen aufgehängte) Wäsche *f* ❹ (TAUR) Sperrsitze *mpl* ❺ (*Am: de la cama*) Bettwäsche *f*

tendido, -a² [teɲ'diðo, -a] *adj* (*galope*) gestreckt; **largo y** ~ ausführlich

tendinitis [teɲdi'nitis] *f inv* (MED) Sehnenentzündung *f*

tendón [teɲ'don] *m* Sehne *f*

tenebrosidad [teneβrosi'ðað] *f* ❶ (*de un lugar*) Finsternis *f* ❷ (*del porvenir*) Düsterkeit *f* ❸ (*de palabras, hechos*) Rätselhaftigkeit *f*

tenebroso, -a [tene'βroso, -a] *adj* (*oscuro, t. fig*) finster; (*tétrico*) düster

tenedor¹ [tene'ðor] *m* (*para comer*) Gabel *f*

tenedor(a)² [tene'ðor(a)] *m(f)* ❶ (*propietario*) Inhaber(in) *m(f)*; ~ **de tierras** Pächter *m* ❷ (FIN): ~ **de libros** Buchhalter *m*

teneduría [teneðu'ria] *f* Buchhaltung *f*

tenencia [te'neɲθja] *f* (JUR) Besitz *m*; ~ **ilícita de armas** unerlaubter Waffenbesitz

tener [te'ner] *irr* I. *vt* ❶ (*poseer, disfrutar, sentir, padecer*) haben; ~ **los ojos azules** blaue Augen haben; ~ **29 años** 29 (Jahre alt) sein; ~ **poco de tonto** alles andere als dumm sein; **no** ~ **nada de especial** nichts Besonderes sein; **¿(con que) ésas tenemos?** so ist das also!; ~ **la tomada con alguien** (*fam*) jdn auf dem Kieker haben; **no** ~ **las todas consigo** schlechte Karten haben; **no** ~ **nada que perder** nichts zu verlieren haben; **no** ~ **precio** unbezahlbar sein; ~ **cariño a alguien** jdn lieb haben; ~ **la culpa de algo** an etw *dat* schuld sein; **¿tienes frío?** ist dir kalt?; **le tengo lástima** er/sie tut mir leid; ~ **sueño** müde sein ❷ (*considerar*) halten (*por* für +*akk*); ~ **a alguien en menos/mucho** wenig/viel von jdm halten; **ten por seguro que...** du kannst dich darauf verlassen, dass ...; **tengo para mí que...** ich persönlich glaube, dass ... ❸ (*guardar*) aufbewahren ❹ (*contener*) beinhalten; **el frasco ya no tiene miel** es ist kein Honig mehr im Glas ❺ (*coger*) nehmen ❻ (*sujetar*) festhalten; ~ **a alguien por el brazo** jdn am Arm festhalten ❼ (*recibir*) bekommen; **ha tenido un niño** sie hat ein Kind gekriegt ❽ (*hacer sentir*): **me tienes preocupada** ich mache mir deinetwegen Sorgen; **me tienes loca** du machst mich ganz verrückt; **me tienes hasta las narices** (*fam*) ich habe die Nase voll von dir; **la tengo hasta las narices con mis preguntas** (*fam*) sie hat die Nase voll von meinen Fragen ❾ (*cumplir*): ~ **su palabra** sein Wort halten ❿ (*loc*): ~ **cuidado** vorsichtig sein; **me tiene sin cuidado** das ist mir egal; ~ **prisa** es eilig haben; ~ **en cuenta** berücksichtigen; ~ **presente algo** sich *dat* etw vor Augen halten II. *vr*: ~**se** ❶ (*considerarse*) sich halten (*por* für +*akk*); ~ **se en mucho** viel auf sich halten ❷ (*sostenerse*) sich halten; ~**se de pie** stehen (bleiben); ~**se firme** aufrecht stehen (bleiben); (*fig*) standhaft bleiben; **estoy que no me tengo** ich bin todmüde ❸ (*dominarse*) sich beherrschen ❹ (*atenerse*) sich halten (*a* an +*akk*) III. *aux* ❶ (*con participio concordante*): ~ **pensado hacer algo** vorhaben etw zu tun; **ya tengo comprado todo** ich habe schon alles gekauft; **me lo tenía callado** ich habe kein Sterbenswort gesagt; **ya me lo tenía pensado** das habe ich mir bereits gedacht ❷ (*obligación, necesidad*): ~ **que** müssen; ~ **mucho que hacer** viel zu tun haben; **¿qué tiene que ver esto conmigo?** was hat das mit mir zu tun?

Tenerife [tene'rife] *m* Teneriffa *nt*

tenia ['tenja] *f* (ZOOL) Bandwurm *m*

tenida [te'niða] *f* (*Chil*) Kleidung *f*; (*traje*) Anzug *m*; (*uniforme*) Uniform *f*

teniente [te'njente] I. *adj* ❶ (*fam: sordo*) schwerhörig ❷ (*inmaduro*) unreif II. *m* (MIL) Leutnant *m*; ~ **coronel** Oberstleutnant *m*

tenis ['tenis] *m sin pl* Tennis *nt*

tenista [te'nista] *mf* Tennisspieler(in) *m(f)*

tenor [te'nor] *m* ❶ (*contenido, t.* MÚS) Tenor *m;* **a este** ~ in diesem Stil; **a ~ de** gemäß +*dat* ❷ (*constitución*) Beschaffenheit *f*

tenorio [te'norjo] *m* Don Juan *m*

tensar [ten'sar] *vt* straffen

tensión [ten'sjon] *f* ❶ (FÍS) Spannung *f* ❷ (*estado: cosa*) Gespanntheit *f;* (*cuerda, piel*) Straffheit *f;* (*nervios, músculos*) Anspannung *f;* (*impaciencia*) Spannung *f;* **película de ~** Thriller *m;* **estar en ~** (*nervioso*) sehr angespannt sein; (*impaciente*) gespannt sein ❸ (MED): **~ arterial** Blutdruck *m* ❹ *pl* (*conflicto*) Spannungen *fpl*

tenso, -a ['tenso, -a] *adj* (*cosa, situación*) gespannt; (*cuerda, piel*) straff; (*músculos, nervios*) angespannt; (*impaciente*) gespannt

tensor [ten'sor] *m* ❶ (*mecanismo*) Spanner *m* ❷ (*para hacer gimnasia*) Expander *m* ❸ (*músculo*) Spannmuskel *m;* (MED) Tensor *m* ❹ (MAT) Tensor *m*

tentación [tenta'θjon] *f* Versuchung *f;* **me dan tentaciones de...** ich bin versucht zu ...

tentáculo [ten'takulo] *m* Fangarm *m*

tentador(a) [tenta'ðor(a)] **I.** *adj* verführerisch **II.** *m(f)* Verführer(in) *m(f)*

tentar [ten'tar] <e→ie> *vt* ❶ (*palpar*) betasten; (*reconocer*) ertasten ❷ (*atraer*) (ver)locken; (*seducir*) verführen (*a* zu +*dat*); **no me tientes** führe mich nicht in Versuchung

tentativa [tenta'tiβa] *f* Versuch *m;* **~ de robo** versuchter Diebstahl

tentempié [tentem'pje] *m* (*fam: refrigerio*) Snack *m*

tentetieso [tente'tjeso] *m* Stehaufmännchen *nt*

tenue ['tenwe] *adj* ❶ (*delgado*) dünn; (*delicado*) fein ❷ (*sutil*) zart; (*débil*) schwach; **luz** ~ Dämmerlicht *nt* ❸ (*sencillo*) schlicht

teñir [te'ɲir] *irr como ceñir vt, vr:* ~**se** (sich) färben; ~**(se) de rojo** (sich) rot färben; ~**se el cabello de negro** sich *dat* die Haare schwarz färben; **~ de tristeza** mit Trauer erfüllen

teocracia [teo'kraθja] *f* Theokratie *f*

teología [teolo'xia] *f* Theologie *f*

teológico, -a [teo'loxiko, -a] *adj* theologisch

teólogo, -a [te'oloɣo, -a] **I.** *adj* theologisch **II.** *m, f* Theologe *m,* -in *m, f;* (*estudiante*) Theologiestudent(in) *m(f)*

teorema [teo'rema] *m* Lehrsatz *m*

teorético, -a [teo'retiko, -a] *adj* theoretisch

teoría [teo'ria] *f* Theorie *f;* ~ **de los colo-** res Farbenlehre *f;* **en** ~ theoretisch

teórica [te'orika] *f* Theorie *f*

teórico, -a [te'oriko, -a] **I.** *adj* theoretisch **II.** *m, f* Theoretiker(in) *m(f)*

teorizar [teori'θar] <z→c> **I.** *vt* theoretisch behandeln **II.** *vi* theoretisieren

tequila [te'kila] *m* (GASTR) Tequila *m*

TER [ter] *m abr de* **Tren Español Rápido** TER *m* (*spanischer IC*)

terapeuta [tera'peuta] *mf* Therapeut(in) *m(f)*

terapéutica [tera'peutika] *f* Therapeutik *f*

terapéutico, -a [tera'peutiko, -a] *adj* therapeutisch

terapia [te'rapja] *f* Therapie *f*

tercer [ter'θer] *adj v.* **tercero**

tercera [ter'θera] *f* ❶ (AUTO) dritter Gang *m* ❷ (MÚS) Terz *f* ❸ (FERRO) dritte Klasse *f*

tercería [terθe'ria] *f* (*mediación*) Vermittlung *f*

tercermundismo [terθermuɲ'dismo] *m sin pl* ❶ (*subdesarrollo*) Unterentwicklung *f* ❷ (*problemática*) Dritte-Welt-Problematik *f*

tercermundista [terθermuɲ'dista] *adj* Dritte-Welt-

Tercer Mundo [ter'θer 'muɲdo] *m sin pl* Dritte Welt *f*

tercero[1] [ter'θero] **I.** *m* ❶ (*t.* JUR) Dritte(r) *m* ❷ (*alcahuete*) Kuppler *m* **II.** *adv* drittens

tercero, -a[2] [ter'θero, -a] **I.** *adj* (*delante de un sustantivo masculino: tercer*) dritte(r, s); **terceras personas** Dritte *pl;* **en tercer lugar** drittens; **a la tercera va la vencida** (*prov*) aller guten Dinge sind drei; *v. t.* **octavo II.** *m, f* Vermittler(in) *m(f)*

? Grammatik

tercero steht stets nach einem maskulinen Substantiv im Singular oder allein als Pronomen: *Vive en el piso tercero. – Sie/er wohnt im dritten Stock. Es el tercero de su clase. – Sie/er ist die/der Drittbeste ihrer/seiner Klasse.* Dagegen steht **tercer** stets vor einem maskulinen Substantiv im Singular: *Lo consiguió al tercer intento. – Es gelang ihr/ihm beim dritten Versuch.*

---

terceto [ter'θeto] *m* Terzett *nt*

tercia ['terθja] *f* (REL) Terz *f*

terciar [ter'θjar] **I.** *vt* ❶ (*dividir*) dritteln ❷ (*atravesar*) (quer) umhängen ❸ (*la carga*) gleichmäßig verteilen ❹ (*Am: aguar*) panschen **II.** *vi* ❶ (*intervenir*) eingreifen ② (*mediar*) vermitteln (*con* bei +*dat*) ③ (*participar*) mitmachen (*en* bei +*dat*); ~ **en un juego** mitspielen **III.** *vr; vimpers:* ~ **se** ① (*ocasión*) sich ergeben; **si se tercia** wenn es sich ergibt; **prepararse por lo que se pueda** ~ für alle Fälle gerüstet sein ② (*ponerse*) sich *dat* (quer) umhängen

terciario[1] [ter'θjarjo] *m* (GEO) Tertiär *nt*

terciario, -a[2] [ter'θjarjo, -a] *adj* (*t.* GEO) tertiär

tercio ['terθjo] *m* ① (*parte*) Drittel *nt; v. t. octavo* ② (*loc*): **hacer buen/mal ~ a alguien** jdm einen guten/schlechten Dienst erweisen

terciopelo [terθjo'pelo] *m* Samt *m; de* ~ samten

terco, -a ['terko, -a] **I.** *adj* ① (*persona*) stur ② (*niño*) trotzig ③ (*animal*) störrisch ④ (*cosa*) steif **II.** *m, f* Dickkopf *m*

tere ['tere] *adj* (*Col*) ① (*llorón*) weinerlich ② (*enclenque*) schwächlich

tereque [te'reke] *m* (*Col, RDom, PRico, Ven: cachivache*) Gerümpel *m*

tergal® [ter'γal] *m* Tergal® *nt*

tergiversación [terxiβersa'θjon] *f* Verfälschung *f;* (*de palabras*) verfälschte Wiedergabe *f*

tergiversar [terxiβer'sar] *vt* (*hechos*) verfälschen; (*la verdad*) verdrehen; (*palabras*) falsch wiedergeben

termal [ter'mal] *adj* thermal; **aguas ~es** Thermalquelle *f*

termas ['termas] *fpl* (*baños*) Thermalbad *nt;* (*de los romanos*) Thermen *fpl*

termes ['termes] *m inv* Termite *f*

térmico, -a ['termiko, -a] *adj* thermisch; **central térmica** Wärmekraftwerk *nt*

terminación [termina'θjon] *f* ① (*acción*) Beendung *f;* (*de un proyecto*) Abschluss *m;* (*producción*) Fertigstellung *f;* (*de un plazo*) Ablauf *m* ② (*final*) Ende *nt;* (*borde*) Abschluss *m*

terminal[1] [termi'nal] **I.** *adj* End-; **parte ~** Schlussteil *m;* **un enfermo ~** ein sich im Endstadium befindender Kranker **II.** *m* (INFOR) Terminal *nt*

terminal[2] [termi'nal] *f* ① (*estación*) Endstation *f;* (FERRO) Endbahnhof *m* ② (*de* (*aero*)*puerto*) Terminal *m o nt; ~* **aérea** Flughafenterminal *m o nt*

terminante [termi'nante] *adj* ① (*claro*) eindeutig ② (*definitivo*) endgültig

terminar [termi'nar] **I.** *vt* ① (*finalizar*) beenden; (*proyecto*) abschließen; **¿cuándo terminas?** wann bist du fertig? ② (*producir*) fertig stellen; **¿cuándo van a ~ el puerto?** wann wird der Hafen fertig

gestellt?; **estar bién terminado** sorgfältig verarbeitet sein ③ (*consumir*) aufbrauchen; (*beber*) austrinken; (*comer*) aufessen **II.** *vi* ① (*tener fin*) enden; (*plazo, contrato*) ablaufen; ~ **en punta** spitz zulaufen; **¿cuándo termina la película?** wann ist der Film zu Ende?; **la escuela termina a las dos** die Schule ist um zwei aus ② (*acercarse al final*) zu Ende gehen; **ya termina la película** der Film ist bald zu Ende ③ (*poner fin*) aufhören ④ (*destruir*) vernichten (*con* +*akk*); **el tabaco va a ~ contigo** das Rauchen macht dich noch kaputt ⑤ (*de hacer algo*): ~ **de construir** fertig stellen; ~ **de hacer/coser/comer** fertig machen/nähen/essen; **cuando termines de comer...** wenn du mit dem Essen fertig bist, ... ⑥ (*separarse*) Schluss machen ⑦ (*llegar a*): ~ **por hacer algo** schließlich etw tun; **terminaron peleándose** am Ende stritten sie sich ⑧ (*haber hecho*): ~ **de hacer algo** gerade etwas getan haben ⑨ (DEP) ins Ziel kommen **III.** *vr:* ~ **se** ① (*aproximarse al final*) zu Ende gehen ② (*no haber más*) ausgehen; **se me está terminando la paciencia** ich bin bald mit meiner Geduld am Ende

término ['termino] *m* ① (*fin*) Ende *nt; me* **bajé en el ~** ich stieg an der Endstation aus; **he llegado al ~ de mi paciencia** ich bin mit meiner Geduld am Ende; **dar ~ a algo** etw beenden; **llevar a ~** zu Ende bringen; **poner ~ a algo** etw *dat* ein Ende machen; **sin ~** endlos ② (*plazo*) Zeitraum *m;* **en el ~ de quince días** innerhalb von zwei Wochen ③ (*linde*) Grenze *f* ④ (ADMIN) Bezirk *m* ⑤ (*vocablo*) Ausdruck *m;* (*especial*) Terminus *m;* **en buenos ~s** gelinde gesagt; **en otros ~s** mit anderen Worten; **contestar en malos ~s** barsch antworten ⑥ (*parte*) Teil *m* ⑦ *pl* (*de un contrato*) Bestimmungen *fpl* ⑧ (*loc*): ~ **medio** Durchschnitt *m;* **por ~ medio** durchschnittlich; **en primer ~** an erster Stelle; **en último ~** letztendlich; **estar en buenos/malos ~s** sich gut/schlecht verstehen; **separarse en buenos/malos ~s** gütlich/im Streit auseinander gehen

terminología [terminolo'xia] *f* Fachwortschatz *m*

terminológico, -a [termino'loxiko, -a] *adj* fachsprachlich; **diccionario ~** Fachwörterbuch *nt*

termita [ter'mita] *f* (ZOOL) Termite *f*

termitero [termi'tero] *m* (ZOOL) Termitenhügel *m*

termo ['termo] *m* Thermosflasche *f*

termodinámica [termoði'namika] *f* (FÍS)

Thermodynamik *f*

termómetro [ter'mometro] *m* Thermometer *nt;* ~ **clínico** Fieberthermometer *nt*

termonuclear [termonukle'ar] *adj* (Fís) thermonuklear

termorregulación [termorreɣula'θjon] *f* (BIOL, TÉC) Wärmeregelung *f*

termosifón [termosi'fon] *m* (*calentador*) Boiler *m*

termostato [termos'tato] *m*, **termóstato** [ter'mostato] *m* Thermostat *m,* Temperaturregler *m*

termotecnia [termo'teɣnja] *f* Wärmetechnik *f*

terna ['terna] *f* (*candidatos*) Kandidatenliste *f* (*mit drei Vorschlägen*)

ternario, -a [ter'narjo, -a] *adj* Dreier-; (*de tres unidades*) dreiteilig

terne ['terne] **I.** *adj* ① (*fam: bravucón*) großmäulig ② (*fam: cabezota*) stur ③ (*recio*) kräftig **II.** *m* (*fam: bravucón*) Großmaul *nt*

ternera [ter'nera] *f* (*carne*) Kalbfleisch *nt*

ternero, -a [ter'nero, -a] *m, f* Kalb *nt*

terneza [ter'neθa] *f v.* **ternura**

ternilla [ter'niʎa] *f* Knorpel *m*

terno ['terno] *m* ① (*conjunto*) Dreiheit *f* ② (*traje*) dreiteiliger Anzug *m* ③ (*juramento*) Kraftausdruck *m;* **echar** ~**s** fluchen

ternura [ter'nura] *f* ① (*cariño*) Zärtlichkeit *f* ② (*dulzura*) Lieblichkeit *f* ③ (*blandura, delicadeza, suavidad, sensibilidad*) Zartheit *f* ④ (*Chil, Ecua, Guat: inmadurez*) Unreife *f*

terquedad [terke'ðað] *f* ① (*testarudez*) Sturheit *f* ② (*porfía*) Rechthaberei *f* ③ (*de un niño*) Trotz *m* ④ (*de un animal*) Störrischkeit *f*

terracota [terra'kota] *f* Terrakotta *f*

terrado [te'raðo] *m* (Flach)dach *nt;* (*terraza*) (Dach)terrasse *f*

terral [te'ral] **I.** *adj:* **viento** ~ Landwind *m* **II.** *m* (METEO) Landwind *m*

Terranova [terra'noβa] *f* Neufundland *nt*

terraplén [terra'plen] *m* ① (*montón*) (Erd)aufschüttung *f;* (*protección*) (Erd)wall *m* ② (*desnivel*) Damm *m;* ~ **de un ferrocarril** Bahndamm *m*

terráqueo, -a [te'rrakeo, -a] **I.** *adj* Erd-; **globo** ~ Erdkugel *f* **II.** *m, f* Erdbewohner(in) *m(f)*

terrario [te'rrarjo] *m* Terrarium *nt*

terrateniente [terrate'njeṇte] *mf* Großgrundbesitzer(in) *m(f)*

terraza [te'rraθa] *f* (*jardín, terrado*) Terrasse *f;* (*balcón*) Balkon *m*

terremoto [terre'moto] *m* Erdbeben *nt*

terrenal [terre'nal] *adj* irdisch; **paraíso** ~ Paradies auf Erden

terreno[1] [te'rreno] *m* ① (*suelo*) (Erd)boden *m;* (GEO) Formation *f;* ~ **arcilloso** Tonboden *m* ② (*espacio*) Gelände *nt;* (*parcela*) Grundstück *nt;* (*campo*) Feld *nt;* (DEP) Spielfeld *nt;* ~ **edificable** Bauland *nt;* **vehículo todo** ~ Geländefahrzeug *nt* ③ (*esfera*) Gebiet *nt;* ~ **desconocido** Neuland *nt;* **está en su propio** ~ er/sie kennt sich auf diesem Gebiet aus ④ (*loc*): **sobre el** ~ an Ort und Stelle; **explorar el** ~ (*fig*) das Terrain sondieren; **ganar/perder** ~ an Boden gewinnen/verlieren; **minar el** ~ **a alguien** (*fig*) jdm Fallstricke legen; **preparar el** ~ **para las negociaciones** das Terrain für die Verhandlungen vorbereiten

terreno, -a[2] [te'rreno, -a] *adj* irdisch

terrera [te'rrera] *f* (ZOOL) Lerche *f*

terrestre [te'rrestre] **I.** *adj* ① (*de la Tierra*) Erd-; **globo** ~ Erdkugel *f* ② (*en la tierra*) Land-; **animal** ~ Landlebewesen *nt;* **transporte** ~ Beförderung auf dem Landweg ③ (*terrenal*) irdisch **II.** *mf* Erdbewohner(in) *m(f)*

terrible [te'rriβle] *adj* schrecklich; **hace un frío** ~ es ist schrecklich kalt; **tener un hambre** ~ furchtbar hungrig sein

terrícola [te'rrikola] **I.** *adj* (*terrestre*) Erd-; **animales** ~**s** Landlebewesen *ntpl* **II.** *mf* Erdbewohner(in) *m(f);* **marcianos y** ~**s** Marsmenschen und Erdbewohner

terrífico, -a [te'rrifiko, -a] *adj* schrecklich

territorial [territo'rjal] *adj* ① (GEO, POL) territorial; **división** ~ Gebietsteilung *f* ② (ZOOL) Revier-

territorio [terri'torjo] *m* ① (*región*) Gebiet *nt;* (POL) Territorium *nt;* (JUR) Bezirk *m;* ~ **jurisdiccional** Gerichtsbezirk *m* ② (ZOOL) Revier *nt*

terrón [te'rron] *m* ① (*masa*) Klumpen *m;* ~ (**de azúcar**) Stück Zucker; ~ (**de tierra**) Erdklumpen *m;* **azúcar de** ~ Würfelzucker *m* ② (*pl*) (*fam: campo*) Scholle *f*

terror [te'rror] *m* ① (*miedo*) (panische) Angst *f;* **película de** ~ Horrorfilm *m;* **las arañas me dan** ~ ich habe panische Angst vor Spinnen; **me domina el** ~ ich bin von großer Angst geplagt ② (*que provoca miedo*) Schrecken *m* ③ (POL) Terror *m;* **reino de** ~ Terrorherrschaft *f*

terrorífico, -a [terro'rifiko, -a] *adj* schrecklich

terrorismo [terro'rismo] *m sin pl* ① (*lucha*) Terrorismus *m* ② (*dominación*) Terrorisierung *f*

terrorista [terro'rista] **I.** *adj* terroristisch;

organización ~ Terrororganisation *f* **II.** *mf* Terrorist(in) *m(f)*

terroso, -a [te'rroso, -a] *adj* erdig; (*color*) erdfarben

terruño [te'rruɲo] *m* ❶ (*trozo*) (Erd)scholle *f* ❷ (*comarca*) Gegend *f;* (*patria*) Heimat *f* ❸ (*terreno*) Grundstück *nt;* (AGR) Scholle *f*

terso, -a ['terso, -a] *adj* ❶ (*liso*) glatt; (*tirante*) straff ❷ (*limpio*) sauber; (*transparente*) klar; (*brillante*) glänzend ❸ (*sencillo*) klar; (*fluido*) flüssig

tertulia [ter'tulja] *f* ❶ (*reunión*) Treffen *nt;* (*para conversar*) (Gesprächs)kreis *m;* (*en un bar*) Stammtisch *m;* ~ **literaria** literarischer Zirkel ❷ (*para jugar*) Spielsaal *m*

tertuliano, -a [tertu'ljano, -a] *m, f* Teilnehmer(in) *m(f)* an einem Gesprächskreis

tesina [te'sina] *f* Diplomarbeit *f;* (*en Letras*) Magisterarbeit *f*

tesis ['tesis] *f inv* ❶ (*proposición*) These *f* ❷ (*trabajo*) Dissertation *f*

tesitura [tesi'tura] *f* ❶ (*disposición*) Stimmung *f* ❷ (MÚS) Stimmlage *f*

tesón [te'son] *m* Beharrlichkeit *f;* **trabajar con** ~ hart arbeiten

tesonero, -a [teso'nero, -a] *adj* (*Am*) ❶ (*perseverante*) beharrlich ❷ (*tenaz*) zielstrebig

tesorería [tesore'ria] *f* ❶ (*cargo*) Schatzmeisteramt *nt* ❷ (*despacho, t.* FIN) Kasse *f*

tesorero, -a [teso'rero, -a] *m, f* Schatzmeister(in) *m(f)*

tesoro [te'soro] *m* ❶ (*de gran valor*) Schatz *m;* **ser un ~ de una persona** ein wunderbarer Mensch sein; **valer un** ~ Gold wert sein ❷ (*fortuna*) Vermögen *nt;* ~ (**público**) Fiskus *m* ❸ (*cariño*) Schatz *m*

test [tes^t] *m* Test *m*

testa ['testa] *f* ❶ (*cabeza*) Haupt *nt;* ~ **dura** Dickkopf *m;* ~ **de ferro** Strohmann *m* ❷ (*frente*) Vorderseite *f* ❸ (*fam: sensatez*) Köpfchen *nt*

testaferro [testa'ferro] *m* Strohmann *m*

testamentario, -a [testamen'tarjo, -a] **I.** *adj* testamentarisch **II.** *m, f* Testamentsvollstrecker(in) *m(f)*

testamento [testa'mento] *m* Testament *nt;* ~ **abierto** öffentliches Testament; **hacer** ~ sein Testament machen

testar [tes'tar] *vi* sein Testament machen

testarada [testa'raða] *f* Schlag *m* mit dem Kopf; **darse una** ~ sich *dat* den Kopf anschlagen; **darse una ~ con alguien** (*t. fig*) mit jdm zusammenstoßen

testarudez [testaru'ðeθ] *f* ❶ (*cualidad*) Dickköpfigkeit *f* ❷ (*acción*) stures Verhalten *nt*

testarudo, -a [testa'ruðo, -a] **I.** *adj* dickköpfig **II.** *m, f* Dickkopf *m*

testera [tes'tera] *f* ❶ (*de la cabeza*) Stirn *f* ❷ (*parte*) Vorderseite *f;* (*fachada*) Fassade *f*

testículo [tes'tikulo] *m* Hoden *m*

testificar [testifi'kar] <c→qu> **I.** *vt* ❶ (*declarar*) erklären; (*testigo*) aussagen ❷ (*afirmar: testigo*) bezeugen; (*documento*) bescheinigen ❸ (*demostrar*) beweisen **II.** *vi* (als Zeuge) aussagen

testigo[1] [tes'tiɣo] *mf* (*t.* JUR) Zeuge, -in *m, f;* ~ **de cargo/de descargo** Belastungs-/Entlastungszeuge *m;* ~ **de matrimonio** Trauzeuge *m;* ~ **ocular** Augenzeuge *m;* **fui ~ del accidente** ich habe den Unfall gesehen; **examinar ~s** Zeugen vernehmen; **poner a alguien por** ~ sich auf jdn berufen

testigo[2] [tes'tiɣo] *m* (*prueba*) Zeugnis *nt;* **ser ~ de algo** von etw *dat* zeugen

testimonial [testimo'njal] *adj* ❶ (*que afirma*) Zeugen-; **declaración** ~ Zeugenaussage *f* ❷ (*que prueba*) Beweis-

testimoniar [testimo'njar] **I.** *vt* ❶ (*declarar*) aussagen ❷ (*afirmar*) bezeugen ❸ (*dar muestra*) bekunden ❹ (*probar*) beweisen **II.** *vi* (als Zeuge) aussagen

testimonio [testi'monjo] *m* ❶ (*declaración*) Aussage *f;* **dar** ~ aussagen ❷ (*afirmación*) Bezeugung *f* ❸ (*muestra*) Bekundung *f* ❹ (*prueba*) Beweis *m*

testosterona [testoste'rona] *f* (BIOL) Testosteron *nt*

testuz [tes'tuθ] *m o f* ❶ (*frente*) Stirn *f* ❷ (*nuca*) Nacken *m*

teta ['teta] *f* ❶ (*pecho*) Brust *f;* **niño de** ~ Säugling *m;* **dar la** ~ stillen; **quitar la** ~ abstillen ❷ (*ubre*) Euter *m* ❸ (*pezón: mujer*) Brustwarze *f;* (*animal*) Zitze *f*

tétano(s) ['tetano(s)] *m* (*inv*) Wundstarrkrampf *m*

tetera [te'tera] *f* ❶ (*para té*) Teekanne *f* ❷ (*Am: tetilla*) Sauger *m* ❸ (*Am*) *v.* **tetero**

tetero [te'tero] *m* (*Am*) (Saug)flasche *f*

tetilla [te'tiʎa] *f* ❶ (*biberón*) Sauger *m* ❷ (*animal*) Zitze *f*

i Land & Leute

Ein sehr typischer galicischer Käse ist der **queso de tetilla**. Diesen Namen verdankt er seiner busenartigen Form (*teta* bedeutet Brust/Busen).

tetina [te'tina] *f* (*tetilla del biberón*) Sauger *m*

tetraedro [tetra'eðro] *m* (MAT) Tetraeder *nt*

tetrapléjico, -a [tetra'plexiko, -a] *adj* (MED)

an Armen und Beinen gelähmt

tétrico, -a ['tetriko, -a] *adj* düster; **estar de un humor** ~ niedergeschlagen sein

teutón, -ona [teu'ton, -ona] **I.** *adj* teutonisch **II.** *m, f* Teutone, -in *m, f*

textil [tes'til] **I.** *adj* textil; **planta** ~ Faserpflanze *f* **II.** *m* (Textil)faser *f*

texto ['testo] *m* Text *m;* (*pasaje*) Textstelle *f;* (**libro de**) ~ Schulbuch *nt*

textual [testu'al] *adj* ❶ (*relativo al texto*) textuell; (*escrito*) schriftlich ❷ (*conforme al texto*) textgemäß; (*literal*) wörtlich; (*exacto*) genau; **con las palabras** ~**es** (wort)wörtlich

textura [tes'tura] *f* ❶ (*acción*) Weben *nt* ❷ (*tejido*) Gewebe *nt* ❸ (*estructura*) Struktur *f;* (GEO, QUÍM) Textur *f*

tez [teθ] *f* (Gesichts)haut *f;* **de** ~ **morena** dunkelhäutig

ti [ti] *pron pers:* **a** ~ (*objeto directo*) dich; (*indirecto*) dir; **de** ~ von dir; **de** ~ **para mí** unter uns gesagt; **para** ~ für dich; **por** ~ deinetwegen

tía ['tia] *f* ❶ (*pariente, señora*) Tante *f;* ¡(**cuéntaselo a**) **tu** ~! (*fam*) das kannst du deiner Großmutter erzählen!; **no hay tu** ~ (*fam*) da ist nichts zu machen ❷ (*fam: mujer*) Frau *f;* (*pey*) ¡**qué** ~ **más buena!** so ein Klasseweib!; **vaya** ~ **más tonta** so eine blöde Kuh ❸ (*fam: ramera*) Nutte *f* ❹ (*fam: tratamiento*): **pero** ~, ¿**qué te pasa,** ~? Mensch, was ist denn mit dir los?

tiara [ti'ara] *f* Tiara *f*

tiarrón, -ona [tja'rron, -ona] *m, f* (*fam*) großer Mann *m,* große Frau *f*

tibetano, -a [tiβe'tano, -a] **I.** *adj* tibetisch **II.** *m, f* Tibeter(in) *m(f)*

tibia [ti'βja] *f* (ANAT) Schienbein *nt*

tibiarse [ti'βjarse] *vr* (*AmC, Ven: irritarse*) böse werden

tibiera [ti'βjera] *f* (*Ven*) ❶ (*molestia*) Belästigung *f* ❷ (*fastidio*) Ärger *m*

tibieza [ti'βjeθa] *f* Lauheit *f*

tibio, -a ['tiβjo, -a] *adj* ❶ (*temperatura*) lau(warm) ❷ (*carácter, sentimiento*) lau ❸ (*Am: fam: enfadado*) sauer ❹ (*loc*): **ponerse** ~ sich *dat* den Bauch voll schlagen; **poner** ~ **a alguien** jdn fertig machen; (*hablar mal*) kein gutes Haar an jdm lassen

tiburón [tiβu'ron] *m* Hai(fisch) *m*

tic [tik] **I.** *interj* tick **II.** *m* <tics> Tick *m*

tictac [tik'tak] **I.** *interj* ticktack; **hacer** ~ ticken **II.** *m sin pl* Ticken *nt*

tiemple ['tjemple] *m* (*Chil*) ❶ (*amor*) Liebe *f* ❷ (*pasión*) Leidenschaft *f*

tiempo ['tjempo] *m* ❶ (*momento, duración, periodo*) Zeit *f;* ~ **libre** Freizeit *f;* ~

de pago Zahlungsfrist *f;* **los buenos** ~**s** die gute alte Zeit; **a** ~ rechtzeitig; **a su** ~ zu gegebener Zeit; **todo a su** ~ alles zu seiner Zeit; **al** (**mismo**) ~, **a un** ~ gleichzeitig; **al** ~ **que...** während ...; **antes de** ~ vorzeitig; **llegar antes de** ~ zu früh kommen; **andando el** ~ im Laufe der Zeit; **con** ~ frühzeitig; **llegué a la estación con** ~ ich war früh genug am Bahnhof; **hazlo con** ~ lass dir Zeit; **de** ~ **en** ~ von Zeit zu Zeit; **desde hace mucho** ~ seit langem; **durante cierto** ~ eine Zeit lang; **en** ~**s** früher; **en** ~**s de Franco** zu Francos Zeiten; **en mis** ~**s** zu meiner Zeit; **el** ~ **pasa volando** die Zeit vergeht wie im Fluge; **amanecerán** ~**s mejores** es kommen auch mal bessere Zeiten; **dar** ~ **al** ~ abwarten; **este problema ya viene de** ~ dieses Problem besteht schon seit geraumer Zeit; **hace** ~ **que...** es ist schon lange (Zeit) her, dass ...; **hace** ~ **que no voy al cine** ich war schon lange nicht mehr im Kino; **hacer** ~ sich *dat* die Zeit vertreiben; **hay** ~ wir haben genug Zeit; **matar el** ~ die Zeit totschlagen; **mucho/demasiado** ~ (*adv*) lange/zu lange; **perder el** ~ die Zeit vergeuden; **sin perder** ~ unverzüglich; **si me da** ~ **...** wenn ich Zeit habe, ...; **ya es** ~ **que... +** *subj* es wird Zeit, dass ...; **el** ~ **es oro** (*prov*) Zeit ist Geld ❷ (*época*) Zeit *f;* (*estación*) Jahreszeit *f* ❸ (METEO) Wetter *nt;* **chaqueta de medio** ~ Übergangsjacke *f;* **cerveza del** ~ ungekühltes Bier; **el** ~ **amenaza lluvia** es sieht nach Regen aus; **hoy hace mal** ~ heute ist schlechtes Wetter; **a**(**l**) **mal** ~ **buena cara** (*prov*) gute Miene zum bösen Spiel ❹ (LING) Tempus *nt;* ~ **presente** Präsens *nt* ❺ (*edad*) Alter *nt;* ¿**cuánto** ~ **tiene el niño?** wie alt ist das Kind? ❻ (DEP): (**medio**) ~ Halbzeit *f;* ~ **muerto** Auszeit *f* ❼ (*velocidad,* MÚS) Tempo *nt;* (TÉC) Takt *m;* **motor de dos** ~**s** Zweitakter *m*

tienda ['tjenda] *f* ❶ (*establecimiento*) Laden *m;* ~ **de comestibles** Lebensmittelgeschäft *nt* ❷ (*alojamiento*): ~ (**de campaña**) Zelt *nt*

tienta ['tjenta] *f* ❶ (MED) Sonde *f* ❷ (*astucia*) Schlauheit *f* ❸ (*loc*): **andar a** ~**s** (*fig*) im Dunkeln tappen

tiento ['tjento] *m* ❶ (*acción*) Betasten *nt;* **a** ~ tastend ❷ (*prueba*) Probieren *nt;* **darle un** ~ **a la botella** (*fam*) einen Schluck aus der Flasche nehmen ❸ (*examinación*) Untersuchung *f;* **dar un** ~ prüfen ❹ (*tacto*) Behutsamkeit *f;* (*cautela*) Vorsicht *f;* **con** ~ behutsam; (*cuidado*) vorsichtig ❺ (*de un ciego*) Blindenstock *m*

⑥ (*tentáculo*) Fangarm *m* ⑦ (*pulso*) Ruhe *f;* **con** ~ mit ruhiger Hand

tierno, -a ['tjerno, -a] **I.** *adj* ① (*blando*) zart; (*pan, dulces*) mürb(e) ② (*suave, delicado, sensible*) zart; **a la tierna edad de...** im zarten Alter von ...; **a tierna edad** als Kind; **desde mi más tierna edad...** von Kindesbeinen an ...; **en mi más tierna niñez** in meiner frühesten Kindheit ③ (*cariñoso*) zärtlich ④ (*Chil, Ecua, Guat: inmaduro*) unreif **II.** *m, f* (*Guat, Nic*) Säugling *m*

tierra ['tjerra] *f* ① (*materia, superficie, planeta*) Erde *f;* ~ **vegetal** Komposterde *f;* **toma de** ~ (ELEC) Erdung *f;* **bajo** ~ (MIN) unter Tage; **echar** ~ **a algo** (*fig*) etw vertuschen; **estar bajo** ~ unter der Erde liegen; **caer por** ~ (*fig*) den Bach runtergehen *fam;* **dar en** ~ stürzen; **echar por** ~ zu Boden werfen; (*fig*) zunichte machen; **me falta** ~ (*fig*) mir fehlt die nötige Sicherheit; **¡trágame, ~!** ich würde (vor Scham) am liebsten in den (Erd)boden versinken!; **parece que se lo ha tragado la** ~ er scheint wie vom Erdboden verschwunden ② (*firme*) (Fest)land *nt;* ~ **adentro** landeinwärts; **poner** ~ **por medio** das Weite suchen; **tomar** ~ (AERO) landen; (NÁUT) anlegen; **como no lleguemos pronto a la estación, nos vamos a quedar en** ~ wenn wir nicht bald am Bahnhof sind, verpassen wir unseren Zug ③ (*región*) Gegend *f;* **T~ Santa** Heiliges Land; (**natal**) Heimat *f* ④ (*hacienda*) Land *nt;* ~ **de labor** Ackerland *nt;* ~ **de pastos** Weideland *nt;* **poseer** ~**s** Land besitzen

tierral [tje'rral] *m* (*Am: polvareda*) Staubwolke *f*

tieso¹ ['tjeso] *adv* kräftig

tieso, -a² ['tjeso, -a] *adj* ① (*rígido*) steif; **dejar** ~ **a alguien** (*fam*) jdn kaltmachen; **quedarse** ~ (*de frío*) vor Kälte erstarren; (*miedo*) vor Angst erstarren; (*morirse*) sterben; (*dormirse*) einschlafen ② (*erguido*) aufrecht; (*orejas*) gespitzt ③ (*terco*) stur; **tenérselas tiesas** nicht nachgeben ④ (*serio*) steif ⑤ (*engreído*) arrogant; **no te pongas** ~ jetzt werd bloß nicht unverschämt ⑥ (*tirante*) straff ⑦ (*valiente*) mutig ⑧ (*robusto*) kräftig; (*sano*) fit

tiesto ['tjesto] *m* Blumentopf *m*

tiesura [tje'sura] *f* Steifheit *f*

tifón [ti'fon] *m* ① (*huracán*) Taifun *m* ② (*tromba*) Wasserhose *f*

tifus ['tifus] *m inv* Typhus *m*

tigre(sa)¹ ['tiɣre, ti'ɣresa] *m(f)* ① (ZOOL) Tiger(in) *m(f)* ② (*persona*) Ungeheuer *nt*

tigre, -a² ['tiɣre, -a] *m, f* (*Am*) Jaguar *m*

tijera [ti'xera] *f* (*pl*) (*utensilio, con esta forma*) Schere *f;* **silla de** ~ Klappstuhl *m;* **echar** ~ **a algo** (*fam*) etw abschneiden ② (*persona*) Lästermaul *nt fam* ③ (DEP) Schere *f*

tijereta [tixe'reta] *f* (ZOOL) Ohrwurm *m*

tijeretada [tixere'taða] *f,* **tijeretazo** [tixere'taθo] *m* Schnitt *m* mit der Schere

tijeretear [tixerete'ar] **I.** *vt* herumschnippeln (*an* +*dat*) **II.** *vi* ① (*cortar*) herumschnippeln ② (*fam: entrometerse*) sich einmischen

tila ['tila] *f* ① (*tilo*) Linde *f* ② (*flor*) Lindenblüte *f* ③ (*té*) Lindenblütentee *m*

tildar [til'dar] *vt* ① (*con acento*) mit Akzent versehen ② (*la ñ*) mit Tilde versehen ③ (*a alguien*) bezeichnen (*de* als +*akk*) ④ (*tachar*) durchstreichen

tilde ['tilde] *f* ① (*acento*) Akzent *m* ② (*de la ñ*) Tilde *f* ③ (*tacha*) Makel *m* ④ (*cosa mínima*) Kleinigkeit *f*

tiliches [ti'litʃes] *mpl* (*AmC, Méx: trastos*) Gerümpel *nt*

tilín [ti'lin] *m sin pl* ① (*sonido*) Klingeln *nt;* **¡~!** klingeling! ② (*loc*): **hacer** ~ gefallen; **el pastel no me hace** ~ der Kuchen schmeckt mir nicht besonders

tilingo, -a [ti'liŋgo, -a] *adj* ① (*CSur, Méx: atolondrado*) leichtsinnig ② (*Arg: demente*) schwachsinnig

tilo ['tilo] *m* Linde *f*

timador(a) [tima'ðor(a)] *m(f)* Betrüger(in) *m(f)*

timar [ti'mar] **I.** *vt* ① (*estafar*) ergaunern ② (*engañar*) betrügen; (*mentir*) beschwindeln **II.** *vr:* ~**se** (*hacerse guiños*) sich *dat* zuzwinkern; (*tontear*) turteln

timba ['timba] *f* (*fam*) ① (*partida*) Spiel *nt* ② (*lugar*) Spielhölle *f* ③ (*Am: barriga*) Bauch *m*

timbal [tim'bal] *m* ① (MÚS) Trommel *f;* (*grande*) Pauke *f* ② (GASTR) Pastete *f*

timbrar [tim'brar] *vt* (*pegar*) mit einer Marke versehen; (*estampar*) (ab)stempeln

timbrazo [tim'braθo] *m* Klingeln *nt*

timbre ['timbre] *m* ① (*aparato*) Klingel *f;* **han tocado el** ~ es hat geklingelt ② (*sonido, t.* MÚS) Timbre *nt* ③ (*sello que se pega*) Marke *f;* (*que se estampa*) Stempel *m* ④ (*acción*) Verdienst *nt;* ~ **de gloria** Ruhmestat *f;* **ser un** ~ **de gloria para alguien** jdm zur Ehre gereichen

timidez [timi'ðeθ] *f* Schüchternheit *f*

tímido, -a ['timiðo, -a] *adj* schüchtern

timo ['timo] *m* ① (*fraude*) Betrug *m;* **dar un** ~ **de 10 euros a alguien** jdn um 10 Euro prellen ② (*glándula*) Thymusdrüse *f*

timón [ti'mon] *m* Steuer *nt;* **llevar el ~ de una empresa** *(fam)* ein Unternehmen leiten

timonel [timo'nel] *mf* Steuermann, -frau *m, f*

timorato, -a [timo'rato, -a] *adj* ❶ *(de Dios)* gottesfürchtig; *(pey)* prüde ❷ *(tímido)* zaghaft

tímpano ['timpano] *m* ❶ (ANAT: *membrana)* Trommelfell *nt* ❷ *(instrumento)* Pauke *f*

tina ['tina] *f* Kübel *m; (Am: bañera)* Badewanne *f*

tinaja [ti'naxa] *f* Tonkrug *m*

tincar [tiŋ'kar] <c→qu> *vt* ❶ *(Chil: presentir)* ahnen ❷ *(Arg, Chil: pelota)* anschneiden

tinerfeño, -a [tiner'feno, -a] **I.** *adj* aus Teneriffa **II.** *m, f* Einwohner(in) *m(f)* Teneriffas

tinga ['tiŋga] *f (Méx: alboroto)* Remmidemmi *nt fam*

tinglado [tiŋ'glaðo] *m* ❶ *(cobertizo)* Schuppen *m* ❷ *(artimaña)* Intrige *f* ❸ *(fam: lío)* Durcheinander *nt* ❹ *(tablado)* Bretterbühne *f*

tiniebla [ti'njeβla] *f* Finsternis *f;* **estar en ~s sobre algo** *(fig)* keine Ahnung von etw *dat* haben

tino ['tino] *m* ❶ *(puntería)* Treffsicherheit *f* ❷ *(destreza)* Geschicklichkeit *f* ❸ *(moderación)* Mäßigkeit *f;* **a buen ~** nach Gefühl; **sin ~** ohne Maß und Ziel; **estar a ~** gelegen sein; **sacar de ~ a alguien** jdn aus der Fassung bringen ❹ *(tina)* Kübel *m*

tinta ['tinta] *f* ❶ *(para escribir)* Tinte *f; ~* **china** Tusche *f; ~* **de imprenta** Druckfarbe *f;* **a dos ~s** zweifarbig; **saber algo de buena ~** etw aus guter Quelle haben; **sudar ~** sich abmühen; **recargar las ~s** es übertreiben; **sobre este asunto han corrido ríos de ~** über dieses Thema ist viel Tinte verschrieben worden ❷ *(color)* Farbton *m;* **ser medias ~s** weder Fisch noch Fleisch sein

tintar [tin'tar] *vt* färben

tinte ['tinte] *m* ❶ *(teñidura)* Färben *nt* ❷ *(colorante)* Färbemittel *nt* ❸ *(tintorería)* Reinigung *f* ❹ *(matiz)* Färbung *f;* *(apariencia)* (An)schein *m;* **un cierto ~ de ironía** ein leichter Anflug von Ironie; **tus palabras tenían un cierto ~ de alegría** in deinen Worten schwang Freude mit

tintero [tin'tero] *m* Tintenfass *nt;* **dejar(se) algo en el ~** *(fig)* etw nicht erwähnen

tintín [tin'tin] *m* Klingklang *m*

tintin(e)ar [tintiˈnar/tintineˈar] *vi* klingeln

tintineo [tinti'neo] *m* Klingeln *nt*

tinto, -a ['tinto, -a] *adj (rojo oscuro)* weinrot; *(uvas)* rot; **vino ~** Rotwein *m*

tintorería [tintore'ria] *f* (chemische) Reinigung *f*

tintorro [tin'torro] *m (fam)* (schlechter) Rotwein *m*

tintura [tin'tura] *f* ❶ *(tinte)* Färben *nt* ❷ *(colorante)* Färbemittel *nt* ❸ *(maquillaje)* Schminke *f* ❹ (MED) Tinktur *f*

tiña ['tiɲa] *f* ❶ (MED) Grind *m* ❷ *(fam: miseria)* Schäbigkeit *f*

tiñoso, -a [ti'ɲoso, -a] *adj* ❶ (MED) grindig ❷ *(fam: mísero)* schäbig

tío, -a ['tio, -a] *m, f* ❶ *(pariente)* Onkel *m,* Tante *f;* **tener un ~ en América** einen reichen Onkel haben ❷ *(fam: hombre)* Kerl *m;* **¡oye ~!** Mensch!; **ser un ~ bueno** stark aussehen

tiovivo [tio'βiβo] *m* Karussell *nt;* **dar más vueltas que un ~** von Pontius zu Pilatus laufen

típico, -a ['tipiko, -a] *adj* typisch *(de* für *+akk)*

tipificación [tipifika'θjon] *f* Typisierung *f*

tipificar [tipifi'kar] <c→qu> *vt* typisieren

tipismo [ti'pismo] *m* Eigenartigkeit *f*

tiple¹ ['tiple] *m (voz)* Sopranstimme *f*

tiple² ['tiple] *mf (persona)* Sopran *m*

tipo¹ ['tipo] *m* ❶ *(modelo)* Modell *nt* ❷ *(muestra)* Muster *nt; (espécimen)* Typ(us) *m* ❸ *(cuerpo)* Körperbau *m;* **tener buen ~** eine gute Figur haben; **arriesgar el ~** *(fam)* sein Leben aufs Spiel setzen; **mover el ~** *(fam)* tanzen ❹ *(clase)* Art *f* ❺ (FIN) Satz *m; ~* **de cambio** Wechselkurs *m; ~* **de conversión** Umrechnungskurs *m* ❻ (TIPO) Drucktype *f*

tipo, -a² ['tipo, -a] *m, f (fam)* Mann *m,* Frau *f; (pey)* Typ *m*

tipografía [tipoɣra'fia] *f* ❶ *(impresión)* Hochdruck *m* ❷ *(taller)* Druckerei *f*

tipología [tipolo'xia] *f* ❶ *(clasificación)* Typenlehre *f* ❷ (PSICO: *de personalidades)* Typologie *f*

tiquear [tike'ar] *vt* ❶ *(AmC, PRico: chequear)* überprüfen ❷ *(Chil: perforar)* lochen

tiquet ['tike'] *m* <tiquets> Ticket *nt; (de viaje)* Fahrschein *m; (de espectáculos)* Eintrittskarte *f; (de compra)* Kassenzettel *m*

tiquismiquis¹ [tikis'mikis] *mpl* ❶ *(remilgo)* übertriebene Bedenken *ntpl* ❷ *(noñería)* Getue *nt*

tiquismiquis² [tikis'mikis] *mf inv (remilgado)* umständlicher Mensch *m*

tira ['tira] *f* ❶ *(banda)* Band *nt,* Streifen *m;* **hacer ~s algo** etw zerreißen ❷ *(argot:*

mucho): **esto me ha gustado la ~** das hat mir super gefallen

tirabuzón [tiraβu'θon] *m* ❶ (*rizo*) (Korkenzieher)locke *f* ❷ (*sacacorchos*) Korkenzieher *m*

tirachinas [tira'tʃinas] *m inv* Gummischleuder *f*

tirada [ti'raða] *f* ❶ (*edición*) Auflage *f;* **de una ~** (*fig*) auf einen Streich ❷ (*distancia*) Entfernung *f*

tirado, -a [ti'raðo, -a] **I.** *adj* ❶ *estar* (*fam: barato*) spottbillig ❷ *ser* (*pey: descuidado*) schlampig ❸ *estar* (*fam: fácil*) kinderleicht **II.** *m, f* (*argot*) Penner(in) *m(f)*

tirador[1] [tira'ðor] *m* ❶ (*agarradero*) Griff *m* ❷ (*cordón*) Klingelzug *m* ❸ (*tirachinas*) Schleuder *f*

tirador(a)[2] [tira'ðor(a)] *m(f)* (*disparador*) Schütze, -in *m, f*

tiragomas [tira'ɣomas] *m inv* Schleuder *f*

tiralevitas [tirale'βitas] *mf inv* Schmeichler(in) *m(f)*

tiralíneas [tira'lineas] *m inv* Reißfeder *f*

tiranía [tira'nia] *f* Tyrannei *f;* **someterse a la ~ de la moda** sich dem Diktat der Mode unterwerfen

tiránico, -a [ti'raniko, -a] *adj* tyrannisch

tiranizar [tirani'θar] <z→c> *vt* tyrannisieren

tirano, -a [ti'rano, -a] **I.** *adj* tyrannisch **II.** *m, f* Tyrann(in) *m(f)*

tirante [ti'rante] **I.** *adj* ❶ (*tieso*) straff; **el pantalón me está ~** die Hose kneift ❷ (*conflictivo*) gespannt; **estar ~ con alguien** eine gespannte Beziehung zu jdm haben **II.** *m* ❶ (*cinta, travesaño*) Träger *m;* **~s** (*elásticos*) Hosenträger *mpl* ❷ (*de caballería*) Strang *m*

tirantez [tiran'teθ] *f* ❶ (*tensión*) Spannung *f* ❷ (*extensión*) Längsausdehnung *f*

tirar [ti'rar] **I.** *vi* ❶ (*arrastrar*) ziehen (*de* an +*dat*); **tira y afloja** Tauziehen *nt;* **a todo ~** höchstens; **~ de la lengua a alguien** jdm die Würmer aus der Nase ziehen ❷ (*atraer*) anziehen; **no me tiran los libros** ich mache mir nichts aus Büchern ❸ (*sacar*) hervorziehen (*de* +*akk*) ❹ (*chimenea, t.* AUTO) ziehen ❺ (*colores*): **~ a rojo** ins Rote spielen ❻ (*vestidos*): **esta camisa me tira de los hombros** diese Bluse spannt an den Schultern ❼ (*querer lograr*): **~ para director** Direktor werden wollen ❽ (*parecerse*) ähneln (*a* +*dat*) ❾ (*torcer*) abbiegen; **aquí cada uno tira por su lado** hier trennen sich unsere Wege ❿ (*disparar*) schießen (*a* auf +*akk*); **~ al blanco** das Ziel treffen ⓫ (*loc*): **¿cómo estás? – voy tirando** wie geht's? –

es geht so **II.** *vt* ❶ (*lanzar*) werfen; **~ piedras a alguien** mit Steinen nach jdm werfen ❷ (*malgastar*) verschwenden ❸ (*desechar*) wegwerfen ❹ (*disparar*) schießen; (*bombas*) abwerfen; (*cohetes*) abfeuern ❺ (*derribar*) zu Boden werfen; (*árbol*) fällen; (*edificio*) abreißen ❻ (*trazar*) ziehen ❼ (*imprimir*) drucken ❽ (*extender*) spannen ❾ (FOTO) schießen ❿ (*loc*): **~ un mordisco** beißen; **~ un pellizco** kneifen **III.** *vr:* **~se** ❶ (*lanzarse*) sich stürzen (*a* in +*akk, sobre* auf +*akk*) ❷ (*echarse*) sich hinlegen (*en* auf +*akk*) ❸ (*fam: pasar*) bringen; **~se una hora esperando** eine ganze Stunde warten ❹ (*acometer*) (los)stürzen (*a* in +*akk, sobre* auf +*akk*) ❺ (*vulg: copular*): **~se a alguien** es mit jdm treiben *fam*

tirita [ti'rita] *f* (Heft)pflaster *nt*

tiritar [tiri'tar] *vi* frösteln (*de* vor +*dat*); **se me ha quedado la cuenta del banco tiritando** mein Bankkonto ist fast leer

tiritón [tiri'ton] *m* Schauder *m;* **dar tiritones** frösteln

tiro ['tiro] *m* ❶ (*lanzamiento*) Wurf *m;* **~ a portería** Torwurf *m;* **estar a un ~ de piedra** einen Steinwurf entfernt sein ❷ (*disparo*) Schuss *m;* **~ al aire** Warnschuss *m;* **barraca de ~ al blanco** Schießbude *f;* **~ con arco** Bogenschießen *nt;* **a ~** in Schussweite; (*fig*) erreichbar; **a ~ limpio** mit Waffengewalt; **dar un ~** einen Schuss abgeben; **¡que le den un ~!** verrecken soll er/sie!; **darse un ~** sich *dat* eine Kugel durch den Kopf jagen; (*argot: heroína*) sich *dat* einen Schuss setzen; **no van por ahí los ~s** (*fam*) die Sache verhält sich anders; **me salió el ~ por la culata** (*fam*) der Schuss ging nach hinten los ❸ (*munición*) Schuss *m* ❹ (*daño*) Einschuss *m* ❺ (*alcance*) Reichweite *f* ❻ (*arrastre*) Ziehen *nt* ❼ (*caballerías*) Gespann *nt* ❽ (*arreos*) Zuggurt *m;* **poner el ~ a los caballos** die Pferde anspannen ❾ (*corriente de aire*) Zug *m* ❿ (*loc*): **de ~s largos** piekfein; **ni a ~s** nicht um alles in der Welt; **sentar como un ~** (*comida*) schlecht bekommen +*dat;* (*noticia*) umhauen +*akk*

tiroides [ti'roiðes] **I.** *adj inv:* **glándula ~** Schilddrüse *f* **II.** *m inv* (MED) Schilddrüse *f*

tirolés, -esa [tiro'les, -esa] **I.** *adj* tirol(er)isch **II.** *m, f* Tiroler(in) *m(f)*

tirón [ti'ron] *m* (*acción*) Zerren *nt;* (*efecto*) Ruck *m;* **de un ~** (*bruscamente*) mit einem Ruck; (*de una vez*) in einem Zug; **no lo sacan de aquí ni a dos tirones** ihn bringen keine zehn Pferde von hier weg

tironear [tirone'ar] *vt* zerren

tirotear [tirote'ar] **I.** *vt* beschießen **II.** *vr:* ~**se ❶** (*disparar*) sich gegenseitig beschießen **❷** (*disputar*) sich herumstreiten

tiroteo [tiro'teo] *m* Schießerei *f*

tirria ['tirrja] *f* (*fam*) Voreingenommenheit *f;* **tener ~ a alguien** jdm gegenüber voreingenommen sein

tisana [ti'sana] *f* Heilkräutertee *m*

tísico, -a ['tisiko, -a] **I.** *adj* (MED) schwindsüchtig **II.** *m, f* Schwindsüchtige(r) *mf*

tisis ['tisis] *f inv* Schwindsucht *f*

tisú [ti'su] *m* Lamé *m*

titán [ti'tan] *m* Titan *m*

titánico, -a [ti'taniko, -a] *adj* titanisch

titanio [ti'tanjo] *m* (QUÍM) Titan *nt*

títere ['titere] *m* **❶** (*muñeco*) Handpuppe *f;* (*t. fig: marioneta*) Marionette *f;* **no dejar ~ con cabeza** alles kurz und klein schlagen **❷** (*tipejo*) Trottel *m* **❸** *pl* (*espectáculo*) Puppentheater *nt*

titilar [titi'lar] *vi* **❶** (*temblar*) zittern **❷** (*centellear*) funkeln

titiritero, -a [titiri'tero, -a] *m, f* **❶** (*titerista*) Puppenspieler(in) *m(f)* **❷** (*acróbata*) Seiltänzer(in) *m(f)*

tito, -a ['titu, -a] *m, f* (*fam*) *dim de* **tío**

titubeante [tituβe'ante] *adj* zögernd

titubear [tituβe'ar] *vi* **❶** (*vacilar*) schwanken; (*fig*) zögern **❷** (*balbucear*) stammeln

titubeo [titu'βeo] *m* **❶** (*vacilación*) Schwanken *nt;* (*fig*) Zögern *nt;* **deja a un lado tus ~s** zaudere nicht länger **❷** (*balbuceo*) Stammeln *nt*

titulación [titula'θjon] *f* (*denominación*) Betitelung *f;* (*académica*) akademischer Titel *m*

titulado, -a [titu'laðo, -a] **I.** *adj* diplomiert **II.** *m, f* Titelträger(in) *m(f);* ~ (**universitario**) Hochschulabsolvent *m*

titular¹ [titu'lar] **I.** *m* Überschrift *f;* **aparecer en los ~es** Schlagzeilen machen; **ocupar los ~es** die Schlagzeilen beherrschen **II.** *vt* (*poner título*) betiteln; **el libro se titula...** das Buch trägt den Titel ... **III.** *vr:* ~ **se** einen akademischen Grad erwerben

titular² [titu'lar] **I.** *adj:* **médico ~** leitender Arzt; **profesor ~** außerordentlicher Professor **II.** *mf* Inhaber(in) *m(f);* ~ **de acciones** Aktionär(in) *m(f)*

titularidad [titulari'ðað] *f* Berechtigung *f;* ~ **sucesoria** Erbberechtigung *f*

título ['titulo] *m* **❶** (*rótulo, dignidad*) Titel *m;* **tu composición no lleva ~** dein Aufsatz hat keine Überschrift **❷** (*diploma*) Diplom *nt* **❸** (*motivo*) Grund *m;* **¿a ~ de qué hace Ud. eso?** aus welchem Grund machen Sie das?; **a justo ~** mit vollem Recht **❹** (*en calidad de*): **a ~ de** als; **a ~**

de devolución mit der Bitte um Rückgabe; **a ~ gratuito** unentgeltlich; **a ~ de prueba** versuchsweise **❺** (*valor comercial*) Wertpapier *nt*

tiza ['tiθa] *f* Kreide *f*

tiznar [tiθ'nar] **I.** *vt* **❶** (*ennegrecer*) schwärzen **❷** (*desacreditar*) anschwärzen **II.** *vr:* ~ **se** (*entiznarse*) verrußen

tizne ['tiθne] *m o f* (*hollín*) Ruß *m*

tiznón [tiθ'non] *m* Rußfleck *m*

tizón [ti'θon] *m* **❶** (*palo*) halb verbranntes Holzscheit *nt;* **más negro que un ~** kohlrabenschwarz **❷** (*deshonra*) dunkler Punkt *m*

toalla [to'aʎa] *f* Handtuch *nt;* **arrojar la ~** (*fig*) das Handtuch werfen

toallero [toa'ʎero] *m* Handtuchhalter *m*

toba ['toβa] *f* **❶** (*piedra*) Stein *m* **❷** (*sarro*) Zahnstein *m* **❸** (*capa*) Belag *m*

tobera [to'βera] *f* Düse *f*

tobillera [toβi'ʎera] *f* Stützverband *m* (*am Knöchel*)

tobillo [to'βiʎo] *m* (Fuß)knöchel *m*

tobo ['toβo] *m* (*Ven: cubo*) Eimer *m*

tobogán [toβo'ɣan] *m* **❶** (*trineo*) (Rodel)schlitten *m* **❷** (*pista*) Rodelbahn *f* **❸** (*deslizadero*) Rutschbahn *f*

toca ['toka] *f* Haube *f*

tocadiscos [toka'ðiskos] *m inv* Plattenspieler *m*

tocado¹ [to'kaðo] *m* **❶** (*peinado*) Frisur *f* **❷** (*complemento*) Kopfschmuck *m*

tocado, -a² [to'kaðo, -a] *adj* **❶** (*perturbado*) verrückt; **estar ~** (**de la cabeza**) nicht recht bei Verstand sein **❷** (*lesionado*) angeschlagen **❸** (*medio podrido*) angefault **❹** (*cubierto en la cabeza*): **ir ~ de un sombrero** einen Hut tragen

tocador¹ [toka'ðor] *m* **❶** (*mueble*) Toilettentisch *m* **❷** (*habitación*) Toilette *f* **❸** (*estuche*) Kulturbeutel *m*

tocador(a)² [toka'ðor(a)] *m(f)* (MÚS): ~ **de guitarra** Gitarrenspieler *m*

tocante [to'kante] *adj:* ~ **a** in Bezug auf +*akk*

tocar [to'kar] <c→qu> **I.** *vt* **❶** (*contacto*) berühren; **¡tócala!** schlag ein!; **¡toca madera!** klopf auf Holz!; **no ~ ni un pelo a alguien** jdm kein Haar krümmen; ~ **un tema** ein Thema streifen; **¡mejor no toquemos el tema!** lassen wir das Thema lieber!; ~ **de cerca algo** (*fig*) sich mit etw *dat* auskennen **❷** (MÚS) spielen; (*campana*) läuten; (*tambor*) schlagen; ~ **la bocina** hupen; ~ **alarma** Alarm schlagen; ~ **a fuego** Feueralarm auslösen; ~ **a misa** zur Messe läuten; ~ **a muerto** die Totenglocke läuten; ~ **todos los registros** alle Register ziehen; ~ **el timbre** klingeln ❸ (*modificar*) (ver)ändern ❹ (*chocar*) leicht anstoßen (*en* an +*dat*) ❺ (*afectar*) betreffen; ~ **en el corazón** zu Herzen gehen ❻ (*peinar*) frisieren **II.** *vi* ❶ (*corresponder*) zustehen; **te toca jugar** du bist dran; **hoy me toca salir** heute habe ich Ausgang ❷ (*obligación*): **me toca barrer el patio todas las mañanas** es ist meine Aufgabe, jeden Morgen den Hof zu kehren ❸ (*llegar el momento oportuno*) an der Zeit sein; **toca ir a la compra** es ist an der Zeit, einkaufen zu gehen ❹ (*caer en suerte*) entfallen (*a* auf +*akk*) ❺ (*estar muy cerca*) hart an der Grenze sein (*en* zu +*dat*) ❻ (*ser parientes*) verwandt sein (*a* mit +*dat*) **III.** *vr:* ~**se** ❶ (*estar en contacto*) sich berühren; **los extremos se tocan** (*prov*) Gegensätze ziehen sich an ❷ (*peinarse*) sich frisieren ❸ (*cubrirse la cabeza*): ~**se con un sombrero** einen Hut aufsetzen; ~**se con un pañuelo** sich *dat* ein Tuch um den Kopf binden ❹ (*loc*): **tocárselas** (*fam*) Reißaus nehmen

tocata [to'kata] *f* ❶ (MÚS) Tokkata ❷ (*paliza*) Tracht *f* Prügel

tocateja [toka'texa]: **a** ~ in bar

tocayo, -a [to'kaɟo, -a] *m, f* Namensvetter(in) *m(f)*

tocho¹ ['toʧo] *m* ❶ (*hierro*) Eisenblock *m* ❷ (*fam: libro*) Schinken *m*

tocho, -a² ['toʧo, -a] *adj* ❶ (*tosco*) ungehobelt ❷ (*necio*) einfältig

tocineta [toθi'neta] *f* (*Col*) *v.* **tocino**

tocino [to'θino] *m* ❶ (*lardo*) Speck *m;* **confundir la velocidad con el** ~ die Begriffe durcheinander werfen ❷ (*reg: cerdo*) Schwein *nt*

tocología [tokolo'xia] *f sin pl* Geburtshilfe *f*

tocólogo, -a [to'koloɣo, -a] *m, f* Geburtshelfer(in) *m(f)*

tocón [to'kon] *m* (BOT) (Baum)stumpf *m*

todavía [toða'βia] *adv* ❶ (*aún*) noch; ~ **no** noch nicht ❷ (*sin embargo*) trotzdem

todo¹ ['toðo] **I.** *pron indef* alles; ~ **lo que** [*o* **cuanto**]... alles, was ...; (*o*) ~ **o nada** (entweder) alles oder nichts; **ante** [*o* **sobre**] ~ vor allem; **antes que** ~ zuallererst; **después de** ~ (*fam*) letztendlich; **en** ~ **y por** ~ in jeder Hinsicht; **y** ~ sogar; **me invitó a comer y** ~ er/sie hat mich sogar zum Essen eingeladen **II.** *adv* (*fam*) ganz, völlig **III.** *m sin pl* ❶ (*la totalidad*) Ganze(s) *nt;* **del** ~ ganz und gar; **no del** ~ nicht ganz; **jugarse el** ~ **por el** ~ aufs Ganze gehen; **ser el** ~ die Hauptperson sein ❷ (*de charada*) Lösungswort *nt*

todo, -a² ['toðo, -a] *adj indef* ❶ (*entero*)

ganz; **toda la familia** die ganze Familie; **toda España** ganz Spanien; **a toda prisa** in aller Eile ❷ (*cada*) jede(r, s); **a toda costa** um jeden Preis; **toda precaución es poca** man kann nicht vorsichtig genug sein ❸ *pl* alle; **día de T~s los Santos** Allerheiligen *nt;* ~**s los niños** alle Kinder; ~**s y cada uno** alle samt und sonders; **a todas horas** zu jeder Tages- und Nachtzeit; **en todas partes** überall; **de** ~**s modos** auf alle Fälle; **de todas todas** so oder so ❹ (*intensificación*): **su cara es toda nariz** sein/ihr Gesicht besteht nur aus Nase; **ser** ~ **nervios** ein einziges Nervenbündel sein

todopoderoso, -a [toðopoðe'roso, -a] *adj* allmächtig

todoterreno [toðote'rreno] **I.** *adj inv* geländegängig **II.** *m* (AUTO) Geländefahrzeug *nt;* **ser un** ~ (*fig*) überall einsatzfähig sein

toga ['toɣa] *f* Talar *m;* (*romana*) Toga *f*

Togo ['toɣo] *m* Togo *nt*

togolés, -esa [toɣo'les, -esa] **I.** *adj* togoisch **II.** *m, f* Togoer(in) *m(f)*

toldo ['toldo] *m* ❶ (*marquesina*) Sonnendach *nt;* (*en el balcón*) Markise *f* ❷ (*de carro*) Wagenplane *f* ❸ (*engreimiento*) Dünkel *m*

tole ['tole] *m* ❶ (*bulla*) Tumult *m;* **se armó un** ~ **tremendo** ein heftiger Tumult erhob sich ❷ (*rumor*) Gerede *nt* ❸ (*loc*): **tomar el** ~ (*fam*) verduften

toledano, -a [tole'ðano, -a] **I.** *adj* aus Toledo; **noche toledana** (*fig*) schlaflose Nacht **II.** *m, f* Einwohner(in) *m(f)* Toledos

tolerable [tole'raβle] *adj* ❶ (*soportable*) erträglich ❷ (*aceptable*) tolerierbar

tolerado, -a [tole'raðo, -a] *adj* (*película*) jugendfrei

tolerancia [tole'ranθja] *f* ❶ (*indulgencia*) Toleranz *f* ❷ (*resistencia*) Widerstandsfähigkeit *f*

tolerante [tole'rante] *adj* tolerant

tolerar [tole'rar] *vt* ❶ (*soportar*) ertragen; (*alimentos, medicinas*) vertragen ❷ (*permitir*) dulden ❸ (*aceptar*) tolerieren

tolete [to'lete] *m* ❶ (*Am: garrote*) Schlagstock *m* ❷ (*Col, Cuba: trozo*) Brocken *m*

tolva ['tolβa] *f* (Einfüll)trichter *m;* ~ **de molino** Mühlentrichter *m*

toma [toma] *f* ❶ (*adquisición*) Nehmen *nt;* ~ **de conciencia** Bewusstwerdung *f;* ~ **de decisiones** Entscheidungsfindung *f;* ~ **de poder** Machtergreifung *f;* ~ **de posesión** Amtsübernahme *f;* ~ **de rehenes** Geiselnahme *f* ❷ (*conquista*) Einnahme *f;* ~ **por asalto** Erstürmung *f* ❸ (*dosis*) Dosis *f* ❹ (TÉC) Anschluss *m;* ~ **de tierra**

Erd(ungs)leitung *f* ⑤ (*grabación*) Aufnahme *f*

tomacorriente [tomako'rrjeṇte] *m* (*Am: colector*) Stromabnehmer *m*

tomadura [toma'ðura] *f* Nehmen *nt;* ~ **de pelo** Scherz *m*

tomar [to'mar] **I.** *vi* abbiegen; ~ **por la derecha** nach rechts abbiegen **II.** *vt* ① (*coger*) nehmen; (*préstamo*) aufnehmen; (*aliento, fuerzas*) schöpfen; ~ **las armas** zu den Waffen greifen; ~ **una decisión** eine Entscheidung treffen; ~ **medidas** Maßnahmen ergreifen; ~ **el sol** sich sonnen; **toma buena nota de lo que te digo ahora** merk dir gut, was ich dir jetzt sage ② (*comer, beber*) zu sich *dat* nehmen; ~ **café** Kaffee trinken ③ (*interpretar*) auffassen; ~ **a la ligera** auf die leichte Schulter nehmen; ~ **a mal** übel nehmen; ~ **muy a pecho** sehr schwer nehmen; ~ **a risa** als Scherz auffassen; ~ **en serio** ernst nehmen; ~ **a alguien por ladrón** jdn für einen Dieb halten ④ (*adquirir*) erwerben; ~ **conciencia de algo** sich *dat* einer Sache bewusst werden ⑤ (*sentir*) empfinden; ~ **cariño/odio a alguien** jdn lieb gewinnen/jdn hassen; ~ **confianza a alguien** zu jdm Vertrauen fassen; ~ **aborrecimiento a algo** etw verabscheuen ⑥ (*conquistar*) einnehmen; ⑦ (*copiar*) übernehmen ⑧ (*contratar*) einstellen; ~ **un abogado** sich einen Anwalt nehmen ⑨ (*alquilar*) mieten ⑩ (*hacerse cargo*) übernehmen; ~ **sobre sí** auf sich nehmen ⑪ (*quitar*) wegnehmen ⑫ (*fotografiar, filmar*) aufnehmen ⑬ (*sobrevenir*) überkommen ⑭ (*llevar*) mitnehmen ⑮ (*calcular*) messen ⑯ (*Am: emborracharse*): ~ **la** sich betrinken ⑰ (zool: *copular*) decken; **¡vete a ~ por culo!** (*vulg*) leck mich am Arsch! ⑱ (*loc*): **¡toma!** sieh mal an!; **haberla tomado con algo/alguien** es auf etw/jdn abgesehen haben; ~ **las de Villadiego** (*fam*) Reißaus nehmen **III.** *vr:* ~**se** ① (*coger*) sich *dat* nehmen; ~**se libertades** sich *dat* Freiheiten herausnehmen; ~**se unas vacaciones** sich *dat* ein paar Tage Urlaub nehmen ② (*comer, beber*) zu sich *dat* nehmen; **me he tomado un vaso de leche** ich habe ein Glas Milch getrunken ③ (*cubrirse de*): ~**se de moho** anlaufen; ~**se de orín** rostig werden; ~**se de polvo** verstauben ④ (*Am: emborracharse*): **tomársela** sich betrinken ⑤ (*loc*): **¡tómate esa!** das hat gesessen!

tomate [to'mate] *m* ① (*planta*) Tomate *f;* **ponerse rojo como un** ~ knallrot werden; **poner a alguien el culo como un** ~

(*fam*) jdm gehörig den Hintern versohlen ② (*fam: agujero*) Kartoffel *f* ③ (*fam: jaleo*) Durcheinander *nt*

tomatera [toma'tera] *f* Tomate *f*

tomavistas¹ [toma'βistas] *m inv* (*cámara*) Filmkamera *f*

tomavistas² [toma'βistas] *mf inv* (*operador*) Kameramann, -frau *m, f*

tómbola ['tombola] *f* Tombola *f*

tomillo [to'miʎo] *m* Thymian *m*

tomo ['tomo] *m* ① (*volumen*) Band *m;* **de cuatro** ~**s** vierbändig ② (*loc*): **de** ~ **y lomo** (*fam*) mordsmäßig

tomografía [tomoɣra'fia] *f* (MED) Tomographie *f*

ton [ton] (*fam*): **sin** ~ **ni son** völlig grundlos

tonada [to'naða] *f* ① (*canción*) Lied *nt* ② (*melodía*) Weise *f*, Melodie *f* ③ (*Am: tonillo*) Tonfall *m*

tonal [to'nal] *adj* (MÚS) Ton-; **altura** ~ Tonhöhe *f*

tonalidad [tonali'ðaᵈ] *f* ① (LING) Tonfall *m* ② (MÚS) Tonart *f* ③ (ARTE) Schattierung *f*

tonel [to'nel] *m* ① (*barril*) Fass *nt* ② (*fam: persona gorda*) Tonne *f*

tonelada [tone'laða] *f* (*peso*) Tonne *f*

tonelaje [tone'laxe] *m* ① (*capacidad*) Tonnage *f* ② (*peso*) Ladegewicht *nt*

tonelería [tone'ria] *f* ① (*arte, taller*) Böttcherei *f* ② (*toneles*) Fässervorrat *m*

tongo ['toŋgo] *m* (DEP) illegale Absprache *f*

tónica ['tonika] *f* ① (MÚS) Grundton *m* ② (*bebida*) Tonic(water) *nt* ③ (*tono general*) Grundstimmung *f*

tonicidad [toniθi'ðaᵈ] *f* (MED) Spannungszustand *m*

tónico¹ ['toniko] *m* ① (MED) Tonikum *nt* ② (*para el rostro*) Gesichtswasser *nt;* (*para el cabello*) Haarwasser *nt*

tónico, -a² ['toniko, -a] *adj* ① (LING) betont ② (MÚS) tonisch; **nota tónica** Grundton *m* ③ (MED) stärkend

tonificador(a) [tonifika'ðor(a)] *adj* stärkend

tonificar [tonifi'kar] <c→qu> *vt* stärken

tonillo [to'niʎo] *m* ① (*deje*) Tonfall *m* ② (*habla monótona*) monotoner Tonfall *m* ③ (*retintín*) spöttischer Unterton *m*

tono ['tono] *m* ① (*altura*) Tonlage *f;* ~ **agudo/grave** hohe/tiefe Tonlage ② (*señal*) Ton *m;* ~ **de marcar** (TEL) Freizeichen *nt* ③ (*intensidad*) Lautstärke *f;* **bajar el** ~ die Lautstärke dämpfen ④ (*deje, estilo, grado de color*) Ton *m;* **en** ~ **de reproche** in vorwurfsvollem Ton; **bajar el** ~ seinen Ton mäßigen; **dar el** ~ den Ton angeben; **darse** ~ sich wichtig machen; **estar a** ~

con algo mit etw *dat* harmonieren; **subirse de** ~ sich aufs hohe Ross setzen ⑤ (*atmósfera*) Stimmung *f* ⑥ (*maneras*): **el buen** ~ der gute Ton; **de buen** ~ höflich; **de mal** ~ unhöflich ⑦ (MED) Tonus *m* ⑧ (MÚS: *modo*) Tonart *f;* ~ **mayor/menor** Dur-/Molltonart *f*

tontaina [toṇ'tai̯na] *mf* (*fam*) Dummkopf *m*

tontear [toṇte'ar] *vi* ① (*bobear*) (herum)albern ② (*fam*) flirten

tontera [toṇ'tera] *f* Dummheit *f*

tontería [toṇte'ria] *f* ① (*memez*) Dummheit *f* ② (*nadería*) Lappalie *f*

tonto, -a ['toṇto, -a] I. *adj* dumm; **ser más** ~ **que Picio** (*fam*) dümmer sein, als die Polizei erlaubt; **hacer algo a tontas y a locas** etw aufs Geratewohl tun; **ponerse** ~ (*fam*) sich *dat* ganz schön was einbilden II. *m, f* Dummkopf *m*

tontorrón, -ona [toṇto'rron, -ona] *adj* (*fam*) dämlich

topacio [to'paθjo] *m* Topas *m*

topar [to'par] I. *vi* ① (*chocar*) zusammenstoßen (*con* mit +*dat*), stoßen (*contra/en* gegen +*akk*) ② (*hallar*) stoßen (*con* auf +*akk*) ③ (*consistir*) bestehen (*en* in +*dat*) ④ (*fam: salir bien*) klappen; **por si topa** für alle Fälle ⑤ (*en el juego*) mithalten II. *vt* ① (*chocar*) stoßen (an +*akk*) ② (*hallar: algo*) stoßen (auf +*akk*); (*a alguien*) treffen (*a* +*akk*) III. *vr:* ~**se** ① (*chocar*) zusammenstoßen ② (*encontrar*) zufällig treffen (*con* +*akk*)

tope ['tope] I. *adj* Höchst- II. *m* ① (*extremo*) Spitze *f;* **estar hasta el** ~ (*lleno*) überfüllt sein; (*harto*) die Nase voll haben; **estoy a** ~ **de trabajo** ich stecke bis zum Hals in Arbeit ② (*parachoques*) Puffer *m;* (AUTO) Stoßstange *f* ③ (*para impedir un movimiento*) Anschlag *m;* (*puerta*) Türstopper *m* ④ (*obstáculo*) Hindernis *nt* ⑤ (*riña*) Zusammenstoß *m*

topera [to'pera] *f* Maulwurfsbau *m*

topetada [tope'taða] *f* Zusammenstoß *m*

topetar [tope'tar] *vi, vt* (mit den Hörnern) stoßen

topetazo [tope'taθo] *m* Zusammenstoß *m*

topetear [topete'ar] *vi, vt* (mit den Hörnern) stoßen

tópico¹ ['topiko] *m* ① (*lugar común*) Gemeinplatz *m* ② (*estereotipo*) Klischee *nt* ③ (MED) Medikament *nt* zur äußerlichen Anwendung

tópico, -a² ['topiko, -a] *adj* ① (*trivial*) banal ② (*local*) örtlich ③ (MED) topisch; **de uso** ~ zur äußerlichen Anwendung

topless ['toβles] *m:* **en** ~ oben ohne

topo ['topo] *m* ① (*roedor; espía*) Maulwurf *m;* **ser un** ~ (*fam*) blind wie ein Maulwurf sein ② (*persona torpe*) Tölpel *m*

topografía [topoɣra'fia] *f* Topographie *f*

topográfico, -a [topo'ɣrafiko, -a] *adj* topographisch

topógrafo, -a [to'poɣrafo, -a] *m, f* Topograph(in) *m(f)*

toponimia [topo'nimja] *f sin pl* Ortsnamenkunde *f*

topónimo [to'ponimo] *m* Ortsname *m*

toposo, -a [to'poso, -a] *adj* (*Ven*) ① (*entrometido*) zudringlich ② (*pedante*) eingebildet

toque ['toke] *m* ① (*roce*) Berührung *f* ② (*golpe*) Klopfen *nt;* **dar un** ~ **en la puerta** an die Tür klopfen ③ (*sonido*): ~ **de atención** Warnsignal *nt;* ~ **de campanas** Glockengeläut(e) *nt;* ~ **de queda** Ausgangssperre *f;* ~ **de tambor** Trommelschlag *m* ④ (*advertencia*) Hinweis *m* ⑤ (*matiz*) Hauch *m* ⑥ (*modificación*) kleinere Veränderung *f;* **dar los últimos** ~**s a algo** etw *dat* den letzten Schliff geben ⑦ (*pincelada*) leichter Pinselstrich *m* ⑧ (*ensayo*) Prüfen *nt;* **piedra de** ~ Probierstein *m* ⑨ (*lo principal*) Knackpunkt *m fam* ⑩ (*aplicación medicinal*) Betupfen *nt*

toquetear [tokete'ar] *vt* (*fam*) befummeln

toquilla [to'kiʎa] *f* (*pañuelo*) Schultertuch *nt*

torada [to'raða] *f* Stierherde *f*

tórax ['toraɣs] *m inv* Brustkorb *m*

torbellino [torβe'ʎino] *m* Wirbel *m;* **ser un** ~ ein richtiger Wirbelwind sein

torcaz [tor'kaθ] *adj:* **paloma** ~ Ringeltaube *f*

torcedura [torθe'ðura] *f* ① (*encorvamiento*) Biegen *nt* ② (*dislocación*) Zerrung *f* ③ (*desvío*) Umlenkung *f* ④ (*vino*) Tresterwein *m*

torcer [tor'θer] *irr como cocer* I. *vi* abbiegen; ~ **a la izquierda** nach links abbiegen II. *vt* ① (*encorvar*) biegen ② (*dar vueltas, desviar*) (ver)drehen; ~ **el cuello a alguien** jdm den Hals umdrehen; ~ **las intenciones de alguien** jdn von seinen Vorsätzen abbringen; ~ **las manos de** Hände. ringen; ~ **la vista** schielen ③ (*referente al gesto*): ~ **el gesto** das Gesicht verziehen III. *vr:* ~**se** ① (*encorvarse*) sich biegen ② (*dislocarse*) sich *dat* zerren; **me he torcido el pie** ich bin mit dem Fuß umgeknickt ③ (*corromperse*) auf Abwege geraten; (*fracasar*) scheitern ④ (*agriarse*) sauer werden

torcida [tor'θiða] *f* Docht *m*

torcido, -a [tor'θiðo, -a] *adj* ① (*ladeado*)

schief ❷(*encorvado*) krumm ❸(*artero*) unaufrichtig

tordo[1] ['torðo] *m* Drossel *f*

tordo, -a[2] ['torðo, -a] **I.** *adj* ❶(*color*): **yegua torda** Grauschimmelstute *f* ❷(*torpe*) unbeholfen **II.** *m, f* Grauschimmel *m*

torear [tore'ar] **I.** *vi* (*lidiar*) mit Stieren kämpfen **II.** *vt* ❶(*lidiar*) kämpfen (mit +*dat*) ❷(*evitar*) geschickt aus dem Wege gehen +*dat* ❸(*engañar*) etwas vormachen +*dat* ❹(*tomar el pelo*) hänseln

toreo [to'reo] *m* ❶(*tauromaquia*) Stierkampfkunst *f* ❷(*lidia*) Stierkampf *m* ❸(*burla*) Hänselei *f*

torera [to'rera] *f* Bolero *m*

torero, -a [to'rero, -a] **I.** *adj* (*fam*) Stierkampf-; **valor ~** Mut eines Stierkämpfers **II.** *m, f* Stierkämpfer(in) *m(f)*; **saltarse algo a la torera** sich um etw nicht scheren

toril [to'ril] *m* Stierzwinger *m*

tormenta [tor'menta] *f* ❶(*temporal, t. fig*) Gewitter *nt* ❷(*agitación*) Sturm *m*; **una ~ de celos** ein Eifersuchtsanfall

tormento [tor'mento] *m* ❶(*castigo*) Folter *f*; **potro de ~** Folterbank *f*; **dar ~ a alguien** jdn foltern ❷(*congoja*) Qual *f*

tormentoso, -a [tormen'toso, -a] *adj* stürmisch

torna ['torna] *f* ❶(*devolución*) Rückgabe *f* ❷(*regreso*) Rückkehr *f* ❸(*loc*): **se vuelven las ~s** das Blatt wendet sich

tornadizo, -a [torna'ðiθo, -a] *adj* wetterwendisch

tornado [tor'naðo] *m* Wirbelsturm *m*

tornar [tor'nar] **I.** *vi* zurückkehren; **~ en sí** wieder zu sich *dat* kommen; **~ a hacer algo** etw wieder tun **II.** *vt* ❶(*devolver*) zurückgeben ❷(*cambiar*) verwandeln; **~ triste** traurig machen **III.** *vr*: **~ se** sich verwandeln; **~ se gris** grau werden

tornasol [torna'sol] *m* ❶(*girasol*) Sonnenblume *f* ❷(*reflejo*) Schillern *nt* ❸(QUÍM) Lackmus *nt o m*

tornear [torne'ar] **I.** *vi* ❶(*dar vueltas*) sich drehen ❷(*en un torneo*) an einem Turnier teilnehmen ❸(*cavilar*) seine Gedanken kreisen lassen **II.** *vt* (*metal*) drehen; (*madera*) drechseln

torneo [tor'neo] *m* Turnier *nt*

tornero, -a [tor'nero, -a] *m, f* (*de metal*) Dreher(in) *m(f)*; (*de madera*) Drechsler(in) *m(f)*

tornillo [tor'niʎo] *m* ❶(*clavo con rosca*) Schraube *f*; **apretar un ~** eine Schraube anziehen; **apretar los ~s a alguien** (*fig*) jdm die Daumenschrauben anlegen; **te falta un ~** bei dir ist eine Schraube locker ❷(*deserción*) Fahnenflucht *f* ❸(*abrazadera*) Schraubzwinge *f*

torniquete [torni'kete] *m* (*puerta*) Drehkreuz *nt*

torniscón [tornis'kon] *m* (*fam*) ❶(*bofetón*) Ohrfeige *f* ❷(*pellizco*) Kneifen *nt*

torno ['torno] *m* ❶(*máquina*) Drehbank *f*; (*para madera*) Drechslerbank *f*; (*de alfarero*) Drehscheibe *f* ❷(*cabrestante*) Winde *f* ❸(*giro*) Runde *f* ❹(*freno*) Handbremse *f* ❺(*de un río*) (Fluss)biegung *f* ❻(*loc*): **en ~ a um ... herum**; **en ~ a ese tema** zu diesem Thema

toro ['toro] *m* ❶(*animal*) Stier *m*; **coger el ~ por los cuernos** (*fig*) den Stier bei den Hörnern packen; **¡otro ~!** (*fig*) Themawechsel! ❷ *pl* (*toreo*) Stierkampf *m*; **ver los ~s desde las barreras** (*fig*) das Geschehen aus sicherer Entfernung verfolgen ❸(*hombre*) kräftiger Mann *m*

toronja [to'ronxa] *f* ❶(*naranja*) Pomeranze *f* ❷(*pomelo*) Grapefruit *f*

toronjil [toron'xil] *m* (Zitronen)melisse *f*

torpe ['torpe] *adj* ❶(*pesado*) schwerfällig ❷(*inhábil*) ungeschickt ❸(*obsceno*) unzüchtig

torpedear [torpeðe'ar] *vt* torpedieren

torpedero [torpe'ðero] *m* Torpedoboot *nt*

torpedo [tor'peðo] *m* Torpedo *m*

torpeza [tor'peθa] *f* ❶(*pesadez*) Schwerfälligkeit *f* ❷(*inhabilidad*) Ungeschicklichkeit *f* ❸(*obscenidad*) Unzüchtigkeit *f* ❹(*tontería*) Dummheit *f*

torrar [to'rrar] *vt* rösten

torre ['torre] *f* Turm *m*; **~ de alta tensión** Hochspannungsmast *m*; **~ de viento** (*fig*) Luftschloss *nt*

torrefacción [torrefaɣ'θjon] *f* Röstung *f*

torrefacto, -a [torre'fakto, -a] *adj* geröstet

torreja [to'rrexa] *f* (*Am:* GASTR) ≈armer Ritter *m*

torrencial [torreṇ'θjal] *adj:* **lluvia** ~ sintflutartiger Regen

torrente [to'rreṇte] *m* ❶ (*corriente*) Sturzbach *m* ❷ (*multitud*) Schwall *m*

torrentoso, -a [torreṇ'toso, -a] *adj* (*Am: lluvia*) strömend; (*caudal*) flutartig

torreón [torre'on] *m* Festungsturm *m*

torrero, -a [to'rrero, -a] *m, f* Turmwächter(in) *m(f)*; (*de un faro*) Leuchtturmwärter(in) *m(f)*

torrezno [to'rreθno] *m* gebratene Speckscheibe *f*

tórrido, -a ['torriðo, -a] *adj* (*elev*) heiß

torrija [to'rrixa] *f* (GASTR) ≈armer Ritter *m*

torsión [tor'sjon] *f* (*desviación*) Drall *m;* ~ **hacia la izquierda** Linksdrall *m*

torso ['torso] *m* Rumpf *m;* (ARTE) Torso *m*

torta ['torta] *f* ❶ (*pastel*) Kuchen *m;* (*Am*) Torte *f;* **no saber ni** ~ (*fam*) keinen blassen Schimmer haben; **ser** ~ **s y pan pintado** (*fam*) halb so schlimm sein ❷ (*fam: bofetada*) Ohrfeige *f;* (*golpe*) Schlag *m;* **darse una** ~ sich stoßen ❸ (*fam: borrachera*) Rausch *m*

tortazo [tor'taθo] *m* (*fam*) ❶ (*bofetada*) Ohrfeige *f* ❷ (*choque*) Stoß *m;* **darse un** ~ sich heftig stoßen

tortícolis [tor'tikolis] *m o f inv* (MED) steifer Hals *m*

tortilla [tor'tiʎa] *f* (*de huevos*) Omelett(e) *nt;* (*Am: de harina*) Maisfladen *m;* **hacer** ~ **a alguien** jdn zusammenschlagen; **hacer** ~ **algo** etw kurz und klein schlagen; **se ha vuelto la** ~ das Blatt hat sich gewendet

tortillera [torti'ʎera] *m* (*vulg*) Lesbe *f fam*

tórtola ['tortola] *f* Turteltaube *f*

tórtolo ['tortolo] *m* ❶ (*ave*) Turteltauber(ich) *m* ❷ (*hombre*) Verliebte(r) *m* ❸ *pl* (*enamorados*) Turteltauben *fpl*

tortuga [tor'tuɣa] *f* Schildkröte *f;* **a paso de** ~ im Schneckentempo

tortuosidad [tortwosi'ðað] *f* ❶ (*sinuosidad*) Windung *f* ❷ (*astucia*) Verschlagenheit *f*

tortuoso, -a [tortu'oso, -a] *adj* ❶ (*sinuoso*) geschlängelt ❷ (*astuto*) verschlagen

tortura [tor'tura] *f* (*suplicio*) Folter *f;* **sufrir** ~ **s** gefoltert werden

torturador(a) [tortura'ðor(a)] I. *adj* qualvoll II. *m(f)* Folterer *m*

torturar [tortu'rar] *vt* foltern

torvo, -a ['torβo, -a] *adj* wild; (*mirada*) finster

torzal [tor'θal] *m* Zwirn *m*

tos [tos] *f* Husten *m;* ~ **ferina** Keuchhusten *m*

tosco, -a ['tosko, -a] *adj* grob

toser [to'ser] *vi* husten; **no hay quien te tosa** niemand kann es mit dir aufnehmen

tosquedad [toske'ðað] *f* Ungeschliffenheit *f*

tostada [tos'taða] *f* Toast *m;* **olerse la** ~ (*fam*) den Braten riechen; **pegar una** ~ **a alguien** (*fam*) jdm eins auswischen

tostadero [tosta'ðero] *m* Rösterei *f*

tostador [tosta'ðor] *m,* **tostadora** [tosta'ðora] *f* Toaster *m*

tostar [tos'tar] <o→ue> I. *vt* ❶ (*torrar*) rösten; (*pan*) toasten ❷ (*curtir*) bräunen II. *vr:* ~ **se** sich bräunen

tostón [tos'ton] *m* ❶ (*de pan*) Croûton *m* ❷ (*cochinillo*) gebratenes Spanferkel *nt* ❸ (*persona pesada*) Klette *f;* (*molesta*) Nervensäge *f*

total [to'tal] I. *adj* total; **importe** ~ Gesamtbetrag *m;* **en** ~ insgesamt II. *m* (MAT) (Gesamt)summe *f* III. *adv* also

totalidad [totali'ðað] *f sin pl* Gesamtheit *f;* **en su** ~ in vollem Umfang

totalitario, -a [totali'tarjo, -a] *adj* ❶ (*completo*) umfassend ❷ (*dictatorial*) totalitär

totalitarismo [totalita'rismo] *m sin pl* Totalitarismus *m*

totalizar [totali'θar] <z→c> *vt* zusammenzählen

totalmente [total'meṇte] *adv* völlig

tótem ['totem] *m* <tótems *o* tótemes> Totem *nt*

toxicidad [toᵞsiθi'ðað] *f sin pl* (MED) Toxizität *f*

tóxico¹ ['toᵞsiko] *m* Giftstoff *m*

tóxico, -a² ['toᵞsiko, -a] *adj* giftig

toxicomanía [toᵞsikoma'nia] *f sin pl* Rauschgiftsucht *f*

toxicómano, -a [toᵞsi'komano, -a] I. *adj* rauschgiftsüchtig II. *m, f* Rauschgiftsüchtige(r) *mf*

toxina [toᵞ'sina] *f* (MED) Toxin *nt*

tozudez [toθuˈðeθ] f Halsstarrigkeit f, Dickköpfigkeit f

tozudo, -a [toˈθuðo, -a] **I.** adj dickköpfig **II.** m, f Dickkopf m

traba [ˈtraβa] f ❶ (trabamiento) Verbindung f ❷ (cuerda) Fessel f ❸ (obstáculo) Hindernis nt

trabado, -a [traˈβaðo, -a] adj ❶ (coherente) zusammenhängend ❷ (nervudo) stämmig

trabajado, -a [traβaˈxaðo, -a] adj ❶ (cansado) erschöpft ❷ (con esmero) ausgefeilt

trabajador(a) [traβaxaˈðor(a)] **I.** adj fleißig **II.** m/f Arbeiter(in) m/f

trabajar [traβaˈxar] **I.** vi arbeiten; ~ de vendedora als Verkäuferin arbeiten; en edad de ~ im arbeitsfähigen Alter **II.** vt ❶ (tratar) bearbeiten; (caballo) zureiten ❷ (inquietar) zu schaffen machen +dat **III.** vr: ~se sich bemühen

trabajo [traˈβaxo] m Arbeit f; ~ en cadena Fließbandarbeit f; ~ a destajo Akkordarbeit f; ~ estacional Saisonarbeit f; ~s forzados Zwangsarbeit f; con/sin ~ mit Mühe/mühelos; costar ~ Mühe kosten; tomarse el ~ de hacer algo sich dat die Mühe machen etw zu tun

trabajoso, -a [traβaˈxoso, -a] adj mühsam

trabalenguas [traβaˈleŋgwas] m inv Zungenbrecher m

trabar [traˈβar] **I.** vt ❶ (juntar) verbinden ❷ (coger) ergreifen ❸ (atar) fesseln ❹ (impedir) behindern ❺ (espesar) andicken ❻ (comenzar) beginnen; (contactos) knüpfen ❼ (embargar bienes) beschlagnahmen **II.** vi greifen **III.** vr: ~se sich verheddern; ~se la lengua stottern

trabazón [traβaˈθon] f ❶ (enlace) Verbindung f ❷ (el espesar) Eindickung f

trabilla [traˈβiʎa] f Schlaufe f; (en la pernera) Steg m

trabucar [traβuˈkar] <c→qu> **I.** vt durcheinander bringen **II.** vr: ~se (al hablar) sich versprechen; (al escribir) sich verschreiben

tracción [trakˈθjon] f ❶ (tirar) Ziehen nt ❷ (accionar) Antrieb m; ~ a cuatro ruedas Allradantrieb m; ~ delantera/trasera Vorderrad-/Hinterradantrieb m

tractor [trakˈtor] m Traktor m

tractorista [traktoˈrista] mf Traktorfahrer(in) m/f

tradición [traðiˈθjon] f Tradition f

tradicional [traðiθjoˈnal] adj traditionell

traducción [traðukˈθjon] f Übersetzung f; ~ al/del inglés Übersetzung ins Englische/ aus dem Englischen

traducir [traðuˈθir] irr vt übersetzen

traductor(a) [traðukˈtor(a)] **I.** adj Übersetzungs- **II.** m/f Übersetzer(in) m/f

traer [traˈer] irr **I.** vt ❶ (llevar: a alguien) bringen; (consigo) bei sich dat haben; (vestido) anhaben; tengo una carta para ti – trae ich habe einen Brief für dich · gib ihn her; ¿has traído la carta? hast du den Brief mitgebracht?; lo traigo en la cartera ich habe es im Geldbeutel ❷ (ir a por) holen ❸ (atraer) anziehen ❹ (ocasionar) mit sich bringen ❺ (más adjetivo): ~ convencido überzeugt sein; ~ preocupado a alguien jdm Sorgen machen; ~ frito a alguien (fam) jdn den letzten Nerv kosten; esta mujer me trae perdido diese Frau macht mich verrückt ❻ (más sustantivo): ~ retraso mit Verspätung kommen; ~ prisa es eilig haben; ~ hambre Hunger haben; traes cara de palo (fam) was ziehst denn du für ein Gesicht! ❼ (tener pendiente): ~ un pleito con alguien gegen jdn prozessieren ❽ (razones, ejemplos) anführen ❾ (más 'a'): ~ a colación zur Sprache bringen; ~ a cuento aufs Tapet bringen; ~ a alguien a razones jdn zur Vernunft bringen; ~ a la memoria ins Gedächtnis rufen ❿ (loc): ~ a alguien arrastra(n)do jdn strapazieren; ¿qué te trae por aquí? was führt dich hierher?; el jefe me trae de aquí para allí todo el día der Chef lässt mich keine Minute in Ruhe; esto me trae sin cuidado das ist mir egal **II.** vr: ~se ❶ (llevar a cabo): ~se algo entre manos etw laufen haben ❷ (vestirse) ~se bien sich gut kleiden ❸ (loc): este examen se las trae diese Prüfung hat es in sich; hace un frío que se las trae das ist bitterkalt

traficante [trafiˈkante] mf Händler(in) m/f; (de drogas) Dealer(in) m/f; (de asilados/coches) Schlepper(in) m/f

traficar [trafiˈkar] <c→qu> vi handeln (en mit +dat); (con drogas) dealen (con/en mit +dat); (con asilados) schleppen (con/en +akk)

tráfico [ˈtrafiko] m ❶ (COM) Handel m; (de drogas) Drogenhandel m; (de asilados/coches) Schlepperei f; ~ de contrabando Schmuggel m; ~ de influencias Vetternwirtschaft f ❷ (de vehículos) Verkehr m; ~ por carretera Straßenverkehr m

tragaderas [traɣaˈðeras] fpl ❶ (faringe) Rachen m; tener buenas ~ (fam) ein Vielfraß sein ❷ (fam: credulidad): tener ~ leichtgläubig sein ❸ (fam: tolerancia): tener buenas/malas ~ tolerant/intolerant sein

tragaldabas [traɣalˈdaβas] mf inv Vielfraß

m fam

tragaluz [traɣaˈluθ] *m* (*grande*) Dachfenster *nt;* (*pequeño*) Fensterluke *f*

traganíqueles [traɣaˈnikeles] *f inv* (*Nic: fam: tragaperras*) Spielautomat *m*

tragaperras [traɣaˈperras] *f inv* Münzautomat *m;* (*de juego*) Spielautomat *m*

tragar [traˈɣar] <g→gu> **I.** *vt, vr:* ~ **se** ➊ (*comida, bebida, crítica*) (hinunter)schlucken; (*historia, mentira*) schlucken; **tuve que** ~ **me el enfado** ich musste meinen Ärger hinunterschlucken; **ése se lo traga todo** (*fig*) der lässt sich *dat* alles aufbinden ➋ (*devorar, t. fig*) verschlingen; **¡trágame tierra!** ich möchte vor Scham am liebsten im Erdboden versinken! **II.** *vt* ➊ (*soportar*): **no** ~ **a alguien** jdn nicht ausstehen können ➋ (*consumir*) verbrauchen; (*absorber*) absorbieren

tragedia [traˈxeðja] *f* Tragödie *f*

trágico, -a [ˈtraxiko, -a] **I.** *adj* tragisch; **no te pongas** ~ stell dich nicht so an **II.** *m, f* ➊ (TEAT) Tragödiendarsteller(in) *m(f)* ➋ (LIT) Tragödiendichter(in) *m(f)*

trago [ˈtraɣo] *m* ➊ (*de bebida*) Schluck *m;* **a** ~ **s** schluckweise; **a** ~ **s largos** in langen Zügen; **de un** ~ in einem Zug ➋ (*bebida*) Drink *m;* **tomar un** ~ **de más** (*fam*) einen über den Durst trinken ➌ (*vicio*) Trinken *nt,* Trunksucht *f* ➍ (*experiencia*) bitteres Erlebnis *nt*

tragón, -ona [traˈɣon, -ona] *m, f* (*fam*) Vielfraß *m*

traición [traiˈθjon] *f* Verrat *m;* **matar a** ~ hinterrücks ermorden

traicionar [traiθjoˈnar] *vt* verraten; (*adulterio*) betrügen; **la memoria me traiciona** mein Gedächtnis lässt mich im Stich

traicionero, -a [traiθjoˈnero, -a] **I.** *adj* (*persona*) verräterisch; (*acción*) heimtückisch; (*memoria*) trügerisch; (*animal*) tückisch **II.** *m, f* Verräter(in) *m(f)*

traída [traˈiða] *f:* ~ **de aguas** Wasserzufuhr *f*

traidor(a) [traiˈðor(a)] **I.** *adj* verräterisch; (*falso*) falsch **II.** *m(f)* Verräter(in) *m(f)*

traigo [ˈtraiɣo] *1. pres de* **traer**

traílla [traˈiʎa] *f* ➊ (*correa*) (Hunde)leine *f* ➋ (*dos perros*) Meute *f* ➌ (AGR) Egge *f*

traje [ˈtraxe] *m* ➊ (*vestidura*) Kleidung *f;* ~ **de baño** Badeanzug *m;* ~ **de luces** Toreroanzug *m* ➋ (*de hombre*) Anzug *m;* ~ **de etiqueta** Galaanzug *m;* ~ **hecho a la medida** Maßanzug *m;* ~ **de confección** Anzug von der Stange ➌ (*de mujer*) Kleid *nt;* ~ **de noche** Abendkleid *nt;* ~ (**de**) **chaqueta** Schneiderkostüm *nt* ➍ (*popular*) Tracht *f* ➎ (*de época*) Kostüm *nt*

trajeado, -a [traxeˈaðo, -a] *adj:* **ir bien/mal** ~ gut/schlecht gekleidet sein

trajín [traˈxin] *m* ➊ (*de mercancías*) Transport *m* ➋ (*ajetreo*) geschäftiges Treiben *nt;* **el** ~ **de la ciudad** das Gewühl in der Stadt; **había un gran** ~ es herrschte reger Betrieb

trajinar [traxiˈnar] **I.** *vt* befördern **II.** *vi* herumhantieren; **llevo todo el día trajinando** ich war heute sehr beschäftigt

tralla [ˈtraʎa] *f* ➊ (*cuerda*) Peitschenschnur *f* ➋ (*látigo*) Peitsche *f*

trallazo [traˈʎaθo] *m* ➊ (*latigazo: ruido*) Peitschenknall *m;* (*golpe*) Peitschenhieb *m* ➋ (*represión*) Standpauke *f fam*

trama [ˈtrama] *f* ➊ (*de hilos*) Schuss *m* ➋ (LIT) Handlung *f* ➌ (*intriga*) Intrige *f*

tramar [traˈmar] *vt* ➊ (*traición*) anzetteln; (*intriga, plan*) schmieden; **¿qué estarán tramando?** was führen sie nur im Schilde?; **aquí se está tramando algo** hier ist etwas im Gange ➋ (*tejidos*) (ein)schießen

tramitar [tramiˈtar] *vt* ➊ (*asunto*) erledigen; (*negocio*) abwickeln; **está tramitando el divorcio** er/sie hat die Scheidung eingereicht ➋ (*expediente*) bearbeiten

trámite [ˈtramite] *m* ➊ (*diligencias*): ~ **burocrático** Verfahrensweg *m;* **pasar por todos los** ~ **s** alle Instanzen durchlaufen ➋ (*formalidad*) Formalität *f;* **el asunto está en** ~ die Angelegenheit wird gerade bearbeitet; **esto es puro** ~ das ist eine reine Routineangelegenheit; **¿has hecho los** ~ **s para el pasaporte?** hast du schon deinen Pass beantragt?

tramo [ˈtramo] *m* ➊ (*de camino*) Abschnitt *m;* (FERRO) Streckenabschnitt *m* ➋ (*de escalera*) Treppenabschnitt *m*

tramoya [traˈmoʝa] *f* ➊ (TEAT) Bühnenmaschinerie *f* ➋ (*engaño*) Schwindel *m,* Betrug *m*

tramoyista [tramoˈʝista] *mf* ➊ (TEAT) Bühnenarbeiter(in) *m(f)* ➋ (*mentiroso*) Betrüger(in) *m(f)*

trampa [ˈtrampa] *f* ➊ (*para personas, animales*) Falle *f;* **poner una** ~ **a un animal/a alguien** einem Tier/jdm eine Falle stellen; **caer en la** ~ (*animal*) in die Falle gehen; (*persona*) hereinfallen ➋ (*trampilla*) Falltür *f* ➌ (*del mostrador*) (Ladentisch)klappe *f* ➍ (*engaño*) Schwindel *m;* (*en los juegos*) Mogelei *f fam;* **hacer** ~ (*engañar*) schwindeln; (*jugando*) mogeln; (*en el deporte*) tricksen; **sin** ~ **ni cartón** ohne Tricks; **hecha la ley hecha la** ~ (*prov*) jedes Gesetz hat sein Hintertürchen ➎ (*fam: deuda*) Schuld *f*

trampear [trampe'ar] *vi* ❶ (*fam: estafar*) betrügen ❷ (*de penuria*) sich *dat* in der Not zu helfen wissen ❸ (*ir tirando*) sich durchschlagen

trampero [tram'pero] *m* Trapper *m*

trampilla [tram'piʎa] *f* ❶ (*en habitación*) Falltür *f* ❷ (*portezuela*) Klappe *f* ❸ (AUTO) Sonnendach *nt*

trampolín [trampo'lin] *m* (*de piscina*) Sprungbrett *nt;* (*de gimnasia*) Trampolin *nt;* (*de esquí*) (Sprung)schanze *f*

tramposo, -a [tram'poso, -a] I. *adj* betrügerisch II. *m, f* ❶ (*estafador*) Betrüger(in) *m(f)* ❷ (*en los juegos*) Falschspieler(in) *m(f)*

tranca ['traŋka] *f* ❶ (*palo*) Knüppel *m;* (*de la puerta*) Türriegel *m* ❷ (*fam: borrachera*) Rausch *m* ❸ (*loc*): **a ~s y barrancas** (*fam*) mit Müh und Not

trancar [traŋ'kar] <c→qu> *vt* ❶ (*puerta: con tranca*) verriegeln; (*con objetos*) versperren ❷ (*dar trancos*) mit großen Schritten gehen

trancazo [traŋ'kaθo] *m* ❶ (*golpe*) Knüppelschlag *m* ❷ (*fam: gripe*) Grippe *f*

trance ['tranθe] *m* ❶ (*momento*): **pasar un ~ difícil** Schweres durchmachen ❷ (*hipnótico*) Trance *f* ❸ (*loc*): **estar en ~ de hacer algo** gerade dabei sein etw zu tun; **estar en ~ de muerte** im Sterben liegen; **querer hacer algo a todo ~** etw unbedingt machen wollen

tranco ['traŋko] *m* ❶ (*paso*) großer Schritt *m;* **andar a ~s** mit großen Schritten gehen; **subir una escalera a ~s** eine Treppe hinaufliegen ❷ (*umbral*) Schwelle *f* ❸ (*loc*): **a ~s** hastig

tranqui ['traŋki] *adj* (*fam*): **¡oye, ~!** reg dich wieder ab!

tranquilamente [traŋkila'mente] *adv* in Ruhe

tranquilidad [traŋkili'ðað] *f* (*calma, serenidad*) Ruhe *f;* (*de mar*) Stille *f;* (*autocontrol*) Gelassenheit *f;* (*despreocupación*) Unbekümmertheit *f;* **~ de conciencia** Seelenruhe *f;* **con mucha ~** seelenruhig; **trabajar con ~** ungestört arbeiten; **debo decirte para tu ~ que...** ich muss dir zu deiner Beruhigung sagen, dass ...

tranquilizador(a) [traŋkiliθa'ðor(a)] *adj* beruhigend

tranquilizante [traŋkili'θante] *m* Beruhigungsmittel *nt*

tranquilizar [traŋkili'θar] <z→c> I. *vt* beruhigen; (*con palabras*) beschwichtigen II. *vr:* **~se** sich beruhigen

tranquilla [traŋ'kiʎa] *f* ❶ (*pasador*) Riegel *m* ❷ (*para desorientar*) Fallstrick *m*

tranquillo [traŋ'kiʎo] *m:* **cogerle el ~ a algo** bei etw *dat* den Dreh heraushaben

tranquilo, -a [traŋ'kilo, -a] *adj* ❶ (*no agitado*) ruhig; (*mar*) still; **¡déjame ~!** lass mich in Ruhe!; **mientras no te digan nada, tú ~** solange sie nichts zu dir sagen, kannst du ruhig weitermachen ❷ (*persona: serena*) ruhig; (*con autocontrol*) gelassen; (*despreocupada*) unbekümmert; **tú ~, que no pasará nada** sei ruhig unbesorgt, es wird nichts geschehen

transacción [transak'θjon] *f* ❶ (JUR) Vergleich *m;* (POL) Kompromiss *m* ❷ (COM) Geschäft *nt;* (FIN) Transaktion *f*

transandino, -a [transan'dino, -a] *adj* jenseits der Anden

transar [tran'sar] *vi* (*Am: transigir*) Kompromisse eingehen

transatlántico[1] [transað'lantiko] *m* Passagierdampfer *m*

transatlántico, -a[2] [transað'lantiko, -a] *adj* überseeisch; **barco ~** Passagierdampfer *m*

transbordador [transβorða'ðor] *m* ❶ (NÁUT) Fähre *f* ❷ (AERO) Raumfähre *f*

transbordar [transβor'ðar] I. *vt* ❶ (*por río*) übersetzen (*a* auf +*akk*) ❷ (*mercancías*) umladen (*a* in/auf +*akk*); (*en grandes cantidades*) umschlagen; (*entre barcos*) umschiffen II. *vi* umsteigen

transcendente [transθen'dente] *adj* v. **trascendente**

transcender [transθen'der] <e→ie> *vi* v. **trascender**

transcribir [transkri'βir] *irr como* **escribir** *vt* ❶ (*copiar*) abschreiben ❷ (*transliterar, t.* MÚS) transkribieren

transcurrir [transku'rrir] *vi* (*el tiempo*) vergehen

transcurso [trans'kurso] *m* Verlauf *m;* **en el ~ del día** im Laufe des Tages

transeúnte [transe'unte] I. *adj* vorübergehend; (*habitante*) nicht ortsansässig II. *mf* ❶ (*peatón*) Passant(in) *m(f)* ❷ (*habitante*): **los ~s** die Leute, die nicht ortsansässig sind

transferencia [transfe'renθja] *f* ❶ (*traslado*) Verlegung *f* ❷ (FIN) Überweisung *f;* **a través de una ~ de orden permanente** per Dauerauftrag ❸ (*de propiedad*) Übertragung *f*

transferir [transfe'rir] *irr como* **sentir** *vt* ❶ (*trasladar*) verlegen (*a* nach +*dat*) ❷ (*posponer*) verlegen ❸ (FIN) überweisen (*a* auf +*akk*, *an* +*akk*) ❹ (*propiedad, derecho*) übertragen (*a* auf +*akk*)

transfigurar [transfiɣu'rar] *vt* verwandeln

transformación [transforma'θjon] *f* Verwandlung *f;* (*de costumbres*) Veränderung f

transformador [traⁿsforma'ðor] *m* (ELEC) Transformator *m*

transformar [traⁿsfor'mar] *vt* verwandeln; (*costumbres*) verändern; **desde el accidente está transformado** seit dem Unfall ist er wie umgewandelt

transformista [traⁿsfor'mista] **I.** *adj* transformistisch **II.** *mf* ❶ (BIOL) Vertreter(in) *m(f)* des Transformismus ❷ (TEAT) Verwandlungskünstler(in) *m(f)*

tránsfuga ['traⁿsfuɣa] *mf* ❶ (MIL) Überläufer(in) *m(f)* ❷ (POL) Abtrünnige(r) *mf*

transfundir [traⁿsfuⁿ'dir] *vt* (*líquido*) umfüllen

transfusión [traⁿsfu'sjon] *f* ❶ (*de líquido*) Umfüllung *f* ❷ (MED) (Blut)transfusion *f*

transgredir [traⁿsɣre'ðir] *irr como abolir vt* (*ley*) übertreten; (*orden*) verstoßen (gegen +*akk*)

transgresión [traⁿsɣre'sjon] *f* (*ley*) Übertretung *f*; (*orden*) Verstoß *m*

transición [transi'θjon] *f* Übergang *m*

transido, -a [tran'siðo, -a] *adj* (*elev*): ~ **de dolor** von Schmerz geplagt; ~ **de emoción** überwältigt vor Rührung; ~ **de hambre** (völlig) ausgehungert

transigencia [transi'xeⁿθja] *f* ❶ (*condescendencia*) Nachgiebigkeit *f* ❷ (*tolerancia*) Toleranz *f* ❸ (POL) Kompromissbereitschaft *f*

transigente [transi'xeⁿte] *adj* ❶ (*condescendiente*) nachgiebig ❷ (*tolerante*) tolerant ❸ (POL) kompromissbereit

transigir [transi'xir] <g→j> *vi* ❶ (*ceder*) nachgeben +*dat* ❷ (*tolerar*) dulden (*con* +*akk*) ❸ (POL) einen Kompromiss finden; (JUR) sich vergleichen (*sobre* hinsichtlich +*gen*)

Transilvania [transil'βanja] *f* Siebenbürgen *nt*; (HIST) Transsilvanien *nt*

transistor [transis'tor] *m* Transistor *m*

transitable [transi'taβle] *adj* (*en coche*) befahrbar; (*a pie*) begehbar

transitar [transi'tar] *vi* (*en coche*) fahren (*por* auf +*dat*); (*por un túnel*) durchfahren (*por* +*akk*); (*a pie*) entlanggehen (*por* +*akk*); **una calle muy transitada** eine viel befahrene Straße; **nadie transitaba por la calle** es war kein Mensch auf der Straße

transitivo, -a [transi'tiβo, -a] *adj* (LING) transitiv

tránsito ['transito] *m* ❶ (*circulación*) Verkehr *m*; **de mucho** ~ verkehrsreich; **el** ~ **por esta calle es algo complicado** durch diese Straße zu fahren ist ziemlich kompliziert ❷ (*de personas*) Durchreise *f*; (COM) Transit *m*

transitorio, -a [transi'torjo, -a] *adj* ❶ (*temporal*) vorübergehend; (*ley, periodo, disposición*) Übergangs- ❷ (*pasajero*) vergänglich

translúcido, -a [traⁿs'luθiðo, -a] *adj* durchscheinend

transmigrar [traⁿsmi'ɣrar] *vi* ❶ (*personas*) auswandern ❷ (REL) wandern

transmisible [traⁿsmi'siβle] *adj* übertragbar; (*por herencia*) vererblich

transmisión [traⁿsmi'sjon] *f* ❶ (*de noticia*) Übermitt(e)lung *f* ❷ (TV, RADIO, INFOR) Übertragung *f* ❸ (*enfermedad*) Übertragung *f* ❹ (TÉC) Übertragung *f*; (*mecanismo*) Transmission *f*; (*propulsión*) Antrieb *m*; (AUTO) Getriebe *nt* ❺ (FÍS) Leitung *f* ❻ (*por herencia*) Vererbung *f*

transmisor¹ [traⁿsmi'sor] *m* (TÉC) Sender *m*

transmisor(a)² [traⁿsmi'sor(a)] *adj:* **estación** ~**a** Sender *m*

transmitir [traⁿsmi'tir] *vt* ❶ (*noticia*) übermitteln ❷ (TV, RADIO, TÉC) übertragen ❸ (*enfermedad*) übertragen ❹ (*por herencia*) vererben ❺ (FÍS) leiten

transmutar [traⁿsmu'tar] *vt* umwandeln

transparencia [traⁿspa'reⁿθja] *f* ❶ (*calidad*) Durchsichtigkeit *f* ❷ (*de intención*) Durchschaubarkeit *f* ❸ (FOTO) Dia(positiv) *nt* ❹ (*para un proyector*) Folie *f*

transparentar [traⁿspareⁿ'tar] **I.** *vt* durchscheinen lassen **II.** *vi, vr:* ~**se** (*ser transparente*) durchsichtig sein **III.** *vr:* ~**se** (*dejarse ver/adivinar*) durchscheinen

transparente [traⁿspa'reⁿte] **I.** *adj* ❶ (*material*) durchsichtig ❷ (*intenciones*) durchschaubar **II.** *m* Transparent *nt*

transpiración [traⁿspira'θjon] *f* (*persona*) Schweißabsonderung *f*

transpirar [traⁿspi'rar] *vi* (*persona*) schwitzen

transponer [traⁿspo'ner] *irr como poner* **I.** *vt* (*persona*) umsetzen; (*cosa*) umstellen; (*trasplantar*) umpflanzen **II.** *vr:* ~**se** ❶ (*persona*) sich verstecken ❷ (*sol*) untergehen ❸ (*dormirse*) einschlafen

transportar [traⁿspor'tar] **I.** *vt* (*trasladar*) bringen; (*en brazos*) tragen; (*en un vehículo*) befördern; ~ **por barco** verschiffen **II.** *vr:* ~**se** entzückt sein

transporte [traⁿs'porte] *m* ❶ (COM) Transport *m*; (*de personas, t.* TÉC) Beförderung *f*; ~ **aéreo/marítimo** Beförderung per Flugzeug/Schiff; ~ **por carretera** Beförderung per LKW; **compañía de** ~**s** Spedition *f* ❷ (*vehículo*): ~**s públicos** öffentliche Verkehrsmittel *ntpl*; **¿qué** ~ **utilizas para ir a la ciudad?** wie fährst du in die Stadt?

❸ *pl* (*conjunto*) Verkehrswesen *nt*
❹ (*exaltación*) Entzückung *f*
transportista [traⁿspor'tista] *mf* (*empresa, agente*) Spediteur *m*
transpuesto, -a [traⁿs'pwesto, -a] **I.** *pp de* **transponer II.** *adj:* **quedarse** ~ einschlafen
transversal [traⁿsβer'sal] *adj* (*atravesado, perpendicular*) quer; **calle** ~ Querstraße *f*
transverso, -a [traⁿs'βerso, -a] *adj v.* **transversal**
transvestido [traⁿsβes'tiðo] *m* Transvestit *m*
tranvía [tram'bia] *m* Straßenbahn *f*
trapa ['trapa] *m o f* **❶** (*de los pies*) Getrampel *nt* **❷** (*vocerío*) Geschrei *nt*
trapacear [trapaθe'ar] *vi* betrügen
trapacería [trapaθe'ria] *f* Betrug *m*
trapacero, -a [trapa'θero, -a] *m, f* Gauner(in) *m(f)*
trapajoso, -a [trapa'xoso, -a] *adj* **❶** (*en el vestir*) schäbig **❷** (*en el hablar*): **tener una lengua trapajosa** nuscheln
trápala¹ ['trapala] *f* **❶** (*de gente*) Geschrei *nt* **❷** (*de caballo*) Getrappel *nt* **❸** (*fam: embuste*) Betrug *m*
trápala² ['trapala] *m* (*fam*) Geschwätzigkeit *f*
trápala³ ['trapala] *mf* **❶** (*trapacero*) Gauner(in) *m(f)* **❷** (*parlanchín*) Schwätzer(in) *m(f)*
trapalear [trapale'ar] *vi* **❶** (*caballo*) trappeln **❷** (*hablar*) schwätzen
trapatiesta [trapa'tjesta] *f* (*fam*) **❶** (*riña: verbal*) Krach *m;* (*con puñetazos*) Schlägerei *f* **❷** (*jaleo*) Radau *m*
trapear [trape'ar] *vt* (*Am: limpiar*) wischen
trapecio [tra'peθjo] *m* **❶** (*de circo, t.* MAT) Trapez *nt* **❷** (ANAT) Trapezmuskel *m*
trapecista [trape'θista] *mf* Trapezkünstler(in) *m(f)*
trapichear [trapitʃe'ar] *vi* **❶** (*fam: enredos*) krumme Sachen machen; (*intrigar*) intrigieren; (*con artimañas*) tricksen; ~ **en los negocios** krumme Geschäfte machen **❷** (*comerciar*) Kleinhandel treiben
trapicheo [trapi'tʃeo] *m* (*fam*) **❶** (*enredo*) krumme Sache *f;* (*negocio*) krummes Geschäft *nt* **❷** (*intriga*) Intrige(n) *f(pl);* (*artimaña*) List *f;* **ha habido ~s en las elecciones** bei den Wahlen wurde getrickst
trapío [tra'pio] *m* **❶** (*de mujer*) Anmut *f* **❷** (TAUR) Stattlichkeit *f*
trapisonda [trapi'sonda] *f* **❶** (*riña, alboroto*) Krach *m* **❷** (*intriga*) Intrige *f*
trapo ['trapo] *m* **❶** (*tela*) Lumpen *m* **❷** (*para limpiar*) Lappen *m;* **pasar el ~**

por algo etw mit einem Tuch abwischen **❸** *pl* (*fam: vestidos*) Klamotten *pl* **❹** (NÁUT) Segel *nt;* **a todo** ~ mit vollen Segeln; **el coche iba a todo** ~ (*fam*) das Auto hatte einen Affenzahn drauf; **poner la música a todo** ~ (*fam*) die Musik auf volle Lautstärke stellen **❺** (TEAT) (Bühnen)vorhang *m* **❻** (*loc, fam*): **poner a alguien como un** ~ jdn durch den Schmutz ziehen; **sacar los ~s a relucir** schmutzige Wäsche (vor anderen Leuten) waschen; **soltar el** ~ (*reír*) losplatzen; (*llorar*) in Tränen ausbrechen; **estar hecho un** ~ fix und fertig sein
tráquea ['trakea] *f* Luftröhre *f*
traquetear [trakete'ar] **I.** *vi* (*chapa, vajilla*) klappern; (*motor, ametralladora*) rattern; (*sillas, carro*) poltern **II.** *vt* schütteln
traqueteo [trake'teo] *m* Krach *m;* (*chapa, vajilla*) Geklapper *nt;* (*ametralladora, motor*) Rattern *nt;* (*de sillas, carro*) Poltern *nt*
traquido [tra'kiðo] *m* (*pistola*) Knall *m;* (*madera*) Knacken *nt*
tras [tras] **I.** *prep* **❶** (*temporal*) nach +*dat* **❷** (*espacial: detrás de*) hinter +*dat;* (*orden*) nach +*dat;* **voy** ~ **tuyo** (*en la cola*) ich bin nach dir dran; (*en el coche*) ich fahre dir nach; **ir** ~ **alguien** (*perseguir*) hinter jdm her sein **❸** (*con movimiento*) hinter +*akk;* **ponerse uno** ~ **otro** sich hintereinander aufstellen **❹** (*además de*) außer +*dat;* ~ **de ser de pésima calidad es caro** es ist nicht nur von miserabler Qualität, sondern dazu auch noch teuer **II.** *m* (*fam*) Hintern *m* **III.** *interj:* **¡~ ~!** klopf, klopf!
trasbordar [trasβor'ðar] *vt, vi v.* **transbordar**
trascendencia [trasθen'denθja] *f* (*importancia*) Bedeutung *f;* **no tener** ~ unbedeutend sein; **un incidente sin más** ~ ein Vorfall ohne schlimmere Folgen
trascendental [trasθenden'tal] *adj* **❶** (*importante*) von großer Bedeutung [*o* Tragweite] **❷** (FILOS) transzendent(al)
trascendente [trasθen'dente] *adj* transzendent
trascender [trasθen'der] <e→ie> *vi* **❶** (*hecho, noticia*) durchsickern **❷** (*efecto, consecuencias*) sich auswirken (*a* auf +*akk*) **❸** (*ir más allá*) hinausgehen (*de* über +*akk*) **❹** (*olor*) durchdringen
trascurrir [trasku'rrir] *vi v.* **transcurrir**
trasegar [trase'ɣar] *irr como* **fregar** *vt* **❶** (*objetos: desordenar*) durcheinander bringen; (*cambiar*) umstellen **❷** (*líquidos*) umfüllen; (*de garrafa a botella*) abfüllen

③ (*alcohol*) (*viel*) trinken

trasera [tra'sera] *f* Rückseite *f*

trasero[1] [tra'sero] *m* (*fam*) Hintern *m*

trasero, -a[2] [tra'sero, -a] *adj* hintere(r, s); **asiento** ~ Rücksitz *m;* **luz trasera** Rücklicht *nt;* **parte trasera** Hinterseite *f;* **propulsión trasera** Heckantrieb *m;* **rueda trasera** Hinterrad *nt*

trasferir [trasfe'rir] *irr como sentir vt v.* **transferir**

trasfigurar [trasfiɣu'rar] *vt* verwandeln

trasfondo [tras'fondo] *m* Hintergrund *m*

trashumancia [trasu'manθja] *f sin pl* (AGR) Transhumanz *f*

trasiego [tra'sjeɣo] *m* **①** (*de objetos: desorden*) Durcheinander *nt* **②** (*cambio*) Umstellung *f* **③** (*de líquidos*) Umfüllen *nt;* (*a botella*) Abfüllung *f*

traslación [trasla'θjon] *f* **①** (*de cosas*) Umstellen *nt;* (*de cuerpo*) Überführung *f;* (*de tropa*) Verlegung *f* **②** (*traducción*) Übersetzung *f* (*a* in +*akk, de* aus +*dat*)

trasladar [trasla'ðar] **I.** *vt* **①** (*cosas*) umstellen; (*cuerpo*) überführen; (*tropa, tienda*) verlegen; (*prisionero: a otra prisión*) verlegen; (*a otra comisaría*) überstellen **②** (*funcionario*) versetzen (*a* in +*akk,* nach +*dat*) **③** (*fecha*) verschieben (*a* auf +*akk*) **④** (*traducir*) übersetzen (*a* in +*akk*) **⑤** (*idea, obra*): ~ **al papel** zu Papier bringen; ~ **a la pantalla** verfilmen **⑥** (*orden, medida*) übertragen (*a* auf +*akk*) **⑦** (*escrito*) kopieren **II.** *vr:* ~ **se** **①** (*ir a*) sich begeben; ~ **se en coche** mit dem Auto fahren **②** (*mudarse*) umziehen (*a* nach +*dat*)

traslado [tras'laðo] *m* **①** (*de cosas*) Umstellen *nt;* (*cuerpo*) Überführung *f;* (*tropa*) Verlegung *f;* (*prisionero: de prisión*) Verlegung *f;* (*de comisaría*) Überstellung *f* **②** (*de funcionario*) Versetzung *f* **③** (*de fecha*) Verschiebung *f* **④** (*mudanza*) Umzug *m* **⑤** (*copia*) Kopie *f* **⑥** (*de orden, medida*) Übertragung *f*

traslucir [traslu'θir] *irr como lucir* **I.** *vt* (*cara*) widerspiegeln; **dejar** ~ **algo** (*alguien*) etw andeuten **II.** *vr:* ~ **se** **①** (*ser translúcido*) lichtdurchlässig sein **②** (*verse, notarse*) durchschimmern **③** (*hecho, intención*) durchschaubar sein

trasluz [tras'luθ] *m* Schein *m;* **mirar al** ~ gegen das Licht betrachten

trasmano [tras'mano]: **no puedo cogerlo, me pilla a** ~ ich komme nicht ran, es ist zu weit weg; **su casa cae tan a** ~ **que apenas lo visito** sein Haus ist so abgelegen, dass ich ihn kaum besuche

trasmigrar [trasmi'ɣrar] *vi v.* **transmigrar**

trasmisión [trasmi'sjon] *f v.* **transmisión**

trasmitir [trasmi'tir] *vt v.* **transmitir**

trasmutar [trasmu'tar] *vt* umwandeln

trasnochado, -a [trasno'tʃaðo, -a] *adj* **①** (*comida*) verdorben **②** (*idea, plan*) überholt **③** (*persona*) übernächtigt

trasnochador(a) [trasnotʃa'ðor(a)] *m(f)* Nachtschwärmer(in) *m(f)*

trasnochar [trasno'tʃar] **I.** *vi* **①** (*no dormir*) nicht schlafen gehen; (*ir de juerga*) die ganze Nacht durchmachen; (*trabajando*) die Nacht zum Tage machen **②** (*acostarse tarde*) spät schlafen gehen **③** (*pernoctar*) übernachten **II.** *vt* überschlafen

traspapelar [traspape'lar] **I.** *vt* verlegen **II.** *vr:* ~ **se** verloren gehen

trasparentar(se) [trasparen̦'tar(se)] *vt, vr v.* **transparentar**

traspasar [traspa'sar] *vt* **①** (*atravesar: arma*) durchbohren; (*rayos*) durchdringen; (*líquido*) durchsickern; (*calle, río*) überqueren **②** (*pasar a*) übertragen (*a* auf +*akk*); (FIN) überweisen (*a* auf +*akk*) **③** (*sentidos*): ~ **el corazón** das Herz zerreißen **④** (*límite*) hinausgehen (über +*akk*); (*ley*) überschreiten

traspaso [tras'paso] *m* **①** (*de arma*) Durchbohrung *f;* (*de rayos*) Durchdringung *f;* (*de líquido*) Durchsickern *nt;* (*de calle, río*) Überquerung *f* **②** (*de piso, negocio*) Übertragung *f;* (*dinero*) Abstandssumme *f* **③** (*de límite*) Überschreitung *f*

traspié(s) [tras'pje(s)] *m* (*inv*) Stolpern *nt;* (*fig*) Ausrutscher *m;* **dar un** ~ (*tropezar*) stolpern; (*resbalar*) ausgleiten; (*meter la pata*) ins Fettnäpfchen treten; (*en sociedad*) einen Fauxpas begehen

trasplantar [trasplan'tar] **I.** *vt* **①** (*planta*) umpflanzen **②** (*personas*) umsiedeln **③** (MED) transplantieren **II.** *vr:* ~ **se** umsiedeln

trasplante [tras'plan̦te] *m* **①** (*de plantas*) Umpflanzung *f* **②** (*de persona*) Umsiedlung *f* **③** (MED) Transplantation *f*

trasponer(se) [traspo'ner(se)] *irr como poner vt, vr v.* **transponer**

trasportar(se) [traspor'tar(se)] *vt, vr v.* **transportar**

trasquilar [traski'lar] *vt* **①** (*persona*) stutzen **②** (*animal*) scheren **③** (*fam: cosa*) schmälern

trastabillar [trastaβi'ʎar] *vi* (*dar tropezones*) stolpern

trastada [tras'taða] *f* **①** (*fam: travesura*) Streich *m;* **hacerle una** ~ **a alguien** jdm einen Streich spielen **②** (*mala pasada*) übler Streich *m*

trastazo [tras'taθo] *m* (*fam*) heftiger Schlag *m;* **pegarse un** ~ sich *dat* den Kopf anschlagen; **pegarse un ~ contra algo** gegen etw knallen

traste ['traste] *m* ❶ (*de guitarra*) Bund *m* ❷ (*Am: trasto*) Gerümpel *nt* ❸ (*loc*): **irse al ~** ins Wasser fallen; **dar al ~ con algo** etw kaputtmachen *fam*

trastear [traste'ar] **I.** *vt:* **~ a alguien** (*fam*) jdn nach seiner Pfeife tanzen lassen **II.** *vi* (*trastos*) umräumen

trastero, -a [tras'tero, -a] *adj:* **cuarto ~** Abstellkammer *f*

trastienda [tras'tjenda] *f* ❶ (*de tienda*) Hinterzimmer *nt* ❷ (*fam: astucia*): **tener mucha ~** raffiniert sein

trasto ['trasto] *m* ❶ (*mueble*) Möbelstück *nt;* (*utensilio*) Haushaltsgerät *nt;* **tirarse los ~s por la cabeza** sich in die Haare kriegen ❷ *pl* (*herramientas*) Ausrüstung *f* ❸ *pl* (*para tirar*) Gerümpel *nt* ❹ (*persona*): **mi hijo es un ~** mein Sohn ist ein Tunichtgut; **tratar como un ~** wie ein Stück Dreck behandeln

trastocar [trasto'kar] <c→qu> **I.** *vt* in Unordnung bringen **II.** *vr:* **~se** den Verstand verlieren

trastornado, -a [trastor'nado, a] *adj* (*confundido*) durcheinander; (*sicológicamente*) verwirrt; (*loco*) verrückt

trastornar [trastor'nar] **I.** *vt* ❶ (*cosa*) durcheinander bringen; (*de arriba abajo*) auf den Kopf stellen ❷ (*orden, plan, ideas*) zunichte machen; (*orden público*) stören ❸ (*sicológicamente*) aus dem Gleichgewicht bringen; (*por amor*) verrückt machen; **la muerte de su marido la trastornó** der Tod ihres Mannes hat sie stark mitgenommen ❹ (*encantar*): **me trastornan los coches** ich bin verrückt nach Autos **II.** *vr:* **~se** den Verstand verlieren

trastorno [tras'torno] *m* ❶ (*desorden*) Durcheinander *nt* ❷ (*del orden público*) Störung *f;* **~s políticos** politische Unruhen; **ocasionar ~s** Unannehmlichkeiten verursachen ❸ (*sicológicamente*) Verwirrung *f* ❹ (MED) Störung *f;* **~s estomacales** Magenbeschwerden *fpl*

trastrabillar [trastraβi'λar] *vi* ❶ (*dar traspiés*) stolpern ❷ (*tambalear*) taumeln ❸ (*tartamudear*) stottern

trastrocar [trastro'kar] <c→qu> *vt* ❶ (*el orden*) durcheinander bringen ❷ (*de sitio*) vertauschen ❸ (*el sentido*) verdrehen ❹ (*el estado*) umwandeln

trasunto [tra'sunto] *m* ❶ (*escrito*) Kopie *f* ❷ (*imitación*) Abbild *nt;* **ser un ~ de algo** (*reflectar*) etw widerspiegeln

tratable [tra'taβle] *adj* umgänglich

tratado [tra'tado] *m* ❶ (*t.* POL) Vertrag *m;* **T~ de Amsterdam** Vertrag von Amsterdam; **~ europeo** EU-Vertrag *m;* **~ de no agresión** Nichtangriffspakt *m;* **~ comercial** Handelsabkommen *nt* ❷ (*científico*) Abhandlung *f* (*de* über +*akk*)

tratamiento [trata'mjento] *m* ❶ (*de asunto, t.* MED, QUÍM) Behandlung *f* ❷ (*elaboración, t.* INFOR) Verarbeitung *f;* **~ de agua potable** Trinkwasseraufbereitung *f* ❸ (*de cortesía*) Anrede *f;* **el ~ de Ud.** das Siezen; **¿qué ~ se le da a un cardenal?** wie spricht man einen Kardinal an?

tratante [tra'tante] *mf* Händler(in) *m(f)*

tratar [tra'tar] **I.** *vt* ❶ (*manejar, portarse*) behandeln; **no es una persona fácil de ~** der Umgang mit ihm/ihr ist keineswegs leicht ❷ (MED, QUÍM) behandeln ❸ (*elaborar, t.* INFOR) verarbeiten; (*agua, minerales*) aufbereiten ❹ (*dar tratamiento*) anreden; **~ de tú/usted** duzen/siezen; **~ a alguien de loco** jdn als verrückt bezeichnen ❺ (*tema, asunto*) behandeln **II.** *vi* ❶ (*libro, película*) handeln (*de/sobre* von +*dat*) ❷ (*intentar*) versuchen; **trata de concentrarte** versuche dich zu konzentrieren ❸ (*con alguien*) verkehren ❹ (COM) handeln (*en* mit +*dat*) **III.** *vr:* **~se** ❶ (*tener trato*) miteinander verkehren; **no me trato con él** ich habe keinen Kontakt zu ihm ❷ (*ser cuestión de*) sich handeln (*de* um +*akk*); **¿de qué se trata?** worum geht es?; **tratándose de ti...** in deinem Fall ...

trato ['trato] *m* ❶ (*manejo, comportamiento*) Behandlung *f;* **malos ~s** Misshandlungen *fpl;* **recibir un buen ~** gut behandelt werden ❷ (*contacto*) Umgang *m;* **~ carnal** Geschlechtsverkehr *m;* **tener ~ de gentes** gut mit Menschen umgehen können; **romper el ~ con alguien** den Kontakt zu jdm abbrechen; **no querer ~s con alguien** mit jdm nichts zu tun haben wollen; **es una señora de un ~ exquisito** sie ist eine Dame mit gepflegten Umgangsformen ❸ (*pacto*) Abmachung *f;* (*negocio*) Geschäft *nt;* **cerrar un ~ con alguien** mit jdm zu einer Einigung kommen; **entrar en ~s con alguien** mit jdm Geschäfte machen; **¡~ hecho!** abgemacht!

trauma ['trauma] *m* Trauma *nt*

traumático, -a [trau'matiko, -a] *adj* traumatisch

traumatismo [trauma'tismo] *m* Verletzung *f;* (MED) Trauma *nt*

traumatizar [traumati'θar] <z→c> *vt* (MED, PSICO) traumatisieren

traumatólogo, -a [trauma'toloγo, -a] *m, f* Traumatologe, -in *m, f*

T

través [tra'βes] **I.** *m* ❶ (*inclinación*) Neigung *f* ❷ (*contratiempo*) Missgeschick *nt* ❸ (*loc*): colocar de ~ quer stellen; **dar al** ~ **con algo** etw zunichte machen; **mirar de** ~ schief ansehen **II.** *prep*: **a** ~ **de** (*de un lugar*) quer über +*akk;* (*de la radio*) über +*akk*

travesaño [traβe'saɲo] *m* ❶ (ARQUIT) Querbalken *m* ❷ (DEP) Querlatte *f* ❸ (*de una escalera*) Sprosse *f*

travesía [traβe'sia] *f* ❶ (*por aire*) Flugreise *f;* (*por mar*) Überfahrt *f* ❷ (*distancia*) Entfernung *f* ❸ (*calle*) Querstraße *f*

travesti [tra'βesti] *mf*, **travestí** [traβes'ti] *mf*, **travestido, -a** [traβes'tiðo, -a] *m, f* Transvestit *m*

travestismo [traβes'tismo] *m sin pl* Transvesti(ti)smus *m*

travesura [traβe'sura] *f* (*fuerte*) Streich *m*

traviesa [tra'βjesa] *f* ❶ (FERRO) Schwelle *f* ❷ (*de poste*) Querbalken *m*

travieso, -a [tra'βjeso, -a] *adj* ❶ (*de través*) quer; **correr a campo** ~ querfeldein laufen ❷ (*niño*) ungezogen ❸ (*adulto*) scharfsinnig

trayecto [tra'ɟekto] *m* (*trecho*) Strecke *f;* (*ruta*) Weg *m*

trayectoria [traɟek'torja] *f* ❶ (*de cuerpo*) (Flug)bahn *f;* ~ **de la Luna** Mondbahn *f* ❷ (*profesional*) Werdegang *m*

traza ['traθa] *f* ❶ (*plan, t.* ARQUIT) Plan *m* ❷ (*habilidad*) Geschick *nt;* **tener** ~ **para escribir** Talent zum Schreiben haben; **tener** ~ **para hablar** redegewandt sein ❸ (*aspecto*) Aussehen *nt;* **por las** ~**s** dem Aussehen nach; **lleva todas las** ~**s de acabar mal** das scheint kein gutes Ende zu nehmen

trazado¹ [tra'θaðo] *m* ❶ (*de plan, t.* ARQUIT) Plan *m* ❷ (*recorrido*) Strecke *f;* (FERRO) Trasse *f* ❸ (*dirección*) Verlauf *m*

trazado, -a² [tra'θaðo, -a] *adj:* **bien** ~ wohlgeformt; **mal** ~ missgestaltet

trazar [tra'θar] <z→c> *vt* ❶ (*líneas*) ziehen; (*esquemáticamente*) skizzieren; (*dibujos*) zeichnen ❷ (*plan, t.* ARQUIT) entwerfen ❸ (*describir*) umreißen

trazo ['traθo] *m* ❶ (*de boli, lápiz*) Strich *m;* **dibujar al** ~ skizzieren ❷ (*de escritura*) Schriftzug *m* ❸ (*dibujo*) Skizze *f* ❹ (*de la cara*) Falte *f*

trebejo [tre'βexo] *m* Gerät *nt;* ~**s de pesca** Angelausrüstung *f*

trébol [tre'βol] *m* ❶ (*planta*) Klee *m;* (*hoja*) Kleeblatt *nt* ❷ (*cartas*) Kreuz *nt*

trece ['treθe] **I.** *adj inv* dreizehn; **seguir en sus** ~ dabei bleiben **II.** *m* Dreizehn *f; v. t.* **ocho**

treceavo, -a [treθe'aβo, -a] **I.** *adj* dreizehntel; *v. t.* **octavo II.** *m, f* Dreizehntel *nt*

trecho ['tretʃo] *m* ❶ (*recorrido*) Strecke *f* ❷ (*trozo*) Stück *nt; a* ~**s...,** a ~**s...** teils ..., teils ...; **a** ~**s** hier und da; **hacer algo a** ~**s** etw mit Unterbrechungen tun; **el jersey lo he hecho a** ~**s** ich habe mal hier, mal dort am Pulli gestrickt

tregua ['treɣwa] *f* ❶ (MIL) Waffenstillstand *m* ❷ (*discurso*) (Ruhe)pause *f;* **dar** ~**s** (*dolor*) kommen und gehen

treinta ['treinta] **I.** *adj inv* dreißig **II.** *m* Dreißig *f; v. t.* **ochenta**

treintañero, -a [treinta'ɲero, -a] **I.** *adj* dreißigjährig **II.** *m, f* Dreißigjährige(r) *mf*

treintavo, -a [trein'taβo, -a] *adj* dreißigstel; *v. t.* **ochentavo**

treintena [trein'tena] *f* ❶ ((*treinta unidades*)): **una** ~ dreißig Stück; **una** ~ **de años** dreißig Jahre ❷ (*parte*) Dreißigstel *nt*

tremebundo, -a [treme'βundo, -a] *adj* schrecklich

tremendismo [tremen'dismo] *m sin pl* (ARTE, LIT) Tremendismo *m* (*schockierender Realismus*)

tremendo, -a [tre'mendo, -a] *adj* ❶ (*temible*) schrecklich ❷ (*enorme*) riesig ❸ (*niño*) ungezogen ❹ (*respetable*) ansehnlich ❺ (*loc*): **querer conseguir algo por la tremenda** etw auf Biegen oder Brechen erreichen wollen; **siempre te tomas las cosas a la tremenda** du nimmst immer alles so schwer

trementina [tremen'tina] *f* Terpentin *nt*

tremolar [tremo'lar] *vi* wehen

tremolina [tremo'lina] *f* ❶ (*del viento*) Brausen *nt* ❷ (*bulla*) Lärm *m*

trémulo, -a ['tremulo, -a] *adj* (*elev*) zitternd; (*luz*) flackernd

tren [tren] *m* ❶ (FERRO) Zug *m;* ~ **interurbano** Intercity(zug) *m;* ~ **de juguete** Spielzeugeisenbahn *f;* ~ **rápido** D-Zug *m* ❷ (TÉC): ~ **de lavado** Autowaschanlage *f* ❸ (*lujo*): ~ **de vida** Lebensstandard *m;* **llevar un gran** ~ **de vida** auf großem Fuß leben ❹ (*loc*): **imponer un fuerte** ~ **en la carrera** das Rennen schnell machen; **perder el último** ~ (*fig*) den Anschluss verpassen; **estar como un** ~ (*fam: persona*) umwerfend sein; **hay sangría como para parar un** ~ es gibt jede Menge Sangria

trena ['trena] *f* (*fam*) Knast *m*

trenca ['trenka] *f* (*abrigo*) Anorak *m*

trenza ['trenθa] *f* ❶ (*de pelo*) Zopf *m* ❷ (*de cintas*) Flechte *f*

trenzar [tren'θar] <z→c> *vt* flechten

trepa ['trepa] *f* (*astucia*) Trick *m*

trepador(a) [trepa'ðor(a)] I. *adj:* **planta ~a** Kletterpflanze *f* II. *m(f)* (*arribista*) Emporkömmling *m*

trepanación [trepana'θjon] *f* (MED) Trepanation *f*

trepanar [trepa'nar] *vt* (MED) trepanieren

trepar [tre'par] I. *vi*, *vt* ① (*al árbol*) (hinauf)klettern (*a* auf +*akk*) ② (*planta*) hochklettern II. *vt* durchbohren

trepidante [trepi'ðante] *adj* bebend; (*fig*) spannungsreich

trepidar [trepi'ðar] *vi* ① (*temblar*) beben ② (*Am: vacilar*) zögern

tres [tres] I. *adj inv* drei; **esta traducción no me sale ni a la de ~** das kann ich im Leben nie übersetzen; **esto es así como ~ y dos son cinco** das ist so sicher wie das Amen in der Kirche II. *m inv* Drei *f; v. t.* **ocho**

trescientos, -as [tres'θjentos, -as] *adj* dreihundert; *v. t.* **ochocientos**

tresillo [tre'siʎo] *m* (*mueble*) Couchgarnitur *f*

treta ['treta] *f* Trick *m*

Tréveris ['treβeris] *m* Trier *nt*

tría ['tria] *f* Auswahl *f*

trial [tri̯al] *m* (DEP) Trial *nt*

triangulado, -a [triaŋgu'laðo, -a] *adj* in dreieckiger Form

triangular [triaŋgu'lar] *adj* dreieckig

triángulo [tri'aŋɣulo] *m* ① (*figura*) Dreieck *nt* ② (MÚS) Triangel *m* ③ (*sentimental*) Dreiecksbeziehung *f*

triar [tri'ar] <1. pres: trío> *vt* (aus)wählen

triatlón [triaᵈ'lon] *m* (DEP) Triathlon *nt*

tribal [tri'βal] *adj* Stammes-

tribu ['triβu] *f* Stamm *m;* **~ urbana** (SOCIOL) Gang *f,* Jugendbande *f*

tribulación [triβula'θjon] *f* ① (*pena*) Kummer *m* ② (*sufrimiento*) Leiden *nt* ③ (*adversidad*) Widrigkeit *f*

tribuna [tri'βuna] *f* ① (*en parlamento*) Rednerpult *nt* ② (*en desfile/estadio*) Tribüne *f* ③ (JUR): **~ de jurados** Geschworenenbank *f*

tribunal [triβu'nal] *m* ① (JUR) Gericht *nt;* **T~ Europeo de Cuentas** Europäischer Rechnungshof; **T~ de Justicia Europeo** Europäischer Gerichtshof; **llevar a los ~es** verklagen ② (*comisión*): **~ examinador** Prüfungsausschuss *m*

tribuno [tri'βuno] *m* (HIST) (Volks)tribun *m*

tributación [triβuta'θjon] *f* ① (*acción*) Besteuerung *f* ② (*tributo*) Steuer *f;* **~ por utilidades** Einkommensteuer *f* ③ (*sistema*) Steuersystem *nt*

tributar [triβu'tar] *vt* ① (*impuestos*) zahlen ② (*honor*) erweisen; (*respeto*) zollen; **~**

un homenaje a alguien jdm huldigen

tributario, -a [triβu'tarjo, -a] *adj* Steuer-; (*imponible*) besteuerbar; **agencia tributaria** Finanzamt *nt*

tributo [tri'βuto] *m* ① (*impuesto*) Steuer *f* ② (*homenaje*) Tribut *m;* **pagar ~** Tribut zollen

tríceps ['triθeβs] *m inv* (ANAT) Trizeps *m*

triciclo [tri'θiklo] *m* Dreirad *nt*

tricolor [triko'lor] *adj* dreifarbig

tricota [tri'kota] *f* (*Am: chaqueta*) Strickjacke *f*

tricotar [triko'tar] *vt* stricken

tricotosa [triko'tosa] *f* Strickmaschine *f*

tridente [tri'ðente] *m* Dreizack *m*

tridimensional [triðimensjo'nal] *adj* dreidimensional

trienal [trie'nal] *adj* ① (*duración*) dreijährig ② (*cada 3 años*) dreijährlich

trienio [tri'enjo] *m* Dauer *f* von drei Jahren

trifásico¹ [tri'fasiko] *m* (*argot*) Vitamin B *nt fam,* Beziehungen *fpl*

trifásico, -a² [tri'fasiko, -a] *adj* (ELEC, FÍS) Dreiphasen-; **corriente trifásica** Dreiphasenstrom *m,* Drehstrom *m*

trifulca [tri'fulka] *f* (*fam*) Streit *m*

trifurcarse [trifur'karse] <c→qu> *vr* sich dreifach verzweigen

trigal [tri'ɣal] *m* Weizenfeld *nt*

trigésimo, -a [tri'xesimo, -a] I. *adj* (*parte*) dreißigstel; (*numeración*) dreißigste(r, s); **la trigésima parte de...** ein Dreißigstel von ... II. *m, f* Dreißigstel *nt; v. t.* **octogésimo**

trigo ['triɣo] *m* (BOT) ① (*planta*) Weizen *m* ② (*grano*) Weizenkorn *nt;* **no ser ~ limpio** (*fig*) nicht ganz einwandfrei sein

trigonometría [triɣonome'tria] *f* Trigonometrie *f,* Dreiecksberechnung *f*

trigueño, -a [tri'ɣeɲo, -a] I. *adj* bräunlich; (*pelo*) dunkelblond; (*piel*) goldbraun; (*Am: persona*) farbig II. *m, f* (*Am*) Farbige(r) *mf*

trilingüe [tri'liŋgwe] *adj* dreisprachig

trilla ['triʎa] *f* ① (*acción*) Dreschen *nt* ② (*época*) Dreschzeit *f* ③ (*Am: argot: paliza*) Tracht *f* Prügel ④ (*trillo*) Dreschmaschine *f*

trillado, -a [tri'ʎaðo, -a] *adj* (*fam: asunto*) abgedroschen

trilladora [triʎa'ðora] *f* (AGR) Dreschmaschine *f*

trillar [tri'ʎar] *vt* ① (*grano*) dreschen ② (*usar*) abnutzen ③ (*Am: argot: golpear*) verdreschen

trillizo, -a [tri'ʎiθo, -a] I. *adj* Drillings-; **hermana trilliza** Drillingsschwester *f* II. *m, f* Drilling *m*

trillón [tri'ʎon] *m* Trillion *f*

trilogía [trilo'xia] *f* (LIT, TEAT) Trilogie *f*

trimestral [trimes'tral] *adj* ❶ (*duración*) dreimonatig ❷ (*cada tres meses*) vierteljährlich

trimestre [tri'mestre] *m* ❶ (*período*) Vierteljahr *nt* ❷ (*paga*) Vierteljahreszahlung *f;* (*alquiler*) Vierteljahresmiete *f*

trinar [tri'nar] *vi* ❶ (*persona*) trillern; (*pájaro*) zwitschern ❷ (*fam: rabiar*): **está que trina** er/sie ist auf 180

trincar [triŋ'kar] <c→qu> **I.** *vt* ❶ (*con cuerdas*) festbinden ❷ (*detener*) festnehmen ❸ (*romper*) zerbrechen; (*papel*) zerreißen ❹ (*argot: robar*) klauen ❺ (*argot: matar*) umbringen ❻ (*Am: apretar*) quetschen **II.** *vr:* ~**se** (*argot: emborracharse*) sich voll laufen lassen

trinchar [trin'tʃar] *vt* transchieren

trinchera [trin'tʃera] *f* ❶ (MIL) Schützengraben *m;* **guerra de** ~**s** Stellungskrieg *m* ❷ (*gabardina*) Trenchcoat *m*

trineo [tri'neo] *m* Schlitten *m*

trinidad [trini'ðað] *f* Dreifaltigkeit *f*

trinquete [triŋ'kete] *m* ❶ (TÉC) Sperrmechanismus *m* ❷ (*mástil*) Fockmast *m*

trío ['trio] *m* Trio *nt*

tripa ['tripa] *f* ❶ (*intestino*) Darm *m* ❷ *pl* (*vísceras*) Eingeweide *ntpl;* (*comestibles*) Innereien *fpl;* **echar las** ~**s** (*fam: vomitar*) sich übergeben; **hacer de** ~**s corazón** (*fam*) Mut fassen; **¿qué** ~ **se te ha roto?** (*fam*) was ist denn jetzt schon wieder?; **me suenan las** ~**s** mir knurrt der Magen; **quitarle las** ~**s a un pez** einen Fisch ausnehmen; **se me revuelven las** ~**s** mir dreht sich der Magen um; **¡te voy a sacar las** ~**s!** (*fam*) ich drehe dir den Hals um!; **tener malas** ~**s** (*fam*) grausam sein ❸ (*vientre*) Bauch *m;* **echar** ~ (*fam*) einen Bauch bekommen; **llenar(se) la** ~ (*fam*) sich *dat* den Bauch voll schlagen; **estar con** ~ (*embarazada*) schwanger sein; **dejar con** ~ (*argot*) schwängern ❹ *pl* (*interior*) Innere(s) *nt;* (*de fruta*) Herz *nt*

triple ['triple] **I.** *adj* dreifach; (*de tres capas*) dreilagig **II.** *m* (*cantidad*) Dreifache(s) *nt;* **ser el** ~ **de grande** dreimal so groß sein

triplicado, -a [tripli'kaðo, -a] *adj* verdreifacht; **por** ~ (*acta*) in dreifacher Ausfertigung

triplicar [tripli'kar] <c→qu> **I.** *vt* verdreifachen **II.** *vr:* ~**se** sich verdreifachen

trípode ['tripoðe] *m* (FOTO) Stativ *nt*

tríptico ['triptiko, -a] *m* ❶ (ARTE: *para el altar*) Triptychon *nt* ❷ (*tratado, composición*) dreiteiliger Schein *m*

tripudo, -a [tri'puðo, -a] **I.** *adj* (*fam*) dickbäuchig **II.** *m, f* Dickbauch *m*

tripulación [tripula'θjon] *f* (*avión, barco*) Crew *f*

tripulante [tripu'lante] *mf* Besatzungsmitglied *nt*

tripular [tripu'lar] *vt* ❶ (*proveer de tripulación*) bemannen ❷ (*conducir: coche*) lenken; (*avión, barco*) steuern

triquinosis [triki'nosis] *f inv* (MED, ZOOL) Trichinose *f*

triquiñuela [triki'ɲwela] *f* Trick *m*

triquitraque [triki'trake] *m* ❶ (*ruido*) Geklirre *nt* ❷ (*tira*) Platzpatronenstreifen *m*

tris [tris] *m inv* Knall *m;* **en un** ~ im Handumdrehen; **estar en un** ~ **de hacer algo** drauf und dran sein etw zu tun; **por un** ~ um ein Haar

triscar [tris'kar] <c→qu> **I.** *vi* ❶ (*patalear*) stampfen ❷ (*jugar*) herumtollen; (*travesuras*) Streiche spielen **II.** *vt* ❶ (*mezclar*) vermengen ❷ (*confundir*) durcheinander bringen ❸ (AmC: *mofar*) Witze reißen (*a* über +*akk*)

triste ['triste] *adj* traurig; (*mustio, pálido*) trist; (*descolorido*) fade; (*paisaje*) öde; (*flor*) welk; **un** ~ **sueldo** ein jämmerliches Einkommen; **aún no he comido ni un** ~ **bocadillo** ich habe noch nicht mal ein einfaches Brötchen gegessen; **aún no he ganado ni un** ~ **euro** ich habe noch nicht einen müden Euro verdient; **es** ~ **que no podamos ir** es ist schade, dass wir nicht hingehen können

tristeza [tris'teθa] *f* Traurigkeit *f*

tristón, -ona [tris'ton, -ona] *adj* bedrückt

tristura [tris'tura] *f* (*Am*) Traurigkeit *f*

tritón [tri'ton] *m* Molch *m*

trituración [tritura'θjon] *f* Zermalmung *f*

trituradora [tritura'ðora] *f* (TÉC) Brecher *m;* (*de la cocina*) Reibemühle *f;* ~ **de carne** Fleischwolf *m;* ~ **de forraje** Häckselmaschine *f;* ~ **de papel** Reißwolf *m*

triturar [tritu'rar] *vt* ❶ (*desmenuzar*) zerkleinern; (*moler*) zermahlen; (*al masticar*) zerkauen ❷ (*maltratar*) zermalmen; (*destruir*) vernichten ❸ (*criticar*) durch die Mangel drehen

triunfador(a) [trjumfa'ðor(a)] **I.** *adj* Triumph- **II.** *m(f)* Sieger(in) *m(f)*

triunfal [trjum'fal] *adj* triumphal; **canto** ~ Siegeslied *nt*

triunfalismo [trjumfa'lismo] *m sin pl* übertriebener Optimismus *m*, Euphorie *f*

triunfar [trjum'far] *vi* ❶ (*en general*) siegen (*de/sobre* über +*akk*); (*tener éxito*) Erfolg haben ❷ (*exultar*) jubeln (*de* über +*akk*)

❸ (*naipes*) Trumpf sein; (*jugar un triunfo*) trumpfen; **triunfan corazones** Herz ist Trumpf

triunfo ['trjuɱfo] *m* **❶** (*victoria*) Sieg *m;* (*éxito*) Erfolg *m;* **arco del ~** Triumphbogen *m;* **costar un ~** viel Mühe kosten **❷** (*naipe*) Trumpf *m*

trivial [tri'βjal] *adj* trivial

trivialidad [triβjali'ðaθ] *f* **❶** (*cualidad*) Trivialität *f* **❷** (*dicho*) Plattitüde *f*

trivializar [triβjali'θar] <z→c> *vt* **❶** (*restar importancia*) herunterspielen **❷** (*simplificar*) zu stark vereinfachen

triza ['triθa] *f* Stück *nt;* **estar hecho ~s** fix und fertig sein; **hacer ~s** in Stücke schlagen; (*papel*) zerreißen; (*película*) verreißen; **hacerse ~s** völlig kaputtgehen; (*jarrón*) in tausend Stücke zerbrechen; **hacer ~s a alguien** jdn fertig machen

trocar [tro'kar] *irr como volcar* **I.** *vt* **❶** (*cambiar*) tauschen (*por* gegen +*akk*); (*palabras*) austauschen **❷** (*dinero*) wechseln (*en* in +*akk*) **❸** (*confundir*) verwechseln **❹** (*vomitar*) sich übergeben **❺** (*CSur: vender*) verkaufen **II.** *vr:* **~ se** (*cambiar*) sich verändern; (*transformarse*) sich verwandeln

trocear [troθe'ar] *vt* zerstückeln

trocha ['trotʃa] *f* **❶** (*senda*) Pfad *m;* (*atajo*) Abkürzung *f* **❷** (*Am:* FERRO) Spurweite *f*

trochemoche [trotʃe'motʃe]: **a ~** (*sin orden*) völlig durcheinander; (*desparramado*) kreuz und quer

trofeo [tro'feo] *m* **❶** (*señal*) Trophäe *f;* **~ de guerra** Kriegsbeute *f* **❷** (*victoria*) Sieg *m;* (*éxito*) Erfolg *m*

troglodita [troɣlo'ðita] *mf* **❶** (HIST: *que vive en cavernas*) Höhlenmensch *m* **❷** (*rudo, grosero*) Barbar *m* **❸** (*huraño*) Eigenbrötler(in) *m(f)*, Einzelgänger(in) *m(f)* **❹** (*glotón*) Vielfraß *m;* (*más fino*) Gourmand *m*

trola ['trola] *f* (*fam: mentira*) Lüge *f*

trole ['trole] *m* (ELEC) Stromabnehmer *m*

trolebús [trole'βus] *m* Trolleybus *m*

tromba ['tromba] *f* (METEO): **~ (de agua)** Wasserhose *f;* **~ (terrestre)** Wirbelwind *m;* **en ~** heftig

trombón [trom'bon] *m* (MÚS) **❶** (*instrumento*) Posaune *f* **❷** (*músico*) Posaunist(in) *m(f)*

trombosis [trom'bosis] *f inv* Thrombose *f*

trompa¹ ['trompa] *f* **❶** (ZOOL: *elefante*) Rüssel *m;* (*insectos*) Saugrüssel *m;* **~ de Falopio** Eileiter *m* **❷** (*fam: nariz*) Zinken *m* **❸** (*Am: fam: labios*) (volle) Lippen *fpl;* **¡cierra la ~!** halt den Schnabel! **❹** (MÚS: *instrumento*) Horn *nt* **❺** (*peonza*) Brummkreisel *m* **❻** (METEO) *v.* **tromba**

❼ (*fam: borrachera*) Rausch *m;* **coger una ~** sich *dat* einen hinter die Binde kippen; **estar ~** einen in der Kanne haben

trompa² ['trompa] *mf* **❶** (*músico*) Hornist(in) *m(f)* **❷** (*CSur: fam: patrón*) Boss *m*

trompada [trom'paða] *f,* **trompazo** [trom'paθo] *m* (*porrazo*) (heftiger) Schlag *m;* (*choque*) Zusammenstoß *m;* (*puñetazo*) Fausthieb *m*

trompear [trompe'ar] **I.** *vt* (*Am: fam*) schlagen **II.** *vr:* **~ se** (*fam*) **❶** (*emborracharse*) sich betrinken **❷** (*Am: pelearse*) sich prügeln

trompeta¹ [trom'peta] *f* (*instrumento*) Trompete *f*

trompeta² [trom'peta] *mf* (*músico*) Trompeter(in) *m(f)*

trompetazo [trompe'taθo] *m* **❶** (*de trompeta*) Trompetengeschmetter *nt* **❷** *v.* **trompada**

trompetista [trompe'tista] *mf* Trompetenspieler(in) *m(f)*

trompicar [trompi'kar] <c→qu> *vi* straucheln

trompicón [trompi'kon] *m* **❶** (*tropezón*) Straucheln *nt;* **a trompicones** stoßweise **❷** (*AmC: puñetazo*) Fausthieb *m*

trompo ['trompo] *m* Brummkreisel *m;* **ponerse como un ~** (*fam: comiendo*) sich *dat* den Bauch voll schlagen; (*bebiendo*) sich voll laufen lassen

tronada [tro'naða] *f* Gewitter *nt*

tronado, -a [tro'naðo, -a] *adj* **❶** (*desgastado*) alt **❷** (*fam: loc*): **estar ~** (*loco*) nicht ganz richtig ticken; (*arruinado*) abgebrannt sein; (*Am: drogado*) high sein

tronar [tro'nar] <o→ue> **I.** *vimpers* (METEO) donnern **II.** *vi* **❶** (*ruido*) donnern; (*gritar*) brüllen **❷** (*oponerse*) wettern **III.** *vt* (*Méx: fusilar*) erschießen

troncha ['trontʃa] *f* (*Arg, Chil, Perú: lonja*) Scheibe *f*

tronchar [tron'tʃar] **I.** *vt* **❶** (*tronco*) entwurzeln; (*rama*) abbrechen **❷** (*vida*) beenden; (*esperanzas*) zerschlagen **II.** *vr:* **~ se** zerbrechen; **~ se de risa** (*fam*) sich totlachen

troncho ['trontʃo] *m* **❶** (BOT) Stiel *m;* (*de hortaliza*) Strunk *m* **❷** (*CSur: trozo*) Stück *nt*

tronco ['troŋko] *m* **❶** (*árbol*) Stamm *m;* (*flor*) Stiel *m;* (*hortaliza*) Strunk *m;* (*de un árbol talado*) Stumpf *m;* (*leño*) Scheit *nt;* **dormir como un ~** wie ein Stein schlafen **❷** (*cuerpo*) Rumpf *m* **❸** (*de familia*) Abstammung *f* **❹** (*amigo*) Kumpel *m* **❺** (*conducto*) Ast *m*

tronera¹ [tro'nera] *f* **❶** (*ventana*) Luke *f;*

(*en el tejado*) Dachluke *f* ❷(MIL)
(Schieß)scharte *f* ❸(*billar*) Loch *nt*
❹(*Méx: chimenea*) Kamin *m*

tronera² [tro'nera] *mf* (*tarambana*) Windhund *m*

trono ['trono] *m* (*asiento*) Thron *m;* **subir**
al ~ den Thron besteigen; **sucesor al ~**
Thronfolger *m*

tropa ['tropa] *f* ❶(*multitud*) Schar *f;* (*pey:*
grupo) Meute *f;* **en ~** scharenweise
❷(MIL) Truppe *f*

tropel [tro'pel] *m* ❶(*mucha gente*) Getüm-
mel *nt;* **en ~** scharenweise ❷(*prisa*) Hast *f*
❸(*desorden*) Wirrwarr *m*

tropelía [trope'lia] *f* ❶(*prisa*) Hast *f*
❷(*abuso de autoridad*) Amtsmissbrauch
m; (*acto violento*) Gewalttat *f*

tropezar [trope'θar] *irr como empezar* **I.** *vi*
❶(*con los pies*) stolpern (*en/contra* über
+*akk*) ❷(*reñir*) aneinander geraten
❸(*cometer un error*) stolpern (*en/contra*
über +*akk*); (*moralmente*) einen Fehltritt
begehen ❹(*topar*) stoßen (*con* auf +*akk*)
II. *vr:* **~se** (*encontrarse*) stoßen (*con* auf
+*akk*)

tropezón [trope'θon] *m* ❶(*acción*) Stolpern *nt;* **dar un ~** stolpern; **a tropezones**
stoßweise; (*fig*) mit Ach und Krach
❷(*error*) Fehltritt *m;* (*moralmente*) Ausrutscher *m* ❸(*persona*) Tollpatsch *m*
❹(*en sopas, legumbres*) Fleischeinlage *f*

tropical [tropi'kal] *adj* (GEO) tropisch; **clima**
~ Tropenklima *nt*

trópico ['tropiko] *m:* **~s** (GEO) Tropen *pl;* **~**
de Cáncer Wendekreis des Krebses;
pasar los ~s (*AmC: fig*) schwere Zeiten
durchmachen

tropiezo [tro'pjeθo] *m* ❶(*en el camino*)
Hindernis *nt;* **dar un ~** stolpern ❷(*error*)
Fehltritt *m;* (*moralmente*) Ausrutscher *m*
❸(*desgracia*) Unglück *nt;* (*en el amor*)
Enttäuschung *f* ❹(*discusión*) Meinungs-
verschiedenheit *f*

troposfera [tropos'fera] *f sin pl* (METEO) Tro-
posphäre *f*

troquel [tro'kel] *m* Stempel *m*

troquelar [troke'lar] *vt* prägen

trotamundos [trota'mundos] *mf inv* Globe-
trotter *m,* Weltenbummler(in) *m(f)*

trotar [tro'tar] *vi* ❶(*caballos*) traben;
(*jinete*) Trab reiten ❷(*con prisas*) auf Trab
sein

trote ['trote] *m* ❶(*caballos*) Trab *m;* **ir al ~**
traben ❷(*con prisa*) Hin und Her *nt;* **a(l)**
~ schnell ❸(*ropa*): **para todo ~** zum All-
tagsgebrauch; **ser de mucho ~** sehr strapazierfähig sein ❹(*loc*): **meterse en**
malos ~s sich in dunkle Angelegenheiten

verwickeln; **es demasiado viejo, ya no**
está para estos ~s (*prisas*) er ist schon zu
alt, er kann nicht mehr so schnell; (*emo-*
ciones) er ist schon zu alt, er darf sich
nicht so sehr aufregen

trova ['troβa] *f* (*verso*) Vers *m;* (*poema*)
Gedicht *nt;* (*canción*) Minne(ge)sang *m*

trovador [troβa'ðor] *m* Minnesänger *m*

trozo ['troθo] *m* Stück *nt;* **a ~s** in Stücken

trucaje [tru'kaxe] *m* ❶(*con trampa*) Trick-
serei *f* ❷(CINE: *método*) Trickfilm *m;*
(FOTO) Fotomontage *f*

trucar [tru'kar] <c→qu> *vi* (*billar*) (die
Kugel) versenken

trucha ['trutʃa] *f* ❶(ZOOL: *pez*) Forelle *f;* **~**
de río Bachforelle *f* ❷(*AmC:* COM: *caseta*)
Stand *m*

truco ['truko] *m* ❶(*trampa*) Trick *m;* **esto**
tiene ~ da ist ein Trick dabei; **ése tiene**
muchos ~s der hat viele Tricks auf Lager;
coger el ~ den Dreh herausbekommen; **el ~**
del almendruco (*fam*) Trick 17 ❷ *pl* (*bi-*
llar) (Pool)billard *nt*

truculencia [truku'lenθja] *f* ❶(*crueldad*)
Grausamkeit *f* ❷(*dramatismo*) Gruselef-
fekt *m*

truculento, -a [truku'lento, -a] *adj*
❶(*cruel*) grausam ❷(*terrible*) schrecklich

trueno ['trweno] *m* ❶(*ruido*) Donner *m*
❷(*fam: juerguista*) Nachtschwärmer *m;*
(*alborotador*) Unruhestifter *m;* **ir de ~**
einen draufmachen ❸(*And: argot: pis-*
tola) Schießeisen *nt*

trueque ['trweke] *m* Austausch *m;* (COM:
sin dinero) Tauschhandel *m;* **a ~ de** im
Tausch gegen +*akk*

trufa ['trufa] *f* ❶(*dulce, t.* BOT: *hongo*) Trüffel *m* ❷(*mentira*) Lüge *f;* (*embuste*)
Betrug *m;* (*fanfarronada*) Aufschneiderei *f*

trufar [tru'far] **I.** *vi* (*mentir*) schwindeln;
(*engañar*) betrügen; (*fanfarronear*) aufschneiden **II.** *vt* (*rellenar*) mit Trüffeln füllen

truhán [tru'an] *m* (*estafador*) Gauner *m;*
(*charlatán*) Scharlatan *m*

trullo ['truʎo] *m* (*argot*) Knast *m*

truncado, -a [truŋ'kaðo, -a] *adj* (*incom-*
pleto) unvollständig

truncamiento [truŋka'mjento] *m* ❶(*re-*
ducción) Verkürzung *f* ❷(*corte de una*
extremidad) Verstümmelung *f*

truncar [truŋ'kar] <c→qu> *vt* ❶(*cortar*)
wegschneiden; (*la cabeza*) enthaupten;
(*una extremidad*) verstümmeln ❷(*texto*)
verkürzen; (*significado*) verstümmeln;
(*cita*) entstellen ❸(*desarrollo*) stoppen;
(*esperanzas, ilusiones*) zunichte machen

trusa ['trusa] *f* (*Méx, Perú: bragas*) Schlüpfer *m*

tu [tu] *adj pos* dein(e); ~ **padre/blusa/
libro** dein Vater/deine Bluse/dein Buch;
~s **hermanos/hermanas** deine Brüder/
Schwestern

tú [tu] *pron pers 2. sg* du; **yo que** ~ ich an
deiner Stelle; **tratar de** ~ duzen

tuba ['tuβa] *f* Tuba *f*

tubérculo [tu'βerkulo] *m* ❶ (BOT) Knolle *f*
❷ (*bulto, t.* MED) Knoten *m*

tuberculosis [tuβerku'losis] *f inv* Tuberkulose *f*

tuberculoso, -a [tuβerku'loso, -a] **I.** *adj*
(MED) tuberkulös **II.** *m, f* (MED) Tuberkulo-
sekranke(r) *mf*, Tbc-Kranke(r) *mf*

tubería [tuβe'ria] *f* ❶ (*tubo*) Rohr *nt*
❷ (*conjunto*) Rohre *ntpl*

Tubinga [tu'βiŋga] *f* Tübingen *nt*

tubo ['tuβo] *m* ❶ (*para fluidos/gases*) Rohr
nt; ~ **de chimenea** Ofenrohr *nt;* ~ **digestivo** Verdauungstrakt *m;* ~ **de ensayo**
Reagenzglas *nt;* ~ **de escape** (AUTO) Auspuff *m;* ~ **de respiración** Luftröhre *f;* **tienes que pasar por el** ~ (*fig*) da musst du
durch ❷ (RADIO, TV) Röhre *f* ❸ (*recipiente*)
Tube *f* ❹ (*Am:* TEL: *auricular*) Hörer *m*
❺ (*argot: metro*) U-Bahn *f*

tubular [tuβu'lar] **I.** *adj* rohrförmig **II.** *m*
(*prenda*) Rollkragenpulli *m*

tucán [tu'kan] *m* Tukan *m*

tuerca ['twerka] *f* (Schrauben)mutter *f;* ~
mariposa Flügelmutter *f*

tuerto, -a ['twerto, -a] **I.** *adj* ❶ (*de sólo un
ojo*) einäugig ❷ (*torcido*) krumm **II.** *m, f*
Einäugige(r) *mf*

tuétano ['twetano] *m* ❶ (*médula*) (Knochen)mark *nt* ❷ (*corazón, esencia*) Inne-
re(s) *nt*, Innerste(s) *nt;* **hasta los** ~s durch
und durch; **enamorado hasta los** ~s bis
über beide Ohren verliebt; **llegar al** ~ **de
un asunto** einer Sache auf den Grund
gehen

tufarada [tufa'raða] *f* Gestank *m;* **¡qué** ~ **a
cerveza echaba!** der/die hatte aber eine
Bierfahne!

tufillo [tu'fiʎo] *m* Hauch *m;* (*de la cocina*)
leckerer Küchengeruch *m*

tufo ['tufo] *m* ❶ (*vapor*) Dampf *m* ❷ (*olor
malo*) Gestank *m;* (*de cuerpo*) Körpergeruch *m;* (*halitosis*) Mundgeruch *m;* (*a
alcohol*) Fahne *f* ❸ (*rizo*) Locke *f* ❹ *pl*
(*vanidad*) Hochmut *m*

tugurio [tu'yurjo] *m* ❶ (*chabola*) Barracke
f; (*cuartucho*) Loch *nt* ❷ *pl* (*barrio*) Slum-
viertel *nt*

tul [tul] *m* Tüll *m*

tulipa [tu'lipa] *f* Lampenschirm *m*

tulipán [tuli'pan] *m* Tulpe *f*

tullido, -a [tu'ʎiðo, -a] **I.** *adj* (*persona*)
gelähmt; (*pey*) verkrüppelt; (*brazo*) lahm
II. *m, f* Gelähmte(r) *mf*

tullir [tu'ʎir] <3. *pret:* tulló> *vt* ❶ (*maltratar*) misshandeln ❷ (*herir*) verletzen;
(*lisiar*) zum Krüppel machen; **te voy a** ~ **a
palos** ich schlage dich windelweich ❸ (*paralizar*) lähmen ❹ (*agotar*) ermüden

tumba ['tumba] *f* ❶ (*sepulcro*) Grab *nt;* **ser**
(**como**) **una** ~ (*callado*) schweigsam wie
ein Grab sein; **llevar a alguien a la** ~ **a**
ins Grab bringen; **hablar a** ~ **abierta** offen
reden; **lanzarse a** ~ **abierta en algo** sich
Hals über Kopf in etw stürzen; **tu abuelo
se revolvería en su** ~ dein Großvater
würde sich im Grabe umdrehen ❷ (*voltereta*) Purzelbaum *m* ❸ (*Am: tala*) Abholzung *f;* (*claro*) Lichtung *f*

tumbar [tum'bar] **I.** *vt* ❶ (*tirar*) niederwerfen; (*pegando*) niederschlagen; (*fam:
matar*) umnieten; **estar tumbado** liegen
❷ (ENS: *fam: suspender*) durchrasseln lassen ❸ (*fam: perturbar, impresionar*)
umhauen ❹ (*Am: árboles*) abholzen;
(*tierra*) roden ❺ (*vulg: copular*) flachlegen
fam **II.** *vr:* ~**se** ❶ (*acostarse*) sich hinlegen; ~**se en la cama** sich auf das Bett
legen ❷ (*desistir*) aufgeben ❸ (*fam: en el
trabajo*) sich *dat* einen faulen Lenz
machen

tumbo ['tumbo] *m* ❶ (*caída*) Sturz *m*
❷ (*vaivén*) Taumeln *nt;* **dar** ~s ~ taumeln;
ir por la vida dando ~s im Leben immer
wieder auf die Nase fallen ❸ (*volereta*)
Purzelbaum *m*

tumbón, -ona [tum'bon, -ona] **I.** *adj* faul
II. *m, f* Faulpelz *m*

tumbona [tum'bona] *f* Liegestuhl *m*

tumefacción [tumefak'θjon] *f* Schwellung *f*

tumor [tu'mor] *m* Tumor *m*

tumoral [tumo'ral] *adj* (MED) Tumor-

túmulo ['tumulo] *m* ❶ (*monumento*)
Grabmal *nt* ❷ (*elevación*) Grabhügel *m*

tumulto [tu'multo] *m* Tumult *m*

tuna ['tuna] *f* ❶ (MÚS) Studentenkapelle *f*
❷ (*vida picaresca*) Müßiggang *m;* **correr
la** ~ dem Müßiggang frönen

Die **tuna** ist eine Gruppe von Studenten, die sich zusammentun, um Musik
zu machen und zu singen. Bis vor kurzem wurden nur männliche Studenten
in die **tunas** aufgenommen. In den letzten Jahren haben sich neue **tunas** nur
für Studentinnen gebildet. Um Mit-

glied einer **tuna** zu werden, muss man gewisse Mutproben ablegen.

tunante [tu'naṇte] *m v.* **tuno**

tunda ['tuṇda] *f* ❶ (*paliza*) Tracht *f* Prügel ❷ (*esfuerzo*) Anstrengung *f* ❸ (*de paños*) Scheren *nt*

tundir [tuṇ'dir] *vt* ❶ (*pegar*) schlagen ❷ (*paños*) scheren ❸ (*hierba*) mähen

tundra ['tuṇdra] *f* Tundra *f*

tunecino, -a [tune'θino, -a] **I.** *adj* tunesisch **II.** *m, f* Tunesier(in) *m(f)*

túnel ['tunel] *m* Tunnel *m;* ~ **aerodinámico** Windkanal *m;* ~ **de lavado** Waschstraße *f*

Túnez ['tuneθ] *m* ❶ (*país*) Tunesien *nt* ❷ (*capital*) Tunis *nt*

túnica ['tunika] *f* ❶ (*vestidura*) Tunika *f* ❷ (*membrana*) Membran *f*

tuno, -a ['tuno, -a] **I.** *adj* ❶ (*astuto*) schlau ❷ (*pícaro*) frech **II.** *m, f* ❶ (*truhán*) Gauner *m* ❷ (*astuto*) schlauer Fuchs *m fam* ❸ (*niño*) Frechdachs *m*

tuntún [tuṇ'tun] *m:* **al** (**buen**) ~ aufs Geratewohl; **juzgar al buen** ~ voreilige Schlüsse ziehen

tupé [tu'pe] *m* ❶ (*cabello*) Toupet *nt* ❷ (*frescura*) Frechheit *f*

tupido, -a [tu'piðo, -a] **I.** *adj* ❶ (*denso*) dicht ❷ (*Am: obstruido*) verstopft ❸ (*Méx: frecuente*) weit verbreitet ❹ (*con tesón*) hartnäckig **II.** *adv* (*a menudo*) häufig

tupir [tu'pir] **I.** *vt* ❶ (*apretar*) zusammendrücken; (*tapar agujeros*) abdichten ❷ (*obstruir*) verstopfen **II.** *vr:* ~ **se** ❶ (*comer mucho*) sich *dat* den Bauch voll schlagen *fam;* (*beber mucho*) sich *dat* einen antrinken *fam* ❷ (*Am: obstruirse*) verstopfen

turba ['turβa] *f* ❶ (*materia*) Torf *m* ❷ *v.* **turbamulta**

turbación [turβa'θjon] *f* ❶ (*disturbio*) Störung *f* ❷ (*alarma*) Unruhe *f* ❸ (*vergüenza*) Scham *f* ❹ (*confusión*) Verwirrung *f*

turbamulta [turβa'muḷta] *f* Menschenmenge *f;* (*pey*) Pöbel *m*

turbante [tur'βaṇte] *m* Turban *m*

turbar [tur'βar] **I.** *vt* ❶ (*disturbar*) stören ❷ (*alarmar*) beunruhigen ❸ (*avergonzar*) beschämen ❹ (*desconcertar*) verwirren ❺ (*agua*) trüben **II.** *vr:* ~ **se** ❶ (*ser disturbado*) sich gestört fühlen ❷ (*alarmarse*) sich aufregen ❸ (*avergonzarse*) sich schämen ❹ (*desconcertarse*) durcheinander kommen ❺ (*agua*) trüb werden

turbiedad [turβje'ðaᵈ] *f* ❶ (*líquido*) Trübe *f*

❷ (*asunto*) Verworrenheit *f,* Durcheinander *nt;* (*sin transparencia*) Undurchsichtigkeit *f* ❸ (*pey: carácter*) Zweifelhaftigkeit *f*

turbina [tur'βina] *f* Turbine *f*

turbio, -a ['turβjo, -a] *adj* (*líquido*) trübe; (*asunto*) verworren; (*sin transparencia, carácter*) undurchsichtig; (*negocio*) schmutzig; (*vista*) getrübt

turbión [tur'βjon] *m* ❶ (*aguacero*) Regenschauer *m;* (*devastador*) Wolkenbruch *m* ❷ (*todo a la vez*) Schwall *m;* ~ **de balas** Kugelhagel *m*

turbo ['turβo] *adj:* **motor** ~ Turbomotor *m*

turborreactor [turβorreak'tor] *m* (AERO, TÉC) Turbojet *m*

turbulencia [turβu'leṇθja] *f* ❶ (*agua, aire*) Turbulenz *f* ❷ (*alboroto*) Unruhe *f;* (*confusión*) Verwirrung *f* ❸ (*sin transparencia*) Trübung *f*

turbulento, -a [turβu'lento, -a] *adj* ❶ (*agua, aire*) turbulent ❷ (*alborotado*) unruhig; (*confuso*) wirr ❸ (*rebelde*) aufsässig ❹ (*turbio*) trübe

turco, -a ['turko, -a] **I.** *adj* türkisch **II.** *m, f* Türke, -in *m, f;* **cabeza de** ~ (*fig*) Sündenbock *m*

turgencia [tur'xeṇθja] *f* (*hinchazón*) Schwellung *f*

turgente [tur'xeṇte] *adj* ❶ (*hinchado*) geschwollen ❷ (*abultado*) massiv; (*pechos*) üppig

Turingia [tu'riŋxja] *f* Thüringen *nt*

turismo [tu'rismo] *m* ❶ (*viajar*) Tourismus *m;* ~ **rural** [*o* **verde**] Ferien auf dem Bauernhof; ~ **suave** weicher Tourismus; **industria del** ~ Tourismusbranche *f;* **oficina de** ~ Fremdenverkehrsamt *nt;* **hacer** ~ als Tourist reisen ❷ (AUTO) Personenwagen *m*

turista [tu'rista] *mf* Tourist(in) *m(f)*

turístico, -a [tu'ristiko, -a] *adj* touristisch; **viaje** ~ Urlaubsreise *f*

turnar [tur'nar] *vi, vr:* ~ **se** sich abwechseln

turno ['turno] *m* ❶ (*en la fábrica*) Schicht *f;* **cambio de** ~ Schichtablösung *f;* **estar de** ~ Dienst haben; **trabajar por** ~ **s** Schicht arbeiten ❷ (*orden*) Reihenfolge *f;* **a** [*o* **por**] ~ **s** abwechselnd; **es tu** ~ du bist an der Reihe

turón [tu'ron] *m* Iltis *m*

turquesa¹ [tur'kesa] **I.** *adj* türkis **II.** *m* (*color*) Türkis *nt*

turquesa² [tur'kesa] *f* (*piedra*) Türkis *m*

Turquía [tur'kia] *f* Türkei *f*

turrón [tu'rron] *m harte oder weiche Nuss-, Mandel- oder Nugathonigtafeln als Weihnachtsspezialität*

i Land & Leute

In Spanien darf an Weihnachten der **turrón** nicht fehlen, so wie im deutschsprachigen Raum der Stollen nicht fehlen darf. Beim traditionellen **turrón** handelt es sich um harte oder weiche Nuss-, oder Mandelhonigtafeln. Der **turrón** wird vor allem in der Levante, dort speziell in Jijona und Alicante, hergestellt.

---

turulato, **-a** [turu'lato, -a] *adj* verblüfft; **dejar a alguien** ~ jdn verblüffen

tute ['tute] *m Kartenspiel;* **darse un** ~ sich abmühen

tutear [tute'ar] **I.** *vt* duzen **II.** *vr:* ~**se** sich duzen

tutela [tu'tela] *f* ❶ (*cargo*) Vormundschaft *f* (*de* über +*akk*); **poner bajo la** ~ **de alguien** unter jds Vormundschaft stellen ❷ (*amparo*) Schutz *m;* **estar bajo la** ~ **de alguien** unter jds Schutz stehen

tutelaje [tute'laxe] *m* (*CSur, Guat, Méx*) *v.* **tutela**

tutelar [tute'lar] **I.** *adj* ❶ (JUR) vormundschaftlich; **juez** ~ Vormundschaftsrichter *m* ❷ (*protector*) schützend **II.** *vt* ❶ (*ejercer la tutela*) die Vormundschaft haben (über +*akk*) ❷ (*proteger*) schützen ❸ (*velar*) beaufsichtigen

tuteo [tu'teo] *m* Duzen *nt*

tutiplén [tuti'plen] *adv* (*fam*): **a** ~ reichlich; **comer a** ~ essen wie ein Scheunendrescher

tutor(a) [tu'tor(a)] *m(f)* ❶ (JUR) Vormund *m* ❷ (*protector*) (Be)schützer(in) *m(f)* ❸ (*profesor*) Privatlehrer(in) *m(f)* ❹ (ENS, UNIV) Tutor(in) *m(f);* (*de doctorado*) Doktorvater *m*, Doktormutter *f*

tutoría [tuto'ria] *f* ❶ (JUR) Vormundschaft *f* ❷ (UNIV) Sprechstunde *f*

tuyo, **-a** ['tujo, -a] *pron pos* ❶ (*propiedad*): **el perro es** ~ der Hund gehört dir; **la botella/la casa es tuya** das ist deine Flasche/dein Haus; **¡ya es** ~! du hast es geschafft! ❷ (*tras artículo*): **el** ~**/la tuya/lo** ~ deine(r, s); **mi coche está roto, vamos en el** ~ mein Auto ist kaputt, fahren wir mit deinem; **los** ~**s** deine; (*parientes*) deine Angehörigen; **ésta es la tuya** (*fam fig*) das ist die Gelegenheit für dich; **una de las tuyas** (*travesura*) einer von deinen Streichen ❸ (*tras substantivo*) dein(e), von dir; **una amiga tuya** eine Freundin von dir; **es culpa tuya** es ist

deine Schuld

TV [te'uβe] *f abr de* **televisión** TV *nt;* ~ **digital** digitales Fernsehen

TVE [teuβe'e] *f abr de* **Televisión Española** *staatlicher spanischer Fernsehsender*

twist [twist] *m* (MÚS) Twist *m*

U u

U, u [u] *f* <úes> U, u *nt;* ~ **de Uruguay** U wie Ulrich

u [u] *conj* oder

ubérrimo, **-a** [u'βerrimo, -a] *adj* fruchtbar

ubicación [uβika'θjon] *f* ❶ (*lugar*) Stelle *f;* (*de una empresa*) Sitz *m* ❷ (*situación*) Lage *f* ❸ (*Am: colocación*) Platzierung *f*

ubicar [uβi'kar] <c→qu> **I.** *vi* sich befinden **II.** *vt* (*Am: situar*) platzieren; (*guardar*) unterbringen **III.** *vr:* ~**se** sich befinden

ubicuidad [uβikwi'ðað] *f sin pl* Allgegenwart *f*

ubicuo, **-a** [u'βikwo, -a] *adj* allgegenwärtig

ubre [u'βre] *f* (*de la vaca*) Euter *nt;* (*de otros mamíferos*) Zitze *f*

UC [u'θe] *f abr de* **Unión de Consumidores** ≈Verbraucherverband *m*

UCI ['uθi] *f* ❶ (MED) *abr de* **Unidad de Cuidados Intensivos** Intensivstation *f* ❷ (DEP) *abr de* **Unión Ciclista Internacional** Internationaler Radsportverband *m*

Ucrania [u'kranja] *f* Ukraine *f*

ucraniano[1] [ukra'njano] *m* (*lengua*) Ukrainisch(e) *nt*

ucrani(an)o, **-a**[2] [ukra'nj(an)o, -a] **I.** *adj* ukrainisch **II.** *m, f* Ukrainer(in) *m(f)*

Ud(s). [us'teð(es)] *abr de* **usted(es)** Sie

UE [u'e] *f* (ECON, POL) *abr de* **Unión Europea** EU *f*

UEME [ue'eme'e] *f* (UE, FIN) *abr de* **Unión Económica y Monetaria Europea** EWWU *f*

uf [uf] *interj* ❶ (*de asco*) i!, igitt(igitt)! ❷ (*de fastidio*) Mensch!

ufanarse [ufa'narse] *vr* prahlen (*con/de* mit +*dat*)

ufanía [ufa'nia] *f* ❶ (*orgullo*) Stolz *m* ❷ (*engreimiento*) Einbildung *f;* (*arrogancia*) Hochnäsigkeit *f* ❸ (*satisfacción*) Zufriedenheit *f*

ufano, **-a** [u'fano, -a] *adj* ❶ (*orgulloso*) stolz ❷ (*engreído*) eingebildet; (*arro-*

gante) hochnäsig ❸ (*satisfecho*) zufrieden (*de* mit +*dat*); **va muy ~ con su nueva moto** er ist sehr stolz auf sein neues Motorrad ❹ (*planta*) üppig, kräftig

ufología [ufolo'xia] *f sin pl* Ufologie *f*

ugandés, -esa [uɣan̩'des, -esa] **I.** *adj* ugandisch **II.** *m, f* Ugander(in) *m(f)*

ujier [u'xjer] *m* ❶ (*de un tribunal*) Gerichtsdiener *m* ❷ (*de un palacio*) Saaldiener *m*

úlcera ['ulθera] *f* Geschwür *nt*

ulceración [ulθera'θjon] *f* (MED) Geschwürbildung *f*

ulcerar [ulθe'rar] **I.** *vt* ein Geschwür verursachen (an/in +*dat*) **II.** *vr:* ~ **se** geschwürig werden

Ulises [u'lises] *m* Odysseus *m*

ulsterización [ulsteriθa'θjon] *f:* **la ~ del País Vasco** die Terrorisierung des Baskenlandes

ulterior [ulte'rjor] *adj* (*posterior*) spätere(r, s); (*más*) weitere(r, s)

ulteriormente [ulterjor'men̩te] *adv* später

ultimación [ultima'θjon] *f* Abschluss *m;* (*de una obra*) Fertigstellung *f*

últimamente [ultima'men̩te] *adv* ❶ (*recientemente*) in letzter Zeit ❷ (*hace poco*) neulich ❸ (*por último*) schließlich

ultimar [ulti'mar] *vt* ❶ (*proyecto, acuerdo*) abschließen; (*obra*) fertig stellen ❷ (*Am: matar*) umbringen

ultimátum [ulti'matun] *m sin pl* Ultimatum *nt;* **dar el ~ a alguien** jdm ein Ultimatum stellen

último, -a ['ultimo, -a] *adj* ❶ (*en orden*) letzte(r, s); **el ~ de cada mes** am jeweils Letzten des Monats; **a ~s de mes** gegen Monatsende; **soy el ~ de la clase** ich bin der Schlechteste in der Klasse; **fue el ~ en firmar** er unterzeichnete als Letzter; **siempre llega el ~** er kommt immer zuletzt; **por última vez** zum letzten Mal; **hacia la última parte la película mejora** gegen Ende wird der Film besser; **la última moda** die neueste Mode; **unos estudian ciencias, otros letras. Los**

~ **s...** die einen studieren Naturwissenschaften, die anderen Geisteswissenschaften. Letztere ... ❷ (*espacio*): **la última fila** die hintere Reihe; **en el ~ piso** im obersten Stock; **ocupar la última posición de la tabla** am Tabellenende stehen; **el ~ rincón del mundo** wo sich Hase und Fuchs gute Nacht sagen ❸ (*loc*): **por ~** schließlich; **en ~ término** letzten Endes; **no en ~ término** nicht zuletzt; **en ~ caso** schlimmstenfalls; **estar en las últimas** (*muriéndose*) in den letzten Zügen liegen; (*arruinado*) am Ende sein; **¡es lo ~!** das ist doch wirklich das Letzte!

ultra ['ultra] **I.** *adj* rechtsextremistisch; (*radical*) rechtsradikal **II.** *mf* Rechtsextremist(in) *m(f);* (*radical*) Rechtsradikale(r) *mf* **III.** *adv* außerdem

ultracongelado, -a [ultrakoŋxe'laðo, -a] *adj* tiefgekühlt; **ultraconservador(a** [ultrakonserβa'ðor(a)] *adj* erzkonservativ; **ultraderecha** [ultraðe'retʃa] *f inv* extreme Rechte *f;* **ultrafino, -a** [ultra'fino, -a] *adj* hauchdünn; **ultraizquierda** [ultraiθ'kjerða] *f inv* extreme Linke *f*

ultrajar [ultra'xar] *vt* ❶ (*insultar*) beleidigen; (*monumento*) schänden; ~ **de palabra** beschimpfen ❷ (*humillar*) demütigen ❸ (*ajar*) zerknautschen

ultraje [ul'traxe] *m* Beleidigung *f;* ~ **a la bandera** Schändung der Flagge

ultramar [ultra'mar] *m sin pl* Übersee *f;* **ultramarino, -a** [ultrama'rino, -a] *adj* überseeisch; **ultramarinos** [ultrama'rinos] *mpl* ❶ (*tienda*) Lebensmittelgeschäft *nt* ❷ (*víveres*) Lebensmittel *ntpl;* **ultramoderno, -a** [ultramo'ðerno, -a] *adj* hochmodern

ultranza [ul'tranθa] ❶ (*a muerte*): **defender algo a ~** etw bis aufs Äußerste verteidigen; **luchar a ~** auf Leben und Tod kämpfen ❷ (*resueltamente*): **ser de izquierda a ~** ein radikaler Linker sein; **ser un ecologista a ~** ein überzeugter Umweltschützer sein

ultrarrápido, -a [ultra'rrapiðo, -a] *adj* sehr schnell; **tren ~** Hochgeschwindigkeitszug *m;* **ultrasecreto, -a** [ultrase'kreto, -a] *adj* streng geheim; **ultrasensible** [ultrasen'siβle] *adj* überempfindlich; **ultrasónico, -a** [ultra'soniko, -a] *adj* Ultraschall-; **ultrasonido** [ultraso'niðo] *m sin pl* Ultraschall *m;* **ultratumba** [ultra'tumba] *f sin pl* Jenseits *nt;* **ultravioleta** [ultraβjo'leta] *adj inv* ultraviolett; **rayos ~** UV-Strahlen *mpl*

ulular [ulu'lar] *vi* ❶ (*animal*) heulen;

(*perro*) jaulen ❷(*persona*) schreien ❸(*viento*) heulen

umbilical [umbili'kal] *adj* Nabel-

umbráculo [um'brakulo] *m* Sonnendach *nt*

umbral [um'bral] *m* ❶(*de puerta*) (Tür)schwelle *f;* **atravesar los ~es de una casa** über die Schwelle treten ❷(*principio*) Anfang *m* ❸(ECON): ~ **de rentabilidad** Gewinnschwelle *f;* **país ~** Schwellenland *nt*

umbrío, -a [um'brio, -a] *adj* schattig

umbroso, -a [um'broso, -a] *adj* ❶(*con sombra*) schattig ❷(*que causa sombra*) Schatten spendend

un, una [un, 'una] <unos, -as> **I.** *art indef* ❶(*no determinado*) ein(e); **un perro/ puente/niño** ein Hund/eine Brücke/ein Kind; **una mujer/mesa/chica** eine Frau/ ein Tisch/ein Mädchen; **¡tiene una jeta!** er/sie ist dermaßen unverschämt! ❷ *pl* (*algunos*) einige, ein paar ❸ *pl* (*aproximadamente*): **unos 100 euros** ungefähr 100 Euro **II.** *adj v.* **uno²**

unánime [u'nanime] *adj* ❶(*opinión*) einmütig ❷(*decisión*) einstimmig

unanimidad [unanimi'ðað] *f* ❶(*de opinión*) Einmütigkeit *f* ❷(*de decisión*) Einstimmigkeit *f;* **aprobar algo por ~** etw einstimmig beschließen

unción [un'θjon] *f* ❶(MED) Einsalbung *f* ❷(REL) Salbung *f* ❸(*extremaunción*) Letzte Ölung *f*

uncir [un'θir] <c→z> *vt* (ins Joch) einspannen

undécimo, -a [un'deθimo, -a] **I.** *adj* (*parte*) elftel; (*numeración*) elfte(r, s) **II.** *m, f* Elftel *nt* **III.** *adv:* **en ~ lugar** elftens; *v. t.* **octavo**

ungir [un'xir] <g→j> *vt* ❶(*con aceite*) einölen, einreiben ❷(REL) salben

ungüento [un'gwento] *m* ❶(MED) Salbe *f* ❷(*remedio*) Balsam *m*

ungular [ungu'lar] *adj* (ANAT) Nagel-

únicamente [unika'mente] *adv* nur

unicameral [unikame'ral] *adj* Einkammer-;

unicelular [uniθelu'lar] *adj* einzellig

unicidad [uniθi'ðað] *f* Einzigartigkeit *f*

único, -a ['uniko, -a] *adj* ❶(*solo*) einzig; **calle de dirección única** Einbahnstraße *f;* **heredero ~** Alleinerbe *m;* **hijo ~** Einzelkind *nt;* **hoy hay plato ~** heute gibt es nur einen (einzigen) Gang ❷(*extraordinario*) einzigartig, einmalig

unicornio [uni'kornjo] *m* Einhorn *nt*

unidad [uni'ðað] *f* ❶(*entidad, medida, t.* MIL) Einheit *f;* **~ familiar** Haushalt *m* ❷(MAT) Einer *m* ❸(*de organización*) Abteilung *f* ❹(*de hospital*) Station *f;* **U~ de Cuidados Intensivos** Intensivstation *f*

❺(LIT) Einheitlichkeit *f* ❻(TÉC: *aparato*) Anlage *f;* ~ **de control** Steuergerät *nt;* ~ **externa de disco duro** (INFOR) externes Festplattenlaufwerk; ~ **móvil** (TV, RADIO) Ü-Wagen *m*

unidimensional [uniðimensjo'nal] *adj* eindimensional

unidireccional [uniðireᵧθjo'nal] *adj* (*de una dirección*) in einer Richtung verlaufend; (ELEC) einseitig

unido, -a [u'niðo, -a] *adj* (*frente, equipo*) geschlossen; (*nación, partido*) geeint; **estamos muy ~s** wir stehen uns sehr nahe

unifamiliar [unifami'ljar] *adj:* **casa ~** Einfamilienhaus *nt*

unificación [unifika'θjon] *f* ❶(*unión*) Vereinigung *f;* **la ~ política** die politische Einigung ❷(*uniformización*) Vereinheitlichung *f*

unificar [unifi'kar] <c→qu> *vt* ❶(*pueblos*) verein(ig)en; (*esfuerzos*) vereinen; ~ **posiciones** verschiedene Standpunkte in Einklang bringen ❷(*uniformar*) vereinheitlichen

uniformado, -a [unifor'maðo, -a] *m, f* Uniformierte(r) *mf*

uniformador(a) [uniforma'ðor(a)] *adj* ❶(*que une*) vereinigend ❷(*que uniforma*) vereinheitlichend

uniformar [unifor'mar] *vt* ❶(*hacer unitario*) vereinheitlichen; (*impreso*) standardisieren ❷(*vestir*) uniformieren; **ir uniformado** Uniform tragen

uniforme [uni'forme] **I.** *adj* (*igual*) einheitlich; (*de la misma forma*) gleichförmig; (*calor, movimiento*) gleichmäßig **II.** *m* Uniform *f;* **vestir de ~** Uniform tragen

uniformidad [uniformi'ðað] *f* (*constancia*) Einheitlichkeit *f;* (*similaridad*) Gleichförmigkeit *f;* (*de calor, movimiento*) Gleichmäßigkeit *f*

uniformizar [uniformi'θar] <z→c> *vt* vereinheitlichen; (*mezclar*) vermischen

unigénito, -a [uni'xenito, -a] *adj:* **ser ~** Einzelkind sein

unilateral [unilate'ral] *adj* (*visión*) einseitig; (POL) unilateral

unilateralidad [unilaterali'ðað] *f* Einseitigkeit *f*

unión [u'njon] *f* ❶(*de dos elementos, t.* TÉC) Verbindung *f;* **no hay muchos puntos de ~ entre nosotros** uns verbindet nicht viel ❷(*territorial*) Vereinigung *f;* (ECON) Zusammenschluss *m;* **en ~ con** zusammen mit ❸(*matrimonio*) Heirat *f* ❹(COM) Verband *m* ❺(POL) Union *f;* **U~ Económica y Monetaria (Europea)**

(Europäische) Wirtschafts- und Währungsunion; **U~ Europea** Europäische Union; **~
monetaria** Währungsunion *f* ⑥ (*armonía*)
Einigkeit *f;* **la ~ hace la fuerza** (*prov*)
Einigkeit macht stark

unionista [unjo'nista] **I.** *adj* unionistisch
II. *mf* Unionist(in) *m(f)*

unipersonal [uniperso'nal] *adj* ① (*de una
persona*) Einpersonen-; (*individual*) individuell ② (LING) unpersönlich

unir [u'nir] **I.** *vt* ① (*dos elementos, t.* TÉC)
verbinden ② (*territorios, familia*) ver-
ein(ig)en; **nos une una gran amistad** uns
verbindet eine enge Freundschaft ③ (*ingredientes*) verrühren ④ (*esfuerzos*) vereinen **II.** *vr:* **~se** (*territorios*) sich vereinigen; (ECON) sich zusammenschließen; (*dos
personas*) sich zusammentun; **~se en
matrimonio** heiraten

unisex [uni'seʏs] *adj* unisex; **moda ~** Mode
für Mann und Frau; **peluquería ~** Damen-
und Herrensalon *m*

unísono¹ [u'nisono] *m* (MÚS) Unisono *nt;*
protestaron al ~ sie klagten einstimmig;
trabajar al ~ harmonisch zusammenarbeiten; **actuar al ~** in Übereinstimmung handeln

unísono, -a² [u'nisono, -a] *adj* ① (*de un
solo tono*) unisono ② (*de una sola voz*)
einstimmig

unitario, -a [uni'tarjo, -a] *adj* einheitlich;
escuela unitaria Einheitsschule *f*

universal [uniβer'sal] *adj* ① (*del universo*)
universal; **receptor ~** (RADIO) Weltempfän-
ger *m* ② (*del mundo*) Welt-; **de renombre ~** weltberühmt ③ (*general, amplio*)
universell; **regla ~** allgemein gültige Regel;
persona de educación ~ universell gebildeter Mensch ④ (TÉC: *tractor*) Allzweck-;
(*máquina*) Mehrzweck-; **detergente ~**
Allzweckreiniger *m*

universalidad [uniβersali'ðað] *f* (*de regla*)
Allgemeingültigkeit *f*

universalismo [uniβersa'lismo] *m sin pl*
Universalismus *m*

universalización [uniβersaliθa'θjon] *f* Uni-
versalisierung *f*

universalizar [uniβersali'θar] <z→c> *vt*
verallgemeinern

universalmente [uniβersal'mente] *adv*
① (*en todo el mundo*): **~ conocido** weltberühmt ② (*generalmente*) allgemein

universiada [uniβer'sjaða] *f sin pl* Univer-
siade *f*

universidad [uniβersi'ðað] *f* Universität *f;*
ir a la ~ auf die Universität gehen; **¿a
qué ~ vas?** an welcher Universität bist
du?

universitario, -a [uniβersi'tarjo, -a] **I.** *adj*
Universitäts-; **catedrático ~** Professor *m;*
profesor ~ Dozent *m;* **tener estudios ~s**
ein Hochschulstudium abgeschlossen
haben **II.** *m, f* Student(in) *m(f)*

universo [uni'βerso] *m* (*cosmos*) Universum *nt*

unívoco, -a [u'niβoko, -a] *adj* eindeutig

uno¹ ['uno] *m* Eins *f*

uno, -a² ['uno, -a] **I.** *adj* ① (*número*) eins; **a
la una** (*hora*) um eins; **¡(a la) una, (a las)
dos y (a las) tres!** eins, zwei, drei!; **fila ~**
erste Reihe ② (*único*): **sólo hay una calle**
es gibt nur eine einzige Straße **II.** *pron
indef* ① (*alguno*) eine(r, s); **cada ~** jeder;
~s cuantos einige; **~..., el otro...** der eine
..., der andere ...; **~ de tantos** einer von
vielen; **aquí hay ~ que pregunta por ti**
da ist jemand, der nach dir fragt; **una de
dos, o... o...** eins von beiden, entweder ...
oder ...; **una que otra vez** dann und wann
② *pl* (*algunos*) einige ③ (*indeterminado*)
man ④ (*loc*): **cantar a una** zusammen singen; **luchar todos a una** Schulter an
Schulter kämpfen; **de ~ en ~** einzeln,
Stück für Stück; **me ha dejado pero me
he quedado el piso, lo ~ por lo otro en/**
sie hat mich verlassen, aber ich behalte die
Wohnung, damit sind wir quitt; **no acierto
una** (*fig*) alles läuft bei mir schief

untar [uɲ'tar] **I.** *vt* ① (*con mantequilla*)
bestreichen ② (*mojar*) eintauchen ③ (*con
grasa*) (ein)fetten; (*con aceite*) (ein)ölen;
(*el cuerpo*) eincremen ④ (*sobornar*) bestechen, schmieren *fam* **II.** *vr:* **~se** ① (*mancharse*) sich beschmieren ② (*con crema*)
sich eincremen ③ (*dinero*) sich bereichern
(*con* an +*dat*)

unto ['uɲto] *m* ① (*grasa*) Schmiermittel *nt*
② (MED) Salbe *f* ③ (*Chil:* *betún*) Schuhcreme *f*

untuosidad [uɲtwosi'ðað] *f* ① (*de grasa*)
Schmierigkeit *f* ② (*del jabón*) Schlüpfrig-
keit *f* ③ (*pegajosidad*) Klebrigkeit *f*

unt(u)oso, -a [uɲ'toso, -a/uɲtu'oso, -a] *adj*
① (*pingüe*) schmierig ② (*jabón*) schlüpfrig
③ (*pegajoso*) klebrig

untura [uɲ'tura] *f* ① (MED) Salbe *f* ② (*grasa*)

Schmiermittel *nt*

uña ['uɲa] *f* ❶ (*de persona*) Nagel *m;* (*de gato*) Kralle *f;* ~ **s de los pies** Zehennägel *mpl;* **hacerse las ~s** die Nägel maniküren (lassen); **comerse las ~s** an den Nägeln kauen; (*fig*) wüten ❷ (*pezuña*) Huf *m* ❸ (*del alacrán*) Stachel *m* ❹ (*de instrumento*) Haken *m* ❺ (*de planta*) (gebogener) Stachel *m* ❻ (TÉC: *muesca*) Kerbe *f;* (*saliente*) Klaue *f* ❼ (*loc*): **afilar(se) las ~s** sich geistig anstrengen; **estar de ~s con alguien** mit jdm auf (dem) Kriegsfuß stehen; **dejarse las ~s en el trabajo** sich abrackern; **ser largo de ~s** (*fig*) ein Langfinger sein; **ser ~ y carne** ein Herz und eine Seele sein; **defenderse con ~s y dientes** sich mit Händen und Füßen wehren

uñada [u'ɲaða] *f* ❶ (*arañazo*) Kratzer *m* ❷ (*señal*) Markierung *f* mit dem Nagel

uñero [u'ɲero] *m* (*inflamación*) Nagelbettentzündung *f*

upa ['upa] **I.** *interj* auf!, hoch!; **llevar a ~** (**un niño**) (ein Kind) tragen **II.** *adj* (*Ecua, Perú: tonto*) dumm

upar [u'par] *vt* hochheben

Urales [u'rales] *mpl* Ural *m*

uranio [u'ranjo] *m* (QUÍM) Uran *nt*

urbanidad [urβani'ðað] *f* Höflichkeit *f*

urbanismo [urβa'nismo] *m* (*planificación*) Stadtplanung *f*

urbanista [urβa'nista] *mf* Stadtplaner(in) *m(f)*

urbanístico, -a [urβa'nistiko, -a] *adj* städtebaulich; **plan ~** Bebauungsplan *m*

urbanizable [urβani'θaβle] *adj* bebaubar

urbanización [urβaniθa'θjon] *f* ❶ (*acción*) Bebauung *f* ❷ (*de casas*) (Wohn)siedlung *f*

urbanizar [urβani'θar] <z→c> **I.** *vt* bebauen **II.** *vt, vr:* ~**se** verstädtern

urbano¹ [ur'βano] *m* Verkehrspolizist *m*

urbano, -a² [ur'βano, -a] *adj* ❶ (*de la ciudad*) städtisch; **conferencia urbana** (TEL) Ortsgespräch *nt;* **un hombre ~** ein Stadtmensch; **planificación urbana** Stadtplanung *f* ❷ (*cortés*) höflich

urbe ['urβe] *f* Großstadt *f*

urdir [ur'ðir] *vt* (*conspiración*) anzetteln; ~ **intrigas** Intrigen spinnen

urea [u'rea] *f* (MED) Harnstoff *m*

urgencia [ur'xenθja] *f* ❶ (*cualidad*) Dringlichkeit *f* ❷ (*caso*) Notfall *m;* **llamada de ~** Notruf *m;* **en caso de ~** im Notfall; **tratar algo con la debida ~** etw mit der notwendigen Eile behandeln ❸ *pl* (*en hospital*) Notaufnahme *f;* **servicio de ~s** (*en ambulatorio*) Bereitschaftsdienst *m;* **médico de ~s** Notarzt *m*

urgente [ur'xente] *adj* dringend; (*carta, telegrama, pedido*) Eil-; **¿es ~?** eilt es?

urgir [ur'xir] <g→j> *vi* eilen

urinario¹ [uri'narjo] *m* Pissoir *nt*

urinario, -a² [uri'narjo, -a] *adj* Urin-; **aparato ~** (MED) Harnwege *mpl*

urna ['urna] *f* ❶ (*para cenizas, t.* POL) Urne *f;* **acudir a las ~s** zur Wahl gehen ❷ (*caja de cristal*) Glaskasten *m*

uro ['uro] *m* Auerochse *m*

urogallo [uro'ɣaʎo] *m* Auerhahn *m*

urólogo, -a [u'roloɣo, -a] *m, f* Urologe, -in *m, f*

urraca [u'rraka] *f* ❶ (ZOOL) Elster *f* ❷ (*cotorra*) Quasselstrippe *f;* **hablar más que una ~** reden wie ein Wasserfall

URSS [urrs] *f abr de* **Unión de Repúblicas Socialistas Soviéticas** UdSSR *f*

urticaria [urti'karja] *f* (MED) Nesselausschlag *m*

Uruguay [uru'ɣwai̯] *m* (GEO) Uruguay *nt*

Uruguay (offiziell: *República Oriental del Uruguay*) liegt im Südosten Südamerikas. Die Hauptstadt und auch bedeutendste Stadt **Uruguays** ist Montevideo. Spanisch ist die offizielle Landessprache. Die Währungseinheit ist der *peso uruguayo.*

uruguayo, -a [uru'ɣwaɟo, -a] **I.** *adj* uruguayisch **II.** *m, f* Uruguayer(in) *m(f)*

usado, -a [u'saðo, -a] *adj* (*libro*) zerlesen; (*vestido*) abgetragen; (*esterilla*) abgetreten; (*sello*) (ab)gestempelt; (*expresión*) abgedroschen; (*coche*) gebraucht

usanza [u'sanθa] *f* Brauch *m*

usar [u'sar] **I.** *vt* ❶ (*utilizar*) benutzen, gebrauchen; (*palabra, libro*) verwenden; (*labia, persuasión*) aufwenden; (*razón*) walten lassen; (*máquina*) einsetzen; (*técnica, fuerza*) anwenden; (*ropa, gafas*) tragen; (*derecho*) geltend machen; **tuve que ~** (**de**) **mis influencias** ich musste meine Beziehungen spielen lassen ❷ (*cargo, oficio*) ausüben ❸ (*soler*): **usa nadar en esta piscina** er/sie geht gewöhnlich in dieses Schwimmbad **II.** *vr:* ~**se** ❶ (*utilizar*) benutzt [*o* gebraucht] werden; **esta palabra ya no se usa** dieser Ausdruck ist nicht mehr gebräuchlich ❷ (*ropa*) in Mode sein

usina [u'sina] *f* (*Am: de gas*) Gaswerk *nt;* (*de electricidad*) Elektrizitätswerk *nt*

uso ['uso] *m* ❶ (*utilización*) Benutzung *f,*

Gebrauch *m;* (*de palabras, libros*) Verwendung *f;* (*de labia, persuasión*) Aufwendung *f;* (*de técnica, fuerza*) Anwendung *f;* ~ **ilegal** Missbrauch *m;* **de** ~ **externo** zur äußerlichen Anwendung; **hacer** ~ **de algo** etw benutzen; **hacer** ~ **de la palabra** das Wort ergreifen; **una expresión de** ~ **corriente** ein geläufiger Ausdruck; **tener muchos** ~**s** vielseitig verwendbar sein; **en buen** ~ (*fam*) in gutem Zustand; **desde que tengo** ~ **de razón...** seit meiner frühesten Kindheit ...; **estar en pleno** ~ **de sus facultades** voll zurechnungsfähig sein ❷ (*moda*) Mode *f* ❸ (*costumbre*) Brauch *m;* **métodos al** ~ übliche Methoden; **estar en/fuera de** ~ üblich/unüblich sein

usted [us'teð] *pron* Sie; ~**es** (*en España*) Sie; (*Am: vosotros*) ihr; **tratar de** ~ **a alguien** jdn siezen; **¡gracias! – ¡a** ~**!** danke! – ich habe zu danken!

usual [usu'al] *adj* ❶ (*de siempre*) üblich ❷ (*común*) gebräuchlich ❸ (*tradicional*) herkömmlich

usuario, -a [usu'arjo, -a] *m, f* Benutzer(in) *m(f);* (INFOR) Anwender(in) *m(f)*

usufructo [usu'frukto] *m* (JUR) Nießbrauch *m*

usufructuario, -a [usufruktu'arjo, -a] *m, f* Nutznießer(in) *m(f)*

usura [u'sura] *f* Wucher *m;* **pagar con** ~ **un favor** sich mehr als angemessen für einen Gefallen revanchieren

usurario, -a [usu'rarjo, -a] *adj* wucherisch

usurero, -a [usu'rero, -a] *m, f* Wucherer, -in *m, f*

usurpación [usurpa'θjon] *f* widerrechtliche Anmaßung *f;* ~ **de atribuciones** Amtsanmaßung *f*

usurpador(a) [usurpa'ðor(a)] **I.** *adj* usurpatorisch **II.** *m(f)* Usurpator(in) *m(f)*

usurpar [usur'par] *vt* an sich reißen; (*derecho*) sich *dat* anmaßen

utensilio [uten'siljo] *m* Gerät *nt;* (*herramienta*) Werkzeug *nt;* ~**s de pintor** Malutensilien *pl*

uterino, -a [ute'rino, -a] *adj* (ANAT) Gebärmutter-; (MED) uterin; **furor** ~ Nymphomanie *f;* **hermano** ~ Halbbruder mütterlicherseits

útero ['utero] *m* Gebärmutter *f*

útil ['util] **I.** *adj* ❶ (*objeto*) nützlich, brauchbar; **¿en qué puedo serle** ~**?** wie kann ich Ihnen behilflich sein? ❷ (*persona*) geeignet; **ser declarado** ~ (MIL) für (wehrdienst)tauglich befunden werden ❸ (*ayuda*) wertvoll ❹ (*inversión*) nutzbringend ❺ (*loc*): **día** ~ Arbeitstag *m* **II.** *mpl* Geräte *ntpl*

utilidad [utili'ðað] *f* ❶ (*de objeto*) Brauchbarkeit *f,* Nützlichkeit *f;* **ser de** ~ nützlich sein ❷ (*de persona*) Tauglichkeit *f* ❸ (*de inversión*) Nutzen *m* ❹ (INFOR) Hilfsprogramm *nt*

utilitario¹ [utili'tarjo] *m* Nutzfahrzeug *nt*

utilitario, -a² [utili'tarjo, -a] *adj* (*persona, punto de vista*) utilitaristisch; (*objetivo*) utilitär; **pensamiento** ~ Nützlichkeitsdenken *nt*

utilitarismo [utilita'rismo] *m* (FILOS) Utilitarismus *m*

utilizable [utili'θaβle] *adj* benutzbar; (*terreno*) nutzbar; (*calle*) befahrbar; (*restos*) verwertbar

utilización [utiliθa'θjon] *f* Benutzung *f,* Gebrauch *m;* (*de un derecho*) Inanspruchnahme *f;* (*de una persona*) Ausnutzung *f;* (*de restos*) Verwertung *f*

utilizar [utili'θar] <z→c> *vt, vr:* ~ **se** benutzen, gebrauchen; (*derecho, hospitalidad*) in Anspruch nehmen; (*tiempo*) nutzen; (*a alguien*) ausnutzen; (*terreno, instalación*) nutzbar machen; (*restos*) verwerten

utillaje [uti'ʎaxe] *m* Ausrüstung *f*

utopía [uto'pia] *f* Utopie *f*

utópico, -a [u'topiko, -a] *adj* utopisch

uva ['uβa] *f* Traube *f;* ~ **pasa** Rosine *f;* **estar de mala** ~ schlecht gelaunt sein; **tener mala** ~ übel gesinnt sein; **de** ~**s a peras** alle Jubeljahre (mal)

uve ['uβe] *f* V *nt;* ~ **doble** W *nt*

UVI ['uβi] *f abr de* **Unidad de Vigilancia Intensiva** Intensivstation *f*

úvula ['uβula] *f* Zäpfchen *nt*

uvular [uβu'lar] *adj* ❶ (*de la úvula*) Zäpfchen- ❷ (LING) uvular

uxoricida [uˠsori'θiða] *m* Gattenmörder *m*

Uzbekistán [uθβekis'tan] *m* Usbekistan *nt*

uzbeko, -a [uθ'βeko, -a] **I.** *adj* usbekisch **II.** *m, f* Usbeke, -in *m, f*

Uzbequistán [uθβekis'tan] *m* Usbekistan *m*

V, v ['uβe] *f* V, v *nt;* ~ **de Valencia** V wie Viktor

vaca ['baka] *f* ❶ (ZOOL) Kuh *f;* ~ **marina** Seekuh *f;* ~ **de San Antón** Marienkäfer *m;* **síndrome de las** ~**s locas** Rinderwahnsinn *m;* ~**s gordas/flacas** (*fig*) gute/ schlechte Zeiten ❷ (*carne*) Rindfleisch *nt* ❸ (*cuero*) Rind(s)leder *nt*

vacaciones [baka'θjones] *fpl* (*del trabajo*) Urlaub *m;* (*de la escuela*) Ferien *pl;* **estar de** ~ im Urlaub sein; **irse de** ~ **a Tenerife** auf Teneriffa Urlaub machen

vacante [ba'kante] I. *adj* frei II. *f* freie Stelle *f*

vacar [ba'kar] <c→qu> *vi* ❶ (*cargo: quedar vacante*) frei werden; (*estar vacante*) unbesetzt sein ❷ (*alguien*) vorübergehend aussetzen

vaciado [baθi'aðo] *m* ❶ (*molde*) Abguss *m* ❷ (*ahuecamiento*) Entleeren *nt*

vaciar [baθi'ar] <*1. pres:* vacío> *vt* ❶ (*dejar vacío*) leeren; (*habitación, mueble*) ausräumen; (*dejar sin gente*) räumen; ~ **con bomba de agua** leer pumpen ❷ (*verter*) ausleeren ❸ (*hueco*) aushöhlen ❹ (*escultura*) gießen ❺ (*afilar*) schleifen

vaciedad [baθje'ðað] *f sin pl* (*fig*) Albernheit *f*

vacilación [baθila'θjon] *f* (*duda*) Zögern *nt;* (*irresolución*) Unschlüssigkeit *f;* **sin vacilaciones** ohne zu zögern

vacilante [baθi'lante] *adj* (*indeciso*) unschlüssig; (*no firme*) wackelig; (*voz*) zittrig; (*pasos*) unsicher

vacilar [baθi'lar] *vi* ❶ (*balancearse*) schwanken; (*borracho*) taumeln; (*llama*) flackern ❷ (*dudar*) zögern ❸ (*argot: tomar el pelo*) an der Nase herumführen; **no me vaciles** erzähl mir keine Märchen

vacío¹ [ba'θio] *m sin pl* ❶ (*espacio, ausencia*) Leere *f;* (FÍS) Vakuum *nt;* (*hueco*) Lücke *f;* (*abismo*) Abgrund *m;* ~ **legal** Gesetzeslücke *f;* ~ **de poder** Machtvakuum *nt;* **hacer el** ~ (FÍS) ein Vakuum herstellen; **hacer el** ~ **a alguien** jdm aus dem Weg gehen; **la propuesta cayó en el** ~ der Vorschlag fand keinen Anklang ❷ (ANAT) Weiche *f*

vacío, -a² [ba'θio, -a] *adj* ❶ (*sin contenido, gente*) leer; (*hueco*) hohl; **envasado al** ~ vakuumverpackt; **peso en** ~ Leergewicht *nt;* **volví de** ~ (*fig*) ich kam zurück, ohne etwas erreicht zu haben ❷ (*insustancial*)

inhaltslos; (*superficial*) oberflächlich

vacuidad [bakwi'ðað] *f sin pl* Leere *f*

vacuna [ba'kuna] *f* ❶ (*substancia*) Impfstoff *m;* ~ **anticolérica** Choleraimpfstoff *m* ❷ (*vacunación*) Impfung *f;* ~ **antirrábica** Tollwutimpfung *f;* **eso te servirá de** ~ (*fig*) das wird dir eine Lehre sein ❸ (*de las vacas*) Kuhpocken *fpl*

vacunación [bakuna'θjon] *f* Impfung *f;* **cartilla de** ~ Impfpass *m*

vacunar [baku'nar] I. *vt* impfen II. *vr:* ~**se** sich impfen lassen

vacuno¹ [ba'kuno] *m* Rind *nt*

vacuno, -a² [ba'kuno, -a] *adj* Rind(er)-; (**carne de**) ~ Rindfleisch *nt;* **ganado** ~ Rinder *ntpl*

vacuo, -a ['bakwo, -a] *adj* leer

vade ['baðe] *m* Schulmappe *f*

vadeable [baðe'aβle] *adj* ❶ (*río*) seicht ❷ (*dificultad*) überwindbar

vadear [baðe'ar] *vt* ❶ (*río*) durchwaten ❷ (*dificultad*) überwinden

vado ['baðo] *m* ❶ (*río*) Furt *f;* **tentar el** ~ das Wasser ausloten ❷ (*loc*): ~ **permanente** Halteverbot *nt*

vagabundear [baɣaβunde'ar] *vi* vagabundieren

vagabundo, -a [baɣa'βundo, -a] I. *adj* vagabundierend; (*perro*) streunend; (*fig*) rastlos II. *m, f* Landstreicher(in) *m(f)*

vagancia [ba'ɣanθja] *f sin pl* Faulheit *f*

vagar [ba'ɣar] I. *vi* <g→gu> ❶ (*vagabundear*) vagabundieren; (*errar*) umherirren ❷ (*descansar*) faulenzen II. *m* Muße *f*

vagido [ba'xiðo] *m* Schreien *nt* (*eines Neugeborenen*)

vagina [ba'xina] *f* Scheide *f*

vaginal [baxi'nal] *adj* (ANAT) vaginal; **tiene una infección** ~ sie hat eine Scheideninfektion

vago, -a ['baɣo, -a] I. *adj* ❶ (*perezoso*) faul ❷ (*impreciso*) vage ❸ (*vagante*) vagabundierend; (*errante*) umherirrend II. *m, f* ❶ (*vagabundo*) Landstreicher(in) *m(f)* ❷ (*holgazán*) Faulpelz *m;* **hacer el** ~ faulenzen

vagón [ba'ɣon] *m* Wagen *m;* (*mercancías t.*) Waggon *m;* ~ **cisterna** Tankwagen *m;* ~ **restaurante** Speisewagen *m*

vagoneta [baɣo'neta] *f* (*t.* MIN) Lore *f*

vaguada [ba'ɣwaða] *f* (Tal)sohle *f*

vaguear [baɣe'ar] *vi* ❶ (*holgazanear*) faulenzen ❷ (*vagar*) sich herumtreiben

vaguedad [baɣe'ðað] *f* ❶ (*imprecisión*) Unklarheit *f* ❷ (*palabras*) vages Gerede *nt*

vaharada [ba(a)'raða] *f* ❶ (*aliento*) Atem *m* ❷ (*vapor*) (Dunst)wolke *f;* (*olor*) (Duft)wolke *f*

vahear [bae'ar] *vi* dampfen; **te habrás quedado vaheando** (*irón*) da musstest du ja ganz schön deinen Grips anstrengen

vahído [ba'iðo] *m* Ohnmacht *f;* **me dio un** ~ mir wurde schwind(e)lig

vaho ['bao] *m* ❶ (*vapor*) Dampf *m* ❷ (*aliento*) Atem *m* ❸ *pl* Inhalation *f*

vaina[1] ['baina] *f* ❶ (*de la espada*) Scheide *f* ❷ (BOT) Hülse *f*

vaina[2] ['baina] *m* (*pey*) Idiot *m*

vainilla [bai'niʎa] *f* Vanille *f;* ~ **azucarada** Vanillezucker *m*

vaivén [bai'βen] *m* (*horizontal*) Hin und Her *nt;* (*vertical*) Auf und Ab *nt;* (*balanceo*) Wiegen *nt;* (*sacudida*) Rütteln *nt*

vajilla [ba'xiʎa] *f* Geschirr *nt*

vale ['bale] *m* Gutschein *m;* (FIN) Gutschrift *f*

valedero, -a [bale'ðero, -a] *adj* (*válido*) gültig; (*vigente*) geltend; **ser** ~ **por seis meses** sechs Monate gültig sein

valedor(a) [bale'ðor(a)] *m(f)* (*que protege*) Beschützer(in) *m(f);* (*que favorece*) Gönner(in) *m(f)*

valencia [ba'lenθja] *f* Valenz *f*

valenciano, -a [balen'θjano, -a] **I.** *adj* aus Valencia **II.** *m, f* Valencianer(in) *m(f)*

valentía [balen'tia] *f* ❶ (*valor*) Mut *m* ❷ (*hazaña*) Heldentat *f*

valentón, -ona [balen'ton, -ona] **I.** *adj* (*pey*) angeberisch **II.** *m, f* (*pey*) Großmaul *nt*

valer [ba'ler] *irr* **I.** *vt* ❶ (*costar*) kosten; **vale tanto oro como pesa** (*fig: cosa*) es ist sein Gewicht in Gold wert; (*persona*) er/sie ist ein Goldstück ❷ (*funcionar*) nutzen; **esta vez no te valdrán tus excusas** diesmal werden dir deine Entschuldigungen nichts nützen; **yo no sé para qué vale este trasto** ich weiß nicht, wofür dieses Ding gut sein soll ❸ (*equivaler*) entsprechen +*dat* ❹ (*producir*) einbringen ❺ (*proteger*) (be)schützen; **¡válgame Dios!** (ach) du meine Güte! ❻ (*loc*): **¡vale!** in Ordnung!; **¡vale ya!** jetzt ist's (aber) genug!; **... valga la expresión ...** wenn ich das so sagen darf; **vale la pena ver la película** es lohnt sich, den Film anzuschauen; **vale más que te olvides de él** am besten vergisst du ihn; **hacer** ~ **sus derechos** seine Rechte geltend machen; **más vale un pájaro en mano que ciento volando** (*prov*) besser ein Spatz in der Hand als eine Taube auf dem Dach; **más vale tarde que nunca** (*prov*) besser spät als nie **II.** *vi* ❶ (*ropa*) passen ❷ (*tener validez*) gültig sein; **no** ~ ungültig sein ❸ (*tener mérito*) (etwas) taugen; ~

poco/nada wenig/nichts taugen ❹ (*estar permitido*) erlaubt sein; **¡eso no vale!** das gilt nicht! **III.** *vr:* ~ **se** ❶ (*servirse*) zurückgreifen (*de* auf +*akk*); ~ **se de los servicios de alguien** jds Dienste in Anspruch nehmen; ~ **se de sus contactos** seine Beziehungen spielen lassen ❷ (*desenvolverse*) zurechtkommen; **ya no poder** ~ **se** nicht mehr alleine zurechtkommen

valeriana [bale'rjana] *f* Baldrian *m*

valeroso, -a [bale'roso, -a] *adj* mutig

valía [ba'lia] *f sin pl* Wert *m*

validación [baliða'θjon] *f* ❶ (*acción de validar*) Gültigmachung *f* ❷ (*validez*) Gültigkeit *f*

validar [bali'ðar] *vt* gültig machen

validez [bali'ðeθ] *f sin pl* Gültigkeit *f;* **periodo de** ~ Geltungsdauer *f;* **dar** ~ **a algo** etw *dat* Gültigkeit verleihen; **tener** ~ gültig sein; (*ley*) in Kraft sein; **no tener** ~ ungültig sein; (*ley*) außer Kraft sein

válido, -a ['baliðo, -a] *adj* gültig; **no ser** ~ ungültig sein

valiente [ba'ljente] *adj* mutig; **¡**~ **amigo tienes que...!** (*irón*) ein schöner Freund ist das, der ...!

valija [ba'lixa] *f* Handkoffer *m;* (*del cartero*) Posttasche *f*

valioso, -a [ba'ljoso, -a] *adj* wertvoll

valla ['baʎa] *f* ❶ (*tapia*) Zaun *m;* (*barrera*) Absperrung *f;* (*defensa*) Schutzwall *m* ❷ (*publicitaria*) Plakatwand *f* ❸ (DEP) Hürde *f*

valladar [baʎa'ðar] *m* Wall *m*

vallado [ba'ʎaðo] *m* Zaun *m*

vallar [ba'ʎar] *vt* einzäunen; ~ **con un muro** mit einer Mauer umgeben

valle ['baʎe] *m* Tal *nt;* ~ **de lágrimas** Jammertal *nt*

vallisoletano, -a [baʎisole'tano, -a] **I.** *adj* aus Valladolid **II.** *m, f* Einwohner(in) *m(f)* Valladolids

vallunco, -a [ba'ʎuŋko, -a] *adj* (*AmC*) ❶ (*rústico*) ländlich ❷ (*campesino*) bäuerlich

valón[1] [ba'lon] *m* (*dialecto*) Wallonisch(e) *nt*

valón, -ona[2] [ba'lon, -ona] **I.** *adj* wallonisch **II.** *m, f* Wallone, -in *m, f*

valor [ba'lor] *m* ❶ (*valentía*) Mut *m;* ~ **cívico** Zivilcourage *f;* **armarse de** ~ Mut fassen ❷ (*desvergüenza*) Frechheit *f* ❸ (*valía, t.* COM, MÚS) Wert *m;* (*cuantía*) Geldbetrag *m;* (*significado*) Bedeutung *f;* ~ **actual** Istwert *m;* ~ **nutritivo** Nährwert *m* ❹ *pl* (FIN) Wertpapiere *ntpl;* ~ **es bursátiles** Börsenpapiere *ntpl;* ~ **es declarados** Wertsendung *f*

valoración [balora'θjon] *f* Bewertung *f;* (*del precio*) Schätzung *f;* (*análisis*) Auswertung *f*

valorar [balo'rar] *vt* schätzen (*en* auf +*akk*); **valoro muchísimo tu generosidad** ich weiß deine Großzügigkeit sehr zu schätzen

valorización [baloriθa'θjon] *f v.* **valoración**

valorizar [balori'θar] <z→c> *vt v.* **valorar**

vals [bals] *m* (MÚS) Walzer *m*

valsar [bal'sar] *vi* Walzer tanzen

valse ['balse] *m* (*Am*) *v.* **vals**

valuar [balu'ar] <1. *pres:* valúo> *vt* schätzen (*en* auf +*akk*)

valva ['balβa] *f* Schale *f*

válvula ['balβula] *f* ❶(ANAT) Klappe *f* ❷(TÉC) Ventil *nt*

vampiresa [bampi'resa] *f* Vamp *m*

vampirismo [bampi'rismo] *m* ❶(*creencia*) Vampirglauben *m* ❷(*codicia excesiva*) übertriebene Habsucht *f*

vampiro [bam'piro] *m* Vampir *m;* (*fig*) Blutsauger *m*

vanagloria [bana'ɣlorja] *f sin pl* Eitelkeit *f*

vanagloriarse [banaɣlo'rjarse] *vr* prahlen (*de* mit +*dat*)

vanaglorioso, -a [banaɣlo'rjoso, -a] *adj* eingebildet

vanamente [bana'mente] *adv* vergeblich

vandálico, -a [ban'daliko, -a] *adj* wandalisch; **los hinchas cometieron actos** ~ **s** die Fans führten sich auf wie die Wandalen

vandalismo [banda'lismo] *m sin pl* Vandalismus *m*

vándalo, -a ['bandalo, -a] **I.** *adj* vandalisch **II.** *m, f* Vandale, -in *m, f*

vanguardia [baŋ'gwardja] *f* ❶(MIL) Vorhut *f* ❷(*movimiento*) Avantgarde *f;* (POL) Vorkämpfer *mpl;* **de** ~ avantgardistisch

vanguardismo [baŋgwar'ðismo] *m sin pl* Avantgardismus *m*

vanguardista [baŋgwar'ðista] **I.** *adj* avantgardistisch **II.** *mf* Avantgardist(in) *m(f);* (*fig*) Pionier(in) *m(f)*

vanidad [bani'ðaᵈ] *f* ❶(*presunción*) Eitelkeit *f* ❷(*caducidad*) Vergänglichkeit *f*

vanidoso, -a [bani'ðoso, -a] *adj* eingebildet

vano¹ ['bano] *m* (ARQUIT) Öffnung *f*

vano, -a² ['bano, -a] *adj* ❶(*ineficaz*) vergeblich ❷(*infundado*) unbegründet; **es una vana ilusión** das ist nur eine Illusion

vánova ['banoβa] *f* (*Arg*) Bettdecke *f*

vapor [ba'por] *m* (*vaho*) Dampf *m;* (**barco de**) ~ Dampfer *m;* **cocer al** ~ dünsten

vaporización [baporiθa'θjon] *f* ❶(*evaporación*) Verdampfung *f* ❷(*pulverización*) Zerstäubung *f*

vaporizador [baporiθa'ðor] *m* (*perfume*) Zerstäuber *m*

vaporizar [bapori'θar] <z→c> **I.** *vt* ❶(*evaporar*) verdunsten (lassen) ❷(*perfume*) zerstäuben **II.** *vr:* ~ **se** verdunsten

vaporoso, -a [bapo'roso, -a] *adj* ❶(*tela*) leicht, luftig ❷(*humeante*) dampfend

vapulear [bapule'ar] *vt* ❶(*zurrar*) prügeln; (*zarandear*) schütteln ❷(*criticar*) scharf kritisieren

vapuleo [bapu'leo] *m* Tracht *f* Prügel

vaquería [bake'ria] *f* (*explotación*) Kuhstall *m;* (*lechería*) Milchverkaufsstelle *f*

vaquero, -a [ba'kero, -a] **I.** *adj* Viehhirten- **II.** *m, f* Viehhirt(in) *m(f);* (*norteamericano*) Cowboy *m;* (*sudamericano*) Gaucho *m*

vaquero(s) [ba'kero(s)] *m(pl)* Jeans *f(pl)*

vaqueta [ba'keta] *f* Rind(s)leder *nt*

vaquilla [ba'kiʎa] *f* junge Kuh *f* (*anderthalb bis zwei Jahre alt*); **suelta de** ~ **s** Stierkampf mit Jungtieren

vara ['bara] *f* ❶(*rama*) Rute *f;* (*palo*) Stab *m* ❷(*medida*) Elle *f;* **meterse en camisa de once** ~ **s** (*fig*) sich in fremde Angelegenheiten mischen ❸(ADMIN) Stab *m;* **tener alta** ~ einflussreich sein; **doblar la** ~ **de la justicia** das Recht beugen

varadero [bara'ðero] *m* Stapel *m*

varado, -a [ba'raðo, -a] *adj* (*anclado*) verankert

varal [ba'ral] *m* Stange *f;* (*de un carro*) Deichsel *f*

varapalo [bara'palo] *m* ❶(*rapapolvo*) Schimpfkanonade *f* ❷(*golpe*) Schlag *m;* (*paliza*) Tracht *f* Prügel; **dar un** ~ **a alguien** jdn verprügeln ❸(*palo*) Stock *m*

varar [ba'rar] **I.** *vi* ❶(*encallar*) stranden; (*fig*) stecken bleiben ❷(*Am: coche*) eine Panne haben **II.** *vt* an Land ziehen

varear [bare'ar] *vt* ❶(*fruta*) (vom Baum) abschlagen ❷(*lana*) klopfen

varga ['barɣa] *f* ❶(*pez*) Seeaal *m* ❷(*pendiente*) steilste Stelle *f*

variabilidad [barjaβili'ðaᵈ] *f* Veränderlichkeit *f*

variable [ba'rjaβle] **I.** *adj* veränderlich; (*carácter*) unstet **II.** *f* Variable *f*

variación [barja'θjon] *f* ❶(MAT, MÚS) Variation *f* ❷(*cambio*) (Ver)änderung *f;* (*oscilación*) Schwankung *f*

variado, -a [ba'rjaðo, -a] *adj* (*no siempre igual*) abwechslungsreich; (*distinto*) verschieden, unterschiedlich; (*colores*) bunt

variante [ba'rjante] *f* ❶(*variedad*) Variante *f;* (*versión*) Version *f* ❷(*diferencia*) Unterschied *m* ❸(*carretera*) Umgehungsstraße *f*

variar [bari'ar] <1. *pres:* varío> **I.** *vi* ❶(*mo-*

dificarse) wechseln; (*t.* MÚS) variieren ❷(*ser distinto*) sich unterscheiden ❸(*cambiar*) ändern; ~ **de comida** abwechslungsreich kochen; ~ **de peinado** die Haare anders tragen **II.** *vt* ❶(*cambiar*) (ver)ändern ❷(*dar variedad*) variieren; **y para ~...** und zur Abwechslung ...

varicela [bari'θela] *f sin pl* Windpocken *pl*

variedad [barje'ðaᵈ] *f* ❶(*clase*) Sorte *f* ❷(*pluralidad*) Vielfalt *f*; **una gran ~ de ofertas** ein breites Angebot; **en la ~ está el gusto** Abwechslung muss sein ❸*pl* (*espectáculo*) Varietee *nt*

varilla [ba'riʎa] *f* ❶ *dim de* **vara** ❷(*de un paraguas*) Schirmstab *m;* (*de un abanico*) Fächerstab *m*

vario, -a ['barjo, -a] *adj* ❶(*diferente*) verschieden ❷*pl* (*algunos*) einige; **varias veces** mehrmals

variopinto, -a [barjo'pinto, -a] *adj* ❶(*de colores*) bunt ❷(*mezclado*) gemischt

variz [ba'riθ] *f* Krampfader *f*

varón [ba'ron] *m* ❶(*hombre*) Mann *m;* (*niño*) Junge *m* ❷(NÁUT) Ruderkette *f*

varonil [baro'nil] *adj* männlich; **voz ~** Männerstimme *f*

Varsovia [bar'soβja] *f* Warschau *nt*

vasallo, -a [ba'saʎo, -a] *m, f* Vasall *m*

vasco, -a ['basko, -a] **I.** *adj* baskisch; **País V~** Baskenland *nt* **II.** *m, f* Baske, -in *m, f*

Vascongadas [baskoŋ'gaðas] *fpl* ≈Baskenland *nt*

vascongado, -a [baskoŋ'gaðo, -a] **I.** *adj* baskisch **II.** *m, f* Baske, -in *m, f*

vascuence [bas'kweŋθe] *m* ❶(*lengua*) Baskisch(e) *nt* ❷(*fam: ininteligible*) Chinesisch *nt*

vascular [basku'lar] *adj* (ANAT) Gefäß-; **sistema ~** Gefäßsystem *nt*

vaselina [base'lina] *f* Vaseline *f*

vasija [ba'sixa] *f* (*recipiente*) Gefäß *nt*

vaso ['baso] *m* ❶(*recipiente*) Glas *nt;* ~ **de papel** (Papp)becher *m;* **un ~ de agua** ein Glas Wasser ❷(ANAT) Gefäß *nt*

vástago ['bastaγo] *m* ❶(BOT) Trieb *m* ❷(*fig: hijo*) Sohn *m* ❸(TÉC) Schaft *m*

vastedad [baste'ðaᵈ] *f sin pl* Weite *f*

vasto, -a ['basto, -a] *adj* weit; (*saber*) umfassend; (*conocimientos*) weit reichend

vate ['bate] *m* ❶(*adivino*) Wahrsager *m* ❷(*poeta*) Dichter *m*

váter ['bater] *m* WC *nt*

vaticano, -a [bati'kano, -a] *adj* vatikanisch

Vaticano [bati'kano] *m* Vatikan *m;* **la Ciudad del ~** die Vatikanstadt

vaticinador(a) [batiθina'ðor(a)] *m(f)* Wahrsager(in) *m(f)*

vaticinar [batiθi'nar] *vt* prophezeien

vaticinio [bati'θinjo] *m* Prophezeiung *f*

vatio ['batjo] *m* Watt *nt;* **una bombilla de 100 ~s** eine 100-Watt-Glühbirne

Vd. [us'teᵈ] *pron pers abr de* **usted** Sie

vda. ['bjuða] *abr de* **viuda** Wwe.

V.E. ['bwestra esθe'leŋθja] *abr de* **Vuestra Excelencia** S.E.

vecinal [beθi'nal] *adj* Gemeinde-

vecindad [beθin'daᵈ] *f* Nachbarschaft *f;* **chisme de ~** (*fam*) Klatsch *m*

vecindario [beθin'darjo] *m* ❶(*vecindad*) Nachbarn *mpl;* (*ciudadanos*) Bürger *mpl;* (*comunidad*) Gemeinde *f* ❷(*padrón*) Melderegister *nt*

vecino, -a [be'θino, -a] **I.** *adj* benachbart (*de* mit *+dat*); (*cercano*) nahe; **pueblo ~** Nachbardorf *nt* **II.** *m, f* ❶(*que vive cerca*) Nachbar(in) *m(f);* **hijo de ~** (*fam*) jedermann ❷(*habitante*) Bewohner(in) *m(f);* **José García, ~ de Villavieja** José García, wohnhaft in Villavieja

vector [bek'tor] *m* Vektor *m*

vectorial [bekto'rjal] *adj* (MAT) vektoriell; **cálculo ~** Vektorrechnung *f*

veda ['beða] *f* (*prohibición*) Verbot *nt;* (*temporada*) Schonzeit *f;* **levantar la ~ de animales de caza** Wild zum Abschuss freigeben

vedado [be'ðaðo] *m* Sperrgebiet *nt;* ~ **de caza** Jagdrevier *nt*

vedar [be'ðar] *vt* verbieten

vedette [be'ðeᵗ/be'ðete] *f* Diva *f*

vedija [be'ðixa] *f* (*de lana*) Wollflocke *f;* (*de pelo*) Haarbüschel *nt*

vega ['beγa] *f* ❶(*de un río*) (Fluss)aue *f* ❷(*Cuba: tabacal*) Tabakpflanzung *f* ❸(*Chil: terreno pantanoso*) Sumpfgebiet *nt*

vegetación [bexeta'θjon] *f* ❶(BOT) Vegetation *f* ❷*pl* (ANAT) Wucherungen *fpl*

vegetal [bexe'tal] **I.** *adj* pflanzlich; **aceite ~** Pflanzenöl *nt;* **carbón ~** Holzkohle *f* **II.** *m* (BOT) Pflanze *f*

vegetar [bexe'tar] *vi* ❶(BOT) wachsen ❷(*enfermo*) dahinvegetieren ❸(*pey: persona*) vegetieren

vegetariano, -a [bexeta'rjano, -a] **I.** *adj* vegetarisch **II.** *m, f* Vegetarier(in) *m(f)*

vegetativo, -a [bexeta'tiβo, -a] *adj* ❶(BOT) pflanzlich ❷(MED) vegetativ; **sistema nervioso ~** vegetatives Nervensystem

vehemencia [be(e)'menθja] *f sin pl* ❶(*ímpetu*) Nachdruck *m* ❷(*entusiasmo*) Begeisterung *f*

vehemente [be(e)'mente] *adj* ❶(*impetuoso*) vehement ❷(*ardiente*) leidenschaftlich ❸(*persona*) gefühlsbetont

vehículo [beˈikulo] *m* ❶ (*transporte*) Fahrzeug *nt;* ~ **industrial** Nutzfahrzeug *nt;* ~ **de motor** Kraftfahrzeug *nt* ❷ (*medio*) Mittel *nt;* (MED) Überträger *m*

veinte [ˈbei̯nte] *adj inv* zwanzig; *v. t.* **ochenta**

veintena [bei̯nˈtena] *f* (*unidades*) zwanzig Stück *nt;* (*años*) zwanzig Jahre *ntpl;* (*días*) zwanzig Tage *mpl;* **una** ~ **de** zwanzig; (*aproximadamente*) um die zwanzig

veinticinco [bei̯ntiˈθiŋko] **I.** *adj* fünfundzwanzig **II.** *m* Fünfundzwanzig *f; v. t.* **ochenta**

veinticuatro [bei̯ntiˈkwatro] **I.** *adj* vierundzwanzig **II.** *m* Vierundzwanzig *f; v. t.* **ochenta**

veintidós [bei̯ntiˈðos] **I.** *adj* zweiundzwanzig **II.** *m* Zweiundzwanzig *f; v. t.* **ochenta**

veintinueve [bei̯ntiˈnweβe] **I.** *adj* neunundzwanzig **II.** *m* Neunundzwanzig *f; v. t.* **ochenta**

veintiocho [bei̯ntiˈotʃo] **I.** *adj* achtundzwanzig **II.** *m* Achtundzwanzig *f; v. t.* **ochenta**

veintiséis [bei̯ntiˈsei̯s] **I.** *adj* sechsundzwanzig **II.** *m* Sechsundzwanzig *f; v. t.* **ochenta**

veintisiete [bei̯ntiˈsjete] **I.** *adj* siebenundzwanzig **II.** *m* Siebenundzwanzig *f; v. t.* **ochenta**

veintitantos [bei̯ntiˈtantos] *adj inv* über zwanzig

veintitrés [bei̯ntiˈtres] **I.** *adj* dreiundzwanzig **II.** *m* Dreiundzwanzig *f; v. t.* **ochenta**

veintiuno, -a [bei̯nˈtjuno, -a] *adj* (*delante de un substantivo: veintiún*) einundzwanzig; **el** ~ **de abril** der/am 21. April; *v. t.* **ochenta**

vejación [bexaˈθjon] *f*, **vejamen** [beˈxamen] *m* Schikane *f*

vejar [beˈxar] *vt* schikanieren

vejatorio, -a [bexaˈtorjo, -a] *adj* demütigend

vejestorio, -a [bexesˈtorjo, -a] *m, f* (*pey*) alter Knacker *m*, alte Frau *f*

vejete [beˈxete] *m* (*fam*) Alte(r) *m*

vejez [beˈxeθ] *f sin pl* (*ancianidad*) Alter *nt;* (*envejecimiento*) Altern *nt;* **pasar su** ~ **en Mallorca** seinen Lebensabend auf Mallorca verbringen; **a la** ~, **viruelas** (*prov*) Alter schützt vor Torheit nicht

vejiga [beˈxiɣa] *f* Blase *f;* **se me levantaron** ~**s en los pies** ich hatte Blasen an den Füßen

vela [ˈbela] *f* ❶ (*luz*) Kerze *f;* **estaba derecho como una** ~ (*fig*) er stand kerzengerade; **se está acabando la** ~ die Kerze geht aus; **¿a ti quién te ha dado** ~ **en**

este entierro? (*fig*) wer hat dich hierher bestellt?; **estar a dos** ~**s** (*fig*) arm wie eine Kirchenmaus sein; **poner una** ~ **a San Miguel y otra al diablo** auf zwei Hochzeiten zugleich tanzen ❷ (NÁUT) Segel *nt;* ~ **cuadra** Quersegel *nt;* ~ **mayor** Großsegel *nt;* **alzar** ~ Segel setzen; (*fig*) sich davonmachen; **a toda** ~ mit vollen Segeln; (*fig*) mit vollem Einsatz; **ser un aficionado a la** ~ gern segeln gehen; **recoger** ~**s** (*fig*) zurückweichen ❸ (*loc*): **pasar la noche en** ~ die ganze Nacht kein Auge zutun

velación [belaˈθjon] *f* (*de un difunto*) Totenwache *f*

velada [beˈlaða] *f* Abend *m;* (LIT, MÚS, TEAT) Soiree *f*

velador [belaˈðor] *m* ❶ (*mesita*) (rundes) Tischchen *nt* (*mit nur einem Fuß*) ❷ (*candelero*) Leuchter *m*

veladora [belaˈðora] *f* (*Am: vela*) Kerze *f*

velamen [beˈlamen] *m* (NÁUT) Segelwerk *nt*

velar [beˈlar] **I.** *vi* ❶ (*no dormir*) wachen; (*trabajar*) nachts arbeiten; (*estudiar*) nachts lernen ❷ (*cuidar*) wachen (*por* über +*dat*); ~ **bien por sus intereses** seine Interessen vertreten **II.** *vt* ❶ (*vigilar*) bewachen; ~ **al enfermo** am Krankenbett wachen; ~ **a un muerto** Totenwache halten ❷ (*cubrir, ocultar*) verschleiern **III.** *vr:* ~ **se** sich verschleiern

velatorio [belaˈtorjo] *m* Totenwache *f*

velcro® [ˈbelkro] *m* Klettverschluss *m*

veleidad [belei̯ˈðað] *f* Wankelmut *m*

veleidoso, -a [belei̯ˈðoso, -a] *adj* wankelmütig; (*caprichoso*) launisch

velero [beˈlero] *m* Segelschiff *nt*

veleta¹ [beˈleta] *f* (*banderilla*) Windfahne *f*

veleta² [beˈleta] *mf* (*persona*) wankelmütiger Mensch *m*

vello [ˈbeʎo] *m sin pl* ❶ (*corporal*) (Körper)behaarung *f;* ~ **de las axilas** Achselhaare *ntpl* ❷ (BOT) Flaumhaar *nt*

vellón [beˈʎon] *m* (*piel*) Vlies *nt*

vellosidad [beʎosiˈðað] *f sin pl* (Körper)haare *ntpl*

velloso, -a [beˈʎoso, -a] *adj* behaart

velludo, -a [beˈʎuðo, -a] *adj* stark behaart

velo [ˈbelo] *m* ❶ (*tela, prenda*) Schleier *m;* **(des)correr el** ~ (*fig*) den Schleier lüften; **corramos un tupido** ~ **sobre esa cuestión** lasst uns über all dies nicht mehr sprechen ❷ (ANAT): ~ **del paladar** Gaumensegel *nt*

velocidad [beloθiˈðað] *f* ❶ (*t.* FÍS, INFOR) Geschwindigkeit *f;* ~ **de crucero** Reisegeschwindigkeit *f;* ~ **de transferencia** [*o de transmisión*] **de datos** (INFOR) Datenübertragungsrate *f*, Datentransferrate *f*; **exceso de** ~ überhöhte Geschwindigkeit; **a toda** ~ (*fam*) sehr schnell ❷ (*marcha*) Gang *m*; **cambio de** ~ **es** Gangschaltung *f*

velocímetro [belo'θimetro] *m* Tachometer *m* **o** *nt*

velocista [belo'θista] *mf* (DEP) Sprinter(in) *m(f)*

velódromo [be'loðromo] *m* Radrennbahn *f*

velón [be'lon] *m* (*lámpara*) Öllampe *f*

velorio [be'lorjo] *m* ❶ (*velatorio*) Totenwache *f* ❷ (*fiesta*) Fest *nt*

veloz [be'loθ] *adj* schnell; (*ágil*) flink; **raudo y** ~ rasch

vena ['bena] *f* ❶ (ANAT) Ader *f*, Vene *f*; ~ **yugular** Drosselvene *f* ❷ (BOT) Blattader *f* ❸ (*filón*) Erzader *f*; ~ **de agua** Wasserader *f* ❹ (*inspiración*) Ader *f*

venablo [be'naβlo] *m* Jagdspieß *m*; **echar** ~ **s** (*fig*) Gift und Galle speien

venado [be'naðo] *m* (*ciervo*) Hirsch *m*; (*caza mayor*) Hochwild *nt*

venal [be'nal] *adj* ❶ (ANAT) Ader- ❷ (*vendible*) käuflich ❸ (*sobornable*) bestechlich

venalidad [benali'ðaᵈ] *f sin pl* Bestechlichkeit *f*

vencedor(a) [benθe'ðor(a)] **I.** *adj* siegreich; **equipo** ~ Siegermannschaft *f* **II.** *m(f)* Sieger(in) *m(f)*

vencejo [ben'θexo] *m* (ZOOL) Mauersegler *m*

vencer [ben'θer] <c→z> **I.** *vi* ❶ (*derrotar*) siegen; (*ganar*) gewinnen ❷ (*plazo*) ablaufen; (*cheque*) fällig werden **II.** *vt* ❶ (*enemigos*) besiegen; (*ganar*) schlagen; **¡no te dejes** ~ **!** lass dich nicht unterkriegen!; **a la tercera va la vencida** (*prov*) aller guten Dinge sind drei ❷ (*obstáculo, sueño*) überwinden; (*dificultad*) meistern; **me venció el sueño** ich wurde vom Schlaf übermannt ❸ (*peso*) zu schwer sein (für +*akk*) **III.** *vr:* ~ **se** sich beherrschen

vencimiento [benθi'mjento] *m* (COM) Fälligkeit *f*

venda ['benda] *f* (MED) Binde *f*; **tener una** ~ **en los ojos** die Augen verbunden haben; (*fig*) mit Blindheit geschlagen sein

vendaje [ben'daxe] *m* Verband *m*

vendar [ben'dar] *vt* verbinden

vendaval [benda'βal] *m* (*del sur*) Südwind *m*; (*del suroeste*) Südwestwind *m*; (*huracán*) Sturm *m*

vendedor(a) [bende'ðor(a)] *m(f)* Verkäufer(in) *m(f)*; (*comerciante*) Händler(in) *m(f)*; ~ **ambulante** Straßenhändler *m*; ~ **a domicilio** Vertreter *m*

vender [ben'der] **I.** *vt* verkaufen (*por/en/a* für +*akk*); (*bebidas*) ausschenken **II.** *vr:*

~ **se** ❶ (COM) verkauft werden; **se vende** zu verkaufen; **se ha vendido todo** es ist alles ausverkauft; ~ **se como rosquillas** (*fig*) wie warme Semmeln weggehen; ~ **se muy caro** (*fig*) sich sehr bitten lassen ❷ (*alguien*) sich verkaufen

vendible [ben'diβle] *adj* verkäuflich

vendimia [ben'dimja] *f* Weinlese *f*

vendimiador(a) [bendimja'ðor(a)] *m(f)* Arbeiter(in) *m(f)* bei der Weinlese

vendimiar [bendi'mjar] *vt* (ver)lesen

Venecia [be'neθja] *f* Venedig *nt*

veneciano, -a [bene'θjano, -a] **I.** *adj* venezianisch **II.** *m*, *f* Venezianer(in) *m(f)*

veneno [be'neno] *m* Gift *nt*

venenoso, -a [bene'noso, -a] *adj* giftig; **serpiente venenosa** Giftschlange *f*

venera [be'nera] *f* ❶ (*concha*) Jakobsmuschel *f* ❷ (*insignia*) Ritterkreuz *nt*; **no se te caerá la** ~ (*fig*) es wird dir kein Zacken aus der Krone fallen ❸ (*manantial*) Wasserquelle *f*

venerable [bene'raβle] *adj* ehrwürdig

veneración [benera'θjon] *f sin pl* (*adoración*) Verehrung *f*; (*respeto*) Ehrfurcht *f*

venerar [bene'rar] *vt* verehren

venéreo, -a [be'nereo, -a] *adj* Geschlechts-

venero [be'nero] *m* ❶ (*manantial, t. fig*) Quelle *f* ❷ (*yacimiento*) Erzader *f*

venezolano, -a [beneθo'lano, -a] **I.** *adj* venezolanisch **II.** *m*, *f* Venezolaner(in) *m(f)*

Venezuela [bene'θwela] *f* Venezuela *nt*

---

i **Land & Leute**

Venezuela *f* (offiziell: *República de Venezuela*) grenzt im Norden sowohl an das Karibische Meer wie an den Atlantischen Ozean, im Osten an Guyana, im Süden an Brasilien und im Westen an Kolumbien. Die Hauptstadt heißt *Caracas*. Spanisch ist die offizielle Landessprache. Die Währungseinheit **Venezuelas** ist der *bolívar*.

---

vengador(a) [benga'ðor(a)] **I.** *adj* (*que se venga*) rächend; (*propenso a*) rachsüchtig **II.** *m(f)* Rächer(in) *m(f)*

venganza [ben'ganθa] *f* Rache *f*; **deseo de** ~ Rachgier *f*

vengar [ben'gar] <g→gu> **I.** *vt* rächen; ~ **la muerte de alguien** jdn rächen **II.** *vr:* ~ **se** sich rächen (*por* für +*akk*, *en* an +*dat*)

vengativo, -a [benga'tiβo, -a] *adj* ❶ (*vengador*) rachsüchtig ❷ (*rencoroso*) nachtragend

venia ['benja] *f sin pl* Erlaubnis *f*

venial [be'njal] *adj* (*pecado*) lässlich

venida [be'niða] *f* ❶ (*llegada*) Ankunft *f;* (*vuelta*) Rückkehr *f* ❷ (*de un río*) Hochwasser *nt*

venidero, -a [beni'ðero, -a] *adj* kommend

venir [be'nir] *irr* **I.** *vi* ❶ (*trasladarse*) kommen; (*llegar*) ankommen; **vengo** (**a**) **por la leche** ich komme die Milch holen; **el que venga detrás, que arree** (*fig*) nach mir die Sündflut ❷ (*ocurrir*) geschehen; **vino la guerra** es gab Krieg ❸ (*proceder*) herkommen; **el dinero me viene de mi padre** ich habe das Geld von meinem Vater; ~ **de una familia muy rica** aus einer sehr reichen Familie stammen ❹ (*idea, ganas*) überkommen; **me vinieron ganas de reír** ich verspürte Lust zu lachen; **no sé porqué me vino eso a la memoria** ich weiß nicht, warum mir das eingefallen ist ❺ (*tiempo*) kommen; (*seguir*) folgen; **el mes que viene** nächsten Monat; **ya viene la primavera** nun fängt schon der Frühling an ❻ (*figurar*) stehen ❼ (*prenda*) passen ❽ (*aproximadamente*): **vienen a ser unos 20 euros para cada uno** das wären also ungefähr 20 Euro für jeden ❾ (*elev: servir para*): **aquel suceso vino a turbar nuestra tranquilidad** jenes Ereignis hat unsere Ruhe gestört ❿ (*terminar por*): **vino a dar con sus huesos en la cárcel** (*fam*) und schließlich landete er/sie im Gefängnis; ~ **a querer decir que...** in etwa sagen wollen, dass ... ⓫ (*persistir*) bereits tun; **ya te lo vengo advirtiendo hace mucho tiempo** ich warne dich schon seit längerer Zeit (davor) ⓬ (*loc*): **a mí eso ni me va ni me viene** das ist mir ganz egal; **¿a qué viene ahora hacerme esos reproches?** was soll das, mir jetzt Vorwürfe zu machen?; **el dinero me viene muy bien** das Geld kommt mir wie gerufen; **es una familia venida a menos** die Familie ist ziemlich verarmt; **por motivos que no vienen aquí al caso** aus Gründen, die hier nicht weiter erwähnt werden müssen; **¿te viene bien mañana después de comer?** passt es dir morgen nach dem Mittagessen?; **me viene mal darte la clase por la tarde** es ist für mich ungünstig, dich nachmittags zu unterrichten; **¡venga esa mano!** schlag ein!; **ahora no me vengas con cuentos chinos** komm mir jetzt nicht mit Märchen **II.** *vr:* ~ **se** ❶ (*ir a*) kommen ❷ (*hundirse*): ~ **se abajo** einstürzen; (*fig*) scheitern

venta ['benta] *f* ❶ (COM) Verkauf *m;* (*de vino*) Ausschank *m;* ~ **callejera** Straßenverkauf *m;* ~ **a domicilio** Haus-zu-Haus-Verkauf *m;* **precio de** ~ **al público** Verkaufspreis *m;* **volumen de** ~**s** Umsatz *m;* **en** ~ zu verkaufen; **estar a la** [*o* **en**] ~ zum Verkauf stehen; **poner a la** [*o* **en**] ~ verkaufen ❷ (*posada*) Gasthof *m*

ventada [ben'taða] *f* Windstoß *m*

ventaja [ben'taxa] *f* (*beneficio, superioridad*) Vorteil *m;* (DEP) Vorsprung *m;* ~ **competitiva** Wettbewerbsvorteil *m;* **sacar** ~ **de la debilidad del contrincante** die Schwächen des Gegners ausnutzen; **tener** ~ **sobre alguien** jdm gegenüber im Vorteil sein; **dar 300 metros de** ~ 300 Meter Vorsprung geben

ventajista [benta'xista] **I.** *adj* skrupellos **II.** *mf* skrupelloser Mensch *m*

ventajoso, -a [benta'xoso, -a] *adj* vorteilhaft; (*negocio*) einträglich

ventana [ben'tana] *f* ❶ (*abertura*) Fenster *nt;* ~ **corrediza** Schiebefenster *nt;* ~ **de doble cristal** Doppelfenster *nt;* **echar la casa por la** ~ sich in Unkosten stürzen ❷ (ANAT): ~ **de la nariz** Nasenloch *nt*

ventanal [benta'nal] *m* (großes) Fenster *nt*

ventanilla [benta'niʎa] *f* Fenster *nt;* **sobre con** ~ Fensterbriefumschlag *m;* (*taquilla*) Schalter *m*

ventear [bente'ar] **I.** *vt* ❶ (*olfatear*) wittern; (*fig*) aufspüren ❷ (*airear*) lüften **II.** *vi* (*fig*) herumschnüffeln **III.** *vimpers:* **ventea** es ist windig

ventilación [bentila'θjon] *f* Lüftung *f*

ventilador [bentila'ðor] *m* Ventilator *m;* (AUTO) Gebläse *nt*

ventilar [benti'lar] *vt, vr:* ~ **se** ❶ (*airear*) lüften ❷ (*persona*) einen klaren Kopf bekommen ❸ (*resolver*) erörtern

ventisca [ben'tiska] *f* Schneetreiben *nt*

ventiscar [bentis'kar] <c→qu> *vimpers* schneien und stürmen

ventolera [bento'lera] *f* ❶ (*viento*) Windstoß *m* ❷ (*juguete*) Windmühle *f* ❸ (*loc*): **le ha dado la** ~ **de...** er/sie hat sich *dat* in den Kopf gesetzt zu ...

ventosa [ben'tosa] *f* ❶ (*objeto, t.* ZOOL) Saugnapf *m* ❷ (*abertura*) Entlüftungsventil *nt*

ventosear [bentose'ar] *vi* Blähungen haben

ventosidad [bentosi'ðað] *f* Blähung *f;* ~ **es** Winde *mpl*

ventoso, -a [ben'toso, -a] *adj* windig

ventral [ben'tral] *adj* Bauch-

ventricular [bentriku'lar] *adj* (ANAT) ventrikular

ventrículo [ben'trikulo] *m* Kammer *f;* (*del corazón*) Herzkammer *f;* (*del cerebro*)

Gehirnkammer *f;* (*estómago*) Magengrube *f*

ventrílocuo, -a [beṇ'trilokwo, -a] *m, f* Bauchredner(in) *m(f)*

ventrudo, -a [beṇ'truðo, -a] *adj* dickbäuchig

ventura [beṇ'tura] *f* Glück *nt;* **mala** ~ Pech *nt;* **a la** (**buena**) ~ auf gut Glück; **echar la buena** ~ **a alguien** jdm wahrsagen; **por** ~ mit viel Glück; **probar** ~ sein Glück versuchen; **viene** ~ **a quien la procura** (*prov*) hilf dir selbst, dann hilft dir Gott

venturero, -a [beṇtu'rero, -a] **I.** *adj* ❶ (*casual*) zufällig ❷ (*irregular*) unregelmäßig **II.** *m, f* Abenteurer(in) *m(f)*

venturoso, -a [beṇtu'roso, -a] *adj* glücklich

veo-veo ['beo-'βeo] *m:* **jugar a yo** ~ ,Ich sehe was, was du nicht siehst' spielen

ver [ber] *irr* **I.** *vi, vt* ❶ (*con los ojos*) sehen; **llegar a** ~ **la paz** den Frieden erleben; **no se ve ni torta** man sieht die Hand nicht vor den Augen; **tengo un sueño que no veo** ich bin so müde, dass mir die Augen zufallen; **véase la página dos** siehe Seite zwei; **¡que se vean los forzudos!** na los, die Starken vor!; **lo nunca visto** das noch nie Dagewesene; **¡habrase visto!** nicht zu glauben!; **a** ~ lass/lasst mal sehen; **si no lo veo, no lo creo** das hätte ich nie und nimmer für möglich gehalten; ~ **y creer** erst sehen, dann glauben ❷ (*con la inteligencia*) (ein)sehen; **a mi modo de** ~ meiner Ansicht nach; **¿no ves que...?** siehst du denn nicht, dass ...?; **quiero hacerte** ~ **esto** ich möchte dir das deutlich machen; **veo bien que te cases** ich finde es gut, dass du heiratest; **ya te veo** jetzt sehe ich es auch ein ❸ (*observar*) sehen; (*documentos, información*) durchsehen ❹ (*visitar*) besuchen; (*encontrarse*) sehen; **es de** ~ (*fam*) das muss man gesehen haben ❺ (*comprobar*) nachschauen ❻ (*algo desagradable*) befürchten; **te veo venir** ich weiß, was du vorhast; **veo que hoy me tocará a mí** ich sehe es schon kommen, dass ich heute dran bin ❼ (*tema, asunto*) behandeln; **..., como vimos ayer en la conferencia** wie wir gestern im Vortrag gehört haben, ... ❽ (JUR: *causa*) verhandeln ❾ (*relación*): **tener que** ~ **con algo** mit etw *dat* zu tun haben ❿ (*duda*): **eso está por** ~ das bleibt abzuwarten; **estoy por** ~ **si me dan el crédito** es bleibt abzuwarten, ob sie mir den Kredit gewähren; **habrá que** ~ **si eso es verdad** ob das stimmt, wird sich erst noch herausstellen ⓫ (*intentar*): ~ **é de hablarle** ich werde mal schauen, ob ich ihn sprechen

kann ⓬ (*loc*): **a** ~ **cómo lo hacemos** mal sehen, wie wir das machen können; **¡a** ~, **escuchadme todos!** hey, hört mal alle her!; **a** ~, **venga** also, komm schon; **bueno, ya** ~**emos** nun, das sehen wir dann; **¡hay que** ~**!** das gibt's doch gar nicht!; **luego ya** ~**emos** danach werden wir schon weitersehen; **veamos, ...** schauen wir mal, ...; **¡~ás!** na warte!; ~**ás como al final te engaña** du wirst schon sehen, dass er/sie dich letztendlich doch hereinlegt; ~**emos, ...** nun, ...; ~ **y callar** den Mund halten; **no veas lo contenta que se puso** du kannst dir nicht vorstellen, wie sehr sie sich freute; **no haberlas visto nunca más gordas** es noch nie so schwer gehabt haben; **¡para que veas!** so, da hast du's!; **no veas la que se armó allí** du glaubst gar nicht, was da los war; **hay que** ~ **lo tranquilo que es** es ist kaum zu glauben, wie ruhig er ist **II.** *vr:* ~**se** ❶ (*encontrarse*) sich sehen ❷ (*estado*) sich fühlen; ~**se apurado** sich in Schwierigkeiten befinden; ~**se enfermo** erkranken; ~**se negro** große Schwierigkeiten haben; ~**se pobre** verarmen ❸ (*imaginarse*) sehen; **me lo estoy viendo de médico** ich sehe ihn schon als Arzt vor mir ❹ (*parecer*): **se ve que no tienen tiempo** sie haben scheinbar keine Zeit ❺ (*Am: tener aspecto*) aussehen **III.** *m* ❶ (*aspecto*) Aussehen *nt;* **tener buen** ~ gut aussehen ❷ (*opinión*) Ansicht *f;* **a mi** ~ meiner Ansicht nach

vera ['bera] *f* ❶ (*orilla*) Rand *m;* ~ **de un río** Ufer *nt* ❷ (*lado*) Seite *f;* **a la** ~ **de** neben

veracidad [beraθi'ðað] *f* Wahrhaftigkeit *f;* (*de una declaración*) Richtigkeit *f*

veranda [be'raṇda] *f* Veranda *f*

veraneante [berane'aṇte] *mf* Sommerurlauber(in) *m(f)*

veranear [berane'ar] *vi:* ~ **en Ibiza** den Sommer(urlaub) auf Ibiza verbringen; **estar veraneando en Marruecos** in Marokko Urlaub machen

veraneo [bera'neo] *m* Sommerurlaub *m;* **lugar de** ~ Urlaubsort *m;* **estar de** ~ im Urlaub sein; **estar de** ~ **en la Sierra** in der Sierra Urlaub machen

veraniego, -a [bera'njeɣo, -a] *adj* sommerlich; **tiempo** ~ Sommerwetter *nt*

veranillo [bera'niʎo] *m:* ~ **de San Miguel** [*o* **de San Juan** *Am*] Altweibersommer *m*

verano [be'rano] *m* Sommer *m*

veras ['beras] *f* (*verdad*) Wahrheit *f;* **de** ~ (*de verdad*) wirklich; (*en serio*) im Ernst; **esto va de** ~ jetzt mal im Ernst

veraz [be'raθ] *adj* ❶ (*hechos*) wahr ❷ (*persona*) wahrheitsliebend

verbal [ber'βal] *adj* ❶ (*del verbo*) verbal; **frase** ~ Verbalphrase *f* ❷ (*oral*) mündlich ❸ (*del sentido*) wörtlich

verbalizar [berβali'θar] <z→c> *vt* (*expresar*) in Worte fassen

verbena [ber'βena] *f* ❶ (*fiesta*) Fest *nt;* (*feria*) Jahrmarkt *m* ❷ (BOT) Eisenkraut *nt*

verbigracia [berβi'γraθja] *adv* zum Beispiel

verbo ['berβo] *m* ❶ (*expresa acción*) Verb *nt;* ~ **auxiliar** Hilfsverb *nt* ❷ (*palabra*) Wort *nt*

verborrea [berβo'rrea] *f*, **verbosidad** [berβosi'ðað] *f* ❶ (*locuacidad*) Redseligkeit *f;* (*pey*) Geschwätzigkeit *f* ❷ (*palabras*) Wortschwall *m*

verboso, -a [ber'βoso, -a] *adj* redselig

verdad [ber'ðað] *f* Wahrheit *f;* ~ **de Perogrullo** Binsenweisheit *f;* **a la** ~ in Wahrheit; **bien es** ~ **que...** es stimmt zwar, dass ...; **bueno, a decir** ~, **...** nun, ehrlich gesagt, ...; **¡de** ~**!** (das stimmt) wirklich!; **¡es** ~**!** stimmt!; **faltar a la** ~ nicht die Wahrheit sagen; **hay una parte de** ~ **en esto** da ist (et)was Wahres dran; **la** ~ **lisa y llana** die volle Wahrheit; **pues la** ~**, no lo sé** ehrlich gesagt, weiß ich es nicht; **ser** ~ wahr sein; **si bien es** ~ **que...** obwohl es zwar stimmt, dass ...; **un héroe de** ~ ein wahrhafter Held; **¿**~**?** stimmt's?; **¿**~ **que no fuiste tú?** du warst es doch nicht, oder?; ~**es como puños** knallharte Tatsachen; **la** ~ **es que hace frío** Tatsache ist, dass es kalt ist; **decirle cuatro** ~**es a alguien** jdm die Meinung sagen

verdaderamente [berðaðera'mente] *adv* wirklich

verdadero, -a [berða'ðero, -a] *adj* ❶ (*cierto*) wahr ❷ (*real*) echt ❸ (*persona*) wahrheitsliebend

verde ['berðe] **I.** *adj* ❶ (*color, t.* POL) grün; ~ **oliva** olivgrün ❷ (BOT: *no maduro*) unreif; (*no seco*) frisch; **segar la hierba en** ~ das Gras mähen während es noch grün ist; **estar** ~ (*principiante*) ein Grünschnabel sein; (*inocente*) noch feucht hinter den Ohren sein; **estar a las** ~**s y a las maduras** auf gute wie auf schlechte Zeiten vorbereitet sein ❸ (*chistes, canciones*) unanständig ❹ (*personas*) lüstern; **viejo** ~ Lustmolch *m* ❺ (*loc*): **poner** ~ **a alguien** (*fam*) jdn herunterputzen; **estar** ~ **de envidia** grün und gelb vor Neid sein **II.** *m* ❶ (*color*) Grün *nt* ❷ (*hierba*) Gras *nt;* (*pienso*) Grünfutter *nt* ❸ (*del árbol*) Blattwerk *nt* ❹ (*CSur: pasto*) Weide *f* ❺ (*CSur: mate*) Mate(tee) *m* ❻ (*CSur: ensalada*)

grüner Salat *m* ❼ (*AmC, Méx: campo*) (Stück) Land *nt* ❽ (*loc*): **darse un** ~ **de algo** (*fam: hartarse*) sich *dat* mit etw *dat* gehörig den Bauch voll schlagen; **darse un** ~ **de conciertos** Dutzende von Konzerten besuchen

verdear [berðe'ar] *vi* ❶ (*mostrarse verde*) grün sein ❷ (*tirar a verde*) einen Grünstich haben ❸ *v.* **verdecer** ❹ (*CSur: beber*) Mate(tee) trinken

verdecer [berðe'θer] *irr como crecer vi* (er)grünen

verderón [berðe'ron] *m* Grünfink *m*

verdiblanco, -a [berði'βlaŋko, -a] *adj* blassgrün

verdín [ber'ðin] *m* ❶ (*del cobre*) Grünspan *m* ❷ (*verde*) erstes Grün *nt* ❸ (*musgo*) Moosschicht *f*

verdor [ber'ðor] *m* ❶ (BOT) (Pflanzen)grün *nt* ❷ (*juventud*) Jugend *f*

verdoso, -a [ber'ðoso, -a] *adj* grünlich

verdugo [ber'ðuγo] *m* ❶ (*de ejecuciones*) Scharfrichter *m* ❷ (*tirano*) Tyrann *m;* (*atormentador*) Peiniger *m* ❸ (*tormento*) Pein *f* ❹ (*látigo*) Peitsche *f* ❺ (*hematoma*) Strieme *f* ❻ (BOT) Trieb *m*

verdugón [berðu'γon] *m* ❶ (*hematoma*) Strieme *f* ❷ (BOT) Trieb *m*

verdulera [berðu'lera] *f* (*pey*) ordinäres Weibsstück *nt*

verdulería [berðule'ria] *f* Gemüseladen *m*

verdulero, -a [berðu'lero, -a] *m, f* Gemüsehändler(in) *m(f)*

verdura [ber'ðura] *f* ❶ (*hortalizas*) Gemüse *nt* ❷ (*verdor*) Grün *nt* ❸ (*obscenidad*) Unanständigkeit *f*

verdusco, -a [ber'ðusko, -a] *adj* dunkelgrün

vereda [be'reða] *f* ❶ (*sendero*) Pfad *m;* **entrar en** ~ (*cumplir*) seinen Verpflichtungen nachkommen; (*vida ordenada*) ein geregeltes Leben führen; **ir por la** ~ (*fig*) auf dem richtigen Weg sein; **hacer entrar en** ~ **a alguien** jdn auf den richtigen Weg bringen ❷ (*Am: acera*) Gehsteig *m*

veredicto [bere'ðikto] *m* (JUR) Urteil *nt;* ~ **de culpabilidad** Schuldspruch *m;* ~ **de inculpabilidad** Freispruch *m*

verga ['berγa] *f* ❶ (*vara*) Stange *f* ❷ (ANAT) Glied *nt*

vergel [ber'xel] *m* Garten *m*

vergonzante [berγon'θante] *adj* ❶ (*acción*) schändlich ❷ (*persona*) schamhaft

vergonzoso, -a [berγon'θoso, -a] *adj* ❶ (*persona*) schamhaft; (*tímido*) schüchtern ❷ (*acción*) schändlich

vergüenza [ber'γwenθa] *f* ❶ (*rubor*) Scham *f;* **se me cae la cara de** ~ ich schäme mich in Grund und Boden; **me da**

~ **es ist mir peinlich; ¿no te da ~?** schämst du dich (denn) nicht?; **pasar** ~ sich schämen; **¡qué ~!** (mein Gott) wie peinlich! ② (*pundonor*) Anstand *m;* **perder la ~** sich gehen lassen; **perder la ~ ante alguien** jdm gegenüber unverschämt werden; **tener poca ~** unverschämt sein ③ (*persona, acción*) Schande *f;* (*escándalo*) Skandal *m;* **sacar a alguien a la ~** (**pública**) jdn an den Pranger stellen ④ (*cortedad*) Schüchternheit *f;* (*sexual*) Schamhaftigkeit *f;* **le da ~ al hablar** er/sie wird beim Reden ganz verlegen ⑤ *pl* (ANAT) Geschlechtsteile *ntpl*

vericueto [beri'kweto] *m* unwegsame Strecke *f*

verídico, -a [be'riðiko, -a] *adj* ① (*verdadero*) wahr ② (*muy probable*) sehr wahrscheinlich ③ (*sincero*) wahrheitsliebend

verificable [berifi'kaβle] *adj* ① (*controlable*) (über)prüfbar ② (*probable*) nachweisbar

verificación [berifika'θjon] *f* ① (*inspección*) (Über)prüfung *f;* (*test*) Test *m* ② (*prueba*) Beweis *m* ③ (*realización*) Durchführung *f* ④ (*de una profecía*) Eintreten *nt*

verificar [berifi'kar] <c→qu> I. *vt* ① (*comprobar*) beweisen ② (*controlar*) (über)prüfen ③ (*realizar*) durchführen; (*ceremonia*) vornehmen II. *vr:* ~ **se** ① (*acto solemne*) stattfinden ② (*una profecía*) eintreten; (*deseos*) sich erfüllen; (*temores*) sich bewahrheiten

verja ['berxa] *f* (*rejas*) Gitter *nt;* (*cerca*) Zaun *m;* (*puerta*) Gatter *nt*

vermú [ber'mu] *m,* **vermut** [ber'mu] *m* <vermús> ① (*licor*) Wermut *m* ② (*And, CSur:* TEAT) Nachmittagsvorstellung *f*

vernáculo, -a [ber'nakulo, -a] *adj* einheimisch; **lengua vernácula** Landessprache *f*

vero ['bero] *m* Zobel *m*

verosímil [bero'simil] *adj* ① (*probable*) wahrscheinlich ② (*creíble*) glaubwürdig

verosimilitud [berosimili'tuð] *f* Wahrscheinlichkeit *f*

verraco [be'rrako] *m* ① (*para procrear*) Zuchteber *m* ② (*AmC: jabalí*) Wildschwein *nt*

verraquear [berrake'ar] *vi* (*fam*) ① (*gruñir*) knurren ② (*llorar*) plärren

verraquera [berra'kera] *f* (*fam*) ① (*llanto*) Geplärre *nt* ② (*AmC: borrachera*) Rausch *m*

verruga [be'rruɣa] *f* Warze *f;* (*fig*) Plage *f*

verrugoso, -a [berru'yoso, -a] *adj* ① (*con verrugas*) warzig ② (*parecido*) warzenartig

versado, -a [ber'saðo, -a] *adj* versiert

versal [ber'sal] I. *adj:* **letra** ~ Großbuchstabe *m* II. *f* Großbuchstabe *m*

versalita [bersa'lita] I. *adj:* **letra** ~ Kapitälchen *nt* II. *f* Kapitälchen *nt*

versar [ber'sar] *vi* ① (*tratar*) handeln (*sobre* von +*dat*); **la conferencia ~á sobre las vacunas** der Vortrag wird das Thema Impfungen behandeln ② (*dar vueltas*) sich drehen ③ (*AmC: escribir*) dichten ④ (*AmC: charlar*) sich unterhalten ⑤ (*Méx: bromear*) witzeln

versátil [ber'satil] *adj* ① (*que se vuelve*) (um)drehbar; (*que se dobla*) faltbar ② (*persona*) wankelmütig

versatilidad [bersatili'ðað] *f* ① (*inconstancia*) Wankelmut *m* ② (*flexibilidad*) Flexibilität *f*

versículo [ber'sikulo] *m* ① (REL) Bibelspruch *m* ② (*poema*) Vers *m*

versificar [bersifi'kar] <c→qu> I. *vt* in Verse bringen II. *vi* Verse schreiben

versión [ber'sjon] *f* ① (*interpretación*) Version *f;* (*descripción*) Darstellung *f;* ~ **resumida** Kurzfassung *f* ② (*traducción*) Übersetzung *f*

verso ['berso] *m* ① (*palabras*) Vers *m;* **en** ~ **s** in Versform ② (*género*) Versdichtung *f* ③ (*poema*) Gedicht *nt*

vértebra ['berteβra] *f* Wirbel *m*

vertebración [berteβra'θjon] *f* ① (*soporte*) Stütze *f* ② (*estructura*) Grundstruktur *f*

vertebrado [berte'βraðo] *m* Wirbeltier *nt*

vertebral [berte'βral] *adj* Wirbel-; **columna** ~ Wirbelsäule *f*

vertebrar [berte'βrar] *vt* ① (*apoyar*) stützen ② (*estructurar*) strukturieren

vertedero [berte'ðero] *m* (*escombrero*) Mülldeponie *f;* (*no autorizado*) Müllkippe *f;* ~ **ilegal** wilde Müllkippe

verter [ber'ter] <e→ie> I. *vt* ① (*vaciar*) schütten; (*líquido*) gießen; (*sin querer*) verschütten; (*recipiente*) ausleeren; (*basura*) abladen; ~ **el café en las tazas** Kaffee einschenken ② (*traducir*) übersetzen ③ (*ideas, conceptos*) einbringen II. *vi* fließen

vertical [berti'kal] I. *adj* senkrecht II. *f* Senkrechte *f*

verticalidad [bertikali'ðað] *f* ① (*posición*) vertikale Position *f* ② (*dirección*) vertikale Richtung *f*

vértice ['bertiθe] *m* Scheitel *m*

vertiente [ber'tjente] *f* ① (*declive*) Abhang *m;* (*lado*) Seite *f* ② (*aspecto*) Aspekt *m;* (*punto de vista*) Ansicht *f* ③ (*And, CSur, Méx: fuente*) Springbrunnen *m*

vertiginoso, -a [bertixi'noso, -a] *adj* ① (*que*

marea) Schwindel erregend ❷ (*velocidad*) rasend

vértigo ['bertiɣo] *m* ❶ (*mareo*) Schwindelgefühl *nt;* (*por las alturas*) Höhenangst *f;* **causar ~(s)** Schwindel erregen ❷ (*desmayo*) Ohnmachtsanfall *m* ❸ (*frenesí*) Rausch *m;* (*locura*) Wahnsinn *m* ❹ (*loc*): **de ~** (*jaleo*) ohrenbetäubend; (*increíble*) unglaublich; (*fantástico*) fantastisch; (*rápidamente*) rasend schnell

vesania [be'sanja] *f* ❶ (*locura*) Wahnsinn *m* ❷ (*ira*) Zorn *m*

vesícula [be'sikula] *f* Blase *f;* (*en la epidermis*) Bläschen *nt*

vespa® ['bespa] *f* (*moto*) Vespa® *f*

vespertino, -a [besper'tino, -a] *adj* Abend-, abendlich

vespino [bes'pino] *m* Mofa *nt*

vestíbulo [bes'tiβulo] *m* (*de un piso*) (Haus)flur *m;* (*de un hotel*) Empfangshalle *f;* (TEAT) Foyer *nt;* (*atrio*) Atrium *nt*

vestido [bes'tiðo] *m* ❶ (*prenda*) Kleidungsstück *nt;* (*de mujer*) Kleid *nt* ❷ (*ropa*) Kleidung *f*

vestidor [besti'ðor] *m* Ankleideraum *m*

vestidura [besti'ðura] *f* ❶ (*ropa*) Kleidung *f* ❷ *pl* (REL) Gewand *nt*

vestigio [bes'tixjo] *m* ❶ (*huella*) Spur *f* ❷ (*señal*) Anzeichen *nt*

vestimenta [besti'menta] *f* Kleidung *f*

vestir [bes'tir] *irr como pedir* **I.** *vt* ❶ (*cuerpo, persona*) (be)kleiden; (*estatua, pared*) bedecken; (*adornar*) schmücken; **estar vestido de pirata** (*disfrazado*) als Pirat verkleidet sein; **~ a alguien con un abrigo** jdn in einen Mantel hüllen ❷ (*llevar*) tragen; (*ponerse*) anziehen ❸ (*confeccionar*) (ein)kleiden; **¿qué sastre le viste?** welcher Schneider arbeitet für Sie? ❹ (*expresión*): **~ el rostro de seriedad** ein ernstes Gesicht machen **II.** *vi* ❶ (*persona*) sich kleiden; **~ de blanco** sich (in) Weiß kleiden; **~ de uniforme** Uniform tragen; **el mismo que viste y calza** (*fig*) eben der; **~ siempre muy bien** immer sehr gut angezogen sein ❷ (*loc*): **de ~** (*elegante*) elegant; (*para una ocasión*) angebracht **III.** *vr:* **~se** ❶ (*la ropa*) sich anziehen; (*cubrirse*) sich bedecken (*de* mit +*dat*); **~se a la moda** sich modisch kleiden; **~se de azul** Blau tragen; **los árboles se visten de verde** die Bäume werden grün; **los campos se visten de blanco** die Felder sind schneebedeckt; **~se en Milán** (*comprar*) sich in Mailand einkleiden ❷ (*estado de ánimo*): **~se de cierta actitud** eine bestimmte Haltung einnehmen; **~se de severidad** ein strenges

Gesicht machen

vestón [bes'ton] *m* (*Chil: saco*) Jacke *f*

vestuario [bes'twarjo] *m* ❶ (*conjunto*) Garderobe *f* ❷ (*cuarto,* TEAT) Garderobe *f;* (DEP) Umkleidekabine *f*

veta ['beta] *f* ❶ (MIN) (Erz)ader *f* ❷ (*en madera, mármol*) Maser *f*

vetar [be'tar] *vt* sein Veto einlegen (gegen +*akk*)

vetear [bete'ar] *vt* ❶ (*como la madera*) masern ❷ (*como el mármol*) marmorieren

veteranía [betera'nia] *f* ❶ (*en una empresa*) lange Betriebszugehörigkeit *f* ❷ (*status*) Veteranenstatus *m*

veterano¹ [bete'rano] *m* (MIL) Veteran *m*

veterano, -a² [bete'rano, -a] **I.** *adj* ❶ (MIL) altgedient ❷ (*experimentado*) erfahren **II.** *m, f* ❶ (*en una empresa*) langjähriger Mitarbeiter *m,* langjährige Mitarbeiterin *f* ❷ (*experto*) Experte, -in *m, f*

veterinaria [beteri'narja] *f sin pl* Tiermedizin *f*

veterinario, -a [beteri'narjo, -a] *m, f* Tierarzt, -ärztin *m, f*

veto ['beto] *m* Veto *nt;* (**inter**)**poner** (**su**) **~ a algo** sein Veto gegen etw einlegen

vetusto, -a [be'tusto, -a] *adj* ❶ (*persona*) greis ❷ (*cosa*) sehr alt; (*pey*) antiquiert

vez [beθ] *f* ❶ (*acto repetido*) Mal *nt;* **a la ~** gleichzeitig; **a** [*o* **algunas**] **veces** manchmal; **alguna que otra ~** gelegentlich; **cada ~ me gusta menos** es gefällt mir immer weniger; **cada ~ que..** jedes Mal, wenn ...; **de una ~** (*en un solo acto*) mit einem Mal; (*sin interrupción*) auf einmal; (*definitivamente*) endgültig; **de ~ en cuando** ab und zu; **dilo otra ~** sag es noch einmal; **acabemos de una ~** lass es uns ein für alle Mal hinter uns bringen; **por primera ~** zum ersten Mal; **aquella ~** damals; **esta ~** diesmal; **alguna ~** einmal; **muchas veces** oft; **otra ~ será** dann eben ein anderes Mal; **pocas veces, rara ~** selten; **tal ~** vielleicht; **una y otra ~** immer wieder; **una ~ que haya terminado, ...** wenn ich erst einmal fertig bin, ...; **érase una ~...** es war einmal ... ❷ (*con número*) Mal *nt;* **una ~ al día** ein Mal am Tag; **una y mil veces** hunderttausend Mal; **3 veces 9** (MAT) 3 mal 9; **repetidas veces** öfter(s); **de una ~ por todas** ein für allemal; **dos veces más que** doppelt so viel wie; **una ~ al año no hace daño** (*prov*) ein Mal ist kein Mal ❸ (*turno*): **cuando llegue mi ~** wenn ich an der Reihe bin; **él a su ~ no respondió** er seinerseits antwortete nicht; **en ~ de** (an)statt; **hacer las veces de algo** als etw dienen; **hacer las veces de alguien** an jds

Stelle treten; **ceder la ~ en una cola** in einer Schlange seinen Platz abtreten

vía ['bia] f ❶ (*camino*) Weg m; (*calle*) Straße f; **~ aérea** (*correos*) Luftpost f; **~ láctea** Milchstraße f; **por ~ aérea** auf dem Luftwege; (*correos*) per Luftpost; **¡~ libre!** Platz da! ❷ (*ruta*) via; **a Madrid ~ París** nach Madrid via Paris ❸ (*carril*) Spur f; (FERRO) Gleis nt; **~ férrea** Eisenbahn f; **por ~ férrea** auf dem Schienenweg; **~ muerta** Abstellgleis nt; **de ~ estrecha** schmalspurig; (*fig*) mies; **de ~ única** eingleisig ❹ (ANAT) Röhre f; **~s digestivas** Verdauungstrakt m; **~s respiratorias** Luftröhre f; **~s urinarias** Harnröhre f; **por ~ oral** oral ❺ (*procedimiento*) Weg m; **por ~ judicial** auf dem Rechtsweg ❻ (INFOR) Pfad m ❼ (*loc*): **país en ~s de desarrollo** Entwicklungsland nt; **en ~s de recuperación** auf dem Wege der Genesung

viabilidad [bjaβili'ðaθ] f ❶ (*vida*) Lebensfähigkeit f ❷ (*factibilidad*) Durchführbarkeit f; **estudio de ~** Durchführbarkeitsstudie f

viable adj ❶ (*sano*) lebensfähig ❷ (*factible*) machbar ❸ (*camino*) gangbar, begehbar; (*para coches*) befahrbar

vía crucis ['bia'kruθis] m inv Kreuzweg m; (*fig*) Leidensweg m

viada ['bjaða] f (And) Geschwindigkeit f

viaducto [bja'ðukto] m Viadukt m o nt; (FERRO) Bahnbrücke f

viajante [bja'xaɲte] mf Reisende(r) mf; (COM) Handelsreisende(r) mf

viajar [bja'xar] vi reisen; **~ por Italia** durch Italien reisen; **~ en avión** fliegen

viaje [bi'axe] m ❶ (*general*) Reise f; **~ astral** Astralreise f; **~ de novios** Hochzeitsreise f; **estar de ~** verreist sein; **irse de ~** verreisen; **salir de ~** abreisen ❷ (*carga*) Fuhre f; (*recorrido*) Fahrt f; **un ~ de leña** eine Fuhre Holz; **hacer la mudanza en cinco ~s** für den Umzug fünf Fahrten machen; **de un ~** (AmC: fig) in einem Aufwasch ❸ (*argot: drogas*) Trip m

viajero, -a [bja'xero, -a] **I.** adj reisend; (ZOOL) Wander-; **ave viajera** Zugvogel m **II.** m, f Reisende(r) mf; (*pasajero*) Passagier(in) m(f); **~ diario** Pendler m

vial [bi'al] **I.** adj (*caminos*) Wege-; (FERRO) Schienen-; (*tráfico*) Verkehrs-; **circulación ~** Straßenverkehr m; (*poca*) **fluidez ~** (hohes) Verkehrsaufkommen nt; **reglamento ~** Straßenverkehrsordnung f **II.** m Allee f

vianda [bi'aɲda] f (*alimento*) Nahrung f; (*comida*) Speise f

viandante [bjaɲ'daɲte] mf (*peatón*) Fußgänger(in) m(f)

viaraza [bja'raθa] f (Am: rapto de ira) Wutanfall m; **me dio la ~** ich tobte vor Wut

viario, -a [bi'arjo, -a] adj Wege-; (*de carreteras*) Straßen-; (FERRO) Schienen-; **red viaria** (FERRO) Schienennetz nt; (*de carreteras*) Straßennetz nt

viático [bi'atiko] m ❶ (REL) Viatikum nt ❷ (*alimentos*) Proviant m ❸ (*subvención*) Reisespesen pl

víbora ['biβora] f ❶ (ZOOL) Viper f ❷ (*pey: persona*) (falsche) Schlange f

vibración [biβra'θjon] f ❶ (*vaivén*) Vibration f; **buenas vibraciones** (*fam*) gutes Feeling nt ❷ (*temblor*) Zittern nt ❸ (*agitación*) (leichte) Erschütterung f

vibrador [biβra'ðor] m Vibrator m

vibrante [bi'βraɲte] adj ❶ (*sonoro*) kraftvoll ❷ (*entusiasta*) schwungvoll

vibrar [bi'βrar] **I.** vi ❶ (*oscilar*) vibrieren ❷ (*voz*) zittern **II.** vt ❶ (*agitar*) rütteln ❷ (LING) rollen

vicaría [bika'ria] f (REL) Vikariat nt

vicario [bi'karjo] m Vikar m

vicedirector(a) [biθeðirek'tor(a)] m(f) stellvertretender Direktor m, stellvertretende Direktorin f

vicenal [biθe'nal] adj ❶ (*que dura*) zwanzigjährig ❷ (*que se repite*) sich alle 20 Jahre ereignend

vicepresidente, -a [biθepresi'ðeɲte, -a] m, f (POL) Vizepräsident(in) m(f); (*en juntas*) stellvertretender Vorsitzender m, stellvertretende Vorsitzende f

vicerrector(a) [biθerrek'tor(a)] m(f) ❶ (UNIV) Prorektor(in) m(f) ❷ (ENS) Konrektor(in) m(f)

vicesecretario, -a [biθesekre'tarjo, -a] m, f stellvertretende(r) Geschäftsführer(in) m(f)

vicetiple [biθe'tiple] f Backgroundsängerin f

viceversa [biθe'βersa] adv umgekehrt

vichar [bi't͡ʃar] vt (Arg, Urug) ❶ (*espiar*) ausspionieren ❷ (*ver*) sehen ❸ (*buscar con la mirada*) spähen (nach +dat)

viciado, -a [bi'θjaðo, -a] adj (*aire*) stickig

viciar [bi'θjar] **I.** vt ❶ (*anular*) annullieren ❷ (*falsear*) verfälschen; (*deformar*) entstellen **II.** vr: **~se** ❶ (*costumbres*) verkommen; (*persona*) verderben ❷ (*ser adicto*) süchtig sein (*con* nach +dat); **haberse viciado con la televisión** fernsehsüchtig sein ❸ (*deformarse*) sich verformen; (*romperse*) defekt sein

vicio ['biθjo] m ❶ (*mala costumbre*) Laster nt; (*adicción*) Sucht f; **el ~ de siempre** das alte Laster; **hacer algo por ~** etw aus reiner Gewohnheit tun; **no poder qui-tarse el** ~ **de fumar** sich *dat* das Rauchen nicht abgewöhnen können; **tener el** ~ **de comerse las uñas** die schlechte Angewohnheit haben, an den Nägeln zu kauen ② (*objeto*) Defekt *m* ③ (JUR: *error*) Fehler *m;* (*en un documento*) Formfehler *m* ④ (*capricho*) Laune *f;* **le concedes demasiados** ~**s a ese niño** du bist zu nachgiebig mit dem Kind; **quejarse de** ~ ewig unzufrieden sein ⑤ (BOT): **tener mucho** ~ wuchern

vicioso, -a [bi'θjoso, -a] **I.** *adj* ① (*carácter*) verdorben ② (*que produce vicio*) lasterhaft ③ (*defecto*) defekt ④ (*niño*) verwöhnt ⑤ (BOT) üppig **II.** *m, f:* **en lo que respecta a la bebida es un** ~ er ist ein Gewohnheitstrinker

vicisitud [biθisi'tuð] *f* ① (*acontecimiento*) Ereignis *nt;* (*desgracia*) Unglück *nt* ② (*cambio*) Wende *f* ③ *pl* (*alternancia*) Auf und Ab *nt*

víctima ['biktima] *f* Opfer *nt;* (*afectado*) Betroffene(r) *mf;* **ser** ~ **de un fraude** Opfer eines Betrugs werden

victimar [bikti'mar] *vt* (*Am*) ① (*herir*) verwunden ② (*matar*) töten

victoria [bik'torja] *f* Sieg *m;* ~ **por puntos** Sieg nach Punkten; **cantar** ~ sich eines Sieges rühmen

victorioso, -a [bikto'rjoso, -a] *adj* siegreich

vid [bið] *f* ① (*parra*) Weinstock *m* ② (*uva*) (Wein)rebe *f*

vida ['biða] *f* ① (*existencia, actividad*) Leben *nt;* ~ **íntima** Privatleben *nt;* ~ **perra** Hundeleben *nt;* **¿cómo te va la** ~**?** wie geht's dir?; **complicarse la** ~ sich *dat* das Leben schwer machen; **darse la** ~ **padre** sich *dat* ein schönes Leben machen; **dejarse la** ~ **en algo** sein ganzes Leben etw *dat* widmen; **¡en** ~**!** nie im Leben!; **estar aún con** ~ noch am Leben sein; **estar entre la** ~ **y la muerte** in Lebensgefahr schweben; **este material es de corta** ~ dieses Material ist kurzlebig; **hacer por la** ~ (*fam*) essen; **hacer** ~ **marital** eheähnlich zusammenleben; **llevar una** ~ **miserable** ein kümmerliches Dasein fristen; **me va la** ~ **en este asunto** diese Angelegenheit ist lebenswichtig für mich; **partir de esta** ~ sterben; **pasarse la** ~ **haciendo algo** die ganze Zeit damit verbringen, etw zu tun; **perder la** ~ ums Leben kommen; **¿qué es de tu** ~**?** was gibt's Neues bei dir?; **quitarle la** ~ **a alguien** jdn töten; **quitarse la** ~ sich *dat* das Leben nehmen; **salir con** ~ mit dem Leben davonkommen; **de por** ~ zu Lebzeiten ② (*sustento*)

Lebensunterhalt *m;* **buscarse la** ~ sich durchschlagen ③ (*biografía*) Lebensgeschichte *f;* **de toda la** ~ schon immer; **la** ~ **y milagros de alguien** jds ganzes Leben ④ (*placer*) Wohltat *f;* **este sol es** ~ dieser Sonnenschein ist eine wahre Wohltat ⑤ (*alegría*) Lebensfreude *f* ⑥ (*cariño*): **¡mi** ~**!** (mein) Schatz! ⑦ (*prostituta*): **mujer de la** ~ Dirne *f;* **hacer la** ~ (*argot*) auf den Strich gehen

videncia [bi'ðenθja] *f* (Hell)sehen *nt*

vidente [bi'ðente] *mf* (Hell)seher(in) *m(f)*

vídeo ['biðeo] *m* ① (*aparato*) Videorekorder *m;* **cámara de** ~ Videokamera *f;* **editar en** ~ als Videokassette herausbringen; **grabar en** ~ auf Video aufnehmen ② (*película*) Video *nt*

videocámara [biðeo'kamara] *f* Videokamera *f*

videocasete [biðeoka'sete] *f* Videokassette *f*

videoclip [biðeo'klip] *m* <videoclips> Videoclip *m*

videoclub [biðeo'kluβ] *m* <videoclubs *o* videoclubes> Videoklub *m*

videoconsola [biðeokon'sola] *f* (AUDIO) Videokonsole *f*

videojuego [biðeo'xweɣo] *m* Videospiel *nt*

videoteléfono [biðeote'lefono] *m* Bildtelefon *nt*

vídeotex [biðeo'teɣs] *m,* **vídeotexto** [biðeo'testo] *m* (INFOR) ≈Bildschirmtext *m*

videotexto [biðeo'testo] *m* Videotext *m*

vidriado [bi'ðrjaðo] *m* ① (*barniz*) Glasur *f* ② (*loza*) glasiertes Steingut *nt*

vidriar [bi'ðrjar] **I.** *vt* (*loza*) glasieren **II.** *vr:* ~**se** ① (*hacerse transparente*) glasig werden ② (*asunto*) heikel werden

vidriera [bi'ðrjera] *f* ① (*ventana*) Fenster *nt;* **puerta** ~ Glastür *f* ② (*Am: escaparate*) Schaufenster *nt*

vidriero, -a [bi'ðrjero, -a] *m, f* ① (*soplador*) Glasbläser(in) *m(f)* ② (*que coloca vidrios*) Glaser(in) *m(f)*

vidrio ['biðrjo] *m* ① (*material*) Glas *nt;* ~ **de color** Buntglas *nt;* ~ **opalino** Milchglas *nt;* **pagar los** ~**s rotos** (*fam fig*) die Suppe auslöffeln; **¡**~**!** (*frágil*) zerbrechlich!; (*cristal*) Achtung Glas! ② (*placa*) (Glas)scheibe *f;* (*de una ventana*) Fensterscheibe *f* ③ (*objeto*) Glasarbeit *f;* (*productos*) Glaswaren *fpl*

vidrioso, -a [bi'ðrjoso, -a] *adj* ① (*como vidrio*) gläsern; (*mirada*) starr ② (*transparente*) glasig; **ojos** ~**s** glasige Augen ③ (*frágil*) zerbrechlich ④ (*superficie*) glatt ⑤ (*persona*) empfindlich ⑥ (*asunto*) heikel

viejales [bje'xales] *m inv* (*fam*) alter Knacker *m*

viejo, -a ['bjexo, -a] **I.** *adj* alt; (*usado*) gebraucht; (*gastado*) abgenutzt; (*ropa*) abgetragen; **Noche Vieja** Silvester *nt;* **tan** ~ **como Canalillo** (*fam*) uralt **II.** *m, f* Alte(r) *mf*

Viena ['bjena] *f* Wien *nt*

vienés, -esa [bje'nes, -esa] **I.** *adj* wienerisch **II.** *m, f* Wiener(in) *m(f)*

viento ['bjento] *m* ❶ (*corriente*) Wind *m;* ~ **ascendente** Aufwind *m;* ~ **de cola** Rückenwind *m;* ~ **de frente** Gegenwind *m;* ~ **huracanado** (Wirbel)sturm *m;* **instrumento de** ~ Blasinstrument *nt;* **hace** ~ es ist windig; **beber los** ~**s por algo** (*desearlo*) etw innigst wünschen; **como el** ~ in Windeseile; (*fig*) trotz aller Schwierigkeiten und Widrigkeiten; **corren malos** ~**s para...** (*fig*) es ist ein ungünstiger Augenblick um ...; **corre un poquito de** ~ es weht ein leichter Wind; **un pequeño soplo de** ~ ein Lüftchen; **estar lleno de** ~ (*vacío*) leer sein; (*vanidoso*) aufgeblasen sein; **el negocio va** ~ **en popa** das Geschäft läuft bestens ❷ (NÁUT: *rumbo*) Kurs *m;* (*dirección*) Himmelsrichtung *f;* **a los cuatro** ~**s** in alle (vier Himmels)richtungen; **pregonar algo a los cuatro** ~**s** etw an die große Glocke hängen ❸ (*fam: irse*): **tomar** ~ sich verziehen; **¡vete a tomar** ~**!** (*argot*) verpiss dich! ❹ (*olor*) Witterung *f;* (*olfato*) Spürsinn *m;* **me da el** ~ **que...** ich vermute, dass ... ❺ (AmC: MED) Rheumatismus *m* ❻ (*fam: loc*): **echar a alguien con** ~ **fresco** jdn hochkant hinauswerfen

vientre ['bjentre] *m* ❶ (*abdomen*) Unterleib *m;* **hacer de** ~ Stuhlgang haben; **regir bien el** ~ regelmäßigen Stuhlgang haben ❷ (*barriga*) Bauch *m* ❸ (*matriz*) Mutterleib *m* ❹ (*interior*) Innere(s) *nt*

viernes ['bjernes] *m inv* Freitag *m;* **V~ Santo** Karfreitag *m;* **la semana que no tenga** ~ am Sankt-Nimmerleins-Tag; *v. t.* **lunes**

vietnamita [bje^ð na'mita] **I.** *adj* vietnamesisch **II.** *mf* Vietnamese, -in *m, f*

viga ['biɣa] *f* (*de madera*) Balken *m;* (*de metal*) Träger *m*

vigencia [bi'xenθja] *f* Gültigkeit *f;* **estar en** ~ in Kraft sein; **entrar en** ~ in Kraft treten; **perder** ~ ungültig werden

vigente [bi'xente] *adj* gültig

vigésimo, -a [bi'xesimo, -a] **I.** *adj* (*parte*) zwanzigstel; (*numeración*) zwanzigste(r, s); **la vigésima parte de...** ein Zwanzigstel von ... **II.** *m, f* Zwanzgistel *nt; v. t.* **octogésimo**

vigía¹ [bi'xia] *f* Wach(t)turm *m*

vigía² [bi'xia] *mf* Wach(t)posten *m*

vigilancia [bixi'lanθja] *f* ❶ (*cuidado*) Wachsamkeit *f* ❷ (*observación*) Überwachung *f;* (*servicio*) Aufsicht *f;* **tener a alguien bajo** ~ jdn überwachen

vigilante [bixi'lante] **I.** *adj* (*despierto*) wachsam; (*en alerta*) vorsichtig **II.** *mf* ❶ (*guardián*) Wächter(in) *m(f);* (*de cárcel*) Aufseher(in) *m(f);* (*en tienda*) Kaufhausdetektiv(in) *m(f);* (*en museo*) Aufsichtsperson *f;* ~ **nocturno** Nachtwächter *m;* ~ **de seguridad** Wachmann *m* ❷ (*CSur: policía*) Polizist(in) *m(f)*

vigilar [bixi'lar] **I.** *vt* überwachen; (*niños*) beaufsichtigen **II.** *vi* achten (*por/sobre* auf +*akk*)

vigilia [bi'xilja] *f* ❶ (*en el trabajo*) Nachtdienst *m* ❷ (*víspera*) Vorabend *m* ❸ (*sin comer*) Fasten *nt;* (*comida*) fleischlose Kost *f;* **día de** ~ Fastentag *m;* **comer de** ~ fasten ❹ (*no dormir*) Wachen *nt* ❺ (*falta de sueño*) Schlaflosigkeit *f*

vigor [bi'ɣor] *m* ❶ (*fuerza*) Kraft *f;* (*espiritual*) Stärke *f;* (*energía*) Energie *f;* **con** ~ kraftvoll; **sin** ~ kraftlos ❷ (*vitalidad*) Vitalität *f;* (*empuje*) Antrieb *m* ❸ (*al hablar*) Nachdruck *m* ❹ (*vigencia*) Gültigkeit *f;* **entrar en** ~ in Kraft treten; **poner en** ~ in Kraft setzen

vigorizar [biɣori'θar] <z→c> *vt* ❶ (*fortalecer*) stärken ❷ (*revitalizar*) beleben ❸ (*animar*) motivieren ❹ (*dar firmeza*) festigen

vigoroso, -a [biɣo'roso, -a] *adj* ❶ (*fuerte*) stark; (*resistente*) robust ❷ (*animado*) motiviert; (*vital*) vital ❸ (*protesta*) energisch

viguería [biɣe'ria] *f* (*de madera*) Gebälk *nt;* (*de metal*) Trägerkonstruktion *f*

vigués, -esa [bi'ɣes, -esa] **I.** *adj* aus Vigo **II.** *m, f* Einwohner(in) *m(f)* von Vigo

vigueta [bi'ɣeta] *f* kleiner Balken *m*

VIH [uβei'atʃe] *m sin pl abr de* **virus de inmunodeficiencia humana** HIV *nt*

vikingo, -a [bi'kiŋgo, -a] **I.** *adj* (HIST) Wikinger- **II.** *m, f* (HIST) Wikinger(in) *m(f)*

vil [bil] *adj* (*malo*) gemein; (*bajo*) niederträchtig; (*infame*) verwerflich

vileza [bi'leθa] *f* Gemeinheit *f*

vilipendiar [bilipen'djar] *vt* ❶ (*despreciar*) verachten; (*tratar*) geringschätzig behandeln ❷ (*denunciar*) verleumden

villa ['biʎa] *f* ❶ (*casa*) Villa *f* ❷ (*población*) Kleinstadt *f*

Villadiego [biʎa'ðjeɣo] *m* (*fam*): **tomar las de** ~ abhauen

villancico [biʎaŋ'θiko] *m:* ~ (**de Navidad**) Weihnachtslied *nt*

villanía [biʎa'nia] *f* ❶ (*bajeza*) Gemeinheit *f* ❷ (*expresión*) Unanständigkeit *f*

villano, -a [bi'ʎano, -a] **I.** *adj* ❶ (*bajo*) gemein ❷ (*rústico*) bäurisch; (*expresión*) ordinär **II.** *m, f* (*pey: grosero*) Bauer *m*

villorrio [bi'ʎorrjo] *m* (*fam pey*) Kaff *nt*

vilo ['bilo] *adv:* **en** ~ in der Schwebe; (*fig*) unruhig; **tener en** ~ auf die Folter spannen; **estar en** ~ gespannt sein

vinagre [bi'naɣre] *m* ❶ (*condimento*) Essig *m* ❷ (*persona*) Griesgram *m*

vinagrera [bina'ɣrera] *f* ❶ (*recipiente*) Essigflasche *f* ❷ *pl* (*para la mesa*) Menage *f* ❸ (*Am:* MED: *ardor*) Sodbrennen *nt*

vinagreta [bina'ɣreta] *f* Vinaigrette *f*

vincha ['bintʃa] *f* (*AmS: cinta*) Haarband *nt*

vinculación [biŋkula'θjon] *f* (Ver)bindung *f*

vinculante [biŋku'lante] *adj* ❶ (*que une*) (ver)bindend ❷ (*obligatorio*) verpflichtend

vincular [biŋku'lar] *vt* ❶ (*ligar*) binden (*a/con* an +*akk*); (*unir*) verbinden ❷ (*obligar*) verpflichten

vínculo ['biŋkulo] *m* ❶ (*unión*) (Ver)bindung *f*; **el** ~ **conyugal** das Band der Ehe; ~**s familiares** Familienbande *pl*; ~**s naturales** Blutsverwandtschaft *f*; **los** ~**s con el extranjero** die Beziehungen mit dem Ausland ❷ (*obligación*) Verpflichtung *f*

vindicación [biṇdika'θjon] *f* ❶ (*venganza*) Rache *f* ❷ (*defensa*) Verteidigung *f* ❸ (*justificación*) Rechtfertigung *f* ❹ (*reivindicación*) Zurückforderung *f*

vindicar [biṇdi'kar] <c→qu> *vt* ❶ (*vengar*) rächen ❷ (*defender*) verteidigen ❸ (*justificar*) rechtfertigen ❹ (*reivindicar*) zurückfordern

vinícola [bi'nikola] **I.** *adj* Wein-; (*cultivo*) Weinbau- **II.** *mf* Winzer(in) *m(f)*

vinicultor(a) [binikul'tor(a)] *m(f)* Winzer(in) *m(f)*

vinicultura [binikul'tura] *f* Weinbau *m*

vino ['bino] *m* Wein *m;* ~ **caliente** Glühwein *m;* ~ **de mesa** Tafelwein *m;* ~ **de Jerez** Sherry *m;* ~ **moscatel** Muskateller *m;* ~ **de Oporto** Portwein *m;* ~ **peleón** Fusel *m;* ~ **rosado** Rosé(wein) *m;* ~ **tinto** Rotwein *m;* **echar agua al** ~ (*fig*) von einer Behauptung Abstand nehmen; **tener buen/mal** ~ von Wein lustig/aggressiv werden

viña ['biɲa] *f* ❶ (*monte*) Weinberg *m;* **ser una** ~ (*fig*) eine Goldgrube sein; **tener una** ~ **con algo** sich *dat* an etw *dat* eine goldene Nase verdienen; **de todo hay en la** ~ **del Señor** (*prov*) es gibt nichts, was es nicht gibt ❷ (*planta*) Weinstock *m*

viñador(a) [biɲa'ðor(a)] *m(f)* Winzer(in) *m(f)*

viñedo [bi'ɲeðo] *m* ❶ (*monte*) Weinberg *m* ❷ (*planta*) Weinstock *m*

viñeta [bi'ɲeta] *f* ❶ (*dibujo*) Vignette *f* ❷ (*emblema*) Emblem *nt*

viola ['bjola] *f* ❶ (*instrumento*) Bratsche *f* ❷ (BOT) Veilchen *nt*

violáceo, -a [bjo'laθeo, -a] *adj* veilchenblau

violación [bjola'θjon] *f* ❶ (*infracción*) Verletzung *f*; (*de una ley*) Verstoß *m* (*de* gegen +*akk*); ~ **de contrato** Vertragsbruch *m* ❷ (*de una mujer*) Vergewaltigung *f* ❸ (*invasión*) Überfall *m* ❹ (*de sepulturas*) Schändung *f*

violado, -a [bjo'laðo, -a] *adj* (*color*) violett

violar [bjo'lar] *vt* ❶ (*mujer*) vergewaltigen ❷ (*sepulturas*) schänden ❸ (*ley, principio*) verstoßen (gegen +*akk*); (*contrato*) brechen

violencia [bjo'lenθja] *f* ❶ (*condición*) Gewalt *f*; (*fuerza*) Wucht *f*; **no** ~ Gewaltlosigkeit *f*; **con** ~ gewaltsam; **sin** ~ gewaltlos; (*manifestación*) gewaltfrei; **costarle** ~ **a alguien** jdn Überwindung kosten; **hacer** ~ **a alguien** jdn zwingen ❷ (*acción*) Gewalttätigkeit *f*

violentar [bjolen'tar] **I.** *vt* ❶ (*obligar*) zwingen; (*sexualmente*) vergewaltigen ❷ (*puerta*) auftreten; (*cajón*) aufbrechen ❸ (*una casa*) einbrechen (*in* +*akk*); (*un banco*) überfallen ❹ (*principio*) verletzen ❺ (*al interpretar*) entstellen **II.** *vr:* ~**se** (*obligarse*) sich zwingen

violento, -a [bjo'lento, -a] *adj* ❶ (*impetuoso*) gewaltig; (*esfuerzo*) mächtig; (*discusión*) heftig; (*temperamento*) stürmisch ❷ (*brutal*) brutal; (*con violencia*) gewaltsam; **acto** ~ Gewalttat *f* ❸ (*persona*) aufbrausend ❹ (*postura*) unnatürlich ❺ (*acto*) gezwungen; (*cohibido*) gehemmt; (*duro*) hart; **me es muy** ~ **tener que aceptarlo** es geht mir (gehörig) gegen den Strich, es akzeptieren zu müssen; **me resulta** ~ **decirle que no** es fällt mir sehr schwer, es ihm/ihr abzuschlagen ❻ (*tergiversado*) entstellt ❼ (*Am: de repente*) plötzlich

violeta [bjo'leta] **I.** *adj* violett **II.** *f* (BOT) Veilchen *nt*

violín [bjo'lin] *m* (*instrumento*) Geige *f*

violinista [bjoli'nista] *mf* Geiger(in) *m(f)*

violón [bjo'lon] *m* (*instrumento*) Bassgeige *f*; **tocar el** ~ (*fig*) Blödsinn reden

violoncelista [bjolonθe'lista] *mf* Cellist(in) *m(f)*

violoncelo [bjolonˈθelo] *m* (MÚS) Violoncello *nt*

vip, VIP [bip] *m abr de* Very Important Person VIP *f;* **sala** ~ VIP-Lounge *f*

viraje [bi'raxe] *m* ❶ (*giro*) Wendung *f;* (*curva*) Kurve *f;* ~ **en horquilla** Haarnadelkurve *f;* **hacer** [*o* **dar**] **un** ~ eine Kurve nehmen ❷ (*cambio*) Wende *f;* (*de opinión*) Umschwung *m;* (*de dirección*) Kurswechsel *m*

virar [bi'rar] **I.** *vi* ❶ (*girar*) wenden; (*curva*) eine Kurve nehmen; ~ **en redondo** (*t. fig*) eine Kehrtwende machen; **la grúa viró a la izquierda** der Kran schwenkte nach links (aus) ❷ (*cambiar*) sich ändern; (*de opinión*) umschwenken **II.** *vt* ❶ (*girar*) wenden ❷ (*el volante*) herumreißen

virgen ['birxen] **I.** *adj* jungfräulich; (*fig*) rein; (*cinta*) unbespielt; (*tierras*) unbebaut **II.** *f* (REL): **la V~** die Jungfrau; **la Santísima V~ María** die Heilige Jungfrau Maria; **¡Santísima V~!** (*fam*) Heilige Mutter Gottes!; **ser de la V~ del puño** geizig sein; **ser un viva la V~** ein Faulpelz sein

virginal [birxi'nal] *adj* (*inmaculado*) unberührt; (*puro*) rein

virginidad [birxini'ðað] *f sin pl* Jungfräulichkeit *f*

Virgo ['birɣo] *m* (ASTR) Jungfrau *f*

virguería [birɣe'ria] *f* ❶ (*de gran perfección*) Feinarbeit *f* ❷ (*pey: adorno*) Firlefanz *m;* **hacer** ~ **s con algo** Fingerspitzengefühl haben für etw

vírgula ['birɣula] *f* ❶ (LING) Komma *nt* ❷ (*vara*) Gerte *f*

vírico, -a ['biriko, -a] *adj* (MED) Virus-; **infección vírica** Virusinfektion *f*

viril [bi'ril] *adj* ❶ (*masculino*) männlich; **edad** ~ Mannesalter *nt* ❷ (*enérgico*) mannhaft

virilidad [birili'ðað] *f sin pl* ❶ (*masculinidad*) Männlichkeit *f* ❷ (*energía*) Entschlossenheit *f* ❸ (*potencia*) Manneskraft *f* ❹ (*edad*) Mannesalter *nt*

virola [bi'rola] *f* Zwinge *f*

virrey, -reina [bi'rrei̯, -na] *m, f* Vizekönig(in) *m(f)*

virtual [birtu'al] *adj* virtuell

virtud [bir'tuð] *f* ❶ (*en las personas*) Tugend *f* ❷ (*poder*) Fähigkeit *f;* **tener la** ~ **de aliviar** eine lindernde Wirkung haben ❸ (*loc*): **en** ~ **de** aufgrund +*gen*

virtuosismo [birtwo'sismo] *m sin pl* Virtuosität *f*

virtuoso, -a [birtu'oso, -a] *adj* ❶ (*con gran habilidad*) virtuos ❷ (*lleno de virtudes*) tugendhaft ❸ (*que alivia*) wirksam

viruela [bi'rwela] *f* (MED) ❶ (*enfermedad*) Pocken *pl;* ~ **loca** Windpocken *pl* ❷ (*pústula*) Pocke *f;* **picado de** ~ **s** pockennarbig;

señales de (**la**) ~ Pockennarben *fpl*

virulencia [biru'lenθja] *f* ❶ (MED) Virulenz *f* ❷ (*malignidad*) Bösartigkeit *f*

virulento, -a [biru'lento, -a] *adj* ❶ (MED) ansteckend ❷ (*maligno*) bösartig

virus ['birus] *m* (MED) Virus *nt o m*

viruta [bi'ruta] *f* Span *m;* **un** ~ **s** (*fam irón: carpintero*) ein Schreiner

vis [bis] *f:* ~ **cómica** Witz *m*

visa ['bisa] *m o f* (*Am*), **visado** [bi'saðo] *m* Visum *nt;* ~ **de entrada/de salida** Einreise-/Ausreisevisum *nt*

visaje [bi'saxe] *m* (*mueca*) Grimasse *f;* **hacer** ~ **s** Grimassen schneiden

visar [bi'sar] *vt* (*pasaporte*) mit einem Visum versehen

víscera ['bisθera] *f* Eingeweide *nt*

visceral [bisθe'ral] *adj* ❶ (*de las vísceras*) Eingeweide-; (MED) viszeral ❷ (*irracional*) irrational; **odio** ~ blinder Hass

viscosa [bis'kosa] *f* Viskose *f*

viscosidad [biskosi'ðað] *f* ❶ (*consistencia*) Zähflüssigkeit *f* ❷ (*mucosidad*) Schleim *m*

viscoso, -a [bis'koso, -a] *adj* ❶ (*espeso*) zäh(flüssig) ❷ (*glutinoso*) schleimig; (*blando*) glibberig

visera [bi'sera] *f* (HIST, MIL) Visier *nt* ❷ (*de una gorra*) Schirm *m*

visibilidad [bisiβili'ðað] *f* (*cualidad*) Sichtbarkeit *f;* (*distancia*) Sichtverhältnisse *ntpl*

visible [bi'siβle] *adj* ❶ (*perceptible*) sichtbar ❷ (*obvio*) offensichtlich ❸ (*persona*) auffällig ❹ (*fam: presentable*) vorzeigbar

visigodo, -a [bisi'ɣoðo, -a] **I.** *adj* (HIST) westgotisch **II.** *m, f* (HIST) Westgote, -in *m, f*

visillo [bi'siʎo] *m* Gardine *f*

visión [bi'sjon] *f* ❶ (*vista*) Sicht *f* ❷ (*aptitud*) Sehvermögen *nt;* **perder la** ~ **de un ojo** die Sehkraft eines Auges verlieren ❸ (*aparición*) Vision *f;* **ver visiones** (*fig*) Gespenster sehen; **me quedé** (**como**) **viendo visiones** (*fig*) ich traute meinen Augen nicht ❹ (*punto de vista*) Sichtweise *f;* ~ **de conjunto** Überblick *m;* ~ **del mundo** Weltanschauung *f* ❺ (*fam pey: mamarracho*) Vogelscheuche *f;* **ir hecho una** ~ schauderhaft aussehen

visionar [bisjo'nar] *vt* ❶ (*creer*) sich einbilden ❷ (CINE, TV) betrachten; (*crítico*) eingehend betrachten

visionario, -a [bisjo'narjo, -a] **I.** *adj* ❶ (*con imaginación*) visionär ❷ (*adivinatorio*) seherisch ❸ (*soñador*) wirklichkeitsfremd; (*pey*) spinnig **II.** *m, f* ❶ (*con imaginación*) Visionär(in) *m(f)* ❷ (*adivinador*) Seher(in) *m(f)* ❸ (*soñador*) Traumtänzer(in) *m(f);* (*pey*) Fantast(in) *m(f)*

visita [bi'sita] *f* ❶ (*visitante*) Besucher(in)

m(f) ❷ (*acción*) Besuch *m;* (*a un museo, una ciudad*) Besichtigung *f;* ~ del médico Visite *f;* ~ guiada Führung *f;* ~ oficial (POL) Staatsbesuch *m;* estar de ~ en casa de alguien bei jdm zu Besuch sein; ir de ~ jdn besuchen gehen; rendir ~ a alguien jdm einen Besuch abstatten; tener (a alguien de) ~ (jdn zu) Besuch haben

visitante [bisi'taŋte] **I.** *adj* besuchend; comisión ~ Gastkommission *f* **II.** *mf* Besucher(in) *m(f)*

visitar [bisi'tar] *vt* besuchen; (MED) Visite machen (bei +*dat*); (ADMIN, JUR) inspizieren; (*una ciudad, un museo*) besichtigen

vislumbrar [bislum'brar] *vt* ❶ (*ver*) durchschimmern sehen ❷ (*conjeturar*) erahnen

vislumbre [bis'lumbre] *f* ❶ (*resplandor*) Schimmer *m* ❷ (*idea*) Ahnung *f;* no tener ni la más leve ~ de algo keinen blassen Schimmer von etw *dat* haben

viso ['biso] *m* ❶ (*resplandor*) Schimmer *m;* (*aspecto*) Anschein *m;* esto tiene ~s de no acabar nunca das scheint kein Ende nehmen zu wollen; tiene ~s de llover es sieht nach Regen aus ❷ (*irisación*) Schillern *nt;* hacer ~s schillern

visón [bi'son] *m* Nerz *m*

visor [bi'sor] *m* ❶ (MIL) Visier *nt;* ~ de luz infrarroja Infrarotsichtgerät *nt* ❷ (FOTO) Sucher *m*

víspera ['bispera] *f* (*noche anterior*) Vorabend *m;* (*día anterior*) Vortag *m;* en ~s de kurz vor +*dat;* estar en ~s de hacer algo im Begriff sein etw zu tun

vista ['bista] *f* ❶ (*visión*) Sicht *f;* (*capacidad*) Sehvermögen *nt;* (*mirada*) Blick *m;* ~ de lince Adleraugen *ntpl;* aguzar la ~ den Blick schärfen; al/fuera del alcance de la ~ in/außer Sicht(weite); a la ~ (*al parecer*) anscheinend; (*visible*) offensichtlich; (*previsible*) absehbar; a la ~ de todos vor aller Augen; a la ~ está sieht ganz so aus; alzar/bajar la ~ den Blick heben/senken; apartar la ~ wegschauen; no apartar la ~ de alguien jdn unaufhörlich anschauen; a primera ~ auf den ersten Blick; a simple ~ mit dem bloßen Auge; (*fig*) auf einen Blick; comerse a alguien con la ~ jdn mit den Augen verschlingen; con la ~ puesta en algo den Blick auf etw gerichtet; con ~s a... im Hinblick auf ... +*akk;* corto de ~ kurzsichtig; dejar vagar la ~ den Blick schweifen lassen; dirigir la ~ a algo den Blick auf etw richten; a Paco no hay quien le eche la ~ encima Paco ist völlig von der Bildfläche verschwunden; de ~ vom Sehen; en vista de que... angesichts der Tatsache, dass ...; está a la ~

quién va a ganar es ist abzusehen, wer gewinnen wird; ¡fuera de mi ~! geh mir aus den Augen!; hacer la ~ gorda ein Auge zudrücken; ¡hasta la ~! auf Wiedersehen!; hasta donde alcanza la ~ so weit das Auge reicht; nublar la ~ den Blick trüben; se me nubla la ~ (*desmayo*) mir wird schwarz vor den Augen; no perder de ~ nicht aus den Augen lassen; pagadero a la ~ (COM) zahlbar bei Sicht; perder de ~ aus den Augen verlieren; quedar a la ~ zum Vorschein kommen; saltar a la ~ ins Auge springen; tener buena ~ gute Augen haben; volver la ~ (atrás) zurückblicken; tener ~ (*fig*) ein Schlitzohr sein ❷ (*panorama*) Aussicht *f;* ~ panorámica Panoramablick *m;* (*mirador*) Aussichtspunkt *m;* con ~s al mar mit Blick auf das Meer ❸ (*imagen, perspectiva*) Ansicht *f;* (FOTO) Aufnahme *f;* ~ aérea Luftaufnahme *f;* (ARQUIT) Aufsicht *f;* ~ general Gesamtbild *nt;* ~ de pájaro Vogelperspektive *f;* a ~ de pájaro aus der Vogelperspektive ❹ (*aspecto*) Aussehen *nt;* tener buena ~ gut aussehen ❺ (JUR) Verhandlung *f;* ~ oral Hauptverhandlung *f*

vistazo [bis'taθo] *m* (flüchtiger) Blick *m;* de un ~ mit einem Blick; echar un ~ a algo einen Blick auf etw werfen; voy a dar un ~ ich gehe mal nachschauen

visto, -a ['bisto, -a] **I.** *pp de* **ver** **II.** *adj* ❶ (*considerado*) angesehen ❷ (*anticuado*) veraltet; está muy ~ (*fig*) das ist Schnee von gestern ❸ (JUR): ~ para sentencia hauptverhandlungsfähig ❹ (ADMIN, JUR) gesehen und genehmigt ❺ (*loc*): el pastel desapareció – y no ~ ehe man es sich versah, war der Kuchen weg; está ~ que no puede ser de otra forma offensichtlich kann es nicht anders sein; este abrigo está muy ~ diesen Mantel trägt wirklich Hinz und Kunz; nunca ~ nie dagewesen; (*inaudito*) unerhört; por lo ~ allem Anschein nach **III.** *conj:* ~ que... angesichts der Tatsache, dass ...

visto bueno ['bisto 'βweno] *m* (ADMIN, JUR) Sichtvermerk *m;* dar el ~ a algo (*fig*) sein Plazet zu etw *dat* geben

vistosidad [bistosi'ðaðⁿ] *f* (*atractivo*) Ansehnlichkeit *f;* (*hermosura*) Pracht *f*

vistoso, -a [bis'toso, -a] *adj* (*atractivo*) ansehnlich; (*llamativo*) auffällig; (*hermoso*) prächtig

visual [bi'swal] **I.** *adj* visuell; campo ~ Gesichtsfeld *nt* **II.** *f* Augenlinie *f*

visualidad [biswali'ðaðⁿ] *f* (*elev*) angenehmer Anblick *m*

visualización [biswaliθa'θjon] *f* Veranschaulichung *f;* (*display, t.* INFOR) Anzeige *f;* ~ **por cristal líquido** LCD-Anzeige *f;* ~ **por diodo luminoso** LED-Anzeige *f*

visualizador [biswaliθa'ðor] *m* (INFOR) Display *nt,* Browser *m*

visualizar [biswali'θar] <z→c> *vt* ➊ (*representar*) veranschaulichen ➋ (*Am: divisar*) erblicken ➌ (INFOR) anzeigen

vital [bi'tal] *adj* ➊ (*t.* MED) vital, Lebens-; **constantes ~es** Vitalfunktionen *f;* **fuerza** ~ Lebenskraft *f* ➋ (*necesario*) lebenswichtig ➌ (*vivaz*) vital

vitalicio, -a [bita'liθjo, -a] *adj* (ADMIN, FIN) auf Lebenszeit; **renta vitalicia** Leibrente *f;* **seguro** ~ Lebensversicherung *f*

vitalidad [bitali'ðað] *f sin pl* ➊ (*importancia*) (lebenswichtige) Bedeutung *f* ➋ (*energía*) Vitalität *f;* (*alegría de vivir*) Lebensfreude *f*

vitalismo [bita'lismo] *m sin pl* (FILOS) Vitalismus *m*

vitalizar [bitali'θar] <z→c> *vt* (*vivificar*) beleben; (*fortalecer*) kräftigen

vitamina [bita'mina] *f* Vitamin *nt;* **pobre en ~s** vitaminarm; **rico en ~s** vitaminreich

vitaminar [bitami'nar] *vt* mit Vitaminen anreichern

vitamínico, -a [bita'miniko, -a] *adj* (MED) Vitamin-; **complejo** ~ Vitaminpräparat *nt*

vitícola [bi'tikola] *adj* Weinbau-

viticultor(a) [bitikuɬ'tor(a)] *m(f)* Winzer(in) *m(f)*

viticultura [bitikuɬ'tura] *f* Weinbau *m*

vitola [bi'tola] *f* ➊ (*tipo de puro*) Zigarrenkaliber *nt* ➋ (*banda*) Zigarrenbauchbinde *f*

vítor ['bitor] *m* Hochruf *m;* **prorrumpir en ~es** in Hochrufe ausbrechen

vitorear [bitore'ar] *vt* hochleben lassen

vitoriano, -a [bito'rjano, -a] I. *adj* aus Vitoria II. *m, f* Einwohner(in) *m(f)* von Vitoria

vítreo, -a ['bitreo, -a] *adj* ➊ (*de vidrio*) gläsern, Glas- ➋ (*similar al vidrio*) glasartig; (*vidrioso*) glasig

vitrificar [bitrifi'kar] <c→qu> *vt* ➊ (*esmaltar*) glasieren; **azulejo vitrificado** glasierte Kachel ➋ (*convertir*) sintern

vitrina [bi'trina] *f* Vitrine *f;* (*Am: escaparate*) Schaufenster *nt*

vituallas [bi'twaʎas] *fpl* (MIL) Proviant *m*

vituperable [bitupe'raβle] *adj* (*inmoral*) verwerflich; (*censurable*) tadelnswert; (*despreciable*) verachtenswert

vituperación [bitupera'θjon] *f* (*reprobación*) Verwerfung *f;* (*censura*) Tadel *m,* Rüge *f*

vituperador(a) [bitupera'ðor(a)] *m(f)* Tadler(in) *m(f)*

vituperar [bitupe'rar] *vt* (*reprobar*) verwerfen; (*censurar*) tadeln

vituperio [bitu'perjo] *m* (*censura*) Tadel *m;* (*injuria*) Beleidigung *f*

viudedad [bjuðe'ðað] *f* ➊ *v.* **viudez** ➋ (*pensión*) Witwenrente *f*

viudez [bju'ðeθ] *f* (*de la mujer*) Witwenstand *m;* (*del hombre*) Witwerstand *m*

viudo, -a ['bjuðo, -a] I. *adj* verwitwet; **quedarse** ~ verwitwen II. *m, f* Witwer *m,* Witwe *f*

viva ['biβa] I. *interj* hoch (soll er/sie leben)!; **¡~ el rey!** es lebe der König!; **¡~n los novios!** ein Hoch dem Brautpaar! II. *m* Hochruf *m;* **dar ~s a alguien** jdm zujubeln; **recibir con ~s** unter Hochrufen empfangen

vivacidad [biβaθi'ðað] *f sin pl* ➊ (*viveza*) Lebhaftigkeit *f* ➋ (*energía*) Lebenskraft *f* ➌ (*movilidad*) Regsamkeit *f;* (*agilidad*) Rührigkeit *f* ➍ (*agudeza*) Aufgewecktheit *f*

vivales [bi'βales] *m inv* gerissener Bursche *m*

vivaracho, -a [biβa'ratʃo, -a] *adj* ➊ (*vivo*) lebhaft ➋ (*despierto*) aufgeweckt

vivaz [bi'βaθ] *adj* ➊ (BOT) mehrjährig; (*perenne*) immergrün ➋ (*vivaracho*) lebhaft ➌ (*enérgico*) voller Lebenskraft ➍ (*despierto*) aufgeweckt

vivencia [bi'βenθja] *f* Erlebnis *nt*

víveres ['biβeres] *mpl* Lebensmittel *ntpl;* (MIL) Proviant *m*

vivero [bi'βero] *m* ➊ (*de plantas*) Gärtnerei *f;* (*de árboles*) Baumschule *f* ➋ (*de peces*) Zuchtteich *m;* (*en un restaurante*) Bassin *nt*

viveza [bi'βeθa] *f* ➊ (*celeridad*) Behändigkeit *f;* (*agilidad*) Regsamkeit *f* ➋ (*energía*) Lebendigkeit *f* ➌ (*agudeza*) Aufgewecktheit *f* ➍ (*de colores*) Leuchtkraft *f*

vívido, -a ['biβiðo, -a] *adj* lebendig

vividor(a) [biβi'ðor(a)] *m(f)* Lebemann, -frau *m, f;* (*pey*) Windhund *m;* (*gorrón*) Nassauer *m*

vivienda [bi'βjenda] *f* ➊ (*piso*) Wohnung *f;* (*casa*) Wohnhaus *nt;* (*residencia*) Wohnsitz *m;* **sin** ~ obdachlos; **el problema de la** ~ das Wohnungsproblem ➋ (*Am: modo de vida*) Lebensweise *f*

viviente [bi'βjente] *adj* lebendig; **seres ~s** Lebewesen *ntpl;* **ni alma** ~ (*fig*) keine Menschenseele

vivificar [biβifi'kar] <c→qu> *vt* ➊ (*vitalizar*) beleben ➋ (*animar*) Kraft spenden +*dat*

vivir [bi'βir] I. *vi* ➊ (*estar vivo*) leben; ~ **al día** in den Tag hineinleben; ~ **a lo grande** auf großem Fuß leben; ~ **como un rey**

wie Gott in Frankreich leben; ~ **de rentas** (*fig*) vom Ruhm seiner Vergangenheit zehren; **¡~ para ver!** (*asombro*) wer hätte das gedacht!; (*confianza*) das wird sich noch zeigen!; **no dejar ~ a alguien** jdm das Leben zur Hölle machen; **no ~ de preocupación** vor Sorgen fast umkommen ② (*habitar*) wohnen ③ (*durar*) überdauern; (*perdurar*) fortleben **II.** *vt* erleben; (*experiencias negativas*) durchmachen; ~ **su** (**propia**) **vida** sein (eigenes) Leben führen **III.** *m* Leben *nt*; (*modo de vida*) Lebensweise *f*; **de mal ~** anrüchig

vivo¹ ['biβo] *m* ① (*borde*) Rand *m* ② (*tira*) Biese *f*

vivo, -a² ['biβo, -a] **I.** *adj* ① (*viviente*) lebend(ig); **cal viva** ungelöschter Kalk; **ser ~** Lebewesen *nt*; **a fuego ~** (GASTR) bei starker Hitze; **a lágrima viva** tränenüberströmt; **a lo ~** bei lebendigem Leibe; **al rojo ~** blutrot; **a viva fuerza** mit Gewalt; **de viva voz** persönlich; **en carne viva** wund; **en ~** (MÚS) live; **estar ~** am Leben sein; **herir en lo más ~** (*fig*) tief verletzen; **tener el ~ deseo de que** +*subj* den lebhaften Wunsch haben, dass ... ② (*vivaz*) lebhaft ③ (*enérgico*) heftig; **de genio ~** (leicht) aufbrausend ④ (*color*) leuchtend ⑤ (*actual*) frisch; (*presente*) präsent; (*duradero*) beständig ⑥ (*vívido*) lebendig ⑦ (*avispado*) aufgeweckt; (*pey*) gerissen **II.** *m, f* ① (*ser viviente*) Lebende(r) *mf* ② (*zorro*) schlauer Fuchs *m*

vizcaíno, -a [biθka'ino, -a] **I.** *adj* aus Biscaya **II.** *m, f* Einwohner(in) *m(f)* Biscayas

Vizcaya [biθ'kaʝa] *f* Biscaya *nt*

V.O. [ber'sjon orixi'nal] *abr de* **versión original** O.F.

vocablo [bo'kaβlo] *m* Vokabel *f*

vocabulario [bokaβu'larjo] *m* ① (*léxico*) Wortschatz *m*; ~ **especializado** Fachwortschatz *m*; **tener un buen ~** einen breiten Wortschatz haben ② (*lista*) Glossar *nt*

vocación [boka'θjon] *f* Berufung *f*; ~ **artística** künstlerische Ader; **por ~** aus Berufung; **sentir ~** sich berufen fühlen; **tener ~** berufen sein

vocal¹ [bo'kal] **I.** *adj* (MÚS) vokal **II.** *f* (LING) Vokal *m*, Selbstlaut *m*

vocal² [bo'kal] *mf* Mitglied *nt*; (*portavoz*) Wortführer(in) *m(f)*

vocalista [boka'lista] *mf* (MÚS) Vokalist(in) *m(f)*

vocear [boθe'ar] **I.** *vi* schreien; (*enfadado*) zetern **II.** *vt* ① (*manifestar*) herausschreien ② (*llamar*) rufen ③ (*pregonar*) ausrufen ④ (*divulgar*) ausposaunen ⑤ (*aclamar*) zujubeln +*dat* ⑥ (*presumir*) angeben (mit +*dat*)

voceras [bo'θeras] *m inv* (*fam: bocazas*) Großmaul *nt*

vocerío [boθe'rio] *m* (*griterío*) Geschrei *nt*; (*discusión*) Gezeter *nt*

vocero, -a [bo'θero, -a] *m, f* (*Am: portavoz*) Sprecher(in) *m(f)*

vociferar [boθife'rar] **I.** *vi* brüllen **II.** *vt* ① (*gritar*) herausschreien ② (*pey: proclamar*) ausposaunen

vocinglero, -a [boθiŋ'glero, -a] *adj* (*pey*) brüllend; **ser ~** ein Schreihals sein

vodka ['boðka] *m o f* Wodka *m*

voladizo [bola'ðiθo] *m* (*saledizo*) Vorsprung *m*; (ARQUIT) Auskragung *f*

volado, -a [bo'laðo, -a] *adj* ① (ARQUIT) vorspringend ② (*fam: loco*) übergeschnappt ③ (*Am: ausente*) abwesend; (*enamorado*) verschossen *fam* ④ (*CSur*): ~ **de genio** (*fam*) leicht entzündlich ⑤ (*inquieto*) aufgewühlt

volador(a) [bola'ðor(a)] *adj* fliegend; **aparato ~** Fluggerät *nt*

voladura [bola'ðura] *f* Sprengung *f*

volandas [bo'landas] *fpl*: **en ~** (*en el aire*) in der Luft (schwebend); (*deprisa*) im Nu; **llevar a ~** mit sich *dat* fortreißen

volandero, -a [bolan'dero, -a] *adj* ① (*volantón*) flügge ② (*móvil*) beweglich ③ (*fig: inquieto*) flatterhaft

volante [bo'lante] **I.** *adj* (*móvil*) beweglich; **rueda ~** Schwungrad *nt* **II.** *m* ① (AUTO) Lenkrad *nt*; **ir al ~** am Steuer sitzen; **ponerse al ~** sich ans Steuer setzen ② (TÉC) Schwungrad *nt*; (*manual*) Handrad *nt*; ~ **de maniobra** Schaltrad *nt* ③ (*del reloj*) Unruh *f* ④ (*adorno*) Volant *m* ⑤ (*escrito*) Flugblatt *nt* ⑥ (MED) Überweisungsschein *m* ⑦ (DEP) Federball *m* ⑧ (*Am: conductor*) Autofahrer(in) *m(f)*; (DEP) Rennfahrer(in) *m(f)*

volantín [bolan'tin] *m* ① (*sedal*) Wurfangelschnur *f* ② (*Am: cometa*) Drachen *m* ③ (*Am: voltereta*) Überschlag *m*; (*acrobacia*) Salto *m*

volar [bo'lar] <o→ue> **I.** *vi* ① (*en el aire*) fliegen; **echar a ~** losfliegen; **el tiempo vuela** die Zeit vergeht wie im Fluge ② (*desaparecer*) verschwinden; **el dinero ha volado** das Geld ist weg ③ (*apresurarse*) eilen; **¡voy volando!** ich fliege!; ~ **a** +*inf* sich beeilen zu +*inf* ④ (*argot: con drogas*) high sein **II.** *vt* ① (*hacer explotar*) sprengen ② (*enfadar*) aufregen ③ (*hacer volar*) fliegen lassen; (*ave*) aufscheuchen; **hacer ~ una cometa** einen Drachen steigen lassen ④ (TIPO) hochstellen ⑤ (*AmC: loc, fam*): ~ **diente** (*comer*) futtern; ~ **lengua**

(*hablar*) schwatzen; ~ **pata** (*caminar*) sich *dat* die Beine vertreten **III.** *vr:* ~ **se** ❶ (*huir*) entfliegen ❷ (*desaparecer*) sich davonmachen ❸ (*Am: enfadarse*) sich aufregen

volatería [bolate'ria] *f* (*pájaros*) Geflügel *nt*

volátil [bo'latil] **I.** *adj* ❶ (*volador*) fliegend ❷ (QUÍM) flüchtig ❸ (*inconstante*) flatterhaft **II.** *m* Federvieh *nt*

volatilidad [bolatili'ðað] *f* ❶ (QUÍM) Flüchtigkeit *f* ❷ (*inconstancia*) Flatterhaftigkeit *f*

volatilizar [bolatili'θar] <z→c> **I.** *vt* (QUÍM) verflüchtigen **II.** *vr:* ~ **se** ❶ (QUÍM) sich verflüchtigen; (*fig*) sich in Luft auflösen

volcán [bol'kan] *m* ❶ (GEO) Vulkan *m* ❷ (*Am: fig: montón*) Berg *m*

volcánico, -a [bol'kaniko, -a] *adj* ❶ (GEO) vulkanisch ❷ (*ardiente*) feurig

volcar [bol'kar] *irr* **I.** *vi* (*tumbarse*) (um)kippen; (*caer*) umfallen; (AERO) kippen **II.** *vt* ❶ (*hacer caer*) umwerfen; (*verter*) auskippen ❷ (*dar la vuelta*) umdrehen **III.** *vr:* ~ **se** ❶ (*darse la vuelta*) (um)kippen; (*caer*) umfallen; (*dar una voltereta*) sich überschlagen ❷ (*esforzarse*) sich bemühen; ~ **se con alguien en atenciones/ amabilidad** jdm gegenüber extrem aufmerksam/überaus liebenswürdig sein; ~ **se en** [*o* **con**] **alguien** sich *dat* für jdn ein Bein ausreißen

volea [bo'lea] *f v.* **voleo**

volear [bole'ar] *vi, vt* (*tenis*) volley schlagen; (*fútbol*) volley schießen

voleibol [bolei̯'βol] *m* Volleyball *m*

voleiplaya [bolei̯'plaʝa] *m* Strandvolleyball *m*

voleo [bo'leo] *m* (DEP) Volley *m;* **a** ~ volley; (*fig*) massenhaft; (*descuidadamente*) aufs Geratewohl

volframio [bol'framjo] *m* (QUÍM) Wolfram *nt*

volovelismo [boloβe'lismo] *m sin pl* (DEP) Segelfliegen *nt*

volquete [bol'kete] *m* Kipplore *f;* (*camión*) Kippwagen *m*

volt [bol'] *m v.* **voltio**

voltaje [bol'taxe] *m* Spannung *f*

voltear [bolte'ar] **I.** *vi* ❶ (*dar vueltas: persona*) sich herumwälzen; (*cosa*) sich drehen ❷ (*volcar*) sich überschlagen ❸ (*Am: torcer*) abbiegen; (*girarse*) sich umdrehen; ~ **a** +*inf* wieder +*inf* ❹ (*Am: pasear*) spazieren gehen **II.** *vt* ❶ (*invertir*) umdrehen; (*volver del revés*) umstülpen ❷ (*hacer girar*) zum Drehen bringen; ~ **las campanas** die Glocken läuten ❸ (*Am: volcar*) umkippen; (*volver*) (um)drehen; ~ **la**

espalda a alguien jdm den Rücken zudrehen ❹ (*Am: lanzar al aire*) in die Luft werfen; (*el lazo*) schwingen **III.** *vr:* ~ **se** ❶ (*dar vueltas*) sich drehen; (*volcar*) sich überschlagen ❷ (*Am: volcar*) umkippen; (*darse la vuelta*) sich umdrehen

voltereta [bolte'reta] *f* ❶ (*cabriola*) Purzelbaum *m;* (*en el aire*) Salto *m;* **dar una** ~ einen Purzelbaum schlagen; (*en el aire*) einen Salto machen ❷ (*vuelco*) Umschwung *m*

voltio ['bol̯tjo] *m* Volt *nt*

volubilidad [boluβili'ðað] *f* ❶ (QUÍM) Flüchtigkeit *f* ❷ (*inconstancia*) Unbeständigkeit *f;* (*imprevisibilidad*) Unberechenbarkeit *f*

voluble [bo'luβle] *adj* ❶ (QUÍM) flüchtig ❷ (*inconstante*) unbeständig; (*imprevisible*) unberechenbar ❸ (BOT) Schling-

volumen [bo'lumen] *m* ❶ (*tamaño*) Umfang *m;* (*t.* Fís, MAT) Volumen *nt;* (*cabida*) Fassungsvermögen *nt;* (*cantidad*) (Gesamt)menge *f;* (*del pelo*) Fülle *f;* ~ **de ventas** Umsatz *m;* **de gran** ~ von großem Umfang ❷ (*de sonido*) Lautstärke *f;* **a todo** ~ sehr laut; **poner la música a todo** ~ die Musik voll aufdrehen ❸ (*tomo*) Band *m;* **en dos/varios volúmenes** zwei-/ mehrbändig

voluminoso, -a [bolumi'noso, -a] *adj* voluminös; (*poco manejable*) sperrig; (*grueso*) umfangreich; (*corpulento*) korpulent

voluntad [bolun̯'tad] *f* ❶ (*intención*) Wille *m;* (*fuerza de* ~) Willenskraft *f;* (JUR) Vorsatz *m;* ~ **de vivir** Lebenswille *m;* **buena** ~ Gutwilligkeit *f;* **mala** ~ Böswilligkeit *f;* **a** ~ nach Belieben; **con buena** ~ aus gutem Willen; **con mucha/poca** ~ willig/unwillig; **contra su** ~ widerwillig; **de última** ~ letztwillig; **hacer su santa** ~ seinen Willen durchsetzen; **poner** ~ **en algo** mit seinem ganzen Willen hinter etw *dat* stehen; **por propia** ~ freiwillig; **quitar a alguien la** ~ **de algo** jdn von etw *dat* abbringen; **tener mucha/poca** ~ einen starken/ schwachen Willen haben ❷ (*cariño*) Zuneigung *f;* **dar la** ~ eine kleine Zuwendung geben; **ganarse la** ~ **de alguien** jdn für sich gewinnen; **tener** (**mucha**) ~ **a alguien** jdm (sehr) zugeneigt sein

voluntariedad [bolun̯tarje'ðað] *f* ❶ (*carácter voluntario*) Freiwilligkeit *f;* (JUR) Wille *m* ❷ (*arbitrariedad*) Willkür *f* ❸ (*fuerza de voluntad*) Willenskraft *f;* (*perseverancia*) Zielstrebigkeit *f*

voluntario, -a [bolun̯'tarjo, -a] **I.** *adj* ❶ (*libre*) freiwillig ❷ (*arbitrario*) willkürlich **II.** *m, f* Freiwillige(r) *mf;* **ofrecerse** ~ **para algo** sich für etw freiwillig melden

voluntarioso, -a [boluṇta'rjoso, -a] *adj* willensstark; (*perseverante*) zielstrebig; (*caprichoso*) eigenwillig

voluntarismo [boluṇta'rismo] *m sin pl* (FILOS) Voluntarismus *m*

voluptuosidad [boluptwosi'ðaᵈ] *f* ➊ (*pasión*) Wollust *f* ➋ (*sensualidad*) Sinnlichkcit *f*

voluptuoso, -a [boluptu'oso, -a] *adj* ➊ (*apasionado*) wollüstig ➋ (*sensual*) sinnlich

voluta [bo'luta] *f* Spirale *f;* (ARQUIT) Volute *f;* (*del violín*) Schnecke *f;* ~s **de humo** Rauchschwaden *mpl*

volver [bol'ßer] *irr* **I.** *vi* ➊ (*dar la vuelta*) umdrehen; ~ **atrás** umkehren ➋ (*regresar*) zurückkehren; ~ **a casa** heimkehren; **al** ~ **a casa me acosté** als ich nach Hause kam, ging ich schlafen; **al** ~ **compra el pan** kauf auf dem Rückweg Brot; **al** ~ **me llamó** nach seiner/ihrer Rückkehr rief er/sie mich an; **he vuelto por la autopista** ich bin auf der Autobahn zurückgefahren; ~ **en sí** wieder zu sich *dat* kommen; ~ **sobre sí** in sich gehen; **volviendo al tema** um auf das Thema zurückzukommen ➌ (*repetir*): ~ **a** +*inf* wieder +*inf;* **he vuelto a cometer el mismo error** ich habe schon wieder denselben Fehler begangen; **he vuelto a casarme** ich habe wieder geheiratet **II.** *vt* ➊ (*dar la vuelta*) umdrehen; ~ **la espalda a alguien** (*t. fig*) jdm den Rücken zukehren; ~ **la vista a algo** den Blick auf etw richten ➋ (*poner del revés*) wenden; (*manga*) umkrempeln ➌ (*transformar*) verwandeln (in +*akk*); ~ **furioso** wild machen; ~ **a su estado original** in den ursprünglichen Zustand zurückbringen ➍ (*devolver*) zurückgeben; ~ **algo a su sitio** etw (an seinen Platz) zurückstellen **III.** *vr:* ~**se** ➊ (*darse la vuelta*) sich umdrehen (*a/hacia* nach +*dat*) ➋ (*dirigirse*) sich wenden (*a/hacia* an +*akk*); ~**se contra alguien** sich gegen jdn wenden; ~**se** (*para*) **atrás** umkehren; (*fig*) einen Rückzieher machen; **no tengo dónde** ~**me** ich habe niemanden, an den ich mich wenden kann ➌ (*regresar*) zurückkehren ➍ (*convertirse*) sich verwandeln (in +*akk*); (*ponerse*) werden; ~**se viejo/rico** alt/reich werden

vomitar [bomi'tar] **I.** *vi* sich übergeben; **es para** ~ (*argot*) es ist zum Kotzen; **este salchichón me da ganas de** ~ von dieser Salami wird mir ganz übel; **me dan ganas de** ~ mir ist schlecht **II.** *vt* erbrechen; (*fig*) spucken; (*insultos*) ausstoßen; (*sangre*) speien

vomitivo, -a [bomi'tiβo, -a] *adj* ➊ (MED) Brechreiz erregend ➋ (*argot: asqueroso*) ekelhaft; **ese es** ~ der Typ ist ein echter Kotzbrocken

vómito ['bomito] *m* (*acción*) Erbrechen *nt;* (*lo vomitado*) Erbrochene(s) *nt;* ~ **de sangre** Blutsturz *m;* **provocar** ~**s a alguien** jdn zum Erbrechen bringen

voracidad [boraθi'ðaᵈ] *f* (*ganas*) Gelüste *nt geh;* (*pey*) Essgier *f;* (*pey: glotonería*) Gefräßigkeit *f;* (MED) Vorazität *f;* **la** ~ **de las llamas** die alles verzehrenden Flammen

vorágine [bo'raxine] *f* ➊ (*remolino*) Strudel *m* ➋ (*confusión*) Trubel *m*

voraz [bo'raθ] *adj* (*pey: glotón*) gefräßig; (*hambriento*) heißhungrig; (*t. fig: devorador*) alles verzehrend; **apetito** ~ Heißhunger *m*

vórtice ['bortiθe] *m* (*de agua*) Strudel *m;* (*de un ciclón*) Auge *nt* eines Wirbelsturms

vos [bos] *pron pers* ➊ (HIST: *usted*) Ihr *pl* ➋ (*Am: tú*) du ➌ (*Am: con preposición*): **esto es para** ~ das ist für dich; **voy con** ~ ich komme mit dir

vosear [bose'ar] *vt* mit ‚*vos*' anstatt ‚*tú*' duzen (*üblich in Argentinien*)

ℹ Land & Leute

Der Begriff **vosear** bezeichnet ein linguistisches Phänomen: das Duzen mit *vos* anstatt mit *tú*. Es ist in Argentinien und anderen spanischsprachigen Ländern Lateinamerikas sehr verbreitet.

Vosgos ['bosɣos] *mpl:* **los** ~ die Vogesen

vosotros, -as [bo'sotros, -as] *pron pers* ➊ (*sujeto*) ihr ➋ (*tras preposición*) euch

votación [bota'θjon] *f* Abstimmung *f;* ~ **a mano alzada** Abstimmung durch Handzeichen; **someter algo a** ~ über etw abstimmen (lassen)

votante [bo'taṇte] *mf* Abstimmende(r) *mf*

votar [bo'tar] **I.** *vi* ➊ (*decidir*) abstimmen; (*elegir*) stimmen (*a/por* für +*akk*) ➋ (REL) ein Gelöbnis ablegen ➌ (*maldecir*) fluchen; **¡voto a tal!** verflucht! **II.** *vt* ➊ (*decidir*) abstimmen (über +*akk*); (*elegir*) stimmen (für +*akk*); ~ **una ley/un presupuesto** ein Gesetz/einen Haushalt verabschieden ➋ (REL) geloben

voto ['boto] *m* ➊ (POL: *opinión*) Stimme *f;* (*acción*) Abstimmung *f;* ~ **afirmativo** [*o* **a favor**] Jastimme *f;* ~ **en blanco** Abgabe eines leeren Stimmzettels; ~ **de censura** Misstrauensvotum *nt;* ~ **por correo** Briefwahl *f;* ~ **negativo** [*o* **en contra**] Neinstimme f; **derecho a** ~ Stimmrecht nt; **dar su** ~ **a algo** für etw stimmen; **emitir su** ~ seine Stimme abgeben; **tener** (**derecho a**) ~ stimmberechtigt sein; **acción sin** ~ (FIN) Aktie ohne Stimmrecht ❷ (REL: *promesa*) Gelübde nt; **hacer** ~**s por** +inf, **hacer** ~**s por que...** +subj (t. fig) beten, dass ...

voy [boi̯] 1. pres de **ir**

voyeurismo [bwaɟeˈrismo] m sin pl Voyeurismus m

voz [boθ] f ❶ (*sonido, expresión, facultad, voto*) Stimme f; ~ **afeminada** Fistelstimme f; ~ **aguardentosa** Stimme wie ein Reibeisen; ~ **cantante** Solostimme f; ~ **de mando** Kommando nt; **a dos/cuatro voces** (MÚS) zwei-/vierstimmig; **aclarar la** ~ sich räuspern; **ahuecar la** ~ seine Stimme anheben; **levantar/bajar la** ~ lauter/leiser sprechen; **levantar la** ~ **a alguien** gegen jdn die Stimme erheben; **a media** ~ halblaut; **correr la** ~ **de algo** etw weitersagen; **de viva** ~ persönlich; **hablar en** ~ **alta/baja** laut/leise sprechen; **hacer oír su** ~ Gehör finden; **leer en** ~ **alta** vorlesen; **llevar la** ~ **cantante** (*fig*) den Ton angeben; **no tener ni** ~ **ni voto** nicht mitreden dürfen; (*fig*) nichts zu melden haben; **se me quebró la** ~ mir versagte die Stimme; (*fig*) es verschlug mir die Sprache; **tener** ~ **en algo** bei etw dat Mitspracherecht haben; (*fig*) bei etw dat ein Wörtchen mitzureden haben ❷ (*grito*) Ruf m; **voces** Geschrei nt; **a voces** schreiend; **a** ~ **en cuello** lauthals; **dar una** ~ **a alguien** jdm zurufen; **dar voces** schreien; **dar la** ~ **de alarma** Alarm schreien; **pegar** (**cuatro**) **voces** laut werden; **pedir algo a voces** nach etw dat schreien ❸ (*sonido*) Klang m ❹ (*rumor*) Gerücht nt; **corre la** ~ **de que te casas** man munkelt, dass du heiratest ❺ (*vocablo*) Wort nt; ~ **técnica** Fachterminus m; **de viva** ~ mündlich ❻ (*del verbo*): ~ **activa/pasiva** Aktiv nt/ Passiv nt

vozarrón [boθaˈrron] m grobe, laute Stimme f; **¡vaya** ~ **que tiene!** der/die hat aber ein lautes Organ!

vudú [buˈðu] m sin pl Wodu m

vuelco [ˈbwelko] m (*tumbo*) Umkippen nt; (*voltereta*) Überschlag m; (*cambio*) Umschwung m; **dar un** ~ sich überschlagen; (*fig*) eine Kehrtwendung machen; **me dio un** ~ **el corazón** mir blieb das Herz stehen

vuelo [ˈbwelo] m ❶ (*en el aire*) Flug m; ~ **acrobático** Kunstflug m; ~ **en globo** Ballonfahrt f; ~ **sin motor** Segelflug m; ~ **nacional/internacional** Inland-/Aus-

landflug m; ~ **rasante** Tiefflug m; ~ **regular** Linienflug m; **levantar el** ~ emporfliegen; **al** ~ in der Luft; (*fig*) im Fluge; **cogerlas al** ~ (*fig*) im Nu kapieren; **cortar los** ~**s a alguien** jdm die Flügel stutzen; **de altos** ~**s** großspurig; **oír el** ~ **de una mosca** (*fig*) eine Stecknadel fallen hören; **tomar** ~ (*fig*) auffliegen ❷ (*de la ropa*) Weite f; **falda de** ~ weiter Rock

vuelta [ˈbwelta] f ❶ (*giro*) (Um)drehung f; ~ **de campana** (AUTO) Überschlagen nt; **andar a** ~**s con algo** (*fam*) sich mit etw dat herumschlagen; **buscar las** ~**s a alguien** jdn übers Ohr hauen; **dar la** ~ wenden; (*poner cabeza abajo*) auf den Kopf stellen; (*llave*) herumdrehen; **dar muchas** ~**s a algo** (*fig*) sich dat über etw dat den Kopf zerbrechen; **darle cien** ~**s a alguien** (*fig*) jdm haushoch überlegen sein; **darse la** ~ sich umdrehen; (*de campana*) sich überschlagen; **dar** ~**s a algo** etw drehen; **dar(se) media** ~ sich umdrehen; **dar(se) una** ~ spazieren gehen; **no tiene** ~ **de hoja** (*fig*) so ist es nun mal; **poner a alguien de** ~ **y media** an jdm kein gutes Haar lassen ❷ (*regreso*) Rückkehr f; (*viaje*) Rückfahrt f; ~ **atrás** Umkehr f; (*fig*) Rückzieher m; (CINE) Rückblende f; **a la** ~ **pasaremos por vuestra casa** auf dem Rückweg werden wir bei euch vorbeischauen; **a la** ~ **empezaré a trabajar** nach meiner Rückkehr werde ich anfangen zu arbeiten; **de** ~ **a casa** auf dem Rückweg nach Hause; **estar de** ~ zurück(gekehrt) sein; **estar de** ~ **de todo** (*fig*) ein alter Hase sein ❸ (*curva*) Biegung f; **dar** ~**s y revueltas** sehr kurvenreich sein ❹ (*dinero*) Wechselgeld nt; **dar la** ~ herausgeben ❺ (*cambio*) Wende f; **la vida da muchas** ~**s** erstens kommt es anders, und zweitens als man denkt; **¡las** ~**s que da la vida!** das Leben ist ein einziges Auf und Ab! ❻ (DEP) Runde f; ~ **ciclista** Tour f ❼ (POL) Wahlgang m ❽ (*devolución*) Rückgabe f ❾ (*reverso*) Rückseite f ❿ (*de la ropa*) Aufschlag m ⓫ (*del tejido*) Reihe f ⓬ (*loc*): **a** ~ **de correo** postwendend; **a la** ~ **de** (*lugar*) um +akk; (*tiempo*) nach +dat

vuelto¹ [ˈbwelto] m (*Am: cambio*) Wechselgeld nt; **dar el** ~ herausgeben

vuelto, -a² [ˈbwelto, -a] pp de **volver**

vuestro, -a [ˈbwestro, -a] I. adj euer, eu(e)re; ~ **coche** euer Auto; **vuestra hija** eure Tochter; ~**s vecinos** eure Nachbarn II. pron pos ❶ (*de vuestra propiedad*) euer(e); **¿es** ~? gehört es euch? ❷ (*tras artículo*): **el** ~/**la vuestra**/**lo** ~ eure(r, s);

los ~s eure; (*parientes*) eure Angehörigen; **mi radio no funciona, ¿me dejáis la vuestra?** mein Radio geht nicht, leiht ihr mir eures?; **ésta es la vuestra** (*fam*) das ist die Gelegenheit für euch ❸ (*tras substantivo*) eure(r); **un amigo ~** ein Freund von euch; (**no**) **es culpa vuestra** es ist (nicht) eure Schuld

vulcanizar [bulkani'θar] <z→c> *vt* (TÉC) vulkanisieren

vulcanología [bulkanolo'xia] *f sin pl* (GEO) Vulkanologie *f*

vulgar [bul'ɣar] *adj* ❶ (*común*) gemein; (*ordinario*) gewöhnlich ❷ (*pey: ordinario*) vulgär ❸ (*bajo*) niedrig ❹ (*ramplón*) platt

vulgaridad [bulɣari'ðað] *f* ❶ (*normalidad*) Gewöhnlichkeit *f* ❷ (*pey: grosería*) Derbheit *f* ❸ (*ramplonería*) Plattheit *f*

vulgarismo [bulɣa'rismo] *m* (LING) Vulgarismus *m*

vulgarizar [bulɣari'θar] <z→c> **I.** *vt* ❶ (*simplificar*) vereinfachen ❷ (*popularizar*) popularisieren **II.** *vr:* **~se** ❶ (*pey: persona*) vulgär werden ❷ (*trivializarse*) abflachen ❸ (*popularizarse*) populär werden

vulgo ['bulɣo] *m* ❶ (*mayoría*) breite Allgemeinheit *f;* (*pey: masa*) Masse *f* ❷ (*pueblo, profanos*) gemeines Volk *nt*

vulnerabilidad [bulneraβili'ðað] *f* Verletzlichkeit *f;* (*de la salud, de máquinas*) Anfälligkeit *f*

vulnerable [bulne'raβle] *adj* verletzlich

vulneración [bulnera'θjon] *f* Verletzung *f*

vulnerar [bulne'rar] *vt* verletzen

vulva ['bulβa] *f* Schamgegend *f;* **labios de la ~** Schamlippen *fpl*

ler(in) *m(f)*

waterpolo [bater'polo] *m* Wasserball *m*

watt [baᵗ] *m* Watt *nt*

W.C. ['uβe θe] *m abr de* **water-closet** WC *nt*

whisky ['wiski] *m* (*escocés*) Whisky *m;* (*americano, irlandés*) Whiskey *m*

windsurf ['winᵈsurf] *m* ❶ (DEP) (Wind)surfen *nt* ❷ (*tabla*) Surfbrett *nt*

windsurfing [winᵈ'surfiŋ] *m sin pl* (Wind)surfen *nt*

windsurfista [winᵈsur'fista] *mf* (Wind)surfer(in) *m(f)*

wing [wiŋ] *m* (*Am*) ❶ (*extremo delantero*) Außenstürmer *m* ❷ (*extrema delantera*) Flügel *m*

wolframio [bol'framjo] *m* Wolfram *nt*

X, x ['ekis] *f* ❶ (*letra*) X, x *nt;* **~ de Xilófono** X wie Xanthippe; **rayos ~** Röntgenstrahlen *mpl;* **en** (**forma de**) **~** x-förmig ❷ (MAT) x; **~ veces** x-mal ❸ (*fig: indeterminado*) x-beliebig ❹ (*numeración romana*) X

xenofobia [seno'foβja] *f* Fremdenfeindlichkeit *f*

xenófobo, -a [se'nofoβo, -a] *adj* fremdenfeindlich

xenón [se'non] *m* (QUÍM) Xenon *nt*

xerocopiar [seroko'pjar] *vt* xerokopieren

xerografiar [seroɣrafi'ar] <*1. pres:* xerografío> *vt* xerographieren

xilófono [si'lofono] *m* Xylophon *nt*

xilografía [siloɣra'fia] *f* Holzschnitt *m*

xirgo, -a ['sirɣo, -a] *adj* (*Méx*) ❶ (*deseado*) schlampig ❷ (*hirsuto*) zottelig

Xunta ['ʃunta] *f* (POL): **la ~** (**de Galicia**) galicisches Regierungsorgan

W, w ['uβe 'ðoβle] *f* W, w *nt;* **~ de Washington** W wie Wilhelm

walkie-talkie ['walki-'talki] *m* Walkie-Talkie *nt*

walkman ['wokman] *m* Walkman® *m*

wampa ['wampa] *f* (*Méx: ciénaga*) Sumpf *m*

warrant ['warranᵗ] <warrants> *m* (FIN) Lager(pfand)schein *m*

wáter ['bater] *m*, **water-closet** ['bater-'klo-seᵗ] *m* Toilette *f*

waterpolista [baterpo'lista] *mf* Wasserbal-

Y, y [i 'ɣrjeɣa] *f* Y, y *nt;* **~ de Yegua** Y wie Ypsilon

y [i] *conj* und; **¿~ qué?** na und?; **días ~ días** tagelang; **me voy de vacaciones – ¿~ tu**

trabajo? ich mache Urlaub – und was ist mit deiner Arbeit?; ¿~ **tu marido**(, **qué tal**)? wie geht es deinem Mann?; ¿~ **mi monedero? – en el coche** wo ist denn mein Geldbeutel? – im Auto; ¿~ **este paquete? – de mis padres** von wem ist dieses Paket? – von meinen Eltern; ¿~ **esta chaqueta? – de mi madre** wem gehört diese Jacke? – meiner Mutter; ~ **eso que** obwohl

ya [ɟa] **I.** *adv* ❶ (*en el pasado*) schon; ~ **es hora de que cambies** es wird (höchste) Zeit, dass du dich änderst ❷ (*pronto*) gleich, sofort; ¡~ **voy!** ich komme schon!; ~ **verás** du wirst schon (noch) sehen ❸ (*ahora*) jetzt; ~ **falta poco para Navidades** bald ist Weihnachten ❹ (*negación*): ~ **no fumo** ich rauche nicht mehr; **no** ... [*o* ~ **no**]... **sino...** nicht nur ..., sondern auch ... ❺ (*afirmación*) ja; ~, ~ jaja, soso; ¡**ah** ~! ach so!; ¡**anda** ~! ach was!; ¡**pues** ~! aber klar doch! **II.** *conj* ❶ (*porque*): ~ **que** da, weil ❷ (*aprovechando que*): ~ **que estás aquí...** wenn du schon hier bist, ...; ~ **que lo mencionas...** weil du gerade davon anfängst, ... ❸ (*o*): ~ **por** ..., ~ **por....** mal wegen ..., mal wegen ... **III.** *interj* ach so!

yac [ɟak] *m* (ZOOL) *v.* **yak**

yacaré [ɟaka're] *m* (ZOOL) Kaiman *m*

yacer [ɟa'θer] *irr vi* ❶ (*estar echado*) liegen ❷ (*estar enterrado*) ruhen ❸ (*acostarse*) schlafen ❹ (*estar*) sich befinden

yacija [ɟa'θixa] *f* ❶ (*pey: cama*) (Nacht)lager *nt*; (*de paja*) Strohlager *nt* ❷ (*sepultura*) Grabstätte *f*

yacimiento [ɟaθi'mjento] *m* (GEO, MIN) Vorkommen *nt*; (*capa*) Flöz *nt*

yaguré [ɟaɣu're] *m* (*Am:* ZOOL) Stinktier *nt*, Skunk *m*

yak [ɟak] *m* Jak *nt*

yámbico, -a ['ɟambiko, -a] *adj* (LIT) jambisch

yambo ['ɟambo] *m* (LIT) Jambus *m*

yang [ɟaŋ] *m* (FILOS) Yang *nt*

yanomami [ɟano'mami] *adj* das Volk der Yanomami betreffend

yanqui ['ɟaŋki] **I.** *adj* (nord)amerikanisch **II.** *mf* (US-)Amerikaner(in) *m(f)*

yantar [ɟan'tar] **I.** *vt* (*elev*) essen; (*al mediodía*) zu Mittag essen **II.** *m* (*elev*) Essen *nt*

yapa ['ɟapa] *f* (*Am*) ❶ (*a un precio*) Zuschlag *m* ❷ (*objeto*) Zugabe *f*; **de** ~ zudem

yapar [ɟa'par] *vt* (*Am*) ❶ (*el precio*) einen Zuschlag erheben (auf +*akk*) ❷ (*un objeto*) dazugeben

yarda ['ɟarða] *f* Yard *nt*

yate ['ɟate] *m* Jacht *f*

yayo, -a ['ɟaɟo, -a] *m, f* (*fam*) Opa *m*, Oma *f*

yazco ['ɟaθko], **yazgo** ['ɟaθɣo] *1. pres de* **yacer**

ye [ɟe] *f* Ypsilon *nt*

yedra ['ɟeðra] *f* Efeu *m*

yegua ['ɟeɣwa] *f* ❶ (ZOOL) Stute *f* ❷ (*AmC: colilla*) Zigarettenstummel *m*

yeguada [ɟe'ɣwaða] *f* Pferdeherde *f*

yelmo ['ɟelmo] *m* Helm *m*

yema ['ɟema] *f* ❶ (*de un huevo*) Eigelb *nt*, (Ei)dotter *m o nt* ❷ (*de un dedo*) Fingerkuppe *f* ❸ (GASTR) Eierkonfekt *nt* ❹ (BOT) Knospe *f* ❺ (*centro*) Mitte *f*; **en la ~ del invierno** im tiefsten Winter; **dar en la ~** (*fig fam*) den Nagel auf den Kopf treffen ❻ (*parte mejor*) Beste(s) *nt*

Yemen ['ɟemen] *m* Jemen *m*

yemení [ɟeme'ni], **yemenita** [ɟeme'nita] **I.** *adj* jemenitisch **II.** *mf* Jemenit(in) *m(f)*

yen [ɟen] <yenes> *m* Yen *m*

yendo ['ɟendo] *ger de* **ir**

yerba ['ɟerβa] *f* ❶ (*planta*) Kraut *nt*; ~ **mate** (*RíoPl*) Matepflanze *f*; (*producto*) Mate(tee) *m* ❷ (*césped*) Gras *nt*; (*pasto*) Gras *nt*; (*seco*) Heu *nt*

yerbear [ɟerβe'ar] *vi* (*Am*) Mate(tee) trinken

yergo ['ɟerɣo] *1. pres de* **erguir**

yermo¹ ['ɟermo] *m* ❶ (*terreno*) Einöde *f* ❷ (AGR) Brachfeld *nt*, Brache *f*

yermo, -a² ['ɟermo, -a] *adj* ❶ (*inhabitado*) unbewohnt ❷ (AGR) brach(liegend); **dejar** ~ brachlegen

yerno ['ɟerno] *m* Schwiegersohn *m*

yernocracia [ɟerno'kraθja] *f* (*fam*) Vettern-wirtschaft *f*

yero ['ɟero] *m* (BOT) Wicke *f*

yerro ['ɟerro] *m* (*equivocación*) Irrtum *m;* (*falta*) Fehler *m*

yerto, -a ['ɟerto, -a] *adj* starr; **quedar ~** (**de un susto**) (vor Schreck) erstarren

yesca ['ɟeska] *f* Zunder *m*

yesería [ɟese'ria] *f* ❶ (*fábrica*) Gipswerk *nt* ❷ (*comercio*) Gipshandel *m*

yesero, -a [ɟe'sero, -a] *m, f* ❶ (*que fabrica*) Gipsfabrikant(in) *m(f)* ❷ (*que vende*) Gipshändler(in) *m(f)*

yeso ['ɟeso] *m* (*material*) Gips *m;* **de ~** gipsern; **dar de ~ una pared** eine Wand verputzen

yesquero [ɟes'kero] *m* (Zunder)feuerzeug *nt*

yeta ['ɟeta] *f* (*Arg, Urug*) Pech *nt*

yeti ['ɟeti] *m* Yeti *m*

yé-yé [ɟe'ɟe] *adj* (*fam*): **hoy vas muy ~** heute bist du aber flippig angezogen

yeyuno [ɟe'ɟuno] *m* Leerdarm *m;* (ANAT) Jejunum *nt*

yid(d)ish ['ɟiðiʃ] *m* Jiddisch(e) *nt*

yin [ɟin] *m* (FILOS) Yin *nt*

yo [ɟo] I. *pron pers* ich; **~ que tú...** ich an deiner Stelle ...; **esto queda entre tú y ~** das bleibt unter uns II. *m* (*t.* PSICO) Ich *nt*

yod [ɟoð] *f* (LING) Jot *nt*

yodo ['ɟoðo] *m* Jod *nt*

yoga ['ɟoɣa] *m* Joga *nt o m*

yoghi ['ɟoɣi] *mf,* **yogui** ['ɟoɣi] *mf* Jogi *m,* Jogin *f*

yogur ['ɟoɣur] <yogures> *m* ❶ (GASTR) Joghurt *m* ❷ (*argot: genio*): **estar de mal ~** schlecht drauf sein; **tener muy mal ~** gemein sein

yogurtera [ɟoɣur'tera] *f* ❶ (*máquina*) Jog(h)urtbereiter *f* ❷ (*argot: coche*) Polizeiauto *nt*

yolo ['ɟolo] *m* (*Méx: fam: corazón*) Herz *nt;* **¡~ mío!** mein Schatz!

yonqui ['ɟoŋki] *mf* (*argot*) Junkie *m*

yóquei ['ɟokei̯] *m,* **yoqui** ['ɟoki] *m* (DEP) Jockei *m*

yoyo *m,* **yoyó** *m* Jo-Jo *nt*

yuca ['ɟuka] *f* (*palma*) Yucca(palme) *f*

yudo ['ɟuðo] *m* Judo *nt*

yudoca [ɟu'ðoka] *mf* (DEP) Judoka *mf*

yugo ['ɟuɣo] *m* ❶ (*dominio, t.* AGR) Joch *nt;* **someterse al ~** sich unterwerfen ❷ (*de la campana*) Glockenstuhl *m*

Yugoslavia [ɟuɣos'laβja] *f* Jugoslawien *nt*

yugoslavo, -a [ɟuɣos'laβo, -a] I. *adj* jugoslawisch II. *m, f* Jugoslawe, -in *m, f*

yugular [ɟuɣu'lar] I. *vt* ❶ (*decapitar*) köp-fen ❷ (*detener*) zum Stillstand bringen; (*acabar*) unterbinden II. *adj* Hals-

yunque ['ɟuŋke] *m* (*para forjar, t.* ANAT) Amboss *m*

yunta ['ɟunta] *f* ❶ (*par*) Gespann *nt,* Joch *nt* ❷ (*PRico, Urug, Ven*) Paar *nt* Manschettenknöpfe

yupi ['ɟupi] *interj* (*fam*) juchhu!

yuppy ['ɟupi] *mf* Yuppie *m*

yute ['ɟute] *m* Jute *f*

yuxtaponer [ɟustapo'ner] *irr como poner* I. *vt* (*a otra cosa*) stellen (*a* neben +*akk*); (*dos cosas*) nebeneinander stellen II. *vr:* **~se** hinzukommen (*a* zu +*dat*)

yuxtaposición [ɟustaposi'θjon] *f* (*acción*) Nebeneinanderstellen *nt;* (*efecto*) Nebeneinanderliegen *nt;* (LING, GEO) Juxtaposition *f*

yuxtapuesto, -a [ɟusta'pwesto, -a] *adj* nebeneinander liegend; (LING) aneinander gereiht

yuyal [ɟu'ɟal] *m* (*CSur*) Gebüsch *nt*

yuyo ['ɟuɟo] *m* ❶ (*CSur: yerbajo*) Unkraut *nt* ❷ *pl* (*Col, Ecua: condimento*) Gewürzkräuter *ntpl* ❸ *pl* (*Perú: verdura*) Gemüse *nt* ❹ (*AmC: ampolla*) Blase *f*

Z z

Z, z ['θeta/'θeða] *f* Z, z *nt;* **~ de Zaragoza** Z wie Zeppelin

zabuir [θa'bwir] *vi* (*Col, PRico: zambullir*) eintauchen

zacate [θa'kate] *m* (*Am: paja*) Stroh *nt*

zafacón [θafa'kon] *m* (*PRico, RDom: cubo de la basura*) Abfalleimer *m*

zafado, -a [θa'faðo, -a] *adj* (*Arg: descarado*) frech

zafadura [θafa'ðura] *f* (*Am: luxación*) Ausrenkung *f*

zafar [θa'far] I. *vt* (NÁUT) klar machen II. *vr:* **~se** ❶ (*de una persona*) loswerden (*de* +*akk*) ❷ (*de un compromiso*) sich drücken (*de* vor +*dat*) ❸ (TÉC: *correa*) abgehen ❹ (*Am: dislocarse*) sich *dat* ausrenken

zafarrancho [θafa'rrantʃo] *m* ❶ (NÁUT) Klarmachen *nt* ❷ (*fam: limpieza*) Großreinemachen *nt* ❸ (*fam: riña*) Zank *m* ❹ (*fam: destrozo*) Verwüstung *f*

zafio, -a ['θafjo, -a] *adj* ❶ (*grosero*) ordinär ❷ (*tosco*) ungehobelt, ungeschliffen

zafiro [θa'firo] *m* Saphir *m*

zafo¹ ['θafo] *adv* (*Am: salvo*) abgesehen von +*dat*, bis auf +*akk*

zafo, -a² ['θafo, -a] *adj* ❶ (NÁUT) klar ❷ (*indemne*) heil; **salir** ~ ungeschoren davonkommen

zafra ['θafra] *f* ❶ (*cosecha*) Zuckerrohrernte *f* ❷ (*fabricación*) Zuckerherstellung *f* ❸ (*tiempo*) Zuckerrohrsaison *f* ❹ (*jarra*) Ölkrug *m*

zaga ['θaɣa] *f* ❶ (*parte posterior*) hinterer Teil *m; *ir a la ~ de alguien** hinter jdm hergehen; **el vicepresidente no le va a la ~ al presidente** der Vizepräsident steht dem Präsidenten in nichts nach ❷ (DEP) Verteidigung *f*

zagal(a) [θa'ɣal(a)] *m(f)* (*muchacho*) Junge *m;* (*muchacha*) Mädchen *nt*

zaguán [θa'ɣwan] *m* ❶ (*vestíbulo*) Diele *f* ❷ (*exterior*) Vorhalle *f*

zaguero¹ [θa'ɣero] *m* (DEP: *en pelota*) Deckungsspieler *m;* (*en fútbol*) Verteidiger *m*

zaguero, -a² [θa'ɣero, -a] *adj* hintere(r, s)

zahareño, -a [θa(a)'reɲo, -a] *adj* spröde

zaherir [θae'rir] *irr como sentir vt* ❶ (*reprender*) tadeln, rügen ❷ (*mortificar*) kränken

zahorí [θao'ri] <zahoríes> *m* ❶ (*vidente*) Hellseher(in) *m(f)* ❷ (*perspicaz*) Gedankenleser(in) *m(f)*

zaino, -a ['θaino, -a] *adj* ❶ (*persona*) hinterlistig; **mirar a lo** ~ verstohlen ansehen ❷ (*res*) schwarz; (*caballo*) dunkelbraun

Zaire ['θaire] *m* Zaire *nt*

zaireño, -a [θai'reɲo, -a] **I.** *adj* zairisch **II.** *m, f* Zairer(in) *m(f)*

zalamería [θalame'ria] *f* Schmeichelei *f*

zalamero, -a [θala'mero, -a] **I.** *adj* schmeichlerisch **II.** *m, f* Schmeichler(in) *m(f)*

zalema [θa'lema] *f* ❶ (*reverencia*) Verbeugung *f* ❷ (*zalamería*) Schmeichelei *f*

zamarra [θa'marra] *f* ❶ (*de pastor*) Hirtenjacke *f* (*aus Schaffell*) ❷ (*chaqueta*) pelzgefütterte Jacke *f* ❸ (*piel*) Schaffell *nt*

zamarro [θa'marro] *m* ❶ (*chaqueta*) pelzgefütterte Jacke *f* ❷ (*piel*) Schaffell *nt* ❸ (*rústico*) Rüpel *m* ❹ (*bribón*) Gauner *m* ❺ *pl* (*Am: pantalones*) Reiterhosen *fpl*

Zambeze [θam'beθe] *m* Sambesi *m*

Zambia ['θambja] *f* Sambia *nt*

zambiano, -a [θam'bjano, -a] **I.** *adj* sambisch **II.** *m, f* Sambier(in) *m(f)*

zambo, -a ['θambo, -a] *adj* (*piernas*) X-beinig

zambomba [θam'bomba] **I.** *f* (MÚS) Stabreibtrommel **II.** *interj* meine Güte

Die **zambomba**, eine „Stabreibtrommel", ist ein typisches weihnachtliches Musikinstrument. Mit der **zambomba** ziehen die Kinder von Haus zu Haus und singen *villancicos – Weihnachtslieder.* Die **zambomba** wird außerdem auch als Lärminstrument während des *carnaval – Karneval* benutzt.

zambombazo [θambom'baθo] *m* (*fam*) ❶ (*porrazo*) Schlag *m* ❷ (*explosión*) Knall *m*

zambombo [θam'bombo] *m* (*fam*) Rüpel *m*

zambra ['θambra] *f* ❶ (*bulla*) Trubel *m* ❷ (*riña*) Radau *m*

zambucar [θambu'kar] <c→qu> *vt* (*fam*) wegstecken

zambullida [θambu'ʎiða] *f* ❶ (*en el agua*) Untertauchen *nt* ❷ (*de cabeza*) Kopfsprung *m;* **darse una** ~ einen Kopfsprung machen

zambullir [θambu'ʎir] <3. pret: zambulló> **I.** *vt* eintauchen **II.** *vr:* ~**se** ❶ (*en el agua*) (ein)tauchen ❷ (*en un asunto*) sich stürzen ❸ (*ocultarse*) sich verstecken; (*cubrirse*) sich einmummen *fam*

zamorano, -a [θamo'rano, -a] **I.** *adj* aus Zamora **II.** *m, f* Einwohner(in) *m(f)* von Zamora

zampabollos [θampa'βoʎos] *mf inv* (*fam*) Vielfraß *m*

zampar [θam'par] **I.** *vt* ❶ (*ocultar*) rasch wegstecken ❷ (*comer*) verschlingen ❸ (*tirar*) (hin)werfen **II.** *vr:* ~**se** ❶ (*en un lugar*) plötzlich auftauchen ❷ (*comer*) verschlingen ❸ (*pey: invitarse*) reinplatzen

zampatortas [θampa'tortas] *mf inv* (*fam*) Vielfraß *m*

zampón, -ona [θam'pon, -ona] **I.** *adj* (*fam*) gefräßig **II.** *m, f* (*fam*) Vielfraß *m*

zampoña [θam'poɲa] *f* Panflöte *f*

zamuro [θa'muro] *m* (*Ven: buitre*) Geier *m*

zanahoria [θana'orja] *f* Mohrrübe *f,* Karotte *f*

zanca ['θaŋka] *f* ❶ (*del ave*) Vogelbein *nt* ❷ (*fam: del hombre*) langes Bein *nt*

zancada [θaŋ'kaða] *f* langer Schritt *m;* **dar** ~**s** große Schritte machen; **se recorrió la ciudad en dos** ~**s** er/sie besichtigte die Stadt in ein paar Minuten

zancadilla [θaŋka'ðiʎa] *f:* **poner la** ~ **a alguien** jdm ein Bein stellen; (*fig*) jdm das Leben schwer machen

zancadillear [θaŋkaðiʎe'ar] *vt* ein Bein stellen +*dat*; (*fig*) das Leben schwer machen +*dat*

zanco ['θaŋko] *m* Stelze *f*

zancudas [θaŋ'kuðas] *fpl* Stelzvögel *mpl*

zancudo¹ [θaŋ'kuðo] *m* (*Am*) Moskito *m*

zancudo, -a² [θaŋ'kuðo, -a] *adj* langbeinig

zanganear [θaŋgane'ar] *vi* (*fam*) faulenzen

zángano ['θaŋgano] *m* ① (*vago, t.* ZOOL) Drohne *f* ② (*torpe*) Tollpatsch *m*

zangón [θaŋ'gon] *m* (*fam*) Nichtstuer *m*

zanguanga [θaŋ'gwaŋga] *f*: **hacer la ~** sich krank stellen

zanguango, -a [θaŋ'gwaŋgo, -a] **I.** *adj* (*fam*) faul **II.** *m, f* (*fam*) Faulpelz *m*

zanja ['θaŋxa] *f* ① (*excavación*) Graben *m* ② (*Am: arroyada*) Flusstal *nt*

zanjar [θaŋ'xar] *vt* ① (*abrir zanjas*) Gräben ziehen ② (*asunto*) lösen; (*disputa*) beilegen

zanquilargo, -a [θaŋki'larɣo, -a] *adj* (*fam*) langbeinig

zanquivano, -a [θaŋki'βano, -a] *adj* (*fam*) storchbeinig

Zanzíbar [θan'θiβar] *m* Sansibar *nt*

zapa ['θapa] *f* (*pala*) Spaten *m*; **labor de ~** (*fig*) heimtückisches Vorgehen

zapador [θapa'ðor] *m* (MIL: *que cava zanjas*) Sappeur *m*; (*que construye puentes, etc.*) Pionier *m*

zapallo [θa'paʎo] *m* ① (*Am: calabaza*) Kürbis *m* ② (*Arg, Chil: chiripa*) Glück *nt*

zapar [θa'par] *vi* (*cavar*) graben

zapata [θa'pata] *f* (AUTO) Bremsschuh *m*

zapateado [θapate'aðo] *m* ① (*baile*) Zapateado *m* ② (*de la vela*) (heftiges) Flackern *nt*

zapatear [θapate'ar] **I.** *vt* ① (*golpear*) mit einem Schuh schlagen ② (*bailando*) mit dem Fuß (auf)stampfen **II.** *vi* (*velas*) (heftig) flackern

zapatería [θapate'ria] *f* ① (*tienda*) Schuhgeschäft *nt* ② (*fábrica*) Schuhfabrik *f* ③ (*taller*) Schuhmacherwerkstatt *f* ④ (*oficio*) Schuhmacherei *f*

zapatero, -a [θapa'tero, -a] **I.** *adj* eingeschrumpft **II.** *m, f* Schuhmacher(in) *m(f)*; **~ a tus zapatos** (*prov*) Schuster bleib bei deinen Leisten

zapatilla [θapa'tiʎa] *f* ① (*para casa*) Hausschuh *m* ② (*de deporte*) Turnschuh *m*; **~s de clavos** Spikes *mpl*; **~s de tenis** Tennisschuhe *mpl*

zapato [θa'pato] *m* Schuh *m*; **tú no me llegas a la suela del ~** (*fig fam*) du kannst mir nicht das Wasser reichen

zape ['θape] *interj* ① (*animal*) husch ② (*peligro*) du meine Güte

zapear [θape'ar] *vt* ① (*espantar*) verscheuchen ② (TV: *fam*) zappen

zapeo [θa'peo] *m* (TV: *fam*) Zappen *nt*

zapping ['θapiŋ] *m* (TV) Zappen *nt*

zaque ['θake] *m* ① (*odre*) kleiner Weinschlauch *m* ② (*fam: borracho*) Säufer *m*

zaquizamí [θakiθa'mi] *m* ① (*desván*) Dachboden *m* ② (*pey: cuarto*) Loch *nt*

zar [θar] *m*, **zarina** [θa'rina] *f* Zar(in) *m(f)*

zaragata [θara'ɣata] *f* ① (*alboroto*) Tumult *m* ② *pl* (*zalamerías*) schmeichelnde Worte *ntpl*

zaragozano, -a [θaraɣo'θano, -a] **I.** *adj* aus Zaragoza **II.** *m, f* Einwohner(in) *m(f)* von Zaragoza

zarandajas [θaran'daxas] *fpl* Kleinigkeiten *fpl*

zarandear [θarande'ar] **I.** *vt* ① (*cribar*) sieben ② (*sacudir: cosa*) schütteln; (*persona*) schubsen ③ (*ajetrear*) schikanieren ④ (*Am: ridiculizar*) bloßstellen **II.** *vr*: **~ se** ① (*ajetrearse*) sich plagen ② (*burlarse*) sich lustig machen (*de* über +*akk*)

zarandeo [θaran'deo] *m* ① (*cribado*) Sieben *nt* ② (*sacudida*) Rütteln *nt*

zarcillo [θar'θiʎo] *m* ① (*pendiente*) Ohrring *m* ② (BOT) Ranke *f*

zarco, -a ['θarko, -a] *adj* hellblau

zarina [θa'rina] *f v.* **zar**

zarismo [θa'rismo] *m sin pl* (POL) Zarismus *m*

zarpa ['θarpa] *f* ① (*barco*) Auslaufen *nt* ② (*del león*) Pranke *f*; (*fam: del hombre*) Pfote *f*; **echar la ~** (*animal*) mit den Pranken zuschlagen; (*persona*) mit Gewalt zupacken

zarpar [θar'par] *vi* (*barco*) auslaufen

zarpazo [θar'paθo] *m* Prankenhieb *m*

zarrapastroso, -a [θarrapas'troso, -a] *adj* (*fam*) schlampig

zarza ['θarθa] *f* Dornbusch *m*

zarzal [θar'θal] *m* (BOT) Dorngestrüpp *nt*

zarzamora [θarθa'mora] *f* (BOT) Brombeere *f*

zarzaparrilla [θarθapa'rriʎa] *f* (BOT) Sarsaparille *f*

zarzarrosa [θarθa'rrosa] *f* (BOT) Blüte *f* der Heckenrose

zarzuela [θar'θwela] *f* (MÚS) Zarzuela *f*

zas [θas] *interj* ① (*de rapidez*) zack ② (*de golpe*) peng

zascandil [θaskaɲ'dil] *m* (*fam*) ① (*chismoso*) Klatschmaul *nt* ② (*entrometido*) Schnüffler *m*

zascandilear [θaskaɲdile'ar] *vi* (*fam*) ① (*chismorrear*) klatschen ② (*entrometerse*) herumschnüffeln

Z

zen [θen] *m* (REL) Zen *nt*

zepelín [θepe'lin] *m* Zeppelin *m*

zeta ['θeta] *f* Z *nt*

zigzag [θiɣ'θaɣ] *m* <zigzagues *o* zigzags> Zickzack *m*

zigzaguear [θiɣθaɣe'ar] *vi* zickzacken

Zimbabue [θim'baβwe] *m* Simbabwe *nt*

zimbabuo, -a [θim'baβwo, -a] **I.** *adj* simbabwisch **II.** *m, f* Simbabwer(in) *m(f)*

zinc [θiŋ] *m* <cines *o* zines> Zink *nt*; **óxido de ~** Zinkoxid *nt*

zíper ['θiper] *m* (*Méx: cremallera*) Reißverschluss *m*

zipizape [θipi'θape] *m* (*fam: riña*) Radau *m*; (*con golpes*) Schlägerei *f*

zócalo ['θokalo] *m* Sockel *m*

zoco ['θoko] *m* ❶ (*mercado*) (arabischer) Marktplatz *m* ❷ (*zócalo*) Sockel *m*

zodíaco [θo'diako] *m* Tierkreis *m*; **signos del ~** Sternzeichen *ntpl*

zombi ['θombi] *m* ❶ (*muerto*) Zombie *m* ❷ (*atontado*): **estar ~** völlig benommen sein

zona ['θona] *f* ❶ (*general, t.* POL, GEO, METEO) Zone *f*; (*terreno*) Gebiet *nt*; (*área*) Bereich *m*; ~ **de ensanche** erschlossenes Baugebiet; ~ **franca** Zollfreigebiet *nt*; ~ **de influencia** Einflussbereich *m*; ~ **peatonal** Fußgängerzone *f*; ~ **urbana** Stadtgebiet *nt*; ~ **verde** Grünzone *f* ❷ (DEP: *baloncesto: área*) Freiwurfraum *m*; (*defensa*) Raumdeckung *f*; (*falta*) Dreisekundenfehler *m*

zonal [θo'nal] *adj* zonal

zoncera [θoŋ'θera] *f* (*Am*), **zoncería** [θoŋθe'ria] *f* (*tontería*) Albernheit *f*

zonzo, -a ['θoŋθo, -a] *adj* ❶ (*aburrido*) langweilig, fade ❷ (*Am: tonto*) dumm

zoo ['θoo] *m* Zoo *m*

zoofilia [θo(o)'filja] *f* übertriebene Tierliebe *f*

zoología [θo(o)lo'xia] *f sin pl* Zoologie *f*

zoológico, -a [θo(o)'loxiko, -a] *adj* zoologisch; **parque ~** Zoo *m*

zoólogo, -a [θo'oloɣo, -a] *m, f* Zoologe, -in *m, f*

zoom [θum] *m* (FOTO) Zoom(objektiv) *nt*; **utilizar el ~** zoomen

zopenco, -a [θo'peŋko, -a] **I.** *adj* dumm, doof *fam* **II.** *m, f* Trottel *m*

zopilote [θopi'lote] *m* (ZOOL) Geier *m*

zopo, -a ['θopo, -a] *adj* verkrüppelt

zoquete [θo'kete] *m* ❶ (*madera*) Holzklotz *m* ❷ (*tarugo*) Dummkopf *m*

zorra ['θorra] *f* ❶ (ZOOL) Füchsin *f* ❷ (*astuta*) gerissene Frau *f* ❸ (*fam: prostituta*) Hure *f* ❹ (*fam: borrachera*) Rausch *m*

zorrera [θo'rrera] *f* ❶ (*de zorros*) Fuchsbau *m* ❷ (*habitación*) miefiger Raum *m*

❸ (*modorra*) Schläfrigkeit *f*

zorrería [θorre'ria] *f* Schläue *f*

zorrillo [θo'rriʎo] *m* (*Am: mofeta*) Stinktier *nt*

zorro ['θorro] *m* ❶ (ZOOL) Fuchs *m* ❷ (*piel*) Fuchsfell *nt* ❸ (*fam: astuto*) (schlauer) Fuchs *m* ❹ (*loc, fam*): **hacerse el ~** sich dumm stellen; **estar hecho unos ~s** fix und fertig sein; **poner a alguien hecho unos ~s** jdn heruntermachen

zorzal [θor'θal] *m* ❶ (ZOOL) Drossel *f* ❷ (*listo*) schlauer Mensch *m* ❸ (*Am: papanatas*) Trottel *m*

zote ['θote] **I.** *adj* schwer von Begriff **II.** *mf* Dummkopf *m*

zozobra [θo'θoβra] *f* ❶ (*de embarcación*) Kentern *nt* ❷ (*de proyecto*) Scheitern *nt*

zozobrar [θoθo'brar] **I.** *vi* ❶ (*barco*) kentern ❷ (*plan*) scheitern ❸ (*persona*) sich ängstigen **II.** *vt* ❶ (*barco*) zum Kentern bringen ❷ (*plan*) zunichte machen

zueco ['θweko] *m* Clog *m*

zulla ['θuʎa] *f* ❶ (BOT) Klee *m* ❷ (*fam: excremento*) Kot *m*

zullarse [θu'ʎarse] *vr* (*fam*) ❶ (*cagarse*) sein Geschäft verrichten ❷ (*ventosear*) pupsen

zulo ['θulo] *m* Waffenlager oder Versteck einer terroristischen Gruppe

zumba ['θumba] *f* ❶ (*cencerro*) Kuhglocke *f* ❷ (*juguete*) Knarre *f* ❸ (*burla*) Neckerei *f* ❹ (*Am: paliza*) Tracht *f* Prügel

zumbado, -a [θum'baðo, -a] *adj*: **estar ~** (*fam*) spinnen

zumbador [θumba'ðor] *m* (ELEC) Summer *m*

zumbar [θum'bar] **I.** *vi* ❶ (*abejorro, máquina*) summen; **salir zumbando** davoneilen ❷ (*oídos*) dröhnen **II.** *vt* ❶ (*golpe*) versetzen ❷ (*Am: arrojar*) (weg)schmeißen; (*expulsar*) (raus)schmeißen ❸ (*guasear*) necken **III.** *vr*: ~ **se** sich lustig machen (*de* über *+akk*)

zumbido [θum'biðo] *m* ❶ (*ruido*) Summen *nt*; ~ **de los oídos** Ohrensausen *nt* ❷ (*fam: golpe*) Schlag *m*

zumbón, -ona [θum'bon, -ona] *m, f* (*fam*) Spaßvogel *m*

zumo ['θumo] *m* ❶ (*de frutas*) Saft *m* ❷ (*fig: utilidad*) Nutzen *m*; **sacar ~ de algo** Nutzen aus etw *dat* ziehen

zuncho ['θuntʃo] *m* Klammer *f*

zupay [θu'pai] *m* (*Am: demonio*) Teufel *m*

zuque ['θuke] *m* ❶ (*Col: golpe*) Schlag *m* ❷ (*Méx: fam*): **estar ~** pleite sein

zurcir [θur'θir] <c→z> *vt* ❶ (*agujero*) stopfen; (*siete*) zunähen ❷ (*loc*): **¡que te zurzan!** (*fam*) du kannst mich mal!

zurda ['θurða] f linke Hand f; **hacer algo a ~ s** etw mit der linken Hand machen

zurdo, **-a** ['θurðo, -a] **I.** adj linkshändig **II.** m, f Linkshänder(in) m(f)

zurra ['θurra] f ❶ (de la piel) Gerben nt ❷ (paliza) Tracht f Prügel; **dar una ~ a alguien** jdn verprügeln

zurrapa [θu'rrapa] f ❶ (poso) Bodensatz m ❷ (fam: cosa) Abscheulichkeit f; (persona) verachtenswerter Mensch m

zurraposo, **-a** [θurra'poso, -a] adj trübe

zurrar [θu'rrar] vt ❶ (pieles) gerben ❷ (fam: apalizar) versohlen ❸ (fam: criticar) heruntermachen

zurriagar [θurrja'ɣar] <g→gu> vt auspeitschen

zurriagazo [θurrja'ɣaθo] m ❶ (latigazo) Peitschenhieb m ❷ (desgracia) Unglück nt ❸ (desdén) Verachtung f

zurriago [θu'rrjaɣo] m (látigo) Peitsche f

zurribanda [θurri'βaṇda] f (fam) ❶ (tunda) Tracht f Prügel ❷ (riña) Streiterei f

zurullo [θu'ruʎo] m (fam) ❶ (grumo) Klumpen m ❷ (excremento) Haufen m

zutano, **-a** [θu'tano, -a] m, f: **fulano y ~** Hinz und Kunz; **fulano y ~ se han casado** der und die Soundso haben geheiratet

Z

Notizen

Notizen

Notizen

Notizen

Notizen

Notizen

Notizen

Notizen

Notizen

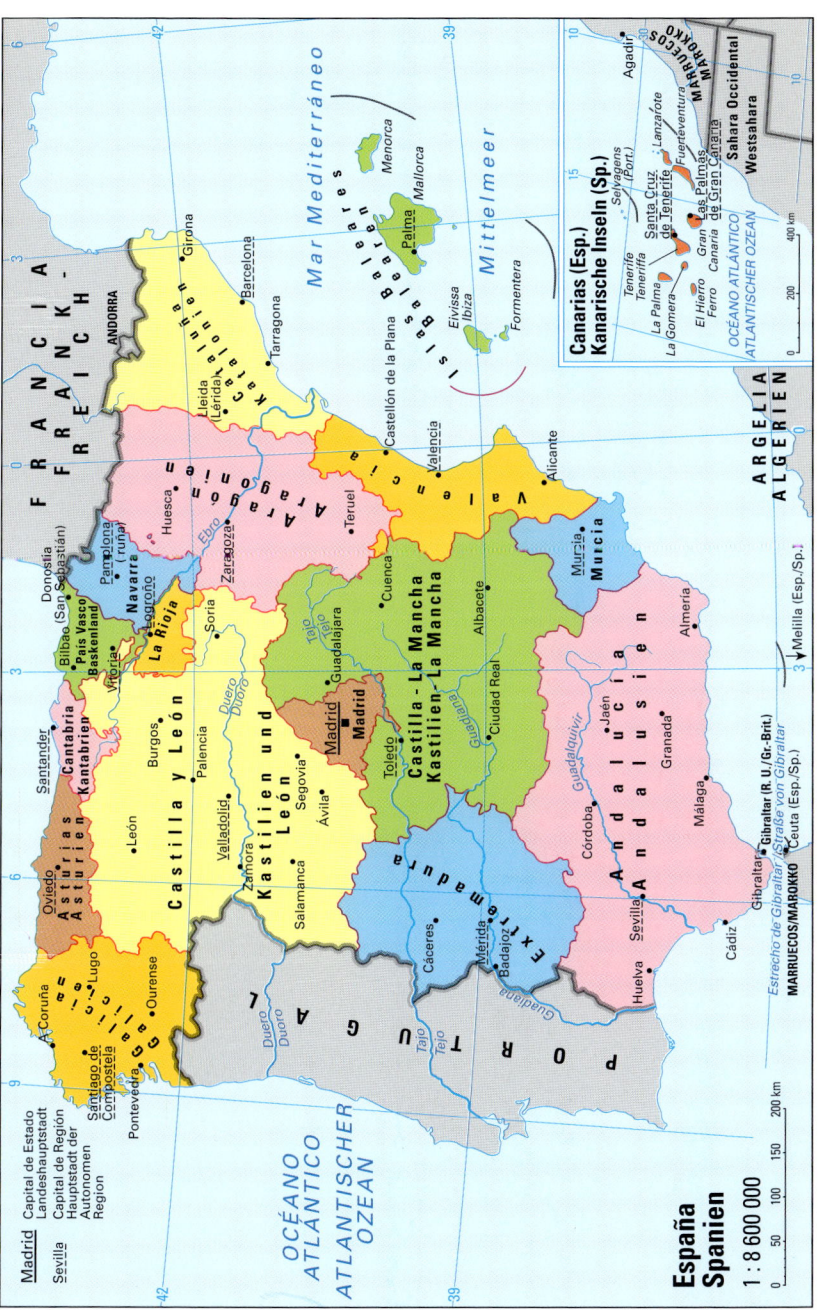

España
Spanien
1 : 8 600 000

Madrid Capital de Estado
         Landeshauptstadt
Sevilla Capital de Región
         Hauptstadt der
         Autonomen
         Region

Canarias (Esp.)
Kanarische Inseln (Sp.)

80 140 160 180 160 140 120 100 80 60 40 20 0

60 Círculo Polar Ártico
Nördlicher Polarkreis

40 Nueva York
New York

ESPAÑA
SPANIEN B.

California
Kalifornien Nuevo
México
New
México Islas Canarias (Esp.)
Kanarische Inseln (Sp.)

Ari-
zona Texas
Trópico de Cáncer
Nördlicher Wendekreis

Florida

MÉXICO
MEXIKO CUBA
KUBA

P. R.
D.

GUATEMALA HONDURAS
EL SALVADOR NICARAGUA

COSTA RICA P. VENEZUELA

COLOMBIA
KOLUMBIEN

Ecuador
Äquator G. G. E.

ECUADOR OCÉANO
ATLÁNTICO

OCÉANO
PACÍFICO PERÚ
PERU ATLANTISCHER
OZEAN

PAZIFISCHER
OZEAN BOLIVIA
BOLIVIEN

Trópico de Capricornio
Südlicher Wendekreis PARAGUAY

A
R
G
E
N
T
I
N
A

A
R
G
E
N
T
I
N
I
E
N

Isla de Pascua (Chile)
Osterinsel (Chile) URUGUAY

C
H
I
L
E

40

180 160 140 120 100 80 60 40 20 0

60 Círculo Polar Antártico
Südlicher Polarkreis

El mundo hispanohablante
Die spanischsprachige Welt

1 : 127 000 000

0   1000   2000   3000 km

Países donde el español es lengua oficial
Staaten mit Spanisch als offizielle Landessprache

Países donde el español es practicado por u
minoría
Staaten, in denen Spanisch von einer Minde
gesprochen wird

60 80 100 120 140 160 180 160 140 120 100 80 60

60

40

O C É A N O
P A C Í F I C O 20
P A Z I F I S C H E R
O Z E A N

FILIPINAS
PHILIPPINEN

Ecuador 0
Äquator

O C · É A N O
Í N D I C O
I N D I S C H E R
O Z E A N

40

60

60 80 100 120 140 160 180 160 140 120

Zonas de los Estados Unidos en las cuales el español
es la segunda lengua principal
Gebiete der Vereinigten Staaten, in denen Spanisch die
zweitwichtigste Sprache ist

B.	Islas Baleares (Esp.)
	Balearen (Sp.)
D.	**REPÚBLICA DOMINICANA**
	DOMINIKANISCHE REPUBLIK
G.	Islas de los Galápagos (Esp.)
	Galapagosinseln (Sp.)
G. E.	**GUINEA ECUATORIAL**
	ÄQUATORIAL-GUINEA
P.	**PANAMÁ**
	PANAMA
P. R.	**Puerto Rico (EE. UU./USA)**

Hispanoamérica
Die hispanoamerikanischen Länder

ESTADOS UNIDOS/VEREINIGTE STAATEN

Golfo de México
Golf von Mexiko

Trópico de Cáncer
Nördlicher Wendekreis

La Habana
Havanna

CUBA
KUBA

H. D. Santo Domingo
P. R. San Juan

JAMAICA
JAMAIKA

Mar Caribe
Karibisches Meer

OCÉANO
ATLÁNTICO

Cd. de México
Mexiko

HONDURAS
Tegucigalpa

Cd. de Guatemala G.
Guatemala E.
San Salvador

NICARAGUA
Managua

Caracas

VENEZUELA

GUYANA

Orinoco

San José
COSTA RICA   Panamá
P.

SURI-
NAME

G. F.

Santa Fe de Bogotá
Bogotá

COLOMBIA
KOLUMBIEN

Quito
ECUADOR

Amazonas

B R A S I L
B R A S I L I E N

Ecuador
Äquator

P E R Ú

Lima

OCÉANO PACÍFICO
PAZIFISCHER OZEAN

BOLIVIA
BOLIVIEN

Sucre

PARAGUAY

Paraguay
Paraná

Asunción

Trópico de Capricornio
Südlicher Wendekreis

C H I L E

A R G E N T I N A
A R G E N T I N I E N

Paraná

Santiago

URUGUAY
Buenos   Montevideo
Aires

Río de la Plata

ATLANTISCHER
OZEAN

Est   de   Drake
Drakestraße

Círculo Polar Antártico
Südlicher Polarkreis

1 : 80 000 000

0   500   1000   1500   2000 km

D.   REPÚBLICA DOMINICANA
      DOMINIKANISCHE REPUBLIK
E.   EL SALVADOR
G.   GUATEMALA
G. F. Guayana Francesa
      Französisch-Guayana

H.   HAITÍ
      HAITI
P.   PANAMÁ
      PANAMA
P. R. Puerto Rico
      (EE. UU./USA)

Europa

1 : 40 000 000

0	250 500 750 1000 km

AND.	ANDORRA
ARM.	ARMENIEN
	ARMENIA
BELG.	BELGIEN
	BELGICA
B.UH.	BOSNIEN UND
	HERZEGOWINA
	BOSNIA-HERZEGOVINA
KROAT.	KROATIEN
	CROACIA
L.	LIECHTENSTEIN
LUX.	LUXEMBURG
	LUXEMBURGO
MAZED.	MAZEDONIEN
	MACEDONIA

MON.	MONACO
	MONACO
NIED.	NIEDERLANDE
	PAISES BAJOS
S.M.	SAN MARINO
	SAN MARINO
SL.	SLOWAKEI
	ESLOVAQUIA
SLOW.	SLOWENIEN
	ESLOVENIA
SCHW.	SCHWEIZ
	SUIZA
UNG.	UNGARN
	HUNGRIA
VAT.	VATIKANSTADT
	VATICANO

ATLANTISCHER OZEAN
OCÉANO ATLÁNTICO

D Ä N E M A R K
D I N A M A R C A

Nordsee
Mar del Norte

Ostsee
Mar Báltico

Kiel

Schleswig-
Holstein

(zu Hamburg)
(de Hamburgo)

Hamburg
Hamburgo
Hamburg
Hamburgo

Mecklenburg-Vorpommern
Schwerin
Meclemburgo-Pomerania Occidental

(zu Bremen)
(de Brema)

Bremen
Brema
Bremen
Brema

N i e d e r s a c h s e n
B a j a S a j o n i a

Brandenburg
Berlin
Berlín
Berlin
Berlín

Hannover
Hannóver

Sachsen-
Anhalt

Potsdam

Brandeburgo

Magdeburg
Magdeburgo

Oder

N I E D E R L A N D E
P A Í S E S B A J O S

Nordrhein-
Westfalen

Renania del
Norte-Westfalia

Düsseldorf

Sajonia-Anhalt

Elbe

S a c h s e n
Dresden
Dresde

Erfurt

B E L G.

H e s s e n
H e s s e

T h ü r i n g e n
T u r i n g i a

S a j o n i a

Rheinland-Pfalz

Mainz
Maguncia

Wiesbaden

L U X.

TSCHECHISCHE
REPUBLIK

Renania-Palatinado

Saarland
Sarre
Saarbrücken

Rhein
Rin

REPÚBLICA
CHECA

F R A N K R E I C H

Baden-
Württemberg

Stuttgart

Baden-
Wurtemberg

B a y e r n

Donau
Danubio

F R A N C I A

B a v i e r a

München
Munich

Donau
Danubio

Rhein
Rin

Bodensee
Lago de Constanza

S C H W E I Z
S U I Z A

Ö S T E R R E I C H

POLEN
POLONIA

Oder

Deutschland
Alemania

1 : 6 400 000

0   50   100   150   200 km

BELG. **BELGIEN**
BÉLGICA
L. **LIECHTENSTEIN**
LUX. **LUXEMBURG**
LUXEMBURGO

Die Schweiz
Suiza

1 : 2 700 000

0   25   50   75 km

ALEMANIA

ÖSTERREICH
AUSTRIA

DEUTSCHLAND

LIECHTENSTEIN

FRANKREICH
FRANCIA

ITALIEN
ITALIA

A.A.-R. Appenzell Ausser-Rhoden
A.I.-R. Appenzell Inner-Rhoden
B.-L. Basel-Landschaft
B.-St. Basel-Stadt
N. Neuenburg
Nidw. Nidwalden
Obw. Obwalden
S. Solothurn
Sch. Schaffhausen

A.A.-R Appenzell Rhodes Exterior
A.I.-R Appenzell Rhodes Interior
B.-L. Basilea-Campaña
B.-St. Basilea-Ciudad
N. Neuchâtel
Nidw. Nidwalden
Obw. Obwalden
S. Solothurn
Sch. Schaffhausen

Bodensee
Lago de Constanza

Rhein

Sch.
Schaffhausen

Thurgau
Turgovia
Frauenfeld

St. Gallen
Herisau
A.A.-R.
Appenzell
A.I.-R.

St. Gallen

Zürich
Zürich
Zúrich

Glarus
Glarus

Aargau
Argovia
Aarau

Aare

Zug
Zug

Schwyz
Schwyz

Graubünden
Grisones

Chur
Coira

Basel B.-St.
Basilea
B.-L.
Liestal

Luzern
Luzern
Lucerna

Uri
Altdorf

Stans
Nidw.

Sarnen
Obw.

Tessin
Tesino

Bellinzona

Lago Maggiore
Lago Mayor

Jura

Delémont

Doubs

Solothurn
S.

Bern
Berna

Bern
Berna

Wallis
Valais

Sitten
Sion
Rhone
Ródano

Neuenburg
Neuchâtel
N.

Freiburg
Friburgo

Freiburg
Friburgo

Lac de Neuchâtel
Neuenburger See

Waadt
Vaud

Lausanne
Lausana

Genfer See
Lago de Ginebra

Genf
Ginebra

Genf
Ginebra

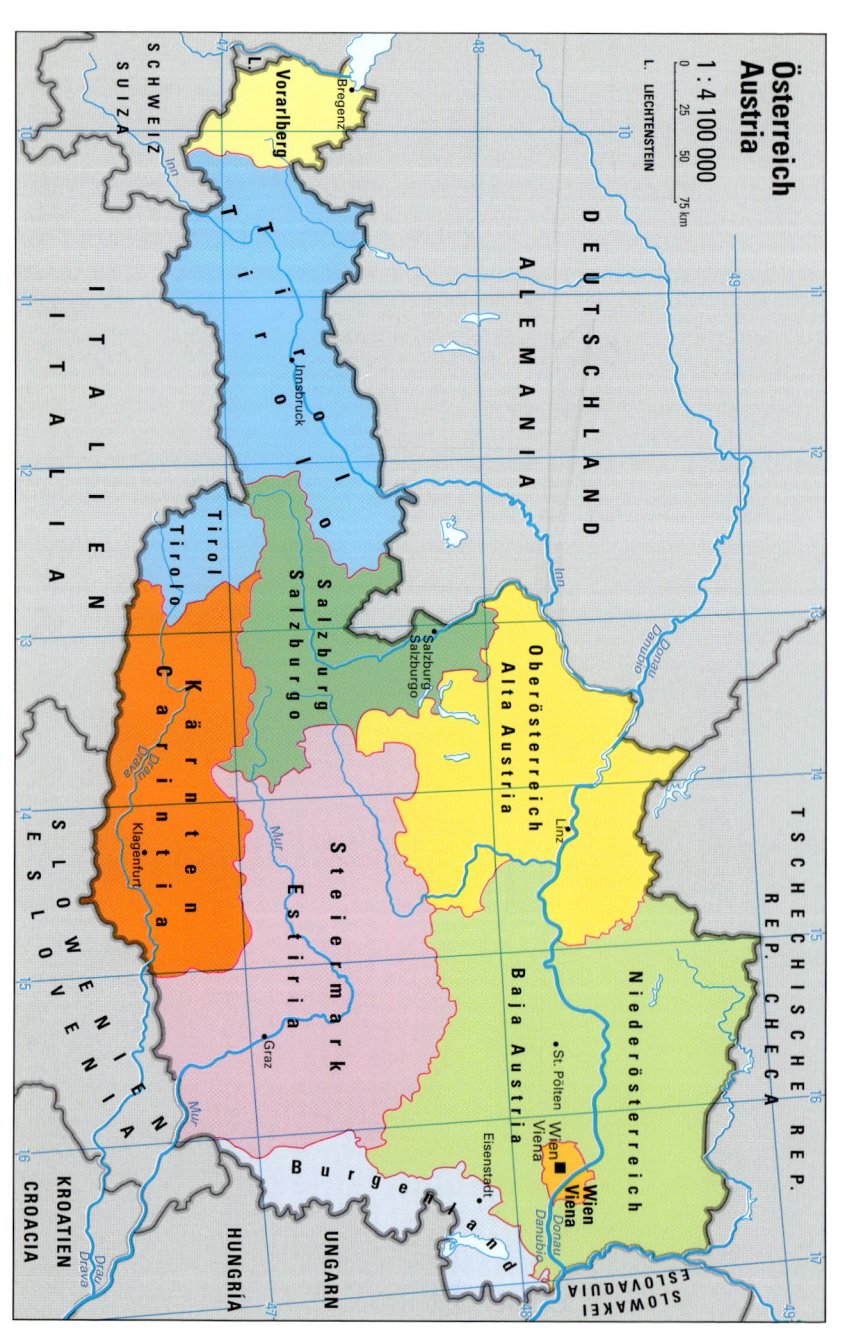

Österreich
Austria

1 : 4 100 000

0   25   50   75 km

L.   LIECHTENSTEIN

SCHWEIZ
SUIZA

DEUTSCHLAND
ALEMANIA

L.

Vorarlberg

Bregenz

T i r o l
Tirol

Inn

Innsbruck

Tirol
Tirolo

ITALIEN
ITALIA

Salzburg
Salzburgo

Salzburg
Salzburgo

Kärnten
Carintia

Klagenfurt

Drau
Drava

SLOWENIEN
ESLOVENIA

Oberösterreich
Alta Austria

Linz

Donau
Danubio

Salzach

Enns

Steiermark
Estiria

Mur

Graz

Mur

Baja Austria

St. Pölten

Niederösterreich

Wien
Viena

Wien
Viena

Eisenstadt

B u r g e n l a n d

Donau
Danubio

HUNGARN
HUNGRIA

Drau
Drava

KROATIEN
CROACIA

SLOWAKEI
ESLOVAQUIA

TSCHECHISCHE REP.
REP. CHECA

Schülerwörterbuch

Deutsch - Spanisch

vollständige Neubearbeitung 2003

Ernst Klett Sprachen

Barcelona · Budapest · London · Posen · Sofia · Stuttgart

PONS Schülerwörterbuch Deutsch-Spanisch

A, a [aː] *nt* <-, -> ❶ (*Buchstabe*) A, a *f;* ~ **wie Anton** A de Antonio; **das ~ und O einer Sache** (*fam*) lo esencial de una cosa; **von ~ bis Z** (*fam*) de cabo a rabo ❷ (MUS) la *m*

a *Abk. von* **Ar** a

A ❶ *Abk. von* **Ampere** A ❷ *Abk. von* **Autobahn** autopista *f*

à *präp* +*akk* a... (cada uno); **10 Stück ~ drei Euro** 10 unidades a tres euros cada una

AA ❶ (POL) *Abk. von* **Auswärtiges Amt** Ministerio *m* de Asuntos Exteriores ❷ *Abk. von* **Anonyme Alkoholiker** Alcohólicos *mpl* Anónimos

Aachen ['aːxən] *nt* <-s> Aquisgrán *m*

Aal [aːl] *m* <-(e)s, -e> anguila *f*

aalen *vr:* **sich ~** (*fam*) repantingarse; **sich in der Sonne ~** tumbarse al sol

aalglatt *adj* (*abw*) escurridizo

a.a.O *Abk. von* **am angegebenen Ort, am aufgeführten Ort** ib(íd).

Aargau ['aːrgaʊ] *m* <-s> (*Kanton der Schweiz*) Argovia *f*

Aas¹ [aːs, *pl:* 'aːzə] *nt* <-es, -e> (*Tierleiche*) carroña *f*

Aas² [aːs, *pl:* 'ɛːzə] *nt* <-es, Äser> (*fam: Luder*) mal bicho *m*

Aasfresser *m* <-s, -> carroñero *m;* **Aasgeier** *m* (*a. fig, abw*) buitre *m*

ab [ap] **I.** *präp* +*dat* ❶ (*räumlich*) desde; ~ **Hamburg** desde Hamburgo; ~ **Werk** (COM) salida de fábrica ❷ (*zeitlich*) desde, a partir de; ~ **dem 28. November** a partir del 28 de noviembre; ~ **wann?** ¿desde cuándo?; ~ **sofort** desde ya ❸ (*ebenso viel und mehr*) a partir de, de... en adelante; **Kinder ~ 12 Jahren** niños de 12 años en adelante **II.** *adv* ❶ (*räumlich*): **die dritte Straße rechts** ~ hay que torcer la tercera calle a la derecha; **Stuttgart ~ 8.30 Uhr** (*Bus-, Bahnabfahrtszeit*) salida de Stuttgart a las 8.30 horas ❷ (*zeitlich*): ~ **und zu** de vez en cuando ❸ (*Wend*): ~ **sein** (*fam: abgelöst*) haberse caído; (*erschöpft*) estar hecho polvo

ab|ändern *vt* modificar, cambiar

Abänderung *f* modificación *f,* cambio *m;* **abänderungsfähig** *adj* modificable

ab|arbeiten **I.** *vt* (*Pensum*) terminar; **eine Schuld ~** pagar una deuda trabajando **II.** *vr:* **sich ~** matarse trabajando

Abart *f* variedad *f*

abartig *adj* ❶ (*anormal*) anormal; (*pervers*) pervertido ❷ (*fam: verrückt*) loco

Abb. *Abk. von* **Abbildung** ilust.

Abbau *m ohne pl* ❶ (*Auseinandernehmen*) desmontaje *m* ❷ (*Reduzierung*) disminución *f,* reducción *f* ❸ (*von Ängsten*) superación *f* ❹ (CHEM) desintegración *f* ❺ (BERGB) explotación *f* ❻ (MED: *Verfall*) debilitamiento *m;* (*Knochen*) descalcificación *f*

abbaubar *adj* (CHEM) degradable; **biologisch ~** biodegradable

ab|bauen **I.** *vi* (*Kräfte einbüßen*) debilitarse **II.** *vt* ❶ (*zerlegen*) desmontar ❷ (*verringern*) disminuir; (*Steuern, Personal*) reducir ❸ (*Ängste*) superar ❹ (CHEM) descomponer ❺ (BERGB) explotar ❻ (MED) desgastar

Abbauprodukt *nt* (CHEM) producto *m* de desintegración

ab|beißen *irr* **I.** *vi* morder; **beiß mal ab!** ¡prueba! **II.** *vt* morder; **ich beiße mir lieber die Zunge ab, als ...** prefiero morir que

ab|beizen *vt* tratar con decapante

ab|bekommen* *irr vt* ❶ (*Schaden, Teil*) recibir, llevarse; **das Auto hat ganz schön was ~** el coche se dio un buen golpe ❷ (*entfernen können*) lograr quitar

ab|bestellen* *vt* anular; (*Telefon*) dar de baja

Abbestellung *f* anulación *f,* baja *f*

ab|bezahlen* *vt:* (**in Raten**) ~ pagar a plazos

ab|biegen *irr* **I.** *vi sein* (*Richtung ändern*) torcer; (*beim Fahren*) girar, voltear *Am;* **nach rechts/links** ~ doblar a la derecha/a la izquierda **II.** *vt* (*krümmen*) torcer

Abbiegespur *f* carril *m* de giro

Abbild *nt* reproducción *f,* copia *f*

ab|bilden *vt* reproducir; (MATH) proyectar; **er ist in der Zeitschrift abgebildet** hay una foto suya en el periódico

Abbildung *f* <-en> ❶ (*das Abbilden*) reproducción *f,* copia *f* ❷ (*Bild*) ilustración *f,* lámina *f* ❸ (MATH) proyección *f*

ab|binden *irr* **I.** *vi* (ARCHIT) fraguar **II.** *vt* ❶ (*losbinden*) desatar ❷ (MED) comprimir (con ligadura) ❸ (GASTR: *Soße*) espesar

ab|blasen *irr vt* ❶ (*Staub*) quitar soplando ❷ (*fam: absagen*) suspender

ab|blättern *vi sein* desconcharse

ab|blenden *vi* ❶ (FOTO) diafragmar ❷ (AUTO) bajar las luces

Abblendlicht *nt ohne pl* (AUTO) luz *f* de cruce

ab|blitzen *vi sein* (*fam*): **jdn ~ lassen** darle calabazas a alguien

ab|blocken vt bloquear; (*Angriff*) rechazar; (*Vorhaben*) impedir

ab|brechen *irr* **I.** vi sein ❶ (*Stück*) romperse ❷ (*unvermittelt aufhören*) interrumpirse **II.** vt ❶ (*Zweig*) romper ❷ (*Gebäude*) derribar ❸ (*Gespräch*) interrumpir ❹ (INFOR: *Programm*) cerrar

ab|bremsen vi, vt frenar

ab|brennen *irr* **I.** vi sein quemarse **II.** vt quemar

ab|bringen *irr* vt desviar (*von* de), apartar (*von* de); **ich lasse mich von meiner Meinung nicht** ~ nada ni nadie me hará cambiar de opinión

ab|bröckeln vi sein (*Mauer*) desmenuzarse; (*Verputz*) desconcharse

Abbruch[1] m <-(e)s, *ohne pl*> (*zerlegen*) desmontaje m; (*Lager*) levantamiento m; (*Haus*) derribo m; **das tut der Sache keinen** ~ (*fam*) esto no perjudica la cosa para nada

Abbruch[2] m <-(e)s, -brüche> ❶ (*Beendigung*) ruptura f; (*Wettkampf, Spiel*) suspensión f ❷ (INFOR) cancelación f, abort m

abbruchreif adj (en estado) ruinoso

ab|buchen vt (FIN) cargar (en cuenta)

Abbuchung f (FIN) adeudo m

ab|bürsten vt cepillar

ab|büßen vt ❶ (*Strafe*) cumplir ❷ (REL) expiar

ab|checken vt (*kontrollieren*) controlar, chequear *Am*

Abc-Schütze m alumno, -a m, f de primer grado

ABC-Waffen fpl armas fpl atómicas, biológicas y químicas

ab|danken vi (*König*) abdicar; (*Minister*) dimitir

Abdankung f <-en> (*König*) abdicación f; (*Minister*) dimisión f

ab|decken vt ❶ (*wegnehmen*) quitar ❷ (*freimachen*) destapar; (*Tisch*) quitar; (*Haus*) destejar ❸ (*bedecken*) tapar ❹ (*Thema*) cubrir ❺ (FIN: *Schulden*) saldar; (*Risiko*) cubrir

Abdeckung f <-en> cubierta f

ab|dichten vt (*isolieren*) aislar (*gegen* contra); (*gegen Lärm*) insonorizar; (*gegen Wasser*) impermeabilizar

Abdichtung f (*Isolierung*) aislamiento m; (*gegen Lärm*) insonorización f; (*gegen Feuchtigkeit*) impermeabilización f

ab|drängen vt ❶ (*beiseite drängen*) apartar (a empellones) ❷ (SPORT: *wegdrängen*) apartar

ab|drehen **I.** vt ❶ (*ausschalten*) apagar; (*zudrehen*) cerrar ❷ (*abwenden*) apartar **II.** vi haben o sein (*den Kurs wechseln*)

girar (*nach* a), virar (*nach* a) **III.** vr: **sich** ~ volverse; **er/sie drehte sich ab** volvió la espalda

ab|driften vi sein perder el rumbo; (NAUT) abatir; (*abtreiben*) ir a la deriva; **nach rechts** ~ desviarse a la derecha; **in den Suff** ~ (*fam*) caer en la bebida

Abdruck[1] m <-(e)s, -e> (*a. Vorgang*) reproducción f; (*Kopie*) copia f

Abdruck[2] m <-(e)s, -drücke> impresión f; (*in etwas Weichem*) impronta f; (*Spur*) huella f; (*Abguss*) molde m

ab|drucken vt imprimir; (*veröffentlichen*) publicar

ab|drücken **I.** vi (*schießen*) apretar el gatillo **II.** vt ❶ (*nachbilden*) moldear ❷ (MED: *Arterie*) estrangular ❸ (*fam*): **Geld** ~ soltar la gallina **III.** vr: **sich** ~ marcarse

ab|dunkeln vt oscurecer; (*Farbe*) matar *fam*

ab|ebben vi sein (*Wut*) aplacarse; (*Erregung*) sosegarse; (*Lärm*) ir disminuyendo

Abend ['aːbənt] m <-s, -e> ❶ (*bis gegen 20 oder 21 Uhr*) tarde f; (*ab etwa 20 oder 21 Uhr*) noche f; **Heiliger** ~ Nochebuena f; **am frühen** ~ a última hora de la tarde; **am selben** ~ la misma tarde [*o* noche]; **am** ~ **des 23. März** la tarde [*o* noche] del 23 de marzo; **gegen** ~ al atardecer; ~ **für** ~ todas las tardes [*o* noches]; **eines** ~**s** una tarde [*o* noche]; **heute/gestern/morgen** ~ hoy/ayer/mañana por la tarde [*o* por la noche]; **es wird** ~ atardece; **zu** ~ **essen** cenar; **guten** ~! ¡buenas tardes [*o* noches]!; **es ist noch nicht aller Tage** ~ todavía puede pasar de todo ❷ (*Veranstaltung*) velada f; **bunter** ~ velada con programa variado; **Abendandacht** f misa f vespertina; **Abendbrot** nt cena f; ~ **essen** cenar; **Abenddämmerung** f crepúsculo m (vespertino), nochecita f *Am*; **Abendessen** nt cena f

❙i❙ Land & Leute

En Alemania, como **Abendessen**, se sirve una comida fría a base de panecillos con mantequilla, fiambre, queso, pepinillos en vinagre, tomates, pimiento cortado en tiras y otras hortalizas de este tipo. Como bebida se sirven infusiones, zumo, agua mineral o, a veces, dependiendo de los gustos, cerveza.

abendfüllend adj que dura toda la noche;

Abendkasse f taquilla f, boletería f Am;
Abendkleid nt traje m de noche;
Abendkurs m curso m nocturno
Abendland nt Occidente m
abendländisch adj occidental
abendlich adj vespertino; **zu ~er Stunde**
por la tarde
Abendmahl nt ❶ (REL: Sakrament) Eucaristía f ❷ (REL: Empfang des Sakraments)
comunión f; **Abendprogramm** nt (FILM,
TV) sesión f de noche; **welcher Film läuft
heute im ~?** ¿qué película ponen hoy en
la sesión de noche?; **Abendrot** nt crepúsculo m
abends ['a:bənts] adv (bis gegen 20 oder
21 Uhr) por la tarde; (ab etwa 20 oder 21
Uhr) por la noche; **um acht Uhr ~** a las
ocho de la tarde; **spät ~** muy de noche;
dienstags ~ el martes por la tarde [o la
noche]
Abendschule f colegio m nocturno;
Abendsonne f ohne pl sol m poniente;
Abendständchen nt serenata f; **Abend-
stunde** f anochecer m; **in den frühen ~n**
al caer la tarde; **Abendvorstellung** f
(THEAT) función f de noche; (FILM) sesión f
de noche
Abenteuer ['a:bəntɔɪə] nt <-s, -> ❶ (Wagnis) aventura f ❷ (Liebesaffäre) aventura f
(amorosa); **Abenteuerferien** pl vacaciones fpl de aventuras
abenteuerlich adj ❶ (abenteuerlustig)
aventurero ❷ (unwahrscheinlich) fantástico ❸ (riskant) arriesgado; **das ist ja ~!**
¡eso sí que es aventurado!
Abenteuerlust f ohne pl espíritu m aventurero, afán m de aventuras; **abenteuerlustig** adj aventurero; **Abenteuerro-
man** m novela f de aventuras; **Abenteu-
erspielplatz** m parque m de aventuras
Abenteurer(in) ['a:bəntɔɪə] m(f) <-s, -;
-nen> aventurero, -a m, f
aber ['a:bə] **I.** konj pero, sin embargo
II. (Verstärkungspartikel) bueno, pero; **~,
~, meine Herren!** ¡bueno, bueno, señores!; **~ so setzen Sie sich doch!** ¡pero
siéntese!; **~ ja!** ¡claro que sí! **III.** adv: **~
und abermals** una y otra vez
Aber nt <-s, - fam: -s> pero m; **kein ~!** ¡y
no hay peros que valgan!
Aberglaube(n) m superstición f
abergläubisch adj supersticioso
aberhundert adj inv (geh) a cientos
Aberhunderte pl (geh) cientos y (más)
cientos; **vor ~ n von Jahren** hace cientos y
cientos de años
ab|erkennen* irr vt (JUR): **jdm Rechte ~**
privar a alguien de derechos

Aberkennung f <-en> (JUR) desposei-
miento m, privación f
abermals ['a:bəma:ls] adv otra vez
ab|ernten vt cosechar por completo
abertausend adj inv (geh) miles (de); **tausend und ~** miles y miles (de)
Abertausende pl (geh) miles mpl (von de)
aberwitzig adj demente; (Vorhaben)
absurdo
Abf. Abk. von **Abfahrt** salida f
abfahrbereit adj s. **abfahrtbereit**
ab|fahren irr **I.** vi sein (wegfahren) salir;
auf den Typ fahre ich ab este tío me alu-
cina; **sie ließ ihn ~** lo mandó a paseo **II.** vt
haben o sein (Strecke) recorrer
Abfahrt f <-en> ❶ (Zug) salida f ❷ (Abreise) partida f ❸ (SPORT) descenso m
❹ (Autobahn~) salida f; **abfahrtbereit**
adj dispuesto para salir; **Abfahrtslauf** m
(SPORT) (prueba f de) descenso m;
Abfahrt(s)zeit f hora f de partida
Abfall¹ m <-(e)s, ohne pl> ❶ (Lossagung)
apostasía f ❷ (Abnahme) disminución f
Abfall² m <-(e)s, -fälle> (Müll) basura f,
desecho m; **radioaktiver ~** residuos
radi(o)activos
Abfallaufbereitung f tratamiento m de
los residuos; **Abfallbehälter** m contenedor m de residuos; **Abfallbeseitigung** f
ohne pl eliminación f de residuos; **Abfalleimer** m cubo m de la basura
ab|fallen irr vi sein ❶ (herunterfallen)
caerse; **alle Furcht fiel von ihm ab** sus
temores se desvanecieron ❷ (Gelände)
descender ❸ (fam: übrig bleiben) sobrar
❹ (von einer Partei) abandonar (von)
❺ (von seinem Glauben) apostatar (von
de), renegar (von de) ❻ (SPORT) rendir
menos (que de costumbre)
Abfallentsorgung f recogida f de basura;
getrennte ~ recogida selectiva de basura;
Abfallhaufen m montón m de basura
abfällig adj (Bemerkung) despectivo; (Kritik) adverso; **sich ~ über jdn äußern**
hablar despectivamente de alguien
Abfallprodukt nt producto m secundario;
Abfallsortierung f clasificación f de los
residuos; **Abfallstoffe** mpl residuos mpl,
desechos mpl; **Abfalltonne** f cubo m de
basura; **Abfallvermeidung** f contención
f de la producción de residuos; **Abfallver-
wertung** f aprovechamiento m de residuos
ab|fangen irr vt ❶ (Brief) interceptar
❷ (ARCHIT) apuntalar ❸ (unter Kontrolle
bringen) lograr dominar ❹ (SPORT: Gegner)
alcanzar; (Ball) interceptar
ab|färben vi desteñir; **auf jdn ~** (fig) con-

tagiar a alguien

ab|fassen *vt* redactar

ab|faulen *vi sein* pudrirse

ab|federn *vt* ❶ (TECH) equipar de un amortiguador ❷ (*Stoß*) amortiguar

ab|feiern *vt* (*fam: Arbeitszeit*) librar por horas extras

ab|fertigen *vt* ❶ (*Waren*) despachar ❷ (*bedienen*) atender ❸ (*fam: unfreundlich behandeln*) atender muy mal

Abfertigung *f* <-en> ❶ (*von Waren*) expedición *f* ❷ (*Bedienung, ~sstelle*) despacho *m;* **Abfertigungshalle** *f* (AERO) terminal *f;* **Abfertigungsschalter** *m* (AERO) mostrador *m* de facturación

ab|feuern *vt* (*Rakete*) lanzar; (*Schuss*) disparar

ab|finden *irr* **I.** *vt* compensar, indemnizar; **mit leeren Versprechungen** ~ engañar con promesas vanas **II.** *vr:* **sich** ~ ❶ (*sich einigen*) llegar a un acuerdo ❷ (*sich zufrieden geben*) conformarse

Abfindung *f* <-en> ❶ (*Entschädigung*) indemnización *f* ❷ (*Ausgleich*) compensación *f*

ab|flachen **I.** *vi sein* ❶ (*flacher werden*) reducirse ❷ (*Unterhaltung*) perder nivel **II.** *vt* aplanar **III.** *vr:* **sich** ~ disminuir

ab|flauen ['apflaʊən] *vi sein* ❶ (*Wind*) calmarse ❷ (*Konjunktur*) retroceder

ab|fliegen *irr vi sein* (*Vögel*) echarse a volar; (*Flugzeug, Person*) salir

ab|fließen *irr vi sein* (*Wasser, Geld*) salir

Abflug *m* <-(e)s, -flüge> (AERO) salida *f;* **abflugbereit** *adj* (AERO) dispuesto para despegar; **Abflughalle** *f* (AERO) terminal *f* de salidas; **Abflugzeit** *f* (AERO) hora *f* de despegue

Abfluss *m* <-es, -flüsse> (*Rohr*) desagüe *m;* (*Wassermenge*) caudal *m;* **den reibungslosen** ~ **des Verkehrs behindern** impedir la circulación fluida en las carreteras; **Abflussreiniger** *m* (producto *m*) desatascador *m;* **Abflussrinne** *f* (*Haus*) canalón *m;* (*Straße*) cuneta *f;* **Abflussrohr** *nt* cañería *f* de desagüe

Abfolge *f* <-n> sucesión *f;* (*Takt*) ritmo *m*

Abfrage *f* <-n> (INFOR: *von Daten*) consulta *f*

ab|fragen *vt* ❶ (*prüfen*) preguntar ❷ (INFOR: *Daten*) consultar

Abfuhr ['apfuːɐ] *f* <-en> ❶ (*Abtransport*) transporte *m;* (*von Müll*) recogida *f* ❷ (*Zurückweisung*) negativa *f;* **jdm eine** ~ **erteilen** dar calabazas a alguien ❸ (SPORT) derrota *f*

ab|führen **I.** *vi* (MED) tener un efecto purgante; **etw zum A~ verschreiben** recetar

algo como laxante **II.** *vt* ❶ (*Verbrecher*) llevar detenido ❷ (*Geld*) pagar (*an* a) ❸ (*a. fig: ableiten*) apartar (*von* de), desviar (*von* de)

Abführmittel *nt* laxante *m;* **Abführtee** *m* infusión *f* purgante

Abführung *f* <-en> ❶ (*Festnahme*) detención *f* ❷ (FIN: *Steuer*) pago *m*, liquidación *f* ❸ (*Ableitung*) desviación *f*

ab|füllen **I.** *vt* ❶ (*Flüssigkeiten*) trasegar (*in* a); (*in Flaschen*) embotellar; (*in Gefäße*) envasar; (*in Säcke*) ensacar ❷ (*fam: betrunken machen*) emborrachar **II.** *vr:* **sich** ~ (*fam*) emborracharse

Abgabe¹ *f ohne pl* (*Einreichung, Stimm~*) entrega *f*

Abgabe² *f* <-n> ❶ (*Steuer*) impuesto *m;* **öffentliche** ~**n** impuestos *mpl;* ~**n erheben/entrichten** cobrar/pagar impuestos ❷ (*von Wärme, einer Erklärung*) emisión *f* ❸ (*Verkauf*) venta *f*

abgabenfrei *adj* (FIN) libre de impuestos; **abgabenpflichtig** *adj* (FIN) sujeto a impuestos

Abgabetermin *m* fecha *f* de entrega

Abgang *m* <-(e)s, *ohne pl*> ❶ (*Fortgehen*) salida *f*, partida *f;* (THEAT) mutis *m inv* ❷ (*Absendung*) despacho *m*, salida *f* ❸ (MED: *Absonderung*) secreción *f;* (*Fehlgeburt*) aborto *m* (involuntario) ❹ (COM: *Absatz*) venta *f;* ~ **finden** tener salida

Abgangszeugnis *nt* (SCH) certificado para alguien que deja los estudios

Abgas *nt* <-es, -e> (gas *m* de) escape *m;* **abgasarm** *adj* (AUTO) pobre en gases de escape; **Abgaskatalysator** *m* (AUTO) catalizador *m* de gas de escape; **Abgas(sonder)untersuchung** *f* (AUTO) control *m* de los gases de combustión (*obligatoria al pasar la inspección técnica de vehículos*)

ab|geben *irr* **I.** *vt* ❶ (*zur Aufbewahrung*) depositar ❷ (*verkaufen*) vender ❸ (*Schuss*) disparar ❹ (*Meinung, Erklärung*) dar; (*Urteil, Stimme*) emitir ❺ (*Wärme*) irradiar ❻ (*teilen*) dar una parte (*von* de); **er hat mir die Hälfte abgegeben** me ha dado la mitad ❼ (*überlassen*) ceder ❽ (SPORT: *Punkte*) perder; (*Ball*) entregar ❾ (*fam: Aussehen*) ofrecer **II.** *vr:* **sich** ~ (*abw: sich einlassen*) tener trato; **mit diesen Leuten geben wir uns nicht ab** no queremos tener trato con esa gente

abgebrannt **I.** *pp von* **abbrennen** **II.** *adj* (*fam: pleite*) sin blanca

abgebrüht *adj* (*fam: unempfindlich*) curado de espantos

abgedroschen *adj* (*fam*) trillado

abgefahren *adj* (*sl: cool, schräg*) enrollado

abgefuckt ['apɡəfakt] *adj* (*vulg*) jodido

abgehackt **I.** *adj* ❶ (*Stil*) entrecortado ❷ (*Bewegungen*) brusco **II.** *adv* a trompicones

abgehangen *pp von* **abhängen**[1]

ab|gehen *irr* **I.** *vi sein* ❶ (*sich entfernen*) marchar(se); (*Zug*) partir, salir; (THEAT) hacer mutis; **von der Schule ~** dejar la escuela ❷ (*Farbe*) irse; (*Knopf*) caerse; (*Schuss*) dispararse ❸ (*fehlen*) faltar; **sich** *dat* **nichts ~ lassen** no privarse de nada ❹ (*abweichen*): **nicht von seinen Grundsätzen ~** insistir en sus principios ❺ (*verlaufen*): **alles ging gut ab** todo salió bien ❻ (*sl: los sein*): **hier geht es ab!** ¡menuda marcha hay aquí! ❼ (*vulg*): **ihm ging einer ab** se corrió **II.** *vt* (*Grundstück*) recorrer (para inspeccionar)

abgehoben *pp von* **abheben**

abgekartet *adj* (*fam*) amañado

abgeklärt ['pɡəkle:ɐt] *adj* (*ausgeglichen*) sereno

abgelegen *adj* distante

abgeneigt *adj* contrario; **etw/jdm ~ sein** ser contrario a algo/alguien; (**nicht**) **~ sein etw zu tun** (no) tener inconveniente en hacer algo

Abgeordnete(r) *mf* <-n, -n; -n> (*im Parlament*) diputado, -a *m, f,* legislador(a) *m(f) Am*; (*Vertreter*) delegado, -a *m, f*; **Abgeordnetenhaus** *nt* Congreso *m,* Cámara *f* de los Diputados; **Abgeordnetensitz** *m* escaño *m*

abgerissen **I.** *pp von* **abreißen** **II.** *adj* ❶ (*zerlumpt*) andrajoso ❷ (*unzusammenhängend*) deslabazado

Abgesandte(r) *mf* <-n, -n; -n> enviado, -a *m, f*

abgeschieden ['apɡəʃi:dən] **I.** *pp von* **abscheiden** **II.** *adj* (*geh*) ❶ (*entlegen*) retirado; (*einsam*) solitario ❷ (*verstorben*) fallecido

Abgeschiedenheit *f ohne pl* aislamiento *m*

abgeschlagen **I.** *pp von* **abschlagen** **II.** *adj* ❶ (SPORT) de los últimos; (*Partei*) sin peso ❷ (*reg: erschöpft*) rendido ❸ (*Geschirr*) desportillado

abgeschlossen **I.** *pp von* **abschließen** **II.** *adj* ❶ (*verschlossen*) cerrado ❷ (*isoliert*) aislado ❸ (*vollendet*) acabado

abgeschmackt ['apɡəʃmakt] *adj* de mal gusto

abgeschnitten *pp von* **abschneiden**

abgesehen *pp von* **absehen**

abgespannt *adj* fatigado; **er sieht ~ aus** parece fatigado

abgestanden ['apɡəʃtandən] **I.** *pp von* **abstehen** **II.** *adj* ❶ (*Wasser*) reposado; (*Bier*) insípido ❷ (*fig*) manido

abgestorben ['apɡəʃtɔrbən] *pp von* **absterben**

abgetragen *pp von* **abtragen**

abgetreten *pp von* **abtreten**

abgewetzt *adj* (*Stoff*) gastado

ab|gewinnen* *irr vt* ❶ (*Geld*) ganar ❷ (*finden*) sacar ❸ (*Gefallen finden*): **ich kann dieser Sache nichts ~** esto no me hace (ninguna) gracia

abgewogen *pp von* **abwägen, abwiegen**

ab|gewöhnen* *vt* deshabituar (de), desacostumbrar (de); **jdm etw ~** quitar a alguien la costumbre de algo; **sich** *dat* **etw ~** perder la costumbre de hacer algo; **ich muss mir das Rauchen ~** tengo que dejar de fumar

abgezehrt *adj* (*Gesicht*) demacrado; (*Körper*) enflaquecido

ab|gießen *irr vt* (*Wasser*) verter; **die Nudeln ~** escurrir la pasta

Abglanz *m* <-es, *ohne pl*> reflejo *m*; (*a. fig*) vislumbre *f*

ab|gleiten *irr vi sein* (*geh*) ❶ (*abrutschen*) resbalar ❷ (*abschweifen*) desviarse; (*Gedanken*) divagar ❸ (*fig: absinken*) hundirse ❹ (*abprallen*) rebotar; **er ließ die Vorwürfe einfach an sich ~** le resbalaban los reproches

Abgott *m* <-(e)s, -götter> ídolo *m*

abgöttisch ['apɡœtɪʃ] *adv* con idolatría; **jdn ~ lieben** idolatrar a alguien

ab|grasen *vt* ❶ (*Weide*) comer la hierba (de); **das Thema ist abgegrast** (*fam*) el tema está agotado ❷ (*fam: systematisch absuchen*) recorrer

ab|grenzen **I.** *vt* (*begrenzen*) delimitar; (*abtrennen*) separar (*gegen/von* de) **II.** *vr*: **sich ~** diferenciarse (*von* de); (*sich distanzieren*) distanciarse (*von* de)

Abgrenzung *f* <-en> (de)limitación *f*; (*eines Feldes*) demarcación *f*

Abgrund *m* <-(e)s, -gründe> precipicio *m*; (*a. fig*) abismo *m*

abgrundhässlich *adj* (*fam*) feo como el demonio

abgrundtief *adj* enorme

ab|gucken **I.** *vi* (*sl*) copiar; **bei jdm ~** copiar de alguien **II.** *vt* (*fam*): **etw bei jdm ~** copiar algo de alguien

Abguss *m* <-es, -güsse> ❶ (KUNST) vaciado *m* ❷ (*Gussstück*) (pieza *f* de) fundición *f*

ab|hacken *vt* cortar

ab|haken *vt* ❶ (*loshaken*) descolgar, soltar

②(*markieren*) marcar (con una cruz); (*in einer Liste*) puntear; (*fig: als erledigt ansehen*) dar por resuelto

ab|halten *irr vt* ① (*fernhalten*) mantener a distancia ②(*hindern*) impedir; **jdn davon ~, etw zu tun** impedir a alguien que haga algo; **lass dich nicht ~!** (*fam: beirren*) ¡tú sigue (a lo tuyo)! ③ (*Sitzung*) celebrar; **ein Seminar ~** organizar un seminario ④ (*Unterricht*) dar

ab|handeln *vt* ① (*abkaufen*) comprar; (*bekommen*) obtener; (*Rabatt*) regatear; **jdm fünf Euro ~** regatearle cinco euros a alguien ②(*erörtern*) tratar

abhanden [ap'handən] *adv:* **~ kommen** extraviarse, refundirse *AmC*

Abhandlung *f* <-en> tratamiento *m* (de); (*Essay*) tratado *m* (*über*sobre)

Abhang *m* <-(e)s, -hänge> pendiente *f*, guindo *m Guat*

ab|hängen[1] *irr vi* ① (*angewiesen sein*) depender (*von*de; **das hängt ganz davon ab** depende de las circunstancias ②(GASTR: *Fleisch*) manir

ab|hängen[2] *vt* ① (*Bild*) descolgar; (*Decke*) bajar ②(*abkoppeln*) desenganchar ③ (*fam: abschütteln*): **jdn ~** quitarse a alguien de encima

abhängig *adj* dependiente; **ich mache das von der Bedingung ~, dass ...** eso dependerá de si...

Abhängige(r) *mf* <-n, -n; -n> adicto, -a *m, f* (*von* a)

Abhängigkeit *f* <-en> dependencia *f* (*von* de); (*Sucht*) adicción *f* (*von* a); **gegenseitige ~** interdependencia *f*; **Abhängigkeitsverhältnis** *nt* relación *f* de dependencia

ab|härten **I.** *vi* robustecer el cuerpo (*gegen* contra/frente a) **II.** *vt* endurecer; (*Körper*) fortalecer (*gegen* contra/frente a) **III.** *vr:* **sich ~** endurecerse; (*Körper*) fortalecerse (*gegen* contra/frente a)

Abhärtung *f* <-en> endurecimiento *m* (*gegen* contra/frente a); (*des Körpers*) fortalecimiento *m* (*gegen* contra/frente a), robustecimiento *m* (*gegen* contra/frente a)

ab|hauen[1] <haut ab, haute ab, abgehauen> *vi sein* (*fam: verschwinden*) largarse; **hau ab!** ¡lárgate!

ab|hauen[2] <haut ab, hieb *o* haute *fam* ab, abgehauen> *vt* (*abschlagen*) cortar; (*Baum*) talar; (*Putz*) quitar

ab|heben **I.** *vi* ① (AERO) despegar, decolar *AmS* ②(*fig: realitätsfremd werden*) apartarse de la realidad ③ (*hinweisen*) aludir (*auf* a) **II.** *vt* ① (*herunternehmen*) quitar; (*Deckel*) destapar; (*Telefonhörer*) des-

colgar; (*Karten*) cortar; (*Masche*) pasar ②(FIN: *Geld*) retirar **III.** *vr:* **sich ~** ① (*sich ablösen*) levantarse ②(*optisch hervortreten*) recortarse (*von/gegen* sobre) ③ (*unterscheiden*) destacar (*von* entre), destacarse (*von* de/de entre)

ab|heften *vt* (*Schriftstücke*) archivar, failear *Am*

ab|heilen *vi* curarse; (*Wunde*) cerrarse

ab|helfen *irr vi* poner remedio (a); **dem ist leicht abzuhelfen** tiene fácil remedio

ab|hetzen *vr:* **sich ~** ajetrearse; **völlig abgehetzt sein** estar hecho polvo

Abhilfe *f ohne pl* remedio *m;* **einer Situation ~ schaffen** poner remedio a una situación; **für ~ sorgen** proporcionar remedio

ab|hobeln *vt* cepillar

abholbereit *adj* listo para recoger

ab|holen *vt* recoger; (*fam fig: verhaften*) trincar

Abholmarkt *m* mercado *m* de recogida; **Abholpreis** *m* precio *m* de recogida

ab|holzen *vt* ① (*Bäume*) talar, tumbar *Am* ②(*Gebiet*) deforestar

Abholzung *f* <-en> ① (*Bäume*) tala *f* ②(*Waldgebiet*) deforestación *f*

Abhöraktion *f* acción *f* de escucha; **Abhöranlage** *f* dispositivo *m* de escucha

ab|horchen *vt* escuchar (aguzando el oído); (MED) auscultar

ab|hören *vt* ① (*Gelerntes*) repasar ②(MED) auscultar ③ (*Anrufbeantworter*) escuchar ④(*Telefonleitung*) interceptar, pinchar *fam*

abhörsicher *adj* antiescucha *inv*

ab|hungern **I.** *vt* adelgazar **II.** *vr:* **sich ~** pasar hambre

Abi ['abiː] *nt* <-s, -s> (*fam*) bachillerato *m;* (*Prüfung*) examen *m* final de bachillerato (*equivalente a las pruebas de Selectividad*)

Abitur [abi'tuːɐ] *nt* <-s, -e> bachillerato *m;* (*Prüfung*) examen *m* final de bachillerato (*equivalente a las pruebas de Selectividad*)

En Alemania, la *Hochschulreife* (especie de selectividad que capacita para una carrera técnica) o el **Abitur** se suelen hacer en el decimotercer curso (es decir, cuando los alumnos tienen entre 18 y 19 años). En comparación con otros países esto es algo tarde, de ahí que algunos alumnos consideren la posibilidad de realizar la prueba a la altura del decimosegundo curso. En

Austria y Suiza el **Abitur** recibe el nombre de *Matura* o *Maturität* y se puede obtener tras ocho años de estudio en un instituto de enseñanza secundaria.

Abiturient(in) [abituriˈɛnt] *m(f)* <-en, -en; -nen> preuniversitario, -a *m, f*, bachiller *mf Am*

Abiturzeugnis *nt* título *m* de bachiller

Abk. *Abk. von* **Abkürzung** abr

ab|kapseln I. *vt* aislar **II.** *vr:* **sich** ~ enquistarse; *(fig)* aislarse

ab|kassieren* *vt* *(fam)* cobrar; **die Getränke/den Gast** ~ cobrar las bebidas/al cliente; **er hat beim Poker richtig abkassiert** en la partida de póker hizo su agosto

ab|kauen *vt* comer; **sich** *dat* **die Fingernägel** ~ morderse las uñas

ab|kaufen *vt* ❶ *(Ware)*: **jdm etw** ~ comprar algo a alguien ❷ *(fam: glauben)* tragarse; **das kaufe ich dir nicht ab!** ¡eso no me lo trago!

Abkehr [ˈapkeːɐ] *f ohne pl* alejamiento *m (von* de), abandono *m (von* de)

ab|kehren I. *vt* ❶ *(abwenden)* apartar ❷ *(abfegen)* barrer **II.** *vr:* **sich** ~ *(sich abwenden)* apartarse

ab|kippen I. *vi* caer, volcarse **II.** *vt* ❶ *(fallen lassen)* bajar ❷ *(abladen)* descargar, volcar; *(Müll)* verter

ab|klappern *vt (fam)* recorrer

ab|klären *vt* aclarar

Abklatsch *m* <-(e)s, -e> (KUNST) copia *f*; *(fig, abw)* mala copia *f*, plagio *m*

ab|klemmen *vt* ❶ (TECH) desconectar ❷ (MED: *Ader)* estrangular

ab|klingen *irr vi sein* decrecer; *(Lärm)* disminuir; *(Fieber)* ceder, bajar; *(Begeisterung)* reducirse

ab|klopfen *vt* ❶ *(säubern)* sacudir ❷ (MED) percutir ❸ *(kritisch betrachten)* examinar *(auf* en busca de)

ab|knallen *vt (fam abw)* matar a tiros

ab|knicken I. *vi sein* ❶ *(Zweig)* doblarse, troncharse ❷ *(Straße)* girar **II.** *vt* ❶ *(abbrechen)* cortar ❷ *(umknicken)* doblar, tronchar

ab|knöpfen *vt* ❶ *(Angeknöpftes)* desabotonar ❷ *(fam: Geld)* sacar; **jdm Geld** ~ dar un sablazo a alguien

ab|knutschen I. *vt* *(fam)* comer(se) a besos; *(abw)* besuquear **II.** *vr:* **sich** ~ *(abw)* besuquearse

ab|kochen *vt* ❶ *(kochen)* hervir ❷ *(keimfrei machen)* esterilizar

ab|kommandieren* *vt* (MIL) destinar, destacar

ab|kommen *irr vi sein* ❶ *(abweichen)* perderse; **wir kamen vom Weg ab** nos perdimos; **vom Thema** ~ irse por las ramas ❷ *(aufgeben)* dejar *(von)*, abandonar *(von)*; *(sich entfernen)* alejarse *(von* de); **von seiner Meinung** ~ cambiar de opinión ❸ *(aus der Mode kommen)* pasarse de moda

Abkommen *nt* <-s, -> convenio *m*, acuerdo *m*

abkömmlich [ˈapkœmlɪç] *adj* disponible

Abkömmling [ˈapkœmlɪŋ] *m* <-s, -e> ❶ *(a.* JUR: *Nachkomme)* descendiente *mf* ❷ *(iron fam: Sprössling)* vástago *m*, hijo *m*

ab|können *irr vt (nordd: mögen)* llevarse bien *(con)*; *(vertragen)* soportar

ab|koppeln I. *vt (Fahrzeug)* desenganchar; *(Raumfähre)* separar **II.** *vr:* **sich** ~ *(fam: Organisation)* descolgarse

ab|kratzen I. *vi sein (fam: sterben)* estirar la pata, rasgarse *Am* **II.** *vt (entfernen)* rascar

ab|kriegen *vt (fam)* ❶ *(erhalten)* llevarse su parte (de) ❷ *(erleiden)* sufrir; **er hat ganz schön was abgekriegt** ha recibido lo suyo ❸ *(entfernen)* conseguir quitar

ab|kühlen I. *vr:* **sich** ~ *(kühler werden)* enfriarse; *(Wetter)* refrescar; *(Beziehungen)* enfriarse; *(Leidenschaft)* calmarse **II.** *vt (Speisen)* (poner a) enfriar

Abkühlung *f* <-en> enfriamiento *m*; (TECH) refrigeración *f*; *(Wetter)* descenso *m* de las temperaturas; **sich** *dat* **eine** ~ **verschaffen** refrescarse

Abkunft [ˈapkʊnft] *f ohne pl (geh: Herkunft)* origen *m*; *(Abstammung)* ascendencia *f*; **er ist slawischer** ~ es de origen eslavo

ab|kürzen *vt* acortar; *(Weg)* atajar; *(Besuch, Verfahren)* abreviar; **„Jahrhundert" wird durch „Jh." abgekürzt** „Jh." es la abreviatura de „Jahrhundert"

Abkürzung *f* <-en> ❶ *(Weg)* atajo *m*, trilla *f AmC;* **eine** ~ **nehmen** tomar un atajo ❷ *(von Verfahren)* abreviación *f*, reducción *f* ❸ (LING) abreviatura *f*; **Abkürzungsverzeichnis** *nt* índice *m* de abreviaturas

ab|küssen *vt* besuquear

ab|laden *irr vt* ❶ *(Fahrzeug, Schiff)* descargar; *(Fracht)* desembarcar; *(Müll)* verter; *(Kisten)* sacar *(von* de); *(fig: Ärger)* descargar ❷ *(Arbeit, Schuld)* cargar *(auf* sobre)

Ablage *f* <-n> ❶ *(Archiv, Vorrichtung)* archivo *m* ❷ *(Schweiz: Annahmestelle)* despacho *m* de lotería

ab|lagern I. *vi* (*Wein*) añejarse; (*Holz, Tabak*) curarse; **abgelagerter Wein** vino añejo II. *vt* almacenar III. *vr:* **sich ~** (*sich absetzen*) posarse; (MED, GEO) sedimentarse

Ablagerung *f* <-en> ❶ (GEO, MED: *Vorgang*) sedimentación *f;* (*Material*) depósito *m,* sedimento *m* ❷ (GASTR: *Wein*) poso *m*

Ablass *m* <-es, -lässe> (REL) bula *f,* indulgencia *f*

ab|lassen *irr* I. *vi* (*nicht weiterverfolgen*) desistir (*von* de), abandonar (*von*); **er lässt nicht von seinem Vorhaben ab** no desiste de sus propósitos II. *vt* ❶ (*Flüssigkeit*) dejar salir; (*Dampf*) purgar; (*Wasser*) desaguar; (*Behälter*) vaciar ❷ (*fam: nicht aufsetzen/anlegen*) no poner(se) ❸ (*ermäßigen*): **jdm etwas vom Preis ~** rebajar algo el precio a alguien

Ablauf *m* <-(e)s, -läufe> ❶ (*Verlauf*) (trans)curso *m,* desarrollo *m* ❷ (*einer Frist, Gültigkeit*) vencimiento *m,* expiración *f;* **nach ~ von zwei Stunden** al cabo de dos horas ❸ (*Abflussrohr*) desagüe *m* ❹ (GEO: *See*) canal *m* de vaciado

ab|laufen *irr sein* I. *vi* ❶ (*Flüssigkeit*) escurrirse; (*abfließen*) desaguar ❷ (*Film, Tonband*) desenrollarse ❸ (*stehen bleiben*) pararse ❹ (*Pass*) caducar ❺ (*Frist*) finalizar; **die Frist ist abgelaufen** el plazo ha expirado ❻ (*verlaufen*) transcurrir; **ist alles gut abgelaufen?** ¿ha ido todo bien? II. *vt* ❶ (*Schuhe*) (des)gastar ❷ (*Strecke, Stadt*) recorrer (*nach* en busca de)

Ableben *nt* <-s, *ohne pl*> (*geh*) defunción *f*

ab|lecken *vt* lamer

ab|legen I. *vi* (*Schiff*) zarpar II. *vt* ❶ (*ausziehen*) quitarse, sacarse *Am;* **bitte, legen Sie ab!** ¡quítese el abrigo, por favor! ❷ (*Gewohnheit*) quitarse; **Vorurteile ~** deshacerse de prejuicios ❸ (*hinlegen*) depositar; (*Akten*) archivar, failear *AmC;* (*Karten*) descartarse (de) ❹ (*Eid, Geständnis*) hacer, prestar; **über etw Rechenschaft ~** rendir cuentas de algo; **eine Prüfung ~** dar un examen (*in* en), examinarse (*in* en) *Am*

Ableger *m* <-s, -> ❶ (BOT) esqueje *m* ❷ (WIRTSCH) sucursal *f*

ab|lehnen *vt* ❶ (*zurückweisen*) rechazar; **er lehnte es ab, uns zu helfen** se negó a ayudarnos ❷ (JUR: *Gesuch*) denegar; (*Zeugen*) recusar

ablehnend *adj* negativo; **etw** *dat* **eher ~ gegenüberstehen** no estar mucho por algo

Ablehnung *f* <-en> ❶ (*Verweigerung*) negativa *f;* (*Zurückweisung*) rechazo *m;* (*von Anträgen*) denegación *f,* rechazo *m;* (JUR) recusación *f* ❷ (*Missbilligung*) rechazo *m,* repudio *m;* **er stieß bei ihnen auf ~** lo rechazaron

ab|leisten *vt* (*Wehrdienst*) cumplir

ab|leiten I. *vt* ❶ (*umlenken*) desviar ❷ (*a.* MATH: *herleiten*) derivar (*aus* de) II. *vr:* **sich ~** (LING) derivarse (*aus/von* de)

Ableitung *f* <-en> (MATH) derivación *f;* (LING) derivado *m*

ab|lenken I. *vi* (*ausweichen*) desviarse (*von* de) II. *vt* ❶ (PHYS: *Strahlen*) desviar ❷ (*abbringen*) distraer (*von* de)

Ablenkung *f* <-en> ❶ (*Richtungsänderung*) desviación *f* ❷ (*Zerstreuung*) distracción *f;* **sich** *dat* **~ verschaffen** distraerse; **Ablenkungsmanöver** *nt* maniobra *f* de distracción

ab|lesen *irr* I. *vt* (*vorlesen*) leer II. *vi* ❶ (*lesen*): **vom Blatt ~** leer la hoja; **den Zähler ~** leer el contador ❷ (*erkennen*) notarse (*von* en); **das konnte man ihr vom Gesicht ~** eso se le notaba en la cara

ab|lichten *vt* ❶ (*fotokopieren*) fotocopiar ❷ (*fotografieren*) fotografiar

ab|liefern *vt* entregar

ab|lösen I. *vt* ❶ (*abmachen*) quitar; (*Aufgeklebtes*) despegar ❷ (*Wachposten*) relevar; (*bei der Arbeit*) reemplazar ❸ (*Hypothek*) amortizar; (*Schuld*) pagar II. *vr:* **sich ~** ❶ (*abgehen*) desprenderse ❷ (*sich abwechseln*) alternarse

Ablösesumme *f* (SPORT) traspaso *m*

Ablösung *f* <-en> ❶ (*das Sichablösen*) desprendimiento *m* ❷ (*Wechsel mit anderen*) relevo *m* ❸ (*aus dem Amt*) reemplazo *m,* sustitución *f* ❹ (FIN) amortización *f*

ab|luchsen ['aplʊksən] *vt* (*fam: Geld*) sacar; (*Geheimnis*) sonsacar

ABM [a:be:'ʔɛm] *f* <-(s)> (WIRTSCH) *Abk. von* **Arbeitsbeschaffungsmaßnahme** plan de fomento de empleo

ab|machen *vt* ❶ (*fam: entfernen*) quitar; (*Aufgeklebtes*) despegar ❷ (*vereinbaren*) acordar; (*Termin, Preis*) fijar; **wir haben abgemacht, dass ...** hemos quedado en que...; **abgemacht!** ¡de acuerdo! ❸ (*fam: ableisten*) cumplir

Abmachung *f* <-en> acuerdo *m;* (*a.* POL, WIRTSCH) convenio *m;* **mit jdm eine ~ treffen** llegar a un acuerdo con alguien

ab|magern I. *vi sein* adelgazar; **bis auf die Knochen abgemagert sein** estar en los huesos II. *vt* reducir

Abmagerungskur *f* cura *f* de adelgazamiento

Abmahnung *f* <-en> sanción *f*

ab|malen *vt* (*abzeichnen*) pintar; (*porträtieren*) retratar; (*kopieren*) copiar

Abmarsch *m* <-(e)s, -märsche> (MIL) salida *f*, marcha *f*; ~! ¡en marcha!

ab|melden *vt* darse de baja (*bei* en); (*Zeitung*) anular la suscripción; **sich polizeilich** ~ dar parte a la policía (de su salida); **das Telefon** ~ darse de baja del teléfono

Abmeldung *f* <-en> baja *f*; (*einer Zeitung*) anulación *f* de la suscripción; (*von der Schule*) aviso *m* de baja; (*beim Einwohnermeldeamt*) aviso *m* de cambio de residencia

ab|messen *irr vt* ❶ (*ausmessen*) medir ❷ (*abschätzen*) calcular

Abmessung *f* <-en> medida *f*, dimensión *f*

ABM-Kraft *f* (WIRTSCH) *trabajador o trabajadora temporal en un plan de fomento de empleo*

ab|montieren* *vt* desmontar

ABM-Stelle *f* (WIRTSCH) *puesto de trabajo proporcionado por el Plan de Fomento de Empleo*

ab|mühen *vr:* **sich** ~ esforzarse mucho

ab|murksen ['apmʊrksən] *vt* (*fam*): **jdn** ~ cargarse a alguien

ab|nabeln I. *vt* (*Neugeborenes*) cortar el cordón umbilical a II. *vr:* **sich** ~ (*fam: sich lösen*) librarse; (*sich unabhängig machen*) independizarse

ab|nagen *vt* roer

Abnäher *m* <-s, -> pinza *f*

Abnahme *f* <-n> ❶ (*das Entfernen*) desmontaje *m*; (MED) amputación *f* ❷ (*Herunternahme*) descenso *m* ❸ (*Verminderung*) disminución *f*, descenso *m* ❹ (*Kauf*) compra *f*; **bei** ~ **von 100 Stück** con la compra de 100 unidades; ~ **finden** (WIRTSCH) tener salida ❺ (*einer Parade*) revista *f*; (*eines Autos*) inspección *f*

ab|nehmen *irr* I. *vi* ❶ (*Macht, Kräfte*) declinar; (*Interesse*) disminuir; (*Geschwindigkeit*) bajar; (*Mond*) menguar ❷ (*Gewicht*) adelgazar ❸ (TEL) descolgar; **es nimmt keiner ab** no contesta nadie II. *vt* ❶ (*Hut, Bart*) quitar(se); (MED) amputar; (*Blut*) sacar; (*abkaufen*) comprar; (*wegnehmen*) quitar; (*im Spiel*) sacar; (*abverlangen*) pedir; (*Maschen*) menguar ❷ (*übernehmen*) coger; **jdm eine Arbeit** ~ librar a alguien de un trabajo ❸ (*entgegennehmen*) coger; (*Eid*) tomar; (*Beichte*) escuchar; **jdm das Versprechen** ~, **zu ...** hacer prometer a alguien que... ❹ (*Gebäude, Fahrzeug*) inspeccionar; (*Prüfung*) realizar; (MIL) pasar revista (a) ❺ (*fam: glauben*) creer

Abnehmer(in) *m(f)* <-s, -; -nen> comprador(a) *m(f)*, cliente *mf*; ~ **finden** encontrar compradores

Abneigung *f* <-en> antipatía *f* (*gegen* hacia), rechazo *m* (*gegen* hacia/contra)

abnormal ['---] *adj* anormal, anómalo

ab|nötigen *vt* (*geh*) imponer; **er nötigt mir Respekt ab** me impone respeto

ab|nutzen I. *vt* (des)gastar; (*strapazieren*) deteriorar II. *vr:* **sich** ~ desgastarse, deteriorarse

Abnutzung *f* <-en> desgaste *m*, deterioro *m*; **Abnutzungserscheinungen** *fpl* señales *fpl* de uso [*o* desgaste]

Abo ['abo] *nt* <-s, -s> (*fam*) suscripción *f*

Abonnement [abɔn(ə)'mã:] *nt* <-s, -s> (*Zeitung*) suscripción *f*; (*Konzertkarten*) abono *m*; **ein** ~ **für etw haben** estar suscrito a algo; **ein** ~ **abbestellen** anular la suscripción

Abonnent(in) [abɔ'nɛnt] *m(f)* <-en, -en; -nen> suscriptor(a) *m(f)*, abonado, -a *m, f*

abonnieren* [abɔ'niːrən] *vt* suscribirse (a)

ab|ordnen *vt* delegar

Abordnung *f* <-en> delegación *f*, comisión *f*

Abort [a'bɔrt] *m* <-(e)s, -e> ❶ (MED) aborto *m* ❷ (*Toilette*) retrete *m*, servicio *m*

ab|passen *vt* aguardar; **den richtigen Augenblick** ~ aguardar el momento oportuno; **jdn** ~ salir al paso de alguien

ab|pausen *vt* calcar

ab|pfeifen *irr vt* (SPORT): **das Spiel** ~ pitar el fin del partido

Abpfiff *m* <-(e)s, -e> (SPORT) pitada *f* final

ab|plagen *vr:* **sich** ~ afanarse (*mit* en), agobiarse (*mit* con)

Abprall *m* <-(e)s, -e> rebote *m*

ab|prallen *vi sein* (*Ball*) rebotar; **die Kritik prallte an ihr ab** la crítica le resbaló

ab|pumpen *vt* ❶ (*Öl, Wasser*) extraer ❷ (*fam: pumpen*) sablear

ab|putzen *vt* limpiar

ab|quälen *vr:* **sich** ~ desriñonarse; **sich dat ein Lächeln** ~ esforzarse por sonreír

ab|qualifizieren* I. *vt* descalificar II. *vr:* **sich** ~ desacreditarse (*mit/durch* con)

ab|rackern *vr:* **sich** ~ (*fam*) matarse a trabajar

ab|rahmen *vt* desnatar, descremar

ab|rasieren* *vt* afeitar; (*fam: zerstören*) arrasar

ab|raten *irr vi:* **jdm von etw** ~ desaconsejar algo a alguien

ab|räumen *vt* recoger; (*Teller*) retirar; (SPORT: *Kegel*) derribar; **den Tisch** ~ recoger la mesa

ab|reagieren* I. *vt* (*Ärger*) descargar (*an* en), desahogar (*an* contra) II. *vr:* **sich** ~

desfogarse

ab|rechnen I. vi ❶ (*(Schluss)rechnung*) echar la cuenta ❷ (*zur Rechenschaft ziehen*) ajustar las cuentas; **mit ihm werde ich noch ~!** ¡ya le ajustaré las cuentas! II. vt (*abziehen*) descontar

Abrechnung f <-en> ❶ (*Abzug*) descuento m ❷ (*Bilanz*) cuenta f, planilla f Am; **die ~ machen** hacer las cuentas ❸ (*Rache*) ajuste m de cuentas

Abrede f ohne pl: **etw in ~ stellen** negar algo

ab|regen vr: **sich ~** (*fam*) calmarse

ab|reiben irr vt ❶ (*Schmutz*) quitar frotando; (*Schuhe, Hände*) limpiar frotando ❷ (*trockenreiben*) secar (frotando) ❸ (*mit dem Reibeisen*) rallar

Abreibung f <-en> ❶ (a. MED) fricción f ❷ (*fam: Prügel*) paliza f, trilla f Am; **eine ~ kriegen/verpassen** recibir/dar una paliza

Abreise f <-n> salida f, partida f

ab|reisen vi sein salir (*nach* para), partir (*nach* para)

ab|reißen irr I. vi sein ❶ (*sich lösen*) arrancarse; (*abspringen*) saltar ❷ (*unterbrochen werden*) cortarse II. vt ❶ (*Papier, Heftpflaster*) arrancar ❷ (*Gebäude*) derribar ❸ (*fam: abnutzen*) destrozar

Abreißkalender m almanaque m

ab|richten vt amaestrar

ab|riegeln vt ❶ (*Tür*) echar el cerrojo (de) ❷ (MIL: *Gebiet*) cercar; (*Straße*) cortar

Abrieg(e)lung f <-en> cierre m; (*Riegel*) cerrojo m; (MIL) cerco m; (*von Straßen*) control m; (*durch die Polizei*) cordón m

ab|ringen irr vt (*Zugeständnis*) arrancar; **sich** dat **ein Lächeln ~** forzar una sonrisa

Abriss¹ m <-es, ohne pl> (*Abbruch*) derribo m

Abriss² m <-es, -e> ❶ (*von Eintrittskarten*) resguardo m (de control de entrada) ❷ (*Übersicht*) resumen m, compendio m

ab|rücken I. vi sein ❶ (*wegrücken*) apartarse (*von* de); **von einer Meinung ~** cambiar de opinión ❷ (MIL) retirarse II. vt (*wegschieben*) correr

Abruf m <-(e)s, ohne pl> ❶ (*abrufbar sein*): **auf ~ zur Verfügung stehen** estar disponible ❷ (INFOR) demanda f; **abrufbereit** adj ❶ (*Menschen*) a disposición ❷ (INFOR) recuperable

ab|rufen irr vt ❶ (*wegrufen*) llamar ❷ (INFOR: *Daten*) pedir

ab|runden vt ❶ (*rund machen, a.* MATH) redondear ❷ (*ausgewogener machen*) completar

abrupt [ap'rʊpt] adj abrupto; (*unerwartet*)

inesperado; (*plötzlich*) repentino

ab|rüsten vi desarmar

Abrüstung f ohne pl desarme m; **Abrüstungsverhandlungen** fpl negociaciones fpl de desarme

ab|rutschen vi sein resbalar(se); (*fig*) hundirse (*in* en)

Abs. ❶ Abk. von **Absender** Rte. ❷ Abk. von **Absatz** párrafo m

ABS [a:be:'ɛs] nt <-> (AUTO) Abk. von **Antiblockiersystem** ABS m

ab|sacken vi sein (*fam*) ❶ (*sinken*) descender; (*Boden*) hundirse; (*Blutdruck*) bajar de golpe; (*Flugzeug*) perder altura; (FIN) caer; (*nachlassen*) disminuir (*in* en), bajar (*in* en) ❷ (*fig: herunterkommen*) hundirse

Absage ['apza:gə] f <-n> (respuesta f) negativa f; **jdm eine ~ erteilen** dar una negativa a alguien

ab|sagen I. vi excusarse; **jdm ~** anular una cita con alguien II. vt (*Treffen*) anular; (*Vorstellung*) suspender

ab|sägen vt ❶ (*Ast*) (a)serrar ❷ (*fam: kündigen*) echar; (POL) defenestrar

ab|sahnen I. vi (*fam*) hacer su agosto II. vt (*fam: Profit*) forrarse (con)

ab|satteln vi, vt desensillar

Absatz m <-es, -sätze> ❶ (*am Schuh*) tacón m, taco m Am; **auf dem ~ kehrtmachen** (*fig*) dar media vuelta y marcharse ❷ (*im Text*) párrafo m; (*neuer*) ~ (*beim Diktieren*) punto y aparte; **kein ~** (*beim Diktieren*) punto y seguido ❸ (*Treppe*) descansillo m, tramo m ❹ (*Verkauf*) venta f; **großen ~ finden** tener mucha salida; **Absatzflaute** f (WIRTSCH) estancamiento m de las ventas; **Absatzmarkt** m (WIRTSCH) mercado m de consumo

absatzweise adv por párrafos

ab|saugen vt aspirar; **Fett ~** absorber la grasa

ab|schaben vt raer

ab|schaffen vt ❶ (*aufheben*) abolir; (*Gesetz*) derogar ❷ (*fortgeben*) deshacerse (de)

Abschaffung f <-en> abolición f; (JUR) derogación f

ab|schalten I. vi (*fam*) ❶ (*unaufmerksam werden*) desconectar ❷ (*sich entspannen*) relajarse II. vt (*ausmachen*) apagar

ab|schätzen vt ❶ (*taxieren*) calcular; (COM) tasar ❷ (*beurteilen*) valorar

abschätzig ['apʃɛtsɪç] adj despectivo

ab|schauen I. vi (*fam*): **bei jdm ~** copiar de alguien II. vt (*fam*): **etw von jdm ~** copiar algo de alguien

Abschaum m <-(e)s, ohne pl> (*abw*): **der**

~ **der Menschheit** la escoria de la humanidad

ab|scheiden *irr* **I.** *vi sein* (*geh*) fallecer **II.** *vt* desprender; (MED) supurar **III.** *vr:* **sich** ~ (*geh*) separarse (*von* de)

Abscheu *m o f* <-(e)s, *ohne pl:*> (*Widerwille*) repugnancia *f;* (*Ekel*) asco *m;* **vor jdm/etw** ~ **haben** tener asco de alguien/ algo; **jds** ~ **erregen** repeler a alguien

abscheulich [apˈʃɔɪlɪç] *adj* ❶ (*ekelhaft*) repugnante ❷ (*verwerflich*) abominable ❸ (*fam: unangenehm viel*) horrible

Abscheulichkeit *f* <-en> (*Tat, Bemerkung*) atrocidad *f;* **was erzählst du mir immer für ~en!** ¡qué asquerosidades me cuentas!

ab|schicken *vt* enviar

ab|schieben *irr* **I.** *vi sein* (*fam: weggehen*) largarse **II.** *vt* ❶ (*abrücken*) apartar (*von* de); (*Schuld*) achacar (*auf* a); (*Verantwortung*) cargar (*auf* a) ❷ (*ausweisen*) expulsar ❸ (*loswerden*) deshacerse (de)

Abschiebestopp *m* (POL) suspensión *f* de la expulsión de extranjeros

Abschiebung *f* <-en> expulsión *f*

Abschied [ˈapʃiːt] *m* <-(e)s, -e> ❶ (*Trennung*) despedida *f;* **von jdm** ~ **nehmen** despedirse de alguien ❷ (*aus dem Amt*) retiro *m;* (*Abdankung*) dimisión *f;* **Abschiedsbesuch** *m* visita *f* de despedida; **Abschiedsbrief** *m* (*fam*) carta *f* de despedida; **Abschiedsfeier** *f* fiesta *f* de despedida; **Abschiedsgruß** *m* fórmula *f* de despedida; **Abschiedskuss** *m* beso *m* de despedida; **Abschiedsszene** *f* (*iron*) escenita *f* de despedida

ab|schießen *irr vt* ❶ (*Geschoss*) disparar; (*Rakete*) lanzar ❷ (*Wild*) cazar; (*Mensch*) pegar un tiro (a) ❸ (*Flugzeug*) derribar; (*Panzer*) destruir ❹ (*fam: entlassen*) despachar

ab|schirmen *vt* ❶ (*schützen*) proteger (*gegen* de/contra) ❷ (*Licht*) matizar

Abschirmung *f* <-en> ❶ (*einer Gefahr*) protección *f* (*gegen* de/contra) ❷ (*des Lichtes*) matización *f*

ab|schlachten *vt* ❶ (*Tiere*) matar ❷ (*grausam töten*) matar brutalmente; (*viele Menschen*) masacrar

ab|schlaffen **I.** *vi sein* (*fam*) cansarse, desmadejarse **II.** *vt* cansar, desmadejar

Abschlag *m* <-(e)s, -schläge> ❶ (SPORT) saque *m* de puerta ❷ (FIN, WIRTSCH: *Preisnachlass*) descuento *m;* (*Rate*) plazo *m;* (*Vorschuss*) adelanto *m;* **etw auf** ~ **kaufen** comprar algo a plazos

ab|schlagen *irr vt* ❶ (SPORT) sacar (de puerta) ❷ (*Baum*) talar ❸ (MIL) repeler

❹ (*ablehnen*) rechazar; **jdm eine Bitte** ~ negarle a alguien un favor

abschlägig [ˈapʃlɛːgɪç] *adj* (*formal*) negativo; **jdm eine ~e Antwort geben** dar a alguien una respuesta negativa

Abschlagszahlung *f* ❶ (*Ratenzahlung*) pago *m* a plazos ❷ (*Vorauszahlung*) pago *m* (por) adelantado; (*Vorschuss*) adelanto *m*

ab|schleifen *irr* **I.** *vt* rebajar; (*entfernen*) quitar lijando; (*Edelsteine*) tallar; (*Kristall*) bisela **II.** *vr:* **sich** ~ desgastarse; (*a. fig*) suavizarse

Abschleppdienst *m* servicio *m* de remolque

ab|schleppen *vt* ❶ (*Auto*) remolcar ❷ (*fam: Person*) arrastrar

Abschleppfahrzeug *nt* (AUTO) (coche *m*) grúa *f;* **Abschleppseil** *nt* cuerda *f* de remolcar; **Abschleppwagen** *m* grúa *f*

ab|schließen *irr* **I.** *vi* ❶ (*mit Schlüssel*) cerrar con llave ❷ (*zum Schluss kommen*) concluir; **mit jdm** ~ romper con alguien ❸ (*Abschluss bilden*) cerrar **II.** *vt* ❶ (*Tür*) cerrar con llave ❷ (*beenden*) concluir; (*Studium*) terminar; (*Tagung*) clausurar ❸ (*vereinbaren*) acordar; (*Geschäft*) concertar; (*Vertrag*) cerrar ❹ (FIN: *Bücher*) hacer balance (de); (*Konto*) saldar ❺ (COM: *Geschäftsjahr*) cerrar **III.** *vr:* **sich** ~ (*sich isolieren*) aislarse (*von* de)

abschließend [ˈapʃliːsənt] **I.** *adj* último **II.** *adv* por último

Abschluss *m* <-es, -schlüsse> ❶ (*Verschluss*) cierre *m* ❷ (*Ende*) conclusión *f*, término *m;* **zum** ~ **kommen** terminar; **etw zum** ~ **bringen** concluir algo ❸ (*Examen*) diploma *m*, título *m* ❹ (*eines Vertrags, einer Wette*) cierre *m* ❺ (COM) transacción *f*, operación *f;* **Abschlussprüfung** *f* examen *m* final; **Abschlusszeugnis** *nt* diploma *m;* (*nach acht Schuljahren*) título *m* de graduado escolar; (*Abitur*) título *m* de bachiller

ab|schmecken *vt* ❶ (*kosten*) probar ❷ (GASTR: *verfeinern*) sazonar

ab|schminken **I.** *vt* desmaquillar; **das kannst du dir ~!** (*fig*) ¡eso ya te lo puedes quitar de la cabeza! **II.** *vr:* **sich** ~ desmaquillarse

ab|schnallen **I.** *vi* (*fam*) ❶ (*abschalten*) desconectar ❷ (*fassungslos sein*) quedarse de una pieza; **da schnallste ab!** (*fam*) ¡si no lo veo, no lo creo! **II.** *vt* (*abnehmen*) desabrochar **III.** *vr:* **sich** ~ (*Gurt lösen*) desabrocharse

ab|schneiden *irr* **I.** *vi* ❶ (*Weg*) acortar ❷ (*Ergebnis erzielen*): **gut/schlecht** ~

tener/no tener éxito; **bei einer Prüfung gut/schlecht** ~ sacar buena/mala nota en un examen **II.** *vt* ❶ (*abtrennen*) cortar ❷ (*absperren*) cortar, acordonar ❸ (*abkürzen*) acortar; **jdm das Wort** ~ interrumpir a alguien ❹ (*isolieren*) aislar; **von der Außenwelt abgeschnitten sein** estar incomunicado

Abschnitt *m* <-(e)s, -e> ❶ (*im Text*) párrafo *m* ❷ (*eines Gebietes*) sector *m* ❸ (*Zeitspanne*) lapso *m*, etapa *f* ❹ (*Wertmarke*) cupón *m*; (*eines Formulars*) resguardo *m*; (*bei Eintrittskarten*) resguardo *m* (de control de entrada) ❺ (MATH) segmento *m*

ab|schöpfen *vt* ❶ (*obere Schicht*) quitar ❷ (*Gewinn*) retirar

ab|schotten ['apʃɔtən] **I.** *vt* ❶ (NAUT) cerrar con mamparos ❷ (*isolieren*) aislar (*von* de) **II.** *vr:* **sich** ~ aislarse (*von* de)

ab|schrauben *vt* desatornillar

ab|schrecken *vt* ❶ (*entmutigen*) desanimar; (*einschüchtern*) intimidar ❷ (*Nudeln*) pasar por agua fría ❸ (TECH) enfriar bruscamente; (*Eisen*) templar

abschreckend *adj* intimidatorio; (*warnend*) disuasorio

Abschreckung *f* <-en> intimidación *f*; **nukleare** ~ intimidación nuclear

ab|schreiben *irr vt* ❶ (*kopieren*) copiar (*von* de) ❷ (WIRTSCH) amortizar ❸ (*fam: verloren geben*) dar por perdido; **ich hatte ihn längst abgeschrieben** hacía tiempo que le había borrado de mi lista

Abschreibung *f* <-en> (WIRTSCH) ❶ (*steuerliche Absetzung*) deducción *f* ❷ (*Wertverminderung*) desvalorización *f*

Abschrift *f* <-en> copia *f*

ab|schürfen *vt* despellejar; (MED) excoriar

Abschürfung *f* <-en> (MED) excoriación *f*

Abschuss *m* <-es, -schüsse> ❶ (*einer Waffe*) disparo *m* ❷ (*einer Rakete*) lanzamiento *m* ❸ (*eines Flugzeugs*) derribo *m* ❹ (*bei der Jagd*) derribo *m*; **Tiere zum ~ freigeben** levantar la veda de animales

abschüssig ['apʃʏsɪç] *adj* (*Gelände*) empinado; (*Küste*) escarpado

Abschussliste *f* (*fig*) lista *f* negra; **auf der ~ stehen** estar en la lista negra; **Abschussrampe** *f* plataforma *f* de lanzamiento

ab|schütteln *vt* ❶ (*entfernen*) sacudir (*von* de) ❷ (*Person*) librarse (de); **die Müdigkeit** ~ sacudir(se) la pereza

ab|schütten *vt* tirar; **die gekochten Kartoffeln** ~ escurrir las patatas cocidas

ab|schwächen I. *vt* ❶ (*Wirkung*) debilitar ❷ (*Eindruck, Formulierung*) atenuar

❸ (*Stoß*) amortiguar **II.** *vr:* **sich** ~ debilitarse

ab|schwatzen *vt* (*fam*) sacar; (*Geld, Geheimnis*) sonsacar

ab|schweifen ['apʃvaɪfən] *vi sein* ❶ (*geh: vom Weg*) desviarse (*von* de) ❷ (*Gedanke*) divagar (*von* de)

ab|schwellen *irr vi sein* ❶ (*Geschwulst*) deshincharse; **der Finger ist abgeschwollen** la inflamación del dedo ha bajado ❷ (*Lärm*) disminuir

ab|schwören *irr vi* ❶ (*dem Glauben*) abjurar (+*dat* de) ❷ (*dem Alkohol*) renunciar (+*dat* a)

ab|segnen *vt* (*fam*) dar el visto bueno (a)

absehbar *adj* previsible; **in ~er Zeit** en breve

ab|sehen *irr* **I.** *vi* descontar (*von* de); (*verzichten*) prescindir (*von* de); (*nicht berücksichtigen*) no tener en cuenta (*von*); **von einer Strafe** ~ prescindir de un castigo; **abgesehen von ...** a excepción de... *Am;* **abgesehen davon** aparte de eso; **abgesehen davon, dass ...** aparte de que... **II.** *vt* ❶ (*lernen*) fijarse; **jdm etw** ~ fijarse en cómo hace alguien algo ❷ (*voraussehen*) prever; **es ist abzusehen, dass ...** es de prever que... ❸ (*im Auge haben*) pretender; **es auf jdn abgesehen haben** (*gern haben wollen*) pretender conseguir a alguien; (*schikanieren*) tomarla con alguien

ab|seilen *vr:* **sich** ~ ❶ (SPORT) descender en rapel ❷ (*fam: verschwinden*) esfumarse

abseits ['apzaɪts] **I.** *präp* +*gen* lejos de **II.** *adv* ❶ (*fern*) alejado ❷ (SPORT) fuera de juego

Abseits *nt* <-, *ohne pl*> (SPORT) fuera *m* de juego

ab|senden *irr vt* (*Paket, Telegramm*) enviar; (*Waren*) expedir

Absender(in) *m(f)* <-s, -; -nen> remitente *mf;* (~ *adresse*) remite *m;* (COM) expedidor(a) *m(f)*

ab|servieren* *vt* ❶ (*Geschirr, Tisch*) quitar ❷ (*fam: kaltstellen*) marginar; (*entlassen*) echar a la calle ❸ (*fam: ermorden*) eliminar

absetzbar *adj* ❶ (FIN) deducible ❷ (*verkäuflich*) vendible

ab|setzen I. *vt* ❶ (*Hut, Brille*) quitarse ❷ (*hinstellen*) poner (*aufen*); (GEO) depositar ❸ (*Feder*) levantar (del papel); (*Gewehr*) descansar; (*Glas*) posar ❹ (*den Reiter abwerfen*) derribar ❺ (*aussteigen lassen*) dejar (*an/in* en) ❻ (*Minister*) destituir; (*Beamte*) deponer ❼ (*absagen*) suspender; (*Theaterstück*) quitar del cartel

⑧ (COM) vender **⑨** (FIN) deducir (*von* de); **von der Steuer** ~ deducir [*o* desgravar] de los impuestos **⑩** (MED: *Behandlung*) abandonar; (*Medikament*) dejar de tomar **II.** *vr:* **sich** ~ **①** (*sich niederschlagen*) acumularse; (*in Flüssigkeiten*) depositarse **②** (*fam: verschwinden*) escaparse **③** (*sich unterscheiden*) destacarse (*von/gegen* de (entre)) **④** (SPORT) ir a la cabeza **⑤** (MIL) retirarse

ab|sichern I. *vt* (*Unfallstelle*) asegurar **II.** *vr:* **sich** ~ (*sich schützen*) asegurarse

Absicht *f* <-en> intención *f*, propósito *m;* (*Ziel*) objetivo *m;* **gute/böse** ~ **en haben** tener buenas/malas intenciones; **etw mit/ohne** ~ **tun** hacer algo a propósito/sin querer; **es war** ~ fue con intención; **das war nicht meine** ~ no era mi intención; **er hat die** ~ **zu verreisen** tiene la intención de salir de viaje; **in der** ~ **etw zu tun** con el propósito de hacer algo

absichtlich I. *adj* intencionado **II.** *adv* a propósito, adifés *Ven;* **das hast du** ~ **getan** lo has hecho a propósito

ab|sinken *irr vi sein* (*Niveau*) descender; (*Schiff*) hundirse

ab|sitzen *irr* **I.** *vi sein* (*vom Pferd*) desmontar **II.** *vt* (*fam: Strafe, Dienstzeit*) cumplir

absolut [apzo'luːt] **I.** *adj* absoluto *f* **II.** *adv* absolutamente; (*in negativen Sätzen*) en absoluto; **das ist** ~ **unmöglich** es de todo punto imposible; ~ **nichts** nada en absoluto

Absolution [apzolu'tsjoːn] *f* <-en> (REL) absolución *f*

Absolutismus [apzolu'tɪsmʊs] *m* <-, *ohne pl*> absolutismo *m*

absolutistisch [apzolu'tɪstɪʃ] *adj* absolutista

Absolvent(in) [apzɔl'vɛnt] *m(f)* <-en, -en; -nen> (*vor dem Examen*) examinando, -a *m, f;* (*nach dem Examen*) ex alumno, -a *m, f*

absolvieren* [apzɔl'viːrən] *vt* **①** (*Schule, Studium*) terminar; (*Prüfung*) aprobar; (*ableisten*) cumplir **②** (REL) absolver

absonderlich [ap'zɔndəlɪç] *adj* raro, singular

Absonderlichkeit *f* <-en> singularidad *f*, particularidad *f;* (*Geschehnis*) hecho *m* curioso

ab|sondern I. *vt* **①** (*Kranke*) separar; (*Häftlinge*) incomunicar **②** (*ausscheiden*) segregar; (*Sekret*) secretar **II.** *vr:* **sich** ~ apartarse (*von* de)

Absonderung ['apzɔndərʊŋ] *f* <-en> **①** (*Isolierung*) separación *f*, aislamiento *m* **②** (BIOL, MED: *Vorgang*) segregación *f;*

(*Sekret*) secreción *f*

absorbieren* [apzɔr'biːrən] *vt* (*a. fig*) absorber

ab|spalten I. *vt* escindir; (CHEM) disociar **II.** *vr:* **sich** ~ escindirse (*von* de)

Abspann *m* <-(e)s, -e> (FILM, TV) créditos *mpl*

ab|specken ['apʃpɛkən] *vi* (*fam*) adelgazar

ab|speichern *vt* (INFOR) almacenar (*auf* en)

ab|speisen *vt* (*fam*) despachar; **jdn mit leeren Versprechungen** ~ despachar a alguien con promesas vacías

abspenstig ['apʃpɛnstɪç] *adj:* **jdm etw** ~ **machen** mangar algo a alguien

ab|sperren *vt* **①** (*Gebiet*) bloquear; (*Straße*) cortar **②** (*Österr, südd: abschließen*) cerrar (con llave)

Absperrung *f* <-en> **①** (*das Absperren*) bloqueo *m;* (*von Straßen*) corte *m* de carreteras **②** (*Gitter*) reja *f;* (*Sperre*) barrera *f*

ab|spielen I. *vt* **①** (*Schallplatte*) poner **②** (*vom (Noten)blatt*) tocar sin preparación **③** (SPORT) pasar **II.** *vr:* **sich** ~ ocurrir

Absprache *f* <-n> acuerdo *m;* **nach vorheriger/ohne vorherige** ~ según/sin acuerdo previo; **eine** ~ **treffen** llegar a un acuerdo

ab|sprechen *irr vt* **①** (*vereinbaren*) acordar **②** (*aberkennen*) privar (de), negar

ab|springen *irr vi sein* **①** (*herunterspringen*) saltar (*von* de), arrojarse (*von* de); (SPORT) coger impulso **②** (*Fahrradkette*) soltarse; (*Lack*) saltar **③** (*fam: zurückziehen*) abandonar (*von*), retirarse (*von* de); (*Teilnehmer*) irse (*von* de); (*Vertragspartner*) volverse atrás

Absprung *m* <-(e)s, -sprünge> salto *m;* (*Fallschirmspringen*) salto *m* en paracaídas), descenso *m;* (*vom Turngerät*) salida *f;* **den** ~ **schaffen/verpassen** (*fam fig*) aprovechar/dejar pasar el momento adecuado

ab|spülen *vt* (*Geschirr*) fregar; (*Schmutz*) limpiar

ab|stammen *vi* descender (*von* de), proceder (*von* de)

Abstammung *f* ohne pl **①** (*Herkunft*) ascendencia *f*, origen *m* **②** (*Geschlecht*) linaje *m* **③** (BIOL, LING) origen *m*, procedencia *f*

Abstand *m* <-(e)s, -stände> **①** (*räumlich*) distancia *f* **②** (*zeitlich*) distancia *f*, intervalo *m;* **in regelmäßigen Abständen** a intervalos regulares **③** (*Distanz*) distancia *f;* **von etw** ~ **gewinnen** (*fig*) cobrar distancia de algo; **davon** ~ **nehmen, etw zu tun** (*geh*) renunciar a hacer algo **④** (*Unterschied*) diferencia *f;* (*im Sport*) ventaja *f;*

mit großem ~ führen tener gran ventaja ⑤ (*fam: Abfindung*) indemnización *f*

ab|statten ['apʃtatən] *vt* (*geh*): **jdm einen Besuch ~** rendir visita a alguien

ab|stauben ['apʃtaʊbən] *vt* ❶ (*putzen*) desempolvar, quitar el polvo (a) ❷ (*fam: nicht verdienen*) sacar (sin merecerlo); (*schnorren*) gorronear

ab|stechen *irr* **I.** *vi* (*sich abheben*) contrastar (*von* con) **II.** *vt* ❶ (*Tier*) degollar; (*sl: Menschen*) rajar ❷ (*Torf, Rasen*) cortar

Abstecher *m* <-s, -> ❶ (*Ausflug*) excursión *f* ❷ (*Umweg*) vuelta *f*

ab|stecken *vt* ❶ (*mit Pfählen*) jalonar; (*Grenze*) demarcar ❷ (*Saum*) marcar con alfileres ❸ (*Ziel*) definir

ab|stehen *irr vi* (*herausragen*) destacarse; **~ de Ohren** orejas de soplillo

Absteige ['apʃtaɪɡə] *f* <-n> (*fam abw*) pensión *f* de mala muerte

ab|steigen *irr vi sein* ❶ (*abwärts gehen*) ir hacia abajo; **auf dem ~den Ast sein** (*fam*) ir de capa caída ❷ (*vom Pferd, Fahrrad*) desmontar (*von* de), bajar (*von* de) ❸ (*übernachten*): **in einer Pension ~** parar en una pensión ❹ (SPORT) descender

ab|stellen *vt* ❶ (*hinstellen*) colocar, poner; (*deponieren*) dejar ❷ (*parken*) aparcar ❸ (*Wasser*) cerrar; (*Strom*) cortar; (*ausmachen*) apagar, parar ❹ (*abkommandieren*) destinar, enviar (*für* a)

Abstellgleis *nt* apartadero *m*, vía *f* de depósito; **Abstellkammer** *f*, **Abstellraum** *m* (cuarto *m*) trastero *m*

ab|stempeln *vt* ❶ (*Briefe, Urkunden*) sellar; (*Briefmarken*) matasellar ❷ (*bezeichnen*) tildar (*als/zu* de)

ab|sterben *irr vi sein* ❶ (*Zellen, Blätter*) morirse ❷ (*Glieder*) entumecerse

Abstieg ['apʃtiːk] *m* <-(e)s, -e> bajada *f*, descenso *m;* (*Abhang*) pendiente *f;* (*Niedergang*) descenso *m;* (SPORT) descenso *m* a la categoría inferior

ab|stillen *vi, vt* destetar

ab|stimmen **I.** *vi* (*Stimme abgeben*) votar (*über* sobre); **über etw ~ lassen** someter algo a votación **II.** *vt* (*harmonisieren*) ajustar (*auf* a), compaginar (*auf* con); **sich mit jdm ~** ponerse de acuerdo con alguien

Abstimmung *f* <-en> ❶ (*Wahl*) votación *f;* **geheime ~** votación secreta; **zur ~ bringen** someter a votación ❷ (*Absprache*) coordinación *f*, armonización *f*

abstinent [apstiˈnɛnt] *adj* abstinente, temperante *Am*

Abstinenz [apstiˈnɛnts] *f ohne pl* abstinencia *f*

Abstinenzler(in) *m(f)* <-s, -; -nen> absti-

nente *mf,* temperante *mf Am*

ab|stoßen *irr* **I.** *vt* ❶ (*Boot*) alejar (*von* de) ❷ (MED: *Organ*) rechazar ❸ (*verkaufen*) deshacerse (de) ❹ (*beschädigen*) desportillar ❺ (*anekeln*) asquear **II.** *vi* (*abstoßend sein*) repugnar

abstoßend *adj* (*ekelig*) repugnante

ab|stottern *vt* (*fam*) pagar a plazos

abstrahieren* [apstraˈhiːrən] **I.** *vi* (*geh*) hacer abstracción (*von* de) **II.** *vt* abstraer (*aus* de)

abstrakt [apˈstrakt] *adj* abstracto

Abstraktion *f* <-en> abstracción *f*

ab|streifen *vt* ❶ (*entfernen*) quitar ❷ (*Vorurteile*) deshacerse (de); (*Unarten*) quitarse ❸ (*absuchen*) inspeccionar

ab|streiten *irr vt* negar

Abstrich *m* <-(e)s, -e> ❶ (*Kürzung*) reducción *f;* (*Preise*) rebaja *f;* **wir müssen ~e machen** tenemos que reducir gastos ❷ (MED) frotis *m inv*

abstrus [apˈstruːs] *adj* abstruso

ab|stufen *vt* ❶ (*stufenförmig machen*) escalonar ❷ (*Farben*) matizar ❸ (*im Lohn herabsetzen*) bajar de categoría

Abstufung *f* <-en> ❶ (*des Lohnes*) descenso *m* de categoría salarial ❷ (FIN: *Staffelung*) clasificación *f* ❸ (*Schattierung*) matización *f*

ab|stumpfen ['apʃtʊmpfən] **I.** *vi sein* (*fig*) embrutecerse; (*Gefühl*) embotarse **II.** *vt* truncar; (*fig*) embrutecer

Absturz *m* <-es, -stürze> ❶ (*Fall*) caída *f* ❷ (INFOR) fallo *m* general

ab|stürzen *vi sein* ❶ (*Flugzeug*) estrellarse; (*Bergsteiger*) caer ❷ (*steil abfallen*) caer en picado ❸ (INFOR: *Programm*) producirse un error de tipo general (en); **mein Computer ist abgestürzt** (*fam*) se me ha quedado colgado el ordenador

Absturzstelle *f* lugar *m* de la caída

ab|stützen **I.** *vt* apoyar **II.** *vr:* **sich ~** apoyarse

ab|suchen *vt* buscar por todas partes; (*Gelände*) batir

absurd [apˈzʊrt] *adj* absurdo

Absurdität [apzʊrdiˈtɛːt] *f* <-en> absurdo *m;* (*Unsinn*) disparate *m*

Abszess [apsˈtsɛs] *m* <-es, -e> (MED) absceso *m*

Abt [apt] *m*, **Äbtissin** *f* <-(e)s, Äbte; -nen> abad(esa) *m(f)*

Abt. *Abk. von* **Abteilung** dpto.

ab|tasten *vt* ❶ (*befühlen*) tentar; (MED) palpar; (*bei einer Durchsuchung*) registrar ❷ (INFOR) leer

ab|tauen **I.** *vt* ❶ (*Kühlschrank*) descongelar ❷ (*Eis*) derretir **II.** *vi* deshelarse

Äbte pl von **Abt**

Abtei [ap'taɪ] f <-en> abadía f

Abteil [ap'taɪl] nt <-(e)s, -e> compartim(i)ento m

ab|teilen vt ❶ (Raum) dividir ❷ (abtrennen) separar

Abteilung [-'--] f <-en> ❶ (Abtrennung) división f ❷ (im Betrieb, Kaufhaus) sección f; (im Museum) sala f; (im Krankenhaus) unidad f ❸ (MIL) destacamento m; **Abteilungsleiter(in)** m(f) jefe, -a m, f de sección

ab|tippen vt (fam) pasar a máquina

Äbtissin [ɛp'tɪsɪn] f <-nen> s. **Abt**

ab|töten vt matar

ab|tragen irr vt ❶ (Gelände) aplanar ❷ (Mauer) derribar ❸ (Kleidung) (des)gastar ❹ (geh: Schulden) ir pagando ❺ (geh): **die Teller** ~ retirar los platos

abträglich ['aptrɛːglɪç] adj (geh) perjudicial

ab|transportieren* vt ❶ (Güter) transportar ❷ (Person) evacuar

ab|treiben irr I. vt ❶ sein (Boot) derivar; (Flugzeug) desviarse del rumbo ❷ (Schwangerschaft abbrechen) abortar II. vt ❶ (weglenken) arrastrar, apartar ❷ (Schwangerschaft abbrechen) abortar

Abtreibung f <-en> aborto m; **Abtreibungspille** f píldora f abortiva

ab|trennen vt ❶ (Angenähtes) descoser ❷ (abteilen) separar

ab|treten irr I. vi sein ❶ (MIL) romper filas ❷ (THEAT) retirarse (von de) II. vt ❶ (abnutzen: Teppich) gastar; (Absätze) desgastar ❷ (überlassen) ceder; (Geschäft) traspasar ❸ (säubern) limpiar

Abtreter m <-s, -> (fam) felpudo m

Abtretung f <-en> cesión f, traspaso m

ab|trocknen vt secar

ab|tropfen vi sein escurrir

abtrünnig ['aptrʏnɪç] adj ❶ (REL) renegado; **dem Glauben** ~ **werden** apostatar de la fe ❷ (POL) disidente

Abtrünnige(r) mf <-n, -n; -n> ❶ (REL) apóstata mf ❷ (POL) disidente mf

ab|tun irr vt ❶ (fam: Kleidung, Brille) quitarse ❷ (zurückweisen) rechazar; **etw als belanglos** ~ minimizar algo; **etw mit einem Achselzucken** ~ rechazar algo encogiéndose de hombros

ab|tupfen vt ❶ (Wunde) taponar ❷ (Stirn, Tränen) secar, empapar

abturnen ['aptœrnən] vi (sl) ser un coñazo

ab|verlangen vt exigir (con descaro); **jdm etw** ~ exigir algo a alguien

ab|wägen ['apvɛːgən] <wägt ab, wog ab, abgewogen> vt ponderar, sopesar

ab|wählen vt ❶ (Politiker) anular la elección (de) ❷ (SCH: Fach) no elegir

ab|wälzen vt (Schuld) echar (auf a); (Arbeit) descargar (aufen)

ab|wandeln vt modificar

ab|wandern vi sein emigrar

Abwanderung f <-en> ❶ (SOZIOL: Bevölkerung) éxodo m; (Fachkräfte) fuga f ❷ (FIN: Kapital) evasión f

ab|warten vt, vi esperar; **die Ergebnisse** ~ esperar los resultados

abwartend adj expectante; **eine** ~ **e Haltung einnehmen** estar a la expectativa

abwärts ['apvɛrts] adv hacia abajo; **abwärtskompatibel** adj (INFOR) compatible hacia abajo; **Abwärtstrend** m tendencia f descendente

Abwasch ['apvaʃ] m <-(e)s, ohne pl> (fam) ❶ (Abspülen) fregado m de la vajilla; **den** ~ **machen** fregar ❷ (Geschirr) vajilla f por fregar

abwaschbar adj lavable

ab|waschen irr I. vi fregar II. vt ❶ (Geschirr) fregar ❷ (Schmutz) limpiar

Abwasser nt <-s, -wässer> aguas fpl residuales; **Abwasseraufbereitung** f tratamiento m de las aguas residuales; **Abwasserkanal** m alcantarilla f, acequia f Mex; **Abwasserrohr** nt conducto m de aguas residuales

ab|wechseln vi, vr: **sich** ~ alternar(se); (Personen) turnarse

abwechselnd adv alternativamente, por turnos; **sie passten** ~ **auf die Kinder auf** se turnaban para cuidar a los niños

Abwechs(e)lung f <-en> cambio m; **zur** ~ para variar; **abwechslungshalber** ['apvɛkslʊŋshalbɐ] adv para variar; **abwechslungslos** I. adj ❶ (immer gleich) poco variado; (ereignislos) monótono ❷ (langweilig) aburrido; **ein** ~ **es Programm** un programa aburrido II. adv sin variación; **abwechslungsreich** adj variado; (ereignisreich) rico en impresiones

Abwege ['apveːgə] mpl: **auf** ~ **geraten** apartarse del buen camino

abwegig ['apveːgɪç] adj desacertado

Abwehr [a'pveːɐ] f ohne pl (Verteidigung) defensa f; (Abstoßung) rechazo m

ab|wehren I. vi rehusar II. vt ❶ (fernhalten) mantener a distancia; (Krankheitserreger) protegerse (de) ❷ (ablehnen, a. MIL) rechazar; (Verdacht) descartar ❸ (SPORT) despejar

Abwehrkräfte fpl (MED) defensas fpl (del organismo); **Abwehrmechanismus** m (PSYCH, MED) mecanismo m de defensa;

Abwehrreaktion f (PSYCH, MED) reacción f de defensa; **Abwehrspieler(in)** m(f) (SPORT) defensa mf

ab|weichen irr vi sein ❶ (vom Kurs, Thema) desviarse (von de) ❷ (sich unterscheiden) divergir (von de); (Meinung) discrepar

abweichend adj divergente; ~e Meinungen opiniones discrepantes

Abweichung f <-en> ❶ (das Abweichen) desviación f ❷ (TECH) anomalía f, irregularidad f ❸ (Differenz) divergencia f

ab|weisen irr vt ❶ (Antrag) rechazar; (Anklage) refutar ❷ (wegschicken) no recibir

abweisend adj (ablehnend) negativo; (zurückweisend) reservado

ab|wenden irr I. vt ❶ (Blick) apartar (von de), volver ❷ (Gefahr) evitar II. vr: sich ~ (sich wegdrehen) apartarse (von de), volverse

ab|werben irr vt (WIRTSCH) quitar; der Konkurrenz Mitarbeiter ~ hacerse con los colaboradores de la competencia

ab|werfen irr I. vt ❶ (Reiter) derribar; (Latte) tirar; (Geweih) echar; (Blätter) perder; (Bomben) lanzar ❷ (Gewinn) rendir ❸ (Karten) echar II. vi (SPORT: vom Tor) hacer un saque de puerta

ab|werten vt ❶ (FIN) devaluar ❷ (herabsetzen) despreciar, quitar valor (a)

abwertend adj (negativ) peyorativo; (verächtlich) despectivo

Abwertung f <-en> (FIN) devaluación f

abwesend ['apve:zənt] adj ❶ (nicht zugegen) ausente ❷ (zerstreut) distraído

Abwesenheit f <-en> ❶ (körperlich) ausencia f ❷ (geistig) distracción f

ab|wickeln vt ❶ (Knäuel) deshacer; (Garn) desenrollar ❷ (Geschäft) llevar a cabo

ab|wiegen irr vt pesar

ab|wimmeln vt (fam: Arbeit) quitarse de encima; (Besucher) deshacerse (de)

ab|winken irr vi hacer un gesto negativo con la mano

ab|wischen vt ❶ (Staub, Schmutz) limpiar; **wisch dir den Mund mit der Serviette gut ab!** ¡límpiate bien con la servilleta! ❷ (Tisch) limpiar, pasar con una bayeta ❸ (abtrocknen) secar, enjugar elev

Abwurf m <-(e)s, -würfe> ❶ (von Bomben) lanzamiento m ❷ (SPORT) saque m

ab|würgen vt (fam) ❶ (Diskussion, Streik) ahogar, reprimir ❷ (Motor) ahogar

ab|zahlen vt pagar; (in Raten) pagar a plazos

ab|zählen vt contar; **das kannst du dir doch an fünf Fingern ~!** (fam) ¡eso lo ve

hasta un ciego!

Abzahlung f <-en> ❶ (Ratenzahlung) pago m a plazos; **etw auf ~ kaufen** comprar algo a plazos ❷ (Rückzahlung) importe m total

Abzeichen nt <-s, -> ❶ (MIL) condecoración f ❷ (Anstecknadel) distintivo m

ab|zeichnen I. vt ❶ (kopieren) copiar ❷ (signieren) firmar II. vr: sich ~ ❶ (sich abheben) destacarse (auf de), perfilarse (auf sobre) ❷ (deutlich werden) perfilarse

Abziehbild nt calcomanía f

ab|ziehen irr I. vt ❶ (Rauch) salir(se); (Gewitter) alejarse ❷ (Truppen, Zugvögel) irse ❸ (fam: weggehen) largarse II. vt ❶ (wegnehmen) sacar (von de); (entfernen) quitar (von de); **das Bett ~** quitar las sábanas ❷ (Tier) despellejar ❸ (FOTO, TYPO) sacar copias (de) ❹ (MATH) restar ❺ (vom Lohn, Preis) deducir (von de), descontar (von de) ❻ (MIL) retirar ❼ (Schweiz: ausziehen) desnudar III. vr: sich ~ (Schweiz: sich ausziehen) desnudarse

ab|zielen vi (Bemerkung) referirse (auf a); (anstreben) tener como meta (auf)

ab|zocken vt (sl: im Spiel) desplumar

Abzug m <-(e)s, -züge> ❶ (MIL) retirada f, salida f ❷ (Lohn~) retención f; **nach ~ der Kosten** deducidos los gastos ❸ (CHEM) abductor m ❹ (FOTO) copia f ❺ (am Gewehr) gatillo m ❻ (Luft, Kamin) tiro m

abzüglich ['aptsy:klɪç] präp +gen descontando; ~ **der Kosten** previa deducción de los costes

abzugsfrei adj (FIN) libre de deducciones fiscales

Abzugshaube f campana f extractora

ab|zweigen I. vi sein desviarse (von de, zu hacia) II. vt (Geld) apartar

Abzweigung f <-en> cruce m

Accessoire [aksɛso'a:ɐ] nt <-s, -s> accesorio m

Aceton [atse'to:n] nt <-s, ohne pl> (CHEM) acetona f

ach [ax] interj ah; ~ **was!** ¿qué dices?; ~ **ja!** ¡ah, claro (que sí)!; ~ **so!** ¡ah, eso es otra cosa!; ~, **du lieber Himmel!** ¡ay, Dios mío!; ~ **nee!** ¡no me digas!

Ach nt <-s, -(s)> (fam): **mit ~ und Krach** a trancas y barrancas

Achse ['aksə] f <-n> (TECH, POL, MATH) eje m; **sich um die eigene ~ drehen** girar sobre su propio eje; **immer auf ~ sein** (fam) estar siempre fuera

Achsel ['aksəl] f <-n> ❶ (~höhle) axila f ❷ (Schulter) hombro m; **mit den ~n zucken** encogerse de hombros; **Achselhaare** ntpl vello m de la axila; **Achsel-**

höhle *f* axila *f,* sobaco *m;* **Achselzucken** *nt* encogimiento *m* de hombros; **achselzuckend** I. *adj* que sólo se encoge de hombros; (*gleichgültig*) indiferente II. *adv* encogiéndose de hombros; (*gleichgültig*) con indiferencia

Achsenbruch *m* (TECH) rotura *m* del eje

acht [axt] *adj inv* ocho; **es ist gleich ~** (**Uhr**) van a ser las ocho (horas); **alle ~ Tage** cada ocho días; **mit ~** (**Jahren**) a los ocho años; **um/gegen ~** (**Uhr**) a las/sobre las ocho (horas); **zu je ~** de a ocho; **zu ~** de ocho en ocho; **in ~ Tagen** dentro de ocho días; **vor ~ Tagen** hace ocho días; **heute in ~ Tagen** de hoy en ocho días; **morgen in ~ Tagen** mañana en ocho días

Acht[1] [axt] *f* <-en> (*Zahl*) ocho *m*

Acht[2] *f ohne pl* ❶ (*Aufmerksamkeit*) atención *f;* **~ geben** prestar atención (*auf* a); (*auf Personen/die Gesundheit*) cuidar (*auf* de); **etw außer aller ~ lassen** prescindir de algo; **sich** (**vor jdm**) **in ~ nehmen** cuidarse (de alguien); **gib ~!** ¡cuidado!; **gib ~, wohin du trittst!** ¡ten cuidado de dónde pisas!; **gib auf dich ~!** ¡cuídate! ❷ (HIST) proscripción *f*

achtbar *adj* respetable

achte(**r, s**) *adj* octavo; **der ~ Dezember** el ocho de diciembre; **am ~n Dezember** el ocho de diciembre; **wir treffen uns Sonntag, den ~n Dezember** nos veremos el domingo, ocho de diciembre; **im ~n Stock** en el octavo piso; **das ~ Mal** la octava vez; **Heinrich der A~** Enrique VIII; **jeden ~n Tag** cada ocho días; **du bist der A~** , **der mich das fragt** eres la octava persona que me pregunta eso

Achteck *nt* octógono *m,* octágono *m*

achteckig *adj* octógono, octágono; **der Grundriss des Baptisteriums ist ~** la planta del baptisterio es octágona

achtel *adj inv* octavo; **ein ~ Zentner** la octava parte de un quintal

Achtelfinale *nt* (SPORT) octavos *mpl* de final; **Achtelnote** *f* (MUS) corchea *f*

achten ['axtən] I. *vi* ❶ (*beachten*) atender (*auf* a), cuidar (*auf* de); (*auf den Weg*) fijarse (*auf* en), prestar atención (*auf* a); **sie achtet darauf, dass ...** se cuida de que... +*subj* ❷ (*beaufsichtigen*) cuidar (*auf* a) II. *vt* ❶ (*schätzen*) estimar; (*Ansichten*) respetar ❷ (*befolgen*) observar

ächten ['εçtən] *vt* (HIST) proscribir; (*verbannen*) desterrar; (*fig: ausstoßen*) aislar

achtens ['axtəns] *adv* en octavo lugar; (*bei einer Aufzählung*) octavo; **... und ~ gilt es, in Zukunft über neue Maßnahmen nachzudenken ...** y octavo, es necesario

reflexionar en lo sucesivo sobre nuevas medidas

Achterbahn *f* montaña *f* rusa

achterlei *adj inv* de ocho clases diferentes, ocho clases (diferentes) de; **es standen ~ Sorten Käse auf dem Tisch** en la mesa había ocho clases diferentes de quesos; **auf ~ Weise** de ocho formas diferentes

achtfach I. *adj* óctuplo; **die ~e Menge** ocho veces la cantidad; **der Antrag muss in ~er Ausfertigung zugesandt werden** hay que mandar ocho copias de la candidatura II. *adv* ocho veces

achthundert ['-'-'-] *adj inv* ochocientos; **dieser Baum ist mehr als ~ Jahre alt** este árbol tiene más de ochocientos años

achtkantig *adj* octogonal; **jdn ~ hinauswerfen** (*fam*) echar a alguien con cajas destempladas

achtlos *adj* ❶ (*sorglos*) descuidado ❷ (*zerstreut*) distraído ❸ (*rücksichtslos*) desconsiderado ❹ (*unbesonnen*) despreocupado; **~ mit etw umgehen** tratar algo con descuido

Achtlosigkeit *f ohne pl* descuido *m,* dejadez *f;* (*Unbesonnenheit*) despreocupación *f*

achtmal *adv* ocho veces; **~ so viel(e)** ocho veces más; **~ täglich** ocho veces al día; **ich war schon ~ in Madrid** ya he estado ocho veces en Madrid

achtsam *adj* (*geh*) ❶ (*aufmerksam*) atento ❷ (*sorgfältig*) cuidadoso

Achtsamkeit *f ohne pl* cuidado *m,* atención *f*

Achtstundentag ['-'-'---] *m* jornada *f* (laboral) de ocho horas

achttägig *adj* de ocho días; **ein ~er Aufenthalt im Ausland** una estancia de ocho días en el extranjero

achttausend ['-'--] *adj inv* ocho mil; **dieser Stein ist ~ Jahre alt** esta piedra tiene ocho mil años

Achtundsechziger(**in**) ['-'-'---] *m(f)* <-s, -; -nen> sesentaiochista *mf* (*participante en el mayo del 68*)

Achtung ['axtʊŋ] *f ohne pl* ❶ (*Aufmerksamkeit*) atención *f;* **~ Stufe!** ¡cuidado con el escalón!; **~ , fertig, los!** ¡preparados, listos, ya! ❷ (*Wertschätzung*) respeto *m* (*vor* a); **sich** *dat* **~ verschaffen** hacerse respetar

Ächtung ['εçtʊŋ] *f* <-en> (HIST) proscripción *f;* (*Verbannung*) destierro *m;* (*fig: Verdammung*) aislamiento *m*

Achtungserfolg *m* estimable éxito *m,* éxito *m* relativo

achtzehn *adj inv* dieciocho; **wann wirst**

du ~? ¿cuándo cumples los 18?; **der Film ist erst ab** ~ **(freigegeben)** la película no es autorizada para menores de dieciocho años; *s. a.* **acht**[1]

achtzig ['axtsɪç] *adj inv* ochenta; **mit** ~ **(Stundenkilometern) fahren** ir a ochenta (por hora); **etwa** ~ **(Jahre alt)** sobre los ochenta (años); **mit** ~ **(Jahren)** a los [*o* con] ochenta (años); **über/unter** ~ más de/menos de ochenta; **jdn auf** ~ **bringen** (*fam*) poner a alguien a cien; **die** ~ **er Jahre** los años ochenta

achtzigste(r, s) *adj* octogésimo; **heute ist ihr** ~ **r Geburtstag** hoy es su octogésimo aniversario

ächzen ['ɛçtsən] *vi* ❶ (*Person*) gemir (*vor* de) ❷ (*Bretter, Gebälk*) crujir

Acker ['ake] *m* <-s, Äcker> campo *m*; **Ackerbau** *m ohne pl* agricultura *f*; **Ackerland** *nt ohne pl* tierra *f* de labor, tierras *fpl* de labranza

ackern *vi* ❶ (AGR) arar ❷ (*fam: arbeiten*) trabajar duramente

Ackersalat *m* (BOT) rapónchigo *m*, ruiponce *m*

Acryl [a'kry:l] *nt* <-s, *ohne pl*> (CHEM) fibra *f* acrílica

Action ['ɛktʃən] *f ohne pl* acción *f*; **Actionfilm** *m* película *f* de acción

a.d. *Abk. von* **an der**: **Frankfurt a.d. Oder** Francfort del Oder

ADAC [a:de:?a:'tse:] *m* <-> *Abk. von* **Allgemeiner Deutscher Automobil-Club** *Automóvil Club de Alemania*

ad acta [at 'akta]: **etw** ~ **legen** dar carpetazo a algo

Adamsapfel ['a:damsapfəl] *m* nuez *f* de Adán; **Adamskostüm** *nt* (*fam*): **im** ~ en pelotas

Adaptation [adapta'tsjo:n] *f* <-en> (*a.* FILM, LIT) adaptación *f*

Adapter [a'dapte] *m* <-s, -> adaptador *m*

adaptieren* [adap'ti:rən] I. *vt* ❶ (FILM, LIT) adaptar (*für* a) ❷ (*Österr: herrichten*) habilitar II. *vr*: **sich** ~ adaptarse (*an* a)

adäquat [adɛ'kva:t] *adj* adecuado

addieren* [a'di:rən] *vt* sumar (*zu* a)

Addition [adi'tsjo:n] *f* <-en> adición *f* (*zu* a)

Additiv [adi'ti:f] *nt* <-s, -e> (CHEM) aditivo *m*; **bleihaltige** ~ **e** aditivos conteniendo plomo

ade [a'de:] *interj* (*reg*) adiós; **jdm** ~ **sagen** decir(le) adiós a alguien

Adel ['a:dəl] *m* <-s, *ohne pl*> ❶ (*Klasse, Stand*) nobleza *f*, aristocracia *f*; **von** ~ **sein** tener abolengo ❷ (*Titel*) título *m* de nobleza

adelig ['a:dəlɪç] *adj* noble

Adelige(r) *mf* <-n, -n; -n> noble *mf*, aristócrata *mf*

adeln ['a:dəln] *vt* ennoblecer

Adelstitel *m* título *m* nobiliario

Ader ['a:de] *f* <-n> ❶ (*Blutgefäß*) vena *f* ❷ (*Anlage*) vena *f*; **eine künstlerische** ~ **haben** tener dotes artísticas ❸ (*von Gestein, Holz*) veta *f*; (*Blatt*) nervio *m*

Aderlass *m* <-es, -lässe> sangría *f*, sangradera *f Am*

ADFC [a:de:?ɛf'tse:] *m* <-> *Abk. von* **Allgemeiner Deutscher Fahrrad-Club** *Club Alemán de Usuarios de la Bicicleta*

ad hoc [at hɔk] ad hoc

adieu [a'djø:] *interj* (*reg*) adiós; **jdm** ~ **sagen** despedirse de alguien

Adjektiv ['atjɛkti:f] *nt* <-s, -e> (LING) adjetivo *m*

adjektivisch *adj* (LING) adjetivo

Adler ['a:dle] *m* <-s, -> águila *f*; (*Jungtier*) aguilucho *m*; **Adlernase** *f* nariz *f* aguileña

adlig ['a:dlɪç] *adj s.* **adelig**

Adlige(r) *mf* <-n, -n; -n> *s.* **Adelige(r)**

Administration [atminɪstra'tsjo:n] *f* <-en> ❶ (*Verwaltung*) administración *f* ❷ (*Schweiz: einer Firma*) gestión *f*

administrativ [atminɪstra'ti:f] *adj* administrativo

Admiral[1] [atmi'ra:l] *m* <-s, -e> (ZOOL) vanesa *f* atlanta

Admiral(in)[2] [atmi'ra:l] *m(f)* <-s, -e *o* -äle; -nen> (MIL) almirante *mf*

adoptieren* [adɔp'ti:rən] *vt* adoptar

Adoption [adɔp'tsjo:n] *f* <-en> adopción *f*

Adoptiveltern *pl* padres *mpl* adoptivos; **Adoptivkind** *nt* hijo, -a *m, f* adoptivo, -a

Adr. *Abk. von* **Adresse** dir.

Adrenalin [adrena'li:n] *nt* <-s, *ohne pl*> (MED) adrenalina *f*; **Adrenalinspiegel** *m* (MED) concentración *f* de adrenalina; **Adrenalinstoß** *m* (MED) descarga *f* de adrenalina

Adressat(in) [adrɛ'sa:t] *m(f)* <-en, -en; -nen> destinatario, -a *m, f*; **Adressatenkreis** *m* círculo *m* de destinatarios

Adressbuch *nt* directorio *m*

Adresse [a'drɛsə] *f* <-n> ❶ (*Anschrift*) dirección *f*, señas *fpl*; **an der falschen** ~ **sein** (*fam*) haberse equivocado de persona; **die erste** ~ **für Weine** la mejor tienda para comprar vinos ❷ (INFOR) dirección *f*

adressieren* *vt* ❶ (*Postsendung*) poner la dirección ❷ (*richten*) dirigir (*an* a)

adrett [a'drɛt] *adj* atildado

Adria ['a:dria] *f* Adriático *m*

adriatisch *adj* adriático; **A**~**es Meer** Mar

Adriático

A-Dur nt <-, ohne pl> (MUS) la m mayor

Advent [at'vɛnt] m <-(e)s, -e> Adviento m; **Adventskalender** m calendario m de Adviento

Cada uno de los días de adviento, los niños irán descubriendo detrás de una pequeña puerta o ventana de cartulina una chocolatina. El **Adventskalender** abarca las cuatro semanas previas a la Navidad, periodo que en la liturgia cristiana se denomina Adviento. El **Adventskalender** suele estar decorado con dibujos y motivos típicamente navideños, como *Christbäume* – *árboles de Navidad*, *Weihnachtsmänner* – *Papás Noeles* o *Lebkuchen* – *panecillos de especias.*

Adventskranz m corona f de Adviento

En las familias alemanas es costumbre colocar durante el Adviento una **Adventskranz**. Se trata de una corona hecha con ramas de abeto que se puede elaborar personalmente o adquirir en comercios. Se suele adornar con cuatro velas (una por cada domingo de Adviento), cintas, bolas y pequeñas figuras. Los domingos las familias se reúnen en torno a la mesa para tomar té o café con dulces navideños.

Adventszeit f (tiempo m de) adviento m

Adverb [at'vɛrp] nt <-s, -verbien> (LING) adverbio m

adverbial [atvɛr'bjaːl] adj (LING) adverbial; ~**e Ergänzung** complemento circunstancial

Advokat(in) [atvo'kaːt] m(f) <-en, -en; -nen> (reg: Anwalt) abogado, -a m, f

Advokatur f ohne pl (Schweiz: Amt eines Anwalts) abogacía f

Aerobic [ɛə'rɔbɪk] nt <-s, ohne pl> aerobic m, gimnasia f aeróbica

Aerodynamik [aerody'naːmɪk] f (PHYS) aerodinámica f

aerodynamisch [aerody'naːmɪʃ] **I.** adj ① (PHYS) aerodinámico; **die ~en Gesetze** las leyes de la aerodinámica ② (wind-schnittig) de forma aerodinámica **II.** adv (windschnittig) de manera aerodinámica

Affäre [a'fɛːrə] f <-n> ① (Skandal) affaire m; **sich mit etw aus der ~ ziehen** salir del apuro con algo; **in eine ~ verwickelt sein** estar envuelto en un affaire; **das ist doch keine ~** eso no es nada ② (Liebesabenteuer) aventura f amorosa

Affe ['afə] m <-n, -n> mono m; **mich laust der ~** (fam) eso me deja patitieso; **einen ~n (sitzen) haben** (fig) tener una mona

Affekt m <-(e)s, -e> arrebato m (pasional); **im ~ handeln** (JUR, PSYCH) actuar impulsado por un arrebato pasional; **Affekthandlung** f (JUR, PSYCH) delito m pasional

affektiert adj (abw) afectado

affenartig adj (fam: affenähnlich) simiesco; **mit ~er Geschwindigkeit fahren** (fam) ir a toda mecha

affengeil adj (sl) de puta madre; **Affenhitze** f (fam) calor m infernal; **Affenkäfig** m jaula f de monos; **hier geht es zu wie im** [o in einem] ~ (fam) esto es una casa de locos; **Affenschande** f (fam): **das ist eine ~!** ¡esto es una vergüenza!; **Affentempo** nt (fam) velocidad f loca; **in einem ~** a toda mecha; **Affentheater** nt (fam) escándalo m; **Affenzahn** m (fam fig) s. **Affentempo**

Affiche f <-n> (Schweiz: Plakat) cartel m

affig adj (fam) afectado

Äffin f <-nen> mona f

Affront [a'frõ] m <-s, -s> (geh) afrenta f (gegen a/para)

Afghane, -in [af'gaːnə] m, f <-n, -n; -nen> (Person) afgano, -a m, f

afghanisch adj afgano

Afghanistan [af'gaːnɪstaːn] nt <-s> Afganistán m

Afrika ['a(ː)frika] nt <-s> África f

Afrikaner(in) [afri'kaːnə] m(f) <-s, -; -nen> africano, -a m, f

afrikanisch adj africano

Afroamerikaner(in) ['aːfroʔameri'kaːnə] m(f) afroamericano, -a m, f

afroamerikanisch adj afroamericano

Afrolook m afro-look m

After ['aftə] m <-s, -> (ANAT) ano m

Aftershave [aːfte'ʃɛɪf] nt <-(s), -s> aftershave m

AG [aː'geː] f <(-s)> ① Abk. von **Aktiengesellschaft** S.A. f ② Abk. von **Arbeitsgruppe** grupo m de trabajo ③ Abk. von **Arbeitsgemeinschaft** cooperativa f laboral

Ägäis [ɛ'gɛːɪs] f Egeo m

Agave [a'gaːvə] f <-n> (BOT) agave m o f, maguey m Am, metl m Mex

Agent(in) [a'gɛnt] *m(f)* <-en, -en; -nen> agente *mf;* (*Spion*) espía *mf*

Agentur *f* <-en> agencia *f;* **Agenturbericht** *m,* **Agenturmeldung** *f* información *f* de agencia

Agglomeration [aglomera'tsjoːn] *f* <-en> ❶ (*geh: Anhäufung*) aglomeración *f* ❷ (*Schweiz: Ballungsraum*) aglomeración *f* urbana

Aggregat [agre'gaːt] *nt* <-(e)s, -e> ❶ (TECH) grupo *m* ❷ (WIRTSCH) agregado *m;* **Aggregatzustand** *m* (CHEM) estado *m* de agregación

Aggression [agrɛ'sjoːn] *f* <-en> ❶ (*Angriff*) agresión *f* ❷ (*Angriffslust*) agresividad *f*

aggressiv *adj* ❶ (*streitsüchtig*) agresivo ❷ (*zerstörend*) corrosivo

Aggressivität *f* <-en> ❶ (PSYCH) agresividad *f* ❷ (*aggressive Handlung*) agresión *f,* ataque *m*

agieren* [a'giːrən] *vi* actuar (*als* de/como)

agil [a'giːl] *adj* ágil; (*geschickt*) movido

Agitation [agita'tsjoːn] *f* <-en> (POL) agitación *f* (política), propaganda *f;* ~ **treiben** provocar los ánimos

Agitator(in) [agi'taːtoːɐ] *m(f)* <-s, -en; -nen> (POL) agitador(a) *m(f)*

agitatorisch [agita'toːrɪʃ] *adj* (POL) agitador

Agonie [ago'niː] *f* <-n> (*geh a.* MED) agonía *f*

Agrarfläche [a'graːɐ-] *f* área *f* agrícola; **Agrarmarkt** *m* mercado *m* de productos agrarios; **Agrarpolitik** *f* política *f* agraria; **Gemeinsame** ~ (EU) Política agraria común; **Agrarwirtschaft** *f ohne pl* economía *f* agrícola

Ägypten [ɛ'gʏptən] *nt* <-s> Egipto *m*

Ägypter(in) *m(f)* <-s, -; -nen> egipcio, -a *m, f*

ägyptisch *adj* egipcio

ah *interj* ah

Ah *Abk. von* **Amperestunde** Ah

aha [a'ha(ː)] *interj* ajá, ya

Aha-Erlebnis *nt* (PSYCH) revelación *f*

ahnden ['aːndən] *vt* castigar

ähneln ['ɛːnəln] *vi:* **jdm** ~ parecerse a alguien

ahnen ['aːnən] *vt* ❶ (*voraussehen*) prever; (*vorausfühlen*) presentir; **nichts Böses** ~ no presentir nada malo ❷ (*vermuten*) sospechar; (*schwach erkennen*) vislumbrar; **sie lachten nichts** ~**d** se reían sin sospechar nada; **so etwas habe ich doch geahnt** ya me figuraba algo semejante

Ahnen *mpl* antepasados *mpl;* **Ahnenforschung** *f ohne pl* genealogía *f;* **Ahnenreihe** *f* línea *f* genealógica; **Ahnentafel** *f*

tabla *f* genealógica

ähnlich ['ɛːnlɪç] *adj* parecido, semejante; **bei** ~**er Gelegenheit** en semejantes circunstancias; **das sieht ihm** ~ (*fam*) ¡seguro que es una de las suyas!

Ähnlichkeit *f* <-en> semejanza *f,* parecido *m;* **mit jdm/etw große** ~ **haben** tener mucho parecido con alguien/algo

Ahnung *f* <-en> ❶ (*Vorgefühl*) presentimiento *m;* **ich habe so eine** ~**, als ob es heute passiert** tengo el presentimiento de que va a pasar hoy ❷ (*Wissen*) idea *f;* **keine** ~ **von etw haben** no tener ni idea de algo; **keine** ~**!** ¡ni idea!; **ahnungslos I.** *adj* ❶ (*nichts ahnend*) desprevenido ❷ (*unwissend*) ignorante; **ich war völlig** ~ no tenía ni (la menor) idea **II.** *adv* (*nichts ahnend*) sin sospechar nada

Ahorn ['aːhɔrn] *m* <-s, -e> (*Baum, Holz*) arce *m*

Ähre ['ɛːrə] *f* <-n> espiga *f*

Aids [ɛits] *nt* <-, *ohne pl*> (MED) sida *m,* SIDA *m;* **Aidserreger** *m* (MED) agente *m* patógeno del SIDA; **Aidshilfe** *f* ❶ (MED) ayuda *f* contra el SIDA ❷ (*Organisation*) organización *f* contra el SIDA; **aidsinfiziert** *adj* (MED) infectado del SIDA; **Aidsinfizierte(r)** *mf* (MED) persona *f* infectada del SIDA; **aidskrank** *adj* enfermo de sida; **Aidskranke(r)** *mf* sidoso, -a *m, f,* enfermo, -a *m, f* de SIDA; **Aidstest** *m* prueba *f* del SIDA; **Aidsübertragung** *f* infección *f* del SIDA; **Aidsvirus** *nt* virus *m* del SIDA

Airbag ['ɛɐbɛːk] *m* <-s, -s> (AUTO) airbag *m,* bolsa *f* de aire

Airbus *m* (AERO) aerobús *m*

Akademie [akade'miː] *f* <-n> academia *f*

Akademiker(in) [aka'deːmikɐ] *m(f)* <-s, -; -nen> académico, -a *m, f,* profesionista *mf Mex*

akademisch *adj* académico

Akazie [a'kaːtsiə] *f* <-n> acacia *f*

akklimatisieren* [aklimati'ziːrən] *vr:* **sich** ~ aclimatarse (*an* a)

Akklimatisierung *f ohne pl* aclimatación *f* (*an* a)

Akkord [a'kɔrt] *m* <-(e)s, -e> ❶ (WIRTSCH) destajo *m;* **im** ~ **arbeiten** trabajar a destajo ❷ (MUS) acorde *m;* **Akkordarbeit** *f* (WIRTSCH) trabajo *m* a destajo

Akkordeon [a'kɔrdeɔn] *nt* <-s, -s> acordeón *m*

Akku ['aku] *m* <-s, -s> acumulador *m*

akkurat [aku'raːt] *adj* (*sorgfältig*) meticuloso; (*genau*) exacto

Akkusativ ['akuzatiːf] *m* <-s, -e> (LING) acusativo *m;* **Akkusativobjekt** *nt* (LING) complemento *m* directo

Akne ['a:knə] *f* <-n> (MED) acné *m*

akribisch [a'kri:bɪʃ] *adj* (*geh*) meticuloso

Akrobat(in) [akro'ba:t] *m(f)* <-en, -en; -nen> acróbata *mf*

Akrobatik *f ohne pl* acrobacia *f*

Akrobatin *f* <-nen> *s.* **Akrobat**

akrobatisch *adj* acrobático

Akronym [akro'ny:m] *nt* <-s, -e> (LING) sigla *f*, acrónimo *m*

Akt¹ [akt] *m* <-(e)s, -e> ❶ (*Handlung, Zeremonie*) acto *m*; **ein ~ der Verzweiflung** un acto de desesperación; **das ist doch kein ~** (*fam*) no es gran cosa ❷ (THEAT) acto *m* ❸ (JUR) acción *f* judicial, actuación *f* judicial ❹ (KUNST) desnudo *m* ❺ (*im Zirkus*) prueba *f*, número *m* ❻ (*Geschlechts~*) acto *m* carnal

Akt² *m* <-(e)s, -en> (*Österr*) *s.* **Akte**

Akte ['aktə] *f* <-n> (*Dokumentation*) acta *f*; (*in der Verwaltung*) dossier *m*, expediente *m*; **etw zu den ~n legen** (*fig*) dar carpetazo a algo; **Aktenkoffer** *m* maletín *m* (*para documentos*); **aktenkundig** *adj* que consta en acta; **Aktenordner** *m* archivador *m*; **Aktenschrank** *m* (armario *m*) archivador *m*; **Aktentasche** *f* portafolios *m inv*, cartera *f*; **Aktenzeichen** *nt* número *m* de registro

Aktfoto *nt* foto *f* de desnudo

Aktie ['aktsjə] *f* <-n> (FIN) acción *f*; **die ~n steigen/fallen** las acciones suben/bajan; **Aktienfonds** *m* (FIN) fondo *m* de acciones; **Aktiengesellschaft** *f* (FIN) sociedad *f* anónima; **Aktienindex** *m* (FIN) índice *m* de las cotizaciones de (las) acciones; **Aktienkurs** *m* (FIN) cotización *f* de (las) acciones; **Aktienmarkt** *m* mercado *m* de acciones

Aktion [ak'tsjo:n] *f* <-en> ❶ (*Kampagne*) acción *f*; (COM) promoción *f* ❷ (*das Agieren*) acción *f*; **in ~ sein/treten** estar/entrar en acción

Aktionär(in) *m(f)* <-s, -e; -nen> accionista *mf*

Aktionspreis *m* precio *m* de acción; **Aktionsradius** *m* radio *m* de acción

aktiv [ak'ti:f] *adj* ❶ (*a.* LING) activo ❷ (MIL) en activo

Aktiv ['akti:f] *nt* <-s, *ohne pl*> (LING) voz *f* activa

Aktiva [ak'ti:va] *pl* (FIN, WIRTSCH) activo *m*

aktivieren [akti'vi:rən] *vt* (*a.* CHEM) activar

aktivieren* [akti'vi:rən] *vt* ❶ (*mobilisieren*) activar ❷ (CHEM, INFOR) activar

Aktivierung *f* <-en> (*a.* CHEM) activación *f*

Aktivist(in) *m(f)* <-en, -en; -nen> activista *mf*

Aktivität *f* <-en> actividad *f*

Aktmalerei *f* (KUNST) desnudo *m*; **Aktmodell** *nt* (KUNST) modelo *mf* (*para pintar desnudos*)

aktualisieren* [aktuali'zi:rən] *vt* actualizar

Aktualisierung *f* <-en> actualización *f*

Aktualität [aktuali'tɛ:t] *f ohne pl* actualidad *f*

aktuell [aktu'ɛl] *adj* actual, de actualidad

Aktzeichnung *f* (KUNST) desnudo *m*

Akupressur [akuprɛ'su:ɐ] *f* <-en> (MED) acupresión *f*

akupunktieren* [akupʊŋk'ti:rən] *vi, vt* hacer acupuntura (a)

Akupunktur [akupʊŋk'tu:ɐ] *f* <-en> (MED) acupuntura *f*

Akustik [a'kʊstɪk] *f ohne pl* (*a.* PHYS) acústica *f*

akustisch *adj* acústico

akut [a'ku:t] *adj* ❶ (*aktuell*) agudo; (*hochaktuell*) candente ❷ (MED) grave; (*konkrete Krankheit*) agudo

AKW [a:ka:'ve:] *nt* <-s, -s> *Abk. von* **Atomkraftwerk** central *f* nuclear

Akzent [ak'tsɛnt] *m* <-(e)s, -e> (*a.* LING) acento *m* (*auf* en); **den ~ auf etw legen** poner el acento en algo; **~e setzen** (*fig*) marcar la pauta; **akzentfrei** *adj* sin acento

akzentuieren* *vt* (*geh*) acentuar

akzeptabel [aktsɛp'ta:bəl] *adj* aceptable

Akzeptanz [aktsɛp'tants] *f ohne pl* aceptación *f*

akzeptieren* *vt* aceptar

Alabaster [ala'bastɐ] *m* <-s, -> alabastro *m*

Alarm [a'larm] *m* <-(e)s, -e> alarma *f*; **falscher ~** falsa alarma; **~ auslösen** provocar alarma; **~ schlagen** (*a. fig*) tocar la alarma; **Alarmanlage** *f* sistema *m* de alarma; **Alarmbereitschaft** *f ohne pl* estado *m* de alerta; **in ~ sein** estar en (estado de) alerta

alarmieren* *vt* alarmar

Alarmsignal *nt* señal *f* de alarma; **Alarmstufe** *f* grado *m* de alarma; **~ Rot** alerta roja

Alaska [a'laska] *nt* <-s> Alaska *f*

Albaner(in) [al'ba:nɐ] *m(f)* <-s, -; -nen> albanés, -esa *m, f*

Albanien [al'ba:niən] *nt* <-s> Albania *f*

albanisch *adj* albanés

Albatros ['albatrɔs] *m* <-, -se> albatros *m inv*

Alben *pl von* **Album**

albern¹ ['albɐn] *adj* (*abw*) tonto; (*kindisch*) pueril; **sich ~ benehmen** hacer el bobo

albern² *vi* (*abw*) tontear

Albernheit *f* <-en> (*abw*) sandez *f*, tontería *f*, pendejada *f Am;* (*kindisches Benehmen*) puerilidad *f*

Albino [al'bi:no] *m* <-s, -s> albino *m*

Albtraum *m s.* **Alptraum**

Album ['albʊm, *pl:* 'albən] *nt* <-s, Alben> álbum *m*

Alchimie [alçi'mi:] *f ohne pl* alquimia *f*

al dente [al'dɛntə] *adj* (GASTR) al dente; **die Spaghetti ~ kochen** cocer los espagueti al dente

Alge ['algə] *f* <-n> alga *f*

Algebra ['algebra] *f ohne pl* (MATH) álgebra *f*

Algenpest *f* marea *f* de algas

Algerien [al'ge:riən] *nt* <-s> Argelia *f*

Algerier(in) *m(f)* <-s, -; -nen> argelino, -a *m, f*

algerisch *adj* argelino

Algorithmus [algo'rɪtmʊs] *m* <-, Algorithmen> (MATH, INFOR) algoritmo *m*

alias ['a:lias] *adv* alias

Alibi ['a:libi] *nt* <-s, -s> coartada *f;* **Alibifunktion** *f* (*fig*) coartada *f*

Alien ['ɛiliən] *m* <-, -s> alien *m*, extraterrestre *mf*

Alimente [ali'mɛntə] *pl* manutención *f*

Alkohol ['alkoho:l] *m* <-s, -e> alcohol *m;* **Alkoholeinfluss** *m ohne pl* efectos *mpl* del alcohol; **unter ~ stehen** estar alcoholizado; **Alkoholeinwirkung** *f ohne pl* influencia *f* del alcohol; **unter ~ stehen** estar alcoholizado; **Alkoholfahne** *f* (*fam*) aliento *m* a vino, tufillo *m* a vino; **alkoholfrei** *adj* sin alcohol; **Alkoholgehalt** *m* graduación *f* alcohólica, grado *m* alcohólico; **Alkoholgenuss** *m ohne pl* consumo *m* de alcohol; **übermäßiger ~ schadet der Gesundheit** el abuso del alcohol perjudica la salud; **alkoholhaltig** *adj* alcohólico

Alkoholiker(in) [alko'ho:likɐ] *m(f)* <-s, -; -nen> alcohólico, -a *m, f*

alkoholisch [--'--] *adj* alcohólico; **~e Getränke** bebidas alcohólicas

alkoholisiert *adj* alcoholizado; **in ~em Zustand** bajo los efectos del alcohol

Alkoholismus *m* <-, *ohne pl*> alcoholismo *m*

Alkoholkonsum *m* consumo *m* de alcohol; **alkoholkrank** *adj* alcoholizado; **Alkoholmissbrauch** *m* abuso *m* del alcohol; **Alkoholpegel** *m* nivel *m* de alcoholemia; **Alkoholspiegel** *m* nivel *m* de alcohol en la sangre; **alkoholsüchtig** *adj* alcohólico; **~ sein** estar alcoholizado; **Alkoholsünder(in)** *m(f)* (*fam*) conductor *o* conductora imprudente *por culpa del alcohol;* **Alkoholtest** *m* prueba *f* de alcoholemia; **Alkoholverbot** *nt* pro-

hibición *f* de (consumición de) alcohol; **Alkoholvergiftung** *f* (MED) intoxicación *f* etílica; **Alkoholwirkung** *f* efecto *m* alcohólico

all [al] *pron indef* todo; **~ die Mühe** todo el esfuerzo; **nach ~ dem Geschehenen** después de todo lo sucedido; *s. a.* **alle(r, s)**

All [al] *nt* <-s, *ohne pl*> universo *m*, espacio *m*

allabendlich [al'a:bəntlıç] *adj* de cada tarde [*o* noche]

Allah ['ala] *m* <-s, *ohne pl*> (REL) Alá *m*, Dios *m*

alle ['alə] *adv* (*fam*): **es ist ~ se** acabó; **ich bin total ~** estoy hecho polvo

alle(r, s) *pron indef* ➊ *sg* todo; **wer war ~s da?** ¿quiénes estaban?; **~s, was du willst** todo lo que quieras; **ist das ~s?** ¿eso es todo?; **~s in ~m** (*insgesamt*) en total; (*kurzum*) en resumen; **was es nicht ~s gibt!** ¡hay de todo en este mundo!; **~s auf einmal** todo de una vez; **~s Gute!** ¡mejores deseos!; **~s Mögliche** de todo; **vor ~m** sobre [*o* ante] todo; **was soll das ~s?** ¿qué significa todo esto?; **in ~r Frühe** de madrugada; **mit ~r Deutlichkeit** con toda claridad ➋ *pl* todos; **es waren ~ da** estaban todos; **~, die ...** todos los que...; **~ auf einmal** todos a la vez; **~ beide/drei** los dos/tres; **~ zehn Minuten** cada diez minutos; **auf ~ Fälle** de todos modos; (*so oder so*) sea como sea; **für ~ Zeiten** para siempre

all(e)dem I. *pron* todo (ello); **zu ~ kommt noch, dass ...** y a todo esto se añade además que...; **aus ~ werde ich nicht schlau** no me aclaro con todo esto; **sie will trotz ~ weitermachen** quiere continuar a pesar de todo II. *adv:* **trotz ~** a pesar de todo

Allee [a'le:, *pl:* a'le:ən] *f* <-n> avenida *f*, carrera *f Am*

allein [a'laın] I. *adj* ➊ (*getrennt, für sich*) solo, a solas; **~ stehend** soltero; **kann ich dich einen Augenblick ~ sprechen?** ¿te puedo hablar un momento a solas? ➋ (*ohne Hilfe*) solo; **er macht das ganz ~** lo hace completamente solo ➌ (*einsam*) solo; **ich bin so oft ~** estoy tantas veces solo II. *adv* (*nur*) sólo, solamente; **du ~ bist schuld daran** sólo tú tienes la culpa; **nicht ~ ..., sondern auch ...** no sólo... sino también...; **einzig und ~** únicamente; **~ schon die Vorstellung macht mir Angst** me da miedo sólo imaginarlo III. *konj* (*geh*) pero, sin embargo

alleine [a'laınə] *adj o adv* (*fam*) *s.* **allein**

Alleinerbe, -in *m, f* heredero, -a *m, f* único, -a; **Alleinerziehende(r)** *mf*

(*Vater*) padre *m* soltero; (*Mutter*) madre *f* soltera; **Alleingang** *m* (SPORT) incursión *f* a solas; **im ~** a solas; **Alleinherrschaft** *f* autocracia *f*; **Alleinherrscher(in)** *m(f)* autócrata *mf*

alleinig *adj* solo, único

Alleinsein *nt* <-s, *ohne pl*> soledad *f*; **Alleinstehende(r)** *mf* <-n, -n; -n, -n> soltero, -a *m, f*; **Alleinunterhalter(in)** *m(f)* animador(a) *m(f)*

allemal ['alə'ma:l] *adv* siempre; **ein für ~** de una vez para siempre

allenfalls ['alən'fals] *adv* en el mejor de los casos

allerbeste(r, s) *adj* mejor (de todos); **meine ~ Freundin** mi mejor amiga; **es wäre am ~n, wenn ...** lo mejor sería, si... +*subj*

allerdings ['ale'dɪŋs] *adv* ❶ (*einschränkend*) no obstante ❷ (*bekräftigend*) naturalmente; **bist du selbst da gewesen? – ~!** ¿has estado en persona? – ¡ya lo creo!

allererste(r, s) *adj* primero (de todos)

allerfrühestens *adv* lo más pronto

Allergie [alɛr'gi:] *f* <-n> (MED) alergia *f* (*gegen* a); **Allergietest** *m* test *m* de alergia

Allergiker(in) [a'lɛrgike] *m(f)* <-s, -; -nen> (MED) alérgico, -a *m, f*

allergisch *adj* alérgico (*gegen* a)

allerhand ['--'-] *adj inv* (*fam*) ❶ (*ziemlich viel*): **das ist ~ Geld** eso es bastante dinero ❷ (*allerlei*) de toda clase; **dort gab es ~ Leute** allí había gente de todo tipo

Allerheiligen [--'---] *nt* <-, *ohne pl*> (día *m* de) Todos los Santos

allerlei ['ale'laɪ] *adj inv*: **~ Tiere** animales de todas clases; **es wird ~ geredet** se dice de todo

allerletzte(r, s) *adj* último (de todos); **das ist das A~!** ¡esto es lo último!; **allerliebste(r, s)** *adj* más querido; **mir wäre am ~n, wenn ...** lo que más me gustaría sería que...; **allermeiste(r, s)** *adj*: **die ~n Menschen** la mayor parte [*o* la mayoría] de la gente; **am ~n** sobre todo; **allerneuste(r, s)** *adj* más nuevo; **auf dem ~n Stand sein** estar (muy) al día

Allerseelen [--'--] *nt* <-, *ohne pl*> día *m* de Difuntos

allerseits ['ale'zaɪts] *adv* (*von allen*) por todo el mundo; **guten Abend ~!** ¡buenas tardes a todo el mundo!

allerspätestens ['--'---] *adv* a más tardar, como tarde

allerwenigste(r, s) *adj* la minoría de; **das ist doch das A~** eso es lo mínimo

Allerwerteste(r) ['--'---] *m* <-n, -n> (*fam*

iron) trasero *m*

allesamt ['--'-] *adv* todos juntos

Allesfresser ['----] *m* <-s, -> (ZOOL) omnívoro *m*; **Alleskleber** ['----] *m* pegamento *m* universal, pegalotodo *m fam*

allg. *Abk. von* **allgemein** general

Allgäu ['algɔɪ] *nt* <-s> Algoia *f*

allgegenwärtig ['-----] *adj* omnipresente

allgemein ['algə'maɪn] **I.** *adj* ❶ (*Kenntnisse*) general ❷ (*alle betreffend*) universal; (*allen gemeinsam*) común; **dies stößt auf ~e Ablehnung** eso choca con el rechazo general; **im A~en** en general **II.** *adv* en general; (**ganz**) **~ gesprochen** hablando en general; **~ gültig** universal; **~ üblich/verbreitet** generalizado; **~ verständlich** comprensible para todos; **es ist ~ bekannt, dass ...** es de todos sabido que...; **Allgemeinbefinden** [--'----] *nt* (MED) estado *m* de salud; **Allgemeinbildung** [--'----] *f* cultura *f* general; **Allgemeingültigkeit** *f* universalidad *f*, validez *f* universal

Allgemeinheit [--'--] *f ohne pl* público *m*, opinión *f* pública; **im Interesse der ~** para el interés general

Allgemeinmedizin [--'----] *f ohne pl* medicina *f* general; **Allgemeinwissen** *nt* conocimientos *mpl* generales; **Allgemeinwohl** [--'--] *nt* bienestar *m* público; **Allgemeinzustand** *m* (*a.* MED) estado *m* general; **ihr ~ hat sich verschlechtert** su estado general ha empeorado

Allheilmittel [al'haɪl-] *nt* panacea *f*, curalotodo *m fam*

Allianz [ali'an(t)s] *f* <-en> alianza *f*

Alligator [ali'ga:to:e] *m* <-s, -en> aligator *m*, caimán *m*

alliiert [ali'i:et] *adj* aliado

Alliierte(r) *mf* <-n, -n; -n> aliado, -a *m, f*; **die ~n** los aliados

alljährlich [-'--] **I.** *adj* de todos los años, anual **II.** *adv* todos los años, cada año

Allmacht *f ohne pl* omnipotencia *f*

allmächtig [-'--] *adj* omnipotente; **~er Gott!** (*fam*) ¡Dios mío!

allmählich [al'mɛ:lɪç] **I.** *adj* paulatino **II.** *adv* poco a poco; **es wird ~ Zeit!** (*iron*) ¡ya va siendo hora!

Allradantrieb ['----] *m* (AUTO) tracción *f* a las cuatro ruedas

allseitig ['alzaɪtɪç] *adj* universal, general

allseits *adv* en todas partes

Alltag ['alta:k] *m ohne pl* ❶ (*Tagesablauf*) día *m* normal ❷ (*geh: tägliches Einerlei*) vida *f* cotidiana; (*Routine*) rutina *f* (diaria)

alltäglich [-'--] *adj* ❶ (*jeden Tag*) diario ❷ (*gewöhnlich*) banal

alltags ['--] *adv* en días laborables
Allüren [a'ly:rən] *pl* caprichos *mpl;* ~ **haben** ser un caprichoso
allwissend ['-'--] *adj* omnisciente
Allwissenheit ['-'---] *f ohne pl* (REL, PHILOS) omnisciencia *f*
allzu ['--] *adv* demasiado; ~ **gern** encantado; ~ **häufig** con mucha frecuencia; ~ **sehr** demasiado; ~ **viel** demasiado; **das ist mir ~ blöd** esto me resulta demasiado tonto; **das mag er ~ gern** eso le encanta; **das mag sie nicht ~ gern** eso no le hace demasiada gracia
Allzweckhalle *f* salón *m* de actos; **Allzweckreiniger** *m* limpiador *m* general
Alm [alm] *f* <-en> pasto *m* de alta montaña
Almosen ['almo:zən] *nt* <-s, -> limosna *f*
Alpaka [al'paka] *nt* <-s, -s> alpaca *f*
Alpen ['alpən] *pl* Alpes *mpl;* **Alpenpass** *m* puerto *m* alpino; **Alpenveilchen** *nt* ciclamen *m,* ciclamino *m;* **Alpenvorland** *nt* región *f* subalpina
Alphabet [alfa'be:t] *nt* <-(e)s, -e> alfabeto *m,* abecedario *m*
alphabetisch *adj* alfabético; ~**e Reihenfolge** orden alfabético; ~ **geordnet** clasificado por orden alfabético
alphabetisieren* *vt* ❶ (*lesen lehren*) alfabetizar ❷ (*alphabetisch ordnen*) poner en orden alfabético, alfabetizar
alphanumerisch [alfanu'me:rɪʃ] *adj* (INFOR) alfanumérico
Alphastrahlen *mpl* (PHYS) rayos *mpl* alfa
alpin [al'pi:n] *adj* alpino
Alpinismus [alpi'nɪsmʊs] *m* <-, ohne pl> (SPORT) alpinismo *m*

Alptraum *m* pesadilla *f*
als [als] *konj* ❶ (*gleichzeitig*) (justo) cuando, al +*inf;* ~ **der Krieg ausbrach, ...** al estallar la guerra...; **gerade ~ wir losgehen wollten, begann es zu regnen** justo cuando íbamos a salir, empezó a llover ❷ (*vorzeitig, nachzeitig*) cuando ❸ (~ *ob*) como si, que; **es sieht nicht so aus, ~ würden wir das Spiel verlieren** no parece que vayamos a perder el partido; **er**

sprach so klug, ~ ob er das studiert hätte habló como si fuera un bachiller; **er ist zu anständig, ~ dass er so etwas tun könnte** es demasiado correcto como para hacer una cosa así ❹ (*bei Vergleichen*) que; **ich bin klüger ~ vorher** soy más listo que antes ❺ (*in der Eigenschaft*) como, de; **er kam ~ Freund zu uns** vino como amigo (a nuestra casa); ~ **Belohnung waren 1.000 Euro ausgesetzt** fijaron 1.000 euros de recompensa

? **Grammatik**

als se utiliza en la comparación de inferioridad o superioridad: *Der Bodensee ist größer als der Gardasee. – El lago de Constanza es más grande que el lago de Garda.*

wie se utiliza en la comparación de igualdad: *Meine Mutter ist genauso groß wie mein Vater. – Mi madre es tan alta como mi padre. Deine Zähne sind so weiß wie Schnee. – Tus dientes son tan blancos como la nieve.*

alsbald [-'-] *adv* inmediatamente
alsbaldig [als'baldɪç] *adj* (*formal*) inmediato
also ['alzo] **I.** *adv* ❶ (*folglich*) así, por consiguiente; **das heißt ~, dass ...** entonces esto quiere decir que...; **hier bist du ~!** ¡así que estás aquí! ❷ (*das heißt*) o sea **II.** (*Partikel*) bueno; **~, so was!** ¡bueno, mira tú!; **na ~!** ¡(pues) entonces!
Alsterwasser ['alste-] *nt* (GASTR) ≈clara *f* (*cerveza con limonada o gaseosa*)
alt [alt] *adj* <älter, am ältesten> ❶ (*auf das Alter bezogen*) viejo; (*bejahrt*) anciano; **A~ und Jung** viejos y jóvenes; **wie ~ bist du?** ¿cuántos años tienes?; **ich bin 17 Jahre ~** tengo 17 años; **er war erst wenige Tage ~** no tenía más que unos días; **sie ist doppelt so ~ wie ich** me dobla la edad; **hier siehst du aber ~ aus** (*fam fig*) con este asunto vas a acabar muy mal ❷ (*gebraucht*) usado; **zum ~en Eisen gehören** ser de la vieja guardia ❸ (*lange bestehend*) viejo; **ein ~er Freund von mir** un viejo amigo mío; **das A~e Testament** el Antiguo Testamento; **die A~e Welt** el viejo continente; **es bleibt alles beim A~en** todo sigue igual; **das Buch befindet sich am ~en Platz** el libro se encuentra en el sitio donde estaba antes ❹ (*klassisch*) clásico ❺ (*ehemalig*) antiguo; **seine ~en Schüler** sus antiguos

alumnos

Alt¹ *m* <-s, *ohne pl*> (MUS) contralto *mf*

Alt² *nt* <-s, -> (*Altbier*) cerveza *f* negra

Altar [al'taːɐ, *pl:* al'tɛːrə] *m* <-s, Altäre> altar *m*

altbacken ['---] *adj* ❶ (*Brot*) de ayer ❷ (*abw: altmodisch*) anticuado

Altbau *m* <-(e)s, -ten> edificio *m* antiguo; **Altbauwohnung** *f* apartamento *m* en un edificio antiguo

altbekannt ['---'] *adj* bien conocido; **das ist doch ~** eso ya se sabía; **altbewährt** ['---'] *adj* probado

Altbier *nt* cerveza *f* negra

altdeutsch *adj* (*Möbel, Stil*) alemán antiguo (*s. XV-XVI*)

Alte(r) ['altə] *mf* <-n, -n; -n> ❶ (*alter Mensch*) anciano, -a *m, f;* (*abw*) viejo, -a *m, f* ❷ (*fam: Vater, Mutter*) viejo, -a *m, f* ❸ (*fam abw: Ehemann, -frau*) viejo, -a *m, f* ❹ (*fam: Vorgesetzter*) patrón, -ona *m, f*

alteingesessen *adj* arraigado

Alteisen *nt* chatarra *f*

Altenheim *nt* residencia *f* de ancianos; **Altenhilfe** *f* asistencia *f* a los ancianos; **Altenpflege** *f* cuidados *mpl* a ancianos; **Altenpflegeheim** *nt* residencia *f* asistida de ancianos; **Altenpfleger(in)** *m(f)* cuidador(a) *m(f)* de ancianos; **Altenwohnheim** *nt* residencia *f* de ancianos

Alter *nt* <-s, *ohne pl*> ❶ (*Lebensabschnitt*) vejez *f;* **im ~** en la vejez ❷ (*Anzahl der Jahre*) edad *f;* **im ~ von drei Jahren** a la edad de tres años; **ein Herr mittleren ~s** un señor de mediana edad; **er ist in deinem ~** es de tu edad

älter ['ɛltɐ] *adj kompar von* **alt**

altern ['altɐn] *vi sein* envejecer

alternativ *adj* alternativo

Alternative *f* <-n> alternativa *f*

Alternativreisende(r) *mf* viajero, -a *m, f* alternativo, -a

alters *adv:* **von ~ her** (*geh*) desde hace mucho tiempo

Altersarmut *f* pobreza *f* entre los ancianos; **altersbedingt** *adj* debido a la edad; **Altersbeschwerden** *fpl* achaques *mpl;* **Altersbezüge** *mpl* pensiones *fpl;* **Alterserscheinung** *f* síntoma *m* de vejez; **Altersgenosse, -in** *m, f* coetáneo, -a *m, f;* **Altersgrenze** *f* límite *m* de edad; (*Rentenalter*) edad *f* de jubilación; **Altersgründe** *mpl:* **er kann aus ~n nicht teilnehmen** por causa de su (avanzada) edad no puede participar; **Altersgruppe** *f* grupo *m* de personas de la misma edad; **die Kinder gehören alle der gleichen ~ an** los niños tienen todos la misma edad;

Altersheim *nt* residencia *f* de ancianos; **Alterspyramide** *f* pirámide *f* de edades; **Altersruhegeld** *nt* renta *f* de jubilación; **altersschwach** *adj* ❶ (*Person*) decrépito ❷ (*Gegenstand*) acabado; **Altersschwäche** *f ohne pl* decrepitud *f;* **altersspezifisch** *adj* propio [*o* específico] de la edad; **Altersstufe** *f* edad *f;* **Altersunterschied** *m* diferencia *f* de edad; **Altersversorgung** *f* pensión *f* de ancianidad, jubilación *f*

Altertum ['altɐtuːm] *nt* <-s, *ohne pl*> antigüedad *f*

altertümlich ['altɐtyːmlɪç] **I.** *adj* ❶ (*alt*) antiguo ❷ (*veraltet*) anticuado **II.** *adv* a la antigua

Altertumswert *m ohne pl* valor *m* por la antigüedad

Alterung *f ohne pl* envejecimiento *m;* **Alterungsprozess** *m* proceso *m* de envejecimiento

älteste(r, s) *adj superl von* **alt**

Älteste(r) *mf* <-n, -n; -n> mayor *mf*

Ältestenrat *m* ❶ (JUR) consejo *m* de representantes de los partidos ❷ (POL) parlamento *m*, junta *f* de portavoces

Altgerät *nt* aparato *m* viejo

Altglas *nt ohne pl* (botellas *fpl* de) vidrio *m* reciclable; **Altglascontainer** *m* contenedor *m* de vidrio reciclable

altgriechisch *adj* griego clásico [*o* antiguo]

althergebracht ['---'] *adj* tradicional

Althochdeutsch ['---] *nt* antiguo alto alemán *m*

Altkleidersammlung ['----'] *f* recogida *f* de ropas usadas

altklug *adj* sabi(h)ondo

Altlast *f* (ÖKOL) ❶ (*gefährliche Rückstände*) residuos *mpl* ❷ (*verseuchte Fläche*) zona *f* contaminada

ältlich ['ɛltlɪç] *adj* avejentado

Altmaterial *nt* (TECH) material *m* viejo; (*noch brauchbar*) material *m* reciclable; **Altmetall** *nt* chatarra *f;* **altmodisch** *adj* chapado a la antigua; **Altöl** *nt* aceites *mpl* usados

Altpapier *nt ohne pl* papel *m* reciclable; **Altpapiersammlung** *f* recogida *f* de papel reciclable

Altschulden *fpl* deuda *f* heredada

Altstadt *f* barrio *m* antiguo, casco *m* antiguo

Altstimme *f* (MUS) voz *f* de contralto

Altstoff *m* (ÖKOL) material *m* reciclable; **Altstoffcontainer** *m* (ÖKOL) contenedor *m* de materiales reciclables

Altwarenhändler(in) *m(f)* chamarilero, -a *m, f*, trapero, -a *m, f*

Altweiberfastnacht [-'----] *f* (*reg*) jueves *m* gordo; **Altweibersommer** [-'----] *m* veranillo *m* de San Miguel, veranillo *m* de San Juan *Am*

Alu ['a:lu] *nt* <-(s), *ohne pl*> (CHEM, TECH) *Abk. von* **Aluminium** aluminio *m;* **Alufelge** ['a:lufɛlgə] *f* (AUTO) llanta *f* de aleación; **Alufolie** ['a:lufo:liə] *f* papel *m* de aluminio

Aluminium [alu'mi:niʊm] *nt* <-s, *ohne pl*> (CHEM) aluminio *m*

Alzheimer [a'ltshaɪmɐ] *m* <*ohne pl*> (*fam*) enfermedad *f* de Alzheimer; **Alzheimerkrankheit** *f ohne pl* enfermedad *f* de Alzheimer

am [am] **I.** (*Superlativbildung*): **Lothar fährt ~ schnellsten** Lothar es el que más rápido conduce **II.** = **an dem** *s.* **an III.** (*fam: Verlaufsform*): **ich bin ~ Arbeiten** estoy trabajando

Amalgam [amal'ga:m] *nt* <-s, -e> (*fig a.* CHEM) amalgama *f*

Amateur(in) [ama'tø:ɐ] *m(f)* <-(e)s, -e; -nen> ❶ (*Nichtfachmann*) aficionado, -a *m, f,* diletante *mf* ❷ (*abw: Dilettant*) chapucero, -a *m, f;* **Amateurliga** *f* (SPORT) liga *f* de aficionados

Amazonas [ama'tso:nas] *m* <-> Amazonas *m*

Ambiente [am'biɛntə] *nt* <*ohne pl*> (*geh*) ambiente *m*

Ambition [ambi'tsjo:n] *f* <-en> ambición *f*

ambitioniert [ambitsjo'ni:ɐt] *adj* ambicioso

ambivalent [ambiva'lɛnt] *adj* ambivalente

Amboss ['ambɔs] *m* <-es, -e> (TECH, MED) yunque *m*

ambulant [ambu'lant] *adj* ambulante; (MED) ambulatorio; **~e Behandlung** tratamiento ambulatorio; **jdn ~ behandeln** tratar a alguien en régimen ambulatorio

Ambulanz [ambu'lants] *f* <-en> (MED) ambulatorio *m*

Ameise ['a:maɪzə] *f* <-n> hormiga *f;* **Ameisenbär** *m* oso *m* hormiguero; **Ameisenhaufen** *m* hormiguero *m;* **Ameisensäure** *f ohne pl* (CHEM) ácido *m* fórmico

amen ['a:mən] *adv* amén; **zu allem ja und ~ sagen** (*fam*) decir amén a todo

Amen *nt* <-s, -> amén *m;* **das ist so sicher wie das ~ in der Kirche** esto es tan cierto como que dos y dos son cuatro

Amerika [a'me:rika] *nt* <-s> América *f*

Amerikaner(in) [ameri'ka:nɐ] *m(f)* <-s, -; -nen> americano, -a *m, f*

amerikanisch *adj* americano

amerikanisieren* *vt* americanizar

Amerikanismus *m* <Amerikanismen>

(LING) americanismo *m*

Amethyst [ame'tʏst] *m* <-(e)s, -e> amatista *f*

Ami ['ami] *m* <-s, -s> (*fam*) yanqui *mf*

Aminosäure [a'minozɔɪrə] *f* (CHEM) aminoácido *m*

Amme ['amə] *f* <-n> nodriza *f,* ñaña *f Chil;* **Ammenmärchen** *nt* (*fam*) cuento *m* de viejas

Ammoniak [amo'njak] *nt* <-s, *ohne pl*> (CHEM) amoníaco *m*

Amnesie [amne'zi:] *f* <-n> (MED) amnesia *f*

Amnestie [amnɛs'ti:] *f* <-n> (JUR, POL) amnistía *f*

amnestieren* [amnɛs'ti:rən] *vt* (JUR, POL) amnestiar

Amöbe [a'mø:bə] *f* <-n> ameba *f*

Amok ['a:mɔk] *m* <-s, *ohne pl*>: **~ laufen/fahren** *ir enloquecido, destruyendo o matando;* **Amokläufer(in)** *m(f)* loco, -a *m, f* homicida

a-Moll *nt* <-, *ohne pl*> (MUS) la *m* menor

amoralisch ['amora:lɪʃ] *adj* amoral

Amortisation [amɔrtiza'tsjo:n] *f* <-en> (WIRTSCH) amortización *f*

amortisieren* [amɔrti'zi:rən] **I.** *vt* (WIRTSCH: *Schuld*) amortizar **II.** *vr:* **sich ~** (*Investition*) amortizarse

amourös [amu'rø:s] *adj* (*geh*) amoroso

Ampel ['ampəl] *f* <-n> ❶ (*Verkehrs~*) semáforo *m* ❷ (*Blumen~*) maceta *f* colgante

Ampere [am'pe:ɐ] *nt* <-(s), -> (PHYS) amperio *m;* **Amperemeter** [--'--] *nt* (PHYS) amperímetro *m*

Amphetamin [amfeta'mi:n] *nt* <-s, -e> (CHEM) anfetamina *f*

Amphibie [am'fi:biə] *f* <-n> (ZOOL) anfibio *m*

Amphitheater *nt* anfiteatro *m*

Ampulle [am'pʊlə] *f* <-n> ampolla *f*

Amputation [amputa'tsjo:n] *f* <-en> (MED) amputación *f*

amputieren* [ampu'ti:rən] *vt* (MED) amputar

Amsel ['amzəl] *f* <-n> mirlo *m*

Amt [amt, *pl:* 'ɛmtə] *nt* <-(e)s, Ämter> ❶ (*offizielle Stellung*) cargo *m;* **ein hohes ~** un alto cargo; **im ~ sein** estar en funciones; **sein ~ niederlegen** dimitir de su cargo ❷ (*übernommene Aufgabe*) obligaciones *fpl;* **seines ~es walten** atender a sus obligaciones ❸ (*Behörde, Gebäude*) departamento *m;* **Auswärtiges ~** (POL) Ministerio de Asuntos Exteriores; **von ~s wegen** prescrito (por la autoridad) ❹ (TEL) central *f* telefónica

Ämterhäufung *f* (ADMIN) acumulación *f*

de cargos públicos
amtieren* *vi* estar en funciones; (*vorübergehend*) actuar (*als* de)
amtlich *adj* ❶ (*behördlich*) oficial; ~ **es Kennzeichen** matrícula *f* ❷ (*glaubwürdig*) (de fuente) oficial
Amtsantritt *m* entrada *f* en funciones; (a. POL) asunción *f* del mando; **Amtsarzt, -ärztin** *m*, *f* médico, -a *m*, *f* oficial; **Amtsdeutsch** *nt* (*abw*) jerga *f* administrativa; **Amtseid** *m* jura *f* del cargo; **Amtsenthebung** *f* <-, -en> (JUR), **Amtsentsetzung** *f* <-, -en> (*Schweiz*, *Österr*: JUR: *Entlassung*) destitución *f*; (*Kündigung*) dimisión *f*; **Amtsgericht** *nt* juzgado *m* de primera instancia e instrucción, juzgado *m* municipal; **Amtshandlung** *f* acto *m* oficial; **Amtsmissbrauch** *m* (a. JUR) prevaricación *f*; **Amtsperiode** *f* mandato *m*, legislatura *f*; **eine ~ von fünf Jahren** un mandato de cinco años; **Amtsrichter(in)** *m(f)* juez *mf* de primera instancia; **Amtssprache** *f* ❶ (*Verwaltungsjargon*) jerga *f* administrativa ❷ (*offizielle Landessprache*) idioma *m* oficial; (EU) lengua *f* oficial; **Amtsweg** *m* vía *f* oficial; **den ~ beschreiten** hacer los trámites oficiales; **Amtszeit** *f* (duración *f* de un) cargo *m*
Amulett [amu'lɛt] *nt* <-(e)s, -e> amuleto *m*, payé *m* CSur
amüsant [amy'zant] *adj* ❶ (*unterhaltsam*) entretenido ❷ (*lustig*) divertido
amüsieren* [amy'ziːrən] **I.** *vt* divertir **II.** *vr:* **sich ~** ❶ (*sich vergnügen*) divertirse ❷ (*sich lustig machen*) burlarse (*über* de)
Amüsierviertel *nt* barrio *m* de diversiones; (*Rotlichtviertel*) barrio *m* bajo
an [an] **I.** *präp +dat* ❶ (*nahe bei*) en, junto a; ~ **der Ecke** en la esquina; ~ **der gleichen Stelle** en el mismo lugar; **am Fenster sitzen** estar sentado junto a la ventana; **er geht ~ mir vorbei** pasa por mi lado; **Tür ~ Tür wohnen** vivir puerta con puerta ❷ (*geographisch gelegen*) (a orillas) de; **Frankfurt ~ der Oder/am Main** Fráncfort del Oder/del Meno ❸ (*zeitlich*) a; **am Abend** por la tarde; **am Anfang** al principio; **am 29. November 1991** el 29 de noviembre de 1991 ❹ (*weitere Verwendungen*): **reich ~ Nährstoffen** rico en sustancias nutritivas; **das Entscheidende ~ der Sache ist, dass ...** lo decisivo del asunto es que...; **das gefällt mir nicht ~ ihm** esto no me acaba de gustar de él; **es ist ~ dir, etw zu tun** está en tu mano (el) hacer algo **II.** *präp +akk* ❶ (*in Richtung auf*) a, contra; **sich ~ die Wand lehnen** apoyarse contra la pared; **er trat**

~ **s Fenster** fue hacia la ventana; ~ **die Arbeit!** ¡al trabajo! ❷ (*für*) a, para; **ein Brief ~ seinen Sohn** una carta a su hijo; **ich habe eine Frage ~ dich** tengo una pregunta que hacerte; ~ (**und für**) **sich** de por sí ❸ (*ungefähr*) aproximadamente, unos; **sie verdient ~ die 2.000 Euro** cobra unos 2.000 euros **III.** *adv* ❶ (*beginnend*): **von ... ~** a partir de...; **von hier ~** a partir de aquí; **von Anfang ~** desde el [o un] principio ❷ (*bei Ankunftszeiten*) a; **Münster ~: 12.40 Uhr** llegada a Münster a las 12.40 ❸ (*eingeschaltet*) encendido; ~ **sein** (*fam: Licht*) estar encendido; (*Motor*) estar en marcha; (*Radio*) estar puesto
Anabolikum *nt* <-s, Anabolika> (MED, CHEM) anabolizante *m*
anachronistisch *adj* (*geh*) anacrónico
anal [a'naːl] *adj* (MED, PSYCH) anal
analog [ana'loːk] *adj* análogo, -a; (INFOR) analógico
Analogie [analo'giː] *f* <-n> analogía *f*; **Analogieschluss** *m* deducción *f* analógica
Analphabet(in) ['analfabeːt, ---'-] *m(f)* <-en, -en; -nen> analfabeto, -a *m*, *f*
Analphabetentum *nt* <-s, *ohne pl*> analfabetismo *m*
Analphabetin *f* <-nen> *s.* **Analphabet**
Analphabetismus *m* <*ohne pl*> analfabetismo *m*
Analverkehr *m* coito *m* anal
Analyse [ana'lyːzə] *f* <-n> análisis *m inv*
analysieren* [analy'ziːrən] *vt* analizar
Analytiker(in) [ana'lyːtikɐ] *m(f)* <-s, -; -nen> analista *mf*
analytisch *adj* analítico
Anämie [anɛ'miː] *f* <-n> (MED) anemia *f*
Ananas ['ananas] *f* <-(se)> piña *f*, ananá(s) *m Am*
Anarchie [anar'çiː] *f* <-n> anarquía *f*
Anarchismus [anar'çısmʊs] *m* <*ohne pl*> anarquismo *m*
Anarchist(in) *m(f)* <-en, -en; -nen> anarquista *mf*
anarchistisch *adj* anarquista
Anästhesie [anɛstə'ziː] *f* <-n> (MED) anestesia *f*
Anatolien [ana'toːliən] *nt* <-s> Anatolia *f*
Anatomie [anato'miː] *f ohne pl* anatomía *f*
anatomisch [ana'toːmɪʃ] *adj* anatómico
an|baggern ['anbagɐn] *vt* (*sl*): **jdn ~** entrarle a alguien
an|bahnen **I.** *vt* (*anknüpfen*) iniciar **II.** *vr:* **sich ~** iniciarse
an|bändeln ['anbɛndəln] *vi* (*fam*) ❶ (*Liebesbeziehung*) ligar ❷ (*Streit*) meterse

Anbau¹ *m* <-(e)s, -ten> ampliación *f;* (*Nebengebäude*) anexo *m*

Anbau² *m* <-s, *ohne pl*> (*von Nutzpflanzen*) cultivo *m;* **aus kontrolliert-biologischem/konventionellem** ~ de cultivo biológico controlado/convencional

an|bauen *vt* ❶ (*Gebäude*) ampliar (*an*) ❷ (*Gemüse*) cultivar

Anbaufläche *f* (AGR) superficie *f* de cultivo; **Anbaugebiet** *nt* (AGR) zona *f* de cultivo

Anbeginn *m* <-(e)s, *ohne pl*> (*geh*) principio *m;* **von** ~ (**an**) desde un [*o* el] principio

anbei [-'-] *adv* (*formal*) adjunto

an|beißen *irr* **I.** *vi* ❶ (*Fisch*) picar ❷ (*fam: Person*) aceptar **II.** *vt* (*Brot*) morder (en), dar un mordisco (a); **er sieht zum A~ aus** (*fam*) está para comérselo

anbelangen* ['anbəlaŋən] *vt:* **was das/ mich anbelangt ...** en cuanto a esto/a mí...

an|bellen *vt* ladrar (a)

an|beraumen* ['anbəraʊmən] *vt* (*formal: Sitzung*) convocar; (*Termin*) fijar

an|beten *vt* ❶ (REL) venerar ❷ (*Personen*) adorar

Anbetracht ['anbətraxt]: **in** ~ +*gen* en vista de; **in** ~ **dessen, dass ...** considerando que...

an|biedern *vr:* **sich** ~ congraciarse (*bei* con), hacerse el simpático (*bei* con)

an|bieten *irr* **I.** *vt* ❶ (*Kaffee, Hilfe*) ofrecer ❷ (*Waren*) ofertar ❸ (*vorschlagen*) proponer **II.** *vr:* **sich** ~ ❶ (*zur Verfügung stellen*) ofrecerse (*als* como/de, *zu* a/para), brindarse (*zu* a); **sie bietet sich als Vermittlerin an** se ofrece como mediadora; **sie bot sich an ihm zu helfen** se brindó a ayudarle ❷ (*geeignet sein*) ser apropiado

Anbieter *m* <-s, -> (WIRTSCH) vendedor *m;* (*Ausschreibung*) licitador *m*

an|binden *irr vt* atar (a), ligar (a); (*Boot*) amarrar (a); (*mit einer Kette*) encadenar (a); **kurz angebunden** (*fig*) seco

Anblick¹ *m* <-(e)s, *ohne pl*> (*das Anblicken*) vista *f;* **beim ersten** ~ a primera vista

Anblick² *m* <-(e)s, -e> (*Aussehen*) aspecto *m*

an|blicken *vt* mirar; (*betrachten*) contemplar; (*flüchtig*) echar un vistazo (a)

an|brechen *irr* **I.** *vi sein* (*geh: Epoche*) empezar; (*Tag*) rayar; (*Nacht*) entrar **II.** *vt* ❶ (*Vorrat*) empezar; (*Packung*) abrir ❷ (*teilweise brechen*) romper en parte

an|brennen *irr* **I.** *vi sein* (*Speisen*) quemarse; **angebrannt riechen/schmecken** oler a/saber a quemado **II.** *vt*

(*anzünden*) encender, prender fuego (a)

an|bringen *irr vt* ❶ (*herbeibringen*) traer ❷ (*befestigen*) colocar; (*installieren*) instalar ❸ (*äußern*) mencionar; (*Beschwerde*) presentar; (*Gründe*) alegar; (*Änderungen*) hacer

Anbruch *m* <-(e)s, *ohne pl*> principio *m*, comienzo *m;* **bei** ~ **der Nacht** al caer la noche; **bei** ~ **der Dunkelheit** al anochecer

an|brüllen *vt* gritar (a), echar una bronca (a)

Anchovis *f* <-> *s.* **Anschovis**

Andacht¹ ['andaxt] *f* <-en> (*Gottesdienst*) misa *f*, oficio *m* divino

Andacht² *f ohne pl* (*Versenkung*) recogimiento *m*

andächtig ['andɛçtɪç] *adj* ❶ (REL) devoto ❷ (*konzentriert*) atento

Andalusien [anda'lu:ziən] *nt* <-s> Andalucía *f*

Andalusier(in) *m(f)* <-s, -; -nen> andaluz(a) *m(f)*

andalusisch *adj* andaluz

an|dauern *vi* durar; (*weitergehen*) seguir

andauernd *adj* continuo

Anden ['andən] *pl* Andes *mpl*

Andenken¹ *nt* <-s, *ohne pl*> (*Erinnerung*) recuerdo *m* (*an* de), memoria *f* (*de* an); **zum** ~ **an jdn** en conmemoración de alguien

Andenken² *nt* <-s, -> (*Souvenir*) recuerdo *m*

andere(r, s) *pron indef* ❶ (*verschieden*) otro; **mit** ~**n Worten** con otras palabras; **das ist etw** ~**s** es otra cosa; **zum einen ..., zum** ~**n ...** por una parte..., por la otra...; **ich bin** ~**r Meinung** soy de otra opinión; **alle** ~**n** todos los demás; **es blieb mir nichts** ~**s übrig** no tuve otro remedio; **unter** ~**m** entre otras cosas; **der eine oder** ~ el uno o el otro; **der eine ..., der** ~ **...** el uno..., el otro...; **es kam eins zum** ~**n** lo uno trajo lo otro; **jemand** ~**s** otra persona; **einer nach dem** ~**n** uno tras otro; **eins nach dem** ~**n** una cosa tras otra ❷ (*folgend*) siguiente; **von einem Tag auf den** ~**n** de la noche a la mañana; **am** ~**n Tag** al día siguiente

anderenfalls *adv* en caso contrario

ander(e)norts *adv* (*geh*) en otro lugar

and(e)rerseits *adv* por otro lado, por otra parte; **einerseits ..., ** ~ **...** por una parte..., por otra, ...

andermal *adv:* **ein** ~ en otra ocasión

ändern ['ɛndən] **I.** *vt* cambiar; **daran lässt sich nichts** ~ esto no se puede cambiar; **seine Meinung** ~ cambiar de opinión

II. *vr:* **sich ~** cambiar

andernfalls *adv s.* **anderenfalls**

andernorts *adv s.* **ander(e)norts**

anders ['andɐs] *adv* de otra manera (*als* que), de otro modo (*als* que); (*unterschiedlich*) distinto (*als* a/de); (*im Gegensatz*) al contrario (*als* que); **~ ausgedrückt** dicho de otra manera; **~ denkend** de otra opinión; **~ Denkender** persona de diferente parecer; **~ gläubig** que tiene otras creencias; **sie sieht ~ aus als ihre Schwester** tiene otro aspecto que su hermana; **ich habe es nicht ~ erwartet** no había esperado otra cosa; **so und nicht ~** así y de ningún otro modo; **es geht nicht ~** no se puede hacer de otro modo; **ich habe es mir ~ überlegt** cambié de opinión; **wie sollte es auch ~ sein?** no podía haber sido de otra manera; **~ als sein Bruder, ...** al contrario que su hermano, ...

andersartig *adj* distinto; **Andersdenkende(r)** *mf* persona *f* de diferente parecer; **andersfarbig** *adj* de otro color; (*Rasse*) de otra raza, **andersherum** *adv* al revés; **andersrum** ['andɐsrʊm] *adj o adv* (*fam*) *s.* **andersherum; anderswo** ['--(')-] *adv* en (cualquier) otra parte

anderthalb ['andɐt'halp] *adj inv* uno y medio

Änderung ['ɛndərʊŋ] *f* <-en> ❶ (*Umgestaltung*) modificación *f* ❷ (*Wechsel*) cambio *m;* **Änderungsschneider(in)** *m(f)* modista *mf* de arreglos; **Änderungsvorschlag** *m* propuesta *f* de enmienda; **Änderungswunsch** *m* propuesta *f* de cambio; (*Änderungsvorschlag*) enmienda *f;* **einen ~ haben** solicitar un cambio

anderweitig ['----] *adj* ❶ (*sonstig*) otro ❷ (*an anderer Stelle*) en otra parte

an|deuten I. *vt* ❶ (*Wunsch*) indicar ❷ (*kurz erwähnen*) aludir (a); (*zu verstehen geben*) dar a entender; (*anspielen*) insinuar ❸ (*skizzieren*) esbozar II. *vr:* **sich ~** vislumbrarse

Andeutung *f* <-en> ❶ (*Anspielung*) alusión *f;* **~en über etw machen** hacer alusiones respecto a algo ❷ (*Anzeichen*) asomo *m,* indicio *m;* **andeutungsweise** *adv* indirectamente

Andorra [an'dɔra] *nt* <-s> Andorra *f*

Andorraner(in) *m(f)* <-s, -; -nen> andorrano, -a *m, f*

andorranisch *adj* andorrano

Andrang *m* <-(e)s, *ohne pl*> ❶ (*Gedränge*) aglomeración *f* de gente, gentío *m* ❷ (*Zuströmen*) afluencia *f* (*auf* a)

andre(r, s) ['andrə, 'andrə, 'andrəs] *pron indef s.* **andere(r, s)**

an|drehen *vt* ❶ (*Wasser, Heizung*) abrir; (*Licht, Radio*) encender; (*Maschine*) poner en marcha ❷ (*festdrehen*) apretar ❸ (*Wend*): **jdm etw ~** (*fam*) endosar algo a alguien

andrerseits *adv s.* **and(e)rerseits**

an|drohen *vt:* **jdm etw ~** amenazar a alguien con algo

an|lecken ['an?ɛkən] *vi sein* (*fam*) meter la pata

an|eignen *vr:* **sich** *dat* **~** ❶ (*nehmen*) apropiarse (de), adueñarse (de); (*widerrechtlich*) usurpar; (*Gebiet*) anexionar ❷ (*Wissen*) adquirir; (*Meinung*) adoptar; (*Gewohnheit*) contraer

aneinander [--'--] *adv* el uno al otro; **~ denken** pensar el uno en el otro; **~ fügen** unir; **~ reihen** colocar pegados unos a los otros; **sich ~ reihen** sucederse

Anekdote [anɛk'do:tə] *f* <-n> anécdota *f*

an|ekeln *vt* repugnar, dar asco (a)

Anemone [ane'mo:nə] *f* <-n> anémona *f*

anerkannt I. *pp von* **anerkennen** II. *adj* (*angesehen, unbestritten*) reconocido

an|erkennen* *irr vt* ❶ (*akzeptieren*) aceptar; (*Schuld*) confesar ❷ (*öffentlich bestätigen*) reconocer; (*gesetzlich*) legitimar; (*Vaterschaft*) reconocer

anerkennend *adj* de reconocimiento; **ein ~es Lächeln** una sonrisa aprobatoria

anerkennenswert I. *adj* loable II. *adv* encomiablemente

Anerkennung *f ohne pl* ❶ (*Würdigung*) reconocimiento *m,* aprobación *f;* **~ finden** hallar aprobación ❷ (*Abschlüsse*) homologación *f*

an|erziehen* *irr vt* inculcar

an|fachen ['anfaxən] *vt* (*geh*) ❶ (*Feuer*) atizar ❷ (*Leidenschaft*) avivar

an|fahren *irr* I. *vi sein* ❶ (*starten*) arrancar ❷ (*sich nähern*) acercarse (en un vehículo) II. *vt* ❶ (*heranschaffen*) acarrear ❷ (*ansteuern*) parar (en); (*Hafen*) arribar (a); **sie fuhren München an** se dirigieron a Munich ❸ (*anstoßen*) chocar (contra); (*Person*) atropellar ❹ (*schelten*) increpar ❺ (TECH: *Maschine*) poner en marcha

Anfahrt *f* <-en> ❶ (*Strecke*) trayecto *m,* recorrido *m* para ir [*o* venir] ❷ (*Zeit*) tiempo *m* para ir [*o* venir]

Anfall *m* <-(e)s, -fälle> (MED) ataque *m;* **in einem ~ von Zorn** en un ataque de cólera

an|fallen *irr* I. *vi sein* (*sich ergeben*) producirse; (*Probleme*) presentarse II. *vt* (*angreifen*) atacar

anfällig ['anfɛlɪç] *adj* propenso (*für* a), predispuesto (*für* a); (*schwächlich*) achacoso

Anfälligkeit *f ohne pl* ❶ (MED) propensión

f (*für* a), predisposición *f* (*für* a) ❷ (TECH) mala calidad *f*

Anfang ['anfaŋ] *m* <-(e)s, -fänge> comienzo *m*, principio *m;* **am ~ des Jahres** a principios del año; **~ nächster Woche** a principios de la próxima semana; **er ist ~ fünfzig** tiene poco más de cincuenta (años); **den ·· machen** comenzar; **einen neuen ~ machen** empezar de nuevo; **von ~ an** desde un principio; **das ist der ~ vom Ende** es el principio del fin; **von ~ bis Ende** de principio a fin; **aller ~ ist schwer** (*prov*) el primer paso es el que cuesta

an|fangen *irr* **I.** *vi* (*beginnen*) empezar, comenzar; **das fängt ja gut an!** ¡vaya comienzo!; **klein ~** empezar desde abajo **II.** *vt* ❶ (*beginnen*) empezar (*mit* con/por, *zu* a); (*plötzlich*) echarse (*zu* a), romper (*zu* a); (*einleiten*) iniciar (*Gespräch*) entablar; **es fing an zu regnen** empezó a llover ❷ (*machen*) hacer; **was sollen wir jetzt nur ~?** pero, ¿qué hacemos ahora?; **damit kann ich nichts ~** no me sirve para nada

Anfänger(in) *m(f)* <-s, -; -nen> principiante *mf;* **Anfängerkurs** *m* curso *m* para principiantes

anfänglich ['anfɛŋlıç] *adj* primero, inicial; **nach ~em Zögern/~en Schwierigkeiten** tras los titubeos/las dificultades iniciales

anfangs ['anfaŋs] **I.** *präp* +*gen* (*fam*) a principios de; **~ des Monats** a principios de mes **II.** *adv* al principio; **Anfangsbuchstabe** *m* (letra *f*) inicial *f;* **Anfangsschwierigkeit** *f* dificultad *f* inicial; **Anfangsstadium** *nt* fase *f* inicial; **Anfangszeit** *f* ❶ (*anfängliche Zeit*) comienzos *mpl* ❷ (*Beginn einer Veranstaltung*) hora *f* de comienzo

an|fassen I. *vi* (*mithelfen*) ayudar **II.** *vt* ❶ (*berühren*) tocar; (*greifen*) tomar, coger; (*stärker*) agarrar ❷ (*behandeln*) tratar; (*Problem*) enfocar; **jdn hart ~** tratar a alguien con dureza; **du hast die Sache verkehrt angefasst** has enfocado mal el asunto **III.** *vr:* **sich ~** ❶ (*bei der Hand nehmen*) cogerse de la mano ❷ (*sich anfühlen*): **der Stoff fasst sich wie Seide an** el tejido tiene un tacto como de seda

an|fauchen *vt* ❶ (*Katze*) bufar ❷ (*zurechtweisen*) echar una bronca (a)

anfechtbar ['anfɛçtbaːɐ] *adj* ❶ (*Testament, Urteil*) impugnable ❷ (*Behauptung*) refutable

an|fechten *irr vt* ❶ (*bestreiten*) refutar; (*Urteil, Testament*) impugnar; (*Recht*) dis-

putar; (*Berufung einlegen*) recurrir (de/contra) ❷ (*geh: bekümmern*) inquietar

an|fertigen *vt* ❶ (*machen*) hacer ❷ (*herstellen*) fabricar; (*Kleidung*) confeccionar ❸ (*Schriftstück*) redactar

Anfertigung *f* <-en> fabricación *f;* (*Schneider*) confección *f;* (*Schreiben*) redacción *f*

an|feuchten ['anfɔɪçtən] *vt* humedecer; (*stärker*) mojar

an|feuern *vt* (*anheizen*) encender; (*anspornen*) enardecer

an|flehen *vt* implorar; (REL) impetrar

an|fliegen *irr* **I.** *vi sein* (*herankommen*) acercarse (volando) **II.** *vt* (*ansteuern*) dirigirse (a), acercarse (a); (*zur Zwischenlandung*) hacer escala (en)

Anflug *m* <-(e)s, -flüge> ❶ (AERO) vuelo *m* de aproximación ❷ (*Andeutung*) asomo *m* (*von* de), deje *m* (*von* de); **ein ~ von Heiterkeit** un asomo de alegría

an|fordern *vt* pedir; (*stärker*) reclamar, exigir

Anforderung *f* <-en> ❶ (*das Anfordern*) demanda *f* ❷ (*Anspruch*) exigencia *f,* requisito *m;* **den ~en nicht entsprechen** no reunir los requisitos

Anfrage *f* <-n> pregunta *f* (*bei* a); (POL) interpelación *f;* **auf ~** a petición (*von* de)

an|fragen *vi* preguntar (*bei* a), pedir informes (*bei* a); (POL) interpelar

an|freunden *vr:* **sich ~** ❶ (*Freundschaft schließen*) trabar amistad (*mit* con), amistarse *CSur;* (*enger*) intimar (*mit* con) ❷ (*sich gewöhnen*) familiarizarse (*mit* con), acostumbrarse (*mit* a)

an|fügen ['anfyːgən] *vt* ❶ (*bemerken*) añadir (*an* a) ❷ (*beilegen*) juntar

an|fühlen *vr:* **sich hart/weich ~** ser duro/blando al tacto; **der Stoff fühlt sich gut an** el tejido tiene un buen tacto

Anfuhr ['anfuːɐ] *f ohne pl* transporte *m;* (*mit LKW*) camionaje *m*

an|führen *vt* ❶ (*vorangehen*) encabezar ❷ (*leiten*) dirigir ❸ (*vorbringen*) aducir ❹ (*zitieren*) citar

Anführer(in) *m(f)* <-s, -; -nen> jefe, -a *m, f;* (POL) líder *mf;* (*einer Bande*) cabecilla *mf*

Anführungsstrich *m* comilla *f;* **~e unten/oben** abrir/cerrar comillas; **Anführungszeichen** *nt s.* **Anführungsstrich**

Angabe[1] *f* <-n> ❶ (*Information*) indicación *f,* dato *m; ~* **n zur Person** datos personales; **nähere ~n zu etw machen** describir algo más detalladamente ❷ (SPORT: *Aufschlag*) saque *m*

Angabe[2] *f ohne pl* (*Prahlerei*) fanfarronería

f, chulería *f*

an|gaffen *vt* (*fam abw*) mirar de hito en hito [*o* sin pestañear]

an|geben *irr* I. *vi* ❶ (*fam: prahlen*) fanfarronear (*mit* de), palanganear *Am* ❷ (SPORT) sacar ❸ (*beim Kartenspiel*) jugar primero II. *vt* ❶ (*nennen*) indicar; (*mitteilen*) decir; (*im Einzelnen*) detallar; (*Gründe*) alegar ❷ (*Richtung*) determinar ❸ (*anzeigen*) denunciar; (*melden*) declarar

Angeber(in) *m(f)* <-s, -; -nen> (*fam*) fanfarrón, -ona *m, f*, chévere *mf AmS;* (*Aufschneider*) chulo, -a *m, f*

Angeberei *f* <-en> (*fam*) fanfarronada *f;* (*Aufschneiderei*) chulería *f*

Angeberin *f* <-nen> (*fam*) *s.* **Angeber**

angeberisch *adj* (*fam*) fanfarrón

Angebetete(r) *mf* <-n, -n; -n, -n> (*iron: Geliebte(r)*) amado, -a *m, f*

angeblich [ˈangeːplɪç, ˈ--] I. *adj* supuesto II. *adv* según dicen

angeboren *adj* de nacimiento

Angebot *nt* <-(e)s, -e> ❶ (*Vorschlag*) ofrecimiento *m*, oferta *f* ❷ (WIRTSCH) oferta *f;* ~ **und Nachfrage** oferta y demanda ❸ (*Auswahl*) surtido *m*

angebracht [ˈangebraxt] I. *pp von* **anbringen** II. *adj* (*passend*) oportuno; (*ratsam*) recomendable

angebunden *pp von* **anbinden**

angegossen [ˈangeɡɔsən] *adj* (*fam*): **etw passt wie** ~ algo queda que ni pintado

angegriffen *pp von* **angreifen**

angeheitert [ˈangehaɪtɐt] *adj* achispado

an|gehen *irr* I. *vi sein* ❶ (*fam: beginnen*) empezar ❷ (*fam: Licht*) encenderse ❸ (*bekämpfen*) luchar (*gegen* contra); (*sich widersetzen*) oponerse (*gegen* a) ❹ (*vertretbar sein*): **es geht nicht an, dass ...** no puede ser que... +*subj* II. *vt* ❶ (*angreifen*) arremeter (contra), atacar ❷ (*in Angriff nehmen*) acometer ❸ (*betreffen*) afectar; **das geht ihn gar nichts an** eso le importa un comino; **was deine Frage angeht, ...** con respecto a tu pregunta...

angehende(r, s) *adj* futuro

an|gehören* *vi* pertenecer (a), ser (de); (*als Mitglied*) ser miembro (de)

Angehörige(r) *mf* <-n, -n; -n> ❶ (*der Familie*) pariente *mf* ❷ (*Mitglied*) miembro *m*

Angeklagte(r) *mf* <-n, -n; -n> acusado, -a *m, f*

Angel [ˈaŋəl] *f* <-n> ❶ (*für Fischfang*) caña *f* de pescar ❷ (*Türscharnier*) gozne *m;* **zwischen Tür und** ~ (*fam*) deprisa y corriendo

Angelegenheit *f* <-en> asunto *m*, cuestión *f;* **das ist meine** ~ esto es asunto mío; **sich in fremde** ~ **en mischen** meterse en asuntos ajenos

angelernt *adj* ❶ (*Wissen*) aprendido ❷ (*Arbeiter*) especialista

Angelhaken *m* anzuelo *m*

angeln [ˈaŋəln] I. *vi, vt* (*Fische*) pescar (con caña) II. *vr:* **sich** *dat* ~ (*fam: erwischen*) pescar; **sich** *dat* **einen Mann** ~ pescar marido

Angelpunkt *m* piedra *f* angular; **der Dreh- und** ~ **einer Sache sein** ser el punto crucial de una cosa

Angelrute *f* caña *f* de pescar

angemessen *adj* adecuado; (*Preis*) razonable; (*ausreichend*) suficiente; **etw für** ~ **halten** considerar algo adecuado

angenehm [ˈangeneːm] *adj* agradable; (*Unterhaltung*) ameno; (*Mensch*) simpático; **es wäre mir** ~ **, wenn ...** me gustaría mucho que... +*subj;* ~ **!** (*bei einer Begrüßung*) ¡encantado!; ~ **en Aufenthalt!** ¡feliz estancia!

angenommen *pp von* **annehmen**

angepasst [ˈangepast] *adj* (*Person*) conformista

angeregt [ˈangereːkt] *adj* animado; **sich** ~ **unterhalten** tener una conversación animada

angesagt [ˈangezaːkt] *adj* (*fam*) anunciado; **heute ist Regen** ~ para hoy han anunciado lluvia

angeschlagen I. *pp von* **anschlagen** II. *adj* (*erschöpft*) agotado; **seine Gesundheit ist** ~ su salud está quebrantada

angesehen I. *pp von* **ansehen** II. *adj* estimado

Angesicht *nt* <-(e)s, -er> (*geh*) cara *f*, rostro *m;* **von** ~ **zu** ~ cara a cara

angesichts *präp* +*gen* (*geh*) ❶ (*beim Anblick*) ante, al ver ❷ (*hinsichtlich*) en vista de, ante; ~ **der Tatsache, dass ...** en vista del hecho de que...

angespannt [ˈangeʃpant] *adj* ❶ (*Lage, Muskeln*) tenso ❷ (*intensiv*) intenso

angestammt [ˈangeʃtamt] *adj* hereditario

angestaubt [ˈangeʃtaʊpt] *adj* empolvado; (*fam fig*) anticuado; ~ **e Ansichten** ideas pasadas de moda

Angestellte(r) *mf* <-n, -n; -n> empleado, -a *m, f*

angestrengt [ˈangeʃtrɛŋt] *adv:* ~ **über etw nachdenken** pensar intensamente en algo

angetan [ˈangetaːn] I. *pp von* **antun** II. *adj:* **von jdm** ~ **sein** sentir mucha simpatía por alguien; **von etw** ~ **sein** estar encantado con algo

angetrunken I. *pp von* **antrinken** II. *adj* achispado

angewandt ['angəvant] *pp von* **anwenden**

angewiesen ['angəvi:zən] I. *pp von* **anweisen** II. *adj:* **auf jdn/etw ~ sein** depender de alguien/algo

an|gewöhnen* *vt:* **jdm etw ~** acostumbrar alguien a algo; **sich** *dat* **etw ~** acostumbrarse a algo

Angewohnheit *f* <-en> costumbre *f* (adquirida)

angewurzelt *adj:* **wie ~ stehen bleiben** quedarse de piedra

angezeigt *adj* (*geh*) conveniente; **es schien ihm ~ zu gehen** estimó conveniente irse

Angina [aŋ'gi:na] *f* <Anginen> anginas *fpl;* **eine ~ haben** tener (las) anginas

an|gleichen *irr vt* ❶ (*vereinheitlichen*) igualar ❷ (*anpassen*) adaptar (*an* a), ajustar (*an* a); (*Gehälter*) reajustar (*an* a); **sich jdm/etw ~** adaptarse a alguien/a algo

Angleichung *f* <-en> ❶ (*Gehalt, Gesetz*) equiparación *f* (*an* a) ❷ (*gegenseitig*) armonización *f*

Angler(in) ['aŋlɐ] *m(f)* <-s, -; -nen> pescador(a) *m(f)* de caña

an|gliedern *vt* ❶ (*an eine Organisation*) asociar (*an* a); (*hinzufügen*) añadir (*an* a) ❷ (*Gebiet*) anexionar (*an* a)

Angliederung *f* <-en> incorporación *f* (*an* a); (POL) anexión *f* (*an* a)

anglikanisch [aŋgli'ka:nɪʃ] *adj* (REL) anglicano

Anglistik [aŋ'glɪstɪk] *f ohne pl* filología *f* inglesa

Anglizismus *m* <Anglizismen> (LING) anglicismo *m*

an|glotzen *vt* (*fam abw*) mirar boquiabierto

angreifbar *adj* atacable

an|greifen *irr vt* ❶ (MIL, SPORT) atacar; (*überfallen*) asaltar; (*tätlich*) agredir ❷ (*kritisieren*) atacar ❸ (*schwächen*) debilitar; (*ermüden*) cansar; (*Gesundheit*) perjudicar; (*psychisch*) emocionar ❹ (CHEM) corroer ❺ (*Vorräte*) empezar a consumir; (*Ersparnisse*) empezar a gastar

Angreifer(in) *m(f)* <-s, -; -nen> agresor(a) *m(f)*, asaltante *mf;* (*Angriffsspieler*) atacante *mf*

an|grenzen *vi* limitar (*an* con), (co)lindar (*an* con)

angrenzend *adj* contiguo; (*Grundstück*) colindante

Angriff *m* <-(e)s, -e> (*a.* MIL, SPORT) ataque *m;* (*Überfall*) asalto *m;* **etw in ~ nehmen**

(*fig*) emprender algo; **Angriffsfläche** *f* superficie *f* de ataque; **keine ~ bieten** ser inexpugnable; **Angriffslust** *f ohne pl* belicosidad *f;* **angriffslustig** *adj* agresivo; **Angriffspunkt** *m* punto *m* de ataque

an|grinsen *vt* mirar sonriendo irónicamente

Angst [aŋst, *pl:* 'ɛŋstə] *f* <Ängste> miedo *m* (*vor* a/de), julepe *m Am;* (*schwächer*) temor *m* (*vor* a/de); (*stärker*) espanto *m;* **vor jdm/vor etw ~ haben** tener miedo de alguien/a algo; **sie bekam ~** cogió miedo; **keine ~!** ¡no tengas miedo!; **jdm ~ einjagen** meterle miedo a alguien; **sie hat ~, dass ...** tiene miedo de que... +*subj*

angst: **mir ist ~** (**und bange**) me muero de miedo

Angsthase *m* (*fam*) miedica *mf*, gallina *mf*

ängstigen ['ɛŋstɪgən] I. *vt* (*Angst einjagen*) amedrentar; (*beunruhigen*) inquietar II. *vr:* **sich ~** ❶ (*Angst haben*) tener miedo (*vor* a/de) ❷ (*sich sorgen*) inquietarse (*um* por)

ängstlich ['ɛŋstlɪç] *adj* ❶ (*verängstigt*) miedoso; (*schüchtern*) apocado; **ein ~es Gesicht machen** poner cara de miedo ❷ (*besorgt*) preocupado

Ängstlichkeit *f ohne pl* pusilanimidad *f*, apocamiento *m*

Angstschweiß *m* sudor *m* frío

an|gucken *vt* (*fam*) mirar; **sich** *dat* **etw ~** mirar algo

an|gurten *vr:* **sich ~** (AUTO) ponerse el cinturón de seguridad

an|haben *irr vt* ❶ (*Kleidung*) llevar (puesto) ❷ (*Schaden zufügen*): **jdm/etw nichts ~ können** no poder hacerle nada a alguien/a algo

an|haften *vi* ❶ (*kleben*) estar adherido (*an* a) ❷ (*zugehören*) traer (consigo)

an|halten *irr* I. *vi* ❶ (*andauern*) durar; (*weitergehen*) seguir ❷ (*stoppen*) parar(se) ❸ (*werben*) solicitar; **um jds Hand ~** pedir la mano de alguien II. *vt* ❶ (*Fahrzeug, Uhr*) parar; (*Atem*) contener; (*Ton*) sostener ❷ (*anleiten*) animar (*zu* a), incitar (*zu* a)

anhaltend *adj* constante, continuo

Anhalter(in) *m(f)* <-s, -; -nen> auto(e)stopista *mf;* **per ~ fahren** ir a dedo

Anhaltspunkt *m* punto *m* de referencia; (*Indiz*) indicio *m*

anhand [an'hant] *präp* +*gen* mediante

Anhang *m* <-(e)s, -hänge> apéndice *m*

an|hängen *irr* I. *vi* ❶ (*anhaften*) colgar (de); **das schlechte Image hing ihm noch lange an** el sambenito le quedó colgado por mucho tiempo ❷ (*zugehören*) seguir **II.** vt ❶ (aufhängen) colgar (an de/ en); **jdm etw** ~ (fam) colgar (el sambenito de) algo a alguien ❷ (ankuppeln) enganchar (an a) ❸ (anfügen) añadir (an a)

Anhänger[1] m <-s, -> ❶ (AUTO) remolque m, acoplado m RíoPl ❷ (Schmuckstück) colgante m ❸ (für Koffer) etiqueta f

Anhänger(in)[2] m(f) <-s, -; -nen> (Person) seguidor(a) m(f), adepto, -a m, f; (SPORT) aficionado, -a m, f

Anhängerschaft f <-en> (SPORT) aficionados mpl; (einer Doktrin) seguidores mpl

anhänglich adj apegado

Anhänglichkeit f ohne pl apego m

an|hauchen vt (atmen) alentar; (Dampf) echar vaho (a); **eine Scheibe** ~ echar vaho a un cristal

an|hauen vt irr (fam): **jdn** (**um Geld**) ~ dar un sablazo a alguien

an|häufen I. vt acumular **II.** vr: **sich** ~ acumularse; (Menschen) aglomerarse

Anhäufung f <-en> acumulación f, acopio m

an|heben irr vt ❶ (hochheben) levantar ❷ (erhöhen) aumentar

Anhebung f <-en> (Gehalt, Preis) incremento m; (Mindestalter) aumento m

an|heften vt fijar (an a/en), pegar (an a/ en); (mit Heftklammern) grapar; (mit einem Faden) hilvanar

anheim [an'haɪm] (geh): **etw** dat ~ **fallen** ser víctima de algo; **jdm etw** ~ **stellen** dejar algo al criterio de alguien

an|heuern ['anhɔɪən] **I.** vi (NAUT) enrolarse (auf en) **II.** vt (anwerben) enrolar

Anhieb ['anhiːp] m ohne pl: **auf** ~ (fam) al primer intento

an|himmeln ['anhɪməln] vt (fam) adorar; (mit Blicken) comer con los ojos

Anhöhe f <-n> elevación f, alto m

an|hören vt ❶ (Gehör schenken) escuchar; **das hört sich gut an** esto suena bien ❷ (JUR) oír

Anhörung f <-en> (JUR, EU) comparecencia f; (Experten) consulta f; **nach** ~ **der Parteien** oídas las partes

Animateur(in) [anima'tøːʁ] m(f) <-s, -e; -nen> animador(a) m(f)

animieren* [ani'miːʁən] vt animar (zu a)

Anis [a'niːs, 'aːnɪs] m <-(es), -e> anís m

Ank. Abk. von **Ankunft** llegada f

an|kämpfen vi luchar (gegen contra)

Ankauf m <-(e)s, -käufe> compra f, adquisición f

an|kaufen vt comprar, adquirir

Anker ['aŋkɐ] m <-s, -> (NAUT) ancla f; **den** ~ **auswerfen/lichten** echar/levar anclas

ankern ['aŋkɐn] vi (NAUT) anclar

Ankerplatz m (NAUT) ancladero m

an|ketten vt encadenar (an a)

Anklage f <-n> (JUR) acusación f (fiscal); (~ vertretung) acusación f; ~ **gegen jdn erheben** acusar a alguien; **unter** ~ **stehen** estar acusado; **Anklagebank** f banco m de los acusados, banquillo m; **auf der** ~ **sitzen** estar en el banquillo

an|klagen vt ❶ (JUR) acusar (wegen de) ❷ (Missstände) denunciar ❸ (beschuldigen) incriminar

anklagend adj de denuncia

Ankläger(in) m(f) <-s, -; -nen> (JUR) acusador(a) m(f)

Anklageschrift f (JUR) escrito m de acusación

Anklang m <-(e)s, -klänge>. ❶ (Zustimmung) resonancia f; **bei jdm** ~ **finden** hallar resonancia en alguien; **großen** ~ **finden** tener éxito ❷ (Ähnlichkeit) reminiscencia f; **Anklänge an Wagner/an die Romantik** reminiscencias wagnerianas/ románticas

an|kleben vt pegar (an a/en), fijar (an a/ en)

an|kleiden I. vt (geh) vestir **II.** vr: **sich** ~ (geh) vestirse

Ankleideraum m (Warenhaus, a. THEAT) probador m; (SPORT) vestuario m

an|klicken vt pinchar; (INFOR) hacer clic

an|klopfen vi ❶ (anpochen) llamar (a la puerta) ❷ (fam: bitten) preguntar (um por)

an|knabbern vt roer

an|knipsen vt (fam) encender

an|knüpfen I. vt ❶ (anknoten) atar (an a) ❷ (Gespräch) entablar **II.** vi: **an etw** ~ fundarse en algo; (fortführen) continuar (algo)

an|kommen irr vi sein ❶ (eintreffen) llegar (in/bei/auf a); (Schiff) arribar (in a) ❷ (fam: sich wenden): **jdm mit etw** ~ irle a alguien con algo ❸ (fam: Resonanz finden) gustar; **er kommt bei seinen Schülern gut an** tiene buena acogida entre los alumnos ❹ (abhängen) depender (auf de); **es kommt darauf an, ob ...** depende de si...; **ich würde es nicht darauf** ~ **lassen** (fam) yo no esperaría sentado ❺ (wichtig sein) importar; **es kommt darauf an, dass ...** es importante que... +subj ❻ (sich durchsetzen): **gegen jdn** ~ imponerse a alguien

Ankömmling ['ankœmlɪŋ] m <-s, -e> recién llegado, -a m, f

an|kotzen vt (vulg: anekeln) dar asco (a)

an|kreiden ['ankraɪdən] vt: **jdm etw** ~ tomar a mal algo a alguien

an|kreuzen vt marcar con una cruz

an|kündigen I. vt anunciar II. vr: **sich ~** anunciarse; (*beginnen*) comenzar, empezar; (*spürbar sein*) hacerse sentir

Ankündigung f <-en> anuncio m; (*Plakat*) cartel m; (*schriftlich*) notificación f

Ankunft ['ankʊnft] f ohne pl llegada f; (*Schiff*) arribada f; **Ankunftshalle** f sala f de llegadas; **Ankunftszeit** f hora f de llegada

an|kurbeln vt ❶ (TECH) poner en marcha ❷ (*in Schwung bringen*) estimular; (*Wirtschaft*) fomentar

Ankurb(e)lung f <-en> (WIRTSCH) fomento m

an|lächeln vt mirar sonriendo; **jdn ~** sonreír a alguien

an|lachen vt mirar riendo; **sich** dat **jdn ~** (*fam*) pescar a alguien

Anlage f <-n> ❶ (*Veranlagung*) disposición f (*zu* para); (MED) predisposición f (*zu* a); (*Begabung*) talento m (*zu* para) ❷ (*Bau*) construcción f; (*Park*) jardín m, parque m; (*Sportplatz*) polideportivo m; **sanitäre ~n** instalaciones sanitarias ❸ (TECH) dispositivo m; (*Industrie~*) planta f; (*Stereo~*) equipo m ❹ (WIRTSCH) inversión f ❺ (*Beilage*) anejo m, anexo m, suplemento m; **in der ~ erhalten Sie ...** adjunto le remitimos...

an|langen I. vi sein (*eintreffen*) llegar (*an/zu* a) II. vt ❶ (*betreffen*) concernir; **was mich/diese Sache anlangt, ...** en lo que se refiere a mí/a esto... ❷ (*reg: anfassen*) tocar

Anlass ['anlas, pl: 'anlɛsə] m <-es, -lässe> ❶ (*Grund*) motivo m (*zu* para), razón f (*zu* para); (*Ursache*) causa f (*zu* de); **das gibt ~ zur Sorge** esto es motivo de preocupación ❷ (*Gelegenheit*) ocasión f; **bei diesem ~** aprovechando la ocasión; **ein willkommener ~** una buena ocasión; **jdm ~ geben zu ...** dar a alguien la ocasión de...

an|lassen irr I. vt ❶ (*Motor*) poner en marcha; (*Wagen*) arrancar ❷ (*Licht, Radio*) dejar encendido ❸ (*fam: Kleidung*) dejar puesto; **du kannst deine Schuhe ruhig ~** puedes dejarte los zapatos puestos II. vr: **sich ~** (*fam: sich entwickeln*) presentarse; (*positiv*) prometer (éxito)

Anlasser m <-s, -> (AUTO) motor m de arranque

anlässlich ['anlɛslɪç] präp +gen con motivo de

an|lasten ['anlastən] vt: **jdm etw ~** imputar algo a alguien

Anlauf m <-(e)s, -läufe> ❶ (SPORT) carrerilla f; **~ nehmen** tomar carrerilla ❷ (*Versuch*) intento m

an|laufen irr I. vi sein ❶ (*angelaufen kommen*) llegar corriendo ❷ (*beginnen*) empezar; (*Film*) estrenarse; (*Motor*) ponerse en marcha ❸ (*sich verfärben: Silber*) deslucirse; **rot ~** enrojecer; **blau ~** amoratarse ❹ (*beschlagen*) empañarse ❺ (SPORT) tomar la salida II. vt (NAUT): **einen Hafen ~** tocar en un puerto

Anlaufstelle f (ADMIN) sección f de coordinación

Anlaut m <-(e)s, -e> (LING) sonido m inicial

an|legen I. vi (*landen*) atracar II. vt ❶ (*Maßstab*) aplicar; (*Spielstein*) colocar; **letzte Hand ~** dar los últimos toques ❷ (*anlehnen*) poner; (*Leiter*) apoyar; (*Gewehr*) encarar ❸ (*geh: anziehen*) ponerse ❹ (*einrichten*) instalar; (*Garten*) plantar; (*Straße*) trazar; (*gründen*) fundar; (*bauen*) construir; (*Akte*) abrir; (*Vorräte*) almacenar; (*Liste*) hacer ❺ (*investieren*) invertir (*in* en) ❻ (*bezahlen*) pagar ❼ (*absehen*): **du legst es wohl auf einen Streit mit mir an** me parece que te empeñas en reñir conmigo ❽ (*ausrichten*): **der Film ist auf drei Stunden angelegt** la película dura tres horas ❾ (*anbringen*): **jdm einen Verband ~** aplicar una venda a alguien III. vr: **sich ~** (*streiten*) pelearse

Anlegeplatz m (NAUT) atracadero m

an|lehnen I. vt (*Tür*) entornar; (*aufstützen*) apoyar (*an* en/contra) II. vr: **sich ~** (*sich abstützen*) apoyarse (*an* en); **sich an etw/jdn ~** (a. fig) apoyarse en algo/alguien; (*zum Vorbild nehmen*) imitar algo/a alguien

Anlehnung f <-en> apoyo m; **anlehnungsbedürftig** adj necesitado de afecto; **unsere Katze ist heute sehr ~** nuestra gata está hoy muy mimosa

an|leiern ['anlaɪɐn] vt (*fam*) montar; **wer hat das angeleiert?** ¿quién ha organizado esto?

Anleihe ['anlaɪə] f <-n> ❶ (FIN) empréstito m, préstamo m ❷ (*von Ideen*) inspiración f

an|leiten vt ❶ (*unterweisen*) iniciar ❷ (*lehren*) instruir

Anleitung f <-en> ❶ (*Vorgang*) dirección f; **unter ~** (**von**) bajo la dirección (de) ❷ (*Text*) instrucciones fpl; (*Lehrbuch*) manual m

an|lernen vt instruir

an|lesen irr vt ❶ (*den Anfang lesen*) iniciar la lectura (de) ❷ (*sich aneignen*): **sich** dat **seine Kenntnisse ~** adquirir sus conocimientos a través de la lectura

an|liefern vt (COM) suministrar

an|liegen irr vi ❶ (*fam: anstehen*) estar por hacer; **was liegt heute an?** ¿qué hay que hacer hoy? ❷ (*sich anschmiegen*) ajustarse

Anliegen *nt* <-s, -> (*Wunsch*) deseo *m;* (*Bitte*) petición *f*

anliegend *adj* ❶ (*benachbart*) adyacente ❷ (*beigefügt*) adjunto ❸ (*Kleidung*) ceñido

Anlieger *m* <-s, -; -nen> vecino *m*

an|locken *vt* atraer

an|lügen *irr vt* mentir (a)

Anm. *Abk. von* **Anmerkung** nota *f*

Anmache *f ohne pl* (*sl*) ❶ (*Flirt*) ligue *m* ❷ (*Anrede*) piropo *m* (*fórmula para ligar*)

an|machen *vt* ❶ (*einschalten*) encender ❷ (*Mörtel*) amasar ❸ (GASTR: *Salat*) aderezar ❹ (*fam: anbändeln*) ligar (con) ❺ (*anbringen*) fijar (*an a/en*) ❻ (*reizen*) atraer

an|malen *vt* pintar

an|maßen ['anmaːsən] *vr:* **sich** *dat* ~ permitirse; (*Rechte*) arrogarse; (*Fähigkeiten*) atribuirse

anmaßend ['anmaːsənt] *adj* arrogante

Anmaßung *f* <-en> ❶ (*unberechtigter Anspruch*) arrogación *f* ❷ (*Überheblichkeit*) arrogancia *f*

Anmeldegebühr *f* tasas *fpl* de inscripción

an|melden I. *vt* ❶ (*ankündigen*) anunciar; **Konkurs** ~ declararse en quiebra ❷ (*Fahrzeug, an einer Schule*) matricular; **ein Ferngespräch** ~ pedir conferencia ❸ (*Ansprüche*) presentar II. *vr:* **sich** ~ matricularse; (*Wohnsitz*) empadronarse

anmeldepflichtig *adj* sujeto a registro

Anmeldung *f* <-en> ❶ (*Ankündigung*) aviso *m* ❷ (*Schule*) matrícula *f;* (*Kurs*) inscripción *f;* (*Patent*) registro *m* ❸ (*fam: Rezeption*) recepción *f*

an|merken *vt* ❶ (*notieren*) señalar ❷ (*ergänzend bemerken*) decir, añadir ❸ (*bemerken*) notar; **ich ließ mir nichts** ~ procuré que no se me notase nada

Anmerkung *f* <-en> ❶ (*kurze Bemerkung*) observación *f,* advertencia *f* ❷ (*Fußnote*) nota *f* a pie de página; ~ **des Übersetzers** nota del traductor ❸ (*Kommentar*) comentario *m*

an|motzen *vt* (*fam*) criticar

Anmut ['anmuːt] *f ohne pl* (*geh*) gracia *f,* quimba *f Am;* (*der Landschaft*) amenidad *f*

anmutig *adj* (*geh: Wesen, Landschaft*) encantador; (*Bewegung*) garboso

an|nähen *vt* coser (*an a*)

an|nähern I. *vt* acercar (*an a*) II. *vr:* **sich** ~ acercarse (*an a*)

annähernd ['annɛːənt] I. *adj* (*ungefähr*) aproximado II. *adv* más o menos, alrededor de

Annäherung *f* <-en> aproximación *f;* (*an*

einen Menschen) acercamiento *m;* **Annäherungsversuch** *m* tentativa *f* de acercamiento; (*aufdringlich*) insinuación *f*

annäherungsweise *adv* aproximadamente

Annahme ['annaːmə] *f* <-n> ❶ (*Vermutung*) suposición *f;* **ich bin der ~, dass ...** supongo que...; **ich bin der ~, dass ...** supongo que... ❷ (*das Annehmen*) recibo *m;* (*eines Briefs*) admisión *f;* (*eines Gesetzes*) aceptación *f* ❸ (~ *stelle*) recepción *f*

Annahmestelle *f* ❶ (*Lotto*) despacho *m* de billetes ❷ (*Schrott*) depósito *m* de entrega ❸ (*für Aufträge, Filme*) despacho *m* de entrega

Annalen [a'naːlən] *pl* anales *mpl;* **in die ~ eingehen** pasar a los anales

annehmbar *adj* aceptable; (*zulässig*) admisible; (*Preis*) aceptable

an|nehmen *irr* I. *vt* ❶ (*entgegennehmen*) recibir; **das kann ich doch nicht** ~ no puedo aceptar eso ❷ (*Auftrag*) aceptar; (*Rat*) seguir; (*Antrag*) acceder (a) ❸ (*Urteil*) aprobar ❹ (*Religion, Meinung, Kind*) adoptar; (*Gewohnheit*) contraer; (*Umfang*) adquirir; **etw nimmt Gestalt an** algo va tomando forma; **nimm doch endlich Vernunft an!** ¡entra en razón de una vez! ❺ (*vermuten*) suponer, asumir *Am;* **das nehme ich nicht an** no lo creo; **ich nehme an, dass ...** supongo que...; **angenommen, dass ...** en el caso de que... *+subj* II. *vr:* **sich jds** ~ cuidar de alguien; **sich etw** *gen* ~ encargarse de algo

Annehmlichkeit *f* <-en> amenidad *f;* (*Vorteil*) ventaja *f*

annektieren* [anɛk'tiːrən] *vt* anexionar

anno *adv,* **Anno** *adv* en el año; **es war Winter, ~ 1941, als ...** era invierno del año 1941 cuando...; **von ~ dazumal** del tiempo de Maricastaña

Annonce [a'nõsə] *f* <-n> anuncio *m,* aviso *m Am*

annoncieren* [anõ'siːrən] I. *vi* (*inserieren*) poner un anuncio II. *vt* (*Stelle, Hochzeit*) anunciar

annullieren* [anʊ'liːrən] *vt* anular

Anode [a'noːdə] *f* <-n> (PHYS) ánodo *m*

an|öden ['anøːdən] *vt* (*fam*) aburrir

anomal ['anomaːl, --'-] *adj* anómalo

Anomalie [anoma'liː] *f* <-n> anomalía *f*

anonym [ano'nyːm] *adj* anónimo; ~ **bleiben** quedar(se) en el anonimato

anonymisieren* [anonymi'ziːrən] *vt* anonimizar

Anonymität *f ohne pl* anonimato *m*

Anorak ['anorak] *m* <-s, -s> anorak *m*

an|ordnen *vt* ❶ (*befehlen*) ordenar ❷ (*auf-*

stellen) colocar; (*mit System*) ordenar
Anordnung *f* <-en> ❶ (*Befehl*) orden *f;* **auf jds** ~ por orden de alguien ❷ (*Ordnung*) orden *m;* (*Aufstellung*) colocación *f;* (*Verteilung*) distribución *f*
anorganisch [ˈanɔrgaːnɪʃ] *adj* inorgánico
anormal [ˈanɔrmaːl] *adj* anormal
an|packen I. *vi* (*helfen*) ayudar, echar una mano II. *vt* ❶ (*anfassen*) agarrar, coger ❷ (*handhaben*) abordar; **eine Arbeit richtig/falsch** ~ abordar un trabajo correctamente/erróneamente ❸ (*fam: behandeln*) tratar
an|passen I. *vt* adaptar (*an* a) II. *vr:* **sich** ~ amoldarse (*an* a)
Anpassung *f* <-en> ❶ (WIRTSCH: *Produktion, Verfahren*) ajuste *m* (*an* a), adaptación *f* (*an* a) ❷ (*Gehalt, Rente*) actualización *f* ❸ (*Angleichung*) (re)ajuste *m;* **anpassungsfähig** *adj* adaptable (*an* a), flexible; **Anpassungsfähigkeit** *f* adaptabilidad *f,* flexibilidad *f;* **Anpassungsschwierigkeiten** *fpl* dificultades *fpl* de adaptación
an|peilen *vt* ❶ (NAUT) dirigirse (a/hacia) ❷ (TEL) interceptar ❸ (*bessere Position*) estar resuelto a conseguir ❹ (*jdn*) tener la mirada puesta (en)
an|pfeifen *irr* I. *vi, vt* (SPORT) dar el pitido inicial (de) II. *vt* (*fam*) abroncar
Anpfiff *m* <-(e)s, -e> ❶ (SPORT) pitido *m* inicial ❷ (*fam: Tadel*) bronca *f*
an|pflanzen *vt* plantar; (*Nutzpflanzen*) cultivar
an|pflaumen *vt* (*fam*) echar una bronca
an|pirschen *vr:* **sich** ~ acercarse sigilosamente
an|pöbeln *vt* (*fam*) molestar
an|prangern [ˈanpraŋɐn] *vt* denunciar
an|preisen *irr vt* ❶ (*empfehlen*) recomendar ❷ (*loben*) elogiar
Anprobe *f* <-n> prueba *f*
an|probieren *vt* probar(se)
an|pumpen *vt* (*fam*): **jdn um 100 Euro** ~ dar a alguien un sablazo de 100 euros
an|quatschen *vt* (*fam*) abordar
Anrainerstaat *m* país *m* vecino; (*vom Fluss getrennt*) estado *m* ribereño
an|rechnen *vt* ❶ (*in Rechnung stellen*) facturar ❷ (*gutschreiben*) abonar (*auf* en) ❸ (*Studienzeiten*) convalidar (*auf* con) ❹ (*schätzen*) valorar; **ich rechne es ihm hoch an, dass er mir geholfen hat** valoro muchísimo el que me haya ayudado
Anrecht *nt* <-(e)s, -e> derecho *m* (*auf* a)
Anrede *f* <-n> tratamiento *m;* (*im Brief*) encabezamiento *m*
an|reden *vt* hablar (a), dirigir la palabra (a);

jdn mit Du/mit Sie ~ tratar a alguien de tú/de Ud.
an|regen I. *vi* (*beleben*) estimular II. *vt* ❶ (*Appetit, Kreislauf*) excitar, estimular ❷ (*vorschlagen*) proponer, sugerir
anregend *adj* (*Tee, Kaffee*) excitante; (*a.* MED) estimulante; (*Gespräch*) sugestivo
Anregung[1] *f* <-en> (*Vorschlag*) sugerencia *f,* propuesta *f;* (*Inspiration*) inspiración *f;* **auf jds** ~ por sugerencia de alguien
Anregung[2] *f ohne pl* (*Belebung*) estímulo *m*
an|reichern [ˈanraɪçɐn] *vt* (*a.* CHEM) enriquecer
Anreise *f* <-n> ❶ (*Anfahrt*) viaje *m* de ida ❷ (*Ankunft*) llegada *f*
an|reisen *vi sein* llegar; **mit dem Zug** ~ llegar en tren
Anreiz *m* <-es, -e> estímulo *m,* aliciente *m;* (*finanziell*) incentivo *m*
an|rempeln [ˈanrɛmpəln] *vt* (*fam*) empujar
an|rennen *irr* I. *vi sein* ❶ (*herbeieilen*) llegar corriendo ❷ (*anstürmen*) arremeter (*gegen* contra) ❸ (*ankämpfen*) luchar (*gegen* contra); **gegen den Wind** ~ correr con el viento en contra II. *vt* (*fam: anstoßen*) chocar (*an* con/contra), golpear (*an* con/contra)
Anrichte [ˈanrɪçtə] *f* <-n> aparador *m,* bufete *m*
an|richten *vt* ❶ (*garnieren*) aderezar ❷ (*servieren*) servir; **es ist angerichtet** (*geh*) está servido ❸ (*verursachen*) causar; **was hast du denn da wieder angerichtet?** ¡ya has vuelto a armar una buena!
anrüchig [ˈanryçɪç] *adj* de mala fama, sospechoso
Anruf *m* <-(e)s, -e> ❶ (*laute Anrede*) llamada *f;* (*Appell*) llamado *m,* llamamiento *m* ❷ (TEL) llamada *f;* **Anrufbeantworter** *m* <-s, -> contestador *m* automático
an|rufen *irr vt* ❶ (*laut anreden*) llamar ❷ (*bitten*) pedir (a); (*flehend*) implorar (a), invocar; (JUR) acudir (a); **das Gericht** ~ acudir a los tribunales ❸ (*telefonieren*) llamar (por teléfono)
Anrufer(in) *m(f)* <-s, -; -nen> persona *f* que hace una llamada (telefónica)
Anrufweiterschaltung [--'----, '------] *f* (TEL) desvío *m* de llamadas
an|rühren *vt* ❶ (*berühren*) tocar ❷ (*zu sich nehmen*) probar; **du hast das Essen kaum angerührt** apenas has probado la comida ❸ (*Teig*) amasar
ans [ans] = **an das** *s.* **an**
Ansage [ˈanzaːgə] *f* <-n> anuncio *m;* (TV) presentación *f;* **die** ~ **machen** hacer la presentación

an|sagen I. vt (ankündigen) anunciar; (TV) presentar II. vr: **sich** ~ anunciarse

Ansager(in) m(f) <-s, -; -nen> (RADIO) locutor(a) m(f); (TV) presentador(a) m(f)

an|sammeln I. vt amontonar; (Reichtümer) atesorar II. vr: **sich** ~ amontonarse

Ansammlung f <-en> aglomeración f

ansässig ['anzɛsɪç] adj (Person) domiciliado; (Firma) establecido

Ansatz m <-es, -sätze> ① (TECH) prolongación f ② (Ablagerung) depósito m, sedimento m ③ (Anzeichen) comienzo m, principio m; **im** ~ en una primera fase; **Ansatzpunkt** m punto m de partida

ansatzweise adv: **er hat es** ~ **verstanden** ha empezado a entenderlo; **das Problem konnte nur** ~ **gelöst werden** el problema no se pudo solucionar completamente

an|saufen irr vt (fam): **sich** dat **einen** ~ pillarse un pedo

an|schaffen I. vt (kaufen) comprar(se), adquirir II. vi (fam: Prostituierte) prostituirse; ~ **gehen** hacer la calle

Anschaffung f <-en> compra f, adquisición f; ~ **en machen** hacer compras

an|schalten vt ① (Licht, Fernseher) encender ② (Atomkraftwerk) poner en funcionamiento

an|schauen vt mirar

anschaulich adj plástico; **etw** ~ **machen** ilustrar algo

Anschaulichkeit f ohne pl ① (Beispiel, Vortrag) claridad f ② (Beschreibung) plasticidad f

Anschauung f <-en> ① (Vorstellung) concepto m, idea f; **etw aus eigener** ~ **wissen** saber algo por experiencia propia ② (Ansicht) opinión f, parecer m; **nach meiner** ~ según mi parecer; **Anschauungsmaterial** nt material m ilustrativo

Anschein m <-(e)s, ohne pl> apariencia f; (Eindruck) impresión f; **allem** ~ **nach** según todas las apariencias

anscheinend adv al parecer

an|scheißen irr vt (fam) ① (betrügen) timar ② (beschimpfen) echar una bronca

an|schicken vr: **sich** ~ **etw zu tun** (geh) disponerse a hacer algo

an|schieben irr vt empujar

an|schießen irr I. vi sein (heranrasen) llegar como una bala II. vt (verletzen) herir de un tiro

Anschiss m <-es, -e> (fam) bronca f; **einen** ~ **bekommen** ganarse una bronca

Anschlag m <-(e)s, -schläge> ① (Plakat) cartel m, anuncio m ② (Überfall) atentado m (auf contra); **einen** ~ **auf jdn verüben** atentar contra alguien; **einem** ~ **zum Opfer fallen** ser víctima de un atentado ③ (FIN, WIRTSCH) cálculo m ④ (am Klavier, an der Schreibmaschine) pulsación f ⑤ (TECH) tope m; **bis zum** ~ hasta el tope ⑥ (MIL) posición f de tiro; **Anschlagbrett** nt tablón m de anuncios

an|schlagen irr I. vi ① sein (anprallen) chocar (an contra) ② (Tabletten) surtir efecto ③ (SPORT) tocar la meta ④ (Laut geben: Hund) ladrar; (Vogel) cantar ⑤ (fam: dick machen) (hacer) engordar II. vt ① (Plakat) fijar (an a/en) ② (beschädigen) romper ③ (Taste) pulsar ④ (MUS: Akkord) tocar; (Melodie) entonar ⑤ (Fass) espitar

an|schleichen irr vr: **sich** ~ acercarse sigilosamente (an a)

an|schleppen vt ① (fam: mitbringen) traerse; **wen hat dein Bruder denn schon wieder angeschleppt?** ¿a quién se ha vuelto a traer tu hermano? ② (mühsam herbeibringen) acarrear, cargar (con)

an|schließen irr I. vt ① (festmachen) sujetar (an a) ② (Waschmaschine, Telefon) conectar (an a) ③ (Bemerkung) añadir (an a) II. vr: **sich** ~ ① (sich zugesellen) unirse (an a), juntarse (an a) ② (folgen) seguir (an a) ③ (beipflichten) adherirse (a), mostrarse de acuerdo (con)

anschließend I. adj (folgend) posterior II. adv a continuación

Anschluss m <-es, -schlüsse> ① (an eine Partei) adhesión f (an a), afiliación f (an a); (POL) unión f (an a) ② (an ein Netz) conexión f (an con); (TEL) comunicación f (an con) ③ (Verkehr) enlace m, entronque m AmC ④ (Kontakt) compañía f; ~ **suchen/finden** buscar/encontrar compañía; **im** ~ **an ...** a continuación de...

an|schmiegen ['anʃmiːgən] vr: **sich** ~ (Person) arrimarse cariñosamente (an a)

anschmiegsam adj (Person) tierno

an|schnallen I. vt (festbinden) sujetar II. vr: **sich** ~ (Auto, Flugzeug) ponerse el cinturón de seguridad

Anschnallpflicht f ohne pl uso m obligatorio del cinturón de seguridad

an|schnauzen vt (fam) echar una bronca

an|schneiden irr vt ① (Brot) cortar ② (Thema) abordar ③ (Kurve) cortar en diagonal ④ (SPORT: Ball) jugar con efecto

Anchovis [anˈʃoːvɪs] f <-> anchoa f

an|schrauben vt atornillar (an a/en)

an|schreiben irr vt ① (nicht sofort bezahlen) comprar al fiado ② (Person) escribir (a) ③ (an eine Tafel) escribir (an en)

an|schreien irr vt gritar (a), levantar la

voz (a)

Anschrift f <-en> dirección f, señas fpl

an|schuldigen ['anʃʊldɪgən] vt (geh) acusar (wegen de), inculpar (wegen en)

Anschuldigung f <-en> acusación f, inculpación f

an|schwärzen ['anʃvɛrtsən] vt (fam abw) hablar mal (de, bei a)

an|schweigen irr vt no hablar; **sie schweigen sich schon seit 2 Wochen an** desde hace dos semanas no se cruzan una palabra

an|schwellen irr vi sein ① (Körperteil) hincharse ② (Lärm) crecer

Anschwellung f <-en> ① (MED) hinchazón f ② (Lärm) crecimiento m, aumento m ③ (Fluss) crecida f

an|schwemmen vt acarrear

an|schwindeln vt (fam) engañar

an|sehen irr vt ① (betrachten) mirar; (prüfend) examinar; (Film) (ir a) ver; (besichtigen) visitar; **ich kann das nicht länger mit** ~ no puedo soportarlo más ② (erachten) considerar; **ich sehe es als meine Pflicht an** lo considero mi deber ③ (anmerken) notar; **man sieht dir dein Alter nicht an** no aparentas la edad que tienes

Ansehen nt <-s, ohne pl> ① (Anschein) apariencia f; **dem** ~ **nach zu urteilen** a juzgar por las apariencias ② (Achtung) reputación f; **großes** ~ **genießen** gozar de buena reputación

ansehnlich ['anze:nlɪç] adj ① (beträchtlich) considerable ② (gut aussehend) vistoso

an|seilen vt encordar

an|sengen ['anzɛŋən] vt chamuscar

an|setzen I. vi ① (beginnen) comenzar (zu a); **die Maschine setzt zur Landung an** el avión inicia el aterrizaje ② (anbrennen) pegarse II. vt ① (in Position bringen) poner, colocar ② (Glas) llevarse a los labios ③ (bilden) echar; **Fett** ~ (fam) echar carnes ④ (vorbereiten) preparar ⑤ (Termin, Kosten) fijar (für para) ⑥ (auf eine Spur) poner bajo la pista (auf de)

Ansicht f <-en> ① (Meinung) opinión f (über sobre); **sie vertritt/teilt die** ~ **, dass ...** sostiene/comparte la opinión de que...; **meiner** ~ **nach** en mi opinión; **ich bin ganz ihrer** ~ soy de su misma opinión ② (Abbildung) vista f ③ (Blick) vista f; **zur** ~ como muestra; **Ansichtskarte** f (tarjeta f) postal f; **Ansichtssache** f cuestión f de pareceres

an|siedeln I. vt ① (Menschen) asentar ② (Tierart) introducir II. vr: **sich** ~ establecerse

Ansied(e)lung f <-en> asentamiento m

ansonsten [an'zɔnstən] adv ① (im Übrigen) por lo demás ② (andernfalls) en caso contrario; (wenn nicht) si no

an|spannen vt ① (Pferde) enganchar ② (Seil) tensar ③ (Muskeln) contraer

Anspannung f <-en> tensión f

Anspiel nt <-(e)s, -e> (SPORT: beim Fußball) saque m; (bei Spielen) apertura f del juego

an|spielen I. vi (hinweisen) aludir (auf a), referirse (auf a) II. vt ① (SPORT) pasar la pelota (a) ② (MUS: Instrument) probar; (Melodie) empezar a tocar

Anspielung f <-en> alusión f (auf a), insinuación f (auf sobre)

an|spitzen vt afilar; **den Bleistift** ~ sacar punta al lápiz

Ansporn ['anʃpɔrn] m <-(e)s, ohne pl> estímulo m, acicate m

an|spornen vt ① (anfeuern) estimular (zu a), incitar (zu a) ② (Pferd) espolear, picar

Ansprache f <-n> discurso m (an a/ante); (kurz) alocución f (an a/ante); (feierlich) arenga f (an a/ante)

ansprechbar adj (Kranker) capaz de reaccionar; **nicht** ~ **sein** (fam) estar de mal humor

an|sprechen irr I. vi (MED) reaccionar (auf a) II. vt ① (erwähnen) mencionar; (Thema) abordar ② (eine Gruppe) dirigirse (a), dirigir la palabra (a); **jdn** ~ hablar a alguien ③ (gefallen) gustar (a); (anrühren) llegar (a)

ansprechend adj agradable, grato; (Person) atractivo, simpático

Ansprechpartner(in) m(f) persona f a contactar

an|springen irr I. vi sein ① (Motor) arrancar ② (fam: reagieren) aceptar II. vt (anfallen) embestir

Anspruch m <-(e)s, -sprüche> ① (Anrecht) derecho m (auf a); (Forderung) pretensión f (auf sobre) ② (Anforderung) exigencia f (auf de); **hohe Ansprüche an jdn stellen** ser muy exigente con alguien; **den Ansprüchen gerecht werden** satisfacer las exigencias; **etw in** ~ **nehmen** hacer uso de algo; **das nimmt sehr viel Zeit in** ~ eso exige mucho tiempo; **er ist sehr in** ~ **genommen** está muy ocupado

anspruchslos adj poco exigente; (bescheiden) modesto; (belanglos) intrascendente

Anspruchslosigkeit f ohne pl ① (anspruchsloses Wesen) modestia f, sencillez f ② (Trivialität) trivialidad f; (Belanglosigkeit) intra(n)scendencia f

anspruchsvoll adj exigente

an|spucken *vt* escupir (a)

an|stacheln ['anʃtaxəln] *vt* incitar (*zu* a), pinchar (*zu* a) *fam*

Anstalt ['anʃtalt] *f* <-en> ❶ (*Einrichtung*) establecimiento *m*, institución *f* ❷ (*fam: Psychiatrie*) centro *m* (p)siquiátrico ❸ *pl* (*Vorbereitungen*) preparativos *mpl*; **er machte keine ~en** no dio muestras de irse; **~en zu etw treffen** hacer preparativos para algo

Anstand *m* <-(e)s, *ohne pl*> decencia *f*, buenos modales *mpl*

anständig ['anʃtɛndɪç] **I.** *adj* ❶ (*sittsam*) decente; (*ehrlich*) honrado, honesto; (*einwandfrei*) correcto ❷ (*fam: zufrieden stellend*) aceptable; **das sieht ganz ~ aus** esto tiene un aspecto bastante aceptable; **sie wird ~ bezahlt** le pagan bien ❸ (*fam: ziemlich*) considerable; **eine ~e Tracht Prügel bekommen** llevarse una buena paliza **II.** *adv* ❶ (*korrekt*) como es debido ❷ (*fam: ziemlich*) bastante; **~ draufzahlen müssen** tener que pagar bastante más

anständigerweise *adv* decentemente; **sie hat ~ geschwiegen** ha callado por decencia

Anständigkeit *f ohne pl* decencia *f*, decoro *m*

Anstandsbesuch *m* visita *f* de cortesía; **Anstandsdame** *f* dama *f* de compañía

anstandshalber *adv* por decencia, por decoro

anstandslos *adv* sin más, sin objeción alguna

an|starren *vt* mirar fijamente, clavar los ojos (en)

anstatt [an'ʃtat] **I.** *präp +gen* en vez de, en lugar de **II.** *konj*: **~ etw zu tun** en vez de hacer algo

an|stauen *vr*: **sich ~** estancarse, acumularse

an|stechen *irr vt* pinchar; (*Fass*) espitar

an|stecken **I.** *vt* ❶ (*befestigen*) poner ❷ (*reg: anzünden*) prender fuego (a); (*Zigarette*) encender ❸ (*infizieren, a. fig*): **jdn mit etw ~** contagiarle algo a alguien **II.** *vr*: **sich ~** contagiarse; **ich habe mich bei ihr angesteckt** ella me ha contagiado

ansteckend *adj* contagioso

Ansteckung *f* <-en> (MED) contagio *m*; **Ansteckungsgefahr** *f* peligro *m* de contagio

an|stehen *irr vi* ❶ (*Arbeit, Problem*) quedar por hacer ❷ (*Termin*) estar fijado ❸ (*Schlange stehen*) hacer cola

an|steigen *irr vi sein* ❶ (*aufwärts führen*) subir; **steil ~d** empinado ❷ (*Preis, Temperatur*) subir

anstelle [an'ʃtɛlə] *präp +gen* en lugar de

an|stellen **I.** *vt* ❶ (*Maschine*) poner en marcha ❷ (*Fernseher*) encender ❸ (*beschäftigen*) contratar ❹ (*anlehnen*) colocar (*an* contra) ❺ (*vornehmen*) efectuar, realizar; **Vermutungen ~** hacer conjeturas ❻ (*fam: fertig bringen*) arreglárselas (con); **ich weiß nicht, wie ich es ~ soll** no sé cómo arreglármelas ❼ (*fam: anrichten*) hacer; **was hast du da wieder angestellt?** ¿qué has hecho ahora? **II.** *vr*: **sich ~** ❶ (*fam: sich verhalten*) obrar; **sich dumm ~** hacer el tonto ❷ (*fam: sich zieren*) hacer melindres; **stell dich nicht so an!** ¡déjate de comedias! ❸ (*in einer Schlange*) ponerse a la cola

Anstellung *f* <-en> ❶ (*das Anstellen*) contratación *f* ❷ (*Stelle*) empleo *m*

Anstich *m* <-(e)s, -e> ❶ (*eines Fasses*) acción *f* de espitar ❷ (*erster Ausschank*) primer trago *m* (de un barril)

Anstieg¹ ['anʃtiːk] *m* <-(e)s, -e> (*Aufstieg*) ascenso *m*, ascensión *f*

Anstieg² *m* <-(e)s, *ohne pl*> ❶ (*Steigung*) pendiente *f* ❷ (*Zunahme*) subida *f*

an|stiften *vt* ❶ (*Unheil*) causar, provocar ❷ (*Verschwörung*) tramar

Anstifter(in) *m(f)* <-s, -; -nen> (*Straftat*) inductor(a) *m(f)*; (*Verschwörung*) instigador(a) *m(f)*

Anstiftung *f* <-en> instigación *f*, inducción *f*

an|stimmen *vt* (*Lied*) entonar

Anstoß *m* <-es, -stöße> ❶ (*Ruck*) empujón *m* ❷ (*Impuls*) iniciativa *f*, impulso *m* ❸ (SPORT) saque *m* ❹ (*geh: Ärgernis*) molestia *f*, disgusto *m*; **~ erregen bei jdm** causar escándalo a alguien; **an etw ~ nehmen** escandalizarse por algo

an|stoßen *irr* **I.** *vi* ❶ *sein* (*gegenstoßen*) golpearse (*an* en/contra) ❷ (*mit den Gläsern*) brindar (*auf* por) ❸ (SPORT) sacar, hacer el saque inicial **II.** *vt* (*Stoß geben*) empujar

anstößig ['anʃtøːsɪç] *adj* indecente, escandaloso

an|strahlen *vt* ❶ (*anleuchten*) alumbrar; (FILM, THEAT) enfocar ❷ (*strahlend ansehen*) mirar con ojos radiantes

an|streben *vt* pretender, aspirar (a)

an|streichen *irr vt* ❶ (*mit Farbe*) pintar; **etw gelb ~** pintar algo de amarillo ❷ (*Fehler*) señalar

Anstreicher(in) *m(f)* <-s, -; -nen> pintor(a) *m(f)*; (*abw: Maler*) pintor(a) *m(f)* de brocha gorda

an|strengen ['anʃtrɛŋən] **I.** *vi* (*ermüden*) cansar, fatigar **II.** *vt* ❶ (*Verstand*) aguzar;

(*Gehör*) afinar ② (JUR: *Verfahren*) poner, presentar; (*eine Klage* ~) proceder (judicialmente) **III.** *vr:* **sich** ~ (*sich bemühen*) esforzarse

anstrengend *adj* (*körperlich*) duro, agotador, cansador *Arg;* (*geistig*) laborioso, trabajoso

Anstrengung *f* <-en> esfuerzo *m*

Anstrich[1] *m* <-(e)s, -e> (*Farbe*) pintura *f*

Anstrich[2] *m* <-(e)s, *ohne pl*> ① (*das Anstreichen*) pintura *f* ② (*Anschein*) aire(s) *m(pl),* toque *m*

Ansturm *m* <-(e)s, -stürme> ① (*Angriff*) asalto *m* (*auf* a) ② (*Andrang*) concurrencia *f;* (*von Kunden*) afluencia *f*

Antagonist(in) [antago'nɪst] *m(f)* <-en, -en; -en> antagonista *mf*

Antarktis [ant'arktɪs] *f* Antártida *f*

antarktisch *adj* antártico

an|tasten *vt* ① (*Ehre*) ofender; (*Rechte*) usurpar ② (*Geld*) empezar a gastar

Anteil *m* <-(e)s, -e> ① (*Teil*) parte *f* ② (*Beteiligung*) participación *f* ③ (*Interesse*) interés *m* ④ (*Mitgefühl*) compasión *f;* **an etw ~ nehmen** compartir algo

anteilig ['antaɪlɪç] *adj* proporcional

Anteilnahme ['antaɪlna:mə] *f ohne pl* ① (*Beteiligung*) participación *f* (*an* en) ② (*Mitgefühl*) interés *m* (*an* por) ③ (*Beileid*) pésame *m*

Antenne [an'tɛnə] *f* <-n> (TEL, ZOOL) antena *f*

Anthrazit [antra'tsi:t] *m* <-s, -e> antracita *f*

Anthropologie [antropolo'gi:] *f ohne pl* antropología *f*

Anthroposoph(in) [antropo'zo:f] *m(f)* <-en, -en; -nen> antropósofo, -a *m, f*

Anthroposophie [antropozo'fi:] *f ohne pl* antroposofía *f*

Anthroposophin *f* <-nen> *s.* **Anthroposoph**

anthroposophisch *adj* antroposófico

Antialkoholiker(in) [anti?alko'ho:likɐ] *m(f)* antialcohólico, -a *m, f*

antialkoholisch *adj* antialcohólico

antiamerikanisch *adj* antiamericano

antiautoritär *adj* antiautoritario

Antibabypille *f* píldora *f* anticonceptiva

antibakteriell *adj* antibacterial

Antibiotikum [antibi'o:tikʊm] *nt* <-s, Antibiotika> (MED) antibiótico *m*

Antiblockiersystem *nt* (AUTO) sistema *m* antibloqueo de frenos

Antidepressivum [antideprɛ'si:vʊm] *nt* <-s, -depressiva> (MED) antidepresivo *m*

Antifaltencreme [--'---] *f* crema *f* antiarrugas

Antifaschismus [---'--, '-----] *m ohne pl* antifascismo *m*

Antifaschist(in) *m(f)* antifascista *mf*

antifaschistisch *adj* antifascista

antik [an'ti:k] *adj* antiguo

Antike [an'ti:kə] *f ohne pl* Antigüedad *f*

antiklerikal [----'-, '-----] *adj* anticlerical

Antikörper ['----] *m* <-s, -> (MED) anticuerpo *m*

Antillen [an'tɪlən] *pl* Antillas *fpl*

Antilope [anti'lo:pə] *f* <-n> antílope *m*

Antipathie [antipa'ti:] *f* <-n> (*geh*) antipatía *f*

an|tippen *vt* ① (*Person*) tocar ② (*Thema*) tocar, abordar

Antiquariat [antikvari'a:t] *nt* <-(e)s, -e> librería *f* de viejo; **modernes** ~ librería de ocasión

antiquarisch *adj* (*Druckwerke*) de segunda mano, usado

antiquiert *adj* (*abw*) anticuado

Antiquität *f* <-en> antigüedad *f;* **Antiquitätengeschäft** *nt* tienda *f* de antigüedades

Antisemit(in) *m(f)* <-en, -en; -nen> antisemita *mf*

antisemitisch *adj* antisemita

Antisemitismus [antizemi'tɪsmʊs] *m* <-, *ohne pl*> antisemitismo *m*

antiseptisch [anti'zɛptɪʃ] *adj* (MED) antiséptico

Antiterroreinheit [--'----] *f* unidad *f* antiterrorista

Antiterrorpolizei *f ohne pl* policía *f* antiterrorista [*o* antidisturbios]

Antivirenprogramm [anti'vi:rən-] *nt* (INFOR) programa *m* antivirus [*o* cazavirus]

antizipieren* [antitsi'pi:rən] *vt* (*geh*) anticipar

Antlitz ['antlɪts] *nt* <-es, -e> (*geh*) rostro *m*

an|törnen ['antœrnən] *vt* (*sl*) dar marcha (a), enrollar, molar; **die Musik törnt mich an** la música me da marcha

Antrag ['antra:k, *pl:* 'antrɛ:gə] *m* <-(e)s, -träge> ① (*an eine Behörde*) solicitud *f* (*auf* de); **einen** ~ **auf etw stellen** presentar una solicitud de algo ② (*Formular*) (formulario *m* de) solicitud *f* ③ (POL) moción *f* (*auf* de) ④ (*Heirats~*) propuesta *f* de matrimonio

an|tragen *irr vt* ① (*geh*) ofrecer ② (*beantragen*) solicitar

Antragsformular *nt* (formulario *m* de) solicitud *f;* (*Vordruck*) (modelo *m* de) instancia *f*

Antragsteller(in) *m(f)* <-s, -; -nen> solicitante *mf;* (POL) autor(a) *m(f)* de una moción

Antragstellung *f* <-en> presentación *f* de

una solicitud

an|treffen *irr vt* encontrar(se), localizar

an|treiben *irr* **I.** *vi sein* (*anschwimmen*) llegar flotando **II.** *vt* ❶ (TECH: *vorwärts treiben*) impulsar, propulsar ❷ (*anschwemmen*) arrojar, acarrear ❸ (*veranlassen*) incitar (*zu* a), julepear *Col;* **sie trieb ihn zur Eile an** le metió prisa

an|treten *irr* **I.** *vi sein* ❶ (MIL) formarse; **in Zweierreihen ~** formar filas de a dos; **zum Dienst ~** empezar el servicio ❷ (SPORT) enfrentarse (*gegen* a/con) **II.** *vt* ❶ (*Reise*) emprender ❷ (*Strafe*) (empezar a) cumplir ❸ (*Erbe*) recibir ❹ (*Stelle*) incorporarse (a) ❺ (*Amt*) asumir

Antrieb *m* <-(e)s, -e> ❶ (TECH) tracción *f*, propulsión *f* ❷ (*Impuls*) estímulo *m*, acicate *m;* **aus eigenem ~** por iniciativa propia; **Antriebskraft** *f* (TECH) fuerza *f* motriz; (*fig*) motor *m;* **Antriebswelle** *f* (TECH) árbol *m* de accionamiento

an|trinken *irr vt:* **sich** *dat* **etw ~** (*fam*) coger algo (por medio de la bebida); **sich** *dat* **Mut ~** coger valor bebiendo

Antritt *m* <-(e)s, *ohne pl*> ❶ (*Beginn*) comienzo *m* ❷ (*eines Amtes*) toma *f* de posesión; (*einer Erbschaft*) adición *f;* (*der Regierung*) acceso *m* al poder; (*einer Stellung*) comienzo *m;* **Antrittsbesuch** *m* visita *f* de cumplido; **Antrittsrede** *f* discurso *m* inaugural

an|tun *irr* **I.** *vt* (*zufügen*): **jdm etw ~** hacer(le) algo a alguien; **tu mir das nicht an!** (*fam*) ¡no me hagas eso!; **das werde ich mir nicht ~** no pienso pasar por eso; **sich** *dat* **etwas ~** atentar contra la propia vida **II.** *vi* (*Sympathie erregen*) encantar; **diese Gegend hat es ihm angetan** esta región le ha encantado

Antwort ['antvɔrt] *f* <-en> respuesta *f* (*auf* a); (*brieflich*) contestación *f* (*auf* a); **keine ~ bekommen** no recibir respuesta; **jdm Rede und ~ stehen** rendir cuentas a alguien; **um ~ wird gebeten** se agradecerá respuesta

antworten ['antvɔrtən] *vt* responder (*auf* a); (*brieflich*) contestar (*auf* a); **jdm auf einen Brief ~** contestar la carta de alguien

Antwortschreiben *nt* (escrito *m* de) respuesta *f*, (escrito *m* de) contestación *f*

an|vertrauen* **I.** *vt* ❶ (*überlassen*) confiar, encomendar ❷ (*vertraulich erzählen*) confiar, revelar **II.** *vr:* **sich ~** (*sich offenbaren*) confiarse

an|visieren* ['anvizi:rən] *vt* ❶ (*anstreben*) poner la mira (en) ❷ (MIL) visar

an|wachsen *irr vi sein* ❶ (*Wurzeln schlagen*) echar raíces ❷ (MED: *Knochen*) cre-

cer; (*Haut*) adherirse ❸ (*zunehmen*) crecer, aumentar

Anwalt, -wältin ['anvalt, *pl:* 'anvɛltə] *m, f* <-(e)s, -wälte; -nen> ❶ (JUR) abogado, -a *m, f;* **sich** *dat* **einen ~ nehmen** recurrir a un abogado ❷ (*Fürsprecher*) defensor(a) *m(f);* **Anwaltsbüro** *nt* bufete *m*

Anwaltschaft *f* <-en> (JUR) ❶ (*Vertretung eines Klienten*) defensa *f* ❷ (*Gesamtheit der Anwälte*) abogacía *f*

Anwaltskosten *pl* honorarios *mpl* de abogado

Anwandlung *f* <-en> capricho *m; (von Furcht*) arrebato *m*

Anwärter(in) *m(f)* <-s, -; -nen> candidato, -a *m, f* (*auf* a); (*Verehrer*) pretendiente *mf*

Anwartschaft *f* <-en> expectativa *f* (*auf* de)

an|weisen *irr vt* ❶ (*anleiten*) instruir ❷ (FIN) girar ❸ (*zuweisen*) señalar, indicar ❹ (*beauftragen*) encargar

Anweisung *f* <-en> ❶ (*Befehl*) orden *f* ❷ (*Gebrauchs~*) instrucciones *fpl* de uso ❸ (FIN) giro *m*, tra(n)sferencia *f*

anwendbar *adj* aplicable (*in* en, *auf* a)

an|wenden *irr vt* ❶ (*Technik, Heilmittel*) aplicar ❷ (*List, Gewalt*) recurrir (a)

Anwender(in) *m(f)* <-s, -; -nen> usuario, -a *m, f;* **anwenderfreundlich** *adj* fácil para el usuario; (INFOR) amigable; **anwenderorientiert** *adj* adaptado a las necesidades del usuario; **Anwenderprogramm** *nt* (INFOR) programa *m* del usuario; **Anwendersoftware** *f* (INFOR) software *f* del usuario

Anwendung *f* <-en> ❶ (*das Anwenden*) uso *m*, aplicación *f;* **zur ~ kommen** aplicarse ❷ (MED) aplicación *f;* **Anwendungsbereich** *m* campo *m* de aplicación; **Anwendungsprogramm** *nt* (INFOR) (programa *m* de) aplicación *f*

an|werben *irr vt* (*Soldaten*) alistar, reclutar; (*Arbeitskräfte*) contratar

Anwesen ['anve:zən] *nt* <-s, -> propiedad *f*, mansión *f*

anwesend *adj* presente; (*bei einer Veranstaltung*) asistente; **bei einer Sitzung ~ sein** asistir a una reunión

Anwesende(r) *mf* <-n, -n; -n> presente *mf;* **die hier ~n** los aquí presentes

Anwesenheit *f ohne pl* ❶ (*von Personen*) presencia *f;* (*bei einer Veranstaltung*) asistencia *f;* **in jds ~** en presencia de alguien ❷ (*Vorhandensein*) existencia *f*

an|widern ['anvi:dən] *vt* (*abw*) dar asco (a)

Anwohner(in) *m(f)* <-s, -; -nen> vecino, -a *m, f;* **Anwohnerparkplatz** *m* aparcamiento *m* reservado para los vecinos de la zona

Anzahl *f ohne pl* número *m;* (*Menge*) cantidad *f*

an|zahlen *vt* pagar el primer plazo (de)

Anzahlung *f* <-en> ❶ (*Rate*) primer plazo *m* ❷ (*Teilbetrag*) depósito *m*

an|zapfen *vt* ❶ (*Fass*) espitar ❷ (*fam: Leitung*) interceptar

Anzeichen *nt* <-s, -> señal *f;* (MED) síntoma *m*

Anzeige ['antsaɪɡə] *f* <-n> ❶ (*Inserat*) anuncio *m*, aviso *m Am;* (*bei Tod*) esquela *f* ❷ (JUR) denuncia *f,* denuncio *m And;* ~ **erstatten** formular una denuncia ❸ (TECH) indicador *m;* (SPORT) marcador *m* ❹ (INFOR) visualización *f,* despliegue *m*

an|zeigen *vt* ❶ (JUR) denunciar ❷ (*in einer Zeitung*) publicar (en un periódico) ❸ (*ankündigen*) indicar, señalar ❹ (INFOR) visualizar, indicar

Anzeigenannahme *f* despacho *m* de anuncios; **Anzeigenblatt** *nt* hoja *f* de anuncios; **Anzeigenteil** *m* sección *f* de anuncios

Anzeigetafel *f* panel *m* de anuncios; (TECH) panel *m* indicador; (SPORT) marcador *m*

an|zetteln *vt* (*abw*) urdir, tramar

an|ziehen *irr* **I.** *vi* ❶ (*in Bewegung setzen*) arrancar ❷ (*sich erhöhen*) ir subiendo **II.** *vt* ❶ (*ankleiden*) vestir ❷ (*Kleidungsstück*) poner ❸ (*Beine*) encoger, encogerse (de) ❹ (*festziehen*) apretar ❺ (*aufsaugen*) absorber ❻ (*Anziehungskraft ausüben*) atraer **III.** *vr:* **sich** ~ vestirse; **sich warm** ~ (*a. fig*) abrigarse; **ich ziehe mir den Mantel an** me pongo el abrigo

anziehend *adj* (*ansprechend*) atractivo; (*sympathisch*) simpático

Anziehung *f* <-en> atracción *f*

Anziehungskraft¹ *f* (PHYS) fuerza *f* de atracción; (*Schwerkraft*) gravitación *f*

Anziehungskraft² *f ohne pl* (*Attraktivität*) atracción *f*

Anzug¹ *m* <-(e)s, -züge> (*Kleidung*) traje *m,* percha *f AmC*

Anzug² *m* <-(e)s, *ohne pl*>: **ein Gewitter ist im** ~ está a punto de caer una tormenta

anzüglich ['antsy:klɪç] *adj* ❶ (*frech*) mordaz, ofensivo ❷ (*zweideutig*) picante

Anzüglichkeit *f* <-en> (*zudringliche Handlung*) atrevimiento *f,* impertinencia *f*

an|zünden *vt* (*Zigarette*) encender; (*Gebäude*) prender fuego (a)

an|zweifeln *vt* dudar (de), poner en duda

AOL (INFOR) *Abk. von* **America Online** AOL

apart [a'part] *adj* atractivo

Apartheid [a'pa:ethaɪt] *f ohne pl* apartheid *m*

Apartment [a'partmənt] *nt* <-s, -s> apartamento *m,* departamento *m Am*

Apathie [apa'ti:] *f* <-n> apatía *f*

apathisch [a'pa:tɪʃ] *adj* apático

Aperitif [aperi'ti:f] *m* <-s, -s *o* -e> aperitivo *m,* copetín *m Mex*

Apfel ['apfəl, *pl:* 'ɛpfəl] *m* <-s, Äpfel> manzana *f;* **in den sauren** ~ **beißen** (*fam fig*) hacer de tripas corazón; **der** ~ **fällt nicht weit vom Stamm** (*prov*) el hijo de la rata ratones mata; **Apfelbaum** *m* manzano *m;* **Apfelkuchen** *m* pastel *m* de manzana; **Apfelmus** *nt* <-es, *ohne pl*> ≈compota *f* de manzana; **Apfelsaft** *m* zumo *m* de manzana, jugo *m* de manzana *Am*

Apfelsine [apfəl'zi:nə] *f* <-n> naranja *f*

Apfelstrudel *m rollo de manzana con canela que se toma caliente o frío;* **Apfelwein** *m* vino *m* de manzana, sidra *f*

apodiktisch [apo'dɪktɪʃ] (*geh*) **I.** *adj* apodíctico **II.** *adv* apodícticamente

apolitisch ['apoli:tʃ, --'-] *adj* (POL) apolítico

Apostel [a'pɔstəl] *m* <-s, -> (REL) apóstol *m;* **Apostelgeschichte** *f* (REL) Hechos *mpl* de los Apóstoles

Apostroph [apo'stro:f] *nt* <-s, -e> (LING) apóstrofo *m*

Apotheke [apo'te:kə] *f* <-n> farmacia *f;* **apothekenpflichtig** *adj* de venta exclusiva en farmacias

Apotheker(in) [--'--] *m(f)* <-s, -; -nen> farmacéutico, -a *m, f*

App. *Abk. von* **Appartement** apartamento *m,* departamento *m Am*

Apparat [apa'ra:t] *m* <-(e)s, -e> aparato *m;* **am** ~ ! (*Telefon*) ¡al habla!

Apparatur [apara'tu:ɐ] *f* <-en> conjunto *m* de aparatos, equipo *m* técnico

Appartement [aparta'mã:] *nt* <-s, -s> apartamento *m,* departamento *m Am*

Appell [a'pɛl] *m* <-s, -e> ❶ (*Aufruf*) llamamiento *m;* **einen** ~ **an jdn richten** hacer un llamamiento a alguien ❷ (MIL) llamada *f*

appellieren* *vi* hacer un llamamiento (*an* a), apelar (*an* a)

Appenzell ['apəntsɛl, --'-] *nt* <-s> (*Stadt*) Appenzell *f;* (*Kanton*) Appenzell *m*

Appetit [ape'ti:t] *m* <-(e)s, *ohne pl*> apetito *m* (*auf* de), antojo *m Mex;* **jdm den** ~ **verderben** quitar(le) a alguien el apetito; **guten** ~! ¡que aproveche!; **worauf haben Sie** ~? ¿qué le apetece?; **appetitanregend** *adj* estimulador del apetito; **Appetithappen** *m* bocado *m,* piscolabis *m inv fam;* **appetithemmend** *adj* inhibidor del apetito

appetitlich *adj* apetitoso, sabroso

Appetitlosigkeit *f ohne pl* inapetencia *f*

Appetitzügler [ape'ti:ttsy:glɐ] *m* <-s, -> (MED) inhibidor *m* del apetito

applaudieren* [aplaʊ'diːrən] *vi* aplaudir

Applaus [a'plaʊs] *m* <-es, -e> (*Lob*) aplauso(s) *m(pl)*

Après-Ski *nt* <-, *ohne pl*> après-ski *m*

Aprikose [apri'ko:zə] *f* <-n> albaricoque *m*, damasco *m Am*

April [a'prɪl] *m* <-(s), -e> abril *m*; **jdn in den ~ schicken** (*fam fig*) gastar(le) una inocentada a alguien; *s. a.* **März; Aprilscherz** *m* inocentada *f*

Aprilwetter *nt* tiempo *m* tornadizo

a priori [a: pri'o:ri] *adv* (*geh*) a priori

apropos [apro'po:] *adv* (*geh: übrigens*) por cierto; **~ Weihnachten, was wünscht du dir denn?** hablando de Navidades, ¿qué es lo que quieres?

Apsis ['apsɪs] *f* <Apsiden> (ARCHIT) ábside *m*

Aquädukt [akvɛ'dʊkt] *m o nt* <-(e)s, -e> acueducto *m*

Aquamarin [akvama'ri:n] *m* <-s, -e> aguamarina *f*; **aquamarinblau** *adj* verdemar

Aquaplaning [akva'pla:nɪŋ] *nt* <-(s), *ohne pl*> (AUTO) aquaplaning *m*

Aquarell [akva'rɛl] *nt* <-s, -e> acuarela *f*

Aquarium [a'kva:riʊm] *nt* <-s, Aquarien> acuario *m*

Äquator [ɛ'kva:to:ɐ] *m* <-s, *ohne pl*> (GEO) ecuador *m*

äquivalent [ɛkviva'lɛnt] *adj* equivalente

Äquivalent [ɛkviva'lɛnt] *nt* <-(e)s, -e> (*geh a.* MATH, LING) equivalente *m*; **für dieses Wort gibt es im Deutschen kein ~** para esta palabra no existe equivalente en alemán

Ar [a:ɐ] *nt o m* <-s, -e> área *f*

Ära ['ɛ:ra] *f* <Ären> era *f*, época *f*

Araber(in) ['arabɐ] *m(f)* <-s, -; -nen> árabe *mf*

Arabien [a'ra:biən] *nt* <-s> Arabia *f*

arabisch *adj* árabe

aragonesisch [arago'ne:zɪʃ] *adj* aragonés

Aragonien [ara'go:niən] *nt* <-s> Aragón *m*

Aragonier(in) *m(f)* <-s, -; -nen> aragonés, -esa *m, f*

Arbeit ['arbaɪt] *f* <-en> ① (*Tätigkeit*) trabajo *m*; (*Feld~, Hand~*) labor *f*; (*Arbeitsplatz*) empleo *m*; **an die ~ gehen** empezar a trabajar; **sich an die ~ machen** poner manos a la obra; **etw ist in ~** algo está en marcha; **viel ~ haben** tener mucho trabajo; **bei der ~ sein** estar trabajando; **einer ~ nachgehen** dedicarse a un trabajo; **zur ~ gehen** ir al trabajo; **keine ~ haben** no tener trabajo; **sich ~ suchend melden** buscar un trabjo (en la oficina de desempleo) ② (*Mühe*) trabajo *m*; (*Anstrengung*) esfuerzo *m*; **etw macht/kostet viel ~** algo da/cuesta mucho trabajo ③ (*Schule, Uni*) trabajo *m*; (*Prüfung*) examen *m*; **eine ~ schreiben** escribir un examen

arbeiten ['arbaɪtən] I. *vi* ① (*tätig sein*) trabajar; **er arbeitet als Rechtsanwalt/in einer Firma** trabaja como abogado/en una empresa; **die ~de Bevölkerung** la población activa; **die Zeit arbeitet für/gegen uns** el tiempo está a nuestro favor/en contra de nosotros ② (*Maschine*) funcionar ③ (*Holz*) alabearse II. *vt* (*herstellen*) hacer, producir III. *vr*: **sich nach oben ~** (*fig*) abrirse camino hacia los puestos más altos; **sich kaputt ~** (*fam*) matarse trabajando

Arbeiter(in) ['arbaɪtɐ] *m(f)* <-s, -; -nen> trabajador(a) *m(f)*; (*Stand*) obrero, -a *m, f*, obrador(a) *m(f) Am*; **Arbeiterbewegung** *f ohne pl* (POL) movimiento *m* obrero; **Arbeiterfamilie** *f* familia *f* obrera

Arbeiterin *f* <-nen> *s.* **Arbeiter**

Arbeiterschaft *f ohne pl* obreros *mpl*, clase *f* obrera, faena *f Chil*

Arbeiterviertel *nt* barrio *m* obrero; **Arbeiterwohlfahrt** *f* asociación *f* de asistencia social para trabajadores

Arbeitgeber(in) ['arbaɪtge:bɐ] *m(f)* <-s, -; -nen> patrón, -ona *m, f*, empleador(a) *m(f) Am*; (*Unternehmer*) empresario, -a *m, f*; **Arbeitgeberanteil** *m* cuota *f* patronal

Arbeitgeberin *f* <-nen> *s.* **Arbeitgeber**

Arbeitgeberverband *m* federación *f* patronal

Arbeitnehmer(in) ['arbaɪtne:mɐ] *m(f)* <-s, -; -nen> ① (*Angestellter*) empleado, -a *m, f*, asalariado, -a *m, f* ② (*Arbeiter*) trabajador(a) *m(f)*; **Arbeitnehmeranteil** *m* cuota *f* obrera

Arbeitnehmerin *f* <-nen> *s.* **Arbeitnehmer**

Arbeitsablauf *m* desarrollo *m* del trabajo

arbeitsam ['arbaɪtsza:m] *adj* trabajador

Arbeitsamt *nt* oficina *f* de empleo; **Arbeitsaufwand** *m* cantidad *f* de trabajo; **das erfordert einen hohen** ~ esto requiere mucho trabajo; **arbeitsaufwändig** *adj*, **arbeitsaufwendig** *adj* trabajoso; **Arbeitsausfall** *m* pérdida *f* de horas de trabajo; **Arbeitsbedingungen** *fpl* condiciones *fpl* de trabajo

Arbeitsbeschaffungsmaßnahme *f* plan de fomento de empleo

Arbeitseifer *m* ganas *fpl* de trabajar; **Arbeitseinstellung** *f* ❶ (*Streik*) huelga *f* ❷ (*Auffasung*) actitud *f* laboral; **Arbeitseinteilung** *f* distribución *f* del trabajo; **Arbeitserlaubnis** *f* permiso *m* de trabajo; **Arbeitserleichterung** *f* facilitación *f* del trabajo; **Arbeitsessen** *nt* (*nachmittags*) comida *f* de trabajo; **arbeitsfähig** *adj* en condiciones de trabajar; **Arbeitsgang** *m* fase *f* de trabajo; **Arbeitsgemeinschaft** *f* colectivo *m* (de trabajo); **Arbeitsgericht** *nt* (JUR) Magistratura *f* laboral [*o* de(l) trabajo]; **Arbeitsgruppe** *f* grupo *m* de trabajo; **arbeitsintensiv** *adj* costoso, de mucho trabajo; **Arbeitskampf** *m* lucha *f* laboral; **Arbeitskleidung** *f* ropa *f* de trabajo; **Arbeitsklima** *nt* ambiente *m* laboral; **Arbeitskollege, -in** *m, f* compañero, -a *m, f* de trabajo, colega *mf*

Arbeitskraft¹ *f* <-kräfte> (*Personal*) mano *f* de obra

Arbeitskraft² *f* ohne pl (*Leistungskraft*) capacidad *f* productiva

Arbeitskreis *m* grupo *m* de trabajo; **Arbeitslager** *nt* campo *m* de trabajos forzados; **Arbeitslohn** *m* salario *m*

arbeitslos *adj* parado, sin trabajo

Arbeitslose(r) *mf* <-n, -n; -n> parado, -a *m, f*, cesante *mf Am*

Arbeitslosengeld *nt* subsidio *m* de desempleo [*o* de paro]; **Arbeitslosenhilfe** *f* ohne pl ayuda *f* a los parados; **Arbeitslosenquote** *f* tasa *f* de desempleo, índice *m* de paro; **Arbeitslosenunterstützung** *f* s. **Arbeitslosengeld**; **Arbeitslosenversicherung** *f* ohne pl seguro *m* de desempleo; **Arbeitslosenzahl** *f* número *m* de desempleados; **Arbeitslosenziffer** *f* número *m* de parados

Arbeitslosigkeit *f* ohne pl desempleo *m*, paro *m*, cesantía *f Am*

Arbeitsmangel *m* ohne pl escasez *f* de trabajo; **Arbeitsmarkt** *m* mercado *m* de trabajo [*o* laboral]; **Arbeitsmittel** *nt* instrumento *m* de trabajo; (*Werkstoff*) material *m* de trabajo; **Arbeitsmoral** *f* moral *f* de

tabajo; **was ist denn das für eine** ~? pero, ¿qué moral de trabajo es ésta?; **Arbeitsniederlegung** *f* huelga *f*, paro *m*; **Arbeitsoberfläche** *f* (INFOR) escritorio *m*; **Arbeitspensum** *nt* volumen *m* de trabajo

Arbeitsplatz *m* ❶ (*Platz*) lugar *m* de trabajo ❷ (*Arbeitsstätte*) trabajo *m* ❸ (*Stelle*) puesto *m* de trabajo; **Arbeitsplatzbeschaffungsmaßnahme** *f* creación *f* de empleo; **Arbeitsplatz-Gifte** *ntpl* tóxicos *mpl* en el puesto de trabajo; **Arbeitsplatzsicherung** *f* ohne pl seguridad *f* del puesto de trabajo; **Arbeitsplatzteilung** *f* partimiento *m* de puesto de trabajo; **Arbeitsplatzwechsel** *m* cambio *m* de puesto de trabajo

Arbeitsprobe *f* muestra *f* del trabajo realizado; **Arbeitsrecht** *nt* ohne pl Derecho *m* Laboral; **arbeitsreich** *adj* muy ocupado; **Arbeitsrichter(in)** *m(f)* juez *mf* de trabajo; **arbeitsscheu** *adj* gandul; **Arbeitsspeicher** *m* (INFOR) memoria *f* de trabajo [*o* con acceso inmediato]; **Arbeitsstätte** *f* centro *m* de trabajo; **Arbeitsstelle** *f* puesto *m* de trabajo; **Arbeitssuche** *f* ohne pl búsqueda *f* de trabajo; **Arbeitstag** *m* jornada *f* (de trabajo); (*Montag bis Freitag*) día *m* laboral; **Arbeitsteilung** *f* ohne pl división *f* del trabajo; **Arbeitsuche** *f s.* **Arbeitssuche**; **Arbeitsuchende(r)** *mf* <-n, -n; -n> demandante *mf* de trabajo

arbeitsunfähig *adj* ❶ (*krank*) enfermo ❷ (*behindert*) inválido

Arbeitsunfähigkeit *f* incapacidad *f* laboral; **Arbeitsunfall** *m* accidente *m* laboral; **Arbeitsverhältnis** *nt* relación *f* jurídica entre patrono y obrero; **in einem** ~ **stehen** tener un contrato laboral; **Arbeitsvermittlung** *f* tramitación *f* de trabajo; **Arbeitsvertrag** *m* contrato *m* de trabajo; **Arbeitsverweigerung** *f* negativa *f* a trabajar; **Arbeitsweise** *f* ❶ (*Mensch*) modo *m* de trabajo ❷ (*Maschine*) sistema *m* de funcionamiento; **arbeitswillig** *adj* dispuesto a trabajar; (*beim Streik*) antihuelguista; **Arbeitswoche** *f* semana *f* laboral; **Arbeitswut** *f* (*fam*) obsesión *f* por el trabajo; **arbeitswütig** *adj* afanoso

Arbeitszeit *f* horario *m* de trabajo; (*Öffnungszeiten*) horas *fpl* de oficina; **verkürzte** ~ jornada reducida; **Arbeitszeitverkürzung** *f* reducción *f* de jornada

Arbeitszeugnis *nt* certificado *m* de trabajo; **Arbeitszimmer** *nt* cuarto *m* de trabajo; (*Büro*) despacho *m*

archaisch [arˈçaːɪʃ] *adj* arcaico

Archäologe, -in [arçɛoˈloːgə] *m, f* <-n, -n;

-nen> arqueólogo, -a *m, f*

Archäologie [arçɛolo'giː] *f ohne pl* arqueología *f*

Archäologin *f* <-nen> *s.* **Archäologe**

archäologisch *adj* arqueológico

Arche ['arçə] *f* <-n> arca *f;* **die ~ Noah** el arca de Noé

archetypisch *adj* arquetípico

Architekt(in) [arçi'tɛkt] *m(f)* <-en, -en; -nen> arquitecto, -a *m, f*

architektonisch [arçitɛk'toːnɪʃ] *adj* arquitectónico

Architektur *f ohne pl* arquitectura *f*

Archiv [ar'çiːf] *nt* <-s, -e> archivo *m*

Archivar(in) [arçi'vaːɐ] *m(f)* <-s, -e; -nen> archivero, -a *m, f*

archivieren* *vt* archivar

Areal [are'aːl] *nt* <-s, -e> ❶ (*Fläche*) área *f* ❷ (*Bezirk*) distrito *m*

Ären *pl von* **Ära**

Arena [a're:na, *pl:* a're:nən] *f* <Arenen> ❶ (*Kampfplatz*) arena *f* ❷ (*Stierkampf~*) plaza *f* de toros ❸ (*Zirkus*) pista *f*

arg [ark] <ärger, am ärgsten> **I.** *adj* (*reg*) ❶ (*schlimm*) malo; **der ärgste Feind** el peor enemigo; **etw liegt im A~en** (*geh*) algo va por mal camino; **etw noch ärger machen** empeorar algo aún más; **jdm ~ mitspielen** jugar una mala pasada a alguien ❷ (*ernst*) grave; **in ~e Verlegenheit kommen** verse en un grave apuro **II.** *adv* (*reg: sehr*) muy, mucho; **es hat mir nicht so ~ gefallen** no me ha gustado demasiado

Argentinien [argɛn'tiːniən] *nt* <-s> Argentina *f*

Argentinier(in) *m(f)* <-s, -; -nen> argentino, -a *m, f*

argentinisch *adj* argentino

ärger *adj kompar von* **arg**

Ärger ['ɛrgɐ] *m* <-s, *ohne pl*> ❶ (*Unmut*) fastidio *m*, disgusto *m*, boche *m Chil, Peru* ❷ (*Zorn*) enojo *m*, bronca *f Am* ❸ (*Wut*) rabia *f;* **seinen ~ hinunterschlucken** (*fam fig*) tragarse el enfado ❹ (*Schwierigkeiten*) dificultades *fpl;* **~ bekommen** llevarse una bronca; **es gab ~** hubo problemas; **mit jdm ~ haben** tener problemas con alguien; **jdm ~ machen** poner dificultades a alguien

ärgerlich *adj* ❶ (*verärgert*) enfadado; **über jdn/über etw ~ sein** estar enfadado con alguien/por algo ❷ (*erbost*) indignado, enojado ❸ (*unerfreulich*) desagradable, molesto, chocante *Am*

ärgern ['ɛrgɐn] **I.** *vt* (*ärgerlich machen*) fastidiar, molestar, embromar *Am* **II.** *vr:* **sich ~** (*böse werden*) enfadarse (*über* por); **ich**

habe mich sehr über dich geärgert me he enfadado muchísimo por tu culpa; **sich schwarz ~** (*fam*) ponerse negro

Ärgernis¹ *nt* <-ses, -se> (*Ärger*) fastidio *m*, volado *m Mex*

Ärgernis² *nt* <-ses, *ohne pl*> (*Anstoß*) escándalo *m;* **Erregung öffentlichen ~ses** (*JUR*) provocación de escándalo público

Arglist *f ohne pl* ❶ (*geh: Heimtücke*) malicia *f;* (*geh: Hinterlist*) astucia *f*, maña *f* ❷ (*JUR*) dolo *m*

arglistig *adj* ❶ (*gemein*) malicioso; (*verschlagen*) astuto ❷ (*JUR*) doloso

arglos *adj* sin malicia, de buena fe; (*naiv*) ingenuo, inocente

ärgste(r, s) *adj superl von* **arg**

Argument [argu'mɛnt] *nt* <-(e)s, -e> argumento *m*, alegato *m Peru*

Argumentation [argumɛnta'tsjoːn] *f* <-en> argumentación *f*

argumentieren* *vi* argumentar (*für* en pro de, *gegen* contra)

Argwohn ['arkvoːn] *m* <-(e)s, *ohne pl*> (*geh*) sospecha *f*, suspicacia *f;* (*Misstrauen*) recelo *m*, desconfianza *f;* **jds ~ erregen** despertar la desconfianza de alguien

argwöhnen ['arkvøːnən] *vt* (*geh*) recelar

argwöhnisch **I.** *adj* (*geh*) desconfiado, receloso **II.** *adv* (*geh*) con recelo

Arie ['aːriə] *f* <-n> aria *f*

Arier(in) ['aːriɐ] *m(f)* <-s, -; -nen> ario, -a *m, f*

arisch ['aːrɪʃ] *adj* ario

Aristokrat(in) [arɪsto'kraːt] *m(f)* <-en, -en; -nen> aristócrata *mf*

Aristokratie [arɪstokra'tiː] *f* <-n> aristocracia *f*

Aristokratin *f* <-nen> *s.* **Aristokrat**

aristokratisch *adj* aristocrático

Arithmetik [arɪt'meːtɪk] *f ohne pl* (*MATH*) aritmética *f*

arithmetisch *adj* (*MATH*) aritmético

Arkade [ar'kaːdə] *f* <-n> arcada *f*

Arktis ['arktɪs] *f* Ártico *m*, regiones *fpl* árticas

arktisch *adj* ártico

arm [arm] *adj* <ärmer, am ärmsten> ❶ (*bedürftig*) pobre, necesitado; (*mittellos*) sin recursos ❷ (*bedauernswert*) pobre; **ein ~er Irrer** un pobre imbécil; **du Ärmste!** ¡pobrecita de ti!; **er ist ~ dran** (*fam*) tu va mal las cosas

Arm *m* <-(e)s, -e> ❶ (*Körperteil*) brazo *m;* **er nahm sie in den ~** la tomó en sus brazos; **sich** *dat* **in den ~en liegen** estar abrazados (el uno al otro); **jdn auf den ~**

nehmen (*fam*) tomar el pelo a alguien; **jdm unter die ~e greifen** echar una mano a alguien; **jdn mit offenen ~en aufnehmen** recibir a alguien con los brazos abiertos; **~ in ~ gehen** ir del brazo; **jds verlängerter ~ sein** (*fig*) ser del brazo derecho de alguien ❷(TECH) brazo *m* ❸(*eines Flusses*) brazo *m* ❹(*Ärmel*) manga *f*

Armaturen [arma'tu:rən] *fpl* ❶(*sanitär*) grifería *f* ❷(*Schaltinstrumente*) mandos *mpl;* **Armaturenbrett** *nt* cuadro *m* de mandos

Armband *nt* pulsera *f*, brazalete *m;* (*Uhr~*) correa *f;* **Armbanduhr** *f* reloj *m* de pulsera

Armbinde *f* ❶(*als Kennzeichen*) brazal *m* ❷(*Tragetuch*) cabestrillo *m*

Arme(r) *mf* <-n, -n; -n, -n> ❶(*bedürftig*) pobre *mf;* **die ~n** los pobres ❷(*bedauernswert*): **ich ~!** ¡pobre de mí!; **du ~r!** ¡pobre (de ti)!

Armee [ar'me:, *pl:* ar'me:ən] *f* <-n> ejército *m*

Ärmel ['ɛrməl] *m* <-s, -> manga *f;* **die ~ hochkrempeln** (*a. fig*) arremangarse; **etw aus dem ~ schütteln** (*fam*) sacarse algo de la manga; **Ärmelaufschlag** *m* bocamanga *f*

Ärmelkanal *m* Canal *m* de la Mancha

ärmellos *adj* sin mangas

Armenhaus *nt* asilo *m* de pobres

Armenien [ar'me:niən] *nt* <-s> Armenia *f*

Armenier(in) *m(f)* <-s, -; -nen> armenio, -a *m, f*

armenisch *adj* armenio

Armenviertel *nt* barrio *m* (de gente) pobre

ärmer *adj kompar von* **arm**

Armlehne *f* (*am Sessel*) brazo *m;* (*im Auto*) reposabrazos *m inv;* **Armleuchter** *m* ❶(*Kerzenhalter*) candelabro *m;* (*Kronleuchter*) araña *f* ❷(*fam abw: Dummkopf*) imbécil *mf*

ärmlich ['ɛrmlɪç] *adj* ❶(*arm*) pobre, humilde ❷(*elend*) miserable, mísero

armselig ['armse:lɪç] *adj* ❶*s.* **ärmlich** ❷(*unbedeutend*) insignificante

ärmste(r, s) *adj superl von* **arm**

Armut ['armu:t] *f ohne pl* pobreza *f,* indigencia *f,* prángana *f Mex, PRico;* **Armutsflüchtling** *m* (POL) refugiado, -a *m, f* económico, -a; **Armutsgrenze** *f* umbral *m* de pobreza; **Armutszeugnis** *nt* muestra *f* de incapacidad

Aroma [a'ro:ma, *pl:* a'ro:mas, a'ro:mən, a'ro:mata] *nt* <-s, -s *o* Aromen *o* Aromata> aroma *m;* **Aromastoff** *m* sustancia *f* aromática

Aromata *pl von* **Aroma**

Aromatherapie *f* aromaterapia *f*

aromatisch [aro'ma:tɪʃ] *adj* aromático

aromatisieren* *vt* (CHEM) aromatizar

Aromen *pl von* **Aroma**

Arrangement [arãʒə'mã:] *nt* <-s, -s> ❶(*Übereinkommen*) acuerdo *m* ❷(MUS: *Anordnung*) arreglo *m*

arrangieren* [arã'ʒi:rən] **I.** *vt* ❶(*organisieren*) organizar ❷(*zusammenstellen*) combinar ❸(MUS) arreglar **II.** *vr:* **sich ~** (*sich einigen*) llegar a un acuerdo

Arrest [a'rɛst] *m* <-(e)s, -e> ❶(JUR) arresto *m* ❷(*Beschlagnahmung*) confiscación *f*

arretieren* [are'ti:rən] *vt* (TECH) bloquear

arrogant [aro'gant] *adj* arrogante

Arroganz *f ohne pl* arrogancia *f*

Arsch [arʃ, *pl:* 'ɛrʃə] *m* <-(e)s, Ärsche> (*vulg*) culo *m*, orto *m CSur;* **du ~!** ¡hijo de puta!; **jdm in den ~ kriechen** lamer el culo a alguien; **jdm geht etw am ~ vorbei** a alguien le importa algo una mierda; **leck mich am ~!** ¡que te den por culo!; **am ~ der Welt** (*fam*) en el quinto coño; **Arschbacke** *f* (*vulg*) nalga *f;* **Arschficker** *m* (*vulg*) maricón *m;* **Arschkriecher** *m* <-s, -> (*vulg abw*) lameculos *mf inv;* **Arschloch** *nt* (*vulg*) ❶(*Körperteil*) ojo *m* del culo ❷(*Schimpfwort*) cabrón, -ona *m, f,* orto *m CSur;* **Arschtritt** *m* (*fam*) patada *f* en el culo

Arsen [ar'ze:n] *nt* <-s, *ohne pl*> (CHEM) arsénico *m*

Arsenal [arze'na:l] *nt* <-s, -e> arsenal *m*

Art¹ [art] *f* <-en> ❶(*Klasse*) clase *f,* tipo *m* ❷(BIOL) especie *f;* **eine vom Aussterben bedrohte ~** una especie amenazada de extinción ❸(*Weise*) modo *m;* **~ und Weise** modo (y manera); **auf diese ~** este modo; **nach ~ des Hauses** de la casa

Art² *f ohne pl* (*Wesens~*) carácter *m*, naturaleza *f;* **das ist nun mal meine ~** yo soy así

Art. (*a.* JUR) *Abk. von* **Artikel** art.

Artenreichtum *m ohne pl* riqueza *f* de especies; **Artenschutz** *m* protección *f* de especies (en peligro de extinción); **Artensterben** *nt* extinción *f* de las especies; **Artenvielfalt** *f* diversidad *f* de especies

Arterhaltung *f* (BIOL) conservación *f* de las especies

Arterie [ar'te:riə] *f* <-n> (MED) arteria *f;* **Arterienverkalkung** *f* (*fam*) arterio(e)sclerosis *f inv*

artfremd *adj* (BIOL) de otra especie; **artgemäß** *adj s.* **artgerecht; Artgenosse, -in** *m, f* congénere *mf;* **artgerecht** *adj* acorde con la especie; **~e Tierhaltung**

(*von Haustieren*) mantenimiento de los animales adaptado a las características de su especie; (*von Nutztieren*) ganadería biológica

artig ['artıç] *adj* obediente; **jetzt sei aber ~!** ¡ahora sé obediente!

Artigkeiten *fpl* (*Komplimente*) piropos *mpl*, requiebros *mpl*; **er überschüttete sie mit ~** la abrumó con piropos

Artikel [ar'ti:kəl, ar'tıkəl] *m* <-s, -> (LING, PUBL, JUR) artículo *m*

Artikulation [artikula'tsjo:n] *f* <-en> articulación *f*

artikulieren* [artiku'li:rən] **I.** *vt* (*Laut, Gedanken*) articular **II.** *vr:* **sich ~** (*ausdrücken*) expresarse

Artillerie [artılə'ri:] *f* <-n> (MIL) artillería *f*

Artischocke [arti'ʃɔkə] *f* <-n> alcachofa *f*, alcaucil *m Arg*

Artist(in) [ar'tıst] *m(f)* <-en, -en; -nen> ❶ (*im Varietee, Zirkus*) artista *mf* ❷ (*Akrobat*) acróbata *mf*

artistisch *adj* artístico

artverwandt *adj* afín

Arznei [arts'naɪ] *f* <-en> medicamento *m*; **Arzneiflasche** *f* frasco *m* de medicina; **Arzneiformel** *f* receta *f*, fórmula *f*

Arzneimittel *nt* medicamento *m*; **Arzneimittelabhängigkeit** *f* adicción *f* a los medicamentos; **Arzneimittelallergie** *f* alergia *f* a los medicamentos; **Arzneimittelgesetz** *nt* (JUR) legislación *f* sobre medicamentos; **Arzneimittelhersteller** *m* fabricante *m* de productos farmacéuticos; **Arzneimittelmissbrauch** *m* abuso *m* de medicamentos; **Arzneimittelsucht** *f* dependencia *f* de los medicamentos; **Arzneimittelvergiftung** *f* intoxicación *f* con medicinas

Arzneipflanze *f* planta *f* medicinal

Arzt [artst, *pl:* 'ɛrtstə] *m*, **Ärztin** *f* <-es, Ärzte; -nen> médico, -a *m, f*, doctor(a) *m(f)*; **praktischer ~** médico (de medicina) general; **zum ~ gehen** ir al médico

Arztbesuch *m* visita *f* médica

Ärztekammer *f* colegio *m* de médicos

Ärzteschaft *f ohne pl* cuerpo *m* médico

Arzthelfer(in) *m(f)* asistente *mf* médico, -a

Ärztin ['ɛrtstɪn] *f* <-nen> *s.* **Arzt**; **Arztkosten** *pl* honorarios *mpl* del médico

ärztlich *adj* médico; **~es Attest** certificado médico

Arztpraxis *f* consulta *f* médica

As [as] *nt* <-, -> (MUS) la *m* bemol

Asbest [as'bɛst] *m* <-(e)s, -e> amianto *m*

aschblond ['aʃblɔnt] *adj* rubio ceniza

Asche ['aʃə] *f ohne pl* ceniza *f*; **Aschen-**

bahn *f* pista *f* de ceniza; **Aschenbecher** *m* cenicero *m*

Aschenbrödel ['aʃənbrø:dəl] *nt* <-s, ->, **Aschenputtel** ['aʃənpʊtəl] *nt* <-s, -> cenicienta *f*

Ascher ['aʃɐ] *m* <-s, -> cenicero *m*

Aschermittwoch [--'--] *m* miércoles *m* de ceniza

aschgrau *adj* gris ceniza

ASCII-Code *m* (INFOR) código *m* ASCII

Äser *pl von* **Aas²**

asexuell ['aseksuɛl] *adj* asexual

Asiat(in) *m(f)* <-en, -en; -nen> asiático, -a *m, f*

asiatisch *adj* asiático

Asien ['a:ziən] *nt* <-s> Asia *f*

Askese [as'ke:zə] *f ohne pl* ascetismo *m*, ascética *f*

Asket(in) [as'ke:t] *m(f)* <-en, -en; -nen> asceta *mf*

asketisch *adj* ascético

asozial ['azotsia:l] *adj* asocial; (*rücksichtslos*) incívico

Asoziale(r) *mf* <-n, -n; -n, -n> (*abw*) asocial *mf*

Aspekt [as'pɛkt] *m* <-(e)s, -e> aspecto *m*; **unter diesem ~** bajo ese aspecto

Asphalt [as'falt] *m* <-(e)s, -e> asfalto *m*, asfaltado *m Am*

asphaltieren* *vt* asfaltar

Aspirin® *nt* <-s, -> aspirina® *f*

Ass *nt* <-es, -e> as *m*

aß [a:s] *3. imp von* **essen**

Assel ['asəl] *f* <-n> cochinilla *f*

Assimilation *f* <-en> (*a.* BIOL: *geh*) asimilación *f* (*an* a)

assimilieren* [asimi'li:rən] *vt* (*a.* BIOL: *geh*) asimilar

Assistent(in) [asıs'tɛnt] *m(f)* <-en, -en; -nen> asistente *mf*

Assistenzarzt, -ärztin *m, f* médico, -a *m, f* asistente

assistieren* *vi* asistir (*bei* en)

Assoziation [asotsia'tsjo:n] *f* <-en> asociación *f*

assoziieren* [asotsi'i:rən] *vt* asociar

Ast [ast, *pl:* 'ɛstə] *m* <-(e)s, Äste> ❶ (*vom Baum*) rama *f* ❷ (*im Holz*) nudo *m*

Aster ['astɐ] *f* <-n> áster *f*

Astgabel *f* horcadura *f*

Ästhet(in) [ɛs'te:t] *m(f)* <-en, -en; -nen> esteta *mf*

Ästhetik *f ohne pl* estética *f*

Ästhetin *f* <-nen> *s.* **Ästhet**

ästhetisch *adj* estético

Asthma ['astma] *nt* <-s, *ohne pl*> (MED) asma *m o f*

Asthmatiker(in) *m(f)* <-s, -; -nen> (MED)

asmático, -a *m, f*

asthmatisch [ast'ma:tɪʃ] *adj* (MED) asmático

Astralreise *f* viaje *m* astral

astrein *adj* (*fam*) ❶ (*sehr schön*) genial ❷ (*moralisch einwandfrei*): **die Sache ist nicht ganz ~** aquí hay gato encerrado

Astrologe, -in [astro'lo:gə] *m, f* <-n, -n; -nen> astrólogo, -a *m, f*

Astrologie *f ohne pl* astrología *f*

Astrologin *f* <-nen> *s.* **Astrologe**

astrologisch *adj* astrológico

Astronaut(in) [astro'naʊt] *m(f)* <-en, -en; -nen> astronauta *mf*

Astronom(in) [astro'no:m] *m(f)* <-en, -en; -nen> astrónomo, -a *m, f*

Astronomie *f ohne pl* astronomía *f*

Astronomin *f* <-nen> *s.* **Astronom**

astronomisch *adj* (*a. fig*) astronómico

Asturien [as'tu:riən] *nt* <-s> Asturias *f*

Asturier(in) *m(f)* <-s, -; -nen> asturiano, -a *m, f*

asturisch *adj* asturiano

Asyl [a'zy:l] *nt* <-(e)s, -e> asilo *m*

Asylant(in) [azy'lant] *m(f)* <-en, -en; -nen> asilado, -a *m, f*

Asylantenwohnheim *nt* residencia *f* de asilados

Asylantrag *m* solicitud *f* de asilo; **Asylbewerber(in)** *m(f)* solicitante *mf* de asilo; **Asylrecht** *nt ohne pl* derecho *m* de asilo; **Asylsuchende(r)** *mf* <-n, -n; -n> peticionario *m* de asilo

Asymmetrie [azymeˈtriː] *f* <-n> (*a.* MATH) asimetría *f*

asymmetrisch ['azymeːtrɪʃ] *adj* (*a.* MATH) asimétrico

Atelier [atə'lje:] *nt* <-s, -s> estudio *m*

Atem ['a:təm] *m* <-s, *ohne pl*> aliento *m*; (*Atmung*) respiración *f*; **den ~ anhalten** contener la respiración; **wieder zu ~ kommen** recuperar el aliento; **~ holen** tomar aliento; **jdn in ~ halten** tener a alguien en vilo; **außer ~ sein** estar sin aliento; **das verschlägt mir den ~** eso me deja sin palabras; **atemberaubend** *adj* ❶ (*beeindruckend*) impresionante ❷ (*spannend*) emocionante ❸ (*sensationell*) sensacional; **Atembeschwerden** *fpl* trastornos *mpl* respiratorios; **Atemgerät** *nt* (MED) aparato *m* respiratorio; **Atemlähmung** *f ohne pl* (MED) parálisis *f inv* respiratoria

atemlos *adj* ❶ (*außer Atem*) sin aliento, jadeante ❷ (*gespannt*) absorto; **~ lauschen** escuchar sin parpadear

Atemnot *f ohne pl* asfixia *f*, ahogo *m*; (MED) apnea *f*; **Atempause** *f* ❶ (*zum Atmen*) pausa *f* respiratoria ❷ (*Ruhepause*) descanso *m*; **Atemstillstand** *m* paro *m* respiratorio; **Atemwege** *mpl* vías *fpl* respiratorias; **Atemwegserkrankung** *f* (MED) enfermedad *f* de las vías respiratorias; **Atemzug** *m* respiración *f*; **im selben ~** de un aliento

Atheismus [ate'ɪsmʊs] *m* <-, *ohne pl*> ateísmo *m*

Atheist(in) *m(f)* <-en, -en; -nen> ateo, -a *m, f*

atheistisch *adj* ateo

Athen [a'te:n] *nt* <-s> Atenas *m*

Athener(in) *m(f)* <-s, -; -nen> ateniense *mf*

Äther ['ɛ:te] *m* <-s, *ohne pl*> (CHEM) éter *m*

ätherisch [ɛ'te:rɪʃ] *adj* etéreo; **~e Öle** aceites etéreos

Äthiopien [ɛti'o:piən] *nt* <-s> Etiopía *f*

Äthiopier(in) *m(f)* <-s, -; -nen> etíope *mf*

äthiopisch *adj* etíope

Athlet(in) [at'le:t] *m(f)* <-en, -en; -nen> atleta *mf*

athletisch *adj* atlético

Atlanten *pl von* **Atlas**

Atlantik [at'lantɪk] *m* <-s> Atlántico *m*

atlantisch *adj* atlántico; **der A~e Ozean** el Océano Atlántico

Atlas ['atlas, *pl:* at'lantən] *m* <-(ses), Atlanten> atlas *m*

atmen ['a:tmən] *vi, vt* respirar

Atmen *nt* <-s, *ohne pl*> respiración *f*; **das ~ durch die Nase fällt mir schwer** me resulta difícil respirar por la nariz

Atmosphäre [atmo'sfɛ:rə] *f* <-n> ❶ (*Lufthülle der Erde*) atmósfera *f* ❷ (*Stimmung*) ambiente *m*

atmosphärisch *adj* atmosférico

Atmung ['a:tmʊŋ] *f ohne pl* respiración *f*; **atmungsaktiv** *adj* transpirable

Ätna ['ɛtna] *m* <-s> Etna *m*

Atoll [a'tɔl] *nt* <-s, -e> atolón *m*

Atom [a'to:m] *nt* <-s, -e> átomo *m*

Atomangriff *m* ataque *m* nuclear

atomar [ato'ma:ɐ] *adj* nuclear, atómico; **~e Rüstung/Bedrohung** armamento/amenaza nuclear; **~e Waffen** armas nucleares

Atombombe *f* bomba *f* atómica; **Atombombenexplosion** *f* explosión *f* de bomba atómica; **Atombombenversuch** *m* prueba *f* nuclear

Atombunker *m* refugio *m* atómico; **Atomenergie** *f ohne pl* energía *f* nuclear; **Atomexplosion** *f* explosión *f* atómica; **Atomforschungszentrum** *nt* (PHYS) centro *m* de investigaciones atómicas [*o* nucleares]; **Atomgegner(in)** *m(f)* antinuclear *mf*, opositor(a) *m(f)* a la energía nuclear; **Atomindustrie** *f* (WIRTSCH) industria *f* atómica

atomisieren * *vt* atomizar

Atomkern *m* núcleo *m* atómico

Atomkraft *f ohne pl* energía *f* nuclear; **Atomkraftwerk** *nt* central *f* nuclear

Atomkrieg *m* guerra *f* nuclear; **Atommacht** *f* potencia *f* atómica

Atommüll *m* residuos *mpl* radi(o)activos; **Atommüllendlager** *nt* depósito *m* definitivo de residuos radi(o)activos; **Atommülllagerung** *f* almacenaje *m* de residuos radi(o)activos

Atomphysik *f* física *f* atómica; **Atomrakete** *f* misil *m* nuclear; **Atomreaktor** *m* reactor *m* nuclear [*o* atómico]; **Atomspaltung** *f* (PHYS) fisión *f* nuclear; **Atomsprengkopf** *m* (MIL) cabeza *f* atómica; **Atomtest** *m* prueba *f* nuclear; **Atomteststopp** *m* stop *m* a las pruebas nucleares

Atomuhr *f* (TECH) reloj *m* atómico

Atomwaffe *f* arma *f* atómica [*o* nuclear]; **atomwaffenfrei** *adj* desnuclearizado; **~e Zone** zona desnuclearizada

Atomzeitalter *nt* era *f* atómica

Atomzerfall *m* (PHYS) desintegración *f* atómica

atoxisch ['atɔksɪʃ, -'--] *adj* atóxico

Atrium ['aːtriʊm] *nt* <-s, Atrien> (ARCHIT) atrio *m*, pretil *m* Am

ätsch [ɛːtʃ] *interj* (*fam*) toma ya, chúpate esa

Attacke [a'takə] *f* <-n> ❶ (*Angriff*) agresión *f* (*auf/gegen* contra), ataque *m* (*auf/gegen* contra) ❷ (MED) ataque *m*, acceso *m*

attackieren * *vt* atacar

Attentat [a'təntaːt] *nt* <-(e)s, -e> atentado *m* (*auf* contra); **ein ~ auf jdn verüben** atentar contra (la vida de) alguien

Attentäter(in) ['atɛntɛːtɐ, -'--] *m(f)* <-s, -; -nen> autor(a) *m(f)* del atentado

Attest [a'tɛst] *m* <-(e)s, -e> (*ärztliches*) certificado *m* médico

attestieren * *vt* atestar, certificar

Attitüde [ati'tyːdə] *f* <-n> pose *f*

Attraktion¹ [atrak'tsjoːn] *f* <-en> (*Glanznummer*) atracción *f*

Attraktion² *f ohne pl* (*Anziehung*) atractivo *m*

attraktiv [atrak'tiːf] *adj* atractivo

Attraktivität [atraktivi'tɛːt] *f ohne pl* atractivo *m*

Attrappe [a'trapə] *f* <-n> objeto *m* de imitación [*o* de pega]

Attribut [atri'buːt] *nt* <-(e)s, -e> (*a.* LING) atributo *m*

attributiv [atribu'tiːf, '----] *adj* (LING) atributivo

atypisch ['atyːpɪʃ, -'--] *adj* atípico (*für* de)

ätzen ['ɛtsən] *vi, vt* ❶ (CHEM) corroer ❷ (MED) cauterizar

ätzend *adj* ❶ (*Lauge*) cáustico; (*Säure*) corrosivo ❷ (*sl: furchtbar*) horrible; (*nervtötend*) cabreante

au [aʊ] *interj* ❶ (*Schmerz*) ay ❷ (*Begeisterung*) ay, uau; **~ ja!** ¡uau, sí!

aua ['aʊa] *interj* ay

Aubergine [obɛr'ʒiːnə] *f* <-n> berenjena *f*

auch [aʊx] *adv* ❶ (*ebenfalls*) también; **~ nicht** tampoco; **~ gut** bien también; **ich ~** yo también; **~ das noch!** ¡lo que faltaba! ❷ (*sogar*) incluso, ni siquiera; **ohne ~ nur zu fragen** sin ni siquiera preguntar; **wenn es regnen sollte** incluso si lloviese ❸ (*tatsächlich*) en efecto, de hecho; **das hat ~ niemand behauptet** de hecho nadie lo ha dicho ❹ (*außerdem*) además, también; **~ wäre es falsch zu glauben, dass …** además sería erróneo pensar que… +*subj*; **so was aber ~!** ¡qué cosas!; **wozu ~?** ¿para qué, realmente?; **wo ~ immer** dondequiera que (sea); **wie es ~ sei** sea como sea; **solange ich ~ wartete …** por más que esperé…

Audienz [aʊdi'ɛnts] *f* <-en> audiencia *f*

Audiokassette ['aʊdiokasɛtə] *f* (audio)cas(s)et(t)e *m o f*; **audiovisuell** [aʊdiovizu'ɛl] *adj* audiovisual

Auditorium [aʊdi'toːriʊm] *nt* <-s, Auditorien> ❶ (*Räumlichkeit*) auditorio *m* ❷ (*geh: Zuhörer*) auditorio *m*

Aue ['aʊə] *f* <-n> ❶ (*geh: Gelände*) vega *f* ❷ (*reg: Insel*) isla *f*

Auerhahn ['aʊəhaːn] *m* (ZOOL) urogallo *m*, gallo *m* silvestre; **Auerochse** *m* uro *m*

auf [aʊf] **I.** *präp* +*dat* ❶ (*oben darauf*) sobre, encima de, en; **~ dem Tisch** encima de la mesa; **~ dem Boden** en el suelo; **ich habe es ~ einem Bild gesehen** lo he visto en una foto ❷ (*darauf befindlich*) en; **~ Mallorca** en Mallorca; **~ der Straße** en la calle ❸ (*drinnen*) en; **~ der Bank/der Post/dem Polizeireivier** en el banco/Correos/la comisaría de policía; **~ dem Land(e)** en el campo; **~ meinem Konto** en mi cuenta ❹ (*während*) durante; **~ Reisen** de viaje; **~ der Flucht** durante la fuga; **~ der Geburtstagsfeier** en la fiesta de cumpleaños **II.** *präp* +*akk* ❶ (*nach oben*) a, en; **~ einen Berg steigen** subir a un monte; **sie setzte sich ~ die Bank** se sentó en el banco ❷ (*hin zu*) a, hacia; **sich ~ den Weg machen** ponerse en camino; **ich muss noch ~ die Post** tengo que ir todavía a Correos; **~ die Erde fallen** caer al suelo; **~s Land ziehen** irse a vivir al campo; **er kam ~ mich**

zu vino hacia mí ❻ (*zeitlich*): ~ **einmal** de repente; **Heiligabend fällt** ~ **einen Dienstag** Nochebuena cae en martes; ~ **lange Sicht** a la larga; **die Sitzung wurde** ~ **morgen verschoben** la conferencia se aplazó a mañana; **bleib doch noch** ~ **eine Tasse Kaffee** quédate a tomar una taza de café; ~ **s Neue** de nuevo ❹ (*in einer bestimmten Art*) de; ~ **diese Weise** de esta manera; ~ **gut Glück** a la buena de Dios ❺ (*infolge*): ~ **seinen Rat** (**hin**) siguiendo su consejo; **...**, ~ **Grund dessen** ... por cuyo motivo ❻ (*im Hinblick* ~): ~ **Kosten von ...** a cuenta de...; ~ **dein Wohl!** ¡a tu salud!; ~ **eigene Gefahr** por propia cuenta y riesgo **III.** *adv* ❶ (*hinauf*) arriba; ~ **und ab** arriba y abajo; **er ist** ~ **und davon** (*fam*) puso pies en polvorosa ❷ (*fam: nicht im Bett*): ~ **sein** estar levantado ❸ (*offen, geöffnet*) abierto ❹ (*aufwärts*) arriba; ~**!** ¡arriba!; ~ **geht's!** ¡vamos!

auf|arbeiten *vt* ❶ (*erledigen*) acabar ❷ (*erneuern*) modificar, renovar ❸ (*bewältigen*) superar

auf|atmen *vi* tomar aire, respirar hondamente

auf|bahren ['aʊfbaːrən] *vt:* **einen Toten** ~ velar a un muerto

Aufbau¹ *m* <-(e)s, -ten> (*das Aufgebaute*) construcción *f* adicional

Aufbau² *m* <-(e)s, *ohne pl*> ❶ (*Tätigkeit*) construcción *f*, montaje *m*; (*Schaffung*) creación *f* ❷ (*Gliederung*) estructura *f* ❸ (INFOR, TEL: *Leitung, Grafik*) formato *m*

auf|bauen **I.** *vt* ❶ (*errichten*) construir, edificar; (*Zelt*) montar ❷ (*anordnen*) colocar, disponer ❸ (*Institution, Industrie*) erigir, fundar ❹ (*Armee, Geschäft*) crear ❺ (*Land*) desarrollar ❻ (*gliedern*) estructurar ❼ (*aufmuntern*) animar ❽ (*sich stützen*) basarse (*auf* en) ❾ (*fördern*) promocionar **II.** *vr:* **sich** ~ ❶ (*sich bilden, entstehen*) formarse ❷ (*fam: sich hinstellen*) ponerse (*vor* ante/delante de), plantarse (*vor* ante/delante de)

Aufbaukurs *m* (*Oberstufe*) curso *m* superior; (*Spezialisierung*) curso *m* de especialización

auf|bäumen ['aʊfbɔɪmən] *vr:* **sich** ~ ❶ (*Pferd*) encabritarse, bellaquearse *Am* ❷ (*sich auflehnen*) rebelarse (*gegen* contra)

auf|bauschen ['aʊfbaʊʃən] *vt* ❶ (*aufblähen*) inflar ❷ (*übertreiben*) exagerar

auf|begehren* *vi* rebelarse (*gegen* contra)

auf|behalten* *irr vt* (*fam*) dejar puesto

auf|bekommen* *irr vt* (*fam*) ❶ (*öffnen*

können) lograr abrir ❷ (*Aufgabe*) tener que hacer

auf|bereiten* *vt* ❶ (*Trinkwasser*) purificar, depurar; (*behandeln*) tratar ❷ (*Rohstoffe*) preparar, procesar; **wieder** ~ reciclar ❸ (*Daten*) elaborar

Aufbereitung *f* <-en> ❶ (*von Trinkwasser*) purificación *f*, depuración *f*; (*Behandlung*) tratamiento *m* ❷ (*von Rohstoffen*) preparación *f*, elaboración *f* ❸ (*von Daten*) elaboración *f*

auf|bessern *vt* ❶ (*Gehalt*) aumentar ❷ (*Kenntnisse*) perfeccionar

Aufbesserung *f* <-en> mejora *f*; (*Gehalt, Zulage*) aumento *m*, subida *f*

auf|bewahren* *vt* guardar; (*Lebensmittel*) conservar

Aufbewahrung *f* *ohne pl* ❶ (*das Aufbewahren*) conservación *f* ❷ (*Bewachen*) custodia *f* ❸ (*Ort*) depósito *m*; (*für Garderobe*) guardarropa *m*; (*für Gepäck*) consigna *f*

auf|bieten *irr vt* ❶ (*einsetzen*) emplear ❷ (*Brautpaar*) amonestar

auf|binden *irr vt* ❶ (*Schnürsenkel*) desatar ❷ (*Schleife*) soltar ❸ (*fam: weismachen*): **jdm einen Bären** ~ contar a alguien un cuento chino

auf|blähen **I.** *vt* (*aufschwellen*) inflar **II.** *vr:* **sich** ~ ❶ (*Segel*) inflarse ❷ (*abw: sich großtun*) engreírse

auf|blasen *irr* **I.** *vt* (*mit Luft*) hinchar, inflar **II.** *vr:* **sich** ~ (*fam: sich wichtig tun*) hincharse

auf|bleiben *irr vi sein* ❶ (*Person*) no acostarse, quedarse levantado ❷ (*Geschäft, Tür*) quedar abierto

auf|blenden *vi* ❶ (AUTO) poner las luces largas ❷ (FILM, FOTO) abrir el diafragma

auf|blicken *vi* ❶ (*hochschauen*) alzar la vista (*zu* hacia) ❷ (*bewundernd*) admirar (*zu* a)

auf|blitzen *vi* ❶ (*aufleuchten*) encenderse [*o* iluminarse] de pronto ❷ *sein* (*Idee*) ocurrirse (*in* a)

auf|blühen *vi sein* ❶ (*Blumen*) abrirse ❷ (*sich entfalten*) florecer, prosperar

auf|brauchen *vt* consumir

auf|brausen *vi sein* (*wütend werden*) encolerizarse

aufbrausend *adj* (*Temperament*) colérico; (*stürmisch*) tempestuoso; **mit** ~ **em Beifall** con una atronadora ovación

auf|brechen *irr* **I.** *vi sein* ❶ (*Knospen*) abrirse ❷ (*weggehen*) marcharse **II.** *vt* ❶ (*Straßendecke*) abrir ❷ (*Schloss, Auto*) forzar

auf|brezeln *vr:* **sich** ~ (*fam*) ponerse

guapo

auf|bringen *irr vt* ① (*Geld, Geduld*) reunir; **sie brachte nicht den Mut auf es ihm zu sagen** no reunió el valor suficiente para decírselo ② (*in Wut bringen*) enfurecer ③ (*Gerücht*) hacer correr

Aufbruch[1] *m* <-(e)s, -brüche> (*geh: geistiges Erwachen*) resurgimiento *m*, auge *m*

Aufbruch[2] *m* <-(e)s, *ohne pl*> (*Abreise*) partida *f*, salida *f*

Aufbruchsstimmung *f ohne pl* (*vor dem Aufbrechen*) nerviosismo *m;* (*vor einer Erneuerung*) excitación *f*

auf|brühen *vt* (*Tee, Kaffee*) hacer, preparar

auf|brummen *vt* (*fam*): **jdm etw** ~ endilgar algo a alguien

auf|bürden ['aʊfbʏrdən] *vt* (*geh*) cargar (con); **jdm etw** ~ cargar algo a alguien

auf|decken *vt* ① (*Zusammenhänge*) descubrir ② (*Bett*) abrir ③ (*Karten*) enseñar ④ (*Topf*) destapar ⑤ (*enthüllen*) revelar

auf|donnern *vr:* **sich** ~ (*fam abw*) emperejilarse

auf|drängen I. *vt* (*aufzwingen*) imponer **II.** *vr:* **sich** ~ ① (*Gedanke*) imponerse ② (*zudringlich sein*) importunar, agobiar

auf|drehen I. *vi* ① (*fam: beschleunigen*) acelerar ② (*fam: in Stimmung kommen*) ponerse a tono **II.** *vt* ① (*fam: Wasserhahn*) abrir ② (*Schraubverschluss*) desenroscar ③ (*Schraube*) aflojar ④ (*fam: Radio*) subir el volumen (de)

aufdringlich ['aʊfdrɪŋlɪç] *adj* (*Person*) pesado, molesto; (*Geruch*) intenso

Aufdringlichkeit *f* <-> (*einer Person*) importunidad *f;* (*eines Geruchs*) intensidad *f*

auf|drücken *vt* ① (*Tür*) abrir ② (*Pickel*) apretar ③ (*aufprägen*) estampar

aufeinander [aʊfaɪˈnandɐ] *adv* ① (*räumlich*) uno encima del otro; (**sich**) ~ **häufen** amontonar(se), acumular(se) ② (*zeitlich*) uno tras otro; ~ **folgen** sucederse ③ (*gegen*) uno contra el otro; ~ **stoßen** chocar (uno con otro); (*sich zufällig begegnen*) encontrarse

Aufenthalt ['aʊfənthalt] *m* <-(e)s, -e> ① (*kurze Anwesenheit*) estancia *f* ② (*kurze Unterbrechung*) parada *f* ③ (*Wohnort*) domicilio *m*, residencia *f;* **Aufenthaltserlaubnis** *f* permiso *m* de residencia; **Aufenthaltsgenehmigung** *f* permiso *m* de residencia; **Aufenthaltsort** *m* paradero *m;* (*ständiger*) lugar *m* de residencia; **Aufenthaltsraum** *m* sala *f* de descanso; (*Warteraum*) sala *f* de espera

auf|erlegen* *vt* (*geh*) ① (*Strafe*) imponer, infligir ② (*Steuern*) gravar (con)

auf|erstehen* *irr vi sein* (REL) resucitar

Auferstehung *f* <-en> (REL) resurrección *f*

auf|essen *irr* **I.** *vi* comer(se) todo **II.** *vt* comerse

auf|fahren *irr* **I.** *vi sein* ① (*aufprallen*) chocar (*auf* contra) ② (*dicht anschließen*) acercarse ③ (*aufschrecken*) levantarse sobresaltado ④ (*wütend werden*) encolerizarse ⑤ (MIL) ponerse en posición **II.** *vt* (*fam: Speisen*) poner en la mesa

Auffahrt *f* <-en> ① (*das Hinauffahren*) subida *f* ② (*Zufahrt*) entrada *f;* (*Rampe*) rampa *f* de acceso; (*zur Autobahn*) acceso *m* a la autopista

Auffahrunfall ['aʊffaːɛʔʊnfal] *m* choque *m* frontal

auf|fallen *irr vi sein* llamar la atención; (*bemerkt werden*) notarse; **unangenehm** ~ causar mala impresión

auffallend *adj* (*auffällig*) vistoso, llamativo; (*beeindruckend*) espectacular; (*sonderbar*) raro

auffällig ['aʊffɛlɪç] *adj* ① (*prunkvoll*) ostentoso ② (*außergewöhnlich*) extraño, que llama la atención ③ (*Farben*) llamativo

auf|fangen *irr vt* ① (*Ball*) recoger ② (*Gesprächsfetzen*) pillar ③ (*Schlag*) parar ④ (*Stoß, Aufprall*) amortiguar ⑤ (*Flüssigkeit*) recoger ⑥ (*negative Auswirkungen*) mitigar

Auffanglager *nt* campo *m* de acogida

auf|fassen *vt* ① (*auslegen*) interpretar ② (*begreifen*) entender

Auffassung *f* <-en> ① (*Ansicht*) opinión *f*, parecer *m;* **er ist der** ~, **dass ...** opina que... ② (*Deutung*) interpretación *f;* **Auffassungsgabe** *f ohne pl* entendimiento *m*

auffindbar *adj* localizable; **meine Brille ist nicht** ~ no puedo encontrar mis gafas

auf|finden *irr vt* encontrar

auf|fliegen *irr vi sein* ① (*Vogel*) echarse a volar ② (*Tür*) abrirse de golpe ③ (*fam: scheitern*) irse a pique

auf|fordern *vt* ① (*bitten*) pedir (a), requerir (*zu* para); **er forderte sie zum Tanz auf** la sacó a bailar ② (*befehlen*) mandar (a), exigir (a/de) ③ (*ermuntern*) animar

Aufforderung *f* <-en> ① (*freundlich*) invitación *f* (*zu* a); (*stärker*) requerimiento *m* (*zu* de) ② (*streng*) exhortación *f* (*zu* a) ③ (*Befehl*) mandato *m* (*zu* de), exigencia *f* (*zu* de)

auf|forsten ['aʊffɔrstən] *vt* repoblar

Aufforstung *f* <-en> repoblación *f* forestal, reforestación *f*

auf|fressen *irr vt* (*Futter*) comer(se)

auf|frischen I. *vi* (*Wind*) soplar más fuerte **II.** *vt* ① (*Farbe*) renovar ② (*Kenntnisse*) refrescar ③ (*Impfung*) renovar

Auffrischungskurs *m* (SCH) curso *m* para refrescar los conocimientos

auf|führen I. *vt* ❶ (*Theaterstück, Oper*) representar ❷ (*darlegen*) presentar; (*Zeugen*) nombrar; (*Beispiele*) dar II. *vr:* sich ~ (*sich benehmen*) (com)portarse

Aufführung *f* <-en> (THEAT) representación *f;* (FILM) proyección *f;* (MUS) actuación *f*

auf|füllen *vt* ❶ (*Behälter*) rellenar (*mit* de/con) ❷ (*Flüssigkeit*) echar ❸ (*Vorräte*) reponer

Aufgabe ['aʊfgaːbə] *f* <-n> ❶ (*Auftrag*) tarea *f;* (*Pflicht*) obligación *f,* deber *m* ❷ (*Hausaufgaben*) deberes *mpl;* (*Übung*) ejercicio *m;* (MATH) problema *m* ❸ (*Aufhören*) cese *m;* (*eines Geschäftes*) liquidación *f* ❹ (MIL) rendición *f;* (SPORT) retirada *f* ❺ (*Verzicht*) abandono *m* (*von* de) ❻ (*von Gepäck*) facturación *f;* (*eines Pakets*) expedición *f;* (*einer Anzeige*) inserción *f*

auf|gabeln *vt* (*fam*) pescar, pillar

Aufgabenbereich *m,* **Aufgabengebiet** *nt* área *f* de actividades

Aufgang *m* <-(e)s, -gänge> ❶ (*eines Gestirns*) salida *f* ❷ (*Aufstieg*) subida *f* (*zu* a); (*Zugang*) acceso *m* (*zu* a); (*Treppe*) escalera *f* (*zu* a)

auf|geben *irr* I. *vi* (*sich geschlagen geben*) darse por vencido, rendirse II. *vt* ❶ (*Paket, Telegramm*) expedir; (*Koffer*) facturar; (*Anzeige*) poner ❷ (*Widerstand*) abandonar; (*Hoffnung*) perder; (*Beruf*) dejar

aufgeblasen I. *pp von* **aufblasen** II. *adj* (*fam*) arrogante; (*angeberisch*) fanfarrón, engreído

Aufgebot *nt* <-(e)s, -e> ❶ (*Anzahl*) cantidad *f* ❷ (*Heiratsankündigung*) publicación *f* de las amonestaciones

aufgebracht I. *pp von* **aufbringen** II. *adj* (*wütend*) enojado, furioso

aufgedreht *adj* (*fam: lebhaft*) pasado de rosca

aufgedunsen ['aʊfgədʊnzən] *adj* (*Körper*) abotargado, abultado; (*Gesicht*) hinchado

auf|gehen *irr vi sein* ❶ (*Gestirn*) salir ❷ (*Tür, Vorhang, Reißverschluss*) abrirse; (*Armband*) desabrocharse ❸ (*Saat*) brotar, salir ❹ (*Rechnung*) no dejar resto ❺ (*Hefeteig*) subir ❻ (*Wend*): in der Arbeit ~ vivir sólo para el trabajo

aufgehoben *pp von* **aufheben**

auf|geilen I. *vt* (*fam*) poner caliente II. *vr:* sich ~ (*fam*) ponerse caliente (*an* con)

aufgeklärt ['aʊfgəklɛːɐt] *adj* (PHILOS) ilustrado

aufgekratzt *adj* (*fam: lebhaft*) pasado de rosca

aufgelegt ['aʊfgəleːkt] *adj:* gut/schlecht ~ sein estar de buen/mal humor

aufgelöst ['aʊfgələːst] *adj* ❶ (*verwirrt*) confuso; (*außer sich*) fuera de sí ❷ (*erschöpft*) agotado; (*benommen*) deshecho

aufgeregt ['aʊfgəreːkt] *adj* excitado, agitado; (*nervös*) nervioso

aufgeschlossen ['aʊfgəʃlɔsən] I. *pp von* **aufschließen** II. *adj* (*offen*) abierto; (*aufnahmefähig*) receptivo; (*mitteilsam*) comunicativo; (*zugänglich*) accesible; ~ für etw sein ser receptivo a algo; etw *dat* ~ gegenüberstehen estar abierto a algo

Aufgeschlossenheit *f ohne pl* (*Aufnahmefähigkeit*) receptividad *f;* (*Mitteilsamkeit*) comunicabilidad *f*

aufgeschmissen ['aʊfgəʃmɪsən] *adj* (*fam*): ohne sie sind wir völlig ~ sin ella estamos perdidos

aufgesetzt *adj* (*Verhalten*) forzado; seine Anteilnahme wirkt völlig ~ su condolencia resulta totalmente falsa

aufgeweckt ['aʊfgəvɛkt] *adj* (*geistig*) despierto, bagre *AmC;* (*Kind*) avispado

auf|gießen *irr vt* ❶ (*Tee, Kaffee*) hacer ❷ (*Wasser*) echar

auf|gliedern *vt* (sub)dividir; (*a.* WIRTSCH) desglosar

Aufgliederung *f* <-en> (sub)división *f;* (*a.* WIRTSCH) desglose *m*

auf|greifen *irr vt* ❶ (*Idee*) retomar ❷ (*festnehmen*) capturar, aprehender

aufgrund [aʊfˈgrʊnt] *präp + gen* a causa de, por

Aufguss *m* <-es, -güsse> ❶ (*Lösung*) infusión *f* ❷ (*Sauna*) humidificación *f;* (*fig, abw: Abklatsch*) refrito *m*

auf|haben *irr* I. *vi* (*Geschäfte*) estar abierto II. *vt* ❶ (*Hut, Brille*) tener puesto ❷ (*fam: Schulaufgaben*) tener que hacer

auf|halsen ['aʊfhalzən] *vt* (*fam*): jdm etw ~ endosar algo a alguien

auf|halten *irr* I. *vt* ❶ (*zurückhalten*) detener; (*Entwicklung*) impedir; (*Verkehr*) parar ❷ (*stören*) molestar; (*bei der Arbeit*) no dejar trabajar ❸ (*Tür*) mantener abierto II. *vr:* sich ~ ❶ (*bleiben*) quedarse; (*wohnen*) encontrarse ❷ (*Zeit verschwenden*) demorarse, dilatarse *Am*

auf|hängen *irr* I. *vt* ❶ (*Telefongespräch beenden*) colgar II. *vt* ❶ (*Bild, Mantel, Telefonhörer*) colgar (*an* de/en); (*Wäsche*) tender ❷ (*töten*) colgar III. *vr:* sich ~ ahorcarse

Aufhänger *m* <-s, -> ❶ (*für Kleider*) cinta *f* ❷ (*Anlass*) motivo *m*

auf|heben *irr vt* ❶ (*aufbewahren*) guardar; gut aufgehoben sein estar en buenas manos ❷ (*Gesetz*) derogar, anular; (*Urteil*) revocar ❸(*Verbot, Sitzung*) levantar ❹(*vom Boden*) recoger (*von* de) ❺(*ausgleichen*) compensar; (*Wirkung*) neutralizar

Aufheben *nt ohne pl* (*geh*): **viel ~(s) von etw machen** meter mucho ruido a propósito de algo

Aufhebung *f* <-en> ❶(*Abschaffung*) abolición *f*, supresión *f* ❷(*Beendigung*) levantamiento *m;* (*eines Streiks*) desconvocatoria *f;* (*einer Wirkung*) neutralización *f* ❸(JUR: *eines Urteils*) revocación *f;* (*eines Gesetzes*) derogación *f*

auf|heitern ['aufhaɪtɐn] **I.** *vt* (*Person*) animar **II.** *vr:* **sich ~** (*Himmel*) despejarse

Aufheiterung *f* <-en> ❶(METEO) despejo *m* ❷(*Erheiterung*) animación *f*

auf|hellen I. *vt* (*Haar*) aclarar **II.** *vr:* **sich ~** ❶(*Gesicht*) alegrarse ❷(*Himmel*) despejarse

auf|hetzen *vt* ❶(*aufwiegeln*) incitar (*gegen* contra), ahuchar *Col, Mex* ❷(*aufstacheln*) instigar (*zu* a), incitar (*zu* a)

auf|holen I. *vi* (SPORT) ganar terreno **II.** *vt* ❶(*Verspätung, Lernstoff*) recuperar ❷(*Anker*) levar

auf|horchen *vi* aguzar los oídos; **diese Nachricht ließ alle ~** esta noticia les llamó la atención a todos

auf|hören *vi* terminar; **hör doch endlich auf!** ¡déjalo ya!; **da hört sich doch alles auf!** (*fam*) ¡es el colmo!

auf|kaufen *vt* acaparar

auf|keimen *vi sein* ❶(*Saatgut*) (empezar a) germinar ❷(*Hoffnung, Liebe*) nacer, surgir

aufklappbar *adj* (des)plegable

auf|klappen *vt* (*Koffer, Buch*) abrir; (*hochschlagen*) levantar

auf|klären I. *vt* ❶(*Missverständnis, Irrtum*) clarificar, poner en claro; (*Verbrechen*) esclarecer ❷(*belehren*) informar (*über* de/sobre); (*sexuell*) instruir en el terreno sexual ❸(MIL) explorar **II.** *vr:* **sich ~** ❶(*Fall, Rätsel*) resolverse ❷(*Himmel*) despejarse

Aufklärer *m* <-s, -> (MIL) avión *m* de reconocimiento

Aufklärung¹ *f* <-en> ❶(*völlige Klärung*) aclaración *f*, esclarecimiento *m;* (*Fall, Verbrechen*) resolución *f* ❷(MIL) exploración *f*

Aufklärung² *f ohne pl* ❶(PHILOS) Ilustración *f* ❷(*Belehrung*) instrucción *f* (*über* de/sobre); **sexuelle ~** educación sexual

Aufklärungsbedarf *m* necesidad *f* de aclaración; **Aufklärungskampagne** *f* campaña *f* informativa

auf|klatschen *vt* (*sl: verprügeln*): **jdn ~**

darle una paliza a alguien

auf|kleben *vt* pegar (*auf* a/en)

Aufkleber *m* <-s, -> adhesivo *m*, pegatina *f fam*

auf|knöpfen *vt* desabotonar, desabrochar

auf|kochen I. *vi sein* romper a hervir **II.** *vt* ❶(*zum Kochen bringen*) llevar a ebullición ❷(*kurz kochen*) dar un hervor (a)

auf|kommen *irr vi sein* ❶(*entstehen*) surgir, aparecer; (*Gewitter, Wind*) levantarse; **keine Zweifel ~ lassen** no dejar lugar a dudas ❷(*sich ausbreiten*) propagarse ❸(*bezahlen*) pagar (*für*); (*unterhalten*) mantener (*für*); **sie muss für ihren Mann ~** tiene que mantener a su marido ❹(*haften*) responder (*für* de) ❺(*landen*) aterrizar

Aufkommen *nt* <-s, -> ❶(METEO) formación *f* ❷(*von Schadstoffen*) propagación *f;* (*von Verkehr*) formación *f*

auf|kratzen *vt* (*Wunde*) abrir (al rascarla); **nachts hat er sich (die Wunde) wieder aufgekratzt** por la noche se ha abierto otra vez la herida

auf|kreischen *vi* lanzar un chillido; (*fig: Bremse, Maschine*) chirriar (de repente)

auf|krempeln *vt* arremangar(se)

auf|kreuzen *vi sein* (*fam*) aparecer (*in/bei* en/por)

auf|kriegen *vt* (*fam*) *s.* **aufbekommen**

Aufl. *Abk. von* **Auflage** ed.

auf|lachen *vi* echarse a reír

auf|laden *irr* **I.** *vt* ❶(*Batterie*) recargar; **wieder aufladbar sein** ser recargable ❷(*Ladegut*) cargar ❸(*fam: aufbürden*): **jdm etw ~** cargar a alguien con algo **II.** *vr:* **sich ~** (*sich elektrisch laden*) cargarse

Auflage *f* <-n> ❶(*eines Buchs*) edición *f;* (*einer Zeitung*) tirada *f* ❷(*Bedingung*) condición *f;* **mit der ~, dass ...** a condición de que... +*subj;* **es wurde ihm zur ~ gemacht sein Haus nicht zu verlassen** se le puso la condición de que no abandonara su casa ❸(*Überzug*) capa *f*, recubrimiento *f;* **Auflagenhöhe** *f* tirada *f*

auf|lassen *irr vt* (*fam*) ❶(*Tür*) dejar abierto ❷(*Mütze, Brille*) dejar puesto

auf|lauern *vi:* **jdm ~** acechar a alguien

Auflauf *m* <-(e)s, -läufe> ❶(*Menschen~*) gentío *m* ❷(*Speise*) gratinado *m*

auf|laufen *irr vi sein* ❶(*Zinsen*) acumularse ❷(NAUT) encallar

auf|leben *vi sein* ❶(*Mensch*) despabilar(se) ❷(*Bräuche*) reavivarse

auf|legen I. *vi* (*Telefongespräch beenden*) colgar **II.** *vt* ❶(*Tischdecke, Schallplatte*) poner ❷(*Kompresse, Make-up*) aplicar ❸(*Hörer*) colgar ❹(*Buch*) editar; **neu ~**

reeditar

auf|lehnen *vr:* **sich** ~ sublevarse (*gegen* contra), alzarse *Am*

auf|lesen *irr vt* recoger (*von* de)

auf|leuchten *vi* destellar; (*Blitz*) fulgurar; (*Augen*) iluminarse

auf|listen ['aʊflɪstən] *vt* listar

auf|lockern **I.** *vt* **❶** (*Boden*) ahuecar **❷** (*Programm*) variar **❸** (*Atmosphäre*) relajar **II.** *vr:* **sich** ~ (*Bewölkung*) despejarse, aclararse

Auflockerung *f* <-en> **❶** (*Boden*) mullimiento *m* **❷** (*Unterricht, Muskeln*) relajación *f* **❸** (*Bewölkung*) despejo *m*

auf|lösen **I.** *vt* **❶** (*Pulver*) disolver **❷** (MATH) reducir **❸** (*Haushalt*) liquidar; (*Versammlung*) disolver; (*Ehe*) anular; (*Verlobung*) deshacer; (*Demonstration*) dispersar; (*Konto*) cancelar **❹** (*Schwierigkeiten, Rätsel*) resolver; (*Widerspruch*) clarificar **II.** *vr:* **sich** ~ **❶** (*Nebel*) disiparse **❷** (*Menschenmenge*) disolverse **❸** (*in Flüssigkeit*) disolverse **❹** (*sich zersetzen*) descomponerse (*in* en)

Auflösung *f* <-en> **❶** (*eines Vertrags, einer Einrichtung, des Nebels*) disolución *f* **❷** (*Zerlegung*) desintegración *f* **❸** (*Lösung*) (re)solución *f* **❹** (*Bildqualität, a.* INFOR) definición *f*

auf|machen **I.** *vi* (*fam: Geschäfte, Banken*) abrir **II.** *vt* (*fam*) **❶** (*Tür, Geschenk*) abrir; (*Haarknoten*) soltar; (*Knoten*) deshacer **❷** (*gründen*) poner **❸** (PUBL: *gestalten*) componer; (*darstellen*) representar **III.** *vr:* **sich** ~ (*aufbrechen*) irse (*zu* a)

Aufmachung *f* <-en> presentación *f*

aufmerksam ['aʊfmɛrkzaːm] *adj* **❶** (*konzentriert*) atento; (*wachsam*) alerta; **jdn auf jdn/etw** ~ **machen** llamar la atención de alguien sobre alguien/algo; ~ **zuhören** escuchar con atención **❷** (*höflich*) atento, cortés; **vielen Dank, sehr** ~ **von Ihnen!** ¡muchas gracias, es Ud. muy amable!

Aufmerksamkeit *f* <-en> **❶** (*Wachsamkeit*) atención *f;* **darf ich um Ihre** ~ **bitten!** ruego su atención **❷** (*Zuvorkommenheit*) amabilidad *f;* (*Geschenk*) obsequio *m*

auf|mischen *vt* (*sl: verprügeln*) sacudir

auf|möbeln *vt* (*fam*) **❶** (*aufmuntern*) levantar la moral **❷** (*beleben*) animar

auf|mucken *vi* (*fam*) respingar; (*mit Verneinung*) (re)chistar

auf|mucksen *vi* (*fam*) respingar; (*mit Verneinung*) (re)chistar

auf|muntern ['aʊfmʊntən] *vt* (*fam*) reconfortar; (*ermutigen*) animar

aufmunternd **I.** *adj* (*ermunternd*) reconfortante; **ein** ~ **er Blick** una mirada reconfortante **II.** *adv* (*ermunternd*) de ánimo; **jdm** ~ **zulächeln** sonreír a alguien para darle ánimos

Aufmunterung *f* <-en> **❶** (*Aufheiterung*) animación *f;* **der kleine Scherz war als** ~ **gemeint** con la bromita pretendía animar **❷** (*Ermutigung*) estímulo *m*

aufmüpfig ['aʊfmʏpfɪç] *adj* (*fam*) gruñón

Aufnahme ['aʊfnaːmə] *f* <-n> **❶** (*Empfang*) recibimiento *m*, acogida *f;* (*Beherbergung*) alojamiento *m;* (*Empfangsraum im Krankenhaus*) recepción *f* **❷** (*Zulassung*) admisión *f* (*in* en); (*in eine Schule, Partei*) ingreso *m* (*in* en) **❸** (*Eingliederung*) incorporación *f* (*in* en) **❹** (*auf Tonband*) grabación *f;* (FOTO) foto *f;* (FILM) toma *f* **❺** (*Beginn*) comienzo *m;* **die** ~ **von diplomatischen Beziehungen** el establecimiento de relaciones diplomáticas; **aufnahmefähig** *adj* receptivo; **Aufnahmegebühr** *f* cuota *f* de ingreso; **Aufnahmelager** *nt* campo *m* de acogida; **Aufnahmeprüfung** *f* prueba *f* de acceso

auf|nehmen *irr vt* **❶** (*beginnen*) comenzar, iniciar; (*Verhandlungen*) entablar; **ein Gespräch wieder** ~ reanudar una conversación **❷** (*Gedanke*) retomar **❸** (*aufsaugen*) absorber; (*Nahrung*) ingerir; (*geistig*) comprender **❹** (*Kredit*) pedir **❺** (*hochnehmen*) recoger (*von* de) **❻** (*auf Tonband*) grabar (*auf* en) **❼** (*empfangen*) acoger; (*über Nacht*) hospedar; (*im Krankenhaus*) ingresar (*in* en); (*im Verein*) admitir (*in* en); **wieder aufgenommen werden** ser readmitido **❽** (*sich messen*): **es mit jdm/etw** ~ **können** (poder) medirse con alguien/algo

auf|nötigen *vt* obligar a aceptar

auf|opfern *vr:* **sich** ~ sacrificarse (*für* por)

aufopfernd *adj s.* **aufopferungsvoll**

Aufopferung *f* <-en> (*Hingebung*) (espíritu *m* de) sacrificio *m*, altruismo *m*

aufopferungsvoll *adj* abnegado

auf|passen *vi* **❶** (*aufmerksam sein*) tener cuidado; **aufgepasst!** ¡atención! **❷** (*beaufsichtigen*) cuidar

Aufpasser(in) *m(f)* <-s, -; -nen> (*abw*) **❶** (*Spitzel*) confidente *mf* **❷** (*Wächter*) guardián, -ana *m, f*

auf|peitschen *vt* **❶** (*Meer*) picar **❷** (*Menschen, Sinne*) excitar

auf|peppen ['aʊfpɛpən] *vt* (*fam*) dar(le) un toque

auf|platzen *vi sein* (*Naht*) reventar; (*Wunde*) abrirse

auf|plustern ['aʊfpluːstən] **I.** *vt* (*Gefieder*) ahuecar **II.** *vr:* **sich** ~ (*Vogel*) hincharse; (*abw: Mensch*) pavonearse

Aufprall ['aʊfpral] *m* <-(e)s, -e> choque *m* (*auf* con/contra/en); (*Ball*) bote *m* (*auf* en/contra)

auf|prallen *vi sein* chocar (*auf* con/contra/en), rebotar (*auf* en/contra)

Aufpreis *m* <-es, -e> recargo *m*, sobreprecio *m;* **gegen** ~ pagando un sobreprecio

auf|probieren* *vt* probarse; **am besten, Sie probieren den Hut einmal auf** lo mejor es que se pruebe el sombrero

auf|pumpen *vt* inflar

auf|putschen *vt* (*abw*) ❶ (*erregen*) excitar ❷ (*aufhetzen*) acalorar

Aufputschmittel *nt* estimulante *m*

auf|quellen *irr vi sein* hincharse

auf|raffen I. *vt* (*aufheben*) recoger (*von* de) II. *vr:* **sich** ~ ❶ (*sich entschließen*) animarse (*zu* a) ❷ (*mühsam aufstehen*) levantarse a duras penas

auf|ragen ['aʊfraːgən] *vi* elevarse

auf|rappeln ['aʊfrapəln] *vr:* **sich** ~ (*fam*) ❶ (*sich überwinden*) sacar fuerzas de flaqueza ❷ (*nach Krankheit*) reanimarse

auf|räumen I. *vi* ❶ (*ordnen*) ordenar ❷ (*beenden*): **mit etw** ~ acabar con algo II. *vt* (*Zimmer*) arreglar

Aufräumungsarbeiten *fpl* trabajos *mpl* de descombro

aufrecht ['aʊfrɛçt] *adj* ❶ (*gerade*) erguido ❷ (*ehrlich*) íntegro, correcto

aufrecht|erhalten* *irr vt* mantener

Aufrechterhaltung *f ohne pl* mantenimiento *m*

auf|regen I. *vt* (*erregen*) alterar; (*ärgern*) irritar; (*empören*) exaltar; (*stärker*) exasperar II. *vr:* **sich** ~ alterarse (*über* por), excitarse (*über* por), volarse *Am;* (*sich ärgern*) irritarse (*über* por); (*sich empören*) exaltarse (*über* por); (*stärker*) exasperarse (*über* por)

aufregend *adj* excitante

Aufregung *f* <-en> excitación *f,* agitación *f,* batifondo *m CSur;* (*Sorge*) zozobra *f*

aufreibend *adj* (*zermürbend*) agotador

auf|reihen I. *vt* (*Dinge*) colocar en fila II. *vr:* **sich** ~ (*Personen*) ponerse en fila

auf|reißen *irr* I. *vi sein* (*Naht*) romperse II. *vt* ❶ (*Tür, Fenster*) abrir de un golpe ❷ (*durch Reißen öffnen*) rasgar ❸ (*beschädigen*) romper, desgarrar ❹ (*Straße*) abrir ❺ (*fam: anmachen*): **jdn** ~ pescar a alguien

auf|reizen *vt* provocar

aufreizend *adj* provocador; (*erregend*) excitante

auf|richten I. *vt* ❶ (*gerade stellen*) enderezar, poner derecho ❷ (*seelisch*) fortalecer II. *vr:* **sich** ~ ❶ (*hinsetzen*) enderezarse

❷ (*hinstellen*) ponerse de pie

aufrichtig *adj* sincero

Aufrichtigkeit *f ohne pl* sinceridad *f*

auf|rollen I. *vt* ❶ (*zusammenrollen*) enrollar ❷ (*auseinander rollen*) desenrollar ❸ (*Prozess, Problem*) desarrollar, retomar II. *vr:* **sich** ~ enrollarse

auf|rücken *vi sein* ❶ (*zusammenrücken*) correrse ❷ (*befördert werden*) ascender (*zu* a)

Aufruf *m* <-(e)s, -e> ❶ (*das Aufrufen*) llamamiento *m,* llamada *f* ❷ (INFOR) llamada *f* ❸ (*öffentlicher Appell*) llamamiento *m* (*zu* a); (*zum Streik*) convocatoria *f* (*zu* de)

auf|rufen *irr vt* ❶ (*Schüler, Zeugen*) llamar ❷ (INFOR: *Programm*) acceder (a) ❸ (*auffordern*) llamar (*zu* a); **zum Streik** ~ convocar una huelga

Aufruhr ['aʊfruːə] *m* <-(e)s, *ohne pl*> ❶ (*Revolte*) rebelión *f;* (*Tumult*) tumulto *m* ❷ (*Erregung*) agitación *f,* irritación *f*

aufrührerisch *adj* insurrecto

auf|runden *vt* redondear

auf|rüsten *vt* ❶ (MIL) rearmar ❷ (TECH: *Computer*) armar

Aufrüstung *f* <-en> rearme *m*

auf|rütteln *vt* sacudir (*aus* de); (*fig*) arrancar (*aus* de)

aufs [aʊfs] (*fam*) = **auf das** *s.* **auf**

auf|sagen *vt* decir (de memoria); (*Gedicht*) recitar

auf|sammeln *vt* recoger

aufsässig ['aʊfzɛsɪç] *adj* rebelde

Aufsatz *m* <-es, -sätze> ❶ (*in der Schule*) redacción *f;* (*Abhandlung*) artículo *m* ❷ (*Aufbau*) elemento *m* sobrepuesto

auf|saugen *vt* (*Flüssigkeit*) absorber, chupar

auf|schauen *vi* alzar la vista (*zu* hacia)

auf|scheuchen *vt* espantar

auf|schichten *vt* apilar

auf|schieben *irr vt* ❶ (*öffnen*) abrir (empujando), correr ❷ (*verzögern*) aplazar

Aufschlag *m* <-(e)s, -schläge> ❶ (*das Aufschlagen*) golpe *m* (*auf* contra/en), choque *m* ❷ (SPORT) saque *m* ❸ (*Verteuerung*) subida *f,* aumento *m;* (*Zuschlag*) suplemento *m* (*auf* sobre), recargo *m* (*auf* con/contra/en) ❹ (*an Kleidung*) vuelta *f*

auf|schlagen *irr* I. *vi* ❶ *sein* (*anschlagen*) dar (*auf* contra/en) ❷ (SPORT) sacar II. *vt* ❶ (*Buch, Augen*) abrir; (*Bettdecke*) quitar; (*Ei*) romper ❷ (*Zelt*) montar ❸ (*verletzen*) abrirse; **ich habe mir das Knie aufgeschlagen** me he abierto la rodilla ❹ (COM: *hinzurechnen*) añadir (*auf* a)

auf|schließen *irr* I. *vi* (SPORT) avanzar II. *vt* (*öffnen*) abrir (con llave)

auf|schlitzen [ˈaʊfʃlɪtsən] *vt* abrir (con cuchillo)

Aufschluss *m* <-es, -schlüsse> información *f*; (*Erklärung*) explicación *f*; **jdm ~ über etw geben** dar información a alguien acerca de algo

auf|schlüsseln [ˈaʊfʃlʏsəln] *vt* repartir

aufschlussreich *adj* revelador; (*lehrreich*) instructivo

auf|schnappen *vt* (*fam*) coger al vuelo

auf|schneiden *irr* **I.** *vi* (*fam abw: prahlen*) fanfarronear, blofear *AmC*, *Mex* **II.** *vt* ❶ (*Verpackung*) cortar; (*Geschwür*) abrir ❷ (*Braten*) trinchar; (*Torte*) cortar

Aufschneider(in) *m(f)* <-s, -; -nen> fanfarrón, -ona *m*, *f*, blofista *m AmC*

Aufschnitt *m* <-(e)s, *ohne pl*> fiambre *m*, embutido *m*

auf|schnüren *vt* desatar

auf|schrauben *vt* ❶ (*öffnen: Gefäß*) abrir; (*Deckel*) desenroscar ❷ (*befestigen: Schild*) atornillar

auf|schrecken¹ <schreckt *o* schrickt auf, schreckte *o* schrak auf, aufgeschreckt> *vi sein:* **aus dem Schlaf ~** despertarse sobresaltado

auf|schrecken² *vt* espantar, asustar

Aufschrei *m* <-(e)s, -e> grito *m*

auf|schreiben *irr vt* ❶ (*notieren*) apuntar ❷ (*verordnen*) recetar

auf|schreien *irr vi* gritar

Aufschrift *f* <-en> ❶ (*Etikett*) etiqueta *f* ❷ (*Beschriftung*) inscripción *f*

Aufschub *m* <-(e)s, -schübe> (*Verzögerung*) demora *f*; (*Verschiebung*) aplazamiento *m*; (*einer Frist*) prórroga *f*

auf|schütten *vt* (*Wasser*) echar; (*Sand*) amontonar, acumular; (*Damm*) construir, levantar (acumulando tierra)

auf|schwatzen *vt* endilgar, endosar

Aufschwung *m* <-(e)s, -schwünge> ❶ (*innerer Antrieb*) impulso *m* ❷ (*WIRTSCH*) auge *m* ❸ (*SPORT*) elevación *f*

auf|sehen *irr vi* ❶ (*hochschauen*) alzar la vista (*zu* hacia) ❷ (*bewundernd*) admirar (*zu* a)

Aufsehen *nt* <-s, *ohne pl*> sensación *f*; (*negativ*) escándalo *m*; ~ **erregend** llamativo; (*negativ*) escandaloso

Aufseher(in) *m(f)* <-s, -; -nen> ❶ (*Wächter*) vigilante *mf* ❷ (*über Arbeiter*) capataz(a) *m(f)* ❸ (*in Museen*) celador(a) *m(f)*

aufseiten *adv:* ~ **der Schwächeren** de parte de los más débiles

auf|setzen **I.** *vi* (*Flugzeug*) aterrizar **II.** *vt* ❶ (*Essen*) poner al fuego ❷ (*Brille, Hut*) ponerse; **eine unfreundliche Miene ~** poner cara de disgusto ❸ (*Fuß*) pisar (*auf*

en) ❹ (*Text*) redactar; (*Urkunde*) extender ❺ (*darauf bauen*) agregar (*auf* a) ❻ (*aufnähen*) coser (*auf* sobre), aplicar (*auf* a) **III.** *vr:* **sich ~** (*sich aufrichten*) incorporarse, sentarse

Aufsicht¹ *f ohne pl* ❶ (*Überwachung*) vigilancia *f*; **unter ~ stehen** estar bajo vigilancia ❷ (*Kontrolle*) control *m*, inspección *f*

Aufsicht² *f* <-en> ❶ (*Leitung*) dirección *f* ❷ (*Person*) vigilante *mf* ❸ (*Draufsicht: Perspektive*) vista *f* en planta

Aufsichtspflicht *f ohne pl* (*JUR*) deber *m* de vigilancia; **Aufsichtsrat** *m* consejo *m* de administración

auf|sitzen *irr vi sein* ❶ (*aufsteigen*) montar (*auf* en) ❷ (*hereinfallen*): **einem Betrüger ~** dejarse engañar por un estafador

auf|spannen *vt* (*Schirm*) abrir; (*Saite*) poner

auf|sparen *vt* (*Geld*) ahorrar; (*Vorräte*) dejar para más adelante

auf|sperren *vt* ❶ (*fam: weit öffnen*) abrir de par en par ❷ (*südd, Österr: aufschließen*) abrir con llave

auf|spielen **I.** *vi* (*zum Tanz*) tocar **II.** *vr:* **sich ~** (*fam: angeben*) darse (mucho) tono

auf|spießen *vt* ❶ (*mit der Gabel*) pinchar; (*auf einen Spieß*) ensartar ❷ (*auf Hörner*) empitonar; (*Stier*) coger

auf|springen *irr vi sein* ❶ (*hochspringen*) saltar; (*vom Sitz*) levantarse de repente; (*Ball*) botar ❷ (*sich plötzlich öffnen*) abrirse de golpe ❸ (*auf ein Fahrzeug*) saltar (*auf* a) ❹ (*Haut*) agrietarse; (*Knospen*) abrirse

auf|spüren *vt* detectar

auf|stacheln [ˈaʊfʃtaxəln] *vt* ❶ (*aufwiegeln*) incitar (*zu* a) ❷ (*anspornen*) pinchar (*zu* para), estimular (*zu* a)

Aufstand *m* <-(e)s, -stände> levantamiento *m*, sublevación *f*

aufständisch [ˈaʊfʃtɛndɪʃ] *adj* sedicioso

Aufständische(r) *mf* <-n, -n; -n> (*POL*) insurrecto, -a *m*, *f*, rebelde *mf*

auf|stapeln *vt* apilar

auf|stauen **I.** *vt* (*Fluss*) embalsar **II.** *vr:* **sich ~** acumularse; (*Wasser*) estancarse

auf|stehen *irr vi* ❶ *sein* (*sich erheben*) ponerse de pie; (*morgens aus dem Bett*) levantarse ❷ (*offen stehen*) estar abierto

auf|steigen *irr vi sein* ❶ (*Nebel, Rauch*) subir; (*Gewitter*) levantarse; (*Flugzeug*) tomar altura; (*Ballon*) ascender ❷ (*beruflich*) ascender (*zu* a); (*SPORT*) pasar a una categoría superior, ascender (*in* a) ❸ (*auf ein Pferd, Fahrrad*) montar(se) (*auf* en) ❹ (*Gedanken*) ocurrir; (*Bedenken*) surgir

auf|stellen **I.** *vt* ❶ (*aufbauen*) poner, colocar; (*Denkmal*) erigir; (*Zelt*) montar; (*Maschine*) instalar; (*in einer Reihe*) alinear ② (*aufrichten*) levantar ③ (*Mannschaft*) alinear; (*Regierung, Truppen*) formar; (*Liste, Bilanz*) hacer ④ (*Kandidat*) designar ⑤ (*Rekord, Regel*) establecer; (*Theorie*) formular; (*Bedingung*) fijar; (*Plan*) trazar **II.** *vr:* **sich** ~ (*sich postieren*) apostarse, ponerse; (*in einer Reihe*) ponerse en fila

Aufstellung *f* <-en> ① (*Regel, Plan*) establecimiento *m;* (*Schild, Denkmal*) colocación *f;* (*Maschine*) instalación *f* ② (*Mannschafts~*) alineación *f* ③ (*Truppen~*) formación *f* ④ (*Kandidaten*) designación *f* ⑤ (*Liste*) relación *f*, lista *f;* (*Tabelle*) tabla *f*

Aufstieg ['aʊfʃtiːk] *m* <-(e)s, -e> ① (*das Aufsteigen*) ascenso *m;* (*eines Ballons*) ascensión *f;* (*beim Bergsteigen*) escalada *f* ② (*Weg*) subida *f* ③ (*beruflich, sportlich*) ascenso *m;* **Aufstiegschance** *f* oportunidad *f* de ascenso; **Aufstiegsmöglichkeit** *f* oportunidad *f* de ascenso

auf|stöbern ['aʊfʃtøːbɐn] *vt* ① (*Wild*) levantar, rastrear ② (*entdecken*) descubrir, encontrar

auf|stocken ['aʊfʃtɔkən] *vt* ① (*Vorräte*) aumentar ② (*Kapital*) ampliar (*um* con), aumentar (*um* en) ③ (*Gebäude*) añadir un piso (a)

auf|stoßen *irr* **I.** *vi* ① (*rülpsen*) eructar ② *sein* (*fam: missfallen*) molestar ③ (*hart aufsetzen*) golpear (*auf* contra/en) **II.** *vt* ① (*öffnen*) abrir de un empujón ② (*verletzen*): **ich habe mir den Ellbogen aufgestoßen** me he dado un golpe en el codo

auf|stützen **I.** *vt* (*Ellbogen, Kopf*) apoyar (*auf* en/sobre) **II.** *vr:* **sich** ~ apoyarse (*auf* en/sobre)

auf|suchen *vt* (*Bekannte*) ir a ver; (*Arzt*) consultar

Auftakt *m* <-(e)s, -e> ① (*Beginn*) comienzo *m* ② (*MUS*) anacrusa *f*

auf|tanken *vt* ① (*Auto, Flugzeug*) repostar (combustible) ② (*fig: sammeln*) tomar

auf|tauchen *vi sein* ① (*Taucher, U-Boot*) emerger, salir a la superficie ② (*Person*) presentarse; (*Gegenstand*) aparecer ③ (*Zweifel*) surgir

auf|tauen **I.** *vi sein* ① (*Eis, Schnee*) derretirse; (*Fluss, See*) deshelarse ② (*gesprächig werden*) soltarse **II.** *vt* descongelar

auf|teilen *vt* ① (*verteilen*) repartir (*unter* entre, *an* a) ② (*unterteilen*) dividir (*in* en, *nach* según)

Aufteilung *f* <-en> ① (*Verteilung*) distribución *f* ② (*Unterteilung*) división *f*

auf|tischen ['aʊftɪʃən] *vt* ① (*Speisen*) servir ② (*fam abw*): **jdm Lügen** ~ (*fam fig*) meter una bola a alguien

Auftrag ['aʊftraːk, *pl:* 'aʊftrɛːgə] *m* <-(e)s, -träge> ① (*Anweisung*) orden *f;* **einen** ~ **erteilen** dar una orden; **im** ~ **von ...** por orden de... ② (*Bestellung*) pedido *m*, encargo *m;* **etw in** ~ **geben** encomendar algo ③ (*Aufgabe*) misión *f*, comisión *f* ④ (*Farbe*) mano *f*, capa *f*

auf|tragen *irr* **I.** *vt* ① (*geh: servieren*) servir ② (*Salbe, Make-up*) darse (*auf* en), ponerse (*auf* en); **Farbe** ~ pintar; **dick** ~ (*fam fig*) cargar las tintas ③ (*Kleidung*) gastar ④ (*beauftragen*) encargar **II.** *vi* (*Kleidungsstück*) hacer gordo

Auftraggeber(in) *m(f)* <-s, -; -nen> comitente *mf*, mandante *mf;* (*Kunde*) cliente *mf*

Auftragslage *f* (*COM*) situación *f* de pedidos

auf|treiben *irr vt* (*fam*) encontrar; (*Geld*) reunir

auf|trennen *vt* deshacer, descoser

auf|treten *irr* **I.** *vi sein* ① (*mit den Füßen*) pisar ② (*erscheinen*) presentarse; (*Schauspieler*) actuar; **er tritt als Zeuge auf** declara como testigo ③ (*sich benehmen*) comportarse; **sicher** ~ actuar con aplomo ④ (*sich zeigen*) surgir, aparecer **II.** *vt* (*öffnen*) abrir a patadas

Auftreten *nt* <-s, *ohne pl*> ① (*Erscheinung*) aparición *f;* (*Schauspieler*) actuación *f* ② (*Benehmen*) conducta *f;* **ein sicheres** ~ **haben** tener aplomo

Auftrieb *m* <-(e)s, *ohne pl*> ① (*PHYS*) fuerza *f* ascensional ② (*Schwung*) ánimo(s) *m(pl)*, estímulo *m*

Auftritt *m* <-(e)s, -e> ① (*THEAT: Auftreten*) salida *f* a escena, entrada *f* en escena; (*Vorstellung*) actuación *f* ② (*Streit*) escena *f*

auf|trumpfen *vi* demostrar su superioridad

auf|tun **I.** *vt* (*fam: entdecken*) descubrir **II.** *vr:* **sich** ~ (*geh*) ① (*sich öffnen*) abrirse ② (*sich darbieten*) ofrecerse, presentarse

auf|wachen *vi sein* despertar(se) (*aus* de)

auf|wachsen *irr vi sein* criarse

auf|wallen ['aʊfvalən] *vi sein* (*a. fig*) hervir

Aufwand *m* <-(e)s, *ohne pl*> ① (*Einsatz*) esfuerzo *m* ② (*Prunk*) pompa *f*, suntuosidad *f;* **viel** ~ **mit etw treiben** hacer mucha ceremonia con algo ③ (*Kosten*) gastos *mpl*

aufwändig *adj* (*kostspielig*) costoso; (*luxuriös*) lujoso

Aufwandsentschädigung *f* reembolso *m* de los gastos

auf|wärmen **I.** *vt* ① (*Essen*) recalentar

❷(*Erinnerungen*) rememorar **II.** *vr:* **sich ~** ❶(SPORT) calentar, hacer un precalentamiento ❷(*sich wärmen*) calentarse

aufwärts ['aʊfvɛrts] *adv* (hacia) arriba; **von einem bestimmten Betrag ~** a partir de una determinada cantidad; **Aufwärtsentwicklung** *f* desarrollo *m* ascendente; **aufwärtskompatibel** *adj* (INFOR) compatible hacia arriba; **Aufwärtstrend** *m* tendencia *f* ascendente

Aufwasch *m* <-(e)s, ohne pl> ❶(*Teller*) platos *mpl* (sucios); **den ~ stehen lassen** dejar los cacharros sin fregar ❷(*Reinigung*) fregado *m*

auf|wecken *vt* despertar

auf|weichen ['aʊfvaɪçən] **I.** *vi sein* (*weich werden*) reblandecer **II.** *vt* (*Boden, Brot*) ablandar, reblandecer

auf|weisen ['aʊfvaɪzən] *irr vt* ❶(*erkennen lassen*) mostrar, tener ❷(*aufzeigen*) presentar, exponer

auf|wenden *irr vt* (*Zeit*) dedicar, invertir; (*Kraft*) poner; (*Energie, Geld*) emplear, gastar

aufwendig *adj s.* **aufwändig**

auf|werfen *irr vt* ❶(*Damm*) levantar ❷(*Tür*) abrir bruscamente ❸(*Probleme*) plantear

auf|werten *vt* ❶(*Währung*) revalorizar ❷(*Ansehen*) mejorar

Aufwertung *f* <-en> revalorización *f*

auf|wickeln *vt* devanar

auf|wiegeln ['aʊfviːgəln] *vt* incitar (*gegen* contra, *zu* a); (*Truppen*) amotinar, sublevar

auf|wiegen *irr vt* contrapesar; (*ausgleichen*) compensar

Aufwind *m* <-(e)s, -e> ❶(METEO) corriente *f* ascendente, viento *m* ascendente ❷(*fig: Auftrieb*) impulso *m*, estímulo *m*

auf|wirbeln *vt* arremolinar; **viel Staub ~** (*a. fig*) levantar una gran polvareda

auf|wischen *vt* ❶(*Raum*) fregar ❷(*Flüssigkeit*) limpiar (con un trapo)

auf|wühlen *vt* ❶(*Erde*) (re)mover, escarbar; (*Meer*) agitar ❷(*erregen*) emocionar

auf|zählen *vt* enumerar; (*einzeln*) detallar

Aufzählung *f* <-en> enumeración *f*, relación *f*; (*Liste*) lista *f*

auf|zäumen ['aʊftsɔɪmən] *vt* embridar

auf|zeichnen *vt* ❶(*Plan, Muster*) dibujar, trazar ❷(*Sendung*) grabar

Aufzeichnung *f* <-en> ❶ *pl* (*Notizen*) apuntes *mpl* ❷(*Bild-, Tonaufnahme*) grabación *f*

auf|zeigen *vt* (*geh: darlegen*) mostrar; (*klarmachen*) demostrar, evidenciar

auf|ziehen *irr* **I.** *vi sein* ❶(*Gewitter*) levantarse ❷(MIL: *Truppen*) desplegarse

II. *vt* ❶(*hochziehen*) subir, levantar; (*Flagge*) izar ❷(*öffnen*) abrir (tirando); (*Vorhang*) descorrer; (*Schleife*) deshacer ❸(*Uhr*) dar cuerda (a) ❹(*Kind, Tier*) criar; (*Pflanze*) cultivar ❺(*fam: organisieren*) organizar, montar ❻(*Foto*) fijar (*auf* en); (*Saiten*) poner (*auf* a) ❼(*Spritze, Serum*) preparar ❽(*fam: verspotten*): **jdn ~** tomar el pelo a alguien

Aufzucht *f* ohne pl ❶(*von Tieren*) crianza *f* ❷(*von Pflanzen*) cultivo *m*

Aufzug *m* <-(e)s, -züge> ❶(*das Aufmarschieren*) despliegue *m*; (*das Herankommen*) acercamiento *m*, llegada *f* ❷(*Lift*) ascensor *m*, elevador *m* AmC; (*für Lasten*) montacargas *m inv* ❸(*abw: Kleidung*) pinta *f* ❹(THEAT) escena *f*, acto *m*

auf|zwingen *irr vt:* **jdm etw ~** imponer algo a alguien

Augapfel *m* globo *m* ocular [*o* del ojo]; **etw wie seinen ~ hüten** guardar algo como la niña de sus ojos

Auge ['aʊgə] *nt* <-s, -n> ❶(*Sehorgan*) ojo *m*; (*Sehvermögen*) vista *f*; **~ in ~ mit jdm** cara a cara con alguien; **vor aller ~n** a la vista de todos; **ein blaues ~ haben** tener un ojo a la funerala; **mit bloßem ~** a simple vista; **große ~n machen** (*fam*) poner ojos como platos; **die ~n offen halten** mantener los ojos abiertos; **jdm die ~n öffnen** (*fig*) abrir a alguien los ojos; **sich** *dat* **etw vor ~n führen** (*fig*) tener algo presente; **etw ins ~ fassen** (*fig*) proponerse hacer algo; **etw im ~ haben** (*fig*) tener la intención de hacer algo; **beide ~n zudrücken** (*fig*) hacer la vista gorda; **so weit das ~ reicht** hasta donde alcanza la vista; **sie traute ihren ~n nicht** no daba crédito a sus ojos; **jdn nicht aus den ~n lassen** no quitar a alguien los ojos de encima; **jdn unter vier ~n sprechen** hablar a alguien a solas; **etw springt ins ~** (*fig*) algo salta a la vista; **ins ~ gehen** (*fam fig*) acabar mal; **ich habe die ganze Nacht kein ~ zugetan** (*fig*) no he pegado ojo en toda la noche; **mir wurde schwarz vor ~n** perdí el sentido; **das passt wie die Faust aufs ~** (*fam*) viene como a un Santo Cristo un par de pistolas; **jdm schöne ~n machen** (*fam*) poner ojitos a alguien; **mit einem blauen ~ davonkommen** (*fam fig*) salir bien parado; **aus den ~n, aus dem Sinn** (*prov*) ojos que no ven, corazón que no siente ❷(*beim Würfel*) punto *m* ❸(*Fett~*) ojo *m* ❹(*einer Kartoffel*) grillo *m* ❺(*eines Taifuns*) ojo *m*;

Augenarzt, -ärztin *m, f* oculista *mf*;

Augenaufschlag *m* mirada *f*

Augenblick *m* momento *m,* instante *m;* **er wird jeden ~ hier eintreffen** llegará de un momento a otro

augenblicklich I. *adj* ❶ (*gegenwärtig*) momentáneo, actual ❷ (*unverzüglich*) inmediato II. *adv* (*gegenwärtig*) de [*o* por el] momento

Augenbraue ['aʊɡənbraʊə] *f* ceja *f;* **die ~n hochziehen** arquear las cejas

augenfällig ['aʊɡənfɛlɪç] *adj* obvio, manifiesto

Augenfarbe *f* color *m* de los ojos; **Augenheilkunde** ['aʊɡənhaɪlkʊndə] *f* (MED) oftalmología *f;* **Augenhöhe** *f ohne pl:* **in ~** a la altura de los ojos; **Augenhöhle** *f* órbita *f* ocular, cuenca *f* del ojo; **Augenklappe** *f* anteojera *f;* **Augenlicht** *nt ohne pl* (*geh*) vista *f;* **Augenlid** *m* párpado *m;* **Augenmaß** *nt ohne pl* sentido *m* de la proporción

Augenmerk ['aʊɡənmɛrk] *nt ohne pl:* **sein ~ auf etw/jdn richten** fijar la atención en algo/alguien

Augenoptiker(in) *m(f)* óptico, -a *m, f;* **Augenränder** ['aʊɡənrɛndə] *mpl* bordes *mpl* de los párpados; **Augenringe** *mpl* ojeras *fpl;* **Augenschein** *m* <-(e)s, *ohne pl*> (*geh*) vista *f;* (*Anschein*) apariencia *f;* **etw in ~ nehmen** examinar algo

augenscheinlich I. *adj* evidente, patente II. *adv* por lo visto

Augentropfen *mpl* (MED) colirio *m;* **Augenweide** *f ohne pl* deleite *m* para los ojos; **Augenwinkel** *m* rabillo *m* del ojo; **jdn aus den ~n anschauen** mirar a alguien por el rabillo del ojo; **Augenwischerei** [aʊɡənvɪʃəˈraɪ] *f* <-en> patraña *f;* **Augenzeuge, -in** *m, f* testigo *mf* ocular; **Augenzwinkern** *nt* guiño *m;* **augenzwinkernd** *adv* guiñando un ojo; **sie sahen sich ~ an** se hicieron un guiño

August [aʊˈɡʊst] *m* <-(e)s, -e> agosto *m; s. a.* **März**

Auktion [aʊkˈtsjoːn] *f* <-en> subasta *f,* remate *m Am*

Auktionator(in) [aʊktsjoˈnaːtoːɐ] *m(f)* <-s, -en; -nen> subastador(a) *m(f)*

Auktionshaus *nt* casa *f* de subastas

Aula ['aʊla] *f* <Aulen> salón *m* de actos; (*einer Universität*) paraninfo *m*

Aupairmädchen *nt,* **Au-pair-Mädchen** *nt* au pair *f*

Aura ['aʊra] *f ohne pl* (*geh*) aura *f*

aus [aʊs] I. *präp +dat* ❶ (*heraus*) de, por; **er sah ~ dem Fenster** miró por la ventana; **~ der Flasche trinken** beber de la botella; **~ der Mode kommen** pasar de moda; **~ dem Gleichgewicht kommen**

perder el equilibrio ❷ (*herkommend von*) de; **er ist ~ Leipzig** es de Leipzig ❸ (*beschaffen*) de; **~ Glas** de cristal ❹ (*mittels*) de, por; **~ Erfahrung** por experiencia; **~ dem Gedächtnis** de memoria ❺ (*infolge von*) de, por; **~ Angst** por miedo; **~ dem (einfachen) Grunde, dass ...** por el (simple y sencillo) motivo de que...; **~ diesem Anlass** por este motivo II. *adv* ❶ (*fam: vorbei*): **das Spiel ist ~** el partido ha terminado; **zwischen ihnen ist es ~** han cortado; **~ und vorbei** se acabó ❷ (*ausgeschaltet*) apagado; **Licht ~!** ¡apaguen la luz! ❸ (SPORT) fuera; **der Ball war ~** la pelota fue fuera de juego ❹ (*Wend*): **~ sein** (*fam: sich vergnügen*) haber salido; (*zu Ende sein*) haberse acabado; **auf etw ~ sein** ir detrás de algo; **von hier ~** desde aquí; **von sich** *dat* **~** por iniciativa propia; **von mir ~** (*fam: okay*) por mí

Aus *nt* <-, *ohne pl*> ❶ (SPORT) fuera *m* de banda ❷ (*Ende*) final *m*

aus|arbeiten *vt* (*Plan*) elaborar; (*Vortrag*) redactar

aus|arten ['aʊsartən] *vi sein* degenerar (*in* en)

aus|atmen *vi, vt* espirar

aus|baden *vt* (*fam*): **es ~ müssen** tener que pagar los platos rotos

Ausbau *m* <-(e)s, *ohne pl*> ❶ (*Erweiterung*) ampliación *f* ❷ (*Abbau*) desmontaje *m* ❸ (*Intensivierung*) intensificación *f*

aus|bauen *vt* ❶ (*herausmontieren*) desmontar, sacar ❷ (*Gebäude, Organisation*) ampliar; (*verbreitern*) ensanchar ❸ (*weiterentwickeln*) desarrollar; (*vertiefen*) intensificar

ausbaufähig *adj* ampliable; (*weiterentwickelbar*) desarrollable

aus|beißen *irr vt:* **sich** *dat* **einen Zahn ~** romperse un diente (al morder); **ich habe mir daran die Zähne ausgebissen** (*fig*) me dejé los cuernos en ello

aus|bessern *vt* reparar; (*Kleidung*) arreglar; (*flicken*) remendar

Ausbesserung *f* <-en> reparación *f;* (FOTO) retoque *m*

aus|beulen *vt* ❶ (*Ärmel, Hose*) deformar ❷ (*Kotflügel*) desabollar

Ausbeute *f ohne pl* ❶ (*Ertrag*) producto *m,* rendimiento *m* ❷ (WIRTSCH) beneficio *m*

aus|beuten *vt* explotar

Ausbeuter(in) *m(f)* <-s, -; -nen> (*abw*) explotador(a) *m(f),* negrero, -a *m, f CSur*

Ausbeutung *f ohne pl* explotación *f*

aus|bezahlen* *vt* (*Geld*) pagar

aus|bilden I. *vt* ❶ (*Lehrling*) formar ❷ (*Fähigkeiten, Stimme*) desarrollar, cultivar

II. *vr:* **sich** ~ (*entstehen*) desarrollarse, formarse

Ausbilder(in) *m(f)* <-s, -; -nen> instructor(a) *m(f)*

Ausbildung *f* <-en> (*beruflich*) formación *f* profesional; **Ausbildungsplatz** *m* puesto *m* de aprendizaje

aus|blasen *irr vt* apagar (de un soplo); **die Kerze** ~ soplar la vela

aus|bleiben *irr vi sein* ❶ (*nicht eintreten*) no haber, no darse ❷ (*fernbleiben*) no venir, no aparecer

aus|blenden **I.** *vt* (*Musik*) quitar; (*Ton*) suprimir; (FILM: *Szene*) hacer un fundido **II.** *vr:* **sich** ~ (TV, RADIO) desconectarse (*aus* de), salirse de la emisión

Ausblick *m* <-(e)s, -e> ❶ (*in die Ferne*) vista *f* (*auf* de) ❷ (*in die Zukunft*) perspectiva *f* (*auf* de)

aus|borgen **I.** *vt* (*reg: verleihen*) prestar **II.** *vr:* **sich** *dat* **etw** ~ (*reg: sich ausleihen*) tomar prestado algo

aus|brechen *irr vi sein* ❶ (*Sturm*) estallar; (*Krieg*) estallar, declararse; (*Streik*) producirse; (*Vulkan*) entrar en erupción; (*Feuer, Epidemie*) declararse ❷ (*sich befreien*) escapar(se) (*aus* de) ❸ (*Gefühl zeigen*) prorrumpir (*in* en), estallar (*in* en); **in Tränen** ~ romper a llorar

Ausbrecher(in) *m(f)* <-s, -; -nen> (*fam: Gefangener*) fugitivo, -a *m, f*

aus|breiten **I.** *vt* ❶ (*Landkarte*) abrir; (*Decke*) extender ❷ (*Arme*) extender; (*Flügel*) desplegar ❸ (*einzelne Gegenstände*) exponer, presentar; **sein Leben vor jdm** ~ (*fig*) contarle a alguien toda su vida **II.** *vr:* **sich** ~ ❶ (*Nachricht, Feuer*) propagarse ❷ (*sich erstrecken*) extenderse

Ausbreitung *f* <-en> ❶ (*Nachricht, Feuer*) propagación *f*; (*Rassismus*) expansión *f* ❷ (*Größe*) ampliación *f* ❸ (*eines Plans, Details*) exposición *f*

Ausbruch *m* <-(e)s, -brüche> ❶ (*Flucht*) evasión *f* (*aus* de), fuga *f* (*aus* de) ❷ (*Beginn*) comienzo *m;* **zum** ~ **kommen** declararse ❸ (*Eruption*) erupción *f*; (*Gefühlsentladung*) arrebato *m*

aus|brüten *vt* ❶ (*Eier*) incubar, empollar ❷ (*fam: Plan*) urdir, tramar

aus|büchsen *vi sein* (*fam: ausreißen*) largarse, pirárselas

aus|bügeln *vt* (*fam*) arreglar

Ausbund *m ohne pl* (*a. iron*): **ein** ~ **an etw sein** ser un modelo de algo

aus|bürgern [ˈaʊsbʏrgən] *vt* expatriar, desterrar

Ausbürgerung *f* <-en> expatriación *f*, destierro *m*

aus|bürsten *vt* cepillar; **sich** *dat* **die Haare** ~ cepillarse el pelo

Auschwitzlüge [ˈaʊʃvɪtslyːgə] *f* negación del genocidio nazi

Ausdauer *f ohne pl* (*Beharrlichkeit*) constancia *f*, perseverancia *f*; (*körperlich*) resistencia *f*; (*anhaltender Fleiß*) tesón *m;* (*Geduld*) paciencia *f*; (*Zähigkeit*) tenacidad *f*

ausdauernd *adj* (*beharrlich*) perseverante, constante

aus|dehnen **I.** *vt* ❶ (*dehnen*) ensanchar ❷ (*erweitern*) ampliar ❸ (*verlängern*) prolongar **II.** *vr:* **sich** ~ ❶ (*größer werden*) dilatarse, extenderse ❷ (*zeitlich*) prolongarse

Ausdehnung *f* <-en> ❶ (*Größe, Umfang*) extensión *f* ❷ (*Erweiterung, a. physikalisch*) expansión *f*; (*des Umfangs*) ampliación *f*; (*Dehnung*) dilatación *f*

aus|denken *irr vt* ❶ (*überlegen*) concebir ❷ (*vorstellen, erfinden*) imaginar, inventar

aus|dienen *vi* (*fam*): **jd/etw hat ausgedient** alguien/algo ya no sirve; **der alte Stuhl hat langsam ausgedient** la vieja silla ha quedado inservible con el tiempo

aus|diskutieren* *vt* discutir hasta llegar a un acuerdo

aus|drehen *vt* ❶ (*Licht, Radio*) apagar ❷ (*Gas, Wasserhahn*) cerrar

Ausdruck¹ *m* <-(e)s, -drücke> (*Wort*) término *m*, palabra *f*; (*Wendung*) expresión *f*, giro *m;* **sich im** ~ **vergreifen** equivocarse de tono

Ausdruck² *m* <-(e)s, -e> (*a.* INFOR, TYPO) impreso *m*

Ausdruck³ *m* <-(e)s, *ohne pl*> ❶ (*Stil*) expresión *f* ❷ (*Bekundung*) manifestación *f*, expresión *f*; **etw zum** ~ **bringen** expresar algo

aus|drucken *vt* (*a.* INFOR, TYPO) imprimir

aus|drücken **I.** *vt* ❶ (*Schwamm*) estrujar; (*Frucht*) exprimir ❷ (*Zigarette*) apagar ❸ (*äußern*) expresar **II.** *vr:* **sich** ~ (*sich äußern*) expresarse

ausdrücklich [ˈaʊsdrʏklɪç, ˈ--] *adj* expreso, explícito; (*Verbot*) categórico

ausdruckslos *adj* inexpresivo

ausdrucksvoll *adj* expresivo, lleno de expresividad

Ausdrucksweise *f* forma *f* de expresión

auseinander [aʊsaɪˈnandə] *adv* separadamente; ~ **brechen** (*zerbrechen*) romper(se); (*Partei*) dividirse; ~ **bringen** (*fam: trennen*) separar; (*entzweien*) enemistar; ~ **fallen** (*zerfallen*) caerse en pedazos; (*Familie, Partei*) desintegrarse; ~ **falten** desdoblar; ~ **gehen** (*sich trennen*) separarse; (*sich verzweigen*) bifurcarse; (*Meinungen*) discrepar, diferir; (*fam: kaputtgehen*) romperse; (*fam: dick werden*) echar carnes; ~ **halten** distinguir; ~ **nehmen** (*Motor*) desmontar; (*Radio*) desarmar; ~ **setzen** (*erklären*) explicar; **sich mit etw** ~ **setzen** (*beschäftigen*) ocuparse de algo; (*streiten*) discutir algo; **dieses Wort schreibt man** ~ esta palabra se escribe separada; **die beiden sind ein Jahr** ~ (*vom Alter her*) se llevan un año

Auseinandersetzung *f* <-en> ❶ (*Beschäftigung*) análisis *m inv* (*mit* de) ❷ (*Diskussion*) discusión *f* (*über* acerca de), disputa *f* (*über* acerca de), quimba *f* Col ❸ (*Streit*) conflicto *m*

auserkoren ['aʊsɛeko:rən] *adj* (*geh*) elegido; **er ist von Gott dazu ~, uns zu erlösen** ha sido elegido por Dios para redimirnos

auserlesen ['aʊsɛele:zən] *adj* (*geh*) selecto

aus|erwählen* ['aʊsɛɛvɛ:lən] *vt* (*geh*) elegir

ausfahrbar ['aʊsfa:ɐba:ɐ] *adj* (TECH) replegable; (*Antenne*) extensible

aus|fahren *irr* **I.** *vi sein* (*hinausfahren*) salir; (*Schiff*) zarpar **II.** *vt* ❶ (*verteilen*) repartir ❷ (*spazieren fahren*) pasear ❸ (TECH) desplegar; **das Fahrgestell** ~ desplegar el tren de aterrizaje

Ausfahrt *f* <-en> salida *f*; **bitte die** ~ **freihalten!** ¡por favor, dejar la salida libre!

Ausfall[1] *m* <-(e)s, *ohne pl*> ❶ (*Haare, Zähne*) caída *f* ❷ (*Maschine*) avería *f*

Ausfall[2] *m* <-(e)s, -fälle> ❶ (MIL) ataque *m* ❷ (*Veranstaltung*) suspensión *f*; (*Verdienst*) pérdida *f*, merma *f*

aus|fallen *irr vi sein* ❶ (*herausfallen*) caerse ❷ (*nicht stattfinden*) no tener lugar, suspenderse; **die Schule fällt aus** no hay clase ❸ (*durch Krankheit*) estar de baja ❹ (*nicht funktionieren*) fallar ❺ (*beschaffen sein*) resultar, quedar

ausfallend *adj* ❶ (*grob*) agresivo ❷ (*beleidigend*) insultante, grosero

Ausfallstraße *f* carretera *f* de salida

aus|fechten *irr vt* combatir hasta el fin

aus|fegen *vt* (*reg: Raum*) barrer; (*Schmutz*) recoger

aus|feilen *vt* (*Text*) pulir, perfeccionar

aus|fertigen *vt* (*Pass*) expedir; (*Dokument*) extender; (*Zahlungsanweisungen*) librar

Ausfertigung *f* <-en> ❶ (*Vorgang*) redacción *f*; (*amtlich*) despacho *m* ❷ (*Schriftstück*) documento *m*; (*zweite*) copia *f*; **in doppelter** ~ por duplicado

ausfindig ['aʊsfɪndɪç] *adv:* **jdn/etw** ~

machen localizar a alguien/algo

aus|fließen *irr vi sein* derramarse

aus|flippen ['aʊsflɪpən] *vi sein* (*fam*) ❶ (*durch Drogen*) fliparse ❷ (*durchdrehen*) flipar

Ausflucht ['aʊsflʊxt, *pl:* 'aʊsflʏçtə] *f* <-flüchte> excusa *f*

Ausflug *m* <-(e)s, -flüge> excursión *f*

Ausflügler(in) ['aʊsflyːklɐ] *m(f)* <-s, -; -nen> excursionista *mf*

Ausflugslokal *nt* merendero *m*; **Ausflugsort** *m* lugar *m* turístico, centro *m* turístico

Ausfluss *m* <-es, -flüsse> ❶ (*das Auslaufen*) salida *f* ❷ (*Abfluss*) desagüe *m* ❸ (MED) flujo *m*

aus|formulieren* *vt* formular (con todo detalle); (*Text*) redactar

aus|fragen *vt:* **jdn** (**über etw**) ~ interrogar a alguien (sobre algo)

aus|fransen ['aʊsfranzən] *vi sein* deshilacharse

aus|fressen *irr vt* (*fam*): **etw** ~ hacer algo malo

Ausfuhr ['aʊsfuːɐ] *f* <-en> (COM) exportación *f*

Ausfuhrbestimmungen *fpl* (COM) reglamentos *mpl* de exportación

aus|führen *vt* ❶ (*spazieren führen*) llevar de paseo ❷ (*exportieren*) exportar ❸ (*durchführen*) llevar a cabo; (*Auftrag*) ejecutar, cumplir; (*Verbrechen*) cometer ❹ (SPORT: *Ecke*) sacar; (*Schuss*) efectuar ❺ (*erklären*) exponer, explicar; (*im Einzelnen*) detallar

ausführlich ['aʊsfyːrlɪç, ----] **I.** *adj* detallado **II.** *adv* con todo detalle

Ausführlichkeit [-'----] *f ohne pl* detalle *m*; **in aller** ~ con todo detalle

Ausführung *f* <-en> ❶ (*das Realisieren*) realización *f*, ejecución *f*; (*Befehl, Auftrag*) cumplimiento *m*; (*Verbrechen*) perpetración *f*; **zur** ~ **gelangen** llevarse a cabo ❷ (SPORT) ejecución *f* ❸ (*Typ*) modelo *m*, tipo *m* ❹ *pl* (*Darlegung*) declaraciones *fpl*, explicaciones *fpl*; (*Vortrag*) intervención *f*

Ausfuhrzoll *m* (COM) derechos *mpl* de exportación

aus|füllen *vt* ❶ (*Loch*) llenar ❷ (*Formular*) (re)llenar, cumplimentar ❸ (*befriedigen*) satisfacer

Ausgabe[1] *f ohne pl* ❶ (*das Verteilen*) distribución *f*; (*von Waren*) entrega *f* ❷ (*von Banknoten*) emisión *f*

Ausgabe[2] *f* <-n> ❶ (*Ausgabestelle*) despacho *m* ❷ (*eines Buches*) edición *f*; (*Zeitschrift*) número *m* ❸ (TV: *Sendung*) emisión *f* ❹ (INFOR) salida *f* ❺ *pl* (*Kosten*)

gastos *mpl*

Ausgabegerät *nt* (INFOR) dispositivo *m* de salida

Ausgabenbeleg *m* justificante *m* de gastos

Ausgang¹ *m* <-(e)s, -gänge> ❶ (*Tür*) (puerta *f* de) salida *f* ❷ (*an einem Organ*) boca *f* ❸ (*Spaziergang*) paseo *m* ❹ (*freier Tag*) (día *m* de) salida *f*; ~ **haben** tener permiso de salida

Ausgang² *m* <-(e)s, *ohne pl*> ❶ (*Ergebnis*) resultado *m*, desenlace *m*; (*erfolgreich*) éxito *m* ❷ (*Anfang*) origen *m*, punto *m* de partida

Ausgangsbasis *f* punto *m* de partida; **Ausgangsposition** *f* posición *f* de partida; **Ausgangspunkt** *m* punto *m* de partida; **Ausgangssperre** *f* toque *m* de queda

aus|geben *irr* **I.** *vt* ❶ (*austeilen*) distribuir; (*Fahrkarten*) expender; **einen** ~ (*fam*) invitar (a una ronda) ❷ (INFOR) imprimir ❸ (FIN: *Aktien*) emitir ❹ (*Befehl, Parole*) dar ❺ (*Geld*) gastar (*für* en) **II.** *vr:* **sich** ~ (*so tun als ob*) hacerse pasar (*als/für* por)

ausgebrannt ['aʊsɡəbrant] **I.** *pp von* **ausbrennen II.** *adj* (*körperlich erschöpft*) rendido; (*geistig erschöpft*) saturado

ausgebucht ['aʊsɡəbu:xt] *adj* completo

ausgebufft ['aʊsɡəbʊft] *adj* (*fam: trickreich*) mañoso; (*abw*) taimado

Ausgeburt *f* <-en> (*geh abw*) engendro *m*

ausgedehnt *adj* ❶ (*zeitlich*) amplio, extenso ❷ (*räumlich*) extenso, vasto

ausgefallen I. *pp von* **ausfallen II.** *adj* (*ungewöhnlich*) extravagante

ausgeglichen ['aʊsɡəɡlɪçən] **I.** *pp von* **ausgleichen II.** *adj* equilibrado

Ausgeglichenheit *f ohne pl* equilibrio *m*

aus|gehen *irr vi sein* ❶ (*weggehen*) salir ❷ (*erlöschen*) apagarse ❸ (*Haare, Zähne*) caerse ❹ (*abzweigen*) salir (*von* de) ❺ (*seinen Ursprung nehmen*) partir (*von* de), basarse (*von* en); **wir können davon** ~, **dass ...** podemos partir de la base de que... ❻ (*enden*) salir, acabar; **leer** ~ irse con las manos vacías ❼ (*zu Ende gehen*) acabarse

ausgehungert *adj* (*hungrig*) hambriento; (*Hunger leidend*) famélico

ausgeklügelt ['aʊsɡəkly:ɡəlt] *adj* (*fam*) ingenioso, bien pensado

ausgekocht *adj* (*fam abw*) cuco, taimado

ausgelassen I. *pp von* **auslassen II.** *adj* muy alegre; (*Kind*) travieso, retozón

Ausgelassenheit *f ohne pl* (*auf einem Fest*) alegría *f*; (*der Stimmung*) desenfado *m*

ausgemacht *adj* ❶ (*abgemacht*) convenido, acordado; (*entschieden*) decidido ❷ (*vollkommen*) de remate, redomado

ausgemergelt ['aʊsɡəmɛrɡəlt] *adj* demacrado

ausgenommen ['aʊsɡənɔmən] **I.** *pp von* **ausnehmen II.** *präp* +*akk* a excepción de; **Anwesende** ~ a excepción de los presentes **III.** *konj:* ~, **dass ...** a no ser que... +*subj*

ausgepowert [aʊsɡəˈpaʊɐt] *adj* (*fam*) agotado

ausgeprägt *adj* (*deutlich*) pronunciado, marcado

ausgerechnet ['--'--] *adv* (*fam*) precisamente, justamente; **muss das** ~ **heute sein?** ¿tiene que ser precisamente hoy?

ausgeschlafen I. *pp von* **ausschlafen II.** *adj* (*fam*) (d)espabilado

ausgeschlossen ['aʊsɡəʃlɔsən] **I.** *pp von* **ausschließen II.** *adj* (*unmöglich*) imposible; **es ist nicht** ~, **dass ...** no se excluye que... +*subj*

ausgeschnitten ['aʊsɡəʃnɪtən] **I.** *pp von* **ausschneiden II.** *adj* (*dekolletiert*) escotado

ausgesprochen ['aʊsɡəʃprɔxən] **I.** *pp von* **aussprechen II.** *adj* (*ausgeprägt*) pronunciado, marcado; (*offensichtlich*) manifiesto, patente **III.** *adv* (*sehr*) realmente

ausgestorben ['aʊsɡəʃtɔrbən] **I.** *pp von* **aussterben II.** *adj* ❶ (*Volk, Pflanzen, Tiere*) extinguido ❷ (*Ort*) desierto

ausgesucht ['aʊsɡəzu:xt] *adj* ❶ (*hervorragend*) selecto, escogido ❷ (*ausgesprochen*) pronunciado

ausgewachsen I. *pp von* **auswachsen II.** *adj* ❶ (*voll entwickelt*) formado, desarrollado; (*erwachsen*) adulto ❷ (*vollkommen*) puro, de tomo y lomo

ausgewogen ['aʊsɡəvo:ɡən] **I.** *pp von* **auswiegen II.** *adj* (*ausgeglichen*) armonioso, equilibrado

ausgezeichnet ['----, '--'--] *adj* (*hervorragend*) excelente, magnífico

ausgiebig ['aʊsɡi:bɪç] **I.** *adj* abundante; (*Essen*) opulento; **einen** ~ **en Mittagsschlaf halten** echarse una larga siesta **II.** *adv* con abundancia

aus|gießen *irr vt* ❶ (*Gefäß*) vaciar ❷ (*Flüssigkeit*) echar ❸ (*verschütten*) derramar, verter

Ausgleich ['aʊsɡlaɪç] *m* <-(e)s, *ohne pl*> compensación *f* (*für* por); (*Entschädigung*) indemnización *f* (*für* por); (SPORT) empate *m*; **als** ~ **für etw** como compensación por algo

aus|gleichen *irr* **I.** *vi* (SPORT) igualar, empatar **II.** *vt* ❶ (*Unterschiede*) nivelar ❷ (FIN) saldar, liquidar ❸ (*Konflikt*) equilibrar ❹ (*Mangel*) compensar **III.** *vr:* **sich** ~

compensarse

Ausgleichstor *nt* (SPORT) gol *m* del empate;
Ausgleichstreffer *m* (SPORT) tanto *m* del
empate; (*Tor*) gol *m* del empate

aus|graben *irr vt* ❶ (*Altertümer, Schätze*)
desenterrar ❷ (*Vergessenes*) desempolvar

Ausgrabung *f* <-en> ❶ (*das Ausgraben*)
excavación *f* ❷ (*Fundstätte, Fund*) excavación *f* arqueológica

aus|grenzen *vt* excluir

Ausgrenzung *f* <ohne pl> marginación *f*
(*aus* de)

aus|gucken *vt* (*fam: aussuchen*): **sich** *dat*
etw/jdn ~ escoger algo/a alguien

Ausguss *m* <-es, -güsse> ❶ (*Becken*) pila *f*
❷ (*reg: Tülle*) pitorro *m*

aus|haben *irr* I. *vi* (*fam: Schluss haben*)
terminar II. *vt* (*fam*) ❶ (*Kleidung*) haberse
quitado ❷ (*Buch*) haber terminado (de
leer)

aus|halten *irr* I. *vi* (*durchhalten*) aguantar
II. *vt* ❶ (*ertragen*) soportar, aguantar; **das
ist ja nicht auszuhalten!** ¡esto es insoportable! ❷ (*standhalten*) resistir ❸ (*fam
abw: Lebensunterhalt bezahlen*) mantener, sostener

aus|handeln *vt* regatear; (*Vertrag, Löhne*)
negociar

aus|händigen ['aʊshɛndɪgən] *vt* ❶ (*Preis*)
hacer entrega (de) ❷ (*Urkunde, Geld,
Schreiben*) entregar

Aushang *m* <-(e)s, -hänge> anuncio *m*,
aviso *m* Am

aus|hängen[1] *irr vi* (*aufgehängt sein*) estar
colgado (en el tablón de anuncios)

aus|hängen[2] *vt* ❶ (*aufhängen*) publicar,
hacer público ❷ (*Tür, Fenster*) desquiciar

Aushängeschild *nt* rótulo *m*

aus|harren ['aʊsharən] *vi* (*geh*) perseverar,
aguantar

aus|hauchen *vt* (*geh: Atem, Rauch*) expi-
rar, exhalar

aus|heben *irr vt* ❶ (*Graben*) exca-
var ❷ (*Verbrechernest*) descubrir
❸ (*Schweiz: Truppen, Rekruten*) reclutar

aus|hecken ['aʊshɛkən] *vt* (*fam*) tramar,
maquinar

aus|helfen *irr vi* ayudar; **sie half ihm mit
Werkzeug aus** le ayudó aportando herramientas

aus|heulen *vr:* **sich** ~ (*fam*) desahogarse
(llorando) (*bei* con)

Aushilfe *f* <-n> ❶ (*das Aushelfen*) ayuda *f*
❷ (*Person*) auxiliar *mf*, suplente *mf*

aushilfsweise *adv* temporalmente

aus|höhlen *vt* ❶ (*hohlmachen*) ahuecar
❷ (*schwächen*) minar

aus|holen *vi* ❶ (*Schwung*) tomar impulso

(*zu* para); **mit dem Arm** ~ levantar el
brazo (para golpear) ❷ (*zurückgreifen*)
divagar; **bei einer Erzählung weit** ~
empezar con Adán y Eva

aus|horchen *vt* tantear

aus|kehren *vt* (*reg*) *s.* **ausfegen**

aus|kennen *irr vr:* **sich** ~ conocer bien; (*in
einem Fach*) estar versado (*in/mit* en);
damit kenne ich mich gar nicht aus de
eso no entiendo nada

aus|kippen *vt* verter

aus|klammern *vt* dejar de lado

Ausklang *m* <-(e)s, -klänge> (*geh: Ende*)
final *m*

ausklappbar *adj* plegable; (*Platte*) abatible

aus|klappen *vt* plegar; (*Platte*) abatir

aus|kleiden I. *vt* ❶ (*geh: entkleiden*) des-
vestir ❷ (*Raum, Wand*) revestir (*mit* de);
(*mit Holz* ~) entarimar II. *vr:* **sich** ~ desvestirse

aus|klingen *irr vi* sein ❶ (*Tag, Fest*) ter-
minar ❷ (*Ton*) acabar de sonar

aus|klopfen *vt* (*Teppich*) sacudir

aus|klügeln ['aʊsklyːgəln] *vt* idear

aus|knipsen *vt* (*fam*) apagar

aus|knobeln *vt* (*fam: ausklügeln*) discu-
rrir; **wir haben einen guten Plan ausge-
knobelt** hemos ideado un buen plan

aus|kochen *vt* ❶ (GASTR) cocer ❷ (*sterilisie-
ren*) esterilizar

aus|kommen *irr vi* sein ❶ (*sich vertragen*)
entenderse; **wir kommen gut miteinander aus** nos llevamos bien; **mit ihm kann
man nicht** ~ no hay quien le aguante
❷ (*mit etw zurechtkommen*) arreglarse;
(*ausreichend haben*) alcanzar

Auskommen *nt* <-s, ohne pl> (*Einkommen*) ingresos *mpl*, sustento *m*; **sein** ~
haben arreglárselas para vivir; **sein** ~ **finden** sacarse lo suficiente para vivir

aus|kosten *vt* (*geh*) disfrutar (de)

aus|kotzen I. *vt* (*fam*) ❶ (*erbrechen*) potar
❷ (*aussprechen*) desembuchar; **ein Problem** ~ despachar un problema II. *vr:* **sich**
~ (*fam: erbrechen*) cambiar la peseta; **ich
habe mich bei meinem Chef ausge-
kotzt** (*fig*) le he soltado todo a mi jefe

aus|kramen *vt* (*fam*) desenterrar

aus|kratzen *vt* rascar; (*Speisereste*) reba-
ñar; **jdm die Augen** ~ sacar(le) los ojos a
alguien

aus|kriegen *vt* (*fam: ausziehen können*)
conseguir quitarse; **kriegst du die Skistiefel alleine aus?** ¿te puedes quitar las
botas de esquiar sin ayuda?

aus|kugeln *vt* dislocar, zafar *Am*

aus|kundschaften ['aʊskʊntʃaftən] *vt* in-
dagar; (*Gegend*) explorar

Auskunft ['aʊskʊnft, *pl:* 'aʊskʏnftə] *f* <-künfte> ❶ (*Information*) información *f*; (*über eine Person*) referencias *fpl* (*über* de); **jdm** (**eine**) ~ **geben** proporcionar a alguien (una) información ❷ (~ *sstelle*) información *f*

aus|kuppeln *vi* (AUTO) desembragar

aus|kurieren* I. *vt* (*fam*) curar (completamente) II. *vr:* **sich** ~ (*fam*) curarse (completamente)

aus|lachen *vt* reírse (de), burlarse (de)

aus|laden *irr vt* ❶ (*Fracht, Fahrzeug*) descargar ❷ (*Einladung zurücknehmen*): **jdn** ~ retirar a alguien la invitación

Auslage *f* <-n> ❶ (*von Waren*) exposición *f*, muestra *f* ❷ (*Schaufenster*) escaparate *m*, vidriera *f* Am ❸ *pl* (*Geldbetrag*) desembolso *m*

Ausland *nt* <-(e)s, *ohne pl*> (país *m*) extranjero *m*

Ausländer(in) *m(f)* <-s, -; -nen> extranjero, -a *m, f*; **Ausländerbeauftrage(r)** *mf* encargado, -a *m, f* de asuntos de inmigración; **ausländerfeindlich** *adj* xenófobo; **Ausländerfeindlichkeit** *f ohne pl* xenofobia *f*

Ausländerin *f* <-nen> *s.* **Ausländer**

Ausländerpolitik *f* política *f* de extranjería; **Ausländerwahlrecht** *nt* (POL) derecho *m* a voto de los extranjeros; **Ausländerwohnheim** *nt* residencia *f* para extranjeros

ausländisch *adj* extranjero

Auslandsaufenthalt *m* estancia *f* en el extranjero; **Auslandsbeziehungen** *fpl* (POL) relaciones *fpl* con el extranjero; **die ~ zu einem Land abbrechen** romper las relaciones con un país; **Auslandsgespräch** *nt* (TEL) conferencia *f* internacional; **Auslandskorrespondent(in)** *m(f)* corresponsal *mf* en el extranjero; **Auslandskrankenschein** *m* (MED) ≈ cartilla *f* de desplazamiento al extranjero

aus|lassen *irr* I. *vt* ❶ (*Wort*) omitir ❷ (*Butter*) derretir ❸ (*fam: Radio, Licht*) dejar apagado ❹ (*abreagieren*) descargar (*an* sobre), desahogarse (*an* con) II. *vr:* **sich** ~ (*sich mitteilen*) manifestarse (*über* sobre); (*lästern*) criticar (*über*); **er hat sich nicht näher darüber ausgelassen** no entró en detalles

Auslassung *f* <-en> ❶ (*Weggelassenes*) omisión *f*, supresión *f* ❷ *pl* (*abw: Äußerungen*) comentarios *mpl*; **Auslassungspunkte** *mpl* (LING) puntos *mpl* suspensivos

aus|lasten *vt* ❶ (*Maschine*) utilizar a pleno rendimiento ❷ (*Person*) ocupar en su totalidad

Auslauf *m* <-(e)s, -läufe> ❶ (*Ausfluss*) derrame *m* ❷ (*der Tiere*) corral *m*

aus|laufen *irr vi sein* ❶ (*Flüssigkeit*) derramarse; (*Gefäß*) vaciarse ❷ (*in See stechen*) zarpar ❸ (*aufhören*) terminar; (*Vertrag*) expirar

Ausläufer *m* <-s, -> (GEO) estribación *f*

Auslaufmodell *nt* (COM) modelo *m* fuera de producción

aus|laugen *vt* (*Nährstoffe entziehen*) dejar sin sustancias nutritivas; (*erschöpfen*) agotar

Auslaut *m* <-(e)s, -e> (LING) sonido *m* final; **im** ~ a final de la palabra

aus|leben *vr:* **sich** ~ gozar de la vida, vivir la vida

aus|leeren *vt* ❶ (*Gefäß*) vaciar ❷ (*Flüssigkeit*) echar, verter

aus|legen *vt* ❶ (*Köder*) poner ❷ (*Leitungen, Kabel*) tender ❸ (*Waren im Schaufenster*) exponer ❹ (*Geld*) adelantar ❺ (*auskleiden*) revestir (*mit* con/de) ❻ (*bedecken*) cubrir (*mit* de/con); (*mit Teppich* ~) enmoquetar, alfombrar ❼ (*Worte, Text*) interpretar

Auslegung *f* <-en> interpretación *f*; **Auslegungssache** *f* cuestión *f* de interpretación

aus|leiern I. *vi sein* (*fam*) dar(se) de sí; (*Gewinde*) pasarse de rosca II. *vt* (*fam*) deformar; (*Gewinde*) pasar de rosca

Ausleihe ['aʊslaɪə] *f* <-n> ❶ (*das Ausleihen*) préstamo *m* ❷ (*Raum*) sección *f* de préstamos

aus|leihen *irr vt* (*verleihen*) prestar; (*sich borgen*) tomar prestado; **jdm etw** ~ prestar algo a alguien

aus|lernen *vi* terminar el aprendizaje; **man lernt nie aus** siempre se aprende algo nuevo

Auslese ['aʊsleːzə] *f* <-n> ❶ (*Auswahl*) selección *f* ❷ (*Wein*) vino *m* de uvas escogidas

aus|lesen *irr vt* ❶ (*Buch*) terminar (de leer) ❷ (*aussondern*) separar; (*entfernen*) sacar ❸ (INFOR) seleccionar

aus|liefern *vt* entregar; (JUR) extraditar; **ich bin ihr völlig ausgeliefert** (*fam*) estoy en sus manos

Auslieferung *f* <-en> entrega *f*; (JUR) extradición *f*

aus|liegen *irr vi* ❶ (*Zeitschriften*) estar a disposición (de los lectores) ❷ (*Schlingen, Netze*) estar expuesto

aus|loben *vt:* **etw für etw** ~ ofrecer algo como recompensa por algo

aus|löffeln *vt* sacar a cucharadas; **die**

lidad

Suppe ~ comerse la sopa (a cucharadas)
aus|löschen *vt* ❶ (*Licht*) apagar; (*Feuer*) extinguir ❷ (*Schrift, Spuren*) borrar ❸ (*geh: Menschenleben*) apagar, extinguir
aus|losen ['aʊsloːzən] *vt* rifar, sortear
aus|lösen *vt* ❶ (*Schuss*) disparar ❷ (*hervorrufen*) producir, provocar ❸ (*befreien*) rescatar, pagar el rescate (de/por)
Auslöser *m* <-s, -> ❶ (TECH) mecanismo *m* de disparo ❷ (*Anlass*) (factor *m*) desencadenante *m* (*für* de)
Auslosung *f* <-en> sorteo *m*
aus|machen *vt* ❶ (*fam: Radio, Licht, Feuer*) apagar ❷ (*vereinbaren*) concertar ❸ (*klären*) resolver, arreglar ❹ (*erkennen*) divisar ❺ (*darstellen*) constituir; **ihm fehlt alles, was einen Wissenschaftler ausmacht** le falta todo aquello que constituye un científico ❻ (*betragen*) elevarse (a) ❼ (*bedeuten*) importar; **macht es Ihnen etwas aus, wenn ...?** ¿le importa que...+*subj*?
aus|malen I. *vt* (*mit Farbe*) pintar (*mit* de), colorear (*mit* de) II. *vr*: **sich** *dat* **etw** ~ (*fig: sich vorstellen*) imaginarse algo
Ausmaß *nt* <-es, -e> ❶ (*räumlich*) dimensión *f*, extensión *f* ❷ (*Grad, Umfang*) dimensión *f*; **bis zu einem gewissen** ~ hasta (un) cierto punto; **in großem** ~ a gran escala
aus|merzen ['aʊsmɛrtsən] *vt* ❶ (*Ungeziefer*) exterminar, eliminar ❷ (*Fehler*) subsanar ❸ (*Missstände*) eliminar
aus|messen *irr vt* medir, tomar la medida (de)
aus|misten *vt* ❶ (*Stall*) sacar el estiércol (de) ❷ (*fam: Schrank, Zimmer*) poner en orden
aus|mustern *vt* ❶ (*aussortieren*) desechar ❷ (MIL) declarar inútil
Ausnahme *f* <-n> excepción *f*; **eine** ~ **machen** hacer una excepción; **mit** ~ **von ...** a excepción de...; **ohne** ~ sin excepción; **Ausnahmefall** *m* caso *m* excepcional, excepción *f*; **Ausnahmegenehmigung** *f* autorización *f* especial; **Ausnahmesituation** *f* situación *f* excepcional, estado *f* de emergencia; **Ausnahmezustand** *m* estado *m* de excepción
ausnahmslos *adj* sin excepción
ausnahmsweise ['----, '-'--] *adv* excepcionalmente, como excepción
aus|nehmen *irr* I. *vt* ❶ (*Fisch*) limpiar ❷ (*Kaninchen, Geflügel*) destripar ❸ (*ausschließen*) exceptuar (*von* de) ❹ (*fam abw: Geld abnehmen*) desplumar, desvalijar II. *vr*: **sich** ~ (*geh: wirken*) hacer efecto
ausnehmend *adv* (*geh*) extraordinaria-

mente
aus|nüchtern *vi* desemborracharse *fam;* **hast du schon ausgenüchtert?** ¿ya se te ha pasado la borrachera?
aus|nutzen *vt* ❶ (*Gelegenheit, Situation*) aprovechar, sacar provecho de ❷ (*Stellung, Notlage*) aprovecharse (de)
aus|packen I. *vt* ❶ (*Koffer*) deshacer ❷ (*Geschenk*) abrir, desenvolver ❸ (*Waren, Paket*) desembalar, abrir II. *vi* (*fam: erzählen, verraten*) cantar, irse de la lengua
aus|peitschen *vt* azotar, latiguear *Am*
aus|pfeifen *irr vt* abuchear, silbar
aus|plaudern *vt* divulgar
aus|plündern *vt* ❶ (*Dorf, Laden*) saquear ❷ (*fam: Kühlschrank*) vaciar
aus|posaunen* *vt* (*fam*) pregonar, decir a los cuatro vientos
aus|pressen *vt* (*Saft*) extraer; (*Frucht*) exprimir
aus|probieren* *vt* probar
Auspuff ['aʊspʊf] *m* <-(e)s, -e> escape *m;* **Auspuffrohr** *nt* (AUTO) tubo *m* de escape
aus|pumpen *vt* ❶ (*Wasser*) bombear; (*leeren*) vaciar bombeando; **völlig ausgepumpt sein** (*fam fig*) estar hecho polvo ❷ (*fam: ausleihen*) prestar
aus|quartieren* ['aʊskvartiːrən] *vt* desalojar
aus|quetschen *vt* ❶ (*Frucht*) exprimir, estrujar ❷ (*fam: ausfragen*) acosar a preguntas
aus|radieren* *vt* ❶ (*Geschriebenes*) borrar ❷ (*abw: zerstören*) destruir, arrasar
aus|rangieren* ['aʊsraŋʒiːrən] *vt* (*fam*) desechar
aus|rasten *vi sein* ❶ (TECH) soltarse, desclavarse ❷ (*fam: zornig werden*) enfurecerse
aus|rauben *vt* desvalijar
aus|raufen *vt* arrancar
aus|räumen *vt* ❶ (*Schrank*) vaciar; (*Bücher*) sacar; (*Zimmer*) desamueblar ❷ (*Missverständnis*) arreglar ❸ (*Schwierigkeit*) allanar ❹ (*Zweifel*) disipar
aus|rechnen *vt* (*Summe*) calcular
Ausrede *f* <-n> excusa *f;* (*Vorwand*) pretexto *m;* (*Ausflüchte*) evasiva *f*
aus|reden I. *vi* (*zu Ende reden*) acabar de hablar II. *vt* (*umstimmen*): **jdm etw** ~ disuadir a alguien de algo III. *vr*: **sich** ~ (*Österr: sich aussprechen*) desahogarse
aus|reichen *vt* bastar, ser suficiente
ausreichend *adj* ❶ (*genug*) bastante, suficiente ❷ (*Schulnote*) suficiente
Ausreise *f* <-n> salida *f* (*aus* de); **Ausreiseerlaubnis** *f* permiso *m* de salida

aus|reisen *vi sein* salir (*aus* de)

Ausreisevisum *nt* visado *m* de salida

aus|reißen *irr* **I.** *vi sein* ❶ (*abreißen*) arrancarse ❷ (*fam: weglaufen*) huir, escapar(se) **II.** *vt* (*entfernen*) arrancar

Ausreißer(in) *m(f)* <-s, -; -nen> (*fam*) fugitivo, -a *m, f*

aus|reiten *irr vi* salir a caballo

aus|renken ['aʊsrɛŋkən] *vt* dislocar, zafar *Am*

aus|richten **I.** *vt* ❶ (*Nachricht*) dar; **soll ich ihr etwas ~?** ¿quiere que le dé algún recado? ❷ (*einstellen*) ajustar (a), adaptar (*auf* a) ❸ (*erreichen*) conseguir; **ich konnte bei ihm nichts ~** no pude conseguir nada de él ❹ (*veranstalten*) organizar **II.** *vr:* **sich ~** orientarse (*auf* a/hacia)

Ausrichtung *f ohne pl* ❶ (*Sicheinstellen*) ajuste *m* (*auf* a) ❷ (*Veranstalten*) organización *f* ❸ (*Orientierung*) orientación *f*

Ausritt *m* <-(e)s, -e> paseo *m* a caballo

aus|rollen *vt* ❶ (*Teppich*) desenrollar ❷ (*Teig*) extender con el rodillo

aus|rotten ['aʊsrɔtən] *vt* ❶ (*Tiere, Volk*) exterminar ❷ (*Unsitte*) erradicar

Ausrottung *f* <-en> ❶ (*Tiere, Volk*) exterminación *f* ❷ (*Unsitte*) erradicación *f*

aus|rücken **I.** *vi sein* ❶ (MIL) salir (del cuartel), marcharse ❷ (*Feuerwehr*) salir ❸ (*fam: ausreißen*) escapar(se) **II.** *vt* (TYPO) sangrar

Ausruf *m* <-(e)s, -e> exclamación *f*

aus|rufen *irr vt* ❶ (*rufend nennen*) llamar; (*Abflug, Abfahrt*) anunciar (por altavoz) ❷ (*Streik*) convocar ❸ (*Notstand, Republik*) proclamar

Ausrufezeichen *nt* signo *m* de exclamación, (signo *m* de) admiración *f*

Ausrufungszeichen *nt*, **Ausrufzeichen** *nt* (*Schweiz*) *s.* **Ausrufezeichen**

aus|ruhen *vi, vr:* **sich ~** descansar (*von* de), reposar

aus|rüsten *vt* ❶ (*Person*) equipar (*mit* de/con), abastecer (*mit* de/con) ❷ (*Flugzeug, Expedition*) equipar, dotar

Ausrüstung *f* <-en> equipo *m*

aus|rutschen *vi sein* resbalar

Ausrutscher *m* <-s, -> (*fam: Fauxpas*) desliz *m*

Aussaat *f* <-en> ❶ (*Aussäen*) siembra *f* ❷ (*Saatgut*) semillas *fpl*

aus|säen *vt* sembrar

Aussage ['aʊsza:gə] *f* <-n> ❶ (JUR) declaración *f*; (*die ~ machen*) prestar declaración; **die ~ verweigern** negarse a declarar ❷ (*Inhalt*) mensaje *m*; (LING) enunciado *m*; **aussagekräftig** *adj* (de gran valor) informativo

aus|sagen **I.** *vi* (JUR) declarar **II.** *vt* (*ausdrücken*) expresar

Aussatz *m* <-es, *ohne pl*> (MED) lepra *f*

Aussätzige(r) *mf* <-n, -n; -n> (*a. fig*) leproso, -a *m, f*

aus|saugen *vt* (*Frucht, Wunde*) chupar; (*Kolonie*) explotar

aus|schalten *vt* ❶ (*Motor, Licht*) apagar ❷ (*Konkurrenz, Gegner*) eliminar

Ausschank ['aʊsʃaŋk] *m* <-(e)s, *ohne pl*> (*Tätigkeit*) despacho *m* de bebidas

Ausschau *f ohne pl:* **nach jdm/etw ~ halten** buscar a alguien/algo con la vista

aus|schauen *vi* ❶ (*Ausschau halten*) buscar con la vista (*nach*) ❷ (*südd, Österr: Eindruck erwecken*) parecer

aus|scheiden *irr* **I.** *vi sein* ❶ (*aus einem Amt, einer Firma*) dimitir (*aus* de), retirarse (*aus* de) ❷ (*aus einem Club*) darse de baja (*aus* de/en) ❸ (SPORT) ser eliminado (*aus* de) ❹ (*Bewerber*) no entrar en consideración ❺ (*Möglichkeit*) quedar excluido **II.** *vt* ❶ (MED) segregar ❷ (*aussondern*) excluir

Ausscheidung *f* <-en> ❶ (MED) excreción *f* ❷ (SPORT) eliminatoria *f*

aus|schenken *vt* ❶ (*gießen*) echar ❷ (*im Lokal*) vender

aus|scheren ['aʊsʃe:rən] *vi sein* salirse (de la fila)

aus|schimpfen *vt* reprender, reñir

aus|schlachten *vt* (*fam*) ❶ (*Fahrzeug*) desguazar ❷ (*ausnutzen*) sacar provecho (de)

aus|schlafen *irr* **I.** *vi, vr:* **sich ~** dormir a su gusto **II.** *vt:* **seinen Rausch ~** dormir la mona

Ausschlag *m* <-(e)s, -schläge> ❶ (MED) erupción *f* cutánea ❷ (*der Waage*) caída *f*; (*des Pendels*) oscilación *f*; (*der Magnetnadel*) desviación *f*; **den ~ geben** ser decisivo

aus|schlagen *irr* **I.** *vi* ❶ (*Pferd*) cocear ❷ *haben o sein* (*Baum*) brotar, retoñar ❸ *haben o sein* (*Zeiger*) oscilar; (*Kompassnadel*) desviarse **II.** *vt* ❶ (*Angebot*) rehusar ❷ (*Zahn*) partir ❸ (*mit Stoff*) forrar (*mit* de/con), revestir (*mit* de/con)

ausschlaggebend *adj* decisivo (*für* para)

aus|schließen *irr vt* ❶ (*Zweifel, Irrtum*) descartar; **es ist nicht auszuschließen, dass ...** no se puede descartar la posibilidad de que... *+subj* ❷ (*im Widerspruch stehen*) excluir; **das eine schließt das andere nicht aus** lo uno no excluye lo otro ❸ (JUR: *Öffentlichkeit*) excluir ❹ (*aus einer Gemeinschaft*) expulsar (*aus* de)

ausschließlich **I.** *adj* (*alleinig*) exclusivo

II. *adv* únicamente; *(nur)* sólo **III.** *präp* +*gen* con exclusión de, excluido

aus|schlüpfen *vi sein* salir del huevo

Ausschluss *m* <-es, -schlüsse> exclusión *f* *(aus* de); (SPORT) descalificación *f;* **unter ~ der Öffentlichkeit** (JUR) a puerta cerrada

aus|schmücken *vt* ❶ *(Raum)* adornar, decorar ❷ *(Geschichte)* adornar, embellecer

aus|schneiden *irr vt* ❶ *(Bild)* recortar *(aus* de) ❷ *(Büsche)* podar

Ausschnitt *m* <-(e)s, -e> ❶ *(Teil)* parte *f,* fragmento *m* ❷ *(aus einem Film)* escena *f* ❸ (MATH) sector *m* ❹ *(bei Kleidung)* escote *m* ❺ *(aus einer Zeitung)* recorte *m*

aus|schöpfen *vt* ❶ *(Flüssigkeit)* sacar, extraer ❷ *(Gefäß)* vaciar ❸ *(Möglichkeiten)* aprovechar; *(Reserven)* agotar

aus|schreiben *irr vt* ❶ *(Wort)* escribir entero; *(Zahl)* escribir en letra ❷ *(Wettbewerb, Wahlen)* convocar; *(Stelle)* sacar a concurso ❸ *(Rechnung)* hacer; *(Scheck)* extender

Ausschreibung *f* <-en> convocatoria *f;* *(von Stellen)* concurso *m*

Ausschreitungen ['aʊʃraɪtʊŋən] *fpl* disturbios *mpl*

Ausschuss[1] *m* <-es, -schüsse> *(Komitee)* comisión *f*

Ausschuss[2] *m* <-es, ohne pl> *(minderwertige Ware)* desecho *m*

aus|schütteln *vt* sacudir

aus|schütten *vt* ❶ *(Flüssigkeit)* verter, derramar ❷ *(Gefäß)* vaciar; **jdm sein Herz ~** *(fig)* abrir su corazón a alguien ❸ *(Dividende)* repartir

Ausschüttung *f* <-en> (FIN) reparto *m*

ausschweifend ['aʊʃvaɪfənt] *adj* ❶ *(Leben)* libertino, disoluto ❷ *(Fantasie)* desenfrenado

Ausschweifung *f* <-en> desenfreno *m*

aus|schweigen *irr vr:* **sich ~** guardar silencio *(über* sobre)

aus|schwenken *vt* ❶ *(Kran)* girar hacia fuera; **nach links ~** girar a la izquierda ❷ *(Wäsche)* aclarar

aus|schwitzen *vt* sudar

aus|sehen *irr vi* parecer, tener aspecto *(nach* de); **gut ~** tener buen aspecto; *(Sache)* ser bonito; *(Person)* estar guapo; **gut ~d** bien parecido; **es sieht nach Regen aus** parece que va a llover; **wie sieht's aus?** *(fam)* ¿qué tal van las cosas?; **es sieht so au, als ob ...** parece como si ... +*subj;* **er sieht aus wie sein Vater** se parece a su padre

Aussehen *nt* <-s, ohne pl> aspecto *m*

außen ['aʊsən] *adv* fuera; **von ~** por fuera;

den Schein nach ~ hin wahren guardar las apariencias; **~ vor sein** quedar fuera;

Außenbeleuchtung *f* *(Gebäude, Park)* iluminación *f* exterior; *(Auto)* alumbrado *m* exterior; **Außenbezirk** *m* barrio *m* periférico, extrarradio *m;* **Außenbordmotor** *m* fuera borda

Außendienst *m* <-(e)s, ohne pl> servicio *m* externo; **Außenhandel** *m* (COM) comercio *m* exterior; **Außenminister(in)** *m(f)* (POL) ministro, -a *m, f* de Asuntos Exteriores, canciller *m Am;* **Außenministerium** *nt* (POL) Ministerio *m* de Asuntos Exteriores, cancillería *f Am;* **Außenpolitik** *f* (POL) política *f* exterior; **außenpolitisch** *adj* (POL) referente a la política exterior; **Außenseite** *f* (parte *f)* exterior *m;* **Außenseiter(in)** *m(f)* <-s, -; -nen> marginado, -a *m, f;* (SPORT) outsider *mf;* **Außenspiegel** *m* (AUTO) espejo *m* retrovisor exterior; **Außenstände** *mpl* (WIRTSCH, FIN) atrasos *mpl;* **Außenstehende(r)** *mf* <-n, -n; -n> persona *f* ajena, profano, -a *m, f;* **Außenstelle** *f* agencia *f;* **Außenstürmer(in)** *m(f)* (SPORT) extremo, -a *m, f* delantero, -a; **Außentemperatur** *f* temperatura *f* exterior; **Außenwelt** *f ohne pl* mundo *m* exterior; **Außenwirtschaft** *f ohne pl* (WIRTSCH) economía *f* exterior

außer ['aʊsə] **I.** *präp* +*dat* ❶ *(räumlich)* fuera de; **~ Sicht sein** no ser visible; **~ Haus** fuera de casa ❷ *(Zustand)* fuera de; **~ Betrieb/Gefahr** fuera de servicio/de peligro; **~ Dienst sein** estar retirado; **~ Atem** sin aliento; **sie war ~ sich vor Freude** estaba fuera de sí de alegría ❸ *(ausschließlich)* excepto, a excepción de ❹ *(abgesehen von)* aparte de **II.** *präp* +*gen* *(räumlich)* fuera de; **~ Landes** fuera del país **III.** *konj* excepto, a excepción de; **~ dass** excepto que +*subj;* **~ wenn** excepto si

außerdem ['aʊsədeːm, --'-] *adv* además, aparte

äußere(r, s) *adj* exterior, externo

Äußere(s) *nt* <-n, ohne pl> aspecto *m;* *(Gesicht, Körper)* físico *m*

außerehelich ['aʊsəˈʔeːəlɪç] *adj* ❶ *(Beziehung)* extramatrimonial ❷ *(Kind)* natural, ilegítimo; **außereuropäisch** *adj* extraeuropeo; **außergerichtlich** *adj* (JUR) extrajudicial; **außergewöhnlich** *adj* excepcional; *(ungewöhnlich)* desacostumbrado

außerhalb I. *präp* +*gen* fuera de; **~ der Stadt** fuera de la ciudad **II.** *adv* fuera; **wir wohnen ~** vivimos en las afueras

außerirdisch *adj* extraterrestre
äußerlich ['ɔɪsɐlɪç] *adj* ❶ (*außen*) externo; **nur ~ anwenden** (*Aufschrift auf Medikamenten*) sólo para uso externo; **rein ~ betrachtet** visto solamente por fuera ❷ (*oberflächlich*) superficial ❸ (*scheinbar*) aparente
Äußerlichkeit *f* <-en> apariencia *f*
äußern ['ɔɪsɐn] I. *vt* expresar; **seine Meinung ~** dar su opinión II. *vr*: **sich ~** ❶ (*seine Meinung sagen*) pronunciarse ❷ (*sich zeigen*) mostrarse
außerordentlich I. *adj* extraordinario, excepcional II. *adv* (*sehr*) sumamente, mucho; **etw ~ schätzen** apreciar algo extraordinariamente
außerorts *adv* (*Schweiz, Österr*) en las afueras
außerplanmäßig *adj* extraordinario, fuera de norma
äußerst ['ɔɪsəst] *adv* muy, extraordinariamente
außerstande [ausə'ʃtandə] *adv*: **~ sein etw zu tun** no estar en condiciones de hacer algo
äußerste(r, s) *adj* ❶ (*weit entfernt*) extremo; **am ~n Ende der Stadt** en el límite de la ciudad ❷ (*größtmöglich*) máximo, sumo
Äußerste(s) *nt*: **jdm das ~ abverlangen** exigir lo máximo de alguien; **sein ~s geben** dar el máximo de sí; **auf das ~ gefasst sein** estar preparado para lo peor
äußerstenfalls ['ɔɪsəstən'fals] *adv* a lo sumo
außertariflich *adj* (WIRTSCH) fuera de tarifa
Äußerung ['ɔɪsərʊŋ] *f* <-en> declaración *f*; (*Bemerkung*) observación *f*
aus|setzen I. *vi* ❶ (*Atmung, Herz*) cesar ❷ (*unterbrechen*) interrumpirse; **zwei Runden ~** pasar dos turnos; **ohne auszusetzen** sin parar II. *vt* ❶ (*Tier*) abandonar ❷ (JUR: *Verhandlung*) aplazar; **die Strafe wurde zur Bewährung ausgesetzt** le concedieron remisión condicional de la pena ❸ (*bemängeln*) criticar, poner reparos (a) ❹ (*Belohnung*) ofrecer; (*Preis*) fijar ❺ (*preisgeben*): **jdn etw** *dat* **~** exponer a alguien a algo
Aussetzer *m* <-s, -> (*fam*): **einen ~ haben** quedarse en blanco
Aussicht *f* <-en> ❶ (*Blick*) vista *f* (*auf* de), panorama *m* (*auf* de) ❷ (*Zukunftsmöglichkeit*) perspectiva *f* (*auf* de), esperanza *f* (*auf* de); **etw in ~ haben** tener algo en perspectiva; **etw hat ~ auf Erfolg** algo tiene probabilidad de éxito; **jdm etw in ~ stellen** prometer algo a alguien; **gute ~en**

haben tener buenas perspectivas
aussichtslos *adj* sin esperanza; (*verzweifelt*) desesperado; (*unnütz*) inútil
Aussichtslosigkeit *f ohne pl* falta *f* de perspectivas
Aussichtspunkt *m* mirador *m*; **aussichtsreich** *adj* prometedor; **Aussichtsturm** *m* mirador *m*
aus|sieben I. *vt* ❶ (*mit einem Sieb*) colar; **Klumpen aus der Soße ~** colar la salsa (para quitar los grumos) ❷ (*durch Auswahl*) cribar II. *vi* hacer una criba; **bei der Zwischenprüfung wird ausgesiebt** el examen de diplomatura es una criba
aus|siedeln *vt* evacuar
Aussiedler(in) *m(f)* <-s, -; -nen> expatriado, -a *m, f*
aus|sitzen *irr vt* (*fam*) dejar pasar
aus|söhnen ['auszø:nən] *vr*: **sich ~** (re)conciliarse
Aussöhnung *f* <-en> reconciliación *f*
aus|sondern *vt* apartar
aus|sorgen *vi*: **damit habe ich ausgesorgt** con eso tengo ya el porvenir asegurado
aus|sortieren * *vt* desechar, separar
aus|spannen I. *vi* (*sich erholen*) descansar II. *vt* ❶ (*Netz*) (ex)tender ❷ (*Pferde*) desenganchar ❸ (*fam*): **jdm den Freund ~** quitar(le) a alguien el novio
aus|sperren I. *vt* ❶ (*aus der Wohnung*) cerrar la puerta (a, *aus* de) ❷ (*Arbeiter*) dejar en la calle mediante un lock-out II. *vr*: **sich ~** (*aus der Wohnung*) quedarse fuera sin llaves (*aus* de)
Aussperrung *f* <-en> cierre *m*, lock-out *m*
aus|spielen I. *vt* ❶ (*Karte*) jugar ❷ (SPORT: *Gegenspieler*) regatear ❸ (*aufwiegeln*): **jdn gegen jdn ~** aprovecharse de la rivalidad entre dos personas II. *vi* (*beim Kartenspiel*) salir
aus|spionieren * *vt* espiar
Aussprache *f* <-n> ❶ (*Artikulation*) pronunciación *f* ❷ (*Akzent*) acento *m* ❸ (*Unterredung*) discusión *f*, debate *m*; **eine ~ mit jdm haben** hablar francamente con alguien
aus|sprechen *irr* I. *vi* (*zu Ende sprechen*) terminar (la frase) II. *vt* ❶ (*Wörter, Laute*) pronunciar ❷ (*Lob, Verdächtigung*) expresar; **sie sprachen der Regierung ihr Vertrauen aus** expresaron su confianza al gobierno ❸ (*Verbot*) notificar III. *vr*: **sich ~** ❶ (*sein Herz ausschütten*) desahogarse (*bei* con) ❷ (*befürworten*) abogar (*für* por)
Ausspruch *m* <-(e)s, -sprüche> dicho *m*, frase *f* ingeniosa
aus|spucken *vi, vt* escupir

aus|spülen *vt* enjuagar

aus|staffieren* ['aʊsʃtafiːrən] *vt* ataviar (*mit* con/de), proveer (*mit* de)

Ausstand *m* <-(e)s, *ohne pl*> ❶ (*Streik*) huelga *f* ❷ (*Schweiz: Ausscheiden*) retirada *f* (*aus* de); **seinen ~ geben** celebrar su despedida del trabajo

aus|statten ['aʊsʃtatən] *vt* proveer (*mit* de), dotar (*mit* con/de)

Ausstattung *f* <-en> ❶ (*mit Geräten*) equipo *m* ❷ (*eines Buches*) presentación *f*

aus|stechen *irr vt* ❶ (*Unkraut*) extraer (con una pala); (*Auge*) vaciar ❷ (*übertreffen*) aventajar

aus|stehen *irr* I. *vi* (*fehlen*) faltar, estar pendiente II. *vt* (*ertragen*) aguantar, soportar; **ich kann ihn nicht ~** no le soporto

aus|steigen *irr vi sein* ❶ (*aus einem Fahrzeug*) bajar (*aus* de) ❷ (*fam: aufhören*) retirarse (*aus* de), abandonar (*aus*)

aus|stellen *vt* ❶ (*Waren, Bilder*) exhibir, exponer ❷ (*Bescheinigung, Zeugnis*) expedir; (*Scheck*) extender (*über* por) ❸ (*Gerät*) apagar

Aussteller(in) *m(f)* <-s, -; -nen> ❶ (*bei Ausstellungen*) expositor(a) *m(f)* ❷ (*von Urkunden*) otorgante *mf* ❸ (*von Wechseln*) librador(a) *m(f)*

Ausstellung *f* <-en> ❶ (*Veranstaltung*) exposición *f* ❷ (*von Schriftstücken*) expedición *f* ❸ (*von Schecks*) extensión *f* (*über* por); **Ausstellungshalle** *f* pabellón *m* de exposiciones

aus|sterben *irr vi sein* (*Pflanze, Tierart, Sprache*) desaparecer; (*Brauch*) perderse, caer en desuso; **wie ausgestorben** (*Ort*) desierto

Aussteuer *f ohne pl* ajuar *m*, canastilla *f Arg, PRico;* (*Geld*) dote *f*

Ausstieg ['aʊsʃtiːk] *m* <-(e)s, -e> ❶ (*das Heraussteigen*) bajada *f* ❷ (*Ausgang*) salida *f* ❸ (*fam: Beendigung*) abandono *m*

aus|stopfen *vt* rellenar; (*Tier*) disecar

aus|stoßen *irr vt* ❶ (*Atem, Abgase*) expulsar; (*Dampf, Rauchwolken*) expeler; (*Lava*) arrojar ❷ (*Seufzer*) lanzar ❸ (*produzieren*) producir ❹ (*ausschließen*) expulsar (*aus* de)

aus|strahlen *vt* ❶ (*Licht, Wärme*) emitir; (*Ruhe, Heiterkeit*) irradiar ❷ (RADIO) emitir, radiar; (TV) televisar

Ausstrahlung *f* <-en> ❶ (RADIO, TV) emisión *f* ❷ (*Charisma*) carisma *m*

aus|strecken I. *vt* (*Beine*) estirar II. *vr:* **sich ~** estirarse

aus|streichen *irr vt* (*durchstreichen*) borrar, tachar

aus|streuen *vt* esparcir, dispersar;

(*Gerüchte*) difundir

aus|strömen I. *vi sein* (*Wasser*) derramarse; (*Gas, Dampf*) escaparse, salir II. *vt* (*Duft*) despedir, exhalar; (*Wärme*) despedir

aus|suchen *vt* escoger, elegir

Austausch *m* <-(e)s, *ohne pl*> (inter)cambio *m;* **im ~ für etw** a cambio de algo

austauschbar *adj* (inter)cambiable; (*ersetzbar*) sustituible

aus|tauschen I. *vt* ❶ (*auswechseln*) cambiar ❷ (*Erfahrungen, Erinnerungen*) intercambiar ❸ (*Schüler*) intercambiar; (*Gefangene*) canjear II. *vr:* **sich untereinander/mit jdm ~** cambiar impresiones uno con otro/con alguien

Austauschschüler(in) *m(f)* alumno, -a *m, f* de intercambio (*dentro de un convenio internacional*)

aus|teilen *vt* repartir (*an* a, *unter* entre); (*Ohrfeige, Karten*) dar, repartir

Auster ['aʊstɐ] *f* <-n> ostra *f*

Austernpilz *m* champiñón *m* chino

aus|toben *vr:* **sich ~** (*Kinder*) desfogarse; (*beim Spielen*) jugar a lo loco

aus|tragen *irr vt* ❶ (*Briefe*) repartir ❷ (*Konflikt*) poner en claro ❸ (*Wend*): **ein Kind ~** (*decidir*) tener el niño

Australien [aʊsˈtraːliən] *nt* <-s> Australia *f*

Australier(in) *m(f)* <-s, -; -nen> australiano, -a *m, f*

australisch *adj* australiano

aus|treiben *irr* I. *vt* ❶ (*Vieh*) sacar a pastar ❷ (*Teufel*) exorcizar ❸ (*Blüten*) echar ❹ (*abgewöhnen*): **jdm etw ~** quitar a alguien algo de la cabeza II. *vi* (*Pflanze*) echar hojas

Austreibung *f* <-en> ❶ (*von Menschen*) expulsión *f* ❷ (*vom Teufel*) exorcismo *m*

aus|treten *irr* I. *vi sein* ❶ (*Gas*) escaparse (*aus* por); (*Blut*) salir(se) (*aus* de) ❷ (*aus der Kirche, Partei*) salir (*aus* de); (*aus einem Verein*) darse de baja (*aus* en) ❸ (*fam: zur Toilette gehen*) ir al servicio II. *vt* ❶ (*Treppenstufen*) gastar; (*Schuhe*) (des)gastar ❷ (*Feuer*) apagar con los pies; (*Zigarette*) pisar

aus|tricksen ['aʊstrɪksən] *vt* (*fam*) engañar

aus|trinken *irr vi, vt* terminar(se) de beber

Austritt *m* <-(e)s, -e> ❶ (*aus einer Organisation*) abandono *m*, dimisión *f* ❷ (*von Flüssigkeit*) salida *f;* (*von Gas*) escape *m*

aus|trocknen I. *vi sein* (re)secarse II. *vt* secar

aus|tüfteln ['aʊstʏftəln] *vt* (*fam*) idear

aus|üben *vt* ❶ (*Beruf, Macht*) ejercer; (*Amt*) desempeñar ❷ (*Druck, Einfluss*) ejercer (*auf* sobre)

Ausübung *f ohne pl* ❶ (*Beruf*) ejercicio *m*

② (*Dienst, Pflicht*) cumplimiento *m*

aus|ufern *vi sein* (*Gewässer*) desbordarse; (*Diskussion*) salirse del tema

Ausverkauf *m* <-(e)s, -käufe> rebajas *fpl*

ausverkauft *adj* agotado

Auswahl¹ *f ohne pl* (*Wahl*) selección *f;* **die (freie)** ~ **haben** poder escoger a su gusto; **zur** ~ a escoger

Auswahl² *f* <-en> **①** (*Angebot*) surtido *m* **②** (SPORT) selección *f*

aus|wählen *vt* elegir (*aus* de), escoger (*unter* de/entre)

Auswahlmenü *nt* (INFOR) menú *m* de opciones; **Auswahlverfahren** *nt* proceso *m* de selección

Auswanderer, -in *m, f* <-s, -; -nen> emigrante *mf*

aus|wandern *vi sein* emigrar (*aus* de, *nach* a)

Auswanderung *f* <-en> emigración *f* (*aus* de, *nach* a)

auswärtig ['aʊsvɛrtɪç] *adj* **①** (*nicht einheimisch*) forastero, de fuera; (*ausländisch*) extranjero **②** (*das Ausland betreffend*) exterior; **der** ~**e Dienst** el servicio exterior

auswärts ['aʊsvɛrts] *adv* **①** (*nach außen*) hacia fuera **②** (*nicht zu Hause*) fuera (de casa); **von** ~ de fuera; **Auswärtsspiel** *nt* (SPORT) partido *m* fuera de casa

aus|waschen *irr vt* lavar, limpiar; (GEO) erosionar

auswechselbar *adj* (inter)cambiable

aus|wechseln *vt* cambiar; (TECH) (re)cambiar

Auswechselspieler(in) *m(f)* (SPORT) jugador(a) *m(f)* reserva

Auswechs(e)lung *f* <-en> cambio *m;* (TECH) (re)cambio *m*

Ausweg *m* <-(e)s, -e> salida *f* (*aus* de), solución *f* (*aus* para)

ausweglos *adj* sin salida, sin solución; (*verzweifelt*) desesperado

aus|weichen *irr vi sein:* **jdm** ~ hacer sitio a alguien; **etw** *dat* ~ (*fig*) evitar algo; **eine** ~ **de Antwort geben** responder con una evasiva; **auf etw anderes** ~ decidirse por otra cosa

Ausweichmanöver *nt* **①** (AUTO) maniobra *f* de elusión **②** (*fam: Ausflüchte*) evasiva *f;* **Ausweichmöglichkeit** *f* alternativa *f*

aus|weinen *vr:* **sich** ~ desahogarse (llorando); **sich bei jdm** ~ desahogarse con alguien

Ausweis ['aʊsvaɪs] *m* <-es, -e> documento *m,* cartilla *f Am;* (*Studenten*~) carnet *m* de estudiante; (*Personal*~) documento *m* nacional de identidad

aus|weisen ['aʊsvaɪzən] *irr* **I.** *vt* **①** (*fortschicken*) expulsar (*aus* de) **②** (*identifizieren*) identificar (*als* como/de), probar la identidad (*als* de/como) **II.** *vr:* **sich** ~ (*Ausweis zeigen*) identificarse

Ausweiskontrolle *f* control *m* de pasaportes; **Ausweispapiere** *ntpl* documentación *f*

Ausweisung *f* <-en> (POL) expulsión *f*

aus|weiten **I.** *vt* (*vergrößern*) ampliar **II.** *vr:* **sich** ~ **①** (*weiter werden*) ensancharse, ampliarse **②** (*sich auswachsen*) llegar a convertirse (*zu* en)

Ausweitung *f* <-en> **①** (*Ausdehnung*) ensanchamiento *m;* **die** ~ **der Handelsbeziehungen** la ampliación de los contratos comerciales **②** (*Auswachsen*) aumento *m;* **eine** ~ **der Unruhen soll verhindert werden** se ha de evitar que los disturbios vayan a más

auswendig ['aʊsvɛndɪç] *adv* de memoria; **etw** ~ **können** saberse algo de memoria

aus|werfen *irr vt* **①** (*Anker, Netz*) echar **②** (*geh: Blut, Schleim*) escupir **③** (*produzieren*) fabricar, producir **④** (INFOR: *Daten*) emitir, arrojar

aus|werten *vt* **①** (*analysieren*) analizar **②** (*verwerten*) utilizar

Auswertung *f* <-en> **①** (*Bewertung*) evaluación *f,* análisis *m inv* **②** (*Verwertung*) utilización *f*

aus|wickeln *vt* desenvolver

aus|wirken *vr:* **sich** ~ repercutir (*auf* en)

Auswirkung *f* <-en> repercusión *f* (*auf* en), consecuencia *f* (*auf* en/para)

aus|wischen *vt* **①** (*Staub*) quitar **②** (*Glas, Schrank*) limpiar **③** (*Wend*): **jdm eins** ~ (*fam*) jugar(le) a alguien una mala pasada

aus|wringen ['aʊsvrɪŋən] *irr vt* escurrir, retorcer

Auswuchs ['aʊsvuːks, *pl:* 'aʊsvyːksə] *m* <-es, -wüchse> **①** (MED) excrecencia *f;* (*Geschwulst*) tumor *m* **②** *pl* (*Übersteigerung*) aberración *f*

Auswurf¹ *m* <-(e)s, *ohne pl*> (*das Auswerfen*) expulsión *f*

Auswurf² *m* <-(e)s, -würfe> (MED) esputo *m*

aus|zahlen **I.** *vt* pagar **II.** *vr:* **sich** ~ merecer la pena

aus|zählen *vt* **①** (*Stimmen*) escrutar **②** (*beim Boxen*) contar al límite

Auszahlung *f* <-en> pago *m*

aus|zeichnen **I.** *vt* **①** (*kennzeichnen, a. Waren*) marcar **②** (*hervorheben*) distinguir **③** (*ehren*) honrar **II.** *vr:* **sich** ~ destacarse (*durch* por)

Auszeichnung *f* <-en> **①** (*Ehrung*) distinción *f*; (SCH) matrícula *f* de honor; **mit ~ con mención** honorífica ❷ (MIL) condecoración *f*, distinción *f*

Auszeit *f* (SPORT) tiempo *m* muerto

ausziehbar *adj* extensible

aus|ziehen *irr* **I.** *vi sein* (*Wohnung räumen*) mudarse, cambiar(se) de casa **II.** *vt* ❶ (*Kleidung ablegen*) quitar; (*entkleiden*) desnudarse ❷ (*Tisch*) alargar **III.** *vr:* **sich ~** (*Kleidung*) desnudarse, quitarse la ropa, encuerarse *Am*

Ausziehtisch *m* mesa *f* extensible

Auszubildende(r) *mf* <-n, -n; -n> aprendiz(a) *m(f)*

Auszug *m* <-(e)s, -züge> ❶ (*aus der Wohnung*) mudanza *f* (*aus* de) ❷ (*Weggang*): **der ~ aus Ägypten** el éxodo de Egipto ❸ (*Extrakt*) extracto *m* ❹ (*aus einem Buch*) fragmento *m*, extracto *m*

auszugsweise *adv* en extracto; (*zusammengefasst*) en resumen

autark [au'tark] *adj* autárquico

Autarkie *f* <-n> autarquía *f*

authentisch [au'tɛntɪʃ] *adj* auténtico

Authentizität [autɛntitsi'tɛːt] *f ohne pl* autenticidad *f*

Auto ['auto] *nt* <-s, -s> coche *m*, auto *m Am*; **mit dem ~ fahren** ir en coche; **Autoatlas** *m* mapa *m* de carreteras

Autobahn *f* autopista *f*

Autobahnauffahrt *f* entrada *f* a la autopista; **Autobahnausfahrt** *f* salida *f* de la autopista; **Autobahndreieck** *nt* cruce *m* de autopista; **Autobahngebühr** *f* peaje *m*; **Autobahnkreuz** *nt* cruce *m* de autopista; **Autobahnraststätte** *f* área *f* de servicio

Autobatterie *f* batería *f* de coche

Autobiografie [autobiogra'fiː] *f* <-n>

autobiografía *f*

autobiografisch *adj* autobiográfico

Autobiographie *f* <-n> *s.* **Autobiographie**

autobiographisch *adj* *s.* **autobiografisch**

Autobombe *f* (*sl*) coche-bomba *m*; **Autobus** ['autobʊs] *m* autobús *m*; **Autocar** ['autoka:ɐ] *m* <-s, -s> (*Schweiz*) autocar *m*

Autodidakt(in) [autodi'dakt] *m(f)* <-en, -en; -nen> autodidacta *mf*

autodidaktisch *adj* autodidáctico

Autofahrer(in) *m(f)* conductor(a) *m(f)*, automovilista *mf*, volante *mf Am*; **Autofahrt** *f* viaje *m* en coche, paseo *m* en auto; **Autofriedhof** *m* (*fam*) cementerio *m* de coches

autogen [auto'ge:n] *adj* ❶ (TECH) autógeno ❷ (MED): **~es Training** técnica *f* de autorrelajación

Autogramm [auto'gram] *nt* <-s, -e> autógrafo *m*

Autohändler(in) *m(f)* vendedor(a) *m(f)* de automóviles; **Autokarte** *f* mapa *m* de carreteras; **Autokino** *nt* auto-cine *m*

Autokrat(in) [auto'kra:t] *m(f)* <-en, -en; -nen> autócrata *mf*

Autokratie [autokra'ti:] *f* <-n> autocracia *f*

Autokratin *f* <-nen> *s.* **Autokrat**

autokratisch *adj* autocrático

Automat [auto'ma:t] *m* <-en, -en> autómata *m*; (*Getränke~, Tabak~*) distribuidor *m* automático, máquina *f fam*; (*Geld~*) cajero *m* (automático)

Automatik [auto'ma:tɪk] *f* <-en> (TECH) automatismo *m*; **ein Fotoapparat mit ~** una cámara fotográfica automática

automatisch *adj* automático

automatisieren* *vt* automatizar

Automatisierung *f* <-en> automatización *f*

Automechaniker(in) *m(f)* mecánico, -a *m, f* de coches

Automobil [automo'bi:l] *nt* <-s, -e> automóvil *m*; **Automobilindustrie** *f* industria *f* del automóvil

autonom [auto'no:m] *adj* autónomo

Autonome(r) *mf* <-n, -n; -n> autonomista *mf*

Autonomie [autono'mi:] *f* <-n> autonomía *f*; **Autonomieverhandlungen** *fpl* (POL) negociaciones *fpl* de autonomía

Autonummer *f* matrícula *f* del coche

Autopilot *m* (TECH) piloto *m* automático

Autopsie [auto'psi:] *f* <-n> (MED) autopsia *f*

Autor(in) ['auto:ɐ] *m(f)* <-s, -en; -nen> autor(a) *m(f)*

Autoradio *nt* autorradio *f*; **Autoreifen** *m*

neumático *m* del coche, caucho *m Col, Ven;* **Autorennen** *nt* carrera *f* de coches [*o* de automóviles]

Autorin [aʊ̯toːrɪn] *f* <-nen> *s.* Autor

autorisieren* *vt* autorizar (*zu* para/a)

autoritär [aʊ̯torɪˈtɛːɐ̯] *adj* autoritario

Autoritarismus *m* <-, *ohne pl>* (POL) autoritarismo *m*

Autorität *f* <-en> autoridad *f*

Autoschlange *f* caravana *f* de coches; **Autoschlosser(in)** *m(f)* mecánico, -a *m, f* de coches; **Autoschlüssel** *m* llave *f* del coche; **Autoscooter** [ˈaʊ̯toskuːtɐ] *nt* <-s, -> autochoque *m;* **Autostopp** *m ohne pl:* **per ~ fahren** hacer auto(e)stop

Autosuggestion [aʊ̯tozʊɡɛsˈtjoːn] *f ohne pl* autosugestión *f*

Autotelefon *nt* teléfono *m* de automóvil; **Autounfall** *m* accidente *m* de automóvil; **Autoverleih** *m* alquiler *m* de coches, establo *m Cuba;* **Autovermietung** *f* alquiler *m* de coches; **Autowerkstatt** *f* taller *m* de coches

autsch [aʊ̯tʃ] *interj* ay

avancieren* [avãˈsiːrən] *vi sein* ascender (*zu* a)

Avantgarde [avãˈɡardə] *f* <-n> vanguardia *f*

avantgardistisch [avãɡarˈdɪstɪʃ] *adj* vanguardista, de vanguardia

Aversion [avɛrˈzjoːn] *f* <-en> aversión *f* (*gegen* contra)

Avocado [avoˈkaːdo] *f* <-s> aguacate *m,* palta *f Am,* ahuacatl *m Mex*

axial *adj* (TECH) axial

Axiom [aksiˈoːm] *nt* <-s, -e> axioma *m*

Axt [akst, *pl:* ˈɛkstə] *f* <Äxte> hacha *f*

Azalee [atsaˈleːə] *f* <-n> azalea *f*

Azeton *nt* <-s, *ohne pl>* (CHEM) acetona *f*

Azoren [aˈtsoːrən] *pl:* **die ~** las Azores

Azteke, -in [atsˈteːkə] *m, f* <-n, -n; -nen> azteca *mf*

Azubi [aˈtsuːbi] *mf* <-s, -s; -s> (*fam*) *Abk. von* **Auszubildende(r)** aprendiz(a) *m(f)*

B b

B, b [beː] *nt* <-, -> ❶ (*Buchstabe*) B, b *f;* **~ wie Berta** B de Barcelona ❷ (MUS: *Ton*) si *m* bemol ❸ (MUS: *Erniedrigungszeichen*) bemol *m*

B *f Abk. von* **Bundesstraße** (*in Deutsch-*

land) carretera *f* federal; (*in Spanien*) ≈N *f*

babbeln **I.** *vi* (*reg*) ❶ (*Baby*) balbucear ❷ (*abw: schwatzen*) parlotear **II.** *vt* (*reg: reden*) decir; **sie babbelt ununterbrochen Unsinn** se pasa el día soltando tonterías

Baby [ˈbeːbi, ˈbɛɪbi] *nt* <-s, -s> bebé *m*

babysitten [ˈbeːbɪsɪtən] *vi* (*fam*) hacer de babysitter

Babysitter(in) [ˈbeːbɪsɪtɐ] *m(f)* <-s, -; -nen> babysitter *mf*, canguro *mf*

Babyspeck *m* (*fam*) redondez *f* de recién nacido; **Babystrich** *m* (*fam*) prostitución *f* de menores; **Babytragetasche** *f* portabebés *m inv;* **Babyzelle** *f* pila *f* eléctrica baby

Bach [bax, *pl:* ˈbɛçə] *m* <-(e)s, Bäche> arroyo *m,* quebrada *f Am*

Bachstelze *f* <-n> (ZOOL) lavandera *f*

Backblech *nt* bandeja *f* de horno

Backbord [ˈbakbɔrt] *nt* <-(e)s, *ohne pl>* (NAUT, AERO) babor *m*

backbord(s) *adv* (NAUT, AERO) a babor

Backe [ˈbakə] *f* <-n> ❶ (*fam: Wange*) carrillo *m;* (*Pausbacke*) moflete *m* ❷ (*fam: Hinterbacke*) moflete *m* ❸ (TECH: *einer Bremse*) zapata *f;* (*eines Schraubstocks*) mandíbula *f*

backen [ˈbakən] <backt *o* bäckt, backte, gebacken> **I.** *vi* (*gar werden*) cocer **II.** *vt* (*Brot, Kuchen*) hacer (en el horno)

Backenknochen *m* pómulo *m;* **Backenzahn** *m* muela *f*

Bäcker(in) [ˈbɛkɐ] *m(f)* <-s, -; -nen> ❶ (*Person*) panadero, -a *m, f* ❷ (*Geschäft*) panadería *f*

Bäckerei *f* <-en> panadería *f*

Bäckerin *f* <-nen> *s.* Bäcker

Bäckermeister(in) *m(f)* maestro, -a *m, f* panadero, -a

Backfisch *m* ❶ (GASTR) pescad(it)o *m* frito ❷ (*junges Mädchen*) pollita *f;* **Backform** *f* molde *m* de horno

Background [ˈbɛkɡraʊnt] *m* <-s, -s> ❶ (*geh fig: Hintergrund*) tra(n)sfondo *m* ❷ (*Wissen*) base *f;* (*Bildung*) bagaje *m* cultural ❸ (*geh: Herkunft*) origen *m* ❹ (FILM, FOTO) (tras)fondo *m*

Backmischung *f* preparado *m* para un pastel; **Backofen** *m* horno *m*

Backpfeife *f* (*reg*) bofetada *f,* torta *f*

Backpulver *nt* levadura *f* en polvo; **Backröhre** *f* horno *m*

Backslash [ˈbɛkslɛʃ] *m* <-s, -s> (INFOR) barra *f* inversa, barra *f* de directorio (*en MS-DOS*)

Backstein *m* ladrillo *m;* **Backstube** *f* horno *m* de pan, tahona *f*

bäckt [bɛkt] *3. präs von* **backen**

Backup [bɛkˈʔap] *nt* <-s, -s> (INFOR) backup *m*

Backwaren *fpl* productos *mpl* de panificación y pastelería

Bad [baːt, *pl:* ˈbɛːdɐ] *nt* <-(e)s, Bäder> ❶ (*das Baden*) baño *m*, bañada *f Am;* **ein ~ nehmen** tomar un baño ❷ (*Badewasser*) (agua *m* para el) baño *m;* **sich ein ~ einlassen** prepararse un baño ❸ (*Badezimmer*) (cuarto *m* de) baño *m*, lavatorio *m Am* ❹ (*Heil~, See~*) balneario *m* ❺ (CHEM) baño *m*

Badeanstalt *f* piscina *f* (municipal); **Badeanzug** *m* traje *m* de baño, mallas *fpl Am;* **Badehose** *f* bañador *m*, entrepierna *f Chil;* **Badekappe** *f* gorro *m* de baño; **Badelatschen** *mpl* (*fam*) chancletas *fpl;* **Bademantel** *m* albornoz *m;* **Bademeister(in)** *m(f)* bañero, -a *m, f*

baden [ˈbaːdən] **I.** *vi* ❶ (*schwimmen*) bañarse ❷ (*ein Bad nehmen*) tomar un baño **II.** *vt* (*waschen*) bañar

Baden-Württemberg *nt* <-s> Baden-Wurtemberg *m*

Badeort *m* (*Seebad*) lugar *m* de vacaciones (*en la costa*); (*Kurort*) balneario *m;* **Badeschuhe** *mpl* chancletas *fpl* de baño; **Badetuch** *nt* toalla *f* de baño; **Badewanne** *f* bañera *f*, bañadera *f Am;* **Badewasser** *nt ohne pl* agua *f* para el baño; **Badezimmer** *nt* cuarto *m* de baño, lavatorio *m Am*

Badminton [ˈbɛtmɪntən] *nt* <-, ohne pl> (SPORT) bádminton *m*

baff [baf] *adj* (*fam*): **~ sein** quedar(se) boquiabierto

Bafög [ˈbaːføːk], **BAföG** *nt* <-(s)> *Abk. von* **Bundesausbildungsförderungsgesetz** Ley *f* Federal de Promoción de la Enseñanza (*crédito oficial a estudiantes para sufragar los estudios*)

Bagatelle [bagaˈtɛlə] *f* <-n> bagatela *f*

bagatellisieren* *vt* quitar importancia (a)

Bagatellschaden *m* daño *m* insignificante; (JUR) siniestro *m* leve

Bagdad [ˈbakdat] *nt* <-s> Bagdad *m*

Bagger [ˈbagɐ] *m* <-s, -> excavadora *f*

baggern *vi* ❶ (*graben*) excavar, dragar ❷ (*Volleyball*) rematar

Baggersee *m* lago *m* (artificial)

Baguette [baˈgɛt] *nt* <-s, -s> barra *f* de pan (*blanco, estilo francés*)

Bahamas [baˈhaːmas] *pl:* **die ~** las Bahamas

Bahn [baːn] *f* <-en> ❶ (*Weg*) camino *m*, paso *m;* **freie ~ haben** tener vía libre; **etw verläuft in gewohnten ~en** algo sigue su ritmo normal; **auf die schiefe ~ geraten** ir por mal camino ❷ (*Zug*) tren *m;* (*Eisenbahn*) ferrocarril *m;* **mit der ~ fahren** ir en tren ❸ (*aus Stoff*) tira *f* ❹ (SPORT) calle *f*, vía *f* ❺ (ASTR: *von Planeten*) órbita *f* ❻ (*einer Rakete*) trayectoria *f;* **Bahnbeamte(r)** *mf*, **-beamtin** *f* (empleado, -a *m, f*) ferroviario, -a *m, f*

bahnbrechend *adj* revolucionario

Bahnbus *m* autobús *m* de la compañía ferroviaria; **BahnCard** *f* <-s> tarjeta anual con cuya adquisición se obtiene una reducción en todos los trenes alemanes

Bahndamm *m* terraplén *m* de vías férreas

bahnen [ˈbaːnən] *vt* (*Weg*) abrir; **jdm den Weg ~** (*fig*) preparar(le) el camino a alguien

Bahnfahrt *f* viaje *m* en tren; **Bahngleis** *nt* raíl *m*, vía *f*

Bahnhof *m* estación *f* (de ferrocarril); **Bahnhofshalle** *f* vestíbulo *m* de la estación; **Bahnhofsvorsteher(in)** *m(f)* jefe, -a *m, f* de estación

Bahnlinie *f* línea *f* ferroviaria; **Bahnpolizei** *f ohne pl* servicio *m* de seguridad de la estación; **Bahnschranke** *f* barrera *f* de un paso a nivel

Bahnsteig [ˈbaːnʃtaɪk] *m* <-(e)s, -e> andén *m;* **Bahnsteigkante** *f* borde *m* del andén

Bahnübergang *m* paso *m* a nivel; **Bahnunterführung** *f* paso *m* subterráneo; **Bahnverbindung** *f* comunicación *f* ferroviaria; **Bahnwärter(in)** *m(f)* guardabarros *mf inv*

Bahre [ˈbaːrə] *f* <-n> ❶ (*Trage*) parihuela *f;* (*Liege*) camilla *f* ❷ (*für Tote*) féretro *m*

Bai [baɪ] *f* <-en> bahía *f*

Baiser [bɛˈzeː] *nt* <-s, -s> (GASTR) merengue *m*

Baisse [ˈbɛːs(ə)] *f* <-n> (FIN) baja *f*, caída *f;* **auf ~ spekulieren** jugar a la baja

Bajonett [bajoˈnɛt] *nt* <-(e)s, -e> bayoneta *f*

Bakterie [bakˈteːriə] *f* <-n> (BIOL, MED) bacteria *f*

bakteriell *adj* (BIOL, MED) bacterial, bactérico

Bakteriologe, -in [bakterioˈloːgə] *m, f*

<-n, -n; -nen> bacteriólogo, -a *m, f*

Bakteriologie *f ohne pl* bacteriología *f*

Bakteriologin *f* <-nen> *s.* **Bakteriologe**

bakteriologisch *adj* bacteriológico

Balance [ba'lã:s(ə)] *f* <-n> equilibrio *m*

balancieren* **I.** *vi sein* hacer equilibrios **II.** *vt (im Gleichgewicht halten)* equilibrar

bald [balt] <eher, am ehesten> *adv* ❶ *(in Kürze)* pronto, en breve; **so ~ wie möglich** cuanto antes; **~ darauf** poco después; **bis ~!** ¡hasta pronto! ❷ *(fam: beinahe)* casi, por poco; **ich wäre ~ hingefallen** por poco me caigo ❸ *(einmal)*: **~ regnete es, ~ schien die Sonne** tan pronto llovía como salía el sol

Baldachin ['baldaxi:n] *m* <-s, -e> ❶ *(Schutzdach)* baldaquín *m*, baldaquino *m; (Betthimmel)* dosel *m* ❷ *(bei Prozessionen)* palio *m*

Bälde ['bɛldə] *f:* **in ~** en breve

baldig ['baldɪç] *adj* pronto; **baldigst** ['bal-dɪkst] *adv*, **baldmöglichst** *adv* lo antes posible

Baldrian ['baldria:n] *m* <-s, -e> valeriana *f*

Balearen [bale'a:rən] *pl:* **die ~** las Baleares

Balg¹ [balk, *pl:* 'bɛlgə] *m* <-(e)s, Bälge> ❶ *(Fell)* piel *f*, pellejo *m* ❷ *(Blasebalg)* fuelle *m*

Balg² [balk, *pl:* 'bɛlgə] *m o nt* <-(e)s, Bälger> *(fam abw: Kind)* diablillo *m*, concho *m CSur*

balgen ['balgən] *vr:* **sich ~** pelearse *(um* por*)*

Balgerei *f* <-en> pelea *f*

Balkan ['balka:n] *m* <-s>: **der ~** los Balcanes; **auf dem ~** en los Balcanes; **Balkanländer** *ntpl* países *mpl* balcánicos

Balken ['balkən] *m* <-s, -> ❶ *(aus Holz, Stahl)* viga *f* ❷ *(SPORT: Schwebe-~)* barra *f* de equilibrio ❸ *(TYPO: dicker Strich)* raya *f;* **Balkendecke** *f* techo *m* de trabes; **Balkenwaage** *f* balanza *f* (de brazos)

Balkon [bal'kɔŋ, bal'ko:n] *m* <-s, -e *o* -s> ❶ *(ARCHIT)* balcón *m* ❷ *(THEAT)* palco *m;* **Balkonpflanze** *f* planta *f* de balcón; **Balkontür** *f* puerta *f* del balcón

Ball [bal, *pl:* 'bɛlə] *m* <-(e)s, Bälle> ❸ *(SPORT)* pelota *f*, balón *m; ~* **spielen** jugar a la pelota; **am ~ bleiben** *(fam)* no perder de vista ❷ *(Tanzveranstaltung)* baile *m*

Ballade [ba'la:də] *f* <-n> balada *f;* (LIT) romance *m*

Ballast ['balast, -'-] *m* <-(e)s, -e> *(a.* NAUT, AERO) carga *f;* **Ballaststoffe** ['-'---] *mpl* (MED) fibras *fpl* vegetales

ballen ['balən] **I.** *vt (Faust)* apretar, empuñar *Chil;* **die Hand zur Faust ~** cerrar los puños **II.** *vr:* **sich ~** ❶ *(Menschenmenge)* aglomerarse ❷ *(Wolken)* acumularse ❸ *(Verkehr)* concentrarse

Ballen *m* <-s, -> ❶ *(Stoff-)* paca *f* ❷ *(an Hand-, Fußflächen)* pulpejo *m* ❸ *(einer Pflanze)* cepellón *m*

Ballerina [balə'ri:na] *f* <Ballerinen> bailarina *f*

ballern ['balɐn] **I.** *vi (fam: mehrmals schießen)* tirotear, abalear *Am* **II.** *vt (fam)*: **jdm eine ~** sacudir(le) una bofetada a alguien

Ballett [ba'lɛt] *nt* <-(e)s, -e> ballet *m;* **Balletttänzer(in)** *m(f)* bailarín, -ina *m, f* de ballet

Balljunge *m* (SPORT) recogepelotas *m inv*

Ballkleid *nt* traje *m* de fiesta

Ballon [ba'lɔŋ, ba'lo:n] *m* <-s, -s *o* -e> ❶ *(*AERO*)* globo *m* ❷ *(Glasbehälter)* balón *m* ❸ *(fam: Kopf)* coco *m;* **Ballonfahrt** *f* viaje *m* en globo

Ballsaal *m* salón *m* de baile

Ballspiel *nt* juego *m* de pelota; **Ballspielen** *nt* jugar *m* a la pelota; **„~ verboten"** "prohibido jugar a la pelota"

Ballung ['balʊŋ] *f* <-en> aglomeración *f;* **Ballungsgebiet** *nt* zona *f* de aglomeración; **Ballungsraum** *m* zona *f* de aglomeración; **Ballungszentrum** *nt* (centro *m* de) aglomeración *f;* **städtisches ~** megaciudad *f*

Ballwechsel *m* (SPORT) juego *m* *(de la pelota)*

Balsam ['balza:m] *m* <-s, ohne *pl*> bálsamo *m*

balsamieren* *vt* embalsamar

Balte, -in ['baltə] *m, f* <-n, -n; -nen> báltico, -a *m, f*

Baltikum ['baltikʊm] *nt* <-s> países *mpl* bálticos

Baltin ['baltɪn] *f* <-nen> *s.* **Balte**

baltisch *adj* báltico

Balustrade [balʊs'tra:də] *f* <-n> balaustrada *f*

balzen ['baltsən] *vi* estar en (época de) celo

Bambus ['bambʊs] *m* <-(ses), -se> bambú *m;* **Bambusrohr** *nt* caña *f* de bambú; **Bambussprossen** *fpl* (GASTR) brotes *mpl* tiernos de bambú

Bammel ['baməl] *m* <-s, ohne *pl*> *(fam)* miedo *m*

banal [ba'na:l] *adj* banal

banalisieren* *vt (geh)* trivializar

Banalität [banali'tɛ:t] *f* <-en> banalidad *f*

Banane [ba'na:nə] *f* <-n> plátano *m*, banana *f Am;* **Bananenschale** *f* cáscara *f* de plátano, cáscara *f* de banana *Am*

Banause [ba'naʊzə] *m* <-n, -n> *(abw)* inculto, -a *m, f*

band [bant] *3. imp von* **binden**

Band¹ [bɛnt] *f* <-s> (*Musikgruppe*) grupo *m;* (*in Kennerkreisen*) banda *f*

Band² [bant, *pl:* 'bɛndə] *m* <-(e)s, Bände> (*Buch*) tomo *m,* volumen *m;* **dein Gesicht spricht Bände** (*fam*) tu cara lo dice todo

Band³ [bant, *pl:* 'bɛndə] *nt* <-(e)s, Bänder> ① (*Stoff~*) cinta *f,* lazo *m;* (*Auszeichnung*) banda *f* ② (*Fließ~*) cadena *f* de fabricación; **am ~ arbeiten** trabajar en la cadena de montaje; **am laufenden ~** (*fam*) continuamente ③ (TECH: *Ton~*) cinta *f* magnetofónica; (*Farb~*) cinta *f* mecanográfica; (*Maß~*) cinta *f* métrica; (*Klebe~*) cinta *f* adhesiva; **ich habe dir aufs ~ gesprochen** (*fam*) te dejé un mensaje (en el contestador) ④ (*am Gelenk*) ligamento *m* ⑤ (*Frequenzbereich*) banda *f* de frecuencia

Bandage [ban'da:ʒə] *f* <-n> vendaje *m*

bandagieren* [banda'ʒi:rən] *vt* vendar

Bandaufnahme *f* grabación *f* en cinta (magnetofónica); **Bandbreite** *f* ① (RADIO) anchura *f* de banda ② (*fig: Vielfalt*) diversidad *f* ③ (FIN) margen *m* o *f* de fluctuación

Bande ['bandə] *f* <-n> ① (*abw: Gruppe*) banda *f,* trinca *f And, CSur* ② (*Umrandung*) banda *f*

Banderole [bandə'ro:lə] *f* <-n> precinto *m*

Bänderriss ['bɛndərɪs] *m* (MED) rotura *f* de ligamentos

bändigen ['bɛndɪgən] *vt* ① (*Tier*) domar; (*Mensch*) calmar ② (*Gefühle*) refrenar

Bandit(in) [ban'di:t] *m(f)* <-en, -en; -nen> bandido, -a *m, f*

Bandmaß *nt* cinta *f* métrica; **Bandnudel** *f* tallarín *m*

Bandscheibe *f* (MED) disco *m* interverte-bral

Bandwurm *m* tenia *f*

bang(e) *adj* (*reg*) miedoso; **es ist mir ~** (**zumute**) tengo miedo

Bange *f ohne pl* (*reg*) temor *m* (*vor* a), miedo *m* (*vor* de/a)

bangen ['baŋən] **I.** *vi* (*geh*) ① (*Angst haben*) tener miedo (*vor* a) ② (*sich sorgen*) temer (*um* por) **II.** *vt* (*geh*) temer **III.** *vunpers:* **mir bangt davor** lo temo

Bank¹ [baŋk, *pl:* 'bɛŋkə] *f* <Bänke> ① (*Sitz~*) banco *m;* (SPORT) banquillo *m;* **durch die ~** sin excepción; **etw auf die lange ~ schieben** dar largas a algo ② (*Sand~*) banco *m* de arena

Bank² [baŋk, *pl:* 'baŋkən] *f* <-en> ① (*Kreditinstitut*) banco *m* ② (*beim Spiel*) banca *f;* **die ~ sprengen** saltar la banca

Bankangestellte(r) *mf* empleado, -a *m, f*

de banco; **Bankautomat** *m* cajero *m* automático; **Bankdirektor(in)** *m(f)* director(a) *m(f)* de banco, jefe, -a *m, f* de banco

Banker ['bɛŋkɐ] *m* <-s, -; -nen> (WIRTSCH) banquero *m*

Bankett [baŋ'kɛt] *nt* <-(e)s, -e> festín *m,* banquete *m*

Bankette [baŋ'kɛtə] *f* <-n> arcén *m;* „**~ nicht befahrbar**" "arcén no transitable"

Bankgeheimnis *nt* secreto *m* bancario; **Bankgeschäft** *nt* negocio *m* bancario; (*Transaktion*) transacción *f* bancaria

Bankier [baŋ'kje:] *m* <-s, -s> banquero, -a *m, f*

Bankkauffrau *f* empleada *f* titulada bancaria; **Bankkaufmann** *m* empleado *m* titulado bancario; **Bankkonto** *nt* cuenta *f* bancaria; **Bankkredit** *m* crédito *m* bancario; **Bankleitzahl** *f* código *m* de identificación bancaria; **Banknote** *f* billete *m* de banco; **Bankraub** *m* robo *m* de banco; **Bankräuber(in)** *m(f)* atracador(a) *m(f)* de bancos

bankrott [baŋk'rɔt] *adj* en bancarrota, en quiebra

Bankrott *m* <-(e)s, -e> bancarrota *f,* quiebra *f;* **~ machen** ir a la quiebra

Bankschließfach *nt* casilla *f* bancaria; **Banküberfall** *m* atraco *m* a un banco; **Banküberweisung** *f* transferencia *f* bancaria; **Bankverbindung** *f* cuenta *f* bancaria; **Bankwesen** *nt* (WIRTSCH) banca *f*

Bann [ban] *m* <-(e)s, -e> ① (REL) excomunión *f* ② (*geh: Zauber*) encantamiento *m,* hechizo *m;* **jdn in seinen ~ ziehen** cautivar a alguien; **in jds ~ geraten** estar hechizado por alguien

bannen ['banən] *vt* ① (*Gefahr, Geister*) conjurar ② (*Zuschauer*) cautivar ③ (*festhalten*) dejar inmóvil (como por encanto) (*auf* en); **wie gebannt zuhören** escuchar como hechizado ④ (*den Bann aussprechen*) excomulgar

Banner ['banɐ] *nt* <-s, -> estandarte *m*

bar [ba:ɐ] *adj* ① (FIN) en efectivo; **etw** (**in**) **~ bezahlen** pagar algo al contado ② (*geh: rein*) puro, verdadero; **das ist ~er Unsinn/Zufall** esto es pura sandez/coincidencia

Bar¹ [ba:ɐ] *f* <-s> ① (*Lokal*) bar *m;* (*Nachtlokal*) boite *f,* club *m* nocturno ② (*Theke*) barra *f*

Bar² *nt* <-s, -s> (PHYS) bar(o) *m*

Bär(in) [bɛ:ɐ] *m(f)* <-en, -en; -nen> oso *m, f;* **jdm einen ~en aufbinden** (*fig fam*) contar a alguien un cuento chino

Baracke [ba'rakə] *f* <-n> barraca *f,* chabola *f*

Barbar(in) [bar'ba:ɐ] *m(f)* <-en, -en; -nen> bárbaro, -a *m, f*

Barbarei [barba'raɪ] *f* <-en> barbarie *f*

Barbarin *f* <-nen> *s.* **Barbar**

barbarisch *adj* bárbaro

Barbe ['barbə] *f* <-n> (GASTR, ZOOL) barbo *m*

bärbeißig *adj* (*fam: Mensch*) gruñón; (*Miene*) arisco

Barbier [bar'bi:ɐ] *m* <-s, -e> barbero *m*

Bardame *f* camarera *f* de un club nocturno

Bärendienst ['bɛ:rən-] *m:* **jdm einen ~ erweisen** hacer un flaco servicio a alguien; **Bärenhunger** *m* (*fam*) hambre *f* canina; **einen ~ haben** tener un hambre de lobo; **Bärenkräfte** *fpl* (*gewaltige Kräfte*) fuerza *f* hercúlea; **bärenstark** ['---] *adj* (*fam*) fuerte como un toro

Barett [ba'rɛt] *nt* <-(e)s, -e *o* -s> boina *f*; (*Geistlicher*) birreta *f*; (*Richter, Professor*) birrete *m*

barfuß *adj* descalzo

barg [bark] *3. imp von* **bergen**

Bargeld *nt* dinero *m* al contado; **bargeldlos** *adj* por cheque, por transacción; **~ er Zahlungsverkehr** pagos por giro o cheque; **Bargeldumstellung** *f* proceso *m* de cambio para las transacciones en efectivo

Barhocker *m* taburete *m* de bar

Bärin ['bɛ:rɪn] *f* <-nen> *s.* **Bär**

Bariton ['ba:ritɔn, *pl:* 'ba:rito:nə] *m* <-s, -e> (MUS) barítono *m*

Barium ['ba:riʊm] *nt* <-s, *ohne pl*> (CHEM) bario *m*

Barkasse [bar'kasə] *f* <-n> barcaza *f*, lancha *f*

Barkauf *m* compra *f* al contado

Barke ['barkə] *f* <-n> barca *f*

Barkeeper ['ba:eki:pɐ] *m* <-s, -> barman *m*

barmherzig [barm'hɛrtsɪç] *adj* misericordioso, caritativo

Barmherzigkeit *f ohne pl* misericordia *f*

Barmixer *m* <-s, -> barman *m*

barock *adj* barroco

Barock [ba'rɔk] *m o nt* <-s, *ohne pl*> barroco *m*

Barometer [baro'me:tɐ] *nt* <-s, -> barómetro *m*

Baron(in) [ba'ro:n] *m(f)* <-s, -e; -nen> barón, -onesa *m, f*

Barren ['barən] *m* <-s, -> ❶ (*Metall*) barra *f* ❷ (SPORT) (barras *fpl*) paralelas *fpl*

Barriere [ba'rje:rə] *f* <-n> barrera *f*

Barrikade [bari'ka:də] *f* <-n> barricada *f*; **für etw auf die ~n gehen** (*fig*) luchar por algo

barsch [barʃ] *adj* rudo, áspero

Barsch [barʃ] *m* <-(e)s, -e> (ZOOL, GASTR)

perca *f*

Barscheck *m* cheque *m* abierto

barst [barst] *3. imp von* **bersten**

Bart [ba:ɐt, *pl:* 'bɛrtə] *m* <-(e)s, Bärte> ❶ (*bei Männern*) barba *f*; **sich einen ~ wachsen lassen** dejarse crecer la barba; **etw in den ~ murmeln** (*fam*) murmurar algo entre dientes; **jdm um den ~ gehen** (*fam*) hacer la pelotilla a alguien ❷ (*Katze, Robbe*) bigote(s) *m(pl)* ❸ (*Schlüssel~*) paletón *m*

bärtig ['bɛrtɪç, 'bɛ:ɐtɪç] *adj* barbudo

bartlos *adj* sin barba; **Bartstoppeln** *fpl* cañones *mpl* de la barba; **Bartwuchs** *m* barba *f*; **er hat einen starken ~** le crece mucho la barba

Barvermögen *nt* (FIN) activo *m*; **Barzahlung** *f* pago *m* al contado

Basar [ba'za:ɐ] *m* <-s, -e> bazar *m*

Base ['ba:zə] *f* <-n> ❶ (*südd: Cousine*) prima *f* ❷ (*Schweiz: Tante*) tía *f* ❸ (CHEM) base *f*

Baseball[1] *m* <-s, *ohne pl*> (SPORT: *Spiel*) béisbol *m*; **~ spielen** jugar al béisbol

Baseball[2] *m* <-s, -s> (SPORT: *Ball*) pelota *f* de béisbol

Basel ['ba:zəl] *nt* <-s> Basilea *f*

Bas(e)ler(in) *m(f)* <-s, -; -nen> habitante *mf* de Basilea

Basen *pl von* **Base, Basis**

basieren* [ba'zi:rən] *vi* basarse (*auf* en), fundarse (*auf* en)

Basilika [ba'zi:lika, *pl:* ba'zi:li:kən] *f* <-Basiliken> basílica *f*

Basilikum [ba'zi:likʊm] *nt* <-s, *ohne pl*> albahaca *f*

Basis ['ba:zɪs] *f* <Basen> ❶ (*Grundlage*) base *f* ❷ (ARCHIT, POL, MATH) base *f* ❸ (MIL) base *f* militar

basisch *adj* (CHEM) básico

Basiswissen *nt* conocimientos *mpl* básicos

Baske, -in ['baskə] *m, f* <-n, -n; -nen> vasco, -a *m, f*; **Baskenland** *nt* <-(e)s> País *m* Vasco, Euskadi *m*; **Baskenmütze** *f* chapela *f*, boina *f* vasca

Basketball[1] ['ba:skɛtbal] *m* <-(e)s, *ohne pl*> (*Sportart*) baloncesto *m*

Basketball[2] *m* <-(e)s, -bälle> (*Ball*) pelota *f* de baloncesto

Baskin *f* <-nen> *s.* **Baske**

baskisch *adj* vasco; (*Sprache*) vascuence, euskera

Basler(in) ['ba:slɐ] *m(f)* <-s, -; -nen> *s.* **Bas(e)ler**

Bass [bas, *pl:* 'bɛsə] *m* <-es, Bässe> ❶ (*Stimmlage, Sänger*) bajo *m* ❷ (*Instrument*) contrabajo *m*; (*elektrisch verstärkt*) bajo *m*

Bassin [ba'sɛ̃:] *nt* <-s, -s> depósito *m* de agua

Bassist(in) [ba'sɪst] *m(f)* <-en, -en; -nen> ❶ (*Sänger*) bajo *m* ❷ (*Bassspieler*) contrabajo *mf;* (*elektrisch verstärkt*) bajo *mf*

Bassschlüssel *m* (MUS) clave *f* de fa

Bast [bast] *m* <-(e)s, -e> rafia *f*

basta ['basta] *interj* basta; **du kommst, (und damit) ~!** ¡vienes, y no se hable más!

Bastard ['bastart] *m* <-(e)s, -e> bastardo *m;* (BIOL) híbrido *m*

basteln ['bastəln] **I.** *vi* ❶ (*handarbeiten*) hacer trabajos manuales; (*heimwerken*) dedicarse al bricolaje ❷ (*reparieren*) (intentar) arreglar (*an*) **II.** *vt* hacer (a mano)

Bastion [bas'tjo:n] *f* <-en> bastión *m*

Bastler(in) ['bastlɐ] *m(f)* <-s, -; -nen> aficionado, -a *m, f* a las manualidades

bat [ba:t] *3. imp von* **bitten**

Bataillon [batal'jo:n] *nt* <-s, -e> (MIL) batallón *m*

Batik ['ba:tɪk] *f* <-en> batik *m* (*método de teñir tejidos*)

Batist [ba'tɪst] *m* <-(e)s, -e> batista *f*

Batterie [batə'ri:] *f* <-n> ❶ (*Stromspeicher*) pila *f* ❷ (AUTO, MIL) batería *f* ❸ (*fam: Anzahl*) pila *f;* **eine ganze ~** (**von**) **Maßnahmen** una artillería de medidas; **Batteriebetrieb** *m* (ELEK) alimentación *f* a pilas; **Batterie- und Netzbetrieb** alimentación a pilas y por red; **batteriebetrieben** *adj* accionado por batería; **ein ~es Radiogerät** una radio a pilas

Batzen ['batsən] *m* <-s, -> (*Klumpen*) grumo *m;* (*Brocken*) pedazo *m;* **ein schöner ~ Geld** (*fam*) un dineral

Bau¹ [baʊ] *m* <-(e)s, *ohne pl*> ❶ (*das Bauen*) construcción *f;* (*von Gebäuden*) edificación *f;* **sich im ~ befinden** estar en construcción ❷ (*fam: Baustelle*) construcción *f,* obra *f;* **auf dem ~ arbeiten** trabajar en la construcción ❸ (*sl: Gefängnis*) chirona *f* ❹ (*Konstitution*) constitución *f*

Bau² *m* <-(e)s, Bauten> (*Gebäude*) edificio *m*

Bau³ *m* <-(e)s, -e> (*Erdhöhle*) madriguera *f*

Bauabschnitt *m* tramo *m* en construcción; **Bauamt** *nt* oficina *f* de obras y construcciones; **Bauarbeiten** *fpl* obras *fpl* de construcción; **Bauarbeiter(in)** *m(f)* obrero, -a *m, f* de la construcción

Bauch [baʊx, *pl:* 'bɔɪçə] *m* <-(e)s, Bäuche> ❶ (*bei Mensch, Tier*) vientre *m,* barriga *f,* tripa *f fam,* timba *f Am;* **mein Vater hat einen ~ bekommen** mi padre ha echado barriga; **sich** *dat* **den ~ mit etw voll**

schlagen (*fam*) darse una panzada de algo; **etw aus dem ~ heraus entscheiden** (*fam fig*) decidir algo por intuición ❷ (*bei Flasche, Vase*) vientre *m,* panza *f;* (*bei Schiff, Flugzeug*) casco *m;* **Bauchbinde** *f* ❶ (MED) faja *f* ❷ (*Zigarre*) vitola *f* ❸ (*Buch*) tira *f*

Bauchfell *nt* (ANAT) peritoneo *m;* **Bauchfellentzündung** *f* (MED) peritonitis *f inv*

Bauchfleisch *nt* (GASTR) panceta *f;* **Erbseneintopf mit ~** potaje de guisantes con panceta

Bauchhöhle *f* (ANAT) cavidad *f* abdominal

bauchig ['baʊxɪç] *adj* barrigudo; (*Gefäß*) abombado

Bauchladen *m* buhonería *f;* **Bauchlandung** *f* (AERO) aterrizaje *m* ventral; **Bauchnabel** *m* ombligo *m;* **Bauchredner(in)** *m(f)* ventrílocuo, -a *m, f;* **Bauchschmerzen** *mpl* dolores *mpl* de barriga; **Bauchspeck** *m* (GASTR) panceta *f;* **Bauchspeicheldrüse** *f* páncreas *m inv;* **Bauchtanz** *m* danza *f* oriental; **Bauchtänzerin** *f* danzarina *f* oriental; **Bauchweh** *nt* <-s, *ohne pl*> (*fam*) dolor *m* de barriga

Baudenkmal *nt* monumento *m* conmemorativo

bauen ['baʊən] **I.** *vt* ❶ (*errichten*) construir; (*Gebäude*) edificar; (*Nest*) hacer ❷ (*fam: verursachen*) hacer; (*Unfall*) tener; **da hast du Mist gebaut** (*fam*) has metido la pata **II.** *vi* ❶ (*vertrauen*) confiar (*auf* en) ❷ (*sich verlassen*) contar (*auf* con)

Bauer¹ *m o nt* <-s, -> (*Vogelkäfig*) jaula *f*

Bauer² ['baʊɐ] *m,* **Bäuerin** *f* <-n *o* -s, -; -nen> ❶ (*Landwirt*) agricultor(a) *m(f);* (*Landarbeiter*) labrador(a) *m(f),* campesino, -a *m, f,* concho, -a *m, f AmC* ❷ (*abw: ungebildeter Mensch*) paleto, -a *m, f,* rural *mf Am* ❸ (*Schachfigur*) peón *m* ❹ (*Spielkarte*) ≈sota *f*

Bäuerchen ['bɔɪɐçən] *nt* <-s, -> (*fam*) regüeldo *m,* eructo *m;* **ein ~ machen** soltar un eructo

Bäuerin ['bɔɪərɪn] *f* <-nen> *s.* **Bauer²**

bäuerlich *adj* campesino, jíbaro *Am;* (*abw*) rústico

Bauernfänger(in) *m(f)* <-s, -; -nen> (*abw*) estafador(a) *m(f),* engañabobos *mf inv*

Bauernhaus *nt* casa *f* de labranza; **Bauernhof** *m* granja *f;* **Bauernregel** *f* almanaque *m* campesino; **bauernschlau** *adj* astuto; **Bauernschläue** *f* <-, *ohne pl*> agudeza *f;* **Bauernverband** *m* asociación *f* de agricultores

baufällig *adj* ruinoso, en ruina

Baufirma f empresa f constructora; **Baugelände** nt zona f de edificación; **Baugenehmigung** f permiso m de edificación; **Baugerüst** nt andamio m; **Baugesellschaft** f empresa f constructora; **Baugewerbe** nt ohne pl ramo m de la construcción; **Baugrube** f zanja f (de una obra); **Baugrundstück** nt solar m; **Bauherr(in)** m(f) propietario, -a m, f; **Bauholz** nt madera f de construcción; **Bauingenieur(in)** m(f) ingeniero, -a m, f civil; **Baujahr** nt ① (von Gebäuden) año m de construcción ② (von Fahrzeugen) año m de fabricación; **Baukasten** m juego m de construcción (con cubos); **Bauklotz** m cubo m aplicable; **Bauklötze staunen** (fam) quedarse atónito; **Bauland** nt ohne pl terreno m de edificación; **Baulärm** m ruido m provocado por la construcción; **Bauleiter(in)** m(f) director(a) m(f) de la obra

baulich adj arquitectónico; **~e Veränderungen vornehmen** realizar cambios arquitectónicos

Baum [baʊm, pl: 'bɔɪmə] m <-(e)s, Bäume> ① (BOT) árbol m; **stark wie ein ~** (fam fig) fuerte como un roble; **Bäume ausreißen können** (fam fig) rebosar de vitalidad ② (INFOR: Struktur) árbol m

Baumarkt m mercado m de materiales para la construcción; **Baumaterial** nt material m de construcción

Baumbestand m arbolado m

Baumeister(in) m(f) (Erbauer) constructor(a) m(f); (Beruf) arquitecto, -a m, f técnico, -a

baumeln ['baʊməln] vi (fam) bambolearse

Baumgrenze f límite m de la arboleda; **Baumkrone** f copa f; **Baumrinde** f corteza f; **Baumschule** f plantel m, semillero m; **Baumstamm** m tronco m; **Baumsterben** nt muerte f de los bosques; **Baumstruktur** f (INFOR) estructura f en árbol; **Baumstumpf** m tocón m; (Ballen) cepellón m; **Baumwipfel** m cima f de un árbol

Baumwolle f ohne pl algodón m

Baumzucht f ohne pl (AGR) arboricultura f

Bauordnung f (ADMIN) ordenanza f de construcciones; **Bauplan** m ① (Entwurf) plan m de ejecución de las obras ② (Bauvorhaben) proyecto m de construcción; **Bauplanung** f planificación f de construcciones; **Bauplatz** m solar m; **Bauruine** f (fam) construcción f sin terminar

Bausch [baʊʃ] m <-(e)s, -e o Bäusche> (Watte) pelota f (de algodón); **in ~ und Bogen** a bulto

bauschig adj ① (weich, füllig) mullido ② (weit, gewölbt) abombado

Bauschutt m escombros mpl

bausparen vi ahorrar para vivienda

Bausparkasse f caja f de ahorro(s) para la construcción; **Bausparvertrag** m cuenta-vivienda f

Baustein m ① (ARCHIT) piedra f de construcción ② (Bestandteil) componente m; **elektronischer ~** (INFOR) chip m; **Baustelle** f obras fpl; **Betreten der ~ verboten!** ¡prohibida la entrada a toda persona ajena a las obras!; **Baustil** m (ARCHIT) estilo m arquitectónico; **Baustoff** m ① (Baumaterial) material m de construcción ② (BIOL) substancia f orgánica; **Bausubstanz** f ohne pl estructura f (del edificio); **Bauteil** nt (Teil zum Bauen) elemento m; (Teil einer Maschine) componente m (de una máquina)

Bauten ['baʊtən] pl von Bau²

Bauunternehmen nt compañía f de construcciones; **Bauunternehmer(in)** m(f) contratista mf de obras; **Bauvorhaben** nt proyecto m de construcción; **Bauweise** f método m constructivo; (Stil) estilo m; **Bauwerk** nt edificio m, construcción f

Bauxit [baʊ'ksi:t] m <-s, -e> bauxita f

Bayer(in) ['baɪɐ] m(f) <-n, -n; -nen> bávaro, -a m, f

bay(e)risch adj bávaro

Bayern ['baɪɐn] nt <-s> Baviera f

bayrisch adj s. bay(e)risch

Bazillus [ba'tsɪlʊs] m <-, Bazillen> bacilo m

Bd. Abk. von Band t., vol.

B-Dur nt <-s, ohne pl> (MUS) si m bemol mayor

beabsichtigen* vt tener la intención (de); **das war nicht beabsichtigt!** ¡no fue intencionado!

beachten* vt ① (Aufmerksamkeit schenken) prestar atención (a); (Rat) seguir; **nicht ~** pasar por alto ② (Vorschrift) cumplir (con) ③ (berücksichtigen) tener en cuenta, considerar ④ (bemerken) fijarse (en); **beachtenswert** adj notable

beachtlich adj ① (beträchtlich) considerable ② (wichtig) importante

Beachtung f ohne pl atención f; (der Gesetze) observancia f; **etw** dat (keine) **~ schenken** (no) hacer caso a algo

Beamte(r) mf <-n, -n; -n>, **Beamtin** f <-nen> funcionario, -a m, f del Estado; **richterlicher ~** f oficial de justicia; **ein hoher ~r** un alto funcionario del Estado; **Beamtenbeleidigung** f desacato m a la autoridad; **Beamtenlaufbahn** f (ADMIN) carrera f de funcionario

Beamtentum *nt* <-s, *ohne pl*> funcionariado *m*

Beamtenverhältnis *nt:* **im ~ stehen** tener calidad de funcionario

beamtet *adj* empleado como funcionario

Beamtin *f* <-nen> *s.* **Beamte(r)**

beängstigen* [bə'ʔɛŋstɪɡən] *vt* atemorizar, dar miedo

beängstigend *adj* alarmante

beanspruchen* [bə'ʔanʃprʊxən] *vt* ❶ (*fordern*) exigir, reclamar ❷ (*Zeit, Platz*) exigir, requerir ❸ (*Hilfe*) recurrir (a) ❹ (*Geduld*) poner a prueba; (*Maschine*) usar; (*Person*) ocupar

Beanspruchung *f* <-en> ❶ (*das Inanspruchnehmen*) utilización *f*; (*Benutzung*) empleo *m* ❷ (*eines Menschen*) exigencia *f* ❸ (*Abnutzung*) desgaste *m*

beanstanden* *vt* poner reparos (a), objetar

Beanstandung *f* <-en> objeción *f*, reparo *m*

beantragen* *vt* solicitar

beantworten* [bə'ʔantvɔrtən] *vt* responder; (*Brief*) contestar

Beantwortung *f* <-en> respuesta *f*; **in ~ Ihres Schreibens vom ...** en respuesta a su carta del...

bearbeiten* *vt* ❶ (*behandeln*) tratar, trabajar; (*Stein*) labrar; (*Rohstoffe*) elaborar ❷ (*sich befassen mit*) ocuparse (de); (*Fall, Antrag*) tramitar ❸ (*Musikstück*) transcribir; (*Thema*) trabajar; (*Text*) revisar; (*für den Film*) adaptar ❹ (*schlagen*) pegar ❺ (*fam: einreden*): **jdn ~** tratar de persuadir a alguien

Bearbeiter(in) *m(f)* <-s, -; -nen> ❶ (*Sachbearbeiter*) encargado, -a *m, f* ❷ (*Text*) autor(a) *m(f)*, corrector(a) *m(f)*; (MUS) arreglista *mf*, adaptador(a) *m(f)*

Bearbeitung *f* <-en> ❶ (*das Bearbeiten*) (trabajo *m* de) elaboración *f*; (*Buch*) revisión *f*; **etw ist in ~** algo está en tramitación ❷ (*überarbeitete Fassung*) adaptación *f* ❸ (MUS) transcripción *f*; **Bearbeitungsgebühr** *f* (ADMIN) tarifa *f* de tramitación

beargwöhnen* [bə'ʔarkvøːnən] *vt* (*geh*) sospechar (de), desconfiar (de)

Beat [biːt] *m* <-(s), *ohne pl*> (MUS) beat *m*

beatmen* *vt* (MED) practicar la respiración artificial

beaufsichtigen* *vt* ❶ (*Schüler*) vigilar ❷ (*Arbeit, Bau*) controlar, supervisar

beauftragen* *vt* encargar, encomendar; **jdn mit etw ~** encomendar algo a alguien

Beauftragte(r) *mf* <-n, -n; -n> encargado, -a *m, f*, comisionado, -a *m, f*

beäugen* *vt* escrutar; **jdn vorsichtig ~**

examinar cuidadosamente a alguien

bebauen* *vt* ❶ (*mit Gebäuden*) edificar (en); (*verstädten*) urbanizar ❷ (*Acker*) cultivar

Bebauung *f* <-en> edificación *f*, urbanización *f*

beben ['beːbən] *vi* temblar

Beben *nt* <-s, -> seísmo *m*, terremoto *m*

bebildern* *vt* ilustrar

Becher ['bɛçɐ] *m* <-s, -> vaso *m*; (*Joghurt~*) tarrina *f*

bechern ['bɛçɐn] *vi* (*fam*) empinar el codo

becircen* [bə'tsɪrtsən] *vt* (*fam*) embelesar

Becken ['bɛkən] *nt* <-s, -> ❶ (*Wasch~*) lavabo *m*; (*Spül~*) pila *f*; (*Schwimm~*) piscina *f* ❷ (ANAT) pelvis *f inv* ❸ (MUS) platillos *mpl* ❹ (GEO) cuenca *f*

bedacht* [bə'daxt] *adj* (*umsichtig*) cuidadoso; (*überlegt*) deliberado; **~ handeln** actuar premeditadamente; **darauf ~ sein, dass ...** cuidar de que +*subj*

Bedacht* *m ohne pl* (*geh*): **etw mit ~ tun** (*überlegt*) hacer algo deliberadamente; (*vorsichtig*) hacer algo con cuidado

bedächtig [bə'dɛçtɪç] *adj* ❶ (*langsam*) mesurado, lento ❷ (*vorsichtig*) prudente

bedanken* *vr:* **sich bei jdm für etw ~** dar las gracias a alguien por algo

Bedarf [bə'darf] *m* <-(e)s, *ohne pl*> ❶ (*Bedürfnis*) necesidad *f*, falta *f*; **bei ~** cuando sea necesario; (**je**) **nach ~** según las necesidades; **danke, kein ~!** (*fam*) ¡gracias, no me interesa! ❷ (COM) demanda *f*, necesidad *f*; **den ~ an etw decken** satisfacer la demanda de algo; **Bedarfsfall** *m:* **im ~** en caso de necesidad

bedauerlich [bə'daʊɐlɪç] *adj* lamentable, lastimoso

bedauerlicherweise [-'----'--] *adv* lamentablemente

bedauern* [bə'daʊɐn] *vt* ❶ (*Verlust*) lamentar; **wir ~ Ihnen mitteilen zu müssen, dass ...** lamentamos tener que comunicarle(s) que...; **bedaure!** ¡lo lamento! ❷ (*Mensch*) compadecer (a)

Bedauern *nt* <-s, *ohne pl*> pesar *m*; (*für einen Menschen*) compasión *f*; **zu meinem größten ~ ...** muy a pesar mío...

bedauernd **I.** *adj* compasivo; **eine ~e Miene aufsetzen** poner gesto compasivo **II.** *adv* compasivamente; **jdn ~ anschauen** mirar a alguien compasivamente

bedauernswert *adj* ❶ (*Sache*) lamentable ❷ (*Mensch*) digno de lástima

bedecken* *vt* cubrir (*mit de/con*)

bedeckt *adj* (*Himmel*) encapotado

Bedeckung *f* <-en> cubierta *f*; (MIL) escolta *f*

bedenken* *irr vt* ❶ (*überlegen*) pensar(se)
❷ (*beachten*) considerar, tener en cuenta;
wenn man es recht bedenkt considerándolo bien; **zu ~ geben, dass ...** señalar
que...

Bedenken¹ *nt* <-s, *ohne pl*> (*das Überlegen*) reflexión *f;* **nach kurzem ~** después
de una breve reflexión

Bedenken² *ntpl* (*Zweifel*) duda *f;* (*Einwand*) reparo *m;* **ohne ~** sin reparos

bedenkenlos *adj* ❶ (*ohne zu zögern*) sin
vacilar; **da kannst du ~ hingehen** no
dudes en pasarte por allí ❷ (*ohne Überlegung*) irreflexivo ❸ (*skrupellos*) sin escrúpulos

bedenkenswert *adj* digno de consideración; **dein Vorschlag ist ~** tu propuesta
merece ser tomada en cuenta

bedenklich *adj* ❶ (*zweifelhaft*) dudoso,
sospechoso ❷ (*Besorgnis erregend*) preocupante ❸ (*besorgt*) preocupado

Bedenkzeit *f ohne pl* tiempo *m* de reflexión

bedeuten* *vt* ❶ (*bezeichnen, meinen*)
significar, querer decir; **das hat nichts zu
~** no quiere decir nada ❷ (*wichtig sein*)
significar ❸ (*geh: zu verstehen geben*) dar
a entender

bedeutend **I.** *adj* ❶ (*wichtig*) importante
❷ (*bemerkenswert*) notable, notorio
❸ (*bedeutsam*) significativo ❹ (*beachtlich*) considerable **II.** *adv* (*beträchtlich*)
bastante, notoriamente

bedeutsam *adj* (*wichtig*) importante; (*viel
sagend*) significativo

Bedeutung¹ *f* <-en> (*Sinn*) significado *m,*
sentido *m;* **in übertragener/wörtlicher
~** en sentido figurado/literal

Bedeutung² *f ohne pl* (*Wichtigkeit*) importancia *f;* **etw ist von ~** algo es de importancia

bedeutungslos *adj* insignificante; **Bedeutungslosigkeit** *f ohne pl* insignificancia *f;*
bedeutungsvoll *adj s.* **bedeutsam;**
Bedeutungswandel *m* (LING) cambio *m*
semántico

bedienen¹ **I.** *vt* ❶ (*im Geschäft*) atender;
(*im Restaurant*) servir; **werden Sie schon
bedient?** ¿ya le atienden?; **damit ist er
noch gut bedient** (*fam*) con ello puede
darse por satisfecho; **ich bin bedient!**
(*fam*) ¡estoy servido! ❷ (*beim Kartenspiel*)
servir ❸ (*Maschinen*) manejar ❹ (FIN:
Schulden) saldar **II.** *vr:* **sich ~** (*geh: benutzen*): **sich einer Sache ~** servirse de algo;
~ Sie sich! ¡sírvase usted mismo!

bedienerfreundlich *adj* de fácil manejo

Bedienstete(r) *mf* <-n, -n; -n> ❶ (ADMIN:
Beschäftigter) empleado, -a *m, f;* (*Beamter*) funcionario, -a *m, f* ❷ (*Dienstbote*) sirviente *mf*

Bedienung¹ *f* <-en> (*Kellner*) camarero,
-a *m, f;* **hallo, ~!** ¡(oiga,) camarero!

Bedienung² *f ohne pl* ❶ (*eines Gastes*)
servicio *m* ❷ (*eines Gerätes*) manejo *m*

Bedienungsanleitung *f* instrucciones *fpl*
de manejo; **Bedienungsfehler** *m* fallo *m*
operacional

bedingen [bə'dɪŋən] **I.** *vt* ❶ (*bewirken*)
causar, producir; ❷ (*bestimmen*) condicionar
❷ (*voraussetzen*) suponer ❸ (*erfordern*)
requerir **II.** *vr:* **sich ~** condicionarse

bedingt **I.** *adj* ❶ (*von Bedingungen abhängig*) relativo; (*beschränkt*) limitado; **~
durch ...** debido a... ❷ (JUR) condicionado
II. *adv* ❶ (*teilweise*): **das ist nur ~ richtig**
esto sólo es correcto hasta cierto punto
❷ (JUR) a condición

Bedingung *f* <-en> ❶ (*Voraussetzung*)
condición *f;* **etw zur ~ machen** poner
algo como condición; **unter der ~, dass
...** a condición de que... +*subj;* **unter keiner ~ werde ich das tun** no lo haré por
nada del mundo ❷ (*Forderung*) condiciones *fpl;* **~en stellen** poner condiciones
❸ *pl* (*Umstände*) condiciones *fpl;* **unter
erschwerten ~en arbeiten** trabajar bajo
condiciones difíciles

bedingungslos *adj* sin condiciones

bedrängen* *vt* ❶ (*Gegner*) acosar ❷ (*belästigen*) importunar

Bedrängnis *f* <-se> (*geh*) apuro *m;* **in ~
geraten** verse en un apuro; **jdn in ~ bringen** poner a alguien en un apuro

bedrohen* *vt* amenazar

bedrohlich *adj* amenazante, amenazador

Bedrohung *f* <-en> amenaza *f*

bedrucken* *vt* estampar (*mit* con)

bedrücken* *vt* oprimir

bedrückend *adj* opresivo; (*beklemmend*)
oprimente

bedrückt *adj* deprimido, apolismado *Mex,
Ven*

Beduine, -in [bedu'i:nə] *m, f* <-n, -n;
-nen> beduino, -a *m, f*

bedürfen* *irr vi* (*geh*) necesitar (de),
requerir (de); **das bedarf keiner weiteren Erklärung** eso no requiere (de) más
explicaciones

Bedürfnis *nt* <-ses, -se> necesidad *f;* **ein ~
verspüren etw zu tun** sentir la necesidad
de hacer algo; **jds ~se befriedigen** satisfacer las necesidades de alguien; **Bedürfnisanstalt** *f:* **öffentliche ~** retrete *m* público

bedürftig *adj* menesteroso, necesitado

Bedürftigkeit f <-, ohne pl> indigencia f
Beefsteak ['biːfsteːk] nt bistec m
beehren* I. vt (geh) honrar; **jdn mit einem Besuch** ~ conceder a alguien el honor de su visita II. vr: **sich** ~ **etw zu tun** tener el honor de hacer algo
beeiden* [bəˈʔaɪdən] vt (Aussage) jurar
beeidigen* [bəˈʔaɪdɪgən] vt (JUR) juramentar
beeilen* vr: **sich** ~ darse prisa, apurarse Am
beeindrucken* vt impresionar
beeindruckend adj impresionante
beeinflussbar [bəˈʔaɪnflʊsbaːɐ] adj (Person) influenciable
beeinflussen* [bəˈʔaɪnflʊsən] vt influir (en/sobre), ejercer una influencia (sobre)
Beeinflussung f <-en> influjo m
beeinträchtigen* [bəˈʔaɪntrɛçtɪgən] vt ➊(vermindern) disminuir ➋(stören) dañar, perjudicar
Beeinträchtigung f <-en> perjuicio m; (Verminderung) merma f; ~ **der Fahrtüchtigkeit** reducción del buen estado de marcha
beenden* vt acabar (con), terminar (con); (INFOR) terminar; **die Sitzung** ~ finalizar la reunión
Beendigung f ohne pl término m, fin m; **nach** ~ **des Kurses** al finalizar el curso
Beendung f ohne pl conclusión f
beengen* [bəˈʔɛŋən] vt (Kleidung) apretar; (Umgebung) cohibir; **beengt wohnen** vivir estrechos; **sich beengt fühlen** sentirse cohibido
beerben* vt heredar
beerdigen* [bəˈʔeːɐdɪgən] vt enterrar
Beerdigung f <-en> entierro m; **Beerdigungsfeier** f funerales mpl; **Beerdigungsinstitut** nt funeraria f
Beere ['beːrə] f <-n> baya f; **Beerenauslese** f vendimia f de uvas seleccionadas
Beet [beːt] nt <-(e)s, -e> (mit Gemüse) bancal m, cantero m Am; (mit Blumen) arriate m, macizo m
Beete f <-n>: **Rote** ~ remolacha f (colorada), betarraga f Am
befähigen* [bəˈfɛːɪgən] vt capacitar (zu para); **er ist dazu befähigt** está capacitado para ello
befähigt adj capacitado
Befähigung f <-en> ➊(Fähigkeit) capacidad f; (Qualifikation) cualificación f; **dazu fehlt ihr die** ~ para ello no está capacitada ➋(Begabung) talento m
befahl 3. imp von **befehlen**
befahrbar adj transitable
befahren* irr vt circular (por); (Schiff)

navegar (por); **die Strecke wird wenig/ stark** ~ este trecho está poco/muy transitado
Befall m <-(e)s, ohne pl> ataque m; (mit Schädlingen) plaga f
befallen* irr vt ➊(geh: Angst) invadir ➋(geh: Krankheit) acometer; (Hunger, Müdigkeit) entrar ➌(Schädlinge) infestar
befangen adj ➊(schüchtern) tímido; (gehemmt) apocado, inhibido ➋(JUR) parcial
Befangenheit f ohne pl ➊(Schüchternheit) timidez f; (Gehemmtsein) apocamiento m ➋(JUR) parcialidad f
befassen* I. vr: **sich** ~ ➊(Angelegenheit) ocuparse (mit de), dedicarse (mit a) ➋(handeln von) tratar (mit de) II. vt (beauftragen) encargar (mit de)
Befehl [bəˈfeːl] m <-(e)s, -e> orden f; (MIL) mando m; (INFOR) orden f, comando m; **einen** ~ **ausführen** (a. INFOR) ejecutar una orden; **den** ~ **geben zu ...** dar la orden de...; **auf jds** ~ **handeln** actuar por orden de alguien; ~ **von oben** órdenes superiores; **zu** ~ **!** ¡a sus órdenes!
befehlen <befiehlt, befahl, befohlen> vi, vt mandar, ordenar; **er hat befohlen, dass ...** ha ordenado que... +subj
befehligen* vt (MIL) mandar, capitanear
Befehlsempfänger(in) m(f) destinatario, -a m, f de la orden; **jdn zum** ~ **degradieren** reducir a alguien a mero receptor de órdenes; **Befehlsform** f (LING) modo m imperativo; **befehlsgemäß** adv con respecto a las órdenes; **Befehlsgewalt** f ohne pl mando m (über de); **Befehlshaber(in)** m(f) <-s, -; -nen> (MIL) comandante mf, capitán mf; **Befehlsverweigerung** f (MIL) desobediencia f a una orden; **Befehlszeile** f (INFOR) línea f de programación
befeinden* [bəˈfaɪndən] vt enemistar
befestigen* vt ➊(Haken) sujetar (an a), empatar CRi ➋(Straße) reforzar ➌(MIL) fortificar
Befestigung f <-en> ➊(einer Straße, eines Dammes) refuerzo m ➋(MIL) fortificación f, cota f Fili ➌(Vorrichtung) fijación f (de un dispositivo)
befeuchten* vt humedecer
befiehlt [bəˈfiːlt] 3. präs von **befehlen**
befinden* irr I. vr: **sich** ~ encontrarse; (sein) estar; **meine Wohnung befindet sich im zweiten Stock** mi apartamento está en el segundo piso; **sich auf dem Weg der Besserung** ~ encontrarse en vías de mejora II. vi (entscheiden) decidir (über sobre) III. vt (geh: erachten) consi-

derar (*für*); **jdn für schuldig** ~ declarar culpable a alguien

Befinden *nt* <-s, *ohne pl*> ❶ (*Gesundheitszustand*) (estado *m* de) salud *f* ❷ (*geh: Meinung*) parecer *m*

befindlich [bə'fɪntlɪç] *adj* (*Ort, Zustand*) situado, existente; **ein in Haft** ~**er Mann** un hombre en prisión

Befindlichkeit *f* <-en> estado *m* de ánimo [*o* de salud]

befingern* *vt* (*fam*) toquetear; (*sexuell*) meter mano

beflaggen* *vt* embanderar

beflecken* *vt* ❶ (*mit Flecken*) manchar ❷ (*geh: entehren*) deshonrar; **jds Ehre/ Ruf** ~ manchar el honor/el nombre de alguien

befleißigen* *vr:* **sich** ~ aplicarse; **Sie sollten sich größerer Zurückhaltung** ~ debería usted esforzarse en ser más discreto

beflissen [bə'flɪsən] *adj* aplicado; (*hilfsbereit*) servicial

Beflissenheit *f ohne pl* empeño *m*, dedicación *f*

beflügeln* *vt* (*geh*) hacer volar; **die Angst beflügelte seine Schritte** el miedo aligeraba sus pasos

befohlen [bə'fo:lən] *pp von* **befehlen**

befolgen* *vt* (*Befehl*) cumplir; (*Ratschlag*) seguir; (*Gesetz*) obedecer

befördern* *vt* ❶ (*Waren*) transportar; **jdn an die frische Luft** ~ (*fam*) mandar a alguien a tomar viento fresco ❷ (*im Beruf*) ascender (*zu* a); **sie wurde zur Abteilungsleiterin befördert** ascendió a directora de sección

Beförderung *f* <-en> ❶ (*Transport*) transporte *m* ❷ (*beruflich*) ascenso *m*; **Beförderungsmittel** *nt* medio *m* de transporte

befrachten* *vt* ❶ (*beladen*) cargar (*mit* con) ❷ (*geh: Rede*) cargar (*mit* de)

befragen* *vt* interrogar; (*Arzt, Karten*) consultar (*wegen* por)

Befragte(r) *mf* <-n, -n; -n> interrogado, -a *m, f*

Befragung *f* <-en> ❶ (*JUR*) interrogatorio *m* ❷ (*Umfrage*) encuesta *f*

befreien* I. *vt* ❶ (*Volk*) liberar (*aus/von* de); **jdn aus einer schwierigen Lage** ~ sacar a alguien de un aprieto ❷ (*Gefangene*) poner en libertad, liberar (*aus/von* de) ❸ (*freistellen*) liberar (*von* de), dispensar (*von* de); (*vom Militärdienst*) eximir (*von* de); (*vom Schmerzen, Angst*) liberar (*von* de), quitar (*von* de); **ein** ~**des Lachen** una risa abierta ❹ (*von Schmutz*) limpiar II. *vr:* **sich** ~ ❺ (*Volk*) liberarse ❷ (*entkommen*)

escaparse, evadirse

Befreier(in) *m(f)* <-s, -; -nen> libertador(a) *m(f)*

Befreiung *f* <-en> ❶ (*eines Landes, Menschen*) liberación *f*; **etw als** ~ **empfinden** considerar algo como una liberación; **die** ~ **der Frau** la emancipación de la mujer ❷ (*von einer Pflicht*) exención (*von* de); **Befreiungsbewegung** *f* movimiento *m* de liberación; **Befreiungsfront** *f* frente *m* de liberación; **Befreiungskampf** *m* lucha *f* por la libertad (política); **Befreiungsorganisation** *f* organización *f* para la liberación

befremden* [bə'frɛmdən] *vt* extrañar; **es befremdet mich, dass ...** me extraña que... +*subj*

Befremden *nt* <-s, *ohne pl*> asombro *m*, extrañeza *f*

befremdend *adj* sorprendente

befremdlich *adj* (*geh*) extraño; (*erstaunlich*) sorprendente; (*ungewöhnlich*) insólito

befreunden* [bə'frɔɪndən] *vr:* **sich mit jdm** ~ hacerse amigo de alguien

befreundet *adj* amigo (*mit* de); **sie sind** (**eng**) ~ son amigos (íntimos); **mit jdm** ~ **sein** ser amigo de alguien; **ein** ~**es Paar** una pareja amiga

befrieden* [bə'fri:dən] *vt* (*POL: Land, geh*) pacificar, llevar la paz a

befriedigen* [bə'fri:dɪgən] I. *vt* satisfacer II. *vr:* **sich** ~ (*masturbieren*) masturbarse

befriedigend *adj* satisfactorio; (*Schulnote*) ≈bien

Befriedigung *f* <-en> satisfacción *f*; **sie stellte mit** ~ **fest, dass ...** comprobó con satisfacción que...

befristen* *vt* fijar un plazo (para), limitar (*auf* a/hasta)

befristet *adj* limitado; **jdn** ~ **einstellen** contratar a alguien por un plazo limitado

Befristung *f* <-en> limitación *f*

befruchten* *vt* ❶ (*BIOL*) fecundar; (*Blüten*) polinizar ❷ (*geh: geistig anregen*) fructificar

Befruchtung *f* <-en> (*BIOL*) fecundación *f*; **künstliche** ~ inseminación artificial

Befugnis [bə'fu:knɪs] *f* <-se> autorización *f*; **keine** ~ **zu etw haben** no estar autorizado para algo

befugt *adj:* **zu etw** (**nicht**) ~ **sein** (no) estar autorizado para hacer algo

befühlen* *vt* palpar, tocar

Befund *m* <-(e)s, -e> (*MED*) diagnóstico *m*; **ohne** ~ sin diagnóstico

befunden *pp von* **befinden**

befürchten* *vt* temer; **es ist zu** ~**, dass**

... es de temer que... +*subj*

Befürchtung *f* <-en> temor *m;* (*Vermutung*) sospecha *f;* **die ~ haben, dass ...** sospechar que...

befürworten* [bəˈfyːɐvɔrtən] *vt* (*dafür sein*) aprobar, defender; (*empfehlen*) recomendar

Befürworter(in) *m(f)* <-s, -; -nen> defensor(a) *m(f)*, adicto, -a *m, f CSur*

begabt [bəˈgaːpt] *adj* dotado; **hoch ~** muy inteligente; (*Wunderkind*) superdotado; **durchschnittlich/vielseitig ~ sein** tener un talento medio/polifacético

Begabung [bəˈgaːbʊŋ] *f* <-en> ➊ (*Anlage*) talento *m,* dotes *fpl* ➋ (*begabter Mensch*) talento *m*

begangen *pp von* **begehen**

begann [bəˈgan] *3. imp von* **beginnen**

begatten* *vt, vr:* **sich ~** (ZOOL) aparear(se)

begeben* *irr* **I.** *vr:* **sich ~** (*geh*) ➊ (*stattfinden*) ocurrir ➋ (*beginnen*) empezar (*an* a); **sich an die Arbeit ~** ponerse a trabajar ➌ (*gehen*) dirigirse (*zu/in* a), irse (*zu/in* a), **sich zu Bett ~** irse a la cama; **sich in ärztliche Behandlung ~** ponerse bajo tratamiento médico; **sich auf den Heimweg ~** dirigirse a casa; **sich in Gefahr ~** ponerse en peligro **II.** *vt* (FIN: *Wertpapiere*) emitir

Begebenheit *f* <-en> suceso *m,* acontecimiento *m*

begegnen* [bəˈgeːgnən] *vi sein* ➊ (*treffen*): **jdm ~** encontrarse a alguien; **einander ~** encontrarse ➋ (*stoßen auf*): **etw dat ~** encontrarse con algo ➌ (*widerfahren*) suceder, pasar; **so etwas ist mir ja noch nie begegnet!** ¡en mi vida (no) me pasó semejante cosa! ➍ (*geh: behandeln*) tratar; **man begegnete ihr mit Achtung** la trataban con respeto

Begegnung *f* <-en> (*a.* SPORT) encuentro *m;* **Begegnungsstätte** *f* sitio *m* de encuentro

begehbar *adj* transitable

begehen* *irr vt* ➊ (*Weg*) transitar (por); **eine Baustelle ~** entrar en una obra ➋ (*Fehler*) cometer; **Selbstmord ~** suicidarse; **ein Verbrechen/einen Mord ~** cometer un crimen/un asesinato ➌ (*geh: Jubiläum*) celebrar

begehren* [bəˈgeːrən] *vt* (*geh*) ➊ (*wünschen*) ansiar, anhelar; (*habgierig*) codiciar; (*sexuell*) desear ➋ (*fordern*) pedir, solicitar

Begehren *nt* <-s, *ohne pl>* (*geh*) ansia *f,* anhelo *m;* (*Wunsch*) deseo *m;* **begehrenswert** *adj* deseable

begehrlich *adj* (*geh: heftig wünschend*)

ansioso

begehrt *adj* (*Person, Freundschaft, Ware*) solicitado; (*Ferienort*) popular

begeistern* [bəˈgaɪstɐn] **I.** *vt* entusiasmar (*für* por), apasionar (*für* por/con) **II.** *vr:* **sich ~** entusiasmarse (*für* por/con), apasionarse (*für* por)

begeistert *adj* entusiasmado (*von* con/por); **~er Beifall** aplausos entusiasmados

Begeisterung *f ohne pl* entusiasmo *m* (*für* por); **in ~ geraten** entusiasmarse; **etw mit ~ tun** hacer algo con entusiasmo; **begeisterungsfähig** *adj* entusiasta; **Begeisterungssturm** *m* estallido *m* de entusiasmo; **ein ~ brach los** estalló el entusiasmo

Begierde [bəˈgiːɐdə] *f* <-n> ansias *fpl* (*nach* de), avidez *f* (*nach* de)

begierig *adj* ávido (*auf* de), ansioso (*auf* de/por)

begießen* *irr vt* ➊ (*Pflanzen*) regar ➋ (*fam: feiern*) celebrar con una copa

Beginn [bəˈgɪn] *m* <-(e)s, *ohne pl>* comienzo *m,* inicio *m;* **zu ~** al inicio

beginnen <beginnt, begann, begonnen> **I.** *vi* comenzar (a), empezar (a); **es beginnt zu regnen** comienza a llover **II.** *vt* comenzar, empezar

beginnend *adj* (*a.* MED) incipiente; **es könnte sich um eine ~e Infektion handeln** podría tratarse de un principio de infección; **im ~en 20. Jahrhundert** en el entrante siglo XX

beglaubigen* [bəˈglaʊbɪgən] *vt* ➊ (*Urkunde*) certificar (de); (*Kopie*) compulsar ➋ (*Diplomaten*) acreditar

Beglaubigung *f* <-en> ➊ (*Schriftstück*) certificación *f;* (*einer Kopie*) autentificación *f* ➋ (POL) acreditación *f*

begleichen* *irr vt* (*geh*) saldar

Begleitbrief *m* carta *f* adjunta

begleiten* *vt* (*a.* MUS) acompañar

Begleiter(in) *m(f)* <-s, -; -nen> acompañante *mf;* (*Gefährte*) compañero, -a *m, f*

Begleiterscheinung *f* efecto *m* secundario; **Begleitmusik** *f* música *f* de acompañamiento; **Begleitperson** *f* acompañante *mf,* compañía *f;* **Begleitumstände** *mpl* (JUR) circunstancias *fpl* concomitantes

Begleitung *f* <-en> ➊ (*a.* MUS) acompañamiento *m;* **sie kam in ~ eines Freundes** vino acompañada de un amigo ➋ (*Begleiter*) acompañante *mf;* (*Gefolge*) séquito *m*

beglichen *pp von* **begleichen**

beglücken* *vt* (*geh*) deleitar (*mit* con), satisfacer (*mit* con); **ein ~des Gefühl** una sensación satisfactoria

beglückt **I.** *adj* alegre **II.** *adv* con alegría

beglückwünschen* *vt* felicitar (*zu* por); **er beglückwünschte sie zum Geburtstag/zur bestandenen Prüfung** la felicitó por su cumpleaños/por haber aprobado el examen

begnadet [bə'gna:dət] *adj* altamente dotado

begnadigen* *vt* indultar

Begnadigung *f* <-en> (POL) amnistía *f;* **Begnadigungsgesuch** *nt* (JUR) petición *f* de indulto

begnügen* [bə'gny:gən] *vr:* **sich** ~ conformarse (*mit* con)

Begonie [be'go:niə] *f* <-n> (BOT) begonia *f*

begonnen [bə'gɔnən] *pp von* beginnen

begossen *pp von* begießen

begraben* *irr vt* ① (*Tote*) enterrar ② (*verschütten*) sepultar ③ (*Streit*) poner fin (a); (*Hoffnung*) renunciar (a); **lass uns unseren Streit** ~ echemos tierra a nuestra disputa

Begräbnis [bə'grɛ:pnɪs] *nt* <-ses, -se> entierro *m,* ancuviña *f* Chil

begradigen* [bə'gra:dɪgən] *vt* (*Fluss*) encauzar; (*Straße*) rectificar

begreifbar *adj* comprensible; **wie kann ich es dir** ~ **machen?** ¿cómo puedo hacértelo entender?

begreifen* *vt* I. *vt* comprender; **es ist einfach nicht zu** ~, **dass ...** es sencillamente inconcebible que... +*subj* II. *vr:* **sich** ~ (*sich auffassen*) considerarse (*als*); **er begreift sich als Experte** se considera un experto

begreiflich *adj* comprensible; **es ist einfach nicht** ~, **wie er so etwas tun konnte** es sencillamente incomprensible cómo pudo hacer algo parecido

begreiflicherweise [-'----'--] *adv* comprensiblemente

begrenzen* *vt* ① (*Gebiet*) delimitar ② (*beschränken*) limitar (*auf* a)

begrenzt *adj* limitado; **er hat einen** ~**en Horizont** tiene una visión limitada

Begrenztheit *f* <-en> (*Möglichkeiten*) restricción *f,* limitación *f*

Begrenzung *f* <-en> ① (*das Begrenzen*) limitación *f,* restricción *f* ② (*Grenze*) límite *m*

Begriff *m* <-(e)s, -e> ① (*Ausdruck*) concepto *m* ② (*Vorstellung*) idea *f,* noción *f;* **sich** *dat* **einen** ~ **von etw machen** hacerse una idea de algo; **du machst dir keinen** ~ **davon, was heute los war** no te puedes imaginar lo que pasó hoy; **für meine** ~**e** en mi opinión; **das ist mir ein** ~ me suena; **im** ~ **sein etw zu tun** estar a punto de hacer algo; **schwer von** ~ **sein**

(*fam*) ser corto de mollera

begriffen I. *pp von* **begreifen** II. *adj* con intención (*zu* de); **die Gäste sind im Aufbruch** ~ los invitados están a punto de marcharse

begrifflich *adj* conceptual

begriffsstutzig *adj* tardo (en comprender); **Begriffsstutzigkeit** *f* <-, *ohne pl*> cerrilismo *m*

begründen* *vt* ① (*Gründe aufführen*) justificar; **wie willst du das** ~**?** ¿cómo lo quieres justificar?; **womit willst du das** ~**?** ¿en qué lo quieres basar? ② (*gründen*) fundar; **wohl begründet** (*geh*) (muy) bien fundado

Begründer(in) *m(f)* <-s, -; -nen> iniciador(a) *m(f),* fundador(a) *m(f)*

begründet *adj* (*a.* JUR) fundado; **in etw** ~ **liegen** *dat* fundarse en algo; **ich habe den** ~**en Verdacht, dass ...** tengo la fundada sospecha de que...

Begründung *f* <-en> ① (*Grund*) motivo *m,* causa *f* ② (*Gründung*) fundación *f*

begrünen* *vt* ajardinar

begrüßen* *vt* ① (*Gast*) saludar; **ich würde mich sehr freuen, Sie bei mir** ~ **zu dürfen** estaría encantado de poder recibirle en mi casa ② (*Vorschlag*) celebrar; **wir** ~ **es sehr, dass ...** celebramos mucho que... +*subj;* **ich würde es** ~, **wenn ...** celebraría que... +*subj;* **begrüßenswert** *adj* plausible; **es ist** ~, **dass ...** celebramos que... +*subj*

Begrüßung *f* <-en> saludo *m;* (*Empfang*) recibimiento *m;* **Begrüßungsansprache** *f* discurso *m* de bienvenida; **Begrüßungsgeld** *nt* dinero *m* de bienvenida

begucken* *vt* (*fam*) mirar

begünstigen* [bə'gʏnstɪgən] *vt* ① (*förderlich sein*) favorecer; **er war vom Schicksal begünstigt** era un hombre de suerte ② (JUR: *Verbrechen*) encubrir ③ (*bevorzugen*) favorecer, privilegiar

Begünstigung *f* <-en> ① (*Förderung*) favorecimiento *m* ② (*Untersuchung*) encubrimiento *m* ③ (*Bevorzugung*) trato *m* preferente

begutachten* *vt* emitir un dictamen (sobre)

Begutachtung *f* <-en> dictamen *m;* (*Untersuchung*) inspección *f*

begütert [bə'gy:tət] *adj* acaudalado, adinerado

behaart [bə'ha:et] *adj* peludo, velludo

Behaarung *f* <-en> vellosidad *f,* pelo *m;* (*Tiere*) pelaje *m*

behäbig [bə'hɛ:bɪç] *adj* (*beleibt*) corpulento; (*phlegmatisch*) indolente

behaftet [bə'haftət] *adj:* **mit etw** *dat* ~

sein tener algo; **mit einem Mangel ~ sein** tener un defecto

behagen* [bə'ha:gən] *vi:* **etw behagt jdm** algo agrada a alguien

Behagen *nt* <-s, *ohne pl*> gusto *m*, satisfacción *f*

behaglich [bə'ha:klıç] *adj* ❶ (*Wärme*) agradable ❷ (*bequem*) cómodo, confortable; (*Leben*) desahogado, placentero

Behaglichkeit *f ohne pl* confort *m*, comodidad *f*

behalten* *irr vt* ❶ (*nicht wegwerfen*) conservar, guardar ❷ (*Glanz, gute Laune, Wert*) mantener; (*Geheimnis*) guardar; **die Nerven ~** no perder los nervios ❸ (*sich merken*) retener (en la cabeza) ❹ (*nicht abgeben*) quedarse (con); (*Hut*) dejar puesto; **der Kranke kann nichts bei sich ~** el enfermo no puede retener alimento alguno; **~ Sie** (**doch**) **Platz!** ¡no se levante!; **er muss immer seinen Willen ~** siempre quiere salirse con la suya

Behälter [bə'hɛlte] *m* <-s, -> ❶ (*Gefäß*) recipiente *m* ❷ (*Container*) contenedor *m*

behämmert [bə'hɛmet] *adj* (*fam*) idiota, lelo

behänd(e) *adj* (*flink*) ágil; (*gewandt*) hábil

behandeln* *vt* ❶ (*Mensch, Thema, Material*) tratar (*mit* con); **das Gericht behandelt heute den Fall X gegen Y** el tribunal se ocupa hoy del caso X contra Y; **er behandelt sie gut/schlecht** la trata bien/mal ❷ (*Krankheit*) tratar; (*heilen*) curar

behändigen* [bə'hɛndɪgən] *vt* (*Schweiz: ergreifen*) coger

Behandlung *f* <-en> ❶ (*Umgang*) trato *m* ❷ (*Therapie*) tratamiento *m*; (*Betreuung*) asistencia *f* médica; **ambulante/stationäre ~** tratamiento ambulatorio/hospitalario; **bei wem sind Sie in ~?** ¿con quién está usted en tratamiento? ❸ (*eines Themas*) tratamiento *m* ❹ (TECH) tratamiento *m*; **Behandlungskosten** *pl* costes *mpl* del tratamiento; **Behandlungsmethode** *f* método *m* terapéutico; **Behandlungsraum** *m*, **Behandlungszimmer** *nt* sala *f* de curas

behängen* I. *vt* decorar (*mit* con) II. *vr:* **sich ~** (*fam abw*) llenarse (*mit* de)

beharren* [bə'harən] *vi* insistir (*auf* en); **er beharrte darauf, dass ...** insistía en que...; **er muss aber auch immer bei seiner Meinung ~** pero es que siempre tiene que aferrarse a su opinión

beharrlich *adj* (*nachdrücklich*) insistente; (*standhaft*) constante, perseverante

Beharrlichkeit *f ohne pl* ❶ (*Standhaftigkeit*) constancia *f*, perseverancia *f* ❷ (*Nachdruck*) insistencia *f*

behauen <behaut, behaute, behauen> *vt* tallar

behaupten* [bə'hauptən] I. *vt* ❶ (*These*) afirmar; **es wird** (**von ihm**) **behauptet, dass ...** se dice (de él) que... ❷ (*Platz, Stelle*) defender II. *vr:* **sich ~** ❶ (*sich durchsetzen*) afirmarse; **sich gegen jdn ~** vencer a alguien ❷ (*Preise*) mantenerse firme

Behauptung *f* <-en> afirmación *f*; **eine ~ aufstellen** sostener una afirmación

Behausung [bə'hauzʊŋ] *f* <-en> (*geh*) morada *f*

beheben* *irr vt* ❶ (*beseitigen*) eliminar; (*Missstand*) remediar; (*Schaden*) reparar ❷ (*Österr: abheben*) retirar

Behebung¹ *f ohne pl* (*Beseitigung*) eliminación *f*; (*eines Schadens*) reparación *f*; **die ~ einer technischen Störung** la reparación de un fallo técnico

Behebung² *f* <-en> (*Österr:* FIN) retirada *f*; **die ~ einer großen Summe von einem Konto** la retirada de una gran suma de una cuenta

beheimatet [bə'haıma:tət] *adj* ❶ (*gebürtig*) oriundo (*in* de), natural (*in* de) ❷ (*wohnhaft*) establecido (*in* en)

beheizen* *vt* calentar

Behelf [bə'hɛlf] *m* <-(e)s, -e> recurso *m*, solución *f* de emergencia

behelfen* *irr vr:* **sich ~** defenderse (*mit* con, *ohne* sin), arreglárselas (*mit* con, *ohne* sin) *fam*

behelfsmäßig *adj* provisorio, provisional

behelligen* [bə'hɛlɪgən] *vt* molestar (*mit* con)

beherbergen* [bə'hɛrbɛrgən] *vt* alojar

beherrschen* I. *vt* ❶ (*Macht haben*) dominar; (*regieren*) gobernar ❷ (*zügeln*) controlar, dominar ❸ (*Handwerk, Sprache, Instrument*) conocer a fondo, dominar; (*Situation*) ser dueño (de), dominar II. *vr:* **sich ~** (*sich zügeln*) contenerse, dominarse

beherrscht *adj* controlado

Beherrschung *f ohne pl* ❶ (*Selbst~*) autocontrol *m*; **die ~ verlieren** perder el control ❷ (*Wissen, Können*) dominio *m*

beherzigen* [bə'hɛrtsɪgən] *vt* tomar en consideración

beherzt [bə'hɛrtst] *adj* resuelto, audaz

behilflich *adj:* **jdm** (**bei etw**) **~ sein** ayudar(le) a alguien (en algo)

behindern* *vt* ❶ (*stören*) molestar, estorbar (*bei* en); (*Verkehr*) impedir; (*Sicht*) dificultar ❷ (*verhindern*) entorpecer

behindert adj (körperlich) minusválido; (geistig) retrasado

Behinderte(r) mf <-n, -n; -n> minusválido, -a m, f; **behindertengerecht** adj acondicionado para disminuidos; **Behindertenparkplatz** m aparcamiento m para minusválidos

Behinderung f <-en> ❶ (des Verkehrs) impedimento m; (einer Sache) estorbo m ❷ (MED) minusvalía f

behoben pp von **beheben**

beholfen pp von **behelfen**

Behörde [bə'høːɐ̯də] f <-n> ❶ (Amt) autoridad f ❷ (Gebäude) administración f

behördlich [bə'høːɐ̯tlɪç] adj oficial

behüten* vt (schützen) proteger (vor de); **Gott behüte!** ¡no lo quiera Dios!, ¡Dios nos libre!

behutsam [bə'huːtzaːm] I. adj (sorgsam) cuidadoso, concienzudo; (rücksichtsvoll) atento II. adv con cautela, con precaución

Behutsamkeit f ohne pl prudencia f, precaución f

bei [baɪ] präp +dat ❶ (in der Nähe von) cerca de, junto a; **in Unna ~ Dortmund** en Unna cerca de Dortmund; **die Schlacht ~ Leipzig** la batalla de Leipzig; **dicht ~ der Fabrik** junto a la fábrica; **ich saß ~ ihm** estuve sentado a su lado; ~ **Tisch** a la mesa; ~ **m Bäcker** en la panadería ❷ (für Firmen) en; **sie arbeitet ~ der Bahn** trabaja en la compañía ferroviaria ❸ (für Wohnbereich) en casa de, con; **wir sind ~ Susanne zum Abendessen eingeladen** estamos invitados a cenar en casa de Susanne; **er wohnt ~ seinen Eltern** vive con sus padres ❹ (an sich tragend) encima; **ich habe kein Geld ~ mir** no llevo dinero encima ❺ (während) durante, en; ~ **der Arbeit** durante el trabajo; ~ **Nacht** durante la noche; **vorsicht ~ m Aussteigen!** ¡cuidado al bajar!; ~ **Gelegenheit** en alguna ocasión; ~ **m Lesen des Artikels** al leer el artículo; ~ **näherer Betrachtung** en un examen más detallado ❻ (jemanden betreffend): **das kommt oft ~ ihm vor** esto le sucede a menudo; ~ **Kräften sein** estar robusto; **du bist nicht recht ~ Trost** (fam) no estás en tus cabales ❼ (mit) con; ~ **offenem Fenster schlafen** dormir con la ventana abierta; ~ **seinen Fähigkeiten** con sus aptitudes ❽ (falls) en caso de; ~ **Nebel** en caso de niebla; „~ **Feuer Scheibe einschlagen**" "en caso de incendio, rómpase el cristal"

bei|behalten* irr vt mantener, conservar

Beibehaltung f ohne pl conservación f

Beiboot nt (NAUT) bote m de servicio

bei|bringen irr vt ❶ (beschaffen) aportar ❷ (lehren) enseñar; **jdm etw** ~ enseñar algo a alguien ❸ (mitteilen) decir, comunicar ❹ (zufügen): **jdm etw** ~ causar algo a alguien

Beichte ['baɪçtə] f <-n> (a. REL) confesión f

beichten vi, vt confesar(se)

Beichtgeheimnis nt (REL) secreto m de confesión; **Beichtstuhl** m (REL) confes(i)onario m; **Beichtvater** m (REL) confesor m

beide ['baɪdə] adj los dos, ambos; **ihr habt ~ Recht** los/las dos tenéis razón; **wie geht es euch ~n ?** ¿como estáis vosotros dos?; **alle ~** ambos, los dos; **keiner von ~n** ninguno de los dos; **ihre ~n Schwestern** sus dos hermanas; ~ **Mal** en ambas ocasiones

beiderlei ['baɪdəlaɪ, '--'-] adj inv de los dos, de ambos; ~ **Geschlechts** de ambos sexos

beiderseitig adj de ambas partes; (gegenseitig) recíproco, mutuo; **in ~em Einvernehmen** de mutuo acuerdo

beiderseits I. präp +gen a ambos lados de; ~ **des Rheins** a ambos lados del Rhin II. adv de ambas partes; (gegenseitig) mutuamente, recíprocamente; **sie haben ~ versprochen nichts zu sagen** ambos/ ambas prometieron no decir nada por su parte

beidseitig ['baɪtzaɪtɪç] adj de doble lado; (MED) de doble cara; **zur ~en Zufriedenheit** para satisfacción de ambas partes

beieinander [--'--] adv junto, reunido

Beifahrer(in) m(f) <-s, -; -nen> acompañante mf, copiloto mf; **Beifahrerairbag** m (AUTO) airbag m para el acompañante; (Lastwagen) airbag m para el segundo conductor; **Beifahrersitz** m asiento m de copiloto

Beifall m <-(e)s, ohne pl> ❶ (Applaus) ovación f; (Akklamation) aclamación f; **jdm ~ spenden** conceder una ovación a alguien ❷ (Zustimmung) aprobación f, favor m; **jds ~ finden** lograr la aprobación de alguien; ~ **klatschen** aplaudir

beifällig ['baɪfɛlɪç] adj aprobatorio; ~ **nicken** hacer un gesto aprobatorio con la cabeza

Beifallssturm m salva f de aplausos

bei|fügen vt ❶ (Unterlagen) incluir, adosar Am ❷ (dazusagen) añadir

Beigabe f <-n> añadido m

beige [beːʃ] adj beige

bei|geben irr I. vi (geh: sich fügen) doblegarse, someterse (a); **klein ~** ceder II. vt (geh: hinzufügen): **etw dat etw** ~ añadir algo a algo

Beigeschmack *m* <-(e)s, *ohne pl*> gustillo *m*

Beiheft *nt* <-(e)s, -e> suplemento *m*

Beihilfe[1] *f* <-n> (*finanzielle Unterstützung*) ayuda *f* (económica), subsidio *m;* (*zum Studium*) beca *f*

Beihilfe[2] *f ohne pl* (JUR) complicidad *f; ~ zum Mord* complicidad en el asesinato

bei|kommen *irr vi sein* ❶ (*zu fassen bekommen*): **jdm ~** coger a alguien; **ihr ist einfach nicht beizukommen** no hay modo de acercarse a ella ❷ (*bewältigen*): **etw** *dat* **~** resolver algo

beil. *Abk. von* **beiliegend** adjunto

Beil [baɪl] *nt* <-(e)s, -e> ❶ (*Axt*) hacha *f* ❷ (*Fall~*) guillotina *f*

Beilage *f* <-n> ❶ (PUBL) suplemento *m* ❷ (GASTR) guarnición *f*

beiläufig [ˈbaɪlɔɪfɪç] **I.** *adj* (*Frage*) casual **II.** *adv* de paso; **~ gesagt** dicho sea de paso

bei|legen *vt* ❶ (*aus der Welt schaffen*) poner fin (a), concluir ❷ (*hinzulegen*) adjuntar, adosar *Am;* **er legte dem Brief ein Foto bei** adjuntó una foto a la carta ❸ (*zuschreiben*) conceder, otorgar; **etw** *dat* **Gewicht/Wert ~** otorgarle peso/valor a algo

Beilegung *f* <-en>: **~ eines Konflikts** arreglo *m* de un conflicto

beileibe [baɪˈlaɪbə] *adv:* **~ nicht** en ningún caso

Beileid *nt* <-(e)s, *ohne pl*> pésame *m;* **mein aufrichtiges ~** mi más sincero pésame; **jdm sein ~ ausdrücken** dar el pésame a alguien; **Beileidskarte** *f* tarjeta *f* de condolencia

bei|liegen *irr vi* estar incluido

beiliegend *adj* adjunto

beim [baɪm] = **bei dem** *s.* **bei**

bei|mengen *vt* añadir

bei|messen *irr vt* atribuir, conceder

bei|mischen *vt* añadir, agregar

Bein [baɪn] *nt* <-(e)s, -e> ❶ (*Körperteil*) pierna *f;* **die ~e übereinander schlagen** cruzar las piernas; **er stellt ihm ein ~** le pone la zancadilla; **sich** *dat* **(k)ein ~ ausreißen** (*fam fig*) (no) matarse trabajando; **mit einem ~ im Grab stehen** (*fam fig*) estar con un pie en la tumba; **sich** *dat* **die ~e in den Bauch stehen** (*fam fig*) estar de plantón; **mit beiden ~en im Leben stehen** (*fam fig*) tener los pies en el suelo; **jdm ~e machen** (*fam fig*) echar a alguien; **die ~e in die Hand nehmen** (*fam fig*) salir disparado; **etw auf die ~e stellen** (*fam fig*) montar algo; **er ist schon wieder auf den ~en** (*fam*) ya se ha recuperado totalmente ❷ (*eines Tieres, Stuhls*)

pata *f* ❸ (*geh: Knochen*) hueso *m;* **etw geht jdm durch Mark und ~** (*fam*) algo le parte el alma a alguien

beinah(e) *adv* casi, por poco

Beiname *m* <-ns, -n> sobrenombre *m*

Beinbruch *m* fractura *f* de la pierna; **das ist (doch) kein ~!** (*fam*) ¡no es para tanto!; **Hals- und ~!** ¡(buena) suerte!

beinhalten* [bəˈɪnhaltən] *vt* incluir, contener

Beinprothese *f* (MED) prótesis *f inv* de la pierna, pierna *f* artificial

bei|ordnen *vt* ❶ (LING) coordinar ❷ (*beigeben*) agregar

Beipackzettel *m* hoja *f* de instrucciones

bei|pflichten [ˈbaɪpflɪçtən] *vi:* **jdm ~** secundar a alguien; **einem Vorhaben ~** apoyar un proyecto

Beirat [ˈbaɪraːt] *m* consejo *m* consultivo

beirren* [bəˈɪrən] *vt* desconcertar, confundir; **lass dich dadurch nicht ~!** ¡no te dejes confundir por eso!

Beirut [baɪˈruːt, '--] *nt* <-s> Beirut *m*

beisammen [baɪˈzamən] *adv* ❶ (*zusammen*) juntos, reunidos ❷ (*in guter Verfassung*): **~ sein** (*körperlich*) estar fuerte; (*geistig*) estar cuerdo; **er ist noch gut ~** aún está en sus cabales

Beisammensein *nt* <-s, *ohne pl*> reunión *f*

Beischlaf *m* <-(e)s, *ohne pl*> (*geh*) coito *m;* (JUR) cohabitación *f;* **außerehelicher ~** adulterio *m*

Beisein [ˈbaɪzaɪn] *nt:* **in/ohne jds ~** en presencia/sin la presencia de alguien

beiseite [baɪˈzaɪtə] *adv* a un lado, aparte; **Geld ~ legen** ahorrar dinero; **Spaß ~!** ¡bromas aparte!; **jdn ~ nehmen** hablar a solas con alguien

bei|setzen *vt* (*geh*) inhumar

Beisetzung *f* <-en> (*geh*) inhumación *f*

Beisitzer(in) *m(f)* <-s, -; -nen> ❶ (*am Gericht*) asesor(a) *m(f)* ❷ (*eines Ausschusses*) vocal *mf*

Beispiel *nt* <-(e)s, -e> ejemplo *m;* (**wie**) **zum ~** (como) por ejemplo; **jdm ein ~ geben** dar ejemplo a alguien; **an ihm kannst du dir ein ~ nehmen** puedes tomar ejemplo de él; **mit gutem ~ vorangehen** predicar con el ejemplo

beispielhaft *adj* ejemplar, modelo

beispiellos *adj* sin precedente; (*unerhört*) inaudito; (*unvergleichbar*) sin igual, sin par

Beispielsatz *m* ejemplo *m*

beispielsweise *adv* por ejemplo

beißen [ˈbaɪsən] <beißt, biss, gebissen> **I.** *vi, vt* (*zubeißen*) morder; **in den Apfel ~** morder la manzana; **ich habe mir auf**

die Zunge gebissen me mordí la lengua; **nichts zu ~ haben** (*fam*) no tener nada que llevarse a la boca **II.** *vi* (*Geruch, Geschmack*) picar; **der Rauch beißt in den Augen** me pican los ojos del humo **III.** *vr:* **sich ~** (*fam: Farben*) desentonar, no armonizar

beißend *adj* (*Geschmack*) picante, mordaz; (*Geruch, Qualm*) fuerte, picante; (*Spott*) mordaz, agudo

Beißzange *f* tenazas *fpl*

Beistand *m* <-(e)s, -stände> ❶ (*geh: Hilfe*) ayuda *f;* (*Unterstützung*) apoyo *m;* **jdm ~ leisten** prestar ayuda a alguien ❷ (JUR) asistencia *f;* (*Beratung*) asesoramiento *m;* **rechtlicher ~** asistencia jurídica

bei|stehen *irr vi:* **jdm ~** apoyar a alguien, ayudar a alguien

bei|steuern *vt* contribuir con (*zu* a)

bei|stimmen *vi* aprobar

Beistrich *m* <-(e)s, -e> (*Österr: Komma*) coma *f*

Beitrag ['baɪtraːk] *m* <-(e)s, -träge> ❶ (*Anteil, Mitwirkung*) contribución *f;* **seinen ~ zu etw leisten** contribuir a algo ❷ (*Geldbetrag*) cuota *f* ❸ (*Aufsatz, Artikel*) artículo *m*

bei|tragen *irr vt* contribuir (*zu* a), ayudar (*zu* a)

beitragspflichtig *adj* sujeto a pago; **Beitragssatz** *m* (FIN) cuota *f;* **Beitragszeit** *f* periodo *m* de cotización

bei|treten *irr vi sein* ❶ (*einem Pakt*) adherirse (a) ❷ (*einer Organisation*) ingresar (en); (*einer Partei*) afiliarse (a)

Beitritt *m* <-(e)s, -e> adhesión *f* (*zu* a), ingreso *m* (*zu* en); (*zu einer Partei*) afiliación *f* (*zu* a); **seinen ~ erklären** ingresar; **Beitrittserklärung** *f* declaración *f* de ingreso

Beiwagen *m* <-s, -> sidecar *m*

Beiwerk *nt* <-s, -e> (*geh*) accesorio *m*

bei|wohnen *vi* (*geh*) asistir (a), presenciar

Beize ['baɪtsə] *f* <-n> ❶ (*für Metall*) decapante *m;* (*für Textilien*) mordiente *m* ❷ (*für Holz*) barniz *m* ❸ (*zum Gerben*) adobo *m* ❹ (GASTR) escabeche *m*

beizeiten [baɪˈtsaɪtən] *adv* a tiempo

beizen ['baɪtsən] *vt* ❶ (*Metall*) decapar; (*Textilien*) tratar con mordiente ❷ (*Holz*) barnizar ❸ (GASTR) adobar, escabechar

bejahen* [bəˈjaːən] *vt* ❶ (*Frage*) contestar afirmativamente ❷ (*Leben, Vorschlag*) decir que sí (a)

bejahend *adj* afirmativo

bejahrt [bəˈjaːɐt] *adj* (*geh*) entrado en años

bejammern* *vt* lamentar

bejammernswert *adj* lamentable, deplorable

bejubeln* *vt* ovacionar, vitorear

bekakeln* *vt* (*reg: fam*) hablar (de); **das müssen wir noch ~** eso tenemos que hablarlo todavía

bekämpfen* *vt* combatir

Bekämpfung *f* <-en> lucha *f* (*von* contra)

bekannt [bəˈkant] **I.** *pp von* **bekennen II.** *adj* ❶ (*Person*) conocido; (*Sache*) conocido; **~ geben** dar a conocer; (*veröffentlichen*) hacer público; **~ machen** hacer saber; (*öffentlich*) publicar, (llegar a) conocerse; **wohl ~** (*geh*) muy (*o* bien) conocido; **das ist uns wohl ~** lo conocemos muy bien; **als ~ voraussetzen** dar por sabido; **das kommt mir ~ vor** me suena de algo; **darf ich Sie mit Herrn X ~ machen?** ¿puedo presentarle al señor X? ❷ (*berühmt*) famoso (*für* por)

Bekannte(r) *mf* <-n, -n; -n> conocido, -a *m, f;* **Bekanntenkreis** *m* (círculo *m* de) conocidos *mpl*

bekanntermaßen *adv s.* bekanntlich

Bekanntgabe *f* <-n> notificación *f;* (*in einer Zeitung*) publicación *f*

Bekanntheit *f ohne pl* popularidad *f;* **ein Name von großer ~** un nombre muy popular; **die ~ von Fakten** el conocimiento de los hechos; **Bekanntheitsgrad** *m* (grado *m* de) familiaridad *f;* **einen hohen/niedrigen ~ haben** tener mucha/poca familiaridad

bekanntlich *adv* como es sabido

Bekanntmachung *f* <-en> ❶ (*Veröffentlichung*) publicación *f;* (*eines Gesetzes*) promulgación *f* ❷ (*amtlicher Anschlag*) edicto *m*, bando *m*

Bekanntschaft *f* <-en> ❶ (*persönliche Beziehung*) amistad *f;* **jds ~ machen** conocer a alguien ❷ (*Bekannter*) conocido, -a *m, f*

bekehren* **I.** *vt* ❶ (REL) convertir (*zu* a) ❷ (*zu einer Ansicht*) hacer adoptar **II.** *vr:* **sich ~** convertirse (*zu* a)

Bekehrung *f* <-en> (REL) conversión *f*

bekennen* *irr* **I.** *vt* (*zugeben*) reconocer; (*Attentat*) reivindicar; **Farbe ~** (*fam*) quitarse la careta **II.** *vr:* **sich ~** ❶ (*eintreten für*) declararse (*zu* en favor de) ❷ (*einstehen für*) confesar, declararse; **ich bekenne mich schuldig** me confieso culpable

Bekenntnis *nt* <-ses, -se> (*a.* REL) confesión *f;* (*Erklärung*) declaración *f* (*zu* en favor de)

bekieken* *vt* (*nordd*) contemplar

beklagen* **I.** *vt* (*Unglück, Schaden*)

lamentar **II.** *vr:* **sich** ~ lamentarse (*über* de); (*sich beschweren*) quejarse (*über* de); **ich kann mich nicht** ~ no me puedo quejar

beklagenswert *adj* lamentable, deplorable

Beklagte(r) *mf* <-n, -n; -n> (JUR) demandado, -a *m, f*

beklauen* *vt* (*fam*) robar; **jdn** ~ mangar a alguien

bekleckern* **I.** *vt* (*fam*) manchar (*mit* con/de); (*beschmieren*) pringar (*mit* con/de) **II.** *vr:* **sich** ~ mancharse (*mit* de), pringarse (*mit* de); **er hat sich nicht gerade mit Ruhm bekleckert** (*iron*) no se ha cubierto de gloria precisamente

beklecksen* **I.** *vt* pringar (*mit* de/con) *fam;* **etw mit Farbe** ~ manchar algo de pintura (*mit* de/con), pringarse (*mit* de) *fam* **II.** *vr:* **sich** ~ ensuciarse (*mit* de/con), pringarse (*mit* de) *fam*

bekleiden* *vt* ❶ (*geh: Amt, Rang*) ocupar ❷ (*anziehen*) vestir; **leicht bekleidet** con ropa ligera ❸ (*bedecken*) revestir (*mit* de)

Bekleidung[1] *f ohne pl* (*eines Amtes*) ejercicio *m* (*de cargo*)

Bekleidung[2] *f* <-en> ❶ (*Kleidung*) ropa *f* ❷ (*Bedeckung*) revestimiento *m*

Bekleidungsstück *nt* prenda *f* de vestir

beklemmend *adj* angustioso; (*bedrückend*) oprimente

Beklemmung *f* <-en> agobio *m*, angustia *f*, prendimiento *m* Chil; (*physisch*) opresión *f*

beklommen [bə'klɔmən] *adj* agobiado; (*bedrückt*) abatido

Beklommenheit *f* <-en> opresión *f*, angustia *f*

bekloppt [bə'klɔpt] *adj* (*fam*) como una cabra [*o* una chota]; ~ **sein** estar pirado

Bekloppte(r) *mf* <-n, -n; -n, -n> (*fam*) loco, -a *m, f*

beknackt *adj* (*fam*) ido, alelado

beknien* *vt* (*fam*) pedir de rodillas

bekochen* *vt* cocinar; **am Wochenende bekocht mich mein Mann** el fin de semana cocina mi marido para mí

bekommen* *irr* **I.** *vt* ❶ (*erhalten*) recibir; (*Recht, Einblick*) obtener, conseguir; **was** ~ **Sie** (**dafür**)? ¿cuánto le debo?; **sie bekommt 20 DM** (**für**) **die Stunde** le pagan 20 marcos la hora; **etw zu essen** ~ recibir algo de comer; **ich habe es geschenkt** ~ me lo han regalado; **eine Ohrfeige** ~ recibir una bofetada; **er bekam vin ein Jahr Gefängnis** le cayó un año de cárcel ❷ (*Zug*) coger, alcanzar, pillar *argot;* **wenn ich ihn zu fassen bekomme** como le coja ❸ (*Krankheit*) contraer; (*Komplexe*) desarrollar; (*Zähne*)

echar, salir; **ein Kind** ~ tener un hijo; **er bekommt graue Haare** le salen canas; **er bekommt eine Glatze** se está quedando calvo; **wir** ~ **anderes Wetter** tendremos un cambio de tiempo; **er bekam Hunger/ Angst** le entró hambre/miedo; **er bekam Lust schwimmen zu gehen** le entraron ganas de ir a nadar; **ich bekomme ihn nicht dazu mir zu helfen** no consigo que me ayude **II.** *vi* ❶ (*bedient werden*) estar atendido; ~ **Sie es schon?** ¿ya le atienden? ❷ *sein* (*Speisen*): **jdm gut/schlecht** ~ sentar(le) bien/mal a alguien; **wohl bekomm's!** ¡que aproveche!

bekömmlich [bə'kœmlɪç] *adj* (*Speisen*): **leicht** ~ fácil de digerir, ligero; **schwer** ~ indigesto

beköstigen* [bə'kœstɪgən] *vt* alimentar

bekräftigen* *vt* confirmar, afirmar

Bekräftigung *f* <-en> apoyo *m*, confirmación *f*

bekränzen* [bə'krɛntsən] *vt* coronar (*mit* de), enguirnaldar

bekreuzigen* *vr:* **sich** ~ santiguarse

bekriegen* *vt* hacer la guerra (a); (*bekämpfen*) combatir, luchar (contra)

bekritteln* [bə'krɪtəln] *vt* (*abw*) chismorrear

bekritzeln* *vt* garabatear (en)

bekümmern* *vt* (*besorgt machen*) preocupar; (*beunruhigen*) intranquilizar

bekümmert *adj* (*besorgt*) preocupado (*über* por); (*betrübt*) afligido (*über* por)

bekunden* [bə'kʊndən] *vt* ❶ (*geh: Absicht, Mitgefühl*) mostrar, manifestar ❷ (JUR: *bezeugen*) testificar

belächeln* *vt* mofarse (de)

belachen* *vt* reír; (*verspotten*) burlarse (de); **diese nette Anekdote wurde von allen belacht** todos rieron la simpática anécdota

beladen* *irr* **I.** *vt* cargar (*mit* de/con) **II.** *vr:* **sich** ~ cargar (*mit* con), cargarse (*mit* de)

Belag [bə'la:k, *pl:* bə'lɛ:gə] *m* <-(e)s, -läge> (*Zungen~*) saburra *f*; (*Zahn~*) sarro *m*; (*Straßen~*, *Fußboden~*) pavimento *m*; (*Brems-*, *Fußboden~*) revestimiento *m*

Belagerer, **-in** [bə'la:gərə] *m, f* <-s, -; -nen> sitiador(a) *m(f)*

belagern* [bə'la:gən] *vt* ❶ (MIL) sitiar, cercar ❷ (*fam: sich drängen*) rodear, acorralar

Belagerung *f* <-en> (MIL) sitio *m;* **Belagerungszustand** *m* (JUR) estado *m* de sitio

belämmert [bə'lɛmɐt] *adj* (*fam*) ❶ (*verlegen*) confuso; (*eingeschüchtert*) intimidado ❷ (*scheußlich*) horrible; (*abstoßend*) repugnante

Belang [bə'laŋ] *m* <-(e)s, *ohne pl*>

(*Bedeutung*) importancia *f;* **etw ist von/ ohne ~ für jdn/etw** algo es de/carece de importancia para alguien/algo

Belange *mpl* (*Angelegenheiten*) intereses *mpl*

belangen* *vt* (JUR) demandar judicialmente

belanglos *adj* sin importancia

Belanglosigkeit *f* <-en> insignificancia *f;* **über ~en sprechen** hablar de naderías

belassen* *irr vt* dejar; **wir wollen es dabei ~** dejémoslo así

belastbar *adj* ❶ (*Material*) resistente; **eine bis zu zehn Tonnen ~e Brücke** un puente con una capacidad de carga de diez toneladas ❷ (*Mensch*) fuerte, resistente; **die Umwelt ist nicht weiter ~** no se puede sobrecargar más el medio ambiente

Belastbarkeit *f ohne pl* (capacidad *f* de) resistencia *f,* aguante *m fam*

belasten* I. *vt* ❶ (JUR: *beschuldigen*) impu-tar, incriminar; **~des Material** material incriminatorio ❷ (*mit Gewicht*) cargar ❸ (*bedrücken*) pesar; (*nervlich*) agobiar ❹ (ÖKOL) contaminar ❺ (FIN: *Grundstück*) hipotecar; (*Konto*) debitar II. *vr:* **sich ~** ❶ (JUR) endeudarse, empeñarse ❷ (*sich aufbürden*): **sich mit etw ~** cargarse de algo

belästigen* [bə'lɛstɪɡən] *vt* molestar (*mit* con)

Belästigung *f* <-en> molestia *f,* odiosidad *f Am;* **sexuelle ~** acoso sexual

Belastung [bə'lastʊŋ] *f* <-en> ❶ (PSYCH) carga *f* ❷ (JUR) cargo *m* ❸ (ÖKOL) perjuicio *m* para el medio ambiente ❹ (MED: *Kreis-lauf, Organ*) sobrecarga *f* ❺ (FIN) carga *f;*

Belastungsmaterial *nt ohne pl* (JUR) pruebas *fpl* de cargo; **Belastungsprobe** *f* ❶ (TECH: *Material, Brücke*) prueba *f* de carga ❷ (MED) prueba *f* de esfuerzo ❸ (*Ehe, Koalition*) prueba *f* de resistencia; **Belastungszeuge, -in** *m, f* (JUR) testigo *mf* de cargo

belaubt [bə'laʊpt] *adj* cubierto de hojas

belauern* *vt* acechar

belaufen* *irr vr:* **sich ~** elevarse (*auf* a), ascender (*auf* a)

belauschen* *vt* escuchar; (*spionieren*) espiar

beleben* I. *vt* estimular, reanimar, vitalizar *Am;* **wieder ~** (*Person*) reanimar; (*Wirt-schaft*) reactivar II. *vr:* **sich ~** (*Straße*) ani-marse, cobrar vida

belebend *adj* estimulante; (*stärker*) exci-tante

belebt *adj* ❶ (*lebendig*) animado ❷ (*Straße*) concurrido

Belebung *f* <-en> vivificación *f*

Beleg [bə'leːk] *m* <-(e)s, -e> ❶ (*Quittung*) recibo *m* ❷ (*Beweis*) prueba *f*

belegen* *vt* ❶ (*Platz*) reservar, ocupar ❷ (*Seminar*) inscribirse (en) ❸ (SPORT) ocu-par; **er belegte den zweiten Platz** ocupó el segundo puesto ❹ (*Behauptung*) docu-mentar ❺ (*Brot, Fußboden*) cubrir (*mit* con) ❻ (*mit Zoll, Bußgeld*) cargar (*mit* de/ con), gravar (*mit* con)

Belegexemplar *nt* (*Zeitschrift, Buch*) ori-ginal *m*

Belegschaft *f* <-en> personal *m,* plantel *m Arg*

belegt *adj* ❶ (*Hotel*) completo; (*Zimmer, Platz*) ocupado ❷ (*Stimme*): **~e Stimme** voz tomada ❸ (*Brot*) untado; **~es Bröt-chen** bocadillo ❹ (*Zunge*) saburroso

belehren* *vt* instruir (*über* sobre)

belehrend *adj* instructivo

Belehrung *f* <-en> ❶ (*Erklärung*) instruc-ción *f* ❷ (*Zurechtweisung*) reprimenda *f* ❸ (JUR) informe *m*

beleibt [bə'laɪpt] *adj* corpulento

beleidigen* [bə'laɪdɪɡən] *vt* ofender, insul-tar

beleidigend *adj* ofensivo

Beleidigung *f* <-en> ofensa *f,* insulto *m*

beleihen* *irr vt* (*Haus*) hipotecar; (*Wertpa-piere*) pignorar

belesen *adj* (*Person*) leído, culto

beleuchten* *vt* ❶ (*mit Licht*) iluminar, alumbrar ❷ (*Frage*) analizar

Beleuchtung *f* <-en> iluminación *f,* luz *f*

Belgien ['bɛlɡiən] *nt* <-s> Bélgica *f*

Belgier(in) *m(f)* <-s, -; -nen> belga *mf*

belgisch *adj* belga

Belgrad ['bɛlɡraːt] *nt* <-s> Belgrado *m*

belichten* *vt* (FOTO) exponer (a la luz)

Belichtung *f* (FOTO) exposición *f;* **Belichtungsmesser** *m* fotómetro *m;* **Belichtungszeit** *f* tiempo *m* de exposi-ción

belieben* I. *vi* (*geh*) desear; **wann es Ihnen beliebt** cuando Ud. guste II. *vun-pers:* **es beliebte ihm bei uns vorbeizu-kommen** le entraron deseos de pasar a visitarnos

Belieben *nt* <-s, *ohne pl*> voluntad *f,* gusto *m;* **nach ~** al gusto

beliebig I. *adj* cualquiera; **jede ~e Arbeit annehmen** aceptar cualquier trabajo; **in ~er Reihenfolge** por el orden que se desee II. *adv* a gusto, a voluntad

beliebt *adj* (*Person*) estimado, apreciado; (*Ware*) solicitado; (*Thema*) popular; **sich ~ machen** hacerse querer

Beliebtheit *f ohne pl* popularidad *f* (*bei* entre); **jd/etw erfreut sich großer ~** alguien/algo goza de gran popularidad

beliefern* *vt* suministrar, abastecer (*mit con*)

Belieferung *f* <-en> suministro *m*, entrega *f*

beliehen *pp von* **belelhen**

bellen ['bɛlən] *vi* ladrar

Belletristik [bɛle'trɪstɪk] *f ohne pl* bellas letras *fpl*

belogen *pp von* **belügen**

belohnen* *vt* recompensar (*für* por); (*mit einem Preis*) premiar (*für* por)

Belohnung *f* <-en> recompensa *f*; (*Preis*) premio *m*; **eine ~ aussetzen** ofrecer una recompensa

belüften* *vt* airear; **dieses Zimmer ist schlecht belüftet** esta habitación está mal ventilada

Belüftung *f* <-en> ventilación *f*; **Belüftungsanlage** *f* sistema *m* de ventilación; **Belüftungsschacht** *m* (BERGB) túnel *m* de ventilación

belügen* *irr vt* mentir

belustigen* I. *vt* (*zum Lachen bringen*) divertir II. *vr*: **sich ~** (*geh: sich lustig machen*) reírse (*über* de)

belustigt *adj* divertido; **eine ~e Miene ziehen** poner una cara divertida

Belustigung *f ohne pl* (*Erheiterung*) divertimiento *m*; **der öffentlichen ~ dienen** servir de público regocijo

bemächtigen* *vr* (*geh*): **sich etw** *gen*/**jds ~** apoderarse de algo/alguien

bemäkeln* [bə'mɛːkəln] *vt* (*fam*) meterse (con)

bemalen* I. *vt* pintar II. *vr*: **sich ~** pintarse

Bemalung *f* <-en> pintura *f*; (*Graffiti*) pintada *f*; (*Kriegs~*) pintura *f* (de guerra)

bemängeln* [bə'mɛŋəln] *vt* censurar, criticar

bemannt [bə'mant] *adj* (*Raumschiff*) tripulado

bemerkbar *adj* perceptible; **sich ~ machen** hacerse notar; (*durch Gesten*) atraer la atención

bemerken* *vt* ❶ (*wahrnehmen*) notar, darse cuenta (de) ❷ (*äußern*) decir, observar; (*erwähnen*) mencionar; **nebenbei bemerkt** dicho sea de paso; **bemerkenswert** *adj* notable

Bemerkung *f* <-en> comentario *m*, observación *f*

bemessen* *irr* I. *vt* (*messen*) medir, calcular; **meine Zeit ist knapp ~** estoy corto de tiempo II. *vr*: **sich ~** (*sich bestimmen*) tasarse (*nach* de acuerdo con)

Bemessung *f* <-en> (*Steuer, Honorar*) cál-

culo *m*; **Bemessungsgrundlage** *f* base *f* de cálculo

bemitleiden* [bə'mɪtlaɪdən] *vt* compadecer; **sich selbst ~** autocompadecerse; **bemitleidenswert** *adj* deplorable

bemühen* [bə'myːən] I. *vr*: **sich ~** (*sich Mühe geben*) esforzarse (*um* por), esmerarse (*um* por); **bitte ~ Sie sich nicht!** ¡por favor, no se moleste!; **sich um etw ~** esforzarse para conseguir algo; **sich um jdn ~** esforzarse por alguien; **wärst du so freundlich dich zu mir zu ~?** ¿serías tan amable de pasarte por mi casa? II. *vt* (*geh: bitten*) pedir; (*benutzen*) servirse (de); **er bemühte sie zu sich** le pidió que fuera a verle

Bemühen *nt* <-s, *ohne pl*> (*geh*) empeño *m*; **jds ~ (um jdn/etw)** los esfuerzos de alguien (por alguien/algo)

bemüht *adj* esforzado; **~ sein etw zu tun** molestarse en hacer algo; **um etw/jdn ~ sein** esforzarse por algo/alguien

Bemühung *f* <-en> ❶ (*Anstrengung*) molestia *f* ❷ *pl* (*Dienstleistungen*) diligencia *f*

bemüßigt [bə'myːsɪçt] *adj*: **sich ~ fühlen etw zu tun** (*geh*) sentirse obligado a hacer algo

bemuttern* [bə'mʊtən] *vt* mimar

benachbart [bə'naxbaːɐt] *adj* vecino

benachrichtigen* [bə'naːxrɪçtɪgən] *vt* informar (*von* de), avisar (*von* de)

Benachrichtigung *f* <-en> aviso *m*; (*offiziell*) parte *m*; (*Warnung*) advertencia *f*

benachteiligen* [bə'naːxtaɪlɪgən] *vt* perjudicar, discriminar (*wegen* por)

Benachteiligte(r) *mf* perjudicado, -a *m*, *f*

Benachteiligung *f* <-en> perjuicio *m*, discriminación *f*

benannt *pp von* **benennen**

benebeln* *vt* (*fam*) nublar; (*verwirren*) ofuscar; (*Alkohol*) embriagar; **ein ~der Duft durchzog den Raum** un perfume embriagador cruzó la sala

benebelt *adj* (*fam*) mareado; (*vom Alkohol*) achispado

Benefizkonzert [bene'fiːts-] *nt* concierto *m* de beneficencia

benehmen* *irr vr*: **sich ~** (com)portarse (*wie* como); **benimm dich!** ¡pórtate bien!

Benehmen *nt* <-s, *ohne pl*> ❶ (*Verhalten*) comportamiento *m* ❷ (*Manieren*) modales *mpl*; **kein ~ haben** no tener modales

beneiden* [bə'naɪdən] *vt* envidiar (*um* por); **er ist nicht zu ~** no es de envidiar; **ich beneide dich um dein Glück** envidio tu suerte; **beneidenswert** *adj* envidiable

Beneluxländer *ntpl* (POL) (Estados *mpl* del) Benelux *m*

benennen* *irr vt* ❶ (*Namen geben*) nombrar, poner nombre (*nach* de) ❷ (*Kandidaten*) designar

Benennung *f* <-en> nombramiento *m*

benetzen* *vt* (*geh*) humedecer

Bengel ['bɛŋəl] *m* <-s, -(s)> (*fam*) ❶ (*frecher Bursche*) granujilla *m* ❷ (*kleiner Junge*) chaval *m*, pendejo *m CSur*

Benimm [bə'nɪm] *m* <-s, *ohne pl*> (*fam*) modales *mpl*; **der Kerl hat einfach keinen ~!** ¡este tipo no tiene modales!; **Benimmregeln** *fpl* reglas *fpl* de comportamiento

benommen [bə'nɔmən] **I.** *pp von* **benehmen II.** *adj* aturdido (*von* por), abombado (*von* por) *AmS*

Benommenheit *f ohne pl* estupor *m*; (*Ohnmacht*) vahído *m*

benoten* *vt* calificar, poner nota

benötigen* [bə'nø:tɪgən] *vt* necesitar

benutzen* *vt* ❶ (*gebrauchen*) usar; (*verwenden*) emplear; (*Zug, Bus*) tomar ❷ (*ausnutzen*) aprovechar; **er benutzte die Gelegenheit um zu fliehen** aprovechó la ocasión para escapar; **etw als Vorwand ~** poner algo como excusa; **ich fühle mich (von ihr) benutzt** me siento utilizado (por ella)

benützen* *vt* (*reg*) *s.* **benutzen**

Benutzer(in) *m(f)* <-s, -; -nen> (a. INFOR) usuario, -a *m, f*; **benutzerdefiniert** [-'--defini:et] *adj* (INFOR) definido por el usuario; **Benutzerebene** *f* (INFOR): **auf ~** a nivel de usuario; **benutzerfreundlich** *adj* de fácil manejo para el usuario; **Benutzerhandbuch** *nt* (INFOR) manual *m* de usuarios

Benutzerin *f* <-nen>, **Benützerin** *f* <-nen> *s.* **Benutzer**

Benutzerkonto *nt* (INFOR) cuenta *f* de usuario; **Benutzername** *m* (INFOR) nombre *m* de usuario; **Benutzeroberfläche** *f* (INFOR) superficie *f* de utilización; **benutzerunfreundlich** *adj* (a. INFOR) de difícil manejo para el usuario

Benutzung *f* <-en> uso *m*, empleo *m*; **etw in ~ haben/nehmen** tener/tomar algo en uso; **Benutzungsgebühr** *f* tasa *f* de utilización; (*für Straßen*) peaje *m*

Benzin [bɛn'tsi:n] *nt* <-s, -e> gasolina *f*, nafta *f CSur*; **Benzinfeuerzeug** *nt* encendedor *m* de gasolina; **Benzinkanister** *m* bidón *m* de gasolina; **Benzinpreis** *m* precio *m* de la gasolina; **Benzinpumpe** *f* (AUTO) bomba *f* de gasolina; **benzinspa-**

rend *adj:* **~es Auto** automóvil económico en gasolina; **Benzintank** *m* (AUTO) tanque *m* de gasolina; **Benzinverbrauch** *m* (AUTO) consumo *m* de gasolina

Benzol [bɛn'tso:l] *nt* <-s, -e> (CHEM) benzol *m*

beobachtbar *adj* observable; (*wahrnehmbar*) apreciable; (**nicht**) **mit bloßem Auge ~** (no) apreciable a simple vista

beobachten* [bə'ʔo:baxtən] *vt* ❶ (*betrachten*) observar ❷ (*überwachen*) vigilar ❸ (*bemerken*) observar (*an* en), notar (*an* en)

Beobachter(in) *m(f)* <-s, -; -nen> observador(a) *m(f)*

Beobachtung *f* <-en> observación *f*; **~ en anstellen** hacer observaciones; **Beobachtungsgabe** *f* capacidad *f* de observación; **sie hat eine gute ~** tiene buenas dotes de observación

beordern* *vt* ordenar

bepacken* *vt* cargar (*mit* con)

bepflanzen* *vt* plantar (*mit* de)

bepissen* *vt* (*fam*) mear

bequatschen* *vt* (*fam*) ❶ (*besprechen*) conversar ❷ (*überreden*) convencer, persuadir

bequem [bə'kve:m] *adj* ❶ (*Möbel*) cómodo; **machen Sie es sich ~!** ¡póngase cómodo! ❷ (*abw: Person*) comodón

bequemen* *vr:* **sich ~** (*geh abw*) dignarse (*zu* a)

Bequemlichkeit[1] *f* <-en> (*Komfort*) comodidad *f*

Bequemlichkeit[2] *f ohne pl* (*Trägheit*) pereza *f*; **aus** (**purer**) **~** por (pura) pereza

berappen* [bə'rapən] *vt, vi* (*fam: Zeche, Steuer*) soltar la pasta *fam*

beraten* *irr* **I.** *vt* ❶ (*Rat geben*) aconsejar; (*fachlich*) asesorar ❷ (*besprechen*) deliberar (*über* sobre), discutir **II.** *vr:* **sich ~** (*sich besprechen*) asesorarse (*mit* con), consultarse (*mit* con)

beratend *adj* consultivo

Berater(in) *m(f)* <-s, -; -nen> consejero, -a *m, f*, asesor(a) *m(f)*

beratschlagen* [-'----] *vi, vt* aconsejar

Beratung *f* <-en> ❶ (*Ratschlag*) consejo *m*; (*fachlich*) asesoramiento *m* ❷ (*Besprechung*) deliberación *f*; **Beratungsstelle** *f* consultorio *m*

berauben* *vt* robar; (*eines Rechtes*) privar (de)

berauschen* **I.** *vt* (*geh: Alkohol, Droge*) embriagar **II.** *vr:* **sich ~** (*geh: sich betrinken*) embriagarse (*an* con); (*fig*) extasiarse (*an* ante)

berauschend *adj* (*Alkohol, Droge*) embriagador; **diese Aussichten sind nicht gerade** ~ las perspectivas no son precisamente muy risueñas

Berber¹ *m* <-s, -> (*Teppich*) alfombra *f* berberisca

Berber(in)² ['bɛrbɐ] *m(f)* <-s, -; -nen> ❶ (*Volk*) beréber *mf*, berberisco, -a *m, f* ❷ (*fam: Nichtsesshafte*) vagabundo, -a *m, f*

berechenbar [bə'rɛçənba:ɐ] *adj* (*Kosten*) calculable; (*Verhalten*) previsible

Berechenbarkeit *f* <-en> previsibilidad *f*

berechnen* *vt* ❶ (*Preis, Zinsen, Entfernung*) calcular ❷ (*kalkulieren*) calcular, evaluar ❸ (*in Rechnung stellen*) cobrar (*für* por)

berechnend *adj* (*abw*) calculador

Berechnung *f* <-en> ❶ (*von Kosten*) cálculo *m* ❷ (*abw: Eigennutz*) interés *m;* **etw aus** ~ **tun** hacer algo en su propio interés

berechtigen* [bə'rɛçtɪgən] *vt* autorizar (*zu* para); **das berechtigt zu der Annahme, dass ...** esto nos permite suponer que...; **berechtigt sein etw zu tun** tener derecho a hacer algo

berechtigt *adj* ❶ (*befugt*) autorizado (*zu* para) ❷ (*Zweifel*) fundado

berechtigterweise [-'---'--] *adv* justificadamente, de manera justificada

Berechtigung *f* *ohne pl* ❶ (*Recht*) derecho *m* (*zu* a); (*Befugnis*) autorización *f* (*zu* para); (*Befähigung*) habilitación *f* (*zu* para) ❷ (*Rechtmäßigkeit*) legitimidad *f*

bereden* I. *vt* ❶ (*besprechen*) hablar (*mit* con) ❷ (*überreden*) persuadir (de) II. *vr:* **sich** ~ (*beraten*) hablar

Beredsamkeit *f ohne pl* elocuencia *f*

beredt [bə're:t] *adj* (*Person*) elocuente

Bereich [bə'raɪç] *m* <-(e)s, -e> ❶ (*Gebiet*) zona *f*, área *f;* **das liegt (nicht) im ~ des Möglichen** esto (no) está dentro de lo posible ❷ (*Sachgebiet*) terreno *m*, sector *m* ❸ (*Zuständigkeit*) competencia *f*

bereichern* I. *vt* (*vergrößern*) enriquecer (*mit* con) II. *vr:* **sich** ~ (*Gewinn machen*) enriquecerse (*an* con)

Bereicherung *f* <-en> enriquecimiento *m*

bereifen* *vt* (AUTO) poner neumáticos

Bereifung *f* <-en> (AUTO) neumáticos *mpl*

bereinigen* *vt* (*Missverständnis*) aclarar; (*Angelegenheit*) arreglar

bereisen* *vt* viajar (por); (*a.* COM) recorrer

bereit [bə'raɪt] *adj* ❶ (*fertig*) preparado (*zu/für* para) ❷ (*gewillt*) dispuesto (*zu* para/a +*inf*); **sich** ~ **erklären etw zu tun** mostrarse dispuesto a hacer algo

bereiten* *vt* ❶ (*Speisen, Bad*) preparar ❷ (*Überraschung, Ärger*) dar, causar; (*Schwierigkeiten*) crear; (*Empfang*) dispensar; **das bereitet mir großes Vergnügen** esto me causa un gran placer; **etw** *dat* **ein Ende** ~ poner fin a algo

bereit|halten *irr* I. *vt* tener preparado II. *vr:* **sich** ~ estar a disposición; **bereit|legen** *vt* preparar, disponer; **bereit|liegen** *irr vi* estar preparado, estar listo; **bereit|machen** *vt, vr:* **sich** ~ preparar(se) (*für* para)

bereits [bə'raɪts] *adv* ya

Bereitschaft *f* <-en> disposición *f;* **in** ~ **sein** (MIL) estar en alerta; ~ **haben** (*Arzt*) estar de servicio; (*Apotheke*) estar de guardia; **Bereitschaftsarzt, -ärztin** *m, f* médico, -a *m, f* de guardia; **Bereitschaftsdienst** *m* servicio *m* de urgencia; ~ **haben** estar de guardia

bereit|stehen *irr vi* estar preparado, estar listo; **bereit|stellen** *vt* ❶ (*vorbereiten*) preparar ❷ (*zur Verfügung stellen*) poner a disposición

Bereitstellung *f* <-en> puesta *f* a disposición; ~ **von Kapital** provisión de capital

bereitwillig I. *adj* solícito II. *adv* de buena gana

Bereitwilligkeit *f* <-en> buena voluntad *f*

bereuen* [bə'rɔɪən] *vt* arrepentirse (de)

Berg [bɛrk] *m* <-(e)s, -e> ❶ (*Erhebung*) monte *m*, montaña *f;* **in die** ~ **e fahren** ir a la montaña; **jdm stehen die Haare zu** ~ **e** (*fig fam*) se le ponen los pelos de punta a alguien; **heute bin ich nicht auf dem** ~ (*fig fam*) hoy no estoy muy católico; (**noch nicht**) **über den** ~ **sein** (*fig fam*) (no) haber superado (aún) las dificultades; **längst über alle** ~ **e sein** (*fig fam*) haber puesto pies en polvorosa; **mit etw hinter dem** ~ **halten** (*fig fam*) ocultar algo; ~ **e versetzen (können)** (*fig fam*) (poder) mover montañas ❷ (*Menge*) montón *m*, volcán *m Am*

bergab [bɛrk'ʔap] *adv* cuesta abajo; ~ **gehen** (*Weg*) ir cuesta abajo; (*Geschäft*) ir de mal en peor; **es geht** ~ **mit ihm** (*fam*) va de mal en peor

Bergabhang *m* falda *f* de la montaña

Bergamotte [bɛrga'mɔtə] *f* <-n> (BOT) bergamota *f*

Bergarbeiter(in) *m(f)* minero, -a *m, f*

bergauf [bɛrk'ʔaʊf] *adv* cuesta arriba; **es geht steil** ~ es una subida empinada; **langsam geht es wieder** ~ **mit ihm** (*fam*) se va recuperando poco a poco

Bergbahn *f* ferrocarril *m* de montaña

Bergbau *m* <-(e)s, *ohne pl*> minería *f*

Bergbesteigung *f* <-en> escalamiento *m*

de una montaña; **Bergbewohner(in)** *m(f)* montañero, -a *m, f;* **Bergdorf** *nt* aldea *f* de montaña

bergen ['bɛrɡən] <birgt, barg, geborgen> *vt* ❶ (*retten*) rescatar ❷ (*geh: enthalten*) albergar, contener; (*verbergen*) esconder ❸ (*schützen*) proteger (*vor* de)

Bergführer(in) *m(f)* <-s, -; -nen> guía *mf* (de montaña); **Berggipfel** *m* cima *f,* pico *m;* **Berghütte** *f* refugio *m* (de montaña)

bergig *adj* montañoso

Bergkette *f* cadena *f* montañosa; (*Gebirge*) sierra *f;* **Bergland** *nt* <-(e)s, -länder> montaña *f;* **Bergpredigt** *f ohne pl* (REL) Sermón *m* de la Montaña; **Bergrücken** *m* cresta *f* (de la montaña); **Bergrutsch** *m* desprendimiento *m;* **Bergschuh** *m* bota *f* de montaña; **Bergsteigen** *nt* <-s, *ohne pl*> alpinismo *m,* montañismo *m,* andinismo *m Am;* **Bergsteiger(in)** *m(f)* <-s, -; -nen> alpinista *mf,* andinista *mf Am;* **Bergtour** *f* excursión *f* por la montaña; **Berg-und-Tal-Fahrt** [-'--] *f viaje lleno de subidas y bajadas*

Bergung ['bɛrɡʊŋ] *f* <-en> salvamento *m,* rescate *m;* **Bergungsarbeiten** *fpl* trabajos *mpl* de rescate; **Bergungsmannschaft** *f* equipo *m* de salvamento

Bergwacht *f ohne pl* servicio *m* de salvamento de montaña; **Bergwand** *f* peña *f;* **Bergwanderung** *f* caminata *f* por la montaña

Bergwerk *nt* (BERGB) mina *f*

Bericht [bə'rɪçt] *m* <-(e)s, -e> informe *m;* (TV, RADIO) reportaje *m;* (MIL, MED) parte *m;* **jdm über etw ~ erstatten** informar a alguien sobre algo

berichten* *vi, vt* ❶ (*informieren*) informar (*über* sobre/de), reportar (*über* sobre/de) *Am* ❷ (*erzählen*) narrar, contar (*von* de) ❸ (*mitteilen*) comunicar, informar; **uns wird soeben berichtet, dass ...** nos acaban de informar de que...

Berichterstatter(in) *m(f)* <-s, -; -nen> reportero, -a *m, f*

Berichterstattung *f* información *f*

berichtigen* [bə'rɪçtɪɡən] *vt* rectificar, corregir

Berichtigung *f* <-en> rectificación *f*

berieseln* *vt* rociar; **sich mit Musik ~ lassen** (*fam fig*) bañarse en música

Berieselung *f* <-en> (*mit Wasser*) riego *m* (*mit* con); (*fig: mit Musik*) baño *m* (*mit* en); (*fam: mit Werbung*) bombardeo *m* (*mit* de)

beritten [bə'rɪtən] *adj* montado, a caballo

Berlin [bɛr'liːn] *nt* <-s> Berlín *m*

Berliner(in) [bɛr'liːnə] *m(f)* <-s, -; -nen> berlinés, -esa *m, f*

Los **Berliner Filmfestspiele,** también conocidos como Berlinale, se vienen celebrando desde 1951. Allí alcanzaron el éxito Ingmar Bergman, Roman Polanski, François Truffaut, Jaen-Luc Godard y Claude Chabrol. En el festival no todas las películas se exhiben con la misma finalidad. Algunas compiten por los premios en la sección oficial del festival mientras que otras simplemente se presentan fuera de concurso en la sección de exhibición. Las películas ganadoras en el festival de Berlín reciben el Oso de Oro o de Plata, así como desde 1986 la cámara de la Berlinale.

berlinerisch *adj* (*fam*) berlinés

Bermudas [bɛr'muːdas] *pl* ❶ (*Inselgruppe*) Islas *fpl* Bermudas ❷ (*Hose*) bermudas *mpl o fpl*

Bermudashorts [bɛr'muːdaʃoːɐts] *pl* bermudas *mpl o fpl*

Bern [bɛrn] *nt* <-s> Berna *f*

Berner(in) *m(f)* <-s, -; -nen> habitante *mf* de Berna

Bernhardiner [bɛrnhar'diːnə] *m* <-s, -> ❶ (*Mönch*) (monje *m*) bernardino *m* ❷ (*Hund*) (perro *m* de) San Bernardo *m*

Bernstein ['bɛrnʃtain] *m* <-(e)s, -e> ámbar *m*

Berserker [bɛr'zɛrkə, '---] *m* <-s, -> (*Hüne*) gigante *m;* **wie ein ~ toben** ponerse hecho un energúmeno

bersten ['bɛrstən] <birst, barst, geborsten> *vi sein* (*a. fig*) estallar; **zum B~ voll sein** estar lleno a reventar; **vor Zorn ~** estallar en ira

berüchtigt [bə'rʏçtɪçt] *adj* de mala fama

berücksichtigen* [bə'rʏkzɪçtɪɡən] *vt* tener en cuenta; **man muss dabei ~, dass ...** en esto hay que tener en cuenta que...

Berücksichtigung *f ohne pl* consideración *f;* **unter ~ aller Umstände** considerando todas las circunstancias

Beruf [bə'ruːf] *m* <-(e)s, -e> profesión *f;* **er ist Bäcker von ~** es panadero de profesión; **von ~s wegen** profesionalmente

berufen¹ *adj* competente; **sich zu etw ~ fühlen** sentirse designado para algo; **sich ~ fühlen zu helfen** sentirse llamado a ayudar

berufen²* *irr* **I.** *vt* ❶ (*ernennen*) nombrar; (*in ein Amt*) designar; **sie haben ihn zum Minister** ~ lo han nombrado ministro ❷ (*beschwören*) conjurar **II.** *vr:* **sich** ~ (*sich stützen*) remitirse (*auf* a)

beruflich *adj* profesional; **ihr** ·· **er Werdegang** su carrera profesional; **was macht er** ~? ¿a qué se dedica profesionalmente?

Berufsarmee *f* (MIL) ejército *m* profesional; **Berufsausbildung** *f* formación *f* profesional; **Berufsaussichten** *fpl* perspectivas *fpl* profesionales; **berufsbedingt** *adj* debido a la profesión; **Berufsberater(in)** *m(f)* asesor(a) *m(f)* de orientación profesional; **Berufsberatung** *f* orientación *f* profesional; **Berufsbezeichnung** *f* denominación *f* de la profesión; **berufsbezogen** **I.** *adj* ❶ (*orientiert*) orientado a la práctica profesional; ~**er Unterricht** una clase orientada a la práctica profesional ❷ (*zusammenhängend*) relacionado con el ejercicio de la profesión **II.** *adv* enfocado a la práctica profesional; **Berufsbild** *nt* configuración *f* de una profesión; **berufserfahren** *adj* con experiencia profesional; **Berufserfahrung** *f* experiencia *f* profesional; **berufsfremd** *adj* extraño a la profesión; **er übt eine** ~**e Tätigkeit aus** ejerce una actividad ajena a su profesión; **Berufsgeheimnis** *nt* secreto *m* profesional; **Berufsgenossenschaft** *f* cooperativa *f* para la prevención y el seguro de accidentes laborales; **Berufsgruppe** *f* grupo *m* de profesionales; **Berufskleidung** *f* ropa *f* de trabajo; **Berufskrankheit** *f* enfermedad *f* causada por el trabajo; **Berufsleben** *nt ohne pl* vida *f* profesional; **noch im** ~ **stehen** estar todavía en activo

berufsmäßig *adj* profesional; **etw** ~ **betreiben** dedicarse profesionalmente a algo

Berufspraxis *f ohne pl* práctica *f* en la profesión; **Berufsrisiko** *nt* riesgo *m* profesional; **Berufsschule** *f* escuela *f* de formación profesional; **Berufssoldat(in)** *m(f)* (MIL) soldado *m* profesional; **Berufssportler(in)** *m(f)* deportista *mf* profesional; **berufstätig** *adj:* ~ **sein** trabajar; **halbtags** ~ **sein** trabajar media jornada; **Berufstätige(r)** *mf* <-n, -n; -n> empleado, -a *m, f*, activo, -a *m, f*; **berufsunfähig** *adj* incapacitado profesionalmente; **Berufsunfähigkeit** *f* incapacidad *f* profesional; **Berufsunfall** *m* accidente *m* laboral [*o* de trabajo]; **Berufsverband** *m* asociación *f* de profesionales; **Berufsverbot** *nt* inhabilitación *f* profesional;

Berufsverkehr *m* tráfico *m* en las horas punta; **Berufswahl** *f ohne pl* elección *f* de la profesión; **Berufswechsel** *m* cambio *m* de profesión

Berufung [bəˈruːfʊŋ] *f* <-en> ❶ (*Befähigung, innerer Auftrag*) vocación *f* ❷ (*Ernennung*) nombramiento *m* ❸ (JUR) apelación *f*; **er legte gegen das Urteil** ~ **ein** apeló contra la sentencia; **in die** ~ **gehen** interponer un recurso de apelación; **Berufungsinstanz** *f* (JUR) instancia *f* de apelación; **Berufungsklage** *f* apelación *f*

beruhen* *vi* basarse (*auf* en); **unser Vertrauen beruht auf Gegenseitigkeit** nuestra confianza es mutua; **etw auf sich** ~ **lassen** dejar las cosas como están

beruhigen* [bəˈruːɪgən] **I.** *vt* tranquilizar, calmar **II.** *vr:* **sich** ~ (*Mensch, Tier*) tranquilizarse, calmarse; (*Meer*) calmarse, sosegarse; (*Sturm*) ceder; (*Lage*) estabilizarse

beruhigend **I.** *adj* ❶ (*ruhig machend*) tranquilizador; (*entspannend*) relajante; ~**e Worte** palabras tranquilizadoras ❷ (PHARM) calmante; (*gegen Nervosität*) tranquilizante; **ich gebe Ihnen eine** ~**e Spritze** le voy a poner una inyección sedante **II.** *adv* ❶ (*entlastend*) tranquilizadoramente; **auf jdn** ~ **einsprechen** hablar tranquilizadoramente con alguien ❷ (PHARM) con efectos calmantes; ~ **wirken** tener efectos calmantes

beruhigt **I.** *adj* tranquilizado; **dann bin ich** ~! ¡me quedo tranquilo! **II.** *adv* con tranquilidad; **jetzt kannst du** ~ **einschlafen!** ¡ahora ya puedes dormirte tranquilo!

Beruhigung *f* <-en> apaciguamiento *m;* (*der Lage*) estabilización *f;* **zu Ihrer** ~ **kann ich sagen ...** para su tranquilidad le puedo decir...; **Beruhigungsmittel** *nt* tranquilizante *m*, calmante *m;* **Beruhigungspille** *f* (PHARM) (pastilla *f*) tranquilizante *m*

berühmt [bəˈryːmt] *adj* famoso (*für* por); **über Nacht** ~ **werden** hacerse famoso de la noche a la mañana; **deine Leistungen waren nicht gerade** ~ (*fam abw*) lo que hiciste no fue nada del otro mundo; **berühmt-berüchtigt** *adj* tristemente célebre

Berühmtheit¹ *f ohne pl* (*das Berühmtsein*) fama *f*

Berühmtheit² *f* <-en> (FILM) estrella *f;* (SPORT) as *m*

berühren* *vt* ❶ (*anfassen*) tocar; (*streifen*) rozar ❷ (*betreffen, bewegen*) conmover ❸ (*Thema*) mencionar, tocar de pasada

Berührung *f* <-en> ❶ (*das Anfassen*)

toque *m;* (*Streifen*) roce *m* ❷ (*Kontakt*) contacto *m;* **mit etw** *dat*/**jdm in ~ kommen** entrar en contacto con algo/alguien; **Berührungsangst** *f* (PSYCH) hafefobia *f;* **Berührungsbildschirm** *m* (INFOR, TECH) pantalla *f* sensorial; **Berührungsfläche** *f* área *f* de contacto; **Berührungspunkt** *m* punto *m* de contacto

bes. *Abk. von* **besonders** particularmente

besagen* *vt* ❶ (*ausdrücken*) (querer) decir ❷ (*bedeuten*) significar; **das hat nichts zu ~** esto no significa nada

besagte(r, s) *adj* antes mencionado, susodicho

besaiten* *vt* poner cuerdas (a); **zart besaitet sein** (*Person*) ser sensible

besamen* *vt* inseminar

besänftigen* [bəˈzɛnftɪɡən] *vt* calmar, tranquilizar

besänftigend *adj* (*beruhigend*) apaciguante; (MED: *schmerz~*) calmante

Besänftigung *f* <-en> apaciguamiento *m*

Besatz *m* <-es, -sätze> (*Borte*) ribete *m*

Besatzung *f* <-en> ❶ (*Garnison*) guarnición *f;* (*Truppen*) tropas *fpl* de ocupación ❷ (NAUT, AERO) tripulación *f;* **Besatzungsgebiet** *nt* (MIL) territorio *m* ocupado; **Besatzungsmacht** *f* potencia *f* ocupante; **Besatzungszone** *f* (MIL) zona *f* de ocupación

besaufen* *irr vr:* **sich ~** (*fam*) emborracharse

Besäufnis [bəˈzɔɪfnɪs] *nt* <-ses, -se> (*fam*) borrachera *f,* bebedera *f Mex*

besäuselt *adj* (*fam*) achispado

beschädigen* *vt* deteriorar, dañar

Beschädigung *f* <-en> deterioro *m;* (*leicht*) desperfecto *m*

beschaffen¹ *adj:* **gut/schlecht ~ sein** estar en buenas/malas condiciones; **so ~ sein, dass ...** estar hecho de manera que...

beschaffen*² *vt* procurar, proporcionar

Beschaffenheit *f ohne pl* (*Zustand*) estado *m,* calidad *f;* (*Art*) naturaleza *f;* (*Zusammensetzung*) composición *f*

Beschaffung *f ohne pl* provisión *f,* aprovisionamiento *m*

beschäftigen* [bəˈʃɛftɪɡən] **I.** *vt* ❶ (*einstellen*) emplear ❷ (*mit einer Aufgabe*) ocupar (*mit* en/con); (*mit einem Spiel*) entretener (*mit* con) ❸ (*gedanklich*) preocupar **II.** *vr:* **sich ~** (*sich befassen*) dedicarse (*mit* a)

beschäftigt *adj* ❶ (*befasst*) ocupado (*mit* con), atareado; **viel ~** muy ocupado ❷ (*angestellt*) empleado (*bei* en)

Beschäftigte(r) *mf* <-n, -n; -n, -n> empleado, -a *m, f;* **nicht ständig ~r** traba-

jador eventual

Beschäftigung *f* <-en> ❶ (*Tätigkeit*) ocupación *f,* actividad *f* ❷ (*geistige Auseinandersetzung*) dedicación *f* (*mit* a) ❸ (*Beruf*) trabajo *m;* (*Anstellung*) empleo *m;* **Beschäftigungslage** *f* (WIRTSCH) situación *f* laboral; **beschäftigungslos** *adj* desempleado, parado; **Beschäftigungsmaßnahme** *f* (WIRTSCH) medida *f* ocupacional; **Beschäftigungspolitik** *f* política *f* laboral; **Beschäftigungstherapie** *f* (MED) ergoterapia *f,* terapia *f* ocupacional; **das ist die reinste ~!** (*fam*) ¡esto es matar el tiempo!

beschämen* *vt* avergonzar; (*demütigen*) humillar; **das beschämt mich sehr** me avergüenza mucho

beschämend *adj* vergonzoso; (*demütigend*) humillante

beschämt *adj* avergonzado, escurrido *Mex, PRico;* (*gedemütigt*) humillado

beschatten* *vt* vigilar

Beschattung *f* <-en> ❶ (ADMIN, MIL) vigilancia *f* (secreta), observación *f* (secreta)

beschauen* *vt* (*reg*) mirar; (*genau*) examinar

beschaulich *adj* (*ruhig*) tranquilo; (*friedlich*) apacible

Beschaulichkeit *f ohne pl* tranquilidad *f*

Bescheid [bəˈʃaɪt] *m* <-(e)s, -e> (*Auskunft*) información *f;* (*Nachricht*) aviso *m;* (*Antwort*) respuesta *f;* **~ sagen, dass ...**/**ob ...** avisar que.../si...; **Sie bekommen ~** le informaremos; **er weiß gut ~** está bien informado; **damit du ~ weißt!** ¡para que te enteres!

bescheiden¹ *adj* ❶ (*anspruchslos*) modesto, humilde; **in ~en Verhältnissen leben** vivir modestamente ❷ (*einfach*) sencillo ❸ (*fam: schlecht*) asqueroso

bescheiden*² *irr* **I.** *vt* (ADMIN: *mitteilen*) comunicar; **das Gesuch wurde abschlägig beschieden** la petición fue rechazada **II.** *vr:* **sich ~** (*geh: sich begnügen*) darse por satisfecho (*mit* con)

Bescheidenheit *f ohne pl* modestia *f,* humildad *f;* **nur keine falsche ~!** ¡todo, menos falsa modestia!

bescheinigen* [bəˈʃaɪnɪɡən] *vt* certificar, atestar; **den Empfang von etw ~** acusar recibo de algo

Bescheinigung *f* <-en> ❶ (*Vorgang*) certificación *f* ❷ (*Schriftstück*) certificado *m*

bescheißen* *irr vt* (*fam*) clavar, estafar

beschenken* *vt* regalar, obsequiar (*mit* con)

bescheren* [bəˈʃeːrən] *vt* regalar

Bescherung *f* <-en> ❶ (*zu Weihnachten*)

reparto *m* de regalos ② (*fam iron: Missgeschick*) sorpresa *f* desagradable; **das ist ja eine schöne ~**! ¡maldita la gracia!

La **Bescherung** es la ceremonia de apertura de los regalos que esperan bajo el árbol de Navidad en Nochebuena. En muchas familias se permite a los niños abrir los regalos después de la cena, una vez que Papá Noel o el Niño Jesús hayan llegado.

bescheuert [bə'ʃɔɪɐt] *adj* (*fam*) como una cabra; **eine ~e Situation** una situación sin pies ni cabeza

beschichten* *vt* (TECH) revestir (*mit* de)

Beschichtung *f* <-en> (TECH) recubrimiento *m*

beschieden *pp von* **bescheiden**²

beschießen* *irr vt* tirotear, balear *AmS;* (PHYS: *Atomkern*) bombardear

beschildern* *vt* señalizar

Beschilderung *f* <-en> (AUTO) señalización *f*

beschimpfen* *vt* insultar

Beschimpfung *f* <-en> insulto *m*

Beschiss [bə'ʃɪs] *m* <-es, *ohne pl*> (*fam*) timo *m;* **das ist ja ~**! ¡qué timo!

beschissen [bə'ʃɪsən] I. *pp von* **bescheißen** II. *adj* (*fam*) hecho un asco; **so ein ~es Wetter!** ¡qué tiempo más asqueroso!; **gestern ging es mir ~** ayer estaba hecho una mierda

Beschlag *m* <-(e)s, -schläge> ① (*Metallstück*) herraje *m* ② (*Hufeisen*) herradura *f* ③ (*auf Glas*) empaño *m;* **jdn/etw in ~ nehmen** acaparar a alguien/algo; **etw mit ~ belegen** monopolizar algo

beschlagen¹ *adj* (*fam*) entendido (*in* en), versado (*in* en)

beschlagen*² *irr* I. *vi sein* (*Glas*) empañarse; (*Metall*) perder brillo II. *vt* ① (*Möbel*) guarnecer ② (*Huftiere*) herrar

beschlagnahmen* *vt* ① (JUR: *Vermögen*) confiscar ② (*fam: in Anspruch nehmen*) retener, apropiarse (de)

Beschlagnahmung *f* <-en> (JUR, ADMIN) confiscación *f*

beschleichen* *irr vt* (*geh: Gefühle*) apoderarse (de)

beschleunigen* [bə'ʃlɔɪnɪɡən] I. *vi* acelerar II. *vt* ① (*Tempo*) acelerar; **den Schritt ~** acelerar el paso ② (*Entwicklung*) activar III. *vr:* **sich ~** (*Tempo*) aumentar

Beschleunigung *f* <-en> aceleración *f*

beschlichen *pp von* **beschleichen**

beschließen* *irr vt* ① (*entscheiden*) decidir; (*gemeinsam*) acordar ② (*beenden*) terminar

beschlossen I. *pp von* **beschließen** II. *adj:* **etw liegt** [*o* **ist**] **in etw** *dat* **~** algo está comprendiendo [*o* contenido] en algo

Beschluss *m* <-es, -schlüsse> decisión *f,* resolución *f;* **einen ~ fassen** tomar una decisión; **beschlussfähig** *adj* (JUR, POL) capacitado para tomar acuerdos; **beschlussunfähig** *adj* (JUR) sin reunir (el) quórum

beschmieren* *vt* ① (*Brot*) untar, empavonar *Am* ② (*Kleidung, Person*) ensuciar; (*mit Fett*) pringar; (*mit Dreck*) enlodar ③ (*abw: voll schreiben*) garabatear

beschmutzen* *vt* manchar (*mit* de), ensuciar (*mit* de)

beschneiden* *irr vt* ① (*stutzen*) cortar; (*Bäume*) podar ② (*Ausgaben, Löhne*) reducir, recortar; (*Freiheit*) limitar ③ (MED) circuncidar

Beschneidung *f* <-en> ① (BOT) poda *f* ② (*von Rechten, Ausgaben*) reducción *f,* recorte *m* ③ (MED) circuncisión *f*

beschnitten I. *pp von* **beschneiden** II. *adj* (MED) circunciso

beschnüffeln* *vt* (*a. fig*) husmear, olfatear

beschnuppern* *vt* olfatear, olisquear

beschönigen* [bə'ʃøːnɪɡən] *vt* disimular

beschossen *pp von* **beschießen**

beschränken* [bə'ʃrɛŋkən] I. *vt* limitar (*auf* a) II. *vr:* **sich ~** limitarse (*auf* a)

beschränkt *adj* ① (*eingeschränkt*) limitado, escaso ② (*abw: dumm*) de pocas luces ③ (*engstirnig*) limitado

Beschränkung *f* <-en> restricción *f* (*auf* a), limitación *f* (*auf* a)

beschreiben* *irr vt* ① (*darstellen*) describir ② (*vollführen*) describir, ejecutar ③ (*voll schreiben*) escribir (en)

Beschreibung *f* <-en> ① (*Darstellung*) descripción *f* ② (*Gebrauchsanleitung*) instrucciones *fpl* de uso

beschreiten* *irr vt* (*geh*) seguir

beschrieben *pp von* **beschreiben**

beschriften* [bə'ʃrɪftən] *vt* rotular; (*mit Etikett*) etiquetar

Beschriftung *f* <-en> rótulo *m;* (*Aufschrift*) inscripción *f;* (*mit Etikett*) etiquetado *m*

beschritten *pp von* **beschreiten**

beschuldigen* [bə'ʃʊldɪɡən] *vt* acusar, inculpar; **er wurde des Diebstahls beschuldigt** fue acusado de robo

Beschuldigte(r) *mf* <-n, -n; -n> (JUR) acusado, -a *m, f*

Beschuldigung f <-en> acusación f

Beschuss m <-es, ohne pl> ❶ (MIL) fuego m, ametrallamiento m; **jdn unter ~ nehmen** (a. fig) apuntar contra alguien; **unter ~ geraten** (fam) ser blanco de críticas ❷ (PHYS: durch Neutronen) bombardeo m

beschützen* vt proteger (vor de/contra)

Beschützer(in) m(f) <-s, -; -nen> protector(a) m(f)

beschwatzen* vt (fam) ❶ (überreden) engatusar (zu para que +subj) ❷ (Thema) charlar (sobre)

Beschwerde [bə'ʃveːɐdə] f <-n> ❶ pl (MED) molestia f ❷ (Klage) queja f, protesta f; ~ **einlegen/einreichen** elevar/formular una protesta; **beschwerdefrei** adj (MED) sin molestias; ~ **sein** no tener molestias; **Beschwerdeführer(in)** m(f) (JUR) querellante mf

beschweren* [bə'ʃveːrən] **I.** vt poner un peso; (Briefe) poner un pisapapeles **II.** vr: **sich** ~ (sich beklagen) quejarse (über de); (protestieren) protestar (über contra)

beschwerlich adj (mühsam) pesado; (lästig) molesto

beschwichtigen* [bə'ʃvɪçtɪgən] vt tranquilizar, calmar

beschwichtigend **I.** adj apaciguador **II.** adv en tono conciliador; ~ **auf jdn einreden** mantener con alguien una conversación conciliadora

Beschwichtigung f <-en> apaciguamiento m

beschwindeln* vt (fam: belügen) mentir; (betrügen) engañar, embaucar

beschwingen* vt animar; (Hoffnung) dar alas; **diese flotte Musik beschwingt einen so richtig!** ¡esta música tan viva le anima a uno de verdad!

beschwingt [bə'ʃvɪŋt] adj animado, alegre; **mit ~en Schritten** con paso ligero

beschwipsen* vr: **sich** ~ achisparse

beschwipst [bə'ʃvɪpst] adj (fam) achispado, abombado Chil

beschwören* irr vt ❶ (beeiden) jurar ❷ (anflehen) suplicar, implorar ❸ (Erinnerung) evocar ❹ (bannen) conjurar

beseelen* vt animar, alentar

besehen* irr vt mirar; (genau) examinar

beseitigen* [bə'zaɪtɪgən] vt ❶ (Schmutz, Gegenstand) quitar; (Verdacht) eliminar; (Schaden) reparar; (Zweifel) disipar ❷ (fam: umbringen) eliminar

Beseitigung f <-en> ❶ (das Entfernen) eliminación f; (von Schaden) arreglo m ❷ (Ermordung) eliminación f

Besen ['beːzən] m <-s, -> escoba f; **ich fresse einen ~, wenn das stimmt** (fam)

¡juro en chino si es verdad!; **Besenstiel** m mango m de la escoba

besessen [bə'zɛsən] **I.** pp von **besitzen** **II.** adj (von einer Idee) obsesionado (von con), poseído (von por); **wie vom Teufel** ~ como un endemoniado

Besessenheit f ohne pl obsesión f, posesión f

besetzen* vt ❶ (Sitzplatz, Stelle, a. MIL) ocupar; **besetzt!** ¡ocupado!; **es ist besetzt** (TEL) está comunicando ❷ (Haus) okupar (argot) ❸ (Amt) cubrir (mit con); (Rolle) repartir (los papeles) ❹ (verzieren) (re)cubrir (mit de)

Besetztzeichen nt (TEL) señal f de ocupado

Besetzung f <-en> ❶ (Zustand) ocupación f ❷ (einer Stelle) provisión f ❸ (THEAT) reparto m ❹ (SPORT) alineación f; (Mannschaft) equipo m

besichtigen* [bə'zɪçtɪgən] vt (Wohnung) examinar; (Stadt) visitar

Besichtigung f <-en> ❶ (von Sehenswürdigkeiten) visita f ❷ (Begutachtung) inspección f

besiedeln* vt poblar, colonizar

Besied(e)lung f <-en> (a. GEO) colonización f

besiegeln* vt sellar; **damit war ihr Schicksal besiegelt** con esto firmó su propia sentencia

besiegen* vt ❶ (Gegner) vencer, derrotar ❷ (Müdigkeit) vencer; (Schwierigkeiten) superar

Besiegte(r) mf <-n, -n; -n> vencido, -a m, f

besinnen* irr vr: **sich** ~ ❶ (überlegen) reflexionar; **sie besann sich eines Besseren** cambió de opinión ❷ (sich erinnern) acordarse (auf de), recordar

besinnlich adj contemplativo; (nachdenklich) pensativo

Besinnung f ohne pl ❶ (Verstand) juicio m; **die** ~ **verlieren** perder el juicio ❷ (Nachdenken) reflexión f

besinnungslos adj sin conocimiento

Besinnungslosigkeit f ohne pl (MED) desmayo m

Besitz m <-es, ohne pl> posesión f; (Eigentum) propiedad f; (Güter) bienes mpl; (von Waffen) tenencia f; **von etw ~ ergreifen** tomar posesión de algo

besitzen* irr vt poseer, tener

Besitzer(in) m(f) <-s, -; -nen> (von Immobilien) dueño, -a m, f, propietario, -a m, f; (von Aktien, Werten) tenedor(a) m(f)

besitzergreifend adv posesivo

Besitzerin f <-nen> s. **Besitzer**

besitzlos adj sin bienes

Besitztum nt <-s, -tümer> ❶ (Eigentum)

propiedades *fpl* ❷ (*Landgut*) finca *f*

besoffen [bə'zɔfən] **I.** *pp von* **besaufen**
II. *adj* (*fam*) como una cuba, jumo *Am*

Besoffene(r) *mf* <-n, -n; -n, -n> (*fam*) borracho, -a *m, f*

besohlen* [bə'zo:lən] *vt* poner suelas

besolden* [bə'zɔldən] *vt* pagar el sueldo

Besoldung *f* <-en> (*das Besolden*) soldada *f;* (*das Gehalt*) sueldo *m*

besondere(r, s) *adj* ❶ (*speziell*) especial, particular; **im B~n** en particular; **nichts B~s** nada de particular ❷ (*eigentümlich*) singular, peculiar ❸ (*außergewöhnlich*) extraordinario

Besonderheit *f* <-en> ❶ (*Eigentümlichkeit*) peculiaridad *f,* singularidad *f* ❷ (*Kennzeichen*) particularidad *f*

besonders [bə'zɔndɐs] *adv* ❶ (*außerordentlich*) particularmente, especialmente; **wie geht es dir? – nicht ~** ¿cómo estás? – regular; **ich finde das nicht ~ lustig** no lo encuentro especialmente divertido ❷ (*vor allem*) especialmente, en particular

besonnen [bə'zɔnən] **I.** *pp von* **besinnen**
II. *adj* sensato, juicioso; (*vorsichtig*) prudente; (*rücksichtsvoll*) considerado

Besonnenheit *f ohne pl* buen juicio *m;* (*Verständigkeit*) sensatez *f;* (*Vorsicht*) prudencia *f*

besorgen* *vt* ❶ (*beschaffen*) proporcionar, conseguir; (*kaufen*) comprar ❷ (*erledigen*) despachar

Besorgnis [bə'zɔrknɪs] *f* <-se> preocupación *f,* inquietud *f;* **besorgniserregend** *adj* preocupante; **höchst ~** muy preocupante

besorgt [bə'zɔrkt] *adj* preocupado (*über/wegen* por)

Besorgung¹ *f* <-en> (*Einkauf*) compra *f;* **~en machen** hacer compras

Besorgung² *f ohne pl* (*von Geschäften*) despacho *m*

bespannen* *vt* (*mit Stoff*) revestir (*mit* de); (*mit Saiten*) encordar (*mit* de)

bespielbar *adj* ❶ (RADIO, TV) que se puede grabar; **eine CD-ROM ist nicht ~** en un CD-ROM no se puede grabar ❷ (SPORT) apto para el juego; **ein gut ~er Rasen** un césped en condiciones adecuadas para jugar

bespielen* *vt* ❶ (*Kassette*) registrar ❷ (*Sportplatz*) jugar (en)

bespitzeln* *vt* espiar

besprechen* *irr* **I.** *vt* ❶ (*Angelegenheit*) hablar (de), discutir; **wie besprochen** según lo convenido ❷ (*Film, Buch*) reseñar ❸ (*Tonband*) grabar **II.** *vr:* **sich ~** (*sich beraten*) conversar (*mit* con)

Besprechung *f* <-en> ❶ (*Unterredung*)

conferencia *f;* (*Sitzung*) reunión *f;* (*Gespräch*) entrevista *f* ❷ (*Rezension*) reseña *f,* crítica *f*

bespritzen* *vt* (*nass machen*) mojar (*mit* con); (*schmutzig machen*) salpicar (*mit* de)

besprochen *pp von* **besprechen**

besser ['bɛsɐ] *adj kompar von* **gut** mejor (*als* que); **~ Verdienende** persona mejor remunerada; **jdn eines B~en belehren** abrirle los ojos a alguien; **hast du nichts B~es zu tun?** (*fam*) ¿no tienes nada mejor que hacer?; **das gefällt mir ~** eso me gusta más; **~ gehen** estar mejor; **~ werden** mejorar; **alles ~ wissen** saberlo todo mejor; **es kommt noch ~** ahora viene algo mejor; **das ist auch ~ so** es mejor así; **~ gesagt** mejor dicho; **Bessergestellte(r)** *mf* <-n, -n; -n, -n> (persona *f*) pudiente *mf*

bessern **I.** *vt* (*besser machen*) mejorar **II.** *vr:* **sich ~** (*moralisch*) cambiar (de vida), componerse *Am;* (*Wetter*) mejorar(se)

Besserung *f ohne pl* mejora *f;* (*gesundheitlich*) mejoría *f,* restablecimiento *m;* **er befindet sich auf dem Wege der ~** se encuentra en vías de restablecimiento; **gute ~!** ¡que se mejore!, ¡que te mejores!; **Besserungsanstalt** *f* correccional *m*

Besserverdienende(r) *mf* <-n, -n; -n> persona *f* mejor remunerada

Besserwisser(in) *m(f)* <-s, -; -nen> sabelotodo *mf,* pendejo, -a *m, f* CSur

Besserwisserei *f ohne pl* (*abw*) sabihondez *f*

Besserwisserin *f* <-nen> *s.* **Besserwisser**

besserwisserisch **I.** *adj* (*abw*) sabihondo; **ich habe seine ~e Art endgültig satt!** ¡estoy más que harto de su pedantería! **II.** *adv* (*abw*) con pedantería; **er tut immer so ~!** ¡se comporta siempre de un modo tan pedante!

Bessrung *f ohne pl s.* **Besserung**; **Bessrungsanstalt** *f s.* **Besserungsanstalt**

Bestand¹ [bə'ʃtant] *m* <-(e)s, *ohne pl*> (*Bestehen*) existencia *f;* (*Fortdauer*) duración *f,* continuidad *f;* **~ haben** perdurar

Bestand² *m* <-(e)s, -stände> (*Vorrat*) existencias *fpl* (*an* en); (*Kassen~*) efectivo *m* en caja

bestanden **I.** *pp von* **bestehen** **II.** *adj* (SCH, UNIV) aprobado

beständig *adj* ❶ (*dauernd*) permanente, continuo ❷ (*Material*) consistente, resistente (*gegen* a/contra); (*gegen Hitze*) refractario ❸ (*Wetter*) estable

Beständigkeit *f ohne pl* ❶ (*Dauerhaftigkeit*) duración *f,* continuidad *f* ❷ (*Aus-*

dauer) constancia *f* ❸ (*von Material*) resistencia *f*

Bestandsaufnahme *f* inventario *m* de las existencias

Bestandteil *m* <-(e)s, -e> componente *m*; (*Einzelteil*) parte *f*; **etw löst sich in seine ~ auf** algo se descompone; **etw in seine ~ e zerlegen** desmontar algo

bestärken* *vt* reforzar, fortalecer; (*unterstützen*) consolidar; **das hat mich in meinem Verdacht bestärkt, dass ...** esto ha reforzado mi sospecha de que...

Bestärkung *f* <-en> ❶ (*Unterstützung*) apoyo *m* ❷ (*Verstärkung: eines Zweifels, Verdachts*) confirmación *f*, reafirmación *f*

bestätigen* [bəˈʃtɛːtɪgən] *vt* ❶ (*These, Urteil*) confirmar, probar ❷ (*amtlich*) certificar; **hiermit wird bestätigt, dass ...** por la presente se certifica que... ❸ (*anerkennen*) ratificar, revalidar; **jdn im Amt ~** ratificar a alguien en el cargo

Bestätigung *f* <-en> ❶ (*einer These*) confirmación *f* ❷ (*Bescheinigung*) certificado *m*; (*Empfangs~*) (acuse *m* de) recibo *m*; **Bestätigungsschreiben** *nt* carta *f* de confirmación

bestatten* [bəˈʃtatən] *vt* (*geh*) dar sepultura

Bestattung *f* <-en> (*geh*) sepelio *m*, ancuviña *f* *Chil*; **Bestattungsinstitut** *nt*, **Bestattungsunternehmen** *nt* funeraria *f*

bestäuben* [bəˈʃtɔɪbən] *vt* (BIOL) polinizar

Bestäubung *f* <-en> (BOT) polinización *f*

bestaunen* *vt* contemplar con asombro

bestbezahlt *adj* más cotizado; **er ist einer der ~en Mitarbeiter** es uno de los empleados mejor pagados

beste(r, s) *adj superl von* **gut** mejor, óptimo; **ich will nur dein B~s** sólo deseo lo mejor para ti; **sein B~s geben** dar lo mejor de sí mismo; **ich werde mein B~s tun** haré todo lo que pueda; **der/die/das erste B~** el primero/la primera/lo primero que se presente; **etw zum B~n geben** contar algo; **in den ~n Jahren sein** estar en sus mejores años; **mit den ~n Wünschen** con los mejores deseos; **ich halte es für das B~, wenn wir gehen** considero que lo mejor es que nos vayamos; **wir wollen das B~ hoffen** esperemos lo mejor

bestechen* *irr* **I.** *vt* (*mit Geld*) sobornar; (*Beamte*) cohechar, corromper **II.** *vi* (*beeindrucken*) impresionar (*durch* por), convencer (*durch* por)

bestechend *adj* (*durch Schönheit*) cautivador; **das ist ein ~es Angebot** es una oferta tentadora

bestechlich [bəˈʃtɛçlɪç] *adj* sobornable, corruptible

Bestechlichkeit *f ohne pl* corruptibilidad *f*, venalidad *f*

Bestechung *f* <-en> soborno *m*, corrupción *f*, acomodo *m* *Am*; (*von Beamten*) cohecho *m*; **Bestechungsgeld** *nt* soborno *m*, mordido *m* *Am*; **Bestechungsversuch** *m* intento *m* de soborno

Besteck [bəˈʃtɛk] *nt* <-(e)s, -e> ❶ (*Ess~*) cubiertos *mpl*; **~ aus Plata** ❷ (MED) instrumental *m* ❸ (NAUT) estima *f*

bestehen* *irr* **I.** *vi* ❶ (*existieren*) existir; **es besteht keine Möglichkeit** no existe ninguna posibilidad; **~ bleiben** mantenerse ❷ (*sich zusammensetzen*) constar (*aus* de), consistir (*in* en); **unsere Artikel ~ alle aus natürlichen Materialien** todos nuestros productos están hechos de materiales naturales; **worin besteht das Problem?** ¿en qué consiste el problema? ❸ (*beharren*) insistir (*auf* en), empeñarse (*auf* en) **II.** *vt* ❶ (*Prüfung*) aprobar; **nicht ~** suspender ❷ (*Gefahr, Krise*) superar

Bestehen *nt* <-s, ohne pl> ❶ (*Vorhandensein*) existencia *f*; **seit ~ der Firma** desde la fundación de la empresa ❷ (*einer Prüfung*) aprobado *m*

bestehend *adj* ❶ (*geltend*) vigente; **sich an ~e Gesetze/Vorschriften halten** atenerse a las leyes/disposiciones vigentes ❷ (*existierend*) existente; **die ~e Gesellschaftsordnung** el orden social existente

bestehlen* *irr vt* robar; **jdn um 100 DM ~** robar a alguien 100 marcos

besteigen* *irr vt* subir (a); **den Thron ~** subir al trono

bestellen* *vt* ❶ (*Essen, Waren*) pedir; **haben Sie schon bestellt?** ¿ya han pedido? ❷ (*kommen lassen*) hacer venir, llamar; (*mit Termin*) citar; **dastehen wie bestellt und nicht abgeholt** estar plantado como un pasmarote ❸ (*reservieren*) reservar ❹ (*ausrichten*): **jdm Grüße ~** dar(le) recuerdos a alguien; **sie lässt ~, dass ...** ha dado recado de que... ❺ (*Acker*) labrar, cultivar ❻ (*ernennen*) nombrar

Bestellnummer *f* número *m* de pedido; **Bestellschein** *m* hoja *f* de pedido

Bestellung *f* <-en> (*Auftrag*) encargo *m*; (*bestellte Ware*) pedido *m*; **eine ~ aufgeben** hacer un pedido

besten *superl von* **gut**: **am ~** lo (que) mejor; **am ~n würden wir gleich gehen** lo mejor sería que nos fuéramos enseguida

bestenfalls *adv* en el mejor de los casos; (*höchstens*) como mucho

bestens ['bɛstəns] *adv* estupendamente

besteuern* *vt* (WIRTSCH) gravar (con impuestos)

Besteuerung *f* <-en> (WIRTSCH) imposición *f* fiscal

Bestform *f ohne pl* (SPORT) mejor forma *f*

bestialisch [bɛsˈtjaːlɪʃ] *adj* bestial

Bestialität [bɛstjaliˈtɛːt] *f* <-en> bestialidad *f*

besticken* *vt* bordar

Bestie ['bɛstjə] *f* <-n> bestia *f*, fiera *f*

bestimmen* **I.** *vi* ① (*entscheiden*) decidir; (*befehlen*) mandar; **du hast hier nichts zu** ~ tú aquí no tienes ni voz ni voto ② (*verfügen*) disponer (*über* de) **II.** *vt* ① (*Termin, Preis*) determinar, fijar ② (*Stadtbild, Epoche*) caracterizar ③ (*ernennen*) nombrar ④ (*ausersehen*) destinar (*für/zu* para); **wir waren füreinander bestimmt** estábamos destinados el uno para el otro ⑤ (*Begriff*) definir; (*festlegen*) determinar; (*zuordnen*) clasificar ⑥ (CHEM) analizar, determinar

bestimmend *adj* ① (*entscheidend*) determinante; **für jdn/etw** ~ **sein** ser determinante para alguien/algo ② (GRAM) determinante

bestimmt **I.** *adj* ① (*feststehend*) determinado; (*sicher*) seguro, concreto; **niemand weiß etwas B~es** nadie sabe nada concreto ② (*entschieden*) decidido, impositivo *CSur;* **höflich, aber** ~ amable pero decidido **II.** *adv* (*sicherlich*) seguro, seguramente

Bestimmtheit *f ohne pl* ① (*Gewissheit*) certeza *f;* **das kann ich nicht mit** ~ **sagen** no lo puedo decir con certeza ② (*Entschiedenheit*) resolución *f*, firmeza *f*

Bestimmung *f* <-en> ① (*Festsetzung*) fijación *f* ② (*Vorschrift*) disposición *f;* **gesetzliche** ~**en** disposiciones oficiales; **nach den geltenden** ~**en** según las disposiciones vigentes ③ (*eines Begriffes*) definición *f;* (LING) complemento *m* ④ (CHEM) análisis *m inv* ⑤ (*Schicksal*) destino *m;* **Bestimmungsort** *m* lugar *m* de destino

Bestleistung *f* (SPORT) mejor marca *f*

bestmögliche(r, s) *adj* el mejor posible; **sein B~s tun** hacer todo lo que está al alcance de su mano

Best.-Nr. *Abk. von* **Bestellnummer** número *m* de pedido

bestochen *pp von* **bestechen**

bestrafen* *vt* castigar (*mit* con, *wegen* por); (*mit Geld*) imponer una multa

Bestrafung *f* <-en> castigo *m*, sanción *f*

bestrahlen* *vt* ① (*beleuchten*) iluminar, alumbrar ② (MED) radiar

Bestrahlung *f* <-en> ① (*Bühne*) iluminación *f* ② (MED) radiación *f;* (*mit Röntgenstrahlen*) tratamiento *m* con rayos X

Bestreben *nt* <-s, *ohne pl*> empeño *m*, afán *m;* **das** ~ **haben, etw zu tun** empeñarse en hacer algo

bestrebt [bəˈʃtreːpt] *adj* afanado, esforzado; **wir sind** ~, **unser Bestmögliches zu tun** nos esforzamos por hacer todo cuanto esté en nuestras manos

bestreichen* *irr vt* (*mit Butter*) untar (*mit* con); (*mit Farbe*) cubrir (*mit* con)

bestreiken* *vt* boicotear (con huelgas)

bestreitbar *adj* (*Behauptung*) discutible; **es handelt sich um nicht** ~**e Fakten** se trata de hechos indiscutibles

bestreiten* *irr vt* ① (*abstreiten*) negar, refutar ② (*Unterhalt*) cargar con; **sie bestreitet ihren Unterhalt selbst** se mantiene por su propia cuenta ③ (*Gespräch*) mantener, llevar

bestreuen* *vt* espolvorear (*mit* con)

bestrichen *pp von* **bestreichen**

bestritten *pp von* **bestreiten**

Bestseller ['bɛstsɛlɐ] *m* <-s, -> best seller *m;* **Bestsellerautor(in)** *m(f)* autor(a) *m(f)* de best-sellers; **Bestsellerliste** *f* lista *f* de los libros más vendidos [o de best-sellers]

bestürmen* *vt* ① (*Festung*) asaltar ② (*bedrängen*) asediar (*mit* con), acosar (*mit* con); **jdn mit Fragen** ~ asediar a alguien a preguntas

bestürzen* *vt* consternar; **eine** ~**de Nachricht** una noticia consternadora

bestürzt [bəˈʃtʏrtst] *adj* atónito; (*verblüfft*) desconcertado

Bestürzung *f ohne pl* (*Fassungslosigkeit*) consternación *f;* (*Schrecken*) sobresalto *m*

Bestzeit *f* (SPORT) mejor tiempo *m;* **er lief seine persönliche** ~ batió su propio récord

Besuch [bəˈzuːx] *m* <-(e)s, -e> ① (*das Besuchen*) visita *f;* (*der Schule*) asistencia *f;* **jdm einen** ~ **abstatten** hacer una visita a alguien; **bei jdm zu** ~ **sein** estar de visita en casa de alguien ② (*Person*) visita *f;* ~ **haben/bekommen** tener/recibir visita

besuchen* *vt* ① (*Person, Ort*) visitar, ir a ver ② (*Veranstaltung*) asistir (a); **gut besucht** muy concurrido; **eine Schule** ~ ir a un colegio

Besucher(in) *m(f)* <-s, -; -nen> visitante *mf*

Besuchszeit *f* hora *f* de visita, horario *m* de visita

besudeln* [bəˈzuːdəln] *vt* ensuciar (*mit* de/con), manchar (*mit* de/con); (*abw*) pringar (*mit* de/con) *fam*

betagt [bəˈtaːkt] *adj* (*geh*) de avanzada edad

betasten* *vt* palpar

Betastrahlung *f* (PHYS) emisión *f* de rayos beta

betätigen* [bəˈtɛːtɪɡən] I. *vt* (*Hebel, Maschine*) accionar, poner en funcionamiento II. *vr* (*tätig sein*): **sich politisch ~** dedicarse a la política; **sich als Künstlerin/Sportler ~** trabajar como artista/deportista

Betätigung¹ *f ohne pl* (*einer Maschine*) puesta *f* en marcha

Betätigung² *f* <-en> (*Tätigkeit*) actividad *f*, función *f*

Betätigungsfeld *nt* campo *m* de actividades

betatschen* *vt* (*fam abw*) sobar; (*sexuell*) meter mano

betäuben* [bəˈtɔɪbən] *vt* ensordecer; (MED) anestesiar; (*Schmerz*) mitigar, aliviar; (*benommen machen*) aturdir; **ein ~der Duft** un perfume embriagador; **er betäubte seinen Kummer mit Alkohol** ahogó sus penas en alcohol

Betäubung *f* <-en> ❶ (MED) anestesia *f*; **örtliche ~** anestesia local ❷ (*Benommenheit*) aturdimiento *m*; **Betäubungsmittel** *nt* anestésico *m*; (*a. Rauschgift*) narcótico *m*

Bete [ˈbeːtə] *f* <-n>: **Rote ~** remolacha *f* (colorada), betarraga *f Am*

beteiligen* [bəˈtaɪlɪɡən] I. *vt* (*teilhaben lassen*) hacer participar (*an/bei* en) II. *vr*: **sich ~** (*teilnehmen*) participar (*an* en); (*sich einsetzen*) implicarse (*an* en); (*finanziell*) contribuir (*an* a)

beteiligt *adj* ❶ (*Plan, Unfall*) implicado (*an* en) ❷ (*Konzern, Umsatz*) partícipe, participante; **sie ist mit 49% an seiner Firma ~** participa en su empresa con un 49%

Beteiligte(r) *mf* <-n, -n; -n> participante *mf*; (*an Verbrechen*) implicado, -a *m, f*; (JUR) parte *f* interesada

Beteiligung *f* <-en> ❶ (*an einer Veranstaltung*) participación *f*; (*Mitwirken*) colaboración *f*; (*Einsatz*) implicación *f*; **eine schwache ~** poca concurrencia ❷ (COM) participación *f* ❸ (JUR) implicación *f*

beten [ˈbeːtən] *vi, vt* rezar (*für* por, *um* por, *zu* a)

beteuern* [bəˈtɔɪɐn] *vt* proclamar, reiterar

Beteuerung *f* <-en> aseveración *f*

Bethlehem [ˈbeːtleːhɛm] *nt* <-s> Belén *m*

betiteln* *vt* titular (*als* de)

Beton [beˈtɔŋ] *m* <-s, -s *Österr:* -e> hormigón *m*, concreto *m Am*

betonen* [bəˈtoːnən] *vt* ❶ (*Silbe, Note*) acentuar; **auf der zweiten Silbe ~** acentuar en la segunda sílaba ❷ (*nachdrücklich*) subrayar; (*hervorheben*) poner de relieve

betonieren* [betoˈniːrən] *vt* hormigonar

Betonklotz *m* (*abw*) mole *f* de cemento; **Betonmischer** *m* <-s, -> (TECH) mezcladora *f* de hormigón

betont [bəˈtoːnt] *adj* marcado, manifiesto

Betonung *f* <-en> ❶ (*Akzent*) acento *m* (prosódico), acentuación *f* ❷ (*einer Tatsache*) insistencia *f*

betören* [bəˈtøːrən] *vt* (*geh*) ❶ (*entzücken*) fascinar, perturbar ❷ (*verführen*) seducir, embriagar

betörend *adj* embriagador; (*faszinierend*) fascinador; **ein ~er Duft lag in der Luft** en el aire flotaba un perfume embriagador

betr. (COM) *Abk. von* **betrifft, betreffs, betreffend** respecto a

Betracht [bəˈtraxt] *m:* **etw in ~ ziehen** tomar algo en consideración; **etw außer ~ lassen** dejar algo de lado; (**nicht**) **in ~ kommen** (no) entrar en consideración

betrachten* *vt* ❶ (*anschauen*) contemplar; (*genau*) examinar; **genau betrachtet** mirándolo bien; **etw aus der Nähe ~** examinar algo de cerca ❷ (*einschätzen*) considerar (*als* como)

Betrachter(in) *m(f)* <-s, -; -nen> observador(a) *m(f)*

beträchtlich [bəˈtrɛçtlɪç] *adj* considerable

Betrachtung¹ *f ohne pl* (*eines Bildes*) contemplación *f*; **bei näherer/flüchtiger ~** mirándolo de cerca/por encima

Betrachtung² *f* <-en> (*Überlegung*) reflexión *f*; **philosophische ~en anstellen** hacer reflexiones filosóficas

Betrachtungsweise *f* visión *f*

Betrag [bəˈtraːk, *pl:* bəˈtrɛːɡə] *m* <-(e)s, -träge> importe *m*; (*Gesamtbetrag*) total *m*; **~ dankend erhalten** importe recibido, pagado, cobrado

betragen* *irr* I. *vi* (*sich belaufen auf*) ascender (a); (*Rechnung*) elevarse (a) II. *vr*: **sich ~** (*sich benehmen*) comportarse

Betragen *nt* <-s, *ohne pl*> comportamiento *m*

betrauen* *vi* encomendar, confiar; **jdn mit etw ~** encomendar algo a alguien

betrauern* *vt* deplorar

Betreff [bəˈtrɛf] *m* <-(e)s, -e> (*Briefkopf*)

asunto *m*

betreffen* *irr vt* **❶** (*angehen*) concernir, referirse (a); **was mich betrifft ...** en lo que a mí se refiere... **❷** (*seelisch*) afectar

betreffend *adj* respectivo, en cuestión; **der oder die B~e möge sich bitte melden** que se presente la persona en cuestión; **unser letztes Schreiben ~ ...** respecto a nuestro último escrito...

Betreffende(r) *mf* <-n, -n; -n, -n> persona *f* en cuestión

betreffs *präp* +*gen* en relación a

betreiben* *irr vt* **❶** (*Studien, Politik*) dedicarse (a) **❷** (SPORT) practicar **❸** (*Handwerk*) ejercer **❹** (*Geschäft*) regentar **❺** (JUR): **einen Prozess ~** seguir una causa **❻** (*Angelegenheit*) gestionar; **auf jds B~ hin** por iniciativa de alguien

Betreiber(in) *m(f)* <-s, -; -nen> (*Firma, Träger*) explotador(a) *m(f)*

betreten¹ *adj* (*verlegen*) turbado, cortado *fam;* **es herrschte ~es Schweigen** reinaba un silencio embarazoso

betreten*² *irr vt* (*Raum, Gebäude*) entrar (en); (*Rasen*) pisar; (*Podium*) subir (a); (*Spielfeld*) hacer su entrada (en); **B~ verboten!** ¡prohibida la entrada!

betreuen* [bə'trɔɪən] *vt* (*Kranke*) cuidar; (*Reisegruppe*) acompañar; **ein Projekt ~** dirigir un proyecto

Betreuer(in) *m(f)* <-s, -; -nen> tutor(a) *m(f);* (*Assistent*) asistente *mf;* (*Berater*) asesor(a) *m(f)*

Betreuung *f ohne pl* asistencia *f;* (SCH, UNIV) tutoría *f*

Betrieb¹ *m* <-(e)s, -e> **❶** (*Unternehmen*) empresa *f;* (*handwerklich*) taller *m* **❷** (*Belegschaft*) personal *m*

Betrieb² *m* <-(e)s, *ohne pl*> **❶** (*Tätigkeit*) marcha *f,* funcionamiento *m;* **in ~ sein** estar en funcionamiento; **etw in ~ nehmen** poner algo en marcha; **etw außer ~ setzen** poner algo fuera de servicio **❷** (*fam: Treiben*) tumulto *m*

betrieben *pp von* **betreiben**

betrieblich *adj* empresarial

betriebsam *adj* activo

Betriebsamkeit *f* <-en> actividad *f*

Betriebsangehörige(r) *mf* miembro *m* de la empresa; **Betriebsanleitung** *f* instrucciones *fpl* de servicio; **Betriebsarzt, -ärztin** *m, f* médico, -a *m, f* de empresa; **Betriebsausflug** *m* excursión *f* con la empresa; **betriebsbedingt** *adj* relativo a la empresa; **betriebsbereit** *adj* (TECH) listo para el servicio; **betriebseigen** *adj* perteneciente a la empresa; **Betriebsferien** *pl* vacaciones *fpl* colecti-

vas de la empresa; **betriebsfertig** *adj* listo para la puesta en marcha; **Betriebsfest** *nt* fiesta *f* de la empresa; **Betriebsgeheimnis** *nt* secreto *m* empresarial [*o* de producción]; **Betriebsgelände** *nt* terreno *m* de la empresa; **Betriebshof** *m* cocheras *fpl;* **betriebsintern** *adj* interno (de la empresa); **Betriebsklima** *nt* ambiente *m* en la empresa; **Betriebskosten** *pl* gastos *mpl* de producción; **Betriebsleitung** *f* dirección *f* de una empresa; **Betriebsprüfung** *f* (WIRTSCH) revisión *f* (de empresa)

Betriebsrat¹ *m* <-(e)s, -räte> (*Organ*) comité *m* de empresa

Betriebsrat, -rätin² *m, f* <-(e)s, -räte; -nen> (*Mitglied*) representante *mf* del comité de empresa

Betriebsschließung *f* (WIRTSCH) cierre *m* de una empresa; **Betriebsschluss** *m ohne pl* fin *m* de la jornada laboral; **nach ~** después del trabajo; **Betriebsstilllegung** *f* (WIRTSCH) cierre *m* de una empresa; **Betriebsstörung** *f* (TECH) perturbación *f* en el funcionamiento; **Betriebssystem** *nt* (INFOR) sistema *m* operativo; **Betriebsunfall** *m* accidente *m* de trabajo; **Betriebsversammlung** *f* asamblea *f* general de la empresa; **Betriebswirt(in)** *m(f)* (técnico, -a *m, f*) economista *mf*

Betriebswirtschaft *f ohne pl* ciencias *fpl* empresariales

betriebswirtschaftlich *adj* de la economía de la empresa

Betriebswirtschaftslehre *f ohne pl* economía *f* industrial

betrinken* *irr vr:* **sich ~** emborracharse, jalarse *Am*

betroffen [bə'trɔfən] **I.** *pp von* **betreffen** **II.** *adj* **❶** (*von Maßnahmen*) afectado (*von* por) **❷** (*bestürzt*) consternado

Betroffene(r) *mf* <-n, -n; -n> afectado, -a *m, f*

Betroffenheit *f ohne pl* consternación *f*

betrogen *pp von* **betrügen**

betrüben* *vt* afligir

betrüblich [bə'try:plɪç] *adj* triste

Betrübnis *f* <-se> aflicción *f*

betrübt *adj* (*geh*) afligido (*über* de/por); **tief ~** profundamente afligido

Betrug [bə'tru:k] *m* <-(e)s, *ohne pl*> engaño *m;* (JUR) fraude *m;* (*beim Spiel*) trampa *f*

betrügen* [bə'try:gən] *irr* **I.** *vt* engañar, morder *Am;* **sich um etw betrogen fühlen/sehen** sentirse/verse decepcionado por algo; **jahrelang betrog sie ihn mit ihrem Zahnarzt** durante años lo engañaba con su dentista **II.** *vr:* **sich (selbst) ~** engañarse (a sí mismo)

Betrüger(in) *m(f)* <-s, -; -nen> estafador(a) *m(f);* (*beim Spiel*) tramposo, -a *m, f*

Betrügerei *f* <-en> estafa *f,* fraude *m*

Betrügerin *f* <-nen> *s.* **Betrüger**

betrügerisch *adj* fraudulento, dañero *Ven*

betrunken [bə'trʊŋkən] I. *pp von* **betrinken** II. *adj* borracho, bolo *Am*

Betrunkene(r) *mf* <-n, -n; -n> borracho, -a *m, f,* bolo, -a *m, f Am*

Bett [bɛt] *nt* <-(e)s, -en> ❶ (*Möbelstück*) cama *f;* **das ~ machen** hacer la cama; **im ~ liegen** estar en (la) cama; **ans ~ gefesselt sein** estar postrado en cama; **ins** [*o* zu] **~ gehen** ir(se) a la cama; **das ~ hüten müssen** tener que guardar cama; **mit jdm ins ~ gehen** (*fam*) acostarse con alguien; **an jds ~ sitzen** estar sentado junto al lecho de alguien; **er macht ins ~** (*fam*) se mea en la cama; **sich ins gemachte ~ legen** (*fig*) encontrárselo todo hecho ❷ (*Fluss~*) cauce *m,* lecho *m* ❸ (*Feder~*) edredón *m;* **Bettbezug** *m* funda *f* de edredón; **Bettcouch** *f* sofá-cama *m;* **Bettdecke** *f* ❶ (*Tagesdecke*) colcha *f* ❷ (*Federbett*) edredón *m*

bettelarm ['--'-] *adj* pobre como una rata

Bettelei *f* <-en> (*abw*) pordiosería *f*

Bettelmönch *m* fraile *m* mendicante

betteln *vi* pedir limosna, mendigar

Bettelstab *m:* **jdn an den ~ bringen** arruinar económicamente a alguien

betten *vt* (*geh*) recostar; **jdn zur letzten Ruhe ~** sepultar a alguien

Bettgeflüster *nt* (*fam: Klatsch*) rumor *m;* **Bettgeschichte** *f* lío *m* de cama; **Bettgestell** *nt* armadura *f* de cama; **Betthupferl** ['bɛthʊpfɐl] *nt* <-s, -> (*reg*) dulce *que se da a los niños antes de acostarse;* **Bettkante** *f* borde *m* de la cama

bettlägerig ['bɛtlɛːgərɪç] *adj* postrado en cama

Bettlaken *nt* sábana *f;* **Bettlektüre** *f* lectura *f* entretenida (*para antes de dormir*)

Bettler(in) ['bɛtlɐ] *m(f)* <-s, -; -nen> mendigo, -a *m, f*

Bettnässer(in) *m(f)* <-s, -; -nen> (*fam*) meón, -ona *m, f* (*niño o niña que sufre de incontinencia nocturna de orina*)

bettreif *adj* (*fam*) con ganas de irse a dormir; **Bettruhe** *f* reposo *m* en cama; **Bettschwere** *f:* **die erforderliche ~ haben** (*fam*) estar a punto para la cama; **Betttuch** ['bɛttuːx] *nt* sábana *f;* **Bettwäsche** *f* ropa *f* de cama, sábanas *fpl,* cobija *f Am;* **Bettzeug** *nt* (*fam*) ropa *f* de cama, sábanas *fpl*

betucht [bə'tuːxt] *adj* (*fam*) adinerado, fondeado *Am;* **gut ~ sein** estar forrado (de dinero)

betulich [bə'tuːlɪç] *adj* (*hilfsbereit*) solícito; (*abw*) exageradamente atento

betuppen* *vt* (*reg*) timar (*um* con)

Beugehaft *f* (*JUR*) arresto *m* reflexivo

beugen ['bɔɪɡən] I. *vt* ❶ (*Arm*) doblar; **den Kopf ~** inclinar la cabeza; **vor Kummer gebeugt sein** estar postrado por las penas ❷ (*Recht*) violar ❸ (*LING: Verb*) conjugar; (*Substantiv*) declinar II. *vr:* **sich ~** ❶ (*sich neigen*) inclinarse (*über* sobre); **er beugte sich leicht nach vorn/zu mir** se inclinó ligeramente hacia delante/hacia mí ❷ (*sich fügen*) someterse (a)

Beugung *f* <-en> ❶ (*ANAT, LING*) flexión *f* ❷ (*PHYS: Licht*) difracción *f*

Beule ['bɔɪlə] *f* <-n> ❶ (*Verletzung*) chichón *m* ❷ (*Delle*) abolladura *f* ❸ (*MED*) buba *f;* **Beulenpest** *f* (*MED*) peste *f* bubónica

beunruhigen* [bə'ʔʊnruːɪɡən] I. *vt* inquietar II. *vr:* **sich ~** preocuparse (*über* de), inquietarse (*über* con/por), indigestarse (*über* con/de/por) *Am*

beunruhigend *adj* inquietante

Beunruhigung *f* <-en> inquietud *f*

beurkunden* *vt* dar fe (de), documentar

beurlauben* *vt* ❶ (*Urlaub geben*) conceder vacaciones; (*MIL*) dar permiso ❷ (*von Amtspflichten*) dar licencia; **beurlaubt sein** tener licencia ❸ (*UNIV*): **sich ~ lassen** tomarse un semestre libre

Beurlaubung *f* <-en> excedencia *f*

beurteilen* *vt* juzgar; (*schätzen*) valorar, estimar

Beurteilung *f* <-en> ❶ (*Einschätzung*) juicio *m,* apreciación *f* ❷ (*Gutachten*) dictamen *m*

Beute ['bɔɪtə] *f ohne pl* ❶ (*Fang*) botín *m;* (*eines Tieres*) presa *f;* **reiche ~ machen** (*fam*) sacar un buen botín ❷ (*geh: Opfer*) víctima *f;* **leichte ~ für jdn sein** ser una víctima fácil para alguien

Beutel ['bɔɪtəl] *m* <-s, -> ❶ (*Behältnis*) bolsa *f* ❷ (*ZOOL: des Kängurus*) marsupio *m,* bolsa *f* ❸ (*fam: Geldbeutel*) monedero *m*

beuteln I. *vt* ❶ (*Österr, südd: schütteln*) sacudir ❷ (*Österr, südd: mitnehmen*) estremecer; **vom Leben gebeutelt, zog er sich immer mehr zurück** castigado por la vida, vivía cada vez más apartado ❸ (*reg: ausnehmen*) limpiar; **die haben dich aber ganz schön gebeutelt** ésos te han limpiado todo el dinero II. *vi* (*sich ausbeulen*) dar(se) de sí; **Beuteltier** *nt* (*ZOOL*) marsupial *m*

bevölkern* [bə'fœlkɐn] *vt* poblar; **ein dicht/dünn bevölkertes Gebiet** una zona densamente/poco poblada

Bevölkerung *f* <-en> población *f;* **die einheimische/ländliche** ~ la población nacional/rural; **Bevölkerungsdichte** *f ohne pl* densidad *f* de (la) población; **Bevölkerungsentwicklung** *f* desarrollo *m* demográfico; **Bevölkerungsexplosion** *f* explosión *f* demográfica; **Bevölkerungsgruppe** *f* población *f;* **Bevölkerungsrückgang** *m* regresión *f* de la población; **Bevölkerungsschicht** *f* nivel *m* social; **Bevölkerungszahl** *f* población *f,* número *m* de habitantes; **Bevölkerungszuwachs** *m* aumento *m* de (la) población

bevollmächtigen* [bə'fɔlmɛçtɪgən] *vt* apoderar (*zu* a), autorizar (*zu* para), capacitar (*zu* para) *Am*

Bevollmächtigte(r) *mf* <-n, -n; -n> mandatario, -a *m, f,* capacitado, -a *m, f Am*

Bevollmächtigung *f* <-en> autorización *f,* capacitación *f Am*

bevor [bə'fo:ɐ] *konj* antes de +*inf,* antes de que +*subj;* **gieß bitte die Blumen, ~ du gehst** por favor, riega las plantas antes de irte; **ich will mit dem Essen fertig sein, ~ sie kommen** quiero haber terminado con la comida antes de que lleguen

bevormunden* [bə'fɔːɐmʊndən] *vt* poner bajo tutela

Bevormundung *f* <-en> tutela *f*

bevor|stehen *irr vi* ser inminente; **der ~ de Krieg** la guerra inminente; **es steht uns noch sehr viel Arbeit bevor** aún nos queda mucho trabajo por delante; **die Wahlen stehen unmittelbar bevor** las elecciones están muy próximas

bevorzugen* [bə'fo:ɐtsu:gən] *vt* preferir, favorecer

bevorzugt **I.** *adj* ❶ (*privilegiert*) favorecido; **eine ~ e Behandlung** un trato de favor ❷ (*beliebteste*) preferido **II.** *adv* preferentemente; (*privilegiert*) de favor; **jdn ~ behandeln** dar a alguien un trato de favor

Bevorzugung *f* <-en> preferencia *f*

bewachen* *vt* vigilar, custodiar

bewachsen [bə'vaksən] *adj* cubierto (*mit* de)

Bewachung *f* <-en> ❶ (*das Bewachen*) custodia *f,* vigilancia *f* ❷ (*Wache*) guardia *f*

bewaffnen* [bə'vafnən] *vt* armar (*mit* con); **er war bis an die Zähne bewaffnet** estaba armado hasta los dientes

Bewaffnung *f* <-en> ❶ (*Vorgang*) armamento *m* ❷ (*Waffen*) armas *fpl*

bewahren* *vt* ❶ (*beschützen*) proteger (*vor* de); **Gott bewahre!** ¡Dios me [*o* nos] libre! ❷ (*Stillschweigen*) guardar; (*in Erinnerung*) recordar; **bitte ~ Sie Ruhe!** ¡guarde(n) calma, por favor!; **seine gute Laune ~** conservar su buen humor ❸ (*geh: aufbewahren*) guardar

bewähren* [bə'vɛːɐn] *vr:* **sich ~** (*Person*) acreditarse; (*Sache*) dar buen resultado

bewahrheiten* [bə'vaːɐhaɪtən] *vr:* **sich ~** confirmarse

bewährt [bə'vɛːɐt] *adj* acreditado; (*Mittel, Methode*) probado

Bewährung *f* <-en> prueba *f;* (JUR) libertad *f* condicional; **er bekam drei Jahre mit/ohne ~** le condenaron a tres años con/sin libertad condicional; **Bewährungsfrist** *f* (JUR) período *m* de prueba; **Bewährungshelfer(in)** *m(f)* asistente *mf* durante el plazo de prueba; **Bewährungsprobe** *f* prueba *f*

bewältigen* [bə'vɛltɪgən] *vt* (*Problem*) vencer, superar; (*Aufgabe*) llevar a cabo

Bewältigung *f* <-en> (*eines Problems, Erlebnisses*) superación *f;* (*einer Aufgabe*) (re)solución *f;* **sie arbeitete an der ~ dieser Erlebnisse** se esforzaba por superar aquellas experiencias

bewandert [bə'vandɐt] *adj* experto (*in* en)

Bewandtnis [bə'vantnɪs] *f* <-se> motivo *m,* explicación *f;* **damit hat es folgende ~** el caso es el siguiente

bewässern* [bə'vɛsən] *vt* regar

Bewässerung *f* <-en> riego *m;* (AGR) irrigación *f*

Bewässrung *f* <-en> *s.* **Bewässerung**

bewegen¹ [bə've:gən] <bewegt, bewog, bewogen> *vt* (*veranlassen*) inducir (*zu* a), mover (*zu* a); **was hat dich dazu bewogen?** ¿qué te movió a hacerlo?

bewegen*² **I.** *vt* ❶ (*Arm, Lippen*) mover; (*in Gang setzen*) poner en marcha; **er konnte den Koffer kaum von der Stelle ~** casi no podía mover del lugar la maleta ❷ (*innerlich*) conmover, emocionar **II.** *vr:* **sich ~** ❶ (*Fahrzeug, Person*) moverse; **endlich bewegt sich etwas!** ¡por fin ocurre algo! ❷ (*schwanken*) variar (*um* en), oscilar (*um* alrededor de, *zwischen* entre); **die Preise ~ sich um die 100 Euro** los precios se sitúan sobre los 100 euros ❸ (*Erde, Sonne*) girar (*um* alrededor de)

Beweggrund *m* motivo *m*

beweglich [bə've:klɪç] *adj* ❶ (*flexibel*) móvil; (*geistig*) flexible; **sie ist geistig noch sehr ~** todavía tiene la mente muy viva ❷ (*bewegbar*) movible; **~ e Habe** bienes muebles

Beweglichkeit *f ohne pl* ❶ (*geistige Wendigkeit*) flexibilidad *f* ❷ (*bewegliche Beschaffenheit*) movilidad *f* ❸ (*Mobilität*) libertad *f* de movimiento

bewegt [bə'veːkt] *adj* ❶ (*See, Wasser*) agitado ❷ (*fig: Person*) conmovido; (*Leben, Zeiten*) turbulento; **tief** ~ profundamente conmovido

Bewegung *f* <-en> ❶ (*a.* POL.) movimiento *m; etw in* ~ **bringen** poner algo en marcha; **sich** *dat* ~ **verschaffen** hacer ejercicio; **keine** ~! ¡que nadie se mueva!; **in** ~ **sein** estar en movimiento; **alle Hebel in** ~ **setzen** tocar todos los resortes ❷ (*Anteilnahme*) emoción *f;* **Bewegungsablauf** *m* transcurso *m* del movimiento; **Bewegungsarmut** *f* (MED) pobreza *f* cinética; **Bewegungsfreiheit** *f ohne pl* libertad *f* de acción; (*Platz*) libertad *f* de movimiento; **bewegungslos** *adj* inmóvil; **Bewegungsmangel** *m ohne pl* falta *f* de movimiento; **Bewegungsmelder** *m* <-s, -> avisador *m* de movimientos; **bewegungsunfähig** *adj* incapaz de moverse

beweihräuchern★ [bə'vaɪʀɔɪçɐn] **I.** *vt* ❶ (*mit Weihrauch umgehen*) incensar *fam pey* ❷ (*verherrlichen*) ensalzar (excesivamente) **II.** *vr:* **sich selbst** ~ (*fam abw*) ensalzarse

beweinen★ *vt* llorar (a/por)

Beweis [bə'vaɪs] *m* <-es, -e> prueba *f; aus* **Mangel an** ~**en** por falta de pruebas; **als** ~ como prueba; **etw unter** ~ **stellen** dar prueba de algo; **den** ~ **antreten/erheben** presentar/administrar pruebas; **Beweisaufnahme** *f* (JUR) registro *m* de pruebas

beweisbar *adj* probable, demostrable

beweisen★ *irr vt* probar, demostrar (de); **man konnte ihm die Tat nicht** ~ no se pudo demostrar que hubiera sido él

Beweisführung *f* <-en> (JUR) argumentación *f;* **Beweiskraft** *f ohne pl* (JUR) fuerza *f* probatoria; **beweiskräftig** *adj* concluyente; **Beweislage** *f* (JUR) situación *f* probatoria; **Beweismaterial** *nt* material *m* de prueba; **Beweisstück** *nt* (JUR) pieza *f* justificativa

bewenden *vi:* **es bei etw** ~ **lassen** darse por satisfecho con algo

bewerben★ *irr* **I.** *vr:* **sich** ~ solicitar (*um a/* para, *bei* en), postular *Am;* **sich als Sekretärin** ~ solicitar un puesto de secretaria **II.** *vt* (*Produkt*) promocionar

Bewerber(in) *m(f)* <-s, -; -nen> solicitante *mf;* (*um eine Stelle*) aspirante *mf*

Bewerbung *f* <-en> solicitud *f;* **eine schriftliche** ~ una solicitud por escrito;

Bewerbungsgespräch *nt* entrevista *f* personal; **Bewerbungsschreiben** *nt* solicitud *f* de trabajo; **Bewerbungsunterlagen** *fpl* papeles *mpl* para una solicitud (de trabajo); **Bewerbungsverfahren** *nt* (ADMIN) tramitación *f* de solicitudes

bewerfen★ *irr vt* arrojar (*mit*); **jdn mit Schmutz** ~ (*fig*) vilipendiar a alguien

bewerkstelligen★ [bə'vɛrkʃtɛlɪɡən] *vt* realizar, efectuar

bewerten★ *vt* evaluar, valorar; (*Arbeit*) calificar

Bewertung *f* <-en> evaluación *f;* (*einer Arbeit*) calificación *f;* (SPORT) puntuación *f;* **Bewertungsmaßstab** *m* escala *f* de valoración

bewiesen *pp von* **beweisen**

bewilligen★ [bə'vɪlɪɡən] *vt* autorizar; (*Kredit*) conceder; (*Antrag*) aprobar

Bewilligung *f* <-en> concesión *f;* (*eines Antrags*) aprobación *f*

bewirken★ *vt* ❶ (*verursachen*) provocar, causar ❷ (*erreichen*) conseguir

bewirten★ [bə'vɪrtən] *vt* atender, festinar *Am;* **wir wurden fürstlich bewirtet** nos trataron a cuerpo de rey

bewirtschaften★ *vt* ❶ (*Gaststätte, Hof*) administrar ❷ (*Acker*) cultivar ❸ (*kontrollieren*) controlar

Bewirtschaftung *f* <-en> ❶ (WIRTSCH: *Nutzung*) explotación *f;* (*Verwaltung*) administración *f* ❷ (AGR: *Anbau*) cultivo *m*

Bewirtung *f* <-en> (*das Bewirten*) agasajo *m*

bewog [bə'voːk] *3. imp von* **bewegen**¹

bewogen [bə'voːɡən] *pp von* **bewegen**¹

bewohnbar *adj* habitable

bewohnen★ *vt* habitar

Bewohner(in) *m(f)* <-s, -; -nen> habitante *mf*

bewölken★ [bə'vœlkən] *vr:* **sich** ~ nublarse; (*mit dunklen Wolken*) encapotarse

bewölkt *adj* nublado, nuboso

Bewölkung *f ohne pl* nubosidad *f*

beworben *pp von* **bewerben**

beworfen *pp von* **bewerfen**

Bewunderer, -in *m, f* <-s, -; -nen> admirador(a) *m(f)*

bewundern★ *vt* admirar (*wegen* por); **bewundernswert, bewundernswürdig** *adj* admirable

Bewunderung *f ohne pl* admiración *f;* **voller** ~ lleno de admiración

bewusst [bə'vʊst] **I.** *adj* ❶ (*wissend*) consciente; (**sich** *dat*) ~ **machen** concienciar(se); **sich** *dat* **etw** *gen* ~ **sein/werden** ser consciente/tomar conciencia de algo;

ich bin mir keiner Schuld ~ no me siento culpable; **es war ihm** ~, **dass ...** era consciente de que... ❷ (*besagt*) consabido, en cuestión; **es war an jenem** ~**en Tag** ocurrió aquel día en cuestión ❸ (*absichtlich*) intencionado **II.** *adv* ❶ (*absichtlich*) a propósito ❷ (*überlegt*) conscientemente

bewusstlos *adj* sin conocimiento; ~ **werden** perder el conocimiento

Bewusstlosigkeit *f ohne pl* pérdida *f* del conocimiento; (*Ohnmacht*) desmayo *m*

Bewusstsein *nt* <-s, *ohne pl*> conciencia *f*, conocimiento *m*; **mir ist erst jetzt zu(m)** ~ **gekommen, dass ...** ahora mismo me he dado cuenta de que...; **sich** *dat* **etw ins** ~ **rufen** traer algo a la memoria; **das** ~ **verlieren** perder el conocimiento; **wieder zu** ~ **kommen** recobrar el conocimiento; **Bewusstseinsstörung** *f* (PSYCH) perturbación *f* del conocimiento; **Bewusstseinsveränderung** *f* (PSYCH) cambio *m* de la personalidad

bez. ❶ *Abk. von* **bezahlt** pagado ❷ *Abk. von* **bezüglich** referente a

bezahlbar *adj* pagadero, pagable

bezahlen* *vt* pagar; **gut bezahlt** bien pagado; **hoch bezahlt** muy bien remunerado; **sich** (**nicht**) **bezahlt machen** (no) valer la pena

Bezahlung *f ohne pl* ❶ (*einer Rechnung*) pago *m* ❷ (*Lohn*) paga *f*; (*Vergütung*) remuneración *f*; **gegen** ~ por dinero

bezähmen **I.** *vt* (*Hunger, Neugier*) dominar, contener **II.** *vr:* **sich** ~ (*sich zurückhalten*) dominarse, contenerse

bezaubern* *vt* fascinar (*durch* por); **ein** ~ **des Mädchen** una chica encantadora

bezeichnen* *vt* ❶ (*beschreiben*) describir ❷ (*nennen*) designar (*als* como); (*benennen*) denominar (*als* como); **wie bezeichnet man es, wenn ...?** ¿cómo se dice cuando...?

bezeichnend *adj* típico (*für* de), característico (*für* de)

bezeichnenderweise *adv* significativamente

Bezeichnung *f* <-en> denominación *f*

bezeugen* [bəˈtsɔɪɡən] *vt* atestiguar; (JUR) testificar; **er konnte** ~, **dass ...** pudo atestiguar que...

bezichtigen* [bəˈtsɪçtɪɡən] *vt* acusar; **jdn** ~ **etw zu tun** acusar a alguien de hacer algo

beziehen* *irr* **I.** *vt* ❶ (*überziehen*) revestir (*mit* de); (*Bett*) poner ropa limpia (a) ❷ (*Wohnung, Haus*) instalarse (en) ❸ (*Einkommen*) cobrar; **Prügel** ~ (*fam*)

recibir una paliza ❹ (*kaufen*) adquirir; (*Zeitung*) estar suscrito (a) ❺ (*in Beziehung setzen*) relacionar (*auf* con), referir (*auf* a); **diese Bemerkung brauchst du nicht auf dich zu** ~ no tienes que darte por aludido por esta observación ❻ (*Posten*) ocupar **II.** *vr:* **sich** ~ ❶ (*Himmel*) nublarse; (*mit dunklen Wolken*) encapotarse ❷ (*sich berufen*) referirse (*auf* a)

Bezieher(in) *m(f)* <-s, -; -nen> (*Einkommen*) beneficiario, -a *m, f*; (*Zeitung*) su(b)scriptor(a) *m(f)*; (*Ware*) comprador(a) *m(f)*

Beziehung *f* <-en> ❶ *pl* (*Kontakt*) relación *f*; **gute** ~**en haben** tener buenas relaciones; **seine** ~**en spielen lassen** (*fam*) tocar todos los resortes; **diplomatische** ~**en** relaciones diplomáticas ❷ (*Hinsicht*) aspecto *m*; **er hat in mancher/jeder** ~ **Recht** tiene razón en algunos/en todos los aspectos ❸ (*Verhältnis*) relación *f* (*zwischen* entre); (*Liebes*~) relación *f* amorosa; **in** ~ **stehen zu etw** estar relacionado con algo; **zwei Dinge zueinander in** ~ **setzen** relacionar una cosa con otra; **eine** ~ **eingehen** empezar una relación; **er hat keine** ~ **zur Literatur** no le dice nada la literatura; **Beziehungskiste** *f* (*fam*) relación *f* amorosa; **beziehungslos** *adj* sin relación

beziehungsweise *konj* ❶ (*genauer gesagt*) por lo menos, mejor dicho ❷ (*oder, und*) respectivamente; **die Karten zu 50** ~ **zu 30 DM sind schon ausverkauft** las entradas a 50 y 30 marcos respectivamente ya se agotaron

beziffern* [bəˈtsɪfən] **I.** *vt* (*schätzen*) cifrar (*auf* en) **II.** *vr:* **sich** ~ (*sich belaufen*) cifrarse (*auf* en)

Bezirk [bəˈtsɪrk] *m* <-(e)s, -e> ❶ (*Gebiet*) comarca *f* ❷ (*Stadtbezirk*) barrio *m* ❸ (ADMIN) distrito *m*

bezirzen* [bəˈtsɪrtsən] *vt* (*fam*) embelesar

bezogen *pp von* **beziehen**

Bezug¹ [bəˈtsuːk] *m* <-(e)s, -züge> ❶ (*Überzug*) funda *f* ❷ *pl* (*Gehalt*) sueldo *m*

Bezug² *m* <-(e)s, *ohne pl*> ❶ (*Kauf*) adquisición *f*; (*von Zeitschriften*) suscripción *f* ❷ (*Beziehung nehmen*) referencia *f*; **in** ~ **auf** (con) respecto a; **mit** ~ **auf Ihr Schreiben vom ...** con referencia a su carta del...; **auf etw** ~ **nehmen** remitirse a algo; **den** ~ **zu etw herstellen** establecer la relación hacia algo

bezüglich [bəˈtsyːklɪç] **I.** *adj* al respecto; **alle darauf** ~**en Fragen** todas las cuestiones al respecto **II.** *präp* +*gen* en relación a, respecto a; ~ **Ihres Schreibens vom ...**

en relación a su escrito del...

Bezugnahme [bəˈtsuːknaːmə] *f* <-n>: **unter ~ auf** con referencia a

bezugsfertig *adj* (*Haus*) llave en mano

Bezugsperson *f* persona *f* de referencia

Bezugsquelle *f* (WIRTSCH) suministradores *mpl*

bezuschussen* [bəˈtsuːʃʊsən] *vt* conceder una subvención

bezwecken* [bəˈtsvɛkən] *vt* perseguir; **was willst du damit ~?** ¿qué persigues con esto?

bezweifeln* *vt* poner en duda, dudar

bezwingen* *irr vt* vencer; (*zügeln*) dominar; (*besiegen*) derrotar

bezwungen *pp von* **bezwingen**

BGB [beːgeːˈbeː] *nt* <-, ohne pl> (JUR) *Abk. von* **Bürgerliches Gesetzbuch** Código *m* Civil

BH [beːˈhaː] *m* <-s, -s> (*fam*) *Abk. von* **Büstenhalter** sujetador *m*, brasier *m Am*

Bhagvan [ˈbakvan] *m* <-s, ohne pl>, **Bhagwan** [ˈbakvan] *m* <-s, ohne pl> Bhagwan *m*

Bhf. *Abk. von* **Bahnhof** estación *f* de ferrocarril

bi [biː] *adj* (*fam*) bisexual

Biathlon [ˈbiːatlɔn] *nt* <-s, -s> (SPORT) biatlón *m*

bibbern [ˈbɪbən] *vi* (*fam*) tiritar

Bibel [ˈbiːbəl] *f* <-n> Biblia *f*; **bibelfest** *adj* versado en la Biblia; **Bibelstelle** *f* pasaje *m* bíblico

Biber [ˈbiːbɐ] *m* <-s, -> (*Tier, Pelz*) castor *m*

Bibliografie [biblioɡraˈfiː] *f* <-n> bibliografía *f*

bibliografieren* *vt* (*Buch, Titel*) registrar bibliográficamente

Bibliographie [biblioɡraˈfiː] *f* <-n> *s.* **Bibliografie**

bibliographieren* *vt s.* **bibliografieren**

Bibliothek [biblioˈteːk] *f* <-en> biblioteca *f*

Bibliothekar(in) [biblioteˈkaːɐ] *m(f)* <-s, -e; -nen> bibliotecario, -a *m, f*

biblisch [ˈbiːblɪs] *adj* bíblico; **ein ~es Alter haben** tener una edad bíblica

Bidet [biˈdeː] *nt* <-s, -s> bidé *m*

bieder [ˈbiːdɐ] *adj* (*abw*) conservador; **Biedermann** *m* (*abw*) burgués *m*

biegen [ˈbiːɡən] <biegt, bog, gebogen> **I.** *vi sein* (*Kurve machen*) torcer; (*mit dem Auto*) girar; **um die Ecke ~** doblar la esquina; **auf B~ und Brechen** (*fam*) a toda costa **II.** *vt* ❶ (*Zweige, Glieder*) doblar ❷ (*Österr: flektieren*) declinar **III.** *vr:* **sich ~** (*krumm werden*) doblarse; **sie bog sich vor Lachen** (*fam*) se partió de (la) risa

biegsam *adj* flexible

Biegsamkeit *f ohne pl* flexibilidad *f*

Biegung *f* <-en> curvatura *f*; (*Kurve*) curva *f*

Biene [ˈbiːnə] *f* <-n> abeja *f*, colmena *f Mex*; **Bienenhonig** *m* miel *f* de abejas; **Bienenkönigin** *f* abeja *f* reina; **Bienenschwarm** *m* enjambre *m*; **Bienenstich** *m* ❶ (*Verletzung*) picadura *f* de abeja ❷ (GASTR) *pastel relleno con crema de vainilla y recubierto de una capa de almendras, mantequilla y azúcar;* **Bienenstock** *m* colmena *f*; **Bienenvolk** *nt* colmena *f*; **Bienenwabe** *f* panal *m*; **Bienenwachs** *nt* cera *f* de abejas; **Bienenzucht** *f ohne pl* apicultura *f*; **Bienenzüchter(in)** *m(f)* apicultor(a) *m(f)*

Biennale [biɛˈnaːlə] *f* <-n> (KUNST, FILM) bienal *f*

Bier [biːɐ] *nt* <-(e)s, -e> cerveza *f*; **alkoholfreies ~** cerveza sin; **dunkles/helles ~** cerveza rubia/negra; **das ist nicht mein ~** (*fig fam*) eso no es asunto mío; **Bierbauch** *m* (*fam*) panza *f*; **Bierbrauerei** *f* fábrica *f* de cerveza; **Bierdeckel** *m* posavasos *m inv* de cartón; **Bierdose** *f* lata *f* de cerveza; **bierernst** [ˈ-ˈ-] *adj* (*fam*) exageradamente serio; **Bierfass** *nt* barril *m* de cerveza; **Bierflasche** *f* botella *f* de cerveza; **Biergarten** *m* cervecería *f* al aire libre

Bierglas *nt* vaso *m* para cerveza; **Bierhefe** *f ohne pl* levadura *f* de cerveza; **Bierkneipe** *f* cervecería *f*; **Bierkrug** *m* jarra *f* de cerveza; **Bierlaune** *f* alegría *f* desbordante; **Bierleiche** *f* persona *f* borracha hasta la inconsciencia; **Bierschaum** *m ohne pl* espuma *f* de la cerveza; **Bierschinken** *m* (GASTR) *tipo de embutido*; **Bierzelt** *nt* tienda en la que se vende y bebe cerveza en las romerías

Biest [biːst] *nt* <-(e)s, -er> (*fam*) ❶ (*Tier*) bicho *m*; (*abw*) bestia *f* ❷ (*Mensch*) mal bicho *m*

biestig *adj* infame

bieten [biːtən] <bietet, bot, geboten> **I.** *vt* ❶ (*Anblick, Gelegenheit*) ofrecer, presentar; **sie boten ein trauriges Bild** ofrecían un triste aspecto; **das lasse ich mir nicht ~** esto no se lo permito a nadie; **jdm die Stirn ~** hacer frente a alguien ❷ (*anbieten*) ofrecer (*für* para) **II.** *vi* (*bei Versteigerung*) pujar, dar; **wer bietet mehr?** ¿quién da más? **III.** *vr:* **sich ~** (*sich anbieten*) presentarse; **bei der nächsten sich ~ den Gelegenheit** en la próxima ocasión que se presente

Bigamie [bigaˈmiː] *f* <-n> bigamia *f*

Bigamist(in) *m(f)* bígamo, -a *m, f*

bigott [biˈgɔt] *adj* (*frömmig*) beato; (*scheinheilig*) mojigato

Bikini [biˈkiːni] *m* <-s, -s> biquini *m*

Bilanz [biˈlants] *f* <-en> (*a.* WIRTSCH) balance *m;* **eine ~ aufstellen** confeccionar un balance; **die ~ ziehen** hacer (el) balance; **~ machen** revisar el dinero que se tiene en mano

bilanzieren* *vt* (FIN: *Konto*) hacer (el) balance (de)

Bilanzprüfer(in) *m(f)* (WIRTSCH) revisor(a) *m(f)* de balances

bilateral [ˈbiːlateraːl, ---'-] *adj* bilateral

Bild [bɪlt] *nt* <-(e)s, -er> ❶ (*Gemälde*) cuadro *m*, pintura *f;* (*Abbildung*) ilustración *f;* (*beim Kartenspiel*) figura *f;* (*im Spiegel*) imagen *f;* **ein ~ von einem Mann / einer Frau** una belleza escultural; **ein ~ für die Götter** (*fam*) una escena graciosísima; **ein ~ des Jammers bieten** ofrecer un aspecto desolador ❷ (TV) imagen *f;* (FOTO) foto *f;* **ein ~ machen** sacar una foto ❸ (*Vorstellung*) idea *f;* **sich** *dat* **ein ~ von etw machen** hacerse una idea de algo ❹ (*Ansicht*) aspecto *m* ❺ (*Metapher*) metáfora *f* ❻ (*auf dem Laufenden*): **im ~ e sein** estar al corriente; **jdn ins ~ setzen über etw** poner al corriente a alguien sobre algo; **Bildband** *m* libro *m* con fotos; **Bilddatei** *f* (INFOR) fichero *m* gráfico

bilden [ˈbɪldən] **I.** *vt* ❶ (*Menschen*) educar ❷ (*formen*) formar; (*künstlerisch*) modelar; **~ de Kunst** artes plásticas; **sich** *dat* **eine Meinung über etw ~** formarse una opinión sobre algo ❸ (*Regierung*) formar, crear; (*Mannschaft*) integrar, formar ❹ (*Höhepunkt, Ausnahme*) ser, constituir **II.** *vr:* **sich ~** ❶ (*entstehen*) formarse ❷ (*lernen*) educarse, formarse

Bilderbogen [ˈbɪldɐ-] *m* hoja *f* con dibujos; **Bilderbuch** *nt* libro *m* de dibujos; **ein Wetter wie im ~** un tiempo de película; **Bildergalerie** *f* pinacoteca *f;* **Bildergeschichte** *f* historieta *f;* **Bilderrahmen** *m*

marco *m* para cuadros; **Bilderrätsel** *nt* jeroglífico *m;* **Bilderschrift** *f* escritura *f* ideográfica, pictografía *f;* **Bilderstreit** *m* (HIST) iconoclasmo *m;* **Bildersturm** *m* (HIST) iconoclas(t)ia *f,* luchas *fpl* iconoclastas

Bildfläche *f* plano *m* de la imagen; **auf der ~ erscheinen** (*fam*) aparecer en pantalla; **von der ~ verschwinden** (*fam*) desaparecer del mapa; **Bildfunk** *m* (TEL) radiofoto(grafía) *f*

bildhaft *adj* plástico, gráfico

Bildhauer(in) [ˈbɪldhaʊɐ] *m(f)* <-s, -; -nen> escultor(a) *m(f)*

Bildhauerei *f* ohne pl escultura *f*

Bildhauerin *f* <-nen> *s.* Bildhauer

bildhübsch [ˈ-'-] *adj* precioso, guapísimo

Bildlaufleiste *f* (INFOR) barra *f* de desplazamiento; **Bildlaufpfeil** *m* (INFOR) flecha *f* de desplazamiento

bildlich *adj* ❶ (*Darstellung*) gráfico, plástico ❷ (*Sinn*) figurado; (*Ausdruck*) metafórico

Bildnis [ˈbɪltnɪs] *nt* <-ses, -se> (*geh*) imagen *f;* (*Foto*) retrato *m*

Bildqualität *f* (TV) calidad *f* de la imagen; **Bildreportage** *f* reportaje *m* gráfico; **Bildröhre** *f* (TV) tubo *m* de imagen; **Bildschärfe** *f* (TV) nitidez *f* de la imagen

Bildschirm *m* (*a.* INFOR) pantalla *f;* (*Monitor*) monitor *m;* **Bildschirmarbeit** *f* (INFOR, TEL) trabajo *m* frente a un monitor; **Bildschirmgerät** *nt* (INFOR) unidad *f* de pantalla; **Bildschirmschoner** *m* (INFOR) salvapantallas *m inv;* **Bildschirmtext** *m* ohne pl (TEL, INFOR) teletexto *m*

bildschön [ˈ-'-] *adj* bellísimo, hermosísimo

Bildstelle *f* fototeca *f;* **Bildstörung** *f* (TV) interrupción *f* de la imagen; **Bildtelefon** *nt* (TEL) videoteléfono *m*

Bildung [ˈbɪldʊŋ] *f* ohne pl ❶ (*Schaffung*) creación *f;* (*Gründung*) fundación *f;* (*Gestaltung*) formación *f,* constitución *f* ❷ (*Erziehung*) educación *f;* (*Allgemeinwissen*) formación *f,* cultura *f;* **höhere ~** formación superior; **Bildungsbürger(in)** *m(f)* burgués, -esa *m, f* culto, -a; **Bildungseinrichtung** *f* centro *m* de enseñanza; **Bildungsgut** *nt* patrimonio *m* cultural; **Bildungslücke** *f* laguna *f* cultural; **Bildungsniveau** *nt* nivel *m* de educación; **Bildungspolitik** *f* (POL) política *f* educativa; **Bildungsreform** *f* (POL) reforma *f* educativa; **Bildungsreise** *f* viaje *m* de estudios y de formación; **bildungssprachlich** *adj* de lenguaje culto; **Bildungsstand** *m s.* Bildungsniveau; **Bildungssystem** *nt* (POL) sistema *m* de educación; **Bildungsurlaub** *m* vacaciones *fpl* de formación; **Bildungsweg** *m* vía *f* de formación; **auf dem zweiten** ~ en vía subsidiaria de formación

Bildverarbeitung *f* (INFOR) procesamiento *m* de imágenes; **Bildzuschrift** *f* carta *f* con foto (*como respuesta a un anuncio*)

bilingual ['biːlɪŋɡuaːl, ---'-] *adj* bilingüe

Billard ['bɪljart] *nt* <-s, *ohne pl*> billar *m*; ~ **spielen** jugar al billar, taquear *Am*; **Billardkugel** *f* bola *f* de billar; **Billardstock** *m* taco *m*; **Billardtisch** *m* (mesa *f* de) billar *m*

Billett [bɪl'jɛt] *nt* <-(e)s, -e *o* -s> ❶ (*Schweiz: Fahr- oder Eintrittskarte*) billete *m* ❷ (*Österr: Brief*) esquela *f*, billete *m*

Billiarde [bɪl'jarda] *f* <-n> mil billones *mpl*

billig ['bɪlɪç] *adj* ❶ (*preiswert*) barato; ~ **abzugeben** se vende barato; ~ **davonkommen** (*fam*) salir bien parado ❷ (*abw: minderwertig*) barato; (*Ausrede*) poco convincente; **das ist ein ~er Trost** es poco consuelo; **Billiganbieter** *m* oferente *m* de mercancías a bajo precio; **Billigarbeiter(in)** *m(f)* (WIRTSCH) mano *f* de obra barata

billigen ['bɪlɪɡən] *vt* aprobar; **etw stillschweigend** ~ admitir algo tácitamente

Billigflug *m* vuelo *m* chárter; **Billigprodukt** *nt* producto *m* barato

Billigung *f ohne pl* aprobación *f*; **jds** ~ **finden** contar con la aprobación de alguien

Billigware *f* producto *m* rebajado

Billigwaren *fpl* (WIRTSCH) mercancías *fpl* baratas

Billion [bɪl'joːn] *f* <-en> billón *m*

Bimbam ['bɪm'bam] *m:* (**ach**) **du heiliger** ~! ¡(ay) Dios mío!

Bimmel ['bɪməl] *f* <-n> (*fam*) campanilla *f*; **bimmeln** *vi* (*fam: Glocke*) repicar; (*Telefon*) sonar

Bimsstein *m* piedra *f* pómez, pumita *f*

bin [bɪn] *1. präs von* **sein**

binär [bi'nɛːɐ] *adj* (MATH, INFOR) binario

Binde ['bɪndə] *f* <-n> ❶ (*Verband*) venda *f* ❷ (*Armschlinge*) cabestrillo *m* ❸ (*Monats~*) compresa *f* ❹ (*Wend*): **sich** *dat* **einen hinter die** ~ **kippen** (*fam fig*) empinar el codo

Bindegewebe *nt* tejido *m* conjuntivo

Bindeglied *nt* vínculo *m*; (*einer Kette*) eslabón *m*

Bindehaut *f* (MED) conjuntiva *f*; **Bindehautentzündung** *f* (MED) conjuntivitis *f inv*

Bindemittel *nt* aglutinante *m*

binden ['bɪndən] <bindet, band, gebunden> **I.** *vt* ❶ (*zusammenbinden*) atar;

(*Strauß*) hacer; (*Buch*) encuadernar; **mir sind die Hände gebunden** (*fig*) tengo las manos atadas ❷ (*befestigen*) sujetar; (*Krawatte*) anudar ❸ (GASTR) espesar ❹ (*verpflichten*) comprometer, vincular; **eine** ~**de Zusage** una promesa vinculante ❺ (CHEM, PHYS) ligar, fijar ❻ (*Laute*) rimar **II.** *vr:* **sich** ~ (*sich verpflichten*) vincularse (*an* a), comprometerse (*an* a)

bindend *adj* ❶ (*fig*) vinculante (*für* para) ❷ (*Leim*) aglutinante ❸ (JUR) vinculatorio

Bindestrich *m* guión *m*; **Bindewort** *nt* (LING) conjunción *f*

Bindfaden *m* cordón *m*; **es regnet Bindfäden** (*fig*) llueve a cántaros

Bindung ['bɪndʊŋ] *f* <-en> ❶ (*Partnerschaft*) relación *f*; (*feste Beziehung*) compromiso *m* ❷ (*an Heimat, Person*) apego *m* ❸ (*am Ski*) fijación *f* ❹ (CHEM) enlace *m*

binnen ['bɪnən] *präp* +*dat, geh: gen* en (el transcurso de); (COM) en el término de; ~ **kurzem** en breve; ~ **einiger Stunden** en algunas horas

Binnengewässer *nt* aguas *fpl* continentales; **Binnenhafen** *m* puerto *m* fluvial; **Binnenland** *nt* país *m* sin acceso al mar; **Binnenmarkt** *m* mercado *m* interior; **Europäischer** ~ mercado único europeo; **Binnenmeer** *nt* mar *m* interior; **Binnenschifffahrt** *f* navegación *f* fluvial; **Binnensee** *m* lago *m* (continental)

Binse ['bɪnzə] *f* <-n> junco *m*; **etw geht in die** ~**n** (*fam*) algo se echa a perder; **Binsenwahrheit** *f*, **Binsenweisheit** *f* perogrullada *f*

bioaktiv [bio'ʔak'tiːf] *adj* (ÖKOL) biológicamente activo; **Biobrennstoff** ['biːo-] *m* (ÖKOL) biocombustible *m*; **Biochemie** [bioçe'miː] *f* (CHEM) bioquímica *f*; **biochemisch** *adj* (CHEM) bioquímico; **Biochip** ['biːo-] *m* (INFOR) biochip *m*; **biodynamisch** [---'--] *adj* biodinámico; **Bioelektrizität** *f ohne pl* bioelectricidad *f*; **Bioenergie** *f* bioenergía *f*; **Bioethik** ['----] *f ohne pl* (PHILOS) bioética *f*; **Biogas** ['---] *nt* (ÖKOL) biogas *m*

Biografie [biogra'fiː] *f* <-n> biografía *f*

biografisch *adj* biográfico

Biographie *f* <-n> *s.* **Biografie**

biographisch *adj s.* **biografisch**

Biokost ['---] *f* alimentación *f* biológica; **Bioladen** ['----] *m* (*fam*) tienda *f* de productos naturales

ℹ Land & Leute

En un **Bioladen** se pueden encontrar todo tipo de productos biológicos, es decir, aquellos que – tras severos controles de calidad – obtienen la calificación de cultivos ecológicos. Naturalmente estos productos, que en la mayoría de los casos se venden en pequeñas tiendas, tienen un precio de venta al público algo más elevado, debido a su vez a su mayor coste de producción.

Biologe, -in [bio'lo:gə] *m, f* <-n, -n; -nen> biólogo, -a *m, f*
Biologie [biolo'gi:] *f ohne pl* biología *f*
Biologin *f* <-nen> *s.* **Biologe**
biologisch *adj* biológico; ~ **abbaubar** biodegradable
Biomechanik *f* biomecánica *f;* **Biomüll** ['---] *m* (ÖKOL) basura *f* orgánica, compost *m;* **Biophysik** [---'-] *f* (PHYS) biofísica *f;* **Biorhythmus** ['----] *m* (BIOL) biorritmo *m;* **Biosphäre** [--'-] *f ohne pl* (GEO, BIOL) biosfera *f;* **Biotechnik** ['----] *f ohne pl* (MED, BIOL) biotecnología *f;* **Biotonne** ['----] *f* (ÖKOL) contenedor *m* para la basura orgánica
Biotop [bio'to:p] *nt o m* <-s, -e> (BIOL) biótopo *m*
Biotreibstoff ['----] *m* (ÖKOL) biocarburante *m;* **Biowaschmittel** ['-----] *nt* (ÖKOL) detergente *m* biodegradable
BIP [be:?i:'pe:] *nt* <-, ohne pl> (WIRTSCH) *Abk. von* **Bruttoinlandsprodukt** PIB *m*
birgt [bɪrkt] *3. präs von* **bergen**
Birke ['bɪrkə] *f* <-n> (BOT) abedul *m*
Birkhuhn *nt* (ZOOL) gallo *m* lira
Birma ['bɪrma] *nt* <-s> Birmania *f*
Birnbaum *m* peral *m*
Birne ['bɪrnə] *f* <-n> ❶ (*Frucht*) pera *f* ❷ (*Glüh~*) bombilla *f* ❸ (*fam: Kopf*) coco *m*
birnenförmig *adj* en forma de pera, piriforme
birst [bɪrst] *3. präs von* **bersten**
bis [bɪs] **I.** *präp +akk* ❶ (*räumlich, zeitlich*) hasta; **von ... ~ ...** de... a..., desde... hasta...; ~ **wohin fahren Sie?** ¿hasta dónde va Ud.?; ~ **Seite 30** hasta la página 30; **ich habe ~ drei Uhr gewartet** esperé hasta las tres; **von Freitag ~ Sonntag** de viernes a domingo; **von 9 ~ 11 Uhr** de 9 a 11; ~ **morgen/Montag!** ¡hasta mañana/el lunes!; ~ **bald/später!** ¡hasta pronto/luego!; ~ **jetzt** hasta ahora; ~ **dahin** hasta ahí; **noch fünf Minuten ~ zur Pause** faltan cinco minutos para el intermedio; **Jugendliche ~ zu 18 Jahren** jóvenes hasta los 18 años ❷ (*außer*): ~ **auf** excepto, aparte de; ~ **auf ihren Bruder**

waren alle da aparte de su hermano estaban todos ❸ (*nicht mehr als*): ~ **zu** como máximo, hasta; ~ **zu 50.000 Menschen passen in das Stadion** en el estadio caben como máximo 50.000 personas ❹ (*Zahlenangabe*) de... a..., entre... y...; **das kostet zwei- ~ dreihundert Euro** cuesta entre dos(cientos) y trescientos euros; **drei ~ vier Tage** de tres a cuatro días **II.** *konj* (~ *zu einem Zeitpunkt*) hasta +*inf,* hasta que +*subj;* **ich sage lieber nichts,** ~ **ich ihn persönlich kennen lerne** prefiero no decir nada hasta conocerlo personalmente; **ich warte,** ~ **er zurückkommt** espero hasta que vuelva **III.** *adv* (MUS) bis
Bisam ['bi:zam] *m* <-s, -e *o* -s> ❶ (*Moschus*) almizcle *m* ❷ (*Pelz*) castor *m;* **Bisamratte** *f* rata *f* almizclera
Biscaya *f s.* **Biskaya**
Bischof ['bɪʃɔf, *pl:* 'bɪʃø:fə] *m,* **Bischöfin** *f* <-s, Bischöfe; -nen> obispo, -a *m, f*
bischöflich *adj* obispal, episcopal
Bischofsamt *nt* (REL) obispado *m;* **Bischofssitz** *m* sede *f* episcopal; **Bischofsstab** *m* (REL) báculo *m* pastoral
bisexuell ['bi:zɛksuɛl, 'bi:zɛksuɛl] *adj* bisexual
bisher [bɪs'he:ɐ] *adv* hasta ahora
bisherige(r, s) *adj* antecedente, anterior; **der ~ Minister** el ex-ministro; **sein ~s Verhalten** su comportamiento hasta ese momento
Biskaya [bɪs'ka:ja] *f* Golfo *m* de Vizcaya
Biskuit [bɪs'kvi:t] *nt o m* <-(e)s, -e *o* -s> bizcocho *m*
bislang [bɪs'laŋ] *adv s.* **bisher**
Bismarckhering ['bɪsmark-] *m* (GASTR) arenque *m* (sin espinas) en escabeche
Bison ['bi:zɔn] *m* <-s, -s> bisonte *m*
biss [bɪs] *3. imp von* **beißen**
Biss [bɪs] *m* <-es, -e> ❶ (*das Zubeißen*) mordisco *m* ❷ (*Bisswunde*) mordedura *f*
bisschen ['bɪsçən] *adj inv:* **ein** ~ un poco, un poquito; **ein kleines** ~ un poquitín; **ich habe kein ~ Zeit für dich** no tengo nada de tiempo para ti; **nicht ein ~ mehr** ni una pizca más; **es geht mir kein ~ besser** no me encuentro ni un poquito mejor; **das ist ein ~ wenig** es muy poco; **ach du liebes ~!** ¡ay, Dios mío!
Bissen ['bɪsən] *m* <-s, -> bocado *m*
bissig *adj* (*Hund*) mordedor; (*Bemerkung*) mordaz
Bisswunde *f* (*von einer Schlange*) mordedura *f;* (*von einem Hund*) mordisco *m*
bist [bɪst] *2. präs von* **sein**
Bistum ['bɪstu:m, *pl:* 'bɪsty:mə] *nt* <-s, Bistümer> obispado *m*

bisweilen [bɪsˈvaɪlən] *adv* de vez en cuando, a veces

Bit [bɪt] *nt* <-(s), -(s)> (INFOR) bit *m*

bitte *adv* por favor; ~ **sehr!**, ~ **schön!** (*anbietend*) ¡tome!; (*auf Dank*) ¡de nada!; **Entschuldigung! – ~!** ¡perdone! – ¡no ha sido nada!; (*wie*) ~? ¿cómo dice?; **ja**, ~? ¿diga?; ~ **nach Ihnen!** ¡por favor, Ud. primero!; **zahlen ~!** ¡por favor, la cuenta!; **na ~!** ¿lo ves?; ~, **wie du willst** bueno, como quieras

Bitte *f* <-n> ruego *m;* (*Ersuchen*) solicitud *f*, aplicación *f Am;* **auf ihre ~ hin** a su ruego; **ich habe eine große ~ an dich** quisiera pedirte un favor muy grande; **ich habe nur die eine ~, dass ...** quiero pedirte únicamente que... +*subj*

bitten [ˈbɪtən] <bittet, bat, gebeten> *vt* ❶ (*Wunsch äußern*) pedir, rogar; **er bat um Geduld/Verzeihung** pidió paciencia/disculpas; **es wird gebeten nicht zu rauchen** se ruega no fumar; **wenn ich ~ darf** si me permite; **er lässt sich nicht lange ~** no se hace de rogar; **ich muss doch sehr ~!** ¡pero por favor!; **darum möchte ich gebeten haben** (*geh*) eso se sobreentiende; **darf ich um Aufmerksamkeit ~** ruego que presten atención ❷ (*auffordern*) hacer pasar; (*als Gast*) invitar; **darf ich Sie in mein Büro ~?** ¿quiere pasar a mi despacho, por favor?; **ich lasse ~** entre ❸ (*anflehen*) suplicar

bitter [ˈbɪtɐ] *adj* ❶ (*Geschmack, Wahrheit, Klage*) amargo ❷ (*Kälte*) intenso, fuerte; (*Unrecht*) grande; ~**e Armut** extremada pobreza; **es ist mir ~er Ernst** estoy hablando muy en serio; **sich** *dat* ~**e Vorwürfe machen** hacerse vivos reproches; **etw ~ bereuen** arrepentirse amargamente de algo; **etw ~ nötig haben** estar necesitadísimo de algo

bitterböse [ˈ--ˈ--] *adj* furioso, muy enojado; **bitterernst** [ˈ--ˈ-] *adj* totalmente serio; **bitterkalt** [ˈ--ˈ-] *adj* frísimo, terriblemente frío

Bitterkeit *f ohne pl* ❶ (*Geschmack*) amargor *m* ❷ (*Verbitterung*) amargura *f*

Bitter lemon [ˈbɪtɐ ˈlɛmən] *nt* <- -(s), - -> bitter lemon *m*

bitterlich I. *adj* amargo; (*Beigeschmack*) amarguillo II. *adv:* ~ **weinen** llorar amargamente; (*Kind*) llorar a moco tendido

Bitternis *f* <-se> amargura *f*

Bitterstoff *m* substancia *f* amarga; **bittersüß** [ˈ--ˈ-] *adj* dulceamargo; (*süßsauer*) agridulce

Bittschrift *f* petición *f*

Bittsteller(in) *m(f)* <-s, -; -nen> peticionario, -a *m, f*

Biwak [ˈbiːvak] *nt* <-s, -s *o* -e> vivac *m*

bizarr [biˈtsar] *adj* (*seltsam*) raro; (*wunderlich*) extravagante, estrafalario

Bizeps [ˈbiːtsɛps] *m* <-(es), -e> bíceps *m inv*

BKA [beːkaːˈʔaː] *nt* <-, *ohne pl*> *Abk. von* **Bundeskriminalamt** Oficina *f* Federal de Investigación Criminal

Blabla [blaˈblaː] *nt* <-s, *ohne pl*> (*fam*) blablá *m*

Blackout [blɛkˈʔaʊt, ˈ--] *nt o m* <-(s), -s>, **Black-out** *nt o m* <-(s), -s> ❶ (MED: *Gedächtnislücke*) laguna *f;* (*Gedächtnisverlust*) pérdida *f* de memoria; **ein ~ haben** quedarse en blanco ❷ (*Stromausfall*) apagón *m*

Blag *nt* <-s, -en> (*fam abw*), **Blage** [ˈblaːgə] *f* <-n> (*fam abw*) mocoso, -a *m, f* (impertinente)

blähen [ˈblɛːən] I. *vt* hinchar II. *vr:* **sich ~** hincharse III. *vi* (MED) provocar gases

Blähung *f* <-en> flato *m*, gases *mpl fam*

blamabel [blaˈmaːbəl] *adj* vergonzoso

Blamage [blaˈmaːʒə] *f* <-n> plancha *f fam*

blamieren* I. *vt* poner en ridículo II. *vr:* **sich ~** hacer el ridículo

blanchieren* [blãˈʃiːrən] *vt* (GASTR) escaldar

blank [blaŋk] *adj* ❶ (*glänzend*) reluciente ❷ (*unbedeckt*) desnudo; **ich bin völlig ~** (*fam*) estoy sin blanca; **auf dem ~en Boden schlafen** dormir en el suelo raso ❸ (*rein*) puro; **das ist ~er Unsinn** eso es un solemne disparate

Blankoscheck [ˈblaŋko-] *m* cheque *m* en blanco; **Blankovollmacht** *f* carta *f* blanca

Blase [blaːzə] *f* <-n> ❶ (*Luft~*) burbuja *f* ❷ (*Haut~*) ampolla *f*, yuyo *m AmC* ❸ (*Harn~*) vejiga *f*

Blasebalg *m* fuelle *m*

blasen [ˈblaːzən] <bläst, blies, geblasen> I. *vi* (*Wind*) soplar II. *vt* ❶ (*Glas*) soplar ❷ (MUS) tocar (un instrumento de viento) ❸ (*fam*): **jdm was ~** (*jdm die Meinung sagen*) decirle cuatro verdades a alguien ❹ (*vulg*): **jdm einen ~** mamársela a alguien

Blasenentzündung *f* (MED) cistitis *f inv;* **Blasenschwäche** *f* (MED) incontinencia *f* de orina; **Blasentee** *m* (MED) infusión *f* para la vejiga

Bläser(in) [ˈblɛːzɐ] *m(f)* <-s, -; -nen> músico, -a *m, f* (*que toca un instrumento de viento*)

blasiert [blaˈziːɐt] *adj* (*abw*) altanero, engreído

Blasinstrument [ˈblaːs-] *nt* instrumento *m* de viento; **Blaskapelle** *f* (MUS) orquesta *f* de instrumentos de viento; **Blasmusik** *f* *ohne pl* música *f* de instrumentos de viento

Blasphemie [blasfe'mi:] *f* <-n> blasfemia *f*

Blasrohr *nt* (*Waffe*) cerbatana *f;* (*Düse*) tobera *f*

blass [blas] *adj* pálido, niste *Nic;* (*weißlich*) blanquecino; ~ **werden** palidecer; **keinen** ~ **en Schimmer von etw haben** (*fam*) no tener ni idea de algo

Blässe ['blɛsə] *f ohne pl* palidez *f*

blässlich *adj* paliducho

bläst [blɛːst] *3. präs von* **blasen**

Blatt [blat, *pl:* 'blɛtə] *nt* <-(e)s, Blätter> ❶ (BOT) hoja *f;* **kein** ~ **vor den Mund nehmen** (*fam fig*) no tener pelos en la lengua ❷ (*Papier*) hoja *f;* (*Buchseite*) página *f;* (*Zeitung*) periódico *m;* (*Zeitschrift*) revista *f;* **lose Blätter** hojas sueltas; **das steht auf einem anderen** ~ (*fam*) eso es harina de otro costal; **ein unbeschriebenes** ~ **sein** (*fam fig*) ser una persona sin antecedentes; **vom** ~ **spielen/singen** repentizar/cantar a primera vista ❸ (*Spielkarten*) carta *f;* **ein gutes** ~ (**auf der Hand**) **haben** tener un buen juego ❹ (*von einer Säge*) hoja *f* ❺ (*an Ruder, Propeller*) pala *f;* **Blattader** *f* (BOT) vena *f* de las hojas

Blättchen ['blɛtçən] *nt* <-s, -> (*Zigarettenpapier*) papelillo *m*

blättern ['blɛtən] *vi* hojear; **in einem Buch** ~ hojear un libro

Blätterteig *m* hojaldre *m*, hojuela *f Cuba, Guat*

Blattfall *m ohne pl* (ÖKOL) caída *f* de las hojas; **Blattgold** *nt* (KUNST) oro *m* batido, pan *m* de oro; **Blattgrün** *nt ohne pl* (BOT) clorofila *f;* **Blattlaus** *f* (ZOOL) pulgón *m;* **Blattpflanze** *f* (BOT) planta *f* de hojas; **Blattsalat** *m* (GASTR) lechuga *f;* **Blattstiel** *m* (BOT) pecíolo *m;* **Blattwerk** *nt ohne pl* (BOT) follaje *m*

blau [blaʊ] *adj* ❶ (*Farbe*) azul; (*Lippen*) amoratado; ~ **es Auge** ojo morado; ~ **er Fleck** moratón *m;* **du wirst noch dein** ~ **es Wunder erleben** (*fam*) te vas a llevar la sorpresa de tu vida ❷ (*fam: betrunken*) borracho, jumo *Am*

blauäugig ['blaʊˌʔɔɪɡɪç] *adj* ❶ (*mit blauen Augen*) de ojos azules ❷ (*leichtgläubig*) confiado

Blaubeere *f* arándano *m*

Blaue ['blaʊə] *nt* <-n> azul *m;* **das** ~ **vom Himmel versprechen** (*fam*) prometer el oro y el moro; **eine Fahrt ins** ~ **machen** (*fam*) hacer un viaje al azar; **ins** ~ **hinein reden** (*fam*) hablar sin ton ni son

Blaufuchs *m* (ZOOL) zorro *m* azul; **blaugrau** *adj* gris azulado; **blaugrün** *adj*

Blauhelm *m* (*UNO-Soldat*) casco *m* azul

Blaukraut *nt ohne pl* (*südd, Österr: Rotkohl*) (col *f*) lombarda *f*

bläulich ['blɔɪlɪç] *adj* azulado

Blaulicht *nt* sirena *f;* **blau**|**machen** *vi* (*fam: Schule*) fumarse la clase; (*Arbeit*) no ir al trabajo; **Blaumann** *m* (*fam: Arbeitsanzug*) mono *m* azul; **Blaumeise** *f* (ZOOL) herrerillo *m;* **Blausäure** *f ohne pl* (CHEM) ácido *m* cianhídrico

Blauschimmelkäse *m* (GASTR) queso *m* azul

blauschwarz *adj* negro azulado; **Blauwal** *m* (ZOOL) ballena *f* azul

Blazer ['bleːze, 'blɛɪze] *m* <-s, -> blazer *m*

Blech[1] [blɛç] *nt* <-(e)s, *ohne pl*> (*fam: Unsinn*) disparates *mpl*, tontería *f*

Blech[2] *nt* <-(e)s, -e> ❶ (*Metallplatte*) chapa *f* de metal; (*Weiß~*) (hoja)lata *f* ❷ (*Back~*) bandeja *f* del horno

Blechblasinstrument *nt* instrumento *m* de metal; **Blechdose** *f* lata *f*

blechen ['blɛçən] *vi, vt* (*fam*) apoquinar

blechern ['blɛçen] *adj* ❶ (*Material*) de hojalata ❷ (*Klang*) metálico

Blechlawine *f* (*fam*) caravana *f;* **Blechschaden** *m* (AUTO) daños *mpl* de carrocería; **Blechtrommel** *f* tambor *m* de hojalata

Blei [blaɪ] *nt* <-(e)s, *ohne pl*> (CHEM) plomo *m;* **es liegt mir wie** ~ **im Magen** me ha caído como una piedra en el estómago; (*fig*) tengo un gran pesar sobre mí

Bleibe ['blaɪbə] *f* <-n> alojamiento *m*

bleiben ['blaɪbən] <bleibt, blieb, geblieben> *vi sein* ❶ (*nicht weggehen*) quedarse; ~ **Sie am Apparat!** ¡no cuelgue!; **hängen** ~ (*an einem Ort*) quedarse; (*Wissen*) quedar en la memoria; (*Schüler*) suspender; **an etw hängen** ~ (*kleben*) pegarse en algo; (*sich verhaken*) engancharse en algo; **wo bleibt er nur so lange?** ¿dónde se ha metido todo este rato?; **das bleibt unter uns!** ¡esto queda entre nosotros!; **sieh zu, wo du bleibst!** ¡apáñatelas como puedas! ❷ (*nicht ändern*) mantener(se); (*beharren*) perseverar; **gleich** ~ no cambiar; **gleich** ~ **d** constante; (*beständig*) permanente; **er bleibt bei seiner Behauptung, dass ...** mantiene su afirmación de que...; **es bleibt dabei** no hay cambios; **hier ist alles beim Alten geblieben** aquí sigue todo como antes; **die Frage blieb unbeantwortet** la pregunta quedó sin respuesta; **er ist derselbe geblieben** no ha cambiado; **er ist und bleibt ein Ganove** ha sido y es un bandido; **am Leben** ~ quedar con vida; **liegen** ~ (*Person*) quedarse tumbado; (*nicht verkauft werden*) no venderse; (*Auto*) quedar tirado; (*Arbeit*) quedar sin hacer; **offen** ~ (*Tür, Fenster*) quedar abierto; (*Frage*) quedar pendiente; ~ **Sie doch sitzen!** ¡quédese sentado!; **stehen** ~ quedarse de pie; (*anhalten*) detenerse; **stecken** ~ (*festsitzen*) quedar fijo; (*im Schlamm*) quedar atascado; (*fam: beim Sprechen*) atascarse ❸ (*anhalten*) seguir, continuar; **das bleibt abzuwarten** hay que esperar; **es bleibt mir nichts weiter zu tun, als ...** no me queda otro remedio que...

bleibend *adj* duradero, persistente; **von** ~ **em Wert** de valor duradero

Bleiberecht *nt ohne pl* (POL) derecho *m* de permanencia

bleich [blaɪç] *adj* pálido

bleichen I. *vt* (*Wäsche*) blanquear; (*entfärben*) desteñir; (*Haare*) oxigenar II. *vi* (*seine Farbe verlieren*) desteñirse

Bleichgesicht *nt* (*fam: blasser Mensch*) persona *f* pálida; (*Weißer*) rostro *m* pálido; **Bleichmittel** *nt* descolorante *m*

bleiern [ˈblaɪən] *adj* ❶ (*Material*) de plomo ❷ (*Langeweile*) pesado ❸ (*geh: bleifarben*) plomizo

bleifrei *adj* sin plomo; **Super** ~ gasolina super sin plomo

bleihaltig *adj* plomífero

Bleikristall *nt ohne pl* cristal *m* de Bohemia; **bleischwer** *adj* pesado como el plomo

Bleistift *m* lápiz *m;* **Bleistiftspitzer** *m* afilalápices *m inv;* **Bleistiftzeichnung** *f* dibujo *m* a lápiz

Blende [ˈblɛndə] *f* <-n> ❶ (*Lichtschutz*) pantalla *f* ❷ (FOTO) diafragma *m* ❸ (*an Fassaden: Tür*) puerta *f* ciega; (*Fenster*) ventana *f* ciega; (*an Kleidung*) tira *f* de tela (de adorno)

blenden [ˈblɛndən] I. *vi* (*Licht, Sonne*) cegar II. *vt* ❶ (*beeindrucken*) impresionar, deslumbrar ❷ (*blind machen*) cegar

blendend *adj* ❶ (*großartig*) estupendo; **sich** ~ **amüsieren/unterhalten** entretenerse/divertirse estupendamente ❷ (*strahlend*) deslumbrante, cegador; ~ **weiß** blanco deslumbrante

Blender(in) *m(f)* <-s, -; -, -nen> efectista *mf*

Blendung *f* <-en> deslumbramiento *m*

Blesse [ˈblɛsə] *f* <-n> estrella *f*, lucero *m*

Blessur [blɛˈsuːɐ] *f* <-en> (*geh*) herida *f*

Blick¹ [blɪk] *m* <-(e)s, -e> (*Hinsehen, Ausdruck*) mirada *f;* (*kurz*) vistazo *m;* **alles**

auf einen ~ todo de una sola mirada; **einen** ~ **auf etw werfen** echar un vistazo a algo; **einen guten** ~ **für etw haben** tener buen ojo para algo; **keinen** ~ **für etw haben** no entender de algo; **auf den ersten** ~ a primera vista; **jdn keines ~ es würdigen** hacer caso omiso de alguien; **sie erwiderte seine** ~ **e** le devolvió la mirada

Blick² *m* <-(e)s, *ohne pl*> (*Aussicht*) vista *f,* panorama *m;* **mit** ~ **auf den Dom** con vistas a la catedral

blicken [ˈblɪkən] *vi* mirar; **weit** ~ **d** previsor; (*scharfsinnig*) clarividente; **sich** ~ **lassen** aparecer

Blickfang *m* <-(e)s, -fänge> centro *m* de atención; **Blickfeld** *nt* campo *m* visual; **Blickkontakt** *m* contacto *m* visual; **Blickpunkt** *m* centro *m* de interés; (*Gesichtspunkt*) punto *m* de vista; **Blickrichtung** *f* ❶ (*des Blicks*) dirección *f;* **in** ~ (**nach**) **Süden** en dirección sur ❷ (*Aspekt*) perspectiva *f;* **die** ~ **wechseln** cambiar de perspectiva; **Blickwinkel** *m* punto *m* de vista

blieb [bliːp] *3. imp von* **bleiben**

blies [bliːs] *3. imp von* **blasen**

blind [blɪnt] *adj* ❶ (*a. fig: ohne Sehvermögen*) ciego; ~ **werden** perder la vista; **auf einem Auge** ~ tuerto; ~ **er Gehorsam** obediencia ciega; **jdm** ~ **vertrauen** confiar en alguien ciegamente; ~ **vor Wut** ciego de ira; ~ **vor Eifersucht/Hass** cegado por los celos/el odio ❷ (*maßlos*) desmedido, sin límites ❸ (*Spiegel*) empañado

Blindbewerbung *f* solicitud *f* enviada a ciegas; **Blinddarm** *m* (ANAT) apéndice *m;* **Blinddarmentzündung** *f* apendicitis *f inv*

Blind Date [blaɪnt dɛɪt] *nt* <- -(s), - -s> cita *f* a ciegas

Blinde(r) *mf* <-n, -n; -n> ciego, -a *m, f*

Blindekuh [ˈ---] *f ohne pl:* ~ **spielen** jugar a la gallina ciega

Blindenhund *m* (perro *m*) lazarillo *m;* **Blindenschrift** *f ohne pl* (alfabeto *m*) Braille *m*

Blindflug *m* vuelo *m* sin visibilidad; **Blindgänger** [ˈblɪntgɛŋɐ] *m* <-s, -> ❶ (*Geschoss*) proyectil *m* sin estallar ❷ (*fam: Versager*) fracasado *m*

blindgläubig I. *adj* llevado por una fe ciega II. *adv* con fe ciega; ~ **führten sie seine Befehle aus** ejecutaron sus órdenes con una fe ciega

Blindheit *f ohne pl* ceguera *f;* **mit** ~ **geschlagen sein** tener una venda en los ojos

blindlings ['blɪntlɪŋs] *adv* (*unvorsichtig*) sin precaución; (*unüberlegt*) a ciegas; (*ins Ungewisse*) al azar

Blindschleiche ['blɪntʃlaɪçə] *f* <-n> lución *m*

blindwütig *adj* rabioso

blinken ['blɪŋkən] *vi* ❶ (*funkeln*) fulgurar; (*Stern*) centellear ❷ (*Blinkzeichen geben*) destellar ❸ (AUTO) poner el intermitente

Blinker *m* <-s, -> (AUTO) intermitente *m;* (*zum Angeln*) cebo *m* metálico destellante

Blinklicht *nt* (luz *f*) intermitente *m;* **Blinkzeichen** *nt* señal *f* (luminosa) intermitente; ~ **geben** dar el intermitente

blinzeln ['blɪntsəln] *vi* parpadear

Blitz [blɪts] *m* <-es, -e> ❶ (PHYS, METEO) rayo *m;* (*zwischen Wolken*) relámpago *m;* **die Nachricht schlug wie ein ~ ein** (*fam fig*) la noticia cayó como un rayo; **wie vom ~ getroffen** (*fam fig*) como tocado por el rayo ❷ (FOTO) flash *m;* **Blitzableiter** *m* pararrayos *m inv;* **Blitzaktion** *f* acción *f* relámpago

blitzartig *adj* fulminante

blitzblank ['-'-] *adj* reluciente, resplandeciente

blitzen *vi* ❶ (*strahlen*) brillar, relucir ❷ (*beim Gewitter*) relampaguear; **es blitzt und donnert** hay truenos y relámpagos

Blitzesschnelle *f ohne pl* rapidez *f* del rayo; **in/mit ~** como un rayo

Blitzgerät *nt* (FOTO) flash *m*

blitzgescheit *adj* (*fam*) agudo

Blitzlicht *nt* (FOTO) flash *m*

blitzsauber ['-'--] *adj* (*fam*) limpio como una patena

Blitzschlag *m* rayo *m*

blitzschnell ['-'-] *adj* (*fam*) (rápido) como un rayo

Blizzard ['blɪzɐt] *m* <-s, -s> ventisca *f*

Block¹ [blɔk, *pl:* blœkə] *m* <-(e)s, Blöcke> ❶ (*Stein*) bloque *m* ❷ (POL) bloque *m*

Block² *m* <-(e)s, -s *o* Blöcke> ❶ (*Häuser~*) manzana *f*, bloque *m* ❷ (*Schreib~*) bloc *m*

Blockade [blɔ'ka:də] *f* <-n> bloqueo *m*

blocken *vi, vt* (SPORT) blocar

Blockflöte *f* flauta *f* dulce

Blockfreiheit *f ohne pl* (POL) no alineación *f*

Blockhütte *f* cabaña *f* de madera

blockieren* [blɔ'ki:rən] I. *vi* (*Räder, Bremsen*) bloquear II. *vt* (*Zugang, Verkehr*) cerrar, bloquear

Blocksatz *m ohne pl* (TYPO) composición *f* en forma de bloque; **Blockschrift** *f ohne pl* letra *f* de imprenta

blöd(e) *adj* (*fam*) ❶ (*dumm*) tonto, apan-

---

tallado *Mex* ❷ (*unangenehm*) fastidioso; **lass dich nicht ~ anmachen!** (*fam*) ¡no te dejes enrollar mal!

Blödelei¹ *f* <-en> (*fam: Bemerkung*) sandez *f*, chorrada *f*

Blödelei² *f ohne pl* (*fam: das Blödeln*) hacer el chorra *m;* **lass endlich diese ~!** ¡deja de hacer el chorra de una vez!

blödeln ['blø:dəln] *vi* hacer el tonto

blöderweise ['blø:dɐˈvaɪzə] *adj* desgraciadamente

Blödheit *f* <-en> estupidez *f*, tontería *f*

Blödian ['blø:dia:n] *m* <-s, -e> (*fam*) tonto *m* perdido

Blödmann *m* imbécil *m;* (*Schimpfwort*) gilipollas *m inv;* **Blödsinn** *m* <-(e)s, *ohne pl>* (*fam*) disparate *m*, tontería *f*, pavada *f CSur;* **mach keinen ~!** ¡no hagas tonterías!

blödsinnig *adj* ❶ (*schwachsinnig*) imbécil ❷ (*fam: blöd*) idiota

blöken ['blø:kən] *vi* balar

blond [blɔnt] *adj* rubio

blondieren* *vt* teñir de rubio

Blondine [blɔn'di:nə] *f* <-n> rubia *f*

bloß [blo:s] I. *adj* ❶ (*unbedeckt*) descubierto; (*nackt*) desnudo ❷ (*nichts als*) puro, mero; **mit ~ em Auge** a simple vista; **der ~ e Gedanke macht mich nervös** sólo pensar en ello, me pone nervioso; **aus ~ er Neugier** por pura curiosidad II. *adv* (*fam: nur*) únicamente, sólo; **lass das ~!** ¡no se te ocurra meterte en eso!; **was hast du ~?** ¿pero qué te pasa?; **sag ~!** ¡no me digas!

Blöße ['blø:sə] *f* <-n> ❶ (*geh: Nacktheit*) desnudez *f* ❷ (*Schwachstelle*) punto *m* débil; **sich eine ~ geben** mostrar su punto débil

bloß|legen *vt* descubrir; (*enthüllen*) sacar a la luz; **bloß|stellen** I. *vt* (*Person*) desenmascarar, zarandear *Am* II. *vr:* **sich ~** exponerse

blubbern ['blʊbɐn] *vi* (*fam*) burbujear

Bluejeans *fpl*, **Blue Jeans** ['blu:'dʒi:ns] *fpl* vaquero(s) *m(pl)*, tejano(s) *m(pl)*

Blues [blu:s] *m* <-, -> (MUS) blues *m inv*

Bluff [blʊf] *m* <-s, -s> (*abw*) fanfarronada *f*, bolazo *m RíoPl*

bluffen ['blʊfən, 'blœfən] *vi* (*abw*) fanfarronear, blofear *AmC, Mex*

blühen ['bly:ən] *vi* ❶ (*Pflanzen*) florecer, florear *Am* ❷ (*Geschäft*) prosperar, florear *Am* ❸ (*fam: bevorstehen*) suceder; **das kann mir auch noch ~** esto también me puede suceder a mí

blühend ['bly:ant] *adj* ❶ (*Pflanze, Sprache*) florido; (*Frau*) fresco; (*Gesichtsfarbe*) saludable ② (*Geschäft, Stadt*) próspero; (*Fantasie*) exuberante; **sie starb im ~en Alter** murió en la flor de la vida

Blume ['bluːmə] *f* <-n> ① (BOT) flor *f;* **~n planzen/pflücken/säen** plantar/coger/sembrar flores; **er hat es ihr durch die ~ gesagt** le soltó una indirecta ② (*von Wein*) bouquet *m,* aroma *m* ③ (*auf Bier*) espuma *f;* **Blumenbeet** *nt* arriate *m,* macizo *m* de flores; **Blumenerde** *f* tierra *f* para plantas; **Blumenkasten** *m* jardinera *f,* macetero *m Am;* **Blumenkohl** *m* coliflor *f;* **Blumenladen** *m* floristería *f;* **Blumenstrauß** *m* ramo *m* de flores, maceta *f Chil;* **Blumentopf** *m* maceta *f,* tiesto *m;* **Blumenvase** *f* florero *m;* **Blumenzwiebel** *f* bulbo *m*

blumig ['bluːmɪç] *adj* ① (*Wein*) con bouquet ② (*Stil*) florido; (*abw*) amanerado

Bluse ['bluːzə] *f* <-n> blusa *f*

Blut [bluːt] *nt* <-(e)s, *ohne pl*> sangre *f;* **blaues ~ haben** tener sangre azul; **jdm ~ abnehmen** sacar sangre a alguien; **ruhig ~ bewahren** guardar la sangre fría; **~ vergießen** derramar sangre; **jdn bis aufs ~ reizen** (*fam*) pudrirle [*o* quemarle] la sangre a alguien; **etw liegt jdm im ~** alguien lleva algo en la sangre; **~ und Wasser schwitzen** (*fam*) sudar la gota gorda; **jdm gefriert das ~ in den Adern** (*fig*) a alguien se le hiela la sangre en las venas; **er hat ~ geleckt** (*fam*) ha tomado gusto; **Blutabnahme** *f* extracción *f* de sangre; **Blutalkoholspiegel** *m* (MED) prueba *f* de alcoholemia; **blutarm** *adj* (MED) anémico; **Blutarmut** *f* (MED) anemia *f;* **Blutbad** *nt* derramamiento *m* de sangre; **Blutbahn** *f* (ANAT) sistema *m* circulatorio; (*Adern*) vasos *mpl* sanguíneos; **Blutbank** *f* (MED) banco *m* de sangre; **Blutbild** *nt* (MED) cuadro *m* sanguíneo; **Blutbildung** *f* (MED) formación *f* de sangre; **Blutblase** *f* ampolla *f* sanguinolenta

Blutdruck *m ohne pl* (MED) tensión *f* arterial; **hohen/niedrigen ~ haben** tener la tensión alta/baja; **den ~ messen** tomar la tensión; **Blutdruckmessgerät** *nt* (MED) esfigmomanómetro *m*

Blüte¹ ['blyːtə] *f* <-n> ① (BOT) flor *f* ② (*fam: Banknote*) billete *m* falso

Blüte² *f ohne pl* ① (*das Blühen*) floración *f;* **in voller ~ stehen** estar en plena floración ② (*Wohlstand*) prosperidad *f,* florecimiento *m* ③ (*Höhepunkt*) florecimiento *m,* apogeo *m*

Blutegel ['bluːtʔeːɡəl] *m* sanguijuela *f*

bluten ['bluːtən] *vi* sangrar; **mir blutet das Herz** (*fig*) se me rompe el corazón

Blütenblatt *nt* (BOT) pétalo *m;* **Blütenkelch** *m* (BOT) cáliz *m;* **Blütenstaub** *m* (BOT) polen *m*

Blutentnahme *f* (MED) extracción *f* de sangre

blütenweiß *adj* blanquísimo

Bluter(in) ['bluːtɐ] *m(f)* <-s, -; -nen> (MED) hemofílico, -a *m, f*

Bluterguss ['bluːtʔɛɐɡʊs] *m* (MED) derrame *m* sanguíneo

Bluterin *f* <-nen> *s.* **Bluter**

Bluterkrankheit ['bluːtɐ-] *f* (MED) hemofilia *f*

Blütezeit *f* floración *f;* (*fig*) apogeo *m*

Blutfaktor *m* (MED) factor *m* sanguíneo; **Blutfleck** *m* mancha *f* de sangre; **Blutgefäß** *nt* (ANAT) vaso *m* sanguíneo; **Blutgerinnsel** *nt* (MED) coágulo *m* de sangre; **Blutgerinnung** *f* (MED) coagulación *f* de la sangre; **Blutgruppe** *f* (MED) grupo *m* sanguíneo; **Bluthochdruck** *m* (MED) hipertensión *f* arterial; **Bluthund** *m* perro *m* de presa

blutig *adj* ① (*blutbefleckt*) ensangrentado ② (*Kampf*) sangriento ③ (*verstärkend*) muy, mucho; **ein ~er Anfänger** un novato

blutjung ['-'-] *adj* muy joven

Blutkonserve *f* (MED) conserva *f* de sangre; **Blutkörperchen** ['bluːtkœrpeçən] *nt* <-s, -> (MED) glóbulo *m* de sangre, hematocito *m;* **Blutkrebs** *m* (MED) leucemia *f;* **Blutkreislauf** *m* (MED) circulación *f* sanguínea; **Blutlache** *f* charco *m* de sangre; **blutleer** *adj* exangüe, desangrado; **Blutorange** *f* sanguina *f;* **Blutplasma** *nt* (MED) plasma *m* sanguíneo; **Blutplättchen** ['bluːtplɛtçən] *nt* <-s, -> (MED) trombocito *m;* **Blutprobe** *f* (MED) prueba *f* de sangre; **Blutrache** *f* vendetta *f;* **blutrot** ['-'-] *adj* rojo vivo

blutrünstig ['bluːtrʏnstɪç] *adj* sangriento

Blutsauger *m* ① (*Tier*) sanguijuela *f* ② (*abw: Mensch*) sanguijuela *f,* vampiro *m*

Blutsbruder *m* amigo *m* íntimo (*con el que la amistad se selló con sangre*); **Blutsbrüderschaft** *f* hermandad *f* de sangre; **~ schließen** sellar la hermandad con sangre

Blutschande *f* incesto *m;* **Blutspende** *f* (MED) donación *f* de sangre; **Blutspender(in)** *m(f)* donante *mf* de sangre; **Blutspur** *f* huella *f* de sangre

blutstillend *adj* hemostático

Blutstropfen *m* (MED) gota *f* de sangre; **blutsverwandt** *adj* consanguíneo; **Blutsverwandte(r)** *mf* pariente *mf* consanguíneo, -a; **Blutsverwandtschaft** f parentesco m por consanguinidad

Bluttat ['bluːtaːt] f acto m cruento; (*Mord*) asesinato m; **Bluttest** m análisis m inv de sangre; **Bluttransfusion** f (MED) transfusión f de sangre; **blutüberströmt** ['bluːtyːbɐ(')ʃtrøːmt] adj bañado en sangre

Blutung f <-en> hemorragia f; **die monatliche** ~ la menstruación

blutunterlaufen ['bluːtʊntɐ(')laʊfən] adj inyectado en sangre; **Blutuntersuchung** f (MED) análisis m inv de sangre; **Blutvergießen** nt <-s, ohne pl> (geh) derramamiento m de sangre; **Blutvergiftung** f (MED) intoxicación f de la sangre; **Blutverlust** m (MED) pérdida f de sangre; **Blutwäsche** f (MED) depuración f de la sangre; **Blutwurst** f (GASTR) morcilla f; **Blutzuckerspiegel** m (MED) nivel m de azúcar en la sangre; **einen hohen** ~ **haben** tener el azúcar muy alto

Blutzuckerwert m (MED) nivel m de azúcar en la sangre

BLZ [beːʔɛlˈtsɛt] (FIN) Abk. von **Bankleitzahl** código m de identificación bancaria

b-Moll nt <-s, ohne pl> (MUS) si m bemol menor

Bö [bøː] f <-en> racha f

Boa ['boːa] f <-s> (a. ZOOL) boa f

Bob [bɔp] m <-s, -s> bob(sleigh) m

Bock [bɔk, pl: 'bœkə] m <-(e)s, Böcke> ❶ (ZOOL) macho m; (*Ziegen~*) macho m cabrío; **einen** ~ **schießen** (fig) cometer la pata ❷ (fam: Mensch) tío m, tipo m; **er ist ein sturer** ~ es un tío tozudo ❸ (fam: Lust) gana(s) f(pl) (auf de) ❹ (SPORT) potro m ❺ (Gestell) caballete m ❻ (Hebe~) cabria f; (AUTO) gato m ❼ (Kutsch~) pescante m

Bockbier nt cerveza f fuerte

bocken vi ❶ (Kind, Tier) ponerse terco ❷ (Motor) andar a trancas y barrancas

bockig adj tozudo, cabezota

Bockmist m (fam) chorradas fpl; ~ **machen** (Unsinn machen) hacer tonterías; (etw verbocken) joder el invento vulg

Bockshorn ['bɔkshɔrn] nt ohne pl (fam): **jdn ins** ~ **jagen** intimidar a alguien

Bockspringen nt <-s, ohne pl> (SPORT) salto m de potro

Bockwurst f salchicha f cocida

Boden ['boːdən, pl: 'bøːdən] m <-s, Böden> ❶ (Erd~) tierra f; (Fuß~) suelo m; (Gelände) terreno m; **auf italienischem** ~ en territorio italiano; **zu** ~ **fallen** caer al suelo; **an** ~ **gewinnen** ganar terreno; **(wieder) festen** ~ **unter den Füßen haben** (fig) (volver a) tener el porvenir

asegurado; **den** ~ **unter den Füßen verlieren** perder pie; **jdm den** ~ **unter den Füßen wegziehen** privar a alguien de su base existencial; **am** ~ **zerstört sein** estar con el ánimo por los suelos ❷ (von Gefäß, Meer) fondo m ❸ (Dach~) desván m; (Dachwohnung) ático m ❹ (Grundlage) base f, fundamento m; **auf dem** ~ **der Tatsachen stehen** estar con los pies en el suelo ❺ (eines Regals) balda f; **Bodenbelag** m pavimento m; **Bodenbelastung** f contaminación f del suelo; **Bodenerosion** f (ÖKOL) erosión f del suelo; **Bodenfrost** m helada f del suelo; **Bodenhaftung** f (AUTO) adherencia f de las ruedas al suelo

bodenlos adj ❶ (tief) sin fondo ❷ (fam: unerhört) increíble; **eine** ~**e Frechheit** una desfachatez sin nombre; **Bodennebel** m neblina f; **Bodenpersonal** nt (AERO) personal m de tierra; **Bodenprobe** f (AGR, ÖKOL) prueba f del suelo; **Bodenreform** f (JUR) reforma f agraria; **Bodensatz** m poso m, sedimento m; **Bodenschätze** mpl riquezas fpl naturales

Bodensee m <-s> lago m de Constanza

bodenständig adj arraigado

Bodenstation f (TEL) estación f de tierra; **Bodenstreitkräfte** fpl (MIL) infantería f; **Bodenturnen** nt <-s, ohne pl> (SPORT) gimnasia f de suelo; **Bodenuntersuchung** f (AGR, ÖKOL) examinación f de la composición del suelo

Body ['bɔdi] m <-s, -s> (Kleidungsstück) body m; **Bodybuilding** ['bɔdibɪldɪŋ] nt <-s, ohne pl> bodybuilding m, culturismo m

Böe ['bøːə] f <-n> ráfaga f, racha f

bog [boːk] 3. imp von **biegen**

Bogen ['boːgən, pl: 'bøːgən] m <-s, - südd, Österr: Bögen> ❶ (Kurve) curva f; **einen großen** ~ **um jdn/etw machen** (fam) evitar a alguien/algo; **er hat den** ~ **raus** (fam) ya sabe por dónde van los tiros; **jdn in hohem** ~ **hinauswerfen** (fam) mandar a alguien a freír espárragos ❷ (Sportgerät) arco m; **den** ~ **überspannen** (fam) ir demasiado lejos ❸ (ARCHIT, MUS, MATH) arco m ❹ (Blatt Papier) hoja f, pliego m

bogenförmig ['boːgənfœrmɪç] adj arqueado

Bogengang m (ARCHIT) arcada f; **Bogenschießen** nt ohne pl (SPORT) tiro m de arco; **Bogenschütze, -in** m, f (SPORT) arquero m, -a f

Böhmen ['bøːmən] nt <-s> Bohemia f

böhmisch ['bøːmɪʃ] adj bohemio; **das sind** ~**e Dörfer für mich** (fam) esto me suena a chino

Bohne ['boːnə] *f* <-n> ❶ (BOT) judía *f*; poroto *m AmS*; **grüne ~n** judías verdes, ejotes *mpl AmC* ❷ (*Kaffee~*) grano *m* de café; **nicht die ~!** (*fam*) ¡ni pizca!; **Bohnenkaffee** *m* café *m* en grano; **Bohnenstange** *f* rodrigón *m*; **Bohnensuppe** *f* sopa *f* de alubias

bohnern ['boːnɐn] *vi, vt* encerar

Bohnerwachs *nt* cera *f* para el piso

bohren ['boːrən] **I.** *vt* ❶ (*Loch*) perforar, hacer; (*Brunnen*) (ex)cavar; **ein Loch ~** hacer un agujero ❷ (*mit Bohrer in Material*) taladrar, barrenar; **in der Nase ~** meterse el dedo en la nariz; **~ de Zweifel** dudas atormentadoras **II.** *vi* ❶ (*fam: fragen*) insistir ❷ (*Öl, Wasser*) buscar (*nach*) ❸ (*Zahnarzt*) taladrar **III.** *vr:* **sich in etw ~** penetrar en algo

bohrend *adj:* **ein ~er Schmerz** un dolor lacerante; **~e Zweifel** dudas atormentadoras

Bohrer *m* <-s, -> taladro *m*, barrena *f*

Bohrinsel ['boːrʔɪnzəl] *f* plataforma *f* de sondeo; **Bohrloch** *nt* agujero *m* de perforación; (*für Erdöl*) pozo *m* de sondeo; **Bohrmaschine** *f* taladradora *f*; **Bohrturm** *m* castillete *m* de sondeo

Bohrung *f* <-en> ❶ (*das Bohren*) perforación *f* ❷ (*Bohrloch*) agujero *m* de perforación

böig ['bøːɪç] *adj* racheado

Boiler ['bɔɪlɐ] *m* <-s, -> calentador *m* (de agua), calefón *m Arg*

Boje ['boːjə] *f* <-n> (NAUT) boya *f*

Bolero [bo'leːro] *m* <-s, -s> ❶ (*Tanz*) bolero *m* ❷ (*Jäckchen*) torera *f*

Bolivianer(in) [boli'vjaːnɐ] *m(f)* <-s, -; -nen> boliviano, -a *m, f*

bolivianisch *adj* boliviano

Bolivien [bo'liːvjən] *nt* <-s> Bolivia *f*

Böller *m* <-s, -> (*fam*) petardo *m*

Bollwerk ['bɔlvɛrk] *nt* <-(e)s, -e> ❶ (NAUT) muelle *m* ❷ (*fig: Festung*) baluarte *m*

Bolschewismus [bɔlʃe'vɪsmʊs] *m* <-, ohne *pl*> bolchevismo *m*

bolschewistisch *adj* bolchevique

Bolzen ['bɔltsən] *m* <-s, -> perno *m*, clavija *f*

Bombardement [bɔmbardə'mãː] *nt* <-s, -s *Schweiz:* -e> (MIL) bombardeo *m*

bombardieren* [bɔmbar'diːrən] *vt* ❶ (MIL) bombardear ❷ (*fam: überhäufen*) acribillar (*mit* a)

Bombardierung *f* <-en> ❶ (MIL) bombardeo *m*; **die Stadt hielt der schweren ~stand** la ciudad resistió el intenso bombardeo ❷ (*fam: Überhäufung*) bombardeo *m*

(*mit* de); **eine ~ mit Fragen/Vorwürfen** un bombardeo de preguntas/de reproches

bombastisch [bɔm'bastɪʃ] *adj* (*abw*) rimbombante

Bombe ['bɔmbə] *f* <-n> bomba *f*; **eine ~ legen** poner una bomba; **Bombenangriff** *m* (MIL) bombardeo *m*; **Bombenschlag** *m* (MIL) atentado *m* con bomba(s); **Bombenattentat** *nt* atentado *m* con bomba; **Bombendrohung** *f* amenaza *f* de bomba; **die Polizei erhielt telefonisch eine ~** la policía recibió una amenaza telefónica de bomba; **Bombenerfolg** ['---'-] *m* (*fam*) éxito *m* rotundo; **Bombengeschäft** ['---'-] *nt* (*fam*) negocio *m* redondo; **bombensicher** ['--'--] *adj* ❶ (TECH) a prueba de bomba; (*fig*) infalible ❷ (*fam*) totalmente seguro; **Bombenstimmung** ['--'--] *f* ohne *pl* (*fam*) ambiente *m* fantástico

Bomber ['bɔmbɐ] *m* <-s, -> (MIL) bombardero *m*

bombig *adj* (*fam*) fantástico, magnífico

Bon [bɔŋ, bõː] *m* <-s, -s> ❶ (*Gutschein*) vale *m* ❷ (*Kassenzettel*) tiquet *m*

Bonbon [bɔŋ'bɔŋ, bõ'bõː] *m o nt* <-s, -s> caramelo *m*

Bongo *nt* <-(s), -s>, *f* <-s> bongó *m*

Boni *pl von* **Bonus**

Bonn [bɔn] *nt* <-s> Bonn *m*

Bonner(in) *m(f)* <-s, -; -nen> habitante *mf* de Bonn

Bonsai ['bɔnzaɪ] *m* <-(s), -s> bonsai *m*

Bonus ['boːnʊs] *m* <- *o* Bonusses, - *o* Bonusse *o* Boni> (COM) gratificación *f*

Bonze ['bɔntsə] *m* <-n, -n> (*abw*) cacique *m*

Boom [buːm] *m* <-s, -s> boom *m*

boomen ['buːmən] *vi* (WIRTSCH: *fam: Geschäft*) prosperar; (*Literatur, Mode*) experimentar un auge

Boot [boːt] *nt* <-(e)s, -e> barca *f*; **wir sitzen alle im gleichen ~** (*fam*) todos tiramos de una cuerda; **Bootsfahrt** *f* viaje *m* en barca; **Bootsflüchtling** *m* balsero, -a *m, f*; **Bootshaus** *nt* casa *f* guardabotes; **Bootsmann** *m* <-(e)s, -leute> (NAUT) contramaestre *m*; **Bootsverleih** *m* alquiler *m* de barcas

Bor [boːɐ] *nt* <-s, ohne *pl*> (CHEM) boro *m*

Bord¹ [bɔrt] *m* <-(e)s, ohne *pl*> (NAUT) borda *f*; (*äußerlich*) bordo *m*; **an ~** a bordo; **alle Mann an ~!** ¡todos a bordo!; **über ~ gehen** caer por la borda; **von ~ gehen** desembarcar; **an ~ gehen** embarcarse; **alle Bedenken über ~ werfen** olvidarse de todas las dudas

Bord² *nt* <-(e)s, -e> ❶ (*Wandbrett*)

estante *m* ❷ (*Schweiz: Rand, Böschung*) borde *m*
Bordbuch *nt* libro *m* de a bordo; **Bordcomputer** *m* ordenador *m* de a bordo
Bordell [bɔr'dɛl] *nt* <-s, -e> burdel *m*
Bordkarte *f* (AERO) tarjeta *f* de embarque; **Bordpersonal** *nt* (AERO) tripulación *f*
Bordstein *m* bordillo *m*, cordón *m* CSur; **Bordsteinkante** *f* bordillo *m*
Bordüre [bɔr'dy:rə] *f* <-n> (*Stoff*) ribete *m*
borgen ['bɔrgən] *vt* ❶ (*ausleihen*) tomar prestado ❷ (*verleihen*) prestar
Borke ['bɔrkə] *f* <-n> (*nordd*) ❶ (*Rinde*) corteza *f* ❷ (*Kruste einer Wunde*) costra *f*; **Borkenkäfer** *m* escarabajo *m* de la corteza
borniert [bɔr'ni:ɛt] *adj* (*abw*) estrecho de miras
Börse ['bœrzə] *f* <-n> (FIN) bolsa *f*; **Börsenbericht** *m* (FIN) informe *m* bursátil; **Börsengang** *m* cotización *f* en bolsa; **Börsenkrach** *m* (FIN) caída *f* de la bolsa; **Börsenkurs** *m* (FIN) cotización *f* bursátil; **Börsenmakler(in)** *m(f)* corredor(a) *m(f)* de bolsa
börsennotiert *adj* (FIN: *Firma*) que cotiza en bolsa
Börsenspekulant(in) *m(f)* (FIN) especulador(a) *m(f)* de bolsa; **Börsenstart** *m* (FIN) inicio *m* de la cotización bursátil
Börsianer(in) [bœr'zja:nɐ] *m(f)* <-s, -; -nen> (*fam*) bolsista *mf*
Borste ['bɔrstə] *f* <-n> (ZOOL: *künstlich*) cerda *f*
borstig *adj* hirsuto
Borte ['bɔrtə] *f* <-n> ribete *m*
Borwasser *nt* agua *f* boricada
bösartig ['bø:s?a:ɐtɪç] *adj* ❶ (*Mensch, Tier*) malo, malvado, canijo *Am*; (*Bemerkung*) malicioso ❷ (*Krankheit*) pernicioso; (*Geschwulst*) maligno; (*Fieber, Husten*) fuerte
Böschung ['bœʃʊŋ] *f* <-en> ❶ (*an der Straße*) terraplén *m* ❷ (*Abhang*) declive *m*
böse ['bø:zə] I. *adj* ❶ (*schlecht*) malo; (*Kind*) maleducado ❷ (*unangenehm*) malo; **ein ~s Erwachen geben** una gran desilusión; **das wird ~ Folgen haben** eso tendrá graves consecuencias ❸ (*verärgert*) enfadado (*auf/mit* con), enojado (*auf/mit* con); **im B~n auseinander gehen** separarse por las malas; **ich bin** (**mit**) **ihm** [*o* **auf ihn**] ~ estoy enojado con él II. *adv* mal; **es wird ~ enden** eso terminará mal; **das sieht ~ aus** eso tiene mal aspecto; **Bösewicht** ['bø:zəvɪçt] *m* <-(e)s, -e *o* -er> bribón *m*, malvado *m*
boshaft ['bo:shaft] *adj* malvado

Bosheit *f* <-en> maldad *f*, malicia *f*
Bosnien ['bɔsniən] *nt* <-s> Bosnia *f*; **Bosnien-Herzegowina** *nt* <-s> Bosnia-Herzegovina *f*
Bosnier(in) ['bɔsniɐ] *m(f)* <-s, -; -nen> bosnio, -a *m, f*
Boss [bɔs] *m* <-es, -e> jefe *m*, trompa *m* CSur: *fam*
böswillig I. *adj* malévolo II. *adv* con mala intención
Böswilligkeit *f* <-en> malevolencia *f*
bot [bo:t] *3. imp von* **bieten**
Botanik [bo'ta:nɪk] *f ohne pl* botánica *f*
botanisch *adj* botánico
Bote, -in ['bo:tə] *m, f* <-n, -n; -nen> recadero, -a *m, f*; **Botengang** *m* recado *m*
Botin ['bo:tɪn] *f* <-nen> s. **Bote**
Botschaft ['bo:tʃaft] *f* <-en> ❶ (*geh: Nachricht*) mensaje *m* ❷ (POL) embajada *f*
Botschafter(in) *m(f)* <-s, -; -nen> (POL) embajador(a) *m(f)*
Bottich ['bɔtɪç] *m* <-(e)s, -e> cuba *f*, tina *f*
Bouillon [bʊl'jɔŋ, bʊl'jõ:] *f* <-s> (GASTR, MED) caldo *m*
Boulevard [bulə'va:ɐ] *m* <-s, -s> bulevar *m*; **Boulevardpresse** *f ohne pl* prensa *f* sensacionalista [*o* amarilla]; **Boulevardzeitung** *f* periódico *m* sensacionalista
Bourgeoisie [bʊrʒoa'zi:] *f* <-n> (*geh*) burguesía *f*
Boutique [bu'ti:k] *f* <-n> boutique *f*
Bowle ['bo:lə] *f* <-n> (GASTR) ponche *m* (*bebida hecha de vino, champán, azúcar y frutas*)
Bowling ['bo:lɪŋ, 'bʊlɪŋ] *nt* <-s, ohne pl> bowling *m*
Box [bɔks] *f* <-en> ❶ (*für Pferde, Rennwagen*) box *m* ❷ (*Lautsprecher*) bafle *m* ❸ (*Behälter*) caja *f*
boxen ['bɔksən] I. *vi* (SPORT) boxear II. *vt* (*schlagen*) pegar III. *vr:* **sich gegenseitig** ~ boxearse
Boxen *nt* <-s, ohne pl> (SPORT) boxeo *m*
Boxer[1] *m* (*Hund*) bóxer *m*
Boxer(in)[2] *m(f)* <-s, -; -nen> (*Sportler*) boxeador(a) *m(f)*
Boxershorts *pl*, **Boxer-Shorts** *pl* shorts *mpl*
Boxhandschuh *m* guante *m* de boxeo; **Boxkampf** *m* combate *m* de boxeo, box *m Am*
Boykott [bɔy'kɔt] *m* <-(e)s, -e *o* -s> boicot *m*
boykottieren* *vt* boicotear
brabbeln ['brabəln] *vt* (*fam*) mascullar
brach [bra:x] I. *3. imp von* **brechen** II. *adj* yermo
brachial [bra'xja:l] *adj* (*geh: Gewalt*) bru-

tal, violento

Brachland *nt* <-(e)s, *ohne pl*> (AGR) barbecho *m*

brach|liegen *irr vi* ❶ (*Acker*) estar en barbecho ❷ (*Talent*) estar desaprovechado

brachte ['braxtə] *3. imp von* **bringen**

Braindrain ['brɛɪndrɛɪn] *m* <-s, *ohne pl*> fuga *f* de cerebros

Brainstorming ['brɛɪnstɔ:mɪŋ] *nt* <-s, *ohne pl*> brainstorming *m*

Branche ['brã:ʃə] *f* <-n> ramo *m;* **Branchenbuch** *nt* guía *f* sectorial; **Branchenverzeichnis** *nt* (TEL.) páginas *fpl* amarillas

Brand[1] [brant, *pl:* 'brɛndə] *m* <-(e)s, Brände> (*Feuer*) fuego *m,* incendio *m;* **etw in ~ setzen/stecken** pegar/prender fuego a algo; **in ~ geraten** (empezar a) arder

Brand[2] *m* <-(e)s, *ohne pl*> ❶ (*fam: Durst*) sed *f* abrasadora ❷ (MED) gangrena *f*

brandaktuell ['----'] *adj* de gran actualidad; **Brandanschlag** *m* atentado *m* de incendio; **Brandblase** *f* ampolla *f* de quemadura

brandeilig ['-'--] *adj* (*fam*) urgentísimo

branden ['brandən] *vi* (*geh: Wellen*) romper (*an/gegen* contra)

Brandenburg ['brandənbʊrk] *nt* <-s> Brandeburgo *m*

Brandherd *m* foco *m* del incendio; **Brandkatastrophe** *f* catástrofe *f* causada por un incendio; **Brandmal** *nt* <-(e)s, -e *o* -mäler> (*geh*) señal *f* de quemadura; (*bei Zuchtvieh*) marca *f*

brandmarken ['brantmarkən] *vt* denunciar públicamente

brandneu ['-'-] *adj* (*fam*) novísimo, flamante

Brandsatz *m* bomba *f* incendiaria; **Brandschaden** *m* daño *m* causado por un incendio; **Brandschutz** *m* protección *f* contra incendios; **Brandstifter(in)** *m(f)* incendiario, -a *m, f;* **Brandstiftung** *f* incendio *m* provocado

Brandung ['brandʊŋ] *f* <-en> oleaje *m*

Brandursache *f* causa *f* de un incendio; **die ~ ist noch ungeklärt** aún no se han aclarado las causas del incendio; **Brandwunde** *f* quemadura *f*

Brandy ['brɛndi] *m* <-s, -s> brandi *m*

brannte ['brantə] *3. imp von* **brennen**

Branntwein *m* aguardiente *m*

Brasilianer(in) [brazi'lja:nɐ] *m(f)* <-s, -; -nen> brasileño, -a *m, f*

brasilianisch *adj* brasileño

Brasilien [bra'zi:liən] *nt* <-s> Brasil *m*

brät [brɛːt] *3. präs von* **braten**

Bratapfel *m* manzana *f* asada

braten ['bra:tən] <brät, briet, gebraten> *vt* asar; (*in der Pfanne*) freír

Braten *m* <-s, -> asado *m;* **Bratensaft** *m* jugo *m* del asado; **Bratensoße** *f* salsa *f* del asado

Brathähnchen *nt* pollo *m* asado; **Brathering** *m* arenque *m* frito; **Bratkartoffeln** *fpl* patatas *cocidas y después salteadas con cebolla y especias;* **Bratpfanne** *f* sartén *f;* **Bratrost** *m* parrilla *f*

Bratsche ['bra:tʃə] *f* <-n> (MUS) viola *f*

Bratwurst *f* salchicha *f* frita

---

i | **Land & Leute**

En privado o en una fiesta, cualquier ocasión es buena para tomarse una **Bratwurst.** Las **Bratwürste** se elaboran embutiendo carne picada en tripas, y se recomienda consumirlas fritas o asadas. En cada región su sabor varía un poco, debido a la mezcla de especias. Muy conocidas son las *Nürnberger, Frankfurter* o *Thüringer Bratwürste.*

Brauch [braʊx, *pl:* 'brɔɪçə] *m* <-(e)s, Bräuche> costumbre *f,* uso *m*

brauchbar *adj* ❶ (*nützlich*) útil ❷ (*geeignet*) apropiado; (*Schüler*) capaz

brauchen ['braʊxən] *vt* ❶ (*benötigen*) necesitar; (*Zeit*) llevar; **wie lange brauchst du dafür** [*o* **dazu**]**?** ¿cuánto tiempo necesitas para esto? ❷ (*fam: gebrauchen*) utilizar, emplear; **kannst du die Sachen ~?** ¿te sirven estas cosas? ❸ (*verbrauchen*) gastar, consumir ❹ (*müssen*) hacer falta (*zu +inf, dass* que +*subj*), ser necesario (*zu +inf, dass* que +*subj*); **du brauchst nicht gleich zu schreien** no es necesario que te pongas a chillar enseguida; **ich brauche heute nicht zu arbeiten** hoy no tengo que trabajar

Brauchtum *nt* <-s, -tümer> costumbres *fpl*

Braue ['braʊə] *f* <-n> ceja *f*

brauen ['braʊən] *vt* ❶ (*Bier*) hacer ❷ (*fam: Kaffee*) preparar

Brauer(in) *m(f)* <-s, -; -nen> cervecero, -a *m, f*

Brauerei *f* <-en>, **Brauhaus** *nt* cervecería *f,* fábrica *f* de cerveza

Brauerin *f* <-nen> *s.* **Brauer**

braun [braʊn] *adj* ❶ (*Farbe*) marrón, pancho *Chil;* (*Haare*) castaño; (*Augen*) marrón; (*Teint*) moreno; **~ werden** ponerse moreno ❷ (*abw: nationalsozialistisch*) nazi

Braunbär *m* oso *m* pardo

Bräune ['brɔɪnə] *f ohne pl* bronceado *m*

bräunen I. *vt* ❶ (*Körper*) broncear ❷ (GASTR) dorar II. *vr:* **sich** ~ (*sich sonnen*) broncearse

Braunkohle *f ohne pl* lignito *m*

Brause ['braʊzə] *f* <-n> ❶ (*Dusche*) ducha *f* ❷ (*Limonade*) (limonada *f*) gaseosa *f*

brausen *vi* ❶ (*Wind*) bramar; ~ **der Beifall** aplauso cerrado ❷ *sein* (*rasen*) ir a toda velocidad

Brausetablette *f* pastilla *f* efervescente

Braut [braʊt, *pl:* 'brɔɪtə] *f* <Bräute> novia *f*; **Brautführer** *m* padrino *m* de bodas

Bräutigam ['brɔɪtigam] *m* <-s, -e> novio *m*

Brautjungfer *f* doncella *f* de honor; **Brautkleid** *nt* traje *m* de novia; **Brautleute** *pl s.* **Brautpaar; Brautpaar** *nt* (*verlobt*) novios *mpl;* (*verheiratet*) pareja *f* de recién casados; **Brautschau** *f:* **auf** ~ **gehen** (*hum*) ir a buscar novia

brav [bra:f] *adj* ❶ (*Kind, Tier*) bueno; (*gut erzogen*) bien educado ❷ (*Kleidung*) serio, (*fade*) soso

bravo ['bra:vo] *interj* bravo, bien

Bravour [bra'vu:ɐ] *f ohne pl,* **Bravur** *f ohne pl* ❶ (*Tapferkeit*) bravura *f* ❷ (*Brillanz*) brillantez *f;* **etw mit** ~ **bestehen** pasar [*o* acabar] algo con brillantez

BRD [be:?ɛr'de:] *f* (POL) *Abk. von* **Bundesrepublik Deutschland** RFA *f*

Breakdance ['brɛɪkdɛːns] *m* <-(s), *ohne pl*> (MUS) breakdance *m*

Brechdurchfall *m* (MED) cólera *m* nostras

Brecheisen *nt* palanqueta *f*

brechen ['brɛçən] <bricht, brach, gebrochen> I. *vi* ❶ *sein* (*zerbrechen*) romperse; **mir bricht das Herz** (*fig*) se me parte el corazón; **auf Biegen und B~** a toda costa ❷ (*Freundschaft*) romper (*mit* con) ❸ (*fam: erbrechen*) vomitar II. *vt* ❶ (*durchbrechen*) romper, partir; **in Stücke** ~ romper en pedazos; **sich** *dat* **einen Arm/ein Bein** ~ romperse un brazo/una pierna; **den Waffenstillstand** ~ romper el alto el fuego; **das Eis** ~ (*fig*) romper el hielo ❷ (*Widerstand*) romper; (*Rekord*) batir ❸ (*nicht einhalten*) violar, quebrantar; (*Gesetz*) infringir; (*Streik*) boicotear; **die Ehe** ~ cometer adulterio; **sein Wort** ~ faltar a su palabra ❹ (*Wellen*) romper; (*Licht*) refractar ❺ (*geh: Blume*) arrancar III. *vr:* **sich** ~ ❶ (*Licht*) refractarse ❷ (*Wellen*) romperse

Brecher ['brɛçɐ] *m* <-s, -> cachón *m*, ola *f* grande

Brechmittel *nt* vomitivo *m;* **Brechreiz** *m* náuseas *fpl*

Brechung *f* <-en> ❶ (MED) fractura *f* ❷ (PHYS) refracción *f*

Brei [braɪ] *m* <-(e)s, -e> (*für Kinder*) papilla *f;* (*Kartoffel~*) puré *m;* **jdn zu** ~ **schlagen** (*fam*) moler a alguien a palos; **um den heißen** ~ **herumreden** (*fam*) andarse con rodeos

breiig ['braɪɪç] *adj* pastoso

breit [braɪt] *adj* ancho; (*ausgedehnt*) amplio; **etw weit und** ~ **verkünden** pregonar algo a los cuatro vientos; **der Fluss ist 20 m** ~ el río tiene 20 m de ancho; **die** ~ **e Öffentlichkeit** el gran público; **sich** ~ **machen** (*sich ausbreiten*) extenderse; (*fam: Platz beanspruchen*) acomodarse; (*sich niederlassen*) instalarse; ~ **sein** (*reg: fam*) estar borracho

breitbeinig *adj* despatarrado

Breite ['braɪtə] *f* <-n> ancho *m,* anchura *f;* (*Ausdehnung*) extensión *f;* (GEO) latitud *f;* **in voller** ~ extensamente; **in die** ~ **gehen** (*fam*) engordar; **Breitengrad** *m* (GEO) grado *m* de latitud

breitrandig *adj* con borde ancho

breit|schlagen *irr vt* (*fam*) engatusar; **du hast dich schon wieder von ihm** ~ **lassen** te has vuelto a dejar engatusar por él

breitschult(e)rig *adj* ancho de hombros

breit|treten *irr vt* (*fam: Thema*) tratar detalladamente y repetidamente; (*Nichtigkeiten*) dar más importancia de lo necesario; **breit|walzen** *vt* (*fam abw*) *s.* **breittreten**

Bremen ['bre:mən] *nt* Brema *f*

Bremer(in) ['bre:mɐ] *m(f)* <-s, -; -nen> habitante *mf* de Brema

Bremsbacke *f* (AUTO) zapata *f* de freno

Bremse ['brɛmzə] *f* <-n> ❶ (AUTO) freno *m* ❷ (ZOOL) tábano *m*

bremsen *vi, vt* ❶ (*Fahrzeug*) frenar; **scharf** ~ frenar con fuerza ❷ (*fam: Entwicklung*) refrenar; **er ist nicht zu** ~ no hay quien le pare

Bremsflüssigkeit *f* (AUTO) líquido *m* de frenos; **Bremsklotz** *m* zapata *f* de freno; **Bremslicht** *nt* luz *f* de freno; **Bremspedal** *nt* pedal *m* de freno; **Bremsspur** *f* huella *f* de frenado

Bremsung *f* <-en> frenado *m*

Bremsweg *m* distancia *f* de frenado

brennbar *adj* combustible; (*leicht entzündbar*) inflamable

Brennelement *nt* elemento *m* combustible

brennen ['brɛnən] <brennt, brannte, gebrannt> I. *vi* ❶ (*Feuer*) arder; (*Material*) quemarse, arder; (*Zigarette, Licht*) estar encendido; **es brennt!** ¡hay un incendio!; **lichterloh** ~ arder en llamas; **wo brennt's denn?** (*fam*) ¿cuál es el problema?; **darauf ~, etw zu tun** morirse por hacer algo ❷(*Wunde*) arder; (*Augen*) escocer; (*Gewürz*) picar ❸(*Sonne*) quemar **II.** *vt* ❶(*Ziegel*) cocer ❷(*Schnaps*) destilar ❸(*Kaffee*) tostar

brennend *adj* ❶(*Holz*) ardiente; (*in Flammen*) en llamas ❷(*Schmerz*) agudo ❸(*Frage*) candente; (*Interesse*) vivo; **das interessiert mich** ~ me interesa vivamente

Brenner *m* <-s, -> quemador *m*

Brennerei *f* <-en> destilería *f*

Brennglas *nt* vidrio *m* ustorio; **Brennholz** *nt ohne pl* leña *f*; **Brennmaterial** *nt* combustible(s) *m(pl)*; **Brennnessel** ['brɛn-nɛsəl] *f* <-n> ortiga *f*; **Brennpunkt** *m* ❶(PHYS) foco *m* ❷(*Mittelpunkt*) centro *m*, primer plano *m;* **im ~ stehen** figurar en el primer plano; **Brennspiritus** *m* alcohol *m* para quemar; **Brennstab** *m* (PHYS) barra *f* de combustible nuclear; **Brennstoff** *m* combustible *m;* **Brennweite** *f* (PHYS, FOTO) distancia *f* focal

brenzlig ['brɛntslɪç] *adj* (*fam*) crítico, delicado

Bresche ['brɛʃə] *f* <-n> brecha *f;* **eine ~ schlagen** abrir una brecha

Bretagne [bre'tanjə] *f* Bretaña *f*

Bretone, -in [bre'to:nə] *m, f* bretón, -ona *m, f*

bretonisch *adj* bretón

Brett [brɛt] *nt* <-(e)s, -er> ❶(*aus Holz*) tabla *f;* **schwarzes** ~ cartelera *f;* (*Schaukasten*) tablón de anuncios; **ein ~ vor dem Kopf haben** (*fam*) no ver más allá de sus narices ❷(*Spiel~*) tablero *m* ❸ *pl* (*Skier*) esquí(e)s *mpl*

brettern *vi sein* (*fam*) conducir como un loco; **mit dem Motorrad durch die Gegend** ~ ir con la moto por ahí a toda pastilla

Bretterzaun *m* valla *f*

Brettspiel *nt* juego *m* de tablero

Brezel ['bre:tsəl] *f* <-n> rosquilla salada típica del sur de Alemania

---

ℹ Land & Leute

Los **Brezel** son una especialidad suaba que se obtiene a partir de una masa de pan blanca. Sin embargo su color final es marrón, lo cual se debe a que la masa es introducida, antes de ser horneada, en una solución sódica. Los **Brezel** se espolvorean con sal y se venden, bien tal cual, o bien con mantequilla, en cualquier panadería o puesto de venta ambulante.

---

bricht [brɪçt] *3. präs von* **brechen**

Bridge [brɪtʃ] *nt* <-, *ohne pl*> bridge *m*

Brief [bri:f] *m* <-(e)s, -e> carta *f;* **ein offener/versiegelter** ~ una carta abierta/lacrada; **einen ~ zustellen/aufgeben** entregar/enviar una carta; **Briefbeschwerer** ['bri:fbəʃve:rɐ] *m* <-s, -> pisapapeles *m inv;* **Briefblock** *m* bloc *m* de cartas; **Briefbogen** *m* pliego *m* de papel de cartas; **Briefbombe** *f* carta *f* bomba, carta-bomba *f;* **Brieffreund(in)** *m(f)* amigo, -a *m, f* por correspondencia; **Briefgeheimnis** *nt ohne pl* secreto *m* postal

Briefing ['bri:fɪŋ] *nt* <-s, -s> ❶(MIL) breve conferencia *f* sobre la situación ❷(*Informationsgespräch*) briefing *m*

Briefkasten *m* buzón *m;* **elektronischer** ~ buzón *m* electrónico; **Briefkastenfirma** *f* empresa *f* buzón, compañía *f* fantasma

Briefkopf *m* membrete *m*

brieflich *adj* por carta, por escrito

Briefmarke *f* sello *m*, estampilla *f* Am; **Briefmarkenautomat** *m* expendedor *m* de sellos de correo; **Briefmarkensammler(in)** *m(f)* filatelista *mf;* **Briefmarkensammlung** *f* colección *f* de sellos de correo [o de estampillas]

Brieföffner *m* abrecartas *m inv;* **Briefpapier** *nt* papel *m* de cartas; **Briefroman** *m* novela *f* epistolar; **Brieftasche** *f* cartera *f*, billetera *f* AmC, Arg, Chil; **Brieftaube** *f* paloma *f* mensajera; **Briefträger(in)** *m(f)* <-s, -; -nen> cartero, -a *m, f;* **Briefumschlag** *m* sobre *m*, cierro *m* Chil; **Briefwaage** *f* pesacartas *m inv;* **Briefwahl** *f* voto *m* por correo; **Briefwechsel** *m* correspondencia *f*, carteo *m;* **in ~ mit jdm stehen** cartearse con alguien

briet [bri:t] *3. imp von* **braten**

Brigade [bri'ga:də] *f* <-n> (MIL) brigada *f*

Brikett [bri'kɛt] *nt* <-s, -s> briqueta *f*

brillant [brɪl'jant] *adj* excelente, magnífico

Brillant [brɪl'jant] *m* <-en, -en> brillante *m*

Brillantine [brɪljan'ti:nə] *f* <-n> brillantina *f*

Brillanz [brɪl'jants] *f ohne pl* brillantez *f*

Brille ['brɪlə] *f* <-n> (*Augenglas*) gafas *fpl*, anteojos *mpl* Am; **etw durch eine rosarote/schwarze ~ sehen** ver algo de color de rosa/negro; **Brillenetui** *nt* estuche *m* para gafas; **Brillengestell** *nt* montura *f* de las gafas; **Brillenglas** *nt* cristal *m* de gafas; **Brillenschlange** f ❶ (ZOOL) cobra f ❷ (fam abw: Brillenträger) cuatrojos mf inv; **Brillenträger(in)** m(f) <-s, -; -nen> persona f que lleva gafas

brillieren* [brɪˈjiːrən] vi (geh) brillar (mit con)

Brimborium [brɪmˈboːriʊm] nt <-s, ohne pl> (fam abw) ❶ (Drumherum) historias fpl ❷ (Aufheben) montaje m; **ein ~ um etw machen** hacer un mundo de algo

bringen [ˈbrɪŋən] <bringt, brachte, gebracht> vt ❶ (herbringen) traer; (hinbringen) llevar; (befördern) transportar; (begleiten) acompañar; **das Essen auf den Tisch ~** poner la comida en la mesa; **etw in Ordnung ~** poner algo en orden; **jdn vor Gericht ~** llevar a alguien a juicio; **Ärger ~** traer problemas; **Glück ~** traer buena suerte; **jdn in Verlegenheit ~** poner a alguien en un apuro; **etw an den Tag ~** revelar algo; **jdm etw nahe ~** despertar el interés de alguien por algo; **jdn auf die Palme ~** (fam) enfurecer a alguien; **jdn auf Touren ~** acuciar a alguien; **jdn aus dem Konzept ~** confundir a alguien; **etw zur Sprache ~** hablar de algo; **etw zu Papier ~** anotar algo; **etw auf den Markt ~** lanzar algo al mercado; **ein Kind zur Welt ~** dar a luz un niño; **es zu etwas ~** hacer carrera; **etw an sich ~** apoderarse de algo; **etw mit sich ~** traer algo consigo; **etw hinter sich ~** conseguir terminar algo; **sie wollen sie unbedingt unter die Haube ~** la quieren casar a toda costa; **seine Schäfchen ins Trockene ~** (fig) llevar el agua a su molino; **jdn um die Ecke ~** (fam) cargarse a alguien ❷ (Ertrag, Gewinn) rendir; **das bringt's!** (fam) ¡esto es!; **was bringt das?** ¿qué se consigue con esto?; **das bringt doch überhaupt nichts!** esto no conduce a nada ❸ (fam: veröffentlichen) traer, publicar; (Wetterbericht, Nachrichten) emitir ❹ (wegnehmen) quitar (um); **jdn ums Leben ~** matar a alguien; **jdn um den Verstand ~** volver loco a alguien ❺ (bekommen) conseguir (zu +inf); **jdn zum Lachen ~** hacer reír a alguien; **etw nicht übers Herz ~** no ser capaz de hacer algo; **du bringst mich nicht dazu, das zu tun** no vas a conseguir que lo haga

brisant [briˈzant] adj explosivo; **ein ~es Thema** un tema explosivo

Brisanz¹ [briˈzants] f ohne pl (Aktualität) actualidad f

Brisanz² f <-en> (Sprengkraft) fuerza f explosiva

Brise [ˈbriːzə] f <-n> brisa f

Britannien [briˈtanjən] nt <-s> Gran Bretaña f

Brite, -in [ˈbrɪtə, ˈbriːtə] m, f <-n, -n; -nen> británico, -a m, f

britisch [ˈbrɪtɪʃ] adj británico

Britpop [ˈbrɪtpɔp] m <-s, ohne pl> (MUS) britpop m

bröckelig adj quebradizo, deleznable

bröckeln [ˈbrœkəln] vi sein (Steine) desmoronarse; (Putz, Lehm) desmoronar; (Brot) desmigajarse

Brocken [ˈbrɔkən] m <-s, -> trozo m, pedazo m; **ein paar ~ Spanisch verstehen** entender un poco de español; **die Prüfung ist ein harter ~ für ihn** el examen es muy duro para él

bröcklig adj s. bröckelig

brodeln [ˈbroːdəln] vi ❶ (Wasser) hervir a borbotones ❷ (Österr: fam: trödeln) obrar con cachaza

Brokat [broˈkaːt] m <-(e)s, -e> brocado m

Broker(in) [ˈbroːkɐ] m(f) <-s, -; -nen> (FIN) broker mf

Brokkoli [ˈbrɔkoli] pl brécol m, bróculi m

Brom [broːm] nt <-s, ohne pl> (CHEM) bromo m

Brombeere [ˈbrɔmbeːrə] f <-n> (zarza)mora f

Brombeerstrauch m zarzal m

Bronchialkatarr m, **Bronchialkatarrh** m (MED) catarro m bronquial

Bronchie [ˈbrɔnçiə] f <-n> (ANAT) bronquio m

Bronchitis [brɔnˈçiːtɪs] f <Bronchitiden> (MED) bronquitis f inv

Bronze [ˈbrõːsə] f <-n> bronce m

bronzefarben adj bronceado

Bronzemedaille f (SPORT) medalla f de bronce

bronzen adj de bronce

Bronzezeit f ohne pl Edad f del Bronce

Brosche [ˈbrɔʃə] f <-n> broche m

Broschüre [brɔˈʃyːrə] f <-n> folleto m

Brösel [ˈbrøːzəl] m <-s, -> miga f

Brot [broːt] nt <-(e)s, -e> pan m; **ein Laib ~** un pan; **sich** dat **sein ~ verdienen** ganarse el pan; **Brotaufstrich** m todo cuanto se puede untar en el pan; **Brotbelag** m ohne pl fiambre, queso, chocolate... para poner en el pan

Brötchen [ˈbrøːtçən] nt <-s, -> panecillo m; **belegte ~** bocadillos mpl; **kleine ~ backen** (fig) conformarse con poco; **Brötchengeber(in)** m(f) <-s, -; -nen> (fam) patrono, -a m, f

Broteinheit f (MED) unidad f alimenticia

Broterwerb m sustento m; **etw zum ~ betreiben** dedicarse a un negocio para ganar el pan; **Brotkasten** m panera f; **Brotkorb** m cesta f del pan; **Brotkrume** f, **Brotkrümel** m miga f de pan, borona f Am

brotlos adj: **eine ~e Kunst** una profesión poco lucrativa

Brotmesser nt cuchillo m del pan; **Brotrinde** f corteza f de pan; **Brotschneidemaschine** f máquina f de cortar pan; **Brotzeit** f (reg) hora m del bocadillo; **~ machen** hacer una pausa para comer un bocadillo

Browser ['braʊzɐ] m <-s, -> (INFOR, TEL) browser m, navegador m, visualizador m; **~ für das Internet** explorador de Internet

Bruch [brʊx, pl: 'brʏçə] m <-(e)s, Brüche> ❶ (das Zerbrechen) rotura f, fractura f; **zu ~ gehen** hacerse añicos; **ihre Ehe ging in die Brüche** su matrimonio fracasó ❷ (Zerbrochenes) despojos mpl ❸ (MED: Knochen) fractura f; (Eingeweide) hernia f; **sich** dat **einen ~ heben** herniarse, quebrarse ❹ (MATH) fracción f ❺ (eines Verhältnisses, Vertrages) ruptura f; (Gesetz) infracción f; (Eid) perjurio m; (Vertrauen) indiscreción f, abuso m de confianza; **Bruchbude** f (fam abw) ruina f; **bruchfest** adj irrompible

brüchig ['brʏçɪç] adj ❶ (Gestein) quebradizo; (Glas) frágil ❷ (Stoff, Stimme) cascado

Bruchlandung f aterrizaje m forzoso

Bruchrechnen nt (MATH) cálculo m de fracciones

Bruchstück nt fragmento m, trozo m

bruchstückhaft adj fragmentario

Bruchteil m fracción f; **im ~ einer Sekunde** en una fracción de segundo; **Bruchzahl** f (MATH) número m fraccionario

Brücke ['brʏkə] f <-n> ❶ (ARCHIT, MED, SPORT, NAUT) puente m; **alle ~n hinter sich abbrechen** (fig) quemar las naves ❷ (Teppich) alfombra f corta; **Brückenbau** m ohne pl construcción f de puentes; **Brückenpfeiler** m pilar m de puente; **Brückenschlag** m <-(e)s, -schläge> (fig) puente m; **das war ein historischer ~** se tendió un puente histórico; **Brückentag** m (día m de) puente m; **da nehme ich mir den ~ frei** voy a hacer puente

Bruder ['bruːdɐ, pl: 'brydɐ] m <-s, Brüder> ❶ (Verwandter) hermano m; **mein großer/kleiner ~** mi hermano mayor/menor ❷ (Ordens~) fraile m; (vor dem Namen) fray m ❸ (fam abw: Kerl) tipo m; **Bruderkrieg** m guerra f entre hermanos

brüderlich adj fraterno, fraternal

Brüderlichkeit f ohne pl hermandad f

Brudermord m fratricidio m

Bruderschaft f <-en> hermandad f; (REL) congregación f

Brüderschaft f ohne pl relación f amistosa; **mit jdm ~ trinken** ofrecerle el tuteo a alguien (tomando una copa)

Brühe ['bryːə] f <-n> ❶ (GASTR) caldo m ❷ (abw: Schmutzwasser) agua f sucia

brühen vt (GASTR) escaldar

brühwarm ['-'-] adj: **jdm eine Nachricht ~ weitererzählen** (fam) ir con la noticia fresca a alguien; **Brühwürfel** m pastilla f para caldo, cubito m de caldo

brüllen ['brʏlən] vi ❶ (Stier) bramar; (Raubtier) rugir; (Kalb) berrear ❷ (Mensch) gritar, vociferar

Brummbär m (fam) gruñón m

brummeln vi: **etw vor sich hin ~** refunfuñar algo

brummen ['brʊmən] I. vi ❶ (Bär, Mensch) gruñir; (Fliege, Motor) zumbar; **mir brummt der Schädel** tengo la cabeza como un bombo ❷ (fam: in Haft sein) estar en chirona II. vt refunfuñar

Brummer m <-s, -> (fam) ❶ (Fliege) moscardón m ❷ (LKW) camión m pesado

brummig adj (fam) gruñón

Brummschädel m (fam) dolor m de cabeza

Brunch [brantʃ] m <-(e)s, -(e)s o -e> brunch m (combinación entre desayuno y almuerzo)

brunchen ['brantʃən] vi combinar el desayuno con el almuerzo

brünett [bry'nɛt] adj (Mensch) moreno, morocho CSur

Brunnen ['brʊnən] m <-s, -> ❶ (Schöpf~) pozo m, cachimba f Urug ❷ (Spring~) fuente f ❸ (Heilquelle) fuente f; **Brunnenschacht** m pozo m

Brunst [brʊnst, pl: 'brʏnstə] f <Brünste> (época f de) celo m

brünstig ['brʏnstɪç] adj en celo, alunado CRi

brüsk [brʏsk] adj brusco; (unhöflich) descortés

brüskieren* vt ofender, tratar con brusquedad

Brüssel ['brʏsəl] nt <-s> Bruselas f

Brüsseler adj inv bruselense; **~ Spitzen** encajes de Bruselas

Brust [brʊst, pl: 'brʏstə] f <Brüste> pecho m; (Busen) seno m, casco m Peru; (Geflügel~) pechuga f; **mit (vor Stolz) geschwellter ~** lleno de orgullo; **jdn an die ~ drücken** estrechar a alguien contra el pecho; **aus voller ~ singen** cantar a pleno pulmón; **dem Säugling die ~ geben** dar el pecho al bebé; **Brustbein** nt (ANAT) esternón m; **Brustbeutel** m monedero colgado del cuello

brüsten ['brʏstən] vr: **sich ~** (abw) presumir (mit de)

Brustfell nt (ANAT) pleura f; **Brustkasten** m (ANAT) tórax m inv; **Brustkorb** m (ANAT) tórax m inv; **Brustkrebs** m cáncer m de mama; **Brustmuskel** m (ANAT) músculo m pectoral; **Brustschwimmen** nt (SPORT) estilo m braza; **Brusttasche** f bolsillo m interior; **Brustumfang** m ancho m del pecho

Brüstung ['brʏstʊŋ] f <-en> ❶ (Balkon~) pretil m ❷ (Fenster~) antepecho m

Brustwarze f (bei Frauen) pezón m; (bei Männern) tetilla f

Brut¹ ['bruːt] f <-en> ❶ (das Brüten) incubación f ❷ (Vogeljunge) nidada f; (Fische) freza f

Brut² f ohne pl (abw: Gesindel) gentuza f

brutal [bru'taːl] adj brutal

Brutalität [brutali'tɛːt] f <-en> brutalidad f

Brutapparat m (AGR, MED) incubadora f

brüten ['bryːtən] vi ❶ (Vögel) empollar ❷ (geh: Sonne) quemar; **~de Hitze** calor aplastante ❸ (nachgrübeln) meditar (über sobre), reflexionar (über sobre)

Brüter m <-s, -> (PHYS) reactor m (reproductor); **schneller ~** reactor rápido

Brutkasten m (MED) incubadora f; **Brutplatz** m (ZOOL) nidal m; **Brutstätte** f lugar m de incubación

brutto ['brʊto] adv bruto; **Bruttoeinkommen** nt (WIRTSCH) ingresos mpl brutos; **Bruttogehalt** nt (WIRTSCH) sueldo m bruto; **Bruttogewinn** m (WIRTSCH) ganancia f bruta; **Bruttoinlandsprodukt** nt (WIRTSCH) producto m interior bruto; **Bruttolohn** m (WIRTSCH) salario m bruto; **Bruttosozialprodukt** nt (WIRTSCH) producto m nacional bruto

brutzeln ['brʊtsəln] I. vi freírse II. vt (fam) freír

BSE [beː?ɛs'?eː] Abk. von **Bovine Spongiforme Encephalopathie** (**Rinderwahnsinn**) encefalopatía f espongiforme bovina

BSP [beː?ɛs'peː] nt <-, ohne pl> (WIRTSCH) Abk. von **Bruttosozialprodukt** PNB m

bt (INFOR) Abk. von **Bit** bit m

btto Abk. von **brutto** bruto

Btx [beːteː'?ɪks] nt <-, ohne pl> (TEL, INFOR) Abk. von **Bildschirmtext** videotexto m

Bub [buːp] m <-en, -en> (südd, Österr, Schweiz) niño m, chico m

Bube ['buːbə] m <-n, -n> (Spielkarte) sota f

Bubenstreich m chiquillada f

Buch [buːx, pl: 'byːçə] nt <-(e)s, Bücher> ❶ (LIT) libro m; (Dreh~) guión m; **ein Gentleman wie er im ~e steht** un caballero como Dios manda; **er ist ein ~ mit sieben Siegeln für mich** es un enigma para mí; **das ~ der Bücher** la Biblia; **er redet wie ein ~** (fam) habla como un libro; **das Goldene ~ der Stadt** el libro de oro de la ciudad ❷ (FIN) libro(s) m/pl; **über etw ~ führen** llevar la contabilidad de algo; **etw schlägt zu ~e** (fig) algo tiene consecuencias; **Buchbinder(in)** m(f) <-s, -; -nen> encuadernador(a) m(f), empastador(a) m(f) Am; **Buchbinderei** f <-en> taller m de encuadernación

Buchbinderin f <-nen> s. **Buchbinder**; **Buchdruck** m ohne pl tipografía f; **Buchdrucker(in)** m(f) <-s, -; -nen> tipógrafo, -a m, f

Buche ['buːxə] f <-n> haya f

Buchecker ['buːx?ɛkɐ] f <-n> hayuco m

buchen ['buːxən] vt ❶ (Reise, Platz) reservar ❷ (COM) contabilizar ❸ (fig): **das kannst du als Erfolg für dich ~** puedes apuntarte un tanto

Buchenholz nt (madera f de) haya f

Bücherbrett nt estante m

Bücherei f <-en> biblioteca f

Bücherregal nt estantería f de libros; **Bücherschrank** m biblioteca f; **Büchersendung** f envío m de libros; **Bücherwurm** m (fam) ratón m de biblioteca

Buchfink m pinzón m

Buchführung f <-en> (COM) contabilidad f

Buchhalter(in) m(f) <-s, -; -nen> (COM) contable mf

buchhalterisch adj (COM) relativo a la contabilidad

Buchhaltung f ohne pl (COM) contabilidad f

Buchhandel m librería(s) f(pl); **im ~ erhältlich** de venta en librerías; **Buchhändler(in)** m(f) librero, -a m, f; **Buchhandlung** f librería f

Buchmacher(in) m(f) <-s, -; -nen> corredor(a) m(f) de apuestas

Buchmesse f feria f del libro; **Buchprüfer(in)** m(f) revisor(a) m(f) de cuentas; **Buchprüfung** f revisión f de cuentas

Buchsbaum ['bʊksbaʊm] m boj m

Buchse ['bʊksə] f <-n> ❶ (TECH) cojinete m ❷ (ELEK) enchufe m

Büchse ['bʏksə] f <-n> ❶ (Behälter) bote m ❷ (Konservendose) lata f ❸ (fam: Sammel~) hucha f ❹ (Gewehr) escopeta f; **Büchsenmilch** f leche f condensada; **Büchsenöffner** m abrelatas m inv

Buchstabe ['buːxʃtaːbə] m <-n(s), -n> letra

f; **nach dem ~n des Gesetzes** según lo que dice la ley; **buchstabengetreu** *adj* al pie de la letra

buchstabieren* [buːʃtaˈbiːrən] *vi, vt* deletrear

buchstäblich [ˈbuːʃtɛːplɪç] *adj* literal, textual; **ich war ~ in Schweiß gebadet** estaba literalmente empapado en sudor

Buchstütze *f* atril *m*

Bucht [buxt] *f* <-en> (GEO) bahía *f; (Meeresbusen)* golfo *m*

Buchung [ˈbuːxʊŋ] *f* <-en> ❶ (FIN) asiento *m* ❷ *(Reservierung)* reserva *f*

Buchweizen *m* alforfón *m*

Buckel [ˈbʊkəl] *m* <-s, -> ❶ *(fam: Rücken)* espalda *f,* chepa *f fam;* **er kann mir den ~ runterrutschen** *(fam fig)* se puede ir a freír espárragos; **seine 80 Jahre auf dem ~ haben** *(fam fig)* tener 80 años a cuestas ❷ (ANAT) joroba *f*

buckelig *adj (Mensch)* jorobado, cheposo *fam*

Buckelige(r) *mf* <-n, -n; -n> jorobado, -a *m, f*

buckeln *vi (fam)* ❶ *(Katze)* encorvarse ❷ *(abw: unterwürfig sein)* someterse *(vor* a); *(fig)* humillarse *(vor* ante)

bücken [ˈbʏkən] *vr:* **sich ~** *(nach unten)* agacharse; *(nach vorne)* inclinarse; **sich nach etw ~** agacharse para recoger algo

bucklig *adj s.* **buckelig**

Bucklige(r) *mf* <-n, -n; -n> *s.* **Buckelige(r)**

Bückling *m* <-s, -e> ❶ *(Fisch)* arenque *m* ahumado ❷ *(fam: Verbeugung)* reverencia *f*

Budapest [ˈbuːdapɛst] *nt* <-s> Budapest *m*

buddeln [ˈbʊdəln] *vt (fam)* cavar

Buddhismus [bʊˈdɪsmʊs] *m* <-, ohne pl> budismo *m*

Buddhist(in) *m(f)* <-en, -en; -nen> budista *mf*

buddhistisch *adj* budista

Bude [ˈbuːdə] *f* <-n> ❶ *(Kiosk)* chiringuito *m,* trucha *f AmC* ❷ *(fam abw: Laden)* tenducho *m* ❸ *(fam: Zimmer)* habitación *f,* cuarto *m;* **Leben in die ~ bringen** *(fam)* animar el ambiente

Budget [byˈdʒeː, bʏˈdʒeː] *nt* <-s, -s> (POL, COM) presupuesto *m*

budgetieren* [bydʒeˈtiːrən, bʏdjeˈtiːrən] *vi, vt* (POL, COM) elaborar un presupuesto

Büfett [bʏˈfɛt, bʏˈfeː] *nt* <-(e)s, -e *o* -s> ❶ *(Anrichte)* bufet *m;* **kaltes ~** bufet frío ❷ *(Theke)* mostrador *m*

Büffel [ˈbʏfəl] *m* <-s, -> búfalo *m*

büffeln [ˈbʏfəln] *vi, vt (fam)* empollar, chapar

Buffett *nt* <-s, -s>, **Büffett** *nt* <-s, -s> *(Österr, Schweiz) s.* **Büfett**

Bug¹ [buːk] *m* <-(e)s, -e> ❶ (NAUT) proa *f* ❷ (AERO) morro *m*

Bug² *m* <-s, -s> (INFOR) defecto *m*

Bügel [ˈbyːgəl] *m* <-s, -> ❶ *(Kleider~)* percha *f* ❷ *(Griff)* manija *f,* asa *f* ❸ *(Brillen~)* patilla *f* ❹ *(Steig~)* estribo *f* ❺ *(Geldbörse, Reisetasche)* estribo *m* ❻ *(Gewehr)* fiador *m* ❼ *(am Schlepplift)* estribo *m*

Bügelbrett *nt* tabla *f* de planchar; **Bügeleisen** *nt* plancha *f;* **Bügelfalte** *f* raya *f* del pantalón

bügelfrei *adj* no necesita plancha

bügeln *vi, vt:* **(glatt) ~** planchar

bugsieren* [bʊˈksiːrən] *vt* ❶ (NAUT: *schleppen)* sirgar ❷ *(fam: befördern)* empujar

buh [buː] *interj* fuera

buhen [ˈbuːən] *vi (fam)* abuchear

buhlen [ˈbuːlən] *vi (geh abw)* luchar *(um* por)

Buhmann [ˈbuːman] *m (fam)* oveja *f* negra

Bühne [ˈbyːnə] *f* <-n> ❶ (THEAT) escenario *m;* **etw über die ~ bringen** *(fam)* llevar algo a cabo; **etw geht gut über die ~** *(fam)* algo se resuelve sin problemas ❷ *(Schauspielhaus)* teatro *m* ❸ *(Hebe~)* plataforma *f* elevadora; **Bühnenbearbeitung** *f* adaptación *f* a la escena; **Bühnenbild** *nt* decorado *m,* escenografía *f;* **Bühnenbildner(in)** [ˈbyːnənbɪltnɐ] *m(f)* escenógrafo, -a *m, f;* **bühnenreif** *adj* maduro para ser puesto en escena; **dein Auftritt war wirklich ~** *(iron)* tu actuación ha sido realmente digna de ser puesta en escena; **Bühnenstück** *nt* pieza *f* de teatro; **bühnenwirksam** *adj* con gran efecto teatral

Buhruf [ˈbuːruːf] *m* abucheo *m*

Bukarest [ˈbuːkarɛst] *nt* <-s> Bucarest *m*

Bukett [buˈkɛt] *nt* <-(e)s, -e *o* -s> ❶ *(geh: Blumenstrauß)* ramo *m* ❷ *(von Wein)* bouquet *m*

Bulette [buˈlɛtə] *f* <-n> *(reg)* albóndiga *f*

Bulgare, -in [bʊlˈgaːrə] *m, f* <-n, -n; -nen> búlgaro, -a *m, f*

Bulgarien [bʊlˈgaːriən] *nt* <-s> Bulgaria *f*

Bulgarin *f* <-nen> *s.* **Bulgare**

bulgarisch *adj* búlgaro

Bullauge [ˈbʊlʔaʊɡə] *nt* <-s, -n> (NAUT) portilla *f*

Bulldogge [ˈbʊldɔɡə] *f* <-n> (ZOOL) bulldog *m,* perrón *m* de presa

Bulldozer [ˈbʊldoːzɐ] *m* <-s, -> bulldozer *m*

Bulle [ˈbʊlə] *m* <-n, -n> ❶ *(Rind)* toro *m* ❷ *(fam abw: Mann)* tiarrón *m* ❸ *(fam abw: Polizist)* madero *m*

Bullenhitze ['--'--] f (fam) calor m sofocante

bullenstark ['--'-] adj (fam) súper

Bullerei f ohne pl (fam abw: Polizei) maderos mpl, poli f

Bulletin [bʏl'tɛ̃:] nt <-s, -s> boletín m

bullig adj (fam) ❶ (gedrungen) fornido ❷ (Hitze) sofocante

Bumerang ['bʊməraŋ, 'bu:məraŋ] m <-s, -s o -e> bumerán m

Bummel ['bʊməl] m <-s, -> (fam) vuelta f; **einen kleinen ~ durch die Stadt machen** dar una vuelta por la ciudad

Bummelei f <-en> (fam) ❶ (Trödelei) lentitud f ❷ (Faulenzerei) holgazanería f

bummeln vi ❶ sein (fam: spazieren gehen) dar una vuelta, remoler Chil, Peru ❷ (fam abw: trödeln) remolonear

Bummelstreik m huelga f de celo; **Bummelzug** m (fam) tren que para en todas las estaciones

bums [bʊms] interj zas, cataplún

bumsen ['bʊmzən] vi ❶ sein (anprallen) darse (gegen contra) ❷ (schlagen, klopfen) dar (gegen contra) ❸ (dumpf dröhnen): **an der Ecke hat es gebumst** (fam) hubo un accidente en la esquina ❹ (vulg: Geschlechtsverkehr haben) follar, coger Am

Bund¹ [bʊnt, pl: 'bʏndə] m <-(e)s, Bünde> ❶ (Vereinigung) unión f; (Pakt) alianza f; **den ~ fürs Leben schließen** (geh) casarse; **mit jdm im ~ sein** estar aliado con alguien ❷ (an Hosen) pretina f

Bund² [bʊnt] m <-(e)s, -e> (Karotten) manojo m

Bund³ m <-(e)s, ohne pl> ❶ (POL) Estado m federal, confederación f; **~ und Länder** el Estado federal y los Länder ❷ (fam: Bundeswehr) mili f

BUND [be:ʔu:ʔɛn'de:] m <-, ohne pl> (ÖKOL) Abk. von **Bund für Umwelt und Naturschutz Deutschland** Liga f Alemana para la Protección del Medio Ambiente y de la Naturaleza

Bündchen ['bʏntçən] nt <-s, -> (Ärmel) puño m; (Halsausschnitt) cuello m

Bündel ['bʏndəl] nt <-s, -> ❶ (Packen) lío m; (Ballen) fardo m; (von Holz, Stroh) haz m; **ein ~ an Maßnahmen** un paquete de medidas; **jeder hat sein ~ zu tragen** cada uno tiene que cargar con lo suyo ❷ (von Akten) legajo m ❸ (Geldscheine) fajo m

bündeln vt ❶ (zusammenschnüren) hacer fardos (de); (Stroh) agavillar ❷ (Strahlen) enfocar

Bundesanstalt f instituto m federal; **die ~ für Arbeit** el instituto federal (para mediación) del trabajo; **Bundesausbildungsförderungsgesetz** nt (JUR) Ley f Federal de Promoción de la Enseñanza (crédito oficial a estudiantes para sufragar los estudios); **Bundesbahn** f (EISENB) Ferrocarriles mpl Federales; **Bundesbank** f (ADMIN, FIN) Banco m Federal; **Bundesbehörde** f (ADMIN) autoridad f federal; **Bundesbürger(in)** m(f) ciudadano, -a m, f de la República Federal de Alemania; **Bundesgebiet** nt ohne pl territorio m federal; **Bundesgenosse** m (POL) confederado m, aliado m

Bundesgericht nt (Schweiz: ADMIN, JUR) Tribunal m de la Confederación Helvética; **Bundesgerichtshof** [---'--] m ohne pl (ADMIN, JUR) Tribunal m Federal Supremo

Bundesgesetzblatt nt (ADMIN, JUR) Boletín m Oficial del Estado; **Bundesgrenzschutz** m (ADMIN) policía f de fronteras de la República Federal de Alemania; **Bundeshauptstadt** f (ADMIN) capital f federal; **Bundesinnenminister(in)** [--'-----] m(f) (ADMIN) ministro, -a m, f de asuntos interiores

Bundeskanzler(in) m(f) (ADMIN) canciller mf federal

En Alemania, el **Bundeskanzler** es elegido por el parlamento y a continuación nombrado por el Presidente de la República. Es la cabeza de gobierno. En Austria, el partido con más escaños en la cámara alta propone al canciller y el Presidente de la República procede a su nombramiento. Sus obligaciones consisten en presidir el gobierno y dirigir la cancillería federal. En Suiza, el canciller dirige la cancillería que, a su vez, está subordinada al Presidente de la Confederación.

Bundeskanzleramt nt (ADMIN) Cancillería f Federal

Bundeskartellamt nt (ADMIN) servicio m federal de defensa de la competencia; **Bundesland** nt (ADMIN) estado m federal, land m

La República Federal de Alemania consta, tras la reunificación, de 16 **Bundesländer**. Austria, a su vez, está constituida por 9 estados federales. En ambos casos, cada uno de ellos tiene una capital que acoge los órganos de gobierno regionales.

Bundesliga [ˈbʊndəsliːga] f (SPORT) primera división f; **Bundesminister(in)** m(f) (ADMIN) ministro, -a m, f federal; **Bundesministerium** nt (ADMIN) ministerio m federal; **Bundespost** f Correos mpl Federales; **Bundespräsident(in)** m(f) (ADMIN) ❶ (in Deutschland) Presidente, -a m, f de la República Federal de Alemania; (in Österreich) Presidente, -a m, f de la República ❷ (Vorsitzender des Bundesrates in der Schweiz) Presidente, -a m, f de la Confederación

i Land & Leute

En Alemania y Austria el Jefe del Estado recibe el nombre de **Bundespräsident**. Éste ostenta funciones principalmente representativas. No así en Suiza, donde el **Bundespräsident** es el que dirige el equipo de gobierno formado por siete personas y conocido con el nombre de Consejo Federal. El Consejo Federal nombra con carácter anual a uno de sus miembros **Bundespräsident** – Presidente de la Confederación, que hace las veces de primus inter pares.

Bundesrat m ohne pl (ADMIN) ❶ (in Deutschland) Bundesrat m, Cámara f Alta de la República Federal; (in Österreich) Cámara f de Representantes ❷ (zentrale Regierung in der Schweiz) Consejo m Federal

i Land & Leute

En Alemania la cámara que acoge a los representantes de los gobiernos regionales se llama **Bundesrat**. Esta cámara interviene en la función legislativa. El número de diputados por cada Bundesland – estado federal depende del tamaño de cada región. En Austria, el **Bundesrat** es una parte del parlamento en la que están representadas las Länder – distintas regiones según su número de habitantes. El número

exacto de los representantes lo determina el Presidente de la República basándose en el censo nacional. En Suiza, sin embargo, la expresión **Bundesrat** se usa para referirse al gabinete de gobierno, formado por siete miembros y elegido cada cuatro años. A la cabeza del equipo de gobierno está el Presidente de la Confederación.

Bundesregierung f (ADMIN) gobierno m federal; **Bundesrepublik** f ohne pl (ADMIN): ~ **Deutschland** República Federal de Alemania; **Bundesstaat** m (ADMIN) ❶ (Mitgliedsstaat in einem Bund) estado m (con)federado [o federal] ❷ (Staatenbund) confederación f; **Bundesstraße** f carretera f federal; (in Spanien) ≈carretera f nacional
Bundestag m ohne pl (ADMIN) Cámara f Baja del Parlamento alemán, Bundestag m

i Land & Leute

En la RFA los representantes del pueblo son elegidos en elecciones libres y secretas por un periodo de cuatro años. El **Bundestag** elige al canciller y participa en la elaboración de proyectos de ley.

Bundestagsabgeordnete(r) mf diputado, -a m, f en el Bundestag; **Bundestagswahl** f (ADMIN) elección f al Parlamento alemán
Bundestrainer(in) m(f) (SPORT) entrenador(a) m(f) de la selección nacional; **Bundesverdienstkreuz** [---'--] nt (ADMIN) Cruz f Federal del Mérito; **Bundesverfassungsgericht** [---'----] nt ohne pl (ADMIN, JUR) Tribunal m Constitucional Federal; **Bundesversammlung** f ohne pl (ADMIN) Asamblea f Federal; **Bundeswehr** f ohne pl (MIL) ejército m de la República Federal de Alemania; **bundesweit** adj en todo el territorio federal
Bundfaltenhose f pantalón m de pinzas
bündig [ˈbʏndɪç] adj ❶ (kurz) conciso; (bestimmt) preciso; **kurz und** ~ sin rodeos ❷ (überzeugend) convincente
Bündnis [ˈbʏntnɪs] nt <-ses, -se> (POL) alianza f; **Bündnisgrüne(r)** mf (POL) partidario, -a m, f de Los Verdes
Bungalow [ˈbʊŋgalo] m <-s, -s> bungalow m, bóngalo m Am

Bungeejumping ['band3id3ampɪŋ] *nt* <-s, *ohne pl*>, **Bungeespringen** ['band3i-ʃprɪŋən] *nt* <-s, *ohne pl*> salto *m* elástico, puenting *m*

Bunker ['bʊnkɐ] *m* <-s, -> búnker *m*

bunkern *vt* almacenar

bunt [bʊnt] *adj* ❶ (*mehrfarbig*) de varios colores; ~ **kariert** de cuadros multicolores; **er ist bekannt wie ein ~er Hund** (*fam*) está más visto que el tebeo ❷ (*abwechslungsreich*): ~ **gemischt** variado; **eine ~e Menge** una multitud abigarrada; **das wird ein ~er Abend** será una noche muy variada; **ein ~es Durcheinander** una mezcla ❸ (*wirr*) desordenado; **jetzt wird's mir aber zu ~!** (*fam*) ¡eso pasa de castaño oscuro!

Buntsandstein *m* (GEO) arenisca *f* abigarrada

Buntspecht *m* pico *m* picapinos; **Buntstift** *m* lápiz *m* de color; **Buntwäsche** *f* *ohne pl* ropa *f* de color

Bürde ['bʏrdə] *f* <-n> (*geh*) carga *f*

Burg [bʊrk] *f* <-en> castillo *m*

Bürge, -in ['bʏrgə] *m*, *f* <-n, -n; -nen> fiador(a) *m(f)*

bürgen *vi* garantizar, avalar; **ich bürge für ihn** respondo de él

Bürger(in) ['bʏrgɐ] *m(f)* <-s, -; -nen> ❶ (*Staats~*) ciudadano, -a *m, f* ❷ (*Einwohner*) habitante *mf* ❸ (*Bourgeois*) burgués, -esa *m, f*; **Bürgerbegehren** *nt* petición *f* cívica; **Bürgerbewegung** *f* movimiento *m* ciudadano [*o* cívico]; **bürgerfern** *adj* alejado de los ciudadanos; **Bürgerinitiative** *f* iniciativa *f* ciudadana

Bürgerkrieg *m* guerra *f* civil; **bürgerkriegsähnlich** *adj* similar a una guerra civil; **Bürgerkriegsflüchtling** *m* refugiado *m* de la guerra civil

bürgerlich *adj* ❶ (*Schicht, Einstellung*) burgués ❷ (JUR) civil; **das B~e Gesetzbuch** el Código Civil

Bürgermeister(in) *m(f)* alcalde(sa) *m(f)*, regente *mf Mex*; **bürgernah** *adj* cerca del pueblo; **Bürgernähe** *f* proximidad *f* al pueblo; **Bürgerpflicht** *f* deber *m* cívico; **Bürgerrecht** *nt* derecho *m* civil; **Bürgerrechtler(in)** *m(f)* <-s, -; -nen> defensor(a) *m(f)* de los derechos humanos y civiles

Bürgerrechtsbewegung *f* movimiento *m* por los derechos humanos

Bürgerschaft *f* *ohne pl* ciudadanía *f*; (*Bevölkerung*) población *f*; **Bürgersteig** ['bʏrgɐʃtaɪk] *m* <-(e)s, -e> acera *f*, vereda *f Am*

Bürgertum *nt* <-(e)s, *ohne pl*> burgue-

Bürgerversammlung *f* (ADMIN) reunión *f* vecinal

Bürgin ['bʏrgɪn] *f* <-nen> *s.* **Bürge**

Burgruine *f* castillo *m* en ruinas

Bürgschaft ['bʏrkʃaft] *f* <-en> ❶ (JUR) aval *m*, garantía *f*; **für jdn eine ~ leisten** hacerse garante de alguien ❷ (*Betrag*) fianza *f*

Burgund [bʊr'gʊnt] *nt* <-s> Borgoña *f*

burgundisch *adj* borgoñón

burlesk [bʊr'lɛsk] *adj* burlesco, jocoso

Büro [by'ro:] *nt* <-s, -s> oficina *f*, archivo *m Col*; **Büroangestellte(r)** *mf* empleado, -a *m, f* de oficina, oficinista *mf*; **Büroarbeit** *f* trabajo *m* de oficina; **Bürobedarf** *m* material *m* de oficina; **Bürogebäude** *nt* edificio *m* de oficinas; **Bürohaus** *nt* edificio *m* de oficinas; **Bürokauffrau** *f* administrativa *f*; **Bürokaufmann** *m* administrativo *m*; **Büroklammer** *f* sujetapapeles *m inv*, ataché *m AmC*

Bürokrat(in) [byro'kra:t] *m(f)* <-en, -en; -nen> (*abw*) burócrata *mf*

Bürokratie [bʏrokra'ti:] *f* *ohne pl* burocracia *f*, oficialismo *m Arg*

Bürokratin *f* <-nen> *s.* **Bürokrat**

bürokratisch *adj* burocrático, oficialista *Am*

Büroraum *m* oficina *f*; **Bürostunden** *fpl* horas *fpl* de despacho; **Bürozeit** *f* horario *m* de oficina; **außerhalb der ~** fuera del horario de oficina

Bursche ['bʊrʃə] *m* <-n, -n> chico *m*, chaval *m*

Burschenschaft *f* <-en> (*Studentenverbindung*) asociación *f* de estudiantes

burschikos [bʊrʃi'ko:s] *adj* (*Person*) campechano; (*ungezwungen*) desenvuelto

Bürste ['bʏrstə] *f* <-n> cepillo *m*

bürsten *vt* cepillar; **sich** *dat* **die Haare ~** cepillarse el pelo

Bus [bʊs] *m* <-ses, -se> ❶ (*Fahrzeug*) bus *m*, guagua *f Cuba, PRico* ❷ (INFOR) conductor *m* común; **Busbahnhof** *m* estación *f* de autobuses

Busch [bʊʃ, *pl:* 'bʏʃə] *m* <-(e)s, Büsche> ❶ (*Strauch*) arbusto *m*, mata *f*; **hier ist etwas im ~** (*fam*) aquí hay gato encerrado; **sich in die Büsche schlagen** (*fam*) desaparecer a la chita callando; **mit etw hinterm ~ halten** (*fam*) callar algo ❷ (*in den Tropen*) selva *f* ❸ (*Feder~*) penacho *m*; **Buschbohne** *f* (BOT) judía *f* enana

Büschel ['bʏʃəl] *nt* <-s, -> (*Gras, Heu*) haz *m*; (*Haare*) mechón *m*

büschelweise *adv* (*Gras, Heu*) en haces; (*Haare*) a mechones; **die Haare sind ihm**

~ **ausgegangen** el pelo se le cayó a mechones

buschig *adj* peludo

Buschmesser *nt* machete *m*, colín *m* *AmC, Ant*

Busen ['bu:zən] *m* <-s, -> seno *m*; (*Brust*) pecho *m*; **Busenfreund(in)** *m(f)* amigo, -a *m, f* íntimo, -a

Busfahrer(in) *m(f)* conductor(a) *m(f)* de autobús; **Bushaltestelle** *f* parada *f* de autobuses; **Buslinie** *f* línea *f* de autobuses

Bussard ['busart] *m* <-s, -e> águila *f* ratonera

Buße ['bu:sə] *f* <-n> ❶ (REL) penitencia *f*; ~ **tun** hacer penitencia ❷ (*a. Schweiz:* JUR) multa *f*

Bussel ['busəl] *nt* <-s, - *o* -n> (*südd, Österr*) *s.* **Busserl**

büßen ['by:sən] *vt* ❶ (REL) expiar ❷ (*Tat*) pagar; **das wirst du mir** ~ esto me lo vas a pagar ❸ (*Schweiz: mit Geldbuße belegen*) multar

Büßer(in) *m(f)* <-s, -; -nen> (REL) penitente, -a *m, f*

Busserl ['busəl] *nt* <-s, -(n)> (*südd, Österr*) beso *m*

Bußgeld ['bu:s-] *nt* (JUR) multa *f*; **Bußgeldbescheid** *m* (JUR) aviso *m* de multa

Bussi ['busi] *nt* <-s, -s> (*fam*) besito *m*

Bußtag *m* (REL) día *m* de penitencia; **Buß- und Bettag** día de ayuno

Büste ['bʏstə] *f* <-n> busto *m*

Büstenhalter *m* <-s, -> sostén *m*, corpiño *m CSur*

Büstier [bys'tje:] *nt* <-s, -s> bustier *m*

Busverbindung *f* enlace *m* de autobús; **auf dem Land sind die** ~ **en nicht gut** en el campo no hay un buen servicio de autobuses

Butangas *nt ohne pl* gas *m* butano

Butt [but] *m* <-(e)s, -e> (*Scholle*) platija *f*; (*Stein~*) rodaballo *m*

Bütte ['bʏtə] *f* <-n> tina *f*; **Büttenrede** *f* (*reg*) discurso *m* carnavalesco

Butter ['butə] *f ohne pl* mantequilla *f*; **es ist alles in** ~ (*fam*) todo está en orden; **er gönnt ihm nicht die** ~ **auf dem Brot** le envidia todo

Butterblume *f* (BOT) botón *m* de oro

Butterbrot *nt* (rebanada *f* de) pan *m* con mantequilla; **etw für ein** ~ **bekommen** (*fam*) recibir algo por un pedazo de pan; **für ein** ~ **arbeiten** (*fam*) trabajar por un pedazo de pan; **Butterbrotpapier** *nt* papel *m* pergamino

Buttermilch *f* leche *f* batida; **Butterschmalz** *nt* mantequilla *f* derretida; **butterweich** ['--'-] *adj* (*Frucht*) como man-

teca; (*Metall, Plastik*) muy dúctil; (*Landung*) muy suave

Button ['batən] *m* <-s, -s> insignia *f*

Butzenscheibe ['butsən-] *f vidrio abombado en el centro con el que se construyen ventanas emplomadas*

BVG [be:faʊ'ge:] *nt* <-, ohne pl> (JUR) *Abk. von* **Bundesverfassungsgericht** Tribunal *m* Constitucional Federal

b.w. *Abk. von* **bitte wenden** continúa al dorso

BWL [be:ve:'ʔɛl] *Abk. von* **Betriebswirtschaftslehre** teoría *f* de la empresa, economía *f* industrial

Byte [baɪt] *nt* <-s, -s> (INFOR) byte *m*

byzantinisch [bytsan'ti:nɪʃ] *adj* (HIST) bizantino

Byzanz [by'tsants] *nt* <-> Bizancio *m*

bzw. *Abk. von* **beziehungsweise** o sea, respectivamente

C, c [tse:] *nt* <-, -> ❶ (*Buchstabe*) C, c *f*; ~ **wie Cäsar** C de Carmen ❷ (MUS) do *m*

ca. *Abk. von* **circa** cerca de, aproximadamente

Cabrio ['ka:brio] *nt* <-s, -s>, **Cabriolet** [kabrio'le:] *nt* <-s, -s> cabriolé *m*, descapotable *m*

Café [ka'fe:] *nt* <-s, -s> café *m*

Cafeteria [kafete'ri:a] *f* <Cafeterien> cafetería *f*

Calcium ['kaltsiʊm] *nt* <-s, ohne pl> (CHEM) calcio *m*

Callboy ['kɔːlbɔɪ] *m* <-s, -s> call-boy *m*; **Callgirl** ['kɔːlgœːl] *nt* <-s, -s> call-girl *f*

Camcorder ['kɛmkɔrdə] *m* <-s, -> camcórder *m*

Camembert ['kamãbɛːɐ, 'kaməmbeːɐ] *m* <-s, -s> (GASTR) queso *m* camembert

Camion [ka'mjõ] *m* <-s, -s> (*Schweiz*) camión *m*

Camp [kɛmp] *nt* <-s, -s> campamento *m*

campen ['kɛmpən] *vi* (a)campar, hacer camping

campieren* *vi* acampar

Camping ['kɛmpɪŋ] *nt* <-s, ohne pl> camping *m*; **Campingausrüstung** *f* equipo *m* de camping; **Campingbus** *m* caravana *f*; **Campingplatz** *m* camping *m*

Cannabis ['kanabɪs] *m* <-, ohne pl> (BOT)

cáñamo *m*; (*sl: Haschisch*) hachís *m inv*

Cappuccino [kapu'tʃi:no] *m* <-(s), -(s)> capuchino *m*

Car [ka:ɐ] *m* <-s, -s> (*Schweiz*) autocar *m*

Caravan ['karavan] *m* <-s, -s> ❶ (*Kombiwagen*) vehículo *m* compacto de carga, pick-up *m* ❷ (*Wohnwagen*) caravana *f*

Carsharing ['ka:ɐʃɛ:rɪŋ] *nt* <-(s), *ohne pl*> carsharing *m*, coche *m* compartido

Cartoon ['ka:ɐtu:n] *m* <-(s), -s> ❶ (*Karikatur*) caricatura *f* ❷ (*Bildgeschichte*) historieta *f* de dibujos animados

Casanova [kaza'nɔ:va] *m* <-s, -s> casanova *m*; **er bricht alle Frauenherzen, dieser ~!** ¡este casanova es un rompecorazones!

cash ['kɛʃ] *adv* en metálico

Cash *nt ohne pl* dinero *m* en metálico; **ich gebe dir lieber ~ als einen Scheck** prefiero pagarte en metálico que con (un) cheque

Casino [ka'zi:no] *nt* <-s, -s> casino *m*

Castortransport *m* transporte *m* Castor

Cayennepfeffer [ka'jɛn-] *m* pimienta *f* de Cayena, ají *m AmS, Ant*

CB-Funk *m* citizen band *f*

CD [tse:'de:] *f* <-(s)> *Abk. von* **Compact Disk** CD *m*; **CD-Brenner** *m* <-s, -> grabador *m* de CD, (re)grabadora *f* de compacts; **CD-Player** *m* <-s, -> compact disc *m*

CD-ROM *f* <-(s)> (INFOR) CD-ROM *m*, cederrón *m*; **CD-ROM-Laufwerk** *nt* (INFOR) lector *m* de CD-ROM, reproductor *m* de CD-ROM

CD-Spieler *m s.* **CD-Player**

CDU [tse:de:'ʔu:] *f Abk. von* **Christlich Demokratische Union (Deutschlands)** Partido *m* de la Unión Demócratacristiana de Alemania

C-Dur *nt* <-, *ohne pl*> (MUS) do *m* mayor

Celli *pl von* **Cello**

Cellist(in) [tʃɛ'lɪst] *m(f)* <-en, -en; -nen> violonc(h)elista *mf*

Cello ['tʃɛlo, *pl:* 'tʃɛli, 'tʃɛlos] *nt* <-s, -s *o* Celli> violonc(h)elo *m*

Cellophan® [tsɛlo'fa:n] *nt* <-s, *ohne pl*> celofán® *m*

Celsius ['tsɛlziʊs]: **30 Grad ~** 30 grados centígrados

Cembalo ['tʃɛmbalo, *pl:* 'tʃɛmbali, tʃɛmbalos] *nt* <-s, -s *o* Cembali> clavecín *m*

Cent [sɛnt] *m* <-(s), -(s)> (*Euro*) céntimo *m*

Ces [tsɛs] *nt* <-, -> (MUS) do *m* bemol

Ceylon ['tsaɪlɔn] *nt* <-s> (HIST) Ceilán *m*

Chamäleon [ka'mɛ:leɔn] *nt* <-s, -s> (ZOOL: *a. fig*) camaleón *m*

Champagner [ʃam'panjɐ] *m* <-s, -> champán *m*

Champignon ['ʃampɪnjɔŋ] *m* <-s, -s> champiñón *m*

Champion ['tʃɛmpjən] *m* <-s, -s> (SPORT) campeón, -ona *m, f*

Chance ['ʃã:s(ə)] *f* <-n> ❶ (*Gelegenheit*) oportunidad *f* (*zu* de), ocasión *f* (*zu* de); **eine ~ wahrnehmen** aprovechar una ocasión; **ich gebe dir noch eine letzte ~** aún te doy una última oportunidad ❷ (*Aussicht*) perspectiva *f* (*auf/zu* de); (*Möglichkeit*) posibilidad *f* (*auf/zu* de); **sich** *dat* **gute ~n ausrechnen** contar con buenas posibilidades; **~ auf einen Gewinn** perspectivas de ganar; **~n bei jdm haben** (*fam*) tener buenas posibilidades con alguien; **Chancengleichheit** *f ohne pl* igualdad *f* de oportunidades; **chancenlos** *adj* (*ohne Aussichten*) sin perspectivas; (*ohne Möglichkeiten*) sin posibilidades

Chanson [ʃã'sõ:] *nt* <-s, -s> canción *f*

Chaos ['ka:ɔs] *nt* <-, *ohne pl*> caos *m inv*, desorden *m*; **Ordnung in das ~ bringen** poner orden en el caos; **auf der Straße herrscht ein ziemliches ~** en la calle hay una gran confusión; **ein ~ im Kopf haben** tener un bollo mental *fam*

Chaot(in) [ka'o:t] *m(f)* <-en, -en; -nen> ❶ (*unbeherrschter Mensch*) persona *f* caótica ❷ (*abw: Radikaler*) extremista *mf*

chaotisch [ka'o:tɪʃ] *adj* caótico; (*unordentlich*) desordenado; **es geht ~ zu** es un caos

Charakter [ka'raktɐ, *pl:* karak'te:rə] *m* <-s, -e> carácter *m*; **er hat ~** tiene carácter; **sie sind ganz gegensätzliche ~e** son de naturaleza totalmente contraria; **die Unterredung hatte vertraulichen ~** la conversación ha sido de carácter confidencial; **Charaktereigenschaft** *f* rasgo *m* característico; **Charakterfehler** *m* defecto *m* (de carácter); **charakterfest** *adj* de carácter firme

charakterisieren* [karakteri'zi:rən] *vt* caracterizar (*als* de); **dieser Film charakterisiert das 18. Jahrhundert** esta película caracteriza el siglo XVIII; **Stress und Lärm ~ das Stadtleben** el estrés y el ruido caracterizan la vida en las ciudades

Charakterisierung *f* <-en> caracterización *f*

Charakteristik [karakte'rɪstɪk] *f* <-en> característica *f*

Charakteristikum [karakte'rɪstɪkʊm] *nt* <-s, Charakteristika> (*geh*) rasgo *m* característico

charakteristisch *adj* característico (*für* de); (*typisch*) típico (*für* de)

charakterlich *adj* de carácter; **er hat**

einige ~**e Schwächen** tiene algunos defectos de carácter

charakterlos *adj* sin carácter

Charakterschwäche *f* debilidad *f* de carácter; **Charakterschwein** *nt* (*fam*) cerdo *m*; **Charakterstärke** *f* fuerza *f* de carácter; **Charakterzug** *m* rasgo *m* de carácter

charmant [ʃarˈmant] *adj* encantador

Charme [ʃarm] *m* <-s, *ohne pl*> encanto *m*; **seinen ganzen ~ aufbieten** servirse de todo su encanto

Charmeur [ʃarˈmøːɐ] *m* <-s, -e> lisonjero *m*

Charta [ˈkarta] *f* <-s> (POL) carta *f* constitucional

Charter [ˈtʃaːɐte] *m* <-s, -s> (*a.* WIRTSCH) fletamento *m*; **Charterflug** *m* (AERO) (vuelo *m*) chárter *m*; **Charterflugzeug** *nt* (AERO) (avión *m*) chárter *m*

chartern [ˈtʃaːɐten] *vt* fletar

Charts [ˈtʃaːɐts] *pl* (MUS) (listas *fpl* de) superventas *mpl*; (**ganz oben**) **in den ~ sein** estar en los primeros puestos de los superventas

Chassis [ʃaˈsiː] *nt* <-, -> ❶ (AUTO) chasis *m* *inv* ❷ (ELEK) placa *f* de base

Chat [tʃɛt] *m* <-s, -s> (INFOR, TEL: *sl*) charla *f* (*por Internet*)

chatten [ˈtʃɛtən] *vi* (INFOR): (**mit jdm**) ~ chatear (con alguien)

Chauffeur(in) [ʃɔˈføːɐ] *m(f)* <-s, -e; -nen> chófer *mf*

chauffieren * *vt* conducir

Chaussee [ʃ<-n>] avenida *f*

Chauvi [ˈʃoːvi] *m* <-s, -s> (*fam*) machista *m*

Chauvinismus [ʃoviˈnɪsmʊs] *m* <-, *ohne pl*> (*abw*) ❶ (*Nationalismus*) chovinismo *m* ❷ (*Sexismus*) machismo *m*

Chauvinist *m* <-en, -en> (*abw: Sexist*) machista *m*

chauvinistisch *adj* (*abw*) ❶ (*nationalistisch*) chovinista ❷ (*frauenfeindlich*) machista

checken [ˈtʃɛkən] *vt* ❶ (*überprüfen*) revisar, chequear *Am* ❷ (*fam: kapieren*) captar ❸ (*Eishockey*) empujar

Check-in *m o nt* <-s, -s> (AERO) facturación *f*; **um 15.00 Uhr beginnt der** ~ a las tres se empieza a facturar (el equipaje)

Checkliste *f* ❶ (*Notizzettel*) recordatorio *m* ❷ (AERO) lista *f* de embarque

Check-up *m* <-s, -s> (MED) chequeo *m*

Chef(in) [ʃɛf] *m(f)* <-s, -s; -nen> jefe, -a *m*, *f*; **Chefarzt, -ärztin** *m*, *f* (MED: *eines Krankenhauses*) director(a) *m(f)*; (*einer Station*) médico, -a *m*, *f* jefe; **Chefetage** *f* departamento *m* de ejecutivos

Chefin *f* <-nen> *s.* **Chef**

Chefkoch, -köchin *m*, *f* cocinero, -a *m*, *f* jefe; **Chefredakteur(in)** *m(f)* redactor(a) *m(f)* jefe; **Chefsekretär(in)** *m(f)* secretario, -a *m*, *f* de dirección

Chemie [çeˈmiː] *f ohne pl* química *f*; **Chemiefaser** *f* fibra *f* sintética; **Chemiekonzern** *m* empresa *f* multinacional química; **Chemiemüll** *m* residuos *mpl* químicos

Chemikalie [çemiˈkaːliə] *f* <-n> sustancia *f* química

Chemiker(in) [ˈçeːmikɐ] *m(f)* <-s, -; -nen> químico, -a *m*, *f*

chemisch *adj* químico; ~**e Reinigung** limpieza en seco

Chemotherapie [çemoteraˈpiː] *f* (MED) quimioterapia *f*

chic [ʃɪk] *adj* elegante, paquete *Arg*; **sich ~ machen** vestirse elegantemente; **es gilt als ~, in dieses Lokal zu gehen** está de moda ir a este local

Chicorée [ʃikoˈreː] *m* <-s, *ohne pl*>, *f ohne pl* achicoria *f*

Chiffre [ˈʃɪfrə] *f* <-n> cifra *f*

chiffrieren * [ʃɪˈfriːrən] *vt* cifrar

Chile [ˈçiːle, ˈtʃiːle] *nt* <-s> Chile *m*

Chilene, -in [çiˈleːnə] *m*, *f* <-n, -n; -nen> chileno, -a *m*, *f*

chilenisch *adj* chileno

Chili [ˈtʃili] *m* <-s, *ohne pl*> (GASTR: *Pfefferschote*) chile *m*, chilli *m Mex*; (*Pfeffersoße*) ají *m*; **Chili-Sauce** *f* (GASTR) chilmole *m*

China [ˈçiːna] *nt* <-s> China *f*; **Chinakohl** *m* col *f* rizada; **Chinarestaurant** *nt* restaurante *m* chino

Chinese, -in [çiˈneːzə] *m*, *f* <-n, -n; -nen> chino, -a *m*, *f*

chinesisch *adj* chino

Chip [tʃɪp] *m* <-s, -s> ❶ (*Spielmarke*) ficha *f* ❷ *pl* (*gebackene Kartoffelscheiben*) patatas *fpl* fritas ❸ (INFOR) chip *m*; **Chipkarte** *f* (INFOR) tarjeta *f* chip

Chirurg(in) [çiˈrʊrk] *m(f)* <-en, -en; -nen> cirujano, -a *m*, *f*

Chirurgie[1] [çirʊrˈgiː] *f ohne pl* (*Fach*) cirugía *f*

Chirurgie[2] *f* <-n> (*Abteilung*) sección *f* de cirugía

Chirurgin *f* <-nen> *s.* **Chirurg**

chirurgisch *adj* quirúrgico

Chlor [kloːɐ] *nt* <-s, *ohne pl*> (CHEM) cloro *m*

chloren [ˈkloːrən] *vt* clorar

Chlorid *nt* <-(e)s, -e> (CHEM) cloruro *m*

Chloroform [kloroˈfɔrm] *nt* <-s, *ohne pl*> (CHEM) cloroformo *m*

Chlorophyll [kloroˈfʏl] *nt* <-s, *ohne pl*> (BOT) clorofila *f*

Chlorwasserstoff *m* (CHEM) ácido *m* clorhídrico

Choke [tʃoːk] *m* <-s, -s> (AUTO) aire *m*, estárter *m*; **den ~ ziehen** sacar el aire

Cholera ['koːlera, 'kɔləra] *f ohne pl* (MED) cólera *m*; **Choleraepidemie** *f* epidemia *f* de cólera

Choleriker(in) [ko'leːrikɐ] *m(f)* <-s, -; -nen> colérico, -a *m, f*

cholerisch *adj* colérico, furioso

Cholesterin [kolɛste'riːn] *nt* <-s, *ohne pl*> (MED) colesterol *m*; **Cholesterinspiegel** *m* (MED) nivel *m* de colesterol

Chopsuey *nt* <-(s), -s> (GASTR) chop suey *m*

Chor [koːɐ, *pl:* 'køːɐs] *m* <-(e)s, Chöre> (MUS, ARCHIT) coro *m*; **im ~ sprechen/singen** hablar/cantar a coro

Choral [ko'raːl, *pl:* ko'rɛːlə] *m* <-s, Chöräle> (MUS) cántico *m*, (composición *f*) coral *m*

Choreograf(in) [koreo'graːf] *m(f)* <-en, -en; -nen> coreógrafo, -a *m, f*

Choreografie [koreogra'fiː] *f* <-n> coreografía *f*

Choreografin *f* <-nen> s. **Choreograf**

choreografisch *adj* coreográfico

Choreograph(in) *m(f)* <-en, -en; -nen> s. **Choreograf**

Choreographie *f* <-n> s. **Choreografie**

Choreographin *f* <-nen> s. **Choreograf**

choreographisch *adj* s. **choreografisch**

Chorknabe *m* (MUS) niño *m* de coro

Chose ['ʃoːzə] *f* <-n> (*fam*) ❶ (*Angelegenheit*) asunto *m* ❷ (*Dinge*) chismes *mpl*; **die ganze ~** todos los trastos

Chr. *Abk. von* **Christus, Christi** Cristo *m*

Christ(in) [krɪst] *m(f)* <-en, -en; -nen> cristiano, -a *m, f*

Christbaum *m* árbol *m* de Navidad

Christenheit *f ohne pl* cristiandad *f*

Christentum *nt* <-s, *ohne pl*> cristianismo *m*

Christi *gen von* **Christus: vor ~ Geburt** antes de Cristo

Christin *f* <-nen> s. **Christ**

Christkind *nt ohne pl* niño *m* Jesús

christlich *adj* cristiano

Christmesse *f* (REL), **Christmette** ['krɪstmɛtə] *f* <-n> (REL) misa *f* de(l) gallo

Christus ['krɪstʊs] *m* <Christi> Cristo *m*; **vor ~** antes de Cristo

Chrom [kroːm] *nt* <-s, *ohne pl*> (CHEM) cromo *m*

chromatisch *adj* (PHYS, MUS) cromático

Chromosom [kromo'zoːm] *nt* <-s, -en> (BIOL) cromosoma *m*

Chronik ['kroːnɪk] *f* <-en> crónica *f*

chronisch *adj* crónico, pasmuno *PRico*

Chronist(in) [kro'nɪst] *m(f)* <-en, -en; -nen> cronista *mf*

Chronologie [kronolo'giː] *f* <-n> cronología *f*

chronologisch [krono'loːgɪʃ] *adj* cronológico; **in ~er Reihenfolge** por orden cronológico

Chronometer *m* <-s, -> (TECH) cronómetro *m*

Chrysantheme [kryzan'teːmə] *f* <-n> crisantemo *m*

circa ['tsɪrka] *adv* cerca de, aproximadamente; **~ drei Stunden/150 DM** tres horas/150 marcos aproximadamente; **~ ein km** cerca de un km

Circus *m* <-, -se> s. **Zirkus**

Cis [tsɪs] *nt* <-, -> (MUS) do *m* sostenido

City ['sɪti] *f* <-s> centro *m* económico y financiero (de una ciudad)

cl *Abk. von* **Zentiliter** cl

Clan *m* <-s, -s> clan *m*

clean [kliːn] *adj* (*sl: nicht mehr drogenabhängig*): **~ werden** desengancharse

Clementine [klemɛn'tiːnə] *f* <-n> clementina *f*

clever ['klɛvɐ] *adj* (*fam*) hábil y astuto

Clinch [klɪntʃ] *m* <-(e)s, *ohne pl*> (*fam*) disputa *f*; **mit jdm im ~ liegen** (*fam*) andar a la greña con alguien

Clip [klɪp] *m* <-s, -s> ❶ (*Schmuck*) clip *m* ❷ (*Verschluss*) cierre *m* ❸ (*Video~*) videoclip *m*

Clique ['klɪkə] *f* <-n> ❶ (*Freunde*) pandilla *f*, percha *f Mex* ❷ (*abw: in der Politik*) camarilla *f*

Clou [kluː] *m* <-s, -s> (*fam*) atracción *f* principal; **das war der ~** eso fue lo mejor

Clown [klaʊn] *m* <-s, -s> payaso *m*, clown *m*; **den ~ spielen** (*fam*) hacer el payaso

Club [klʊp] *m* <-s, -s> club *m*

cm *Abk. von* **Zentimeter** cm

c-Moll *nt* <-, *ohne pl*> (MUS) do *m* menor

Coach [koʊtʃ] *m* <-(s), -s> entrenador(a) *m(f)*

Coca ['koːka] *f* <-(s)>, *nt* <-(s), -(s)> (*fam*), **Coca-Cola**® *f* <-(s)>, *nt* <-(s), -(s)> refresco *m* de cola

Cockpit ['kɔkpɪt] *nt* <-s, -s> (AERO, AUTO) cabina *f* de pilotaje

Cocktail ['kɔkteɪl] *m* <-s, -s> (*Party*) cóctel *m*; (*Getränk*) cóctel *m*, copetín *m Arg*; **Cocktailbar** *f* coctelería *f*

Code [koːt] *m* <-s, -s> código *m*

Codex¹ ['koːdɛks] *m* <-es, -e *o* Codizes> (HIST) códice *m*

Codex² *m* <-es, -e> ❶ (JUR) código *m* ❷ (*alte Handschriften*) códice *m*

codieren* [ko'diːrən] *vt* ❶ (TECH) cifrar ❷ (LING) codificar

Codierung f <-en> codificación f

Codizes pl von **Codex**[1]

Cognac® m <-s, -s> coñac m

Coiffeur, -euse [koaˈføːɐ] m, f <-s, -e; -n> (Schweiz) peluquero, -a m, f

Cola [ˈkoːla] f <-(s)> o nt <-(s), -(s)> (fam) (refresco m de) cola f

Collage [kɔˈlaːʒə] f <-n> colage m

College nt <-(s), -s> (SCH, UNIV) instituto m

Colt® [kɔlt] m <-s, -s> revólver m

Comeback [kamˈbɛk] nt <-(s), -s>, **Comeback** nt <-(s), -s> vuelta f, regreso m; **sie feiert ihr** ~ está celebrando sus nuevos éxitos

Comic [ˈkɔmɪk] m <-s, -s> cómic m, cartón m Am; **Comicheft** nt cómic m, tebeo m

Compact Disc f <- -s> disco m compacto, compact disc m

Computer [kɔmˈpjuːtɐ] m <-s, -> ordenador m, computador m, computadora f Am; **auf ~ umstellen** informatizar; **computergesteuert** adj controlado por ordenador; **computergestützt** adj informatizado, asistido por ordenador; ~**es Lernen** enseñanza asistida por ordenador

computerisieren* vt (INFOR) computerizar

computerlesbar adj legible para el ordenador; **Computerlinguist(in)** m(f) lingüista mf informático, -a; **Computerlinguistik** f procesamiento m lingüístico de datos; **Computerlinguistin** f s. **Computerlinguist**

computern* vi (fam) trabajar con (el) ordenador

Computerprogramm nt programa m de ordenador; **Computersimulation** f simulación f por ordenador; **Computerspiel** nt juego m de ordenador; **Computersystem** nt (INFOR) sistema m de ordenadores; **computerunterstützt** adj asistido por ordenadores; **Computervirus** m (INFOR) virus m inv informático

Comtesse [kɔmˈtɛs] f <-n> condesa f

Conférencier [kõferãˈsjeː] m <-s, -s> presentador(a) m(f), animador(a) m(f)

Consulting [kɔnˈsaltɪŋ] nt <-s, ohne pl> (WIRTSCH) consulting m, asesoría f

Container [kɔnˈteːnɐ] m <-s, -> contenedor m, container m; **Containerschiff** nt portacontenedores m inv

cool [kuːl] adj (fam) tranqui

Copilot(in) [ˈkoːpiloːt] m(f) copiloto mf

Copyright [ˈkɔpiraɪt] nt <-s, -s> copyright m

Cord [kɔrt] m <-(e)s, -e o -s> pana f

Cordon bleu [kɔrdõˈblø:] nt <- -, -s -s> (GASTR) cordon bleu m

Corner [ˈkɔːnɐ] m <-s, -> (Schweiz, Österr: Eckstoß im Fußball) córner m

Cornflakes [ˈkɔːnfleɪks] pl cereales mpl

Cornichon [kɔrniˈʃõ:] nt <-s, -s> (GASTR) pepinillo m

Cortison [kɔrtiˈzoːn] nt <-s, ohne pl> (MED) cortisona f

Costa Rica [ˈkɔsta ˈriːka] nt <- -s> Costa Rica f

Costaricaner(in) [kɔstariˈkaːnɐ] m(f) <-s, -; -nen> costarricense mf, costarriqueño, -a m, f

costaricanisch adj costarricense, costarriqueño

Couch [kaʊtʃ] f <-s o -en> diván m; **Couchgarnitur** f tresillo m; **Couchtisch** m mesilla f de tresillo

Countdown [ˈkaʊntˈdaʊn] m <-s, -s>, **Count-down** m <-s, -s> cuenta f atrás; **der** ~ **läuft** ha empezado la cuenta atrás

Coup [ku:] m <-s, -s> golpe m; **einen** ~ **landen** dar el golpe

Coupé [kuˈpeː] nt <-s, -s> ❶ (AUTO) cupé m ❷ (Österr: Zugabteil) compartimiento m

Coupon [kuˈpõ:] m <-s, -s> ❶ (Beleg) resguardo m ❷ (FIN) cupón m ❸ (Stoffabschnitt) retal m

Courage [kuˈraːʒə] f ohne pl (fam) valor m; **dazu fehlt ihm die** ~ para eso le falta el valor

couragiert [kuraˈʒiːɐt] adj valiente

Cousin(e) [kuˈzɛ̃:] m(f) <-s, -s; -n> primo, -a m, f

Couvert [kuˈveːɐ] nt <-s, -s> ❶ (Bettbezug) funda f (para el edredón) ❷ (reg: Briefumschlag) sobre m ❸ (geh: Gedeck) cubierto m

Cover [ˈkavɐ] nt <-s, -> (Schallplatte, Buch, Zeitschrift) portada f; **Coverversion** f (MUS) coverversion f

Cowboy [ˈkaʊbɔɪ] m <-s, -s> cowboy m, vaquero m

Crack[1] [krɛk] m <-s, -s> (Sportler) deportista mf de primera

Crack[2] [krɛk] m <-s, ohne pl> (Rauschgift) crack m

Crashkurs [ˈkrɛʃkʊrs] m (Schnellkurs) cursillo m intensivo

Creme f <-s> (a. GASTR) crema f

cremefarben adj de color crema

Cremetorte f (GASTR) tarta f de crema

cremig [ˈkreːmɪç] adj cremoso

Crêpe[1] [krɛp] f <-s> (GASTR) crepe f, panqueque m Am

Crêpe[2] m <-s, -> (Stoff) crespón m; ~ **de Chine** crespón de China

Crew [kru:] f <-s> (NAUT, AERO) tripulación f

Croissant [kroaˈsõ:] nt <-s, -s> cruasán m, medialuna f Am

Croupier [kru'pje:] *m* <-s, -s> crupier *m*

C-Schlüssel *m* (MUS) clave *f* de do

CSU [tse:?ɛs'?u:] *f Abk. von* **Christlich Soziale Union** (**Deutschlands**) Partido *m* de la Unión Cristiano-Social de Alemania

Cup [kap] *m* <-s, -s> (SPORT) copa *f*

Curry ['kœri] *m o nt* <-s, -s> curry *m;* **Currywurst** ['kœrivʊrst] *f* salchicha *f* con salsa de curry

Cursor ['kœːze] *m* <-s, -s> (INFOR) cursor *m*

Cutter(in) ['katɐ] *m(f)* <-s, -; -nen> montador(a) *m(f)*

CVP [tse:fau'pe:] *f* (POL: *in der Schweiz*) *Abk. von* **Christlichdemokratische Volkspartei** Partido *m* Popular Cristiano-Demócrata

Cybercafé ['saɪbɐkafe:] *nt* ciberbar *m;* **Cybercash** ['saɪbɐkɛʃ] *nt* <-, *ohne pl*>, **Cybergeld** *nt ohne pl* (INFOR) dinero *m* electrónico, cybercash *m;* **Cyberpatrol** ['saɪbɐpɛtrəl] *m* <-(s), -s> (INFOR, TEL) ciberpatrulla *f;* **Cybersex** ['saɪbɐsɛks] *m* cibersexo *m*, sexo *m* virtual; **Cyberspace** ['saɪbɐspeɪs] *m* <-, *ohne pl*> (INFOR) ciberespacio *m*

D d

D, d [de:] *nt* <-, -> ❶ (*Buchstabe*) D, d *f; ~* **wie Dora** D de Dolores ❷ (MUS) re *m*

da [da:] I. *adv* ❶ (*dort*) allí, allá; (*hier*) ahí, aquí; *~* **draußen** allí fuera; *~* **kommt er** allí viene; *~*, **wo ...** allí donde...; *~* **drüben** allí enfrente; *~* **oben/unten** aquí arriba/abajo; **gehen sie** *~* **herum** vaya por allí; *~* **ist/sind ...** aquí hay...; **gibst du mir bitte mal das Buch?** – *~*! por favor, ¿me das el libro? – ¡aquí tienes! ❷ (*zeitlich*) entonces; **es ist zwei Jahre her,** *~* **haben sie die Kirche restauriert** han pasado dos años desde que restauraron la iglesia; **als ich das machte,** *~* **... mientras** estaba haciendo esto...; *~* **fällt mir gerade ein, ...** a todo esto se me acaba de ocurrir que...; **von** *~* **an** desde entonces ❸ (*in diesem Falle*) en este caso; *~* **haben Sie aber nicht Recht** pero en este caso Ud. no tiene razón; *~* **wagst du es noch zu kommen?** ¿y después de todo esto aún te atreves a venir? ❹ (*vorhanden*): *~* **sein** estar presente; (*vorrätig*) haber; **es ist niemand** *~* no hay nadie; **ich bin gleich wieder** *~*

vuelvo enseguida; war Thomas gestern *~* ¿estuvo Tomás ayer?; **ist noch Milch** *~***?** ¿queda leche todavía?; **das stellt alles** *~* **Gewesene in den Schatten** esto es algo que no tiene precedentes; *~* **ist er** aquí está ❺ (*zur Verfügung*): *~* **sein für jdn** estar a disposición de alguien; **er ist immer für mich** *~* siempre está ahí cuando lo necesito II. *konj* ❶ (*weil*) ya que, como; **es geht nicht,** *~* **die Zeit nicht reicht** no se puede hacer, ya que no llega el tiempo ❷ (*geh: als, wenn*) cuando; **sehnsüchtig erwartet er die Stunde,** *~* **sie bei ihm sein wird** ansiosamente espera la hora en la que ella estará junto a él

da|behalten* *irr vt* quedarse (con); **jdn** *~* retener a alguien; **sie haben sie in der Klinik gleich** *~* la ingresaron en la clínica en el acto

dabei [da'baɪ, 'da:baɪ] *adv* ❶ (*örtlich*) incluido; **sind die Lösungen** *~***?** ¿trae las soluciones incluidas? ❷ (*währenddessen*) al mismo tiempo; **er arbeitete und hörte** *~* **Radio** trabajaba y escuchaba la radio al mismo tiempo; **sie fühlt sich wohl** *~* se siente a gusto haciendo esto ❸ (*bei dieser Sache*) en esto, en ello; **ich bleibe** *~*, **dass ...** mantengo que...; **wichtig** *~* **ist, dass ...** lo importante en esto es que... *+subj;* **was hast du dir denn** *~* **gedacht?** ¿qué te imaginaste con esto?; *~* **darf man nicht vergessen, dass ...** en ello no se puede olvidar que... ❹ (*außerdem*) además; (*gleichzeitig*) a la vez; **sie ist reich und** *~* **bescheiden** es rica y a la vez modesta ❺ (*obgleich*) aunque; **er ist traurig,** *~* **hat er gar keinen Grund dazu** está triste sin tener motivo para estarlo ❻ (*Wend*): **bei etw** *~* **sein** (*anwesend sein*) asistir a algo; (*mitmachen*) participar en algo; *~* **sein etw zu tun** estar haciendo algo; **dabei|bleiben** *irr vi* (*Tätigkeit*) continuar (*bei* con); (*Mitgliedschaft*) permanecer (*bei* en); **dabei|haben** *irr vt* (*Gegenstand*) tener consigo; **jdn bei etw** *~* **wollen** querer que alguien esté presente en [*o durante*] algo; **dabei|stehen** *irr vi* estar (ahí)

da|bleiben *irr vi sein* quedarse (ahí)

Dach [dax, *pl:* 'dɛçe] *nt* <-(e)s, Dächer> techo *m;* (*Ziegel~*) tejado *m;* (AUTO) cubierta *f;* **unterm** *~* **wohnen** vivir en la buhardilla; **etw unter** *~* **und Fach bringen** (*fam fig*) rematar algo; **ein** *~* **über dem Kopf haben** (*fam fig*) tener una vivienda; **mit jdm unter einem** *~* **wohnen** (*fam fig*) vivir bajo un mismo techo con alguien; **eins aufs ~ kriegen** (*fam fig*) recibir una reprimenda; **jdm aufs ~ steigen** (*fam fig*) decir a alguien cuatro verdades; **Dachbalken** *m* viga *f;* **Dachboden** *m* desván *m;* **Dachdecker(in)** *m(f)* <-s, -; -nen> tejador(a) *m(f);* **Dachfenster** *nt* tragaluz *m;* **Dachfirst** *m* caballete *m* del tejado; **Dachgepäckträger** *m* (AUTO) baca *f,* portaequipajes *m inv;* **Dachgeschoss** *nt* ático *m;* **Dachkammer** *f* guardilla *f;* **Dachlawine** *f* nieve que se cae del tejado de una casa; **Dachrinne** *f* canalón *m*

Dachs [daks] *m* <-es, -e> tejón *m*

Dachschaden *m ohne pl:* **einen ~ haben** (*fam*) no estar bien de la cabeza

Dachstuhl *m* entramado *m* del tejado

dachte ['daxtə] *3. imp von* **denken**

Dachverband *m* federación *f* central, holding *m;* **Dachwohnung** *f* ático *m;* **Dachziegel** *m* teja *f*

Dackel ['dakəl] *m* <-s, -> perro *m* salchicha

Dadaismus [dada'ısmʊs] *m* <-, *ohne pl*> (KUNST) dadaísmo *m*

dadurch ['da:dʊrç] *adv* ❶ (*örtlich*) por allí, por ahí ❷ (*auf diese Weise*) con ello, de esta manera; **~, dass ...** dado que...

dafür ['da:fy:ɐ, da'fy:ɐ] *adv* ❶ (*für das*) de esto, para esto; **etwas/nichts ~ können** tener/no tener la culpa; **wir haben kein Geld ~** no tenemos dinero para esto; **der Grund ~ ist, dass ...** la razón de esto es que...; **ich bin ~** estoy a favor; **alles spricht ~** todo está a favor ❷ (*zum Ausgleich*) en cambio; **in Englisch ist sie schlecht, ~ ist sie gut in Mathematik** es mala en inglés, pero en cambio sabe mucho de matemáticas ❸ (*in Hinblick darauf*) teniendo en cuenta que; **~, dass er so klein ist, spielt er ganz gut Basketball** teniendo en cuenta lo bajo que es, juega muy bien al baloncesto ❹ (*weil*) por algo, para algo; **sie kannte sich in Grammatik aus, ~ war sie ja Linguistin** sabía mucho de gramática, por algo era lingüista

dagegen ['da:ge:gən, da'ge:gən] *adv* ❶ (*räumlich*) contra ello ❷ (*ablehnend*) en contra; **haben Sie was ~, wenn ich rauche?** ¿le molesta si fumo?; **~ ist nichts einzuwenden** no tengo nada en contra; **wer ist dafür und wer ~, dass ...?** ¿quién está a favor y quién en contra de que...? ❸ (*als Gegenmaßnahme*) contra; **es gibt kein Mittel ~** contra eso no hay remedio ❹ (*verglichen mit*) en comparación; (*im Gegensatz*) en cambio; **es war dort unglaublich kalt, der Winter hier ist nichts ~** allí hacía un frío

increíble, en comparación con eso el invierno aquí no es nada; **dagegen|halten** *irr vt* objetar; **da kann man nichts ~** no hay nada que oponer

da|haben *irr vt* ❶ (*fam: vorrätig*) tener; **haben wir genug Getränke für die Party da?** ¿tenemos suficientes bebidas para la fiesta? ❷ (*zu Besuch, im Haus*) tener (en casa); **wir haben heute Abend Freunde (zum Abendessen) da** esta noche tenemos amigos en casa (para cenar)

daheim [da'haım] *adv* (*südd*) en casa; **bei uns ~** en nuestra casa

daher ['da:he:ɐ, da'he:ɐ] *adv* ❶ (*von dort her*) de ahí; **das kommt ~, dass ...** esto viene de que... ❷ (*deshalb*) por eso; **von ~** de ahí que **+subj; er hat viel gelesen, ~ weiß er das** ha leído mucho, por eso lo sabe; **dahergelaufene(r, s)** *adj* (*abw*) cualquiera; **daher|reden** *vi, vt* (*fam*) hablar sin ton ni son; **red doch nicht so blöd daher!** ¡no digas tantos disparates!

dahin ['da:hın, da'hın] *adv* ❶ (*an diesen Ort*) allí, ahí; **~ gehe ich nie wieder** allí no vuelvo nunca más ❷ (*in diese Richtung*) hacia allí, hacia ahí; **seine Bemühungen gehen ~, dass ...** todos sus esfuerzos van encaminados a... **+inf; ~ gehend, dass** en el sentido de que ❸ (*so weit*) a tal extremo, a tal punto; **es ist ~ gekommen, dass ...** se ha llegado a tal punto que...; **er wird es ~ bringen, dass ...** va a llegar a tal extremo que... ❹ (*zeitlich*): **bis ~** hasta entonces ❺ (*Wend*): **~ sein** estar perdido; **dahingestellt** [-'---] *adj* indeciso; **etw bleibt ~** algo está en tela de juicio; **lassen wir es ~ (sein), ob ...** nos abstenemos de decidir si...; **dahin|raffen** *vt* (*geh*) aniquilar; **dahin|sagen** [-'---] *vt:* **etw nur so ~** no decir algo en serio; **dahin|schleppen** [-'---] *vr:* **sich ~** (*Mensch*) arrastrarse; (*Zeit*) no pasar; (*Verhandlungen*) no avanzar

dahinten [da'hıntən] *adv* allí atrás, allá atrás

dahinter [da'hıntɐ] *adv* detrás; **~ kommen** (*fam: herausfinden*) averiguar; (*verstehen*) caer en la cuenta; **es wird vermutet, dass die Mafia ~ steckt** (*fam*) se supone que la Mafia tiene algo que ver con eso; **er redet viel, aber es steckt nichts ~** (*fam*) habla mucho, pero eso es paja; **da steckt doch was ~** (*fam fig*) aquí hay gato encerrado; **da ist nichts ~** (*fam fig*) eso no tiene fondo

dahin|vegetieren* *vi* vegetar

Dahlie ['da:liə] *f* <-n> (BOT) dalia *f*

da|lassen *irr vt* (*fam*) dejar; (*hier*) dejar

aquí; (*dort*) dejar allí
dalli ['dali] *adv* (*fam*) dale; **jetzt aber ~!**
¡vamos, de prisa!
damalige(r, s) *adj* de entonces, de aquel
tiempo
damals ['daːmaːls] *adv* entonces, en aquel
tiempo; **seit ~** desde entonces; **~, als ...**
en aquel tiempo, cuando...
Damast [da'mast] *m* <-(e)s, -e> damasco
m de seda
Dame¹ ['daːmə] *f ohne pl* (*Brettspiel*) juego
m de damas
Dame² *f* <-n> ① (*Frau*) señora *f;* **meine
~n und Herren** señoras y señores; **die ~
des Hauses** el ama (de la casa) ② (*im
Schach, beim Damespiel, Spielkarte*)
dama *f*
Damebrett *nt* tablero *m* de damas
Damenbegleitung *f ohne pl:* **in ~** en
compañía de una señora; **Damenbe-
kanntschaft** *f* amistad *f* femenina; **~en
haben** tener relaciones con mujeres;
Damenbesuch *m* visita *f* femenina;
Damenbinde *f* compresa *f;* **Damen-
fahrrad** *nt* bicicleta *f* de señora; **Damen-
friseur(in)** *m(f)* peluquero, -a *m, f* de
señoras
damenhaft *adj* mujeril
Damenmannschaft *f* (SPORT) equipo *m*
femenino; **Damenmode** *f* moda *f* femenina; **Damenoberbekleidung** *f ohne pl*
ropa *f* de mujer; **Damensitz** *m ohne pl*
silla *f* de amazona, galápago *m Hond,
Peru, Ven;* **im ~ reiten** montar a mujerie-
gas; **Damentoilette** *f* lavabo *m* para
señoras; **Damenwahl** *f ohne pl* baile en el
cual son las mujeres las que sacan a bailar
a los hombres
Damespiel *nt* juego *m* de damas; **Dame-
stein** *m* peón *m*
Damhirsch ['damhɪrʃ] *m* (ZOOL) gamo *m*
damisch ['daːmɪʃ] *adj* (*südd, Österr*)
① (*fam: dumm*) tonto, baboso *Am* ② (*fam:
schwindlig*) atolondrado
damit ['daːmɪt, da'mɪt] **I.** *adv* con ello; **was
soll ich ~?** ¿qué hago yo con esto?; **~
befasse ich mich nicht** no me ocupo de
esto; **es fing ~ an, dass ...** empezó con
que...; **weg ~!** ¡fuera con esto!; **hör ~ auf!**
¡deja eso!; **ich bin ~ zufrieden, dass ...**
estoy contento de que... +*subj* **II.** *konj* para
+*inf,* para que +*subj*
dämlich ['dɛːmlɪç] *adj* (*fam*) tonto, baboso
Am
Dämlichkeit¹ *f* <-en> (*fam abw: Handlung*) tontería *f;* **lass doch diese ~en
sein!** ¡déjate de bobadas!
Dämlichkeit² *f ohne pl* (*fam abw: Art, Ver-*

halten) tontería *f;* **deine ~ geht mir auf
die Nerven!** ¡tu estupidez me saca de quicio!
Damm [dam, *pl:* 'dɛmə] *m* <-(e)s,
Dämme> ① (*Bahn~, Straßen~*) terraplén
m; **wieder auf dem ~ sein** (*fam fig*) sentirse bien de nuevo ② (*Deich*) dique *m*
③ (ANAT) perineo *m*
dämmen *vt* ① (*geh: aufstauen*) estancar
② (TECH: *Schall*) absorber
dämmerig *adj* crepuscular; **es wird ~**
(*morgens*) amanece; (*abends*) atardece
Dämmerlicht ['dɛmɛ-] *nt ohne pl* penumbra *f*
dämmern ['dɛmɐn] **I.** *vi* ① (*anbrechen*):
der Abend dämmert cae el día; **der
Morgen dämmert** apunta el día ② (*fam:
bewusst werden*) darse cuenta; **es dämmert ihm, dass ...** se está dando cuenta
de que... **II.** *vunpers:* **es dämmert** (*morgens*) amanece; (*abends*) atardece
Dämmerung ['dɛmərʊŋ] *f* <-en> crepúsculo *m;* (*Abend~*) ocaso *m;* (*Morgen~*)
alba *f;* **in der ~** en el crepúsculo
dämmrig *adj s.* **dämmerig**
Dämon ['dɛːmɔn, *pl:* dɛ'moːnən] *m* <-s,
-en> demonio *m*
dämonisch *adj* endemoniado
Dampf [dampf, *pl:* 'dɛmpfə] *m* <-(e)s,
Dämpfe> vapor *m;* **unter ~ stehen** (*fam*)
estar bajo presión; **jdm ~ machen** (*fam*)
meter prisa a alguien; **~ ablassen** (*fam fig*)
desahogarse; **Dampfbad** *nt* baño *m* de
vapor; **Dampfbügeleisen** *nt* plancha *f*
de vapor; **Dampfdruck** *m* presión *f* del
vapor
dampfen ['dampfən] *vi* ① (*Speisen*) echar
humo, humear ② *sein* (*fahren*) salir
echando humo
dämpfen ['dɛmpfən] *vt* ① (GASTR) cocinar al
vapor ② (*Licht*) atenuar; (*Lärm*) rebajar;
(*Schall, Stoß*) amortiguar; (*Stimme*) bajar
③ (*Ärger*) calmar; (*Schmerzen*) mitigar
Dampfer ['dampfɐ] *m* <-s, -> buque *m* de
vapor; **auf dem falschen/richtigen ~
sein** (*fam fig*) estar equivocado/en lo
cierto
Dämpfer ['dɛmpfɐ] *m* <-s, -> (MUS) sordina
f; **einen ~ bekommen** (*fam*) llevarse un
chasco
Dampfkochtopf *m* olla *f* a presión;
Dampfkraftwerk *nt* (TECH) central *f* ter-
moeléctrica; **Dampflokomotive** *f*
(EISENB) locomotora *f* de vapor; **Dampf-
maschine** *f* (TECH) máquina *f* de vapor;
Dampfschiff *nt* (NAUT) buque *m* de
vapor; **Dampfturbine** *f* (TECH) turbina *f* a
vapor; **Dampfwalze** *f* apisonadora *f* de

vapor

danach ['da:na:x, da'na:x] *adv* ❶ (*zeitlich*) despúes; (*später*) más tarde; (*anschlie-ßend*) a continuación; ~ **bin ich dran** después me toca a mí ❷ (*räumlich*) después, detrás; **sie griff** ~ lo cogió ❸ (*dementsprechend*) como corresponde; **es sieht ganz** ~ **aus, als ob ...** tiene todo el aspecto como si... +*subj;* **richte dich bitte** ~! ¡compórtate de acuerdo con eso!

Däne, -in ['dɛ:nə] *m, f* <-n, -n; -nen> danés, -esa *m, f*

daneben [da'ne:bən, 'da:ne:bən] *adv* ❶ (*räumlich*) al lado; **links/rechts** ~ al lado a la izquierda/derecha; **im Haus** ~ en la casa de al lado ❷ (*verglichen mit*) por el contrario ❸ (*außerdem*) además; (*gleich-zeitig*) al mismo tiempo ❹ (*Wend*) ~ **sein** (*fam: verwirrt sein*) estar atontado; **dane-ben|benehmen*** *irr vr:* **sich** ~ (*fam*) meter la pata; **daneben|gehen** [-'----] *irr vi sein* ❶ (*Schuss*) errar el blanco ❷ (*fam: scheitern*) irse al traste, chingarse *Am;* **daneben|liegen** *irr vi* (*fam*) estar equivo-cado

Dänemark ['dɛ:nəmark] *nt* <-s> Dina-marca *f*

Dänin *f* <-nen> *s.* **Däne**

dänisch *adj* danés

dank [daŋk] *präp* +*gen/dat* gracias a, mer-ced a

Dank *m* <-(e)s, *ohne pl*> gracias *fpl;* **bes-ten** ~! ¡muchas gracias!; **das ist nun der** ~ **dafür** así me lo pagan; **zum** ~ **für ...** en recompensa de...; **jdm** ~ **schulden** quedar agradecido a alguien; **ich bin Ihnen zu** ~ **verpflichtet** le estoy agradecido

dankbar *adj* ❶ (*Mensch*) agradecido; **ich bin Ihnen sehr** ~ se lo agradezco mucho ❷ (*Aufgabe*) satisfactorio ❸ (*fam: strapa-zierfähig*) resistente

Dankbarkeit *f ohne pl* agradecimiento *m,* gratitud *f*

danke *interj* gracias; ~ **schön/vielmals!** ¡muchas/muchísimas gracias!; **nein,** ~! no ¡gracias!

danken I. *vi* (*Dank aussprechen*) dar las gracias (*für* por), agradecer (*für*); **wir** ~ **für die Einladung** agradecemos la invitación; ~ **d annehmen/ablehnen** aceptar/recha-zar agradecido; **nichts zu** ~! ¡no hay de qué! II. *vt* agradecer; **die ganze Mühe dankt dir keiner** nadie te agradece el esfuerzo; **dankenswert** *adj* digno de agradecimiento

Dankeschön *nt* <-s, *ohne pl*> gracias *fpl;* **ein herzliches** ~ **sagen** dar las gracias de corazón

Danksagung *f* <-en> agradecimiento *m*

dann [dan] *adv* ❶ (*danach*) luego; (*später*) más tarde; (*Zeitpunkt*) entonces; ~ **und wann** de vez en cuando; **und was** ~? ¿y entonces qué?; **bis** ~! ¡hasta luego! ❷ (*zu dem Zeitpunkt*) en aquel momento; **das Telefon klingelt immer** ~, **wenn ich gerade dusche** el teléfono suena siempre cuando me estoy duchando ❸ (*außerdem*) además ❹ (*unter diesen Umständen*) entonces; ~ **eben nicht!** ¡entonces no!; **selbst** ~, **wenn ...** incluso si... (+*subj*); **wenn nicht er, wer** ~? ¿si no él, quién entonces?

daran [da'ran, 'da:ran] *adv* ❶ (*räumlich*) al lado, por allí; **nahe** ~ muy cerca; **wir kommen häufig** ~ **vorbei** pasamos muchas veces por allí; **du kannst dich** ~ **lehnen** puedes apoyarte en esto ❷ (*zeit-lich*): **im Anschluss** ~ a continuación; **er war nahe** ~ **das zu tun** estuvo a punto de hacerlo ❸ (*an dieses, an diesem*) en esto; **ich muss immer** ~ **denken** pienso conti-nuamente en esto; ~ **wird sich nichts ändern** esto no cambiará; **er ist** ~ **schuld** él tiene la culpa (de esto); **daran|gehen** [-'----] *irr vi sein* ponerse (*zu* a); **daran|ma-chen** [-'----] *vr:* **sich ...** (*fam*) ponerse (*zu* a); **daran|setzen** [-'----] I. *vt* (*einsetzen*) hacer; **du musst alles** ~, **um ...** tienes que hacer todo lo posible para... II. *vr:* **sich** ~ (*fam: in Angriff nehmen*) ponerse (*zu* a)

darauf ['da:raʊf, da'raʊf] *adv* ❶ (*räumlich*) encima; **im Zimmer stand ein Tisch,** ~ **lagen Bücher** en la habitación había una mesa con libros encima ❷ (*zeitlich*) después; **bald** ~ poco después; **am** ~ **fol-genden Tag** al día siguiente; ~ **sagte er ...** a lo que dijo... ❸ (*deshalb*) por lo que, en consecuencia ❹ (*auf dieses*): **ich bin stolz** ~, **dass ...** estoy orgulloso de que... (+*subj*); **sich** ~ **verlassen, dass ...** contar con que... (+*subj*); **das kommt** ~ **an** depende; **lasst uns** ~ **anstoßen** brinde-mos por ello; **daraufhin** ['---] *adv* ❶ (*da-nach*) a continuación ❷ (*infolgedessen*) en consecuencia, a lo cual

daraus ['da:raʊs, da'raʊs] *adv* de ello; ~ **folgt, dass ...** de esto se deduce que...; **ich mache mir nichts** ~ (*fam*) esto me importa un comino

dar|bieten ['da:ɐbi:tən] *irr* I. *vt* (*geh: vor-führen*) (re)presentar II. *vr:* **sich** ~ (*geh: Gelegenheit*) presentarse; (*sich anbieten*) ofrecerse

Darbietung *f* <-en> ❶ (*geh: das Darbie-ten*) presentación *f* ❷ (*Darstellung*) repre-sentación *f;* (*Vorstellung*) función *f*

darf [darf] *3. präs von* **dürfen**

darin ['da:rɪn, da'rɪn] *adv* ❶ (*räumlich*) dentro ❷ (*in dieser Beziehung*) en esto, en eso; **~ ist er ganz groß** es un experto en esto; **wir stimmen ~ überein, dass ...** estamos de acuerdo en que...

dar|legen ['da:ele:gən] *vt* ❶ (*Plan, Ansichten*) explicar ❷ (*Gründe*) exponer

Darlehen ['da:ele:ən] *nt* <-s, -> préstamo *m*, avío *m Cuba, Chil, Peru;* **ein ~ aufnehmen/gewähren** tomar/conceder un préstamo

Darm [darm, *pl:* 'dɛrmə] *m* <-(e)s, Därme> intestino *m;* **Darmgrippe** *f* (MED) gripe *f* intestinal; **Darmverschluss** *m* (MED) oclusión *f* intestinal

dar|reichen ['da:eraɪçən] *vt* (*geh: Speisen*) servir; (*anbieten*) ofrecer; (*Hand*) dar

dar|stellen ['da:eʃtɛlən] **I.** *vt* ❶ (*schildern*) exponer, presentar; (*beschreiben*) describir; (*schematisch*) esquematizar; (*durch Symbole*) simbolizar ❷ (*abbilden*) representar ❸ (THEAT) hacer el papel (de) ❹ (*bedeuten*) significar **II.** *vr:* **sich ~** (*zeigen*) plantearse; **so wie sich mir die Sache darstellt** tal como se me plantea el asunto

Darsteller(in) *m(f)* <-s, -; -nen> actor *m*, actriz *f*

Darstellung *f* <-en> ❶ (THEAT: *Wiedergabe*) representación *f* ❷ (*Schilderung*) exposición *f;* (*Beschreibung*) descripción *f*

darüber ['da:rybe, da'ry:be] *adv* ❶ (*räumlich*) encima; **die Wohnung ~ steht leer** la vivienda de arriba está vacía; **~ stehen** (*fig*) estar por encima ❷ (*mehr*) más; **~ hinaus möchte ich noch bemerken, dass ...** además quisiera resaltar que... ❸ (*zeitlich*) en esto, mientras tanto; **~ verging die Zeit** se nos pasó el tiempo ❹ (*über eine Angelegenheit*) de esto, sobre esto; **er hat sich ~ beschwert** se quejó de esto; **~ nachdenken** pensarlo

darum ['da:rom, da'rom] *adv* ❶ (*deshalb*) por eso; **sie hat es nur ~ getan, weil ...** sólo lo hizo porque...; **warum? – ~!** ¿por qué? – ¡porque sí! ❷ (*räumlich*) en torno a, alrededor ❸ (*um diese Angelegenheit*): **es handelt sich ~, dass ...** se trata de que...; **red nicht lange ~ herum!** ¡no te vayas por otro camino!; **~ geht es mir gar nicht** no es eso lo que me importa; **ich bitte dich ~** te lo pido

darunter ['da:ronte, da'ronte] *adv* ❶ (*räumlich*) debajo; **die Wohnung ~ steht leer** la vivienda de abajo está vacía ❷ (*weniger*) menos ❸ (*dabei*) entre ellos; **es waren viele Kinder ~** había muchos niños entre ellos ❹ (*unter dieser Angele-*

genheit): **er litt ~, dass ...** le apesadumbraba el que... **+***subj;* **was versteht man ~?** ¿qué quiere decir esto?

das [das] *art best o pron dem o pron rel s.* **der, die, das**

da|sein *irr vi sein s.* **da I.4., I.5.**

Dasein ['da:zaɪn] *nt* <-s, *ohne pl*> ❶ (*Vorhandensein*) existencia *f* ❷ (*Leben*) vida *f* ❸ (*Anwesenheit*) presencia *f;* **Daseinsberechtigung** *f* (*von Personen*) derecho *m* de vivir; (*von Dingen*) razón *f* de ser

da|sitzen *irr vi* estar sentado

dasjenige ['dasje:nɪgə] *pron dem s.* **derjenige, diejenige, dasjenige**

dass [das] *konj* que; **bis ~** hasta que **+***subj;* **ohne ~** sin que **+***subj;* **so ~** de modo que (**+***subj*); **so ..., ~ ...** tan(to)... que...; **~ er nicht zur Hilfe kam, ist nur zu entschuldigen** el que no viniera a ayudar no tiene disculpa; **es begann damit, ~ ...** empezó con que...; **~ du mir pünktlich nach Hause kommst!** ¡que vuelvas pronto a casa!

dasselbe [das'zɛlbə] *pron dem s.* **derselbe, dieselbe, dasselbe**

da|stehen *irr vi* ❶ (*örtlich*) estar allí (de pie) ❷ (*in einer Situation*) estar; **gut/ schlecht ~** (*Geschäft*) marchar bien/mal; **er steht gut da** está en una buena posición

Datei [da'taɪ] *f* <-en> (INFOR) fichero *m*, archivo *m;* **Dateiname** *m* (INFOR) nombre *m* del fichero

Daten ['da:tən] *pl* ❶ *pl von* **Datum** ❷ (*Angaben, a.* INFOR) datos *mpl*

Datenabruf *m* (INFOR) consulta *f* de datos; **Datenaufbereitung** *f* (INFOR) elaboración *f* de datos; **Datenautobahn** *f* (INFOR,

TEL) autopista *f* de datos; **Datenbank** *f* (INFOR) banco *m* de datos; **Dateneingabe** *f* (INFOR) entrada *f* de datos; **Datenerfassung** *f* (INFOR) registro *m* de datos; **Datenfernübertragung** *f* (INFOR, TEL) transmisión *f* de datos; **Datenflut** *f* (INFOR) flujo *m* de datos; **Datenformat** *nt* (INFOR) formato *m* de datos; **Datenhandschuh** *m* (INFOR) guante *m* cibernético; **Datenklau** *m ohne pl* (INFOR: *fam*) robo *m* de datos; **Datenmissbrauch** *m* (INFOR) abuso *m* de datos informáticos; **Datennetz** *nt* (INFOR) red *f* de datos; **Datenpflege** *f* (INFOR) mantenimiento *m* de datos; **Datensatz** *m* (INFOR) juego *m* de datos

Datenschutz *m* (JUR) protección *f* de datos; **Datenschutzbeauftragte(r)** *mf* encargado, -a *m, f* de la protección de datos **Datenschützer(in)** *m(f)* (*fam*) *s.* **Datenschutzbeauftragte(r)**

Datensicherheit *f ohne pl* (INFOR) seguridad *f* de datos; **Datensicherung** *f ohne pl* (INFOR) aseguramiento *m* de datos; **Datenträger** *m* <-s, -> (INFOR) soporte *m* de datos; **Datentypist(in)** *m(f)* <-en, -en; -nen> (INFOR) operador(a) *m(f)* de un terminal (de datos)

Datenübertragung *f* (INFOR) transmisión *f* de datos; **Datenübertragungsrate** *f* velocidad *f* de transmisión de datos

Datenverarbeitung *f* (INFOR) tratamiento *m* de datos; **elektronische** ~ tratamiento electrónico de datos

datieren* [da'tiːrən] **I.** *vt* fechar, datar; **datiert sein auf ...** llevar fecha de... **II.** *vi* datar (*aus* de)

Dativ ['daːtiːf] *m* <-s, -e> (LING) dativo *m;* **Dativobjekt** *nt* (LING) complemento *m* indirecto

dato ['daːto] *adv:* **bis** ~ hasta la fecha (de hoy)

Dattel ['datəl] *f* <-n> (BOT, GASTR) dátil *m;* **Dattelpalme** *f* (BOT) palma *f* datilera

Datum ['daːtʊm] *nt* <-s, Daten> fecha *f;* **das Werk ist jüngeren** ~**s** la obra es de fecha reciente; **welches** ~ **haben wir heute?** ¿a qué fecha estamos hoy?; **mit** ~ **vom 10. Oktober** con fecha del 10 de octubre; ~ **des Poststempels** fecha del matasellos

Dauer ['daʊɐ] *f ohne pl* duración *f;* (*Zeitspanne*) período *m;* **für die** ~ **eines Jahres** por un período de un año; **das war nicht von** ~ esto no duró mucho; **auf die** ~ a la larga; **Dauerarbeitslosigkeit** *f* paro *m* de larga duración; **Dauerauftrag** *m* (FIN) orden *f* permanente; **Dauerbeschäftigung** *f* puesto *m* permanente;

Dauerbetrieb *m ohne pl* (TECH) régimen *m* continuo; **Dauerbrenner** *m* ❶ (*Ofen*) estufa *f* de combustión lenta ❷ (*fam: Erfolg*) éxito *m* permanente; **Dauererfolg** *m* éxito *m* permanente; **Dauerfrost** *m* helada *f* persistente

dauerhaft *adj* duradero; (*beständig*) permanente

Dauerkarte *f* (billete *m* de) abono *m;* **Dauerlauf** *m* (SPORT) carrera *f* de resistencia

dauern ['daʊɐn] **I.** *vi* durar; (*lange*) tardar; **das dauert und dauert** tarda horas y horas; **das dauert wieder!** ¡cómo tarda!; **das dauert mir zu lange** tarda demasiado; **wie lange dauert es denn noch?** ¿cuánto tiempo más va durar eso?; **es dauerte nicht lange, bis sie zurückkehrte** no tardó en volver; **die Verhandlungen** ~ **schon drei Tage** las negociaciones duran ya tres días **II.** *vt* (*geh: leid tun*) dar pena

dauernd ['daʊənt] *adv* a cada momento; (*unaufhörlich*) sin cesar

dauernde(r, s) *adj* constante; (*ständig*) permanente

Dauerschaden *m* (MED) daño *m* permanente; **Dauerstellung** *f* empleo *m* fijo; **Dauerstress** *m* estrés *m* permanente; **im** ~ **sein** estar permanentemente estresado; **Dauerthema** *nt* tema *m* permanente; **Dauerwelle** *f* permanente *f;* **Dauerwirkung** *f* efecto *m* duradero; **Dauerzustand** *m* estado *m* permanente

Däumchen ['dɔʏmçən] *nt* <-s, ->: ~ **drehen** (*fam*) aburrirse

Daumen ['daʊmən] *m* <-s, -> (dedo *m*) pulgar *m;* **am** ~ **lutschen** chupar el dedo; **jdm die** ~ **drücken** (*fam*) desearle suerte a alguien

Daune ['daʊnə] *f* <-n> plumón *m;* **Daunendecke** *f* edredón *m*

Daviscup *m* <-s, *ohne pl*> (SPORT) copa *f* Davis

davon ['daːfɔn, da'fɔn] *adv* ❶ (*räumlich*) de aquí, de allí; **nicht weit** ~ no muy lejos de aquí; **einige Meter** ~ **entfernt** a unos metros de aquí; **er ist auf und** ~ tomó las de Villadiego ❷ (*Anteil*) de esto; **die Hälfte** ~ la mitad de esto ❸ (*damit*) de esto; ~ **kann man eine Suppe kochen** de esto se puede preparar una sopa ❹ (*Angelegenheit*) de ello, de esto; **hast du dich** ~ **erholt?** ¿te has recuperado de ello?; **das hängt** ~ **ab, ob ...** esto depende de si...; **was habe ich denn** ~**?** ¿qué saco yo de esto? ❺ (*dadurch*): ~ **kannst du krank werden** con eso te puedes enfermar; **ich bin** ~ **aufgewacht** me desperté por eso;

das kommt ~, dass ... esto viene de que...; **davon|fliegen** [-'---] *irr vi* alzar el vuelo, echar a volar; **davon|gehen** *irr vi sein* marcharse; **davon|jagen** I. *vi sein* (*sich entfernen*) salir pitando II. *vt* (*vertreiben*) echar; **davon|kommen** *irr vi sein* librarse; (*mit dem Leben*) salvarse; **mit einem blauen Auge** ~ (*fig*) salir sin mayores perjuicios; **mit dem Schrecken** ~ llevarse (sólo) un susto; **du kommst mir nicht ungeschoren davon** no te vas a librar (del castigo); **davon|laufen** *irr vi sein* ❶ (*weglaufen*) echar a correr; (*fliehen*) huir ❷ (*fam: verlassen*) escaparse; **von zu Hause** ~ escaparse de casa; **davon|machen** *vr:* sich ~ (*fam*) largarse; **davon|schleichen** *irr* I. *vi sein* escurrirse; **bedrückt ist er davongeschlichen** se escabulló abatido de allí II. *vr:* sich ~ escurrirse; **sich auf leisen Sohlen** ~ irse de puntillas; **davon|stehlen** *irr vr:* sich ~ (*geh*) escabullirse; **davon|tragen** *irr vt* ❶ (*Dinge*) llevarse ❷ (*geh: Sieg*) conseguir ❸ (*Verletzungen*) sufrir

davor ['da:fo:ɐ, da'fo:ɐ] *adv* ❶ (*räumlich*) delante ❷ (*zeitlich*) antes; **kurz** ~ poco antes ❸ (*im Hinblick auf*) de esto, de ello; **er hat mich** ~ **gewarnt** me previno acerca de esto; **sie hat keine Angst** ~ esto no le da miedo

dazu ['da:tsu, da'tsu:] *adv* ❶ (*räumlich*) a esto; **wozu gehört das?** ~ ~ ¿a qué pertenece esto? – a esto ❷ (*außerdem*) además; **noch** ~, **wo ...** y además porque... ❸ (*dafür*) para esto, para eso; **ich brauche** ~ **einen Hammer** para esto me hace falta un martillo; **er/das ist** ~ **da, um ...** él/ esto está para...; **ich habe keine Lust** ~ no tengo ganas ❹ (*darüber*) al respecto; **was meinst du** ~? ¿qué opinas al respecto? ❺ (*Wend*): **das führt** ~, **das ...** esto lleva a que... +*subj;* **wie komme ich denn** ~? (*warum bekomme ich das?*) ¿de dónde me viene eso?; (*warum sollte ich es tun?*) ¿porqué (diablos) lo voy a hacer?; **dazu|geben** [-'---] *irr vt* añadir (*zu* a); **dazu|gehören*** *vi* formar parte (*zu* de); **das gehört eben auch dazu** esto también forma parte del asunto; **es gehört schon einiges dazu** se requiere cierta valentía para hacerlo

dazugehörige(r, s) *adj* correspondiente **dazu|gesellen*** *vr:* sich ~ unirse (*zu* a); **dazu|kommen** *irr vi sein* ❶ (*ankommen*) llegar (en el momento en que) ❷ (*hinzugefügt werden*) agregarse (*zu* a); **dazu kommt noch, dass er gelogen hat** y a esto hay que añadir que mintió; **dazu|ler-**

nen *vt* aprender (algo nuevo); **dazu|rechnen** *vt* añadir; **dazu|setzen** I. *vt* ❶ (*zu jdm setzen*) sentar al lado; **darf ich meine Tochter** ~? ¿puedo sentar a mi hija a su lado? ❷ (*dazuschreiben*) añadir; **möchtest du auf dieser Karte einen Gruß** ~? ¿quieres añadir un saludo en la postal? II. *vr:* sich ~ sentarse al lado; **dazu|tun** *irr vt* añadir; **Dazutun** [-'--] *nt:* **ohne sein** ~ sin su ayuda

dazwischen ['da:tsvɪʃən, da'tsvɪʃən] *adv* ❶ (*räumlich*) en medio ❷ (*zeitlich*) en medio, de por medio; **es liegen einige Jahre** ~ hay un par de años de por medio; **dazwischen|fahren** [-'----] *irr vi sein* (*eingreifen*) interferir; (*unterbrechen*) interrumpir; **dazwischen|funken** [-'----] *vi* (*fam*) interrumpir; **dazwischen|kommen** *irr vi sein* ❶ (*hineinreichen*) caber; **mit der Hand komme ich dazwischen** me cabe la mano ❷ (*Ereignis*) ocurrir; (*Problem, Aufgabe*) surgir; **mir ist leider etwas dazwischengekommen** desgraciadamente me ha surgido un imprevisto; **dazwischen|reden** *vi* interrumpir; **dazwischen|treten** *irr vi* imponerse; (*eingreifen*) intervenir

DB [de:'be:] *f Abk. von* **Deutsche Bahn** Ferrocarriles *mpl* Alemanes

DDR [de:de:'ʔɛr] *f* (HIST) *Abk. von* **Deutsche Demokratische Republik** RDA *f*

D-Dur *nt* <-, *ohne pl*> (MUS) re *m* mayor **deaktivieren*** [de:ʔakti'vi:rən] *vt* desactivar

Deal ['di:l] *m* <-s, -s> (*sl*) acuerdo *m;* (*Geschäft*) negocio *m*

dealen ['di:lən] *vi* traficar

Dealer(in) *m(f)* <-s, -; -nen> (*Drogen~*) traficante *mf* de droga(s), camello *m fam*

Debakel [de'ba:kəl] *nt* <-s, -> (*geh*) desastre *m*

Debatte [de'batə] *f* <-n> (*a.* POL) debate *m;* **etw zur** ~ **stellen** poner algo a debate; **was steht zur** ~? ¿qué tenemos en el programa?

debattieren* *vi, vt* debatir (*über* sobre) **Debüt** [de'by:] *nt* <-s, -s> estreno *m*, debut *m;* **sein** ~ **geben** hacer su debut

dechiffrieren* [deʃɪ'fri:rən] *vt* descifrar **Deck** [dɛk] *nt* <-(e)s, -s> (NAUT) cubierta *f;* **alle Mann an** ~! ¡todo el mundo a cubierta!

Deckblatt *nt* ❶ (PUBL: *Titelblatt*) portada *f* ❷ (BOT) bráctea *f*

Decke ['dɛkə] *f* <-n> ❶ (*Woll~*) manta *f* (de lana); (*Bett~*) manta *f*, cobertor *m;* (*Tages~*) colcha *f;* (*Pferde~*) manta *f* (para caballerías); **mit jdm unter einer** ~ **ste-**

cken (*fam fig*) hacer causa común con alguien ❷ (*Tisch~*) mantel *m* ❸ (*Zimmer~*) techo *m;* **an die ~ gehen** (*fam fig*) subirse a la parra; **jdm fällt die ~ auf den Kopf** (*fam fig*) a alguien se le cae la casa encima ❹ (*Asphalt~*) pavimento *m* (de asfalto) ❺ (*Mantel eines Autoreifens*) cubierta *f*

Deckel ['dɛkəl] *m* <-s, -> ❶ (*von Gefäßen*) tapa *f*, tapadera *f* ❷ (*Buch~*) tapa *f* ❸ (*fam: Hut*) sombrero *m;* **eins auf den ~ kriegen** (*fam fig*) llevarse una bronca

decken ['dɛkən] I. *vt* ❶ (*be~*) cubrir; (*zu~*) tapar; **ein Tuch über etw ~** cubrir algo con un paño ❷ (*Bedarf*) cubrir; (*Nachfrage*) satisfacer ❸ (*Tisch*) poner; **den Tisch ~** poner la mesa ❹ (*SPORT*) marcar ❺ (*ein Verbrechen*) cubrir ❻ (*FIN: Scheck*) cubrir; **der Scheck ist nicht gedeckt** el cheque no está cubierto ❼ (*ZOOL: weibliche Tiere*) cubrir; (*Stuten*) acaballar II. *vr:* **sich ~** (*übereinstimmen*) coincidir

Deckenbeleuchtung *f* alumbrado *m* de techo

Deckmantel *m* pretexto *m;* **unter dem ~ ... +gen** bajo pretexto de...; **Deckname** *m* nombre *m* falso

Deckung ['dɛkʊŋ] *f ohne pl* ❶ (*MIL*) defensa *f;* **jdm ~ geben** cubrir a alguien; **in ~ gehen** ponerse a cubierto ❷ (*eines Verbrechers*) encubrimiento *m* ❸ (*von Bedarf, Scheck*) cobertura *f* ❹ (*Übereinstimmung*) armonía *f;* **unterschiedliche Standpunkte zur ~ bringen** armonizar diferentes puntos de vista ❺ (*SPORT: der Spieler*) marcaje *m;* (*Verteidigung*) defensa *f;* **deckungsgleich** *adj* congruente

Decoder [de'ko:də] *m* <-s, -> (*INFOR, TV*) descodificador *m*

Deeskalation [deʔɛskala'tsjoːn] *f* (*MIL*) reducción *f* escalonada del armamento militar

deeskalierend [deːʔɛska'liːrənt] *adv:* **Frauen wirken in Reibereien meist ~** las mujeres acostumbran a poner paz [*o* tratan de rebajar la tensión] cuando se producen enfrentamientos

de facto [de: 'fakto] *adv* de facto

defekt [de'fɛkt] *adj* defectuoso; (*nicht funktionstüchtig*) averiado

Defekt *m* <-(e)s, -e> ❶ (*TECH*) avería *f* ❷ (*MED*) defecto *m*

defensiv [defɛn'ziːf] *adj* defensivo

Defensive [defɛn'ziːvə] *f* <-n> defensiva *f;* **in die ~ gehen** ponerse a la defensiva

definieren* [defi'niːrən] *vt* definir

Definition [defini'tsjoːn] *f* <-en> definición *f*

definitiv [defini'tiːf] *adj* definitivo

Defizit ['deːfitsɪt] *nt* <-s, -e> ❶ (*WIRTSCH*) déficit *m inv* ❷ (*Mangel*) falta *f* (*an* de); **die Partei hat ein ~ an Popularität** el partido carece de popularidad

Deflation [defla'tsjoːn] *f* <-en> (*WIRTSCH*) deflación *f*

deformieren* [defɔr'miːrən] *vt* deformar

deftig ['dɛftɪç] *adj* ❶ (*Essen: kräftig*) fuerte; (*nahrhaft*) substancioso ❷ (*Spaß*) fuerte; (*anzüglich*) verde

Degen ['deːgən] *m* <-s, -> espada *f*

degenerieren* [degene'riːrən] *vi sein* (*a. BIOL, MED*) degenerar

degradieren* [degra'diːrən] *vt* (*a. MIL*) degradar (*zu* a)

dehnbar ['deːnbaːe] *adj* ❶ (*Material*) elástico; (*in die Länge*) extensible; (*PHYS*) dilatable ❷ (*Begriff*) vago

dehnen ['deːnən] I. *vt* ❶ (*Material*) estirar; (*PHYS*) dilatar; (*MED: Bänder*) extender ❷ (*Laute*) alargar II. *vr:* **sich ~** ❶ (*weiter werden*) ensancharse ❷ (*sich recken*) estirarse ❸ (*lange dauern*) dilatarse

Deich [daɪç] *m* <-(e)s, -e> dique *m*

Deichsel ['daɪksəl] *f* <-n> lanza *f*

deichseln *vt* (*fam*) arreglar; **ich werde das schon ~** ya lo arreglaré

dein, **deine**, **dein** [daɪn] *pron poss* (*adjektivisch*) tu, tus *pl;* **~ Mantel/Buch** tu abrigo/libro; **~e Freunde/Eltern** tus amigos/padres; **viele Grüße, ~ Peter** muchos saludos, Peter; **du rauchst wohl auch so ~e drei Schachteln am Tag** tú también te fumarás unos tres paquetes al día

deine(r, s) *pron poss* (*substantivisch*) (el) tuyo *m*, (la) tuya *f*, (los) tuyos *mpl*, (las) tuyas *fpl;* **der Wagen in der Einfahrt, ist das ~r?** el coche que está en la entrada, ¿es tuyo?; *s. a.* **dein**, **deine**, **dein**

deiner *pron pers gen von* **du** de ti; **wir werden stets ~ gedenken** (*geh*) siempre pensaremos en ti

deinerseits ['daɪnəzaɪts] *adv* de tu parte

deinesgleichen ['daɪnəsˈglaɪçən] *pron indef* de tu condición, tus semejantes; **~ kenne ich schon allzu gut** a los de tu calaña los conozco muy bien

deinetwegen *adv* por ti; (*negativ*) por tu culpa

deinetwillen ['daɪnətˈvɪlən] *adv:* **um ~** en consideración a ti, por ti

deinige ['daɪnɪgə] *pron poss:* **der/die/das ~ geh für deine(r, s)** el tuyo/la tuya; **die ~n** los tuyos, las tuyas

deins *pron poss s.* **deine(r, s)**

Déjà-vu-Erlebnis [deʒa'vyː-] *nt* (*PSYCH*) sensación *f* de haber vivido una situación ya una vez

Dekade [de'kaːdə] *f* <-n> década *f*

dekadent [deka'dɛnt] *adj* decadente

Dekadenz *f ohne pl* decadencia *f*; (LIT) decadentismo *m*

Dekan[1] [de'kaːn] *m* <-s, -e> (REL) deán *m*

Dekan(in)[2] [de'kaːn] *m(f)* <-s, -e; -nen> (UNIV) decano, -a *m, f*

Dekanat [deka'naːt] *nt* <-(e)s, -e> (UNIV, REL) decanato *m*

Dekanin *f* <-nen> *s.* **Dekan**[2]

deklamieren* [dekla'miːrən] *vt* declamar

deklarieren* [dekla'riːrən] *vt* declarar

Deklination [deklina'tsjoːn] *f* <-en> (*a.* LING) declinación *f*

deklinieren* [dekli'niːrən] *vt* (LING) declinar

dekodieren* [deko'diːrən] *vt* (INFOR) descodificar

Dekolleté *nt* <-s, -s>, **Dekolletee** [dekɔl'teː] *nt* <-s, -s> escote *m*

Dekor [de'koːɐ] *m o nt* <-s, -s *o* -e> decoración *f*

Dekorateur(in) [dekora'tøːɐ] *m(f)* <-s, -e; -nen> decorador(a) *m(f)*

Dekoration [dekora'tsjoːn] *f* <-en> decoración *f*

dekorativ [dekora'tiːf] *adj* decorativo

dekorieren* [deko'riːrən] *vt* decorar

Dekret [de'kreːt] *nt* <-(e)s, -e> decreto *m*

Delegation [delega'tsjoːn] *f* <-en> delegación *f*

delegieren* [dele'giːrən] *vt* delegar (*an* en)

Delegierte(r) *mf* <-n, -n; -n> delegado, -a *m, f*

Delfin *m* <-s, -e> *s.* **Delphin**

delikat [deli'kaːt] *adj* (*geh*) ❶ (*wohlschmeckend*) delicioso; (*auserlesen*) exquisito ❷ (*heikel*) delicado

Delikatesse [delika'tɛsə] *f* <-n> ❶ (*Leckerbissen*) exquisitez *f* ❷ (*geh: Zartgefühl*) delicadeza *f*; **Delikatessengeschäft** *nt* tienda *f* de exquisiteces

Delikt [de'lɪkt] *nt* <-(e)s, -e> (JUR) delito *m*, felonía *f Am*

Delinquent(in) [delɪŋ'kvɛnt] *m(f)* <-en, -en; -nen> (*geh*) delincuente *mf*

Delirium [de'liːriʊm] *nt* <-s, Delirien> delirio *m*

Delle ['dɛlə] *f* <-n> (*reg*) abolladura *f*

Delphin [dɛl'fiːn] *m* <-s, -e> (ZOOL) delfín *m*, bufeo *m Ant, Hond, Mex*

Delta[1] ['dɛlta] *nt* <-s, -s *o* Delten> (GEO) delta *m*

Delta[2] *nt* <-(s), -s> (*griechischer Buchstabe*) delta *f*

Delten *pl von* **Delta**[1]

dem [de(ː)m] *art best o pron* **dem** *o pron rel dat von* **der, das** *s.* **der, die, das**

Demagoge, -in [dema'goːgə] *m, f* <-n, -n; -nen> (*abw*) demagogo, -a *m, f*

Demagogie [demago'giː] *f* <-n> (*abw*) demagogia *f*

Demagogin *f* <-nen> *s.* **Demagoge**

demagogisch *adj* (*abw*) demagógico

demaskieren* [demas'kiːrən] *vt* desenmascarar

Dementi [de'mɛnti] *nt* <-s, -s> mentís *m inv*

dementieren* *vt* desmentir

dementsprechend ['deːmʔɛnt'ʃprɛçənt] **I.** *adj* correspondiente **II.** *adv* conforme a, por consiguiente; **sie wurden ~ behandelt** los trataron conforme a lo ocurrido; **~ war sie als Erste zu Hause** por consiguiente fue la primera en llegar a casa

demgegenüber ['---'--] *adv* por el contrario; **sie behauptete ~, dass …** afirmó por el contrario que…

Demission [demɪ'sjoːn] *f* <-en> (POL: *Rücktritt*) demisión *f*

demnach ['--] *adv* por lo tanto; **es ist ~ unmöglich, dass …** por lo tanto es imposible que… +*subj*

demnächst [deːm'nɛːkst] *adv* próximamente, dentro de poco

Demo ['deːmo] *f* <-s> (*fam*) mani *f*

Demokrat(in) [demo'kraːt] *m(f)* <-en, -en; -nen> demócrata *mf*

Demokratie [demokra'tiː] *f* <-n> democracia *f*

Demokratin *f* <-nen> *s.* **Demokrat**

demokratisch [demo'kraːtɪʃ] *adj* democrático; (*Person*) demócrata

demokratisieren* [demokrati'ziːrən] *vt* democratizar

Demokratisierung *f* <-en> democratización *f*

demolieren* [demo'liːrən] *vt* demoler

Demonstrant(in) [demɔn'strant] *m(f)* <-en, -en; -nen> manifestante *mf*

Demonstration [demɔnstra'tsjoːn] *f* <-en> ❶ (*Protestmarsch*) manifestación *f* (*für* a favor de, *gegen* en contra de) ❷ (*geh: Bekundung*) demostración *f*

demonstrativ [demɔnstra'tiːf] **I.** *adj* demostrativo **II.** *adv* ostensivamente; **Demonstrativpronomen** *nt* (LING) pronombre *m* demostrativo

demonstrieren* **I.** *vi* (*protestieren*) manifestarse (*für* a favor de, *gegen* en contra de) **II.** *vt* (*bekunden*) demostrar

demontieren* *vt* desmontar, desarmar

demoralisieren* [demorali'ziːrən] *vt* desmoralizar

demotivieren* *vt* (PSYCH: *geh*) desmotivar

demotiviert *adj* (PSYCH) desmotivado

demselben *pron dem dat von* **derselbe, dasselbe** *s.* **derselbe, dieselbe, dasselbe**

Demut ['de:mu:t] *f ohne pl* humildad *f;* **in ~** con humildad

demütig ['de:my:tɪç] *adj* humilde; (*unterwürfig*) sumiso

demütigen *vt* humillar

Demütigung *f* <-en> humillación *f*

demzufolge ['--'--] *adv* (*folglich*) por lo tanto, por consiguiente

den *art best o pron dem o pron rel akk von* **der** *dat von pl* **die** *s.* **der, die, das**

denen *pron dem o pron rel dat von pl* **die** *s.* **der, die, das**

Den Haag *nt* <- -s> La Haya *f*

Denkanstoß *m* estímulo *m* para reflexionar

denkbar I. *adj* posible II. *adv* (*sehr*) sumamente; **ein ~ günstiges Angebot** una oferta sumamente favorable

denken ['dɛŋkən] <denkt, dachte, gedacht> I. *vi* ❶ (*überlegen*) pensar (*an* en, *über/von* de); (*logisch*) razonar; **laut ~** (*fam*) pensar en voz alta; **das gibt mir zu ~** esto me da que pensar; **solange ich ~ kann** hasta donde mi memoria alcanza; **ich denke nicht daran, dass zu tun!** ¡no pienso hacerlo!; **ich darf gar nicht daran ~** no quiero ni pensarlo; **wie denkst du darüber?** ¿qué piensas tú de eso? ❷ (*sich erinnern*) acordarse (*an* de), recordar (*an*); **denk daran!** ¡recuérdalo!; **wenn ich so an früher denke** al recordar los tiempos pasados ❸ (*annehmen*) pensar, suponer; **wer hätte das gedacht** quién lo hubiera pensado; **man sollte ~, dass ...** debería suponerse que...; **ich denke schon** creo que sí; **denkste!** (*fam*) ¡y un jamón!; **wo ~ Sie hin!** ¿qué se ha figurado Ud.? ❹ (*wollen*) querer; **ganz wie Sie ~** como Ud. quiera II. *vt* (*sich vorstellen*) imaginarse, figurarse; **was denkst du gerade?** ¿qué estás pensando?; **das hätte ich nicht von ihm gedacht** ¡no me hubiera imaginado esto de él!; **wie hast du dir das gedacht?** ¿cómo te lo has figurado?; **das kann ich mir ~** ya me lo imagino; **das hast du dir wohl so gedacht!** ¡eso te gustaría!; **ich habe mir nichts Böses dabei gedacht** no lo hice con mala intención; **für jdn/etw gedacht sein** ser para alguien/algo

Denken *nt* <-s, *ohne pl*> ❶ (*Nach~*) reflexión *f* ❷ (*logisches ~*) raciocinio *m;* **positives ~** pensamiento positivo

Denker(in) *m(f)* <-s, -; -nen> pensador(a) *m(f)*

denkfaul *adj* lerdo; **Denkfehler** *m* error *m* de lógica

Denkmal ['dɛŋkma:l] *nt* <-s, -mäler *o* -e> monumento *m;* **jdm ein ~ setzen** erigir un monumento a alguien; **Denkmal(s)schutz** *m* protección *f* de monumentos; **etw unter ~ stellen** declarar algo monumento nacional

Denkpause *f* pausa *f* para reflexionar; **eine ~ einlegen** hacer una pausa para la reflexión; **Denksportaufgabe** *f* rompecabezas *m inv;* **Denkweise** *f* modo *m* de pensar; **denkwürdig** *adj* memorable; **Denkzettel** *m* lección *f;* **jdm einen ~ verpassen** dar a alguien una lección

denn [dɛn] I. *part* pues; **was ist ~ passiert?** ¿qué ha pasado, pues?; **warum/wo ~?** pues ¿por qué/dónde?; **wieso ~ nicht?** ¡cómo que no!; **kannst du ~ nicht aufpassen?** ¿pero no puedes prestar atención?; **geschweige ~** y menos II. *konj* ❶ (*weil*) pues, porque; **ich wollte gehen, ~ es wurde schon dunkel** quería irme, pues se estaba haciendo de noche; **es sei ~, dass ...** +*subj* ❷ (*geh: als*) que; **mehr ~ je** más que nunca

dennoch ['dɛnɔx] *adv* a pesar de todo, no obstante

Denominierung *f* <-en> denominación *f*

denselben *pron dem o pron dem akk von* **derselbe** *dat von* **dieselben** *s.* **derselbe, dieselbe, dasselbe**

Denunziant(in) [denʊn'tsjant] *m(f)* <-en, -en; -nen> (*abw*) denunciante *mf*

denunzieren* [denʊn'tsi:rən] *vt* (*abw*) denunciar, batir *CSur*

Deo ['de:o] *nt* <-s, -s>, **Deodorant** [deodo'rant] *nt* <-s, -e *o* -s> desodorante *m;* **Deoroller** *m* desodorante *m* de bola; **Deospray** *m* desodorante *m* atomizador

Departement [departə'mã:] *nt* <-s, -s> (ADMIN: *Frankreich, Schweiz*) departamento *m*

Depesche [de'pɛʃə] *f* <-n> telegrama *m*

Deponie [depo'ni:] *f* <-n> vertedero *m*

deponieren* *vt* depositar

deportieren* [depɔr'ti:rən] *vt* deportar

Depot [de'po:] *nt* <-s, -s> ❶ (*für Waren, Wertsachen*) depósito *m* ❷ (*Fahrzeugpark*) terminal *m* ❸ (GASTR: *bei Wein*) bodega *f* ❹ (*Schweiz: Flaschenpfand*) fianza *f* para el casco

Depp [dɛp] *m* <-en *o* -s, -e(n)> (*abw*) tonto, -a *m, f*

Depression [deprɛ'sjo:n] *f* <-en> (PSYCH, WIRTSCH, GEO) depresión *f*

depressiv *adj* ❶ (*Stimmung*) depresivo
❷ (WIRTSCH) recesivo
deprimieren* [depri'miːrən] *vt* deprimir
Deputierte(r) *mf* <-n, -n; -n> (POL) diputado, -a *m*, *f*
der *art best o pron dem gen/dat von* **die**
gen von pl **die** *s.* **der**, **die**, **das**
der, **die**, **das** [deːɐ, diː, das] <die> **I.** *art*
best el *m*, la *f*, los *mpl*, las *fpl* **II.** *pron dem*
❶ (*adjektivisch: hier*) este, -a *m*, *f*, estos
mpl, estas *fpl*; (*da*) ese, -a *m*, *f*, esos *mpl*,
esas *fpl*; **das Kind dort** aquel niño ❷ (*substantivisch*) éste, -a *m*, *f*, esto *nt*, éstos *mpl*,
éstas *fpl*; **was ist das?** ¿qué es eso?; **das**
hier/da esto (de aquí)/eso (de ahí); ~/**die**
dort el/la de allí; **das bin ich** éste soy yo;
~ **mit dem Koffer** ése de la maleta; **ist**
das Ihr Auto? ¿es (éste) su coche?; **wie**
dem auch sei sea como sea; **ich bin mir**
dessen bewusst soy consciente de esto;
nach dem, was ich gehört habe según
lo que me han dicho; *s. a.* **diese(r, s)**,
jene(r, s), **derjenige III.** *pron rel* que,
quien, quienes *pl*, el/la cual, los/las cuales
pl; **der Mensch**, ~ **das getan hat** la persona que lo ha hecho; **der Mann, bei**
dem er wohnt el hombre con quien [o
con el cual] vive; **der Nachbar, dessen**
Hund so oft bellt el vecino cuyo perro
ladra tan a menudo
derart ['--] *adv* de tal manera, tanto; ~,
dass ... de tal manera que...
derartig **I.** *adj* de este tipo, semejante
II. *adv* de tal manera, tanto; **er**
schnarchte ~, **dass ...** roncaba de tal
manera que...
derb [dɛrp] *adj* ❶ (*kräftig*) recio ❷ (*stabil*)
sólido ❸ (*Ausdruck*) vulgar ❹ (*Person*)
grosero, pelado *Mex*
Derby ['dɛrbi] *nt* <-s, -s> (SPORT) derby *m*
deregulieren* *vt* (*Markt, Arbeitsverhältnisse*) desregular
deren ['deːrən] *pron dem o pron rel gen*
von **die** *s.* **der**, **die**, **das**
derentwegen ['deːrənt'veːgən] *adv* (*relativisch*) por los cuales; (*demonstrativisch*)
por causa de ellos; **derentwillen**
['deːrənt'vɪlən] *adv:* **um** ~ (*ihr zuliebe*) por
ella; (*ihnen zuliebe*) por ellos
derer ['deːrɐ] *pron dem gen von pl* **die** *s.*
der, **die**, **das**
dergestalt ['---] *adv* (*geh*) de tal manera; ~,
dass ... de tal manera que...
dergleichen ['-'--] *pron dem inv* semejante,
parecido; **und** ~ **mehr** y más cosas parecidas
derjenige,   **diejenige**,   **dasjenige**
['deːɐjeːnɪgə, 'diːjeːnɪgə, 'dasjeːnɪgə] <die-

jenigen> *pron dem* (*hier*) el *m*, la *f*, lo *nt*;
(*weiter entfernt*) aquel *m*, aquella *f*,
aquello *nt*; ~, **der am lautesten schreit**
el que más alto grita; ~ **Schüler, der das**
getan hat aquel alumno que lo haya
hecho; **ist das** ~, **welcher ...?** (*fam*) ¿es
aquél que...?
derjenigen *pron dem dat/gen von* **diejenige** *gen von* **diejenigen** *s.* **derjenige**,
diejenige, **desjenige**
derlei ['deːɐlaɪ] *pron dem inv s.* **dergleichen**
dermaßen ['deːɐ'maːsən] *adv* tanto, de tal
modo; ~, **dass ...** de tal modo que...; **die**
Freude war ~ **groß** la alegría fue tan
grande
derselbe, **dieselbe**, **dasselbe** [deːr'zɛlbə,
diː'zɛlbə, das'zɛlbə] <dieselben> *pron dem*
el mismo, la misma, lo mismo (*wie* que); **er**
ist immer noch ganz ~ es el mismo de
siempre; **das ist doch ein und dasselbe**
pero sí es exactamente lo mismo
derweil(en) **I.** *adv* mientras tanto, entretanto **II.** *konj* mientras (que)
derzeit ['--] *adv* actualmente; **die** ~ **beste**
Methode el mejor método actualmente
derzeitig *adj* actual; **der** ~ **e Regierungschef** el actual jefe de gobierno
des [dɛs] *art best gen von* **der, das** *s.* **der**,
die, das
Des [dɛs] *nt* <-, *ohne pl*> (MUS) re *m* bemol
Desaster [deˈzastɐ] *nt* <-s, -> desastre *m*
Deserteur(in) [dezɛrˈtøːɐ] *m(f)* <-s, -e;
-nen> desertor(a) *m(f)*
desertieren* *vi* haben *o* sein desertar
desgleichen [dɛsˈglaɪçən] *adv* asimismo,
igualmente
deshalb ['--] *adv* por eso; **ich habe das** ~
getan, weil ... lo hice porque...; ~ **frage**
ich ja por eso pregunto; **gerade** ~ por eso
mismo
Design [diˈzaɪn] *nt* <-s, -s> diseño *m*
Designer(in) *m(f)* <-s, -; -nen> diseñador(a) *m(f)*; **Designerdroge** *f* (*synthetische Droge*) droga *f* de diseño
Designerin *f* <-nen> *s.* **Designer**
Designermode *f* moda *f* de diseñador
Desinfektion [dezɪnfɛkˈtsjoːn] *f* <-en> desinfección *f*; **Desinfektionsmittel** *nt* desinfectante *m*
desinfizieren* *vt* desinfectar
Desinteresse ['dɛsʔɪntərɛsə] *nt* <-s, *ohne*
pl> desinterés *m* (*an/für* por)
desinteressiert ['dɛsʔɪntərɛsiːɐt] *adj* desinteresado (*an/für* por)
desorientiert *adj* desorientado, desubicado *Am*
Desorientierung ['dɛsʔoriɛntiːruŋ]   *f*

<-en> desorientación *f*

Despot(in) [dɛs'po:t] *m(f)* <-en, -en; -nen> déspota *mf*

despotisch *adj* despótico

desselben [-'--] *pron dem gen von* **der-selbe, dasselbe** *s.* **derselbe, dieselbe, dasselbe**

dessen ['dɛsən] *pron dem o pron rel gen von* **der, das** *s.* **der, die, das**

Dessert [dɛ'sɛːɐ] *nt* <-s, -s> postre *m*

Dessous [dɛ'su:] *nt* <-, -> ropa *f* interior

destabilisieren* [de-] *vt* desestabilizar

Destillat [dɛstɪ'la:t] *nt* <-(e)s, -e> (CHEM) (producto *m*) destilado *m*

destillieren* [dɛstɪ'li:rən] *vt* (CHEM) destilar

desto ['dɛsto] *konj* (tanto) más, tanto; ~ **besser!** ¡tanto mejor!; **je mehr ... ~ mehr ...** cuanto más... (tanto) más...; **je früher, ~ besser** cuanto antes, mejor

destruktiv [destrʊk'tiːf, '---] *adj* destructivo

deswegen ['dɛs've:gən] *adv s.* **deshalb**

Detail [de'taɪ, de'ta:j] *nt* <-s, -s> detalle *m*; **ins ~ gehen** entrar en detalles

detailliert [deta'ji:rt] **I.** *adj* detallado **II.** *adv* en detalles, con pormenores

Detektei *f* <-en> agencia *f* de informes

Detektiv(in) [detɛk'ti:f] *m(f)* <-s, -e; -nen> detective *mf*

detektivisch *adj* detectivesco

Detektivroman *m* (LIT) novela *f* detectivesca

Detonation [detona'tsjo:n] *f* <-en> detonación *f*

detonieren* *vi sein* detonar

Deut [dɔɪt] *m:* **keinen ~** ni pizca

deuten ['dɔɪtən] **I.** *vi* ➊ (*zeigen*) señalar (*auf*) ➋ (*hinweisen*) indicar (*auf*); **alles deutet darauf hin, dass ...** todo indica que... **II.** *vt* (*Text*) interpretar; (*Sterne*) leer (en)

deutlich ['dɔɪtlɪç] **I.** *adj* ➊ (*klar*) claro; (*Handschrift*) legible; **jdm etw ~ machen** explicar algo a alguien; **jdm etw klar und ~ sagen** decir algo a alguien clara e inteligiblemente ➋ (*eindeutig*) obvio; **es wurde ~, dass ...** fue obvio que... **II.** *adv* (*spürbar*) bastante; **hier ist es ~ kälter** aquí hace bastante más frío

Deutlichkeit *f ohne pl* ➊ (*Klarheit*) claridad *f* ➋ (*Nachdruck*) franqueza *f*; **etw mit aller ~ sagen** decir algo con toda franqueza

deutsch [dɔɪtʃ] *adj* alemán; **D~e Mark** marco alemán

Deutsch *nt* <-, *ohne pl*> alemán *m;* ~ **sprechen/lernen** hablar/aprender alemán; **etw ins ~e/aus dem ~en übersetzen** traducir algo al alemán/del alemán;

wir haben uns auf ~ unterhalten conversamos en alemán; **auf gut ~ gesagt** dicho llanamente

Deutsche(r) *mf* <-n, -n; -n> alemán, -ana *m, f*

Deutschland *nt* <-s> Alemania *f; das vereinte/vereinigte ~* la Alemania unida/reunificada

deutschsprachig ['dɔɪtʃʃpra:xɪç] *adj* de habla alemana; **deutschsprachlich** *adj* de habla alemana; **~er Unterricht** clases en alemán; **deutschstämmig** ['dɔɪtʃʃtɛmɪç] *adj* de origen alemán

Deutung *f* <-en> interpretación *f*

Devise [de'vi:zə] *f* <-n> ➊ (*Wahlspruch*) lema *m* ➋ *pl* (*Währung*) divisas *fpl*; **Devisenhandel** *m* (FIN) comercio *m* de divisas

Dezember [de'tsɛmbɐ] *m* <-(s), -> diciembre *m; s. a.* **März**

dezent [de'tsɛnt] *adj* ➊ (*taktvoll*) decente ➋ (*Farbe*) discreto

dezentral *adj* descentralizado

dezentralisieren* [de-] *vt* descentralizar

Dezernat [detsɛr'na:t] *nt* <-(e)s, -e> negociado *m*

Dezernent(in) [detsɛr'nɛnt] *m(f)* <-en, -en; -nen> jefe, -a *m, f* de negociado

Deziliter ['de:tsili:tɐ, detsi'li:tɐ] *m o nt* <-s, -> decilitro *m*

dezimal [detsi'ma:l] *adj* decimal; **Dezimalstelle** *f* (MATH) parte *f* decimal; **Dezimalsystem** *nt ohne pl* (MATH) sistema *m* decimal

Dezimeter ['de:tsime:tɐ, detsi'me:tɐ] *m o nt* <-s, -> decímetro *m*

dezimieren* [detsi'mi:rən] *vt* diezmar

DFÜ [de:ʔɛf'ʔy:] *f* (INFOR, TEL) *Abk. von* **Datenfernübertragung** transmisión *f* de datos

DGB [de:ge:'be:] *m* <-> *Abk. von* **Deutscher Gewerkschaftsbund** Confederación *f* de los Sindicatos Alemanes

d.h. *Abk. von* **das heißt** o sea, esto es

Dia ['di:a] *nt* <-s, -s> diapositiva *f*

Diabetes [dia'be:tɛs] *m* <-, *ohne pl*> (MED) diabetes *f inv*

Diabetiker(in) [dia'be:tikɐ] *m(f)* <-s, -; -nen> (MED) diabético, -a *m, f*

diabolisch [dia'bo:lɪʃ] *adj* (*geh*) diabólico

Diadem [dia'de:m] *nt* <-s, -e> diadema *f*

Diagnose [dia'gno:zə] *f* <-n> (MED, PSYCH) diagnóstico *m;* **eine ~ stellen** establecer un diagnóstico

diagnostizieren* [diagnɔsti'tsi:rən] *vt* diagnosticar

diagonal [diago'na:l] *adj* diagonal

Diagonale *f* <-n> línea *f* diagonal

Diagramm [dia'gram] *nt* <-s, -e> diagrama *m*

Diakon[1] [dia'ko:n] *m* <-s -en, -e *o* -en> (*katholisch, orthodox, anglikanisch*) diácono *m*

Diakon(in)[2] *m(f)* <-s *o* -en, -e *o* -en; -nen> (*evangelisch*) hermano, -a *m, f,* de la caridad

Diakonie *f ohne pl* (REL) diaconía *f*

Diakonin *f* <-nen> *s.* Diakon[2]

Diakonissin *f* <-nen> diaconisa *f*

Dialekt [dia'lɛkt] *m* <-(e)s, -e> dialecto *m*

dialektal *adj* (LING) dialectal

Dialektik *f ohne pl* (PHILOS) dialéctica *f*

Dialog [dia'lo:k] *m* <-(e)s, -e> (*a.* INFOR) diálogo *m;* **Dialogbereitschaft** *f* disposición *f* a dialogar; **Dialogfenster** *nt* (INFOR) ventana *f* de diálogo

Diamant [dia'mant] *m* <-en, -en> diamante *m;* **Diamantring** *m* anillo *m* de diamantes

Diaprojektor ['-----] *m* (FOTO) proyector *m* de diapositivas

Diät [di'ɛ:t] *f* <-en> ❶ (*Abmagerungskur*) dieta *f,* régimen *m,* **streng** -- **leben** seguir un régimen estricto; **eine ~ machen** hacer una dieta; **jdn auf ~ setzen** poner a alguien a dieta ❷ *pl* (POL) dietas *fpl*

diätetisch *adj* (*a.* MED) dietético

Diätkur *f* (MED) régimen *m* dietético

Diavortrag *m* conferencia *f* con diapositivas

dich [dɪç] **I.** *pron pers akk von* **du** te; (*betont*) a ti (te); (*mit Präposition*) ti; **ich sehe ~ nachher** luego te veo; **~ wollte ich fragen** a ti quería preguntarte; **es geht um ~** se trata de ti; **pass auf ~ auf!** ¡cuídate! **II.** *pron refl akk von* **du** te; **benimm ~!** ¡compórtate!

dicht [dɪçt] **I.** *adj* ❶ (*Wald, Verkehr, Nebel*) denso; (*Haar*) tupido; **~ gedrängt** apretado ❷ (*undurchlässig*) hermético; (*wasser~*) impermeable ❸ (*fam: geschlossen*) cerrado ❹ (*Wend*): **nicht ganz ~ sein** (*fam fig*) no estar muy bien de la cabeza **II.** *adv* (*nahe*): **~ an** [*o* **bei**] cerca de; **~ an ~ stehen** estar uno junto al otro; **~ davor/daneben** justo delante/al lado

Dichte *f* <-n> (*a.* PHYS) densidad *f*

dichten ['dɪçtən] *vi, vt* ❶ (*verfassen*) componer ❷ (*Leck*) tapar

Dichter(in) *m(f)* <-s, -; -nen> poeta *m,* poetisa *f*

dichterisch *adj* poético

dicht|halten *irr vi* (*fam*) callarse; **er hat nicht dichtgehalten** se ha ido de la lengua; **dicht|machen** *vi, vt* (*fam: Laden, Fabrik*) cerrar; (*Grenze, Strecke*) bloquear

Dichtung *f* <-en> ❶ (*Gattung*) poesía *f*

❷ (*Gedicht*) poema *m* ❸ (TECH) junta *f*

dick [dɪk] *adj* ❶ (*von großer Masse*) gordo; (*beleibt*) grueso; (*umfangreich*) voluminoso; **~ werden** engordar; **ein ~es Fell haben** (*fig*) ser duro de pellejo; **~ auftragen** (*fam abw: übertreiben*) exagerar ❷ (*fam: geschwollen*) hinchado ❸ (*Flüssigkeit*) espeso; (*Qualm, Nebel*) denso; **es herrscht ~e Luft** (*fam fig*) está la atmósfera cargada; **das ist ein ~er Hund!** (*fam fig*) ¡eso sí que es fuerte!; **sie sind ~ befreundet** (*fam*) son íntimos amigos; **dickbäuchig** ['dɪkbɔɪçɪç] *adj* barrigudo, pipón *Ant, Arg, Ecua: fam;* **Dickdarm** *m* (ANAT) intestino *m* grueso

Dicke ['dɪkə] *f* <-n> (*von Feststoffen*) grosor *m;* (*von Flüssigkeiten*) espesor *m*

dickfellig ['dɪkfɛlɪç] *adj* (*fam: unempfindlich*) insensible; (*gleichgültig*) indiferente

dickflüssig *adj* espeso

Dickhäuter ['dɪkhɔɪtɐ] *m* <-s, -> (*Tier*) paquidermo *m;* (*fam: Mensch*) persona *f* insensible

Dickicht ['dɪkɪçt] *nt* <-s, -e> maleza *f*

Dickkopf *m* (*fam: Mensch*) cabezota *mf;* **einen ~ haben** ser un cabezota

dickköpfig *adj* (*fam*) cabezota

dicklich *adj* gordezuelo

Dickschädel *m s.* Dickkopf; **Dickwanst** *m* (*fam abw*) panzudo, -a *m, f*

Didaktik [di'daktɪk] *f ohne pl* didáctica *f*

didaktisch *adj* didáctico

die [di(:)] *art best o pron dem o pron rel s.* der, die, das

Dieb(in) [di:p, 'di:bɪn] *m(f)* <-(e)s, -e; -nen> ladrón, -ona *m, f,* chorro, -a *m, f CSur: fam;* **haltet den ~!** ¡al ladrón!

diebisch *adj* ❶ (*Mensch*) ladrón ❷ (*Vergnügen*) enorme

Diebstahl *m* <-(e)s, -stähle> robo *m;* **Diebstahlsicherung** *f* aseguramiento *m* contra robos

diejenige(n) *pron dem s.* derjenige, diejenige, dasjenige

Diele ['di:lə] *f* <-n> ❶ (*Brett*) tabla *f* del suelo ❷ (*Vorraum*) vestíbulo *m*

dienen ['di:nən] *vi* ❶ (*nützlich sein*) servir (*zu* para, *als* de); **das dient einem guten Zweck** esto es para una buena causa; **damit ist mir nicht gedient** esto no me sirve de ayuda; **womit kann ich ~?** ¿en qué puedo servirle?; **ich weiß nicht, wozu das ~ soll** no sé de qué sirve eso ❷ (MIL) hacer el servicio militar

Diener[1] *m* <-s, -> (*fam: Verbeugung*) reverencia *f*

Diener(in)[2] *m(f)* <-s, -; -nen> criado, -a *m, f;* (*Hausangestellte*) sirviente, -a *m, f,* mucamo, -a *m, f Am*

Dienerschaft *f* <-en> criados *mpl;* (*Hausangestellte*) servidumbre *f*

dienlich *adj* útil; **jdm/etw ~ sein** ser útil a alguien/algo

Dienst [di:nst] *m* <-(e)s, -e> servicio *m;* (*Amt*) función *f;* (*Aufgabe*) oficio *m;* (*Arbeitsschicht*) turno *m;* (MIL) retirado *m;* **öffentlicher ~** servicio público; **außer ~** jubilado; **zum ~ gehen** ir al trabajo; **~ haben** estar de servicio; **~ habend** (MIL) de servicio; (*Arzt*) de turno; **den ~ antreten** (*Schicht*) empezar el turno; (*Amt*) entrar en funciones; **den ~ quittieren** dimitir del cargo; **in jds ~en stehen** estar al servicio de alguien; **jdm einen schlechten ~ erweisen** hacerle a alguien un flaco favor; **sich in den ~ einer Sache stellen** ponerse al servicio de una causa; **seine Beine versagten ihm den ~** ya no pudo mantenerse de pie

Dienstag ['di:nsta:k] *m* <-(e)s, -e> martes *m; s. a.* **Montag**

dienstagabends *adv* los martes por la noche

dienstags *adv* los martes

Dienstanweisung *f* instrucción *f;* **Dienstausweis** *m* tarjeta *f* de identidad; **Dienstbote, -in** *m, f* doméstico, -a *m, f;* **Diensteifer** *m* celo *m;* **dienstfrei** *adj* libre; **Dienstgeheimnis** *nt* secreto *m* profesional; **Dienstgrad** *m* (MIL) grado *m*

Dienstjahr *nt* año *m* de servicio [*o* de trabajo]; **Dienstleistung** *f* (prestación *f* de) servicio *m;* **Dienstleistungsabend** *m* (WIRTSCH) *horario comercial prolongado en Alemania;* **Dienstleistungsberuf** *m* profesión *f* en el sector servicios; **Dienstleistungsgesellschaft** *f* (SOZIOL) sociedad *f* de servicios (*sociedad actual en la que las empresas del sector terciario juegan un papel fundamental*)**; Dienstleistungsgewerbe** *nt* (industria *f* del) sector *m* terciario

dienstlich *adj* oficial; **~ unterwegs sein** estar de viaje por razones de trabajo

Dienstmädchen *nt* criada *f,* muchacha *f Am,* china *f And, CSur;* **Dienstpersonal** *nt* personal *m* de servicio; **Dienstplan** *m* (*a.* MIL) horario *f* de servicio; **einen ~ aufstellen** establecer un horario de servicio; **Dienstreise** *f* viaje *m* de trabajo; **Dienstschluss** *m ohne pl* hora *f* de cierre; **Dienststelle** *f* departamento *m;* **die zuständige ~** el departamento correspondiente; **Dienststunden** *fpl* horas *fpl* de servicio; (*einer Behörde*) horas *fpl* de oficina; **Dienstvorschrift** *f* (ADMIN, MIL)

instrucción *f;* **Dienstwagen** *m* coche *m* de servicio; **Dienstzeit** *f* ❶ (*Arbeitszeit*) horario *m* de trabajo ❷ (*Amtsdauer*) años *mpl* de servicio

dies [di:s] *pron dem s.* **diese(r, s)**

diesbezüglich ['----] **I.** *adj* correspondiente **II.** *adv* en relación a esto

diese(r, s) <diese> *pron dem* ❶ (*adjektivisch*) este *m,* esta *f;* (*weiter entfernt*) ese *m,* esa *f;* **Anfang ~s Jahres** a principios de este año ❷ (*substantivisch*) éste *m,* ésta *f,* esto *nt;* (*weiter entfernt*) ése *m,* ésa *f,* eso *nt;* **~r hier** este de aquí; **dies und das** esto y lo otro; **~s und jenes** esto y aquello

Diesel¹ ['di:zəl] *m* <-s, *ohne pl*> (*fam*) gasoil *m*

Diesel² *m* <-(s), -> (*fam: Motor, Auto*) diesel *m*

dieselbe(n) *pron dem s.* **derselbe, dieselbe, dasselbe**

Dieselmotor *m* motor *m* diesel; **Dieselöl** *nt* gasóleo *m*

diesig ['di:zɪç] *adj* brumoso

diesjährige(r, s) *adj* de este año

diesmal *adv* esta vez

diesseits ['di:zaɪts] **I.** *präp +gen* a este lado de; (*bei Flüssen*) a esta orilla de **II.** *adv* a este lado

Diesseits *nt* <-, *ohne pl*> este mundo *m*

Dietrich ['di:trɪç] *m* <-s, -e> (TECH) ganzúa *f*

Differential [dɪfərɛn'tsja:l] *nt* <-s, -e> *s.* **Differenzial; Differentialrechnung** *f s.* **Differenzialrechnung**

Differenz [dɪfə'rɛnts] *f* <-en> ❶ (*Unterschied*) diferencia *f;* (COM) déficit *m inv* ❷ (*Streit*) disputa *f*

Differenzial [dɪfərɛn'tsja:l] *nt* <-s, -e> (MATH) diferencial *f;* **Differenzialrechnung** *f* (MATH) cálculo *m* diferencial

differenzieren* *vt, vi* (*a.* MATH) diferenciar

differenziert *adj* (*geh: fein unterscheidend*) detallado

digital [digi'ta:l] *adj* digital; **~es Fernsehen** televisión digital

digitalisieren* *vt* (INFOR) digitalizar

Digitalkamera *f* cámara *f* digital

Diktat [dɪk'ta:t] *nt* <-(e)s, -e> ❶ (*Nachschrift*) dictado *m;* **nach ~ schreiben** escribir al dictado ❷ (*Befehl*) imposición *f;* (POL) tratado *m* impuesto

Diktator(in) [dɪk'ta:to:ɐ] *m(f)* <-s, -en; -nen> dictador(a) *m(f)*

diktatorisch *adj* dictatorial

Diktatur [dɪkta'tu:ɐ] *f* <-en> dictadura *f*

diktieren* *vt* ❶ (*Text*) dictar ❷ (*geh: aufzwingen*) imponer

Diktiergerät *nt* dictáfono *m*

Dilemma [di'lɛma] *nt* <-s, -s *o* Dilemmata> dilema *m*

Dilettant(in) [dilɛ'tant] *m(f)* <-en, -en; -nen> ❶ (*Laie*) diletante *mf* ❷ (*abw: Stümper*) chapucero, -a *m, f*

dilettantisch *adj* ❶ (*laienhaft*) diletante ❷ (*abw: stümperhaft*) chapucero

Dill [dɪl] *m* <-s, -e> eneldo *m*

Dimension [dimɛn'zjoːn] *f* <-en> dimensión *f*

DIN [diːn, dɪn] *f Abk. von* Deutsche Industrie-Norm(en) normas *fpl* DIN

Dinar [di'naːɐ] *m* <-s, -e> dinar *m*

Ding¹ [dɪŋ] *nt* <-(e)s, -e> ❶ (*Gegenstand*) objeto *m;* (*Sache*) cosa *f;* **aller guten ~e sind drei** (*prov*) a la tercera va la vencida ❷ (*Angelegenheit*) asunto *m;* **vor allen ~en** sobre todo; **guter ~e sein** (*geh*) tener buen humor; **das geht nicht mit rechten ~en zu** aquí hay gato encerrado; **das ist ein ~ der Unmöglichkeit** es algo imposible; **so wie die ~e liegen ...** tal y como están las cosas...

Ding² *nt* <-(e)s, -er> (*fam: unbestimmte Sache*) cosa *f;* **krumme ~er** negocios turbios; **ein junges ~** una jovencilla inocente

dingfest *adj:* **jdn ~ machen** arrestar a alguien

Dings¹ [dɪŋs] *mf* <-, *ohne pl*> (*fam: Person*) fulano, -a *m, f*

Dings² *nt* <-, *ohne pl*> (*fam: Sache*) cosa *f*

Dingsbums ['dɪŋsbʊms] *nt* <-, *ohne pl*> *s.* Dings

Dingsda¹ ['dɪŋsdaː] *mf* <-, *ohne pl*> *s.* Dings

Dingsda² ['dɪŋsdaː] *nt* <-, *ohne pl*> *s.* Dings

Dinosaurier [dino'zaʊʀiɐ] *m* <-s, -> dinosaurio *m*

Diode [di'oːdə] *f* <-n> (ELEK) diodo *m*

Dioptrie [diɔp'triː, *pl:* diɔp'triːən] *f* <-n> (*Optik*) dioptría *f*

Diphtherie [dɪfte'riː] *f* <-n> (MED) difteria *f*

Diphthong [dɪf'tɔŋ] *m* <-s, -e> (LING) diptongo *m*

Dipl. *Abk. von* Diplom diplomado *m*

Dipl.-Ing. *Abk. von* Diplomingenieur(in) ingeniero, -a *m, f* diplomado, -a

Diplom [di'ploːm] *nt* <-s, -e> diploma *m;* **sein ~ machen** (**in etw**) licenciarse (en algo); **Diplomarbeit** *f* tesina *f*

Diplomat(in) [diplo'maːt] *m(f)* <-en, -en; -nen> diplomático, -a *m, f*

Diplomatie [diploma'tiː] *f ohne pl* diplomacia *f*

Diplomatin *f* <-nen> *s.* Diplomat

diplomatisch *adj* diplomático; **~e Bezie-**

hungen zu ... unterhalten mantener relaciones diplomáticas con...

Diplomingenieur(in) *m(f)* ingeniero, -a *m, f* diplomado, -a; **Diplomprüfung** *f* examen *m* de diplomatura; (*Universitätszeugnis*) examen *m* de licenciatura

dir [diːɐ] **I.** *pron pers dat von* **du** te; (*betont*) a ti (te); (*mit Präposition*) ti; **ich habe ~ etwas mitgebracht** te he traído una cosa; **~ verrate ich nicht, was ich vorhabe!** ¡a ti no te contaré mis planes!; **hinter/vor/unter/über ~** detrás de/delante de/debajo de/encima de ti; **ein Freund von ~** un amigo tuyo **II.** *pron refl dat von* **du** te; **was hast du ~ gekauft?** ¿qué te has comprado?

direkt [di'ʀɛkt] **I.** *adj* ❶ (*ohne Umweg, unmittelbar*) directo; (*Frage*) sin rodeos; **~e Rede** (LING) estilo directo; **~ am Bahnhof** en la misma estación; **~ vor dem Haus** justo delante de la casa ❷ (*unverzüglich*) inmediato **II.** *adv* ❶ (*ohne Umweg*) derecho; **die Straße führt ~ ins Zentrum** la calle lleva directamente al centro; **~ übertragen** (RADIO, TV) tra(n)smitir en directo ❷ (*unverzüglich*) enseguida, directamente ❸ (*fam: ausgesprochen*) realmente; **das ist ja ~ gefährlich, was du machst** es realmente peligroso lo que haces

Direktbank *f* (FIN) banco *m* directo, banco *m* por Internet; **Direktflug** *m* vuelo *m* directo

Direktion [diʀɛk'tsjoːn] *f* <-en> ❶ (*Leitung*) dirección *f* ❷ (*Schweiz: kantonales Ministerium*) departamento *m* cantonal

Direktor(in) *m(f)* <-s, -en; -nen> director(a) *m(f)*

Direktorium [diʀɛk'toːʀiʊm, *pl:* diʀɛk'toːʀiən] *nt* <-s, Direktorien> directorio *m*

Direktrice [diʀɛk'triːsə] *f* <-n> sastra-directriz *f*

Direktübertragung *f* transmisión *f* en directo; **Direktverbindung** *f* (EISENB, AERO) comunicación *f* directa; **Direktzugriff** *m* (INFOR) acceso *m* directo

Dirigent(in) [diri'gɛnt] *m(f)* <-en, -en; -nen> (*a.* MUS) director(a) *m(f)* de orquesta

dirigieren* *vt* (*a.* MUS) dirigir

Dirndl ['dɪrnd(ə)l] *nt* <-s, -> (*österreichisch*) traje *m* tradicional tirolés; (*bayrisch*) vestido *m* tradicional bávaro

Dirne ['dɪrnə] *f* <-n> prostituta *f*

Dis [dɪs] *nt* <-, -> (MUS) re *m* sostenido

Disco *f* <-s> disco *f*

Disken *pl von* Diskus

Diskette [dɪs'kɛtə] *f* <-n> (INFOR) disquete *m;* **Diskettenlaufwerk** *nt* (INFOR) disquetera *f*

Diskjockey ['dɪskdʒɔki] *m* pinchadiscos *mf inv*, disc-jockey *mf*

Disko ['dɪsko] *f* <-s> disco *f*

Diskont [dɪs'kɔnt] *m* <-s, -e> (FIN) descuento *m;* **Diskontsatz** *m* (FIN) tipo *m* de descuento

Diskothek [dɪsko'te:k] *f* <-en> discoteca *f*

Diskrepanz [dɪskre'pants] *f* <-en> discrepancia *f*

diskret [dɪs'kre:t] *adj* discreto

Diskretion [dɪskre'tsjo:n] *f ohne pl* discreción *f;* (WIRTSCH) confidencialidad *f*

diskriminieren* [dɪskrimi'ni:rən] *vt* discriminar

diskriminierend *adj* discriminatorio

Diskriminierung *f* <-en> discriminación *f*

Diskus ['dɪskʊs] *m* <- *o* -ses, -se *o* Disken> (SPORT) disco *m*

Diskussion [dɪskʊ'sjo:n] *f* <-en> discusión *f*, argumento *m Am;* **ein Thema zur ~ stellen** poner un tema a debate

Diskuswerfen *nt* <-s, *ohne pl*> (SPORT) lanzamiento *m* de disco

diskutieren* [dɪskuˈtiːrən] *vi, vt* discutir (*über* de/sobre)

Display [dɪs'plɛɪ] *nt* <-s, -s> (INFOR) display *m*

Dispokredit ['dɪspokredi:t] *m (fam) s.* **Dispositionskredit**

disponieren* [dɪspo'ni:rən] *vi (geh)* disponer (*über* de)

Disposition [dɪspozi'tsjo:n] *f* <-en> *(geh)* ① (*Verwendung*) disposición *f;* (jdm) **zur ~ stehen** estar a disposición (de alguien) ② (*Planung*) planes *mpl* ③ (MED: *Anlage*) predisposición *f;* **Dispositionskredit** *m* (FIN) crédito *m* disponible

Disput [dɪs'pu:t] *m* <-(e)s, -e> *(geh)* disputa *f*

Disqualifikation [dɪskvalifika'tsjo:n] *f* <-en> (*a.* SPORT) descalificación *f*

disqualifizieren* [dɪskvalifi'tsi:rən] *vt* (*a.* SPORT) descalificar

Dissertation [dɪsɛrta'tsjo:n] *f* <-en> tesis *f inv* doctoral

Dissident(in) [dɪsi'dɛnt] *m(f)* <-en, -en; -nen> disidente *mf*

Dissonanz [dɪso'nants] *f* <-en> (*a.* MUS) disonancia *f*

Distanz [dɪs'tants] *f* <-en> distancia *f;* **~ wahren** guardar las distancias

distanzieren* *vr:* **sich ~** distanciarse

distanziert I. *adj (geh)* distante; **~ sein** ser distante II. *adv (geh)* de manera distante; **sie verhält sich ~** se comporta de un modo distante

Distel ['dɪstəl] *f* <-n> (BOT) cardo *m*

Distrikt [dɪs'trɪkt] *m* <-(e)s, -e> distrito *m*

Disziplin [dɪstsi'pli:n] *f* <-en> disciplina *f*

disziplinarisch [dɪstsipli'na:rɪʃ] *adj* disciplinario

Disziplinarverfahren *nt* (ADMIN) procedimiento *m* disciplinario

diszipliniert *adj* disciplinado

disziplinlos *adj* indisciplinado

Diva ['di:va] *f* <-s *o* Diven> diva *f*

Divergenz *f* <-en> (*a.* MATH) divergencia *f*

divergieren* [dɪvɛr'gi:rən] *vi* (*a.* MATH) divergir

divers(e) *adj (geh)* ① (*mehrere*) diverso ② (*verschiedene*) diferente; **~ er Ansicht sein** tener una opinión diferente

Dividende [divi'dɛndə] *f* <-n> (FIN, WIRTSCH) dividendo *m;* **eine ~ ausschütten** repartir un dividendo

dividieren* *vt* (MATH) dividir (*durch* por)

Division [divi'zjo:n] *f* <-en> (MATH, MIL) división *f* (*durch* por)

Diwan ['di:va:n] *m* <-s, -e> (*Liegesofa*) diván *m*

DKP [de:ka:'pe:] *f Abk. von* **Deutsche Kommunistische Partei** Partido *m* Comunista Alemán

dm *Abk. von* **Dezimeter** dm

DM *f inv Abk. von* **Deutsche Mark** marco *m* alemán

d-Moll *nt* (MUS) re *m* menor

D-Netz *nt* (TEL: *europaweites Mobilfunknetz*) sistema *m* de comunicación móvil europeo

DNS [de:ʔɛn'ʔɛs] *f Abk. von* **Desoxyribonukleinsäure** A.D.N. *m*

doch [dɔx] I. *adv* ① (*dennoch*) sin embargo, a pesar de todo; **er hatte ~ Recht** a pesar de todo tenía razón ② (*aber*) pero; **du weißt ~, wie ich das meine** pero ya sabes qué quiero decir; **das habe ich mir ~ gedacht** ya me lo había imaginado ③ (*denn*) pues; **er sagte nichts, wusste er ~, dass sie Recht hatte** no dijo nada pues sabía que ella tenía razón ④ (*Antwort*) sí, claro que sí; **kommst du nicht mit? – ~!** ¿no vienes? – ¡pues claro que sí! ⑤ (*Betonung*) sí que...; **es schmeckt ~** sí que está bueno II. *part* ① (*verstärkend*) pero, pues; **das ist ~ die Höhe!** ¡esto sí que es el colmo!; **nehmen Sie ~ Platz!** ¡pero tome asiento!; **du hast ~ nicht etwa ...?** ¿no habrás...?; **wie hieß er ~ gleich?** ¿cómo se llamaba? ② (*auffordernd*): **gib ~ mal her!** ¡dámelo de una vez!; **soll er ~!** ¡que lo haga si quiere! ③ (*Zustimmung fordernd*) ¿verdad?; **hier darf man ~ rauchen?** aquí se puede fumar, ¿verdad? III. *konj (aber)* pero; **ich würde es gern tun, ~ ich traue mich nicht** me gustaría hacerlo pero no me atrevo

---

? Grammatik

doch se emplea como respuesta positiva, en lugar de *ja*, a una pregunta negativa con *nicht*, *kein* u otra negación: *Hast du keinen größeren Koffer? Doch, ich habe einen, aber dieser ist praktischer. – ¿No tienes una maleta más grande? Sí, tengo una, pero ésta es más cómoda. Bist du nie in Dänemark gewesen? Doch, ich war letztes Jahr dort im Urlaub. – ¿No has estado nunca en Dinamarca? Sí, estuve allí el año pasado de vacaciones.*

Docht [dɔxt] *m* <-(e)s, -e> mecha *f*

Dock [dɔk] *nt* <-s, -s> dique *m;* **das Schiff liegt im ~** el barco se encuentra en dique

Dogge ['dɔɡə] *f* <-n> (perro *m*) dogo *m*

Dogma ['dɔɡma] *nt* <-s, Dogmen> dogma *m*

dogmatisch *adj* dogmático

Dogmen *pl von* **Dogma**

Dohle ['do:lə] *f* <-n> (ZOOL) grajilla *f*

Doktor(in) ['dɔkto:ɐ] *m(f)* <-s, -en; -nen> doctor(a) *m(f)*; (*a.* MED) médico, -a *m, f*; **Herr/Frau ~** doctor/doctora; **sie ist ~ der Philosophie** es doctora en filosofía; **den ~ machen** hacer el doctorado

Doktorand(in) [dɔkto'rant] *m(f)* <-en, -en; -nen> doctorando, -a *m, f*

Doktorarbeit *f* tesis *f inv* doctoral

Doktorin *f* <-nen> *s.* **Doktor; Doktortitel** *m* doctorado *m;* **den ~ erwerben** doctorarse

Doktrin [dɔk'tri:n] *f* <-en> doctrina *f*

Dokument [doku'mɛnt] *nt* <-(e)s, -e> documento *m*

Dokumentarfilm *m* (película *f*) documental *m*

Dokumentarin *f* <-nen> *s.* **Dokumentar**

dokumentarisch *adj* documental

Dokumentation [dokumɛnta'tsjo:n] *f* <-en> documentación *f*

dokumentieren* *vt* documentar

Dolch [dɔlç] *m* <-(e)s, -e> puñal *m*

Dollar ['dɔla:ɐ] *m* <-(s), -s> dólar *m;* **Dollarkurs** *m* (FIN) cotización *f* del dólar

dolmetschen ['dɔlmɛtʃən] **I.** *vi* hacer de intérprete **II.** *vt* traducir (oralmente)

Dolmetscher(in) *m(f)* <-s, -; -nen> intér-

---

prete *mf*

Dolomiten [dolo'mi:tən] *pl:* **die ~** los Dolomitas

Dom [do:m] *m* <-(e)s, -e> (*Kathedrale*) catedral *f*

Domäne [do'mɛ:nə] *f* <-n> ❶ (*Staatsgut*) finca *f* estatal ❷ (*Betätigungsfeld*) esfera *f;* (*Spezialgebiet*) especialidad *f*

dominant [domi'nant] *adj* dominante

Dominante *f* <-n> (MUS) dominante *f*

Dominanz [domi'nants] *f* <-en> (*a.* BIOL) dominancia *f*

dominieren* **I.** *vi* (*vorherrschen*) (pre)dominar **II.** *vt* (*beherrschen*) dominar

Dominikanische Republik *f* República *f* Dominicana

Domino ['do:mino] *nt* <-s, -s> dominó *m*

Domizil [domi'tsi:l] *nt* <-s, -e> (*geh*) domicilio *m*

Dompfaff ['do:mpfaf] *m* <-s *o* -en, -en> (ZOOL) pardillo *m*

Dompteur, -euse [dɔmp'tø:ɐ] *m, f* <-s, -e; -n> domador(a) *m(f)*

Donau ['do:nau] *f:* **die ~** el Danubio

Donner ['dɔnɐ] *m* <-s, -> trueno *m*, pillán *m Chil;* **wie vom ~ gerührt** atónito

donnern ['dɔnɐn] **I.** *vunpers* (METEO) tronar; **es donnert** truena **II.** *vi* (*lärmen*) retumbar

Donnerstag ['dɔnɐsta:k] *m* <-(e)s, -e> jueves *m; s. a.* **Montag**

donnerstagabends *adv* los jueves por la noche

donnerstags *adv* los jueves

Donnerwetter ['-'--] *nt* <-s, -> (*fam*) bronca *f;* **zum ~!** ¡diablos!; **~, das ist eine Leistung!** ¡caramba, vaya rendimiento!

doof [do:f] <doofer *o* döfer, am doofsten *o* döfsten> *adj* (*fam abw*) tonto, estúpido, upa *Ecua, Peru;* **so was D~es!** ¡qué estupidez!; **unser ~er Englischlehrer** el estúpido de nuestro profesor de inglés

Doofheit[1] *f* <-en> (*fam abw: Handlung*) bobada *f;* (*stärker*) estupidez *f*

Doofheit[2] *f ohne pl* (*fam abw: Art*) bobería *f;* (*stärker*) estupidez *f*

Doofkopp *m* <-s, -köppe> (*fam*), **Doofmann** *m* <-(e)s, -männer> (*fam*) tonto *m*, estúpido *m*

Dope [do:p] *nt* <-s, ohne *pl*> (*sl: Haschisch*) chocolate *m*

dopen ['do:pən] **I.** *vt* (SPORT) dopar **II.** *vi, vr:* **sich ~** (SPORT) doparse

Doping ['do:pɪŋ] *nt* <-s, -s> (SPORT) doping *m*, dopaje *m;* **Dopingkontrolle** *f* (SPORT) control *m* antidoping

Doppel ['dɔpəl] *nt* <-s, -> ❶ (*Kopie*) copia *f;* (*Duplikat*) duplicado *m* ❷ (SPORT) dobles *mpl;* **gemischtes** ~ dobles mixtos; **Doppelbelastung** *f* doble carga *f;* **Doppelbett** *nt* cama *f* de matrimonio

Doppeldecker *m* <-s, -> ❶ (AERO) biplano *m* ❷ (*fam: Bus*) omnibús *m* de dos pisos

doppeldeutig ['dɔpəldɔɪtɪç] *adj* ambiguo, equívoco

Doppelgänger(in) *m(f)* <-s, -; -nen> doble *mf*

Doppelglasfenster *nt* (ARCHIT) ventana *f* de doble cristal; **Doppelhaus** *nt* dos casas *fpl* adosadas; **Doppelkinn** *nt* papada *f;* **doppelklicken** *vt* (INFOR) hacer doble clic; **Doppelleben** *nt* doble vida *f;* **ein ~ führen** llevar una doble vida; **Doppelmoral** *f* ohne pl doble moral *f;* **Doppelmord** *m* doble asesinato *m* (*an* de); **Doppelname** *m* nombre *m* compuesto; **Doppelpunkt** *m* dos puntos *mpl;* **Doppelstecker** *m* (ELEK) enchufe *m* doble

doppelt ['dɔpəlt] **I.** *adj* doble; **in** ~ **er Ausführung** por duplicado; **ich bin ~ so alt wie Hans** le doblo la edad a Hans; **auf das D~ steigen** duplicarse; **um das D~ erhöhen** doblar; **mit jdm ein ~es Spiel treiben** hacer doble juego con alguien **II.** *adv* repetido, dos veces; **die Briefmarke ich ~ tengo este sello repetido; ~ so viel** el doble; ~ **sehen** ver doble; **alles ~ und dreifach sagen müssen** tener que repetir todo treinta mil veces; ~ **genäht hält besser!** (*prov*) lo que abunda no daña

Doppelverdiener(in) *m(f)* ❶ (*Einzelperson*) persona *f* con dos sueldos ❷ *pl* (*Paar*) matrimonio *m* con dos sueldos

Doppelwährungsphase *f* (FIN) período *m* de doble circulación

Doppelzentner *m* quintal *m* métrico; **Doppelzimmer** *nt* habitación *f* doble

Dorf [dɔrf, *pl:* 'dœrfə] *nt* <-(e)s, Dörfer> pueblo *m*, aldea *f;* **das olympische** ~ la ciudad olímpica; **auf dem** ~ **wohnen** vivir en el pueblo; **vom** ~ **kommen** ser de pueblo; **Dorfbewohner(in)** *m(f)* aldeano, -a *m, f*, pueblerino, -a *m, f*

Dorfschaft *f* <-en> (*Schweiz*) aldea *f*, pueblo *m*

Dorftrottel *m* tonto, -a *m, f* del pueblo

Dorn¹ [dɔrn] *m* <-(e)s, -en> (BOT) espina *f;* **er war dem Chef schon lange ein ~ im Auge** (*fig*) hace tiempo que el jefe se sentía disgustado por él

Dorn² *m* <-(e)s, -e> (TECH: *Metallstift*) espiga *m;* (*Werkzeug*) mandril *m;* (*zum Lochen*) punzón *m*

Dornbusch *m* zarzal *m*

Dornenkrone *f* corona *f* de espinas

dornig *adj* espinoso

Dornröschen [dɔrn'røːsçən] *nt* <-s, *ohne pl*> la Bella Durmiente *f*

dörren ['dœrən] *vt* secar

Dörrobst *nt* (GASTR) frutos *mpl* secos

Dorsch [dɔrʃ] *m* <-(e)s, -e> (ZOOL) abadejo *m*

dort [dɔrt] *adv* allí, allá; **der Mann** ~ el hombre allá; ~ **oben/hinten** allí arriba/atrás; **ich komme gerade von** ~ justamente vengo de allí; **dorther** ['-'-] *adv* de allí; **von** ~ de allí; **dorthin** ['-'-] *adv* hasta allí, hacia ahí; **dorthinaus** ['---] *adv* por allí; **bis** ~ (*fam*) hasta el no va más; **dorthinein** ['---'-] *adv* allí dentro

dortige(r, s) *adj* de allí

Dose ['doːzə] *f* <-n> ❶ (*mit Keksen*) caja *f;* (*Bier*) bote *m;* (*Konserven*~) lata *f* ❷ (*Steck*~) enchufe *m*

Dosen *pl von* **Dosis, Dose**

dösen ['døːzən] *vi* (*fam*) dormitar

Dosenbier *nt* cerveza *f* en lata; **Dosenmilch** *f* leche *f* condensada; **Dosenmusik** *f* (*iron fam*) música *f* enlatada; **Dosenöffner** *m* abrelatas *m inv;* **Dosensuppe** *f* sopa de lata *f*

dosieren* [do'ziːrən] *vt* dosificar

Dosierung¹ *f* ohne pl (*das Dosieren*) dosificación *f*

Dosierung² *f* <-en> (*Dosis*) dosis *f inv*

Dosis ['doːzɪs, *pl:*'doːzən] *f* <Dosen> dosis *f inv*

Döskopp *m* <-s, -köppe> (*nordd: fam*) tontorrón, -ona *m, f*

Dossier [dɔ'sjeː] *nt* <-s, -s> expediente *m*

Dotcom-Unternehmen ['dɔtkɔm-] *nt* (INFOR: *sl*) empresa *f* puntocom

dotieren* [do'tiːrən] *vt* dotar (*mit* con/de); **gut dotiert** (*Stellung*) bien remunerado

Dotter ['dɔtɐ] *m o nt* <-s, -> yema *f*

Dotterblume *f* (BOT) calta *f*

doubeln ['duːbəln] *vi, vt* (FILM) hacer de doble (en un filme)

Double ['duːb(ə)l] *nt* <-s, -s> (FILM) doble *m*

Downlink ['daʊnlɪŋk] *nt* <-(s), -s> (TEL) enlace *m* descendente

Download ['daʊnlɔʊt] *nt* <-(s), -s> (INFOR) carga *f* descendente [o por teleproceso], download *m* (*transferencia de un ordenador a otro*)

downloaden ['daʊnlɔʊdən] *vt* (INFOR) descargar, bajar

Downsyndrom ['daʊnzʏndroːm] *nt* ohne pl (MED) mongolismo *m*

Dozent(in) [do'tsɛnt] *m(f)* <-en, -en; -nen> profesor(a) *m(f)* universitario, -a

dozieren* [do'tsiːrən] *vi* dar clases (*magistrales*) (*über* sobre)

Dr. *mf* <Dres.> *Abk. von* **Doktor** doctor(a) *m(f)*; **Herr/Frau** ~ **Müller** doctor/ doctora Müller

Drache ['draxə] *m* <-n, -n> dragón *m*

Drachen *m* <-s, -> ❶ (*aus Papier*) cometa *f*, volantín *m Am*; ~ **steigen lassen** echar (a volar) cometas ❷ (*fam abw: zänkische Frau*) furia *f*

Drachenflieger(in) *m(f)* (SPORT) deportista *mf* de ala delta

Drachme ['draxmə] *f* <-, -n> (FIN) dracma *f*

Dragee [dra'ʒe:] *nt* <-s, -s>, **Dragée** *nt* <-s, -s> (MED) gragea *f*

Draht [dra:t, *pl:* 'drɛ:tə] *m* <-(e)s, Drähte> alambre *m*, hilo *m* metálico; **einen** ~ **zu jdm haben** (*fam*) simpatizar con alguien; **auf** ~ **sein** (*fam*) estar en buena forma; **Drahtbürste** *f* cepillo *m* de púas de metal; **Drahtesel** *m* (*fam*) bici *f*; **Drahtgitter** *nt* alambrado *m*

drahtig *adj* (*Figur*) vigoroso

drahtlos I. *adj* inalámbrico II. *adv:* ~ **telegrafieren** radiotelegrafiar

Drahtseil *nt* cable *m* metálico; **Drahtseilbahn** *f* teleférico *m*; **Drahtzaun** *m* alambrado *m*

Drahtzieher(in) *m(f)* <-s, -; -nen> instigador(a) *m(f)*

drakonisch [dra'ko:nɪʃ] *adj* draconiano

drall [dral] *adj* (*Person*) robusto; (*Körperteil*) regordete

Drama ['dra:ma, *pl:* 'dra:mən] *nt* <-s, Dramen> tragedia *f*, drama *m*

Dramatiker(in) [dra'ma:tike] *m(f)* <-s, -; -nen> autor(a) *m(f)* dramático, -a

dramatisch *adj* (*a.* THEAT, LIT) dramático

dramatisieren* *vt* ❶ (*Roman*) adaptar a la escena ❷ (*aufbauschen*) dramatizar

Dramaturg(in) [drama'tʊrk] *m(f)* <-en, -en; -nen> (*a.* THEAT) asesor(a) *m(f)* artístico, -a

Dramaturgie [dramatʊr'gi:] *f* <-n> (*a.* THEAT) dramaturgia *f*, dramática *f*

Dramaturgin *f* <-nen> *s.* **Dramaturg**

Dramen *pl von* **Drama**

dran [dran] *adv* (*fam*): **du bist** ~ es tu turno; **jetzt ist er** ~ ahora le toca a él; **sind Sie noch** ~? (*Telefon*) ¿todavía está en la línea?; **er ist schlecht/gut** ~ le va mal/ bien; **früh/spät** ~ **sein** tener/no tener tiempo; **ich bin spät** ~ ya no tengo tiempo; **da ist was** ~ hay algo de verdad en ello; **an dem Radio ist alles** ~, **was man braucht** la radio tiene todo lo que se necesita; *s. a.* **daran**; **dran|bleiben** *irr vi sein* (*fam*) ❶ (*verfolgen*) no soltar (*an*), seguir la pista (*an de*) ❷ (*Telefon*) no colgar (*an*)

drang [draŋ] *3. imp von* **dringen**

Drang [draŋ] *m* <-(e)s, *ohne pl*> ❶ (*Trieb*) impulso *m*; (*Sehnsucht*) ansia *f* (*nach/zu* de); **aus innerem** ~ por un impulso instintivo; **einen plötzlichen** ~ **nach etw verspüren** desear algo ardientemente ❷ (*Zwang*) apremio *m*

dran|gehen *irr vi sein* (*fam: in Angriff nehmen*) emprender (*an*)

Drängelei [drɛŋə'laɪ] *f* <-en> (*abw*) ❶ (*Schubsen*) apretujones *mpl* ❷ (*Bettelei*) ruegos *mpl* continuos y molestos

drängeln ['drɛŋəln] *vi, vt* (*fam*) ❶ (*schieben*) empujar; **nur nicht ~!** ¡no empujen! ❷ (*betteln*) apremiar

drängen ['drɛŋən] I. *vi* ❶ (*eilen*) urgir, correr prisa; **es drängt nicht** no corre prisa ❷ (*schieben*) empujar ❸ (*fordern*) insistir (*auf* en); **er drängt zur Eile** mete prisa II. *vt* ❶ (*schieben*) empujar; (*durch die Menge*) abrirse paso ❷ (*antreiben*) apremiar (*zu* para que +*subj*) III. *vr:* **sich** ~ apiñarse

Drangsal ['draŋza:l] *f* <-e> (*geh*) pena *f*, sufrimientos *mpl*

drangsalieren* [draŋza'li:rən] *vt* (*abw*) torturar

dran|halten *irr* I. *vt* (*fam: zum Vergleich*) acercar (para comparar) II. *vr:* **sich** ~ (*sich beeilen*) apurarse, apresurarse; **dran|hängen** *irr* I. *vt* (*fam: an etw befestigen*) colgar (*an* en); (*verlängern*) prolongar (por); **wir können an unseren Urlaub noch eine Woche** ~ podemos prolongar nuestras vacaciones por una semana II. *vi* (*fam: an etw hängen*) tener cariño [*o* apego] (*an* a) III. *vr:* **sich** ~ (*fam: verfolgen*) perseguir (*an*); **dran|kommen** *irr vi sein* (*fam*) ❶ (*an die Reihe kommen*) tocar; **du kommst als Nächstes dran** ahora te toca a ti ❷ (SCH: *aufgerufen werden*) ser llamado para decir la lección ❸ (*abgefragt werden*) tocar; **welches Thema kommt denn dran?** ¿qué tema toca hoy? ❹ (*erreichen*) alcanzar; **dran|kriegen** *vt* (*fam*): **jdn** (**schön**) ~ (*zu einer Leistung*) no dejar que alguien escurra el bulto; (*reinlegen*) jugársela a alguien; **dran|lassen** *irr vt* (*fam*) dejar puesto (*an* en); **dran|nehmen** *irr vt* (*fam: Schüler*) preguntar; (*Kunden, Patienten*) atender; **dran|setzen** *vt* ❶ (*einsetzen*) arriesgar; **ich werde alles ~ um ...** haré todo lo posible para... ❷ (*beschäftigen*) ocupar; **da kann ich den Lehrling** ~ esto se lo dejo hacer al aprendiz

drapieren* [dra'pi:rən] *vt* (*schmücken*) adornar; (*aufwändig falten*) drapear (*um* por)

drastisch ['drastɪʃ] *adj* drástico

drauf ['draʊf] *adv* (*fam*): **gut/schlecht ~ sein** estar de buenas/de mala leche; **wie ist der denn ~?** ¿a éste qué mosca le picó?; **~ und dran sein zu ...** estar a punto de...

drauf|bekommen* *irr vt* (*fam*) ❶ (*auf etw bekommen*) conseguir poner (*auf* a) ❷ (*Wend*): **eins ~** (*einen Klaps bekommen*) recibir un cachete; (*ausgeschimpft werden*) recibir una reprimenda

Draufgänger(in) ['draʊfgɛŋɐ] *m(f)* <-s, -; -nen> atrevido, -a *m, f*

draufgängerisch ['draʊfgɛŋ(ə)rɪʃ] *adj* arrojado

drauf|gehen *irr vi sein* (*fam*) ❶ (*sterben*) palmarla ❷ (*Geld*) volar ❸ (*Sache*) romperse; **drauf|haben** *irr vt* (*fam*): **etw ~** tener idea (de algo); **drauf|hauen** *irr vi* (*fam*) dar porrazos (*auf* a); **einen ~** juerguearse; **drauf|kommen** *irr vi sein* (*sich einfallen lassen*): **ich komme nicht drauf!** ¡no se me ocurre!; **drauf|kriegen** *vi* (*fam*): **eins ~** caerle a alguien una bronca; **drauf|lassen** *irr vt* (*fam*) dejar puesto (*auf* en); **drauf|legen** *vt* (*fam*) ❶ (*Betrag*) añadir (*auf* a) ❷ (*hinlegen*) poner encima (*auf* de)

drauflos [-'-] *adv* sin darle más vueltas; **drauflos|arbeiten** *vi* (*fam*) ponerse a trabajar sin plan previo; **drauflos|gehen** *vi sein* (*fam*) echar a andar sin rumbo fijo; **drauflos|reden** *vi* (*fam: unüberlegt*) hablar sin pensar; (*ohne Scheu*) hablar sin cortarse; **drauflos|schlagen** *irr vi* (*fam*) liarse a golpes

drauf|machen *vt* (*fam*): **einen ~** correrse una juerga; **Draufsicht** *f* <-en> vista *f* de arriba; (*Zeichnung*) proyección *f* horizontal; **drauf|stehen** *irr vi* (*fam*) ❶ (*auf etw stehen*) estar (puesto) encima (*auf* de); (*Mensch, Tier*) estar (subido) encima (*auf* de); **aua, du stehst genau auf meinem Fuß drauf!** ¡ay, me estás pisando el pie! ❷ (*geschrieben stehen*) estar puesto (*auf* en); **was steht auf dem Zettel drauf?** ¿qué pone en la nota?; **drauf|stoßen** *irr* I. *vi sein* (*fam*) llegar directamente (*auf* a), darse de narices (*auf* con) II. *vt haben* (*fam*): **jdn auf etw ~** servir algo en bandeja (de plata) a alguien; **drauf|zahlen** I. *vi* (*fam*) pagar más II. *vt* (*fam*) añadir

draus [draʊs] *adv* (*fam*) *s.* **daraus**

draußen ['draʊsən] *adv* ❶ (*außerhalb*) fuera; (*im Freien*) al aire libre; **nach ~** hacia fuera; **von ~** de fuera ❷ (*weit entfernt*) lejos (de aquí); **~ auf dem Lande** allá en el campo

drechseln ['drɛksəln] *vi, vt* tornear

Drechsler(in) ['drɛkslɐ] *m(f)* <-s, -; -nen> tornero, -a *m, f*

Dreck [drɛk] *m* <-(e)s, *ohne pl*> ❶ (*fam: Schmutz*) suciedad *f;* (*Schlamm*) lodo *m;* (*Abfall*) basura *f;* **jdn wie den letzten ~ behandeln** (*fam*) tratar a alguien como a un perro, basurear a alguien *Arg, Urug;* **er hat ~ am Stecken** (*fig*) tiene las manos sucias; **jdn in den ~ ziehen** (*fam fig*) poner verde a alguien ❷ (*abw fam: Kleinigkeit*) asuntillo *m;* **sich einen ~ um etw kümmern** importarle algo a alguien un comino; **die Nase in jeden ~ stecken** meter las narices en todas partes; **das geht dich einen ~ an** eso no te importa para nada

Dreckarbeit *f* (*abw*) *s.* **Drecksarbeit**; **Dreckfinger** *m* (*fam*) dedo *m* sucio; **fass mit deinen ~n bloß nichts an!** ¡no toques nada con esos dedos pringosos!; **Dreckfink** *m* (*fam*) guarro, -a *m, f*

dreckig *adj* (*fam*) ❶ (*schmutzig*) sucio, pichoso *Ven;* **sich ~ machen** ensuciarse ❷ (*unanständig*) obsceno ❸ (*Wend*): **es geht mir ~** estoy fatal

Dreckkerl *m* (*fam abw*) *s.* **Dreckskerl**; **Dreckloch** *nt* (*fam abw*) pocilga *f;* **Drecknest** *nt* (*fam abw*) pueblo *m* de mala muerte; **Dreckpfote** *f* (*fam abw*) manaza *f;* **Drecksack** *m* (*fam abw*) tipo *m* asqueroso

Drecksarbeit *f* (*abw: die dreckig macht*) trabajo *m* sucio; (*die verabscheut wird*) trabajo *m* asqueroso

Drecksau *f* (*vulg*) cerdo, -a *m, f;* **Dreckschwein** *nt* (*vulg*) cerdo, -a *m, f*

Dreckskerl *m* (*fam abw*) sinvergüenza *m*

Dreckspatz *m* (*fam a. abw*) marrano, -a *m, f*

Dreh [dre:] *m* <-(e)s, -s *o* -e> (*fam*) truco *m;* **den ~ herausbekommen** conocer el truco

Dreharbeiten *fpl* (FILM) rodaje *m*

Drehbank *f* torno *m*

drehbar *adj* giratorio

Drehbleistift *m* portaminas *m inv*

Drehbuch *nt* guión *m;* **Drehbuchautor(in)** *m(f)* guionista *mf*

drehen ['dre:ən] I. *vt* ❶ (*um die Achse*) girar; (*Schraube*) enroscar; **den Kopf ~** volver la cabeza; **das Radio leiser ~** (*fam*) bajar la radio; **wie man es auch dreht und wendet** por más vueltas que se le dé ❷ (*Strick*) torcer; (*Faden*) hilar; (*Pillen*) fabricar; (*Zigarette*) liar ❸ (FILM) rodar ❹ (*fam abw: aussehen lassen*) influir (en); **vielleicht können wir die Sache so ~,**

dass ... tal vez podamos influir en el asunto de manera que... +*subj* **II.** *vi*
❶ (*Wind*) cambiar; (*Schiff*) virar; (*Auto*) dar la vuelta ❷ (*am Schalter, Steuerrad*) girar (*an*) **III.** *vr:* **sich ~** ❶ (*rotieren*) girar, dar vueltas; **mir dreht sich alles im Kopf** la cabeza me da vueltas; **er drehte sich auf den Rücken** se puso boca arriba ❷ (*betreffen*) girar (*um* en torno a)

Dreher(in) *m(f)* <-s, -; -nen> tornero, -a *m, f*

Drehkreuz *nt* torniquete *m;* **Drehorgel** *f* organillo *m;* **Drehort** *m* (FILM) lugar *m* de rodaje; **Drehscheibe** *f* ❶ (EISENB) placa *f* giratoria ❷ (*des Töpfers*) torno *m;* **Drehstuhl** *m* silla *f* giratoria; **Drehtür** *f* puerta *f* giratoria

Drehung *f* <-en> giro *m;* (*Umdrehung*) vuelta *f;* (*um die Achse*) rotación *f;* **eine ~ um 180 Grad** un giro de 180 grados

Drehwurm *m:* **einen ~ kriegen** marearse

Drehzahl *f* número *m* de revoluciones

drei [draɪ] *adj inv* tres; **~ Viertel** tres cuartos; **es ist ~ viertel zwei** (*südd*) son las dos menos cuarto; **er tut so, als könne er nicht bis ~ zählen** (*fam*) hace como si ni supiera contar hasta diez; **aller guten Dinge sind ~** (*prov*) a la tercera va la vencida; *s. a.* **acht**[1]

Drei *f* <-en> tres *m;* (*Schulnote*) bien *m*

dreidimensional ['draɪdimɛnzjonaːl] *adj* tridimensional

Dreieck ['draɪʔɛk] *nt* <-(e)s, -e> triángulo *m*

dreieckig *adj* triangular

Dreiecksverhältnis *nt* ménage *m* à trois

dreieinhalb [draɪʔaɪn'halp] *adj inv* tres y medio

Dreieinigkeit [-'----] *f ohne pl* (REL) Trinidad *f*

dreierlei ['draɪɐ'laɪ] *adj inv* de tres clases diferentes, tres clases (diferentes) de; *s. a.* **achterlei**

dreifach ['draɪfax] **I.** *adj* triple; **in ~er Ausfertigung** por triplicado **II.** *adv* tres veces; *s. a.* **achtfach**

Dreifaltigkeit [draɪ'faltɪçkaɪt] *f ohne pl* (REL) Trinidad *f*

dreihundert ['-'--] *adj inv* trescientos; *s. a.* **achthundert**

dreijährig *adj* trienal

Dreikampf *m* (SPORT) triatlón *m*

Dreikäsehoch [-'---] *m* <-s, -s> (*fam*) taponcito *m*

Dreikönige [-'---] *pl:* **nach ~** después de Reyes

Dreiländereck [-'---] *nt ohne pl* punto *m* de encuentro de las fronteras de tres países

dreimal *adv* tres veces; **~ darfst du raten** (*fam*) ¿por qué preguntas si ya lo sabes?; *s. a.* **achtmal**

drein [draɪn] *adv* (*fam*) *s.* **darein**

drein|blicken *vi:* **finster ~** poner mala cara; **drein|reden** *vi* (*fam*) meterse (*in* en); **jdm während einer Rede ~** meterse [*o* meter baza] en el discurso de alguien; **drein|schauen** *vi s.* **dreinblicken**

Dreirad *nt* ❶ (*für Kinder*) triciclo *m* ❷ (*Lieferwagen*) camioneta *f* de tres ruedas; **Dreisatz** *m* (MATH) regla *f* de tres

dreißig ['draɪsɪç] *adj inv* treinta; *s. a.* **achtzig**

dreißigjährig ['draɪsɪçjɛːrɪç] *adj* de treinta años; **der D~e Krieg** la Guerra de los Treinta Años

dreißigste(r, s) *adj* trigésimo; *s. a.* **achtzigste(r, s)**

dreist [draɪst] *adj* (*unverschämt*) descarado; (*frech*) fresco

dreistellig *adj* de tres cifras

Dreistigkeit ['draɪstɪçkaɪt] *f* <-en> impertinencia *f*, insolencia *f*

dreistimmig *adj* (MUS) a tres voces

Dreitagebart [-'---] *m* barba *f* de tres días

dreitausend ['-'--] *adj inv* tres mil; *s. a.* **achttausend**

dreiteilig *adj* (*Service*) de tres piezas; (*Fernsehserie*) de tres capítulos

dreiviertellang *adj* (*Rock, Hose*) de tres cuartos; **Dreiviertelstunde** ['draɪvɪrtəl'ʃtʊndə] *f* tres cuartos *mpl* de hora; **in einer ~** en tres cuartos de hora; **Dreivierteltakt** [-'---] *m ohne pl* (MUS) compás *m* de tres por cuatro

Dreizack ['draɪtsak] *m* <-(e)s, -e> (*Stab mit drei Zinken*) tridente *m*

dreizehn ['--] *adj inv* trece; **jetzt schlägt's aber ~** (*fam*) esto es el colmo; *s. a.* **acht**[1]

dreizehnte(r, s) *adj* decimotercero; *s. a.* **achte(r, s)**

Dreizimmerwohnung [-'----] *f* piso *m* de tres habitaciones

Dres. *pl Abk. von* **Doctores** doctores *mpl*, doctoras *fpl*

Dresche ['drɛʃə] *f ohne pl* (*fam*): **~ bekommen** recibir una paliza

dreschen <drischt, drosch, gedroschen> *vt* ❶ (*Getreide*) trillar; **Phrasen ~** (*fam*) hablar con clichés ❷ (*verprügeln*) zurrar

Dreschmaschine *f* (AGR) trilladora *f*

Dresden ['dreːsdən] *nt* <-s> Dresde *m*

dressieren* [drɛ'siːrən] *vt* (*Tier*) adiestrar

Dressing *nt* <-s, -s> (GASTR) aliño *m*

Dressman ['drɛsmən] *m* <-s, -men> maniquí *m* masculino

Dressur [drɛ'suːɐ] *f* <-en> adiestramiento *m*

dribbeln ['drɪbəln] *vi* (SPORT) driblar

driften ['drɪftən] *vi sein* (*a.* NAUT) derivar (*nach* hacia)

Drill [drɪl] *m* <-(e)s, *ohne pl*> (MIL) entrenamiento *m*

Drillbohrer *m* (TECH) broca *f* espiral de Arquímedes

drillen ['drɪlən] *vt* ❶ (TECH) taladrar ❷ (MIL) instruir (*auf* en)

Drilling ['drɪlɪŋ] *m* <-s, -e> (*Kind*) trillizo *m*

drin [drɪn] *adv* (*fam*) dentro; **es ist noch alles ~** (*fig*) todavía todo está dentro de lo posible; **das ist nicht ~** (*fig*) esto no está previsto; *s. a.* **darin**

dringen ['drɪŋən] <dringt, drang, gedrungen> *vi* ❶ *sein:* **durch etw ~** atravesar algo; **in etw ~** penetrar en algo; **aus etw ~** (*Flüssigkeit, Gas*) salir de algo; (*Geräusch*) venir de algo; **in jdn ~** asediar a alguien; **bis zu etw ~** penetrar hasta algo; **an die Öffentlichkeit ~** trascender al público ❷ (*verlangen*): **auf etw ~** insistir en algo

dringend *adj* ❶ (*eilig*) urgente ❷ (*nachdrücklich*) enérgico; **~ davon abraten etw zu tun** desaconsejar seriamente de hacer algo; **~ verdächtig** altamente sospechoso

dringlich *adj* urgente

Dringlichkeit *f* <-en> urgencia *f*

drin|hängen *irr vi* (*fam*): **mit ~** (*ebenfalls beteiligt sein*) estar alguien (metido) en el ajo

Drink [drɪnk] *m* <-s, -s> trago *m*

drinnen ['drɪnən] *adv* dentro; **~ und draußen** dentro y fuera; **ich gehe nach ~** voy adentro

drin|stecken *vi* (*fam*) ❶ (*beschäftigt sein*) estar (muy) metido (*in* en) ❷ (*investiert sein*) costar; **da steckt eine Menge Arbeit drin** ha costado mucho trabajo ❸ (*verwickelt sein*) estar metido (*in* en); **drin|stehen** *irr vi* Österr, Schweiz, südd: *sein* (*fam: in Raum*) estar (*in* en); (*in Buch*) poner (*in* en), decir (*in* en)

drischt [drɪʃt] *3. präs von* **dreschen**

dritt [drɪt] *adv:* **zu ~** los tres

dritte(r, s) *adj* tercero; **D~ Welt** tercer mundo; *s. a.* **achte(r, s)**

drittel *adj inv* tercio; *s. a.* **achtel**

drittens ['drɪtəns] *adv* en tercer lugar; (*bei Aufzählung*) tercero; *s. a.* **achtens**

Dritte-Welt-Laden *m* negocio que vende productos de los países del tercer mundo; **Dritte-Welt-Land** ['--'--] *nt* país *m* tercermundista

drittklassig *adj* (*abw*) malo; (*Beschaffen-*

heit) de mala calidad; **Drittländer** *ntpl* (EU) países *mpl* terceros; **Drittstaaten** *mpl* (EU) países *mpl* terceros

DRK [de:?ɛr'ka:] *nt* <-> *Abk. von* **Deutsches Rotes Kreuz** Cruz *f* Roja Alemana

droben ['dro:bən] *adv* (*geh*) arriba; **da ~** ahí arriba

Droge ['dro:gə] *f* <-n> droga *f*, pichicata *f* *Arg*; **synthetische ~** droga sintética; **~n nehmen** tomar drogas, drogarse

drogenabhängig *adj* drogadicto; **Drogenabhängige(r)** *mf* drogadicto, -a *m, f*; **Drogenabhängigkeit** *f ohne pl* drogadicción *f*; **Drogenbekämpfung** *f* lucha *f* contra la droga; **Drogenhandel** *m* narcotráfico *m*; **Drogenkonsum** *m* consumo *m* de drogas; **Drogenkonsument(in)** *m(f)* consumidor(a) *m(f)* de drogas; **Drogenmissbrauch** *m* abuso *m* de drogas; **Drogensucht** *f s.* **Drogenabhängigkeit**; **drogensüchtig** *adj s.* **drogenabhängig**; **Drogensüchtige(r)** *mf s.* **Drogenabhängige(r)**; **Drogenszene** *f* ambiente *m* de las drogas; **Drogentote(r)** *mf* víctima *f* de drogas

Drogerie [drogə'ri:] *f* <-n> droguería *f*

Drogist(in) *m(f)* <-en, -en; -nen> droguero, -a *m, f*

Drohbrief *m* carta *f* conminatoria

drohen ['dro:ən] *vi* ❶ (*einschüchtern*) amenazar; **sie drohte ihm mit der Polizei** le amenazaba con llamar a la policía ❷ (*bevorstehen*) amenazar, ser inminente; **ihm droht Gefängnis** la condena es inminente ❸ (*zu befürchten sein*): **er drohte einzuschlafen** era de temer que se durmiera

drohend *adj* ❶ (*Gebärde*) amenazador ❷ (*Gefahr*) inminente

Drohne ['dro:nə] *f* <-n> (ZOOL) zángano *m*

dröhnen ['drø:nən] *vi* (*Geräusch*) retumbar; (*Schritte*) resonar; (*Ohren*) zumbar; **mir dröhnt der Kopf** tengo la cabeza como un bombo

Drohung ['dro:ʊŋ] *f* <-en> amenaza *f*

drollig ['drɔlɪç] *adj* ❶ (*Geschichte*) gracioso ❷ (*Kind*) salado

Dromedar ['dro:meda:ɐ, drome'da:ɐ] *nt* <-s, -e> (ZOOL) dromedario *m*

Drops [drɔps] *m* <-, -> caramelo *m* ácido

drosch [drɔʃ] *3. imp von* **dreschen**

Droschke ['drɔʃkə] *f* <-n> coche *m* de plaza, simón *m*

Drossel ['drɔsəl] *f* <-n> (ZOOL) tordo *m*

drosseln ['drɔsəln] *vt* bajar; (*Tempo*) moderar; (*Inflation*) frenar; (*Ausgaben*) reducir

drüben ['dry:bən] *adv* al otro lado, enfrente; **hier/da ~** aquí/allá enfrente

drüber ['dry:bɐ] *adv* (*fam*) *s.* **darüber**

Druck¹ [drʊk] *m* <-(e)s, *ohne pl*> ❶ (*das Drücken*) presión *f;* (*Beklemmung*) opresión *m;* **durch einen ~ auf den Knopf** pulsando el botón ❷ (*Zwang*) estrés *m;* ~ **hinter etw machen** meter prisa a un asunto; **unter ~ stehen** estar en pleno estrés; **jdn unter ~ setzen** presionar a alguien ❸ (*das Drucken*) impresión *f;* **in ~ gehen** ser imprimido

Druck² *m* <-(e)s, Drücke> ❶ (PHYS) presión *f* ❷ (*sl: Schuss Rauschgift*) pinchazo *m*

Druck³ *m* <-(e)s, -e> (KUNST) grabado *m*

Druckbleistift *m* portaminas *m inv;* **Druckbuchstabe** *m* letra *f* de imprenta

Drückeberger(in) ['drʏkəbɛrgɐ] *m(f)* <-s, -; -nen> (*fam abw*) gandul(a) *m(f)*

drucken ['drʊkən] *vt* (TYPO) imprimir (*auf* en); **klein gedruckt** impreso en letras pequeñas; **das klein Gedruckte** la letra pequeña

drücken ['drʏkən] **I.** *vt* ❶ (*pressen*) apretar, trincar *Am;* (*Schalter*) pulsar; **jdm die Hand ~** estrecharle la mano a alguien; **jdm etw in die Hand ~** dar algo a alguien ❷ (*wegschieben*) empujar, apartar; **er drückte sie zur Seite** la empujó a un lado; „**~** " (*an einer Tür*) "empujar" ❸ (*Kleidung*) apretar ❹ (*umarmen*) apretar entre los brazos ❺ (*Preise*) bajar **II.** *vi* (*Kleidung, Last*) apretar; (*Hitze*) pesar; **das trübe Wetter drückt auf die Stimmung** el tiempo nubloso agobia **III.** *vr:* **sich ~** (*fam*) escaquearse (*vor* de); **sie hat sich vor der** [*o* um die] **Arbeit gedrückt** se ha escaqueado del trabajo

drückend *adj* (*Sorgen, Last*) abrumador; (*Wetter*) bochornoso; (*Hitze*) agobiante

Drucker¹ *m* <-s, -> (INFOR) impresora *f*

Drucker(in)² *m(f)* <-s, -; -nen> impresor(a) *m(f);* (*Buch~*) tipógrafo, -a *m, f*

Drücker *m* <-s, -> ❶ (*Klinke*) picaporte *m* ❷ (*Tür~*) portero *m* automático ❸ (*am Gewehr*) gatillo *m;* **am ~ sitzen** (*fam*) tener la decisión en la propia mano; **auf den letzten ~** (*fam*) en el último momento

Druckerei *f* <-en> imprenta *f;* (*für Bücher*) tipografía *f*

Druckerin *f* <-nen> *s.* **Drucker²**

Druckerlaubnis *f* permiso *m* de impresión

Druckerschwärze ['drʊkɐʃvɛrtsə] *f* (TYPO) tinta *f* de imprenta; **Druckertreiber** *m* <-s, -> (INFOR) controlador *m* de impresora

Druckerzeugnis *nt* (TYPO) impreso *m;* **Druckfehler** *m* (TYPO) errata *f;* **druckfrisch** *adj* (TYPO) recién impreso; **Druckkabine** *f* (AERO) cabina *f* presurizada;

Druckknopf *m* (TECH) botón *m* pulsador; **Druckkosten** *pl* (PUBL) gastos *mpl* de imprenta; **Druckluft** *f ohne pl* (PHYS) aire *m* presión; **Druckmaschine** *f* (TYPO) máquina *f* de imprimir; **Druckmesser** *m* (PHYS) manómetro *m;* **Druckmittel** *nt* (*Maßnahme*) medida *f* de presión; **druckreif** *adj* listo para la imprenta; **Drucksache** *f* (*a.* TYPO) impreso *m;* **Druckschrift** *f* (TYPO) letra *f* de imprenta

drucksen ['drʊksən] *vi* (*fam*) titubear, hacerse el remolón

Druckstelle *f* huella *f* de presión; **Druckverband** *m* (MED) vendaje *m* compresivo

Druckwelle *f* (PHYS) onda *f* expansiva; (*bei einer Explosion*) onda *f* explosiva

drum [drʊm] *adv* (*fam*): **sei's ~** sea; **mit allem D~ und Dran** con pelos y señales; *s. a.* **darum**

Drumherum [--'-] *nt* <-s, *ohne pl*> (*fam*): **das ganze ~** todo lo que hace parte

drunten ['drʊntən] *adv* (*südd, Österr*) abajo

drunter ['drʊntɐ] *adv* (*fam*): **es ging alles ~ und drüber** estaba todo revuelto; *s. a.* **darunter**

Drüse ['dry:zə] *f* <-n> glándula *f*

Dschungel ['dʒʊŋəl] *m* <-s, -> jungla *f*

Dschunke ['dʒʊŋka] *f* <-n> junco *m*

dt. *Abk. von* **deutsch** alemán

du [du:] *pron pers 2. sg* tú; **bist ~ es?** ¿eres tú?; **wenn ~ ~ ... wäre** yo que tú

Du *nt* <-(s), -(s)> tú *m;* **jdm das ~ anbieten** ofrecerle el tuteo a alguien; **mit jdm per ~ sein** tutear a alguien

Dualsystem *nt* (*a.* MATH) sistema *m* binario

Dübel ['dy:bəl] *m* <-s, -> taco *m*

dubios [du'bjo:s] *adj* dudoso

ducken ['dʊkən] **I.** *vt* (*abw: demütigen*) humillar **II.** *vr:* **sich ~** ❶ (*sich bücken*) agacharse; (*niederkauern*) agazaparse ❷ (*unterwürfig sein*) doblegarse

Duckmäuser ['dʊkmɔɪzɐ] *m* <-s, -> (*fam*) acoquinado, -a *m, f*

dudeln ['du:dəln] *vi* (*fam*) ❶ (RADIO) sonar ❷ (*musizieren*) tocar un instrumento

Dudelsack ['du:dəlzak] *m* gaita *f*

Duell [du'ɛl] *nt* <-s, -e> ❶ (*mit Waffen*) duelo *m;* **jdn zum ~ fordern** retar a alguien a duelo ❷ (SPORT) competición *f*

duellieren* *vr:* **sich ~** batirse en duelo

Duett [du'ɛt] *nt* <-(e)s, -e> (MUS) dueto *m*

Duft [dʊft, *pl:* 'dʏftə] *m* <-(e)s, Düfte> olor *m;* (*angenehm*) aroma *m;* (*unangenehm*) hedor *m*

dufte *adj* (*reg: fam*) guay

duften ['dʊftən] *vi* oler (*nach* a)

duftend *adj* oloroso; (*parfümiert*) perfumado

Duftstoff *m* sustancia *f* aromática; **Duft-wolke** *f* (*iron: Parfüm*) nube *f* de perfume; **sie ist immer in eine ~ gehüllt** va siempre envuelta en un halo de perfume

dulden ['dʊldən] *vt* ❶ (*zulassen*) tolerar; (*Widerspruch*) admitir; **die Sache duldet keinen Aufschub** el asunto no admite prórroga ❷ (*geh: ertragen*) soportar

duldsam ['dʊltzaːm] *adj* (*nachsichtig*) indulgente (*gegen* con/para/para con); (*tolerant*) tolerante (*gegen* con)

Duldung *f* <-en> tolerancia *f*

dumm [dʊm] *adj* <dümmer, am dümmsten> ❶ (*einfältig*) tonto, estúpido, pendejo *Am,* acicuatado *Ant, Mex,* upa *Ecua, Peru;* **~es Zeug reden** decir disparates; **sich ~ anstellen** hacerse el tonto; **ein ~es Gesicht machen** (*fam*) poner cara de bobo; **das ist gar nicht so ~** no es ninguna tontería; **jdn für ~ verkaufen** (*fam*) tratar a alguien como un tonto ❷ (*unwissend*) ignorante ❸ (*unangenehm*) fastidioso; **jdm ~ kommen** (*fam*) fastidiar a alguien; **so etwas D~es!** ¡qué fastidio!; **dumm-dreist I.** *adj* descarado; **~ sein** ser (un) descarado **II.** *adv* con descaro; **er grinste ~** se sonrió con descaro

Dumme(r) *mf* <-n, -n; -n, -n> (*fam*) tonto, -a *m, f;* **einen ~n finden** encontrar un tonto; **der ~ sein** ser el tonto

Dummejungenstreich *m* (*fam*) pillería *f;* **das geht zu weit, das ist kein ~ mehr!** ¡esto va demasiado lejos, es más que una pillería!

dümmer ['dʏmɐ] *adj kompar von* **dumm**

dummerweise *adv* desafortunadamente

Dummheit[1] *f ohne pl* (*Mangel an Intelligenz*) estupidez *f;* (*Unwissenheit*) ignorancia *f*

Dummheit[2] *f* <-en> (*Handlung*) tontería *f,* estupidez *f,* pendejada *f Am*

Dummkopf *m* (*abw*) tonto, -a *m, f,* estúpido, -a *m, f,* merlo *m Am*

dümmste(r, s) ['dʏmstə, -tə, -təs] *adj superl von* **dumm**

dumpf [dʊmpf] *adj* ❶ (*Geräusch*) sordo ❷ (*stumpfsinnig*) apático ❸ (*Ahnung*) vago; (*Schmerz*) sordo ❹ (*muffig*) enmohecido

Dumpingpreis *m* (WIRTSCH) precio *m* dumping

Düne ['dyːnə] *f* <-n> duna *f*

Dung [dʊŋ] *m* <-(e)s, *ohne pl*> estiércol *m*

Düngemittel *nt* abono *m;* (*künstlich*) fertilizante *m*

düngen ['dʏŋən] *vt* abonar, fertilizar

Dünger ['dʏŋɐ] *m* <-s, -> abono *m;* (*künst-*

lich) fertilizante *m*

dunkel ['dʊŋkəl] *adj* ❶ (*finster*) oscuro; **es wird ~** está oscureciendo; **im D~n** a oscuras; **im D~n tappen** andar a tientas ❷ (*Farbe*) oscuro ❸ (*Ton*) bajo; (*Stimme*) grave ❹ (*unbestimmt*) vago; **sich ~ an etw erinnern** acordarse vagamente de algo; **etw liegt noch im D~n** algo está por aclarar ❺ (*rätselhaft*) misterioso ❻ (*abw: zwielichtig*) oscuro; (*verdächtig*) sospechoso; **eine dunkle Vergangenheit haben** tener un pasado oscuro

---

? Grammatik

El adjetivo **dunkel** pierde la 'e' de la sílaba final cuando se declina para facilitar la pronunciación: *Der Mann auf dem Foto hat eine dunkle Vergangenheit. – El hombre de la foto tiene un pasado oscuro.* Ocurre lo mismo con el adjetivo **miserabel**: *Er hat eine miserable Aussprache im Englischen. – Tiene una pésima pronunciación en inglés.*

Dunkel *nt* <-s, *ohne pl*> (*a. fig*) oscuridad *f*

dunkelblau *adj* azul oscuro; **dunkelblond** *adj* rubio oscuro; **dunkelgrün** *adj* verde oscuro

dunkelhaarig *adj* moreno

dunkelhäutig ['dʊŋkəlhɔɪtɪç] *adj* moreno

Dunkelheit *f ohne pl* oscuridad *f;* **bei Einbruch der ~** al anochecer

Dunkelkammer *f* (FOTO) laboratorio *m*

dunkelrot *adj* rojo oscuro; **Dunkelziffer** *f* cifra *f* negra

dünn [dʏn] *adj* ❶ (*Ast, Scheibe*) fino; **ein ~es Buch** un librito ❷ (*schlank*) delgado; (*mager*) flaco; **sie ist sehr ~ geworden** ha adelgazado mucho ❸ (*spärlich*) escaso; (*Haar*) ralo; **Butter ~ auftragen** poner un poco de mantequilla ❹ (*fein, zart*) fino; (*Stimme*) débil ❺ (*Suppe*) aguado; (*Kaffee*) flojo

Dünndarm *m* (ANAT) intestino *m* delgado

dünnemachen *vr s.* **dünnmachen**

dünnflüssig *adj* (muy) fluido

dünnmachen *vr:* **sich ~** (*fam*) pirarse; **da kommen die Bullen, ich mach mich lieber dünn!** ¡ahí vienen los maderos, mejor será que me pire!

Dünnpfiff *m* <-(e)s, *ohne pl*> (*fam*) cagalera *f;* **Dünnschiss** *m* <-es, *ohne pl*> (*fam*) cagalera *f*

Dunst[1] ['dʊnst, *pl:* 'dʏnstə] *m* <-(e)s,

Dünste> (*Dampf*) vapor *m;* (*Ausdüns-tung*) vaho *m;* (*Rauch*) humo *m*

Dunst² *m* <-(e)s, *ohne pl*> (*Nebel*) neblina *f*

Dunstabzugshaube *f* campana *f* extractora de humos

dünsten ['dʏnstən] *vt* (GASTR) rehogar

Dunstglocke *f* smog *m*

dunstig ['dʊnstɪç] *adj* ❶ (*neblig*) nebuloso ❷ (*verräuchert*) cargado de humo

Dunstkreis *m* (*geh: jds Umgebung*) ambiente *m;* **Dunstschleier** *m* velo *m* de niebla; **Dunstwolke** *f* (*Ausdünstung*) vaharada *f;* (*Rauchwolke*) humareda *f*

Duo ['du:o] *nt* <-s, -s> (MUS) dúo *m*

Duplikat [dupli'ka:t] *nt* <-(e)s, -e> duplicado *m*

Dur [du:ɐ] *nt* <-, *ohne pl*> (MUS) tono *m* mayor

durch [dʊrç] **I.** *präp* +*akk* ❶ (*örtlich*) por, a través de; ~ **eine Straße gehen** ir por una calle; ~ **das Fenster schauen** mirar por la ventana ❷ (*mittels*) por (medio de); ~ **Zufall** por casualidad ❸ (*infolge von*) a causa de, por; ~ **das viele Rauchen** por fumar tanto ❹ (*zeitlich*) durante; **die ganze Nacht** ~ durante toda la noche ❺ (*teilen*) por; (MATH) dividido por; ~ **drei teilen** dividir por tres ❻ (*Agens*) por; **das Fahrzeug wird** ~ **Motoren getrieben** el vehículo es impulsado por motores **II.** *adv* (*fam*): **es ist schon drei Uhr** ~ ya son las tres pasadas; **der Zug ist gerade** ~ el tren acaba de pasar; **das Fleisch ist** ~ la carne está a punto; **die Sohle ist** ~ la suela está gastada; ~ **und** ~ completamente

durch|ackern I. *vt* (*fam*) estudiar(se) enterito [o de cabo a rabo] **II.** *vr:* **sich** ~ (*fam*) currarse (*durch*)

durch|arbeiten I. *vt* (*Buch*) estudiar a fondo **II.** *vi* (*ohne Pause*) trabajar sin descanso **III.** *vr:* **sich** ~ (*Haufen Arbeit*) vencer (*durch*), acabar (*durch*); (*Dschungel*) abrirse paso (*durch por/a través de*)

durch|atmen *vi* respirar hondo

durchaus ['--, --'] *adv* ❶ (*völlig*) absolutamente; ~ **nicht** en absoluto; **das ist** ~ **nicht leicht** no es nada fácil ❷ (*unbedingt*) de todas formas

durch|beißen *irr* **I.** *vt* (*zerbeißen*) partir con los dientes **II.** *vr:* **sich** ~ (*fam: Widerstände überwinden*) abrirse paso (*durch por/a través de*)

durch|bekommen* *irr vt* (*fam*) ❶ (*entzweimachen*) (conseguir) partir; **das Seil bekommst du mit der Schere nicht durch** no puedes cortar esa cuerda con las tijeras ❷ (*durch Öffnung*) (conseguir)

meter ❸ (*durch Kontrolle*) (conseguir) pasar ❹ (*durch eine Prüfung*) hacer pasar

durch|biegen *irr vr:* **sich** ~ (*Brett*) doblarse

durch|blättern *vt* hojear

Durchblick *m* < -(e)s, -e> (*fam: Überblick*) visión *f* de conjunto; **den** ~ **haben** estar al corriente

durch|blicken *vi* ❶ (*durchschauen*) mirar (*durch* por) ❷ (*fam: verstehen*) entender; **etw** ~ **lassen** (*andeuten*) dejar entrever algo; (*zu verstehen geben*) dar algo a entender

durchbluten* *vt* irrigar; **gut durchblutet werden** tener buena circulación

Durchblutung *f* <-en> riego *m* sanguíneo; **Durchblutungsstörung** *f* trastorno *m* circulatorio

durchbohren*¹ *vt* (*durchdringen*) atravesar; **von Kugeln durchbohrt** acribillado a balas

durch|bohren² *vt* (*Loch bohren*) taladrar

durch|boxen I. *vt* (*fam: durchsetzen*) imponer **II.** *vr:* **sich** ~ (*fam*) ❶ (*sich durchsetzen*) imponerse ❷ (*einen Weg bahnen*) abrirse paso (*durch* por)

durch|braten *irr vt* (GASTR) asar bien; (*in der Pfanne*) freír bien

durchbrechen*¹ *irr vt* ❶ (*durchdringen*) romper; (*Hindernis*) derribar ❷ (*Prinzip*) quebrantar

durch|brechen² *irr* **I.** *vi sein* ❶ (*entzweigehen*) romperse ❷ (*Zähne, Sonne*) salir ❸ (*Hass, Wut*) manifestarse **II.** *vt* (*zerbrechen*) romper

durch|brennen *irr vi sein* ❶ (*Birne, Sicherung*) fundirse ❷ (*fam: ausreißen*) escaparse

durch|bringen *irr vt* ❶ (*Kranke*) curar ❷ (*Prüfling*): **jdn** ~ conseguir que apruebe alguien ❸ (*ernähren*) sustentar; (*Kinder*) sacar adelante ❹ (*vergeuden*) derrochar

durchbrochen I. *pp von* **durchbrechen¹** **II.** *adj* (*Spitze*) quebrado

Durchbruch ['--] *m* <-(e)s, -brüche> ❶ (*eines Zahns*) aparición *f;* (*des Blinddarms*) rotura *f* ❷ (MIL) irrupción *f* ❸ (*Erfolg*) éxito *m;* **jdm/etw zum** ~ **verhelfen** fomentar el éxito de alguien/algo ❹ (*Stelle*) brecha *f*

durch|checken *vt* ❶ (AERO: *bis zum Zielort abfertigen*) facturar hasta el destino ❷ (*fam: Patient*) chequear; (*Liste*) repasar

durchdacht *pp von* **durchdenken**

durchdenken* *irr vt* examinar a fondo; **wohl durchdacht** (*geh*) (muy) bien reflexionado

durch|diskutieren* *vt* discutir a fondo

durch|dränge(l)n *vr:* **sich** ~ (*fam*) abrirse paso (a empujones)

durch|drehen I. *vi* ❶ *sein* (*Räder*) derrapar ❷ *haben o sein* (*fam: die Nerven verlieren*) volverse loco II. *vt:* **das Fleisch durch den Wolf** ~ pasar la carne por la máquina de picar

durchdringen*[1] *irr vt* ❶ (*durchstoßen*) atravesar; (*Flüssigkeit*) penetrar, atravesar ❷ (*erfüllen*) llenar; (*in seinen Bann schlagen*) obsesionar; **er ist von der Idee durchdrungen, dass ...** está obsesionado con la idea que...

durch|dringen[2] *irr vi sein* ❶ (*Flüssigkeit, Kälte*) atravesar, penetrar; (*Gerücht*) trascender; (*Sonne*) salir; **die Nachricht ist bis zu uns durchgedrungen** la noticia ha trascendido hasta nosotros ❷ (*hingelangen*) llegar (*bis zu* a)

durchdringend *adj* (*Kälte, Geruch*) penetrante; (*Schrei*) estridente

durch|drücken *vt* ❶ (*Knie*) estirar ❷ (*fam: durchsetzen*) imponer ❸ (*durch ein Sieb*) pasar (*durch* por)

durchdrungen *pp von* **durchdringen**[1]

durch|dürfen *irr vi* (*fam*) poder pasar; **darf ich bitte mal durch?** ¿puedo pasar, por favor?

durcheinander [dʊrçʔaɪˈnandɐ] *adv* (*unordentlich*) revuelto, mezclado; (*verwirrt*) confuso; ~ **bringen** (*in Unordnung bringen*) revolver; (*verwechseln*) confundir; (*verwirren*) desconcertar; ~ **laufen** correr a trochemoche; ~ **reden** hablar todos a la vez

Durcheinander ['----] *nt* <-s, *ohne pl*> ❶ (*Unordnung*) desorden *m*, despelote *m* *Am* ❷ (*Verwirrung*) confusión *f*

durchfahren*[1] *irr vt* ❶ (*bereisen*) recorrer ❷ (*durchqueren*) atravesar; (*Meer*) surcar ❸ (*durchzucken*): **ein Schreck durchfuhr ihn** se estremeció del susto

durch|fahren[2] *irr vi sein* ❶ (*ohne Pause*) no parar; **die ganze Nacht** ~ conducir sin parar durante toda la noche; **bis zur nächsten Ampel** ~ seguir hasta el próximo semáforo ❷ (*durchqueren*) pasar (*durch* por)

Durchfahrt ['--] *f* <-en> paso *m;* (*das Durchfahren*) pasaje *m;* ~ **freihalten!** ¡prohibido aparcar!; ~ **verboten!** ¡se prohíbe el paso!; **auf der** ~ **sein** estar de paso; **Durchfahrtsstraße** *f* calle *f* de tránsito

Durchfall *m* <-(e)s, *ohne pl*> (MED) diarrea *f*, obradera *f* *Col, Guat, Pan*

durch|fallen *irr vi sein* ❶ (*durch ein Loch*) caer (*durch* por) ❷ (*fam: keinen Erfolg haben*) fracasar ❸ (*durch eine Prüfung*)

suspender (*durch*)

durch|feiern *vi* (*fam: ohne Pause feiern*) festejar sin parar

durch|finden *irr vr:* **sich** ~ ❶ (*zum Ziel*) encontrar (*zu*) ❷ (*sich zurechtfinden*): **bei diesem Durcheinander finde ich mich nicht mehr durch** en medio de este desorden no sé por donde empezar

durch|fliegen *irr vi sein* ❶ (*ohne Pause*) volar sin hacer escala ❷ (*durch Wolken*) atravesar (volando) (*durch*) ❸ (*fam: bei einer Prüfung*) catear (*in*)

durchfließen*[1] *irr vt* pasar (por)

durch|fließen[2] *irr vi sein* pasar (*durch* por), correr (*durch* por)

durchflossen *pp von* **durchfließen**[1]

durchforschen* *vt* ❶ (*wissenschaftlich*) investigar a fondo ❷ (*Taschen*) registrar ❸ (*Land*) explorar a fondo

durchforsten* *vt* (*fam: eingehend durchsehen*) examinar

durch|fragen *vr:* **sich** ~ abrirse camino a preguntas

durch|fressen *irr vr:* **sich** ~ ❶ (*Korrosion*) corroer (*durch*) ❷ (*Nagetier, Ungeziefer*) atravesar royendo (*durch*) ❸ (*fam: schmarotzen*): **sich** ~ vivir de gorra

durchführbar *adj* realizable

durch|führen I. *vi* (*Weg*) llevar (*durch* por); (*verlaufen*) ir (*durch* por) II. *vt* ❶ (*ausführen*) llevar a cabo, implementar *Am;* (*verwirklichen*) realizar ❷ (*veranstalten*) efectuar ❸ (*geleiten*) guiar (*durch* por)

Durchführung *f* <-en> ejecución *f;* (*Verwirklichung*) realización *f;* **zur** ~ **gelangen** llevarse a cabo

durch|füttern *vt* (*fam*) dar de comer (a)

Durchgang[1] *m* <-(e)s, *ohne pl*> (*das Durchgehen*) paso *m;* ~ **verboten!** ¡prohibido el paso!

Durchgang[2] *m* <-(e)s, -gänge> ❶ (*Weg*) pasaje *m*, paso *m;* **den** ~ **versperren** cortar el paso ❷ (*einer Wahl, eines Wettkampfs*) vuelta *f*

durchgängig I. *adj* general II. *adv* en general

Durchgangslager *nt* campo *m* de tránsito; **Durchgangsstraße** *f* carretera *f* de tránsito; **Durchgangsverkehr** *m* (tráfico *m* de) tránsito *m*

durch|geben *irr vt* dar (*durch* por); (*übermitteln*) tra(n)smitir (*durch* por)

durchgefroren *adj* completamente helado

durch|gehen *irr sein* I. *vi* ❶ (*durch Tür*) pasar (*durch* por); **der Zug geht durch** es un tren directo ❷ (*Gesetz, Antrag*) ser aprobado ❸ (*toleriert werden*) ser tolerado; **wir lassen das nicht länger ~** ya no lo toleramos más ④ (*weglaufen*) escaparse; (*Pferd*) desbocarse, disparar *Am* ⑤ (*gehalten werden für*) pasar (*für* por) ⑥ (*fam: dazwischenpassen*) caber (*durch/unter* por) **II.** *vt* (*Text: prüfen*) examinar; (*überarbeiten*) revisar

durchgehend *adj* (*Zug*) directo; (*Öffnungszeiten*) continuo; **~ geöffnet** horario continuo

durchgeknallt *adj* (*fam: übergeschnappt*) tocado

durch|greifen *irr vi* ① (*einschreiten*) intervenir (enérgicamente) ② (*mit der Hand*) pasar la mano (*durch* por)

durchgreifend *adj* radical

durch|gucken *vi* (*fam*) mirar (*durch* por)

durch|haben *irr vt* (*fam*) ① (*durchgelesen haben*) haber acabado (de leer); **gibst du mir das Buch, wenn du es durchhast?** ¿me das el libro cuando lo hayas acabado? ② (*durchgearbeitet haben*) haber acabado (de estudiar) ③ (*durchtrennt haben*): **mit einer Kettensäge hat man einen Ast schnell durch** con una sierra mecánica se corta rápidamente una rama

durch|halten *irr vi, vt* aguantar

Durchhaltevermögen *nt* capacidad *f* de resistencia

durch|hängen *irr vi* ① (*Seil*) combarse ② (*fam: erschlafft sein*) estar fatigado; (*deprimiert sein*) estar desanimado

Durchhänger *m* <-s, -> (*fam*) mala racha *f*

durch|hauen <haut durch, hieb *o* haute durch, durchgehauen> **I.** *vt* ① (*durch Schlagen zerteilen*) partir a golpes; (*durchschneiden*) cortar; **mit einem einzigen Schlag haute er das Brett durch** con un solo golpe partió la tabla ② (*fam: verprügeln*) dar una paliza **II.** *vr:* **sich ~** abrirse paso (*durch* por/a través de)

durch|helfen *irr vi* ① (*durch eine Öffnung*) ayudar a pasar (*durch* por) ② (*durch eine Notlage*) ayudar a sobrevivir (*durch* en); **ihr Onkel half ihr durch die schwierige Zeit durch** su tío la ayudó a pasar los tiempos difíciles

durch|hören *vt* ① (*heraushören*) sobr(e)entender,-der (en el tono de voz) ② (*durch etw hindurch*) oír

durchkämmen **1 vt* (*Gelände*) registrar (a fondo)

durch|kämmen² *vt* (*Haare*) peinar

durch|kämpfen **I.** *vt* (*durchsetzen*) lograr imponer; **sein Recht/einen Anspruch ~** hacer valer su derecho/una reclamación **II.** *vr:* **sich ~** ① (*a. fig: sich einen Weg bahnen*) abrirse paso; **wir müssen uns bis**

zur nächsten Stadt ~ tenemos que conseguir llegar a la próxima ciudad ② (*sich behaupten*) abrirse paso (luchando); **sich im Leben ~** abrirse paso en la vida ③ (*sich entschließen*) decidirse (tras una lucha interior) (*zu* a); **ich kann mich einfach nicht dazu ~** no logro decidirme a hacerlo

durch|kauen *vt* ① (*essen*) masticar bien ② (*fam: besprechen*) dar vueltas; **wir haben das doch bereits tausendmal durchgekaut!** ¡pero si ya le hemos dado mil vueltas a esto!

durch|kommen *irr vi sein* ① (*durch einen Ort, die Menge*) pasar (*durch* por) ② (*fam: bei einer Prüfung*) aprobar; (*Antrag*) ser aprobado ③ (*durchpassen*) caber (*durch* por) ④ (*fam: überleben*) salvarse ⑤ (*Erfolg haben*) tener éxito (*mit* con); **damit kommst du bei mir nicht durch** (*fam*) con esto no logras nada conmigo

durch|können *irr vi* (*fam*) *s.* **durchdürfen**

durchkreuzen ** vt* cruzar; (*Pläne*) contrariar

durch|kriechen *irr vi sein* arrastrarse (*durch* por/a través de)

durch|kriegen *vt* (*fam*) *s.* **durchbekommen**

durch|lassen *irr vt* ① (*Person, Licht*) dejar pasar ② (*fam: Taten*) dejar pasar; (*tolerieren*) tolerar; **das kann ich ihm nicht ~** (*fam*) no se lo puedo tolerar

durchlässig ['dʊrçlɛsɪç] *adj* (*für Flüssigkeiten*) permeable; (*für Licht*) tra(n)slúcido

durchlaufen¹ ** irr vt* ① (*Strecke*) recorrer ② (*absolvieren: Schule*) ir (a); (*Lehre*) hacer

durch|laufen² *irr* **I.** *vi sein* ① (*durch Tür, Ort*) pasar (corriendo) (*durch* por) ② (*ohne Unterbrechung*) correr (sin pausa) ③ (*Flüssigkeit*) colarse; (*durchsickern*) filtrarse **II.** *vt* (*Schuhe*) (des)gastar

durchleben ** vt* vivir, pasar

durchleiden ** irr vt* (*geh*) sufrir, pasar

durch|lesen *irr vt* leer

durchleuchten ** vt* ① (*Licht*) alumbrar ② (MED) examinar con rayos X ③ (*Angelegenheit*) analizar

durchlitten *pp von* **durchleiden**

durch|lüften *vt, vi* ventilar

durch|machen **I.** *vi* (*fam*) ① (*durcharbeiten*) trabajar sin descanso ② (*durchfeiern*) festejar sin descanso **II.** *vt* (*fam*) ① (*erleiden*) sufrir ② (*Kurs*) seguir

Durchmarsch *m* (MIL) marcha *f*; **auf dem ~ sein** estar de paso

durch|marschieren ** vi sein* pasar (*durch* por)

Durchmesser *m* <-s, -> (MATH) diámetro *m;* **ein Meter im** ~ un metro de diámetro

durch mogeln *vr:* **sich** ~ (*fam abw*) apañarse

durch müssen *irr vi* (*fam*) ❶ (*durchgelangen*) pasar (*durch* por); **wir mussten durch das Kriegsgebiet durch** tuvimos que pasar por la zona en guerra ❷ (*durchmachen*) pasar (*durch* por)

durchnässen* *vt* empapar, ensopar *Am;* **ich bin völlig durchnässt** estoy calado hasta los huesos

durch nehmen *irr vt* (*Lektion, Thema*) estudiar, tratar

durch nummerieren* *vt* numerar

durch pausen ['dʊrçpaʊzən] *vt* calcar

durch probieren* *vt* (*testen*) probar uno a uno

durchqueren* [dʊrç'kveːrən] *vt* atravesar

durch rasseln *vi sein* (*fam: bei einer Prüfung*) suspender

durch rechnen *vt* calcular detalladamente

durch regnen *vunpers* ❶ (*den ganzen Tag*) no cesar de llover ❷ (*durch etw*) entrar agua (*durch* por); **es regnet durchs Dach durch** tenemos una gotera en el techo

Durchreise ['---] *f* tránsito *m* (*durch* por); **auf der** ~ **sein** estar de paso

durchreisen*¹ *vt* recorrer

durch reisen² *vi sein* pasar sin detenerse (*durch* por)

durch reißen *irr* **I.** *vi sein* romperse, desgarrarse **II.** *vt* romper, desgarrar

durch ringen *irr vr:* **sich** ~ decidirse finalmente (*zu* a); **sich zu einem Entschluss** ~ llegar a tomar una decisión

durch rosten *vi sein* oxidarse (por completo)

durch rufen *irr vi* (*fam: anrufen*) telefonear

durch rühren *vt* mezclar bien

durch rütteln *vt* sacudir bien

durchs [dʊrçs] = **durch das** *s.* **durch**

Durchsage ['dʊrçzaːgə] *f* <-n> aviso *m;* (*Mitteilung*) comunicado *m*

durch sagen *vt* anunciar; (*im Radio*) tra(n)smitir

durch sägen *vt* serrar

durchschaubar ['--'-] *adj* (*verständlich*) comprensible; **ein schwer/leicht** ~ **er Mensch** una persona difícil/fácil de comprender

durchschauen*¹ *vt:* **jds Absichten** [*o* **jdn**] ~ descubrir(le) a alguien el juego

durch schauen² *vi, vt* (*reg*) *s.* **durchsehen**

durch scheinen *irr vi* ❶ (*Licht*) filtrarse

(*durch* por) ❷ (*Schrift, Muster*) tra(n)parentarse

durch schieben *irr vt* deslizar (*durch* por, *unter* por debajo de)

durch schlafen *irr vi* dormir sin despertarse

Durchschlag ['--'] *m* <-(e)s, -schläge> ❶ (*Kopie*) copia *f* ❷ (*Sieb*) colador *m*

durchschlagen*¹ *irr vt* romper, atravesar

durch schlagen² *irr* **I.** *vi sein* ❶ (*Sicherung*) fundirse ❷ (*Feuchtigkeit*) filtrarse ❸ (*Eigenschaft*) salir **II.** *vt* ❶ (*entzweischlagen*) partir (en dos) ❷ (*durch ein Sieb*) pasar (*durch* por) ❸ (*Wand*) abrir **III.** *vr:* **sich** ~ (*durchkommen*) ir tirando, rebuscárselas *Arg, Chil, Par*

durchschlagend *adj* (*Beweis*) irrefutable; (*Erfolg*) arrollador; (*Sieg*) aplastante; (*Maßnahme*) eficaz; (*Argument*) contundente

Durchschlagpapier *nt* papel *m* carbón

Durchschlagskraft *f* (*Geschoss*) fuerza *f* de percusión; (*Argument*) eficacia *f*

durch schlängeln ['dʊrçʃlɛŋəln] *vr:* **sich** ~ abrirse paso (*durch* a través de); (*fig*) mantenerse a flote

durch schleusen *vt* ❶ (*Schiff*) hacer pasar por una esclusa ❷ (*durch eine Kontrolle*) infiltrar (*durch* por), colar (*durch* por)

durchschneiden*¹ *irr vt* ❶ (*geh: Meer*) surcar ❷ (*mit einem Messer*) cortar ❸ (*Schrei*) romper

durch schneiden² *irr vt* cortar; **er schnitt das Blatt in der Mitte durch** cortó la hoja por la mitad

Durchschnitt ['dʊrçʃnɪt] *m* <-(e)s, -e> promedio *m;* **im** ~ por término medio; **über/ unter dem** ~ **liegen** estar por encima/por debajo del promedio

durchschnitten *pp von* **durchschneiden¹**

durchschnittlich ['dʊrçʃnɪtlɪç] **I.** *adj* ❶ (*im Durchschnitt*) medio ❷ (*mittelmäßig*) mediano ❸ (*gewöhnlich*) corriente **II.** *adv* por término medio; **er arbeitet** ~ **acht Stunden am Tag** por término medio trabaja ocho horas al día

Durchschnittsalter *nt* promedio *m* de edad; **Durchschnittseinkommen** *nt* ingreso(s) *m(pl)* medio(s); **Durchschnittsgeschwindigkeit** *f* velocidad *f* media; **Durchschnittsmensch** *m* persona *f* adocenada; **Durchschnittstemperatur** *f* temperatura *f* media

Durchschrift *f* copia *f;* **Durchschuss** *m* <-es, -schüsse> ❶ (*Kugel*) penetración *f* ❷ (TYPO: *Zeilenzwischenraum*) espacio *m* interlineal ❸ (*Schussfaden*) trama *f*

durch|schütteln vt (Kissen, Person) sacudir (bien); (Mischung) agitar (bien)

durch|schwitzen vt empapar de sudor

durch|sehen irr I. vi (hindurchschauen) mirar (durch por) II. vt ❶ (überprüfen) revisar ❷ (durchblättern) hojear

durchsetzen¹* vt (mit Fehlern) (entre)mezclar (mit con/de)

durch|setzen² I. vt (verwirklichen) realizar; (erreichen) lograr; (Willen) imponer; **sie muss immer ihren Kopf ~** siempre quiere salirse con la suya II. vr: **sich ~** (Person, Trend) imponerse; **du musst dich gegen ihn ~** tienes que imponerte a él

Durchsetzungsvermögen nt capacidad f de imponerse

Durchsicht f ohne pl revisión f; **zur ~** para revisión

durchsichtig adj ❶ (Material) tra(n)sparente ❷ (Lügen) manifiesto

durch|sickern vi sein ❶ (Nachricht) trascender ❷ (Flüssigkeit) filtrarse (durch por/a través de)

durch|spielen vt reconstruir; (simulieren) simular

durch|sprechen irr vt discutir punto por punto

durchstechen* irr vt perforar

durch|stehen irr vt ❶ (Prüfung, Krankheit) aguantar ❷ (Qualen) sufrir

durch|steigen irr vi sein ❶ (durch eine Öffnung) pasar (durch por) ❷ (fam: begreifen) entender (durch); (sich zurechtfinden) aclararse; **da steigt ja kein Mensch durch** esto no lo entiende nadie

durch|stellen vi, vt (verbinden) comunicar; **einen Moment noch, ich stelle Sie durch** un momento, ahora le comunico

durchstöbern* vt (fam: durchsuchen) registrar

durchstochen pp von **durchstechen**

durchstoßen*¹ irr vt (stoßend durchdringen) penetrar

durch|stoßen² irr I. vi sein (MIL) avanzar (zu hasta) II. vt (Gegenstand) atravesar (durch por)

durchstreichen*¹ vt (geh) s. **durchstreifen**

durch|streichen² irr vt tachar

durchstreifen* vt ❶ (wandern) vagar (por); (ablaufen) recorrer ❷ (Polizei) rastrear

durchstrichen pp von **durchstreichen¹**

durchströmen* vt (geh: Gefühl, Energie) invadir

durchsuchen* [dʊrçˈzuːxən] vt ❶ (Person) cachear ❷ (Gebäude, Gepäck) registrar

Durchsuchung [-ˈ--] f <-en> ❶ (von Personen) cacheo m ❷ (von Gebäuden) registro m

durchtrainiert adj bien entrenado

durch|treten irr I. vi sein ❶ (Gas, Flüssigkeit) salir (durch por) ❷ (fam: hineingehen) pasar II. vt (Pedal) pisar a fondo

durchtrieben [dʊrçˈtriːbən] adj astuto

durchwachsen [dʊrçˈvaksən] adj ❶ (Speck) entreverado ❷ (fam: mittelmäßig) mediocre

Durchwahl f ohne pl (TEL) ❶ (Möglichkeit) comunicación f automática, discado m directo Am ❷ (fam: ~ nummer) número m directo

durch|wählen vi (TEL) marcar directamente

durchweg ['--, -ˈ-] adv sin excepción, en su totalidad

durchwegs adv (Österr: fam) s. **durchweg**

durchwühlen*¹ vt ❶ (Erde) revolver ❷ (Gepäck) revolver (en); (durchsuchen) registrar

durch|wühlen² I. vt (Zimmer, Haus) poner patas arriba II. vr: **sich ~** (fam: sich durcharbeiten) abrirse paso (durch por entre)

durch|wurschteln vr: **sich ~** (fam), **durch|wursteln** vr: **sich ~** (fam) ir tirando

durch|zählen I. vi (abzählen) hacer un recuento II. vt (zählen) contar

durchziehen*¹ irr vt ❶ (Land) recorrer; (durchqueren) atravesar ❷ (sich erstrecken) extenderse (por)

durch|ziehen² irr I. vt ❶ (hindurchziehen) hacer pasar (durch por) ❷ (fam: beenden) acabar II. vi sein (durchqueren) atravesar, pasar (durch por)

durchzogen pp von **durchziehen¹**

durchzucken* vt ❶ (Blitz) cruzar ❷ (Gedanke) venir (a)

Durchzug¹ m <-(e)s, -züge> (das Durchqueren) paso m

Durchzug² m <-(e)s, ohne pl> (Luftzug) corriente f de aire

dürfen¹ ['dʏrfən] <darf, durfte, dürfen> vt Modalverb ❶ (Erlaubnis haben) poder, tener permiso (de/para); **darf ich etwas fragen?** ¿puedo preguntar una cosa?; **darf man hier rauchen?** ¿está permitido fumar aquí?; **wenn ich bitten darf** si me permite/permiten; **ich darf wohl sagen, dass ...** se me permitirá decir que... ❷ (sollen) deber, poder; **was darf es sein?** ¿qué desea?; **du darfst ihm das nicht übel nehmen** no debes tomárselo a mal; **das darf doch nicht wahr sein!** ¡no puede ser cierto!; **das dürfte wohl das Beste sein** esto sería lo mejor

dürfen[2] ['dʏrfən] <darf, durfte, gedurft> *vi* poder, tener permiso; **ich habe nicht gedurft** no me han dejado

---

? Grammatik

dürfen significa poder, tener permiso:
Darf ich heute Abend in die Disco gehen? – ¿Puedo ir esta noche a la disco(teca)?
können significa poder o ser capaz:
Kannst du schwimmen? – ¿Sabes nadar?

---

durfte ['dʊrftə] *3. imp von* **dürfen**

dürftig ['dʏrftɪç] *adj* ❶ (*Unterkunft*) pobre, mísero; (*Gehalt*) miserable ❷ (*Beweis, Kenntnisse*) insuficiente; (*Beleuchtung*) débil

dürr [dʏr] *adj* ❶ (*vertrocknet*) seco ❷ (*Boden*) árido ❸ (*mager*) flaco

Dürre ['dʏrə] *f* <-n> aridez *f*; (*Trockenheit*) sequía *f*; **Dürrekatastrophe** *f* catástrofe *f* de la sequía

Durst [dʊrst] *m* <-(e)s, *ohne pl*> sed *f*; **ich habe ~** tengo sed; **seinen ~ löschen/stillen** apagar/calmar su sed; **einen über den ~ trinken** (*fam*) beber más de la cuenta

dursten *vi* (*geh*) estar sediento

dürsten ['dʏrstən] *vunpers, vi* (*geh*) ❶ (*Verlangen haben*) estar sediento (*nach* de) ❷ (*Durst haben*) tener sed; **mich dürstet** tengo sed

durstig *adj* sediento (*nach* de); **~ sein** tener sed

durstlöschend *adj*, **durststillend** *adj* que apaga la sed; **Durststrecke** *f* período *m* difícil

Dusche ['duːʃə, 'dʊʃə] *f* <-n> ducha *f*, regadera *f* *Col, Mex*, lluvia *f* *Chil, Arg, Nic*; **unter die ~ gehen** ir a ducharse; **eine ~ nehmen** tomar una ducha

duschen ['duːʃən, 'dʊʃən] I. *vi, vr:* **sich ~** duchar(se) II. *vt* duchar

Duschgel ['duːʃgeːl] *nt* gel *m* de ducha; **Duschkabine** *f* cabina *f* de ducha

Düse ['dyːzə] *f* <-n> (*beim Flugzeug*) tobera *f*; (*Rohrstück*) boquilla *f*

Dusel ['duːzəl] *m* <-s, *ohne pl*> (*fam: Glück*) suerte *f*

düsen *vi sein* (*fam*) ir a toda mecha

Düsenantrieb *m* propulsión *f* reacción; **mit ~** con turbopropulsor; **Düsenflugzeug** *nt* avión *m* a reacción

---

dusselig *adj*, **dusslig** *adj* (*fam*) ❶ (*einfältig*) simple; (*dumm*) bobo ❷ (*reg: benommen*) atontado

düster ['dyːstɐ] *adj* ❶ (*dunkel*) oscuro ❷ (*Ort*) sombrío; (*Zukunft*) negro ❸ (*Wesen*) melancólico; (*Stimmung*) tétrico

Dutzend ['dʊtsənt] *nt* <-s, -e> docena *f*; **ein halbes ~** media docena; **~e von Büchern** montones de libros

dutzendfach I. *adj* una y mil veces II. *adv* a docenas

dutzendmal *adv* docenas de veces

dutzendweise *adv* ❶ (*im Dutzend*) por docenas ❷ (*fam: in Mengen*) a docenas

duzen ['duːtsən] I. *vt* tutear; **ich duze sie** la tuteo II. *vr:* **sich ~** tutearse; **ich duze mich mit ihm** me tuteo con él

DV [deːˈfaʊ] *f* (INFOR) *Abk. von* **Datenverarbeitung** procesamiento *m* de datos

DVD-Player [deːfaʊˈdeː-] *m* <-s, -> lector *m* de DVD

Dynamik [dyˈnaːmɪk] *f ohne pl* (*a.* PHYS) dinámica *f*

dynamisch *adj* (*a.* PHYS) dinámico

Dynamit [dynaˈmiːt, dynaˈmɪt] *nt* <-s, *ohne pl*> dinamita *f*

Dynamo ['dyːnamo] *m* <-s, -s> dinamo *f*, dínamo *f*

Dynastie [dynasˈtiː] *f* <-n> dinastía *f*

D-Zug *m* tren *m* rápido

E, e [eː] *nt* <-, -> ❶ (*Buchstabe*) E, e *f*; **~ wie Emil** E de España ❷ (MUS) mi *m*

Eau de Cologne [oː də koˈlɔnjə] *nt o f* <- - -, Eaux de Cologne> agua *f* de colonia

Ebbe ['ɛbə] *f* <-n> marea *f* baja, bajamar *f*; **es ist ~** la marea está baja

eben ['eːbən] I. *adj* ❶ (*flach*) llano ❷ (*glatt*) liso II. *adv* ❶ (*in diesem Augenblick*) en este momento; **ich wollte dich ~ anrufen** estaba a punto de llamarte por teléfono ❷ (*gerade vorhin*) hace un momento; **sie sind ~ angekommen** acaban de llegar ❸ (*kurz*) un momento; **hilfst du mir ~ mal?** ¿me ayudas un momento? ❹ (*knapp*) justo; **mit seinem Lohn kommt er so ~ aus** su sueldo le alcanza justo ❺ (*nun mal*): **~!** ¡justamente!; **das ist ~ so** esto es así; **er ist ~ ein Idiot** es que es un idiota; **gut, dann ~ nicht** bien, pues entonces nada

Ebenbild *nt* fiel retrato *m*

ebenbürtig ['e:bənbʏrtɪç] *adj* igual; **sie ist ihm an Ausdauer** ~ es igual de perseverante que él

ebenda ['e:bən'da:] *adv* (*in Verweisen*) íbidem; (*geh: genau dort*) allí mismo; **ebendarum** ['e:bəndaʹrʊm] *adv* por esto; **ebendas** ['--'-] *pron dem s.* **ebender, ebendie, ebendas**; **ebender, ebendie, ebendas** <ebendie> *pron dem* (*genau der/die/das*) precisamente él/ella/eso; **ebendeshalb** ['---'-] *adv s.* **ebendarum**; **ebendeswegen** ['---'--] *adv s.* **ebendarum**; **ebendie** ['--'-] *pron dem s.* **ebender, ebendie, ebendas**; **ebendiese(r, s)** *pron dem* (*geh: genau dieser/diese/dieses: adjektivisch*) precisamente es(t)e/es(t)a; (*substantivisch*) precisamente és(t)e/és(t)a/es(t)o

Ebene ['e:bənə] *f* <-n> ❶ (*Flachland*) llanura *f* ❷ (*Niveau*) nivel *m* ❸ (MATH) plano *m*

ebenfalls *adv* igualmente, asimismo

Ebenmaß *nt* <-es, -e> ❶ (*harmonisches Verhältnis*) armonía *f* ❷ (TECH) proporción *f*

ebenmäßig *adj* proporcionado

ebenso ['---] *adv* igualmente, del mismo modo; ~ **wie** así como; ~ **gern** de igual manera; ~ **gern wie** igual que; ~ **gut** de igual manera; ~ **gut wie** igual (de bien) que; ~ **lang(e) wie** tan largo como; ~ **oft wie** con la misma frecuencia que; ~ **schön wie** tan bonito como; ~ **sehr** indistintamente; ~ **sehr wie** tanto como; ~ **viel wie** tanto como; ~ **wenig wie** tan poco como

Eber ['e:bɐ] *m* <-s, -> cerdo *m* macho

ebnen ['e:bnən] *vt* allanar

E-Business ['i:-bɪznɪs] *nt ohne pl* (INFOR) comercio *m* electrónico

EC [e:ʹtse:] *m* <-(s), -s> ❶ (EISENB) *Abk. von* **Eurocity(zug)** Eurocity *m* ❷ (FIN) *Abk. von* **Eurocheque** eurocheque *m*

E-Cash *nt ohne pl* (FIN) dinero *m* electrónico, moneda *f* electrónica

Echo ['ɛço] *nt* <-s, -s> eco *m;* **sein Vorschlag fand ein lebhaftes** ~ su propuesta tuvo un gran eco; **Echolot** *nt* (NAUT) sonar *m*

Echse ['ɛksə] *f* <-n> (ZOOL) lagarto *m*

echt [ɛçt] **I.** *adj* ❶ (*Dokument, Geldschein*) auténtico; (*Haar, Perle*) natural; (*Kunstwerk*) original; (*Farbe*) sólido; ~ **golden** de oro legítimo ❷ (*Freundschaft, Problem*) auténtico ❸ (*typisch*) típico **II.** *adv* (*fam*) realmente; ~**?** ¿de verdad?

Echtheit *f ohne pl* ❶ (*von Dokument*) autenticidad *f* ❷ (*von Gefühlen*) pureza *f* ❸ (*von Farben*) solidez *f*

Eck [ɛk] *nt* <-(e)s, -e> ❶ (*Österr, südd: Ecke*) esquina *f;* **über** ~ en triángulo ❷ (SPORT: *des Tores*) ángulo *m*

EC-Karte *f* (FIN) tarjeta *f* para eurocheques

Eckball *m* (SPORT) saque *m* de esquina, córner *m*

Ecke ['ɛkə] *f* <-n> ❶ (*außen*) esquina *f;* **er wohnt gleich um die** ~ vive a la vuelta de la esquina; **jdn um die** ~ **bringen** (*fam*) cargarse a alguien; **an allen** ~**n und Enden wird gespart** se ahorra en todas partes ❷ (*innen*) rincón *m;* **sich nicht in eine bestimmte** ~ **stellen lassen** no dejarse encajonar ❸ (SPORT) córner *m* ❹ (*reg: Gegend*) parte *f*

eckig *adj* ❶ (*Gegenstand*) cuadrado; (*Gesicht*) anguloso ❷ (*Bewegungen*) brusco

Eckpfeiler *m* (ARCHIT) pilastra *f* angular; (*eines Bogens*) estribo *m;* **Eckstein** *m* ❶ (ARCHIT) piedra *f* angular; (*Prellstein*) guardacantón *m* ❷ (*Markstein*) hito *m;* **Eckzahn** *m* colmillo *m*

ECOFIN-Rat *m ohne pl* consejo *m* ECOFIN

Ecu *m* <-(s), -(s)> (FIN), **ECU** *m* <-(s), -(s)> (FIN) *Abk. von* **European Currency Unit** (**europäische Währungseinheit**) ECU *m*, ecu *m*

Ecuador [ekuaʹdo:ɐ] *nt* <-s> Ecuador *m*

Ecuadorianer(in) [ekuadoriʹa:nɐ] *m(f)* <-s, -; -nen> ecuatoriano, -a *m, f*

ecuadorianisch *adj* ecuatoriano

edel ['e:dəl] *adj* ❶ (*Tier*) de pura raza ❷ (*geh: Mensch, Tat*) noble ❸ (*Stein*) precioso; (*Holz*) noble; **Edelfrau** *f* (HIST) noble *f;* **Edelgas** *nt* (CHEM) gas *m* noble; **Edelkastanie** *f* (BOT: *Baum*) castaño *m* (común); (*Frucht*) castaña *f* comestible; **Edelmann** *m* <-(e)s, -leute> (HIST) noble *m;* **Edelmetall** *nt* metal *m* noble; **Edelmut** *m* (geh) generosidad *f*, nobleza *f*, distinción *f*

edelmütig ['e:dəlmy:tɪç] *adj* generoso

Edelstahl *m* acero *m* fino; **Edelstein** *m* piedra *f* preciosa; **Edeltanne** *f* (BOT) abeto *m* blanco; **Edelweiß** *nt* <-(es), -e> (BOT) leontopodio *m*

Edikt [eʹdɪkt] *nt* <-(e)s, -e> (HIST) edicto *m*

editieren* [ediʹti:rən] *vt* (INFOR) editar

Edition [ediʹtsjo:n] *f* <-en> edición *f*

Editor¹ *m* <-s, -en> (INFOR) editor *m*

Editor(in)² ['e:dito:ɐ] *m(f)* <-s, -en; -nen> (PUBL) editor(a) *m(f)*

E-Dur *nt* <-, ohne pl> (MUS) mi *m* mayor

Edutainment ['ɛdjutɛɪnmənt] *nt* <-s, *ohne*

pl> (INFOR) edutainment *m*, edutenimiento *m*

EDV [e:de:'fau] *f ohne pl* (INFOR) *Abk. von* **elektronische Datenverarbeitung** proceso *m* electrónico de datos; **EDV-gestützt** *adj* (INFOR) asistido por ordenador

Efeu ['e:fɔɪ] *m <-s, ohne pl>* (BOT) hiedra *f*

Effeff [ɛf'ʔɛf] (*fam*): **etw aus dem ~ können** saber algo al dedillo

Effekt [ɛ'fɛkt] *m <-(e)s, -e>* efecto *m*; (*Ergebnis*) resultado *m*

Effekten [ɛ'fɛktən] *pl* (FIN) valores *mpl*

effektiv [ɛfɛk'ti:f] *adj* ❶ (*wirksam*) efectivo ❷ (*tatsächlich*) real, definitivo

Effektivität [ɛfɛktivi'tɛ:t] *f ohne pl* efectividad *f*

effektvoll *adj* de gran efecto

effizient [ɛfi'tsjɛnt] *adj* (*geh*) eficiente

EG [e:'ge:] *f Abk. von* **Europäische Gemeinschaft** CE *f*

egal [e'ga:l] *adj* igual; **das ist mir ganz ~** (*fam*) me da lo mismo; **~ wie** (*fam*) sea como sea; **~ wer** (*fam*) sea quien sea; **~ was** (*fam*) sea lo que sea

Egge ['ɛgə] *f <-n>* grada *f*, rastra *f*

Egoismus [ego'ɪsmʊs] *m <-, ohne pl>* egoísmo *m*

Egoist(in) *m(f) <-en, -en; -nen>* egoísta *mf*, gorrón, -ona *m, f AmC*

egoistisch *adj* egoísta

Egotrip *m <-s, -s>* (*fam*) egocentrismo *m*; **auf dem ~ sein** comportarse egocéntricamente

Egozentriker(in) [ego'tsɛntrikɐ] *m(f) <-s, -; -nen>* egocéntrico, -a *m, f*

egozentrisch *adj* egocéntrico

EG-Staat *m* estado *m* comunitario

eh [e:] I. *konj s.* **ehe** II. *adv* ❶ (*schon immer*): **seit ~ und je** desde siempre ❷ (*Österr, südd: fam: sowieso*) de todas formas III. *interj* (*fam*) eh

ehe ['e:ə] *konj* antes de +*inf*, antes de que +*subj*; **~ ich es vergesse** antes de que se me olvide

Ehe *f <-n>* matrimonio *m*; **~ ohne Trauschein** pareja de hecho; **meine Kinder aus erster ~** los hijos de mi primer matrimonio; **in wilder ~ leben** vivir amancebados; **mit jdm die ~ schließen** contraer matrimonio con alguien; **die ~ brechen** cometer adulterio; **eheähnlich** *adj* (JUR) similar al matrimonio; **~e Gemeinschaft** cohabitación como marido y mujer; **Ehebett** *nt* lecho *m* matrimonial; (*Doppelbett*) cama *f* de matrimonio

Ehebrecher(in) *m(f) <-s, -; -nen>* adúltero, -a *m, f*

Ehebruch *m* adulterio *m*; **~ begehen**

cometer adulterio; **Ehefrau** *f* esposa *f*, mujer *f*; **Ehegatte, -in** *m, f* (*geh*) esposo, -a *m, f*; (JUR) cónyuge *mf*; **Ehegatten-Splitting** *nt <-s, ohne pl>* partición *f* de los impuestos entre cónyuges (*pagando cada uno de ellos sólo la mitad del impuesto sobre la renta*); **Ehegattin** *f s.* **Ehegatte; Ehekrach** *m* disputa *f* matrimonial; **Eheleben** *nt ohne pl* vida *f* matrimonial; **Eheleute** *pl* cónyuges *mpl*

ehelich *adj* matrimonial; (JUR) conyugal; (*Kind*) legítimo; **nicht ~** ilegítimo

ehelos *adj* soltero

ehemalige(r, s) *adj* antiguo, ex

ehemals ['e:əma:ls] *adv* antiguamente, antes

Ehemann *m* esposo *m*, marido *m*; **Ehepaar** *nt* matrimonio *m*

eher ['e:ɐ] *adv kompar von* **bald** ❶ (*früher*) antes (*als* que), más temprano; **ich komme nicht ~ als bis ...** no vengo antes de que... +*subj* ❷ (*lieber*) antes (*als* que); **ich würde ~ zu Fuß gehen als den Bus zu nehmen** preferiría ir andando antes que tomar el autobús ❸ (*vielmehr*) más bien

Ehering *m* alianza *f*; **Ehescheidung** *f* (JUR) divorcio *m*; **Eheschließung** *f* casamiento *m*

ehest ['e:əst] *adv* (*Österr: baldigst*) lo antes posible

ehesten *superl von* **bald**: **am ~** (*frühestmöglich*) lo más pronto posible; (*am wahrscheinlichsten*) lo más probable; (*am liebsten*) lo más preferible

ehestens ['e:əstəns] *adv* (*frühestens*) lo antes posible

Ehevermittlung *f* tramitación *f* matrimonial; **Eheversprechen** *nt* promesa *f* de matrimonio; **Ehevertrag** *m* (JUR) contrato *m* matrimonial; **einen ~ machen** concertar un contrato matrimonial

ehrbar ['e:ɐba:ɐ] *adj* honorable; (*achtbar*) respetable; (*ehrlich*) honrado

Ehrbegriff *m* concepto *m* del honor

Ehre ['e:rə] *f <-n>* honor *m*; (*Ruhm*) honra *f*; **das Werk macht ihm alle ~** la obra le honra; **auf ~ und Gewissen** por mi palabra y honor; **dir zu ~n** para honrarte; **es ist mir eine große ~ Sie kennen zu lernen** es un gran honor para mí conocerle; **mit wem habe ich die ~?** ¿con quién tengo el honor?; **etw in ~n halten** honrar algo; **jdm die letzte ~ erweisen** rendirle a alguien el último homenaje; **wir geben uns die ~ zu ...** nos permitimos...; **was verschafft mir die ~?** ¿a qué debo el honor (de esta visita)?

ehren *vt* honrar; (*achten*) respetar; **sehr geehrte Damen und Herren** distinguidos señores y señoras; (*Briefanrede*) muy señores míos; **ich fühle mich sehr geehrt** me siento muy honrado

Ehrenamt *nt* cargo *m* honorífico; **ehrenamtlich** *adj* honorífico; **Ehrenbürger(in)** *m(f)* ciudadano, -a *m, f* de honor; **Ehrendoktor** *m* doctor *m* honoris causa; **Ehrengast** *m* invitado, -a *m, f* de honor

ehrenhaft *adj* honorable

Ehrenmal *nt* monumento *m* conmemorativo; **Ehrenmann** *m* hombre *m* de honor; **Ehrenplatz** *m* puesto *m* de honor; **Ehrenrettung** *f* salvación *f* del honor; **zu seiner ~ muss ich einräumen, dass ...** debo reconocer en su favor que...; **Ehrenrunde** *f* (SPORT) vuelta *f* de honor; **eine ~ drehen** (*die Schulklasse wiederholen*) tener que repetir el curso; **Ehrensache** *f* cuestión *f* de honor; **Ehrentag** *m* día *m* memorable; **Ehrenurkunde** *f* diploma *m* de honor; **ehrenvoll** *adj* honroso; **ehrenwert** *adj* honorable; **Ehrenwort** *nt* palabra *f* de honor

ehrerbietig ['eːeʔɛebiːtɪç] *adj* respetuoso

Ehrfurcht *f* (*Achtung*) profundo respeto *m* (*vor* hacia); (*Verehrung*) veneración *f* (*vor* por); **vor etw** *dat* **~ haben** respetar algo

ehrfurchtgebietend *adj s.* **Ehrfurcht**

ehrfürchtig ['eːefʏrçtiç] *adj*, **ehrfurchtsvoll** *adj* respetuoso

Ehrgefühl *nt ohne pl* sentimiento *m* del honor

Ehrgeiz *m* ambición *f;* **ehrgeizig** *adj* ambicioso

ehrlich *adj* honrado; (*aufrichtig*) sincero; **er meint es ~ mit uns** obra de buena fe con nosotros; **~ gesagt** a decir verdad; **ich war krank,** ~ (*fam*) estuve enfermo, de verdad; **wir haben ~ geteilt** compartimos honradamente

Ehrlichkeit *f ohne pl* honradez *f;* (*Aufrichtigkeit*) sinceridad *f*

ehrlos *adj* deshonrado

Ehrlosigkeit *f ohne pl* falta *f* de honor

Ehrung ['eːrʊŋ] *f* <-en> homenaje *m* (a)

Ehrwürden: Euer ~ Reverendo Padre

ehrwürdig *adj* venerable; (*achtbar*) respetable

Ei [aɪ] *nt* <-(e)s, -er> ❶ (*Vogel~, Hühner~*) huevo *m,* blanquillo *m Guat, Mex;* **ein hartes/weiches ~** un huevo duro/pasado por agua; **wie aus dem ~ gepellt** (*fam*) de punta en blanco; **jdn wie ein rohes ~ behandeln** (*fig*) tratar a alguien con guante de seda; **sich** *dat* **gleichen wie ein ~ dem anderen** parecerse como dos gotas de agua ❷ (*Keimzelle*) óvulo *m* ❸ *pl* (*vulg: Hoden*) huevos *mpl* ❹ *pl* (*fam: Geld*) pelas *fpl*

Eibe ['aɪbə] *f* <-n> tejo *m*

Eiche ['aɪçə] *f* <-n> roble *m*

Eichel ['aɪçəl] *f* <-n> ❶ (BOT) bellota *f* ❷ (ANAT) glande *m*

eichen ['aɪçən] *vt* (*Maße*) contrastar; (*Instrumente*) calibrar; (*Fässer*) marcar; (*Messglas*) graduar

Eichhörnchen *nt* (ZOOL) ardilla *f*

Eid [aɪt] *m* <-(e)s, -e> juramento *m;* **an ~ es statt erklären** (JUR) declarar bajo juramento; **unter ~ stehen** estar bajo juramento; **einen ~ ablegen** prestar juramento; **eidbrüchig** *adj* perjuro; **~ werden** perjurar

Eidechse ['aɪdɛksə] *f* <-n> (ZOOL) lagarto *m,* iguana *f AmL*

eidesstattlich *adj* (JUR) jurado; **~e Erklärung** declaración jurada; **etw ~ erklären** declarar algo bajo juramento

Eidgenosse, -in *m, f* confederado, -a *m, f;* (*Schweizer Bürger*) suizo, -a *m, f;* **Eidgenossenschaft** *f* confederación *f;* **Schweizerische ~** Confederación Helvética; **Eidgenossin** *f s.* **Eidgenosse; eidgenössisch** *adj* (*schweizerisch*) suizo; (*im Gegensatz zu kantonal*) confederado

eidlich **I.** *adj* jurado **II.** *adv* bajo juramento

Eidotter ['aɪdɔte] *nt o m* yema *f* de huevo

Eierbecher *m* huevero *m;* **Eierkohle** *f* carbón *m* ovoide; **Eierkuchen** *m* (*Pfannkuchen*) ≈torta *f* (de huevo); (*Omelett*) tortilla *f* francesa; (*süß*) crepe *f;* **Eierlikör** *m* licor *m* de huevo

eiern ['aɪen] *vi* (*fam*) ❶ *sein* (*Person*) tambalearse ❷ (*Sache*): **das Rad eiert** la rueda está torcida

Eierschale *f* cáscara *f* de huevo

Eierstock *m* (ANAT) ovario *m*

Eiertanz *m* (*fam*): **mach nicht so einen ~!** ¡déjate de comedias!; **Eieruhr** *f* reloj *m* de arena (*para medir el tiempo de cocción de los huevos*)

Eifer ['aɪfe] *m* <-s, ohne pl> afán *m;* (*Streben*) empeño *m;* **im ~ des Gefechts** en el calor de la disputa

eifern ['aɪfen] *vi* ❶ (*geh: streben*) ambicionar (*nach*) ❷ (*schmähen*) clamar (*gegen* contra)

Eifersucht *f ohne pl* celos *mpl;* **aus ~** por celos; **eifersüchtig** *adj* celoso (*auf* de); **jdn ~ machen** poner celoso a alguien; **auf jdn ~ sein** tener celos de alguien

Eifersuchtsszene *f* escena *f* de celos; **jdm eine ~ machen** montarle a alguien una escena de celos

Eiffelturm ['aıfəl-] *m* torre *f* Eiffel

eifrig ['aıfrıç] **I.** *adj* apasionado; (*emsig*) diligente; (*fleißig*) aplicado **II.** *adv* con empeño

Eigelb *nt* <-(e)s, -e, *nach Zahlen:* -> yema *f*

eigen ['aıgən] *adj* ❶ (*zugehörig*) propio; **etw mit ~en Augen gesehen haben** haber visto algo con sus propios ojos; **etw sein E~ nennen** (*geh*) declarar algo de su propiedad; **in ~er Person** personalmente ❷ (*persönlich*) propio; (*unabhängig*) independiente; (*gesondert*) aparte; **eine ~e Meinung haben** tener una opinión propia; **sein ~er Herr sein** ser independiente ❸ (*charakteristisch*) característico (de); (*typisch*) típico (de); **mit dem ihm ~en Zynismus** con el cinismo que le caracteriza ❹ (*wunderlich*) raro

Eigenart¹ *f ohne pl* (*Eigentümlichkeit*) particularidad *f*

Eigenart² *f* ❶ (*Besonderheit*) singularidad *f* ❷ (*Wesenszug*) característica *f*

eigenartig *adj* raro

Eigenbedarf *m* (*an Gütern*) consumo *m* propio; (*einer Wohnung*) necesidad *f* propia

Eigenbrötler(in) ['aıgənbrø:tlɐ] *m(f)* <-s, -; -nen> (*abw*) tipo, -a *m, f* raro, -a

eigenbrötlerisch *adj* solitario

Eigendynamik *f* dinámica *f* propia; **eigenhändig** ['aıgənhɛndıç] **I.** *adj* (*Unterschrift*) de su puño y letra; (*Testament*) (h)ológrafo **II.** *adv* con sus propias manos; **Eigenheim** *nt* casa *f* propia

Eigenheit *f* <-en> *s.* **Eigenart²**

Eigeninitiative *f* iniciativa *f* propia; **Eigenkapital** *nt* (FIN) capital *m* propio; **Eigenliebe** *f* amor *m* propio; **eigenmächtig** **I.** *adj* arbitrario **II.** *adv* por cuenta propia; **~ handeln** obrar por cuenta propia; **Eigenname** *m* nombre *m* propio

Eigennutz ['aıgənnʊts] *m* <-es, *ohne pl*> interés *m* personal

eigennützig ['aıgənnʏtsıç] **I.** *adj* interesado; (*egoistisch*) egoísta **II.** *adv* por interés

eigens ['aıgəns] *adv* expresamente

Eigenschaft *f* <-en> cualidad *f*; (*Merkmal*) característica *f*; **in seiner ~ als Vorsitzender** en su calidad de presidente; **Eigenschaftswort** *nt* adjetivo *m*

eigensinnig *adj* testarudo

eigenständig *adj* independiente

eigentlich ['aıgəntlıç] **I.** *adj* ❶ (*wirklich*) verdadero; (*eigen*) propio; **sein ~er Name lautet ...** su verdadero nombre es... ❷ (*ursprünglich*) original **II.** *adv* (*tatsächlich*) en realidad; (*ehrlich gesagt*) a decir

verdad; (*im Grunde genommen*) en el fondo; **was willst du ~?** ¿qué es lo que quieres en realidad?

Eigentor *nt* <-(e)s, -e> (SPORT) gol *m* en propia puerta

Eigentum *nt* <-s, *ohne pl*> propiedad *f*; **geistiges ~** propiedad intelectual

Eigentümer(in) ['aıgəntyːmɐ] *m(f)* <-s, -; -nen> propietario, -a *m, f*

eigentümlich *adj* ❶ (*charakteristisch*) característico; (*typisch*) típico ❷ (*sonderbar*) curioso

Eigentümlichkeit¹ *f* <-en> (*Charakteristikum*) característica *f*

Eigentümlichkeit² *f ohne pl* (*Sonderbarkeit*) particularidad *f*

Eigentumswohnung *f* piso *m* propio, condominio *m* Am

eigenverantwortlich **I.** *adj* de responsabilidad propia **II.** *adv* por propia cuenta (y riesgo); **~ handeln** obrar por cuenta propia; **Eigenverantwortung** *f ohne pl* responsabilidad *f* propia; **etw in ~ tun** hacer algo bajo su propia responsabilidad; **eigenwillig** *adj* ❶ (*egoistisch*) egoísta ❷ (*sonderbar*) particular; (*unkonventionell*) original ❸ (*eigensinnig*) caprichoso ❹ (*störrisch*) testarudo

eignen ['aıgnən] *vr:* **sich für etw** [*o* **zu etw** *dat*] **~** (*Person*) reunir las cualidades necesarias para algo; (*Sache*) prestarse para algo, ser apropiado para algo

Eignung *f ohne pl* aptitud *f*; **Eignungstest** *m* prueba *f* de aptitud

Eilbote, -in *m, f* mensajero, -a *m, f*; **per ~** exprés; **Eilbrief** *m* carta *f* urgente

Eile ['aılə] *f ohne pl* (*Hast*) prisa *f*, apuro *m* Am; (*Dringlichkeit*) urgencia *f*; **in ~ sein** tener prisa, estar apurado Am; **das hat keine ~** eso no corre prisa; **in aller ~** a toda prisa

Eileiter *m* <-s, -> (ANAT) trompa *f* (de Falopio)

eilen ['aılən] *vi* ❶ (*dringend sein*) correr prisa; **eilt!** ¡urgente!; **damit eilt es nicht** esto no corre prisa ❷ *sein* (*Mensch*) ir corriendo (*zu* a); (*sich beeilen*) apresurarse; **jdm zu Hilfe ~** acudir corriendo en socorro de alguien

Eilgut *nt* mercancías *fpl* urgentes

eilig ['aılıç] *adj* ❶ (*schnell*) rápido, apurado Am; **es ~ haben** tener prisa, estar apurado Am ❷ (*dringend*) urgente

Eiltempo *nt* a toda velocidad; **etw im ~ erledigen** hacer algo a toda velocidad; **Eilzug** *m* (tren *m*) expreso *m*

Eimer ['aımɐ] *m* <-s, -> cubo *m*; **im ~ sein** (*fig*) haberse ido al traste

ein [aın] *adv:* E~/**Aus** (*auf Geräten*) on/ off; **bei jdm** ~ **und aus gehen** entrar como Pedro por su casa; **nicht mehr** ~ **noch aus wissen** estar totalmente desconcertado

ein, eine, ein I. *adj* (*Zahlwort*) un, una; **das kostet** ~**en Euro** cuesta un euro; **es ist** ~ **Uhr** es la una; **sie ist sein E**~ **und Alles** ella lo es todo para él; **das ist doch** ~ **und dasselbe** pero si es exactamente lo mismo; ~ **für allemal** de una vez por todas; **in** ~**em fort** de un tirón II. *art unbest* un, una; ~**es Tages** un día; **was für** ~**e Hitze!** ¡qué calor!

Einakter ['aın?aktɐ] *m* <-s, -> pieza *f* (de teatro) en un acto

einander [aı'nandɐ] *pron refl* el uno al otro, mutuamente; (*wechselseitig*) recíprocamente; **sie helfen** ~ **se** ayudan mutuamente; **zwei** ~ **widersprechende Aussagen** dos declaraciones contradictorias

ein|arbeiten I. *vt* ❶ (*Mitarbeiter*) iniciar (*in* en) ❷ (*einfügen*) introducir (*in* en) II. *vr:* **sich** ~ integrarse (*in* en)

Einarbeitungszeit *f* período *m* de adaptación

einarmig *adj* manco

ein|äschern ['aın?ɛʃɐn] *vt* (*Leichnam*) incinerar

ein|atmen I. *vi* respirar II. *vt* inspirar; (MED) inhalar

einäugig ['aın?ɔygıç] *adj* tuerto

Einbahnstraße *f* calle *f* de sentido único

ein|balsamieren* *vt* (*Leiche*) embalsamar

Einband *m* <-(e)s, -bände> encuadernación *f*

einbändig ['aınbɛndıç] *adj* en [*o* de] un tomo

Einbau[1] ['aınbau] *m* <-(e)s, *ohne pl*> (*Montage*) montaje *m;* (*Installation*) instalación *f*

Einbau[2] *m* <-(e)s, -ten> (*Teil*) módulos *mpl*

ein|bauen *vt* ❶ (*hineinmontieren*) montar (*in* en); (*eingliedern*) incorporar (*in* en); (*installieren*) instalar (*in* en) ❷ (*einfügen*) insertar (*in* en)

Einbauküche *f* cocina *f* de módulos (intercambiables); **Einbauschrank** *m* armario *m* empotrado

ein|behalten* *irr vt* retener

ein|berufen* ['aınbəru:fən] *irr vt* ❶ (*Versammlung*) convocar (*zu* a) ❷ (MIL) llamar a filas

Einberufung *f* <-en> ❶ (*einer Versammlung*) convocatoria *f* (*zu* a) ❷ (MIL) llamamiento *m* a filas

ein|betten *vt* intercalar (*in* en)

Einbettzimmer *nt* habitación *f* de una cama

ein|beziehen* *irr vt* incluir (*in* en)

ein|biegen *irr vi sein* doblar; (*beim Fahren*) girar; **nach links** ~ doblar a la izquierda

ein|bilden *vr:* **sich** ~ ❶ (*sich vorstellen*): **sich** *dat* **etw** ~ imaginarse algo; **was bildest du dir eigentlich ein?** (*fam*) ¿qué te crees? ❷ (*stolz sein*): **sich** *dat* **etwas** ~ **auf** estar orgulloso de

Einbildung[1] *f* <-en> (*Trugbild*) ilusión *f,* quimera *f*

Einbildung[2] *f ohne pl* ❶ (*Vorstellung*) imaginación *f* ❷ (*Überheblichkeit*) presunción *f*

Einbildungskraft *f ohne pl* (poder *m* de) imaginación *f*

ein|binden *irr vt* ❶ (*Buch*) encuadernar ❷ (*einbeziehen*) incluir (*in* en)

ein|blenden I. *vt* (*Musik*) intercalar (*in* en) II. *vr:* **sich** ~ (TV, RADIO) conectar (*in* con)

Einblick *m* <-(e)s, -e> ❶ (*Aussicht*) vista *f* ❷ (*prüfendes Einsehen*) inspección *f;* **jdm** ~ **in etw gewähren** permitir a alguien que se entere de algo ❸ (*Einsicht*) idea *f;* **einen** ~ **in etw gewinnen** formarse una idea de algo

ein|brechen *irr vi* ❶ *sein* (*stürzen*) hundirse; **sie ist auf dem Eis eingebrochen** se hundió en el hielo ❷ *sein* (*Dunkelheit*) irrumpir ❸ *haben o sein* (*eindringen*) entrar a robar

Einbrecher(in) *m(f)* <-s, -; -nen> ladrón, -ona *m, f*

ein|bringen *irr* I. *vt* ❶ (*Ernte*) recolectar ❷ (*Gewinn*) rendir; (*Zinsen*) producir; (*Werte*) aportar (*in* a) ❸ (*Antrag*) presentar; (*Vorschläge, Ideen*) aportar (*in* a) II. *vr:* **sich** ~ participar (*in* en)

ein|brocken ['aınbrɔkən] *vt* (*fam*): **jdm etwas** ~ meter a alguien en un lío

Einbruch *m* <-(e)s, -brüche> ❶ (*in Gebäude*) robo *m* ❷ (*Beginn*) comienzo *m;* **bei** ~ **der Dämmerung** a la caída de la tarde ❸ (*Einsturz*) derrumbamiento *m;* (*des Bodens*) hundimiento *m* ❹ (*Niederlage*) derrota *f*

ein|buchten ['aınbʊxtən] *vt* (*fam*) encarcelar

ein|buddeln ['aınbʊdəln] I. *vt* (*fam*) enterrar II. *vr:* **sich** ~ (*fam*) enterrarse

ein|bürgern I. *vt* ❶ (*Person*) naturalizar ❷ (*Tiere, Pflanzen*) aclimatar ❸ (*Brauch*) introducir II. *vr:* **sich** ~ (*Brauch, Fremdwort*) generalizarse

Einbürgerung *f* <-en> nacionalización *f*

Einbuße f <-n> pérdida f; ~ **n an etw** dat **erleiden** sufrir pérdidas de algo

ein|büßen vt perder (an parte de)

ein|checken I. vi (AERO: Passagiere) embarcar **II.** vt (AERO: Gepäck) embarcar

ein|cremen ['aɪnkreːmən] **I.** vt aplicar [o dar] crema (en) **II.** vr: **sich ~** darse crema

ein|dämmen vt ❶ (beschränken) restringir ❷ (Fluss) encauzar

ein|decken I. vt (fam: überhäufen) colmar (mit de), llenar (mit de) **II.** vr: **sich ~** (versorgen) aprovisionarse (mit de), premunirse (mit de) Am

eindeutig ['aɪndɔɪtɪç] adj ❶ (unmissverständlich) inequívoco ❷ (deutlich) claro

ein|deutschen vt alemanizar

ein|dicken I. vt (GASTR: sämiger machen) (dejar) espesar, amelcochar Arg, Mex, Par **II.** vi sein (zähflüssiger werden) espesar

eindimensional ['aɪndimɛnzjonaːl] adj unidimensional

ein|dösen vi sein (fam) adormecerse

ein|drängen vi sein: **auf jdn ~** acosar a alguien; (fig: Erinnerungen) volver a la memoria a alguien

ein|dringen ['aɪndrɪŋən] irr vi sein penetrar (in en), entrar (in en/a); (MIL) invadir (in); **auf jdn ~** amenazar a alguien

eindringlich I. adj insistente **II.** adv con insistencia

Eindringling m <-s, -e> intruso, -a m, f, quitagusto m Ecua, Peru

Eindruck m <-(e)s, -drücke> ❶ (Wirkung) impresión f; **ich habe den ~, dass ...** tengo la impresión de que...; **den ~ erwecken, dass ...** dar la impresión de que...; ~ (auf jdn) **machen** impresionar (a alguien) ❷ (Druckstelle) impresión f; (Spur) huella f

ein|drücken vt (Blech) abollar; (Scheibe) romper

eindrücklich adj (Schweiz), **eindrucksvoll** adj impresionante

eine ['aɪnə] **I.** adj o art unbest s. **ein, eine, ein II.** pron indef s. **eine(r, s)**

eine(r, s) pron indef uno, una; **weder der ~ noch der andere** ni el uno ni el otro; **das ~ sag' ich dir ...** (fam) te digo una cosa...

ein|ebnen vt nivelar; (Gelände) allanar

eineiig ['aɪnʔaɪɪç] adj univitelino

eineinhalb ['aɪnʔaɪnˈhalp] adj inv uno y medio; **es hat ~ Stunden gedauert** ha durado hora y media

ein|engen vt ❶ (Kleidung) apretar ❷ (beschränken) coartar; (einschränken) limitar

einer I. art unbest gen/dat von **eine** s. **ein,**

eine, ein II. pron indef gen/dat von **eine** s. **eine(r, s)**

Einer m <-s, -> ❶ (MATH) unidad f ❷ (SPORT) esquife m

einerlei adj inv ❶ (gleichgültig) igual; **das ist mir ganz ~** me es igual ❷ (gleichartig) de la misma clase; s. a. **achterlei**

Einerlei ['aɪnɐlaɪ] nt <-s, ohne pl> monotonía f

einerseits adv por una parte, por un lado; ~ **bin ich neugierig, andererseits habe ich Angst davor** por una parte tengo curiosidad, por la otra tengo miedo

einfach ['aɪnfax] **I.** adj ❶ (nur einmal) simple; **eine ~e Fahrkarte** un billete de ida ❷ (leicht) fácil; **du machst es dir zu ~** te lo haces demasiado fácil ❸ (schlicht) modesto, sencillo **II.** adv simplemente; **es klappt ~ nicht** sencillamente no funciona; **du kannst doch nicht ~ verschwinden** no puedes irte así como así

Einfachheit f ohne pl simplicidad f; (Schlichtheit) sencillez f; **der ~ halber** para simplificar

ein|fädeln ['aɪnfɛːdəln] **I.** vt ❶ (Nadel) enhebrar ❷ (fam: anbahnen) urdir **II.** vr: **sich ~** (im Verkehr) integrarse (in en)

ein|fahren irr **I.** vi sein (Zug, Schiff) entrar (in a/en) **II.** vt ❶ (beschädigen) derribar ❷ (Ernte, Fahrwerk) recoger ❸ (Auto) rodar **III.** vr: **sich ~** (sich einspielen) normalizarse

Einfahrt¹ f ohne pl (eines Zuges) entrada f (in a/en); (Ankunft) llegada f (in a)

Einfahrt² f <-en> (Weg) entrada f; ~ **freihalten!** ¡prohibido estacionar!

Einfall m <-(e)s, -fälle> ❶ (Idee) idea f, ocurrencia f ❷ (von Licht) incidencia f ❸ (MIL) invasión f (in)

ein|fallen irr vi sein ❶ (in den Sinn kommen) ocurrir; **was fällt Ihnen ein!** ¡qué se cree Ud.!; **du musst dir etwas ~ lassen** tienes que pensar algo ❷ (in Erinnerung kommen) venir a la memoria ❸ (zusammenstürzen) derrumbarse ❹ (Gesicht, Wangen) hundirse ❺ (MIL) invadir (in en) ❻ (einstimmen) acompañar (in) ❼ (Licht) entrar

einfallslos adj sin imaginación; (langweilig) aburrido; **einfallsreich** adj ocurrente; **Einfallsreichtum** m ohne pl riqueza f de ideas

Einfalt ['aɪnfalt] f ohne pl (Naivität) ingenuidad f; (Dummheit) simpleza f

einfältig ['aɪnfɛltɪç] adj ❶ (töricht) simple; (Dummkopf) mentecato, pendejo Am ❷ (naiv) ingenuo

Einfaltspinsel m (fam abw) panoli mf,

guanaco, -a *m*, *f Am*

Einfamilienhaus *nt* casa *f* unifamiliar

ein·fangen *irr vt* (*Tier, Verbrecher*) atrapar; **sich** *dat* **eine Ohrfeige/Erkältung** ~ (*fam*) ganarse una bofetada/pillar un resfriado

einfarbig *adj* unicolor; (*Tier*) tapado *Am*

ein·fassen *vt* ❶ (*Gebiet*) limitar ❷ (*mit Borte*) orlar ❸ (*Edelstein*) engastar

ein·fetten *vt* engrasar

ein·finden *irr vr*: **sich** ~ presentarse (*in* en)

ein·fließen *irr vi sein* (*Gelder*) entrar; (*Kaltluft*) entrar; ~ **lassen, dass ...** decir de pasada que...

ein·flößen *vt* ❶ (*Medizin*) administrar ❷ (*Bewunderung*) causar; (*Furcht*) infundir; (*Vertrauen*) inspirar

Einflugschneise ['aɪnfluːkʃnaɪzə] *f* (AERO) corredor *m* de entrada

Einfluss *m* <-es, -flüsse> ❶ (*Einwirkung*) influencia *f* (*auf* sobre); **einen guten** ~ **auf jdn ausüben** ejercer una buena influencia sobre alguien ❷ (*Wirkung*) efecto *m*; **unter dem** ~ **von Alkohol stehen** estar bajo los efectos del alcohol ❸ (*Ansehen*) prestigio *m*

einflussreich *adj* influyente, cogotudo *AmC, Ant*

ein·fordern *vt* (*geh*) reclamar

einförmig ['aɪnfœrmɪç] *adj* uniforme; (*monoton*) monótono

ein·frieden ['aɪnfriːdən] *vt* (*mit Mauer*) cercar; (*mit Grenzstein*) acotar

ein·frieren *irr* I. *vi sein* (*Wasserrohr*) congelarse II. *vt* (*Lebensmittel, Löhne*) congelar; **das E~ der Gehälter** la congelación salarial

ein·fügen I. *vt* ❶ (*einarbeiten*) insertar (*in* en) ❷ (*bemerken*) añadir (*in* a) ❸ (INFOR) intercalar II. *vr*: **sich** ~ (*anpassen*) adaptarse (*in* a); (*sich integrieren*) integrarse (*in* en)

ein·fühlen *vr*: **sich** ~ (*in eine Situation*) compenetrarse (*in* con); (*in einen Menschen*) identificarse (*in* con)

einfühlsam *adj* (*Mensch*) comprensivo; (*Worte*) sugestivo

Einfühlungsvermögen *nt* sensibilidad *f*

Einfuhr ['aɪnfuːɐ] *f* <-en> importación *f*; **Einfuhrbestimmung** *f* régimen *m* de importación

ein·führen *vt* ❶ (*anleiten*) iniciar (*in* en) ❷ (*hineinschieben*) introducir (*in* en) ❸ (COM) importar (*nach* a) ❹ (*bekannt machen*) presentar (*bei* a) ❺ (*etw Neues*) introducir (*in* en); (*Ware*) lanzar (*in* a); (*System*) establecer (*in* en) ❻ (*Wend*): **wieder** ~ (*Brauch*) restablecer; (*Ware*)

reimportar

Einführung *f* <-en> ❶ (*Hineinschieben*) introducción *f* ❷ (*von Maßnahmen*) adopción *f*; (*von Steuern*) imposición *f* ❸ (*Anleitung*) introducción *f* ❹ (*Vorstellung*) presentación *f*; **Einführungspreis** *m* precio *m* de lanzamiento

Einfuhrzoll *m* (COM) derechos *mpl* de importación

Eingabe *f* <-n> ❶ (*Antrag*) petición *f*, solicitud *f* ❷ (INFOR) entrada *f* de datos; **Eingabedaten** *pl* (INFOR) datos *mpl* de entrada; **Eingabetaste** *f* (INFOR) tecla *f* de entrada

Eingang¹ *m* <-(e)s, -gänge> ❶ (*Tür*) entrada *f* ❷ *pl* (*Geld*) entradas *fpl*; (*Post*) correspondencia *f*

Eingang² *m* <-(e)s, *ohne pl*> (*von Post*) llegada *f*; (*von Geld*) entrada *f*

eingängig ['aɪngɛŋɪç] *adj* (*Erklärung*) clara; (*Melodie*) pegadizo

eingangs ['aɪngaŋs] I. *präp* +*gen* al principio de II. *adv* al principio

Eingangshalle *f* vestíbulo *m*; **Eingangskontrolle** *f* control *m* de entrada

ein·geben *irr vt* ❶ (INFOR) introducir (*in* en) ❷ (*Arznei*) administrar ❸ (*geh: Idee*) sugerir

eingebildet *adj* (*abw*) ❶ (*hochmütig*) presuntuoso; (*eitel*) presumido, facistol *Am*; (*anmaßend*) engreído ❷ (*nicht wirklich*) imaginario

eingeboren *adj* indígena

Eingeborene(r) *mf* <-n, -n; -n> indígena *mf*

Eingebung ['aɪngeːbʊŋ] *f* <-en> (*geh*) inspiración *f*

eingefahren *adj* arraigado

eingefallen *adj* enflaquecido; ~**e Wangen** mejillas hundidas

eingefleischt ['aɪngəflaɪʃt] *adj* arraigado; **ein** ~**er Junggeselle** un solterón empedernido

ein·gehen *irr sein* I. *vi* ❶ (*sich auseinander setzen*) ocuparse (*auf* de); **auf diese Frage gehe ich später näher ein** me ocuparé de esta pregunta más adelante ❷ (*zustimmen*) aceptar (*auf*); **auf einen Vorschlag** ~ aceptar una propuesta ❸ (*Post*) llegar ❹ (*Kleidung*) encoger ❺ (*fam: sterben*) morir(se); (*Betrieb*) cerrar ❻ (*fam: verstehen*) entrar; **es geht mir nicht ein, dass ...** no me entra que... +*subj* ❼ (*Wend*): **in die Geschichte** ~ pasar a la historia II. *vt* ❶ (*Vertrag*) ultimar ❷ (*Risiko*) correr; **ich gehe jede Wette ein, dass er gewinnt** apuesto lo que sea a que gana él ❸ (*Ehe*) contraer

eingehend *adj* (*ausführlich*) exhaustivo;

(*in allen Einzelheiten*) detallado

Eingemachte(s) *nt* <-n, *ohne pl*> confituras *fpl*; **ans ~ gehen** (*fam fig*) ir al grano

eingeschnappt *adj* (*fam abw*) mosqueado

eingeschrieben *adj* (*Brief*) certificado

eingespannt *adj* (*beschäftigt*) ocupado

eingespielt *adj*: **aufeinander ~ sein** entenderse bien

Eingeständnis *nt* <-ses, -se> confesión *f*

ein|gestehen* *irr vt* confesar; (*zugeben*) admitir

eingestellt *adj*: **auf etw ~ sein** estar preparado para (hacer) algo; **ich bin nicht auf Besuch ~** no estoy preparado para recibir visita; **mein ganzes Leben ist auf die Kinder ~** toda mi vida gira alrededor de los niños

eingetragen *adj* (*Mitglied*) inscrito; (*Verein*) registrado

Eingeweide ['aɪŋɡəvaɪdə] *ntpl* vísceras *fpl*

Eingeweihte(r) *mf* <-n, -n; -n> iniciado, -a *m, f*

ein|gewöhnen* *vr*: **sich ~** acostumbrarse (*in a*)

Eingewöhnung *f ohne pl* adaptación *f*

ein|gießen *irr vt* echar (*in en*)

eingleisig ['aɪŋɡlaɪzɪç] *adj* de una sola vía

ein|gliedern *vt* incorporar (*in a*); (*integrieren*) integrar (*in en*)

Eingliederung *f* <-en> (*Sozialisierung*) (re)integración *f* (*in en*); (ADMIN: *Behörden, besetzte Gebiete*) integración *f* (*in en*)

ein|graben *irr* **I.** *vt* (*vergraben*) enterrar (*in en*) **II.** *vr*: **sich ~** (*Tier*) esconderse bajo tierra; **etw gräbt sich ins Gedächtnis ein** (*fig*) algo se graba en la memoria

ein|gravieren* *vt* grabar (*in en*)

ein|greifen *irr vi* ① (*Einfluss nehmen*) intervenir (*in en*) ② (TECH) engranar (*in en*)

Eingreiftruppe *f*: **schnelle ~n** (**der NATO**) tropas *fpl* de intervención rápida (de la OTAN)

ein|grenzen *vt* (*Problem*) delimitar

Eingriff *m* <-(e)s, -e> ① (MED) intervención *f* ② (*Übergriff*) intromisión *f* (*in en*)

ein|haken **I.** *vi* (*fam: in Gespräch*) intervenir **II.** *vt* (*befestigen*) enganchar (*in en*) **III.** *vr*: **sich bei jdm ~** tomar a alguien de brazo

Einhalt (*geh*): **jdm/etw** *dat* **~ gebieten** poner coto a alguien/a algo

ein|halten *irr* **I.** *vt* (*Termin*) atenerse (a); (*Bedingung*) respetar; (*Versprechen*) cumplir (con); (*Richtung, Diät*) seguir; (*Abstand*) mantener **II.** *vi* (*geh: aufhören*) parar; **mit der Arbeit ~** parar de trabajar

Einhaltung *f ohne pl* cumplimiento *m*

ein|handeln *vr* (*fam*): **sich** *dat* **etw ~** reci-

bir algo

einhändig ['aɪnhɛndɪç] *adj* manco, con una sola mano

ein|hängen **I.** *vi* (*Hörer*) colgar **II.** *vt* (*Tür, Fenster*) enquiciar **III.** *vr*: **sich bei jdm ~** tomar a alguien de brazo

ein|heften *vt* archivar

einheimisch ['aɪnhaɪmɪʃ] *adj* (*Bevölkerung, Pflanzen*) autóctono, nativo *Am*; (*Produkt*) nacional

Einheimische(r) *mf* <-n, -n; -n> autóctono, -a *m, f*, nativo, -a *m, f Am*

ein|heiraten *vi* emparentar (*in con*)

Einheit ['aɪnhaɪt] *f* <-en> (*a.* MIL) unidad *f*; (TEL) paso *m* de contador

einheitlich *adj* ① (*in sich geschlossen*) unitario; (*homogen*) uniforme ② (*genormt*) estandarizado

Einheitspreis *m* precio *m* único; **Einheitswährung** *f* (FIN, POL) moneda *f* unitaria

ein|heizen **I.** *vi* (*fam: mahnen*): **jdm ~** cantar(le) a alguien las cuarenta **II.** *vt* (*Ofen, Zimmer*) calentar

einhellig ['aɪnhɛlɪç] **I.** *adj* unánime **II.** *adv* por unanimidad

ein|holen *vt* ① (*erreichen*) alcanzar ② (*wettmachen*) recuperar ③ (*Netz*) recoger; (*Fahne, Segel*) arriar ④ (*Auskunft*) pedir ⑤ (*fam: einkaufen*) comprar

Einhorn *nt* <-(e)s, -hörner> unicornio *m*

ein|hüllen *vt* envolver (*in en/con*)

einhundert ['-'--] *adj inv* cien; *s. a.* **achthundert**

einig ['aɪnɪç] *adj* ① (*geeint*) unido ② (*einer Meinung*) acorde; **sich** *dat* **über etw ~ sein/werden** estar/ponerse de acuerdo sobre algo

einige(r, s) *pron indef* algún *m*, alguno, -a *m, f*, algunos *mpl*, algunas *fpl*; **in ~n Tagen** dentro de algunos días; **nach ~r Zeit** después de algún tiempo; **in ~r Entfernung** a cierta distancia; **~ glaubten,**

dass ... algunos pensaron que...; **das wird ~s kosten** esto va a costar bastante

einigen [ˈaɪnɪɡən] **I.** *vt* (*einig machen*) unificar; (*aussöhnen*) conciliar **II.** *vr:* **sich ~** llegar a un acuerdo (*über* sobre)

einigermaßen [ˈaɪnɪɡɐˈmaːsən] *adv* hasta cierto punto; (*ziemlich*) bastante

Einigkeit *f ohne pl* unidad *f*; (*Übereinstimmung*) concordia *f*, conformidad *f*; **in diesem Punkt herrschte ~** hubo conformidad sobre este punto

Einigung *f* <-en> ① (*Übereinstimmung*) acuerdo *m*; (*Versöhnung*) conciliación *f*; **zu einer ~ kommen** llegar a un acuerdo ② (*Vereinigung*) unificación *f*

ein|impfen *vt* (*fam*): **jdm etw ~** inculcar algo a alguien

ein|jagen *vt* dar, meter; **jdm Angst ~** meterle miedo a alguien

einjährig [ˈaɪnjɛːrɪç] *adj* ① (*Kind, Kurs*) de un año ② (*Pflanze*) anual

ein|kalkulieren* *vt* contar (con)

ein|kassieren* *vt* ① (*Geld*) cobrar ② (*fam: festnehmen*) detener ④ (*fam: wegnehmen*) mangar

Einkauf *m* <-(e)s, -käufe> (*Kauf*) compra *f*; **Einkäufe machen** hacer compras

ein|kaufen **I.** *vi, vt* (*Waren*) comprar; **~ gehen** ir de compras **II.** *vr:* **sich ~** (*Teilhaber werden*) adquirir una parte (*in* de)

Einkäufer(in) *m(f)* <-s, -; -nen> comprador(a) *m(f)*

Einkaufsbummel *m* vuelta *f* por las tiendas; **einen ~ machen** ir de tiendas; **Einkaufspassage** *f* galería *f* comercial; **Einkaufspreis** *m* precio *m* de compra; **Einkaufstasche** *f* bolsa *f* de la compra; **Einkaufswagen** *m* carrito *m* de la compra; **Einkaufszeile** *f* calle *f* comercial; (*Haupteinkaufsstraße*) calle *f* principal; **Einkaufszentrum** *nt* centro *m* comercial; **virtuelles ~** centro comercial virtual; **Einkaufszettel** *m* lista *f* de la compra

ein|kehren *vi sein* ① (*geh: Ruhe*) llegar ② (*in Gasthof*) ir a tomar algo

ein|klagen *vt* (JUR) demandar

ein|klammern *vt* poner entre paréntesis

Einklang *m* <-(e)s, *ohne pl*> ① (MUS) unisonancia *f* ② (*geh: Harmonie*) armonía *f*; **in ~ mit etw** *dat* **stehen** armonizar con algo

ein|kleben *vt* pegar (*in* en)

ein|kleiden *vt* ① (*Person*) vestir ② (*Rekruten*) equipar

ein|klemmen *vt* pillar; **sich den Finger in der Tür ~** pillarse el dedo con la puerta

ein|kochen **I.** *vi sein* (*Soße*) espesarse (al fuego) **II.** *vt* (*Obst*) confitar

Einkommen *nt* <-s, -> sueldo *m*; (*Einkünfte*) ingresos *mpl*; **einkommensschwach** *adj* (WIRTSCH) de pocos ingresos; **einkommensstark** *adj* (WIRTSCH) de ingresos altos; **Einkommen(s)steuer** *f* impuesto *m* sobre la renta

ein|kreisen *vt* cercar, rodear

ein|kriegen *vr:* **sich ~** (*fam*) dominarse; **sie kriegte sich vor Lachen gar nicht mehr ein** no consiguió contener su risa

Einkünfte [ˈaɪnkʏnftə] *pl* ingresos *mpl*

ein|laden *irr vt* ① (*Gäste*) invitar (*zu* a) ② (*Ladung*) cargar (*in* en)

einladend *adj* (*verlockend*) tentador; (*verführerisch*) seductor

Einladung *f* <-en> invitación *f* (*zu* a)

Einlage *f* <-n> ① (*im Schuh*) plantilla *f* ortopédica ② (*Zahn~*) empaste *m* provisional ③ (*Slip~*) salvaslip *m* ④ (*in der Zeitung*) suplemento *m* ⑤ (THEAT) actuación *f* estelar ⑥ (FIN: *Spar~*) depósito *m*; (*Kapital~*) inversión *f*

ein|lagern *vt* almacenar

Einlass [ˈaɪnlas] *m* <-es, *ohne pl*> entrada *f*; (*Zutritt*) admisión *f*; **sich** *dat* **~ in etw verschaffen** ser admitido en un lugar

ein|lassen *irr* **I.** *vt* ① (*hereinlassen*) dejar entrar (*in* en); **sich** *dat* **ein Bad ~** prepararse un baño ② (*zulassen*) admitir ③ (*einpassen*) empotrar (*in* en) **II.** *vr:* **sich ~** ① (*Umgang pflegen*) mezclarse (*mit* con) ② (*mitmachen*) comprometerse (*auf* a); **ich lasse mich auf keine Diskussion ein** no quiero discutir el tema para nada

Einlauf *m* <-(e)s, -läufe> ① (MED) lavativa *f* ② (SPORT) llegada *f* (a la línea de meta)

ein|laufen *irr* **I.** *vi sein* ① (*Schiff, a.* SPORT) entrar (*in* en/a); (*Zug*) llegar (*in* a) ② (*Kleidung*) encoger **II.** *vt* (*Schuhe*) adaptar al pie **III.** *vr:* **sich ~** (SPORT) hacer ejercicios de precalentamiento

ein|leben *vr:* **sich ~** aclimatarse (*in* a)

ein|legen *vt* ① (*hineintun*) meter; (*Film*) poner ② (FIN) depositar ③ (*Berufung, Protest*) interponer; (*Pause*) intercalar; **ein gutes Wort für jdn ~** hablar en favor de alguien ④ (*Haare*) marcar ⑤ (GASTR) macerar; (*marinieren*) marinar; (*in Tunke*) adobar; (*in Essig*) escabechar ⑥ (KUNST: *intarsieren*) incrustar

ein|leiten *vt* ① (*beginnen*) comenzar; **die entsprechenden Schritte ~ um zu ...** hacer las gestiones correspondientes para ... ② (*vorbereiten*) preparar; (*Geburt*) provocar; (*Verhandlungen*) entablar; (*Prozess, Untersuchung*) instruir ③ (*Flüssigkeit*) verter (*in* en/a)

einleitend **I.** *adj* preliminar; (*einführend*)

introductorio **II.** *adv:* ~ **möchte ich erwähnen, dass ...** para empezar quisiera mencionar que...

Einleitung *f* <-en> ❶ (*eines Textes, im Buch*) introducción *f* ❷ (*Eröffnung*) comienzo *m*

ein|lenken *vi* (*nachgeben*) ceder

ein|leuchten *vi* ser obvio; **das will mir nicht** ~ esto no me convence

einleuchtend *adj* (*offensichtlich*) obvio, evidente; (*überzeugend*) convincente

ein|liefern *vt* entregar; (*Person*) ingresar (*in* en)

Einlieferung *f* <-en> entrega *f*; (*ins Krankenhaus*) ingreso *m* (*in* en); (*ins Gefängnis*) entrada *f* (*in* en)

ein|lochen *vt* ❶ (*fam: inhaftieren*) enchironar ❷ (*Golfball*) meter en el hoyo

ein|loggen ['aɪnlɔgən] *vr:* **sich** ~ (INFOR) entrar (*in* en)

ein|lösen *vt* ❶ (*Pfand*) desempeñar ❷ (*Scheck*) cobrar; (*Gutschein*) canjear ❸ (*geh: Versprechen*) cumplir

ein|lullen *vt* (*fam*) ❶ (*schläfrig machen*) arrullar ❷ (*willfährig machen*) aquietar

ein|machen *vt* ❶ (*Obst*) confitar ❷ (*in Essig*) poner en vinagre

Einmachglas *nt* tarro *m* para conservas

einmal ['aɪnmaːl] *adv* (*ein Mal*) una vez; **noch** ~ otra vez; ~ **eins ist eins** uno por uno es uno; **auf** ~ de repente; ~ **ist keinmal** una vez no cuenta; **ich möchte erst** ~ **hier bleiben** por ahora quiero quedarme aquí ❷ (*früher*) antes; **es war ~ ...** érase una vez... ❸ (*irgendwann*) un día ❹ (*verstärkend*): **er hat sie nicht** ~ **besucht** ni siquiera la fue a visitar; **das ist nun** ~ **so** ¡qué se le va a hacer!; **wieder** ~ nuevamente

Einmaleins [aɪnmaˈlʔaɪns] *nt* <-, *ohne pl*> tabla *f* de multiplicar

einmalig ['---, -'--] *adj* ❶ (*außergewöhnlich*) excepcional ❷ (*einzigartig*) único

Einmalspritze *f* jeringuilla *f* de un solo uso

Einmannbetrieb ['----, -'---] *m* ❶ (WIRTSCH) empresa *f* unipersonal ❷ (*Fahrer*) agente *mf* único, -a

Einmarsch *m* <-(e)s, -märsche> entrada *f* (*in* en); (MIL) ocupación *f* (*in* de); **ein|marschieren*** *vi sein* ❶ (*hineingehen*) entrar (*in* en) ❷ (*gewaltsam*) invadir (*in*)

ein|mischen *vr:* **sich** ~ (entro)meterse (*in* en); **Einmischung** *f* <-en> intromisión *f*

einmotorig ['aɪnmoto:rɪç] *adj* (AERO) monomotor

ein|münden *vi haben o sein* desembocar; **Einmündung** *f* <-en> (*a.* GEO) desembocadura *f*

einmütig ['aɪnmy:tɪç] **I.** *adj* unánime **II.** *adv* por unanimidad

Einnahme[1] ['aɪnna:mə] *f ohne pl* (MIL, MED) toma *f*

Einnahme[2] *f* <-n> (*Geld*) ingresos *mpl*

Einnahmequelle *f* fuente *f* de ingresos

ein|nehmen *irr vt* ❶ (*Geld*) cobrar; (*Steuern*) recaudar ❷ (*Arznei, Mahlzeit*) tomar ❸ (*Standpunkt*) adoptar; (*Stellung, Posten*) ocupar; **seinen Platz** ~ tomar asiento ❹ (*erobern*) tomar ❻ (*beanspruchen*) ocupar ❻ (*Wend*): **jdn für sich** ~ ganarse las simpatías de alguien; **von sich** *dat*/**jdm eingenommen sein** tener un alto concepto de sí mismo/de alguien

einnehmend *adj* simpático; **sie hat etwas sehr E~es** es una mujer que tiene gancho

ein|nicken *vi sein* (*fam*) echar una cabezada

ein|nisten *vr:* **sich** ~ anidar; (*abw: Person*) apalancarse (*bei* en casa de)

Einöde ['aɪnʔø:də] *f* <-n> soledad *f*; (*Wüste*) desierto *m*

ein|ordnen I. *vt* ordenar; (*in Regal*) poner en su sitio; (*in Gruppen*) clasificar; (*einfügen*) meter (*in* en) **II.** *vr:* **sich** ~ ❶ (*sich unterordnen*) integrarse (*in* en) ❷ (AUTO) situarse en un carril; **sich links/falsch** ~ situarse en el carril de la izquierda/equivocarse de carril

ein|packen I. *vt* ❶ (*Koffer*) meter (*in* en); (*in Papier*) envolver (*in* en); (*zum Versand*) empaquetar ❷ (*fam: warm anziehen*) abrigar **II.** *vi* (*fam fig*): **dann können wir** ~ en este caso apaga y vámonos

ein|parken *vt, vi* aparcar

ein|passen *vt* (*einsetzen*) encajar (*in* en); (*passend machen*) ajustar (*in* a)

ein|pendeln *vr:* **sich** ~ estabilizarse

ein|pennen *vi sein* (*fam*) quedarse dormido

Einpersonenhaushalt [--'----] *m* hogar *m* formado por una persona

ein|pferchen ['aɪnpfɛrçən] *vt* (*Vieh*) acorralar

ein|pflanzen *vt* ❶ (*Pflanze*) plantar ❷ (MED) implantar

ein|planen *vt* tener en cuenta (con); **das war nicht eingeplant** no contábamos con eso

ein|prägen I. *vt* (*ins Bewusstsein*) inculcar; **sich** *dat* **etw** ~ grabarse algo en la memoria **II.** *vr:* **sich** ~ (*Eindruck hinterlassen*) grabarse

einprägsam ['aɪnprɛ:kza:m] *adj* fácil de retener; (*Melodie*) pegadizo

ein|prügeln I. *vi* (*fam*): **auf jdn** ~ golpear a alguien **II.** *vt* (*fam*): **jdm etw** ~ hacerle entrar algo a alguien a base de bastonazos

ein|quartieren* ['aɪnkvartiːrən] **I.** *vt* ❶ (MIL) acuartelar ❷ (*unterbringen*) alojar (*bei* en casa de) **II.** *vr:* **sich** ~ hospedarse (*bei* en casa de)

ein|rahmen *vt* enmarcar

ein|rasten *vi sein* encajar

ein|räumen *vt* ❶ (*Bücher*) guardar (*in* en); (*Wohnung*) amueblar ❷ (*zugestehen*) admitir; (*Kredit*) conceder

ein|rechnen *vt* incluir (en una cuenta); **ihn** (**mit**) **eingerechnet** él incluido

ein|reden I. *vi:* **auf jdn** ~ tratar de convencer a alguien **II.** *vt:* **jdm etw** ~ hacer creer algo a alguien; **sich** *dat* **etw** ~ meterse algo en la cabeza

ein|reiben *irr vt* aplicar (en); (*mit Sonnenöl*) poner; **jdn mit etw** *dat* ~ dar a alguien fricciones con algo

ein|reichen *vt* (*Unterlagen*) presentar; (*übergeben*) entregar; (*Scheidung*) pedir

ein|reihen I. *vt* incluir (*in* en) **II.** *vr:* **sich** ~ unirse (*in* a)

Einreise *f* entrada *f;* **Einreisegenehmigung** *f* permiso *m* de entrada

ein|reisen *vi sein* entrar (*in/nach* en)

Einreiseverbot *nt* prohibición *f* de entrada en un país; **Einreisevisum** *nt* visado *m* de entrada

ein|reißen *irr* **I.** *vi sein* ❶ (*Papier*) romperse ❷ (*Übel*) echar raíces; **so etwas darf man erst gar nicht** ~ **lassen** no debe permitirse que una cosa así se generalice **II.** *vt* ❶ (*Papier*) rasgar ❷ (*Haus*) derribar

ein|renken ['aɪnrɛŋkən] *vt* ❶ (MED) componer ❷ (*fam: in Ordnung bringen*) arreglar

ein|rennen *irr vt* ❶ (*Tor*) derribar ❷ (*fam: sich anstoßen*): **sich** *dat* **etw** ~ golpearse algo (*an* con)

ein|richten I. *vt* ❶ (*gründen*) crear, fundar; (*Konto*) abrir ❷ (*Wohnung*) equipar; (*möblieren*) amueblar ❸ (*einstellen*) ajustar (*auf* a) ❹ (*arrangieren*) arreglar; (*Termin*) organizar ❺ (MED) reducir **II.** *vr:* **sich** ~ (*sich anpassen*) acomodarse (*auf* a); (*sich einstellen*) prepararse (*auf* para)

Einrichtung[1] *f* <-en> ❶ (*Mobiliar*) mobiliario *m;* (*Ausrüstung*) equipamiento *m* ❷ (*Institution*) institución *f* ❸ (*Anlage*) instalación *f*

Einrichtung[2] *f ohne pl* (*Gründung*) fundación *f;* (*einer Verkehrslinie*) apertura *f;* **für die** ~ **eines Kontos** para abrir una cuenta

Einrichtungsgegenstand *m* mueble *m*

ein|rollen I. *vt* enrollar **II.** *vr:* **sich** ~ enrollarse

ein|rosten *vi sein* ❶ (*Schraube*) oxidarse

❷ (*fam: Knochen*) entumecerse ❸ (*fam: geistig*) anquilosarse

ein|rücken I. *vi sein* (MIL) ❶ (*einmarschieren*) entrar (*in* en) ❷ (*eingezogen werden*) ser llamado a filas **II.** *vt* ❶ (TYPO, INFOR) sangrar ❷ (*Anzeige*) insertar

eins [aɪns] *adj inv* ❶ (*Zahl*) uno; **Punkt** ~ primer punto; *s. a.* **acht**[1] ❷ (*Uhrzeit*): **sie kam um** (**Punkt**) ~ vino a la una (en punto); *s. a.* **acht**[1] ❸ (*verbunden*): **sie fühlen sich** ~ **miteinander** están totalmente de acuerdo el uno con el otro ❹ (*einerlei*): **das ist** ~ (*fam*) da lo mismo

Eins *f* <-en> uno *m;* (*Schulnote*) sobresaliente *m*

einsam ['aɪnzaːm] *adj* ❶ (*allein*) solo; (*verlassen*) abandonado; **sich** ~ **fühlen** sentirse solo ❷ (*abgelegen*) aislado; ~**e Spitze sein** ser genial ❸ (*menschenleer*) desierto

Einsamkeit *f ohne pl* soledad *f*

ein|sammeln *vt* recoger; (*Spenden*) recaudar

Einsatz[1] *m* <-es, -sätze> ❶ (*Teil*) pieza *f* insertada ❷ (*Geld*) apuesta *f* ❸ (MUS) entrada *f* ❹ (MIL) (entrada *f* en) acción *f*

Einsatz[2] *m* <-es, *ohne pl*> ❶ (*von Polizei*) movilización *f;* (SPORT) alineación *f;* **im** ~ en acción; **zum** ~ **kommen** entrar en acción ❷ (*Engagement*) esfuerzo *m;* **unter** ~ **seines Lebens** arriesgando su vida

einsatzbereit *adj* listo; (TECH) dispuesto para funcionar; (MIL) listo para el combate; **Einsatzbereitschaft** *f ohne pl* disponibilidad *f;* **Einsatzfreude** *f ohne pl* espíritu *m* emprendedor; **Einsatzwagen** *m* (*der Polizei*) coche *m* celular

ein|saugen *irr vt* (*Luft*) aspirar; (*Flüssigkeit*) absorber, chupar

ein|scannen ['aɪnskɛnən] *vt* (INFOR) escanear

ein|schalten I. *vt* ❶ (*Radio*) poner; (*Maschine*) poner en marcha; (*Licht*) encender, prender *Am* ❷ (*hinzuziehen*) recurrir a **II.** *vr:* **sich** ~ ❶ (*angehen*) ponerse en funcionamiento; (*Licht*) encenderse ❷ (*sich einmischen*) intervenir (*in* en)

Einschaltquote *f* (RADIO, TV) índice *m* de audiencia

ein|schärfen *vt* inculcar

ein|schätzen *vt* valorar; **wie ich die Lage einschätze** tal como yo veo la situación; **etw/jdn hoch** ~ estimar algo/a alguien en mucho; **Einschätzung** *f* <-en> ❶ (*Meinung*) parecer *m* ❷ (*Bewertung*) evaluación *f;* **nach meiner** ~ según mis estimaciones

ein|schenken *vt* servir

ein|schicken *vt* enviar (*an* a)

ein|schieben *irr vt* ❶ (*hineinschieben*) meter (*in* en) ❷ (*einfügen*) intercalar (*in* en)

ein|schiffen I. *vt* embarcar II. *vr:* **sich** ~ embarcarse (*nach* para)

einschl. *Abk. von* **einschließlich** inclusive

ein|schlafen *irr vi sein* ❶ (*Person, Gliedmaßen*) dormirse ❷ (*Freundschaft*) entibiarse

ein|schläfern ['aɪnʃlɛ:fən] *vt* ❶ (*zum Schlafen bringen*) adormecer ❷ (*narkotisieren*) narcotizar ❸ (*Tier*) matar

einschläfernd *adj* ❶ (*Geräusch*) adormecedor; (*Substanz*) soporífero ❷ (MED) somnífero

Einschlag *m* <-(e)s, -schläge> ❶ (*eines Geschosses, Blitzes*) impacto *m* ❷ (*Anteil*) matiz *m;* **ein|schlagen** *irr* I. *vi* ❶ (*Blitz, Bombe*) caer; (*Geschoss*) hacer impacto; **auf jdn** ~ golpear a alguien ❷ (*Anklang finden*) tener eco; **das hat wie eine Bombe eingeschlagen** esto cayó como una bomba ❸ (*Lenkrad*) girar el volante II. *vt* ❶ (*Tür*) romper; (*Zähne*) partir; (*Schädel*) romper ❷ (*Nagel*) clavar (*in* en) ❸ (*einwickeln*) envolver (*in* en) ❹ (*Lenkrad*) girar ❺ (*Richtung*) tomar ❻ (*Stoff*) doblar

einschlägig ['aɪnʃlɛ:gɪç] *adj* correspondiente; ~ **e Literatur** bibliografía especializada

ein|schleichen *irr vr:* **sich** ~ (*Person*) entrar a hurtadillas (*in* en); (*unbemerkt eindringen*) colarse (*in* en); (*Verdacht*) surgir (*in* en); (*Fehler*) escaparse (*in* en)

ein|schleppen *vt* ❶ (*Krankheit*) introducir ❷ (NAUT) remolcar

ein|schließen *irr* I. *vt* ❶ (*einsperren*) encerrar (*in* en); (*Gegenstand*) guardar bajo llave ❷ (*umgeben*) rodear; (*umzäunen*) cercar ❸ (*mit einbeziehen*) incluir (*in* en) II. *vr:* **sich** ~ encerrarse

einschließlich ['---] I. *präp* +*gen/dat* inclusive, incluido; ~ **Frank** incluido Frank; ~ **Büchern und Briefen** libros y cartas inclusive II. *adv* inclusive, incluido; **geöffnet vom 3. bis 8. Mai** ~ abierto del 3 al 8 de mayo inclusive; **bis Nr. 50** ~ hasta el nº 50 incluido

ein|schmeicheln *vr:* **sich** ~ engatusar (*bei* a) *fam*

einschmeichelnd *adj* insinuante

ein|schmieren I. *vt* (*fam: mit Fett*) untar (*mit* con) II. *vr:* **sich** (**mit Creme**) ~ (*fam*) darse crema

ein|schnappen *vi sein* ❶ (*Tür*) encajar

❷ (*fam abw: beleidigt sein*) mosquearse

ein|schneiden *irr* I. *vi* (*in Haut*) clavarse (*in* en) II. *vt* (*schneiden*) cortar

einschneidend *adj* incisivo; (*drastisch*) drástico

Einschnitt *m* <-(e)s, -e> ❶ (*Schnitt*) corte *m;* (MED) incisión *f* ❷ (*im Leben*) hito *m*

ein|schränken ['aɪnʃrɛŋkən] I. *vt* restringir; (*reduzieren*) reducir; (*Freiheit*) coartar; **dem kann ich nur eingeschränkt zustimmen** sólo lo puedo aceptar con reservas II. *vr:* **sich** ~ (*sparsam leben*) economizar

Einschränkung *f* <-en> ❶ (*Verringerung*) reducción *f;* (*von Rechten*) limitación *f* ❷ (*das Einsparen*) restricción *f* ❸ (*Vorbehalt*) reserva *f;* **ohne/mit** ~ sin/con reservas

ein|schreiben *irr* I. *vt* (*eintragen*) apuntar (*in* en); (*in Liste*) inscribir (*in* en) II. *vr:* **sich** ~ (SCH, UNIV) matricularse (*in* en)

Einschreiben *nt* <-s, -> certificado *m;* **etw per** ~ **schicken** mandar algo certificado

Einschreibung *f* <-en> inscripción *f;* (SCH, UNIV) matrícula *f*

ein|schreiten *irr vi sein* intervenir

Einschub *m* <-(e)s, -schübe> inserción *f,* intercalación *f*

ein|schüchtern *vt* intimidar

Einschüchterungsversuch *m* intento *m* de intimidación

ein|schulen *vt* escolarizar

Einschuss *m* <-es, -schüsse> (*von Geschoss*) impacto *m*

ein|schweißen *vt* (*in Folie*) plastificar; (TECH) soldar

einsehbar *adj* (*Gelände, Raum*) visible

ein|sehen *irr vt* ❶ (*Raum*) ver ❷ (*Schriftstücke*) echar un vistazo (a); (*prüfen*) examinar ❸ (*verstehen*) comprender; (*Irrtum, Notwendigkeit*) reconocer; **ich sehe nicht ein, warum ich das tun soll** no veo por qué he de hacerlo; (**k**)**ein E~** (**für jdn/etw**) **haben** (no) mostrar comprensión (por alguien/algo)

ein|seifen *vt* (*mit Seife*) enjabonar; (*mit Schnee*) restregar (con nieve)

einseitig ['aɪnzaɪtɪç] *adj* ❶ (POL) unilateral; (*nur eine Person betreffend*) unipersonal ❷ (*Muster, Lähmung*) de un lado ❸ (*parteiisch*) parcial; **eine** ~ **e Sicht der Dinge** una visión unilateral del asunto ❹ (*Ernährung*) incompleto

Einseitigkeit *f* <-en> parcialidad *f;* (*der Ernährung*) desequilibrio *m*

ein|senden *irr vt* enviar (*an* a), remitir (*an* a)

Einsender(in *m(f)* <-s, -; -nen> remitente *mf*

Einsendeschluss *m ohne pl* plazo *m* de envío

einsetzbar *adj* utilizable

ein|setzen I. *vi* (*beginnen*) empezar II. *vt* ❶ (*einfügen*) colocar (*in* en); (*Pflanze*) plantar (*in* en) ❷ (*ernennen*) designar; (*als Erben*) instituir; (*in ein Amt*) instalar (*in* en); (*Ausschuss*) constituir; **wieder** ~ reinstalar ❸ (*Hilfsmittel, Maschine*) emplear; (*Bus, Zug*) poner ❹ (*Polizei*) movilizar ❺ (*Geld*) poner en juego; (*Leben*) jugarse III. *vr:* **sich** ~ (*sich anstrengen*) emplearse a fondo; **sich für etw/jdn** ~ interceder a favor de algo/alguien

Einsicht¹ *f ohne pl* (*in Akten*) vista *f* (*in* de); (*Einsichtnahme*) inspección *f* (*in* de); **jdm** ~ **in etw gewähren** permitir a alguien el examen de algo

Einsicht² *f* <-en> ❶ (*Verständnis*) comprensión *f;* (*Vernunft*) razón *f* ❷ (*Erkenntnis*): **ich bin zu der** ~ **gekommen, dass ...** he llegado a la conclusión de que...; **neue** ~**en gewinnen** obtener nuevos conocimientos

einsichtig *adj* ❶ (*vernünftig*) razonable; (*verständnisvoll*) comprensivo ❷ (*verständlich*) comprensible; (*überzeugend*) convincente

Einsichtnahme ['aɪnzɪçtnaːmə] *f* <-n> (*formal*) inspección *f* (*in* de)

Einsiedler(in) *m(f)* <-s, -; -nen> eremita *mf*

einsilbig ['aɪnzɪlbɪç] *adj* ❶ (LING) monosilábico ❷ (*wortkarg*) seco, de pocas palabras

ein|sinken *irr vi sein* hundirse (*in* en)

ein|sortieren * *vt* ordenar (*in* en)

ein|spannen *vt* ❶ (*Blatt*) introducir (*in* en); (*Werkstück*) sujetar ❷ (*Zugtiere*) uncir ❸ (*fam: arbeiten lassen*) hacer trabajar; **er hat ihn für seine Zwecke eingespannt** se ha valido de él para sus propios fines

ein|sparen *vt* ahorrar

Einsparung *f* <-en> economía *f;* (*Verminderung*) reducción *f*

ein|sperren *vt* ❶ (*einschließen*) encerrar (*in* en) ❷ (*fam: ins Gefängnis*) meter en chirona

ein|spielen I. *vt* ❶ (FILM, THEAT: *Geld*) rentar ❷ (RADIO, TV: *Beitrag*) intercalar II. *vr:* **sich** ~ ❶ (MUS, SPORT) ejercitarse ❷ (*zur Gewohnheit werden*) normalizarse ❸ (*gut zusammenwirken*) compenetrarse

einsprachig *adj* (*Wörterbuch*) monolingüe

ein|springen *irr vi sein:* **für jdn** ~ reemplazar a alguien

Einspruch *m* <-(e)s, -sprüche> ❶ (*Protest*) protesta *f* ❷ (POL) veto *m* ❸ (JUR) recurso *m* (*bei* ante); ~ **erheben** protestar; ~ **einlegen** interponer recurso; **einem** ~ **stattgeben** admitir (el) recurso

einspurig ['aɪnʃpuːrɪç] *adj* ❶ (*Eisenbahn*) de una sola vía; (*Straße*) de un solo carril ❷ (*abw: Denken*) de ideas fijas

einst ['aɪnst] *adv* (*geh*) ❶ (*früher*) antiguamente ❷ (*zukünftig*) algún día

Einstand¹ *m* <-(e)s, -stände> (*Arbeitsstelle*) ingreso *m;* **seinen** ~ **geben** celebrar su ingreso

Einstand² *m ohne pl* (SPORT: *Tennis*) empate *m*

ein|stecken *vt* ❶ (*hineinstecken*) meter (*in* en); (*Stecker*) enchufar ❷ (*mitnehmen*) llevar ❸ (*fam: Brief*) echar ❹ (*fam: überlegen sein*) superar ❺ (*ertragen*) tragar(se)

ein|stehen *irr vi* ❶ (*verantworten*) hacerse responsable (*für* de) ❷ (*sich verbürgen*): **für etw/jdn** ~ garantizar algo/responder de alguien

ein|steigen *irr vi sein* ❶ (*in Fahrzeug*) subir (*in* a) ❷ (*fam: sich beteiligen*) contribuir (*mit* con) ❸ (*anfangen*) entrar (*in* en); **er ist in die Politik eingestiegen** se ha metido en política

einstellbar *adj* (*Sitz*) ajustable; (*Temperatur, Zeit*) graduable

ein|stellen I. *vt* ❶ (*hineinstellen*) poner (*in* en) ❷ (*anstellen*) contratar, conchabar *Am* ❸ (*beenden*) parar; (*Kämpfe, Zahlung, Arbeit*) suspender; (JUR: *Verfahren*) sobreseer; **die Arbeit** ~ dejar de trabajar; **das Feuer** ~ dar el alto el fuego ❹ (*regulieren*) ajustar; (*Sender*) sintonizar; (FOTO) enfocar ❺ (SPORT: *Rekord*) igualar II. *vr:* **sich** ~ ❶ (*erscheinen*) aparecer; (*Folgen*) hacerse sentir; (*Personen*) acudir ❷ (*sich richten nach*) adaptarse (*auf* a) ❸ (*sich vorbereiten*) prepararse (*auf* para)

einstellig *adj* de una cifra

Einstellung *f* <-en> ❶ (*Anstellung*) contratación *f* ❷ (*Beendigung*) suspensión *f* ❸ (JUR: *Verfahren*) sobreseimiento *m* ❹ (*Regulierung*) ajuste *m* ❺ (FILM) enfoque *m* ❻ (*Gesinnung*) opinión *f*

Einstich *m* <-(e)s, -e> pinchazo *m*

Einstieg ['aɪnʃtiːk] *m* <-(e)s, -e> ❶ (*das Einsteigen*) entrada *f* (*in* en); (*in den Zug*) subida *f* (*in* a) ❷ (*in ein Thema*) acceso *m* (*in* a); **Einstiegsdroge** *f* primera droga *f* (*que lleva a una posterior adicción*)

einstige(r, s) *adj* anterior

ein|stimmen I. *vi* (MUS) unir su voz (*in* a) II. *vt* ❶ (*Instrument*) afinar ❷ (*vorbereiten*) preparar (*auf* para)

einstimmig I. *adj* ❶ (MUS) unísono ❷ (*ohne Gegenstimme*) unánime II. *adv* ❶ (MUS) al unísono ❷ (*ohne Gegenstimme*) por unanimidad

einstöckig [ˈaɪnʃtœkɪç] *adj* de un piso

Einstrahlung *f* <-en> (METEO) insolación *f*

ein|streuen *vt* esparcir; (*Bemerkungen*) entremezclar

ein|studieren *vt* (*Rolle, Antwort*) estudiar

ein|stufen *vt* clasificar (*in* en), encasillar (*in* en)

einstündig [ˈaɪnʃtʏndɪç] *adj* de una hora

Einsturz *m* <-es, -stürze> derrumbamiento *m;* **ein|stürzen** *vi sein* (*Gebäude*) derrumbarse; (*Dach*) hundirse; **auf jdn ~** (*Ereignisse*) precipitarse sobre alguien

Einsturzgefahr *f* *ohne pl* peligro *m* de derrumbamiento

einstweilen [ˈaɪnstˈvaɪlən] *adv* ❶ (*im Moment*) por el momento, por ahora ❷ (*unterdessen*) mientras tanto

einstweilig [ˈaɪnstˈvaɪlɪç] *adj* temporal; (*provisorisch*) provisional

eintägig [ˈaɪntɛːgɪç] *adj* de un día

Eintagsfliege [----] *f* ❶ (ZOOL) efímera *f* ❷ (*fam: kurzer Erfolg*) flor *f* de un día

ein|tauchen I. *vi sein* (*untertauchen*) sumergirse (*in* en) II. *vt* sumergir (*in* en); (*eintunken*) mojar (*in* en)

ein|tauschen *vt* cambiar (*gegen* por)

eintausend [ˈ-ˈ---] *adj inv* mil; *s. a.* **achttausend**

ein|teilen *vt* ❶ (*untergliedern*) dividir (*in* en); (*in Klassen*) clasificar (*in* en) ❷ (*für Aufgabe*) asignar (*zu*); **er wurde zum Nachtdienst eingeteilt** le asignaron el turno de noche ❸ (*Geld, Arbeit, Zeit*) repartir

Einteilung *f* <-en> ❶ (*Untergliederung*) división *f;* (*Einsortierung*) clasificación *f* ❷ (*von Vorräten*) organización *f;* (*Verteilung*) reparto *m* ❸ (*für Arbeit*) designación *f*

ein|tippen *vt* (*in Computer, Kasse*) entrar (*in* en)

eintönig [ˈaɪntøːnɪç] *adj* monótono

Eintönigkeit *f* *ohne pl* monotonía *f*

Eintopf *m* <-(e)s, -töpfe> (GASTR) potaje *m*, hervido *m* *AmS*

Eintracht [ˈaɪntraxt] *f* *ohne pl* concordia *f*

einträchtig [ˈaɪntrɛçtɪç] I. *adj* concorde II. *adv* en armonía

Eintrag [ˈaɪntraːk, *pl:* ˈaɪntrɛːgə] *m* <-(e)s, -träge> ❶ (*in Liste*) inscripción *f;* (*im Wörterbuch*) entrada *f* ❷ (*Vermerk*) nota *f*

ein|tragen *irr* I. *vt* ❶ (*einschreiben*) apuntar (*in* en); (*in eine Liste*) inscribir (*in* en); (*einzeichnen*) marcar (*in* en) ❷ (ADMIN)

registrar; **eingetragener Verein** asociación registrada ❸ (*Gewinn*) producir; (*Kritik*) originar II. *vr:* **sich ~** inscribirse (*in* en)

einträglich [ˈaɪntrɛːklɪç] *adj* lucrativo

Eintragung *f* <-en> ❶ (*das Eintragen*) inscripción *f;* (ADMIN) registro *m* ❷ (*Vermerk*) nota *f*

ein|treffen *irr vi sein* ❶ (*ankommen*) llegar (*in* a) ❷ (*sich bewahrheiten*) hacerse realidad; (*in Erfüllung gehen*) cumplirse

ein|treiben *irr vt* ❶ (*Schulden*) cobrar; (*Steuern*) recaudar ❷ (*hineinschlagen*) clavar (*in* en)

ein|treten *irr* I. *vi sein* ❶ (*hineingehen*) entrar (*in* a/en) ❷ (*Ereignis*) suceder, ocurrir ❸ (*Mitglied werden*) ingresar (*in* en) ❹ (*sich einsetzen*) abogar (*für* por) II. *vt* (*zertrümmern*) derribar a patadas

ein|trichtern *vt* (*fam*): **jdm etw ~** meter algo a alguien con cuchara

Eintritt *m* <-(e)s, -e> ❶ (*in Zimmer*) entrada *f* ❷ (*in Armee*) incorporación *f;* (*in Verein*) ingreso *m* ❸ (*Beginn*) comienzo *m* ❹ (*~ sgebühr*) entrada *f;* ~ **frei!** ¡entrada libre!; **Eintrittsbedingung** *f* condición *f* de entrada; **Eintrittskarte** *f* entrada *f,* boleto *m* *Am;* **Eintrittspreis** *m* precio *m* de entrada

ein|trudeln *vi sein* (*fam*) aparecer

ein|tunken *vt* (*reg*) mojar (*in* en)

ein|üben *vt* practicar; (THEAT, MUS) ensayar

ein|verleiben* [ˈaɪnfɛɐlaɪbən] *vr:* **sich** *dat* ~ ❶ (*Besitz*) apropiarse (de) ❷ (*Speisen*) comerse

Einvernehmen [ˈaɪnfɛɐneːmən] *nt* <-s, *ohne pl*> acuerdo *m;* (*Einigkeit*) conformidad *f;* **im ~ mit jdm** de acuerdo con alguien

einverstanden [ˈaɪnfɛɐʃtandən] *adj* de acuerdo (*mit* con), conforme (*mit* con); ~ **!** ¡de acuerdo!, ¡aceptado! *Am;* **sich mit etw** *dat* ~ **erklären** declararse conforme con algo

Einverständnis [ˈaɪnfɛɐʃtɛntnɪs] *nt* <-ses, -se> ❶ (*Billigung*) conformidad *f;* (*Einigkeit*) acuerdo *m;* **in gegenseitigem ~** de mutuo acuerdo ❷ (*Übereinstimmung*) consentimiento *m*

Einwahlknoten *m* (INFOR, TEL) nodo *m* de conmutación

Einwand [ˈaɪnvant, *pl:* ˈaɪnvɛndə] *m* <-(e)s, -wände> objeción *f* (*gegen* a); (*Bedenken*) reparo *m* (*gegen* a); **Einwände gegen etw erheben** poner reparos a algo

Einwanderer, -wanderin *m, f* <-s, -; -nen> inmigrante *mf*

ein|wandern *vi sein* inmigrar

Einwanderung *f* <-en> inmigración *f;*

Einwanderungsgesetz *nt* leyes *fpl* de inmigración; **Einwanderungspolitik** *f* política *f* de inmigración

einwandfrei *adj* ❶ (*fehlerlos*) correcto ❷ (*tadellos*) impecable ❸ (*eindeutig*) claro; **es steht ~ fest, dass ...** está claro que...

Einwandrerin ['aɪnvandrərɪn] *f* <-nen> s. **Einwanderer**

einwärts ['aɪnvɛrts] *adv* hacia dentro

ein|wechseln *vt* cambiar (*gegen* por)

Einwegflasche *f* botella *f* no retornable

ein|weichen *vt* poner en remojo, ensopar *AmS*

ein|weihen *vt* ❶ (*eröffnen*) inaugurar ❷ (*fam: erstmalig benutzen*) estrenar ❸ (*vertraut machen*) poner al corriente (*in* de); **sie ist eingeweiht** está al corriente

Einweihung *f* <-en> ❶ (*Eröffnung*) inauguración *f* ❷ (*in Geheimnis*) revelación *f* (*in* de); **Einweihungsfeier** *f* fiesta *f* de inauguración

ein|weisen *irr vt* ❶ (*in Tätigkeit*) instruir (*in* en) ❷ (*Fahrzeug*) dirigir (*in* a) ❸ (*ins Krankenhaus*) hospitalizar

ein|wenden *irr vt* objetar (*gegen* a); (*entgegenhalten*) oponer (*gegen* a); **dagegen lässt sich nichts ~** no hay nada que objetar a esto

ein|werfen *irr vt* ❶ (*Brief*) echar (*in* en); (*Geld*) introducir (*in* en) ❷ (*zertrümmern*) destrozar; (*Scheibe*) romper ❸ (*bemerken*) mencionar ❹ (SPORT) sacar de banda

ein|wickeln *vt* ❶ (*einpacken*) envolver (*in* en) ❷ (*fam: überreden*) embaucar

ein|willigen ['aɪnvɪlɪgən] *vi* consentir (*in* en)

Einwilligung *f* <-en> consentimiento *m* (*in* para)

ein|wirken *vi* actuar (*auf* sobre); (*beeinflussen*) influir (*auf* en)

Einwirkung *f* <-en> influencia *f* (*auf* en/ sobre)

Einwohner(in) *m(f)* <-s, -; -nen> habitante *mf;* **Einwohnermeldeamt** ['---'---] *nt* oficina *f* de empadronamiento; **Einwohnerzahl** *f* número *m* de habitantes

Einwurf *m* <-(e)s, -würfe> ❶ (*das Hineinwerfen*) inserción *f* ❷ (*Bemerkung*) observación *f* ❸ (*für Münzen*) ranura *f* ❹ (SPORT) saque *m* de banda

Einzahl *f* <-en> (LING) (número *m*) singular *m*

ein|zahlen *vt* pagar (*auf* a); (*überweisen*) ingresar (*auf* en), enterar *Col, Mex, CRi;* **Geld aufs Konto ~** ingresar dinero en la cuenta

Einzahlung *f* <-en> pago *m* (*auf* a); (*Überweisung*) ingreso *m* (*auf* en)

ein|zäunen ['aɪntsɔɪnən] *vt* cercar, vallar

ein|zeichnen *vt* marcar

Einzel ['aɪntsəl] *nt* <-s, -> (SPORT) (partido *m*) individual *m;* **Einzelfahrschein** *m* billete *m* sencillo; **Einzelfall** *m* <-(e)s, -fälle> ❶ (*konkreter Fall*) caso *m* particular ❷ (*Ausnahme*) caso *m* especial; **Einzelfrage** *f* pregunta *f* concreta

Einzelgänger(in) ['aɪntsəlgɛŋə] *m(f)* <-s, -; -nen> solitario, -a *m, f*

Einzelhaft *f* detención *f* en régimen de incomunicación; **Einzelhandel** *m* comercio *m* al por menor

Einzelhändler(in) *m(f)* minorista *mf*

Einzelheit *f* <-en> ❶ (*einzelnes Teil*) elemento *m* ❷ (*Detail*) detalle *m;* **in allen ~en** con pelos y señales

Einzelkind *nt* hijo, -a *m, f* único, -a

einzeln ['aɪntsəln] *adv* uno por uno; (*getrennt*) por separado; **~ aufführen** enumerar uno por uno; **etw im E~en besprechen** discutir algo detalladamente

einzelne(r, s) *adj* ❶ (*allein*) único, solo; **jeder/jede E~** cada uno/una; **jede ~ Schülerin** cada una de las alumnas ❷ (*verschieden*) diferente; **die ~n Teile** las diferentes partes ❸ (*speziell*) particular ❹ (*separat*) separado ❺ *pl* (*einige*) algunos

Einzelperson *f* persona *f* sola; **Einzelstück** *nt* pieza *f* única; **Einzelteil** *nt* elemento *m;* (*Bestandteil*) componente *m;* **etw in seine ~e zerlegen** desmontar algo en todos sus componentes; **Einzelzimmer** *nt* habitación *f* individual

ein|ziehen *irr* **I.** *vi sein* ❶ (*beziehen*) instalarse (*in* en) ❷ (*Einzug halten*) entrar (*in* a/en) ❸ (*Creme*) ser absorbido (*in* por); (*Flüssigkeit*) penetrar (*in* en) **II.** *vt* ❶ (*Segel, Flagge*) arriar; (*Fahrgestell*) replegar; (*Kopf*) bajar; (*Bauch*) meter; (*Bein*) recoger; (*Fühler, Krallen*) retraer; (*Papier*) sangrar ❷ (*Schulden*) cobrar; (*Steuern*) recaudar ❸ (*beschlagnahmen*) confiscar; (*Führerschein, Geld*) retirar ❹ (*Wand*) levantar; (*Decke*) construir; (*Balken*) poner ❺ (*Rekruten*) llamar a filas ❻ (*Erkundigungen*) pedir

einzig ['aɪntsɪç] *adj* único, solo; **~ und allein** únicamente; **das ist das ~ Wahre** esta es la única verdad; **ein ~es Mal** una sola vez

einzigartig *adj* único

Einzigartigkeit *f ohne pl* unicidad *f*

Einzug *m* <-(e)s, -züge> ❶ (*von Steuern*) recaudación *f* ❷ (*das Hineingehen*) entrada *f* (*in* en); (*ins Parlament*) ingreso *m* (*in* en); **beim ~ in die neue Wohnung**

al instalarse en el nuevo piso ❸ (*Papier*) sangría *f*

ein|zwängen ['aɪntsvɛŋən] *vt* meter apretando

Eis [aɪs] *nt* <-es, *ohne pl*> ❶ (*gefrorenes Wasser*) hielo *m;* ~ **laufen** patinar sobre hielo; **etw auf** ~ **legen** (*fig*) suspender algo; **das** ~ **brechen** (*fig*) romper el hielo ❷ (*Speise~*) helado *m;* **ein** ~ **am Stiel** un polo, una paleta *AmC, Mex;* **Eisbahn** *f* pista *f* de patinaje sobre hielo; **Eisbär** *m* oso *m* polar; **Eisbecher** *m* copa *f* de helado; **Eisbein** *nt* lacón *m;* **Eisberg** *m* iceberg *m;* **Eisblume** *f* escarcha *f* en forma de flor (en las ventanas); **Eisbrecher** *m* rompehielos *m inv*

Eischnee *m* (GASTR) clara *f* a punto de nieve

Eiscreme *f* helado *m;* **Eisdiele** *f* heladería *f*

Eisen ['aɪzən] *nt* <-s, -> hierro *m*, fierro *m Am;* **zwei** ~ **im Feuer haben** (*fam fig*) encender una vela a Dios y otra al diablo; **zum alten** ~ **gehören** (*fam fig*) ser de la vieja guardia; **ein heißes** ~ **anfassen** (*fig*) tocar un tema delicado; **man muss das** ~ **schmieden, solange es heiß ist** (*prov*) al hierro caliente, batir de repente

Eisenbahn *f* ferrocarril *m*, carril *m Chil;* **Eisenbahnbrücke** *f* ❶ (*für die Eisenbahn*) puente *m* de ferrocarril ❷ (*für Fußgänger*) puente *m* peatonal

Eisenbahner(in) *m(f)* <-s, -; -nen> ferroviario, -a *m, f*

Eisenbahnfähre *f* tra(n)sbordador *m* de trenes; **Eisenbahnnetz** *nt* red *f* ferroviaria; **Eisenbahntunnel** *m* túnel *m* del tren; **Eisenbahnüberführung** *f* paso *m* elevado de un tren; **Eisenbahnunterführung** *f* paso *m* inferior de un tren; **Eisenbahnwagen** *m* vagón *m*

eisenhaltig ['aɪzənhaltɪç] *adj* (*Flüssigkeit*) ferruginoso; (*Feststoff*) ferroso; **Eisenindustrie** *f* industria *f* del hierro; **Eisenmangel** *m* falta *f* de hierro; **Eisenstange** *f* vara *f* de hierro; **Eisenträger** *m* <-s, -> soporte *m* de hierro

Eisenwaren *fpl* utensilios *mpl* de ferretería; **Eisenwarenhandlung** *f* ferretería *f*, abarrotería *f Am*

eisern ['aɪzən] *adj* ❶ (*aus Eisen*) de hierro, férreo ❷ (*unnachgiebig*) rígido; ~ **e Disziplin** disciplina férrea ❸ (*Wend*) ~ **e Reserve** última reserva

Eiseskälte ['aɪzəs'kɛltə] *f* frío *m* glacial

Eisfach *nt* congelador *m* (del frigorífico); **Eisfläche** *f* superficie *f* helada; **eisfrei** *adj* libre de hielo(s); **eisgekühlt** *adj* helado; **Eisglätte** *f* hielo *m;* **Eisheiligen** *mpl:* **die** (**drei**) ~ (*fechas del 11 al 13 de mayo*)

Reza el refranero popular que entre el 11 y 13 de mayo todavía pueden descender tanto las temperaturas como para que caigan fuertes heladas. Si tras estas fechas, llamadas **Eisheiligen** (literalmente, santos del hielo) ya no vuelve a helar, las plantas se salvarán de secarse o morir heladas.

Eishockey ['aɪshɔki] *nt* (SPORT) hockey *m* sobre hielo

eisig ['aɪzɪç] *adj* (*Wasser*) helado; (*Kälte, a. fig*) glacial

Eiskaffee *m* café *m* frío con helado y nata montada

El **Eiskaffe** se bebe principalmente en los meses de primavera y verano y se vende en heladerías y cafeterías. También se puede encontrar en restaurantes, donde no suele faltar de la carta de los postres fríos. Se trata de un café solo frío servido con una bola de helado de vainilla dentro y a veces nata.

eiskalt ['-'-] I. *adj* (*a. fig*) helado II. *adv* con frialdad; **jdm** ~ **die Meinung sagen** (*fam*) decirle cuatro verdades a alguien; **Eiskratzer** *m* <-s, -> espátula *f* de rascar hielo

Eiskunstlauf *m* <-(e)s, *ohne pl*> (SPORT) patinaje *m* artístico (sobre hielo)

Eisläufer(in) *m(f)* <-s, -; -nen> patinador(a) *m(f)* sobre hielo; **Eismeer** *nt* (GEO) océano *m* glacial; **Eispickel** *m* picahielo *m*

Eisprung *m* (ZOOL, MED) ovulación *f*

Eisregen *m* (METEO) lluvia *f* helada; **Eisschnelllauf** *m* <-(e)s, *ohne pl*> (SPORT) patinaje *m* de velocidad; **Eisscholle** *f* témpano *m* de hielo; **Eisschrank** *m* frigorífico *m;* **Eiswürfel** *m* cubito *m* de hielo; **Eiszapfen** *m* carámbano *m;* **Eiszeit** *f* era *f* glacial

eitel ['aɪtəl] *adj* vanidoso, vano

Eitelkeit *f* <-en> vanidad *f*

Eiter ['aɪtə] *m* <-s, *ohne pl*> pus *m*, postema *f Mex*, maleza *f Arg, Chil*

eiterig *adj* purulento

eitern ['aɪtən] *vi* supurar

eitrig *adj* purulento

Eiweiß *nt* <-es, -e *nach Zahlen:* -> ❶ (*vom Ei*) clara *f* ❷ (CHEM) albúmina *f* ❸ (BIOL) proteína *f*

Eizelle *f* óvulo *m*

Ejakulation [ejakulaˈtsjoːn] *f* <-en> eyaculación *f*

ejakulieren* [ejakuˈliːrən] *vi* eyacular

Ekel¹ [ˈeːkəl] *m* <-s, *ohne pl*> asco (*vor* a); (*Widerwille*) repugnancia *f* (*vor* a/de); ~ **erregen** dar asco; ~ **erregend** asqueroso, bascoso *Ecua, Col*

Ekel² *nt* <-s, -> (*fam: Person*) asqueroso, -a *m, f*

ekelerregend *adj s.* Ekel¹

ekelhaft *adj*, **ekelig** *adj* asqueroso, bascoso *Ecua, Col*

ekeln I. *vr:* **er ekelt sich vor Ratten** las ratas le dan asco II. *vunpers:* **es ekelt mich davor** me da asco

EKG [eːkaːˈgeː] *nt* <-s, -s> (MED) *Abk. von* Elektrokardiogramm electrocardiograma *m*

Eklat [eˈklaː] *m* <-s, -s> escándalo *m;* **es kam zum** ~ **als ...** el escándalo surgió cuando...

eklatant [eklaˈtant] *adj* ❶ (*offensichtlich*) evidente ❷ (*Aufsehen erregend*) sensacional

eklig *adj s.* ekelig

Eklipse [ɛˈklɪpsə, eˈklɪpsə] *f* <-n> (ASTR) eclipse *m*

Ekstase [ɛkˈstaːzə] *f* <-n> éxtasis *m inv*

Ekzem [ɛkˈtseːm] *nt* <-s, -e> (MED) eczema *m*

Elan [eˈlaːn] *m* <-s, *ohne pl*> (*geh*) ímpetu *m*

elastisch [eˈlastɪʃ] *adj* elástico

Elastizität [elastitsiˈtɛːt] *f* <-en> elasticidad *f*

Elbe [ˈɛlbə] *f* (*Fluss*) Elba *m*

Elch [ɛlç] *m* <-(e)s, -e> (ZOOL) alce *m*

Electronic Cash [ɛlakˈtrɔnɪk kɛʃ] *nt* <- -s, *ohne pl*> (FIN) efectivo *m* electrónico, moneda *f* electrónica; **Electronic Publishing** [ɛləkˈtrɔnɪk ˈpablɪʃɪŋ] *nt* <- -s, *ohne pl*> (PUBL) autoedición *f* electrónica

Elefant [eleˈfant] *m* <-en, -en> elefante *m*

elegant [eleˈgant] *adj* elegante

Eleganz *f ohne pl* elegancia *f*

elektrifizieren* [elɛktrifiˈtsiːrən] *vt* electrificar

Elektrik [eˈlɛktrɪk] *f* <-en> sistema *m* eléctrico

Elektriker(in) [eˈlɛktrike] *m(f)* <-s, -; -nen> electricista *mf*

elektrisch [eˈlɛktrɪʃ] *adj* eléctrico

elektrisieren* [elɛktriˈziːrən] *vt* (*a. fig*) electrizar

Elektrizität [elɛktritsiˈtɛːt] *f ohne pl* electricidad *f;* **Elektrizitätswerk** *nt* central *f*

eléctrica, usina *f Am*

Elektroauto *nt* coche *m* eléctrico

Elektrode [elɛkˈtroːdə] *f* <-n> electrodo *m*

Elektrogerät *nt* aparato *m* eléctrico; (*Haushaltsgerät*) electrodoméstico *m;* **Elektrogeschäft** *nt* tienda *f* de electrodomésticos; **Elektroherd** *m* cocina *f* eléctrica; **Elektroingenieur(in)** *m(f)* ingeniero, -a *m, f* electrotécnico, -a; **Elektroinstallateur(in)** *m(f)* electricista *mf;* **Elektrokardiogramm** [-------] *nt* <-s, -e> (MED) electrocardiograma *m;* **Elektrolok** [eˈlɛktrolɔk] *f* (EISENB) locomotora *f* eléctrica; **Elektromagnet** [-ˈ----] *m* electroimán *m;* **elektromagnetisch** [-ˈ---ˈ--] *adj* electromagnético; **Elektromotor** [-ˈ----] *m* (TECH) electromotor *m*

Elektron [ˈeːlɛktrɔn, elɛkˈtroːn] *nt* <-s, -en> (PHYS) electrón *m;* **Elektronenmikroskop** *nt* microscopio *m* electrónico

Elektronik [elɛkˈtroːnɪk] *f ohne pl* electrónica *f*

elektronisch [elɛkˈtroːnɪʃ] *adj* electrónico; ~ **es Banking** banking electrónico; ~ **es Geld** dinero electrónico; ~ **e Publikation** publicación *f* electrónica; ~ **e Unterschrift** firma electrónica; ~ **er Zahlungsverkehr** movimiento de pagos electrónico [*o* computerizado]; ~ **e Zeitschrift** revista electrónica en el internet

Elektrorasierer *m* maquina *f* de afeitar; **Elektroschock** *m* (MED) electrochoque *m;* **Elektrosmog** *m* electrosmog *m;* **Elektrotechnik** *f ohne pl* electrotécnica *f,* electrotecnia *f;* **Elektrotechniker(in)** *m(f)* electrotécnico *mf*

Element [eleˈmɛnt] *nt* <-(e)s, -e> elemento *m*

elementar [elemɛnˈtaːe] *adj* elemental; (*grundlegend*) fundamental

elend *adj* ❶ (*armselig*) miserable ❷ (*abw: gemein*) vil, miserable ❸ (*krank*) enfermizo

Elend [ˈeːlɛnt] *nt* <-(e)s, *ohne pl*> miseria *f;* **das heulende** ~ **haben** (*fam*) estar depre

Elendsviertel *nt* barrio *m* de chabolas, barrio *m* joven *Am*

elf [ɛlf] *adj inv* once; *s. a.* acht¹

Elf *f* <-en> (*Zahl, Fußballmannschaft*) once *m*

Elfe [ˈɛlfə] *f* <-n> sílfide *f*

Elfenbein [ˈɛlfənbaɪn] *nt* <-(e)s, *ohne pl*> marfil *m;* **elfenbeinfarben** *adj* de color marfil; **Elfenbeinküste** *f* Costa *f* de Marfil

Elfmeter [ɛlfˈmeːte] *m* <-s, -> (SPORT) penalti *m;* **Elfmeterschießen** *nt* (SPORT) tanda *f*

de penaltis
elfte(**r, s**) adj undécimo; s. a. **achte**(**r, s**)
eliminieren* [elimi'niːrən] vt eliminar
elitär [eli'tɛːɐ] adj elitista
Elite [e'liːtə] f <-n> élite f; **Eliteeinheit** f
(MIL), **Elitetruppe** f (MIL) tropa f de elite
Elixier [elɪ'ksiːɐ] nt <-s, -e> elixir m
Ellbogen ['ɛl-] m <-s, -> codo m; **die ~ aufstützen** apoyar los codos; **Ellbogenge-
sellschaft** f sociedad f caracterizada por
la ley de la selva; **Ellbogenmensch** m
(abw) arribista mf
Elle ['ɛlə] f <-n> ① (MED) cúbito m ② (Maß)
yarda f
Ellenbogen ['ɛlən-] m <-s, -> s. **Ellbogen;
Ellenbogengesellschaft** f s. **Ellbogen-
gesellschaft; Ellenbogenmensch** m
(abw) s. **Ellbogenmensch**
ellenlang adj (fam) larguísimo
Ellipse [ɛ'lɪpsə] f <-n> ① (MATH) elipse f
② (LING) elipsis f inv
elliptisch [ɛ'lɪptɪʃ] adj (MATH, LING) elíptico
E-Lok f <-s> (EISENB) Abk. von **elektrische
Lokomotive** locomotora f eléctrica
El Salvador [ɛl zalva'doːɐ] nt <- -s> El Salvador m
Elsass ['ɛlzas] nt <-(es)> Alsacia f
Elsässer(**in**) ['ɛlzɛsɐ] m(f) <-s, -; -nen> alsaciano, -a m, f
elsässisch ['ɛlzɛsɪʃ] adj alsaciano
Elsass-Lothringen nt <-s> Alsacia-Lore-
na f
Elster ['ɛlstɐ] f <-n> (ZOOL) urraca f
elterlich ['ɛltɐlɪç] adj paterno, de los padres
Eltern ['ɛltɐn] pl padres mpl; **Elternhaus**
nt casa f paterna; **Elternteil** m progeni-
tor(a) m(f); **ein ~** uno de los padres
Email [e'maɪ] nt <-s, -s> esmalte m
E-Mail f <-s> (INFOR) correo m electrónico,
e-mail m; **eine Nachricht per ~ verschicken** [o **übermitteln**] enviar [o transmitir]
una noticia por correo electrónico; **E-Mail-
Adresse** f dirección f de correo electrónico, dirección f electrónica
Emaille [e'maljə, e'maɪ] f <-n> s. **Email**
E-Mail-Programm nt (INFOR, TEL) programa m de e-mail
Emanze [e'mantsə] f <-n> (fam abw) feminista f
Emanzipation [emantsipa'tsjoːn] f <-en>
emancipación f
emanzipatorisch adj emancipatorio
emanzipieren* vr: **sich ~** emanciparse
(von de)
emanzipiert adj emancipado
Embargo [ɛm'bargo] nt <-s, -s> embargo
m
Emblem [ɛm'bleːm] nt <-s, -e o **Emble-**

mata> emblema m
Embolie [ɛmbo'liː] f <-n> (MED) embolia f
Embryo ['ɛmbryo] m <-s, -nen o -s> (MED,
BIOL) embrión m
embryonal adj (MED, BIOL) embrional
Embryonen pl von **Embryo**
Emigrant(**in**) [emi'grant] m(f) <-en, -en;
-nen> (aus politischen Gründen) emi-
grado, -a m, f; (aus wirtschaftlichen Grün-
den) emigrante mf
Emigration [emigra'tsjoːn] f <-en> emigración f
emigrieren* vi sein emigrar
Emirat [emi'raːt] nt <-(e)s, -e> emirato m;
Vereinigte Arabische ~e Emiratos Árabes Unidos
Emission [emi'sjoːn] f <-en> (FIN, PHYS)
emisión f
emittieren* [emi'tiːrən] vt (ÖKOL: Abgase,
Schadstoffe) emitir
Emmentaler ['ɛməntaːlɐ] m <-s, -> (GASTR)
queso m em(m)ental
e-Moll nt <-, ohne pl> (MUS) mi m menor
Emoticon [e'moːtikɔn] nt <-s, -s> (INFOR)
emoticón m
Emotion [emo'tsjoːn] f <-en> emoción f
emotional [emotsjo'naːl] adj emocional
emotionell [emotsjo'ɛl] adj emocional
emotionsgeladen adj emotivo; (Atmosphäre) cargado; (Diskussion) emocional;
emotionslos adj insensible
empfahl [ɛm'pfaːl] 3. imp von **empfehlen**
empfand [ɛm'pfant] 3. imp von **empfinden**
Empfang [ɛm'pfaŋ, pl: ɛm'pfɛŋə] m <-(e)s,
-fänge> ① (im Hotel) recepción f ② (TECH,
RADIO, TV) recepción f ③ (von Waren): **etw
in ~ nehmen** recibir algo; **den ~ bestätigen** acusar recibo ④ (Feier) recepción f
⑤ (Begrüßung) recibimiento m; (Aufnahme) acogida f
empfangen <empfängt, empfing, emp-
fangen> vt ① (Waren, a. RADIO, TV) recibir
② (Gast) recibir; (aufnehmen) acoger
Empfänger[1] m <-s, -> (RADIO, TV) (aparato
m) receptor m
Empfänger(**in**)[2] [ɛm'pfɛŋɐ] m(f) <-s, -;
-nen> receptor(a) m(f); (von Post) destinatario, -a m, f; (einer Summe) perceptor(a)
m(f); (einer Unterstützung) beneficiario,
-a m, f; (von Waren) consignatario, -a m, f;
~ unbekannt/verzogen destinatario des-
conocido/ausente sin señas
empfänglich adj sensible (für a)
Empfängnis f ohne pl concepción f; **Empfängnisverhütung** f anticoncepción f
Empfangsbescheinigung f acuse m de
recibo; **Empfangschef**(**in**) m(f) jefe, -a

m, f de recepción; **Empfangsdame** *f* recepcionista *f*

empfängt [ɛm'pfɛŋt] *3. präs von* **empfangen**

empfehlen [ɛm'pfeːlən] <empfiehlt, empfahl, empfohlen> I. *vt* (*raten*) recomendar II. *vr:* **sich ~** ❶ (*geh: sich verabschieden*) despedirse ❷ (*geeignet sein*) ser apto (*als/für* para); **es empfiehlt sich das zu tun** conviene hacerlo; **empfehlenswert** *adj* recomendable

Empfehlung *f* <-en> ❶ (*Fürsprache*) recomendación *f;* **auf ~ von jdm** por recomendación de alguien ❷ (*geh: Gruß*) saludo *m* respetuoso; **mit den besten ~en** con mis mejores saludos; **Empfehlungsschreiben** *nt* carta *f* de recomendación

empfiehlt [ɛm'pfiːlt] *3. präs von* **empfehlen**

empfinden [ɛm'pfɪndən] <empfindet, empfand, empfunden> *vt* sentir

empfindlich [ɛm'pfɪntlɪç] *adj* ❶ (*Person, Gerät*) sensible (*gegen* a); (*krankheitsanfällig, zerbrechlich*) delicado ❷ (*reizbar*) susceptible; **jdn an seiner ~en Stelle treffen** tocar a alguien en su punto débil; **sei nicht so ~!** ¡no seas tan susceptible! ❸ (*Kälte*) penetrante ❹ (*Verlust*) doloroso

Empfindlichkeit *f ohne pl* ❶ (*Feinfühligkeit*) sensibilidad *f* ❷ (*Reizbarkeit*) susceptibilidad *f* ❸ (*Anfälligkeit*) propensión *f* (*gegen* a)

empfindsam [ɛm'pfɪntzaːm] *adj* sensible

Empfindung *f* <-en> ❶ (*Wahrnehmung*) sensación *f* ❷ (*Gefühl*) sentimiento *m*

empfing [ɛm'pfɪŋ] *3. imp von* **empfangen**

empfohlen [ɛm'pfoːlən] *pp von* **empfehlen**

empfunden [ɛm'pfʊndən] *pp von* **empfinden**

empor [ɛm'poːɐ] *adv* (*geh*) hacia arriba; **emporarbeiten** *vr:* **sich ~** (*geh*) ascender (*zu* a)

Empore [ɛm'poːrə] *f* <-n> galería *f*

empören* [ɛm'pøːrən] I. *vt* indignar; **ich bin empört** estoy indignado II. *vr:* **sich ~** ❶ (*sich aufregen*) indignarse (*über* por) ❷ (*sich auflehnen*) sublevarse (*gegen* contra)

empörend *adj* indignante; (*skandalös*) escandaloso

Emporkömmling [ɛm'poːɐkœmlɪŋ] *m* <-s, -e> (*abw*) advenedizo, -a *m, f,* arribista *mf*

emporragen *vi* (*geh*) sobresalir; **emporsteigen** *irr* I. *vi sein* (*Rauch*) subir; (*Zweifel*) aparecer (*in* en) II. *vt sein* (*Stufen*) subir

empört [ɛm'pøːɐt] *adj* indignado

Empörung¹ [ɛm'pøːrʊŋ] *f ohne pl* (*Entrüstung*) indignación *f* (*über jdn* con alguien, *über etw* por algo)

Empörung² *f* <-en> (*Aufstand*) sublevación *f* (*gegen* contra)

emsig [ɛmzɪç] *adj* laborioso; (*unermüdlich*) asiduo

Emu ['eːmu] *m* <-s, -s> (ZOOL) emú *m*

Endabrechnung *f* (FIN) saldo *m* final; **Endbetrag** *m* total *m*

Ende¹ ['ɛndə] *nt ohne pl* ❶ (*Endpunkt*) final *m;* (*Abschluss*) término *m;* (*Film, Buch*) fin *m;* **bis ans ~ der Welt** hasta el fin del mundo ❷ (*zeitlich*) fin *m;* **~ des Jahres** a fines de año; **~ Mai** a fines de mayo ❸ (*Wend*): **zu ~** finalizado; **der Film ist zu ~** la película se ha acabado; **ein Buch zu ~ lesen** terminar de leer un libro; **der Tag geht zu ~** el día llega a su fin; **er ist ~ vierzig** tiene los cuarenta largos; **am ~ sein** (*fam*) estar en las últimas; **~s** al fin y al cabo; **bis zum bitteren ~** hasta el triste final; **ein gutes/böses ~ nehmen** acabar bien/mal; **am ~ seiner Kräfte sein** estar al límite de sus fuerzas; **etw** *dat* **ein ~ machen** (*geh*) poner fin a algo; **kein ~ finden** no acabar nunca; **kein ~ absehen** no ver el final; **seinem ~ zugehen** irse acabando; **das dicke kommt noch** (*fam*) aún queda el rabo por desollar; **~ gut, alles gut!** (*prov*) bien está lo que bien acaba

Ende² *nt* <-s, -n> (*Endstück*) extremo *m;* (*Geweihspitze*) punta *f;* **am vorderen/hinteren ~ der Reihe** en el extremo superior/inferior de la hilera; **am anderen ~ der Stadt** en el otro extremo de la ciudad

Endeffekt *m* resultado *m;* **im ~** al fin y al cabo

enden ['ɛndən] *vi* terminar, acabar; (*Frist*) vencer; **nicht ~ wollender Beifall** aplauso ininterrumpido; **wie wird das mit ihm ~?** ¿cómo va a acabar lo suyo?

Endergebnis *nt* resultado *m* final; **endgültig** *adj* definitivo; **jetzt ist ~ Schluss** ahora se acabó definitivamente; **Endgültigkeit** *f ohne pl* carácter *m* definitivo; **Endhaltestelle** *f* estación *f* final

Endivie [ɛn'diːviə] *f* <-n> escarola *f;* **Endiviensalat** *m* ensalada *f* de escarola

Endkampf *m* (SPORT) final *f;* **Endlager** *nt* depósito *m* final; **~ für atomare Abfälle** cementerio nuclear; **endlagern** *vt* depositar [*o* almacenar] (definitivamente); **Endlagerung** *f* <-en> almacenamiento *m* definitivo

endlich [ˈɛntlɪç] **I.** *adj* ❶ (*begrenzt*) limitado ❷ (MATH) finito **II.** *adv* por fin; (*schließlich*) finalmente; **hör ~ damit auf!** ¡deja eso de una vez!

endlos *adj* inacabable; (*unbegrenzt*) ilimitado

Endlosigkeit *f ohne pl* (*räumlich*) infinito *m*; (*zeitlich*) eternidad *f*

Endlospapier *nt* (INFOR) papel *m* continuo

Endphase *f* fase *f* final; **Endprodukt** *nt* producto *m* final; **Endrunde** *f* (SPORT) finalísima *f*; **Endsilbe** *f* (LING) última sílaba *f*; **Endspiel** *nt* (SPORT) final *f*; **Endspurt** *m* <-(e)s, -s *o* -e> (SPORT) sprint *m* final; **Endstadium** *nt* última fase *f*; **Endstation** *f* (estación *f*) terminal *f*; **Endsumme** *f* suma *f* total

Endung *f* <-en> (LING) desinencia *f*

Endverbraucher(in) *m(f)* consumidor(a) *m(f)* final; **Endziffer** *f* última cifra *f*; **Endzustand** *m* estado *m* final; **im ~** terminado

Energie [enɛrˈgiː] *f* <-n> energía *f*; **alternative ~n** energías alternativas; **erneuerbare ~n** energías renovables; **~ sparen** ahorrar energía; **Energiebedarf** *m* demanda *f* energética

Energiedrink *m* <-s, -s> bebida *f* energética; **Energiegewinnung** *f* <-en> obtención *f* de energía; **Energiequelle** *f* fuente *f* energética; **Energiesparen** *nt* <-s, *ohne pl*> ahorro *m* de energía

Energiesparlampe *f* lámpara *f* que ahorra energía; **Energiesparmaßnahme** *f* (WIRTSCH, ÖKOL) medida *f* para ahorrar energía

Energieverbrauch *m* consumo *m* de energía; **Energieverschwendung** *f* despilfarro *m* de energía; **Energieversorgung** *f* abastecimiento *m* de energía; **Energievorkommen** *nt* recursos *mpl* energéticos; **Energievorräte** *mpl* reservas *fpl* de energía; **nicht erneuerbare ~** reservas agotables de energía

energisch [eˈnɛrgɪʃ] *adj* enérgico; (*entschlossen*) decidido

eng [ɛŋ] **I.** *adj* ❶ (*Straße*) estrecho ❷ (*Kleidung*) ajustado; **~ anliegend** (*Kleid*) ceñido; **sich** *dat* **ein Kleid ~er machen** estrecharse un vestido ❸ (*dicht*) denso; (*gedrängt*) apretado ❹ (*eingeschränkt*) estricto; (*begrenzt*) limitado; **im ~eren Sinne** en sentido estricto; **in die ~ere Wahl kommen** llegar a la última selección ❺ (*Beziehung*) íntimo; **~ befreundet sein** ser íntimos amigos **II.** *adv*: **die Hose sitzt sehr ~** los pantalones quedan apretados; **sie sitzen ~ beieinander** están sentados muy juntos; **sieh das doch nicht so ~** no seas tan estricto

Engagement[1] [āgaʒəˈmãː] *nt ohne pl* compromiso *m*; (*Begeisterung*) entusiasmo *m*

Engagement[2] *nt* <-s, -s> (THEAT) contrata *f*

engagieren* [āgaˈʒiːrən] **I.** *vt* (*Künstler*) contratar **II.** *vr*: **sich ~** comprometerse *o* (*in* en); (*sich einsetzen*) intervenir (*für* a favor de); **er hat sich dafür engagiert, dass ...** intervino a favor de que... +*subj*

engagiert *adj* comprometido

Enge [ˈɛŋə] *f ohne pl* (*räumlich*) estrechez *f*; **jdn in die ~ treiben** poner a alguien entre la espada y la pared

Engel [ˈɛŋəl] *m* <-s, -> ángel *m*; **Engelsgeduld** [ˈ---ˈ-] *f ohne pl* paciencia *f* de santo; **Engelszungen** *fpl*: **mit ~** con persuasión

engherzig *adj* mezquino

England [ˈɛŋlant] *nt* <-s> Inglaterra *f*

Engländer(in) [ˈɛŋlɛndɐ] *m(f)* <-s, -; -nen> inglés, -esa *m, f*

englisch [ˈɛŋlɪʃ] *adj* inglés

engmaschig *adj* de malla estrecha

Engpass *m* ❶ (*Stelle*) paso *m* estrecho; (*eines Flusses*) pongo *m Ecua, Peru* ❷ (*in Versorgung*) dificultades *fpl*

engstirnig *adj* (*abw*) estrecho de miras

Enkel(in) [ˈɛŋkəl] *m(f)* <-s, -; -nen> nieto, -a *m, f*; **Enkelkind** *nt* nieto, -a *m, f*; **Enkelsohn** *m* nieto *m*; **Enkeltochter** *f* nieta *f*

enorm [eˈnɔrm] *adj* enorme

en passant [āpaˈsã] *adv* ❶ (*beiläufig*) de paso ❷ (*im Vorübergehen*) al pasar (por ahí)

Ensemble [āˈsãːbəl] *nt* <-s, -s> ❶ (THEAT) compañía *f* de teatro; (MUS) orquesta *f* ❷ (*Kleidungsstück*) conjunto *m*

entarten* [ɛntˈʔartən] *vi sein* degenerar

entbehren* [ɛntˈbeːrən] **I.** *vt* ❶ (*geh: vermissen*) echar de menos ❷ (*verzichten*) prescindir (de) **II.** *vi* (*geh: fehlen*) carecer (+*gen* de)

entbehrlich [ɛntˈbeːɐlɪç] *adj* prescindible; (*überflüssig*) superfluo

Entbehrung *f* <-en> privación *f*

entbinden* *irr* **I.** *vi* (*gebären*) dar a luz, acostar *AmC, Mex* **II.** *vt* ❶ (*von einer Pflicht*) eximir (*von* de) ❷ (*Frau*) asistir en el parto

Entbindung *f* <-en> (MED) parto *m*; **Entbindungsstation** *f* (MED) sala *f* de maternidad

entblößen* [ɛntˈbløːsən] **I.** *vt* (*Körperteil*) descubrir **II.** *vr*: **sich ~** (*sich ausziehen*) desnudarse

entbrannt *pp von* **entbrennen**

entbrennen* *irr vi sein* (*geh: Kampf, Streit*) desencadenarse

entbunden *pp von* **entbinden**

entdecken* *vt* ❶ (*Unbekanntes*) descubrir ❷ (*finden*) encontrar, hallar; **etw wieder** ~ redescubrir algo

Entdecker(in) *m(f)* <-s, -; -nen> descubridor(a) *m(f)*

Entdeckung *f* <-en> descubrimiento *m*; **Entdeckungsreise** *f* viaje *m* de exploración

Ente ['ɛntə] *f* <-n> ❶ (ZOOL) pato *m* ❷ (*Zeitungs~*) camelo *m*, borrego *m Am* ❸ (AUTO) dos caballos *m inv*

entehren* [ɛnt'ʔeːrən] *vt* deshonrar; (*herabwürdigen*) desprestigiar

enteignen* [ɛnt'ʔaɪɡnən] *vt* expropiar

Enteignung *f* <-en> expropiación *f*

enterben* *vt* desheredar

Enterich ['ɛntərɪç] *m* <-s, -e> pato *m* macho

entern ['ɛntɐn] *vt* abordar

Entertainer(in) ['ɛntəteːnɐ, 'ɛntɐtɛɪnɐ] *m(f)* <-s, -; -nen> animador(a) *m(f)*

Enter-Taste *f* (INFOR) tecla *f* return

entfachen* [ɛntˈfaxən] *vt* (*geh*) ❶ (*Feuer*) atizar ❷ (*Leidenschaft, Hass*) encender; (*Krieg*) provocar

entfahren* *irr vi sein* (*Worte*) escaparse

entfallen* *irr vi sein* ❶ (*wegfallen*) suprimirse ❷ (*erhalten*) tocar; (*zukommen*) corresponder; **auf die Losnummer 113** ~ **100.000 Euro** al número 113 le corresponden 100.000 euros ❸ (*geh: entgleiten*) escaparse ❹ (*vergessen*) olvidarse

entfalten* *vt* ❶ (*Serviette*) desdoblar ❷ (*Gedankengang*) explicar ❸ (*Talent*) revelar; (*beweisen*) mostrar **II.** *vr:* **sich** ~ ❶ (*Knospe, Fallschirm*) abrirse ❷ (*Fähigkeiten*) desarrollar(se)

Entfaltung *f* <-en> desarrollo *m*

entfärben* *vt* desteñir

entfernen* [ɛntˈfɛrnən] **I.** *vt* ❶ (*Schmutz*) quitar (*aus* de) ❷ (MED) extirpar ❸ (*abbringen*) alejar **II.** *vr:* **sich** ~ ❶ (*weggehen*) alejarse; (*verlassen*) irse; **die Schritte entfernten sich langsam** los pasos se alejaron lentamente ❷ (*vom Thema*) alejarse; (*abkommen*) apartarse

entfernt [ɛntˈfɛrnt] *adj* ❶ (*fern*) distante; (*abgelegen*) alejado; **300 Meter von hier** ~ a 300 metros de aquí; **nicht im E~esten** en absoluto ❷ (*weitläufig*) lejano; **er ist** ~ **mit mir verwandt** es un pariente lejano ❸ (*Ähnlichkeit*) vago

Entfernung *f* <-en> ❶ (*Abstand*) distancia *f*; **aus der** ~ de lejos ❷ (*Wegnahme*) eliminación *f*; (*aus dem Amt*) destitución *f*

entfesseln* *vt* desencadenar, desatar

Entfeuchter *m* <-s, -> deshumificador *m*

entflammen* **I.** *vi sein* ❶ (*Streit*) desencadenarse ❷ (*sich begeistern*) apasionarse (*für* por) **II.** *vt* (*Hass, Liebe*) provocar **III.** *vr:* **sich** ~ (*Gas*) inflamarse

entfliehen* *irr vi sein* huir (*aus* de); **entflohene Sträflinge** presos fugados

entflohen *pp von* **entfliehen**

entfremden* [ɛntˈfrɛmdən] *vt* ❶ (*Person*) distanciar; **etw seinem Zweck** ~ hacer mal uso de algo ❷ (PHILOS) alienar

Entfremdung *f* <-en> ❶ (*Abstand*) distancia *f* ❷ (PHILOS) alienación *f*

entführen* *vt* secuestrar, plagiar *Am*

Entführer(in) *m(f)* <-s, -; -nen> secuestrador(a) *m(f)*

Entführung *f* <-en> secuestro *m*, rapto *m*, plagio *m Am;* ~ **durch Außerirdische** abducción *f*

entgangen *pp von* **entgehen**

entgegen [ɛntˈgeːgən] **I.** *adv* ❶ (*Richtung*) en la dirección (de); **der Zukunft** ~ hacia el futuro ❷ (*zuwider*) en contra **II.** *präp* +*dat* (*im Gegensatz*) en oposición a, en contra de

entgegen|bringen *irr vt* (*Interesse*) mostrar; **entgegen|fahren** *irr vi sein:* **jdm** ~ ir (en coche) en dirección hacia alguien; **jdm entgegengefahren kommen** llegar (en coche) de la dirección contraria; **entgegen|fiebern** *vi* esperar con gran impaciencia; **entgegen|gehen** *irr vi sein* (*einer Person*) avanzar (hacia); **dem Ende** ~ ir terminando

entgegengesetzt *adj* ❶ (*gegenteilig*) contrario; **in** ~**er Richtung** en sentido contrario; **am** ~**en Ende der Stadt** en el otro extremo de la ciudad ❷ (*widersprechend*) contradictorio

entgegen|halten *irr vt* ❶ (*darbieten*) ofrecer; (*entgegenstrecken*) extender; **jdm die Hand** ~ (*a. fig*) tender la mano a alguien ❷ (*einwenden*) oponer; **entgegen|kommen** *irr vi sein* ❶ (*sich nähern: Person*) salir al encuentro de; (*Fahrzeug*) venir de frente ❷ (*nachgeben*) hacer concesiones ❸ (*entsprechen*) convenir; **Entgegenkommen** *nt* <-s, *ohne pl*> ❶ (*Haltung*) buena voluntad *f* ❷ (*Zugeständnis*) deferencia *f;* **entgegenkommend** *adj* ❶ (*gefällig*) complaciente; (*zuvorkommend*) servicial ❷ (*aufmerksam*) atento ❸ (*Fahrzeug*) en sentido opuesto; **entgegen|laufen** *irr vi sein* ❶ (*zulaufen*): **jdm** ~ ir corriendo al encuentro de alguien ❷ (*im Gegensatz stehen*): **etw** *dat* ~ ser contrario a algo; **entgegen|nehmen** *irr vt* (*Waren*) recibir; (*Aufgabe*) hacerse cargo (de); **entgegen|schlagen**

irr vi sein: **jdm** ~ ir en dirección hacia alguien; **aus dem Keller schlug ihr eisige Kälte entgegen** notaba un frío helado que venía del sótano; **entgegen|sehen** *irr vi* aguardar; **entgegen|setzen** *vt* oponer (a); **entgegen|stehen** *irr vi* ❶ (*hinderlich sein*) obstaculizar ❷ (*im Gegensatz stehen*) oponerse (a); **dem steht nichts entgegen** no hay inconvenientes; **entgegen|stellen** *vr:* **sich jdm/etw** *dat* ~ (*sich in den Weg stellen*) oponerse a alguien/a algo; **entgegen|steuern** *vi:* **einer Sache** *dat* ~ (*Entwicklung, Trend*) contrarrestar el efecto de una cosa; **entgegen|treten** *irr vi sein:* **jdm** ~ ir hacia alguien; **entgegen|wirken** *vi* contrarrestar

entgegnen* [ɛntˈgeːgnən] *vt* contestar; (*schärfer*) replicar

Entgegnung *f* <-en> respuesta *f;* (*Erwiderung*) réplica *f*

entgehen* *irr vi sein* ❶ (*einer Strafe*) escapar(se) (+*dat* a) ❷ (*unbemerkt bleiben*) escaparse ❸ (*Wend*): **sich** *dat* **etw** (**nicht**) ~ **lassen** (no) perderse algo

entgeistert [ɛntˈgaɪstɐt] *adj* atónito

Entgelt [ɛntˈgɛlt] *nt* <-(e)s, -e> ❶ (*Bezahlung*) retribución *f;* **ohne/gegen** ~ gratis/ pagando ❷ (*Entschädigung*) indemnización *f* ❸ (*Gebühr*) tasa *f*

entgiften* *vt* desintoxicar; (*reinigen*) purificar

entgleisen* [ɛntˈglaɪzən] *vi sein* ❶ (*Zug*) descarrilar, desrielar *Am* ❷ (*Mensch*) salirse de tono

Entgleisung *f* <-en> ❶ (*eines Zuges*) descarrilamiento *m* ❷ (*des Benehmens*) desliz *m*

entgleiten* *irr vi sein* (*geh*) escurrirse; **jdm entgleitet die Kontrolle über etw** alguien pierde el control sobre algo

entglitten *pp von* **entgleiten**

entgräten* [ɛntˈgrɛːtən] *vt* quitar las espinas (a/de)

enthaaren* [ɛntˈhaːrən] **I.** *vt* depilar **II.** *vr:* **sich** ~ depilarse

Enthaarung *f* <-en> depilación *f;* **Enthaarungscreme** *f* crema *f* depilatoria

enthalten* *irr* **I.** *vt* (*beinhalten*) contener; (*einschließen*) incluir; **Frühstück ist im Preis** ~ el desayuno está incluido en el precio **II.** *vr:* **sich** ~ (*geh a.* POL) abstenerse (de); (*verzichten*) contener; **sie enthielt sich** (**der Stimme**) se abstuvo (en la votación)

enthaltsam [ɛntˈhaltzaːm] *adj* abstinente; (*vom Alkohol*) abstemio; (*sexuell*) continente

Enthaltsamkeit *f ohne pl* abstinencia *f;*

(*sexuell*) continencia *f*

Enthaltung *f* <-en> abstención *f*

enthärten* *vt* (*Wasser*) rebajar el grado hidrométrico

enthaupten* [ɛntˈhaʊptən] *vt* decapitar

entheben* *irr vi* (*geh*): **jdn seines Amtes** ~ suspender a alguien de su cargo

enthemmen* *vi, vt* desinhibir

enthemmt *adj* (*Person*) desinhibido

enthoben *pp von* **entheben**

enthüllen* *vt* ❶ (*Denkmal*) descubrir ❷ (*geh: Geheimnis*) revelar; (*Skandal*) destapar

Enthüllung *f* <-en> ❶ (*von Denkmal*) inauguración *f* ❷ (*von Geheimnis*) revelación *f;* **Enthüllungsjournalismus** *m* periodismo *m* de investigación

Enthusiasmus [ɛntuziˈasmʊs] *m* <-, *ohne pl*> entusiasmo *m*

enthusiastisch **I.** *adj* entusiasta **II.** *adv* con entusiasmo

entjungfern* *vt* desvirgar; (MED) desflorar

entkalken* *vt* descalcificar

entkernen* *vt* ❶ (*Kirschen*) deshuesar; (*Wassermelone*) quitar las pepitas (a/de) ❷ (ARCHIT) hacer más espacioso (quitando edificios)

entknoten* *vt* desanudar

entkoffeiniert [ɛntkɔfeiˈniːɐt] *adj* descafeinado

entkommen* *irr vi sein* escaparse (*aus* de); (*fliehen*) huir (*aus* de); **jdm** ~ escapar(se) de alguien

Entkommen *nt ohne pl* huida *f;* **es gibt kein** ~ no hay posibilidad de huida; **aus der Lage gab es kein** ~ no había salida a la situación

entkorken* *vt* descorchar

entkräften* *vt* ❶ (*Person*) debilitar ❷ (*Verdacht*) anular; (*Behauptung*) invalidar

entladen* *irr* **I.** *vt* (*LKW, Schiff*) descargar **II.** *vr:* **sich** ~ (*Batterie, Zorn*) descargarse

entlang [ɛntˈlaŋ] **I.** *präp* +*gen/dat* a lo largo de; ~ **des Weges** [*o* **dem Weg**] a lo largo del camino **II.** *präp* +*akk* a lo largo de; **die Wand** ~ a lo largo de la pared **III.** *adv:* **am Fluss** ~ a lo largo del río; **hier** ~ (siguiendo) por aquí; **entlang|fahren** *irr* **I.** *vi sein:* **an etw** *dat* ~ pasar a lo largo de algo **II.** *vt sein* (*Straße*) seguir; **entlang|gehen** *irr* **I.** *vi sein:* **an etw** *dat* ~ caminar a lo largo de algo **II.** *vt sein* (*Straße*) pasar (por); (*folgen*) seguir

entlarven* *vt* descubrir

entlassen* *irr vt* ❶ (*kündigen*) despedir, fletar *Arg, Chil, Urug;* **er wurde fristlos** ~ fue despedido sin previo aviso ❷ (*aus Kran-*

kenhaus) dar de alta; (*aus Gefängnis*) soltar; (*aus Armee*) licenciar; (*aus Schule*) dejar; (*aus Vertrag*) librar

Entlassung f <-en> ❶ (*aus Arbeitsverhältnis*) despido m ❷ (*aus Gefängnis*) excarcelación f; **Entlassungsgrund** m causa f del despido

entlasten* vt ❶ (*Balken, Achse*) descargar; (*Telefonleitung, Verkehr*) descongestionar; (*Person, Gewissen*) aliviar; **er sollte den Chef etwas ~** tendría que quitar trabajo al jefe ❷ (*Angeklagte*) exculpar

Entlastung f <-en> ❶ (JUR) exculpación f ❷ (*des Verkehrsaufkommens*) descongestión f

entlaufen* irr vi sein (*Mensch*) escaparse; (*Tier*) extraviarse

entlausen* vt despiojar

entledigen* vr (*geh*): **sich etw** gen ~ deshacerse de algo; (*einer Verpflichtung*) librarse de algo

entleeren* vt vaciar

entlegen [ɛnt'leːɡən] adj (*entfernt*) distante; (*abgelegen*) retirado

entleihen* irr vt tomar prestado

entliehen pp von **entleihen**

entlocken* vt: **jdm etw ~** arrebatar algo a alguien

entlohnen* vt remunerar

Entlohnung f <-en> ❶ (*das Entlohnen*) remuneración f ❷ (*Lohn*) salario m

entmachten* [ɛnt'maxtən] vt derrocar

entmilitarisieren* vt desmilitarizar

entmündigen* [ɛnt'mʏndɪɡən] vt poner bajo tutela

Entmündigung f <-en> incapacitación f

entmutigen* [ɛnt'muːtɪɡən] vt desanimar

Entnahme [ɛnt'naːmə] f <-n> toma f

entnehmen* irr vt ❶ (*herausnehmen*) tomar, sacar ❷ (*folgern*) deducir; **ich entnahm seiner Äußerung, dass ...** deduje de su observación que...

entnervt adj (*Blick*) tenso; (*Mensch*) nervioso; **ich bin völlig ~!** ¡estoy hasta las narices!

entnommen pp von **entnehmen**

entpuppen* [ɛntpʊpən] vr: **sich ~** descubrirse (*als* como); **er hat sich als Betrüger entpuppt** resultó ser un estafador

entrahmen* vt (GASTR) desnatar

entreißen* irr vt ❶ (*wegreißen*): **jdm etw ~** arrancar algo a alguien ❷ (*geh: retten*): **jdn einer Gefahr ~** salvar a alguien de un peligro

entrichten* vt abonar, pagar

entrinnen* irr vi sein (*geh: sich retten*) salvarse (+*dat* de); (*entfliehen*) escaparse (+*dat* de)

Entrinnen nt <-s, *ohne pl*> salvación f; **es gibt kein ~** no hay escapatoria

entrissen pp von **entreißen**

entronnen pp von **entrinnen**

entrückt [ɛnt'rʏkt] adj (*Mensch*) ensimismado; (*Blick*) extasiado

entrümpeln* [ɛnt'rʏmpəln] vt quitar los trastos viejos (de)

entrüsten* [ɛnt'rʏstən] I. vt indignar II. vr: **sich ~** indignarse (*über* por)

entrüstet adj indignado (*über* por)

Entrüstung f <-en> indignación f (*über* por); (*Ärger*) enojo m (*über* por/contra)

entsagen* vi (*geh*) abstenerse (+*dat* de); (*verzichten*) renunciar (+*dat* a)

entsandt pp von **entsenden**

entschädigen* vt indemnizar (*für* por)

Entschädigung f <-en> indemnización f (*für* por)

entschärfen* vt ❶ (*Bombe*) desactivar ❷ (*Streit, Krise*) apaciguar

entscheiden* irr I. vi, vt (*bestimmen*) decidir (*über* sobre); **ich habe das nicht zu ~** no lo decido yo II. vi (JUR) dictar una sentencia III. vr: **sich ~** decidirse (*für* por, *gegen* en contra de)

entscheidend adj decisivo; (*wichtig*) crucial; **im ~en Augenblick** en el momento decisivo

Entscheidung f <-en> decisión f; (JUR) fallo m; **eine ~ treffen/fällen** tomar/adoptar una decisión; **vor einer ~ stehen** estar a las puertas de una decisión; **entscheidungsfreudig** adj decidido

entschieden [ɛnt'ʃiːdən] I. pp von **entscheiden** II. adj (*entschlossen*) decidido, impositivo CSur; (*nachdrücklich*) rotundo

Entschiedenheit f <-en> firmeza f; **etw mit aller ~ zurückweisen** rechazar algo categóricamente

entschlacken* vt (MED) desintoxicar

entschließen* irr vr: **sich ~** decidirse (*zu* a); **sich anders ~** cambiar de opinión

Entschließung f <-en> decisión f

entschlossen [ɛnt'ʃlɔsən] I. pp von **entschließen** II. adj decidido, abicado CSur; **kurz ~** sin vacilar; **fest ~** absolutamente decidido; **sie war zu allem ~** estaba dispuesta a todo

Entschlossenheit f *ohne pl* resolución f; (*Entschiedenheit*) firmeza f

entschlüpfen* vi sein salir del huevo; (*fig*) escaparse

Entschluss m <-es, -schlüsse> decisión f; **einen ~ fassen** tomar una decisión

entschlüsseln* vt descifrar

entschlussfreudig adj decidido

entschuldbar adj disculpable, perdonable

entschuldigen* [ɛntˈʃʊldɪɡən] **I.** vt ① (verzeihen) disculpar, perdonar; (rechtfertigen) justificar; ~ **Sie bitte!** ¡disculpe Ud., por favor! ② (um Verzeihung bitten) disculpar (bei ante, für por); (rechtfertigen) justificar (bei ante); **meine Frau lässt sich** ~ mi mujer pide disculpas por no haber podido venir **II.** vr: **sich** ~ disculparse (für por, bei ante)

entschuldigend adj de disculpa

Entschuldigung f <-en> disculpa f; (Vorwand) pretexto m; (Bescheinigung für die Schule) justificante m; ~**!** ¡perdón!; **jdn für etw um** ~ **bitten** pedir disculpas a alguien por algo; **was haben Sie zu Ihrer** ~ **vorzubringen?** ¿qué puede aducir en su defensa?

entschwinden* irr vi sein (geh) ① (Person) alejarse; (aus dem Blickfeld) perderse ② (Zeit) volar

entschwunden pp von **entschwinden**

entsenden* irr vt (geh) enviar

Entsendung f <-en> (a. POL) envío m

entsetzen* vt horrorizar; **ich war völlig entsetzt** me quedé totalmente horrorizado

Entsetzen nt <-s, ohne pl> horror m

entsetzlich [ɛntˈzɛtslɪç] **I.** adj horrible **II.** adv (fam: sehr) terriblemente; ~ **viel Geld** un dineral terrible

entsetzt [ɛntˈzɛtst] adj horrorizado (über por); **ich bin** ~**!** ¡estoy horrorizado!

entsichern* vt (Waffe) quitar el seguro (a/de)

entsinnen* [ɛntˈzɪnən] irr vr: **sich** (jds) ~ recordar (a alguien)

entsonnen pp von **entsinnen**

entsorgen* vt (Müll) eliminar; (Fabrik) eliminar los desechos (de)

Entsorgung [ɛntˈzɔrɡʊŋ] f <-en> eliminación f de desechos

entspannen* **I.** vt ① (Körper) relajar ② (Lage) calmar **II.** vr: **sich** ~ ① (Mensch) relajarse; (sich ausruhen) descansar ② (Lage) normalizarse ③ (Muskeln) relajarse

Entspannung f <-en> ① (von Mensch) relajación f ② (POL) distensión f; **Entspannungsübung** f ejercicio m de relajación

entsprechen* irr vi ① (übereinstimmen) corresponder (+dat a); **das entspricht nicht den Tatsachen** esto no corresponde a los hechos ② (Bitte) acceder (+dat a); (Anforderungen) satisfacer (+dat)

entsprechend I. adj ① (übereinstimmend) correspondiente; (sinngemäß) análogo; (jeweilig) respectivo ② (angemessen) adecuado; (gleichwertig) acorde (con) **II.** adv debidamente; (angemessen)

adecuadamente **III.** präp +dat según, conforme a

Entsprechung f <-en> (Übereinstimmung) correspondencia f; (Analogie) analogía f; (Äquivalent) equivalente m

entspringen* irr vi sein ① (Fluss) nacer (in en) ② (herrühren) resultar (+dat de)

entsprochen pp von **entsprechen**

entsprungen pp von **entspringen**

entstammen* vi sein proceder (+dat de); (einer Familie) descender (+dat de)

entstanden pp von **entstehen**

entstehen* irr vi sein ① (Gerücht) surgir (aus de); (Streit) originarse (aus de); (Gebäude) construirse; (Feuer) producirse; **es werden für Sie keine Kosten daraus** ~ a Ud. no le producirá gasto alguno; **für den entstandenen Schaden** por el daño ocasionado; **die Sache ist im E~ begriffen** el asunto está en pañales ② (sich herleiten) derivarse (aus de)

Entstehung f <-en> ① (Ursprung) origen m; (Anfang) comienzo m ② (das Werden) formación f

entsteigen* irr vi sein salir (+dat de); (dem Wasser) surgir (+dat de)

entstellen* vt ① (verunstalten) desfigurar; **bis zur Unkenntlichkeit entstellt** totalmente desfigurado ② (Text, Sinn) tergiversar

Entstellung f <-en> ① (von Menschen) desfiguración f ② (von Sachverhalten) tergiversación f

entstiegen pp von **entsteigen**

entstören* vt (RADIO, TEL, TECH) eliminar las interferencias (de)

entströmen* vi sein (geh: Flüssigkeit) fluir (+dat de); (Gas) escapar (+dat de); (Menschen) salir (+dat de)

enttäuschen* vt decepcionar; (desillusionieren) desilusionar; (Hoffnung) frustrar; **ich muss Sie leider** ~ desgraciadamente tengo que desilusionarle

enttäuschend adj decepcionante

enttäuscht adj decepcionado; (desillusioniert) desilusionado

Enttäuschung f <-en> decepción f; (Desillusion) desilusión f; **jdm eine** ~ **bereiten** desilusionar a alguien

entthronen* vt (geh) destronar

entwaffnen* [ɛntˈvafnən] vt (a. fig) desarmar

entwaffnend adj (fig) encantador

Entwarnung f <-en> cese m de alarma

entwässern* [ɛntˈvɛsən] vt (Gelände) drenar; (MED) drenar; (dehydratisieren) deshidratar

Entwässerung f <-en> (a. MED), **Entwäss-**

rung *f* <-en> drenaje *m;* (*Dehydratation*) deshidratación *f*

entweder ['ɛntveːdɐ, -'--] *konj:* ~ ... **oder** ... o (bien)... o...

entweichen* *irr vi sein* (*Person, Gas*) escapar (*aus* de)

entweihen* *vt* profanar

entwenden* *vt* (*geh*) sustraer; (*stehlen*) robar

entwerfen* *irr vt* ❶ (*in Gedanken*) proyectar; (*zeichnerisch*) diseñar; (*Plan*) trazar ❷ (*schriftlich*) hacer un borrador (de)

entwerten* *vt* ❶ (*Fahrschein*) cancelar ❷ (*im Wert mindern*) devaluar

Entwertung *f* <-en> ❶ (*Wertminderung*) devaluación *f* ❷ (*von Fahrkarten*) cancelación *f,* picado *m fam*

entwichen *pp von* **entweichen**

entwickeln* **I.** *vt* ❶ (*Theorie*) desarrollar ❷ (FOTO) revelar **II.** *vr:* **sich ~** desarrollarse (*aus* de); (*sich fort~*) evolucionar (*aus* de); (*Rauch*) producirse; **sich zu etw** *dat* ~ transformarse en algo

Entwickler *m* <-s, -> (FOTO) revelador *m*

Entwicklung *f* <-en> ❶ (*Wachstum*) desarrollo *m;* (*Fort~*) evolución *f;* **sich in der ~ befinden** estar en estado de desarrollo ❷ (*von Rauch*) formación *f* ❸ (*einer Theorie*) desarrollo *m* ❹ (FOTO) revelado *m* ❺ (*neues Produkt*) desarrollo *m;* (*Herstellung*) creación *f;* **Entwicklungshelfer(in)** *m(f)* voluntario, -a *m, f* en los países en (vías de) desarrollo; **Entwicklungshilfe** *f ohne pl* ayuda *f* al desarrollo; **Entwicklungsland** *nt* país *m* en (vías de) desarrollo; **Entwicklungsstufe** *f* grado *m* de desarrollo

entwirren* [ɛnt'vɪrən] *vt* (*geh*) ❶ (*Fäden*) desenredar ❷ (*Unklarheiten*) aclarar

entwischen* [ɛnt'vɪʃən] *vi sein* (*fam*) escapar(se)

entwöhnen* [ɛnt'vøːnən] *vt* ❶ (*Säugling*) destetar ❷ (*geh: abbringen*) deshabituar

entworfen *pp von* **entwerfen**

entwürdigen* *vt* humillar

entwürdigend *adj* humillante

Entwurf *m* <-(e)s, -würfe> ❶ (*Konzept*) borrador *m,* machote *m Am;* (*Projekt*) proyecto *m* ❷ (*Zeichnung*) diseño *m* ❸ (*Skizze*) bosquejo *m*

entwurzeln* *vt* arrancar de raíz; (*Mensch*) desarraigar

entziehen* *irr* **I.** *vt* ❶ (*Erlaubnis*) quitar; (*Wort, Führerschein*) retirar ❷ (*Nährstoffe*) extraer ❸ (*Hand*) quitar **II.** *vr:* **sich ~** ❶ (*einer Verpflichtung*) sustraerse (a) ❷ (*einer Person*) rehuir; (*einer Umarmung*) evitar ❸ (*verborgen bleiben*) escaparse (a); **das entzieht sich meiner Kenntnis** esto se escapa a mi conocimiento **III.** *vi* (*fam: Süchtige*) desintoxicarse

Entziehungskur *f* cura *f* de desintoxicación

entziffern* [ɛnt'tsɪfɐn] *vt* descifrar

entzogen *pp von* **entziehen**

entzücken* *vt* encantar; (*begeistern*) entusiasmar

Entzücken [ɛnt'tsʏkən] *nt* <-s, *ohne pl*> (*geh*) encanto *m;* **jdn in ~ versetzen** encantar a alguien

entzückend *adj* encantador

Entzug *m* <-(e)s, *ohne pl*> ❶ (*von Rauschgift*) desintoxicación *f* ❷ (*des Führerscheins*) retirada *f;* (*von Unterstützung*) supresión *f* ❸ (*von Flüssigkeit*) extracción *f;* **Entzugserscheinung** *f* síntoma *m* de abstinencia

entzündbar [ɛnt'tsʏntbaːɐ] *adj* inflamable

entzünden* **I.** *vr:* **sich ~** ❶ (*Feuer fangen*) incendiarse ❷ (MED) inflamarse ❸ (*hervorgerufen werden*) producirse (*an* por) **II.** *vt* (*geh: Feuer, Kerze, Leidenschaft*) encender

entzündet *adj* inflamado

entzündlich *adj* ❶ (MED: *entzündet*) inflamado; (*zu entzünden*) inflamatorio ❷ (*Brennstoff*) inflamable

Entzündung *f* <-en> (MED) inflamación *f*

entzwei [ɛnt'tsvaɪ] *adj inv* ❶ (*kaputt*) roto ❷ (*gespalten*) partido

entzweien* **I.** *vt* (*Freunde*) enemistar **II.** *vr:* **sich ~** (*uneins werden*) enemistarse (*mit* con)

entzweigehen *irr vi sein* romperse (en pedazos)

Enzian ['ɛntsiaːn] *m* <-s, -e> ❶ (BOT) genciana *f* ❷ (*Schnaps*) licor *m* de genciana

Enzyklopädie [ɛntsyklopɛ'diː] *f* <-n> enciclopedia *f*

enzyklopädisch [ɛntsyklo'pɛːdɪʃ] *adj* enciclopédico

Enzym [ɛn'tsyːm] *nt* <-s, -e> enzima *f*

Epen *pl von* **Epos**

Epidemie [epide'miː] *f* <-n> epidemia *f*

Epilepsie [epilɛ'psiː] *f* <-n> (MED) epilepsia *f*

Epileptiker(in) [epi'lɛptikɐ] *m(f)* <-s, -; -nen> epiléptico, -a *m, f*

epileptisch [epi'lɛptɪʃ] *adj* epiléptico

Epilog [epi'loːk] *m* <-s, -e> epílogo *m*

episch ['eːpɪʃ] *adj* épico

Episode [epi'zoːdə] *f* <-n> episodio *m*

Epizentrum [epi'tsɛntrʊm] *nt* (GEO) epicentro *m*

Epoche [e'pɔxə] *f* <-n> época *f*

Epos ['eːpɔs] *nt* <-, Epen> (LIT) epopeya *f*

er [eːɐ] *pron pers 3. sg m* él; **da ist ~ ja!** ¡allí viene!; **wenn ich ~ wäre** si yo fuera él

erachten* [ɛɐˈʔaxtən] *vt* (*geh*) considerar (*für/als*); (*schätzen*) estimar (*für/als* como)

Erachten *nt* <-s, *ohne pl*>: **meines ~s** en mi opinión

erahnen* *vt* entrever; (*erraten*) adivinar

erarbeiten* *vt* ❶ (*erstellen*) elaborar ❷ (*erlangen*): **sich** *dat* ~ (*Position*) lograr; (*Wissen*) adquirir

Erbanlage *f* (BIOL) factor *m* hereditario

erbarmen* [ɛɐˈbarmən] *vr:* **sich** (**jds**) ~ compadecerse (de alguien)

Erbarmen [ɛɐˈbarmən] *nt* <-s, *ohne pl*> compasión *f;* **mit jdm ~ haben** compadecerse de alguien

erbärmlich [ɛɐˈbɛrmlɪç] *adj* ❶ (*elend*) miserable, pingucho *Chil;* (*jämmerlich*) lamentable ❷ (*schlecht*) espantoso; **es tat ~ weh** dolió espantosamente ❸ (*gemein*) infame

erbarmungslos *adj* despiadado

erbauen* **I.** *vt* ❶ (*Gebäude*) construir ❷ (*geh: erfreuen*) deleitar **II.** *vr:* **sich ~** (*geh: erfreuen*) encontrar placer (*an* en)

Erbauer(in) *m(f)* <-s, -; -nen> constructor(a) *m(f)*

erbaulich *adj* (*Literatur*) edificante

Erbauung *f* <-en> edificación *f*

Erbe¹ *nt* <-s, *ohne pl*> herencia *f;* **das ~ antreten** tomar posesión de la herencia

Erbe, -in² [ˈɛrbə] *m, f* <-n, -n; -nen> heredero, -a *m, f;* **jdn als ~n einsetzen** constituir heredero a alguien

erbeben* [-'--] *vi sein* temblar

erben [ˈɛrbən] *vi, vt* heredar (*von* de)

erbeuten* [ɛɐˈbɔɪtən] *vt* apresar, (MIL) tomar como botín

Erbfaktor *m* (BIOL) factor *m* hereditario; **Erbfehler** *m* (BIOL) defecto *m* hereditario, vicio *m* hereditario; **Erbfolge** *f* sucesión *f;* **Erbgut** *nt* <-(e)s, *ohne pl*> (BIOL) patrimonio *m* hereditario, herencia *f*

Erbin [ˈɛrbɪn] *f* <-nen> *s.* **Erbe²**

erbittert *adj* (*Kampf, Diskussion*) enconado

Erbitterung *f ohne pl* exasperación *f*

Erbkrankheit *f* enfermedad *f* hereditaria

erblassen* *vi sein* palidecer (*vor* de)

Erblasser(in) [ˈɛrplasə] *m(f)* <-s, -; -nen> (JUR) testador(a) *m(f)*

erbleichen* *vi sein* palidecer

erblich [ˈɛrplɪç] *adj* hereditario

erblicken* *vt* (*geh*) ver; (*in der Ferne*) divisar, visualizar *Am*

erblinden* *vi sein* quedarse ciego

Erblindung *f* <-en> pérdida *f* de la vista

erblühen* *vi sein* florecer; (*Blüte*) abrirse

Erbmasse [ˈɛrpmasə] *f* ❶ (*conjunto m* de) bienes *mpl* de la herencia ❷ (BIOL) genotipo *m;* **Erbonkel** *m* (*fam*) tío *m* rico

erbost [ɛɐˈboːst] *adj* (*geh*) furioso (*über* por)

erbracht *pp von* **erbringen**

erbrechen* *irr* **I.** *vi* vomitar, debocar *Arg, Bol;* **bis zum E~** (*fam*) hasta la saciedad **II.** *vt* (*geh: Siegel*) romper; (*Schloss*) forzar

Erbrecht *nt* (JUR) derecho *m* de sucesión

erbringen* *irr vt* (*Gewinne*) producir; (*Beweise*) aducir

erbrochen *pp von* **erbrechen**

Erbschaft *f* <-en> herencia *f;* **eine ~ machen** heredar

Erbschleicher(in) *m(f)* <-s, -; -nen> heredípeta *mf*

Erbse [ˈɛrpsə] *f* <-n> guisante *m,* arveja *f Am;* **Erbsensuppe** *f* (GASTR) sopa *f* de guisantes; **Erbsenzähler(in)** *m(f)* (*abw sl*) rata *mf*

Erbsünde *f* (REL) pecado *m* original; **Erbtante** *f* (*fam*) tía *f* rica

Erdachse [ˈeːɐtʔaksə] *f ohne pl* eje *m* terrestre

erdacht *pp von* **erdenken**

Erdanziehung *f ohne pl* gravedad *f;* **Erdapfel** *m* (*Österr, südd: Kartoffel*) patata *f,* papa *f Am;* **Erdatmosphäre** *f ohne pl* atmósfera *f* terrestre; **Erdball** *m ohne pl* globo *m* terrestre; **Erdbeben** *nt* terremoto *m;* **Erdbeere** *f* fresa *f;* **Erdbevölkerung** *f* población *f* mundial; **Erdboden** *m ohne pl* tierra *f,* suelo *m;* **wie vom ~ verschluckt** como si se lo/la hubiera tragado la tierra; **eine Stadt dem ~ gleich machen** no dejar piedra sobre piedra

Erde¹ [ˈeːɐdə] *f ohne pl* ❶ (*Welt*) tierra *f;* **auf der ~** en la tierra ❷ (*Boden*) suelo *m,* tierra *f;* **auf die ~ fallen** caer al suelo; **unter der ~** subterráneo

Erde² *f* <-n> ❶ (*Erdreich*) tierra *f;* **jdn unter die ~ bringen** (*fam*) causar la muerte de alguien ❷ (ELEK) toma *f* de tierra

erden *vt* (ELEK) colocar una toma de tierra (en)

erdenken* *irr vt* imaginar; (*ausdenken*) idear; (*erfinden*) inventar

erdenklich *adj* concebible; (*vorstellbar*) imaginable; **sich** *dat* **alle ~e Mühe geben** hacer todo lo posible

erdfarben [ˈeːɐtfarbən] *adj* de color tierra

Erdgas *nt* gas *m* natural

Erdgeschoss *nt* planta *f* baja

erdichten* *vt* (*geh*) inventar

erdig [ˈeːɐdɪç] *adj* ❶ (*erdhaltig*) terroso

② (*Geschmack, Geruch*) a tierra

Erdkugel *f ohne pl* globo *m* terráqueo; **Erdkunde** *f ohne pl* geografía *f;* **Erdnuss** *f* cacahuete *m;* **Erdoberfläche** *f ohne pl* superficie *f* terrestre

Erdöl *nt* petróleo *m,* canfín *m* AmC; (WIRTSCH) crudo *m;* **Erdölvorkommen** *nt* yacimiento *m* petrolífero

Erdreich *nt* tierra *f*

erdreisten ★ [ɛɐˈdraɪstən] *vr:* **sich ~** (*geh*) tener la desfachatez (*zu* de)

erdröhnen ★ *vi sein* retumbar

erdrosseln ★ *vt* estrangular

erdrücken ★ *vt* **①** (*zu Tode*) aplastar **②** (*Sorgen*) abrumar; **~ de Beweise** pruebas contundentes

Erdrutsch [ˈeːɐtrʊtʃ] *m* desprendimiento *m* de tierras; **Erdstoß** *m* seísmo *m;* **Erdteil** *m* continente *m*

erdulden ★ *vt* aguantar; (*aushalten*) soportar

Erdumdrehung *f* rotación *f* de la tierra; **Erdumkreisung** *f* <-en> vuelo *m* orbital; **Erdumlaufbahn** *f* órbita *f* de la tierra; **Erdumsegelung** *f* <-en> vuelta *f* al mundo en velero

Erdung [ˈeːɐdʊŋ] *f* <-en> (ELEK) toma *f* de tierra

ereifern ★ [ɛɐˈʔaɪfɐn] *vr:* **sich ~** apasionarse (*über* con); (*sich erwärmen*) acalorarse (*über* por)

ereignen ★ [ɛɐˈʔaɪɡnən] *vr:* **sich ~** suceder, ocurrir

Ereignis *nt* <-ses, -se> acontecimiento *m;* **ein freudiges ~** un fausto acontecimiento

ereignislos *adj* sin incidentes

ereignisreich *adj* rico en acontecimientos; (*bewegt*) movido

ereilen ★ *vt* (*geh*) alcanzar

Erektion [erɛkˈtsjoːn] *f* <-en> erección *f*

Eremit(in) [ereˈmiːt] *m(f)* <-en, -en; -nen> eremita *mf*

erfahren[1] I. *pp von* **erfahren**[2] II. *adj* experimentado; (*auf einem Fachgebiet*) entendido (*in* en)

erfahren ★[2] *irr vt* **①** (*Nachricht*) (llegar a) saber, enterarse (de); **wir haben ~, dass ...** supimos que... **②** (*geh: erleben*) experimentar; (*durchleben*) vivir; (*Leid*) padecer

Erfahrung *f* <-en> experiencia *f;* (*praktische*) práctica *f;* **aus** (**eigener**) **~** por experiencia (propia); **die ~ machen, dass ...** comprobar que...; **etw in ~ bringen** enterarse de algo; **Erfahrungsaustausch** *m* intercambio *m* de experiencias; **erfahrungsgemäß** *adv* por experiencia; **~ ist es ...** según muestra la experiencia, ...; **Erfahrungswert** *m* valor *m* empírico

erfassen ★ *vt* **①** (*mit Händen*) agarrar **②** (*mitreißen*) arrastrar; **er wurde von einem Auto erfasst** fue arrastrado por un coche **③** (*Angst*) sobrevenir **④** (*begreifen*) concebir; (*verstehen*) comprender **⑤** (*registrieren*) registrar; (*Daten*) meter **⑥** (*einbeziehen*) incluir; (*berücksichtigen*) considerar

Erfassung *f* <-en> **①** (*das Verstehen*) comprensión *f* **②** (*das Registrieren*) registro *m;* (*von Bewohnern*) empadronamiento *m;* (MIL) alistamiento *m* **③** (INFOR: *von Daten*) registro *m*

erfinden ★ *irr vt* inventar

Erfinder(in) *m(f)* <-s, -; -nen> inventor(a) *m(f)*

erfinderisch *adj* ingenioso

Erfindung *f* <-en> invención *f;* (*Produkt*) invento *m;* **eine ~ machen** inventar algo; **Erfindungsgabe** *f* inventiva *f*

Erfolg [ɛɐˈfɔlk] *m* <-(e)s, -e> éxito *m;* (*Ergebnis*) resultado *m;* (*Folge*) consecuencia *f;* (*Wirkung*) efecto *m;* **~ versprechend** prometedor; **ein voller ~** un éxito completo; **mit dem ~, dass ...** con el efecto de que...; **von ~ gekrönt** coronado por el éxito

erfolgen ★ *vi sein* (*geschehen*) suceder, (*stattfinden*) realizarse; (*Zahlung, Beitritt*) efectuarse; **die Antwort erfolgte sofort** contestaron en seguida

erfolglos I. *adj* infructuoso; (*nutzlos*) ineficaz II. *adv* sin éxito; (*vergeblich*) en vano

Erfolglosigkeit *f ohne pl* fracaso *m*

erfolgreich I. *adj* (*Person*) triunfante; (*Maßnahme*) eficaz II. *adv* con éxito

Erfolgsaussicht *f* perspectiva *f* de éxito; **Erfolgsautor(in)** *m(f)* autor(a) *m(f)* de éxito; **Erfolgsbilanz** *f* balance *m* de resultados; **Erfolgsdenken** *nt* manera *f* de pensar orientada hacia el éxito; **Erfolgserlebnis** *nt* (sensación *f* de) éxito *m;* **Erfolgsmensch** *m* triunfador(a) *m(f);* **Erfolgsrezept** *nt* receta *f* para el éxito

erfolgversprechend *adj* prometedor; **höchst ~e Maßnahmen** medidas muy prometedoras

erforderlich [ɛɐˈfɔrdɐlɪç] *adj* necesario; **unbedingt ~** indispensable; **es ist ~, dass ...** es necesario que... +*subj*

erfordern ★ *vt* requerir

Erfordernis *nt* <-ses, -se> necesidad *f;* (*Voraussetzung*) requisito *m*

erforschen ★ *vt* investigar; (*Weltraum*) explorar; (*Meinung*) sondear

Erforschung *f* <-en> investigación *f;* (*von Land*) exploración *f;* (*von Meinung*) sondeo *m*

erfragen* *vt* preguntar; (*ausfindig machen*) averiguar

erfreuen* I. *vt* (*Freude bereiten*) alegrar; **sehr erfreut!** ¡encantado!; **über jdn/etw erfreut sein** alegrarse por alguien/por algo II. *vr:* **sich ~** ❶ (*sich freuen*) alegrarse (*an* ante) ❷ (*geh: genießen*) gozar (de)

erfreulich *adj* agradable; (*Nachricht*) grato; (*befriedigend*) satisfactorio

erfreulicherweise [-'---'--] *adv* afortunadamente

erfrieren* *irr vi sein* ❶ (*Person, Tier*) morir(se) de frío ❷ (*Körperteil*) congelarse; (*Pflanze*) helarse

erfrischen* I. *vi, vt* refrescar II. *vr:* **sich ~** refrescarse

erfrischend *adj* (*Brise, Getränk*) refrescante; (*Naivität*) encantador

Erfrischung *f* <-en> ❶ (*das Erfrischen*) refrigeración *f* ❷ (*Getränk*) refresco *m*, fresco *m Am;* **Erfrischungsgetränk** *nt* refresco *m;* **Erfrischungstuch** *nt* toallita *f* refrescante

erfroren *pp von* **erfrieren**

erfüllen* I. *vt* ❶ (*aus-, anfüllen*) llenar (*mit* de) ❷ (*Bedingung*) cumplir (con); (*Versprechen*) cumplir; (*Wunsch*) corresponder (a); (*Erwartungen*) satisfacer; (*Aufgabe*) desempeñar, implementar *Am;* **das Gerät erfüllt seinen Zweck** el aparato cumple con su cometido II. *vr:* **sich ~** (*wahr werden*) realizarse

Erfüllung *f* <-en> ❶ (*Befriedigung*) satisfacción *f* ❷ (*einer Aufgabe*) desempeño *m;* (*eines Vertrages, einer Pflicht*) cumplimiento *m;* (*eines Planes*) realización *f;* **in ~ gehen** cumplirse

erfunden *pp von* **erfinden**

ergangen *pp von* **ergehen**

ergänzen* [ɛɐ'gɛntsən] I. *vt* (*vervollständigen*) complementar; (*hinzufügen*) añadir II. *vr:* **sich ~** (*zusammenpassen*) complementarse

ergänzend I. *adj* adicional; **erlauben Sie mir eine ~e Bemerkung** permítame añadir algo II. *adv:* **ich möchte ~ darauf hinweisen, dass ...** quisiera señalar, además, que...

Ergänzung *f* <-en> ❶ (*Vervollständigung*) complemento *m* ❷ (*Zusatz*) añadidura *f;* **zur ~ sei noch gesagt, dass ...** añádase a esto que... ❸ (LING) complemento *m*

ergattern* [ɛɐ'gaten] *vt* (*fam*) pescar

ergaunern* *vt* timar

ergeben¹ I. *pp von* **ergeben²** II. *adj* ❶ (*untertänig*) sumiso; (*demütig*) devoto ❷ (*treu*) leal

ergeben*² *irr* I. *vt* (*Ergebnis*) dar como resultado; (MATH) dar por resultado; (*Bilanz*) arrojar; (*Untersuchungen*) demostrar II. *vr:* **sich ~** ❶ (*kapitulieren*) rendirse ❷ (*sich herausstellen*) producirse; (*Schwierigkeit*) surgir ❸ (*folgen*) resultar (*aus* de); (*sich ableiten*) deducirse (*aus* de); **daraus ergibt sich, dass ...** de esto resulta que... ❹ (*sich hingeben*): **sich etw** *dat*/**jdm ~** entregarse a algo/a alguien

Ergebenheit *f ohne pl* ❶ (*Anhänglichkeit*) afección *f* ❷ (*Treue*) lealtad *f* ❸ (*Fügsamkeit*) devoción *f*

Ergebnis [ɛɐ'ge:pnɪs] *nt* <-ses, -se> resultado *m;* (*Folge*) consecuencia *f;* **wir sind zu dem ~ gekommen, dass ...** hemos llegado a la conclusión de que...

ergebnislos *adj* sin resultado

ergehen* *irr* I. *vi sein* (*geh: Gesetz*) publicarse; (*Einladung*) ser enviado II. *vunpers sein* (*geschehen*): **ihr ist es dort gut/schlecht ergangen** le ha ido bien/mal allí; **etw über sich ~ lassen** soportar algo III. *vr:* **sich ~** (*äußern*) explayarse (*in* sobre)

ergiebig [ɛɐ'gi:bɪç] *adj* productivo; (*Geschäft*) lucrativo; (*Boden*) fértil

ergießen* *irr vr:* **sich ~** derramarse (*auf* por, *über* sobre); (*münden*) desembocar (*in* en); (*ins Meer*) desaguar (*in* en)

ergossen *pp von* **ergießen**

ergötzen* [ɛɐ'gœtsən] I. *vt* (*geh: vergnügen*) divertir II. *vr:* **sich ~** divertirse (*an* en/con)

ergrauen* [ɛɐ'grauən] *vi sein* encanecer

ergreifen* *irr vt* ❶ (*fassen*) coger; (*Furcht, Ahnung*) acometer; (*Maßnahmen, Partei*) tomar; (*Gelegenheit*) aprovechar; **sie ergriff das Wort** tomó la palabra ❷ (*festnehmen*) detener ❸ (*erschüttern*) conmover

ergreifend *adj* conmovedor, emocionante

Ergreifung *f* <-en> captura *f*

ergriffen [ɛɐ'grɪfən] I. *pp von* **ergreifen** II. *adj* conmovido, emocionado

ergründen* *vt* averiguar

Erguss [ɛɐ'gʊs, *pl:* ɛɐ'gʏsə] *m* <-es, -güsse> ❶ (MED) derrame *m* ❷ (*abw: Redeschwall*) verborrea *f* ❸ (*Samen~*) eyaculación *f*

erhaben [ɛɐ'ha:bən] *adj* ❶ (*erhöht*) elevado ❷ (*überlegen*) por encima (*über* de); **über jeden Verdacht ~ sein** estar por encima de cualquier sospecha ❸ (*feierlich*) sublime

Erhabenheit *f ohne pl* elevación *f;* (*Feierlichkeit*) sublimidad *f*

Erhalt *m* <-(e)s, *ohne pl*> (*formal*) ❶ (*Empfang*) recibo *m* ❷ (*Instandhaltung*) mantenimiento *m*

erhalten* *irr vt* ❶ (*bekommen*) recibir; (*Genehmigung*) obtener; (*Gehalt*) cobrar; (*Geldstrafe*) recibir ❷ (*bewahren*) conservar; (*aufrechterhalten*) mantener; **jdn am Leben ~** mantener a alguien con vida; **etw ist gut ~** algo está bien conservado

erhältlich [ɛɐ̯'hɛltlɪç] *adj* conseguible; (*käuflich*) en venta

Erhaltung *f ohne pl* conservación *f*; (*Unterhaltung*) mantenimiento *m*

erhängen* I. *vt* ahorcar II. *vr:* **sich ~** ahorcarse

erhärten* *vt* ❶ (*Material*) endurecer ❷ (*Vermutung*) confirmar

erhaschen* [ɛɐ̯'haʃən] *vt* (*Blick, Wort*) captar

erheben* *irr* I. *vt* ❶ (*hochheben*) alzar; (*aufrichten*) erguir; **er erhob sein Glas** alzó su vaso; **ein ~der Augenblick** un momento edificante ❷ (*Steuern*) imponer; (*Eintritt*) cobrar ❸ (*Geschrei, Protest*) levantar; **die Stimme ~** (*geh*) levantar la voz ❹ (*Daten*) hacer constar ❺ (*Einwände*) poner (*gegen* a); (*Forderungen*) formular II. *vr:* **sich ~** ❶ (*aufstehen*) levantarse; (*sich aufrecht halten*) erguirse ❷ (*Flugzeug, Vogel*) emprender el vuelo ❸ (*geh: Sturm*) levantarse; (*Frage*) plantearse ❹ (*sich auflehnen*) sublevarse (*gegen* contra)

erhebend *adj* (*geh*) edificante; **ein ~er Augenblick** un momento edificante

erheblich [ɛɐ̯'he:plɪç] *adj* notable; (*wichtig*) importante; **~ besser** mucho mejor

Erhebung *f* <-en> ❶ (*Anhöhe*) elevación *f*; (*Hügel*) colina *f* ❷ (*Aufstand*) sublevación *f* ❸ (FIN: *von Abgaben*) cobro *m* ❹ (*Umfrage*) sondeo *m*

erheitern* [ɛɐ̯'haɪtən] I. *vt* (*geh*) regocijar II. *vr:* **sich ~** (*geh*) regocijarse

Erheiterung *f* <-en> diversión *f*

erhellen* I. *vt* ❶ (*Raum*) iluminar ❷ (*Zusammenhänge*) aclarar II. *vr:* **sich ~** ❶ (*Himmel*) despejarse ❷ (*Gesicht*) iluminarse

erhitzen* [ɛɐ̯'hɪtsən] I. *vt* ❶ (*Speisen*) calentar ❷ (*erregen*) excitar II. *vr:* **sich ~** ❶ (*Speisen*) calentarse ❷ (*sich erregen*) excitarse

erhoben *pp von* **erheben**

erhoffen* *vt* esperar

erhöhen* [ɛɐ̯'høːən] I. *vt* ❶ (*Mauer*) elevar (*um* en) ❷ (*Spannung*) aumentar ❸ (*Geschwindigkeit*) aumentar; (*Preis*) subir; **den Preis auf vier Euro/um vier Euro ~** subir el precio a cuatro euros/en cuatro euros ❹ (MUS: *um einen Halbton*) elevar en un semitono II. *vr:* **sich ~** (*Gehalt,*

Spannung) aumentar

erhöht *adj* (*Wert, Blutdruck*) alto

Erhöhung *f* <-en> ❶ (*einer Mauer*) elevación *f* ❷ (*der Preise, Geschwindigkeit*) aumento *m*

erholen* *vr:* **sich ~** ❶ (*ausspannen*) reponerse (*von* de); (*von Krankheit*) restablecerse (*von* de) ❷ (COM) recuperarse

erholsam [ɛɐ̯'hoːlzaːm] *adj* tranquilo

Erholung *f ohne pl* ❶ (*Ruhe*) descanso *m* ❷ (*Genesung*) restablecimiento *m*; **Erholungsgebiet** *nt* zona *f* de descanso; **Erholungswert** *m* (ÖKOL) valor *m* recreativo

erhören* *vt* (*geh: Bitte*) atender

erigieren* [eri'giːrən] *vi sein* ponerse erecto; **ein erigierter Penis** un pene erecto

erinnern* [ɛɐ̯'ʔɪnɐn] I. *vi, vt* recordar (*an* a); **ich sollte dich daran ~, dass ...** te tenía que recordar que... II. *vr:* **sich ~** acordarse (*an* de); (*an weit zurückliegendes*) recordar (*an*); **soweit ich mich ~ kann** por lo que yo recuerdo

Erinnerung *f* <-en> ❶ (*Gedächtnis*) memoria *f*; **etw in guter ~ behalten** guardar buena memoria de algo ❷ (*Zurückdenken*) recuerdo *m* (*an* de) ❸ (*Mahnung*) advertencia *f* ❹ (*Andenken*) recuerdo *m*; **zur ~ an jdn** en recuerdo de alguien

erkälten* [ɛr'kɛltən] *vr:* **sich ~** resfriarse, afluxionarse *Col, Cuba*

erkältet *adj* resfriado

Erkältung *f* <-en> resfriado *m*; **eine ~ bekommen** resfriarse, afluxionarse *Col, Cuba*; **Erkältungskrankheit** *f* (MED) catarro *m*

erkämpfen* *vt* luchar (por)

erkannt *pp von* **erkennen**

erkaufen* *vt* pagar (por); **das hast du dir teuer erkauft** has pagado un alto precio por ello

erkennbar *adj* reconocible (*an* por); (*wahrnehmbar*) perceptible

erkennen* *irr* I. *vt* ❶ (*wahrnehmen*) ver; (*ausmachen*) distinguir ❷ (*identifizieren*) reconocer (*an* por); **jdn an etw** *dat* **wieder~** reconocer a alguien por algo; **er war nicht wieder zu ~** había cambiado totalmente; **sich zu ~ geben** identificarse ❸ (*Irrtum*) reconocer II. *vi* (JUR) condenar (*auf* a)

erkenntlich [ɛɐ̯'kɛntlɪç] *adj:* **sich (bei jdm) ~ zeigen** mostrarse agradecido (a alguien)

Erkenntnis *f* <-se> conocimiento(s) *m(pl)*; (*Einsicht*) comprensión *f*; **zu der ~ kommen, dass ...** llegar a la conclusión de que...

Erkennungszeichen nt contraseña f

Erker ['ɛrkɐ] m <-s, -> saledizo m, voladizo m

erklärbar [ɛɐ'klɛːɐbaːɐ] adj explicable

erklären* I. vt ❶ (erläutern) explicar; (deuten) interpretar ❷ (Krieg) declarar; (Rücktritt) presentar; **jdn für schuldig/ vermisst/tot** ~ declarar a alguien culpable/desaparecido/muerto; **etw für ungültig** ~ declarar algo no válido II. vr: **sich** ~ ❶ (folgen) explicarse (aus por) ❷ (sagen) manifestarse (für a favor de, gegen contra); **sich einverstanden** ~ manifestarse de acuerdo

erklärend I. adj explicativo; **einige** ~**e Worte sprechen** decir una palabras aclaratorias II. adv: **... fügte sie** ~ **hinzu** ...añadió a modo de aclaración

erklärlich adj claro; (verständlich) comprensible

erklärt adj (Gegner, Favorit) declarado

Erklärung f <-en> ❶ (Erläuterung) explicación f; (Deutung) interpretación f; (Grund) motivo m ❷ (Verlautbarung) declaración f; **eine** ~ **abgeben** prestar declaración

erklingen* irr vi sein sonar

erklungen pp von **erklingen**

erkranken* vi sein enfermar (an de)

Erkrankung f <-en> enfermedad f

erkunden* [ɛɐ'kʊndən] vt (Geheimnis) averiguar; (Lage) sondear; (Gelände) explorar

erkundigen* [ɛɐ'kʊndɪgən] vr: **sich** ~ informarse (nach/über sobre); (nach dem Weg) preguntar (nach/über por)

Erkundigung f <-en> investigación f; ~**en** (über jdn/etw) einziehen informarse (sobre alguien/algo)

Erkundung f <-en> exploración f

erlangen* [ɛɐ'laŋən] vt (bekommen) obtener; (erreichen) alcanzar

Erlass [ɛɐ'las] m <-es, -e> ❶ (Verfügung) orden f; (eines Gesetzes) promulgación f ❷ (von Schulden) condonación f ❸ (einer Strafe) remisión f

erlassen* irr vt ❶ (Gesetz, Haftbefehl) promulgar; (Amnestie) declarar ❷ (befreien von): **jdm etw** ~ (Pflicht) eximir a alguien de algo; (Strafe, Schulden) condonar algo a alguien

erlauben* [ɛɐ'laʊbən] vt permitir; (behördlich) autorizar; ~ **Sie mal!** (fam) ¡pero qué se ha creído!; **sich** dat **etw** ~ permitirse algo; **wenn ich mir die Bemerkung** ~ **darf** si se me permite la observación

Erlaubnis f <-se> permiso m; (behördlich)

autorización f; **jdn um** ~ **bitten** pedir permiso a alguien

erlaucht [ɛɐ'laʊxt] adj ilustre

erläutern* [ɛɐ'lɔɪtɐn] vt explicar

erläuternd I. adj aclaratorio; **eine** ~**e Zeichnung ist beigefügt** se añade un dibujo ilustrativo II. adv aclarativamente

Erläuterung f <-en> explicación f; (Kommentar) comentario m

Erle ['ɛrlə] f <-n> (BOT) aliso m

erleben* vt ❶ (Freude) vivir; (Niederlage) sufrir; (Enttäuschung) llevarse ❷ (mit~) vivir; **wenn du das tust, kannst du was** ~ (fam) si lo haces te vas a acordar ❸ (kennen lernen) ver; **so habe ich ihn noch nie erlebt** nunca le he visto así

Erlebnis nt <-ses, -se> vivencia f; (Erfahrung) experiencia f; (Ereignis) acontecimiento m

erledigen* [ɛɐ'leːdɪgən] I. vt ❶ (Auftrag) hacer; (Angelegenheit) resolver; **ich habe noch etwas zu** ~ aún tengo que hacer algo; **die Sache ist für mich erledigt** para mí el asunto está concluido ❷ (sl: töten) liquidar; (ruinieren) arruinar II. vr: **sich** ~ arreglarse

erledigt [ɛɐ'leːdɪçt] adj (fam) cansado; **ich bin völlig** ~ estoy hecho polvo

Erledigung¹ f <-en> (Besorgung) compra f; ~**en machen** hacer compras

Erledigung² f ohne pl (das Erledigen) arreglo m; (Abwicklung) tramitación f

erlegen¹ pp von **erliegen**

erlegen*² [ɛɐ'leːgən] vt (geh) matar

erleichtern* [ɛɐ'laɪçtɐn] vt aliviar; (um Gewicht) aligerar; (Arbeit, Verständnis) facilitar; **sein Herz** ~ desahogarse; **erleichtert atmete er auf** respiró con alivio; **die Nachricht erleichterte ihn** la noticia lo alivió; **jdn um 100 DM** ~ (fam) mangarle a alguien 100 marcos

Erleichterung f ohne pl alivio m; **zu meiner großen** ~ para mi gran alivio

erleiden* irr vt (Schmerzen) soportar; (Niederlage) sufrir

erlernen* vt aprender

erlesen adj selecto

erleuchten* vt iluminar

Erleuchtung f <-en> iluminación f; (Inspiration) inspiración f

erliegen* irr vi sein (einer Versuchung) sucumbir (+dat a); (einem Irrtum) caer (+dat en); **zum E~ kommen** quedar paralizado

erlischt 3. präs von **erlöschen**

erlitten pp von **erleiden**

Erlös [ɛɐ'løːs] m <-es, -e> ingreso m; (für wohltätige Zwecke) beneficio m

erlosch 3. imp von **erlöschen**

erloschen pp von **erlöschen**

erlöschen <erlischt, erlosch, erloschen> vi sein ① (Vulkan) extinguirse ② (Anspruch) prescribir; (Interesse) desaparecer

erlösen* vt librar (von de); (REL) redimir

erlösend I. adj aliviante II. adv que procura alivio

Erlösung f <-en> (Rettung) salvación f; (Befreiung) liberación f; (REL) redención f

ermächtigen* [ɛɐ̯ˈmɛçtɪɡən] vt autorizar (zu para)

Ermächtigung f <-en> (JUR) autorización f (zu para)

ermahnen* vt exhortar (zu a); (tadeln) reprender; (warnen) advertir

Ermahnung f <-en> exhortación f; (Warnung) advertencia f

Ermangelung f ohne pl (geh) : **in ~ einer Lösung** a falta de una solución

ermäßigen* [ɛɐ̯ˈmɛːsɪɡən] vt reducir

Ermäßigung f <-en> ① (Senkung) reducción f ② (Preisnachlass) rebaja f

ermatten* [ɛɐ̯ˈmatən] I. vi sein (geh) perder las fuerzas II. vt haben (geh) agotar; (von etw dat) **ermattet sein** estar agotado (por algo)

ermattet adj cansado

ermessen* irr vt juzgar; (schätzen) evaluar

Ermessen nt <-s, ohne pl> parecer m, juicio m; **nach menschlichem ~** según el parecer común; **in jds ~ liegen** quedar al libre albedrío de alguien; **Ermessensfrage** f cuestión f de libre albedrío; **Ermessensspielraum** m (JUR) margen m de evaluación

ermitteln* [ɛɐ̯ˈmɪtəln] I. vi (JUR) proseguir las diligencias (gegen contra) II. vt ① (Täter) averiguar ② (Sieger) determinar ③ (MATH) calcular

Ermittlung f <-en> ① (polizeilich) pesquisa f ② (Feststellung) descubrimiento m; **Ermittlungsverfahren** nt (JUR) sumario m

ermöglichen* [ɛɐ̯ˈmøːklɪçən] vt hacer posible, posibilitar

ermorden* vt asesinar

Ermordung f <-en> asesinato m

ermüden* [ɛɐ̯ˈmyːdən] I. vi sein ① (Person) cansarse ② (TECH) fatigarse II. vt (Person) cansar

ermüdend adj fatigoso, cansador Arg

Ermüdung f <-en> cansancio m; (a. TECH) fatiga f; **Ermüdungserscheinung** f síntoma m de cansancio

ermuntern* [ɛɐ̯ˈmʊntən] vt estimular (zu a); (aufmuntern) animar (zu a)

Ermunterung f <-en> ① (das Ermun-

tern) : **zu jds ~** para levantarle el ánimo a alguien ② (ermunternde Worte) palabras fpl de ánimo

ermutigen* [ɛɐ̯ˈmuːtɪɡən] vt alentar (zu a)

ermutigend I. adj que anima; **danke für deine ~en Worte** gracias por tus palabras de ánimo II. adv para animar; **er nickte ihr ~ zu** le hizo una seña para darle ánimos

Ermutigung f <-en> ánimo(s) m(pl); **er sprach einige Worte der ~** pronunció unas palabras de aliento

ernähren* I. vt ① (mit Nahrung) alimentar ② (sorgen für) mantener; (unterhalten) sustentar II. vr: **sich ~** alimentarse (von de)

Ernährer(in) m(f) <-s, -; -nen> sustentador(a) m(f) de la familia

Ernährung f ohne pl ① (Nahrung) alimentación f ② (Unterhalt) sustento m; **Ernährungsgewohnheiten** fpl (MED) costumbres fpl alimenticias; **Ernährungswissenschaft** f ohne pl ciencia f de la nutrición; **Ernährungswissenschaftler(in)** m(f) experto, -a m, f en nutrición, nutricionista mf

ernannt pp von **ernennen**

ernennen* irr vt nombrar; (für ein Amt) designar

Ernennung f <-en> nombramiento m (zu para); (für ein Amt) designación f (zu para)

erneuerbar [ɛɐ̯ˈnɔʏɐbaːɐ̯] adj renovable; **~e Energiequellen** fuentes de energía renovables

erneuern* [ɛɐ̯ˈnɔʏɐn] vt ① (Vertrag) renovar; (Maschinenteil) cambiar ② (Gebäude) restaurar ③ (Freundschaft) reavivar; (Beziehungen) reanudar

Erneuerung f <-en> ① (das Auswechseln) cambio m ② (Renovierung, Restaurierung) renovación f ③ (Verlängerung der Gültigkeit) renovación f

erneut [ɛɐ̯ˈnɔʏt] adv de nuevo

erniedrigen* [ɛɐ̯ˈniːdrɪɡən] I. vt ① (demütigen) humillar ② (Druck) disminuir; (Preise) bajar ③ (MUS) abemolar II. vr: **sich ~** humillarse (vor ante); (sich herabwürdigen) rebajarse (vor ante), achicarse (vor ante) Am

Erniedrigung f <-en> ① (Demütigung) humillación f ② (MUS) abemolado m

ernst [ɛrnst] adj ① (Mensch) serio; (Absicht) firme; **jdn/etw ~ nehmen** tomar a alguien/algo en serio; **etw ~ meinen** decir algo en serio ② (Lage, Krankheit) grave ③ (feierlich) solemne

Ernst m <-es, ohne pl> ① (Strenge) severidad f ② (ernster Wille) seriedad f; **das ist**

mein voller ~ (*fam*) lo digo muy en serio; **im** ~ en serio; **allen** ~**es** con toda seriedad ❸ (*Gewichtigkeit*) gravedad *f*

Ernstfall *m* caso *m* de urgencia

ernsthaft *adj* ❶ (*Verletzung*) grave ❷ (*Miene, Angebot*) serio

Ernsthaftigkeit *f ohne pl* seriedad *f*

ernstlich I. *adj* ❶ (*Bedenken*) serio; (*Gefahr*) grave ❷ (*Absicht*) firme II. *adv* ❶ (*ermahnen*) en serio ❷ (*krank sein*) gravemente

Ernte ['ɛrntə] *f* <-n> ❶ (*Vorgang*) recolección *f*; (*von Mais*) pizca *f Mex* ❷ (*das Geerntete*) cosecha *f*

Erntedankfest [-'--'--] *nt* Día *m* de Acción de Gracias

ernten ['ɛrntən] *vt* (*a. fig*) cosechar; (*Mais*) pizcar *Mex*

ernüchtern* [ɛɐ'nʏçtən] *vt* ❶ (*Betrunkene*) desembriagar ❷ (*enttäuschen*) desilusionar

Ernüchterung *f* <-en> desilusión *f*

Eroberer, -in [ɛɐ'ʔo:bərə] *m, f* <-s, -; -nen> conquistador(a) *m(f)*

erobern* [ɛɐ'ʔo:bən] *vt* (*a. fig*) conquistar

Eroberung *f* <-en> conquista *f*

eröffnen* I. *vt* ❶ (*Konto, Geschäft*) abrir; (*einweihen*) inaugurar; (*Verhandlung*) dar comienzo (a) ❷ (*Testament*) leer ❸ (JUR: *Verfahren*) establecer ❹ (MIL: *Angriff*) abrir ❺ (*mitteilen*): **jdm etw** ~ comunicar algo a alguien II. *vr:* **sich** ~ (*Perspektiven*) abrirse

Eröffnung *f* <-en> ❶ (*Öffnung*) apertura *f*; (*Einweihung*) inauguración *f* ❷ (*Mitteilung*) confidencia *f*

erogen [ero'ge:n] *adj* erógeno; ~**e Zone** zona erógena

erörtern* [ɛɐ'œrtən] *vt* discutir, debatir

Erörterung *f* <-en> ❶ (*das Erörtern*) discusión *f* ❷ (*Text*) comentario *m*

Erosion [ero'zjo:n] *f* <-en> (GEO) erosión *f*

Erotik [e'ro:tɪk] *f ohne pl* erotismo *m*

erotisch *adj* erótico

Erpel ['ɛrpəl] *m* <-s, -> pato *m* macho

erpicht [ɛɐ'pɪçt] *adj:* **auf etw** ~ **sein** estar ansioso por algo

erpressen* *vt* ❶ (*Person*) chantajear (*mit* con) ❷ (*Lösegeld, Geständnis*) extorsionar

Erpresser(in) *m(f)* <-s, -; -nen> chantajista *mf*, extorsionista *mf*

erpresserisch *adj* extorsionista

Erpressung *f* <-en> chantaje *m*; **Erpressungsversuch** *m* (JUR) intento *m* de extorsión

erproben* *vt* probar

erprobt *adj* probado; **das Gerät ist noch**

nicht ~ el aparato no ha sido probado todavía; **er ist in solchen Dingen** ~ tiene experiencia en esas cosas

Erprobung *f* <-en> prueba *f*

erquicklich *adj* (*geh*) agradable

erraten* [ɛɐ'ra:tən] *irr vt* adivinar

errechnen* *vt* calcular

erregbar [ɛɐ're:kba:ɐ] *adj* irritable; (*sexuell*) excitable

erregen* [ɛɐ're:gən] I. *vt* ❶ (*emotional, sexuell*) excitar ❷ (*hervorrufen*) provocar; (*Interesse*) despertar; (*Ärger*) desatar ❸ (*Fantasie*) estimular II. *vr:* **sich** ~ excitarse (*über* con); (*Gemüter*) acalorarse

Erreger *m* <-s, -> (MED) germen *m* patógeno

Erregung *f* <-en> excitación *f*, prendimiento *m Col, Ven*

erreichbar *adj* alcanzable; (*Ort*) accesible

erreichen* *vt* ❶ (*Person*) localizar ❷ (*Zug, Alter*) alcanzar; (*Ort*) llegar (a) ❸ (*erlangen*) conseguir; (*zustande bringen*) lograr

errichten* *vt* ❶ (*Gebäude*) levantar; (*bauen*) construir; (*Denkmal*) erigir ❷ (*gründen*) establecer

erringen* *irr vt* conseguir; (*Erfolg*) obtener

erröten* [ɛɐ'rø:tən] *vi sein* sonrojarse

errungen *pp von* **erringen**

Errungenschaft [ɛɐ'rʊŋənʃaft] *f* <-en> logro *m*; (*Eroberung*) conquista *f*; (*der Technik*) adelanto *m*

Ersatz [ɛɐ'zats] *m* <-es, *ohne pl*> ❶ (*Auswechselung*) sustitución *f* ❷ (*Entschädigung*) indemnización *f*; (*Belohnung*) recompensa *f*; **Ersatzbefriedigung** *f* (PSYCH) satisfacción *f* sustitutoria; **Ersatzdienst** *m* prestación *f* sustitutoria; **Ersatzdroge** *f* (MED) sustitutivo *m* de la droga; **Ersatzlösung** *f* solución *f* alternativa; **Ersatzmann** *m* suplente *m*; (SPORT) reserva *m*; **Ersatzmittel** *nt* sustitutivo *m*; **Ersatzreifen** *m* rueda *f* de recambio; **Ersatzschlüssel** *m* llave *m* de repuesto; **Ersatzspieler(in)** *m(f)* reserva *mf*, suplente *mf*; **Ersatzteil** *nt* (pieza *f* de) repuesto *m*; **ersatzweise** [ɛɐ'zatsvaɪzə] *adv* como alternativa

ersaufen* *irr vi sein* (*fam*) ahogarse, morir ahogado

erschaffen* *irr vt* (*geh*) crear

Erschaffung *f ohne pl* (*geh*) creación *f*

erschaudern* *vi sein* (*geh*) sentir un escalofrío

erscheinen* *irr vi sein* ❶ (*sichtbar werden*) aparecer ❷ (*sich einfinden*) presentarse ❸ (*Buch*) publicarse ❹ (*sich darstellen, scheinen*) parecer; **es erscheint mir wünschenswert, dass ...** me parece conveniente que... +*subj*

Erscheinen *nt* <-s, *ohne pl*> ① (*Gäste*) asistencia *f* ② (*das Sichtbarwerden*) aparición *f* ③ (*Buch*) publicación *f*

Erscheinung *f* <-en> ① (*Tatsache*) fenómeno *m;* **in ~ treten** manifestarse ② (*Gestalt*) figura *f;* (*äußere*) apariencia *f;* **seiner äußeren ~ nach** según su apariencia ③ (*Vision*) visión *f;* (*Gespenst*) aparición *f;* **Erscheinungsbild** *nt* imagen *f;* (*Aussehen*) aspecto *m*

erschienen *pp von* **erscheinen**

erschießen* *irr vt* matar de un tiro, balear *AmS,* tronar *Mex;* (*hinrichten*) fusilar

Erschießung *f* <-en> ejecución *f;* (*Hinrichtung*) fusilamiento *m*

erschlaffen* [ɛɐˈʃlafən] *vi sein* (*Muskeln*) relajarse

erschlagen¹ I. *pp von* **erschlagen²** II. *adj* (*fam*) ① (*erschöpft*) hecho polvo ② (*fassungslos*) atónito

erschlagen*² *irr vt* matar a golpes

erschleichen* *irr vt* (*abw: durch Täuschung*) conseguir capciosamente; (*durch List*) obtener por astucia

erschlichen *pp von* **erschleichen**

erschließen* *irr vt* ① (*Land*) explotar; (*Märkte*) abrir; (*Baugelände*) urbanizar ② (*folgern*) deducir

Erschließung *f* <-en> ① (*von Bodenschätzen*) aprovechamiento *m* ② (*von Märkten*) apertura *f* ③ (*von Baugelände*) urbanización *f*

erschlossen *pp von* **erschließen**

erschöpfen* I. *vt* ① (*verbrauchen*) gastar; (*aufbrauchen*) agotar ② (*ermüden*) cansar ③ (*Thema*) tratar exhaustivamente II. *vr:* **sich ~** ① (*Gesprächsstoff*) agotarse ② (*beschränkt sein*) reducirse (*in* a)

erschöpfend *adj* agotador; **ein Thema ~ behandeln** tratar un tema a fondo

Erschöpfung *f* <-en> agotamiento *m*

erschossen *pp von* **erschießen**

erschrak 3. *imp von* **erschrecken²**, **erschrecken³**

erschrecken*¹ *vt* asustar

erschrecken² <erschrickt, erschrak, erschrocken> *vi sein* asustarse (*über/vor* de)

erschrecken³ <erschreckt *o* erschrickt, erschreckte *o* erschrak, erschreckt *o* erschrocken> *vr:* **sich ~** (*fam*) asustarse (*über/vor* de)

Erschrecken *nt* <-s, *ohne pl*> terror *m*

erschreckend *adj* alarmante; (*Angst einflößend*) espantoso

erschrickt 3. *präs von* **erschrecken²**, **erschrecken³**

erschrocken [ɛɐˈʃrɔkən] I. *pp von* **erschrecken²**, **erschrecken³** II. *adj* asustado

erschüttern* [ɛɐˈʃʏtən] *vt* ① (*Erdbeben, Explosion*) hacer temblar ② (*Glauben, Gesundheit*) quebrantar; (*Vertrauen*) poner en duda ③ (*Nachricht*) conmover (profundamente); (*stärker*) conmocionar

erschütternd *adj* conmovedor

erschüttert *adj* conmovido

Erschütterung *f* <-en> ① (*Beben*) sacudida *f* ② (*Ergriffenheit*) conmoción *f*

erschweren* [ɛɐˈʃveːrən] *vt* dificultar; **unter erschwerten Bedingungen** bajo condiciones difíciles

erschwerend I. *adj* agravante; **~e Umstände** circunstancias agravantes II. *adv:* **~ kommt hinzu, dass ...** por si fuera poco...

erschwindeln* *vt* estafar

erschwinglich [ɛɐˈʃvɪŋlɪç] *adj* asequible

ersehen* *irr vt* sacar (*aus* de); (*folgern*) deducir (*aus* de)

ersehnen* *vt* suspirar (por); **der ersehnte Augenblick** el momento anhelado

ersetzbar *adj* sustituible; **jeder Mensch ist ~** cualquier persona es sustituible

ersetzen* *vt* ① (*Teil*) reemplazar (*durch* por); (*Person*) sustituir (*durch* por) ② (*auswechseln*) cambiar (*durch* por) ③ (*Ausgaben*) reembolsar ④ (*a.* FIN: *Verlust*) indemnizar (*durch* por); **jdm einen Schaden ~** indemnizar a alguien por un daño

ersichtlich [ɛɐˈzɪçtlɪç] *adj* evidente; **ohne ~en Grund** sin motivo aparente; **hieraus ist ~, dass ...** de aquí se deduce que...

ersoffen *pp von* **ersaufen**

ersparen* *vt* ① (*Ärger*) evitar, ahorrar; **ihr bleibt aber auch nichts erspart** (*fam*) a ella le toca todo ② (*Geld*) ahorrar

Ersparnis *f* <-se> ahorro *m* (*an* de)

Ersparte(s) *nt* <-n, *ohne pl*> (FIN) ahorros *mpl*

erst [eːɐst] I. *adv* ① (*zuerst*) primero; (*an ~er Stelle*) en primer lugar ② (*zu Beginn*) al principio ③ (*nicht früher als*) no hasta; **er kam ~ gestern** no vino hasta ayer ④ (*nur*) sólo, solamente II. *part:* **da ging's ~ richtig los** entonces empezó la fiesta de verdad; **gerade ~** ahora mismo; **~ gestern fragte sie ...** ayer mismo preguntó...; **jetzt ~ recht!** ¡ahora más que nunca!; **wenn sie ~ weg sind** cuando hayan partido

erstanden *pp von* **erstehen**

erstarren* *vi sein* ① (*vor Kälte*) helarse ② (*Lava*) solidificar(se); (*Wasser*) helarse ③ (*vor Schreck*) quedarse de piedra; (*Blut*) helarse

erstatten* [ɛɐˈʃtatən] *vt* (*Kosten*) reembolsar

Erstattung f <-en> (Rückzahlung) reembolso m; (Rückgabe) restitución f

Erstaufführung f (THEAT) estreno m

erstaunen* I. vi sein sorprenderse, quedar asombrado (über de/por) II. vt sorprender

Erstaunen nt <-s, ohne pl> (Verwunderung) asombro m; (Überraschung) sorpresa f; (Befremden) extrañeza f; **zu meinem größten ~** para mi gran sorpresa

erstaunlich adj (verwunderlich) asombroso; (überraschend) sorprendente, sorpresivo Am; (bewundernswert) admirable

erstaunlicherweise [-'---'--] adv sorprendentemente

erstaunt I. adj de sorpresa; **~ sein** estar sorprendido (über por) II. adv sorprendido; **~ sah sie ihn an** le miraba sorprendida

erstbeste(r, s) adj: **die ~ Gelegenheit** la primera ocasión (que se presente); **der/die/das E~** el primero/la primera/lo primero (que aparezca)

erste(r, s) adj primero; **als E~s muss ich sagen ...** primero tengo que decir...; **das ~ Mal** la primera vez; **zum ~n Mal** por primera vez; **fürs E~** de momento; **~ Hilfe** primeros auxilios; **~ Klasse** primera clase; s. a. **achte(r, s)**

erstechen* irr vt acuchillar, carnear Mex

erstehen* irr vt adquirir

Erste-Hilfe-Kasten m (MED) botiquín m (de primeros auxilios)

ersteigern* vt comprar en subasta

erstellen* vt ❶ (bauen) edificar ❷ (Gutachten) hacer; (erarbeiten) elaborar ❸ (INFOR) crear; **neu ~** recrear

erstens ['e:ɐstəns] adv en primer lugar; (bei Aufzählung) primero; s. a. **achtens**

erster ['e:ɐstɐ] adj s. **erste(r, s)**

erstere(r, s) adj (erstgenannt) primero; **der/die/das E~** el primero/la primera/lo primero

erstes adj s. **erste(r, s)**

ersticken* ['ɛɐ'ʃtɪkən] I. vi sein (Person) ahogarse, asfixiarse II. vt ❶ (töten) ahogar, asfixiar ❷ (Aufruhr) sofocar ❸ (Feuer) extinguir

Erstickung f <-en> (MED) asfixia f

erstklassig ['e:ɐstklasɪç] adj ❶ (ausgezeichnet) excelente, chévere Am ❷ (SPORT) de primera categoría

Erstkontakt m (WIRTSCH) primer contacto m

erstmalig ['e:ɐstma:lɪç] I. adj primero II. adv por primera vez

erstmals ['e:ɐstma:ls] adv por primera vez

erstochen pp von **erstechen**

erstrangig ['e:ɐstraŋɪç] adj de primera

clase; (FIN) preferente

erstreben* (geh) ambicionar; (eine Stellung) aspirar (a); **erstrebenswert** adj que vale la pena

erstrecken* vr: **sich ~** ❶ (betreffen) referirse (auf a) ❷ (räumlich) extenderse (über por) ❸ (zeitlich) durar (über)

erstunken [ɛɐ'ʃtʊŋkən] adj (fam): **das ist ~ und erlogen** eso es una solemne mentira

ersuchen* vt: **jdn um etw ~** pedir algo a alguien

ertappen* vt pillar; (überraschen) sorprender; **jdn auf frischer Tat ~** sorprender a alguien en flagrante

erteilen* vt (Erlaubnis) conceder; (Rat) dar; (Unterricht, Befehl) impartir; **sie erteilte ihm das Wort** le concedió la palabra

ertönen* [ɛɐ'tø:nən] vi sein sonar

Ertrag [ɛɐ'tra:k, pl: ɛɐ'trɛ:gə] m <-(e)s, -träge> ❶ (Produktmenge) rendimiento m ❷ (Gewinn) beneficio m, ganancia f ❸ (AGR) cosecha f; **~ abwerfen** producir una cosecha

ertragen* irr vt soportar; (aushalten) aguantar

erträglich [ɛɐ'trɛ:klɪç] adj ❶ (zu ertragen) soportable, aguantable ❷ (fam: recht gut) pasable

ertragreich adj productivo

ertränken* vt ahogar

erträumen* vt soñar (con)

ertrinken* irr vi sein ahogarse, morir ahogado

ertrotzen* vt (geh) conseguir por obstinación

ertrunken pp von **ertrinken**

erübrigen* [ɛɐ'y:brɪgən] I. vt ❶ (übrig behalten) ahorrar ❷ (haben) tener II. vr: **sich ~** (unnötig sein) sobrar; (überflüssig sein) ser superfluo; **das hat sich jetzt alles erübrigt** esto resulta superfluo ahora

eruieren* [eru'i:rən] vt (geh: Sachverhalt) averiguar; (Österr, Schweiz: Täter, Halter) seguir la pista de

erwachen* vi sein (geh) despertar; **das wird ein böses E~ geben** va a ser un duro despertar

erwachsen¹ [ɛɐ'vaksən] I. pp von **erwachsen²** II. adj adulto

erwachsen*² irr vi sein (entstehen) crecer; (hervorgehen) surgir (aus de)

Erwachsene(r) mf <-n, -n; -n> adulto, -a m, f; **Erwachsenenbildung** f educación f de adultos

erwägen [ɛɐ'vɛ:gən] <erwägt, erwog, erwogen> vt considerar

Erwägung f <-en> consideración f; **etw in**

~ **ziehen** tomar algo en consideración

erwähnen* [ɛɐ̯'vɛ:nən] *vt* mencionar; **unten erwähnt** abajo citado; **erwähnenswert** *adj* digno de mención; ~ **wäre noch, dass ...** aún habría que mencionar que...

Erwähnung *f* <-en> mención *f*

erwärmen* I. *vt* calentar II. *vr:* **sich ~** ❶ (*warm werden*) calentarse ❷ (*sich begeistern*) entusiasmarse (*für* con)

Erwärmung *f* <-en> calentamiento *m*

erwarten* *vt* ❶ (*warten, hoffen*) esperar; **sie kann es kaum noch ~** casi no puede aguardar; **das war zu ~** esto era de esperar ❷ (*verlangen*) exigir ❸ (*erhoffen*) esperar; **er erwartet von uns, dass wir gehorchen** espera de nosotros que le obedezcamos; **es wurde wider E~ ein schöner Tag** al contrario de lo que parecía hizo un día agradable

Erwartung *f* <-en> expectativa *f*; (*Hoffnung*) esperanza *f*; **den ~en entsprechen** ser conforme a lo esperado; **Erwartungsdruck** *m* presión *f* de las expectativas; **erwartungsgemäß** *adv* según lo esperado; **Erwartungshaltung** *f* esperanza *f*; **Erwartungshorizont** *m* *ohne pl* expectativas *fpl*; **erwartungsvoll** I. *adj* ilusionado II. *adv* lleno de expectación

erwecken* *vt* ❶ (*geh: aufwecken*) despertar ❷ (*hervorrufen*) producir; (*Zweifel*) dar lugar (a); (*Vertrauen*) inspirar; **Vertrauen ~d** que inspira confianza; **das erweckte den Anschein, als ob ...** esto produjo la impresión como si... +*subj*

erweichen* [ɛɐ̯'vaɪçən] *vt* ablandar

erweisen* [ɛɐ̯'vaɪzən] *irr* I. *vt* ❶ (*nachweisen*) comprobar, confirmar; **es gilt als erwiesen, dass ...** se da por confirmado el hecho de que... +*subj* ❷ (*Gefallen*) hacer; (*Dankbarkeit*) mostrar II. *vr:* **sich ~** (*sich zeigen*) demostrar; (*sich herausstellen*) resultar; **sie hat sich als sehr zuverlässig erwiesen** ha demostrado ser de fiar

erweitern* [ɛɐ̯'vaɪtɐn] I. *vt* ❶ (*Anlage, Kenntnisse*) ampliar; (*Straße*) ensanchar (*um* en) ❷ (*vermehren*) aumentar (*um* en) II. *vr:* **sich ~** ampliarse (*um* en); (*Straße*) ensancharse; (*Blutgefäße, Pupille*) dilatarse

Erweiterung *f* <-en> ❶ (*Anlage, Kenntnisse*) ampliación *f* ❷ (*Kapazität*) aumento *m* ❸ (*Pupillen, Gefäße*) dilatación *f* ❹ (INFOR) ampliación *f*

Erwerb [ɛɐ̯'vɛrp] *m* <-(e)s, -e> ❶ (*Kauf*) compra *f*; (*Anschaffung*) adquisición *f* ❷ (*Verdienst*) ganancia *f* ❸ (*Arbeit*) trabajo *m*

erwerben* *irr* *vt* ❶ (*Waren, Kenntnisse*) adquirir; **etw käuflich ~** comprar algo ❷ (*Anerkennung*) ganarse

erwerbsfähig *adj* capaz de ejercer una profesión

erwerbslos *adj* parado, cesante *Am*

erwerbstätig *adj* activo; ~ **sein** estar en activo

Erwerbstätigkeit *f* actividad *f* remunerada; **erwerbsunfähig** *adj* incapaz de ejercer una profesión

erwidern* [ɛɐ̯'vi:dɐn] *vt* ❶ (*antworten*) contestar (*auf* a); (*entgegnen*) replicar (*auf* a); ❷ (*Gruß, Besuch*) devolver

Erwiderung *f* <-en> ❶ (*Antwort*) respuesta *f* ❷ (*von Gefühlen*) reciprocidad *f*

erwiesen *pp von* **erweisen**

erwiesenermaßen [ɛɐ̯'vi:zənɐ'ma:sən] *adv* como ha sido comprobado

erwirtschaften* *vt* producir

erwischen* *vt* (*fam*) ❶ (*ergreifen*) pescar; **es muss ausgerechnet immer mich ~** es que siempre me tiene que tocar a mí ❷ (*ertappen*) pillar, acapillar *Mex*

erwog [ɛɐ̯'vo:k] 3. *imp von* **erwägen**

erwogen [ɛɐ̯'vo:gən] *pp von* **erwägen**

erworben [ɛɐ̯'vɔrbən] I. *pp von* **erwerben** II. *adj* adquirido

erwünscht [ɛɐ̯'vʏnʃt] *adj* deseado; **Spanischkenntnisse ~** se requieren conocimientos de español

erwürgen* [ɛɐ̯'vʏrgən] *vt* estrangular

Erz [e:ɐ̯ts, ɛrts] *nt* <-es, -e> mineral *m*

erzählen* *vt* contar, narrar; **etw wieder ~** recontar algo; **mir kannst du nichts ~** (*fam*) a mí no me puedes engañar

Erzähler(in) *m(f)* <-s, -; -nen> narrador(a) *m(f)*

Erzählung *f* <-en> ❶ (LIT) narración *f* ❷ (*Bericht*) relato *m*

Erzbischof, -bischöfin ['ɛrts-] *m, f* arzobispo *mf*; **Erzengel** *m* arcángel *m*

erzeugen* *vt* ❶ (*herstellen*) producir; (*fertigen*) fabricar; (CHEM, PHYS) generar ❷ (*hervorrufen*) provocar

Erzeuger(in) *m(f)* <-s, -; -nen> ❶ (BIOL) progenitor(a) *m(f)* ❷ (AGR) productor(a) *m(f)*

Erzeugnis *nt* <-ses, -se> producto *m*

Erzeugung *f* <-en> producción *f*

Erzfeind(in) ['ɛrts-] *m(f)* enemigo, -a *m, f* mortal

Erzgebirge ['e:ɐ̯ts-, 'ɛrts-] *nt* <-s, *ohne pl*> Montes *mpl* Metálicos

Erzherzog(in) ['ɛrts-] *m(f)* (HIST) archiduque(sa) *m(f)*

erziehbar *adj* educable; **schwer ~** difícil de educar

erziehen* *irr vt* educar (*zu* para)

Erzieher(in) *m(f)* <-s, -; -nen> educador(a) *m(f);* (*Kindergärtner*) maestro, -a *m, f* de un jardín de infancia, educador(a) *m(f)* de párvulos *Am*

erzieherisch *adj* educador

Erziehung *f ohne pl* educación *f;* **erziehungsberechtigt** *adj* titular de la patria potestad; **Erziehungsberechtigte(r)** *mf* <-n, -n; -n> titular *mf* de la patria potestad; **Erziehungsgeld** *nt ohne pl* ayuda familiar por hijos

---

i Land & Leute

En caso de que el padre o la madre de un recién nacido opte por dedicarse de pleno o parcialmente a la educación de su hijo, el estado le concederá una ayuda económica, el llamado **Erziehungsgeld**. Con este subsidio, se pretende que especialmente las familias monoparentales pueden ocuparse al menos los primeros años personalmente de sus hijos.

Erziehungsjahr *nt* (*Mutter*) baja *f* de un año por maternidad; (*Vater*) baja *f* de un año por paternidad; **Erziehungsmethode** *f* método *m* educativo; **Erziehungsurlaub** *m* (*Mutter*) baja *f* por maternidad; (*Vater*) baja *f* por paternidad; **Erziehungswissenschaft** *f ohne pl* pedagogía *f;* **Erziehungswissenschaftler(in)** *m(f)* pedagogo, -a *m, f*

erzielen* *vt* obtener; (*Tor*) marcar; **eine Einigung ~** llegar a un acuerdo

erzkonservativ *adj* ultraconservador

erzogen *pp von* **erziehen**

erzürnen* [ɛɐ̯'tsʏrnən] *vt* (*geh: zornig machen*) irritar, encolerizar

erzwingen* *irr vt* conseguir por la fuerza; (*Entscheidung*) forzar

erzwungen *pp von* **erzwingen**

es [ɛs] **I.** *pron pers 3. sg nt* ❶ *nom* ello; (*Mensch*) él, ella; ~ **ist sehr hübsch** es muy bonito ❷ *akk* lo; **ich weiß ~ nicht** no lo sé **II.** (*unpers*): ~ **gibt nichts mehr zu tun** no hay nada más que hacer; **ihr wurde ~ schlecht** se puso mala; ~ **freut mich, dass ...** me alegra que... +*subj;* ~ **wurde getanzt** se bailó; ~ **ist vier Uhr** son las cuatro; ~ **hat geläutet** ha sonado el timbre; ~ **regnet** llueve; **ich bin ~** soy yo

Es *nt* <-, -> (MUS) mi *m* bemol

Esche ['ɛʃə] *f* <-n> (BOT) fresno *m*

Esel(in) ['e:zəl] *m(f)* <-s, -; -nen> ❶ (ZOOL)

burro, -a *m, f* ❷ (*fam: Mensch*) estúpido, -a *m, f*

Eselsbrücke *f* (*fam fig*) regla *f* mnemotécnica; **Eselsohr** *nt* (*fam fig*) doblez *m*

Eskalation [ɛskala'tsjo:n] *f* <-en> escalada *f;* (POL) escalación *f*

eskalieren* [ɛska'li:rən] *vi sein* agravarse

Eskapade [ɛska'pa:də] *f* <-n> aventura *f*

Eskimo ['ɛskimo] *m* <-s, -s> esquimal *m;* **Eskimofrau** *f* esquimal *f*

Eskorte [ɛs'kɔrtə] *f* <-n> escolta *f*

Esoterik [ezo'te:rɪk] *f ohne pl* esoterismo *m*

esoterisch *adj* esotérico

Espe ['ɛspe] *f* <-n> (BOT) álamo *m* temblón; **Espenlaub** *nt:* **wie ~ zittern** (*fam*) temblar como una hoja

Esperanto [ɛspe'ranto] *nt* <-(s), *ohne pl*> esperanto *m*

Espresso [ɛs'prɛso] *m* <-(s), -s *o* Espressi *nach Zahlen:* -> café *m* solo

Esprit [ɛs'pri:] *m* <-s, *ohne pl*> ingenio *m*

Essay ['ɛse, 'ɛsɛɪ] *m o nt* <-s, -s> (LIT) ensayo *m*

essbar ['ɛsba:ɐ̯] *adj* comestible

essen ['ɛsən] <isst, aß, gegessen> *vi, vt* comer; **zu Mittag/Abend ~** almorzar/cenar; ~ **gehen** ir a comer (a un restaurante); **das ist gegessen!** (*fam*) ¡ya está!

Essen *nt* <-s, -> comida *f;* (*Gericht*) plato *m;* **Essen(s)marke** *f* bono *m* para (la) comida, ficha *f* para (la) comida; **Essenszeit** *f* (*mittags*) hora *f* de comer; (*abends*) hora *f* de cenar

essentiell [ɛsɛn'tsjɛl] *adj s.* **essenziell**

Essenz [ɛ'sɛnts] *f* <-en> esencia *f*

essenziell [ɛsɛn'tsjɛl] *adj* esencial

Essgewohnheiten *fpl* hábitos *mpl* alimentarios

Essig ['ɛsɪç] *m* <-s, -e> vinagre *m;* **Essiggurke** *f* pepinillo *m* en vinagre; **Essigsäure** *f ohne pl* ácido *m* acético

Esskastanie *f* castaña *f*

Esslöffel *m* cuchara *f;* **ein ~ Mehl** una cucharada de harina

Esssucht *f ohne pl* (MED) bulimia *f*

Esswaren *fpl* comestibles *mpl*

Esszimmer *nt* comedor *m*

Este, -in ['e:stə] *m, f* <-n, -n; -nen> estonio, -a *m, f*

Estland ['ɛstlant] *nt* <-s> Estonia *f*

estnisch ['ɛstnɪʃ] *adj* estonio

Estragon ['ɛstragɔn] *m* <-s, *ohne pl*> estragón *m*

Estremadura [ɛstrema'du:ra] *f* Extremadura *f*

ESZB [e:?ɛstsɛt'be:] *nt* <-(s), *ohne pl*> *Abk. von* **Europäisches System der Zentralbanken** SEBC *m*

etablieren* [eta'bli:rən] **I.** *vt* establecer **II.** *vr:* **sich ~** establecerse

etabliert *adj* establecido

Etablissement [etablɪsə'mã:] *nt* <-s, -s> (*geh: Lokal*) establecimiento *m*

Etage [e'ta:ʒə] *f* <-n> piso *m;* **Etagenbett** *nt* litera *f;* **Etagenwohnung** *f* apartamento *m*

Etappe [e'tapə] *f* <-n> ❶ (*a.* SPORT: *räumlich, zeitlich*) etapa *f* ❷ (MIL) retaguardia *f*

Etat [e'ta:] *m* <-s, -s> presupuesto *m*

etc. [e:te:'tse:] *Abk. von* **et cetera** etc.

etepetete ['e:tʌpə'te:tʌ] *adj inv* (*fam*) de mírame y no me toques

Ethik ['e:tɪk] *f ohne pl* ética *f*

ethisch *adj* ético

ethnisch ['ɛtnɪʃ] *adj* étnico

Ethnologe, -in [ɛtno'lo:gə] *m, f* <-n; -nen> etnólogo, -a *m, f*

Ethnologie [ɛtnolo'gi:] *f ohne pl* etnología *f*

Ethnologin *f* <-nen> *s.* **Ethnologe**

Etikett [eti'kɛt] *nt* <-(e)s, -e(n)> etiqueta *f,* rótulo *m*

Etikette [eti'kɛtə] *f* <-n> etiqueta *f*

etikettieren* *vt* ❶ (*Dosen, Flaschen*) etiquetar ❷ (*fig: betiteln*) tachar (*als* de)

etliche(r, s) *pron indef* (*geh*) algunos *mpl,* algunas *fpl;* ~ **unter den Zuschauern** algunos espectadores; **er ist um ~s älter als ich** es bastante mayor que yo

Etui [ɛt'vi:, ety'i:] *nt* <-s, -s> estuche *m*

etwa ['ɛtva] **I.** *adv* ❶ (*ungefähr*) aproximadamente ❷ (*beispielsweise*) por ejemplo; **wie ~ in diesem Fall** como por ejemplo en este caso ❸ (*Schweiz: ab und zu*) de vez en cuando **II.** *part* (*vielleicht*) quizá, tal vez; **willst du ~ schon gehen?** ¿es que te quieres ir ya?; **du willst doch nicht ~ behaupten, dass ...?** ¿no querrás decir que...?; **... oder ~ nicht?** ..., ¿o acaso no?

etwaige(r, s) *adj* eventual

etwas ['ɛtvas] *pron indef* algo; (*ein bisschen*) un poco; **hast du noch ~ Geld?** ¿te queda algo de dinero?; **ohne ~ zu sagen** sin decir nada; **das ist ~ anderes** esto es otra cosa; **sie hat ~ mit ihm** (*fam*) está liada con él; **die Sache hat ~ für sich** el asunto tiene algo

Etwas *nt ohne pl* algo; **sie hat das gewisse ~** tiene un no sé qué

Etymologie [etymolo'gi:] *f* <-n> etimología *f*

etymologisch [etymo'lo:gɪʃ] *adj* etimológico

EU [e:'ʔu:] *f Abk. von* **Europäische Union** UE *f;* **EU-Beitritt** *m* ingreso *m* en la UE; **EU-Bürger(in)** *m(f)* ciudadano, -a *m, f* de la UE

euch [ɔɪç] **I.** *pron pers mfpl dat/akk von* **ihr** os; (*betont*) a vosotros/vosotras... (os); (*mit Präposition*) vosotros/vosotras; **wie habt ihr ~ in China verständigt?** ¿cómo os habéis entendido en China?; ~ **würde es gefallen** a vosotros/vosotras os gustaría; **Blumen für ~!** ¡flores para vosotros/ vosotras!; **ein Freund von ~** un amigo vuestro; **gehören ~ die Räder?** ¿son vuestras las bicis? **II.** *pron refl mfpl dat/ akk von* **ihr** os; **setzt ~!** ¡sentaos!

euer ['ɔɪɐ] *pron pers pl gen von* **ihr** de vosotros/vosotras

euer, euere, euer *pron poss* (*adjektivisch*) vuestro, -a *m, f,* vuestros *mpl,* vuestras *fpl;* ~ **Sohn** vuestro hijo; **eure Wohnung/ Freunde/Blumen** vuestro piso/vuestros amigos/vuestras flores

euere(r, s) *pron poss* (*substantivisch*) (el) vuestro *m,* (la) vuestra *f,* (los) vuestros *mpl,* (las) vuestras *fpl;* **das große Stück ist eures** [*o* **euers**] el trozo grande es (el) vuestro; *s. a.* **euer, euere, euer**

EU-Gipfel *m* <-s, -> cumbre *f* comunitaria

Eukalyptus [ɔɪka'lʏptʊs] *m* <-, Eukalypten *o* -> (BOT) eucalipto *m*

EU-Kommission *f ohne pl* Comisión *f* de la UE; **EU-Land** *nt* país *m* comunitario

Eule ['ɔɪlə] *f* <-n> (ZOOL) lechuza *f*

EU-Mitgliedsland *nt* país *m* miembro de la UE

Eunuch [ɔɪ'nu:x] *m* <-en, -en> eunuco *m*

Euphorie [ɔɪfo'ri:] *f* <-n> euforia *f*

euphorisch [ɔɪ'fo:rɪʃ] *adj* eufórico

Euratom [ɔɪra'to:m] *f Abk. von* **Europäische Atomgemeinschaft** Euratom *m*

eure(r, s) *pron poss o pron pers s.* **euer**

eurer ['ɔɪɐ] *pron poss o pron pers s.* **euer**

eurerseits ['ɔɪrɐzaɪts] *adv* por vuestra parte

eures ['ɔɪrəs] *pron poss o pron pers s.* **euer**

euresgleichen ['--'--] *pron indef* de vuestra condición

euretwegen ['ɔɪrətve:gən] *adv* por vosotros; (*negativ*) por vuestra culpa

euretwillen ['ɔɪrətvɪlən] *adv:* **um ~** por vosotros

eurige(r, s) *pron poss geh für* **eu(e)re(r, s):** **der/die/das ~** el vuestro/la vuestra; **die ~n** los vuestros/las vuestras

Euro ['ɔɪro] *m* <-(s), -(s)> euro *m;* **die Einführung des ~** la introducción del euro; **die Festsetzung des Wertes des ~** la fijación del valor del euro

kostet ein Euro. – Un kilo de patatas cuesta un euro. Ich habe achtzig Euro fünfzig (Cent(s)) für diese Schuhe bezahlt. – He pagado ochenta euros y/ con cincuenta (céntimos) por estos zapatos.

Eurobanknote *f* billete *m* de euro; **Euro-cent** *m* <-(s), -(s)> céntimo *m* de euro; **Eurocheque** *m* eurocheque *m*

Eurocityzug [ɔɪroˈsɪtitsuːk] *m* (EISENB) Eurocity *m* (*tren equivalente al Intercity que cubre también recorridos fuera de Alemania*)

Euro-Einführungsgesetz *nt* ley *f* de introducción del euro; **Eurogeld** *nt* dinero *m* europeo

Eurokratie *f* <-n> (POL) eurocracia *f;* **Euromark** *f ohne pl* (FIN) euromarco *m;* **Euromünze** *f* moneda de *f* euro

Europa [ɔɪˈroːpa] *nt* <-s> Europa *f;* **Europaabgeordnete(r)** *mf* eurodiputado, -a *m, f*

Europäer(in) [ɔɪroˈpɛːɐ] *m(f)* <-s, -; -nen> europeo, -a *m, f*

Europafrage *f* (POL) cuestión *f* europea

europäisch *adj* europeo; **E~er Binnenmarkt** Mercado único europeo; **E~er Rechnungshof** Tribunal Europeo de Cuentas; **E~es System der Zentralbanken** Sistema Europeo de Bancos Centrales; **E~e Union** Unión Europea; **E~e Währungseinheit** unificación monetaria europea; **E~es Währungssystem** Sistema Monetario Europeo; **E~e Wirtschafts- und Währungsunion** Unión Económica y Monetaria Europea; **E~e Zentralbank** Banco Central Europeo

Europäisierung *f ohne pl* (POL) europeización *f*

Europameister(in) *m(f)* (SPORT) campeón, -ona *m, f* de Europa; **Europameisterschaft** *f* (SPORT) campeonato *m* de Europa; **Europaparlament** *nt ohne pl* Parlamento *m* Europeo; **Europapokal** *m* (SPORT) copa *f* de Europa; **Europarat** *m ohne pl* Consejo *m* de Europa; **Europawahlen** *fpl* elecciones *fpl* europeas

Europol [ˈɔɪropoːl] *f* <-en> (POL) *Abk. von* **Europa-Polizei** Europol *f*

Euroskeptiker(in) *m(f)* (POL) euroescéptico, -a *m, f;* **Eurotunnel** *m ohne pl* eurotúnel *m;* **Eurovision** [---ˈ-] *f ohne pl* Eurovisión *f*

Euro-Währung *f* (EU) moneda *f* europea

Euter [ˈɔɪtɐ] *nt* <-s, -> ubre *f*

Euthanasie [ɔɪtanaˈziː] *f ohne pl* eutanasia *f*

EU-Verordnung *f* (EU) reglamento *m* euro-

peo, decreto-(ley) *m* europeo; **EU-Vertrag** *m* (EU) tratado *m* de la Unión Europea

ev. (REL) *Abk. von* **evangelisch** protestante

e.V., E.V. *Abk. von* **eingetragener Verein** sociedad *f* registrada

evakuieren* [evakuˈiːrən] *vt* evacuar

Evakuierung *f* <-en> evacuación *f*

Evangelien *pl von* **Evangelium**

evangelisch [evaŋˈgeːlɪʃ] *adj* evangélico, protestante

Evangelium [evaŋˈgeːliʊm] *nt* <-s, Evangelien> evangelio *m*

Eventualität [evɛntualiˈtɛːt] *f* <-en> eventualidad *f*

eventuell [evɛntuˈɛl] *adj* eventual

Evolution [evoluˈtsjoːn] *f* <-en> evolución *f*

evtl. *Abk. von* **eventuell** eventual

E-Werk *nt Abk. von* **Elektrizitätswerk** central *f* eléctrica

EWI [eːveːˈʔiː] *nt* <-s, *ohne pl*> (EU) *Abk. von* **Europäisches Währungsinstitut** IME *m*

ewig [ˈeːvɪç] *adj* ❶ (*unendlich*) eterno; **für immer und ~** para siempre jamás ❷ (*fam: ständig*) continuo; (*endlos*) infinito; **das dauert ja ~ (und drei Tage)** esto dura una eternidad

Ewiggestrige(r) [ˈeːvɪçgɛstrɪgə] *mf* <-n, -n; -n, -n> persona *f* que vive anclada en el pasado

Ewigkeit *f* <-en> eternidad *f;* **bis in alle ~** (*fam*) para siempre

EWS [eːveːˈʔɛs] *nt* <-, *ohne pl*> (EU) *Abk. von* **Europäisches Währungssystem** SME *m*

EWU [eːveːˈʔuː] *f* <-, *ohne pl*> (EU) *Abk. von* **Europäische Währungsunion** UME *f*

EWWU [eːveːveːˈʔuː] *f ohne pl* (EU) *Abk. von* **Europäische Wirtschafts- und Währungsunion** UEME *f;* **EWWU-Teilnehmerland** *nt* país *m* miembro de la UEME; **EWWU-Teilnehmerstaat** *m* estado *m* miembro de la UEME

ex [ɛks] *adv* (*fam*): **etw auf ~ trinken** beber algo de un trago

Ex *mf* <-, -; -> (*fam*) ex *mf*

exakt [ɛˈksakt] *adj* exacto; (*Uhrzeit*) en punto; (*sorgfältig*) esmerado

Examen [ɛˈksaːmən, *pl:* ɛˈksaːmina] *nt* <-s, -o Examina> examen *m;* **~ machen** examinarse

Examina *pl von* **Examen**

exekutieren* [ɛksekuˈtiːrən] *vt* ejecutar

Exekution [ɛksekuˈtsjoːn] *f* <-en> ejecución *f*

Exekutive [ɛksekuˈtiːvə] *f* <-n> (JUR, POL) ejecutivo *m*

Exempel [ɛˈksɛmpəl] *nt* <-s, -> (*geh*) ejemplo *m;* **ein ~ statuieren** instituir un ejemplo

Exemplar [ɛksɛm'plaːɐ] *nt* <-s, -e> ejemplar *m*

exemplarisch [ɛksɛm'plaːrɪʃ] *adj* (*geh*) ejemplar

exerzieren* [ɛksɛr'tsiːrən] *vi* (MIL) hacer maniobras

Exhibitionismus [ɛkshibitsjo'nɪsmʊs] *m* <-, ohne pl> exhibicionismo *m*

Exhibitionist(in) *m(f)* <-en, -en; -nen> exhibicionista *mf*

exhumieren* [ɛkshu'miːrən] *vt* exhumar

Exil [ɛ'ksiːl] *nt* <-s, -e> exilio *m;* **ins ~ gehen** exiliarse

Existentialismus [ɛksɪstɛntsja'lɪsmʊs] *m* <-, ohne pl> s. **Existenzialismus**

existentiell [ɛksɪstɛn'tsjɛl] *adj* s. **existenziell**

Existenz¹ [ɛksɪs'tɛnts] *f ohne pl* (*Dasein*) existencia *f*

Existenz² *f* <-en> ➀ (*berufliche Stellung*) sustento *m;* **sich** *dat* **eine ~ aufbauen** montar un negocio ➁ (*abw: Mensch*) individuo *m;* **eine gescheiterte ~** un fracaso (de persona)

Existenzangst *f* angustia *f* existencial; **Existenzberechtigung** *f* autojustificación *f;* **Existenzgründer(in)** *m(f)* fundador(a) *m(f)* de un negocio; **Existenzgrundlage** *f* base *f* de vida

Existenzialismus [ɛksɪstɛntsja'lɪsmʊs] *m* <-, ohne pl> (PHILOS) existencialismo *m*

existenziell *adj* existencial

Existenzkampf *m* lucha *f* por la existencia; **Existenzminimum** *nt* mínimo *m* vital; **Existenzsicherung** *f ohne pl* aseguramiento *m* de los medios de vida

existieren* [ɛksɪs'tiːrən] *vi* ➀ (*vorhanden sein*) existir ➁ (*auskommen*) vivir (*von* de)

exklusiv [ɛksklu'ziːf] *adj* exclusivo

exkommunizieren* *vt* (REL) excomulgar

Exkremente [ɛkskre'mɛntə] *ntpl* (*geh*) excrementos *mpl*

Exkurs [ɛks'kʊrs] *m* <-es, -e> excurso *m*

Exkursion [ɛkskʊr'zjoːn] *f* <-en> excursión *f*

Exmatrikulation [ɛksmatrikula'tsjoːn] *f* <-en> exmatriculación *f*

exmatrikulieren* *vt* borrar de la matrícula (de estudiantes)

Exot(in) [ɛ'ksoːt] *m(f)* <-en, -en; -nen> ➀ (*Tier*) animal *m* exótico; (*Pflanze*) planta *f* exótica; (*Mensch*) persona *f* de un país exótico ➁ (*fam: kauziger Typ*) bicho *m* raro

exotisch [ɛ'ksoːtɪʃ] *adj* exótico

expandieren* [ɛkspan'diːrən] *vi* (COM) expandir; (PHYS) dilatarse

Expansion [ɛkspan'zjoːn] *f* <-en> (*a.* POL, WIRTSCH) expansión *f*

Expedition [ɛkspedi'tsjoːn] *f* <-en> expedición *f*

Experiment [ɛksperi'mɛnt] *nt* <-(e)s, -e> experimento *m*

experimentell [ɛksperimen'tɛl] *adj* experimental

experimentieren* *vi* experimentar (*mit* con)

Experte, -in [ɛks'pɛrtə] *m, f* <-n, -n; -nen> experto, -a *m, f;* (*Sachkundige*) perito, -a *m, f;* **Experteneinschätzung** *f* estimación *f* de expertos; **Expertengruppe** *f* grupo *m* de expertos

Expertin *f* <-nen> s. **Experte**

Expertise [ɛkspɛr'tiːzə] *f* <-n> peritaje *m*

explizit [ɛkspli'tsiːt] *adj* explícito

explodieren* [ɛksplo'diːrən] *vi sein* ➀ (*Bombe, a. fig*) explotar ➁ (*Preise, Kosten*) dispararse; (*Bevölkerungszahl*) explotar

Explosion [ɛksplo'zjoːn] *f* <-en> (*a. fig*) explosión *f*

explosionsartig *adj* ➀ (*einer Explosion ähnlich*) como una explosión ➁ (*rapide*) rápido

Explosionsgefahr *f* peligro *m* de explosión

explosiv [ɛksplo'ziːf] *adj* explosivo

Exponat [ɛkspo'naːt] *nt* <-(e)s, -e> (KUNST) obra *f* expuesta

Exponent [ɛkspo'nɛnt] *m* <-en, -en> (MATH) exponente *m*

Export [ɛks'pɔrt] *m* <-(e)s, -e> (*a.* INFOR) exportación *f;* **Exportartikel** *m* artículo *m* de exportación

Exporteur(in) [ɛkspɔr'tøːɐ, *pl:* ɛkspɔr'tøːrə] *m(f)* <-s, -e; -nen> exportador(a) *m(f)*

Exportfirma *f* casa *f* exportadora, empresa *f* exportadora

exportieren* [ɛkspɔr'tiːrən] *vt* (*a.* INFOR) exportar

Exportschlager *m* gran éxito *m* de exportación

Express [ɛks'prɛs] *m* <-es, ohne pl> (tren *m*) expreso *m;* **per ~** urgente

Expressionismus [ɛksprɛsjo'nɪsmʊs] *m* <-, ohne pl> (KUNST, MUS, LIT) expresionismo *m*

expressionistisch *adj* (KUNST, MUS, LIT) expresionista

Expressstraße *f* (*Schweiz: Schnellstraße*) autovía *f*

exquisit [ɛkskvi'ziːt] *adj* exquisito

Extension [ɛkstɛn'zjoːn] *f* <-en> (INFOR) extensión *f*

extern [ɛks'tɛrn] *adj* externo

extra ['ɛkstra] **I.** *adj inv* (*fam*) ❶ (*zusätzlich*) adicional; **eine ~ Belohnung** una recompensa adicional ❷ (*gesondert*) aparte, separado; **auf einem ~ Blatt** en hoja aparte **II.** *adv* ❶ (*gesondert*) aparte, separado ❷ (*zusätzlich*) extra ❸ (*eigens*) especialmente; **das hast du ~ gemacht** (*fam*) esto lo has hecho a propósito

Extra *nt* <-s, -s> extra *m*

Extrablatt *nt* edición *f* extra

Extrakt [ɛks'trakt] *m* o *nt* <-(e)s, -e> extracto *m*, esencia *f*

extravagant ['ɛkstravagant, ---'-] *adj* extravagante

Extravaganz ['ɛkstravagants, ---'-] *f* <-en> extravagancia *f*

extravertiert [ɛkstravɛr'tiːɐt] *adj* (PSYCH) *s.* **extrovertiert**

Extrawurst *f* (*fam*): **Mensch, du kriegst immer eine ~!** ¡chico, a ti hay que echarte de comer aparte!

extrem [ɛks'treːm] **I.** *adj* extremo **II.** *adv* en extremo

Extrem *nt* <-s, -e> extremo *m;* **Extremfall** *m* caso *m* extremo; **im ~** en último extremo

Extremismus [ɛkstre'mɪsmʊs] *m* <-, Extremismen> (POL) extremismo *m*

Extremist(in) *m(f)* <-en, -en; -nen> extremista *mf*, ultra *mf fam*

extremistisch *adj* extremista, ultra

Extremitäten [ɛkstremiˈtɛːtən] *fpl* extremidades *fpl*

Extremsport *m*, **Extremsportart** *f* deporte *m* de alto riesgo

extrovertiert [ɛkstrovɛr'tiːɐt] *adj* extravertido, extrovertido

exzellent [ɛkstsɛ'lɛnt] *adj* excelente

Exzellenz [ɛkstsɛ'lɛnts] *f* <-en> Excelencia *f;* (**Euer**) **~** (Su) Excelencia

exzentrisch [ɛks'tsɛntrɪʃ] *adj* (*a.* MATH) excéntrico

Exzess [ɛks'tsɛs] *m* <-es, -e> exceso *m;* **etw bis zum ~ treiben** excederse en algo

exzessiv [--'-] *adj* (*geh*) excesivo

Eyeliner ['aɪlaɪnɐ] *m* <-s, -> delineador *m* de ojos

EZB [eːtsɛt'beː] *f ohne pl* (EU) *Abk. von* **Europäische Zentralbank** Banco *m* Central Europeo

EZU [eːtsɛt'ʔuː] *f ohne pl* (POL, WIRTSCH) *Abk. von* **Europäische Zahlungsunion** UEP *f*

E-Zug *m* (EISENB) *Abk. von* **Eilzug** (tren *m*) expreso *m*

F, f [ɛf] *nt* <-, -> ❶ (*Buchstabe*) F, f *f;* **~ wie Friedrich** F de Francia ❷ (MUS) fa *m*

f. ❶ *Abk. von* **folgende** (**Seite**) y (página) siguiente ❷ *Abk. von* **für** para

Fa. *Abk. von* **Firma** firma *f*, casa *f*

Fabel ['faːbəl] *f* <-n> fábula *f*

fabelhaft *adj* fabuloso, formidable, fain *Am*

Fabeltier *nt* animal *m* fabuloso

Fabrik [fa'briːk] *f* <-en> fábrica *f*

Fabrikant(in) [fabri'kant] *m(f)* <-en, -en; -nen> fabricante *mf*

Fabrikarbeiter(in) *m(f)* obrero, -a *m, f* de fábrica

Fabrikat [fabri'kaːt] *nt* <-(e)s, -e> producto *m*

Fabrikation [fabrika'tsjoːn] *f* <-en> fabricación *f;* **Fabrikationsfehler** *m* defecto *m* de fabricación

Fabrikgelände *nt* terreno *m* de la fábrica; **Fabrikhalle** *f* nave *f* industrial; **fabrikneu** *adj* (totalmente) nuevo; (*fam*) flamante

fabrizieren* [fabri'tsiːrən] *vt* (*fam*) fabricar, hacer

fabulieren* [fabu'liːrən] *vi* ❶ (*erzählen*) contar cuentos ❷ (*lügen*) contar cuentos (chinos)

Facette [fa'sɛtə] *f* <-n> faceta *f*

Fach [fax, *pl:*'fɛçe] *nt* <-(e)s, Fächer> ❶ (*in einer Tasche*) bolsillo *m;* (*im Schrank*) casilla *f;* (*Schublade*) cajón *m;* (*Post~*) casilla *f* ❷ (*Berufszweig*) ramo *m;* (*Wissensgebiet*) campo *m;* (*Unterrichts~*) materia *f*, asignatura *f;* **vom ~** ser del ramo; **Facharbeiter(in)** *m(f)* obrero, -a *m, f* cualificado, -a; **Facharzt, -ärztin** *m, f* (médico, -a *m, f*) especialista *mf;* **Fachausdruck** *m* término *m* técnico

fächeln ['fɛçəln] **I.** *vt* abanicar **II.** *vr:* **sich ~** abanicarse

Fächer¹ ['fɛçɐ] *m* <-s, -> abanico *m*

Fächer² *pl von* **Fach**

Fachfrau *f* especialista *f*, experta *f;* **fachfremd** *adj* lego en la materia; **Fachgebiet** *nt* especialidad *f;* **Fachgeschäft** *nt* tienda *f* especializada (*für* en); **Fachhandel** *m* comercio *m* especializado; **Fachhändler(in)** *m(f)* comerciante *mf* especializado, -a; **Fachhochschule** *f* escuela *f* técnica superior

Para acceder a la **Fachhochschule** es requisito indispensable estar en posesión de la *Hochschulreife – equivalente de la selectividad para carreras técnicas.* En estas escuelas universitarias es posible cursar una carrera técnica o artística. El título que se obtiene tras completar los estudios puede ser, por ejemplo, *Diplom-Ingenieur* que equivale al título de Ingeniero Superior. En Austria también se puede obtener el título de *Magister.*

Fachidiot(in) *m(f)* (*abw*) especialista *mf* (*limitado, -a a su campo laboral*)

Fachkenntnisse *fpl* conocimientos *mpl* técnicos; **Fachkraft** *f* experto, -a *m, f*, especialista *mf*; **fachkundig** ['faxkʊndɪç] *adj* competente; **Fachleute** *pl* von **Fachmann**

fachlich *adj* profesional, técnico; **dafür ist er ~ nicht qualifiziert** para ello no está cualificado

Fachliteratur *f ohne pl* literatura *f* técnica; **Fachmann** *m* <-(e)s, -leute *o* -männer> especialista *m*, experto *m*

fachmännisch ['faxmɛnɪʃ] *adj* competente, profesional

Fachpresse *f ohne pl* prensa *f* especializada; **Fachrichtung** *f* rama *f*, especialización *f* (académica); **die ~ Physik an der Universität Köln** la facultad de física de la universidad de Colonia

Fachschaft *f* <-en> ❶ (UNIV) organización *f* estudiantil ❷ (*Berufsgruppe*) organización *f* profesional

Fachschule *f* instituto *m* de formación profesional; **fachsimpeln** ['-zɪmpəln] *vi* (*fam*) hablar de asuntos profesionales; **Fachsprache** *f* lenguaje *m* técnico; **fachübergreifend** *adj* interdisciplinario

Fachwerk *nt* <-(e)s, -e> entramado *m*; **Fachwerkhaus** *nt* casa *f* de paredes entramadas

Desde la Edad Media y hasta entrado el siglo XX, tanto en las ciudades como en el campo, en toda Alemania se encuentran los llamados **Fachwerkhäuser**, es decir, casas construidas sobre un entramado o estructura de madera, cuyos huecos se rellenaban con maderos, adobe y ladrillos.

Fachwissen *nt s.* **Fachkenntnisse**; **Fachwort** *nt* término *m* técnico; **Fachwörterbuch** *nt* diccionario *m* técnico [*o* de tecnicismos]; **Fachzeitschrift** *f* revista *f* especializada

Fackel ['fakəl] *f* <-n> antorcha *f*

fackeln *vi* (*fam*) vacilar, titubear; **da wird nicht lange gefackelt** ahí no se andan con contemplaciones

fad(e) *adj* (*abw*) ❶ (*Speise*) soso ❷ (*langweilig*) aburrido

Faden ['faːdən, *pl:* 'fɛːdən] *m* <-s, Fäden> ❶ (*Näh~*) hilo *m;* **der rote ~** (*fig*) el hilo conductor; **die Fäden in der Hand halten** (*fig*) tener la sartén por el mango; **sein Schicksal hängt am seidenen ~** (*fig*) su vida pende de un hilo; **den ~ verlieren** (*fig*) perder el hilo; **nach Strich und ~** (*fig fam*) totalmente ❷ (MED) punto *m*

fadenscheinig ['faːdənʃaɪnɪç] *adj* (*abw: Argument*) poco convincente

Fadheit *f ohne pl* insipidez *f*

Fagott [fa'gɔt] *nt* <-(e)s, -e> fagot *m*

fähig ['fɛːɪç] *adj* ❶ (*imstande*) capaz (*zu* de); **zu allem ~ sein** ser capaz de todo ❷ (*begabt*) inteligente ❸ (*geschickt*) hábil ❹ (*befähigt*) cualificado (*zu* para) ❺ (*geeignet*) idóneo (*zu* para)

Fähigkeit¹ *f ohne pl* (*das Imstandesein*) capacidad *f* (*zu* para); (*Geschicklichkeit*) habilidad *f* (*zu* para)

Fähigkeit² *f* <-en> (*Begabung*) talento *m;* (*geistig*) facultad *f*

fahl [faːl] *adj* (*Farbe*) pálido; (*Gesichtsfarbe*) lívido; (*Licht*) mortecino

fahnden ['faːndən] *vi:* **nach etw** *dat*/**jdm ~** buscar algo/a alguien

Fahndung *f* <-en> búsqueda *f* (*nach* de); **Fahndungsfoto** *nt* foto *f* de búsqueda, foto *f* de: se busca *fam;* **Fahndungsliste** *f* lista *f* de personas buscadas

Fahne¹ ['faːnə] *f* <-n> ❶ (*Flagge*) bandera *f;* (NAUT) pabellón *m;* **mit fliegenden ~n** con las banderas desplegadas ❷ (TYPO) galerada *f*

Fahne² *f ohne pl* (*fam: Atem*) tufo *m* a alcohol; **eine ~ haben** apestar a alcohol

Fahneneid *m* (MIL) jura *f* de la bandera; **Fahnenflucht** *f ohne pl* (MIL) deserción *f;* **fahnenflüchtig** *adj* (MIL) desertor; **~ werden** desertar; **Fahnenmast** *m* asta *f* de la bandera

Fahrausweis *m* ❶ (*Fahrkarte*) billete *m*, boleto *m Am* ❷ (*Schweiz: Führerschein*)

carné *m* de conducir; **Fahrbahn** *f* vía *f;* **von der** ~ **abkommen** salirse de la carretera

fahrbar *adj* (TECH) móvil, con ruedas *fam;* **ein** ~ **er Untersatz** (*fam*) bicicleta, coche *u otro vehículo*

Fähre ['fɛːrə] *f* <-n> transbordador *m,* ferry *m*

fahren ['faːrən] <fährt, fuhr, gefahren> **I.** *vi sein* ❶ (*los*~) salir; **der Zug fährt in 5 Minuten** el tren sale dentro de 5 minutos ❷ (*sich fortbewegen*) ir (*mit* en); (*Fahrzeug*) estar en marcha; **mit dem Motorrad** ~ ir en moto; **Rollschuh** ~ patinar; **Ski** ~ esquiar; **Karussell** ~ montar(se) en el tiovivo; **geradeaus** ~ seguir recto ❸ (*verkehren*) circular; **die Züge** ~ **nicht am Wochenende** los trenes no circulan los fines de semana ❹ (*reisen*) ir (*nach* a) ❺ (*berühren*): **sie fuhr ihm durch die Haare** le pasó la mano por el pelo ❻ (*fam: zurechtkommen*) llevarse bien; **er ist mit ihm immer gut ge**~ siempre se ha llevado bien con él ❼ (*durchzucken*): **der Schreck fuhr ihm in die Glieder** el susto le atravesó de parte a parte **II.** *vt* ❶ *haben o sein* (*Straße, Umleitung*) ir (por) ❷ (*befördern*) transportar; (*Personen*) llevar; **ich fahre dich nach Hause** te llevo a casa ❸ (*steuern*) conducir, manejar *Am;* **lass mich** ~ déjame conducir a mí ❹ (SPORT): **ein Rennen** ~ participar en una carrera (de automóviles); **eine gute Zeit** ~ conseguir buenos resultados en una carrera

Fahrer(in) ['faːrɐ] *m(f)* <-s, -; -nen> (*Auto*~ , *Bus*~) conductor(a) *m(f);* (*Chauffeur*) chófer *mf;* (*Motorrad*~) motociclista *mf;* (*Fahrrad*~) ciclista *mf;* **Fahrerflucht** *f ohne pl* huida *f* del lugar del accidente (*y omisión de socorro*)*;* ~ **begehen** huir del lugar del accidente

Fahrerin *f* <-nen> *s.* **Fahrer**

Fahrerlaubnis *f* (*formal*) ❶ (*Genehmigung*) permiso *m* de conducir ❷ (*Führerschein*) carné *m* de conducir

Fahrersitz *m* (AUTO, EISENB) asiento *m* del conductor

Fahrgast *m* pasajero, -a *m, f;* **Fahrgeld** *nt ohne pl* precio *m* del billete, tarifa *f;* **Fahrgelegenheit** *f* ❶ (*zum Mitfahren*) oportunidad de viajar con alguien en su coche ❷ (*Verkehrsverbindung*) comunicación *f;* **Fahrgemeinschaft** *f* grupo de personas que se juntan para ir al trabajo en un sólo vehículo, para economizar gasolina y proteger el medio ambiente; **Fahrgestell** *nt* ❶ (AUTO) chasis *m inv* ❷ (AERO) tren *m* de aterrizaje

fahrig ['faːrɪç] *adj* ❶ (*unruhig*) inquieto ❷ (*zerstreut*) distraído

Fahrkarte *f* billete *m,* boleto *m Am;* **eine** ~ **hin und zurück** un billete de ida y vuelta; **Fahrkartenautomat** *m* distribuidor *m* automático de billetes; **Fahrkartenschalter** *m* ventanilla *f* de venta de billetes, despacho *m* de billetes

fahrlässig ['faːrlɛsɪç] *adj* descuidado; (*nachlässig*) negligente; ~ **e Tötung** (JUR) homicidio imprudente

Fahrlässigkeit *f* <-en> descuido *m;* (*Nachlässigkeit*) negligencia *f;* (JUR) imprudencia *f*

Fahrlehrer(in) *m(f)* profesor(a) *m(f)* de autoescuela

Fährmann ['fɛːr-] *m* <-(e)s, -männer *o* -leute> barquero *m*

Fahrplan *m* horario *m*

fahrplanmäßig *adj* conforme al horario previsto

Fahrpraxis *f ohne pl* experiencia *f* en conducir con el coche; **er hat erst wenig** ~ aún tiene poca práctica con el coche

Fahrpreis *m* precio *m* del trayecto; **Fahrpreisermäßigung** *f* rebaja *f* en el precio del billete

Fahrprüfung *f* (examen *m*) práctico *m* de conducir

Fahrrad ['faːraːt] *nt* bicicleta *f,* ciclo *m Cuba;* **Fahrradfahrer(in)** *m(f)* ciclista *mf;* **Fahrradkette** *f* cadena *f* de la bicicleta; **Fahrradkurier** *m* mensajero, -a *m, f* exprés en bicicleta; **Fahrradständer** *m* aparcamiento *m* para bicicletas; **Fahrradweg** *m* carril *m* para bicicletas

Fahrschein *m s.* **Fahrkarte; Fahrscheinautomat** *m* distribuidor *m* automático de billetes

Fahrschule *f* autoescuela *f;* **Fahrschüler(in)** *m(f)* persona *f* que está sacando el permiso de conducir; **Fahrspur** *f* (AUTO) vía *f;* **Fahrstil** *m* estilo *m* de conducción; **Fahrstuhl** *m* ascensor *m;* (*für Lasten*) montacargas *m inv;* **Fahrstunde** *f* clase *f* de conducir

Fahrt [faːrt] *f* <-en> ❶ (*Reise*) viaje *m;* (*Ausflug*) excursión *f;* (*Strecke*) trayecto *m;* **auf der** ~ durante el viaje; **eine** ~ **antreten** irse de viaje; **gute** ~! ¡buen viaje!; **freie** ~ **haben** tener el paso libre ❷ (*Geschwindigkeit*) velocidad *f;* **in voller** ~ a toda velocidad; **er kommt richtig in** ~ (*fam fig*) se está animando

fährt [fɛːrt] *3. präs von* **fahren**

fahrtauglich *adj* en condiciones de conducir; ~ **sein** estar en condiciones de conducir

Fährte ['fɛːɐtə] *f* <-n> rastro *m*, pista *f*; **jdn auf die richtige ~ bringen** (*fig*) poner a alguien sobre la buena pista

Fahrtenbuch *nt* (AUTO) libro *m* de ruta; **Fahrtenschreiber** *m* <-s, -> (AUTO) tacógrafo *m*

Fahrtkosten *pl* gastos *mpl* de viaje

Fahrtrichtung *f* sentido *m* de marcha; **in ~ Süden** en dirección al Sur

fahrtüchtig *adj* ❶ (*Person*) capaz de conducir ❷ (*Fahrzeug*) en buen estado

Fahrtwind *m* (*Gegenwind*) viento *m* en contra

fahruntüchtig ['faːɐ?ʊntyçtɪç] *adj* ❶ (*Person*) incapaz de conducir ❷ (*Fahrzeug*) no apto para el transporte; **Fahrverbot** *nt* retirada *f* del permiso de conducir; **Fahrverhalten** *nt* ❶ (*Person*) conducta *f* en el tráfico ❷ (*Fahrzeug*) cualidades *fpl* ruteras; **Fahrwasser** *nt ohne pl* aguas *fpl* navegables; (*Durchfahrt*) canal *m* de navegación; **Fahrwerk** *nt* (AERO) tren *m* de aterrizaje; **Fahrzeit** *f* duración *f* del trayecto; **nach einer ~ von drei Stunden** después de tres horas de viaje

Fahrzeug *nt* <-(e)s, -e> vehículo *m*; **Fahrzeugbrief** *m* permiso *m* de circulación; **Fahrzeughalter(in)** *m(f)* titular *mf* del vehículo; **Fahrzeugpapiere** *ntpl* documentación *f* del vehículo, papeles *mpl* del coche *fam*; **Fahrzeugschein** *m* documentación *f* del vehículo

Faible ['fɛːbəl] *nt* <-s, -s> (*geh*) afición *f* (*für* a); (*Neigung*) inclinación *f* (*für* por)

fair [fɛːɐ] *adj* (*anständig*) correcto; (*gerecht*) justo; (SPORT) limpio

Fairness ['fɛːɐnɛs] *f ohne pl* comportamiento *m* leal; (SPORT) juego *m* limpio; **Fairplay** ['fɛːɐ'plɛɪ] *nt ohne pl* (*a.* SPORT) fair play *m*

Fakir [fa'kiːɐ] *m* <-s, -e> faquir *m*

Faksimile [fak'ziːmile] *nt* <-s, -s> facsímil *m*

Fakten ['faktən] *pl von* **Faktum**

faktisch ['faktɪʃ] I. *adj* real II. *adv* de hecho

Faktor ['faktoːɐ] *m* <-s, -en> (*Umstand, a.* MATH) factor *m*

Faktum ['faktʊm] *nt* <-s, Fakten> hecho *m*; **sich auf die Fakten stützen** basarse en los hechos

Fakultät [fakʊl'tɛːt] *f* <-en> ❶ (UNIV) facultad *f* ❷ (MATH) factorial *f*

fakultativ [fakʊlta'tiːf] *adj* (*geh*) facultativo

Falke ['falkə] *m* <-n, -n> halcón *m*

Fall¹ [fal] *m* <-(e)s, *ohne pl*> (*das Fallen, a.* PHYS) caída *f*; **zu ~ kommen** (*fig*) fracasar

Fall² [fal, *pl:* 'fɛlə] *m* <-(e)s, Fälle> ❶ (*Um-* *stand, a.* MED, LING, JUR) caso *m*; **für den ~, dass ...** en caso de que... +*subj*; **gesetzt den ~, dass ...** pongamos por caso que... +*subj*; **auf gar keinen ~** de ninguna manera; **auf jeden ~** en cualquier caso; **im schlimmsten/günstigsten ~** en el peor/mejor de los casos; **er ist ein hoffnungsloser ~** es un caso perdido; **in diesem ~** en este caso; **von ~ zu ~** caso por caso; **auf alle Fälle** de todas maneras; **für alle Fälle** por si acaso ❷ (JUR: *Rechtssache*) causa *f*

Fallbeil *nt* guillotina *f*

Falle ['falə] *f* <-n> ❶ (*Hinterhalt, Fanggerät*) trampa *f*; **in der ~ sitzen** haber caído en la trampa; **jdm eine ~ stellen** tender(le) a alguien una trampa ❷ (*Schweiz: Türklinke*) picaporte *m* ❸ (*fam: Bett*) catre *m*

fallen ['falən] <fällt, fiel, gefallen> *vi sein* ❶ (*hinab~, sich stürzen, a.* MIL) caer; **~ lassen** (*Dinge*) dejar caer; (*Masche*) dejar escapar; (*Plan*) abandonar; (*Person*) abandonar (en la estacada); **es fällt Schnee** nieva; **es fällt Regen** llueve; **sie fiel in tiefen Schlaf** cayó en un profundo sueño; **jdm um den Hals ~** echar(le) los brazos al cuello a alguien; **er fiel ihr ins Wort** la interrumpió; **sie ist nicht auf den Mund ge~** (*fam fig*) tiene buenas salidas; **sie ist nicht auf den Kopf ge~** (*fam fig*) no tiene un pelo de tonta ❷ (*sinken*) bajar, descender; **die Temperatur ist um 10 Grad ge~** la temperatura descendió 10 grados; **im Preis ~** bajar de precio ❸ (*sich richten, treffen*) recaer (*auf* sobre, *an* en); **die Wahl fiel auf ihn** salió elegido él ❹ (*erfasst werden*) entrar (*in/unter* en); **das fällt auch in diese Kategorie** esto también entra en esta categoría ❺ (*Licht*) penetrar ❻ (*Entscheidung*) ser tomado; (*Urteil*) ser fallado ❼ (*verlauten*): **eine Bemerkung ~ lassen** dejar caer un comentario; **sein Name ist nicht ge~** su nombre no fue mencionado ❽ (*sich ereignen*): **kurz danach fiel das Tor zum 3:0** poco después se produjo el gol del 3 a 0; **sein Geburtstag fällt auf einen Montag** su cumpleaños cae en lunes; **es fielen drei Schüsse** se oyeron tres disparos ❾ (*sein*): **das fällt ihm schwer/leicht** esto le resulta difícil/fácil

fällen ['fɛlən] *vt* ❶ (*Baum, Holz*) talar, tumbar *Am* ❷ (*Entscheidung*) tomar; **ein Urteil über jdn ~** juzgar a alguien ❸ (MATH: *Lot*) trazar; **das Lot auf einer Geraden ~** trazar la perpendicular sobre una recta

Fallensteller(in) *m(f)* <-s, -; -nen> cazador(a) *m(f)* que utiliza trampas

Fallgeschwindigkeit *f* (PHYS) velocidad *f* de caída; **Fallgrube** *f* trampa *f,* hoyo *m*

fällig ['fɛlɪç] *adj* ❶ (FIN: *Zinsen*) pagadero, vencido; **morgen wird die Zahlung ~** mañana se cumple el plazo; **am** [*o* **zum**] **20. Oktober ~ sein** vencer el 20 de octubre ❷ (*notwendig*) necesario

Fälligkeit *f* <-en> (FIN) vencimiento *m;* **bei/nach/vor ~** al/después del/antes del vencimiento

Fallobst *nt* frutas *fpl* caídas (del árbol)

falls [fals] *konj* en caso de que +*subj,* si

Fallschirm *m* paracaídas *m inv;* **mit dem ~ abspringen** lanzarse en paracaídas; **Fallschirmspringen** *nt* <-s, *ohne pl*> paracaidismo *m;* **Fallschirmspringer(in)** *m(f)* <-s, -; -nen> paracaidista *mf*

fällt [fɛlt] *3. präs von* **fallen**

Falltür *f* trampilla *f;* (NAUT) escotilla *f*

falsch [falʃ] **I.** *adj* ❶ (*verkehrt*) equivocado, erróneo; **~er Alarm** falsa alarma; **bei jdm an den F~en geraten** equivocarse con alguien; **etw in den ~en Hals bekommen** malentender algo y tomarlo a mal ❷ (*gefälscht*) falsificado; (*Schmuck*) falso; (*Zähne*) postizo ❸ (*unpassend*) erróneo, falso ❹ (*hinterhältig*) falso; **~e Versprechungen machen** hacer promesas en vano **II.** *adv* mal; **Sie sind ~ verbunden** (TEL) se ha equivocado Ud. de número; **das hast du ~ verstanden** lo has entendido mal; **das hat er ~ aufgefasst** esto le ha sentado mal *fam;* **damit liegst du ~** estás equivocado; **~ parken** aparcar en lugar prohibido; **da sind Sie hier ~** se ha equivocado Ud. de lugar

Falschaussage *f* (JUR) falso testimonio *m*

fälschen ['fɛlʃən] *vt* falsificar

Fälscher(in) *m(f)* <-s, -; -nen> falsificador(a) *m(f)*

Falschfahrer(in) *m(f)* conductor(a) *m(f)* suicida; **Falschgeld** *nt* dinero *m* falso

Falschheit *f* <-en> falsedad *f;* (*Hinterhältigkeit*) alevosía *f*

fälschlich ['fɛlʃlɪç] *adj* erróneo, equivocado; **~ beschuldigt werden** ser culpado injustamente

fälschlicherweise ['---'--] *adv* ❶ (*irrtümlicherweise*) por error ❷ (*zu Unrecht*) injustamente

Falschmeldung *f* noticia *f* errónea, borrego *m Am;* **Falschmünzer(in)** ['falʃmʏntsə] *m(f)* <-s, -; -nen> (JUR) falsificador(a) *m(f)* de monedas; **Falschparker** ['falʃparkɐ] *m* <-s, -> persona *f* que aparca en zona prohibida; **Falschspieler(in)** *m(f)* tahúr, -ura *m, f*

Fälschung ['fɛlʃʊŋ] *f* <-en> falsificación *f;* **fälschungssicher** *adj* que no se puede falsificar; **ein ~er Ausweis** un documento de identificación infalsificable

Faltblatt *nt* folleto *m*

Falte ['faltə] *f* <-n> ❶ (*in Stoff, Papier*) pliegue *m;* **etw in ~n legen** doblar algo; **~n werfen** hacer pliegues ❷ (*Haut~*) arruga *f;* **die Stirn in ~n legen** fruncir el ceño

falten ['faltən] *vt* ❶ (*Papier*) doblar; (*Stoff*) plegar ❷ (*Hände*) juntar

faltenfrei *adj* (*Gesicht*) sin arrugas; (*Stoffart*) que no se arruga; **Faltenrock** *m* falda *f* plisada; **Faltenwurf** *m* <-(e)s, *ohne pl*> (*Stoff*) caída *f*

Falter ['faltɐ] *m* <-s, -> (ZOOL) mariposa *f*

faltig *adj* ❶ (*Gesicht*) arrugado ❷ (*Stoff*) con muchos pliegues; (*zerknittert*) arrugado

falzen ['faltsən] *vt* ❶ (*Papier*) plegar ❷ (*Holz*) ensamblar

familiär [famiˈljɛːɐ] *adj* familiar

Familie [faˈmiːljə] *f* <-n> familia *f;* **eine ~ gründen** fundar un hogar; **das liegt in der ~** es cosa de familia; **das kommt in den besten ~n vor** (*fig*) en todos los sitios cuecen habas; **Familienangehörige(r)** *mf* familiar *mf,* pariente *mf;* **Familienanschluss** *m ohne pl* acogida *f* (de un extraño) en una familia; **Familienfeier** *f* fiesta *f* familiar; **Familienkreis** *m* familia *f,* seno *m* de la familia; **im engsten ~** (*privat*) en la más estricta intimidad; **Familienleben** *nt ohne pl* vida *f* familiar; **Familienmitglied** *nt* miembro *m* de la familia; **Familienname** *m* apellido *m;* **Familienoberhaupt** *nt* cabeza *f* de familia; **Familienplanung** *f ohne pl* planificación *f* familiar; **Familienstand** *m ohne pl* estado *m* civil; **Familienvater** *m* padre *m* de familia; **Familienzusammenführung** *f* reunificación *f* de la familia; **Familienzuwachs** *m* aumento *m* de la familia; **wir bekommen ~** vamos a tener familia

famos [faˈmoːs] *adj* (*fam*) estupendo, excelente

Fan [fɛn, fɛːn] *m* <-s, -s> fan *mf;* (*Fußball~*) hincha *mf*

Fanatiker(in) [faˈnaːtikɐ] *m(f)* <-s, -; -nen> fanático, -a *m, f*

fanatisch [faˈnaːtɪʃ] *adj* fanático

Fanatismus [fanaˈtɪsmʊs] *m* <-, *ohne pl*> fanatismo *m*

Fanclub *m* club *m* de fans

fand [fant] *3. imp von* **finden**

Fanfare [fanˈfaːrə] *f* <-n> clarín *m*

Fang [faŋ] *m* <-(e)s, *ohne pl*> ❶ (*von Vierbeinern*) caza *f;* (*von Fischen*) pesca *f*

❷ (*Beute*) presa *f*; (*Fische*) redada *f*; **einen guten ~ machen** hacer una buena presa
Fangarm *m* tentáculo *m*
Fänge ['fɛŋə] *mpl* (*Fangarme*) tentáculos *mpl*; (*Krallen*) garras *fpl*; (*Reißzähne*) colmillos *mpl*; **in jds ~ geraten** (*fam*) caer en manos de alguien
fangen ['faŋən] <fängt, fing, gefangen> I. *vt* ❶ coger, agarrar *Am*; **jdn durch Versprechungen ~** ganarse a alguien con promesas; **du wirst dir gleich eine ~** (*fam fig*) te vas a ganar una bofetada ❷ (*Tier*) cazar; (*Fisch*) pescar ❸ (*Verbrecher*) apresar, coger *Am*. II. *vr:* **sich ~** (*Gleichgewicht wieder finden*) mantener el equilibrio; (*seelisch*) dominarse
Fangflotte *f* (NAUT) flota *f* de pesca; **Fangfrage** *f* pregunta *f* capciosa
Fangschaltung *f* (TEL) dispositivo *m* de intercepción
fängt [fɛŋt] *3. präs von* **fangen**
Fanklub *m* club *m* de fans
Fantasie [fanta'zi:] *f* <-n> fantasía *f*; (*Vorstellungskraft*) imaginación *f*; **seine ~ spielen lassen** echar su imaginación a volar; **Fantasiegebilde** *nt* fantasía *f*; (*Hirngespinst*) quimera *f*; **fantasielos** *adj* sin imaginación; **Fantasielosigkeit** *f* ohne *pl* falta *f* de imaginación
fantasieren* [fanta'zi:rən] *vi* fantasear; (*träumen*) soñar (*von* con); (MED) delirar
fantasievoll *adj* con mucha imaginación
Fantast(in) [fan'tast] *m(f)* <-en, -en; -nen> (*abw*) soñador(a) *m(f)*
Fantasterei *f* <-en> (*abw*) ilusiones *fpl*, fantasías *fpl*
Fantastin *f* <-nen> *s.* **Fantast**
fantastisch *adj* ❶ (*nicht realistisch*) fantástico ❷ (*fam: großartig*) fantástico, estupendo; (*unglaublich*) increíble
FAQ *fpl* (INFOR) *Abk. von* **Frequently Asked Questions** FAQ *fpl*
Farbabzug *m* (FOTO) copia *f* en color; **Farbband** *nt* cinta *f* mecanográfica
Farbbildschirm *m* (INFOR, TV) monitor *m* en color; **Farbdruck** *m* (TYPO) impresión *f* en color
Farbe ['farbə] *f* <-n> ❶ (*Farbton*) color *m*; (*Gesichts~*) tez *f*; **~ bekommen** ponerse moreno ❷ (*zum Anstreichen*) pintura *f* ❸ (*zum Färben*) tinte *m* ❹ (*Spielkarten~*) palo *m*; **~ bekennen** (*fig*) quitarse la careta
farbecht *adj* (de color) sólido
Färbemittel *nt* tinte *m*, (sustancia *f*) colorante *m*
färben ['fɛrbən] I. *vi* (*ab~*) desteñir II. *vt* (*Stoff, Haare*) teñir; **rot ~** teñir de rojo

III. *vr:* **sich ~** (*Laub, Himmel*) teñirse (de); **die Pflaumen ~ sich schon** las ciruelas están tomando color
farbenblind *adj* daltónico; **Farb(en)kasten** *m* caja *f* de colores; **Farb(en)lehre** *f* (KUNST, PHYS) teoría *f* de los colores; **Farbenpracht** *f* riqueza *f* de colores; **Farbenspiel** *nt* juego *m* de colores
Färber(in) *m(f)* <-s, -; -nen> tintorero, -a *m, f*
Färberei *f* <-en> tintorería *f*, batán *m Chil*
Färberin *f* <-nen> *s.* **Färber**
Farbfernsehen *nt* televisión *f* en color; **Farbfilm** *m* (FILM) película *f* en color; (FOTO) carrete *m* de color; **Farbfoto** *nt* foto *f* en color
farbig ['farbɪç] *adj* ❶ (*bunt*) de [o en] color ❷ (*Hautfarbe*) de color, trigueño *Am* ❸ (*lebhaft*) pintoresco, vivo
Farbige(r) *mf* <-n, -n; -n> ciudadano, -a *m, f* de color, trigueño, -a *m, f Am*
Farbkasten *m s.* **Farb(en)kasten**; **Farbkopierer** *m* (foto)copiadora *f* en color; **Farblehre** *f s.* **Farb(en)lehre**
farblich I. *adj* relativo a los colores II. *adv* de los colores; **Rock und Bluse waren nicht ~ aufeinander abgestimmt** el color de la falda no armonizaba [o no hacía juego] con el de la blusa; **farblos** *adj* ❶ (*ohne Farbe*) descolorido; (*blass*) pálido; (*Lack*) tra(n)sparente ❷ (*langweilig*) aburrido; **Farbscanner** *m* escáner *m* de [o en] color; **Farbskala** *f* gama *f* de colores; **Farbstift** *m* lápiz *m* de color; **Farbstoff** *m* colorante *m*; **Farbton** *m* matiz *m* (de color), tono *m*
Färbung ['fɛrbʊŋ] *f* <-en> ❶ (*das Färben*) teñido *m* ❷ (*Tönung*) matiz *m*, tinte *m* ❸ (POL) tendencia *f* política
Farce [fars] *f* <-n> (THEAT) farsa *f*
Farm [farm] *f* <-en> finca *f*, hacienda *f Am*
Farmer(in) *m(f)* <-s, -; -nen> ganadero, -a *m, f*, ranchero, -a *m, f Am*, estanciero, -a *m, f Am*
Farn [farn] *m* <-(e)s, -e> helecho *m*
Fasan [fa'za:n] *m* <-s, -e *o* -en> faisán *m*
Fasching ['faʃɪŋ] *m* <-s, -s *o* -e> (*Österr, südd*) carnaval *m*
Faschismus [fa'ʃɪsmʊs] *m* <-, ohne *pl*> (POL) fascismo *m*
Faschist(in) [fa'ʃɪst] *m(f)* <-en, -en; -nen> fascista *mf*
faschistisch *adj* fascista
Faselei [fa:zə'laɪ] *f* <-en> (*fam abw*) sandeces *fpl*
faseln ['fa:zəln] I. *vi* (*fam abw*) decir tonterías (*von/über* de), desvariar II. *vt* (*fam abw*): **dummes Zeug ~** decir tonterías

Faser ['fa:zɐ] *f* <-n> fibra *f*
faserig *adj* ❶ (*voller Fasern*) fibroso ❷ (*zerfasert*) deshilachado
Faserstift *m* rotulador *m* de fibra, marcador *m Arg*
fasrig *adj s.* **faserig**
Fass [fas, *pl:* 'fɛsɐ] *nt* <-es, Fässer> barril *m;* (*größer*) tonel *m;* (*kleiner*) cuba *f;* (*für Chemikalien*) bidón *m;* **Bier vom ~** cerveza de barril; **ein ~ ohne Boden** (*fig*) un pozo sin fondo; **voll wie ein ~ sein** (*fam fig*) estar borracho como una cuba; **das schlägt dem ~ den Boden aus** eso pasa de castaño oscuro
Fassade [fa'sa:də] *f* <-n> fachada *f*
fassbar *adj* concreto; (*verständlich*) comprensible
Fassbier *nt* cerveza *f* de barril
fassen ['fasən] **I.** *vt* ❶ (*ergreifen*) coger, agarrar *Am;* **jdn bei der Hand ~** tomar a alguien de la mano; **sich an den Kopf ~** (*fam*) llevarse las manos a la cabeza ❷ (*festnehmen*) detener ❸ (*aufnehmen*) tener capacidad (para) ❹ (*Vertrauen*) coger; **Mut ~** armarse de valor ❺ (*Vorsatz, Entschluss*) tomar; **ich kann keinen klaren Gedanken ~** no puedo pensar con claridad; **etw ins Auge ~** tomar algo en consideración ❻ (*begreifen*) comprender, entender; **es ist nicht zu ~!** ¡es increíble! ❼ (*Edelstein*) engastar; (*Bild*) enmarcar ❽ (*ausdrücken*) expresar (*in* con) **II.** *vr:* **sich ~** (*sich beruhigen*) calmarse
Fassette *f* <-n> *s.* **Facette**
Fasson [fa'sõ:] *f* <-s> (*normale Form*) forma *f;* (*Machart*) hechura *f*
Fassung[1] ['fasʊŋ] *f* <-en> ❶ (*eines Edelsteins*) engaste *m;* (*Brille*) montura *f* ❷ (*Glühbirne*) portalámparas *m inv* ❸ (*Text, Buch*) versión *f*
Fassung[2] *f ohne pl* (*Beherrschung*) serenidad *f;* **die ~ verlieren/bewahren** perder/guardar calma; **etw mit ~ tragen** llevar algo con serenidad; **jdn aus der ~ bringen** sacar de quicio a alguien; **völlig außer ~ geraten** salirse completamente de sus casillas
fassungslos *adj* desconcertado; (*perplex*) perplejo; (*außer sich*) fuera de sí; (*verwirrt*) confuso; **Fassungslosigkeit** *f ohne pl* perplejidad *f;* **Fassungsvermögen** *nt* ❶ (*Auffassungsgabe*) capacidad de comprensión ❷ (*räumlich*) capacidad *f*
fast [fast] *adv* casi; **~ nie** casi nunca; **~ nichts** casi nada; **~ alle** casi todos
fasten ['fastən] *vi* ayunar; **Fastenkur** *f* régimen *m* (alimenticio); **Fastenzeit** *f* período *m* de ayuno; (*im Christentum*)

cuaresma *f*
Fastfood *nt* <-, -(s)> comida *f* rápida, fast food *m o f inv*
Fastnacht *f ohne pl* carnaval *m*

Faszination [fatsina'tsjo:n] *f ohne pl* fascinación *f*
faszinieren* [fastsi'ni:rən] *vt* fascinar
faszinierend *adj* fascinante
fatal [fa'ta:l] *adj* fatal
Fatalismus [fata'lɪsmʊs] *m* <-, *ohne pl*> fatalismo *m*
fatalistisch [fata'lɪstɪʃ] *adj* fatalista
Fata Morgana ['fa:ta mɔr'ga:na] *f* <- -s *o* Morganen> espejismo *m*
Fatzke ['fatskə] *m* <-n *o* -s, -n *o* -s> (*fam abw*) vano, -a *m, f*, vanidoso, -a *m, f*
fauchen ['fauxən] *vi* ❶ (*Katze*) bufar ❷ (*abw: Mensch*) refunfuñar
faul [faul] *adj* ❶ (*verdorben*) podrido; (*verwesend*) putrefacto; (*Zahn*) cariado ❷ (*träge*) perezoso, bausán *Am;* **sich auf die ~e Haut legen** (*fig*) tumbarse a la bartola ❸ (*fam abw: zweifelhaft*) sospechoso; **an der Sache ist was ~** aquí hay gato encerrado; **eine ~e Ausrede** una excusa ridícula ❹ (FIN: *Kunde, Kredit*) moroso
Fäule ['fɔɪlə] *f ohne pl* (*geh*) putrefacción *f*
faulen ['faulən] *vi haben o sein* pudrirse; (*Zahn*) cariarse
faulenzen ['faulɛntsən] *vi* holgazanear, achancharse *AmS*
Faulenzer(in) *m(f)* <-s, -; -nen> holgazán, -ana *m, f*, vago, -a *m, f*, manganzón, -ona *m, f Am*
Faulenzerei *f ohne pl* holgazanería *f*
Faulenzerin *f* <-nen> *s.* **Faulenzer**
Faulheit *f ohne pl* pereza *f;* **aus ~ etw**

nicht tun no hacer algo por pereza

faulig *adj* podrido; (*Obst*) picado

Fäulnis ['fɔɪlnɪs] *f ohne pl* podredumbre *f*

Faulpelz *m* (*fam abw*) perezoso, -a *m, f,* vago, -a *m, f;* **Faultier** *nt* ① (ZOOL) perezoso *m,* aí *m Arg, Par* ② (*fam: Faulpelz*) vago, -a *m, f*

Fauna ['faʊna] *f* <Faunen> fauna *f*

Faust [faʊst, *pl:* 'fɔɪstə] *f* <Fäuste> puño *m;* **die ~ ballen** cerrar el puño; **auf eigene ~ handeln** actuar por su propia cuenta; **das passt wie die ~ aufs Auge** (*fam*) eso no pega ni con cola

Fäustchen ['fɔɪstçən] *nt* <-s, ->: **sich** *dat* **ins ~ lachen** reírse taimadamente

faustdick ['-'-] *adj* (*fam*): **es ~ hinter den Ohren haben** no haber nacido ayer; **eine ~ e Lüge** una mentira como una casa

Fausthandschuh *m* manopla *f*

Faustregel *f* regla *f* general; **Faustschlag** *m* puñetazo *m,* impacto *m Am*

Fauxpas [fo'pa] *m* <-, -> metedura *f* de pata, falta *f* de tacto; **einen ~ begehen** meter la pata

favorisieren* [favori'ziːrən] *vt* (*bevorzugen*) favorecer, preferir

Favorit(in) [favo'riːt] *m(f)* <-en, -en; -nen> favorito, -a *m, f*

Fax ['faks] *nt* <-, -(e)> (TEL) fax *m inv*

faxen I. *vi* (TEL) mandar un fax II. *vt* (TEL) mandar por fax, faxear

Faxen ['faksən] *fpl* (*fam*) aspavientos *mpl,* payasadas *fpl;* **mach bloß keine ~!** ¡déjate de bromas!

Faxmodem *nt* (TEL) fax-módem *m*

Fazit ['faːtsɪt] *nt* <-s, -s> (*Ergebnis*) resultado *m;* (*Schlussfolgerung*) conclusión *f;* **das ~ aus etw ziehen** sacar las conclusiones de algo

FCKW [ɛftseːkaːˈveː] *nt Abk. von* **Fluorchlorkohlenwasserstoff** CFC *m;* **FCKW-frei** *adj* sin CFC

FDP [ɛfdeːˈpeː] *f* ① (*Deutschland*) *Abk. von* **Freie Demokratische Partei** Partido *m* Demócrata Liberal (de Alemania) ② (*Schweiz*) *Abk. von* **Freisinnig-Demokratische Partei** Partido *m* Demócrata Liberal (de Suiza)

F-Dur *nt* <-, *ohne pl*> (MUS) fa *m* mayor

Februar ['feːbruaːɐ] *m* <-(s), -e> febrero *m; s. a.* **März**

fechten ['fɛçtən] <ficht, focht, gefochten> *vi* ① (SPORT) practicar la esgrima ② (*kämpfen*) luchar (*gegen* contra)

Fechter(in) *m(f)* <-s, -; -nen> esgrimidor(a) *m(f)*

Fechtmeister(in) *m(f)* (SPORT) profesor(a) *m(f)* de esgrima

Feder ['feːdɐ] *f* <-n> ① (*eines Vogels*) pluma *f; ~*n **lassen** (*fam fig*) salir perjudicado; **in den ~n liegen** (*fam*) estar en la cama; **sich mit fremden ~n schmücken** (*fig*) adornarse con los méritos de otros ② (*Schreibgerät*) pluma *f* ③ (TECH) resorte *m;* (*Sprung~*) muelle *m*

Federball¹ *m* <-(e)s, *ohne pl*> (SPORT) badminton *m*

Federball² *m* <-(e)s, -bälle> (*Ball*) pelota *f* de badminton

Federbett *nt* edredón *m,* plumón *m;* **Federbusch** *m* plumero *m;* **federführend** *adj* responsable; (*kompetent*) competente; **Federgewicht** *nt ohne pl* peso *m* pluma; **Federhalter** *m* <-s, -> portaplumas *m inv;* **federleicht** ['-'-] *adj* ligero como una pluma; **Federlesen** *nt:* **um etw nicht viel ~(s) machen** tratar un asunto sin mucha ceremonia

federn I. *vi* (*schwingen*) ser elástico II. *vt* ① (AUTO) equipar con una suspensión ② (*rupfen*) desplumar

federnd *adj* elástico; (*Gang*) ligero

Federung *f* <-en> ① (*bei Möbeln*) muelles *mpl* ② (AUTO) suspensión *f*

Federvieh *nt* (*fam*) volatería *f*

Federzeichnung *f* dibujo *m* a pluma

Fee [feː, *pl:* 'feːən] *f* <-n> hada *f*

Feedback *nt* <-s, -s>, **Feed-back** *nt* <-s, -s> feed-back *m*

Feeling ['fiːlɪŋ] *nt* <-s, -s> feeling *m* (*für* por); **gutes ~** buenas vibraciones

Fegefeuer ['feːgə-] *nt ohne pl* (REL) purgatorio *m*

fegen ['feːgən] I. *vi* ① (*kehren*) barrer; (*Schweiz: feucht wischen*) fregar ② *sein* (*rasen*) ir a toda mecha; (*Wind*) soplar con fuerza II. *vt* ① (*Zimmer, Straße*) barrer; (*Schweiz: feucht wischen*) fregar ② (*Schornstein*) deshollinar

Fehde ['feːdə] *f* <-n> querella *f*

fehl [feːl] *adv:* **~ am Platz sein** (*Person*) estar de más; (*Bemerkung*) no venir al caso

Fehlalarm *m* falsa alarma *f;* **Fehlanzeige** *f* (*fam*) resultado *m* negativo; **hast du sie gefunden? – nein, ~!** ¿la encontraste? – no, falsa alarma; **Fehlbetrag** *m* déficit *m inv;* **Fehlbildung** *f* (BIOL) formación *f* defectuosa; **Fehldiagnose** *f* diagnóstico *m* erróneo; **Fehleinschätzung** *f* estimación *f* falsa

fehlen ['feːlən] I. *vi* ① (*abwesend sein*) faltar, estar ausente ② (*nicht vorhanden sein, mangeln*) faltar; **es fehlte nicht viel, und ... nicht** faltó mucho para que... +*subj* ③ (*vermisst werden*) ser echado de menos; **du hast mir sehr gefehlt** te he echado mucho de menos; **das hat uns gerade noch gefehlt!** (*fam*) ¡lo que nos faltaba! ❹ (*gesundheitlich*) pasar; **was fehlt dir?** ¿qué te pasa? ❺ (*geh*): **weit gefehlt!** ¡nada al derecho! **II.** *vunpers* faltar; **es fehlt an allen Ecken und Kanten** falta de todo; **es soll ihr an nichts ~** (*geh*) que no le falte de nada

Fehlentscheidung *f* decisión *f* equivocada

Fehler ['fe:lɐ] *m* <-s, -> ❶ (*Irrtum*) error *m*, falta *f*; (*Tipp~*) errata *f*; **einen ~ machen** cometer un error ❷ (*Mangel*) defecto *m* ❸ (*Schuld*) culpa *f*; **das war nicht dein ~** no fue culpa tuya; **fehlerfrei** *adj* correcto, sin faltas; (*makellos*) perfecto, impecable

fehlerhaft *adj* ❶ (*kaputt*) defectuoso ❷ (*falsch*) incorrecto; **fehlerlos** *adj s.* **fehlerfrei; Fehlermeldung** *f* (INFOR) aviso *m* de error; **Fehlerquelle** *f* fuente *f* de errores; **Fehlersuche** *f* (*a.* INFOR) búsqueda *f* de errores

Fehlfunktion *f* (TECH) mal funcionamiento *m*; **Fehlgeburt** *f* aborto *m* involuntario; **eine ~ haben** abortar involuntariamente; **fehl|gehen** *irr vi sein* (*geh*) equivocarse; **in einer Annahme ~** no acertar al suponer algo; **Fehlgriff** *m* medida *f* equivocada; **Fehlinformation** *f* falsa información *f*; **Fehlinvestition** *f* (WIRTSCH) inversión *f* equivocada; **Fehlkonstruktion** *f* (*abw*) construcción *f* defectuosa; **Fehlplanung** *f* planificación *f* incorrecta; **Fehlschlag** *m* (*Misserfolg*) fracaso *m*; **fehl|schlagen** *irr vi sein* fracasar; **Fehlschluss** *m* falsa conclusión *f*, conclusión *f* equivocada; **Fehlstart** *m* (TECH, SPORT) salida *f* nula; **Fehltritt** *m* paso *m* en falso; **Fehlverhalten** *nt* comportamiento *m* incorrecto; **Fehlzündung** *f* (TECH) encendido *m* defectuoso

Feier ['faɪɐ] *f* <-n> ❶ (*Fest*) fiesta *f*; **zur ~ des Tages** para celebrar el día ❷ (*Zeremonie*) festividad *f*, acto *m* solemne

Feierabend *m* fin *m* del trabajo; (*von Geschäften*) hora *f* de cierre; **am ~** después del trabajo; **~ haben** salir del trabajo

feierlich *adj* solemne; (*förmlich*) formal; **das ist schon nicht mehr ~** (*fam*) esto ya pasa de castaño oscuro

Feierlichkeit *f* <-en> (*Fest*) acto *m* solemne; (*feierlich sein*) solemnidad *f*

feiern ['faɪɐn] **I.** *vt* ❶ (*Party, Weihnachten*) celebrar ❷ (*umjubeln*) elogiar, aplaudir **II.** *vi* estar de fiesta

Feiertag *m* día *m* festivo

feiertags *adv* los festivos; **sonn- und ~** domingos y festivos

feig(e) *adj* (*abw: ohne Mut*) cobarde, flojo *Am*

Feige ['faɪgə] *f* <-n> higo *m*; **Feigenbaum** *m* (BOT) higuera *f*; **Feigenblatt** *nt* (BOT) hoja *f* de higuera

Feigheit ['faɪkhaɪt] *f* ohne pl cobardía *f*, pendejada *f Am: fam*

Feigling ['faɪklɪŋ] *m* <-s, -e> (*abw*) cobarde *mf*, gallina *mf*, naco *m AmC*

Feile ['faɪlə] *f* <-n> lima *f*

feilen ['faɪlən] *vt* limar; (*vervollkommnen*) retocar

feilschen ['faɪlʃən] *vi* (*abw*) regatear (*um*)

Feilspäne *mpl* (TECH) limaduras *fpl*

fein [faɪn] *adj* ❶ (*zart*) fino; (*empfindlich*) delicado; (*Strich*) delgado; (*Gewebe*) fino ❷ (*Sand, Staub, Regen*) menudo; (*Nebel*) poco espesa ❸ (*exquisit*) exquisito; (*erlesen*) selecto; **dieser Wein ist vom F~sten** este es un vino selecto ❹ (*feinsinnig, vornehm*) fino; (*elegant*) elegante ❺ (*genau*) preciso; **~ säuberlich** nítidamente; **eine ~e Nase haben** tener un olfato muy fino ❻ (*fam: erfreulich, anständig*) bueno; **~!** ¡maravilloso!; **~, dass du wieder da bist** qué bien que ya hayas vuelto ❼ (*Wend*): **er ist jetzt ~ heraus** le han salido bien las cosas; **ein ~er Kerl** un gran tipo

Feind(in) [faɪnt] *m(f)* <-(e)s, -e; -nen> enemigo, -a *m*, *f*; **sich** *dat* **jdn zum ~ machen** enemistarse con alguien; **Feindbild** *nt* concepto *m* de lo que consideramos enemigo

Feindin *f* <-nen> *s.* **Feind**

feindlich *adj* enemigo, hostil

Feindschaft *f* ohne pl enemistad *f*

feindselig ['-ze:lɪç] *adj* hostil

Feindseligkeit *f* ohne pl hostilidad *f*

Feindseligkeiten *fpl* hostilidades *fpl*

feinfühlend *adj* con tacto

feinfühlig *adj* sensible, delicado

Feingefühl *nt* ohne pl tacto *m*, sensibilidad *f*

feinglied(e)rig *adj* gracil, fino

Feinheit¹ *f* ohne pl ❶ (*Beschaffenheit, Qualität*) finura *f* ❷ (*Vornehmheit*) distinción *f*

Feinheit² *f* <-en> ❶ (*Nuance*) detalle *m* ❷ (*Subtilität*) sutileza *f*

feinkörnig *adj* de grano fino; **Feinkostgeschäft** *nt* tienda *f* de ultramarinos de primera calidad; **Feinmechanik** *f* ohne pl (TECH) mecánica *f* de precisión; **Feinschmecker(in)** *m(f)* <-s, -; -nen> gourmet *mf*; **feinsinnig** ['faɪnzɪnɪç] *adj* sensible, refinado; **Feinwäsche** *f* ropa *f* delicada; **Feinwaschmittel** *nt* detergente *m* suave

feist [faɪst] *adj* gordo, obeso

feixen ['faɪksən] *vi* reír sarcásticamente

Feld [fɛlt] *nt* <-(e)s, -er> ❶ (*Acker, Bereich*) campo *m*, tablón *m Am;* **auf freiem ~** (*fig*) en pleno campo; **das ist ein weites ~** (*fig*) ese es un tema que da mucho de sí ❷ (MIL) campo *m* de batalla; **das ~ räumen** dejar el campo libre ❸ (*auf einem Spielbrett, Formular*) casilla *f;* (*auf dem Schachbrett*) escaque *m* ❹ (INFOR: *Teil des Datensatzes*) campo *m* ❺ (SPORT: *Spiel~*) terreno *m* de juego ❻ (ELEK) campo *m;* **Feldarbeit** *f* (AGR) faena *f;* **Feldbett** *nt* somier *m* plegable; (MIL) cama *f* de campaña; **Feldflasche** *f* cantimplora *f;* **Feldforschung** *f* estudio *m* de campo; **~ betreiben** realizar estudios de campo; **Feldfrucht** *f* (AGR) fruto *m* del campo; **Feldherr** *m* comandante *m* (en jefe); (*Stratege*) estratega *m;* **Feldküche** *f* (MIL) cocina *f* de campo; **Feldlager** *nt* (*a.* MIL) campamento *m,* **Feldlazarett** *nt* (MIL) hospital *m* de primera sangre; **Feldmarschall** *m* (MIL) mariscal *m* de campo; **Feldmaus** *f* (ZOOL) ratón *m* de campo; **Feldpost** *f* (MIL) correo *m* militar; **Feldsalat** *m* ruiponce *m;* **Feldstecher** ['fɛltʃtɛçe] *m* <-s, -> prismáticos *mpl;* **Feldwebel** ['fɛltveːbəl] *m* <-s, -> sargento *m* (mayor); **Feldweg** *m* camino *m* vecinal; **Feldzug** *m* <-(e)s, -züge> (*a. fig*) campaña *f;* (MIL) expedición *f* militar; **einen ~ gegen etw/jdn unternehmen** lanzar una campaña contra algo/alguien

Felge ['fɛlgə] *f* <-n> ❶ (*vom Rad*) llanta *f* ❷ (SPORT) molinete *m*

Fell [fɛl] *nt* <-(e)s, -e> piel *f,* pellejo *m;* **ein dickes ~ haben** (*fam fig*) tener una coraza en lugar de piel; **jdm das ~ über die Ohren ziehen** (*fam fig*) engañar a alguien

Fellatio [fɛ'laːtsjo] *f ohne pl* felación *f*

Fels¹ [fɛls] *m* <-ens, -en> (*geh: Felsen*) roca *f;* (*größer*) peñasco *m*

Fels² *m* <-, ohne pl> (*Gestein*) roca *f*

Felsblock *m* roca *f*

Felsen ['fɛlzən] *m* <-s, -> *s.* **Fels; felsenfest** ['--'-] *adj* firme; **ich bin ~ davon überzeugt, dass ...** estoy firmemente convencido de que...

Felsgestein *nt* roca *f*

felsig ['fɛlzɪç] *adj* ❶ (*mit Felsen*) rocoso ❷ (*aus Felsgestein*) rocoso

Felsspalte *f* grieta *f* (entre las rocas); **Felsvorsprung** *m* saliente *m* de una roca; **Felswand** *f* pared *f* de una roca

feminin [femi'niːn] *adj* femenino

Feminismus [femi'nɪsmʊs] *m* <-, ohne pl> feminismo *m*

Feminist(in) [femi'nɪst] *m(f)* <-en, -en; -nen> feminista *mf*

feministisch *adj* feminista

Fenchel ['fɛnçəl] *m* <-s, -> hinojo *m*

Fenster ['fɛnste] *nt* <-s, -> ❶ (*in Gebäuden, a.* INFOR) ventana *f;* (*an Fahrzeugen*) ventanilla *f;* **zum ~ hinausschauen** mirar por la ventana; **jd ist weg vom ~** (*fig*) alguien ha desaparecido del panorama ❷ (*eines Briefumschlags*) ventanilla *f;* **Fensterbank** *f,* **Fensterbrett** *nt* antepecho *m;* **Fensterbriefumschlag** *m* sobre *m* de ventanilla; **Fensterflügel** *m* hoja *f* de la ventana; **Fensterglas** *nt ohne pl* vidrio *m;* **Fensterheber** ['fɛnsteheːbe] *m* <-s, -> (AUTO) elevalunas *m inv;* **elektrischer ~** elevalunas automático; **Fensterladen** *m* contraventana *f;* **Fensterleder** *nt* gamuza *f*

fensterln ['fɛnsteln] *vi* (*südd, Österr*) pelar la pava (*colarse el amante en la habitación de su amada por la ventana*)

Fensterplatz *m* asiento *m* de ventanilla; **Fensterputzer(in)** *m(f)* <-s, -; -nen> limpiador(a) *m(f)* de cristales; **Fensterrahmen** *m* marco *m* de la ventana; **Fensterscheibe** *f* vidrio *m,* cristal *m;* (*Auto, Schaufenster*) luna *f*

Ferien ['feːriən] *pl* vacaciones *fpl;* **die großen ~** las vacaciones de verano; **in die ~ fahren** ir(se) de vacaciones; **~ machen/haben** estar de/tener vacaciones; **Feriengast** *m* turista *mf;* **Ferienhaus** *nt* chalet *m* para las vacaciones; **Ferienkurs** *m* curso *m* de vacaciones; **Ferienlager** *nt* campamento *m* de vacaciones; **Ferienort** *m* centro *m* turístico; **Ferientag** *m* día *m* de vacaciones; **Ferienwohnung** *f* apartamento *m* para las vacaciones; **Ferienzeit** *f ohne pl* (*época f de*) vacaciones *fpl*

Ferkel ['fɛrkəl] *nt* <-s, -> ❶ (ZOOL) lechón *m* ❷ (*fam: Mensch*) cochino, -a *m, f*

Ferkelei *f* <-en> (*fam abw*) cochinada *f*

ferkeln *vi* ❶ (ZOOL) parir [*o* tener cochinillos] (*la cerda*) ❷ (*fam abw: Dreck machen*) hacer cochinadas; (*stärker*) hacer guarradas [*o* el guarro]

Ferment [fɛr'mɛnt] *nt* <-(e)s, -e> (BIOL) fermento *m*

fern [fɛrn] **I.** *adj* (*räumlich, zeitlich*) lejano; **der F~e Osten** el Extremo Oriente **II.** *adv* lejos; **von ~** de lejos; **~ von hier** lejos de aquí; **(sich) ~ halten von etw/jdn** (*geh*) mantener(se) alejado de algo/alguien; **etwas liegt jdm ~** alguien no quiere algo en absoluto; **es liegt mir ~, zu ...** no tengo la intención de...; **nichts liegt mir ~ er, als ...** nada más lejos de mi voluntad que...; **etw** *dat* **~ stehen** (*geh*) sentir desapego hacia algo; **einem Plan ~ stehen** distanciarse de un plan; **jdm ~ stehen** no tener relación con alguien; **Fernbedienung** *f* mando *m* a distancia; **fern|bleiben** *irr vi sein* (*geh*) no asistir (a); **Fernblick** *m ohne pl* vista *f* panorámica

Ferne ['fɛrnə] *f ohne pl* (*räumlich, zeitlich*) lejanía *f,* distancia *f;* **aus der ~ betrachtet** visto de lejos; **in weiter ~ liegen** estar lejos

ferner ['fɛrnɐ] **I.** *konj* (*außerdem*) aparte de eso, además **II.** *adv* (*künftig*) en adelante

Fernfahrer(in) *m(f)* camionero, -a *m, f;* **Fernflug** *m* (AERO) vuelo *m* de (larga) distancia; **Ferngespräch** *nt* (*Inland*) llamada *f* interurbana; (*Ausland*) llamada *f* internacional; **ferngesteuert** ['fɛrnɡəʃtɔɪət] *adj* teledirigido; **Fernglas** *nt* prismáticos *mpl*

fern|gucken *vi* (*fam*) mirar la tele; **Fernheizung** *f* (sistema *m* de) calefacción *f* a distancia; **Fernkopie** *f* (TEL) telecopia *f;* **Fernkursus** *m* (SCH) curso *m* por correspondencia; **Fernleitung** *f* línea *f* a gran distancia; **fern|lenken** *vt* teledirigir; **Fernlenkung** *f* <-en> telemando *m;* **Fernlicht** *nt ohne pl* (AUTO) luz *f* larga [*o* de carretera]

Fernmeldeamt *nt* (TEL) central *f* telefónica; **Fernmeldedienst** *m* (TEL) servicio *m* de telecomunicación; **Fernmeldetechnik** *f ohne pl* (TEL) técnica *f* de telecomunicaciones; **Fernmeldewesen** *nt ohne pl* (TEL) telecomunicaciones *fpl*

fernmündlich *adj* (TEL) por teléfono; **Fernost** [fɛrn'ʔɔst] *m* Extremo Oriente *m;* **fernöstlich** ['-'--] *adj* del Extremo Oriente; **Fernrohr** *nt* telescopio *m;* **Fernschreiben** *nt* (*Text*) télex *m inv;* **Fernschreiber** *m* <-s, -> (*Apparat*) télex *m inv;* **fernschriftlich** *adj* (TEL) (transmitido) por télex

Fernsehansager(in) *m(f)* locutor(a) *m(f)* de televisión; **Fernsehanstalt** *f* cadena *f* de televisión; **Fernsehantenne** *f* antena *f* de televisión; **Fernsehapparat** *m* televisor *m*

Fernsehen *nt* <-s, *ohne pl*> televisión *f;* **im ~ übertragen** televisar, transmitir por televisión

fern|sehen *irr vi* ver la tele(visión)

Fernseher *m* <-s, -> (*fam: Gerät*) tele *f*

Fernsehfilm *m* película *f* de televisión; **Fernsehgebühr** *f* impuesto *m* por el uso de un televisor; **Fernsehgerät** *nt* televi-

sor *m;* **Fernsehinterview** *nt* entrevista *f* en televisión; **Fernsehjournalist(in)** *m(f)* periodista *mf* de televisión; **Fernsehkamera** *f* cámara *f* de televisión; **Fernsehmüll** *m* (*fam*) telebasura *f;* **Fernsehnachrichten** *fpl* (TV) noticias *fpl* de la televisión [*o* televisadas]; **Fernsehprediger(in)** *m(f)* telepredicador(a) *m(f);* **Fernsehprogramm** *nt* programa *m* de televisión; **Fernsehsender** *m* canal *m* de televisión; **Fernsehsendung** *f* emisión *f* de televisión; **Fernsehspiel** *nt* telefilm *m;* **Fernsehturm** *m* torre *f* de televisión, pirulí *m fam;* **Fernsehübertragung** *f* retransmisión *f* televisiva; **Fernsehzeitschrift** *f* revista *f* de televisión

Fernsicht *f* vista *f* panorámica

Fernsprechamt *nt* central *f* telefónica; **Fernsprechanlage** *f* instalación *f* telefónica; **Fernsprechansagedienst** *m* servicio *m* de anuncios telefónicos; **Fernsprecher** *m* <-s, -> teléfono *m;* **Fernsprechgebühr** *f* tarifa *f* telefónica; **Fernsprechteilnehmer(in)** *m(f)* usuario, -a *m, f* de la red telefónica

fern|steuern *vt* teledirigir; **Fernsteuerung** *f* telemando *m;* **Fernstraße** *f* (AUTO) ≈carretera *f* nacional; **Fernstudium** *nt* carrera *f* a distancia; **Fernuniversität** *f* universidad *f* a distancia; **Fernverkehr** *m* ❶ (*Eisenbahn*) servicio *m* de largo recorrido; (*Auto*) tráfico *m* interurbano ❷ (*Telefon*) servicio *m* interurbano; **Fernwärme** *f* sistema *m* de calefacción a distancia; **Fernweh** ['fɛrnveː] *nt* <-(e)s, *ohne pl*> (*geh*) nostalgia *f* de países lejanos; **Fernziel** *nt* (*fig*) objetivo *m* a largo plazo

Ferse ['fɛrzə] *f* <-n> (*a. Strumpf~*) talón *m;* **jdm** (**dicht**) **auf den ~n sein** ir pisando los talones a alguien

fertig ['fɛrtɪç] *adj* ❶ (*beendet*) terminado, acabado; (*vollendet*) listo; **halb ~ a** medio hacer; **das Essen ist ~** la comida está lista; **mit dir bin ich endgültig ~** (*fam*) no quiero tener nada más que ver contigo; **etw ~ bekommen** [*o* **bringen**] (*fam: vollenden*) terminar algo; **der bringt es nicht ~, ihm das zu sagen** (*fam*) no es capaz de decírselo; **etw ~ machen** (*beenden*) acabar [*o* finalizar] algo; **etw ~ stellen** concluir algo; **wirst du rechtzeitig ~?** ¿acabarás a tiempo?; **mit jdm ~ werden** (*fam*) arreglárselas con alguien; **sieh zu, wie du damit ~ wirst** (*fam fig*) arréglatelas como puedas ❷ (*bereit*) listo (*zu* para), preparado (*zu* para); (*sich*) **~ machen** (*fam*) arreglar(se), preparar(se); **auf die Plätze, ~, los!** ¡preparados, listos, ya!

❸ (*fam: erschöpft*) rendido; **jdn ~ machen** acabar con alguien; **mit den Nerven ~ sein** tener los nervios destrozados; **ich bin völlig** [*o* **fix und**] **~ sein** estoy hecho polvo

Fertigbau *m*, **Fertigbauweise** *f ohne pl* construcción *f* prefabricada

fertigen ['fɛrtɪɡən] *vt* elaborar, fabricar

Fertiggericht *nt* plato *m* precocinado; **Fertighaus** *nt* casa *f* prefabricada

Fertigkeit *f* <-en> ❶ (*Geschicklichkeit*) habilidad *f*, destreza *f* ❷ *pl* (*Fähigkeit*) aptitudes *fpl*; (*Kenntnis*) conocimientos *mpl*

Fertignahrung *f* comida *f* precocinada; **Fertigprodukt** *nt* (WIRTSCH) producto *m* elaborado [*o* manufacturado]

Fertigstellung *f* conclusión *f*

Fertigteil *nt* elemento *m* prefabricado

Fertigung *f* <-en> fabricación *f*, producción *f*

Fes [fɛs] *nt* <-, -> (MUS) fa *m* bemol

fesch [fɛʃ] *adj* ❶ (*fam: schick*) elegante; (*hübsch*) guapo ❷ (*Österr: nett*) amable

Fessel ['fɛsəl] *f* < n> ❶ (*zum Festbinden*) atadura *f*; (*Kette*) cadena *f*, hierros *mpl*; **jdm ~n anlegen** poner a alguien los grilletes ❷ (ANAT: *vom Pferd*) espolón *m* ❸ (ANAT: *beim Menschen*) empeine *m* (del pie)

fesseln ['fɛsəln] *vt* ❶ (*festbinden*) atar; (*an den Händen*) maniatar; **jdn an Händen und Füßen ~** atar a alguien de manos y pies; **ans Bett gefesselt sein** (*fig*) tener que guardar cama ❷ (*faszinieren*) fascinar

fesselnd *adj* (*faszinierend: Bericht, Erzählung*) fascinante; (*Mensch*) atractivo, cautivador

fest *adj* ❶ (*kompakt*) sólido; (*hart*) duro ❷ (*stabil*) robusto ❸ (*stark, kräftig*) fuerte; **die Tür ~ schließen** cerrar la puerta con fuerza; **~ schlafen** dormir profundamente ❹ (*unerschütterlich*) firme; **sie ist ~ entschlossen** está firmemente decidida; **sich** *dat* **etw ~ vornehmen** tener la firme intención de hacer algo; **etw ~ versprechen** prometer algo solemnemente ❺ (*ständig*) fijo; (*dauerhaft*) permanente, constante; **~ angestellt** con empleo fijo; **einen ~en Wohnsitz haben** tener un domicilio fijo; **es gibt dafür keine ~en Regeln** para esto no existen reglas fijas; **er ist in ~en Händen** (*fam*) tiene novia

Fest [fɛst] *nt* <-(e)s, -e> fiesta *f*, pachanga *f Am: fam;* **Frohes ~!** ¡Felices Fiestas!

Festakt *m* acto *m* solemne

Festangestellte(r) *mf* empleado, -a *m, f* fijo, -a; **Festanstellung** *f* contrato *m* indefinido, empleo *m* fijo

festbeißen *irr vr:* **sich ~** ❶ (*Hund*): **sich an der Beute ~** morder y no soltar la presa ❷ (*nicht weiterkommen*) atascarse (*an* en); **festbinden** *irr vt* atar (*an* a), pegar *Mex*

feste *adv* (*fam: nach Kräften: feiern*) de lo lindo; (*arbeiten, mithelfen*) de firme

Festessen *nt* banquete *m*

festfahren *irr vr:* **sich ~** ❶ (*stecken bleiben*) atascarse (*in* en); (*Schiff*) embarrancar ❷ (*Verhandlungen*) estancarse; **festfrieren** *irr vi sein* estar helado [*o* congelado] y pegarse (*an* a)

Festgeld *nt* (FIN) depósito *m* a término [*o* a plazo fijo]; **Festgeldkonto** *nt* (FIN) cuenta *f* de depósito a término

festhaken I. *vt* enganchar (*an* en), sujetar (*an* en) II. *vr:* **sich ~** engancharse, quedarse enredado; **festhalten** *irr* I. *vi* aferrarse (*an* a); **er hält an seiner Meinung fest** no da su brazo a torcer II. *vt* ❶ (*halten*) sujetar ❷ (*zurückhalten*) detener ❸ (*aufzeichnen*) retener; (*mit Kamera*) fotografiar; (*mit Tonband*) grabar III. *vr:* **sich ~** sujetarse (*an* en/a), agarrarse (*an* a)

festigen ['fɛstɪɡən] I. *vt* reforzar, consolidar; **ein gefestigter Charakter** un carácter estable II. *vr:* **sich ~** reforzarse, consolidarse

Festiger *m* <-s, -> (*Haar~*) fijador *m* (para el pelo)

Festigkeit *f ohne pl* ❶ (*Widerstandsfähigkeit*) solidez *f*; (*Stabilität*) estabilidad *f* ❷ (*Entschlossenheit*) firmeza *f* ❸ (*Standhaftigkeit*) perseverancia *f*

Festival ['fɛstɪvəl] *nt* <-s, -s> festival *m*

festklammern I. *vt* sujetar (con pinzas); **die Wäsche** (**an der Leine**) **~** sujetar [*o* tender] la ropa (en la cuerda) con pinzas II. *vr:* **sich ~** agarrarse (*an* a/en); **festkleben** I. *vi sein* estar pegado (*an* en/a) II. *vt* pegar (*an* a/en)

Festland¹ *nt* <-(e)s, -länder> (*Kontinent*) continente *m*

Festland² *nt* <-(e)s, *ohne pl*> (*im Gegensatz zum Meer*) tierra *f* firme

festlegen I. *vt* ❶ (*bestimmen*) fijar, establecer ❷ (FIN) invertir a plazo fijo ❸ (*verpflichten*) comprometer (*auf* a) II. *vr:* **sich ~** (*sich binden*) comprometerse (*auf* a)

festlich ['fɛstlɪç] *adj* de fiesta; (*feierlich*) solemne, ceremonioso; **~ geschmückt** decorado de fiesta; **etw ~ begehen** celebrar algo

Festlichkeit *f* <-en> festividad *f*, acto *m* solemne

festliegen *irr vi* ❶ (*bestimmt sein*) estar fijado; **der Termin liegt nun fest** la fecha ya está fijada ❷ (NAUT) embarrancar ❸ (FIN) estar inactivo; **fest**|**machen I.** *vi* (NAUT) amarrar **II.** *vt* ❶ (*vereinbaren*) concertar ❷ (*befestigen*) fijar (*an* en/a), sujetar (*an* en/a)

Festmahl *nt* (*geh*) banquete *m*

fest|**nageln** *vt* ❶ (*Bretter*) clavar (*an* a/en) ❷ (*fam: festlegen*) comprometer (*an* a)

Festnahme ['fɛstnaːmə] *f* <-n> detención *f*; **vorläufige** ~ detención provisional

fest|**nehmen** *irr vt* detener; **jdn vorläufig** ~ detener provisionalmente a alguien

Festplatte *f* (INFOR) disco *m* duro; **etw auf der** ~ **abspeichern** grabar algo en el disco duro; **Festplattenlaufwerk** *nt* (INFOR) unidad *f* del disco duro

Festrede *f* discurso *m* solemne; **Festsaal** *m* salón *m* de fiestas

fest|**schnallen** *vr:* **sich** ~ amarrar el cinturón; **fest**|**schrauben** *vt* apretar los tornillos

Festschrift *f* escrito-homenaje *m*

fest|**setzen I.** *vt* ❶ (*bestimmen*) fijar ❷ (*festnehmen*) arrestar, encarcelar **II.** *vr:* **sich** ~ ❶ (*Schmutz*) pegarse (*auf* a, *in* en) ❷ (*Gedanke*) arraigarse; **fest**|**sitzen** *irr vi* ❶ (*befestigt sein*) estar fijo, estar bien sujeto ❷ (*Schmutz*) estar pegado (*auf* a) ❸ (*Fahrzeug*) estar atascado (*in* en); (*Schiff*) estar encallado; (*Person*) no poder moverse (del sitio)

Festspiele *ntpl* festival *m;* **Festspielhaus** *nt* gran teatro *m* (apropiado para festivales)

fest|**stehen** *irr vi* ❶ (*festgelegt sein*) estar decidido ❷ (*sicher sein*) ser seguro; **fest steht, dass ...** lo que es seguro es que...; **feststellbar** *adj* comprobable; **fest**|**stellen** *vt* ❶ (*arretieren*) fijar ❷ (*ermitteln*) averiguar; (*Personalien*) tomar; (*Krankheit*) diagnosticar; **das wird sich** ~ **lassen** eso ya se averiguará ❸ (*bemerken*) notar ❹ (*sagen*) manifestar

Feststellung *f* ❶ (*Ermittlung*) averiguación *f* ❷ (*Konstatierung*) comprobación *f*; (*Beobachtung*) observación *f*; **die** ~ **machen, dass ...** comprobar que... ❸ (*Aussage*) declaración *f*

Festtag *m* día *m* festivo; **Festtagsstimmung** *f ohne pl* ambiente *m* de domingo; **in** ~ **sein** tener cara de domingo

Festung ['fɛstʊŋ] *f* <-en> fortaleza *f*

festverzinslich ['fɛstfɛɐtsɪnslɪç] *adj* (FIN) a renta fija; **fest**|**ziehen** *irr vt* asegurar, fijar; **Festzins** *m* (FIN) intereses *mpl* fijos

Festzug *m* <-(e)s, -züge> desfile *m*

Fete ['feːtə, 'fɛːtə] *f* <-n> (*fam*) guateque *m*, fiesta *f*

Fetisch ['feːtɪʃ] *m* <-(e)s, -e> fetiche *m*

Fetischismus *m* <-, *ohne pl*> fetichismo *m*

Fetischist(**in**) *m(f)* <-en, -en; -nen> fetichista *mf*

fett *adj* ❶ (*Speisen*) graso; ~ **essen** comer comidas grasas ❷ (*Mensch*) gordo ❸ (*ertragreich*) abundante; ~**e Beute machen** (*fig fam*) conseguir un gran botín ❹ (TYPO) en negrilla; ~ **gedruckt** (impreso) en negrilla

Fett *nt* <-(e)s, -e> grasa *f*; **sein** ~ **abkriegen** (*fam*) recibir su merecido; ~ **ansetzen** (*fam*) echar tripa; **fettarm** *adj* pobre en grasas; **Fettauge** *nt* ojo *m* de grasa

Fettdruck *m ohne pl* (TYPO) impresión *f* en negrilla

fetten I. *vi* ser grasiento **II.** *vt* engrasar

Fettfleck *m* mancha *f* de grasa

Fettgehalt *m* contenido *m* en grasa

fetthaltig *adj* graso

fettig *adj* graso, grasiento; (*schmierig*) pringoso

Fettkloß *m* (*fam*) gordo, -a *m, f*

fettleibig ['fɛtlaɪbɪç] *adj* obeso

Fettleibigkeit *f ohne pl* obesidad *f*

fettlöslich *adj* soluble en grasa; **Fettnäpfchen** ['fɛtnɛpfçən] *nt* <-s, -> (*fam*): **ins** ~ **treten** meter la pata; **Fettpolster** *nt* (ANAT) panículo *m*; **Fettsack** *m* (*fam abw: fetter Mensch*) seboso *m;* **Fettsäure** *f* ácido *m* graso; **Fettschicht** *f* capa *f* de grasa; (ANAT) panículo *m* adiposo; **Fettsucht** *f ohne pl* (MED) obesidad *f*, adiposis *f inv;* **Fettwanst** ['fɛtvanst] *m* (*fam abw*) barrigón, -ona *m, f*

fetzen I. *vi* (*fam*) ❶ (*abreißen*) arrancar (*von* de) ❷ (*Musik*) molar **II.** *vr:* **sich** ~ (*fam: sich streiten*) pelearse

Fetzen ['fɛtsən] *m* <-s, -> ❶ (*Stoff-*) jirón *m*; (*Papier-*) pedazo *m*, jirón *m;* **er riss es in** ~ lo hizo trizas ❷ (*Gesprächs-*) pedazo *m*

fetzig *adj* (*fam: Musik*) marchoso

feucht [fɔʏçt] *adj* húmedo; ~ **werden** humedecerse; **eine** ~**e Aussprache haben** (*fam*) escupir al hablar; **feuchtfröhlich** *adj* (*fam*) alegre y animado; **eine** ~**e Party** una fiesta con buen ambiente y con bebidas (alcohólicas)

Feuchtigkeit *f ohne pl* humedad *f;* **Feuchtigkeitscreme** *f* crema *f* hidratante; **Feuchtigkeitsgehalt** *m* grado *m* de humedad; **Feuchtigkeitslotion** *f* loción *f* hidratante

feuchtkalt ['--] *adj* de frío húmedo; **feuchtwarm** ['--] *adj* de calor húmedo; (*schwül*) bochornoso; **Feuchtwiese** *f* pradera *f* húmeda

feudal [fɔʏ'daːl] *adj* ❶ (POL) feudal ❷ (*fam:*

prächtig) bien, elegante; **Feudalherr** *m* señor *m* feudal

Feudalismus [fɔɪda'lɪsmʊs] *m <-, ohne pl>* feudalismo *m*

Feuer¹ ['fɔɪe] *nt <-s, ohne pl>* ① (MIL) fuego *m;* **das ~ eröffnen** abrir fuego; **das ~ einstellen** cesar el fuego ② (*Temperament*): **dieses Pferd hat viel ~** este caballo tiene mucho temperamento

Feuer² *nt <-s, ->* ① (*vom Menschen kontrolliert*) fuego *m;* **das olympische ~** la llama olímpica; **~ speiend** (*Drache, Vulkan*) que escupe fuego; **haben Sie ~?** ¿tiene fuego?; **jdm ~ geben** dar fuego a alguien; **mit dem ~ spielen** (*fig*) jugar con fuego; **für jdn/etw seine Hand ins ~ legen** poner la mano en el fuego por alguien/algo; **jdm ~ unterm Hintern machen** (*fam*) meter prisa a alguien ② (*Brand*) fuego *m,* incendio *m; ~ an etwas legen* incendiar algo; **~ und Flamme für etw sein** (*fam*) entusiasmarse por algo; **für jdn durchs ~ gehen** dejarse matar por alguien; **~ fangen** (*in Brand geraten*) incendiarse; (*sich begeistern*) entusiasmarse; **gebranntes Kind scheut das ~** (*prov*) gato escaldado del agua fría huye

Feueralarm *m* alarma *f* de incendio; **Feuerbefehl** *m* (MIL) orden *f* de fuego; **feuerbeständig** *adj* resistente al fuego; **Feuerbestattung** *f* cremación *f,* incineración *f;* **Feuereifer** *m* celo *m,* fervor *m;* **etw mit ~ betreiben** hacer algo con mucho entusiasmo; **feuerfest** *adj* a prueba de fuego; (*beständig*) resistente al fuego; (PHYS, CHEM) incombustible; (*Stein*) refractario; **Feuergefahr** *f* peligro *m* de incendio; **feuergefährlich** *adj* inflamable; **Feuergefecht** *nt* (MIL) tiroteo *m;* **Feuerleiter** *f* ① (*am Haus*) escalera *f* de incendios ② (*der Feuerwehr*) escalera *f* de bomberos; **Feuerlöscher** *m <-s, ->* extintor *m* de incendios; **Feuermelder** *m <-s, ->* teléfono *m* para avisar a los bomberos

feuern I. *vi* ① (*schießen*) disparar ② (*heizen*) calentar II. *vt* ① (*einheizen*) calentar ② (*fam: entlassen*) despedir con cajas destempladas ③ (*fam: hinschleudern*) tirar ④ (*fam*): **jdm eine ~** pegarle a alguien una bofetada

Feuerpause *f* (MIL) alto *m* el fuego; **Feuerprobe** *f* prueba *f* del fuego; **feuerrot** ['--'-] *adj* rojo encendido; **er wurde ~** se puso más colorado que un tomate

Feuerschlucker(in) *m(f) <-s, -; -nen>* hombre *m* tragafuegos, mujer *f* tragafuegos; **feuersicher** *adj* ① (*feuerfest*) resis-

tente al fuego ② (*geschützt*) protegido contra el fuego; **Feuerstein** *m* (*Gesteinsart*) pedernal *m;* (*im Feuerzeug*) piedra *f* de mechero; **Feuerstelle** *f* (*am Herd*) fogón *m,* brasero *m* *Am;* **Feuertaufe** *f* (MIL) bautismo *m* de fuego

Feuerung *f ohne pl* fuego *m*

Feuerversicherung *f* seguro *m* contra incendios; **Feuerwache** *f* puesto *m* de bomberos; **Feuerwaffe** *f* arma *f* de fuego; **Feuerwasser** *nt ohne pl* (*fam*) aguardiente *m*

Feuerwehr ['fɔɪveːe] *f <-en>* ① (*Institution*) cuerpo *m* de bomberos ② (*fam: ~einheit*) bomberos *mpl;* **Feuerwehrauto** *nt* coche *m* de los bomberos; (*groß*) camión *m* de los bomberos; **Feuerwehrfrau** *f* bombera *f;* **Feuerwehrleiter** *f* escalera *f* de bomberos; **Feuerwehrmann** *m <-(e)s, -männer o -leute>* bombero *m*

Feuerwerk *nt* fuegos *mpl* artificiales; **Feuerwerkskörper** *m* (*Rakete*) cohete *m;* (*Knallkörper*) petardo *m*

Feuerzeug *nt <-(e)s, -e>* encendedor *m,* mechero *m*

Feuilleton [fœjə'töː] *nt <-s, -s>* ① (*Zeitungsteil*) suplemento *m* cultural ② (*Artikel*) artículo *m* para el suplemento cultural

feurig ['fɔɪrɪç] *adj* ① (*temperamentvoll*) impetuoso; (*leidenschaftlich*) apasionado ② (*Rede*) vehemente ③ (*Auge*) centelleante

ff. *Abk. von* **folgende** (**Seiten**) y (páginas) siguientes

FH [ɛf'haː] *f <-s>* *Abk. von* **Fachhochschule** escuela *f* técnica superior

Fiasko ['fjasko] *nt <-s, -s>* fracaso *m*

ficht [fɪçt] *3. präs von* **fechten**

Fichte ['fɪçtə] *f <-n>* abeto *m* rojo

Fick [fɪk] *m <-s, -s>* (*vulg*) polvo *m*

ficken ['fɪkən] *vi, vt* (*vulg*) joder, coger *Am*

fick(e)rig *adj* (*reg: fam*) inquieto, nervioso

fidel [fi'deːl] *adj* (*fam*) alegre

Fidschiinseln ['fɪtʃiʔɪnzəln] *fpl* Islas *fpl* Fidji

Fieber ['fiːbe] *nt <-s, ->* fiebre *f;* (**40 Grad**) **~ haben** tener (40 grados de) fiebre; **Fieberanfall** *m* ataque *m* de fiebre; **Fieberblasen** *fpl* ampollas *fpl* de la fiebre; **fieberfrei** *adj* sin fiebre

fieberhaft *adj* febril; **wir haben ~ nach ihm gesucht** lo hemos buscado como locos

fieb(e)rig *adj* febril

Fieberkurve *f* curva *f* de (la) temperatura

fiebern *vi* ① (*Fieber haben*) tener fiebre ② (*verlangen*) temblar de ansiedad (*nach* por)

fiebersenkend *adj* antipirético; **Fieberthermometer** *nt* termómetro *m*

fiebrig *adj s.* **fieb(e)rig**

Fiedel ['fi:dəl] *f* <-n> (MUS) violín *m*

fiedeln *vi, vt* (*abw*) rascar (un violín)

fiel [fi:l] *3. imp von* **fallen**

fies [fi:s] *adj* (*fam*) ❶ (*abstoßend*) repugnante ❷ (*charakterlich*) asqueroso; (*lästig*) pesado

Fiesling ['fi:slɪŋ] *m* <-s, -e> (*fam abw*) tipo *m* asqueroso

fifty-fifty ['fɪfti'fɪfti] *adv* (*fam*): ~ **machen** hacer mitad y mitad

Figur [fi'guːɐ] *f* <-en> ❶ (*Gestalt*) figura *f;* **auf seine ~ achten** cuidar la línea; **er machte eine gute ~** causó una buena impresión ❷ (*Persönlichkeit, a.* LIT) personaje *m* ❸ (*Spielstein*) pieza *f* ❹ (*Abbildung*) ilustración *f*

figurativ [figura'ti:f] *adj* figurado; (KUNST) figurativo

Fiktion [fɪk'tsjoːn] *f* <-en> ficción *f*

fiktiv [fɪk'ti:f] *adj* ficticio

Filet [fi'le:] *nt* <-s, -s> (GASTR) filete *m;* **Filetsteak** *nt* (GASTR) solomillo *m,* bife *m* de lomo *Arg*

Filiale [fi'lja:lə] *f* <-n> sucursal *f;* **Filialleiter(in)** *m(f)* jefe, -a *m, f* de sucursal

Film¹ [fɪlm] *m* <-(e)s, -e> ❶ (*dünne Schicht*) película *f* ❷ (FOTO) carrete *m* ❸ (TV) película *f,* filme *m;* **in einen ~ gehen** ir a ver una película; **einen ~ vorführen/anschauen** proyectar/ver una película

Film² *m* <-(e)s, *ohne pl*> (*Branche*) cine *m;* **sie ist beim** ~ trabaja en el cine

Filmarchiv *nt* archivo *m* de películas; **Filmatelier** *nt* estudio *m* cinematográfico

Filmemacher(in) *m(f)* <-s, -; -nen> director(a) *m(f)* de cine

filmen ['fɪlmən] *vi, vt* rodar (una película), filmar

Filmfestspiele *ntpl* festival *m* de cine; **Filmgeschäft** *nt ohne pl* industria *f* cinematográfica

filmisch *adj* cinematográfico

Filmkamera *f* cámara *f* de cine; **Filmmusik** *f* banda *f* sonora (de una película); **Filmproduzent(in)** *m(f)* productor(a) *m(f)* cinematográfico, -a; **Filmprojektor** *m* proyector *m* de cine; **Filmregisseur(in)** *m(f)* director(a) *m(f)* de cine; **Filmriss** *m* ❶ (TV) corte *m* de la película ❷ (*Black-out*) fallo *m* repentino de la memoria; **ich hatte einen ~** (*fam*) me quedé en blanco, me falló la memoria

Filmschauspieler(in) *m(f)* actor *m* de

cine, actriz *f* de cine; **Filmstar** *m* estrella *f* de cine; **Filmtheater** *nt* cine *m;* **Filmverleih** *m* distribuidora *f* cinematográfica; **Filmvorführer(in)** *m(f)* <-s, -; -nen> operador(a) *m(f)* de cine; **Filmvorführung** *f* presentación *f* de película; **Filmvorschau** *f* tráiler *m*

Filter ['fɪltɐ] *m* <-s, -> filtro *m; Filteranlage** *f* (TECH) instalación *f* de filtraje; **Filterkaffee** *m ohne pl* café *m* de filtro; **Filtermundstück** *nt* boquilla *f*

filtern *vt* filtrar

Filterpapier *nt* (papel *m* de) filtro *m; Filtertüte** *f* filtro *m;* **Filterzigarette** *f* cigarrillo *m* con filtro

filtrieren* [fɪl'tri:rən] *vt* (TECH) filtrar

Filz [fɪlts] *m* <-es, -e> ❶ (*Gewebe*) fieltro *m* ❷ (POL) nepotismo *m*

filzen ['fɪltsən] **I.** *vi* (*Wolle*) apelmazarse **II.** *vt* (*fam*) ❶ (*durchsuchen*) registrar, cachear ❷ (*bestehlen*) dejar limpio

Filzhut *m* sombrero *m* de fieltro, callampa *f Chil;* **Filzlaus** *f* ladilla *f;* **Filzpantoffel** *m* pantufla *f* de fieltro; **Filzstift** *m* rotulador *m*

Fimmel ['fɪməl] *m* <-s, -> (*fam abw*) manía *f;* (*fixe Idee*) idea *f* fija

Finale [fi'na:lə] *nt* <-s, -> final *f;* (SPORT A.) finalísima *f;* **ins ~ kommen** llegar a la final

Finanzamt [fi'nants-] *nt* Delegación *f* de Hacienda, impositiva *f Am;* **Finanzausgleich** *m* compensación *f* financiera, ajuste *m* financiero; **Finanzbeamte(r)** *mf,* **-beamtin** *f* agente *mf* fiscal; **Finanzberater(in)** *m(f)* asesor(a) *m(f)* fiscal y financiero, -a

Finanzen [fi'nantsən] *pl* finanzas *fpl*

Finanzgericht *nt* (JUR) tribunal *m* de Hacienda

finanziell [finan'tsjɛl] *adj* financiero, económico

Finanzier [finan'tsje:] *m* <-s, -s> financero, -a *m, f*

finanzierbar *adj* financiable

finanzieren* [finan'tsi:rən] *vt* financiar

Finanzierung *f* <-en> financiación *f*

finanzkräftig *adj* con capacidad financiera; **Finanzmarkt** *m* mercado *m* financiero; **Finanzminister(in)** *m(f)* ministro, -a *m, f* de Hacienda; **Finanzministerium** *nt* ministerio *m* de Hacienda; **Finanzplanung** *f* planificación *f* financiera; **Finanzpolitik** *f* (*a.* WIRTSCH) política *f* financiera; **finanzschwach** *adj* sin capacidad económica; **Finanzspritze** *f* apoyo *m* financiero; **Finanzverwaltung** *f* administración *f* financiera; **Finanzwirtschaft** *f ohne pl* (WIRTSCH) economía *f* financiera

Findelkind ['fɪndəlkɪnt] *nt* expósito, -a *m, f*
finden ['fɪndən] <findet, fand, gefunden>
I. *vt* ❶ (*allgemein*) encontrar; (*unvermutet*) dar con; **wieder ~** (*Dinge*) encontrar; (*Person*) reencontrar; (*Mut, Sprache*) recobrar; **er war nirgends zu ~** no lo encontraba en ninguna parte; **ihr Haus ist gut/schlecht zu ~** su casa es fácil/difícil de encontrar; **Anklang ~** encontrar aprobación; **Beachtung ~** recibir atención; **ich muss zu mir selbst ~** necesito un momento de tranquilidad; **sie fand keine Ruhe** no halló reposo; **sie findet Freude an der Arbeit** le gusta su trabajo; **ich finde nichts Schlimmes dabei** no encuentro nada de malo en ello; **kein Ende ~** no acabar nunca; **Verwendung ~** poder ser utilizado; **wer sucht, der findet** (*prov*) quién busca encuentra ❷ (*meinen*) opinar; **ich finde, dass ...** opino que...; **ich finde es gut, dass ...** me parece bien que... +*subj* **II.** *vr:* **sich ~** ❶ (*zum Vorschein kommen*) aparecer; **der Schlüssel wird sich schon (wieder)** ↔ ya aparecerá la llave ❷ (*in Ordnung kommen*) arreglarse; **das wird sich alles ~** todo se arreglará
Finder(in) *m(f)* persona *f* que encuentra algo; **Finderlohn** *m ohne pl* gratificación *f*
findig *adj* ingenioso, listo
fing [fɪŋ] *3. imp von* **fangen**
Finger ['fɪŋɐ] *m* <-s, -> dedo *m;* **der kleine ~** el (dedo) meñique; **mit dem ~ auf jdn zeigen** señalar con el dedo a alguien; **jdm auf die ~ klopfen** (*fam fig*) echar a alguien un rapapolvo; **das kann man sich doch an den (fünf) ~n abzählen!** (*fam*) ¡es evidente!; **~ weg!** ¡no lo toques!; **er hat überall die ~ drin** (*fam fig*) mete sus narices en todo; **da solltest du lieber die ~ von lassen** (*fam fig*) será mejor que no te metas en esto; **jdm (genau) auf die ~ schauen** (*fig*) controlar a alguien; **jdn in die ~ bekommen** coger a alguien; **sich** *dat* **etw aus den ~ saugen** sacarse algo de la manga; **jdn um den ~ wickeln** (*fam*) ganarse a alguien; **sich** *dat* **die ~ nach etw lecken** (*fam*) morirse de ganas por obtener algo; (*beim Essen*) chuparse los dedos por algo; **keinen ~ krumm machen** (*fam*) no dar ni golpe; **Fingerabdruck** *m* huella *f* digital, impresión *f* dactilar; **genetischer ~** característica genética; **Fingerbreit** *m:* **keinen ~ nachgeben** no ceder ni un ápice; **fingerdick** ['--'-] *adj* del grueso de un dedo; **Fingerfarbe** *f* pintura *f* para pintar con los dedos; **fingerfertig** *adj* hábil, mañoso; **Finger-**

fertigkeit *f ohne pl* habilidad *f* manual; **Fingerhut** *m* ❶ (*beim Nähen*) dedal *m* ❷ (BOT) dedalera *f;* **Fingerkuppe** *f* yema *f* (del dedo)
fingern I. *vi* manosear (*an*) **II.** *vt* (*fam*) hurgar
Fingernagel *m* uña *f*
Fingerspitze *f* punta *f* del dedo; **Fingerspitzengefühl** *nt ohne pl* tacto *m;* (*Diplomatie*) diplomacia *f*
Fingerzeig ['fɪŋɐtsaik] *m* <-s, -e> señal *f*
fingieren* [fɪŋ'giːrən] *vt* fingir
Fink [fɪŋk] *m* <-en, -en> (ZOOL) pinzón *m*
Finne, -in ['fɪnə] *m, f* <-n, -n; -nen> finlandés, -esa *m, f*
finnisch *adj* finlandés
Finnland ['fɪnlant] *nt* <-s> Finlandia *f*
finster ['fɪnstɐ] *adj* ❶ (*dunkel*) oscuro; (*düster*) tenebroso; **es sieht ~ aus** tiene muy mal aspecto; **im F~n tappen** andar a tientas ❷ (*anrüchig*) dudoso ❸ (*mürrisch*) huraño, ceñudo
Finsternis *f* <-se> oscuridad *f*
Finte ['fɪntə] *f* <-n> ❶ (*Vorwand*) artimaña *f* ❷ (SPORT) finta *f*
Firlefanz ['fɪrləfants] *m* <-es, *ohne pl*> (*fam: Krempel*) cachivache *m*
firm [fɪrm] *adj:* **in etw ~ sein** estar versado en algo
Firma ['fɪrma, *pl:* 'fɪrmən] *f* <Firmen> empresa *f;* (*Fabrik*) fábrica *f*
Firmament [fɪrma'mɛnt] *nt* <-(e)s, *ohne pl*> (*geh*) firmamento *m*
firmen ['fɪrmən] *vt* (REL) confirmar
Firmen *pl von* **Firma**
firmeneigen *adj* perteneciente a la empresa; **Firmengründung** *f* fundación *f* de empresa; **Firmeninhaber(in)** *m(f)* titular *mf* de una empresa; **Firmenleitung** *f* gerencia *f;* **Firmenwagen** *m* coche *m* de la empresa; **Firmenzeichen** *nt* marca *f* de una fábrica
Firmling ['fɪrmlɪŋ] *m* <-s, -e> (REL) confirmando, -a *m, f*
Firmung ['fɪrmʊŋ] *f* <-en> (REL) confirmación *f*
Firn [fɪrn] *m* <-(e)s, *ohne pl*> ❶ (*Schnee*) nieve *f* endurecida ❷ (*Gletscher*) ventisquero *m*
Firnis ['fɪrnɪs] *m* <-ses, -se> barniz *m*
First [fɪrst] *m* <-(e)s, -e> ❶ (*Dach*) caballete *m* ❷ (*Gipfel*) cumbre *f*
Fis [fɪs] *nt* <-, -> (MUS) fa *m* sostenido
Fisch [fɪʃ] *m* <-(e)s, -e> ❶ (ZOOL) pez *m;* (*Ware, Gericht*) pescado *m;* **stumm sein wie ein ~** no decir esta boca es mía; **sich wie ein ~ im Wasser fühlen** sentirse como pez en el agua; **das ist weder ~**

noch Fleisch (*fam fig*) esto está a medias; **das sind kleine ~e für mich** (*fam*) eso está chupado; **ein dicker ~ sein** (*fam fig*) ser un pez gordo ② (ASTR) piscis *m inv;* **Fischauge** *nt* ① (ZOOL) ojo *m* del pez ② (FOTO) ojo *m* de pez; **Fischdampfer** *m* vapor *m* pesquero

fischen *vi, vt* pescar; **im Trüben ~** pescar en río revuelto

Fischer(in) *m(f)* <-s, -; -nen> pescador(a) *m(f);* **Fischerboot** *nt* barco *m* pesquero; **Fischerdorf** *nt* pueblo *m* que vive de la pesca

Fischerei *f ohne pl* pesca *f*

Fischerin *f* <-nen> *s.* **Fischer**

Fischernetz *nt* red *f* para pescar

Fischfang *m* pesca *f;* **auf ~ gehen** ir de pesca; **Fischfilet** *nt* (GASTR) filete *m* de pescado, lomo *m* de pescado; **Fischgründe** *mpl* caladero *m;* **Fischhändler(in)** *m(f)* pescadero, -a *m, f;* **Fischkonserve** *f* conserva *f* de pescado; **Fischkutter** *m* cúter *m* pesquero; **Fischmehl** *nt* harina *f* de pescado; **Fischmesser** *nt* cuchillo *m* para el pescado; **Fischotter** *m* <-s, -> nutria *f;* **fischreich** *adj* rico en pesca; **Fischstäbchen** ['fɪʃʃtɛːpçən] *nt* (GASTR) barrita *f* de pescado; **Fischsterben** *nt* mortandad *f* piscícola; **Fischsuppe** *f* sopa *f* de pescado; **Fischzucht** *f ohne pl* piscicultura *f*

fiskalisch [fɪsˈkaːlɪʃ] *adj* fiscal

Fiskus [ˈfɪskʊs] *m* <-, *ohne pl*> Hacienda *f,* fisco *m*

Fisolen [fiˈzoːlən] *fpl* (*Österr: grüne Bohnen*) judías *fpl,* frijoles *mpl Am*

fit [fɪt] *adj* en (buena) forma

Fitness [ˈfɪtnɛs] *f ohne pl* buena forma *f;* **Fitnesscenter** [ˈfɪtnɛssɛntɐ] *nt* <-s, -> gimnasio *m;* **Fitnessstudio** *nt* gimnasio *m*

Fittich [ˈfɪtɪç] *m* <-(e)s, -e> (*geh*) ala *f;* **jdn unter seine ~e nehmen** ocuparse de alguien

fix [fɪks] *adj* ① (*Gehalt, Kosten*) fijo; **eine ~e Idee** una obsesión ② (*fam: schnell*) rápido; (*gewandt*) vivo; **und fertig sein** estar para el arrastre; **jdn ~ und fertig machen** hacer polvo a alguien ③ (*reg: abw: bei Verstand*): **nicht ganz ~ sein** no estar en su (sano) juicio

Fixa *pl von* **Fixum**

fixen [ˈfɪksən] *vi* (*sl*) pincharse

Fixer(in) *m(f)* <-s, -; -nen> (*sl*) drogadicto, -a *m, f*

fixieren* [fɪˈksiːrən] *vt* ① (*a.* FOTO) fijar (*an* a/*en*) ② (*schriftlich festhalten*) concertar; **jdn ~** clavar los ojos en alguien; **auf etw fixiert sein** (PSYCH) depender emocionalmente de algo

Fixierung *f* <-en> fijación *f*

Fixkosten *pl* costes *mpl* fijos; **Fixpunkt** *m* punto *m* fijo

Fixum [ˈfɪksʊm, *pl:* ˈfɪksa] *nt* <-s, Fixa> sueldo *m* fijo

Fjord [fjɔrt] *m* <-(e)s, -e> fiordo *m*

FKK [ɛfkaːˈkaː] *Abk. von* **Freikörperkultur** nudismo *m;* **FKK-Strand** *m* playa *f* nudista

flach [flax] *adj* ① (*eben*) llano, plano; **mit der ~en Hand** con la palma de la mano; **auf dem ~en Land** en el campo ② (*niedrig*) bajo, playo *CSur;* (*Gewässer*) poco profundo; (*Teller*) llano ③ (*abw: oberflächlich*) banal; **Flachbildschirm** *m* (INFOR, TV) pantalla *f* plana; **flachbrüstig** *adj* de pecho plano; **Flachdach** *nt* tejado *m* plano; **Flachdruck** *m* (TYPO) impresión *f* plana

Fläche [ˈflɛçə] *f* <-n> ① (*Gebiet*) superficie *f;* (*Bauwesen*) terreno *m* ② (MATH: *Grund~*) plano *m;* (*eines Würfels*) cara *f;* **Flächenausdehnung** *f* extensión *f* de la superficie; **flächendeckend** *adj* que cubre totalmente un campo determinado; **Flächeninhalt** *m* (MATH) área *f;* **Flächenmaß** *nt* (MATH) medida *f* de superficie; **Flächenstilllegung** *f* (ADMIN, AGR) reducción *f* de las áreas agrarias

flach|fallen *irr vi sein* (*fam*) suspenderse

flächig [ˈflɛçɪç] *adj* llano, plano

Flachland *nt ohne pl* llanura *f;* **flach|legen** I. *vt* (*fam: hinstrecken*) echar al suelo II. *vr:* **sich ~** (*fam*) echarse un rato a dormir; **flach|liegen** *irr vi* (*fam: krank sein*) estar enfermo; **Flachmann** *m* (*fam*) botellín *m* de aguardiente para el bolsillo

Flachs [flaks] *m* <-es, *ohne pl*> ① (BOT) lino *m* ② (*fam: Spaß*) burla *f;* **flachsblond** [ˈ--] *adj* rubio platino

flackern [ˈflakɐn] *vi* ① (*Feuer*) llamear ② (*Licht*) centellear

Fladen [ˈflaːdən] *m* <-s, -> ① (*Pfannkuchen*) filloa *f* ② (*Kuhdung*) boñigo *m;* **Fladenbrot** *nt* pan *m* árabe

Flagge [ˈflagə] *f* <-n> bandera *f;* **das Schiff fährt unter spanischer ~** el barco navega con pabellón español

flaggen *vi:* **halbmast ~** ondear la bandera a media asta

Flaggschiff [ˈflak-] *nt* (MIL) buque *m* insignia

flagranti [flaˈɡranti]: **in ~** con las manos en la masa

Flair [flɛːɐ] *nt o m* <-s, *ohne pl*> (*von Menschen*) encanto *m,* aire *m;* (*von Sachen*) atmósfera *f*

Flakon [flaˈkõː] *m o nt* <-s, -s> (*geh*) frasco *m*

flambieren* [flamˈbiːrən] *vt* flamear

Flame, -in [ˈflaːmə] *m, f,* <-n, -n; -nen> flamenco, -a *m, f;* **Flämin** [ˈflɛːmɪn] *f* <-nen> flamenca *f*

Flamingo [flaˈmɪŋgo] *m* <-s, -s> (ZOOL) flamenco *m*

flämisch [ˈflɛːmɪʃ] *adj* flamenco

Flamme [ˈflamə] *f* <-n> ❶ (*vom Feuer*) llama *f;* **in ~n aufgehen** arder; **in ~ stehen** estar en llamas ❷ (*Gas~*) fuego *m;* **etw auf kleiner ~ kochen** cocinar algo a fuego lento ❸ (*am Gasherd*) fogón *m* de gas

flammend *adj* (*Inferno*) ardiente; (*Worte, Blicke*) apasionado

Flammenwerfer *m* <-s, -> (MIL) lanzallamas *m inv*

Flandern [ˈflandən] *nt* <-s> Flandes *m*

Flanell [flaˈnɛl] *m* <-s, -e> franela *f*

flanieren* [flaˈniːrən] *vi* haben o sein callejear

Flanke [ˈflaŋkə] *f* <-n> ❶ (ANAT) flanco *m;* (*Pferd*) ijada *f,* verija *f Am* ❷ (MIL) flanco *m* ❸ (SPORT: *Sprung*) volteo *m;* (*Pass*) entrega *f,* pase *m*

flankieren* *vt* acompañar, flanquear

Flansch [flanʃ] *m* <-(e)s, -e> (TECH) brida *f*

flapsig [ˈflapsɪç] *adj* (*fam*) fresco

Flasche [ˈflaʃə] *f* <-n> ❶ (*Gefäß*) botella *f;* (*für Babys*) biberón *m,* mamadera *f Am;* **aus der ~ trinken** beber de la botella; **zur ~ greifen** (*fig*) darse a la bebida ❷ (*fam: Versager*) cero *m* a la izquierda; **Flaschenbier** *nt* cerveza *f* en botella(s); **Flaschengärung** *f* fermentación *f* en botella; **Flaschengestell** *nt* botellero *m;* **Flaschenhals** *m* gollete *m;* **Flaschenöffner** *m* abrebotellas *m inv;* **Flaschenpfand** *nt* (precio *m* del) envase *m;* **Flaschenpost** *f* botella *f* arrojada al mar (con un mensaje); **Flaschenzug** *m* <-(e)s, -züge> sistema *m* de poleas

Flaschner(in) [ˈflaʃnɐ] *m(f)* <-s, -; -nen> (*südd, Schweiz*) fontanero, -a *m, f*

Flatter [ˈflatɐ] *f:* **die ~ machen** pirárselas

flatterhaft *adj* (*abw*) veleidoso

Flatterhaftigkeit *f ohne pl* veleidad *f*

Flattermann *m* (*fam*) ❶ (*Hähnchen*) pollo *m* asado ❷ (*nervöser Mensch*) persona *f* nerviosa, neura *mf* ❸ (*Nervosität*) neura *f,* nerviosismo *m;* **vor der nächsten Prüfung bekommt er wieder einen ~** en el próximo examen estará otra vez con la neura

flattern [ˈflatɐn] *vi* ❶ sein (*Tier*) revolotear ❷ (*Hände*) temblar ❸ sein (*Fahne*) ondear; (*Papier*) revolotear

Flattersatz *m ohne pl* (TYPO) composición *f* a pedazos

flau [flaʊ] *adj* ❶ (*schwach*) débil; **mir ist ~ im Magen** me mareo ❷ (FIN) flojo

Flaum [flaʊm] *m* <-(e)s, ohne pl> ❶ (*Federn*) plumón *m* ❷ (*Härchen*) pelusilla *f;* (*Bartwuchs*) bozo *m*

Flausch [flaʊʃ] *m* <-(e)s, -e> flojel *m*

flauschig *adj* blando, suave

Flause *f* <-n> (*fam*) ❶ (*Unsinn*) tontería *f;* **sie hat nur ~n im Kopf** no tiene más que pájaros en la cabeza ❷ (*Ausflucht*) pretexto *m*

Flaute [ˈflaʊtə] *f* <-n> ❶ (NAUT) calma *f* chicha ❷ (FIN) periodo *m* de crisis; **es herrscht absolute ~** el negocio está paralizado ❸ (*Wend*): **die Party war eine ~** (*fam*) la fiesta fue un chasco

Flechte [ˈflɛçtə] *f* <-n> ❶ (BOT) liquen *m* ❷ (MED) herpes *m o f*

flechten [ˈflɛçtən] <flicht, flocht, geflochten> *vt* tejer; (*Haare*) trenzar; **einen Blumenkranz ~** hacer una corona de flores

Flechtwerk *nt* malla *f*

Fleck [flɛk] *m* <-(e)s, -e> ❶ (*Schmutz~, Farb~*) mancha *f;* **ein blauer ~** un moratón ❷ (*fam: Stelle*) lugar *m,* sitio *m;* **nicht vom ~ kommen** no avanzar; **das Herz auf dem rechten ~ haben** tener el corazón en su sitio

Fleckchen *nt* <-s, -> (*Gegend*) lugar *m*

Flecken [ˈflɛkən] *m* <-s, -> ❶ (*Schmutz~, Farb~*) mancha *f* ❷ (*Dorf*) pueblo *m;* **Fleckenwasser** *nt* quitamanchas *m inv*

fleckig [ˈflɛkɪç] *adj* con manchas; (*Obst*) picado; (*Tierfell*) a pintas

Fledermaus [ˈfleːdɐmaʊs] *f* murciélago *m*

Fleece *nt* <-, ohne pl> fleece *m*

Flegel [ˈfleːgəl] *m* <-s, -> (*abw*) grosero, -a *m, f*

Flegelei *f* <-en> (*abw*) grosería *f*

flegelhaft *adj* (*abw: Benehmen*) grosero; (*Kind*) mal educado

Flegeljahre *ntpl* edad *f* del pavo

flehen [ˈfleːən] *vi* implorar, suplicar; **um Gnade ~** implorar el perdón

flehentlich [ˈfleːəntlɪç] *adv* (*geh*) encarecidamente; **jdn ~ bitten** rogar encarecidamente a alguien

Fleisch [flaɪʃ] *nt* <-(e)s, ohne pl> carne *f;* (*Frucht~*) pulpa *f;* **~ fressend** carnívoro; **vom ~ fallen** (*fam*) quedarse en los huesos; **sich** *dat/akk* **ins eigene ~ schneiden** (*fig*) echar piedras contra el propio tejado

Fleischbrühe *f* caldo *m* de carne

Fleischer(in) *m(f)* <-s, -; -nen> carnicero, -a *m, f*

Fleischerei f <-en> carnicería f
Fleischerin f <-nen> s. **Fleischer**
fleischfarben adj color carne
fleischig adj carnoso; (Frucht) pulposo; (Person) rollizo
Fleischkäse m queso m de cerdo

i Land & Leute

En su origen, se trata de una especialidad culinaria bávara, consistente en una masa elaborada a base de carne molida muy finamente, huevos y diferentes especias, que se cocinan en un molde alargado. Posteriormente se corta el **Fleischkäse** en lonchas y se come más bien caliente, o bien en bocadillo, opcionalmente con mostaza o ketchup.

Fleischklößchen ['flaɪʃklø:sçən] nt albóndiga f
fleischlich adj ❶ (Kost) cárnico, de carne ❷ (Begierde) carnal
Fleischpastete f (GASTR) paté m de carne; **Fleischspieß** m pincho m moruno, anticucho m Peru; **Fleischtomate** f tomate m de ensalada; **Fleischwolf** m <-(e)s, -wölfe> máquina f de picar carne; **Fleischwunde** f herida f profunda; **Fleischwurst** f embutido m
Fleiß [flaɪs] m <-es, ohne pl> aplicación f; (Eifer) empeño m; **ohne ~ kein Preis** (prov) no hay atajo sin trabajo
fleißig I. adj ❶ (arbeitsam) aplicado ❷ (fam: regelmäßig) regular II. adv ❶ (arbeitsam) con empeño ❷ (fam: regelmäßig) a menudo
flennen ['flɛnən] vi (fam abw) llorar
fletschen ['flɛtʃən] vt: **die Zähne ~** regañar los dientes
flexibel [flɛ'ksi:bəl] adj flexible
flexibilisieren* [flɛksibili'zi:rən] vt flexibilizar
Flexibilität [flɛksibili'tɛ:t] f ohne pl flexibilidad f
Flexion [flɛ'ksjo:n] f <-en> (LING) flexión f
flicht [flɪçt] 3. präs von **flechten**
flicken ['flɪkən] vt (Reifen) echar parches (a); (Kleidung) remendar
Flicken m <-s, -> remiendo m
Flickwerk nt <-(e)s, ohne pl> (abw) chapuza f; **Flickzeug** nt (allgemein) estuche m de reparación; (Fahrrad, Reifen) caja f de parches; (Nähzeug) avíos mpl de coser
Flieder ['fli:de] m <-s, -> (BOT) lila f
fliederfarben adj (color) lila

Fliege ['fli:gə] f <-n> ❶ (ZOOL) mosca f; **er tut keiner ~ was zuleide** [o **zu Leide**] no es capaz de hacerle daño ni a una mosca; **zwei ~n mit einer Klappe schlagen** (fam) matar dos pájaros de un tiro; **die ~ machen** (fam) largarse ❷ (Krawatte) pajarita f
fliegen ['fli:gən] <fliegt, flog, geflogen> I. vi sein ❶ (Tier, Flugzeug) volar; (Person) ir en avión; **wann fliegt die nächste Maschine?** ¿cuándo sale el próximo avión?; **wie lange fliegt man von Wien nach Buenos Aires?** ¿cuánto tiempo tarda el vuelo de Viena a Buenos Aires? ❷ (Ball, Stein) volar; (geworfen werden) ser lanzado; **der Ball flog über das Tor** la pelota voló por encima de la portería; **in die Luft ~** estallar por los aires; **sie flog ihm um den Hals** se le echó al cuello ❸ (fam: hinausgeworfen werden): **ich bin geflogen** me han echado ❹ (fam: durchfallen): **durchs Examen ~** cargar el examen ❺ (fam: angezogen werden) pirrarse (auf/por); **er fliegt auf neue Autos** se pirra por coches nuevos II. vt ❶ (Flugzeug) pilotar ❷ (Güter, Passagiere) transportar por aire ❸ (Route) cubrir
fliegend adj volante; **in ~er Eile** volando; **~e Händler** vendedores mpl ambulantes; **der F~e Holländer** (Sage) el holandés errante; (Oper) el buque fantasma
Fliegenfänger m <-s, -> atrapamoscas m inv; **Fliegengewicht** nt peso m mosca; **Fliegengitter** nt alambrera f; **Fliegenklatsche** ['fli:gənklatʃə] f matamoscas m inv; **Fliegenpilz** m amanita f muscaria
Flieger ['fli:ge] m <-s, -> ❶ (Pilot) piloto m ❷ (fam: Flugzeug) avión m; **Fliegeralarm** m alarma f aérea; **Fliegerstaffel** f (MIL) escuadrilla f
fliehen ['fli:ən] <flieht, floh, geflohen> vi sein huir (vor de); (aus dem Gefängnis) escaparse (aus de); **zu jdm ~** refugiarse en casa de alguien
Fliehkraft f (PHYS) fuerza f centrífuga
Fliese ['fli:zə] f <-n> (aus Stein) baldosa f; (Kachel) azulejo m
fliesen ['fli:zn] vt (Fußboden) (em)baldosar; (Wand) cubrir con azulejos, azulejar; **Fliesenleger(in)** m(f) <-s, -; -nen> solador(a) m(f), embaldosador(a) m(f)
Fließband nt cadena f de fabricación; **am ~ arbeiten** trabajar en la cadena; **wie am ~** en cadena; **Fließbandarbeit** f trabajo m en cadena (de fabricación)
fließen ['fli:sən] <fließt, floss, geflossen> vi sein (Fluss, Gelder, Spenden, Verkehr) fluir; (Tränen) correr; (heraus~) salir; **die**

Das Bad

1	der Duschkopf	la ducha de mano
2	die Stange	la barra
3	das Fenster	la ventana
4	das Rollo	el estor, la persiana
5	die Kachel	el azulejo
6	der Schlauch	el tubo del agua
7	das Deospray	el (e)spray de desodorante
8	der Körperpuder	el talco
9	die Slipeinlagen	los protegeslips, los protectores
10	der Bademantel	el albornoz, la salida de baño (*Am*)
11	das Shampoo	el champú
12	das Duschgel	el gel de ducha
13	der Schwamm	la esponja
14	der Wasserhahn	el grifo, la llave (*Am*)
15	der Duschvorhang	la cortina de la ducha
16	das Badetuch	la toalla de baño
17	der Spülkasten	la cisterna, el estanque (*Am*)
18	das Toilettenpapier	el papel higiénico
19	die Badewanne	la bañera, la bañadera (*Am*)
20	der Abfluss	el desagüe
21	die Seife	el jabón
22	die Toilettenbürste	el cepillo del wáter
23	die Toilettenschüssel	la taza del wáter, el inodoro
24	der Deckel	la tapa
25	der Toilettensitz	el asiento del wáter
26	der Wäschekorb	el cesto/canasto de la ropa sucia
27	der Hocker	el taburete, el pisito (*Am*)
28	die Hausschuhe	las zapatillas de casa
29	die Badematte	la alfombrilla, el felpudo (*Am*)

1	der Rasierapparat	la máquina de afeitar	22	der Bauchnabel	el ombligo
2	der Rasierpinsel	la brocha de afeitar	23	die Zahnpasta	la pasta de dientes, el dentífrico
3	der Rasierschaum	la espuma de afeitar	24	der Rücken	la espalda
4	der Rasierer	la maquinilla de afeitar	25	der Arm	el brazo
5	der Spiegel	el espejo	26	der Schalter	el interruptor
6	die Stirn	la frente	27	der Föhn	el secador de pelo
7	das Auge	el ojo	28	das Regal	el estante, la repisa
8	die Wange, die Backe	la mejilla, el carrillo	29	der Waschlappen	la manopla/el guante de baño
9	der Mund	la boca	30	der Wasserhahn	el grifo del agua, la canilla (*Am*)
10	die Augenbrauen	las cejas	31	das Waschbecken	el lavabo, el lavatorio (*Am*)
11	die Nase	la nariz	32	der Oberschenkel	el muslo
12	das Ohr	la oreja	33	der Po	el trasero
13	der Kopf	la cabeza	34	das Knie	la rodilla
14	der Ellenbogen	el codo	35	das Handtuch	la toalla
15	der Lockenstab	el rizador de pelo	36	der Handtuchhalter	el toallero, la toallera (*Am*)
16	die Wattestäbchen	los bastoncillos de algodón	37	der Pantoffel	la zapatilla
17	die Zahnbürste	el cepillo de dientes	38	der Fuß	el pie
18	die Haarbürste	el cepillo del pelo	39	der Knöchel	el tobillo
19	die Hand	la mano	40	die Wade	la pantorrilla
20	die Brust	el pecho	41	die Ferse	el talón
21	der Bauch	el vientre	42	der Fußboden	el suelo, el piso (*Am*)

Elbe fließt in die Nordsee el Elba desemboca en el Mar del Norte; **der Sekt floss in Strömen** el champán corrió a litros; **es ist genug Blut geflossen** ya se ha derramado bastante sangre

fließend I. *adj* ❶ (*Wasser*) corriente; **~er Verkehr** tráfico fluido ❷ (*Grenze, Übergang*) difuso **II.** *adv* con fluidez; **sie spricht ~ Katalanisch** habla catalán con fluidez

flimmerfrei *adj* (*Bildschirm*) sin centelleo; **Flimmerkiste** *f* (*fam abw*) tele *f*, caja *f* tonta

flimmern ['flɪmɐn] *vi* brillar, relucir; (*Sterne*) centellear; **es flimmert mir vor den Augen** se me va la vista

flink [flɪŋk] *adj* ❶ (*lebhaft*) despabilado ❷ (*schnell*) rápido ❸ (*geschickt*) hábil

Flinte ['flɪntə] *f* <-n> escopeta *f*; **die ~ ins Korn werfen** (*fam fig*) arrojar la toalla

Flipper ['flɪpɐ] *m* <-s, -> (*fam*) flipper *m*, flíper *m*

flippern *vi* (*fam*) jugar al flipper

flippig ['flɪpɪç] *adj* (*fam*) pasota

Flirt [flɪrt, flœrt] *m* <-s, -s> ligue *m*

flirten ['flɪrtən, 'flœrtən] *vi* flirtear

Flittchen ['flɪtçən] *nt* <-s, -> (*fam abw*) mujerzuela *f*

Flitter¹ ['flɪtə] *m* <-s, -> (*Paillette*) lentejuela *f*

Flitter² *m* <-s, *ohne pl*> (*abw: Tand*) oropel *m*

Flitterwochen *fpl* luna *f* de miel

flitzen ['flɪtsən] *vi sein* (*fam*) ir pitando

flocht [flɔxt] *3. imp von* **flechten**

Flocke ['flɔkə] *f* <-n> copo *m*

flockig *adj* coposo

flog [floːk] *3. imp von* **fliegen**

floh [floː] *3. imp von* **fliehen**

Floh [floː, *pl:* 'floːə] *m* <-(e)s, Flöhe> ❶ (ZOOL) pulga *f*; **jdm einen ~ ins Ohr setzen** (*fam*) ponerle a alguien la mosca detrás de la oreja; **die Flöhe husten hören** (*fam*) sentir crecer la hierba ❷ *pl* (*fam: Geld*) pelas *fpl*; **Flohmarkt** *m* rastro *m*, mercadillo *m*

Flop [flɔp] *m* <-s, -s> fracaso *m*

Floppydisk *f* <-s> (INFOR) disco *m* flexible

Flora ['floːra, *pl:* 'floːrən] *f* <Floren> flora *f*

Florenz [floːrɛnts] *nt* <-> Florencia *f*

Florett [floːrɛt] *nt* <-(e)s, -e> florete *m;* **~fechten** practicar esgrima de florete

florieren* [floˈriːrən] *vi* florecer, prosperar

Florist(in) [floˈrɪst] *m(f)* <-en, -en; -nen> florista *mf*

Floskel ['flɔskəl] *f* <-n> fórmula *f* de cortesía

floss [flɔs] *3. imp von* **fließen**

Floß [floːs, *pl:* 'fløːsə] *nt* <-es, Flöße> balsa *f*

Flosse ['flɔsə] *f* <-n> ❶ (*vom Fisch, Taucher*) aleta *f* ❷ (NAUT) orza *f* fija ❸ (*fam: Hand*) mano *f*

Flöte ['fløːtə] *f* <-n> ❶ (MUS) flauta *f* ❷ (*Sektglas*) copa *f* de champán

flöten I. *vi* ❶ (*Flöte spielen*) tocar la flauta; (*Vogel, Mensch*) gorjear ❷ (*fam: verloren gehen*): **~ gehen** irse al traste **II.** *vt* (*auf der Flöte spielen*) tocar con la flauta; (*pfeifen*) silbar; **Flötenspieler(in)** *m(f)* flautista *mf;* **Flötenton** *m:* **jdm die Flötentöne beibringen** (*fig*) inculcar a alguien los buenos modales

Flötist(in) [fløˈtɪst] *m(f)* <-en, -en; -nen> (MUS) flautista *mf*

flott [flɔt] *adj* ❶ (*fam: rasch*) rápido; **aber ein bisschen ~!** ¡date prisa! ❷ (*fam: Person*) atractivo; (*Kleidung*) de moda; (*Musik*) marchoso ❸ (*lebenslustig*) alegre ❹ (*einsatzbereit*) a punto; (NAUT) a flote

Flotte ['flɔtə] *f* <-n> flota *f;* **Flottenabkommen** *nt* (POL) acuerdo *m* naval; **Flottenstützpunkt** *m* (MIL) base *f* naval

flott|machen *vt* ❶ (*Schiff*) desencallar ❷ (*fam: Fahrzeug*) poner a punto

flottweg *adv* (*fam*) de una tirada, de un tirón, sin interrupción

Flöz [fløːts] *nt* <-es, -e> (BERGB) filón *m*

Fluch [fluːx, *pl:* 'flyːçə] *m* <-(e)s, Flüche> ❶ (*Verwünschung*) maldición *f;* **einen ~ ausstoßen** lanzar una maldición ❷ (*Schimpfwort*) taco *m*

fluchen ['fluːxən] *vi* soltar tacos; **auf** [*o* **über**] **etw ~** maldecir algo

Flucht¹ [fluxt] *f ohne pl* (*das Fliehen*) huida *f* (*aus/vor* de), fuga *f* (*aus* de); **vor jdm/etw** *dat* **die ~ ergreifen** huir de alguien/algo; **jdn in die ~ schlagen** hacer que alguien emprenda la huida; **auf der ~ sein** andar fugitivo, andar de agache *Col;* **die ~ nach vorn antreten** emprender una huida hacia delante

Flucht² *f* <-en> ❶ (ARCHIT) punto *m* de fuga ❷ (*geh: Zimmer~*) serie *f* de habitaciones

flüchten ['flyçtən] **I.** *vi sein* huir (*aus/vor* de), fugarse (*aus* de); (*aus dem Gefängnis*) evadirse (*aus* de) **II.** *vr:* **sich ~** (*Schutz suchen*) refugiarse (*in* en); **sich in den Alkohol ~** refugiarse en la bebida

Fluchtfahrzeug *nt* vehículo *m* utilizado en la huida; **Fluchtgefahr** *f ohne pl* peligro *m* de fuga; **Fluchthilfe** *f* ayuda *f* para huir

flüchtig ['flyçtɪç] *adj* ❶ (*flüchtend*) fugitivo ❷ (*kurz*) rápido; **einen ~en Blick auf**

jdn/etw werfen echar un vistazo a alguien/algo ❸ (*oberflächlich*) superficial; **etw ~ lesen** leer algo por encima ❹ (CHEM) volátil

Flüchtigkeit f ohne pl ❶ (*Oberflächlichkeit*) superficialidad f ❷ (*Ungenauigkeit*) imprecisión f ❸ (CHEM) volatilidad f ❹ (~ *sfehler*) descuido m; **Flüchtigkeitsfehler** m olvido m

Flüchtling m <-s, -e> refugiado, -a m, f, corrido, -a m, f And; **politischer ~** refugiado político; **Flüchtlingslager** nt campo m de refugiados; **Flüchtlingsstrom** m flujo m de refugiados

Fluchtpunkt m punto m de fuga; **Fluchtversuch** m tentativa f de evasión; **Fluchtweg** m ❶ (*Verbrecher*) camino m de fuga ❷ (*in Schulen, Firmen*) lugar m destinado a la huida en caso de fuego

Flug [flu:k, pl: 'fly:gə] m <-(e)s, Flüge> vuelo m; **die Zeit verging wie im ~(e)** el tiempo pasó volando

Flugabwehr f (MIL) defensa f antiaérea; **Flugabwehrrakete** f (MIL) cohete m antiaéreo

Flugangst f miedo m a volar; **Flugaufkommen** nt <-s, ohne pl> (AERO) volumen m de vuelos; **Flugbahn** f trayectoria f; **Flugbegleiter(in)** m(f) auxiliar mf de vuelo; **Flugblatt** nt octavilla f, volante m; **Flugdatenschreiber** m <-s, -> (AERO) caja f negra; **Flugdauer** f duración f del vuelo

Flügel ['fly:gəl] m <-s, -> ❶ (*eines Vogels, Flugzeugs*) ala f; **mit den ~n schlagen** batir las alas, aletear; **etw verleiht jdm ~** (*fig*) algo da alas a alguien; **jdm die ~ stutzen** (*fig*) cortar las alas a alguien ❷ (*von Gebäude, Truppe, Spielfeld, Partei*) ala f ❸ (*einer Windmühle*) aspa f; (*eines Propellers*) pala f ❹ (*Fenster, Tür~*) hoja f ❺ (MUS) piano m de cola; **auf dem ~ spielen** tocar el piano; **Flügelmutter** f <-n> tuerca f de mariposa; **Flügelschlag** m aletazo m, aleteo m; **Flügelschraube** f tornillo m de mariposa; **Flügeltür** f puerta f de dos hojas

Flugfeld nt campo m de aviación; **Fluggast** m pasajero, -a m, f de un avión

flügge ['flʏgə] adj ❶ (*Vogel*) volantón ❷ (*fam: Kind*): **~ werden** independizarse

Fluggeschwindigkeit f velocidad f de vuelo; **Fluggesellschaft** f compañía f aérea; **Flughafen** m aeropuerto m; **auf dem ~** en el aeropuerto; **Flughöhe** f altura f de vuelo; **Flugkapitän** m comandante mf (de un avión); **Flugkörper** m misil m; **Fluglehrer(in)** m(f) instructor(a)

m(f) de vuelo; **Flugleitung** f control m de tráfico aéreo; **Fluglinie** f línea f aérea; **Fluglotse, -in** m, f controlador(a) m(f) aéreo, -a; **Flugobjekt** nt objeto m volante; **Flugplan** m horario m de vuelos; **Flugplatz** m aeródromo m; **Flugreise** f viaje m en avión

flugs [flu:ks] adv (*geh*) en seguida

Flugschein m ❶ (*Lizenz*) carné m de piloto ❷ (*Flugticket*) billete m de avión, pasaje m de avión Am; **Flugschneise** f corredor m aéreo; **Flugschreiber** m <-s, -> registrador m de datos de vuelo; **Flugsicherheit** f ohne pl seguridad f de vuelo; **Flugsicherung** f protección f de vuelo; **Flugsimulator** m simulador m de vuelos; **Flugstrecke** f tramo m de vuelo; **flugtauglich** adj apto para el vuelo; **Flugticket** nt billete m de avión, pasaje m de avión Am; **Flugverbindung** f (AERO) línea f aérea

Flugverbot nt prohibición f de vuelo; **Flugverbotszone** f zona f de exclusión aérea

Flugverkehr m tráfico m aéreo; **Flugwaffe** f (*Schweiz: Luftwaffe*) aviación f; **Flugzeit** f duración f del vuelo

Flugzeug ['flu:ktsɔɪk] nt <-(e)s, -e> avión m; **mit dem/im/per ~** en/en el/por avión; **Flugzeugabsturz** m accidente m de aviación; **Flugzeugbau** m ohne pl construcción f aeronáutica; **Flugzeugbesatzung** f tripulación f; **Flugzeugentführer(in)** m(f) pirata mf aéreo, -a; **Flugzeugentführung** f secuestro m de un avión; **Flugzeughalle** f hangar m; **Flugzeugkatastrophe** f catástrofe f aérea; **Flugzeugträger** m <-s, -> portaaviones m inv; **Flugzeugunglück** nt accidente m aéreo

Fluktuation [flʊktua'tsjoːn] f <-en> fluctuación f

fluktuieren* [flʊktu'iːrən] vi fluctuar

Flunder ['flʊndɐ] f <-n> (ZOOL) platija f

Flunkerei [flʊŋkə'raɪ] f <-en> (*fam*) trola f, pepa f And

flunkern ['flʊŋkɐn] vi (*fam*) contar una trola

Flunsch [flʊnʃ] m <-(e)s, -e> (*fam*): **einen ~ machen** [o **ziehen**] poner cara de circunstancias, poner mala cara

Fluor ['flu:oɐ] nt <-s, ohne pl> (CHEM) flúor m

Fluorchlorkohlenwasserstoff m (CHEM) hidrocarburo m fluoroclorado

Fluoreszenz [fluorɛs'tsɛnts] f ohne pl fluorescencia f

fluoreszieren* [fluorɛs'tsiːrən] vi brillar

fluoreszierend *adj* (CHEM) fluorescente

Fluorid [fluoˈriːt] *nt* <-(e)s, -e> fluoruro *m*

Fluorkohlenwasserstoff *m* (CHEM) fluorocarbono *m*

Flur¹ [fluːɐ] *m* <-(e)s, -e> (*im Haus*) pasillo *m*

Flur² *f* <-en> (*geh: Land*) campo *m*, campiña *f*; **Feld und ~** los campos

Flurbereinigung *f* <-en> concentración *f* parcelaria; **Flurschaden** *m* daño *m* de las cosechas

Fluse [ˈfluːzə] *f* <-n> pelusa *f*

Fluss¹ [flʊs, *pl:* ˈflʏsə] *m* <-es, Flüsse> (*Gewässer*) río *m*

Fluss² *m* <-es, *ohne pl*> (*das Fließen*) flujo *m*; (*Verlauf*) curso *m*; **in ~ kommen** ponerse en marcha

flussabwärts [-'--] *adv* río abajo; **Flussarm** *m* brazo *m* de río; (*Zufluss*) afluente *m*; **flussaufwärts** [-'--] *adv* río arriba; **Flussbegradigung** *f* <-en> encauzamiento *m*; **Flussbett** *nt* cauce *m*

Flussdiagramm *nt* (INFOR) diagrama *m* de flujo

flüssig [ˈflʏsɪç] *adj* ❶ (*nicht fest*) líquido; **~ machen** licuefacer ❷ (*Stil, Verkehr*) fluido ❸ (*Kapital*) disponible; **~ machen** liquidar; **ich bin im Moment nicht ~** (*fam*) de momento no tengo capital disponible;

Flüssiggas *nt* gas *m* licuado (de petróleo)

Flüssigkeit¹ *f* <-en> (*Stoff*) líquido *m*

Flüssigkeit² *f ohne pl* (*Zustand*) fluidez *f*

Flüssigseife *f* jabón *m* líquido

Flusskrebs *m* cangrejo *m* de río, jaiba *f Am*; **Flusslauf** *m* <-(e)s, -läufe> curso *m* de un río; **Flussmündung** *f* desembocadura *f* (de un río), bocana *f Am*; **Flussniederung** *f* vega *f*; **Flusspferd** *nt* hipopótamo *m*; **Flussschifffahrt** *f* navegación *f* fluvial; **Flussufer** *nt* orilla *f* de un río

flüstern [ˈflʏstɐn] *vi, vt* susurrar, cuchichear; **das kann ich dir ~** (*fam*) puedes confiar en ello; **dem werde ich was ~** (*fam*) a este le voy a cantar las cuarenta

Flüsterton *m ohne pl* voz *f* baja; **im ~ reden** hablar en voz baja

Flut¹ [fluːt] *f ohne pl* (*im Gezeitenwechsel*) marea *f* alta, pleamar *f*; **es ist ~** hay marea alta; **die ~ geht zurück** la marea está bajando

Flut² *f* <-en> ❶ (*geh: Wassermassen*) raudal *m*; (*Wellen*) olas *fpl* ❷ (*Menge*) aluvión *m*; **eine ~ von Briefen** una montaña de cartas

fluten **I.** *vi sein* (*geh: Wasser, Licht*) inundar **II.** *vt* (NAUT) anegar

Flutkatastrophe *f* inundación *f*; **Flutlicht** *nt ohne pl* iluminación *f* con proyectores

flutschen [ˈflʊtʃən] *vi sein* (*fam*) ❶ (*Tätigkeit*) ir a las mil maravillas ❷ (*Gegenstand*): **aus der Hand ~** resbalarse de la mano

Flutwelle *f* ola *f* de pleamar

f-Moll *nt* <-, *ohne pl*> (MUS) fa *m* menor

focht [fɔxt] *3. imp von* **fechten**

Föderalismus [føderaˈlɪsmʊs] *m* <-, *ohne pl*> (POL) federalismo *m*

föderalistisch *adj* (POL) federalista

Föderation [føderaˈtsjoːn] *f* <-en> (POL) federación *f*

fohlen [ˈfoːlən] *vi* (ZOOL) parir un potro

Fohlen [ˈfoːlən] *nt* <-s, -> potro *m*

Föhn [føːn] *m* <-(e)s, -e> ❶ (METEO) *viento cálido al norte y sur de los Alpes* ❷ (*Haartrockner*) secador *m* de pelo

föhnen [ˈføːnən] *vt* secar (con el secador)

Fokus [ˈfoːkʊs] *m* <-, -se> (*Brennpunkt*) foco *m*; (*Krankheitsherd*) foco *m* (infeccioso)

Folge [ˈfɔlɡə] *f* <-n> ❶ (*Wirkung*) consecuencia *f*; (*Ergebnis*) resultado *m*; **dies hatte zur ~, dass ...** esto tuvo como consecuencia que... +*subj*; **sie muss die ~n tragen** tiene que cargar con las consecuencias; **an den ~n einer Krankheit sterben** morir de enfermedad; **einem Befehl ~ leisten** (*formal*) cumplir una orden ❷ (RADIO, TV) capítulo *m*; (*Zeitung*) número *m* ❸ (*Aufeinander~*) serie *f*; **in rascher ~** sucesivamente; **Folgeerscheinung** *f* consecuencia *f*; (MED) secuela *f*

folgen [ˈfɔlɡən] *vi* ❶ *sein* (*nachgehen*) seguir; **können Sie mir ~?** ¿me comprende?; **er folgte ihrem Rat** siguió su consejo ❷ *sein* (*zeitlich*) seguir, continuar; **Fortsetzung folgt** continuará; **wie folgt** como sigue ❸ *sein* (*sich ergeben*) deducirse (*aus* de); **daraus folgt, dass ...** de ahí se deduce que... ❹ (*gehorchen*) obedecer

folgend *adj* siguiente; **es handelt sich um F~es** se trata de lo siguiente; **im F~en** a continuación, en lo sucesivo

folgendermaßen [ˈfɔlɡəndɐ(ˈ)maːsən] *adv* de la siguiente manera

folgenlos *adj* sin consecuencias

folgenschwer *adj* de graves consecuencias

folgerichtig *adj* consecuente

folgern [ˈfɔlɡɐn] *vt* deducir (*aus* de), sacar la conclusión (*aus* de)

Folgerung *f* <-en> conclusión *f* (*aus* de), deducción *f* (*aus* de)

Folgeschaden *m* daño *m* resultante

Folgezeit *f ohne pl* porvenir *m*; **in der ~** en lo sucesivo

folglich [ˈfɔlklɪç] *adv* en consecuencia, por lo tanto

folgsam ['fɔlkza:m] *adj* obediente; *(gefügig)* dócil

Folie ['foːliə] *f* <-n> *(Plastik~)* plástico *m* *(para alimentos, etc)*; *(aus Metall)* lámina *f*

Folklore [fɔlk'loːrə] *f ohne pl* folclore *m*

folkloristisch [fɔlklo'rɪstɪʃ] *adj* folclórico

Folter ['fɔltɐ] *f* <-n> tortura *f*; **jdn auf die ~ spannen** *(fig)* tener a alguien en vilo; **Folterbank** *f* caballete *m* de tortura; **Folterkammer** *f* cámara *f* de tortura

foltern *vt* torturar

Folterung *f* <-en> tortura *f*

Fon *nt* <-s, -s> *s.* **Phon**

Fön® *m* <-(e)s, -e> secador *m* de pelo

Fonds [fõ:(s)] *m* <-, -> ❶ *(Geldreserve)* fondo *m* ❷ *pl* (FIN: *Schuldverschreibung)* obligación *f*; **Fondsmanager(in)** *m(f)* (WIRTSCH, FIN) gestor(a) *m(f)* de fondos de inversión

Fondue [fõ'dy:] *nt* <-s, -s> (GASTR) fondue *f*

Fonotypist(in) *m(f)* <-en, -en; -nen> *s.* **Phonotypist**

Fön® *m* <-(e)s, -e> secador *m* de pelo

Font [fɔnt] *m* <-s, -s> (INFOR, TYPO) grupo *m* de caracteres

Fontäne [fɔn'tɛ:nə] *f* <-n> ❶ *(Wasserstrahl)* surtidor *m* ❷ *(Springbrunnen)* fuente *f*

foppen ['fɔpən] *vt* tomar el pelo (a)

Fora *pl von* **Forum**

forcieren* [fɔr'si:rən] *vt* ❶ *(steigern)* aumentar ❷ *(erzwingen)* forzar

Förde ['føːɐdə] *f* <-n> (GEO) ría *f*

Förderband *nt* (TECH) cinta *f* transportadora

Förderer, -in *m, f* <-s, -; -nen> patrocinador(a) *m(f)*; *(LIT, KUNST)* mecenas *mf inv*

Fördergelder (ADMIN) fondos *mpl* de desarrollo; **Förderkorb** *m* (BERGB) jaula *f* de extracción

förderlich *adj* conveniente (para), favorable (a)

Fördermittel *ntpl* (WIRTSCH) subvenciones *fpl*

fordern ['fɔrdən] *vt* ❶ *(verlangen)* exigir *(von* de); **der Unfall forderte fünf Menschenleben** el accidente costó la vida a cinco personas ❷ *(Leistung)* exigir ❸ *(Rechte)* reivindicar

fördern ['fœrdən] *vt* ❶ *(Bodenschätze)* extraer ❷ *(unterstützen)* promover, pilotear *Am*; *(Künstler)* patrocinar; *(Talent)* activar; *(Umsatz)* potenciar, impulsar; *(begünstigen)* favorecer

fordernd *adj* *(Haltung, Beruf)* exigente

Förderschacht *m* (BERGB) pozo *m* de extracción; **Förderturm** *m* (BERGB) torre *f* de extracción

Forderung *f* <-en> ❶ *(Anspruch)* exigencia *f*; **hohe ~en an etw/jdn stellen** ser muy exigente con algo/alguien ❷ (FIN, WIRTSCH: *Betrag)* deuda *f* ❸ *(von Rechten)* reivindicación *f*

Förderung *f* <-en> ❶ *(von Bodenschätzen)* extracción *f* ❷ *(Unterstützung)* promoción *f*; *(finanziell)* subsidio *m*

Forelle [fo'rɛlə] *f* <-n> trucha *f*; **~ blau** (GASTR) trucha cocida

Foren *pl von* **Forum**

Form¹ [fɔrm] *f* <-en> ❶ *(Gestalt)* forma *f*; **etw in ~ bringen** dar forma a algo; **aus der ~ geraten** deformarse; **das Projekt nimmt feste ~en an** el proyecto se está concretando ❷ *(Art und Weise)* manera *f*, forma *f* ❸ *(Back-, Gieß~)* molde *m* ❹ *(Umgangs~)* formas *fpl*, modales *mpl*; **die ~ wahren** guardar las formas; **der ~ halber** por mor a las formalidades; **in aller ~** en debida forma

Form² *f ohne pl* *(Kondition)* forma *f*; **in ~ kommen/sein** ponerse/estar en forma

formal [fɔr'ma:l] *adj* formal

Formalie [fɔr'ma:liə] *f* <-n> formalidad *f*

Formalität [fɔrmali'tɛ:t] *f* <-en> formalidad *f*

Format¹ [fɔr'ma:t] *nt* <-(e)s, -e> *(Größe)* formato *m*; **im DIN-A4-~** en formato DIN A4

Format² *nt* <-(e)s, ohne pl> ❶ *(Persönlichkeit)* personalidad *f*; **sie hat ~** tiene personalidad ❷ *(Niveau)* nivel *m*; *(Bedeutung)* importancia *f*

formatieren* [fɔrma'ti:rən] *vt* (INFOR) formatear

Formatierung *f* <-en> (INFOR) formateo *m*

Formation [fɔrma'tsjo:n] *f* <-en> formación *f*

formbar *adj* moldeable

formbeständig *adj* de forma estable

Formel ['fɔrməl] *f* <-n> *(a.* MATH, CHEM *)* fórmula *f*; *(Redewendung)* modismo *m*; **etw auf eine ~ bringen** *(fig)* resumir algo

formell [fɔr'mɛl] *adj* formal

formen ['fɔrmən] *vt* formar

Formenlehre *f* (LING, MUS, BIOL) morfología *f*

Formfehler *m* defecto *m* de forma

formieren* [fɔr'mi:rən] *vt* formar

Formierung *f* <-en> formación *f*

förmlich ['fœrmlɪç] **I.** *adj* ❶ *(offiziell)* formal, oficial ❷ *(steif)* formal **II.** *adv* *(regelrecht)* casi, por así decirlo

Förmlichkeit *f* <-en> formalidad *f*; **bitte nur keine ~en!** ¡por favor, no se anden con muchos cumplidos!

formlos adj ❶ (ohne Form) informe ❷ (zwanglos) informal, sin ceremonias; (Antrag) informal
Formsache f formalidad f; **das ist reine ~** eso es pura formalidad; **formschön** adj de forma elegante; **Formtief** nt (SPORT) baja forma f; **sich in einem ~ befinden** encontrarse bajo de forma
Formular [fɔrmu'laːr] nt <-s, -e> formulario m, impreso m, esqueleto m Am
formulieren* [fɔrmu'liːrən] vt formular, expresar
Formulierung f <-en> ❶ (Vorgang) redacción f ❷ (Ergebnis) formulación f, expresión f
formvollendet adj de forma perfecta
forsch [fɔrʃ] adj enérgico
forschen ['fɔrʃən] vi investigar; **nach etw ~** indagar algo
forschend I. adj escrutador, escudriñador; **er musterte ihn mit einem ~en Blick** le examinó con una escudriñadora mirada II. adv escrutadoramente
Forscher(in) m(f) <-s, -; -nen> investigador(a) m(f)
Forschung f <-en> investigación f; **Forschungsarbeit** f trabajo m de investigación (científica); **Forschungsergebnis** nt resultado m de la investigación; **Forschungslabor** nt laboratorio m de investigación; **Forschungsreise** f viaje m de exploración; **Forschungszentrum** nt centro m de investigación
Forst [fɔrst] m <-(e)s, -e(n)> bosque m; **Forstamt** nt dirección f general de la política forestal
Förster(in) ['fœrstɐ] m(f) <-s, -; -nen> guardabosque(s) mf
Forsthaus nt casa f del guardabosque; **Forstwirt(in)** m(f) ingeniero, -a m, f de montes; **Forstwirtschaft** f ohne pl silvicultura f
fort [fɔrt] adv ❶ (weg) fuera, (verschwunden) desaparecido; (verloren) perdido; **er will ~ von uns** quiere irse de nuestro lado; **~ mit ihm!** ¡fuera con él!; **seine Freunde sind schon ~** sus amigos ya se han ido; **weit ~** muy lejos ❷ (weiter): **und so ~** etcétera; **in einem ~** continuamente, sin parar
Fort [foːɐ] nt <-s, -s> fuerte m
fortan [fɔrt'ʔan] adv de aquí en adelante
Fortbestand m <-(e)s, ohne pl> continuidad f; (der Arten) perpetuación f
fort|bestehen* irr vi persistir, perdurar
fort|bewegen* I. vt desplazar II. vr: **sich ~** desplazarse
Fortbewegung f locomoción f; **Fortbe-**

wegungsmittel nt medio m de locomoción
fort|bilden I. vt perfeccionar II. vr: **sich ~** perfeccionarse
Fortbildung f <-en> perfeccionamiento m; **Fortbildungskurs** m curso m de capacitación
fort|bleiben irr vi sein no volver; **nur kurz/jahrelang ~** estar fuera por poco tiempo/durante años; **fort|bringen** irr vt llevar(se); **Fortdauer** f ohne pl perduración f, continuación f; **fort|dauern** vi persistir, continuar; **fortdauernd** adv continuamente
forte ['fɔrtə] adv (MUS) forte
fort|entwickeln* I. vt seguir desarrollando II. vr: **sich ~** continuar desarrollándose, seguir evolucionando; **Fortentwicklung** f ohne pl evolución f; **fort|fahren** irr I. vi sein ❶ (wegfahren) marcharse ❷ (weitermachen) continuar II. vt (wegtransportieren) llevar(se); **fort|fallen** irr vi sein suprimirse; **fort|fliegen** irr vi sein salir [o escaparse] volando; **fort|führen** vt ❶ (wegbringen) llevar(se) ❷ (fortsetzen) continuar; **Fortgang** m ohne pl ❶ (das Weggehen) salida f, partida f ❷ (der Verlauf) marcha f, curso m; **fort|gehen** irr vi sein ❶ (weggehen) partir, marcharse ❷ (sich fortsetzen) continuar
fortgeschritten ['fɔrtɡəʃrɪtən] I. pp von fortschreiten II. adj avanzado; (entwickelt) desarrollado; **zu ~er Stunde** a altas horas de la mañana; **Fortgeschrittene(r)** mf <-n, -n; -n, -n> (SCH, UNIV) estudiante mf avanzado, -a; **Deutschkurs für ~** curso superior de alemán; **Kurse für Anfänger und ~** cursos para principiantes y avanzados; **Fortgeschrittenenkurs** m (SCH, UNIV) curso m para avanzados
fortgesetzt ['fɔrtɡəzɛtst] adj continuo, repetido; **fort|jagen** vt ❶ (Person) echar ❷ (Tier) ahuyentar; **fort|kommen** irr vi sein ❶ (wegkommen) irse, marcharse; **mach, dass du fortkommst!** ¡lárgate! ❷ (weggebracht werden) ser llevado ❸ (Fortschritte machen) avanzar ❹ (abhanden kommen) perderse; **Fortkommen** nt <-s, ohne pl>: **berufliches ~** desarrollo profesional; **fort|können** irr vi poder ir(se) [o marchar(se)]; **kann ich jetzt endlich fort?** ¿puedo irme ya de una vez?; **fort|lassen** irr vt ❶ (weggehen lassen) dejar ir(se) ❷ (auslassen) omitir; **fort|laufen** irr vi sein ❶ (weglaufen) echar a correr ❷ (ausreißen) escaparse (von de); **fortlaufend** I. adj (aufeinander folgend) consecutivo; (ununter-

brochen) continuo **II.** *adv* sin cesar; **fort|leben** *vi* seguir (viviendo); **fort|müssen** *irr vi* ❶ (*weggehen müssen*) tener que marcharse [*o* salir] ❷ (*weggebracht werden müssen: Brief*) tener que echar al correo; **die Briefe müssen heute noch fort** hoy que ir a echar las cartas (al correo) hoy sin falta

fort|pflanzen *vr:* **sich ~** ❶ (*Menschen, Tiere*) reproducirse ❷ (*Schall*) propagarse; (*Gedanke*) transmitirse

Fortpflanzung *f ohne pl* reproducción *f;* **fortpflanzungsfähig** *adj* capaz de reproducirse

fort|räumen *vt* quitar, recoger, guardar; **fort|reißen** *irr vt* llevarse [*o* arrastrar] (consigo); **das Haus wurde von der Flut fortgerissen** la inundación se llevó la casa por delante; **fort|rennen** *irr vi sein* irse [*o* marcharse] corriendo; **fort|schaffen** *vt* quitar [*o* sacar] (de en medio); **fort|scheren** ['fɔrtʃeːrən] *vr:* **sich ~** (*fam*) marcharse volando; **scher dich fort!** ¡desaparece!; **fort|schicken** *vt* (*Person*) echar; (*Post*) enviar; **fort|schreiten** *irr vi sein* ❶ (*vorangehen*) avanzar; (*Zeit*) pasar; (*Entwicklung*) seguir ❷ (*Verschmutzung*) extenderse

Fortschritt *m* progreso *m;* **gute ~e machen** hacer importantes progresos

fortschrittlich *adj* progresista

Fortschrittlichkeit *f ohne pl* (*Einstellung*) ideas *fpl* progresistas [*o* avanzadas]

fortschrittsfeindlich *adj* antiprogresista; **eine ~e Einstellung** ideas antiprogresistas

fort|setzen I. *vt* (*weitermachen*) proseguir, continuar **II.** *vr:* **sich ~** (*sich räumlich ausdehnen*) extenderse; (*zeitlich*) prolongarse

Fortsetzung *f* <-en> continuación *f;* **~ folgt** continuará; **Fortsetzungsroman** *m* novela *f* por entregas

fort|stehlen *irr vr:* **sich ~** escabullirse; **fort|tragen** *irr vt* trasladar; **fort|treiben** *irr* **I.** *vi sein* ser arrastrado (por la corriente); **das Boot trieb immer weiter fort** la corriente arrastraba el bote cada vez más y más lejos **II.** *vt haben* (*verjagen*) expulsar; **er trieb die Hunde fort** ahuyentó a los perros

fortwährend I. *adj* continuo **II.** *adv* sin cesar

fort|werfen *irr vt* tirar, botar *Am;* **fort|wollen** *irr vi* querer marcharse [*o* salir] (*aus/von* de); **fort|ziehen** *irr* **I.** *vi sein* (*umziehen*) mudarse, trasladarse **II.** *vt* (*wegzerren*) apartar, arrastrar

Forum ['foːrʊm] *nt* <-s, Foren *o* Fora> foro *m*

fossil [fɔˈsiːl] *adj* (GEO) fósil

Fossil [fɔˈsiːl, *pl:* fɔˈsiːljən] *nt* <-s, -ien> fósil *m*

Föten *pl von* **Fötus**

Foto[1] ['foːto] *nt* <-s, -s> (*Bild*) foto *f*

Foto[2] *m* <-s, -s> (*fam: ~ apparat*) máquina *f* (fotográfica)

Fotoalbum *nt* álbum *m* de fotos; **Fotoapparat** *m* cámara *f* fotográfica; **Foto-CD** *f* disco *m* compacto para fotos

fotogen [foto'geːn] *adj* fotogénico

Fotograf(in) [foto'graːf] *m(f)* <-en, -en; -nen> fotógrafo, -a *m, f*

Fotografie [fotograˈfiː] *f* <-n> fotografía *f*

fotografieren * *vi, vt* fotografiar

Fotografin *f* <-nen> *s.* **Fotograf**

fotografisch *adj* fotográfico

Fotokopie [fotoko'piː] *f* fotocopia *f;* **fotokopieren** * *vi, vt* fotocopiar; **Fotokopierer** *m* fotocopiadora *f;* **Fotolabor** *nt* laboratorio *m* fotográfico; **Fotomodell** *nt* modelo *mf* de fotos; **Fotomontage** [---'--] *f* montaje *m* fotográfico

Fotosynthese [foto-] *f ohne pl* (BIOL) fotosíntesis *f*

Fötus ['føːtʊs] *m* <-(ses), -se *o* Föten> (MED) feto *m*

Fotze ['fɔtsə] *f* <-n> (*vulg*) coño *m*, conejo *m*

Foul [faʊl] *nt* <-s, -s> (SPORT) falta *f*, penal *m Am*

foulen ['faʊlən] *vt, vi* (SPORT) hacer una falta; **jdn ~** hacerle una falta a alguien

Foyer [foa'jeː] *nt* <-s, -s> vestíbulo *m*

Fr. *Abk. von* **Frau** Sra.

Fracht [fraxt] *f* <-en> ❶ (*Ladung*) carga *f;* (NAUT) cargamento *m*, flete *m* ❷ (*Gebühr*) porte *m;* **Frachtbrief** *m* carta *f* de porte; (NAUT) guía *f* de carga

Frachter *m* <-s, -> buque *m* de carga

Frachtgut *nt* carga *f*, flete *m Am;* **etw als ~ schicken** mandar algo en [*o* por] pequeña velocidad; **Frachtkosten** *pl* (WIRTSCH) portes *mpl;* **Frachtraum** *m ohne pl* bodega *f* de carga; **Frachtschiff** *nt* buque *m* de carga, carguero *m;* **Frachtverkehr** *m* tráfico *m* de mercancías

Frack [frak, *pl:*ˈfrɛkə] *m* <-(e)s, Fräcke> frac *m;* **Fracksausen** *nt:* **~ haben/bekommen** (*fam: Angst*) tener [*o* pasar] canguelo [*o* canguis]

Frage ['fraːgə] *f* <-n> pregunta *f;* (*Problem*) cuestión *f;* **eine ~ zu etw haben** tener una pregunta con respecto a algo; **jdm eine ~ stellen** hacer una pregunta a alguien; **auf eine ~ antworten** responder a una pregunta; **eine ~ beantworten** contestar una pregunta; **vor der ~ stehen, ob ...** encontrarse ante la cuestión, de si...; **das kommt nicht in ~!** ¡ni hablar!, ¡de eso nada!; **das ist die (große) ~** esa es la cuestión; **das steht außer ~** de eso no cabe duda; **gibt es noch ~n?** ¿queda alguna pregunta?; **eine gute ~!** ¡buena pregunta!; **~ und Antwort stehen** rendir cuentas; **das ist eine ~ des Geldes** es una cuestión de dinero; (**das ist) ohne ~ eine gute Idee!** ¡sin duda (es) una buena idea!; **Fragebogen** *m* cuestionario *m*

fragen ['fra:gən] **I.** *vi, vt* preguntar (*nach* por); **jdn nach dem Weg ~** preguntar a alguien el camino; **um Erlaubnis/Rat ~** pedir permiso/un consejo; **sie warf mir einen ~ den Blick zu** me miró interrogativamente; **ohne viel zu ~** sin muchos rodeos; **~ kostet nichts** preguntar no cuesta nada; **da fragst du mich zu viel** (*fam*) a eso no te puedo contestar; **jdm Löcher in den Bauch ~** acribillar a alguien a preguntas; **sein Typ ist sehr gefragt** es una persona muy requerida **II.** *vr:* **sich ~** preguntarse; **ich frage mich, wie er das gemeint hat** me pregunto qué es lo que ha querido expresar con eso; **es fragt sich, ob ...** habría que ver si...

Fragerei [fra:gə'raɪ] *f* <-en> (*abw*) interrogatorio *m*

Fragesatz *m* frase *f* interrogativa; **Fragestellung** *f* ❶ (*Formulierung*) planteamiento *m* de un problema ❷ (*Problem*) problema *m*; **Fragewort** *nt* partícula *f* interrogativa; **Fragezeichen** *nt* (signo *m* de) interrogación *f*

fragil [fra'gi:l] *adj* (*geh*) frágil

fraglich ['fra:klɪç] *adj* ❶ (*zweifelhaft*) dudoso; (*ungewiss*) incierto; **es ist ~, ob ...** no se sabe si... ❷ (*betreffend*) en cuestión

fraglos *adv* sin duda alguna

Fragment [fra'gmɛnt] *nt* <-(e)s, -e> fragmento *m*

fragmentarisch [fragmɛn'ta:rɪʃ] *adj* fragmentario

fragwürdig *adj* dudoso; (*verdächtig*) sospechoso

Fraktion [frak'tsjo:n] *f* <-en> ❶ (CHEM, MATH) fracción *f* ❷ (POL) grupo *m* parlamentario; **Fraktionsvorsitzende(r)** *mf* presidente, -a *m, f* de un grupo parlamentario

Frame [frɛɪm] *m o nt* <-s, -s> (INFOR) estructura *f* de subventanas, frame *m*

Franc [frã:] *m* <-(s), -s> franco *m*

frank [fraŋk] *adv:* **~ und frei** con toda sinceridad

Franke ['fraŋkə] *m*, **Fränkin** *f* <-n, -n; -nen> franco, -a *m, f*

Franken[1] ['fraŋkən] *nt* <-s> Franconia *f*

Franken[2] ['fraŋkən] *m* <-s, -> (*Währung*) franco *m* suizo

Frankfurt ['fraŋkfʊrt] *nt* <-s> Francfort *m*

frankieren* [fraŋ'ki:rən] *vt* franquear

Frankierung *f* <-en> franqueo *m*

Fränkin *f* <-nen> *s.* **Franke**

fränkisch ['frɛŋkɪʃ] *adj* franco

franko ['fraŋko] *adv* (COM) porte pagado

Frankreich ['fraŋkraɪç] *nt* <-s> Francia *f*

Franse ['franzə] *f* <-n> ❶ (*Decke*) fleco *m* ❷ (*Haar*) flequillo *m*

fransig *adj* ❶ (*mit Fransen*) con flecos ❷ (*ausgefranst*) deshilachado

Franzose, -zösin [fran'tso:zə] *m, f* <-n, -n; -nen> francés, -esa *m, f*

französisch [fran'tsø:zɪʃ] *adj* francés

frappieren* [fra'pi:rən] *vt* ❶ (*überraschen*) asombrar, sorprender ❷ (GASTR) helar

fräsen ['frɛ:zən] *vt* fresar

Fräsmaschine *f* (máquina *f*) fresadora *f*

fraß [fra:s] *3. imp von* **fressen**

Fraß [fra:s] *m* <-es, -e> ❶ (*für Raubtiere*) comida *f* ❷ (*fam abw: Essen*) bazofia *f*

Fratze ['fratsə] *f* <-n> (*fam*) ❶ (*abw: Gesicht*) facha *f* ❷ (*Grimasse*) mueca *f*; **eine ~ schneiden** hacer muecas

frau [frau] *pron indef* una; **da braucht ~ nichts mehr dazu zu sagen** a eso una ya no tiene que añadir nada más

Frau [frau] *f* <-en> ❶ (*allgemein*) mujer *f*; **eine ~ von Welt** una mujer de mundo ❷ (*Ehe~*) esposa *f* ❸ (*Anrede: vor dem Nachnamen*) señora *f*; (*vor dem Vornamen*) doña *f*; **~ Doktor** doctora *f*; **Frauenarzt, -ärztin** *m, f* ginecólogo, -a *m, f*; **Frauenbewegung** *f* movimiento *m* feminista; **frauenfeindlich** *adj* misógino; **Frauenförderung** *f ohne pl* fomento *m* de las mujeres; **Frauengruppe** *f* (*Verband*) organización *f* feminista; **Frauenhaus** *nt* casa *f* refugio para mujeres (maltratadas); **Frauenheilkunde** *f* (MED) ginecología *f*; **Frauenheld** *m* tenorio *m*; **Frauenklinik** *f* clínica *f* ginecológica; **Frauenquote** *f* cuota *f* femenina; **Frauenrechtler(in)** ['frauənrɛçtlɐ] *m(f)* <-s, -; -nen> feminista *mf*; **Frauentaxi** *nt* taxi *m* para mujeres; **Frauenwahlrecht** *nt* derecho *m* de voto de la mujer; **Frauenzimmer** *nt* (*abw*) mujerzuela *f*, chancleta *f Am*

Fräulein ['frɔɪlaɪn] *nt* <-s, -> señorita *f*

La palabra **Fräulein** se utilizaba antiguamente para dirigirse a una mujer soltera. Sin embargo el movimiento feminista luchó desde los años 70 contra esta fórmula de tratamiento ya que no existe en alemán un equivalente masculino *Herrlein – señorito.* En la actualidad no se hace diferencia en el estado civil de la mujer a la hora de dirigirse a ella. La fórmula normal de tratamiento para todas las mujeres es *Frau – señora.*

fraulich *adj* femenino

Freak [friːk] *m* <-s, -s> (*fam*) pasota *mf*

freakig *adj* (*fam*) pasota; (*spleenig*) tocado; (*exzentrisch*) extravagante; (*seltsam*) raro

frech [frɛç] *adj* ❶ (*respektlos*) impertinente, conchudo *Am;* ~ **werden** ponerse impertinente; **jdm ~ kommen** ser descarado con alguien; **sich ~ benehmen** ser insolente ❷ (*keck*) atrevido; (*Kleidung*) descocado; **Frechdachs** *m* (*fam*) fresco, -a *m, f*

Frechheit *f* <-en> impertinencia *f*, desfachatez *f*, concha *f Am;* **die ~ besitzen zu ...** tener la cara de...

Freeclimbing *nt* <-s, *ohne pl*>, **Free Climbing** [ˈfriː klaɪmɪŋ] *nt* <- -s, *ohne pl*> escalada *f* libre

Fregatte [freˈgatə] *f* <-n> (MIL) fragata *f*

frei [fraɪ] *adj* ❶ (*unabhängig*) libre; (*in Freiheit*) en libertad; **~er Mitarbeiter** colaborador; **das ist alles ~ erfunden** eso es pura invención; **jdm ~e Hand lassen** dejar vía libre a alguien; **aus ~en Stücken** voluntariamente; **~ sprechen** hablar sin papeles; **sie kann ~ wählen** puede escoger libremente; **~ laufende Hühner** gallinas criadas en libertad; **der Verbrecher läuft noch ~ herum** el criminal anda suelto todavía; **~ für Kinder ab 12 Jahren** permitido para niños a partir de los 12 años; **sich** *dat* **einen Tag ~ nehmen** tomar un día libre ❷ (*befreit*) libre (*von* de), exento (*von* de); **sie ist ~ von Vorurteilen** está libre de prejuicios; **für etw ~e Fahrt geben** dar luz verde a algo; **jdn auf ~en Fuß setzen** (*fig*) poner a alguien en libertad ❸ (*offen*) descubierto; **unter ~em Himmel** al aire libre; **~ lassen** (*nicht besetzen*) dejar libre; (*nicht beschreiben*) dejar en blanco; **~ stehen** (*Haus, Baum*) estar aislado; (*Spieler*) estar

descubierto ❹ (*Stuhl*) libre; (*Arbeitsstelle*) vacante; **ist hier ~?** ¿está libre?; **Zimmer ~!** ¡se alquila habitación!; **einen Platz ~ machen** hacer sitio ❺ (*kosten*) gratuito; **Eintritt ~** entrada gratuita; **~ Haus** franco domicilio ❻ (*Ansichten*) liberal ❼ (*~ mütig*) franco; **ich bin so ~** me tomo la libertad

Freibad *nt* piscina *f* (descubierta); **frei|bekommen** * *irr* **I.** *vi* (*Freizeit*) tener (el día) libre **II.** *vt* (*conseguir*) liberar; **einen Gefangenen ~** liberar a un prisionero; **Freiberufler(in)** *m(f)* <-s, -; -nen> profesional *mf* libre; **freiberuflich** *adj* de profesión liberal; **Freibetrag** *m* importe *m* libre de impuestos; **Freibier** *nt ohne pl* cerveza *f* gratuita; **Freibrief** *m:* **kein ~ für etw sein** no ser una carta blanca para algo

Freie [ˈfraɪə] *nt* <-n, *ohne pl*> aire *m* libre; **im ~n** al aire libre

Freier [ˈfraɪɐ] *m* <-s, -> (*fam*) cliente *m* de una prostituta

Freiexemplar *nt* ejemplar *m* gratuito

Freigänger(in) [ˈfraɪgɛŋɐ] *m(f)* <-s, -; -nen> (JUR) recluso, -a *m, f* en régimen abierto

frei|geben *irr* **I.** *vt* ❶ (*Gefangene*) poner en libertad ❷ (*Guthaben*) desbloquear ❸ (*Straße*) abrir al tráfico; **den Weg ~** franquear el paso ❹ (*Arzneimittel, Film*) autorizar; **etw zum Verkauf ~** autorizar la venta de algo ❺ (*Preise*) liberalizar **II.** *vi:* **jdm ~** dar libre a alguien

freigebig [ˈfraɪgeːbɪç] *adj* desprendido, generoso

Freigebigkeit *f ohne pl* generosidad *f*

frei|haben *irr vi* (*fam*) tener libre

Freihafen *m* puerto *m* franco

frei|halten *irr vt* ❶ (*reservieren*) guardar ❷ (*Durchgang*) dejar libre ❸ (*Zeche*) pagar, cargar con los gastos

Freihandel *m* (WIRTSCH) comercio *m* libre; **Freihandelszone** *f* (WIRTSCH) zona *f* de libre comercio

freihändig [ˈfraɪhɛndɪç] *adj* (*Fahrrad fahren*) sin manos; (*schießen*) sin apoyo

Freiheit [ˈfraɪhaɪt] *f* <-en> libertad *f*; (*Unabhängigkeit*) independencia *f*; **alle ~en haben** tener todas las libertades; **sich** *dat* **die ~ nehmen etw zu tun** tomarse la libertad de hacer algo

freiheitlich *adj* liberal

Freiheitsberaubung *f* (JUR) privación *f* de la libertad individual; **Freiheitsdrang** *m* sed *f* de libertad; **Freiheitskampf** *m* lucha *f* por la independencia; **Freiheitsstatue** *f:* **die (amerikanische) ~** la estatua de la libertad; **Freiheitsstrafe** f (JUR) reclusión f; **er muss eine ~ von drei Jahren abbüßen** le condenaron a tres años de prisión

freiheraus adv directamente, sin tapujos; **etw ~ sagen** decir algo con toda franqueza

Freikarte f entrada f gratuita

frei|kaufen vt rescate (para); **frei|kommen** irr vi sein ser puesto en libertad (aus de)

Freikörperkultur f ohne pl nudismo m

Freiland nt <-(e)s, ohne pl> (AGR) campo m (de cultivo); **Freilandgemüse** nt (AGR) hortalizas fpl cultivadas al descubierto

frei|lassen irr vt dejar en libertad; (loslassen) soltar

Freilassung f <-en> puesta f en libertad; (Befreiung) liberación f

Freilauf m <-(e)s, -läufe> (TECH: Werkzeug) rueda f libre; (Auto, Fahrrad) piñón m libre

frei|legen vt poner al descubierto

Freileitung f cable m de alta tensión (aéreo)

freilich ['fraɪlɪç] adv ① (allerdings) sin embargo ② (südd: selbstverständlich) naturalmente

Freilichtbühne f teatro m al aire libre

Freilos nt <-es, -e> ① (SPORT) exento m ② (Lotterielos) billete m de lotería gratuito

frei|machen I. vt ① (frankieren) franquear ② (fam: nicht arbeiten) tomar vacaciones; **eine Woche ~** tomar una semana de vacaciones II. vr: **sich ~** (beim Arzt) desnudarse

Freimaurer m masón m

freimütig ['fraɪmyːtɪç] I. adj franco II. adv con franqueza

Freimütigkeit f ohne pl franqueza f

frei|nehmen irr vt, vi tomarse libre; (**sich** dat) **eine Woche ~** tomar(se) una semana libre

Freiraum m ohne pl (PSYCH) libertad f de movimiento [o de acción]

freischaffend adj independiente

frei|schaufeln vt abrir a golpe de pala; (einen Gegenstand) sacar a golpe de pala; **einen verschütteten Eingang ~** desembarazar de escombros una entrada; **frei|schwimmen** irr vr: **sich ~** (selbständig werden) independizarse; **frei|setzen** vt (Energie) liberar; **Freisetzung** f <-en> liberación f; **frei|sprechen** irr vt (JUR) absolver, declarar inocente; **Freisprechmikrofon** nt (TECH) micrófono m inalámbrico; **Freispruch** m absolución f; **Freistaat** m estado m libre; **frei|stehen** irr vi ① (leer stehen) estar desocupado; (unbe-

wohnt) estar deshabitado ② (überlassen sein) ser libre de decidir; **es steht Ihnen frei das zu tun** Ud. es el que decide si hacerlo o no; **frei|stellen** vt ① (befreien) eximir (von de), dispensar (von de) ② (anheim stellen) dejar elegir; **jdm ~ etw zu tun** dejar elegir a alguien si quiere hacer algo o no; **Freistoß** m (SPORT) (lanzamiento m de) falta f

Freitag ['fraɪtaːk] m <-(e)s, -e> ① (Wochentag) viernes m; s. a. **Montag** ② (Schweiz: Feiertag) día m festivo

freitags adv los viernes

Freitod m suicidio m; **Freitreppe** f (ARCHIT) escalinata f; **Freiübung** f (SPORT) gimnasia f (sin aparatos); **freiweg** adv (fam) directamente, con franqueza; **sag mir nur ~, was los ist** dime sin ambages [o sin rodeos] qué es lo que pasa; **Freiwild** nt caza f libre

freiwillig adj voluntario; **etw ~ tun** hacer algo voluntariamente

Freiwillige(r) mf <-n, -n; -n> voluntario, -a m, f

Freiwilligkeit f ohne pl espontaneidad f; **Freiwurf** m (SPORT) tiro m libre; **Freizeichen** nt (TEL) señal f para marcar

Freizeit[1] f ohne pl (arbeitsfreie Zeit) tiempo m libre

Freizeit[2] f <-en> (Zeltlager) campamento m

Freizeitaktivität f actividad f de tiempo libre; **Freizeit(be)kleidung** f ropa f de andar por casa fam; **Freizeiteinrichtungen** fpl centros mpl de ocio; **Freizeitgesellschaft** f ohne pl (SOZIOL) sociedad f del ocio; **Freizeitgestaltung** f planificación f del tiempo libre; **Freizeitindustrie** f industria f del ocio; **Freizeitkleidung** f ropa f de andar por casa fam; **Freizeitpark** m parque m de atracciones

freizügig ['fraɪtsyːgɪç] adj ① (großzügig) generoso ② (Film, Buch) liberal

Freizügigkeit f ohne pl ① (Großzügigkeit) generosidad f, desprendimiento m ② (Ungezwungenheit: im Umgang) desenfado m, desparpajo m; (des Moralbegriffs) liberalidad f; (der Kleidung) atrevimiento m

fremd [frɛmt] adj ① (ausländisch) extranjero; (aus anderem Ort) forastero; **ich bin hier ~** no soy de aquí ② (anderen gehörend) ajeno; **sich in ~e Angelegenheiten einmischen** meterse en asuntos ajenos; **ohne ~e Hilfe** sin ayuda de otro(s) ③ (unbekannt) desconocido; **das ist mir ~** no lo conocía ④ (~ artig) extraño

fremdartig ['frɛmtaːrtɪç] adj (ungewöhnlich) extraño; (fremd) extranjero

Fremdartigkeit *f ohne pl* extrañeza *f,* exotismo *m*

fremdbestimmt *adj* determinado por fuerzas ajenas

Fremde[1] ['frɛmdə] *f ohne pl* (*geh: Land*) (país *m*) extranjero *m;* **in der ~** en el extranjero

Fremde(r)[2] *mf* <-n, -n; -n> ❶ (*aus einem anderem Land*) extranjero, -a *m, f;* (*aus einem anderem Ort*) forastero, -a *m, f* ❷ (*Unbekannter*) desconocido, -a *m, f*

fremdenfeindlich *adj* xenófobo; **Fremdenfeindlichkeit** *f ohne pl* xenofobia *f*

Fremdenführer[1] *m* <-s, -> (*Buch*) guía *f* turística

Fremdenführer(in)[2] *m(f)* <-s, -; -nen> (*Person*) guía *mf* turístico, -a

Fremdenlegion *f ohne pl* legión *f* extranjera

Fremdentsorger *m* <-s, -> empresa *f* de terceros que elimina residuos

Fremdenverkehr *m* turismo *m;* **Fremdenverkehrsamt** *nt,* **Fremdenverkehrsverein** *m* oficina *f* de turismo; **Fremdenzimmer** *nt* habitación *f* de huéspedes

fremd|gehen *irr vi sein* (*fam*) ser infiel

Fremdheit *f ohne pl* extrañeza *f*

Fremdherrschaft *f* (POL) dominación *f* extranjera; **Fremdkörper** *m* (MED, BIOL) cuerpo *m* extraño; **fremdländisch** ['frɛmtlɛndɪʃ] *adj* extranjero; (*exotisch*) exótico

Fremdsprache *f* lengua *f* extranjera; **Fremdsprachenkorrespondent(in)** *m(f)* secretario, -a *m, f* con idiomas; **Fremdsprachensekretär(in)** *m(f)* secretario, -a *m, f* con idiomas

fremdsprachig *adj* (*Literatur*) escrito en otro idioma; (*Mensch*) que habla un idioma extranjero; (*Unterricht*) en un idioma extranjero; **fremdsprachlich** *adj* (*Wort*) extranjero; (*Unterricht*) de idioma extranjero; **Fremdverschulden** *nt* (JUR) culpa *f* ajena; **Fremdwort** *nt* extranjerismo *m;* **Höflichkeit ist für ihn ein ~** (*fig*) no sabe lo que es la cortesía; **Fremdwörterbuch** *nt* diccionario *m* de extranjerismos

frequentieren* [frekvɛn'tiːrən] *vt* (*geh*) frecuentar

Frequenz [fre'kvɛnts] *f* <-en> ❶ (PHYS, MED) frecuencia *f* ❷ (*einer Veranstaltung*) asistencia *f*

Fresko ['frɛsko] *nt* <-s, Fresken> (KUNST) fresco *m*

Fressalien [frɛ'saːliən] *pl* (*fam*) vituallas *fpl*

Fresse ['frɛsə] *f* <-n> (*fam: Mund, Gesicht*)

jeta *f;* **die ~ halten** (*fig*) cerrar el pico; **eine große ~ haben** (*fig*) ser un farolero

fressen ['frɛsən] <frisst, fraß, gefressen> **I.** *vi, vt* ❶ (*Tier*) comer; (*fam: Mensch: gierig*) tragar, devorar; **sich voll ~** (*Tier*) hartarse; (*fam: Person*) llenarse la panza; **den habe ich ge~** (*fam fig*) no lo puedo tragar; **jdn zum F~ gern haben** (*fam*) querer mucho a alguien ❷ (*Benzin, Zeit, Geld*) tragar **II.** *vr:* **sich ~** (*Bohrer*) penetrar (*in, durch* por); (*Säure, Rost*) corroer (*durch*)

Fressen ['frɛsən] *nt* <-, ohne pl> ❶ (*Futter*) pasto *m;* **das ist ein gefundenes ~ für ihn** (*fam fig*) esto le viene a las mil maravillas ❷ (*fam abw: Essen*) bodrio *m*

Fresserei *f* <-en> (*fam abw: Gelage*) comilona *f*

Fresskorb ['frɛs-] *m* (*fam: Picknick*) cesta *f* de picnic; (*Geschenk*) cesta *f* de regalo (con comestibles); **Fressnapf** *m* comedero *m;* **Fresssack** *m* (*fam abw*) glotón, -ona *m, f*

Frettchen ['frɛtçən] *nt* <-s, -> hurón *m*

Freude ['frɔɪdə] *f ohne pl* (*Fröhlichkeit*) alegría *f* (*über* por); (*Wonne*) gozo *m;* (*innere ~*) satisfacción *f;* **~ an etw haben** alegrarse de algo; **jdm eine ~ bereiten/machen** causarle/darle una alegría a alguien; **das ist aber eine ~!** ¡pero qué alegría!; **vor ~ an die Decke springen** (*fam*) dar botes de alegría; **jdm die ~ verderben** aguar la fiesta a alguien; **zu meiner größten ~** para mi gran satisfacción; **aus Spaß an der ~** (*fam*) por pura alegría; **es ist mir eine ~, Sie hier begrüßen zu dürfen** es una gran placer para mí el poderle saludar aquí

Freuden *fpl* (*geh: Vergnügung*) placer *m;* **die kleinen ~ des Lebens** los pequeños placeres de la vida; **Freudenfest** *nt* celebración *f;* **Freudengeschrei** *nt* gritos *mpl* de alegría; **Freudenhaus** *nt* casa *f* de citas; **Freudenmädchen** *nt* (*geh*) prostituta *f;* **Freudensprung** *m* salto *m* de alegría; **Freudentanz** *m:* **einen ~ aufführen** saltar y brincar de alegría; **Freudentränen** *fpl* lágrimas *fpl* de alegría

freudestrahlend *adj* radiante (de alegría)

freudig ['frɔɪdɪç] **I.** *adj* ❶ (*froh*) contento; (*fröhlich*) alegre ❷ (*Ereignis*) feliz **II.** *adv* (*begeistert*) con alegría; (*erfreut*) de buen grado; **jdn ~ stimmen** alegrar a alguien

freudlos ['frɔɪtloːs] *adj* triste

freuen ['frɔɪən] **I.** *vr:* **sich ~** alegrarse; **ich freue mich sehr über dein Geschenk** tu regalo me gusta mucho; **ich freue mich, dass du kommst** me alegro de que vengas; **ich freue mich darauf, dich wieder zu sehen** tengo ilusión de verte; **ich freue mich mit dir** comparto tu alegría; **ich freue mich für dich** me alegro por ti; **sie freute sich schon sehr auf das Fest** esperaba ansiosamente que llegara el día de la fiesta **II.** *vt* alegrar; **es freut mich, Sie kennen zu lernen** encantado de conocerle; **es freut mich zu sehen, dass ... me alegra ver que... +*subj*

Freund(in) [frɔɪnt] *m(f)* <-(e)s, -e; -nen> ❶ (*Kamerad*) amigo, -a *m, f*, chamaco, -a *m, f Mex;* **unter ~en** entre amigos; **gute ~e werden** hacerse buenos amigos; **jdn zum ~ gewinnen** trabar amistad con alguien; **ein schöner ~!** (*iron*) ¡vaya amigo!; **mein lieber ~!** (*iron*) ¡amigo mío!* ❷ (*fester ~*) novio, -a *m, f* ❸ (*Anhänger, Förderer*) amigo, -a *m, f;* (KUNST, SPORT) aficionado, -a *m, f* (*von* a)

Freundeskreis ['frɔɪndəs-] *m* grupo *m* de amigos; **wir feiern nur im engsten ~** celebramos sólo con los amigos más íntimos; **einen großen ~ haben** tener muchos amigos

Freundin *f* <-nen> *s.* **Freund**

freundlich ['frɔɪntlɪç] *adj* ❶ (*liebenswürdig*) amable; (*herzlich*) cordial; **jdm ~ gesinnt sein** ser amable con alguien; **das ist sehr ~ von Ihnen** esto es muy amable de su parte; **seien Sie bitte so ~ und kommen Sie zu mir** hágame el favor de venir a verme ❷ (*angenehm*) agradable; (*Zimmer*) acogedor; (*Gegend*) ameno; (*Wetter, Himmel*) claro ❸ (FIN) favorable

freundlicherweise ['---'--] *adv* amablemente; **sie kam mich ~ besuchen** tuvo la amabilidad de venir a visitarme

Freundlichkeit[1] *f ohne pl* (*Verhalten*) cordialidad *f*, amabilidad *f;* **würden Sie (wohl) die ~ haben das zu tun?** ¿tendría Ud. la amabilidad de hacer eso?

Freundlichkeit[2] *f* <-en> (*Handlung*) favor *m;* (*Bemerkung*) amabilidad *f*

Freundschaft *f* <-en> amistad *f;* **mit jdm ~ schließen** trabar amistad con alguien; **jdm die ~ kündigen** romper la amistad con alguien

freundschaftlich *adj* amistoso; **jdm ~ gesinnt sein** querer bien a alguien

Freundschaftsdienst *m* favor *m* (entre amigos); **jdm einen ~ erweisen** hacer un favor a alguien; **Freundschaftspreis** *m* precio *m* de amigo; **Freundschaftsspiel** *nt* (SPORT) partido *m* amistoso

Frevel ['fre:fəl] *m* <-s, -> (*geh*) crimen *m;* (REL) sacrilegio *m*, profanación *f*

frevelhaft *adj* (*geh: verbrecherisch*) crimi-

nal; (REL) sacrílego

Frevler(in) ['fre:flɐ] *m(f)* <-s, -; -nen> criminal *mf;* (REL) sacrílego, -a *m, f*

Friede *m* <-ns, *ohne pl*>: **~ sei mit Euch!** (REL) ¡la paz sea con vosotros!; **~ seiner Asche!** (REL) ¡descanse en paz!; *s. a.* **Frieden**

Frieden *m* <-s, *ohne pl*> paz *f;* **~ schließen** hacer las paces; **~ stiften** poner paz; **in ~ leben** vivir en paz; **lasst mich doch in ~!** (*fam*) ¡dejádme en paz!; **Friedensbemühungen** *fpl* (POL) esfuerzos *mpl* por la paz; **Friedensbewegung** *f* movimiento *m* pacifista; **Friedensbruch** *m* violación *f* de la paz; **Friedensgespräche** *ntpl* negociaciones *fpl* de paz; **Friedenskonferenz** *f* conferencia *f* sobre la paz; **Friedensmarsch** *m* marcha *f* por la paz; **Friedensnobelpreis** *m* premio *m* Nobel de la paz; **Friedenspfeife** *f* pipa *f* de la paz; **Friedenspolitik** *f* política *f* en pro de la paz; **Friedensprozess** *m* proceso *m* de paz; **Friedensrichter(in)** *m(f)* ❶ (JUR) juez *mf* de paz ❷ (*Schweiz: Laienrichter*) juez *mf* sin la formación jurídica universitaria; **Friedenssicherung** *f* mantenimiento *m* de la paz, consolidación *f* de la paz; **Friedenstaube** *f* paloma *f* de la paz; **Friedenstruppe** *f* tropa *f* pacificadora; **Friedensverhandlung** *f* negociación *f* de paz; **Friedensvertrag** *m* tratado *m* de paz; **Friedenszeit** *f* período *m* de paz; **in ~en** en tiempos de paz

friedfertig ['fri:tfɛrtɪç] *adj* pacífico

Friedfertigkeit *f ohne pl* carácter *m* apacible

Friedhof ['fri:tho:f] *m* cementerio *m*, panteón *m Am*

friedlich *adj* pacífico; (*ruhig*) tranquilo

friedliebend ['fri:tli:bənt] *adj* pacífico

frieren [fri:rən] <friert, fror, gefroren> **I.** *vi* ❶ *sein* (*Wasser*) helarse ❷ (*Mensch*) tener frío; **ich friere** tengo frío **II.** *vunpers* helar; **mich friert** me estoy helando; **es hat heute Nacht gefroren** esta noche ha helado

Fries [fri:s] *m* <-es, -e> (ARCHIT) friso *m*

Friese, -in ['fri:zə] *m, f* <-n, -n; -nen> frisón, -ona *m, f*

friesisch *adj* frisón

Friesland ['fri:slant] *nt* <-s> Frisia *f*

frigid(e) *adj* (MED) frígido

Frikadelle [frika'dɛlə] *f* <-n> (GASTR) albóndiga *f*

Frikassee [frika'se:] *nt* <-s, -s> (GASTR) fricasé *m*

frisch [frɪʃ] **I.** *adj* ❶ (*Lebensmittel, Wind, Erinnerung*) fresco; (*Kräfte*) nuevo; **~e**

Luft schnappen tomar aire fresco; ~ **und munter sein** (*fam*) estar rebosando de salud; ~ **gewagt ist halb gewonnen** (*prov*) obra empezada, medio acabada ❷ (*sauber*) limpio; **das Bett ~ beziehen** mudar la cama; **sich ~ machen** asearse ❸ (*fam: unbenutzt*) nuevo ❹ (*Farbe*) vivo **II.** *adv* (*eben erst*) recién; (*Ehemann*) recién casado; ~ **gebackenes Brot** pan recién salido del horno; ~ **gebacken** (*fig*) flamante

Frische ['frɪʃə] *f ohne pl* ❶ (*Kühle*) frescura *f*; **in alter** ~ (*iron*) tan frescos y sanos como siempre ❷ (*von Farben*) viveza *f*

Frischfleisch *nt* carne *f* fresca

Frischhaltebox *f* fresquera *f*; **Frischhaltefolie** *f* celofán® *m*

Frischkäse *m* queso *m* fresco; **Frischmilch** *f* leche *f* fresca

frischweg *adv* despreocupadamente

Friseur(in) [fri'zø:ɐ] *m(f)* <-s, -e; -nen> peluquero, -a *m*, *f*; **zum ~ gehen** ir a la peluquería; **Friseursalon** *m* peluquería *f*

Friseuse [fri'zø:zə] *f* <-n> peluquera *f*

frisieren* [fri'zi:rən] *vt* ❶ (*kämmen*) peinar ❷ (*fam: ändern*) retocar ❸ (*AUTO: fam*) aumentar la cilindrada (de)

Frisiersalon *m* (*alt*) peluquería *f*

Frisör *m*, **Frisöse** *f* <-s, -e; -n> *s*. Friseur

frisst [frɪst] *3. präs von* fressen

Frist [frɪst] *f* <-en> ❶ (*Zeitraum*) plazo *m*; **Sie haben eine ~ von sieben Tagen** tiene un plazo de siete días; **eine ~ festsetzen/verlängern/verstreichen lassen** fijar/prolongar/dejar pasar un plazo; **innerhalb kürzester ~** en el más breve plazo ❷ (*Aufschub*) prórroga *f* ❸ (*Zeitpunkt*) fecha *f*

fristen [ˈfrɪstən] *vt:* **sein Leben ~** ir tirando

fristlos *adj* inmediato; **jdn ~ entlassen** despedir a alguien de inmediato

Frisur [fri'zu:ɐ] *f* <-en> peinado *m*

Fritten [ˈfrɪtən] *fpl* (*fam: Pommes frites*) patatas *fpl* fritas, papas *fpl* fritas *Am*

frittieren* [frɪ'ti:rən] *vt* (GASTR) freír (con mucho aceite)

frivol [fri'vo:l] *adj* ❶ (*leichtfertig*) frívolo ❷ (*anzüglich*) picante

Frl. *Abk. von* Fräulein Srta.

froh [fro:] *adj* ❶ (*fröhlich*) alegre; (*glücklich*) feliz; **F~e Weihnachten!** ¡Feliz Navidad! ❷ (*fam: zufrieden*) contento; ~ **über etw sein** estar contento por algo; **du kannst ~ sein, dass ...** puedes estar contento de que... +*subj*; **seines Lebens nicht mehr ~ werden** no hallar sosiego ❸ (*erfreulich*) bueno

fröhlich [ˈfrø:lɪç] *adj* alegre

Fröhlichkeit *f ohne pl* alegría *f*

Frohnatur *f* persona *f* alegre [*o* risueña]; **Frohsinn** *m* <-(e)s, *ohne pl*> alegría *f*

fromm [frɔm] *adj* <frommer *o* frömmer, am frommsten *o* frömmsten> devoto, piadoso

Frömmelei [frœmə'laɪ] *f* <-en> (*abw*) santurronería *f*

frömmeln [ˈfrœməln] *vi* (*abw*) santurronear

frömmer *adj kompar von* fromm

Frömmigkeit [ˈfrœmɪçkaɪt] *f ohne pl* religiosidad *f*, devoción *f*

frömmste(r, s) *adj superl von* fromm

Fron [fro:n] *f ohne pl* ❶ (*geh: Arbeit*) trabajo *m* ímprobo ❷ (HIST) servidumbre *f* feudal; **Fronarbeit** *f ohne pl* (HIST) prestación *f* personal; (*fig*) servidumbre *f*

frönen [ˈfrø:nən] *vi* (*geh*) entregarse (a)

Fronleichnam [fro:n'laɪçna:m] *m* <-(e)s, *ohne pl*> (REL) Corpus *m* Christi

Front [frɔnt] *f* <-en> ❶ (ARCHIT) frente *m* ❷ (MIL, METEO) frente *m* ❸ *pl* (*Position*) posiciones *fpl*; (*Haltung*) posturas *fpl*; **klare ~ en schaffen** establecer posiciones claras

frontal [frɔn'ta:l] *adj* frontal, de frente; **Frontalzusammenstoß** *m* colisión *f* frontal

Frontantrieb *m* (AUTO) tracción *f* delantera; **Frontscheibe** *f* parabrisas *m inv*; **Frontwechsel** *m* cambio *m* de bando

fror [fro:ɐ] *3. imp von* frieren

Frosch [frɔʃ] *pl:* ˈfrœʃə] *m* <-(e)s, Frösche> rana *f*; **einen ~ im Hals haben** (*fam*) estar ronco; **sei kein ~!** (*fam*) ¡no seas gallina!; **Froschkönig** *m* príncipe *m* encantado; **Froschmann** *m* hombre-rana *m*; **Froschperspektive** *f* vista *f* desde abajo; **Froschschenkel** *m* (GASTR) anca *f* de rana

Frost [frɔst] *pl:* ˈfrœsta] *m* <-(e)s, Fröste> helada *f*; **es herrscht strenger ~** hay fuertes heladas; **Frostbeule** *f* sabañón *m*; **Frostboden** *m* suelo *m* helado

frösteln [ˈfrœstəln] *vi* tiritar de frío; **es fröstelt mich** tengo frío

frostig *adj* ❶ (*Wetter*) helado, frío ❷ (*unfreundlich*) frío, glacial

Frostschaden *m* daño *m* causado por la helada; **Frostschutzmittel** *nt* anticongelante *m*

Frotté *m o nt* <-(s), -s>, **Frottee** [ˈfrɔte:] *m o nt* <-(s), -s> rizo *m*

frottieren* [frɔ'ti:rən] *vt* frotar, restregar

frotzeln [ˈfrɔtsəln] *vi* (*fam*) meterse (*über* con)

Frucht [fruxt] *pl:* ˈfrʏçtə] *f* <Früchte> ❶ (BOT) fruto *m*; (*Obst*) fruta *f*; **Früchte**

tragen dar fruto ② (*Ergebnis*) fruto *m*, resultado *m*

fruchtbar *adj* fecundo; (*Mensch*) fértil

Fruchtbarkeit *f ohne pl* fecundidad *f;* (*eines Menschen*) fertilidad *f*

Fruchtblase *f* (ANAT) bolsa *f* amniótica, amnios *m inv*

fruchten ['frʊxtən] *vi* ser útil; **all das fruchtet doch sowieso nichts** todo eso es en vano

Fruchtfleisch *nt* pulpa *f*

fruchtig *adj* con olor [*o* sabor] a fruta

fruchtlos *adj* inútil; **Fruchtsaft** *m* zumo *m* de frutas

Fruchtwasser *nt ohne pl* (MED) líquido *m* amniótico

Fruchtzucker *m* fructosa *f*

früh [fry:] **I.** *adj* ① (*nicht spät*) temprano; **in ~ester Kindheit** a temprana edad; **am Morgen** de madrugada; **es ist noch ~** todavía es temprano; **~er geht's nicht** no es posible antes; **so ~ wie möglich** cuanto antes ② (*~zeitig*) prematuro; **ein ~er Tod** una muerte prematura; **~er oder später** tarde o temprano; **er hat schon ~ erkannt, dass ...** muy pronto se dió cuenta de (que)... **II.** *adv* (*morgens*) (por la) mañana; **heute ~** esta mañana; **Dienstag ~** el martes por la mañana; **um 6 Uhr ~** a las 6 de la mañana

Frühaufsteher(in) *m(f)* <-s, -; -nen> madrugador(a) *m(f);* **Frühdienst** *m* turno *m* de mañana

Frühe ['fry:ə] *f ohne pl:* **in aller ~** de madrugada

früher ['fry:ɐ] **I.** *kompar von* **früh II.** *adj* ① (*ehemalig*) ex, antiguo; (*vorhergehend*) anterior; **seine ~en Freunde** sus antiguos amigos ② (*vergangen*) pasado; **in ~en Zeiten** en tiempos pasados **III.** *adv* ① (*vorher*) antes, anteriormente; **wir kennen uns von ~** nos conocemos de antes ② (*ehemals*) antiguamente

Früherkennung *f* (MED) diagnóstico *m* precoz

frühestens ['fry:əstəns] *adv* como muy temprano; **~ in einer Woche** en una semana como muy temprano

frühestmöglich ['fry:əstmø:klɪç] *adj* (*Termin*) cuanto antes (posible)

Frühgeburt *f* ① (*Geburt*) parto *m* prematuro ② (*Kind*) (niño, -a *m, f*) prematuro, -a *m, f*

Frühjahr *nt* primavera *f;* **Frühjahrsmüdigkeit** *f* cansancio *m* primaveral

frühkindlich *adj* (PSYCH) de la primera infancia

Frühling ['fry:lɪŋ] *m* <-s, -e> primavera *f;*

Frühlingsanfang *m* comienzo *m* de la primavera; **Frühlingsgefühle** *ntpl:* **~ bekommen** enamorarse (a una edad ya avanzada); **frühlingshaft** *adj* primaveral

Frühlingsrolle *f* (GASTR) rollito *m* de primavera (*masa frita rellena de legumbres y carne o pescado*); **Frühlingssuppe** *f* (GASTR) sopa *f* de verduras

frühmorgens [fry:'mɔrgəns] *adv* de madrugada; **Frühnebel** *m* neblina *f* matutina; **Frühpensionierung** *f* jubilación *f* anticipada; **frühreif** *adj* ① (*Kind*) precoz ② (*Obst*) temprano; **Frührentner(in)** *m(f)* pensionista *mf* que cobra la renta antes de lo que le correspondería; **Frühschicht** *f* turno *m* de mañana; **Frühschoppen** *m* aperitivo *m;* **Frühsport** *m* deporte *m* matinal; **Frühstadium** *nt* fase *f* inicial; **einen Tumor im ~ erkennen** detectar un tumor en estadio temprano; **Frühstart** *m* (SPORT) salida *f* en falso

Frühstück *nt* desayuno *m*

frühstücken *vi, vt* desayunar

Frühstücksfernsehen *nt* programación *f* televisiva matinal; **Frühstückspause** *f* hora *f* del desayuno

Frühwerk *nt* obra *f* temprana; **Frühzeit** *f ohne pl* comienzos *mpl;* **frühzeitig I.** *adj* ① (*früh*) temprano ② (*vorzeitig*) prematuro; (*voreilig*) precipitado **II.** *adv* (*vorzeitig*) antes de tiempo

Frust [frʊst] *m* <-(e)s, *ohne pl*> (*fam*) chasco *m*

frusten *vt* (*fam*) frustrar, decepcionar

Frustration [frʊstra'tsjo:n] *f* <-en> (*a.* PSYCH) frustración *f*

frustrieren* [frʊs'tri:rən] *vt* (*a.* PSYCH) frustrar

frustrierend *adj* (*a.* PSYCH) frustrante

F-Schlüssel *m* (MUS) clave *f* de fa

Fuchs [fʊks, *pl:* 'fʏksə] *m* <-es, Füchse> ① (*Tier*) zorro *m*, grulla *f Mex* ② (*Pelz*) piel *f* de zorro ③ (*fam: Person*) zorro, -a *m, f;* **ein alter ~** ser zorro viejo; **schlau wie ein ~ sein** ser más listo que un coyote ④ (*Pferd*) alazán *m;* **Fuchsbau** *m* <-(e)s, -e> zorrera *f*

fuchsen ['fʊksən] *vi* fastidiar

Füchsin ['fʏksɪn] *f* <-nen> zorra *f*

fuchsrot *adj* fucsia; **Fuchsschwanz** *m* ① (*eines Fuchses*) cola *f* de zorro ② (*Werkzeug*) serrucho *m*

fuchsteufelswild ['-'--'-] *adj* (*fam*) rabioso

Fuchtel ['fʊxtəl] *f ohne pl* (*fam*): **unter jds ~ stehen** estar bajo la férula de alguien

fuchteln *vi* (*fam*) gesticular; **mit den Armen ~** bracear

fuffzig ['fʊftsɪç] *adj inv* (*reg*) cincuenta

Fug [fu:k] *m:* **mit ~ und Recht** con todo el derecho del mundo

Fuge ['fu:gə] *f* <-n> ❶ (*Ritze*) ranura *f;* **aus den ~n geraten sein** estar fuera de quicio ❷ (MUS) fuga *f*

fügen ['fy:gən] I. *vr:* **sich ~** ❶ (*unterordnen*) someterse (a) ❷ (*passen*) ajustarse (*in* a) ❸ (*geh: geschehen*) suceder; **es fügte sich, dass ...** sucedió que... +*subj* II. *vt* juntar (*an/in* con/en); (*ineinander*) encajar

fügsam *adj* dócil

Fügung *f* <-en> coincidencia *f;* (*göttlich*) providencia *f;* **das war eine ~ des Schicksals** fue un lance de fortuna

fühlbar *adj* ❶ (*merklich*) notable ❷ (*tastbar*) palpable

fühlen ['fy:lən] I. *vt, vi* ❶ (*empfinden*) sentir ❷ (*tasten*) palpar, tocar II. *vr:* **sich ~** ❶ (*empfinden*) sentirse; **sich für jdn/ etw verantwortlich ~** sentirse responsable de alguien/algo; **sich versucht ~ etw zu tun** sentir la tentación de hacer algo ❷ (*sich halten für*) tenerse (*als* por), creerse (*als*)

Fühler *m* <-s, -> antena *f;* **seine ~ ausstrecken** (*fam fig*) tantear el terreno

fuhr [fu:ɐ] *3. imp von* fahren

Fuhre ['fu:rə] *f* <-n> ❶ (*Ladung*) carga *f* ❷ (*Taxieinsatz*) viaje *m* (en taxi)

führen ['fy:rən] I. *vi* ❶ (*in Führung liegen*) ir a la cabeza; (SPORT) llevar ventaja; **X führt 1:0 (gegen Y)** X va ganando por 1:0 (a Y) ❷ (*verlaufen*) ir, llevar; **diese Straße führt nach Münster** esta carretera lleva a Münster ❸ (*ergeben*) llevar (*zu* a), conducir (*zu* a); **das führt doch zu nichts** esto no lleva a nada; **das führt so weit** esto va demasiado lejos II. *vt* ❶ (*leiten*) dirigir; (*Mannschaft*) encabezar; (*Gruppe*) guiar ❷ (*geleiten*) llevar, guiar, (*begleiten*) acompañar; **was führt Sie zu mir?** ¿qué le trae por aquí? ❸ (*Auto*) conducir, manejar *Am* ❹ (*hinbewegen*) llevar (*zu/in* a); **in den Ruin ~** llevar a la ruina; **etw mit sich** *dat* **~** llevar algo consigo ❺ (*Titel*) tener; (*Namen*) llevar ❻ (*Geschäftsbücher, Tagebuch*) llevar ❼ (*Waren*) vender ❽ (*Gespräch*) sostener, tener; **Verhandlungen ~** negociar; (*bei etwas*) **Regie ~** dirigir (algo) III. *vr:* **sich ~** (*sich benehmen*) comportarse

führend *adj* primero; **~e Persönlichkeiten** altos cargos; **die Firma ist ~ auf ihrem Gebiet** esta empresa es la primera de su ramo

Führer¹ *m* <-s, -> (*Buch*) guía *f*

Führer(in)² ['fy:rɐ] *m(f)* <-s, -; -nen> ❶ (*Leiter*) líder *mf,* capo *m Arg* ❷ (*Fremden~*) guía *mf* (turístico, -a)

Führerhaus *nt* cabina *f* del conductor

Führerin *f* <-nen> *s.* **Führer²**

Führerschein *m* permiso *m* de conducir, licencia *f Am;* **den ~ machen** sacar el carné (de conducir); **Führerscheinentzug** *m* privación *f* del permiso de conducir

Fuhrpark *m* parque *m* móvil

Führung¹ ['fy:rʊŋ] *f ohne pl* ❶ (*Leitung*) dirección *f;* **unter jds ~** bajo la dirección de alguien ❷ (SPORT): **in ~ liegen** estar a la cabeza; **in ~ gehen** llevar la delantera ❸ (*Benehmen*) comportamiento *m*

Führung² *f* <-en> (*Besichtigung*) visita *f* (guiada)

Führungsebene *f* dirección *f;* **Führungselite** *f* (POL) elite *f* dirigente; **Führungskraft** *f* directivo, -a *m, f;* **Führungsqualitäten** *fpl* dotes *fpl* de liderazgo; **Führungsspitze** *f* ❶ (*Unternehmen*) altos ejecutivos *mpl* ❷ (*Partei*) ejecutiva *f;* **Führungsstil** *m* estilo *m* de dirección; **Führungszeugnis** *nt* certificado *m* de buena conducta

Fuhrunternehmen *nt* empresa *f* de transportes; **Fuhrwerk** *nt* carruaje *m*

Fülle ['fʏlə] *f ohne pl* ❶ (*Körper~*) corpulencia *f* ❷ (*Menge*) montón *m,* cardume(n) *m CSur;* **in Hülle und ~** a montones

füllen ['fʏlən] I. *vt* ❶ (*voll machen*) llenar (*mit* de/con) ❷ (GASTR) rellenar (*mit* de/ con) ❸ (*ein~*) echar (*in* en); **Wein in Flaschen ~** embotellar vino ❹ (*Zahn*) empastar II. *vr:* **sich ~** (*voll werden*) llenarse (*mit* de/con)

Füller ['fʏlɐ] *m* <-s, -> (*fam*) pluma *f,* lapicera *f Arg*

Füllfederhalter *m* pluma *f* estilográfica

Füllgewicht *nt* peso *m* neto

füllig *adj* relleno; (*Haar*) voluminoso

Füllsel ['fʏlzəl] *nt* <-s, -> ❶ (*Material*) relleno *m* ❷ (*Wort*) ripio *m*

Füllung *f* <-en> ❶ (*Zahn~*) empaste *m,* emplomadura *f Am* ❷ (GASTR) relleno *m* ❸ (*für Polster*) relleno *m* ❹ (*bei Türen*) entrepaño *m*

Fummel ['fʊməl] *m* <-s, -> (*fam*) harapos *mpl*

Fummelei *f* <-en> (*fam: umständliche Handhabung*) manejo *m* fastidioso

fummeln ['fʊməln] *vi* ❶ (*fam: herumtasten*) manosear (*an*), jugar (*an* con) ❷ (*fam: streicheln*) meter mano

Fund¹ [fʊnt] *m* <-(e)s, -e> (*~stück*) hallazgo *m;* **einen ~ machen** hacer un hallazgo

Fund² *m* <-(e)s, *ohne pl*> (*das Finden*)

hallazgo *m;* (*Entdecken*) descubrimiento *m*

Fundament [fʊnda'mɛnt] *nt* <-(e)s, -e> ❶ (ARCHIT) cimientos *mpl* ❷ (*Grundlage*) fundamento *m,* base *f;* **die ~e für etw schaffen/zu etw legen** crear/construir las bases para algo

fundamental *adj* fundamental

Fundamentalismus [fʊndamɛnta'lɪsmʊs] *m* <-, *ohne pl*> fundamentalismo *m*

fundamentalistisch *adj* fundamentalista

Fundbüro *nt* oficina *f* de objetos perdidos; **Fundgrube** *f* mina *f*

fundieren* [fʊn'di:rən] *vt* fundamentar; **eine fundierte Beurteilung** una valoración bien fundada

fündig ['fʏndɪç] *adj:* **~ werden** descubrir lo que se quería saber, encontrar lo que se buscaba

Fundsache *f* objeto *m* perdido

fünf [fʏnf] *adj inv* cinco; **~ Minuten vor zwölf** las doce menos cinco; **~(e) gerade sein lassen** (*fam*) hacer la vista gorda; **das kannst du dir an deinen ~ Fingern abzählen** (*fam*) eso está más claro que el agua; *s. a.* **acht**[1]

Fünf *f* <-, -en> ❶ (*Zahl, Buslinie, Würfelaugen*) cinco *m* ❷ (SCH: *mangelhaft*) insuficiente *m*

Fünfer ['fʏnfɐ] *m* <-s, -> (*fam*) ❶ (*Fünfpfennigstück*) moneda *f* de cinco pfennigs ❷ (*Fünfmarkstück*) moneda *f* de cinco marcos

fünferlei ['fʏnfɐlaɪ] *adj inv* de cinco clases diferentes, cinco clases (diferentes) de; *s. a.* **achterlei**

fünffach I. *adj* quíntuplo II. *adv* cinco veces; *s. a.* **achtfach**

fünfhundert ['-'--] *adj inv* quinientos; *s. a.* **achthundert**

Fünfling *m* <-s, -e> quintillizo *m*

fünfmal *adv* cinco veces; *s. a.* **achtmal**

Fünfmarkstück ['-'--] *nt* moneda *f* de cinco marcos

Fünfpfennigstück ['-'---] *nt* moneda *f* de cinco pfennigs [*o* peniques]

Fünfprozenthürde ['-'----] *f* (POL) obstáculo *m* (de la cláusula) del cinco por ciento

Fünftagewoche ['-'----] *f* semana *f* laboral de cinco días

fünftausend ['-'--] *adj inv* cinco mil; *s. a.* **achttausend**

fünfte(r, s) *adj* quinto; **das ~ Rad am Wagen sein** ir de pegote; *s. a.* **achte(r, s)**

fünftel *adj inv* quinto; *s. a.* **achtel**

fünftens ['fʏnftəns] *adv* en quinto lugar; (*bei einer Aufzählung*) quinto; *s. a.* **achtens**

Fünfunddreißigstundenwoche [----'----] *f* semana *f* laboral de treinta y cinco horas

fünfzehn *adj inv* quince; *s. a.* **acht**[1]

fünfzehnte(r, s) *adj* decimoquinto; *s. a.* **achte(r, s)**

fünfzig ['fʏnftsɪç] *adj inv* cincuenta; *s. a.* **achtzig**

Fünfziger ['fʏnftsɪgɐ] *m* <-s, -> (*fam*) ❶ (*Fünfzigmarkschein*) billete *m* de cincuenta marcos ❷ (*Fünfzigpfennigstück*) moneda *f* de cincuenta pfennigs

Fünfzigmarkschein [--'---] *m* billete *m* de cincuenta marcos

Fünfzigpfennigstück [--'---] *nt* moneda *f* de cincuenta pfennigs

fünfzigste(r, s) *adj* quincuagésimo; *s. a.* **achtzigste(r, s)**

fungieren* [fʊŋ'gi:rən] *vi* hacer (*als* de)

Fungizid [fʊŋgi'tsi:t] *nt* <-(e)s, -e> fungicida *m*

Funk [fʊŋk] *m* <-s, *ohne pl*> radio *f;* **Funkamateur(in)** *m(f)* radioaficionado, -a *m, f;* **Funkausstellung** *f* exposición *f* de radio y televisión

Fünkchen *nt:* **ein/kein ~ ...** una/ni una pizca de...

Funke ['fʊŋkə] *m* <-ns, -n> chispa *f;* **~n sprühen** echar chispas; **der zündende ~** la chispa; **ein ~ Hoffnung** un rayito de esperanza; **keinen ~n Anstand im Leib haben** no tener ni pizca de educación

funkeln ['fʊŋkəln] *vi* brillar, resplandecer

funkelnagelneu ['-'--'-] *adj* (*fam*) flamante

funken ['fʊŋkən] I. *vt* (*Nachricht*) radiar II. *vi* ❶ (*Funken sprühen*) chispear ❷ (*fam: verstehen*) hacerse la luz; **endlich hat es bei ihm gefunkt** por fin se le encendió la bombilla

Funken *m* <-s, -> *s.* **Funke**

Funker(in) *m(f)* <-s, -; -nen> radiotelegrafista *mf*

Funkgerät *nt* aparato *m* de radio; **Funkhaus** *nt* emisora *f* de radio(difusión); **Funksignal** *nt* señal *f* radioeléctrica; **Funksprechgerät** *nt* transmisor-receptor *m* radiofónico; **Funkspruch** *m* mensaje *m* de radio; **Funkstation** *f* estación *f* radiotelegráfica; (*Sendestation*) estación *f* emisora; (*Empfangsstation*) estación *f* receptora; **Funkstille** *f* ❶ (*Sendepause*) silencio *m* de radio ❷ (*fam: im zwischenmenschlichen Bereich*) silencio *m;* **Funkstreife** *f* radiopatrulla *f;* **Funktaxi** *nt* radiotaxi *m;* **Funktechnik** *f* ohne *pl* radiotécnica *f;* **Funktelefon** *nt* teléfono *m* celular

Funktion[1] [fʊŋk'tsjo:n] *f* ohne *pl* (*einer Maschine*) funcionamiento *m;* **in ~ treten**

ponerse en funcionamiento

Funktion² *f* <-en> ❶ (*Amt, Aufgabe*) cargo *m*; (*Ausübung eines Amtes*) función *f*; **eine ~ haben/ausüben** tener/ejercer un cargo ❷ (*Zweck, Leistungsmerkmal, a.* TECH, INFOR, MATH) función *f*

funktional [fʊŋktsjoˈnaːl] *adj* funcional

Funktionär(in) [fʊŋktsjoˈnɛːɐ] *m(f)* <-s, -e; -nen> funcionario, -a *m, f*

funktionell *adj* (*a.* MED) funcional

funktionieren* *vi* funcionar

funktionsfähig *adj* apto para funcionar

Funktionstaste *f* (INFOR) tecla *f* de función; **funktionstüchtig** *adj* que funciona bien; **Funktionsweise** *f* funcionamiento *m*; **die ~ des Gehirns** el funcionamiento del cerebro

Funkturm *m* torre *f* de radiodifusión; **Funkverbindung** *f* comunicación *f* por radio; **Funkverkehr** *m* radiocomunicaciones *fpl*

für [fyːɐ] *präp* +*akk* ❶ (*zugunsten von*) para, por; **~ mich** para mí; **kann ich noch etw ~ Sie tun?** ¿puedo hacer algo más por Ud.?; **ich bin ~ deine Idee** estoy a favor de tu idea; **sich ~ etw entscheiden** decidirse por algo; **die Sache hat was ~ sich** el asunto tiene un algo especial ❷ (*im Verhältnis zu*) para; **er ist sehr groß ~ sein Alter** está muy alto para su edad; **das ist eine Sache ~ sich** esto es cosa aparte ❸ (*zeitlich*) por; **ich gehe ~ zwei Jahre ins Ausland** me voy por dos años al extranjero; **~ immer** para siempre; **~s Erste** por ahora ❹ (*wegen*) a causa de, por; **ich ~ meine Person** en cuanto a mí ❺ (*zum Zweck*) para; **ein Mittel ~ Kopfschmerzen** (*fam*) un remedio contra el dolor de cabeza; **~ nichts und wieder nichts** absolutamente para nada ❻ (*im Austausch*) por; (*anstelle von*) en lugar de; **ich bin ~ ihn eingesprungen** fui en su lugar; **was verlangen Sie ~ den Anzug?** ¿cuánto pide por el traje? ❼ (*mit Fragepronomen*): **was ~ ...?** ¿qué...?; **was ~ ein Pilz ist das?** ¿qué clase de seta es?; **was ~ eine komische Idee!** ¡menuda ocurrencia!

Für *nt*: **das ~ und Wider** el pro y el contra, los pros y los contras

Fürbitte [---] *f* (*Bitte*) intercesión *f* (*für a* favor de), intervención *f* (*für a* favor de); (REL) ruego *m*

Furche [ˈfʊrçə] *f* <-n> ❶ (*Acker~*) surco *m* ❷ (*im Gesicht*) arruga *f*

furchen *vt* (*geh: Boden*) surcar

Furcht [fʊrçt] *f ohne pl* temor *m* (*vor a*/de); (*stärker*) terror *m* (*vor a*/de); **~ erregend**

espantoso; **jdm ~ einflößen** infundir miedo a alguien

furchtbar I. *adj* ❶ (*schrecklich*) horroroso ❷ (*fam: sehr groß*) enorme II. *adv* (*fam: sehr*) muy; **~ nett** simpatiquísimo

furchteinflößend *adj s.* **Furcht**

fürchten [ˈfʏrçtən] I. *vi* (*sich sorgen*) temer (*um/für* por); **ich fürchte um sein Leben** temo por su vida; **zum F~ aussehen** tener un aspecto espantoso II. *vt, vr*: **sich ~** temer, corcovear *Mex*; **ich fürchte, dass ...** temo que...

fürchterlich [ˈfʏrçtɐlɪç] *adj s.* **furchtbar**

furchterregend *adj s.* **Furcht**

furchtlos *adj* sin temor, intrépido

Furchtlosigkeit *f ohne pl* intrepidez *f*

furchtsam *adj* miedoso

Furchtsamkeit *f ohne pl* temor *m*, pendejada *f Am: fam*

füreinander [fyːɐʔaɪˈnandɐ] *adv* uno para el otro; **~ da sein** estar el uno para el otro

Furie [ˈfuːriə] *f* <-n> furia *f*

Furnier [fʊrˈniːɐ] *nt* <-s, -e> chapa *f* de madera

furnieren* [fʊrˈniːrən] *vt* chapear

Furore [fuˈroːrə] *f ohne pl*: **~ machen** causar sensación

Fürsorge [---] *f ohne pl* ❶ (*Betreuung*) asistencia *f* ❷ (*fam: finanzielle Unterstützung*) pensión *f*; **von der ~ leben** vivir de la asistencia social; **Fürsorgepflicht** *f ohne pl* (JUR) deber *f* de protección

fürsorglich *adj* cuidadoso, cariñoso

Fürsorglichkeit *f ohne pl* atención *f*, cuidado *m*

Fürsprache *f* intercesión *f*; **für jdn ~ einlegen** interceder a favor de alguien

Fürsprecher(in) *m(f)* intercesor(a) *m(f)*

Fürst(in) [fʏrst] *m(f)* <-en, -en; -nen> príncipe *m*, princesa *f*

Fürstentum *nt* <-s, -tümer> principado *m*

Fürstin *f* <-nen> *s.* **Fürst**

fürstlich *adj* ❶ (*prächtig*) regio; (*Essen*) opíparo ❷ (*einen Fürsten betreffend*) principesco

Furt [fʊrt] *f* <-en> vado *m*

Furunkel [fuˈrʊŋkəl] *m o nt* <-s, -> forúnculo *m*

fürwahr *adv* (*geh, alt*) en verdad, realmente

Furz [fʊrts, *pl:* ˈfʏrtsə] *m* <-es, Fürze> (*fam*) pedo *m*

furzen *vi* (*fam*) soltar un pedo

Fusel [ˈfuːzəl] *m* <-s, *ohne pl*> (*fam abw: Branntwein*) matarratas *m inv*

Fusion [fuˈzjoːn] *f* <-en> fusión *f*

fusionieren* [fuzjoˈniːrən] *vi* fusionarse

Fuß [fuːs, *pl:* ˈfyːsə] *m* <-es, Füße> pie *m*;

am ~ **des Berges** al pie de la montaña; **zu ~ gehen** ir andando; **gut zu ~ sein** poder caminar bien; **sich** *dat* **die Füße wund laufen** despellejarse los pies; **die Sache hat Hand und ~** el asunto tiene pies y cabeza; **auf großem ~ leben** vivir a lo grande; **auf eigenen Füßen stehen** (*fig*) ser independiente; **mit jdm auf gutem ~ e stehen** llevarse bien con alguien; **das Publikum lag ihr zu Füßen** (*geh*) el público estaba a sus pies; **er bekam kalte Füße** (*fam fig*) le entró miedo; **jdm etw vor die Füße werfen** (*fig*) tirarle algo a alguien a la cara; **~ fassen** consolidarse; **jdn auf freien ~ setzen** liberar a alguien; **die Strafe folgte auf dem ~ e** no tardó en llegar el castigo; **bei ~!** (*perro*) ¡aquí!

Fußball[1] *m* <-(e)s, *ohne pl*> (SPORT) fútbol *m*; **~ spielen** jugar al fútbol

Fußball[2] *m* <-(e)s, -bälle> (*Ball*) pelota *f* de fútbol

Fußballer(in) *m(f)* <-s, -; -nen> futbolista *mf*; jugador(a) *m(f)* de fútbol

Fußballfan *m* hincha *mf*; **Fußballmannschaft** *f* equipo *m* de fútbol; **Fußballplatz** *m* campo *m* de fútbol; **Fußballspiel** *nt* partido *m* de fútbol; **Fußballspieler(in)** *m(f)* futbolista *mf*, jugador(a) *m(f)* de fútbol; **Fußballstadion** *nt* estadio *m* de fútbol; **Fußballverein** *m* club *m* de fútbol; **Fußballweltmeisterschaft** *f* copa *f* mundial de fútbol

Fußbank *f* banquillo *m*

Fußboden *m* suelo *m*, piso *m*; **Fußbodenbelag** *m* pavimento *m*

Fußbreit *m* <-, *ohne pl*> pie *m*; **er wich keinen ~ zurück** no retrocedió ni un palmo; **Fußbremse** *f* freno *m* de pie

Fussel ['fʊsəl] *m* <-s, ->, **Fussel** *f* <-n> pelusa *f*

fusselig *adj* ❶ (*fusselnd*) que deja pelusas ❷ (*voller Fusseln*) lleno de pelusas ❸ (*ausgefranst*) deshilachado; **sich** *dat* **den Mund ~ reden** (*fam*) gastar saliva en balde

fusseln *vi* soltar pelo

fußen ['fu:sən] *vi* (*sich stützen*) apoyarse (*auf* en); (*basieren*) basarse (*auf* en)

Fußende *nt* pie *m* de la cama

Fußgänger(in) ['fu:sgɛŋɐ] *m(f)* <-s, -; -nen> peatón, -ona *m, f*; **Fußgängerbrücke** *f* puente *m* peatonal

Fußgängerin *f* <-nen> *s.* Fußgänger

Fußgängerüberweg *m* paso *m* de peatones; **Fußgängerzone** *f* zona *f* peatonal

Fußgelenk *nt* articulación *f* del pie; **fußläufig** *adj* (*zu Fuß*) a pie

fusslig *adj s.* fusselig

Fußmarsch *m* caminata *f*; **Fußmatte** *f* estera *f*; **Fußnagel** *m* uña *f* del pie; **Fußnote** *f* nota *f* a pie de página; **Fußpflege** *f* pedicura *f*; **Fußpilz** *m ohne pl* (MED) micosis *f inv* en los pies; **Fußsohle** *f* planta *f* del pie; **Fußspitze** *f* punta *f* del pie; **Fußspur** *f* huella *f* del pie; **Fußstapfen** *m* <-s, -> pisada *f*; **in jds ~ treten** seguir el ejemplo de alguien; **Fußtritt** *m* (*von Menschen*) puntapié *m*; (*von Tieren*) coz *f*; **Fußvolk** *nt ohne pl* ❶ (MIL) peonaje *m* ❷ (*abw: breite Masse*) masa *f*; **Fußweg** *m* ❶ (*Weg*) camino *m*, vereda *f Am*; (*Bürgersteig*) acera *f*, vereda *f Am* ❷ (*Entfernung*) camino *m*; **15 Minuten ~** 15 minutos andando; **Fußzeile** *f* (INFOR) pie *m* de página

futsch [fʊtʃ] *adj inv* (*fam*) perdido

Futter[1] ['fʊtɐ] *nt* <-s, *ohne pl*> (*Nahrung*) comida *f*

Futter[2] *nt* <-s, -> ❶ (*in Kleidung, Briefumschlag*) forro *m* ❷ (*Tür~*) revestimiento *m*

Futteral [fʊtə'ra:l] *nt* <-s, -e> funda *f*

füttern ['fʏtɐn] *vt* ❶ (*Tier, Baby*) dar de comer (a) ❷ (*Computer*) alimentar ❸ (*Kleidung*) forrar

futtern ['fʊtɐn] *vi, vt* (*fam*) papar

Futternapf *m* comedero *m*; **Futterpflanze** *f* (AGR) planta *f* forrajera

Fütterung[1] ['fʏtərʊŋ] *f* <-en> (*Tier~*) forraje *m*

Fütterung[2] *f ohne pl* (*das Auskleiden*) revestimiento *m*

Futterzusatz *m* (AGR) aditivo *m* para piensos

Futur [fu'tu:ɐ] *nt* <-s, -e> (LING) futuro *m*

Futurismus [futu'rɪsmʊs] *m* <-, *ohne pl*> (LIT, KUNST, POL) futurismo *m*

futuristisch *adj* futurista

G, g [ge:] *nt* <-, -> G, g *f*; **~ wie Gustav** G de Granada

g *Abk. von* **Gramm** gr

gab [ga:p] *3. imp von* **geben**

Gabe ['ga:bə] *f* <-n> ❶ (*Geschenk*) regalo *m*; **milde ~** limosna *f* ❷ (*Talent*) don *m* ❸ (MED) dosis *f inv* ❹ (*Schweiz: Preis*) premio *m*

Gabel ['ga:bəl] *f* <-n> ❶ (*vom Besteck*) tenedor *m* ❷ (*vom Telefon, Fahrrad*) hor-

quilla f ❸ (AGR) horca f
gabeln ['gaːbəln] vr: **sich** ~ bifurcarse
Gabelstapler m <-s, -> carretilla f elevadora (de horquilla)
Gabelung f <-en> bifurcación f
gackern ['gakɐn] vi ❶ (Huhn) cacarear ❷ (fam: Mensch) reírse
gaffen ['gafən] vi (abw) mirar boquiabierto
Gaffer(in) m(f) <-s, -; -nen> (abw) papamoscas mf inv, papanatas mf inv
Gag [gɛk] m <-s, -s> ❶ (FILM) truco m, gag m ❷ (Witz) chistosa f
Gage ['gaːʒə] f <-n> honorario m
gähnen ['gɛːnən] vi bostezar
Gala ['gaːla] f ohne pl vestido m de gala; **sich in** ~ **werfen** engalanarse
galaktisch [ga'laktɪʃ] adj galáctico
galant [ga'lant] adj galante
Galaxie [gala'ksiː] f <-n> (ASTR) galaxia f
Galeere [ga'leːrə] f <-n> galera f
Galerie [galə'riː] f <-n> galería f
Galerist(in) [galə'rɪst] m(f) <-en, -en; -nen> galerista mf
Galgen ['galgən] m <-s, -> patíbulo m; **Galgenfrist** f plazo m perentorio; **Galgenhumor** m humor m negro
Galicien [ga'liːtsjən] nt <-s> Galicia f
Galicier(in) m(f) <-s, -; -nen> gallego, -a m, f
galicisch adj gallego
Galiläa [gali'lɛːa] nt <-s> (HIST) Galilea f
Galle ['galə] f <-n> ❶ (menschliches Sekret) bilis f inv; (tierisches Sekret) hiel f ❷ (ANAT: Organ) vesícula f biliar
Gallenblase f (ANAT) vesícula f biliar; **Gallenstein** m cálculo m vesícula
gallertartig ['galɐtʔaːɐtɪç] adj gelatinoso
Gallien ['galjən] nt <-s> (HIST) Galia f
gallisch ['galɪʃ] adj galo
Galopp [ga'lɔp] m <-s, -e o -s> galope m
galoppieren* vi haben o sein galopar
galt [galt] 3. imp von **gelten**
galvanisch [gal'vaːnɪʃ] adj galvánico
galvanisieren* [galvani'ziːrən] vt galvanizar
Gameboy® ['gɛɪmbɔɪ] m <-s, -s> gameboy® m; **Gameshow** f <-s> (TV) programa-concurso m, concurso m televisivo; **eine** ~ **leiten** presentar un concurso en televisión
Gamma ['gama] nt <-(s), -s> gamma f; **Gammastrahlung** f (PHYS) radiación f (de rayos) gamma
gamm(e)lig adj (fam) ❶ (Nahrungsmittel) malo, podrido ❷ (Kleidung) desaliñado
gammeln ['gaməln] vi (fam) ❶ (Lebensmittel) estropearse ❷ (Person) gandulear

gammlig adj s. **gamm(e)lig**
Gämse ['gɛmzə] f <-n> (ZOOL) gamuza f
gang [gaŋ]: ~ **und gäbe** usual, corriente
Gang¹ [gaŋ, pl: 'gɛŋə] m <-(e)s, Gänge> ❶ (Gehweise) (modo m de) andar m ❷ (Spazier~) paseo m; (Weg) camino m; **auf ihrem** ~ **zum Arzt sah sie ...** (de) camino al médico vio...; **ein schwerer** ~ un paso difícil ❸ (Betrieb) marcha f; **eine Maschine in** ~ **setzen** poner en marcha una máquina; **Verhandlungen in** ~ **bringen** iniciar negociaciones ❹ (Ablauf) curso m, marcha f; **der** ~ **der Ereignisse** la marcha de los acontecimientos; **es ist etwas im** ~ **e** algo flota en el aire; **etw ist in vollem** ~**(e)** algo está en plena marcha ❺ (TECH, AUTO) marcha f; **im zweiten** ~ **fahren** ir en segunda marcha ❻ (Flur) pasillo m ❼ (GASTR) plato m
Gang² [gɛŋ] f <-s-s> banda f
Gangart f (modo m de) andar m
gangbar adj (Weg) transitable; (Lösung) viable
gängeln ['gɛŋəln] vt (fam abw) tener bajo su tutela
gängig ['gɛŋɪç] adj ❶ (üblich) usual; (geläufig) corriente ❷ (viel gekauft) de buena venta
Gangschaltung f (Auto) (caja f de) cambios mpl; (Fahrrad) marchas fpl
Gangster ['gɛŋstɐ] m <-s, -> (abw) gángster m
Gangway f <-s> escalera f (para subir a bordo)
Ganove, -in [ga'noːvə] m, f <-n, -n; -nen> (fam abw) tunante mf
Gans [gans, pl: 'gɛnzə] f <Gänse> (ZOOL) ganso m; (Weibchen) oca f; **blöde** ~ tía idiota
Gänseblümchen ['gɛnzəblyːmçən] nt (BOT) maya f; **Gänsefüßchen** ['gɛnzəfyːsçən] nt <-s, -> (fam) comilla f; **in** ~ entre comillas; **Gänsehaut** f ohne pl carne f de gallina
Gänseleberpastete f (GASTR) paté m de ganso
Gänsemarsch m ohne pl: **im** ~ en fila india
Gänserich ['gɛnzərɪç] m <-s, -e> (ZOOL) ganso m macho
ganz [gants] **I.** adj ❶ (gesamt) todo; (vollständig) completo; **die** ~**e Zeit über** durante todo el tiempo; **die** ~**e Wahrheit** toda la verdad; **eine** ~**e Zahl/Note** un número entero/una nota redonda; **eine** ~**e Drehung** un giro completo; **eine** ~**e Menge/Weile** bastante; **das dauert eine** ~**e Weile** esto dura bastante; **im G**~**en war ich dreimal hier** en total he estado tres veces aquí ❷ (fam: unbeschädigt)

intacto; **etw wieder ~ machen** reparar algo ❸ (*fam: bloß*) sólo; **das Buch hat ~ e drei Euro gekostet** el libro ha costado sólo tres euros **II.** *adv* ❶ (*völlig*) totalmente; **~ allein** totalmente solo; **das ist ~ meine Meinung** comparto totalmente esta opinión; **das ist etwas ~ anderes** esto es algo totalmente distinto; **~ und gar** completamente; **~ im Gegenteil** todo lo contrario ❷ (*vollständig*) del todo; **etw ~ aufessen** comerse algo del todo; **~ hinten/vorn** detrás/delante del todo; **~ wie Sie meinen** como Ud. quiera; **~ gleich, wie es ist** sea como sea; **du hast ~ Recht** tienes toda la razón ❸ (*ziemlich*) bastante; **das gefällt mir ~ gut** esto me gusta bastante ❹ (*sehr*) muy; **~ klein** minúsculo; **ein ~ klein wenig** muy poco; **~ viel** muchísimo

Ganze(s) *nt* <-n, *ohne pl*> total *m;* **das ist nichts Halbes und nichts ~ s** esto no es ni fu ni fa; **aufs ~ gehen** (*fam*) jugarse el todo por el todo; **es geht ums ~** todo está en juego

Ganzheit *f* <-en> totalidad *f*

ganzheitlich *adj* global

gänzlich ['gɛntslɪç] **I.** *adj* total, completo **II.** *adv* del todo, por completo

ganztägig ['gantstɛːgɪç] **I.** *adj* de todo el día **II.** *adv* todo el día

Ganztagsschule *f* colegio *m* de jornada completa

gar [gaːɐ] **I.** *adj* (*Speise*) hecho (a punto) **II.** *adv* ❶ (*überhaupt*): **~ nichts** nada de nada; **~ keiner** ninguno; **~ keinen Fall** en ningún caso; **das ist ~ nicht schlecht** no está nada mal ❷ (*sogar*) incluso; **du hast doch nicht ~ die Polizei angerufen?** ¿no habrás llamado a la policía?

Garage [ga'raːʒə] *f* <-n> garaje *m*

Garant(in) [ga'rant] *m(f)* <-en, -en; -nen> garante *mf*

Garantie [garan'tiː] *f* <-n> garantía *f;* **ein Jahr ~** un año de garantía

garantieren* *vi, vt* garantizar (*für*); **glaubst du er kommt? – garantiert!** ¿crees que vendrá? – ¡seguro!

Garantieschein *m* (resguardo *m* de) garantía *f*

Garantin *f* <-nen> *s.* **Garant**

Garaus ['gaːɐʔaʊs] *m* (*fam*): **jdm/etw** *dat* **den ~ machen** cargarse a [*o* acabar con] alguien/algo

Garbe ['garbə] *f* <-n> ❶ (*von Korn*) haz *m*, gavilla *f* ❷ (*von Schüssen*) ráfaga *f*

Garde ['gardə] *f* <-n> guardia *f*

Garderobe¹ [gardə'roːbə] *f ohne pl* (*Klei-*

dung) ropa *f*

Garderobe² *f* <-n> ❶ (*Kleiderablage*) perchero *m* ❷ (*Raum*) guardarropa *m* ❸ (*Ankleideraum*) vestuario *m*

Garderobenständer *m* percha *f*

Gardine [gar'diːnə] *f* <-n> cortina *f;* **hinter schwedischen ~n** (*fam*) entre rejas

garen ['gaːrən] *vt* cocer

gären ['gɛːrən] <gärt, gärte *o* gor, gegärt *o* gegoren> **I.** *vi haben o sein* fermentar **II.** *vt* fermentar

Garn [garn] *nt* <-(e)s, -e> hilo *m*

Garnele [gar'neːlə] *f* <-n> (ZOOL) gamba *f;* (*kleiner*) camarón *m*

garnieren* [gar'niːrən] *vt* guarnecer; (GASTR) adornar

Garnitur [garni'tuːɐ] *f* <-en> juego *m*, conjunto *m*

garstig ['garstɪç] *adj* ❶ (*frech*) desvergonzado ❷ (*hässlich*) feo; (*abstoßend*) asqueroso

Garten ['gartən, *pl:* 'gɛrtən] *m* <-s, Gärten> jardín *m;* (*Nutz~*) huerto *m;* **botanischer/zoologischer ~** jardín botánico/parque zoológico; **Gartenarbeit** *f* trabajo *m* en el jardín; **Gartenarchitekt(in)** *m(f)* arquitecto, -a *m, f* de jardines; **Gartenbau** *m ohne pl* jardinería *f,* horticultura *f;* **Gartenfest** *nt* fiesta *f* en el jardín; **Gartenhaus** *nt* pabellón *m;* **Gartenlaube** *f* cenador *m;* **Gartenlokal** *nt* restaurante *m* con terraza; **Gartenschere** *f* tijeras *fpl* de podar, podadora *f;* **Gartenzaun** *m* seto *m;* **Gartenzwerg** *m* enanito de decoración que se pone en el jardín

i Land & Leute

Por algunos apreciados como objetos decorativos, por otros rechazados por horterada o cursilería, los **Gartenzwerge** son pequeños personajes de larga barba y gorra, de cerámica o plástico, pintados habitualmente con colores llamativos. Los primeros **Gartenzwerge**, procedentes de *Thüringen*, datan de 1880.

Gärtner(in) ['gɛrtnɐ] *m(f)* <-s, -; -nen> jardinero, -a *m, f*

Gärtnerei [gɛrtnə'raɪ] *f* <-en> jardinería *f;* (*für Nutzpflanzen*) establecimiento *m* de horticultura

Gärtnerin *f* <-nen> *s.* **Gärtner**

Gärung ['gɛːrʊŋ] *f* <-en> fermentación *f*

Gas¹ [gaːs] *nt* <-es, -e> (CHEM) gas *m*

Gas² *nt* <-es, *ohne pl*> (AUTO): **~ geben**

acelerar

Gasbrenner *m* <-s, -> mechero *m* de gas; **Gasfeuerzeug** *nt* mechero *m* de gas; **Gasflamme** *f* llama *f* de gas; **Gasflasche** *f* bombona *f* de gas; **gasförmig** *adj* gaseoso, gaseiforme

Gashahn *m* llave *f* del gas; **Gasheizung** *f* calefacción *f* de gas; **Gasherd** *m* cocina *f* de gas; **Gaskammer** *f* cámara *f* de gas; **Gaskocher** *m* hornillo *m* de gas; **Gaslaterne** *f* farol *m* de gas; **Gasleitung** *f* conducción *f* del gas; **Gasmann** *m* (*fam*) gasista *m*; (*Ableser*) verificador *m*; **Gasmaske** *f* máscara *f* antigás; **Gasofen** *m* horno *m* de gas

Gaspedal *nt* acelerador *m*

Gaspistole *f* pistola *f* de gas

Gasse ['gasə] *f* <-n> ❶ (*kleine Straße*) callejón *m* ❷ (*Österr: Straße*) calle *f*

Gast [gast, *pl:* 'gɛstə] *m* <-(e)s, Gäste> huésped *mf*; (*eingeladener*) invitado, -a *m, f*; (*von Lokal*) cliente *mf*; **ungebetene Gäste** intrusos *mpl*; **bei jdm zu ~ sein** estar invitado a casa de alguien; **Gastarbeiter(in)** *m(f)* trabajador, -a *m, f* extranjero, -a

i Land & Leute

Término eufemístico empleado para designar a todos aquellos extranjeros que emigraron sobre todo en los años sesenta y setenta a la República Federal de Alemania. En principio, los llamados **Gastarbeiter** tenían la intención de trabajar allí únicamente durante un espacio de tiempo limitado para regresar luego con algunos pequeños ahorros a sus respectivas patrias. Por ello se acuñó el término mencionado, que literalmente significa "trabajador invitado".

Gästebuch *nt* libro *m* de huéspedes; **Gästezimmer** *nt* cuarto *m* de huéspedes

gastfreundlich *adj* hospitalario; **Gastfreundschaft** *f ohne pl* hospitalidad *f*; **jdm ~ gewähren** ofrecer hospitalidad a alguien; **Gastgeber(in)** *m(f)* <-s, -; -nen> anfitrión, -ona *m, f*; **Gastgewerbe** *nt* hostelería *f* y restauración; **Gasthaus** *nt*, **Gasthof** *m* ❶ (*zum Übernachten*) fonda *f*; (*höhere Kategorie*) hostal *m* ❷ (*nur Essen*) mesón *m*

gastieren* [gas'ti:rən] *vi* actuar (como compañía de teatro invitada)

Gastland *nt* país *m* de acogida

gastlich *adj* hospitalario; **jdn ~ aufnehmen** acoger a alguien cordialmente

Gastritis [gas'tri:tɪs] *f* <Gastritiden> gastritis *f inv*

Gastronomie [gastrono'mi:] *f ohne pl* gastronomía *f*

gastronomisch [gastro'no:mɪʃ] *adj* gastronómico

Gastspiel *nt* actuación *f* de una compañía teatral invitada; **Gaststätte** *f* <-n> restaurante *m*; **Gastwirt(in)** *m(f)* dueño, -a *m, f* de un restaurante, fondista *mf Am*; **Gastwirtschaft** *f* mesón *m*, fonda *f Am*

Gasvergiftung *f* intoxicación *f* por gas [*o* de gas]; **Gaswerk** *nt* central *f* de gas, usina *f Am*; **Gaszähler** *m* contador *m* de gas

Gatte, -in ['gatə] *m, f* <-n, -n; -nen> (*geh*) esposo, -a *m, f*

Gatter ['gatə] *nt* <-s, -> vallado *m*

Gattin ['gatɪn] *f* <-nen> *s.* **Gatte**

Gattung ['gatʊŋ] *f* <-en> ❶ (BIOL) especie *f* ❷ (MUS, LIT) género *m*; (KUNST) estilo *m*

GAU [gaʊ] *m* <-(s), -s> *Abk. von* **größter anzunehmender Unfall** máximo accidente *m* previsible

Gaucho ['gaʊtʃo] *m* <-(s), -s> gaucho *m*

Gaudi ['gaʊdi] *f ohne pl* (*fam*) jolgorio *m*; (*Lärm*) bulla *f*

Gaukler(in) ['gaʊklɐ] *m(f)* <-s, -; -nen> prestidigitador(a) *m(f)*; (*Betrüger*) estafador(a) *m(f)*

Gaul [gaʊl, *pl:* 'gɔɪlə] *m* <-(e)s, Gäule> (*abw*) rocín *m*

Gaumen ['gaʊmən] *m* <-s, -> paladar *m*; **Gaumenfreude** *f* delicia *f*

Gauner(in) ['gaʊnɐ] *m(f)* <-s, -; -nen> ❶ (*abw: Betrüger*) estafador(a) *m(f)*; (*Dieb*) bribón, -ona *m, f*, ficha *f Am* ❷ (*fam: durchtriebener Mensch*) pícaro, -a *m, f*

Gaunerei *f* <-en> ❶ (*Betrug*) estafa *f* ❷ (*Machenschaften*) picaresca *f* ❸ (*böser Streich*) mala jugada *f*

Gaunerin *f* <-nen> *s.* **Gauner**

Gazelle [ga'tsɛlə] *f* <-n> (ZOOL) gacela *f*

G-Dur *nt* <-, *ohne pl*> (MUS) sol *m* mayor

geartet [gə'ʔa:ɐtət] *adj* constituido; **das Problem ist so ~, dass ...** el problema es de tal índole que...

Geäst [gə'ʔɛst] *nt* <-(e)s, *ohne pl*> ramaje *m*

geb. *Abk. von* **geboren** nacido; **Luise Reimann, ~ Klein** Luise Reimann, de soltera Klein

Gebäck [gə'bɛk] *nt* <-(e)s, -e> (*Kekse*) galletas *fpl*, factura *f Arg*; (*Tee~*) pastas *fpl*

gebacken [gə'bakən] *pp von* **backen**

Gebälk [gə'bɛlk] *nt* <-(e)s, -e> vigas *fpl*

geballt [gə'balt] *adj* concentrado

gebannt [gə'bant] *adj* fascinado, cautivado; **sie starrten mich an wie** ~ me miraban como embobados

gebar [gə'ba:ɐ] *3. imp von* **gebären**

Gebärde [gə'bɛ:ɐdə] *f* <-n> gesto *m*

gebärden* *vr:* **sich** ~ comportarse

gebären* [gə'bɛ:rən] <gebärt *o* gebiert, gebar, geboren> *vt* parir; (*Mensch*) dar a luz; **lebend** ~**d** (ZOOL) vivíparo; **wo sind Sie geboren?** ¿dónde nació Ud.?

gebärfähig [gə'bɛ:ɐ-] *adj* fecundo; **im** ~ **en Alter** en edad fecunda

Gebärmutter *f* matriz *f*

gebauchpinselt *adj* (*fam*): **sich** ~ **fühlen** sentirse halagado

Gebäude [gə'bɔɪdə] *nt* <-s, -> ❶ (*Bauwerk*) edificio *m* ❷ (*Gefüge*) sistema *m*

gebaut *adj:* **gut/muskulös** ~ **sein** tener una buena constitución física/una constitución musculosa

Gebeine [gə'baɪnə] *ntpl* (*geh*) osamenta *f*

Gebell *nt* <-(e)s, *ohne pl*> (*fam abw*) ladridos *mpl*

geben ['ge:bən] <gibt, gab, gegeben> **I.** *vt* ❶ (*reichen*) dar; (*aushändigen*) entregar; (*verteilen*) repartir; (*schenken*) regalar; (*beim Telefonieren*) pasar; **ich gab nichts auf sein Gerede** no hice caso a lo que dijo; **er würde viel darum** ~, **wenn ...** lo que daría él por... +*inf*; **jdm etw zu verstehen** ~ dar a entender algo a alguien; **etw auf sich** *dat* ~ decir algo ❷ (*gewähren*) dar; (*Kredit*) conceder; **jdm Recht** ~ dar(le) la razón a alguien ❸ (*ergeben*) dar, producir; **das gibt keinen Sinn** esto no tiene (ningún) sentido ❹ (*veranstalten*) hacer, dar; (TV) poner; (*clases de*) II. *vunpers* (*existieren*) haber; **was gibt's?** (*fam*) ¿qué hay?; **es gibt heute Fisch** hoy hay pescado; **das gibt's doch gar nicht!** ¡imposible!; **was es nicht alles gibt!** ¡lo que hay que ver!; **das hat es ja noch nie ge~!** ¡eso no ha pasado nunca!; **gibt es noch Eintrittskarten?** ¿quedan todavía entradas? **III.** *vi* ❶ (*bei Kartenspiel*) dar ❷ (SPORT: *Aufschlag haben*) sacar **IV.** *vr:* **sich** ~ ❶ (*nachlassen*) pasar ❷ (*sich benehmen*) dárselas (*als* de)

Gebet [gə'be:t] *nt* <-(e)s, -e> oración *f;* **Gebetbuch** *nt* devocionario *m*

gebeten [gə'be:tən] *pp von* **bitten**

gebetsmühlenhaft I. *adj* (*fam abw*) continuo **II.** *adv* (*fam abw*) de forma continua, sin parar

gebiert [gə'bi:ɐt] *3. präs von* **gebären**

Gebiet [gə'bi:t] *nt* <-(e)s, -e> ❶ (*Fläche: Gesamt~*) territorio *m;* (*Teil~*) zona *f* ❷ (*Sachbereich*) campo *m;* **auf diesem** ~ en este campo

gebieten* [gə'bi:tən] *irr* **I.** *vt* (*geh*) ❶ (*befehlen*) mandar ❷ (*verlangen*) requerir; **besondere Aufmerksamkeit** ~ requerir especial atención **II.** *vi* (*geh*) ❶ (*verfügen*) disponer (*über* de) ❷ (*befehlen*) mandar (*über*)

Gebieter(in) *m(f)* <-s, -; -nen> señor(a) *m(f);* (HIST: *Regent*) soberano, -a *m, f*

gebieterisch *adj* (*geh*) imperioso

Gebilde [gə'bɪldə] *nt* <-s, -> ❶ (*Bild*) figura *f*, imagen *f* ❷ (*Form*) forma *f* ❸ (*Schöpfung*) creación *f* ❹ (*Gefüge*) estructura *f* ❺ (*der Fantasie*) producto *m*

gebildet [gə'bɪldət] *adj* culto

Gebirge [gə'bɪrgə] *nt* <-s, -> sierra *f*, montaña *f;* **im/ins** ~ en/a la sierra

gebirgig *adj* montañoso

Gebiss [gə'bɪs] *nt* <-es, -e> dentadura *f;* (*künstliches*) dentadura *f* postiza

gebissen [gə'bɪsən] *pp von* **beißen**

geblasen [gə'bla:zən] *pp von* **blasen**

geblieben [gə'bli:bən] *pp von* **bleiben**

gebogen [gə'bo:gən] **I.** *pp von* **biegen** **II.** *adj* doblado; (*krumm*) torcido

geboren [gə'bo:rən] **I.** *pp von* **gebären** **II.** *adj:* **ich bin ein** ~**er Dortmunder** soy natural de Dortmund; **er ist der** ~**e Wissenschaftler** nació para (ser) científico; ~**e Schulze** de soltera Schulze

geborgen [gə'bɔrgən] **I.** *pp von* **bergen** **II.** *adj* protegido, a salvo

Geborgenheit *f ohne pl* seguridad *f,* (*sensación f* de) protección *f*

geborsten [gə'bɔrstən] *pp von* **bersten**

Gebot [gə'bo:t] *nt* <-(e)s, -e> ❶ (*Grundsatz*) mandamiento *m;* (*Vorschrift*) precepto *m;* (*Befehl*) orden *f;* **die Zehn** ~**e** los Diez Mandamientos; **Sicherheit ist oberstes** ~ la seguridad ante todo ❷ (*Erfordernis*) necesidad *f* ❸ (*bei Auktion*) oferta *f*

geboten [gə'bo:tən] **I.** *pp von* **bieten**, **gebieten** **II.** *adj* (*ratsam*) aconsejable; **erhöhte Vorsicht ist** ~ aconsejamos mucha precaución

Gebrabbel *nt* <-s, *ohne pl*> (*fam abw*) farfulla *f*

gebracht [gə'braxt] *pp von* **bringen**

gebrannt [gə'brant] **I.** *pp von* **brennen** **II.** *adj* ❶ (*Mandel*) garapiñado ❷ (*prov*): ~**es Kind scheut das Feuer** gato escaldado del agua fría huye

gebraten [gə'bra:tən] *pp von* **braten**

Gebräu [gə'brɔɪ] *nt* <-(e)s, -e> (*abw*) brebaje *m*, mejunje *m*

Gebrauch [gə'braʊx] *m* <-(e)s, *ohne pl*> (*Benutzung*) uso *m*; (*Verwendung*) empleo *m*; **für den eigenen** ~ de uso personal; **von etw** *dat* ~ **machen** hacer uso de algo; **vor** ~ **gut schütteln** agítese antes de usar

Gebräuche [gə'brɔɪçə] *mpl* costumbres *fpl*; **Sitten und** ~ usos y costumbres

gebrauchen * [gə'braʊxən] *vt* ❶ (*Werkzeug*) usar, utilizar; (*Verstand*) emplear; **Gewalt** ~ recurrir a la fuerza ❷ (*nützlich sein*) servir; **das kann ich gut/gar nicht** ~ esto me sirve de mucho/no me sirve de nada

gebräuchlich [gə'brɔɪçlɪç] *adj* común, corriente; **nicht mehr** ~ fuera de uso

Gebrauchsanweisung *f* instrucciones *fpl* de uso; **Gebrauchsgegenstand** *m* artículo *m* de uso

gebraucht [gə'braʊxt] *adj* usado; (*aus zweiter Hand*) de segunda mano; **Gebrauchtwagen** *m* coche *m* de segunda mano

Gebrechen *nt* <-s, -> (*geh*) achaque *m*

gebrechlich [gə'brɛçlɪç] *adj* (*schwach*) débil; (*altersschwach*) decrépito

gebrochen [gə'brɔxən] **I.** *pp von* **brechen** **II.** *adj* (*Mensch*) afligido; (*Stimme*) entrecortado; ~ **deutsch sprechen** chapurrear el alemán

Gebrüder [gə'bry:də] *mpl* hermanos *mpl*

Gebrüll [gə'brʏl] *nt* <-(e)s, *ohne pl*> (*von Menschen*) vocerío *m*; (*von Tieren*) rugido *m*

Gebühr [gə'by:ɐ] *f* <-en> tasa *f*; (*Abgabe*) derechos *mpl*; (*Telefon~*) tarifa *f*; (*Post~*) porte *m*; (*Vermittlungs~*) comisión *f*; (*Autobahn~*) peaje *m*; **eine** ~ **erheben** introducir una tasa; ~ **zahlt Empfänger** porte a cargo del destinatario

gebühren * [gə'by:rən] **I.** *vi* (*geh*) corresponder; **seiner Leistung gebührt Anerkennung** su rendimiento merece ser reconocido **II.** *vr:* **sich** ~ (*geh*) ser apropiado; **wie es sich gebührt** tal como debe ser

gebührend **I.** *adj* debido, conveniente **II.** *adv* como es debido

gebührenfrei *adj* exento de tasas; **gebührenpflichtig** *adj* sujeto a tasas; (*Autobahn*) de peaje

gebunden [gə'bʊndən] **I.** *pp von* **binden** **II.** *adj* ❶ (*einer Sache verpflichtet*) sujeto (*an* a); (*an einen Ort*) ligado (*an* a) ❷ (*Preise*) controlado

Geburt [gə'bu:ɐt] *f* <-en> ❶ (*Entbindung*) parto *m* ❷ (*das Geborenwerden*) nacimiento *m*; **blind von** ~ **an** ciego de nacimiento; **vor/nach Christi** ~ antes/después de Cristo ❸ (*Abstammung*) origen *m*; **von hoher** ~ de noble cuna; **Geburtenkontrolle** *f ohne pl* control *m* de natalidad; **Geburtenrückgang** *m* descenso *m* del número de nacimientos; **geburtenschwach** *adj* (*de tasa*) de natalidad baja; **geburtenstark** *adj* (*de tasa*) de natalidad alta; **Geburtenziffer** *f* índice *m* de natalidad

gebürtig [gə'bʏrtɪç] *adj* natural (*aus* de); **die** ~**en Kölner** los naturales de Colonia

Geburtsdatum *nt* fecha *f* de nacimiento; **Geburtshilfe** *f ohne pl* asistencia *f* médica en el parto; **Geburtsjahr** *nt* año *m* de(l) nacimiento; **Geburtsort** *m* lugar *m* de nacimiento; **Geburtsstation** *f* maternidad *f*, nursery *f Arg*

Geburtstag *m* ❶ (*Jahrestag*) cumpleaños *m inv*; **herzlichen Glückwunsch zum** ~**!** ¡feliz cumpleaños!; ~ **feiern** celebrar el cumpleaños ❷ (*Tag der Geburt*) fecha *f* de nacimiento; **Geburtstagsgeschenk** *nt* regalo *m* de cumpleaños; **Geburtstagskind** *nt* persona *f* que cumple años

Geburtstermin *m* fecha *f* del parto; **Geburtsurkunde** *f* acta *f* de nacimiento

Gebüsch [gə'bʏʃ] *nt* <-(e)s, -e> matorral *m*; (*Dickicht*) maleza *f*

gedacht [gə'daxt] *pp von* **denken, gedenken**

Gedächtnis [gə'dɛçtnɪs] *nt* <-ses, -se> ❶ (*Erinnerungsvermögen*) memoria *f*; **aus dem** ~ de memoria; **ein gutes/schlechtes** ~ **haben** (*für etw*) tener buena/mala memoria (para algo); **jdn/etw im** ~ **behalten** retener a alguien/algo en la memoria; **sich** *dat* **etw ins** ~ **zurückrufen** recordar algo; **sein** ~ **verlieren** perder la memoria ❷ (*Gedenken*) recuerdo *m* (*an* de), memoria *f* (*an* de); **ein Mahnmal zum** ~ **an die Toten** un monumento en memoria de los muertos; **Gedächtnisverlust** *m* pérdida *f* de memoria

gedämpft [gə'dɛmpft] *adj* (*Geräusch*) apagado; (*Licht*) suave; **mit** ~**er Stimme** en voz baja

Gedanke [gə'daŋkə] *m* <-ns, -n> ❶ (*Absicht*) idea *f*; (*Einfall*) ocurrencia *f*; **sich mit dem** ~**n tragen etw zu tun** (*geh*) abrigar la idea de hacer algo; **sie kam auf den** ~**n, dass ...** se le ocurrió que...; **mit dem** ~**n spielen zu ...** jugar con la idea de...; **jdn auf einen** ~**n bringen** hacer pensar a alguien en algo; **auf dumme** ~**n kommen** hacer disparates ❷ (*Überlegung*) pensamiento *m*; **sich** *dat* ~**n machen** pensar; **in** ~**n vertieft** absorto en sus pensamientos; **jdn auf andere ~n bringen** distraer a alguien ③ (*Begriff*) concepto *m*

Gedankenaustausch *m* intercambio *m* de ideas; **Gedankenfreiheit** *f ohne pl* libertad *f* de pensamiento; **Gedankengang** *m* razonamiento *m*, raciocinio *m*; **gedankenlos** *adj* ① (*unüberlegt*) irreflexivo ② (*zerstreut*) distraído; **Gedankenstrich** *m* guión *m*, raya *f*; **Gedankenübertragung** *f ohne pl* telepatía *f*; **gedankenverloren** *adj* ensimismado (en sus ideas)

gedanklich *adj* mental

Gedärm [gə'dɛrm] *nt* <-(e)s, -e> intestinos *mpl*

Gedeck [gə'dɛk] *nt* <-(e)s, -e> cubierto *m*; (*Kaffee~*) servicio *m* de café

gedeckt [gə'dɛkt] *adj* (*Farbe*) apagado

Gedeih [gə'daɪ]: **auf ~ und Verderb** pase lo que pase, para bien o para mal

gedeihen [gə'daɪən] <gedeiht, gedieh, gediehen> *vi sein* ① (*Pflanze*) crecer; (*Kinder*) desarrollarse bien ② (*vorankommen*) avanzar, (*Geschäft*) prosperar

gedenken* *irr vi* (*geh*) ① (*erinnern*) recordar (+*gen*); (*feierlich*) conmemorar (+*gen*); **der Toten ~** recordar a los muertos ② (*vorhaben*) tener la intención (de)

Gedenken *nt* <-s, *ohne pl*> recuerdo *m* (*an* de), conmemoración *f* (*an* de)

Gedenkfeier *f* acto *m* conmemorativo; **Gedenkminute** *f* minuto *m* de silencio; **eine ~ einlegen** guardar un minuto de silencio; **Gedenkstätte** *f* lugar *m* conmemorativo; **Gedenkstunde** *f* acto *m* conmemorativo [*o* solemne]; **Gedenktag** *m* aniversario *m*

Gedicht [gə'dɪçt] *nt* <-(e)s, -e> poema *m*

gediegen [gə'di:gən] *adj* ① (*von guter Qualität*) bien hecho ② (*Charakter*) íntegro; (*Kenntnisse*) sólido ③ (*rein*) puro; (*Gold*) de ley

gedieh [gə'di:] *3. imp von* **gedeihen**

gediehen [gə'di:ən] *pp von* **gedeihen**

Gedöns [gə'dœːns] *nt* <-es, *ohne pl*> (*reg*) ① (*Getue*) aspaviento *m* ② (*Zeug, Ding*) trasto *m*

Gedränge [gə'drɛŋə] *nt* <-s, *ohne pl*> ① (*Drängelei*) apreturas *fpl* ② (*Menschenmenge*) gentío *m*

gedroschen [gə'drɔʃən] *pp von* **dreschen**

gedrungen [gə'drʊŋən] I. *pp von* **dringen** II. *adj* regordete

Geduld [gə'dʊlt] *f ohne pl* paciencia *f*; **die ~ verlieren** perder la paciencia; **mit jdm/ etw ~ haben** tener paciencia con alguien/ algo; **jds ~ auf die Probe stellen** poner a prueba la paciencia de alguien

gedulden* [gə'dʊldən] *vr*: **sich ~** tener paciencia; (*warten*) esperar

geduldig I. *adj* paciente II. *adv* con paciencia

Geduldsfaden *m*: **jetzt reißt mir aber der ~**! (*fam*) ¡ahora se me acabó la paciencia!; **Geduldsprobe** *f* prueba *f* de paciencia

gedurft [gə'dʊrft] *pp von* **dürfen**

geehrt [gə'ʔeːɐt] *adj* (*in Briefen*) estimado; **sehr ~er Herr X** estimado Sr. X; (**meine**) **sehr ~e(n) Damen und Herren** muy Sres. míos

geeignet [gə'ʔaɪɡnət] *adj* ① (*Mensch*) apto (*für* para); **jdn für ~ halten** considerar a alguien competente ② (*Material*) adecuado (*für* para) ③ (*zweckmäßig*) oportuno

Gefahr [gə'faːɐ] *f* <-en> peligro *m* (*für* para); (*Wagnis*) riesgo *m*; **in ~ schweben** correr peligro; **außer ~ sein** estar fuera de peligro; **auf eigene ~** por propia cuenta y riesgo; **~ laufen etw zu tun** correr el riesgo de hacer algo; **auf die ~ hin, dass ...** a riesgo de que... +*subj*

gefährden* [gə'fɛːɐdən] *vt* poner en peligro; (*bedrohen*) amenazar; (*aufs Spiel setzen*) arriesgar

Gefährdung *f* <-en> amenaza *f* (*für* para, *durch* a causa de/por parte de)

gefahren [gə'faːrən] *pp von* **fahren**

Gefahrenherd *m* foco *m* de peligro

gefährlich [gə'fɛːɐlɪç] *adj* peligroso; (*gewagt*) arriesgado; (*Krankheit*) grave

gefahrlos *adj* sin peligro

Gefährte, -in [gə'fɛːɐtə] *m*, *f* <-n, -n; -nen> (*geh*) compañero, -a *m*, *f*

Gefälle [gə'fɛlə] *nt* <-s, -> ① (*Neigung*) pendiente *f* ② (*Unterschied*) diferencia *f*

gefallen¹ [gə'falən] I. *pp von* **fallen, gefallen** II. *adj* (*gestorben*) caído

gefallen*² *irr vi* gustar; **es gefällt mir gar nicht, dass ...** no me gusta nada que... +*subj*; **sich** *dat* **etw ~ lassen** (*fam*) aguantar algo

---

? **Grammatik**

El verbo **gefallen** significa gustar en general o desde un punto de vista estético: *Der Freund deiner Schwester gefällt mir gar nicht. – El novio de tu hermana no me gusta en absoluto. Dein neuer Rock gefällt mir sehr. – Me gusta mucho tu falda nueva.*

schmecken – *gustar* se usa con comida o bebida: *Schmeckt dir die Fischsuppe?– ¿Te gusta la sopa de pescado?*

Dieser Wein schmeckt ausgezeichnet.
– Este vino tiene un sabor excelente.

Gefallen¹ *nt* <-s, *ohne pl*> (*Freude*) gusto *m;* **an etw** *dat*/**jdm ~ finden** tomarle gusto a algo/encontrar a alguien simpático
Gefallen² *m* <-s, -> (*Gefälligkeit*) favor *m;* **jdm einen ~ tun** hacer un favor a alguien
Gefallene(r) *mf* <-n, -n; -n> (soldado *mf*) caído, -a *m, f*
gefällig [gə'fɛlɪç] *adj* ❶ (*hilfsbereit*) servicial; **jdm ~ sein** ser servicial con alguien ❷ (*ansprechend*) agradable ❸ (*erwünscht*): **ein Stück Kuchen ~?** ¿le apetece un trozo de tarta?
Gefälligkeit¹ *f* <-en> favor *m;* **jdm eine ~ erweisen** hacer un favor a alguien
Gefälligkeit² *f ohne pl* amabilidad *f;* (*Entgegenkommen*) deferencia *f;* **etw aus reiner ~ tun** hacer algo por complacer
gefälligst [gə'fɛlɪçst, gə'fɛlɪkst] *adv* (*fam*): **lass mich ~ in Ruhe!** ¡haz el favor de dejarme en paz!
gefangen [gə'faŋən] **I.** *pp von* **fangen II.** *adj* ❶ (*in Gefangenschaft*): **~ halten** tener encarcelado; **~ nehmen** tomar preso; (*Kriegsgefangene*) hacer prisionero ❷ (*gebannt*) cautivado; **jds Aufmerksamkeit ~ halten** (*geh*) cautivar la atención de alguien
Gefangene(r) *mf* <-n, -n; -n> ❶ (*Kriegs~*) prisionero, -a *m, f* de guerra ❷ (*Häftling*) preso, -a *m, f*
Gefangennahme [gə'faŋənnaːmə] *f ohne pl* detención *f*, captura *f*
Gefangenschaft *f* <-en> prisión *f*
Gefängnis [gə'fɛŋnɪs] *nt* <-ses, -se> ❶ (*Gebäude*) cárcel *f;* **ins ~ kommen** ir a la cárcel; **im ~ sitzen** estar en la cárcel ❷ (*Strafe*) prisión *f;* **ein Jahr ~ bekommen** ser condenado a un año de cárcel; **Gefängnisstrafe** *f* pena *f* de cárcel; **jdn zu einer ~ verurteilen** condenar a alguien a prisión; **Gefängniswärter(in)** *m(f)* carcelero, -a *m, f*
Gefasel [gə'faːzəl] *nt* <-s, *ohne pl*> (*fam abw*) sandeces *fpl*
Gefäß [gə'fɛːs] *nt* <-es, -e> ❶ (*Behälter*) vasija *f*, recipiente *m* ❷ (MED) vaso *m*
gefasst [gə'fast] *adj* ❶ (*beherrscht*) contenido, sereno ❷ (*eingestellt*) preparado (*auf* para); **sich auf etw ~ machen** prepararse para algo
Gefäßverkalkung *f* (MED) arterioesclerosis *f inv*
Gefecht [gə'fɛçt] *nt* <-(e)s, -e> combate *m*
gefeit [gə'faɪt] (*geh*): **gegen etw ~ sein**

estar a salvo de algo
Gefieder [gə'fiːdɐ] *nt* <-s, -> plumaje *m*
gefiedert *adj* con plumas
Geflecht [gə'flɛçt] *nt* <-es, -e> (*Netz*) red *f;* (*Korb~*) labor *f* de mimbre
geflissentlich [gə'flɪsəntlɪç] *adv* a propósito, adrede; **etw ~ überhören** hacerse el sordo a propósito
geflochten [gə'flɔxtən] *pp von* **flechten**
geflogen [gə'floːgən] *pp von* **fliegen**
geflohen [gə'floːən] *pp von* **fliehen**
geflossen [gə'flɔsən] *pp von* **fließen**
Geflügel *nt* <-s, *ohne pl*> ❶ (*als Haustiere*) aves *fpl* de corral ❷ (*Fleisch*) carne *f* de ave
geflügelt *adj* alado, con alas; **ein ~es Wort** un dicho
Geflüster [gə'flʏstɐ] *nt* <-s, *ohne pl*> cuchicheo *m*
gefochten [gə'fɔxtən] *pp von* **fechten**
Gefolge *nt* <-s, -> séquito *m*
Gefolgschaft¹ *f ohne pl* (*Treue*) vasallaje *m*
Gefolgschaft² *f* <-en> (*Anhänger*) seguidores *mpl;* (SPORT) aficionados *mpl*
gefragt [gə'fraːkt] *adj* (*Künstler*) solicitado; (*Ware*) de gran demanda
gefräßig [gə'frɛːsɪç] *adj* (*abw*) voraz; (*verfressen*) glotón, comilón
gefressen [gə'frɛsən] *pp von* **fressen**
gefrieren* [gə'friːrən] *irr vi sein* helarse; (*in Kühltruhe*) congelarse
Gefrierfach *nt* congelador *m;* **gefriergetrocknet** *adj* liofilizado; **Gefrierpunkt** *m* punto *m* de congelación; **Temperaturen um den/unter dem/über dem ~** temperaturas alrededor de/bajo/sobre cero grados; **Gefrierschrank** *m* congelador *m;* **Gefriertruhe** *f* congelador *m*
gefroren [gə'froːrən] **I.** *pp von* **frieren, gefrieren II.** *adj* helado; **hart ~ congelado**
Gefüge [gə'fyːgə] *nt* <-s, -> ❶ (*Struktur*) estructura *f;* (*System*) sistema *m* ❷ (*das Zusammengefügte*) construcción *f*
gefügig *adj* (*abw*) dócil, sumiso; **sich** *dat* **jdn ~ machen** doblegarse a alguien
Gefühl¹ [gə'fyːl] *nt* <-(e)s, -e> ❶ (*körperlich*) sensación *f;* **ohne ~** insensible; **kein ~ in den Fingern haben** no tener sensibilidad en los dedos; **etw mit ~ machen** hacer algo con finura ❷ (*seelisch*) sentimiento *m;* **das Höchste der ~e** el non plus ultra; **sie erwiderte seine ~e nicht** no respondía a sus sentimientos
Gefühl² *nt* <-(e)s, *ohne pl*> ❶ (*Ahnung*) sensación *f;* (*Eindruck*) impresión *f;* **ich habe das ~, dass er lügt** tengo la sensación de que miente; **etw im ~ haben**

intuir algo **❷** (*Sinn*) sentido *m;* **ein ~ für Gerechtigkeit** sentido de la justicia
gefühllos *adj* insensible; (*hartherzig*) impasible
Gefühlsausbruch *m* arrebato *m* de sentimientos; **gefühlsbetont** *adj* sentimental; **Gefühlsduselei** [gəfy:lsdu:zə'laɪ] *f* <-en> (*fam abw*) sentimentalismo *m;* **gefühlskalt** *adj* frío, impasible; **gefühlsmäßig** *adj* **❶** (*seelisch*) sentimental **❷** (*intuitiv*) intuitivo; **Gefühlsregung** *f* emoción *f;* **Gefühlssache** *f* sensación *f;* **das ist reine ~** se trata de una mera sensación
gefühlvoll *adj* sentimental; (*empfindsam*) sensible; (*liebevoll*) cariñoso
Gefummel *nt* <-s, *ohne pl*> (*fam*) **❶** (*schwierige Arbeit*) trabajo *m* (fastidioso) **❷** (*Berührung*) toqueteo *m;* (*sexuell*) manoseo *m,* sobe *m*
gefunden [gə'fʊndən] *pp von* **finden**
gegangen [gə'gaŋən] *pp von* **gehen**
gegeben [gə'ge:bən] **I.** *pp von* **geben** **II.** *adj* **❶** (*vorhanden*) dado; **unter den ~en Umständen** dadas las circunstancias **❷** (*geeignet*) apropiado, oportuno; **zu ~er Zeit** en el momento oportuno
gegebenenfalls [gə'ge:bənənfals] *adv* dado el caso
Gegebenheit *f* <-en> hecho *m;* (*Umstand*) circunstancia *f*
gegen ['ge:gən] **I.** *präp +akk* **❶** (*entgegen*) en contra de, contra; (*im Gegensatz zu*) contrario a; **ich habe nichts ~ dich** no tengo nada en contra tuya; **das ist ~ das Gesetz** esto va contra la ley **❷** (*angelehnt*) contra; **~ die Wand** contra la pared **❸** (*zur Bekämpfung von*) contra; **etwas ~ Kopfschmerzen** algo contra el dolor de cabeza **❹** (*Richtung*) hacia **❺** (*verglichen mit*) en comparación con **❻** (*im Austausch für*) contra, por; **Lieferung nur ~ bar** entrega contra pago al contado; **~ Vorlage des Personalausweises** presentando el carné de identidad **❼** (*zeitlich*) sobre; **~ Abend** al anochecer **II.** *adv* (*etwa*) alrededor de
Gegenangriff *m* **❶** (MIL) contraofensiva *f* **❷** (SPORT) contraataque *m;* **Gegenanzeige** *f* (MED) contraindicación *f;* **Gegenargument** *nt* contraargumento *m;* **Gegenbeispiel** *nt* contraejemplo *m;* **Gegenbeweis** *m* prueba *f* en contra; **den ~ erbringen** probar lo contrario
Gegend ['ge:gənt] *f* <-en> **❶** (*Gebiet*) región *f,* zona *f;* (*Stadtviertel*) barrio *m;* **in der ~ von Hamburg** cerca de Hamburgo **❷** (*Umgebung*) alrededores *mpl;* **die ~ um Madrid** los alrededores de Madrid **❸** (*Wend*): **durch die ~ laufen** (*fam*) dar

un paseo; **in die ~ gucken** (*fam*) dejar vagar la mirada
Gegendarstellung *f* rectificación *f*
gegeneinander [ge:gən'ʔaɪ'nandɐ] *adv* uno contra otro; **zwei Dinge ~ abgrenzen** fijar los límites de algo
Gegenfahrbahn *f* carril *m* contrario; **Gegengewicht** *nt* contrapeso *m;* **als ~ zu etw** *dat* como contrapeso a algo; **Gegengift** *nt* antídoto *m*
gegenläufig *adj* (*Entwicklung*) contrario; (TECH) en sentido contrario
Gegenleistung *f* contrapartida *f;* **als ~ für etw** como contrapartida a algo; **Gegenliebe** *f* amor *m* recíproco; **auf (wenig) ~ stoßen** ser (poco) correspondido; **Gegenmaßnahme** *f* contramedida *f;* **Gegenmittel** *nt* (MED, PHARM: *gegen eine Krankheit*) vacuna *f* (*gegen* contra); (*gegen ein Gift*) antídoto *m* (*gegen* contra); **Gegenoffensive** *f* contraofensiva *f;* **Gegenreformation** *f* (HIST) Contrarreforma *f;* **Gegenrichtung** *f* dirección *f* opuesta
Gegensatz *m* **❶** (*Verschiedenheit*) oposición *f;* **im ~ zu etw** *dat* estar en oposición con algo; **im ~ zu dir** a diferencia de ti **❷** (*Unterschied*) contraste *m;* **einen ~ zu etw** *dat* **bilden** contrastar con algo; **Gegensätze ziehen sich an** los extremos se atraen **❸** (*Widerspruch*) contradicción *f* (*zu* con)
gegensätzlich ['--zɛtslɪç] *adj* (*entgegengesetzt*) contrario; (*widersprüchlich*) opuesto
Gegensätzlichkeit *f ohne pl* divergencia *f*
Gegenschlag *m* contragolpe *m,* contraataque *m;* **Gegenseite** *f* **❶** (*räumlich*) lado *m* opuesto **❷** (POL) (partido *m* de la) oposición *f* **❸** (JUR) parte *f* contraria
gegenseitig ['ge:gənzaɪtɪç] *adj* mutuo, recíproco; **in ~em Einverständnis** de mutuo acuerdo; **sich** *dat* **~ helfen** ayudarse el uno al otro
Gegenseitigkeit *f ohne pl* reciprocidad *f;* **das beruht auf ~** esto es recíproco
Gegenspieler(in) *m(f)* contrincante *mf;* **Gegensprechanlage** *f* interfono *m,* dúplex *m*
Gegenstand *m* <-(e)s, -stände> **❶** (*Körper*) objeto *m;* (*Ding*) cosa *f* **❷** (*Thema*) tema *m,* objeto *m*
gegenständlich ['ge:gənʃtɛntlɪç] *adj* (KUNST) figurativo
gegenstandslos *adj* **❶** (*hinfällig*) sin validez; (*überflüssig*) superfluo **❷** (*unbegründet*) sin fundamento **❸** (KUNST) abstracto
Gegenstück *nt* **❶** (*Gegensatz*) lo contrario (*zu* de) **❷** (*Pendant*) equivalente *m* (*zu*

de); **Gegenteil** *nt* lo contrario (*von* de); (**ganz**) **im ~**! ¡al contrario!

gegenteilig *adj* contrario, opuesto

gegenüber [gegən'ʔyːbɐ] **I.** *präp* +*dat* ❶ (*örtlich*) frente a, enfrente de; **er wohnt mir ~** vive enfrente de mí ❷ (*einer Person*) frente a; (*in Gegenwart*) delante de; (*angesichts*) ante; **das wäre ihm ~ unfair** sería injusto por lo que a él respecta ❸ (*im Vergleich zu*) en comparación con **II.** *adv* enfrente

Gegenüber *nt* <-s, -> el *m* de enfrente, la *f* de enfrente

gegenüberliegend *adj* de enfrente; **auf der ~en Seite** en el lado opuesto; **gegenüberstehen** *irr vi:* **jdm positiv/negativ ~** tener simpatía/antipatía hacia alguien; **etw** *dat* **positiv/negativ ~** defender/rechazar algo; **gegenüberstellen** *vt* ❶ (*Person*) confrontar (+*dat* con); (JUR) carear (+*dat* con) ❷ (*vergleichen*) comparar (+*dat* con); **Gegenüberstellung** *f* ❶ (*von Personen*) confrontación *f*; (JUR) careo *m* ❷ (*Vergleich*) comparación *f*

Gegenverkehr *m* tráfico *m* en contra; **Gegenvorschlag** *m* contrapropuesta *f*, contraproposición *f*

Gegenwart ['geːgənvart] *f* ohne *pl* ❶ (*Jetztzeit*) presente *m*; **die Kunst der ~** el arte contemporáneo ❷ (LING) presente *m* ❸ (*Anwesenheit*) presencia *f*

gegenwärtig ['geːgənvɛrtɪç] *adj* presente; (*aus dieser Zeit*) contemporáneo; **etw ist jdm nicht ~** alguien no tiene presente algo

Gegenwehr *f* (*Verteidigung*) defensa *f*; (*Widerstand*) resistencia *f*; **~ leisten** ofrecer resistencia; **Gegenwert** *m* contravalor *m*; **Gegenwind** *m* viento *m* en contra; **gegenzeichnen** *vt* refrendar; **Gegenzug** *m* ❶ (*Schach*) (jugada *f* de) respuesta *f* ❷ (*Reaktion*) reacción *f* a la contra; **im ~** (**zu**) como compensación (por)

gegessen [gə'gɛsən] *pp von* **essen**

geglichen [gə'glɪçən] *pp von* **gleichen**

geglitten [gə'glɪtən] *pp von* **gleiten**

geglommen [gə'glɔmən] *pp von* **glimmen**

Gegner(**in**) ['geːgnɐ] *m(f)* <-s, -; -nen> adversario, -a *m, f*, oponente *mf*

gegnerisch *adj* contrario; **die ~en Parteien** los partidos contrarios

Gegnerschaft *f* <-en> oposición *f*

gegolten [gə'gɔltən] *pp von* **gelten**

gegoren [gə'goːrən] *pp von* **gären**

gegossen [gə'gɔsən] *pp von* **gießen**

gegraben [gə'graːbən] *pp von* **graben**

gegriffen [gə'grɪfən] *pp von* **greifen**

Gegröle [gə'grøːlə] *nt* <-s, ohne *pl*> (*fam*

abw) griterío *m*, vocerío *m*

Gehabe [gə'haːbə] *nt* <-s, ohne *pl*> (*abw*) pose *f*; (*Gestik*) ademanes *mpl*

Gehackte(**s**) *nt* <-n, ohne *pl*> carne *f* picada

Gehalt¹ [gə'halt] *m* <-(e)s, -e> ❶ (*Anteil*) contenido *m* (*an* de); (*prozentual*) porcentaje *m*; (CHEM) grado *m* ❷ (*Alkohol~*) grados *mpl* ❸ (*geistig*) sustancia *f*

Gehalt² [gə'halt, *pl:* gə'hɛltə] *nt* <-(e)s, Gehälter> salario *m*

gehalten [gə'haltən] *pp von* **halten**

gehaltlos *adj* ❶ (*Metall*) pobre (*an* en); (*Essen*) sin sustancia ❷ (*oberflächlich*) insignificante

Gehaltsabrechnung *f* liquidación *f* de la nómina; **Gehaltsempfänger**(**in**) *m(f)* asalariado, -a *m, f*; **Gehaltserhöhung** *f* aumento *m* salarial; **Gehaltskonto** *nt* cuenta-salario *f*; **Gehaltsvorstellung** *f* aspiraciones *fpl* económicas

gehaltvoll *adj* ❶ (*Essen*) sustancioso ❷ (*Buch*) valioso

gehandikapt [gə'hɛndikɛpt] *adj o adj* en desventaja

gehangen [gə'haŋən] *pp von* **hängen¹**

gehässig [gə'hɛsɪç] *adj* (*abw*) lleno de odio; (*böswillig*) malévolo; (*feindselig*) hostil

Gehässigkeit¹ *f* ohne *pl* (*Böswilligkeit*) malevolencia *f*; (*Feindseligkeit*) hostilidad *f*

Gehässigkeit² *f* <-en> (*Bemerkung*) grosería *f*

gehauen [gə'hauən] *pp von* **hauen**

gehäuft [gə'hɔɪft] *adj* ❶ (*Auftreten*) frecuente ❷ (*voll*) lleno; **ein ~er Löffel** una cucharada colmada

Gehäuse [gə'hɔɪzə] *nt* <-s, -> carcasa *f*; (*von Uhr*) caja *f*; (AUTO) cárter *m*; (INFOR) caja *f*; (*vom Obst*) corazón *m*

gehbehindert ['geːbəhɪndɐt] *adj* inválido

Gehege [gə'heːgə] *nt* <-s, -> cercado *m*

geheim [gə'haɪm] *adj* secreto; (*Kräfte*) oculto; (*vertraulich*) confidencial; **streng ~** altamente secreto; **etw ~ halten** mantener algo en secreto; **etw vor jdm ~ halten** ocultar algo a alguien; **Geheimagent**(**in**) *m(f)* agente *mf* secreto, -a; **Geheimdienst** *m* servicio *m* secreto

Geheimnis *nt* <-ses, -se> secreto *m*; (*Unerforschtes*) misterio *m*; **jdm ein ~ anvertrauen** confiar a alguien un secreto; **ein ~ verraten** revelar un secreto; **ein offenes ~** un secreto a voces; **ein ~ vor jdm haben** ocultarle algo a alguien; **er macht kein ~ daraus, dass ...** no oculta que...; **Geheimniskrämer**(**in**) *m(f)* (*fam abw*) secretista *mf*; **Geheimniskrämerei** *f* (*fam abw*) secreteo *m*; **Geheimniskrä-**

merin *f s.* Geheimniskrämer; **geheimnisvoll** *adj* misterioso

Geheimnummer *f* número *m* secreto; **Geheimpolizei** *f* policía *f* secreta; **Geheimsache** *f* asunto *m* confidencial; **Geheimschrift** *f* escritura *f* cifrada; **Geheimtipp** *m* soplo *m;* **Geheimtür** *f* puerta *f* secreta; **Geheimzahl** *f* número *m* secreto

Geheiß [gə'haɪs] *nt* <-es, *ohne pl*> (*geh*) orden *f; etw auf jds* ~ **tun** hacer algo por orden de alguien

geheißen *pp von* **heißen**

gehemmt I. *adj* cohibido **II.** *adv* cohibidamente, con inseguridad

gehen ['ge:ən] <geht, ging, gegangen> **I.** *vi sein* ❶ (*allgemein*) ir; (*zu Fuß*) andar; **zu Fuß** ~ ir a pie; **ich gehe jetzt zum Arzt** ahora me voy al médico; **es geht immer geradeaus** es todo seguido; **aufs Gymnasium/in die Schule** ~ ir al instituto/al colegio; **sie ging zum Film** se hizo actriz; **ins Bett** ~ irse a la cama; **tanzen/ schwimmen/schlafen** ~ ir a bailar/a nadar/a dormir; **an Land** ~ bajar a tierra; **an die Arbeit** ~ empezar a trabajar; **das geht zu weit** eso pasa de la raya; **wie war der Film? − es geht** (*fam*) ¿qué tal la película? − regular; **bist du wieder gesund? − es geht** (*fam*) ¿ya estás bien? − voy tirando; **darum geht es mir nicht** eso no me interesa; **wie geht's?** ¿qué tal?; **es geht mir gut** me va bien; **lass es dir gut** ~**!** ¡que te vaya bien!; **sie ließen es sich** *dat* **gut** ~ se permitieron algunos lujos; **es geht mir schlecht** (*körperlich*) me encuentro mal; (*finanziell*) estoy mal de dinero; **wie** ~ **die Geschäfte?** ¿qué tal andan los negocios?; **mir ist es genauso gegangen** me pasó lo mismo; **ich hörte, wie die Tür ging** escuché la puerta; **so geht das nicht weiter** esto no puede seguir así; **das geht über meine Kräfte** esto sobrepasa mis fuerzas; **mir geht nichts über meinen Urlaub** para mí no hay nada más importante que las vacaciones; **in Zivil/in Schwarz** ~ ir de paisano/ de luto; **das geht in die Tausende** esto asciende a varios miles; **in Stücke** ~ romperse; **in sich** ~ reflexionar sobre sí mismo; **mit der Zeit** ~ estar al día; **er ist von uns gegangen** (*geh*) nos ha dejado; **das Essen geht auf mich** la comida corre de mi cuenta; **das Fenster geht aufs Meer** la ventana da al mar; **wenn es nach mir ginge, ...** si dependiera de mí...; **gehst du noch mit ihm?** (*fam*) ¿todavía sales con él?; **über Leichen** ~ (*fig*) no tener

escrúpulos; **wo sie geht und steht** (*fam*) a todas partes; **vor sich** ~ (*fam*) ocurrir ❷ (*weg~*) irse; (*Zug*) salir (*um* a, *nach* para); ❸ (*funktionieren*) funcionar; (*Uhr*) andar; **die Uhr geht (falsch)** el reloj anda (mal); **gut** ~ ir bien; **ich zeige dir, wie das geht** te enseño cómo se hace; **kann ich helfen? − danke, es geht schon** ¿le ayudo? − gracias, ya está; **hoffentlich geht das gut!** ¡ojalá salga bien!; **das ist ja noch mal gut gegangen** ha resultado bien otra vez; **wenn alles gut geht, ...** si todo va bien...; **schief** ~ (*fam*) fracasar; **wird schon schief** ~**!** (*fam iron*) ¡todo se arreglará! ❹ (*sich gut verkaufen*) tener buena salida; **gut** ~**d** floreciente ❺ (*Teig*) subir ❻ (*Wind*) soplar ❼ (*reichen*) llegar (*bis* hasta) ❽ (*hindurchpassen*) caber (*durch* por, *in* en); **das geht nicht in meinen Kopf** no me cabe en la cabeza ❾ (*andauern*) durar ❿ (*möglich sein*) ser posible; **es wird schon** ~ todo saldrá bien; **nichts geht mehr** (*im Kasino*) no va más ⓫ (*betreffen*) tratarse (*um* de); **worum geht's denn?** ¿de qué se trata? ⓬ (*urteilen*) juzgar (*nach* por/según); **danach kann man nicht** ~ uno no se puede guiar por eso ⓭ (*Wend*): ~ **lassen** (*fam: in Ruhe lassen*) dejar tranquilo; **sich** ~ **lassen** descuidarse, abandonarse **II.** *vt* ❶ *sein* (*Strecke*) recorrer ❷ (*Wend*): **sie ist gegangen worden** (*fam*) la han echado a la calle

geheuer [gə'hɔɪɐ] *adj:* **nicht (ganz)** ~ **sein** (*verdächtig*) ser sospechoso; **das ist mir nicht** ~ (*unheimlich*) me da algo de miedo

Gehilfe, -in [gə'hɪlfə] *m, f* <-n, -n; -nen> ayudante *mf*

Gehirn [gə'hɪrn] *nt* <-(e)s, -e> cerebro *m;* **gehirnamputiert** *adj* (*fam: sehr dämlich*) tonto de remate; **Gehirnerschütterung** *f* (MED) conmoción *f* cerebral; **Gehirnhautentzündung** *f* (MED) meningitis *f inv;* **Gehirnschlag** *m* (MED) derrame *m* cerebral; **Gehirntumor** *m* (MED) tumor *m* cerebral; **Gehirnwäsche** *f* lavado *m* de cerebro; **Gehirnzelle** *f* (ANAT) célula *f* cerebral

gehoben [gə'ho:bən] **I.** *pp von* **heben** **II.** *adj* ❶ (*Stellung*) elevado; ~**er Dienst** funcionariado de alto grado ❷ (*Ausdrucksweise*) culto ❸ (*Stimmung*) festivo

Gehöft [gə'hø:ft] *nt* <-(e)s, -e> granja *f*

geholfen [gə'hɔlfən] *pp von* **helfen**

Gehör [gə'hø:ɐ] *nt* <-(e)s, *ohne pl*> ❶ (*Hörvermögen*) oído *m;* **nach dem** ~ **spielen** tocar de oído ❷ (*Aufmerksamkeit*) atención *f;* **jdm** ~ **schenken** prestar atención a alguien; **sich** *dat* ~ **verschaf-**

fen hacerse escuchar

gehorchen* *vi* obedecer; **jdm nicht ~** desobedecer a alguien; **seine Stimme/ seine Hand gehorchte ihm nicht** su voz/su mano no le respondió

gehören* I. *vi* ❶ (*als Eigentum*) pertenecer (a), ser (de); **das Auto gehört ihm** el coche es suyo ❷ (*zugewandt sein*) ser partidario (de); **sein Herz gehört dem Rennsport** su corazón está en las carreras ❸ (*zählen zu*) formar parte (*zu* de); **er gehört jetzt zur Familie** ahora forma parte de la familia ❹ (*seinen Platz haben*) tener su sitio (*in* en); **wo gehört das hin?** ¿dónde se pone esto? ❺ (*nötig sein*) hacer falta, requerir; **dazu gehört Mut** esto requiere valentía; **er gehört verprügelt** se merece una paliza II. *vr:* **sich** ~ ser conveniente; **das gehört sich nicht** esto no se hace; **wie es sich gehört** como es debido

gehörig I. *adj* ❶ (*gehörend*) perteneciente (*zu* a); **nicht zur Sache** ~ que no corresponde al asunto ❷ (*angemessen*) debido; (*erforderlich*) necesario ❸ (*fam: gründlich*) fuerte; **eine ~e Tracht Prügel** una buena paliza II. *adv* ❶ (*gebührend*) como es debido; **ich habe ihm** ~ **die Meinung gesagt** le dije mi opinión como se merecía ❷ (*gründlich*) mucho; **er wurde** ~ **verprügelt** le dieron una soberana paliza

Gehörlose(r) *mf* <-n, -n; -n> sordo, -a *m, f*

gehorsam *adj* obediente

Gehorsam [gə'hoːɐzaːm] *m* <-s, *ohne pl*> obediencia *f*

Gehsteig ['geːʃtaɪk] *m* <-(e)s, -e> acera *f*, vereda *f Am*

Gehupe [gə'huːpə] *nt* <-s, *ohne pl*> pitada *f*

Gehweg *m* ❶ (*Bürgersteig*) acera *f* ❷ (*Fußweg*) camino *m*

Geier ['gaɪɐ] *m* <-s, -> (ZOOL) buitre *m*

Geige ['gaɪgə] *f* <-n> violín *m;* **die erste** ~ **spielen** (*fam fig*) llevar la voz cantante; **nach jds** ~ **tanzen** (*fam fig*) bailar al son que toca alguien

geigen *vi* (*fam*) tocar el violín; **jdm seine Meinung** ~ decirle a alguien cuatro verdades

Geiger(in) *m(f)* <-s, -; -nen> violinista *mf*

Geigerzähler ['gaɪgɐ-] *m* <-s, -> (PHYS) contador *m* (de) Geiger

geil [gaɪl] *adj* ❶ (*fam: großartig*) guay ❷ (*vulg: lüstern*) cachondo; ~ **werden/ machen** ponerse/poner cachondo; **der ist doch bloß** ~ **auf dich** solamente te tiene ganas

Geisel ['gaɪzəl] *f* <-n> rehén *mf;* ~ **n nehmen** tomar rehenes; **Geiselnahme**

[‘--naːmə] *f* <-n> toma *f* de rehenes; **Geiselnehmer(in)** *m(f)* <-s, -; -nen> secuestrador(a) *m(f)*

Geiß [gaɪs] *f* <-en> (*südd, Österr, Schweiz: Ziege*) cabra *f*

Geißbock *m* (*südd, Österr, Schweiz: Ziegenbock*) macho *m* cabrío

Geißel ['gaɪsəl] *f* <-n> (*fig*) azote *m*

geißeln I. *vt* fustigar II. *vr:* **sich** ~ fustigarse

Geist[1] [gaɪst] *m* <-(e)s, -er> ❶ (*Denker*) espíritu *m* ❷ (*Gespenst*) fantasma *m;* **von allen guten ~ern verlassen sein** (*fam*) perder la cabeza

Geist[2] *m* <-(e)s, *ohne pl*> ❶ (*Verstand*) mente *f;* **etw im ~e vor sich** *dat* **sehen** imaginarse algo vivamente ❷ (*Scharfsinn*) espíritu *m;* (*Witz*) gracia *f* ❸ (*Seele*) espíritu *m;* **der Heilige** ~ el Espíritu Santo; **den** ~ **aufgeben** (*fam*) estropearse, chingarse *Am*

Geisterbahn *f* tren *m* fantasma; **Geisterfahrer(in)** *m(f)* conductor(a) *m(f)* (de coche) kamikaze; **geisterhaft** *adj* misterioso; **Geisterhand** *f:* **wie von** ~ como por arte de magia

geistern *vi sein* ❶ (*herumgehen*): **durch etw** ~ deambular por algo, rondar por algo ❷ (*spuken*): **der Film geistert mir immer noch durch den Kopf** la película no deja de rondarme por la cabeza

Geisterstunde *f* hora *f* bruja

geistesabwesend ['gaɪstəs-] *adj* distraído; **Geistesblitz** *m* (*fam*) ocurrencia *f;* **Geistesgegenwart** *f* presencia *f* de ánimo; **geistesgegenwärtig** *adj* animoso, con presencia de ánimo; **geistesgestört** *adj* perturbado mental; **Geisteshaltung** *f* mentalidad *f;* **geisteskrank** *adj* enfermo mental; **Geisteskrankheit** *f* enfermedad *f* mental; **geistesverwandt** *adj* congenial; **Geisteswissenschaften** *fpl* ciencias *fpl* humanas, letras *fpl fam;* **Geisteswissenschaftler(in)** *m(f)* hombre *m* de letras, mujer *f* de letras; **Geisteszustand** *m ohne pl* estado *m* mental

geistig ['gaɪstɪç] *adj* ❶ (*Kräfte*) mental; ~ **behindert** deficiente mental ❷ (*Mensch*) intelectual

geistlich ['gaɪstlɪç] *adj* espiritual; (*klerikal*) clerical; (*kirchlich*) eclesiástico; ~ **e Musik** música sacra; ~ **er Beistand** apoyo espiritual

Geistliche(r) *m* <-n, -n> eclesiástico *m*

geistlos *adj* insustancial; (*einfallslos*) poco ingenioso; (*dumm*) tonto; (*langweilig*) sin gracia

geistreich *adj* ingenioso, con gracia

Geiz [gaɪts] *m* <-es, *ohne pl*> avaricia *f,*

tacañería *f*

geizen *vi* cicatear (*mit* con)

Geizhals *m* (*abw*) avaro, -a *m, f,* tacaño, -a *m, f*

geizig *adj* avaro, tacaño

Geizkragen *m* (*fam abw*) s. **Geizhals**

Gejammer [gəˈjamɐ] *nt* <-s, *ohne pl*> (*fam abw*) quejas *fpl*

gekannt [gəˈkant] *pp von* **kennen**

Gekicher [gəˈkɪçɐ] *nt* <-s, *ohne pl*> (*fam abw*) risitas *fpl*

Gekläff(e) *nt* <-(e)s, *ohne pl*> (*fam abw*) ladridos *mpl*

Geklapper [gəˈklapɐ] *nt* <-s, *ohne pl*> (*fam abw*) traqueteo *m*

Geklirr [gəˈklɪr] *nt* <-s, *ohne pl*> (*abw*) retintín *m*

geklommen *pp von* **klimmen**

geklungen [gəˈklʊŋən] *pp von* **klingen**

geknickt [gəˈknɪkt] *adj* (*fam: niedergeschlagen*) deprimido, afligido

gekniffen [gəˈknɪfən] *pp von* **kneifen**

gekommen [gəˈkɔmən] *pp von* **kommen**

gekonnt [gəˈkɔnt] I. *pp von* **können** II. *adj* bien hecho

Gekritzel [gəˈkrɪtsəl] *nt* <-s, *ohne pl*> (*abw*) garabatos *mpl*

gekrochen [gəˈkrɔxən] *pp von* **kriechen**

gekünstelt [gəˈkʏnstəlt] *adj* (*abw*) amanerado; (*Stil*) rebuscado; (*Lächeln*) artificial

Gel [geːl] *nt* <-s, -e> gel *m*

Gelaber [gəˈlaːbɐ] *nt* <-s, *ohne pl*> (*abw*) palabrería *f*

Gelächter [gəˈlɛçtɐ] *nt* <-s, -> risa *f,* carcajada *f*

gelackmeiert [gəˈlakmaɪɐt] *adj* (*fam*) embromado

geladen [gəˈlaːdən] I. *pp von* **laden** II. *adj* (*fam: zornig*) furioso; **eine ~e Atmosphäre** un ambiente cargado

Gelage [gəˈlaːgə] *nt* <-s, -> comilona *f*

gelähmt [gəˈlɛːmt] *adj* paralizado

Gelände [gəˈlɛndə] *nt* <-s, -> terreno *m,* playa *f Am*; (*Ausstellungs~*) recinto *m*; (*Fabrik~*) zona *f* industrial

Geländer [gəˈlɛndɐ] *nt* <-s, -> barandilla *f,* baranda *f*; (*Treppen~*) pasamanos *m inv*

Geländerennen *nt* (SPORT) carrera *f* a campo travieso; **Geländewagen** *m* (vehículo *m*) todo terreno *m*

gelang [gəˈlaŋ] *3. imp von* **gelingen**

gelangen* [gəˈlaŋən] *vi sein* ❶ (*ankommen*) llegar (*zu/nach/an* a) ❷ (*erreichen*) lograr (*zu*); **zu einer Überzeugung ~** llegar a una conclusión ❸ (*Schweiz: sich wenden*) dirigirse (*an* a)

gelangweilt [gəˈlaŋvaɪlt] I. *adj* aburrido II. *adv* (*dasitzen, zuhören*) con aburri-

miento; **er gähnte ~** bostezó de aburrimiento

gelassen [gəˈlasən] I. *pp von* **lassen** II. *adj* (*ruhig*) sereno; (*unerschütterlich*) imperturbable III. *adv* con calma; **~ bleiben** no perder la calma

Gelassenheit *f ohne pl* sosiego *m,* serenidad *f*

Gelatine [ʒelaˈtiːnə] *f ohne pl* gelatina *f*

gelaufen [gəˈlaʊfən] *pp von* **laufen**

geläufig [gəˈlɔɪfɪç] *adj* corriente; **dieses Wort ist mir nicht ~** no conozco esta palabra

gelaunt [gəˈlaʊnt] *adj:* **übel ~** malhumorado; **gut/schlecht ~ sein** estar de buen/mal humor

Geläut(e) *nt* <-(e)s, *ohne pl*> repique *m* de campanas

gelb [gɛlp] *adj* amarillo; **das ist nicht das G~e vom Ei** (*fam*) eso no es lo mejor

Gelb *nt* <-s, -> amarillo *m;* **die Ampel stand auf ~** el semáforo estaba en amarillo; **Gelbfieber** *nt* (MED) fiebre *f* amarilla

gelblich *adj* amarillento

Gelbsucht *f ohne pl* (MED) icteɾicia *f*

Geld [gɛlt] *nt* <-(e)s, *ohne pl*> dinero *m,* plata *f Am; etw zu ~ machen* sacar dinero de algo; **um ~ spielen** jugar por dinero; **das geht ganz schön ins ~** esto cuesta un montón; **~ locker machen** (*fam*) soltar la mosca; **im ~ schwimmen** (*fam fig*) nadar en oro; **das ~ zum Fenster rauswerfen** (*fam fig*) tirar los cuartos por la ventana; **jdm das ~ aus der Tasche ziehen** (*fam fig*) timar a alguien; **~ waschen** (*fig*) blanquear dinero; **sie hat ~ wie Heu** (*fam fig*) le sale el dinero hasta por las orejas; **Geldangelegenheit** *f* asunto *m* de dinero; **Geldanlage** *f* inversión *f* de capital; **Geldautomat** *m* cajero *m* automático; **Geldbetrag** *m* suma *f,* importe *m;* **Geldbeutel** *m* monedero *m,* portamonedas *m inv Chil, Ven;* **tief in den ~ greifen** (*fam*) sacudirse el bolsillo; **Geldbörse** *f* s. **Geldbeutel; Geldbuße** *f* multa *f;* **Geldentwertung** *f* devaluación *f* monetaria [*o* de la moneda], desmonetización *f*

Gelder *ntpl* (*Mittel*) fondos *mpl;* **öffentliche ~** fondos públicos

Geldgeber(in) *m(f)* <-s, -; -nen> financiero, -a *m, f;* **geldgierig** *adj* (*abw*) codicioso; **Geldinstitut** *nt* (FIN, WIRTSCH) institución *f* bancaria; **Geldmacherei** *f* <-, *ohne pl*> (*abw fam*) enriquecimiento *m* (sin escrúpulos); **Geldquelle** *f* fuente *m* de financiación; **Geldschein** *m* billete *m* de banco; **Geldschrank** *m* caja *f* de caudales; **Geldschwierigkeiten** *fpl:* **in ~**

sein [*o* **stecken**) tener problemas *mpl* económicos; **Geldsorgen** *fpl* problemas *mpl* financieros; **Geldspende** *f* donativo *m;* **Geldspielautomat** *m* tragaperras *f inv;* **Geldstrafe** *f* multa *f;* **zu einer ~ verurteilen** poner una multa; **Geldstück** *nt* moneda *f;* **Geldverlegenheit** *f* apuros *mpl* (económicos); **in ~ sein** estar en un apuro, pasar estrecheces; **Geldverschwendung** *f* despilfarro *m* (de dinero); **Geldwäsche** *f* (*fam*) blanqueo *m* de dinero; **Geldwechsel** *m* (FIN) cambio *m;* **Geldwert** *m* *ohne pl* valor *m* monetario

Gelee [ʒe'le:] *m o nt* <-s, -s> jalea *f*

gelegen [gə'le:gən] **I.** *pp von* **liegen II.** *adj* ❶ (*örtlich*) situado; **gut/zentral ~** bien situado/céntrico ❷ (*passend*) conveniente, oportuno **III.** *adv* a propósito; **Ihr Angebot kommt mir sehr ~** su oferta me viene muy a propósito; **mir ist viel/wenig daran ~, dass ...** considero muy/poco importante que... +*subj*

Gelegenheit *f* <-en> ocasión *f* (*zu* para); (*günstige*) oportunidad *f;* **die ~ haben etw zu tun** tener la ocasión de hacer algo; **bei dieser ~** en esta ocasión; **wenn sich die ~ bietet** si se presenta la oportunidad; **die ~ beim Schopfe fassen** aprovechar la ocasión; **Gelegenheitsarbeit** *f* trabajo *m* ocasional, changa *f Arg;* **Gelegenheitsarbeiter(in)** *m(f)* obrero, -a *m, f* de ocasión, changador(a) *m(f) Arg;* **Gelegenheitskauf** *m* (COM) ocasión *f,* ganga *f fam*

gelegentlich I. *adj* ocasional **II.** *adv* ❶ (*bei Gelegenheit*) cuando sea oportuno ❷ (*manchmal*) de vez en cuando

gelehrig [gə'le:rɪç] *adj* que aprende fácilmente

gelehrt [gə'le:ɐt] *adj* erudito

Gelehrte(r) *mf* <-n, -n; -n> erudito, -a *m, f;* (*Wissenschaftler*) científico, -a *m, f*

Geleit [gə'laɪt] *nt* <-(e)s, -e> ❶ (*geh: Begleitung*) acompañamiento *m;* **freies ~** salvoconducto *m;* **jdm das letzte ~ geben** asistir al entierro de alguien ❷ (*Eskorte*) escolta *f*

geleiten* *vt* (*geh: begleiten*) acompañar; (*eskortieren*) escoltar

Geleitschutz *m* escolta *f;* **~ geben** escoltar; **Geleitwort** *nt* prefacio *m*

Gelenk [gə'lɛŋk] *nt* <-(e)s, -e> (ANAT, TECH) articulación *f;* **Gelenkentzündung** *f* (MED) artritis *f inv*

gelenkig *adj* (*Person*) ágil

gelernt *adj* (*Arbeiter*) cualificado, especializado

gelesen [gə'le:zən] *pp von* **lesen**

Geliebte(r) *mf* <-n, -n; -n> amante *mf*

geliefert [gə'li:fɐt] *adj* (*fam*): **~ sein** estar jodido *vulg*

geliehen [gə'li:ən] *pp von* **leihen**

gelind(e) *adj* ❶ (*geh: mild*) suave ❷ (*fam: Wut*) moderado; **~e gesagt** dicho con buenas palabras

gelingen [gə'lɪŋən] <gelingt, gelang, gelungen> *vi sein* salir (bien), lograr; **ich hoffe, es gelingt mir** espero lograrlo

Gelingen *nt* <-s, *ohne pl*> éxito *m;* **auf gutes ~!** ¡por el éxito!

gelitten [gə'lɪtən] *pp von* **leiden**

gell(e) *interj* (*südd, Schweiz*) verdad

gellen ['gɛlən] *vi* retumbar

gellend *adj* penetrante

geloben* *vt* (*geh: versprechen*) prometer (solemnemente); (*schwören*) jurar

Gelöbnis [gə'lø:pnɪs] *nt* <-ses, -se> (*geh*) promesa *f* solemne; **ein ~ ablegen** prometer solemnemente

gelogen [gə'lo:gən] *pp von* **lügen**

gelöst [gə'lø:st] *adj* relajado

gelten ['gɛltən] <gilt, galt, gegolten> *vi* ❶ (*gültig sein*) ser válido; (JUR) estar en vigor; **die Wette gilt** la apuesta es válida; **etw ~ lassen** dejar pasar algo; **das gilt nicht** eso no vale ❷ (*zutreffen*) valer (*für* para) ❸ (*eingeschätzt werden*) ser considerado (*als* como); **es gilt als sicher, dass ...** es seguro que... ❹ (*bestimmt sein*) estar destinado (+*dat* a); **~ für jdn/für etw** (*betreffen*) afectar a alguien/a algo; **und das gilt auch für dich** y esto también va por ti

geltend *adj* (*üblich*) general; (JUR) vigente; **Gründe für etw ~ machen** alegar razones para algo; **Forderungen ~ machen** formular demandas

Geltung *f ohne pl* ❶ (*Gültigkeit*) validez *f;* **~ haben** ser válido ❷ (*Bedeutung*) importancia *f;* (*Ansehen*) prestigio *m;* **sich** *dat*/**etw** *dat* **~ verschaffen** hacerse respetar/hacer respetar algo; **zur ~ kommen** resaltar; **etw zur ~ bringen** acentuar algo

Geltungsbedürfnis *nt ohne pl* afán *m* de notoriedad; **Geltungsdrang** *m* (PSYCH) necesidad *f* de reconocimiento

Gelübde [gə'lʏpdə] *nt* <-s, -> (*geh*) voto *m*

gelungen [gə'lʊŋən] **I.** *pp von* **gelingen II.** *adj* (*gut*) estupendo; (*erfolgreich*) exitoso; **etw ist gut/schlecht ~** algo ha salido bien/mal

GEMA ['ge:ma] *f Abk. von* **Gesellschaft für musikalische Aufführungs- und mechanische Vervielfältigungsrechte** *sociedad alemana para derechos de ejecución musical y reproducción mecánica*

gemächlich [gə'mɛ(:)çlɪç] *adj* (*ruhig*) tran-

quilo; (*langsam*) parsimonioso
Gemahl(**in**) [gə'maːl] *m(f)* <-(e)s, -e;
-nen> (*geh*) esposo, -a *m, f*
gemahlen [gə'maːlən] *pp von* **mahlen**
Gemahlin *f* <-nen> *s.* **Gemahl**
Gemälde [gə'mɛːldə] *nt* <-s, > cuadro *m;*
Gemäldegalerie *f* pinacoteca *f*
gemäß [gə'mɛːs] **I.** *präp* +*dat* según, conforme a; ~ **der Information** según la información; ~ **Art. 5 des Gesetzes** conforme al art. 5 de la ley **II.** *adj* conforme a; **eine den Umständen ~e Reaktion** una reacción conforme a las circunstancias
gemäßigt [gə'mɛːsɪçt] *adj* moderado; (*Klima*) templado
Gemäuer [gə'mɔɪɐ] *nt* <-s, -> (*geh*) murallas *fpl* en ruina
Gemecker [gə'mɛkɐ] *nt* <-(e)s, *ohne pl*>
❶ (*fam abw: von Mensch*) critiqueo *m*
❷ (*von Ziege*) balido *m*
gemein [gə'maɪn] *adj* ❶ (*niederträchtig*) infame; (*hinterhältig*) pérfido; (*unverschämt*) descarado; **das war** ~ eso fue una canallada; **so ein** ~**er Kerl!** ¡qué canalla! ❷ (*gemeinsam*) común; **etw mit jdm** ~ **haben** tener algo en común con alguien
Gemeinde [gə'maɪndə] *f* <-n> ❶ (ADMIN) municipio *m,* comuna *f Am;* (*Einwohner*) comunidad *f* ❷ (REL) parroquia *f;* (*Menschen*) feligreses *mpl;* **Gemeindehaus** *nt* casa *f* parroquial; **Gemeindeordnung** *f* reglamento *m* municipal
Gemeinderat[1] *m* <-(e)s, -räte> concejo *m* municipal, consistorio *m reg;* (*a.* REL) cabildo *m*
Gemeinderat, -rätin[2] *m, f* <-(e)s, -räte; -nen> (*Person*) concejal(a) *m(f)*
Gemeindeschwester *f* diaconisa *f;* **Gemeindeverwaltung** *f* administración *f* municipal; **Gemeindezentrum** *nt* (*der Kirche*) centro *m* parroquial; (*der Kommune*) centro *m* municipal
Gemeineigentum *nt* (POL, WIRTSCH) propiedad *f* pública
gemeingefährlich *adj* que constituye un peligro público
Gemeingut *nt ohne pl* (*geh*) patrimonio *m* público
Gemeinheit[1] *f ohne pl* (*Gesinnung*) infamia *f*
Gemeinheit[2] *f* <-en> (*Handlung*) canallada *f;* **so eine** ~**!** ¡qué canallada!
gemeinhin [-'--] *adv* generalmente
gemeinnützig *adj* de utilidad pública
Gemeinplatz *m* tópico *m,* lugar *m* común
gemeinsam **I.** *adj* común; ~**er Markt** mercado común **II.** *adv* en común; (*zusammen*) juntos; **etw** ~ **benutzen** utilizar

algo conjuntamente; **sie haben viel** ~ tienen mucho en común
Gemeinsamkeit *f* <-en> característica *f* común
Gemeinschaft *f* <-en> comunidad *f;* (*Verbindung*) unión *f;* **die Europäische** ~ la Comunidad Europea; **in** ~ **mit jdm** en cooperación con alguien
gemeinschaftlich **I.** *adj* común **II.** *adv* conjuntamente, en común
Gemeinschaftsarbeit *f* trabajo *m* en equipo; **Gemeinschaftsgefühl** *nt ohne pl* sentimiento *m* de comunidad; **Gemeinschaftskunde** *f ohne pl* sociología *f;* **Gemeinschaftspraxis** *f* consultorio *m* colectivo; **Gemeinschaftsproduktion** *f* coproducción *f;* **Gemeinschaftsraum** *m* sala *f* común
gemeinverständlich *adj* inteligible
Gemeinwohl *nt* bien *m* común
Gemenge [gə'mɛŋə] *nt* <-s, -> mezcla *f;* (*von Menschen*) multitud *f*
gemessen [gə'mɛsən] **I.** *pp von* **messen** **II.** *adj* (*geh*) parsimonioso; ~**en Schrittes** a paso lento
Gemetzel [gə'mɛtsəl] *nt* <-s, -> (*abw*) matanza *f*
gemieden [gə'miːdən] *pp von* **meiden**
Gemisch [gə'mɪʃ] *nt* <-(e)s, -e> mezcla *f*
gemischt [gə'mɪʃt] *adj* mezclado, mixto; **mit** ~**en Gefühlen** con sentimientos encontrados
gemocht [gə'mɔxt] *pp von* **mögen**
gemolken [gə'mɔlkən] *pp von* **melken**
gemoppelt [gə'mɔpəlt] (*fam*): **das ist doppelt** ~ eso es una redundancia
Gemotze [gə'mɔtsə] *nt* <-s, *ohne pl*> (*fam abw*) crítica *f*
Gemunkel [gə'mʊŋkəl] *nt* <-s, *ohne pl*> rumores *mpl*
Gemurmel [gə'mʊrməl] *nt* <-s, *ohne pl*> murmullo *m*
Gemüse [gə'myːzə] *nt* <-s, -> verdura *f,* hortalizas *fpl;* **das junge** ~ (*fig fam*) la gente menuda; **Gemüseanbau** *m* (AGR) cultivo *m* de hortalizas; **Gemüsegarten** *m* huerto *m;* **Gemüsehändler**(**in**) *m(f)* verdulero, -a *m, f;* **Gemüseschäler** *m* <-s, -> pelaverduras *m inv*
gemusst [gə'mʊst] *pp von* **müssen**
gemustert [gə'mʊstɐt] *adj* estampado
Gemüt [gə'myːt] *nt* <-(e)s, -er> ❶ (*Psyche*) ánimo *m;* **die Entscheidung erregte die** ~**er** la decisión excitó los ánimos ❷ (*Charakter*) carácter *m,* naturaleza *f* ❸ (*Seele*) alma *f,* corazón *m;* **das ist ihm aufs** ~ **geschlagen** esto le ha deprimido; **das ist etwas fürs** ~ es algo para el cora-

zón; **sich dat etw zu ~e führen** (*etw beherzigen*) tomar algo en consideración; (*fam: sich etw gönnen*) obsequiarse con algo

gemütlich I. *adj* ❶ (*angenehm*) agradable; (*einladend*) acogedor; (*bequem*) cómodo; **mach's dir ~** ponte cómodo ❷ (*gemächlich*) tranquilo; **in ~em Tempo** a un ritmo agradable II. *adv* a gusto

Gemütlichkeit *f ohne pl* (*Bequemlichkeit*) comodidad *f*; (*Behaglichkeit*) bienestar *m*; **in aller ~** a sus anchas

Gemütsbewegung *f* emoción *f*; **gemütskrank** *adj* con trastornos mentales; **Gemütsmensch** *m* (*fam*) buenazo, -a *m, f*; **Gemütsregung** *f* <-en> *s.* **Gemütsbewegung**; **Gemütsruhe** *f* serenidad *f* de ánimo; **in aller ~** con toda tranquilidad; **Gemütsverfassung** *f* estado *m* de ánimo; **Gemütszustand** *m* estado *m* de ánimo

Gen [ge:n] *nt* <-s, -e> (BIOL) gen(e) *m*

genannt [gə'nant] *pp von* **nennen**

genas [gə'na:s] *3. imp von* **genesen**

genau [gə'nau] I. *adj* ❶ (*exakt*) exacto ❷ (*sorgfältig*) escrupuloso ❸ (*ausführlich*) detallado; **ich weiß nichts G~eres darüber** no sé nada más concreto acerca de ello II. *adv* (*exakt*) exactamente; (*Uhrzeit*) en punto; **~ dasselbe** exactamente lo mismo; **~ das Gegenteil** justo lo contrario; **ihn kenne ich ~** le conozco como si le hubiera parido; **es ist ~ 10 Uhr** son las diez en punto; **so ~ wollte ich es nicht wissen!** ¡tan detalladamente no quería saberlo!; **etw ~ nehmen** tomar algo al pie de la letra; **~ genommen ist das nicht richtig** en sentido estricto esto no es correcto

Genauigkeit *f ohne pl* ❶ (*Exaktheit*) exactitud *f*, precisión *f* ❷ (*Sorgfalt*) esmero *m*

genauso [gə'nauzo:] *adv* de igual modo; **~ gut** (*mit dem gleichen Ergebnis*) de la misma manera; (*auch*) igualmente; **~ gut könnte ich behaupten, dass ...** de manera análoga podría afirmar que...; **du hättest ~ gut zu Hause bleiben können** lo mismo hubieses podido quedarte en casa; **~ gut wie** igual de bien que; **~ viel wie** tanto como; **sie verdient ~ viel** ella gana lo mismo; **~ wenig wie** tan poco como; **er verdient ~ wenig** él tampoco gana más; **man kann ~ wenig behaupten, dass ...** tampoco se puede afirmar que... +*subj*; **~ wie** así como

Gendarm [ʒan'darm] *m* <-en, -en> (*Österr*) gendarme *m*

Gendarmerie [ʒandarmə'ri:] *f* <-n>

(*Österr*) gendarmería *f*

genehm [gə'ne:m] *adj* (*geh*) grato; **ist es** (**Ihnen**) **~, wenn ...?** ¿sería de su agrado si... (+*subj*)?

genehmigen* [gə'ne:mɪgən] *vt* autorizar; (*Antrag*) aprobar; **sich dat etw ~** (*fam*) permitirse algo

Genehmigung *f* <-en> autorización *f*; (*eines Antrags*) aprobación *f*

geneigt [gə'naɪkt] *adj:* **zu etw dat ~ sein** estar dispuesto a hacer algo

Genera *pl von* **Genus**

General(in) [gena'ra:l] *m(f)* <-s, -e *o* -räle; -nen> general *mf*

Generaldirektor(in) *m(f)* director(a) *m(f)* general

Generalin *f* <-nen> *s.* **General**

Generalkonsulat *nt* (POL) consulado *m* general; **Generalprobe** *f* (THEAT) ensayo *m* general; **Generalsekretär(in)** *m(f)* (POL) secretario, -a *m, f* general; **Generalstab** *m* (MIL) Estado *m* Mayor; **Generalstreik** *m* huelga *f* general; **Generalüberholung** *f* (TECH) revisión *f* general; **Generaluntersuchung** *f* (MED) examen *m* general, chequeo *m* Am; **Generalversammlung** *f* asamblea *f* general

Generation [genəra'tsjo:n] *f* <-en> generación *f*; **Generationenvertrag** *m ohne pl* contrato *m* generacional

Generationskonflikt *m* conflicto *m* generacional; **Generationswechsel** *m* (BIOL) generación *f* alternante

Generator [gena'ra:to:ɐ] *m* <-s, -en> generador *m*

generell [genə'rɛl] I. *adj* general II. *adv* en lo general

generieren* *vt* (INFOR: *hervorbringen*) generar

genesen [gə'ne:zən] <genest, genas, genesen> *vi sein* (*geh*) sanar (*von* de), convalecer

Genesung *f* <-en> (*geh*) convalecencia *f*

Genetik [ge'ne:tɪk] *f ohne pl* (BIOL) genética *f*

genetisch [ge'ne:tɪʃ] *adj* (BIOL) genético; **~es Profil** perfil genético

Genf [gɛnf] *nt* <-s> Ginebra *f*

Genforscher(in) *m(f)* genetista *mf*; **Genforschung** *f ohne pl* investigación *f* genética

genial [ge'nja:l] *adj* genial

Genialität *f ohne pl* genialidad *f*

Genick [gə'nɪk] *nt* <-(e)s, -e> nuca *f*; **das bricht ihm das ~** (*fam*) esto le va a matar

Genie [ʒe'ni:] *nt* <-s, -s> genio *m*

genieren* [ʒe'ni:rən] *vr:* **sich ~** avergonzarse

genießbar *adj* comestible; **etw ist nicht ~** algo no sabe bien

genießen [gə'ni:sən] <genießt, genoss, genossen> *vt* ❶ (*auskosten*) disfrutar (de); **jds Vertrauen ~** gozar de la confianza de alguien ❷ (*essen*) comer; (*trinken*) beber; (*mit Genuss*) saborear; **das ist mit Vorsicht zu ~** hay que tener cuidado con esto ❸ (*Erziehung*) recibir

Genießer(in) *m(f)* <-s, -; -nen> sibarita *mf*

genießerisch *adj* con placer

Geniestreich [ʒe'ni:-] *m* genialidad *f*

genital [geni'ta:l] *adj* (MED) genital; **Genitalbereich** *m* zona *f* genital, genitales *mpl*

Genitalien [geni'ta:liən] *ntpl* (MED) (órganos *mpl*) genitales *mpl*

Genitiv ['ge:niti:f] *m* <-s, -e> (LING) genitivo *m*

Genmanipulation *f* (BIOL) manipulación *f* genética

genommen [gə'nɔmən] *pp von* **nehmen**

genormt [gə'nɔrmt] *adj* estandarizado

genoss [gə'nɔs] *3. imp von* **genießen**

Genosse, -in [gə'nɔsə] *m, f* <-n, -n; -nen> compañero, -a *m, f*

genossen [gə'nɔsən] *pp von* **genießen**

Genossenschaft *f* <-en> cooperativa *f*

genossenschaftlich *adj* cooperativo

Genossin *f* <-nen> *s.* **Genosse**

genötigt *adj:* **~ sein etw zu tun** estar obligado a hacer algo; **sich ~ sehen etw zu tun** verse obligado [*o* forzado] a hacer algo

Genre ['ʒã:rə] *nt* <-s, -s> género *m*

Gensoja *nt ohne pl* soja *f* transgénica; **Gentechnik** *f ohne pl* (BIOL) ingeniería *f* genética; **Gentechniker(in)** *m(f)* (BIOL) genetista *mf;* **gentechnisch** *adj* (BIOL) tecnogenético; **Gentechnologie** *f ohne pl* (BIOL) ingeniería *f* genética

genug [gə'nu:k] *adv* bastante, suficiente; **es ist ~ Platz** hay sitio suficiente; **dazu bin ich alt ~** soy lo suficientemente mayor para esto; **jetzt ist es aber ~!** ¡ya basta!; **ich habe ~ von der ewigen Schufterei** ya estoy harto de tanto curre

Genüge [gə'ny:gə]: **zur ~** bastante

genügen* [gə'ny:gən] *vi* bastar, ser suficiente; **den Anforderungen ~** satisfacer las exigencias

genügend *adj* bastante, suficiente

genügsam *adj* contentadizo, modesto

Genugtuung [gə'nu:ktu:ʊŋ] *f* <-en> satisfacción *f*

genuin [genu'i:n] *adj* (*geh*) genuino

Genus ['gɛnʊs, 'ge:nʊs] *nt* <-, Genera> (LING) género *m*

Genuss¹ [gə'nʊs] *m* <-es, *ohne pl*>

❶ (*Konsum*) consumo *m* ❷ (*Nutznießung*) usufructo *m;* **in den ~ von etw** *dat* **kommen** (llegar a) disfrutar de algo

Genuss² [gə'nʊs, *pl:* gə'nʏsə] *m* <-es, -nüsse> (*Vergnügen*) placer *m;* (*stärker*) deleite *m*

genüsslich **I.** *adj* gozoso **II.** *adv* con fruición

Genussmittel *nt* estimulante *m*

genussvoll *adj* con placer

Geograf(in) *m(f)* <-en, -en; -nen> *s.* **Geograph**

Geografie *f ohne pl s.* **Geographie**

Geografin *f* <-nen> *s.* **Geograf**

geografisch *adj s.* **geographisch**

Geograph(in) [geo'gra:f] *m(f)* <-en, -en; -nen> geógrafo, -a *m, f*

Geographie [geogra'fi:] *f ohne pl* geografía *f*

Geographin *f* <-nen> *s.* **Geograph**

geographisch *adj* geográfico

Geologe, -in [geo'lo:gə] *m, f* <-n, -n; -nen> geólogo, -a *m, f*

Geologie [geolo'gi:] *f ohne pl* geología *f*

Geologin *f* <-nen> *s.* **Geologe**

geologisch *adj* geológico

Geometrie [geome'tri:] *f ohne pl* geometría *f*

geometrisch [geo'me:trɪʃ] *adj* geométrico

Geoökologie *f ohne pl* (GEO) geoecología *f*

Geophysik *f* (PHYS) geofísica *f*

Georgien [ge'ɔrgiən] *nt* <-s> Georgia *f*

Georgier(in) *m(f)* <-s, -; -nen> georgiano, -a *m, f*

georgisch *adj* georgiano

Geothermik *f ohne pl* (GEO) geotermia *f*

Gepäck [gə'pɛk] *nt* <-(e)s, *ohne pl*> equipaje *m*, bultos *mpl fam;* **sein ~ aufgeben** facturar su equipaje

Gepäckabfertigung *f* taquilla *f* de facturación; **Gepäckablage** *f* portaequipaje(s) *m inv;* **Gepäckannahme** *f* depósito *m* de equipajes; **Gepäckaufbewahrung** *f* consigna *f;* **Gepäckausgabe** *f* entrega *f* de equipajes; **Gepäckkontrolle** *f* control *m* de equipajes; **Gepäcknetz** *nt* rejilla *f* portaequipajes; **Gepäckstück** *nt* bulto *m*

Gepäckträger¹ *m* <-s, -> (*am Fahrrad*) portaequipajes *m inv*

Gepäckträger(in)² *m(f)* <-s, -; -nen> (*Person*) mozo, -a *m, f* de equipajes

Gepäckwagen *m* ❶ (*im Bahnhof*) carrito *m* portaequipajes ❷ (*des Zuges*) furgón *m* de equipajes

Gepard ['ge:part] *m* <-s, -e> (ZOOL) guepardo *m*

gepfeffert [gə'pfɛfət] *adj* (*fam*) ❶ (*Preise*) exorbitante ❷ (*Kritik*) duro; (*Strafe*) severo

gepfiffen [gə'pfɪfən] *pp von* **pfeifen**

gepflegt [gə'pfle:kt] *adj* cuidado; (*Restaurant, Kleidung*) elegante; (*Ausdrucksweise*) culto; ~ **essen gehen** ir a comer a un restaurante de lujo

Gepflogenheit [gə'pflo:gənhaɪt] *f* <-en> (*geh*) costumbre *f*

gepierct [gə'pi:ɐst] *adj* perforado

Geplänkel [gə'plɛŋkəl] *nt* <-s, -> escaramuza *f*

Geplapper [gə'plapə] *nt* <-s, *ohne pl*> (*fam*) cháchara *f*

Geplärre *nt* <-s, *ohne pl*> (*fam: abw*) ❶ (*Weinen, Klagen*) lloriqueo *m*, gimoteo *m*; **hör endlich mit dem ~ auf!** ¡deja de lloriquear de una vez! ❷ (*Geschrei*) berridos *mpl* ❸ (*eines Radios*) pitido *m*

Geplätscher [gə'plɛtʃə] *nt* <-s, *ohne pl*> (*des Wassers*) murmullo *m*

Geplauder [gə'plaʊdə] *nt* <-s, *ohne pl*> charla *f*, conversación *f*

gepriesen [gə'pri:zən] *pp von* **preisen**

gepunktet [gə'pʊŋktət] *adj* (*Linie*) de puntos; (*Muster*) con puntos

gequält [gə'kvɛ:lt] *adj* (*Lächeln*) forzado

Gequassel *nt* <-s, *ohne pl*> (*fam abw*) habladurías *fpl*

Gequatsche [gə'kvatʃə] *nt* <-s, *ohne pl*> (*fam abw*) cháchara *f*, palique *m*

gequollen [gə'kvɔlən] *pp von* **quellen**

gerade [gə'ra:də] **I.** *adj* ❶ (*geradlinig*) recto ❷ (*aufrecht*) derecho; ~ **stehen** tenerse derecho ❸ (*Charakter*) sincero, franco ❹ (MATH) par; **die ~n Zahlen** los números pares **II.** *adv* ❶ (*soeben*) ahora mismo; **er ist ~ eben gekommen** acaba de llegar; **sie duscht ~** se está duchando; **wo Sie ~ da sind ...** ya que está Ud. aquí... ❷ (*knapp*) justo; **er kam ~ noch rechtzeitig** llegó justo a tiempo; **das hat mir ~ noch gefehlt!** ¡lo que me faltaba! ❸ (*ausgerechnet, genau*) precisamente; **das ist es ja ~!** ¡eso es precisamente!; **er ist nicht ~ eine Schönheit** (*fam*) no es precisamente una belleza

Gerade [gə'ra:də] *f* <-n> ❶ (MATH) (línea *f*) recta *f* ❷ (SPORT) recta *f* ❸ (*Boxen*) directo *m*

geradeaus [-'--'-] *adv* seguido, recto; **immer ~** todo seguido

gerade|biegen *irr vt* (*fam: in Ordnung bringen*) arreglar

geradeheraus [-'---'-] *adv* (*fam*) francamente

gerädert [gə'rɛ:dət] *adj* (*fam*) hecho polvo; **wie ~ sein** estar hecho polvo

gerade|stehen *irr vi:* **für etw ~** responder

de algo

geradewegs [-'---] *adv* directamente

geradezu [-'---] *adv* realmente

Geradheit *f ohne pl* franqueza *f*

geradlinig [gə'ra:tli:nɪç] *adj* (*Straße*) recto; (*Abstammung*) directo; (*Charakter*) franco

gerammelt [gə'raməlt] *adv* (*fam*): ~ **voll** atestado, hasta los topes

Gerangel *nt* <-s, *ohne pl*> (*fam*) ❶ (*Balgerei*) peleas *fpl* (*um* por) ❷ (*fig: Kampf*) forcejeo *m* (*um* por) ❸ (*abw: Diskussion*) tira y afloja *m* (*um* por)

Geranie [ge'ra:niə] *f* <-n> (BOT) geranio *m*

gerann [gə'ran] *3. imp von* **gerinnen**

gerannt [gə'rant] *pp von* **rennen**

gerät *3. präs von* **geraten²**

Gerät¹ [gə'rɛ:t] *nt* <-(e)s, -e> ❶ (*allgemein*) utensilio *m*, implemento *m* Am ❷ (TECH: *Apparat*) aparato *m*; (*Instrument*) instrumento *m* ❸ (SPORT) aparato *m* de gimnasia

Gerät² *nt* <-(e)s, *ohne pl*> útiles *mpl*; (*Ausrüstung*) equipo *m*

geraten¹ [gə'ra:tən] *pp von* **geraten²**, **raten**

geraten² <gerät, geriet, geraten> *vi sein* ❶ (*gelangen*) llegar (*nach* a); **in Verlegenheit** ~ sentir vergüenza; **in Brand** ~ incendiarse; **in Schwierigkeiten** ~ caer en una situación difícil; **unter ein Auto** ~ ser atropellado por un coche; **er ist an den Falschen** ~ dio con alguien que no era; **in Vergessenheit** ~ caer en el olvido; **in Not** ~ verse en apuros; **ins Stocken** ~ (*beim Sprechen*) perder el hilo; (*Verkehr*) quedarse parado; **außer sich** *dat/akk* ~ salirse de sus casillas ❷ (*gelingen*) salir; **gut/ schlecht** ~ salir bien/mal; **das ist etwas lang/kurz** ~ eso ha quedado algo largo/corto; **nach jdm** ~ salir a alguien

Geratewohl [gə'ra:təvo:l, ----'-] *nt* (*fam*): **aufs** ~ al azar, a destajo *Arg, Chil*

geraum [gə'raʊm] *adj* (*geh*): **seit ~er Zeit** desde hace algún tiempo

geräumig [gə'rɔɪmɪç] *adj* espacioso, amplio

Geräusch [gə'rɔɪʃ] *nt* <-(e)s, -e> ruido *m*; **geräuscharm** *adj* de poco ruido; **geräuschempfindlich** *adj* sensible al ruido; **Geräuschkulisse** *f* ruido *m* ambiente; **geräuschlos** *adj* silencioso; **geräuschvoll** **I.** *adj* ruidoso **II.** *adv* con mucho ruido

gerben ['gɛrbən] *vt* curtir

Gerber(in) *m(f)* <-s, -; -nen> curtidor(a) *m(f)*

Gerberei *f* <-en> curtiduría *f*, curtiembre *f Am*

Gerberin f <-en> s. Gerber

gerecht [gəˈrɛçt] adj ❶ (Person, Urteil) justo; (Strafe) merecido ❷ (berechtigt) justificado; jdm/etw dat ~ **werden** valorar debidamente a alguien/corresponder a algo

gerechtfertigt adj justificado

Gerechtigkeit f ohne pl justicia f; jdm ~ **widerfahren lassen** hacer justicia a alguien; **das ist ausgleichende** ~ esto hace justicia (a una injusticia anterior); **Gerechtigkeitssinn** m ohne pl sentido m de la justicia

Gerede [gəˈreːdə] nt <-s, ohne pl> ❶ (Geschwätz) perorata f, pelambre m Am ❷ (Klatsch) habladurías fpl

geregelt adj (geordnet: Mahlzeiten) regular; (Leben) ordenado

gereizt [gəˈraɪtst] adj irritado; (nervös) nervioso

Gericht [gəˈrɪçt] nt <-(e)s, -e> ❶ (Speise) plato m ❷ (Institution) tribunal m (de justicia); jdn/einen Fall vor ~ **bringen** llevar a alguien/un caso a los tribunales; **Hohes** ~ Tribunal Supremo; **das Jüngste** ~ (REL) el Juicio Final; **mit jdm ins** ~ **gehen** (fig) criticar a alguien ❸ (Gebäude) palacio m de justicia

gerichtlich adj judicial; jdn ~ **verfolgen** iniciar un pleito contra alguien

Gerichtsakte f expediente m judicial

Gerichtsbarkeit f ohne pl (JUR) jurisdicción f

Gerichtsbeschluss m sentencia f; **Gerichtsdiener(in)** m(f) ujier m; **Gerichtshof** m tribunal m de justicia, corte f Am; **der Europäische** ~ el Tribunal Europeo de Justicia; **der Oberste** ~ el Tribunal Supremo; **Gerichtskosten** pl gastos mpl judiciales; **Gerichtsmedizin** f ohne pl medicina f forense; **Gerichtssaal** m sala f de audiencia; **Gerichtsstand** m (JUR) jurisdicción f; **Gerichtsverfahren** nt pleito m judicial; **gegen jdn ein** ~ **einleiten** abrir un pleito contra alguien; **Gerichtsverhandlung** f juicio m; **Gerichtsvollzieher(in)** m(f) agente mf ejecutivo, -a

gerieben [gəˈriːbən] pp von reiben

geriet 3. imp von geraten²

gering [gəˈrɪŋ] adj ❶ (klein) pequeño; (wenig) poco; (knapp) escaso; (beschränkt) limitado; (Preis, Temperatur) bajo; (Entfernung) corto; **von** ~ **er Qualität** de baja calidad; **etw/jdn** ~ **schätzen** menospreciar algo/a alguien; (verachten) despreciar algo/a alguien ❷ (unbedeutend) insignificante, mínimo; **die** ~**ste**

Kleinigkeit regt ihn auf la pequeñez más nimia le enfada; **das stört mich nicht im** G~**sten** no me molesta lo más mínimo

geringfügig [gəˈrɪŋfyːgɪç] I. adj mínimo II. adv ligeramente

Geringfügigkeit f <-en> nimiedad m

geringschätzig adj despectivo

Geringschätzung f ohne pl desprecio m, menosprecio m

gerinnen [gəˈrɪnən] <gerinnt, gerann, geronnen> vi sein (Milch) cuajar(se); (Blut) coagular(se)

Gerinnsel [gəˈrɪnzəl] nt <-s, -> coágulo m (de sangre)

Gerinnung f <-en> coagulación f

Gerippe [gəˈrɪpə] nt <-s, -> ❶ (Skelett) esqueleto m ❷ (von Schiff) armazón m o f; (von Flugzeug) costilla f

gerissen [gəˈrɪsən] I. pp von reißen II. adj (fam: schlau) astuto

Gerissenheit f ohne pl astucia f, zorrería f

geritten [gəˈrɪtən] pp von reiten

Germane, -in [gɛrˈmaːnə] m, f <-n, -n; -nen> germano, -a m, f

germanisch adj (HIST, LING) germánico

Germanistik [gɛrmaˈnɪstɪk] f ohne pl germanística f, filología f alemana

gern(e) <lieber, am liebsten> adv con (mucho) gusto; **sehr** ~! ¡con mucho gusto!; **ich möchte zu** ~ **wissen, ob ...** me gustaría muchísimo saber si...; **sie liest** ~ le gusta leer; **er hat es** ~, **wenn ...** le gusta que... +subj; **ein** ~ **gesehener Gast** un invitado bienvenido; ~ **geschehen!** ¡no hay de qué!; **das glaube ich** ~ sí que me lo creo; **du kannst** ~ **mitkommen** puedes venir si te apetece; **ich hätte** ~ **den Chef gesprochen** quisiera hablar con el jefe; **du kannst mich mal** ~ **haben** (fam) no te quiero ver ni en pintura

gerochen [gəˈrɔxən] pp von riechen

Geröll [gəˈrœl] nt <-(e)s, -e> grava f, gravilla f; (Rollsteine) cantos mpl rodados; (Kiesel) guijarros mpl; (Reste) rocalla f

geronnen [gəˈrɔnən] pp von gerinnen, rinnen

Gerste [ˈgɛrstə] f <-n> cebada f; **Gerstenkorn** nt ❶ (BOT) grano m de cebada ❷ (MED) orzuelo m

Gerte [ˈgɛrtə] f <-n> (Stock) vara f; (Peitsche) fusta f

Geruch [gəˈrʊx, pl: gəˈrʏçə] m <-(e)s, Gerüche> olor m (nach a)

geruchlos adj sin olor

Geruchsbelästigung f molestia f por malos olores; **Geruchssinn** m ohne pl olfato m

Gerücht [gəˈrʏçt] nt <-(e)s, -e> rumor m,

boquilla *f Ecua;* **es geht das ~, dass ...** circula el rumor de que...; **ein ~ in die Welt setzen** difundir un rumor; **Gerüchteküche** *f* fábrica *f* de rumores

gerufen [gəˈruːfən] *pp von* **rufen**

geruhsam [gəˈruːzaːm] *adj* sosegado, tranquilo

Gerümpel [gəˈrʏmpəl] *nt* <-s, *ohne pl*> (*abw*) trastos *mpl*

Gerundium [geˈrʊndiʊm, *pl:* geˈrʊndiən] *nt* <-s, Gerundien> (LING) gerundio *m*

gerungen [gəˈrʊŋən] *pp von* **ringen**

Gerüst [gəˈrʏst] *nt* <-(e)s, -e> ① (*Bau~*) andamio *m* ② (*Aufbau*) estructura *f*

Ges [gɛs] *nt* <-, -> (MUS) sol *m* bemol

gesalzen [gəˈzaltsən] **I.** *pp von* **salzen** **II.** *adj* (*fam*) ① (*mit Salz*) salado ② (*Preis*) exorbitante ③ (*Brief*) duro

gesamt [gəˈzamt] *adj* todo; (*völlig*) total; (*vollständig*) completo

Gesamtansicht *f* vista *f* general; **Gesamtausgabe** *f* obras *fpl* completas; **Gesamtbetrag** *m* importe *m* total; **Gesamtbild** *nt* visión *f* de conjunto, idea *f* general; **gesamtdeutsch** *adj* de toda Alemania; **Gesamteindruck** *m* impresión *f* final; **Gesamtergebnis** *nt* resultado *m* final; **im ~** en total; **Gesamtgewicht** *nt* peso *m* bruto

Gesamtheit *f ohne pl* totalidad *f;* **in seiner/ihrer ~** en su totalidad

Gesamtkosten *pl* (WIRTSCH) costes *mpl* totales; **Gesamtschule** *f* escuela *f* integrada

La **Gesamtschule** representa una alternativa al sistema escolar tradicional. En este sistema escolar alternativo hay asignaturas troncales, obligatorias para todos los alumnos, otras de carácter optativo, de entre las cuales los alumnos eligen las que prefieran, otras asignaturas destinadas a desarrollar aquellos aspectos que más interesan a los alumnos, así como cursos especiales. Dependiendo de sus capacidades, los alumnos alcanzan un título u otro al finalizar sus estudios. Este sistema escolar no se ha impuesto de forma definitiva ni en Alemania, ni en Austria ni en Suiza.

Gesamtsumme *f* importe *m* total; **Gesamtübersicht** *f* vista *f* general;

Gesamtverbrauch *m* consumo *m* global; **Gesamtwerk** *nt* obra *f* completa; **Gesamtwert** *m* valor *m* total; **Gesamtzusammenhang** *m* conexión *f* total

gesandt [gəˈzant] *pp von* **senden**

Gesandte(r) *mf* <-n, -n; -n> enviado, -a *m, f;* (HIST) legado, -a *m, f*

Gesandtschaft *f* <-en> legación *f*

Gesang¹ [gəˈzaŋ] *m* <-(e)s, *ohne pl*> (*das Singen*) canto *m*

Gesang² [gəˈzaŋ, *pl:* gəˈzɛŋə] *m* <-(e)s, -sänge> (*Lied*) canto *m;* (REL) cántico *m;* **gregorianische Gesänge** canto gregoriano

Gesangbuch *nt* libro *m* de cánticos; **Gesangverein** *m* orfeón *m*

Gesäß [gəˈzɛːs] *nt* <-es, -e> trasero *m*

geschaffen [gəˈʃafən] *pp von* **schaffen¹**

Geschäft¹ [gəˈʃɛft] *nt* <-(e)s, -e> ① (*Handel*) negocio *m;* **wie gehen die ~e?** ¿cómo van los negocios?; **mit jdm ~e machen** hacer negocios con alguien; **mit jdm ins ~ kommen** establecer relaciones comerciales con alguien ② (*Firma*) empresa *f* comercial; **morgen gehe ich nicht ins ~** (*fam*) mañana no voy al trabajo ③ (*Laden*) negocio *m* ④ (*Aufgabe*) trabajo *m;* **seinen ~en nachgehen** atender sus negocios ⑤ (*fam: Notdurft*): **sein ~ verrichten** [*o* **machen**] hacer sus necesidades

Geschäft² *nt* <-(e)s, *ohne pl*> (*Gewinn*) negocio *m;* **ein gutes/schlechtes ~ machen** hacer un buen/mal negocio

geschäftig *adj* diligente

geschäftlich *adj* comercial, de negocios; **~ unterwegs sein** estar en viaje de negocios

Geschäftsabschluss *m* transacción *f,* cierre *m* de un negocio; **Geschäftsbedingungen** *fpl* (COM) términos *mpl* comerciales; **allgemeine ~** condiciones generales de contrato; **Geschäftsbericht** *m* (COM) informe *m* comercial; **Geschäftsbrief** *m* carta *f* comercial; **Geschäftsbücher** *ntpl* libros *mpl* de cuentas; **Geschäftsessen** *nt* comida *f* de negocios; **geschäftsfähig** *adj* (JUR) capaz; **Geschäftsfrau** *f* mujer *f* de negocios; **Geschäftsfreund(in)** *m(f)* colega *mf,* compañero, -a *m, f;* **geschäftsführend** *adj* gestor; **Geschäftsführer(in)** *m(f)* ① (*von Unternehmen*) gerente *mf* ② (*von Organisation*) secretario, -a *m, f* general; **Geschäftsführung** *f ohne pl* ① (*Vorgang*) gerencia *f* ② (*Personal*) gerentes *mpl;* **Geschäftsjahr** *nt* año *m* económico; **Geschäftskosten** *pl* gastos *mpl* comerciales; **auf ~** a cuenta de la empresa; **Geschäftsleben** *nt ohne pl* vida

f comercial; **Geschäftsleitung** *f* gerencia *f*; **Geschäftsmann** *m* <-(e)s, -leute *o* -männer> hombre *m* de negocios; **Geschäftsordnung** *f* reglamento *m;* **Geschäftspartner(in)** *m(f)* ❶ (*Beteiligter*) socio, -a *m*, *f* ❷ (*Handelspartner*) socio, -a *m*, *f* comercial; **Geschäftsreise** *f* viaje *m* de negocios; **geschäftsschädigend** *adj* perjudicial para el negocio; **Geschäftsschluss** *m ohne pl* (hora *f* de) cierre *m* de los comercios; **nach** ~ después del cierre de los comercios; **Geschäftssinn** *m ohne pl* habilidad *f* para los negocios; **Geschäftsstelle** *f* (*Büro*) despacho *m;* (*Filiale*) sucursal *f;* (*Gericht*) secretaría *f* del juzgado; **Geschäftsstunden** *fpl* horas *fpl* de oficina; **geschäftstüchtig** *adj* hábil para el comercio; **Geschäftsverbindung** *f* (WIRTSCH) relación *f* comercial; **Geschäftsviertel** *nt* zona *f* comercial; **Geschäftswagen** *m* coche *m* de la empresa; **Geschäftszeit** *f* horario *m* comercial; **Geschäftszimmer** *nt* oficina *f*
geschah [gəˈʃaː] *3. imp von* **geschehen**
geschehen [gəˈʃeːən] <geschieht, geschah, geschehen> *vi sein* pasar, ocurrir; **als ob nichts** ~ **wäre** como si no hubiera pasado nada; **was geschieht mit diesen Flaschen?** ¿qué hacemos con estas botellas?; **es ist um jdn** ~ alguien está perdido; **er wusste nicht wie ihm geschah, als ...** no sabía lo que estaba sucediendo cuando...
Geschehen *nt* <-s, -> (*geh*) acontecimientos *mpl*
gescheit [gəˈʃaɪt] *adj* listo; (*vernünftig*) sensato
Geschenk [gəˈʃɛŋk] *nt* <-(e)s, -e> regalo *m;* **ein** ~ **des Himmels** un regalo llovido [*o* caído] del cielo; **jdm ein** ~ **machen** regalar algo a alguien; **Geschenkgutschein** *m* vale *m* de regalo; **Geschenkpapier** *nt* papel *m* de regalo
Geschichte[1] [gəˈʃɪçtə] *f ohne pl* (*Entwicklungsprozess*) historia *f;* **Alte/Mittlere/Neue** ~ Historia Antigua/de la Edad Media/Moderna
Geschichte[2] *f* <-n> ❶ (*Erzählung*) cuento *m* ❷ (*fam: Angelegenheit*) asunto *m*, cuestión *f Am;* **was machst du für** ~ **n?** ¿pero qué estás haciendo?; **mach keine** ~ **n!** ¡no hagas tonterías!
geschichtlich *adj* histórico
Geschichtsbuch *nt* libro *m* de historia; **Geschichtsschreibung** *f ohne pl* historiografía *f*
Geschick [gəˈʃɪk] *nt* <-(e)s, -e> (*geh: Schicksal*) suerte *f*

Geschicklichkeit *f ohne pl* habilidad *f*
geschickt *adj* hábil, mañoso *fam;* **sich bei etw** *dat* ~ **anstellen** ser hábil en algo
geschieden [gəˈʃiːdən] *pp von* **scheiden**
geschieht [gəˈʃiːt] *3. präs von* **geschehen**
geschienen [gəˈʃiːnən] *pp von* **scheinen**
Geschirr[1] [gəˈʃɪr] *nt* <-(e)s, -e> ❶ (*Ess~*) vajilla *f;* (*Kaffee~*) juego *m* de café ❷ (*Pferde~*) arreos *mpl*
Geschirr[2] *nt* <-(e)s, *ohne pl*> (*Gesamtheit*) platos *mpl*
Geschirrschrank *m* aparador *m;* **Geschirrspülmaschine** *f* lavavajillas *m inv;* **Geschirrspülmittel** *nt* (líquido *m*) lavavajillas *m inv;* **Geschirrtuch** *nt* paño *m* de cocina
geschissen [gəˈʃɪsən] *pp von* **scheißen**
geschlafen [gəˈʃlaːfən] *pp von* **schlafen**
geschlagen [gəˈʃlaːgən] *pp von* **schlagen**
Geschlecht[1] [gəˈʃlɛçt] *nt* <-(e)s, *ohne pl*> (BIOL) sexo *m;* **beiderlei** ~**s** de ambos sexos
Geschlecht[2] *nt* <-(e)s, -er> ❶ (*Gesamtheit der Lebewesen*): **das andere** ~ el otro sexo; **das schwache/starke** ~ (*fam*) el sexo débil/fuerte ❷ (*Gattung, a.* LING) género *m* ❸ (*Familie*) familia *f* ❹ (*Generation*) generación *f*
geschlechtlich *adj* sexual
Geschlechtsakt *m* acto *m* sexual; **Geschlechtshormon** *nt* hormona *f* sexual; **Geschlechtskrankheit** *f* enfermedad *f* venérea; **Geschlechtsleben** *nt ohne pl* vida *f* sexual; **Geschlechtsorgan** *nt* órgano *m* sexual; **Geschlechtsreife** *f* madurez *f* sexual; **Geschlechtsteil** *nt* órgano *m* sexual [*o* genital]; **Geschlechtstrieb** *m* (BIOL) instinto *m* sexual; **Geschlechtsumwandlung** *f* cambio *m* de sexo, operación *f* de sexo; **Geschlechtsverkehr** *m* relaciones *fpl* sexuales
geschlichen [gəˈʃlɪçən] *pp von* **schleichen**
geschliffen [gəˈʃlɪfən] I. *pp von* **schleifen**[2] II. *adj* (*Ausdrucksweise*) pulido
geschlossen [gəˈʃlɔsən] I. *pp von* **schließßen** II. *adj* ❶ (*zusammenhängend*) compacto; ~**e Gesellschaft** reunión privada ❷ (*Vokal*) cerrado III. *adv* colectivamente; **wir standen** ~ **hinter ihm** le apoyamos colectivamente; ~ **für/gegen etw stimmen** votar por unanimidad a favor de/contra algo
geschlungen [gəˈʃlʊŋən] *pp von* **schlingen**
Geschmack[1] [gəˈʃmak] *m* <-(e)s, *ohne pl*> (~ *ssinn*) gusto *m*
Geschmack[2] *m* <-(e)s, -schmäcke *fam:*

-schmäcker> ❶ (*einer Speise*) sabor *m* (*nach* a) ❷ (*ästhetisches Empfinden*) gusto *m;* **für meinen** ~ para mi gusto; **das ist nicht nach meinem** ~ no es de mi gusto; **an etw** *dat* ~ **finden** cogerle el gusto a algo; **über** ~ **lässt sich** (**nicht**) **streiten** (*prov*) para gustos se hicieron los colores

geschmacklich I. *adj* de gusto, de sabor II. *adv* en lo referente al gusto [*o* al sabor]

geschmacklos *adj* ❶ (*Speisen*) sin sabor ❷ (*taktlos*) de mal gusto

Geschmacklosigkeit[1] *f* <-en> (*Bemerkung*) comentario *m* de mal gusto

Geschmacklosigkeit[2] *f ohne pl* (*Eigenschaft*) falta *f* de gusto

geschmacksneutral *adj* (GASTR) insípido; **Geschmack(s)sache** *f* cuestión *f* de gusto; **das ist reine** ~ es pura cuestión de gusto; **Geschmacksverirrung** *f* (*abw*) mal gusto *m*

geschmackvoll I. *adj* de buen gusto II. *adv* con gusto

geschmeidig [gəˈʃmaɪdɪç] *adj* ❶ (*biegsam*) elástico; (*weich*) suave ❷ (*Körper*) ágil

geschmissen [gəˈʃmɪsən] *pp von* **schmeißen**

geschmolzen [gəˈʃmɔltsən] *pp von* **schmelzen**

Geschnetzelte(s) [gəˈʃnɛtsəltəs] *nt* <-n, *ohne pl*> (*reg:* GASTR) especie de ragú servido con una salsa espesa

geschniegelt [gəˈʃniːgəlt] *adj* (*fam abw*) emperifollado; ~ **und gestriegelt** [*o* gebügelt] de punta en blanco

geschnitten [gəˈʃnɪtən] *pp von* **schneiden**

geschoben [gəˈʃoːbən] *pp von* **schieben**

gescholten [gəˈʃɔltən] *pp von* **schelten**

Geschöpf [gəˈʃœpf] *nt* <-(e)s, -e> criatura *f*

geschoren [gəˈʃoːrən] *pp von* **scheren**[1]

Geschoss [gəˈʃɔs] *nt* <-es, -e> ❶ (*von Waffen*) proyectil *m* ❷ (*Etage*) piso *m*

geschossen [gəˈʃɔsən] *pp von* **schießen**

geschraubt [gəˈʃraʊpt] *adj* (*fam abw: Stil*) rebuscado

Geschrei *nt* <-s, *ohne pl*> griterío *m*

geschrieben [gəˈʃriːbən] *pp von* **schreiben**

geschrie(e)n *pp von* **schreien**

geschritten [gəˈʃrɪtən] *pp von* **schreiten**

geschunden [gəˈʃʊndən] *pp von* **schinden**

Geschütz [gəˈʃʏts] *nt* <-es, -e> cañón *m;* **schweres** ~ **auffahren** (*fam*) disparar toda la artillería

Geschwafel [gəˈʃvaːfəl] *nt* <-s, *ohne pl*> (*fam abw*) palabrería *f,* verborrea *f*

Geschwätz [gəˈʃvɛts] *nt* <-es, *ohne pl*> (*fam abw*) ❶ (*Gerede*) palabrería *f* ❷ (*Klatsch*) cotilleo *m*

geschwätzig *adj* (*abw*) chismoso

Geschwätzigkeit *f ohne pl* (*abw*) verborrea *f,* verbosidad *f*

geschweige [gəˈʃvaɪgə] *konj:* ~ **denn** ni mucho menos

geschwiegen [gəˈʃviːgən] *pp von* **schweigen**

geschwind [gəˈʃvɪnt] *adj* (*reg*) rápido

Geschwindigkeit [gəˈʃvɪndɪçkaɪt] *f* <-en> velocidad *f,* viada *f And;* **Geschwindigkeitsbeschränkung** *f* limitación *f* de velocidad; **Geschwindigkeitsüberschreitung** *f* exceso *m* de velocidad

Geschwister [gəˈʃvɪstɐ] *pl* hermanos *mpl;* (*Schwestern*) hermanas *fpl*

geschwollen [gəˈʃvɔlən] I. *pp von* **schwellen** II. *adj* (*abw: Stil*) ampuloso

geschwommen [gəˈʃvɔmən] *pp von* **schwimmen**

geschworen [gəˈʃvoːrən] *pp von* **schwören**

Geschworene(r) *mf* <-n, -n; -n> jurado, -a *m, f*

Geschwulst [gəˈʃvʊlst] *f* <-schwülste> tumor *m;* (*Schwellung*) tumefacción *f*

geschwunden [gəˈʃvʊndən] *pp von* **schwinden**

geschwungen [gəˈʃvʊŋən] *pp von* **schwingen**

Geschwür [gəˈʃvyːɐ] *nt* <-(e)s, -e> (MED) úlcera *f*

gesehen [gəˈzeːən] *pp von* **sehen**

Geselle, -in [gəˈzɛlə] *m, f* <-n, -n; -nen> (*Handwerker*) oficial *mf*

gesellen* [gəˈzɛlən] *vr:* **sich** ~ juntarse (*zu* con)

Gesellenprüfung *f* examen *m* para obtener el título de oficial

gesellig *adj* (*Mensch*) sociable, comunicativo

Geselligkeit *f ohne pl* (*eines Menschen*) sociabilidad *f*

Gesellin *f* <-nen> *s.* **Geselle**

Gesellschaft [gəˈzɛlʃaft] *f* <-en> ❶ (SOZIOL, WIRTSCH) sociedad *f* ❷ (*Organisation*) asociación *f* ❸ (*Begleitung*) compañía *f;* **jdm** ~ **leisten** hacer compañía a alguien; **er ist in schlechte** ~ **geraten** ha caído en malas compañías ❹ (*Fest*) fiesta *f;* (*Gäste*) círculo *m*

Gesellschafter(in) *m(f)* <-s, -; -nen> (WIRTSCH) socio, -a *m, f*

gesellschaftlich *adj* social

gesellschaftsfähig *adj* ❶ (*Mensch*) presentable ❷ (*Benehmen*) socialmente aceptable; **Gesellschaftsschicht** f capa f social; **Gesellschaftsspiel** nt juego m de sociedad; **Gesellschaftsvertrag** m (WIRTSCH, JUR) contrato m social

gesessen [gə'zɛsən] pp von **sitzen**

Gesetz [gə'zɛts] nt <-es, -e> ley f; **Gesetzbuch** nt código m; **Bürgerliches ~** código civil; **Gesetzentwurf** m proyecto m de ley

gesetzestreu adj fiel a la ley

Gesetzesvorlage f proyecto m de ley

gesetzgebend [gə'zɛtsge:bənt] adj legislativo; **Gesetzgeber** m <-s, -> legislador m; **Gesetzgebung** f ohne pl legislación f

gesetzlich adj legal; (rechtmäßig) legítimo; **~er Feiertag** fiesta oficial

gesetzlos adj anárquico

gesetzmäßig adj ① (rechtmäßig) legal ② (regelmäßig) regular

Gesetzmäßigkeit[1] f ohne pl (JUR) legalidad f

Gesetzmäßigkeit[2] f <-en> (Regelmäßigkeit) regularidad f

gesetzt [gə'zɛtst] adj ① (ruhig) sosegado; (ernst) serio ② (Wend): **~ den Fall, dass ...** suponiendo que... +subj

gesetzwidrig adj ilegal

gesichert [gə'zɪçət] adj asegurado

Gesicht [gə'zɪçt] nt <-(e)s, -er> ① (Körperteil, Miene) cara f; **sein wahres ~ zeigen** quitarse la careta; **etw zu ~ bekommen** llegar a ver algo; **das ~ wahren** salvar la cara; **sein ~ verlieren** perder prestigio; **es steht ihm ins ~ geschrieben** lo lleva escrito en la frente; **jdm etw ins ~ sagen** decirle a alguien algo a la cara; **jdm wie aus dem ~ geschnitten sein** ser el vivo retrato de alguien; **der Realität ins ~ sehen** ver las cosas como son; **ein langes ~ machen** poner cara larga ② (Anblick) aspecto m; **Gesichtsausdruck** m (expresión f de la) cara f; **Gesichtsfarbe** f color m del rostro; (Teint) tez f; **Gesichtspunkt** m punto m de vista; **unter diesem ~** desde este punto de vista; **Gesichtswasser** nt loción f para la cara; **Gesichtszüge** mpl facciones fpl

Gesims [gə'zɪms] nt <-es, -e> moldura f

Gesindel [gə'zɪndəl] nt <-s, ohne pl> (abw) gentuza f, pacotilla f Am

gesinnt [gə'zɪnt] adj: **gleich ~** de la misma manera de pensar; **jdm freundlich/übel ~ sein** sentir simpatía/antipatía por alguien

Gesinnung [gə'zɪnʊŋ] f <-en> (Denkart) ideas fpl; (Überzeugung) convicciones fpl; **politische ~** credo político; **Gesinnungswandel** m cambio m de opinión

gesittet [gə'zɪtət] adj (anständig) decente; (gut erzogen) bien educado

gesoffen [gə'zɔfən] pp von **saufen**

gesogen [gə'zo:gən] pp von **saugen**

gesondert [gə'zɔndət] **I.** adj separado, aparte **II.** adv por separado

gesonnen [gə'zɔnən] **I.** pp von **sinnen** **II.** adj: **~ sein etw zu tun** tener la intención de hacer algo

gesotten [gə'zɔtən] pp von **sieden**

gespalten [gə'ʃpaltən] pp von **spalten**

Gespann [gə'ʃpan] nt <-(e)s, -e> ① (Wagen) tiro m; (Ochsen und Joch) yunta f ② (Personen) pareja f

gespannt [gə'ʃpant] adj ① (neugierig) curioso (auf por); **ich bin ~, was daraus wird** tengo mucha curiosidad por ver qué pasa con esto ② (aufmerksam) atento ③ (Lage) tenso

Gespenst [gə'ʃpɛnst] nt <-(e)s, -er> fantasma m, espanto m Am

gespenstisch adj fantasmal

gespie(e)n pp von **speien**

gespielt [gə'ʃpi:lt] adj (vorgetäuscht) simulado, fingido

gespien [gə'ʃpi:n] pp von **speien**

gesponnen [gə'ʃpɔnən] pp von **spinnen**

Gespött [gə'ʃpœt] nt <-(e)s, ohne pl> burla f; **sich zum ~ der Leute machen** ser el hazmerreír de la gente

Gespräch [gə'ʃprɛːç] nt <-(e)s, -e> ① (Unterhaltung) conversación f (über de/sobre); (Plauderei) charla f (über sobre); (mit jdm) **ein ~ führen** conversar (con alguien); **mit jdm ins ~ kommen** trabar conversación con alguien; **im ~ sein** estar en boca de todos ② (TEL) conferencia f

gesprächig adj comunicativo, locuaz

gesprächsbereit adj dispuesto a conversar; **Gesprächspartner(in)** m(f) interlocutor(a) m(f); **Gesprächsstoff** m tema m de conversación; **Gesprächsthema** nt tema m de conversación

gesprenkelt [gə'ʃprɛŋkəlt] adj moteado

gesprochen [gə'ʃprɔxən] pp von **sprechen**

gesprossen [gə'ʃprɔsən] pp von **sprießen**

gesprungen [gə'ʃprʊŋən] pp von **springen**

Gespür [gə'ʃpy:ɐ] nt <-s, ohne pl> sentido m (für de)

Gestalt [gə'ʃtalt] f <-en> ① (äußere Erscheinung) aspecto m; (Wuchs) estatura f ② (Form) forma f; **~ annehmen** tomar cuerpo; **in ~ von** en forma de ③ (Persönlichkeit) personaje m; **eine düstere ~** un personaje tenebroso ④ (Person) persona f

gestalten* **I.** vt ① (Wohnung) distribuir; (Unterricht) elaborar; (Freizeit) organizar

② (ARCHIT, KUNST) formar; (*Entwurf*) hacer, crear **II.** *vr*: **sich ~** (*geh*) formarse; **der Ablauf wird sich folgendermaßen ~** el desarrollo será de la siguiente manera; **die Bergung gestaltete sich schwierig** el rescate resultó difícil

gestalterisch *adj* creativo

Gestaltung *f* <-en> (*Wohnung*) distribución *f;* (*von Thema*) presentación *f;* (*Freizeit*) organización *f;* (*Aufbau*) estructuración *f;* (*schöpferisch*) creación *f*

gestand *3. imp von* **gestehen**

gestanden [gə'ʃtandən] *pp von* **stehen**, **gestehen**

geständig [gə'ʃtɛndɪç] *adj* confeso; **~ sein** confesar

Geständnis [gə'ʃtɛntnɪs] *nt* <-ses, -se> confesión *f;* **ein ~ ablegen** confesar

Gestank [gə'ʃtaŋk] *m* <-(e)s, *ohne pl*> (*abw*) hedor *m*, peste *f fam*

gestatten* [gə'ʃtatən] *vt* permitir; (*offiziell*) autorizar; **jdm etw ~** autorizar a alguien (para) algo; **wenn ich mir die Bemerkung ~ darf** si me permite la observación; **Sie ~?** (con) permiso

Geste ['ge:stə, 'gɛstə] *f* <-n> gesto *m*

gestehen <gesteht, gestand, gestanden> *vt* **①** (JUR) confesar **②** (*zugeben*) admitir; **offen gestanden weiß ich es nicht** a decir verdad no lo sé

Gestein [gə'ʃtaɪn] *nt* <-(e)s, -e> mineral *m;* (*Fels*) roca *f*

Gestell [gə'ʃtɛl] *nt* <-(e)s, -e> **①** (*Unterbau*) armazón *m o f;* (*Stütze*) soporte *m* **②** (AUTO) chasis *m inv* **③** (*Brillen~*) montura *f*

gestellt [gə'ʃtɛlt] *adj* (*Szene*) montado; (*Foto*) poco natural

gestern ['gɛstɐn] *adv* ayer; **~ Abend/Morgen** ayer por la noche/por la mañana; **~ vor einer Woche** ayer hace ocho días; **ich bin doch nicht von ~** (*fam*) no nací ayer

gestiegen [gə'ʃti:gən] *pp von* **steigen**

Gestik ['ge:stɪk, 'gɛstɪk] *f ohne pl* gestos *mpl*, ademanes *mpl*

gestikulieren* [gɛstiku'li:rən], gestiku'li:rən] *vi* gesticular, hacer gestos

Gestirn [gə'ʃtɪrn] *nt* <-(e)s, -e> astro *m*

gestoben [gə'ʃto:bən] *pp von* **stieben**

gestochen [gə'ʃtɔxən] **I.** *pp von* **stechen** **II.** *adj* (*sorgfältig*) esmerado; (*Handschrift*) claro; **~ scharf** (*Foto*) muy nítido

gestohlen [gə'ʃto:lən] *pp von* **stehlen**

gestorben [gə'ʃtɔrbən] *pp von* **sterben**

gestört [gə'ʃtø:ɐt] *adj* (PSYCH: *Verhältnis*) perturbado; (*Kind*) problemático

gestoßen [gə'ʃto:sən] *pp von* **stoßen**

Gestotter *nt* <-s, *ohne pl*> (*fam abw*) tartamudeo *m*

gestreift [gə'ʃtraɪft] *adj* a rayas

gestresst [gə'ʃtrɛst] *adj* estresado

gestrichen [gə'ʃtrɪçən] **I.** *pp von* **streichen** **II.** *adj* (*Maßangabe*) raso, rasado; **ein ~er Teelöffel voll Zucker** una cucharilla rasa de azúcar; **ich hab die Schnauze ~ voll** (*fam*) estoy hasta las narices

gestrig ['gɛstrɪç] *adj* de ayer

gestritten [gə'ʃtrɪtən] *pp von* **streiten**

Gestrüpp [gə'ʃtrʏp] *nt* <-(e)s, -e> broza *f,* pajonal *m Am*

gestunken [gə'ʃtuŋkən] *pp von* **stinken**

Gestüt [gə'ʃty:t] *nt* <-(e)s, -e> criadero *m* de caballos

Gesuch [gə'zu:x] *nt* <-(e)s, -e> solicitud *f,* aplicación *f Am;* **ein ~ einreichen** presentar una solicitud

gesucht [gə'zu:xt] *adj* **①** (*gekünstelt*) rebuscado **②** (*begehrt*) solicitado

Gesülze *nt* <-s, *ohne pl*> (*fam abw*) conversación *f* que carece de fundamento

gesund [gə'zʊnt] *adj* <gesünder, am gesündesten> sano; (*heilsam*) saludable; **~e Ernährung** alimentación sana; **wieder ~ werden** recobrar la salud; **ich bin ~ und munter** estoy sano y salvo; **Vitamin C ist ~** la vitamina C es buena para la salud; **~ aussehen** tener buen aspecto; **~e Anschauungen haben** tener ideas sanas

gesunden* [gə'zʊndən] *vi sein* (*geh: Mensch*) sanar; (*Wirtschaft*) recuperarse

gesünder [gə'zʏndɐ] *adj kompar von* **gesund**

gesündeste(r, s) [gə'zʏndəstə, -tɐ, -təs] *adj superl von* **gesund**

Gesundheit *f ohne pl* salud *f;* **auf Ihre ~!** ¡a su salud!; **bei guter ~ sein** gozar de buena salud; **~!** (*beim Niesen*) ¡Jesús!, ¡salud!

gesundheitlich *adj* **①** (*die Gesundheit betreffend*) de salud; (*Institution*) sanitario; **aus ~en Gründen** por razones de salud **②** (*der Gesundheit dienend*) saludable

Gesundheitsamt *nt* Departamento *m* de Sanidad; **gesundheitsbewusst** *adj* consciente de la salud; **gesundheitsschädlich** *adj* perjudicial para la salud; **Gesundheitszustand** *m* estado *m* de salud

gesund\schreiben *irr vt* dar de alta

gesungen [gə'zʊŋən] *pp von* **singen**

gesunken [gə'zʊŋkən] *pp von* **sinken**

getan [gə'ta:n] *pp von* **tun**

Getöse [gə'tø:zə] *nt* <-s, *ohne pl*> estruendo *m*, chivateo *m Am*

getragen [gə'tra:gən] **I.** *pp von* **tragen** **II.** *adj* **①** (*Musik*) lento **②** (*Kleidung*) usado

Getränk [gə'trɛŋk] *nt* <-(e)s, -e> bebida *f*; **Getränkeautomat** *m* máquina *f* automática de bebidas; **Getränkedose** *f* lata *f* de bebida

Getratsch(e) [gə'tra:tʃ(ə)] *nt* <-(e)s, *ohne pl*> (*fam abw*) chismorreo *m*, chismes *mpl*

getrauen* *vr:* **sich ~** atreverse (*zu* a)

Getreide [gə'traɪdə] *nt* <-s, -> cereales *mpl* o *fpl*; **Getreidemühle** *f* molino *m* harinero

getrennt [gə'trɛnt] **I.** *adj* separado **II.** *adv* por separado; **~ leben** vivir separados; **schreibt man das ~?** ¿eso se escribe separado?

getreten *pp von* **treten**

getreu [gə'trɔɪ] **I.** *adj* (*geh*) fiel **II.** *präp* +*dat* fiel a; **~ den Regeln** fiel a las reglas

Getriebe [gə'tri:bə] *nt* <-s, -> (*an Maschine*) engranaje *m*; (AUTO) caja *f* de cambios

getrieben *pp von* **treiben**

getroffen *pp von* **treffen**

getrogen *pp von* **trügen**

getrost [gə'tro:st] *adv* sin miedo, tranquilamente

getrübt [gə'try:pt] *adj* enturbiado

getrunken *pp von* **trinken**

Getto ['gɛto] *nt* <-s, -s> gueto *m*

gettoisieren* *vt* ➊ (*zum Getto machen*) convertir en un gueto ➋ (*geh: absondern*) aislar

Getue [gə'tu:ə] *nt* <-s, *ohne pl*> (*fam abw*) pose *f*; **ein zimperliches ~** remilgos *mpl*

getüpfelt [gə'typfəlt] *adj* moteado

Getuschel *nt* <-s, *ohne pl*> (*fam abw*) cuchicheos *mpl* (*über* sobre)

geübt [gə'ʔy:pt] *adj* (*erfahren*) experto; (*geschickt*) hábil; **im Reden ~ sein** tener facilidad de palabra

Gewächs [gə'vɛks] *nt* <-es, -e> ➊ (*Pflanze*) planta *f* ➋ (*Geschwulst*) tumor *m*

gewachsen [gə'vaksən] **I.** *pp von* **wachsen**[1] **II.** *adj:* **jdm/etw** *dat* **~ sein** estar a la altura de alguien/algo

Gewächshaus *nt* invernadero *m*

gewagt [gə'va:kt] *adj* ➊ (*riskant*) arriesgado ➋ (*moralisch bedenklich*) atrevido

gewählt [gə'vɛ:lt] *adj* (*Stil*) culto; (*elegant*) elegante

Gewähr [gə'vɛ:ɐ̯] *f ohne pl* garantía *f*; **ohne ~** sin garantía; **jdm die ~ dafür bieten, dass ...** garantizarle a alguien que...

gewähren* [gə'vɛ:rən] **I.** *vt* (*bewilligen*) conceder; (*geben*) dar, proporcionar; (*erlauben*) permitir **II.** *vi:* **jdn ~ lassen** dejar plena libertad a alguien

gewährleisten* *vt* asegurar, garantizar

Gewährleistung *f* <-en> ➊ (*Sicherstellung, Mängelhaftung*) garantía *f* ➋ (*Schweiz: Genehmigung*) permiso *m*

Gewahrsam [gə'va:ɐ̯za:m] *m* <-s, *ohne pl*> ➊ (*Obhut*) custodia *f*; **etw in ~ nehmen** tomar algo en custodia ➋ (*Gefangenschaft*) arresto *m*; **jdn in ~ nehmen** arrestar a alguien

Gewährung *f* <-en> concesión *f*; (*Erlaubnis*) permiso *m*

Gewalt[1] [gə'valt] *f* <-en> (*Macht*) poder *m*; **elterliche ~** patria potestad; **höhere ~** (caso de) fuerza mayor; **sich in der ~ haben** dominarse; **jdn in seiner ~ haben** tener a alguien en su poder; **in jds ~ geraten** caer en poder de alguien; **er verlor die ~ über seinen Wagen** perdió el control de su coche; **mit aller ~** a toda costa

Gewalt[2] *f ohne pl* ➊ (*~tätigkeit*) violencia *f*; **mit ~** por fuerza, a la brava *Am*; **~ anwenden** recurrir a la fuerza; **sich** *dat* **~ antun** forzarse ➋ (*Heftigkeit*) fuerza *f*, vehemencia *f*

gewaltbereit *adj* dispuesto a la violencia; **Gewaltbereitschaft** *f* disposición *f* a la violencia

Gewaltenteilung *f ohne pl* separación *f* de poderes

gewaltfrei **I.** *adj* no violento **II.** *adv* sin violencia

Gewaltherrschaft *f* tiranía *f*

gewaltig **I.** *adj* ➊ (*mächtig*) poderoso ➋ (*riesig*) enorme **II.** *adv* (*fam: sehr*) tremendamente

gewaltlos *adj* sin violencia, pacífico

Gewaltlosigkeit *f ohne pl* renuncia *f* a la violencia

gewaltsam **I.** *adj* violento **II.** *adv* a viva fuerza; **eine Tür ~ öffnen** forzar una puerta

Gewalttat *f* acto *m* violento; (*Verbrechen*) crimen *m*; **Gewalttäter(in)** *m(f)* criminal *mf* peligroso, -a; **gewalttätig** *adj* violento; **Gewalttätigkeit** *f ohne pl* violencia *f*; **Gewaltverbrechen** *nt* crimen *m* violento; **Gewaltverbrecher(in)** *m(f)* s. **Gewalttäter**

Gewand [gə'vant, *pl:* gə'vɛndə] *nt* <-(e)s, -wänder> ➊ (*geh: Kleidungsstück*) vestimenta *f*; (*Umhang*) manto *m* ➋ (*Schweiz: Kleidung*) vestido *m*

gewandt [gə'vant] **I.** *pp von* **wenden**[2] **II.** *adj* hábil; (*Auftreten*) seguro; (*Stil*) fluido

gewann [gə'van] *3. imp von* **gewinnen**

Gewäsch [gə'vɛʃ] *nt* <-(e)s, *ohne pl*> (*fam abw*) tonterías *fpl*, bobadas *fpl*

gewaschen [gə'vaʃən] *pp von* **waschen**

Gewässer [gə'vɛsɐ] *nt* <-s, -> agua(s) *f(pl);*
Gewässerreinhaltung *f* (ÖKOL) protección *f* de aguas
Gewebe [gə've:bə] *nt* <-s, -> (*a.* MED, BIOL) tejido *m*
Gewehr [gə've:ɐ] *nt* <-(e)s, -e> fusil *m;*
Gewehrlauf *m* <-(e)s, -läufe> cañón *m* del fusil
Geweih [gə'vaɪ] *nt* <-(e)s, -e> cornamenta *f*
Gewerbe[1] [gə'vɛrbə] *nt* <-s, -> (*Tätigkeit*) oficio *m*, profesión *f;* **ein ~ (be)treiben** dedicarse a un oficio
Gewerbe[2] *nt* <-s, *ohne pl*> (*Betrieb*) empresa *f* (mediana)
Gewerbeaufsichtsamt *nt* Departamento *m* de Inspección Industrial; **Gewerbegebiet** *nt* polígono *m* industrial; **Gewerbeordnung** *f* reglamento *m* industrial; **Gewerbeschein** *m* licencia *f* profesional; **Gewerbesteuer** *f* impuesto *m* industrial; **Gewerbetreibende(r)** *mf* <-n, -n; -n> industrial *mf*
gewerblich [gə'vɛrplɪç] *adj* comercial; (*industriell*) industrial; (*beruflich*) profesional; **etw ~ nutzen** usar algo con fines comerciales
Gewerkschaft [gə'vɛrkʃaft] *f* <-en> sindicato *m*
Gewerkschaft(l)er(in) *m(f)* <-s, -; -nen> sindicalista *mf*
gewerkschaftlich *adj* sindical
Gewerkschaftsbund *m* confederación *f* de sindicatos; **Gewerkschaftsführer(in)** *m(f)* líder *m* sindical; **Gewerkschaftsmitglied** *nt* sindicalista *mf*
gewesen [gə've:zən] *pp von* **sein**
gewichen [gə'vɪçən] *pp von* **weichen**
Gewicht[1] [gə'vɪçt] *nt* <-(e)s, *ohne pl*> ❶ (*Schwere, a.* PHYS) peso *m;* **sein ~ halten** mantener su peso ❷ (*Bedeutung*) importancia *f;* (**nicht**) **ins ~ fallen** (no) tener importancia; **auf etw ~ legen** dar importancia a algo
Gewicht[2] *nt* <-(e)s, -e> (*für Waage, a.* SPORT) pesa *f*
gewichten* *vt* (*Bedeutung beimessen*) atribuir la debida importancia (a)
Gewichtheben *nt* <-s, *ohne pl*> (SPORT) levantamiento *m* de pesas
gewichtig *adj* ❶ (*bedeutungsvoll*) importante ❷ (*iron: dick*) obeso
Gewichtsverlust *m* pérdida *f* de peso; **Gewichtszunahme** *f* aumento *m* de peso
gewieft [gə'vi:ft] *adj* (*fam*) astuto
gewiesen [gə'vi:zən] *pp von* **weisen**
gewillt [gə'vɪlt] *adj:* **~ sein etw zu tun** estar dispuesto a hacer algo

Gewimmel *nt* <-s, *ohne pl*> gentío *m*
Gewinde [gə'vɪndə] *nt* <-s, -> (TECH) rosca *f*
Gewinn[1] [gə'vɪn] *m* <-(e)s, -e> ❶ (WIRTSCH) beneficio *m*, ganancia *f;* **~ machen** obtener beneficios ❷ (*in Lotterie*) premio *m*
Gewinn[2] *m* <-(e)s, *ohne pl*> (*Nutzen*) provecho *m;* **~ bringend** lucrativo; (*vorteilhaft*) ventajoso; **aus etw** *dat* **~ schlagen** sacar provecho de algo
Gewinnbeteiligung *f* participación *f* en los beneficios; **gewinnbringend** *adj* lucrativo; (*vorteilhaft*) ventajoso; **Gewinnchance** *f* oportunidad *f* de ganar
gewinnen [gə'vɪnən] <gewinnt, gewann, gewonnen> **I.** *vt* ❶ (*Spiel*) ganar ❷ (*erhalten*) ganar, obtener; **Zeit/Boden ~** ganar tiempo/terreno; **Abstand ~** distanciarse; **jdn zum Freund ~** ganarse la amistad de alguien; **jdn für etw ~** ganar(se) a alguien para algo; **wie gewonnen, so zerronnen** (*prov*) lo que el agua trae, el agua se lleva ❸ (*Rohstoff*) sacar, obtener; (*erzeugen*) elaborar; (*Energie*) producir; (*Kohle*) extraer; **aus diesen Trauben wird Wein gewonnen** de estas uvas se hace vino **II.** *vi* ❶ (*siegen*) ganar (*bei* en); **die Mannschaft gewann 1:3** el equipo ganó por 1 a 3 ❷ (*besser werden*) ganar (*an* en); **an Höhe/an Bedeutung ~** ganar en altura/ en importancia ❸ (*besser wirken*) ganar (*durch* con), mejorar (*durch* con)
gewinnend *adj* (*Wesen*) agradable
Gewinner(in) *m(f)* <-s, -; -nen> ganador(a) *m(f);* (*Lotto*) acertante *mf;* (*Sieger*) vencedor(a) *m(f)*
Gewinnlos *nt* boleto *m* premiado;
Gewinnmarge [-marʒə] *f* (WIRTSCH) margen *m* de beneficios; **Gewinnnummer** *f* número *m* ganador; **Gewinnspanne** *f* (WIRTSCH) margen *m* de beneficio
Gewinnung *f* <-en> ❶ (*von Rohstoffen*) explotación *f;* (*von Kohle*) extracción *f* ❷ (*Erzeugung*) producción *f*
Gewinnzahl *f* número *m* premiado
Gewinsel *nt* <-s, *ohne pl*> (*abw*) aullido *m*
Gewirr [gə'vɪr] *nt* <-(e)s, *ohne pl*> maraña *f;* (*von Stimmen*) confusión *f;* (*von Straßen*) laberinto *m*
gewiss [gə'vɪs] **I.** *adj* ❶ (*sicher*) seguro; **sich** *dat* **einer Sache ~ sein** (*geh*) estar seguro de una cosa ❷ (*bestimmt*) tal, cierto; **ein ~er Herr Müller** un tal Señor Müller; **in ~em Maße** en cierta medida **II.** *adv* (*sicher*) seguramente; (*zweifellos*) indudablemente; **aber ~ doch!** ¡seguro que sí!
Gewissen [gə'vɪsən] *nt* <-s, -> conciencia *f;* **ein gutes/schlechtes ~ haben** tener

buena/mala conciencia; **jdn/etw auf dem ~ haben** tener a alguien/algo sobre su conciencia; **jdm ins ~ reden** apelar a la conciencia de alguien; **sein ~ erleichtern** descargar la conciencia

gewissenhaft *adj* concienzudo; (*penibel*) escrupuloso

gewissenlos *adj* sin escrúpulo(s); **~ handeln** obrar de mala fe

Gewissenlosigkeit *f ohne pl* falta *f* de conciencia

Gewissensbisse *mpl* remordimientos *mpl* (de conciencia); **Gewissensentscheidung** *f* cuestión *f* de conciencia; **Gewissensfrage** *f* cuestión *f* de conciencia; **Gewissensfreiheit** *f ohne pl* libertad *f* de conciencia; **Gewissensgründe** *mpl* razones *fpl* de conciencia; **Gewissenskonflikt** *m* conflicto *m* de conciencia, problema *m* de conciencia

gewissermaßen [-'--'--] *adv* en cierto sentido

Gewissheit *f* <-en> certeza *f*; **~ haben über etw** estar seguro de algo; **sich** *dat* **~ über etw verschaffen** cerciorarse de algo

Gewitter [gə'vɪtɐ] *nt* <-s, -> tormenta *f*

gewitt(e)rig *adj* tormentoso

gewittern* *vunpers* haber tormenta

Gewitterregen *m* lluvia *f* tormentosa; **Gewitterstimmung** *f* cerrazón *f*; **Gewitterwolke** *f* nubarrón *m*

gewittrig *adj s.* **gewitt(e)rig**

gewitzt [gə'vɪtst] *adj* listo

gewoben [gə'voːbən] *pp von* **weben²**

gewogen [gə'voːgən] **I.** *pp von* **wiegen²** **II.** *adj* (*geh*): **etw** *dat* **~ sein** ser propicio a algo; **jdm ~ sein** tener simpatía por alguien

gewöhnen* [gə'vøːnən] **I.** *vt* acostumbrar (*an* a); (*an Klima*) aclimatar (*an* a) **II.** *vr:* **sich ~** acostumbrarse (*an* a); (*vertraut machen*) familiarizarse (*an* con); (*an Klima*) aclimatarse (*an* a)

Gewohnheit [gə'voːnhaɪt] *f* <-en> costumbre *f*; **aus (alter) ~** por (pura) costumbre

Gewohnheitsmensch *m* persona *f* rutinaria; **Gewohnheitsrecht** *nt* (JUR) derecho *m* consuetudinario; **Gewohnheitstäter(in)** *m(f)* delincuente *mf* habitual; **Gewohnheitstier** *nt* (*iron*) persona *f* de costumbres; **Gewohnheitstrinker(in)** *m(f)* bebedor(a) *m(f)* habitual; **Gewohnheitsverbrecher(in)** *m(f)* delincuente *mf* habitual

gewöhnlich [gə'vøːnlɪç] **I.** *adj* ❶ (*gewohnt*) habitual ❷ (*alltäglich*) corriente ❸ (*ordinär*) ordinario **II.** *adv* (*normalerweise*) normalmente; **wie ~** como siem-

pre; **für ~** normalmente

gewohnt [gə'voːnt] *adj* ❶ (*daran gewöhnt*) acostumbrado; **ich bin es ~ lange zu arbeiten** estoy acostumbrado a trabajar hasta tarde ❷ (*vertraut*) familiar

Gewöhnung [gə'vøːnʊŋ] *f ohne pl* habituación *f* (*an* a); (*an Klima*) aclimatación *f* (*an* a)

gewöhnungsbedürftig *adj* que requiere un cierto tiempo (para acostumbrarse); **Gewöhnungssache** *f ohne pl* cuestión *f* de costumbre

Gewölbe [gə'vœlbə] *nt* <-s, -> bóveda *f*

gewölbt [gə'vœlpt] *adj* arqueado; (*Decke*) abovedado

gewonnen [gə'vɔnən] *pp von* **gewinnen**

geworben [gə'vɔrbən] *pp von* **werben**

geworden [gə'vɔrdən] *pp von* **werden¹**

geworfen [gə'vɔrfən] *pp von* **werfen**

gewrungen [gə'vrʊŋən] *pp von* **wringen**

Gewühl [gə'vyːl] *nt* <-(e)s, *ohne pl*> (*Gedränge*) multitud *f*, mogollón *m fam*

gewunden [gə'vʊndən] **I.** *pp von* **winden** **II.** *adj* (*Flusslauf, Straße*) sinuoso; (*Ausdrucksweise*) retorcido

gewunken [gə'vʊŋkən] *pp von* **winken**

Gewürz [gə'vʏrts] *nt* <-es, -e> especia *f*; **Gewürzgurke** *f* pepinillo *m* en vinagre; **Gewürzpflanze** *f* planta *f* aromática, especia *f*

Gewusel [gə'vuːzl] *nt* <-s, *ohne pl*> (*reg*) *s.* **Gewimmel**

gewusst [gə'vʊst] *pp von* **wissen**

gez. *Abk. von* **gezeichnet** fdo.

---

i Land & Leute

Las emisoras de radio y televisión públicas en Alemania se financian, entre otros ingresos, a través de un impuesto específico, recaudado por la **GEZ**, siglas que pertenecen a la *Gebühreneinzugszentrale*. Toda persona, propietaria de una radio y/o televisión debe pagar semestralmente este impuesto, que a su vez es redistribuido entre las distintas emisoras públicas.

---

gezackt [gə'tsakt] *adj* con picos; (TECH, BOT) dentado

Gezanke *nt* <-s, *ohne pl*> (*abw*) pelea *f*, riña *f*

gezeichnet [gə'tsaɪçnət] *adj* ❶ (*im Brief*) firmado ❷ (*von Krankheit*): **von etw** *dat* **~ sein** estar marcado por algo

Gezeiten [gə'tsaɪtən] *fpl* marea *f*; **Gezeitenstrom** *m* corriente *f* de marea; **Gezei-**

tenwechsel *m* cambio *m* de marea

Gezeter [gə'tse:tɐ] *nt* <-s, *ohne pl*> (*abw*) alboroto *m*

gezielt [gə'tsi:lt] *adj* dirigido a un fin; ~ **nachfragen** preguntar con precisión

geziemen* [gə'tsi:mən] *vr:* **sich** ~ convenir; **das geziemt sich nicht!** ¡eso no se hace!

geziert [gə'tsi:ɐt] *adj* (*abw*) afectado

gezogen [gə'tso:gən] *pp von* **ziehen**

Gezwitscher [gə'tsvɪtʃɐ] *nt* <-s, *ohne pl*> gorjeo *m*

gezwungen [gə'tsvʊŋən] **I.** *pp von* **zwingen II.** *adj* forzado

gezwungenermaßen [-'---'--] *adv* forzosamente

ggf. *Abk. von* **gegebenenfalls** en su caso, en caso necesario

Ghana ['ga:na] *nt* <-s> Ghana *f*

Ghanaer(in) ['ga:naɐ] *m(f)* <-s, -; -nen> ghanés, -esa *m, f*

ghanaisch ['ga:naɪʃ] *adj* ghanés

Ghetto ['gɛto] *nt* <-s, -s> *s.* **Getto**

ghettoisieren* *vt s.* **gettoisieren**

Gibraltar [gi'braltaːɐ, --'-] *nt* <-s> Gibraltar *m*

Gibraltarer(in) [gibral'ta:rɐ] *m(f)* <-s, -; -nen> gibraltareño, -a *m, f*

gibt [gi:pt] *3. präs von* **geben**

Gicht [gɪçt] *f ohne pl* (MED) gota *f*

Giebel ['gi:bəl] *m* <-s, -> (ARCHIT) frontón *m;* **Giebeldach** *nt* (ARCHIT) tejado *m* a dos vertientes

Gier [gi:ɐ] *f ohne pl* avidez *f* (*nach* de), codicia *f* (*nach* de); (*Fress~*) voracidad *f*

gieren ['gi:rən] *vi* (*geh*) codiciar (*nach*)

gierig *adj* ávido (*nach* de); (*hab~*) codicioso; (*gefräßig*) voraz; ~ **essen/trinken** comer/beber con gula

gießen ['gi:sən] <gießt, goss, gegossen> **I.** *vt* ① (*Pflanzen*) regar ② (*Metall*) fundir ③ (*Kerzen*) hacer ④ (*hinein~*) echar; **voll** ~ llenar (hasta el borde) ⑤ (*verschütten*) verter **II.** *vunpers* (*fam: regnen*) llover mucho; **es gießt in Strömen** llueve a cántaros

Gießerei *f* <-en> (taller *m* de) fundición *f*

Gießkanne *f* regadera *f*

Gift [gɪft] *nt* <-(e)s, -e> veneno *m;* (MED) tóxico *m;* **darauf kannst du** ~ **nehmen** (*fam*) apuesto la cabeza; **sein** ~ **verspritzen** (*fam*) hablar con lengua viperina; ~ **und Galle spucken** (*fam*) echar sapos y culebras; **Giftgas** *nt* gas *m* tóxico; **giftgrün** *adj* verde cardenillo

giftig *adj* ① (*Substanz*) venenoso; (MED) tóxico ② (*fam: boshaft*) mordaz

Giftmüll *m* (ÖKOL) desechos *mpl* tóxicos,

residuos *mpl* tóxicos; **Giftmüllexport** *m* (ÖKOL) exportación *f* de residuos tóxicos; **Giftmüllverbrennungsanlage** *f* (ÖKOL) planta *f* incineradora de residuos tóxicos

Giftnudel *f* (*fam: gehässiger Mensch*) víbora *f;* **Giftpilz** *m* (BOT) seta *f* venenosa; **Giftschlange** *f* serpiente *f* venenosa; **Giftspritze** *f* (*fam*) *s.* **Giftnudel; Giftstoff** *m* sustancia *f* tóxica; **Giftwolke** *f* nube *f* tóxica; **Giftzwerg** *m* (*fam abw*) víbora *f*

Gigabyte ['gi:gabaɪt] *nt* <-(s), -(s)> (INFOR) gigabyte *m*

Gigant(in) [gi'gant] *m(f)* <-en, -en; -nen> gigante, -a *m, f*

gigantisch *adj* gigantesco, gigante

gilt [gɪlt] *3. präs von* **gelten**

Gin [dʒɪn] *m* <-s, -s> ginebra *f;* ~ **Tonic** gin tonic

ging [gɪŋ] *3. imp von* **gehen**

Ginster ['gɪnstɐ] *m* <-s, -> (BOT) retama *f*

Gipfel ['gɪpfəl] *m* <-s, -> ① (*von Berg*) cumbre *f*, cima *f* ② (*Höhepunkt*) apogeo *m;* **das ist doch der** ~! ¡esto es el colmo! ③ (POL) cumbre *f;* **Gipfelkonferenz** *f* (POL) (conferencia *f*) cumbre *f*

gipfeln *vi* culminar (*in* en)

Gipfelpunkt *m* punto *m* culminante; **Gipfeltreffen** *nt* (POL) (reunión *f*) cumbre *f*

Gips [gɪps] *m* <-es, -e> ① (*Baumaterial*) yeso *m* ② (MED) escayola *f;* **er hat den Fuß in** ~ tiene el pie enyesado; **Gipsabdruck** *m* (*durch Eindrücken*) impresión *f* en yeso; (*Abguss*) moldeado *m* en yeso; **Gipsarm** *m* (*fam*) brazo *m* enyesado; **Gipsbein** *nt* (*fam*) pierna *f* enyesada

gipsen *vt* enyesar

Gipsverband *m* escayola *f*

Giraffe [gi'rafə] *f* <-n> jirafa *f*

Girlande [gɪr'landə] *f* <-n> guirnalda *f*

Giro ['ʒi:ro] *nt* <-s, -s> (FIN) giro *m;* **Girokonto** ['ʒi:rokɔnto] *nt* cuenta *f* corriente

Gis [gɪs] *nt* <-, -> (MUS) sol *m* sostenido

Gischt [gɪʃt] *f* <-> espuma *f* de las olas

Gitarre [gi'tarə] *f* <-n> guitarra *f*

Gitarrist(in) *m(f)* <-en, -en; -nen> guitarrista *mf*

Gitter ['gɪtɐ] *nt* <-s, -> ① (*Fenster~, Tür~*) reja *f;* (*für Pflanzen*) enrejado *m;* **hinter** ~ **kommen** (*fam*) ir a la cárcel ② (CHEM) red *f* cristalina, retículo *m* cristalino ③ (GEO, MATH) cuadrícula *f;* **Gitterfenster** *nt* ventana *f* enrejada; **Gitterrost** *m* (*an Ofen*) parrilla *f;* (*Abdeckung*) reja *f*

Glace [gla:s] *f* <-n> (*Schweiz: Speiseeis*) helado *m*

Glaceehandschuh *m,* **Glacéhandschuh**

[gla'se:hant∫u:] *m* guante *m* de cabritilla; **jdn mit ~en anfassen** (*fam fig*) tratar a alguien con guante de seda

Glanz [glants] *m* <-es, *ohne pl*> ❶ (*von Fläche, Haaren, Augen*) brillo *m*; (*Schimmer*) resplandor *m* ❷ (*Pracht*) esplendor *m*

glänzen ['glɛntsən] **I.** *vi* ❶ (*Glanz haben*) brillar; (*strahlen*) resplandecer ❷ (*in einem Fach*) brillar (*durch* por); **durch Abwesenheit ~** brillar por su ausencia **II.** *vt* (*Schweiz: zum G~ bringen*) dar brillo (a)

glänzend I. *adj* ❶ (*Lack, Augen*) brillante; (*Foto*) en brillo ❷ (*fam: sehr gut*) espléndido **II.** *adv* de maravilla; **wir haben uns ~ amüsiert** nos divertimos de lo lindo

Glanzleistung *f* actuación *f* brillante

glanzvoll *adj* ❶ (*ausgezeichnet*) espléndido ❷ (*prunkhaft*) suntuoso

Glanzzeit *f* época *f* de esplendor

Glas¹ [glaːs] *nt* <-es, *ohne pl*> (*Material*) vidrio *m*, cristal *m*; **Vorsicht ~!** ¡frágil!

Glas² [glaːs, *pl:* 'glɛːzə] *nt* <-es, *Gläser*> ❶ (*Trinkgefäß*) vaso *m*; (*mit Stiel*) copa *f*; (*~behälter*) frasco *m*; (*Schraub~*) tarro *m*; **ein ~ über den Durst trinken** (*fam*) tomar una copa de más; **zu tief ins ~ gucken** (*fam fig*) empinar el codo ❷ (*Fern~*) prismáticos *mpl* ❸ (*Brillen~*) cristal *m*

Glasauge *nt* ojo *m* de cristal; **Glasbläser(in)** *m(f)* vidriero, -a *m, f*; **Glascontainer** *m* (*für Altglas*) contenedor *m* de vidrio

Glaser(in) *m(f)* <-s, -; -nen> cristalero, -a *m, f*

Glaserei *f* <-en> (*Betrieb*) cristalería *f*

Glaserin *f* <-nen> *s.* Glaser

gläsern ['glɛːzən] *adj* de vidrio; (*feiner*) de cristal; (*fig: transparent*) transparente

Glasfaser *f* fibra *f* de vidrio; **Glasfaserkabel** *nt* (TECH) cable *m* fibroóptico

Glashaus *nt* invernadero *m*; **Glashütte** *f* taller *m* de vidrio, vidriería *f*

glasieren* [gla'ziːrən] *vt* ❶ (*Keramik*) vidriar ❷ (GASTR) glasear

glasig ['glaːzɪç] *adj* ❶ (*Blick*) vidrioso ❷ (GASTR) sofrito

Glaskasten *m* vitrina *f*; **glasklar** ['-'-] *adj* ❶ (*durchsichtig*) claro ❷ (*deutlich*) claro como el agua; **Glasmalerei** *f ohne pl* pintura *f* sobre vidrio

Glasnost ['glasnɔst] *f ohne pl* (POL) glasnost *f*

Glasperle *f* perla *f* de vidrio; **Glasscheibe** *f* cristal *m*, vidrio *m*; **Glasscherbe** *f* fragmento *m* de vidrio; **~n** vidrios rotos; **Glas-**

tür *f* puerta *f* vidriera, mampara *f Peru*

Glasur [gla'zuːɐ] *f* <-en> ❶ (*auf Keramik*) esmalte *m* ❷ (GASTR: *aus Schokolade*) cobertura *f* de chocolate

Glaswolle *f ohne pl* lana *f* de vidrio

glatt [glat] **I.** *adj* ❶ (*eben*) plano; (*nicht rau*) liso; (*Haut*) suave; (*Haare*) liso ❷ (*rutschig*) resbaladizo ❸ (*reibungslos*) perfecto ❹ (*fam: eindeutig*) claro, rotundo; **das macht ~e 100 Euro** son exactamente 100 euros ❺ (*Typ*) empalagoso **II.** *adv* ❶ (*problemlos*) sin problemas, sin obstáculos ❷ (*rundweg*) rotundamente; (*einfach*) sencillamente

Glätte ['glɛtə] *f ohne pl* ❶ (*Ebenheit*) llanura *f*; (*nicht rau*) lisura *f* ❷ (*von Straßen*) estado *m* resbaladizo

Glatteis *nt* hielo *m*; **jdn aufs ~ führen** (*fig*) poner a alguien en un aprieto; **Glatteisgefahr** *f ohne pl* peligro *m* de (formación de) hielo

glätten ['glɛtən] **I.** *vt* ❶ (*eben machen*) alisar; **die Wogen ~** (*fig*) calmar los ánimos ❷ (*Schweiz: bügeln*) planchar **II.** *vr:* **sich ~** (*Meer, Sturm*) calmarse

glattweg ['glatvɛk] *adv* (*fam: rundweg*) rotundamente; (*völlig*) completamente

Glatze ['glatsə] *f* <-n> calva *f*, pelada *f CSur*; **eine ~ haben/bekommen** ser/quedarse calvo

Glatzkopf *m* (*fam*) calvo, -a *m, f*

glatzköpfig ['glatskœpfɪç] *adj* calvo

Glaube ['glaubə] *m* <-ns, *ohne pl*> ❶ (REL) fe *f* (*an* en), creencias *fpl*; **der christliche ~** la fe cristiana; **jüdischer ~ns** de religión judía ❷ (*Vertrauen*) creencia *f*, crédito *m*; (*Meinung*) opinión *f*; (*Überzeugung*) convicción *f*; **in dem ~n sein, dass ...** estar en la creencia de que...; **jdn in dem ~n belassen, dass** dejar a alguien creyendo que; **etw** *dat* **~n/keinen ~n schenken** dar/no dar crédito a algo; **in gutem ~n handeln** actuar de buena fe ❸ (*Zuversicht*) confianza *f* (*an* en)

glauben ['glaubən] **I.** *vt* ❶ (*meinen*) creer(se); **ich glaube nicht, dass das geht** no creo que se pueda hacer esto; **sie glaubte ihn in Schwierigkeiten** (*geh*) le creía en dificultades; **einer musste daran ~** (*fam fig*) uno estiró la pata ❷ (*für wahr halten*) creer(se); **das glaubst du doch selber nicht** eso no te lo crees ni tú; **es ist nicht zu ~!** ¡es increíble!; **ich glaube dir** te creo; **ob du es glaubst oder nicht, ich habe gewonnen** te lo creas o no, he ganado **II.** *vi* (*a.* REL) creer (*an* en); **ich glaube an Gott** creo en Dios

Glauben *m* <-s, *ohne pl*> *s.* Glaube;

Glaubensbekenntnis nt (REL, POL) credo m; **Glaubensfreiheit** f ohne pl libertad f de culto(s); **Glaubensgemeinschaft** f comunidad f de creyentes

glaubhaft adj creíble; (glaubwürdig) fidedigno; **jdm etw ~ machen** presentar algo de forma convincente a alguien

Glaubhaftigkeit f ohne pl credibilidad f

gläubig ['glɔɪbɪç] adj (REL) creyente

Gläubige(r) mf <-n, -n; -n> (REL) creyente mf

Gläubiger(in) m(f) <-s, -; -nen> (WIRTSCH) acreedor(a) m(f)

glaubwürdig adj digno de crédito, creíble

Glaubwürdigkeit f ohne pl credibilidad f

gleich [glaɪç] **I.** adj ❶ (a. MATH: ~ wertig) igual; (identisch) idéntico; **der/die/das G~e** el mismo/la misma/lo mismo; **zur ~en Zeit** a la misma hora; **G~es mit G~em vergelten** pagar con la misma moneda; **zwei mal zwei (ist) ~ vier** dos por dos (es) igual a cuatro ❷ (ähnlich) parecido; **G~ und G~ gesellt sich gern** cada oveja con su pareja ❸ (~ gültig): **es ist mir ~, ob ...** me da lo mismo si...; **ganz ~ was er sagt** no importa lo que él diga **II.** adv ❶ (sofort) ahora mismo, inmediatamente; (demnächst) pronto; **ich komme ~** ahora voy; **bis ~** hasta ahora; **~ darauf** al poco rato; **~ heute** hoy mismo; **habe ich es nicht ~ gesagt?** ¿qué te dije?; **das dachte ich mir ~** ya me lo imaginaba; **wie hieß sie doch ~?** ¿cómo se llamaba? ❷ (dicht daneben) justo, directamente; **der Schrank steht ~ neben der Tür** el armario está justo al lado de la puerta; **~ hier** aquí mismo ❸ (ebenso) igual; **~ schnell** igual de rápido; **~ groß** del mismo tamaño; **~ viel** la misma cantidad; **du musst sie beide ~ behandeln** los debes tratar igual **III.** präp +dat (geh: wie) igual a; **~ einem Schmetterling** cual una mariposa

gleichaltrig ['glaɪçaltrɪç] adj de la misma edad; **gleichartig** adj de la misma especie; **gleichbedeutend** adj equivalente (mit a); **Gleichbehandlung** f ohne pl igualdad f de trato; **gleichberechtigt** adj con los mismos derechos; **Gleichberechtigung** f ohne pl igualdad f de derechos

gleichen ['glaɪçən] <gleicht, glich, geglichen> vi parecerse (a)

gleichermaßen ['-'-'--] adv de la misma manera, igualmente

gleichfalls adv igualmente; **danke ~!** ¡gracias, igualmente!; **gleichförmig** adj uniforme, igual; **gleichgeschlechtlich** adj ❶ (von gleichem Geschlecht) del mismo sexo ❷ (homosexuell) homosexual

Gleichgewicht nt <-(e)s, ohne pl> (a. PSYCH) equilibrio m; **aus dem ~ kommen/bringen** perder el equilibrio/desequilibrar; **im ~ sein** estar equilibrado; **Gleichgewichtsstörung** f (MED) perturbación f del sentido del equilibrio

gleichgültig adj ❶ (ohne Anteilnahme) indiferente (gegenüber a) ❷ (unwichtig) insignificante; **das ist mir ~** eso me da igual

Gleichgültigkeit f ohne pl indiferencia f (gegenüber frente a); (Desinteresse) desinterés m (gegenüber frente a)

Gleichheit f ohne pl igualdad f; (Übereinstimmung) conformidad f; **Gleichheitszeichen** nt signo m de igualdad

gleich|kommen irr vi sein ❶ (gleichen) equivaler (a) ❷ (mit Leistung) igualar (an en); **gleich|machen** vt igualar, nivelar; **etw dem Erdboden ~** arrasar algo

gleichmäßig adj ❶ (gleichförmig) uniforme ❷ (regelmäßig) regular ❸ (ausgeglichen) equilibrado ❹ (ebenmäßig) simétrico

Gleichmäßigkeit f ohne pl ❶ (Gleichförmigkeit) uniformidad f ❷ (Regelmäßigkeit) regularidad f ❸ (Ausgeglichenheit) equilibrio m ❹ (in der Form) simetría f

Gleichnis nt <-ses, -se> parábola f

gleichrangig ['glaɪçraŋɪç] adj de igual categoría; (gleichwertig) equivalente

gleichsam adv (geh) en cierto modo; **~ als ob ...** como si... +subj

gleichschenk(e)lig adj (MATH): **~es Dreieck** triángulo m isósceles

Gleichschritt m <-(e)s, ohne pl> marcha f al compás; **im ~ marschieren** marchar al compás; **gleichseitig** adj (MATH) equilátero; **gleich|setzen** vt ❶ (vergleichen) equiparar (mit a/con) ❷ (als gleichwertig einstufen) igualar (mit a/con); **Gleichstand** m <-(e)s, ohne pl> (SPORT) empate m; **gleich|stellen** vt igualar (mit a/con); (JUR) conceder los mismos derechos (mit que a); **Gleichstellung** f ohne pl igualdad f; **die ~ der Frau mit dem Mann** la equiparación de la mujer con el hombre; **Gleichstrom** m (ELEK) corriente f continua; **gleich|tun** irr vt: **es jdm ~** (nachahmen) imitar a alguien (en algo); (in Leistung) competir con alguien

Gleichung f <-en> (MATH) ecuación f

gleichwertig adj equivalente

gleichwohl ['-'-] adv no obstante

gleichzeitig I. adj simultáneo **II.** adv al mismo tiempo, simultáneamente

gleich|ziehen *irr vi* igualar, alcanzar

Gleis [glaɪs] *nt* <-es, -e> vía *f;* **auf ~ zehn** en la vía diez; **aus dem ~ geraten** *(fig)* perder el ritmo acostumbrado; **die Sache kommt schon wieder ins rechte ~** las aguas vuelven a su cauce

gleiten ['glaɪtən] <gleitet, glitt, geglitten> *vi* ❶ *sein (fliegen)* planear ❷ *sein (rutschen)* deslizarse ❸ *sein (sich bewegen)* deslizarse *(über* por); *(Blick, Hand)* pasar *(über* por)

Gleitflugzeug *nt* planeador *m;* **Gleitmittel** *nt* (MED) lubricante *m*

Gleitschirmfliegen *nt* (SPORT) parapente *m*

Gleitzeit *f ohne pl* horario *m* (de trabajo) flexible

Gletscher ['glɛtʃɐ] *m* <-s, -> glaciar *m;* **Gletscherspalte** *f* grieta *f* de glaciar

glich [glɪç] *3. imp von* **gleichen**

Glied [gliːt] *nt* <-(e)s, -er> ❶ *(Körperteil)* miembro *m;* **der Schreck saß ihm in den ~ern** el susto le llegó hasta la médula ❷ *(Finger~)* falange *f* ❸ *(Penis)* miembro *m* (viril) ❹ *(Ketten~)* eslabón *m* ❺ *(Teil)* miembro *m*

gliedern ['gliːdɐn] **I.** *vt* ❶ *(ordnen)* clasificar ❷ *(unterteilen)* (sub)dividir *(in* en) **II.** *vr:* **sich ~** *(sich teilen)* dividirse *(in* en)

Gliederschmerz *m* dolor *m* articular

Gliederung *f* <-en> ❶ *(das Gliedern)* clasificación *f;* *(Einteilung)* división *f (in* en) ❷ *(Aufbau)* estructura *f*

Gliedmaßen ['gliːtmaːsən] *fpl* extremidades *fpl*

glimmen ['glɪmən] <glimmt, glomm, geglommen> *vi* arder (sin llama)

Glimmstängel *m (fam)* pitillo *m*

glimpflich ['glɪmpflɪç] **I.** *adj* ❶ *(mild)* suave; *(Strafe)* leve **II.** *adv (ohne Schaden)* bien parado; **wir sind noch ~ davongekommen** aún salimos bien parados del asunto

glitschig ['glɪtʃɪç] *adj (fam: Weg)* resbaladizo; *(Fisch)* escurridizo

glitt [glɪt] *3. imp von* **gleiten**

glitzern ['glɪtsɐn] *vi* centellear

global [glo'baːl] *adj* global

Globalisierung *f* <-en> globalización *f*

Globetrotter(in) ['gloːbətrɔtɐ] *m(f)* <-s, -; -nen> trotamundos *mf inv*

Globus ['gloːbʊs] *m* <-(ses), -se *o* Globen> globo *m*

Glocke ['glɔkə] *f* <-n> ❶ *(in Kirchen)* campana *f;* **etwas an die große ~ hängen** *(fam fig)* echar las campanas al vuelo ❷ *(reg: Klingel)* timbre *m* ❸ *(Käse~)* quesera *f;* **Glockenblume** *f* campanilla *f;* **glockenförmig** *adj* acampanado; **Glocken-**

geläut(e) *nt* <-s, *ohne pl*> toque *m* de campanas; **Glockenschlag** *m* campanada *f;* **Glockenspiel** *nt* carillón *m;* **Glockenturm** *m* campanario *m*

glomm [glɔm] *3. imp von* **glimmen**

Glorie ['gloːriə] *f ohne pl (geh: Ruhm)* gloria *f*

glorifizieren* [glorifi'tsiːrən] *vt* glorificar

glorios [glo'rioːs] *adj,* **glorreich** ['gloːɐraɪç] *adj* glorioso

Glossar [glɔ'saːɐ] *nt* <-s, -e> glosario *m*

Glosse ['glɔsə] *f* <-n> glosa *f*

Glotzaugen ['glɔts?augən] *ntpl (fam)* ojos *mpl* saltones

Glotze *f* <-n> *(fam)* tele *f,* caja *f* tonta

glotzen ['glɔtsən] *vi (fam)* ❶ *(schauen)* mirar; *(anstarren)* clavar la vista *(auf* en) ❷ *(fernsehen)* ver la tele

Glück [glʏk] *nt* <-(e)s, *ohne pl*> suerte *f,* pegada *f CSur; (Glücklichsein)* felicidad *f;* **~ haben** tener suerte, pegarla *Am: argot;* **kein ~ haben** tener mala suerte; **sein ~ versuchen** probar fortuna; **jdm ~ bringen** traer suerte a alguien; **sie kann von ~ sagen, dass nichts passiert ist** ha tenido la suerte de que no ha pasado nada; **zum ~** por suerte; **~ auf!** *(Bergarbeitergruß)* ¡buena suerte!; **viel ~!** ¡mucha suerte!; **ein ~!** *(fam)* ¡qué suerte!; **(das ist) dein ~!** *(fam)* ¡vaya suerte la tuya!; **sie weiß noch nichts von ihrem ~** todavía no sabe la que le ha caído en suerte; **~ im Unglück haben** dentro de lo malo, lo mejor; **auf gut ~** *(fam)* a la buena de Dios; **jeder ist seines ~es Schmied** *(prov)* cada uno es el artífice de su ventura

Glucke ['glʊkə] *f* <-n> (gallina *f*) clueca *f*

glücken ['glʏkən] *vi sein* salir (bien)

gluckern ['glʊkɐn] *vi* hacer gluglú

glücklich I. *adj* ❶ *(vom Glück begünstigt)* afortunado; **die ~e Gewinnerin** la afortunada ganadora; **ein ~er Zufall** una feliz coincidencia; **wer ist der/die G~e ?** ¿quién es el afortunado/la afortunada? ❷ *(froh)* feliz; **sie kann sich ~ schätzen, dass ...** puede considerarse satisfecha de que... +*subj* **II.** *adv (mit Glück)* felizmente; *(gut)* bien; **~ verheiratet sein** estar felizmente casado

glücklicherweise ['---'--] *adv* por suerte

Glücksbringer *m* <-s, -> talismán *m;* **Glücksfall** *m* golpe *m* de fortuna; **Glücksgriff** *m (Handlung)* acción *f* afortunada; *(Entscheidung)* decisión *f* afortunada; **Glückskind** *nt* afortunado, -a *m, f;* **Glückspilz** *m (fam)* suertudo, -a *m, f;* **Glücksrad** *nt* rueda *f* de la fortuna; **Glückssache** *f ohne pl* cuestión *f* de suerte; **Glücksspiel** *nt* juego *m* de azar;

Glückssträhne f racha f de suerte; **Glückstag** m día m de suerte; **Glückstreffer** m golpe m de suerte, batacazo m CSur; **Glückszahl** f número m de la suerte

Glückwunsch m (~karte) felicitación f; (als Wunsch) enhorabuena f; **herzlichen** ~! ¡felicidades!; **herzlichen** ~ **zum Geburtstag!** ¡feliz cumpleaños!; **Glückwunschkarte** f tarjeta f de felicitación

Glühbirne f bombilla f, foco m Am

glühen ['gly:ən] vi ❶ (Kohlen) arder (sin llama) ❷ (Metall) ponerse al rojo (vivo); (Körper) arder ❸ (geh: erregt sein) arder (vor de)

glühend adj (Metall) candente; (Wangen) enrojecido; (Hass, Verehrer) ardiente; ~ **heiß** abrasador; **rot** ~ candente; **weiß** ~ incandescente

Glühlampe f lámpara f incandescente; **Glühwein** m vino tinto caliente aromatizado con especias

Glühwürmchen ['-vʏrmçən] nt luciérnaga f, cocuyo m Am

Glupschauge ['glʊpʃaʊgə] nt (nordd) ojo m saltón

Glut [glu:t] f <-en> (von Kohlen) brasa f; (von Zigarette) ceniza f ardiente; **glutrot** ['-'-] adj rojo candente

Glyzerin [glytse'ri:n] nt <-s, ohne pl> (CHEM) glicerina f

GmbH [ge:ʔɛmbe:'ha:] f <-s> Abk. von **Gesellschaft mit beschränkter Haftung** S.L. f

g-Moll nt <-, ohne pl> (MUS) sol m menor

Gnade ['gna:də] f <-n> ❶ (a. REL) gracia f ❷ (Barmherzigkeit) misericordia f ❸ (Milde) clemencia f; (Nachsicht) indulgencia f; **für jdn um** ~ **bitten** pedir clemencia para alguien; ~ **vor Recht ergehen lassen** optar por la clemencia; **von Gottes** ~ **n** por la gracia de Dios; **Gnadenfrist** f plazo m de gracia; **gnadenlos** adj

sin piedad; **Gnadenstoß** m golpe m de gracia

gnädig ['gnɛ:dɪç] adj ❶ (gütig) benigno; (barmherzig) misericordioso; (wohlwollend) benévolo ❷ (mild) clemente; (nachsichtig) indulgente ❸ (Wend): ~**es Fräulein**/~**e Frau**/~**er Herr** señorita/señora/señor

Gnom [gno:m] m <-en, -en> gnomo m

Gnu [gnu:] nt <-s, -s> (ZOOL) ñu m

Goal [go:l] nt <-s, -s> (Österr, Schweiz: SPORT: Tor) gol m

Gockel ['gɔkəl] m <-s, -> (südd: fam) gallo m

Gokart m <-(s), -s>, **Go-Kart** m <-(s), -s> ❶ (SPORT: Rennwagen) cart m, kart m ❷ (für Kinder) coche m de juguete con pedales

Gold [gɔlt] nt <-(e)s, ohne pl> oro m; ~ **wert sein** valer su peso en oro; **nicht für alles** ~ **der Welt** ni por todo el oro del mundo; **es ist nicht alles** ~, **was glänzt** (prov) no es oro todo lo que reluce; **Goldader** f filón m de oro; **Goldbarren** m lingote m de oro; **Golddoublé** ['gɔltduble:] nt <-s, -s>, **Golddublee** nt <-s, -s> oro m chapado

golden ['gɔldən] adj ❶ (aus Gold) de oro; **die** ~ **Mitte wählen** optar por el justo medio ❷ (goldfarben) dorado

goldfarben adj dorado

Goldfisch m (ZOOL) pez m rojo, ciprino m dorado; **Goldgehalt** m contenido m en oro; **goldgelb** adj amarillo dorado; **Goldgräber(in)** ['-grɛ:bə] m(f) <-s, -; -nen> buscador(a) m(f) de oro; **Goldgrube** f (a. fig fam) mina f de oro; **Goldhamster** m hámster m

goldig adj (fam: niedlich) mono

Goldmedaille f (SPORT) medalla f de oro; **Goldmine** f mina f de oro; (gutes Geschäft) mina f de dinero, tronchado m Mex; **Goldmünze** f moneda f de oro; **Goldregen** m (BOT) borne m; **goldrichtig** ['-'--] adj (fam) absolutamente correcto; **Goldschatz** m ❶ (Schatz) tesoro m de oro ❷ (Kosewort) tesoro m; **Goldschmied(in)** m(f) orfebre mf; **Goldschmiedekunst** f ohne pl orfebrería f

Goldschmiedin f s. Goldschmied; **Goldschnitt** m canto m dorado; **Goldstück** nt ❶ (Münze) moneda f de oro ❷ (fam: Mensch) tesoro m; **Goldwaage** f balanza f para oro; **jedes Wort auf die** ~ **legen** (fam) tomar todo lo que se dice al pie de la letra; **Goldwährung** f (WIRTSCH) patrón-oro m

Golf¹ [gɔlf] m <-(e)s, -e> (GEO) golfo m

Golf² *nt* <-s, *ohne pl*> (SPORT) golf *m*

Golfkrieg *m* guerra *f* del Golfo

Golfplatz *m* campo *m* de golf; **Golfschläger** *m* palo *m* de golf; **Golfspieler(in)** *m(f)* jugador(a) *m(f)* de golf

Golfstaat *m* Estado *m* del Golfo; **Golfstrom** *m ohne pl* (GEO) corriente *f* del golfo

Gondel ['gɔndəl] *f* <-n> ❶ (*Boot*) góndola *f* ❷ (*am Ballon*) barquilla *f*; (*von Seilbahn*) cabina *f*

Gong [gɔŋ] *m* <-s, -s> gong *m*

gönnen ['gœnən] *vt* conceder de buen grado; **das gönne ich ihm** se lo merece; **jdm etw nicht ~** envidiar algo a alguien; **ich gönne ihr, dass sie eine Stelle gefunden hat** me alegro que haya encontrado trabajo; **sich** *dat* **etw ~** permitirse algo

Gönner(in) *m(f)* <-s, -; -nen> patrocinador(a) *m(f)*; (*von Künstler*) mecenas *mf inv*

gönnerhaft *adj* (*abw*) displicente

Gönnerin *f* <-nen> *s.* **Gönner**

Gönnermiene *f* (*abw*) displicencia *f*, aire *m* de superioridad

gor [goːɐ] *3. imp von* **gären**

Göre ['gøːrə] *f* <-n> (*nordd*) ❶ (*Kind*) chiquillo, -a *m, f* ❷ (*freches Mädchen*) mocosa *f*

Gorilla [go'rɪla] *m* <-s, -s> gorila *m*

Gospel ['gɔspəl] *m o nt* <-s, -s> (REL, MUS) gospel *m*

goss [gɔs] *3. imp von* **gießen**

Gosse ['gɔsə] *f* <-n> arroyo *m*; **in der ~ landen** acabar en el arroyo

Gotik ['goːtɪk] *f ohne pl* gótico *m*

gotisch *adj* gótico

Gott¹ [gɔt] *m* <-es, *ohne pl*> (*monotheistisch*) Dios *m*; **mit ~es Hilfe** con la ayuda de Dios; **grüß ~!** (*reg*) ¡buenos días!, ¡buenas tardes!, ¡buenas noches!; **mein ~!** ¡Dios mío!; **um ~es willen!** ¡por (el amor de) Dios!; **~ sei Dank!** (*fam*) ¡gracias a Dios!; **~ hab ihn selig** Dios le tenga en su gloria; **ich schwöre bei ~** lo juro por Dios; **weiß ~ nicht** (*fam*) Dios sabe que no; **in ~es Namen** (*fam*) por Dios; **leider ~es** (*fam*) por desgracia; **~ bewahre!** (*fam*) ¡no lo quiera Dios!; **über ~ und die Welt reden** hablar de lo divino y de lo humano; **leben wie ~ in Frankreich** (*fam*) vivir a cuerpo de rey

Gott² [gɔt] *m, pl:* 'gœtə] *m*, **Göttin** *f* <-es, Götter; -nen> (*polytheistisch*) dios(a) *m(f)*; **die griechischen/römischen Götter** los dioses griegos/romanos; **ein Bild für die Götter** (*fam*) un espectáculo divino

Götterspeise *f* gelatina *f*

Gottesanbeterin *f* <-nen> (ZOOL) mantis *f inv* religiosa; **Gottesdienst** *m* culto *m*; (*evangelisch*) servicio *m* religioso; (*katholisch*) misa *f*

gottesfürchtig *adj* temeroso de Dios

Gotteshaus *nt* (REL) casa *f* de Dios; (*Kirche*) iglesia *f*; **Gotteslästerung** *f* blasfemia *f*

Gottheit *f* <-en> deidad *f*

Göttin ['gœtɪn] *f* <-nen> *s.* **Gott²**

göttlich *adj* divino

gottlob ['gɔtloːp] *adv* gracias a Dios

gottlos *adj* ❶ (*Gott nicht achtend*) impío ❷ (*atheistisch*) ateísta

gotterbärmlich I. *adj* (*fam*) espantoso **II.** *adv* (*fam*) muchísimo

gottverdammt *adj* (*fam*) maldito, jodido *vulg*; **gottverlassen** *adj* (*fam*) abandonado; **Gottvertrauen** *nt* confianza *f* en Dios

Götze ['gœtsə] *m* <-n, -n> ídolo *m*; **Götzendienst** *m ohne pl* (REL) idolatría *f*

Gouverneur(in) [guvɛr'nøːɐ, guvə'nøːɐ] *m(f)* <-s, -e; -nen> gobernador(a) *m(f)*

Grab [graːp, *pl:* 'grɛːbə] *nt* <-(e)s, Gräber> sepultura *f*, tumba *f*; (*~ mal*) sepulcro *m*; **jdn zu ~e tragen** (*geh*) dar sepultura a alguien; **verschwiegen wie ein ~ sein** (*fam*) ser callado como una tumba; **mit einem Bein im ~ stehen** (*fig*) estar con un pie en el hoyo; **er würde sich im ~ umdrehen** (*fig*) se revolvería en su tumba; **ein Geheimnis mit ins ~ nehmen** (*fig*) llevarse un secreto a la tumba; **sich** *dat* **sein eigenes ~ schaufeln** (*fig*) cavar su propia tumba

graben ['graːbən] <gräbt, grub, gegraben> **I.** *vi* ❶ (*um~*) cavar ❷ (*nach Gold*) buscar (*nach*) **II.** *vt* (*ausheben*) cavar; (*Brunnen*) abrir **III.** *vr:* **sich jdm ins Gedächtnis ~** grabarse en la memoria de alguien

Graben ['graːbən] *m* <-s, Gräben> ❶ (*für Rohr*) zanja *f*; (*Bewässerungs~*) acequia *f*; (*Straßen~*) cuneta *f* ❷ (GEO) fosa *f* ❸ (*Burg~, Orchester~*) foso *m* ❹ (*Schützen~*) trinchera *f*

Grabkammer *f* cámara *f* mortuoria; **Grabmal** *nt* <-(e)s, -e *o* -mäler> sepulcro *m*; **Grabrede** *f* responso *m*; **Grabschändung** *f* violación *f* de sepulturas; **Grabstein** *m* lápida *f*

gräbt [grɛːpt] *3. präs von* **graben**

Grad [graːt] *m* <-(e)s, -e> grado *m*; **akademischer ~** título académico; **ein Winkel von 60 ~** un ángulo de 60 grados; **bei fünf ~ Kälte** a cinco grados bajo cero; **Ver-**

wandte zweiten ~es parientes de segundo grado; **er war im höchsten ~ nervös** estaba sumamente nervioso; **bis zu einem gewissen ~** hasta cierto punto
grade adj o adv (fam) s. gerade; **Gradmesser** m <-s, -> escala f graduada; **die Popularität ist kein ~ für Qualität** la popularidad no es sinónimo de calidad
Graf [gra:f] m, **Gräfin** f <-en, -en; -nen> conde(sa) m(f)
Graffito [gra'fi:to, pl: gra'fi:ti] m o nt <-(s), Graffiti> grafito m
Grafik¹ ['gra:fɪk] f ohne pl (KUNST) artes fpl gráficas
Grafik² f <-en> ❶ (Kunstwerk) dibujo m gráfico ❷ (Schaubild) gráfico m
Grafikbildschirm m (INFOR) pantalla f gráfica
Grafiker(in) ['gra:fikɐ] m(f) <-s, -; -nen> grafista mf
Grafikkarte f (INFOR) tarjeta f gráfica [o de gráficos]
Gräfin ['grɛ:fɪn] f <-nen> s. Graf
grafisch adj gráfico
Grafit m <-s, -e> s. Graphit
Grafschaft f <-en> condado m
Gram [gra:m] m <-(e)s, ohne pl> (geh) aflicción f
grämen ['grɛ:mən] vr: **sich ~** (geh) afligirse (über por)
Gramm [gram] nt <-s, -e nach Zahlen: -> gramo m
Grammatik [gra'matɪk] f <-en> (LING) gramática f
grammatikalisch [gramati'ka:lɪʃ] adj (LING) gramatical
grammatisch adj (LING) gramatical; **~ richtig** gramaticalmente correcto
Grammofon nt <-s, -e>, **Grammophon**® [gramo'fo:n] nt <-s, -e> gramófono m
Granat [gra'na:t] m <-(e)s, -e> ❶ (Garnele) cigala f ❷ (Mineral) granate m
Granatapfel m (BOT) granada f
Granate [gra'na:tə] f <-n> (MIL) granada f
Granatfeuer nt ohne pl (MIL) fuego m de granadas
Grandhotel ['grã:hotɛl] nt hotel m de lujo
grandios [gran'djo:s] adj grandioso
Grand Prix [grã'pri:] m <- -, - -> (SPORT) gran premio m
Granit [gra'ni:t] m <-s, -e> granito m
granteln ['grantəln] vi (südd: fam) refunfuñar
grantig ['grantɪç] adj (reg: fam) malhumorado, gruñón
Grapefruit ['gre:pfru:t, 'grɛɪpfru:t] f <-s> (BOT) pomelo m, toronja f Am

Graphik ['gra:fɪk] f s. Grafik
graphisch adj s. grafisch
Graphit [gra'fi:t] m <-s, -e> grafito m
grapschen I. vt (fam) ❶ (nehmen) agarrar, pillar; **sich** dat **etw ~** agarrar algo, cogerse algo ❷ (südd: stehlen) escamotear, mangar ❸ (packen) agarrar, pillar; (festnehmen) echar el guante (a) II. vi ❶ (greifen) agarrar; **nach etw ~** echar mano a algo ❷ (anfassen) agarrar; (abw: betatschen) toquetear; (sexuell) meter mano
Gras¹ [gra:s, pl: 'grɛ:zə] nt <-es, Gräser> (Pflanze) hierba f
Gras² nt <-es, ohne pl> (Wiese) hierba f; (Rasen) césped m; **das ~ wachsen hören** (fam fig) tener un sexto sentido; **über etw ~ wachsen lassen** (fig fam) echar tierra sobre algo; **ins ~ beißen** (fam fig) irse al otro barrio
grasen ['gra:zən] vi pacer
grasgrün ['-'-] adj verde intenso; **Grashalm** m paja f; **Grashüpfer** ['gra:shʏpfɐ] m <-s, -> (fam) saltamontes m inv
grassieren* [gra'si:rən] vi extenderse; (Gerücht) propagarse
grässlich ['grɛslɪç] adj (schrecklich) horrible; (abscheulich) atroz
Grat [gra:t] m <-(e)s, -e> (a. ARCHIT) cresta f
Gräte ['grɛ:tə] f <-n> espina f
gratinieren* [grati'ni:rən] vt (GASTR) gratinar
gratis ['gra:tɪs] adv gratis, de coca Mex: fam; **Gratisprobe** f muestra f gratuita
Gratulant(in) [gratu'lant] m(f) <-en, -en; -nen> felicitante mf
Gratulation [gratula'tsjo:n] f <-en> felicitación f
gratulieren* [gratu'li:rən] vi dar la enhorabuena (zu por); **gratuliere!** ¡enhorabuena!
grau [graʊ] adj ❶ (Farbe) gris; **~e Haare** canas fpl ❷ (trostlos) monótono; **der ~e Alltag** la monotonía cotidiana ❸ (ungewiss) incierto; **in ~er Vorzeit** en un pasado remoto
grauäugig ['graʊʔɔɪgɪç] adj de ojos grises
graubraun ['-'-] adj marrón gris; **Graubrot** nt (reg) pan m moreno
Graubünden [graʊ'bʏndən] nt <-s> (GEO) cantón m de los Grisones
Gräuel ['grɔɪəl] m <-s, -> (geh) ❶ (Abscheu) horror m ❷ (Tat) atrocidad f; **Gräueltat** f atrocidad f
grauen ['graʊən] vunpers horrorizar; **mir graut vor der Prüfung** el examen me horroriza
Grauen¹ ['graʊən] nt <-s, ohne pl> espanto m; **~ erregend** horroroso, espan-

toso

Grauen² *nt* <-s, -> horror *m;* **die ~ des Krieges** los horrores de la guerra

grauenerregend *adj* horroroso, espantoso

grauenhaft *adj,* **grauenvoll** *adj* ❶ (*Anblick*) aterrador ❷ (*fam: unangenehm*) espantoso

grauhaarig *adj* canoso

gräulich¹ ['grɔɪlɪç] *adj* grisáceo

gräulich² *adj s.* **grässlich**

Graupel ['graʊpəl] *f* <-n> granizo *m* fino; **Graupelschauer** *m* granizada *f*

grausam ['graʊzaːm] *adj* cruel

Grausamkeit *f* <-en> crueldad *f*

grausen ['graʊzən] *vunpers* dar miedo, espantar; **es graust ihn vor Ratten** tiene miedo a las ratas

Grausen ['graʊzən] *nt* <-s, *ohne pl*> horror *m,* espanto *m*

Grauzone *f zona intermedia entre legalidad e ilegalidad*

gravieren* [graˈviːrən] *vt* grabar (*in* en)

gravierend *adj* (*Umstände*) agravante; (*Fehler*) grave

Gravierung *f* <-en> grabado *m*

Gravitation [gravitaˈtsjoːn] *f ohne pl* (PHYS) gravitación *f*

Gravur [graˈvuːɐ] *f* <-en> grabado *m*

Grazie ['graːtsjə] *f ohne pl* gracia *f,* quimba *f Am*

grazil [graˈtsiːl] *adj* grácil

graziös [graˈtsjøːs] *adj* garboso, airoso

Greenpeace-Aktivist(in) *m(f)* activista *mf* de Greenpeace

gregorianisch [gregoriˈaːnɪʃ] *adj* (MUS) gregoriano

greifbar *adj* ❶ (*zur Hand*) a mano ❷ (*konkret*) concreto

greifen ['graɪfən] <greift, griff, gegriffen> **I.** *vi* ❶ (TECH) engarzar; **ineinander ~** engranar ❷ (*wirksam werden*) surtir efecto; **tief ~d** profundo; **um sich ~** propagarse, extenderse ❸ (*fassen*) agarrar (*nach*); (*ergreifen*) echar mano (*zu de/a*); (*zu bestimmten Mitteln*) recurrir (*zu* a); **zum G~ nah** a un paso; **zu einem Buch ~** echar mano a un libro; **zu den Waffen ~** recurrir a las armas; **das ist aus der Luft gegriffen** esto carece de base; **sich** *dat* **an den Kopf ~** llevarse las manos a la cabeza **II.** *vt* (*nehmen*) coger, tomar *Am;* (*packen*) agarrar

Greis(in) [graɪs] *m(f)* <-es, -e; -nen> (*geh*) anciano, -a *m, f*

grell [grɛl] *adj* (*Stimme, Farbe*) chillón; (*Schrei*) estridente

Gremium ['greːmiʊm] *nt* <-s, Gremien> gremio *m*

Grenze ['grɛntsə] *f* <-n> ❶ (*Staats~*) frontera *f* (*zu* con); **die ~ zu Belgien** la frontera con Bélgica; **grüne ~** paso de frontera no vigilado ❷ (*Begrenzung*) límite *m;* **etw** *dat* **~n setzen** poner límites a algo; **das liegt an der ~ des Erlaubten** esto roza la ilegalidad; **sich in ~n halten** mantenerse dentro de los límites

grenzen *vi* ❶ (*Grenze haben*) limitar (*an* con); (*an~*) lindar (*an* con) ❷ (*fig: nahe kommen*) rozar (*an*)

grenzenlos *adj* ❶ (*räumlich*) sin límites, ilimitado ❷ (*sehr groß*) inmenso

Grenzfall *m* caso *m* extremo; **Grenzgänger(in)** ['-gɛnɐ] *m(f)* <-s, -; -nen> trabajador(a) *m(f)* fronterizo, -a; **Grenzgebiet** *nt* zona *f* fronteriza; **Grenzkonflikt** *m* (POL) conflicto *m* fronterizo; **Grenzkontrolle** *f* control *m* de fronteras; **Grenzlinie** *f* línea *f* fronteriza; (SPORT) línea *f;* **Grenzpfahl** *m* mojón *m;* **Grenzschutz** *m* protección *f* de la frontera; **Grenzsituation** *f* (*fig*) situación *m* límite; **Grenzstein** *m* hito *m* (fronterizo); **Grenzstreitigkeit** *f* (POL) conflicto *m* fronterizo; **Grenzübergang** *m* paso *m* fronterizo; **grenzüberschreitend** *adj* (*Handel, Verkehr*) internacional; **Grenzübertritt** *m* paso *m* de frontera(s); **Grenzwert** *m* (MATH) valor *m* límite

Griebe ['griːbə] *f* <-n> chicharrón *m*

Grieche, -in ['griːçə] *m, f* <-n, -n; -nen> griego, -a *m, f*

Griechenland *nt* <-s> Grecia *f*

Griechin *f* <-nen> *s.* **Grieche**

griechisch *adj* griego

Griesgram ['griːsgraːm] *m* <-(e)s, -e> (*abw*) cascarrabias *mf inv*

griesgrämig **I.** *adj* huraño; (*Miene*) avinagrado **II.** *adv* con gesto huraño

Grieß [griːs] *m* <-es, -e> sémola *f;* **Grießbrei** *m* papilla *f* de sémola

griff [grɪf] *3. imp von* **greifen**

Griff [grɪf] *m* <-(e)s, -e> ❶ (*das Greifen*) agarre *m;* **etw im ~ haben** dominar algo; **etw in den ~ bekommen** conseguir dominar algo ❷ (*Messer~*) mango *m;* (*Fenster~*) tirador *m;* (*Klinke*) picaporte *m;* (*Henkel*) asa *f;* (*Knauf, Fahrrad~*) puño *m* ❸ (*Hand~*) maniobra *f* ❹ (MUS: *Fingerstellung*) digitación *f* ❺ (SPORT) presa *f*

griffbereit *adj* al alcance de la mano

Griffel ['grɪfəl] *m* <-s, -> ❶ (*Stift*) estilete *m* ❷ (BOT) estilo *m*

griffig *adj* ❶ (*Maschine*) manejable ❷ (*Boden*) antideslizante ❸ (*Gewebe*) agradable al tacto

Grill [grɪl] *m* <-s, -s> (*a.* AUTO) parrilla *f;* **vom ~** a la parrilla

Grille ['grɪlə] f <-n> (ZOOL) grillo m
grillen ['grɪlən] I. vt asar a la parrilla II. vi hacer una barbacoa
Grimasse [gri'masə] f <-n> mueca f; ~n **schneiden** hacer muecas
grimmig adj ❶ (Person) furioso; (stärker) rabioso ❷ (Kälte) crudo
grinsen ['grɪnzən] vi sonreír(se)
Grinsen nt <-s, ohne pl> (spöttisch) sonrisa f burlona; (ironisch) sonrisa f irónica
grippal [grɪ'paːl] adj (MED) gripal
Grippe ['grɪpə] f <-n> gripe f; (die) ~ **haben** tener (la) gripe; **Grippemittel** nt (MED) antigripal m; **Grippevirus** m o nt (MED) virus m inv de la gripe; **Grippewelle** f epidemia f de gripe
Grips [grɪps] m <-es, -e> (fam) sesos mpl; **seinen** ~ **anstrengen** estrujarse los sesos
grob [groːp] adj <gröber, am gröbsten> ❶ (Sand, Kaffee) grueso; (Papier) áspero; (Gewebe) basto; ~ **gemahlen** de grano grueso ❷ (Gesichtszüge) tosco; (Arbeit) sucio ❸ (Fehler) grave; ~**er Unfug** abuso grave; **aus dem Gröbsten heraus sein** (fam) haber pasado lo peor ❹ (ungefähr) aproximativo; ~ **gerechnet** contado aproximadamente; **in** ~**en Zügen** a grandes rasgos ❺ (abw: barsch) basto, concho AmC, guaso AmS; **sei nicht so** ~ **zu mir** no seas tan grosero conmigo
gröber ['grøːbe] adj kompar von **grob**
Grobheit[1] f <-en> (Äußerung, Benehmen) grosería f
Grobheit[2] f ohne pl (Art) tosquedad f
Grobian ['groːbiaːn] m <-(e)s, -e> (abw) grosero m
grobkörnig adj de grano grueso
gröblich ['grøːplɪç] adj (geh) grave; **jdn** ~ **beleidigen** injuriar groseramente a alguien
gröbste(r, s) ['grøːpstə, -tə, -təs] adj superl von **grob**
Grog [grɔk] m <-s, -s> grog m
groggy ['grɔgi] adj (fam) grogui, hecho polvo
grölen ['grøːlən] vi (fam abw) gritar, chillar
Groll [grɔl] m <-(e)s, ohne pl> (geh) rencor m; **einen** ~ **gegen jdn hegen** guardar rencor a alguien
grollen vi (geh) ❶ (Donner) retumbar ❷ (Person) estar enfadado (+dat con); **sie grollt** (**mit**) **ihrem Bruder** está enfadada con su hermano
Grönland ['grøːnlant] nt <-s> Groenlandia f
Grönländer(in) ['grøːnlɛndɐ] m(f) <-s, -; -nen> groenlandés, -esa m, f
grönländisch adj groenlandés

Gros [groː, pl: groːs] nt <-, -> mayoría f
Groschen ['grɔʃən] m <-s, -> (fam) moneda f de diez pfennigs; **der** ~ **ist bei ihm gefallen** (fam) ha caído en la cuenta
groß [groːs] <größer, am größten> adj ❶ (allgemein) gran(de); (geräumig) espacioso; (Fläche) extenso; (dick) grueso; **eine** ~**e Koalition** una gran coalición; **mit dem größten Vergnügen** con el mayor placer; ~ **en Wert auf etw legen** dar gran importancia a algo; **sie war seine** ~**e Liebe** fue su gran amor; ~ **in Mode sein** estar muy de moda; **ich habe** ~**e Lust zu gehen** tengo muchas ganas de irme; **was soll ich** ~ **dazu sagen?** (fam) ¿qué quieres que te diga?; **er hat es mir** ~ **und breit erzählt** (fam) me lo ha contado con pelos y señales ❷ (hoch, hoch gewachsen) alto; **er ist fast zwei Meter** ~ mide casi dos metros ❸ (zeitlich) largo; **die** ~**en Ferien** las vacaciones de verano ❹ (älter) mayor; (erwachsen) adulto; **meine** ~**e Schwester** mi hermana mayor; **wenn ich** ~ **bin** cuando sea mayor; **ein Vergnügen für G~ und Klein** una diversión para grandes y pequeños ❺ (Menge) numeroso; **eine** ~**e Familie** una familia numerosa; **im G~en und Ganzen** en general ❻ (bedeutend) grande; (wichtig) importante; **etw** ~ **schreiben** (fig) conceder gran importancia a algo; ~**e Reden schwingen** (fam: angeben) presumir; (versprechen) prometer el oro y el moro; **ganz** ~ **rauskommen** (fam) hacerse famoso; **Karl der G~e** Carlomagno m; **sein Geburtstag wurde** ~ **gefeiert** (fam) su cumpleaños fue celebrado por todo lo alto;

? Grammatik

groß – *grande, alto* se refiere al tamaño o a la altura: *Die Hose ist mir zwei Nummern zu groß. – El pantalón es dos tallas demasiado grande para mí. Mein jüngerer Cousin ist viel größer als ich. – Mi primo menor es mucho más alto que yo.*

alt – *viejo* se refiere a la edad: *Mein Bruder ist 25 Jahre alt. – Mi hermano tiene 25 años. Er ist zehn Jahre älter als ich. – Es diez años mayor que yo.*

Großalarm m alarma f general; **großartig** adj grandioso; (prächtig) magnífico; (ausgezeichnet) excelente; **das ist ja** ~! ¡eso (sí que) es excelente!; **Großaufnahme** f ❶ (FOTO) foto f de primer plano

②(FILM) primer plano *m;* **Großbetrieb** *m* ①(WIRTSCH) gran empresa *f* ②(AGR) explotación *f* a gran escala; **Großbildschirm** *m* (INFOR) pantalla *f* grande

Großbritannien [groːsbriˈtanjən] *nt* Gran Bretaña *f*

Großbuchstabe *m* (letra *f*) mayúscula *f,* letra *f* capital *Am;* **in ~ -n** en mayúsculas; **Großbürgertum** *nt* alta burguesía *m*

Größe [ˈgrøːsə] *f* <-n> ①(*Ausdehnung*) dimensión *f;* (*Format*) tamaño *m;* (*Rauminhalt*) volumen *m;* **das hängt von der ~ der Gruppe ab** esto depende de lo grande que sea el grupo; **in voller ~** (*Mensch*) de cuerpo entero ②(*Höhe*) altura *f;* (*Körper~*) estatura *f;* **eine Frau mittlerer ~** una mujer de mediana estatura ③(*für Kleidung*) talla *f;* (*Schuhe*) número *m* ④(PHYS, MATH) magnitud *f;* **unbekannte ~** magnitud desconocida ⑤(*Bedeutsamkeit*) importancia *f;* (*Großartigkeit*) grandeza *f* ⑥(*Persönlichkeit*) autoridad *f*

Großeinkauf *m* compra *f* en grandes cantidades; **Großeinsatz** *m* gran operación *f,* despliegue *m;* **Großeltern** *pl* abuelos *mpl;* **Großenkel(in)** *m(f)* bisnieto, -a *m, f*

Größenordnung *f* <-en> dimensión *f*

großenteils [ˈgroːsən(ˈ)taɪls] *adv* en su mayor parte

Größenwahn *m* (*abw*) megalomanía *f;* **größenwahnsinnig** *adj* megalómano

größer [ˈgrøːsə] *adj kompar von* **groß**

Großfahndung *f* gran redada *f;* **Großfamilie** *f* familia *f* numerosa; **Großgrundbesitzer(in)** [-ˈ----] *m(f)* latifundista *mf;* **Großhandel** *m* comercio *m* al por mayor; **Großhändler(in)** *m(f)* comerciante *mf* al por mayor, mayorista *mf*

großherzig *adj* (*geh*) magnánimo

Großherzigkeit *f ohne pl* generosidad *f*

Großherzog(in) *m(f)* gran duque(sa) *m(f)*

Großherzogtum *nt* gran ducado *m*

Großhirn *nt* (ANAT) cerebro *m;* **Großhirnrinde** *f* (ANAT) corteza *f* cerebral

Großkind *nt* (*Schweiz: Enkelkind*) nieto, -a *m, f*

großkotzig [ˈgroːskɔtsɪç] *adj* (*fam abw*) farolero

Großmacht *f* gran potencia *f;* **Großmarkt** *m* mercado *m* central, mercado *m* de abasto *Arg;* **Großmaul** *nt* (*fam abw*) farolero, -a *m, f;* **großmäulig** *adj* (*fam abw*) fanfarrón; **~e Ankündigungen** fanfarronadas *fpl;* **Großmut** *f* generosidad *f,* magnanimidad *f*

großmütig [ˈgroːsmyːtɪç] *adj* generoso

Großmutter *f* abuela *f,* nanoya *f Guat;* **Großneffe** *m* sobrino *m* nieto; **Groß-**

nichte *f* sobrina *f* nieta; **Großonkel** *m* tío *m* abuelo

Großraum *m* área *f;* **im ~ Köln** en el área de Colonia; **Großraumabteil** *nt* (EISENB) compartim(i)ento *m* colectivo; **Großraumbüro** *nt* oficina *f* colectiva

großräumig [ˈgroːsrɔɪmɪç] *adj* (*geräumig*) amplio; (*großflächig*) grande

Großrechner *m* (INFOR) macrocomputador *m;* **Großreinemachen** [-ˈ----] *nt* <-s, *ohne pl*> (*fam*) limpieza *f* general; **Großschnauze** *f* (*fam*) jactancioso, -a *m, f,* bravucón, -ona *m, f;* **großschreiben** *irr vt* escribir con mayúsculas; **Großschreibung** *f* (empleo *m* de) mayúsculas *fpl;* **Großsprecher(in)** *m(f)* (PSYCH: *abw geh: Angeber, Aufschneider*) bocazas *mf inv*

großspurig [ˈgroːsʃpuːrɪç] *adj* (*abw*) arrogante; (*eingebildet*) presumido

Großstadt *f* metrópoli(s) *f inv;* **großstädtisch** *adj* metropolitano; **Großtante** *f* tía *f* abuela

größte(r, s) [ˈgrøːstə, -tɐ, -təs] *adj superl von* **groß**; **Großteil** *m* mayor parte *f,* mayoría *f;* **zu einem ~** en su mayor parte

größtenteils [ˈgrøːstən(ˈ)taɪls] *adv* en su mayor parte, mayoritariamente

größtmöglich *adj* (el, la) mayor posible

Großtuerei [groːstuːəˈraɪ] *f ohne pl* (*abw*) fanfarronería *f;* (*Angeberei*) aires *mpl* de grandeza

großtun *irr* I. *vi* (*abw*) fanfarronear II. *vr:* **sich ~** (*abw*) darse importancia (*mit* de)

Großunternehmen *nt* (WIRTSCH) empresa *f* grande; **Großunternehmer(in)** *m(f)* gran empresario, -a *m, f;* **Großvater** *m* abuelo *m;* **Großveranstaltung** *f* acto *m* multitudinario; **Großverdiener(in)** *m(f)* persona *f* con altos ingresos

großziehen *irr vt* criar

großzügig [ˈgroːstsyːgɪç] *adj* ①(*freigebig*) generoso ②(*tolerant*) tolerante ③(*weiträumig*) amplio

Großzügigkeit *f ohne pl* ①(*Freigebigkeit*) generosidad *f* ②(*Toleranz*) tolerancia *f*

grotesk [groˈtɛsk] *adj* grotesco

Grotte [ˈgrɔtə] *f* <-n> gruta *f*

Groupie [ˈgruːpi] *nt* <-s, -s> groupie *f*

grub [gruːp] *3. imp von* **graben**

Grübchen [ˈgryːpçən] *nt* <-s, -> hoyuelo *m*

Grube [ˈgruːbə] *f* <-n> fosa *f;* (BERGB) mina *f;* **wer andern eine ~ gräbt, fällt selbst hinein** (*prov*) quien fosa cava, en ella caerá

Grübelei *f* <-en> cavilación *f*

grübeln [ˈgryːbəln] *vi* cavilar

Grubenarbeiter(in) *m(f)* (BERGB) minero, -a *m, f;* **Grubenunglück** *nt* accidente *m* minero

grüblerisch ['gry:blərɪʃ] *adj* caviloso, pensativo

grüezi ['gryːɛtsi] *interj* (*Schweiz*) hola

Gruft [gruft, *pl:* 'grʏftə] *f* <Grüfte> (*geh*) panteón *m*; (*in der Kirche*) cripta *m*

grummeln ['grʊməln] *vi* ❶ (*Mensch*) gruñir ❷ (*Donner*) bramar

grün [gry:n] *adj* ❶ (*Farbe, a.* POL) verde; **G~er Punkt** (ÖKOL) el punto verde (*marca de materiales reciclables*); **jdn ~ und blau schlagen** (*fam*) moler a alguien a palos; **sich ~ und blau ärgern** (*fam*) ponerse furioso; **~es Licht geben** (*fam*) dar luz verde; **auf keinen ~en Zweig kommen** (*fig*) no salir adelante ❷ (*unreif*) inmaduro, verde ❸ (*abw: unerfahren*) novato, bisoño; **ein ~er Junge** un mozalbete

i Land & Leute

El **grüner Punkt** sirve para señalar y distinguir aquellos envases como cartones, latas, botellas o tarrinas de yogur que son recogidas, clasificadas y reutilizadas por el sistema dual de reciclaje. Con este sistema se trata de evitar la formación de grandes montañas de basura.

Grün¹ *nt* <-s, -> (*Farbe*) verde *m*; **die Ampel steht auf ~** el semáforo está en verde; (**das ist**) **dasselbe in ~** (eso es) prácticamente lo mismo

Grün² *nt* <-s, *ohne pl*> ❶ (*Pflanzen*) verde *m*; (*~fläche*) zona *f* verde ❷ (*junge Triebe*) verdor *m*

grün-alternativ *adj* (POL) de los Verdes-alternativos

Grünanlage *f* parque *m*

grünblau ['-'-] *adj* verde azulado

Grund¹ [grʊnt] *m* <-(e)s, *ohne pl*> ❶ (*Erdboden*) suelo *m*; **~ und Boden** terrenos *mpl*; **jdn in ~ und Boden reden** abrumar a alguien con argumentos ❷ (*eines Gewässers*) fondo *m*; **auf ~ laufen** encallar; **im ~e** (**genommen**) en el fondo; **im ~e seines Herzens** en el fondo de su corazón; **zu ~e gehen** irse a pique, fundirse *Am*; **etw** *dat* **auf den ~ gehen** averiguar algo; **jdn/etw zu ~e richten** arruinar a alguien/estropear algo ❸ (*Grundlage*) fundamento *m*, base *f*; **den ~ zu etw** *dat* **legen** sentar las bases de algo; **von ~ auf** desde el principio; **etw zu ~e legen** tomar algo por base; **zu ~e liegen** basarse

en

Grund² [grʊnt, *pl:* 'grʏndə] *m* <-(e)s, Gründe> (*Ursache*) razón *f*, motivo *m*; **es besteht kein ~ zur Klage** no hay motivo de queja; **aus gesundheitlichen Gründen** por razones de salud; **aus dem einfachen ~e, dass ...** por la simple razón de que...; **ohne ~** sin razón; **auf ~ von** a causa de; **aus gutem ~** por una buena razón

grundanständig ['-'---] *adj* muy honrado; **Grundausbildung** *f* (MIL) instrucción *f* militar; **Grundbedeutung** *f* ❶ (LING) significado *m* primitivo ❷ (*Hauptaussage*) idea *f* fundamental, significado *m* básico; **Grundbedingung** *f* condición *f* básica; **Grundbegriff** *m* ❶ (*Begriff*) término *m* básico ❷ *pl* (*Grundlagen*) elementos *mpl* fundamentales

Grundbesitz *m* bienes *mpl* raíces; **Grundbesitzer(in)** *m(f)* latifundista *mf*; **Grundbuch** *nt* (ADMIN, JUR) registro *m* de la propiedad; **grundehrlich** *adj* absolutamente sincero

gründen ['grʏndən] **I.** *vt* ❶ (*Institution*) fundar; (*schaffen*) crear ❷ (*stützen*) apoyar (*auf* en) **II.** *vr:* **sich ~** basarse (*auf* en)

Gründer(in) *m(f)* <-s, -; -nen> fundador(a) *m(f)*

grundfalsch ['-'-] *adj* absolutamente falso; **Grundfarbe** *f* ❶ (*Rot, Gelb, Blau*) color *m* primario [*o* fundamental] ❷ (*Untergrund*) fondo *m*; **Grundfesten** ['grʊntfɛstən] *pl:* **an den ~ von etw rütteln, etw bis in die ~ erschüttern** hacer tambalear las bases de algo; **Grundfläche** *f* (*eines Körpers*) base *f*; (*eines Gebietes*) superficie *f*; **Grundform** *f* (*elementare Form*) forma *f* elemental; (LING) forma *f* primitiva; (*des Verbes*) infinitivo *m*; **Grundgebühr** *f* tarifa *f* básica; **Grundgedanke** *m* idea *f* fundamental; **Grundgesetz** *nt ohne pl* (POL) ley *f* orgánica; (*Verfassung*) Constitución *f*

Grundhaltung *f* <-en> posición *f* fundamental

grundieren* [grʊn'diːrən] *vt* dar la primera capa (a)

Grundierung *f* <-en> (*Grundfarbe*) capa *f* de fondo

Grundkenntnisse *fpl* conocimientos *mpl* básicos; **Grundkonsens** *m* (POL) consenso *m* básico; **Grundkurs** *m* ❶ (SCH) ≈asignatura *f* optativa (en BUP y COU) ❷ (*in einer Fremdsprache*) curso *m* elemental; **Grundlage** *f* base *f*, fundamento *m*; **die ~n für etw schaffen** sentar las bases para algo

grundlegend ['grʊntleːɡənt] *adj* fundamental

gründlich ['grʏntlɪç] **I.** *adj* (*sorgfältig*) cuidadoso; (*eingehend*) detenido; (*gewissenhaft*) concienzudo **II.** *adv* (*fam: sehr*) a fondo, profundamente; **da hat sie sich ~ getäuscht** ahí se ha equivocado del todo

Gründlichkeit *f ohne pl* (*Genauigkeit*) minuciosidad *f;* (*Sorgfalt*) esmero *m*

Grundlinie *f* ❶ (SPORT) línea *f* de fondo ❷ (*Geometrie*) base *f;* **Grundlohn** *m* sueldo *m* base

grundlos *adj* inmotivado

Grundmauer *f* cimientos *mpl;* **Grundnahrungsmittel** *nt* producto *m* alimenticio básico

Gründonnerstag [-'---] *m* Jueves *m* Santo

Grundpfeiler *m* ❶ (*tragender Pfeiler*) puntal *m,* pilar *m* de fundamento, pilote *m* de fundamento ❷ (*wesentliches Element*) piedra *f* angular; **Grundrechenart** *f* (MATH) regla *f* aritmética; **Grundrecht** *nt* derecho *m* fundamental; **Grundregel** *f* regla *f* fundamental; **Grundriss** *m* ❶ (ARCHIT) planta *f* ❷ (*kurze Abhandlung*) esbozo *m* ❸ (*Lehrbuch*) manual *m;* **Grundsatz** *m* principio *m;* **sich** *dat* **etw zum ~ machen** tomar algo como divisa

grundsätzlich ['grʊntzɛtslɪç] **I.** *adj* ❶ (*Frage*) fundamental ❷ (*aus Prinzip*) de principio **II.** *adv* (*immer*) por principio; (*eigentlich*) en principio

Grundschule *f* escuela *f* primaria; **Grundschullehrer(in)** *m(f)* (SCH) maestro, -a *m, f* de escuela primaria

Grundstein *m* base *f,* cimientos *mpl;* **den ~ zu etw** *dat* **legen** sentar las bases de algo; **Grundsteuer** *f* (FIN) impuesto *m* territorial; **Grundstoff** *m* (*Rohstoff*) materia *f* prima; (*Element*) elemento *m;* (*Zutaten*) ingrediente *m*

Grundstück *nt* terreno *m;* **Grundstücksmakler(in)** *m(f)* agente *mf* inmobiliario, -a

Grundton *m* ❶ (MUS) tono *m* fundamental ❷ (*Farbe*) fondo *m;* **Grundübel** *nt* fuente *f* de todos los males

Gründung ['grʏndʊŋ] *f* <-en> ❶ (*eines Unternehmens, einer Familie*) fundación *f;* (*Schaffung*) creación *f* ❷ (*Gebäudeteil*) cimientos *mpl*

grundverschieden ['--'--] *adj* radicalmente diferente

Grundwasser *nt ohne pl* aguas *fpl* freáticas; **Grundwasserspiegel** *m* nivel *m* de aguas freáticas; **Grundwortschatz** *m* (LING) vocabulario *m* básico; **Grundzug**

<-(e)s, -züge> rasgo *m* fundamental

Grüne(r) *mf* <-n, -n; -n> (POL) miembro *m* del Partido Ecologista; **die ~n** los Verdes

Grüne(s) *nt* <-n, *ohne pl*> ❶ (*fam: Rohkost*) verduras *fpl* ❷ (*Natur*) naturaleza *f;* **ins ~ fahren** ir al campo

grünen *vi* (*geh*) verdecer

Grünfink *m* (ZOOL) verderón *m* común; **Grünfläche** *f* zona *f* verde; **Grünfutter** *nt* (AGR) herbaje *m*

Grunge [grantʃ] *m* <-, *ohne pl*> (MUS) grunge *m*

Grüngürtel *m* cinturón *m* verde

Grünkern *m* (GASTR) harina *f* de escanda; **Grünkohl** *m* (GASTR) col *f* rizada

grünlich *adj* verdoso

Grünschnabel *m* (*abw*) mocoso, -a *m, f;* **Grünspan** *m* <-(e)s, *ohne pl*> verdete *m;* **Grünstreifen** *m* franja *f* de césped

grunzen ['grʊntsən] *vi* (*a. Mensch*) gruñir

Grünzeug *nt* (*fam*) ❶ (*Kräuter*) hierbas *fpl* ❷ (*Rohkost*) verdura *f* fresca

Gruppe ['grʊpə] *f* <-n> ❶ (*von Leuten*) grupo *m,* tropilla *f CSur;* (*Arbeits~*) equipo *m;* (*Kategorie*) grupo *m;* **Gruppenarbeit** *f ohne pl* trabajo *m* en grupo; **Gruppenbild** *nt* retrato *m* de grupo; **Gruppendynamik** *f* (PSYCH) dinámica *f* de grupo(s); **Gruppenleiter(in)** *m(f)* (*in Firma*) jefe, -a *m, f;* (*Jugendgruppe*) monitor(a) *m(f);* **Gruppenreise** *f* viaje *m* en grupo; **Gruppensex** *m* cama *f* redonda; **Gruppentherapie** *f* (PSYCH, MED) terapia *f* de grupo; **gruppenweise** *adv* por [o en] grupos

gruppieren* [grʊ'piːrən] **I.** *vt* agrupar **II.** *vr:* **sich ~** agruparse

Gruppierung *f* <-en> agrupación *f*

Gruselfilm *m* película *f* de horror

Gruselgeschichte *f* historia *f* de miedo

grus(e)lig *adj* horripilante

gruseln I. *vr:* **sich ~** horrorizarse (*vor* de); **ich grusel mich vor Spinnen** las arañas me producen horror **II.** *vunpers:* **jdn** [o **jdm**] **gruselt (es) vor etw** *dat* a alguien le horroriza algo; **gruselt (es) dich** [o **dir**] **auch?** ¿a ti también te da miedo?

Gruß [gruːs, *pl:* 'gryːsə] *m* <-es, Grüße> saludo *m;* **jdm die Hand zum ~ reichen** estrecharle a alguien la mano para saludarle; **viele Grüße an deine Eltern!** ¡recuerdos a tus padres!; **jdm Grüße bestellen** saludar a alguien; **mit freundlichen Grüßen** atentamente

grüßen ['gryːsən] *vt* saludar; **grüß deinen Vater von uns** saluda a tu padre de nuestra parte; **grüß dich!** ¡hola!; **sie lässt (dich) schön ~** te manda saludos

Grußwort *nt* saludo *m*

Grütze ['gʀʏtsə] *f* <-n> (GASTR) sémola *f;*
rote ~ *especie de jalea de frutas*

Guatemala [guate'ma:la] *nt* <-s> Guatemala *f*

Guatemalteke, -in [guatemal'te:kə] *m, f*
<-n, -n; -nen> guatemalteco, -a *m, f*

guatemaltekisch *adj* guatemalteco

gucken ['ɡʊkən, 'kʊkən] I. *vi* (*fam*) mirar;
(*hervor~*) asomar; **guck mal!** ¡mira! II. *vt*
(*fam*) ver; **Fernsehen** ~ ver la televisión

Guckloch *nt* mirilla *f*

Guerilla [ɡe'ʀɪlja] *f* <-s> guerrilla *f;* **Guerillakämpfer(in)** *m(f)* guerrillero, -a *m, f;*
Guerillakrieg *m* guerra *f* de guerrillas

Guillotine [ɡɪljo'ti:nə, ɡijo'ti:nə] *f* <-n>
guillotina *f*

Guinea [ɡi'ne:a] *nt* <-s> Guinea *f*

Guineer(in) [ɡi'ne:ɐ] *m(f)* guineano, -a *m, f*

guineisch [ɡi'ne:ɪʃ] *adj* guineano

Gulasch ['ɡʊlaʃ] *m o nt* <-(e)s, -e o -s>
(GASTR) gulasch *m,* estofado *m* de carne;
Gulaschsuppe *f* sopa *f* húngara

Gulden ['ɡʊldən] *m* <-s, -> florín *m*

Gully ['ɡʊli] *m o nt* <-s, -s> sumidero *m*

gültig ['ɡʏltɪç] *adj* válido; (*Gesetz*) vigente;
(*Münze*) de curso legal; ~ **sein** ser válido;
die Fahrkarte ist nicht mehr ~ el billete
está caducado

Gültigkeit *f ohne pl* ❶ (*von Geld, Fahrkarte*) validez *f* ❷ (*von Gesetz, Vertrag*)
vigencia *f*

Gummi¹ ['ɡʊmi] *m o nt* <-s, -(s)> (*Material*) goma *f*

Gummi² *m o nt* <-s, -s> (*fam: Kondom*)
goma *f*

Gummi³ *m* <-s, -s> (*Radier~*) goma *f* (de
borrar)

Gummi⁴ *nt* <-s, -s> (*fam: ~ band*) goma *f*

Gummiband *nt* cinta *f* elástica; **Gummibaum** *m* ❶ (*Kautschukbaum*) árbol *m* del
caucho, gomero *m Am* ❷ (*Zierpflanze*)
ficus *m inv;* **Gummihandschuh** *m*
guante *m* de goma; **Gummiknüppel** *m*
porra *f;* **Gummireifen** *m* (AUTO) neumático *m;* **Gummischuh** *f* suela *f* de goma;
Gummistiefel *m* bota *f* de goma; **Gummizelle** *f* celda *f* de seguridad; **Gummizug** *m* <-(e)s, -züge> goma *f* (elástica)

Gunst [ɡʊnst] *f ohne pl* (*Wohlwollen*) favor
m; **zu** ~ **en** ... +*gen* a favor de ..; (**hoch**) **in
jds** ~ **stehen** gozar (mucho) de las simpatías de alguien; **er erkannte die** ~ **der
Stunde** supo aprovechar el momento

günstig ['ɡʏnstɪç] *adj* favorable; (*Augenblick*) oportuno; **es trifft sich** ~, **dass ...**
resulta oportuno que... +*subj;* **im** ~ **sten
Fall** en el mejor de los casos

günstigstenfalls *adv* en el mejor de los

casos

Günstling ['ɡʏnstlɪŋ] *m* <-s, -e> (*abw*)
favorito, -a *m, f;* **Günstlingswirtschaft** *f*
ohne pl (*abw*) favoritismo *m*

Gurgel ['ɡʊrɡəl] *f* <-n> gaznate *m;* **jdm an
die** ~ **springen** (*fam fig*) saltar al cuello de
alguien

gurgeln *vi* ❶ (*Wasser*) borbotear ❷ (*Person*) gargarear *And*

Gurke ['ɡʊrkə] *f* <-n> pepino *m;* **saure** ~ **n**
pepinillos en vinagre

gurren ['ɡʊrən] *vi* (*a. Mensch*) arrullar

Gurt [ɡʊrt] *m* <-(e)s, -e> (*Riemen*) correa
f; (*Sicherheits~*) cinturón *m;* (*Sattel~*) cincha *f;* **den** ~ **anlegen** abrocharse el cinturón

Gürtel ['ɡʏrtəl] *m* <-s, -> ❶ (*an Kleidung*)
cinturón *m;* **den** ~ **enger schnallen**
(*fam*) apretarse el cinturón ❷ (*Zone*) cinturón *m,* zona *f;* **Gürtellinie** *f ohne pl* cintura *f;* **ein Schlag unter die** ~ (*fam a. fig*)
un golpe bajo; **Gürtelrose** *f ohne pl* (MED)
culebrilla *f;* **Gürtelschnalle** *f* hebilla *f* de
cinturón

Gürteltasche *f* riñonera *f;* **Gürteltier** *nt*
(ZOOL) armadillo *m,* peludo *m CSur*

Gurtpflicht *f ohne pl* obligatoriedad *f* del
uso del cinturón de seguridad

Guru ['ɡu:ru] *m* <-s, -s> ❶ (REL) gurú *m*
❷ (*fam*) líder *m*

Guss [ɡʊs, *pl:* 'ɡʏsa] *m* <-es, Güsse> ❶ (*von
Metall*) fundición *f;* **wie aus einem** ~
como de una pieza ❷ (*fam: Regen~*) chaparrón *m* ❸ (*Zucker~*) baño *m* de azúcar;
Gusseisen *nt* hierro *m* fundido; **Gussform** *f* molde *m* de fundición

gut [ɡu:t] <besser, am besten> I. *adj*
❶ (*allgemein*) buen(o); **ein** ~ **er Freund**
un buen amigo; ~ **e Besserung!** ¡que te
mejores!; **ist die Milch noch** ~ ? ¿está
buena la leche todavía?; **er ist in Mathe
sehr** ~ es muy bueno en mates; **das ist ja
alles** ~ **und schön, aber ...** (*fam*) todo
esto está muy bien pero...; **es wird wieder** ~ todo se arreglará; **G~ und Böse
auseinander halten** separar el bien del
mal; **die G~ en und die Bösen** los buenos
y los malos; **findest du Strandurlaub** ~ ?
¿te gusta pasar las vacaciones en la playa?;
lassen wir es damit ~ **sein** (*fam*) dejémoslo estar ❷ (*Mensch*) bondadoso; **sei
so** ~ **und ...** haz el favor de... +*inf;* ~ **zu
jdm sein** ser bueno con alguien ❸ (*richtig*) correcto ❹ (*nützlich*) útil; **wer weiß,
wozu das** ~ **ist?** ¿quién sabe para qué
sirve esto? ❺ (*für Gesundheit*) saludable
(*für* para); **das ist** ~ **gegen Husten** esto es
bueno contra la tos ❻ (*vorteilhaft*) venta-

joso ❼ (*angemessen*) adecuado; **das ist auch** ~ **so** así es como debe ser; **er ist immer für eine Überraschung** ~ (*fam*) siempre está dispuesto a dar una sorpresa ❽ (*reichlich*) buen; **eine** ~**e Stunde** una hora larga; **ein** ~**es Pfund Mehl** medio kilo de harina bien pesado ❾ (SCH: *Note*) notable **II.** *adv* bien; **schon** ~! ¡bueno, está bien!; **das schmeckt** ~ esto sabe bien; **sein Geschäft geht nicht** ~ el negocio le va mal; **etw** ~ **können** saber hacer algo bien; **er hat es dort** ~ allí le va bien; ~ **so!** ¡así está bien!; ~ **gemacht!** ¡bien hecho!; **du bist** ~! ¡ésta sí que es buena!; **das kann** ~ **sein** es posible; **du hast** ~ **reden** (*fam*) tú bien puedes hablar; **so** ~ **wie nichts** (*fam*) casi nada; **mach's** ~! ¡que te vaya bien!; **er stellt sich** ~ **mit dir, weil er dein Auto braucht** te hace la rosca porque necesita tu coche; **du tust** ~ **daran, hier erst mal zu verschwinden** más vale que te largues de aquí

Gut *nt* <-(e)s, Güter> ❶ (*Besitz*) bienes *mpl*; **mein Hab und** ~ todo lo que poseo ❷ (*Land~*) finca *f*, hacienda *f Am* ❸ (*Ware*) mercancía *f*

Gutachten ['guːtʔaxtən] *nt* <-s, -> dictamen *m* (pericial), peritaje *m*; **ein** ~ **erstellen** emitir un dictamen

Gutachter(in) *m(f)* <-s, -; -nen> perito, -a *m, f*

gutartig *adj* ❶ (*Wesen, Tier*) bueno ❷ (MED) benigno; **gutbürgerlich** ['-'---] *adj* (*a.* GASTR) burgués

Gutdünken ['guːtdʏŋkən] *nt* <-s, *ohne pl*>: **nach** ~ (**verfahren**) (proceder) a discreción

Gute(s) *nt* <-n, *ohne pl*> bueno *nt*; **das** ~ **im Menschen** lo bueno de la persona; ~**s tun** hacer el bien; **das** ~ **daran** lo bueno de eso; **alles** ~! ¡que vaya bien!; **es hat alles auch sein** ~**s** (*prov*) todo tiene su lado bueno

Güte ['gyːtə] *f ohne pl* ❶ (*Freundlichkeit*) bondad *f*; **wenn Sie die** ~ **hätten mir zu helfen** si tuviese la bondad de ayudarme; **ach du liebe** ~! (*fam*) ¡ay, Dios mío! ❷ (*Qualität*) calidad *f*; **das war ein Reinfall erster** ~ (*fam*) fue un fracaso de primera

Gutenachtgeschichte [--'----] *f* cuento *m* para dormir; **Gutenachtkuss** *m* beso *m* de buenas noches

Güterbahnhof *m* estación *f* para trenes de carga; **Gütergemeinschaft** *f* (JUR) comunidad *f* de bienes; **Gütertrennung** *f* (JUR) separación *f* de bienes; **Güterwagen** *m* vagón *m* de carga; **Güterzug** *m* tren *m* de

carga, tren *m* carguero *CSur*

Gütezeichen *nt* etiqueta *f* de calidad

gutgläubig *adj* de buena fe; **Gutgläubigkeit** *f* buena fe *f*; **gut|haben** *irr vt*: **etw** ~ (**bei jdm**) poder pedir algo (a alguien) (*porque con anterioridad se le ha hecho algún favor*); **Guthaben** ['guːthaːbən] *nt* <-s, -> (FIN) haber *m*; **gut|heißen** *irr vt* aprobar, dar por bueno; **gutherzig** *adj* bondadoso

gütig ['gyːtɪç] *adj* bondadoso; (*freundlich*) amable; (*nachsichtig*) indulgente

gütlich ['gyːtlɪç] *adj* amistoso; **sich** ~ **einigen** llegar a un acuerdo amistoso

gut|machen *vt* (*Schaden*) reparar; (*Fehler*) enmendar; **wieder** ~ enmendar, subsanar; (*Verlust*) resarcir; **das ist gar nicht wieder gutzumachen** esto es apenas se puede enmendar; **ich habe einiges bei dir gutzumachen** tengo que devolverte algunos favores

gutmütig ['guːtmyːtɪç] *adj* bondadoso

Gutmütigkeit *f ohne pl* bondad *f*

Gutsbesitzer(in) *m(f)* terrateniente *mf*

Gutschein *m* vale *m*; **gut|schreiben** *irr vt* abonar, acreditar; **Gutschritt** *f* abono *m* en cuenta

Gutsherr(in) *m(f)* hacendado, -a *m, f*; **Gutshof** *m* granja *f*, hacienda *f Am*

Gutsverwalter(in) *m(f)* administrador(a) *m(f)*

gutwillig **I.** *adj* complaciente **II.** *adv* de buena voluntad

Gymnasiallehrer(in) *m(f)* (SCH) profesor(a) *m(f)* de Enseñanza Media

Gymnasiast(in) [gʏmnaziˈast] *m(f)* <-en, -en; -nen> alumno, -a *m, f* de Enseñanza Media

Gymnasium [gʏmˈnaːziʊm] *nt* <-s, Gymnasien> instituto *m* de Enseñanza Media, liceo *m Am*

---

i Land & Leute

Los alumnos alemanes que tras la *Grundschule* – escuela de primaria acceden al **Gymnasium** tienen la posibilidad de obtener, al finalizar sus estudios de secundaria, la *Hochschulreife* – especie de selectividad que capacita para una carrera universitaria. El itinerario educativo en el **Gymnasium** abarca desde el quinto curso (que los alumnos cursan con diez u once años) hasta el decimotercero (en el que los alumnos cumplen 18 o 19 años). En Austria este tipo de enseñanza secundaria abarca ocho cursos y en Suiza, dependiendo de los cantones, los alumnos estudian en la *Maturitätsschule* (equivalente suizo del **Gymnasium**) durante ocho o nueve años. Tradicionalmente se distinguen distintos tipos de **Gymnasium** según las disciplinas: el **Gymnasium** humanístico (especializado en el estudio de las lenguas clásicas), el **Gymnasium** en lenguas modernas (con o sin latín), el **Gymnasium** científico-matemático, el de economía y el especializado en música.

Gymnastik [gym'nastik] *f ohne pl* gimnasia *f*

Gynäkologe, -in [gynɛko'lo:gə] *m, f* <-n, -n; -nen> (MED) ginecólogo, -a *m, f*

Gynäkologie [gynɛkolo'gi:] *f ohne pl* (MED) ginecología *f*

Gynäkologin *f* <-nen> (MED) *s.* **Gynäkologe**

gynäkologisch *adj* (MED) ginecológico

H, h [ha:] *nt* <-, -> ❶ (*Buchstabe*) H, h *f; ~* **wie Heinrich** H de Huelva ❷ (MUS) si *m*

ha¹ [ha, ha:] *interj* ja, ah

ha² *Abk. von* **Hektar** hectárea *f*

Haar [ha:ɐ] *nt* <-(e)s, -e> ❶ (*Kopf~*) pelo *m*, cabello *m*, moño *m Chil*; (*Körper~*, *Tier~*) pelo *m;* **sich** *dat* **die ~e schneiden lassen** cortarse el pelo; **mir stehen die ~e zu Berge** (*fam fig*) se me ponen los pelos de punta; **kein gutes ~ an jdm lassen** (*fam*) poner a alguien de vuelta y media; **sich** *dat* **in den ~en liegen** (*fam*) andar a la greña; **sich** *dat* **aufs ~ gleichen** (*fam*) parecerse como un huevo a otro; **sich** *dat* **die ~e raufen** (*fam*) tirarse de los pelos; **deswegen lasse ich mir keine grauen ~e wachsen** (*fam*) eso me tiene sin cuidado; **jdm die ~e vom Kopf fressen** (*fam*) salir a alguien caro; **~e auf den Zähnen haben** (*fam fig*) no tener pelos en la lengua; **jdm kein ~ krümmen** (*fam*) no tocar (ni) un pelo a alguien; **das ist an den ~en herbeigezogen** (*fam*) esto no tiene ni pies ni cabeza; **immer ein ~ in der Suppe finden** (*fam*) poner pegas a

todo ❷ (*fig: ein bisschen*) ni un pelo; **um kein ~ besser** (*fam*) ni una pizca mejor; **um ein ~** (*fam*) por los pelos; **Haarausfall** *m ohne pl* caída *f* del cabello; (MED) alopecia *f;* **Haarband** *nt* cinta *f* para el pelo; **Haarbürste** *f* cepillo *m* del pelo; **Haarbüschel** *nt* mechón *m* de pelo

haaren ['ha:rən] *vi, vr:* **sich ~** (*Tier*) perder el pelo

Haaresbreite *f:* **um ~** por un pelo

Haarfarbe *f* color *m* del pelo; **Haarfestiger** *m* fijador *m* para el pelo; **haargenau** ['-'-] *adv* (*fam*) exactamente; (*ausführlich*) con pelos y señales; **stimmt ~!** ¡justamente eso!

haarig ['ha:rɪç] *adj* ❶ (*behaart*) peludo ❷ (*heikel*) peliagudo, peludo *AmC:*

haarklein ['-'-] *adv* con pelos y señales; **Haarlack** *m* laca *f* para el pelo; **Haarnadel** *f* horquilla *f* (de moño), gancho *m Am;* **Haarnetz** *nt* redecilla *f* para el pelo; **Haarreif** *nt* diadema *f;* **haarscharf** ['-'-] **I.** *adj* (*genau*) muy exacto **II.** *adv* ❶ (*nahe*) muy cerca ❷ (*präzise*) exactamente; **Haarschnitt** *m* corte *m* de pelo; **Haarspalterei** [---'-] *f* <-en> (*abw*) sutileza *f; ~* **betreiben** rizar el rizo; **Haarspange** *f* pasador *m* (para el pelo); **Haarspray** *m o nt* laca *f;* **Haarsträhne** *f* mechón *m*, guedeja *f;* **haarsträubend** ['ha:ɐʃtrɔɪbənt] *adj* espeluznante, horripilante; **Haartrockner** *m* secador *m* (de mano); **Haarwaschmittel** *m* champú *m;* **Haarwasser** *nt* loción *f* capilar

Haarwuchs *m* ❶ (*das Wachsen*) crecimiento *m* del pelo ❷ (*Haare*) cabellera *f;* **Haarwuchsmittel** *nt* regenerador *m* del pelo

Haarwurzel *f* (ANAT) raíz *f* capilar

Hab [ha:p]: **~ und Gut** (*geh*) todos los bienes

Habe ['ha:bə] *f ohne pl* (*geh*) bienes *mpl*

haben ['ha:bən] <hat, hatte, gehabt> **I.** *vt* ❶ (*besitzen*) tener, poseer; (*erhalten*) recibir (*von* de); **lieber ~** preferir; **hier hast du das Buch** aquí tienes el libro; **er hat außergewöhnliche Fähigkeiten** posee facultades extraordinarias; **Zeit ~** tener tiempo; **Hunger/Durst ~** tener hambre/sed; **Fieber ~** tener fiebre; **kann ich bitte den Zucker ~?** ¿me das el azúcar, por favor?; **ich habe kein Geld dabei** no llevo dinero; **wir ~ heute schönes Wetter** hoy hace buen tiempo; **den Wievielten ~ wir heute?** ¿a cuántos estamos hoy?; **morgen ~ wir Mittwoch** mañana es miércoles; **sie hat es weit nach Hause** tiene un largo camino hasta su casa; **sie**

hat es nicht leicht mit ihm no lo tiene fácil con él; **schön hast du es hier** lo tienes todo muy bonito; **das Haus hat was von einem Schloss** la casa tiene un algo de castillo; **und was habe ich davon?** ¿y qué saco yo de eso?; **das hast du jetzt davon!** ¿ves? ¡eso es lo que has sacado!; **was hast du?** ¿qué te pasa?; **ich hab's an der Blase** (*fam*) estoy enferma de la vejiga; **das hat das Meer so an sich, dass es salzig ist** (*iron*) el mar suele ser salado; **er ist noch zu ~** (*fam*) aún está libre; **dafür ist er nicht zu ~** eso no le va; **da ~ wir den Salat/die Bescherung** (*fam*) aquí tenemos el lío/el embrollo; **etw dagegen ~** estar en contra de algo; **nichts dagegen ~** no tener nada en contra; **etw ~ wollen** querer algo; **ich kann das nicht ~** (*fam*) eso no lo soporto; **was hat es damit auf sich?** ¿qué significa esto?; **der Vorschlag hat etwas für sich** es una buena propuesta; **das hat es in sich** (*fam*) es un asunto difícil; **dieser Wein hat es in sich** este vino es bastante fuerte; **etw hinter sich** ~ haber superado algo; **ich habe noch viel vor mir** aún me queda mucho; **du hast noch das ganze Leben vor dir** tienes toda la vida por delante; **sie hat etwas mit dem Tennislehrer** tiene un lío (amoroso) con el profesor de tenis; **ich hab's!** ¡ya lo tengo!; **ich hätte gerne ...** quisiera...; **wie gehabt** como de costumbre; **wer hat, der hat** (*prov*) quien tiene dinero, tiene todo ❷ (*müssen, sollen*) deber, tener que; **ich habe noch sehr viel zu tun** aún tengo mucho que hacer; **hier hat er nichts zu suchen** aquí no tiene nada que hacer; **jetzt hast du zu schweigen** ahora lo que tienes que hacer es callarte **II.** *vr:* **sich** ~ (*fam abw: sich anstellen*) andar con remilgos; **hab dich nicht so** no te pongas así; **damit hat sich die Sache** (*fam*) con esto se acabó **III.** *aux* haber; **ich will nichts gesagt** ~**, aber ...** no quiero decir nada, pero...; **das hätten wir** (**geschafft**)! ¡ya está (listo)!

Haben *nt* <-s, *ohne pl*> (WIRTSCH) haber *m*
Habenichts ['ha:bənɪçts] *m* <-(es), -e> (*abw*) muerto, -a *m, f* de hambre
Habgier *f* (*abw*) codicia *f*, angurria *f Am*
habgierig *adj* (*abw*) codicioso, angurriento *Am*
habhaft *adj* (*geh*): **etw** *gen* ~ **werden** apropiarse de algo
Habicht ['ha:bɪçt] *m* <-s, -e> (ZOOL) azor *m* (común)
Habsburger(in) ['ha:psburgɐ] *m(f)* <-s, -; -nen> (HIST) Habsburgo *mf*
Habseligkeiten ['ha:pze:lɪçkaɪtən] *fpl* efectos *mpl* personales
Habsucht *f ohne pl* (*abw*) codicia *f*, angurria *f Am*
habsüchtig *adj* (*abw*) codicioso, angurriento *Am*
Hackbraten *m* (GASTR) asado *m* de carne picada
Hacke ['hakə] *f* <-n> ❶ (*Gartengerät*) azada *f* ❷ (*reg: Ferse, am Strumpf*) talón *m* ❸ (*reg: am Schuh*) tacón *m*
hacken ['hakən] **I.** *vt* ❶ (*Holz*) cortar, partir; (*Zwiebeln*) picar ❷ (*Garten*) mullir; (*Loch*) cavar **II.** *vi* ❶ (*Vogel*) picotear ❷ (INFOR) violar datos
Hacker ['hakɐ, 'hɛkɐ] *m* <-s, -> (INFOR) hacker *m*, intruso *m* informático, cracker *m*
Hackfleisch *nt* carne *f* picada
Häcksel ['hɛksəl] *m o nt* <-s, *ohne pl*> (AGR) paja *f* cortada
hadern ['ha:dɐn] *vi* (*geh*) ❶ (*streiten*) reñir (*mit* con); **mit dem Schicksal** ~ luchar contra su destino ❷ (*unzufrieden sein*) estar descontento (*mit* con/de); **mit seinem Schicksal** ~ estar descontento de su destino
Hafen ['ha:fen, *pl:* 'hɛːfən] *m* <-s, Häfen> puerto *m*; **in den** ~ **einlaufen** entrar en el puerto; **aus dem** ~ **auslaufen** salir del puerto; **Hafenarbeiter(in)** *m(f)* obrero, -a *m, f* portuario, -a; **Hafenbehörde** *f* junta *f* del puerto; **Hafeneinfahrt** *f* entrada *f* del puerto; **Hafengebühr** *f* anclaje *m*; **Hafenrundfahrt** *f* vuelta *f* por el puerto; **Hafenstadt** *f* ciudad *f* portuaria
Hafer ['ha:fɐ] *m* <-s, -> (BOT, GASTR) avena *f*; **Haferflocke** *f* (GASTR) copo *m* de avena; **Haferschleim** *m* (GASTR) papilla *f* de avena
Haft [haft] *f ohne pl* arresto *m*; **in** ~ **sein/nehmen** estar en/poner bajo arresto; **jdn**

aus der ~ **entlassen** poner en libertad a alguien; **Haftanstalt** f penitenciaría f

haftbar adj: jdn für etw ~ **machen** hacer a alguien responsable de algo

Haftbefehl m (JUR) orden f de detención, requisitoria f Arg; **einen** ~ **gegen jdn ausstellen** dictar auto de prisión contra alguien

haften ['haftən] vi ❶ (kleben) pegar (an a/en) ❷ (Schmutz) pegarse (an a/en) ❸ (JUR: aufkommen) responder (für de/por, mit con); **für Garderobe wird nicht gehaftet** la dirección no se responsabiliza del guardarropa

Haftentlassung f puesta f en libertad

Häftling ['hɛftlɪŋ] m <-s, -e> preso, -a m, f

Haftnotiz f "post-it" m

Haftpflicht f ohne pl (TECH) responsabilidad f civil; **haftpflichtig** adj responsable; **Haftpflichtversicherung** f seguro m de responsabilidad civil

Haftrichter(in) m(f) juez(a) m(f) de instrucción

Haftschale f lente f de contacto

Haftstrafe f (JUR) condena f

Haftung¹ f ohne pl (TECH, PHYS) adherencia f

Haftung² f <-en> (JUR) responsabilidad f; **die** ~ **übernehmen** asumir la responsabilidad

Hafturlaub m (JUR) permiso m eventual

Hagebutte ['ha:gəbʊtə] f <-n> (BOT) (fruto m del) escaramujo m, tapaculo m fam

Hagel ['ha:gəl] m <-s, -> granizo m; (Schauer) granizada f; **Hagelkorn** nt ❶ (METEO) granizo m ❷ (MED: Geschwulst) chalazión m

hageln ['ha:gəln] I. vunpers granizar; **es hagelt** graniza II. vi, vunpers (Vorwürfe) llover

hager ['ha:gɐ] adj flaco, flamenco Hond, PRico

haha [ha'ha(:)] interj ❶ (Lachen) ja ja ja ❷ (aha) ajá

Hahn [ha:n, pl: 'hɛ:nə] m <-(e)s, Hähne> ❶ (Tier) gallo m; **er ist der ~ im Korb** (fam) es el dueño del cotarro; **nach jdm/etw** dat **kräht kein ~ mehr** (fam) alguien/algo ya no le interesa a nadie ❷ (Wasser~) grifo m, bitoque m Mex, RíoPl; (Gas~) llave f ❸ (an Schusswaffen) gatillo m

Hähnchen ['hɛ:nçən] nt <-s, -> pollo m

Hahnenfuß m ohne pl (BOT) francesilla f, marimoña f

Hai [haɪ] m <-(e)s, -e>, **Haifisch** m tiburón m

Hain [haɪn] m <-(e)s, -e> (geh) soto m;

(Wäldchen) bosquecillo m

Haiti [ha'i:ti] nt <-s> Haití m

Haitianer(in) [hai'tja:nɐ] m(f) <-s, -; -nen> haitiano, -a m, f

haitianisch adj haitiano

häkeln ['hɛ:kəln] I. vi hacer ganchillo II. vt hacer a ganchillo

Häkelnadel f (aguja f de) ganchillo m

Haken ['ha:kən] m <-s, -> ❶ (zum Aufhängen) gancho m; (spitz zulaufend) garfio m; (Zeichen) gancho m; **einen ~ schlagen** (Hase) huir en zigzag; (fig) cambiar (repentinamente) de rumbo ❷ (Boxen) gancho m ❸ (fam: Schwierigkeit) inconveniente m, intríngulis m inv; **die Sache hat nur einen ~** es que la cosa tiene un inconveniente; **Hakenkreuz** nt cruz f gamada; **Hakennase** f nariz f aguileña

halb [halp] I. adj medio; **eine ~e Stunde** media hora; **eine ~e Note** (MUS) una nota blanca; **ein ~er Ton** un semitono; **eine ~e Stelle** (trabajo de) media jornada; **die ~e Wahrheit** la verdad a medias; **sich auf ~em Wege treffen** encontrarse a medio camino; **zum ~en Preis** a mitad de precio; **es ist ~ drei** son las dos y media; ~ **Hamburg** medio Hamburgo; **nichts H~es und nichts Ganzes** (fam) ni chicha ni limoná; **keine ~en Sachen machen** (fam) no hacer las cosas a medias; **das dauert ja eine ~e Ewigkeit** (fam) esto tarda una eternidad; ~ **und** ~ mitad y mitad; **mit jdm** ~**e-**~**e machen** (fam) ir a medias con alguien II. adv a medias, medio; **nur** ~ **zuhören** escuchar sólo a medias; ~ **öffnen** entreabrir; **das Zimmer ist** ~ **so groß/so teuer wie das andere** el cuarto es la mitad de grande/cuesta la mitad que el otro; **das ist** ~ **so schlimm** no es para tanto; **sie ist** ~ **taub** está medio sorda; **sich** ~ **totlachen** morirse de risa

El adjetivo **halb** se declina y se usa con el artículo determinado o indeterminado: *Wir haben den Kühlschrank zum halben Preis gekauft.* – Hemos comprado el frigorífico a mitad de precio. *Ich wartete eine halbe Stunde.* – Esperé media hora. *Er war ein halbes Jahr im Ausland.* – Estuvo medio año en el extranjero. Cuando **halb** sigue a un número entero, el conjunto se escribe en una sola palabra y no se declina. Si no se trata de medidas, el sustantivo está en plural: *Die Fahrt*

dauerte 6 ¹/₂ (sechseinhalb) Stunden –
El viaje duró seis horas y media. Wir
haben zweieinhalb Kilo Zwiebeln
gekauft. – Hemos comprado dos kilos y
medio de cebollas.

halbamtlich *adj* (POL, PUBL) semioficial;
halbautomatisch *adj* semiautomático;
Halbbruder *m* hermanastro *m;* **Halbdunkel** *nt* penumbra *f;* **Halbedelstein** *m*
piedra *f* semipreciosa
halbe-halbe *adv* mitad y mitad
halber ['halbə] *präp* +*gen* (*geh*) por, por
causa de; **der Ordnung** ~ por el orden
Halbfinale *nt* (SPORT) semifinal *f;* **Halbge-
schwister** *ntpl* hermanastros *mpl;* **Halbgott, -göttin** *m, f* (*a. fig*) semidiós, -osa
m, f
halbherzig *adj* poco decidido
halbieren* [hal'bi:rən] *vt* ❶ (*teilen*) dividir
(en dos partes iguales) ❷ (*reduzieren*)
reducir a la mitad
Halbinsel *f* península *f;* **Halbjahr** *nt*
semestre *m;* **das erste** ~ la primera mitad
del año; **halbjährig** *adj* (*ein halbes Jahr
dauernd*) semestral; (*ein halbes Jahr alt*)
de seis meses; **halbjährlich I.** *adj* semestral **II.** *adv* cada seis meses; **Halbkanton**
m (*Schweiz:* POL) semicantón *m;* **Halbkreis** *m* semicírculo *m;* **Halbkugel** *f*
❶ (MATH) semiesfera *f* ❷ (GEO) hemisferio
m; **die nördliche/südliche** ~ el hemisferio norte/sur; **halblang** *adj* (*Rock*) que
llega a media pierna; (*Haar*) media melena;
halblaut *adj* a media voz; **Halbleiter** *m*
(ELEK, INFOR) semiconductor *m;* **halbmast**
adv: **auf** ~ a media asta; ~ **flaggen** poner la
bandera a media asta; **Halbmesser** *m*
(*Radius*) radio *m;* **Halbmetall** *nt* (CHEM)
semimetal *m;* **Halbmond** *m* media luna *f;*
Halbpension *f ohne pl* media pensión *f;*
halbrund *adj* semicircular; **Halbschatten** *m* (*a.* ASTR) penumbra *f;* **Halbschlaf**
m duermevela *f;* **im** ~ **liegen** estar en
duermevela; **Halbschuh** *m* zapato *m* abo-
tinado; **Halbschwester** *f* hermanastra *f;*
Halbstarke(r) *mf* (*fam abw*) gamberro, -a
m, f; **halbstündig** ['halpʃtʏndɪç] *adj* de
media hora; **halbstündlich** ['halpʃtʏntlɪç]
adj cada media hora
halbtags ['halpta:ks] *adv* media jornada; ~
arbeiten trabajar media jornada; **Halb-
tagsbeschäftigung** *f* trabajo *m* de
media jornada; **Halbtagskraft** *f*
empleado, -a *m, f* de media jornada
Halbton *m* (MUS) semitono *m;* **Halbwaise**
f huérfano, -a *m, f* (de padre o de madre);

halbwegs ['halpve:ks] *adv* más o menos,
casi; **Halbwelt** *f ohne pl* bajos fondos *mpl;*
Halbwertszeit *f* (PHYS) vida *f* media
radiactiva; **Halbwüchsige(r)** *mf* <-n, -n;
-n> adolescente *mf;* **Halbzeit** *f* (SPORT):
erste/zweite ~ primer/segundo tiempo
m; **in der** ~ en el descanso
Halde ['haldə] *f* <-n> (BERGB: *Abraum~*)
escombrera *f;* (*Kohle~*) existencias *fpl* de
carbón en bocamina; (*Müll~*) montaña *f*
de desperdicios
half [half] 3. *imp von* **helfen**
Hälfte ['hɛlftə] *f* <-n> mitad *f;* **um die** ~
größer/ kleiner la mitad más grande/
pequeño; **meine bessere** ~ (*fam*) mi
media naranja; **auf der** ~ **des Weges** a
mitad de camino
Halfter¹ ['halftɐ] *m o nt* <-s, -> (*für Pferd,
Rind*) cabestro *m*, bozal *m Am*
Halfter² *nt* <-s, ->, *f* <-n> (*für Pistole*) pistolera *f*, cañonera *f Am*
Hall [hal] *m* <-(e)s, -e> (*Klang, Echo*) resonancia *f*
Halle ['halə] *f* <-n> (*Fabrik~*, *Lager~*) nave
f; (*Bahnhofs~*) vestíbulo *m;* (*Flughafen~*)
terminal *f;* (*Hangar*) hangar *m;* (*Ausstel-
lungs~*) pabellón *m;* (*Messe~*) recinto *m*
ferial; (*Hotel~*) hall *m;* (*Turn~*) gimnasio *m*
hallen ['halən] *vi* resonar
Hallenbad *nt* piscina *f* cubierta; **Hallen-
sport** *m* deporte *m* en pista cubierta
hallo ['halo, ha'lo:] *interj* ❶ (*Gruß*) hola
❷ (*Zuruf*) oiga, eh; ~, **Sie!** ¡oiga Ud.!
Hallo ['halo, ha'lo:] *nt* <-s, -s> ❶ (*Freude*)
alegría *f* ❷ (*reg: Aufsehen*) barullo *m*, jaleo
m; **es gab ein großes** ~ había un gran
barullo
Halluzination [halutsina'tsjo:n] *f* <-en>
alucinación *f*
Halm [halm] *m* <-(e)s, -e> paja *f*
Halogenbirne *f* bombilla *f* halógena
Hals [hals, *pl:* 'hɛlzə] *m* <-es, Hälse>
❶ (ANAT) cuello *m;* (*Kehle*) garganta *f;* **den**
~ **recken** estirar el cuello; ~ **über Kopf**
(*fam: plötzlich*) de golpe y porrazo;
(*unüberlegt*) de cabeza; **jdm um den** ~
fallen arrojarse al cuello de alguien; **sich
jdm an den** ~ **werfen** (*fam*) pegarse a alguien; **sich** *dat* **den** ~ **brechen** (*fam*)
romperse el cuello; (*fig*) estrellarse; **sich**
dat **jdn/etw vom** ~ **schaffen** (*fam*) quitarse a alguien/algo de encima; **aus vollem** ~ a grito pelado; **das Wort blieb ihm
im** ~(**e**) **stecken** la palabra se le quedó
atragantada en la garganta; **er hat viel am**
~ (*fam*) tiene muchas preocupaciones;
bleib mir mit deinen Problemen vom
~**!** (*fam*) ¡déjame tranquilo con tus proble-

mas!; **das hängt mir zum ~ heraus** (*fam*) estoy hasta el gorro; **etw in den falschen ~ bekommen** (*fam*) entender mal algo; **sie kann den ~ nicht voll kriegen** (*fam*) no se conforma con nada ❷ (*Flaschen~*) cuello *m* ❸ (*von Instrument*) mango *m*

Halsabschneider(in) *m(f)* <-s, -; -nen> (*fam abw*) usurero, -a *m, f;* **Halsband** *nt* ❶ (*für Hunde, Katzen*) collar *m* ❷ (*Samt~*) gargantilla *f;* **halsbrecherisch** ['halsbrɛçarıʃ] *adj* peligrosísimo, arriesgado; **Halsentzündung** *f* inflamación *f* de garganta; **Halskette** *f* collar *m;* (*Kollier*) gargantilla *f;* **Hals-Nasen-Ohren-Arzt, -Ärztin** *m, f* otorrinolaringólogo, -a *m, f;* **Halsschlagader** *f* (arteria *f*) carótida *f;* **Halsschmerzen** *mpl* dolor *m* de garganta; **halsstarrig** *adj* (*abw*) tozudo; **Halstuch** *nt* pañuelo *m* (del cuello), golilla *f Bol, Urug;* (*Foulard*) fular *m*

halt [halt] **I.** *adv* (*Schweiz, Österr, südd: eben*) pues; **wir müssen es ~ versuchen** pues no tenemos más remedio que intentarlo **II.** *interj* ❶ (*zum Anhalten*) alto ❷ (*zum Aufhören*) basta

Halt¹ *m* <-(e)s, *ohne pl*> (*Stütze*) apoyo *m;* ~ **suchen/finden** buscar/encontrar apoyo; **den ~ verlieren** perder el equilibrio

Halt² *m* <-(e)s, -e *o* -s> ❶ (*Stopp*) parada *f;* ~ **machen** parar; **vor nichts ~ machen** (*fam*) no retroceder ante nada ❷ (*Schweiz: Grundstücksgröße*) área *f* (de superficie)

hält [hɛlt] *3. präs von* **halten**

haltbar *adj* ❶ (*Lebensmittel*) conservable; **mindestens ~ bis 10. August** consumir preferentemente antes del 10 de agosto ❷ (*strapazierfähig*) resistente; (*beständig*) duradero ❸ (*Theorie*) sostenible ❹ (SPORT: *Schuss*) parable

Haltbarkeit *f ohne pl* ❶ (*von Lebensmitteln*) tiempo *m* de conservación, durabilidad *f* ❷ (*Strapazierfähigkeit*) resistencia *f;* **Haltbarkeitsdatum** *nt* fecha *f* de caducidad

halten ['haltən] <hält, hielt, gehalten> **I.** *vi* ❶ (*anhalten*) parar; (*stehen bleiben*) detenerse ❷ (*festsitzen*) estar fijo ❸ (*widerstandsfähig sein*) resistir; **Sport hält jung** el deporte mantiene en forma ❹ (*dauern*) durar; (*Stoff, Konserven*) conservarse; (*Wetter*) mantenerse; **zu jdm ~** apoyar a alguien; **an sich ~** contenerse **II.** *vt* ❶ (*fest~*) sostener, sujetar; **die Beine ins Wasser ~** meter las piernas en el agua; **etw offen ~** dejar algo abierto; **halt den**

Mund! (*fam*) ¡cierra el pico! ❷ (*zurück~*) retener; (*auf~*) detener; (SPORT) retener ❸ (*besitzen*) tener ❹ (*Rekord, Kontakt, Gebiet*) mantener; **ein Land besetzt ~** mantener ocupado un país ❺ (*Versprechen*) cumplir; (*Rede*) pronunciar; (*Unterricht*) dar, dictar *Am;* **was man verspricht, muss man auch ~** lo prometido es deuda ❻ (*gestalten*) decorar; **das Zimmer ganz in Weiß ~** decorar la habitación de blanco ❼ (*erachten*): **etw/jdn für etw ~** tener algo/a alguien por algo; **ich halte ihn für ziemlich intelligent** le considero bastante inteligente; **viel/nichts von jdm ~** tener mucha/no tener ninguna fe en alguien; **wofür ~ Sie mich?** ¿por quién me toma Ud.?; **was ~ Sie davon?** ¿qué le parece? **III.** *vr:* **sich ~** ❶ (*bleiben*) mantenerse; (*haltbar sein*) conservarse; **dein Vater hat sich aber gut ge~** tu padre se ha conservado muy bien ❷ (*sich orientieren*) atenerse (*an* a); ~ **Sie sich links/ Richtung Norden** siga por la izquierda/ en dirección norte ❸ (*sich aufrecht ~*) mantenerse; (*fest~*) agarrarse; **sich auf den Beinen ~** tenerse en pie

Halter(in) *m(f)* <-s, -; -nen> (*Fahrzeug~, Tier~*) dueño, -a *m, f*

Halterung *f* <-en> soporte *m*

Haltestelle *f* parada *f;* **Halteverbot** *nt* estacionamiento *m* prohibido; (*Stelle*) zona *f* prohibida

haltlos *adj* ❶ (*Mensch*) inconstante ❷ (*Theorie*) inconsistente; (*Argument*) endeble; (*Behauptung*) insostenible

Haltung¹ *f ohne pl* ❶ (*Fassung*) serenidad *f;* ~ **bewahren** mantener la serenidad ❷ (*von Tieren*) tenencia *f;* (*Tierzucht*) cría *f*

Haltung² *f* <-en> ❶ (*Körper~*) postura *f;* (*Stellung*) posición *f* ❷ (*Einstellung*) posición *f,* actitud *f;* **eine klare ~ zu einer Frage einnehmen** adoptar una posición clara frente a una cuestión ❸ (*Benehmen*) comportamiento *m*

Haltungsfehler *m* ❶ (SPORT) postura *f* errónea ❷ (MED) mala postura *f*

Halunke [ha'lʊŋkə] *m* <-n, -n> (*fam a. abw*) canalla *m*

Hamburg ['hambʊrk] *nt* <-s> Hamburgo *m*

Hamburger¹ *m* <-s, -> (GASTR) hamburguesa *f*

Hamburger(in)² ['hambʊrgə] *m(f)* <-s, -; -nen> hamburgués, -esa *m, f*

hämisch ['hɛːmıʃ] *adj* malicioso

Hammel ['haməl] *m* <-s, -> ❶ (*Schafbock*) carnero *m* ❷ (*vulg: Mensch*) imbécil *mf;*

Hammelfleisch *nt* carne *f* de carnero
Hammer ['hame, *pl:* 'hεmɐ] *m* <-s, Häm-
mer> ❶ (*Werkzeug, a.* SPORT) martillo *m;*
unter den ~ kommen subastarse
❷ (ANAT) martillo *m* ❸ (MUS) macillo *m*
❹ (*fam: Fehler*) error *m* garrafal ❺ (*fam:
Zumutung*): **das ist ja der ~!** ¡esto es el
colmo!
hämmern ['hεmɐn] I. *vi* ❶ (*Maschine, Person*) martillear ❷ (*Herz*) palpitar ❸ (*mit
den Fäusten*) golpear II. *vt* martillear
Hammerwerfen *nt* <-s, *ohne pl*> (SPORT)
lanzamiento *m* de martillo
Hämorrhoiden [hεmoro'i:dən] *pl*,
Hämorriden *pl* (MED) hemorroides *fpl*
Hampelmann ['hampəlman] *m* ❶ (*Spielzeug*) muñeco de madera que mueve brazos y piernas al tirar de un cordel ❷ (*fam
abw: Mensch*) mamarracho *m*
hampeln *vi* (*fam*) no parar quieto; **hör auf
zu ~!** ¡estáte quieto!
Hamster ['hamstɐ] *m* <-s, -> (ZOOL) hámster *m;* **Hamsterbacken** *fpl* (*fam*) mofle-
tes *mpl;* **Hamsterkauf** *m* acaparamiento
m
hamstern *vt* acaparar
Hand [hant, *pl:* 'hεndə] *f* <Hände> mano *f;*
an ~ von por medio de; **von ~ a mano;**
jdm die ~ geben/schütteln dar/estre-
char la mano a alguien; **linker/rechter ~**
a mano izquierda/derecha; **linker/rech-
ter ~ sehen Sie ...** a su izquierda/derecha
pueden observar...; **aus erster/zweiter ~**
de primera/segunda mano; **eine ~ voll** un
puñado; **alle Hände voll zu tun haben**
(*fam*) estar agobiado de trabajo; **etw aus
der ~ legen** soltar algo; **etw in die ~
nehmen** coger algo; (*fig*) hacerse cargo de
algo; **in die Hände klatschen** dar palma-
das; **etw zur ~ haben** tener algo a mano;
jds rechte ~ sein (*fig*) ser el brazo derecho de alguien; **zwei linke Hände haben**
(*fam*) ser un manazas; **sich mit Händen
und Füßen verständigen** (*fam*) entenderse por señas; **sich mit Händen und
Füßen gegen etw wehren** (*fam*) defenderse con uñas y dientes contra algo; **ein
gutes Blatt auf der ~ haben** tener buenas
cartas; **~ und Fuß haben** tener pies y
cabeza; **seine Hände in Unschuld
waschen** (*geh*) lavarse las manos; **die
Hände über dem Kopf zusammenschlagen** (*fam*) llevarse las manos a la
cabeza; **die ~ im Spiel haben** andar en el
ajo; **es lässt sich nicht von der ~ weisen, dass ...** no se puede negar que...; **~ in
~** (cogidos) de la mano; **~ in ~ mit jdm
arbeiten** trabajar mano a mano con al-

guien; **freie ~ zu etw haben** tener plena
libertad para algo; **das liegt auf der ~** es
obvio; **man konnte nicht die ~ vor
Augen sehen** estaba tan oscuro que no se
podía ver ni la mano delante de los ojos;
für etw/jdn die ~ ins Feuer legen (*fig*)
poner la mano en el fuego por algo/al-
guien; **von der ~ in den Mund leben**
vivir al día; **er ist bei ihnen in guten
Händen** con ellos está en buenas manos;
in festen Händen sein (*fam*) estar comprometido; **etw von langer ~ planen** planear algo con mucha antelación; **etw
unter der ~ verkaufen** vender algo bajo
mano; **mit etw** *dat* **schnell bei der ~
sein** (*fam*) no vacilar en hacer o decir algo;
jdm etw zu treuen Händen übergeben
encomendar algo a alguien; **jdm etw in
die ~ drücken** ponerle a alguien algo en la
mano; **jdm in die Hände fallen** caer en
manos de alguien; **etw aus der ~ geben**
dejar algo en manos de otro; **jdn in der ~
haben** tener a alguien en un puño; **jdm
aus der ~ lesen** leer la mano a alguien;
jdm die ~ auflegen bendecir a alguien;
an jdn ~ anlegen pegar a alguien; **in die
Hände spucken** (*fig*) poner manos a la
obra; **jdn auf Händen tragen** llevar en
palmas a alguien; **zu jds Händen** a la atención de alguien; **Hände hoch!** ¡manos
arriba!; **Hände weg!** ¡quita las manos de
ahí!; **eine ~ wäscht die andere** (*prov*)
amor con amor se paga
Handarbeit[1] *f ohne pl* (*Tätigkeit*) trabajo
m manual; **etw in ~ anfertigen** hacer
algo a mano; **Handarbeit**[2] *f* ❶ (*Gegenstand*) objeto *m* hecho a mano; (*kunstge-
werblich*) artesanía *f* ❷ (*textile ~*) labores
fpl
Handball *m ohne pl* (*Spiel*) balonmano *m;*
Handbewegung *f* movimiento *m* de la
mano; **Handbreit** *f* <-> palmo *m;* **Handbremse** *f* (AUTO) freno *m* de mano; **die ~
ziehen** echar el freno de mano; **Handbuch** *nt* manual *m*
Händchen ['hεntçən] *nt* <-s, -> (*fam*): **~
halten** hacer manitas
Handcreme *f* crema *f* de manos
Händedruck *m* apretón *m* de manos
Handel ['handəl] *m* <-s, *ohne pl*> ❶ (*Gewerbe*) comercio *m;* (*Markt*) mercado *m;*
(*verbotener ~*) tráfico *m;* **etw in den ~
bringen** sacar algo al mercado; **etw aus
dem ~ ziehen** retirar algo del mercado;
mit etw *dat*/**jdm ~ treiben** comerciar
con algo/alguien; **im ~ sein** estar a la
venta ❷ (*Geschäft*) negocio *m*
handeln ['handəln] I. *vi* ❶ (*agieren*) actuar,

obrar ❷ (*Handel treiben*) comerciar (*mit* con); (*unerlaubt*) traficar (*mit* con); **er handelt mit Drogen** trafica con drogas ❸ (*feilschen*) regatear; **da lasse ich nicht mit mir** ~ yo no regateo ❹ (*Buch*) tratar (*von* de, *über* sobre) **II.** *vunpers:* **sich** ~ tratarse (*um* de); **worum handelt es sich?** ¿de qué se trata? **III.** *vt* vender; **diese Aktien werden nicht an der Börse gehandelt** estas acciones no se cotizan en bolsa; **der Spinat wird für zwei Euro gehandelt** las espinacas se venden a dos euros

Handelsabkommen *nt* convenio *m* comercial; **Handelsartikel** *m* género *m* mercantil; **Handelsbank** *f* (WIRTSCH) banco *m* comercial; **Handelsbeziehungen** *fpl* relaciones *fpl* comerciales; **Handelsbilanz** *f* balanza *f* comercial; **Handelsdefizit** *nt* (WIRTSCH) déficit *m* *inv* comercial; **handelseinig** *adj:* ~ **sein/werden** estar/ponerse de acuerdo; **Handelsflotte** *f* flota *f* mercante; **Handelsfreiheit** *f* (WIRTSCH) libertad *f* de comercio; **Handelsgesellschaft** *f* sociedad *f* mercantil; **offene** ~ sociedad colectiva; **Handelskammer** *f* Cámara *f* de Comercio; **Industrie- und** ~ Cámara de Industria y Comercio; **Handelsmarke** *f* marca *f* registrada; **Handelsrecht** *nt ohne pl* derecho *m* mercantil; **Handelsregister** *nt* registro *m* mercantil; **Eintragung ins** ~ inscripción en el registro mercantil; **Handelsschiff** *nt* barco *m* mercante; **Handelsschule** *f* academia *f* de comercio; **handelsüblich** *adj* habitual en el comercio; **Handelsvertrag** *m* tratado *m* comercial; **Handelsvertreter(in)** *m(f)* representante *mf* (comercial); **Handelsware** *f* mercancía *f;* **Handelszentrum** *nt* centro *m* comercial

Handeltreibende(r) *mf* <-n, -n; -n> (WIRTSCH) comerciante *mf*

händeringend [ˈhɛndərɪŋənd] *adj* desesperado; **Händetrockner** *m* secador *m* de manos

Handfeger [ˈ-feːgɐ] *m* <-s, -> escobilla *f;* **Handfertigkeit** *f* habilidad *f* manual; **handfest** *adj* ❶ (*Mensch*) robusto ❷ (*Mahlzeit*) fuerte; (*nahrhaft*) sustancioso ❸ (*Argument*) contundente; (*Krach*) tremendo ❹ (*Vorschlag*) concreto; **Handfeuerwaffe** *f* arma *f* de fuego portátil; **Handfläche** *f* palma *f* (de la mano); **handgearbeitet** [ˈhantɡəʔarbaɪtət] *adj* hecho a mano; **Handgelenk** *nt* muñeca *f;* **etw aus dem** ~ **schütteln** (*fam*) hacer algo con soltura; **Handgemenge** *nt* pelea

f, bulla *f AmS;* **in ein** ~ **geraten** llegar a las manos; **Handgepäck** *nt* equipaje *m* de mano; **handgeschrieben** *adj* escrito a mano; **Handgranate** *f* granada *f* de mano

handgreiflich *adj* ❶ (*gewalttätig*) violento; ~ **werden** llegar a las manos ❷ (*Erfolg*) evidente; (*Beweis*) palmario

Handgreiflichkeit *f* <-en> violencia *f*

Handgriff *m* ❶ (*zum Festhalten, Tragen*) asidero *m;* (*Stiel*) mango *m* ❷ (*Bewegung*) maniobra *f;* **mit ein paar** ~ **en** con pocas maniobras

Handhabe *f* <-n> motivo *m*

handhaben [ˈhanthaːbən] *vt* ❶ (*Gesetz*) aplicar ❷ (*bedienen*) manejar; (*gebrauchen*) usar ❸ (*verfahren*) proceder

Handhabung *f* <-en> ❶ (*Bedienung*) manejo *m* ❷ (*Anwendung*) aplicación *f*

Handicap [ˈhɛndikɛp] *nt* <-s, -s>, **Handikap** *nt* <-s, -s> hándicap *m*

Handkoffer *m* maleta *f* pequeña; **Handkuss** *m* besamanos *m* *inv;* **Handlanger(in)** [ˈ-laŋɐ] *m(f)* <-s, -; -nen> ❶ (*Hilfsarbeiter*) obrero, -a *m, f* no cualificado, -a ❷ (*abw: Verbündeter*) cómplice *mf;* **Handlangerdienst** *m* (*abw*) trabajo *m* sucio; **jdm** ~ **e leisten** prestar ayuda a alguien (en un asunto sucio); **Handlangerin** *f* <-nen> s. **Handlanger**

Händler(in) [ˈhɛndlɐ] *m(f)* <-s, -; -nen> comerciante *mf;* (*Verkäufer*) vendedor(a) *m(f);* **fliegender** ~ vendedor ambulante

handlich [ˈhantlɪç] *adj* manejable

Handlung [ˈhandlʊŋ] *f* <-en> ❶ (*Tat*) acción *f* ❷ (*von Buch, Film*) argumento *m;* **Handlungsbedarf** *m* (*a.* POL) necesidad *f* de actuar; **Handlungsbevollmächtigte(r)** *mf* apoderado, -a *m, f;* **handlungsfähig** *adj* capaz de actuar; **Handlungsfreiheit** *f ohne pl* libertad *f* de acción; **Handlungsspielraum** *m* libertad *f* de acción; **handlungsunfähig** *adj* incapaz de actuar; **Handlungsweise** *f* modo *m* de actuar; (*Vorgehensweise*) procedimiento *m*

Handrücken *m* dorso *m* de la mano; **Handschellen** *fpl* esposas *fpl;* **jdm** ~ **anlegen** esposar a alguien; **Handschlag** *m* apretón *m* de manos; **keinen** ~ **tun** (*fam*) no mover un dedo; **durch** ~ **besiegeln** sellar con un apretón de manos; **Handschrift** *f* ❶ (*von Person*) letra *f* ❷ (*Text*) manuscrito *m;* **handschriftlich** **I.** *adj* escrito a mano **II.** *adv* a mano, por escrito

Handschuh *m* guante *m;* **Handschuhfach** *nt* guantera *f*

Handstand *m* <-(e)s, -stände> pino *m;* **Handtasche** *f* bolso *m* de mano; **Handteller** *m* palma *f* de la mano; **Handtuch** *nt* toalla *f,* enjugamanos *m inv Am;* **das ~ werfen** (*fam*) tirar la toalla; **Handumdrehen** *nt:* **im ~** en un santiamén; **Handwäsche** *f* (*Waschen*) lavado *m* a mano; (*Wäsche*) ropa *f* para lavar a mano

Handwerk¹ *nt* <-(e)s, -e> (*Beruf*) oficio *m* (manual); **jdm das ~ legen** poner fin a las actividades de alguien; **jdm ins ~ pfuschen** hacer la competencia a alguien

Handwerk² *nt* <-(e)s, *ohne pl*> (*~erschaft*) artesanado *m*

Handwerker(in) *m(f)* <-s, -; -nen> trabajador(a) *m(f)* manual; (*Kunst~*) artesano, -a *m, f*

handwerklich *adj* artesanal

Handwerksbetrieb *m* taller *m* (de artesanía); **Handwerkskammer** *f* Cámara *f* de Artesanía; **Handwerkszeug** *nt* herramientas *fpl*

Handwurzel *f* (ANAT) carpo *m*

Handy ['hɛndi] *nt* <-s, -s> (teléfono *m*) móvil *m*

Handzeichen *nt* señal *f* que se da con la mano; (*Schriftzug*) rúbrica *f;* **Handzettel** *m* volante *m*

hanebüchen ['ha:nəby:çən] *adj* (*geh fig*) inaudito

Hanf [hanf] *m* <-(e)s, *ohne pl*> cáñamo *m*

Hang¹ [haŋ, *pl:* 'hɛŋə] *m* <-(e)s, Hänge> (*Abhang*) pendiente *f,* cuesta *f,* guindo *m Guat*

Hang² *m* <-(e)s, *ohne pl*> (*Tendenz*) inclinación *f;* (*Neigung*) propensión *f;* **einen ~ zu etw** *dat* **haben** tener propensión a algo

Hängebrücke *f* puente *m* colgante; **Hängelampe** *f* lámpara *f* colgante; **Hängematte** *f* hamaca *f*

hangen ['haŋən] *vi* (*Schweiz*) *s.* **hängen**

hängen¹ ['hɛŋən] <hängt, hing, gehangen> *vi* ❶ (*herunter~*) colgar (*an* de/en), pender (*an* de); **Spannung hing in der Luft** la tensión flotaba en el ambiente; **an der Flasche/vor dem Fernseher ~** (*fam*) estar colgado de la botella/de la tele ❷ (*haften*) estar adherido (*an* a); **an jdm ~** querer a alguien; **sich an jdn ~** pegarse a alguien ❸ (*schief sein*) estar inclinado (*nach* hacia)

hängen² *vt* ❶ (*auf~*) colgar; **die Fahne nach dem Wind ~** arrimarse al sol que más calienta ❷ (*befestigen*) fijar; (*an Haken*) enganchar ❸ (*Verbrecher*) colgar

Hannover [ha'no:fe] *nt* <-s> Hannóver *m*

Hansdampf [hans'damf] *m* <-(e)s, -e>: **~ (in allen Gassen)** (*fam*) metomentodo *m*

hanseatisch [hanze'a:tɪʃ] *adj* (h)anseático

Hänselei *f* <-en> guasa *f,* pitorreo *m*

hänseln ['hɛnzəln] *vt:* **jdn ~** burlarse de alguien

Hansestadt ['hanzə-] *f* ciudad *f* (h)anseática

Originariamente la Hansa era una agrupación de ciudades que estaban situadas a lo largo de importantes rutas comerciales. El objetivo de las **Hansestädte** era regular el comercio de mercancías lo mejor posible. La Hansa alemana ostentó el monopolio del comercio en el Mar Báltico durante doscientos años. Hoy en día, todavía en siete ciudades del norte de Alemania, el título de ciudad hanseática acompaña al nombre de la ciudad. Es el caso de: *Bremen, Lübeck, Greifswald, Rostock, Stralsund, Wismar* y *Hamburgo.*

Hanswurst [-'-, '--] *m* <-(e)s, -e *o* -würste> ❶ (THEAT) arlequín *m* ❷ (*Narr*) payaso *m*

Hantel ['hantəl] *f* <-n> pesas *fpl*

hantieren* [han'ti:rən] *vi* trabajar (*mit* con)

hapern ['ha:pen] *vi* ❶ (*fehlen*) faltar (*an* de) ❷ (*schlecht sein*) tener dificultades (*mit* con)

häppchenweise ['hɛpçənvaɪzə] *adv* (*fam*) a bocados

Happen ['hapən] *m* <-s, -> (*fam*) bocado *m,* puntal *m Am*

Happening ['hɛpənɪŋ] *nt* <-s, -s> happening *m*

happig ['hapɪç] *adj* (*fam*) exagerado; (*Preis*) exorbitante

happy ['hɛpi] *adj inv* (*fam*) feliz y contento; **Happyend** *nt* <-(s), -s>, **Happy End** [hɛpi'?ɛnt] *nt* <- -(s), - -s> final *m* feliz; **Happyhour** *f* <-s>, **Happy Hour** [hɛpi'(?)aʊɐ] *f* <- -s> hora *f* feliz

Harddisk *f* <-s>, **Hard Disk** ['ha:tdɪsk] *f* <- -s> (INFOR) disco *m* duro; **Hardliner** ['ha:tlaɪnɐ] *m* <-s, -> (persona *f*) intransigente *mf;* **Hardrock** *m* <-s, *ohne pl*>, **Hard Rock** ['ha:trɔk] *m* <- -s, *ohne pl*> (MUS) rock *m* duro; **Hardware** ['ha:twɛɐ] *f* <-s> (INFOR) hardware *m,* equipo *m* físico

Harem ['ha:rɛm] *m* <-s, -s> harén *m*

Harfe ['harfə] *f* <-n> arpa *f*

Harke ['harkə] *f* <-n> rastrillo *m*

Harlekin ['harleki:n] *m* <-s, -e> arlequín *m*

harmlos ['harmloːs] *adj* inofensivo; (*arglos*) inocente; (*Krankheit*) leve; (*Tier*) manso; (*Medikament*) inocuo; **es fing alles ganz ~ an** todo empezó sin ningún problema

Harmonie [harmoˈniː] *f* <-n> armonía *f*

Harmonien *pl von* **Harmonie, Harmonium**

harmonieren* *vi* armonizar (*mit* con)

Harmonika [harˈmoːnika] *f* <-s *o* Harmoniken> (MUS: *Mund~*) armónica *f*; (*Zieh~*) acordeón *m*

harmonisch [harˈmoːnɪʃ] *adj* ❶ (MUS) armónico ❷ (*zusammenpassend*) armonioso

harmonisieren* *vt* armonizar

Harmonium [harˈmoːniʊm] *nt* <-s, -s *o* Harmonien> (MUS) armonio *m*

Harn [harn] *m* <-(e)s, -e> orina *f*; **Harnblase** *f* (ANAT) vejiga *f* de la orina; **Harnleiter** *m* (ANAT) uréter *m*; **Harnröhre** *f* (ANAT) uretra *f*; **Harnsäure** *f* ácido *m* úrico; **harntreibend** *adj* diurético

Harpune [harˈpuːnə] *f* <-n> arpón *m*; (*Haken*) garfio *m*

harpunieren* [harpuˈniːrən] *vt* arponear

harren ['harən] *vi* (*geh*) esperar (con impaciencia) (+*gen*)

hart [hart] <härter, am härtesten> **I.** *adj* ❶ (*nicht weich*) duro; **~e Drogen** drogas duras; **~ werden** endurecerse; (*Brot*) ponerse duro; (*Mensch*) volverse duro ❷ (*Währung*) estable ❸ (*Wasser*) duro ❹ (*widerstandsfähig*) resistente; **~ im Nehmen sein** encajar bien los golpes ❺ (*schwer*) duro, difícil; (*Aufprall*) fuerte ❻ (*~ herzig*) duro, insensible; **jdn ~ anfassen** tratar a alguien con dureza ❼ (*streng*) riguroso; **~ durchgreifen** adoptar medidas rigurosas; **~ bleiben** mantenerse firme; **jdm ~ zusetzen** apremiar a alguien; **es geht ~ auf ~** luchan a brazo partido **II.** *adv* (*nahe*) muy cerca (*an* de)

Härte ['hɛrtə] *f* <-n> ❶ (*Festigkeit*) dureza *f* ❷ (*Stabilität*) estabilidad *f* ❸ (*Kalkgehalt*) dureza *f* ❹ (*Widerstandsfähigkeit*) resistencia *f* ❺ (*Schwierigkeitsgrad*) dureza *f*, dificultad *f* ❻ (*Strenge*) rigor *m* ❼ (*Gefühllosigkeit*) insensibilidad *f*; (*Grausamkeit*) crueldad *f* ❽ (*Heftigkeit*) violencia *f*, fuerza *f*; **Härtefall** *m* caso *m* extremo

härten ['hɛrtən] **I.** *vi, vt* endurecer **II.** *vr:* **sich ~** endurecerse

härter ['hɛrtə] *adj kompar von* **hart**

härteste(r, s) *adj superl von* **hart**

Härtetest *m* prueba *f* de resistencia

Hartgeld *nt* moneda *f* en metálico

hartgesotten ['hartɡəzɔtən] *adj* ❶ (*unsensibel*) duro ❷ (*verstockt*) duro de pelar

hartherzig *adj* duro de corazón

hartnäckig ['hartnɛkɪç] *adj* ❶ (*stur*) terco ❷ (*ausdauernd*) tenaz ❸ (*Krankheit*) pertinaz; (*Fleck*) resistente

Hartnäckigkeit *f ohne pl* ❶ (*Sturheit*) terquedad *f* ❷ (*Ausdauer*) tenacidad *f*, remache *m* Col ❸ (*von Krankheit*) pertinacia *f*

Harz¹ [haːrts] *nt* <-es, -e> resina *f*

Harz² *m* <-es> (GEO): **der ~** el Harz

harzig *adj* ❶ (*Harz enthaltend*) resinoso ❷ (*Schweiz: mühsam*) dificultoso

Hasch [haʃ] *nt* <-s, *ohne pl*> (*fam*) hachís *m inv*

Haschee [haˈʃeː] *nt* <-s, -s> (GASTR) carne *f* picada en salsa

haschen ['haʃən] *vi* (*fam*) fumar porros

Haschisch ['haʃɪʃ] *m o nt* <-(s), *ohne pl*> hachís *m inv*

Hase ['haːzə] *m* <-n, -n> liebre *f*; **falscher ~** (*Hackbraten*) asado de carne picada; **wissen, wie der ~ läuft** (*fam*) saber por donde van los tiros; **da liegt der ~ im Pfeffer** (*fam*) ahí está la madre del cordero

Haselnuss ['haːzəlnʊs] *f* <-nüsse> avellana *f*

Hasenpfeffer *m* (GASTR) lebrada *f*

Häsin ['hɛːzɪn] *f* <-nen> liebre *f* hembra

Hass [has] *m* <-es, *ohne pl*> odio *m*; **~ auf jdn haben** odiar a alguien

hassen ['hasən] *vt* odiar; **hassenswert** *adj* odioso

hasserfüllt *adj* lleno de odio

hässlich ['hɛslɪç] *adj* ❶ (*Aussehen*) feo, macaco *Cuba, Chil*; (*Wetter*) malo ❷ (*gemein*) feo, malo; **~ von jdm sprechen** hablar mal de alguien ❸ (*unangenehm*) desagradable

Hässlichkeit¹ *f ohne pl* (*von Aussehen*) fealdad *f*

Hässlichkeit² *f* <-en> (*Gemeinheit*) maldad *f*

Hassliebe *f* amor-odio *m*; **hassverzerrt** *adj*: **ein ~es Gesicht** una cara descompuesta de ira

Hast [hast] *f ohne pl* (*Eile*) prisa *f*; (*Überstürzung*) precipitación *f*

hasten ['hastən] *vi sein* (*geh*) ir a toda prisa; (*sich überstürzen*) precipitarse

hastig **I.** *adj* (*eilig*) apresurado; (*überstürzt*) precipitado **II.** *adv* (*schnell*) a toda prisa; (*überstürzt*) precipitadamente; **nicht so ~!** ¡no tan de prisa!

hat [hat] *3. präs von* **haben**

hätscheln ['hɛ(ː)tʃəln] *vt* ❶ (*liebkosen*) acariciar ❷ (*abw: bevorzugen*) mimar

hatschi [haˈtʃi(ː), ˈhatʃi] *interj* achís

hatte ['hatə] *3. imp von* **haben**

Haube ['haʊbə] *f* <-n> ❶ (*Kopfbedeckung*) cofia *f*; **jdn unter die ~ bringen**

(*fam*) casar a alguien ❷ (AUTO) capó *m* ❸ (*von Vögeln*) copete *m* ❹ (*Trocken~*) secador *m*

Hauch [haʊx] *m* <-(e)s, -e> (*geh*) ❶ (*Atem*) aliento *m* ❷ (*Luftzug*) soplo *m*, aire *m* ❸ (*Anflug, Duft*) matiz *m*, toque *m*

hauchdünn ['-'-] *adj* finísimo

hauchen ['haʊxən] I. *vi* (*ausatmen*) espirar II. *vt* (*Worte*) susurrar

Haue¹ ['haʊə] *f ohne pl* (*fam: Schläge*) paliza *f*; ~ **kriegen** recibir una paliza

Haue² *f* <-n> (*südd, Österr, Schweiz: Hacke*) azada *f*

hauen¹ ['haʊən] <haut, haute *o* hieb, gehauen> I. *vt* (*fam: schlagen*) sacudir; (*verprügeln*) dar una paliza II. *vi* (*schlagen*): **mit der Faust auf den Tisch** ~ (*a. fig*) pegar un puñetazo en la mesa

hauen² ['haʊən] <haut, haute, gehauen> I. *vi* (*Wend*): **auf die Pauke** ~ (*fig*) ir de juerga II. *vt* ❶ (*meißeln*) esculpir ❷ (*fam: Nagel*) clavar (*in* en) ❸ (BERGB) extraer III. *vr*: **sich** ~ (*fam*) pegarse (*mit* con)

Hauer *m* <-s, -> ❶ (*Bergmann*) picador *m* (de minas) ❷ (*Eckzahn*) colmillo *m*

Häufchen ['hɔɪfçən] *nt* <-s, -> montoncito *m*; **er kam wie ein** ~ **Elend nach Hause** volvió a casa hecho una miseria [*o* una lástima]

Haufen ['haʊfən] *m* <-s, -> ❶ (*Anhäufung*) montón *m*, cerro *m And*; (*Stapel*) pila *f*; **jdn über den** ~ **rennen/fahren** (*fam*) tumbar/derribar a alguien; **etw über den** ~ **werfen** (*fam*) arrojar por la borda algo ❷ (*fam: Menge*) montón *m*, percha *f CSur*; **einen** ~ **Arbeit haben** tener un montón de trabajo ❸ (*Schar*) gentío *m*; (*Gruppe*) cuadrilla *f*

häufen ['hɔɪfən] I. *vt* amontonar; (*ansammeln*) acumular; **zwei gehäufte Esslöffel Zucker** dos cucharadas colmadas de azúcar II. *vr*: **sich** ~ amontonarse; (*sich ansammeln*) acumularse

haufenweise *adv* (*fam*) a montones

häufig ['hɔɪfɪç] I. *adj* frecuente; (*wiederholt*) repetido II. *adv* a menudo, con frecuencia

Häufigkeit *f* <-en> frecuencia *f*

Haupt [haʊpt, *pl*: 'hɔɪptə] *nt* <-(e)s, Häupter> (*geh*) ❶ (*Kopf*) cabeza *f*; **gesenkten/ erhobenen** ~**es** cabizbajo/con la cabeza alta ❷ (*Anführer*) jefe, -a *m, f*; **Hauptaltar** *m* altar *m* mayor; **hauptamtlich** *adj* de carrera; (*angestellt*) contratado; **Hauptaspekt** *m* aspecto *m* principal; **Hauptaufgabe** *f* tarea *f* principal; **Hauptaugenmerk** *nt*: **sein** ~ **auf etw/ jdn richten** fijarse especialmente en algo/

alguien; **Hauptausgang** *m* salida *f* principal; **Hauptbahnhof** *m* estación *f* central; **Hauptbelastungszeuge, -zeugin** *m, f* (JUR) testigo *mf* de cargo principal; **hauptberuflich** I. *adj* profesional II. *adv* profesionalmente; **Hauptdarsteller(in)** *m(f)* protagonista *mf*; **Haupteingang** *m* entrada *f* principal; **Hauptfach** *nt* (SCH, UNIV) asignatura *f* principal; **Hauptfigur** *f* personaje *m* principal; **Hauptfilm** *m* película *f* principal; **Hauptgang** *m* (GASTR) segundo plato *m*; **im** ~ **servieren wir ...** de segundo plato tenemos...; **Hauptgebäude** *nt* edificio *m* principal; **Hauptgericht** *nt* plato *m* principal; **Hauptgeschäftszeit** *f* (WIRTSCH) horas *fpl* punta; **Hauptgewicht** *nt* énfasis *m inv* principal; **Hauptgewinn** *m* primer premio *m*, gordo *m fam*; **Haupthahn** *m* grifo *m* principal, llave *f* principal

Hauptleute *pl von* **Hauptmann**

Häuptling ['hɔɪptlɪŋ] *m* <-s, -e> cacique *m*

Hauptmahlzeit *f* comida *f* principal

Hauptmann *m* <-(e)s, -leute> ❶ (MIL) capitán *m* ❷ (*Schweiz: Gemeindevorsteher*) alcalde *m*

Hauptmenü *nt* (INFOR) menú *m* principal; **Hauptmerkmal** *nt* característica *f* principal; **Hauptperson** *f* personaje *m* principal; **Hauptpost** *f* central *f* de correos; **Hauptproblem** *nt* problema *m* principal; **Hauptquartier** *nt* (MIL) cuartel *m* general; **Hauptrolle** *f* papel *m* principal; **Hauptsache** *f* punto *m* principal; **die** ~ **ist, dass ...** lo principal es que... +*subj*; **in der** ~ principalmente; **zur** ~ **kommen** llegar a lo principal

hauptsächlich ['haʊptzɛçlɪç] I. *adj* principal; (*wesentlich*) esencial II. *adv* principalmente; ~ **deshalb, weil ...** principalmente porque...

Hauptsaison *f* temporada *f* alta; **Hauptsatz** *m* (LING) oración *f* principal; **Hauptschalter** *m* (ELEK) interruptor *m* principal; **Hauptschlagader** *f* (ANAT) aorta *f*; **Hauptschlüssel** *m* llave *f* maestra; **Hauptschulabgänger(in)** *m(f)* ≈graduado, -a *m, f* escolar; **Hauptschuldige(r)** *mf* culpable *mf* principal; **Hauptschule** *f* ≈escuela *f* de Enseñanza General Básica (*formación escolar mínima obligatoria que comprende entre los 10 y los 16 años de edad*)

ℹ Land & Leute

Una vez que el alumno alemán ha completado el primer tramo de la enseñanza obligatoria en la **Grund-schule** – *escuela primaria o básica*, dependiendo de su rendimiento académico, accederá a la **Hauptschule, Realschule** – *escuela secundaria de grado intermedio* o al **Gymnasium** – *escuela secundaria de grado superior.* En Alemania este primer tramo del itinerario educativo obligatorio que se realiza en la **Grundschule** abarca desde el quinto curso hasta el noveno (en el noveno curso los alumnos tienen aproximadamente diez años). La **Hauptschule** está pensada para aquellos alumnos que han tenido un rendimiento peor en la **Grundschule**. Son, por tanto, los que no accederán ni a la **Realschule** ni al **Gymnasium**. A los 16 años los alumnos finalizan su itinerario educativo obligatorio con un certificado de la **Hauptschule**. En Austria existe la posibilidad de acceder al **Gymnasium** desde la **Hauptschule** si se tiene un buen rendimiento académico en ésta.

Hauptschüler(in) *m(f)* ≈alumno, -a *m, f* de Enseñanza General Básica; **Hauptschwierigkeit** *f* dificultad *f* principal; **Hauptsitz** *m* sede *f* principal; **Hauptspeise** *f* (GASTR) plato *m* principal; **Hauptstadt** *f* capital *f*; **Hauptstraße** *f* calle *f* principal, ≈Calle *f* Mayor; **Haupttreffer** *m s.* **Hauptgewinn**; **Hauptursache** *f* motivo *m* principal; **Hauptverhandlung** *f* (JUR) juicio *m* oral

Hauptverkehrsstraße *f* calle *f* principal; **Hauptverkehrszeit** *f* hora *f* punta

Hauptversammlung *f* asamblea *f* general; **Hauptverwaltung** *f* administración *f* central; **Hauptwaschgang** *m* fase *f* principal de lavado; **Hauptwohnsitz** *m* domicilio *m* principal; **Hauptwort** *nt* (LING) sustantivo *m*

Haus [haʊs, *pl:* ˈhɔɪzə] *nt* <-es, Häuser> ❶ (*Wohn~, Heim*) casa *f*; (*Gebäude*) edificio *m;* **von ~ zu ~ gehen** ir de casa en casa; **wir wohnen ~ an ~** vivimos puerta con puerta; **aus dem ~ gehen** salir de casa; **der Herr des ~es** el señor de la casa; **außer ~ essen** comer fuera (de casa); **etw steht ins ~** algo está al caer; **~ und Hof verspielen** perder hasta la camisa; **nirgendwo zu ~e sein** ser un extraño en todas partes; **fühlen Sie sich wie zu ~e!** ¡siéntase como en su casa!; **nach ~e kom-**

men volver a casa; **er ist nicht zu ~e** no está en casa; **bei uns zu ~e** en nuestra casa; **in etw** *dat* **zu ~e sein** (*fam*) conocer bien algo; **vor ausverkauftem ~ spielen** actuar con el teatro repleto de público; **frei ~** (COM) franco (a) domicilio; **hallo, altes ~!** (*fam*) ¡hola, amigote! ❷ (*geh: Herkunft*) familia *f*, casa *f*; **er ist aus gutem ~e** es de buena familia; **von ~e aus** originalmente ❸ (*Unternehmen*) casa *f*, empresa *f*; **das erste ~ am Platz** la empresa de mejor reputación ❹ (*Dynastie*) casa *f*, dinastía *f* ❺ (*Schnecken~*) casita *f* del caracol ❻ (ASTR) casa *f* (celeste) ❼ (POL) Cámara *f* ❽ (*Wend*): **~ halten** economizar; **Hausangestellte(r)** *mf* empleado, -a *m, f* (del hogar); **Hausapotheke** *f* botiquín *m;* **Hausarbeit** *f* ❶ (*im Haushalt*) quehaceres *mpl* domésticos ❷ (SCH) deberes *mpl;* (UNIV) trabajo *m* escrito (hecho en casa); **Hausarrest** *m* arresto *m* domiciliario; **Hausarzt, -ärztin** *m, f* médico, -a *m, f* de cabecera; **Hausaufgabe** *f* trabajo *m* para casa; **~n** (SCH) deberes *mpl;* **hausbacken** *adj* ❶ (*Hausmittel*) casero ❷ (*abw: bieder*) aburguesado; (*langweilig*) aburrido; **Hausbesetzer(in)** *m(f)* <-s, -; -nen> okupa *mf* argot; **Hausbesetzung** *f* <-en> ocupación *f*; **Hausbesitzer(in)** *m(f)* propietario, -a *m, f* de una casa; **Hausbesuch** *m* visita *f* domiciliaria; **Hausbewohner(in)** *m(f)* vecino, -a *m, f* de una casa; **Hausboot** *nt* barco *m* vivienda

Häuschen [ˈhɔɪsçən] *nt* <-s, -> casita *f;* **ganz aus dem ~ sein** (*fam*) estar completamente fuera de sí

Hauseingang *m* entrada *f* de la casa

hausen [ˈhaʊzən] *vi* (*fam*) ❶ (*abw: wüten*) causar estragos (*in* en) ❷ (*wohnen*) vivir (*in* en)

Häuserblock *m* manzana *f*, cuadra *f* *Am*

Hausflur *m* pasillo *m;* **Hausfrau** *f* ❶ (*Haushalt führende Frau*) ama *f* de casa ❷ (*Österr, südd: Zimmerwirtin*) alquiladora *f* de cuartos; **Hausfreund** *m* ❶ (*der Familie*) amigo *m* de la casa ❷ (*Geliebter*) alegraesposas *m inv;* **Hausfriedensbruch** *m* (JUR) allanamiento *m* de morada; **Hausgebrauch** *m* uso *m* doméstico; **für den ~** para uso doméstico

Haushalt [ˈhaʊshalt] *m* <-(e)s, -e> ❶ (*Hausgemeinschaft*) casa *f*; **jdm den ~ führen** llevar(le) la casa a alguien; **einen ~ gründen/auflösen** poner/levantar casa ❷ (*Familie*) hogar *m;* **die privaten ~e** los hogares ❸ (POL: *Etat*) presupuesto *m*

haus|halten *irr vi* economizar (*mit*)

Haushälterin [ˈhaʊshɛltərɪn] *f* <-nen>

ama *f* de llaves

Haushaltsabfall *m* basura *f* doméstica, residuos *mpl* domésticos; **Haushaltsdebatte** *f* (POL) debate *m* sobre el presupuesto; **Haushaltsgeld** *nt* dinero *m* para los gastos domésticos; **Haushaltsgerät** *nt* aparato *m* doméstico; **Haushaltshilfe** *f* empleada *f* de hogar, asistenta *f*; **Haushaltsplan** *m* (POL) presupuesto *m*

Hausherr(in) *m(f)* dueño, -a *m, f* de la casa, señor(a) *m(f)* de la casa; **haushoch** ['-'-] *adj* (*groß*) como una casa; (*außergewöhnlich*) descomunal; **jdm ~ überlegen sein** dar(le) cien vueltas a alguien; **jdn ~ schlagen** derrotar a alguien aplastantemente

hausieren* [haʊˈziːrən] *vi* ir vendiendo de casa en casa; **mit etw** *dat* **~ gehen** (*fam*) contar algo a todo el mundo

Hausierer(in) *m(f)* <-s, -; -nen> vendedor(a) *m(f)* ambulante, pacotillero, -a *m, f Am*

Hauslehrer(in) *m(f)* preceptor *m*, institutriz *f*; (*Privatlehrer*) profesor(a) *m(f)* particular

häuslich ['hɔɪslɪç] *adj* ❶ (*Arbeiten, Pflichten*) doméstico; (*Familie betreffend*) familiar ❷ (*Familienleben liebend*) casero; **sich ~ niederlassen** (*fam*) poner casa

Hausmädchen *nt* sirvienta *f*

Hausmann *m* amo *m* de casa; **Hausmannskost** *f* comida *f* casera

Hausmarke *f* ❶ (*einer Einzelhandelsfirma*) marca *f* de la casa ❷ (*fam: bevorzugte Marke*) marca *f* favorita; **Hausmeister(in)** *m(f)* ❶ (*in Wohnhaus*) conserje *mf*; (*in öffentlichen Gebäuden*) bedel(a) *m(f)* ❷ (*Schweiz: Hausbesitzer*) propietario, -a *m, f* de la casa; **Hausmittel** *nt* remedio *m* casero; **Hausmüll** *m* basura *f* doméstica; **Hausnummer** *f* número *m* de (la) casa; **Hausordnung** *f* reglamento *m* de la casa

Hausrat *m ohne pl* menaje *m*; **Hausratversicherung** *f* seguro *m* del hogar

Hausschlüssel *m* llave *f* de (la) casa; **Hausschuh** *m* zapatilla *f*

Hausse [hoːs, ˈhoːsə, oːs] *f* <-n> (FIN) alza *f*; **auf ~ spekulieren** jugar al alza

Haussegen *m:* **der ~ hängt (bei jdm) schief** (*fam*) alguien tiene líos en casa

haussieren [(h)oˈsiːrən] *vi* (FIN: *Markt, Börse*) estar en alza

Haussuchung *f* <-en> (JUR) registro *m* domiciliario; **Haustier** *nt* animal *m* doméstico; **Haustür** *f* puerta *f* de (la) casa; **Hausverbot** *nt* prohibición *de entrar en un sitio determinado;* **Haus-**

wirt(in) *m(f)* propietario, -a *m, f* de una casa; **Hauswirtschaft** *f ohne pl* economía *f* doméstica; **Hauswirtschafter(in)** *m(f)* <-s, -; -nen> encargado, -a *m, f* de la casa

Haut [haʊt, *pl:* ˈhɔɪtə] *f* <Häute> ❶ (*von Mensch, Tier, Obst*) piel *f*, pellejo *m pey;* (*Gesichts~*) cutis *m inv;* **nur ~ und Knochen sein** (*fam*) estar en los huesos; **versuchen, seine ~ zu retten** (*fig fam*) intentar salvar el pellejo; **aus der ~ fahren** (*fig fam*) salirse de sus casillas; **er kann nicht aus seiner ~ heraus** (*fig fam*) la cabra siempre tira al monte; **ihm ist nicht wohl in seiner ~** (*fam fig*) no se siente a gusto; **in ihrer ~ möchte ich nicht stecken** (*fam fig*) no quisiera estar en su pellejo; **mit heiler ~ davonkommen** (*fam fig*) salvar la piel; **mit ~ und Haaren** (*fam fig*) completamente; **das geht (mir) unter die ~** (*fam fig*) esto me llega al alma; **auf der faulen ~ liegen** (*fam fig*) estar tumbado a la bartola; **eine ehrliche ~ sein** (*fam fig*) una persona honrada ❷ (*auf Flüssigkeit*) tela *f*; **Hautabschürfung** *f* excoriación *f*; **Hautarzt, -ärztin** *m, f* dermatólogo, -a *m, f*; **Hautausschlag** *m* (MED) erupción *f* cutánea, alfombrilla *f Cuba;* **Hautcreme** *f* crema *f* para la piel

häuten ['hɔɪtən] **I.** *vt* despellejar **II.** *vr:* **sich ~** (*Reptilien*) mudar la piel; (*fam: Mensch*) pelarse

hauteng ['-'-] *adj* muy ceñido; **Hautfarbe** *f* color *m* de la piel; (*Teint*) tez *f*; **Hautkrankheit** *f* enfermedad *f* de la piel; **hautnah** ['-'-] **I.** *adj* (*fam: Schilderung*) muy realista **II.** *adv* desde muy cerca; **etw ~ miterleben** presenciar algo desde muy cerca; **Hautpflege** *f* cuidado *m* de la piel

Häutung *f* <-en> (ZOOL) muda *f*

Havarie [havaˈriː] *f* <-n> (AERO, NAUT) avería *f*

Hazienda [haˈtsjɛnda] *f* <-s> hacienda *f*, estancia *f Am*

Hbf. *Abk. von* **Hauptbahnhof** estación *f* central

h.c. *Abk. von* **honoris causa** honoris causa

HD-Diskette *f* (INFOR) disquete *m* HD

H-Dur *nt* (MUS) si *m* mayor

he [heː] *interj* eh, oiga

Headhunter(in) ['hɛthantɐ] *m(f)* <-s, -; -nen> (WIRTSCH) cazacerebros *mf inv*

heavy ['hɛvɪ] *adj inv* (*sl*) fuerte; **Heavymetal** *nt* <-(s), *ohne pl*> (MUS) heavy metal *m*; **Heavymetalfan** *m* fan *mf* del heavy metal, heavy *mf*

Hebamme ['heːbamə] *f* <-n> comadrona *f*

Hebebühne *f* (TECH) plataforma *f* elevadora

Hebel ['he:bəl] *m* <-s, -> palanca *f;* **alle ~ in Bewegung setzen** (*fam*) tocar todas las teclas; **am längeren ~ sitzen** (*fam*) tener la sartén por el mango

heben ['he:bən] <hebt, hob, gehoben> **I.** *vt* ① (*hoch~*) alzar, levantar; (*Schatz, Wrack*) subir; **die Stimme ~** levantar la voz; **einen ~ gehen** (*fam*) ir de copas ② (*steigern*) aumentar; (*verbessern*) mejorar ③ (*südd: halten*) sujetar **II.** *vr:* **sich ~** ① (*Nebel, Vorhang*) levantarse ② (*sich verbessern*) mejorarse **III.** *vi* (*südd: haltbar sein*) conservarse

Hebräer(in) [he'brɛːɐ] *m(f)* <-s, -; -nen> hebreo, -a *m, f*

hebräisch [he'brɛːɪʃ] *adj* hebreo, hebraico

Hebung ['he:bʊŋ] *f* <-en> ① (*das Hinaufbefördern*) levantamiento *m;* (*Anstieg*) mejora *f* ② (LIT: *Versmaß*) sílaba *f* marcada ③ (GEO) elevación *f*

hecheln ['hɛçəln] *vi* (*Hund*) jadear

Hecht [hɛçt] *m* <-(e)s, -e> ① (*Fisch*) lucio *m* ② (*fam: Mann*): **ein toller ~!** ¡vaya tío!

Heck [hɛk] *nt* <-(e)s, -e *o* -s> (NAUT) popa *f;* (AUTO, AERO) parte *f* trasera

Hecke ['hɛkə] *f* <-n> seto *m*

Heckenrose *f* rosal *m* silvestre; **Heckenschere** *f* cortasetos *m inv;* **Heckenschütze, -in** *m, f* francotirador(a) *m(f)*

Heckklappe *f* (AUTO) puerta *f* del maletero; **Heckmotor** *m* (TECH) motor *m* trasero; **Heckscheibe** *f* (AUTO) luneta *f* trasera

heda ['he:da] *interj* eh

Heer [he:ɐ] *nt* <-(e)s, -e> ① (MIL) ejército *m* ② (*Menge*) sinnúmero *m;* **Heerscharen** *fpl* (*fam: große Anzahl*) multitudes *fpl*

Hefe ['he:fə] *f* <-n> levadura *f;* **Hefeteig** *m* masa *f* de levadura

Heft [hɛft] *nt* <-(e)s, -e> ① (*Schreib~*) cuaderno *m* ② (*einer Zeitschrift*) número *m* ③ (*Broschüre*) folleto *m* ④ (*geh: von Waffen*) puño *m;* **das ~ in die Hand nehmen** (*fig*) tomar las riendas

heften ['hɛftən] **I.** *vt* ① (*anbringen*) fijar (*an* en); (*mit Heftklammer*) grapar ② (*Buch*) encuadernar ③ (*Stoffe*) hilvanar ④ (*Blick, Augen*) clavar (*auf* en); **er heftete seine Augen auf ihr Gesicht** clavó la mirada en su cara ⑤ (*Schweiz: Wunde: nähen*) suturar; (*verbinden*) vendar; (*pflastern*) poner una tirita **II.** *vr:* **sich ~** (*Blick*) clavarse (*auf* en); (*Verfolger*) pegarse (*an* a); **sich an jds Fersen ~** pegarse a los talones de alguien

Hefter *m* <-s, -> ① (*Mappe*) clasificador *m* ② (*Heftmaschine*) grapadora *f*

heftig ['hɛftɪç] *adj* ① (*stark*) fuerte; (*gewaltig*) vehemente; (*ungestüm*) impetuoso;

(*Leidenschaft*) ardiente; (*Kälte*) intenso; (*Sehnsucht, Abneigung*) profundo; (*Widerstand*) duro; (*Kampf*) encarnizado ② (*unbeherrscht*) colérico; (*Ton*) duro

Heftigkeit *f ohne pl* ① (*Wucht*) violencia *f;* (*Ungestüm*) vehemencia *f* ② (*Ungestüm*) ímpetu *m*

Heftklammer *f* ① (*für Heftmaschine*) grapa *f* ② (*Büroklammer*) clip *m;* **Heftpflaster** *nt* tirita *f;* **Heftzwecke** *f* <-n> chincheta *f,* chinche *f*

Hegemonie [hegemo'ni:] *f* <-n> hegemonía *f*

hegen ['he:gən] *vt* ① (*Wild, Pflanzen*) guardar ② (*geh*) abrigar; **Misstrauen/Zweifel/Hoffnungen ~** abrigar desconfianza/dudas/esperanzas; **für etw/jdn Achtung ~** estimar algo/a alguien

Hehl [he:l] *m o nt:* **kein(en) ~ aus etw** *dat* **machen** no hacer un secreto de algo

Hehler(in) *m(f)* <-s, -; -nen> encubridor(a) *m(f)*

Hehlerei *f* <-en> encubrimiento *m*

Heide[1] *f* <-n> (*Landschaft*) brezal *m*

Heide, -in[2] ['haɪdə] *m, f* <-n, -n; -nen> (REL) pagano, -a *m, f*

Heidekraut *nt ohne pl* (BOT) brezo *m*

Heidelbeere ['haɪdəlbeːrə] *f* arándano *m*

Heidenangst ['--'-] *f ohne pl* (*fam*) miedo *m* cerval; **Heidengeld** ['--'-] *nt ohne pl* (*fam*) dineral *m;* **Heidenlärm** ['---'] *m* (*fam*) ruido *m* infernal; **Heidenspaß** ['--'-] *m* (*fam*) jolgorio *m;* **einen ~ haben** pasarlo bomba

Heidentum *nt* <-s, *ohne pl*> paganismo *m*

Heidin *f* <-nen> *s.* **Heide**[2]

heidnisch ['haɪdnɪʃ] *adj* pagano

heikel ['haɪkəl] *adj* ① (*Angelegenheit*) delicado ② (*reg: wählerisch*) exigente; (*schwer zufrieden zu stellen*) difícil de contentar

heil [haɪl] *adj* ① (*unverletzt*) ileso; (*unversehrt*) sano y salvo; **~ ankommen** llegar sano y salvo; **mit ~er Haut davonkommen** salir bien librado ② (*wieder gesund*) curado ③ (*intakt*) intacto; **etw wieder ~ machen** reparar algo; **die ~e Welt** el mundo intacto

Heil *nt* <-(e)s, *ohne pl*> ① (*Wohlergehen*) prosperidad *f;* (*Glück*) fortuna *f* ② (REL: *Erlösung*) salvación *f*

Heiland ['haɪlant] *m* <-(e)s, *ohne pl*> (REL): **der/unser ~** El Salvador/nuestro Redentor

Heilanstalt *f* ① (*Sanatorium*) sanatorio *m* ② (*Irrenanstalt*) clínica *f* (p)siquiátrica; **Heilbad** *nt* ① (*medizinisches Bad*) baño *m* medicinal ② (*Kurort*) estación *f* hidrotermal; **heilbar** *adj* curable

Heilbutt ['haɪlbʊt] *m* (ZOOL) rodaballo *m*

heilen ['haɪlən] **I.** *vi sein* (*Wunde*) cicatrizarse; (*Verletzung*) curarse **II.** *vt* (*Verletzung*) curar (*von* de); (*Patient*) sanar (*mit* con)

Heilfasten *nt* (MED) ayuno *m* terapéutico; **heilfroh** ['-'-] *adj* (*fam*) contentísimo

heilig ['haɪlɪç] *adj* (*Person*) santo; (*Ort*) sagrado; **die H~e Jungfrau** (REL) la Santísima Virgen; **der H~e Geist/der ~e Vater** (REL) el Espíritu Santo/el Santo Padre; **~ sprechen** (REL) canonizar; **dir ist aber auch nichts ~** para ti no hay nada sagrado; **etw hoch und ~ versprechen** prometer algo por lo más sagrado; **Heiligabend** [haɪlɪç'ʔaːbənt] *m* Nochebuena *f*

Heilige(r) *mf* <-n, -n; -n> santo, -a *m, f*

heiligen ['haɪlɪgən] *vt* santificar; **der Zweck heiligt die Mittel** el fin justifica los medios

Heiligenschein *m* aureola *f*

Heiligtum *nt* <-(e)s, -tümer> santuario *m*; (*Reliquie*) reliquia *f*; (*a. fig*) objeto *m* de culto

Heilkraft *f* fuerza *f* curativa; **Heilkraut** *nt* hierba *f* medicinal; **Heilkunde** *f ohne pl* (ciencia *f* de la) medicina *f*; **heillos** *adj* terrible; **Heilmittel** *nt* remedio *m*; (*Medizin*) medicina *f*; **Heilpflanze** *f* planta *f* medicinal; **Heilpraktiker(in)** *m(f)* <-s, -; -nen> médico, -a *m, f* homeopático, -a; **Heilquelle** *f* aguas *fpl* medicinales

heilsam *adj* (*Methode*) curativo

Heilung *f* <-en> cura *f*

heim [haɪm] *adv* a casa

Heim *nt* <-(e)s, -e> ❶ (*Zuhause*) hogar *m*, casa *f* ❷ (*Studenten~, Alters~*) residencia *f*; (*Obdachlosen~*) asilo *m*; (*Kinder~*) hogar *m* ❸ (*Erholungs~*) sanatorio *m*

Heimat ['haɪmaːt] *f* <-en> ❶ (*~land*) patria *f*; (*~region*) tierra *f* (natal) ❷ (*Herkunftsland*) país *m* de origen; **Heimatfilm** *m* película *f* popular; **Heimatland** *nt* patria *f*

heimatlich *adj* ❶ (*aus der Heimat*) de la patria ❷ (*an Heimat erinnernd*) que recuerda la patria

heimatlos *adj* sin patria

Heimatlose(r) *mf* <-n, -n; -n> apátrida *mf*

Heimatort *m* lugar *m* de nacimiento, pago *m Arg, Peru*; **Heimatstadt** *f* ciudad *f* de origen; **heimbringen** *irr vt* ❶ (*begleiten*) llevar a casa ❷ (*mitbringen*) traer a casa

Heimchen ['haɪmçən] *nt* <-s, -> ❶ (ZOOL) grillo *m* doméstico ❷ (*Wend*): **~ am Herd** (*abw*) ama *f* de casa

Heimcomputer *m* (INFOR) ordenador *m*

personal; **heimfahren** *irr* **I.** *vi sein* ir a casa; (*zurückfahren*) regresar a casa **II.** *vt* llevar a casa; **Heimfahrt** *f* regreso *m* a casa; **heimgehen** *irr vi sein* volver a casa

heimisch *adj* ❶ (*einheimisch*) del país ❷ (*vertraut*) familiarizado; **sich ~ fühlen** sentirse como en su casa

Heimkehr ['haɪmkeːɐ] *f ohne pl* regreso *m* a casa

heimkehren *vi sein* volver a casa

Heimkind *nt* expósito, -a *m, f*

heimkommen *irr vi sein* volver a casa

heimlich ['haɪmlɪç] **I.** *adj* secreto; (*unerlaubt*) clandestino; (*verstohlen*) furtivo **II.** *adv* en secreto; (*versteckt*) a escondidas; **~ tun** (*abw*) andar con tapujos

Heimlichkeit¹ *f* <-en> (*Geheimnis*) secreto *m*

Heimlichkeit² *f ohne pl* (*Verborgenheit*) clandestinidad *f*

Heimlichtuerei [----'-] *f* <-en> (*abw*) secreteo *m*

heimmüssen *irr vi* tener que ir a casa; **Heimreise** *f* viaje *m* de regreso; **die ~ antreten** emprender el viaje de regreso; **heimschicken** *vt* enviar a casa; **Heimspiel** *nt* (SPORT) partido *m* en casa; **heimsuchen** *vt* (*Krankheit*) atacar; (*Katastrophe*) devastar; (*Alpträume*) invadir; **heimtrauen** *vr*: **sich ~** atreverse a volver a casa

heimtückisch *adj* pérfido; (*bösartig*) malicioso; (JUR) alevoso

heimwärts ['haɪmvɛrts] *adv* (en dirección) a casa; **Heimweg** *m* camino *m* de regreso; **sich auf den ~ machen** emprender el camino de regreso; **Heimweh** *nt* <-s, *ohne pl*> nostalgia *f* (*nach* de), morriña *f reg*; **Heimwerker(in)** *m(f)* <-s, -; -nen> artesano, -a *m, f* aficionado, -a; **heimwollen** *irr vi* querer ir a casa; **heimzahlen** *vt* vengarse; **das zahl ich dir heim!** ¡me las pagarás!

Heirat ['haɪraːt] *f* <-en> matrimonio *m*; (*Hochzeit*) boda *f*

heiraten ['haɪraːtən] *vi, vt* casarse (con), amarrarse *Am*; **kirchlich ~** casarse por la iglesia

Heiratsantrag *m* propuesta *f* de matrimonio; **Heiratsanzeige** *f* ❶ (*Bekanntgabe*) anuncio *m* de boda ❷ (*für Partnersuche*) anuncio *m* matrimonial; **Heiratsschwindler(in)** *m(f)* estafador(a) *m(f)* matrimonial; **Heiratsurkunde** *f* partida *f* de matrimonio; **Heiratsvermittlung** *f* (*das Vermitteln*) arreglo *m* de casamientos; (*Vermittlungsinstitut*) agencia *f* matrimonial

heiser ['haɪzɐ] *adj* ronco; (*stimmlos*) afónico

Heiserkeit *f ohne pl* ronquera *f;* (*Stimmlosigkeit*) afonía *f*

heiß [haɪs] *adj* ❶ (*von hoher Temperatur*) caliente; (*Wetter*) caluroso; (GEO) cálido; **brütend ~** (*fam*) achicharrante; **es ist** (**brütend**) **~** hace (un) calor (achicharrante); **mir ist ~** tengo calor; **Vorsicht, das ist ~!** ¡cuidado, que quema!; **das Essen ~ machen** calentar la comida; **der ~e Draht** el teléfono rojo; **es wird nichts so ~ gegessen, wie es gekocht wird** (*prov*) no es tan fiero el león como lo pintan ❷ (*Kampf*) encarnizado; (*Debatte*) fuerte; **sich** *dat* **die Köpfe ~ reden** (*fam*) discutir ardientemente ❸ (*leidenschaftlich*) ardiente; **jdn ~ und innig lieben** (*fam*) querer a alguien ardientemente; **er ist ganz ~ darauf, diesen Film zu sehen** (*fam*) se muere de ganas de ver esta película ❹ (*fam: heikel*) delicado; **~e Ware** (*fig*) contrabando *m;* **ein ~es Eisen anfassen** (*fig*) tocar una cuestión delicada ❺ (*fam: läufig*) en celo ❻ (*fam: großartig*) de putamadre *argot;* **~e Rhythmen** (*fig*) ritmos calientes; **ein ~er Schlitten** (*fig*) un cochazo

heißblütig ['haɪsbly:tɪç] *adj* (*leidenschaftlich*) ardiente; (*impulsiv*) impetuoso

heißen ['haɪsən] <heißt, hieß, geheißen> **I.** *vi* ❶ (*Namen haben*) llamarse; **wie ~ Sie?** ¿cómo se llama Ud.?; **was heißt „Kuss" auf griechisch?** ¿cómo se dice "beso" en griego? ❷ (*bedeuten*) significar, querer decir; **das heißt** es decir; **was soll das ~?** ¿qué significa esto?; **das heißt so viel wie ...** lo cual viene a significar que... ❸ (*geh: behauptet werden*) decirse; (*verlauten*) correr la voz; (*zu lesen sein*) estar escrito; **es heißt, er sei sehr krank** se dice que está muy enfermo; **auf Seite acht heißt es: „..."** en la página ocho que heißt es: „..." en la página ocho pone lo siguiente: "..." **II.** *vt* (*geh*) ❶ (*nennen*) llamar; (*bezeichnen*) calificar (de), tachar (de); **sie hieß ihn einen Lügner** le llamó mentiroso ❷ (*befehlen*) ordenar; **sie hieß ihn schweigen** le ordenó que se callara **III.** *vunpers* (*geh: nötig sein*) haber que; **nun heißt es schnell handeln** ahora hay que obrar rápidamente

Heißhunger *m* hambre *f* canina; **heiß|laufen** *irr vi sein* (TECH) recalentarse; **Heißluft** *f ohne pl* aire *m* caliente; **Heißsporn** *m* <-(e)s, -e> persona *f* impetuosa; **Heißwasserspeicher** *m* depósito *m* de agua caliente

heiter ['haɪtɐ] *adj* ❶ (*fröhlich*) alegre; (*lustig*) divertido; **das kann ja ~ werden** (*fam*) esto se puede poner bien ❷ (*unbeschwert*) sereno; (*Tag, Himmel*) despejado; **~ bis wolkig** nubosidad con claros; **wie aus ~em Himmel** (*plötzlich*) de golpe y porrazo; (*unerwartet*) como caído del cielo

Heiterkeit *f ohne pl* alegría *f;* (*Ausgeglichenheit*) serenidad *f,* elación *f Am*

Heizanlage *f* (instalación *f* de) calefacción *f;* **Heizdecke** *f* manta *f* eléctrica

heizen ['haɪtsən] **I.** *vi* encender la calefacción; **wir ~ mit Gas** tenemos calefacción a gas **II.** *vt* (*Raum*) calentar

Heizkessel *m* caldera *f* de calefacción; **Heizkissen** *nt* almohadilla *f* eléctrica; **Heizkörper** *m* radiador *m;* **Heizkosten** *pl* gastos *mpl* de calefacción; **Heizlüfter** *m* termoventilador *m,* calefactor *m* de aire caliente; **Heizmaterial** *nt* combustible *m;* **Heizöl** *nt ohne pl* fuel *m* combustible; **Heizstrahler** *m* radiador *m* eléctrico

Heizung[1] *f ohne pl* (*das Heizen*) calefacción *f*

Heizung[2] *f* <-en> ❶ (*fam: Heizkörper*) radiador *m* ❷ *s.* **Heizanlage**

Heizungskeller *m* cuarto *m* de calderas (*espacio en el sótano donde se encuentra la instalación de calefacción*)*;* **Heizungsrohr** *nt* tubo *m* de calefacción

Hektar ['hɛktaːɐ] *nt o m* <-s, -e, *nach Zahlen:* ->, **Hektare** ['hɛktaːrə] *f* <-n> (*Schweiz*) hectárea *f*

Hektik ['hɛktɪk] *f ohne pl* ajetreo *m;* **nur keine ~!** ¡con calma!

hektisch ['hɛktɪʃ] *adj* (*unruhig*) inquieto; (*nervös*) nervioso

Hektoliter ['hɛktoliːtɐ] *m o nt* hectolitro *m*

Held(in) [hɛlt] *m(f)* <-en, -en; -nen> héroe *m,* heroína *f;* **den ~en spielen** dárselas de valiente; **heldenhaft** *adj* heroico; **Heldenmut** *m* heroismo *m;* **Heldensage** *f* leyenda *f* heroica; **Heldentat** *f* heroicidad *f,* gracia *f Col;* **Heldentod** *m* (*geh*) muerte *m* heroica; **Heldentum** *nt* <-s, *ohne pl*> heroísmo *m*

Heldin *f* <-nen> *s.* **Held**

helfen ['hɛlfən] <hilft, half, geholfen> *vi* ❶ (*Hilfe leisten*) ayudar (+*dat* a alguien; *bei* en); (*in Not*) auxiliar (+*dat*); (*beistehen*) asistir (+*dat*); **kann ich Ihnen ~?** ¿le puedo ayudar?; **ihm ist nicht zu ~** no tiene remedio; **die Ärzte können ihr nicht ~** los médicos no pueden hacer nada por ella; **ich kann mir nicht ~, aber ...** no hay más vuelta de hoja, pero...; **man muss sich** *dat* **zu ~ wissen** hay que saber salir del paso; **ich weiß mir vor lauter**

Arbeit nicht zu ~ no sé qué hacer con tanto trabajo; **das wird die ich** ~ **!** ¡ya te apañaré yo! ❷ (*heilsam sein*) ser bueno (*gegen* para) ❸ (*nützen*) servir (+*dat*); **es hilft uns nicht, wenn** ... no nos sirve de nada, si...; **es hilft alles nichts** no hay remedio ❹ (*Schweiz: mitmachen*) participar

Helfer(in) *m(f)* <-s, -; -nen> ayudante *mf*; **ein** ~ **in der Not** un salvador; **Helfershelfer(in)** *m(f)* (JUR) cómplice *mf* (encubridor(a))

Helfersyndrom *nt* manía *f* de querer siempre ayudar

Helgoland ['hɛlgolant] *nt* <-s> Hel(i)goland *f*

Helikopter [heli'kɔptɐ] *m* <-s, -> helicóptero *m*

Helium ['he:liʊm] *nt* <-s, *ohne pl*> (CHEM) helio *m*

hell [hɛl] *adj* ❶ (*Licht, Farbe, Haut, Augen*) claro; **es wird** ~ amanece ❷ (*voller Licht*) luminoso; (*erleuchtet*) iluminado ❸ (*Ton*) agudo ❹ (*klug*) listo, intelligente; **ein ·· er Kopf** una cabeza inteligente ❺ (*fam: völlig*): **der** ~**e Wahnsinn** una locura absoluta; **in** ~**en Scharen** en masa; **von etw** *dat* ~ **begeistert sein** estar totalmente entusiasmado por algo; **seine** ~**e Freude an etw** *dat* **haben** disfrutar mucho con algo

hellauf ['hɛl'?aʊf] *adv* totalmente, absolutamente

hellblau ['-'-] *adj* azul claro; **hellblond** ['-'-] *adj* rubio claro

Helle[1] ['hɛlə] *f ohne pl* (*geh*) claridad *f*

Helle(s)[2] *nt* <-n, -n, *nach Zahlen:* -> (GASTR) cerveza *f* dorada

hellhäutig ['-hɔɪtɪç] *adj* de piel blanca

hellhörig *adj* ❶ (*Raum*) de paredes finas ❷ (*Mensch*) con buen oído; ~ **werden** aguzar el oído

Helligkeit *f ohne pl* ❶ (*Helle*) claridad *f* ❷ (*Lichtstärke*) luminosidad *f*

helllicht ['hɛlɪçt] *adj:* **am** ~**en Tag** en pleno día

hellsehen *vi* prever (el futuro)

Hellseher(in) *m(f)* vidente *mf*

hellwach ['-'-] *adj* totalmente despierto

Helm [hɛlm] *m* <-(e)s, -e> (*Schutz~, Sturz~*) casco *m;* **Vorrichtung für den** ~ **Helm** (AUTO) portacasco *m;* **Helmpflicht** *f ohne pl* obligatoriedad *f* del uso del casco

Helvetien [hɛl've:tsiən] *nt* <-s> Helvecia *f*

Hemd [hɛmt] *nt* <-(e)s, -en> camisa *f*

hemdsärmelig *adj* en mangas de camisa; (*fig*) desenfadado

Hemisphäre [hemi'sfɛːrə] *f* <-n> hemisfe-

rio *m; die* **nördliche**/**südliche** ~ el hemisferio norte/sur

hemmen ['hɛmən] *vt* ❶ (*aufhalten*) detener ❷ (*hindern*) obstaculizar, impedir; **jdn in seiner Entwicklung** ~ impedir el desarrollo de alguien ❸ (PSYCH) inhibir

Hemmnis *nt* <-ses, -se> obstáculo *m*

Hemmschwelle *f* barrera *f* (p)sicológica

Hemmung *f* <-en> ❶ (*Beeinträchtigung*) impedimento *m* ❷ (PSYCH) inhibición *f* ❸ (*Bedenken*) escrúpulos *mpl;* ~**en haben** tener escrúpulos

hemmungslos *adj* ❶ (*zügellos*) desenfrenado ❷ (*bedenkenlos*) sin escrúpulos

Hengst [hɛŋst] *m* <-(e)s, -e> semental *m*, padrillo *m AmS*

Henkel ['hɛŋkəl] *m* <-s, -> asa *f*

Henker ['hɛŋkɐ] *m* <-s, -> verdugo *m; **Henkersmahlzeit** *f* última comida *f* del condenado a muerte; (*fam*) comida *f* de despedida

Henne ['hɛnə] *f* <-n> gallina *f*

Hepatitis [hepa'tiːtɪs, *pl:* hepati'tiːdən] *f* <Hepatitiden> (MED) hepatitis *f inv*

her [heːɐ] *adv* ❶ (*räumlich*) hacia aquí [ʊ acá]; **von weit** ~ de muy lejos; **komm** ~**!** ¡ven aquí!; **gib** ~**!** ¡trae!; **Geld** ~**!** (*fam*) ¡el dinero!; ~ **damit!** (*fam*) ¡dámelo! ❷ (*zeitlich*) hace; **ich kenne ihn von früher** ~ le conozco de antes; **das ist schon lange** ~ de eso hace ya tiempo ❸ (*Wend*): **von ...** ~ (*betreffend*) en cuanto a...; **von der Idee** ~ **ist das nicht schlecht** en cuanto a la idea, no está mal

herab [hɛ'rap] *adv* (*geh*) (hacia) abajo; **von oben** ~ (*fig*) despectivamente; **herab|blicken** *vi* (*geh*) mirar (hacia) abajo; **auf jdn** ~ (*fig*) mirar a alguien por encima del hombro; **herab|fallen** *irr vi sein* caerse; **herab|lassen** *irr* **I.** *vt* (*geh*) bajar; (*an Seil*) descolgar **II.** *vr:* **sich** ~ ❶ (*an Seil*) descolgarse ❷ (*sich bereit erklären*) rebajarse (*zu* a)

herablassend **I.** *adj* desdeñoso **II.** *adv* con aire de desprecio

herab|sehen *vi* s. **herabblicken; herab|setzen** *vt* ❶ (*reduzieren*) reducir; (*senken*) bajar ❷ (*schmälern*) desprestigiar; **herab|würdigen** *vt* denigrar

heran [hɛ'ran] *adv* por aquí; **heran|bringen** *irr vt* (*Dinge*) acercar; **heran|fahren** *irr vi sein* acercarse (*an* a); **heran|führen** *vt* ❶ (*näher bringen*) conducir (*an* hasta), llevar (*an* hasta) ❷ (*an Thema*) iniciar (*an* en); **heran|gehen** *irr vi sein* ❶ (*näher treten*) aproximarse (*an* a), acercarse (*an* a) ❷ (*an Problem*) abordar; (*an Aufgabe*) acometer; **Herangehensweise** *f* forma *f* de proceder; **heran|kommen** *irr vi sein* ❶ (*sich nähern*) acercarse (*an* a); **etw an sich ~ lassen** (*a. fig*) dejar que llegue algo; **nichts an sich ~ lassen** (*a. fig*) no dejarse afectar por nada ❷ (*heranreichen*) alcanzar ❸ (*Zugang haben*) tener acceso (*an* a); (*kaufen*) poder adquirir; **heran|machen** *vr:* **sich ~** (*fam*) ❶ (*beginnen*) ponerse (a +*inf*) ❷ (*an Person*) rondar; **heran|rei-chen** *vi* ❶ (*an Regal*) alcanzar ❷ (*gleich-kommen*) igualarse (*an* a); **heran|tasten** *vr:* **sich an etw ~** tantear; **sich an etw ~** acercarse a algo con mucho cuidado; **heran|wach-sen** *irr vi sein* crecer

Heranwachsende(r) *mf* <-n, -n; -n> semiadulto, -a *m, f;* (*Teenager*) adolescente *mf*

heran|wagen *vr:* **sich ~** ❶ (*räumlich*) atreverse a acercarse (*an* a) ❷ (*an Pro-blem*) atreverse a abordar (*an*); (*an Auf-gabe*) atreverse a acometer (*an*); **heran|ziehen** *irr* **I.** *vi sein* (*näher kom-men*) acercarse **II.** *vt* ❶ (*näher holen*) acercar(se); **er zog den Hocker zu sich heran** (se) acercó el taburete ❷ (*Sachver-ständige*) consultar; (*Sache*) recurrir (a); **etw zum Vergleich ~** establecer una comparación con algo ❸ (*Kind, Tier*) criar; (*Pflanze*) cultivar ❹ (*ausbilden*) preparar (*zu* para)

herauf [hɛˈraʊf] *adv* hacia arriba; **hier ~!** ¡por aquí arriba!; **den Berg ~** cuesta arriba; **herauf|beschwören*** *irr vt* ❶ (*Erinne-rung*) evocar ❷ (*verursachen*) provocar; **herauf|kommen** *irr vi sein* (*Person*) subir; **herauf|ziehen** *irr* **I.** *vi sein* (*Gewit-ter*) levantarse **II.** *vt* subir (tirando)

heraus [hɛˈraʊs] *adv* (hacia) fuera, afuera; ~ **da!** ¡fuera de ahí!; ~ **mit ihm!** ¡afuera con él!; **von innen ~** desde dentro; **aus einer Notlage ~** debido a un apuro; ~ **mit der Sprache!** ¡suelta la lengua!; **das ist noch nicht ~** eso no se sabe todavía; **heraus|bekommen*** *irr vt* ❶ (*Wechsel-geld*) recibir la vuelta; **Sie bekommen noch 80 Cent heraus** tenga, 80 céntimos de vuelta ❷ (*Rätsel, Aufgabe*) resolver; (*Geheimnis*) descubrir; (MATH: *fam*) sacar ❸ (*Fleck*) poder quitar; (*Nagel*) poder sacar ❹ (*erfahren*) llegar a saber; **heraus|bilden** *vr:* **sich ~** formarse (*aus* de); **heraus|bringen** *irr vt* ❶ (*nach drau-ßen bringen*) sacar, llevar afuera ❷ (*Buch*) publicar; (*Ware*) sacar al mercado; **wir bringen dich ganz groß heraus** (*fam*) te promocionaremos por todo lo alto ❸ (*er-fahren*) llegar a saber; **aus ihm war nichts herauszubringen** no hubo forma

de sacarle nada; **heraus|finden** *irr vt* ❶ (*aus Gebäude, Ort*) saber salir ❷ (*ent-decken*) descubrir

Herausforderer, **-in** *m, f* <-s, -; -nen> desafiador(a) *m(f);* (*Provokateur*) provoca-dor(a) *m(f)*

heraus|fordern *vt* (*a.* SPORT) desafiar; (*pro-vozieren*) provocar (*zu* a)

herausfordernd *adj* desafiante; (*provozie-rend*) provocador

Herausforderung *f* (*a.* SPORT) desafío *m;* (*Provokation*) provocación *f;* (*Bewäh-rungsprobe*) prueba *f;* **eine ~ annehmen** responder a un reto; **sich einer ~ stellen** enfrentarse a un desafío

Herausgabe *f ohne pl* ❶ (*Übergabe*) en-trega *f* ❷ (*eines Buches*) edición *f* ❸ (*von Aktien*) emisión *f* ❹ (JUR) restitución *f*

heraus|geben *irr vt* ❶ (*herausreichen*) entregar, dar ❷ (*aushändigen*) entregar ❸ (*Wechselgeld*) dar la vuelta; **sie haben mir falsch herausgegeben** me han dado mal la vuelta ❹ (*Buch*) editar ❺ (*Aktien*) emitir ❻ (JUR) restituir

Herausgeber(in) *m(f)* <-s, -; -nen> ❶ (*von Buch*) editor(a) *m(f)* ❷ (*von Zei-tung*) director(a) *m(f)*

heraus|gehen *irr vi sein* (*Person, Fleck*) salir (*aus* de); (*Fenster*) dar (*auf* a); **sich** *dat* ~ abrirse; **heraus|greifen** *irr vt* entresacar; **heraus|haben** *irr vt* (*fam: Splitter, Trick, Lösung*) haber sacado; **ich habe es heraus!** ¡ya lo tengo!; **heraus|halten** *irr* **I.** *vt* ❶ (*nach draußen halten*) sacar ❷ (*fam: fern halten*) mante-ner alejado **II.** *vr:* **sich ~** mantenerse ale-jado (*aus* de); **sich aus etw** *dat* ~ no meterse en algo; **heraus|hängen** *vt* (*fam*): **etw ~** dárselas de algo; **heraus|he-ben** *irr vt* ❶ (TECH) sacar (*aus* de) ❷ (*her-vorheben*) poner de relieve; **heraus|ho-len** *vt* ❶ (*nach draußen holen, befreien*) sacar (*aus* de); **das Letzte aus sich** *dat* ~ dar lo máximo ❷ (*Vorteil ziehen*) sacar provecho (*aus* de) ❸ (*fam: erfahren*) sacar (*aus* de) ❹ (SPORT: *Zeit*) recuperar; (*guten Platz*) conseguir; **heraus|hören** *vt* (*Stimme, Instrument*) oír entre otros soni-dos; (*Enttäuschung*) percibir en el tono de voz; **heraus|kommen** *irr vi sein* ❶ (*aus Haus, Krankenhaus*) salir (*aus* de); **sie kam aus dem Lachen nicht mehr heraus** no pudo parar de reír ❷ (*fam: Resultat sein*) ser el resultado (*bei* de); (*sich ergeben*) resultar (*bei* de); **was soll dabei ~?** ¿qué va a resultar de ello?; **es kommt nichts dabei heraus** no conduce a nada; **es kommt auf dasselbe heraus**

da lo mismo ❸ (*fam: Geheimnis*) llegarse a saber; **wenn das herauskommt, ...** si esto sale a la luz...; **ganz groß** ~ tener mucho éxito; **mit der Sprache** ~ desembuchar ❹ (*Modell, Buch*) salir ❺ (*Kartenspiel*) ser mano; **heraus|kriegen** *vt* (*fam*) *s.* herausbekommen; **heraus|lesen** *irr vt* (*aus Text, Miene*) descubrir (*aus* en); **heraus|nehmen** *irr vt* sacar (*aus* de); **sich** *dat* **den Blinddarm** ~ **lassen** operarse del apéndice; **sich** *dat* ~ **etw zu tun** tomarse la libertad de hacer algo; **heraus|platzen** *vi sein* (*fam*) ❶ (*lachen*) prorrumpir en risas ❷ (*spontan sagen*): **mit etw** *dat* ~ salir [*o* descolgarse] con algo; **heraus|putzen I.** *vt* (*schmücken*) acicalar **II.** *vr:* **sich** ~ acicalarse, engalanarse, empavorsarse *AmC;* **heraus|ragen** *vi* sobresalir (*aus* de); (*in seiner Bedeutung*) destacarse (*aus* de); **heraus|reden** *vr:* **sich** ~ (*fam*) poner excusas; **heraus|reißen** *irr* *vt* arrancar; **heraus|rücken** **I.** *vi sein* (*fam: zugeben*) soltar, desembuchar; **rück mit der Wahrheit heraus!** ¡desembucha ya! **II.** *vt* (*fam: hergeben*) soltar; **rück mal etwas Geld heraus!** ¡suelta un par de duros!; **heraus|rutschen** *vi sein* salirse; (*Wort*) escaparse; **das ist mir nur so herausgerutscht** ·(*fam*) se me escapó; **heraus|schauen** *vi* ❶ (*aus Fenster*) mirar (*aus* por) ❷ (*fam: bei Geschäft*) salir (*bei* de); **was schaut für mich dabei heraus?** ¿qué saco yo de esto?; **heraus|schneiden** *irr* *vt* recortar; (MED) extirpar; **heraus|schreien** *irr vt* gritar; **seine Wut/ seine Angst** ~ gritar de rabia/de miedo **heraußen** [hɛˈraʊsən] *adv* (*südd, Österr:* *hier draußen*) aquí afuera **heraus|springen** *irr vi sein* ❶ (*nach draußen springen*) saltar afuera; **aus dem Fenster** ~ tirarse por la ventana ❷ (*Sicherung*) saltar ❸ (*fam: Gewinn*) sacar provecho (*bei* de); **und was springt dabei für mich heraus?** ¿y qué saco yo de esto?; **heraus|spritzen** *vi sein* salir a chorro; **heraus|stellen I.** *vt* ❶ (*nach draußen stellen*) sacar, poner afuera ❷ (*hervorheben*) destacar **II.** *vr:* **sich** ~ (*sich erweisen*) resultar, comprobarse; **die Vermutung hat sich als richtig herausgestellt** la suposición resultó ser cierta; **es stellte sich heraus, dass ...** se ha comprobado que...; **heraus|streichen** *irr vt* ❶ (*durchstreichen*) tachar ❷ (*loben*) poner de relieve; **heraus|suchen** *vt* escoger, seleccionar; **heraus|treten** *irr vi sein* salir (*aus* de); **heraus|wagen** *vr:* **sich** ~ atreverse a

salir (*aus* de); **heraus|werfen** *irr vt* echar; (*hinauswerfen*) echar fuera; **heraus|winden** *irr vr:* **sich** ~ salir (*aus* de); **heraus|ziehen** *irr vt* sacar (*aus* de)

herb [hɛrp] *adj* ❶ (*Geschmack*) acerbo; (*Wein*) seco ❷ (*Enttäuschung*) amargo; (*Verlust*) doloroso ❸ (*Charakter*) rudo ❹ (*Kritik*) duro

herbei [hɛɐˈbaɪ] *adv* por aquí, hacia aquí; **herbei|eilen** *vi sein* venir corriendo; **herbei|führen** *vt* causar, provocar; (*Gelegenheit*) proporcionar; **herbei|rufen** *irr vt* llamar; (*kommen lassen*) hacer venir; **herbei|sehnen** *vt:* **jdn/etw** ~ sentir la ausencia de [*o* añoranza por] alguien/algo; **herbei|strömen** *vi sein* acudir en masa **her|bekommen*** *irr vt* (*fam*) conseguir, procurar

Herberge [ˈhɛrbɛrɡə] *f* <-n> albergue *m* **her|bestellen*** [ˈheːɐ-] *vt* hacer venir, citar **her|bringen** *irr vt* traer

Herbst [hɛrpst] *m* <-(e)s, -e> otoño *m* **herbstlich** *adj* otoñal **Herbstzeitlose** *f* <-n> (BOT) cólquico *m* **Herd** [heːɐt] *m* <-(e)s, -e> ❶ (*in Küche*) cocina *f* ❷ (*Brand~, a.* MED) foco *m* **Herde** [ˈheːɐdə] *f* <-n> (*Schafe, Rinder*) rebaño *m;* (*Schweine*) piara *f;* (*wilde Tiere*) manada *f;* **Herdentier** *nt* ❶ (*Tier*) animal *m* gregario ❷ (*abw: Person*) persona *f* gregaria

Herdplatte *f* placa *f* (eléctrica)

herein [hɛˈraɪn] *adv* adentro, hacia dentro; **~!** ¡adelante!; **herein|bekommen*** *irr vt* (*fam: Ware, Sender*) recibir; **herein|bitten** *irr vt* hacer pasar; **herein|brechen** *irr vi sein* ❶ (*Wassermassen*) irrumpir ❷ (*geh: Unglück*) sobrevenir; (*Nacht*) caer (*über* sobre); **herein|bringen** *irr vt* ❶ (*nach drinnen bringen*) entrar, llevar adentro ❷ (*fam: Unkosten, Verluste*) eliminar; **herein|dürfen** *irr vi* (*fam*) poder entrar (*in* en); **herein|fallen** *irr vi sein* ❶ (*in Loch*) caer (*in* en); (*Licht*) entrar (*in* en/a) ❷ (*fam: sich täuschen lassen*) dejarse engañar (*auf* por) ❸ (*fam: erfolglos sein*) llevarse un chasco (*mit* con); **herein|holen** *vt* entrar, meter; **jdn** ~ hacer entrar a alguien; **herein|kommen** *irr vi sein* entrar (*in* a/en); **bitte kommen Sie doch herein!** ¡entre, por favor!; **herein|lassen** *irr* *vt* dejar entrar; **herein|legen** *vt* ❶ (*nach drinnen legen*) poner adentro ❷ (*fam: betrügen*) engañar, carnear *Chil;* **herein|platzen** *vi sein* (*fam*) entrar de sorpresa y sin previo aviso (*in* en), irrumpir (*in* en); **herein|spazieren*** *vi sein* (*fam*) ir entrando (*in* en)

her|fahren *irr* **I.** *vi sein* ❶ (*gefahren kommen*) venir (en un vehículo), llegar (en un vehículo) ❷ (*entlangfahren*): **hinter jdm/ etw** *dat* ~ seguir (en un vehículo) detrás de alguien/algo, perseguir (en un vehículo) a alguien/algo; **vor jdm/etw** *dat* ~ conducir delante de alguien/de algo **II.** *vt haben:* **jdn/etw** ~ traer a alguien/algo (en un vehículo)

Herfahrt ['he:ɐ-] *f* <-en> venida *f;* **auf der** ~ a la venida

her|fallen *irr vi sein* (*a. fig: angreifen*) atacar (*über*); (*mit Fragen*) acosar a preguntas (*über*); **über etw** ~ caer sobre algo

her|finden *irr vi* encontrar el camino

Hergang ['he:ɐ-] *m* <-(e)s, -gänge> acontecimientos *mpl;* **den** ~ **schildern** contar lo que pasó

her|geben *irr* **I.** *vt* ❶ (*herausgeben*) dar, entregar; **gib her!** ¡dame! ❷ (*taugen*) valer **II.** *vr:* **sich** ~ prestarse (*für* a); **gib dich für so etwas nicht her!** ¡no te prestes a una cosa así!

hergebracht ['he:ɐgəbraxt] *adj* tradicional

her|gehen *irr vi sein* ❶ (*begleiten*): **neben/vor/hinter jdm** ~ ir al lado de/ delante de/detrás de alguien; **es ging hoch her** hubo mucho jaleo ❷ (*südd, Österr*) *s.* herkommen

her|haben *irr vt* (*fam*) haber sacado; **her|halten** *irr* **I.** *vt* acercar **II.** *vi* servir (*als* de); **er muss immer** ~ siempre tiene que pagar el pato; **her|holen** *vt* ir a buscar, ir (por); **der Vergleich ist weit hergeholt** el ejemplo es muy rebuscado; **her|hören** *vi* escuchar

Hering ['he:rɪŋ] *m* <-s, -e> ❶ (*Fisch*) arenque *m* ❷ (*Zeltpflock*) estaquilla *f*

herinnen [hɛ'rɪnən] *adv* (*südd, Österr: drinnen, innen*) aquí adentro

her|kommen *irr vi sein* ❶ (*hierher kommen*) venir; (*sich nähern*) acercarse ❷ (*stammen*) ser (*aus* de); **wo kommen Sie her?** ¿de dónde es Ud.? ❸ (*herrühren*) venir (*von* de)

herkömmlich ['he:ɐkœmlɪç] *adj* tradicional; (*konventionell*) convencional

Herkunft ['he:ɐkʊnft] *f ohne pl* origen *m;* **arabischer** ~ de origen árabe; **Herkunftsland** *nt* país *m* de origen

her|laufen *irr vi sein* ❶ (*entlanglaufen*) pasar, recorrer ❷ (*gelaufen kommen*) venir corriendo (*zu* a/hacia) ❸ (*begleiten*): **hinter/neben/vor jdm** ~ correr detrás de/al lado de/delante de alguien; **her|leiten** **I.** *vt* (*ableiten*) derivar (*aus* de) **II.** *vr:* **sich** ~ (*herrühren*) derivar (*aus* de); **her|machen** **I.** *vi* importar; **das macht**

viel her esto causa buena impresión **II.** *vr:* **sich** ~ (*fam*) emprender (*über*); **sich über die Arbeit** ~ poner manos a la obra; **sich über das Essen** ~ abalanzarse sobre la comida

Hermelin [hɛrmə'li:n] *m* <-s, -e> (ZOOL) armiño *m*

hermetisch [hɛr'me:tɪʃ] *adj* hermético

her|nehmen *irr vt* tomar, sacar

Heroin [hero'i:n] *nt* <-s, *ohne pl*> heroína *f*

heroisch [he'ro:ɪʃ] *adj* (*geh*) heroico

Herold ['he:rɔlt] *m* <-(e)s, -e> (*a.* HIST) heraldo *m*

Herpes ['hɛrpɛs] *m* <-, *ohne pl*> (MED) herpe(s) *m* (*inv*)

Herr[1] *m* <-(e)n, -en> ❶ (*Mann*) señor *m;* (*beim Tanz*) caballero *m;* **den großen** ~**en markieren** darse aires de gran señor; „**Herren**" "caballeros" ❷ (*Anrede*) señor *m;* ~ **Meier** el señor Meier; **der** ~ **wünschen?** ¿qué desea el señor?; ~ **Ober!** ¡camarero! ❸ (REL) Señor *m*

Herr|in[2] [hɛr] *m(f)* <-(e)n, -en; -nen> (*Gebieter*) amo, -a *m, f;* (*Arbeitgeber*) patrón, -ona *m, f;* **im Hause sein** llevar la batuta en casa; **er war nicht** ~ **der Lage** no era dueño de la situación; ~ **seiner Sinne sein** ser dueño de sí mismo; **sein eigener** ~ **sein** ser su propio amo; **aus aller** ~**en Länder** de todos los países

Herrenausstatter *m* <-s, -> tienda *f* de ropa de caballero; **Herrenbegleitung** *f* compañía *f* masculina; **in** ~ en compañía masculina; **Herrenbekanntschaft** *f:* **eine** ~ **machen** (*fam*) conocer a un hombre; **Herrenbekleidung** *f* ropa *f* de caballero; **Herrenbesuch** *m* ❶ (*Besucher*) visitante *m* (masculino) ❷ (*Besuch*) visita *f* (masculina); **Herrenfahrrad** *nt* bicicleta *f* de señor; **Herrenfriseur(in)** *m(f)* peluquero, -a *m, f* para caballeros; **Herrenhaus** *nt* casa *f* señorial; **herrenlos** *adj* sin dueño, realengo *Am;* **Herrenmode** *f* moda *f* masculina; **Herrentoilette** *f* servicio *m* de caballeros

Herrgott ['-'-] *m* <-(e)s> Señor *m,* Dios Nuestro Señor *m;* ~ **noch mal!** (*fam*) ¡Dios mío!; **Herrgottsfrühe** *f:* **in aller** ~ (*fam*) de madrugada

her|richten *vt* ❶ (*vorbereiten*) preparar ❷ (*reparieren*) arreglar

Herrin ['hɛrɪn] *f* <-nen> *s.* **Herr**[2]

herrisch *adj* imperioso

herrje(h) *interj* por Dios

herrlich *adj* espléndido; (*wunderbar*) maravilloso; (*ausgezeichnet*) excelente

Herrlichkeit *f* <-en> esplendor *m;* (*Pracht*) suntuosidad *f;* (*Großartigkeit*)

magnificencia f

Herrschaft f ohne pl ❶ (Macht) dominio m (über sobre); (Befehlsgewalt) poder m (über sobre); (Regierung) gobierno m ❷ (Kontrolle) control m (über de)

Herrschaften fpl señores mpl; **die ~ wollen zahlen?** ¿los señores desean la cuenta?

herrschaftlich adj señorial

herrschen ['hɛrʃən] vi ❶ (Macht haben) dominar; (regieren) gobernar; (König) reinar (über en/sobre) ❷ (bestehen) existir; (Freude, Angst, Chaos) reinar; (Not, Nebel, Verkehr) haber; (Meinung) predominar; **im Zimmer herrschte bedrückende Stille** en la habitación reinaba un silencio opresivo

herrschend adj reinante; (Meinung) dominante

Herrscher(in) m(f) <-s, -; -nen> soberano, -a m, f; **Herrscherhaus** nt (POL, HIST) dinastía f

Herrscherin f <-nen> s. Herrscher

Herrschsucht f ohne pl despotismo m; **herrschsüchtig** adj despótico

her|rufen irr vt ❶ (herbeirufen) llamar (para que venga) ❷ (nachrufen): **etw hinter jdm ~** gritar algo detrás de alguien

her|rühren vi resultar (von de)

her|schicken vt ❶ (zu jdm schicken) mandar (a alguien que vaya) (zu a) ❷ (nachschicken): **jdn hinter jdm/etw** dat **~** mandar a alguien que vaya a por alguien/algo; **her|schieben** irr vt arrimar empujando; **etw vor sich** dat **~** dejar algo para otro día

her|stammen vi ser (aus de), ser oriundo [o natural] (aus de)

her|stellen vt ❶ (erzeugen) producir; (in Fabrik) fabricar ❷ (schaffen) crear; (Verbindung) establecer ❸ (an einen Ort) poner

Hersteller(in) m(f) <-s, -; -nen> productor(a) m(f); (in Fabrik) fabricante mf; (in Verlag) encargado, -a m, f de la producción de libros

Herstellung f ohne pl producción f; (in Fabrik) fabricación f; **Herstellungsland** nt país m productor

her|trauen vr: **sich ~** atreverse a ir (zu hacia), atreverse a venir (zu hacia/a casa de)

Hertz [hɛrts] nt <-, -> (PHYS) hertz m

herüben [hɛ'ry:bən] adv (südd, Österr: auf dieser Seite) aquí

herüber [hɛ'ry:bɐ] adv hacia aquí, hacia acá

herum [hɛ'rʊm] adv ❶ (rings) alrededor, en los alrededores; **um ... ~** alrededor de...; **die Gegend um Berlin ~** los alrededores

de Berlín; **hier ~** por aquí; **links/rechts ~** por la izquierda/derecha ❷ (fam: ziellos) por ahí ❸ (fam): **um ... ~** (ungefähr) alrededor de...; (Menge, Alter) aproximadamente; (Uhrzeit) sobre; **herum|albern** vi hacer el bobo, tontear; **herum|ärgern** vr: **sich ~** (fam) enfadarse (mit con); (sich anstrengen) fastidiarse (mit con); **herum|bekommen*** irr vt (fam: überreden) convencer, hacer cambiar de opinión; **herum|brüllen** vi (fam) dar gritos, vociferar; **herum|bummeln** vi (fam) ❶ sein (spazieren) callejear ❷ (faulenzen) gandulear; **herum|doktern** vi (fam) ❶ (zu kurieren versuchen): **an jdm ~** tratar de curar a alguien ❷ (zu reparieren versuchen): **an etw** dat **~** tratar (infructuosamente) de reparar [o arreglar] algo; **herum|drehen** I. vt (wenden) dar vuelta(s) (a); (Kopf) volver; **jdm das Wort im Mund ~** dar la vuelta a las palabras de alguien; **den Schlüssel zweimal ~** dar dos vueltas a la llave II. vr: **sich ~** darse la vuelta; **herum|drucksen** vi (fam) andarse con rodeos; **herum|erzählen*** vt (fam) ir contando; **herum|fahren** irr I. vi sein ❶ (umfahren) dar la vuelta (um a); (um eine Ecke) doblar ❷ (fam: ziellos) dar una vuelta ❸ (sich umdrehen) volverse (de repente) II. vt (fam: umherfahren) pasear (en coche) (in por); **herum|fuchteln** vi (fam) gesticular; **mit etw** dat **~** no parar quieto con algo; **mit den Armen ~** bracear; **herum|führen** I. vi (Straße, Mauer) rodear (um) II. vt: **jdn ~** (als Führer) hacer de guía para alguien; **jdn an der Nase ~** (fam) tomar el pelo a alguien; **herum|fuhrwerken** vi (fam): **mit etw** dat **~** manejar algo, manipular algo; **herum|fummeln** vi (fam: anfassen): **an etw** dat/**jdm ~** sobar algo/a alguien; **herum|geben** irr vt pasar, hacer circular; **herum|gehen** irr vi sein ❶ (herumspazieren) dar una vuelta (um por); (fam: ziellos) pasearse; **das geht mir schon lange im Kopf herum** hace tiempo que esto me da vueltas en la cabeza ❷ (fam: Zeit) pasar ❸ (fam: Gerücht) circular; **herum|geistern** [-'gaɪstən] vi sein (fam) andar pululando; **herum|hacken** vi (fam): **auf jdm ~** meterse con alguien, criticar constantemente a alguien; **herum|hängen** irr vi (fam) estar colgado; **in der Gegend ~** estar tirado por ahí; **herum|irren** vi sein errar, vagar; **herum|kommandieren*** vt (fam) mandonear

herum|kommen irr vi sein (fam) ❶ (reisen) viajar; **sie ist viel in der Welt**

herumgekommen ha corrido mucho mundo ② (*vermeiden können*) poder evitar (*um*); **darum ~ etw zu tun** poder evitar hacer algo ③ (*umgehen*): **um die Ecke ~** doblar la esquina

herum|krebsen *vi* (*fam*) ir tirando (más mal que bien); **herum|kriegen** *vt* (*fam*) ① (*Zeit*) pasar ② (*überreden*): **jdn ~** convencer a alguien ③ (*verführen*) ligarse; **sie hat ihn gleich herumgekriegt** se lo ha ligado enseguida; **herum|kutschieren*** *vt* (*fam*) dar una vuelta (*in* por), llevar en coche (*in* por); **herum|laufen** *irr vi sein* ① (*fam: ziellos*) correr de un lado para otro; (*spazieren gehen*) dar una vuelta (por); **so kannst du doch nicht ~!** (*fam*) ¡así no puedes andar por ahí! ② (*um etw*) correr (*um* alrededor de); **herum|liegen** *irr vi* (*fam*) ① (*Sache*) estar tirado ② (*Person*) estar tumbado; **herum|lungern** [-'-luŋən] *vi* (*fam*) haraganear; **herum|machen** I. *vi* (*fam*) ① (*herumtasten*): **an etw** *dat* **~** toquetear algo ② (*herumnörgeln*): **an jdm/etw** *dat* **~** meterse con alguien/algo II. *vt* (*fam*): **etw um etw ~** poner algo alrededor de algo; **herum|meckern** *vi* (*fam*) quejarse por todo, poner reparos a todo; **herum|nörgeln** *vi* (*fam*) meterse (*an* con), poner reparos (*an* a); **herum|quälen** *vr*: **sich ~** (*fam*) ① (*sich qualvoll befassen*): **sich mit jdm/etw** *dat* **~** tener que aguantar a alguien/romperse los cascos [o la cabeza] con algo ② (*qualvoll leiden*) atormentarse (*mit* con); **herum|reden** *vi* (*fam*) ① (*belangloses Zeug reden*) decir simplezas [o necedades] ② (*ausweichend reden*): **um etw ~** hablar con rodeos de algo; **herum|reichen** *vt* hacer circular; (*Speisen*) ofrecer; **herum|reiten** *irr vi sein* (*fam*) ① (*ziellos*) pasear a caballo ② (*auf etw bestehen*) emperrarse (*auf* en); **herum|schlagen** *irr vr* (*fam*): **sich mit jdm/etw** *dat* **~** luchar con alguien/algo; **herum|schnüffeln** *vi* (*fam abw*) husmear, hurguetear *Am;* **im Haus ~** husmear por la casa; **herum|schreien** *irr vi* (*fam*) pegar gritos

herum|sitzen *irr vi* ① (*fam: untätig dasitzen*) estar (sentado) sin hacer nada ② (*im Kreis sitzen*): **um jdn/etw ~** estar sentado alrededor de alguien/algo; **herum|spielen** *vi*: **mit etw** *dat* **~** andar jugueteando con algo; **herum|sprechen** *vr*: **sich ~** (*Nachricht*) divulgarse; **herum|stehen** *irr vi* (*fam*) estar por ahí (*um* alrededor de); **um jdn ~** rodear a alguien; **herum|suchen** *vi* (*fam*) rebuscar; **ich habe schon**

überall herumgesucht ya he rebuscado por todas partes; **herum|toben** *vi* (*fam*) ① *sein o haben* (*ausgelassen spielen*) retozar; (*lauter*) alborotar ② *haben* (*schimpfen*) hacer ruido y bramar; **herum|treiben** *irr vr*: **sich ~** (*fam abw*) vagabundear; (*auf der Straße*) callejear; **wo hast du dich wieder herumgetrieben?** ¿por dónde te has metido?

Herumtreiber(in) *m(f)* <-s, -; -nen> (*fam*) vagabundo, -a *m, f,* merodeador(a) *m(f)*

herum|werfen *irr vt* ① (*Dinge*) desparramar ② (*Kopf*) volver; **das Ruder/Steuer ~** dar un golpe de timón/de volante; **herum|ziehen** *irr vi sein* (*fam: ziellos*) vagar, vagabundear; **in der Welt ~** vagar por el mundo

herunten [hɛ'rʊntən] *adv* (*südd, Österr:* *hier unten*) aquí abajo

herunter [hɛ'rʊntə] *adv* (hacia) abajo; **den Berg ~** monte abajo; **herunter|bringen** *irr vt* ① (*Gegenstand*) bajar ② (*fam: ruinieren*) arruinar; **herunter|fallen** *irr vi sein* caerse; **herunter|gehen** *irr vi sein* (*a. Preis, Temperatur*) bajar

heruntergekommen *adj* (*fam*) venido a menos

herunter|handeln *vt* (*fam*) regatear; **herunter|hängen** *irr vi* (*Lampe, Haare*) colgar; **herunter|hauen** <haut herunter, haute *o* hieb herunter, heruntergehauen> *vi* (*fam*): **jdm eine ~** soltar a alguien un sopapo; **herunter|klappen** *vt* plegar hacia abajo; **herunter|kommen** *irr vi sein* ① (*nach unten kommen*) bajar ② (*fam: verwahrlosen*) venir a menos; (*Person*) hundirse; (*Gesundheit*) deteriorarse; **herunter|laden** *irr vt* (INFOR) descargar, bajar; **herunter|machen** *vt* (*fam: kritisieren*) criticar; (*schlecht machen*) difamar; **jdn ~** dejar a alguien como un trapo; **herunter|purzeln** *vi sein* (*fam*) caer (de lo alto); **herunter|reißen** *irr vt* arrancar; **herunter|schlucken** *vt* (*fam*) ① (*Bissen*) tragar ② (*Wut*) tragarse; **herunter|spielen** *vt* (*Problem*) relativizar; **herunter|springen** *irr vi sein* saltar (*von* de); (*aus großer Höhe*) tirarse (*von* de); **herunter|werfen** *irr vt* tirar abajo; **herunter|wirtschaften** *vt* (*fam abw: Firma, Staat*) arruinar (económicamente)

hervor [hɛɐ'fo:ɐ] *adv* (*geh*) hacia delante; (*heraus*) fuera; **hervor|bringen** *irr vt* ① (*erzeugen*) producir ② (*Wort*) decir; (*Melodie*) tocar; **hervor|gehen** *irr vi sein* (*geh: sich ergeben*) deducirse (*aus* de); **sie ging als Siegerin aus dem Wettkampf**

hervor resultó vencedora en el campeonato; **hervor|gucken** *vi* (*fam*) (sobre)salir; **das Hemd guckt aus der Hose hervor** la camisa sobresale del pantalón; **das Kind guckt hinter seiner Mutter hervor** el niño se asoma por detrás de su madre; **hervor|heben** *irr vt* poner de relieve; **hervor|holen** *vt* sacar (*aus* de); **hervor|kommen** *irr vi sein* salir; **unter dem Tisch ~** salir de debajo de la mesa; **hervor|locken** *vt* hacer salir; **hervor|ragen** *vi* ❶ (*räumlich*) sobresalir ❷ (*Person*) distinguirse (*durch* por)

hervorragend *adj* ❶ (*räumlich*) saliente ❷ (*ausgezeichnet*) excelente

hervor|rufen *irr vt* (*bewirken*) provocar; (*Bewunderung*) causar; (*Protest*) promover; **hervor|treten** *irr vi sein* (*heraustreten*) salir (*hinter* de detrás de) ❷ (*Kontraste*) destacarse; (*Umrisse*) dibujarse; (*Ader*) marcarse; **~de Augen** ojos saltones; **hervor|tun** *irr vr:* **sich ~** ❶ (*durch Leistung*) distinguirse ❷ (*angeben*) darse importancia (*mit* con); **hervor|wagen** *vr:* **sich ~** atreverse a salir

her|wagen *vr:* **sich ~** atreverse a venir aquí

Herz¹ [hɛrts] *nt* <-ens, -en> ❶ (*Organ*) corazón *m*; (*Seele*) alma *f*; **im Grunde seines ~ens** en el fondo de su corazón; **von ~en gern** con mil amores; **mir blutet das ~** (*fig*) se me parte el corazón; **ich tue es leichten ~ens** lo haré con mucho gusto; **schweren ~ens** sintiéndolo en el alma; **das ~ schlägt ihm bis zum Halse** tiene el corazón en un puño; **ein ~ und eine Seele sein** (*fig*) ser uña y carne; **ein gutes/goldenes ~ haben** tener un gran corazón/un corazón de oro; **sich *dat* etw zu ~en nehmen** (*fam*) tomarse algo a pecho; **etw nicht über's ~ bringen** no ser capaz de algo; **etw auf dem ~en haben** estar afligido por algo; **etw auf ~ und Nieren prüfen** (*fam*) examinar algo detenidamente; **jdm sein ~ ausschütten** (*fig*) abrir el corazón a alguien; **jdm das ~ brechen** (*geh*) partir el corazón a alguien; **aus ganzem ~en** de todo corazón; **mir ist ein Stein vom ~en gefallen** (*fig*) se me quitó un peso de encima; **ihr wurde warm ums ~** se emocionó; **mir fällt das ~ in die Hose** (*fam fig*) se me cae el alma a los pies; **sich *dat* ein ~ fassen** hacer de tripas corazón; **jdm etw ans ~ legen** entregar algo al cuidado personal de alguien; **jdm am ~en liegen** ser muy importante para alguien; **jdn ins ~ schließen** cogerle cariño a alguien ❷ (*Kern*) corazón *m*; (*Zentrum*) centro *m*; (*Inneres*) núcleo *m*; **sie stießen**

zum ~en des Kontinents vor avanzaron hasta el corazón del continente ❸ (*~ form*) forma *f* de corazón

Herz² *nt* <-ens, -> (*Kartenspiel*) ≈ copas *fpl*; **~ ist Trumpf** pinta en copas

Herzanfall *m* (MED) ataque *m* cardíaco; **Herzbeschwerden** *fpl* (MED) trastornos *mpl* cardíacos; **herzbewegend** *adj* conmovedor

her|zeigen *vt* (*fam*) dejar ver, mostrar

herzen ['hɛrtsən] *vt* (*geh*) acariciar, mimar

Herzensangelegenheit *f* ❶ (*wichtiges Anliegen*) cuestión *f* importante ❷ (*Liebesangelegenheit*) asunto *m* del corazón; **Herzensbedürfnis** *nt:* **jdm ein ~ sein** ser un asunto de gran importancia para alguien; **Herzensbrecher(in)** *m(f)* <-s, -; -nen> rompecorazones *mf inv;* **herzensgut** ['--'-] *adj* (*fam*) muy bondadoso; **Herzenslust** *f ohne pl:* **nach ~ a placer;** **Herzenswunsch** *m* sueño *m* dorado

herzergreifend *adj* conmovedor; **herzerweichend** *adj* conmovedor

Herzfehler *m* (MED) lesión *f* cardíaca

herzhaft *adj* (*a.* GASTR: *kräftig*) fuerte; (*deftig*) sabroso; **~ lachen** reírse con ganas

her|ziehen *irr* **I.** *vi sein* ❶ (*umziehen*) venirse a vivir aquí ❷ **hinter/vor/neben jdm/etw** *dat* ~ ir detrás de/delante de/al lado de alguien/algo ❸ (*fam: reden über*): **über jdn ~** hablar mal de alguien **II.** *vt* (*fam: heranziehen*) acercar (*zu* a); **etw hinter sich** *dat* ~ arrastrar algo detrás de sí

herzig ['hɛrtsɪç] *adj* mono

Herzinfarkt *m* (MED) infarto *m* de miocardio; **Herzkammer** *f* (ANAT) ventrículo *m* (del corazón)

Herzklappe *f* (ANAT) válvula *f* del corazón; **Herzklappenfehler** *m* (MED) lesión *f* valvular

Herzklopfen *nt* latido *m* del corazón, palpitaciones *fpl;* **~ haben** sentir palpitaciones; **herzkrank** *adj* enfermo del corazón; **Herz-Kreislauf-Erkrankung** *f* (MED) trastorno *m* cardiovascular; **Herzleiden** *nt* (MED) enfermedad *f* cardíaca

herzlich I. *adj* (*liebevoll*) cariñoso; (*Gruß*) cordial; **~en Dank** muchísimas gracias **II.** *adv* de todo corazón; **~ willkommen!** ¡bienvenido!; **~ gern!** ¡con mucho gusto!

Herzlichkeit *f ohne pl* cordialidad *f*

herzlos *adj* sin corazón; (*grausam*) cruel

Herzlosigkeit *f ohne pl* insensibilidad *f;* (*Grausamkeit*) crueldad *f*

Herzmuskel *m* (ANAT) miocardio *m*

Herzog(in) ['hɛrtso:k] *m(f)* <-s, -zöge; -nen> duque(sa) *m(f)*

Herzogtum *nt* <-s, -tümer> ducado *m*
Herzschlag *m* ❶ (*einzelner Schlag*) latido *m* cardíaco; ❷ (*Herzstillstand*) ataque *m* cardíaco; **Herzschrittmacher** *m* (MED) marcapasos *m inv*; **Herzstillstand** *m* (MED) paro *m* cardíaco; **Herzstück** *nt* parte *f* central, corazón *m*; **Herztod** *m* (MED) muerte *f* cardíaca; **Herzton** *m* (MED) sonido *m* cardíaco; **Herztransplantation** *f* (MED) tra(n)splante *m* de corazón; **Herzversagen** *nt* (MED) fallo *m* cardíaco
herzzerreißend I. *adj* desgarrador II. *adv* que le parte a uno el corazón
Hesse, -in ['hɛsə] *m, f* <-n, -n; -nen> habitante *mf* de Hesse
Hessen *nt* <-s> Hesse *f*
Hessin *f* <-nen> *s.* **Hesse**
hessisch *adj* de Hesse
heterogen [hetero'geːn] *adj* heterogéneo
Heterosexualität *f* heterosexualidad *f*
heterosexuell [heterozɛksu'ɛl, heterosɛksu'ɛl] *adj* heterosexual
Hetze ['hɛtsə] *f ohne pl* ❶ (*Eile*) prisa *f* ❷ (*abw: Hetzkampagne*) campaña *f* de difamación
hetzen ['hɛtsən] I. *vi* ❶ *sein* (*sich beeilen*) darse prisa ❷ (*abw: aufwiegeln*) agitar los ánimos (*gegen* contra) II. *vt* ❶ (*jagen*) acosar ❷ (*antreiben*) meter prisa III. *vr: sich* ~ darse prisa
Hetzerei[1] *f* <-en> (*fam abw: Hetzreden*) instigación *f*, difamación *f*
Hetzerei[2] *f ohne pl* (*Eile*) prisas *fpl*
hetzerisch *adj* difamador
Hetzjagd *f* ❶ (*Verfolgung*) persecución *f* ❷ (*Jagd*) caza *f* de acoso ❸ (*große Eile*) prisas *fpl*; **Hetzkampagne** *f* campaña *f* difamatoria
Heu [hɔɪ] *nt* <-(e)s, *ohne pl*> (AGR) heno *m*; **Heuboden** *m* (AGR) henil *m*
Heuchelei [hɔɪçə'laɪ] *f* <-en> (*abw*) hipocresía *f*, fallutería *Arg, Urug: fam;* (*Scheinheiligkeit*) mojigatería *f*
heucheln ['hɔɪçəln] *vi, vt* fingir
Heuchler(in) ['hɔɪçlɐ] *m(f)* <-s, -; -nen> hipócrita *mf;* (*Scheinheiliger*) mojigato, -a *m, f*
heuchlerisch *adj* hipócrita
heuer ['hɔɪɐ] *adv* (*Schweiz, Österr, südd*) este año
Heuhaufen *m* (AGR) montón *m* de heno
heulen ['hɔɪlən] *vi* ❶ (*fam: weinen*) llorar ❷ (*Tier, Motor, Sirene, Wind*) aullar
Heulsuse ['hɔɪlzuːzə] *f* <-n> (*fam abw*) llorona *f*
Heuschnupfen *m* alergia *f* al polen; **Heuschrecke** ['hɔɪʃrɛkə] *f* <-n> saltamontes *m inv*

heute ['hɔɪtə] *adv* hoy; (*heutzutage*) hoy (en) día; ~ **Morgen/Abend** esta mañana/ noche; ~ **Nacht habe ich schlecht geträumt** anoche tuve pesadillas; ~ **Nacht soll es regnen** dicen que esta noche va a llover; **Schluss für** ~ basta por hoy; ~ **vor acht Tagen** hace ocho días; **von** ~ **auf morgen** de la noche a la mañana; **lieber** ~ **als morgen** mejor hoy que mañana
heutig ['hɔɪtɪç] *adj* de hoy; (*gegenwärtig*) actual; **unser** ~**es Schreiben** nuestra carta de hoy; **am** ~**en Tag** en el día de hoy; **am** ~**en Abend** esta noche; **in der** ~**en Zeit** en nuestros tiempos; **mit dem** ~**en Datum** con fecha de hoy
heutzutage ['hɔɪtsutaːgə] *adv* hoy (en) día
Hexe ['hɛksə] *f* <-n> bruja *f*
hexen ['hɛksən] *vi* hacer brujerías; **ich kann doch nicht** ~ (*fam*) no puedo hacer milagros
Hexenschuss *m* <-es, *ohne pl*> (*fam*) lumbago *m*
Hexenverbrennung *f* (HIST) quema *f* de brujas
Hexer *m* <-s, -> brujo *m*
Hexerei *f* <-en> brujería *f*, payé *m CSur*
Hg. *Abk. von* **Herausgeber(in)** (*von Buch*) editor(a) *m(f);* (*von Zeitung*) director(a) *m(f)*
Hickhack ['hɪkhak] *m o nt* <-s, -s> (*fam*) discusión *f* estéril
hieb [hiːp] *3. imp von* **hauen**
Hieb [hiːp] *m* <-(e)s, -e> ❶ (*Schlag*) golpe *m;* (*mit Peitsche*) latigazo *m;* (*mit Faust*) puñetazo *m* ❷ (*Wunde*) herida *f* ❸ *pl* (*fam: Prügel*) paliza *f* ❹ (*Bemerkung*) pulla *f*
hieb- und stichfest *adj* (*fig*) contundente
hielt [hiːlt] *3. imp von* **halten**
hier [hiːɐ] *adv* ❶ (*räumlich*) aquí; (*bei Aufruf*) ¡presente!; ~ **bin ich!** ¡aquí estoy!; ~ **entlang** por aquí; **das Haus** ~ esta casa; **in der Nähe** aquí cerca; ~ **und da** aquí y allá; **dieser** ~ éste de aquí; ~ **oben/ unten/hinten** aquí arriba/abajo/atrás; ~ **bleiben** quedarse aquí; **ich bin nicht von** ~ no soy de aquí ❷ (*zeitlich*) ahora; **von** ~ **an** desde ahora ❸ (*an diesem Punkt*) en este punto; ~ **muss ich dir Recht geben** en este punto te tengo que dar la razón
hieran ['hiːran, '-'-] *adv* ❶ (*räumlich*) aquí (mismo) ❷ (*an dieser Sache*) en esto, en ello; ~ **sieht man, dass ...** en esto se ve que...; ~ **werde ich mich noch lange erinnern** de esto me acordaré por mucho tiempo
Hierarchie [hierar'çiː] *f* <-n> jerarquía *f*
hierarchisch [hie'rarçɪʃ] *adj* jerárquico

hierauf ['hiːraʊf, '--] *adv* ❶ (*räumlich*) sobre esto ❷ (*sodann*) a continuación

hieraus ['hiːraʊs, '--] *adv* ❶ (*räumlich*) de aquí ❷ (*aus dieser Sache*) de esto, de ello

hierbei ['hiːbaɪ] *adv* ❶ (*währenddessen*) en esto, con esto ❷ (*in diesem Fall*) en este caso

hierdurch ['hiːdʊrç, '--] *adv* ❶ (*räumlich*) por aquí ❷ (*auf Grund*) por ello, a causa de esto

hierfür ['hiːfyːɐ, '--] *adv* ❶ (*zu diesem Zweck*) para esto ❷ (*als Gegenwert*) por ello, a cambio

hierher ['hiːɐheːɐ, '--] *adv* (hacia) aquí; (*örtlich*) para acá; ~! ¡aquí!; **bis ~ und nicht weiter!** ¡hasta aquí y ni un paso más!; **das gehört nicht ~** esto no entra aquí

hierherum ['hiːɐhɛrʊm, '--] *adv* por aquí

hierhin ['hiːɐhɪn, '--] *adv* aquí; **bis ~** hasta aquí

hierin ['hiːrɪn, '--] *adv* ❶ (*örtlich*) aquí dentro ❷ (*in dieser Beziehung*) en este punto

hiermit ['hiːɐmɪt, '--] *adv* con esto; (*im Brief*) por la presente

hierüber ['hiːryːbɐ, '---] *adv* ❶ (*örtlich*) encima de esto, (*Richtung*) por aquí ❷ (*ein Thema betreffend*) sobre esto

hierunter ['hiːrʊntɐ, '---] *adv* ❶ (*örtlich*) debajo de esto ❷ (*wegen*) a causa de esto ❸ (*in dieser Gruppe*) entre estas cosas ❹ (*Wend*): ~ **versteht man ...** esto quiere decir...

hiervon ['hiːɐfɔn, '--] *adv* de esto

hierzu ['hiːɐtsuː, '--] *adv* ❶ (*für diesen Zweck*) para ello ❷ (*betreffend*) con respecto a esto; ~ **möchte ich sagen, dass ...** con respecto a esto quisiera decir que... ❸ (*zugehörig*) a esto, a ello

hierzulande ['hiːɐtsu(')landə] *adv* en este país, aquí

hiesig ['hiːzɪç] *adj* de aquí

hieß [hiːs] *3. imp von* **heißen**

Hi-Fi-Anlage *f* equipo *m* de alta fidelidad

high [haɪ] *adj inv* (*berauscht*) colocado; (*mit Drogen*) moco; **Highsociety** *f ohne pl*, **High Society** *f ohne pl* alta sociedad *f*; **Hightech** *nt o f* <-(s), *ohne pl*>, **High-Tech** *nt o f* <-(s), *ohne pl*> alta tecnología *f*

hihi [hi'hiː, 'hi'hiː] *interj* je, je

Hilfe ['hɪlfə] *f* <-n> ayuda *f*; (~*leistung*) socorro *m*, auxilio *m*; (INFOR) ayuda *f*; ~! ¡socorro!; **erste ~** primeros auxilios; **jdn um ~ bitten** pedir ayuda a alguien; ~ **leisten** prestar ayuda; **jdm zu ~ kommen** acudir en auxilio de alguien; **etw zu ~ nehmen** ayudarse con algo; **um ~ rufen** pedir socorro; **du warst mir eine/keine große ~** fuiste/no fuiste una gran ayuda; **mit ~ von** con ayuda de; **Hilfeleistung** *f* prestación *f* de auxilio; **Hilfemenü** *nt* (INFOR) menú *m* de ayuda; **Hilferuf** *m* grito *m* de socorro; **Hilfeschrei** *m* grito *m* de socorro [o de auxilio]; **Hilfestellung** *f* (SPORT) ayuda *f*; (*Anleitung, Unterstützung*) apoyo *m*

hilflos *adj* (*allein*) desamparado; (*ratlos*) desorientado; (*unbeholfen*) torpe

Hilflosigkeit *f ohne pl* desamparo *m*; (*Ratlosigkeit*) desorientación *f*

hilfreich *adj* (*geh*) ❶ (*hilfsbereit*) servicial ❷ (*nützlich*) útil; **er/es war uns sehr ~** nos sirvió de mucha ayuda

Hilfsaktion *f* acción *f* de socorro; **Hilfsarbeiter(in)** *m(f)* trabajador(a) *m(f)* auxiliar; **hilfsbedürftig** *adj* necesitado; **hilfsbereit** *adj* servicial, dispuesto a ayudar, comedido *Am*; **Hilfsbereitschaft** *f ohne pl* solicitud *f*, comedimiento *m Am*; **Hilfskraft** *f* ayudante *mf*; (*Aushilfskraft*) auxiliar *mf*; **studentische ~** ayudante estudiantil; **Hilfsmittel** *nt* recurso *m*; **Hilfsprogramm** *nt* programa *m* de ayuda; **Hilfsverb** *nt* (LING) verbo *m* auxiliar; **Hilfswerk** *nt* institución *f* benéfica

hilft [hɪlft] *3. präs von* **helfen**

Himbeere ['hɪmbeːrə] *f* <-n> frambuesa *f*; **Himbeergeist** ['hɪmbeːe-] *m* <-(e)s, *ohne pl*> aguardiente *m* de frambuesa; **Himbeersaft** *m* zumo *m* de frambuesa

Himmel ['hɪməl] *m* <-s, -> ❶ (METEO, ASTR, REL) cielo *m*; **am ~** en el cielo; **im ~** en la gloria; **der Opa ist im ~** (*Kindersprache*) el abuelito está en el cielo; **in den ~ kommen** ir al cielo; ~ **und Hölle** (*Kinderspiel*) ≈rayuela *f*; ~ **und Hölle in Bewegung setzen** (*fam*) remover el cielo y la tierra; **aus heiterem ~** (*plötzlich*) de golpe y porrazo; (*unerwartet*) inesperadamente; **unter freiem ~** a cielo raso; **im siebten ~ sein** (*fam*) estar en el séptimo cielo; **dieses Unrecht schreit zum ~** esa injusticia clama al cielo; **um ~s willen!** ¡cielo santo!; **dem ~ sei Dank!** ¡gracias a Dios!; ~, **Arsch und Zwirn!** (*vulg*) ¡me cago en diez! ❷ (*beim Bett, Thron*) dosel *m*; **himmelangst** *adj* jdm ist ~ alguien está muerto de miedo; **jdm wird ~** a alguien le entra un miedo de muerte; **Himmelbett** *nt* cama *f* con dosel; **himmelblau** ['--] *adj* azul cielo; **Himmelfahrt** *f ohne pl* (REL): **Christi ~** Ascensión *f* (de Nuestro Señor); **Mariä ~** (fiesta de la) Asunción; **Himmelreich** *nt ohne pl* (REL) reino *m* de los cielos; **himmelschreiend** *adj* que clama al cielo

Himmelskörper *m* (ASTR) cuerpo *m* celeste; **Himmelsrichtung** *f* punto *m* cardinal

himmelweit ['--'-] *adj* (*fam*) enorme, inmenso

himmlisch ['hɪmlɪʃ] *adj* celestial; (*göttlich*) divino; (*wunderbar*) maravilloso

hin [hɪn] **I.** *adv* ❶ (*in Richtung auf*) hacia allá; (*entlang*) a lo largo; **bis ...** ~ hasta...; **zum Haus** ~ hacia la casa; **nichts wie ~!** ¡en marcha!; ~ **und zurück** (*Fahrkarte*) ida y vuelta; ~ **und her** de un lado para otro; **die Schlafzimmer liegen zur Straße** ~ los dormitorios dan a la calle; **wo ist sie** ~? (*fam*) ¿adónde se ha ido? ❷ (*zeitlich*): **das ist noch lange** ~ aún falta mucho tiempo; **zum Frühjahr/Jahresende** ~ para la primavera/para fin de año; ~ **und wieder** de vez en cuando ❸ (*daraufhin*): **auf ...** ~ en relación a...; **auf die Gefahr** ~, **dass ...** a riesgo de que... +*subj* **II.** *adj* (*fam: kaputt*) roto; **sein guter Ruf ist** ~ su buena reputación está arruinada

Hin [hɪn] *nt:* ~ **und Her** ir y venir *m*; (*Hickhack*) tira y afloja *m;* **nach langem** ~ **und Her** después de darle muchas vueltas

hinab [hɪ'nap] *adv* (hacia) abajo; **den Berg** ~ monte abajo

hin|arbeiten *vi:* **auf etw** ~ aspirar a algo

hinauf [hɪ'naʊf] *adv* arriba; **da** ~! ¡por allí arriba!; **den Fluss** ~ río arriba; **hinauf|fahren** *irr* **I.** *vi sein* subir **II.** *vt* subir; **hinauf|führen** **I.** *vi* (*Weg*) subir **II.** *vt* llevar arriba; **hinauf|gehen** *irr vi sein* subir; **hinauf|steigen** *irr vi sein* subir

hinaus [hɪ'naʊs] *adv* fuera, afuera; ~ **mit dir!** ¡fuera conmigo!; **zur Tür** ~ a la puerta; **wo geht es** ~? ¿por dónde se sale?; **dort** ~ saliendo por allí; **auf Jahre** ~ durante años; **über das Ziel** ~ más allá de lo previsto; **über die Dreißig** ~ por encima de los treinta; **darüber** ~ aparte de esto; **hinaus|befördern*** *vt* llevar hacia fuera; (*hinauswerfen*) echar fuera; **hinaus|begleiten*** *vt* acompañar hacia fuera; **hinaus|bringen** *irr vt* ❶ (*Person*) acompañar afuera ❷ (*Gegenstand*) sacar afuera; **hinaus|dürfen** *irr vi* poder salir (*aus* de); **hinaus|ekeln** *vt* (*fam*): **jdn** ~ hacer la vida imposible a alguien (hasta que se va); **hinaus|finden** *irr vi* encontrar la salida (*aus* de); **hinaus|fliegen** *irr vi sein* ❶ (*Vogel*) salir volando (*aus* de) ❷ (*Person*) ser echado (*aus* de); **hinaus|gehen** *irr vi sein* ❶ (*aus Raum*) salir (*aus* de) ❷ (*Zimmer, Fenster*) dar (*auf* a) ❸ (*überschreiten*) sobrepasar (*über*); **hinaus|las-**

sen *irr vt* ❶ (*nach draußen lassen*) dejar salir (afuera) (*aus* de) ❷ (*hinausbegleiten*) acompañar afuera; **hinaus|laufen** *irr vi sein* ❶ (*nach draußen laufen*) salir (corriendo) (*aus* de) ❷ (*als Ergebnis haben*) terminar (*auf* en), acabar (*auf* en); **es läuft darauf hinaus, dass ...** esto terminará en que...; **hinaus|lehnen** *vr:* **sich** ~ asomarse (*aus* por); **hinaus|posaunen*** *vt* (*fam*) propagar a los cuatro vientos; **hinaus|schicken** *vt:* **jdn** ~ mandar salir a alguien; **hinaus|schieben** *irr vt* ❶ (*Termin*) aplazar, prorrogar ❷ (*Person, Gegenstand*) sacar empujando; **hinaus|schmeißen** *irr vt* (*fam*) echar (*aus* de); **hinaus|stürmen** *vi sein* salir corriendo; **hinaus|wachsen** *irr vi sein:* **über sich selbst** ~ superarse a sí mismo; **hinaus|werfen** *irr vt* ❶ (*Sache*) tirar (*zu/aus* por); **einen Blick** ~ echar un vistazo por la ventana; **Geld zum Fenster** ~ (*fam*) echar la casa por la ventana ❷ (*Person*) echar (*aus* de), fletar *Arg, Chil;* **hinaus|wollen** *irr vi* (*fam*) ❶ (*abzielen*) pretender (*auf*); **worauf willst du hinaus?** ¿qué es lo que pretendes?; **hoch** ~ tener grandes ambiciones ❷ (*nach draußen wollen*) querer salir (*aus* de); **hinaus|zögern** **I.** *vt* aplazar **II.** *vr:* **sich** ~ retrasarse, atrasarse

hin|bekommen* *irr vt s.* hinkriegen

hin|biegen *irr vt* (*fam*) amañar; **das biegen wir schon hin** ya nos las arreglaremos para conseguirlo

Hinblick *m:* **im** ~ **auf ...** (*in Bezug auf*) en cuanto a...; (*angesichts*) con vistas a...; **im** ~ **darauf, dass ...** considerando que...

hin|bringen *irr vt* llevar; (*a. Waren*) transportar

hin|denken *irr vi:* **wo denkst du hin!** ¡pero tú qué te crees!

hinderlich ['hɪndəlɪç] *adj* molesto; ~ **sein** ser un estorbo (*für* para)

hindern ['hɪndɐn] *vt* ❶ (*abhalten*) impedir; **ich will Sie nicht daran** ~ no quiero ponerle trabas ❷ (*behindern*) estorbar

Hindernis ['hɪndɐnɪs] *nt* <-ses, -se> (*a.* SPORT) obstáculo *m;* **ein** ~ **überwinden** salvar un obstáculo; **jdm** ~ **se in den Weg legen** poner trabas a alguien; **Hindernislauf** *m* (SPORT) carrera *f* de obstáculos

Hinderungsgrund *m* impedimento *m*

hin|deuten *vi* ❶ (*zeigen*) señalar (con el dedo) (*auf*) ❷ (*hinweisen*) indicar (*auf*); **nichts deutet darauf hin, dass ...** nada indica que... +*subj*

hin|drehen *vt* (*fam*) arreglar, montarse; **er dreht immer alles so hin, wie es ihm**

passt se lo monta [o se las arregla] siempre de la manera que le conviene

Hindu ['hɪndu] *m* <-(s), -(s)> hindú *mf*

Hinduismus [hɪndu'ɪsmʊs] *m* <-, ohne *pl*> hinduismo *m*

hinduistisch *adj* hinduista

hindurch [hɪn'dʊrç] *adv* ❶ (*räumlich*) por en medio, a través; **mitten ~** por el mismo medio ❷ (*zeitlich*) durante

hinein [hɪ'naɪn] *adv* (hacia) adentro; **da ~** (por) allí adentro; **er fiel mitten in die Pfütze ~** se cayó en medio del charco; **bis tief in die Nacht ~** hasta bien entrada la noche; **hinein|denken** *irr vr:* **sich in jdn** [o **jds Lage**] **~** ponerse en el lugar [o la situación] de alguien; **hinein|fressen** *irr* **I.** *vt* (*fam*): **etw in sich ~** devorar algo; (*Gefühle*) reprimir algo **II.** *vr:* **sich in etw ~** carcomer algo; **hinein|gehen** *irr vi sein* ❶ (*eintreten*) entrar (*in* en/a) ❷ (*hineinpassen*) caber (*in* en); **hinein|geraten*** *irr vi sein* ir a parar (*in* a); **hinein|lassen** *irr vt* dejar entrar (*in* a/en); **hinein|legen** *vt* ❶ (*nach innen legen*) meter (*in* en); (*aufbewahren*) guardar (*in* en) ❷ (*fam: betrügen*) engañar ❸ (*Gefühl*) poner; **hinein|passen** *vi* ❶ (*Platz haben*) caber (*in* en) ❷ (*passend sein*) encajar (*in* en) ❸ (*in Gruppe, Umgebung*) armonizar (*in* con); **hinein|pfuschen** *vi* (*fam*) meterse, entrometerse (*in* en); **hinein|reden** *vi* ❶ (*unterbrechen*) interrumpir ❷ (*abw: sich einmischen*) meterse (en asuntos de otros); **hinein|schlingen** *irr vt* (*Essen*) engullir, devorar; **hinein|spazieren*** *vi sein* entrar (*in* en); **hinein|stecken** *vt* (*fam*) ❶ (*hineinlegen, -stellen*) meter (*in* en) ❷ (*investieren*) invertir (*in* en); **hinein|steigern** *vr:* **sich ~** (*in Kummer, Wut*) dejarse llevar (*in* por); (*in Vorstellung*) obsesionarse (*in* con); (*in Streit, Problem*) enfrascarse (*in* en); **er hat sich in den Gedanken so hineingesteigert, dass ...** se obsesionó tanto con la idea que...; **hinein|versetzen*** *vr:* **sich in jdn ~** ponerse en el lugar de alguien; **versetz dich doch mal in meine Lage hinein!** ¡pero intenta ponerte en mi lugar!; **hinein|wachsen** *irr vi sein* acostumbrarse (*in* a), familiarizarse (*in* con)

hin|fahren *irr* **I.** *vi sein* ir (en coche) **II.** *vt* llevar, conducir

Hinfahrt *f* <-en> (viaje *m* de) ida *f;* **Hin- und Rückfahrt** (viaje *m* de) ida y vuelta *f;* **auf der ~** a la ida

hin|fallen *irr vi sein* caerse; **er fiel der Länge nach hin** se cayó cuan largo era

hinfällig *adj* ❶ (*gebrechlich*) caduco;

(*schwach*) débil ❷ (*ungültig*) nulo

hin|finden *irr vi* saber llegar, encontrar (el camino)

Hinflug *m* <-(e)s, -flüge> vuelo *m* de ida

hin|führen *vi, vt* llevar, conducir; **wo soll das ~?** ¿adónde irá a parar esto?

hing [hɪŋ] *3. imp von* **hängen**

Hingabe *f ohne pl* ❶ (*Begeisterung*) entusiasmo *m* ❷ (*Selbstlosigkeit*) entrega *f*

hin|geben *irr* **I.** *vt* (*geh: opfern*) sacrificar **II.** *vr:* **sich ~** (*sich widmen*) entregarse; **sich falschen Hoffnungen ~** abrigar falsas esperanzas

Hingebung *f ohne pl* entrega *f;* **hingebungsvoll** *adj* (*selbstlos*) abnegado

hingegen [-'--] *adv* en cambio

hin|gehen *irr vi sein* ❶ (*an Ort*) ir (*zu* a); **wo geht es hier hin?** ¿adónde se va por aquí? ❷ (*Zeit*) pasar, transcurrir; **hin|gehören*** *vi* (*fam*) tener su sitio (*zu* en), pertenecer (*zu* a); **hin|geraten*** *irr vi sein* ir a parar; **wo bin ich denn hier ~?** (*fam: was geht hier vor?*) ¿pero qué demonios pasa aquí?

hingerissen ['hɪŋɡərɪsən] *adj* encantado; **er war ganz ~** estaba totalmente pasmado

hin|gucken *vi* (*fam*) mirar; **guck mal genau hin!** ¡míralo bien!

hin|halten *irr vt* ❶ (*Gegenstand*) ofrecer; (*Hand*) tender; **sie hielt mir die Hand hin** me tendió la mano ❷ (*warten lassen*) dar largas, hacer esperar

Hinhaltetaktik *f* táctica *f* dilatoria

hin|hauen <haut hin, haute hin, hingehauen> **I.** *vi* (*fam: klappen*) funcionar **II.** *vt* (*fam abw: Arbeit*) chapucear **III.** *vr:* **sich ~** (*fam: schlafen legen*) acostarse

hin|hören *vi* escuchar

hinken ['hɪŋkən] *vi* (*fam*) cojear; **er hinkt auf dem linken Fuß** cojea del pie izquierdo

hin|knien *vi, vr:* **sich ~** arrodillarse (*auf* en, *vor* ante); **hin|kommen** *irr vi sein* ❶ (*an Ort*) llegar, ir ❷ (*fam: stimmen*) ser correcto; **das kommt ungefähr hin** es más o menos así ❸ (*fam: auskommen*) alcanzar; **hin|kriegen** *vt* (*fam*) ❶ (*fertig bringen*) lograr; **das hast du toll hingekriegt!** ¡qué bien te ha salido! ❷ (*in Ordnung bringen*) arreglar

hinlänglich *adj* suficiente; **~ bekannt sein** ser suficientemente conocido

hin|lassen *irr vt* (*fam*) dejar ir; **hin|laufen** *irr vi sein* ❶ (*rennen*) correr, ir corriendo (hacia) ❷ (*reg: fam: zu Fuß gehen*) ir(se) andando, ir(se) a pie; **hin|legen** *vt* ❶ (*Dinge*) poner ❷ (*Kind*) acostar ❸ (*fam: darbieten*) ejecutar grandiosamente; **sie hat einen tollen Tanz hingelegt** ejecutó un baile fantástico II. *vr:* **sich ~ ①** (*auf Boden*) tumbarse (*auf* en) **②** (*ins Bett gehen*) acostarse **③** (*fam:* hinfallen) caerse; **hin|nehmen** *irr vt* (*Tatsache*) aceptar; (*erdulden*) aguantar; (*tolerieren*) tolerar

hinreichend ['hɪnraɪçənt] *adj* suficiente

Hinreise *f* <-n> (viaje *m* de) ida *f*

hin|reißen *irr vt:* **sich dazu ~ lassen etw zu tun** dejarse convencer a hacer algo

hinreißend *adj* fascinante; **~ schön** de una belleza fascinante

hin|rennen *irr vi sein* correr (*zu* hacia)

hin|richten *vt* ajusticiar, ejecutar

Hinrichtung *f* <-en> ejecución *f*

hin|schauen *vi* mirar (*zu* a); **wenn man genau hinschaut, sieht man den Fehler** si uno se fija bien se ve la falta; **hin|scheiden** *irr vi sein* (*geh*) fallecer; **hin|schicken** *vt* mandar (*zu* a); **hin|schmeißen** *irr vt* (*fam*) **①** (*hinwerfen*) arrojar al suelo **②** (*aufgeben*) abandonar; **hin|sehen** *irr vi* mirar (*zu* hacia); **bei genauerem H~** mirándolo de cerca; **hin|setzen** I. *vt* **①** (*abstellen*) poner, colocar **②** (*Kind*) sentar II. *vr:* **sich ~** sentarse; **setz dich gerade hin!** ¡siéntate derecho!

Hinsicht *f* <-en>: **in ~ auf ...** en cuanto a...; **in dieser ~** en relación a esto; **in jeder/gewisser ~** a todas luces/en cierto modo; **in finanzieller/beruflicher ~** con respecto al dinero/a la profesión

hinsichtlich *präp* +*gen* en cuanto a

hin|stellen I. *vt* **①** (*Gegenstand*) poner, colocar **②** (*bezeichnen*) calificar (*als* de) II. *vr:* **sich ~** ponerse; **stell dich gerade hin!** ¡ponte derecho!

hinten ['hɪntən] *adv* atrás, detrás; (*im hinteren Teil*) en la parte posterior; (*im Hintergrund*) al fondo; **ein Schlag von ~** un golpe por detrás; **von ~ anfangen** empezar desde atrás; **sich ~ anstellen** ponerse a la cola; **ganz ~ im Buch** al final del libro; **das stimmt ~ und vorne nicht** (*fam fig*) esto es una mentira de cabo a rabo; **ihr Gehalt reicht vorne und ~ nicht** (*fam*) su sueldo no alcanza para nada; **ich weiß schon nicht mehr, wo ~ und vorne ist** (*fam*) ya no sé si voy o vengo; **hinten|dran** [--'-] *adv* (*fam:* hinten an etw) detrás; **hintendrauf** [--'-] *adv* (*fam:* hinten auf etw*) atrás; **er kriegt noch eins ~** le van a dar (un azote) en el culo; **hintenherum** ['----] *adv* **①** (*gehen, kommen*) por detrás **②** (*fam:* heimlich) por detrás; (*illegal*) clandestinamente; **hintenrum** ['---] *adv* (*fam*) *s.* **hintenherum**

hinter ['hɪntɐ] I. *präp* +*dat* **①** (*da~*) detrás de, tras; (*am Ende von*) al final de; **drei Kilometer ~ Granada** a tres kilómetros de Granada; **das Schlimmste hast du schon ~ dir** ya has pasado lo peor; **~ etw kommen** (*fam*) descubrir algo **②** (*zeitlich*) después de **③** (*Reihenfolge*) atrás; **er ließ ihn weit ~ sich** *dat* le dejó muy atrás II. *präp* +*akk* (hacia) atrás, detrás de; **stell das Buch ~ die anderen** pon el libro detrás de los otros; **Hinterachse** *f* (AUTO) eje *m* trasero; **Hinterausgang** *m* salida *f* trasera; **Hinterbacke** *f* (*fam*) nalga *f;* **Hinterbänkler(in)** *m(f)* <-s, -; -nen> (*abw fam* POL) diputado *sin cargo específico ni en el gobierno ni en la oposición;* **Hinterbein** *nt* pata *f* trasera; **sich auf die ~e stellen** (*fam fig*) mostrar los dientes

Hinterbliebene(r) *mf* <-n, -n; -n> pariente *mf* del difunto; **wir ~n** los que aquí quedamos

hintere(r, s) *adj* de atrás, trasero

hintereinander [hɪntɐʔaɪ'nandɐ] *adv* **①** (*räumlich*) uno detrás de otro **②** (*zeitlich*) uno después de otro; **vier Wochen ~** cuatro semanas seguidas

Hintereingang *m* entrada *f* trasera, puerta *f* de atrás

hinterfotzig *adj* (*reg: vulg*) venenoso, con mala leche

hinterfragen* *vt* indagar

hintergangen *pp von* **hintergehen**

Hintergedanke *m* segunda intención *f*

hintergehen* *irr vt* engañar

Hintergrund *m* fondo *m;* (*Ursache*) causas *fpl;* **in den ~ treten** perder importancia; **im ~ bleiben/stehen** mantenerse/permanecer en la sombra; **der politische/soziale ~** el fondo político/social; **vor dem ~ dieser Ereignisse** con estos hechos de fondo

hintergründig ['--grʏndɪç] *adj* enigmático

Hinterhalt *m* <-(e)s, -e> emboscada *f;* **jdn in einen ~ locken** meter a alguien en una emboscada

hinterhältig ['hɪntɐhɛltɪç] *adj* alevoso

Hinterhältigkeit *f ohne pl* alevosía *f,* felonía *f*

hinterher [--'-, '---] *adv* **①** (*räumlich*) detrás **②** (*zeitlich*) después, posteriormente; **hinterher|fahren** [hɪntɐ'heːɐ-] *irr vi sein* seguir (con el coche), ir detrás (con el coche); **hinterher|hecheln** *vi* (*abw fam*) intentar alcanzar (a alguien); **hinterher|laufen** *irr vi sein* (*dahinter gehen*) ir detrás (de); (*folgen*) seguir; (*rennen*) correr detrás (de)

Hinterhof *m* patio *m* trasero; **Hinterkopf** *m* cogote *m;* **etw im ~ haben** tener algo en (la) mente; **Hinterland** *nt ohne pl* interior *m* de un país

hinterlassen* *irr vt* dejar; **~e Werke** obras póstumas

Hinterlassenschaft *f* <-en> herencia *f*

hinterlegen* *vt* depositar

Hinterlist *f* insidia *f*

hinterlistig *adj* insidioso

hinterm ['hɪntɛm] (*fam*) = **hinter dem** detrás de

Hintermann *m* <-(e)s, -männer> ❶ (*räumlich*) persona *f* que está [*o* va] detrás ❷ (*Drahtzieher*) maquinador *m*

hintern ['hɪntɛn] (*fam*) = **hinter den** detrás de

Hintern ['hɪntɛn] *m* <-s, -> (*fam*) trasero *m*, culo *m;* **jdm in den ~ kriechen** lamer a alguien el culo; **ich könnte mir** [*o* **mich**] **in den ~ beißen!** ¡tengo una rabia!

Hinterrad *nt* rueda *f* trasera; **Hinterradantrieb** *m* (AUTO) tracción *f* trasera

hinterrücks ['hɪntɛʁʏks] *adv* (*abw*) por la espalda

hinters ['hɪntɛs] (*fam*) = **hinter das** detrás de

hintersinnig *adj* críptico; **Hintersitz** *m* asiento *m* trasero

hinterste(r, s) *adj superl von* **hintere(r, s)**

Hinterteil *nt* ❶ (*fam: Gesäß*) trasero *m* ❷ (*Teil*) parte *f* trasera; **Hintertreffen** *nt* (*fam*): **ins ~ geraten** perder terreno; **Hintertreppe** *f* escalera *f* de servicio; **Hintertür** *f* ❶ (*Tür*) puerta *f* trasera ❷ (*Ausweg*) puerta *f* de atrás; **sich** *dat* **eine ~ offen halten** asegurarse una salida; **durch die ~** (*auf illegalen Umwegen*) con medios ilegales; **Hinterwäldler(in)** ['hɪntɛvɛltlɐ] *m(f)* <-s, -; -nen> (*abw*) provinciano, -a *m, f;* **hinterwäldlerisch** *adj* (*abw*) provinciano

hinterziehen* *irr vt* (*Steuern*) defraudar

Hinterzimmer *nt* habitación *f* de atrás

hinterzogen *pp von* **hinterziehen**

hin|tun *irr vt* (*fam*) poner, meter

hinüber [hɪ'nyːbɐ] *adv* ❶ (*gegenüber*) al otro lado, enfrente; (*nach dort*) hacia allá; **da ~!** ¡(por) allí enfrente! ❷ (*Wend*): **~ sein** (*fam: verdorben*) estar pasado; (*kaputt*) estar estropeado, estar chingado *Am: fam;* (*ganz hingerissen sein*) quedarse maravillado; (*tot sein*) estar muerto

Hinundhergerede *nt* (*a. abw*) parloteo *m,* charloteo *m*

hinunter [hɪ'nʊntɐ] *adv* (hacia) abajo; **bis ~ zum Fluss** hasta (abajo) el río; **den Berg ~** monte abajo; **hinunter|fahren** *irr* **I.** *vi sein* bajar **II.** *vt* bajar; **hinunter|fallen** *irr vi sein* caerse; **die Treppe ~** caerse por la

escalera; **hinunter|gehen** *irr vi sein* bajar; **hinunter|schlucken** *vt* ❶ (*Speise*) tragar ❷ (*Kritik*) tragarse; **hinunter|spülen** *vt* (*fam: hinunterschlucken*) tragar; (*Ärger*) tragarse; **etw den Ausguss ~** verter algo por el desagüe; **hinunter|werfen** *irr vt* tirar; **hinunter|würgen** *vt* (*Essen*) tragar a duras penas

hin|wagen *vr:* **sich ~** atreverse a ir (*zu* a)

hinweg [hɪn'vɛk] *adv* (*geh*) ❶ (*räumlich*) fuera; **~ mit euch!** ¡fuera con vosotros!; **über jdn/etw ~** por encima de alguien/algo ❷ (*zeitlich*) durante

Hinweg ['hɪnveːk] *m* ida *f;* **auf dem ~** a la ida

hinweg|gehen *irr vi sein:* **über etw ~** pasar algo por alto; **hinweg|helfen** *irr vi:* **jdm über etw ~** ayudarle a alguien a superar algo; **hinweg|kommen** *irr vi sein:* **über etw ~** olvidar algo; **hinweg|sehen** *irr vi* ❶ (*schauen*): **über etw ~** mirar por encima de algo ❷ (*nicht beachten*) no hacer caso de algo; **er sah darüber hinweg, dass ...** hizo la vista gorda a que... +*subj;* **hinweg|setzen** *vr:* **sich über etw ~** no hacer caso a algo

Hinweis ['hɪnvaɪs] *m* <-es, -e> ❶ (*Tipp*) indicación *f;* (*Rat*) advertencia *f;* **unter ~ auf ...** refiriéndose a... ❷ (*Anzeichen*) indicio *m;* **es gibt nicht den geringsten ~ dafür, dass ...** no existe el más pequeño indicio de que...

hin|weisen *irr* **I.** *vi:* **ausdrücklich darauf ~, dass ...** advertir expresamente que... **II.** *vt:* **jdn auf etw ~** indicar algo a alguien

Hinweisschild *nt* letrero *m* indicador

hin|werfen *irr* **I.** *vt* ❶ (*wegwerfen*) tirar ❷ (*fam: aufgeben*) abandonar ❸ (*Bemerkung*) hacer ❹ (*Zeichnung*) esbozar **II.** *vr:* **sich ~** tirarse al suelo; **hin|wollen** *irr vi* (*fam*) querer ir (*zu* a); **hin|ziehen** *irr* **I.** *vt* ❶ (*heranziehen*) atraer, tirar (*zu* hacia); **sich zu jdm hingezogen fühlen** sentirse atraído por alguien ❷ (*verzögern*) atrasar **II.** *vr:* **sich ~** ❶ (*andauern*) ir para largo ❷ (*sich erstrecken*) extenderse (*bis* hasta) **III.** *vi sein* (*umziehen*) irse a vivir (a); **hin|zielen** *vi* ❶ (*anspielen*): **auf etw ~** hacer alusión a algo ❷ (*anstreben*): **auf etw ~** aspirar a algo

hinzu [hɪn'tsuː] *adv* aparte de esto; (*überdies*) además; **hinzu|fügen** *vt* añadir (*zu* a); **hinzu|kommen** *irr vi sein* ❶ (*Person*) venir ❷ (*Sache*) agregarse (*zu* a); **kommt noch etwas hinzu?** ¿desea algo más?; **es kommt noch hinzu, dass ...** hay que añadir que...; **hinzu|zählen** *vt* añadir, sumar; **hinzu|ziehen** *irr vt* (*einbeziehen*) incluir (*zu* en); (*um Rat fragen*) consultar

Hiobsbotschaft ['hiːɔps-] *f* mala noticia *f*

Hip-Hop *m* <-s, *ohne pl*> (MUS) hip-hop *m*

Hippie ['hɪpi] *m* <-s, -s> hippy *mf*

Hirn [hɪrn] *nt* <-(e)s, -e> ❶ (GASTR) sesos *mpl* ❷ (*fam: Verstand*) cerebro *m*

Hirngespinst ['hɪrngəʃpɪnst] *nt* <-(e)s, -e> (*abw*) quimera *f*

Hirnhaut *f* (ANAT) meninge *f*; **Hirnhautentzündung** *f* (MED) meningitis *f inv*

hirnrissig ['-rɪsɪç] *adj* (*fam*) descabellado

Hirnschlag *m* (MED) derrame *m* cerebral; **Hirntod** *m* (MED) muerte *f* cerebral

hirnverbrannt *adj* (*abw*) descerebrado

Hirsch [hɪrʃ] *m* <-(e)s, -e> (ZOOL) ciervo *m*; **Hirschgeweih** *nt* cornamenta *f* del ciervo; **Hirschkäfer** *m* (ZOOL) ciervo *m* volante; **Hirschkuh** *f* (ZOOL) cierva *f*

Hirse ['hɪrzə] *f* <-n> mijo *m*

Hirte, -in ['hɪrtə] *m, f* <-n, -n; -nen> pastor(a) *m(f)*; **Hirtenbrief** *m* (REL) carta *f* pastoral

his *nt*, **His** [hɪs] *nt* <-, -> (MUS) si *m* sostenido

Hispanist(in) [hɪspa'nɪst] *m(f)* <-en, -en; -nen> hispanista *mf*

Hispanistik *f ohne pl* filología *f* hispánica, Hispánicas *fpl*

Hispanistin *f* <-nen> *s.* **Hispanist**

hissen ['hɪsən] *vt* izar; (*schwingen*) enarbolar

Histamin [hɪsta'miːn] *nt* <-s, -e> (MED) histamina *f*

Historiker(in) [hɪs'toːrike] *m(f)* <-s, -; -nen> historiador(a) *m(f)*

historisch [hɪs'toːrɪʃ] *adj* histórico

Hit [hɪt] *m* <-(s), -s> (*fam*) ❶ (MUS) éxito *m* (musical), hit *m* ❷ (INFOR) hit *m*; **Hitliste** *f* lista *f* de éxitos; **Hitparade** *f* (*Musiksendung*) programa *m* de éxitos musicales; (*Hitliste*) lista *f* de éxitos musicales

Hitze ['hɪtsə] *f ohne pl* ❶ (*Temperatur*) calor *m*; **eine drückende** ~ un calor agobiante; **etw bei starker/mittlerer** ~ **backen** cocer algo a horno fuerte/moderado ❷ (*Erregung*) acaloramiento *m*; **hitzebeständig** *adj* resistente al calor

En la escuela alemana se habla de **hitzefrei** cuando el termómetro marca a las once de la mañana una temperatura de 30°C. Cuando esto sucede se suspenden las clases durante el resto del día. Desde la introducción de las vacaciones de verano, esto se produce muy raramente.

Hitzewallungen *fpl* (MED) sofocos *mpl*; **Hitzewelle** *f* ola *f* de calor

hitzig ['hɪtsɪç] *adj* ❶ (*leidenschaftlich*) apasionado; (*jähzornig*) colérico; (*heftig*) vehemente ❷ (*Debatte*) acalorado

Hitzkopf *m* botafuego *mf*

hitzköpfig *adj* exaltado

Hitzschlag *m* (MED) insolación *f*

HIV [haːʔiːˈfaʊ] *nt* <-(s), *ohne pl*> (MED) *Abk. von* human immunodeficiency virus VIH *m*; **HIV-infiziert** *adj* (MED) seropositivo; **HIV-Test** *m* (MED) test *m* del SIDA

Hiwi ['hiːvi] *mf* <-s, -s; -s> (UNIV: *fam*) *Abk. von* Hilfswissenschaftler(in) asistente *mf* científico, -a

Hl. *Abk. von* Heilige(r) Sto., Sta.

hm [hm] *part* (*Zustimmung auf Frage*) sí, hum; (*im Gespräch*) ya, ya

H-Milch *f* leche *f* U.H.T.

h-Moll *nt* (MUS) si *m* menor

HNO-Arzt, -Ärztin *m, f* otorrino, -a *m, f*

hob [hoːp] *3. imp von* **heben**

Hobby ['hɔbi] *nt* <-s, -s> hobby *m*

Hobel ['hoːbəl] *m* <-s, -> cepillo *m* de carpintero; **Hobelbank** *f* banco *m* de carpintero

hobeln ['hoːbəln] *vi, vt* ❶ (*Bretter*) cepillar ❷ (GASTR) partir en láminas, rallar

hoch [hoːx] <höher, am höchsten> **I.** *adj* ❶ (*räumlich, Geschwindigkeit, Temperatur, Lebensstandard*) alto; **das ist drei Meter** ~ tiene una altura de tres metros; **ein hohes Amt** un alto cargo; **ein hoher Beamter** un alto funcionario; **im hohen Norden** en el extremo norte; **das hohe Haus** la Cámara Alta; **ein hohes Tier** (*fam*) un pez gordo; **das ist mir zu** ~ (*fam*) eso no me cabe en la cabeza ❷ (*Ton*) agudo ❸ (*Zahl, Preis*) elevado; (*Alter*) avanzado; (*Geldstrafe*) fuerte; **in hohem Alter sein** ser de edad avanzada; **hohe Steuern** impuestos altos ❹ (*Bedeutung*) grande; **hoher Besuch** una visita importante; **hohe Ehre** un gran honor; **hohe Ansprüche stellen** tener grandes exigencias **II.** *adv* ❶ (*nach oben*) (hacia) arriba; ~ **hinauswollen** (*fam*) tener altas miras; **wenn es** ~ **kommt** (*fam*) como mucho ❷ (*in einiger Höhe*) en lo alto; ~ **am Himmel** en lo alto del cielo; ~ **oben** muy arriba; **es geht** ~ **her** hay mucho jaleo; ~ **pokern** (*fig*) arriesgarse mucho; ~ **setzen** pujar alto ❸ (*sehr*) muy, mucho; (*stark*) altamente; (*äußerst*) sumamente; **das rechne ich dir** ~ **an** valoro mucho esto (que has hecho); **etw** ~ **und heilig versprechen** (*fam*) prometer solemnemente algo ❹ (MATH) elevado; **drei ~ sieben** tres elevado a siete

Hoch *nt* <-s, -s> ❶ (*~ ruf*) viva *m inv*; **ein ~ auf jdn ausbringen** dar una viva en honor de alguien ❷ (METEO) altas presiones *fpl*
Hochachtung *f* gran aprecio *m*; (*Respekt*) respeto *m*; **mit vorzüglicher ~** atentamente; **hochachtungsvoll** *adv* (*im Brief*) atentamente
hochaktuell ['---'] *adj* de gran actualidad; **Hochaltar** *m* altar *m* mayor; **hochangesehen** ['-'----] *adj* de gran prestigio; **hochanständig** ['-'---] *adj* (*Handlung*) muy noble; **hoch|arbeiten** *vr:* **sich ~** ascender (a fuerza de trabajo); **Hochbahn** *f* tren *m* elevado
Hochbau[1] *m* <-(e)s, *ohne pl*> (*Bauwesen*) construcción *f* sobre tierra
Hochbau[2] *m* <-(e)s, -ten> (*Bauwerk*) edificio *m* alto
hochberühmt ['---'] *adj* muy famoso; **hochbetagt** ['---'] *adj* de edad avanzada; **Hochbetrieb** *m ohne pl* (*fam*) intensa actividad *f*; **es herrschte ~** reinaba intensa actividad; **Hochburg** *f* <-en> baluarte *m*; **hochdeutsch** *adj* alto alemán; **Hochdruck** *m ohne pl* ❶ (TYPO: *Verfahren*) impresión *f* en relieve ❷ (PHYS) presión *f* alta ❸ (METEO) altas presiones *fpl*; **Hochebene** *f* meseta *f*
hocherfreut ['---'] *adj* encantado
hoch|fahren *irr* **I.** *vi sein* ❶ (*fam: nach oben fahren*) subir ❷ (*aufbrausen*) subirse a la parra ❸ (*aufschrecken*) sobresaltarse **II.** *vt* ❶ (TECH: *Maschine*) cebar ❷ (*fam*) subir; **Hochform** *f ohne pl* plena forma *f*; **in ~ sein** estar en plena forma; **Hochformat** *nt* formato *m* vertical; **Hochfrequenz** *f* (PHYS) alta frecuencia *f*; **Hochgarage** *f* garaje *m* elevado; **Hochgebirge** *nt* alta montaña *f*; **Hochgefühl** *nt* exaltación *f*; **hoch|gehen** *irr vi sein* ❶ (*Vorhang*) levantarse; (*Person, Preise*) subir ❷ (*fam: Bombe*) estallar ❸ (*fam: gefasst werden*) ser descubierto; **Hochgenuss** *m* delicia *f*; **es ist mir ein ~** es una delicia para mí; **Hochgeschwindigkeitszug** *m* tren *m* de alta velocidad

hochgestochen *adj* (*fam abw: Stil, Rede*) rebuscado; (*Person*) pretencioso
Hochglanz *m* brillo *m* intenso; **etw auf ~ bringen** dar lustre a algo
hochgradig ['ho:xgra:dɪç] *adj* extremo; **hochhackig** ['ho:xhakɪç] *adj* de tacones altos; **hoch|halten** *irr vt* ❶ (*in die Höhe halten*) mantener en lo alto; (*hochheben*) levantar ❷ (*schätzen*) estimar (mucho); (*bewahren*) conservar; **Hochhaus** *nt* edificio *m* alto, casa *f* de altos *RíoPl, Hond, PRico*; (*Wolkenkratzer*) rascacielos *m inv*; **hoch|heben** *irr vt* levantar, alzar; **hochintelligent** ['-----'] *adj* muy inteligente; **hochinteressant** ['-----'] *adj* muy interesante; **hoch|jubeln** *vt* ❶ (*fam*) ensalzar [*o* elogiar] exageradamente ❷ (TECH: *sl*): **einen Motor ~** dar gas a tope (con el coche parado)
hochkant ['ho:xkant] *adv* de canto; **jdn ~ rauswerfen** (*fam*) echar a alguien con cajas destempladas
hochkantig *adv* de canto; **jdn ~ rauswerfen** (*fam*) echar a alguien con cajas destempladas
Hochkonjunktur *f* (WIRTSCH) coyuntura *f* favorable; **hoch|krempeln** *vt* arremangar; **hoch|kriegen** *vt* (*fam*) ❶ (*heben können*) poder levantar ❷ (*Wend*): **einen/keinen ~** (*fam euph*) empalmarse/no empalmarse; **Hochkultur** *f* civilización *f* muy desarrollada; **Hochland** *nt* altiplano *m*
Hochleistung *f* alto rendimiento *m*; **Hochleistungssport** *m* deporte *m* de alto rendimiento
hochmodern ['---'] *adj* supermoderno
Hochmut *m* soberbia *f*; (*Arroganz*) arrogancia *f*
hochmütig ['-my:tɪç] *adj* soberbio; (*herablassend*) desdeñoso
hochnäsig ['-nɛ:zɪç] *adj* (*fam abw: eingebildet*) engreído, creído; (*arrogant*) arrogante
Hochnebel *m* (METEO) niebla *f* de altura; **hoch|nehmen** *irr vt* ❶ (*heben*) levantar ❷ (*fam: necken*) meterse (con); **Hochofen** *m* (TECH) altos hornos *mpl*
hochprozentig *adj* (*Säure*) de alta concentración; (*Alkohol*) de alta graduación; **hochrangig** *adj* de alto rango
hoch|rechnen *vt* (*Statistik*) computar aproximadamente; **Hochrechnung** *f* cómputo *m* aproximado
hochrot *adj* rojo encendido, rojo vivo; **Hochsaison** *f* temporada *f* alta
Hochschulabschluss *m* título *m* universitario; **Hochschulabsolvent(in)** *m(f)* licenciado, -a *m, f* (universitario, -a), egre-

sado, -a *m, f Arg, Chil*

Hochschule *f* escuela *f* superior, colegio *m* mayor *Am;* **Hochschüler(in)** *m(f)* (estudiante *mf*) universitario, -a *m, f;* **Hochschullehrer(in)** *m(f)* profesor(a) *m(f)* universitario, -a; **Hochschulreife** *f* especie de selectividad que capacita para una carrera técnica; **Hochschulstudium** *nt ohne pl* estudios *mpl* superiores

hochschwanger *adj* en avanzado estado de gestación

Hochsee *f ohne pl* alta mar *f;* **Hochseefischerei** *f* pesca *f* de altura

hochsensibel ['--'--] *adj* muy sensible, hipersensible; **Hochsitz** *m* (*Jagd*) mirador *m* (de cazadores); **Hochsommer** *m* pleno verano *m*

Hochspannung *f* (ELEK) alta tensión *f;* **Hochspannungsleitung** *f* (ELEK) línea *f* de alta tensión; **Hochspannungsmast** *m* (ELEK) poste *m* de alta tensión

Hochsprache *f* (LING) lenguaje *m* culto; **Hochsprung** *m ohne pl* (SPORT) salto *m* de altura

höchst [hø:kst, hø:çst] *adv* altamente, sumamente; **Höchstalter** *nt* edad *f* máxima

Hochstapler(in) *m(f)* <-s, -; -nen> impostor(a) *m(f);* (*Betrüger*) estafador(a) *m(f)*

Höchstbetrag *m* importe *m* máximo

höchste(r, s) *adj superl von* **hoch** ❶ (*räumlich*) más alto; **am ~n** lo más alto ❷ (*in Hierarchie*) superior; **die ~ Instanz** la instancia suprema ❸ (*äußerst*) extremo; **in ~m Maß(e)** extremadamente; **das ist das H~ der Gefühle** esto es lo máximo

hoch|steigen *irr vi sein* subir; (*in die Luft*) elevarse, ascender

höchstens ['hø:kstəns, 'hø:çstəns] *adv* ❶ (*nicht mehr als*) como mucho, no más de; **es waren ~ zehn Minuten** fueron como mucho diez minutos ❷ (*außer*) excepto, en todo caso; **~ wenn ...** a no ser que... +*subj*

Höchstfall *m:* **im ~** como máximo; **Höchstgebot** *nt* mayor postura *f;* **Höchstgeschwindigkeit** *f* velocidad *f* máxima

Hochstimmung *f ohne pl* entusiasmo *m,* euforia *f*

Höchstleistung *f* rendimiento *m* máximo; (SPORT) récord *m;* **Höchstmaß** *nt* máximo *m* (*an* de); **höchstpersönlich** ['--'--] *adj* en persona; **Höchstpreis** *m* precio *m* máximo; **Höchststand** *m* altura *f* máxima; **Höchststrafe** *f* pena *f* máxima; **höchstwahrscheinlich** ['--'--] *adv* con toda probabilidad, muy probablemente;

höchstzulässig ['-'---] *adj* máximo permitido; **~es Gesamtgewicht** tara máxima (permitida)

Hochtechnologie *f* (TECH) alta tecnología *f;* **Hochtour** *f* ❶ (*Bergtour*) excursión *f* alpina ❷ (*Höchstmaß*): **auf ~en laufen** trabajar a toda marcha; **jd/etw auf ~en bringen** (*fam*) calentar a alguien/algo al máximo; **hochtrabend** ['-tra:bənt] *adj* (*abw*) altisonante; **hoch|treiben** *irr vt* (*Kosten*) hacer subir; **hochverehrt** *adj* muy estimado; **Hochverrat** *m* (JUR) alta traición *f;* **Hochwasser** *nt* ❶ (*bei Flut*) marea *f* alta ❷ (*eines Flusses*) crecida *f;* **der Fluss führt ~** el río ha sufrido una crecida ❸ (*Überschwemmung*) inundación *f;* **hochwertig** *adj* de alta calidad

Hochzeit ['hɔxtsaːt] *f* <-en> boda *f;* **silberne/goldene/diamantene ~ feiern** celebrar las bodas de plata/de oro/de diamante ❷ (*geh: Blütezeit*) apogeo *m,* auge *m;* **Hochzeitsfeier** *f* boda *f;* **Hochzeitskleid** *nt* vestido *m* de novia; **Hochzeitsnacht** *f* noche *f* de bodas; **Hochzeitsreise** *f* viaje *m* de luna de miel; **Hochzeitstag** *m* ❶ (*Tag der Heirat*) día *m* de la boda ❷ (*Jahrestag*) aniversario *m* de boda

hoch|ziehen *irr vt* ❶ (*emporziehen*) subir; (*Nase*) aspirar; (*Augenbrauen*) enarcar ❷ (*fam: Gebäude, Wand*) levantar

Hocke ['hɔkə] *f* <-n> posición *f* en cuclillas; **in die ~ gehen** acuclillarse

hocken ['hɔkən] *vi* ❶ (*in Hocke*) estar en cuclillas ❷ (*fam: sitzen*) estar sentado ❸ (SPORT: *hockend springen*) saltar agachado (*über*)

Hocker ['hɔke] *m* <-s, -> taburete *m*

Höcker ['hœke] *m* <-s, -> ❶ (*bei Kamelen*) joroba *f* ❷ (*im Gelände*) elevación *f*

Hockey ['hɔki] *nt* <-s, *ohne pl*> hockey *m*

Hoden ['hoːdən] *m* <-s, -> testículo *m;* **Hodensack** *m* escroto *m*

Hof [hoːf, *pl:* hœːfə] *m* <-(e)s, Höfe> ❶ (*Innen-, Hinter~*) patio *m* (interior) ❷ (*Bauern~*) finca *f,* granja *f* ❸ (*Gerichts~, Königs~*) corte *f;* **bei ~e** en la corte ❹ (*um Sonne, Mond*) halo *m*

hoffen ['hɔfən] *vi, vt* esperar; (*vertrauen*) confiar (*auf* en); **~ wir das Beste!** ¡esperemos lo mejor!; **es bleibt zu ~, dass ...** queda por esperar que... +*subj;* **wir ~, dass ...** esperamos que... +*subj;* **ich will nicht ~, dass ...** espero que no... +*subj*

hoffentlich ['hɔfəntlɪç] *adv* ojalá +*subj;* **du bist mir doch ~ nicht böse?** espero que no estés enfadado conmigo

Hoffnung ['hɔfnʊŋ] *f* <-en> esperanza *f;* **in**

der ~, dass ... con la esperanza de que... +*subj;* **jdm/sich** *dat* ~ **en machen** dar esperanzas a alguien/tener esperanzas; **mach dir keine** ~ **en** no te hagas ilusiones; **die** ~ **aufgeben/verlieren** abandonar/perder la esperanza; **seine** ~ **en auf jdn/etw setzen** depositar sus esperanzas en alguien/algo; **sich falschen** ~ **en hingeben** hacerse falsas esperanzas; **du bist meine einzige/letzte** ~ eres mi única/última esperanza

hoffnungslos *adj* ❶ (*verzweifelt*) sin esperanza; (*aussichtslos*) desesperado ❷ (*fam: unverbesserlich*) sin remedio; **du bist** ~ no tienes remedio

Hoffnungslosigkeit *f ohne pl* desesperación *f*

Hoffnungsschimmer *m* rayo *m* de esperanza; **hoffnungsvoll** *adj* ❶ (*zuversichtlich*) lleno de esperanza ❷ (*Erfolg versprechend*) esperanzador

höfisch ['høːfɪʃ] *adj* (HIST) de la corte, cortesano

höflich ['høːflɪç] *adj* cortés; (*liebenswürdig*) amable

Höflichkeit *f* <-en> cortesía *f;* **aus reiner** ~ por pura cortesía; **Höflichkeitsfloskel** *f* fórmula *f* de cortesía

Höfling ['høːflɪŋ] *m* <-s, -e> cortesano *m*
Hofnarr *m* <-en, -en> (HIST) bufón *m*
hohe(r, s) *adj s.* **hoch**

Höhe ['høːə] *f* <-n> ❶ (*räumlich, a.* MUS) altura *f;* **an** ~ **gewinnen/verlieren** ganar/perder altura; **auf gleicher** ~ a la misma altura; **in die** ~ **gehen** (*Preise*) subir; (*fam*) enfurecerse; **die** ~ **n und Tiefen des Lebens** los altibajos de la vida; ~ **n und Bässe** altos y bajos; **auf der** ~ **der Zeit sein** estar al día; **auf der** ~ **sein** (*fam*) estar en plena forma; **das ist doch die** ~ **!** (*fam*) ¡esto es el colmo! ❷ (*An~*) alto *m,* elevación *f* ❸ (*Betrag*) importe *m;* **bis zur** ~ **von 1.000 DM** hasta el importe de 1.000 marcos; **das hängt von der** ~ **der Temperatur/des Gehaltes ab** depende de la temperatura/del sueldo ❹ (~ *punkt*) cima *f*

Hoheit ['hoːhaɪt] *f ohne pl* ❶ (*Staatsgewalt*) soberanía *f;* (*Würde*) grandeza *f* ❷ (*Anrede*) Alteza *f;* **Königliche** ~ Alteza Real; **Hoheitsgebiet** *nt* territorio *m* nacional; **Hoheitsgewässer** *ntpl* aguas *fpl* territoriales; **Hoheitsrecht** *nt* (derecho *m* de) soberanía *f*

Höhenangst *f* vértigo *m;* **Höhenmesser** *m* <-s, -> altímetro *m;* **Höhensonne** *f* lámpara *f* ultravioleta; **Höhenunterschied** *m* diferencia *f* de altura; **höhen-**

verstellbar *adj* de altura regulable
Höhepunkt *m* ❶ (*allgemein*) punto *m* culminante; (*Gipfel*) cima *f;* (*eines Dramas*) clímax *m inv;* (*eines Himmelskörpers*) cenit *m;* **den** ~ **erreichen** culminar ❷ (*Orgasmus*) orgasmo *m;* **zum** ~ **kommen** alcanzar el orgasmo

höher ['høːɐ] *adj kompar von* **hoch** más alto (*als* que); (*Stellung*) superior (*als* a); (*vor Zahlen*) más (*als* de)

hohl [hoːl] *adj* ❶ (*leer*) hueco ❷ (*konkav*) cóncavo; (*Wangen*) hundido ❸ (*Klang, Stimme*) hueco ❹ (*abw: geistlos*) vacío; ~ **es Geschwätz** conversación vacía

Höhle ['høːlə] *f* <-n> ❶ (*in Felsen*) cueva *f;* (*Grotte*) gruta *f;* (*Hohlraum*) hueco *m* ❷ (*Augen~*) órbita *f* ❸ (*Tier~*) madriguera *f;* **sich in die** ~ **des Löwen begeben** (*fam*) meterse en la boca del lobo; **Höhlenmalerei** *f* pintura *f* rupestre; **Höhlenmensch** *m* (HIST) cavernícola *m*

Hohlkopf *m* (*abw*) cabeza *mf* hueca; **Hohlkörper** *m* cuerpo *m* hueco; **Hohlkreuz** *nt* lordosis *f inv;* **Hohlmaß** *nt* medida *f* de capacidad; **Hohlraum** *m* cavidad *f;* **Hohlspiegel** *m* espejo *m* cóncavo

Hohn [hoːn] *m* <-(e)s, *ohne pl>* (*Spott*) burla *f,* pifia *f And;* (*bitterer* ~) sarcasmo *m;* (*Verachtung*) desprecio *m;* **das ist der reinste** ~ es una verdadera ironía

höhnen ['høːnən] I. *vi* (*geh*) burlarse II. *vt* (*geh*) burlarse (de), guasearse (de)

höhnisch ['høːnɪʃ] *adj* burlón, sarcástico
hoi [hɔɪ] *interj* (*Schweiz: hallo*) hola

Hokuspokus [hoːkʊsˈpoːkʊs] *m* <-, *ohne pl>* ❶ (*Zauberwort*) abracadabra *m* ❷ (*Trick*) juego *m* de manos ❸ (*abw: Getue*) farsa *f*

Holdinggesellschaft *f* (WIRTSCH) holding *m*

holen ['hoːlən] *vt* ❶ (*herbringen*) (ir a) buscar; (*herbeischaffen*) traer; (*wegschaffen*) recoger; (*Arzt, Polizei*) llamar; **jdn aus dem Bett** ~ sacar a alguien de la cama; **Luft** ~ coger aire; **bei ihm ist nichts zu** ~ no se puede conseguir nada de él; **sich** *dat* **bei jdm einen Rat** ~ pedir un consejo a alguien ❷ (*fam: zuziehen*) coger, pillar; **sich eine Erkältung** ~ coger un catarro

Holland ['hɔlant] *nt* <-s> Holanda *f*
Holländer(in) ['hɔlɛndɐ] *m(f)* <-s, -; -nen> holandés, -esa *m, f*
holländisch *adj* holandés

Hölle ['hœlə] *f ohne pl* infierno *m;* **die** ~ **auf Erden** la miseria absoluta; **in die** ~ **kommen** ir al infierno; **es war die** (**reinste**) ~ fue un (verdadero) infierno; **jdm das**

Leben zur ~ machen hacer a alguien la vida imposible; **jdm die ~ heiß machen** (*fam*) atormentar a alguien; **fahr zur ~!** ¡vete al diablo!; **Höllenangst** ['--'] *f* (*fam*) miedo *m* cerval; **Höllenlärm** ['--'] *m* (*fam*) ruido *m* infernal; **Höllenqual** ['--'] *f* (*fam*) tormenta *f*, tortura *f*

höllisch *adj* ❶ (*die Hölle betreffend*) infernal; **das tut ~ weh** (*Schmerz*) esto duele endemoniadamente; **~e Angst haben** tener un miedo infernal ❷ (*fam: groß*) enorme, tremendo; **~ aufpassen** prestar extremada atención

Holm [hɔlm] *m* <-(e)s, -e> ❶ (*Geländer, Barren*) madero *m* de cabeza ❷ (*Axt*) mango *m* del hacha ❸ (*Leiter*) larguero *m* de la escalera ❹ (TECH) larguero *m*

Holocaust ['ho:lokaʊst] *m* <-(s), -s> holocausto *m*

Hologramm [holo'gram] *nt* <-s, -e> (PHYS) holograma *m*

holperig *adj* ❶ (*Weg*) lleno de baches ❷ (*Stil*) tosco; **~ lesen** leer a trancas y barrancas

holpern ['hɔlpɐn] *vi* ❶ (*Auto*) ir a trompicones ❷ (*beim Lesen, Sprechen*) atrancarse

holprig *adj s.* **holperig**

Holunder [ho'lʊndɐ] *m* <-s, -> saúco *m*

Holz¹ [hɔlts] *nt* <-es, *ohne pl*> (*Material*) madera *f*; (*Brenn~*) leña *f*; **~ hacken/sägen** cortar leña/serrar madera

Holz² [hɔlts], *pl:* 'hœltsə] *nt* <-es, Hölzer> palo *m*

Holzbein *nt* pierna *f* de palo; **Holzblasinstrument** *nt* (MUS) instrumento *m* de viento madera

hölzern ['hœltsɐn] *adj* ❶ (*aus Holz*) de madera ❷ (*Bewegung*) torpe

Holzfäller(in) ['hɔltsfɛlɐ] *m(f)* <-s, -; -nen> leñador(a) *m(f)*

Holzhammer *m* mazo *m* de madera; **Holzhammermethode** *f:* **mit der ~** (*gewaltsam*) a golpes, a patadas; (*plump*) a puñetazos

holzig ['hɔltsɪç] *adj* (*Gemüse*) lleno de hebras

Holzklotz *m* bloque *m* de madera; **Holzkohle** *f ohne pl* carbón *m* vegetal; **Holzschuh** *m* zueco *m*

Holzschutzmittel *nt* impregnante *m* para madera

Holzstich *m* <-(e)s, -e> (KUNST) grabado *m* en madera; **Holzweg** *m:* **auf dem ~ sein** estar equivocado; **Holzwurm** *m* (ZOOL) carcoma *f*

Homecomputer ['hɔʊmkɔmpjuːtɐ] *m* (INFOR) ordenador *m* para el hogar; **Homepage** ['hoʊmpeɪdʒ] *f* <-s> (INFOR) Home

Page *f*, página *f* principal [*o* inicial]; **Hometrainer** *m* <-s, ->, **Home-Trainer** *m* <-s, -> (SPORT) entrenador *m* domiciliario, bicicleta *f* estática

Homo ['ho:mo] *m* <-s, -s> (*fam*) homosexual *m*

homogen [homo'ge:n] *adj* homogéneo

homogenisieren* [homogeni'ziːrən] *vt* homogeneizar

Homöopath(in) [homøo'pa:t] *m(f)* <-en, -en; -nen> homeópata *mf*

Homöopathie [homøopa'tiː] *f ohne pl* homeopatía *f*

Homöopathin *f* <-nen> *s.* **Homöopath**

homöopathisch [homøo'pa:tɪʃ] *adj* homeopático

Homosexualität *f* homosexualidad *f*; **homosexuell** *adj* homosexual

Homosexuelle(r) *mf* <-n, -n; -n> homosexual *mf*

Honduraner(in) [hɔndu'ra:nɐ] *m(f)* <-s, -; -nen> hondureño, -a *m, f*

honduranisch *adj* hondureño

Honduras [hɔn'du:ras] *nt* <-> Honduras *m*

Honig ['ho:nɪç] *m* <-s, -e> miel *f*; **jdm ~ um den Bart schmieren** (*fam*) lisonjear a alguien; **Honigbiene** *f* abeja *f* (obrera)

Honigkuchen *m* bizcocho *m* de miel; **Honigkuchenpferd** *nt:* **wie ein ~ grinsen** [*o* strahlen] (*fam hum*) sonreír de oreja a oreja

Honiglecken *nt:* **etw ist kein ~** (*fam*) no ser plato de gusto, no ser algo para chuparse los dedos; **Honigmelone** *f* melón *m*; **honigsüß** ['--'] *adj* (*abw, a. fig*) empalagoso; (*Stimme*) meliﬂuo; **Honigwabe** *f* panal *m*

Honorar [hono'ra:ɐ] *nt* <-s, -e> honorarios *mpl*; **gegen ~ arbeiten** trabajar a destajo

honorieren* [hono'ri:rən] *vt* ❶ (*anerkennen*) reconocer ❷ (*bezahlen*) remunerar

Hooligan ['hu:ligən] *m* <-s, -s> (*Fußballrowdy*) hincha *mf*

Hopfen ['hɔpfən] *m* <-s, -> lúpulo *m*; **bei jdm ist ~ und Malz verloren** (*fam*) alguien es un caso perdido

hopp [hɔp] *interj* (*fam: los, rasch*) vamos; **~, ~!** ¡de prisa!

hoppeln ['hɔpəln] *vi sein* (*Hase*) brincar

hoppla ['hɔpla] *interj* (*beim Stolpern*) ay

hopsen ['hɔpsən] *vi sein* dar saltos

hops|gehen *irr vi sein* (*fam: sterben*) morirse; (*verloren gehen*) perderse

hörbar ['hø:ɐba:ɐ] *adj* audible

horchen ['hɔrçən] *vi* escuchar (*an* en); (*angestrengt*) aguzar el oído

Horde ['hɔrdə] *f* <-n> ❶ (*Volksstamm, wilde Schar*) horda *f*; (*Tiere*) banda *f*

❷ (*Obstlattengestell*) rejilla *f*

hören ['høːrən] **I.** *vi, vt* **❶** (*allgemein*) oír; **man höre und staune!** ¡se queda uno boquiabierto!; **na, ~ Sie mal!** ¡pero, oiga!; **hör mal, ...** oye, ...; **wie ich höre, sind Sie auch eingeladen** según he oído, también le han invitado a Ud.; **das lässt sich schon eher ~** (*fam*) eso ya suena mejor **❷** (*zu~, hin~*) escuchar; **Radio ~** escuchar la radio; **eine Vorlesung ~** asistir a una conferencia **❸** (*erfahren*) (llegar a) saber, enterarse; **du hast lange nichts mehr von dir ~ lassen** hace mucho que no tenemos noticias tuyas; **von etw** *dat* **nichts ~ wollen** no querer saber nada de algo **❹** (*erkennen*) notar (*an* por); **woran hörst du das?** ¿cómo lo notas? **II.** *vi* (*gehorchen*) obedecer; (*auf Rat*) hacer caso (*auf* a); **der Hund hört auf den Namen Bello** el perro responde al nombre de Bello; **wer nicht ~ will, muss fühlen** (*prov*) a oídos sordos palos de ciego

Hörensagen ['----] *nt:* **vom ~** de oídas

Hörer[1] *m* <-s, -> auricular *m*, audífono *m Am;* **den ~ abnehmen/auflegen** contestar/colgar

Hörer(in)[2] *m(f)* <-s, -; -nen> oyente *mf;* (*Radio~*) radioyente *mf*

Hörerschaft *f* <-en> oyentes *mpl*

Hörfehler *m* defecto *m* en el oído; **Hörfunk** *m* radio *f;* **Hörgerät** *nt* audífono *m*

hörig *adj:* **jdm ~ sein** ser dependiente de alguien; (*sexuell*) estar encoñado con alguien *vulg*

Horizont [hori'tsɔnt] *m* <-(e)s, -e> horizonte *m;* **am ~ sein** en el horizonte; **einen engen ~ haben** ser de estrechos horizontes; **das geht über meinen ~** eso está fuera de mis alcances

horizontal [horitsɔn'taːl] *adj* horizontal

Horizontale *f* <-n> **❶** (MATH) línea *f* horizontal **❷** (*Lage*) posición *f* horizontal

Hormon [hɔr'moːn] *nt* <-s, -e> hormona *f;* **mit ~en behandeln** hormonar

hormonell [hɔrmo'nɛl] *adj* hormonal

Hörmuschel *f* auricular *m*

Horn[1] [hɔrn, *pl:* 'hœrnɐ] *nt* <-(e)s, Hörner> **❶** (*beim Tier*) cuerno *m;* **jdm Hörner aufsetzen** (*fig fam*) poner los cuernos a alguien; **sich** *dat* **die Hörner abstoßen** (*fig fam*) sentar la cabeza **❷** (MUS) cuerno *m*, trompa *f;* **ins gleiche ~ stoßen** (*fam*) estar de acuerdo **❸** (AUTO) bocina *f*

Horn[2] *nt* <-(e)s, -e> (*Material*) concha *f*

Hornbrille *f* gafas *fpl* de concha

Hörnchen ['hœrnçən] *nt* <-s, -> **❶** (*Gebäck*) cruasán *m* **❷** (ZOOL: *Erd~*) perrito *m* de la pradera

Horngestell *nt* (*Brille*) montura *f* de concha

Hornhaut *f* **❶** (*Schwiele*) callo(s) *m(pl)*, callosidad *f* **❷** (*am Auge*) córnea *f*

Hornisse [hɔr'nɪsə] *f* <-n> avispón *m*

Hornist(in) *m(f)* <-en, -en; -nen> (MUS) trompa *mf*

Hornochse *m* (*fam*) estúpido *m*, imbécil *m*

Horoskop [horo'skoːp] *nt* <-s, -e> horóscopo *m*

horrend [hɔ'rɛnt] *adj* exagerado; **~er Preis** precio exorbitante

Horror ['hɔroːɐ] *m* <-s, *ohne pl*> horror *m* (*vor* a); **Horrorfilm** *m* película *f* de terror; **Horrortrip** *m* (*fam*) viaje *m* infernal

Hörsaal *m* aula *f* (universitaria); **Hörspiel** *nt* pieza *f* radiofónica

Horst [hɔrst] *m* <-(e)s, -e> (*Greifvogelnest*) nido *m* de aves de rapiña

Hörsturz *m* (MED) pérdida *f* (repentina) del oído

Hort [hɔrt] *m* <-(e)s, -e> **❶** (*geh: Zufluchtsort*) refugio *m* **❷** (*Kinder~*) guardería *f*

horten ['hɔrtən] *vt* acopiar

Hortensie [hɔr'tɛnzjə] *f* <-n> (BOT) hortensia *f*

Hörweite *f* alcance *m* del oído; **sich in/außer ~ befinden** estar al alcance/fuera del alcance del oído

Hose ['hoːzə] *f* <-n> pantalón *m*, calzones *mpl Am;* **kurze ~n** pantalones cortos; **sie hat die ~n an** (*fam*) ella lleva los pantalones; **etw geht in die ~** (*fam*) algo sale mal; **sich** *dat* **vor Angst in die ~ machen** (*fam*) cagarse de miedo; **das ist Jacke wie ~** (*fam*) da lo mismo; **hier ist heute tote ~** (*sl*) aquí no hay marcha hoy; **Hosenanzug** *m* traje *m* de chaqueta y pantalón; **Hosenbein** *nt* pernera *f* (del pantalón); **Hosenboden** *m* <-s, -böden> fondillos *mpl* (del pantalón); **jdm den ~ versohlen** (*fam*) calentarle las posaderas a alguien; **sich auf den ~ setzen** (*fam*) ponerse a trabajar; **Hosenrock** *m* falda-pantalón *f;* **Hosenscheißer** *m* <-s, -> (*vulg*) cobarde *mf*, cagueta *mf;* **Hosenschlitz** *m* bragueta *f;* **Hosenstall** *m* (*fam hum*) bragueta *f;* **Hosentasche** *f* bolsillo *m* del pantalón; **Hosenträger** *mpl* tirantes *mpl*, tiradores *mpl Arg, Urug*

Hospital [hɔspi'taːl, *pl:* hɔspi'tɛːlə] *nt* <-s, -e *o* Hospitäler> hospital *m*

Hostess [hɔs'tɛs] *f* <-en> azafata *f* de congreso

Hostie ['hɔstjə] *f* <-n> (REL) hostia *f*

Hotdog *m o nt* <-s, -s>, **Hot Dog** ['hɔt 'dɔ(ː)k] *m o nt* <- -s, - -s> perro *m* caliente, perrito *m* caliente, hot dog *m*

Hotel [ho'tɛl] *nt* <-s, -s> hotel *m;* **Hotelboy** [-'-bɔɪ] *m* <-s, -s> botones *m inv;* **Hotelfachschule** *f* Escuela *f* Superior de Hostelería; **Hotelgewerbe** *nt* hostelería *f*

Hotelier [hotə'lje:, hotɛ'lje:] *m* <-s, -s> hotelero *m*

Hotelzimmer *nt* habitación *f* de hotel

Hotline ['hɔtlaɪn] *f* <-s> línea *f* caliente

Hr. *Abk. von* **Herr** Sr.

Hrsg. *Abk. von* **Herausgeber**(**in**) editor(a) *m(f)*, director(a) *m(f)*

HTML (INFOR) *Abk. von* **Hypertext Markup Language** HTML

HTTP (INFOR, TEL) *Abk. von* **Hypertext Transport Protokoll** HTTP

Hub [hu:p, *pl:* 'hy:bə] *m* <-(e)s, Hübe> (TECH) elevación *f*

Hubbel ['hʊbəl] *m* <-s, -> (*reg*) bache *m*

Hubraum *m* (TECH) cilindrada *f*

hübsch [hʏpʃ] **I.** *adj* ❶ (*Aussehen*) guapo; (*schön*) bonito; (*niedlich*) mono; **sich ~ machen** ponerse guapo ❷ (*iron: beträchtlich*) bonito; **ein ~es Sümmchen** una bonita suma ❸ (*iron: unangenehm*): **eine ~e Bescherung!** ¡bonita sorpresa! **II.** *adv* (*ziemlich*) bastante; **sei ~ artig!** ¡pórtate bien!; **das wirst du ~ bleiben lassen!** ¡deja eso!; **immer ~ der Reihe nach!** ¡así, uno detrás del otro!

Hubschrauber *m* <-s, -> helicóptero *m*

huch [hʊx, hu(:)x] *interj* huy

Hucke ['hʊkə] *f* <-n> carga *f;* **ich hau dir die ~ voll** (*fam*) te voy a medir las costillas

huckepack ['hʊkəpak] *adv* (*fam*): **jdn/etw ~ nehmen** llevar a alguien/algo a caballito

Huf [hu:f] *m* <-(e)s, -e> (*der Pferde*) casco *m*, pecueca *f Col, Ecua, Ven;* (*der Spalthufer*) pezuña *f*

Hufeisen *nt* herradura *f;* **hufeisenförmig** *adj* en forma de herradura

Hufnagel *m* clavo *m* de herradura; **Hufschmied** *m* herrador *m*

Hüfte ['hʏftə] *f* <-n> cadera *f;* **die Arme in die ~n stemmen** poner los brazos en jarras; **die ~n wiegen** mover las caderas

Hüftgelenk *nt* (ANAT) articulación *f* de la cadera; **Hüfthalter** *m* <-s, -> faja *f;* **Hüftsteak** *nt* (GASTR) filete *m* de cadera

Hügel ['hy:gəl] *m* <-s, -> colina *f*

hüg(e)lig *adj* con colinas

Huhn [hu:n, *pl:* 'hy:nə] *nt* <-(e)s, Hühner> ❶ (*Gattung, Gericht*) pollo *m;* **da lachen ja die Hühner** (*fam*) esto es ridículo; **mit den Hühnern aufstehen/zu Bett gehen** levantarse/acostarse con las gallinas ❷ (*Henne*) gallina *f;* **freilaufende Hühner** gallinas criadas en el campo; **ein ver-**

rücktes ~ sein (*fam*) estar más loco que una cabra

Hühnchen ['hy:nçən] *nt* <-s, -> (GASTR) pollo *m;* **mit jdm ein ~ rupfen** (*fam*) cantar las cuarenta a alguien

Hühnerauge *nt* (MED) callo *m;* **Hühnerbrühe** *f* (GASTR) caldo *m* de pollo; **Hühnerbrust** *f* ❶ (GASTR) pechuga *f* de pollo ❷ (MED) pecho *m* de gallina; **Hühnerei** ['hy:nɐʔaɪ] *nt* (GASTR) huevo *m* de gallina, blanquillo *m Guat, Mex;* **Hühnerfarm** *f* granja *f* avícola; **Hühnerstall** *m* gallinero *m*, paraíso *m Mex;* **Hühnerstange** *f* percha *f* del gallinero

huldigen ['hʊldɪgən] *vi* (*geh*) ❶ (*anhängen*) rendir homenaje (+*dat* a) ❷ (*frönen*) entregarse (+*dat* a)

Huldigung *f* <-en> homenaje *m*

Hülle ['hʏlə] *f* <-n> funda *f;* **die ~n fallen lassen** (*fam*) desvestirse; **in ~ und Fülle** (*fam*) a porrillo, a patadas

hüllen ['hʏlən] *vt* (*geh*) envolver (*in* en); **sich in Schweigen ~** guardar silencio

hüllenlos *adj* (*fam*) en cueros

Hülse ['hʏlzə] *f* <-n> ❶ (*Etui*) estuche *m;* (*Geschoss~*) cartucho *m* ❷ (BOT) vaina *f;* **Hülsenfrucht** *f* (*Pflanze*) planta *f* leguminosa; (*Frucht*) legumbre *f*

human [hu'ma:n] *adj* humano

Humanismus [huma'nɪsmʊs] *m* <-, ohne pl>* humanismo *m*

humanistisch *adj* humanista

humanitär [humani'tɛ:ɐ] *adj* humanitario

Humanität *f ohne pl* humanidad *f*

Humbug ['hʊmbu:k] *m* <-s, ohne pl> (*fam abw: Unsinn*) tontería *f;* (*Schwindel*) patraña *f*

Hummel ['hʊməl] *f* <-n> abejorro *m*

Hummer ['hʊmɐ] *m* <-s, -> langosta *f*

Humor [hu'mo:ɐ] *m* <-s, ohne pl> humor *m;* **schwarzer ~** humor negro; **er hat (keinen) Sinn für ~** (no) tiene sentido del humor

humoristisch [humo'rɪstɪʃ] *adj* humorístico

humorlos *adj* sin humor

humorvoll *adj* lleno de humor; (*witzig*) jocoso

humpeln ['hʊmpəln] *vi sein* cojear

Humus ['hu:mʊs] *m* <-, ohne pl> humus *m*

Hund [hʊnt] *m*, **Hündin** *f* <-(e)s, -e; -nen> perro, -a *m, f;* **Vorsicht, bissiger ~!** ¡cuidado con el perro!; **sie sind wie ~ und Katze** (*fam*) se llevan como el perro y el gato; **auf den ~ gekommen sein** (*fam*) estar hecho polvo; **vor die ~e gehen** (*fam*) arruinarse; **da liegt der ~ begraben** (*fam*) ahí está el quid de la cuestión;

damit lockt man keinen ~ hinterm **Ofen hervor** (*fam*) con eso no se logrará llamar la atención de nadie; **keine schlafenden ~e wecken** no llamar la atención sobre hechos que podrían traer desventajas; **bekannt sein wie ein bunter ~** (*fam*) estar más visto que el tebeo; **das ist ja ein dicker ~!** (*fam*) esto sí que es fuerte; **ein falscher/feiger ~** (*fam*) un falso/cobarde; **~e, die bellen, beißen nicht** (*prov*) perro ladrador poco mordedor; **hundeelend** ['--'--] *adj* (*fam*): **mir ist ~** me siento fatal; **Hundefutter** *nt* alimento *m* para perros; **Hundehütte** *f* caseta *f* del perro; **Hundekuchen** *m* galleta *f* para perros; **Hundeleben** *nt* *ohne pl* (*fam abw*) vida *f* de perro; **Hundeleine** *f* correa *f* del perro; **hundemüde** ['--'--] *adj* (*fam*) muerto de cansancio; **Hunderasse** *f* raza *f* canina

hundert ['hʊndɐt] *adj inv* cien, ciento; **einige ~ Menschen** algunos cientos de personas; **einer unter ~** uno entre cien; **da war ich auf ~** (*fam*) estaba a cien; *s. a.* **achthundert**

Hundert *nt* <-s, -> (*Maßeinheit*) centenar *m*; **zehn vom ~** diez por ciento

Hunderte *ntpl* (*große Anzahl*) cientos *mpl*; **~ von Menschen** cientos de personas; **sie kamen zu ~n** llegaron a centenares

Hunderter *m* <-s, -> ① (MATH) centena *f* ② (*fam: Geldschein*) billete *m* de cien

Hundertjahrfeier [--'---] *f* centenario *m*

hundertjährig *adj* (*hundert Jahre alt*) centenario, de cien años; (*hundert Jahre dauernd*) de cien años de duración

Hundertjährige(r) *mf* <-n, -n; -n> centenario, -a *m, f*

hundertmal *adv* cien veces

Hundertmarkschein [--'--] *m* billete *m* de cien marcos

hundertprozentig ['---('-)--] **I.** *adj* ① (*als Anteil*) del cien por cien; (*Alkohol*) puro ② (*fam: völlig*) total; (*zuverlässig*) seguro **II.** *adv* al cien por cien, completamente

Hundertstel *nt* <-s, -> centésima *f*; **Hundertstelsekunde** ['----('-)--] *f* centésima *f* de segundo

hunderttausend ['--'--] *adj inv* cien mil

Hundescheiße *f* (*vulg*) caca *f* de perro; **Hundeschlitten** *m* trineo *m* de perros; **Hundesohn** *m* (*abw*) hijo *m* de perra; **Hundewetter** *nt* (*fam*) tiempo *m* de perros

Hündin ['hʏndɪn] *f* <-nen> *s.* **Hund**

hundsgemein *adj* (*fam*) infame, canalla; **es tut ~ weh** duele horrores; **hundsmi-**

serabel *adj* (*fam*) ① (*niederträchtig*) despreciable ② (*schlecht*) fatal, malísimo; **sich ~ fühlen** sentirse fatal [*o* de pena]; **Hundstage** *mpl* canícula *f*, caniculares *mpl*

Hüne ['hyːnə] *m* <-n, -n> gigante *m*

hünenhaft *adj* gigantesco

Hunger ['hʊŋɐ] *m* <-s, *ohne pl*> hambre *f*; **~ haben** tener hambre; **ich habe ~ auf Schokolade** me apetece chocolate; **~ wie ein Wolf haben** tener un hambre canina; **ich bekomme ~** me está entrando hambre; **seinen ~ stillen** matar el hambre; **ich sterbe vor ~** me muero de hambre; **~ leiden** sufrir hambre; **Hungerkur** *f* dieta *f* absoluta; **Hungerlohn** *m* (*abw*) (sueldo *m* de) miseria *f*

hungern ['hʊŋɐn] *vi* ① (*Hunger leiden*) pasar hambre ② (*fasten*) ayunar; (*um abzunehmen*) hacer una dieta ③ (*geh: sich sehnen*) anhelar (*nach*), estar ávido (*nach* de); **er hungert nach Anerkennung** anhela que reconozcan su mérito

Hungersnot *f* hambre *f*, hambruna *f Am*

Hungerstreik *m* huelga *f* de hambre; **in den ~ treten** declararse en huelga de hambre; **Hungertuch** *nt*: **am ~ nagen** (*fam*) morirse de hambre

hungrig ['hʊŋrɪç] *adj* hambriento; **~ nach etw** *dat* **sein** tener hambre de algo

Hupe ['huːpə] *f* <-n> bocina *f*

hupen ['huːpən] *vi* tocar la bocina

hüpfen ['hʏpfən] *vi sein* saltar

Hürde ['hʏrdə] *f* <-n> (SPORT: *a. fig*) valla *f*; **eine ~ nehmen** saltar una valla; (*fig*) superar una dificultad; **Hürdenlauf** *m* (SPORT) carrera *f* de vallas

Hure ['huːrə] *f* <-n> (*vulg*) puta *f*; **Hurenbock** *m* (*vulg*) putero *m*; **Hurensohn** *m* (*vulg*) hijo *m* de puta

hurra [hʊˈraː, hɔˈraː] *interj* hurra

Hurrikan ['hʊrikaː)n] *m* <-s, -e *o* -s> huracán *m*

huschen ['hʊʃən] *vi sein* deslizarse rápidamente

hüsteln ['hyːstəln] *vi* toser ligeramente

husten ['huːstən] *vi* toser; **denen werde ich was ~** (*fam*) ya se pueden ir preparando

Husten ['huːstən] *m* <-s, -> tos *f*; **Hustenanfall** *m* ataque *m* de tos; **Hustenbonbon** *nt* caramelo *m* contra la tos; **Hustenreiz** *m* *ohne pl* picor *m* de garganta; **Hustensaft** *m* jarabe *m* contra la tos

Hut¹ [huːt] *pl*: ['hyːtə] *m* <-(e)s, Hüte> ① (*Kopfbedeckung*) sombrero *m*; **mir geht der ~ hoch** (*fam*) esto ya pasa de la raya; **seinen ~ nehmen** (*fam*) dimitir;

alles unter einen ~ bringen *(fam)* compaginar todo; **das ist ein alter ~** *(fam)* es lo de siempre; **mit etw** *dat/***jdm nichts am ~ haben** *(fam)* no (querer) tener nada que ver con algo/alguien; **das kannst du dir an den ~ stecken** *(fam)* te lo puedes meter donde te quepa ➋ *(von Pilzen)* sombrerete *m*

Hut² [hu:t] *f ohne pl (geh: Schutz)* protección *f;* **vor jdm/etw** *dat* **auf der ~ sein** tener cuidado con alguien/algo

hüten ['hy:tən] **I.** *vt (Vieh)* cuidar; *(Kinder)* cuidar, achichiguar *Mex;* *(Geheimnis)* guardar; **das Haus/Bett ~** cuidar la casa/ guardar cama **II.** *vr:* **sich ~** *(sich vorsehen)* tener cuidado *(vor*con); **hüte dich das zu tun!** ¡ni se te ocurra hacerlo!; **ich werde mich ~!** *(fam)* ¡me cuidaré mucho!

Hüter(in) *m(f)* <-s, -; -nen> *(geh)* guardián, -ana *m, f;* **der ~ des Gesetzes** el guardián de la ley

Hutgeschäft *nt* sombrerería *f;* **Hutkrempe** *f* ala *f* de sombrero; **Hutmacher(in)** *m(f)* <-s, -; -nen> sombrerero, -a *m, f*

Hütte ['hʏtə] *f* <-n> ➊ *(Haus)* cabaña *f;* *(Ski~)* refugio *m* ➋ *(Industrieanlage)* planta *f* siderúrgica; **Hüttenindustrie** *f* industria *f* siderúrgica; **Hüttenkäse** *m* queso *m* fresco granulado

H-Vollmilch *f* leche *f* U.H.T.

Hyäne [hy'ɛ:nə] *f* <-n> (ZOOL) hiena *f*

Hyazinthe [hya'tsɪntə] *f* <-n> jacinto *m*

Hydrant [hy'drant] *m* <-en, -en> boca *f* de riego

Hydraulik [hy'draʊlɪk] *f ohne pl* (TECH) hidráulica *f*

hydraulisch *adj* (TECH) hidráulico

Hydrodynamik ['hy:drodyna:mɪk, hydrody'na:mɪk] *f* (PHYS) hidrodinámica *f;* **Hydrokultur** ['----, ---'-] *f* hidrocultivo *m;* **Hydrotherapie** ['-----, ----'-] *f* (MED) hidroterapia *f*

Hygiene [hy'gje:nə] *f ohne pl* higiene *f*

hygienisch *adj* higiénico

Hymne ['hʏmnə] *f* <-n> himno *m*

hyperaktiv ['hy:pɐ-] *adj* hiperactivo

Hyperbel [hy'pɛrbəl] *f* <-n> ➊ (MATH) hipérbola *f* ➋ *(a.* LING) hipérbole *f*

hyperkorrekt ['hy:pɐkɔrɛkt] *adj* supercorrecto; (LING) hipercorrecto; **Hyperlink** ['haɪpɐlɪŋk, 'hy:pɐ-] *m* <-s, -s> (INFOR, TEL) hiperenlace *m*, hyperlink *m;* **Hypermedia** ['haɪpɐmi:dia] *ntpl* (INFOR) hipermedios *mpl;* **hypermodern** [hypɐmo'dɛrn, 'hy:pɐmodɛrn] **I.** *adj (fam)* supermoderno, hipermoderno, ultramoderno **II.** *adv (fam)* de forma supermoderna [*o* hipermoderna]; **ihr**

seid wirklich ~ eingerichtet! ¡os habéis montado la casa en plan auténticamente moderno!; **hypersensibel** ['hy:pɐ-] *adj* hipersensible; **Hypertext** ['hy:pɐ-] *m* <-es, -e> (INFOR) hipertexto *m*

Hypnose [hʏp'no:zə] *f* <-n> hipnosis *f inv;* **unter ~ stehen** estar bajo hipnosis

hypnotisch [hʏp'no:tɪʃ] *adj* hipnótico

hypnotisieren* [hʏpnoti'zi:rən] *vt* hipnotizar

Hypochonder [hypo'xɔndɐ] *m* <-s, -> hipocondríaco, -a *m, f*

Hypophyse [hypo'fy:zə] *f* <-n> (ANAT) hipófisis *f inv*

Hypothek [hypo'te:k] *f* <-en> (FIN) hipoteca *f;* **eine ~ aufnehmen** imponer una hipoteca; **das Haus mit einer ~ belasten** hipotecar la casa; **Hypothekenbank** *f* banco *m* hipotecario; **Hypothekenbrief** *m* título *m* hipotecario

Hypothese [hypo'te:zə] *f* <-n> hipótesis *f inv;* **eine ~ aufstellen/widerlegen** formular/rebatir una hipótesis

hypothetisch [hypo'te:tɪʃ] *adj* hipotético

Hysterie [hʏste'ri:] *f* <-n> histeria *f*

hysterisch [hʏs'te:rɪʃ] *adj* histérico

Hz *Abk. von* **Hertz** hz

I, i [i:] *nt* <-, -> I, i *f;* **~ wie Ida** I de Inés

i [i:] *interj* puaj; **~ wo!** ¡ni en sueños!

i.A. *Abk. von* **im Auftrag** p.o.

i.Allg. *Abk. von* **im Allgemeinen** en general

iberisch [i'be:rɪʃ] *adj* ibérico; **die I~e Halbinsel** la Península Ibérica

IC [i:'tse:] *m* <-(s), -s> *Abk. von* **Intercity(zug)** Intercity *m*

ICE [i:tse:'ʔe:] *m* <-(s), -s> *Abk. von* **Intercityexpress** ≈AVE *m* *(tren de alta velocidad)*

ich [ɪç] *pron pers 1. sg* yo; **~ Idiot!** ¡idiota de mí!; **immer ~!** ¡siempre yo!

Ich *nt* <-(s), -s> yo *m;* **mein anderes/ zweites/besseres ~** mi otro/segundo/ mejor yo; **Icherzählung** *f,* **Ich-Erzählung** *f* (LIT) narrativa *f* escrita en primera persona; **Ichform** *f* (LING, LIT) primera persona *f*

Icon ['aɪkən] *nt* <-s, -s> (INFOR) icono *m*

ideal [ide'a:l] *adj* ideal

Ideal nt <-s, -e> ideal m; **Idealfall** m caso m ideal; **Idealgewicht** nt peso m ideal
idealisieren* [ideali'ziːrən] vt idealizar
Idealismus [idea'lɪsmʊs] m <-, ohne pl> idealismo m
Idealist(in) m(f) <-en, -en; nen> idealista mf
idealistisch adj idealista
Ideallösung f solución f ideal; **idealtypisch** adj (PHILOS: geh) ideal; **Idealvorstellung** f concepto m ideal
Idee [i'deː, pl: i'deːən] f <-n> ❶ (Einfall) idea f; **gute ~!** ¡buena idea!; **wie kommst du denn auf die ~?** ¿cómo se te ocurre esto?; **ich habe eine ~** tengo una idea; **jdn auf die ~ bringen etw zu tun** dar a alguien la idea de hacer algo; **jdn auf andere ~n bringen** distraer a alguien; **ich habe nicht die leiseste ~ davon** (fam) no tengo ni la más remota idea de esto; **das ist bei ihm eine fixe ~** eso es una obsesión suya ❷ (fam: ein bisschen) pizca f; **keine ~ besser** ni una pizca mejor
ideell [ide'ɛl] adj ideal
ideenlos adj (Mensch) sin ideas; (Gestaltung) poco innovador; **ideenreich** [i'deːən-] adj creativo; **Ideenreichtum** m ohne pl inventiva f
Identifikation [idɛntifika'tsjoːn] f <-en> (PSYCH) identificación f; **Identifikationsfigur** f (PSYCH) personaje m de identificación
identifizieren* [idɛntifi'tsiːrən] I. vt identificar II. vr: **sich ~** identificarse
Identifizierung f <-en> identificación f
identisch [i'dɛntɪʃ] adj idéntico (mit a), individual (mit a) And, CSur
Identität [idɛnti'tɛːt] f <-en> identidad f; **Identitätskarte** f (Schweiz: Personalausweis) carné m de identidad; **Identitätskrise** f crisis f inv de identidad
Ideologe, **-in** [ideo'loːgə] m, f <-n, -n; -nen> ideólogo, -a m, f
Ideologie [ideolo'giː] f <-n> ideología f
Ideologin f <-nen> s. **Ideologe**
ideologisch adj ideológico
idiomatisch [idjo'maːtɪʃ] adj (LING) idiomático
Idiot(in) [i'djoːt] m(f) <-en, -en; -nen> (fam abw) idiota mf, merlo m Am
idiotensicher I. adj (fam hum: Verschluss) superfácil de manejar II. adv (fam hum) sin problemas
Idiotie [idjo'tiː] f <-n> ❶ (MED) idiocia f, idiotez f ❷ (fam abw: Dummheit) idiotez f
Idiotin f <-nen> s. **Idiot**
idiotisch adj (fam abw) idiota
Idol [i'doːl] nt <-s, -e> ídolo m
Idylle [i'dʏlə] f <-n> idilio m

idyllisch adj idílico
Igel ['iːgəl] m <-s, -> (ZOOL) erizo m
igitt(igitt) interj (reg) qué asco
Iglu ['iːglu] m o nt <-s, -s> iglú m
Ignorant(in) [igno'rant, ɪgno'rant] m(f) <-en, -en; -nen> (abw) ignorante mf
Ignoranz f ohne pl (abw) ignorancia f
ignorieren* vt ignorar
Iguana [i'gua:na] f (ZOOL) iguana f, caimán m Bol
IHK [iːhaː'kaː] f Abk. von **Industrie- und Handelskammer** Cámara f de Industria y Comercio
ihm [iːm] pron pers dat von **er, es** le; (betont: Mensch) a él... (le); (mit Präposition: Mensch) él; **sie hat ~ nichts gesagt** no le ha dicho nada; **hinter/vor/unter/über ~** detrás/delante/debajo/encima de él; **ein Freund von ~** un amigo suyo
ihn [iːn] pron pers 3. sg m akk von **er** lo; (betont: Mensch) a él... (lo, le); **ich treffe ~ heute Abend** le [o lo] veo esta noche; **das ist für ~** esto es para él
ihnen ['iːnən] pron pers mfpl dat von **sie** les; (betont: Mensch) a ellos/ellas... (les); (mit Präposition: Menschen) ellos/ellas; **niemand half ~** no les ayudó nadie; **~ wäre das zu teuer** a ellos/ellas les resultaría demasiado caro; **hinter/vor/unter/über ~** detrás/delante/debajo/encima de ellos/ellas; **ein Freund von ~** un amigo suyo
Ihnen pron pers (Höflichkeitsform) dat von **Sie** le sg, les pl; (betont) a usted... (le)/a ustedes... (les), a Ud. ... (le)/a Uds. ... (les); (mit Präposition) usted/ustedes, Ud./Uds.; **wir wollten ~ eine Freude machen** queríamos darle/darles una alegría; **~ hätte es bestimmt auch gefallen** a Ud./Uds. seguro que también le/les habría gustado; **hinter/vor/unter/über ~** detrás/delante/debajo/encima de Ud./Uds.; **ein Freund von ~** un amigo suyo
ihr [iːɐ] I. pron pers ❶ 2. pl vosotros mpl, vosotras fpl, ustedes Am; **~ beiden/drei** vosotros/vosotras dos/tres; **~ Lieben!** ¡queridos/queridas! ❷ dat von sg **sie** le; (betont: Mensch) a ella... (le); (mit Präposition: Mensch) ella; **ich habe ~ noch nichts gegeben** todavía no le he dado nada; **~ solltest du was Besseres anbieten** a ella deberías ofrecerle algo mejor; **hinter/vor/unter/über ~** detrás/delante/debajo/encima de ella; **ein Freund von ~** un amigo suyo II. pron poss s. **ihr, ihre, ihr**

ihr, ihre, ihr pron poss (adjektivisch) su sg, sus pl; (einer Frau) de ella; (mehrerer

Menschen) de ellos/ellas; ~ **Unterricht/ Projekt** su clase/proyecto; ~**e Tochter/ Bekannten** su hija/sus conocidos

Ihr, Ihre, Ihr *pron poss* (*adjektivisch: Höflichkeitsform*) su *sg,* sus *pl;* (*einer Person*) de usted, de Ud.; (*mehrerer Menschen*) de ustedes, de Uds.; ~ **Beruf/Kind** su profesión/hijo; ~**e Zeit/Schuhe** su tiempo/ sus zapatos

ihre(**r, s**) *pron poss substantivisch* (el) suyo *m,* (la) suya *f,* (los) suyos *mpl,* (las) suyas *fpl;* (*einer Frau*) de ella; (*mehrerer Menschen*) de ellos/ellas; **dieses Geschenk ist ~s** este regalo es (el) suyo; *s. a.* **ihr, ihre, ihr**

Ihre(**r, s**) *pron poss* (*substantivisch: Höflichkeitsform*) (el) suyo *m,* (la) suya *f,* (los) suyos *mpl,* (las) suyas *fpl;* (*einer Person*) de usted, de Ud.; (*mehrerer Menschen*) de ustedes, de Uds.; **ist dieser Wagen ~r?** ¿es suyo este coche?; *s. a.* **Ihr, Ihre, Ihr**

ihrer ['iːrɐ] *pron pers* ❶ *gen von sg* **sie** de ella ❷ *pl gen von sg* **sie** de ella/ellas

Ihrer *pron pers gen von* **Sie** (*Höflichkeitsform*) de usted *sg,* de ustedes *pl*

ihrerseits ['iːrɐzaɪ̯ts] *adv* ❶ *sg* por parte de ella, por su parte; **sie hat sich ~ anders entschlossen** por su parte ha tomado otra decisión ❷ *pl* por parte de ellos/de ellas, por su parte; **wenn sie ~ nichts dagegen einzuwenden haben** si ellos/ ellas por su parte no tienen nada que objetar

Ihrerseits *adv* ❶ *sg* por parte de usted, por su parte ❷ *pl* por parte de ustedes, por su parte

ihresgleichen ['--'--] *pron indef* sus semejantes, de su condición; **er hatte noch nie ~ kennen gelernt** nunca había conocido a una chica como ella

Ihresgleichen *pron indef* sus semejantes, de su condición; **~ benimmt sich anders** las personas como Ud./Uds. se comportan de otra manera

ihretwegen ['iːrət've:gən] *adv* ❶ *sg* por ella; **ich habe es nur ~ getan** lo hice solamente por ella ❷ *pl* por ellos, por ellas; **es ist ~ geschehen** pasó por culpa de ellos/ de ellas, pasó por su culpa

Ihretwegen *adv* ❶ *sg* por usted ❷ *pl* por ustedes

ihretwillen ['iːrət'vɪlən] *adv* ❶ *sg:* **um ~** por consideración a ella, por ella ❷ *pl:* **um ~** por consideración a ellos/a ellas, por ellos/por ellas

Ihretwillen *adv* ❶ *sg:* **um ~** por consideración a usted, por usted ❷ *pl:* **um ~** por consideración a ustedes, por ustedes

ihrige *pron poss geh für* **ihre**(**r, s**): **der/ die/das** ~ el suyo/la suya; (*einer Frau*) el/la de ella; (*mehrerer Menschen*) el/la de ellos/ellas; **die ~n** los suyos/las suyas; (*einer Frau*) los/las de ella; (*mehrerer Menschen*) los/las de ellos/ellas

Ihrige *pron poss* (*Höflichkeitsform*) *geh für* **Ihre**(**r, s**): **der/die/das** ~ el suyo/la suya, el/la de usted *sg,* el/la de ustedes *pl;* **die ~n** los suyos/las suyas, los/las de usted *sg,* los/las de ustedes *pl*

Ikone [i'koːnə] *f* <-n> icono *m*

illegal ['ɪlegaːl] *adj* ilegal

Illegalität *f* <-en> ilegalidad *f*

illegitim ['ɪlegitiːm] *adj* ilegítimo

illoyal ['ɪlɔ̯aːl] *adj* desleal

illuminieren* [ɪlu'zjoːn] *vt* (*a.* KUNST) iluminar

Illusion [ɪlu'zjoːn] *f* <-en> ilusión *f;* **sich der ~ hingeben, dass ...** hacerse la ilusión de que...; **sich** *dat* **über etw** (**keine**) **~en machen** (no) hacerse ilusiones sobre algo

illusionär [ɪluzjo'nɛːɐ] *adj* utópico

illusorisch [ɪlu'zoːrɪʃ] *adj* ilusorio; (*trügerisch*) engañoso; **es ist völlig ~ zu glauben, dass ...** es totalmente ilusorio pensar que... +*ind/subj*

Illustration [ɪlʊstra'tsjoːn] *f* <-en> ilustración *f*

illustrieren* [ɪlʊs'triːrən] *vt* ilustrar

Illustrierte [ɪlʊs'triːrətə] *f* <-n> revista *f*

Iltis ['ɪltɪs] *m* <-ses, -se> (ZOOL) turón *m*

im [ɪm] = **in dem** en el/en la; *s. a.* **in**

Image ['ɪmɪtʃ] *nt* <-(s), -s> imagen *f* (pública); **Imagepflege** *f* cuidado *m* de la imagen; **Imageverlust** *m* pérdida *f* de la imagen [*o* del prestigio]

imaginär [imagi'nɛːɐ] *adj* imaginario

Imbiss ['ɪmbɪs] *m* <-es, -e> ❶ (*Häppchen*) piscolabis *m inv,* ≈tapa *f,* causa *f Chil, Peru* ❷ (*Verkaufsstelle*) snack-bar *m;* **Imbissstand** *m* chiringuito *m;* **Imbissstube** *f* bar *m,* snack-bar *m*

Imitat [imi'taːt] *nt* <-(e)s, -e> imitación *f*

Imitation [imita'tsjoːn] *f* <-en> imitación *f*

Imitator(**in**) [imi'taːtoːɐ] *m(f)* <-s, -en; -nen> imitador(a) *m(f)*

imitieren* [imi'tiːrən] *vt* imitar

Imker(**in**) ['ɪmkɐ] *m(f)* <-s, -; -nen> apicultor(a) *m(f)*

Immatrikulation [ɪmatrikula'tsjoːn] *f* <-en> matriculación *f*

immatrikulieren* [ɪmatriku'liːrən] **I.** *vt* ❶ (UNIV: *einschreiben*) matricular (*für* en) ❷ (*Schweiz: Fahrzeug zulassen*) matricular **II.** *vr:* **sich ~** (UNIV) matricularse (*für* en)

immens [ɪ'mɛns] *adj* inmenso

immer ['ɪmɐ] *adv* siempre; (*unaufhörlich*)

continuamente; **es ist ~ dasselbe** siempre ocurre lo mismo; **für ~** para siempre; **~ mit der Ruhe!** ¡con calma!; **~ geradeaus** todo seguido; **er ist ~ noch nicht da** aún [o todavía] no ha llegado; **~ wenn ...** siempre que...; **~ wieder** siempre de nuevo; **wie ~** como siempre; **~ mehr** cada vez más; **wer auch ~ ...** quienquiera que... +*subj;* **was auch ~** sea lo que sea; **wo/wie auch ~ ...** dondequiera/comoquiera que... +*subj;* **~ mal** (*fam*) de vez en cuando; **immerfort** ['--'-] *adv* continuamente, ininterrumpidamente; **immergrün** *adj* perenne; **immerhin** ['--'-] *adv* al fin y al cabo, por lo menos; **immerwährend** *adj* (*geh*) perpetuo; **immerzu** ['--'-] *adv* (*fam*) continuamente

Immigrant(in) [ɪmi'grant] *m(f)* <-en, -en; -nen> inmigrante *mf*

Immigration [ɪmigra'tsjoːn] *f* <-en> inmigración *f*

immigrieren* *vi sein* inmigrar

Immissionen [ɪmɪ'sjoːnən] *fpl* inmisiones *fpl*

Immissionsschaden *m* (ÖKOL) daño *m* por inmisión

Immobilien [ɪmo'biːliən] *fpl* (bienes *mpl*) inmuebles *mpl*; **Immobilienmakler(in)** *m(f)* agente *mf* inmobiliario, -a; **Immobilienmarkt** *m* mercado *m* inmobiliario

immun [ɪ'muːn] *adj* (MED, JUR) inmune (*gegen* a/contra)

immunisieren* [ɪmuni'ziːrən] *vt* (MED) inmunizar (*gegen* contra)

Immunität *f* <-en> (MED, JUR) inmunidad *f* (*gegen* a/contra)

Immunschwäche *f* (MED) inmunodeficiencia *f;* **Immunschwächekrankheit** *f* (MED) enfermedad *f* por inmunodeficiencia

Immunserum *nt* <-s, -sera *o* -seren> (MED) suero *m* inmune; **Immunsystem** *nt* (MED) sistema *m* inmunológico

Imperativ ['ɪmperatiːf] *m* <-s, -e> (LING) imperativo *m*

Imperator [ɪmpe'raːtoː] *m* <-s, -en> (HIST) emperador *m*

Imperfekt ['ɪmpɛrfɛkt] *nt* <-s, -e> (LING) imperfecto *m*

Imperialismus [ɪmperia'lɪsmʊs] *m* <-, ohne pl> imperialismo *m*

imperialistisch *adj* imperialista

Imperium [ɪm'peːriʊm, *pl:* ɪm'peːriən] *nt* <-s, Imperien> (*geh*) imperio *m*

impertinent [ɪmpɛrti'nɛnt] *adj* (*geh*) impertinente

Impertinenz [ɪmpɛrti'nɛnts] *f* <-en> (*geh*) insolencia *f,* impertinencia *f*

impfen ['ɪmpfən] *vt* vacunar (*gegen* contra)

Impfpass *m* (MED) carnet *m* de vacunación; **Impfstoff** *m* vacuna *f*

Impfung *f* <-en> vacunación *f*

Implantat [ɪmplan'taːt] *nt* <-(e)s, -e> (MED) injerto *m*

implantieren* [ɪmplan'tiːrən] *vt* (TECH, MED) implantar

implizieren* [ɪmpli'tsiːrən] *vt* implicar

implizit [ɪmpli'tsiːt] *adj* implícito

implodieren* *vi sein* (TECH) implotar

imponieren* [ɪmpo'niːrən] *vi* imponer, impresionar

imponierend *adj* (*Mensch*) impresionante, imponente

Imponiergehabe [ɪmpo'niːɐ-] *nt* pavoneo *m;* (*Angeberei*) presunción *f*

Import [ɪm'pɔrt] *m* <-(e)s, -e> ❶ (*Wareneinfuhr*) importación *f* ❷ (*Waren*) importaciones *fpl* ❸ (INFOR) importación *f*

Importeur(in) [ɪmpɔr'tøːɐ] *m(f)* <-s, -e; -nen> importador(a) *m(f)*

importieren* [ɪmpɔr'tiːrən] *vt* importar

imposant [ɪmpo'zant] *adj* impresionante, imponente; (*iron*) ridículo

impotent ['ɪmpotɛnt] *adj* impotente

Impotenz ['ɪmpotɛnts] *f ohne pl* impotencia *f*

imprägnieren* [ɪmprɛ'gniːrən] *vt* impregnar; (*Stoff*) impermeabilizar

Impressen *pl von* **Impressum**

Impressionismus [ɪmprɛsjo'nɪsmʊs] *m* <-, ohne pl> (KUNST) impresionismo *m*

impressionistisch *adj* (KUNST) impresionista

Impressum [ɪm'prɛsʊm] *nt* <-s, Impressen> (PUBL) pie *m* de imprenta

Improvisation [ɪmproviza'tsjoːn] *f* <-en> (*a.* MUS) improvisación *f*

improvisieren* [ɪmprovi'ziːrən] *vt* improvisar

Impuls [ɪm'pʊls] *m* <-es, -e> impulso *m*

impulsiv [ɪmpʊl'ziːf] *adj* impulsivo

imstande [ɪm'ʃtandə] *adv* capaz; **~ sein etw zu tun** ser capaz de hacer algo

in [ɪn] **I.** *präp* +*dat* ❶ (*wo*) en; (*darin*) dentro de; **~ Magdeburg/~ diesem Buch** en Magdeburgo/en este libro; **~ der Hand** en la mano; **~ der Schule** en el colegio; **~ Mathe ist er schwach** está flojo en mates; **~ gibt es das Kleid auch ~ Grün?** ¿tienen el vestido también en verde?; **~ einer bestimmten Absicht** con una intención determinada; **~ dieser Situation** en esta situación; **die Klausur/der Schnaps hat es ~ sich** *dat* es todo un examen/un aguardiente ❷ (*zeitlich: während*) en, durante; (*binnen*) dentro de, en; **~ den Ferien** en las vacaciones; **~ drei Tagen**

kommt ihr Mann wieder su marido vuelve dentro de tres días; ~ **drei Jahren lernt man sich gut kennen** en tres años uno se llega a conocer bien; ~ **der nächsten Woche** la semana que viene; ~ **vierzehn Tagen** dentro de quince días; **im Jahr(e) 1977** en (el año) 1977; ~ **der Nacht** por la noche; **im Januar** en enero **II.** *präp* +*akk* (*Richtung*) a; ~ **die Schweiz/~s Ausland fahren** ir a Suiza/ al extranjero; **wir ziehen ~ eine andere Stadt** nos mudamos a otra ciudad; **sie geht ~ den Garten/~s Kino** va al jardín/ al cine; **ich gehe jetzt ~s Bett** me voy a la cama; ~ (**den**) **Urlaub fahren** ir(se) de vacaciones; ~ **Gefahr/~ eine Falle geraten** correr peligro/caer en una trampa; ~**s Rutschen geraten** resbalar **III.** *adj* (*fam*): ~ **sein** estar de moda

inaktiv ['ɪn'ʔakti:f] *adj* inactivo

inakzeptabel *adj* inaceptable

Inanspruchnahme [-'----] *f* <-n> (*eines Gerätes*) uso *m*; (*eines Hilfsmittels*) empleo *m*; (*eines Menschen*) ocupación *f*

Inbegriff ['ɪnbəgrɪf] *m* <-(e)s, -e> encarnación *f*

inbegriffen ['----] *adj* incluido

Inbetriebnahme [--'---] *f* <-n> puesta *f* en servicio; (*einer Maschine*) puesta *f* en marcha

Inbrunst ['ɪnbrʊnst] *f ohne pl* (*geh*) fervor *m*

inbrünstig ['ɪnbrʏnstɪç] *adj* (*geh*) fervoroso

indem [ɪn'de:m] *konj* ➊ (*während*) mientras, al +*inf* ➋ (*dadurch dass*): **sie sparte Geld,** ~ **sie ihre Kleidung selbst machte** ahorraba dinero haciéndose ella misma la ropa

Inder(in) ['ɪndɐ] *m(f)* <-s, -; -nen> indio, -a *m, f* (de la India)

indessen [ɪn'dɛsən] *adv* ➊ (*inzwischen*) entretanto ➋ (*jedoch*) sin embargo

Index¹ ['ɪndɛks, *pl:* 'ɪnditse:s, 'ɪndɛkse] *m* <-(es), -e o Indizes> (*Register*) índice *m*

Index² ['ɪndɛks, *pl:* 'ɪnditse:s], Indizes> (WIRTSCH, MATH, PHYS, LING) índice *m*

Index³ ['ɪndɛks] *m* <-(es), -e> (REL) índice *m* (expurgatorio); **auf dem ~ stehen** figurar en el índice de los libros prohibidos

Indianer(in) [ɪndi'a:nɐ] *m(f)* <-s, -; -nen> indio, -a *m, f* (americano, -a)

indianisch *adj* indio

Indien ['ɪndiən] *nt* <-s> (la) India *f*

indigoblau ['----] *adj* azul índigo

Indikativ ['ɪndikati:f] *m* <-s, -e> (LING) indicativo *m*

Indikator [ɪndi'ka:to:ɐ] *m* <-s, -en> indicador *m* (*für* de)

Indio ['ɪndjo] *m* <-s, -s> indio *m* (americano)

indirekt ['ɪndirɛkt] *adj* indirecto

indisch ['ɪndɪʃ] *adj* indio

indiskret ['ɪndɪskre:t] *adj* indiscreto

Indiskretion ['----, ---'-] *f* <-en> indiscreción *f*

indiskutabel ['-----, ---'--] *adj* indiscutible

Individualismus [ɪndividua'lɪsmʊs] *m* <-, *ohne pl*> individualismo *m*

Individualist(in) [ɪndividua'lɪst] *m(f)* <-en, -en; -nen> individualista *mf*

individualistisch *adj* individualista

Individualität *f* <-en> individualidad *f*

individuell [ɪndividu'el] *adj* individual

Individuum [ɪndi'vi:duʊm, *pl:* ɪndi'vi:duən] *nt* <-s, Individuen> individuo *m*

Indiz [ɪn'di:ts] *nt* <-es, -ien> indicio *m* (*für* de)

Indizes *pl von* **Index¹**, **Index²**

Indochina [ɪndo'çi:na] *nt* <-s> Indochina *f*

indogermanisch ['---'--] *adj* (LING, HIST) indogermánico

Indonesien [ɪndo'ne:ziən] *nt* <-s> Indonesia *f*

Indonesier(in) [ɪndo'ne:ziɐ] *m(f)* <-s, -; -nen> indonesio, -a *m, f*

indonesisch *adj* indonesio

industrialisieren * [ɪndʊstriali'zi:rən] *vt* industrializar

Industrialisierung *f* <-en> industrialización *f*

Industrie [ɪndʊs'tri:] *f* <-n> industria *f*; **Industrieabwasser** *nt* aguas *fpl* residuales de la industria; **Industriebetrieb** *m* empresa *f* industrial; **Industriegebiet** *nt* zona *f* industrial; **Industriegesellschaft** *f* sociedad *f* industrial; **Industriekauffrau** *f* perito *f* industrial; **Industriekaufmann** *m* perito *m* industrial; **Industrieland** *nt* país *m* industrial

industriell [ɪndʊstri'ɛl] *adj* industrial

Industrielle(r) *mf* <-n, -n; -n> industrial *mf*

Industriemüll *m* residuos *mpl* industriales; **Industriestandort** *m* punto *m* (de concentración) industrial; **Industrie- und Handelskammer** *f* Cámara *f* de Industria y Comercio; **Industriezweig** *m* ramo *m* de (la) industria, sector *m* industrial

ineffektiv ['ɪn-] *adj* inefectivo

ineffizient *adj* ineficiente

ineinander [ɪn(ʔ)aɪ'nandɐ] *adv* uno en otro; **sich ~ verlieben** enamorarse uno del otro

infam [ɪn'fa:m] *adj* (*abw*) infame

Infanterie [ɪnfantə'riː, '----] *f* <-n> (MIL) infantería *f*

Infanterist [ɪnfantə'rɪst] *m* <-en, -en> (MIL) soldado *m* de infantería

infantil [ɪnfan'tiːl] *adj* (PSYCH) infantil; (*abw*) infantiloide

Infarkt [ɪn'farkt] *m* <-(e)s, -e> (MED) infarto *m*

Infekt [ɪn'fɛkt] *m* <-(e)s, -e> (MED) infección *f*; **ein grippaler** ~ una infección gripal

Infektion [ɪnfɛk'tsjoːn] *f* <-en> (MED) infección *f*; **Infektionskrankheit** *f* (MED) enfermedad *f* infecciosa

Inferno [ɪn'fɛrno] *nt* <-s, *ohne pl*> infierno *m*

infiltrieren* [ɪnfɪl'triːrən] *vt* (*geh a.* MED, TECH) infiltrar(se) (en)

Infinitiv ['ɪnfinitiːf] *m* <-s, -e> (LING) infinitivo *m*

infizieren* [ɪnfi'tsiːrən] **I.** *vt* (MED) infectar; (INFOR) contaminar (*con un virus informático*) **II.** *vr:* **sich** ~ (MED) ❶ (*krank werden*) contagiarse ❷ (*sich anstecken*) coger *fam;* **sie hat sich mit Aids infiziert** ha cogido el sida

in flagranti [ɪn fla'granti] *adv* in fraganti

Inflation [ɪnfla'tsjoːn] *f* <-en> (WIRTSCH) inflación *f*

Info *f* <-s> (*fam*) *Abk. von* **Information** información *f*

infolge [ɪn'fɔlgə] *präp +gen* a consecuencia de; **infolgedessen** [---'--] *adv* en consecuencia, por consiguiente

Informant(in) [ɪnfɔr'mant] *m(f)* <-en, -en; -nen> informante *mf*

Informatik [ɪnfɔr'maːtɪk] *f ohne pl* informática *f*

Informatiker(in) [ɪnfɔr'maːtike] *m(f)* <-s, -; -nen> informático, -a *m, f*

Information [ɪnfɔrma'tsjoːn] *f* <-en> ❶ (*Nachricht*) información *f* (*über* sobre); **zu Ihrer** ~ para su información ❷ (*Empfang*) información *f;* **wenden Sie sich bitte an die** ~ diríjase a información, por favor

Informationsaustausch *m* intercambio *m* de informaciones; **Informationsfluss** *m ohne pl* flujo *m* de comunicaciones; **Informationsflut** *f* avalancha *f* de informaciones; **Informationsgesellschaft** *f* sociedad *f* de información; **Informationsmaterial** *nt* material *m* informativo

informativ [---'-] *adj* informativo

informell ['ɪnfɔrmɛl, --'-] *adj* ❶ (*ohne Formalitäten*) informal ❷ (*informatorisch*) informativo

informieren* [ɪnfɔr'miːrən] **I.** *vt* informar

(*über* sobre/de) **II.** *vr:* **sich** ~ informarse (*über* sobre/de); **ich werde mich darüber** ~ me informaré sobre esto

Infotainment [ɪnfo'tɛɪnmənt] *nt* <-s, -s> infotainment *m*

infrage: ~ **kommen** entrar en consideración; **das kommt nicht** ~ (*ist ungeeignet*) esto no se puede tomar en cuenta; **etw** ~ **stellen** poner algo en duda

infrarot [ɪnfra'roːt] *adj* (PHYS) infrarrojo; **Infrarotlicht** *nt ohne pl* luz *f* infrarroja; **Infrarotstrahlen** *mpl* rayos *mpl* infrarrojos

Infrastruktur ['----] *f* infraestructura *f*

Infusion [ɪnfu'zjoːn] *f* <-en> (MED) transfusión *f*

Ing. *Abk. von* **Ingenieur(in)** ing.

Ingenieur(in) [ɪnʒe'njøːɐ] *m(f)* <-s, -e; -nen> ingeniero, -a *m, f*

Ingwer ['ɪŋvɐ] *m* <-s, *ohne pl*> jengibre *m*

Inh. ❶ *Abk. von* **Inhaber(in)** propietario, -a *m, f* ❷ *Abk. von* **Inhalt** contenido

Inhaber(in) ['ɪnhaːbɐ] *m(f)* <-s, -; -nen> (*Eigentümer*) propietario, -a *m, f;* (*eines Kontos, Amtes, Passes*) titular *mf,* (*von Aktien*) tenedor(a) *m(f)*

inhaftieren* [ɪnhaf'tiːrən] *vt* detener, encarcelar

inhalieren* [ɪnha'liːrən] **I.** *vt* inhalar **II.** *vi* hacer inhalaciones

Inhalt ['ɪnhalt] *m* <-(e)s, -e> ❶ (*allgemein*) contenido *m* ❷ (MATH: *Fläche*) área *f;* (*Raum*) volumen *m*

inhaltlich I. *adj* del contenido **II.** *adv* en cuanto al contenido

Inhaltsangabe *f* resumen *m;* **inhaltslos** *adj* sin contenido; **inhaltsreich** *adj* de mucho contenido; (*dicht*) denso; **Inhaltsstoff** *m* contenido *m;* **Inhaltsverzeichnis** *nt* tabla *f* de materias, índice *m*

inhuman *adj* (*geh*) inhumano

Initiale [initsj'aːlə] *f* <-n> (letra *f*) inicial *f*

initialisieren* [initsjali'tsiːrən] *vt* (INFOR) inicializar

Initiation [initsja'tsjoːn] *f* <-en> (*a.* REL, SOZIOL) iniciación *f*

Initiative [initsja'tiːvə] *f* <-n> ❶ (*allgemein*) iniciativa *f;* **die** ~ **ergreifen** tomar la iniciativa; **etw aus eigener** ~ **tun** hacer algo por iniciativa propia ❷ (*Schweiz: Volksbegehren*) iniciativa *f* popular

Initiator(in) [ini'tsjaːtoːɐ] *m(f)* <-s, -en; -nen> iniciador(a) *m(f)*

initiieren* [initsi'iːrən] *vt* iniciar

Injektion [ɪnjɛk'tsjoːn] *f* <-en> (MED) inyección *f*

injizieren* [ɪnji'tsiːrən] *vt* (MED) inyectar

Inka ['ɪŋka] *mf* <-(s), -(s); -(s)> (HIST)

inca *mf*

Inkasso [ɪnˈkaso] *nt* <-s, -s *o* Inkassi> (FIN) cobro *m*

inkl. *Abk. von* **inklusive** inclusive, incluido

inklusive [ɪnkluˈziːvə] **I.** *präp* +*gen* inclusive, incluido **II.** *adv* inclusive, incluido; **bis 28. November** ~ hasta el 28 de noviembre inclusive; **alles** ~ todo incluido

Inkognito *nt* <-s, -s> (*geh*) incógnito *m*; **sein** ~ **wahren** guardar el anonimato

inkognito *adv* (*geh*) de incógnito

inkompatibel ['-----, ---'--] *adj* (INFOR, JUR) incompatible

inkompetent [ˈɪnkɔmpetɛnt] *adj* incompetente

Inkompetenz [ˈɪnkɔmpetɛnts] *f* <-en> incompetencia *f*

inkonsequent *adj* inconsecuente

Inkonsequenz ['----, ---'-] *f* <-en> inconsecuencia *f*

inkorrekt ['---] *adj* incorrecto

Inkrafttreten [-'---] *nt* <-s, *ohne pl*>, **In-Kraft-Treten** *nt* <-s, *ohne pl*> entrada *f* en vigor

Inkubationszeit *f* (MED) tiempo *m* de incubación

Inland [ˈɪnlant] *nt* <-(e)s, *ohne pl*> ❶ (*Gegensatz zu Ausland*) país *m*; **im In- und Ausland** dentro y fuera del país ❷ (*Gegensatz zu Küste*) interior *m* (del país); **Inlandflug** *m* vuelo *m* nacional

inländisch [ˈɪnlɛndɪʃ] *adj* interior; (*Waren*) nacional

Inlandsmarkt *m* (WIRTSCH) mercado *m* nacional

Inliner [ˈɪnlaɪnɐ] *m* <-s, ->, **Inlineskate** [ˈɪnlaɪnskɛɪt] *m* <-s, -s> patín *m* en línea [*o* in-line]

inmitten [ɪnˈmɪtən] *präp* +*gen* (*geh*) en medio de

inne|haben [ˈɪnə-] *irr vt* (*Amt*) ocupar; (*geh: besitzen*) poseer

inne|halten *irr vi* interrumpir; (*in Bewegung*) detenerse

innen [ˈɪnən] *adv* (por) dentro; ~ **drin** dentro; ~ **und außen** por dentro y por fuera; **die Tür geht nach** ~ **auf** la puerta se abre hacia dentro; **Innenansicht** *f* vista *f* interior; **Innenarchitekt(in)** *m(f)* arquitecto, -a *m, f* de interiores; **Innenarchitektur** *f* arquitectura *f* de interiores; **Innenbeleuchtung** *f* (*Raum*) iluminación *f* interior; (*Fahrzeug*) luz *f* interior; **Innendienst** *m* servicio *m* interno; **Inneneinrichtung** *f* decoración *f* de interiores; **Innenhof** *m* patio *m*, solar *m AmC, Ant*; **Innenleben** *nt ohne pl* ❶ (*eines Menschen*) vida *f* interior ❷ (*fam: eines Gerä-*

tes) interiores *mpl*; **Innenminister(in)** *m(f)* (POL) ministro, -a *m, f* del Interior; **Innenministerium** *nt* (POL) Ministerio *m* del Interior; **Innenpolitik** *f* política *f* interior; **innenpolitisch** *adj* de la política interior; **Innenraum** *m* (espacio *m*) interior *m*; **Innenseite** *f* (parte *f*) interior *m*; **Innenspiegel** *m* (AUTO) espejo *m* retrovisor; **Innenstadt** *f* centro *m* de la ciudad; **Innentasche** *f* bolsillo *m* interior; **Innentemperatur** *f* temperatura *f* interior

innerbetrieblich [ˈɪnɐ-] *adj* intraempresarial

innere(r, s) *adj* ❶ (*räumlich*) interior, interno; **Einmischung in die** ~**n Angelegenheiten** intromisión en asuntos internos ❷ (MED) interno ❸ (*geistig, seelisch*) interior

Innere(s) *nt* <-n, *ohne pl*> interior *m*; **in ihrem tiefsten** ~**n** en su más hondo

Innereien [ɪnəˈraɪən] *pl* vísceras *fpl,* achuras *fpl CSur, Bol;* (*bei Geflügel*) menudillos *mpl*

innerhalb [ˈɪnɐhalp] **I.** *präp* +*gen* ❶ (*örtlich*) dentro de ❷ (*zeitlich*) dentro de, en el plazo de **II.** *adv* dentro; ~ **von** dentro de

innerlich *adj* ❶ (*innen*) por dentro; (MED) interno; ~ **anzuwenden** para uso interno ❷ (*geistig, seelisch*) interior

Innerlichkeit *f ohne pl* intimidad *f*

innerorts *adj* (*Schweiz*) dentro del pueblo [*o* de la ciudad]

innerste(r, s) *adj superl von* **innere(r, s)** el/la/lo más interior; (*fig*) el más íntimo/la más íntima/lo más íntimo; **sein** ~**s Wesen** su naturaleza más íntima

Innerste(s) *nt* <-n, *ohne pl*> (*bei Personen*) lo más íntimo, corazón *m*; (*bei Dingen*) fondo *m*; **ihr** ~**s** **blieb ihm verborgen** lo más íntimo de su ser le quedó oculto

inne|wohnen [ˈɪnə-] *vi* (*geh*): **jdm/etw** *dat* ~ ser inherente a alguien/algo

innig [ˈɪnɪç] *adj* (*tief*) profundo; (*herzlich*) cordial; (*inbrünstig*) ferviente, ardiente; **jdn heiß und** ~ **lieben** amar a alguien con toda el alma

Innovation [ɪnovaˈtsjoːn] *f* <-en> innovación *f*

innovativ [ɪnovaˈtiːf] *adj* (*Denken*) innovador

Innung [ˈɪnʊŋ] *f* <-en> corporación *f*

inoffiziell [ˈɪnʔɔfitsjɛl] *adj* extraoficial

inoperabel *adj* (MED) inoperable

in petto [ɪn ˈpɛto] *adv* (*fam*): **etw** (**gegen jdn**) ~ **haben** tener algo en la manga (para utilizarlo contra alguien)

in puncto [ɪn ˈpʊŋkto] *präp* +*nom/gen* en

[*o por*] lo que se refiere a

Input ['ɪnpʊt] *m o nt* <-s, -s> (INFOR) input *m*, inducto *m*

Inquisition [ɪnkvizi'tsjo:n] *f* <-en> (HIST) Inquisición *f*

ins [ɪns] = **in das** al/a la; *s. a.* **in**

Insasse, **-in** ['ɪnzasə] *m*, *f* <-n, -n; -nen> (*eines Fahrzeugs*) ocupante *mf*; (*eines Heims*) residente *mf*; (*eines Gefängnisses*) preso, -a *m*, *f*

insbesondere [ɪnsbə'zɔndərə] *adv* especialmente, en particular

Inschrift ['--] *f* <-en> inscripción *f*

Insekt [ɪn'zɛkt] *nt* <-(e)s, -en> insecto *m*

Insektenstich *m* picadura *f* de (un) insecto; **Insektenvernichtungsmittel** *nt*, **Insektizid** [ɪnzɛkti'tsi:t] *nt* <-s, -e> insecticida *m*

Insel ['ɪnzəl] *f* <-n> isla *f*; **die Kanarischen ~n** las Islas Canarias; **Inselgruppe** *f* archipiélago *m*

Inserat [ɪnze'ra:t] *nt* <-(e)s, -e> (PUBL) anuncio *m*, aviso *m Am*; **ein ~ aufgeben** poner un anuncio

inserieren* [ɪnze'ri:rən] *vi* (PUBL) poner un anuncio (*in* en)

insgeheim ['--'-] *adv* en secreto

insgesamt ['--'-] *adv* en total

Insider(in) ['ɪnsaɪdɐ] *m(f)* <-s, -; -nen> persona *f* enterada

insistieren* [ɪnzɪs'ti:rən] *vi* (*geh*) insistir (*auf* en)

inskünftig ['ɪnskʏnftɪç] *adv* (*Schweiz: künftig*) en el futuro

insofern [--'-, -'--] **I.** *adv* en este sentido; ~ **sind wir einverstanden** hasta ahí estamos de acuerdo; **er hat ~ Recht, als ...** tiene razón en el sentido de que... **II.** *konj* ❶ (*für den Fall*) con tal que +*subj*, siempre que +*subj* ❷ (*in dem Maß*) en la medida que +*subj*

insoweit [--'-, -'--] *adv o konj s.* **insofern**

in spe [ɪn 'spe:] *adj inv* futuro; **meine Schwiegereltern ~** mis futuros suegros

Inspektion [ɪnspɛk'tsjo:n] *f* <-en> ❶ (*allgemein*) inspección *f*, chequeo *m Am* ❷ (AUTO) revisión *f*

Inspektor(in) [ɪn'spɛktɔ:ɐ] *m(f)* <-s, -en; -nen> inspector(a) *m(f)*

Inspiration [ɪnspira'tsjo:n] *f* <-en> inspiración *f*

inspirieren* [ɪnspi'ri:rən] *vt* inspirar (*zu* a)

inspizieren* [ɪnspi'tsi:rən] *vt* inspeccionar

instabil ['---, --'-] *adj* inestable

Installateur(in) [ɪnstala'tø:ɐ] *m(f)* <-s, -; -nen> instalador(a) *m(f)*; (*Klempner*) fontanero, -a *m*, *f*

Installation [ɪnstala'tsjo:n] *f* <-en> (*a.*

INFOR, TECH) instalación *f*

installieren* [ɪnsta'li:rən] *vt* (TECH) instalar, montar; (INFOR) instalar

instand [ɪn'ʃtant] *adv:* **etw ~ setzen/halten** arreglar/conservar algo; **gut ~ sein** estar en buen estado; **Instandhaltung** *f* mantenimiento *m*, conservación *f*

inständig ['ɪnʃtɛndɪç] **I.** *adj* ❶ (*dringlich*) urgente ❷ (*nachdrücklich*) fervoroso **II.** *adv* encarecidamente, insistentemente

Instanz [ɪn'stants] *f* <-en> ❶ (*Behörde*) autoridad *f* competente ❷ (JUR) instancia *f*; **in erster/zweiter ~** en primera/segunda instancia; **bis zur letzten ~ gehen** ir hasta la última instancia

Instinkt [ɪn'stɪŋkt] *m* <-(e)s, -e> instinto *m*

instinktiv [ɪnstɪŋk'ti:f] *adj* instintivo

Institut [ɪnsti'tu:t] *nt* <-(e)s, -e> instituto *m*

Institution [ɪnstitu'tsjo:n] *f* <-en> institución *f*

institutionell [ɪnstitutsjo'nɛl] *adj* institucional

instruieren* [ɪnstru'i:rən] *vt* ❶ (*informieren*) informar ❷ (*anweisen*) dar instrucciones

Instruktion [ɪnstrʊk'tsjo:n] *f* <-en> ❶ (*Anweisung*) directiva *f*, orden *f* ❷ (*Anleitung*) instrucción *f*

instruktiv [ɪnstrʊk'ti:f] *adj* instructivo

Instrument [ɪnstru'mɛnt] *nt* <-(e)s, -e> (*a.* MUS) instrumento *m*

instrumental [ɪnstrumɛn'ta:l] *adj* (*a.* MUS) instrumental

instrumentalisieren* *vt* (*geh*) instrumentalizar

Instrumentarium [ɪnstrumɛn'ta:riʊm, *pl:* ɪnstrumɛn'ta:riən] *nt* <-s, Instrumentarien> (*a.* MUS) instrumental *m*

Insulaner(in) [ɪnzu'la:nɐ] *m(f)* <-s, -; -nen> isleño, -a *m*, *f*, insular *mf*

Insulin [ɪnzu'li:n] *nt* <-s, *ohne pl*> (MED) insulina *f*

inszenieren* [ɪnstse'ni:rən] *vt* (THEAT) poner en escena

Inszenierung *f* <-en> ❶ (THEAT) puesta *f* en escena ❷ (*abw: in Politik, Öffentlichkeit*) trama *f*

intakt [ɪn'takt] *adj* intacto

integer [ɪn'te:gɐ] *adj* (*geh*) íntegro

Integration [ɪntegra'tsjo:n] *f* <-en> (*a.* MATH) integración *f*

integrieren* [ɪnte'gri:rən] *vt* (*a.* MATH) integrar; **wieder in die Gesellschaft ~** reintegrar en la sociedad

Integrität [ɪntegri'tɛ:t] *f ohne pl* integridad *f*

Intellekt [ɪntɛ'lɛkt] *m* <-(e)s, *ohne pl*>

intelecto *m*

intellektuell [ɪntɛlɛktu'ɛl] *adj* intelectual

Intellektuelle(r) *mf* <-n, -n; -n> intelectual *mf*

intelligent [ɪntɛli'gɛnt] *adj* inteligente

Intelligenz [ɪntɛli'gɛnts] *f ohne pl* ❶ (*Denkfähigkeit*) inteligencia *f;* **künstliche ~** (INFOR) inteligencia artificial ❷ (*Gebildete*) intelectuales *mpl;* **Intelligenzbestie** *f* (*fam*) genio *m,* monstruo *m* de inteligencia; **Intelligenzquotient** *m* cociente *m* intelectual, coeficiente *m* de inteligencia

Intendant(in) [ɪntɛn'dant] *m(f)* <-en, -en; -nen> (RADIO, TV, THEAT) director(a) *m(f)* artístico, -a

Intendanz [ɪntɛn'dants] *f* <-en> (RADIO, TV, THEAT: *Amt*) cargo *m* de director(a) artístico, -a; (*Büro*) oficina *f* del director artístico/de la directora artística

Intensität [ɪntɛnzi'tɛ:t] *f* <-en> intensidad *f*

intensiv [ɪntɛn'zi:f] *adj* ❶ (*gründlich*) intensivo ❷ (*Farbe, Schmerz*) intenso

intensivieren* [ɪntɛnzi'vi:rən] *vt* intensificar

Intensivierung *f* <-en> intensificación *f*

Intensivkurs *m* curso *m* intensivo; **Intensivstation** *f* (MED) unidad *f* de cuidados intensivos

Intention [ɪntɛn'tsjo:n] *f* <-en> intención *f*

interaktiv [ɪntɛrʔak'ti:f] *adj* (*a.* INFOR) interactivo

Intercity [ɪntɛ'sɪti] *m* <-s, -s> (EISENB) tren *m* rápido interurbano; **Intercityexpress** *m* <-es, -e> (EISENB) ≈AVE *m*

interessant [ɪnt(ə)rɛ'sant] *adj* interesante; **sich ~ machen** hacerse el interesante

interessanterweise [ɪnt(ə)rɛ'santə'vaɪzə] *adv* curiosamente

Interesse [ɪntə'rɛsə, ɪn'trɛsə] *nt* <-s, -n> interés *m* (*an/für* en/por); **~ haben/zeigen** tener/mostrar interés; **es liegt in deinem eigenen ~** es en tu propio interés; **im ~ des Friedens** en beneficio de la paz; **er vertritt meine ~n** defiende mis intereses; **mit wachsendem ~** con creciente interés; **jds ~ für etw gewinnen** despertar el interés de alguien por algo

interessehalber [ɪntə'rɛsəhalbɐ, ɪn'trɛsə-] *adv* por interés

interesselos *adj* sin interés

Interessengemeinschaft *f* comunidad *f* de intereses; **Interessenkonflikt** *m* conflicto *m* de intereses

Interessent(in) [ɪnt(ə)rɛ'sɛnt] *m(f)* <-en, -en; -nen> interesado, -a *m, f* (*an/für* en/por)

interessieren* [ɪnt(ə)rɛ'si:rən] I. *vr:* **sich ~**

interesarse (*für* por), tener interés (*für* en/por) II. *vt* interesar; **jdn für etw ~** despertar el interés de alguien por algo

interessiert [ɪnt(ə)rɛ'si:ɐt] I. *adj* interesado; **kulturell ~ sein** tener intereses intelectuales; **an etw** *dat/jdm* ~ **sein** estar interesado en algo/alguien; **sich ~ zeigen** mostrarse interesado; **ich bin nicht daran ~, dass ...** no me interesa que... +*subj* II. *adv* con interés

Interface ['ɪntɛfɛɪs] *nt* <-, -s> (INFOR) interfase *f*

Interferenz [ɪntɛfe'rɛnts] *f* <-en> (PHYS, TECH) interferencia *f*

Interieur [ɛ̃te'rjø:ɐ] *nt* <-s, *o* -e> interior *m*

Interimslösung ['ɪntɛrɪms-] *f* solución *f* interina [*o* provisional]; **Interimsregelung** *f* reglamentación *f* interina [*o* provisional]; **Interimsregierung** *f* (POL) gobierno *m* interino [*o* provisional]

Interjektion [ɪntɛjɛk'tsjo:n] *f* <-en> (LING) interjección *f*

interkontinental [ɪntɛ-] *adj* intercontinental

interkulturell *adj* intercultural

Intermezzo [ɪntɛ'mɛtso] *nt* <-s, -s *o* -mezzi> (*a.* MUS, THEAT) intermezzo *m*

intern [ɪn'tɛrn] *adj* interno

Interna *pl* (*geh*) información *f* restringida [*o* reservada]

Internat [ɪntɛ'na:t] *nt* <-(e)s, -e> internado *m*

international [ɪntɛnatsjo'na:l] *adj* internacional

internationalisieren* [ɪntɛnatsjonali'zi:rən] *vt* (POL, FIN) internacionalizar

Internet ['ɪntɛnɛt] *nt* <-s, -s> (INFOR) Internet *f;* **Internetadresse** *f* (INFOR) dirección *f* en Internet; **Internetcafé** *nt* (INFOR) cibercafé *m,* café *m* Internet, Internet café *m;* **Internetprovider** *m* <-s, -> (INFOR) proveedor *m* de Internet; **Internetsurfer(in)** *m(f)* (INFOR) internauta *mf,* navegante *mf* de Internet; **Internet-Terminal** *nt* <-s, -s> (INFOR) terminal *m* de Internet

internieren* [ɪntɛ'ni:rən] *vt* internar

Internierung *f* <-en> ❶ (MIL) internamiento *m* ❷ (MED) ingreso *m;* **Internierungslager** *nt* campo *m* de concentración

Internist(in) [ɪntɛ'nɪst] *m(f)* <-en, -en; -nen> (MED) internista *mf*

Interpol ['ɪntɛpo:l] *f* Interpol *f,* Organización *f* Internacional de Policía Criminal

Interpret(in) [ɪntɛ'pre:t] *m(f)* <-en, -en; -nen> (MUS) intérprete *mf*

Interpretation [ɪntɛpreta'tsjo:n] *f* <-en>

interpretación *f*

interpretatorisch [ɪntɛpreta'to:rɪʃ] *adj* interpretatorio

interpretieren* [ɪntɛpre'ti:rən] *vt* interpretar

Interpretin *f* <-nen> s. **Interpret**

Interpunktion [ɪntɛpʊŋk'tsjo:n] *f ohne pl* (LING) puntuación *f;* **Interpunktionszeichen** *nt* signo *m* de puntuación

Interregio [ɪntɛ're:gio] *m* <-s, -s> (EISENB) tren *m* rápido interregional

Intervall [ɪntɛ'val] *nt* <-s, -e> (*a.* MUS) intervalo *m*

intervenieren* [ɪntɛve'ni:rən] *vi* (MIL, POL) intervenir

Intervention [ɪntɛvɛn'tsjo:n] *f* <-en> (MIL, POL) intervención *f*

Interview [ɪntɛ'vju:, 'ɪntɛvju] *nt* <-s, -s> entrevista *f;* **ein ~ geben/machen** conceder/hacer una entrevista

interviewen* [ɪntɛ'vju:ən] *vt* entrevistar, reportear *Am*

Interviewer(in) [ɪntɛ'vju:ɐ] *m(f)* <-s, -; -nen> entrevistador(a) *m(f)*

intim [ɪn'ti:m] *adj* íntimo; **mit jdm ~ werden** tener relaciones sexuales con alguien; **Intimbereich** *m* zona *f* íntima

Intimität [ɪntimi'tɛ:t] *f* <-en> intimidad *f*

Intimsphäre *f* esfera *f* íntima, intimidad *f* personal; **Intimverkehr** *m* relaciones *fpl* íntimas

intolerant ['----] *adj* intolerante

Intoleranz ['----] *f ohne pl* intolerancia *f*

Intonation [ɪntona'tsjo:n] *f* <-en> (MUS, LING) entonación *f*

Intranet ['ɪntranɛt] *nt* <-, ohne pl> (INFOR) Intranet *f* (*difusión de información dentro de una compañía*)

intransitiv ['----] *adj* (LING) intransitivo

intrigant [ɪntri'gant] *adj* intrigante

Intrigant(in) [--'-] *m(f)* <-en, -en; -nen> intrigante *mf*

Intrige [ɪn'tri:gə] *f* <-n> intriga *f; ~n spinnen** urdir intrigas

intrigieren* [ɪntri'gi:rən] *vi* intrigar (*gegen* contra)

introvertiert ['ɪntrovɛrti:ɐt] *adj* introvertido

Intuition [ɪntui'tsjo:n] *f* <-en> intuición *f*

intuitiv [ɪntui'ti:f] *adj* intuitivo

intus ['ɪntʊs] *adj inv* (*fam*): **etw ~ haben** (*auswendig können*) tener algo memorizado; (*verstanden haben*) haber comprendido algo; (*zu sich genommen haben*) haber tomado algo, haber bebido [*o* comido] algo

invalid(e) *adj* inválido

Invalide *m,* **Invalidin** *f* <-n, -n; -nen>

inválido, -a *m, f;* minusválido, -a *m, f;* **Invalidenrente** *f* pensión *f* de invalidez

Invalidin *f* <-nen> s. **Invalide**

Invalidität [ɪnvalidi'tɛ:t] *f ohne pl* invalidez *f*

invariabel ['ɪnvaria:bəl] *adj* invariable

Invasion [ɪnva'zjo:n] *f* <-en> invasión *f*

Inventar [ɪnvɛn'ta:ɐ] *nt* <-s, -e> ➊ (COM: *Firmenvermögen*) bienes *mpl* de una empresa; (*Gegenstände*) mobiliario *m;* **lebendes/totes ~** (COM) inventario vivo/muerto ➋ (*Verzeichnis*) inventario *m;* **etw ins ~ aufnehmen** incluir algo en el inventario

Inventur [ɪnvɛn'tu:ɐ] *f* <-en> inventario *m; ~ machen** inventariar

investieren* [ɪnvɛs'ti:rən] *vt* invertir (*in* en)

Investition [ɪnvɛsti'tsjo:n] *f* <-en> inversión *f;* **Investitionsgüter** *ntpl* (WIRTSCH) bienes *mpl* de capital

Investment [ɪn'vɛstmənt] *nt* <-s, -s> (FIN) inversión *f;* **Investmentfonds** *m* (FIN) fondo *m* de inversión

Investor(in) [ɪn'vɛsto:ɐ] *m(f)* <-s, -en; -nen> (WIRTSCH) inversionista *mf*

involvieren* [ɪnvɔl'vi:rən] *vt* incluir (*in* en)

inwendig ['ɪnvɛndɪç] **I.** *adj* interior **II.** *adv* por dentro; **etw in- und auswendig kennen** (*fam*) conocer algo al dedillo

inwiefern [--'-], **inwieweit** [--'-] *adv* en qué medida, hasta qué punto

Inzest ['ɪntsɛst] *m* <-(e)s, -e> incesto *m*

Inzucht ['ɪntsʊxt] *f* <-en> procreación *f* consanguínea

inzwischen [-'--] *adv* entretanto, mientras tanto

Ion [i'o:n] *nt* <-s, -en> (PHYS, CHEM) ion *m*

ionisch [i'o:nɪʃ] *adj* (CHEM) iónico

ionisieren* [ioni'zi:rən] *vi, vt* (CHEM) ionizar

i-Punkt *m* (LING) punto *m* sobre la i; **bis auf den ~** hasta (en) el más mínimo detalle

IQ [i:'ku:] *m* <-(s), -(s)> *Abk. von* **Intelligenzquotient** CI *m*

Irak [i'ra:k] *m* <-s> Iraq *m*, Irak *m*

Iraker(in) *m(f)* <-s, -; -nen> iraquí *mf*

irakisch *adj* iraquí

Iran [i'ra:n] *m* <-s> Irán *m*

Iraner(in) *m(f)* <-s, -; -nen> iraní *mf*

iranisch *adj* iraní

irden ['ɪrdən] *adj* de barro

irdisch ['ɪrdɪʃ] *adj* ➊ (*zur Erde gehörend*) terrestre ➋ (*Gegensatz zum Himmel*) terrenal

Ire, -in ['i:rə] *m, f* <-n, -n; -nen> irlandés, -esa *m, f*

irgend ['ɪrgənt] *adv: ... **oder ~ so etwas ...** o cualquier cosa por el estilo; **wenn ~**

möglich a ser posible; **irgendein** ['---]
pron indef s. **irgendeine(r)**; **irgendei-
ne(r)** *pron indef* ❶ (*einer*) algún, alguno
m, alguna *f;* **haben Sie noch ~n
Wunsch?** ¿tiene algún otro deseo? ❷ (*ein
beliebiges*) cualquier(a); **ich gehe nicht
mit ~ m aus** yo no salgo con cualquiera;
irgendeins *pron indef s.* **irgendeine(r)**;
irgendetwas ['--'--] *pron indef* algo; **ohne
~** sin nada; **irgendjemand** ['--'--] *pron
indef* alguien; **irgendwann** ['--'-] *adv*
algún día, en cualquier momento; ~ **einmal** alguna vez; ~ **nächste Woche** en
cualquier momento la semana que viene;
irgendwas ['--'-] *pron indef* (*fam*) ❶ (*etwas*) algo; **fällt dir noch ~ ein?** ¿se te
ocurre alguna otra cosa? ❷ (*Beliebiges*)
cualquier cosa; **irgendwelche** ['--'--] *pron
indef* ❶ (*manche*) algunos *mpl*, algunas
fpl; ~ **Leute meinten ...** algunos opina-
ron... ❷ (*beliebige*) cualquier(a); **solltest
du ~ Probleme haben ...** si tienes cualquier problema...; **irgendwer** ['--'-] *pron
indef* ❶ (*jemand*) alguien ❷ (*eine beliebige Person*) cualquier persona, cualquiera; **er ist schließlich nicht ~** no es un
cualquiera; **irgendwie** ['--'--] *adv* de alguna
manera, de una forma o de otra;
irgendwo ['--'-] *adv* en alguna parte;
irgendwoher ['---'-] *adv* de cualquier
parte; **irgendwohin** ['--'--] *adv* a cualquier
parte
Iriden, Irides *pl von* **Iris**[2]
Irin ['i:rɪn] *f* <-nen> *s.* **Ire**
Iris[1] ['i:rɪs] *f* <-> (BOT) iris *m*, lirio *m*
Iris[2] *f* <- *o* Iriden *o* Irides> (MED: *des
Auges*) iris *m*
irisch ['i:rɪʃ] *adj* irlandés
Irland ['ɪrlant] *nt* <-s> Irlanda *f*
Ironie [iro'ni:] *f* <-n> ironía *f*
ironisch [i'ro:nɪʃ] *adj* irónico
irr *adj s.* **irre**
irrational ['----, ---'-] *adj* irracional
irre ['ɪrə] *adj* ❶ (*verwirrt*) confuso; **du
machst mich ganz ~** (*fam*) me vuelves
loco ❷ (*geistesgestört*) loco; **jdn für ~
halten** tomar a alguien por loco ❸ (*fam:
toll*) loco, de putamadre *argot;* ~ **gut/
hübsch** súper bien/guapo
Irre[1] ['ɪrə] *f ohne pl:* **jdn in die ~ führen**
(*betrügen*) engañar a alguien; (*falschen
Weg angeben*) despistar a alguien
Irre(r)[2] *mf* <-n, -n; -n> (*Geistesgestörte*)
loco, -a *m, f*
irreal ['---, --'-] *adj* irreal
irreführen ['ɪrə-] *vt* engañar; **irrefüh-
rend** *adj* que conduce a error; (*missverständlich*) equívoco; (*betrügerisch*) enga-

ñoso; **Irreführung** *f* <-en> engaño *m*
irregulär ['ɪrɛgulɛ:ɐ, ---'-] *adj* irregular
irrelevant ['ɪrelevant] *adj* irrelevante
irremachen *vt* (*unsicher machen*) desconcertar; (*durcheinander bringen*) confundir; (*nervös machen*) poner de los nervios *fam*
irren ['ɪrən] **I.** *vr:* **sich ~** equivocarse; **ich
habe mich im Tag geirrt** me he equivo-
cado de día; **Sie ~ sich** está Ud. equivocado; **sie haben sich in ihm geirrt** se han
equivocado con él; **wenn ich mich nicht
irre** si no me equivoco; **I~ ist menschlich**
(*prov*) errar es humano **II.** *vi sein* (*umherstreifen*) errar (*durch* por), vagar (*durch*
por)
Irrenanstalt *f*, **Irrenhaus** *nt* manicomio
m
irreparabel ['ɪrɛpara:bəl] *adj* irreparable
irreversibel ['ɪrɛvɛrzi:bəl, ---'--] *adj* irreversible
Irrfahrt ['ɪr-] *f* odisea *f;* **Irrgarten** *m* laberinto *m;* **Irrglaube(n)** *m* ❶ (*falsche Auffassung*) opinión *f* errónea ❷ (REL) hetero-
doxia *f*
irrig ['ɪrɪç] *adj* equivocado, erróneo
Irritation [ɪrita'tsjo:n] *f* <-en> (*geh*) irritación *f*
irritieren* [ɪri'ti:rən] *vt* desconcertar; (*stören*) molestar
Irrläufer *m* <-s, -> envío *m* equivocado;
Irrlehre *f* <-n> ❶ (*a.* PHILOS) doctrina *f* errónea; (REL) doctrina *f* herética; **Irrlicht** *nt*
fuego *m* fatuo, luz *f* mala *Arg, Urug;* **Irr-
sinn** *m* <-s, ohne pl> locura *f*
irrsinnig *adj* ❶ (*verrückt*) loco ❷ (*fam:
groß*) tremendo; (*toll*) de putamadre *argot*
Irrtum *m* <-s, -tümer> error *m*, equívoco
m Am; **einen ~ einsehen/erkennen**
reconocer/percibir un error; **einem ~
unterliegen** incurrir en error; **ihr ist ein
~ unterlaufen** cometió un error; **sich im
~ befinden** estar en un error
irrtümlich ['ɪrty:mlɪç] **I.** *adj* erróneo **II.** *adv*
por error
irrtümlicherweise *adv* ❶ (*sich irrend*)
equivocadamente, erróneamente ❷ (*aus
Versehen*) por error, por equivocación
Irrweg *m* camino *m* equivocado
Ischias ['ɪʃias] *m o nt* <-, ohne pl> (MED)
ciática *f*
ISDN [i:ʔɛsde:'ʔɛn] *nt* (TEL) *Abk. von* **Inte-
grated Services Digital Network** ISDN
m; **ISDN-Anschluss** *m* (TEL) conexión *f*
ISDN
Islam [ɪs'la:m] *m* <-(s), ohne pl> (REL)
islam *m*
islamisch *adj* (REL) islámico

Islamist(in) <-en, -en; -nen> *m(f)* islamista *mf*

islamistisch *adj* islamista

Island ['i:slant] *nt* <-s> Islandia *f*

Isländer(in) ['i:slɛndɐ] *m(f)* <-s, -; -nen> islandés, -esa *m, f*

isländisch *adj* islandés

Isolation [izola'tsjo:n] *f* <-en> (*allgemein*) aislamiento *m;* (*von Gefangenen*) incomunicación *f;* **Isolationshaft** *f ohne pl* incomunicación *f;* **in ~ sein** estar incomunicado

Isolierband [izo'li:ɐ-] *nt* cinta *f* aislante

isolieren* [izo'li:rən] *vt* ❶ (*absondern*) aislar (*von* de); (*Häftlinge*) incomunicar ❷ (*abdichten*) aislar (*gegen* contra)

Isolierkanne *f* termo *m;* **Isoliermaterial** *nt* (material *m*) aislante *m*

isoliert I. *adj* aislado, fuera de contexto II. *adv* ❶ (*abgeschlossen*) aislado; **sie lebte ganz ~ auf einem Bauernhof** vivía totalmente aislada en una casa de campo ❷ (*zusammenhanglos*) fuera de contexto

Isolierung *f* <-en> aislamiento *m* (*gegen* contra); (*von Gefangenen*) incomunicación *f*

Israel ['i:srae:l, 'israe:l] *nt* <-s> Israel *m*

Israeli *m* <-(s), -(s); -(s)> israelí *mf*

israelisch [isra'e:lɪʃ, ɪsra'e:lɪʃ] *adj* israelí

Israelit(in) [israe'li:t, ɪsrae'li:t] *m(f)* <-en, -en; -nen> israelita *mf*

israelitisch *adj* israelita

isst [ɪst] *3. präs von* **essen**

ist [ɪst] *3. präs von* **sein**

Italien [i'ta:liən] *nt* <-s> Italia *f*

Italiener(in) [ita'lje:nɐ] *m(f)* <-s, -; -nen> italiano, -a *m, f*

italienisch *adj* italiano

Italowestern *m* <-s, -> (FILM) espagueti-western *m*, italowestern *m*

i-Tüpfelchen *nt* <-s, -> punto *m* sobre la i; (*Krönung*) remate *m*

i.V. *Abk. von* **in Vertretung** p.d.

IWF [i:ve:'ʔɛf] *m* <-(s)> *Abk. von* **Internationaler Währungsfonds** FMI *m*

J j

J, j [jɔt] *nt* <-, -> J, j *f;* **~ wie Julius** J de Juan

ja [ja:] *adv* ❶ (*zustimmend*) sí; **zu etw** *dat* **~ sagen** decir sí a algo; **ich glaube ~** creo que sí; **wenn ~, dann ...** en caso afirma-

tivo...; **ach ~** ah sí; **aber ~** pero claro que sí; **~ doch!** ¡que sí!; **zu allem ~ und amen sagen** decir que sí a todo ❷ (*fragend*) sí; **du bist also einverstanden, ~?** o sea que estás de acuerdo, ¿sí? ❸ (*doch*): **es ist ~ bekannt, dass ...** pues ya se sabe que...; **das sage ich ~** pero eso es precisamente lo que yo digo; **da kommt er ~** ahí viene ❹ (*aber*): **das ist ~ fürchterlich** pero eso es realmente terrible; **es ist ~ noch früh** pero si aún es temprano; **~, weißt du das denn nicht?** ¡oye!, ¿es que no lo sabes? ❺ (*bloß*): **komm ~ pünktlich!** ¡que llegues puntual!

Ja *nt* <-(s), -(s)> sí *m;* **eine Frage mit ~ beantworten** contestar una pregunta con un sí

Jacht [jaxt] *f* <-en> yate *m*

Jacke ['jakə] *f* <-n> chaqueta *f;* (*für Herren*) americana *f*, saco *m Am;* (*Wind~*) cazadora *f*

Jackentasche *f* bolsillo *m* de la chaqueta

Jackett [ʒa'kɛt] *nt* <-s, -s> americana *f*, saco *m Am*

Jackpot ['dʒɛkpɔt] *m* <-s, -s> (*im Lotto*) bote *m*

Jagd [ja:kt] *f* <-en> ❶ (*von Wild, a. fig*) caza *f;* **auf der ~ sein** estar de caza; **er ist auf der ~ nach einer guten Stelle** anda a la caza de un buen puesto ❷ *s.* **Jagdrevier;**

Jagdbeute *f* (presa *f* de) caza *f;* **Jagdbomber** *m* (MIL) (bombardero *m*) caza *m;* **Jagdflugzeug** *nt* (MIL) avión *m* de caza; **Jagdgewehr** *nt* escopeta *f* de caza; **Jagdhaus** *nt* cabaña *f* de caza; **Jagdhund** *m* perro *m* de caza; **Jagdrevier** *nt* coto *m* de caza; **Jagdschein** *m* licencia *f* de caza

jagen ['ja:gən] I. *vt* ❶ (*Tier*) cazar; (*Mensch*) perseguir; **sich** *dat* **eine Kugel durch den Kopf ~** (*fam*) pegarse un tiro (en la cabeza) ❷ (*ver~*) ahuyentar; **jdn in die Flucht/aus dem Haus ~** poner a alguien en fuga/echar a alguien de casa; **mit Fleisch kann man ihn ~** (*fam*) la carne le repele II. *vi* ❶ (*auf Jagd gehen*) ir de caza ❷ *sein* (*rasen*) correr a toda velocidad ❸ (*ersehnen*) ansiar; **nach Geld/Ruhm ~** ansiar dinero/la gloria

Jäger¹ ['jɛ:gɐ] *m* <-s, -> (MIL) (bombardero *m*) caza *m*

Jäger(in)² ['jɛ:gɐ] *m(f)* <-s, -; -nen> (*Person*) cazador(a) *m(f)*

Jägerschnitzel *nt* (GASTR) escalope (*sin rebozar*) con salsa de champiñones

Jaguar ['ja:gua:ɐ] *m* <-s, -e> jaguar *m*, tigre *m Am*

jäh [jɛ:] *adj* (*geh*) ❶ (*plötzlich*) repentino; (*überstürzt*) precipitado; (*Entschluss*) rápido ② (*Abgrund*) escarpado

Jahr [ja:ɐ] *nt* <-(e)s, -e> año *m;* **das alte/ neue ~** el año viejo/nuevo; **die neunziger ~e** los años noventa; **alle ~e wieder** todos los años; **einmal im ~** una vez al año; **jedes zweite/dritte ~** cada dos/tres años; **auf ~e hinaus** para (muchos) años; **das ganze ~ (über)** (durante) todo el año; **nächstes/vergangenes ~** el año próximo/pasado; **von ~ zu ~** de año en año; **vor einem ~** hace un año; **jdm ein frohes neues ~ wünschen** desear a alguien (un) feliz año nuevo; **in jungen ~en** de joven; **sie ist 18 ~e alt** tiene 18 años; **mit 30 ~en** a los 30 años; **in die ~e kommen** entrar en años; **in den besten ~en sein** estar en la flor de la vida

jahraus [ja:ɐ'ʔaʊs] *adv:* **~, jahrein** año tras año

Jahrbuch *nt* anuario *m*

jahrelang ['ja:rəlaŋ] **I.** *adj* de muchos años **II.** *adv* durante (muchos) años

jähren ['jɛ:rən] *vr:* **sich ~** celebrarse el aniversario (de); **es jährt sich heute zum 10. Mal, dass ...** hoy hace 10 años que...

Jahresanfang *m* principios *mpl* del año; **Jahresbeginn** *m s.* **Jahresanfang; Jahresbeitrag** *m* cuota *f* anual; **Jahresdurchschnitt** *m* promedio *m* anual; **Jahreseinkommen** *nt* renta *f* anual; **Jahresende** *nt ohne pl* fin *m* de año; **Jahresetat** *m* (WIRTSCH) presupuesto *m* anual; **Jahresfrist** *f ohne pl* (JUR) plazo *m* de un año; **Jahresgehalt** *nt* salario *m* anual; **Jahresring** *m* (BOT) anillo *m* anual; **Jahrestag** *m* aniversario *m;* **Jahresurlaub** *m* vacaciones *fpl* del año; **Jahreswechsel** *m* año *m* nuevo; **Jahreswende** *f* cambio *m* de año; **Jahreszahl** *f* año *m;* (*Datum*) fecha *f;* **Jahreszeit** *f* estación *f* (del año); **jahreszeitlich** *adj* de la temporada

Jahrgang *m* <-(e)s, -gänge> ① (*Geburtsjahr*) año *m* natal; **er ist ~ 1970** nació en el año 1970; **er ist mein/wir sind ein ~** somos de la misma generación ② (*von Wein*) cosecha *f* ③ (*von Zeitschrift*) año *m* ④ (UNIV) promoción *f*

Jahrhundert [-'--] *nt* <-s, -e> siglo *m*

jahrhundertelang *adj* (*Entwicklung, Tradition*) secular, de (muchos) siglos

Jahrhundertwende *f* fin *m* de siglo

jährlich ['jɛ:rlɪç] *adj* anual

Jahrmarkt *m* feria *f*

Jahrtausend [-'--] *nt* <-s, -e> milenio *m;* **Jahrtausendwende** *f* fin *m* de milenio

Jahrzehnt [ja:ɐ'tse:nt] *nt* <-s, -e> década *f,* decenio *m*

jahrzehntelang *adj* de varias décadas, de

muchos decenios

Jähzorn ['jɛ:tsɔrn] *m* <-(e)s, *ohne pl*> ① (*Eigenschaft*) iracundia *f* ② (*Anfall*) arrebato *m* de cólera; **jähzornig** *adj* iracundo, berrinchudo *Am*

Jalousie [ʒalu'zi:, *pl:* ʒalu'zi:ən] *f* <-n> persiana *f*

Jammer ['jamɐ] *m* <-s, *ohne pl*> ① (*Wehklagen*) lamento *m,* llanto *m* ② (*Elend*) miseria *f;* **es ist ein ~, dass ...** (*fam*) es una lástima que... +*subj;* **Jammerlappen** *m* (*fam abw*) calzonazos *m inv,* persona *f* apocada [*o* pusilánime]

jämmerlich ['jɛmɐlɪç] *adj* (*Zustand*) lamentable; (*elend*) miserable; (*herzzerreißend*) desgarrador

jammern ['jamɐn] *vi* lamentarse (*über* de); (*klagen*) quejarse (*über* de); **nach jdm/ etw** *dat* **~** preguntar lloriqueando por alguien/pedir algo lloriqueando

jammerschade ['--'--] *adj:* **~ sein** (*fam*) ser una verdadera pena

Jänner ['jɛnɐ] *m* <-s, -> (*Österr: Januar*) enero *m; s. a.* **März**

Januar ['janua:ɐ] *m* <-(s), -e> enero *m; s. a.* **März**

Japan ['ja:pan, 'ja:pa:n] *nt* <-s> Japón *m*

Japaner(in) [ja'pa:nɐ] *m(f)* <-s, -; -nen> japonés, -esa *m, f*

japanisch *adj* japonés

Jargon [ʒar'gõ:] *m* <-s, -s> jerga *f,* jerigonza *f*

Jasager(in) ['ja:za:gɐ] *m(f)* <-s, -; -nen> (*abw*) conformista *mf*

Jasmin [jas'mi:n] *m* <-s, -e> jazmín *m*

Jastimme ['ja:ʃtɪmə] *f* voto *m* afirmativo

jäten ['jɛ:tən] *vt* escardar; **Unkraut ~** arrancar las malas hierbas

Jauche ['jaʊxə] *f* <-n> purín *m*

jauchzen ['jaʊxtsən] *vi* lanzar gritos de júbilo

jaulen ['jaʊlən] *vi* (*Hund*) aullar

jawohl [ja'vo:l] *part* claro, cierto

Jawort ['ja:vɔrt] *nt* <-(e)s, -e> consentimiento *m;* **jdm das ~ geben** dar el sí a alguien

Jazz [dʒɛːs] *m* <-, *ohne pl*> jazz *m;* **Jazzgymnastik** *f* gym-jazz *m*

je [je:] **I.** *adv* ① (*jemals*) alguna vez; **wer hätte das ~ gedacht!** ¡quién lo hubiera imaginado!; **es ist schlimmer denn ~** es peor que nunca; **seit eh und ~** desde tiempos inmemoriales ② (*jeweils*) cada; **ich gebe euch ~ zwei Stück** os doy dos trozos a cada uno; **es können ~ zwei Personen eintreten** pueden entrar de dos en dos; **~ beteiligter Student** por cada estudiante que participe **II.** *präp* +*akk* (*pro*)

por; ~ **Erwachsenen** por (cada) adulto
III. *konj* cuanto; **er wird vernünftiger,** ~
älter er wird cuanto mayor se hace, más
sensato se vuelve; ~ **nachdem(, ob/wie
...)** según (si/cómo...); ~ **nach Größe**
según el tamaño; ~ **eher ihr kommt,
desto** [*o* **um so**] **besser** cuanto antes ven-
gáis, (tanto) mejor; ~ **eher, desto** [*o* **um
so**] **lieber** cuanto antes mejor **IV.** *interj:*
oh ~**!** ¡madre mía!

Jeans [dʒi:ns] *fpl inv* vaqueros *mpl*, tejanos
mpl, jeans *mpl Am;* **Jeanshose** *f* pantalón
m vaquero; **Jeansjacke** *f* chaqueta *f*
vaquera, cazadora *f* vaquera

jede(r, s) *pron indef* ➊ (*substantivisch*)
cada uno/una; ~**r von uns** cada uno de
nosotros; **ein** ~**r** cualquiera; ~**m das
seine** a cada cual lo suyo; ~ **zweite** una de
cada dos; ~**r für sich** cada uno para sí; ~**r
gegen** ~**n** todos contra todos ➋ (*adjektivisch*) cada; (*all*) todo; (*ein beliebiges*)
cualquier(a); **auf** ~**n Fall** en todo caso;
ohne ~**n Grund** sin ninguna razón; **um**
~**n Preis** a toda costa; **es kann** ~**n
Augenblick passieren** puede suceder en
cualquier momento; **ohne** ~ **Hoffnung** sin
esperanza alguna

jedenfalls [ˈjeːdənfals] *adv* en todo caso,
sea como sea

jedermann [ˈ---] *pron indef* todos, cada
uno; **das ist nicht** ~**s Sache** esto no es
para todos los gustos

jederzeit [ˈ--ˈ-] *adv* siempre, a cualquier
hora

jedesmal [ˈ--ˈ-] *adv* cada vez, siempre; ~**,
wenn ...** cada vez que...

jedoch [jeˈdɔx] *konj* pero, sin embargo

Jeep® [dʒiːp] *m* <-s> jeep *m*

jegliche(r, s) *pron indef* cualquier tipo de

jeher [ˈjeːheːɐ, ˈ-ˈ-] *adv:* **von** [*o* **seit**] ~ desde
siempre

jemals [ˈjeːmaːls] *adv* alguna vez, jamás;
hat man ~ **so etwas gesehen?** ¿habráse
visto semejante cosa?

jemand [ˈjeːmant] *pron indef* alguien; (*verneint*) nadie; **ist hier** ~**?** ¿hay alguien
aquí?; ~ **anderes** otra persona

Jena [ˈjeːna] *nt* <-s, *ohne pl*> Jena *f*

jene(r, s) *pron dem* (*geh*) ➊ (*adjektivisch:
da*) ese, esa; (*dort*) aquel, aquella; **in** ~**n
Tagen** en aquellos días ➋ (*substantivisch:
da*) ése, ésa, eso; (*dort*) aquél, aquélla,
aquello

jenseits [ˈjeːnzaɪts] **I.** *präp* +*gen* al otro lado
de, más allá de **II.** *adv* al otro lado, más
allá; ~ **von Gut und Böse** más allá del
bien y del mal

Jenseits *nt* <-, *ohne pl*> más allá *m*

Jerusalem [jeˈruːzalɛm] *nt* <-s> Jerusalén
m

Jesuit [jezuˈiːt] *m* <-en, -en> (REL) jesuita *m*

Jesus [ˈjeːzʊs] *m* <Jesu> (REL) Jesús *m;* ~
Christus Jesucristo *m*

Jet [dʒɛt] *m* <-(s), -s> jet *m*, avión *m* a reacción; **Jetlag** [ˈdʒɛtlɛk] *m* <-s, -s> (AERO) jet
lag *m;* **Jetset** *m* <-s, -s>, **Jet-Set** *m* <-s,
-s> alta sociedad *f*

jetten [ˈdʒɛtən] *vi* (*fam*) viajar en jet

jetzige(r, s) *adj* actual

jetzt [jɛtst] *adv* ahora; (*augenblicklich*) en
este momento; ~ **gleich** ahora mismo; **bis**
~ hasta ahora; ~ **oder nie** ahora o nunca;
von ~ **an** a partir de ahora

jeweilige(r, s) *adj* correspondiente,
respectivo; (*augenblicklich*) actual

jeweils [ˈjeːvaɪls] *adv* (*jedesmal*) cada vez;
~ **am Monatsersten** cada primero de
mes; **die** ~ **Größten aus jeder Gruppe**
los más altos de cada grupo; ~ **vier Personen** cada vez cuatro personas

Jh. *Abk. von* **Jahrhundert** siglo *m*

JH *Abk. von* **Jugendherberge** albergue *m*
juvenil

Job [dʒɔp] *m* <-s, -s> ➊ (*fam: Arbeit*) trabajo *m*, pega *f CSur, Mex* ➋ (INFOR) tarea *f*

jobben [ˈdʒɔbən] *vi* (*fam*) currar (*als* de)

Jobsharing [ˈdʒɔpʃɛːrɪŋ] *nt* <-(s), *ohne pl*>
jobsharing *m;* **Jobsuche** *f* (*fam*) búsqueda
f de trabajo

Joch [jɔx] *nt* <-(e)s, -e> (*Last*) yugo *m*

Jockei *m* <-s, -s>, **Jockey** [ˈdʒɔki] *m* <-s,
-s> (SPORT) yoquei *m*

Jod [joːt] *nt* <-(e)s, *ohne pl*> (*a.* CHEM)
yodo *m*

jodeln [ˈjoːdəln] *vi* cantar a la tirolesa

Jodler(in) [ˈjoːdlɐ] *m(f)* <-s, -; -nen> (MUS)
cantador(a) *m(f)* a la tirolesa

Jodsalz *nt ohne pl* sal *f* yodada

Joga [ˈjoːga] *m o nt* <-(s), *ohne pl*> yoga *m*

joggen [ˈdʒɔɡən] *vi sein* hacer footing

Jogger(in) *m(f)* <-s, -; -nen> persona *f* que
practica footing

Jogging [ˈdʒɔɡɪŋ] *nt* <-s, *ohne pl*> footing
m; **Jogginganzug** *m* chándal *m*

Joghurt [ˈjoːɡʊrt] *m o nt* <-(s), -(s)>,
Jogurt *m o nt* <-(s), -(s)> yogur *m*

Johannisbeere [joˈhanɪsbeːrə] *f* grosella *f;*
schwarze ~ casis *f inv*

johlen [ˈjoːlən] *vi* (*abw*) gritar

Joint [dʒɔɪnt] *m* <-s, -s> (*fam*) porro *m*

Jo-Jo *nt* <-s, -s> yoyó *m*

Joker [ˈdʒoːke] *m* <-s, -> comodín *m*

Jongleur(in) [ʒõˈɡløːɐ, ʒɔŋˈløːɐ] *m(f)* <-s,
-e; -nen> malabarista *mf*

jonglieren* **I.** *vt* hacer juegos malabares
(con) **II.** *vi* hacer juegos malabares; (*fig:*

mit Begriffen, Formeln) manejar con mucha habilidad

Jordan ['jɔrdan] *m* <-s> Jordán *m;* **über den ~ gehen** (*euph*) irse de este mundo

Jordanien [jɔr'daːniən] *nt* <-s> Jordania *f*

Jordanier(in) *m(f)* <-s, -; -nen> jordano, -a *m, f*

jordanisch *adj* jordano

Joule [dʒuːl, dʒaʊl] *nt* <-(s), -> (PHYS) julio *m*

Journal [ʒʊr'naːl] *nt* <-s, -e> ❶ (PUBL: *geh*) revista *f* ❷ (NAUT) diario *m* de a bordo ❸ (WIRTSCH) diario *m*

Journalismus [ʒʊrna'lɪsmʊs] *m* <-, ohne pl> periodismo *m*

Journalist(in) *m(f)* <-en, -en; -nen> periodista *mf*

journalistisch *adj* periodístico

jovial [jo'vjaːl] *adj* alegre, jovial

Joystick ['dʒɔɪstɪk] *m* <-s, -s> (INFOR) palanca *f* de mando, joystick *m*

jr. *Abk. von* **junior** júnior *m*, hijo *m*

Jubel ['juːbəl] *m* <-s, ohne pl> júbilo *m*, elación *f Am;* **~, Trubel, Heiterkeit** alborozo y alegría; **Jubelgeschrei** *nt* grito *m* de júbilo

jubeln ['juːbəln] *vi* dar gritos de júbilo

Jubelruf *m* grito *m* de júbilo

Jubiläen *pl von* **Jubiläum**

Jubilar(in) [jubi'laːɐ] *m(f)* <-s, -e; -nen> homenajeado, -a *m, f*

Jubiläum [jubi'lɛːʊm] *nt* <-s, Jubiläen> aniversario *m;* **zehnjähriges ~** décimo aniversario; **fünfzigjähriges ~** cincuentenario *m*

jubilieren* *vi* (*geh*) ❶ (*jubeln*) gritar de júbilo (*über* por) ❷ (*frohlocken*) alegrarse (*über* de)

juchzen ['jʊxtsən] *vi* (*fam*) soltar un grito de alegría

jucken ['jʊkən] **I.** *vi, vt* ❶ (*Juckreiz verursachen*) picar ❷ (*fam: reizen*) tener ganas, apetecer **II.** *vt* (*fam: reizen*) apetecer; (*kümmern*) interesar **III.** *vr:* **sich ~** (*fam*) rascarse **IV.** *vunpers* tener ganas; **mir juckt es in den Fingern zu ...** tengo unas ganas enormes de...

Juckreiz *m* picor *m*

Jude ['juːdə] *m*, **Jüdin** *f* <-n, -n; -nen> judío, -a *m, f*

Judentum *nt* <-s, ohne pl> judaísmo *m*

Judenverfolgung *f* (HIST) persecución *f* de los judíos; **Judenvernichtung** *f* (HIST) exterminio *m* de los judíos

Jüdin ['jyːdɪn] *f* <-nen> s. **Jude**

jüdisch ['jyːdɪʃ] *adj* judío

Judo ['juːdo] *nt* <-(s), ohne pl> (SPORT) yudo *m*

Jugend ['juːgənt] *f ohne pl* ❶ (*Altersstufe*) juventud *f;* (*~ alter*) adolescencia *f;* **von ~ an** desde joven; **seine früheste ~** los primeros años de su adolescencia ❷ (*junge Leute*) juventud *f*, jóvenes *mpl;* **die heutige ~** la juventud de hoy; **Jugendamt** *nt* oficina *f* de protección de menores; **Jugendarbeit** *f ohne pl* trabajo *m* con jóvenes; **Jugendarbeitslosigkeit** *f* paro *m* juvenil; **Jugendbande** *f* tribu *f* urbana; **Jugendbuch** *nt* libro *m* juvenil; **jugendfrei** *adj* apto para menores; (FILM) apto para todos los públicos; **Jugendfreund(in)** *m(f)* amigo, -a *m, f* de juventud; **jugendgefährdend** *adj* no apto para menores; **Jugendgruppe** *f* grupo *m* juvenil; **Jugendherberge** *f* albergue *m* juvenil; **Jugendkriminalität** *f* delincuencia *f* juvenil

jugendlich *adj* ❶ (*Altersstufe*) joven, adolescente ❷ (*jung wirkend*) juvenil; **sich ~ kleiden** vestirse de forma juvenil

Jugendliche(r) *mf* <-n, -n; -n> joven *mf;* (*Heranwachsende*) adolescente *mf;* **~ unter 16 Jahren** menores de 16 años

Jugendliebe *f* amor *m* juvenil; **Jugendschutz** *m* protección *f* de menores

Jugendstil *m ohne pl* (KUNST, ARCHIT) Modernismo *m*

Jugendstrafe *f* (JUR) pena *f* juvenil [*o* de prisión para menores]; **Jugendsünde** *f* pecado *m* de juventud; **Jugendtraum** *m* sueño *m* de juventud; **Jugendzeit** *f ohne pl* tiempo *m* de la juventud, juventud *f;* **Jugendzentrum** *nt* centro *m* juvenil

Jugoslawe, -in [jugo'slaːvə] *m, f* <-n, -n; -nen> yugoslavo, -a *m, f*

Jugoslawien [jugo'slaːviən] *nt* <-s> Yugoslavia *f*

Jugoslawin *f* <-nen> s. **Jugoslawe**

jugoslawisch *adj* yugoslavo

Juli ['juːli] *m* <-(s), -s> julio *m; s. a.* **März**

jun. *Abk. von* **junior** júnior *m*, hijo *m*

jung [jʊŋ] *adj* <jünger, am jüngsten> joven; **J~ und Alt** jóvenes y viejos; **von ~ auf** desde joven; **sie ist 18 Jahre ~** sólo tiene 18 años

Junge¹ ['jʊŋə] *m* <-n, -n> ❶ (*Knabe*) niño *m*, gurrumino *m Mex* ❷ (*junger Mann*) muchacho *m*, chico *m*, pibe *m Arg;* **alter ~!** (*fam*) ¡hombre!; **~, ~!** (*fam*) ¡vaya, vaya!

Junge(s)² *nt* <-n, -n> cría *f;* (*von Hunden, Raubtier*) cachorro *m;* (*von Vögeln*) pollo *m*

jünger ['jʏŋɐ] *adj kompar von* **jung** más joven; (*Geschwister*) menor; **~ sein als** ser más joven que; **ihr ~er Bruder** su hermano menor; **~en Datums sein** ser de fecha reciente; **sich ~ machen** quitarse años

Jünger(in) ['jʏŋɐ] *m(f)* <-s, -; -nen> discípulo, -a *m, f*

Jungfernfahrt *f* viaje *m* inaugural; **Jungfernhäutchen** [-hɔɪtçən] *nt* <-s, -> (ANAT) himen *m*

Jungfrau *f* <-en> ❶ (*Frau*) virgen *f* ❷ (ASTR) Virgo *m*

jungfräulich ['jʊŋfrɔɪlɪç] *adj* (*a. fig*) virgen

Jungfräulichkeit *f ohne pl* virginidad *f;* (*Reinheit*) pureza *f*

Junggeselle, -in *m, f* soltero, -a *m, f;* **eingefleischter ~** solterón empedernido

Jüngling ['jʏŋlɪŋ] *m* <-s, -e> (*abw*) mozalbete *m*

jüngst [jʏŋst] *adv* (*geh*) recientemente

jüngste(r, s) *adj superl von* **jung** menor; **die ~ Entwicklung hat gezeigt, dass ...** los últimos acontecimientos han demostrado que...; **die ~ deutsche Literatur** la literatura alemana actual; **das J~ Gericht** el Juicio Final; **der J~ Tag** el Día del Juicio

Jungtier *nt* animal *m* joven

Juni ['ju:ni] *m* <-(s), -s> junio *m; s. a.* **März**

junior ['ju:nioːɐ, 'ju:njoːɐ] *adj* (*geh*) júnior, hijo; **Peter Müller ~** Peter Müller, hijo

Junior(in) *m(f)* <-s, -en; -nen> ❶ (*fam*) hijo, -a *m, f* ❷ (SPORT) júnior *mf;* **Juniorchef(in)** *m(f)* hijo, -a *m, f* del jefe

Juniorin *f* <-nen> *s.* **Junior**

Junkfood ['dʒankfuːt] *nt* <-s, *ohne pl*> comida *f* basura

Junkie ['dʒaŋki] *m* <-s, -s> (*fam*) yonqui *mf*

Jupiter ['ju:pitɐ] *m* <-s> (*a.* ASTR) Júpiter *m*

Jura¹ ['ju:ra] *m* <-s, *ohne pl*> (GEO) ❶ (*Formation*) jurásico *m* ❷ (*Gebirge, Schweizer Kanton*) Jura *m*

Jura² (JUR) Derecho *m; ~* **studieren** estudiar Derecho

Jurisprudenz [ju:rɪspruˈdɛnts] *f ohne pl* (*geh*) jurisprudencia *f*

Jurist(in) [juˈrɪst] *m(f)* <-en, -en; -nen> jurista *mf*

Juristerei *f ohne pl* (*iron: Rechtswissenschaft*) jurisprudencia *f*

Juristin *f* <-nen> *s.* **Jurist**

juristisch [juˈrɪstɪʃ] *adj* jurídico; **die ~e Fakultät** la Facultad de Derecho; **~e Person** persona jurídica

Juror(in) ['ju:roːɐ] *m(f)* <-s, -en; -nen> (miembro *m* de un) jurado *m*

Jury [ʒyˈriː, 'ʒy:ri] *f* <-s> jurado *m*

just [jʊst] *adv* justo, justamente

justieren* [jʊsˈti:rən] *vt* (TECH, PHYS) ajustar

Justiz [jʊsˈti:ts] *f ohne pl* justicia *f;* **Justizbeamte(r)** *mf*, **-beamtin** *f* empleado, -a

m, f de la justicia; **Justizbehörde** *f* autoridad *f* judicial [*o* jurídica], justicia *f;* **Justizgebäude** *nt* palacio *m* de justicia; **Justizirrtum** *m* equivocación *f* judicial; **Justizminister(in)** *m(f)* ministro, -a *m, f* de Justicia; **Justizministerium** *nt* Ministerio *m* de Justicia; **Justizvollzugsanstalt** *f* establecimiento *m* penitenciario

Jute ['ju:tə] *f ohne pl* yute *m*

Juwel [ju've:l] *m o nt* <-s, -en> joya *f*

Juwelier¹ [juveˈli:ɐ] *m* <-s, -e> (*Geschäft*) joyería *f*

Juwelier(in)² [juveˈli:ɐ] *m(f)* <-s, -e; -nen> joyero, -a *m, f*

Jux [jʊks] *m* <-es, -e> (*fam*) juerga *f*, cachondeo *m* argot; **aus ~ und Tollerei** de cachondeo argot; **sich** *dat* **einen ~ aus etw** *dat* **machen** cachondearse de algo argot

K, k [ka:] *nt* <-, -> K, k *f; ~* **wie Kaufmann** K de Kenia

Kabarett [kabaˈrɛt, kabaˈre:] *nt* <-s, -s> café-teatro *m*

Kabarettist(in) [kabarɛˈtɪst] *m(f)* <-en, -en; -nen> artista *mf* de café-teatro

kabbeln ['kabəln] *vr:* **sich ~** (*nordd*) pelearse

Kabel ['ka:bəl] *nt* <-s, -> cable *m;* **Kabelanschluss** *m* toma *f* de la televisión por cable; **Kabelfernsehen** *nt* <-s, *ohne pl*> televisión *f* por cable

Kabeljau ['ka:bəljaʊ] *m* <-s, -s *o* -e> bacalao *m*

Kabine [ka'bi:nə] *f* <-n> cabina *f;* (*Umkleide~*) vestuario *m;* (*Schiffs~*) camarote *m;* (AERO) carlinga *f*

Kabinett [kabi'nɛt] *nt* <-s, -e> (POL) gabinete *m*

Kabrio ['ka:brio] *nt* <-(s), -s>, **Kabriolett** ['ka:briole, kabrio'le:, kabrio'lɛt] *nt* <-s, -s> (coche *m*) descapotable *m*

Kachel ['kaxəl] *f* <-n> azulejo *m*

kacheln *vt* poner azulejos

Kachelofen *m* estufa *f* (de) cerámica

Kacke ['kakə] *f ohne pl* (*vulg*) ❶ (*Kot*) caca *f* ❷ (*Angelegenheit*) mierda *f*

kacken *vi* (*vulg*) cagar

Kadaver [ka'da:vɐ] *m* <-s, -> cadáver *m* (de un animal)

Kader ['ka:dɐ] *m Schweiz: nt* <-s, -> (POL, SPORT) cuadro *m*

Kadmium ['katmiʊm] *nt* <-s, *ohne pl*> (CHEM) cadmio *m*

Käfer ['kɛːfɐ] *m* <-s, -> (*a.* AUTO) escarabajo *m*

Kaff [kaf] *nt* <-s, -s *o* -e *o* Käffer> (*fam abw*) pueblucho *m*, pueblo *m* de mala muerte

Kaffee ['kafe, ka'fe:] *m* <-s, -s> café *m*; ~ **kochen** hacer café; (**einen**) ~ **trinken** tomar (un) café; **schwarzer/starker/dünner** ~ café solo/fuerte/flojo; ~ **mit Milch/ohne Zucker** café con leche/sin azúcar; **das ist kalter** ~ (*fam*) eso lo sabe todo el mundo; **Kaffeeautomat** *m* máquina *f* de café; **Kaffeebohne** *f* grano *m* de café; **kaffeebraun** *adj* color café

i Land & Leute

Kaffeefahrten, que podría traducirse por "viajes con café incluido", se denominan las excursiones organizadas para presentar en las mismas algún tipo de producto. Esta estrategia de marketing se dirige especialmente a personas de la tercera edad. En autobús se les lleva a alguna localidad turística, donde se les invita a tomar *Kaffee und Kuchen – un café y un trozo de tarta o pastel.* Allí mismo es expuesto el producto en cuestión para animarles a adquirirlo en un ambiente distendido.

Kaffeefilter *m* filtro *m* de café; **Kaffeehaus** *nt* café *m*; **Kaffeekanne** *f* cafetera *f*; **Kaffeeklatsch** *m* (*fam*) tertulia *f*; **Kaffeelöffel** *m* cucharilla *f* de café; **Kaffeemaschine** *f* cafetera *f* eléctrica, greca *f Am*; **Kaffeemühle** *f* molinillo *m* de café; **Kaffeepause** *f* pausa *f* (para tomar un café); **Kaffeesatz** *m* <-es, *ohne pl*> poso *m* del café; **Kaffeetasse** *f* taza *f* de café

Käffer *pl von* **Kaff**

Käfig ['kɛːfɪç] *m* <-s, -e> jaula *f*; **goldener** ~ (*fig*) jaula de oro

kahl [ka:l] *adj* ❶ (*ohne Haar*) calvo; ~ **geschoren** pelado al rape ❷ (*ohne Vegetation, Wand*) pelado ❸ (*ohne Blätter*) deshojado; **Kahlkopf** *m* (*fam*) calvo, -a *m, f*; **kahlköpfig** ['ka:lkœpfɪç] *adj* pelado

Kahlschlag *m* ❶ (*Fällen*) desmonte *m* completo ❷ (*Schlagfläche*) claro *m*

Kahn [ka:n, *pl:* 'kɛːnə] *m* <-(e)s, Kähne> ❶ (*kleines Boot*) bote *m* ❷ (*Lastschiff*)

gabarra *f*

Kai [kaɪ] *m* <-s, -s> muelle *m*

Kaiman ['kaɪman] *m* <-s, -e> caimán *m*, lagarto *m Am*

Kaiser(in) ['kaɪzɐ] *m(f)* <-s, -; -nen> emperador *m*, emperatriz *f*

kaiserlich *adj* imperial

Kaiserreich *nt* imperio *m*

Kaiserschmarr(e)n *m* (*Österr:* GASTR) tortilla desmenuzada con azúcar y pasas

i Land & Leute

En Austria, el sur de Alemania y Suiza está muy extendida una especialidad gastronómica, cuyo origen se remonta a la emperatriz Elisabeth de Austria. La **Kaiserschmarren** es una especie de tortilla desmenuzada sobre la que se espolvorea azúcar. A veces también lleva pasas.

Kaiserschnitt *m* (MED) cesárea *f*

Kajak ['ka:jak] *m o nt* <-s, -s> (SPORT) kayac *m*

Kajüte [ka'jy:tə] *f* <-n> camarote *m*

Kakadu ['kakadu] *m* <-s, -s> cacatúa *f*

Kakao [ka'kaʊ] *m* <-s, -s> ❶ (*Pulver, Pflanze*) cacao *m*, cacahuatl *m Mex* ❷ (*Getränk*) chocolate *m*; **jdn durch den** ~ **ziehen** (*fam*) tomar el pelo a alguien; **Kakaobohne** *f* grano *m* de cacao; **Kakaobutter** *f* manteca *f* de cacao; **Kakaopulver** *nt* cacao *m* en polvo

Kakerlak ['ka:kɐlak] *m* <-s *o* -en, -en> cucaracha *f*

Kaktus ['kaktʊs, *pl:* kak'te:ən] *m* <-ses, Kakteen> cactus *m inv*

Kalb [kalp, *pl:* 'kɛlbɐ] *nt* <-(e)s, Kälber> ternero, -a *m, f*

kalben ['kalbən] *vi* (*Kuh*) parir (un ternero)

Kalbfleisch *nt* (carne *f* de) ternera *f*

Kalbsbraten *m* (GASTR) asado *m* de ternera, ternera *f* asada; **Kalbskotelett** *nt* (GASTR) chuleta *f* de ternera; **Kalbsschnitzel** *nt* (GASTR) escalope *m* de ternera

Kaldaunen [kal'daʊnən] *fpl* (GASTR: *Kutteln*) callos *mpl*

Kaleidoskop [kalaɪdo'sko:p] *nt* <-(e)s, -e> caleidoscopio *m*

Kalender [ka'lɛndɐ] *m* <-s, -> calendario *m*; (*Taschen~*) agenda *f*; **Kalenderjahr** *nt* año *m* natural

Kali ['ka:li] *nt* <-s, -s> (CHEM: *Kalisalz*) sal *f* potásica

Kaliber [ka'li:bɐ] *nt* <-s, -> (*a. fig*) calibre *m*

Kalif [ka'li:f] *m* <-en, -en> (REL) califa *m*

Kalium ['ka:liʊm] *nt* <-s, *ohne pl*> (CHEM) potasio *m*

Kalk [kalk] *m* <-(e)s, -e> ❶ (~ *stein, Baustoff*) cal *f;* **gebrannter/gelöschter** ~ cal viva/muerta ❷ (*Kalzium*) calcio *m;* **Kalkboden** *m* suelo *m* calizo

kalken *vt* ❶ (*tünchen*) encalar ❷ (*düngen*) abonar con cal

kalkhaltig *adj* calizo

Kalkstein *m* (GEO) piedra *f* caliza

Kalkulation [kalkula'tsjo:n] *f* <-en> cálculo *m;* **nach meiner** ~ según mis cálculos

kalkulierbar [kalku'li:ɐba:ɐ] *adj* calculable

kalkulieren* [kalku'li:rən] *vt* calcular

Kalorie [kalo'ri:, *pl:* kalo'ri:ən] *f* <-n> caloría *f;* **kalorienarm** *adj* bajo en calorías; **Kalorienbombe** *f* (*fam*) plato *m* que engorda mucho; **Kaloriengehalt** *m* <-(e)s, -e> contenido *m* calórico; **kalorienreich** *adj* rico en calorías

kalt [kalt] *adj* <kälter, am kältesten> ❶ (*allgemein*) frío; (*eis~*) helado; **mir ist/wird** ~ tengo frío/me entra frío; **es ist** ~ hace frío; **abends essen wir** ~ por la noche tomamos una cena fría; **das Essen wird** ~ la comida se enfría; **etw** ~ **stellen** poner algo a enfriar; **es überlief ihn** ~ (*fam*) le entró miedo; **mit der Frage hat er mich** ~ **erwischt** (*fam*) con la pregunta me pilló desprevenido ❷ (*gefühllos*) frío; (*gleichgültig*) indiferente

kaltblütig [-bly:tɪç] **I.** *adj* (*unerschrocken*) intrépido; (*skrupellos*) sin escrúpulos **II.** *adv* a sangre fría

Kaltblütigkeit *f ohne pl* sangre *f* fría

Kälte ['kɛltə] *f ohne pl* ❶ (*Temperatur*) frío *m;* **bei dieser** ~ con este frío; **es herrschte eine eisige** ~ hacía un frío intenso; **drei Grad** ~ tres grados bajo cero ❷ (*Gefühlsarmut*) frialdad *f;* (*Gleichgültigkeit*) indiferencia *f;* **kältebeständig** *adj* (TECH) resistente al frío; **Kälteeinbruch** *m* (METEO) llegada *f* del frío; **kälteempfindlich** *adj* sensible al frío; **Kältegrad** *m* grado *m* bajo cero; **Kälteperiode** *f* período *m* de frío

kälter ['kɛltɐ] *adj kompar von* **kalt**

Kälteschutzmittel *nt* (TECH) anticongelante *m*

kälteste(r, s) ['kɛltəstə, -tɐ, -təs] *adj superl von* **kalt**

Kältewelle *f* ola *f* de frío

Kaltfront *f* (METEO) frente *m* frío; **kaltgepresst** [-gəprɛst] *adj* (*Öl*) prensado en frío; **Kaltluft** *f ohne pl* (METEO) aire *m* frío; **kalt|machen** *vt* (*sl*) liquidar; **Kaltmiete**

f alquiler *m* sin los gastos de calefacción

kaltschnäuzig ['kaltʃnɔɪtsɪç] *adj* (*fam*) frío; (*gleichgültig*) indiferente; (*frech*) impertinente

Kaltstart *m* ❶ (AUTO) arranque *m* en frío ❷ (INFOR) *nuevo arranque del programa sin desconectar el ordenador;* **kalt|stellen** *vt* (*fam: Person*) eliminar

Kalzium ['kaltsiʊm] *nt* <-s, *ohne pl*> (CHEM) calcio *m*

kam [ka:m] *3. imp von* **kommen**

Kamel [ka'me:l] *nt* <-(e)s, -e> ❶ (*Tier*) camello *m* ❷ (*fam abw: Mensch*) tonto, -a *m, f;* **Kamelhaar** *nt ohne pl* pelo *m* de camello

Kamelie [ka'me:ljə] *f* <-n> (BOT) camelia *f*

Kamellen *pl:* **das sind alte** [*o* **olle**] ~ (*fam*) esta historia se la sabe ya todo quisqui

Kameltreiber(in) *m(f)* <-s, -; -nen> camellero, -a *m, f*

Kamera ['kaməra] *f* <-s> ❶ (FILM, TV) cámara *f;* **vor der** ~ **stehen** estar delante de la cámara ❷ (FOTO) máquina *f* fotográfica

Kamerad(in) [kamə'ra:t] *m(f)* <-en, -en; -nen> camarada *mf,* cuate, -a *m, f Guat, Mex*

Kameradschaft *f ohne pl* camaradería *f*

kameradschaftlich *adj* de camaradería; **eine ~e Geste** un gesto de camaradería; **Kameradschaftsgeist** *m ohne pl* espíritu *m* de camaradería

Kamerafrau *f* operadora *f,* camerógrafa *f;* **Kameramann** *m* <-(e)s, -männer *o* -leute> operador *m,* camerógrafo *m*

Kamerun ['kaməru:n, --'-] *nt* <-s> (el) Camerún *m*

Kameruner(in) ['----, --'--] *m(f)* <-s, -; -nen> camerunense *mf*

kamerunisch ['----, --'--] *adj* camerunense

Kamille [ka'mɪlə] *f* <-n> manzanilla *f;* **Kamillentee** *m* (infusión *f* de) manzanilla *f*

Kamin [ka'mi:n] *m Schweiz: nt* <-s, -e> (*a. im Berg*) chimenea *f;* **Kaminfeger(in)** *m(f)* <-s, -; -nen> (*reg*) limpiachimeneas *m inv*

Kamm [kam, *pl:* 'kɛmə] *m* <-(e)s, Kämme> ❶ (*zum Kämmen*) peine *m;* **alles über einen** ~ **scheren** (*fig*) medirlo todo por el mismo rasero ❷ (*Hahnen~, Gebirgs~, Wellen~*) cresta *f* ❸ (GASTR: *Nackenstück*) morrillo *m*

kämmen ['kɛmən] *vt* peinar

Kammer ['kamɐ] *f* <-n> ❶ (*für Vorräte*) despensa *f;* (*für Besen*) escobero *m* ❷ (POL) Cámara *f;* (*in Spanien*) Congreso *m* de los

Diputados ❸ (JUR) sala *f* ❹ (*Ärzte~*) colegio *m*; **Kammerdiener(in)** *m(f)* (HIST) ayuda *m* de cámara; **Kammerjäger(in)** *m(f)* desinsectador(a) *m(f)*; **Kammermusik** *f* música *f* de cámara; **Kammerton** *m* (MUS) diapasón *m* normal; **Kammerzofe** *f* (HIST) doncella *f*, camarera *f*

Kampagne [kam'panjə] *f* <-n> campaña *f*

Kampf [kampf, *pl:* 'kɛmpfə] *m* <-(e)s, Kämpfe> ❶ (*allgemein*) lucha *f*; **ein ~ auf Leben und Tod** una lucha a muerte; **der ~ ums Überleben** la lucha por la supervivencia; **der ~ für/gegen etw** la lucha por/contra algo; **jdm/etw** *dat* **den ~ ansagen** declarar la guerra a alguien/algo ❷ (*~handlung*) combate *m*; **auf in den ~**! ¡al ataque!; **er ist im ~ gefallen** cayó en combate ❸ (*Box~*) combate *m*; **Kampfansage** *f* reto *m*

kämpfen ['kɛmpfən] *vi* luchar (*um/für* por, *gegen* contra); (MIL) combatir; **mit etw** *dat* **zu ~ haben** (*a. fig*) tener problemas con algo; **sie kämpfte um ihr Leben** luchó por su vida; **sie kämpfte mit dem Tod** se debatió entre la vida y la muerte; **er kämpfte mit den Tränen** intentó contener las lágrimas; **ich habe lange mit mir ~ müssen** he tenido que luchar durante mucho tiempo contra mí mismo

Kampfer ['kampfɐ] *m* <-s, *ohne pl*> (BOT) alcanfor *m*

Kämpfer(in) *m(f)* <-s, -; -nen> ❶ (MIL) combatiente *mf* ❷ (SPORT: *a. fig*) luchador(a) *m(f)*, faite *m Am*

kämpferisch *adj* luchador; (*kampflustig*) combativo; (POL) militante

Kämpfernatur *f* carácter *m* luchador

kampferprobt *adj* (MIL) aguerrido; **Kampfflugzeug** *nt* (MIL) avión *m* de combate; **Kampfgas** *nt* (MIL) gas *m* mostaza; **Kampfgeist** *m* <-(e)s, *ohne pl*> espíritu *m* combativo; **Kampfhandlung** *f* (MIL) operación *f* militar; **die ~en einstellen** cesar las operaciones militares; **Kampfhund** *m* perro *m* de pelea

kampflos *adj* (*widerstandslos*) sin resistencia

Kampfplatz *m* (MIL) lugar *m* de combate; **Kampfrichter(in)** *m(f)* (SPORT) árbitro, -a *m, f*; **Kampfsport** *m* deporte *m* de combate; **kampfunfähig** *adj* (SPORT, MIL) fuera de combate*

kampieren* [kam'piːrən] *vi* acampar

Kanada ['kanada] *nt* <-s> (el) Canadá *m*

Kanadier(in) [ka'naːdiɐ] *m(f)* <-s, -; -nen> canadiense *mf*

kanadisch *adj* canadiense

Kanaille [ka'naljə] *f* <-n> (*abw*) canalla *m*

Kanake, -in [ka'naːkə] *m, f* <-n, -n; -nen> ❶ (*Südseeinsulaner*) canaco, -a *m, f* ❷ (*fam abw: Immigrant in Deutschland*) extranjero, -a *m, f* (*aplícase sobre todo a los inmigrantes turcos en Alemania*)

Kanal [ka'naːl, *pl:* ka'nɛːlə] *m* <-s, Kanäle> ❶ (*Wasserlauf*) canal *m*; **der ~** (*Ärmelkanal*) (el Canal de) la Mancha ❷ (*Abwasser~*) alcantarillado *m*; (*Bewässerungs~*) acequia *f* ❸ (RADIO, TV) canal *m*; **Kanaldeckel** *m* tapa *f* de alcantarillado; **Kanalinseln** *fpl* (GEO) islas *fpl* del Canal

Kanalisation [kanaliza'tsjoːn] *f* <-en> canalización *f*; (*für Abwässer*) alcantarillado *m*

kanalisieren* *vt* canalizar

Kanaltunnel *m* túnel *m* del Canal de la Mancha

Kanaren [ka'naːrən] *pl:* **die ~** (las) Canarias *fpl*

Kanarienvogel [ka'naːriənfoːgəl] *m* canario *m*

Kanarier(in) [ka'naːriɐ] *m(f)* <-s, -; -nen> canario, -a *m, f*

kanarisch [ka'naːrɪʃ] *adj* canario; **die K~en Inseln** las Islas Canarias

Kandare [kan'daːrə] *f* <-n> (*Zaumzeug*) bocado *m*; **jdn an die ~ nehmen** meter a alguien en cintura

Kandidat(in) [kandi'daːt] *m(f)* <-en, -en; -nen> ❶ (*für eine Wahl*) candidato, -a *m, f*; **jdn** (**für etw**) **als ~en aufstellen** presentar a alguien como candidato (para algo) ❷ (*Prüfling*) examinando, -a *m, f*

Kandidatur [kandida'tuːɐ] *f* <-en> candidatura *f*; **seine ~ anmelden/zurückziehen** presentar/retirar su candidatura

kandidieren* [kandi'diːrən] *vi* presentarse como candidato

kandiert [kan'diːɐt] *adj* escarchado; **~e Früchte** frutas escarchadas

Kandiszucker *m* azúcar *m* cande

Känguru ['kɛŋguru] *nt* <-s, -s> canguro *m*

Kaninchen [ka'niːnçən] *nt* <-s, -> conejo *m*

Kanister [ka'nɪstɐ] *m* <-s, -> bidón *m*

kann [kan] *3. präs von* **können**

Kännchen ['kɛnçən] *nt* <-s, -> jarrita *f*

Kanne ['kanə] *f* <-n> jarra *f*, jarro *m*; (*Milch~*) lechera *f*; (*Tee~*) tetera *f*; (*Kaffee~*) cafetera *f*; (*Gieß~*) regadera *f*; **volle ~** (*fam*) a toda mecha

Kannibale, -in [kani'baːlə] *m, f* <-n, -n; -nen> caníbal *mf*

Kannibalismus [kaniba'lɪsmʊs] *m* <-, *ohne pl*> canibalismo *m*

kannte ['kantə] *3. imp von* **kennen**

Kanon ['kaːnɔn] *m* <-s, -s> (*a. MUS*) canon *m*

Kanone [ka'no:nə] *f* <-n> ❶ (*Geschütz*) cañón *m* ❷ (*fam: Könner*) as *m* ❸ (*fam: Revolver*) pistola *f* ❹ (*Wend*): **unter aller ~ sein** (*fam*) no poder ser peor

Kanonenkugel *f* bala *f* de cañón; **Kanonenrohr** *nt* tubo *m* de cañón

Kantabrer(in) [kan'ta:brɐ] *m(f)* <-s, -; -nen> cántabro, -a *m, f*

Kantabrien [kan'ta:briən] *nt* <-s> Cantabria *f*

kantabrisch *adj* (*aus Kantabrien*) cántabro; (*vom nördlichen Küstengebiet*) cantábrico; **K~ es Meer** Mar Cantábrico

Kante ['kantə] *f* <-n> (*Rand*) borde *m*; (*Ecke*) canto *m*; **Geld auf die hohe ~ legen** (*fam*) hacer economías

kantig *adj* esquinado; (*Gesicht*) anguloso

Kantine [kan'ti:nə] *f* <-n> cantina *f*

Kanton [kan'to:n] *m* <-s, -e> cantón *m*

Suiza está formada por 26 **Kantone**, de los cuales tres, Unterwalden, Basilea y Appenzell, son semicantones. Los cantones eligen en total a 46 representantes que forman el *Ständerat* – *cámara de los representantes cantonales suizos*, una de las dos cámaras del legislativo suizo. Los cantones mayores son: el cantón de los Grisones, Berna y Waadt.

kantonal [kanto'na:l] *adj* cantonal

Kanu ['ka:nu, ka'nu:] *nt* <-s, -s> (SPORT) piragua *f*, bongo *m Am*, chalupa *f Mex*

Kanüle [ka'ny:lə] *f* <-n> (MED) cánula *f*, bitoque *m Am*

Kanzel ['kantsəl] *f* <-n> ❶ (*in Kirche*) púlpito *m* ❷ (AERO) cabina *f*

Kanzlei [kants'lai] *f* <-en> ❶ (*Büro*) despacho *m*; (*von Rechtsanwalt*) bufete *m*; (*von Notar*) notaría *f* ❷ (*Staats~*) cancillería *f*

Kanzler(in) ['kantslɐ] *m(f)* <-s, -; -nen> ❶ (POL) canciller *mf*, presidente, -a *m, f* del Gobierno (*en Alemania y Austria*) ❷ (UNIV) rector(a) *m(f)*; **Kanzleramt** *nt ohne pl* cancillería *f*, presidencia *f* del Gobierno (*en Alemania y Austria*)

Kanzlerin *f* <-nen> *s*. **Kanzler**

Kanzlerkandidat(in) *m(f)* candidato, -a *m, f* a la cancillería, candidato, -a *m* a la presidencia de Gobierno (*en Alemania y Austria*)

Kap [kap] *nt* <-s, -s> cabo *m*; **das ~ der Guten Hoffnung** el Cabo de Buena Esperanza

Kap. *Abk. von* **Kapitel** cap.

Kapazität [kapatsi'tɛ:t] *f* <-en> ❶ (*Fassungsvermögen, a.* WIRTSCH) capacidad *f* ❷ (*Experte*) experto, -a *m, f*

Kapelle [ka'pɛlə] *f* <-n> ❶ (*Bau*) capilla *f* ❷ (MUS) orquesta *f*

Kapellmeister(in) *m(f)* (MUS) director(a) *m(f)* de orquesta

Kaper¹ ['ka:pɐ] *f* <-n> (GASTR) alcaparra *f*

Kaper² *m* <-s, -> (NAUT) corsario *m*

kapern ['ka:pɐn] *vt* (NAUT) apresar, tomar como botín

kapieren* [ka'pi:rən] *vt* (*fam*) captar; **kapiert?** ¿ya?

Kapital [kapi'ta:l] *nt* <-s, -e *o* -ien> capital *m*; **~ aufnehmen** tomar dinero a préstamo; **~ aus etw dat schlagen** sacar provecho de algo; **totes ~** (*fig*) conocimientos no utilizados; **Kapitalabwanderung** *f* (FIN) fuga *f* de capitales; **Kapitalanlage** *f* (FIN) inversión *f* de capital; **Kapitalaufwand** *m* (FIN) gastos *mpl* de capital; **Kapitalertrag** *m* (FIN) rendimiento *m* del capital; **Kapitalgesellschaft** *f* (FIN) sociedad *f* de capital

Kapitalien *pl von* **Kapital**

Kapitalismus [kapita'lɪsmʊs] *m* <-, *ohne pl*> capitalismo *m*

Kapitalist(in) [kapita'lɪst] *m(f)* <-en, -en; -nen> capitalista *mf*

kapitalistisch *adj* capitalista

kapitalkräftig *adj* adinerado

Kapitalverbrechen *nt* (JUR) crimen *m* capital

Kapitän(in) [kapi'tɛ:n] *m(f)* <-s, -e; -nen> ❶ (NAUT, SPORT) capitán, -ana *m, f* ❷ (AERO) comandante *mf*

Kapitel [ka'pi:tel] *nt* <-s, -> (*a.* REL) capítulo *m*; **dieses ~ ist für mich erledigt** este capítulo queda zanjado para mí

Kapitell [kapi'tɛl] *nt* <-s, -e> (ARCHIT) capitel *m*

Kapitulation [kapitula'tsjo:n] *f* <-en> (*a.* MIL) capitulación *f* (*vor* ante)

kapitulieren* [kapitu'li:rən] *vi* (*a.* MIL) capitular (*vor* ante)

Kaplan [ka'pla:n] *m* <-s, Kapläne> capellán *m*

Kapo ['kapo] *m* <-s, -s> (*südd: fam: Vorarbeiter*) capataz *m*

Kappe ['kapə] *f* <-n> ❶ (*Kopfbedeckung*) gorra *f*; **etw auf seine ~ nehmen** (*fam*) asumir la responsabilidad de algo; **das geht auf ihre ~** eso corre de su cuenta ❷ (*Verschluss*) tapa *f*; (*von Stift*) capuchón *m* ❸ (*am Schuh*) refuerzo *m*; (*hinten*) contrafuerte *m*; (*vorne*) puntera *f*

kappen ['kapən] *vt* ❶ (*Seil*) cortar ❷ (*Fi-*

nanzmittel) reducir

Kappes ['kapəs] *m* <-, *ohne pl*> (*reg: fam*) tonterías *fpl*; ~ **reden** decir bobadas

Käppi ['kɛpi] *nt* <-s, -s> quepis *m inv*

Kapriole [kapri'o:lə] *f* <-n> ❶ (*Luftsprung, im Reitsport*) cabriola *f* ❷ (*Streich, Laune*) capricho *m*

kapriziös [kapri'tsjøːs] *adj* (*geh*) caprichoso

Kapsel ['kapsəl] *f* <-n> ❶ (*Behälter*) recipiente *m* ❷ (BOT, MED) cápsula *f* ❸ (*Raumfahrt*) cápsula *f* espacial

kaputt [ka'pʊt] *adj* (*fam*) ❶ (*entzwei*) roto; (*nicht mehr funktionsfähig*) estropeado ❷ (*erschöpft*) hecho polvo; **ein ~ er Typ** (*sl*) un tipo reventado; **kaputt|gehen** *irr vi sein* ❶ (*fam: entzweigehen*) romperse (*von* por); (*nicht mehr funktionieren*) estropearse (*von* por) ❷ (*fam: Beziehung, Nerven*) arruinarse, destruirse (*an* por); (*Pflanze*) marchitarse (*an* por) ❸ (*fam: Firma*) quebrar ❹ (*sl: sich psychisch erschöpfen*) destrozarse; **kaputt|lachen** *vr:* **sich** ~ troncharse de risa (*über* por); **kaputt|machen I.** *vt* (*fam*) ❶ (*zerbrechen*) romper; (*zerstören*) destrozar ❷ (*ruinieren*) arruinar ❸ (*psychisch erschöpfen*) destrozar; **der Stress macht ihn kaputt** el estrés lo mata **II.** *vr:* **sich** ~ (*fam*) matarse

Kapuze [ka'puːtsə] *f* <-n> capucha *f*

Kapuziner[1] *m* <-s, -> (*Österr:* GASTR: *Milchkaffee*) café *m* con leche

Kapuziner(in)[2] [kapu'tsiːnɐ] *m(f)* <-s, -; -nen> (REL) capuchino, -a *m, f*

Karabiner [kara'biːnɐ] *m* <-s, -> ❶ (*Gewehr*) carabina *f* ❷ (*Österr:* ~ *haken*) mosquetón *m*; **Karabinerhaken** *m* mosquetón *m*

Karacho [ka'raxo] *nt:* **mit** ~ (*fam*) a toda mecha

Karaffe [ka'rafə] *f* <-n> garrafa *f*

Karambolage [karambo'laːʒə] *f* <-n> colisión *f* en cadena

Karamell [kara'mɛl] *m*, *Schweiz: nt* <-s, *ohne pl*> caramelo *m*

Karaoke [kara'oːkə] *nt* <-(s), *ohne pl*> karaoke *m*

Karat [ka'raːt] *nt* <-(e)s, -e> quilate *m*

Karate [ka'raːtə] *nt* <-(s), *ohne pl*> kárate *m*

Karawane [kara'vaːnə] *f* <-n> caravana *f*

Kardamom [karda'moːm] *m o nt* <-s, -e(n)> (BOT) cardamomo *m*

Kardanwelle *f* (TECH) árbol *m* de cardán

Kardinal [kardi'naːl] *m* <-s, Kardinäle> (REL) cardenal *m*

Kardinalfrage *f* (*geh*) cuestión *f* cardinal; **Kardinalzahl** *f* número *m* cardinal

Kardiogramm [kardio'gram] *nt* <-s, -e> (MED) cardiograma *m*

Karenztag *m* día *m* de carencia (salarial); **Karenzzeit** *f* tiempo *m* de carencia

Karfiol [kar'fjoːl] *m* <-s, *ohne pl*> (*Österr:* GASTR) coliflor *f*

Karfreitag [ka:ɐ̯'fraɪtaːk] *m* (REL) Viernes *m* Santo

karg [kark] *adj* ❶ (*gering*) escaso; (*armselig*) pobre; (*Essen*) frugal ❷ (*Wand*) pelado ❸ (*unfruchtbar*) árido

kärglich ['kɛrklɪç] *adj* escaso; (*Gehalt*) miserable; (*Essen*) frugal

Karibik [ka'riːbɪk] *f* (el) Caribe *m*

karibisch *adj* caribeño

kariert [ka'riːɐt] *adj* (*Stoff*) a cuadros; (*Papier*) cuadriculado; **klein ~** (*Stoff*) a cuadros pequeños; (*kleinlich*) de miras estrechas

Karies ['kaːriɛs] *f ohne pl* (MED) caries *f inv*

Karikatur [karika'tuːɐ] *f* <-en> caricatura *f*

Karikaturist(in) [karikatu'rɪst] *m(f)* <-en, -en; -nen> caricaturista *mf*

karikieren* [kari'kiːrən] *vt* caricaturizar

kariös [kari'øːs] *adj* (MED) cariado

karitativ [karita'tiːf] *adj* caritativo

karminrot [kar'miːn-] *adj* carmín

Karneval ['karnəval] *m* <-s, -e *o* -s> carnaval *m*

Karnickel [kar'nɪkəl] *nt* <-s, -> (*reg*) conejo *m*

Kärnten ['kɛrntən] *nt* <-s> Carintia *f*

Karo [ka:ro] *nt* <-s, -s> ❶ (*Viereck*) cuadrado *m*; (*Raute*) rombo *m*; (*auf Kleidung*) cuadro *m* ❷ (*spanisches Kartenspiel*) oros *mpl*; (*französisches Kartenspiel*) diamantes *mpl*

Karolinger ['ka:rolɪŋɐ] *mpl* (HIST) Carolingios *mpl*

Karomuster *nt* dibujo *m* a cuadros; **ein Rock mit** ~ una falda a cuadros

Karosse [ka'rɔsə] *f* <-n> ❶ (*Kutsche*) carroza *f* ❷ (*fam: Karosserie*) carrocería *f*

Karosserie [karɔsə'riː] *f* <-n> carrocería *f*

Karotte [ka'rɔtə] *f* <-n> zanahoria *f*

Karpfen ['karpfən] *m* <-s, -> (ZOOL) carpa *f*

Karre ['karə] *f* <-n> *s.* **Karren**

Karree [ka're:] *nt* <-s, -s> ❶ (*Viereck*) cuadrado *m* ❷ (*Häuserblock*) manzana *f*, cuadra *f Am*; **ums ~ gehen** dar una vuelta a la manzana ❸ (*Österr:* GASTR: *Rippenstück*) chuleta *f*

Karren ['karən] *m* <-s, -> ❶ (*Wagen*) carro *m*; **für jdn den ~ aus dem Dreck ziehen** (*fam*) sacarle a alguien las castañas del fuego; **jdm an den ~ fahren** (*fam*) poner a alguien como un trapo ❷ (*abw: Auto*) carraca *f*

Karriere [ka'rje:rə] *f* <-n> carrera *f* (profesional); ~ **machen** hacer carrera; **Karrierefrau** *f* arribista *f*

Karsamstag [ka:ɛ'zamsta:k] *m* (REL) Sábado *m* Santo

Karst [karst] *m* <-(e)s, -e> (GEO) carst *m*

Karte ['kartə] *f* <-n> ❶ (*Visiten~*, *Kredit~*) tarjeta *f*; **die gelbe/rote** ~ (SPORT) la tarjeta amarilla/roja ❷ (*Ansichts~*) (tarjeta *f*) postal *f*; **eine** ~ **schreiben** escribir una postal ❸ (*Speise~*) carta *f* (del menú) ❹ (*Land~*) mapa *m* ❺ (*Fahr~*) billete *m*, boleto *m Am*; (*Eintritts~*) entrada *f* ❻ (*Spiel~*) naipe *m*, carta *f*; **jdm die** ~**n legen** echar las cartas a alguien; ~**n spielen** jugar a las cartas; **mit offenen/verdeckten** ~**n spielen** (*a. fig*) enseñar las cartas/ocultar el juego; **alles auf eine** ~ **setzen** (*a. fig*) jugarse el todo por el todo a una carta; **sich** *dat* **nicht in die** ~**n sehen lassen** (*fig*) esconder la bola ❼ (INFOR) tarjeta *f* gráfica

Kartei [kar'taɪ] *f* <-en> fichero *m*; **eine** ~ **über jdn/etw führen** tener a alguien/ algo fichado; **Karteikarte** *f* ficha *f*; **Karteikasten** *m* fichero *m*

Kartell [kar'tɛl] *nt* <-s, -e> (WIRTSCH) cártel *m*; **Kartellamt** *nt* (WIRTSCH) autoridad *f* de vigilancia de los cárteles

Kartenhaus *nt* ❶ (*Figur aus Spielkarten*) castillo *m* de naipes; **alle ihre Pläne fielen in sich zusammen wie ein** ~ todos sus planes se desmoronaron como un castillo de naipes ❷ (NAUT: *Raum für Seekarten*) caseta *f* de derrota; **Kartenlegen** *nt* <-s, *ohne pl*> cartomancia *f*; **Kartenleger(in)** *m(f)* <-s, -; -nen> cartomántico, -a *m, f*

Kartenlesegerät *nt* (INFOR) lector *m* de tarjetas

Kartenspiel *nt* ❶ (*Spiel*) juego *m* de naipes ❷ (*Spielkarten*) baraja *f*; **Kartenspieler(in)** *m(f)* jugador(a) *m(f)* de cartas; **Kartentelefon** *nt* teléfono *m* de tarjeta(s)

Kartenvorverkauf *m* venta *f* anticipada de localidades; **Kartenvorverkaufsstelle** *f* taquilla *f* de venta anticipada de localidades, boletería *f Am*

kartieren* [kar'ti:rən] *vt* ❶ (GEO) cartografiar ❷ (*in Kartei*) fichar

Kartoffel [kar'tɔfəl] *f* <-n> patata *f*, papa *f Am*; **jdn fallen lassen wie eine heiße** ~ (*fam*) dejar a alguien en la estacada; **Kartoffelbrei** *m* (GASTR) puré *m* de patatas; **Kartoffelchip** *m* (GASTR) patata *f* frita; **Kartoffelkäfer** *m* (ZOOL) escarabajo *m* de la patata; **Kartoffelkloß** *m* croqueta *f* de patata; **Kartoffelpuffer** *m* (GASTR) *fritura de patatas ralladas*

Para elaborar **Kartoffelpuffer**, en primer lugar hay que rallar las patatas y ablandar la masa resultante en agua. Seguidamente se forman las piezas aplastando esta masa entre las palmas de las manos, similar a la forma de una hamburguesa. Finalmente se fríen en abundante aceite caliente hasta que toman color. Se suelen comer acompañadas de compota de manzana o simplemente con azúcar y canela.

Kartoffelpüree *nt* (GASTR) puré *m* de patata, naco *m Col*; **Kartoffelsalat** *m* (GASTR) ensalada *f* de patatas; **Kartoffelschäler** *m* <-s, -> pelador *m* de patatas

Karton [kar'tɔŋ] *m* <-s, -s> ❶ (*Material*) cartón *m*; (*Foto~*) cartulina *f* ❷ (*Behälter*) caja *f*

kartoniert [karto'ni:ɛt] *adj* (*Buch*) empastado

Kartusche [kar'tʊʃə] *f* <-n> ❶ (TECH: *Behälter*) cartucho *m*; (*Tonerpatrone*) tóner *m* ❷ (MIL: *Geschosshülse*) cartucho *m*; (*leere Geschosshülle*) casquillo *m* ❸ (KUNST: *Zierornament*) voluta *f*

Karussell [karʊ'sɛl] *nt* <-s, -s *o* -e> tiovivo *m*

Karwoche ['ka:ɛvɔxə] *f* (REL) Semana *f* Santa

Karzinom [kartsi'no:m] *nt* <-s, -e> (MED) carcinoma *m*

Kasachstan ['kazaxsta:n] *nt* <-s> Kazajstán *m*

Kaschemme [ka'ʃɛmə] *f* <-n> (*fam abw*) barucho *m*

kaschieren* [ka'ʃi:rən] *vt* ocultar

Kaschmir¹ [ˈkaʃmiːɐ] *m* <-s, -e> (*Wolle, Gewebe*) cachemir *m*

Kaschmir² *nt* <-s> Cachemira *m*

Käse ['kɛːzə] *m* <-s, -> ❶ (GASTR) queso *m* ❷ (*fam abw: Unsinn*) tonterías *fpl*; **das ist doch alles** ~**, was du erzählst!** ¡no dices más que bobadas!

Käseblatt *nt* (*fam abw*) periodicucho *m*

Käseglocke *f* quesera *f*; **Käsekuchen** *m* tarta *f* de queso

Käserei *f* <-en> quesería *f*

Kaserne [ka'zɛrnə] *f* <-n> cuartel *m*

käseweiß *adj* (*fam*), **käsig** ['kɛ:zɪç] *adj* (*fam*) descolorido; (*Hautfarbe*) pálido

Kasino [ka'zi:no] *nt* <-s, -s> ❶ (MIL) comedor *m* de oficiales ❷ (*Spiel~*) casino *m*, casa *f* de juego

Kaskade [kas'ka:də] f <-n> cascada f

Kaskoversicherung ['kasko-] f seguro m contra todo riesgo

Kasper(le) m <-s, -> títere m; **Kasper(le)theater** nt guiñol m

kaspern ['kaspɐn] vi (fam) payasear

Kassa ['kasa] f <Kassen> (Österr) caja f

Kassandraruf m (geh) advertencia f (de que ocurrirá una catástrofe)

Kasse ['kasə] f <-n> ❶ (Behälter, Zahlstelle) caja f; ~ **machen** hacer la caja; **jdn zur ~ bitten** (fam) reclamar dinero a alguien ❷ (Bargeld) efectivo m en caja; **knapp/gut bei ~ sein** (fam) andar mal/bien de dinero; **wir haben getrennte ~n** hacemos cuentas separadas ❸ (für Eintritts-, Fahrkarten) taquilla f ❹ (fam: Bank) caja f

Kassel ['kasəl] nt <-s> Kassel m

Kasseler ['kasələ] nt <-s, -> (GASTR) carne de cerdo cocida y ahumada, similar al lacón

Kassenarzt, -ärztin m, f médico, -a m, f de la Seguridad Social

Kassenautomat m cajero m automático; **Kassenbestand** m efectivo m en caja; **Kassenbon** m tíquet m de compra

Kassenpatient(in) m(f) paciente mf de la Seguridad Social

Kassenschlager m (fam) superventas m inv; (Film) película f taquillera; **Kassenstunden** fpl (WIRTSCH) horas fpl de caja; **Kassensturz** m: ~ **machen** contar el dinero; **Kassenzettel** m ❶ (Quittung) factura f ❷ s. **Kassenbon**

Kassette [ka'sɛtə] f <-n> ❶ (für Geld) cajita f; (für Schmuck) joyero m ❷ (Schutzhülle) estuche m ❸ (Musik~, Video~) cas(s)et(t)e m; **Kassettendeck** nt (platina f) cas(s)et(t)e m; **Kassettenrekorder** m <-s, -> cas(s)et(t)e m

kassieren* [ka'si:rən] **I.** vi ❶ (Kellner) cobrar ❷ (fam: Geld einnehmen) ganar **II.** vt ❶ (einnehmen) cobrar (von/bei de) ❷ (fam: sich aneignen) quedarse (con); (wegnehmen) quitar ❸ (fam: einstecken müssen) tragarse ❹ (JUR: aufheben) casar

Kassierer(in) m(f) <-s, -; -nen> cajero, -a m, f; (im Verein) tesorero, -a m, f

Kassler ['kaslɐ] nt <-s, -> s. **Kasseler**

Kastagnette [kasta'njɛtə] f <-n> castañuela f

Kastanie [kas'ta:niə] f <-n> ❶ (Baum) castaño m ❷ (Frucht) castaña f; **für jdn die ~n aus dem Feuer holen** (fam) sacarle a alguien las castañas del fuego; **kastanienbraun** adj castaño

Kästchen ['kɛstçən] nt <-s, -> ❶ (Behälter)

cajita f ❷ (auf Papier) cuadrícula f

Kaste ['kastə] f <-n> casta f

kasteien* [kas'taɪən] vr: **sich** ~ mortificarse

Kastell [kas'tɛl] nt <-s, -e> castillo m

Kasten ['kastən, pl: 'kɛstən] m <-s, Kästen> ❶ (Kiste) caja f; (größerer) cajón m; **etwas auf dem ~ haben** (fam) ser listo ❷ (Schau~) vitrina f de exposición ❸ (fam: Brief~) buzón m ❹ (fam abw: Radio) aparato m; (Fernseher) caja f tonta ❺ (Turngerät) plinto m ❻ (fam abw: Gebäude) caserón m ❼ (Österr, Schweiz: Schrank) armario m

Kastilien [kas'ti:liən] nt <-s> Castilla f

Kastilier(in) m(f) <-s, -; -nen> castellano, -a m, f

kastilisch adj castellano

kastrieren* [kas'tri:rən] vt castrar

Kasus ['ka:zʊs] m <-, -> (LING) caso m

Kat [kat] m <-s, -s> (CHEM, AUTO) Abk. von **Katalysator** catalizador m

Katakomben [kata'kɔmbən] fpl catacumbas fpl

Katalane, -in [kata'la:nə] m, f <-n, -n; -nen> catalán, -ana m, f

katalanisch adj catalán

Katalog [kata'lo:k] m <-(e)s, -e> catálogo m

katalogisieren* [katalogi'zi:rən] vt catalogar

Katalonien [kata'lo:niən] nt <-s> Cataluña f

Katalysator [kataly'za:to:ɐ] m <-s, -en> (CHEM, AUTO) catalizador m; **geregelter ~** catalizador regulado

katapultieren* [katapʊl'ti:rən] vt (AERO: a. fig) catapultar

Katarr [ka'tar] m <-s, -e> (MED), **Katarrh** m <-s, -e> (MED) catarro m

katastrophal [katastro'fa:l] adj catastrófico

Katastrophe [katas'tro:fə] f <-n> ❶ (Unglück) catástrofe f ❷ (fig) desastre m; **Katastrophenalarm** m alerta f roja; **Katastrophengebiet** nt zona f catastrófica; **Katastrophenhilfe** f ayuda f en caso de catástrofes; **Katastrophenopfer** nt víctima f de una catástrofe; **Katastrophenschutz** m medidas fpl de protección contra catástrofes; **Katastrophenstimmung** f catastrofismo m

Katechismus [katɛ'çɪsmʊs] m <-, Katechismen> (REL) catecismo m

Kategorie [katego'ri:] f <-n> categoría f; **etw in verschiedene ~n einteilen** clasificar algo

kategorisch [kate'go:rɪʃ] adj categórico

Kater ['ka:tɐ] m <-s, -> ❶ (Tier) gato m; **der gestiefelte ~** el gato con botas

② (*fam: Unwohlsein*) resaca *f*, goma *f Am;* **einen ~ haben** tener resaca

Katerfrühstück *nt* (*fam*) desayuno *m* para superar una resaca (*compuesto normalmente de pepinos y arenques*)

kath. *Abk. von* **katholisch** católico

Kathedrale [kate'dra:lə] *f* <-n> catedral *f*

Katheter [ka'te:tɐ] *m* <-s, -> (MED) catéter *m*

Kathode [ka'to:də] *f* <-n> (PHYS) cátodo *m*

Katholik(in) [kato'li:k] *m(f)* <-en, -en; -nen> católico, -a *m, f*

katholisch [ka'to:lɪʃ] *adj* católico

Katholizismus [katoli'tsɪsmʊs] *m* <-, *ohne pl*> catolicismo *m*

Katz [kats] *f: ~* **und Maus mit jdm spielen** (*fam*) jugar al gato y al ratón con alguien

katzbuckeln ['---] *vi* (*abw*) arrastrarse; **vor jdm ~** arrastrarse a los pies de alguien

Katze ['katsə] *f* <-n> **①** (*Haus~*) gato *m*, cucho *m Chil;* (*weiblich*) gata *f*, cucha *f Chil;* **wie die ~ um den heißen Brei schleichen** (*fam*) andarse con rodeos; **die ~ im Sack kaufen** (*fam*) comprar a ciegas; **die ~ aus dem Sack lassen** (*fam*) destapar un secreto; **meine Arbeit war für die Katz** (*fam*) todo mi trabajo ha sido para nada; **bei Nacht sind alle ~n grau** (*prov*) de noche todos los gatos son pardos; **die ~ lässt das Mausen nicht** (*prov*) el hijo de la gata, ratones mata **②** (*Raubtierart*) felino *m*

Katzenauge *nt* **①** (*Mineral*) crisoberilo *m* **②** (*fam: Rückstrahler*) catafaro *m*

katzenhaft *adj* felino, gatuno

Katzenjammer *m* (*fam*) moral *f* baja; **am nächsten Tag war der ~ groß** al día siguiente tenía la moral por los suelos; **Katzensprung** *m:* **es ist nur ein ~ (von hier)** (*fam*) está a dos pasos (de aquí); **Katzenwäsche** *f* (*fam*) lavoteo *m;* **~ machen** lavotearse

Katz-und-Maus-Spiel *nt* juego *m* del gato y el ratón

Kauderwelsch ['kaʊdevɛlʃ] *nt* <-(s), *ohne pl*> galimatías *m inv*

kauen ['kaʊən] *vi, vt* masticar; **an den Nägeln ~** comerse las uñas

kauern ['kaʊɐn] I. *vi* estar en cuclillas II. *vr:* **sich ~** acuclillarse

Kauf [kaʊf, *pl:* 'kɔɪfə] *m* <-(e)s, Käufe> compra *f* (*von* de); (*Erwerb*) adquisición *f* (*von* de); **etw zum ~ anbieten** poner algo en venta; **ein ~ in Raten/auf Kredit** una compra a plazos/a crédito; **etw in ~ nehmen** asumir algo

kaufen ['kaʊfən] *vt* (*Ware, bestechen*) comprar; (*erwerben*) adquirir; **etw auf**

Raten ~ comprar algo a plazos; **dafür kann ich mir nichts ~** (*fam*) esto no me sirve de nada; **den kaufe ich mir** (*fam*) éste me lo compro

Käufer(in) ['kɔɪfɐ] *m(f)* <-s, -; -nen> comprador(a) *m(f);* (*Kunde*) cliente, -a *m, f*

Kauffrau *f* perita *f* comercial; (*Händlerin*) comerciante *f*

Kaufhaus *nt* grandes almacenes *mpl*, emporio *m AmC;* **Kaufhausdetektiv(in)** *m(f)* detective *mf* de grandes almacenes

Kaufkraft *f ohne pl* (WIRTSCH) poder *m* adquisitivo; **Kaufladen** *m* (*Spielzeug*) tienda *f* de juguete; **Kaufleute** *pl s.* **Kaufmann**

käuflich ['kɔɪflɪç] *adj* **①** (*Waren*) comprable; **etw ~ erwerben** adquirir algo **②** (*bestechlich*) sobornable

Kaufmann *m* <-(e)s, -leute> perito *m* comercial; (*Händler*) comerciante *m;* (HIST) mercader *m*

kaufmännisch [-mɛnɪʃ] *adj* comercial

Kaufpreis *m* precio *m* de compra; **Kaufrausch** *m* fiebre *f* compradora; **Kaufvertrag** *m* contrato *m* de compraventa; **Kaufzwang** *m* obligación *f* de comprar; **ohne ~** sin compromiso

Kaugummi *m o nt* <-s, -s> chicle *m*

Kaukasus ['kaʊkazʊs] *m* <-> Cáucaso *m*

Kaulquappe ['kaʊlkvapə] *f* <-n> renacuajo *m*

kaum [kaʊm] *adv* **①** (*wahrscheinlich nicht*) probablemente no; **ich glaube ~, dass ...** no creo que... +*subj* **②** (*noch nicht einmal*) apenas; **~ jemand** casi nadie; **sie war ~ hereingekommen, als ...** apenas había entrado cuando...; **es dauerte ~ drei Stunden** apenas duró tres horas

kausal [kaʊ'za:l] *adj* causal; **Kausalkette** *f* (*geh: kausaler Zusammenhang*) relación *f* causa-efecto; **Kausalsatz** *m* (LING) oración *f* causal; **Kausalzusammenhang** *m* relación *f* causal

Kautabak ['kaʊ-] *m* tabaco *m* de mascar, breva *f Am*

Kaution [kaʊ'tsjo:n] *f* <-en> **①** (JUR) fianza *f;* **gegen ~** bajo fianza **②** (*bei Mieten*) garantía *f*

Kautschuk ['kaʊtʃʊk] *m* <-s, -e> caucho *m*, hule *m Am*

Kauz [kaʊts, *pl:* 'kɔɪtsə] *m* <-es, Käuze> (ZOOL) mochuelo *m;* **ein komischer ~** (*fam*) un tío raro

kauzig *adj* raro

Kavalier [kava'li:ɐ] *m* <-s, -e> caballero *m;* **Kavaliersdelikt** *nt* peccata minuta *pl*

Kavalierstart *m* arrancada *f* (del coche) haciendo patinar las ruedas

Kavallerie [kavalə'riː, '----] *f* <-n> (HIST) caballería *f*

Kaviar ['kaːviaːɐ] *m* <-s, -e> caviar *m*

KB [kaː'beː] *Abk. von* **Kilobyte** Kb

Kebab [ke'ba(ː)p] *m* <-(s), -s> (GASTR) kébab *m*

keck [kɛk] *adj* fresco

Kegel ['keːgəl] *m* <-s, -> ❶ (*Geometrie, a. Berg~, Licht~*) cono *m* ❷ (*Spielfigur*) bolo *m;* **Kegelbahn** *f* bolera *f*

kegelförmig [-fœrmɪç] *adj* cónico

kegeln ['keːgəln] *vi* jugar a los bolos

Kehle ['keːlə] *f* <-n> garganta *f;* **jdm die ~ durchschneiden** degollar a alguien; **jdm an die ~ springen** (*fam fig*) saltarle a alguien a la chepa; **aus voller ~ singen** cantar a grito pelado; **mir war die ~ wie zugeschnürt** (*fig*) se me hizo un nudo en la garganta

Kehlkopf *m* (ANAT) laringe *f*

Kehrbesen ['keːɐ-] *m* (*reg*) escoba *f;* **Kehrblech** *nt* (*reg*) recogedor *m*

kehren ['keːrən] **I.** *vt* ❶ (*drehen*) dar la vuelta, volver; **die Innenseite nach außen ~** volver del revés; **er ist in sich gekehrt** está totalmente encerrado en sí mismo ❷ (*fegen*) barrer **II.** *vr:* **sich ~** ❶ (*sich wenden*) volverse ❷ (*sich kümmern*) preocuparse (*an* de) **III.** *vi* ❶ (*fegen*) barrer ❷ (*Schweiz: drehen: Wind, Trend*) cambiar; (*Auto*) virar

Kehricht ['keːrɪçt] *m o nt* <-s, *ohne pl*> (*geh*) basura *f;* **das geht dich einen feuchten ~ an!** (*fam*) ¡eso te importa un comino!

Kehrmaschine *f* barredora *f*

Kehrreim *m* estribillo *m*

Kehrschaufel *f* recogedor *m*

Kehrseite *f* ❶ (*Rückseite*) reverso *m;* **die ~ der Medaille** la otra cara de la moneda ❷ (*Rücken*) espalda *f* ❸ (*Nebenerscheinung*) aspecto *m* negativo

kehrt‖machen *vi* (*fam*) ❶ (*sich umdrehen*) dar la vuelta; (*umkehren*) volver ❷ (*aufgeben*) volverse atrás; **Kehrtwendung** *f* media vuelta *f*

Kehrwoche *f* (*südd*) semana en la que la limpieza de la escalera corresponde a uno de los inquilinos

keifen ['kaɪfən] *vi* (*abw*) berrear

Keil [kaɪl] *m* <-(e)s, -e> ❶ (*Werkzeug*) cuña *f* ❷ (*Bremsklotz*) zapata *f* en cuña

keilen ['kaɪlən] *vr:* **sich ~** (*fam*) pelearse

Keiler *m* <-s, -> (ZOOL) jabalí *m* macho

Keilerei *f* <-en> (*fam*) camorra *f*

keilförmig [-fœrmɪç] *adj* cuneiforme

Keilriemen *m* (TECH) correa *f* trapezoidal

Keim [kaɪm] *m* <-(e)s, -e> ❶ (BOT) germen *m;* **etw im ~ ersticken** sofocar algo en su origen ❷ (*Embryo*) embrión *m* ❸ (*Krankheitserreger*) germen *m* (infeccioso); **Keimdrüse** *f* (ANAT, ZOOL) glándula *f* sexual

keimen *vi* ❶ (BOT) brotar ❷ (*Verdacht*) surgir; (*Hoffnung*) nacer

keimfrei *adj* aséptico; (*steril*) esterilizado

Keimling *m* <-s, -e> (BOT) brote *m*

keimtötend *adj* antiséptico; **Keimzelle** *f* ❶ (BIOL) célula *f* germinal ❷ (*Anfang*) germen *m*

kein, keine, kein [kaɪn, 'kaɪnə, kaɪn] *pron indef* ❶ (*nicht ein, nichts an*) no; (*~ Einziger*) ningún *m*, ninguna *f;* **ich habe ~e Zeit** no tengo tiempo; **~ einziges Mal** ni una sola vez; **in ~ster Weise** de ninguna manera; **~ Mensch** nadie; **~e Ahnung!** ¡ni idea! ❷ (*nicht einmal*) ni (siquiera); **das ist ~e 200 Meter von hier** no está ni a 200 metros de aquí

keine(r, s) *pron indef* nadie, ninguno; **ich kenne ~n, der das kann** no conozco a nadie que sepa hacerlo; **es war ~r da** no había nadie; **~r von uns** ninguno de nosotros

keinerlei ['----] *adj inv* ningún, de ningún tipo; **ich mache mir ~ Gedanken darüber** esto no me preocupa lo más mínimo

keinesfalls ['----] *adv* de ningún modo; **er darf mich ~ hier sehen** de ningún modo me debe ver aquí

keineswegs ['----] *adv* en absoluto; **sie ist ~ dumm** no es nada tonta

keinmal *adv* ninguna vez

keins [kaɪns] *pron indef s.* **keine(r, s)**

Keks [keːks] *m o nt* <-(es), -(e)> (*Gebäck*) galleta *f;* **jdm auf den ~ gehen** (*fam*) poner negro a alguien

Kelch [kɛlç] *m* <-(e)s, -e> ❶ (*Glas*) copa *f;* (REL) cáliz *m;* **den bitteren ~ (bis zur Neige) leeren** (*geh fig*) apurar el cáliz de la amargura (hasta las heces) ❷ (BOT) cáliz *m*

Kelle ['kɛlə] *f* <-n> ❶ (*Schöpflöffel*) cucharón *m* ❷ (*Signalstab*) disco *m* ❸ (*Maurer~*) palustre *m*

Keller ['kɛlɐ] *m* <-s, -> sótano *m;* **Kellerassel** ['kɛlɐʔasəl] *f* (ZOOL) cochinilla *f*

Kellerei f <-en> bodega f; (Sekt~) cava f

Kellerfenster nt tragaluz m; **Kellergeschoss** nt sótano m

Kellner(in) ['kɛlnɐ] m(f) <-s, -; -nen> camarero, -a m, f

kellnern vi (fam) trabajar de camarero/camarera

Kelte, -in ['kɛltə] m, f <-n, -n; -nen> (HIST) celta mf

Kelterei f <-en> lagar m

keltern ['kɛltɐn] vt prensar

Keltin f <-nen> s. **Kelte**

keltisch ['kɛltɪʃ] adj celta

Kenia ['keːnia] nt <-s> Kenia f

Kenianer(in) [keni'aːne] m(f) <-s, -; -nen> keniata mf

kenianisch adj keniata

kennen ['kɛnən] <kennt, kannte, gekannt> vt conocer; (wissen) saber; ~ **Sie Herrn X?** ¿conoce al señor X?; ~ **Sie ihren Namen?** ¿sabe cómo se llama?; **kennst du mich noch?** ¿te acuerdas de mí?; **jdn ~ lernen** conocer a alguien; **es freut mich Sie ~ zu lernen** encantado de conocerle; **wenn du nicht sofort kommst, kannst du mich mal ~ lernen** (fam) si no vienes en seguida, ya verás; **wie ich ihn kenne ...** tal y como le conozco...; **da kennst du mich aber schlecht** no me conoces bien; **sie ~ ihn als zuverlässigen Kollegen** le tienen por un colega fiable; **er kennt kein Erbarmen** no tiene compasión; **da kenne ich nichts!** ¡me da lo mismo!; **ich kenne sie vom Sehen** la conozco de vista

---

? **Grammatik**

kennen – conocer expresa las experiencias de una persona: Ich kenne den Zugfahrplan genau. – Conozco el horario de trenes perfectamente. Er kennt den Schaffner. – Conoce al revisor.

wissen – saber significa estar informado y expresa los conocimientos de una persona sobre un hecho: Ich weiß den Preis der Fahrkarte. – Sé el precio del billete. Er weiß, wie teuer sie ist. – Él sabe cuánto cuesta (el billete).

Kenner(in) m(f) <-s, -; -nen> **①** (Sachverständiger) experto, -a m, f **②** (Autorität) conocedor(a) m(f); **Kennerblick** m mirada f experta; **etw mit ~ betrachten** mirar algo con ojo de buen cubero

Kennerin f <-nen> s. **Kenner**

kenntlich ['kɛntlɪç] adj: **etw ~ machen**

marcar algo

Kenntnis ['kɛntnɪs] f ohne pl (das Bekanntsein) conocimiento m; **von etw** dat ~ **haben/erhalten** tener noticia de algo/llegar a saber algo; **jdn von etw** dat **in ~ setzen** poner a alguien en conocimiento de algo; **etw/jdn zur ~ nehmen** tomar nota de algo/prestar atención a alguien

Kenntnisnahme f ohne pl (formal): **zur ~** para su conocimiento

Kenntnisse fpl (Wissen) conocimientos mpl

Kennwort nt (Losung) contraseña f; (Kode) código m; **Kennzahl** f s. **Kennziffer**; **Kennzeichen** nt **①** (Merkmal) característica f; (zur Unterscheidung) distintivo m; **besondere ~** rasgos distintivos **②** (Markierung) señal f **③** (AUTO) matrícula f; **kennzeichnen** vt **①** (markieren) señalar; **etw als zerbrechlich ~** señalar algo como frágil **②** (charakterisieren) caracterizar (als de)

kennzeichnend adj característico

Kennziffer f **①** (als Kennzeichen) número m indicador **②** (MATH) característica f

kentern ['kɛntɐn] vi sein zozobrar

Keramik [keˈraːmɪk] f <-en> cerámica f

Kerbe ['kɛrbə] f <-n> (Einschnitt) muesca f; (in Holz, Metall) entalladura f; (Zeichen) marca f; **in dieselbe ~ schlagen** (fam) llover sobre mojado

Kerbholz nt (fam): **etwas auf dem ~ haben** no tener la conciencia limpia

Kerker ['kɛrkɐ] m <-s, -> **①** (HIST) calabozo m **②** (Österr: Zuchthaus) penitenciaría f

Kerl [kɛrl] m <-s, -e> (fam) tío m, pisco m Col: pey; **er ist ein ganzer ~** es todo un hombre; **er/sie ist ein feiner ~** es un buen chico/una buena chica

Kern [kɛrn] m <-(e)s, -e> **①** (von Apfel, Birne) pepita f, pepa f Am; (von Pfirsich, Pflaume) hueso m; (von Sonnenblume, Melone) pipa f **②** (BIOL, PHYS) núcleo m **③** (Mittelpunkt) centro m **④** (das Wesentliche) fondo m, parte f esencial; **jedes Märchen hat einen wahren ~** cada cuento tiene algo de verdad; **in ihr steckt ein guter ~** (fam) tiene un buen corazón; **schließlich war nur noch der harte ~ übrig** (fam) al final sólo quedaron los últimos fieles; **Kernarbeitszeit** f (WIRTSCH) horas fpl fijas de trabajo; **Kernenergie** f ohne pl energía f nuclear; **Kernenergieausstieg** m (POL) abandono m de la energía nuclear; **Kernexplosion** f explosión f nuclear

Kernforschung f ohne pl investigación f nuclear; **Kernforschungszentrum** nt centro *m* de investigación de física nuclear

Kernfrage *f* cuestión *f* fundamental; **Kerngedanke** *m* pensamiento *m* central; **Kerngehäuse** *nt* corazón *m;* **kerngesund** ['--'-] *adj* rebosante de salud

kernig ['kɛrnɪç] *adj* ❶ (*urwüchsig*) robusto; (*kraftvoll*) fuerte ❷ (*Obst*) lleno de pepitas

Kernkraft *f ohne pl* energía *f* nuclear; **Kernkraftbefürworter(in)** *m(f)* partidario, -a *m, f* de la energía nuclear; **Kernkraftgegner(in)** *m(f)* detractor(a) *m(f)* de la energía nuclear; **Kernkraftwerk** *nt* central *f* nuclear

Kernobst *nt* fruta *f* de pepita; **Kernphysik** *f* (PHYS) física *f* nuclear; **Kernproblem** *nt* cuestión *f* crucial; **Kernpunkt** *m* punto *m* clave; **Kernreaktion** *f* (PHYS) reacción *f* nuclear; **Kernreaktor** *m* (PHYS) reactor *m* nuclear

Kernseife *f* jabón *m* duro

Kernspaltung *f* (PHYS) fisión *f* nuclear; **Kernstück** *nt* parte *f* esencial; **Kerntechnik** *f* (PHYS) técnica *f* nuclear; **Kernteilung** *f* (BIOL: *direkt*) amitosis *f inv;* (*indirekt*) mitosis *f inv;* **Kernverschmelzung** *f* (PHYS) fusión *f* nuclear

Kernwaffen *fpl* (MIL) armas *fpl* nucleares; **Kernwaffenversuch** *m* (MIL) prueba *f* nuclear

Kerosin [kero'zi:n] *nt* <-s, *ohne pl*> queroseno *m*

Kerze ['kɛrtsə] *f* <-n> ❶ (*aus Wachs*) vela *f* ❷ (*Zünd~*) bujía *f* ❸ (SPORT) clavo *m;* **eine ~ machen** hacer el clavo; **kerzengerade** ['---'--] *adj* derecho como una vela; **~ sitzen** estar sentado más derecho que una vela; **Kerzenleuchter** *m* (*für mehrere Kerzen*) candelabro *m,* candil *m Mex;* (*für eine Kerze*) candelero *m;* (*mit Griff*) palmatoria *f;* **Kerzenlicht** *nt ohne pl* luz *f* de vela; **bei ~** a la luz de la vela; **Kerzenständer** *m* candelero *m*

kess [kɛs] *adj* ❶ (*vorlaut*) fresco ❷ (*Kleidung*) moderno

Kessel ['kɛsəl] *m* <-s, -> ❶ (*Dampf~*) caldera *f,* tacho *m Am;* (*Wasser~*) hervidor *m* ❷ (*Tal*) valle *m* cerrado ❸ (MIL) cerco *m* ❹ (*Schweiz: Eimer*) cubo *m*

Ketchup ['kɛtʃap] *m o nt* <-s, -s>, **Ketschup** ['kɛtʃap] *m o nt* <-(s), -s> catchup *m*

Kette ['kɛtə] *f* <-n> ❶ (*Eisen~, Hotel~, Menschen~, Fahrrad~*) cadena *f;* **jdn in ~n legen** encadenar a alguien; (*fig*) privar a alguien de su libertad; **seine ~n sprengen** romper sus cadenas; (*fig*) liberarse de la opresión ❷ (*Hals~*) collar *m* ❸ (*Reihe*) serie *f*

ketten *vt* encadenar (*an* a), poner cadenas (*an* a)

Kettenfahrzeug *nt* (MIL, TECH) vehículo *m* oruga; **Kettenraucher(in)** *m(f)* fumador(a) *m(f)* empedernido, -a; **Kettenreaktion** *f* (CHEM, PHYS) reacción *f* en cadena

Ketzer(in) ['kɛtsɐ] *m(f)* <-s, -; -nen> hereje *mf*

Ketzerei [kɛtsə'raɪ] *f* <-en> herejía *f*

Ketzerin *f* <-nen> *s.* **Ketzer**

ketzerisch *adj* herético

keuchen ['kɔɪçən] *vi* jadear

Keuchhusten *m* tos *f* ferina

Keule ['kɔɪlə] *f* <-n> ❶ (*Waffe, Sportgerät*) maza *f* ❷ (*Tier~*) pierna *f;* (*Geflügel~*) muslo *m*

keusch [kɔɪʃ] *adj* casto; (*schamhaft*) púdico

Keuschheit *f ohne pl* castidad *f*

Keyboard ['ki:bɔ:t] *nt* <-s, -s> teclado *m*

Kfz *nt* <-(s), -(s)> *Abk. von* **Kraftfahrzeug** automóvil *m*

kg *Abk. von* **Kilogramm** kg

KG [ka:'ge:] *f* <-s> *Abk. von* **Kommanditgesellschaft** sociedad comanditaria *f*

kHz (PHYS) *Abk. von* **Kilohertz** khz

KI [ka:'ʔi:] (INFOR) *Abk. von* **künstliche Intelligenz** inteligencia *f* artificial

Kichererbse *f* garbanzo *m*

kichern ['kɪçɐn] *vi* reírse para dentro

kicken ['kɪkən] **I.** *vi* (*fam: Fußball spielen*) jugar al fútbol **II.** *vt* (*fam: Ball*) chutar

Kicker(in) *m(f)* <-s, -(s); -nen> (*fam*) futbolista *m*

Kickstarter ['kɪkʃtartɐ] *m* <-s, -> (AUTO) pedal *m* de arranque

Kid [kɪt] *nt* <-s, -s> ❶ (*Glacéleder*) cabritilla *f* ❷ (*sl: Kind, Jugendlicher*) chaval(a) *m(f)*

kidnappen ['kɪtnɛpən] *vt* secuestrar

Kidnapper(in) ['kɪtnɛpɐ] *m(f)* <-s, -; -nen> secuestrador(a) *m(f)*

Kidnapping ['kɪtnɛpɪŋ] *nt* <-s, -s> secuestro *m*

kiebig ['ki:bɪç] *adj* (*reg*) ❶ (*frech*) impertinente ❷ (*aufgebracht*) furioso

Kiebitz ['ki:bɪts] *m* <-es, -e> ❶ (*Vogel*) avefría *f* ❷ (*fam: Person*) mirón, -ona *m, f*

kiebitzen ['ki:bɪtsən] *vi* (*fam*) observar

Kiefer[1] ['ki:fɐ] *f* <-n> (BOT) pino *m*

Kiefer[2] *m* <-s, -> (ANAT) mandíbula *f*

Kiefernadel *f* (BOT) pinocha *f;* **Kiefernwald** *m* (BOT) bosque *m* de pinos, pinedo *m AmC*

Kieferorthopäde, -in *m, f* (MED) ortopedista *mf* maxilar

kieken ['ki:kən] *vi* (*nordd: fam: gucken*) mirar

Kiel [ki:l] *m* <-(e)s, -e> ❶ (*Schiffsteil*)

quilla *f;* **ein Schiff auf ~ legen** poner un barco en grada ❷ *(an Vogelfeder)* cañón *m;* **Kielraum** *m* cala *f;* **Kielwasser** *nt ohne pl* estela *f;* **in jds ~ schwimmen** seguir la corriente a alguien

Kieme ['ki:mə] *f* <-n> branquia *f*

Kies¹ [ki:s] *m* <-es, -e> *(Steine)* grava *f*

Kies² *m* <-es, *ohne pl*> *(fam: Geld)* pasta *f*

Kieselerde *f ohne pl* sílice *f;* **Kieselstein** *m* guijarro *m*

Kiesgrube *f* gravera *f,* guijarral *m;* **Kiesweg** *m* camino *m* pedregoso

Kiew ['ki:ɛf] *nt* <-s> Kiev *m*

kiffen ['kɪfən] *vi (sl)* fumar porros

Kiffer(in) ['kɪfɐ] *m(f)* <-s, -; -nen> *(fam)* grifota *mf*

kikeriki [kikəri'ki:] *interj* quiquiriquí

killen ['kɪlən] *vt (fam)* asesinar

Killer(in) ['kɪlɐ] *m(f)* <-s, -; -nen> *(fam)* asesino, -a *m, f*

Kilo ['ki:lo] *nt* <-s, -(s)> *(fam)* kilo *m*

? Grammatik

Kilo se usa siempre sin preposición:
Ich hätte gerne zwei Kilo Mandarinen.
– Quisiera dos kilos de mandarinas.

Kilobyte ['ki:lobaɪt] *nt* (INFOR) kilobyte *m;* **Kilogramm** *nt* kilogramo *m;* **Kilohertz** [-hɛrts] *nt* (PHYS) kilohercio *m;* **Kilojoule** *nt* (PHYS) kilojulio *m;* **Kilokalorie** *f* (PHYS) kilocaloría *f*

Kilometer [--'--, '----] *m* kilómetro *m;* **160 ~ pro Stunde fahren** ir a 160 kilómetros por hora; **Kilometergeld** *nt* kilometraje *m;* **kilometerlang** [--'--'-] *adj* kilométrico; **Kilometerstand** *m* (AUTO) kilometraje *m;* **Kilometerstein** *m* mojón *m* kilométrico; **kilometerweit** [--'--'-] **I.** *adj* de muchos kilómetros **II.** *adv* muchos kilómetros; **Kilometerzähler** *m* <-s, -> cuentakilómetros *m inv*

Kilovolt *nt* (PHYS) kilovoltio *m*

Kilowatt *nt* <-s, -> (PHYS, TECH) kilovatio *m;* **Kilowattstunde** *f* (PHYS, ELEK) kilovatio *m* hora

Kind [kɪnt] *nt* <-(e)s, -er> ❶ *(Junge, Mädchen)* niño, -a *m, f;* *(kleineres)* chiquillo, -a *m, f,* pipiolo, -a *m, f Mex;* **von ~ auf** desde niño; **das weiß doch jedes ~** eso lo sabe hasta un niño; **das ~ mit dem Bade ausschütten** condenar por igual a justos y a pecadores; **sich bei jdm lieb ~ machen** *(fam)* congraciarse con alguien; **das ~ im Manne** el niño que se esconde en cada hombre; **das ~ beim rechten Namen nennen** *(fam)* llamar al pan, pan y al vino,

vino; **wir werden das ~ schon schaukeln** *(fam)* ya nos apañaremos; **ein gebranntes ~ sein** *(fig)* estar escaldado ❷ *(Nachwuchs)* hijo, -a *m, f;* **ein ~ erwarten** esperar un hijo; **ein ~ bekommen** dar a luz un hijo; **ein ~ seiner Zeit** hijo de su tiempo; **jdn an ~es statt annehmen** adoptar a alguien; **sie ist kein ~ von Traurigkeit** *(fam)* es una persona alegre; **mit ~ und Kegel** *(fam)* con toda la familia

Kinderarbeit ['kɪndɐ-] *f ohne pl* trabajo *m* infantil; **Kinderarzt, -ärztin** *m, f* pediatra *mf;* **Kinderbuch** *nt* libro *m* infantil; **Kinderdorf** *nt* aldea *f* infantil

Kinderei *f* <-en> chiquillada *f*

Kindererziehung *f* educación *f* de los niños; **kinderfeindlich** *adj* hostil hacia los niños; **kinderfreundlich** *adj* amable con los niños; **Kindergarten** *m* guardería *f,* kindergarten *m Am*

---

i Land & Leute

En Alemania, el **Kindergarten** es un centro público, ubicado en un local o edificio del municipio o vecindario, al que acuden niños en edad preescolar. Pasan allí entre cuatro y seis horas al día, cuidados por educadores que se preocupan de estimular su desarrollo. En general, en Alemania, cualquier niño de tres años tiene derecho a una plaza en un jardín de infancia.

Kindergärtner(in) *m(f)* maestro, -a *m, f* de un jardín de infancia, educador(a) *m(f)* de párvulos *Am;* **Kindergeburtstag** *m* cumpleaños *m inv* de un niño; **Kindergeld** *nt* subsidio *m* familiar por hijos

---

i Land & Leute

El **Kindergeld** es un subsidio familiar que el estado alemán concede a las familias por cada uno de sus hijos. De esta manera se intenta fomentar la natalidad. Por cada hijo o hija, las familias perciben una cantidad determinada de dinero mensual. La unidad familiar tiene derecho a este subsidio hasta que los hijos o bien se integran en el mundo laboral o bien concluyen sus estudios.

Kinderheim *nt* ❶ *(Erholungsheim)* colonia *f* de vacaciones ❷ *(für ständige Unter-*

bringung) casa *f* cuna; **Kinderhort** *m* guardería *f* para niños en edad escolar; **Kinderklinik** *f* clínica *f* pediátrica; **Kinderkrankheit** *f* ❶ (MED) enfermedad *f* infantil ❷ (*fig: Anfangsschwierigkeit*) dificultad *f* inicial; **Kinderkriegen** *nt* <-s, *ohne pl*> (*fam*) tener *m* niños; **Kinderkrippe** *f* guardería *f* infantil; **Kinderlähmung** *f* polio(mielitis) *f inv*; **kinderleicht** ['--'] *adj* (*fam*) facilísimo; **das ist doch ~** eso está chupado; **kinderlieb** *adj* niñero; **Kinderlied** *nt* canción *f* infantil; **kinderlos** *adj* sin hijos; **Kindermädchen** *nt* niñera *f*, nurse *f Am*, cuidadora *f Mex*, china *f AmS*; **Kindermärchen** *nt* (*fam: Hirngespinst*) cuento *m* chino; **Kinderpornografie** *f*, **Kinderpornographie** *f* pornografía *f* infantil; **Kinderprogramm** *nt* programa *m* infantil; **kinderreich** *adj* con muchos hijos; **~e Familie** familia numerosa; **Kinderschänder(in)** *m(f)* <-s, -; -nen> (*abw*) corruptor(a) *m(f)* de menores; **Kinderschar** *f* grupo *m* de niños; **Kinderschreck** *m ohne pl* coco *m*; **Kinderschuh** *m* zapato *m* de niño; **etw steckt noch in den ~ en** algo está aún en mantillas; **Kindersicherung** *f* seguro *m* a prueba de niños; **Kindersitz** *m* sillín *m* de niño

Kinderspiel *nt* juego *m* de niños; **das ist doch ein ~ für sie** para ella es un juego de niños; **Kinderspielplatz** *m* parque *m* infantil

Kindersterblichkeit *f* mortalidad *f* infantil; **Kinderstube** *f ohne pl* educación *f*; **er hatte eine gute ~** tiene buenos modales; **Kindertagesstätte** *f* guardería *f* infantil; **Kinderteller** *m* plato *m* de niños; **Kinderwagen** *m* cochecito *m* para niños; **Kinderzimmer** *nt* cuarto *m* de los niños

Kindesalter *nt* infancia *f*; **im ~** en la infancia; **Kindesbeine** *ntpl:* **von ~n an** desde niño; **Kindesentführung** *f* secuestro *m* de niños; **Kindesmissbrauch** *m ohne pl* (JUR) corrupción *f* de menores; **Kindesmisshandlung** *f* malos tratos *mpl* a niños; **Kindestötung** *f* (JUR) infanticidio *m*

kindgemäß *adj* apropiado para los niños; **Kindheit** *f ohne pl* infancia *f*; **seit frühester ~** desde la más tierna infancia; **Kindheitserinnerung** *f* recuerdo *m* de la infancia; **Kindheitserlebnis** *nt* acontecimiento *m* de la infancia; **Kindheitstraum** *m* sueño *m* de infancia; **sich** *dat* **einen ~ erfüllen** realizar un sueño de infancia

kindisch *adj* infantil, achiquillado *Mex*; (*Greis*) chocho; **sich ~ benehmen** comportarse como un niño

kindlich *adj* ❶ (*kindgemäß*) de niño; (*Gesicht*) aniñado ❷ (*naiv*) infantil; (*unbefangen*) ingenuo

Kindskopf *m* niño, -a *m, f*

Kindtaufe *f* (REL) bautizo *m* de un recién nacido

King [kɪŋ] *m* <-(s), -s>: **der ~ sein** (*fam*) ser el rey

Kinkerlitzchen ['kɪŋkɐlɪtsçən] *pl* (*fam*) pequeñeces *fpl*

Kinn [kɪn] *nt* <-(e)s, -e> barbilla *f*; **Kinnhaken** *m* (*Boxen*) gancho *m* (a la mandíbula); **Kinnlade** *f* <-n> (ANAT) mandíbula *f*

Kino ['kiːno] *nt* <-s, -s> cine *m*; **Kinobesucher(in)** *m(f)* espectador(a) *m(f)*; **Kinofilm** *m* película *f* de cine; **Kinogänger(in)** [-gɛŋɐ] *m(f)* <-s, -; -nen> cineasta *mf*; **Kinoprogramm** *nt* ❶ (*zu einem Film*) programa *m* de la película ❷ (*eines Kinos*) (programa *m* de las) películas *fpl* en cartel; **Kinovorstellung** *f* sesión *f*

Kiosk ['kiːɔsk] *m* <-(e)s, -e> quiosco *m*, casilla *f Mex*

Kipfer(l) *nt* <-s, -(n)> (*Österr*) pasta parecida a un croissant

Kippe ['kɪpə] *f* <-n> ❶ (*fam: Zigarettenstummel*) colilla *f*; (*Zigarette*) pitillo *m* ❷ (*Abraumhalde*) escombrera *f* ❸ (*Müll~*) vertedero *m* ❹ (SPORT) báscula *f* ❺ (*fam*): **es steht noch auf der ~** aún no está decidido

kippen ['kɪpən] **I.** *vi sein* ❶ (*umfallen*) caerse; (*Fahrzeug*) volcar ❷ (*Kurse, Statistik*) caer ❸ (*Gewässer, Ökosystem*) perder el equilibrio natural **II.** *vt* ❶ (*um~*) volcar ❷ (*schräg stellen*) inclinar ❸ (*scheitern lassen*) frustrar ❹ (*ausschütten*) verter; **einen ~** (*fam*) echarse una al coleto

Kippfenster *nt* ventana *f* basculante

Kirche¹ ['kɪrçə] *f* <-n> ❶ (*Gebäude*) iglesia *f* ❷ (*Institution*) Iglesia *f*; **aus der ~ austreten** darse de baja (oficialmente) de la iglesia

Kirche² *f ohne pl* (*Gottesdienst*) misa *f*; **in die ~ gehen** ir a misa

Kirchenasyl *nt* (POL, REL) asilo *m* eclesiástico; **Kirchenbann** *m ohne pl* (REL) excomunión *f*; **Kirchenbesuch** *m* asistencia *f* a misa; **Kirchenbuch** *nt* registro *m* parroquial; **Kirchenchor** *m* coro *m* de iglesia; **Kirchenfenster** *nt* vitral *m*; **Kirchenfest** *nt* (REL) fiesta *f* eclesiástica; **Kirchengemeinde** *f* parroquia *f*; **Kirchenglocke** *f* campana *f* de iglesia; **Kirchenjahr** *nt* año *m* eclesiástico; **Kirchenlied** *nt* cántico *m*, himno *m* sagrado; **Kirchenmaus** *f*: **arm wie eine ~ sein** (*fam*) ser más pobre que las ratas; **Kirchenschiff** *nt* (ARCHIT) nave *f;* **Kirchenstaat** *m ohne pl* (HIST) Estados *mpl* Pontificios; **Kirchensteuer** *f* impuesto *m* eclesiástico

Kirchenvolk *nt* miembros *mpl* de la iglesia
kirchlich *adj* eclesiástico; (*kirchenrechtlich*) canónico; **sich ~ trauen lassen** casarse por la iglesia
Kirchplatz *m* plaza *f* delante de la iglesia; **Kirchturm** *m* torre *f* de iglesia; (*Glockenturm*) campanario *m*
Kirmes ['kɪrməs, 'kɪrmɛs] *f* <-sen> (*reg*) feria *f*
kirre ['kɪrə] *adj* (*fam*): **jdn ~ machen** (*gefügig*) meter en cintura a alguien; (*verrückt*) volver loco a alguien; **~ sein** estar hecho un lío
Kirschbaum *m* cerezo *m*
Kirsche ['kɪrʃə] *f* <-n> ❶ (*Frucht*) cereza *f;* **mit jdm ist nicht gut ~n essen** (*fam*) alguien tiene malas pulgas ❷ (*Baum*) cerezo *m*
Kirschkern *m* hueso *m* de la cereza; **Kirschwasser** *nt* <-s, -wässer> kirsch *m*
Kissen ['kɪsən] *nt* <-s, -> (*Kopf~*) almohada *f;* (*Sofa~*) cojín *m;* **Kissenbezug** *m* funda *f* de la almohada
Kiste ['kɪstə] *f* <-n> ❶ (*Behälter, Getränke~*) caja *f;* (*größer*) cajón *m* ❷ (*fam: Bett*) catre *m* ❸ (*fam: Fernseher*) caja *f* tonta ❹ (*fam: Fahrzeug*) cacharro *m*, carro *m Am* ❺ (*fam: Angelegenheit*) asunto *m*
Kitsch [kɪtʃ] *m* <-(e)s, ohne pl> cursilería *f*
kitschig *adj* cursi; (*geschmacklos*) hortera; (*rührselig*) sentimental
Kitt [kɪt] *m* <-(e)s, -e> masilla *f*
Kittchen ['kɪtçən] *nt* <-s, -> (*fam*) chirona *f*, bote *m Mex;* **ins ~ kommen** ir a chirona
Kittel ['kɪtəl] *m* <-s, -> ❶ (*Arbeits~*) bata *f* ❷ (*südd: Jacke*) rebeca *f* ❸ (*Schweiz:*

Jackett) chaqueta *f*
kitten ['kɪtən] *vt* ❶ (*kleben*) pegar (con masilla) ❷ (*reparieren*) rehacer
Kitz [kɪts] *nt* <-es, -e> ❶ (*Zicklein*) cabrito, -a *m, f* ❷ (*Reh~*) corcino, -a *m, f*
Kitzel ['kɪtsəl] *m* <-s, -> ❶ (*Juckreiz*) comezón *f* ❷ (*Lust*) deseo *m* irresistible (*nach* de/por)
kitzelig *adj* ❶ (*Mensch*): **~ sein** tener cosquillas ❷ (*Angelegenheit*) delicado
kitzeln ['kɪtsəln] **I.** *vi* hacer cosquillas, cosquillear; **das kitzelt** esto hace cosquillas **II.** *vt* ❶ (*Person*) hacer cosquillas, cosquillear ❷ (*reizen*) apetecer; **es kitzelt mich, das zu tun** me apetece hacerlo
Kitzler ['kɪtslɐ] *m* <-s, -> clítoris *m inv*
kitzlig *adj s.* **kitz(e)lig**
Kiwi ['kiːvi] *f* <-s> kiwi *m*
kJ *Abk. von* **Kilojoule** kj
KKW [kaːkaːˈveː] *nt* <-s, -s> *Abk. von* **Kernkraftwerk** central *f* nuclear
Klacks [klaks] *m* <-es, -e> (*fam*) ❶ (*Senf, Marmelade*) cucharada *f* ❷ (*Kleinigkeit*) minucia *f;* **das ist doch ein ~ für sie** esto es moco de pavo para ella
klaffen ['klafən] *vi* abrirse
kläffen ['klɛfən] *vi* (*abw*) ladrar
Kläffer *m* <-s, -> (*abw*) perro *m* ladrador
Klage ['klaːgə] *f* <-n> ❶ (*Beschwerde*) queja *f;* **~n vorbringen** presentar quejas; **(k)einen Grund zur ~ haben** (no) tener razones para quejarse ❷ (*geh: Weh~*) lamento *m* ❸ (JUR) demanda *f;* **eine ~ gegen jdn erheben** presentar demanda contra alguien; **Klagelaut** *m* gemido *m;* **Klagelied** *nt* treno *m*
klagen ['klaːgən] **I.** *vi* ❶ (*jammern*) lamentarse (*über* de); (*sich beschweren*) quejarse (*über* de); **ich kann nicht ~** no me puedo quejar ❷ (JUR) demandar; **er klagt auf Schadensersatz** demanda daños y perjuicios **II.** *vt* ❶ (*äußern*): **jdm sein Leid ~** contarle a alguien sus penas ❷ (*Österr: ver~*) entablar un pleito (*auf* por)
klagend *adj* ❶ (*jammernd*) quejumbroso ❷ (JUR) demandante
Kläger(in) ['klɛːgɐ] *m(f)* <-s, -; -nen> (JUR) demandante *mf*
Klageschrift *f* (JUR) (escrito *m* de) demanda *f*
kläglich ['klɛːklɪç] *adj* ❶ (*mitleiderregend*) lamentable; **sich in einem ~en Zustand befinden** encontrarse en un estado lamentable ❷ (*jämmerlich*) miserable; **er hat ~ versagt** falló totalmente
klaglos *adv* sin quejas
Klamauk [klaˈmaʊk] *m* <-s, ohne pl> (*fam*) ❶ (*Lärm*) jaleo *m* ❷ (*abw: Komik*)

K

astracanada f

klamm [klam] *adj* ❶ (*feuchtkalt*) húmedo (y frío); (*Finger*) entumecido (por el frío) ❷ (*sl: knapp bei Kasse*) con apuros (de dinero)

Klammer ['klamɐ] f <-n> ❶ (*Wäsche~*) pinza f; (*Büro~*) clip m; (*Heft~, Wund~*) grapa f; (*Zahn~*) aparato m (de ortodoncia) ❷ (*im Text*) paréntesis m *inv*; **eckige ~** corchete m; **geschweifte ~** llave f; „~ **auf/zu"** "abrir/cerrar paréntesis"; **in ~(n) setzen** poner entre paréntesis; **Klammeraffe** m (INFOR: *fam*) arroba f

klammern ['klamɐn] **I.** *vt* ❶ (*befestigen*) sujetar (con pinzas, etc) ❷ (*Wunde*) unir con pinzas **II.** *vr:* **sich ~** agarrarse (*an* a); (*an Hoffnung, Partner*) aferrarse (*an* a)

klammheimlich ['-'--] *adv* (*fam*) a la chita callando

Klamotten [kla'mɔtən] *fpl* (*fam*) ❶ (*Kleidung*) trapos *mpl* ❷ (*Zeug*) cachivaches *mpl*

Klan [kla:n] m <-s, -e> clan m

klang [klaŋ] *3. imp von* **klingen**

Klang [klaŋ] *pl:* ['klɛŋə] m <-(e)s, Klänge> (*Ton*) sonido m; (*der Stimme*) tono m; (*eines Instruments*) son m; **einen guten ~ haben** (MUS) tener buen sonido; **Klangfarbe** f (MUS) timbre m

klanglos *adj* (*Stimme*) apagado; **sangund ~ verschwinden** (*fam*) despedirse a la francesa

klangvoll *adj* ❶ (*Stimme, Ton*) sonoro ❷ (*berühmt*) prestigioso

Klappbett *nt* cama f plegable

Klappe ['klapə] f <-n> ❶ (*Deckel*) tapa f; (*an Musikinstrumenten*) pistón m; (*am Ofen, Herd*) puerta f ❷ (FILM) claqueta f ❸ (*fam: Mund*) pico m; **halt die ~!** ¡cierra el pico!; **eine große ~ haben** ser un bocazas

klappen ['klapən] **I.** *vi* (*fam: funktionieren*) ir bien, funcionar; **es klappt alles wie am Schnürchen** todo sale que ni bordado **II.** *vt* (*auf~*) abrir; (*zu~*) cerrar; (*hoch~*) levantar; (*herunter~*) bajar

klapperdürr ['klapɐ'dʏr] *adj* (*fam*) esquelético; **Klappergestell** *nt* (*fam hum*) fideo m; **nach ihrer Diät war sie bloß noch ein ~** después de la dieta se había quedado en los huesos

klapperig *adj* ❶ (*Auto, Möbel*) desvencijado ❷ (*fam: Person*) muy débil

Klapperkasten ['klapɐ-] m (*fam*) tartana f; **Klapperkiste** f (*fam: Auto*) cacharro m

klappern ['klapɐn] *vi* (*Kisten*) traquetear; (*Fensterladen*) golpetear; **im Wind ~** golpetear con el viento; **er klapperte vor Kälte mit den Zähnen** le castañeaban los dientes de frío

Klapperschlange f serpiente f de cascabel, crótalo m; **Klapperstorch** m (*fam*) cigüeña f

Klapp(fahr)rad *nt* bicicleta f plegable; **Klappmesser** *nt* navaja f; **Klapprad** *nt* bicicleta f plegable

klapprig *adj* s. **klapperig**

Klappsitz m asiento m plegable; **Klappstuhl** m silla f plegable; **Klapptisch** m mesa f plegable

Klaps [klaps] m <-es, -e> (*fam*) ❶ (*Schlag*) cachete m ❷ (*Verrücktheit*) locura f; **einen ~ haben** estar chiflado; **Klapsmühle** f (*fam*) manicomio m

klar [kla:ɐ] *adj* ❶ (*allgemein*) claro; **etw ~ und deutlich sagen** decir algo claramente; **~ sehen** (*fam*) ver claro; **mir ist nicht ~, wie ...** no entiendo muy bien cómo...; **na ~!** ¡claro que sí!; **das ist doch ~!** ¡eso está claro!; **sich** *dat* **über etw ~ werden** darse cuenta de algo; **du musst dir darüber ~ werden, ob/dass ...** tienes que saber si/que...; **sich** *dat* **über etw im K~en sein** tener algo claro ❷ (*Himmel*) despejado; (*durchsichtig*) transparente; **~e Sicht haben** tener buena visibilidad ❸ (*Umrisse*) nítido ❹ (*eindeutig*) evidente ❺ (*vernünftig*) claro, lúcido; **keinen ~en Gedanken fassen können** no poder pensar con claridad; **einen ~en Kopf behalten** no perder la cabeza ❻ (*fertig*) listo

Kläranlage ['klɛ:ɐ-] f depuradora f (de aguas residuales), planta f de depuración (de aguas residuales)

Klare(r) m <-n, -n> (*fam: Schnaps*) aguardiente m

klären ['klɛ:rən] **I.** *vt* ❶ (*Abwässer*) depurar ❷ (*Frage*) aclarar **II.** *vr:* **sich ~** (*Angelegenheit*) aclararse

klar|gehen *irr vi sein* (*fam*) ir bien; **ist mit der Prüfung alles klargegangen?** ¿ha ido todo bien en el examen?

Klarheit f *ohne pl* ❶ (*allgemein*) claridad f; **sich** *dat* **~ über etw verschaffen** sacar algo en claro; (*mit etw*) poner algo en claro; **jdm etw in aller ~ sagen** decirle algo a alguien sin pelos en la lengua ❷ (*Durchsichtigkeit*) transparencia f ❸ (*Deutlichkeit*) nitidez f

Klarinette [klari'nɛtə] f <-n> clarinete m

klar|kommen *irr vi sein* (*fam: mit Person*) entenderse (*mit* con); (*mit Dingen*) entender (*mit*); **klar|machen** *vt* ❶ (NAUT) preparar ❷ (*fam: erklären*) explicar; **sich** *dat* **etw ~** aclararse en algo

Klärschlamm *m* lodo *m* activado

Klarsichtfolie *f* celofán® *m;* **Klarsichthülle** *f* funda *f* transparente

klar|stellen *vt* aclarar

Klarstellung *f* <-en> clarificación *f*

Klartext *m* texto *m* sin codificar; **mit jdm ~ reden** (*fam*) hablar con alguien sin rodeos

Klärung *f* <-en> ❶ (*von Problem*) aclaración *f* ❷ (*von Abwasser*) depuración *f*

klasse ['klasə] *adj inv* (*fam*) estupendo, cojonudo *vulg*

Klasse ['klasə] *f* <-n> ❶ (*Gruppe, a.* BIOL, SOZIOL) clase *f;* **erster/zweiter ~ fahren** ir en primera/segunda clase ❷ (*Schul~*) clase *f;* (*~ nstufe*) curso *m* ❸ (*Gütestufe*) categoría *f* ❹ (*Lotterie*) clase *f;* **Klassenarbeit** *f* (SCH) examen *m* (*in* de); **eine ~ schreiben** hacer un examen; **Klassenkamerad(in)** *m(f)* (SCH) compañero, -a *m, f* de clase; **Klassenkampf** *m* (POL) lucha *f* de clases; **Klassenlehrer(in)** *m(f)* (SCH) tutor(a) *m(f)* de curso; **klassenlos** *adj* sin clases; **Klassensprecher(in)** *m(f)* (SCH) delegado, -a *m, f* de la clase; **Klassenzimmer** *nt* (SCH) (aula *f* de) clase *f*

klassifizieren* [klasifi'tsi:rən] *vt* clasificar (*nach* según, *als* como)

Klassik ['klasɪk] *f ohne pl* ❶ (*klassisches Altertum*) época *f* clásica ❷ (KUNST) (neo)clasicismo *m* ❸ (MUS) música *f* clásica

Klassiker(in) ['klasɪkɐ] *m(f)* <-s, -; -nen> (autor(a) *m(f)*) clásico, -a *m, f*

klassisch *adj* clásico

Klassizismus [klasi'tsɪsmʊs] *m* <-, *ohne pl*> (ARCHIT) clasicismo *m*

klassizistisch *adj* (ARCHIT) clasicista

Klatsch¹ [klatʃ] *m* <-(e)s, -e> (*Geräusch*) batacazo *m*

Klatsch² *m* <-(e)s, *ohne pl*> (*fam: Geschwätz*) cotilleo *m*, bochinche *m Col, PRico;* **~ und Tratsch** cotilleo y chismorreo

Klatschbase *f* (*fam abw*) chismosa *f*, alilaya *f Mex*

klatschen ['klatʃən] **I.** *vi* ❶ *sein* (*aufschlagen*) caerse (produciendo un chasquido); (*Regen*) golpear (*gegen* contra) ❷ (*applaudieren*) aplaudir; **in die Hände ~** tocar palmas ❸ (*fam abw: tratschen*) cotillear **II.** *vt:* **den Takt ~** seguir el ritmo con las palmas

Klatschmaul *nt* (*fam abw*) cotilla *mf*

Klatschmohn *m ohne pl* (BOT) amapola *f*

klatschnass ['-'-] *adj* (*fam*) hecho una sopa

Klatschspalte *f* (*fam abw*) columna *f* de cotilleo; **Klatschtante** *f* (*fam abw*), **Klatschweib** *nt* (*fam abw*) cotorra *f,*

cotilla *f,* maruja *f*

klauben ['klaʊbən] *vt* (*südd, Österr, Schweiz*) ❶ (*pflücken*) coger (*von* de) ❷ (*sammeln*) recoger (*in* en) ❸ (*auslesen*) separar (*aus* de)

Klaue ['klaʊə] *f* <-n> ❶ (*von Raubtieren, -vögeln*) garra *f;* (*von Huftieren*) pezuña *f* ❷ (*fam: Hand*) garra *f;* **sich in jds ~n befinden** encontrarse en las garras de alguien ❸ (*fam abw: Handschrift*) garabatos *mpl,* mala letra *f*

klauen ['klaʊən] *vi, vt* (*fam*) mangar, raspar *Am,* nagualear *Mex*

Klausel ['klaʊzəl] *f* <-n> cláusula *f*

Klaustrophobie [klaʊstrofo'bi:] *f* <-n> (PSYCH) claustrofobia *f*

Klausur [klaʊ'zu:ɐ] *f* <-en> ❶ (UNIV) examen *m* ❷ (*im Kloster*) clausura *f*

Klavier [kla'vi:ɐ] *nt* <-s, -e> piano *m* (vertical); **Klavierlehrer(in)** *m(f)* profesor(a) *m(f)* de piano; **Klavierspieler(in)** *m(f)* pianista *mf*

Klebeband *nt* cinta *f* adhesiva

kleben ['kle:bən] **I.** *vi* ❶ (*haften*) estar pegado; **das Hemd klebte ihm am Körper** la camisa se le pegaba al cuerpo; **an seinen Händen klebt Blut** tiene las manos manchadas de sangre ❷ (*klebrig sein*) pringar, estar pringoso ❸ (*klebefähig sein*) pegar **II.** *vt* pegar (*an* a); **jdm eine ~** (*fam*) largar una bofetada a alguien

Kleber *m* <-s, -> ❶ (*fam: Klebstoff*) pegamento *m* ❷ (*Schweiz: Aufkleber*) pegatina *f*

Klebestift *m* barra *f* de pegamento; **Klebestreifen** *m* cinta *f* adhesiva

klebrig ['kle:brɪç] *adj* pegajoso

Klebstoff *m* pegamento *m;* (*Leim*) cola *f*

Klebstreifen *m* cinta *f* adhesiva

Kleckerbetrag *m* (*fam*) cantidad *f* insignificante

kleckern ['klɛkɐn] *vi* (*fam*) manchar; **Wein über die Tischdecke ~** manchar el mantel con vino

kleckerweise *adv* (*fam abw*) poco a poco

Klecks [klɛks] *m* <-es, -e> ❶ (*Fleck*) mancha *f;* (*Tinten~*) borrón *m* ❷ (*fam: Portion*) cucharadita *f*

klecksen ['klɛksən] **I.** *vi* ❶ *haben* (*Person*) manchar (*mit* con) ❷ *haben* (*Stift*) emborronar; **mein Füller kleckst** mi pluma emborrona **II.** *vt haben* (*fam*) dejar caer (*auf* en)

Klee [kle:] *m* <-s, *ohne pl*> (BOT) trébol *m;* **Kleeblatt** *nt* (BOT) hoja *f* de trébol; **vierblättriges ~** trébol de cuatro hojas

Kleid [klaɪt] *nt* <-(e)s, -er> ❶ (*Damen~*) vestido *m* ❷ *pl* (*Kleidung*) ropa *f;* **~er**

machen Leute (*prov*) el traje hace al hombre

kleiden ['klaɪdən] I. *vt* ❶ (*anziehen*) vestir; **etw in** (**schöne**) **Worte** ~ expresar algo (con palabras bonitas) ❷ (*stehen*): **die Bluse kleidet dich gut/schlecht** la blusa te queda bien/mal II. *vr:* **sich** ~ vestirse

Kleiderbügel *m* percha *f;* **Kleiderbürste** *f* cepillo *m* para la ropa; **Kleiderhaken** *m* colgadero *m;* **Kleiderschrank** *m* armario *m* ropero

kleidsam *adj* elegante

Kleidung *f* <-en> ropa *f;* **warme** ~ ropa de abrigo; **Kleidungsstück** *nt* prenda *f* (de vestir)

Kleie ['klaɪə] *f* <-n> (AGR, GASTR) salvado *m*

klein [klaɪn] *adj* ❶ (*allgemein*) pequeño; (*Körpergröße*) bajo; **die Hose ist ihm zu** ~ el pantalón le queda demasiado pequeño; **von** ~ **auf** desde niño; **ich habe es** (**nicht**) ~ (*fam*) (no) lo tengo suelto; **ein** ~ **bisschen** un poquito; (**ganz**) ~ **anfangen** empezar sin nada; ~ **beigeben** ceder; ~(**er**) **stellen** bajar; ~**er werden** disminuir; **beim** ~**sten Geräusch** al mínimo ruido; **der** ~**e Mann** (*fig*) el hombre de la calle ❷ (*kurz*) breve; **einen** ~**en Augenblick bitte** un momentito, por favor ❸ (*jünger*) menor ❹ (*unbedeutend*) insignificante; (*bescheiden*) modesto; (*beschränkt*) limitado; **etw** ~ **schreiben** (*fig*) restar importancia a algo

Kleinaktionär(in) *m(f)* pequeño, -a accionista *mf;* **Kleinanzeige** *f* anuncio *m* breve; **Kleinarbeit** *f ohne pl* trabajo *m* minucioso; **etw in mühsamer** ~ **erledigen** realizar algo con minuciosidad; **Klein|asien** [-'--] *nt* Asia *f* Menor; **Kleinbauer, -bäuerin** *m, f* (AGR) minifundista *mf*

Kleinbildkamera *f* (FOTO) cámara *f* fotográfica de pequeña imagen

Kleinbuchstabe *m* (letra *f*) minúscula *f;* **in** ~**n** en minúsculas; **kleinbürgerlich**

adj pequeñoburgués; **Kleinbürgertum** *nt* pequeña burguesía *f;* **Kleinfamilie** *f* familia *f* reducida; **Kleinformat** *nt* tamaño *m* pequeño; **ein Bild in** ~ una foto de pequeño formato; **Kleingedruckte(s)** *nt* (letra *f* pequeña; **kleingeistig** *adj* (*abw*) estrecho de miras; ~ **sein** ser estrecho de miras; **Kleingeld** *nt* calderilla *f,* sencillo *m Am,* morralla *f Mex;* **kleingläubig** *adj* (*abw*) inseguro; **Kleinhirn** *nt* (ANAT) cerebelo *m;* **Kleinholz** *nt ohne pl* leña *f* menuda; **aus etw** *dat* ~ **machen** (*fam*) hacer pedazos algo; **aus jdm** ~ **machen** (*fam*) partirle la cara a alguien

Kleinigkeit ['klaɪnɪçkaɪt] *f* <-en> pequeñez *f;* **eine** ~ **essen** (*fam*) comer una cosita; **das kostet aber eine** ~ (*fam iron*) vale un dineral; **die Prüfung war keine** ~ (*fam*) el examen no fue ninguna tontería; **er gibt sich nicht mit** ~**en ab** no se para en pequeñeces

kleinkariert *adj* (*fam abw: Ansichten*) de miras estrechas; **Kleinkind** *nt* niño, -a *m,* *f* pequeño, -a; **Kleinkram** *m* (*fam*) ❶ (*Dinge*) cosillas *fpl* ❷ (*Angelegenheit*) nimiedad *f;* **Kleinkrieg** *m* ❶ (MIL) guerra *f* de guerrillas ❷ (*Streit*) guerra *f* privada

klein|kriegen *vt* (*fam*) ❶ (*zerkleinern*) lograr partir ❷ (*kaputtmachen*) hacer pedazos; **etw ist nicht kleinzukriegen** no se puede acabar con algo ❸ (*Geld*) (mal)gastar ❹ (*gefügig machen*) doblar la voluntad (de); (*müde machen*) agotar; **Kleinkriminelle(r)** *mf* pequeño,-a delincuente *mf*

kleinlaut *adj* apocado

kleinlich *adj* (*pedantisch*) minucioso; (*engstirnig*) de miras estrechas; (*geizig*) mezquino

Kleinlichkeit *f* <-en> mezquindad *f*

klein|schreiben *irr vt* escribir con minúscula; **Kleinschreibung** *f* uso *m* de minúsculas al principio de palabra

Kleinstadt *f* ciudad *f* pequeña; **kleinstädtisch** *adj* ❶ (*einer Kleinstadt entsprechend*) de una pequeña ciudad ❷ (*abw: beengt*) provinciano; **Kleinwagen** *m* (coche *m*) utilitario *m;* **kleinwüchsig** [-vy:ksɪç] *adj* de baja estatura

Kleister ['klaɪstɐ] *m* <-s, -> engrudo *m,* almidón *m Mex*

Klemme ['klɛmə] *f* <-n> ❶ (*zum Festklemmen*) pinza *f;* (*für Haar*) horquilla *f;* (MED) laña *f* ❷ (*fam: Notlage*) apuro *m,* aprieto *m;* **in der** ~ **sitzen** encontrarse en un apuro; **jdm aus der** ~ **helfen** sacar a alguien de un aprieto

klemmen I. *vi* (*Tür, Schloss*) estar atrancado **II.** vt ❶ (befestigen) sujetar; **sich** dat **etw unter den Arm** ~ ponerse algo debajo del brazo ❷ (dazwischen~) meter **III.** vr (fam): **sich hinter etw** ~ aferrarse a algo

Klempner(in) ['klɛmpnɐ] m(f) <-s, -; -nen> fontanero, -a m, f, latero, -a m, f Am

Klempnerei f <-en> fontanería f

Klempnerin f <-nen> s. **Klempner**

Kleriker ['kle:rikɐ] m <-s, -> clérigo m

Klerus ['kle:rʊs] m <-, ohne pl> clero m

Klette ['klɛtə] f <-n> ❶ (BOT) lampazo m ❷ (fam: Person) lapa f

klettern ['klɛtɐn] vi sein ❶ (steigen) trepar (auf a); (Temperatur) subir (auf a); **auf Bäume** ~ trepar a los árboles; **die Preise** ~ **in die Höhe** los precios se disparan ❷ (bergsteigen) hacer alpinismo, hacer andinismo Am ❸ (fam: heraussteigen) salir (aus de); (hineinsteigen) entrar (in en)

Kletterpflanze f planta f trepadora

Klettverschluss m cierre m adhesivo, velcro® m

klicken ['klɪkən] vi ❶ (INFOR) activar (auf) ❷ („klick" machen) clicar

Klient(in) [kli'ɛnt] m(f) <-en, -en; -nen> cliente, -a m, f

Klientel [kliɛn'te:l] f <-en> clientela f

Klientin f <-nen> s. **Klient**

Klima ['kli:ma] nt <-s, -s o -te> clima m; **Klimaanlage** f (instalación f de) aire m acondicionado; **Klimaschutz** m (ÖKOL) prevención f del cambio climático

klimatisch [kli'ma:tɪʃ] adj climático

klimatisiert adj climatizado

Klimaveränderung f cambio m climático; **Klimawechsel** m cambio m de aires, temperación f Am; **Klimazone** f zona f climática

klimmen ['klɪmən] <klimmt, klomm o klimmte, geklommen o geklimmt> vi sein (geh) trepar

Klimmzug m <-(e)s, -züge> tracción f; **Klimmzüge machen** (SPORT) hacer flexiones de brazos; (fig) hacer esfuerzos

klimpern ['klɪmpɐn] vi ❶ (Geld etc.) tintinear ❷ (fam: auf Klavier) aporrear; (auf Gitarre) rasgar

Klinge ['klɪŋə] f <-n> cuchilla f; **jdn über die** ~ **springen lassen** (fam fig) pasar a cuchillo a alguien

Klingel ['klɪŋəl] f <-n> timbre m; **Klingelknopf** m botón m del timbre

klingeln vi ❶ (Person: rufen) llamar; (Klingel betätigen) tocar el timbre ❷ (Klingel, Telefon) sonar; **es hat geklingelt** han llamado; **hat es bei dir jetzt endlich geklingelt?** (fam) ¿te suena por fin?

Klingelzeichen nt sonido m del timbre; **auf jds** ~ **hin** (die Tür öffnen) (abrir la puerta) cuando alguien toca el timbre

klingen ['klɪŋən] <klingt, klang, geklungen> vi sonar; (Gläser) tintinear; **das klingt ja, als ob ...** esto suena como si... +subj

Klinik ['kli:nɪk] f <-en> clínica f

klinisch adj (MED) clínico; ~ **tot** clínicamente muerto

Klinke ['klɪŋkə] f <-n> picaporte m

Klinkerstein m ladrillo m recocido

klipp [klɪp] adv (fam): ~ **und klar** sin rodeos

Klippe ['klɪpə] f <-n> ❶ (Fels) arrecife m ❷ (fig: Hindernis) obstáculo m

klirren ['klɪrən] vi (Gläser) tintinear; (Fensterscheibe) vibrar; (Waffen) sonar; ~ **de Kälte** frío tremendo

Klischee [kli'ʃe:] nt <-s, -s> (a. TYPO) clisé m, cliché m; (Stereotyp) tópico m; **in** ~ **s denken** pensar de una manera estereotipada

klischeehaft adj tópico

Klitoris ['kli:tɔrɪs] f <- o Klitorides> (ANAT) clítoris m inv

klitschnass ['klɪtʃˈnas] adj (fam) calado hasta los huesos

klitzeklein ['klɪtsəˈklaɪn] adj (fam) diminuto

Klo [klo:] nt <-s, -s> (fam) retrete m, wáter m; **ich muss aufs** ~ tengo que ir al wáter

Kloake [klo'a:kə] f <-n> (a. ZOOL) cloaca f

klobig ['klo:bɪç] adj (Sache) macizo; (Mensch) fortachón

Klobrille f (fam) asiento m del wáter; **Klobürste** f (fam) escobilla f del retrete; **Klodeckel** m (fam) tapa f del wáter

klomm 3. imp von **klimmen**

Klon [klo:n] m <-s, -e> (BIOL) clon m; (INFOR) copia f

klonen [klo:nən] vt (BIOL) clonar

klönen ['klø:nən] vi (nordd) charlar

Klopapier nt (fam) papel m del wáter

klopfen ['klɔpfən] **I.** vi ❶ (schlagen) golpear; (Herz) palpitar ❷ (an~) llamar; **es klopft** han llamado **II.** vt (Teppich) sacudir; (Steine) picar; (Fleisch) macerar; **den Takt** ~ marcar el compás

Klopfzeichen nt toque m en la puerta

Kloppe ['klɔpə] f: ~ **kriegen** (nordd) recibir una paliza

Klöppel ['klœpəl] m <-s, -> ❶ (Glockenschwengel) badajo m ❷ (Xylophonschlägel) palillo m ❸ (Spitzen~) bolillo m

klöppeln vi (Handarbeit) hacer encaje de bolillos

kloppen ['klɔpən] vr: **sich** ~ (nordd)

pegarse

Klopperei f <-en> (nordd: fam) pelea f

Klops [klɔps] m <-es, -e> (nordd, ostd) ➊(GASTR) albóndiga f ➋(fam: Fehler) metedura f de pata

Klosett [klo'zɛt] nt <-s, -s o -e> servicio(s) m(pl)

Kloß [klo:s, pl: 'klø:sə] m <-es, Klöße> (GASTR: Fleisch~) albóndiga f; (Kartoffel~, Grieß~) especie de albóndiga cocida hecha de una masa de patatas, miga de pan, sémola etc; **einen ~ im Hals haben** (fam) tener un nudo en la garganta

Kloster ['klo:stə, pl:'klø:stə] nt <-s, Klöster> (REL) convento m, monasterio m; **ins ~ gehen** entrar en un convento

Klöten ['klø:tən] pl (nordd: fam) huevos mpl

Klotz [klɔts, pl: 'klœtsə] m <-es, Klötze> ➊(allgemein) bloque m; (Spielzeug~) cubo m de madera; **er ist (mir) ein ~ am Bein** (fam) me molesta ➋(fam abw: Person) palurdo, -a m, f

klotzen vi (reg) ➊(arbeiten) trabajar duro ➋(protzen) darse bombo

klotzig adj (klobig) tosco; (aufwändig) aparatoso

Klub [klʊp] m <-s, -s> club m

Kluft[1] [klʊft, pl:klʏftə] f <Klüfte> abismo m

Kluft[2] f <-en> (fam) ropa f; (einheitlich) uniforme m

klug [klu:k] adj <klüger, am klügsten> inteligente; (schlau) listo; (vernünftig) sensato; (scharfsinnig) sagaz; **aus etw** dat **nicht ~ werden** no acabar de entender algo; **der Klügere gibt nach** (prov) ceder es cosa de sabios

klüger ['kly:gə] adj kompar von **klug**

klugerweise ['klu:gə'vaɪzə] adv por prudencia

Klugheit f ohne pl inteligencia f; (Scharfsinn) perspicacia f; (Vernunft) sensatez f

Klugscheißer(in) m(f) (fam abw) sabelotodo mf inv

klügste(r, s) ['kly:kstə, -tə, -təs] adj superl von **klug**

Klumpatsch ['klʊmpatʃ] m <-(es), ohne pl> (fam abw) cachivaches mpl

klumpen ['klʊmpən] vi formarse grumos

Klumpen ['klʊmpən] m <-s, -> pedazo m, trozo m; (in Soße) grumo m; (Erd~) terrón m; (Gold~) pepita f

klumpig adj grumoso

Klüngel ['klʏŋəl] m <-s, -> (abw) camarilla f

Klüngelei[1] f <-en> (abw: Vetternwirtschaft) nepotismo m

Klüngelei[2] f ohne pl (reg: abw: Trödelei) roncería f

Klunker ['klʊŋkə] m <-s, -> (fam: Edelstein) brillante m

km Abk. von **Kilometer** km

km/h Abk. von **Kilometer pro Stunde** km/h

knabbern ['knabən] vi, vt (nagen) roer; (essen) picar; **etw zum K~** algo para picar; **daran wirst du noch lange zu ~ haben** (fam fig) eso es duro de roer

Knabe ['kna:bə] m <-n, -n> (geh) muchacho m; **na, alter ~!** (fam) ¡hola, tío!

Knäckebrot ['knɛkə-] nt pan en láminas muy crujiente de origen escandinavo

knacken ['knakən] I. vi ➊(Holz) crujir ➋(knistern) chasquear; (Radio) crepitar; **an etw** dat **zu ~ haben** (fam) sufrir las duras consecuencias de algo ➌(fam: schlafen) dormir II. vt ➊(Nüsse) partir ➋(fam: Aufgabe) resolver; (Kode) descifrar ➌(fam: aufbrechen) forzar

Knacker m <-s, -> (fam) ➊(abw): **alter ~** viejo m decrépito ➋ s. **Knackwurst**

Knacki ['knaki] m <-s, -s> (sl: Gefängnisinsasse) presidiario m; (ehemaliger Insasse) ex presidiario m

knackig adj (Salat) fresco; (knusprig) crujiente; (a. fig) apetitoso; **ein ~er Typ** un tío bueno

Knackpunkt m (fam) punto m clave

Knacks [knaks] m <-es, -e> ➊(Geräusch) crujido m ➋(fam: Riss) grieta f ➌(fam: seelisch) daño m psíquico; (körperlich) daño m físico; **einen ~ bekommen** trastornarse

Knackwurst f (GASTR) salchicha f "knacker" (salchicha ahumada para calentar)

Knall [knal] m <-(e)s, -e> estallido m; (Peitschen~) chasquido m; (von Korken) taponazo m; (von Tür) portazo m; (von Schuss) estampido m; **es kam zum großen ~** (fam) se armó un escándalo; **er hat einen ~** (fam) está chiflado; **~ auf Fall** (fam) repentinamente

knallen I. vi ➊(allgemein) estallar; (Tür) cerrarse de golpe; (Peitsche) producir un chasquido; (Schuss) oírse; (Korken) saltar; **mit der Peitsche ~** chasquear el látigo ➋ sein (stoßen) chocar (auf/gegen contra) ➌(fam: schießen) disparar ➍(fam: Sonne) pegar fuerte ➎ sein (Reifen) reventar II. vt ➊(Tür) dar un portazo (a) ➋(werfen) tirar (violentamente); **den Hörer auf die Gabel ~** colgar con un fuerte golpe; **jdm eine ~** (fam) soltar una bofetada a alguien

knalleng adj (fam) a estallar; **die Jeans sitzt (am Po) ~** los vaqueros quedan superajustados (al trasero)

Knallerbse f (fam) garbanzo m de pega; **Knallfrosch** m (fam) petardo m; **Knallgas** nt (CHEM) gas m fulminante; **knallhart** ['-'-] adj (fam: Arbeit) duro; (Film, Typ) brutal; **jdm ~ seine Meinung sagen** decir a alguien cuatro verdades

knallig adj (fam: Farbe) chillón

Knallkopf m, **Knallkopp** m <-(e)s, -köppe> (fam) imbécil m, capullo m, inflagaitas m inv; **pass auf wo du hintrittst, du ~!** ¡mira por dónde pisas, imbécil!; **Knallkörper** m petardo m; **knallrot** ['-'-] adj (fam) rojo vivo

knapp [knap] I. adj ① (spärlich) escaso; (beschränkt) limitado; **~ bei Kasse sein** andar justo de dinero; **die Zeit ist ~** tenemos el tiempo justo; **das Wasser wurde ~** se produjo una escasez de agua; **mit ~er Mehrheit** por escasa mayoría ② (Kleidung) justo ③ (kaum) escaso; (vor Zahlen) poco menos de; **eine ~e Stunde** una hora escasa ④ (Stil) conciso; **in ~en Worten** en pocas palabras II. adv ① (kaum) apenas ② (gerade so) (muy) justo; **das Auto fuhr ~ an mir vorbei** el coche pasó muy cerca de mí; **~ sein** escasear

Knappe ['knapə] m <-n, -n> ① (HIST: Edelknabe) doncel m ② (Bergmann) minero m

Knappheit f ohne pl ① (Mangel) escasez f (an de) ② (Kürze) concisión f

Knarre ['knarə] f <-n> ① (fam: Gewehr) trabuco m, chumbo m Arg ② (Spielzeug) matraca f

knarren ['knarən] vi crujir

Knast[1] [knast] m <-(e)s, -e o Knäste> (fam: Gefängnis) chirona f, cupo m Mex; **im ~ sitzen** estar en chirona

Knast[2] m <-(e)s, ohne pl> (fam: Freiheitsstrafe) chirona f; **er hat drei Jahre ~ bekommen** le han condenado a tres años en chirona

Knatsch [kna:tʃ] m <-(e)s, ohne pl> (reg) pique m; **die beiden haben ~** andan de pique

knatschig adj (fam) ① (weinerlich) gimoteador; **~ sein** ser un llorica ② (ärgerlich) malhumorado

knattern ['knatən] vi (Motorrad, Auto) petardear; (Presslufthammer) martillear; (Maschinengewehr) tabletear

Knäuel ['knɔʏəl] m o nt <-s, -> ovillo m, bodoque m Mex

Knauf [knaʊf, pl: 'knɔʏfə] m <-(e)s, Knäufe> (am Stock, Schwert) puño m; (an der Tür) pomo m

knauserig adj (fam abw) rácano

knausern ['knaʊzən] vi (fam abw) cicatear

knausrig adj s. knauserig

knautschen ['knaʊtʃən] I. vt (fam) arrugar II. vi (fam) arrugarse

Knautschzone f (AUTO) zona f de absorción de impactos

Knebel ['kne:bəl] m <-s, -> mordaza f

knebeln vt amordazar

Knecht [knɛçt] m <-(e)s, -e> ① (HIST: landwirtschaftlicher Helfer) mozo m de labranza, peón m Am ② (abw: Befehlsempfänger) siervo m

Knechtschaft f <-en> (abw) servidumbre f; (Versklavung) esclavización f

kneifen ['knaɪfən] <kneift, kniff, gekniffen> I. vt (in die Haut) pellizcar (in en) II. vi ① (Kleidung) apretar ② (fam abw: sich drücken) rajarse

Kneifzange f tenazas fpl

Kneipe ['knaɪpə] f <-n> (fam) bar m, bochinche m Mex; **Kneipenbummel** m ronda f por los bares; **einen ~ machen** ir de copas; **Kneipenwirt(in)** m(f) propietario, -a m, f de un bar

Knete ['kne:tə] f ohne pl (fam) ① (Knetmasse) plastilina® f, pasta f de modelar ② (Geld) pasta f

kneten ['kne:tən] vt ① (Teig, Ton) amasar ② (Figuren formen) modelar

Knetmasse f plastilina® f

Knick [knɪk] m <-(e)s, -e> ① (Falte) pliegue m; (in Papier) doblez m ② (Biegung) recodo m

knicken vt ① (falten) plegar; (Papier) doblar; **nicht ~!** ¡no doblar! ② (brechen) romper; (Pflanze) tronchar

knick(e)rig adj (fam abw) tacaño

Knicks [knɪks] m <-es, -e> reverencia f (flexión de las piernas)

Knie [kni:, pl: 'kni:ə] nt <-s, -> ① (Körperteil) rodilla f; **auf ~n** de rodillas; **weiche ~ bekommen** (fam) amedrentarse; **auf die ~ fallen** ponerse de rodillas; **jdn übers ~ legen** (fam) pegar un palizón a alguien; **etw übers ~ brechen** (fam) forzar algo; **jdn in die ~ zwingen** (fig) subyugar a alguien ② (Biegung) recodo m ③ (am Rohr) codo m; **Kniebeuge** f <-n> (SPORT) flexión f de rodillas ② (REL) genuflexión f; **Kniebundhose** f pantalón m abrochado en la rodilla; **Kniegelenk** nt (ANAT) articulación f de la rodilla; **Kniekehle** f (ANAT) corva f

knien ['kni:ən, kni:n] I. vi haben o sein estar de rodillas II. vr: **sich ~** arrodillarse; **sich in die Arbeit ~** (fam) meterse de lleno en el trabajo

Knies [kni:s] m <-, ohne pl> (fam) s. **Knatsch**

Kniescheibe f rótula f; **Knieschützer** m

(SPORT) rodillera *f;* **Kniestrumpf** *m* media *f* calcetín

kniff [knɪf] *3. imp von* **kneifen**

Kniff [knɪf] *m* <-(e)s, -e> ❶ (*Kneifen*) pellizco *m* ❷ (*Falte*) pliegue *m;* (*in Papier*) doblez *m* ❸ (*Trick*) truco *m*

kniff(e)lig *adj* complicado; (*schwierig*) difícil; (*heikel*) delicado

Knilch [knɪlç] *m* <-s, -e> (*fam abw*) patán *m*

knipsen ['knɪpsən] **I.** *vi* (*fam: schnalzen*) chasquear **II.** *vt* (*fam*) ❶ (*fotografieren*) sacar una foto (de) ❷ (*Fahrkarte*) picar

Knirps [knɪrps] *m* <-es, -e> (*fam*) ❶ (*Junge*) renacuajo *m* ❷ (*abw: Mann*) arrancapinos *m inv*

knirschen ['knɪrʃən] *vi* crujir; **mit den Zähnen** ~ rechinar los dientes

knistern ['knɪstən] *vi* (*Feuer*) crepitar; (*Seide, Papier*) crujir; (*vor Spannung*) chisporrotear; **im Gerichtssaal knisterte es vor Spannung** en la sala el ambiente era muy tenso

knitterfrei *adj* inarrugable

knittern ['knɪtən] **I.** *vt* (*Stoff, Papier*) arrugar **II.** *vi* arrugarse

knobeln ['knoːbəln] *vi* ❶ (*würfeln*) jugar a los dados (*um* por) ❷ (*fam: nachdenken*) romperse la cabeza (*an* con)

Knoblauch ['knoːblaʊx] *m* <-(e)s, *ohne pl>* ajo *m;* **Knoblauchpresse** *f* exprimidera *f* de ajo; **Knoblauchzehe** *f* diente *m* de ajo

Knöchel ['knœçəl] *m* <-s, -> ❶ (*am Fuß*) tobillo *m;* **sich** *dat* **den** ~ **verstauchen** dislocarse el tobillo ❷ (*am Finger*) nudillo *m*

Knochen ['knɔxən] *m* <-s, -> hueso *m;* **sich** *dat* **die** ~ **brechen** (*fam*) romperse los huesos; **der Schreck fuhr ihm in die** ~ (*fam*) se llevó un susto enorme; **bis auf die** ~ **nass werden** (*fam*) calarse hasta los huesos; **Knochenarbeit** *f ohne pl* (*fam*) trabajo *m* de negros, pela *f Mex;* **Knochenbruch** *m* fractura *f* de hueso; **Knochengerüst** *nt* esqueleto *m*

Knochenmark *nt* <-(e)s, *ohne pl>* (ANAT) médula *f* ósea; **Knochenmarktransplantation** *f* (MED) trasplante *m* de médula ósea

Knochenschwund *m* (MED) atrofia *f* ósea; **knochentrocken** ['--'---] *adj* (*fam: Brot, Humor*) muy seco

knochig ['knɔxɪç] *adj* huesudo; (*Gesicht*) descarnado

knock-out *adj,* **knockout** [nɔk'ʔaʊt] *adj* (*a.* SPORT) knock-out; ~ **gehen** quedar k.o.

Knödel ['knøːdəl] *m* <-s, -> (*Österr, südd*)

especie de albóndiga cocida hecha de una masa de patatas o miga de pan

Knöllchen ['knœlçən] *nt* <-s, -> (*fam: Strafzettel*) multa *f*

Knolle ['knɔlə] *f* <-n> ❶ (BOT) tubérculo *m* ❷ (*fam: rundliche Verdickung*) bulto *m;* **Knollenblätterpilz** [--'---] *m* (BOT) amanita *f;* **Knollengemüse** *nt* (BOT) verdura *f* tuberosa

Knopf [knɔpf, *pl:* 'knœpfə] *m* <-(e)s, Knöpfe> ❶ (*a.* ELEK, MUS) botón *m;* **einen** ~ **annähen/verlieren** coser/perder un botón; **auf den** ~ **drücken** pulsar el botón ❷ (*Schweiz, südd*) nudo *m*

knöpfen ['knœpfən] *vt* abotonar

Knopfloch *nt* ojal *m*

Knorpel ['knɔrpəl] *m* <-s, -> cartílago *m*

knorp(e)lig *adj* cartilaginoso

knorrig ['knɔrɪç] *adj* (*Baum*) nudoso

Knospe ['knɔspə] *f* <-n> (*Blüten~*) capullo *m;* (*von Blatt, Zweig*) yema *f;* ~**n treiben** brotar

knospen *vi* brotar

knoten *vt* hacer un nudo (en); (*befestigen*) fijar con un nudo; (*Krawatte*) anudar

Knoten ['knoːtən] *m* <-s, -> ❶ (*bei Fäden, a.* NAUT, BOT) nudo *m* ❷ (*Frisur*) moño *m* ❸ (MED) nudosidad *f;* **Knotenpunkt** *m* nudo *m* de comunicaciones

knotig *adj* nudoso

Know-how *nt* <-(s), *ohne pl>* conocimientos *mpl* (de la tecnología)

Knubbel ['knʊbəl] *m* <-s, -> (*reg: rundliche Verdickung*) bulto *m*

knuddeln ['knʊdəln] *vt* (*reg*) achuchar (y besuquear)

knülle ['knʏlə] *adj* (*fam*) borracho como una cuba

knüllen ['knʏlən] **I.** *vi* (*knittern*) arrugarse **II.** *vt* (*Papier*) estrujar

Knüller ['knʏlɐ] *m* <-s, -> (*fam*) sensación *f*

knüpfen ['knʏpfən] *vt* ❶ (*knoten*) anudar ❷ (*Netz*) hacer ❸ (*Freundschaft*) trabar;

große Erwartungen an etw ~ poner grandes esperanzas en algo; **Bedingungen an etw** ~ poner algo por condición

Knüppel ['knʏpəl] *m* <-s, -> ① (*Stock*) garrote *m*, mamón *m Guat, Hond*, tocho *m Arg;* (*von Polizei*) porra *f;* **jdm einen ~ zwischen die Beine werfen** (*fam*) poner cortapisas a alguien ② (AERO) palanca *f* de mando; **knüppeldick** ['--'-] *adv* (*fam fig*) muy fuerte; **es kam ~** sucedió lo peor; **er trug ~ auf** exageró a más no poder

knurren ['knʊrən] *vi* ① (*Hund, Mensch*) gruñir (*über* a causa de) ② (*Magen*) sonar; **mir knurrt der Magen** me suenan las tripas

knurrig *adj* gruñón

knusp(e)rig *adj* crujiente

knutschen ['knuːtʃən] *vi* (*fam*) besuquearse

Knutschfleck *m* (*fam*) chupetón *m*

k.o. [kaː'ʔoː] *adj* (*a.* SPORT) *Abk. von* **knockout** k.o.; **~ gehen** quedar k.o.

Koalabär *m* (ZOOL) koala *m*

koalieren* [koaˈliːrən] *vi* (POL) formar una coalición

Koalition [koaliˈtsjoːn] *f* <-en> (POL) coalición *f;* **eine ~ bilden** formar una coalición; **Koalitionspartner** *m* (POL) socio *m* de coalición; **Koalitionsregierung** *f* (POL) gobierno *m* de coalición

Kobalt ['koːbalt] *nt* <-s, *ohne pl*> (CHEM) cobalto *m*

Koblenz ['koːblɛnts] *nt* <-> Coblenza *f*

Kobold ['koːbɔlt] *m* <-(e)s, -e> duende *m*

Kobra ['koːbra] *f* <-s> cobra *f*

Koch [kɔx, *pl:* 'kœçə] *m*, **Köchin** *f* <-(e)s, Köche; -nen> cocinero, -a *m, f*

Kochbuch *nt* libro *m* de cocina

kochen ['kɔxən] **I.** *vi* ① (*Wasser, Speisen*) hervir; (*Kühler*) echar humo; **etw zum K~ bringen** hacer hervir algo ② (*Speisen zubereiten*) cocinar ③ (*fam: wütend sein*) estar furioso; **er kocht vor Wut** está furioso **II.** *vt* ① (*garen*) cocer; **hart gekocht** (*Ei*) duro; **weich gekocht** (*Gemüse*) cocido (hasta que esté tierno); (*Ei*) pasado por agua ② (*zubereiten*) hacer, preparar ③ (*heiß waschen*) lavar a 90 grados

Kocher *m* <-s, -> hornillo *m*

kochfest *adj* (*Wäsche*) lavable a 90 grados

Köchin ['kœçɪn] *f* <-nen> *s.* **Koch**

Kochkunst *f ohne pl* arte *m* culinario; **Kochlöffel** *m* cuchara *f* de palo; **Kochnische** *f* cocinita *f;* **Kochplatte** *f* fogón *m;* **Kochrezept** *nt* receta *f* de cocina; **Kochsalz** *nt ohne pl* sal *f* común; **Kochtopf** *m* olla *f;* **Kochwäsche** *f* colada *f* a 90 grados

kodd(e)rig ['kɔd(ə)rɪç] *adj* (*nordd: fam*)

① (*unverschämt*) impertinente ② (*unwohl*) indispuesto; **jdm ist ~** alguien siente náuseas

Kode ['koːdə, koːt] *m* <-s, -s> código *m*

Köder ['køːde] *m* <-s, -> cebo *m*

ködern *vt* ① (*Tiere*) echar el cebo (a) ② (*Personen*) engatusar

Kodex¹ ['koːdɛks] *m* <-(es), -e *o* Kodizes> (HIST) códice *m*

Kodex² ['koːdɛks] *m* <-(es), -e> (*Regelung*) código *m*

kodieren* [koˈdiːrən] *vt* codificar

Kodierung *f* <-en> codificación *f*

Kodizes *pl von* **Kodex¹**

Koexistenz [koʔɛksɪsˈtɛnts] *f ohne pl* (*a.* POL) coexistencia *f*

koexistieren* *vi* (*geh*) coexistir

Koffein [kɔfeˈiːn] *nt* <-s, *ohne pl*> cafeína *f;* **koffeinfrei** *adj* descafeinado; **koffeinhaltig** *adj* con cafeína

Koffer ['kɔfe] *m* <-s, -> maleta *f*, valija *f Am*, chácara *f And;* **die ~ packen/auspacken** hacer/deshacer las maletas; **Kofferradio** *nt* radio *f* portátil; **Kofferraum** *m* maletero *m*, baúl *m Am*, cofre *m Mex*

Kognak ['kɔnjak] *m* <-s, -s> coñac *m*

kohärent [kohɛˈrɛnt] *adj* coherente

Kohärenz [kohɛˈrɛnts] *f ohne pl* coherencia *f*

Kohl [koːl] *m* <-(e)s, *ohne pl*> ① (*Gemüse*) col *f;* **das macht den ~ auch nicht fett** (*fam abw*) ya no importa ② (*Unsinn*) bobadas *fpl*

Kohldampf *m* <-(e)s, *ohne pl*> (*fam*): **~ haben** tener un hambre de mil demonios

Kohle¹ ['koːlə] *f* <-n> (*Brennstoff, Zeichen~*) carbón *m;* (*wie*) **auf glühenden ~n sitzen** (*fig fam*) estar sobre ascuas

Kohle² *f ohne pl* (*fam: Geld*) pasta *f*

kohlehaltig *adj* carbonoso

Kohlehydrat *nt* <-(e)s, -e> (CHEM) hidrato *m* de carbono; **Kohlekraftwerk** *nt* central *f* térmica carbonera

Kohlenbergwerk *nt* mina *f* de carbón; **Kohlendioxid** [--'---] *nt* <-(e)s, *ohne pl*> (CHEM) anhídrido *m* carbónico; **Kohlengrube** *f* mina *f* de carbón; **Kohlenhydrat** *nt* <-(e)s, -e> (CHEM) hidrato *m* de carbono; **Kohlenkeller** *m* carbonera *f;* **Kohlenmonoxid** [--'---] *nt* <-(e)s, *ohne pl*> (CHEM) monóxido *m* de carbono; **Kohlenofen** *m* estufa *f* de carbón; **Kohlenpott** *m* <-(e)s, *ohne pl*> (*fam*) Cuenca *f* del Ruhr

Kohlensäure *f ohne pl* ① (CHEM) ácido *m* carbónico ② (*in Getränken*) gas *m;* **Mineralwasser mit ~** agua mineral con gas; **kohlensäurehaltig** *adj* con gas; **dieses**

Mineralwasser ist nicht ~ esta agua mineral no tiene gas

Kohlenstoff *m* <-(e)s, *ohne pl*> (CHEM) carbono *m*; **Kohlenwasserstoff** [--'---] *m* (CHEM) hidrocarburo *m*

Kohleofen *m* estufa *f* de carbón; **Kohlepapier** *nt* papel *m* carbón; **Kohlestift** *m* carboncillo *m*, carbonilla *f Am*; **Kohletablette** *f* pastilla *f* de carbono; **Kohlezeichnung** *f* dibujo *m* al carbón

Kohlkopf *m* repollo *m*; **Kohlmeise** *f* (ZOOL) herrerillo *m*; **kohl(pech)rabenschwarz** *adj* negro como el azabache

Kohlrabi [koːlˈraːbi] *m* <-(s), -(s)> colinabo *m*

Kohlroulade *f* (GASTR) hoja de col rellena

Kohlweißling [-'--] *m* <-s, -e> mariposa *f* blanca de la col

koitieren* [koiˈtiːrən] *vi* copular

Koitus [ˈkoːitʊs] *m* <-, -(se)> coito *m*

Koje [ˈkoːjə] *f* <-n> ❶ (NAUT) litera *f* ❷ (*fam: Bett*) cama *f*

Kojote [koˈjoːtə] *m* <-n, -n> coyote *m*

Kokain [kokaˈiːn] *nt* <-s, *ohne pl*> cocaína *f*; **kokainsüchtig** *adj* cocainómano; ~ **sein** ser un cocainómano

kokeln [ˈkoːkəln] *vi* (*fam*) jugar con el fuego

kokett [koˈkɛt] *adj* coqueto

Koketterie [kokɛtəˈriː] *f ohne pl* coquetería *f*

kokettieren* [kokɛˈtiːrən] *vi* coquetear; (*flirten*) flirtear

Kokolores [kokoˈloːrɛs] *m* <-, *ohne pl*> (*fam*) tonterías *fpl*; **mach keinen ~!** ¡no hagas tonterías!

Kokon [koˈkõː] *m* <-s, -s> capullo *m*

Kokosfett *nt* grasa *f* de coco; **Kokosflocken** *fpl* coco *m* rallado; **Kokosmilch** *f* leche *f* de coco; **Kokosnuss** *f* coco *m*; **Kokosöl** *nt* (GASTR) aceite *m* de coco; **Kokospalme** *f* (BOT) cocotero *m*

Koks [koks] *m* <-es, *ohne pl*> ❶ (*Brennstoff*) coque *m* ❷ (*fam: Unsinn*) tonterías *fpl* ❸ (*sl: Kokain*) coca *f*, perico *m*

koksen *vi* ❶ (*sl: Kokain schnupfen*) esnifar cocaína ❷ (*fam: schlafen*) sobar

Kola [ˈkoːla] *f* <-> (*fam*) (coca-)cola *f*

Kolben [ˈkɔlbən] *m* <-s, -> ❶ (TECH) pistón *m* ❷ (CHEM) matraz *m* ❸ (*beim Gewehr*) culata *f* ❹ (BOT) espádice *m* ❺ (*fam: Nase*) narizón *m*, narizota *f*; **Kolbenmotor** *m* (AUTO) motor *m* de pistón; **Kolbenstange** *f* (AUTO) biela *f*

Kolchose [kɔlˈçoːzə] *f* <-n> koljós *m*

Kolibakterien [koli-] *fpl* colibacilos *mpl*

Kolibri [ˈkoːlibri] *m* <-s, -s> (ZOOL) colibrí *m*, chupaflor *m AmC*

Kolik [ˈkoːlɪk, koˈliːk] *f* <-en> cólico *m*

kollabieren* [kɔlaˈbiːrən] *vi sein* (*zusammenbrechen*) colapsar; (FIN: *Kurs*) caer

Kollaborateur(in) [kɔlaboraˈtøːɐ] *m(f)* <-s, -e; -nen> (POL) colaboracionista *mf*

kollaborieren* [kɔlaboˈriːrən] *vi* (POL) colaborar (con el enemigo)

Kollaps [ˈkɔlaps, -'-] *m* <-es, -e> (MED) colapso *m*

Kolleg [kɔˈleːk] *nt* <-s, -s> (*Studien~*) academia *f*

Kollege, -in [kɔˈleːgə] *m*, *f* <-n, -n; -nen> colega *mf*; (*Arbeits~*) compañero, -a *m*, *f* de trabajo; (*Amts~*, *a.* POL) homólogo, -a *m*, *f*

kollegial [kɔleˈgjaːl] *adj* solidario

Kollegialität [kɔlegjaliˈtɛːt] *f ohne pl* solidaridad *f* profesional

Kollegin *f* <-nen> *s.* **Kollege**

Kollegium [kɔˈleːgiʊm] *nt* <-s, Kollegien> colegas *mpl*; (*bei Lehrern*) cuerpo *m* docente

Kollekte [kɔˈlɛktə] *f* <-n> colecta *f*

Kollektion [kɔlɛkˈtsjoːn] *f* <-en> colección *f*

Kollektiv [kɔlɛkˈtiːf] *nt* <-s, -e *o* -s> colectivo *m*

Koller¹ [ˈkɔlɐ] *m* <-s, -> (*fam: Wutausbruch*) estallido *m* de cólera; **ich kriegte/hatte einen** ~ me dio/tenía un ataque de cólera

Koller² *nt* <-s, -> canesú *m*

kollidieren* [kɔliˈdiːrən] *vi* ❶ *sein* (*zusammenstoßen*) colisionar (*mit* contra) ❷ (*in Konflikt geraten*) chocar (*mit* con); (*zeitlich*) coincidir (*mit* con)

Kollier [kɔˈljeː] *nt* <-s, -s> collar *m*

Kollision [kɔliˈzjoːn] *f* <-en> colisión *f*

Kolloquium [kɔˈloːkviʊm] *nt* <-s, Kolloquien> coloquio *m*

Köln [kœln] *nt* <-s> Colonia *f*

Kölnischwasser *nt*, **kölnisch Wasser** *nt* agua *f* de Colonia

kolonial [koloˈnjaːl] *adj* colonial; **Kolonialherrschaft** *f* dominio *m* colonial

Kolonialismus [kolonjaˈlɪsmʊs] *m* <-, *ohne pl*> colonialismo *m*

Kolonialmacht *f* potencia *f* colonial

Kolonie [koloˈniː] *f* <-n> colonia *f*

Kolonisation [kolonizaˈtsjoːn] *f* <-en> colonización *f*

kolonisieren* [koloniˈziːrən] *vt* colonizar

Kolonne [koˈlɔnə] *f* <-n> ❶ (*einer Tabelle, a.* TYPO, MIL) columna *f* ❷ (*Fahrzeug~*) caravana *f*; (MIL) convoy *m* ❸ (*Arbeitergruppe*) brigada *f*

kolorieren* [koloˈriːrən] *vt* colorear

Kolorit [koloˈriːt] *nt* <-(e)s, -e *o* -s> (KUNST, MUS: *a. fig*) colorido *m*

Koloss [ko'lɔs] *m* <-es, -e> coloso *m*

kolossal [kolɔ'saːl] *adj* colosal

Kölsch [kœlʃ] *nt* <-(s), *ohne pl*> ❶ (*Kölner Bier*) cerveza *f* de Colonia ❷ (*Kölner Mundart*) habla *f* de Colonia

Kolumbianer(in) [kolʊm'bjaːnɐ] *m(f)* <-s, -; -nen> colombiano, -a *m, f*

kolumbianisch [kolʊm'bjaːnɪʃ] *adj* colombiano

Kolumbien [ko'lʊmbiən] *nt* <-s> Colombia *f*

Kolumbus [ko'lʊmbʊs] *m* <-> (HIST) Colón *m*

Kolumne [ko'lʊmnə] *f* <-n> (*Spalte*) columna *f*

Kolumnist(in) [kolʊm'nɪst] *m(f)* <-en, -en; -nen> (PUBL) columnista *mf*

Koma ['koːma] *nt* <-s, -s *o* -ta> (MED) coma *m;* **im ~ liegen** estar en (estado de) coma

Kombi ['kɔmbi] *m* <-s, -s> (*fam*) combi *m*

Kombination [kɔmbina'tsjoːn] *f* <-en> ❶ (*Verbindung*) combinación *f* ❷ (*Vermutung*) suposición *f* ❸ (*Kostüm*) conjunto *m;* (*Arbeitsanzug*) mono *m;* **Kombinationsgabe** *f ohne pl* talento *m* para combinar

kombinieren* [kɔmbi'niːrən] **I.** *vi* (*folgern*) deducir **II.** *vt* combinar

Kombiwagen *m* coche *m* furgoneta

Kombüse [kɔm'byːzə] *f* <-n> (NAUT) cocina *f* de un barco

Komet [ko'meːt] *m* <-en, -en> cometa *m*

Komfort [kɔm'foːɐ] *m* <-s, *ohne pl*> confort *m*

komfortabel [kɔmfɔr'taːbəl] *adj* confortable

Komik ['koːmɪk] *f ohne pl* comicidad *f;* **einen Sinn für ~ haben** tener sentido para lo cómico

Komiker(in) ['koːmikɐ] *m(f)* <-s, -; -nen> cómico, -a *m, f*

komisch *adj* ❶ (*ulkig*) cómico ❷ (*seltsam*) raro; **das kam mir ~ vor** me pareció raro

komischerweise ['koːmɪʃɐ'vaɪzə] *adv* curiosamente

Komitee [komi'teː, kɔmi'teː] *nt* <-s, -s> comité *m*

Komma ['kɔma] *nt* <-s, -s *o* -ta> coma *f*

Kommandant(in) [kɔman'dant] *m(f)* <-en, -en; -nen> (MIL) comandante *mf*

kommandieren* [kɔman'diːrən] **I.** *vt* ❶ (*Einheit, Flotte*) comandar ❷ (*ab~*) destacar; **jdn an die Front ~** destacar a alguien al frente ❸ (*befehlen*) ordenar **II.** *vi* ordenar

Kommando¹ [kɔ'mando] *nt* <-s, -s> ❶ (*Befehl*) orden *f;* **auf ~** al dar la orden ❷ (*Gruppe*) comando *m*

Kommando² *nt* <-s, *ohne pl*> (*Befehlsgewalt*) mando *m;* **das ~ haben** tener el mando (*über* sobre)

Kommandobrücke *f* (NAUT) puente *m* de mando

Kommata *pl von* **Komma**

kommen ['kɔmən] <kommt, kam, gekommen> *vi sein* ❶ (*her~*) venir (*von* de); (*hin~*) ir; (*an~*) llegar; (*zurückkehren*) volver (*von* de); **da kommt er ja!** ¡ahí viene!; **ich komme schon** ya voy; **gut, dass du kommst** me alegro de que vengas; **ein Taxi ~ lassen** llamar a un taxi; **er kam von einer Reise** volvió de un viaje; **angelaufen ~** venir corriendo; **zu spät ~** llegar tarde; **du sollst zum Direktor ~** que vengas a ver al director; **wie komme ich nach …?** ¿por dónde se va a…?; **sie kam zu der Überzeugung, dass …** llegó a la conclusión de que…; **wir müssen langsam zu einem Ende ~** tenemos que acabar ya; **nicht von der Stelle ~** no avanzar nada; **ich halte die Zeit für ge~** pienso que ha llegado el momento; **ein einziges K~ und Gehen** un ir y venir continuo; **jetzt komme ich (an die Reihe)** ahora me toca a mí; **das kommt später (eso) viene más tarde; **der kommt mir nicht ins Haus!** ¡ése no pone un pie en mi casa!; **in die Schule/ins Krankenhaus ~** ir a la escuela/al hospital; **der Fall kommt vor Gericht** el caso se llevará a los tribunales; **sein Vorschlag kam mir sehr gelegen** su propuesta me vino muy a propósito; **du kommst mir gerade recht!** (*fam*) ¡eres justo lo que me faltaba!; **das kommt mir wie gerufen** me viene de perlas; **komme, was da wolle** pase lo que pase; **jdm ~ die Tränen** a alguien se le saltan las lágrimas; **so weit kommt es noch** (*fam*) hasta ahí podíamos llegar; **zum Stehen ~** pararse; **man kommt hier zu nichts** aquí no se tiene tiempo para nada; **es kam zu einem Streit** se armó la de San Quintín; **dazu kommt noch, dass …** hay que añadir que…; **zur Sache ~** ir al grano; **wieder zu sich ~** volver en sí; **zu Wort ~** (*conseguir*) hablar; **zu Schaden ~** sufrir un daño; **wie käme ich dazu, das zu machen?** ¿por qué iba a hacerlo?; **wie komme ich zu der Ehre?** (*iron*) ¿a qué debo el honor?; **ums Leben ~** perder la vida; **das kommt zusammen auf 20 Euro** (*fam*) todo junto hace 20 euros; **ich komme auf 1.200 Euro im Monat** (*fam*) saco unos 1200 euros al mes; **hast du richtig gezählt? ich komme nur auf 15** ¿has contado bien? a mí me da sólo 15; **kommt man hier**

leicht an frisches Gemüse? ¿es fácil conseguir aquí verduras frescas?; **ich kam nicht auf seinen Namen** no caía en su nombre; **wie kommst du darauf?** ¿cómo se te ocurre?; **wohin kämen wir, wenn das jeder machen würde** adonde iríamos a parar si todos hiciesen lo mismo; **da könnte ja jeder ~** sí hombre, por tu cara bonita; **sie lässt nichts auf ihn ~** no consiente que lo critiquen; **auf die Welt ~** nacer; **auf etw/jdn zu sprechen ~** hablar de algo/de alguien; **hinter etw ~** descubrir algo; **durch den Zoll/eine Prüfung ~** pasar la aduana/un examen; **Jeans sind wieder im K~** los vaqueros se ponen otra vez de moda; **aus der Mode ~** pasar de moda; **aus dem Takt ~** perder el compás; **aus dem Konzept ~** perder el hilo; **komm, wir gehen!** (*fam*) ¡venga, vámonos!; **nun komm schon!** (*fam*) ¡venga ya!; **komm mir bloß nicht damit** (*fam*) no me vengas con esas; **kommt Zeit, kommt Rat** (*prov*) el tiempo aclara las cosas; **wer zuerst kommt, mahlt zuerst** (*prov*) el que primero llega, ése la calza ❷(*herbei~*) acercarse (*zu* a), acudir (*zu* a); **etw** *dat*/**jdm nahe** [*o* **näher**] **~** acercarse a algo; **das kommt meinen Vorstellungen sehr nahe** esto casi coincide con mis planes; **sich** *dat* **nahe ~** intimar; **sie kamen sich näher** se conocieron mejor ❸(*geschehen*) pasar; **ich habe es ~ sehen** ya me lo veía venir; **dazu kam es gar nicht mehr** ya no hubo tiempo para eso; **es kam eins zum anderen** fue una reacción en cadena; **das musste ja so ~** tenía que pasar; **es kam, wie es ~ musste** pasó lo que tenía que pasar; **die Hochzeit kam für alle überraschend** la boda fue una sorpresa para todos; **das Schlimmste/Beste kommt erst noch** y ahora viene lo peor/lo mejor; **wie kommst es, dass du ...?** ¿cómo es que tú...?; **wenn es kommt, kommt's dick** (*fam*) las desgracias nunca vienen solas; **es kommt immer anders, als man denkt** (*prov*) las cosas nunca pasan como uno se piensa ❹(*stammen*) ser (*aus* de); **ich komme aus Dortmund** soy de Dortmund ❺(*durchqueren*) pasar (*über/durch* por); **über Münster ~** pasar por Münster ❻(*entfallen*) corresponder (*auf* a); **auf zwei Deutsche kommt ein Auto** cada dos alemanes tienen un coche ❼(*berühren*) tocar; (*streifen*) rozar ❽(*herrühren*) deberse (*von* a); **das kommt davon, dass ...** eso se debe a...; **der Vorschlag kam von mir** la propuesta era mía; **das kommt**

davon! ¡esa es la consecuencia!; **das kommt vom Rauchen** eso pasa por fumar ❾(*hingehören*) ponerse; **das Geschirr kommt in den Schrank** los platos se ponen en el armario ❿(*Bedenken*) surgir; (*Idee*) ocurrir ⓫(*anfangen*): **in Gang ~** ponerse en movimiento ⓬(*fam: Orgasmus haben*) correrse

kommend *adj* venidero; (*zukünftig*) futuro; **~en Jahre** los años venideros; **~e Woche** la semana que viene

Kommentar [kɔmɛn'taːɐ] *m* <-(e)s, -e> comentario *m*; **kein ~!** ¡sin comentarios!; **einen ~ zu etw** *dat* **abgeben** hacer un comentario respecto a algo

kommentarlos *adj* sin comentario

Kommentator(in) [kɔmɛn'taːtoːɐ] *m(f)* <-s, -en; -nen> comentarista *mf*

kommentieren* [kɔmɛn'tiːrən] *vt* ❶(*Stellung nehmen*) comentar ❷(*Text*) glosar; **kommentierte Ausgabe** edición anotada

kommerzialisieren* [kɔmɛrtsjali'ziːrən] *vt* comercializar

kommerziell [kɔmɛr'tsjɛl] *adj* comercial

Kommilitone, -in [kɔmili'toːnə] *m, f* <-n, -n; -nen> compañero, -a *m, f* de estudios

Kommissar(in) [kɔmɪ'saːɐ] *m(f)* <-s, -e; -nen> ❶(ADMIN) comisario, -a *m, f*, comisionado, -a *m, f Am* ❷(*Polizeibeamter*) comisario, -a *m, f* de policía

Kommissär(in) [kɔmɪ'sɛːɐ] *m(f)* <-s, -e; -nen> (*Österr, Schweiz: Polizeibeamter*) comisario, -a *m, f* de policía

Kommissariat [kɔmɪsari'aːt] *nt* <-s, -e> ❶(*Amtszimmer*) despacho *m* ❷(*Österr: Polizeidienststelle*) comisaría *f* (de policía)

Kommissarin *f* <-nen> *s.* **Kommissar**

Kommissärin *f* <-nen> *s.* **Kommissär**

kommissarisch [kɔmɪ'saːrɪʃ] *adj* provisional; **etw ~ verwalten** administrar algo provisionalmente

Kommission [kɔmɪ'sjoːn] *f* <-en> (*a.* COM) comisión *f*; **etw in ~ geben/nehmen** (COM) dar/tomar algo en comisión

Kommode [kɔ'moːdə] *f* <-n> cómoda *f*

kommunal [kɔmu'naːl] *adj* municipal; **Kommunalpolitik** *f* política *f* municipal; **Kommunalwahl** *f* elecciones *fpl* municipales

Kommune [kɔ'muːnə] *f* <-n> (ADMIN) municipio *m*, comuna *f Am*

Kommunikation [kɔmunika'tsjoːn] *f ohne pl* comunicación *f*; **Kommunikationsmittel** *nt* medio *m* de comunicación; **Kommunikationssystem** *nt* sistema *m* de comunicación; **Kommunikationsweg** *m* método *m* de comunicación; **neue ~e erschließen** desarrollar nuevas formas de comunicación

Kommunikee *nt* <-s, -s> *s.* **Kommuniqué**

Kommunion [kɔmu'njoːn] *f* <-en> (REL) ❶ (*Abendmahl*) comunión *f* ❷ (*Erst~*) primera comunión *f*

Kommuniqué [kɔmyni'keː] *nt* <-s, -s> comunicado *m*

Kommunismus [kɔmu'nɪsmʊs] *m* <-, *ohne pl*> comunismo *m*

Kommunist(in) [kɔmu'nɪst] *m(f)* <-en, -en; -nen> comunista *mf*

kommunistisch *adj* comunista

kommunizieren* [kɔmuni'tsiːrən] *vi* ❶ (*reden*) comunicarse ❷ (REL) comulgar

Komödiant(in) [kɔmøˈdjant] *m(f)* <-en, -en; -nen> comediante *mf*

Komödie [ko'møːdjə] *f* <-n> comedia *f*

Kompagnon ['kɔmpanjɔŋ, kɔmpan'jõː] *m* <-s, -s> (WIRTSCH) socio, -a *m, f*

kompakt [kɔm'pakt] *adj* ❶ (*Material*) compacto ❷ (*fam: Person, Statur*) macizo

Kompanie [kɔmpaˈniː] *f* <-n> compañía *f*

Komparativ ['kɔmparatiːf] *m* <-s, -e> (LING) comparativo *m*

Komparse, -in [kɔm'parzə] *m, f* <-n, -n; -nen> comparsa *mf*

Kompass ['kɔmpas] *m* <-es, -e> brújula *f*; (NAUT) compás *m*

kompatibel [kɔmpaˈtiːbəl] *adj* (*a.* INFOR) compatible

Kompatibilität [kɔmpatibiliˈtɛːt] *f* <-en> (*a.* INFOR) compatibilidad *f*

Kompensation [kɔmpɛnzaˈtsjoːn] *f* <-en> compensación *f*

kompensieren* [kɔmpɛnˈziːrən] *vt* compensar

kompetent [kɔmpeˈtɛnt] *adj* competente

Kompetenz [kɔmpeˈtɛnts] *f* <-en> competencia *f*; **seine ~en überschreiten** sobrepasar sus competencias; **das liegt nicht in meiner ~** esto no es de mi competencia; **Kompetenzstreitigkeiten** *fpl* conflicto *m* competencial; **Kompetenzüberschreitung** *f* extralimitación *f*

Komplementärfarbe *f* color *m* complementario

komplett [kɔm'plɛt] **I.** *adj* completo **II.** *adv* por completo

komplettieren* [kɔmplɛˈtiːrən] *vt* completar

komplex [kɔm'plɛks] *adj* complejo

Komplex [kɔm'plɛks] *m* <-es, -e> (*a.* PSYCH) complejo *m*; **~e haben** tener complejos

Komplexität [kɔmplɛksiˈtɛːt] *f ohne pl* complejidad *f*

Komplikation [kɔmplikaˈtsjoːn] *f* <-en> complicación *f*; **zu ~en führen** causar complicaciones

Kompliment [kɔmpliˈmɛnt] *nt* <-(e)s, -e> cumplido *m*, piropo *m*; **jdm ~e machen** decirle piropos a alguien; **mein ~!** ¡felicidades!

Komplize, -in [kɔm'pliːtsə] *m, f* <-n, -n; -nen> (*abw*) cómplice *mf*

komplizieren* [kɔmpliˈtsiːrən] **I.** *vt* complicar **II.** *vr:* **sich ~** complicarse

kompliziert [kɔmpliˈtsiːɐt] *adj* (*schwierig*) complicado; (*komplex*) complejo

Komplizin [kɔm'pliːtsɪn] *f* <-nen> *s.* **Komplize**

Komplott [kɔm'plɔt] *nt* <-(e)s, -e> complot *m*; **ein ~ schmieden** tramar un complot

Komponente [kɔmpoˈnɛntə] *f* <-n> componente *m*

komponieren* [kɔmpoˈniːrən] *vi, vt* (*a.* MUS) componer

Komponist(in) [kɔmpoˈnɪst] *m(f)* <-en, -en; -nen> (MUS) compositor(a) *m(f)*

Komposita *pl von* **Kompositum**

Komposition [kɔmpoziˈtsjoːn] *f* <-en> (*a.* MUS) composición *f*

Kompositum [kɔm'poːzitʊm, *pl:* kɔm'poːzita] *nt* <-s, Komposita> (LING) palabra *f* compuesta

Kompost [kɔm'pɔst] *m* <-(e)s, -e> compost *m*; **Komposthaufen** *m* montón *m* de compost

Kompostieranlage [kɔmpɔsˈtiːɐ-] *f* (AGR) planta *f* de elaboración de compost

kompostieren* [kɔmpɔsˈtiːrən] *vt* (AGR) ❶ (*zu Kompost verarbeiten*) convertir en compost ❷ (*düngen*) abonar con compost

Kompostierung *f* <-en> (AGR) ❶ (*Verarbeitung*) compostaje *m* ❷ (*Düngung*) abonado *m*

Kompott [kɔm'pɔt] *nt* <-(e)s, -e> compota *f*

Kompresse [kɔm'prɛsə] *f* <-n> (MED) compresa *f*

komprimieren* [kɔmpriˈmiːrən] *vt* comprimir

Kompromiss [kɔmproˈmɪs] *m* <-es, -e> compromiso *m*; (*mittlere Lösung*) solución *f* intermedia; **ein fauler ~** un compromiso barato; **mit jdm einen ~ schließen** llegar a un acuerdo con alguien; **kompromissbereit** *adj* dispuesto a ceder; **Kompromissbereitschaft** *f ohne pl* disposición *f* a transigir; **kompromisslos** *adj* intransigente; **Kompromisslösung** *f* solución *f* de compromiso; **Kompromissvorschlag** *m* propuesta *f* de acuerdo

kompromittieren* [kɔmprɔmɪˈtiːrən] *vt* comprometer

Kondensator [kɔndɛn'za:to:ɐ] *m* <-s, -en> (ELEK, TECH) condensador *m*

kondensieren* [kɔndɛn'zi:rən] **I.** *vt* (*a.* PHYS) condensar **II.** *vi sein:* **der Dampf kondensiert an den Wänden** el vapor se condensa en las paredes

Kondensmilch [kɔn'dɛns-] *f* leche *f* condensada; **Kondensstreifen** *m* estela *f* (de gases condensados); **Kondenswasser** *nt ohne pl* agua *f* de condensación

Kondition¹ [kɔndi'tsjo:n] *f* <-en> (WIRTSCH) condición *f*

Kondition² *f ohne pl* (*körperliche Verfassung*) condición *f* (física); **eine gute ~ haben** estar en buena forma

Konditionalsatz [kɔnditsjo'na:l-] *m* (LING) oración *f* condicional

Konditionstraining *nt* (SPORT) entrenamiento *m* físico

Konditor(in) [kɔn'di:to:ɐ] *m(f)* <-s, -en; -nen> pastelero, -a *m, f*

Konditorei [kɔndito'raɪ] *f* <-en> pastelería *f*

Konditorin *f* <-nen> *s.* **Konditor**

Kondolenz [kɔndo'lɛnts] *f* <-en> pésame *m;* **Kondolenzschreiben** *nt* carta *f* de pésame

kondolieren* [kɔndo'li:rən] *vi* dar el pésame (*zu* por)

Kondom [kɔn'do:m] *nt o m* <-s, -e> condón *m*

Kondor ['kɔndo:ɐ] *m* <-s, -e> cóndor *m*

Konfekt [kɔn'fɛkt] *nt* <-(e)s, -e> dulces *mpl*

Konfektion [kɔnfɛk'tsjo:n] *f* <-en> ❶ (*Herstellung*) confección *f* ❷ (*Kleidung*) ropa *f* de confección; **Konfektionsgröße** *f* talla *f* de confección

Konferenz [kɔnfe'rɛnts] *f* <-en> conferencia *f;* (*Besprechung*) reunión *f;* **Konferenzsaal** *m* sala *f* de conferencias; **Konferenzschaltung** *f* (RADIO, TV) conexión *f* de conferencias simultáneas

konferieren* [kɔnfe'ri:rən] *vi* ❶ (*beraten*) conferenciar (*über* sobre) ❷ (*bei Veranstaltung*) presentar

Konfession [kɔnfɛ'sjo:n] *f* <-en> confesión *f*

konfessionell [kɔnfɛsjo'nɛl] *adj* confesional

konfessionslos *adj* aconfesional

Konfetti [kɔn'fɛti] *nt* <-(s), *ohne pl*> confeti *m*

Konfiguration [kɔnfigura'tsjo:n] *f* <-en> (INFOR) configuración *f*

konfigurieren* *vt* (INFOR) configurar

Konfirmand(in) [kɔnfɪr'mant] *m(f)* <-en, -en; -nen> confirmando, -a *m, f*

Konfirmation [kɔnfɪrma'tsjo:n] *f* <-en> confirmación *f*

konfirmieren* [kɔnfɪr'mi:rən] *vt* confirmar

konfiszieren* [kɔnfɪs'tsi:rən] *vt* confiscar

Konfitüre [kɔnfi'ty:rə] *f* <-n> confitura *f*

Konflikt [kɔn'flɪkt] *m* <-(e)s, -e> conflicto *m;* **mit dem Gesetz in ~ geraten** infringir las leyes; **Konfliktherd** *m* (POL) foco *m* de tensiones; **Konfliktlösung** *f* (POL) solución *f* de conflictos; **Konfliktstoff** *m* motivo *m* de conflicto

Konföderation [kɔnfødera'tsjo:n] *f* <-en> confederación *f*

konform [kɔn'fɔrm] *adj* conforme; **mit jdm ~ gehen** estar de acuerdo con alguien

konformistisch *adj* (*geh*) conformista

Konfrontation [kɔnfrɔnta'tsjo:n] *f* <-en> confrontación *f;* **Konfrontationskurs** *m ohne pl* confrontación *f;* **auf ~ gehen** (*fam*) ir por las malas

konfrontieren* [kɔnfrɔn'ti:rən] **I.** *vt* confrontar (*mit* con) **II.** *vr:* **sich ~** enfrentarse (*mit* con/a)

konfus [kɔn'fu:s] **I.** *adj* confuso; **jdn ~ machen** desconcertar a alguien **II.** *adv* confuso; **das klingt ziemlich ~** suena muy confuso

Konfusion [kɔnfu'zjo:n] *f* <-en> confusión *f*

Kongress [kɔŋ'grɛs, kɔn'grɛs] *m* <-es, -e> congreso *m;* **Kongresshalle** *f* palacio *m* de congresos

kongruent [kɔŋgru'ɛnt, kɔngru'ɛnt] *adj* ❶ (MATH) congruente ❷ (LING) concordante

König(in) ['kø:nɪç] *m(f)* <-s, -e; -nen> ❶ (*Monarch*) rey *m*, reina *f;* **die Heiligen Drei ~e** los Reyes Magos ❷ (*beim Schach*) rey *m*

königlich [kø:nɪklɪç] **I.** *adj* ❶ (*auf König bezogen*) real ❷ (*hoheitsvoll*) majestuoso **II.** *adv* (*fam: außerordentlich*) mucho; **sich ~ amüsieren** pasarlo bomba

Königreich *nt* reino *m;* **das Vereinigte ~** el Reino Unido

königstreu *adj* monárquico

Königtum *nt* <-s, -tümer> monarquía *f*

Konjugation [kɔnjuga'tsjo:n] *f* <-en> (LING) conjugación *f*

konjugieren* [kɔnju'gi:rən] *vt* (LING) conjugar

Konjunktion [kɔnjʊŋk'tsjo:n] *f* <-en> (LING, ASTR) conjunción *f*

Konjunktiv ['kɔnjʊŋkti:f] *m* <-s, -e> (LING) subjuntivo *m*

Konjunktur [kɔnjʊŋk'tu:ɐ] *f* <-en> (WIRTSCH) coyuntura *f;* **steigende/fallende ~** coyuntura alcista/bajista; **Konjunkturbelebung** *f* (WIRTSCH) reanimación *f* coyuntural; **Konjunktureinbruch** *m* (WIRTSCH) retroceso *m* económico

konjunkturell [kɔnjʊŋktuˈrɛl] *adj* (WIRTSCH)
coyuntural

Konjunkturindex *m* (WIRTSCH) índice *m*
coyuntural; **Konjunkturlage** *f ohne pl*
(WIRTSCH) situación *f* coyuntural; **Konjunkturpolitik** *f* (WIRTSCH) política *f* coyuntural; **Konjunkturspritze** *f* (*fam*)
ayuda *f* económica; **Konjunkturtief** *nt*
(WIRTSCH) estancamiento *m* económico

konkav [kɔnˈkaːf] *adj* cóncavo

Konkordanz [kɔnkɔrˈdants] *f* <-en> (*a.*
GEO) concordancia *f*

konkret [kɔnˈkreːt, kɔnˈkreːt] I. *adj* concreto
II. *adv* en concreto

konkretisieren* [kɔnkretiˈziːrən, kɔn-] *vt*
concretar

Konkubine [kɔŋkuˈbiːnə, kɔn-] *f* <-n> concubina *f*

Konkurrent(in) [kɔŋkʊˈrɛnt] *m(f)* <-en,
-en; -nen> competidor(a) *m(f)*

Konkurrenz[1] [kɔŋkʊˈrɛnts, kɔn-] *f ohne pl*
(*Konkurrieren, Konkurrent*) competencia
f; **jdm** ~ **machen** hacer la competencia a
alguien

Konkurrenz[2] *f* <-en> (*Wettkampf*) concurso *m*; **außer** ~ fuera de concurso; **Konkurrenzdruck** *m* (WIRTSCH) presión *f* competitiva; **Konkurrenzfähig** *adj* competitivo; **Konkurrenzkampf** *m* competición
f, rivalidad *f*

konkurrenzlos I. *adj* sin competencia
II. *adv* fuera de (toda) competencia; ~ **billig** a precios sin competencia

konkurrieren* [kɔŋkʊˈriːrən, kɔn-] *vi* competir (*um* por, *mit* con); **miteinander** ~
hacerse la competencia

Konkurs [kɔnˈkʊrs, kɔn-] *m* <-es, -e> quiebra *f*, falencia *f Am*; **das Unternehmen
ist in** ~ **gegangen/steht vor dem** ~ la
empresa ha quebrado/está a punto de quebrar; ~ **anmelden** declararse en quiebra;
Konkursmasse *f* masa *f* activa, activo *m*
de la quiebra; **Konkursverfahren** *nt* juicio *m* de quiebra

können[1] [ˈkœnən] <kann, konnte, können> *Modalverb* ❶ (*vermögen, dürfen*)
poder +*inf*; (*in der Lage sein*) estar en condiciones (de +*inf*); **kann ich etwas für
Sie tun?** ¿puedo ayudarle en algo?; ~ **Sie
mir sagen, wie spät es ist?** ¿podría
decirme la hora?; **wer kann das gewesen sein?** ¿quién puede haber sido?; **ich
könnte mir vorstellen, dass ...** podría
imaginarme que... +*subj*; **das hätte ich
dir gleich sagen** ~! ¡ya lo sabía yo!; **er
kann einem Leid tun** (*fam*) es para darle
pena a uno; **da kann man nichts mehr
machen!** ¡qué se le va a hacer!; **man**

kann annehmen, dass ... se puede suponer que...; **du kannst mich mal!** (*vulg*)
¡que te den por el culo! ❷ (*möglich sein*)
poder, ser posible; **du könntest Recht
haben** puede que tengas razón; **das kann
noch dauern** esto puede tardar todavía;
kann sein es posible; **das kann nicht
sein** no puede ser; **das kann passieren**
puede pasarle a cualquiera; **es kann sein,
dass ...** puede que... +*subj*

können[2] [ˈkœnən] <kann, konnte,
gekonnt> I. *vt* (*beherrschen*) saber; **was**
~ **Sie?** ¿qué sabe Ud. hacer?; **sie kann gut
Spanisch** habla bien español; **er hat es
(nicht) gekonnt** (no) pudo hacerlo II. *vi*
poder (*hacer*); **ich kann nichts dafür**
(*fam*) no es culpa mía; **ich kann nicht
mehr vor Lachen** (*fam*) me muero de
risa; **ich kann nicht mehr** (*fam*) ya no
puedo más; **morgen kann ich nicht**
mañana no puedo; **nicht anders** ~ **als ...**
no tener otro remedio que...; **uns** *dat*
kann keiner! (*fam*) ¡no hay quien pueda
con nosotros!; **wie konntest du nur!**
¡cómo has podido!; **er schrie, was er
konnte** gritaba a más no poder; **so
schnell sie konnte** lo más rápido que
pudo

Können *nt* <-s, *ohne pl*> ❶ (*Wissen*)
saber *m* ❷ (*Fähigkeit*) capacidad *f*

Könner(in) *m(f)* <-s, -; -nen> experto, -a
m, f; **auf seinem Gebiet ist er ein** ~ es
un gran entendido en su campo

konnte [ˈkɔntə] *3. imp von* **können**

Konsekutivdolmetschen [kɔnzekuˈtiːf-]
nt interpretación *f* consecutiva; **Konsekutivsatz** [ˈ-----, ---ˈ--] *m* (LING) oración *f* consecutiva, proposición *f* consecutiva

Konsens [kɔnˈzɛns] *m* <-es, -e> consenso
m; **einen** ~ **erzielen** ponerse de acuerdo;
Konsensgespräch *nt* (POL) conversación
f de consenso

konsequent [kɔnzeˈkvɛnt] I. *adj* consecuente II. *adv* de forma consecuente; ~
durchgreifen proceder enérgicamente;
etw ~ **verfolgen** perseguir algo con perseverancia

Konsequenz[1] [kɔnzeˈkvɛnts] *f* <-en>
❶ (*Folgerichtigkeit*) lógica *f*, coherencia *f*;
das bedeutet in letzter ~, **dass ...** lo
cual significa en último término que...
❷ (*Folge*) consecuencia *f*; **die** ~ **en tragen**
asumir las consecuencias; **das wird
ernste** ~ **en haben** esto va a tener graves
consecuencias

Konsequenz[2] *f ohne pl* (*Unbeirrbarkeit*)
perseverancia *f*

konservativ [ˈkɔnzɛrvatiːf, ---ˈ-] *adj* conservador

Konserve [kɔn'zɛrvə] *f* <-n> conserva *f;* **Konservenbüchse** *f,* **Konservendose** *f* lata *f* de conservas

konservieren* [kɔnzɛr'viːrən] *vt* conservar

Konservierung *f* <-en> conservación *f;* **Konservierungsmittel** *nt* conservante *m*

Konsistenz [kɔnzɪs'tɛnts] *f ohne pl* consistencia *f*

Konsole [kɔn'zoːlə] *f* <-n> ❶ (ARCHIT) repisa *f* ❷ (*Möbel*) consola *f* ❸ (INFOR) consola *f m*

Konsonant [kɔnzo'nant] *m* <-en, -en> (LING) consonante *f*

Konsorten [kɔn'zɔrtən] *mpl* (*abw*) consortes *mpl;* **das haben wieder Meyer und ~ ausgefressen** ya se lo han zampado Meyer y compañía otra vez

Konsortium [kɔn'zɔrtsiʊm] *nt* <-s, Konsortien> (WIRTSCH) consorcio *m*

konspirativ [kɔnspira'tiːf] *adj* de conspiración

konstant [kɔn'stant] **I.** *adj* constante **II.** *adv* ❶ (*dauernd*) constantemente ❷ (*beharrlich*) insistentemente

Konstante [kɔn'stantə] *f* <-n> (MATH, PHYS) constante *f*

konstatieren* [kɔnsta'tiːrən] *vt* constatar

Konstellation [kɔnstɛla'tsjoːn] *f* <-en> constelación *f*

konsternieren* [kɔnstɛr'niːrən] *vt* consternar; **er war völlig konsterniert deswegen** se quedó completamente consternado

konstituieren* [kɔnstitu'iːrən] *vt* constituir

Konstitution [kɔnstitu'tsjoːn] *f* <-en> constitución *f*

konstitutionell [kɔnstitutsjo'nɛl] *adj* (POL, MED) constitucional; **~e Monarchie** monarquía constitucional

konstruieren* [kɔnstru'iːrən] *vt* ❶ (*a.* MATH, LING) construir ❷ (*abw*) enrevesar

Konstrukteur(in) [kɔnstrʊk'tøːɐ] *m(f)* <-s, -e; -nen> constructor(a) *m(f)*

Konstruktion [kɔnstrʊk'tsjoːn] *f* <-en> construcción *f;* **Konstruktionsfehler** *m* defecto *m* de construcción

konstruktiv [kɔnstrʊk'tiːf] *adj* constructivo

Konsul(in) ['kɔnzʊl] *m(f)* <-s, -n; -nen> cónsul *mf*

Konsulat [kɔnzu'laːt] *nt* <-(e)s, -e> consulado *m*

Konsulin *f* <-nen> *s.* **Konsul**

konsultieren* [kɔnzʊl'tiːrən] *vt* consultar

Konsum [kɔn'zuːm] *m* <-s, *ohne pl*> consumo *m*

Konsument(in) [kɔnzu'mɛnt] *m(f)* <-en, -en; -nen> consumidor(a) *m(f)*

Konsumgesellschaft *f* sociedad *f* de consumo; **Konsumgüter** *ntpl* bienes *mpl* de consumo

konsumieren* [kɔnzu'miːrən] *vt* consumir

konsumorientiert *adj* consumista

Konsumverhalten *nt ohne pl* actitud *f* consumista

Kontakt [kɔn'takt] *m* <-(e)s, -e> (*a.* ELEK) contacto *m;* **körperlicher ~** contacto físico; **sexuelle ~e** relaciones sexuales; **mit jdm in ~ kommen/stehen** entrar/estar en contacto con alguien; **wir sollten in ~ bleiben** deberíamos mantenernos en contacto; **stehst du noch in ~ mit ihr?** ¿sigues teniendo contacto con ella?; **sie unterhalten geschäftliche ~e zu unserer Firma** tienen negocios con nuestra empresa; **Kontaktadresse** *f* dirección *f* a contactar; **Kontaktanzeige** *f* anuncio *m* de contacto; **kontaktarm** *adj* ❶ (*schwer Kontakt findend*) con dificultades para relacionarse; **er ist ausgesprochen ~** tiene enormes dificultades para relacionarse ❷ (*kaum Kontakt habend*) con pocas amistades; **sie ist sehr ~** tiene muy pocas amistades; **Kontaktaufnahme** *f* toma *f* de contacto; **Kontaktbildschirm** *m* (INFOR) pantalla *f* de contacto; **kontaktfreudig** *adj* sociable; **Kontaktlinse** *f* lente *f* de contacto, lentilla *f;* **Kontaktmann** *m* <-(e)s, -männer *o* -leute> persona *f* de contacto; **Kontaktperson** *f* (MED) contacto *m*

Kontamination [kɔntamina'tsjoːn] *f* <-en> contaminación *f*

kontaminieren* [kɔntami'niːrən] *vt* (*a.* LING) contaminar

Konten *pl von* **Konto**

Konter ['kɔntɐ] *m* <-s, -> (SPORT) contraataque *m*

Konterfei ['kɔntɐfaɪ] *nt* <-s, -s *o* -e> retrato *m*

kontern ['kɔntɐn] **I.** *vt* (SPORT) contraatacar **II.** *vi* (*zurückweisen*) replicar

Konterrevolution *f* contrarrevolución *f*

Kontext ['kɔntɛkst] *m* <-(e)s, -e> contexto *m*

Kontinent ['kɔntinɛnt, --'-] *m* <-(e)s, -e> continente *m*

kontinental [kɔntinɛn'taːl] *adj* continental

Kontingent [kɔntɪŋ'gɛnt] *nt* <-(e)s, -e> contingente *m*

kontinuierlich [kɔntinu'iːɐlɪç] *adj* continuo

Kontinuität [kɔntinui'tɛːt] *f ohne pl* continuidad *f*

Konto ['kɔnto] *nt* <-s, Konten> cuenta *f;* **ein ~ eröffnen/auflösen** abrir/cerrar una cuenta; **das ~ überziehen** sobrepasar la cuenta; **das geht auf mein** ~ (*fam*) esto va de mi cuenta; **Kontoauszug** *m* extracto *m* de cuenta; **Kontoführung** *f* administración *f* de la cuenta; **Kontoinhaber(in)** *m(f)* titular *mf* de una cuenta; **Kontonummer** *f* número *m* de (la) cuenta; **Kontostand** *m* estado *m* de (la) cuenta

kontra ['kɔntra] **I.** *präp* +*akk* (JUR: *a. fig*) contra **II.** *adv* (*dagegen*) en contra

Kontrabass ['kɔntra-] *m* contrabajo *m*

Kontrahent(in) [kɔntra'hɛnt] *m(f)* <-en, -en; -nen> ❶ (*Gegner*) adversario, -a *m, f* ❷ (*Vertragspartner*) parte *f* contratante

kontrahieren* [kɔntra'hi:rən] *vi* contraer

Kontraktion [kɔntrak'tsjo:n] *f* <-en> (GEO, MED, PHYS, LING) contracción *f*

kontraproduktiv ['-----] *adj* contraproducente; **Kontrapunkt** ['---] *m* (*a.* MUS) contrapunto *m*

konträr [kɔn'trɛːɐ] *adj* contrario, opuesto

Kontrast [kɔn'trast] *m* <-(e)s, -e> contraste *m;* **in** [*o* **im**] ~ **zu etw** *dat* **stehen** estar en contraste con algo

kontrastieren* [kɔntras'ti:rən] *vi* contrastar

Kontrastprogramm *nt* programa *m* alternativo

kontrastreich *adj* rico en contrastes

Kontrollabschnitt *m* matriz *f* de talonario

Kontrolle [kɔn'trɔlə] *f* <-n> ❶ (*Beherrschung, Pass~, Polizei~*) control *m;* **über jdn/etw die** ~ **verlieren** perder el control sobre alguien/algo; **jdn/etw unter** ~ **haben** controlar a alguien/algo; **alles unter** ~**!** ¡todo bajo control!; **sein Auto geriet außer** ~ perdió el control del coche ❷ (*Prüfung*) control *m;* (*Inspektion*) inspección *f;* (*Überwachung*) vigilancia *f*

Kontrolleur(in) [kɔntrɔ'løːɐ] *m(f)* <-s, -e; -nen> controlador(a) *m(f)*

Kontrollfunktion *f* función *f* de control; **eine** ~ **ausüben** ejercer el control

kontrollierbar [kɔntrɔ'li:ɐbaːɐ] *adj* controlable

kontrollieren* [kɔntrɔ'li:rən] *vt* ❶ (*allgemein*) controlar; (*überprüfen*) inspeccionar; (*Gepäck*) registrar ❷ (*überwachen*) vigilar ❸ (*beherrschen*) dominar

Kontrolllampe *f* piloto *m;* **Kontrollturm** *m* (AERO) torre *f* de control

kontrovers [kɔntro'vɛrs] **I.** *adj* ❶ (*entgegengesetzt*) contrario ❷ (*bestreitbar*) cuestionable ❸ (*umstritten*) controvertido **II.** *adv* de forma polémica

Kontroverse [kɔntro'vɛrzə] *f* <-n> controversia *f*

Kontur [kɔn'tuːɐ] *f* <-en> contorno *m;*

(*Profil*) perfil *m; etw verliert an/gewinnt* ~ algo pierde perfil/se perfila

Konvention [kɔnvɛn'tsjoːn] *f* <-en> (*Abkommen, Norm*) convención *f*

Konventionalstrafe *f* (JUR) multa *f* convencional

konventionell [kɔnvɛntsjo'nɛl] *adj* convencional

Konvergenzkriterium *nt* (EU) criterio *m* de convergencia; **Konvergenzphase** *f* (EU, POL) fase *f* de convergencia; **Konvergenzpolitik** *f* ohne pl política *f* de convergencia; **Konvergenzprogramm** *nt* (EU, POL) programa *m* de convergencia

Konversation [kɔnvɛrza'tsjoːn] *f* <-en> conversación *f;* ~ **machen** conversar

Konversion [kɔnvɛr'zjoːn] *f* <-en> (REL, INFOR, WIRTSCH) conversión *f;* **Konversionskurse** *mpl* (FIN) precio *m* de conversión; **die** ~ **zwischen dem Euro und den nationalen Währungseinheiten** el precio de conversión del euro y las respectivas monedas nacionales

konvertieren* [kɔnvɛr'tiːrən] **I.** *vi* haben *o* sein (REL) convertirse (*zu* a) **II.** *vt* (WIRTSCH, INFOR) convertir

konvex [kɔn'vɛks] *adj* convexo

Konvoi [kɔn'vɔi, '--] *m* <-s, -s> convoy *m;* **im** ~ **fahren** viajar en convoy

Konzentrat [kɔntsɛn'traːt] *nt* <-(e)s, -e> concentrado *m*

Konzentration [kɔntsɛntra'tsjoːn] *f* <-en> (*a.* CHEM) concentración *f;* **Konzentrationsfähigkeit** *f* ohne pl capacidad *f* de concentración; **Konzentrationslager** *nt* campo *m* de concentración; **Konzentrationsschwäche** *f* (MED, PSYCH) deficiencias *fpl* en la (facultad de) concentración; **Konzentrationsstörung** *f* dificultad *f* de concentración

konzentrieren* [kɔntsɛn'triːrən] **I.** *vt* (*bündeln*) concentrar (*auf* en); (*ausrichten*) centrar (*auf* en) **II.** *vr:* **sich** ~ concentrarse (*auf* en)

konzentriert [kɔntsɛn'triːɐt] *adj* concentrado

konzentrisch [kɔn'tsɛntrɪʃ] *adj* concéntrico

Konzept [kɔn'tsɛpt] *nt* <-(e)s, -e> ❶ (*Rohfassung*) borrador *m;* **aus dem** ~ **kommen** perder el hilo; **jdn aus dem** ~ **bringen** desconcertar a alguien ❷ (*Programm*) plan *m; das passt mir nicht ins* ~ eso no cuadra con mis planes

Konzeption [kɔntsɛp'tsjoːn] *f* <-en> concepción *f*

Konzeptpapier *nt* borrador *m*

Konzern [kɔn'tsɛrn] *m* <-s, -e> (WIRTSCH) consorcio *m*

Konzert [kɔn'tsɛrt] *nt* <-(e)s, -e> concierto *m;* **Konzertflügel** *m* piano *m* de concierto; **Konzertsaal** *m* sala *f* de conciertos

Konzession [kɔntsɛ'sjoːn] *f* <-en> ➊ (*Zugeständnis*) concesión *f;* **er ist** (**nicht**) **zu ~en bereit** (no) está dispuesto a hacer concesiones ➋ (*Genehmigung*) licencia *f;* **jdm die ~ entziehen** retirar la licencia a alguien

Konzessivsatz [kɔntsɛ'siːf-] *m* (LING) oración *f* concesiva

Konzil [kɔn'tsiːl] *nt* <-s, -e *o* -ien> concilio *m*

konzipieren* [kɔntsi'piːrən] *vt* planear, concebir

Kooperation [koʔopera'tsjoːn] *f* <-en> cooperación *f*

kooperativ [koʔopera'tiːf] *adj* cooperativo

kooperieren* [koʔope'riːrən] *vi* cooperar

Koordinate [koʔɔrdi'naːtə] *f* <-n> (MATH) coordenada *f*

Koordination [koʔɔrdina'tsjoːn] *f* <-en> coordinación *f*

Koordinator(in) [koʔɔrdina'toːɐ] *m(f)* <-s, -en; -nen> coordinador(a) *m(f)*

koordinieren* [koʔɔrdi'niːrən] *vt* coordinar

Kopenhagen [koːpən'haːɡən] *nt* <-s> Copenhague *m*

Kopf [kɔpf, *pl:* 'kœpfə] *m* <-(e)s, Köpfe> ➊ (*Körperteil, Nagel~, Nadel~*) cabeza *f;* **zehn DM pro ~** diez marcos por cabeza; **~ an ~** a codo con codo; **aus dem ~** de memoria; **~ hoch!** ¡ánimo!; **auf dem ~** cabeza abajo; **etw auf den ~ stellen** poner algo patas arriba; **sie stellten das ganze Haus auf den ~** revolvieron la casa de arriba a abajo; **~ und Kragen riskieren** jugarse la vida; **sich** *dat* **etw aus dem ~ schlagen/in den ~ setzen** quitarse algo de/meterse algo en la cabeza; **das will mir nicht in den ~** no me entra en la cabeza; **das kann ich im ~ rechnen** puedo hacer la cuenta de cabeza; **mit rotem ~ dastehen** estar con la cara enrojecida; **von ~ bis Fuß** de pies a cabeza; **sie ist ein kluger ~** tiene una buena cabeza; **sie hat ihren eigenen ~** ella sabe lo que quiere; **er ist nicht auf den ~ gefallen** no tiene un pelo de tonto; **den ~ in den Sand stecken** esconder la cabeza como el avestruz; **mit dem ~ durch die Wand wollen** querer lo imposible; **es kann nicht immer nur nach deinem ~ gehen** no puede ser siempre lo que tú quieras; **wir redeten uns** *dat* **die Köpfe heiß** nos dijimos todo lo dicho y por decir; **einen kühlen ~ bewahren** mantener la calma;

nicht ganz richtig im ~ sein (*fam*) no estar bien de la cabeza; **das geht mir durch den ~** esto me ronda por la cabeza; **wo hast du nur deinen ~ gelassen?** ¿dónde tienes la cabeza?; **mir brummt/raucht der ~** (*fam*) tengo la cabeza como un bombo/me echa humo la cabeza; **der Erfolg ist ihm zu ~(e) gestiegen** se le ha subido el éxito a la cabeza; **die Tatsachen auf den ~ stellen** (*fam*) tergiversar los hechos; **ich war wie vor den ~ gestoßen** me quedé parado; **~ stehen** (*fam*) estar fuera de quicio; **jdm den ~ verdrehen** (*fam*) robarle el sentido a alguien; **das Ganze wächst ihm über den ~** es superior a sus fuerzas; **sich** *dat* **den ~ zerbrechen** (*fam*) romperse la cabeza; **sich** *dat* **an den ~ fassen** (*fam*) llevarse las manos a la cabeza; **jdn einen ~ kürzer machen** (*sl*) decapitar a alguien; **das kann dich den ~ kosten** (*a. fig*) te puede costar la vida; **er hat sein ganzes Geld auf den ~ gehauen** (*fam*) ha tirado todo su dinero por la ventana ➋ (*Brief~*) encabezamiento *m;* (*bei Münze*) cara *f;* **~ oder Zahl?** ¿cara o cruz?

Kopf-an-Kopf-Rennen *nt* carrera *f* codo con codo

Kopfarbeit *f ohne pl* trabajo *m* intelectual; **Kopfball** *m* (SPORT) cabezazo *m;* **ein Tor durch ~ erzielen** meter un gol de cabeza; **Kopfbedeckung** *f* sombrero *m;* **Kopfbewegung** *f* movimiento *m* de la cabeza

Köpfchen ['kœpfçən] *nt* <-s, -> (*fam*) pesquis *m inv;* **~ haben** ser listo

köpfen ['kœpfən] *vt* ➊ (*enthaupten*) decapitar ➋ (SPORT) cabecear; (*Tor*) rematar de cabeza

Kopfende *nt* cabecera *f;* **Kopfgeburt** *f* (*fig, abw fam*) fantasía *f*

Kopfgeldjäger *m* cazador *m* de recompensas

Kopfhaar *nt* <-(e)s, *ohne pl*> cabello *m;* **Kopfhaut** *f* cuero *m* cabelludo; **Kopfhörer** *m* <-s, -> auricular(es) *m(pl);* **Kopfkissen** *nt* almohada *f;* **Kopflaus** *f* piojo *m*

kopflos *adj* ➊ (*Lebewesen*) sin cabeza ➋ (*verwirrt*) aturdido

Kopfmensch *m* (PSYCH: *fam*) persona *f* cerebral; **Kopfnicken** *nt* <-s, *ohne pl*> señal *f* afirmativa (con la cabeza); **Kopfnuss** *f* (*fam*) ➊ (*Schlag*) coscorrón *m* ➋ (*Aufgabe*) rompecabezas *m inv;* **Kopfrechnen** *nt* cálculo *m* mental; **Kopfsalat** *m* lechuga *f*

kopfscheu *adj:* **jdn ~ machen** desconcertar a alguien

Kopfschmerz *m* dolor *m* de cabeza; **Kopf-**

schmerztablette *f* pastilla *f* contra el dolor de cabeza

Kopfschuppen *fpl* caspa *f;* **Kopfschütteln** *nt* <-s, *ohne pl*> cabeceo *m;* **kopfschüttelnd** **I.** *adj* que mueve la cabeza (en señal de desaprobación) **II.** *adv* moviendo la cabeza (en señal de desaprobación); **Kopfschutz** *m* casco *m* protector; **Kopfsprung** *m* zambullida *f* de cabeza; **einen ~ machen** tirarse de cabeza; **Kopfstand** *m* <-(e)s, -stände> pino *m;* **einen ~ machen** hacer el pino

Kopfsteinpflaster *nt* adoquinado *m*

Kopfstimme *f* falsete *m;* **Kopfstütze** *f* reposacabezas *m inv;* **Kopftuch** *nt* pañuelo *m* de cabeza

kopfüber [-'--] *adv* de cabeza

Kopfweh *nt* <-(e)s, -e> dolor *m* de cabeza; **Kopfzeile** *f* (INFOR) encabezamiento *m;* **mit ~** encabezado; **Kopfzerbrechen** *nt* <-s, *ohne pl*> quebradero *m* de cabeza; **sich** *dat* **~ über etw machen** romperse la cabeza por algo

Kopie [ko'pi:] *f* <-n> ❶ (*a.* INFOR) copia *f;* (*Foto~*) fotocopia *f* ❷ (*Nachahmung*) imitación *f*

kopieren* [ko'pi:rən] *vt* ❶ (*a.* INFOR) copiar; (*Fotokopien machen*) fotocopiar ❷ (*nachahmen*) imitar

Kopierer *m* <-s, -> (*fam*) fotocopiadora *f*

Kopiergerät [ko'pi:ɐ-] *nt* fotocopiadora *f;* **Kopierschutz** *m,* **Kopiersperre** *f* (INFOR) protección *f* anticopia, protector *m* contra copias

Kopilot(in) ['ko:pilo:t] *m(f)* (AERO) copiloto *mf*

Koppel ['kɔpəl] *f* <-n> (*Weideland*) dehesa *f*

koppeln ['kɔpəln] *vt* ❶ (*Tiere: hintereinander*) reatar; (*nebeneinander*) uncir ❷ (*Fahrzeuge*) enganchar; (*Raumschiffe*) acoplar; (*Geräte*) acoplar (*an* a)

Kopp(e)lung *f* <-en> acoplamiento *m*

Koproduktion ['ko:-] *f* coproducción *f*

Kopulation [kopula'tsjo:n] *f* <-en> (BIOL) cópula *f*

kopulieren* [kopu'li:rən] *vi* (BIOL) copular

Koralle [ko'ralə] *f* <-n> coral *m;* **Korallenriff** *nt* arrecife *m* coralino

Koran [ko'ra:n] *m* <-s, *ohne pl*> Corán *m*

Korb [kɔrp, *pl:* 'kœrbə] *m* <-(e)s, Körbe> ❶ (*Behälter*) cesta *f;* (*größer*) cesto *m;* (*mit Henkeln*) canasta *f* ❷ (*~ geflecht*) mimbre *m;* **ein Sessel aus ~** un sillón de mimbre ❸ (SPORT) canasta *f;* **einen ~ erzielen** meter una canasta ❹ (*Abfuhr*) negativa *f;* **jdm einen ~ geben** dar calabazas a alguien

Korbball *m ohne pl* (SPORT) baloncesto *m*

Korbflasche *f* damajuana *f;* **Korbmöbel** *ntpl* muebles *mpl* de mimbre

Kord [kɔrt] *m* <-(e)s, -e *o* -s> pana *f*

Kordel ['kɔrdəl] *f* <-n> cordel *m*

Kordhose *f* pantalón *m* de pana

Korea [ko're:a] *nt* <-s> Corea *f*

Koreaner(in) [kore'a:nɐ] *m(f)* <-s, -; -nen> coreano, -a *m, f*

koreanisch *adj* coreano

Koriander [kori'andɐ] *m* <-s, -> (BOT) cilantro *m*

Korinthe [ko'rɪntə] *f* <-n> (GASTR) pasa *f* de Corinto; **Korinthenkacker(in)** [-kakɐ] *m(f)* (*vulg abw*) petimetre *mf*

Kork [kɔrk] *m* <-(e)s, -e> (*Material*) corcho *m;* **Korkeiche** *f* alcornoque *m*

Korken ['kɔrkən] *m* <-s, -> (*Verschluss*) corcho *m*

Korkenzieher *m* <-s, -> sacacorchos *m inv*

Korn[1] [kɔrn, *pl:* 'kœrnə] *nt* <-(e)s, Körner> (*Teilchen, Samen~*) grano *m*

Korn[2] *m* <-(e)s, -> (*fam: Branntwein*) aguardiente *m* de trigo

Korn[3] *nt* <-(e)s, -e> ❶ (*Getreide*) cereales *mpl* ❷ (*am Gewehr*) (punto *m* de) mira *f;* **jdn aufs ~ nehmen** tomarla con alguien

Korn[4] *nt* <-s, *ohne pl*> (FOTO: *Feinstruktur*) grano *m*

Kornblume *f* (BOT) aciano *m*

Körnchen ['kœrnçən] *nt* <-s, -> granito *m;* **ein ~ Wahrheit** un átomo de verdad

Kornfeld *nt* campo *m* de cereales

körnig ['kœrnɪç] *adj* granuloso

Kornkammer *f* granero *m*

Körper ['kœrpɐ] *m* <-s, -> cuerpo *m;* **ein fester/flüssiger/gasförmiger ~** un cuerpo sólido/líquido/gaseoso; **er zitterte am ganzen ~** le temblaba todo el cuerpo; **Körperbau** *m* <-(e)s, *ohne pl*> constitución *f* física; **Körperbeherrschung** *f* control *m* del cuerpo; **körperbehindert** *adj* minusválido; **Körperbehinderte(r)** *mf* minusválido, -a *m, f;* **körperbetont** *adj* que resalta la figura; **körpereigen** *adj* (BIOL) que produce el propio cuerpo; **Körperfülle** *f* corpulencia *f;* **Körpergeruch** *m* olor *m* del cuerpo; (*Schweißgeruch*) olor *m* a sudor; **Körpergewicht** *nt ohne pl* peso *m* corporal; **Körpergröße** *f* talla *f,* estatura *f;* **Körperhaltung** *f* postura *f;* (*fig*) porte *m;* **Körperkontakt** *m* contacto *m* físico

körperlich *adj* corporal; (*a. geschlechtlich*) físico; **harte ~e Arbeit** duro trabajo físico

Körperlotion *f* loción *f* para el cuerpo; **Körperpflege** *f* aseo *m* personal

Körperschaft *f* <-en> (JUR) corporación *f*, cuerpo *m;* ~ **des öffentlichen Rechts** corporación administrativa; **Körperschafts- steuer** *f* impuesto *m* sobre ingresos de sociedades y empresas

Körpersprache *f ohne pl* lenguaje *m* gestual; **Körperteil** *m* parte *f* del cuerpo; **Körperverletzung** *f* lesión *f* física; **fahr- lässige** ~ lesiones físicas por imprudencia; **schwere** ~ lesión grave

Korps [koːɐ] *nt* <-, -> (MIL) cuerpo *m*

korpulent [kɔrpuˈlɛnt] *adj* corpulento, obeso

Korpulenz [kɔrpuˈlɛnts] *f ohne pl* corpulen- cia *f*

korrekt [kɔˈrɛkt] *adj* correcto

korrekterweise [kɔˈrɛktɐˈvaɪzə] *adv* como corresponde

Korrektheit *f ohne pl* corrección *f;* (*Genauigkeit*) exactitud *f;* (*im Benehmen*) conducta *f* correcta

Korrektor(in) [kɔˈrɛktoːɐ] *m(f)* <-s, -en; -nen> (TYPO) corrector(a) *m(f)* (tipográfico, -a)

Korrektur [kɔrɛkˈtuːɐ] *f* <-en> corrección *f;* **Korrekturtaste** *f* tecla *f* de correción; **Korrekturzeichen** *nt* signo *m* de correc- ción

Korrespondent(in) [kɔrɛspɔnˈdɛnt] *m(f)* <-en, -en; -nen> corresponsal *mf*

Korrespondenz [kɔrɛspɔnˈdɛnts] *f* <-en> correspondencia *f;* **mit jdm in** ~ **stehen/ treten** mantener/entablar correspouden- cia con alguien

korrespondieren* [kɔrɛspɔnˈdiːrən] *vi* ❶ (*brieflich*) mantener correspondencia (*mit* con) ❷ (*entsprechen*) corresponder (*mit* a)

Korridor [ˈkɔridoːɐ] *m* <-s, -e> corredor *m*

korrigierbar *adj* corregible; **dieser Feh- ler ist** ~ este error se puede corregir

korrigieren* [kɔriˈgiːrən] *vt* corregir; (*ver- bessern*) enmendar

korrupt [kɔˈrʊpt] *adj* corrupto

Korruption [kɔrʊpˈtsjoːn] *f* <-en> corrup- ción *f*

Korse, -in [ˈkɔrzə] *m*, *f* <-n, -n; -nen> corso, -a *m*, *f*

Korsett [kɔrˈzɛt] *nt* <-s, -s *o* -e> corsé *m;* (MED) corsé *m* ortopédico

Korsika [ˈkɔrzika] *nt* <-s> Córcega *f*

Korsin [ˈkɔrzɪn] *f* <-nen> *s.* **Korse**

korsisch *adj* corso

Korvette [kɔrˈvɛtə] *f* <-n> (MIL) corbeta *f*

Koryphäe [koryˈfɛːə] *f* <-n> corifeo *m*

Kosak(in) [koˈzak] *m(f)* <-en, -en; -nen> cosaco, -a *m*, *f*

koscher [ˈkoːʃɐ] *adj* ❶ (REL) permitido por la

religión judía ❷ (*fam: einwandfrei*) limpio; **der Kerl ist nicht ganz** ~ este tipo no es (del todo) de fiar

Kosename *m* apodo *m* cariñoso; **Kose- wort** *nt* palabra *f* cariñosa

Kosinus [ˈkoːzinʊs] *m* <-, -(se)> (MATH) coseno *m*

Kosmetik [kɔsˈmeːtɪk] *f ohne pl* cosmética *f*

Kosmetika *pl* (productos *mpl*) cosméticos *mpl*

Kosmetiker(in) [kɔsˈmeːtikɐ] *m(f)* <-s, -; -nen> esteticista *mf*

kosmetisch *adj* cosmético

kosmisch [ˈkɔsmɪʃ] *adj* cósmico

Kosmonaut(in) [kɔsmoˈnaʊt] *m(f)* <-en, -en; -nen> cosmonauta *mf*

Kosmopolit(in) [kɔsmopoˈliːt] *m(f)* <-en, -en; -nen> cosmopolita *mf*

Kosmos [ˈkɔsmɔs] *m* <-, *ohne pl*> cosmos *m inv*, universo *m*

Kosovo [ˈkɔsovo] *m* <-(s)> Kósovo *m*

Kost [kɔst] *f ohne pl* ❶ (*Nahrung*) alimen- tos *mpl;* ~ **und Logis** comida y aloja- miento; **das ist schwere** ~ (*fig*) es difícil de comprender ❷ (*Ernährung*) alimenta- ción *f*

kostbar *adj* valioso

Kostbarkeit¹ *f ohne pl* (*Wert*) valor *m*

Kostbarkeit² *f* <-en> (*Gegenstand*) objeto *m* de gran valor

kosten [ˈkɔstən] *vt* ❶ (*probieren*) probar ❷ (*Preis haben*) costar, valer; **wie viel/ was kostet das?** ¿cuánto/qué vale?; **koste es, was es wolle** cueste lo que cueste; **das kostet ihn den Kopf** (*fam*) eso le va a costar la cabeza; **das lasse ich mir etwas** ~ (*fam*) para esto no reparo en gastos ❸ (*erfordern*) requerir, costar; **das kostet Zeit** eso requiere tiempo; **das kos- tet mich einige Überwindung** el hacerlo me cuesta cierto esfuerzo

Kosten [ˈkɔstən] *pl* gastos *mpl;* (COM) cos- te(s) *m(pl);* **die** ~ **scheuen** no reparar en gastos; ~ **verursachen** causar gastos; **die** ~ **für etw tragen** pagar los gastos de algo; **die** ~ **decken** cubrir los gastos; **auf** ~ **des Waldes/seiner Gesundheit** a costa del bosque/de su salud; **das geht auf meine** ~ esto corre de mi cuenta; **auf seine** ~ **kommen** estar contento; **Kos- tenbeteiligung** *f* participación *f* en cos- tos; **kostendeckend** I. *adj* (WIRTSCH) que cubre los gastos II. *adv* de saldo neutro; ~ **wirtschaften** administrar para cubrir gas- tos; **Kostenerstattung** *f* reembolso *m*, restitución *f* de gastos; **Kostenfrage** *f* cuestión *f* de coste; **kostengünstig** *adj* (WIRTSCH) rentable; **kostenintensiv** *adj*

(WIRTSCH) de costos extremadamente altos

kostenlos I. adj gratuito, gratis **II.** adv gratis

Kostenvoranschlag [--'---, '-----] m (WIRTSCH) presupuesto m de (los) gastos; **einen ~ machen** hacer un presupuesto (de los gastos)

Kostgeld nt pensión f

köstlich ['kœstlɪç] adj ❶ (Speise) delicioso ❷ (amüsant) divertido; **ich habe mich ~ amüsiert** me lo he pasado bomba

Kostprobe f ❶ (von Speise) bocadito m; (von Getränk) sorbo m ❷ (Beispiel) muestra f; **eine ~ seiner Kunst geben** dar una muestra de su arte

kostspielig adj costoso

Kostüm [kɔs'tyːm] nt <-s, -e> ❶ (Damen~) traje m chaqueta ❷ (THEAT) traje m ❸ (Verkleidung) disfraz m; **Kostümball** m baile m de disfraces

kostümieren* [kɔsty'miːrən] vr: **sich ~** disfrazarse (als de)

Kot [koːt] m <-(e)s, -e o -s> (geh) excrementos mpl

Kotelett ['kɔtlɛt, kɔt'lɛt] nt <-s, -s> chuleta f

Koteletten [kɔt'lɛtən] pl patillas fpl

Köter ['køːtɐ] m <-s, -> (abw) chucho m

Kotflügel m (AUTO) guardabarros m inv

Kotzbrocken m (fam abw) tipo m asqueroso

Kotze ['kɔtsə] f ohne pl (vulg) pota f

kotzen vi (vulg) echar la pota; **das ist zum K~** es un coñazo

kotzübel ['-'--] adj (vulg): **mir ist/wird ~** tengo/me están dando ganas de echar la pota

KP [kaː'peː] f <-s> Abk. von **Kommunistische Partei** PC m

Krabbe ['krabə] f <-n> (ZOOL) cangrejo m de mar

krabbeln ['krabəln] vi sein ❶ (Kind) andar a gatas ❷ (Käfer) correr

Krach[1] [krax, pl: 'krɛçə] m <-(e)s, Kräche> ❶ (Knall) estallido m ❷ (fam: Auseinandersetzung) bronca f; **mit jdm ~ haben** tener una bronca con alguien; **~ schlagen** armar escándalo ❸ (fam: Börsen~) crac m

Krach[2] m <-(e)s, ohne pl> (Lärm) ruido m, batifondo m CSur

krachen vi ❶ (platzen) estallar; (Holz) crujir; (Schuss) estallar; (Donner) retumbar; (Tür) cerrarse de golpe; **auf dieser Autobahn kracht es dauernd** (fam) en esta autopista siempre hay accidentes; **hör sofort auf damit, sonst kracht's** (fam) deja de hacer eso o te vas a enterar ❷ sein (fam: kaputtgehen) romperse ❸ sein (fam: aufprallen) chocar (gegen/auf contra)

krächzen ['krɛçtsən] vi ❶ (Vogel) graznar ❷ (Mensch) hablar con voz ronca

kraft [kraft] präp +gen (geh) en virtud de

Kraft [kraft, pl: 'krɛftə] f <Kräfte> ❶ (a. PHYS) fuerza f; **seine/neue Kräfte sammeln** reunir sus/nuevas fuerzas; **unter Aufbietung aller Kräfte** reuniendo todas las fuerzas; **mit aller ~** con todas sus fuerzas; **mit letzter ~** con las últimas fuerzas; **(nicht) bei Kräften sein** (no) tener fuerzas; **wieder zu Kräften kommen** recobrar fuerza(s); **aus eigener ~** por propio esfuerzo; **sie tat, was in ihren Kräften stand** hizo cuanto estaba en su mano; **mit vereinten Kräften** en un esfuerzo común; **mit frischer ~ ans Werk gehen** ponerse a trabajar con nuevas fuerzas; **das geht über meine Kräfte** eso es demasiado para mí; **die treibende ~** la fuerza motriz ❷ (Wirksamkeit) eficacia f ❸ (Arbeits~) mano f de obra ❹ (JUR): **in ~ sein/treten** estar en/entrar en vigor; **außer ~ setzen** anular; (zeitweilig) suspender; **außer ~ sein** estar sin vigencia; **Kraftakt** m esfuerzo m físico; **Kraftanstrengung** f, **Kraftaufwand** m ohne pl esfuerzo m; **Kraftaufwand** m esfuerzo m; **Kraftausdruck** m palabrota f

Kräfteverfall m pérdida f de fuerzas; (MED) marasmo m

Kraftfahrer(in) m(f) conductor(a) m(f)

Kraftfahrzeug nt (formal) automóvil m; **Kraftfahrzeugbrief** m carta f de vehículo; **Kraftfahrzeugmechaniker(in)** m(f) mecánico, -a m, f de automóviles; **Kraftfahrzeugpapiere** ntpl documentación f del vehículo; **Kraftfahrzeugschein** m permiso m de circulación; **Kraftfahrzeugsteuer** f impuesto m sobre automóviles; **Kraftfahrzeugversicherung** f seguro m de automóviles

Kraftfeld nt (PHYS) campo m de fuerza; **Kraftfutter** nt ohne pl (AGR) forraje m (concentrado)

kräftig ['krɛftɪç] **I.** adj ❶ (stark) fuerte; (stabil) robusto ❷ (Farbe) fuerte; (Geruch, Geschmack) fuerte ❸ (Essen) sustancioso **II.** adv (sehr) mucho; **es schneite ~** nevó mucho; **~ schütteln** agitar bien; **jdm ~ die Meinung sagen** cantarle las cuarenta a alguien

kräftigen ['krɛftɪgən] vt fortalecer, vitalizar Am

kraftlos adj sin fuerza, débil

Kraftlosigkeit f ohne pl debilidad f

Kraftprobe f prueba f de fuerza; **Kraftprotz** m (fam) cachas m inv; **Kraftrad** nt (formal) motocicleta f; **Kraftreserve** f reserva *f* de fuerza; **Kraftstoff** *m* carburante *m;* **Krafttraining** *nt* (SPORT) entrenamiento *m* de fuerza; **Kraftübertragung** *f* transmisión *f* de fuerza

kraftvoll I. *adj* fuerte **II.** *adv* con fuerza

Kraftwagen *m* (*formal*) automóvil *m*

Kraftwerk *nt* central *f* energética

Kragen ['kraːɡən] *m* <-s, -> cuello *m;* **jdn beim** [*o* am] ~ **packen** (*fam*) coger a alguien por el cuello; **mir platzt gleich der** ~ (*fam*) estoy a punto de reventar; **es geht ihm an den** ~ (*fam*) le van a echar una bronca; **Kragenweite** *f* medida *f* del cuello; **das ist nicht meine** ~ (*fam*) eso no me va

Krähe ['krɛːə] *f* <-n> corneja *f*

krähen *vi* ❶ (*Hahn*) cantar ❷ (*Kind*) berrear

Krähenfüße *mpl* (*fam*) ❶ (*Augenfalten*) patas *fpl* de gallo ❷ (*unleserliche Schrift*) garabatos *mpl*

Krakauer ['kraːkaʊ̯ɐ] *f* <-> (GASTR) salchicha *f* de Cracovia

Krake ['kraːkə] *m* <-n, -n> (ZOOL) pulpo *m*

krakeelen* [kraˈkeːlən] *vi* (*fam*) ❶ (*lärmen*) vociferar ❷ (*streiten*) armar bronca

Krakelei [kraːkəˈlaɪ̯] *f* <-en> (*fam abw*) garabatos *mpl*

krakelig ['kraːkəlɪç] *adj* garabatoso

Kralle ['kralə] *f* <-n> garra *f;* **jdm die ~n zeigen** (*fam*) mostrar las uñas a alguien; **jdn in seine ~n kriegen** (*fam*) echarle la garra a alguien

krallen I. *vt* ❶ (*Finger*) clavar (*in* en) ❷ (*fam: sich aneignen*) agarrar, pillar; **er krallte sich** *dat* **den Auftrag** agarró el pedido **II.** *vr:* **sich** ~ ❶ (*Katze*) echar la garra (*an* a) ❷ (*Mensch*) agarrarse (*an* a/de)

Kram [kraːm] *m* <-(e)s, *ohne pl*> (*fam*) ❶ (*Gerümpel*) trastos *mpl*, trastes *mpl Am*, chécheres *mpl Col, CRi* ❷ (*Angelegenheit*) chisme *m;* **kümmere dich um deinen eigenen** ~ (*fam*) ocúpate de tus asuntos; **jdm passt etw nicht in den** ~ (*fam*) algo no le viene bien a alguien; **den ganzen** ~ **hinschmeißen** (*fam*) tirar todo por la borda

kramen I. *vi* (*fam: stöbern*) revolver (*in* por entre) **II.** *vt* (*fam: hervorholen*) sacar (*aus* de)

Krampf [krampf, *pl:* 'krɛmpfə] *m* <-(e)s, Krämpfe> ❶ (MED) calambre *m;* **einen ~ bekommen** dar (un) calambre, acalambrarse *Am* ❷ (*fam abw: Unsinn*) tonterías *fpl* ❸ (*Schweiz: Straftat*) delito *m*

Krampfader *f* variz *f*

krampfen I. *vt* empuñar convulsivamente

(*um*) **II.** *vi* (*Schweiz*) esforzarse en vano **III.** *vr:* **sich** ~ ❶ (*sich im Krampf zusammenziehen*) sufrir convulsiones ❷ (*umschließen*) empuñar (*um*) ❸ (*reg: sich etwas krallen*) agarrar

krampfhaft *adj* ❶ (MED) convulsivo ❷ (*verbissen*) obstinado; (*Anstrengung*) desesperado; ~ **an etw** *dat* **festhalten** agarrarse a algo obstinadamente

krampflösend *adj* (MED) antiespasmódico

Kran [kraːn, *pl:* 'krɛːnə] *m* <-(e)s, -e *o* Kräne> grúa *f;* **Kranführer(in)** *m(f)* conductor(a) *m(f)* de grúa

Kranich ['kraːnɪç] *m* <-s, -e> grulla *f*

krank [kraŋk] *adj* <kränker, am kränksten> enfermo (*an* de); **schwer ~ sein** estar gravemente enfermo; ~ **werden** caer enfermo; **das macht mich ~** esto me pone enfermo; **du bist wohl ~?** (*fam iron*) ¿te has vuelto loco?

Kranke(r) *mf* <-n, -n; -n> enfermo, -a *m, f*

kränkeln ['krɛŋkəln] *vi* ❶ (*Person*) estar achacoso ❷ (*Wirtschaft, Firma*) ir cuesta abajo

kranken ['kraŋkən] *vi* adolecer (*an* de); **das krankt daran, dass ...** esto adolece de que...

kränken ['krɛŋkən] *vt* ofender

Krankenbesuch *m* visita *f* a un enfermo; **Krankenbett** *nt* cama *f* del enfermo; **am** ~ al lado de la cama del enfermo; **Krankengeld** *nt* subsidio *m* de enfermedad; **Krankengymnastik** *f* fisioterapia *f;* **Krankenhaus** *nt* hospital *m,* nosocomio *m Am;* **er kam gestern ins** ~ ayer lo ingresaron en el hospital; **jdn ins** ~ **einweisen** hospitalizar a alguien; **krankenhausreif** *adj:* **jdn ~ schlagen** dejar a alguien medio muerto de una paliza; **Krankenkasse** *f* caja *f* del seguro; **Krankenkost** *f* (MED) dieta *f;* **Krankenpflege** *f* asistencia *f* médica; **Krankenpfleger(in)** *m(f)* enfermero, -a *m, f,* cuidador(a) *m(f) Arg,* barchilón, -ona *m, f Peru;* **Krankenschein** *m* volante *m* de asistencia médica; **Krankenschwester** *f* enfermera *f,* nurse *f Am;* **Krankenversichertenkarte** *f* cartilla *f* sanitaria; **Krankenversicherung** *f* seguro *m* de enfermedad; **gesetzliche/ private** ~ seguro de enfermedad obligatorio/privado

---

ⓘ Land & Leute

En Alemania, todos los asalariados, exceptuando los empresarios y los trabajadores por cuenta propia, tienen que estar **krankenversichert**, es decir, están obligados a cotizar a la Seguridad Social. En Austria, esta obligación afecta a todos los asalariados, mientras que en Suiza el seguro médico es voluntario. Sin embargo, el 95% de los suizos están asegurados.

Krankenwagen *m* ambulancia *f*

kränker ['krɛŋkɐ] *adj kompar von* **krank**

krank|feiern *vi* (*fam*) faltar al trabajo fingiendo estar enfermo

krankhaft I. *adj* enfermizo; (*pathologisch*) patológico II. *adv* desmesuradamente; ~ **ehrgeizig/eifersüchtig** desmesuradamente ambicioso/celoso

Krankheit *f* <-en> enfermedad *f*, maleza *f Nic;* **wegen ~ geschlossen** cerrado por enfermedad; **eine ~ bekommen** contraer una enfermedad; **Krankheitsbild** *nt* cuadro *m* clínico; **krankheitserregend** *adj* (MED) patógeno; **Krankheitserreger** *m* germen *m* patógeno

krank|lachen *vr:* **sich ~** (*fam*) morirse de risa

kränklich ['krɛŋklɪç] *adj* enfermizo, aciguatado *Mex, Par, Ven*

krank|machen *vi* (*fam*) *s.* **krankfeiern**

krank|melden *vr:* **sich ~** darse de baja por enfermedad; **Krankmeldung** *f* baja *f* por enfermedad; **krank|schreiben** *irr vt* dar de baja por enfermedad

kränkste(r, s) ['krɛŋkstə, -tɐ, -təs] *adj superl von* **krank**

Kränkung ['krɛŋkʊŋ] *f* <-en> ofensa *f;* (*Demütigung*) humillación *f*

Kranwagen *m* coche *m* grúa

Kranz [krants, *pl:* 'krɛntsə] *m* <-es, Kränze> corona *f;* **Kranzniederlegung** *f* depósito *m* (solemne) de una corona

Krapfen ['krapfən] *m* <-s, -> (GASTR) ❶ (*salzig*) boladillo *m* ❷ (*süß*) buñuelo *m* (relleno de mermelada)

krass [kras] *adj* ❶ (*extrem*) extremo; **das ~e Gegenteil von etw** *dat* **sein** ser el extremo opuesto de algo ❷ (*auffallend*) llamativo; (*Unterschied*) grande

Krater ['kraːtɐ] *m* <-s, -> cráter *m*

Kratzbürste *f* (*fam*) erizo *m*

kratzbürstig *adj* (*fam*) rebelde; **warum bist du immer so ~?** ¿por qué tienes que llevar siempre la contraria?

Krätze ['krɛtsə] *f* ohne pl (MED) sarna *f*

kratzen ['kratsən] I. *vt* ❶ (*Person*) rascar; (*Katze*) arañar ❷ (*leicht verletzen*) rasguñar ❸ (*einritzen*) grabar (*in* en) ❹ (*ab~*) raspar (*von* de) ❺ (*fam: stören*) importar; **das kratzt mich nicht** no me importa

nada II. *vi* ❶ (*brennen*) irritar (*in*); (*jucken*) picar (*in* en) ❷ (*Pullover*) picar ❸ (*Feder*) raspar ❹ (*beeinträchtigen*) perjudicar (*an* en) III. *vr:* **sich ~** ❶ (*bei Juckreiz*) rascarse ❷ (*sich verletzen*) rasguñarse

Kratzer *m* <-s, -> ❶ (*Schramme*) arañazo *m* ❷ (*Schaber*) rascador *m*

kraulen ['kraʊlən] I. *vi, vt haben o sein* (SPORT) nadar (a) crol II. *vt* (*streicheln*) acariciar

kraus [kraʊs] *adj* ❶ (*Haar*) rizado; (*Stoff*) arrugado; **die Nase/Stirn ~ ziehen** arrugar la nariz/fruncir el ceño ❷ (*abw: verwirrt*) confuso

kräuseln ['krɔɪzəln] I. *vt* (*Haar*) rizar; (*Stoff, Stirn, Lippen*) fruncir II. *vr:* **sich ~** (*Wasser*) encresparse; (*Haare*) rizarse

Krauskopf *m* ❶ (*mit krausem Haar*) persona *f* de pelo rizado ❷ (*abw: Wirrkopf*) persona *f* confusa ❸ (TECH) avellanador *m*

Kraut[1] [kraʊt, *pl:* 'krɔɪtɐ] *nt* <-(e)s, Kräuter> ❶ (*Pflanze*) hierba *f;* **dagegen ist kein ~ gewachsen** (*fam*) eso no tiene remedio ❷ (*fam: Tabak*) tabaco *m*

Kraut[2] *nt* <-(e)s, *ohne pl*> ❶ (*von Rüben*) hojas *fpl* ❷ (*Kohl*) col *f;* (*Weiß~*) repollo *m;* **wie ~ und Rüben** (*fam*) de manera caótica

Kräutermischung *f* mezcla *f* de hierbas; **Kräutertee** *m* tisana *f;* **Kräutertherapie** *f* herboterapia *f*

Krautkopf *m* (*südd, Österr*) repollo *m;* **Krautsalat** *m* ensalada *f* de repollo

Krawall[1] [kra'val] *m* <-s, -e> (*Tumult*) tumulto *m*, disturbio *m*

Krawall[2] *m* <-s, *ohne pl*> (*fam: Lärm*) alboroto *m*, escándalo *m*

Krawallmacher(in) *m(f)* <-s, -; -nen> (*fam*) ❶ (*Aufwiegler*) amotinado, -a *m, f* ❷ (*Krachmacher*) alborotador(a) *m(f)*

Krawatte [kra'vatə] *f* <-n> corbata *f;* **die ~ binden** anudar la corbata; **Krawattennadel** *f* alfiler *m* de corbata

Kreation [krea'tsjoːn] *f* <-en> creación *f*

kreativ [krea'tiːf] *adj* creativo; **Kreativdirektor(in)** *m(f)* director(a) *m(f)* creativo, -a

Kreativität [kreativi'tɛːt] *f ohne pl* creatividad *f*

Kreatur [krea'tuːɐ] *f* <-en> criatura *f*

Krebs [kreːps] *m* <-es, -e> ❶ (ZOOL) cangrejo *m* ❷ (MED) cáncer *m;* ~ **erregend** *adj* cancerígeno ❸ (ASTR) Cáncer *m;* **krebserregend** *adj* cancerígeno; ~ **wirken** tener efecto cancerígeno; **Krebserreger** *m* (MED) agente *m* patógeno del cáncer; **Krebsforschung** *f ohne pl* (MED) cancerología *f*; **Krebsfrüherkennung** *f* (MED) diagnóstico *m* precoz del cáncer; **Krebsgeschwür** *nt* (MED) carcinoma *m*; **krebskrank** *adj* que tiene cáncer; **Krebskranke(r)** *mf* canceroso, -a *m, f*, enfermo, -a *m, f* de cáncer; **Krebsoperation** *f* (MED) operación *f* de cáncer

krebsrot ['-'-] *adj* rojo como un cangrejo

Krebsvorsorge *f* prevención *f* del cáncer; **Krebsvorsorgeuntersuchung** *f* chequeo *m* oncológico

Krebszelle *f* (MED) célula *f* cancerosa

Kredit [kre'di:t] *m* <-(e)s, -e> crédito *m*; **auf ~ a** crédito; **ein ~ über 5000 DM** un crédito de 5000 marcos; **einen ~ aufnehmen** pedir un préstamo; **er hat bei uns/bei der Bank ~** tiene crédito con nosotros/en el banco; **Kreditbrief** *m* (FIN) carta *f* de crédito; **Kredithai** *m* (*fam abw*) usurero *m*

kreditieren* [kredi'ti:rən] *vt* (WIRTSCH) acreditar en cuenta

Kreditinstitut *nt* (FIN) instituto *m* de crédito; **Kreditkarte** *f* (FIN) tarjeta *f* de crédito; **kreditwürdig** *adj* (FIN) solvente

Kreide¹ ['kraɪdə] *f ohne pl* (*Kalkstein*) creta *f*

Kreide² *f* <-n> (*zum Schreiben*) tiza *f*; **bei jdm** (**tief**) **in der ~ stehen** (*fam*) deber (mucho) dinero a alguien

kreidebleich ['-'-'-] *adj* blanco como la pared; **Kreidefelsen** *m* roca *f* cretácea; **kreideweiß** *adj s.* **kreidebleich; Kreidezeichnung** *f* dibujo *m* de tiza; **Kreidezeit** *f ohne pl* (GEO) (período *m*) cretácico *m*

kreieren* [kre'i:rən] *vt* crear

Kreis [kraɪs] *m* <-es, -e> ❶ (*a.* MATH) círculo *m*; (*~umfang*) circunferencia *f*; (*Rand*) cerco *m*; **sich im ~ drehen** dar vueltas; **im ~ stehen** hacer corro; **mir dreht sich alles im ~e** todo me da vueltas; **der Skandal zieht ~e** el escándalo se propaga ❷ (*Bereich*) sector *m*; **weite ~e der Bevölkerung** amplios sectores de la población; **eine Frau aus den besten ~en** una mujer de la alta sociedad; **wie aus informierten ~en verlautete** como señalaron fuentes informadas ❸ (*Personen~*) círculo *m*; **der ~ seiner Leser** el círculo de sus lectores; **im ~e von Freunden/seiner Familie** entre amigos/en el seno de la familia; **eine Feier im kleinen/engen ~e** una fiesta en familia/en la más estricta intimidad ❹ (ADMIN) distrito *m*; **im ~ Fulda** en el distrito de Fulda; **Kreisbahn** *f* (ASTR, MATH) órbita *f*; **Kreisbewegung** *f* movimiento *m* giratorio; **Kreisbogen** *m*

(MATH) arco *m* circular

kreischen ['kraɪʃən] *vi* ❶ (*schreien*) chillar ❷ (*quietschen*) chirriar

Kreisel ['kraɪzəl] *m* <-s, -> ❶ (*Spielzeug*) peonza *f*, trombo *m Am* ❷ (TECH) giroscopio *m* ❸ (*Kreisverkehr*) rotonda *f*

kreisen ['kraɪzən] *vi haben o sein* ❶ (*sich drehen*) girar (*um* alrededor de); **das Gespräch kreiste um ...** la conversación se concentraba en...; **etw ~ lassen** hacer circular algo ❷ (*Vögel, a.* AERO) dar vueltas (*über* sobre) ❸ (*Blut, Geld*) circular (*in* por)

Kreisfläche *f* círculo *m*

kreisförmig [-fœrmɪç] *adj* circular

Kreisinsel *f* (AUTO) rotonda *f*

Kreislauf *m* ❶ (*Zyklus*) ciclo *m* ❷ (*Blut-*) circulación *f*; **Kreislaufstörung** *f* (MED) trastorno *m* de la circulación

Kreissäge *f* sierra *f* circular

Kreißsaal ['kraɪs-] *m* sala *f* de partos

Kreisstadt *f* capital *f* de distrito [*o* de comarca]

Kreisumfang *m* perímetro *m* de la circunferencia; **Kreisverkehr** *m* rotonda *f*

Krematorium [krema'to:riʊm] *nt* <-s, Krematorien> crematorio *m*

kremig ['kre:mɪç] *adj* cremoso

Kreml ['kre:m(ə)l] *m* <-s>: **der ~** el Kremlin

Krempe ['krɛmpə] *f* <-n> ala *f* del sombrero

Krempel ['krɛmpəl] *m* <-s, *ohne pl*> (*fam abw*) cachivaches *mpl*; **ich werfe den ganzen ~ hin** no pienso seguir con esto

krepieren* [kre'pi:rən] *vi sein* ❶ (*fam: sterben*) reventar (*an* de), palmarla; **hoffentlich krepiert er!** ¡ojalá reviente! ❷ (*Geschoss*) estallar

Krepp¹ [krɛp] *f* <-s> (GASTR) crepe *f*, panqueque *m Am*

Krepp² *m* <-s, -s *o* -e> crespón *m*

Kresse ['krɛsə] *f* <-n> (BOT) berro *m*

Kreta ['kre:ta] *nt* <-s> Creta *f*

Kreter(in) ['kre:tɐ] *m(f)* <-s, -; -nen> cretense *mf*

kretisch ['kre:tɪʃ] *adj* cretense

kreuz [krɔɪts] *adv*: **~ und quer** a diestro y siniestro

Kreuz¹ [krɔɪts] *nt* <-es, -e> ❶ (*a.* REL) cruz *f*; **das Rote ~** la Cruz Roja; **zu ~e kriechen** darse por vencido; **ich mache drei ~e, wenn er geht** (*fam*) le pongo una vela al santo si se va; **etw über(s) ~ legen** entrecruzar algo ❷ (*spanisches Kartenspiel*) naipe *m* de bastos; (*französisches Kartenspiel*) naipe *m* de trébol ❸ (*Autobahn~*) cruce *m* de autopistas ❹ (*Rücken-*

bereich) región *f* lumbar; (*fam*) espalda *f*; **ich hab's im ~** (*fam*) me duele la espalda; **jdn aufs ~ legen** (*fam*) tirar a alguien de espaldas; (*hereinlegen*) timar a alguien ❺ (MUS) sostenido *m*

Kreuz² *nt* <-es, *ohne pl*> (*Leid*) cruz *f*; **sein ~ auf sich nehmen** cargar su cruz; **es ist ein ~ mit jdm/etw** *dat* (*fam*) alguien/algo es una cruz

kreuzen I. *vi* haben o sein (NAUT) ❶ (*ziellos fahren*) cruzar ❷ (*gegen den Wind fahren*) dar bordadas II. *vt* ❶ (*Wege*) cruzar; **die Arme ~** cruzarse de brazos ❷ (*überqueren*) cruzar, atravesar; **eine Straße ~** cruzar una calle ❸ (BIOL) cruzar III. *vr:* **sich ~** ❶ (*sich überschneiden*) cruzarse ❷ (*entgegengesetzt sein*) contraponerse

Kreuzer *m* <-s, -> (MIL, NAUT) crucero *m*

Kreuzfahrt *f* crucero *m*

Kreuzfeuer *nt:* **ins ~ der Kritik geraten** exponerse a violentas críticas

Kreuzgang *m* (ARCHIT) claustro *m*; **Kreuzgewölbe** *nt* (ARCHIT) bóveda *f* de crucero

kreuzigen ['krɔɪtsɪɡən] *vt* crucificar

Kreuzigung *f* <-en> crucifixión *f*

Kreuzotter *f* (ZOOL) víbora *f* común; **Kreuzschlüssel** *m* (TECH) llave *f* cruciforme; **Kreuzspinne** *f* (ZOOL) araña *f* de jardín

Kreuzung *f* <-en> (*a.* BIOL) cruce *m*

Kreuzverhör *nt* interrogatorio *m* cruzado, preguntadera *f* Col; **jdn ins ~ nehmen** contrainterrogar a alguien; **Kreuzweg** *m* ❶ (*Kreuzung*) encrucijada *f*; **am ~ stehen** hallarse ante una alternativa ❷ (REL) vía crucis *m*

kreuzweise *adv* en forma de cruz; **du kannst mich mal ~!** (*vulg*) ¡deja de joder!

Kreuzworträtsel *nt* crucigrama *m*

Kreuzzug *m* (*a. fig* HIST) cruzada *f*

kribbelig *adj* (*fam*) nervioso; **ich habe so ein ~es Gefühl im Bauch** tengo los nervios en el estómago

kribbeln ['krɪbəln] *vi* ❶ (*jucken*) picar ❷ *sein* (*wimmeln*) hormiguear

kribblig *adj s.* **kribbelig**

Kricket ['krɪkət] *nt* <-s, *ohne pl*> (SPORT) criquet *m*

kriechen [kri:çən] <kriecht, kroch, gekrochen> *vi sein* ❶ (*Mensch*) arrastrarse; (*Tier*) reptar; (*Schlange*) deslizarse ❷ (*Fahrzeug*) avanzar lentamente ❸ (*abw: unterwürfig sein*) humillarse (*vor* ante)

Kriecher(in) *m(f)* <-s, -; -nen> (*abw*) pelota *mf*

kriecherisch *adj* (*abw*) pelota

Kriechtier *nt* reptil *m*

Krieg [kri:k] *m* <-(e)s, -e> guerra *f*; **im ~**

fallen caer en la guerra; **jdm/etw** *dat* **den ~ erklären** declarar la guerra a alguien/ algo; **in den ~ ziehen** ir a la guerra; **~ führen gegen jdn** estar en guerra con alguien

kriegen ['kri:ɡən] I. *vt* (*fam*) ❶ (*bekommen*) obtener; (*erreichen*) conseguir; (*Krankheit*) pillar; **ein Kind ~** estar embarazada; **sie hat ein Kind gekriegt** ha tenido un niño; **wie viel ~ Sie?** ¿cuánto le debo?; **~ Sie es schon?** ¿ya le atienden?; **sie kriegt 15 DM die Stunde** le pagan 15 marcos la hora; **einen Schreck ~** asustarse; **Besuch ~** tener visita; **keine Arbeit ~** no encontrar trabajo; **jdn weich ~** debilitar la resistencia de alguien; **wie hast du sie nur dazu gekriegt?** ¿cómo la has convencido?; **du kriegst es gleich mit mir zu tun!** ¡te vas a enterar de quién soy yo!; **ich krieg' heute nichts mehr geregelt** (*fam*) hoy ya no me sale nada ❷ (*ergreifen*) pillar, agarrar *Am;* **wenn ich dich kriege!** ¡si te pillo! II. *vr:* **sich ~** (*fam*) ❶ (*heiraten*) casarse ❷ (*sich streiten*): **sich in die Haare ~** pelearse

Krieger(in) ['kri:ɡɐ] *m(f)* <-s, -; -nen> guerrero, -a *m, f*

kriegerisch *adj* ❶ (*kämpferisch*) guerrero ❷ (*militärisch*) bélico; **~e Auseinandersetzungen** acciones bélicas

Kriegführung *f* (MIL) táctica *f* de guerra

Kriegsausbruch *m* estallido *m* de la guerra; **Kriegsbeginn** *m* comienzo *m* de la guerra; **Kriegsbeil** *nt* hacha *f* de guerra; **das ~ begraben** (*fig*) enterrar el hacha de guerra; **Kriegsbemalung** *f* pintura *f* de guerra; **in voller ~** (*fig, iron: bei Soldaten*) lleno de condecoraciones; (*bei Frauen*) pintada como una mona; **Kriegsberichterstatter(in)** *m(f)* corresponsal *mf* de guerra; **Kriegsbeschädigte(r)** *mf* mutilado, -a *m, f* de guerra

Kriegsdienstverweigerer *m* <-s, -> objetor *m* de conciencia

Kriegsende *nt* fin *m* de (la) guerra; **Kriegserklärung** *f* declaración *f* de guerra; **Kriegsfall** *m* caso *m* de guerra; **für den/im ~** para el/en caso de guerra; **Kriegsfilm** *m* película *f* de guerra; **Kriegsflüchtling** *m* (POL) refugiado *m* de guerra; **Kriegsführung** *f* táctica *f* de guerra; **Kriegsfuß** *m* (*fam*): **mit jdm/etw** *dat* **auf ~ stehen** estar en pie de guerra con alguien/algo; **Kriegsgefahr** *f* peligro *m* de guerra; **Kriegsgefangene(r)** *mf* prisionero, -a *m, f* de guerra; **Kriegsgefangenschaft** *f* cautiverio *m;* **Kriegsgegner(in)** *m(f)* ❶ (*Feind*) adversario, -a *m, f* ❷ (*Pazifist*) pacifista *mf;* **Kriegsge-richt** *nt* (MIL) consejo *m* de guerra; **Kriegsindustrie** *f* (MIL, POL) industria *f* de guerra; **Kriegsopfer** *nt* víctima *f* de la guerra; **Kriegsschauplatz** *m* escenario *m* bélico; **Kriegsschiff** *nt* buque *m* de guerra; **Kriegsspielzeug** *nt* juguete *m* bélico; **Kriegtanz** *m* danza *f* de guerra; **Kriegsverbrechen** *nt* crimen *m* de guerra; **Kriegsverbrecher(in)** *m(f)* criminal *mf* de guerra; **Kriegsverletzung** *f* herida *f* de guerra; **Kriegszustand** *m ohne pl* estado *m* de guerra; **sich im ~ befinden** estar en guerra

Krimi ['krɪmi] *m* <-s, -s> (*fam*) género *m* negro; *s. a.* **Kriminalfilm, Kriminalro-man**

Kriminalbeamte(r) *mf,* **-beamtin** *f* agente *mf* de la policía judicial; **Kriminal-film** *m* película *f* policíaca; (*Gattung*) cine *m* negro

Kriminalistik [krimina'lɪstɪk] *f ohne pl* criminalística *f*

kriminalistisch *adj* criminalista

Kriminalität [kriminali'tɛːt] *f ohne pl* criminalidad *f*

Kriminalkommissar(in) *m(f)* policía *mf* judicial; **Kriminalpolizei** *f* Brigada *f* de Investigación Criminal, Investigaciones *fpl Chil;* **Kriminalroman** *m* novela *f* policíaca; (*Gattung*) novela *f* negra

kriminell [krimi'nɛl] *adj* (*a. fig*) criminal; ~ **werden** convertirse en un criminal; **das finde ich ~!** ¡qué criminal!

Kriminelle(r) *mf* <-n, -n; -n> criminal *mf*

Krimskrams ['krɪmskrams] *m* <-, *ohne pl*> (*fam*) cachivaches *mpl*

Kringel ['krɪŋəl] *m* <-s, -> (*Gebäck*) rosquilla *f*

kringeln *vr:* **sich** ~ enroscarse; **sich vor Lachen** ~ (*fam*) desternillarse de risa

Kripo ['kriːpo] *f* <-s> *s.* **Kriminalpolizei**

Krippe ['krɪpə] *f* <-n> ❶ (*Futter~*) pesebre *m* ❷ (*Weihnachts~*) nacimiento *m* ❸ (*Kin-derhort*) guardería *f*

Krise ['kriːzə] *f* <-n> crisis *f inv;* **ich krieg' die ~!** (*sl*) ¡me va a dar un ataque!

kriseln ['kriːzəln] *vi* haber crisis; **es kriselt** hay crisis

krisenanfällig *adj* sensible a la crisis; **kri-senfest** *adj* a prueba de crisis; **Krisenge-biet** *nt* región *f* en crisis; **Krisenherd** *m* zona *f* conflictiva; **Krisenmanagement** *nt* gestión *f* de la crisis; **Krisenstab** *m* estado *m* mayor de emergencia; **Krisen-zeit** *f* época *f* de crisis

Kristall[1] [krɪs'tal] *m* <-s, -e> cristal *m*

Kristall[2] *nt* <-s, *ohne pl*> ❶ (*Glas*) cristal

m ❷ (*Gegenstände*) cristalería *f*

Kristallglas[1] *nt ohne pl* (*Kristall*) cristal *m*

Kristallglas[2] *nt* (*Gefäß*) vaso *m* de cristal

kristallisieren* [krɪstali'ziːrən] **I.** *vi* (CHEM) cristalizar **II.** *vr:* **sich** ~ cristalizarse (*zu* en)

kristallklar [-'-'-] *adj* cristalino

Kristallnacht *f* (HIST) *pogromo contra los judíos alemanes en la noche del 10.11.1938*

Kriterium [kri'teːriʊm] *nt* <-s, Kriterien> criterio *m*

Kritik [kri'tiːk, kri'tɪk] *f* <-en> crítica *f;* (*Rezension*) reseña *f;* **an jdm/etw** *dat* ~ **üben** criticar a alguien/algo; **unter aller** ~ (*fam*) pésimo; **eine gute** ~ **haben/bekommen** tener/recibir buenas críticas

Kritiker(in) ['kriːtike] *m(f)* <-s, -; -nen> crítico, -a *m, f*

kritiklos I. *adj* sin espíritu crítico **II.** *adv* sin crítica (alguna)

kritisch ['kriːtɪʃ, 'krɪtɪʃ] *adj* crítico; **es wird** ~ la situación se pone crítica

kritisieren* [kriti'ziːrən] *vt* criticar; (*Buch*) reseñar; **er hat an allem etwas zu** ~ lo critica todo

Kritzelei [krɪtsə'laɪ] *f* <-en> garabato *m*

kritzeln ['krɪtsəln] *vi, vt* garabatear

Kroate, -in [kro'aːtə] *m, f* <-n, -n; -nen> croata *mf*

Kroatien [kro'aːtsiən] *nt* <-s> Croacia *f*

Kroatin *f* <-nen> *s.* **Kroate**

kroatisch *adj* croata

kroch [krɔx] *3. imp von* **kriechen**

Krokant [kro'kant] *m* <-s, *ohne pl*> cro-cante *m*

Krokette [kro'kɛtə] *f* <-n> (GASTR) croque-ta *f* (*de puré de patata*), bigote *m Am*

Krokodil [kroko'diːl] *nt* <-s, -e> cocodrilo *m;* **Krokodilsträne** *f* (*fam*) lágrima *f* de cocodrilo

Krokus [kroːkʊs] *m* <-, -(se)> croco *m*

Krone ['kroːnə] *f* <-n> ❶ (*Königs~, Zahn~, Währung*) corona *f;* **dabei fällt dir kein Zacken aus der** ~ (*fam*) por eso no se te van a caer los anillos; **einen in der** ~ **haben** (*fam*) estar bebido ❷ (*Baum~*) copa *f;* (*einer Welle*) cresta *f* ❸ (*Höhe-punkt*) colmo *m;* **das setzt dem Ganzen die** ~ **auf!** ¡esto es el colmo!

krönen ['krøːnən] *vt* ❶ (*König*) coronar; **jdn zum König** ~ coronar rey a alguien ❷ (*beenden*) coronar, rematar; **ein ~ der Abschluss** un glorioso final; **von Erfolg gekrönt sein** ser coronado por el éxito

Kronenkorken *m,* **Kronkorken** ['kroːn-] *m* chapa *f*

Kronleuchter *m* araña *f* de cristal; **Kron-prinz, -prinzessin** *m, f* príncipe *m* heredero, princesa f real

Krönung ['krønʊŋ] f <-en> coronación f; **das ist ja die ~!** (fam) ¡esto es el colmo!

Kronzeuge, -in m, f (JUR) testigo mf principal

Kropf [krɔpf, pl: 'krœpfə] m <-(e)s, Kröpfe> ① (MED) bocio m, coto m AmS ② (bei Vögeln) buche m; **unnötig sein wie ein ~** (fam) ser más innecesario que nada

kross [krɔs] adj bastante hecho; **~ gebraten** bien asado

Krösus ['krø:zʊs] m <-, -se> creso m; **ich bin doch kein ~** (fam) que yo no soy el banco

Kröte ['krø:tə] f <-n> ① (Tier) sapo m ② (fam: Kind) chiquillo, -a m, f ③ pl (fam: Geld) perras fpl

Krücke ['krʏkə] f <-n> ① (zum Gehen) muleta f; **an ~n gehen** andar con muletas ② (Griff) puño m ③ (fam abw: Versager) inútil mf

Krückstock m muletilla f

Krug [kru:k, pl: 'kry:gə] m <-(e)s, Krüge> ① (Gefäß) jarro m; (Bier~) jarra f; **der ~ geht so lange zum Brunnen, bis er bricht** (prov) tanto va el cántaro a la fuente, que al fin se rompe ② (nordd: Wirtshaus) taberna f

Krume ['kru:mə] f <-n> (Brot~) miga f

Krümel ['kry:məl] m <-s, -> ① (von Brot) miga f ② (fam: Kind) chiquitín, -ina m, f

krümelig adj ① (Brot) desmigajado ② (voller Krümel) lleno de migas

krümeln vi ① (Brot) desmigajarse ② (Person) llenar (un sitio) de migas

krümlig adj s. **krümelig**

krumm [krʊm] adj ① (verbogen) torcido; (gebogen) curvado; (Rücken) encorvado; **eine ~e Nase haben** tener la nariz torcida; **sitz nicht so ~ da!** ¡ponte derecho!; **sich ~ und schief lachen** (fam) partirse de risa ② (fam: unehrlich) deshonesto; **ein ~es Ding drehen** hacerle a alguien una faena; **mach keine ~en Touren!** (fam) ¡no te metas en jaleos!

krümmen ['krʏmən] **I.** vt (krumm machen) encorvar; (biegen) doblar; **er krümmt ihnen kein Haar** no les toca un pelo (de la ropa) **II.** vr: **sich ~** ① (sich winden) retorcerse; **er krümmte sich vor Lachen** (fam) se tronchó de risa ② (Straße, Fluss) serpentear

krumm|lachen vr: **sich ~** troncharse de risa

Krümmung ['krʏmʊŋ] f <-en> curvatura f; (des Körpers) encorvadura f

Krüppel ['krʏpəl] m <-s, -> lisiado, -a m, f; (durch Unfall) mutilado, -a m, f; **jdn zum**

~ schlagen lisiar a alguien

Kruste ['krʊstə] f <-n> costra f; (vom Brot) corteza f

Krustentier nt (ZOOL) crustáceo m

Kruzifix ['kru:tsifɪks, krutsi'fɪks] nt <-es, -e> crucifijo m

Kruzitürken [krutsi'tʏrkən] interj (fam) ¡maldita sea!

Krypta ['krʏpta] f <Krypten> cripta f

KSZE [ka:ʔɛstsɛt'ʔe:] f ohne pl Abk. von **Konferenz über Sicherheit und Zusammenarbeit in Europa** CSCE f

Kto Abk. von **Konto** cuenta f

Kuba ['ku:ba] nt <-s> Cuba f

Kubaner(in) [ku'ba:nɐ] m(f) <-s, -; -nen> cubano, -a m, f

kubanisch adj cubano

Kübel ['ky:bəl] m <-s, -> cubeta f; (Eimer) cubo m; (Bottich) tina f; **es regnet wie aus ~n** (fam) llueve a cántaros

Kuben pl von **Kubus**

Kubikmeter [ku'bi:k-] m o nt metro m cúbico; **Kubikwurzel** f (MATH) raíz f cúbica; **Kubikzahl** f (MATH) cubo m; **Kubikzentimeter** m o nt centímetro m cúbico

kubisch ['ku:bɪʃ] adj cúbico

Kubismus [ku'bɪsmʊs] m <-, ohne pl> (KUNST) cubismo m

kubistisch adj (KUNST) cubista

Kubus ['ku:bʊs] m <-, Kuben> (MATH) cubo m

Küche ['kʏçə] f <-n> cocina f

Kuchen ['ku:xən] m <-s, -> pastel m, cake m Am; **Kuchenblech** nt bandeja f de horno

Küchenchef(in) m(f) jefe, -a m, f de cocina

Kuchenform f molde m para pasteles; **Kuchengabel** f tenedor m de postre

Küchenherd m cocina f, brasero m Am; **Küchenmaschine** f robot m de cocina; **Küchenmesser** nt cuchillo m de cocina; **Küchenschabe** f (ZOOL) cucaracha f

Kuchenteig m masa f para pasteles

Kücken ['kʏkən] nt <-s, -> (Österr) polluelo m

kucken ['kʊkən] vi (nordd: fam) mirar; (hervorschauen) asomar; **kuck mal!** ¡mira!

kuckuck ['kʊkʊk] interj cucú

Kuckuck ['kʊkʊk] m <-s, -e> ① (Vogel) cuco m; **weiß der ~** (fam) ¡y yo qué demonios sé!; **zum ~ (noch mal)!** (fam) ¡maldita sea! ② (fam: Siegel) sello m de embargo; **Kuckucksei** nt ① (Ei eines Kuckucks) huevo m del cuco ② (fam: Überraschung) sorpresa f desagradable;

da hat man dir ja wohl ein ~ unterge-schoben! ¡vaya jugada te han hecho!;
Kuckucksuhr *f* reloj *m* de cuco
Kuddelmuddel ['kʊdəl'mʊdəl] *m o nt* <-s, ohne pl> (*fam*) lío *m*
Kufe ['ku:fə] *f* <-n> (*Schlitten~*) patín *m*; (*Schlittschuh~*) cuchilla *f*
Kugel ['ku:gəl] *f* <-n> ❶ (*runder Körper*) bola *f*, bomba *f Am*; (MATH) esfera *f*; (SPORT) peso *m*; **eine ruhige ~ schieben** (*fam*) no dar el callo ❷ (*fam: Gewehr~*) bala *f*, chumbo *m Arg*; **sich** *dat* **die Kugel geben** pegarse un tiro
kugelförmig [-fœrmɪç] *adj* redondo, esférico
Kugelgelenk *nt* ❶ (ANAT) diartrosis *f inv* ❷ (TECH) articulación *f* esférica; **Kugellager** *nt* rodamiento *m* de bolas
kugeln ['ku:gəln] *vi sein* rodar; **das/der ist ja zum K~!** ¡es para morirse de risa!
kugelrund ['--'-] *adj* redondo (como una bola); **Kugelschreiber** *m* bolígrafo *m*, birome *f Arg*; **kugelsicher** *adj* a prueba de balas, antibalas; **~ e Weste** chaleco antibalas; **Kugelstoßen** *nt* <-s, ohne pl> (SPORT) lanzamiento *m* de peso
Kuh [ku:, *pl:* ky:ə] *f* <Kühe> ❶ (*weibliches Rind*) vaca *f* ❷ (*weibliches Tier*) hembra *f* ❸ (*fam: Person*) idiota *f*; **du blöde ~!** ¡idiota!; **Kuhdorf** *nt* (*fam abw*) pueblo *m* de mala muerte; **Kuhfladen** *m* boñigo *m*, bosta *f Bol, CSur*; **Kuhhandel** *m* (*fam abw*) chanchullo *m*; **Kuhhaut** *f* piel *f* de vaca; **das geht auf keine ~** (*fam*) esto ya pasa de la raya; **Kuhhirte, -in** *m, f* vaquero, -a *m, f*
kühl [ky:l] *adj* ❶ (*Wetter etc.*) fresco; **bitte ~ lagern** por favor, guárdese en lugar fresco; **einen ~en Kopf bewahren** no perder la cabeza; **mir ist ~** tengo frío ❷ (*abweisend*) frío
Kühlanlage *f* instalación *f* frigorífica; **Kühlbox** *f* nevera *f* portátil
Kühle ['ky:lə] *f ohne pl* ❶ (*Frische*) frescura *f* ❷ (*Zurückhaltung*) frialdad *f*
Kuhle ['ku:lə] *f* <-n> (*fam*) hoyo *m*
kühlen ['ky:lən] **I.** *vi* refrescar **II.** *vt* ❶ (*Temperatur senken*) refrigerar ❷ (*Getränke*) (poner a) enfriar
Kühler *m* <-s, -> ❶ (AUTO) radiador *m* ❷ (*für Sekt*) enfriadera *f*; **Kühlerhaube** *f* (AUTO) capó *m*
Kühlflüssigkeit *f* (TECH) líquido *m* refrigerante; **Kühlhaus** *nt* almacén *m* frigorífico; **Kühlraum** *m* cámara *f* frigorífica; **Kühlschrank** *m* frigorífico *m*, frigo *m fam*; **Kühltasche** *f* nevera *f* portátil; **Kühltruhe** *f* congelador *m*; **Kühlturm** *m*

(TECH) torre *f* de refrigeración
Kühlung[1] *f* <-en> (*Vorrichtung, Vorgang*) refrigeración *f*
Kühlung[2] *f ohne pl* (*frische Luft*) fresco *m*; **sich** *dat* **~ verschaffen** refrescarse
Kühlwagen *m* camión *m* frigorífico; **Kühlwasser** *nt ohne pl* aguas *fpl* de refrigeración
Kuhmilch *f* leche *f* de vaca; **Kuhmist** *m* boñiga *f*
kühn [ky:n] *adj* audaz; (*wagemutig*) atrevido; (*dreist*) temerario; **eine ~e Behauptung** una tesis muy atrevida
Kühnheit *f ohne pl* (*Mut*) audacia *f*; (*Dreistigkeit*) temeridad *f*
Kuhstall *m* establo *m* para las vacas
Küken ['ky:kən] *nt* <-s, -> polluelo *m*
kulant [ku'lant] *adj* (*Person*) complaciente; (*Preis*) aceptable
Kulanz [ku'lants] *f ohne pl* complacencia *f*; (*Liebenswürdigkeit*) amabilidad *f*
Kuli ['ku:li] *m* <-s, -s> ❶ (*Person*) culí *m* ❷ (*fam: Kugelschreiber*) boli *m*
kulinarisch [kuli'na:rɪʃ] *adj* culinario
Kulisse [ku'lɪsə] *f* <-n> bastidores *mpl*; **einen Blick hinter die ~n werfen** mirar entre bastidores; **das ist doch nur ~** (*fam abw*) es pura fachada
Kulleraugen *ntpl* (*fam*) ojos *mpl* grandes; **~ machen** mirar con fascinación
kullern ['kʊlən] *vi sein* (*fam*) rodar; **die Murmel kullert direkt ins Loch!** ¡la canica va directa al agujero!
Kult [kʊlt] *m* <-(e)s, -e> culto *m*; **einen ~ mit jdm/etw** *dat* **treiben** rendir culto a alguien/algo; **Kultfigur** *f* ídolo *m*; **Kultfilm** *m* película *f* de culto
kultisch *adj* del culto
kultivieren* [kʊlti'vi:rən] *vt* cultivar
kultiviert [kʊlti'vi:rt] *adj* ❶ (*Mensch*) educado; (*gebildet*) culto ❷ (*gepflegt*) refinado
Kultivierung *f* <-en> cultivo *m*
Kultstätte *f* lugar *m* de culto
Kultur [kʊl'tu:ɐ̯] *f* <-en> ❶ (*geistig, künstlerisch*) cultura *f*; (*menschliche ~*) civilización *f* ❷ (*von Person*) cultura *f*, educación *f* ❸ (AGR, BIOL) cultivo *m*
Kulturaustausch *m* intercambio *m* cultural; **Kulturbanause, -in** *m, f* (*abw*) persona *f* sin interés cultural; **Kulturbeutel** *m* neceser *m*; **Kulturdenkmal** *nt* testimonio *m* cultural
kulturell [kʊltu'rɛl] *adj* cultural
Kulturgeschichte *f ohne pl* historia *f* de la civilización; **Kulturgut** *nt* patrimonio *m* cultural; **Kulturkreis** *m* etnia *f*, grupo *m* étnico; **Kulturlandschaft** *f* paisaje *m*

modificado por el hombre; **Kulturpolitik** *f* política *f* cultural; **Kulturschock** *m* choque *m* cultural; **Kulturstufe** *f* grado *m* de civilización; **Kulturvolk** *nt* pueblo *m* civilizado; **Kulturzentrum** *nt* centro *m* cultural

Kultusminister(in) ['kʊltʊs-] *m(f)* ministro, -a *m, f* de Educación y Ciencia; **Kultusministerium** *nt* Ministerio *m* de Educación y Ciencia

Kümmel ['kʏməl] *m* <-s, -> ❶ (*Pflanze, Gewürz*) comino *m* ❷ (*Schnaps*) cúmel *m*

Kummer ['kʊmɐ] *m* <-s, *ohne pl*> pena *f;* (*Sorge*) preocupación *f;* **vor/aus ~** de/por pena; **der ~ um jdn** la preocupación por alguien; **jdm ~ bereiten** causar pena a alguien; **hast du ~?** ¿te preocupa algo?

kümmerlich ['kʏmɐlɪç] *adj* ❶ (*elend*) miserable; (*ärmlich*) pobre ❷ (*schwächlich*) débil

kümmern ['kʏmɐn] **I.** *vr:* **sich ~** ❶ (*sich beschäftigen*) preocuparse (*um* de), ocuparse (*um* de); **sich darum ~, dass ...** preocuparse de que... *+subj;* **er kümmert sich nicht darum, was die Leute denken** no le importa lo que piense la gente ❷ (*sorgen*) cuidar (*um* de); **ich kümmere mich um die Kinder** yo cuido a los niños; **kümmer dich ein bisschen um sie!** ¡ocúpate un poco de ella! **II.** *vt* (*angehen*) importar; (*interessieren*) interesar; **das kümmert mich nicht** eso no me interesa; **was kümmert Sie das?** ¿a Ud. qué le importa?

Kummerspeck *m* (*fam*) kilos *mpl* (ganados durante una depresión)

kummervoll *adj* afligido

Kumpan(in) [kʊm'paːn] *m(f)* <-s, -e; -nen> (*fam*) ❶ (*Kamerad*) camarada *mf* ❷ (*abw: Mittäter*) compinche *mf*

Kumpel ['kʊmpəl] *m* <-s, -> ❶ (*Bergarbeiter*) minero, -a *m, f* ❷ (*fam: Kamerad*) compañero, -a *m, f,* pipe *m AmC*

kündbar ['kʏntbaːɐ] *adj* cancelable; (*Vertrag*) rescindible

Kunde[1] *f* <-n> (*geh: Nachricht*) noticia *f;* **von etw** *dat* **~ erhalten** recibir noticia de algo

Kunde, -in[2] ['kʊndə] *m, f* <-n, -n; -nen> cliente, -a *m, f*

Kundenberatung *f* servicio *m* de información de los clientes

Kundendienst[1] *m ohne pl* (*Service*) atención *f* al cliente

Kundendienst[2] *m* (*Reparaturdienst*) servicio *m* técnico

Kundenkarte *f* (WIRTSCH) tarjeta *f* de cliente; **Kundennummer** *f* (WIRTSCH)

número *m* del cliente; **Kundenstamm** *m* (WIRTSCH) clientela *f* fija

kund|geben *irr vt* (*geh*) dar a conocer; (*öffentlich machen*) hacer público

Kundgebung *f* <-en> manifestación *f*

kundig *adj* (*erfahren*) experimentado; (*sachverständig*) experto; **einer Sache ~ sein** (*geh*) ser experto en una materia; **sich ~ machen** ponerse al día

kündigen ['kʏndɪɡən] **I.** *vt* ❶ (*Vertrag*) rescindir; (*Wohnung*) anunciar el desalojamiento (de); **jdm die Freundschaft ~** romper con alguien ❷ (*Arbeitsstelle*) presentar su dimisión **II.** *vi* ❶ (*einem Arbeitnehmer*) despedir; (*als Arbeitnehmer*) presentar su dimisión; **zum ersten November ~** presentar la dimisión para el primero de noviembre ❷ (*einem Mieter*) desahuciar

Kündigung *f* <-en> ❶ (*eines Vertrages*) rescisión *f;* (*eines Abonnements*) anulación *f* del abono; (*Wohnung durch Mieter*) aviso *m* de desalojamiento; (*durch Vermieter*) aviso *m* de desahucio; **Vertrag mit halbjähriger ~** contrato con medio año de aviso ❷ (*einer Stelle*) autodespido *m;* (*vom Arbeitgeber*) despido *m;* **fristlose ~** despido sin preaviso; **Kündigungsfrist** *f* plazo *m* de despido; **Kündigungsgrund** *m* ❶ (*Arbeitsrecht*) causa *f* de despido ❷ (*bei Mietsachen*) causa *f* de desahucio

Kundin *f* <-nen> *s.* **Kunde**[2]

Kundschaft *f ohne pl* clientela *f*

Kundschafter(in) *m(f)* <-s, -; -nen> (*Gesandter*) enviado, -a *m, f;* (*Spion*) espía *mf,* bombero *m RíoPl*

kund|tun *irr vt* (*fam*) manifestar

künftig ['kʏnftɪç] **I.** *adj* futuro; **meine ~e Frau** mi futura esposa **II.** *adv* de ahora en adelante

Kunst [kʊnst, *pl:* 'kʏnstə] *f* <Künste> arte *m o f;* **die schönen Künste** las Bellas Artes; **die bildende ~** las Artes Plásticas; **das ist keine ~!** (*fam*) ¡eso lo hace cualquiera!; **die ~ besteht darin ...** el arte está en...; **nach allen Regeln der ~** según las reglas del oficio; (*fig*) como Dios manda; **Kunstakademie** *f* Academia *f* de Bellas Artes; **Kunstausstellung** *f* exposición *f* de arte; **Kunstdenkmal** *nt* monumento *m* artístico

Kunstdünger *m* abono *m* químico

Kunstfaser *f* fibra *f* sintética; **Kunstfehler** *m* error *m* quirúrgico; **kunstfertig** *adj* hábil, mañoso; **Kunstfertigkeit** *f ohne pl* habilidad *f;* **Kunstgattung** *f* género *m* artístico; **Kunstgegenstand** *m* objeto *m* de arte; **Kunstgeschichte** *f ohne pl* histo-

ria *f* del Arte; **Kunstgewerbe** *nt ohne pl*
artesanía *f;* **Kunstgriff** *m* artificio *m;*
Kunsthandel *m* comercio *m* con objetos
de arte; **Kunsthändler(in)** *m(f)* comerciante *mf* de objetos de arte; **Kunsthandwerk** *nt ohne pl* artesanía *f;* **Kunsthisto-
riker(in)** *m(f)* historiador(a) *m(f)* del arte;
Kunstleder *nt* cuero *m* artificial
Künstler(in) ['kʏnstlɐ] *m(f)* <-s, -; -nen>
artista *mf*
künstlerisch ['kʏnstlərɪʃ] *adj* artístico; ~
begabt sein tener talento artístico
Künstlername *m* nombre *m* artístico;
Künstlerpech *nt* (*fam*) mala pata *f*
künstlich *adj* artificial; (*Zähne*) postizo;
sich ~ aufregen poner el grito en el cielo;
jdn ~ ernähren alimentar a alguien con
sonda
kunstlos *adj* simple, sencillo
Kunstpause *f* pausa *f* intencionada;
Kunstrichtung *f* estilo *m;* **Kunstsamm-
lung** *f* colección *f* (de objetos) de arte;
Kunstseide *f* seda *f* artificial; **Kunststoff**
m materia *f* plástica, plástico *m;* **aus ~** de
plástico; **Kunststück** *nt* truco *m;* (*akrobatisch*) acrobacia *f,* maroma *f Am;* **das ist
kein ~!** (*fam*) ¡eso lo hace cualquiera!;
Kunstturnen *nt* gimnasia *f* artística;
kunstverständig *adj* entendido en arte;
kunstvoll *adj* muy artístico; **Kunstwerk**
nt obra *f* de arte
kunterbunt ['kʊntɐ'bʊnt] **I.** *adj* ❶ (*farbig*)
abigarrado ❷ (*durcheinander*) revuelto
II. *adv* abigarradamente; (*durcheinander*)
sin orden ni concierto; **hier geht es ~ zu**
menudo jaleo hay aquí; **~ zusammengewürfelt** todo revuelto
Kupfer ['kʊpfɐ] *nt* <-s, *ohne pl*> (CHEM)
cobre *m;* **Kupferbergwerk** *nt* mina *f* de
cobre; **Kupferdraht** *m* hilo *m* de cobre
kupferhaltig *adj* cobrizo
kupfern ['kʊpfɐn] *adj* de cobre
Kupferschmiede *f* forja *f* de cobre; **Kup-
ferstich** *m* grabado *m* en cobre
Kupon [ku'põː] *m* <-s, -s> (*abtrennbarer
Zettel, Zinsabschnitt*) cupón *m;* (*Talon*)
talón *m*
Kuppe ['kʊpə] *f* <-n> ❶ (*Berg~*) cima *f*
❷ (*Finger~*) yema *f* del dedo
Kuppel ['kʊpəl] *f* <-n> cúpula *f*
Kuppelei [kʊpə'laɪ] *f* <-en> alcahuetería *f;*
(JUR) proxenetismo *m*
kuppeln ['kʊpəln] **I.** *vi* ❶ (AUTO) embragar
❷ (*als Kuppler*) alcahuetear **II.** *vt* ❶ (*Fahr-
zeuge*) acoplar (*an* a) ❷ (*Geräte*) conectar
Kuppler(in) *m(f)* <-s, -; -nen> alcahuete,
-a *m, f;* (JUR) proxeneta *mf*
Kupplung *f* <-en> ❶ (*das Verbinden*) aco-

plamiento *m* ❷ (*Vorrichtung*) enganche *m*
❸ (AUTO) embrague *m*
Kur [kuːɐ] *f* <-en> ❶ (*Heilverfahren*) cura
f; (*Behandlung*) tratamiento *m* ❷ (*Aufenthalt*) tratamiento *m* balneoterapéutico;
zur ~ fahren ir a tomar las aguas
Kür [kyːɐ] *f* <-en> (SPORT) ejercicio *m* libre
Kuraufenthalt *m* estancia *f* en una estación termal
Kurbel ['kʊrbəl] *f* <-n> manivela *f*
kurbeln **I.** *vi* darle a la manivela **II.** *vt* (*nach
oben*) subir (girando la manivela); (*nach
unten*) bajar (girando la manivela)
Kurbelwelle *f* (TECH) cigüeñal *m*
Kürbis ['kʏrbɪs] *m* <-ses, -se> calabaza *f,*
zapallo *m AmC,* ayote *m AmC;* **Kürbis-
kern** *m* pepita *f* de calabaza
Kurde, -in ['kʊrdə] *m, f* <-n, -n; -nen>
kurdo, -a *m, f*
kurdisch *adj* kurdo
Kurdistan ['kʊrdɪstaːn] *nt* <-s> Kurdistán
m
küren ['kyːrən] *vt* (*geh*) elegir (*zu* como)
Kurfürst ['kuːɐ-] *m* (HIST) príncipe *m* elector
Kurgast *m* huésped(a) *m(f)* de un balneario; **Kurhaus** *nt* casino *m* (en un balneario)
Kurier [ku'riːɐ] *m* <-s, -e> correo *m;*
Kurierdienst *m* servicio *m* de correo
kurieren* [ku'riːrən] *vt* (*behandeln*) curar;
(*heilen*) sanar (*von*)
kurios [kuri'oːs] *adj* curioso
Kuriosität¹ [kuriozi'tɛːt] *f ohne pl* (*Eigenart*) singularidad *f*
Kuriosität² *f* <-en> (*Gegenstand*) curiosidad *f*
Kurort *m* balneario *m*
Kurpfalz ['kuːɐpfalts] *f* Electorado *m* del
Palatinado
Kurpfuscher(in) ['kuːɐpfʊʃɐ] *m(f)* ❶ (*fam
abw*) curandero, -a *m, f,* curioso, -a *m, f*
Am, compositor(a) *m(f) CSur* ❷ (*Arzt*)
matasanos *mf inv*
Kurs [kʊrs] *m* <-es, -e> ❶ (*Richtung*)
rumbo *m;* **~ auf Hamburg nehmen**
poner rumbo a Hamburgo; **auf ~ bleiben**
mantener el rumbo; **vom ~ abkommen**
perder el rumbo; **einen harten (politischen) ~ einschlagen** adoptar una línea
(política) dura ❷ (SCH, UNIV) curso *m;*
(*Intensiv~*) cursillo *m;* **einen ~ besuchen**
asistir a un curso ❸ (WIRTSCH) cotización *f;*
(*von Devisen*) cambio *m;* **die ~e fallen/
steigen** las cotizaciones bajan/suben; **bei
jdm hoch im ~ stehen** gozar de prestigio
ante alguien; **Kursbuch** *nt* guía *f* oficial de
ferrocarriles
Kurse *pl von* **Kurs, Kursus**

Kurseinbruch m (WIRTSCH) fuerte retroceso m de las cotizaciones; **Kursgewinn** m (FIN) beneficios mpl arrojados por las acciones

kursieren* [kʊrˈziːrən] vi haben o sein ❶ (Geld) circular ❷ (Gerücht) correr

kursiv [kʊrˈziːf] adj (TYPO) en cursiva; **Kursivschrift** f (TYPO) (letra f) cursiva f

Kursnotierung f (WIRTSCH) cotización f de cambios

kursorisch [kʊrˈzoːrɪʃ] I. adj (geh) superficial II. adv (geh) por encima; **einen Artikel ~ lesen** hacer una lectura rápida de un artículo; **Kursschwankung** f (WIRTSCH) fluctuación f de las cotizaciones; (von Devisen) oscilación f de los cambios

Kursteilnehmer(in) m(f) participante mf en un curso; (an Wochenendkurs) cursillista mf

Kursus [ˈkʊrzʊs, pl: ˈkʊrzə] m <-, Kurse> curso m

Kursverlust m (WIRTSCH) pérdida f en bolsa; **Kurswechsel** m (POL) cambio m de rumbo

Kurtisane [kʊrtiˈzaːnə] f <-n> cortesana f; (Geliebte) favorita f

Kurve [ˈkʊrvə] f <-n> (a. MATH) curva f; **die ~ schneiden** cortar la curva; **sich in die ~ legen** inclinarse al tomar la curva; **die ~ kratzen** (fam) desaparecer rápido; **nicht die ~ kriegen** (fam) fracasar

kurven vi sein (fam) viajar (durch por), andar (durch por)

kurvenreich adj con muchas curvas

kurvig adj ❶ (gekrümmt) curvado; (bogenförmig) arqueado ❷ (kurvenreich) de muchas curvas

kurz [kʊrts] adj <kürzer, am kürzesten> ❶ (zeitlich) corto, breve; **ein ~er Blick** una ojeada; **ich will es ~ machen** seré breve; **mit ein paar ~en Worten** en unas pocas palabras; **über ~ oder lang** tarde o temprano; **in kürzester Zeit** en breves momentos; **sich ~ fassen** ser conciso; **~ und bündig** conciso; **~ und gut** resumiendo; **~ und schmerzlos** (fam) sin rodeos; **seit ~em** desde hace poco (tiempo); **vor ~em** hace poco; **~ entschlossen** resuelto; **ich habe ihn nur ~ gesehen** le he visto sólo un momento; **~ darauf** poco después; **ich bleibe nur für ~e Zeit** sólo me quedo por poco tiempo; **ich komme ~** me paso un momento; **~ hintereinander** al poco rato ❷ (räumlich) corto; **~e Hosen** pantalones cortos; **~ vor Köln** poco antes de Colonia; **den Kürzeren ziehen** (fam) salir perdiendo; **zu ~ kommen** quedarse con las ganas de hacer algo; **etw ~ und klein**

hauen (fam) no dejar títere con cabeza ❸ (Wend): **jdn ~ halten** (fig) tener a alguien (bien) derecho; **~ treten** (sich einschränken) ahorrar; (sich schonen) reservar las (propias) fuerzas

Kurzarbeit f ohne pl (trabajo m a) jornada f reducida

kurzarbeiten vi trabajar a jornada reducida

kurzärm(e)lig adj de manga corta

kurzatmig [ˈ-ʔaːtmɪç] adj corto de respiración

Kürze [ˈkʏrtsə] f ohne pl ❶ (räumlich) corta distancia f ❷ (zeitlich) brevedad f; **in ~** dentro de poco ❸ (im Ausdruck) concisión f; **in aller ~** en pocas palabras

Kürzel [ˈkʏrtsəl] nt <-s, -> abreviatura f; (in der Stenografie) signo m taquigráfico

kürzen [ˈkʏrtsən] vt ❶ (allgemein) hacer más corto; (Rede, Text) acortar (um en, auf a); (abkürzen) abreviar; (FILM) cortar; **einen Text um/auf 40 Prozent ~** acortar un texto en un/a un 40 por ciento ❷ (verringern) reducir (um en, auf a) ❸ (MATH) simplificar

kürzer [ˈkʏrtsə] adj kompar von **kurz**

kurzerhand [ˈkʊrtsəˈhant] adv sin vacilar

kürzeste(r, s) [ˈkʏrtsəstə, -tə, -təs] adj superl von **kurz**

Kurzfassung f versión f reducida; **Kurzfilm** m cortometraje m; **Kurzform** f (LING) forma f abreviada

kurzfristig I. adj ❶ (kurze Zeit dauernd) por poco tiempo; (Vertrag) a corto plazo ❷ (ohne Vorbereitung) repentino ❸ (in kurzer Zeit) a corto plazo II. adv ❶ (in kurzer Zeit) en (cuestión de) poco tiempo ❷ (ohne Vorbereitung) en el último momento

Kurzgeschichte f (LIT) cuento m

kurzhaarig adj de pelo corto

kurzlebig adj ❶ (Tier, Pflanze) de corta vida ❷ (Mode etc.) efímero; (vorübergehend) pasajero

kürzlich [ˈkʏrtslɪç] adv hace poco, recién Am

Kurznachrichten fpl noticias fpl breves; **Kurzreise** f viaje m corto

kurzschließen irr I. vt poner en cortocircuito II. vr: **sich ~** (fam) ponerse en contacto

Kurzschluss m ❶ (ELEK) cortocircuito m ❷ (falsche Schlussfolgerung) conclusión f errónea; **Kurzschlusshandlung** f acto m irreflexivo; **Kurzschlussreaktion** f acto m irreflexivo

Kurzschrift f ohne pl taquigrafía f

kurzsichtig adj miope

Kurzsichtigkeit *f ohne pl* ① (MED) miopía *f* ② (*im Denken*) estrechez *f* de miras

Kurzstreckenflug *m* vuelo *m* a corta distancia

kurzum [kʊrts'ʔʊm, '-'-] *adv* en una palabra

Kürzung ['kʏrtsʊŋ] *f* <-en> ① (*finanziell*) reducción *f* ② (*von Text*) abreviación *f*; ~ **en vornehmen** (*im Text*) abreviar; (*im Etat*) reducir

Kurzurlaub *m* vacaciones *fpl* breves

Kurzwaren *fpl* artículos *mpl* de mercería; **Kurzwarengeschäft** *nt* mercería *f*, bonetería *f Chil, Mex, RíoPl*

kurzweilig *adj* entretenido

Kurzwelle *f* (PHYS, RADIO) onda *f* corta; **auf** ~ en onda corta

Kurzzeitgedächtnis *nt* memoria *f* corta

kurzzeitig *adj* por poco tiempo

kuschelig ['kʊʃəlɪç] *adj* acogedor

kuscheln ['kʊʃəln] **I.** *vr*: **sich** ~ (*fam*) acurrucarse (*in* en); **sich an jdn** ~ acurrucarse contra alguien **II.** *vi* hacerse mimos

Kuscheltier *nt* animal *m* de peluche

kuschen ['kʊʃən] *vi* ① (*sich fügen*) someterse ② (*Hund*) echarse

Kusine [ku'ziːnə] *f* <-n> prima *f*

Kuss [kʊs, *pl*: 'kʏsə] *m* <-es, Küsse> beso *m*, pico *m Col: fam*; **jdm einen** ~ **geben** dar un beso a alguien; **kussecht** *adj* (*Lippenstift*) que no mancha

küssen ['kʏsən] **I.** *vt* besar (*auf* en) **II.** *vr*: **sich** ~ besarse

Küste ['kʏstə] *f* <-n> costa *f*; **eine felsige/ zerklüftete** ~ una costa rocosa/brava; **an der** ~ **entlangfahren** (*Schiff*) navegar a lo largo de la costa; (*an Land*) ir a lo largo de la costa; **Küstenbewohner(in)** *m(f)* costeño, -a *m, f*; **Küstengebiet** *nt* litoral *m*; **Küstengewässer** *nt* aguas *fpl* costeras; **Küstenschifffahrt** *f* cabotaje *m*, navegación *f* costera; **Küstenschutz** *m* protección *f* de la costa

Küster(in) ['kʏstɐ] *m(f)* <-s, -; -nen> sacristán, -ana *m, f*

Kutsche ['kʊtʃə] *f* <-n> ① (*Pferdewagen*) carruaje *m* ② (*fam: Auto*) cafetera *f*

Kutscher(in) *m(f)* <-s, -; -nen> cochero, -a *m, f*

kutschieren* [kʊ'tʃiːrən] **I.** *vi sein* (*fam*) ir en coche; **durch die Gegend** ~ dar vueltas con el coche **II.** *vt* (*fam*) llevar en coche; **jdn nach Hause/durch die Gegend** ~ llevar a alguien a casa/a dar vueltas con el coche

Kutte ['kʊtə] *f* <-n> (*eines Pfarrers*) sotana *f*; (*eines Mönches*) hábito *m*

Kutteln ['kʊtəln] *pl* (*Österr, Schweiz, südd*: GASTR) callos *mpl*

Kutter ['kʊtɐ] *m* <-s, -> ① (*Segelschiff*) cúter *m* ② (*Fisch~*) barca *f* de pesca ③ (*Rettungsboot*) esquife *m*

Kuvert [ku've:ɐ] *nt* <-s, -s> ① (*reg: Briefumschlag*) sobre *m* ② (*geh: Gedeck*) cubierto *m*

Kuwait ['ku:vaɪt, ku'vaɪt] *nt* <-s> Kuwait *m*

Kuwaiter(in) [ku'vaɪtɐ] *m(f)* <-s, -; -nen> kuwaití *mf*

kuwaitisch [ku'vaɪtɪʃ, 'ku:vaɪtɪʃ] *adj* kuwaití

kV (ELEK) *Abk. von* **Kilovolt** kV

kW (PHYS, TECH) *Abk. von* **Kilowatt** kW

KW [ka:'ve:] (PHYS, RADIO) *Abk. von* **Kurzwelle** o.c.

kWh (PHYS, ELEK) *Abk. von* **Kilowattstunde** kWh

Kybernetik [kybɛr'ne:tɪk] *f ohne pl* cibernética *f*

KZ [ka:'tsɛt] *nt* <-(s), -(s)> *Abk. von* **Konzentrationslager** campo *m* de concentración

L, l [ɛl] *nt* <-, -> L, l *f*; ~ **wie Ludwig** L de Lisboa

l *Abk. von* **Liter** l

labb(e)rig ['lab(ə)rɪç] *adj* (*fam*) ① (*fad*) soso ② (*schlaff*) fofo

laben ['la:bən] *vr*: **sich** ~ (*geh*) saborear (*an*)

labern ['la:bɐn] *vi* (*fam abw*) soltar el rollo (*über* sobre); **Blödsinn** ~ decir tonterías

labil [la'bi:l] *adj* lábil; (*Gesundheit*) frágil

Labilität [labili'tɛ:t] *f ohne pl* labilidad *f*; (*gesundheitlich*) fragilidad *f*

Labor [la'bo:ɐ] *nt* <-s, -s *o* -e> laboratorio *m*

Laborant(in) [labo'rant] *m(f)* <-en, -en; -nen> ayudante *mf* de laboratorio

Laboratorium [labora'to:riʊm] *nt* <-s, Laboratorien> laboratorio *m*

Labyrinth [laby'rɪnt] *nt* <-(e)s, -e> laberinto *m*

Lache¹ ['la:xə] *f* <-n> (*Pfütze*) charco *m*

Lache² ['laxə] *f* <-n> (*fam abw*) risa *f*

lächeln ['lɛçəln] *vi* ① (*lachen*) sonreír ② (*sich lustig machen*) burlarse (*über* de)

Lächeln *nt* <-s, *ohne pl*> sonrisa *f*

lachen ['laxən] *vi* reír(se) (*über* de); **jdn zum L~ bringen** hacer reír a alguien; **aus vollem Halse** ~ reírse a carcajadas; **sie**

lachte über das ganze Gesicht sonrió de oreja a oreja; **dass ich nicht lache!** (*iron*) ¡no me haga(s) reír!; **du hast gut ~!** (*fam*) ¡bien puedes tú reírte!; **da gibt es nichts zu ~** esto no tiene ninguna gracia; **das wäre doch gelacht, wenn wir das nicht könnten!** ¡sería ridículo si no pudiéramos hacerlo!; **mir ist durchaus nicht zum L~** (**zumute**) no estoy en absoluto para bromas; **du wirst ~, (aber)** ... (*fam*) te parecerá ridículo si no; **wer zuletzt lacht, lacht am besten** (*prov*) quien ríe el último, ríe mejor

Lachen *nt* <-s, *ohne pl*> risa *f*; **dir wird das ~ noch vergehen** (*fam*) ya se te pasará la risa; **sich biegen vor ~** (*fam*) troncharse de risa

Lacher *m* <-s, -> (*Gelächter*) risa *f*

Lacherfolg *m:* **mit seiner neuen Show erzielte er tolle ~e beim Publikum** con su nuevo espectáculo conseguía provocar la hilaridad del público

lächerlich ['lɛçɐlɪç] **I.** *adj* ridículo; **jdn/etw ~ machen** poner a alguien/algo en ridículo; **sich ~ machen** hacer el ridículo; **~e drei Zuschauer waren da** (*fam*) asistieron (sólo) tres gatos **II.** *adv* de forma ridícula

Lächerlichkeit[1] *f* <-en> (*abw: Geringfügigkeit*) ridiculez *f*

Lächerlichkeit[2] *f ohne pl* (*das Lächerlichsein*) lo ridículo; **etw/jdn der ~ preisgeben** poner algo/a alguien en ridículo

Lachgas *nt* gas *m* hilarante

lachhaft *adj* (*abw*) ridículo

Lachkrampf *m* ataque *m* de risa; **wir bekamen einen ~** nos entró un ataque de risa

Lachs [laks] *m* <-es, -e> salmón *m;* **lachsfarben** *adj* de color salmón; **Lachsforelle** *f* trucha *f* asalmonada

Lack [lak] *m* <-(e)s, -e> laca *f;* (*Holz~*) barniz *m;* (*Auto~*) pintura *f*

Lackaffe *m* (*fam abw*) petimetre *m*

lackieren* [la'ki:rən] *vt* ❶ (*Holz*) barnizar; (*Auto*) pintar (con pistola) ❷ (*Fingernägel*) pintar

Lackierung *f* <-en> ❶ (*das Lackieren*) barnizado *m* ❷ (*Lack*) barnizado *m;* (*Auto~*) pintura *f*

Lackleder *nt* charol *m*

Lackmus ['lakmʊs] *m o nt* <-, *ohne pl*> (CHEM) tornasol *m;* **Lackmuspapier** *nt ohne pl* (CHEM) papel *m* de tornasol

Lackschaden *m* desperfecto *m* en la pintura; **Lackschuh** *m* zapato *m* de charol

Ladefläche *f* superficie *f* de carga; **Ladegerät** *nt* (PHYS) cargador *m*

laden ['la:dən] <lädt, lud, geladen> *vt* ❶ (*Fracht, Batterie, Pistole*) cargar; **die Koffer in das/aus dem Auto ~** meter/sacar las maletas en el/del coche; **alle Schuld auf sich ~** (*fig*) cargar con todas las culpas; **sieh dich vor, er ist heute total ge~** (*fam fig*) ándate con cuidado, hoy está a punto de explotar; **er hat wieder schwer ge~** (*fam iron*) ha vuelto a coger una mona ❷ (JUR: *vor~*) citar; **ge~ e Gäste** invitados *mpl* ❸ (INFOR) cargar

Laden[1] ['la:dən] *m* <-s, Läden> ❶ (*Kauf~*) tienda *f;* (*Geschäft*) negocio *m;* **der ~ läuft** (*fam*) los negocios van bien; **Schwung in den ~ bringen** (*fam*) animar el cotarro; **sie allein schmeißt den ganzen ~** (*fam*) ella solita lo lleva todo adelante; **den (ganzen) ~ hinschmeißen** (*fam*) tirar la toalla ❷ (*Fenster~*) postigo *m* ❸ (*Roll~*) persiana *f*

Laden[2] *nt* <-s, *ohne pl*> (INFOR) carga *f*

Ladenbesitzer(in) *m(f)* dueño, -a *m, f* de una tienda

Ladendieb(in) *m(f)* ladrón, -ona *m, f* de tiendas, mechero, -a *m, f fam;* **Ladendiebstahl** *m* robo *m* en tiendas

Ladenhüter *m* (*fig*) artículo *m* que no se vende; **Ladenkette** *f* cadena *f* de tiendas; **Ladenpreis** *m* precio *m* de venta al público

Ladenschluss *m* <-es, *ohne pl*> (hora *f* de) cierre *m* de los comercios; **nach/vor ~** después de/antes de cerrar los negocios; **Ladenschlussgesetz** *nt* ley que regula los horarios comerciales

Ladentisch *m* mostrador *m;* **etw unter dem ~ verkaufen** (*fam*) vender algo bajo mano

Laderampe *f* rampa *f* de carga; **Laderaum** *m* espacio *m* de carga

lädieren* [lɛ'di:rən] *vt* ❶ (*Sachen*) dañar ❷ (*Personen*) lesionar; **du siehst ganz schön lädiert aus** pareces hecho polvo

lädt [lɛːt] *3. präs von* **laden**

Ladung *f* <-en> ❶ (*Fracht, Munition*) carga *f* ❷ (PHYS) carga *f* (eléctrica) ❸ (JUR: *Vor~*) citación *f* ❹ (*fam: Menge*) montón *m*

Ladyshaver ['lɛɪdɪʃɛɪvɐ] *m* <-s, -> depiladora *f*

Laffe ['lafə] *m* <-n, -n> (*alt abw*) petimetre *m*

lag [la:k] *3. imp von* **liegen**

Lage ['la:gə] *f* <-n> ❶ (*Stelle*) sitio *m;* (GEO) zona *f;* **in günstiger ~** en buena zona ❷ (*Position*) posición *f;* **in der glücklichen ~ sein etw zu tun** tener la suerte de poder hacer algo; **siehst du dich in der ~**

uns zu helfen? ¿te parece que estás en condiciones de ayudarnos? ❸ (*Situation*) situación *f;* **dazu bin ich nicht in der ~** no estoy en condiciones de hacerlo; **Herr der ~ sein** dominar la situación; **versetz dich doch einmal in meine ~** intenta ponerte en mi lugar; **nach ~ der Dinge** dadas las circunstancias; **der Ernst der ~** la gravedad de la situación; **die ~ peilen** (*fam*) explorar la situación ❹ (*Schicht*) capa *f* ❺ (MUS: *Stimm~*) registro *m* ❻ (*fam: Runde*) ronda *f;* **Lagebericht** *m* informe *m* sobre la situación; **Lagebesprechung** *f* análisis *m inv* de la situación, discusión *f* sobre la situación

Lager ['laːgɐ] *nt* <-s, -> ❶ (*Zelt~, Ferien~*) campamento *m;* (*Gefangenen~, Flüchtlings~*) campo *m;* **ein ~ aufschlagen** acampar; **das ~ abbrechen** levantar el campamento ❷ (*Vorrats~*) almacén *m,* depósito *m,* barraca *f Am,* despensa *f Arg;* (*Vorrat*) existencias *fpl;* **etw auf ~ haben** tener algo en depósito; **sie hat immer ein paar Witze auf ~** (*fam*) siempre tiene un par de chistes a punto ❸ (*Partei, Seite*) campo *m;* (*Gruppe*) grupo *m;* **ins gegnerische ~ überlaufen** (*fig*) pasarse al campo contrario; **die Partei spaltete sich in mehrere ~** el partido se escindió en varios grupos ❹ (TECH) cojinete *m* ❺ (GEO) yacimiento *m;* **Lagerbestand** *m* existencias *fpl* en almacén; **Lagerfeuer** *nt* hoguera *f,* fogón *m Arg, CRi, Urug;* **Lagerhalle** *f* almacén *m;* **Lagerhaltung** *f ohne pl* almacenamiento *m;* **Lagerhaus** *nt* almacén *m*

Lagerist(in) [laːgəˈrɪst] *m(f)* <-en, -en; -nen> almacenista *mf*

lagern ['laːgɐn] **I.** *vi* ❶ (*kampieren*) acampar ❷ (*Waren*) estar almacenado; (*Esswaren*) conservarse; (*Wein*) reposar **II.** *vt* ❶ (*aufbewahren: Waren*) almacenar; (*Esswaren*) conservar; **kühl ~** consérvese en lugar fresco ❷ (*legen*) poner; **das Bein hoch ~** poner la pierna en alto; **dieser Fall ist anders gelagert** es un caso distinto

Lagerraum *m* depósito *m;* **Lagerstätte** *f* (GEO) yacimiento *m*

Lagerung *f* <-en> ❶ (*von Waren, Gegenständen*) almacenamiento *m* ❷ (TECH) cojinete *m*

Lagune [laˈguːnə] *f* <-n> laguna *f*

lahm [laːm] *adj* ❶ (MED) paralítico; (*hinkend*) cojo; **auf einem Bein ~ sein** cojear de una pierna ❷ (*wie gelähmt*) entumecido; **~ legen** paralizar ❸ (*fam abw: langsam*) lento; (*langweilig*) pesado

Lahmarsch *m* (*vulg*) soso, -a *m, f*

lahmarschig *adj* (*vulg*) sumamente lento

lahmen *vi* cojear (*auf* de)

lähmen ['lɛːmən] *vt* paralizar

Lähmung ['lɛːmʊŋ] *f* <-en> ❶ (MED) parálisis *f inv* ❷ (*der Industrie*) paralización *f*

Laib [laɪp] *m* <-(e)s, -e>: **ein ~ Brot** un pan

Laich [laɪç] *m* <-(e)s, -e> desove *m*

laichen *vi* desovar

Laie, -in ['laɪə] *m, f* <-n, -n; -nen> ❶ (*Nichtfachmann*) profano, -a *m, f* ❷ (REL) laico, -a *m, f;* **Laiendarsteller(in)** *m(f)* (THEAT) actor(a) *m(f)* aficionado, -a

laienhaft *adj* profano

Laienspiel *nt* (THEAT) representación *f* de aficionados

Laiin *f* <-nen> *s.* **Laie**

Lakai [laˈkaɪ] *m* <-en, -en> (*abw*) lacayo *m*

Lake ['laːkə] *f* <-n> salmuera *f*

Laken ['laːkən] *nt* <-s, -> sábana *f*

lakonisch [laˈkoːnɪʃ] *adj* lacónico

Lakritze [laˈkrɪtsə] *f* <-n> regaliz *m*

lallen ['lalən] *vi, vt* balbucear, balbucir

Lama¹ ['laːma] *nt* <-s, -s> (ZOOL) llama *f*

Lama² ['laːma] *m* <-(s), -s> (REL) lama *m*

Lamäng [laˈmɛŋ] *f:* **aus der ~** (*fam hum*) sin prepararlo

Lamelle [laˈmɛlə] *f* <-n> ❶ (TECH) lámina *f* ❷ (BOT) laminilla *f*

lamentieren* [lamɛnˈtiːrən] *vi* (*fam abw*) quejarse (*über* de)

Lamento [laˈmɛnto] *nt* <-s, -s> (*fam abw*) lamento *m;* **ein ~ anstimmen** emitir un amargo lamento

Lametta [laˈmɛta] *nt* <-s, *ohne pl*> tiras de color plata que se usan como adorno navideño

Lamm [lam, *pl:* ˈlɛmɐ] *nt* <-(e)s, Lämmer> cordero *m;* **Lammfell** *nt* piel *f* de cordero; **Lammfleisch** *nt* (carne *f* de) cordero *m;* **lammfromm** ['-'-] *adj* manso como un cordero; **Lammkotelett** *nt* (GASTR) chuleta *f* de cordero

Lampe ['lampə] *f* <-n> lámpara *f*

Lampenfieber *nt* (*fam*) mieditis *f inv*

Lampenschirm *m* pantalla *f*

Lampion ['lampjɔŋ, -'-] *m* <-s, -s> farolillo *m*

lancieren* [lãˈsiːrən] *vt* ❶ (*Produkt*) lanzar ❷ (*Künstler*) promocionar

Land¹ [lant, *pl:* ˈlɛndɐ] *nt* <-(e)s, Länder> ❶ (*Staat*) país *m;* **~ und Leute kennen lernen** conocer gente y costumbres; **das Gelobte ~** la tierra prometida; **aus aller Herren Länder** de todas las partes del mundo; **hier zu ~e** en este país; **andere Länder, andere Sitten** (*prov*) cada tierra, su uso ❷ (*Bundes~*) estado *m* federado, land *m;* **das ~ Hessen** el estado federado de Hesse

Land² *nt* <-(e)s, -e> (*geh*) campaña *f;* **Wein aus deutschen ~en** vino alemán; **durch die ~e ziehen** vagar por el mundo; **drei Jahre gingen ins ~** (*geh*) pasaron tres años

Land³ *nt* <-(e)s, *ohne pl*> ❶ (*Fest~*) tierra *f;* **~ in Sicht!** ¡tierra a la vista!; **an ~ gehen** desembarcar; (**wieder**) **~ sehen** (*fig*) ver el cielo abierto; **etw an ~ ziehen** (*fam*) conseguir algo ❷ (*dörfliche Gegend*) campo *m,* verde *m AmC, Ant, Mex;* **auf dem ~ wohnen** vivir en el campo ❸ (*Ackerboden*) terreno *m,* tierra *f;* **das ~ bestellen** cultivar la tierra

Landadel *m* nobleza *f* provincial; **Landarbeit** *f* faenas *fpl* del campo; **Landarbeiter(in)** *m(f)* campesino, -a *m, f*

landauf [-'-] *adv:* **~ , landab** (*geh*) por todo el país

Landbesitz *m* tierras *fpl,* fincas *fpl* rústicas; **Landbevölkerung** *f ohne pl* población *f* rural

Landebahn *f* pista *f* de aterrizaje; **Landeerlaubnis** *f* permiso *m* de aterrizaje

landeinwärts [-'--] *adv* tierra adentro

landen ['landən] *vi sein* ❶ (*Flugzeug*) aterrizar; (*auf dem Mond*) alunizar; (*auf dem Wasser*) amerizar; **weich ~** realizar un aterrizaje suave; **mit deinen Komplimenten kannst du bei mir nicht ~** (*fam*) tus piropos no me impresionan para nada ❷ (*Schiff*) tomar tierra ❸ (*fam: ankommen*) acabar (*in* en); **schließlich landeten sie im Kino** al final acabaron en el cine; **auf dem 5. Platz ~** (SPORT) clasificarse en quinto lugar

Landeplatz *m* ❶ (AERO) pista *f* de aterrizaje ❷ (NAUT) embarcadero *m*

Ländereien [lɛndə'raɪən] *fpl* tierras *fpl*

Länderspiel *nt* (SPORT) partido *m* internacional

Landesebene *f* (ADMIN): **auf ~** en un land; **Landesfarben** *fpl* (POL) colores *fpl* nacionales; **Landesgrenze** *f* frontera *f;* **Landeshauptmann** *m* (*Österr*) presidente *m* de un estado federado; **Landeshauptstadt** *f* capital *f;* **Landesinnere(s)** *nt* interior *m* del país; **Landeskunde** *f ohne pl* cultura *f* y civilización; **Landesmeister(in)** *m(f)* (SPORT) campeón, -ona *m, f* nacional; **Landesrat, -rätin** *m, f* (*Österr*) ≈ministro, -a *m* de un estado federado; **Landesregierung** *f* gobierno *m* de un land; **Landessprache** *f* idioma *m* nacional; **Landesteil** *m* región *f;* **Landestracht** *f* traje *m* regional; **landesüblich**

adj habitual en un país; **Landesverrat** *m* (JUR) alta traición *f;* **Landeswährung** *f* moneda *f* nacional

Landeverbot *nt* prohibición *f* de aterrizar

Landflucht *f ohne pl* éxodo *m* del campo a la ciudad

Landfriedensbruch *m* (JUR) perturbación *f* del orden público

Landgang *m* (NAUT) permiso *m* de tierra; **Landgericht** *nt* ≈Audiencia *f* Provincial; **Landgut** *nt* finca *f,* hacienda *f Am;* **Landhaus** *nt* casa *f* de campo, estancia *f Am;* **Landkarte** *f* mapa *m;* **Landkreis** *m* distrito *m* administrativo

landläufig *adj* (*allgemein*) general; (*allgemein verbreitet*) común; (*gängig*) corriente

Landleben *nt ohne pl* vida *f* rural

ländlich ['lɛntlɪç] *adj* rural, del campo, jíbaro *Am*

Landluft *f ohne pl* aire *m* del campo; **Landplage** *f* plaga *f*

Landrat¹ *m* (*Schweiz*) parlamento de ciertos cantones

Landrat, -rätin² *m, f* jefe, -a *m, f* de distrito

Landratsamt *nt* (ADMIN) prefectura *f* de distrito

Landratte *f* (*fam*) marinero, -a *m, f* de agua dulce

Landschaft *f* <-en> paisaje *m*

landschaftlich *adj* paisajístico; **~ reizvoll** de atractivo paisaje

Landschaftsgärtner(in) *m(f)* paisajista *mf*

Landschaftsschutz *m* protección *f* de la naturaleza; **Landschaftsschutzgebiet** *nt* parque *m* nacional

Landsitz *m* finca *f,* casa *f* de campo

Landsmann, -männin *m, f* <-(e)s, -leute; -nen> compatriota *mf*

Landstraße *f* carretera *f* nacional

Landstreicher(in) *m(f)* <-s, -; -nen> vagabundo, -a *m, f,* bagamán *m Col, DomR*

Landstrich *m* región *f,* comarca *f*

Landtag *m* (POL) parlamento *m* de un land

ⓘ **Land & Leute**

    Los parlamentos regionales en Alemania y Austria reciben el nombre de **Landtage**. En algunas regiones de estos dos estados reciben otros nombres, por ejemplo, en Hamburgo y Bremen se le llama *Bürgerschaft*, en Berlín *Abgeordnetenhaus*, y en Viena, *Gemeinderat*. En Suiza, los parlamentos regionales reciben diversos nombres según los cantones: *Kantonrat, Großer Rat* o *Landrat.*

Landung ['landʊŋ] *f* <-en> ❶ (*von Flugzeug*) aterrizaje *m;* (*Mond~*) alunizaje *m* ❷ (*von Schiff*) desembarque *m* ❸ (*von Truppen*) desembarco *m;* **Landungsbrücke** *f* desembarcadero *m*

Landurlaub *m* permiso *m* para ir a tierra; **Landvermessung** *f* (AGR, GEO) agrimensura *f;* **Landweg** *m:* **auf dem ~** por tierra; **Landwein** *m* vino *m* del país; **Landwirt(in)** *m(f)* agricultor(a) *m(f)*

Landwirtschaft¹ *f* <-en> (*Betrieb*) granja *f* agrícola

Landwirtschaft² *f ohne pl* (*Ackerbau*) agricultura *f*

landwirtschaftlich *adj* agrícola, agrario

Landzunge *f* (GEO) lengua *f* de tierra

lang [laŋ] <länger, am längsten> I. *adj* ❶ (*allgemein*) largo; **das Bett ist 2 Meter ~** la cama tiene 2 metros de largo; **seit ~em** desde hace mucho (tiempo); **~ und breit** detalladamente; **gleich ~** igual de largo; **ohne ~es Nachdenken** sin pensarlo mucho; **ein ~es Gesicht machen** poner (una) cara larga ❷ (*fam: groß gewachsen*) alto II. *adv* ❶ (*Dauer*) durante; **einen Augenblick ~** durante un momento; **mein ~ersehnter Wunsch** el sueño de mi vida ❷ (*reg: entlang*) por; **hier geht's ~** vamos por aquí

langärm(e)lig *adj* de manga larga

langatmig ['-ʔa:tmɪç] *adj* (excesivamente) detallado

langbeinig *adj* de piernas largas

lange ['laŋə] <länger, am längsten> *adv* mucho tiempo; **ich habe nicht ~ gebraucht** no me ha llevado mucho tiempo; **wie ~ bist du schon hier?** ¿cuánto tiempo hace ya que estás aquí?; **das ist schon ~ her** ya hace mucho tiempo; **das heißt noch ~ nicht, dass ich aufgebe** eso no quiere decir ni mucho menos que vaya a rendirme; **~ brauchen** (**um ... zu** +*inf*) tardar mucho (en... +*inf*); **so ~ bis ...** hasta que... +*subj*; **das ist noch ~ hin** falta mucho (tiempo) todavía; **das ist noch ~ nicht genug** esto no basta de ninguna manera; **da kannst du ~ warten!** ¡puedes esperar sentado!; **er macht es nicht mehr ~** (*fam*) la va a palmar

Länge ['lɛŋə] *f* <-n> ❶ (*räumlich*) longitud *f;* (*von Kleidung*) largo *m;* **der ~ nach** a lo largo; **ein Seil von zehn Meter ~** una cuerda de diez metros de largo; **ein Stau von 10 km** ~ un atasco de 10 km ❷ (*zeitlich*) duración *f;* **etw zieht sich in die ~** algo tarda mucho tiempo; **die Verhandlungen in die ~ ziehen** dilatar las negociaciones; **wir haben den Film in voller ~ gesehen** hemos visto la película entera ❸ (SPORT) largo *m;* **mit einer ~ Vorsprung gewinnen** ganar con un largo de ventaja ❹ *pl* (*langweilige Stelle*) pasaje *m* prolijo ❺ (GEO) longitud *f;* **zwanzig Grad östlicher** ~ veinte grados de longitud este

langen ['laŋən] I. *vi* (*fam*) ❶ (*ausreichen*) bastar; **jetzt langt's** (**mir**) **aber!** ¡basta ya! ❷ (*sich erstrecken*) llegar (*bis* (*zu*) hasta) ❸ (*anfassen*) tocar (*an*); (*hinein~*) meter la mano (*in* en) II. *vt* (*fam*) coger, agarrar *Am;* **jdm eine** ~ pegar una bofetada a alguien

Längeneinheit *f* unidad *f* de longitud; **Längengrad** *m* (GEO) grado *m* de longitud; **Längenmaß** *nt* medida *f* de longitud

länger ['lɛŋɐ] I. *adj kompar von* **lang** II. *adv kompar von* **lange**

längerfristig *adj* a largo plazo

Langeweile ['laŋəvaɪlə] *f* aburrimiento *m;* ~ **haben** aburrirse; **aus** [*o* **vor**] ~ de puro aburrimiento

Langfinger *m* (*fam*) caco *m*, malabarista *m Chil*, maletero *m Chil*

langfristig *adj* a largo plazo

lang|gehen *irr vi* (*fam*) andar (*an* a lo largo de); **wir gingen am Bach lang** andamos a lo largo del arroyo; **er weiß nicht mehr, wo's langgeht** (*fig*) ya no sabe por dónde van a salir los tiros

langhaarig *adj* de pelo largo

langjährig *adj* de muchos años

Langlauf *m ohne pl* (SPORT) esquí *m* de fondo

langlebig *adj* ❶ (*Person*) longevo; (*a. Tier*) de larga vida ❷ (*Material*) duradero

lang|legen *vr:* **sich** ~ (*fam*) acostarse

länglich ['lɛŋlɪç] *adj* alargado, oblongo

Langmut *f ohne pl* (*geh*) longanimidad *f;* (*Geduld*) paciencia *f*

längs [lɛŋs] I. *präp* +*gen* a lo largo de II. *adv* a lo largo

langsam ['laŋza:m] I. *adj* ❶ (*Geschwindigkeit*) lento ❷ (*allmählich*) paulatino II. *adv* ❶ (*Geschwindigkeit*) despacio; ~ **sprechen/fahren** hablar/conducir despacio; **immer schön ~!** ¡despacito!; ~ **aber sicher** (*fam*) despacio, pero seguro ❷ (*allmählich*) poco a poco; **es wird ~ Zeit** ya va siendo hora; ~ **reicht es mir** (*fam*) me estoy hartando

Langsamkeit *f ohne pl* lentitud *f*

Langschläfer(in) *m(f)* dormilón, -ona *m, f*

Langspielplatte *f* elepé *m*

Längsschnitt *m* corte *m* longitudinal

längst [lɛŋst] *adv* ❶ (*zeitlich*) hace tiempo ❷ (*bei weitem*) ni mucho menos; **und das ist noch ~ nicht alles** y esto no es todo, ni mucho menos

längste(r, s) ['lɛŋstə, -tɐ, -təs] *adj superl von* **lang**

längstens ['lɛŋstəns] *adv* (*fam*) ❶ (*höchstens*) como mucho ❷ (*spätestens*) a más tardar; **in ~ zwei Wochen** a más tardar en dos semanas

Langstreckenflug *m* vuelo *m* de larga distancia; **Langstreckenlauf** *m* (SPORT) carrera *f* de fondo

Languste [laŋ'gʊstə] *f* <-n> (ZOOL) langosta *f*

langweilen ['laŋvaɪlən] **I.** *vt* aburrir **II.** *vr:* **sich ~** aburrirse, enfadarse *Am*; **sich zu Tode ~** morirse de aburrimiento

Langweiler(in) *m(f)* <-s, -; -nen> (*fam abw*) ❶ (*jd, der langweilt*) soso, -a *m, f* ❷ (*langsamer Mensch*) tortuga *f*

langweilig *adj* ❶ (*uninteressant*) aburrido ❷ (*fam: zeitraubend*) pesado

Langwelle *f* (RADIO, PHYS) onda *f* larga

langwierig ['laŋviːrɪç] *adj* largo; (*mühselig*) arduo

Langzeitarbeitslose(r) *mf* parado, -a *m, f* (durante largo tiempo); **Langzeitarbeitslosigkeit** *f* paro *m* de larga duración, cesantía *f* prolongada *Am;* **Langzeitgedächtnis** *nt* (PSYCH) memoria *f* larga; **Langzeitstudie** *f* estudio *m* a largo plazo; (*Forschungen*) investigaciones *fpl* de larga duración; (WIRTSCH) análisis *m inv* a largo plazo

Lanze ['lantsə] *f* <-n> lanza *f*, picana *f* AmS; **für jdn eine ~ brechen** (*fig*) romper una lanza por alguien

lapidar [lapi'daːɐ] *adj* lapidario

Lappalie [la'paːliə] *f* <-n> bagatela *f*, guinda *f* Chil

Lappe, -in ['lapə] *m, f* <-n, -n; -nen> lapón, -ona *m, f*

Lappen ['lapən] *m* <-s, -> ❶ (*Stoff~, Putz~*) trapo *m*, limpión *m* Am; **etw geht jdm durch die ~** (*fam*) algo se le escapa a alguien de las manos ❷ (*fam: Geldschein*) billete *m*

läppern ['lɛpɐn] *vr:* **sich ~** (*fam*) amontonarse; **es läppert sich allmählich** poco a poco se va amontonando

lappig ['lapɪç] *adj* (*fam*) ❶ (*schlaff*) flojo ❷ (*geringfügig*) irrisorio

Lappin ['lapɪn] *f* <-nen> *s.* **Lappe**

lappisch ['lapɪʃ] *adj* lapón

läppisch ['lɛpɪʃ] *adj* (*abw*) ❶ (*kindisch*) infantil ❷ (*gering*) insignificante

Lappland ['laplant] *nt* Laponia *f*

Lapsus ['lapsʊs, *pl:* 'lapsuːs] *m* <-, -> lapsus *m inv*

Laptop ['lɛptɔp] *m* <-s, -s> ordenador *m* portátil

Lärche ['lɛrçə] *f* <-n> (BOT) alerce *m*

Larifari [lari'faːri] *nt* <-s, *ohne pl*> (*fam*) bobadas *fpl*, tonterías *fpl*

Lärm [lɛrm] *m* <-(e)s, *ohne pl*> ruido *m*, chivateo *m* Am, batifondo *m* CSur; **~ schlagen** (*fam*) armar un cisco; **viel ~ um nichts** mucho ruido y pocas nueces; **Lärmbelästigung** *f* molestia *f* por ruido, contaminación *f* acustica; **lärmempfindlich** *adj* sensible a los ruidos

lärmen ['lɛrmən] *vi* hacer ruido, meter ruido *fam*

lärmend **I.** *adj* ruidoso **II.** *adv* con (mucho) estrépito

Lärmkulisse *f* ruidos *mpl* de fondo; **Lärmpegel** *m* nivel *m* de ruidos; **Lärmschutz** *m* protección *f* contra el ruido; (*an Straßen*) pantalla *f* antirruido

Larve ['larfə] *f* <-n> ❶ (ZOOL) larva *f* ❷ (*reg: Maske*) antifaz *m*

las [laːs] *3. imp von* **lesen**

Lasagne [la'zanjə] *pl* (GASTR) lasaña *f*

lasch [laʃ] *adj* (*schlaff*) laxo, flojo; (*fade*) soso

Lasche ['laʃə] *f* <-n> ❶ (TECH) cubrejunta *m* ❷ (*am Schuh*) lengüeta *f*; (*an Schachtel, Heftchen*) solapa *f*; (*an Taschen*) presilla *f*; (*an Dosen*) anillo *m*

Laser ['leːzɐ, 'laɪzɐ] *m* <-s, -> (PHYS) láser *m*; **Laserdrucker** *m* (INFOR) impresora *f* láser; **Laserstrahl** *m* (PHYS) rayo *m* láser

lassen¹ ['lasən] <lässt, ließ, gelassen> *vt* ❶ (*unverändert ~, unter~*) dejar; **lass doch das Gejammer!** ¡deja de lamentarte!; **~ wir das!** ¡dejémoslo!; **lass mich (in Ruhe)!** ¡déjame (en paz)!; **er kann es einfach nicht ~** siempre está con lo mismo; **tu, was du nicht ~ kannst!** (*fam*) ¡haz lo que mejor te parezca!; **~ wir es dabei** dejémoslo así ❷ (*zurück~*) dejar; **sein Leben ~** (*geh*) perder la vida ❸ (*zugestehen*): **jdm Zeit ~** dar tiempo a alguien; **jdm seinen Willen ~** respetar la voluntad de alguien; **das muss man ihr ~** hay que reconocérselo ❹ (*irgendwohin ~*): **Wasser in die Wanne ~** preparar el baño; **jdm die Luft aus den Reifen ~** desinflarle las ruedas a alguien; **lass mich mal vorbei** déjame pasar ❺ (*Wend*): **kalt ~** dejar frío; **offen ~** (*Tür, Fenster*) dejar abierto; (*beim Schreiben*) dejar en blanco; (*Entscheidung*) dejar pendiente; **wir soll-**

ten nichts unversucht ~ tenemos que agotar todas las posibilidades

lassen² ['lasən] <lässt, ließ, lassen> *vt mit einem Infinitiv* ❶ (*erlauben*) dejar; (*zulassen*) tolerar, permitir +*inf*; **lass mich nur machen!** ¡ya lo hago yo!; **lass hören!** ¡empieza ya!; **so kannst du dich sehen ~** así estás guapo; **lass dir das gesagt sein!** ¡date por advertido!; ~ **Sie sich gesagt sein, dass ...** dése por enterado de que...; **sich nicht stören ~** no molestarse; ~ **Sie das nur meine Sorge sein** no se preocupe, yo me ocuparé de ello; ~ **Sie mich bitte ausreden** déjeme acabar de hablar; **einen fahren ~** (*fam*) tirarse un pedo; **jdn laufen ~** (*fam*) soltar a alguien; **etw geschehen ~** dejar pasar algo; **lass ihn nur kommen!** ¡déjale que venga!; **sich** *dat* **einen Bart stehen ~** dejarse crecer la barba ❷ (*veranlassen*) hacer +*inf*; **sich scheiden ~** divorciarse; **sich** *dat* **die Haare schneiden ~** (ir a) cortarse el pelo; **ich lasse bitten** hágale pasar; **er lässt dich grüßen** te manda saludos; **ich habe mir sagen ~, dass ...** me dijeron que... ❸ (*unverändert ~*): **etw sein** [*o* **bleiben**] ~ dejar algo; **jdn hängen ~** dejar a alguien plantado; **sich hängen ~** dejarse ir; **etw liegen ~** (*nicht wegnehmen*) dejar algo; (*vergessen*) olvidar algo; (*unerledigt lassen*) interrumpir algo; **jdn links liegen ~** pasar de largo a alguien; **stecken ~** no sacar; (*Schlüssel*) dejar puesto; **lass dein Geld stecken!** ¡déjalo (yo pago)!; **stehen ~** (*nicht wegnehmen, vergessen*) dejar; (*nicht zerstören*) conservar; (*Essen*) dejar en el plato; (*sich abwenden*) dejar plantado; (*bei einem Termin*) dar plantón ❹ (*Imperativ*): **lass uns gehen!** ¡vámonos!; **lasset uns beten** oremos; **lass es dir schmecken** que aproveche; **lass es dir gut gehen** que te vaya bien ❺ (*lassen + sich: möglich sein*) poderse; **das wird sich einrichten ~** esto se arreglará; **das lässt sich nicht vermeiden** esto no se puede evitar; **ich will sehen, was sich tun lässt** voy a ver qué es lo que podemos hacer; **der Wein lässt sich trinken** el vino se puede beber; **das lässt sich hören** no está mal

lässig ['lɛsɪç] *adj* ❶ (*ungezwungen*) desenfadado ❷ (*fam: leicht*) fácil; (*ohne Anstrengung*) sin esfuerzo

Lässigkeit *f ohne pl* desenfado *m*

Lasso ['laso] *nt* <-s, -s> lazo *m*

lässt [lɛst] *3. präs von* **lassen**

Last [last] *f* <-en> ❶ (*a. fig*) carga *f*; (*Gewicht*) peso *m*; **jdm zur ~ fallen** ser una carga para alguien; **jdm etw zur ~ legen** acusar a alguien de algo; **das geht zu deinen ~en** eso queda de tu cuenta ❷ *pl* (*Abgaben*) cargas *fpl*

lasten ['lastən] *vi* pesar (*auf* sobre)

Lastenaufzug *m* montacargas *m inv*, elevador *m Arg*

lastend *adj* (*geh*) agobiante

Laster¹ *m* <-s, -> (*fam*) camión *m*

Laster² *nt* <-s, -> vicio *m*

Lästerer, -in ['lɛstəre] *m, f* <-s, -; -nen> cotilla *mf*

lasterhaft *adj* vicioso

Lasterhöhle *f* (*fam abw*) antro *m* de corrupción

Lästerin *f* <-nen> *s.* **Lästerer**

Lästermaul *nt* (*fam*) cotilla *mf*

lästern ['lɛstən] *vi* (*abw*): **über jdn ~** poner verde a alguien

lästig ['lɛstɪç] *adj* pesado, odioso *Am*, espeso *Arg, Peru, Ven,* molón *Guat, Ecua, Mex;* **jdm ~ sein** molestar a alguien

Last(kraft)wagen *m* camión *m*

Lasttier *nt* bestia *f* de carga; **Lastwagen** *m* camión *m*; **Lastzug** *m* camión *m* con remolque

Lasur [la'zuːɐ] *f* <-en> barniz *m*

lasziv [las'tsiːf] *adj* lascivo

Latein [la'taɪn] *nt* <-s, *ohne pl*> latín *m*; **mit seinem ~ am Ende sein** no saber cómo continuar

Lateinamerika [---'---] *nt* Latinoamérica *f*; **Lateinamerikaner(in)** [-----'--] *m(f)* latinoamericano, -a *m, f*; **lateinamerikanisch** [-----'--] *adj* latinoamericano

lateinisch [la'taɪnɪʃ] *adj* latino

latent [la'tɛnt] *adj* latente; ~ **vorhanden sein** estar latente

Laterne [la'tɛrnə] *f* <-n> linterna *f*; (*Straßen~*) farola *f*; **Laternenpfahl** *m* poste *m* de farola

Latex ['laːtɛks, *pl:* 'laːtitseːs] *m* <-, Latizes> látex *m inv*

Latsche ['laːtʃə] *f* <-n> ❶ (BOT) pino *m* carrasco ❷ (*fam: Schuh*) zapato *m* (viejo); (*Hausschuh*) zapatilla *f*

latschen ['laːtʃən] *vi sein* (*fam*) ❶ (*gehen*) andar; (*zu Fuß gehen*) ir a pie ❷ (*schlurfen*) arrastrar los pies ❸ (*rücksichtslos trampeln*) pisotear (*über*)

Latschen ['laːtʃən] *m* <-s, -> (*fam*) zapato *m* viejo, ojota *f Am;* **aus den ~ kippen** (*fam: ohnmächtig werden*) desmayarse; (*sehr überrascht sein*) quedarse asombradísimo

Latte ['latə] *f* <-n> ❶ (*Brett*) tabla *f*; **eine lange ~ sein** (*fam*) ser un fideo ❷ (SPORT: *am Tor*) larguero *m*; (*Hochsprung*) listón *m* ❸ (*fam: Menge*): **eine ganze ~ von ...** (*fam*) una gran cantidad de... ❹ (*fam: erigierter Penis*) estaca *f*

Lattenzaun *m* empalizada *f*

Latz [lats, *pl:* 'lɛtsə] *m* <-es, Lätze> ❶ (*Lätzchen*) babero *m* ❷ (*an Kleidung*) peto *m*; **Latzhose** *f* pantalón *m* de peto

lau [lau] *adj* tibio

Laub [laup] *nt* <-(e)s, *ohne pl*> fronda *f*, follaje *m*; **Laubbaum** *m* árbol *m* de hoja caduca

Laube ['laubə] *f* <-n> cenador *m*

Laubfrosch *m* (ZOOL) rana *f* de zarzal; **Laubsäge** *f* segueta *f*; **Laubwald** *m* bosque *m* caducifolio

Lauch [laux] *m* <-(e)s, -e> puerro *m*

Lauer ['lauɐ] *f ohne pl*: **auf der ~ liegen** (*fam*) estar al acecho

lauern ['lauɐn] *vi* (*fam*) ❶ (*warten*) acechar (*auf* a), pispar (*auf* a) *Arg* ❷ (*ungeduldig warten*) esperar con impaciencia (*auf* a)

Lauf[1] [lauf, *pl:* 'lɔyfə] *m* <-(e)s, Läufe> ❶ (SPORT) carrera *f* ❷ (*Gewehr~*) cañón *m*

Lauf[2] *m* <-(e)s, *ohne pl*> ❶ (*a.* ASTR: *das ~ en*) carrera *f* ❷ (*Ver~*) (trans)curso *m*, rumbo *m*; **die Sache nimmt ihren ~** el asunto toma su rumbo; **im ~e eines Gesprächs** en el transcurso de una conversación; **das ist der ~ der Dinge** es el rumbo de las cosas; **seiner Fantasie freien ~ lassen** dar rienda suelta a su fantasía ❸ (*von Maschinen*) marcha *f* ❹ (*Fluss~*) curso *m*

Laufbahn *f* ❶ (*beruflich*) carrera *f* (profesional) ❷ (SPORT) pista *f*; **Laufbursche** *m* (*abw*) chico *m* de los recados; (*in Büro*) botones *m inv*

laufen ['laufən] <läuft, lief, gelaufen> **I.** *vi* *sein* ❶ (*rennen, fließen*) correr; **der Wasserhahn läuft** el grifo está abierto ❷ (*fam: gehen*) andar, caminar; **er lief mir direkt in die Arme** tropecé con él; **jdm über den Weg ~** cruzarse con alguien ❸ (*in Betrieb sein*) funcionar; (*Motor*) estar en marcha; **das Radio lief** tenían puesta la radio ❹ (*undicht sein*) gotear; (*fam: Käse, Butter*) derretirse ❺ (FILM) estar en cartelera; (*Vorführung*) empezar ❻ (*Prozess, Bewerbung*) estar en trámite; (*Vertrag, Abkommen*) estar vigente; (*fam: Geschäft*) ir bien; **der Wagen läuft auf seinen Namen** el coche está a su nombre; **das läuft unter „Sonderausgaben"** esto se declara como "gastos especiales"; **die Sache ist ge~** (*fam*) se acabó ❼ (*ver~*) ir, correr; (*Fluss, Weg*) ir; **auf Rollen ~** tener ruedas; **auf Schienen ~** correr sobre vías;

ein Murmeln lief durch die Menge un rumor corrió por la multitud; **es läuft mir eiskalt über den Rücken** me dan escalofríos **II.** *vt* ❶ *sein* (*Strecke*) recorrer; **Ski/Rollschuh/Schlittschuh ~** esquiar/patinar/patinar sobre hielo; **er ist Weltrekord ge~** hizo el récord mundial; **einen Umweg ~** dar un rodeo ❷ *haben:* **ich habe mir Blasen ge~** tengo ampollas de tanto andar **III.** *vunpers:* **in den Schuhen läuft es sich gut** se anda bien con estos zapatos

laufend I. *adj* corriente; **im ~en Jahr** en el año corriente; **am ~en Band** sin interrupción **II.** *adv* (*ständig*) continuamente; **auf dem L~en sein** estar al día; **jdn auf dem L~en halten** poner a alguien al corriente

Läufer[1] *m* <-s, -> ❶ (*Teppich*) alfombra *f* ❷ (*Schachfigur*) alfil *m* ❸ (TECH) rotor *m*

Läufer(in)[2] ['lɔyfɐ] *m(f)* <-s, -; -nen> (SPORT) corredor(a) *m(f)*

Lauffeuer *nt* fuego *m* devorador; **etw verbreitet sich wie ein ~** algo corre como un reguero de pólvora

läufig ['lɔyfɪç] *adj* en celo, alunado *CRi*

Laufkundschaft *f* clientela *f* de paso; **Laufmasche** *f* carrera *f*; **Laufpass** *m*: **jdm den ~ geben** (*fam*) mandar a alguien a freír espárragos; **den ~ bekommen** ser despedido; **Laufschritt** *m*: **im ~** a paso ligero; **Laufstall** *m* parque *m*; **Laufsteg** *m* pasarela *f*

läuft [lɔyft] *3. präs von* **laufen**

Laufwerk *nt* (INFOR) unidad *f*; **Laufzeit** *f* ❶ (FIN) plazo *m* ❷ (*von Verträgen*) duración *f*

Lauge ['laugə] *f* <-n> (*a.* CHEM) lejía *f*

Laune ['launə] *f* <-n> ❶ (*Einfall*) capricho *m*, birria *f Col*; **aus einer ~ heraus** por puro capricho ❷ (*Stimmung*) humor *m*; **schlechte/gute ~ haben** estar de mal/de buen humor; **jdn bei ~ halten** seguirle el humor a alguien; **seine ~n an jdm auslassen** descargar su mal humor en alguien

launenhaft *adj* caprichoso; (*Wetter*) variable

launig *adj* divertido

launisch *adj* (*abw*) caprichoso

Laus [laus, *pl:* 'lɔyzə] *f* <Läuse> piojo *m*; **ihm ist eine ~ über die Leber gelaufen** (*fam*) le ha picado una mosca

Lausbub *m* (*fam*) pillo *m*

lauschen ['laufən] *vi* ❶ (*zuhören*) escuchar atentamente ❷ (*heimlich zuhören*) estar a la escucha; **er lauschte an der Tür** estuvo a la escucha en la puerta

lauschig *adj* acogedor

Lausebengel ['lauzə-] *m* (*fam*) pillo *m*

lausen ['laʊzən] *vt* despiojar

lausig *adj* (*fam*) ❶ (*abw: unangenehm*) miserable; ~ **spielen** jugar miserablemente ❷ (*abw: wenig*) ridículo ❸ (*groß*) tremendo; **eine ~e Kälte** un frío tremendo

laut [laʊt] **I.** *adj* ❶ (*allgemein*) alto; (~ *stark*) fuerte; **das Radio ~er stellen** poner la radio más alta; ~ **lesen/denken** leer/pensar en voz alta ❷ (*lärmerfüllt*) ruidoso; **er wird dann immer gleich ~** siempre tiende a levantar la voz; **es wurden Beschwerden ~** hubo quejas **II.** *präp* +*gen/dat* según, conforme (a)

Laut [laʊt] *m* <-(e)s, -e> sonido *m*; **keinen ~ von sich** *dat* **geben** no decir ni pío

Laute [laʊtə] *f* <-n> (MUS) laúd *m*

lauten [laʊtən] *vi* (*besagen*) decir; **gleich ~d** (*im Klang*) homófono; (*im Wortlaut*) idéntico *pl*; **dieser Paragraph lautet wörtlich: ...** este artículo dice literalmente: ...; **der Pass lautet auf den Namen ...** el pasaporte está expedido a nombre de...; **wie lautet ihr Name?** ¿cómo se llama?; **Ihr Auftrag lautet ...** su tarea consiste en...; **die Anklage lautet auf Erpressung** se le acusa de chantaje

läuten ['lɔɪtən] **I.** *vi* ❶ (*an der Tür*) tocar (el timbre) ❷ (*Telefon, Glocke*) sonar; **es hat geläutet** llaman (a la puerta); **von etw ~ hören** oír campanas y no saber dónde **II.** *vt* (*Glocken*) tocar

lauter ['laʊtə] *adj* ❶ (*geh: Mensch*) sincero ❷ *inv* (*nur*) sólo; (*viel(e)*) mucho(s); **vor ~ Kummer** de pura pena

läutern ['lɔɪtən] *vt* ❶ (*reinigen*) purificar ❷ (*bessern*) mejorar

Läuterung *f* <-en> depuración *f*

lauthals ['--] *adv* a grito pelado

Lautlehre *f ohne pl* (LING) fonética *f*

lautlich *adj* fonético

lautlos **I.** *adj* silencioso **II.** *adv* sin ruido, en silencio

Lautschrift *f* (LING) transcripción *f* fonética

Lautsprecher *m* altavoz *m*, altoparlante *m* *Am*; **Lautsprecherbox** *f* bafle *m*

lautstark ['--] *adj* fuerte; (*heftig*) enérgico

Lautstärke *f* volumen *m*; **bei voller ~** a todo volumen; **Lautstärkeregler** *m* regulador *m* de volumen

lauwarm ['-'-] *adj* tibio

Lava ['laːva] *f* <Laven> (GEO) lava *f*

Lavendel [la'vɛndəl] *m* <-s, -> lavanda *f*

lavieren* [la'viːrən] *vt* ❶ (*a. fig* NAUT) bordear ❷ (KUNST) lavar

Lawine [la'viːnə] *f* <-n> alud *m*, avalancha *f*; **eine ~ ins Rollen bringen** desencadenar una avalancha; **Lawinengefahr** *f* peligro *m* de aludes

lax [laks] *adj* (*abw*) descuidado

Layout *nt* <-s, -s>, **Lay-out** *nt* <-s, -s> (TYPO) composición *f*

layouten* *vt* (TYPO) maquetar

Layouter(in) [lɪr'?aʊtɐ] *m(f)* <-s, -; -nen> maquetista *mf*

Lazarett [latsa'rɛt] *nt* <-(e)s, -e> hospital *m* militar

LCD [ɛltse:'de:] *nt* <-s, -s> *Abk. von* **liquid crystal display** pantalla *f* de cristal líquido

leasen ['liːzən] *vt* alquilar con opción de compra; **ein geleastes Auto** un coche adquirido por leasing

Leasing ['liːzɪŋ] *nt* <-s, -s> (WIRTSCH) leasing *m*

Lebedame *f* (*abw*) mujer *f* de la vida; **Lebemann** *m* (*abw*) vividor *m*

leben ['leːbən] *vi, vt* vivir; **bei jdm ~** vivir en casa de alguien; **er hat nicht mehr lange zu ~** no le queda mucho tiempo de vida; **genug zum L~ haben** tener suficiente para vivir; **man lebt nur einmal!** ¡sólo se vive una vez!; **leb wohl!** ¡que te vaya bien!; **es lebe ...!** ¡viva...!; **allein ~** vivir solo; **er lebt über seine Verhältnisse** gasta más de lo que gana; **er lebt von seiner Rente** vive de su pensión; **damit kann ich ~** me las puedo apañar con eso; **damit muss ich ~** tengo que aceptarlo

Leben *nt* <-s, -> vida *f*; (*Existenz*) existencia *f*; (*Bewegtheit*) movimiento *m*; **etw ins ~ rufen** dar vida a algo; **am ~ sein** estar con vida; **das tue ich für mein ~ gern** me encanta hacerlo; **nie im ~** en mi vida; **es geht um ~ und Tod** es un asunto de vida o muerte; **der Mann/die Frau meines ~s** el hombre/la mujer de mi vida; **ums ~ kommen** morir; **mit dem ~ davonkommen** escapar con vida; **etw mit dem ~ bezahlen** pagar algo con la propia vida; **sich** *dat* **das ~ schwer machen** complicarse la vida; **sich mit Betteln durchs ~ schlagen** vivir de la limosna; **am ~ hängen** amar la vida; **um sein ~ laufen** correr para salvar el pellejo; **sich** *dat* **das ~ nehmen** quitarse la vida; **jdm das ~ retten** salvar la vida a alguien; **Geld oder ~!** ¡la bolsa o la vida!; **das öffentliche ~** la vida pública; **das ist wie im richtigen ~** esto parece tomado de la vida real; **~ in etw bringen** animar algo; **daran wird sie zeit ihres ~s denken** se acordará toda su vida

lebend *adj* vivo

lebendig [le'bɛndɪç] *adj* ❶ (*lebend*) vivo; **er ist mehr tot als ~** está más muerto que vivo; ~ **begraben werden** ser enterrado vivo; **Szenen aus seiner Jugendzeit wurden wieder** ~ los recuerdos de su juventud cobraron vida de nuevo ❷ (*lebhaft*) vivo, lleno de vida

Lebendigkeit *f ohne pl* vivacidad *f*

Lebensabend *m* (*geh*) vejez *f;* **Lebensabschnitt** *m* período *m* de la vida; **Lebensalter** *nt* edad *f;* **Lebensaufgabe** *f* tarea *f* de toda una vida; **sich** *dat* **etw zur ~ machen** dedicar su vida a algo; **Lebensbedingungen** *fpl* condiciones *fpl* de vida; **lebensbedrohend** *adj* muy peligroso; **lebensbejahend** *adj* optimista, positivo; **Lebensdauer** *f* ❶ (*von Mensch*) vida *f* ❷ (*von Material, Maschine*) durabilidad *f;* **Lebenselixier** *nt* elixir *m* de la vida; **der Fußball war sein** ~ (*fig*) el fútbol era su vida; **Lebensende** *nt* término *m* de la vida; **bis an mein** ~ hasta el fin de mis días; **Lebenserfahrung** *f ohne pl* experiencia *f* de la vida; **Lebenserinnerungen** *fpl* memorias *fpl;* **Lebenserwartung** *f ohne pl* vida *f* media; **lebensfähig** *adj* viable; **Lebensform** *f* forma *f* de vida; **Lebensfreude** *f* alegría *f* de vivir; **lebensfroh** *adj* contento de la vida; **Lebensgefahr** *f ohne pl* peligro *m* de muerte; **in** ~ **schweben** estar entre la vida y la muerte; **es besteht** ~ existe peligro de muerte; **außer** ~ **sein** estar fuera de peligro; **lebensgefährlich I.** *adj* muy peligroso; (*Verletzung*) mortal **II.** *adv* con peligro de muerte; ~ **verletzt sein** estar seriamente herido; **Lebensgefährte, -in** *m, f* compañero, -a *m, f* de vida; **Lebensgefühl** *nt* estado *m* de ánimo; **Lebensgeister** *mpl:* **jds** ~ (**er**)**wecken** levantar los ánimos de alguien; **Lebensgemeinschaft** *f* ❶ (*Ehe*) vida *f* conyugal ❷ (*nichtehelich*) convivencia *f;* **Lebensgeschichte** *f* historia *f* de una vida; **Lebensgewohnheiten** *fpl* hábitos *mpl;* **lebensgroß** *adj* de tamaño natural

Lebenshaltungskosten *pl* coste *m* de la vida

Lebensjahr *nt* año *m* (de vida); **im zwanzigsten** ~ a los veinte años de edad; **mit vollendetem 18.** ~ con dieciocho años cumplidos; **Lebenslage** *f* situación *f* de la vida; **in jeder** ~ en todas las situaciones de la vida; **lebenslang** *adj* durante toda la vida, de por vida

lebenslänglich *adj* (*Strafe*) perpetuo; „~ "**bekommen** ser condenado a cadena perpetua

Lebenslauf *m* currículum *m* vitae; ~ **des beruflichen Werdegangs** el currículum

profesional; **Lebenslust** *f ohne pl* ganas *fpl* de vivir; **lebenslustig** *adj* vivo

Lebensmittel *ntpl* comestibles *mpl,* alimentos *mpl,* abarrotes *mpl Mex, Cuba;* **Lebensmittelallergie** *f* alergia *f* alimentaria; **Lebensmittelgeschäft** *nt* tienda *f* de comestibles, pulpería *f Am,* abarrote *m Cuba, Mex,* abarrotería *f Guat,* almacén *m CSur;* **Lebensmittelvergiftung** *f* (MED) intoxicación *f* alimenticia

lebensmüde *adj* cansado de la vida; **du bist wohl ~!** (*fam*) ¿pero es que quieres matarte?; **Lebensmut** *m* ánimo *m* para seguir viviendo; **lebensnah** *adj* realista; **Lebensnerv** *m* nervio *m* vital; **lebensnotwendig** *adj* vital; **Lebenspartner(in)** *m(f)* compañero, -a *m, f;* **Lebensqualität** *f ohne pl* calidad *f* de vida; **Lebensraum** *m* espacio *m* vital; (BIOL) biotopo *m;* **Lebensretter(in)** *m(f)* salvador(a) *m(f)* (de una vida); **Lebensstandard** *m* nivel *m* de vida; **Lebensstil** *m* estilo *m* de vida; **Lebensunterhalt** *m* subsistencia *f,* sustento *m;* **seinen** ~ **verdienen** ganarse la vida; **Lebensversicherung** *f* seguro *m* de vida; **Lebenswandel** *m* (modo *m* de) vida *f;* **einen zweifelhaften** ~ **führen** llevar una vida sospechosa; **Lebensweg** *m* vida *f;* **jdm alles Gute für den weiteren** ~ **wünschen** desear a alguien lo mejor para el futuro; **Lebensweise** *f* modo *m* de vivir; **Lebensweisheit** *f* máxima *f;* **Lebenswerk** *nt* obra *f* de la vida; **lebenswert** *adj* que vale la pena vivir; **für jdn ist das Leben nicht mehr** ~ alguien cree que ya no vale la pena seguir viviendo; **lebenswichtig** *adj* vital; (*Güter*) de primera necesidad; **Lebenswille** *m* deseo *m* de vivir; **Lebenszeichen** *nt* señal *f* de vida; (**k**)**ein** ~ (**von sich** *dat*) **geben** (no) dar señales de vida; **Lebenszeit** *f ohne pl* (duración *f* de la) vida *f;* **er ist Beamter auf** ~ es funcionario vitalicio; **Lebensziel** *nt* objetivo *m* vital

Leber ['leːbɐ] *f* <-n> hígado *m;* **frisch von der** ~ **weg reden** (*fam*) hablar con toda franqueza; **Leberfleck** *m* lunar *m;* **Leberkäse** *m* (GASTR) paté *m* de carne horneada; **Leberknödel** *m* (GASTR) albóndiga *f* de hígado; **Leberpastete** *f* (paté *m* de) foie-gras *m;* **Lebertran** ['--traːn] *m* <-s, *ohne pl*> aceite *m* de hígado de bacalao; **Leberwert** *m* (MED) índice *m* hepático; **Leberwurst** *f* paté *m* de hígado; **die beleidigte** ~ **spielen** (*fam*) dárselas de ofendido

Lebewesen *nt* ser *m* vivo

Lebewohl [--'-] *nt* <-(e)s, -s *o* -e> (*geh*) adiós *m;* **jdm** ~ **sagen** despedirse de alguien

lebhaft adj ① (Mensch, Augen) vivaz; (Unterhaltung) animado; (Interesse, Temperament, Farbe) vivo ② (Verkehr, Handel) intenso; **es geht ~ zu** hay una gran actividad ③ (klar, deutlich) claro; **ich kann mich noch ~ daran erinnern, dass ...** aún puedo acordarme vivamente de que...

Lebhaftigkeit f ohne pl viveza f, vivacidad f

Lebkuchen m pan m de especias

Una oblea con forma circular o rectangular sirve de base al **Lebkuchen**. Entre otros ingredientes, la masa del **Lebkuchen** se compone de diferentes especias, como anís, clavo, jengibre y canela, además pueden añadirse opcionalmente frutos secos, como avellanas y almendras, y frutas confitadas. Todo ello le confiere el característico color marrón oscuro. Después de hornearlos se pueden cubrir con chocolate o azúcar glaseado.

leblos adj sin vida, inanimado

Lebtag m (fam): **mein ~** toda mi vida; **mein ~ nicht** en mi vida; **Lebzeiten** pl: **zu jds ~** en vida de alguien

lechzen ['lɛçtsən] vi (geh) ansiar (nach)

leck [lɛk] adj agujereado; (Schiff) que hace agua

Leck [lɛk] nt <-(e)s, -e> vía f de agua

lecken ['lɛkən] I. vt ① (Gefäß) perder agua ② (Schiff) hacer agua II. vt lamer; **sich** dat **die Finger nach etw** fam **~** chuparse los dedos por algo

lecker ['lɛkɐ] adj rico; **Leckerbissen** m exquisitez f

Leckerei [lɛkə'raɪ] f <-en> (GASTR) exquisitez f; (süß) golosina f

Leckermaul nt (fam) goloso, -a m, f

Leder ['le:dɐ] nt <-s, -> ① (Tierhaut) cuero m ② (fam: Fußball) cuero m; **Lederhose** f pantalón m de cuero; **Lederjacke** f chaqueta f de cuero

ledern ['le:dɐn] adj de cuero

Lederriemen m correa f de cuero, tiento m Am; **Lederwaren** fpl artículos mpl de cuero

ledig ['le:dɪç] adj ① (unverheiratet) soltero ② (geh: frei) libre (+gen de)

lediglich ['le:dɪklɪç] adv sólo, únicamente

leer [le:ɐ] adj ① (ohne Inhalt) vacío; (unbe-

schrieben) en blanco; (Zimmer) no amueblado; **mit ~en Händen dastehen** encontrarse con las manos vacías; **den Teller ~ essen** vaciar el plato; **~ ausgehen** quedarse con las ganas; **mit ~em Magen** en ayunas ② (nichts sagend) vano

Leere ['le:rə] f ohne pl vacío m; (Substanzlosigkeit) vacuidad f; **es herrschte gähnende ~** no había ni un alma; **ins ~ starren** mirar al vacío

leeren ['le:rən] I. vt (Behälter) vaciar; (Glas) apurar; (Briefkasten) recoger las cartas; **die Essensreste in den Mülleimer ~** echar los restos de comida a la basura II. vr: **sich ~** vaciarse

Leergut nt ohne pl envase m retornable, casco m fam; **Leerlauf** m ohne pl (a. fig AUTO) punto m muerto; **Leertaste** f espaciador m

Leerung f <-en> vaciado m; (von Briefkästen) recogida f

Lefze ['lɛftsə] f <-n> belfo m

legal [le'ga:l] adj legal

legalisieren[*] [legali'zi:rən] vt legalizar

Legalität [legali'tɛ:t] f ohne pl legalidad f; **außerhalb der ~ liegen** estar al margen de la legalidad

Legastheniker(in) [legas'te:nikɐ] m(f) <-s, -; -nen> disléxico, -a m, f

legen ['le:gən] I. vt ① (allgemein) poner; (hin~) colocar (horizontalmente); **das Buch auf den Tisch ~** poner el libro encima de la mesa; **er legte ihm den Arm um die Schultern** le echó el brazo por encima del hombro; **er legte die Stirn in Falten** frunció el ceño; **etw aus der Hand ~** soltar algo ② (Fliesen) poner; (Leitungen) instalar; (Schienen, Minen) colocar ③ (Feuer) prender; (Karten) echar; (Eier) poner; **waschen und ~** (Haare) lavar y marcar ④ (Wend): **jdm etw nahe ~** (vorschlagen) sugerir algo a alguien; (empfehlen) recomendar algo a alguien II. vr: **sich ~** ① (sich hin~) tenderse; **sich schlafen ~** acostarse; **sich in die Sonne ~** tenderse al sol; **sich ins Bett ~** acostarse; **sich auf den Bauch/auf den Rücken ~** ponerse boca abajo/boca arriba ② (Lärm, Kälte) disminuir; (Zorn, Begeisterung) amainar; (Sturm) calmarse ③ (befallen) depositarse (auf en)

legendär [legɛn'dɛ:ɐ] adj legendario

Legende [le'gɛndə] f <-n> leyenda f

leger [le'ʒe:ɐ] adj desenvuelto

Leggings ['lɛgɪŋs] pl leggings mpl

Legierung f <-en> aleación f

Legion [le'gjo:n] f <-en> legión f

Legionär [legjo'nɛ:ɐ] m <-s, -e> legionario *m*

Legislative [legɪslaˈtiːvə] *f* <-n> (POL) ❶ (*gesetzgebende Gewalt*) poder *m* legislativo ❷ (*Versammlung*) asamblea *f* legislativa

Legislaturperiode [legɪslaˈtuːɐ-] *f* legislatura *f*

legitim [legiˈtiːm] *adj* legítimo

Legitimation [legitimaˈtsjoːn] *f* <-en> ❶ (*Berechtigung*) legitimación *f* ❷ (*Erlaubnis*) autorización *f*

legitimieren* [legitiˈmiːrən] I. *vt* ❶ (*legitim erklären*) legitimar ❷ (*erlauben*) autorizar II. *vr:* **sich ~** identificarse

Legitimität [legitimiˈtɛːt] *f ohne pl* legitimidad *f*

Leguan [ˈleːguaːn] *m* <-s, -e> (ZOOL) iguana *f*, basilisco *m Am*

Lehm [leːm] *m* <-(e)s, -e> barro *m*

lehmig *adj* barroso

Lehne [ˈleːnə] *f* <-n> apoyo *m;* (*Arm~*) brazo *m;* (*Rücken~*) respaldo *m*

lehnen [ˈleːnən] I. *vi* estar apoyado (*an* en) II. *vt* apoyar (*an/gegen* en) III. *vr:* **sich ~** apoyarse (*an/gegen* en), arrimarse (*an/gegen* a); **er lehnt sich aus dem Fenster** se asoma por la ventana

Lehnstuhl *m* butaca *f*

Lehramt [ˈleːɐ-] *nt* docencia *f*, carrera *f* docente; **auf ~ studieren** estudiar para ser profesor de enseñanza media; **Lehranstalt** *f* (*formal*) instituto *m* de enseñanza; **Lehrbeauftragte(r)** *mf* encargado, -a *m*, *f* de (un) curso; **Lehrberuf** *m* profesión *f* docente; **Lehrbuch** *nt* libro *m* de texto

Lehre [ˈleːrə] *f* <-n> ❶ (*Ausbildung*) aprendizaje *m;* **in der ~ sein** estar de aprendiz ❷ (*Theorie*) teoría *f;* (*Wissenschaft*) ciencia *f;* (REL, PHILOS) doctrina *f* ❸ (*Erfahrung*) lección *f;* **eine ~ aus etw** *dat* **ziehen** sacar una conclusión de algo; **lass dir das eine ~ sein** que te sirva esto de lección ❹ (TECH) calibrador *m*

lehren [ˈleːrən] *vt* (*beibringen*) enseñar; (*unterrichten*) instruir; (SCH, UNIV) dar clases (de); **er lehrt die Kinder das Malen** instruye a los niños en pintura; **die Geschichte lehrt uns, dass ...** la historia nos enseña que...

Lehrer(in) *m(f)* <-s, -; -nen> profesor(a) *m(f)*

Lehrfach *nt* asignatura *f;* **Lehrgang** *m* <-(e)s, -gänge> curso *m*, cursillo *m;* **er ist auf einem ~** está haciendo un cursillo

Lehrgeld *nt:* **~ zahlen** pagar caro el aprendizaje

lehrhaft *adj* educativo; (*didaktisch*) didáctico

Lehrjahr *nt* año *m* de aprendizaje; **er ist im zweiten ~** está en el segundo año de aprendizaje; **Lehrkörper** *m* cuerpo *m* docente; **Lehrkraft** *f* profesor(a) *m(f)*

Lehrling *m* <-s, -e> aprendiz(a) *m(f)*, cadete *mf CSur*, peón *m Mex*

Lehrmittel *ntpl* (SCH) material *m* didáctico; **Lehrplan** *m* plan *m* de estudios; **lehrreich** *adj* instructivo; **Lehrsatz** *m* teorema *m;* **Lehrstelle** *f* puesto *m* de aprendiz; **Lehrstoff** *m* materia *f* de enseñanza; **Lehrstuhl** *m* cátedra *f* (*für* de); **Lehrvertrag** *m* contrato *m* de aprendizaje; **Lehrzeit** *f* tiempo *m* de aprendizaje

Leib [laɪp] *m* <-(e)s, -er> (*geh*) ❶ (*Körper*) cuerpo *m;* **bei lebendigem ~e** en vivo; **etw am eigenen ~e erfahren** vivir algo en su propia piel; **jdm auf den ~ rücken** (*fam*) acosar a alguien; **mit ~ und Seele** con apasionamiento; **sich** *dat* **jdn vom ~e halten** (*fam*) mantener a alguien a distancia; **sich** *dat* **jdn vom ~e schaffen** (*fam*) quitarse de encima a alguien; **die Rolle ist ihr wie auf den ~ geschrieben** el papel le viene a la medida; **einer Aufgabe zu ~e rücken** poner manos a la obra ❷ (*Bauch*) vientre *m;* **Leibarzt, -ärztin** *m*, *f* médico, -a *m*, *f* de cámara

leiben [ˈlaɪbən] *vi:* **wie er/sie leibt und lebt** tal como lo/la conocemos

Leibeskräfte *fpl:* **aus/nach ~n** a más no poder; **Leibesübungen** *fpl* (*formal*) (clase *f* de) deporte *m;* **Leibesvisitation** *f* cacheo *m*

Leibgarde *f* guardia *f* de corps; **Leibgericht** *nt* plato *m* favorito

leibhaftig [-'--] *adj* en persona; **der L~e** el diablo

leiblich *adj* ❶ (*körperlich*) corporal, físico; **das ~e Wohl** el bienestar físico ❷ (*blutsverwandt*) carnal

Leibspeise *f* plato *m* favorito; **Leibwache** *f* guardia *f* personal; **Leibwächter(in)** *m(f)* guardaespaldas *mf inv*, capanga *m CSur*

Leiche [ˈlaɪçə] *f* <-n> cadáver *m;* **er geht über ~n** (*abw*) no tiene escrúpulos; **Leichenbegräbnis** *nt* entierro *m;* **Leichenbeschauer(in)** *m(f)* <-s, -; -nen> forense *mf;* **Leichenbittermiene** *f* (*fam*) cara *f* larga; **leichenblass** [-'--] *adj* pálido como un muerto; **Leichenhalle** *f* depósito *m* de cadáveres; **Leichenschändung** *f* profanación *f* de cadáveres

Leichenschauhaus *nt* morgue *f*, afaduría *f Mex*

Leichenschmaus *m* convite *m* del funeral; **Leichenstarre** *f* rigidez *f* cadavérica; **Lei-**

chenverbrennung f incineración f de cadáveres; **Leichenwagen** m coche m fúnebre; **Leichenzug** m (geh) cortejo m fúnebre

Leichnam ['laɪçnaːm] m <-s, -e> (geh) cadáver m

leicht [laɪçt] I. adj ❶ (an Gewicht) ligero; ~ **gekleidet sein** ir vestido con ropa ligera; ~ **e Kost** comida ligera; **etw ~ en Herzens tun** hacer algo a la ligera ❷ (unkompliziert) fácil; (einfach) sencillo; **etw mit ~ er Hand erledigen** efectuar algo con facilidad; **nichts ~ er als das!** ¡nada más fácil! ❸ (schwach) leve; **ein ~ er Regen** una lluvia fina II. adv ❶ (schnell) con facilidad; (einfach) fácil; **er ist ~ beleidigt** se ofende con facilidad; ~ **zerbrechlich** muy frágil; ~ **zu bedienen** de fácil manejo; **sich** dat **etw zu ~ machen** tomarse algo a la ligera; **das passiert mir so ~ nicht wieder** eso no me volverá a ocurrir con tanta facilidad; **so ~ kriegt ihr mich nicht** no me vais a pillar tan fácilmente; **du hast ~ reden** tú (bien) puedes hablar; **das ist ~ er gesagt als getan** eso se dice pronto ❷ (gering) poco; ~ **gesalzen** poco salado; ~ **erkältet** levemente acatarrado

Leichtathlet(in) m(f) atleta mf

Leichtathletik f ohne pl atletismo m

Leichtathletin f s. **Leichtathlet**

leichtfertig adj (abw) frívolo; (unvorsichtig) imprudente; (gedankenlos) temerario; (unüberlegt) irreflexivo; **etw ~ aufs Spiel setzen** poner algo en juego sin pensar; **Leichtgewicht** nt (SPORT) peso m ligero; **leichtgläubig** adj crédulo; **Leichtgläubigkeit** f ohne pl credulidad f

leichthin ['-'-] adv sin pensar, a la ligera

Leichtigkeit f ohne pl ❶ (Gewicht) poco peso m ❷ (Mühelosigkeit) facilidad f; **mit ~** con facilidad

leichtlebig adj frívolo; (unbekümmert) despreocupado

Leichtmetall nt metal m ligero; **Leichtsinn** m ohne pl (Unvorsichtigkeit) imprudencia f; (Unbesonnenheit) irreflexión f; **leichtsinnig** I. adj (unverantwortlich) irresponsable; (sorglos) despreocupado; (unklug) insensato II. adv sin cuidado; **mit etw** dat **umgehen** tratar algo sin cuidado; **Leichtsinnigkeit** f ohne pl s. **Leichtsinn**

leid [laɪt] adv: **ich bin es ~** (fam) estoy harto

Leid [laɪt] nt <-(e)s, ohne pl> ❶ (Kummer) pena f; (Leiden) sufrimiento m; **Freud und ~ miteinander teilen** compartir lo bueno y lo malo; **jdm sein ~ kla-**

gen confiar a alguien sus penas ❷ (Unglück) desgracia f; (Unrecht) mal m; **jdm ein ~ zufügen** causar daño a alguien ❸ (Wend): **es tut mir ~, dass ...** siento que... +subj; **tut mir ~!** ¡lo siento!; **er tut mir ~** me da pena; **das wird dir noch ~ tun** esto lo vas a sentir

leiden ['laɪdən] <leidet, litt, gelitten> I. vi sufrir (an de, unter con) II. vt (erdulden) sufrir; **Hunger ~** pasar hambre; **Not ~** vivir en la miseria; **ich kann sie (nicht) ~** (no) me caen bien; **das kann ich nicht ~!** ¡eso no me gusta!; **er kann es nicht ~, wenn ...** no le gusta que... +subj

Leiden ['laɪdən] nt <-s, -> ❶ (allgemein) sufrimiento m, padecimiento m; (Schmerz) dolor m ❷ (Krankheit) enfermedad f, maleza f Nic

leidend adj ❶ (geplagt) atormentado; **der Kranke warf mir einen ~ en Blick zu** el enfermo me miró con cara de sufrimiento ❷ (chronisch krank): ~ **sein** padecer una enfermedad crónica

Leidenschaft f <-en> ❶ (emotional) pasión f (für por) ❷ (für Tätigkeit) afición f; **Gärtner aus ~** jardinero por afición

leidenschaftlich I. adj apasionado; (begeistert) entusiasmado II. adv con pasión; **jdn ~ lieben** amar apasionadamente a alguien; ~ **gern Fahrrad fahren** ser un ciclista apasionado

leidenschaftslos adj ❶ (emotional) desapasionado ❷ (sachlich) objetivo

Leidensgefährte, -in m, f compañero, -a m, f de infortunio; **Leidensgenosse, -in** m, f compañero, -a m, f de fatigas; **Leidensmiene** f cara f de pena; **eine ~ aufsetzen** poner cara de pena

leider ['laɪdɐ] adv por desgracia; **ich kann ~ nicht kommen** desgraciadamente no puedo ir; ~ **Gottes!** ¡por desgracia!

leidig adj (ärgerlich) enojoso; (lästig) molesto; (unangenehm) desagradable; **das ~ e Geld** el maldito dinero

Leidtragende(r) mf <-n, -n; -n> perjudicado, -a m, f; (Opfer) víctima f

leidvoll adj (geh) doloroso

Leidwesen nt: **zu meinem ~** muy a pesar mío

Leier ['laɪɐ] f <-n> ❶ (MUS) lira f ❷ (abw: Klage) cantinela f; **es ist immer die alte ~** (fam) es siempre la misma canción; **Leierkasten** m (fam) organillo m

leiern ['laɪɐn] vt (fam: Gedichte) recitar de carretilla

Leihbibliothek f, **Leihbücherei** f biblioteca f de préstamo

leihen ['laɪən] <leiht, lieh, geliehen> vt

❶ (*aus~*) prestar; **kannst du mir 20 Euro ~?** ¿me puedes prestar 20 euros? ❷ (*ent~*) tomar prestado (*von* de)

Leihfrist *f* plazo *m* de préstamo; **Leihgabe** *f* préstamo *m;* **Leihgebühr** *f* alquiler *m,* flete *m Am;* **Leihhaus** *nt* monte *m* de piedad, agencia *f Chil;* **Leihmutter** *f* madre *f* de alquiler; **Leihwagen** *m* coche *m* de alquiler

leihweise *adv* como préstamo

Leim [laɪm] *m* <-(e)s, -e> cola *f,* almidón *m Mex;* **aus dem ~ gehen** (*fam*) romperse; **auf den ~ gehen** (*fam*) caer en la trampa

leimen *vt* ❶ (*kleben*) encolar, pegar ❷ (*fam: hereinlegen*) engañar

Leine ['laɪnə] *f* <-n> cuerda *f;* (*Wäsche~*) cuerda *f* de tender; (*Hunde~*) correa *f;* **zieh ~!** (*fam*) ¡lárgate!

leinen ['laɪnən] *adj* de lino

Leinen *nt* <-s, -> ❶ (*Faser*) hilaza *f;* (*Gewebe*) lino *m;* **aus ~** de lino ❷ (*Bucheinband*) tela *f*

Leinsamen *m* linaza *f*

Leintuch *nt* (*reg*) sábana *f*

Leinwand[1] *f* ❶ (*zum Malen*) lienzo *m* ❷ (FILM) pantalla *f*

Leinwand[2] *f ohne pl* (*Gewebe*) tela *f* de lino

Leipzig ['laɪptsɪç] *nt* <-s> Leipzig *m*

leise ['laɪzə] **I.** *adj* ❶ (*still*) silencioso; (*Radio, Stimme*) bajo; (*Geräusch, Schritt*) ligero; **bei der ~sten Berührung** con el menor roce ❷ (*in Andeutungen*) vago; **nicht die ~ste Ahnung haben** no tener ni la más remota idea **II.** *adv* ❶ (*still*) sin (hacer) ruido; (*mit ~r Stimme*) en voz baja; **sprich etwas ~r!** ¡habla un poco más bajo!; **das Radio ~r stellen** bajar la radio ❷ (*sanft*) suavemente

Leiste ['laɪstə] *f* <-n> ❶ (*Rand~*) filete *m;* (*Fuß~*) zócalo *m;* (*Zier~*) listel *m* ❷ (ANAT) ingle *f*

leisten ['laɪstən] *vt* ❶ (*tun, schaffen*) hacer; (*hervorbringen*) producir; **gute Arbeit ~** hacer un buen trabajo ❷ (*Maschine, Motor*) rendir ❸ (*Hilfe, Eid*) prestar; (*Zahlung*) efectuar; **eine Unterschrift ~** firmar algo; **jdm Gesellschaft ~** hacer compañía a alguien ❹ (*fam: sich gönnen*) comprar(se); **sich** *dat* **etw ~ können** poder permitirse algo ❺ (*Frechheit*) permitir(se); (*Fehler*) cometer

Leistenbruch *m* (MED) hernia *f* inguinal

Leistung[1] *f ohne pl* (*Ausführung*) ejecución *f;* (*Bezahlung*) pago *m*

Leistung[2] *f* <-en> ❶ (SPORT: *das Geleistete*) rendimiento *m;* (*Arbeit*) trabajo *m;* (*Ergebnis*) resultado *m;* **eine große ~**

vollbringen conseguir un resultado excelente; **seine schulischen ~en haben nachgelassen** su rendimiento escolar ha disminuido; **die Bezahlung erfolgt nach ~** se paga a destajo ❷ (*von Maschine, Fabrik*) prestación *f;* (*von Motor*) potencia *f* ❸ (*Wirksamkeit*) eficacia *f* ❹ (*Betrag*) contribución *f*

Leistungsdruck *m* estrés *m;* **hohem ~ ausgesetzt sein** tener mucho stress; **leistungsfähig** *adj* productivo; (*tüchtig*) eficiente; (*Motor*) potente; **Leistungsfähigkeit** *f ohne pl* eficiencia *f;* (*von Motor*) potencia *f;* (*von Fabrik*) productividad *f;* **Leistungsgesellschaft** *f* sociedad *f* competitiva; **Leistungskurs** *m* (SCH) asignatura *f* principal, ≈optativa *f;* **Leistungsnachweis** *m* (SCH, UNIV) certificado *m;* **leistungsschwach** *adj* de bajo rendimiento; **Leistungssport** *m* deporte *m* de competición; **leistungsstark** *adj* potente

Leistungsträger[1] *m* (WIRTSCH) entidad *f* prestataria

Leistungsträger(in)[2] *m(f)* (SPORT) jugador(a) *m(f)* decisivo, -a

Leistungsvermögen *nt* (WIRTSCH) capacidad *f* de rendimiento

Leitartikel *m* (PUBL) editorial *m;* **Leitbild** *nt* ideal *m,* modelo *m*

leiten ['laɪtən] *vt* ❶ (*verantwortlich ~*) dirigir; (*Vorsitz haben*) presidir; (*Diskussion*) moderar ❷ (*führen*) llevar; (*um~*) desviar; **etw in die Wege ~** iniciar los trámites de algo; **sich von etw** *dat*/**jdm ~ lassen** dejarse llevar por algo/alguien ❸ (TECH, PHYS) conducir

leitend *adj* ❶ (*führend*) director, dirigente; **~e Position** cargo dirigente; **~er Angestellter** miembro de la directiva; **der ~e Gedanke** la idea central ❷ (PHYS) conductor; **nicht ~** no conductor

Leiter[1] *f* <-n> escalera *f;* (*Steh~*) escalera *f* de tijera; (*Tritt~*) escalerilla *f;* (*Strick~*) escala *f* de cuerda; **auf eine ~ steigen** subir a una escalera

Leiter[2] ['laɪtɐ] *m* <-s, -> (PHYS, TECH) conductor *m*

Leiter(in)[3] *m(f)* <-s, -; -nen> director(a) *m(f);* (*Kurs~*) profesor(a) *m(f);* **kaufmännische/technische ~in** directora comercial/técnica; **der ~ der Diskussion** el moderador del debate

Leitfaden *m* manual *m;* **Leitfähigkeit** *f ohne pl* (PHYS: *für Wärme*) conductibilidad *f;* (*für Strom*) conductividad *f;* **Leitgedanke** *m* idea *f* central; **Leithammel** *m* ❶ (*von Herde*) (carnero *m*) manso *m* ❷ (*abw: Anführer*) cabecilla *mf;* **Leit-**

linie¹ f (POL, WIRTSCH) línea f maestra;
Leitlinie² f (Grundsatz) pauta f; **Leitmotiv** nt leitmotiv m; **Leitplanke** f valla
f protectora; **Leitsatz** m principio m; **Leit-
spruch** m lema m; **Leitstelle** f central f
Leitung¹ f <-en> ❶ (Rohr~) tuberías fpl;
(Wasser~) cañerías fpl ❷ (ELEK, TEL) línea f;
(Kabel) cable m; **eine lange ~ haben**
(fam) tener malas entendederas ❸ (Füh-
rungsgruppe) junta f directiva
Leitung² f ohne pl (Führung) dirección f;
(Geschäfts~) gerencia f; (Vorsitz) presiden-
cia f; **unter der ~ von ...** bajo la dirección
de...
Leitungskabel nt (ELEK) cable m con-
ductor; **Leitungsrohr** nt tubo m; **Lei-
tungswasser** nt ohne pl agua f del grifo
Leitwährung f (WIRTSCH) dinero m patrón;
Leitwolf m (fig) líder mf; **Leitzins** m
(WIRTSCH) interés m básico
Lektion [lɛkˈtsjoːn] f <-en> lección f; **jdm
eine ~ erteilen** dar una lección a alguien
Lektor(in) [ˈlɛktoːɐ] m(f) <-s, -en; -nen>
(Verlag, a. SCH, UNIV) lector(a) m(f)
Lektorat [lɛktoˈraːt] nt <-(e)s, -e> (Verlag,
a. SCH, UNIV) lectorado m
Lektorin f <-nen> s. Lektor
Lektüre [lɛkˈtyːrə] f ohne pl lectura f
Lende [ˈlɛndə] f <-n> ❶ (ANAT) región f
lumbar ❷ (beim Schlachtvieh) lomo m;
Lendenschurz [-ʃʊrts] m taparrabos m
inv; **Lendenstück** nt (GASTR) solomillo m
lenkbar adj ❶ (Gegenstände) dirigible
❷ (Menschen) dócil
lenken [ˈlɛŋkən] vt ❶ (Fahrzeug) conducir,
manejar Am; (Schiff) gobernar; (Flugzeug)
pilotar ❷ (führen) dirigir; (Staat) gobernar
❸ (steuern) dirigir; (in bestimmte Richtung) encauzar; **ein Gespräch auf ein
anderes Thema ~** llevar una conversación por otros derroteros; **die Aufmerksamkeit auf sich ~** dirigir la atención
sobre sí mismo; **jds Blicke auf sich ~**
atraer las miradas de alguien (sobre sí)
Lenker¹ m <-s, -> (AUTO) volante m; (am
Fahrrad) manillar m, manubrio m Arg
Lenker(in)² m(f) <-s, -; -nen> conductor(a)
m(f)
Lenkrad nt volante m, guía f PRico; **Lenkstange** f manillar m
Lenkung¹ f <-en> (AUTO) dirección f
Lenkung² f ohne pl (das Lenken) manejo
m; (eines Staates) gobierno m
Lenz [lɛnts] m <-es, -e> (geh) primavera f;
sich dat **einen schönen ~ machen** (fam
abw) no dar palo (al agua)
Leopard [leoˈpart] m <-en, -en> (ZOOL) leo-
pardo m

Lepra [ˈleːpra] f ohne pl lepra f; **Lepra-
kranke(r)** mf leproso, -a m, f
lepros adj, **leprös** adj leproso
Lerche [ˈlɛrça] f <-n> (ZOOL) alondra f
lernbegierig adj aplicado; **lernbehin-
dert** adj impedido para aprender; **Lernei-
fer** m aplicación f
lernen [ˈlɛrnən] **I.** vi ❶ (Erfahrung sammeln) aprender (aus de) ❷ (Wissen aneignen) estudiar; **ich muss noch für die
Prüfung ~** aún tengo que estudiar para el
examen **II.** vt ❶ (Fertigkeit) aprender (von
de); **Schreibmaschine/Spanisch** ~
aprender mecanografía/español; **etw auswendig ~** aprender algo de memoria;
schwimmen/tanzen ~ aprender a
nadar/a bailar; **gelernt ist gelernt** lo
aprendido queda para siempre; **das will
gelernt sein!** ¡espera que lo aprendas!;
von dem kannst du noch etwas ~ éste
te puede servir de ejemplo; **der wird's nie
~!** ¡no aprenderá en la vida! ❷ (Beruf,
Handwerk) aprender (para); (einzelner
Beruf) estudiar (para)
lernfähig adj capaz de aprender
Lernfähigkeit f capacidad f de aprendizaje; **Lernprogramm** nt (INFOR) programa
m tutor; **Lernprozess** m proceso m de
aprendizaje; **Lernsoftware** f (INFOR) s.
Lernprogramm; **Lernziel** nt objetivo m
del aprendizaje
Lesart [ˈleːsʔaːɐt] f <-en> ❶ (Fassung) versión f; (andere ~) variante f ❷ (Deutung)
versión f
lesbar adj legible
Lesbe [ˈlɛsbə] f <-n>, **Lesbierin** [ˈlɛsbiəriːn]
f <-nen> lesbiana f
lesbisch adj lesbio
Lese [ˈleːzə] f <-n> cosecha f; (Wein~) vendimia f
Lesebrille f gafas fpl para leer; **Lesebuch**
nt libro m de lectura; **Lesegerät** nt (INFOR)
dispositivo m de lectura; **Leselampe** f
lámpara f para lectura
lesen [ˈleːzən] <liest, las, gelesen> **I.** vi
❶ (allgemein) leer; **fließend ~** leer de corrido; **jdm aus der Hand ~** leer(le) a alguien la mano ❷ (UNIV) dar clase (über de)
II. vt ❶ (allgemein) leer; (Messe) celebrar;
Zeitung ~ leer el periódico; **in der Zeitung ist zu ~, dass ...** en el periódico
pone que...; **jds Gedanken ~** leer el pensamiento de alguien ❷ (ernten) (re)coger;
Trauben ~ vendimiar
lesenswert adj digno de leer
Leser(in) m(f) <-s, -; -nen> lector(a) m(f)
Leseratte f (fam) ratón m de biblioteca
Leserbrief m carta f al director

Leserin *f* <-nen> *s.* **Leser**

Leserkreis *m* círculo *m* de lectores

leserlich *adj* legible; **gut ~ e Schrift** letra clara

Leserschaft *f* <-en> lectores *mpl*

Lesesaal *m* sala *f* de lectura; **Lesestoff** *m* lectura *f;* **Lesezeichen** *nt* señal *f* de lectura; (INFOR) marcador *m,* marca *f; Lesezirkel* *m* círculo *m* de lectores

Lesung *f* <-en> (*a.* POL) lectura *f*

Lette, **-in** ['lɛtə] *m, f* <-n, -n; -nen> letón, -ona *m, f*

Letter ['lɛtɐ] *f* <-n> ❶ (*Druckbuchstabe*) letra *f* de molde ❷ (TYPO) tipo *m* (de imprenta)

Lettin *f* <-nen> *s.* **Lette**

lettisch *adj* letón

Lettland *nt* Letonia *f*

Letzt [lɛtst] *f:* **zu guter ~** por último

letzte(r, s) [lɛtstə] *adj* ❶ (*in Reihenfolge*) último; (*abschließend*) final; **L~r werden** quedar el último; **als L~r ankommen/weggehen/fertig werden** llegar/salir/terminar el último; **auf dem ~ n Platz liegen** estar en último lugar; **du bist der L~, dem ich es sagen würde** eres el último a quien se lo diría; **der L~ des Monats** el último día del mes; **den L~n beißen die Hunde** (*prov*) a los últimos les toca la peor parte; **die L~n werden die Ersten sein** (*prov*) los últimos serán los primeros ❷ (*äußerste, neueste, zeitlich*) último; **in ~r Zeit** últimamente; **der ~ Schrei** (*fig*) el último grito; **bis aufs L~** totalmente; **etw bis ins L~ kennen** conocer algo como la palma de la mano; **bis zum L~n gehen** dar lo máximo ❸ (*schlecht*) peor; **das ist doch das L~!** (*fam*) ¡es lo último!

letztendlich ['-'--] *adv* a fin de cuentas, finalmente

letztens ['lɛtstəns] *adv* ❶ (*kürzlich*) hace poco (tiempo) ❷ (*zum Schluss*) por último; **drittens und ~** tercero y último

letztlich *adv* por último

letztmalig **I.** *adj* último **II.** *adv* por última vez

Leuchtboje *f* (NAUT) boya *f* luminosa

Leuchte ['lɔɪçtə] *f* <-n> ❶ (*Lampe*) lámpara *f* ❷ (*fam: kluger Mensch*) lumbrera *f*

leuchten ['lɔɪçtən] *vi* ❶ (*Licht geben*) dar luz; (*Lampe*) estar encendido ❷ (*erhellen*) iluminar; (*be~*) alumbrar (*in*) **leuchte hierher!** ¡ilumina aquí!; **leuchte einmal (mit der Lampe) in die Ecke** alumbra el rincón (con la lámpara) ❸ (*glänzen*) resplandecer; (*strahlen*) brillar; (*Farbe*) ser brillante

leuchtend *adj* luminoso; (*glänzend*) bri-

llante; (*strahlend*) radiante; **ein ~es Beispiel** un ejemplo magnífico

Leuchter *m* <-s, -> (*Kerzen~*) candelabro *m;* (*Kron~*) araña *f*

Leuchtfarbe *f* color *m* fosforescente; **Leuchtfeuer** *nt* fanal *m;* **Leuchtkäfer** *m* (ZOOL) luciérnaga *f,* cocuyo *m Am;* **Leuchtkraft** *f ohne pl* luminosidad *f;* **Leuchtrakete** *f* cohete *m* de señalización; **Leuchtreklame** *f* anuncio *m* luminoso; **Leuchtschrift** *f* letra *f* luminosa; **Leuchtsignal** *nt* señal *f* luminosa; **Leuchtturm** *m* faro *m;* **Leuchtziffernblatt** *nt* esfera *f* luminosa

leugnen ['lɔɪgnən] *vi, vt* negar; **es ist nicht zu ~, dass ...** no se puede negar que...

Leugnung *f* <-en> negación *f*

Leukämie [lɔɪkɛ'mi:] *f* <-n> (MED) leucemia *f*

Leumund *m ohne pl* reputación *f*

Leute ['lɔɪtə] *pl* gente *f;* **arme/reiche ~** gente pobre/rica; **es waren kaum ~ da** no había casi nadie; **es waren ungefähr 30 ~ da** había unas 30 personas; **etw unter die ~ bringen** (*fam*) divulgar algo; **du solltest mal wieder unter die ~ gehen** deberías tratar con gente; **ich kenne meine ~** conozco a mi gente; **die kleinen ~** la gente de la calle; **was sollen die ~ denken?** (*fam*) ¿qué va a pensar la gente?

Leuteschinder(in) *m(f)* (*abw*) negrero, -a *m, f fam*

Leutnant ['lɔɪtnant] *m* <-s, -s> (MIL) subteniente *m*

leutselig ['lɔɪtze:lɪç] *adj* campechano

Level ['lɛvəl] *m* <-s, -s> (*geh*) rango *m,* nivel *m*

Leviten [le'vi:tən] *pl* (*fam*): **jdm die ~ lesen** cantar a alguien las cuarenta

Lexika *pl von* **Lexikon**

lexikalisch [lɛksi'ka:lɪʃ] *adj* ❶ (*das Lexikon betreffend*) enciclopédico ❷ (LING) lexicológico

Lexiken *pl von* **Lexikon**

Lexikon ['lɛksikɔn] *nt* <-s, Lexika *o* Lexiken> enciclopedia *f;* **ein wandelndes ~ sein** ser una enciclopedia viviente

lfd. *Abk. von* **laufend** en curso

Liaison [ljɛ'zõ:] *f* <-s> ❶ (*geh: Liebesverhältnis*) lío *m* (amoroso) ❷ (LING) enlace *m*

Liane [li'a:nə] *f* <-n> (BOT) liana *f*

Libanese, **-in** [liba'ne:zə] *m, f* <-n, -n; -nen> libanés, -esa *m, f*

libanesisch *adj* libanés

Libanon ['li:banɔn] *m* <-s> (el) Líbano *m*

Libelle [li'bɛlə] *f* <-n> ❶ (ZOOL) libélula *f,* aguacil *m CSur* ❷ (*an Wasserwaage*) nivel

m de burbuja
liberal [libe'ra:l] *adj* liberal
liberalisieren* [liberali'zi:rən] *vt* liberalizar
Liberalisierung *f* <-en> liberalización *f*
Liberalismus [libera'lısmʊs] *m* <-, *ohne
pl*> liberalismo *m*
Liberia [li'be:ria] *nt* <-s> Liberia *f*
Liberianer(in) [liberi'a:nɐ] *m(f)* <-s, -;
-nen> liberiano, -a *m, f*
liberianisch *adj* liberiano
Libero ['li:bero] *m* <-s, -s> (*Fußball*) líbero
m
Libido [li'bi:do, '---] *f ohne pl* (PSYCH) libido *f*
Libyen ['li:byən] *nt* <-s> Libia *f*
Libyer(in) *m(f)* <-s, -; -nen> libio, -a *m, f*
libysch ['li:byʃ] *adj* libio
licht [lıçt] *adj* ❶ (*geh: hell*) claro, luminoso;
am ~en Tag (*geh*) en pleno día ❷ (*Haar*)
ralo ❸ (TECH) interior
Licht [lıçt] *nt* <-(e)s, -er> luz *f;* **das ~
anmachen/ausmachen** encender/apa-
gar la luz; **das ~ der Welt erblicken**
(*geh*) venir al mundo, ver la luz; **das ~ der
Öffentlichkeit scheuen** evitar la publicidad; **sein ~ unter den Scheffel stellen**
quitarse méritos; **~ in eine Sache bringen** aclarar un asunto; **etw ans ~ bringen**
sacar algo a la luz; **für etw grünes ~
geben** (*fig*) dar luz verde a algo, dar el
okey a algo *Am;* **etw ins rechte ~ rücken**
poner algo de relieve; **so erscheint die
Sache in einem (ganz) anderen ~** vién-
dolo de esta manera la cosa cambia mucho;
jdn hinters ~ führen engañar a alguien;
das ewige ~ (REL) la luminaria; **Lichtan-
lage** *f* (ELEK) instalación *f* del alumbrado;
Lichtbild *nt* (*formal*) foto(grafía) *f;* **Licht-
blick** *m* rayo *m* de esperanza; **lichtdurchlässig** *adj* transparente; **Lichtef-
fekt** *m* (PHYS) efecto *m* de la luz; **Lichtein-
wirkung** *f* (PHYS, TECH) influjo *m* de la luz;
lichtempfindlich *adj* ❶ (*Haut*) sensible
a la luz ❷ (FOTO) fotosensible
lichten ['lıçtən] **I.** *vt* ❶ (*Wald*) aclarar
❷ (NAUT): **die Anker ~** levar anclas **II.** *vr:*
sich ~ (*Nebel, Wolken*) disiparse;
(*Bestände*) disminuir; (*Haare*) ralear;
(*Angelegenheit*) aclarar; **die Reihen ~
sich** las filas se ven diezmadas
Lichterkette *f* (POL) *cadena humana con
velas en signo de protesta*
lichterloh ['lıçtɐ'lo:] *adv:* **~ brennen** arder
en llamas
Lichtermeer *nt* mar *m* de luces
Lichtgeschwindigkeit *f ohne pl* velocidad
f de la luz; **Lichtgriffel** *m* <-s, -> (INFOR)
lápiz *m* óptico [*o* ratón]; **Lichthupe** *f* avi-

sador *m* luminoso; **Lichtjahr** *nt* (ASTR) año
m luz; **Lichtmaschine** *f* (AUTO) dínamo *f;*
Lichtmast *m* poste *m* de la luz
Lichtmess ['lıçtmɛs] *ohne art inv* (REL)
(fiesta *f* de la) candelaria *f*
Lichtorgel *f* batería *f* (de luces); **Lichtquelle** *f* fuente *f* de luz; **Lichtreklame** *f*
publicidad *f* luminosa; **Lichtschacht** *m*
pozo *m* de luz; **Lichtschalter** *m* interruptor *m* de la luz; **lichtscheu** *adj* que huye
de la luz; **~es Gesindel** gentuza *f;* **Licht-
schranke** *f* barrera *f* de luz
Lichtschutzfaktor *m* factor *m* de protección solar
Lichtstärke *f* (PHYS) intensidad *f* de la luz;
Lichtstrahl *m* rayo *m* de luz; **lichtundurchlässig** *adj* (PHYS) opaco
Lichtung *f* <-en> (*im Wald*) calvero *m,*
abra *f CSur, Mex,* abierto *m Col*
Lichtverhältnisse *ntpl* condiciones *fpl*
luminosas
Lid [li:t] *nt* <-(e)s, -er> párpado *m;* **Lidschatten** *m* sombra *f* de ojos; **Lidstrich**
m raya *f* con el lápiz de ojos
lieb [li:p] *adj* ❶ (*geliebt*) querido; **~e
Maria/Frau X** querida María/señora X;
mein L~es cariño mío; **das ~e Geld** el
maldito dinero; **jdn ~ gewinnen/haben**
tomarle/tenerle cariño a alguien ❷ (*liebenswürdig*) amable; (*nett*) simpático;
viele ~e Grüße sendet dir ... muchos
saludos cariñosos te manda... ❸ (*brav*)
bueno; **sei so ~ und mach das Fenster
auf!** ¡sé bueno y abre la ventana! ❹ (*angenehm*) agradable; **es wäre mir ~, wenn
...** me gustaría que... +*subj;* **am ~sten
würde ich jetzt schwimmen gehen** lo
que más me gustaría hacer ahora sería ir a
nadar; **den ~en langen Tag** (*fam*) todo el
santo día
liebäugeln ['li:pʔɔɪɡəln] *vi:* **mit etw** *dat* **~**
acariciar la idea de +*inf*
Liebe ['li:bə] *f ohne pl* (*allgemein*) amor *m;*
(*Zuneigung*) cariño *m;* **aus ~ zu ...** por
amor a...; **in ~** con cariño; **~ auf den ersten Blick** amor a primera vista; **bei aller
~, aber ...** sintiéndolo mucho, pero...; **~
macht blind** el amor es ciego; **käufliche
~** amor que se compra; **mit jdm ~
machen** (*fam*) hacer el amor con alguien
Liebelei [li:bə'laɪ] *f* <-en> flirteo *m*
lieben ['li:bən] *vt* ❶ (*Liebe empfinden*)
querer; **viel geliebt** muy querido; **was
sich liebt, das neckt sich** (*prov*) porque
te quiero te aporreo ❷ (*Geschlechtsverkehr haben*) hacer el amor (con) ❸ (*mögen*) gustar; **sie liebt es nicht, wenn ...**
no le gusta que... +*subj*

Liebende(r) *mf* <-n, -n; -n> amante *mf*

liebenswert *adj* simpático; (*bezaubernd*) encantador

liebenswürdig *adj* amable; (**das ist**) **sehr ~** (**von Ihnen**) (es) muy amable (de su parte); **wären Sie so ~ und ...?** ¿sería tan amable de +*inf?*

liebenswürdigerweise ['-----'--] *adv* amablemente

Liebenswürdigkeit *f* <-en> amabilidad *f;* **würden Sie die ~ haben mir zu helfen?** ¿tendría Ud. la amabilidad de ayudarme?; **sie ist die ~ in Person** es la amabilidad en persona

lieber ['li:bɐ] *adv kompar von* **gern: mir wäre es ~, du würdest bleiben** preferiría que te quedaras; **ich schweige ~** prefiero callarme; **nichts ~ als das!** ¡con muchísimo gusto!

Liebesabenteuer *nt* aventura *f* amorosa; **Liebesaffäre** *f* amorío *m;* **Liebesbeziehung** *f* relación *f* amorosa; **Liebesbrief** *m* carta *f* de amor; **Liebeserklärung** *f* declaración *f* de amor; **jdm eine ~ machen** declarar(le) a alguien su amor; **Liebesfilm** *m* película *f* de amor; **Liebesgeschichte** *f* historia *f* de amor; **Liebeskummer** *m* mal *m* de amores; **Liebesleben** *nt* ohne *pl* vida *f* amorosa; **Liebeslied** *nt* canción *f* de amor; **Liebesmüh(e)** *f:* **das ist vergebliche** [*o* **verlorene**] **~** no merece la pena; **Liebespaar** *nt* (pareja *f* de) enamorados *mpl,* novios *mpl;* **Liebesroman** *m* novela *f* de amor, novela *f* rosa *pey;* **liebestoll** *adj* loco de amor; **~ sein/ werden** estar/volverse loco de amor

liebevoll **I.** *adj* (*zärtlich*) cariñoso, amoroso *Am* **II.** *adv* (*sorgfältig*) con amor, con cariño

Liebhaber(in) *m(f)* <-s, -; -nen> amante *mf*

Liebhaberei *f* <-en> afición *f;* **aus** (**reiner**) **~** por (el mero) gusto

Liebhaberin *f* <-nen> *s.* **Liebhaber**

Liebhaberwert *m* ohne *pl* valor *m* entre aficionados

liebkosen* [li:p'ko:zən] *vt* (*geh*) acariciar

Liebkosung *f* <-en> caricia *f,* ayuyunes *mpl Chil*

lieblich ['li:plɪç] *adj* (*Duft*) suave; (*Landschaft*) ameno; (*Wein*) dulce

Liebling ['li:plɪŋ] *m* <-s, -e> ❶ (*Kosewort*) cariño, -a *m, f,* negro, -a *m, f Arg,* ñato, -a *m, f Bol* ❷ (*bevorzugter Mensch*) favorito, -a *m, f;* **Lieblingsbeschäftigung** *f* ocupación *f* favorita

lieblos *adj* (*ohne Liebe, Sorgfalt*) poco cariñoso; (*gefühllos*) insensible

Lieblosigkeit *f* <-en> falta *f* de cariño; (*Gefühllosigkeit*) insensibilidad *f;* (*Härte*) dureza *f*

Liebschaft *f* <-en> amorío *m*

liebste(r, s) *adj* (muy) querido, queridísimo; **mein ~r Freund** mi querido amigo

Liebste(r) *mf* <-n, -n; -n> querido, -a *m, f*

liebsten *superl von* **gern: am ~ würde ich hier bleiben** lo que más me gustaría sería quedarme aquí

Liebstöckel ['li:pʃtœkəl] *m o nt* <-s, -> (BOT) levística *f*

Liechtenstein ['lɪçtənʃtaɪn] *nt* <-s> Liechtenstein *m*

Liechtensteiner(in) *m(f)* <-s, -; -nen> ciudadano, -a *m, f* de Liechtenstein

Lied [li:t] *nt* <-(e)s, -er> canción *f;* **es ist immer das alte ~ mit ihm** (*fam*) ya está otra vez con la misma canción; **davon kann ich ein ~ singen** (*fam*) lo sé de sobra; **Liederbuch** *nt* cancionero *m*

liederlich ['li:dɐlɪç] *adj* ❶ (*unordentlich*) desordenado; (*nachlässig*) descuidado, chancho *Am* ❷ (*abw: unmoralisch*) licencioso

Liedermacher(in) *m(f)* <-s, -; -nen> cantautor(a) *m(f)*

lief [li:f] *3. imp von* **laufen**

Lieferant(in) [lifə'rant] *m(f)* <-en, -en; -nen> proveedor(a) *m(f)*

lieferbar *adj* disponible, suministrable

Lieferbedingungen *fpl* condiciones *fpl* de entrega; **Lieferfrist** *f* plazo *m* de entrega

liefern ['li:fɐn] *vt* ❶ (*zustellen*) entregar; (*be~*) suministrar; **die bestellte Ware frei Haus ~** entregar el pedido a domicilio sin recargo ❷ (*erzeugen*) producir; **für etw Beweise ~** aportar pruebas de algo; **ich bin geliefert** (*fam*) estoy perdido

Lieferschein *m* (COM) albarán *m* de entrega; **Lieferstopp** *m* (WIRTSCH) suspensión *f* del suministro; **Liefertermin** *m* fecha *f* de entrega; **festgesetzter ~** plazo de entrega prefijado

Lieferung *f* <-en> ❶ (*das Liefern*) entrega *f;* (*das Beliefern*) suministro *m* ❷ (*Ware*) envío *m*

Lieferwagen *m* camioneta *f;* **Lieferzeit** *f* plazo *m* de entrega

Liege ['li:gə] *f* <-n> ❶ (*Garten~*) tumbona *f* ❷ (*im Liegewagen*) litera *f*

liegen ['li:gən] <liegt, lag, gelegen> *vi* haben *o* sein ❶ (*Person*) estar acostado, estar tumbado; **hart/weich ~** estar acostado sobre una superficie dura/blanda; **im Bett ~** estar (tumbado) en la cama; **auf dem Rücken/auf dem Bauch ~** estar boca arriba/boca abajo; **er liegt ihr zu Füßen** está a sus pies; **die Römer aßen im L~** los romanos comían tumbados ❷(*sich befinden*) estar; (*Zimmer*) dar (a); **das Buch liegt auf dem Tisch** el libro está en la mesa; **wo liegt Durango?** ¿dónde se encuentra Durango?; **an der Elbe** ~ estar a orillas del Elba; **das Zimmer liegt nach Süden** la habitación da al sur; **das liegt auf dem Weg** está de camino; **der Ort liegt sehr idyllisch** el lugar está situado en un paraje idílico; **es lag kein Schnee** no había nieve; **der Unterschied liegt darin, dass ...** la diferencia está en que...; **das Essen liegt mir schwer im Magen** la comida se me ha asentado en el estómago; **die Preise ~ zwischen 50 und 70 Euro** los precios andan entre 50 y 70 euros; **die Betonung liegt auf der letzten Silbe** la entonación recae en la última sílaba; **die Prüfung liegt noch vor mir** aún tengo el examen por delante; **das lag nicht in meiner Absicht** no era mi intención ❸(*zusagen*) gustar; (*interessieren*) interesar; **Englisch liegt mir nicht** el inglés no me va; **es liegt mir viel/nichts daran** me importa mucho/no me importa nada ❹(*abhängen*) depender (*an/bei* de); **die Entscheidung liegt bei euch** la decisión es vuestra; **an wem liegt das?** ¿quién es el/la responsable? ❺(*begründet sein*) ser debido (*an* a); **woran liegt es?** ¿a qué se debe?; **an mir soll's nicht** ~ por mí que no quede; **so wie die Dinge ~ ...** en estas circunstancias...; **nahe** ~ ser de suponer; **es liegt nahe, dass sie uns besuchen kommt** es de suponer que vendrá a visitarnos; **nahe ~d sein** estar claro

Liegenschaften *fpl* (JUR) bienes *mpl* inmuebles

Liegesitz *m* asiento *m* reclinable; **Liegestuhl** *m* tumbona *f*

Liegestütz ['--ʃtʏts] *m* <-es, -e> flexión *f*

Liegewagen *m* (EISENB) coche *m* litera; **Liegewiese** *f* terreno *m* con césped (donde tumbarse)

lieh [liː] *3. imp von* **leihen**

ließ [liːs] *3. imp von* **lassen**

liest [liːst] *3. präs von* **lesen**

Lift [lɪft] *m* <-(e)s, -e *o* -s> ❶(*Fahrstuhl*) ascensor *m* ❷(*Ski~*) telesquí *m*; (*Sessel~*) telesilla *m*; **Liftboy** ['lɪftbɔɪ] *m* <-s, -s> ascensorista *m*

liften ['lɪftən] I.*vi sein* subir en telesquí II.*vt* ❶(MED) hacer el estirado (de), hacer un lifting (de) ❷(TECH) subir

Liga ['liːga] *f* <Ligen> ❶(POL) liga *f*

❷(SPORT) división *f*

light [laɪt] *adj* (GASTR) ligero; **Lightprodukt** *nt* (GASTR) producto *m* bajo en calorías

liieren* [liˈiːrən] *vr*: **sich** ~ (*geh*) comprometerse; **ich bin liiert** estoy comprometido

Likör [liˈkøːɐ] *m* <-s, -e> licor *m*

lila ['liːla] *adj* (*hell*) lila; (*dunkel*) morado

Lilie ['liːliə] *f* <-n> (BOT) lirio *m*; (*weiße*) azucena *f*

Liliputaner(in) [lilipuˈtaːnɐ] *m(f)* <-s, -; -nen> liliputiense *mf*

Limit ['lɪmɪt] *nt* <-s, -s *o* -e> límite *m*; **jdm ein ~ setzen** poner un límite a alguien

limitieren* [limiˈtiːrən] *vt* limitar

Limo ['lɪmo] *f* <-(s)> (*fam*), **Limonade** [limoˈnaːdə] *f* <-n> limonada *f*

Limousine [limuˈziːnə] *f* <-n> limusina *f*

Linde ['lɪndə] *f* <-n> tilo *m*

Lindenblütentee *m* tila *f*

lindern ['lɪndɐn] *vt* aliviar

Linderung *f ohne pl* alivio *m*

Lineal [lineˈaːl] *nt* <-s, -e> regla *f*

linear [lineˈaːɐ] *adj* lineal

Linguist(in) [lɪŋɡuˈɪst] *m(f)* <-en, -en; -nen> lingüista *mf*

Linguistik [lɪŋɡuˈɪstɪk] *f ohne pl* lingüística *f*

Linguistin *f* <-nen> s. **Linguist**

linguistisch *adj* lingüístico

Linie ['liːniə] *f* <-n> línea *f*; **~n ziehen** trazar líneas; **gestrichelte ~** línea punteada; **eine politische ~ verfolgen** seguir una línea política; **in vorderster ~ stehen/kämpfen** estar/luchar en primera línea; **in erster ~** en primer lugar; **auf der ganzen ~** en toda la línea; **auf die schlanke ~ achten** guardar la línea; **Linienbus** *m* autobús *m* de línea; **Linienflug** *m* vuelo *m* regular; **Linienrichter(in)** *m(f)* (SPORT) juez(a) *m(f)* de línea

lini(i)ert *adj* con líneas

link [lɪŋk] *adj* (*fam*) engañoso

Link *m* <-s, -s> (INFOR, TEL) unión *f*, vínculo *m*

linke(r, s) *adj* ❶(*räumlich*) izquierdo; **die ~ Seite/Hand** el lado izquierdo/la mano izquierda; **~r Hand** a mano izquierda; **zwei ~ Hände haben** (*fam*) ser un manazas ❷(POL) de izquierda(s)

Linke *f* <-n> ❶(*Boxen*) izquierda *f* ❷(POL) izquierda *f*; **die extreme ~** la extrema izquierda; **die gemäßigte ~** la izquierda moderada ❸(*Hand*) (mano *f*) izquierda *f*; **zu seiner ~n** a su izquierda

linken *vt* (*fam*) engañar

linkisch *adj* (*abw*) torpe, desmañado

links [lɪŋks] **I.** *adv* a la izquierda; ~ **davon** a la izquierda; **nach** ~ hacia la izquierda; **von** ~ **kommen** venir por la izquierda; **oben/unten** ~ arriba/abajo a la izquierda; **von** ~ **nach rechts** de izquierda a derecha; **sich** ~ **halten/einordnen** mantenerse a su izquierda/situarse en el carril izquierdo; ~ **um!** (MIL) ¡izquierda!; ~ **stricken** hacer punto del revés; ~ **stehen** (POL) ser de izquierdas; ~ **wählen** votar a la izquierda; ~ **schreiben** escribir con la (mano) izquierda; **etw mit** ~ **machen** (*fam*) hacer algo con los ojos cerrados; **jdn** ~ **liegen lassen** hacer caso omiso de alguien **II.** *präp* +*gen* a la izquierda de; **Linksaußen** [-'--] *m* <-, -> (SPORT) extremo *m* izquierda; **linksbündig** ['-bʏndɪç] *adj* (INFOR, TYPO) justificado a la izquierda

linksextrem *adj* (POL) de la extrema izquierda; **Linksextremismus** *m* (POL) extremismo *m* de izquierda(s); **Linksextremist(in)** *m(f)* (POL) extremista *mf* de izquierda; **linksextremistisch** *adj* (POL) de la extrema izquierda; **linksgerichtet** *adj* (POL) izquierdista

Linkshänder(in) ['-hɛndɐ] *m(f)* <-s, -; -nen> zurdo, -a *m, f*

linkshändig *adj* zurdo

linksherum ['lɪŋkshɛrʊm] *adv* a la izquierda; **sich** ~ **drehen** girar a la izquierda

Linkskurve *f* curva *f* a la izquierda; **linksradikal** *adj* (POL) extremista de izquierdas

linksrum *adv* (*fam*) *s.* **linksherum**

linksseitig *adj* del lado izquierdo; ~ **gelähmt** paralizado del lado izquierdo

Linksverkehr *m* circulación *f* por la izquierda

Linoleum [li'no:leʊm] *nt* <-s, *ohne pl*> linóleo *m;* (*Bodenbelag*) sintasol® *m*

Linolschnitt¹ [li'no:l-] *m ohne pl* (*Technik*) (técnica *f* del) linóleo *m*

Linolschnitt² *m* (*Abzug*) grabado *m* en linóleo

Linse ['lɪnzə] *f* <-n> ❶ (BOT, GASTR) lenteja *f* ❷ (*Optik*) lente *m o f*

Lipgloss ['lɪpglɔs] *m* <-, -> brillo *m* de labios

Lippe ['lɪpə] *f* <-n> labio *m;* **er bringt kein Wort über die** ~**n** es de pocas palabras; **an jds** ~**n hängen** estar absorto escuchando a alguien; **jdm jeden Wunsch von den** ~**n ablesen** leerle a alguien los deseos en la cara; **Lippenbekenntnis** *nt* (*abw*) declaración *f* de labios para afuera; **Lippenkonturenstift** *m* delineador *m* de labios; **Lippenstift** *m* barra *f* de labios

liquid(e) [li'kvi:də] *adj* ❶ (WIRTSCH: *verfügbar*) líquido ❷ (WIRTSCH: *zahlungsfähig*) solvente ❸ (CHEM, LING) líquido

liquidieren* [likvi'di:rən] *vt* (*a.* WIRTSCH) liquidar

Liquidität [likvidi'tɛ:t] *f ohne pl* (WIRTSCH) liquidez *f*

lispeln ['lɪspəln] *vi* cecear

Lissabon ['lɪsabɔn, --'-] *nt* <-s> Lisboa *f*

List¹ [lɪst] *f* <-en> (*Trick*) artimaña *f*

List² *f ohne pl* (*Wesensart*) astucia *f;* **mit** ~ **und Tücke** (*fam*) con todas las mañas posibles

Liste ['lɪstə] *f* <-n> lista *f;* **auf einer** ~ **stehen** figurar en una lista; **jdn auf die schwarze** ~ **setzen** (*fam*) poner a alguien en la lista negra

listig *adj* astuto

Litanei [lita'naɪ] *f* <-en> (*a.* REL) letanía *f;* **immer dieselbe** ~ (*abw*) el estribillo de siempre

Litauen ['lɪtaʊən] *nt* <-s> Lituania *f*

Litauer(in) *m(f)* <-s, -; -nen> lituano, -a *m, f*

litauisch *adj* lituano

Liter ['li:tɐ, 'lɪtɐ] *m o nt* <-s, -> litro *m;* **zwei** ~ **Milch** dos litros de leche

---

? Grammatik

El sustantivo **Liter** es invariable y se usa siempre sin preposición: *Bei mir zu Hause werden zehn Liter Milch pro Woche getrunken. – En mi casa bebemos diez litros de leche a la semana.*

---

literarisch [lɪtə'ra:rɪʃ] *adj* literario

Literat(in) [lɪtə'ra:t] *m(f)* <-en, -en; -nen> literato, -a *m, f*

Literatur [lɪtəra'tu:ɐ] *f* <-en> literatura *f;* **Literaturangaben** *fpl* notas *fpl* bibliográficas; **Literaturkritik** *f ohne pl* crítica *f* literaria; **Literaturpreis** *m* premio *m* de literatura; **Literaturwissenschaft** *f* ciencia *f* de la literatura; **literaturwissenschaftlich** *adj* relativo a la ciencia de la literatura

literweise *adv* por [*o* a] litros

Litfaßsäule ['lɪtfaszɔɪlə] *f* columna *f* de anuncios

Lithografie *f* <-n>, **Lithographie** [litogra'fi:] *f* <-n> litografía *f*

litt [lɪt] *3. imp von* **leiden**

Liturgie [lɪtʊr'gi:] *f* <-n> (REL) liturgia *f*

liturgisch [li'tʊrgɪʃ] *adj* (REL) litúrgico

live [laɪf] *adj inv* (RADIO, TV) ❶ (*Sendung*) en directo ❷ (*direkt anwesend*) en vivo;

Livesendung f, **Live-Sendung** f (RADIO, TV) (re)transmisión f en directo

---

i Land & Leute

Los estudiantes suizos obtienen al finalizar sus estudios universitarios el título de **Lizentiat**. Es el primer título académico que se puede alcanzar en la universidad. Posteriormente se pueden realizar estudios de posgrado o cursar un doctorado con vistas a obtener el título de doctor.

Lizenz [li'tsɛnts] f <-en> (a. SPORT) licencia f; **jdm eine ~ erteilen** conceder a alguien una licencia; **etw in ~ herstellen** producir algo con licencia; **Lizenzausgabe** f edición f bajo licencia; **Lizenzgebühr** f derecho m de licencia

Lkw, LKW ['ɛlka:ve:] m <-(s), -(s)> Abk. von **Lastkraftwagen** camión m

Lob [lo:p] nt <-(s), -e> elogio m; **jdm ein ~ aussprechen** elogiar a alguien; **er ist des ~es voll über dich** está lleno de elogios para contigo

Lobby ['lɔbi] f <-s> lobby m

loben ['lo:bən] vt elogiar; (überschwänglich) alabar (für por); **das lob' ich mir!** ¡así me gusta!; **etw ~d erwähnen** aludir elogiosamente a algo

lobenswert adj, **löblich** ['lø:plɪç] adj loable, digno de encomio

Loblied nt: **ein ~ auf jdn/etw singen** hacer elogios de alguien/algo; **Lobrede** f elogio m; **eine ~ auf etw halten** hacer elogios de algo

Loch [lɔx, pl: 'lœçə] nt <-(e)s, Löcher> ❶ (allgemein) agujero m, buraco m CSur; (Öffnung) abertura f; (Vertiefung, beim Golf) hoyo m; (Hohlraum) hueco m; **ein schwarzes ~** (ASTR) un agujero negro; **jdm ein ~ in den Bauch fragen** (fam) atosigar a alguien a preguntas; **Löcher in die Luft starren** (fam) estar en Babia; **wie ein ~ saufen** (fam) beber como un cosaco; **aus dem letzten ~ pfeifen** estar en las últimas ❷ (fam abw: Wohnung) cuchitril m ❸ (fam: Gefängnis) chirona f

lochen vt ❶ (Papier) perforar ❷ (entwerten) picar

Locher m <-s, -> (a. INFOR) perforadora f

löcherig adj agujereado, perforado

löchern ['lœçɐn] vt (fam) atosigar (mit a)

Lochkarte f (INFOR) tarjeta f perforada

löchrig adj s. **löcherig**

Locke ['lɔkə] f <-n> rizo m

locken ['lɔkən] I. vt ❶ (Tier) llamar ❷ (anziehen) atraer; (ver~) seducir; **jdn in eine Falle ~** tender a alguien una trampa II. vr: **sich ~** (Haare) rizarse

lockend adj tentador; (ver~) seductor

Lockenstab m moldeador m eléctrico; **Lockenwickler** m rulo m, bigudí m

locker ['lɔkɐ] adj ❶ (Schraube, Knoten, Verband) flojo; (wackelnd) suelto; **~ werden** (Knoten) aflojarse; (Teil) desprenderse; **~ sitzen** estar flojo ❷ (Teig, Backwaren) esponjoso; (Reis) suelto; (Boden) mullido ❸ (Haltung) relajado; **etw ~ handhaben** no ser muy severo con algo ❹ (Lebenswandel) libertino; **das mach' ich doch ~** (fam) eso lo hago con facilidad; **ein ~es Mundwerk haben** (fam) tener mala lengua

locker-flockig I. adj (fam) desenfadado; **er hat immer ein paar ~e Sprüche auf Lager** siempre tiene preparadas algunas salidas II. adv (fam) desenfadadamente; **sie spricht immer ~ daher** siempre habla de una manera muy enrollada

Lockerheit f ohne pl (legere Art) desenvoltura f

locker|lassen irr vi (fam): **nicht ~** no ceder; **locker|machen** vt (fam): **Geld ~** aflojar el bolsillo; **sie hat 20 Euro für mich lockergemacht** me ha prestado 20 euros

lockern ['lɔkɐn] I. vt ❶ (Schraube, Seil) aflojar ❷ (Muskeln, Gesetze) relajar ❸ (Boden) mullir ❹ (Embargo) retirar II. vr: **sich ~** ❶ (Nagel, Schraube, Seil) aflojarse ❷ (Verkrampfung) relajarse

lockig adj rizado

Lockmittel nt ❶ (für Tiere) anzuelo m ❷ (Anreiz) cebo m

Lockung f <-en> ❶ (Reiz) atracción f ❷ (Versuchung) tentación f

Lockvogel m (a. fig) señuelo m

lodern ['lo:dɐn] vi (a. fig) arder

Löffel ['lœfəl] m <-s, -> ❶ (Ess~) cuchara f; (~ voll) cucharada f ❷ (Hasenohren) oreja f; **schreib dir das hinter die ~!** (fam) ¡recuerda mis palabras!; **den ~ abgeben** (fam) diñarla

löffeln ['lœfəln] vt ❶ (essen) comer con cuchara ❷ (verteilen) repartir

löffelweise adv a cucharadas

log 3. imp von **lügen**

Logarithmus [loga'rɪtmʊs] m <-, Logarithmen> (MATH) logaritmo m

Logbuch nt cuaderno m de bitácora

Loge ['lo:ʒə] f <-n> ❶ (THEAT) palco m ❷ (Pförtner~) portería f ❸ (Freimaurer~) logia f

logieren* [lo'ʒiːrən] I. *vi* alojarse II. *vt* (*Schweiz*) alojar

Logik ['lɔɡɪk] *f ohne pl* lógica *f*

Logis [lo'ʒiː] *nt* <-, -> alojamiento *m*

logisch ['loːɡɪʃ] *adj* lógico

logischerweise *adv* como es lógico, lógicamente

Logistik [lo'ɡɪstɪk] *f ohne pl* logística *f*

logistisch *adj* logístico

logo ['lɔːɡo] *adj inv* (*fam*) lógico

Logo ['loːɡo] *m o nt* <-s, -s> emblema *m*

Logopäde, -in [loɡo'pɛːdə] *m, f* <-n, -n; -nen> logopeda *mf*

Lohn [loːn, *pl:* 'løːnə] *m* <-(e)s, Löhne> ❶ (*Arbeitsentgelt*) salario *m;* (*Tages~*) jornal *m;* **Löhne und Gehälter** sueldos y salarios ❷ (*Belohnung*) recompensa *f;* **als ~ für ...** en recompensa por...; **Lohnabbau** *m* reducción *f* de salarios; **Lohnabrechnung** *f* hoja *f* de pagos; **Lohnausfall** *m* pérdida *f* salarial; **Lohnausgleich** *m* ajuste *m* salarial; **verkürzte Arbeitszeit bei vollem ~** jornada de trabajo reducida con el mismo sueldo; **Lohnempfänger(in)** *m(f)* asalariado, -a *m, f*

lohnen ['loːnən] I. *vt* ❶ (*wert sein*) valer la pena; **das Museum lohnt einen Besuch** vale la pena visitar el museo ❷ (*be~*): **jdm etw ~** recompensar a alguien por algo II. *vr:* **sich ~** valer la pena; **der Auftrag hat sich für uns finanziell gelohnt** el encargo nos ha salido rentable

löhnen ['løːnən] *vi* (*fam*) pagar

lohnend *adj* que vale la pena; (*einträglich*) rentable

lohnenswert *adj* útil; (*nutzbringend*) provechoso

Lohnerhöhung *f* aumento *m* salarial; **Lohnforderung** *f* reivindicación *f* salarial; **Lohnfortzahlung** *f ohne pl* pago *m* continuado del salario; **Lohngruppe** *f* grupo *m* salarial; **Lohnkosten** *pl* coste *m* salarial; **Lohnkürzung** *f* reducción *f* del salario

Lohnsteuer *f* impuesto *m* sobre el salario; **Lohnsteuerjahresausgleich** ['---'----] *m* ajuste *m* anual de impuestos sobre el salario; **Lohnsteuerkarte** *f* tarjeta *f* de impuesto sobre el salario

Lok [lɔk] *f* <-s> locomotora *f*

lokal [lo'kaːl] *adj* local

Lokal [lo'kaːl] *nt* <-(e)s, -e> local *m;* (*Kneipe*) pub *m;* (*Restaurant*) restaurante *m;* **Lokalblatt** *nt* periódico *m* local, noticiero *m* local *Am*

lokalisieren* [lokali'ziːrən] *vt* localizar, ubicar *Am*

Lokalität [lokali'tɛːt] *f* <-en> localidad *f*

Lokalkolorit [lo'kaːlkoloriːt] *nt* colorido *m* local; **Lokalnachrichten** *fpl* noticias *fpl* locales; **Lokalpatriotismus** *m* patriotismo *m* de campanario; **Lokalseite** *f* crónica *f* local; **Lokaltermin** *m* inspección *f* del lugar del hecho; **Lokalverbot** *nt* prohibición *f* de entrada a un local público

Lokführer(in) *m(f)* maquinista *mf*

Lokomotive [lokomo'tiːvə] *f* <-n> locomotora *f;* **Lokomotivführer(in)** *m(f)* maquinista *mf*

Lokus ['loːkʊs] *m* <- *o* -ses, - *o* -se> (*fam*) excusado *m*

Lolli ['lɔli] *m* <-s, -s> chupa-chups® *m inv*

London ['lɔndɔn] *nt* <-s> Londres *m*

Londoner(in) ['lɔndɔnɐ] *m(f)* <-s, -; -nen> londinense *mf*

Longdrink ['lɔŋdrɪŋk] *m* copa *f* (*a la que se añade p. ej. soda, agua, hielo*)

Look [lʊk] *m* <-s, -s> estilo *m*, look *m*

Looping ['luːpɪŋ] *m o nt* <-s, -s> (AERO) looping *m*

Lorbeer ['lɔrbeːɐ] *m* <-s, -en> laurel *m;* **sich auf seinen ~en ausruhen** (*fam*) dormirse en los laureles; **Lorbeerblatt** *nt* hoja *f* de laurel; **Lorbeerkranz** *m* corona *f* de laureles

Lord [lɔrt] *m* <-s, -s> lord *m*

los [loːs] I. *adj* ❶ (*nicht befestigt*) suelto; **der Hund ist ~** el perro anda suelto ❷ (*locker*) flojo; **jdn/etw ~ sein** haberse librado de alguien/algo; **ich bin mein ganzes Geld ~** me he quedado sin blanca ❸ (*geschehen*): **~ sein** pasar; **es ist nichts ~** no pasa nada; **was ist ~ mit ihm?** ¿qué le pasa?; **mit dem ist heute nichts ~** hoy no hay nada que hacer con él; **in Granada ist abends viel ~** en Granada hay mucha marcha por la noche; **was ist (hier) ~?** ¿qué pasa (aquí)?; **wenn ihr heute nicht rechtzeitig kommt, dann ist 'was ~!** (*fam*) si no llegáis a tiempo hoy se va a armar la gorda II. *adv* ❶ (*schnell*) ya; **~!** ¡venga!; **Achtung, fertig, ~!** ¡preparados, listos, ya! ❷ (*fam: weg*): **sie sind schon ~** ya se fueron

Los [loːs] *nt* <-es, -e> ❶ (*für Entscheidung*) sorteo *m;* **etw durch das ~ entscheiden** echar algo a suerte(s); **das ~ ist auf mich gefallen** me ha tocado ❷ (*Lotterie~*) billete *m* de lotería, boleto *m;* **das große ~ ziehen** (*a. fig*) tocar(le) a alguien el gordo ❸ (*geh: Schicksal*) destino *m;* **ein hartes/schweres ~** un destino difícil/oneroso

lösbar *adj* ❶ (*Aufgabe*) resoluble ❷ (*löslich*) soluble

los|binden *irr vt* soltar, desatar; **los|brechen** *irr* I. *vt* romper II. *vi sein* (*Gelächter,*

Sturm) estallar; (*Gewitter*) desencadenarse

Löschblatt *nt* (papel *m*) secante *m*

löschen ['lœʃən] **I.** *vi* (*Brand*) apagar un incendio **II.** *vt* ① (*Licht, Feuer, Durst*) apagar ② (*Tonband, a.* INFOR) borrar ③ (*Konto, Schuld, Eintragung*) cancelar ④ (NAUT) desembarcar

Löschfahrzeug *nt* coche *m* de bomberos; **Löschmannschaft** *f* equipo *m* de bomberos (en acción); **Löschpapier** *nt* (papel *m*) secante *m*; **Löschtaste** *f* (INFOR) tecla *f* para borrar

Löschung *f* <-en> ① (*Tilgung*) amortización *f* ② (NAUT: *Entladung*) descarga *f*

lose ['lo:zə] *adj* ① (*Seil, Knoten*) flojo ② (*unverpackt*) a granel; (*stückweise*) por unidad; ~ **Blätter** hojas sueltas; **ein ~s Mundwerk haben** (*fam*) tener la lengua larga

Lösegeld *nt* rescate *m*; **Lösegeldforderung** *f* exigencia *f* de rescate

los|eisen *vt* (*fam*) liberar (de las garras) (*von* de); **bei jdm etwas Geld** ~ sacarle algo de dinero a alguien

Lösemittel *nt* disolvente *m*

losen ['lo:zən] *vi* echar a suerte(s); **um die Eintrittskarten** ~ rifar las entradas

lösen ['lø:zən] **I.** *vt* ① (*abtrennen*) despegar (*von/aus* de) ② (*losmachen*) soltar; (*lockern*) aflojar; (*Schraube*) destornillar; (*Knoten*) deshacer; (*Verspannung*) eliminar; **die Handbremse** ~ soltar el freno de mano ③ (*Aufgabe*) resolver; (*Geheimnis*) descubrir; (*Verwicklung*) aclarar ④ (*Ehe, Verbindung*) anular; (*Vertrag*) rescindir ⑤ (*Eintritts-, Fahrkarte*) sacar ⑥ (*zergehen lassen*) disolver (*in* en) **II.** *vr*: **sich** ~ ① (*abgehen*) desprenderse (*von* de) ② (*Schraube*) aflojarse; (*Husten, Krampf*) calmarse ③ (*sich klären*) resolverse ④ (*sich frei machen*) liberarse (*aus/von* de); (*sich trennen*) separarse (*von* de); **sie löste sich aus seiner Umarmung** se desprendió de su abrazo ⑤ (*Schuss*) dispararse; **ein Schuss hatte sich gelöst** se había disparado el arma ⑥ (*zergehen*) disolverse (*in* en)

los|fahren ['lo:s-] *irr vi sein* salir; (*Fahrzeug*) ponerse en marcha; **auf jdn** ~ arremeter contra alguien

los|gehen *irr vi sein* ① (*weggehen*) irse; **lass uns endlich** ~! ¡vámonos ya! ② (*fam: anfangen*) empezar; **gleich geht's los** enseguida empieza; **jetzt geht das schon wieder los!** (*fam*) ¡oh no, empieza de nuevo! ③ (*Schuss, Gewehr*) dispararse ④ (*angreifen*) abalanzarse (*auf* sobre)

los|heulen *vi* ① (*fam: weinen*) echarse a llorar ② (*Tiere, Sturm, Wind*) empezar a gemir

los|kaufen *vt* rescatar

los|kommen *irr vi sein* (*fam*) ① (*wegkommen*) poder irse ② (*sich befreien*) librarse (*von* de); (*von Drogen*) desengancharse (*von* de)

los|kriegen *vt* (*fam*) ① (*lockern*) conseguir soltar; **einen Aufkleber** ~ conseguir despegar un adhesivo; **ein festgefahrenes Fahrzeug** ~ conseguir soltar un coche atascado ② (*sich entledigen*) librarse (de); **jdn** ~ librarse de alguien

los|lachen *vi* echarse a reír

los|lassen *irr vt* ① (*nicht mehr festhalten*) soltar; **die Frage lässt mich nicht mehr los** la pregunta no se me quita de la cabeza ② (*Hund*) soltar (*auf* contra) ③ (*fam: sagen*) soltar; (*Beschwerde*) lanzar

los|laufen *irr vi sein* echar a correr

los|legen *vi* (*fam*) ponerse a hacer algo con ímpetu; **ihr könnt sofort** ~! ¡podéis empezar enseguida!

löslich ['lø:slɪç] *adj* soluble (*in* en)

los|lösen *vt, vr*: **sich** ~ desprender(se) (*von* de); **los|machen I.** *vt* (*fam*) soltar **II.** *vr*: **sich** ~ (*fam: von Kette*) soltarse (*von* de); (*von Verpflichtungen*) sustraerse (*von* a)

los|müssen *irr vi* (*fam*) tener que irse; **los|reißen** *irr* **I.** *vt* arrancar **II.** *vr*: **sich** ~ soltarse; **er konnte sich nicht von dem Anblick** ~ no podía apartar la vista

los|rennen *irr vi sein* echar a correr (*auf* hacia)

Löss [lœs] *m* <-es, -e> (GEO), **Löß** [lø:s] *m* <-es, -e> (GEO) loess *m*

los|sagen *vr*: **sich** ~ renegar (*von* de)

los|schicken *vt* enviar

Losung ['lo:zʊŋ] *f* <-en> ① (*Motto*) lema *m* ② (MIL) consigna *f* ③ (*vom Wild*) excrementos *mpl*

Lösung ['lø:zʊŋ] *f* <-en> ① (*Ergebnis*) solución *f* (*von* de) ② (*Los~*) desprendimiento *m* (*von* de) ③ (*Aufhebung*) anulación *f* (*von* de) ④ (CHEM, PHYS: *Flüssigkeit*) solución *f*; (*Auf~*) disolución *f* (*in* en)

Lösungsmittel *nt* disolvente *m*

los|werden *irr vt sein* ① (*Person*) deshacerse (de); (*Arbeit, Erkältung*) quitarse de encima; **jdn** ~ librarse de alguien; **ich werde den Gedanken nicht los, dass ...** no me puedo quitar de la cabeza que... *+subj* ② (*fam: verlieren*) perder ③ (*fam: verkaufen*) vender

los|wollen *irr vi* (*fam*) querer irse

los|ziehen *irr vi sein* (*fam*) echar a andar

Lot [lo:t] *nt* <-(e)s, -e> ➊ (ARCHIT) plomada *f;* **etw wieder ins (rechte) ~ bringen** arreglar algo; **(nicht) im ~ sein** (*Person*) (no) estar bien; (*Sache*) (no) estar en orden ➋ (NAUT) sonda *f* ➌ (MATH) perpendicular *f;* **auf eine Gerade das ~ fällen** abatir una perpendicular sobre una línea recta

loten ['lo:tən] *vt* ➊ (ARCHIT) echar una plomada ➋ (NAUT) sondear

löten ['lø:tən] *vt* (TECH) soldar

Lothringen ['lo:trɪŋən] *nt* <-s> Lorena *f*

Lothringer(in) *m(f)* <-s, -; -nen> lorenés, -esa *m, f*

lothringisch *adj* lorenés

Lotion [lo'tsjo:n] *f* <-en> loción *f*

Lötkolben *m* (TECH) soldador *m*

Lotosblume *f* (BOT) flor *f* de loto

Lotse, -in ['lo:tsə] *m, f* <-n, -n; -nen> ➊ (NAUT) práctico *mf* ➋ (AERO) controlador(a) *m(f)* aéreo, -a ➌ (*Schüler~*) patrullero, -a *m, f* escolar (*guardia en los cruces de las calles*)

lotsen *vt* ➊ (*allgemein*) llevar, conducir ➋ (NAUT) pilotar ➋ (AERO) dirigir

Lotsin ['lo:tsɪn] *f* <-nen> *s.* **Lotse**

Lötstelle *f* (TECH) soldadura *f*

Lotterie [lɔtə'ri:] *f* <-n> lotería *f,* quiniela *f CSur;* **~ spielen** jugar a la lotería; **Lotterielos** *nt* billete *m* de lotería

Lotterleben ['lɔtɐ-] *nt ohne pl* (*abw*) vida *f* licenciosa

Lotto ['lɔto] *nt* <-s, -s> lotería *f* primitiva; **im ~ spielen** jugar a la (lotería) primitiva; **ich habe im ~ gewonnen!** ¡me ha tocado la primitiva!; **Lottoschein** *m* billete *m* de la (lotería) primitiva; **Lottozahlen** *fpl* números *mpl* de la (lotería) primitiva; **die Ziehung der ~** el sorteo de la (lotería) primitiva

Lotus ['lo:tʊs] *m* <-, -> (BOT) loto *m*

Löwe *m* <-n, -n> ➊ (ZOOL) león *m;* **sich in die Höhle des ~n begeben** (*fam*) meterse en la boca del lobo ➋ (ASTR) Leo *m;* **Löwenanteil** *m* parte *f* del león; **Löwenzahn** *m ohne pl* (BOT) diente *m* de león

loyal [lɔ'a:l] *adj* leal; **sich ~ verhalten** comportarse lealmente

Loyalität [lɔjali'tɛ:t] *f ohne pl* lealtad *f* (*gegenüber* (frente a/para con)

LP [ɛl'pi:] *f* <-(s)> *Abk. von* **Langspielplatte** elepé *m*

lt. *Abk. von* **laut** según

Luchs [lʊks] *m* <-es, -e> (ZOOL) lince *m*

Lücke ['lʏkə] *f* <-n> (*Loch*) agujero *m;* (*Zwischenraum, Leere*) hueco *m;* (*Hohlraum*) hueco *m;* (*Gedächtnis~*) laguna *f;* **eine ~ füllen** tapar un hueco; (*fig*) ocupar un vacío

Lückenbüßer(in) *m(f)* suplente *m*

lückenhaft *adj* ➊ (*mit Lücken*) lleno de huecos ➋ (*unvollständig*) incompleto

lückenlos *adj* completo, íntegro

lud [lu:t] *3. imp von* **laden**

Luder ['lu:dɐ] *nt* <-s, -> (*fam*) mal bicho *m*

Luft¹ [lʊft] *f ohne pl* ➊ (*Gasgemisch, Atem~*) aire *m;* **an die (frische) ~ gehen** tomar el aire (fresco); **die ~ aus etw herauslassen** desinflar algo; **die ~ ist rein** (*fam*) no hay moros en la costa; **es herrscht dicke ~** (*fam*) el ambiente está cargado; **aus etw** *dat* **ist die ~ raus** (*fam*) algo ya no tiene importancia; **er ist ~ für mich** (*fam*) ése para mí no existe; **sich in ~ auflösen** (*fam*) desvanecerse en el aire; **jdn wie ~ behandeln** (*fam*) tratar a alguien como si no existiera; **jdn an die (frische) ~ setzen** (*fam*) mandar a alguien a tomar viento ➋ (*Atem*) respiración *f,* aliento *m;* **nach ~ schnappen** jadear; **die ~ anhalten** contener la respiración; **(tief) ~ holen** respirar (hondo); **keine ~ bekommen** asfixiarse, sofocarse; **mir blieb vor Schreck die ~ weg** (*fam*) del susto me quedé sin aliento; **von ~ und Liebe leben** (*fam*) vivir de milagro ➌ (*fam: Spielraum*) espacio *m* libre; **seinem Ärger ~ machen** desahogarse

Luft² [lʊft, *pl:* 'lʏftə] *f* <Lüfte> ➊ (*Raum über dem Erdboden*) aire *m;* **etw in die ~ sprengen** hacer saltar algo por los aires; **vor Freude in die ~ springen** dar saltos de alegría; **es liegt etwas in der ~** hay algo en el aire; **das ist völlig aus der ~ gegriffen** es pura invención; **in der ~ hängen** (*fam*) estar en el aire; **schnell in die ~ gehen** (*fam*) enfadarse enseguida; **ich könnte ihn in der ~ zerreißen** (*fam*) le podría hacer pedazos ➋ (*schwacher Wind*) aire(cito) *m;* **es weht eine kalte ~** corre una brisa fría

Luftabwehr *f* (MIL) defensa *f* aérea; **Luftangriff** *m* (MIL) ataque *m* aéreo; **Luftballon** *m* globo *m;* **Luftbild** *nt* vista *f* aérea; **Luftblase** *f* burbuja *f* de aire; **Luftbrücke** *f* puente *m* aéreo; **luftdicht** *adj* hermético; **Luftdruck** *m ohne pl* (PHYS) presión *f* atmosférica

lüften ['lʏftən] *vt* ➊ (*Kleider*) airear; (*Zimmer*) ventilar ➋ (*Deckel*) quitar ➌ (*Geheimnis*) revelar

Luftentfeuchter *m* <-s, -> deshumificador *m;* **Luftfahrt** *f ohne pl* aeronáutica *f,* aviación *f;* **Luftfeuchtigkeit** *f* (METEO) humedad *f* del aire; **Luftfilter** *m o nt* (TECH) filtro *m* de aire; **Luftfracht** *f* flete *m* aéreo; **Luftgewehr** *nt* escopeta *f* de aire comprimido

luftig *adj* ❶ (*Kleidung*) ligero ❷ (*Zimmer*) bien ventilado

Luftikus ['lʊftikʊs] *m* <-(ses), -se> (*fam abw*) tarambana *m*

Luftkissenboot *nt* aerodeslizador *m*

Luftkühlung *f* ohne *pl* (TECH) refrigeración *f* por aire; **Luftkurort** *m* balneario *m* climatológico; **luftleer** *adj* vacío, sin aire; **wir leben doch nicht im ~en Raum** no somos los únicos en la tierra; **Luftlinie** *f* ohne *pl* línea *f* recta; **Luftloch** *nt* ❶ (TECH) respiradero *m* ❷ (*fam: beim Fliegen*) bache *m* de aire; **Luftmatratze** *f* colchoneta *f*; **Luftpirat(in)** *m(f)* pirata *mf* aéreo, -a; **Luftpost** *f* correo *m* aéreo; **mit** [*o* **per**] **~** por avión; **Luftpumpe** *f* bomba *f* de aire; **Luftröhre** *f* (ANAT) tráquea *f*; **Luftschicht** *f* (METEO) capa *f* de aire; **Luftschiff** *nt* (globo *m*) dirigible *m;* **Luftschlange** *f* serpentina *f* de papel; **Luftschloss** *nt:* **Luftschlösser bauen** hacer castillos en el aire; **Luftschutzbunker** *m* refugio *m* antiaéreo; **Luftsprung** *m* salto *m* en el aire; **vor Freude einen ~ machen** dar un salto de alegría; **Luftstrom** *m* corriente *f* de aire; **Luftstützpunkt** *m* (MIL) base *f* aérea; **Lufttemperatur** *f* (METEO) temperatura *f* del aire; **Lufttransport** *m* transporte *m* aéreo

Luft- und Raumfahrtindustrie *f* industria *f* aeronáutica y astronáutica

Lüftung ['lʏftʊŋ] *f* <-en> ventilación *f;* **Lüftungsschacht** *m* pozo *m* de ventilación

Luftveränderung *f* cambio *m* de aires; **Luftverkehr** *m* tráfico *m* aéreo; **Luftverschmutzung** *f* ohne *pl* contaminación *f* del aire; **Luftwaffe** *f* (MIL) fuerza *f* aérea

Luftweg[1] *m* (*Atemwege*) vías *fpl* respiratorias

Luftweg[2] *m* ohne *pl* (*im Gegensatz zum Landweg*) vía *f* aérea; **auf dem ~** por vía aérea

Luftzufuhr *f* provisión *f* de aire; **Luftzug** *m* corriente *f* de aire

Lüge ['ly:gə] *f* <-n> mentira *f*, guayaba *f Am*, pegada *f CSur;* **jdm ~n auftischen** (*fam*) mentir a alguien; **jdn ~n strafen** coger a alguien que ha mentido; **~n haben kurze Beine** (*prov*) se agarra antes a un mentiroso que a un cojo

lügen ['ly:gən] <lügt, log, gelogen> *vi* mentir, macanear *CSur,* nagualear *Mex;* **er lügt wie gedruckt** (*fam*) miente más que habla

Lügenbold *m* <-(e)s, -e> (*fam*) trolero *m;* **Lügendetektor** *m* detector *m* de menti-

ras; **Lügengeschichte** *f* mentira *f*, pepa *f And*

lügenhaft *adj* mentiroso; **eine ~e Geschichte** una historia basada en mentiras

Lügenmärchen *nt* mentira *f*

Lügner(in) ['ly:gnɐ] *m(f)* <-s, -; -nen> mentiroso, -a *m, f*

lügnerisch ['ly:gnərɪʃ] *adj* (*abw*) mentiroso, embustero

Luke ['lu:kə] *f* <-n> ❶ (*Dach~*) tragaluz *m* ❷ (*Schiffs~*) escotilla *f*

lukrativ [lukra'ti:f] *adj* lucrativo

Lulatsch ['lu:la(:)tʃ] *m* <-(e)s, -e> (*fam*) grandullón, -ona *m, f*

Lümmel ['lʏməl] *m* <-s, -> (*abw*) sinvergüenza *m*

Lump [lʊmp] *m* <-en, -en> (*abw*) canalla *mf*

lumpen *vi* (*fam*): **sich nicht ~ lassen** no ser cutre

Lumpen ['lʊmpən] *m* <-s, -> ❶ (*Stofffetzen*) harapo *m* ❷ (*reg: Putzlappen*) bayeta *f;* **Lumpengesindel** *nt* (*abw*) chusma *f;* **Lumpenhändler(in)** *m(f)* trapero, -a *m, f;* **Lumpenpack** *nt* (*abw*) chusma *f*

lumpig *adj* ❶ (*abw: niederträchtig*) vil, miserable ❷ (*fam abw: geringfügig*) miserable; **~e zehn Euro** diez euros de mierda *vulg*

Lunch [lantʃ] *m* <-(e)s *o* -, -(e)s *o* -e> almuerzo *m*, lunch *m Am*

lunchen ['lantʃən] *vi, vt* almorzar

Lunge ['lʊŋə] *f* <-n> (ANAT) pulmón *m; sich dat* **die ~ aus dem Hals schreien** (*fam*) gritar a todo pulmón; **Lungenbläschen** *nt* (MED) alvéolo *m* pulmonar; **Lungenentzündung** *f* (MED) neumonía *f*, pulmonía *f;* **Lungenflügel** *m* (ANAT) lóbulo *m* pulmonar; **lungenkrank** *adj* enfermo del pulmón; **Lungenzug** *m* inhalación *f* del humo; **einen ~ machen** inhalar el humo

lungern ['lʊŋɐn] *vi* (*fam*) holgazanear

Lunte ['lʊntə] *f* <-n>: **~ riechen** (*fam*) olerse algo; **die ~ ans Pulverfass legen** descubrir el pastel

Lupe ['lu:pə] *f* <-n> lupa *f;* **jdn/etw unter die ~ nehmen** (*fam*) examinar a alguien/ algo de cerca

Lurch [lʊrç] *m* <-(e)s, -e> (ZOOL) batracio *m*

Lurker ['lœːkɐ] *m* <-s, -> (INFOR) mirón *m*

Lust[1] [lʊst, *pl:* 'lʏstə] *f* <Lüste> (*geh: sexuelles Verlangen*) deseo *m;* (*Wollust*) voluptuosidad *f; ~* **auf jdn/etw** ganas de alguien/de algo

Lust[2] *f* ohne *pl* ❶ (*Verlangen*) gana(s) *f(pl);* **zu etw** *dat* [*o* **auf etw**] **~ haben** tener ganas de algo; **die ~ an etw** *dat* **verlieren**

perder las ganas de hacer algo; **hast du ~?** ¿te apetece?; **ich habe keine ~** no me apetece; **mach, wie du ~ hast** hazlo como te apetezca ❷ (*Vergnügen*) placer *m;* (*Genuss*) gozada *f;* **nach ~ und Laune** a placer; **es ist eine (wahre) ~ ihm zuzusehen** es un (verdadero) placer mirarle; **mit ~ und Liebe** con mil amores

lüstern ['lʏstɐn] *adj* (*geh*) lascivo

Lustgefühl *nt* sensación *f* de placer

lustig ['lʊstɪç] *adj* ❶ (*vergnügt*) alegre ❷ (*belustigend*) divertido, cómico; **sich über jdn/etw ~ machen** burlarse de alguien/algo; **du bist vielleicht ~!** (*iron*) ¡mira qué gracioso!; **das wird ja immer ~er!** (*iron*) ¡cada vez se pone mejor la cosa!

Lüstling ['lʏstlɪŋ] *m* <-s, -e> (*abw*) sátiro *m*

lustlos *adj* (*Person*) desanimado, sin ganas

Lustmolch *m* (*fam*) libertino *m;* **Lustmord** *m* asesinato *m* por impulso sexual; **Lustschloss** *nt* palacio *m* de recreo; **Lustspiel** *nt* comedia *f;* **lustvoll** *adj* (*geh*) lleno de ganas

lutschen ['lʊtʃən] *vi, vt* chupar

Lutscher *m* <-s, -> ❶ (*Süßigkeit*) piruleta *f*, chupete *m* *Am;* (*kugelförmig*) chupachups® *m inv* ❷ (*fam: Schnuller*) chupete *m*

Luxemburg ['lʊksəmbʊrk] *nt* <-s> Luxemburgo *m*

Luxemburger(in) ['lʊksəmbʊrɡɐ] *m(f)* <-s, -; -nen> luxemburgués, -esa *m, f*

luxemburgisch *adj* luxemburgués

luxuriös [lʊksuri'øːs] *adj* lujoso

Luxus ['lʊksʊs] *m* <-, *ohne pl*> lujo *m;* **im ~ leben** vivir en el lujo; **Luxusartikel** *m* artículo *m* de lujo; **Luxusausführung** *f* modelo *m* de lujo; **Luxushotel** *nt* hotel *m* de lujo

Luzern [lu'tsɛrn] *nt* <-s> Lucerna *f*

Luzifer ['luːtsifɐ] *m* <-s> Lucifer *m*

LW [ɛl'veː] (PHYS, RADIO) *Abk. von* **Langwelle** o.l.

Lymphe ['lʏmfə] *f* <-n> (MED) linfa *f*

Lymphknoten *m* (ANAT) ganglio *m* linfático

lynchen ['lʏnçən] *vt* linchar

Lynchjustiz *f* linchamiento *m*

Lyoner ['ljoːnɐ] *f* <-> (GASTR) *embutido de carne aderezada*

Lyrik ['lyːrɪk] *f ohne pl* (poesía *f*) lírica *f*

Lyriker(in) ['lyːrikɐ] *m(f)* <-s, -; -nen> (poeta, -isa *m, f*) lírico, -a *m, f*

lyrisch *adj* lírico

Mm

M, m [ɛm] *nt* <-, -> M, m *f;* **~ wie Martha** M de María

m *Abk. von* **Meter** m

MA *Abk. von* **Mittelalter** Edad *f* Media

Maastricht ['maːstrɪçt] *nt* <-(e)s, *ohne pl*> Maastricht *m;* **~er Vertrag** Tratado *m* de Maastricht

Machart *f* hechura *f*

machbar *adj* factible

Mache ['maxə] *f ohne pl* ❶ (*fam abw: Vortäuschung*) comedia *f;* **das ist doch reine ~** es pura comedia ❷ (*fam: Wend*): **etw in der ~ haben** estar haciendo algo

machen ['maxən] **I.** *vt* ❶ (*tun*) hacer; **eine Bemerkung ~** hacer un comentario; **einen Spaziergang ~** dar un paseo; **er macht mir den Garten** me arregla el jardín; **etw klein ~** (*fam: zerkleinern: Holz*) partir algo; (*Kräuter*) picar algo; **kannst du mir den Schein klein ~?** (*fam*) ¿me puedes cambiar el billete (en monedas)?; **ich will es kurz ~** seré breve; **wird gemacht!** ¡se hará!; **gut gemacht!** ¡bien hecho!; **ein erstauntes Gesicht ~** poner cara de asombro; **die Katze macht „miau"** (*fam*) el gato hace "miau"; **ein Spiel ~** jugar; **das lässt sich ~** esto se puede arreglar; **was soll man ~?** ¿qué le vamos a hacer?; **da ist nichts zu ~** no hay remedio; **mach, dass er wieder gesund wird!** ¡haz que se cure!; **was ~ Sie beruflich?** ¿cuál es su profesión?; **was macht dein Bruder?** ¿cómo le va a tu hermano?; **sie machte ihm schöne Augen** ligó con él; **lass mich nur ~!** ¡ya lo hago yo!; **mach's gut!** (*fam: Abschiedsgruß*) ¡qué te vaya bien!; **mit mir könnt ihr's ja ~** (*fam*) conmigo lo podéis hacer; **warum lässt du das mit dir ~?** ¿por qué lo consientes?; **ein gemachter Mann** un hombre hecho; **etwas aus sich** *dat* **~** arreglarse; **er wird es nicht mehr lange ~** (*fam: sterben*) la va a palmar pronto; **nun mach schon!** (*fam: beeilen*) ¡date prisa!; **mach, dass du wegkommst!** (*fam*) ¡lárgate de una vez!; **ich mach ja schon!** (*fam: komme*) ¡ya voy!; **er macht auf lässig** (*fam*) va de despreocupado; **ins Bett/in die Hose ~** (*fam*) hacerse en la cama/en el pantalón; **etw voll ~** (*fam: füllen*) llenar algo (hasta arriba); (*vervollständigen*) completar algo; (*fam: beschmutzen*) ensuciar algo; **sich** *dat* **vor Angst die Hosen voll ~** (*fam*) cagarse de miedo ❷ (*herstellen*) producir; (*anfertigen*) fabricar; (*Speisen*) hacer, preparar; (*Licht*) encender; **ein Foto/ Abzüge** ~ sacar una foto/copias; **sie ließ sich beim Friseur/von einer Freundin die Haare** ~ el peluquero/una amiga le arregló el pelo; **dafür ist er wie gemacht** está hecho para ello ❸ (*verursachen*) causar; (*Lärm*) hacer; **Eindruck** ~ causar impresión; **das macht mir Sorge** esto me preocupa; **einen Fleck auf etw** ~ manchar algo; **macht nichts!** (*fam*) ¡no importa!; **was macht das schon?** ¿qué más da? ❹ (*in einen Zustand versetzen*) poner, hacer; **das macht mich nervös/ verrückt** eso me pone nervioso/me vuelve loco; **das Kleid macht (sie) alt** el vestido (la) hace mayor; **jdm etw leicht** ~ facilitar algo a alguien; **jdm das Leben schwer** ~ complicarle la vida a alguien; **jdn schlecht** ~ dejar mal a alguien; **Joggen macht fit** correr mantiene la forma física ❺ (*ernennen*) nombrar ❻ (*umwandeln*) convertir (*zu en*) ❼ (*fam: kosten*) costar, ser; **was macht das?** ¿cuánto es? ❽ (*fam: ergeben*) dar; **das macht zusammen 14** todo junto da 14 **II.** *vr:* **sich** ~ ❶ (*sich in einen Zustand versetzen*): **sich hübsch** ~ ponerse guapo; **sich klein** ~ (*ducken*) agacharse; **sich lächerlich** ~ hacer el ridículo; **sich beliebt** ~ ganarse las simpatías (*bei* de); **sich wichtig** ~ darse humos; **sich verständlich** ~ comunicarse; ~ **Sie sich's bequem!** ¡póngase cómodo!; **sie macht es sich nicht leicht** no se lo pone fácil ❷ (*fam: gedeihen*) progresar; **der Junge macht sich** el niño hace progresos ❸ (*passen*) quedar; **sich gut** ~ quedar bien ❹ (*beginnen*) ponerse (*an* a); **sich an die Arbeit** ~ ponerse a trabajar; **sich auf den Weg** ~ ponerse en camino ❺ (*sich bereiten*) hacerse; ~ **Sie sich nur keine Umstände wegen mir!** ¡no se tome la molestia por mí!; **sich** *dat* **falsche Hoffnungen** ~ crearse falsas esperanzas ❻ (*Wend*): **sich** *dat* **nichts aus etw** ~ (*fam*) importar(le) algo nada a alguien; **sie macht sich nichts aus Eis** (*fam*) no le gustan los helados

Machenschaften *fpl* (*abw*) manejos *mpl*
Macher *m* <-s, -> (*fam*) hombre *m* de acción
Macho ['matʃo] *m* <-s, -s> (*fam*) machista *m*
Macht¹ [maxt, *pl:* 'mɛçtə] *f* <Mächte> (*Staat*) potencia *f*; **geheime Mächte** poderes secretos
Macht² *f ohne pl* poder *m*; (*Kraft*) fuerza *f*;

mit aller ~ con todas las fuerzas; **wir tun alles, was in unserer** ~ **steht** hacemos todo lo que está a nuestro alcance; **es liegt in deiner** ~**, die Zustände zu ändern** está en tu poder, el cambiar la situación; ~ **über jdn haben** tener poder sobre alguien; **an die** ~ **kommen/gelangen** subir/llegar al poder; **die** ~ **ergreifen/an sich reißen** asumir/usurpar el poder
machtbewusst *adj* (POL) con afán de poder; **Machtergreifung** *f* <-en> (POL) toma *f* de poder; **Machtfrage** *f* (POL) cuestión *f* de poder; **Machthaber(in)** *m(f)* <-s, -; -nen> (POL) gobernante *mf*
mächtig ['mɛçtɪç] **I.** *adj* ❶ (*machtvoll*) poderoso; **einer Sprache** ~ **sein** (*geh*) dominar un idioma ❷ (*sehr groß*) enorme **II.** *adv* (*sehr*) enormemente; **sich** ~ **anstrengen** esforzarse enormemente; ~ **viel** un montón
Machtkampf *m* lucha *f* por el poder
machtlos *adj* impotente; ~ **gegen etw sein** no poder hacer nada contra algo
Machtlosigkeit *f ohne pl* impotencia *f*
Machtmissbrauch *m* abuso *m* del poder; **Machtpolitik** *f* política *f* imperialista; **Machtprobe** *f* prueba *f* de fuerza; **Machtstellung** *f* (*eines Staates*) poderío *m*; (*einer Person*) autoridad *f*; **Machtübernahme** *f* (POL) subida *f* al poder; **machtvoll** *adj* poderoso; **Machtwechsel** *m* (POL) cambio *m* de gobierno; **Machtwort** *nt* sentencia *f* terminante; **ein** ~ **sprechen** hacer valer su autoridad
Machwerk *nt* (*abw*) chapuza *f*, churro *m* *fam*
Macke ['makə] *f* <-n> ❶ (*Fehler*) defecto *m*; (*Beule*) abolladura *f* ❷ (*fam: Tick*) manía *f*; **du hast doch eine** ~**!** ¡estás chiflado!
Macker ['makɐ] *m* <-s, -> (*sl*) ❶ (*Typ*) tío *m* ❷ (*Freund*) ligue *m*
Madagaskar [mada'gaskaːɐ] *nt* <-s> Madagascar *m*
Madagasse, -in [mada'gasə] *m*, *f* <-n, -n; -nen> malgache *mf*
madagassisch *adj* malgache
Mädchen ['mɛːtçən] *nt* <-s, -> ❶ (*Kind*) niña *f*, tripona *f Mex*; (*Jugendliche*) chica *f*, chamaca *f Mex*, piba *f Arg*; **leichtes** ~ chica fácil ❷ (*Hausangestellte*) chica *f*, mucama *f Am*; ~ **für alles** (*fam*) chica para todo
mädchenhaft **I.** *adj* de niña **II.** *adv* como una niña
Mädchenname *m* ❶ (*Vorname*) nombre *m* de chica ❷ (*vor der Heirat*) apellido *m* de soltera

Made ['maːdə] *f* <-n> cresa *f;* **wie die ~ im Speck leben** (*fam*) vivir en abundancia

Madeira [ma'deːra] *nt* <-s> Madera *f*

Mädel ['mɛːdəl] *nt* <-s, -(s)> (*fam*) niña *f*

madig *adj* lleno de cresas; **jdm etw ~ machen** (*fam*) quitar(le) a alguien las ganas de algo

Madonna [ma'dɔna] *f ohne pl* Virgen *f* (Santísima)

Madrid [ma'drɪt] *nt* <-s> Madrid *m*

Madrider(in) [ma'drɪtɐ] *m(f)* <-s, -; -nen> madrileño, -a *m, f*

Mafia ['mafja] *f* <-s> mafia *f*

mag [maːk] *3. präs von* **mögen**

Magazin [maga'tsiːn] *nt* <-s, -e> ❶ (*Lager*) almacén *m* ❷ (*an Waffen*) cargador *m* ❸ (*Zeitschrift*) revista *f* ❹ (*Radio-, Fernsehsendung*) programa *m* ❺ (*für Dias*) cartucho *m*

Magd [maːkt, *pl:* 'mɛːkdə] *f* <Mägde> criada *f*

Magdeburg ['makdəbʊrk] *nt* <-s> Magdeburgo *m*

Magen ['maːgən, *pl:* 'mɛːgən] *m* <-s, Mägen> estómago *m;* **auf nüchternen ~** en ayunas; **mir knurrt der ~** me crujen las tripas; **sich** *dat* **den ~ verderben** ponerse malo del estómago; **Magenbitter** *m* <-s, -> estomacal *m;* **Magengeschwür** *nt* (MED) úlcera *f* gástrica; **Magengrube** *f* epigastrio *m;* **Magenknurren** *nt* borborigmo *m;* **Magenkrampf** *m* (MED) gastroespasmo *m;* **Magenleiden** *nt* enfermedad *f* del estómago; **Magenmittel** *nt* remedio *m* para el dolor de estómago; **Magensäure** *f* (MED) ácido *m* gástrico; **Magenschmerzen** *mpl* dolores *mpl* de estómago; **Magenverstimmung** *f* indigestión *f*

mager ['maːgɐ] *adj* ❶ (*Fleisch, Boden*) magro ❷ (*Mensch, Tier*) flaco ❸ (*dürftig*) insuficiente ❹ (*Buchstabe, Schrift*) fino

Magermilch *f* leche *f* desnatada; **Magersucht** *f ohne pl* (MED) anorexia *f* nerviosa; **magersüchtig** *adj* (MED) anoréxico

Magie [ma'giː] *f ohne pl* magia *f*

Magier(in) ['maːgiɐ] *m(f)* <-s, -; -nen> mago, -a *m, f*

magisch ['maːgɪʃ] *adj* mágico; **~e Kräfte** fuerzas mágicas; **~ von etw** *dat* **angezogen werden** ser atraído mágicamente por algo

Magister [ma'gɪstɐ] *m* <-s, -> ❶ (*Universitätsgrad*) grado académico correspondiente a algunas carreras universitarias en Alemania; **~ Artium** magister artium ❷ (*Österr: Apotheker*) farmacéutico, -a *m, f*

El grado académico de **Magister (Mag.)**, en Alemania también llamado **Magister Artium (M.A.)**, se corresponde con el *Diplom – licenciado* pero obtenido en disciplinas humanísticas. En Austria este título lo obtienen también los que han estudiado Farmacia.

Magistrat¹ [magɪs'traːt] *m* <-(e)s, -e> ❶ (*Obrigkeit*) autoridad *f* pública ❷ (*Stadtverwaltung*) administración *f* municipal

Magistrat² *m* <-en, -en> (*Schweiz*) miembro del gobierno o de las autoridades

Magma ['magma] *nt* <-s, Magmen> (GEO) magma *m*

Magnesium [ma'gneːziʊm] *nt* <-s, *ohne pl*> (CHEM) magnesio *m*

Magnet [ma'gneːt] *m* <-en *o* -(e)s, -e *o* -en> imán *m;* **Magnetband** *nt* (*a.* INFOR) cinta *f* magnética; **Magnetfeld** *nt* (PHYS) campo *m* magnético

magnetisch *adj* magnético; (~ *gemacht*) imantado; **eine ~e Anziehungskraft auf jdn ausüben** ejercer un poder irresistible sobre alguien

magnetisieren* [magneti'ziːrən] *vt* (*Gegenstände*) imantar; (*Menschen*) magnetizar

Magnetnadel *f* brújula *f;* **Magnetschwebebahn** *f* tren *m* de suspensión magnética, aerotrén *m;* **Magnetstreifen** *m* banda *f* magnética

Magnolie [ma'gnoːljə] *f* <-n> (BOT) magnolia *f*

Mahagoni [maha'goːni] *nt* <-s, *ohne pl*> caoba *f*

Mähdrescher ['mɛː-] *m* <-s, -> (AGR) cosechadora *f*

mähen ['mɛːən] *vt* (*Getreide*) segar; (*Rasen*) cortar; (*mit der Sense*) guadañar

Mahl [maːl] *nt* <-(e)s, Mähler *o* -e> (*geh*) comida *f*

mahlen ['maːlən] <mahlt, mahlte, gemahlen> *vt* moler

Mähler *pl von* **Mahl**

Mahlzeit *f* <-en> comida *f;* **~!** ¡que aproveche!

Mähne ['mɛːnə] *f* <-n> ❶ (*bei Tieren*) melena *f* ❷ (*fam: bei Menschen*) pelambrera *f*

mahnen ['maːnən] *vt* ❶ (*erinnern*) recordar; (*warnend*) advertir; (*Schuldner*) exigir el pago de una deuda (de) ❷ (*auffordern*) requerir (*zu* para que +*subj*)

Mahngebühr *f* gasto *m* de requerimiento; **Mahnmal** *nt* monumento *m* conmemorativo

Mahnung *f* <-en> ❶ (*Er~*) requerimiento *m* ❷ (*Mahnschreiben*) recordatorio *m*

Mahnwache *f* piquete *m*

Mai [maɪ] *m* <-(e)s, -e> mayo *m*; *s. a.* März; **Maiglöckchen** ['maɪɡlœkçən] *nt* (BOT) lirio *m* de los valles; **Maikäfer** *m* (ZOOL) escarabajo *m* de San Juan

Mailand ['maɪlant] *nt* <-s> Milán *m*

Mailbox ['mɛɪlbɔks] *f* (INFOR) buzón *m* (electrónico)

mailen ['mɛɪlən] *vt* (INFOR: *fam*) pasar un emilio

Main [maɪn] *m* <-s> Meno *m*

Mainz [maɪnts] *nt* <-> Maguncia *f*

Mais [maɪs] *m* <-es, -e> maíz *m*, milpa *f* Am, capi *m* AmS; **Maiskolben** *m* mazorca *f*, choclo *m* Am, elote *m* AmC, Mex

Majestät [majɛs'tɛːt] *f* <-en> majestad *f*; **Seine/Ihre** ~ Su Majestad

majestätisch *adj* majestuoso

Majonäse [majɔ'nɛːzə] *f* <-n> mayonesa *f*

Major [ma'joːɐ] *m* <-s, -e> (MIL) comandante *m*

Majoran ['maːjoran] *m* <-s, -e> mejorana *f*

makaber [ma'kaːbɐ] *adj* macabro

Makel ['maːkəl] *m* <-s, -> (*geh*) defecto *m*

Mäkelei [mɛːkə'laɪ] *f ohne pl* (*abw*) afán *m* de criticar

makellos *adj* íntegro, sin tacha

mäkeln ['mɛːkəln] *vi* (*abw*) criticar (*an*)

Make-up *nt* <-s, -s> maquillaje *m*; **Make-up-Entferner** *m* <-s, -> desmaquillante *m*

Makkaroni [maka'roːni] *pl* macarrones *mpl*

Makler(in) ['maːklɐ] *m(f)* <-s, -; -nen> agente *mf* inmobiliario, -a; **Maklergebühr** *f* corretaje *m*

Makrele [ma'kreːlə] *f* <-n> caballa *f*

Makro ['maːkro] *nt* <-s, -s> (INFOR) macroinstrucción *f*

Makrone [ma'kroːnə] *f* <-n> (*aus Mandeln*) almendrado *m*; (*aus Kokos*) galleta *f* de coco

mal [maːl] *adv* ❶ (MATH) por; **zwei ~ zwei ist vier** dos por dos son cuatro ❷ (*fam: ein Mal*) una vez; **noch ~** otra vez; **erst ~** por ahora ❸ (*fam: früher*) antes; **warst du schon ~ hier?** ¿ya has estado aquí antes? ❹ (*fam: irgendwann*) alguna vez, un día; **besuchen Sie mich doch ~!** ¡venga a verme un día! ❺ (*fam: verstärkend*): **sag ~, stimmt das?** dime en serio, ¿es eso verdad?; **er hat sie nicht ~ besucht** ni siquiera la fue a visitar; **komm ~ her!** ¡ven aquí!

Mal¹ [maːl] *nt* <-(e)s, -e> ❶ (*Zeitpunkt*) vez *f*; **voriges/nächstes** ~ la última/próxima vez; **das erste/zweite** ~ la primera/segunda vez; **Millionen** ~ un millón de veces; **ich sage das zum letzten** ~ lo digo por última vez; **ein anderes** ~ otra vez; **sie kam das eine oder andere** ~ dorthin estuvo allí una que otra vez; **mit einem** ~ (*plötzlich*) de una vez; **von ~ zu** ~ cada vez; **ein für alle** ~ de una vez para siempre ❷ (SPORT: *Markierung*) línea *f* de demarcación

Mal² [maːl, *pl:* 'maːlə, 'mɛːlə] *nt* <-(e)s, -e *o* Mäler> (*Wund~*) estigma *m*; (*Mutter~*) lunar *m*

malad(e) [ma'laːt, ma'laːdə] *adj* enfermo; ~ **sein** encontrarse mal

Malaise [ma'lɛːzə] *f* (*geh: unbefriedigende Situation*) malestar *m*

Malaria [ma'laːria] *f ohne pl* paludismo *m*, malaria *f*

Malaysia [ma'laɪzia] *nt* <-s> Malasia *f*

Malaysier(in) [ma'laɪziɐ] *m(f)* <-s, -; -nen> malayo, -a *m, f*

malaysisch *adj* malayo

Malbuch *nt* libro *m* para colorear

malen ['maːlən] *vt* ❶ (*allgemein*) pintar; (*zeichnen*) dibujar; (*porträtieren*) retratar; **ein Bild** ~ hacer un dibujo ❷ (*reg: anstreichen*) pintar; **weiß** ~ pintar de blanco

Maler(in) *m(f)* <-s, -; -nen> pintor(a) *m(f)*

Malerei *f* <-en> ❶ (*Kunstgattung*) pintura *f* ❷ (*Gemälde*) cuadro *m*

Malerin *f* <-nen> *s.* **Maler**

malerisch *adj* pintoresco

Malheur [ma'løːɐ] *nt* <-s, -e *o* -s> (*fam*) percance *m*

Malkasten *m* caja *f* de pinturas

mal|nehmen *irr vt* multiplicar (*mit* por)

Maloche [ma'lɔxə, ma'loːxə] *f ohne pl* (*fam*) curro *m*

malochen* [ma'loːxən] *vi* (*fam*) currar

Malstift *m* lápiz *m* de color(es)

Malta ['malta] *nt* <-s> Malta *f*

Malteser(in) [mal'teːzɐ] *m(f)* <-s, -; -nen> maltés, -esa *m, f*

maltesisch *adj* maltés

maltrâtieren* [maltrɛ'tiːrən] *vt* maltratar

Malve ['malvə] *f* <-n> malva *f*

Malz [malts] *nt* <-es, *ohne pl*> malta *f*; **Malzbier** *nt* cerveza *f* de malta; **Malzkaffee** *m* café *m* de malta

Mama ['mama] *f* <-s> (*fam*) mamá *f*

Mami ['mami] *f* <-s> mamá *f*, mamita *f*

Mammon ['mamɔn] *m* <-s, *ohne pl*> (*abw*) dinero *m*; **des schnöden** ~s **wegen** por el vil metal

Mammut ['mamʊt] *nt* <-s, -e *o* -s> mamut *m;* **Mammutveranstaltung** *f* acto *m* con una multitud de participantes

mampfen ['mampfən] *vt, vi* (*fam*) jalar

man[1] [man] *pron indef* (*allgemein*) se; (*ich, wir*) uno *m,* una *f;* **das tut ~ nicht** eso no se hace; **~ hat mir gesagt, dass ...** me han dicho que...; **~ sagt, dass ...** se dice que...

man[2] *adv* (*nordd: fam*): **denn ~ los!** ¡vamos!

Management[1] ['mɛnɪtʃmənt] *nt* <-s, *ohne pl*> (*das Leiten*) management *m,* gestión *f* empresarial

Management[2] *nt* <-s, -s> (*Führungskräfte*) junta *f* directiva

managen ['mɛnɪtʃən] *vt* ① (*Künstler, Sportler*) ser el manager (de) ② (*fam: bewältigen*) apañar; **das hat er gut gemanagt** lo ha apañado a las mil maravillas

Manager(in) ['mɛnɪtʃe, 'mɛnətʃe] *m(f)* <-s, -; -nen> manager *mf,* gerente *mf*

manch *pron indef:* ~ **einer** alguno que otro; *s. a* **manche(r, s)**

manche(r, s) I. *pron indef* más de un(o), alguno que otro; **so ~s Mal** alguna que otra vez; **in ~m hat er Recht** en algunos puntos tiene razón II. *adj* algunos; ~ **von uns** algunos de nosotros

mancherlei ['mançe'laɪ] *adj inv* diversos

manchmal ['mançma:l] *adv* ① (*gelegentlich*) a veces ② (*Schweiz: oft*) a menudo

Mandant(in) [man'dant] *m(f)* <-en, -en; -nen> (*JUR*) mandante *mf*

Mandarine [manda'ri:nə] *f* <-n> mandarina *f*

Mandat [man'da:t] *nt* <-(e)s, -e> ① (*JUR*) mandato *m;* **ein ~ übernehmen** tomar posesión de un mandato ② (*Abgeordnetensitz*) escaño *m*

Mandel ['mandəl] *f* <-n> ① (*BOT*) almendra *f;* **gebrannte ~n** almendras garapiñadas ② (*MED*) amígdala *f*

Mandelbaum *m* (*BOT*) almendro *m*

Mandelentzündung *f* (*MED*) amigdalitis *f inv*

mandelförmig [-fœrmɪç] *adj* almendrado

Mandoline [mando'li:nə] *f* <-n> (*MUS*) mandolina *f*

Manege [ma'ne:ʒə] *f* <-n> pista *f* del circo

Mangan [maŋ'ga:n] *nt* <-s, *ohne pl*> (*CHEM*) manganeso *m*

Mangel[1] ['maŋəl, *pl:* 'mɛŋəl] *m* <-s, Mängel> (*Fehler*) defecto *m;* (*Unzulänglichkeit*) deficiencia *f*

Mangel[2] ['maŋəl] *m* <-s, *ohne pl*> (*Fehlen*) falta *f* (*an* de), carencia *f;* (*Knappheit*) escasez *f* (*an* de); **aus ~ an Beweisen**

freisprechen absolver por falta de pruebas; ~ **haben an etw** *dat* carecer de algo

Mangel[3] *f* <-n> (*Wäsche~*) calandria *f;* **jdn in die ~ nehmen** (*fam fig*) apretarle a alguien las cuerdas

Mangelerscheinung *f* (*MED*) síntoma *m* de deficiencia

mangelhaft *adj* (*fehlerhaft*) deficiente; (*SCH: unzureichend*) insuficiente

mangeln[1] ['maŋəln] *vunpers* (*fehlen*) faltar, carecer; **es mangelt ihm an Selbstvertrauen** le falta la confianza en sí mismo

mangeln[2] *vt* (*Wäsche*) calandrar

mangelnd *adj* escaso; **wegen ~er Vorbereitung** por falta de preparación

mangels ['maŋəls] *präp +gen/dat* (*formal*) por falta de

Mangelware *f ohne pl* artículo *m* escaso; ~ **sein** escasear

Mango ['maŋgo] *f* <-s *o* -nen> mango *m*

Mangold ['maŋgɔlt] *m* <-(e)s, -e> acelga *f*

Manie [ma'ni:] *f* <-n> manía *f*

Manier [ma'ni:ɐ] *f* <-en> ① (*Art*) manera *f;* **in überzeugender** · **~** de manera convincente ② *pl* (*Benehmen*) modales *mpl;* **gute/schlechte ~en haben** tener buenos/malos modales

Manierismus [mani'rɪsmʊs] *m* <-, *ohne pl*> (*KUNST, LIT*) manierismo *m*

manierlich [ma'ni:ɐlɪç] *adj* con buenos modales; **sich ~ benehmen** comportarse bien

Manifest [mani'fɛst] *nt* <-(e)s, -e> manifiesto *m*

manifestieren* [manifɛs'ti:rən] I. *vr:* **sich ~** manifestarse (*in* en) II. *vi* (*Schweiz*) manifestarse

Maniküre [mani'ky:rə] *f* <-n> manicura *f*

maniküren* *vt* hacer la manicura

Manipulation [manipula'tsjo:n] *f* <-en> manipulación *f*

manipulierbar [manipu'li:e-] *adj* manipulable; **beliebig/leicht/kaum ~** totalmente/fácilmente/apenas manejable

manipulieren* [manipu'li:rən] I. *vt* manipular II. *vi* manipular (*an*)

manisch ['ma:nɪʃ] *adj* (*a.* PSYCH) maníaco; **manisch-depressiv** *adj* (*a.* PSYCH) maníaco-depresivo

Manko ['maŋko] *nt* <-s, -s> ① (*Nachteil*) desventaja *f* ② (*WIRTSCH*) déficit *m inv*

Mann [man, *pl:* 'mɛnə] *m* <-(e)s, Männer> ① (*Erwachsener*) hombre *m;* **ein junger ~** un joven; **ein gestandener ~** un hombre hecho y derecho; **selbst ist der ~** hay que ayudarse a sí mismo; **ein ~ von Welt** un hombre de mundo; **ein ~, ein Wort** palabra de honor; **bis zum letzten ~**

kämpfen luchar hasta el último hombre; ~ **über Bord!** (NAUT) ¡hombre al agua!; **alle** ~ **an Deck!** (NAUT) ¡todo el mundo en pie!; **der kleine** ~ (*Mensch*) el hombre de pocos recursos; (*fam: Penis*) el pito; **der** ~ **auf der Straße** (*fig*) el hombre de la calle; **ein gemachter** ~ **sein** (*fam*) ser hombre de provecho; **etw an den** ~ **bringen** (*fam*) vender algo; **seinen** ~ **stehen** cumplir con sus obligaciones; **wenn Not am** ~ **ist** en caso de necesidad; **von** ~ **zu** ~ de hombre a hombre; **mein lieber** ~! (*fam*) ¡madre mía!; ~, **oh** ~! (*fam*) ¡hombre!; **mach schnell,** ~! (*fam*) ¡date prisa, hombre! ❷ (*Ehe~*) marido *m;* **mein geschiedener** ~ mi ex-marido; **ihr verstorbener/erster** ~ su difunto/primer marido

Männchen ['mɛnçən] *nt* <-s, -> ❶ (*kleiner Mann*) hombrecito *m;* ~ **machen** ponerse sobre las patas traseras ❷ (ZOOL) macho *m*

Mannen ['manən] *mpl* vasallos *mpl;* **seine** ~ **um sich scharen** (*iron*) rodearse de admiradores

Mannequin [manəˈkɛ̃ː, 'manəkɛ̃] *nt* <-s, -s> maniquí *mf*

Männerbekanntschaft *f:* **eine** ~ **machen** conocer a un hombre; **männerdominiert** *adj* dominado por el hombre; **Männersache** *f* cosa *f* de hombres

Mannesalter *nt* edad *f* adulta del varón; **im besten** ~ **sein** estar en su mejor momento

mannigfach ['manɪçfax] *adj*, **mannigfaltig** *adj* (*geh*) ❶ (*abwechslungsreich*) vario, diverso ❷ (*vielfach*) múltiple

männlich ['mɛnlɪç] *adj* (*a*. LING, BOT) masculino; (ZOOL) macho

Männlichkeit *f ohne pl* virilidad *f;* **Männlichkeitsritual** *nt* ritual *m* de hombría

Mannsbild *nt* (*fam*) hombre *m*

Mannschaft *f* <-en> ❶ (SPORT) equipo *m* ❷ (NAUT, AERO) tripulación *f* ❸ (MIL) tropa *f* ❹ (*fam: Arbeitsteam*) equipo *m*, elenco *m* *Chil*, *Peru*

mannshoch ['--] *adj* tan alto como un hombre; **mannstoll** *adj* (*fam*) ninfómana

Mannweib *nt* (*abw*) marimacho *m*

Manometer¹ [manoˈmeːtɐ] *nt* <-s, -> (PHYS) manómetro *m*

Manometer² ['--'--] *interj* (*fam*) vaya

Manöver [maˈnøːvɐ] *nt* <-s, -> ❶ (*Richtungsänderung, taktisches Vorgehen*) maniobra *f* ❷ (MIL: *Übung*) maniobras *fpl*

manövrieren* [manøˈvriːrən] I. *vi* maniobrar II. *vt* (*manipulieren*) manipular; (*lenken*) dirigir

Mansarde [manˈzardə] *f* <-n> desván *m*, buhardilla *f*

Manschette [manˈʃɛtə] *f* <-n> ❶ (*an Kleidung*) puño *m* ❷ (TECH) arandela *f* de cierre; **Manschettenknopf** *m* gemelo *m*, mancuerna *f Am, Fili*

Mantel ['mantəl, *pl*: 'mɛntəl] *m* <-s, Mäntel> ❶ (*Kleidungsstück*) abrigo *m*, tapado *m Am;* **den** ~ **nach dem Wind hängen** (*abw fig*) bailar al son que tocan ❷ (TECH) revestimiento *m;* (*vom Reifen*) cubierta *f* ❸ (MATH) superficie *f* convexa

manuell [manuˈɛl] I. *adj* manual II. *adv* con la mano

Manufaktur [manufakˈtuːɐ] *f* <-en> manufactura *f*

Manuskript [manuˈskrɪpt] *nt* <-(e)s, -e> manuscrito *m*

Mappe ['mapə] *f* <-n> ❶ (*Tasche*) portafolios *m inv* ❷ (*Ordner*) carpeta *f*

Mär [mɛːɐ] *f* <-en> cuento *m*

Maracuja [maraˈkuːja] *f* <-s> maracuyá *m*

Marathon ['maratɔn] *m* <-s, -s>, **Marathonlauf** *m* (SPORT) (carrera *f* de) maratón *m*

Märchen ['mɛːɐçən] *nt* <-s, -> cuento *m* (de hadas), chile *m Guat;* **Märchenbuch** *nt* libro *m* de cuentos

märchenhaft *adj* fabuloso

Märchenland *nt ohne pl* país *m* de las maravillas; **Märchenprinz** *m* príncipe *m* azul

Marder ['mardɐ] *m* <-s, -> marta *f*

Margarine [margaˈriːnə] *f* <-n> margarina *f*

Margerite [margəˈriːtə] *f* <-n> margarita *f*

marginalisieren* [marginaliˈziːrən] *vt* (*geh*) marginalizar

Marienkäfer [maˈriːən-] *m* mariquita *f*

Marihuana [marihuˈaːna] *nt* <-s, *ohne pl*> marihuana *f*

Marille [maˈrɪlə] *f* <-n> (*Österr*) albaricoque *m*

Marinade [mariˈnaːdə] *f* <-n> escabeche *m*

Marine [maˈriːnə] *f* <-n> (MIL) marina *f;* **marineblau** *adj* azul marino

marinieren* [mariˈniːrən] *vt* poner en escabeche

Marionette [marjoˈnɛtə] *f* <-n> títere *m;* **Marionettentheater** *nt* teatro *m* de títeres

Mark¹ [mark] *nt* <-(e)s, *ohne pl*> (*Knochen~*) médula *f;* **das geht mir durch** ~ **und Bein** (*fig*) esto me llega hasta la médula

Mark² [mark] *f ohne pl* (*Währung*) marco *m;* **Deutsche** ~ marco alemán

Mark³ [mark] *f* <-, -en> (*Grenzgebiet*) marca *f*

markant [marˈkant] *adj* (*ausgeprägt*) marcado; (*auffallend*) notable

markdurchdringend *adj* espeluznante

Marke ['markə] *f* <-n> ❶ (*Herstellerzeichen*) marca *f;* ~ **Eigenbau** (*fam*) marca la pava ❷ (*Wert~*) timbre *m;* (*Brief~*) sello *m* ❸ (*Garderoben~, Spiel~*) ficha *f* ❹ (*Erkennungs~*) chapa *f* de identificación ❺ (*Rekord~*) marca *f;* **Markenartikel** *m* artículo *m* de marca; **Markenname** *m* (nombre *m* de una) marca *f;* **Markenzeichen** *nt* emblema *m*

Marker ['markɐ] *m* <-s, - *o* -s> (*Markierstift*) marcador *m*

markerschütternd *adj* estremecedor

Marketing ['markətɪŋ] *nt* <-s, *ohne pl*> (WIRTSCH) marketing *m;* **Marketingmanager(in)** *m(f)* ejecutivo, -a *m, f* de marketing

markieren* [mar'kiːrən] *vt* ❶ (*kennzeichnen*) señalizar (*mit/durch* con), marcar (*mit/durch* con) ❷ (*fam: vortäuschen*) simular, fingir; **er markiert den starken Mann** se hace el fuerte

Markierung *f* <-en> ❶ (*Vorgang*) señalización *f* ❷ (*Zeichen*) marca *f*

Markise [mar'kiːzə] *f* <-n> toldo *m*, marquesina *f*

Markstein *m* hito *m*

Markstück *nt* moneda *f* de un marco

Markt [markt, *pl:* 'mɛrktə] *m* <-(e)s, Märkte> (*a.* WIRTSCH) mercado *m;* **auf den** ~ **gehen** ir al mercado; **der Gemeinsame** ~ (EU) el Mercado Común; **der schwarze** ~ el mercado negro; **neue Märkte erschließen** abrir nuevos mercados; **auf dem** ~ **sein** estar a la venta; **Marktanalyse** *f* (WIRTSCH) análisis *m inv* del mercado; **Marktanteil** *m* (WIRTSCH) participación *f* en el mercado; **Marktbude** *f* puesto *m* de mercado, carpa *f Am*, ramada *f Chil;* **Marktforschung** *f* (WIRTSCH) estudio *m* de mercado; **Marktfrau** *f* vendedora *f* de mercado; **Marktführer** *m* (WIRTSCH) empresa *f* líder en el mercado; **Markthalle** *f* mercado *m;* **Marktlage** *f* (WIRTSCH) situación *f* en el mercado; **Marktlücke** *f* (WIRTSCH) hueco *m* en el mercado; **eine** ~ **entdecken** dar con un hueco en el mercado; **in eine** ~ **stoßen** cubrir un hueco en el mercado; **Marktplatz** *m* plaza *f* del mercado; **Marktpreis** *m* (WIRTSCH) precio *m* de mercado; **Marktstand** *m* puesto *m* de mercado; **Marktstellung** *f ohne pl* (WIRTSCH) posición *f* en el mercado; **Marktwert** *m ohne pl* (WIRTSCH) valor *m* mercantil; **Marktwirtschaft** *f ohne pl* (WIRTSCH) economía *f* de mercado; **freie** ~ economía de mercado

libre; **soziale** ~ economía social de(l) mercado

Marmelade [marmə'laːdə] *f* <-n> mermelada *f*

Marmor ['marmoːɐ] *m* <-s, -e> mármol *m*

marmorieren* [marmo'riːrən] *vt* (CASTR, KUNST) vetear

marmoriert [marmo'riːɐt] *adj* (GASTR, KUNST) veteado

Marmorkuchen *m* pastel *m* de molde con chocolate

marmorn ['marmoːɐn] *adj* marmóreo

Marokkaner(in) [marɔ'kaːnɐ] *m(f)* <-s, -; -nen> marroquí *mf*

marokkanisch *adj* marroquí

Marokko [ma'rɔko] *nt* <-s> Marruecos *m*

Marone [ma'roːnə] *f* <-n> ❶ (*Esskastanie*) castaña *f* ❷ (*Pilz*) boleto *m*

Marotte [ma'rɔtə] *f* <-n> manía *f*, moño *m Col*

Mars [mars] *m* <-> (ASTR) Marte *m*

marsch [marʃ] *interj* ❶ (MIL): **vorwärts** ~! ¡andando! ❷ (*fam*) venga; ~ **ins Bett!** ¡venga a la cama!

Marsch¹ [marʃ, *pl:* 'mɛrʃə] *m* <-(e)s, Märsche> (*a.* MUS) marcha *f;* **sich in** ~ **setzen** ponerse en marcha

Marsch² [marʃ] *f* <-en> marisma *f* (*en la costa del mar del Norte*)

Marschall ['marʃal, *pl:* 'marʃɛlə] *m* <-s, Marschälle> (MIL) mariscal *m*

Marschbefehl *m* (MIL) orden *f* de marcha

marschieren* [mar'ʃiːrən] *vi sein* ❶ (MIL) marchar ❷ (*gehen*) caminar

Marschmusik *f ohne pl* música *f* militar; **Marschrichtung** *f* (MIL) dirección *f* de la marcha

Marslandung *f* amartizaje *m;* **Marsmensch** *m* marciano, -a *m, f*

Marter ['martɐ] *f* <-n> (*geh*) martirio *m*

martern ['martɐn] *vt* (*geh*) torturar; (*seelisch*) atormentar

Marterpfahl *m* poste *m* de tortura

Märtyrer(in) ['mɛrtyrɐ] *m(f)* <-s, -; -nen> mártir *mf*

Martyrium [mar'tyːriʊm] *nt* <-s, -rien> martirio *m*

Marxismus [mar'ksɪsmʊs] *m* <-, *ohne pl*> (POL) marxismo *m*

Marxist(in) [mar'ksɪst] *m(f)* <-en, -en; -nen> (POL) marxista *mf*

marxistisch *adj* (POL) marxista

März [mɛrts] *m* <-(es), -e> marzo *m;* **im** (**Monat**) ~ en (el mes de) marzo; **vergangenen** ~ el marzo pasado; **heute ist der erste** ~ (hoy) estamos a primero de marzo; **Berlin, den 10.** ~ **1988** Berlín, a diez de marzo de 1988; **am 20.** ~ el 20 de marzo;

Anfang/Ende/Mitte ~ a principios/finales/mediados de marzo; **Ostern fällt dieses Jahr in den** ~ la Semana Santa cae este año en marzo; **in diesem ~ hat es viel geregnet** este año ha llovido mucho en marzo

Marzipan [martsi'pa:n, '---] *nt* <-s, -e> mazapán *m*

Masche ['maʃə] *f* <-n> ❶ (*bei Handarbeit*) punto *m;* **eine ~ fallen lassen** menguar un punto; **durch die ~n des Gesetzes schlüpfen** burlar la justicia ❷ (*fam: Trick*) truco *m* ❸ (*Österr, Schweiz, südd: Schleife*) lazo *m;* **Maschendraht** *m* tela *f* metálica

Maschine [ma'ʃi:nə] *f* <-n> ❶ (*Schreib~, Näh~, Wasch~*) máquina *f;* **etw mit der ~ schreiben** escribir algo a máquina ❷ (*Flugzeug*) avión *m* ❸ (*fam: Motorrad*) moto *f*

maschinell [maʃi'nɛl] **I.** *adj* mecánico **II.** *adv* a máquina

Maschinenbau *m ohne pl* ❶ (*das Bauen*) construcción *f* de máquinas ❷ (*Lehrfach*) ingeniería *f* mecánica; **Maschinenöl** *nt* aceite *m* lubrificante; **Maschinenpistole** *f* metralleta *f;* **Maschinenraum** *m* sala *f* de máquinas; **Maschinenschlosser(in)** *m(f)* mecánico, -a *m, f,* montador(a) *m(f);* **Maschinenschrift** *f* letra *f* de máquina; **Maschinenstürmer(in)** *m(f)* (*abw*) persona que está contra el progreso tecnológico

Maschinerie [maʃinə'ri:] *f* <-n> ❶ (*a. TECH*) maquinaria *f* ❷ (*THEAT*) tramoya *f*

Maschinist(in) [maʃi'nɪst] *m(f)* <-en, -en; -nen> maquinista *mf*

Masern ['ma:zən] *pl* (*MED*) sarampión *m*

Maserung ['ma:zərʊŋ] *f* <-en> (*in Holz, Stein*) vetas *fpl*

Maske ['maskə] *f* <-n> ❶ (*für das Gesicht*) máscara *f* ❷ (*INFOR*) pantalla *f;* **Maskenball** *m* baile *m* de máscaras; **Maskenbildner(in)** *m(f)* <-s, -; -nen> maquillador(a) *m(f)*

maskenhaft *adj* inmóvil

Maskerade [maskə'ra:də] *f* <-n> mascarada *f*

maskieren* [mas'ki:rən] **I.** *vt* enmascarar; (*reg: kostümieren*) disfrazar (*als* de) **II.** *vr:* **sich ~** enmascararse; (*reg: sich kostümieren*) disfrazarse (*als* de)

Maskottchen [mas'kɔtçən] *nt* <-s, -> mascota *f*

maskulin [masku'li:n] *adj* (*a. LING*) masculino

Masochismus *m* <-, *ohne pl*> masoquismo *m*

Masochist(in) [mazo'çɪst] *m(f)* <-en, -en; -nen> masoquista *mf*

masochistisch *adj* masoquista

maß [ma:s] *3. imp von* **messen**

Maß¹ [ma:s] *nt* <-es, -e> medida *f;* (*Aus~*) dimensión *f;* **bei jdm ~ nehmen** tomar las medidas a alguien; **sich** *dat* **etw nach ~ anfertigen lassen** hacerse algo a medida; **das ~ aller Dinge** la medida de todas las cosas; **das ~ ist voll** ya basta; **in dem ~e wie** en la medida que; **in besonderem ~(e)** especialmente; **in gewissem ~(e)** en cierta medida; **in hohem ~e** en alto grado; **über alle ~en** sobremanera; **das übersteigt jedes ~** excede (todos) los límites; **sie kennt weder ~ noch Ziel** no tiene sentido de la medida; **bei** [*o* **in**] **etw ~ halten** ser moderado con algo; **ein gewisses ~ an Vertrauen** cierto grado de confianza; **in ~en** sin exceder la medida; **mit zweierlei ~ messen** medir por distintos raseros

Maß² [ma:s] *f* <-(e)> (*Österr, südd*) litro *m* (de cerveza)

Massage [ma'sa:ʒə] *f* <-n> masaje *m*

Massaker [ma'sa:kɐ] *nt* <-s, -> masacre *f*

massakrieren* [masa'kri:rən] *vt* masacrar

Maßangabe *f* indicación *f* de medida; **Maßanzug** *m* traje *m* a medida; **Maßarbeit** *f* trabajo *m* a medida; **Maßband** *nt* cinta *f* métrica

Masse ['masə] *f* <-n> ❶ (*a. PHYS*) masa *f;* **die breite ~ der Bevölkerung** la gran masa de la población ❷ (*Menge*) cantidad *f;* (*große*) montón *m;* (*Menschen~*) muchedumbre *f;* **in ~n** a montones

Maßeinheit *f* unidad *f* de medida

Massenandrang *m* afluencia *f* masiva; **Massenarbeitslosigkeit** *f* paro *m* masivo; **Massenartikel** *m* artículo *m* de gran consumo; **Massenbewegung** *f* movimiento *m* de masas; **Massenentlassung** *f* despido *m* en masa; **Massenflucht** *f ohne pl* huida *f* en masa; **Massengrab** *nt* fosa *f* común

massenhaft *adj* (*fam*) en masa

Massenhysterie *f* histeria *f* colectiva; **Massenkarambolage** *f* colisión *f* múltiple; **Massenkundgebung** *f* manifestación *f* multitudinaria; **Massenmedium** *nt* medio *m* de masas; **Massenmord** *m* asesinato *m* en masa; **Massenmörder(in)** *m(f)* asesino, -a *m, f* múltiple; **Massenproduktion** *f* producción *f* en gran escala; **Massentierhaltung** *f ohne pl* cría *f* de animales en gran escala; **Massentourismus** *m* turismo *m* de masas; **Massenveranstaltung** *f* acto *m* multitudinario

massenweise adv a montones, en masa

Masseur(in) [ma'sø:ɐ] m(f) <-s, -e; -nen> masajista mf

Masseuse [ma'sø:zə] f <-n> ❶ (Prostituierte) prostituta f (en un salón de masajes) ❷ (Masseurin) masajista f

Maßgabe f <-, ohne pl> mit der ~, dass ... con la condición de que... +subj

maßgebend, **maßgeblich** I. adj (bestimmend) determinante; (ausschlaggebend) decisivo II. adv de manera decisiva

maßgeschneidert adj (Kleidung) cortado a medida; (fig) hecho a medida; **ein ~er Anzug** un traje a medida

massieren* [ma'si:rən] vt ❶ (Körper) dar un masaje (a) ❷ (Truppen) concentrar

massig ['masɪç] I. adj (wuchtig) voluminoso II. adv (fam: viel) a montones, a porrillo

mäßig ['mɛ:sɪç] adj ❶ (gemäßigt) moderado; (Lebensweise) sobrio ❷ (mittel~) mediocre

mäßigen ['mɛ:sɪgən] I. vt moderar II. vr: **sich ~** ❶ (sich beherrschen) moderarse ❷ (Orkan) calmarse

Mäßigung f ohne pl moderación f

Massiv [ma'si:f] nt <-s, -e> macizo m

massiv [ma'si:f] adj ❶ (Gegenstand) macizo; (stabil) sólido, compacto ❷ (Kritik, Drohung) masivo; **er wurde schließlich ~** por último se puso violento

Maßkleidung f ropa f a medida

Maßkrug m jarra f de un litro

maßlos I. adj desmesurado II. adv enormemente; **sich ~ ärgern** enfadarse enormemente

Maßlosigkeit f ohne pl ❶ (Übermaß) exorbitancia f ❷ (ohne Maß) desmesura f (in de)

Maßnahme f <-n> medida f; **~n ergreifen** tomar medidas

Maßregel f regla f, norma f

maßregeln ['---] vt (rügen) reprender; (strafen) castigar

Maßstab m ❶ (Norm) norma f; **neue Maßstäbe setzen** sentar nuevas bases; **einen bestimmten ~ an etw anlegen** aplicar ciertas normas a algo ❷ (bei Karten) escala f; **eine Karte im ~ 1 : 20.000** un mapa de escala 1 : 20.000; **maßstabsgerecht** adj a escala

maßvoll adj moderado, comedido; **~ in seinen Ansprüchen/Wünschen sein** ser comedido con sus demandas/deseos

Mast¹ [mast] m <-(e)s, -e(n)> ❶ (NAUT) mástil m ❷ (Telefon~, Leitungs~) poste m; (Fahnen~) asta f

Mast² [mast] f <-en> (von Tieren) cebadura f

Mastdarm m (ANAT) recto m

mästen ['mɛstən] vt cebar

masturbieren* [mastʊr'bi:rən] vi masturbarse

Mastvieh nt ohne pl ganado m de engorde, animales mpl de engorde

Match [mɛtʃ] nt <-(e)s, -s o -e> (SPORT) partido m, match m

Mate m <-, ohne pl> mate m, verde m CSur; yerba f RíoPl

Material [materi'a:l] nt <-s, -ien> material m; **Materialfehler** m defecto m del material

Materialismus [materia'lɪsmʊs] m <-, ohne pl> materialismo m

Materialist(in) [materia'lɪst] m(f) <-en, -en; -nen> materialista mf

materialistisch adj materialista

Materialkosten pl gastos mpl de material

Materie¹ [ma'te:riə] f <-n> (Thema) materia f, tema m

Materie² f ohne pl (a. PHYS, CHEM, PHILOS) materia f

materiell [materi'ɛl] adj ❶ (stofflich) material ❷ (finanziell) financiero; (wirtschaftlich) económico

Mathematik [matema'ti:k] f ohne pl matemáticas fpl

mathematisch [mate'ma:tɪʃ] adj matemático

Matjeshering m arenque m fresco

Matratze [ma'tratsə] f <-n> colchón m

Mätresse [mɛ'trɛsə] f <-n> querida f

matriarchalisch [matriar'ça:lɪʃ] adj matriarcal

Matriarchat [matriar'ça:t] nt <-(e)s, -e> matriarcado m

Matrikel [ma'tri:kəl] f <-n> ❶ (Verzeichnis) matrícula f ❷ (Österr: Standesamt) ≈registro m civil

Matrix ['ma:trɪks, pl: ma'tri:tsən] f <Matrizen o Matrizes> (MATH, BIOL, LING) matriz f; **Matrixdrucker** m (INFOR) impresora f de matrices

Matrize [ma'tri:tsə] f <-n> ❶ (TYPO) matriz f ❷ (für Vervielfältigung) cliché m ❸ (TECH) troquel m

Matrizen pl von **Matrix**, **Matrize**

Matrizes pl von **Matrix**

Matrone [ma'tro:nə] f <-n> matrona f

Matrose [ma'tro:zə] m <-n, -n> marinero m

Matsch [matʃ] m <-(e)s, ohne pl> (fam) ❶ (Schlamm) lodo m ❷ (zerdrücktes Obst) puré m

matschig adj (fam) ❶ (Obst) pasado; (Schnee) medio derretido ❷ (schlammig) fangoso

matt [mat] *adj* ❶ (*erschöpft*) cansado; (*schwach*) débil ❷ (*Stimme*) débil; (*Lichtschein, Glasscheibe*) opaco ❸ (*glanzlos*) mate; (*Farbe, Blick*) apagado ❹ (*Schach*): **jdn ~ setzen** dar jaque mate a alguien

Matte ['matə] *f* <-n> ❶ (*Stroh~*) estera *f* ❷ (SPORT) colchoneta *f* ❸ (*Österr, Schweiz: Bergwiese*) pradera *f*

Mattscheibe *f* (*fam*) pantalla *f*; **vor der ~ sitzen** estar sentado delante de la pantalla; **~ haben** estar atontado

Matura [ma'tu:ra] *f* ohne pl (*Österr, Schweiz*) ≈bachillerato

Mätzchen ['mɛtsçən] *pl* (*fam: Getue*) tonterías *fpl*; (*Tricks*) trucos *mpl*

Mauer ['mauɐ] *f* <-n> ❶ (*aus Steinen*) muro *m*; (*aus Lehm*) tapia *f*; (*zur Verteidigung*) muralla *f*; **eine ~ des Schweigens** (*fig*) un muro de silencio; **gegen eine ~ reden** (*fig*) hablar con una pared ❷ (SPORT) barrera *f*; **Mauerblümchen** [-bly:mçən] *nt* (*fam*) patito *m* feo

mauern ['mauɐn] **I.** *vt* construir **II.** *vi* ❶ (*bauen*) construir ❷ (SPORT) jugar a la defensiva ❸ (*zurückhaltend sein*) cerrarse por banda

Maueröffnung *f* ohne pl caída *f* del Muro de Berlín; **Mauersegler** *m* <-s, -> (ZOOL) vencejo *m*; **Mauerwerk** *nt* mampostería *f*

Maul [maul, *pl*: 'mɔɪlə] *nt* <-(e)s, Mäuler> ❶ (*bei Tieren*) boca *f*; (*Hund*) hocico *m*; (*Wiederkäuer*) morro *m* ❷ (*fam abw: Mund*) morro *m*; **jdm übers ~ fahren** cortarle a alguien la palabra; **ein großes ~ haben** ser un bocazas; **jdm das ~ stopfen** taparle el pico a alguien; **darüber werden sich die Leute das ~ zerreißen** esto va a dar mucho que hablar; **halt's ~ !** ¡cierra el pico!

maulen ['maulen] *vi* (*fam abw*) estar de morros

Mäuler *pl von* **Maul**

Maulesel *m* mulo *m*; **maulfaul** *adj* (*fam*) callado; **~ sein** no abrir el pico; **Maulheld** *m* (*fam abw*) fanfarrón *m*; **Maulkorb** *m* bozal *m*; **Maultaschen** *fpl* (GASTR) ❶ (*Teigtaschen*) pasta rellenada de carne picada y/o verduras ❷ (*Gericht*) plato suabo con esta pasta (*rellenada*)

Las **Maultaschen** son una especialidad suaba consistente en pasta rellena de carne picada y/o verduras. Antiguamente eran un plato característico del *Fastenzeit – tiempo de Cuaresma*. Hoy en día no faltan en ninguna cocina bien en la sopa o bien salteadas con huevo y cebolla en la sartén.

Maultier *nt* mulo *m*

Maulwurf *m* topo *m*; **Maulwurfshaufen** *m* topera *f*

Maurer(in) ['maurɐ] *m(f)* <-s, -; -nen> albañil *mf*; **Maurerkelle** *f* paleta *f* (de albañil)

Mauretanien [maure'ta:niən] *nt* <-s> Mauritania *f*

Mauretanier(in) *m(f)* <-s, -; -nen> mauritano, -a *m, f*

mauretanisch *adj* mauritano

maurisch ['mauriʃ] *adj* moro, árabe

Maus [maus, *pl*: 'mɔɪzə] *f* <Mäuse> ❶ (ZOOL, INFOR) ratón *m*; **weiße Mäuse sehen** (*fam fig*) ver elefantes volando ❷ *pl* (*fam: Geld*) perras *fpl*

mauscheln ['mauʃəln] *vi* (*fam abw*) trucar

Mäuschen ['mɔɪsçən] *nt* <-s, -> (*fam*): **da möchte ich mal ~ sein** [*o* **spielen**] me pica la curiosidad

Mäusebussard *m* ratonero *m* común

Mausefalle *f* ratonera *f*; **Mauseloch** *nt* ratonera *f*

mausen ['mauzən] **I.** *vi* (*reg: Mäuse fangen*) cazar ratones; **die Katze lässt das M~ nicht** (*prov*) el hijo de la gata, ratones mata **II.** *vt* (*fam hum: stibitzen*) mangar

Mauser ['mauzɐ] *f* ohne pl (BIOL) muda *f*; **in der ~ sein** estar de muda

mausern ['mauzɐn] *vr*: **sich ~** ❶ (*Vogel*) mudar el plumaje ❷ (*fam: sich entwickeln*) convertirse (*zu* en)

mausetot *adj* (*fam*) muerto y requetemuerto

Mausklick ['mausklɪk] *m* (INFOR) click *m* del ratón

Mausoleum [mauzo'le:um] *nt* <-s, Mausoleen> mausoleo *m*

Maussteuerung *f* (INFOR) (control *m* con el) ratón

Maut [maut] *f* <-en> peaje *m*; **Mautgebühr** *f* (*Österr*) derechos *mpl* de peaje; **Mautstelle** *f* (*Österr*) puesto *m* de peaje

Maxima *pl von* **Maximum**

maximal [maksi'ma:l] **I.** *adj* máximo **II.** *adv* como máximo

Maxime [ma'ksi:mə] *f* <-n> máxima *f*

maximieren* [maksi'mi:rən] *vt* (*a.* MATH) elevar al máximo

Maximum ['maksimum] *nt* <-s, Maxima> máximo *m* (*an* de)

Mayonnaise [majɔ'nɛ:zə] *f* <-n> mayonesa *f*

Mazedonien [matse'do:niən] *nt* <-s> Macedonia *f*

Mäzen(in) [mɛ'tse:n] *m(f)* <-s, -e; -nen>, **Mäzenatin** *f* <-nen> mecenas *mf inv*

MB [ɛm'be:] (INFOR) *Abk. von* **Megabyte** MB

m. E. *Abk. von* **meines Erachtens** en mi opinión

Mechanik [me'ça:nɪk] *f ohne pl* mecánica *f*

Mechaniker(in) [me'ça:nike] *m(f)* <-s, -; -nen> mecánico, -a *m, f*

mechanisch [me'ça:nɪʃ] *adj* mecánico

Mechanisierung *f* <-en> mecanización *f*

Mechanismus [meça'nɪsmʊs] *m* <-, Mechanismen> mecanismo *m*

Meckerei [mɛkə'raɪ] *f ohne pl* (*fam abw*) critiqueo *m*

Meckerfritze *m* <-n, -n> (*fam abw*) gruñón *m;* **Meckerliese** *f* <-n> (*fam abw*) gruñona *f*, quejicona *f*

meckern ['mɛken] *vi* ① (*Ziege*) balar ② (*fam abw: nörgeln*) criticar (*über* a)

Mecklenburg ['mɛklənbʊrk] *nt* Mecklemburgo *m*

mecklenburgisch ['mɛklənbʊrgɪʃ] *adj* de Mecklemburgo

Mecklenburg-Vorpommern *nt* <-s> Mecklemburgo-Pomerania *f* occidental

Medaille [me'daljə] *f* <-n> medalla *f*

Medaillon [medal'jõ:] *nt* <-s, -s> ① (*Schmuckstück*) medallón *m*, relicario *m Am* ② (GASTR) medallón *m*

Medien ['me:diən] *pl von* **Medium: die** ~ los medios de comunicación; **Medienereignis** *nt* gran acontecimiento *m* en los medios de comunicación; **Medienforschung** *f ohne pl* investigación *f* de los medios de comunicación; **medienegerecht** *adj* que tiene efecto mediático; **Mediengesellschaft** *f* sociedad *f* mediática; **Medienlandschaft** *f ohne pl* medios *mpl* de comunicación; **Medienrummel** *m* (*fam*) jaleo *m* provocado por los medios de comunicación; **Medienspektakel** *m* (PUBL) espectáculo *m* mediático; **medienwirksam** *adj* (*Person*) con gran poder de comunicación

Medikament [medika'mɛnt] *nt* <-(e)s, -e> medicamento *m*, pichicata *f Arg;* **Medikamentenmissbrauch** *m* (MED) abuso *m* de medicamentos; **Medikamentensucht** *f ohne pl* dependencia *f* de los medicamentos

medikamentös [medikamɛn'tø:s] *adj* (MED) con medicamentos

Meditation [medita'tsjo:n] *f* <-en> meditación *f*

mediterran [meditɛ'ra:n] *adj* mediterráneo

meditieren* [medi'ti:rən] *vi* meditar (*über* sobre)

Medium ['me:diʊm] *nt* <-s, Medien> (*a.* PHYS, CHEM) medio *m;* (*Parapsychologie*) médium *m o f*

Medizin¹ [medi'tsi:n] *f ohne pl* (*Wissenschaft*) medicina *f*

Medizin² *f* <-en> (*Medikament*) medicamento *m*

Mediziner(in) [medi'tsi:ne] *m(f)* <-s, -; -nen> médico, -a *m, f;* (*Student*) estudiante *mf* de medicina

medizinisch *adj* (*ärztlich*) médico; (*arzneilich*) medicinal; **jdn/etw ~ behandeln** impartir tratamiento medicinal a alguien/a algo

Medizinmann *m* curandero *m*, brujo *m Am*, nagual *m AmC, Mex;* **Medizinstudent(in)** *m(f)* estudiante *mf* de medicina

Meer [me:ɐ] *nt* <-(e)s, -e> mar *m;* **das Rote/Schwarze** ~ el Mar Rojo/Negro; **am** ~ en el mar; **ans** ~ **fahren** ir al mar; **ein** ~ **von Licht und Farbe** (*geh*) un derroche de luces y colores; **Meerbusen** *m* bahía *f;* **Meerenge** *f* <-n> estrecho *m*

Meeresalge *f* alga *f* marina; **Meeresarm** *m* brazo *m* de mar; **Meeresfrüchte** *fpl* (GASTR) mariscos *mpl;* **Meeresgrund** *m ohne pl* fondo *m* del mar; **Meereskunde** *f ohne pl* oceanografía *f;* **Meeresspiegel** *m ohne pl* nivel *m* del mar; **über/unter dem** ~ sobre/bajo el nivel del mar

Meerkatze *f* (ZOOL) macaco *m;* **Meerrettich** *m* (BOT, GASTR) rábano *m;* **Meerschweinchen** *nt* <-s, -> (ZOOL) conejillo *m* de Indias, cobaya *f*, cuy(e) *m And;* **Meerwasser** *nt ohne pl* agua *f* de mar

Meeting ['mi:tɪŋ] *nt* <-s, -s> (*a.* POL) mitin *m*

Megabyte ['me:gabaɪt] *nt* <-(s), -(s)> (INFOR) megabyte *m*

Megafon *nt* <-s, -e> *s.* **Megaphon**

Megahertz ['me:gahɛrts] *nt* <-, -> (PHYS) megahertzio *m*

Megaphon [mega'fo:n] *nt* <-s, -e> megáfono *m*

Megawatt *nt* <-s, -> (PHYS) megavatio *m*

Mehl [me:l] *nt* <-(e)s, -e> harina *f*

mehlig *adj* harinoso

Mehlschwitze *f* <-n> (GASTR) *harina que se fríe para preparar salsas y sopas;* **Mehlwurm** *m* (ZOOL) gusano *m* de la harina

mehr [me:ɐ] **I.** *adv o pron indef kompar von* **viel** más (*als* que); (*vor Zahlen*) más (*als* de); (*vor Verben*) más (*als* de); **sie hat** ~ **gegessen als er** ha comido más que él; ~ **als nötig** más de lo necesario; ~ **als sie erhofft hatte** más de lo que había esperado; **wir brauchen** ~ **Geld** necesitamos más dinero; **immer** ~ cada vez más; **etwas** ~ un poco más; ~ **als genug** más que suficiente; **noch** ~ todavía más; ~ **und** ~ más y más; **nicht** ~ **und nicht weniger als ...** ni más ni menos que...; ~ **oder weniger** más o menos; **um so** ~ tanto más; **viel** ~ mucho más; **sie ist** ~ **Künstlerin als Wissenschaftlerin** es más bien artista que científica **II.** adv (+ Negation, ein Ende ausdrückend): **nicht** ~ ya no; **ich habe kein Geld** ~ ya no tengo (más) dinero; **nichts** ~ nada más; **kein Wort** ~! ¡ni una palabra más!; **es war niemand** ~ **da** ya no había nadie más

Mehr [meːɐ] nt <-(s), ohne pl> ❶ (Überschuss) excedente m (an de); **ein** ~ **an Zeit/Kosten aufwenden** invertir más tiempo/costes ❷ (Schweiz: Stimmenmehrheit) mayoría f (de votos) ❸ (Schweiz: Mehrheitsbeschluss) acuerdo m adoptado por la mayoría; **Mehraufwand** m (an Geld) gastos mpl adicionales; **Mehrausgabe** f gastos mpl suplementarios

mehrbändig [-bɛndɪç] adj en varios tomos
Mehrbelastung f sobrecarga f; **Mehrbetrag** m excedente m
mehrdeutig ['meːɐdɔɪtɪç] adj (interpretierbar) ambiguo; (missverständlich) equívoco
Mehrdeutigkeit f ohne pl ambigüedad f
mehrdimensional adj multidimensional; **Mehreinnahme** f superávit m inv
mehren ['meːrən] vt, vr: **sich** ~ (geh) aumentar
mehrere ['meːrərə] pron indef varios; (verschiedene) diferentes; **zu** ~ **n** entre varios; **sie waren zu** ~ **n da** eran varios
mehrfach ['meːɐfax] **I.** adj múltiple **II.** adv repetidas veces; **Mehrfachsteckdose** f (caja f de) enchufe m múltiple; **Mehrfachstecker** m ficha f múltiple
Mehrfamilienhaus nt casa f de vecindad
mehrfarbig adj multicolor, de varios colores
Mehrheit f <-en> mayoría f; **mit einer Stimme** ~ con mayoría por un voto; **in der** ~ mayoritariamente; **in der** ~ **sein** ser mayoría; **die schweigende** ~ la mayoría silenciosa
mehrheitlich adj por mayoría; **der Antrag wurde** ~ **angenommen** la solicitud fue aceptada con la mayoría de votos
Mehrheitsbeschluss m decisión f mayoritaria; **Mehrheitswahlrecht** nt ohne pl sistema m mayoritario
mehrjährig adj (a. BOT) plurienal; **Mehrkosten** pl gastos mpl adicionales

mehrmalig ['meːɐmaːlɪç] adj repetido
mehrmals ['meːɐmaːls] adv repetidas veces
Mehrparteiensystem nt (POL) sistema m pluralista (de partidos)
mehrsilbig adj polisílabo
mehrsprachig adj polígloto; (Mensch) multilingüe
mehrstimmig **I.** adj (MUS) de varias voces **II.** adv (MUS) a varias voces
mehrstöckig [-ʃtœkɪç] adj de varios pisos
mehrstündig [-ʃtʏndɪç] adj de varias horas
mehrtägig [-tɛːgɪç] adj de varios días
Mehrverbrauch m exceso m del consumo (an de)
Mehrweg- retornable; **Mehrwegflasche** f botella f retornable; **Mehrwegverpackung** f envase m retornable
Mehrwert m ohne pl ❶ (WIRTSCH) mayor valía f ❷ (marxistisch) plusvalía f; **Mehrwertsteuer** f (WIRTSCH) impuesto m sobre el valor añadido
mehrwöchig [-vœçɪç] adj de varias semanas
Mehrzahl f ohne pl ❶ (LING) plural m ❷ (Mehrheit) mayoría f; **in der** ~ **der Fälle** en la mayoría de los casos; **wir sind in der** ~ somos mayoría
meiden ['maɪdən] <meidet, mied, gemieden> vt (geh) rehuir
Meile ['maɪlə] f <-n> legua f; (NAUT) milla f; **das riecht man drei** ~ **n gegen den Wind** (abw) eso se huele a la legua; **Meilenstein** m piedra f miliar; (wichtiger Einschnitt) hito m; **meilenweit** adj a varias leguas de distancia; ~ **entfernt sein** estar muy lejos
Meiler ['maɪlɐ] m <-s, -> ❶ (Kohlen~) carbonera f ❷ (Atom~) reactor m
mein, meine, mein pron poss [maɪn, 'maɪnə, maɪn] pron poss (adjektivisch) mi, mis pl; ~ **Haus/Freund** mi casa/mi novio; ~ **e Damen und Herren!** ¡señoras y señores!
meine(r, s) pron poss (substantivisch) (el) mío m, (la) mía f; (los) míos mpl, (las) mías fpl; **das Haus in der Mitte ist** ~ **s** la casa del centro es (la) mía; s. a. **mein, meine, mein**
Meineid m perjurio m; **einen** ~ **schwören** perjurar
meineidig adj perjuro
meinen ['maɪnən] vt ❶ (denken) pensar; (glauben) creer; (Meinung vertreten) opinar; **man sollte** ~**, dass ...** se podría pensar que...; **was meinst du dazu?** ¿qué opinas al respecto?; ~ **Sie nicht?** ¿no le parece?; **wenn Sie** ~ si Ud. cree; (ganz) **wie Sie** ~! ¡como Ud. quiera!; **das will ich** ~ (fam) ya lo creo ❷ (sich beziehen

auf) referirse (a); **du warst nicht gemeint** no se refería a ti; **ja, dich habe ich damit gemeint** sí, tú ❸ (*sagen*) decir; **was meinten Sie?** ¿qué decía Ud.?; **meinst du das im Ernst?** ¿lo dices en serio? ❹ (*sagen wollen*) querer decir; **was meinst du damit?** ¿qué quieres decir con eso? ❺ (*beabsichtigen*) **wohl gemeint** bien intencionado; **so war es nicht gemeint** no fue con esa intención; **ein gut gemeinter Rat** un consejo con buena intención; **er meint es doch nur gut mit dir** si sólo tiene buenas intenciones contigo

meiner *pron pers gen von* **ich** de mí

meinerseits *adv* por mi parte; **ganz ~!** ¡el gusto es mío!

meinesgleichen ['--'--] *pron indef inv* de mi condición, mis semejantes; **ich wollte unter ~ sein** quería estar con mis semejantes

meinetwegen ['--'--] *adv* por mí; (*negativ*) por mi culpa; **bemühe dich nicht ~** no te esfuerces por mí

meinetwillen ['maɪnət'vɪlən] *adv:* **um ~** por mí

meinige *pron poss geh für* **meine(r, s)**: **der/die/das ~** [*o* M~] el mío/la mía/lo mío; **die ~n** [*o* M~n] los míos/las mías

Meinung ['maɪnʊŋ] *f* <-en> opinión *f*; **meiner ~ nach** en mi opinión; **ich bin der ~, dass ...** soy de la opinión de que...; **seine ~ ändern** cambiar de opinión; **einer ~ sein** ser de la misma opinión; **ich bin anderer ~** no estoy de acuerdo; **die öffentliche ~** la opinión pública; **ganz meine ~!** ¡totalmente de acuerdo!; **darüber kann man geteilter ~ sein** las opiniones pueden diferir en ese punto; **jdm (gehörig) die ~ sagen** (*fam*) cantar las cuarenta a alguien; **Meinungsäußerung** *f* (expresión *f* de una) opinión *f*; **Meinungsaustausch** *m* intercambio *m* de opiniones; **Meinungsforschung** *f ohne pl* sondeo *m* de opinión; **Meinungsfreiheit** *f ohne pl* libertad *f* de expresión; **Meinungsumfrage** *f* encuesta *f*; **Meinungsverschiedenheit** *f* ❶ (*in der Beurteilung*) disparidad *f* de opiniones ❷ (*Streit*) pelea *f*, querella *f*

Meise ['maɪzə] *f* <-n> paro *m;* **du hast doch 'ne ~!** (*fam*) ¡estás chiflado!

Meißel ['maɪsəl] *m* <-s, -> cincel *m*

meißeln *vi, vt* (*bearbeiten*) cincelar; (*schaffen*) esculpir; **eine Inschrift in einen Stein ~** grabar una inscripción en una roca

meist [maɪst] *adv s.* **meistens**

meistbietend *adv:* **etw ~ versteigern** subastar algo al mejor postor

meiste(r, s) *pron indef superl von* **viel** ❶ (*größte Anzahl*): **die ~n** la mayoría; **die ~n Leute glauben, dass ...** la mayoría de la gente cree que... ❷ (*größte Menge*): **das ~** lo más; **das ~ war interessant** la mayor parte fue interesante; **die ~ Zeit** la mayor parte del tiempo; **sie hat das ~ Geld** ella es la que más dinero tiene

meisten *superl von* **viel**: **am ~** (+ *Verb*) lo (que) más; **Hans arbeitet am ~** Hans es el que más trabaja

meistens ['maɪstəns] *adv* la mayoría de las veces

meistenteils *adv* la mayoría de las veces, por lo general; **sie kommt ~ zu spät** por lo general llega tarde

Meister(in) ['maɪstɐ] *m(f)* <-s, -; -nen> ❶ (*im Handwerk*) maestro, -a *m, f*; **seinen ~ machen** (*fam*) presentarse al examen de maestría ❷ (*Könner*) maestro, -a *m, f*; **er ist ein ~ seines Faches** es un experto en su campo; **es ist noch kein ~ vom Himmel gefallen** (*prov*) la práctica hace al maestro ❸ (SPORT) campeón, -ona *m, f*; **Meisterbrief** *m* diploma *m* de maestría

meisterhaft **I.** *adj* magistral, perfecto **II.** *adv* con maestría

Meisterin *f* <-nen> *s.* **Meister**

Meisterleistung *f* obra *f* maestra; **das war nicht gerade eine ~** (*iron*) no ha sido nada del otro mundo

meistern ['maɪstɐn] *vt* ❶ (*Werkzeug, Instrument*) dominar ❷ (*Schwierigkeit*) superar; (*Situation*) controlar

Meisterprüfung *f* examen *m* de maestría

Meisterschaft[1] *f ohne pl* (*Können*) maestría *f*; (*Vollkommenheit*) perfección *f*; **es zu wahrer ~ in etw bringen** conseguir verdadera maestría en algo

Meisterschaft[2] *f* <-en> (SPORT) campeonato *m*

Meisterstück *nt* ❶ (*Werkstück*) pieza *f* de(l) examen de oficial ❷ (*Meisterleistung*) obra *f* maestra; **Meisterwerk** *nt* (*a.* KUNST) obra *f* maestra

Mekka ['mɛka] *nt* <-s> Meca *f*

Melancholie [melaŋko'li:] *f ohne pl* melancolía *f*, flato *m Am*

melancholisch [melaŋ'ko:lɪʃ] *adj* melancólico

Meldeamt *nt* oficina *f* de empadronamiento; **Meldefrist** *f* (*für Anmeldung*) plazo *m* de inscripción; (*für Verbrechen*) plazo *m* de denuncia

melden ['mɛldən] **I.** *vt* ❶ (*berichten*) informar (de); (*mitteilen*) comunicar, reportar *Am;* (*förmlich*) notificar; **jdm etw ~** comunicar algo a alguien; **du hast**

hier(**bei**) **überhaupt nichts zu ~** (*fam*) tú no tienes ni voz ni voto en este asunto ② (*anzeigen*) dar parte (de); **etw bei der Polizei ~** dar parte de algo a la policía; **er ist als vermisst gemeldet** fue dado por desaparecido ③ (*ankündigen*) anunciar; **wen darf ich ~?** ¿a quién debo anunciar? **II.** *vr:* **sich ~** ① (*an~*) registrarse ② (*sich zur Verfügung stellen*) presentarse; (*auf eine Anzeige*) responder (*auf* a) ③ (*das Wort erbitten*) pedir la palabra; (*in der Schule*) levantar la mano; **er meldete sich zu Wort** pidió la palabra ④ (*von sich hören lassen*) dar señal de vida; **melde dich mal wieder** (**bei mir**) llámame alguna vez; **er hat sich nie wieder** (**bei uns**) **gemeldet** nunca más supimos nada de él ⑤ (*am Telefon*) responder al teléfono; **es meldet sich niemand** no responde nadie

Meldepflicht *f ohne pl* (*für Dinge*) declaración *f* obligatoria; (*für Personen*) registro *m* obligatorio; **meldepflichtig** *adj* sujeto a declaración obligatoria; (*Krankheit*) de declaración obligatoria

Meldung *f* <-en> ① (*Bericht*) información *f*; (*Mitteilung*) comunicación *f*; (*Ankündigung*) aviso *m*; (*für die Presse*) comunicado *m*; (*bei der Polizei*) denuncia *f* ② (*Radio~, Fernseh~*) noticia *f* ③ (*dienstlich*) informe *m*; **eine ~ machen** hacer un informe

meliert [me'liːɐt] *adj* (*Wolle*) mezclado; (*Haar*) entrecano

Melisse [me'lɪsə] *f* <-n> (BOT) melisa *f*

melken ['mɛlkən] <melkt, melkte, gemelkt *o* gemolken> *vi, vt* (AGR) ordeñar

Melkmaschine *f* (AGR) ordeñadora *f*

Melodie [melo'diː] *f* <-n> melodía *f*

melodisch [me'loːdɪʃ] *adj* melódico

Melodrama [melo'draːma] *nt* melodrama *m;* **melodramatisch** [melodra'maːtɪʃ] *adj* (*geh a. iron*) melodramático

Melone [me'loːnə] *f* <-n> ① (*Honig~*) melón *m;* (*Wasser~*) sandía *f* ② (*fam: Hut*) (sombrero *m*) hongo *m*, tongo *m Chil, Peru*

Membran [mɛm'braːn] *f* <-e(n)> ① (TECH) diafragma *m* ② (BIOL) membrana *f*

Memo ['meːmo] *nt* <-s, -s> ① (*Memorandum*) memorándum *m* ② (*a.* INFOR: *Merkzettel*) nota *f*

Memoiren [memo'aːrən] *pl* memorias *fpl*

Memorandum [memo'randʊm] *nt* <-s, Memoranden *o* Memoranda> memorándum *m*

Menge ['mɛŋə] *f* <-n> ① (*Anzahl*) cantidad *f* ((*an*) de); (*große*) montón *m* ((*an*) de);

eine ~ Zeit un montón de tiempo; **eine ~ lernen** aprender un montón; **Bücher in ~n** montones de libros; **in rauhen ~n** (*fam*) a montones; **es gab eine ~ zu sehen** había mucho que ver ② (*Menschen~*) multitud *f* ③ (MATH) conjunto *m*

mengen ['mɛŋən] **I.** *vt* mezclar **II.** *vr:* **sich ~** (*fam*) mezclarse (*unter* entre)

Mengenlehre *f ohne pl* (MATH) teoría *f* de conjuntos; **mengenmäßig** *adj* cuantitativo; **Mengenrabatt** *m* (WIRTSCH) rebaja *f* por cantidad

Meniskus [me'nɪskʊs] *m* <-, Menisken> (ANAT, MED) menisco *m*

Mensa ['mɛnza] *f* <Mensen *o* -s> comedor *m* universitario

Mensch [mɛnʃ] *m* <-en, -en> hombre *m*, ser *m* humano; (*Person*) persona *f;* **kein ~** nadie; **jeder ~** cada uno; **er ist auch nur ein ~** él también sólo es un ser humano; **~!** (*fam*) ¡hombre!; **du stellst dich an wie der erste ~!** (*fam*) ¡qué torpe que eres!; **von ~ zu ~** de persona a persona; **Menschenaffe** *m* (ZOOL) antropoide *m;* **Menschenalter** *nt* generación *f;* **Menschenansammlung** *f* concentración *f* de personas; **Menschenauflauf** *m s.* Menschenansammlung; **Menschenfeind**(**in**) *m(f)* misántropo, -a *m, f;* **Menschenfresser** *m* <-s, -> antropófago, -a *m, f;* **Menschenfreund**(**in**) *m(f)* filántropo, -a *m, f;* **Menschengedenken** ['---'--] *nt:* **seit ~** desde tiempos inmemoriales; **Menschenhandel** *m* trata *f* de seres humanos; (*mit Frauen*) trata *f* de blancas; **Menschenkenner**(**in**) *m(f)* buen psicólogo *m,* buena psicóloga *f;* **Menschenkenntnis** *f ohne pl* conocimiento *m* de la naturaleza humana; **Menschenkette** *f* cadena *f* humana; **Menschenleben** *nt* ① (*Leben*) vida *f* humana ② (*Opfer*) víctima *f;* **menschenleer** ['--'--] *adj* (*Gebiet*) despoblado; (*Straße*) desierto; (*Raum*) vacío; **Menschenliebe** *f* filantropía *f;* **aus reiner ~** por amor al prójimo; **Menschenmasse** *f* masa *f* de gente; **Menschenmenge** *f* gentío *m,* bola *f* de gente *Mex;* **menschenmöglich** ['--'--] *adj* humanamente posible; **alles M~e tun** hacer todo lo humanamente posible

Menschenrechte *ntpl* derechos *mpl* humanos; **Menschenrechtsverletzung** *f* violación *f* de los derechos humanos

menschenscheu *adj* (*schüchtern*) tímido; (*ungesellig*) huraño; **Menschenschlag** *m ohne pl* tipo *m* de gente; **Menschenseele** ['--'--] *f* alma *f* humana; **keine ~** (*fig*) ni un alma

Obst und Gemüse

Fruta y verdura

1	der Apfel	la manzana	
2	der Pfirsich	el melocotón, el durazno (*Am*)	
3	die Birne	la pera	
4	der Kopfsalat	la lechuga	
5	die Kirschen	las cerezas	
6	der Lauch	el puerro	
7	die Erdbeere	la fresa, la frutilla (*Am*)	
8	der Maiskolben	la mazorca de maíz/ de choclo (*Am*)	
9	die Trauben	las uvas	
10	die Zitrone	el limón	
11	die Orange	la naranja	
12	die Mandarine	la mandarina	
13	die Karotte	la zanahoria	

14	der Blumenkohl, der Karfiol Ⓐ	la coliflor
15	die Zwiebel	la cebolla
16	der Knoblauch	el ajo
17	der Stangensellerie	el apio en rama
18	die Aubergine, die Melanzani Ⓐ	la berenjena
19	die Banane	el plátano, la banana (*Am*)
20	der Kohl	la col, el repollo (*Am*)
21	die Gurke	el pepino
22	die Kartoffel, der Erdapfel Ⓐ	la patata, la papa (*Am*)
23	die Tomate, der Paradeiser Ⓐ	el tomate
24	der Rosenkohl	la col/ el repollo (*Am*) de Bruselas

1	die Klingel	la campana, la campanilla	
2	die Wanduhr	el reloj de pared	
3	die Weltkarte	el mapamundi	
4	die Tafel	la pizarra, el pizarrón (*Am*)	
5	die Tür	la puerta	
6	der Wasserhahn	el grifo, la llave (*Am*)	
7	das Waschbecken	el lavabo, el lavatorio (*Am*)	
8	der Schwamm	la esponja	

9	der Wischer	el borrador
10	die Kreide	la tiza
11	der Abfalleimer	el cubo de la basura
12	der Kartenständer	el caballete para los mapas
13	das Lehrerpult	el pupitre del profesor
14	die Schultasche	la cartera
15	der Tisch	la mesa
16	der Stuhl	la silla

Menschenskind ['--'-] *interj* (*fam*) hombre
menschenunmöglich *adj* humanamente imposible; **das M~e** lo (humanamente) imposible
menschenunwürdig ['--'---] *adj* ❶ (*eines Menschens nicht würdig*) indigno de un ser humano ❷ (*die Menschenwürde verletzend*) inhumano
Menschenverachtend *adj* inhumano
Menschenverachtung *f ohne pl* desprecio *m* a la humanidad; **Menschenverstand** *m:* **der gesunde ~** el sentido común; **Menschenwürde** *f ohne pl* dignidad *f* humana
menschenwürdig *adj* ❶ (*eines Menschens würdig*) digno (del hombre) ❷ (*der Menschenwürde entsprechend*) humano
Menschheit *f ohne pl* humanidad *f*
menschlich *adj* humano
Menschlichkeit *f ohne pl* humanidad *f*
Mensen *pl von* **Mensa**
Menstruation [mɛnstrua'tsjoːn] *f* <-en> (MED) menstruación *f*
menstruieren* [mɛnstru'iːrən] *vi* (MED) tener la menstruación
mental [mɛn'taːl] *adj* mental
Mentalität [mɛntali'tɛːt] *f* <-en> mentalidad *f*
Menthol [mɛn'toːl] *nt* <-s, *ohne pl*> (CHEM) mentol *m*
Menü [me'nyː] *nt* <-s, -s> (INFOR, GASTR) menú *m;* **Menüleiste** *f*, **Menüzeile** *f* (INFOR) línea *f* del menú, barra *f* del menú
Meridian [meri'djaːn] *m* <-s, -e> (GEO, ASTR) meridiano *m*
Merkblatt *nt* hoja *f* informativa
merken ['mɛrkən] *vt* ❶ (*wahrnehmen*) darse cuenta (de), realizar (Am*;* **er merkte nicht, dass ...** no se dio cuenta de que...; **woran hast du das gemerkt?** ¿cómo te has dado cuenta?; **lass ihn das nicht ~!** ¡procura que no se dé cuenta!; **du merkst aber auch alles!** (*fam iron*) por fin, te has dado cuenta ❷ (*be~, an~*) notar ❸ (*spüren*) sentir; **man merkt, dass ...** se siente que... ❹ (*behalten*) retener; **merke: ...** recuerde: ...; **sich** *dat* **etw ~** recordar algo; **merk dir das!** ¡fíjate en mis palabras!
merklich *adj* (*beträchtlich*) considerable; (*fühlbar*) perceptible; (*deutlich*) evidente
Merkmal *nt* <-s, -e> rasgo *m*, característica *f;* **Merksatz** *m* (*Merkhilfe*) sentencia *f*
Merkur [mɛr'kuːɐ] *m* <-s> (ASTR) Mercurio *m*
merkwürdig *adj* curioso, raro; **es ist auf einmal ~ still** de pronto reina un silencio extraño
merkwürdigerweise ['----'--] *adv* curiosa-mente

meschugge [me'ʃʊgə] *adj* (*fam*) chiflado
Mesner(in) ['mɛsnɐ] *m(f)* <-s, -; -nen> (*reg*) sacristán, -ana *m, f*
messbar ['mɛsbaːɐ] *adj* (con)mensurable
Messbecher *m* vaso *m* medidor
Messdiener(in) *m(f)* (REL) monaguillo, -a *m, f*
Messe ['mɛsə] *f* <-n> ❶ (REL) misa *f;* **in die ~ gehen** ir a misa; **eine ~ lesen** oficiar una misa ❷ (*Ausstellung*) feria *f;* **auf der ~ sein** estar en la feria ❸ (NAUT: *Schiffskantine*) cámara *f* de oficiales; **Messegelände** *nt* recinto *m* ferial; **Messehalle** *f* pabellón *m* de la feria
messen ['mɛsən] <misst, maß, gemessen> **I.** *vt* medir (*an* en relación con); **die Zeit ~** medir el tiempo; **sieben Meter ~** medir siete metros **II.** *vr:* **sich ~** (*geh*) medirse; **mit dem kannst du dich nicht ~** no puedes competir con él
Messer ['mɛsɐ] *nt* <-s, -> cuchillo *m;* (TECH) cuchilla *f;* **jdm das ~ an die Kehle setzen** (*fam fig*) poner(le) a alguien la pistola en el pecho; **jdn ans ~ liefern** (*fam fig*) denunciar a alguien; **unters ~ kommen** (*fam: Operation*) ser operado; **ins offene ~ laufen** (*fam fig*) meterse en la boca del lobo; **messerscharf** *adj* afilado, filudo *Am;* (*Verstand*) agudo; **daraus schloss ich ~, dass ...** y de ahí saqué la tajante conclusión, de que...; **Messerspitze** *f* punta *f* del cuchillo; **eine ~ Pfeffer** una pizca de pimienta; **Messerstecherei** [-ʃtɛçə'raɪ] *f* <-en> (*abw*) riña *f* a cuchilladas; **Messerstich** *m* cuchillada *f*
Messstand *m* stand *m* (de feria)
Messias [mɛ'siːas] *m* <-, *ohne pl*> (REL) Mesías *m*
Messing ['mɛsɪŋ] *nt* <-s, *ohne pl*> latón *m*
Messinstrument *nt* instrumento *m* de medición; **Messlatte** *f* (TECH) mira *f*
Messner(in) *m(f)* <-s, -; -nen> *s.* **Mesner**
Messtechnik¹ *f ohne pl* metrología *f*
Messtechnik² *f* (*Methode*) técnica *f* de medición
Messung *f* <-en> medición *f*
Messwert *m* valor *m* registrado
Mestize, -in [mɛs'tiːtsə] *m, f* <-n, -n; -nen> mestizo, -a *m, f*, cholo, -a *m, f Am*
MESZ [ɛmʔeːʔɛs'tsɛt] *Abk. von* **mitteleuropäische Sommerzeit** horario *m* de verano para Europa Central
Metall [me'tal] *nt* <-s, -e> metal *m;* **Metallarbeiter(in)** *m(f)* (obrero, -a *m, f*) metalúrgico, -a *m, f*
metallic [me'talɪk] *adj inv* metálico
metallisch *adj* metálico, de metal; **~ klin-**

gen/schimmern tener un sonido/brillo metálico

Metallurgie [metalʊr'giː] *f ohne pl* metalurgia *f*

Metallverarbeitung *f ohne pl* elaboración *f* de metales

Metamorphose [metamɔr'foːzə] *f* <-n> (*a.* BOT, ZOOL) metamorfosis *f inv*

Metapher [me'tafɐ] *f* <-n> (LING) metáfora *f*

metaphorisch [meta'foːrɪʃ] *adj* (LING) metafórico

Metaphysik [metafy'ziːk] *f* metafísica *f*; **metaphysisch** [meta'fyːzɪʃ] *adj* metafísico

Metastase [meta'staːzə] *f* <-n> (MED) metástasis *f inv*

Meteorit [meteo'riːt] *m* <-en, -en> (ASTR) meteorito *m*

Meteorologe, -in [meteoro'loːgə] *m, f* <-n, -n; -nen> meteorólogo, -a *m, f*

Meteorologie [meteorolo'giː] *f ohne pl* meteorología *f*

Meteorologin *f* <-nen> *s.* **Meteorologe**

meteorologisch [meteoro'loːgɪʃ] *adj* meteorológico

Meter ['meːtɐ] *m o nt* <-s, -> metro *m;* **drei ~ hoch/lang** tres metros de alto/de largo; **der laufende ~** (COM) el metro; **am laufenden ~** (*fam*) sin parar; **Metermaß** *nt* (*Stab*) metro *m* plegable; (*Band*) cinta *f* métrica

meterweise *adv* por metros

Methadon [meta'doːn] *nt* <-s, *ohne pl*> metadona *f*

Methode [me'toːdə] *f* <-n> método *m*

Methodik [me'toːdɪk] *f* <-en> metodología *f*

methodisch *adj* metódico

Metier [me'tjeː] *nt* <-s, -s> profesión *f*

Metrik ['meːtrɪk] *f ohne pl* (LIT) métrica *f*

metrisch ['meːtrɪʃ] *adj* (LIT) métrico

Metro ['meːtro] *f* <-s> metro *m*

Metronom [metro'noːm] *nt* <-s, -e> (MUS) metrónomo *m*

Metropole [metro'poːlə] *f* <-n> metrópoli *f*

Mett [mɛt] *nt* <-(e)s, *ohne pl*> (*reg*) plato de carne picada de cerdo cruda y condimentada con especias

Mettwurst *f* embutido de carne de cerdo cruda picada y condimentada con especias

Metzelei [mɛtsə'laɪ] *f* <-en> (*abw*) carnicería *f*

Metzger(in ['mɛtsgɐ] *m(f)* <-s, -; -nen> carnicero, -a *m, f*

Metzgerei [mɛtsgə'raɪ] *f* <-en> carnicería *f*, chanchería *f Am*

Metzgerin *f* <-nen> *s.* **Metzger**

Meuchelmord ['mɔɪçəl-] *m* (*abw*) asesi-

nato *m* con alevosía; **Meuchelmörder(in** *m(f)* (*abw*) asesino, -a *m, f* alevoso, -a

Meute ['mɔɪtə] *f* <-n> ❶ (*Jagdhunde*) jauría *f* ❷ (*fam: Menschen*) turba *f*

Meuterei [mɔɪtə'raɪ] *f* <-en> amotinamiento *m*

Meuterer, -in *m, f* <-s, -; -nen> amotinador(a) *m(f)*

meutern ['mɔɪtɐn] *vi* ❶ (*rebellieren*) amotinarse ❷ (*fam: meckern*) rebelarse

Mexikaner(in [mɛksi'kaːnɐ] *m(f)* <-s, -; -nen> mejicano, -a *m, f*

mexikanisch *adj* mejicano

Mexiko ['mɛksiko] *nt* <-s> Méjico *m*, México *m*

MEZ [ɛmʔeː'tsɛt] *Abk. von* **mitteleuropäische Zeit** hora *f* de la Europa Central

mg *Abk. von* **Milligramm** mg

MHz *Abk. von* **Megahertz** mh.

miauen* [mi'aʊən] *vi* maullar

mich [mɪç] I. *pron pers akk von* **ich** me; (*betont*) a mí (me); (*mit Präposition*) mí; **rufst du ~ an?** ¿me llamas?; **~ interessiert es nicht** a mí no me interesa; **meinst du ~?** ¿estás hablando conmigo? II. *pron refl akk von* **ich** me; **ich halte ~ da raus** yo no me meto

> ### ? Grammatik
>
> El pronombre reflexivo **mich** (acusativo) se utiliza cuando no hay en la frase otro complemento directo en acusativo: *Ich dusche mich jeden Morgen. – Me ducho cada mañana.*
>
> **mir** (dativo) se utiliza como pronombre reflexivo cuando ya existe en la frase un complemento directo en acusativo: *Morgen kaufe ich mir das neue Auto. – Mañana voy a comprarme el coche nuevo.*

mick(e)rig *adj* (*fam abw: Sache*) pobre; (*Person*) enclenque

Midlifecrisis *f* <->, **Midlife-Crisis** ['mɪdlaɪf'kraɪsɪs] *f* <-> (*geh*) crisis *f inv* de los cuarenta

mied [miːt] *3. imp von* **meiden**

Mieder ['miːdɐ] *nt* <-s, -> ❶ (*Unterkleidung*) corpiño *m* ❷ (*einer Tracht*) faja *f*; **Miederwaren** *fpl* corsetería *f*

Mief [miːf] *m* <-s, *ohne pl*> (*fam abw*) mal olor *m*

miefen *vi* (*fam abw*) apestar

Miene ['miːnə] *f* <-n> cara *f*; **ohne eine ~ zu verziehen** sin pestañear; **gute ~ zum**

bösen Spiel machen poner a mal tiempo buena cara; **Mienenspiel** *nt ohne pl* mímica *f*

mies [miːs] *adj* (*fam abw*) miserable, malo; **etw/jdn ~ machen** hablar mal de algo/ de alguien

Miese ['miːzə] *pl* (*fam*): **in den ~n sein** estar en números rojos

Miesepeter ['miːzəpeːtɐ] *m* <-s, -> (*fam*) cascarrabias *mf inv*

miesepet(e)rig ['miːzəpeːt(ə)rɪç] *adj* (*fam*) malhumorado; **~ sein** estar de mal café

Miesmacher(in) *m(f)* <-s, -; -nen> (*fam abw*) aguafiestas *mf inv*

Miesmuschel *f* mejillón *m*

Mietauto *nt* coche *m* de alquiler

Miete ['miːtə] *f* <-n> ❶ (*Wohnungs~*) alquiler *m;* **zur ~ wohnen** vivir en un piso de alquiler ❷ (AGR: *Lagergrube*) hacina *f*

mieten ['miːtən] *vt* alquilar, rentar *Am*

Mieter(in) *m(f)* <-s, -; -nen> (*einer Wohnung*) inquilino, -a *m, f*

Mieterhöhung *f* aumento *m* del alquiler

Mieterin *f* <-nen> *s.* **Mieter**

Mieterschutz *m* protección *f* al inquilino

mietfrei *adj* libre de alquiler; **Mietrückstand** *m* alquiler *m* atrasado

Mietshaus *nt* casa *f* de alquiler

Mietspiegel *m* media *f* del alquiler; **Mietvertrag** *m* contrato *m* de alquiler; **Mietwagen** *m* coche *m* de alquiler; **Mietwohnung** *f* piso *m* de alquiler

Miezekatze *f* (*fam*) gatito *m*

Migräne [miˈɡrɛːnə] *f ohne pl* jaqueca *f*

Migration [migraˈtsjoːn] *f* <-en> (GEO, BIOL, SOZIOL) migración *f*

Mikro ['mikro] *nt* <-s, -s> micro *m*

Mikrobe [miˈkroːbə] *f* <-n> (BIOL) microbio *m*

Mikrobiologie *f* microbiología *f;* **Mikrochip** ['miːkro-] *m* (ELEK) microchip *m;* **Mikroelektronik** *f* microelectrónica *f;* **Mikrofaser** ['----] *f* microfibra *f;* **Mikrofiche** ['miːkrofiːʃ, mikroˈfiːʃ] *nt o m* microficha *f;* **Mikrofilm** ['miːkro-] *m* microfilm(e) *m*

Mikrofon [mikroˈfoːn] *nt* <-s, -e> micrófono *m*

Mikrokosmos ['miːkrokɔsmɔs, mikroˈkɔsmɔs] *m* (BIOL, PHILOS, PHYS) microcosmo(s) *m inv;* **Mikroorganismus** ['------, ----'--] *m* (BIOL) microorganismo *m*

Mikrophon [mikroˈfoːn] *nt* <-s, -e> *s.* **Mikrofon**

Mikroprozessor ['-----] *m* (INFOR) microprocesador *m*

Mikroskop [mikroˈskoːp] *nt* <-s, -e> microscopio *m*

mikroskopisch [mikroˈskoːpɪʃ] *adj* microscópico; **~ klein** de tamaño microscópico

Mikrowelle ['----] *f* ❶ (*~ nherd*) (horno *m*) microondas *m inv* ❷ (ELEK) microonda *f;* **Mikrowellenherd** *m* (horno *m*) microondas *m inv*

Milan ['miːlan, miˈlaːn] *m* <-s, -e> (ZOOL) milano *m*

Milbe ['mɪlbə] *f* <-n> (ZOOL) ácaro *m*

Milch [mɪlç] *f ohne pl* (*a.* BOT) leche *f;* **Milchbar** *f* bar donde se sirven fundamentalmente batidos, fresquería *f Am;* **Milchflasche** *f* ❶ (*Babyflasche*) biberón *m* ❷ (*für den Verkauf*) botella *f* de leche; **Milchglas** *nt ohne pl* (*Material*) vidrio *m* opalino

milchig ['mɪlçɪç] *adj* lechoso

Milchkaffee *m* café *m* con leche; **Milchkanne** *f* (*zum Transport*) bidón *m* de leche; (*kleine ~*) lechera *f;* **Milchkuh** *f* vaca *f* lechera

Milchmädchenrechnung *f* cuenta *f* de la lechera

Milchprodukt *nt* producto *m* lácteo; **Milchpulver** *nt* leche *f* en polvo; **Milchreis** *m* arroz *m* con leche, arequipa *f Col, Mex;* **Milchschokolade** *f* chocolate *m* con leche; **Milchstraße** *f ohne pl* (ASTR) vía *f* láctea; **Milchtüte** *f* bolsa *f* de leche; **Milchzahn** *m* diente *m* de leche

mild(e) *adj* ❶ (*sanft, Luft*) suave; (*Klima*) templado ❷ (*nachsichtig*) indulgente; (*gütig*) benigno; (*Strafe*) leve; **eine ~e Gabe** una limosna; **jdn ~(e) stimmen** calmar a alguien ❸ (*Tabak, Speisen*) suave

Milde ['mɪldə] *f ohne pl* ❶ (*Nachsicht*) indulgencia *f*, clemencia *f;* (*Güte*) benevolencia *f* ❷ (*Sanftheit*) suavidad *f;* (*des Klimas*) templanza *f* ❸ (*im Geschmack, Geruch*) suavidad *f*

mildern ['mɪldɐn] **I.** *vt* (*Zorn*) calmar; (*Schmerz, Wirkung*) atenuar; (*Aufprall*) suavizar; **~de Umstände** circunstancias atenuantes **II.** *vr:* **sich ~** disminuir

Milderung *f ohne pl* ❶ (*von Schmerz*) mitigación *f* ❷ (*Mäßigung*) moderación *f;* **Milderungsgrund** *m* circunstancia *f* atenuante

mildtätig *adj* (*geh*) caritativo

Mildtätigkeit *f ohne pl* caridad *f*

Milieu [miˈljøː] *nt* <-s, -s> (medio *m*) ambiente *m;* **milieugeschädigt** *adj* psíquicamente afectado por el entorno (social)

militant [miliˈtant] *adj* militante

Militär¹ [miliˈtɛːɐ] *m* <-s, -s> (*Offizier*) militar *m*

Militär² *nt* <-s, *ohne pl*> (*Heer*) ejército *m;* **er ist beim ~** (*als Berufssoldat*) es militar; (*als Wehrdienstleistender*) hace el servicio militar

Militärdienst *m ohne pl* servicio *m* militar, mili *f fam;* **Militärdiktatur** *f* dictadura *f* militar; **Militärgericht** *nt* tribunal *m* militar

militärisch [mili'tɛːrɪʃ] *adj* militar

Militarismus [milita'rɪsmʊs] *m* <-, *ohne pl*> (*abw*) militarismo *m*

militaristisch *adj* militarista

Militärpolizei *f* policía *f* militar; **Militärputsch** *m* golpe *m* militar; **Militärregierung** *f* gobierno *m* militar; **Militärzeit** *f* ohne pl* tiempo *m* del servicio militar

Miliz [mi'liːts] *f* <-en> milicia *f*

Mille ['mɪlə] *nt* <-, -> (*fam*) mil marcos *mpl*

Millennium [mɪ'lɛniʊm, *pl:* mɪ'lɛniən] *nt* <-s, Millennien> (*geh*) milenio *m*

Milliardär(in) [mɪljar'dɛːɐ] *m(f)* <-s, -e; -nen> multimillonario, -a *m, f*

Milliarde [mɪ'ljardə] *f* <-n> mil millones *mpl;* **Milliardenbetrag** *m* (suma *f* de) miles *mpl* de millones; **milliardenschwer** *adj* (*Unternehmen, Projekt, Vermögen*) multimillonario

Millibar ['mɪlibaːɐ] *nt* <-s, -s> (METEO) milibar *m,* milibara *f AmC;* **Milligramm** ['mɪligram] *nt* miligramo *m;* **Milliliter** *m o nt* <-s, -> mililitro *m*

Millimeter [mɪli'meːtɐ, '----] *m o nt* milímetro *m;* **Millimeterpapier** [--'----] *nt* papel *m* milimetrado

Million [mɪ'ljoːn] *f* <-en> millón *m*

? Grammatik

Million, después de una cifra, se usa sin preposición: *Zwei Millionen Personen nahmen letzte Woche an dem Generalstreik teil.* – Dos millones de personas participaron la semana pasada en la huelga general. Sin embargo, con el plural **Millionen**, cuando no le antecede ninguna cifra, se utiliza la preposición 'von': *Millionen von Menschen auf der Welt haben nie einen Computer verwendet.* – Millones de personas en el mundo no han utilizado nunca un ordenador.

Millionär(in) [mɪljo'nɛːɐ] *m(f)* <-s, -e; -nen> millonario, -a *m, f*

Millionengeschäft *nt* negocio *m* de (varios) millones; **Millionengewinn** *m* premio *m* millonario; **millionenschwer** *adj* (*fam*) forrado de millones; **Millionen-**

stadt *f* ciudad *f* de más de un millón de habitantes

Milz [mɪlts] *f* <-en> (ANAT) bazo *m*

mimen ['miːmən] *vt* (*fam abw*) fingir; **den Ahnungslosen** ~ hacerse el inocente

Mimik ['miːmɪk] *f* ohne pl* mímica *f*

mimisch ['miːmɪʃ] *adj* mímico

Mimose [mi'moːzə] *f* <-n> ❶ (BOT) sensitiva *f*, dormilona *f AmC* ❷ (*Mensch*) hipersensible *mf*

min., Min. *Abk. von* **Minute(n)** *m*

minder ['mɪndɐ] *adv* (*geh*) *kompar von* **wenig** menos (*als* que); **minderbegabt** *adj* menos dotado; **minderbemittelt** *adj* económicamente débil; (*arm*) necesitado; **geistig** ~ (*fam abw*) cerrado de mollera

mindere(r, s) *adj* menor; (*minderwertig*) inferior; **von** ~ **r Qualität** de calidad inferior

Minderheit *f* <-en> minoría *f;* **in der** ~ **sein** estar en minoría; **Minderheitenschutz** *m* (POL) protección *f* a las minorías

minderjährig *adj* menor de edad

Minderjährige(r) *mf* <-n, -n; -n> menor *mf* de edad

mindern ['mɪndɐn] *vt* (*geh*) disminuir (*um* en, *auf* a); (*Verdienste*) desvalorar

Minderung *f* <-en> ❶ (*Wert~*) disminución *f* (*um* en); (*Preis*) rebaja *f* ❷ (*Herabsetzung*) reducción *f*

minderwertig *adj* (de calidad) inferior

Minderwertigkeit *f ohne pl* inferioridad *f;* **Minderwertigkeitsgefühl** *nt* (PSYCH) complejo *m* de inferioridad; **Minderwertigkeitskomplex** *m* (PSYCH) complejo *m* de inferioridad

Minderzahl *f ohne pl* minoría *f;* **in der** ~ **sein** estar en minoría

Mindestabstand *m* distancia *f* mínima; **Mindestalter** *nt* edad *f* mínima; **Mindestanforderung** *f* requisito *m* mínimo

mindeste(r, s) *adj* menor, mínimo; **nicht die** ~ **Ahnung haben** no tener la menor idea; **ich verstehe nicht das** ~ **davon** no entiendo ni lo más mínimo de eso; **das wäre wohl das** ~ **gewesen** eso hubiera sido lo mínimo; **das bezweifle ich nicht im M~n** de eso no tengo la menor duda

Mindesteinkommen *nt* ingreso *m* mínimo

mindesten *s.* **mindeste(r, s)**

mindestens ['mɪndəstəns] *adv* por lo menos

Mindestgebot *nt* (WIRTSCH) oferta *f* mínima; **Mindestgeschwindigkeit** *f* velocidad *f* mínima; **Mindesthaltbarkeitsdatum** *nt* fecha *f* mínima de caducidad; **Mindestmaß** *nt* mínimo *m* (*an* de);

sich auf das ~ **beschränken** limitarse al mínimo; **Mindestreservesystem** *nt* (WIRTSCH) sistema *m* de [*o* sobre] reservas mínimas; **Mindeststrafe** *f* pena *f* mínima

Mine ['miːnə] *f* <-n> (*a.* BERGB, MIL) mina *f*; ~**n legen** colocar minas; **Minenfeld** *nt* (MIL) zona *f* minada; **Minenwerfer** *m* <-s, -> (MIL) lanzaminas *m inv*

Mineral [mine'raːl] *nt* <-s, -e *o* -ien> mineral *m*; **Mineralbad** *nt* baño *m* de aguas minerales

mineralisch *adj* mineral

Mineralogie [mineralo'giː] *f ohne pl* mineralogía *f*

Mineralöl *nt* ❶ (*destilliertes Erdöl*) aceite *m* mineral ❷ (*Erdöl*) petróleo *m*; **Mineralölsteuer** *f* impuesto *m* sobre el aceite mineral

Mineralstoffe *mpl* elementos *mpl* minerales; **Mineralwasser** *nt* <-s, -wässer> agua *f* mineral

Mini ['mɪni, 'mini] *m* <-s, -s> (*fam*) minifalda *f*

Miniatur [minia'tuːɐ] *f* <-en> miniatura *f*

Minibar ['mɪni-] *f* minibar *m*; **Minigolf** *nt ohne pl* minigolf *m*; **Minikleid** *nt* vestido *m* mini

Minima *pl von* **Minimum**

minimal [mini'maːl] *adj* (*wenig*) mínimo; (*unbedeutend*) insignificante

minimieren* [mini'miːrən] *vt* minimalizar

Minimum ['miːnimʊm, *pl:* 'miːnima] *nt* <-s, Minima> mínimo *m* (*an* de)

Minipille *f* (*fam*) píldora *f* anticonceptiva de menor contenido hormonal; **Minirock** *m* minifalda *f*

Minister(in) [mi'nɪstɐ] *m(f)* <-s, -; -nen> ministro, -a *m, f*

ministeriell [minɪsteri'ɛl] *adj* ministerial

Ministerin *f* <-nen> *s.* **Minister**

Ministerium [minɪs'teːriʊm] *nt* <-s, Ministerien> ministerio *m*, secretaría *f Am*

Ministerkonferenz *f* conferencia *f* de ministros; **Ministerpräsident(in)** *m(f)* ❶ (*eines Staates*) presidente, -a *m, f* del Gobierno ❷ (*eines Bundeslandes*) presidente, -a *m, f* del land

Ministerrat *m* consejo *m* de ministros

Ministrant(in) [minɪs'trant] *m(f)* <-en, -en; -nen> (REL) monaguillo, -a *m, f*

Minnesänger *m* (HIST) trovador *m*

Minorität [minori'tɛːt] *f* <-en> minoría *f*

minus ['miːnʊs] *adv* ❶ (MATH) menos ❷ (*Temperatur*) bajo cero; **15 Grad** ~ 15 grados bajo cero ❸ (ELEK) negativo

Minus ['miːnʊs] *nt* <-, *ohne pl*> ❶ (*Fehlbetrag*) déficit *m inv*; ~ **machen** sacar pérdidas ❷ (*Nachteil*) desventaja *f*; **Minuspol** *m* (ELEK, PHYS) polo *m* negativo; **Minuspunkt** *m* punto *m* negativo; **Minuszeichen** *nt* signo *m* de substracción

Minute [mi'nuːtə] *f* <-n> minuto *m*; **auf die** ~ (*pünktlich*) en punto; **in letzter** ~ en último minuto; **fünf ~n vor/nach drei** las tres menos/y cinco; **minutenlang I.** *adj* de varios minutos **II.** *adv* durante algunos minutos; **Minutenzeiger** *m* minutero *m*

minutiös [minu'tsjøːs] *adj* (*geh*), **minuziös** [minu'tsjøːs] *adj* (*geh*) minucioso

Minze ['mɪntsə] *f* <-n> menta *f*

mir [miːɐ] **I.** *pron pers dat von* **ich** me; (*betont*) a mí (me); (*mit Präposition*) mí; **sie haben** ~ **ein Buch geschenkt** me han regalado un libro; ~ **gefällt das sehr gut** a mí me gusta mucho; **hinter/vor/unter/über** ~ detrás de/delante de/debajo de/encima de mí; **mit** ~ conmigo; **ein Freund von** ~ un amigo mío; **von** ~ **aus** por mí; ~ **nichts, dir nichts** sin más ni más; **du bist** ~ **einer!** (*fam*) ¡mira que eres! **II.** *pron refl dat von* **ich** me; **ich will** ~ **noch die Haare waschen** todavía quiero lavarme el pelo

Mirabelle [mira'bɛlə] *f* <-n> ciruela *f* amarilla

Mischbrot *nt* pan de centeno y trigo; **Mischehe** *f* matrimonio *m* mixto

mischen ['mɪʃən] **I.** *vt* ❶ (*vermengen*) mezclar; (*Karten*) barajar ❷ (*Cocktail, Gift*) preparar ❸ (FILM, RADIO, TV) mezclar **II.** *vr:* **sich** ~ ❶ (*sich ein~*) meterse (*in* en); **misch dich nicht in meine Angelegenheiten!** ¡no te metas en mis asuntos!

M

❷ (*sich vermengen*) mezclarse ❸ (*unter Menschen*) mezclarse (*unter* entre) **III.** *vi* (*Karten*) barajar

Mischform *f* mezcla *f*; **Mischgewebe** *nt* tejido *m* de mezcla; **Mischhaut** *f ohne pl* piel *f* mixta

Mischling *m* <-s, -e> ❶ (*Mensch*) mestizo, -a *m, f* ❷ (*Tier*) mezcla *f*; **Mischlingskind** *nt* niño, -a *m, f* mestizo, -a

Mischmasch ['mɪʃmaʃ] *m* <-(e)s, -e> (*fam a. abw*) mezcolanza *f*

Mischmaschine *f* mezcladora *f*; **Mischpult** *nt* (RADIO, FILM, TV) mesa *f* de mezclas

Mischung *f* <-en> mezcla *f*; **Mischungsverhältnis** *nt* proporción *f* de la mezcla

Mischwald *m* bosque *m* mixto

miserabel [mize'ra:bəl] *adj* miserable

Misere [mi'ze:rə] *f* <-n> miseria *f*

missachten* [mɪs'ʔaxtən] *vt* ❶ (*verachten*) despreciar ❷ (*ignorieren*) ignorar; (*Anweisung, Gesetz*) desacatar; **Missachtung** ['-'-, '---] *f* ❶ (*Nichtbefolgung*) desacato *m* ❷ (*Geringschätzung*) desprecio *m*; **missbehagen*** *vi* (*geh*) desagradar; **Missbehagen** ['----] *nt* desagrado *m*; **Missbildung** ['---] *f* <-en> deformación *f*; **missbilligen*** [mɪs'bɪlɪgən] *vt* desaprobar; (*stärker*) condenar; **missbilligend I.** *adj* de desaprobación **II.** *adv* de forma desaprobatoria; **Missbilligung** ['-'--, '----] *f* desaprobación *f*; (*stärker*) condenación *f*; **Missbrauch** ['-'-] *m* abuso *m*; **sexueller ~** abuso sexual; **missbrauchen*** [-'--] *vt* (*Person, Vertrauen*) abusar (de)

missbräuchlich ['mɪsbrɔɪçlɪç] *adj* abusivo

missdeuten* [mɪs'dɔɪtən] *vt* interpretar mal; (*absichtlich*) tergiversar; **Missdeutung** ['-'--, '---] *f* mala interpretación *f*; (*absichtliche ~*) tergiversación *f*

missen ['mɪsən] *vt* (*geh*) prescindir (de)

Misserfolg ['---] *m* fracaso *m*; **Missernte** ['---] *f* mala cosecha *f*

Missetat ['mɪsəta:t] *f* fechoría *f*; (REL) pecado *m*

Missetäter(in) *m(f)* ❶ (*hum: jd, der etw angestellt hat*) autor(a) *m(f)* de un destrozo ❷ (*alt geh: Übeltäter*) malhechor(a) *m(f)*

missfallen* [mɪs'falən] *irr vi* (*geh*) desagradar

Missfallen *nt* <-s, ohne pl> desagrado *m*; **jds ~ erregen** provocar el disgusto de alguien

missgebildet *adj* malformado; **Missgeburt** ['---] *f* (MED) criatura *f* deforme; **missgelaunt** *adj* (*geh*) de mal humor; **Missgeschick** ['---] *nt* percance *m*; **mir ist ein ~ passiert** tuve un percance; **missgestal-**

tet *adj* deforme; **missgestimmt** *adj* de mal humor; **missglücken*** [mɪs'glʏkən] *vi sein* salir mal; **missgönnen*** [mɪs'gœnən] *vt* envidiar; **Missgriff** ['--] *m* <-(e)s, -e> desacierto *m*, error *m*; **einen ~ tun** cometer un error; **Missgunst** ['--] *f* envidia *f*; **missgünstig** *adj* (*neidisch*) envidioso; (*eifersüchtig*) celoso; **misshandeln*** [mɪs'handəln] *vt* maltratar; **Misshandlung** [-'--] *f* mal(os) trato(s) *m(pl)*; **missinterpretieren*** *vt* malinterpretar

Mission¹ [mɪ'sjo:n] *f* <-en> (*Auftrag*) misión *f*; **in geheimer ~** con una misión secreta

Mission² *f ohne pl* (REL) misión *f*

Missionar(in) [mɪsjo'na:ɐ] *m(f)* <-s, -e; -nen> misionero, -a *m, f*

missionarisch [mɪsjo'na:rɪʃ] *adj* misionario

missionieren* [mɪsjo'ni:rən] *vt* evangelizar

Missklang ['--] *m* disonancia *f*; **Misskredit** ['---] *m*: **in ~ geraten** caer en descrédito; **jdn/etw in ~ bringen** desacreditar a alguien/algo

misslang [mɪs'laŋ] *3. imp von* **misslingen**

misslich ['mɪslɪç] *adj* (*unangenehm*) desagradable; (*ärgerlich*) molesto

missliebig *adj* mal visto

misslingen [mɪs'lɪŋən] <misslingt, misslang, misslungen> *vi sein* fracasar; **der Kuchen ist misslungen** el pastel salió mal

Misslingen [-'--] *nt* <-s, ohne pl> fracaso *m*, malogro *m*

misslungen [mɪs'lʊŋən] *pp von* **misslingen**

Missmut ['--] *m* mal humor *m*; (*Unzufriedenheit*) descontento *m*; **missmutig** *adj* malhumorado; **missraten*** [mɪs'ra:tən] *irr vi sein* salir mal, malograrse; **ein ~es Kind** un niño maleducado; **Missstand** ['--] *m* <-(e)s, -stände> (*Fehler*) defecto *m*; (*Lage*) situación *f* penosa; **soziale Missstände** injusticias sociales; **Missstimmung** ['---] *f ohne pl* mal humor *m*; (*Unzufriedenheit*) descontento *m*

misst [mɪst] *3. präs von* **messen**

misstrauen* [mɪs'trauən] *vi* desconfiar (de)

Misstrauen *nt* <-s, ohne pl> desconfianza *f*; **gegen jdn/etw ~ hegen** desconfiar de alguien/de algo; **Misstrauensantrag** *m* (POL) moción *f* de censura; **Misstrauensvotum** *nt* (POL) voto *m* de censura

misstrauisch ['mɪstrauɪʃ] *adj* desconfiado

Missverhältnis ['----] *nt* desproporción *f*; (*Ungleichgewicht*) desequilibrio *m*; **missverständlich** ['----] *adj* equívoco, ambiguo; **sich ~ ausdrücken** expresarse ambi-

guamente; **Missverständnis** ['----] *nt*
<-ses, -se> malentendido *m;* **missverste-
hen*** ['----] *irr vt* entender mal, malinterpretar; **Misswahl** ['mɪsvaːl] *f* certamen *m*
de belleza; **Misswirtschaft** ['----] *f ohne pl*
desgobierno *m*

Mist [mɪst] *m* <-(e)s, *ohne pl>* ❶ (*Tierkot*)
excrementos *mpl;* (*Dünger*) estiércol *m*
❷ (*fam abw: Schund*) porquería *f* ❸ (*fam
abw: Unsinn*) tonterías *fpl;* ~ **bauen**
meter la pata; ~ **machen/reden** hacer/
decir tonterías ❹ (*fam abw: Ärgernis*): **so
ein ~!** ¡qué mierda!

Mistel ['mɪstəl] *f* <-n> (BOT) muérdago *m*
Mistgabel *f* bieldo *m;* **Misthaufen** *m*
estercolero *m;* **Mistkäfer** *m* (ZOOL) geo-
trupo *m;* **Mistkerl** *m* (*fam abw*) guarro *m,*
cabrón *m;* **Miststück** *nt* (*fam abw*) canalla
mf; **Mistvieh** *nt ohne pl* (*fam abw*) ❶ (*gemeiner Mann*) cabrón *m;* (*gemeine Frau*)
bruja *f* ❷ (*böses Tier*) animal *m* de mierda;
Mistwetter *nt* (*fam*) tiempo *m* de perros

mit [mɪt] **I.** *präp* +*dat* ❶ (*in Begleitung
von*) con; ~ **mir/dir/ihm** conmigo/con-
tigo/con él; **Kaffee ~ Milch** café con
leche ❷ (~ *Hilfe von*) a, con; (*Verkehrsmittel*) en; ~ **der Bahn/dem Flugzeug
kommen** llegar en tren/en avión; ~
Gewalt a la fuerza; ~ **der Post** por correo;
~ **der Maschine schreiben** escribir a
máquina; ~ **etwas Glück** con un poco de
suerte; ~ **der Strömung** a la corriente
❸ (*Alter, Zeitpunkt*) a, con; ~ **dreißig
(Jahren)** a los treinta (años); ~ **dem heutigen Tag** a partir de hoy; ~ **einem Mal** de
repente; ~ **der Zeit** con el tiempo ❹ (*Eigenschaft*) con, de; **ein Mädchen ~ blon-
den Haaren** una chica de pelo rubio
❺ (*Art und Weise*) con, a; ~ **Interesse**
con interés; ~ **Bedauern musste ich feststellen ...** desgraciadamente tuve que
constatar...; ~ **lauter Stimme** en voz muy
alta; **sie gewannen ~ vier zu eins** ganaron (con un resultado de) cuatro a uno; ~
80 Stundenkilometern a 80 kilómetros
por hora **II.** *adv* (*ebenfalls*): **etw ~
berücksichtigen** considerar algo; (*bei
einer Gruppe*) ~ **dabei sein** formar parte
(de un grupo); **im Preis ~ einbegriffen**
incluido en el precio; **er ist ~ von der Partie** también forma parte del grupo; **er ist ~
einer der besten** (*fam*) es uno de los
mejores; **ich habe kein Geld ~** (*fam*) no
llevo dinero

Mitangeklagte(r) *mf* (JUR) coacusado, -a
m, f; **Mitarbeit** *f ohne pl* colaboración *f*
(*an/bei* en); **unter ~ von ...** en colabora-
ción con...; **mit**|**arbeiten** *vi* colaborar

(*an/bei* en); **Mitarbeiter(in)** *m(f)* ❶ (*Be-
triebsangehöriger, Arbeiter*) trabajador(a)
m(f); (*Angestellter*) empleado, -a *m, f;*
ehrenamtlicher ~ voluntario *m* ❷ (*einer
Zeitung*) colaborador(a) *m(f);* **freie ~in**
colaboradora *f;* **mit**|**bekommen*** *irr vt*
❶ (*Verpflegung*) recibir ❷ (*hören, erfahren*) enterarse (de) ❸ (*fam: vererbt bekom-
men*) heredar; **mit**|**benutzen*** *vt,*
mit|**benützen*** *vt* (*reg*) emplear en
común; **mit**|**bestimmen*** *vi* participar
(*bei* en); (**in einem Unternehmen**) ~ participar en la cogestión

Mitbestimmung *f ohne pl* cogestión *f;* ~
am Arbeitsplatz participación de los trabajadores; **das Recht zur ~ bei Entscheidungen** el derecho de cogestión en decisiones; **Mitbestimmungsrecht** *nt* derecho *m* de cogestión

Mitbewerber(in) *m(f)* competidor(a)
m(f); **Mitbewohner(in)** *m(f)* (*in einer
Wohnung*) compañero, -a *m, f* de piso; (*in
einem Haus*) vecino, -a *m, f;* **mit**|**bringen**
irr vt ❶ (*an einen Ort*) traer ❷ (*Voraussetzung*) reunir

Mitbringsel ['mɪtbrɪŋzəl] *nt* <-s, -> (*fam*)
regalito *m;* (*von einer Reise*) recuerdo *m*
Mitbürger(in) *m(f)* (*formal*) conciuda-
dano, -a *m, f;* **mit**|**denken** *irr vi* (*folgen*)
seguir la argumentación; (*aufmerksam
sein*) estar atento; **mit**|**dürfen** *irr vi*
(*fam*): (**mit jdm**) ~ tener permiso para
acompañar a alguien; **Miteigentü-
mer(in)** *m(f)* (JUR) copropietario, -a *m, f*
miteinander [mɪtʔaɪˈnandɐ] *adv* ❶ (*einer
mit dem anderen*) el uno con el otro; ~
reden hablar; **gut ~ auskommen** llevarse
bien ❷ (*zusammen*) juntos; **alle ~** todos
juntos

Miteinander [mɪtʔaɪˈnandɐ] *nt* <-s, *ohne
pl>:* **sie führen ein friedliches ~** llevan
una vida común muy tranquila

Miterbe, -in *m, f* coheredero, -a *m, f*
mit|**erleben*** *vt* presenciar

mit|**essen** *irr vi, vt* comer; **möchtest du
bei mir etwas ~?** ¿no quieres comer un
poco de lo mío?

Mitesser *m* <-s, -> (MED) espinilla *f*

mit|**fahren** *irr vi sein* ir (*bei/mit* con);
möchtest du (bei mir) ~? (*im Auto*)
¿quieres que te lleve?; **möchtest du (mit
mir) ~?** (*auf eine Reise*) ¿quieres venir
conmigo?

Mitfahrer(in) *m(f)* compañero, -a *m, f* de
viaje

Mitfahrgelegenheit *f* contacto *m* para un
viaje; **Mitfahrzentrale** *f* agencia *f* de
contacto para viajes

mit|fühlen I. *vt* participar (en) II. *vi:* **mit jdm** ~ compartir los sentimientos de alguien

mitfühlend *adj* compasivo, de compasión

mit|führen *vt* ❶ (*Waren, Papiere*) llevar (consigo) ❷ (*Fluss*) acarrear

mit|geben *irr vt* dar; **sie gab mir einige Ratschläge mit** me dio algunos consejos

Mitgefangene(r) *mf* compañero, -a *m, f* de prisión

Mitgefühl *nt ohne pl* (*Verständnis*) simpatía *f* (*für* por); (*Mitleid*) compasión *f* (*für* por)

mit|gehen *irr vi sein* ❶ (*begleiten*) acompañar; **etw ~ lassen** (*fam*) mangar algo ❷ (*sich begeistern*) participar

mitgenommen I. *pp von* **mitnehmen** II. *adj* ❶ (*Dinge*) gastado ❷ (*Person*) rendido; **sie sieht ~ aus** parece algo desmejorada

Mitgift ['mɪtɡɪft] *f* <-en> dote *m o f*

Mitglied *nt* <-(e)s, -er> miembro *m*; (*einer Partei*) afiliado, -a *m, f* (a); (*eines Vereins*) socio, -a *m, f*; **die ~er der EU** los miembros comunitarios; **ordentliches ~** miembro ordinario

Mitgliederversammlung *f* asamblea *f* general

Mitgliedsausweis *m* carnet *m* de socio; **Mitgliedsbeitrag** *m* cuota *f* de socio

Mitgliedschaft *f* <-en> pertenencia *f*; **die ~ in einer Partei/in einem Verein** la pertenencia a un partido/a un club; **die ~ beantragen** solicitar la admisión

Mitgliedsland *nt* país *m* miembro; **Mitgliedsstaat** *m* (POL) Estado *m* miembro

mit|haben *irr vt* (*fam*) llevar (consigo); **ich habe kein Geld mit** no llevo dinero; **mit|halten** *irr vi* seguir (*bei*); **ich konnte nicht bei ihnen ~** no pude seguirles el ritmo; **mit|helfen** *irr vi* ayudar (*bei* en)

mithilfe *präp* +*gen* con ayuda de

Mithilfe *f ohne pl* asistencia *f* (*bei* en); (*Mitarbeit*) cooperación *f* (*bei* a/en)

mit|hören *vt* escuchar

Mitinhaber(in) *m(f)* (JUR, WIRTSCH) (socio, -a *m, f*) copropietario, -a *m, f*

mit|klingen *irr vi* resonar; **in seinen Worten klang Enttäuschung mit** en sus palabras se entreveía decepción

mit|kommen *irr vi sein* ❶ (*mitgehen*) venir(se) (*mit* con); (*begleiten*) acompañar (*mit* a); **kommst du mit ins Theater?** ¿te vienes al teatro? ❷ (*fam: Schritt halten*) (poder) seguir (*bei*); **da komme ich nicht mehr mit!** (*fam*) ¡eso ya no lo entiendo!

mit|können *irr vi* (*fam*) ❶ (*mitgehen können*) poder ir ❷ (*mithalten können*) poder seguir (*bei*)

mit|kriegen *vt* (*fam*) *s.* **mitbekommen**

mit|laufen *irr vi sein* ❶ (*laufen*) correr (junto a alguien); **beim Marathonlauf sind über 500 Leute mitgelaufen** más de 500 personas han participado en la maratón ❷ (*in Betrieb sein*) funcionar (al mismo tiempo)

Mitläufer(in) *m(f)* (*abw*) simpatizante *mf*

Mitlaut *m* (LING) consonante *f*

Mitleid *nt* compasión *f* (*mit* de/por); ~ **erregen** causar compasión; ~ **mit jdm haben** sentir compasión de alguien; **etw aus ~ tun** hacer algo por compasión

Mitleidenschaft *f ohne pl:* **etw/jdn in ~ ziehen** afectar a algo/alguien

mitleiderregend *adj* que da lástima

mitleidig *adj* compasivo, piadoso

mitleid(s)los *adj* despiadado, sin compasión; ~ **sein** no tener compasión

mitleid(s)voll *adj s.* **mitleidig**

mit|machen I. *vi* participar (*bei* en); **machst du mit?** ¿te apuntas?; **wenn das Wetter mitmacht** si el tiempo nos es favorable; **meine Beine machen nicht mehr mit** (*fam*) mis piernas no aguantan más II. *vt* ❶ (*teilnehmen*) participar (en); (*Mode*) seguir ❷ (*fam: ertragen*) soportar; (*erleiden*) sufrir; **sie hat viel mitgemacht** ha sufrido mucho

Mitmensch *m* prójimo, -a *m, f*

mitmenschlich *adj* humano

mit|mischen *vi* (*fam*) meter baza (*bei* en); **er will überall ~** quiere meter baza en todas partes

mit|müssen *irr vi:* **mit jdm ~** tener que ir con alguien

Mitnahmemarkt *m* (*für Möbel*) mueblería *f* sin servicio a domicilio

mit|nehmen *irr vt* ❶ (*allgemein*) llevar (consigo); (*herbringen*) traer (consigo); **zum M~ para** llevar; **ich habe ihn im Auto mitgenommen** me lo traje conmigo en el coche ❷ (*stehlen*) robar ❸ (*fam: wahrnehmen*) aprovechar ❹ (*psychisch*) afectar; (*erschöpfen*) agotar; (*schwächen*) debilitar

mitnichten [mɪt'nɪçtən] *adv* (*geh*) de ninguna manera

mit|rechnen I. *vt* incluir en la cuenta II. *vi* calcular (*junto con otro para verificar el resultado*)

mit|reden *vi* ❶ (*im Gespräch*) tomar parte (en la conversación) ❷ (*mitbestimmen*) tener voz; **da habe ich auch noch ein Wörtchen mitzureden** en este asunto yo también tengo voz

Mitreisende(r) *mf* compañero, -a *m, f* de

viaje

mit|reißen *irr vt* ① (*Fluss, Lawine*) arrastrar ② (*begeistern*) apasionar, arrebatar; **die Musik war sehr ~d** la música era arrebatadora

mitsamt [mɪt'zamt] *präp + dat* junto con

mit|schicken *vt* (*Sache*) incluir en el envío; (*beilegen*) adjuntar; (*Person*) mandar

mit|schleifen *vt* arrastrar; **sie schleifte ihn auf die Party mit** (*fam*) se lo llevó a la fiesta

mit|schleppen *vt* (*fam*) ① (*etwas*) arrastrar ② (*jemanden*) llevar consigo

mit|schreiben *irr* **I.** *vi* tomar apuntes **II.** *vt* ① (*notieren*) apuntar ② (*Prüfung, Klausur*) tomar parte (en)

Mitschuld *f ohne pl* responsabilidad *f* (*an* en); (*an Verbrechen*) complicidad *f* (*an* en)

mitschuldig *adj* implicado (*an* en); **an etw ~ sein** estar implicado en algo; **er hat sich ~ gemacht** se convirtió en cómplice

Mitschuldige(r) *mf* consorte *mf*

Mitschüler(in) *m(f)* compañero, -a *m, f* de clase

mit|schwingen *irr vi* resonar; **in seinen Worten schwingt Stolz mit** en sus palabras se nota el orgullo

mit|singen *irr vi, vt* cantar; **in einem Chor ~** cantar en un coro

mit|spielen **I.** *vi* ① (*bei einem Spiel*) participar (*bei* en); (*in einer Mannschaft*) jugar (*in* en); (THEAT) actuar (*bei* en, *in* en); (MUS) tocar (*in* en); **spielst du mit?** ¿juegas?; **hoffentlich spielt das Wetter mit** (*fam*) espero que el tiempo esté de nuestra parte; **da spiele ich nicht mit!** (*fam*) ¡a mí eso no me parece bien! ② (*Gründe*) influir (*bei* en) ③ (*Wend*) **jdm übel ~** jugar(le) una mala pasada a alguien **II.** *vt* jugar; **spielst du eine Partie Schach (mit uns) mit?** ¿juegas una partida de ajedrez con nosotros?

Mitspieler(in) *m(f)* ① (SPORT: *a. beim Spiel*) compañero, -a *m, f* de juego ② (THEAT) compañero, -a *m, f* de reparto

Mitsprache *f ohne pl* participación *f* (en una decisión); **Mitspracherecht** *nt ohne pl* derecho *m* de intervención (*bei* en); **jdm ein ~ einräumen** conceder a alguien el derecho de intervención

mit|sprechen *irr* **I.** *vi* (*mitreden*) opinar; **da kann ich nicht ~** no puedo opinar al respecto **II.** *vt* decir conjuntamente

Mitstreiter(in) *m(f)* <-s, -; -nen> combatiente *mf*

Mittag¹ ['mɪta:k] *m* <-s, -e> mediodía *m;* **gestern/heute/morgen ~** ayer/hoy/

mañana al mediodía; **jeden ~** siempre al mediodía; **gegen ~** hacia el mediodía; **zu ~ essen** almorzar

Mittag² *m* <-s, *ohne pl*> (*fam*) almuerzo *m;* **was gibt es heute zu ~?** ¿qué hay hoy para almorzar?; **~ machen** (*fam*) ir a almorzar

Mittagessen *nt* almuerzo *m*

mittäglich ['mɪtɛ:klɪç] *adj* de mediodía

mittags ['mɪta:ks] *adv* al mediodía; **mittwochs ~** los miércoles al mediodía; **~ um eins** a la una de la tarde

Mittagspause *f* hora *f* de almorzar; **Mittagsruhe** *f ohne pl* siesta *f;* **~ halten** echarse una siesta; **Mittagsschlaf** *m* siesta *f;* **einen ~ machen** dormir la siesta; **Mittagsstunde** *f* mediodía *m;* **in der/um die ~** a/hacia mediodía; **Mittagstisch** *m ohne pl* almuerzo *m;* **Mittagszeit** *f* hora *f* de comer; **zur ~** al mediodía; **in der ~** a mediodía

Mittäter(in) *m(f)* cómplice *mf;* **Mittäterschaft** *f ohne pl* complicidad *f*

Mitte ['mɪtə] *f* <-n> ① (*räumlich*) medio *m;* (*einer Strecke*) mitad *f;* (*Mittelpunkt*) centro *m;* **ein Mann aus unserer ~** un hombre de nuestras filas; **etw in der ~ durchtrennen** cortar algo por la mitad; **die goldene ~** el justo medio; **ab durch die ~!** (*fam: verschwinde*) ¡lárgate! ② (*zeitlich*): **~ des Jahres/Monats** a mediados del año/del mes; **sie ist ~ dreißig** anda por los treinta pasados ③ (POL) centro *m;* **links von der ~** centro izquierda

mit|teilen **I.** *vt* comunicar (de); **ich muss Ihnen leider ~, dass ...** desgraciadamente tengo que comunicarle que... **II.** *vr:* **sich ~** (*geh: kommunizieren*) comunicarse (con); (*sich anvertrauen*) confiarse (a); **er teilte sich ihnen durch Gebärden mit** se comunicaba con ellos por medio de gestos

mitteilsam *adj* comunicativo

Mitteilung *f* <-en> comunicación *f,* aviso *m;* (*amtlich*) comunicado *m;* **jdm eine ~ über etw machen** comunicar algo a alguien; **vertrauliche ~** confidencia *f;* **Mitteilungsblatt** *nt* (*eines Verbandes*) boletín *m* informativo

Mittel ['mɪtəl] *nt* <-s, -> ① (*Hilfs~*) medio *m;* (*Maßnahme*) medida *f;* **~ und Wege finden** hallar medios; **als letztes ~** como última medida; **zu anderen ~n greifen** usar otros medios; **ihr ist jedes ~ recht** no tiene escrúpulos; **~ zum Zweck** medio para lograr un fin determinado ② (*Medikament*) remedio *m* ③ *pl* (*Gelder*) fondos *mpl,* recursos *mpl;* **aus öffentlichen ~n** con fondos públicos; **ohne ~ dastehen** estar sin recursos ❹ (*Durchschnitt*) media *f*

Mittelalter *nt* Edad *f* Media

mittelalterlich *adj* medieval

Mittelamerika ['---'--] *nt* América *f* Central; **Mittelamerikaner(in)** ['----'--] *m(f)* centroamericano, -a *m, f;* **mittelamerikanisch** ['----'--] *adj* centroamericano

mittelbar ['mɪtəlbaːɐ] *adj* indirecto; **~ betroffen sein** estar afectado indirectamente

Mitteldding *nt* <-(e)s, *ohne pl*> (*fam*) cosa *f* intermedia (*zwischen* entre); **Mitteleuropa** ['---'--] *nt* Europa *f* Central; **Mitteleuropäer(in)** ['----'--] *m(f)* centroeuropeo, -a *m, f;* **mitteleuropäisch** ['----'--] *adj* centroeuropeo; **Mittelfeld** *nt* (SPORT: *Spielfeld*) centro *m* del campo; (*Radsport*) pelotón *m;* **Mittelfinger** *m* dedo *m* (del) corazón

mittelfristig *adj* (WIRTSCH, FIN) a medio plazo

Mittelgebirge *nt* montaña *f* de media altura; **Mittelgewicht** *nt* (SPORT) peso *m* medio; **mittelgroß** *adj* (*Ding*) (de tamaño) mediano; (*Person*) de estatura mediana

Mittelklasse *f* ❶ (*Soziologie*) clase *f* media ❷ (*bei Waren*) categoría *f* media; (*Auto*) utilitario *m;* **Mittelklassewagen** *m* coche *m* utilitario

Mittellinie *f* ❶ (SPORT) línea *f* de centro ❷ (*Straße*) línea *f*

mittellos *adj* sin recursos

Mittellosigkeit *f ohne pl* falta *f* de recursos

Mittelmaß *nt ohne pl* media *f;* **mittelmäßig** *adj* mediano; (*abw*) mediocre; **Mittelmäßigkeit** *f* medianía *f;* (*abw*) mediocridad *f*

Mittelmeer *nt* (Mar *m*) Mediterráneo *m;* **Mittelmeerraum** *m ohne pl* región *f* mediterránea

mittelprächtig *adj* (*fam*) regular; **Mittelpunkt** *m* centro *m;* (*a.* MATH) punto *m* central; **im ~ (des Interesses) stehen** ser el centro de interés

mittels ['mɪtəls] *präp +gen* (*geh*) por medio de, mediante

Mittelschicht *f* (SOZIOL) clase *f* media; **Mittelschiff** *nt* (ARCHIT) nave *f* central

Mittelsmann *m* <-(e)s, -männer *o* -leute> (POL) mediador *m;* **Mittelsperson** *f* intermediario, -a *m, f*

Mittelstand *m ohne pl* clase *f* media

mittelständisch *adj* de la clase media;

~es Unternehmen mediana empresa

Mittelstreckenrakete *f* misil *m* de alcance medio

Mittelstreifen *m* franja *f* del centro; **Mittelstufe** *f* (SCH) grados *mpl* intermedios (del colegio); **Mittelstürmer(in)** *m(f)* (SPORT) centrodelantero, -a *m, f;* **Mittelweg** *m* término *m* medio; **der goldene ~** el justo medio; **Mittelwelle** *f* (RADIO, PHYS) onda *f* media; **Mittelwert** *m* (*a.* MATH) promedio *m*

mitten ['mɪtən] *adv:* **~ in/auf/bei/an** en medio de; **~ aus** de en medio de; **~ durch** por en medio de; **~ im Winter** en pleno invierno; **~ unter uns** entre nosotros; **etw ~ durchbrechen** romper algo por la mitad; **mittendrin** ['--'-] *adv* en el medio; **mittendurch** ['--'-] *adv* por el medio; (*in der Hälfte*) por la mitad

Mitternacht ['mɪtɐnaxt] *f ohne pl* medianoche *f*

mitternächtlich *adj* de medianoche

mittlere(r, s) *adj* ❶ (*räumlich*) (del) medio, central ❷ (*durchschnittlich*) mediano; **der ~ Wert** la media; **ein Mann ~n Alters** un hombre de mediana edad; **von ~r Qualität** de calidad regular

mittlerweile ['--'--] *adv* entretanto

Mittwoch ['mɪtvɔx] *m* <-(e)s, -e> miércoles *m; s. a.* **Montag**

mittwochs ['mɪtvɔxs] *adv* los miércoles

mitunter [mɪt'ʔʊntɐ] *adv* de vez en cuando

mitverantwortlich *adj* corresponsable

mitverdienen* *vi* sacarse (también) un sueldo

Mitverfasser(in) *m(f)* coautor(a) *m(f)*

mitversichern* *vt* coasegurar; **ich bin bei meinem Vater mitversichert** estoy dentro del seguro de mi padre

mitwirken *vi* ❶ (*teilnehmen*) participar (*in* en), intervenir (*in* en); (THEAT) actuar (*in* en); **es wirkten mit: ...** intervinieron: ... ❷ (*mitarbeiten*) cooperar (*an/bei* a/en) ❸ (*beeinflussen*) jugar un papel

Mitwirkende(r) *mf* <-n, -n; -n, -n> colaborador(a) *m(f);* (FILM, THEAT) actor *m,* actriz *f*

Mitwirkung *f ohne pl* (*Mitarbeit*) cooperación *f* (*an/bei* en/a); (*Teilnahme*) participación *f* (*an/bei* en); **unter ~ von ...** con la colaboración de...

Mitwissen *nt:* **ohne mein ~** sin saberlo yo

Mitwisser(in) *m(f)* <-s, -; -nen> consabidor(a) *m(f);* (*Vertrauter*) confidente *mf;* (*Mitschuldiger*) cómplice *mf;* **jdn zum ~ machen** hacer a alguien su confidente

mitwollen *irr vi* (*fam*): (**mit jdm**) **~** querer ir con alguien

mitzählen I. *vi* contar **II.** *vt* incluir (en la

cuenta), contar

mit|ziehen *irr vi* ❶ *sein* (*in einem Umzug*) participar (*in* en) ❷ *haben* (*fam: mitmachen*) participar (*bei* en)

Mix [mɪks] *m <-, -e>* mezcla *f*

mixen ['mɪksən] *vt* (*a.* FILM, RADIO, TV) mezclar

Mixer[1] *m <-s, ->* (*Gerät*) batidora *f*

Mixer(in)[2] *m(f) <-s, -; -nen>* ❶ (FILM, RADIO, TV) mezclador(a) *m(f)* de sonido ❷ (*Bar~*) camarero, -a *m, f* que sirve cócteles

Mixgetränk *nt* combinado *m*

Mixtur [mɪks'tuːɐ] *f <-en>* mixtura *f*

mm *Abk. von* **Millimeter** mm

Mobbing *nt <-s, ohne pl>* mobbing *m*

Möbel ['møːbəl] *nt <-s, ->* mueble *m*; **Möbelpacker** *m* hombre *m* de la mudanza; **Möbelpolitur** *f* limpiamuebles *m inv*; **Möbelspedition** *f* agencia *f* de mudanzas; **Möbelwagen** *m* coche *m* de la mudanza

mobil [mo'biːl] *adj* ❶ (*beweglich*) móvil; **gegen etw ~ machen** movilizar contra algo ❷ (WIRTSCH, JUR) mueble ❸ (*fam: flink*) activo

Mobile ['moːbilə] *nt <-s, -s>* móvil *m*

Mobilfunk *m ohne pl* servicios *mpl* de radio portátiles; **Mobilfunkgerät** *nt* (TEL) teléfono *m* móvil

Mobiliar [mobi'ljaːɐ] *nt* mobiliario *m*

mobilisieren* [mobili'ziːrən] *vt* movilizar

Mobilität [mobili'tɛːt] *f ohne pl* movilidad *f*

Mobilmachung *f <-en>* (MIL) movilización *f*

Mobiltelefon *nt* teléfono *m* portátil

möblieren* [møˈbliːrən] *vt* amueblar

mochte ['mɔxtə] *3. imp von* **mögen**

Modalität [modali'tɛːt] *f <-en>* modalidad *f*

Modalverb *nt* (LING) verbo *m* modal

Mode ['moːdə] *f <-n>* moda *f*; **in/aus der ~ kommen** ponerse/pasar de moda; **in ~ sein** estar muy de moda; **mit der ~ gehen** ir a la moda; **modebewusst** *adj* que sigue (estrictamente) la moda; **der ~e Herr trägt in diesem Sommer ...** el hombre que va a la moda lleva este verano...; **Modedesigner(in)** *m(f)* diseñador(a) *m(f)* de modas; **Modegeschäft** *nt* casa *f* de modas; **Modekrankheit** *f* enfermedad *f* de moda

Model ['mɔdəl] *nt <-s, -s>* (*Fotomodell*) modelo *mf*

Modell [mo'dɛl] *nt <-s, -e>* ❶ (*Vorbild, Muster, Entwurf*) modelo *m* ❷ (*Maler-/ Foto-, Mannequin*) modelo *mf*; **jdm ~ stehen** hacer de modelo para alguien ❸ (AR-CHIT) maqueta *f*

modellieren* [modɛ'liːrən] *vt* (*Ton*) modelar

Modellversuch *m* experimento *m* piloto

modeln ['moːdəln] *vi* trabajar de modelo

Modem ['moːdɛm] *nt o m <-s, -s>* (INFOR) modem *m*

Modenschau *f* desfile *m* de modas

Modepuppe *f* (*fam abw*) maniquí *m*

Moder ['moːdɐ] *m <-s, ohne pl>* ❶ (*Schimmel*) moho *m* ❷ (*Morast*) fango *m*

moderat [mode'raːt] *adj* moderado

Moderation [modera'tsjoːn] *f <-en>* (RADIO, TV) presentación *f*

Moderator(in) [moda'raːtoːɐ] *m(f) <-s, -en; -nen>* (RADIO, TV) presentador(a) *m(f)*

moderieren* [mode'riːrən] *vt* (RADIO, TV) presentar

moderig ['moːdərɪç] *adj* mohoso

modern[1] ['moːdɐn] *vi* *haben o sein* pudrirse

modern[2] [mo'dɛrn] *adj* moderno; **~ sein** estar de moda

Moderne [mo'dɛrnə] *f ohne pl* época *f* moderna

modernisieren* [modɛrni'ziːrən] *vt* (*Gebäude*) renovar; (*Betrieb, Methoden*) modernizar

Modernisierung *f <-en>* modernización *f*

Modeschmuck *m* bisutería *f*; **Modeschöpfer(in)** *m(f)* creador(a) *m(f)* de modas; **Modewort** *nt* (LING) palabra *f* de moda; **Modezeitschrift** *f* revista *f* de moda

Modi ['mɔdi, 'moːdi] *pl von* **Modus**

modifizieren* [modifi'tsiːrən] *vt* modificar

modisch ['moːdɪʃ] **I.** *adj* moderno **II.** *adv* a la moda

modrig *adj* mohoso

Modul [mo'duːl] *nt <-s, -e>* (INFOR, ELEK) módulo *m*

Modus ['moːdʊs, 'moːduːs] *m <-, Modi>* (*a.* LING, INFOR) modo *m*

Mofa ['moːfa] *nt <-s, -s>* moto(cicleta) *f*

mogeln ['moːgəln] *vi* hacer trampa

Mogelpackung *f* (WIRTSCH) engaño *m*

mögen[1] ['møːgən] *<mag, mochte, gemocht>* **I.** *vt* ❶ (*Gefallen finden*): **ich mag ihn nicht** me cae mal; **lieber ~** preferir ❷ (*wollen*) querer; (*wünschen*) desear; **was möchten Sie?** ¿qué desea? **II.** *vi* (*irgendwohin ~*): **ich möchte gern nach Hause** quisiera irme a casa

mögen[2] *<mag, mochte, ~>* *vt Modalverb* ❶ (*wollen*) querer; **ich möchte lieber hier bleiben** preferiría quedarme (aquí) ❷ (*sollen*): **Sie möchten zu Hause anru-**

fen que llame a su casa, por favor; **was mag das wohl heißen?** ¿qué querrá decir eso?; **man möchte meinen, dass ...** se diría que... ❸(*können*) poder; **es mag wohl sein, dass ...** puede ser que... +*subj* ❹(*möglich sein*) ser posible; **mag sein** es posible; **es ~ etwa fünf Stunden vergangen sein** habrán pasado como cinco horas; **wie dem auch sein mag** sea como fuere; **wie er auch heißen mag** se llame como se llame; **so schön sie auch sein mag** por guapa que sea ❺(*reg, Schweiz: können*) poder; **ich mag's kaum erwarten** no puedo esperar más

? Grammatik

möchte (*Konjunktiv II* del verbo *mögen*) se utiliza como verbo modal para pedir algo amablemente o comprando: *Was möchten Sie (bitte)? Ich möchte 150 Gramm Schinken (kaufen).* – ¿Qué desea? Quisiera (comprar) 150 gramos de jamón. O para expresar un deseo: *Ich möchte einmal nach Japan (fliegen).* – Me gustaría ir un día a Japón.

Por el contrario, el verbo **wollen** – *querer* se utiliza en un ambiente más informal, ya que en algunos casos puede parecer poco amable.

möglich ['møːklɪç] *adj* posible; **so bald wie ~** cuanto antes; (**das ist doch) nicht ~!** ¡no es posible!; **schon ~** (*fam*) puede ser; **du hältst es nicht für ~!** ¡no te lo puedes creer!; **er tat sein M~stes** hizo todo lo posible; **sie hat alles M~e erzählt** contó un montón de cosas; **es ist (gut) ~, dass ...** es (muy) posible que... +*subj;* **so kurz wie ~** lo más corto posible; **falls es dir (irgend) ~ ist** si te es posible
möglicherweise ['---'--] *adv* posiblemente
Möglichkeit *f* <-en> posibilidad *f* (*zu* de); (*Gelegenheit*) oportunidad *f* (*zu* de); **nach ~** a ser posible
möglichst ['møːklɪçst] *adv* a ser posible, si es posible; **~ schnell** rápido a ser posible; **~ wenig/gut** lo menos/mejor posible
Mohn [moːn] *m* <-(e)s, -e> ❶(*Pflanzenfamilie*) papaverácea *f* ❷(*Klatsch~*) amapola *f* ❸(*Schlaf~*) adormidera *f;* **Mohnkuchen** *m* pastel *m* de adormidera
Mohr(in) [moːɐ] *m(f)* <-en, -en; -nen> moro, -a *m, f*
Möhre ['møːrə] *f* <-n> zanahoria *f*

Mohrin *f* <-nen> *s.* **Mohr**
Mohrrübe *f* (*nordd*) zanahoria *f*
mokieren* [moˈkiːrən] *vr:* **sich ~** burlarse (*über* de)
Mokka ['mɔka] *m* <-s, -s> moca *m*
Molch [mɔlç] *m* <-(e)s, -e> (ZOOL) tritón *m*
Moldawien [mɔlˈdaːviən] *nt* <-s> Moldavia *f*
Mole ['moːlə] *f* <-n> (*Hafen~*) muelle *m*, tajamar *m AmC, Chil*
Molekül [moleˈkyːl] *nt* <-s, -e> (CHEM) molécula *f*
Molke ['mɔlkə] *f ohne pl* suero *m* de la leche
Molkerei *f* <-en> lechería *f*
Moll [mɔl] *nt* <-, *ohne pl*> (MUS) tono *m* menor
mollig ['mɔlɪç] *adj* ❶(*behaglich*) agradable; (*warm*) calentito ❷(*Person*) gordito
Molotowcocktail ['mɔlɔtɔf-, 'moːlɔtɔf-] *m* cóctel *m* molotov
Moment¹ [moˈmɛnt] *m* <-(e)s, -e> (*Zeitpunkt*) momento *m;* **er kann jeden ~ kommen** puede llegar en cualquier momento; **im ~** de momento; **im ersten ~** en el primer momento; **einen ~, bitte!** ¡un momento, por favor!
Moment² [moˈmɛnt] *nt* <-(e)s, -e> ❶(*Umstand*) factor *m,* momento *m* ❷(PHYS) momento *m*
momentan [momɛnˈtaːn] **I.** *adj* momentáneo **II.** *adv* por el momento, de momento
Momentaufnahme *f* (FOTO: *a. fig*) instantánea *f*
Monaco *nt* <-s> Mónaco *m*
Monarch(in) [moˈnarç] *m(f)* <-en, -en; -nen> monarca *mf*
Monarchie [monarˈçiː] *f* <-n> monarquía *f*
Monarchin *f* <-nen> *s.* **Monarch**
monarchistisch [monarˈçɪstɪʃ] *adj* monárquico
Monat ['moːnat] *m* <-(e)s, -e> mes *m;* **Anfang/Ende des ~s** a principios/finales de mes; **am Dritten dieses ~s** el día tres de este mes; **im sechsten ~ (schwanger) sein** estar (embarazada) de seis meses; **1.000 Euro pro ~ verdienen** ganar 1.000 euros al mes; **im ~ Juni** el mes de junio
monatelang *adj* durante meses; **das kann ~ dauern** puede durar meses enteros
monatlich **I.** *adj* mensual **II.** *adv* todos los meses
Monatsanfang *m* principio *m* de(l) mes; **am ~** a principios de mes; **Monatsbinde** *f* compresa *f;* **Monatsblutung** *f* regla *f,* período *m;* **Monatseinkommen** *nt* ingreso *m* mensual; **Monatsende** *nt* fin *m* de mes; **am ~** a finales de mes; **Monats-**

erste(r) *m* primero *m* de mes; **Monats-gehalt** *nt* sueldo *m* mensual; **Monats-karte** *f* abono *m* mensual; **Monatsrate** *f* mensualidad *f*

Mönch [mœnç] *m* <-(e)s, -e> (REL) monje *m*

Mond [moːnt] *m* <-(e)s, -e> luna *f;* **auf dem ~ landen** alunizar; **abnehmender/zunehmender ~** luna menguante/creciente; **hinter dem ~ leben** (*fam fig*) vivir en otra galaxia; **ich könnte ihn auf den ~ schießen** (*fam fig*) lo mandaría a la luna de una patada; **Mondbahn** *f* (ASTR) órbita *f* lunar; **Mondfinsternis** *f* (ASTR) eclipse *m* de luna; **Mondgesicht** *nt* (*fam*) cara *f* de bolla; **mondhell** *adj* iluminado por la luna; **in einer ~en Nacht** en una noche de luna clara; **Mondlandschaft** *f* paisaje *m* lunar; **Mondlandung** *f* alunizaje *m;* **Mondphase** *f* fase *f* lunar; **Mondrakete** *f* cohete *m* lunar

Mondschein *m* *ohne pl* luz *f* de la luna; **Mondscheintarif** *m* (TEL) tarifa *f* nocturna (reducida)

Mondsonde *f* sonda *f* lunar; **mondsüchtig** *adj* sonámbulo

Monegasse, -in [moneˈɡasə] *m, f* <-n, -n; -nen> monegasco, -a *m, f*

Moneten [moˈneːtən] *pl* (*fam*) perras *fpl*, pelas *fpl*, plata *f Am*

Mongole, -in [mɔŋˈɡoːlə] *m, f* <-n, -n; -nen> mongol *mf*

Mongolei [mɔŋɡoˈlaɪ] *f* Mongolia *f*

Mongolin *f* <-nen> *s.* **Mongole**

mongolisch *adj* mongólico, mogólico

Mongolismus [mɔŋɡoˈlɪsmʊs] *m* <-, *ohne pl*> (MED) mongolismo *m*

mongoloid [mɔŋɡoloˈiːt] *adj* (*a.* MED) mongoloide

monieren* [moˈniːrən] *vt* reclamar

Monitor [ˈmoːnitoːɐ, ˈmɔnitoːɐ] *m* <-s, -e(n)> ① (TV, INFOR) pantalla *f* ② (TECH, TV) monitor *m*

mono [ˈmoːno] *adj* mono

monochrom [monoˈkroːm] *adj* monocromático, monocromo

monogam [monoˈɡaːm] *adj* monógamo

Monogamie [monoɡaˈmiː] *f ohne pl* monogamia *f*

Monografie *f* <-n> *s.* **Monographie**

Monogramm [monoˈɡram] *nt* <-s, -e> monograma *m*

Monographie [monoɡraˈfiː] *f* <-n> monografía *f*

Monokel [moˈnɔkəl] *nt* <-s, -> monóculo *m*

Monokultur [ˈmoːno-] *f* (AGR) monocultivo *m*

Monolog [monoˈloːk] *m* <-(e)s, -e> monó-logo *m;* **einen ~ halten** monologar

Monopol [monoˈpoːl] *nt* <-s, -e> (*a.* WIRTSCH) monopolio *m;* **staatliches/unumschränktes ~** monopolio del Estado/absoluto; **das ~ auflösen** desmonopolizar; **das ~ auf** [*o* **für**] **eine Ware haben** tener el monopolio de una mercancía; **Monopolstellung** *f* (WIRTSCH) posición *f* de monopolio

monotheistisch [monoteˈɪstɪʃ] *adj* monoteísta

monoton [monoˈtoːn] *adj* (*a.* MATH) monótono

Monotonie [monotoˈniː] *f* <-n> monotonía *f*

Monster [ˈmɔnstɐ] *nt* <-s, -> monstruo *m*, cuco *m Arg*

Monstren *pl von* **Monstrum**

monströs [mɔnˈstrøːs] *adj* monstruoso

Monstrum [ˈmɔnstrʊm] *nt* <-s, Monstren> monstruo *m*

Monsun [mɔnˈzuːn] *m* <-s, -e> (METEO) monzón *m*

Montag [ˈmoːntaːk] *m* <-s, -e> lunes *m;* **am ~** el lunes; **den ganzen ~** (**über**) el lunes entero; **jeden** (**zweiten**) **~** (**im Monat**) cada (dos) lunes (del mes); **letzten ~** el lunes pasado; **nächsten/kommenden ~** el lunes que viene/próximo; **heute ist ~,** **der zehnte November** hoy es lunes (el) diez de noviembre; **einen blauen ~ machen** (*fam*) pasar de ir al trabajo el lunes

montagabends *adv* los lunes por la noche

Montage [mɔnˈtaːʒə] *f* <-n> (*a.* FILM, KUNST) montaje *m*

montags [ˈmoːntaːks] *adv* los lunes; **~ abends/mittags/morgens/nachmittags** los lunes por la noche/al mediodía/por la mañana/por la tarde

Monteur(in) [mɔnˈtøːɐ] *m(f)* <-s, -e; -nen> montador(a) *m(f)*

montieren* [mɔnˈtiːrən] *vt* (*a.* FILM) montar (*an a/en*)

Montur [mɔnˈtuːɐ] *f* <-en> ① (*fam: Kleidung*) atuendo *m* ② (*Uniform*) uniforme *m*

Monument [monuˈmɛnt] *nt* <-(e)s, -e> monumento *m*

monumental [monumɛnˈtaːl] *adj* monumental

Moor [moːɐ] *nt* <-(e)s, -e> pantano *m*

moorig [ˈmoːrɪç] *adj* pantanoso

Moos¹ [moːs] *nt* <-es, -e> (*Pflanze*) musgo *m*

Moos² [moːs] *nt* <-es, *ohne pl*> (*fam: Geld*) pasta *f*, plata *f Am*

moosig *adj* musgoso

M

Moped ['mo:pɛt] *nt* <-s, -s> ciclomotor *m*

Mopp [mɔp] *m* <-s, -s> fregona *f*

Mops [mɔps, *pl:* 'mœpsə] *m* <-es, Möpse> ❶ (ZOOL) doguillo *m* ❷ (*fig fam: kleine Person*) chaparro, -a *m, f*

mopsen ['mɔpsən] *vt* (*fam*) mangar

Moral [mo'ra:l] *f ohne pl* ❶ (*Sittlichkeit*) moral *f;* **eine doppelte ~ haben** tener una doble moral; **die ~ sinkt/steigt** los ánimos bajan/suben ❷ (*einer Fabel*) moraleja *f;* **Moralapostel** *m* moralista *mf*

moralisch *adj* moral

Moralprediger(in) *m(f)* (*abw*) moralista *mf;* **Moralpredigt** *f* sermón *m;* **jdm eine ~ halten** echarle a alguien un sermón; **Moralvorstellung** *f* concepto *m* moral

Moräne [mo'rɛ:nə] *f* <-n> (GEO) morrena *f*

Morast¹ [mo'rast, *pl:* mo'rɛstə] *m* <-(e)s, -e *o* Moräste> (*Sumpfland*) pantano *m,* andurrial *m Arg, Ecua, Peru,* moca *m Ecua*

Morast² *m* <-(e)s, *ohne pl*> (*Schlamm*) lodo *m*

Morchel ['mɔrçəl] *f* <-n> (BOT) colmenilla *f*

Mord [mɔrt] *m* <-(e)s, -e> asesinato *m* (*an* de); **einen ~ begehen** cometer un asesinato; **wegen ~es** por asesinato; **versuchter ~** intento de homicidio; **das gibt ~ und Totschlag** (*fam fig*) se armará una bronca de padre y muy señor mío; **Mordanschlag** *m* atentado *m* (*auf* contra); **einen ~ auf jdn verüben** atentar contra la vida de alguien; **Morddrohung** *f* amenaza *f* de muerte

morden ['mɔrdən] **I.** *vi* cometer un asesinato **II.** *vt* asesinar

Mörder(in) ['mœrdɐ] *m(f)* <-s, -; -nen> asesino, -a *m, f,* victimario, -a *m, f Am*

mörderisch *adj* (*fam: abscheulich, groß*) terrible; (*Hitze*) sofocante; (*Geschwindigkeit*) loco

Mordfall *m* asesinato *m;* **Mordkommission** *f* brigada *f* de homicidios

Mordsglück ['--] *nt* (*fam*) suerte *f* loca; **Mordshunger** *m* (*fam*) hambre *f* canina; **Mordskerl** ['--] *m* (*fam*) gran tipo *m;* **Mordskrach** ['--] *m* (*fam*) ❶ (*Lärm*) ruido *m* de mil demonios ❷ (*Streit*) bronca *f;* **Mordslärm** ['--] *m* (*fam*) ruido *m* infernal; **mordsmäßig** *adj* (*fam*) terrible, tremendo; **Mordsschrecken** *m* (*fam*) susto *m* de muerte; **du hast mir einen ~ eingejagt!** ¡vaya susto de muerte que me has dado!; **Mordsspaß** ['--] *m* (*fam*) cachondeo *m;* **einen ~ haben** pasarlo bomba; **Mordswut** ['--] *f* (*fam*) rabia *f* loca

Mordverdacht *m* sospecha *f* de asesinato; **unter ~ stehen** ser sospechoso de asesinato; **Mordversuch** *m* tentativa *f* de ase-

sinato; **Mordwaffe** *f* arma *f* homicida

morgen ['mɔrgən] *adv* ❶ (*am folgenden Tag*) mañana; **~ früh** mañana por la mañana; **~ Mittag/Abend** mañana al mediodía/por la tarde; **ab ~** a partir de mañana; **bis ~** hasta mañana; **lieber heute als ~** mejor hoy que mañana; **~ ist auch noch ein Tag** mañana es otro día ❷ (*zukünftig*) futuro; **an ~ denken** pensar en el futuro

Morgen *m* <-s, -> mañana *f;* **eines ~s** una (buena) mañana; **der ~ bricht an** amanece; **am/gegen ~** en/por la mañana; **heute ~** hoy por la mañana; **am nächsten ~** la mañana siguiente; **am frühen ~** temprano por la mañana; **guten ~!** ¡buenos días!; **bis in den frühen ~ hinein** hasta el amanecer; **Morgenausgabe** *f* edición *f* matutina; **Morgendämmerung** *f* alba *f,* amanezca *f Mex, Ant,* amanezquera *f Mex, Ant*

morgendlich ['mɔrgəntlıç] *adj* matutino, matinal

Morgenessen *nt* (*Schweiz*) desayuno *m;* **Morgengrauen** ['--grauən] *nt* amanecer *m;* **Morgenmantel** *m* bata *f;* **Morgenmuffel** *m* (*fam*): **ein ~ sein** estar de mal humor por las mañanas; **Morgenrock** *m* bata *f;* **Morgenrot** *nt ohne pl* aurora *f*

morgens ['mɔrgəns] *adv* por la mañana; **von ~ bis abends** desde la mañana hasta la noche; **um sieben Uhr ~** a las siete de la mañana

morgige(r, s) *adj* de mañana; **am ~n Tag** mañana

Morphium ['mɔrfiʊm] *nt* <-s, *ohne pl*> morfina *f*

morsch [mɔrʃ] *adj* (*Gestein*) fácilmente desmenuzable; (*Holz*) podrido

Morsealphabet ['mɔrzə-] *nt* (alfabeto *m*) morse *m*

morsen ['mɔrzən] *vt* transmitir (utilizando el alfabeto morse)

Mörser ['mœrzɐ] *m* <-s, -> ❶ (*Gefäß*) mortero *m,* molcajete *m Ecua, Mex* ❷ (MIL) lanzagranadas *m inv*

Mörtel ['mœrtəl] *m* <-s, -> mortero *m*

Mosaik [moza'i:k] *nt* <-s, -e(n)> mosaico *m*

Mosambik [mozam'bi:k] *nt* <-s> Mozambique *m*

Mosambikaner(in) [mozambi'ka:nɐ] *m(f)* <-s, -; -nen> mozambiqueño, -a *m, f*

mosambikanisch *adj* mozambiqueño

Moschee [mɔ'ʃe:, *pl:* mɔ'ʃe:ən] *f* <-n> mezquita *f*

Moschus ['mɔʃʊs] *m* <-, *ohne pl*> almizcle *m*

Möse ['mø:zə] *f* <-n> (*vulg*) coño *m*

Mosel ['moːzəl] *f:* **die** ~ el (río *m*) Mosela

mosern ['moːzɐn] *vi* (*fam*) criticizar

Moskau ['mɔskaʊ] *nt* <-s> Moscú *m*

Moskauer(in) *m(f)* <-s, -; -nen> moscovita *mf*

Moskito [mɔs'kiːto] *m* <-s, -s> mosquito *m*, zancudo *m Am*; **Moskitonetz** *nt* mosquitero *m*

Moslem ['mɔslɛm] *m,* **Moslime** *f* <-s, -s; -n> musulmán, -ana *m, f*

moslemisch [mɔs'leːmɪʃ] *adj* musulmán

Moslime [mɔs'liːmə] *f* <-n> *s.* **Moslem**

Most [mɔst] *m* <-(e)s, -e> ❶ (*Trauben~*) mosto *m* de uva ❷ (*reg: Apfel~*) mosto *m* de manzana

Motel [mo'tɛl, 'moːtəl] *nt* <-s, -s> motel *m*

Motiv [mo'tiːf] *nt* <-s, -e> (*a.* LIT, MUS) motivo *m*

Motivation [motiva'tsjoːn] *f* <-en> (*a.* PSYCH) motivación *f*

motivieren* [moti'viːrən] *vt* ❶ (*begründen*) justificar (*mit* con) ❷ (*anregen*) animar (*zu* para que *+subj*); **sich selbst** ~ automotivarse

Motivierung *f* <-en> (*geh*) motivación *f*

Motor ['moːtoːɐ, mo'toːɐ, *pl:* mo'toːrən] *m* <-s, -en> motor *m*; **Motorboot** *nt* lancha *f* a motor; **Motorhaube** *f* (AUTO) capó *m*

Motorik [mo'toːrɪk] *f ohne pl* (MED) motricidad *f*

motorisch [mo'toːrɪʃ] *adj* motor

motorisieren* [motori'ziːrən] *vt* motorizar

Motoröl *nt* aceite *m* de motor; **Motorpumpe** *f* bomba *f* a motor

Motorrad ['moːtoːɐ-, mo'toːɐ-] *nt* <-(e)s, -räder> moto(cicleta) *f*; **Motorradfahrer(in)** *m(f)* motociclista *mf*

Motorroller *m* escúter *m*, motoneta *f Am*; **Motorsäge** *f* motosierra *f*; **Motorschaden** *m* avería *f* del motor; **Motorsport** *m* motorismo *m*

Motte ['mɔtə] *f* <-n> polilla *f*; **Mottenkugel** *f* bola *f* de naftalina

Motto ['mɔto] *nt* <-s, -s> lema *m*

motzen ['mɔtsən] *vi* (*fam*) refunfuñar

Mountainbike ['maʊntənbaɪk] *nt* <-s, -s> bicicleta *f* de montaña

Mousepad ['maʊspɛt] *nt* <-s, -s> (INFOR) sendero *m* del ratón, alfombrilla *f*

Möwe ['møːvə] *f* <-n> gaviota *f*

mozarabisch [motsa'raːbɪʃ] *adj* mozárabe

MS [ɛm'ʔɛs] (MED) *Abk. von* **Multiple Sklerose** esclerosis *f inv* múltiple

mtl. *Abk. von* **monatlich** mensual

Mücke ['mʏkə] *f* <-n> mosquito *m*; **aus einer ~ einen Elefanten machen** (*fam fig*) hacer de una pulga un camello

mucken ['mʊkən] *vi* (*fam*) rechistar; **ohne**

zu ~ sin rechistar

Mucken ['mʊkən] *fpl* (*fam: Tücken*) mañas *fpl*; **der Computer hat seine** ~ el ordenador tiene sus pegas; **Mückenstich** *m* picadura *f* de mosquito

Mucks [mʊks] *m* <-es, -e> (*fam*): **keinen** ~ **sagen** no decir ni pío; **ohne einen** ~ muy quieto

mucksmäuschenstill ['mʊksˈmɔɪsçənˈʃtɪl] *adj* (*fam*): ~ **sein** no decir ni pío; **es war** ~ no se oía ni una mosca

müde ['myːdə] *adj* cansado; ~ **werden** cansarse; **keine** ~ **Mark** (*fam*) ni un puto marco; **es** ~ **sein etw zu tun** estar harto de hacer algo; **er wurde nicht** ~ **ihre Vorzüge zu rühmen** no se cansaba de alabar sus méritos; **da kann ich nur** ~ **lächeln** me importa un comino

Müdigkeit *f ohne pl* cansancio *m*; **vor** ~ **umfallen** caerse de cansancio

Muff [mʊf] *m* <-(e)s, -e> (*Pelz-*) manguito *m*

Muffe ['mʊfə] *f* <-n> ❶ (TECH) manguito *m* ❷ (*fam: Angst*) canguelo *m*; **mir geht die** ~ tengo canguelo

Muffel ['mʊfəl] *m* <-s, -> (*fam: Person*) aguafiestas *mfpl inv*

muff(e)lig *adj* (*fam*) *s.* **muffig**

Muffensausen ['mʊfənzaʊzən] *nt* <-s, *ohne pl*> (*fam*): ~ **haben** tener canguelo

muffig *adj* ❶ (*Geruch*) que huele a enmohecido; ~ **riechen** oler a moho ❷ (*fam: Person*) gruñón

mufflig *adj s.* **muff(e)lig**

Mühe ['myːə] *f* <-n> (*Anstrengung*) esfuerzo *m*, pena *f*, costo *m Am*; (*Umstände*) molestia *f*; (*Arbeit*) trabajo *m*; **ohne** ~ sin esfuerzo; **nur mit** ~ a duras penas; **die** ~ **hat sich gelohnt** ha valido la pena; **sich** *dat* (**große**) ~ **geben** esforzarse (mucho) (*bei* en, *zu* para/por); **gib dir keine** ~! ¡no te molestes!; **das ist doch verlorene** ~ no vale la pena; **jdm** ~ **machen** ocasionar molestias a alguien; **sich** *dat* **die** ~ **machen etw zu tun** tomarse la molestia de hacer algo; **wenn es Ihnen keine** ~ **macht!** ¡si no es molestia para Ud.!; **mit** ~ **und Not** (*mit großen Schwierigkeiten*) a duras penas; (*gerade noch*) por los pelos

mühelos I. *adj* fácil **II.** *adv* con facilidad

muhen ['muːən] *vi* mugir

mühen ['myːən] *vr:* **sich** ~ (*geh*) esforzarse

mühevoll *adj* penoso; (*schwierig*) difícil

Mühle[1] ['myːlə] *f* <-n> ❶ (*Gebäude*) molino *m*; **in die** ~ **der Verwaltung geraten** (*fig*) caer en las ruedas de la administración ❷ (*Haushaltsgerät*) molinillo *m* ❸ (*fam: Fahrzeug*) cacharro *m*

Mühle[2] *f ohne pl* (*Brettspiel*) tres *m* en raya

Mühlrad *nt* rueda *f* de molino; **Mühlstein** *m* muela *f* de molino

Mühsal ['my:za:l] *f* <-e> (*geh*) pena *f*, fatigas *fpl*

mühsam, mühselig I. *adj* penoso II. *adv* a duras penas

Mulatte, -in [mu'latə] *m, f* <-n, -n; -nen> mulato, -a *m, f*, pardo, -a *m, f Am*

Mulde ['mʊldə] *f* <-n> ❶ (*im Gelände*) hondonada *f*; (*Loch*) hoyo *m* ❷ (*nordd: Trog*) tinaja *f*

Muli ['mu:li] *nt* <-s, -s> (ZOOL) mulo, -a *m, f*

Mull [mʊl] *m* <-(e)s, -e> ❶ (*Gewebe*) gasa *f* ❷ (*nordd: Humusboden*) terreno *m* de humus

Müll [mʏl] *m* <-(e)s, *ohne pl*> basura *f*; (*Abfälle*) desperdicios *mpl*; **etw in den ~ werfen** tirar algo a la basura; **radioaktiver ~** residuos radi(o)activos

Müllabfuhr *f* recogida *f* de basuras

Müllaufbereitung *f* procesamiento *m* de basuras; **Müllaufbereitungsanlage** *f* planta *f* procesadora de basuras

Müllberg *m* montón *m* de basuras; **Müllbeseitigung** *f ohne pl* eliminación *f* de basuras; **Müllbeutel** *m* bolsa *f* de la basura

Mullbinde *f* venda *f* de gasa

Müllcontainer *m* contenedor *m* de basuras; **Mülldeponie** *f* vertedero *m* de basuras; **Mülleimer** *m* cubo *m* de (la) basura, tacho *m CSur*

Müller(in) ['mʏlɐ] *m(f)* <-s, -; -nen> molinero, -a *m, f*

Müllhalde *f* montaña *f* de basura; **Müllkippe** *f* vertedero *m* de basuras; **Müllkompostierung** *f* transformación *f* de los desperdicios orgánicos en compost; **Müllmann** *m* (*fam*) basurero *m*; **Müllsortieranlage** *f* instalación *f* de clasificación de basuras; **Mülltonne** *f* cubo *m* de (la) basura; **Mülltrennungssystem** *nt* recogida *f* selectiva de basuras

Müllverbrennung *f ohne pl* incineración *f* de desechos; **Müllverbrennungsanlage** *f* planta *f* incineradora de basuras

Müllverwertung *f* aprovechamiento *m* de basuras; **Müllwagen** *m* camión *m* de la basura

mulmig ['mʊlmɪç] *adj* (*fam*) desagradable; **ein ~es Gefühl haben** tener un mal presentimiento; **ihm war ~ zumute** tenía miedo

Multi ['mʊlti] *m* <-s, -s> (*fam*) (gran empresa *f*) multinacional *f*

multikulturell [mʊlti-] *adj* multicultural

Multimediaanwendung *f* aplicación *f* multimedia; **Multimediabereich** *m* sector *m* multimedia; **multimediafähig** *adj* multimediático, apto para multimedia

multimedial [mʊltime'dja:l] *adj* multimedia

Multimedia-PC *m* ordenador *m* multimedia; **Multimediasystem** *nt* sistema *m* multimedia; **Multimillionär(in)** *m(f)* multimillonario, -a *m, f*

Multiple Sklerose *f ohne pl* (MED) esclerosis *f inv* múltiple

Multiplikation [mʊltiplika'tsjo:n] *f* <-en> (MATH) multiplicación *f* (*mit* por)

multiplizieren* [mʊltipli'tsi:rən] *vt* (*a.* MATH) multiplicar (*mit* por), amuchar *Arg, Bol, Chil*

Multitalent ['mʊltitalɛnt] *nt* persona *f* polifacética

Multitasking ['maltitaskɪŋ] *nt* <-s, *ohne pl*> (INFOR) multitarea *f*, multiventana *f*

Mumie ['mu:miə] *f* <-n> momia *f*

mumifizieren* [mumifi'tsi:rən] *vt* momificar

Mumm [mʊm] *m* <-s, *ohne pl*> (*fam*) ❶ (*Tatkraft*) coraje *m*; (*Mut*) valor *m* ❷ (*Kraft*) fuerza(s) *f(pl)*; **der hat ~ in den Knochen** tiene agallas

Mumpitz ['mʊmpɪts] *m* <-es, *ohne pl*> (*fam abw*) tonterías *fpl*

Mumps [mʊmps] *m* <-, *ohne pl*>, *f ohne pl* (MED) paperas *fpl*

München *nt* <-s> Munich *m*

Münch(e)ner(in) *m(f)* <-s, -; -nen> muniqués, -esa *m, f*

Mund *m* <-(e)s, Münder> boca *f*; **sein Name war in aller ~e** su nombre iba de boca en boca; **wie aus einem ~e** a la vez; **dieses Wort nehme ich nicht in den ~** no suelo usar esta palabra; **jdm über den ~ fahren** (*fam*) cortarle a alguien la palabra; **nicht auf den ~ gefallen sein** (*fam fig*) tener labia; **jdm den ~ wässrig machen** (*fam*) hacerle la boca agua a alguien; **halt den ~!** (*fam*) ¡calla la boca!; **ich werde ihm nicht nach dem ~ reden** no voy a decir lo que él quiere oír; **mit vollem ~ reden** hablar con la boca llena; **den ~ zu voll nehmen** (*fam fig*) fanfarronear

Mundart *f* <-en> dialecto *m*

Munddusche *f* ducha *f* bucal

Mündel *nt* o *m* <-s, -> (JUR) pupilo, -a *m, f*

munden *vi* (*geh*) saber bien; **lasst es euch ~ que** (os) aproveche

münden *vi* haben o sein ❶ (*Fluss, Straße*) desembocar (*in/auf*en) ❷ (*Gespräch*) acabar (*in* en)

Münder *pl von* **Mund**; **mundfaul** *adj*

(*fam*) poco comunicativo; **sei doch nicht so ~!** ¡habla de una vez!; **mundgerecht** **I.** *adj* pequeño (para que pueda comerse bien) **II.** *adv* en trozos pequeños (para que puedan comerse bien); **Mundgeruch** *m* aliento *m* fétido; (MED) halitosis *f inv*; **Mundharmonika** *f* armónica *f*; **Mundhöhle** *f* cavidad *f* bucal; **Mundhygiene** *f* higiene *f* bucal

mündig *adj* (JUR) mayor de edad

mündlich *adj* oral

Mundpropaganda *f* publicidad *f* transmitida de boca en boca; **Mundraub** *m* (JUR) hurto *m* famélico; **Mundstück** *nt* (*a.* MUS) boquilla *f*

mundtot *adj:* **jdn ~ machen** taparle la boca a alguien

Mündung *f* <-en> ➊ (*eines Flusses*) desembocadura *f* ➋ (*eines Gewehres*) boca *f*

Mundwasser *nt* <-s, -wässer> agua *f* dentífrica; **Mundwerk** *nt* (*fam*): **ein flinkes ~ haben** tener mucha labia; **Mundwinkel** *m* comisura *f* de la boca

Mund-zu-Mund-Beatmung *f* respiración *f* boca a boca

Munition *f* <-en> munición *f*

munkeln *vi, vt* (*fam*) rumorear; **man munkelt, dass ...** se rumorea [*o* corre el rumor] que...

Münster *nt* <-s, -> catedral *f*

munter *adj* ➊ (*lebhaft*) vivaz, vivaracho; (*fröhlich*) alegre ➋ (*wach*) despierto

Muntermacher *m* <-s, -> (*fam*) estimulante *m*

Münzautomat *m* distribuidor *m* automático

Münze *f* <-n> moneda *f*; **etw für bare ~ nehmen** tomar algo al pie de la letra; **es jdm mit gleicher ~ heimzahlen** pagarle a alguien con la misma moneda; **Münzeinwurf** *m* ranura *f*

münzen *vt* acuñar; **das ist auf ihn gemünzt** esto va por él

Münzfernsprecher *m* teléfono *m* público (con monedas)

Muräne *f* <-n> (ZOOL) morena *f*

mürbe *adj* ➊ (*weich*) blando; (*Fleisch*) tierno ➋ (*abgenutzt*) desgastado; (*zerbrechlich*) frágil ➌ (*Person*): **jdn ~ machen** ablandar a alguien; **Mürbeteig** *m* pastaflora *f*

Murks [mʊrks] *m* <-es, *ohne pl*> (*fam abw*) chapucería *f*; **~ machen** poner remiendos

murksen ['mʊrksən] *vi* (*fam abw*) trabajar chapuceramente

Murmel *f* <-n> canica *f*, trinca *f CSur*

murmeln *vi, vt* murmurar, susurrar

Murmeltier *nt* marmota *f*; **schlafen wie ein ~** dormir como un tronco

murren *vi* refunfuñar

mürrisch **I.** *adj* malhumorado **II.** *adv* de mala gana

Mus *nt* <-es, -e> puré *m*

Muschel *f* <-n> ➊ (ZOOL) lamelibranquio *m*; (*essbar*) marisco *m* ➋ (*~schale*) concha *f*

Muschi *f* <-s> (*fam*) ➊ (*Katze*) gatita *f* ➋ (*Scheide*) chocho *m*, concha *f Am*

Muse *f* <-n> musa *f*; **er wurde von der ~ geküsst** le aparecieron las musas

Museum *nt* <-s, Museen> museo *m*; **Museumsführer(in)** *m(f)* guía *mf* de un museo; **museumsreif** *adj* (*fam*) anticuado

Musical *nt* <-s, -s> (espectáculo *m*) musical *m*

Musik *f* <-en> música *f*; **~ machen** tocar un instrumento; **Musikakademie** *f* conservatorio *m* de música

musikalisch *adj* musical; **~ veranlagt sein** tener talento musical

Musikant(in) *m(f)* <-en, -en; -nen> músico, -a *m, f*

Musikbegleitung *f* acompañamiento *m* musical; **Musikbox** *f* máquina *f* de discos, jukebox *m o f*

Musiker(in) *m(f)* <-s, -; -nen> músico, -a *m, f*

Musikhochschule *f* conservatorio *m* superior de música; **Musikinstrument** *nt* instrumento *m* de música; **Musikkapelle** *f* banda *f* de música; **Musikkassette** *f* cas(s)et(t)e *m o f*; **Musiklehrer(in)** *m(f)* profesor(a) *m(f)* de música; **Musikstück** *nt* obra *f* musical, pieza *f* de música; **Musikunterricht** *m* clase *f* de música; **Musikwissenschaft** *f* musicología *f*

musisch *adj* ➊ (*Fächer, Schule*) artístico ➋ (*Person*) con sensibilidad artística; **~ begabt sein** tener talento (artístico)

musizieren* *vi* tocar (piezas musicales)

Muskat *m* <-(e)s, -e> nuez *f* moscada

Muskel *m* <-s, -n> músculo *m*; **Muskelkater** *m* agujetas *fpl*; **Muskelkraft** *f* ohne pl fuerza *f* muscular; **Muskelprotz** *m* (*fam abw*) (hombre *m*) forzudo *m*; **Muskelzerrung** *f* (MED) distensión *f* de un músculo

Musketier *m* <-s, -e> (HIST) mosquetero *m*

Muskulatur *f* <-en> musculatura *f*

muskulös *adj* musculoso

Müsli *nt* <-s, -s> musli *m*

Muslim(e) *m(f)* <-s, -e *o* -s; -n> musulmán, -ana *m, f*

muss *3. präs von* **müssen**

Muss nt <-, ohne pl> obligación f

Muße f ohne pl (geh) ocio m; (Ruhe) tranquilidad f

müssen¹ <muss, musste, müssen> vt Modalverb ❶(Zwang) tener que +inf; (unpersönlich) hay que +inf; **sie musste es tun** tuvo que hacerlo; **die Ausstellung muss man gesehen haben** hay que haber visto la exposición; **das muss sein** tiene que ser; **es kam, wie es kommen musste** sucedió como tenía que suceder ❷(Notwendigkeit) tener que +inf, ser necesario +inf; **ich muss (schon) sagen ...** tengo que decir que...; **muss das sein?** ¿es necesario?; **warum muss es ausgerechnet heute regnen?** ¿por qué tiene que llover precisamente hoy?; **das muss nicht stimmen** no tiene por qué ser así; **wenn es (unbedingt) sein muss** si tiene que ser; **du musst das nicht so eng sehen** no lo tomes tan a pecho ❸(Vermutung) deber +inf, tener que +inf; **er müsste schon da sein** ya tendría que estar aquí; **das müsstest du eigentlich wissen** en realidad deberías saberlo ❹(Wunsch): **man müsste noch mal zwanzig sein!** ¡quien tuviera veinte años (otra vez)!

müssen² <muss, musste, gemusst> vi tener que +inf; **ich muss zur Post** tengo que ir a Correos; **ich muss mal** (fam: aufs Klo) tengo que ir al baño

---

? Grammatik

müssen expresa necesidad u obligación: *Wir müssen uns beeilen, weil es schon zu spät ist. – Tenemos que darnos prisa porque ya es tarde. Wir müssen die Rechnung spätestens morgen bezahlen. – Tenemos que pagar la factura mañana a más tardar.*

sollen no expresa la necesidad subjetiva, sino una necesidad motivada por otra persona, por un principio moral o una norma social: *Ich soll mehr Sport treiben. Das hat der Arzt mir gesagt. – Tengo que/Debo hacer más deporte. Me lo ha dicho el médico. Der Mensch soll solidarisch handeln. – El hombre debe actuar con solidaridad.*

Mußestunde f rato m de ocio

müßig adj (geh) ❶(untätig) ocioso ❷(überflüssig) inútil; **es ist ~, darüber nachzudenken** no vale la pena pensar en ello; **Müßiggang** m <-(e)s, ohne pl> (geh) ociosidad f; **~ ist aller Laster Anfang** (prov) la ociosidad es la madre de todos los vicios

musste 3. imp von **müssen**

Muster nt <-s, -> ❶(Vorlage) modelo m; (Handarbeits~, Schnitt~) patrón m ❷(Vorbild) modelo m; **er ist das ~ eines Ehemannes** es un marido modelo; **sie ist ein ~ an Güte** su bondad es ejemplar ❸(Zeichnung) dibujo m ❹(Probestück) muestra f; **Musterbeispiel** nt modelo m ejemplar; **Musterbrief** m carta f modelo; **Musterexemplar** nt ❶(eines Buches) ejemplar m de muestra ❷(Vorbild) modelo m; **mustergültig** adj, **musterhaft** adj ejemplar, modelo; **Musterknabe** m (abw) niño m modelo

mustern vt ❶(betrachten) examinar; **sie musterte ihn von oben bis unten** lo miraba de arriba abajo ❷(MIL: Wehrpflichtige) reconocer; (Truppen) pasar revista (a)

Musterschüler(in) m(f) alumno, -a m, f ejemplar

Musterung f <-en> ❶(Betrachtung) examen m; (Prüfung) inspección f; **nach eingehender ~** tras minuciosa inspección ❷(MIL) reconocimiento m ❸(Muster) dibujo m; **Musterungsbescheid** m (MIL) llamada f a revista

Mut m <-(e)s, ohne pl> valor m; **nur ~!** ¡ánimo!; **den ~ verlieren** desanimarse; **jdm ~ machen** animar a alguien; **~ fassen** cobrar valor; **guten ~es sein** (geh) estar optimista

Mutation f <-en> ❶(BIOL) mutación f ❷(MED: Stimmwechsel) cambio m de la voz ❸(Schweiz: Personalveränderung) cambio m de personal

mutieren * vi ❶(BIOL) mutar ❷(MED: Stimme) cambiar la voz

mutig adj valiente, guapo Am

mutlos adj desalentado, desanimado

Mutlosigkeit f ohne pl desaliento m

mutmaßen vt suponer

mutmaßlich adj supuesto, presunto

Mutmaßung f <-en> suposición f, presunción f

Mutprobe f prueba f de valor

Mutter¹ f <Mütter> (Frau) madre f; **~ von vier Kindern** madre de cuatro hijos; **wie bei ~n** (fam) como en casa; **werdende ~** futura madre

Mutter² f <-n> (TECH) tuerca f

Mütterberatungsstelle f centro m de información maternal

Muttergesellschaft f (WIRTSCH) sociedad f matriz

Muttergottes _f_ (REL) Nuestra Señora _f_
Mutterinstinkt _m_ instinto _m_ maternal;
  Mutter-Kind-Pass _m_ carnet _m_ de maternidad; **Mutterkuchen** _m_ (MED) placenta _f;_
  Mutterland _nt_ patria _f;_ (_der Kolonien_)
  metrópoli _m;_ **Mutterleib** _m ohne pl_ seno
  _m_ materno
mütterlich I. _adj_ materno, maternal II. _adv_
  como una madre
mütterlicherseits _adv_ por parte de la
  madre
Mutterliebe _f_ cariño _m_ materno; **Muttermal** _nt_ lunar _m;_ **Muttermilch** _f_ leche _f_
  materna; **etw mit der ~ einsaugen**
  aprender algo desde la cuna; **Mutter-
  mund** _m ohne pl_ (MED) orificio _m_ uterino
Mutterschaft _f ohne pl_ maternidad _f;_
  Mutterschaftsurlaub _m_ permiso _m_ por
  maternidad
Mutterschiff _nt_ (NAUT) buque _m_ nodriza;
  (AERO) nave _f_ de abastecimiento
Mutterschutz _m_ protección _f_ a la (futura)
  madre
mutterseelenallein _adj_ solo como la una
Muttersöhnchen _nt_ (_fam abw_) hijo _m_ de
  mamá; **Muttersprache** _f_ lengua _f_
  materna
Muttersprachler(in) _m(f)_ <-s, -; -nen>
  hablante _mf_ nativo
Muttertag _m_ día _m_ de la madre; **Mutter-
  tier** _nt_ (ZOOL) animal _m_ madre
Mutti _f_ <-s> (_fam_) mamá _f,_ mamaíta _f_
Mutwille _m_ <-ns, _ohne pl_> malicia _f;_ **etw
  aus ~n tun** hacer algo a propósito
mutwillig I. _adj_ (_böswillig_) malicioso;
  (_absichtlich_) intencionado II. _adv_ (_absicht-
  lich_) con intención
Mütze _f_ <-n> gorro _m,_ gorra _f;_ **der kriegt
  was auf die ~!** (_fam_) ¡éste se va a llevar
  una buena (reprimenda)!
MwSt, MWSt _Abk. von_ **Mehrwertsteuer**
  IVA _m_
Myom _nt_ <-s, -e> (MED) mioma _m_
Myriade _f_ <-n> miríada _f_
Myrre _f_ <-n>, **Myrrhe** _f_ <-n> mirra _f_
Myrte _f_ <-n> mirto _m_
Mysterien _pl von_ **Mysterium**
mysteriös _adj_ misterioso
Mysterium _nt_ <-s, Mysterien> misterio _m_
Mystifizierung _f_ <-en> mistificación _f_
Mystik _f ohne pl_ mística _f_
mystisch _adj_ místico
Mythen _pl von_ **Mythos**
mythisch _adj_ mítico
Mythologie _f_ <-n> mitología _f_
Mythos _m_ <-, Mythen> mito _m_

Nn

N, n _nt_ <-, -> N, n _f;_ **~ wie Nordpol** N de
  Navarra
N _Abk. von_ **Norden** N
na _interj_ (_fam_) ➊ (_fragend_) y; **~ und?** ¿y
  qué? ➋ (_auffordernd_) vamos; **~ und ob!**
  ¡y vaya que sí!; **~ so was!** ¡hay que ver!
  ➌ (_beschwichtigend_) bueno; **~ also!**
  ¡pues ya ves!; **~ ja** bueno; **~ gut** bueno,
  bien ➍ (_empört_) pero (bueno); **~, hör
  mal!** ¡pero oye, caramba!
Nabel _m_ <-s, -> ombligo _m;_ **der ~ der
  Welt** (_geh_) el ombligo del mundo; **Nabelschnur** _f_ cordón _m_ umbilical
nach I. _präp_ +_dat_ ➊ (_Richtung_) hacia, a;
  (_Länder-, Ortsnamen_) a; (_Zug, Flugzeug_)
  con destino a, para; **~ Berlin/~ Spanien** a
  Berlín/a España; **~ Norden/~ Süden** al
  norte/al sur; **~ oben/~ rechts** hacia
  arriba/hacia la derecha; **von links ~
  rechts** de izquierda a derecha; **~ Hause** a
  casa ➋ (_Reihenfolge_) después de; **~ Christus** después de Cristo; **~ der Arbeit**
  después del trabajo; **sie kam ~ zehn
  Minuten** vino a los diez minutos; **~
  allem, was geschehen ist** después de
  todo lo que ha pasado; **einer ~ dem anderen** primero uno, después otro; **~ Ihnen,
  bitte!** ¡después de Ud., por favor! ➌ (_Uhr-
  zeit_) y; **es ist fünf (Minuten) ~ sechs** son
  las seis y cinco ➍ (_zufolge, gemäß_) según,
  conforme a; **je ~** según; **je ~ Größe** según
  el tamaño; **~ allem, was ich weiß** con
  todo lo que yo sé; **dem Alter ~** conforme a
  la edad; **allem Anschein ~** por lo que
  parece; **das ist nicht ~ meinem
  Geschmack** no es de mi gusto; **meiner
  Meinung ~** en mi opinión; **~ Art des
  Hauses** de la casa; **~ italienischer Art** a
  la italiana; **die Uhr ~ dem Radio stellen**
  poner el reloj en hora con la radio II. _adv:_
  (**alle**) **mir ~!** ¡seguidme todos!; **~ und ~**
  poco a poco; **~ wie vor** (al) igual que antes
nach|äffen _vt_ (_abw_) remedar
nach|ahmen _vt_ imitar; (_kopieren_) copiar;
  nachahmenswert _adj_ digno de ser imitado; (_vorbildlich_) ejemplar
Nachahmung _f_ <-en> imitación _f_
nach|arbeiten _vt_ ➊ (_aufholen_) recuperar
  ➋ (_nachbearbeiten_) repasar ➌ (_nachbil-
  den_) copiar
Nachbar(in) _m(f)_ <-n _o_ -s, -n; -nen>
  vecino, -a _m, f;_ **Nachbarhaus** _nt_ casa _f_
  vecina

Nachbarin f <-nen> s. **Nachbar**

Nachbarland nt país m vecino

nachbarlich adj ❶ (benachbart) vecino ❷ (nachbarschaftlich) vecinal

Nachbarschaft f ohne pl vecindario m; (alle Nachbarn) vecinos mpl

Nachbau m (ARCHIT, TECH) réplica f

Nachbeben nt terremoto m secundario

nach bereiten* vt repasar

nach bessern vt retocar

nach bestellen* vt renovar un pedido

Nachbestellung f nuevo encargo m

nach bezahlen* vt (nachträglich) pagar más tarde; (einen Zuschlag) pagar como suplemento

nach bilden vt copiar

Nachbildung f <-en> copia f

nach datieren* vt antedatar

nachdem konj ❶ (zeitlich) después de +inf, después de que +subj; ~ sie mit ihm gesprochen hatte ... después de haber hablado con él... ❷ (Abhängigkeit): je ~ según; je ~, ob/wie ... depende de si/de cómo...

nach denken irr vi reflexionar (über sobre), pensar (über en); darüber darf man gar nicht ~ no se debería pensar en esto; scharf ~ pensar con todas las fuerzas

nachdenklich adj pensativo; (in Gedanken versunken) ensimismado; das macht mich ~ me da que pensar

Nachdenklichkeit f ohne pl ❶ (nachdenkliche Stimmung) estado m pensativo ❷ (Versunkenheit) ensimismamiento m

Nachdruck¹ m <-(e)s, ohne pl> (Eindringlichkeit) énfasis m inv; etw mit ~ sagen decir algo con énfasis; ich weise mit allem ~ darauf hin, dass ... hago hincapié en que...

Nachdruck² m <-(e)s, -e> (TYPO) reproducción f; (Neuauflage) reimpresión f

nach drucken vt reimprimir

nachdrücklich I. adj insistente; (energisch) enérgico II. adv con insistencia

Nachdurst m sed provocada por el consumo excesivo de alcohol

nach eifern vi: jdm ~ emular a alguien

nach eilen vi sein: jdm/etw ~ correr detrás de alguien/de algo

nacheinander adv ❶ (räumlicher Abstand) sucesivamente, uno detrás de otro ❷ (zeitlich) seguido; fünf Tage ~ cinco días seguidos; sie kamen kurz ~ llegaron muy seguidos

nach empfinden* irr vt: das kann ich dir gut ~ te comprendo totalmente

nach erzählen* vt repetir; (erzählen) contar

Nacherzählung f narración f

Nachfahr(e), **-in** m, f <-en, -en; -nen> (geh) descendiente mf; die ~en (Blutsverwandtschaft) la descendencia; (nächste Generationen) la posteridad

nach fahren irr vi sein: jdm ~ seguir a alguien (en un vehículo)

Nachfahrin f <-nen> s. **Nachfahr(e)**

nach feiern vt celebrar a posteriori

Nachfolge f ohne pl sucesión f; jds ~ (in einem Amt) antreten suceder a alguien (en un cargo)

nachfolgend adj siguiente

Nachfolger(in) m(f) <-s, -; -nen> sucesor(a) m(f)

nach forschen vi investigar

Nachforschung f investigación f; (amtliche ~) pesquisa f; in etw ~en anstellen hacer pesquisas acerca de algo

Nachfrage f ❶ (WIRTSCH) demanda f (nach de); die ~ sinkt/steigt la demanda disminuye/aumenta ❷ (Wend): danke der ~! ¡gracias por el interés!

nach fragen I. vi ❶ (sich erkundigen) preguntar (wegen por) ❷ (nachsuchen) solicitar II. vt (WIRTSCH) demandar

nach fühlen vt s. **nachempfinden**

nachfüllbar adj rellenable; (Patrone) recargable

nach füllen vt rellenar; (Patrone) recargar

Nachfüllpackung f empaque m rellenable

nach geben irr vi ❶ (zustimmen) ceder, agacharse Am; er gab ihren Bitten nach cedió a sus súplicas ❷ (Fundament) ceder; (Stoff) dar de sí ❸ (WIRTSCH, FIN) bajar

Nachgebühr f sobretasa f

Nachgeburt f ohne pl secundinas fpl

nach gehen irr vi sein ❶ (folgen) seguir ❷ (ergründen) investigar; einem Hinweis/einer Spur ~ seguir una pista/una huella ❸ (Uhr, Messgerät) ir atrasado ❹ (einem Beruf) dedicarse (a)

Nachgeschmack m ohne pl regusto m; (schlechter ~) resabio m; das hinterlässt einen üblen ~ esto deja mal sabor de boca

nachgewiesenermaßen adv como queda comprobado

nachgiebig adj ❶ (Mensch, Haltung) transigente; gegenüber jdm (zu) ~ sein ser (demasiado) condescendiente con alguien ❷ (Material) flexible; (Boden) blando

Nachgiebigkeit f ohne pl ❶ (Entgegenkommen) complacencia f; (Veranlagung) docilidad f ❷ (Beschaffenheit) elasticidad f

nach gießen irr I. vt ❶ (einschenken) servir más; sich dat Wein ~ servirse más vino ❷ (auffüllen) rellenar; jds Glas ~ rellenar el vaso de alguien **II.** *vi* servir más bebida; **darf ich dir** ~**?** ¿te sirvo un poco más?

nach|grübeln *vi* cavilar (*über* sobre)

nach|gucken *vi* (*reg*) *s.* **nachsehen**

nach|haken *vi* (*fam*) porfiar; **bei jdm (mit einer Frage)** ~ preguntar a alguien con insistencia

Nachhall *m* reverberación *f*

nach|hallen *vi* reverberar

nachhaltig *adj* persistente; ~**e Wirkung haben** ser muy eficaz

nach|hängen *irr vi* estar absorto (en); (*wehmütig*) acariciar; **seinen Gedanken** ~ ensimismarse

nachhause *adv* (*Österr, Schweiz*) a casa

Nachhauseweg *m* camino *m* a casa; **auf dem** ~ de camino a casa

nach|helfen *irr vi* echar una mano; **dem Glück** ~ ayudar a la suerte

nachher *adv* ❶ (*danach*) después; (*später*) luego; **bis** ~**!** ¡hasta luego! ❷ (*reg: möglicherweise*) luego

Nachhilfe *f* clase *f* particular; **bei jdm** ~ **bekommen** dar clases particulares con alguien; **Nachhilfestunde** *f* clase *f* particular

Nachhinein: im ~ posteriormente

Nachholbedarf *m* necesidad(es) *f(pl)* de recuperar (*an*)

nach|holen *vt* ❶ (*Person*) hacer venir; (*Dinge*) buscar más tarde ❷ (*Versäumnis*) recuperar

Nachhut *f* <-en> (MIL) retaguardia *f*

nach|jagen *vi sein:* **jdm** ~ perseguir a alguien; **etw** *dat* ~ andar a la caza de algo

nach|kaufen *vt* comprar más tarde; **von diesem Service kann man Teile** ~ este juego de mesa dispone de piezas de recambio

Nachkomme *m* <-n, -n> descendiente *mf*

nach|kommen *irr vi sein* ❶ (*später kommen*) venir más tarde; **ich komme gleich nach** ahora voy ❷ (*Schritt halten*) poder seguir; **er kommt mit der Arbeit nicht nach** no consigue sacar el trabajo adelante ❸ (*geh*): **etw** *dat* ~ (*einer Vorschrift*) acatar; (*einer Verpflichtung*) cumplir (con); (*einem Wunsch*) acceder (a) ❹ (*Schweiz: verstehen*) entender

Nachkommenschaft *f ohne pl* descendencia *f*

Nachkömmling *m* <-s, -e> ❶ (*Nachzügler*) rezagado, -a *m, f* ❷ (*Nachkomme*) descendiente *mf*

nach|kontrollieren* *vt* controlar; **die Reifen wurden auf Sicherheit nachkontrolliert** se comprobó que las ruedas fueran seguras

Nachkriegszeit *f* (época *f* de la) posguerra *f*

Nachlass *m* <-es, -lässe *o* -e> ❶ (*Erbschaft*) legado *m;* (*eines Künstlers*) obras *fpl* póstumas ❷ (*Rabatt*) rebaja *f*

nach|lassen *irr* **I.** *vi* (*allgemein*) disminuir; (*Schmerz*) calmarse; (*Interesse, Qualität, Eifer*) decaer; (*Fieber*) bajar; (*Regen*) cesar; **wir sollten nicht** ~ **in unserem Streben!** no debemos desistir en nuestro afán **II.** *vt* ❶ (*lockern*) aflojar ❷ (*vom Preis*) rebajar

nachlässig I. *adj* negligente, descuidado **II.** *adv* con negligencia; ~ **arbeiten** ser negligente en el trabajo; ~ **gekleidet sein** estar mal vestido

Nachlässigkeit *f* <-en> negligencia *f*

nach|laufen *irr vi sein:* **jdm/etw** ~ ir detrás de alguien/de algo

nach|lesen *irr vt* (*Text*) releer

nach|liefern *vt* enviar más tarde

nach|lösen *vi, vt* comprar (el billete) al revisor

nach|machen *vt* (*fam*) ❶ (*nachahmen*) imitar; (*kopieren*) copiar; **das macht mir so schnell keiner nach** esto no lo hace cualquiera ❷ (*fälschen*) falsificar ❸ (*nachträglich erledigen*) hacer a posteriori

nach|messen *irr vi, vt* (volver a) medir

Nachmieter(in) *m(f)* siguiente inquilino, -a *m, f*

Nachmittag *m* <-(e)s, -e> tarde *f;* **am** ~ por la tarde; **gestern** ~ ayer por la tarde

nachmittags *adv* por la tarde; (*jeden Nachmittag*) por las tardes; **um vier Uhr** ~ a las cuatro de la tarde

Nachmittagsvorstellung *f* función *f* de tarde, vermú *m And, CSur*

Nachnahme *f* <-n> reembolso *m;* **etw per** ~ **verschicken** mandar algo contra reembolso

Nachname *m* apellido *m*

nach|plappern *vt* (*fam*) repetir como un loro

nachprüfbar *adj* que se puede comprobar

nach|prüfen *vt* comprobar, verificar; **nach|rechnen** *vi, vt* repasar la cuenta (de)

Nachrede *f:* **üble** ~ (JUR) calumnia *f*

nach|reden *vt* ❶ (*wiederholen*) repetir ❷ (*klatschen*) hablar; **jdm Übles** ~ hablar mal de alguien; **jdm** ~, **dass ...** decir de alguien que...

nach|reichen *vt* entregar en fecha posterior

Nachricht *f* <-en> ❶ (*allgemein*) noticia *f;* **eine** ~ **hinterlassen** dejar un recado; ~ **von jdm haben** tener noticias de alguien; **jdm eine** ~ **überbringen** transmitir a alguien una noticia ❷ *pl* (TV, RADIO) noticias *fpl;* **Nachrichtenagentur** *f* agencia *f* de noticias; **Nachrichtendienst** *m* ❶ (*Geheimdienst*) servicio *m* de inteligencia ❷ (*Nachrichtenagentur*) agencia *f* de noticias; **Nachrichtenmagazin** *nt* (PUBL) revista *f* de actualidad; **Nachrichtensendung** *f* noticias *fpl,* noticiario *m* Am; **Nachrichtensperre** *f* bloqueo *m* informativo; **über irgendein Thema eine ~ verhängen** imponer un embargo informativo sobre algún tema; **Nachrichtensprecher(in)** *m(f)* locutor(a) *m(f)*

Nachruf *m* necrológica *f* (*auf* de)

Nachruhm *m* fama *f* póstuma

nach|rüsten I. *vi* (MIL) rearmarse II. *vt* (TECH, INFOR: *zusätzlich ausstatten*) equipar posteriormente

Nachrüstung *f* ❶ (MIL) rearme *m* ❷ (TECH, INFOR) modificación *f* retroactiva

nach|sagen *vt* repetir; **ihm wurde nachgesagt, dass ...** se dijo acerca de él que...

Nachsaison *f* temporada *f* baja

nach|schauen *vt s.* **nachsehen**

nach|schenken *vi, vt* (*geh*) *s.* **nachgießen**

nach|schicken *vt* (*Post*) reexpedir

nach|schießen *vt irr* (FIN: *fam: Geld*) aflojar más dinero

Nachschlag *m* (*zusätzliche Essensportion*) segunda ración *f*

nach|schlagen *irr* I. *vt* buscar II. *vi* ❶ (*nachlesen*) consultar; **in einem Lexikon ~** consultar una enciclopedia ❷ *sein* (*geh*): **jdm ~** parecerse a alguien

Nachschlagewerk *nt* obra *f* de consulta

Nachschlüssel *m* copia *f* de una llave

Nachschub *m* (MIL: *Versorgung*) suministro *m* (*an* de); (*Verpflegung*) avituallamiento *m;* (*Verstärkung*) reforzamiento *m*

nach|sehen *irr* I. *vi* ❶ (*hinterherblicken*): **jdm/etw ~** seguir a alguien/algo con la mirada ❷ (*zur Information*) ir a ver; **sieh mal nach, ob ...** vete a ver si... ❸ (*nachschlagen*) consultar (*in*) II. *vt* ❶ (*kontrollieren*) revisar ❷ (*nachschlagen*) buscar ❸ (*verzeihen*): **jdm etw ~** perdonar algo a alguien

Nachsehen *nt:* **das ~ haben** quedarse a la luna de Valencia (*bei/in* con)

Nachsendeantrag *m* solicitud *f* de reexpedición (del correo)

nach|senden *irr vt s.* **nachschicken**

Nachsicht *f* indulgencia *f;* **~ walten lassen** ser indulgente

nachsichtig *adj* indulgente (*mit* (para) con)

Nachsilbe *f* (LING) sufijo *m*

nach|sinnen *irr vi* recapacitar (*über* sobre)

nach|sitzen *irr vi* quedar castigado después de clase

Nachspann *m* <-(e)s, -e> (FILM, TV) portada *f* (final)

Nachspeise *f* (GASTR) postre *m*

Nachspiel *nt* ❶ (THEAT) epílogo *m;* (MUS) postludio *m* ❷ (*Folgen*) consecuencias *fpl*

nach|spionieren* *vi* espiar

nach|sprechen *irr vt:* **jdm etw ~** repetir lo dicho por alguien

nächst *präp +dat* (*geh*) ❶ (*örtlich*) junto a ❷ (*samt*) junto con; (*außer*) además de

nächstbeste(r, s) *adj:* **der/die/das ~** (*allgemein*) el primero/la primera/lo primero que se presente; (*bei Qualität*) el segundo/la segunda/lo segundo mejor; **bei der ~n Gelegenheit** en la primera oportunidad que se presente

nächste(r, s) *adj superl von* **nah(e)** ❶ (*räumlich, Reihenfolge*) siguiente, próximo; **der/die/das N~** el más próximo/la más próxima/lo más próximo; **aus ~r Nähe** muy de cerca; **die ~n Angehörigen** los más allegados ❷ (*zeitlich*) próximo; **das ~ Mal** la próxima vez; **in den ~n Tagen** en los próximos días; **ich rufe dich bei der ~n Gelegenheit an** te llamo en cuanto pueda

Nächste(r) *mf* <-n, -n; -n> ❶ (*geh: Mitmensch*) próximo, -a *m, f;* (REL) prójimo, -a *m, f* ❷ (*der/die Folgende*) siguiente *mf;* **der/die ~ bitte!** ¡el/la siguiente, por favor!

nach|stehen *irr vi:* **jdm an etw (nicht) ~** (no) quedarse atrás de alguien en cuanto a algo; **jdm in nichts ~** ser igual a alguien

nach|stellen I. *vt* ❶ (TECH) reajustar ❷ (*Uhr*) retrasar ❸ (LING) posponer II. *vi* (*geh*): **jdm ~** (*verfolgen*) perseguir a alguien; (*umwerben*) rondar a alguien

nächsten *superl von* **nah(e)**: **am ~** lo más cercano

Nächstenliebe *f* ❶ (*Barmherzigkeit*) caridad *f* ❷ (*Liebe zum Nächsten*) amor *m* al prójimo

nächstens *adv* pronto, dentro de poco

nächstgelegen *adj* más cercano

nächstliegend *adj* (*örtlich*) más cercano; (*fig*) más obvio; **nächstmöglich** *adj* próximo (posible); **zum ~en Termin** lo antes posible

nach|suchen *vi* ❶ (*suchen*) buscar por todas partes ❷ (*geh: beantragen*): **bei jdm um etw ~** solicitar algo ante alguien

Nacht *f* <Nächte> noche *f;* **Heilige ~** Nochebuena; **bei ~** de noche; **in der ~** por la noche; **in der ~ auf Mittwoch** la noche del martes al miércoles; **gestern** ~ ayer por la noche; **über** ~ **bleiben** pasar la noche (*bei* en casa de, *in* en); **als die** ~ **hereinbrach** cuando anocheció; **eines** ~**s** (*geh*) una noche; **bei** ~ **und Nebel** (*fig*) clandestinamente; **gute** ~**!** ¡buenas noches!; **jdm gute** ~ **sagen** dar(le) las buenas noches a alguien; **die** ~ **zum Tage machen** pasarse la noche de juerga; **zu** ~ **essen** (*südd, Österr*) cenar; **über** ~ (*ganz plötzlich*) de la noche a la mañana; **nachtaktiv** *adj* (*ZOOL*) nocturno; **nachtblind** *adj* hemerálope; **Nachtblindheit** *f* hemeralopía *f;* **Nachtdienst** *m* turno *m* de noche

Nachteil *m* <-(e)s, -e> inconveniente *m,* desventaja *f;* (*Schaden*) perjuicio *m;* ~ **e durch etw haben** tener inconvenientes por algo; **jdm** ~ **e bringen** perjudicar a alguien; **er hat sich zu seinem** ~ **verändert** ha cambiado para peor; **im** ~ **sein** estar en desventaja; **von** ~ **sein** ser desfavorable

nachteilig *adj* (*ungünstig*) desventajoso; (*schädlich*) perjudicial

nächtelang *adv* durante noches enteras

Nachtessen *nt* (*südd, Österr, Schweiz*) cena *f;* **Nachtfalter** *m* ❶ (*ZOOL*) mariposa *f* nocturna ❷ (*Person*) trasnochador(a) *m(f);* **Nachtfrost** *m* helada *f* nocturna; **Nachthemd** *nt* camisón *f,* dormilona *f Ven*

Nachtigall *f* <-en> (*ZOOL*) ruiseñor *m*

nächtigen *vi* pasar la noche (*in* en); **bei jdm** ~ dormir en casa de alguien

Nachtisch *m ohne pl* postre *m*

Nachtklub *m* club *m* nocturno; **Nachtlager** *nt* alojamiento *m* para la noche; **sein** ~ **aufschlagen** hacerse una cama; **Nachtleben** *nt ohne pl* vida *f* nocturna

nächtlich *adj* nocturno

Nachtmensch *m* amante *mf* de la noche; (*Nachtschwärmer*) noctámbulo, -a *m, f;* **Nachtportier** *m* portero *m* de noche; **Nachtquartier** *nt* alojamiento *m* para dormir

Nachtrag *m* <-(e)s, -träge> adición *f* (*zu* a); (*im Brief*) posdata *f;* (*Anhang*) apéndice *m*

nach|tragen *irr vt* ❶ (*hinzufügen*) añadir; **bliebe noch nachzutragen, dass ...** sólo queda añadir que... ❷ (*verübeln*): **jdm etw** ~ guardar rencor a alguien por algo

nachtragend *adj* rencoroso

nachträglich **I.** *adj* posterior **II.** *adv* posteriormente

nach|trauern *vi:* **jdm/etw** ~ lamentar la pérdida de alguien/de algo

Nachtruhe *f* reposo *m* nocturno

nachts *adv* por la noche; (*jede Nacht*) por las noches; **spät** ~ muy entrada la noche; **um 2 Uhr** ~ a las dos de la madrugada

Nachtschattengewächs *nt* (*BOT*) solanácea *f;* **Nachtschicht** *f* turno *m* de noche; **Nachtschwärmer(in)** *m(f)* noctámbulo, -a *m, f,* farrista *mf CSur;* **Nachtschwester** *f* enfermera *f* de noche

nachtsüber *adv* de noche, por la noche

Nachttarif *m* tarifa *f* nocturna; **Nachttisch** *m* mesita *f* de noche, buró *m Am;* **Nachttopf** *m* orinal *m,* escupidera *f Am*

Nacht-und-Nebel-Aktion ['--'----] *f* operación *f* sorpresa; (*der Polizei*) redada *f* nocturna

Nachtwache *f* guardia *f* nocturna; ~ **haben** estar de guardia nocturna; **Nachtwächter(in)** *m(f)* guardia *mf* nocturno, -a, nochero, -a *m, f CSur*

Nachuntersuchung *f* (examen *m* de) control *m* posterior

nachvollziehbar *adj* comprensible; **es ist für mich** (**nicht**) ~**, warum ...** (no) comprendo por qué...

nach|vollziehen* *irr vt* comprender

nach|wachsen *irr vi* sein volver a crecer; (*sich erneuern*) reproducirse; ~ **de Rohstoffe** materias primas renovables

Nachwehen *fpl* ❶ (*MED*) entuertos *mpl* uterinos ❷ (*geh fig: Folgen*) consecuencias *fpl*

nach|weinen *vi, vt:* **jdm** ~ llorar a alguien; **jdm/etw keine Träne** ~ no derramar ni una lágrima por alguien/por algo

Nachweis *m* <-es, -e> (*Beweis*) prueba *f;* (*Bescheinigung*) certificado *m;* **zum** ~ **von ...** como prueba de...

nachweisbar *adj* comprobable; (*Giftstoffe*) detectable; **etw ist** ~ algo se puede comprobar

nach|weisen *irr vt* ❶ (*beweisen*) comprobar, probar; **das lässt sich leicht** ~ es fácil comprobarlo; **jdm etw** ~ demostrar que alguien hizo algo ❷ (*Kenntnisse*) presentar un certificado (de)

nachweislich **I.** *adj* demostrable, comprobable **II.** *adv* como puede comprobarse

Nachwelt *f ohne pl* posteridad *f*

nach|werfen *irr vt* ❶ (*hinterherwerfen*): **jdm etw** ~ tirar algo detrás de alguien ❷ (*fam: leicht machen*): **jdm etw** ~ regalar algo a alguien

nach|wirken *vi* continuar causando efecto; (*Einfluss haben*) repercutir (*auf* en)

Nachwirkung *f* consecuencia *f;* (*Einfluss*) repercusión *f* (*auf* en); **unter den** ~**en leiden** (*fig*) sufrir las consecuencias

Nachwort *nt* epílogo *m*

Nachwuchs *m* ❶ (*fam: Nachkomme*) descendencia *f;* **sie haben ~ bekommen** han tenido un hijo/una hija ❷ (*am Arbeitsmarkt*) aprendices *mpl*

nach|zahlen *vt* (*später zahlen*) pagar más adelante; (*zusätzlich zahlen*) pagar extra

nach|zählen *vt* (*volver a*) contar

Nachzahlung *f* ❶ (*nachträglich*) pago *m* posterior ❷ (*zusätzlich*) pago *m* adicional

nach|zeichnen *vt* ❶ (*abzeichnen*) copiar ❷ (*schildern*) describir

nach|ziehen *irr* **I.** *vt* ❶ (*Umriss*) retocar; (*Lippen*) pintarse ❷ (*Schraube*) apretar ❸ (*Bein*) arrastrar **II.** *vi sein:* **jdm ~** seguir a alguien

Nachzügler(in) *m(f)* <-s, -; -nen> rezagado, -a *m, f*

Nackedei ['nakədaɪ] *m* <-s, -s> (*fam*) ❶ (*nacktes Kind*) niño, -a *m, f* desnudo, -a ❷ (*nackte Person*) (cuerpo *m*) desnudo *m*

Nacken *m* <-s, -> nuca *f;* **einen steifen ~ haben** tener tortícolis; **mir sitzt die Angst im ~** tengo miedo

nackend ['nakənt] *adj* (*fam*) desnudo

Nackenhaar *nt* pelos *mpl* de la nuca

Nackenstütze *f* reposacabezas *m inv*

nackig ['nakɪç] *adj* (*fam*) desnudo

nackt *adj* (*a. fig*) desnudo; **halb ~** medio desnudo; **sich ~ ausziehen** desnudarse; **Nacktbadestrand** *m* playa *f* nudista

Nacktheit *f ohne pl* desnudez *f*

Nadel *f* <-n> (*Näh~, Strick~, an Messinstrumenten, a.* BOT) aguja *f;* (*Steck~*) alfiler *m;* (*Haar~*) horquilla *f;* **eine ~ im Heuhaufen suchen** (*fig*) buscar una aguja en el pajar; **an der ~ hängen** (*sl*) estar enganchado (a la heroína); **Nadelbaum** *m* conífera *f;* **Nadeldrucker** *m* impresora *f* de matriz de agujas; **Nadelkissen** *nt* acerico *m;* **Nadelöhr** *nt* ojo *m* de la aguja; (AUTO: *Engpass*) calle *f* muy estrecha; **Nadelstich** *m* ❶ (*Einstich*) pinchazo *m* ❷ (*Nähstich*) puntada *f* ❸ (*fig*) alfilerazo *m*

Nadelstreifenanzug *m* traje *m* de mil rayas

Nadelwald *m* bosque *m* de coníferas, pinar *m*

Nagel *m* <-s, Nägel> ❶ (*Metallstift*) clavo *m;* **einen ~ einschlagen** clavar un clavo; **den ~ auf den Kopf treffen** (*fam a. fig*) dar en el clavo; **etw an den ~ hängen** (*fam fig*) dejar algo; **den Beruf an den ~ hängen** (*fam fig*) colgar los hábitos; **Nägel mit Köpfen machen** (*fam fig*) tomar una decisión ❷ (*Finger~*) uña *f;* **sich** *dat* **die Nägel schneiden** cortarse las uñas; **an den Nägeln kauen** comerse las uñas; **sich** *dat* **etw unter den ~ reißen** (*fam*)

mangar algo; **das brennt uns unter den Nägeln** (*fam*) esto corre mucha prisa; **Nagelbürste** *f* cepillo *m* de uñas; **Nagelfeile** *f* lima *f* para las uñas

Nagellack *m* esmalte *m* de uñas; **Nagellackentferner** *m* quitaesmalte *m*

nageln *vt* clavar (*an/auf* en)

nagelneu *adj* (*fam*) flamante

Nagelschere *f* tijeras *fpl* de manicura

nagen **I.** *vi* ❶ (*Tier, Mensch*) roer (*an*) ❷ (*Rost, Wasser*) corroer (*an*) ❸ (*quälen*) corroer; **das schlechte Gewissen nagte an ihr** le remordía la mala conciencia **II.** *vt* roer

nagend *adj* (*Sorgen*) roedor; **ein ~er Schmerz** un dolor punzante

Nager *m* <-s, ->, **Nagetier** *nt* roedor *m*

nah(e) <näher, am nächsten> **I.** *adj* ❶ (*räumlich*) cercano; **~ sein** estar cerca; **der N~e Osten** el Oriente Próximo; **von ~em** de cerca ❷ (*zeitlich*) próximo, inmediato; **die ~e Zukunft** el futuro próximo; **der ~e Aufbruch** la salida inmediata; **~ daran sein etw zu tun** estar a punto de hacer algo ❸ (*direkt, eng*) cercano; **~e Verwandte** familiares cercanos **II.** *adv* ❶ (*räumlich, zeitlich*) cerca; **~ an** [*o* **bei**] cerca de; **~ beieinander** muy juntos; **von ~ und fern** de lejos y de cerca; **jdm zu ~ treten** ofender a alguien ❷ (*direkt, eng*): **mit jdm ~e verwandt sein** ser pariente cercano de alguien **III.** *präp* +*dat* (*geh*) cerca de

Nahaufnahme *f* ❶ (FOTO) vista *f* de cerca ❷ (FILM) primer plano *m*

Nähe *f ohne pl* ❶ (*räumlich*) cercanía *f,* proximidad *f;* **etw aus der ~ betrachten** mirar algo de cerca; **in der ~ der Stadt** cerca de la ciudad; **hier in der ~** aquí cerca; **in meiner ~** a mi lado; **aus nächster ~** muy de cerca; **gern in jds ~ sein** estar a gusto al lado de alguien ❷ (*zeitlich*) proximidad *f*

nahebei *adv* muy cerca

nahen *vi sein* (*geh*) acercarse; (*Ereignis*) aproximarse

nähen *vi, vt* ❶ (*Kleidung*) coser ❷ (*Wunde*) suturar; (*fam: Patient*) coser

näher *adj kompar von* **nah(e)** ❶ (*räumlich, zeitlich*) más próximo, más cercano; **~ wohnen** vivir más cerca; **in der ~en Umgebung** en las proximidades inmediatas; **~ rücken** acercarse; **tritt doch ~!** ¡acércate! ❷ (*fig: genauer*) más detallado; **~e Angaben** detalles; **etw ~ betrachten** mirar algo con detalle; **können sie mir N~es darüber erzählen?** ¿puede darme más detalles sobre ello? ❸ (*enger*) más cercano; (*Freundschaft*) más íntimo; **die ~e Verwandtschaft** los parientes cercanos; **jdn ~ kennen lernen** conocer a alguien (más) de cerca ❹(*Wend*): **jdm etw ~ bringen** explicarle algo a alguien

Naherholungsgebiet *nt* zona *f* recreativa

Näherin *f* <-nen> costurera *f*

nähern *vr:* **sich ~** acercarse (a); (*Ereignis*) aproximarse

nahezu *adv* casi

Nähgarn *nt* hilo *m* para coser

Nahkampf *m* (MIL, SPORT) lucha *f* cuerpo a cuerpo

Nähkästchen *nt:* **aus dem ~ plaudern** (*fam*) contar un secreto; **Nähkasten** *m* costurero *m*

nahm *3. imp von* **nehmen**

Nähmaschine *f* máquina *f* de coser; **Nähnadel** *f* aguja *f* de coser

Nahost *m* <-> Cercano Oriente *m*

Nährboden *m* sustrato *m*

nähren *vt* (*geh*) ❶(*er~*) alimentar ❷(*Hoffnung, Eifersucht*) nutrir

nahrhaft *adj* nutritivo

Nährstoff *m* su(b)stancia *f* nutritiva

Nahrung *f ohne pl* alimento *m;* **flüssige/feste ~** alimento líquido/sólido; **Nahrungskette** *f* (BIOL) cadena *f* alimenticia

Nahrungsmittel *nt* alimento *m;* **Nahrungsmittelallergie** *f* alergia *f* a productos alimenticios; **Nahrungsmittelindustrie** *f* industria *f* alimentaria; **Nahrungsmittelvergiftung** *f* (MED) intoxicación *f* alimentaria

Nährwert *m* valor *m* nutritivo

Nähseide *f* seda *f* para coser

Naht *f* <Nähte> ❶(*in Kleidung*) costura *f* ❷(MED) sutura *f* ❸(TECH) soldadura *f;* **nahtlos** *adj* ❶(*Kleidung, Strümpfe*) sin costura ❷(TECH) sin soldadura ❸(*Wend*): **~ ineinander übergehen** seguirse inmediatamente; **~ braun sein** estar moreno por todo el cuerpo

Nahverkehr *m* tráfico *m* de cercanías; **Nahverkehrsmittel** *nt* medio *m* de transporte de cercanías; **Nahverkehrszug** *m* tren *m* de cercanías

Nähzeug *nt* utensilios *mpl* de costura

naiv *adj* inocente, ingenuo; (KUNST) naif

Naivität *f ohne pl* inocencia *f,* ingenuidad *f*

Name *m* <-ns, -n> nombre *m;* (*Bezeichnung*) denominación *f;* (*Ruf*) fama *f;* **mein ~ ist ...** me llamo...; **auf den ~n von ... a** nombre de...; **in jds ~n sprechen** hablar en nombre de alguien; **ich kenne ihn nur dem ~n nach** no lo conozco más que de nombre; **im ~n des Volkes** en nombre del pueblo; **sich** *dat* **mit etw einen ~n**

machen hacerse famoso con algo; **man muss die Dinge beim ~n nennen** ¡al pan pan y al vino vino!

namenlos *adj* ❶(*Person*) sin nombre ❷(*geh: sehr groß*) infinito

namens **I.** *adv* llamado **II.** *präp* +*gen* (*formal*) en nombre de

Namensgedächtnis *nt* memoria *f* para los nombres; **Namensschild** *nt* placa *f* (con nombre); **Namenstag** *m* (día *m* del) santo *m;* **Namensvetter** *m* tocayo *m*

namentlich **I.** *adj* nominal **II.** *adv* ❶(*mit Namen*) por el nombre; **~ genannt werden** ser mencionado ❷(*vor allem*) sobre todo; (*hauptsächlich*) principalmente

namhaft *adj* ❶(*bekannt*) conocido; (*berühmt*) famoso ❷(*beträchtlich*) importante

nämlich *adv* ❶(*denn*) porque, es que; **sie fährt ~ immer nach Italien** es que siempre se va a Italia ❷(*und zwar*) a saber, o sea

nannte *3. imp von* **nennen**

nanu *interj* hombre

Napf *m* <-(e)s, Näpfe> escudilla *f;* **Napfkuchen** *m* pastel *m* de molde

Narbe *f* <-n> ❶(MED) cicatriz *f* ❷(BOT) estigma *m*

narbig *adj* ❶(*allgemein*) con cicatrices ❷(*Leder*) granulado

Narkose *f* <-n> (MED) anestesia *f;* **Narkosemittel** *nt* (MED) anestésico *m*

narkotisieren* *vt* (MED) anestesiar

Narr *m,* **Närrin** *f* <-en, -en; -nen> ❶(*Dummkopf*) necio, -a *m, f* ❷(THEAT) gracioso, -a *m, f* ❸(*Hof~*) bufón *m;* **jdn zum ~en halten** tomar(le) el pelo a alguien; **er hat einen ~en an ihr gefressen** (*fam*) se ha quedado con ella

narren ['narən] *vt* (*geh*) ❶(*zum Narren halten*) tomar el pelo ❷(*täuschen*) engañar

Narrenfreiheit *f ohne pl:* **~ haben** poder hacer todas las locuras; **Narrenhaus** *nt* (*alt*) manicomio *m;* **hier geht es (ja) zu wie im ~** (*fig*) esto parece un manicomio; **Narrenkappe** *f* gorro *m* de bufón; **narrensicher** *adj* (*fam hum*) nada complicado

Närrin *f* <-nen> *s.* **Narr**

närrisch *adj* loco; **auf jdn/etw ganz ~ sein** (*fam*) estar loco por alguien/algo

Narzisse *f* <-n> narciso *m*

Narzissmus *m* <-, *ohne pl*> narcisismo *m*

narzisstisch *adj* narcisista

nasal *adj* (MED, LING) nasal; **Nasallaut** *m* (LING) sonido *m* nasal

naschen **I.** *vi* (*Süßigkeiten essen*) tomar

chucherías; (*kleine Mengen essen*) picar
II. *vt* comer; **hast du etwas zum N~?**
¿tienes algo para picar?

naschhaft *adj* goloso

Naschkatze *f* (*fam*) goloso, -a *m, f*

Nase[1] *f* <-n> (*Körperteil*) nariz *f,* narices *fpl*
fam, ñata *f Am*; **pro** ~ (*fam*) por cabeza;
immer der ~ **nach** (*fam*) todo recto; **mir**
läuft die ~ me gotea la nariz; **sich** *dat* **die**
~ **putzen** sonarse; **die** ~ **rümpfen** arrugar
la nariz; **auf die** ~ **fallen** (*fam*) darse de
narices; (*fig*) fracasar; **jdm etw vor der** ~
wegschnappen (*fam*) quitarle algo a alguien delante de sus narices; **die** ~ **in ein**
Buch stecken (*fam*) meter las narices en
un libro; **etw vor der** ~ **haben** (*fam*)
tener algo delante de las narices; **jdm etw**
auf die ~ **binden** (*fam*) revelar(le) a alguien un secreto; **jdm etw aus der** ~ **zie-**
hen (*fam*) sonsacar algo a alguien; **jdm**
auf der ~ **herumtanzen** (*fam*) traer a alguien al retortero; **jdm etw unter die** ~
reiben (*fam fig*) refregar por las narices
algo a alguien; **sie sollten sich an die**
eigene ~ **fassen** (*fam fig*) ¿quién le ha
dado vela en este entierro?; **sich** *dat* **eine**
goldene ~ **verdienen** hacerse de oro; **die**
~ (**von jdm/etw**) **voll haben** (*fam*) estar
hasta las narices (de alguien/algo); **die** ~
vorn haben estar a la cabeza; **jdn an der**
~ **herumführen** (*fam*) tomar(le) el pelo a
alguien; **er steckt seine** ~ **in alles** (*fam*)
mete las narices en todo

Nase[2] *f* *ohne pl* (*Geruchs-, Spürsinn*) olfato
m; **eine gute** ~ **für etw haben** tener un
buen olfato para algo

näseln *vi* ganguear, hablar por la nariz

Nasenbein *nt* hueso *m* nasal; **Nasenblu-**
ten *nt* <-s, *ohne pl*> hemorragia *f* nasal; ~
haben sangrar por la nariz; **Nasenflügel**
m aleta *f* nasal; **Nasenlänge** *f:* **jdm**
(**immer**) **eine** ~ **voraus sein** (siempre)
llevarle un poco de ventaja a alguien;
Nasenloch *nt* ventana *f* de la nariz;
Nasenrücken *m* dorso *m* de la nariz;
Nasenschleimhaut *f* mucosa *f* nasal;
Nasenspitze *f* punta *f* de la nariz; **man**
sieht es ihm an der ~ **an** (*fam*) se le nota
en la cara; **Nasenspray** *m o nt* espray *m*
nasal; **Nasentropfen** *mpl* gotas *fpl*
nasales; **Nasenwurzel** *f* (ANAT) raíz *f* de la
nariz

naseweis *adj* fisgón

Naseweis *m* <-es, -e> (*fam*) preguntón,
-ona *m, f*

Nashorn *nt* <-(e)s, -hörner> rinoceronte
m

nass *adj* mojado; (*durchnässt*) empapado;

(*Wetter, Farbe*) húmedo; **durch und**
durch ~ **sein** estar calado hasta los huesos; ~ **machen** mojar; ~ **werden** mojarse

Nassauer(in) ['nasaʊɐ] *m(f)* <-s, -; -nen>
(*fam*) gorrón, -ona *m, f*

Nässe *f ohne pl* humedad *f*

nässen *vi* segregar

nasskalt *adj* húmedo y frío; **es ist** ~ hace
un frío húmedo; **Nassrasur** *f* afeitado *m* a
cuchillo; **Nasszelle** *f* (ARCHIT) cuarto *m*
húmedo

Nation *f* <-en> nación *f;* **die Vereinten**
~ **en** las Naciones Unidas

national *adj* nacional; **Nationalfeiertag**
m fiesta *f* nacional; **Nationalhymne** *f*
himno *m* nacional

Nationalismus *m* <-, *ohne pl*> nacionalismo *m*

Nationalist(in) *m(f)* <-en, -en; -nen>
nacionalista *mf*

nationalistisch *adj* nacionalista

Nationalität *f* <-en> nacionalidad *f*

Nationalmannschaft *f* (SPORT) selección *f*
nacional; **Nationalpark** *m* parque *m*
nacional; **Nationalrat** *m* *ohne* *pl*
(*Schweiz, Österr: Abgeordnetenhaus*)
≈Parlamento *m;* **Nationalsozialismus** *m*
nacionalsocialismo *m;* **nationalsozialis-**
tisch *adj* nacionalsocialista; **Nationalver-**
sammlung *f* asamblea *f* nacional

Nato, NATO *f ohne pl Abk. von* **North**
Atlantic Treaty Organization OTAN *f*

Natrium *nt* <-s, *ohne pl*> (CHEM) sodio *m*

Natron *nt* <-s, *ohne pl*> sosa *f*

Natter *f* <-n> culebra *f;* **eine** ~ **am Busen**
nähren criar cuervos

Natur *f ohne pl* naturaleza *f;* (*Beschaffen-*
heit) índole *f,* carácter *m;* **in freier** ~ en
plena naturaleza; **von** ~ **aus** por naturaleza; **eine Frage allgemeiner** ~ una pregunta de índole general; **das liegt in der** ~
der Sache es propio de la situación

Naturalien *fpl* productos *mpl* naturales; **in**
~ **bezahlen** pagar en especie

Naturalismus *m* <-, *ohne pl*> naturalismo
m

naturalistisch *adj* naturalista

Naturdenkmal *nt* monumento *m* natural

Naturell *nt* <-s, -e> (*geh*) natural *m*

Naturereignis *nt* fenómeno *m* de la naturaleza; **naturfarben** *adj* de color natural;
Naturfaser *f* fibra *f* natural; **Naturfor-**
scher(in) *m(f)* naturalista *mf;* **Natur-**
freund(in) *m(f)* amante *mf* de la naturaleza; **naturgemäß** *adj* de acuerdo con la
naturaleza; **Naturgesetz** *nt* ley *f* natural;
naturgetreu I. *adj* natural **II.** *adv* fiel al
original; **etw** ~ **wiedergeben** reproducir

algo con fidelidad al original

Naturheilkunde *f* medicina *f* naturista; **Naturheilmittel** *nt* remedio *m* naturista

Naturkatastrophe *f* catástrofe *f* natural

Naturkost *f* alimentación *f* natural, dieta *f* natural; **Naturkostladen** *m* tienda *f* de productos naturales

Naturkreislauf *m* (ÖKOL) ciclo *m* natural; **Naturkunde** *f ohne pl* ciencias *fpl* naturales

natürlich I. *adj* ❶ (*allgemein*) natural; **in ~er Größe** de tamaño natural ❷ (*selbstverständlich*) natural **II.** *adv* naturalmente; **~ nicht!** ¡claro que no!; **das stimmt ~, aber ...** claro que es cierto, pero...

Natürlichkeit *f ohne pl* naturalidad *f*

Naturpark *m* parque *m* nacional; **Naturprodukt** *nt* producto *m* natural

Naturschutz *m* protección *f* de la naturaleza; **Naturschutzgebiet** *nt* parque *m* nacional; **Naturschutzpark** *m* parque *m* nacional

Naturtalent *nt* talento *m* (natural); **naturverbunden** *adj* amante de la naturaleza; **naturverträglich** *adj* compatible con la naturaleza; **Naturvolk** *nt* pueblo *m* primitivo; **Naturwissenschaft** *f* ciencias *fpl* naturales; **Naturwissenschaftler(in)** *m(f)* científico, -a *m, f*

Nautik *f ohne pl* náutica *f*

Navigation *f ohne pl* (NAUT, AERO) navegación *f*

Nazi *m* <-s, -s> (*abw*) nazi *mf*

NC *m* <-(s), -(s)> *Abk. von* **Numerus clausus** número *m* clauso

n.Chr. *Abk. von* **nach Christus** d.C.

ne (*fam*) no

'ne *art unbest* (*fam*) *Abk. von* **eine** *s.* **ein, eine, ein**

Neandertaler *m* <-s, -> (hombre *m* de) Neandertal *m*

Nebel *m* <-s, -> niebla *f*

nebelig *adj* nebuloso; **es ist ~** hace niebla

Nebelscheinwerfer *m* (AUTO) luz *f* antiniebla delantera; **Nebelschwaden** *fpl* velos *mpl* de niebla

neben I. *präp +dat* ❶ (*räumlich*) al lado de ❷ (*verglichen mit*) en comparación con ❸ (*außer*) además de; **~ anderen Dingen** entre otras cosas; **~ der Arbeit** además del trabajo **II.** *präp +akk* (*Richtung*) al lado de

nebenan *adv* al lado

Nebenanschluss *m* extensión *f*; **Nebenbedeutung** *f* significado *m* secundario

nebenbei *adv* ❶ (*gleichzeitig*) al mismo tiempo; (*außerdem*) aparte; **sie studiert und arbeitet ~** aparte de estudiar, trabaja ❷ (*beiläufig*) de pasada; **~ bemerkt** dicho

(sea) de paso

Nebenbemerkung *f* comentario *m* al margen; **deine ~en kannst du dir sparen!** ¡ahórrate tus comentarios!; **Nebenberuf** *m* profesión *f* secundaria; **nebenberuflich I.** *adj* secundario **II.** *adv* como profesión secundaria; **Nebenbeschäftigung** *f* actividad *f* secundaria; **Nebenbuhler(in)** *m(f)* <-s, -; -nen> rival *mf*

nebeneinander *adv* uno al lado del otro; **~ bestehen** coexistir

Nebeneingang *m* entrada *f* lateral; **Nebenerscheinung** *f* efecto *m* secundario; **Nebenfach** *nt* (UNIV) segunda especialidad *f* (*que en el sistema universitario alemán complementa la especialidad principal*); **Nebenfluss** *m* afluente *m*; **Nebengebäude** *nt* ❶ (*Nachbarhaus*) edificio *m* adyacente ❷ (*Anbau*) dependencia *f*, anexo *m*; **Nebengeräusch** *nt* ruido *m* ambiental; (TEL, RADIO) ruido *m* parásito; **Nebenhandlung** *f* acción *f* secundaria

nebenher *adv s.* **nebenbei**

Nebenhoden *m* (ANAT) epidídimo *m*; **Nebenhöhle** *f* (ANAT) seno *m* nasal lateral; **Nebenjob** *m* (*fam*) trabajillo *m*; **einen ~ haben** tener un trabajillo aparte; **Nebenklage** *f* (JUR) demanda *f* accesoria; **Nebenkläger(in)** *m(f)* (JUR) querellante *mf*; **Nebenkosten** *pl* gastos *mpl* adicionales; **Nebenmann** *m* <-(e)s, -männer *o* -leute> vecino *m*; **Nebenprodukt** *nt* subproducto *m*; **Nebenraum** *m* (*Raum nebenan*) habitación *f* de al lado; **Nebenrolle** *f* papel *m* secundario; **Nebensache** *f* cosa *f* de poca monta; **das ist ~** eso no tiene importancia; **nebensächlich** *adj* secundario; **Nebensächlichkeit** *f* <-en> minucia *f*; **Nebensaison** *f* temporada *f* baja; **Nebensatz** *m* ❶ (LING) oración *f* subordinada ❷ (*Bemerkung*) comentario *m* (dicho de paso); **Nebenstraße** *f* ❶ (*im Ort*) calle *f* lateral ❷ (*außerhalb*) carretera *f* secundaria; **Nebenverdienst** *m* ingresos *mpl* extra(ordinarios), pololeo *m Chil: fam*; **Nebenwirkung** *f* efecto *m* secundario; **Nebenzimmer** *nt* habitación *f* contigua

neblig *adj s.* **nebelig**

nebst *präp +dat* (junto) con

nebulös [nebuˈløːs] *adj* nebuloso

Necessaire *nt* <-s, -s> bolsa *f* de aseo, neceser *m*

necken I. *vt* burlarse (de); **jdn mit etw ~** tomar el pelo a alguien a causa de algo **II.** *vr*: **sich ~** bromear

neckisch *adj* ❶ (*lustig*) chistoso ❷ (*kokett*) coqueto

nee (*fam*) no

Neffe *m* <-n, -n> sobrino *m*

negativ *adj* (*a.* PHYS, MATH, FOTO) negativo; **sich ~ zu etw äußern** expresar una opinión negativa sobre algo

Negativ *nt* <-s, -e> (FOTO) negativo *m*

Neger(in) *m(f)* <-s, -; -nen> (*a. abw*) negro, -a *m, f*

Negerkuss *m* (GASTR) merengue *m* cubierto de chocolate

negieren* *vt* desmentir, negar

negroid *adj* negroide

nehmen <nimmt, nahm, genommen> *vt* ➊ (*ergreifen*) coger, agarrar *Am;* **ich weiß nicht, was ich ~ soll** no sé qué elegir; **jdn zur Frau/zum Mann ~** tomar a alguien por esposa/por esposo ➋ (*an~*) aceptar, tomar; **man muss ihn ~, wie er ist** hay que aceptarle como es; **ich nehme alles, wie es kommt** tomo las cosas como se presentan ➌ (*verlangen*) cobrar; **er nimmt 30 Euro die Stunde** cobra 30 euros la hora ➍ (*weg~*) quitar; (*heraus~*) sacar; **du nimmst mir das Wort aus dem Mund** me quitas las palabras de la boca; **jdm etw ~** (*Glauben, Hoffnung, Angst*) quitar algo a alguien; **sich** *dat* **etw nicht ~ lassen** (*bestehen*) insistir en algo; **woher ~ und nicht stehlen?** (*fam*) ¿de dónde quieres que lo saque? ➎ (*in Anspruch nehmen*) tomar; (*Bus, Zug*) coger, tomar *Am;* **du solltest dir einen Anwalt ~** deberías contratar a un abogado ➏ (*ein~*) tomar; **etw zu sich ~** (*essen*) comer algo; (*trinken*) beber algo; **sie nimmt die Pille** toma la píldora; **ich nehme nie Zucker in den Kaffee** nunca tomo el café con azúcar; **~ Sie noch ein Stück Torte?** ¿quiere otro trozo de tarta? ➐ (*Wend*): **etw an sich ~** tomar algo; **etw auf sich ~** hacerse cargo de algo; **jdn zu sich ~** albergar a alguien en casa; **etw krumm ~** (*fam*) tomar algo a mal; **jdn beim Wort ~** tomar(le) la palabra a alguien; **jdn (nicht) für voll ~** (no) tomar a alguien en serio; **sie nahmen ihn in die Mitte** lo colocaron en el centro; **er ist hart im N~** aguanta lo que le echen; **etw leicht ~** (*hinnehmen*) tomar algo bien; (*nicht ernst nehmen*) tomar algo a la ligera; **etw schwer ~** tomar algo en serio; **nimm's nicht so schwer!** ¡no te lo tomes tan a pecho!; **wie man's nimmt** según como se tome; **jdm etw übel ~** tomarle a mal algo a alguien

Neid *m* <-(e)s, *ohne pl*> envidia *f;* (*bei Kindern*) pelusa *f;* **~ erregen** dar envidia; **vor ~ platzen** (*fam fig*) reventar de envidia; **gelb vor ~ werden** (*fam*) ponerse verde de envidia; **vor ~ erblassen** (*fam*) palidecer de envidia; **er ist blind vor ~** (*fam*) la envidia le ciega

neiden *vt:* **jdm etw ~** envidiar algo a alguien

Neider(in) *m(f)* <-s, -; -nen> envidioso, -a *m, f*

neiderfüllt I. *adj* (*geh*) envidioso, lleno de envidia **II.** *adv* lleno de envidia

Neidhammel *m* (*fam abw*) envidioso *m*

neidisch *adj* envidioso; **auf jdn/etw ~ sein** tener envidia de alguien/algo; **er wurde ~, als er sah, dass …** le dio envidia al ver que…

neidlos *adj* sin envidia; **etw ~ anerkennen** aceptar algo sin envidia alguna

Neige *f ohne pl* (*geh*) ➊ (*Rest*) resto *m;* **das Glas bis zur ~ leeren** apurar el vaso hasta la última gota ➋ (*Ende*) fin *m;* **das Jahr/das Geld geht zur ~** el año/el dinero llega a su fin

neigen I. *vt* inclinar; (*zur Seite*) ladear **II.** *vr:* **sich ~** ➊ (*allgemein*) inclinarse (*nach* hacia); (*Schiff*) escorar ➋ (*geh: enden*) declinar **III.** *vi:* **zu etw ~** tender a algo; **sie neigt zu der Ansicht, dass …** tiende a pensar que…

Neigung¹ *f* <-en> ➊ (*Schräglage*) inclinación *f* ➋ (*Vorliebe*) afición *f* (*für* por); **etw aus ~ tun** hacer algo por afición ➌ (*Zu~*) cariño *m* (*zu* por)

Neigung² *f ohne pl* (*Veranlagung*) disposición (*zu* para); **sie verspürte nicht die geringste ~ ihm zu glauben** no se le pasó por la cabeza la idea de creerle

Neigungswinkel *m* ángulo *m* de inclinación

nein no; **~ danke** no, gracias; **ich sage nicht ~** no digo que no; **~, ~ und nochmals ~!** ¡no y no!; **~, so was!** ¡no me digas!

Nein *nt* <-(s), -(s)> no *m;* **mit ~ antworten** contestar que no; **mit Ja oder ~ stimmen** votar a favor o en contra; **sie blieb bei ihrem ~** se mantuvo en su negativa; **Neinsager(in)** *m(f)* <-s, -; -nen> negador(a) *m(f)* total; **Neinstimme** *f* voto *m* en contra

Nektar *m* <-s, -e> néctar *m*

Nektarine *f* <-n> nectarina *f*

Nelke *f* <-n> ➊ (*Blume*) clavel *m* ➋ (*Gewürz*) clavo *m*

'nen *art unbest* (*fam*) *Abk. von* **einen** *s.* **ein, eine, ein**

nennen <nennt, nannte, genannt> **I.** *vt* ➊ (*be~*) llamar; **das nenne ich Mut** a esto llamo yo valor ➋ (*angeben*) decir; (*empfehlen*) recomendar; **kannst du mir Bei-**

spiele dafür ~? ¿me puedes decir algunos ejemplos para eso? ❸ (*erwähnen*) mencionar; **unten genannt** abajo mencionado ❹ (*bezeichnen*) llamar; **so genannt** así llamado; (*angeblich*) supuesto; **deine so genannten Freunde** tus supuestos amigos; **sie nannten ihn einen Lügner** le tacharon de mentiroso **II.** *vr:* **sich** ~ llamarse; **und so was nennt sich Freund?** (*fam*) ¿eso es un amigo?

nennenswert *adj* digno de mención; (*beträchtlich*) considerable; **nichts N~es** nada de importancia

Nenner *m* <-s, -> (MATH) denominador *m*; **etw auf einen (gemeinsamen) ~ bringen** (*fig*) encontrar un denominador común para algo

Nennung *f* <-en> ❶ (*Nennen*) nombramiento *m* ❷ (*Erwähnung*) mención *f*

Nennwert *m* (FIN) valor *m* nominal

Neofaschismus *m* neofascismo *m*

Neologismus *m* <-, Neologismen> (LING) neologismo *m*

Neon *nt* <-s, *ohne pl*> (CHEM) neón *m*

Neonazi *m* <-s, -s> neonazi *mf*

Neonlicht *nt* luz *f* de neón; **Neonreklame** *f* publicidad *f* luminosa (de neón); **Neonröhre** *f* tubo *m* de neón

Nepal *nt* <-s> Nepal *m*

Nepalese, -in *m*, *f* <-n, -n; -nen> nepalés, -esa *m*, *f*

nepalesisch *adj* nepalés

Nepp *m* <-s, *ohne pl*> (*fam abw*) timo *m*

neppen *vt* (*fam abw*) timar, clavar

Nerv *m* <-s, -en> nervio *m*; **schwache/ starke ~en haben** tener los nervios irritables/bien templados; **die ~en behalten** conservar la calma; **die ~en verlieren** perder los nervios; **du gehst mir auf die ~en** (*fam*) me estás dando la lata; **du hast (vielleicht) ~en!** (*fam*) ¡qué valor tienes!; **den ~ treffen** (*fig*) tocar la fibra sensible

nerven *vt* sacar de quicio; **du nervst!** (*fam*) ¡me sacas de quicio!; **ich bin total genervt!** (*fam*) ¡estoy hasta la coronilla!

Nervenarzt, -ärztin *m*, *f* neurólogo, -a *m*, *f*; **nervenaufreibend** *adj* enervante; **Nervenbelastung** *f* tensión *f* (nerviosa); **Nervenbündel** *nt* ❶ (ANAT) fascículo *m* nervioso ❷ (*fam: nervöser Mensch*) manojo *m* de nervios; **ein ~ sein** estar hecho un manojo de nervios; **Nervengas** *nt* gas *m* neurotóxico; **Nervenheilanstalt** *f* sanatorio *m* neurológico; **Nervenkitzel** *m* (*fam*) cosquilleo *m*; **Nervenkostüm** *nt* (*fam*) sistema *m* nervioso; **Nervenkrankheit** *f* neuropatía *f*; **Nervenkrieg** *m* guerra *f* de nervios; **Nervennah-**

rung *f* reconstituyente *m* para los nervios; **Schokolade ist eine gute** ~ el chocolate va bien para los nervios; **Nervenprobe** *f* prueba *f* de resistencia nerviosa; **Nervensache** *f:* (**eine**) **reine** ~ **sein** (*fam*) ser una cuestión de nervios; **Nervensäge** *f* (*fam*) pelmazo, -a *m*, *f*, mangangá *m CSur;* **Nervensystem** *nt* (ANAT) sistema *m* nervioso; **Nervenzelle** *f* (ANAT) célula *f* nerviosa; **Nervenzentrum** *nt* (ANAT) centro *m* nervioso; **Nervenzusammenbruch** *m* crisis *f inv* nerviosa; **einen** ~ **haben** sufrir un ataque de nervios

nervig ['nɛrfɪç] *adj* (*fam: lästig*) enervante

nervlich *adj* nervioso; ~ **am Ende sein** (*fam*) estar hecho polvo

nervös *adj* nervioso; ~ **werden** ponerse nervioso

Nervosität *f ohne pl* nerviosismo *m*

nervtötend *adj* enervante

Nerz *m* <-es, -e> (ZOOL) visón *m*

Nessel *f* <-n> (*Pflanze*) ortiga *f;* **sich in die ~n setzen** (*fam fig*) meterse en un berenjenal

Nessessär *nt* <-s, -s> *s.* **Necessaire**

Nest *nt* <-(e)s, -er> ❶ (*von Tieren*) nido *m;* **sich ins gemachte** ~ **setzen** (*fam fig*) hacer buena boda; **das eigene** ~ **beschmutzen** (*Familie*) criticar a su familia ❷ (*fam abw: Dorf*) poblacho *m* ❸ (*fam: Schlupfwinkel*) nidal *m*

Nesthäkchen *nt* (*fam*) benjamín, -ina *m*, *f*; **Nestwärme** *f ohne pl* calor *m* hogareño

Netikette *f ohne pl*, **Netiquette** *f ohne pl* (INFOR) etiqueta *f* de la red

nett *adj* ❶ (*freundlich*) amable; **sei so** ~ **und räum auf** sé tan amable y recoge las cosas; **das war nicht** ~ **von ihm** no fue muy amable por su parte ❷ (*angenehm*) agradable; (*hübsch*) bonito; **sich** ~ **unterhalten** mantener una conversación agradable ❸ (*fam: groß, unangenehm*) bonito; **ein** ~ **es Sümmchen** una bonita suma

netterweise ['--'--] *adv* amablemente

Nettigkeit¹ *f ohne pl* (*nette Art*) amabilidad *f*

Nettigkeit² *f* <-en> (*Kompliment*) cumplido *m*

netto *adv* neto; **Nettoeinkommen** *nt* ingresos *mpl* netos; **Nettogewicht** *nt* peso *m* neto

Netz *nt* <-es, -e> ❶ (*Fischer~, Straßen~, Strom~, a.* SPORT) red *f;* (*Haar~*) redecilla *f;* (*Gepäck~*) rejilla *f;* **das soziale** ~ la red social; **jdm ins** ~ **gehen** caer en las redes de alguien ❷ (*Spinnen~*) telaraña *f;* **Netzanschluss** *m* (ELEK) conexión *f* a la red; **netzartig** *adj* reticular; **Netzauge** *nt*

(ZOOL) ojo *m* compuesto; **Netzgerät** *nt* (ELEK) aparato *m* alimentador; **Netzhaut** *f* (ANAT) retina *f;* **Netzhemd** *nt* camiseta *f* de malla; **Netzpirat** *m* (INFOR) ciberpirata *m;* **Netzstecker** *m* (ELEK) enchufe *m;* **Netzstrümpfe** *mpl* medias *fpl* de malla; **Netzsurfer(in)** *m(f)* (INFOR) cibernauta *mf;* **Netzwerk** *nt* red *f;* **lokales** ~ red local

neu I. *adj* nuevo; **die N~e Welt** el Nuevo Mundo; **seit ~estem** desde hace poco; **die ~este Mode** la última moda; **was gibt's N~es?** ¿qué hay de nuevo?; **von ~em** de nuevo; **auf ein N~es** de nuevo, otra vez; **was ist das N~e daran?** ¿qué tiene de nuevo?; **ich bin hier** ~ soy nuevo aquí; **das ist mir** ~ esto me resulta nuevo II. *adv* (*kürzlich*) recién; (*noch einmal*) de nuevo; **etw** ~ **auflegen** reeditar algo; ~ **anfangen** comenzar de nuevo; **Neuankömmling** *m* recién llegado, -a *m, f;* **Neuanschaffung** *f* nueva adquisición *f;* **neuartig** *adj* nuevo, novedoso *Am;* (*modern*) moderno; **Neuauflage** *f* reedición *f*

Neubau¹ *m* <-(e)s, *ohne pl*> (*das Bauen*) (re)construcción *f*

Neubau² *m* <-(e)s, -ten> (*Gebäude*) edificio *m* nuevo

Neubaugebiet *nt* barrio *m* nuevo; **Neubauwohnung** *f* piso *m* (en un edificio) nuevo

Neubearbeitung *f* (*eines Buches*) edición *f* revisada; (*eines Theaterstücks*) refundición *f;* **Neubeginn** *m* *ohne pl* nuevo comienzo *m;* **Neubewertung** *f* revaloración *f;* **Neubildung** *f* ❶ (*Entstehung*) reconstitución *f* ❷ (LING) neologismo *m* ❸ (*Umbildung*) remodelación *f*

Neu-Delhi *nt* <-s> Nueva Delhi *f*

Neuentwicklung *f* ❶ (*Vorgang*) desarrollo *m;* **technische ~en** avances tecnológicos ❷ (*Resultat*) último modelo *m*

neuerdings *adv* últimamente

neuerlich *adj* reiterado

Neueröffnung *f* apertura *f* (de algo nuevo); (*Wiedereröffnung*) reapertura *f;* **Neuerscheinung** *f* novedad *f*

Neuerung *f* <-en> innovación *f*

Neufassung *f* versión *f* revisada

Neufundland *nt* <-s> (Isla *f* de) Terranova *f*

neugeboren *adj* recién nacido; **sich wie** ~ **fühlen** sentirse como un recién nacido

Neugeborene(s) *nt* <-n, -n> recién nacido, -a *m, f*

Neugier(de) *f ohne pl* curiosidad *f* (*auf* por); **aus** ~ por curiosidad

neugierig *adj* curioso (*auf* por), alcamonero *Ven;* **auf etw/jdn** ~ **sein** tener curio-

sidad por saber algo/por conocer a alguien; **sei nicht so** ~ no seas tan curioso; **jdn** ~ **machen** despertar la curiosidad de alguien

Neuheit *f* <-en> novedad *f*

Neuigkeit *f* <-en> novedad *f*

Neuinszenierung *f* (THEAT) reposición *f*

Neujahr *nt* Año *m* Nuevo; **Prost** ~**!** ¡Feliz Año Nuevo!

Neukaledonien *nt* <-s> Nueva Caledonia *f*

Neuland *nt* <-(e)s, *ohne pl*> tierra *f* virgen; ~ **betreten** (*fig*) abrir nuevos horizontes

neulich *adv* el otro día, hace poco

Neuling *m* <-s, -e> principiante *mf*

neumodisch I. *adj* modernísimo II. *adv* a la última moda; **Neumond** *m* *ohne pl* luna *f* nueva; **bei** ~ con luna nueva

neun *adj inv* nueve; *s. a.* **acht¹**

neunerlei *adj inv* de nueve clases diferentes, nueve clases (diferentes) de; *s. a.* **achterlei**

neunfach I. *adj* nueve veces; **das N~e** (**davon**) nueve veces tanto II. *adv* nueve veces; *s. a.* **achtfach**

neunhundert *adj inv* novecientos; *s. a.* **achthundert**

neunmal *adv* nueve veces; *s. a.* **achtmal**; **neunmalklug** *adj* sabelotodo

neuntausend *adj inv* nueve mil; *s. a.* **achttausend**

neunte(r, s) *adj* noveno; *s. a.* **achte(r, s)**

neuntel *adj inv* noveno; *s. a.* **achtel**

neuntens *adv* en noveno lugar; (*bei einer Aufzählung*) noveno; *s. a.* **achtens**

neunzehn *adj inv* diecinueve; *s. a.* **acht¹**

neunzehnte(r, s) *adj* decimonoveno; *s. a.* **achte(r, s)**

neunzig *adj inv* noventa; *s. a.* **achtzig**

neunzigste(r, s) *adj* nonagésimo; *s. a.* **achtzigste(r, s)**

Neuorientierung *f ohne pl* reorientación *f*

Neuregelung *f* reorganización *f*

neureich *adj* (*abw*) nuevo rico; **Neureiche(r)** *mf* <-n, -n; -n> (*abw*) nuevo, -a rico, -a *m, f*

Neurodermitis *f* <Neurodermitiden> (MED) neurodermitis *f inv*

Neurologe, -in *m, f* <-n, -n; -nen> neurólogo, -a *m, f*

Neurose *f* <-n> (MED, PSYCH) neurosis *f inv*

Neurotiker(in) *m(f)* <-s, -; -nen> (MED, PSYCH) neurótico, -a *m, f*

neurotisch *adj* (MED, PSYCH) neurótico

Neuschnee *m* nieve *f* virgen

Neuseeland *nt* <-s> Nueva Zelanda *f*

Neuseeländer(in) *m(f)* <-s, -; -nen> neozelandés, -esa *m, f*

neuseeländisch adj neozelandés
Neustart m (a. INFOR) reanudación f
Neutra pl von **Neutrum**
neutral adj ❶ (unparteiisch) neutral; ~ **bleiben** mantenerse neutral ❷ (Farbe, a. CHEM, PHYS, LING) neutro
neutralisieren vt (a. CHEM) neutralizar
Neutralität f ohne pl neutralidad f
Neutren pl von **Neutrum**
Neutron nt <-s, -en> (PHYS) neutrón m
Neutrum nt <-s, Neutra o Neutren> (LING) género m neutro
Neuverschuldung f (FIN) nuevo endeudamiento m; **Neuwahl** f reelección f; **neuwertig** adj como nuevo; **Neuzeit** f ohne pl Edad f Moderna
Newbie m <-s, -s> (INFOR) novato m
Newsgroup f <-s> (INFOR, TEL) foro m de discusión (entre usuarios de Internet)
Nicaragua nt <-s> Nicaragua f
Nicaraguaner(in) m(f) <-s, -; -nen> nicaragüense mf
nicaraguanisch adj nicaragüense
nicht I. adv no; ~ **viel später** poco después; ~ **mehr als** nada más que; ~ **mehr** ya no; **auch** ~ tampoco; ~ **einmal** ni siquiera; **bestimmt** ~ seguro que no; ~ **mehr und** ~ **weniger als ...** ni más ni menos que...; ~ **nur ..., sondern auch ...** no sólo... sino también...; **gar** ~ de ninguna manera; ~ **doch!** ¡que no!; **ich glaube** ~, **dass ...** no creo que... +subj; **ob du willst oder** ~ quieras o no; **bitte** ~! ¡por favor no!; **tu's** ~ no lo hagas; **hab ich's** ~ **gesagt?** ¿no lo he dicho?; **was Sie** ~ **sagen!** ¡no me diga!; **was es** ~ **alles gibt!** ¡habráse visto!; ~ **einer hat's geschafft** no lo logró ni uno II. (Partikel) verdad; ~ **wahr?** ¿no es verdad?; **Nichtachtung** f ❶ (eines Gesetzes) desacato m ❷ (Mangel an Respekt) falta f de respeto; **Nichtanerkennung** f ohne pl no reconocimiento m
Nichtangriffspakt m pacto m de no agresión
Nichtbeachtung f ohne pl no observancia f; (einer Vorschrift) violación f
Nichte f <-n> sobrina f
nichtehelich adj (JUR) ilegítimo; **Nichterscheinen** nt ausencia f (zu/bei a); (JUR) incomparecencia f; **Nichteuropäer(in)** m(f) no europeo, -a m, f
nichtig adj ❶ (JUR) nulo; **etw für** ~ **erklären** declarar algo nulo ❷ (geh: unbedeutend) insignificante
Nichtigkeit[1] f ohne pl ❶ (JUR) nulidad f ❷ (Bedeutungslosigkeit) insignificancia f
Nichtigkeit[2] f <-en> (Kleinigkeit) peque-

ñez f
Nichtleiter m (PHYS) aislador m; **nichtöffentlich** adj (a puerta) cerrada
Nichtraucher(in) m(f) no fumador(a) m(f)
nichts pron indef nada; **er hat** ~ **gesagt** no ha dicho nada; ~ **dergleichen** nada semejante; **alles oder** ~ todo o nada; **sonst** ~? ¿nada más?; **überhaupt** ~ nada de nada; ~ **Neues** nada nuevo; ~ **als Ärger** sólo disgustos; **ich kann** ~ **dafür** no es mi culpa; ~ **zu danken!** ¡no hay de qué!; **Entschuldigung! − macht** ~! ¡perdón! − ¡no pasa nada!; **er hat von** ~ **eine Ahnung** no tiene idea de nada; ~ **da!** (fam) ¡anda ya!; **für** ~ **und wieder** ~ (fam) en balde; **nach** ~ **aussehen** no lucir nada; **das tut** ~ zur **Sache!** ¡esto no viene al caso!; ~ **zu machen!** ¡no se puede hacer nada!; ~ **wie weg!** (fam) ¡nada como poner pies en polvorosa!; **mir** ~, **dir** ~ sin más ni más; **daraus wird** ~ de esto no va a resultar nada; **von** ~ **kommt** ~! ¡de donde no hay no se puede sacar!
Nichts nt <-, ohne pl> (a. PHILOS) nada f; **vor dem** ~ **stehen** estar arruinado
Nichtschwimmer(in) m(f) no nadador(a) m(f)
nichtsdestotrotz adv (fam), **nichtsdestoweniger** adv no obstante, sin embargo
Nichtsnutz m <-es, -e> (abw) nulidad f, inútil mf
nichtsnutzig adj (abw) inútil; **er hat nur Unfug im Sinn, dieser** ~e **Junge!** ¡no piensa más que en bobadas, el inútil ese!
Nichtstun nt ❶ (Faulenzen) holgazanería f, bausa f Peru ❷ (Muße) ocio m
nichtswürdig adj (geh abw) vil
Nichtwähler(in) m(f) (POL) abstencionista mf; **Nichtzahlung** f impago m; (bei Verweigerung) denegación f del pago; **bei** ~ en caso de impago; **Nichtzutreffende(s)** nt <-n, ohne pl>: ~s **bitte streichen** táchese lo que no corresponda
Nickel nt <-s, ohne pl> (CHEM) níquel m
nicken vi ❶ (zustimmend) asentir con la cabeza; (zum Gruß) saludar con la cabeza ❷ (fam: schlummern) dar cabezadas
Nickerchen nt <-s, -> (fam) siestecita f; **ein** ~ **machen** echarse una siestecita
nie adv nunca, jamás; **noch** ~ nunca; ~ **mehr** nunca más; ~ **und nimmer** ni hablar; **besser spät als** ~ mejor tarde que nunca
nieder I. adj ❶ (reg: gering) bajo ❷ (Rang) inferior; (Adel, Klasse) baja ❸ (niedrig) vulgar II. adv abajo; ~ **mit dem König!** ¡abajo el rey!

nieder|beugen I. *vt* (*geh*) doblar (hacia abajo) II. *vr:* **sich ~** inclinarse (*zu* sobre); **nieder|brennen** *irr* I. *vi sein* (*Haus*) quemarse; (*Kerze*) consumirse II. *vt* prender fuego (a)

niederdeutsch *adj* (LING) bajo alemán

Niederfrequenz *f* (PHYS) baja frecuencia *f*

Niedergang *m* <-(e)s, *ohne pl*> (*geh: Untergang*) decadencia *f*

niedergedrückt *adj* deprimido

niedergelassen I. *pp von* **niederlassen** II. *adj* (*Schweiz*) residente

niedergeschlagen I. *pp von* **niederschlagen** II. *adj* (*bedrückt*) deprimido; **Niedergeschlagenheit** *f ohne pl* abatimiento *m*, depresión *f*

nieder|knien *vi sein* arrodillarse, ponerse de rodillas

nieder|kommen *irr vi sein* (*gebären*) parir, dar a luz (*mit* a)

Niederkunft *f* <-künfte> parto *m*

Niederlage *f* derrota *f*; **eine ~ erleiden** sufrir una derrota

Niederlande *pl* Países *mpl* Bajos

Niederländer(in) *m(f)* <-s, -; -nen> neerlandés, -esa *m, f*

niederländisch *adj* neerlandés

nieder|lassen *irr vr:* **sich ~** ❶ (*Wohnsitz nehmen*) establecerse; (*als Arzt*) abrir consulta; (*als Rechtsanwalt*) abrir bufete ❷ (*geh: sich setzen*) sentarse

Niederlassung[1] *f ohne pl* (*das Sichniederlassen*) establecimiento *m;* (*als Arzt*) consulta *f;* (*als Rechtsanwalt*) bufete *m;* (MIL) base *f*

Niederlassung[2] *f* <-en> (WIRTSCH) sede *f;* (*Zweigstelle*) sucursal *f*

nieder|legen *irr* I. *vt* ❶ (*geh: hinlegen*) posar, depositar (en el suelo); **einen Kranz ~** depositar una corona; **die Waffen ~** deponer las armas ❷ (*Amt, Vorsitz*) dimitir (de); **die Arbeit ~** declararse en huelga ❸ (*schriftlich fixieren*) registrar II. *vr:* **sich ~** (*geh*) tenderse (*auf* en)

Niederlegung *f* <-en> ❶ (*eines Amtes*) resignación *f;* (*eines Mandats*) dimisión *f;* (*der Arbeit*) abandono *m;* (*der Krone*) abdicación *f* ❷ (*eines Kranzes*) colocación *f* ❸ (*schriftliche Fixierung*) (puesta *f* por) escrito *m*

nieder|machen *vt* (*fam*) hacer papilla

Niederösterreich *nt* Baja Austria *f*

nieder|reißen *irr vt* derribar

Niedersachsen *nt* Baja Sajonia *f*

nieder|schießen *irr* I. *vt* matar a tiros II. *vi sein* lanzarse (*auf* sobre)

Niederschlag *m* ❶ (METEO) precipitaciones *fpl* ❷ (CHEM) precipitado *m* ❸ (*Wend*): **sei-**

nen ~ in etw finden reflejarse en algo

nieder|schlagen *irr* I. *vt* ❶ (*zu Boden schlagen*) tumbar ❷ (*Aufstand*) sofocar ❸ (JUR: *Prozess*) cancelar ❹ (*Augen*) bajar II. *vr:* **sich ~** ❶ (*Dämpf*) condensarse (*auf/an* sobre); (CHEM) precipitarse ❷ (*zum Ausdruck kommen*) plasmarse (*in* en); **nieder|schmettern** *vt* ❶ (*durch einen Schlag*) derribar ❷ (*Ereignis*) deprimir

niederschmetternd *adj* deprimente

nieder|schreiben *irr vt* poner por escrito, apuntar; **Niederschrift** *f* escrito *m*

Niederspannung *f* (ELEK) baja tensión *f*

nieder|stoßen *irr* I. *vi sein* (*Raubvogel*) lanzarse (*auf* sobre) II. *vt* (*geh*) derribar

Niedertracht *f ohne pl* (*geh*) infamia *f*

niederträchtig *adj* infame

Niederträchtigkeit[1] *f* <-en> (*Tat*) infamia *f*

Niederträchtigkeit[2] *f ohne pl* (*Charakter*) infamia *f*

Niederung *f* <-en> tierra *f* baja

nieder|werfen *irr* I. *vt* (*geh*) ❶ (*Gegner*) vencer ❷ (*Aufstand*) someter ❸ (*erschüttern*) consternar II. *vr:* **sich ~** postrarse (*vor* ante)

niedlich *adj* mono, lindo *Am*

niedrig *adj* ❶ (*gering, tief*) bajo; **etw/jdn ~ einschätzen** subestimar algo/a alguien ❷ (*Herkunft*) humilde ❸ (*Gesinnung*) vil

niemals *adv* nunca, jamás

niemand *pron indef* nadie; **es war ~ zu Hause** no había nadie en casa; **sonst ~** nadie más; **es war ~ anders als sein früherer Lehrer** no era otro que su antiguo profesor

Niemandsland *nt ohne pl* tierra *f* de nadie

Niere *f* <-n> (*a.* GASTR) riñón *m;* **das geht mir an die ~n** (*fam fig*) eso me aflige mucho; **Nierenbecken** *nt* (ANAT) pelvis *f inv* renal; **nierenförmig** *adj* reniforme; **Nierengurt** *m* cinturón *m* renal; **Nierenleiden** *nt* (MED) afección *f* renal; **Nierenstein** *m* (MED) cálculo *m* renal; **Nierenversagen** *nt* (MED) malfunción *f* de los riñones

nieseln *vunpers* lloviznar, pringar *Am*

Nieselregen *m* llovizna *f*

niesen *vi* estornudar

Nießbrauch *m* <-(e)s, *ohne pl*> (JUR) usufructo *m*

Nießnutzer(in) *m(f)* (JUR) usufructuario, -a *m, f*

Niete *f* <-n> ❶ (*in einer Lotterie*) billete *m* de lotería no premiado ❷ (*fam: Mensch*) inútil *mf* ❸ (TECH) remache *m*

nieten *vt* remachar

niet- und nagelfest *adj* (*fam*): **alles, was**

nicht ~ **ist** todo lo que no está clavado y bien clavado

Nigeria nt <-s> Nigeria f

Nigerianer(in) m(f) <-s, -; -nen> nigeriano, -a m, f

nigerianisch adj nigeriano

Nihilismus m <-, ohne pl> (PHILOS) nihilismo m

nihilistisch adj (PHILOS) nihilista

Nikolaus m <-, -e, fam: -läuse> ① (Gestalt) San Nicolás m ② (~ tag) día m de San Nicolás (seis de diciembre)

Nikotin nt <-s, ohne pl> nicotina f; **nikotinfrei** adj sin nicotina; **Nikotinvergiftung** f nicoti(ni)smo m

Nil m <-s> Nilo m; **Nilpferd** nt hipopótamo m

nimmer adv (südd, Österr) ya no, no más

Nimmersatt m <-(e)s, -e> (fam) comilón, -ona m, f

Nimmerwiedersehen nt (fam): **auf** ~! ¡hasta nunca jamás!

nimmt 3. präs von **nehmen**

nippen vi beber a sorbos (an)

Nippes pl chucherías fpl

nirgends adv, **nirgendwo** adv en ninguna parte

nirgendwohin ['nɪrgəntvo'hɪn] adv a ninguna parte

Nische f <-n> nicho m; **eine ökologische** ~ (ÖKOL) un enclave ecológico

nisten vi anidar

Nistkasten m nidal m

Nitrat nt <-(e)s, -e> nitrato m

Niveau nt <-s, -s> nivel m; **auf gleichem** ~ **liegen** estar al mismo nivel; **kein** ~ **haben** ser de poca categoría

niveaulos adj sin nivel; (mittelmäßig) mediocre

niveauvoll adj de (alto) nivel

nivellieren* vt nivelar

Nivellierung f <-en> nivelación f

nix pron indef (fam) s. **nichts**

Nixe f <-n> ondina f

Nizza nt <-s> Niza f

NO Abk. von **Nordosten** NE

nobel adj ① (geh: edelmütig) noble ② (elegant) elegante; (luxuriös) lujoso ③ (fam: großzügig) generoso; **Nobelkarosse** f (AUTO: abw fam) coche m de lujo, cochazo m

Nobelpreis m premio m Nobel; **Nobelpreisträger(in)** m(f) premio mf Nobel

Nobody ['noʊbədɪ] m <-s, -s> don nadie m

noch I. adv ① (zeitlich) aún, todavía; **sie schläft** ~ aún duerme; **immer** ~ todavía; ~ **nicht** todavía no; **kaum** ~ apenas; **nur** ~ sólo; ~ **nie** nunca; **er hat Geld** ~ **und** ~

tiene dinero para dar y regalar; ~ **heute** hoy mismo; **weißt du** ~? ¿te acuerdas todavía?; **ich sage dir** ~ **Bescheid** ya te avisaré; **er will** ~ **mehr** (**haben**) quiere (tener) aún más; **seien sie auch** ~ **so klein** por muy pequeños que sean; **das wäre ja** ~ **schöner!** (iron) ¡no faltaría más! ② (zusätzlich) otro, más; **wer war** ~ **da?** ¿quién más estuvo?; ~ **ein paar Tage** un par de días más; ~ **einmal** otra vez; **auch das** ~! ¡lo que faltaba! II. konj: **weder** ... ~ ... ni... ni...

nochmalig adj otro; (wiederholt) repetido

nochmals adv otra vez, de nuevo

Nomade, -in m, f <-n, -n; -nen> nómada mf

Nomadentum nt <-s, ohne pl> nomadismo m

Nomadin f <-nen> s. **Nomade**

Nomen nt <-s, Nomina o -> (LING) nombre m

Nomenklatur f <-en> nomenclatura f

Nomina pl von **Nomen**

Nominativ m <-s, -e> (LING) nominativo m

nominieren* vt nombrar

Nominierung f <-en> nombramiento m

No-Name-Produkt nt producto m de línea blanca

nonkonformistisch adj inconformista

Nonne f <-n> monja f

Nonplusultra [nɔnplʊs'ʔʊltra] nt <-s, ohne pl> (geh): **das** ~ el no va más

Nonsens m <-(es), ohne pl> disparate m, sinsentido m, chorrada f argot

nonstop adv sin parar; (fliegen) directo

Nord m <-(e)s, ohne pl> (a. NAUT, METEO) norte m; **Nordamerika** nt América f del Norte, Norteamérica f

norddeutsch adj de Alemania del Norte; **Norddeutschland** nt Alemania f del Norte

Norden m <-s, ohne pl> norte m; **im** ~ en el norte; **im** ~ **von** ... (nördlich von) al norte de...; (im nördlichen Teil von) en el norte de...; **nach** ~ hacia el norte; **in den** ~ hacia el norte; **von** ~ del norte; **im hohen** ~ muy al norte

Nordeuropa nt Europa f del Norte, norte m de Europa

Nordhalbkugel f ohne pl hemisferio m norte

nordisch adj nórdico

Nordküste f costa f (del) norte

nördlich I. adj del norte, septentrional; **in** ~**er Richtung** en dirección norte; ~ **von Köln** al norte de Colonia; **52 Grad** ~**er Breite** 52 grados latitud norte II. präp +gen al norte de

Nordlicht *nt* ❶ (*Polarlicht*) aurora *f* boreal ❷ (*Mensch*) persona (*famosa*) procedente del norte de Alemania; **Nordosten** *m* nor(d)este *m;* **nordöstlich** I. *adj* del nor(d)este II. *präp* +*gen* al nor(d)este de; **Nordpol** *m* ohne pl polo *m* norte

Nordrhein-Westfalen *nt* Renania *f* del Norte-Westfalia

Nordsee *f* Mar *m* del Norte

Nord-Süd-Gefälle *nt* ohne pl (POL) tensiones *fpl* Norte-Sur

Nordwesten *m* noroeste *m;* **nordwestlich** I. *adj* del noroeste II. *präp* +*gen* al noroeste de; **Nordwind** *m* viento *m* (del) norte

Nörgelei[1] [nœrgəˈlaɪ] *f* ohne pl (*abw: das Nörgeln*) critiqueo *m;* (*nörgelnde Art*) afán *m* de criticar; **hat er immer noch nicht mit der ~ aufgehört** (*fam*) ¿todavía sigue con el dale que te pega?

Nörgelei[2] *f* <-en> (*abw: Bemerkung*) queja; **~ en** quejas *fpl* reiterativas

nörgeln *vi* (*abw*) criticar

Nörgler(in) *m(f)* <-s, -; -nen> (*abw*) criticón, -ona *m, f*

Norm *f* <-en> norma *f*

normal I. *adj* normal; (*gewöhnlich*) corriente II. *adv* (*fam: normalerweise*) normalmente; **Normalbenzin** *nt* gasolina *f* normal

normalerweise *adv* normalmente

Normalfall *m* caso *m* normal; **im ~** normalmente; **Normalgewicht** *nt* peso *m* normal

normalisieren* I. *vt* normalizar II. *vr:* **sich ~** normalizarse

Normalisierung *f* <-en> normalización *f*

Normalität *f* ohne pl normalidad *f*

Normalverbraucher(in) *m(f)* consumidor(a) *m(f)* medio, -a; **Otto ~** (*abw fam*) el consumidor medio; **Normalzustand** *m* estado *m* normal

Normandie *f* Normandía *f*

normen *vt*, **normieren*** *vt* normalizar

Normierung *f* <-en>, **Normung** *f* <-en> normalización *f*

Norwegen *nt* <-s> Noruega *f*

Norweger(in) *m(f)* <-s, -; -nen> noruego, -a *m, f*

norwegisch *adj* noruego

Nostalgie *f* ohne pl nostalgia *f*

nostalgisch *adj* nostálgico

Not[1] *f* ohne pl (*Mangel*) falta *f* (*an* de); (*Elend*) miseria *f;* (*Armut*) pobreza *f;* **~ leiden** (*geh*) estar en la miseria; **~ leidend** necesitado; **es tut ~, etw zu tun** (*geh*) es preciso hacer algo; **das geht zur ~** puede pasar; **jdm seine ~ klagen** contar(le) sus

penas a alguien; **wenn ~ am Mann ist** cuando (la cosa) aprieta; **aus der ~ eine Tugend machen** hacer de tripas corazón; **~ macht erfinderisch** (*prov*) no hay mejor maestra que necesidad y pobreza

Not[2] *f* <Nöte> ❶ (*~ lage*) apuro *m;* **in ~ sein/geraten** estar/verse en apuros ❷ (*Sorge, Mühe*) pena *f;* **er hat seine liebe ~ damit** le cuesta (trabajo); **mit knapper ~** por los pelos

Notar(in) *m(f)* <-s, -e; -nen> (JUR) notario, -a *m, f,* fedatario, -a *m, f* Hond

Notariat *nt* <-(e)s, -e> (JUR) notaría *f,* escribanía *f* Am

notariell *adj* (JUR) notarial, del notario

Notarin *f* <-nen> *s.* **Notar**

Notarzt, -ärztin *m, f* médico, -a *m, f* de urgencia; **Notaufnahme** *f* admisión *f* de urgencia; **Notausgang** *m* salida *f* de emergencia; **Notbehelf** *m* recurso *m* de urgencia; **Notbremse** *f* freno *m* de emergencia; **Notdienst** *m* servicio *m* de emergencia

Notdurft *f* ohne pl (*geh*) necesidades *fpl;* **seine ~ verrichten** hacer sus necesidades

notdürftig *adj* ❶ (*kaum ausreichend*) escaso ❷ (*behelfsmäßig*) provisional

Note[1] *f* <-n> ❶ (MUS) nota *f;* **eine ganze ~** una redonda; **eine halbe ~** una blanca ❷ (*Schul~*) nota *f* ❸ (*Bank~*) billete *m*

Note[2] *f* ohne pl (*Eigenart*) toque *m;* **etw** *dat* **seine persönliche ~ geben** aportar a algo su toque personal

Notenbank *f* banco *m* emisor

Notenblatt *nt* (MUS) hoja *f* de música; **Notenschlüssel** *m* (MUS) clave *f;* **Notenständer** *m* (MUS) atril *m*

Notfall *m* (*caso m de*) emergencia *f;* **im ~** en caso de emergencia

notfalls *adv* en caso necesario

notgedrungen *adv* por la fuerza

Notgroschen *m* dinero *m* de reserva

notieren* I. *vi* (FIN) cotizar II. *vt* ❶ (FIN) cotizar ❷ (*aufschreiben*) anotar, apuntar

Notierung *f* <-en> (FIN) cotización *f*

nötig *adj* necesario, preciso; **unbedingt ~**

imprescindible; **es ist** (**nicht**) ~, **dass ...** (no) es necesario que... +*subj;* **wenn** ~ si es preciso; **ich habe es nicht** ~, **mir das sagen zu lassen** no tengo por qué permitir que me digan esas cosas; **du hast es gerade** ~! ¡mira quién fue a hablar!

nötigen vt (*drängen*) apremiar; (*zwingen*) obligar; (JUR) coaccionar

nötigenfalls adv en caso necesario

Nötigung f ohne pl (JUR) coacción f

Notiz f <-en> ❶ (*Vermerk*) nota f; **sich** dat ~**en machen** tomar apuntes; **von etw** ~ **nehmen** fijarse en algo ❷ (*Zeitungs~*) noticia f; **Notizblock** m bloc m de notas; **Notizbuch** nt libreta f, agenda f; **Notizzettel** m hoja f de papel

Notlage f apuro m; (*Krise*) crisis f inv; **sich in einer** ~ **befinden** verse en un apuro; **notlanden** vi sein realizar un aterrizaje forzoso; **Notlandung** f aterrizaje m forzoso; **Notlösung** f solución f de emergencia; **Notlüge** f mentira f inocente

notorisch adj (*abw*) notorio

Notruf m ❶ (*Hilferuf*) llamada f de socorro ❷ (~ *nummer*) (número m de) teléfono m de emergencia; **Notrufnummer** f teléfono m de urgencias; **Notrufsäule** f poste m de socorro; **notschlachten** vt sacrificar (*un animal enfermo o herido*); **Notsignal** nt señal f de socorro; **Notsitz** m asiento m de reserva

Notstand m (JUR) estado m de emergencia; **Notstandsgebiet** nt zona f catastrófica **Notunterkunft** f alojamiento m provisional; **Notwehr** f ohne pl (JUR) legítima defensa f; **in** [o **aus**] ~ en legítima defensa

notwendig adj ❶ (*nötig*) necesario; **unbedingt** ~ indispensable ❷ (*zwangsläufig*) inevitable

notwendigerweise adv por fuerza

Notwendigkeit f <-en> necesidad f

Notzucht f ohne pl (JUR) violación f

Nougat m o nt <-s, -s> s. **Nugat**

Novelle f <-n> ❶ (LIT) novela f corta; (*Erzählung*) cuento m ❷ (POL, JUR) enmienda f de ley

November m <-(s), -> noviembre m; s. a. **März**

Novize, -in m, f <-n, -n; -nen> (REL) novicio, -a m, f

Nr. Abk. von **Nummer** nº

NS ❶ Abk. von **Nachschrift** P.D. ❷ Abk. von **Nationalsozialismus** nacionalsocialismo m

Nu m (*fam*): **im** ~ en un abrir y cerrar de ojos

Nuance f <-n> matiz m; **eine** ~ **lauter** un punto más alto

nüchtern adj ❶ (*ohne Essen*) en ayunas; **auf** ~**en Magen** en ayunas ❷ (*nicht betrunken*) sobrio ❸ (*sachlich*) objetivo ❹ (*schmucklos*) sin adornos

Nüchternheit f ohne pl ❶ (*mit leerem Magen, nicht betrunken*) sobriedad f ❷ (*Sachlichkeit*) objetividad f ❸ (*Schlichtheit*) sencillez f

Nudel f <-n> pasta f; **Nudelholz** nt rodillo m; **Nudelsuppe** f sopa f de pasta

Nudist(in) m(f) <-en, -en; -nen> nudista mf

Nugat m o nt <-s, -s> praliné m

nuklear adj nuclear; **Nuklearwaffe** f arma f nuclear

null adj inv ❶ (*Zahl*) cero; ~ **zu** ~ cero a cero; ~ **und nichtig** nulo y no avenido; **die Stunde** ~ la hora cero; **in** ~ **Komma nichts** (*fam*) en un dos por tres ❷ (*sl: kein*): ~ **Problemo** sin problemas; ~ **Bock auf etw haben** pasar de algo

Null f <-en> ❶ (*Zahl*) cero m ❷ (*fam abw: Versager*) cero m a la izquierda

nullachtfünfzehn adj inv (*fam*) común y corriente

i **Land & Leute**

Se trata de una expresión del lenguaje coloquial y familiar alemán: **Nullachtfünfzehn** designa cualquier cosa falta de originalidad, como por ejemplo, *Nullachtfünfzehn-Frisur* – peinado "del montón", *Nullachtfünfzehn-Auto* – coche "del montón". El origen de la expresión se remonta a principios del siglo XX, cuando los soldados del ejército alemán comenzaron a calificar su monótona formación militar **Nullachtfünfzehn**, que hasta aquel momento se reducía a la denominación del fusil que utilizaban habitualmente durante su instrucción.

Nulldiät f dieta f absoluta; **Nulllösung** f ohne pl (POL) opción f cero; **Nullpunkt** m ohne pl punto m cero; **den** ~ **erreicht haben** llegar a su punto más bajo; **Nullrunde** f ronda de negociaciones salariales cuyo resultado es la renuncia a las exigencias originales; **Nulltarif** m ohne pl: **zum** ~ gratis

Numeri pl von **Numerus**

numerisch adj (*a.* INFOR) numérico

Numerus m <-, Numeri> (LING) número m; ~ **clausus** número clauso

Nummer f <-n> ❶ (Zahl) número m; **Gesprächsthema ~ eins** tema principal; **auf ~ Sicher gehen** (fam) ir sobre seguro; **mit jdm eine ~ schieben** (vulg) echar un polvo con alguien ❷ (Auto~) matrícula f; (Telefon~) (número m de) teléfono m ❸ (Größe) talla f
nummerieren* vt numerar
Nummernkonto nt (FIN) cuenta f cifrada; **Nummernschild** nt (AUTO) matrícula f
nun I. adv ❶ (jetzt) ahora; **von ~ an** desde ahora; **was ~?** ¿y ahora qué?; **das hast du ~ davon** este es el resultado ❷ (inzwischen) entretanto II. part (einleitend) pues, bueno; (weiterführend) pues bien; **denn** bueno, entonces; **~ sag schon ...** bueno, habla de una vez...; **~ gut** pues bien; **das ist ~ mal so** esto es así
nunmehr adv (geh) ❶ (jetzt) ahora ❷ (von jetzt an) a partir de ahora
nur I. adv sólo, solamente; **~ noch** tan sólo; **~ schade, dass ...** es sencillamente una pena que... +subj; **alles, ~ das nicht!** ¡todo, menos eso!; **warum fragst du? – ~ so** ¿por qué preguntas? – por preguntar, nada más II. (Partikel): **so schnell er ~ konnte** tan rápido como pudo; **wo ist sie ~?** ¿dónde demonios está?; **~ zu!** ¡ánimo!; **sieh ~!** ¡mira!; **lass ihn ~ machen!** ¡déjale a él!; **was hat sie ~?** ¿pero qué le pasa?; **wenn sie ~ (endlich) anriefe!** ¡si llamara (de una vez)!; **~ her damit!** (fam) ¡trae para acá!
Nürnberg nt <-s> Nuremberg m
nuscheln vi (fam) mascullar
Nuss f <Nüsse> ❶ (fruta) nuez f; **jdm eine harte ~ zu knacken geben** (fam fig) dar(le) a alguien un hueso duro de roer ❷ (fam: Kopf) coco m; **eine taube ~** un tontorrón; **dumme ~!** (fam) ¡idiota! ❸ (Österr) tacita para la moca; **Nussbaum** m nogal m
nussig adj (GASTR) de nuez
Nussknacker m cascanueces m inv; **Nuss-**

schale f ❶ (Schale einer Nuss) cáscara f (de nuez) ❷ (iron: Boot) barquillo m; **Nusstorte** f tarta f de nueces
Nüster f <-n> ollar m
Nut(e) f <-en> (TECH) ranura f
Nutella® f ohne pl nocilla® f
Nutte f <-n> (fam abw) puta f
Nutz m: **~ bringend** (nützlich) útil; (Gewinn bringend) provechoso, beneficioso; **sich** dat **etw zu ~e machen** aprovechar algo
nutzbar adj utilizable; **den Boden ~ machen** cultivar la tierra
Nutzbarmachung f ohne pl aprovechamiento f
nutzbringend adj (nützlich) útil; (Gewinn bringend) provechoso, beneficioso
nütze: zu etw ~ sein servir para algo
nutzen, nützen I. vi servir; **wozu soll das ~?** ¿para qué va a servir esto?; **jdm zu etw ~** ser provechoso para alguien; (Gewinn bringen) beneficiar a alguien II. vt ❶ (Rohstoffe) aprovechar ❷ (Gelegenheit) aprovechar
Nutzen m <-s, ohne pl> (Nützlichkeit) utilidad f, provecho m; (Gewinn) beneficio m; **zum ~ der Öffentlichkeit** en beneficio del público; **jdm von ~ sein** ser(le) útil a alguien; **~ aus etw ziehen** sacar provecho de algo
Nutzerführung ['nʊtsɐ-] f (INFOR) guía f del usuario
Nutzfahrzeug nt vehículo m de servicio; **Nutzfläche** f superficie f útil
nützlich adj útil; **sich ~ machen** ser útil
Nützlichkeit f ohne pl utilidad f
nutzlos adj inútil; (vergeblich) infructuoso, vano
Nutzlosigkeit f ohne pl inutilidad f; (Vergeblichkeit) infructuosidad f
Nutznießer(in) m(f) <-s, -; -nen> usufructuario, -a m, f
Nutzpflanze f planta f útil
Nutzung f ohne pl utilización f; **Nutzungsrecht** nt (JUR) derecho m de usufructo
NW Abk. von **Nordwesten** NO
Nylon® nt <-s, ohne pl> nailon m
Nymphe f <-n> (a. ZOOL) ninfa f
Nymphomanin f <-nen> (MED, PSYCH) ninfómana f

O, o *nt* <-, -> O, o *f;* ~ **wie Otto** O de Oviedo

o *interj* oh

O *Abk. von* **Osten** E

Oase *f* <-n> oasis *m inv*

ob *konj* ❶ (*im indirekten Fragesatz*) si; **sie fragt, ~ Monika zu Hause ist** pregunta si Monika está en casa; ~ **er wohl kommen wird?** ¿vendrá o no (vendrá)? ❷ (*vergleichend*): **als ~** como si *+subj;* **als ~ nichts geschehen wäre** como si no hubiera pasado nada ❸ (*egal ~*) lo mismo da que *+subj;* ~ **arm, ~ reich** lo mismo pobres que ricos ❹ (*verstärkend*): **und ~!** ¡claro que sí!

OB *mf* <-(s), -(s)> *Abk. von* **Oberbürgermeister(in)** primer(a) alcalde(sa) *m(f)*

Obdach *nt ohne pl* refugio *m;* **jdm ~ gewähren** prestar refugio a alguien

obdachlos *adj* sin hogar

Obdachlose(r) *mf* <-n, -n; -n> desamparado, -a *m, f;* **Obdachlosenasyl** *nt,* **Obdachlosenheim** *nt* asilo *m* nocturno

Obduktion *f* <-en> (MED) autopsia *f*

obduzieren* *vt* hacer la autopsia (a)

O-Beine *ntpl* (*fam*) piernas *fpl* arqueadas

oben *adv* ❶ (*in der Höhe, im Text, a. fig*) arriba; **dort ~** allí arriba; **nach ~** hacia arriba; **von ~ bis unten** de arriba a abajo; **er behandelt die Leute von ~ herab** mira a la gente por encima del hombro; **ganz ~** arriba del todo; ~ **links/rechts** arriba a la izquierda/derecha; **siehe ~** véase arriba; ~ **erwähnt** arriba mencionado; (*bei Personen*) susodicho; **wie ~ erwähnt** como se ha mencionado anteriormente; **das steht mir bis hier ~** (*fam*) estoy harto de eso; ~ **ohne** (*fam*) en topless ❷ (*an der Oberfläche*) en la superficie; **obenan** *adv* de primero; **obenauf** *adv* (*gesund*) sano; (*gut gelaunt*) de buen humor; **obendrauf** *adv* encima; **obendrein** *adv* además

obenherum *adv* (*fam*) por arriba; **das Kleid ist ~ etwas zu weit** el vestido queda demasiado ancho de arriba

obenhin *adv* (*oberflächlich*) superficialmente; (*beiläufig*) de paso

oben-ohne *adv* en topless

obenrum ['oːbənˈrʊm] *adv* (*fam*) *s.* **obenherum**

Ober *m* <-s, -> camarero *m;* **Herr ~!** ¡camarero!

Oberarm *m* brazo *m;* **Oberarzt, -ärztin** *m, f* médico, -a *m, f* jefe

Oberbefehl *m ohne pl* (MIL) mando *m* supremo; **Oberbefehlshaber(in)** *m(f)* (MIL) comandante *mf* en jefe

Oberbegriff *m* término *m* genérico; **Oberbekleidung** *f* ropa *f* exterior; **Oberbürgermeister(in)** *m(f)* primer(a) alcalde(sa) *m(f)*

obere(r, s) *adj* ❶ (*allgemein*) alto, de arriba ❷ (*in einer Hierarchie*) alto, superior

oberfaul ['oːbɐˈfaʊl] *adj* (*fam*) zángano rematado

Oberfläche *f* superficie *f*

oberflächlich *adj* superficial

Oberflächlichkeit *f ohne pl* superficialidad *f*

Obergeschoss *nt* planta *f* superior; **im zweiten ~** en el segundo piso; **Obergrenze** *f* límite *m* superior

oberhalb *präp +gen* por encima de

Oberhand *f ohne pl:* **die ~ gewinnen** imponerse; **Oberhaupt** *nt* (*geh*) jefe, -a *m, f;* **Oberhaus** *nt* (POL) Cámara *f* Alta; **Oberhemd** *nt* camisa *f*

Oberin *f* <-nen> ❶ (*im Krankenhaus*) enfermera *f* jefe ❷ (*im Kloster*) priora *f*

oberirdisch *adj* de superficie; **Oberkellner(in)** *m(f)* jefe, -a *m, f* de comedor; **Oberkiefer** *m* (ANAT) maxilar *m* superior; **Oberkommando** *nt* (MIL) mando *m* supremo; **Oberkörper** *m* busto *m;* **Oberleitung** *f* ❶ (*Führung*) dirección *f* (general) ❷ (*für Bus, Straßenbahn*) línea *f* eléctrica aérea; **Oberleutnant** *m* (MIL) teniente *m;* **Oberlicht** *nt* claraboya *f*, banderola *f CSur;* **Oberlippe** *f* labio *m* superior; **Obermaterial** *nt* material *m* superior

Oberösterreich *nt* Alta Austria *f*

Oberschenkel *m* muslo *m;* **Oberschicht** *f* ❶ (*der Gesellschaft*) clase *f* alta ❷ (*oberste Schicht*) capa *f* superior; **Oberschule** *f* (*fam*) instituto *m* de enseñanza secundaria; **Oberschwester** *f* enfermera *f* jefe; **Oberseite** *f* lado *m* superior

Oberst *m* <-en *o* -s, -en> coronel *m*

Oberstaatsanwalt, -anwältin *m, f* fiscal *mf* superior(a)

oberste(r, s) *adj superl von* **obere(r, s)** ❶ (*höher gelegen*) superior, más alto; (*Stockwerk*) último; (*zuoberst*) de arriba del todo ❷ (*in einer Hierarchie*) supremo; **der O~ Gerichtshof** el Tribunal Supremo ❸ (*wichtigste*) más importante; **das ~ Gebot** lo fundamental

Oberstübchen [-ˈʃtyːpçən] *nt* (*fam*): **nicht ganz richtig im ~ sein** no estar bien del coco

Oberstufe f los últimos tres años de enseñanza media; **Oberteil** nt ❶ (Möbel) parte f superior; (Haus) piso m superior ❷ (Kleidungsstück) prenda f para arriba; **Obertrottel** m (fam abw) idiota mf; **Oberweite** f contorno m de pecho; **zu viel/zu wenig ~ haben** tener demasiado/demasiado poco pecho

obgleich konj s. obwohl

Obhut f ohne pl (geh) custodia f; (Schutz) protección f; **jdn in seine ~ nehmen** tomar a alguien bajo su protección

obige(r, s) adj arriba mencionado; (bei Personen) susodicho

Objekt nt <-(e)s, -e> ❶ (Gegenstand) objeto m ❷ (LING) complemento m ❸ (Österr: ADMIN: Gebäude) edificio m

objektiv adj objetivo; (unparteiisch) imparcial

Objektiv nt <-s, -e> objetivo m

Objektivität f ohne pl objetividad f

Oblate f <-n> ❶ (für Gebäck) oblea f ❷ (Hostie) hostia f

obliegen irr vi (geh): **jdm obliegt etw** algo le incumbe a alguien

obligatorisch adj obligatorio

Oboe f <-n> oboe m

Obolus ['o:bolʊs] m <-, -se> (geh) óbolo m, contribución f

Obrigkeit f <-en> autoridad f

obschon konj (geh) s. obwohl

Observatorium nt <-s, -ien> observatorio m

observieren* vt observar

obskur adj o(b)scuro; (anrüchig) de mala fama; (zweifelhaft) ambiguo

Obst nt <-(e)s, ohne pl> fruta f; **Obstanbau** m fruticultura f; **Obstbaum** m (árbol m) frutal m; **Obstgarten** m huerto m frutal; **Obsthandlung** f frutería f; **Obstkuchen** m pastel m de fruta; **Obstmesser** nt cuchillo m para fruta; **Obstsaft** m zumo m de fruta(s); **Obstsalat** m macedonia f

obszön adj obsceno

Obszönität f <-en> obscenidad f

obwohl konj aunque, a pesar de que; ~ **es regnet, gehe ich aus** aunque está lloviendo, voy a salir

Ochse m <-n, -n> ❶ (Tier) buey m ❷ (fam: Dummkopf) estúpido, -a m, f

Ochsenschwanzsuppe f sopa f de rabo de buey

Ocker m o nt <-s, -> ocre m

Ode f <-n> oda f

öde adj ❶ (verlassen) desierto; (unbewohnt) despoblado ❷ (unbebaut) yermo ❸ (langweilig) aburrido

Öde¹ f <-n> ❶ (Einsamkeit) soledad f ❷ (Land) desierto m

Öde² f ohne pl (Leere, Langeweile) monotonía f

oder konj o; (vor o, ho) u; (zwischen Zahlen) ó; (andernfalls) si no; **er ~ sie** él o ella; **sieben ~ acht** siete u ocho; **10 ~ 12** 10 ó 12; ~ **aber ...** o por el contrario...; ~ **auch ...** o (bien)...; ~ **etwa nicht?** ¿o no?; **entweder ... ~ ...** o... o...

Ödipuskomplex m ohne pl (PSYCH) complejo m de Edipo

Ödland nt ohne pl (AGR) yermo m, terreno m baldío

Odyssee f <-n> (geh) odisea f

Ofen m <-s, Öfen> ❶ (Back~) horno m ❷ (Heiz~) estufa f; **der ~ ist aus** (fig fam) se acabó; **ein heißer ~** (fam: Auto) un bólido; (Motorrad) una moto; **ofenfrisch** adj recién hecho; **auch sonntags servieren wir ~e Brötchen!** ¡los domingos también tenemos pan del día!; **Ofenheizung** f ohne pl calefacción f con estufa; **Ofenrohr** nt cañón m (de la estufa)

offen adj ❶ (allgemein) abierto; (Haare) suelto; (ohne Deckel) destapado; (unverpackt) a granel; **halb ~** medio abierto; ~ **er Wein** vino a granel; **auf ~er Straße** en plena calle; **mit ~em Mund dastehen** estar plantado con la boca abierta; **ein ~es Haus haben** (fig) ser hospitalario; **mit ~en Augen durch die Welt gehen** andar por el mundo con los ojos bien abiertos; ~ **gegenüber allem Neuen sein** estar abierto a todo lo nuevo; **das ist noch völlig ~** eso todavía no se sabe; **die Post hat jetzt ~** Correos está ahora abierto ❷ (Stelle) vacante ❸ (unerledigt) pendiente; ~ **e Rechnung** cuenta pendiente ❹ (aufrichtig) franco, abierto; ~ **seine Meinung sagen** decir su opinión abiertamente; **etw ~ zugeben** admitir algo abiertamente; ~ **gestanden ...** (dicho) francamente...; ~ **mit jdm reden** hablar francamente con alguien

offenbar I. adj manifiesto, evidente II. adv aparentemente

offenbaren* I. vt (geh) revelar, desvelar II. vr: **sich ~** (geh) ❶ (sich erweisen) mostrarse ❷ (sich anvertrauen) confiarse

Offenbarung f <-en> (geh a. REL) revelación f; **Offenbarungseid** m (JUR) juramento m declarativo; **einen ~ leisten** prestar juramento declarativo

Offenheit f ohne pl ❶ (Aufgeschlossenheit) espíritu m abierto; **seine ~ gegenüber allem Neuen** su espíritu abierto para todo lo nuevo ❷ (Ehrlichkeit) franqueza *f;* sinceridad *f;* **in** [*o* **mit**| **aller** ~ sinceramente

offenherzig *adj* abierto, franco

offenkundig *adj* manifiesto; (*offensichtlich*) evidente

offensichtlich I. *adj* evidente II. *adv* evidentemente

offensiv *adj* ofensivo

Offensive *f* <-n> ofensiva *f;* **in die ~ gehen** tomar la ofensiva

öffentlich I. *adj* público; **nicht** ~ a puerta cerrada II. *adv* en público; ~ **bekannt geben** publicar

Öffentlichkeit *f* ohne pl ❶ (*Gesamtheit der Menschen*) público *m;* **die** ~ **scheuen** temer al público; **in aller** ~ en público; **etw an die** ~ **bringen** hacer algo público ❷ (*das Öffentlichsein*) carácter *m* público; **Öffentlichkeitsarbeit** *f* ohne pl relaciones *fpl* públicas; **öffentlichkeitswirksam** *adj* de gran efectividad publicitaria

öffentlich-rechtlich *adj* (de derecho) público

offerieren* *vt* (COM) ofrecer

Offerte *f* <-n> (COM) oferta *f*

offiziell *adj* oficial; **etw** ~ **bekannt geben** dar a conocer algo oficialmente

Offizier(in) *m(f)* <-s, -e; -nen> oficial(a) *m(f)*

offline *adj* (INFOR) fuera de línea; **Offlinebetrieb** *m* ohne pl (INFOR) servicio *m* fuera de línea [*o* off-line], operación *f* fuera de línea

öffnen I. *vi, vt* abrir; **hier** ~ ábrase aquí II. *vr:* **sich** ~ abrirse

Öffner *m* <-s, -> abridor *m*

Öffnung *f* <-en> apertura *f;* (*Loch*) agujero *m;* **Öffnungspolitik** *f* política *f* de apertura; **Öffnungszeit** *f* horas *fpl* de apertura

Offsetdruck *m* ohne pl (TYPO: *Verfahren*) (impresión *f*) offset *m*

oft <öfter, am öftesten> *adv* a menudo; **wie** ~**?** ¿cuántas veces?; **sehr** ~ muy a menudo; **nicht** ~ pocas veces; **ziemlich** ~ bastante a menudo; ~ **genug** bastante (a menudo)

öfter *adv kompar von* **oft** con frecuencia; ~ **mal was Neues** hay que cambiar de vez en cuando; **des Öfteren** con (mucha) frecuencia

öfters *adv* con (mucha) frecuencia

öftesten *superl von* **oft: am** ~ lo (que) más a menudo

oftmals *adv* a menudo

oh *interj* oh, ah; ~**, wie schön!** ¡oh, qué bonito!; ~ **ja!** ¡ah, sí!; ~ **nein!** ¡oh, no!

ohne I. *präp* +*akk* sin; (*ausgenommen*) excepto; **das geschah** ~ **mein Wissen** esto pasó sin que yo lo supiera; ~ **Zweifel** sin duda; ~ **mich!** ¡no cuentes conmigo!; ~ **weiteres** sin más; **es geht auch** ~ no hace falta; **das ist nicht** ~ (*fam*) no es cosa fácil II. *konj:* ~ **dass ...** sin que... +*subj;* ~ **zu** sin

ohnedies *adv* de todos modos

ohnegleichen *adv* sin par, único

ohnehin *adv* de todos modos

Ohnmacht *f* <-en> ❶ (*Bewusstlosigkeit*) desvanecimiento *m;* **in** ~ **fallen** desmayarse ❷ (*Machtlosigkeit*) impotencia *f*

ohnmächtig *adj* ❶ (*bewusstlos*) desmayado; ~ **werden** desmayarse ❷ (*machtlos*) impotente

Ohnmachtsanfall *m* (MED) desmayo *m;* **einen** ~ **bekommen** perder el sentido

Ohr *nt* <-(e)s, -en> (*äußeres*) oreja *f;* (*inneres*) oído *m;* **es ist mir zu ~en gekommen, dass ...** he oído que...; **mir dröhnen/sausen die ~en** me suenan/zumban los oídos; **ich bin ganz** ~ soy todo oídos; **mit halbem** ~ **zuhören** escuchar a medias; **sich** *dat* **die ~en zuhalten** taparse los oídos; **etw noch im** ~ **haben** tener algo todavía en la cabeza; **jdm die ~en lang ziehen** (*fam fig*) dar un tirón de orejas a alguien; **auf dem** ~ **bin ich taub** (*fig*) no me doy por aludido; **die Melodie geht ins** ~ la melodía se pega; **jdn übers** ~ **hauen** engañar a alguien; **schreib dir das hinter die ~en!** (*fam*) ¡tenlo bien presente!; **etw geht zum einen** ~ **rein, zum anderen wieder heraus** (*fam fig*) algo entra por un oído y sale por el otro; **viel um die ~en haben** (*fam*) estar muy ocupado; **bis über beide ~en verliebt sein** (*fam fig*) estar enamorado hasta la médula; **die Situation/die Arbeit wächst mir über die ~en** (*fig*) la situación/el trabajo me desborda; **sich aufs** ~ **legen** (*fam fig*) planchar la oreja; **es faustdick hinter den ~en haben** (*fam fig*) tener muchas conchas

Öhr *nt* <-(e)s, -e> ojo *m* de la aguja

Ohrenarzt, -ärztin *m, f* otólogo, -a *m, f;* **ohrenbetäubend** *adj* (*fam*) ensordecedor; **Ohrenentzündung** *f* (MED) otitis *f inv;* **Ohrensausen** *nt* <-s, ohne pl> zumbido *m* en los oídos; **Ohrenschmalz** *nt* cerumen *m;* **Ohrenschmaus** *m* placer *m* para los oídos; **Ohrenschützer** *mpl* orejeras *fpl;* **Ohrentropfen** *mpl* gotas *fpl* para los oídos; **Ohrenzeuge, -in** *m, f* testigo *mf* auricular

Ohrfeige *f* bofetada *f,* bife *m Am,* biaba *f Arg, Urug*

ohrfeigen *vt* pegar una bofetada (a), virar *AmC, Ant;* **ich könnte mich ~, dass ...** (*fam*) me daría de tortas por...

Ohrläppchen *nt* lóbulo *m* de la oreja; **Ohrmuschel** *f* pabellón *m* de la oreja; **Ohrring** *m* pendiente *m,* aro *m AmC;* **Ohrwurm** *m* ❶ (*Insekt*) tijereta *f* ❷ (*fam: Lied*) melodía *f* pegadiza

oje *interj* vaya(, qué pena)

o.k., okay I. (*fam: Partikel*) vale, de acuerdo, okey *Am* **II.** *adj* (*fam*): ~ **sein** (*gut*) estar bien; (*in Ordnung*) estar en orden

Okkultismus *m* <-, ohne pl> ocultismo *m*

Ökobauer, -bäuerin *m, f* agricultor(a) *m(f)* ecológico, -a; **Ökoladen** *m* tienda *f* ecológica

Ökologe, -in *m, f* <-n, -n; -nen> ecologista *mf*

Ökologie *f ohne pl* ecología *f;* **Ökologiebewegung** *f ohne pl* movimiento *m* ecologista

Ökologin *f* <-nen> *s.* Ökologe

ökologisch *adj* ecologista, ecológico; ~**es Gleichgewicht** equilibrio ecológico

Ökonom(in) *m(f)* <-en, -en; -nen> economista *mf*

Ökonomie *f* <-n> economía *f*

Ökonomin *f* <-nen> *s.* Ökonom

ökonomisch *adj* económico

Ökopartei *f* partido *m* ecológico; **Ökopaxbewegung** *f* (*sl*) ecopacifismo *m;* **Ökosteuer** *f* impuesto *m* ecológico; **Ökosystem** *nt* ecosistema *m;* **Ökotest** *m* ecotest *m*

Oktaeder *nt* <-s, -> (MATH) octaedro *m*

Oktave *f* <-n> (MUS) octava *f*

Oktober *m* <-(s), -> octubre *m; s. a.* **März**

Ökumene *f ohne pl* (REL) ❶ (*Christentum*) cristiandad *f* ❷ (*gemeinsames Handeln*) ecumenismo *m*

Okzident *m* <-s> Occidente *m*

Öl *nt* <-(e)s, -e> ❶ (*Speise~, Sonnen~, Schmier~*) aceite *m;* **pflanzliche** ~**e** aceites vegetales; **ätherisches** ~ esencia *f* ❷ (*Erd~*) petróleo *m,* canfín *m AmC;* ~ **ins Feuer gießen** (*fig*) echar leña al fuego ❸ (KUNST): **in** ~ (**malen**) (pintar) al óleo; **Ölbild** *nt* (cuadro *m* al) óleo *m*

Oldie *m* <-s, -s> (*fam*) ❶ (*Song, Film*) viejo éxito *m* ❷ (*Person*) persona *f* no tan joven

Oldtimer *m* <-s, -> (AUTO) coche *m* antiguo

Oleander *m* <-s, -> (BOT) adelfa *f*

ölen *vt* engrasar; (*mit Schmieröl*) lubrificar

Ölfarbe *f* color *m* preparado con aceite; (KUNST) pintura *f* al óleo; **Ölfleck** *m* mancha *f* de aceite; **Ölförderung** *f ohne pl* extracción *f* de petróleo; **Ölgemälde** *nt*

pintura *f* al óleo; **Ölgötze** *m:* **wie ein** ~ (*fam abw*) como un pasmarote

ölhaltig *adj* (*Pflanze*) oleaginoso

Ölheizung *f* calefacción *f* al fueloil

ölig *adj* ❶ (*voll Öl, wie Öl*) aceitoso, oleoso ❷ (*abw: Stimme, Lächeln*) empalagoso

Oligarchie *f* <-n> oligarquía *f*

Olive *f* <-n> aceituna *f,* oliva *f;* **Olivenbaum** *m* olivo *m;* **Olivenöl** *nt* aceite *m* de oliva

olivgrün *adj* verde oliva; (*Haut*) aceitunado

Öljacke *f* chaqueta *f* embreada (de pescador); **Ölkanne** *f* aceitera *f;* **Ölkonzern** *m* compañía *f* petrolífera; **Ölkrise** *f* crisis *f inv* petrolera; **Ölleitung** *f* oleoducto *m;* **Ölmessstab** *m* (AUTO) varilla *f* del nivel de aceite; **Ölpest** *f* marea *f* negra; **Ölplattform** *f* plataforma *f* petrolífera; **Ölpumpe** *f* bomba *f* de aceite; **Ölquelle** *f* pozo *m* de petróleo; **Ölraffinerie** *f* refinería *f* de petróleo; **Ölsardine** *f* sardina *f* en aceite; **sitzen wie die** ~**n** (*fig*) estar como sardinas en lata; **Ölscheich** *m* (*fam*) jeque *m* del petróleo; **Ölschicht** *f* capa *f* de aceite

Ölschinken *m* (*abw* KUNST) óleo *m* de dimensiones descomunales

Ölstand *m* (*a.* AUTO) nivel *m* del aceite; **Ölstandsmesser** *m* (*a.* AUTO) medidor *m* del nivel de aceite

Öltanker *m* <-s, -> petrolero *m;* **Ölteppich** *m* marea *f* negra

Ölung *f* <-en> ❶ (TECH) engrase *m;* (*mit Schmieröl*) lubricación *f* ❷ (REL) unción *f;* **die Letzte** ~ la extremaunción

Ölverbrauch *m* (AUTO) gasto *m* de aceite; **Ölvorkommen** *nt* yacimiento *m* petrolífero; **Ölwechsel** *m* (AUTO) cambio *m* de aceite

Olympiade *f* <-n> olimpiada *f*

Olympiasieger(in) *m(f)* campeón, -ona *m, f* olímpico, -a

Olympionike, -kin <-n, -n; -nen> *m, f* (SPORT) atleta *mf* olímpico, -a

olympisch *adj* olímpico; **die O**~**en Spiele** los Juegos Olímpicos

Ölzweig *m* ramo *m* de olivo

Oma *f* <-s> (*fam*) abuela *f,* abuelita *f,* nanoya *f Guat*

Omelett *nt* <-(e)s, -e *o* -s> tortilla *f*

Omen *nt* <-s, - *o* Omina> agüero *m,* presagio *m;* **das ist ein gutes/schlechtes** ~ es un buen/mal presagio

ominös *adj* (*geh*) ❶ (*unheilvoll*) de mal agüero ❷ (*zweifelhaft*) dudoso

Omnibus *m* <-ses, -se> (*in der Stadt*) autobús *m,* góndola *f Col, Chil;* (*Überland~*) autocar *m;* **Omnibushaltestelle** *f* parada *f* de autobús

onanieren* *vi* masturbarse

Onkel *m* <-s, -> tío *m*

online *adj* (INFOR) en línea; **Onlinebetrieb** *m* <-(e)s, *ohne pl*> (INFOR) servicio *m* en línea [*o* on-line], operación *f* en línea; **Onlinechat** *m* <-, -s> (INFOR, TEL: *sl*) charla *f* en on-line; **Onlinedatenbankdienst** *m* (INFOR) servicio *m* de banco de datos on-line; **Onlinedienst** *m* (INFOR) servicio *m* en línea; **Onlinelernen** *nt ohne pl* aprendizaje *m* en línea; **Onlineshopping** *nt* compras *fpl* en línea

OP *m* <-(s), -(s)> (MED) *Abk. von* **Operationssaal** quirófano *m*

Opa *m* <-s, -s> (*fam*) abuelo *m*

Oper *f* <-n> ópera *f*; **in die** ~ **gehen** ir a la ópera

Opera *pl von* **Opus**

Operation *f* <-en> (MED, INFOR, MATH, MIL) operación *f*; **Operationssaal** *m* (MED) quirófano *m*; **Operationstisch** *m* (MED) mesa *f* de operaciones

operativ *adj* ❶ (MED) quirúrgico; ~ **er Eingriff** intervención quirúrgica ❷ (MIL) estratégico

Operette *f* <-n> opereta *f*

operieren* I. *vi* ❶ (MED, MIL) operar ❷ (*handeln*) proceder, operar II. *vt* (MED) operar (*an* de); **sich** ~ **lassen** operarse (*an* de)

Opernglas *nt* gemelos *mpl* (de teatro); **Opernhaus** *nt* ópera *f*; **Opernsänger(in)** *m(f)* cantante *mf* de ópera

Opfer *nt* <-s, -> ❶ (~*gabe*) ofrenda *f* ❷ (*Verzicht*) sacrificio *m* (*für* por); ~ **bringen** hacer un sacrificio ❸ (*Person*) víctima *f*; **die Überschwemmung forderte viele** ~ la inundación causó muchas víctimas; **jdm/etw zum** ~ **fallen** ser víctima de alguien/de algo; **Opferbereitschaft** *f ohne pl* abnegación *f*; **Opfergabe** *f* ofrenda *f*

opfern I. *vt* sacrificar; **jdm viel Zeit** ~ dedicar mucho tiempo a alguien II. *vr:* **sich** ~ sacrificarse (*für* por)

Opferung *f* <-en> sacrificio *m*

Opiat *nt* <-(e)s, -e> remedio *m* opiáceo

Opium *nt* <-, *ohne pl*> opio *m*

Opponent(in) *m(f)* <-en, -en; -nen> oponente *mf*, adversario *a m, f*

opponieren* [ɔpo'niːrən] *vi* oponerse (*gegen* a)

opportun *adj* oportuno

Opportunismus *m* <-, *ohne pl*> oportunismo *m*

Opportunist(in) *m(f)* <-en, -en; -nen> oportunista *mf*

opportunistisch *adj* oportunista

Opposition *f* <-en> (*a.* POL) oposición *f*; **in der** ~ **sein** estar en la oposición; **in** ~ **zu jdm stehen** ser oponente de alguien

oppositionell *adj* (*a.* POL) de (la) oposición

Oppositionsführer(in) *m(f)* (POL) líder *mf* de la oposición; **Oppositionspartei** *f* partido *m* de la oposición

OP-Schwester *f* enfermera *f* de quirófano

optieren* *vi* ❶ (*für eine Staatsangehörigkeit*) optar (*für* por) ❷ (JUR) optar (*auf* a)

Optik *f ohne pl* (*a.* PHYS) óptica *f*

Optiker(in) *m(f)* <-s, -; -nen> óptico, -a *m, f*

Optima *pl von* **Optimum**

optimal *adj* óptimo

optimieren* *vt* optimar

Optimierung *f* <-en> optimización *f*

Optimismus *m* <-, *ohne pl*> optimismo *m*

Optimist(in) *m(f)* <-en, -en; -nen> optimista *mf*

optimistisch *adj* optimista

Optimum *nt* <-s, Optima> (*geh*) grado *m* óptimo (*an* de); **ein** ~ **an Qualität erzielen** alcanzar el mayor grado de calidad

Option *f* <-en> (*a.* JUR) opción *f* (*für* por, *auf* a)

optisch *adj* óptico

Opus *nt* <-, Opera> ❶ (LIT) obra *f* ❷ (MUS) opus *m*

Orakel *nt* <-s, -> oráculo *m*; **das** ~ **befragen** consultar el oráculo

oral *adj* oral; **Oralverkehr** *m* sexo *m* oral

orange *adj* (de color) naranja

Orange *f* <-n> naranja *f*

orangefarben *adj* (de color) naranja

Orangenbaum *m* naranjo *m*; **Orangenhaut** *f ohne pl* celulitis *f inv*; **Orangensaft** *m* zumo *m* de naranja, jugo *m* de naranja *Am*; **Orangenschale** *f* cáscara *f* de naranja

Orang-Utan *m* <-s, -s> orangután *m*

Oratorium *nt* <-s, Oratorien> (*a.* MUS) oratorio *m*

Orbit *m* <-s, -s> órbita *f*

Orchester *nt* <-s, -> orquesta *f*

Orchidee *f* <-n> orquídea *f*

Orden *m* <-s, -> ❶ (REL) orden *f* (religiosa) ❷ (*Auszeichnung*) condecoración *f*

ordentlich I. *adj* ❶ (*Mensch, Zimmer*) ordenado ❷ (*Gericht*) ordinario; (*Mitglied*) numerario ❸ (*anständig*) respetable; **etwas O~ es lernen** estudiar algo de provecho ❹ (*fam: tüchtig*) bueno; **eine** ~ **e Tracht Prügel** una buena paliza ❺ (*fam: ganz gut*) bastante bueno II. *adv* ❶ (*allgemein*) ordenadamente; (*Benehmen*) como es debido ❷ (*fam: ziemlich*) bastante; (*viel*) mucho; **sie verdient ganz**

~ gana bastante

Order f <-s> ❶ (*Befehl*) orden f ❷ (*Auftrag*) orden f, pedido m

ordern vt pedir, encargar

Ordinalzahl f número m ordinal

ordinär adj ❶ (*unfein*) vulgar ❷ (*gewöhnlich*) ordinario

ordnen vt ordenar, poner en orden; **alphabetisch** ~ ordenar alfabéticamente

Ordner[1] m <-s, -> (*Akten~*) archivador m

Ordner(in)[2] m/f <-s, -; -nen> persona f del servicio de orden

Ordnung f ohne pl ❶ (*Zustand, An~, a.* BIOL, MATH) orden m; **öffentliche** ~ orden público; ~ **halten** mantener el orden; **jdn zur** ~ **rufen** llamar a alguien al orden; **für** ~ **sorgen** poner orden; **etw in** ~ **bringen** (*fam*) arreglar algo; **der** ~ **halber** para el buen orden; **ich finde es** (**ganz**) **in** ~, **dass ...** (*fam*) me parece (muy) bien que... +*subj;* (**das geht**) **in** ~ (*fam*) está bien; **der ist in** ~ (*fam: menschlich o.k*) es un buen tipo; **mit dem Wagen ist etwas nicht in** ~ (*fam*) el coche no funciona bien ❷ (*Vorschrift*) reglamento m; **sich an eine** ~ **halten** cumplir un reglamento; **Ordnungsamt** nt oficina f del orden público; **Ordnungsgeld** nt multa f; **ordnungsgemäß I.** adj reglamentario **II.** adv como es debido; **ordnungshalber** adv para el buen orden; **Ordnungshüter(in)** m/f (*fam*) guardián, -ana m, f del orden; **Ordnungsliebe** f amor m al orden; **ordnungsliebend** adj ordenado; **Ordnungssinn** m ohne pl sentido m del orden; **Ordnungsstrafe** f (JUR) pena f reglamentaria; (*Geldstrafe*) multa f; **ordnungswidrig** adj (JUR) ilegal; **sich** ~ **verhalten** infringir los reglamentos; **Ordnungswidrigkeit** f (JUR) infracción f de reglamentos; **Ordnungszahl** f número m ordinal

Oregano m <-s, ohne pl> orégano m

Organ nt <-s, -e> ❶ (*a.* ANAT) órgano m ❷ (*fam: Stimme*) voz f; **ein lautes** ~ **haben** tener una voz fuerte; **Organbank** f (MED) banco m de órganos; **Organhandel** m comercio m con órganos humanos

Organisation f <-en> organización f; **Organisationstalent** nt talento m organizador

Organisator(in) m/f <-s, -en; -nen> organizador(a) m/f

organisatorisch adj organizador

organisch adj (*a.* CHEM, MED, BIOL) orgánico

organisieren* **I.** vt ❶ (*planen*) organizar ❷ (*fam: beschaffen*) proporcionar; (*stehlen*) robar **II.** vr: **sich** ~ organizarse; **sich**

gewerkschaftlich ~ sindicarse

Organismus m <-, Organismen> organismo m

Organist(in) m/f <-en, -en; -nen> organista mf

Organspende f (MED) donación f de órganos; **Organspender(in)** m/f (MED) donante mf de órganos; **Organtransplantation** f (MED) trasplante m de órganos

Orgasmus m <-, Orgasmen> orgasmo m

orgastisch adj orgásmico

Orgel f <-n> órgano m; **Orgelkonzert** nt ❶ (*Musikstück*) concierto m para órgano ❷ (*Darbietung*) concierto m de órgano; **Orgelpfeife** f tubo m de órgano

orgiastisch adj orgiástico

Orgie f <-n> orgía f

Orient m <-s> Oriente m; **der Vordere** ~ el Cercano Oriente

Orientale, -in m, f <-n, -n; -nen> natural mf de Oriente Próximo

orientalisch adj natural de Oriente Próximo

orientieren* vr: **sich** ~ orientarse (*an/ nach* por, *über* sobre); **ich orientierte mich an ihr** la tomé como ejemplo; **über etw orientiert sein** estar al corriente sobre algo; **er ist links orientiert** es de izquierdas

Orientierung f ohne pl orientación f (*an/ nach* por, *über* sobre); **die** ~ **verlieren** perder la orientación; **Orientierungshilfe** f ❶ (*geografisch*) orientación f ❷ (*Leitfaden*) guía f; **Orientierungspunkt** m indicador m; **Orientierungssinn** m ohne pl sentido m de la orientación

original adj original; (*echt*) auténtico

Original nt <-s, -e> ❶ (*erstes Exemplar*) original m ❷ (*fam: Mensch*) persona f original; **Originalaufnahme** f (RADIO) grabación f original; (TV) película f original; **originalgetreu** adj idéntico al original

Originalität f ohne pl ❶ (*Echtheit*) originalidad f ❷ (*Einmaligkeit*) singularidad f

originell adj original; (*eigenartig*) singular; (*außergewöhnlich*) insólito

Orkan m <-s, -e> huracán m

orkanartig adj huracanado

Ornament nt <-(e)s, -e> ornamento m

ornamental adj ornamental

Ornat m <-(e)s, -e> traje m de ceremonia; (*kirchlich*) ornamentos mpl (sacerdotales)

Ornithologe, -in m, f <-n, -n; -nen> ornitólogo, -a m, f

Oropax® nt <-, -> tapón m (de cera) para el oído

Ort m <-(e)s, -e> ❶ (*Platz*) lugar m; ~ **der**

Handlung lugar de la acción; **am rechten** ~ en el sitio adecuado; **an** ~ **und Stelle** a su debido tiempo; **vor** ~ in situ; **vor** ~ **sein** estar en el lugar de los hechos ❷ (*Ortschaft*) población *f;* (*Dorf*) pueblo *m;* (*Stadt*) ciudad *f;* **von** ~ **zu** ~ de pueblo en pueblo

Örtchen *nt* <-s, -> (*fam*): **stilles** ~ excusado *m,* retrete *m*

orten *vt* (NAUT, AERO) localizar

orthodox *adj* (*a. fig*) ortodoxo

Orthografie *f* <-n> s. **Orthographie**

orthografisch *adj* s. **orthographisch**

Orthographie *f* <-n> ortografía *f*

orthographisch *adj* ortográfico

Orthopäde, -in *m, f* <-n, -n; -nen> ortopeda *mf;* (*Arzt*) ≈traumatólogo, -a *m, f*

orthopädisch *adj* ortopédico

örtlich *adj* local; ~ **betäubt** con anestesia local

Örtlichkeit *f* <-en> localidad *f*

Ortsangabe *f* indicación *f* de lugar; **ortsansässig** *adj* (*Firma*) local; (*Person*) residente (en el lugar); **Ortsausgang** *m* salida *f* de la población; **Ortsbestimmung** *f* ❶ (GEO) determinación *f* de la posición geográfica ❷ (LING) complemento *m* de lugar

Ortschaft *f* <-en> población *f*

Ortseingang *m* entrada *f* a la población; **ortsfremd** *adj* forastero; **Ortsgespräch** *nt* (TEL) llamada *f* urbana; **Ortskenntnis** *f* ohne pl conocimiento *m* del lugar; **ortskundig** *adj* que conoce la localidad; **Ortskundige(r)** *mf* <-n, -n; -n, -n> conocedor(a) *m(f)* del lugar; **Ortsname** *m* nombre *m* de lugar

Ortsnetz *nt* (*a.* TEL) red *f* local; **Ortsnetzkennzahl** *f* (TEL) prefijo *m*

Ortsschild *nt* señal *f* indicadora de población; **Ortstarif** *m* (TEL) tarifa *f* urbana; **Ortsteil** *m* barrio *m;* **Ortswechsel** *m* cambio *m* de domicilio; **Ortszeit** *f* hora *f* local

Ortung *f* <-en> (AERO, NAUT) localización *f*

Öse *f* <-n> (*am Schuh*) ojete *m;* (*für Haken*) corchete *m*

Oslo *nt* <-s> Oslo *m*

Osmane, -in *m, f* <-n, -n; -nen> otomano, -a *m, f*

Ossi *mf* <-s, -s; -s> (*fam*) *habitante de los estados federales del este de Alemania*

Ost *m* <-(e)s, ohne pl> (*a.* NAUT, METEO) este *m;* **Ostasien** *nt* Asia *f* Oriental

ostdeutsch *adj* del este de Alemania; **Ostdeutschland** *nt* este *m* de Alemania

Osten *m* <-s, ohne pl> este *m,* oriente *m;* **im** ~ en el este; **im** ~ **von ...** (*östlich von*) al este de...; (*im östlichen Teil von*) en el este de...; **nach** ~ hacia el este; **in den** ~ hacia el este; **von** ~ del este; **der Nahe** ~ el Cercano Oriente; **der Ferne** ~ el Extremo Oriente; **der Mittlere** ~ el Oriente Medio

Osterei *nt* huevo *m* de Pascua; **Osterglocke** *f* (BOT) narciso *m;* **Osterhase** *m* *conejo que el domingo de Resurrección trae huevos* (*de chocolate*) *a los niños*

Osterinsel *f:* **die** ~ (GEO) la Isla de Pascua; **Osterlamm** *nt* cordero *m* pascual

österlich *adj* pascual, de Pascua

Ostermontag *m* Lunes *m* de Pascua

Ostern *nt* <-, -> Pascua *f;* **Frohe** ~ ! ¡Felices Pascuas!

Österreich *nt* <-s> Austria *f*

Österreicher(in) *m(f)* <-s, -; -nen> austríaco, -a *m, f*

österreichisch *adj* austríaco

Ostersonntag *m* Domingo *m* de Pascua

Osterweiterung *f* (POL) extensión *f* hacia el Este

Osterwoche *f* Semana *f* Santa

Osteuropa *nt* Europa *f* Oriental; **Ostfriese, -in** *m, f* habitante *mf* de Frisia Oriental; **ostfriesisch** *adj* de Frisia Oriental

Ostfriesland *nt* Frisia *f* Oriental

östlich **I.** *adj* del este, oriental; ~ **von Basel** al este de Basilea; **in** ~ **er Richtung** en dirección este; **52 Grad** ~ **er Länge** 52 grados longitud este **II.** *präp* +gen al este de

Ostpreußen *nt* (HIST) Prusia *f* Oriental

Östrogen *nt* <-s, -e> (MED) estrógeno *m*
Ostsee *f* Mar *m* Báltico; **Oststaaten** *mpl* (POL) Estados *mpl* del Este; **Ostverträge** *mpl* (POL) Tratados *mpl* con el Este
Ost-West-Beziehungen *fpl* relaciones *fpl* Este-Oeste
Ostwind *m* viento *m* (del) este
OSZE *f Abk. von* **Organisation für Sicherheit und Zusammenarbeit in Europa** Organización *f* para la Seguridad y la Cooperación en Europa
oszillieren* [ɔstsɪ'liːrən] *vi* (PHYS) oscilar
Otter¹ *m* <-s, -> (*Fisch~*) nutria *f*
Otter² *f* <-n> (*Schlange*) víbora *f*

ÖTV *f Abk. von* **Gewerkschaft Öffentliche Dienste, Transport und Verkehr** *sindicato alemán de las ramas de servicios públicos y transportes*
out [aʊt] *adj* (*fam*): ~ **sein** estar out
Outfit *nt* <-(s), -s> imagen *f;* **sein** ~ **verändern** cambiar de imagen
Outing *nt* <-s, *ohne pl*> manifestación *f* pública
Output *m o nt* <-s, -s> (INFOR) educto *m,* output *m*
Outsourcing *nt* <-(s), *ohne pl*> (WIRTSCH) independización de un departamento de una empresa, dándole el carácter de empresa separada o independiente
Ouvertüre *f* <-n> (MUS) obertura *f*
oval *adj* ovalado
Oval *nt* <-s, -e> óvalo *m*
Ovation *f* <-en> ovación *f;* **jdm** ~ **en darbringen** ovacionar a alguien
Overall *m* <-s, -s> mono *m,* overol *m Am*
Overheadprojektor *m* retroproyector *m*
ÖVP *f Abk. von* **Österreichische Volkspartei** *Partido Popular Austríaco*
Ovulation *f* <-en> (MED, ZOOL) ovulación *f;* **Ovulationshemmer** *m* (MED) inhibidor *m* de la ovulación
oxidieren* [ɔksi'diːrən] **I.** *vi haben o sein* (CHEM) oxidar **II.** *vt* (CHEM) oxidar
Oxyd *nt* <-(e)s, -e> (CHEM) óxido *m*
Oxydation *f* <-en> (CHEM) oxidación *f*
oxydieren* **I.** *vi haben o sein* (CHEM) oxidar

II. *vt* (CHEM) oxidar
Ozean *m* <-s, -e> océano *m;* **der Indische/Atlantische** ~ el Océano Índico/Atlántico; **der Pazifische** ~ el Océano Pacífico; **Ozeandampfer** *m* buque *m* transatlántico
Ozon *m o nt* <-s, *ohne pl*> ozono *m;* **Ozonalarm** *m* alarma *f* por ozono; **Ozongehalt** *m* nivel *m* de ozono; **Ozonloch** *nt* *ohne pl* agujero *m* (de la capa) de ozono; **Ozonschicht** *f ohne pl* (METEO) capa *f* de ozono; **Ozonsmog** *m* (ÖKOL) smog *m* de ozono

P, p *nt* <-, -> P, p *f;* ~ **wie Paula** P de París
paar *pron indef inv:* **ein** ~ (*einige*) algunos; (*wenige*) unos pocos; **ein** ~ **...** un par de...; **ein** ~ **Mal** un par de veces; **alle** ~ **Minuten** a cada rato; **vor ein** ~ **Tagen** hace unos días
Paar *nt* <-(e)s, -e> ❶ (*Lebewesen*) pareja *f* ❷ (*Dinge*) par *m;* **ein** ~ **Socken** un par de calcetines
paaren **I.** *vt* ❶ (*Zuchttiere*) aparear ❷ (*paarweise zusammenstellen*) parear **II.** *vr:* **sich** ~ (*Tiere*) aparearse
paarig *adj* (BIOL, ANAT) par; ~**e Organe** órganos pares
Paarlauf *m* patinaje *m* por parejas
Paarung *f* <-en> (*Tiere*) apareamiento *m;* **Paarungszeit** *f* (ZOOL) época *f* de apareamiento
paarweise *adv* por parejas, de dos en dos
Pacht *f* <-en> ❶ (*~zins*) arrendamiento *m* ❷ (*das Pachten*) arriendo *m;* **etw in** ~ **geben/nehmen** arrendar algo ❸ (*~vertrag*) contrato *m* de arrendamiento
pachten *vt* arrendar
Pächter(in) *m(f)* <-s, -; -nen> arrendatario, -a *m, f*
Pack¹ *nt* <-(e)s, *ohne pl*> (*fam abw*) gentuza *f*
Pack² *m* <-(e)s, -e *o* Päcke> montón *m*
Packager *m* <-s, -> (*in einem Reisebüro*) organizador(a) *m(f)* de viajes en automóvil
Päckchen *nt* <-s, -> paquete *m;* (*für Zigaretten*) cajetilla *f;* (*Postsendung*) pequeño paquete *m*
Packeis *nt* banquisa *f*
packen **I.** *vt* ❶ (*ergreifen*) agarrar (*an/bei*

por) ② (*ein~*) meter (*in* en); (*in Tonnen*) entonelar (*in* en); (*in Gefäße*) envasar (*in* en); (*in Papier*) envolver (*in* en); **den Koffer ~** hacer la maleta; **seine Sachen ~** preparar sus cosas ③ (*mitreißen*) entusiasmar; (*fesseln*) cautivar; (*überkommen*) sobrecoger; **mich packt die Leidenschaft/die Reiselust/das Entsetzen** la pasión/el deseo de viajar/el espanto se apodera de mí; **dich hat es ja ganz schön gepackt!** (*fam*) ¡te ha dado fuerte! ④ (*fam: schaffen*) conseguir; **hast du die Prüfung gepackt?** ¿has aprobado el examen? ⑤ (*fam: begreifen*) entender, captar **II.** *vi* (*Koffer*) hacer las maletas

Packen *m* <-s, -> montón *m*

packend *adj* cautivador

Packesel *m* (*fam*) burro *m* de carga; **Packpapier** *nt* papel *m* de embalar

Packung *f* <-en> ① (*Paket*) paquete *m*; (*Pralinen~*) caja *f*; (*für Zigaretten*) cajetilla *f* ② (*Kosmetik*) mascarilla *f*

Pad *nt* <-s, -s> (*Watte~*) disco *m* de algodón

Pädagoge, -in *m*, *f* <-n, -n; -nen> pedagogo, -a *m*, *f*

Pädagogik *f ohne pl* pedagogía *f*

Pädagogin *nt* <-nen> *s.* **Pädagoge**

pädagogisch *adj* pedagógico; **P~ e Hochschule** Escuela Superior de Magisterio

Paddel *nt* <-s, -> canalete *m*; **Paddelboot** *nt* canoa *f*

paddeln *vi haben o sein* ir en canoa

Paella *f* <-s> paella *f*

paffen *vi, vt* (*fam*) fumar (sin tragar el humo)

Page *m* <-n, -n> paje *m*; (*Hotel~*) botones *m inv*

Paillette *f* <-n> lentejuela *f*

Paket *nt* <-(e)s, -e> paquete *m*; **Paketannahme** *f ohne pl* recepción *f* de paquetes; **Paketausgabe** *f ohne pl* entrega *f* de paquetes; **Paketbombe** *f* paquete *m* bomba; **Paketschalter** *m* despacho *m* de paquetes

Pakistan *nt* <-s> Paquistán *m*

Pakistani *mf* <-(s), -(s); -(s)> paquistaní *mf*

pakistanisch *adj* paquistaní

Pakt *m* <-(e)s, -e> pacto *m*

paktieren* *vi* pactar

Palais *nt* <-, -> palacio *m*

Palast *m* <-(e)s, -läste> palacio *m*

Palästina *nt* <-s> Palestina *f*

Palästinenser(in) *m(f)* <-s, -; -nen> palestino, -a *m*, *f*; **Palästinenserorganisation** *f* Organización *f* para la Liberación de Palestina

palästinensisch *adj* palestino

Palaver [pa'la:vɐ] *nt* <-s, -> (*fam abw*) parloteo *m*

palavern* [pa'la:vɐn] *vi* (*fam abw*) parlotear

Palette *f* <-n> ① (*Maler~*) paleta *f* ② (*Transport~*) tarima *f* ③ (*Vielfalt*) gama *f*

paletti (*fam*): **alles ~** ya está

Palme *f* <-n> palmera *f*; **jdn auf die ~ bringen** (*fam fig*) poner a alguien a cien por hora

Palmsonntag *m* Domingo *m* de Ramos

Palmwedel *m* palma *f*

Pampa *f* <-s> pampa *f*

Pampe *f ohne pl* papilla *f*

Pampelmuse *f* <-n> pomelo *m*

Pampers® *pl inv* ≈Dodotis® *mpl*

Pamphlet *nt* <-(e)s, -e> panfleto *m*

pampig *adj* ① (*nordd, ostd: breiig*) pastoso ② (*fam abw: frech*) descarado

Panade [pa'na:da] *f* <-n> (GASTR: *aus Mehl und Ei*) rebozado *m*; (*aus Semmelbröseln und Ei*) empanado *m*

Panama *nt* <-s> Panamá *m*

Panamaer(in) *m(f)* <-s, -; -nen> panameño, -a *m*, *f*

panamaisch *adj* panameño

Panda *m* <-s, -s> panda *m*

panieren* *vt* (GASTR: *mit Semmelbröseln*) empanar; (*mit Mehl*) rebozar; **paniertes Schnitzel** escalope empanado, milanesa *f*

Paniermehl *nt* pan *m* rallado

Panik *f* <-en> pánico *m*; **in ~ geraten** sentir pánico

panikartig I. *adj* pánico **II.** *adv* preso del pánico

Panikkauf *m* (WIRTSCH) compra *f* precipitada; **Panikmache** *f* (*abw*) alarmismo *m*; **Panikstimmung** *f* pánico *m* generalizado; **Panikverkauf** *m* (WIRTSCH) venta *f* precipitada

panisch *adj* de pánico; **eine ~ e Reaktion** una reacción de pánico; **~ e Angst vor etw haben** tener(le) pánico a algo

Panne *f* <-n> ① (*Schaden*) avería *f*, pana *f Am* ② (*Missgeschick*) contratiempo *m*; (*Ausrutscher*) plancha *f*; **mir ist eine ~ passiert** me tiré una plancha; **Pannendienst** *m* servicio *m* de auxilio en carretera

Panorama *nt* <-s, Panoramen> panorama *m*

panschen I. *vi* (*fam: mit Wasser*) chapotear **II.** *vt* (*Wein*) aguar, adulterar, terciar *Am*

Panter *m* <-s, ->, **Panther** *m* <-s, -> pantera *f*

Pantoffel *m* <-s, -n> zapatilla *f*; **Pantoffelheld** *m* (*fam abw*) calzonazos *m inv*;

Pantoffeltierchen *nt* (BIOL) paramecio *m*

Pantomime¹ *f* <-n> pantomima *f*

Pantomime, -in² *m, f* <-n, -n; -nen> (panto)mimo, -a *m, f*

pantomimisch *adj* pantomímico

Panzer *m* <-s, -> ❶ (*Fahrzeug*) tanque *m* ❷ (*Schutzplatte*) (plancha *f* de) blindaje *m* ❸ (*von Tieren*) caparazón *m;* **Panzerglas** *nt ohne pl* cristal *m* antibalas

panzern *vt* acorazar, blindar

Panzerschrank *m* caja *f* fuerte

Panzerung *f* <-en> (TECH) blindaje *m*

Panzerwagen *m* (MIL) tanque *m*

Papa *m* <-s, -s> (*fam*) papá *m*

Papagei *m* <-en *o* -s, -e(n) *o* -e> papagayo *m*, loro *m*

Papaya *f* <-s> ❶ (*Frucht*) papaya *f*, lechosa *f Am* ❷ (*Baum*) papayo *m*, lechoso *m Am*

Paperback ['pɛɪpɛbɛk] *nt* <-s, -s> edición *f* en rústica

Papeterie *f* <-n> (*Schweiz*) ❶ (*Geschäft*) papelería *f* ❷ (*Waren*) artículo *m* de papelería

Papi *m* <-s, -s> (*fam*) papi *m*

Papier *nt* <-s, -e> ❶ (*Material*) papel *m;* **ein Blatt** ~ una hoja de papel; **etw zu** ~ **bringen** poner algo por escrito ❷ (*Schriftstück*) documento *m* ❸ *pl* (*Ausweis*) papeles *mpl* ❹ (FIN) efecto *m;* **Papiereinzug** *m* dispositivo *m* de alimentación de papel; **Papierfabrik** *f* fábrica *f* de papel, papelera *f;* **Papierformat** *nt* formato *m* de papel; **Papiergeld** *nt* papel *m* moneda; **Papierhandtuch** *nt* toalla *f* de papel; **Papierkorb** *m* papelera *f;* **Papierkram** *m* (*fam abw*) papeleo *m;* **Papierkrieg** *m* (*fam abw*) papeleo *m;* **mit jdm einen** ~ **führen** estar de pleitos con alguien; **Papierstau** *m* atrancamiento *m* de papel; **Papiertaschentuch** *nt* pañuelo *m* de papel; **Papiertüte** *f* bolsa *f* de papel; **Papiervorschub** *m* avance *m* de papel

Papillote *f* <-n> papillote *m*, papelillo *m PRico*

Pappbecher *m* vaso *m* de cartón; **Pappdeckel** *m* tapa *f* de cartón

Pappe *f* <-n> cartón *m;* (*feiner*) cartulina *f*

Pappel *f* <-n> chopo *m*

pappen *vt* (*fam*) pegarse (*an/auf* a)

Pappenheimer *mpl* (*fam*): **seine** ~ **kennen** conocer a su gente

Pappenstiel *m* (*fam*): **kein** ~ **sein** no ser moco de pavo

papperlapapp *interj* y un rábano

pappig *adj* (*fam*) ❶ (*klebrig*) pegajoso ❷ (*breiig*) pastoso

Pappkarton *m* ❶ (*Material*) cartón *m* ❷ (*Schachtel*) caja *f* de cartón

Pappmaché *nt* <-s, -s>, **Pappmaschee** *nt* <-s, -s> cartón *m* piedra

Pappschnee *m* nieve *f* húmeda

Pappteller *m* plato *m* de cartón

Paprika¹ *m* <-s, -(s)> (*Pflanze, Schote*) pimiento *m*

Paprika² *f* <-(s)> (*Schote*) pimiento *m;* **gefüllte** ~ pimientos rellenos

Paprika³ *m* <-s, *ohne pl*> (*Gewürz*) pimentón *m*

Paprikaschote *f* pimiento *m*

Papst *m* <-(e)s, Päpste> papa *m*

päpstlich *adj* papal

Papstmobil *nt* <-s, *ohne pl*> papamóvil *m;* **Papsttum** *nt* <-(e)s, *ohne pl*> papado *m*

Papyrus *m* <-, Papyri> papiro *m*

Parabel *f* <-n> (MATH, LIT) parábola *f*

Parabolantenne *f* (TECH) antena *f* parabólica

Parade *f* <-n> ❶ (MIL) desfile *m* ❷ (*Fußball*) parada *f;* **Paradebeispiel** *nt* ejemplo *m* clásico

Paradeiser *m* <-s, -> (*Österr*) tomate *m*

Paradestück *nt* atracción *f* principal; (*Werk*) obra *f* maestra

Paradies *nt* <-es, -e> paraíso *m;* **das** ~ **auf Erden** el paraíso terrenal

paradiesisch *adj* paradisíaco

Paradiesvogel *m* ave *f* del paraíso

Paradigma *nt* <-s, Paradigmen *o* Paradigmata> (*geh a.* LING) paradigma *m*

paradox *adj* paradójico

paradoxerweise *adv* paradójicamente

Paraffin *nt* <-s, -e> (CHEM) parafina *f*

Paragliding *nt* <-s, *ohne pl*> parapente *m*

Paragraf *m* <-en, -en> *s.* **Paragraph;** **Paragrafendschungel** *m o nt s.* **Paragraphendschungel;** **Paragrafenreiter(in)** *m(f) s.* **Paragraphenreiter**

Paragraph *m* <-en, -en> ❶ (JUR) artículo *m* ❷ (*~ enzeichen*) párrafo *m;* **Paragraphendschungel** *m o nt* (*abw*) laberinto *m* judicial; **Paragraphenreiter(in)** *m(f)* (*fam abw*) leguleyo, -a *m, f*

Paraguay *nt* <-s> Paraguay *m*

Paraguayer(in) *m(f)* <-s, -; -nen> paraguayo, -a *m, f*

paraguayisch *adj* paraguayo

parallel *adj* paralelo (*zu* a)

Parallele *f* <-n> ❶ (MATH) paralela *f;* **eine** ~ **zu etw ziehen** trazar una paralela a algo ❷ (*Vergleich*) paralelo *m;* ~**n zwischen etw aufzeigen** establecer un paralelo entre algo

Parallelität *f* <-en> (*a.* MATH) paralelismo *m*

Parallelklasse *f* (SCH) clase *f* paralela

Parallelogramm *nt* (MATH) paralelogramo *m*

Parallelschaltung *f* (ELEK) conexión *f* en paralelo; **Parallelstraße** *f* calle *f* paralela; **Parallelumlauf** *m* (FIN) circulación *f* paralela (*de las monedas*)

Parameter *m* <-s, -> (MATH, MUS, INFOR) parámetro *m*

paramilitärisch ['pa:ramilitɛːrɪʃ] *adj* paramilitar; ~**e Einheit** unidad paramilitar

Paranoia [para'nɔɪa] *f ohne pl* (MED) paranoia *f*

paranoid *adj* (MED, PSYCH) paranoico

paranoisch *adj* (MED) paranoico

Paraphrase *f* <-n> (LING) paráfrasis *f inv*

paraphrasieren* *vt* parafrasear

Parapsychologie *f* para(p)sicología *f*

Parasit *m* <-en, -en> parásito *m*

parasitär *adj* parasitario

parat *adj* a punto

Pärchen *nt* <-s, -> parejita *f*

Pardon *m o nt* <-s, *ohne pl*> perdón *m*; **da gibt's kein** ~ no hay perdón; **sie kennt kein** ~ es inflexible

par excellence [parɛksɛ'lãːs] *adv* (*geh*) por excelencia

Parfüm *nt* <-s, -e *o* -s> perfume *m*

Parfümerie *f* <-n> perfumería *f*

parfümieren* **I.** *vt* perfumar **II.** *vr*: **sich** ~ perfumarse

parieren* **I.** *vi* obedecer **II.** *vt* (SPORT) parar

Pariser[1] *m* <-s, -> (*fam*) condón *m*

Pariser(in)[2] *m(f)* <-s, -; -nen> parisino, -a *m, f*, parisiense *mf*

paritätisch *adj* paritario

Park *m* <-s, -s, *Schweiz:* Pärke> parque *m*

Park-and-ride-System *nt* sistema para evitar las aglomeraciones de circulación que consiste en aparcar el coche fuera de la ciudad e ir al centro en medios de transporte público

Parkbank *f* banco *m* del parque

parken ['parkən] *vt, vi* aparcar, parquear *Am*; **ein** ~**des Auto** un coche estacionado; **„P~ verboten!"** "¡prohibido aparcar!"

Parkett [par'kɛt] *nt* <-(e)s, -e *o* -s> ❶ (*Fußboden*) parqué *m*; **eine heiße Sohle aufs** ~ **legen** (*fam*) bailar muy bien ❷ (*im Theater, Kino*) platea *f*; **Parkettfußboden** *m* entarimado *m*

Parkgebühr *f* tarifa *f* de aparcamiento; **Parkhaus** *nt* aparcamiento *m*, parking *m*

Parkinsonkrankheit ['paːkɪnsən-] *f ohne pl* enfermedad *f* de Parkinson

Parkkralle *f* cepo *m*; **Parkleitsystem** *nt* (AUTO) sistema *m* viario para indicar las plazas libres de aparcamiento; **Parklücke** *f*

hueco *m* para aparcar; **Parkmöglichkeit** *f* (posibilidad *f* de) aparcamiento *m*; **Parkplatz** *m* aparcamiento *m*, estacionamiento *m*, parqueadero *m Am*; **Parkscheibe** *f* disco *m* de estacionamiento

Parkschein *m* ticket *m* de estacionamiento; **Parkscheinautomat** *m* expendedor *m* de tickets de estacionamiento

Parkstreifen *m* arcén *m* para estacionar; **Parksünder(in)** *m(f)* (*fam*) *persona que aparca en zona prohibida;* **Parkuhr** *f* parquímetro *m*; **Parkverbot** *nt* prohibición *f* de estacionamiento; **hier ist** ~ aquí no se puede aparcar

Parkwächter(in) *m(f)* ❶ (*im Park*) guarda *mf* en un parque ❷ (*im Parkhaus*) guardacoches *mf inv*

Parlament [parla'mɛnt] *nt* <-(e)s, -e> parlamento *m*, legislatura *f Arg, Mex, Peru;* **Europäisches** ~ Parlamento Europeo; **ins** ~ **einziehen** entrar en el parlamento

Parlamentarier(in) [parlamɛn'taːrie] *m(f)* <-s, -; -nen> parlamentario, -a *m, f*, legislador(a) *m(f) Am*

parlamentarisch *adj* parlamentario

Parlamentarismus [parlamɛnta'rɪsmʊs] *m* <-, *ohne pl*> parlamentarismo *m*

Parlamentsausschuss *m* comisión *f* parlamentaria; **Parlamentsbeschluss** *m* decisión *f* parlamentaria; **Parlamentsgebäude** *nt* (edificio *m* del) parlamento *m*; **Parlamentsmitglied** *nt* miembro *m* del parlamento; **Parlamentssitzung** *f* sesión *f* parlamentaria; **Parlamentswahlen** *fpl* elecciones *fpl* generales (al parlamento)

Parmesan [parme'zaːn] *m* <-(s), *ohne pl*> (queso *m*) parmesano *m*

Parodie [paro'diː] *f* <-n> parodia *f* (*auf* de)

parodieren* [paro'diːrən] *vt* parodiar (de)

parodistisch [paro'dɪstɪʃ] *adj* paródico

Parodontose [parodɔn'toːzə] *f* <-n> (MED) paradontosis *f inv*

Parole [pa'roːlə] *f* <-n> lema *m*, eslogan *m*

Paroli [pa'roːli]: **jdm/etw** ~ **bieten** presentar cara a alguien/algo

Parsing ['parzɪŋ] *nt* <-s, *ohne pl*> (INFOR) análisis *m inv*

Part [part] *m* <-s, -s *o* -e> ❶ (MUS) parte *f* ❷ (THEAT) papel *m*

Partei [par'taɪ] *f* <-en> ❶ (POL) partido *m*; **in einer** ~ **sein** militar en un partido ❷ (JUR) parte *f*; **die streitenden** ~**en** las partes en litigio; **für jdn** ~ **ergreifen** tomar partido por alguien; **über den** ~**en stehen** ser imparcial ❸ (*Miet~*) inquilino *m*; **Parteibuch** *nt* carnet *m* de partido; **das falsche/richtige** ~ **haben** (*fam*) pertenecer al partido equivocado/de los buenos

Parteienlandschaft f (POL) espectro m de partidos políticos

Parteifreund(in) m(f) compañero, -a m, f de partido; **Parteiführung** f ohne pl dirección f del partido; **Parteigenosse**, **-in** m, f compañero, -a m, f del partido; (Parteiangehöriger) afiliado, -a m, f a un partido

parteiisch adj parcial

parteilich adj del partido; (parteiisch) parcial

parteilos adj independiente

Parteimitglied nt miembro m del partido

Parteinahme f <-n> toma f de partido

Parteipolitik f política f de partido; **Parteiprogramm** nt programa m de partido

Parteispende f donación f a un partido; **Parteispendenaffäre** f escándalo m de corrupción

Parteitag m congreso m del partido, convención f Am; **parteiübergreifend** adj (POL) apartidista; **Parteivorsitzende(r)** mf presidente, -a m, f del partido; **Parteizugehörigkeit** f afiliación f a un partido

parterre [par'tɛr] adv en la planta baja; ~ **wohnen** vivir en la planta baja; **Parterrewohnung** f piso m de planta baja

Partie [par'ti:] f <-n> ❶ (Abschnitt, Teil) parte f ❷ (Spieldurchgang) partida f; (im Sport) partido m ❸ (Rolle) papel m ❹ (WIRTSCH) lote m ❺ (Wend) : **bei etw mit von der ~ sein** (fam) tomar parte en algo; **eine gute ~ machen** casarse ventajosamente

partiell [par'tsjɛl] adj parcial

Partikel¹ [par'ti:kəl] f <-n> (LING) partícula f

Partikel² nt <-s, ->, f <-n> (PHYS) partícula f

Partisan(in) [parti'za:n] m(f) <-s o -en, -en; -nen> guerrillero, -a m, f

partitionieren* vt (INFOR) subdividir

Partitur [parti'tu:ɐ] f <-en> (MUS) partitura f

Partizip [parti'tsi:p] nt <-s, Partizipien> (LING) participio m; ~ **Perfekt** participio pasado

partizipieren* [partitsi'pi:rən] vi participar (an en)

Partner(in) ['partnɐ] m(f) <-s, -; -nen> ❶ (Lebens~, Tanz~) pareja f; (Ehe~) cónyuge mf; (Gesprächs~) interlocutor(a) m(f); (im Sport, Spiel) compañero, -a m, f de juego; (im Film) compañero, -a m, f de reparto ❷ (Teilhaber) socio, -a m, f; **Partnerlook** [-lʊk] m look m semejante de parejas; **im ~ gehen** salir dos personas ves-

tidas de la misma manera

Partnerschaft f <-en> ❶ (Zusammenarbeit) cooperación f, colaboración f; (Städte~) hermanamiento m ❷ (Zusammenleben) convivencia f; (Ehe) matrimonio m

partnerschaftlich adj de camaradería; ~ **zusammenarbeiten** colaborar con compañerismo

Partnerstadt f ciudad f hermanada; **Partnertausch** m cambio m de pareja; **Partnervermittlung** f agencia f matrimonial [o de contactos]

partout [par'tu:] adv (fam: überhaupt) absolutamente; (unbedingt) a toda costa; (verneint) de ninguna manera

Party ['pa:ɐti] f <-s> fiesta f; **eine ~ geben** hacer una fiesta; **Partyservice** m servicio m a domicilio

Parzelle [par'tsɛlə] f <-n> parcela f

Pasch [paʃ] m <-(e)s, -e o Päsche> parejas fpl

Pascha ['paʃa] m <-s, -s> (abw) pachá m

Pass [pas, pl: 'pɛsə] m <-es, Pässe> ❶ (Ausweis) pasaporte m, pase m Am ❷ (Gebirgs~) puerto m (de montaña) ❸ (SPORT) pase m

passabel [pa'sa:bəl] adj pasable; (annehmbar) aceptable

Passage [pa'sa:ʒə] f <-n> ❶ (Durchfahrt) pasaje m ❷ (Ladenstraße) pasaje m, galerías fpl ❸ (Überfahrt) travesía f ❹ (Textabschnitt) pasaje m, fragmento m

Passagier(in) [pasa'ʒi:ɐ] m(f) <-s, -e; -nen> pasajero, -a m, f; **ein blinder ~** un polizón; **Passagierflugzeug** nt avión m de pasajeros

Passagierin f <-nen> s. **Passagier**

Passagierliste f lista f de pasajeros

Passant(in) [pa'sant] m(f) <-en, -en; -nen> transeúnte mf

Passbild nt foto f de carnet

passé adj, **passee** [pa'se:] adj (fam) pasado de moda

passen ['pasən] **I.** vi ❶ (in Größe, Form) sentar bien; (in der Menge) caber (in en); (hinein~) entrar (in en); (geeignet sein) ajustarse (auf a); **das passt (mir) wie angegossen** (me) queda perfecto; **das passt nicht hierher** eso no viene al caso ❷ (harmonieren) pegar (zu con), encajar (zu con, in en); **sie ~ zueinander** hacen buena pareja; **die Schuhe ~ nicht zum Kleid** los zapatos no pegan con el vestido; **das passt zu ihm!** (fam) ¡es propio de él!; **die Beschreibung passt auf jdn/etw** la descripción encaja con alguien/algo ❸ (genehm sein) venir bien, convenir; **das**

passt **mir gar nicht** no me viene nada bien; **das könnte dir so ~!** ¡qué más quisieras!; **passt dir etwas an mir nicht?** ¿te disgusta algo de mí? ❹ (*Kartenspiel*) pasar; (**ich**) **passe!** ¡paso! ❺ (*fam: bei Fragen*) no poder contestar; **bei dieser Frage muss ich ~** no puedo contestar a esa pregunta **II.** *vt* (TECH) encajar

passend *adj* ❶ (*in Größe, Form*) que queda bien; **welches ist der ~e Schlüssel?** ¿cuál es la llave correcta?; **die Hose mache ich Ihnen ~** le arreglo el pantalón a su medida; **dazu ~** (*in der Farbe*) a juego ❷ (*treffend*) apropiado; (*genau*) justo; **die ~en Worte finden** encontrar las palabras apropiadas; **haben Sie es nicht ~?** (*fam*) ¿no lo tiene justo? ❸ (*angemessen*) adecuado

Passepartout [paspar'tu:] *nt, Schweiz: m* <-s, -s> marco *m* de cartón, passepartout *m*

Passfoto *nt* foto *f* de carnet

passierbar *adj* transitable

passieren* [pa'si:rən] **I.** *vi sein* ocurrir, pasar; **was ist denn passiert?** ¿qué ha pasado?; **das kann auch nur ihm ~!** ¡eso sólo le puede pasar a él!; **dass mir das nicht noch mal passiert!** ¡que no vuelva a pasar!; **... sonst passiert was!** (*fam*) ¡... o no respondo! **II.** *vt* ❶ (*Grenze, Zensur*) pasar; (*Fluss, Pass*) cruzar ❷ (GASTR) pasar

Passierschein *m* pase *m*

Passion [pa'sjo:n] *f* <-en> ❶ (*Leidenschaft*) pasión *f*; **er ist Angler aus ~** la pesca es su pasión; **eine ~ für etw haben** apasionarse por algo ❷ (REL) Pasión *f*

passioniert [pasjo'ni:ɐt] *adj* apasionado

Passionsblume [pa'sjo:ns-] *f* pasionaria *f*, granadilla *f* AmC, Ant, granadillo *m* Col; **Passionsfrucht** *f* granadilla *f*

passiv ['pasi:f, -'-] *adj* pasivo

Passiv ['pasi:f, -'-] *nt* <-s, -e> (LING) voz *f* pasiva

Passiva [pa'si:va] *ntpl* (WIRTSCH) pasivo *m*

Passivität [pasivi'tɛ:t] *f ohne pl* (a. CHEM) pasividad *f*

Passivrauchen *nt* inhalación *f* de humo

Passkontrolle *f* control *m* de pasaportes; **Passstelle** *f* oficina *f* de pasaportes

Passstraße *f* puerto *m* de montaña

Passus ['pasʊs] *m* <-, -> pasaje *m*; (*Abschnitt*) párrafo *m*

Passwort ['pasvɔrt] *nt* palabra *f* clave, contraseña *f*, santo *m* y seña

Paste ['pastə] *f* <-n> ❶ (*Lebensmittel*) pasta *f* ❷ (MED) ungüento *m*

Pastell [pas'tɛl] *nt* <-(e)s, -e> pastel *m*; **in ~ malen** pintar con colores pastel; **Pas-**

tellfarbe *f* ❶ (*zum Malen*) pintura *f* al pastel ❷ (*Farbton*) color *m* pastel

Pastete [pas'te:tə] *f* <-n> volován *m*

pasteurisieren* [pastøri'zi:rən] *vt* paste(u)rizar

Pastille [pas'stɪlə] *f* <-n> pastilla *f*

Pastor(in) ['pasto:ɐ, pas'to:ɐ] *m(f)* <-s, -en; -nen> (*reg*) pastor(a) *m(f)*

Pate, -in ['pa:tə] *m, f* <-n, -n; -nen> padrino *m*, madrina *f*; **bei einem Kind ~ stehen** apadrinar a un niño; **Patenkind** *nt* ahijado, -a *m, f*; **Patenonkel** *m* padrino *m*

Patenschaft *f* <-en> padrinazgo *m*; **die ~ für ein Kind übernehmen** apadrinar a un niño

Patenstadt *f s.* **Partnerstadt**

patent [pa'tɛnt] *adj* (*fam*) ❶ (*Person*) ingenioso ❷ (*Lösung*) formidable

Patent [pa'tɛnt] *nt* <-(e)s, -e> ❶ (*amtlicher Schutz, Urkunde*) patente *f*; **etw zum ~ anmelden** solicitar la patente de algo ❷ (*Schweiz: staatliche Erlaubnis*) licencia *f*; **Patentamt** *nt* registro *m* de patentes

Patentante *f* madrina *f*

patentieren* [patɛn'ti:rən] *vt* patentar

Patentlösung *f* solución *f* definitiva; **Patentrecht** *nt* derecho *m* de patente; **Patentrezept** *nt* solución *f* ideal; **Patentverschluss** *m* cierre *m* patentado

Pater ['pa:tɐ] *m* <-s, -> (REL) padre *m*

pathetisch [pa'te:tɪʃ] *adj* patético

Pathologe, -in [pato'lo:gə] *m, f* <-n, -n; -nen> (MED) patólogo, -a *m, f*

Pathologie [patolo'gi:] *f ohne pl* (MED) patología *f*

Pathologin *f* <-nen> *s.* **Pathologe**

pathologisch [pato'lo:gɪʃ] *adj* (MED) patológico

Pathos ['pa:tɔs] *nt* <-, ohne pl> (*geh*) patetismo *m*

Patient(in) [pa'tsjɛnt] *m(f)* <-en, -en; -nen> paciente *mf*

Patin ['pa:tɪn] *f* <-nen> *s.* **Pate**

Patina ['pa:tina] *f ohne pl* pátina *f*

Patisserie [patɪsə'ri:] *f* <-n> (*Schweiz*) ❶ (*Konditorei*) confitería *f* ❷ (*Feingebäck*) dulces *mpl*

Patriarch [patri'arç] *m* <-en, -en> patriarca *m*

patriarchalisch [patriar'ça:lɪʃ] *adj* patriarcal

Patriarchat [patriar'ça:t] *nt* <-(e)s, -e> patriarcado *m*

Patriot(in) [patri'o:t] *m(f)* <-en, -en; -nen> patriota *mf*

patriotisch *adj* patriótico

Patriotismus [patrio'tɪsmʊs] *m* <-, *ohne pl*> patriotismo *m*

Patrizier(in) [pa'tri:tsiɐ] *m(f)* <-s, -; -nen> patricio, -a *m, f*

Patron(in) [pa'tro:n] *m(f)* <-s, -e; -nen> patrón, -ona *m, f*

Patrone [pa'tro:nə] *f* <-n> ❶ (*Geschosshülse*) cartucho *m* ❷ (*Filmbehälter*) cartucho *m* de la película ❸ (*Tinten~*) cartucho *m* de tinta; **Patronenhülse** *f* casquillo *m* de bala, cachimba *f Am*

Patronin *f* <-nen> *s.* **Patron**

Patrouille [pa'trʊljə] *f* <-n> patrulla *f;* **auf ~ sein** andar de patrulla

patrouillieren* [patrʊl'ji:rən] *vi* haben *o* sein patrullar

Patsche ['patʃə] *f* ohne pl (*fam*) ❶ (*Matsch*) lodo *m* ❷ (*fig: Bedrängnis*) apuro *m;* **in der ~ sitzen** encontrarse en apuros; **jdm aus der ~ helfen** sacar a alguien de un apuro

patschnass ['-'-] *adj* (*fam*) empapado; (*Person*) calado hasta los huesos

Pattsituation *f* empate *m*

Patzer ['patsɐ] *m* <-s, -> ❶ (*fam: Fehler*) metedura *f* de pata ❷ (*Österr: Klecks*) pegote *m*

patzig ['patsɪç] *adj* (*fam abw: Person*) descarado; (*Antwort*) insolente

Pauke ['paʊkə] *f* <-n> timbal *m;* **mit ~n und Trompeten durchfallen** (*fam*) suspender con honores; **auf die ~ hauen** (*fam*) celebrar por todo lo alto

pauken I. *vi* ❶ (*MUS*) tocar el timbal ❷ (*fam: lernen*) empollar **II.** *vt* (*fam*) empollar

Paukenschlag *m* golpe *m* de timbal

Pauker(in) *m(f)* <-s, -; -nen> ❶ (*fam: Lehrer*) profe *mf* ❷ (*MUS*) timbalero, -a *m, f*

Pausbacke ['paʊs-] *f* (*fam*) moflete *m*, cachete *m*

pausbäckig ['paʊsbɛkɪç] *adj* mofletudo

pauschal [paʊ'ʃa:l] **I.** *adj* ❶ (*insgesamt*) global ❷ (*allgemein*) general **II.** *adv* ❶ (*zusammen*) en bloque; **~ 100 DM berechnen** cobrar 100 marcos, todo incluido ❷ (*allgemein*) en general; **das kann man so ~ nicht sagen** esto no se puede generalizar así; **Pauschalbetrag** *m* importe *m* global

Pauschale [paʊ'ʃa:lə] *f* <-n> importe *m* global

pauschalisieren* [paʊʃali'zi:rən] *vt* generalizar

Pauschalpreis *m* (*WIRTSCH*) precio *m* global; **Pauschalreise** *f* viaje *m* organizado; **Pauschalurlaub** *m* forfait *m;* **Pauschalurteil** *nt* (*abw*) juicio *m* general

Pause ['paʊzə] *f* <-n> ❶ (*Unterbrechung*)

pausa *f;* (*in der Schule*) recreo *m;* (*im Theater, Kino*) intermedio *m;* **eine ~ machen** hacer una pausa ❷ (*MUS*) intervalo *m* ❸ (*durchgepauste Kopie*) calco *m*

pausen ['paʊzən] *vt* calcar

Pausenbrot *nt* bocadillo *m* (para el recreo); **Pausenfüller** *m* <-s, -> intermedio *m;* **Pausenhof** *m* (*SCH*) patio *m* de recreo; **pausenlos I.** *adj* ininterrumpido **II.** *adv* sin pausa, ininterrumpidamente; **Pausenzeichen** *nt* ❶ (*MUS*) silencio *m* ❷ (*RADIO, TV*) sintonía *f*

pausieren* [paʊ'zi:rən] *vi* ❶ (*unterbrechen*) hacer una pausa ❷ (*ausruhen*) descansar

Pauspapier *nt* ohne pl papel *m* de calcar

Pavian ['pa:via:n] *m* <-s, -e> babuino *m*

Pavillon ['pavɪljõ] *m* <-s, -s> pabellón *m*

Pay-TV *nt* <-, *ohne pl*> televisión *f* privada de pago

Pazifik [pa'tsi:fɪk] *m* <-s> (Océano *m*) Pacífico *m*

pazifisch [pa'tsi:fɪʃ] *adj:* **der P~e Ozean** el Océano Pacífico

Pazifist(in) [patsi'fɪst] *m(f)* <-en, -en; -nen> pacifista *mf*

pazifistisch *adj* pacifista

PC [pe:'tse:] *m* <-(s), -(s)> (*INFOR*) *Abk. von* **Personalcomputer** ordenador *m* personal, computadora *f* personal *Am*

PC-Station *f* (*INFOR*) estación *f* de trabajo con ordenador personal

PDS [pe:de:'ʔɛs] *f* ohne pl *Abk. von* **Partei des Demokratischen Sozialismus** Partido *m* Socialista

Peanuts ['pi:nats] *pl* naderías *fpl*

Pech¹ [pɛç] *nt* <-(e)s, -e> (*Teer*) pez *f;* **die beiden halten zusammen wie ~ und Schwefel** (*fam*) son como uña y carne

Pech² *nt* <-(e)s, *ohne pl*> (*Unglück*) desgracia *f;* (*Missgeschick*) mala suerte *f;* **~ gehabt!** (*fam*) ¡mala suerte!

pechschwarz ['-'-] *adj* negro como la pez; **Pechsträhne** *f* racha *f* de mala suerte; **Pechvogel** *m* (*fam*) desgraciado, -a *m, f;* **ein ~ sein** tener mala suerte

Pedal [pe'da:l] *nt* <-s, -e> pedal *m;* (*fest*) **in die ~e treten** pedalear (fuerte)

Pedant(in) [pe'dant] *m(f)* <-en, -en; -nen> (*abw*) pedante *mf;* (*zimperlich*) tiquismiquis *mf inv*

Pedanterie [pedantə'ri:] *f* ohne pl pedantería *f*

Pedantin *f* <-nen> *s.* **Pedant**

pedantisch *adj* (*abw*) pedante

Pediküre [pedi'ky:rə] *f* ohne pl pedicura *f*

Peeling ['pi:lɪŋ] *nt* <-s, -s> peeling *m,* exfoliación *f*

Peepshow ['piːpʃʊ] f peep-show m
Pegel ['peːgəl] m <-s, -> ❶ (Messgerät: Fluss) fluviómetro m; (Meer) mareógrafo m ❷ (Höhe) nivel m del agua; **Pegelstand** m nivel m del agua
peilen ['paɪlən] vt ❶ (Richtung bestimmen) determinar; (NAUT) marcar ❷ (NAUT: Wassertiefe bestimmen) sondear ❸ (fam: schauen) mirar; **über den Daumen gepeilt** a ojo de buen cubero
Peilgerät nt radiogoniómetro m
Pein [paɪn] f ohne pl (geh: Qual) tormento m, suplicio m; (Kummer) pena f
peinigen ['paɪnɪgən] vt (geh) atormentar
Peiniger(in) m(f) <-s, -; -nen> (geh) torturador(a) m(f)
peinlich adj ❶ (unangenehm) desagradable; (Situation) embarazoso; (Frage) delicado; **es ist mir furchtbar ~, Ihnen das mitteilen zu müssen** me resulta terriblemente desagradable tener que comunicarle esto; **von etw ~ berührt sein** avergonzarse por algo ❷ (genau) meticuloso, minucioso; **~e Ordnung** orden meticuloso
Peinlichkeit¹ f ohne pl (peinliche Art) lo penoso; (das Heikle) lo delicado
Peinlichkeit² f <-en> (etw Peinliches) situación f lamentable
Peitsche ['paɪtʃə] f <-n> látigo m, chicote m Am
peitschen I. vi (Regen) golpear (an/gegen en) II. vt azotar
Peitschenhieb m latigazo m
pejorativ [pejoraˈtiːf] adj peyorativo
Pekinese [pekiˈneːzə] m <-n, -n> pequinés m
Peking ['peːkɪŋ] nt <-s> Pekín m
Pelikan ['peːlikaːn] m <-s, -e> pelícano m, pelicano m
Pelle ['pɛlə] f <-n> (nordd) piel f; **jdm auf die ~ rücken** (fam) pegarse a alguien
pellen I. vt (nordd) pelar; (schälen) mondar II. vr: **sich ~** (nordd) pelarse
Pellkartoffel f patata f cocida con piel
Pelz [pɛlts] m <-es, -e> piel f
pelzig adj peludo; (reg: im Geschmack) áspero
Pelzkragen m cuello m de piel; **Pelzmantel** m abrigo m de piel
Pendant [pãˈdãː] nt <-s, -s> (Gegenstück) pareja f (zu de); (Entsprechung) correspondencia f (zu de); **das ~ zu etw** dat **bilden** hacer juego con algo
Pendel ['pɛndəl] nt <-s, -> péndulo m
pendeln ['pɛndəln] vi ❶ (schwingen) oscilar ❷ sein (hin- und herfahren) viajar (diariamente), ir y volver; **sie pendelt täglich**

nach Köln/zwischen Köln und Bonn viaja diariamente a Colonia/de Colonia a Bonn
Pendelverkehr m tráfico m continuo de un punto a otro
Pendler(in) ['pɛndlɐ] m(f) <-s, -; -nen> viajero, -a m, f diario, -a, conmuter mf
Penes ['peːneːs] pl von **Penis**
penetrant [peneˈtrant] adj ❶ (Geschmack, Geruch) penetrante ❷ (abw: aufdringlich) molesto; (Person) pesado
peng [pɛŋ] interj pum
penibel [peˈniːbəl] adj meticuloso (in con)
Penicillin [penitsɪˈliːn] nt <-s, -e> s. **Penizillin**
Penis ['peːnɪs] m <-, -se o Penes> (geh a. MED) pene m
Penizillin [penitsɪˈliːn] nt <-s, -e> (MED) penicilina f
Pennbruder ['pɛn-] m (fam abw) ❶ (Landstreicher) vagabundo m ❷ (Person, die viel schläft) dormilón m
Penne ['pɛnə] f <-n> (fam) cole m
pennen ['pɛnən] vi (fam) ❶ (schlafen) dormir ❷ (nicht aufpassen) estar distraído
Penner(in) ['pɛnɐ] m(f) <-s, -; -nen> (fam abw) ❶ (Stadtstreicher) vagabundo, -a m, f, atorrante mf CSur ❷ (Schlafmütze) dormilón, -ona m, f
Pensa, Pensen ['pɛnzən] pl von **Pensum**
Pension¹ [pãˈzjoːn, pɛnˈzjoːn] f <-en> ❶ (Rente) jubilación f, pensión f ❷ (Herberge) pensión f
Pension² f ohne pl ❶ (Ruhestand) jubilación f; **in ~ gehen** jubilarse ❷ (Unterkunft und Verpflegung) pensión f; **halbe ~** media pensión; **volle ~** pensión completa
Pensionär(in) [pãzjoˈnɛːɐ, pɛnzjoˈnɛːɐ] m(f) <-s, -e; -nen> ❶ (Ruheständler) jubilado, -a m, f ❷ (Schweiz: Pensionsgast) huésped(a) m(f) de una pensión
pensionieren* [pãzjoˈniːrən, pɛnzjoˈniːrən] vt jubilar; **sich ~ lassen** jubilarse
Pensionierung f <-en> jubilación f
Pensionsalter [pãˈzjoːns-, pɛnˈzjoːns-] nt edad f de jubilación
Pensum ['pɛnzʊm] nt <-s, Pensen o Pensa> (cantidad f de) trabajo m; (Aufgabe) tarea f; **sein ~ erfüllen** cumplir con su tarea
Pentagon nt <-s, ohne pl> (US-Verteidigungsministerium) Pentágono m
Penthaus nt, **Penthouse** ['pɛnthaʊs] nt <-, -s> ático m
Pep [pɛp] m <-(s), ohne pl> chispa f; **~ haben** (fam) tener gancho
Peperoni [pepeˈroːni] f <-> ❶ (scharfe Paprika) pimiento m picante ❷ (Schweiz:

Gemüsepaprika) pimiento *m*

peppig ['pɛpɪç] *adj* gracioso; (*Musik*) marchoso; (*Person*) salado, vivo

per [pɛr] *präp* + *akk* por; ~ **Kilo** por kilo; **er fährt** ~ **Anhalter** viaja a dedo; **sie ist** ~ **du mit ihm** se tutean

perfekt [pɛr'fɛkt] *adj* ① (*vollkommen*) perfecto; **sie spricht** ~ **Spanisch** habla perfectamente español ② (*fam: abgeschlossen*) arreglado; (*Vertrag*) firmado; **die Sache ist** ~ el asunto está arreglado

Perfekt ['pɛrfɛkt] *nt* <-s, -e> (LING) (pretérito *m*) perfecto *m*

Perfektion [pɛrfɛk'tsjoːn] *f ohne pl* perfección *f*; **etw bis zur** ~ **bringen** llevar algo a la perfección

perfektionieren* [pɛrfɛktsjoˈniːrən] *vt* perfeccionar

Perfektionismus [pɛrfɛktsjoˈnɪsmʊs] *m* <-, *ohne pl*> perfeccionismo *m*

Perfektionist(in) [pɛrfɛktsjoˈnɪst] *m(f)* <-en, -en; -nen> perfeccionista *mf*

perfid(e) *adj* pérfido

perforieren* [pɛrfoˈriːrən] *vt* perforar

Pergament [pɛrgaˈmɛnt] *nt* <-(e)s, -e> pergamino *m*; **Pergamentpapier** *nt* papel *m* de pergamino

Periode [peˈrioːdə] *f* <-n> ① (*Zeitabschnitt*) período *m*, época *f* ② (PHYS, MATH, GEO) período *m* ③ (*Menstruation*) período *m*, regla *f*

Periodensystem *nt ohne pl* (CHEM) sistema *m* periódico de elementos

periodisch [peˈrioːdɪʃ] *adj* periódico

peripher [periˈfeːɐ] *adj* periférico

Peripherie [perifeˈriː] *f* <-n> ① (*Randbezirke*) periferia *f* ② (MATH) periferia *f* ③ (INFOR) periférico *m*

Perle ['pɛrlə] *f* <-n> ① (*der Perlmuschel*) perla *f*; (*aus Glas, Holz*) cuenta *f*; **künstliche** ~ perla artificial ② (*Luftblase*) burbuja *f*; (*Schweiß*~) gota *f* (de sudor) ③ (*fam: Hausgehilfin*) alhaja *f*

perlen ['pɛrlən] *vi* ① *haben o sein* (*Perlen bilden*) formar gotas; (*Schweiß*) gotear ② (*Sekt*) burbujear

Perlenkette *f* collar *m* de perlas

Perlhuhn *nt* pintada *f*

Perlmutt ['pɛrlmʊt] *nt* <-s, *ohne pl*> nácar *m*

Perlon® ['pɛrlɔn] *nt* <-s, *ohne pl*> perlón® *m*

permanent [pɛrmaˈnɛnt] *adj* permanente

perplex [pɛrˈplɛks] *adj* (*fam*) perplejo, asombrado

Perser[1] *m* <-s, -> (*fam*), **Perserteppich** *m* alfombra *f* persa

Perser(in)[2] ['pɛrzɐ] *m(f)* <-s, -; -nen> persa

mf

Persien ['pɛrzjən] *nt* <-s> Persia *f*

Persiflage [pɛrziˈflaːʒə] *f* <-n> parodia *f* (*auf* de)

persisch ['pɛrzɪʃ] *adj* persa; **der P~e Golf** el Golfo Pérsico

Person [pɛrˈzoːn] *f* <-en> ① (*Individuum*) persona *f*; **pro** ~ por persona; **juristische** ~ (JUR) entidad legal; **natürliche** ~ (JUR) persona física; **ich für meine** ~ **...** en cuanto a mi persona...; **Angaben zur** ~ **machen** dar los datos personales; **er ist die Geduld in** ~ es la paciencia en persona; **jdn zur** ~ **vernehmen** pedir los datos personales a alguien ② (*Gestalt*) personaje *m*

Personal [pɛrzoˈnaːl] *nt* <-s, *ohne pl*> personal *m*; **Personalabbau** *m* reducción *f* de personal; **Personalabteilung** *f* sección *f* de personal; **Personalakte** *f* hoja *f* de servicios

Personalausweis *m* ≈carnet *m* de identidad

Personalbüro *nt* oficina *f* de personal; **Personalchef(in)** *m(f)* jefe, -a *m*, *f* de personal

Personalcomputer *m* ordenador *m* personal, computadora *f* personal *Am*

Personalien [pɛrzoˈnaːliən] *pl* datos *mpl* personales

Personalkosten *pl* (WIRTSCH) gastos *mpl* de personal

Personalpronomen *nt* (LING) pronombre *m* personal

personell [pɛrzoˈnɛl] *adj* ① (*das Personal betreffend*) respecto al personal; ~ **e Veränderungen** cambios en el personal ② (*die Person betreffend*) personal

Personenaufzug *m* ascensor *m*; **Personenbeförderung** *f ohne pl* transporte *m* de viajeros; **Personenbeschreibung** *f* descripción *f* de la persona; **Personengedächtnis** *nt* memoria *f* de personas; **Personenkraftwagen** *m* (*formal*) automóvil *m*; **Personenkreis** *m* círculo *m* de personas; **Personenkult** *m* (*abw*) culto *m* a la persona; **Personennahverkehr** *m* (AUTO) tráfico *m* de cercanías; **Personenschaden** *m* (JUR) daños *mpl* personales; **Unfall mit** ~ accidente con daños personales; **Personenschutz** *m* custodia *f* personal; **Personenverkehr** *m* transporte *m* de viajeros; **öffentlicher/privater** ~ transporte público/privado de viajeros; **Personenwaage** *f* báscula *f* de baño; **Personenwagen** *m* automóvil *m*

Personifikation [pɛrzonifikaˈtsjoːn] *f* <-en> personificación *f*

personifizieren* [pɛrzonifiˈtsiːrən] *vt* personificar

persönlich [pɛrˈzøːnlɪç] *adj* ❶ (*allgemein*) personal; **ein ~es Gespräch** una conversación personal; **etw ~ nehmen** tomarse algo a pecho ❷ (*selbst*) en persona; **die Ministerin ~** la ministra en persona; **ich ~** yo por mi parte; **jdn ~ kennen** conocer a alguien personalmente; **~ erscheinen** acudir personalmente

Persönlichkeit *f* <-en> personalidad *f*; **Persönlichkeitsentfaltung** *f* (PSYCH) desarrollo *m* de la personalidad; **Persönlichkeitsstörung** *f* (PSYCH) trastorno *m* de la personalidad

Perspektive [pɛrspɛkˈtiːvə] *f* <-n> perspectiva *f*; (*Blickwinkel*) punto *m* de vista; **aus meiner ~** desde mi punto de vista

perspektivisch *adj* en perspectiva; **~e Verkürzung** escorzo *m*

perspektivlos [pɛrspɛkˈtiːf-] *adj* sin perspectivas

Perspektivlosigkeit *f ohne pl* falta *f* de perspectivas

Peru [peˈruː] *nt* <-s> Perú *m*

Peruaner(in) [peruˈaːnɐ] *m(f)* <-s, -; -nen> peruano, -a *m, f*

peruanisch *adj* peruano

Perücke [peˈrʏkə] *f* <-n> peluca *f*

pervers [pɛrˈvɛrs] *adj* perverso

Perversion [pɛrvɛrˈzjoːn] *f* <-en> perversión *f*

Perversität [pɛrvɛrziˈtɛːt] *f* <-en> perversidad *f*

pervertieren* [pɛrvɛrˈtiːrən] *vi, vt* pervertir (*zu* a)

pesen [ˈpeːzən] *vi* (*fam*) ir a toda mecha

Pesete [peˈzeːtə] *f* <-n> peseta *f*

Pessar [pɛˈsaːɐ] *nt* <-s, -e> (MED) pesario *m*, óvalo *m Am*; (*zur Verhütung*) diafragma *m*

Pessimismus [pɛsiˈmɪsmʊs] *m* <-, ohne *pl*> pesimismo *m*

Pessimist(in) [pɛsiˈmɪst] *m(f)* <-en, -en; -nen> pesimista *mf*

pessimistisch *adj* pesimista

Pest [pɛst] *f ohne pl* peste *f*; **jdn wie die ~ hassen** (*fam*) odiar a alguien a muerte; **jdm die ~ an den Hals wünschen** (*fam*) desearle a alguien lo peor; **es stinkt wie die ~** (*fam*) huele que apesta

Pestizid [pɛstiˈtsiːt] *nt* <-s, -e> pesticida *m*

Petersilie [petɐˈziːljə] *f ohne pl* perejil *m*

Petition [petiˈtsjoːn] *f* <-en> petición *f*, solicitud *f*

Petroleum [peˈtroːleʊm] *nt* <-s, ohne *pl*> petróleo *m*; **Petroleumlampe** *f* lámpara *f* de petróleo

Petting [ˈpɛtɪŋ] *nt* <-(s), -s> magreo *m*,

toqueteo *m Am*

petto [ˈpɛto] (*fam*): **etw in ~ haben** traer algo en la manga

Petze [ˈpɛtsə] *f* <-n> (*fam abw*) chivato, -a *m, f*

petzen [ˈpɛtsən] *vt* (*fam abw*) chivar(se) (*bei* a)

Pf *Abk. von* **Pfennig** pfennig *m*

Pfad [pfaːt] *m* <-(e)s, -e> ❶ (*Weg*) senda *f*, trilla *f Mex* ❷ (INFOR) camino *m*

Pfadfinder(in) *m(f)* explorador(a) *m(f)*, scout *mf*

Pfaffe [ˈpfafə] *m* <-n, -n> (*abw*) pastor *m*

Pfahl [pfaːl, *pl:* ˈpfɛːlə] *m* <-(e)s, Pfähle> palo *m*; (*Pfosten*) poste *m*; **Pfahlbau** *m* palafito *m*

Pfalz [pfalts] *f* Palatinado *m*

Pfälzer(in) [ˈpfɛltsɐ] *m(f)* <-s, -; -nen> palatino, -a *m, f*

pfälzisch [ˈpfɛltsɪʃ] *adj* palatino

Pfand [pfant, *pl:* ˈpfɛndə] *m* <-(e)s, Pfänder> prenda *f*; (*~ geld*) garantía *f*; (*für Flaschen*) dinero *m* por el envase; **ein ~ hinterlassen** dejar algo como prenda

pfändbar [ˈpfɛntbaːɐ] *adj* embargable

Pfandbrief *m* (FIN) cédula *f* hipotecaria

pfänden [ˈpfɛndən] *vt* embargar

Pfandflasche *f* botella *f* retornable; **Pfandgeld** *nt* fianza *f*; **Pfandhaus** *nt*, **Pfandleihe** *f* <-n> monte *m* de piedad; **Pfandschein** *m* papeleta *f* de empeño

Pfändung *f* <-en> embargo *m*

Pfanne [ˈpfanə] *f* <-n> ❶ (*Brat~*) sartén *f*, paila *f Am*; **jdn in die ~ hauen** (*fam: ausschimpfen*) echar una bronca a alguien; (*fertig machen*) dejar a alguien como un trapo ❷ (*Dach~*) teja *f* flamenca

Pfannkuchen *m* crepe *f*, panqueque *m Am*, panqué *m Cuba, Mex*

Pfarramt [ˈpfarʔamt] *nt* ❶ (*Amt*) curato *m* ❷ (*Dienststelle*) parroquia *f*; **Pfarrbezirk** *m* parroquia *f*

Pfarrei [pfaˈraɪ] *f* <-en> parroquia *f*

Pfarrer¹ [ˈpfarɐ] *m* <-s, -> (*katholisch*) párroco *m*

Pfarrer(in)² *m(f)* <-s, -; -nen> pastor(a) *m(f)*

Pfarrgemeinde *f* parroquia *f*; **Pfarrhaus** *nt* casa *f* parroquial; **Pfarrkirche** *f* iglesia *f* parroquial

Pfau [pfaʊ] *m* <-(e)s, -en> (ZOOL) pavo *m* real; **Pfauenauge** *nt* (ZOOL) pavón *m*

Pfeffer [ˈpfɛfɐ] *m* <-s, -> pimienta *f*; **er kann hingehen, wo der ~ wächst** (*fam*) que se vaya al diablo; **Pfefferkorn** *nt* grano *m* de pimienta

Pfefferminzbonbon *nt* caramelo *m* de menta

Pfefferminze [pfɛfɛ'mɪntsə] *f ohne pl* menta *f*, pepermín *m Am;* **Pfefferminztee** *m* té *m* de menta

Pfeffermühle *f* molinillo *m* de pimienta

pfeffern ['pfɛfɐn] *vt* ❶ (GASTR) sazonar con pimienta; **gepfefferte Preise** precios exorbitantes ❷ (*fam: werfen*) tirar con violencia; **ich habe ihm eine gepfeffert** le he pegado una bofetada

Pfefferstreuer *m* <-s, -> pimentero *m*

Pfeife ['pfaɪfə] *f* <-n> ❶ (MUS) pífano *m;* (*Signal~*) pito *m;* (*Orgel~*) tubo *m* (de órgano); **nach jds ~ tanzen** (*fam fig*) bailar al son de alguien ❷ (*Tabak~*) pipa *f*, cachimba *f Am* ❸ (*fam abw: Person*) inútil *mf*

pfeifen ['pfaɪfən] <pfeift, pfiff, gepfiffen> *vi, vt* silbar; **draußen pfiff der Wind** fuera silbaba el viento; **ich pfeife auf ...** ... me importa un bledo

Pfeifenkopf *m* cabeza *f* de la pipa; **Pfeifenreiniger** *m* limpiador *m* de pipa; **Pfeifenstopfer** *m* <-s, -> pisón *m* (para pipas); **Pfeifentabak** *m* tabaco *m* de pipa

Pfeifkonzert *nt* abucheo *m;* **Pfeifton** *m* silbido *m*

Pfeil [pfaɪl] *m* <-(e)s, -e> flecha *f*, jara *f Guat, Mex;* ~ **und Bogen** arco y flechas

Pfeiler ['pfaɪlɐ] *m* <-s, -> (*a. fig*) pilar *m;* (*Brücken~*) pila *f*

pfeilschnell ['-'-] *adj* (rápido) como una flecha; **Pfeilspitze** *f* punta *f* de la flecha

Pfennig ['pfɛnɪç] *m* <-s, -e> pfennig *m*, ≈céntimo *m;* **ich habe keinen ~ dabei** estoy sin un duro; **sie dreht jeden ~ (dreimal) 'rum** (*fam*) gasta el dinero con cuentagotas; **das ist keinen ~ wert** esto no vale un duro

Pfennigabsatz *m* (*fam*) tacón *m* de aguja

Pfennigfuchser(in) [-fʊksɐ] *m(f)* <-s, -; -nen> (*fam*) tacaño, -a *m, f*

pferchen *vt* apretujar

Pferd ['pfeːɐt] *nt* <-(e)s, -e> ❶ (*Tier*) caballo *m*, pingo *m CSur;* **auf ein ~ steigen** montar sobre un caballo; **vom ~ steigen** desmontar; **ein ~ reiten** montar un caballo; **zu ~e** a caballo; **ich denk', mich tritt ein ~** (*fam*) esto es una sorpresa; **wie ein ~ arbeiten** (*fam*) trabajar como una bestia; **keine zehn ~e brächten ihn dahin/dazu** (*fam*) de ningún modo iría/lo haría; **das ~ am Schwanz aufzäumen** (*fam fig*) empezar la casa por el tejado; **mit ihr kann man ~e stehlen** (*fam*) se puede contar con ella para todo; **jetzt mach nicht die ~e scheu!** (*fam*) ¡no me alborotes el gallinero! ❷ (*Schachfigur*) caballo *m* ❸ (*Turngerät*) potro *m;* **Pferdeapfel** *m*

bosta *f* (de caballo); **Pferdefuß** *m* ❶ (ZOOL) pie *m* de caballo ❷ (*Nachteil*) pero *m;* **Pferderennbahn** *f* hipódromo *m*, cancha *f Am;* **Pferderennen** *nt* carrera *f* de caballos, polla *f Arg*, burros *mpl Arg;* **Pferdeschwanz** *m* cola *f* de caballo; **Pferdestall** *m* cuadra *f*, caballeriza *f;* **Pferdestärke** *f* (TECH) caballo *m* de vapor; **Pferdewagen** *m* carruaje *m* de caballos; **Pferdezucht** *f* cría *f* de caballos

pfiff [pfɪf] *3. imp von* **pfeifen**

Pfiff [pfɪf] *m* <-(e)s, -e> silbido *m;* (*einer Pfeife*) pitido *m;* **etw hat ~** (*fam*) algo tiene un toque especial

Pfifferling ['pfɪfɐlɪŋ] *m* <-s, -e> cantarela *f;* **ihre Beteuerungen sind keinen ~ wert** (*fam*) sus afirmaciones no valen un pimiento

pfiffig ['pfɪfɪç] *adj* pillo; (*witzig*) con gracia

Pfiffikus ['pfɪfikʊs] *m* <-(ses), -se> (*fam*) perillán, -ana *m, f*

Pfingsten ['pfɪŋstən] *nt* <-, -> Pentecostés *m*

Pfingstmontag [-'--] *m* Lunes *m* de Pentecostés; **Pfingstrose** *f* peonia *f*, peonía *f;* **Pfingstsonntag** [-'--] *m* Domingo *m* de Pentecostés

Pfirsich ['pfɪrzɪç] *m* <-(e)s, -e> melocotón *m*, durazno *m Am;* **Pfirsichbaum** *m* melocotonero *m*, duraznero *m Am*

Pflanze ['pflantsə] *f* <-n> planta *f*

pflanzen *vt* plantar

Pflanzenfaser *f* fibra *f* vegetal; **Pflanzenfett** *nt* (GASTR) grasa *f* vegetal; **Pflanzenfresser** *m* <-s, -> (ZOOL) herbívoro *m;* **Pflanzenkunde** *f ohne pl* botánica *f;* **Pflanzenöl** *nt* (GASTR) aceite *m* vegetal; **Pflanzenreich** *nt ohne pl* reino *m* vegetal

Pflanzenschutz *m* protección *f* de las plantas; **biologischer ~** (medidas de) protección biológica de las plantas; **Pflanzenschutzmittel** *nt* pesticida *m;* **Pflanzenwelt** *f ohne pl* flora *f* vegetal

pflanzlich *adj* vegetal

Pflanzung *f* <-en> plantío *m;* (*Plantage*) plantación *f*

Pflaster ['pflastɐ] *nt* <-s, -> ❶ (*aus Asphalt*) pavimento *m;* (*Kopfstein~*) adoquinado *m;* **ein heißes ~** (*fam*) un lugar peligroso ❷ (*Verband*) esparadrapo *m;* (*Heft~*) tirita *f*

pflastern ['pflastɐn] *vt* pavimentar; (*mit Kopfsteinpflaster*) adoquinar; (*mit Steinplatten*) enlosar

Pflasterstein *m* adoquín *m*

Pflaume ['pflaʊmə] *f* <-n> ❶ (*Frucht*) ciruela *f* ❷ (*Baum*) ciruelo *m* ❸ (*fam abw:*

Mensch) pedazo *m* de alcornoque; **Pflaumenbaum** *m* ciruelo *m;* **Pflaumenmus** *nt* <-es, -e> mermelada *f* de ciruela

Pflege ['pfle:gə] *f ohne pl* ❶ (*Kranken~*) asistencia *f;* (*Körper~*) aseo *m;* (*von Kindern, Tieren*) cuidado *m;* **jdn/ein Tier bei jdm in ~ geben** entregar alguien/un animal al cuidado de alguien; **jdn/ein Tier in ~ nehmen** hacerse cargo (del cuidado) de alguien/de un animal ❷ (*Instandhaltung*) mantenimiento *m* ❸ (*von Beziehungen*) cultivo *m;* (*der Kunst, Wissenschaft*) fomento *m;* **pflegebedürftig** *adj* que necesita cuidados; **Pflegedienst** *m* servicio *m* asistencial; **Pflegeeltern** *pl* padres *mpl* tutelares; **Pflegefall** *m* enfermo, -a *m, f* bajo continua vigilancia médica; **Pflegeheim** *nt* residencia *f* asistida; **Pflegekind** *nt* niño, -a *m, f* en tutela; **pflegeleicht** *adj* ❶ (*Gegenstand*) de fácil cuidado; (*Mensch*) fácil de tratar ❷ (*Wäsche*) de fácil lavado; **Pflegemutter** *f* madre *f* tutelar

pflegen ['pfle:gən] **I.** *vt* ❶ (*Kranke*) cuidar, atender ❷ (*Garten, Körper*) cuidar; (*Gebäude*) conservar ❸ (*Beziehungen*) mantener; (*Freundschaft, Kunst*) cultivar **II.** *vi* soler *+inf;* **er pflegte zu sagen ...** solía decir...

Pflegepersonal *nt* personal *m* sanitario

Pfleger(in) *m(f)* <-s, -; -nen> ❶ (*Kranken~*) enfermero, -a *m, f* ❷ (*Tier~*) cuidador(a) *m(f)* de animales ❸ (JUR) tutor(a) *m(f)*

Pflegesatz *m* costo *m* diario por la asistencia del paciente; **Pflegespülung** *f* acondicionador *m;* **Pflegevater** *m* padre *m* tutelar; **Pflegeversicherung** *f* seguro de enfermedad para casos de invalidez

pfleglich ['pfle:klıç] **I.** *adj* cuidadoso **II.** *adv* con cuidado; **etw ~ behandeln** tratar algo con cuidado

Pflegschaft *f* <-en> (JUR) curatela *f;* (*Vormundschaft*) tutela *f*

Pflicht [pflıçt] *f* <-en> ❶ (*Notwendigkeit*) deber *m;* (*Verpflichtung*) obligación *f;* **ich halte es für meine ~ ihm zu helfen** considero que es mi obligación ayudarle; **Rechte und ~en** derechos y deberes; **seine ~en kennen/erfüllen** conocer sus/cumplir con sus deberes; **die ~ ruft** el deber llama; **ich tue nur meine ~** sólo cumplo con mi deber ❷ (SPORT) ejercicio *m* obligatorio; **pflichtbewusst** *adj* cumplidor; **Pflichtbewusstsein** *nt* sentido *m* del deber; **Pflichtfach** *nt* (UNIV, SCH) asignatura *f* obligatoria; (*im Grundstudium*) asignatura *f* común; **Pflichtgefühl** *nt*

ohne pl sentido *m* del deber; **pflichtgemäß I.** *adj* debido **II.** *adv* conforme a su deber; **Pflichtübung** *f* (SPORT) ejercicio *m* obligatorio; **Pflichtverteidiger(in)** *m(f)* (JUR) defensor(a) *m(f)* de oficio

Pflock [pflɔk, *pl:* 'pflœkə] *m* <-(e)s, Pflöcke> estaca *f*

pflücken ['pflʏkən] *vt* coger

Pflücker(in) *m(f)* <-s, -; -nen> recolector(a) *m(f)*

Pflug [pflu:k, *pl:* 'pfly:gə] *m* <-(e)s, Pflüge> arado *m*

pflügen ['pfly:gən] *vi, vt* arar

Pflümli ['pfly:mli] *nt* <-, -s> (*Schweiz*) aguardiente *m* de ciruela

Pforte ['pfɔrtə] *f* <-n> puerta *f*

Pförtner(in) ['pfœrtnɐ] *m(f)* <-s, -; -nen> portero, -a *m, f;* **Pförtnerloge** *f* portería *f*

Pfosten ['pfɔstən] *m* <-s, -> poste *m;* (*Tür~*) jamba *f*

Pfote ['pfo:tə] *f* <-n> ❶ (*von Tieren*) pata *f* ❷ (*fam: Hand*) pezuña *f,* pata *f;* **sich** *dat* **bei etw die ~n verbrennen** meter la pata

pfropfen ['pfrɔpfən] *vt* ❶ (*veredeln*) injertar ❷ (*fam: hineinstopfen*) meter a la fuerza; **mit etw voll gepfropft sein** estar repleto de algo

Pfropfen ['pfrɔpfən] *m* <-s, -> tapón *m*

Pfründe ['pfrʏndə] *f* <-n> (REL) prebenda *f*

pfui [pfʊi] *interj* puaj; **~ Teufel!** ¡qué asco!

Pfund [pfʊnt] *nt* <-(e)s, -e> ❶ (*Gewichtseinheit*) libra *f,* medio kilo *m;* **einige ~e abnehmen** adelgazar unos kilos ❷ (*Währungseinheit*) libra *f;* **~ Sterling** libra esterlina

pfundig ['pfʊndıç] *adj* (*fam*) fenomenal

Pfundskerl *m* (*fam*) tío, -a *m, f* estupendo, -a

Pfusch [pfʊʃ] *m* <-(e)s, *ohne pl*> (*fam abw*), **Pfuscharbeit** *f ohne pl* (*fam abw*) chapuza *f,* bodoque *m Mex*

pfuschen ['pfʊʃən] *vi* ❶ (*fam abw: schludern*) chapucear ❷ (*reg: schummeln*) timar, hacer trampas

Pfuscher(in) *m(f)* <-s, -; -nen> (*fam abw*) chapucero, -a *m, f*

Pfuscherei *f* <-en> (*fam abw*) chapucería *f*

Pfuscherin *f* <-nen> *s.* **Pfuscher**

Pfütze ['pfʏtsə] *f* <-n> charco *m*

Phallus ['falʊs] *m* <-, -se *o* Phalli *o* Phallen> falo *m*

Phänomen [fɛnoˈmeːn] *nt* <-s, -e> fenómeno *m*

phänomenal [fɛnomeˈnaːl] **I.** *adj* fenomenal **II.** *adv* (*fam*) fenómeno, fenomenal

Phantasie [fantaˈziː] *f* <-n> *s.* **Fantasie;**
Phantasiegebilde *nt s.* **Fantasiege-**

bilde
phantasielos *adj s.* fantasielos
Phantasielosigkeit *f ohne pl s.* Fantasielosigkeit
phantasieren* [fanta'zi:rən] *vi s.* fantasieren
phantasievoll *adj s.* fantasievoll
Phantast(in) [fan'tast] *m(f)* <-en, -en;
-nen> *s.* Fantast
Phantasterei *f* <-en> *s.* Fantasterei
Phantastin *f* <-nen> *s.* Phantast
phantastisch *adj s.* fantastisch
Phantom [fan'to:m] *nt* <-s, -e> fantasma
m; **Phantombild** *nt* retrato *m* robot;
Phantomschmerz *m* (MED) dolor *m* imaginario
Pharao ['fa:rao, *pl:* fara'o:nən] *m* <-s, -nen>
faraón *m*
Pharisäer [fari'zɛ:ɐ] *m* <-s, -> ❶ (REL) fariseo *m* ❷ (*Getränk*) café *m* con ron y crema
Pharmaindustrie *f ohne pl* industria *f* far-
macéutica
Pharmakologe, **-in** [farmako'lo:gə] *m*, *f*
<-n, -n; -nen> farmacólogo, -a *m*, *f*
Pharmakologie [farmakolo'gi:] *f ohne pl*
farmacología *f*
Pharmakologin *f* <-nen> *s.* Pharmako-
loge
pharmakologisch *adj* farmacológico
Pharmazeut(in) [farma'tsɔɪt] *m(f)* <-en,
-en; -nen> farmacéutico, -a *m*, *f*
Pharmazeutik [farma'tsɔɪtɪk] *f ohne pl*
ciencia *f* farmacéutica
Pharmazeutin *f* <-nen> *s.* Pharmazeut
pharmazeutisch *adj* farmacéutico
Pharmazie [farma'tsi:] *f ohne pl* farmacia *f*
Phase ['fa:zə] *f* <-n> ❶ (*Zeitstufe*) fase *f,*
ráfaga *f And, CSur* ❷ (CHEM, PHYS, ELEK,
ASTR) fase *f*
Philharmonie [fɪlharmo'ni:] *f* <-n> ❶ (*Orchester*) orquesta *f* filarmónica ❷ (*Ge-
bäude*) auditorio *m;* (*Konzertsaal*) sala *f*
de conciertos
Philharmoniker(in) [fɪlhar'mo:nikɐ] *m(f)*
<-s, -; -nen> filarmónico, -a *m*, *f*
Philippinen [filɪ'pi:nən] *pl* Filipinas *fpl*
Philippiner(in) [filɪ'pi:nɐ] *m(f)* <-s, -;
-nen> filipino, -a *m*, *f*
philippinisch [filɪ'pi:nɪʃ] *adj* filipino
Philologe, **-in** [filo'lo:gə] *m*, *f* <-n, -n;
-nen> filólogo, -a *m*, *f*
Philologie [filolo'gi:] *f* <-n> filología *f*
Philologin *f* <-nen> *s.* Philologe
philologisch *adj* filológico
Philosoph(in) [filo'zo:f] *m(f)* <-en, -en;
-nen> filósofo, -a *m*, *f*
Philosophie [filozo'fi:] *f* <-n> filosofía *f*
philosophieren* [filozo'fi:rən] *vi* filosofar

(*über* sobre)
Philosophin *f* <-nen> *s.* Philosoph
philosophisch [filo'zo:fɪʃ] *adj* filosófico
phlegmatisch *adj* flemático
Phobie [fo'bi:] *f* <-n> (MED) fobia *f* (*vor* a)
Phon [fo:n] *nt* <-s, -s> fon *m*
Phonetik [fo'ne:tɪk] *f ohne pl* (LING) fonética *f*
phonetisch *adj* (LING) fonético
Phönix ['fø:nɪks] *m* <-(es), -e> fénix *m*
Phönizier(in) [fø'ni:tsiɐ] *m(f)* <-s, -; -nen>
fenicio, -a *m*, *f*
Phonotypist(in) [fonoty'pɪst] *m(f)* <-en,
-en; -nen> fonotipista *mf*
Phosphat [fɔs'fa:t] *nt* <-(e)s, -e> fosfato *m*
Phosphor ['fɔsfo:ɐ] *m* <-s, -e> (CHEM) fósforo *m*
phosphoreszieren* [fɔsforɛs'tsi:rən] *vi* fosforecer
Photo ['fo:to] *m o nt* <-s, -s> *s.* Foto; **Pho-
toapparat** *m s.* Fotoapparat
photogen [foto'ge:n] *adj s.* fotogen
Photographie [fotogra'fi:] *f* <-n> *s.* Fotografie
Photosynthese [foto-] *f ohne pl s.* Fotosynthese
Phrase ['fra:zə] *f* <-n> ❶ (LING) giro *m*
❷ (*abw: inhaltsleere Formel*) frase *f;* ~**n**
dreschen (*fam*) hablar con clichés
❸ (MUS) frase *f*
pH-Wert *m* (CHEM) (valor *m*) PH *m*
Physik [fy'zi:k] *f ohne pl* física *f*
physikalisch [fyzi'ka:lɪʃ] *adj* físico
Physiker(in) ['fy:zikɐ] *m(f)* <-s, -; -nen>
físico *mf*
Physiognomie [fyziogno'mi:] *f* <-n> (*geh*)
fisonomía *f*
Physiologie [fyziolo'gi:] *f ohne pl* fisiología *f*
physiologisch [fyzio'lo:gɪʃ] *adj* fisiológico
Physiotherapeut(in) [fyzio-] *m(f)* fisioterapeuta *mf*
Physiotherapie [fyzio-] *f ohne pl* fisioterapia *f*
physisch ['fy:zɪʃ] *adj* físico
Pi [pi:] *nt* <-(s), *ohne pl*> (MATH) pi *f;* ~ **mal
Daumen** (*fam*) a ojo
Pianist(in) [pja'nɪst] *m(f)* <-en, -en; -nen>
pianista *mf*
Piano ['pja:no] *nt* <-s, -s> piano *m* vertical
picheln ['pɪçəln] *vi* (*fam*) copear
Pickel ['pɪkəl] *m* <-s, -> ❶ (*Spitzhacke*)
pico *m;* (*Eis~*) piolet *m* ❷ (*auf der Haut*)
espinilla *f*
pickelig ['pɪk(e)lɪç] *adj* lleno de espinillas
picken ['pɪkən] *vt, vi* ❶ (*Vogel*) picotear
(*nach*) ❷ (*heraussuchen*) escoger (*aus*
entre)

Picknick ['pɪknɪk] *nt* <-s, -s *o* -e> picnic *m*

picknicken *vi* hacer pic-nic, ir de pic-nic

picobello ['pi:ko'bɛlo] *adj inv* (*fam*) impecable

piekfein ['pi:k'faɪn] *adj* (*fam*) elegante; **pieksauber** ['-'--] *adj* (*fam*) impecable

piep [pi:p] *interj* pío; **er konnte nicht mehr ~ sagen** (*fam*) ya no pudo decir ni pío

Piep [pi:p] *m* <-s, -e> (*fam*) pío *m;* **sie sagte keinen ~** (*fam*) no dijo ni pío; **der sagt keinen ~ mehr** (*fam*) este está tieso

piepegal ['--'-] *adj* (*fam*): **das ist mir ~** me importa un comino

piepen ['pi:pən] *vi* (*Vogel*) piar; (*Maus*) chillar; (*Funkgerät*) hacer ruidos; **bei der piept's wohl!** (*fam*) ¡está tocada (del ala)!; **das ist ja zum P~!** (*fam*) ¡es para morirse de risa!

Piepen *pl* (*fam*) pelas *fpl*

piepsen ['pi:psən] *vi* ❶ *s.* **piepen** ❷ (*sprechen*) hablar a voz aguda

Piepser *m* <-s, -> ❶ (*Piep*) pío *m* ❷ (*fam: Empfänger*) busca *m*

piepsig *adj* (*Stimme*) agudo

Pier [pi:ɐ] *m* <-s, -e *o* -s> muelle *m*

Piercing ['pi:ɐsɪŋ] *nt* <-s, -s> piercing *m*

piesacken ['pi:zakən] *vt* (*fam*) molestar, jorobar

pieseln ['pi:zəln] *vi* (*fam*) ❶ (*nieseln*) lloviznar ❷ (*urinieren*) orinar

Pietät [pie'tɛːt] *f ohne pl* (*geh*) piedad *f;* (*Respekt*) respeto *m;* **pietätlos** *adj* (*geh*) irreverente

pietistisch [pie'tɪstɪʃ] *adj* pietista

Pigment [pɪ'ɡmɛnt] *nt* <-(e)s, -e> pigmento *m*

Pik [pi:k] *nt* <-s, *ohne pl*> (*französische Karten*) pica *f;* (*spanische Karten*) espadas *fpl*

pikant [pi'kant] *adj* picante

Pike ['pi:kə] *f* (*fam*): **etw von der ~ auf lernen** aprender algo desde abajo

piken ['pi:kən] **I.** *vi* (*fam*) picar **II.** *vt* (*fam*) pinchar

pikiert [pi'ki:ɐt] *adj* mosqueado

Pikkolo ['pɪkolo] *m* <-s, -s> ❶ (*Kellnerlehrling*) aprendiz *m* de camarero ❷ (*fam: Sektflasche*) benjamín *m*

Pikkoloflöte *f* flautín *m*

piksen ['pi:ksən] *vi, vt s.* **piken**

Pilger(in) ['pɪlɡɐ] *m(f)* <-s, -; -nen> peregrino, -a *m, f;* **Pilgerfahrt** *f* peregrinación *f*

Pilgerin *f* <-nen> *s.* **Pilger**

pilgern ['pɪlɡɐn] *vi sein* peregrinar (*nach* a)

Pille ['pɪlə] *f* <-n> ❶ (*Tablette*) pastilla *f;* **eine ~ nehmen** tomar una pastilla; **eine**

bittere ~ (*fam*) un trago amargo ❷ (*fam: Antibaby~*) píldora *f* (anticonceptiva); **die ~ danach** la píldora del día después; **Pillenknick** *m* descenso *m* de la natalidad (*a causa de la píldora anticonceptiva*)

Pilot(in) [pi'lo:t] *m(f)* <-en, -en; -nen> piloto *mf*

Pilotfilm *m* (TV) episodio *m* piloto

Pilotin *f* <-nen> *s.* **Pilot**

Pilotprojekt *nt,* **Pilotversuch** *m* proyecto *m* piloto

Pils [pɪls] *nt* <-, ->, **Pils(e)ner** *nt* <-s, -> cerveza *f* tipo Pilsen

Pilz [pɪlts] *m* <-es, -e> (BOT, MED) hongo *m;* (*mit Hut*) seta *f*, nanacate *m Mex;* **wie ~e aus dem Boden schießen** brotar como los hongos; **Pilzerkrankung** *f* micosis *f inv*

Pimmel ['pɪməl] *m* <-s, -> (*fam*) pito *m*, pichula *f Chil*

Pimpf [pɪmpf] *m* <-(e)s, -e> (*fam: Knirps*) crío *m;* (*abw*) renacuajo *m*

PIN *f* <-s, -s> *Abk. von* **personal identification number** pin *m*

pingelig ['pɪŋəlɪç] *adj* (*fam*) tiquismiquis

Pingpong ['pɪŋpɔŋ] *nt* <-s, *ohne pl*> pingpong *m*

Pinguin ['pɪŋgui:n] *m* <-s, -e> pingüino *m*

Pinie ['pi:niə] *f* <-n> pino *m* piñonero

pink [pɪŋk] *adj* (rosa) fucsia

Pinkel ['pɪŋkəl] *m* <-s, -(s)> (*fam abw*) don *m* nadie; **ein feiner ~** un petimetre

pinkeln ['pɪŋkəln] *vi* (*fam*) mear

Pinnwand ['pɪn-] *f* tablón *m* de notas

Pinscher ['pɪnʃɐ] *m* <-s, -> (perro *m*) grifón *m*

Pinsel ['pɪnzəl] *m* <-s, -> ❶ (*des Malers: fein*) pincel *m;* (*dick*) brocha *f* ❷ (*fam: Dummkopf*) bobo, -a *m, f*

pinseln *vi, vt* ❶ (*fam: malen*) pintar ❷ (*fam: schreiben*) escribir ❸ (MED: *Rachen, Zahnfleisch*) tocar

Pinte ['pɪntə] *f* <-n> (*fam*) tasca *f*

Pinzette [pɪn'tsɛtə] *f* <-n> pinza(s) *f(pl)*

Pionier(in) [pio'ni:ɐ] *m(f)* <-s, -e; -nen> ❶ (MIL) gastador(a) *m(f)* ❷ (*Wegbereiter*) pionero, -a *m, f;* **Pionierarbeit** *f ohne pl* labor *m* de pionero; **~ leisten** abrir nuevos caminos

Pionierin *f* <-nen> *s.* **Pionier**

Pipapo ['pi:'pa:'po:] *nt ohne pl* (*fam*): **mit allem ~** con todos sus requisitos

Pipeline ['paɪplaɪn] *f* <-s> (*für Gas*) gasoducto *m;* (*für Öl*) oleoducto *m*

Pipette [pi'pɛtə] *f* <-n> pipeta *f*

Pipi ['pɪpi, pi'pi:] *nt* <-s, *ohne pl*> (*fam*) pis *m inv*, pichi *m CSur;* **~ machen** hacer pis

Pipifax ['pɪpifaks] *m* <-, *ohne pl*> (*fam*

abw: Unsinn) disparates *mpl*; (*Nichtigkeiten*) bagatela *f*

Piranha [pi'ranja] *m* <-(s), -s> (ZOOL) piraña *f*; caribe *m Ven*

Pirat(in) [pi'ra:t] *m(f)* <-en, -en; -nen> pirata *mf*; **Piratensender** *m* emisora *f* pirata

Piratin *f* <-nen> *s.* **Pirat**

Pirouette [piru'ɛtə] *f* <-n> pirueta *f*

Pirsch [pɪrʃ] *f ohne pl* caza *f* (al acecho); **auf** (**die**) ~ **gehen** ir a cazar

Pisse ['pɪsə] *f ohne pl* (*vulg*) meada *f*

pissen ['pɪsən] *vi* ❶ (*vulg: urinieren*) mear ❷ (*fam: regnen*) llover

Pissoir [pɪ'soa:ɐ, *pl:* -es, -rə] *nt* <-s, -s *o* -e> urinario *m*

Pistazie [pɪs'ta:tsiə] *f* <-n> pistacho *m*

Piste ['pɪstə] *f* <-n> (SPORT, AERO) pista *f*

Pistole [pɪs'to:lə] *f* <-n> pistola *f*, cachimba *f Chil*; **jdm die ~ auf die Brust setzen** (*fam fig*) poner a alguien la pistola al pecho; **wie aus der ~ geschossen** (*fam fig*) como una bala

pittoresk [pɪto'rɛsk] *adj* (*geh*) pintoresco

Pixelgrafik *f* (INFOR) gráfico *m* pixelado [*o* de pixel], gráfica *f* de píxeles

Pizza ['pɪtsa] *f* <-s *o* Pizzen> pizza *f*

Pkw *m* <-(s), -(s)> *Abk. von* **Personenkraftwagen** automóvil *m*

Plackerei *f* <-en> (*fam*) trabajo *m* pesado

plädieren* [plɛ'di:rən] *vi* ❶ (JUR) abogar (*auf/für* por) ❷ (*sich einsetzen*) abogar (*für* por), interceder (*für* por); **ich plädiere dafür, dass ...** estoy a favor de que... +*subj*

Plädoyer [plɛdoa'je:] *nt* <-s, -s> (*a.* JUR) alegato *m* (*für* en favor de)

Plage ['pla:gə] *f* <-n> plaga *f*; **zu einer ~ werden** convertirse en una plaga; **Plagegeist** *m* (*fam*) pesado, -a *m, f*

plagen ['pla:gən] I. *vt* ❶ (*belästigen*) fastidiar ❷ (*Schmerzen, Zweifel*) atormentar, julepear *Am* II. *vr:* **sich** ~ matarse trabajando

Plagiat [pla'gja:t] *nt* <-(e)s, -e> plagio *m*

Plakat [pla'ka:t] *nt* <-(e)s, -e> cartel *m*, afiche *m CSur*; (*Werbe~*) anuncio *m*

plakatieren* [plaka'ti:rən] I. *vi* fijar carteles, pegar afiches *Am* II. *vt* anunciar en carteles

plakativ [plaka'ti:f] *adj* llamativo

Plakatträger *m* <-s, -> (*Person*) hombreanuncio *m*; **Plakatwand** *f* valla *f* publicitaria

Plakette [pla'kɛtə] *f* <-n> placa *f*

plan [pla:n] *adj* llano, plano

Plan [pla:n, *pl:* 'plɛ:nə] *m* <-(e)s, Pläne> ❶ (*Vorhaben*) plan *m*; (*Projekt*) proyecto *m*; (*Absicht*) intención *f*; **es verläuft alles**

nach ~ todo se desarrolla según lo previsto; **Pläne machen/schmieden** hacer/forjar planes; **einen ~ fassen** concebir un plan; **auf dem ~ stehen** estar planeado ❷ (*Entwurf, Karte*) plano *m*; **jdn/etw auf den ~ rufen** hacer aparecer a alguien/algo

Plane ['pla:nə] *f* <-n> lona *f*

planen ['pla:nən] *vt* ❶ (*entwerfen*) proyectar ❷ (*vorhaben*) tener la intención (*zu* de); (*Ausflug, Essen*) planear; (*Wirtschaft, Entwicklung*) planificar; **es lief alles wie geplant** todo transcurrió como estaba previsto

Planer(in) *m(f)* <-s, -; -nen> planificador(a) *m(f)*; (*beim Hausbau*) proyectista *mf*

Planet [pla'ne:t] *m* <-en, -en> (ASTR) planeta *m*

Planetarium [plane'ta:riʊm] *nt* <-s, Planetarien> planetario *m*

Planetensystem *nt* (ASTR) sistema *m* planetario

planieren* [pla'ni:rən] *vt* allanar, aplanar

Planierraupe *f* aplanadora *f*

Planke ['plaŋkə] *f* <-n> tablón *m*

Plankton ['plaŋktɔn] *nt* <-s, *ohne pl*> (BIOL) plancton *m*

planlos *adj* sin método

planmäßig I. *adj* ❶ (*wie vorgesehen*) previsto ❷ (*nach Plan*) sistemático II. *adv* ❶ (*wie vorgesehen*) como estaba previsto ❷ (*nach Plan*) sistemáticamente

Planschbecken *nt* (pequeña) piscina *f* para niños

planschen ['planʃən] *vi* chapotear (*in* en)

Planstelle *f* puesto *m* de plantilla, plaza *f* de número

Plantage [plan'ta:ʒə] *f* <-n> plantación *f*

Planung *f* <-en> planificación *f*; **in der ~ befindlich** en la fase de proyección

Planwagen *m* coche *m* con toldo

Planwirtschaft *f ohne pl* economía *f* planificada

Plappermaul *nt* (*fam abw*) cotorra *f*

plappern ['plapən] I. *vi* (*fam*) cotorrear II. *vt* (*fam*) decir

plärren ['plɛrən] *vi* (*abw*) ❶ (*weinen*) lloriquear ❷ (*schreien*) berrear ❸ (*Radio, Lautsprecher*) estar a tope (de volumen)

Plasma ['plasma] *nt* <-s, Plasmen> (BIOL, MED, PHYS) plasma *m*

Plastik¹ ['plastɪk] *nt* <-s, *ohne pl*> (*Kunststoff*) plástico *m*

Plastik² ['plastɪk] *f* <-en> ❶ (KUNST) escultura *f* ❷ (MED) plastia *f*; **Plastikbecher** *m* vaso *m* de plástico; **Plastikbeutel** *m* bolsa *f* de plástico; **Plastikfolie** *f* membrana *f* de plástico; **Plastikgeld** *nt* (*fam*) dinero *m* (de) plástico, tarjeta *f* de crédito; **Plastiktüte** *f* bolsa *f* de plástico

plastisch ['plastɪʃ] *adj* ① (*formbar*) plástico; ~**e Chirurgie** cirugía plástica ② (*anschaulich*) plástico

Platane [pla'ta:nə] *f* <-n> (BOT) plátano *m*

Plateau [pla'to:] *nt* <-s, -s> meseta *f*, altiplanicie *f*, altiplano *m Am*

Platin ['pla:ti:n] *nt* <-s, *ohne pl*> (CHEM) platino *m*

Platine [pla'ti:nə] *f* <-n> (ELEK) placa *f* de circuitos impresos

Platitude [plati'ty:də] *f* <-n> (*geh*) trivialidad *f*

platonisch [pla'to:nɪʃ] *adj* platónico

platsch [platʃ] *interj* zas

plätschern ['plɛtʃɐn] *vi* (*fam*) murmurar

platt [plat] *adj* ① (*flach*) llano, plano; (~ *gedrückt*) aplastado; **etw** ~ **drücken** aplastar algo; ~ **sein** (*fam*) estar sorprendido; **da bin ich aber** ~ (*fam*) me dejas de piedra ② (*abw: geistlos*) trivial

Platt [plat] *nt* <-(s), *ohne pl*> ① (*Plattdeutsch*) bajo alemán *m* ② (*reg: Dialekt*) dialecto *m*; **Plattdeutsch** *nt* bajo alemán *m*

Platte ['platə] *f* <-n> ① (*Stein~*) losa *f*; (*Holz~*) tabla *f*; (*Metall~*) plancha *f* ② (*Schall~*) disco *m*; **die** ~ **kenn' ich schon!** (*fam*) ¡me conozco el rollo de memoria! ③ (*Herd~*) fogón *m* ④ (*Teller~*) bandeja *f*; **kalte** ~ (GASTR) fiambres *mpl* ⑤ (*fam: Glatze*) calva *f*

Plätteisen ['plɛtʔaɪzən] *nt* (*nordd*) plancha *f*

Platten: **einen** ~ **haben** tener un pinchazo

plätten ['plɛtən] *vt* (*reg*) planchar

Plattencover ['platənkavɐ] *nt* cubierta *f* de disco; **Plattenfirma** *f* casa *f* productora de discos; **Plattenlaufwerk** *nt* (INFOR) unidad *f* de disco; **Plattenspieler** *m* <-s, -> tocadiscos *m inv*; **Plattenteller** *m* plato *m* giratorio

Plattform *f* <-en> plataforma *f*

Plattfuß *m* ① (MED) pie *m* plano ② (*fam: am Reifen*) pinchazo *m*

Plattitüde [plati'ty:də] *f* <-n> (*geh*) trivialidad *f*

Platz¹ [plats, *pl*: 'plɛtsə] *m* <-es, Plätze> ① (*Ort, Stelle*) sitio *m*, lugar *m*; **das ist fehl am** ~ eso está fuera de lugar; **auf die Plätze, fertig, los!** ¡preparados, listos, ya! ② (*öffentlicher* ~) plaza *f* ③ (*Sport~*) campo *m*; (*Tennis~*) pista *f*; **auf eigenem** ~ en propio campo; **auf gegnerischem** ~ en campo contrario ④ (*Sitz~*) sitio *m*, asiento *m*; **bitte, nehmen Sie** ~! ¡tome asiento, por favor!; **ist noch ein** ~ **frei?**

¿queda algún sitio libre?; **dieser** ~ **ist besetzt** este asiento está ocupado; ~! (*zum Hund*) ¡siéntate! ⑤ (*Teilnahme~*) plaza *f*; **es sind noch Plätze frei** todavía quedan plazas libres; **ein Saal mit 500 Plätzen** una sala de 500 plazas ⑥ (*Rang*) lugar *m*, puesto *m*; **sie belegte den dritten** ~ ocupó el tercer lugar; **seinen** ~ **behaupten** reafirmar su posición

Platz² *m* <-es, *ohne pl*> (*Raum*) sitio *m*; ~ **sparend** que no ocupa mucho espacio; ~ **da!** ¡hagan sitio!; ~ **für jdn/etw schaffen** hacer sitio para alguien/algo; **jdm** ~ **machen** hacer(le) sitio a alguien

Platzangst *f* ① (*fam: Beklemmungszustand*) claustrofobia *f* ② (PSYCH) agorafobia *f*

Platzanweiser(in) *m(f)* <-s, -; -nen> acomodador(a) *m(f)*

Plätzchen ['plɛtsçən] *nt* <-s, -> (*Gebäck*) galleta *f*

platzen ['platsən] *vi sein* ① (*Bombe, Mine*) estallar; (*Rohr, Luftballon*) reventar; (*Naht*) romperse; **vor Wut/-rger** ~ (*fig*) reventar de rabia/de furia ② (*fam: scheitern*) fracasar; (*Termin*) anularse, cancelarse; **etw** ~ **lassen** hacer fracasar algo ③ (*fam: hineinstürmen*) irrumpir (*in* en)

Platzhalter¹ *m* <-s, -> (INFOR) fijador *m* de posiciones

Platzhalter(in)² *m(f)* <-s, -; -nen> (*Person*) persona que reserva un sitio libre para otra en un lugar público

platzieren* [pla'tsi:rən] **I.** *vt* colocar, ubicar *Am* **II.** *vr*: **sich** ~ (SPORT) clasificarse

Platzierung *f* <-en> ① (*örtlich*) colocación *f*, ubicación *f Am* ② (SPORT) clasificación *f*

Platzkarte *f* reserva *f* (de asiento); **Platzmangel** *m* falta *f* de sitio

Platzpatrone *f* cartucho *m* de salvas; **Platzregen** *m* chaparrón *m*, invierno *m AmC, Ant*

Platzreservierung *f* reserva *f* (de asiento); **platzsparend** *adj s.* **Platz²**; **Platzverweis** *m* (SPORT) expulsión *f* del campo

Platzwunde *f* herida *f* abierta

Plauderei [plaʊdə'raɪ] *f* <-en> charla *f*

plaudern ['plaʊdɐn] *vi* charlar (*über* sobre/de), tertuliar (*über* sobre) *Am*

Plauderstündchen *nt* (rato *m* de) palique *m*; **Plauderton** *m ohne pl* tono *m* de charla; **im** ~ en tono distendido

Plausch [plaʊʃ] *m* <-(e)s, -e> ① (*südd, Österr: Plauderei*) charla *f*; **einen** ~ **halten** estar de cháchara ② (*Schweiz: fam*) diversión *f*, placer *m*

plauschen *vi s.* **plaudern**

plausibel [plaʊˈziːbəl] *adj* plausible; (*verständlich*) inteligible; **jdm etw ~ machen** hacer(le) algo inteligible a alguien

Plausibilität [plaʊzibiliˈtɛːt] *f ohne pl* plausibilidad *f*

Playback [plɛɪˈbɛk] *nt <-, -s>*, **Play-back** *nt <-, -s>* play-back *m*

Playboy [ˈplɛɪbɔɪ] *m <-s, -s>* play-boy *m*

Plazenta [plaˈtsɛnta] *f <-s o* Plazenten> (MED) placenta *f*

pleite [ˈplaɪtə] *adj* (*fam*): **~ sein** estar en quiebra

Pleite [ˈplaɪtə] *f <-n>* (*fam*) ① (*Bankrott*) quiebra *f*; **~ gehen** quebrar ② (*Misserfolg*) fracaso *m*; **mit jdm/etw** *dat* **eine ~ erleben** llevarse un chasco con alguien/algo

plemplem [plɛmˈplɛm] *adj inv* (*fam*) chalado

Plenarsaal [pleˈnaːɐ̯-] *m* (POL) sala *f* plenaria; **Plenarsitzung** *f* (POL) reunión *f* plenaria

Plenum [ˈpleːnʊm] *nt <-s, Plenen>* pleno *m*

Pleuelstange [ˈplɔɪəl-] *f* (TECH) biela *f*

Plexiglas® [ˈplɛksi-] *nt ohne pl* plexiglás® *m*

Plissee [plɪˈseː] *nt <-s, -s>* plisado *m*

PLO [peːʔɛlˈʔoː] *f ohne pl Abk. von* Palestine Liberation Organization OLP *f*

Plombe [ˈplɔmbə] *f <-n>* ① (*Verschluss*) precinto *m* ② (*Zahnfüllung*) empaste *m*

plombieren* [plɔmˈbiːrən] *vt* ① (*versiegeln*) precintar ② (*Zahn*) empastar

Plotter [ˈplɔtɐ] *m <-s, ->* (INFOR) graficador *m*

plötzlich [ˈplœtslɪç] **I.** *adj* repentino, sorpresivo *Am* **II.** *adv* de repente; **das kommt alles so ~** es todo tan repentino; **jetzt aber ein bisschen ~!** ¡ahora deprisa!

Plug-In *m <-s, -s>* (INFOR) plug-in *m*

plump [plʊmp] *adj* ① (*unförmig*) tosco ② (*ungelenk*) torpe; (*schwerfällig*) pesado, mazacotudo *Am* ③ (*abw: dreist*) grosero; (*Annäherung*) torpe; (*Lüge, Schmeichelei*) barato

plumps [plʊmps] *interj* paf, pataplaf

Plumps [plʊmps] *m <-es, -e>* (*fam*) batacazo *m*

plumpsen [ˈplʊmpsən] *vi sein* (*fam*) caer (pesadamente)

Plumpsklo(sett) *nt* (*fam*) retrete desprovisto de inodoro y agua corriente

Plunder [ˈplʊndɐ] *m <-s, ohne pl>* (*fam abw*) trastos *mpl*

plündern [ˈplʏndɐn] *vt* saquear

Plünderung *f <-en>* saqueo *m*

Plural [ˈpluːraːl] *m <-s, -e>* (LING) plural *m*

pluralistisch *adj* pluralista

plus [plʊs] **I.** *konj* (MATH) más; **drei ~ drei tres** más tres **II.** *präp + gen* más; **~ der Zinsen** más los intereses **III.** *adv* ① (MATH) más ② (METEO) sobre cero ③ (ELEK): **der Strom fließt von ~ nach minus** la corriente pasa del polo positivo al negativo

Plus [plʊs] *nt <-, ohne pl>* ① (*Überschuss*) excedente *m*; (COM) superávit *m*; **ein ~ in der Kasse haben** tener un superávit en la caja; **ein ~ erwirtschaften** registrar ganancias; **im ~ sein** tener saldo ② (*Vorzug*) ventaja *f*

Plüsch [plyʃ] *m <-(e)s, -e>* peluche *m*

plüschig *adj* afelpado

Plüschtier *nt* muñeco *m* de peluche

Pluspol *m* (ELEK, PHYS) polo *m* positivo; **Pluspunkt** *m* lado *m* positivo; (*Vorteil*) ventaja *f*

Plusquamperfekt [ˈplʊskvampɛrfɛkt] *nt* (LING) pluscuamperfecto *m*

Pluszeichen *nt* signo *m* de adición

Pluto [ˈpluːto] *m <-, ohne pl>* (ASTR) plutón *m*

Plutonium [pluˈtoːniʊm] *nt <-s, ohne pl>* (CHEM) plutonio *m*

PLZ *Abk. von* **Postleitzahl** C.P.

pneumatisch [pnɔɪˈmaːtɪʃ] *adj* (TECH) neumático

Po [poː] *m <-s, -s>* (*fam*) culete *m*

Pöbel [ˈpøːbəl] *m <-s, ohne pl>* (*abw*) plebe *f*, pacotilla *f Am*

Pöbelei [pøːbəˈlaɪ] *f <-en>* (*fam*) plebeyada *f*

pöbelhaft *adj* vulgar

pöbeln [ˈpøːbəln] *vi* (*fam*) chinchar

pochen [ˈpɔxən] *vi* ① (*klopfen*) golpear (*an/gegen* en) ② (*geh: Herz*) latir ③ (*geh: bestehen*): **auf etw ~** insistir en algo; **auf sein Recht ~** reclamar sus derechos

Pocken [ˈpɔkən] *fpl* viruela *f*; **pockennarbig** *adj* picoso, picado de viruelas; **Pocken(schutz)impfung** *f* vacunación *f* antivariólica

Podest [poˈdɛst] *m o nt <-(e)s, -e>* ① (*Podium*) podio *m* ② (*reg: Treppenabsatz*) descansillo *m*

Podex [ˈpoːdɛks] *m <-(es), -e>* (*fam*) pompis *m inv*

Podium [ˈpoːdiʊm] *nt <-s, Podien>* estrado *m*; **Podiumsdiskussion** *f* mesa *f* redonda

Poesie [poeˈziː] *f ohne pl* poesía *f*

Poet(in) [poˈeːt] *m(f) <-en, -en; -nen>* poeta, -isa *m, f*

poetisch [poˈeːtɪʃ] *adj* poético

pofen *vi* (*fam*) ① (*schlafen*) sobar *argot*; **wo ist denn Christoph? – der poft schon** ¿dónde está Christoph? – se ha quedado frito ② (*unaufmerksam sein*) estar en

Babia

Pogrom [po'gro:m] *m o nt* <-s, -e> pogromo *m*

Pointe ['poɛ̃:tə] *f* <-n> punto *m* culminante; (*beim Witz*) gracia *f*

pointieren* [pɔɛ̃'ti:rən] *vt* (*geh: hervorheben*) realzar; **er pointierte bewusst die Tatsache, dass ...** hizo conscientemente hincapié en que...

pointiert [poɛ̃'ti:ət] **I.** *adj* agudo **II.** *adv* con agudeza

Pokal [po'ka:l] *m* <-s, -e> (*a.* SPORT) copa *f*; **Pokalsieger(in)** *m(f)* (SPORT) ganador(a) *m(f)* de la copa; **Pokalspiel** *nt* (SPORT) partido *m* de copa

Pökelfleisch ['pø:kəl-] *nt* carne *f* salada

pökeln ['pø:kəln] *vt* salar

Poker ['po:kɐ] *m o nt* <-s, *ohne pl*> póquer *m*; **Pokerface** [-feɪs] *nt* <-, -s>, **Pokergesicht** *nt* cara *f* de póker

pokern ['po:kɐn] *vi* ❶ (*Poker spielen*) jugar al póquer ❷ (*ein Risiko eingehen*) jugar(se) (*um*); **hoch ~** arriesgarse

Pol [po:l] *m* <-s, -e> (*a.* PHYS, ELEK, ASTR, GEO) polo *m*; **der ruhende ~** el remanso de tranquilidad

polar [po'la:ɐ] *adj* polar; **Polarforscher(in)** *m(f)* explorador(a) *m(f)* de las regiones polares

polarisieren* [polari'zi:rən] **I.** *vt* (*a.* CHEM, PHYS, POL) polarizar **II.** *vr:* **sich ~** polarizarse

Polarität [polari'tɛ:t] *f* <-en> (*a.* CHEM, PHYS) polaridad *f*

Polarkreis *m* círculo *m* polar; **nördlicher/südlicher ~** círculo polar ártico/antártico; **Polarlicht** *nt* luz *f* polar; **Polarstern** *m ohne pl* estrella *f* polar

Pole, -in ['po:lə] *m, f* <-n, -n; -nen> polaco, -a *m, f*

Polemik [po'le:mɪk] *f* <-en> polémica *f*

polemisch *adj* polémico

polemisieren* [polemi'zi:rən] *vi* polemizar (*gegen* contra)

Polen ['po:lən] *nt* <-s> Polonia *f*

Police [po'li:s(ə)] *f* <-n> póliza *f* (del seguro)

polieren* [po'li:rən] *vt* pulir; (*Schuhe, Möbel*) sacar brillo (a), abrillantar; (*Metall*) bruñir; (*Stil, Ausdruck*) pulir; **jdm die Fresse ~** (*fam*) romperle los morros a alguien

Poliklinik ['po:likli:nɪk] *f* policlínica *f*

Polin ['po:lɪn] *f* <-nen> *s.* **Pole**

Politbüro ['po:li:t-] *nt* politburó *m*

Politesse [poli'tɛsə] *f* <-n> mujer *f* policía

Political Correctness [pɔʊ'lɪtɪkəl kə'rɛktnɪs] *f ohne pl* rectitud *f* política

Politik [poli'ti:k, poli'tɪk] *f ohne pl* política *f*;

in die **~ gehen** entrar en la política

Politika *pl von* **Politikum**

Politiker(in) [po'li:tikɐ] *m(f)* <-s, -; -nen> político, -a *m, f*

Politikum [po'li:tikʊm, *pl:* po'li:tika] *nt* <-s, Politika> cuestión *f* política

Politikverdrossenheit *f* desgana *f* política

politisch [po'li:tɪʃ, po'lɪtɪʃ] *adj* político; **sich ~ engagieren** comprometerse políticamente; **jdn ~ unterstützen** apoyar la política de alguien

politisieren* [politi'zi:rən] **I.** *vi* politiquear **II.** *vt* politizar

Politologe, -in [polito'lo:gə] *m, f* <-n, -n; -nen> politólogo, -a *m, f*, cientista *mf* político, -a *Am*

Politologie [politolo'gi:] *f ohne pl* ciencias *fpl* políticas

Politologin *f* <-nen> *s.* **Politologe**

Politur [poli'tu:ɐ] *f* <-en> ❶ (*~ schicht*) capa *f* de pulimento ❷ (*Mittel*) abrillantador *m*

Polizei [poli'tsai] *f* <-en> policía *f*; **er ist bei der ~** es policía; **der ist dümmer als die ~ erlaubt!** (*fam*) ¡es más tonto que donde los hacen!; **Polizeiaufgebot** *nt* despliegue *m* policial; **Polizeiaufsicht** *f ohne pl* vigilancia *f* policial; **Polizeibeamte(r)** *mf*, **-beamtin** *f* funcionario, -a *m, f* de policía; **Polizeidienststelle** *f* comisaría *f* de policía; **Polizeifunk** *m* emisora *f* de la policía; **Polizeihund** *m* perro *m* policía

polizeilich **I.** *adj* policial **II.** *adv* por la policía; **das ist ~ verboten** está prohibido por la policía

Polizeipräsident(in) *m(f)* jefe, -a *m, f* superior de la Policía; **Polizeipräsidium** *nt* Jefatura *f* Superior de Policía; **Polizeirevier** *nt* comisaría *f* (de policía), delegación *f Mex*; **Polizeischutz** *m* protección *f* policial; **unter ~ stehen** encontrarse bajo protección policial; **Polizeistaat** *m* estado *m* de régimen policial; **Polizeistreife** *f* patrulla *f* de policía; **Polizeiwache** *f* comisaría *f* (de policía)

Polizist(in) [poli'tsɪst] *m(f)* <-en, -en; -nen> policía *mf*, vigilante *mf CSur*

Polka ['pɔlka] *f* <-s> (MUS) polca *f*

Pollen ['pɔlən] *m* <-s, -> (BOT) polen *m*; **Pollenallergie** *f* (MED) alergia *f* al polen; **Pollenflug** *m ohne pl* concentración *f* de polen en el aire; **Pollenflugvorhersage** *f* pronóstico *m* de la concentración de polen en el aire

polnisch ['pɔlnɪʃ] *adj* polaco

Polo ['po:lo] *nt* <-s, *ohne pl*> (SPORT) polo *m*; **Polohemd** *nt* polo *m*

Polonaise f <-n>, **Polonäse** [polo'nɛːzə] f <-n> polonesa f (baile o juego en el que, con las manos en la cintura o encima de los hombros de la persona de delante, se forma una fila que recorre la casa)

Polster ['pɔlstə] nt <-s, -> ❶ (Kissen) colchón m ❷ (in Kleidung) hombrera f; ❸ (Rücklage) reserva f; **ein finanzielles ~** ahorros mpl; **Polstergarnitur** f tresillo m; **Polstermöbel** nt mueble m tapizado

polstern ['pɔlstɐn] vt ❶ (beziehen) tapizar ❷ (ausstopfen) acolchar

Polsterung f <-en> ❶ (das Polstern) acolchado m ❷ (Polster) colchón m

Polterabend m ≈despedida f de solteros

---

i Land & Leute

Con el nombre de **Polterabend** se designa la tarde anterior al día de la boda de una pareja de novios. Ésta se suele celebrar con amigos y familiares. Durante la celebración es costumbre romper piezas de vajilla para que los novios las barran, pues se supone que este ritual les traerá suerte.

---

poltern ['pɔltɐn] vi ❶ (lärmen) hacer ruido ❷ sein (sich bewegen) moverse con ruido; (fallen) caerse con estrépito ❸ (schimpfen) gritar ❹ (fam: Polterabend feiern) celebrar la despedida de solteros

Polyester [poly'ɛstɐ] m <-s, -> (CHEM, TECH) poliéster m

polygam [poly'gaːm] adj (a. BOT) polígamo

Polygamie [polyga'miː] f ohne pl (a. BOT) poligamia f

polyglott [poly'glɔt] adj políglota

Polyp [po'lyːp] m <-en, -en> ❶ (BIOL, MED) pólipo m ❷ (fam: Polizist) polizonte mf

Polytechnikum [poly'tɛçnikʊm, pl: poly'tɛçnika] nt Escuela f Superior de Ingeniería

Polytheismus [polyte'ɪsmʊs] m <-, ohne pl> (REL) politeísmo m

Pomade [po'maːdə] f <-n> pomada f para el pelo

Pommern ['pɔmɐn] nt <-s> Pomerania f

Pommes ['pɔməs] pl (fam), **Pommes frites** [pɔm'frɪt] pl patatas fpl fritas

Pomp [pɔmp] m <-(e)s, ohne pl> pompa f

pompös [pɔm'pøːs] adj pomposo

Poncho ['pɔntʃo] m <-s, -s> poncho m, sarape m Mex

Pony[1] ['pɔni] nt <-s, -s> (Pferd) poney m

Pony[2] ['pɔni] m <-s, -s> (Frisur) flequillo m

Pool [puːl] m <-s, -s> ❶ (Schwimmbad)

piscina f ❷ (WIRTSCH) pool m, grupo m; **Poolbillard** nt billar m

Pop [pɔp] m <-(s), ohne pl> (música f) pop m

Popcorn ['pɔpkɔrn] nt <-s, ohne pl> palomitas fpl (de maíz), pororó m CSur

Popel ['poːpəl] m <-s, -> (fam) moco m (seco)

popelig adj (fam) ❶ (armselig) mísero, pobre ❷ (gewöhnlich) normal y corriente

popeln ['poːpəln] vi (fam) hurgarse; **in der Nase ~** hurgarse en la nariz

Popfan m popero m fam

poplig adj s. **popelig**

Popmusik ['pɔpmuziːk] f ohne pl música f pop

Popo [po'poː, '--] m <-s, -s> (fam) trasero m

poppig ['pɔpɪç] adj (fam) pop

populär [popu'lɛːɐ] adj popular

popularisieren* [populari'ziːrən] vt popularizar

Popularität [populari'tɛːt] f ohne pl popularidad f

populärwissenschaftlich adj pseudocientífico

Population [popula'tsjoːn] f <-en> (BIOL) población f

Pore ['poːrə] f <-n> poro m

Porno ['pɔrno] m <-s, -s> (fam: ~ film) película f porno; (~ roman) novela f porno; **Pornofilm** m película f porno(gráfica)

Pornografie [pɔrnogra'fiː] f ohne pl pornografía f

pornografisch [pɔrno'graːfɪʃ] adj pornográfico

Pornographie f ohne pl s. **Pornografie**

pornographisch adj s. **pornografisch**

porös [po'røːs] adj poroso

Porree ['pɔre] m <-s, -s> puerro m

Portal [pɔr'taːl] nt <-s, -e> portal m

Portemonnaie [pɔrtmɔ'neː] nt <-s, -s> s. **Portmonee**

Portfolio nt <-s, -s> (FIN) cartera f (de valores)

Porti ['pɔrti] pl von **Porto**

Portier [pɔr'tjeː] m <-s, -s> portero m

Portion [pɔr'tsjoːn] f <-en> ración f, porción f; (Neugier) dosis f inv; **eine halbe ~** (fam) poquita cosa

Portmonee [pɔrtmɔ'neː] nt <-s, -s> monedero m, portamonedas m inv Chil, Ven

Porto ['pɔrto] nt <-s, -s o Porti> franqueo m; (Versandkosten) gastos mpl de envío; **portofrei** adj exento de franqueo; **portopflichtig** adj sujeto a franqueo

Porträt [pɔr'trɛː] nt <-s, -s> retrato m

porträtieren* [pɔrtrɛ'tiːrən] vt retratar

Portugal ['pɔrtugal] nt <-s> Portugal m

Portugiese, -in [pɔrtu'giːzə] *m, f* <-n, -n; -nen> portugués, -esa *m, f*

portugiesisch *adj* portugués

Portwein ['pɔrtvaɪn] *m* (vino *m* de) Oporto *m*

Porzellan [pɔrtsɛ'laːn] *nt* <-s, -e> porcelana *f*; **Porzellangeschirr** *nt* vajilla *f* de porcelana; **Porzellanladen** *m* tienda *f* de porcelana; **er benimmt sich wie ein Elefant im ~** (*fam*) se comporta como un elefante en una cacharrería

Posaune [po'zaunə] *f* <-n> trombón *m*

Posaunist(in) [pozau'nɪst] *m(f)* <-en, -en; -nen> trombón *mf*

Pose ['poːzə] *f* <-n> pose *f*; **sich in ~ werfen** ponerse en pose

posieren* [po'ziːrən] *vi* posar

Position [pozi'tsjoːn] *f* <-en> ❶ (*Standpunkt, Lage*) posición *f*; **eine bestimmte ~ vertreten/beziehen** defender/tomar una determinada posición ❷ (*im Beruf*) puesto *m* ❸ (WIRTSCH) partida *f*

positionieren* *vt* (*geh a.* INFOR, WIRTSCH) posicionar

Positionslicht *nt* (AERO, NAUT) luz *f* de posición

positiv ['poːzitiːf] *adj* (*a.* PHYS, MATH, FOTO) positivo; **~ zu etw stehen** tener una actitud positiva con respecto a algo; **sich auf etw ~ auswirken** tener efectos positivos sobre algo

Positiv ['poːzitiːf] *nt* <-s, -e> (FOTO) positivo *m*

Posse ['pɔsə] *f* <-n> farsa *f*

possenhaft *adj* cómico

Possessivpronomen ['pɔsɛsiːf-, pɔsɛ'siːf-] *nt* (LING) pronombre *m* posesivo

possierlich [pɔ'siːrlɪç] *adj* gracioso

Post [pɔst] *f ohne pl* ❶ (*Institution*) Correos *mpl*; (*Postamt*) (oficina *f* de) Correos *mpl*; **einen Brief auf die ~ bringen** echar una carta en Correos; **Geld auf der ~ einzahlen** hacer un pago en Correos; **Pakete bei der ~ abholen** recoger paquetes en Correos; **ich muss noch zur ~** aún tengo que ir a Correos; **etw mit der ~ verschicken** mandar algo por correo ❷ (*Sendung*) correo *m*; **elektronische ~** correo electrónico; **die ~ erledigen/beantworten** despachar/contestar el correo; **war die ~ schon da?** (*fam*) ¿ya ha llegado el correo?; **mit gleicher ~** con el mismo envío; **hier geht die ~ ab** (*fam*) esto es de locura

postalisch [pɔs'taːlɪʃ] *adj* postal

Postamt *nt* (oficina *f* de) Correos *mpl*; **Postanweisung** *f* ❶ (*Geldsendung*) giro *m* postal ❷ (*Formular*) formulario *m* para un giro postal; **Postauto** *nt* coche *m* de correos; **Postbank** *f* ≈Caja *f* Postal; **Postbeamte(r)** *mf*, **-beamtin** *f* funcionario, -a *m, f* postal; **Postbote, -in** *m, f* cartero, -a *m, f*

Posten ['pɔstən] *m* <-s, -> ❶ (*Stellung*) puesto *m*, empleo *m*; (*Amt*) cargo *m* ❷ (MIL) puesto *m*; **nicht auf dem ~ sein** (*fam*) no estar bien de salud; **auf verlorenem ~ stehen** luchar por una causa perdida ❸ (*Person*) guardia *mf*; (MIL) centinela *f* ❹ (*Warenmenge*) lote *m* ❺ (*Einzel~*) partida *f*

Poster ['poːstɐ] *nt* <-s, -(s)> póster *m*

Postfach *nt* apartado *m* de Correos, casilla *f* (de correo) *Am*, box *m* AmC; **Postgeheimnis** *nt* (JUR) secreto *m* postal

Postgiroamt *nt* oficina *f* de cuentas corrientes postales; **Postgirokonto** *nt* cuenta *f* corriente postal

posthum [pɔst'huːm] *adj* póstumo; **etw ~ veröffentlichen** publicar algo póstumamente

postieren* [pɔs'tiːrən] *vt* colocar; (MIL) apostar

Postkarte *f* (tarjeta *f*) postal *f*; **Postkutsche** *f* diligencia *f*; **postlagernd** *adj* en lista de Correos; **Postleitzahl** *f* código *m* postal

---

i | **Land & Leute**

Tras la reunificación alemana se hizo necesaria la introducción de un nuevo sistema de códigos postales. Desde el 1 de junio de 1993 el **Postleitzahl** consta de cinco cifras y debe acompañar necesariamente a la dirección postal. Las dos primeras cifras hacen referencia a la región y las tres restantes indican la localidad, el apartado de correos o identifican a un usuario con gran volumen de correo. En Austria y Suiza el código postal consta, por el momento, de cuatro cifras, que sirven para identificar las distintas localidades. Concretamente, en el caso de Suiza, las dos primeras cifras indican la localidad y las dos últimas, la calle.

---

postmodern [pɔstmo'dɛrn] *adj* posmoderno; **Postmoderne** [pɔstmo'dɛrnə] *f* posmodernidad *f*

Postscheck *m* cheque *m* postal

Postscriptfile ['pɔʊsskrɪptfaɪl] *nt* <-s, -s> (INFOR) archivo *m* post scriptum

Postsendung *f* envío *m* postal
Postskript [pɔst'skrɪpt] *nt* <-(e)s, -e> pos(t)data *f*
Postsparkasse *f* Caja *f* Postal de Ahorros; **Poststempel** *m* matasellos *m inv*; **Postüberweisung** *f* giro *m* postal
postulieren* [pɔstu'liːrən] *vt* postular
postum [pɔs'tuːm] *adj s.* **posthum**
Postweg *m ohne pl* transporte *m* por correo; **etw auf dem ~ verschicken** enviar algo por correo
postwendend *adv* a vuelta de correo
Postwertzeichen *nt* sello *m* (de Correos), estampilla *f Am*; **Postwurfsendung** *f* envío *m* colectivo
potent [po'tɛnt] *adj* potente
Potential [potɛn'tsjaːl] *nt* <-s, -e> *s.* **Potenzial**
potentiell [potɛn'tsjɛl] *adj s.* **potenziell**
Potenz[1] [po'tɛnts] *f ohne pl* (*Zeugungsfähigkeit*) facultad *f* procreadora
Potenz[2] *f* <-en> ❶ (*Stärke*) potencia *f* ❷ (MATH) potencia *f*; **eine Zahl in die zweite ~ erheben** elevar un número a la segunda potencia
Potenzial [potɛn'tsjaːl] *nt* <-s, -e> (*a.* PHYS) potencial *m*
potenziell [potɛn'tsjɛl] *adj* potencial; **der ist ~ gefährlich** puede ser peligroso
potenzieren* [potɛn'tsiːrən] *vt* ❶ (*steigern*) multiplicar ❷ (MATH) elevar a una potencia
Potenzstörung *f* (MED) fallo *m* de la potencia
Potpourri ['pɔtpʊri] *nt* <-s, -s> popurrí *m*
Potsdam ['pɔtsdam] *nt* <-s> Potsdam *m*
Pott [pɔt, *pl:* 'pœtə] *m* <-(e)s, Pötte> (*nordd: fam*) ❶ (*Topf*) olla *f* ❷ (*Schiff*) vapor *m*
potthässlich ['pɔt'hɛslɪç] *adj* (*fam*) más feo que el diablo
Pottwal ['pɔtvaːl] *m* cachalote *m*
Power ['paʊɐ] *f ohne pl* (*fam*) potencia *f*, fuerza *f*
powern ['paʊɐn] **I.** *vi* (*fam: Stärke entfalten*) dar gas **II.** *vt* (*fam: fördern*) apoyar
Präambel [prɛ'ambəl] *f* <-n> preámbulo *m* (*zu* a)
PR-Abteilung *f* departamento *m* de relaciones públicas
Pracht [praxt] *f ohne pl* (*Glanz*) esplendor *m*; (*Prunk*) pompa *f*; (*Luxus*) lujo *m*; **das ist eine wahre ~** (*fam*) es excelente; **Prachtexemplar** *nt* (*fam: Tier, Gegenstand*) magnífico ejemplar *m*; (*Mensch*) buen mozo *m*, buena moza *f*
prächtig ['prɛçtɪç] *adj* ❶ (*prunkvoll*) ostentoso; (*luxuriös*) lujoso ❷ (*großartig*) mara-

Prachtkerl *m* (*fam*) tío *m* estupendo; **Prachtstück** *nt* (*fam*) ejemplar *m* magnífico; **prachtvoll** *adj* ostentoso; (*luxuriös*) lujoso
prädestinieren* [prɛdɛsti'niːrən] *vt* (*geh*) predestinar (*zu* a, *für* para)
Prädikat [prɛdi'kaːt] *nt* <-(e)s, -e> ❶ (*Bewertung*) calificación *f*; **die Arbeit wurde mit dem ~ „sehr gut" beurteilt** el trabajo fue calificado con la nota de "sobresaliente" ❷ (LING, PHILOS) predicado *m*
Präferenz [prɛfe'rɛnts] *f* <-en> preferencia *f* (*für* por)
Präfix ['prɛːfɪks, prɛ'fɪks] *nt* <-es, -e> (LING) prefijo *m*
Prag [praːk] *nt* <-s> Praga *f*
prägen ['prɛːgən] *vt* ❶ (*Münzen, Begriff*) acuñar ❷ (*Metall, Leder*) repujar; (*Papier*) gofrar; **etw prägt sich jdm ins Gedächtnis** algo se le graba a alguien en la memoria ❸ (*beeinflussen*) caracterizar
pragmatisch *adj* (*a.* LING) pragmático
prägnant [prɛ'gnant] *adj* (*knapp*) conciso; (*genau*) preciso
Prägnanz [prɛ'gnants] *f ohne pl* (*Knappheit*) concisión *f*; (*Genauigkeit*) precisión *f*
Prägung *f* <-en> ❶ (*von Münzen*) acuñación *f*; (*von Leder, Metall*) repujado *m* ❷ (*eingeprägtes Bild*) relieve *m*; (*Stempel*) sello *m* en seco ❸ (*Art*) carácter *m*
prähistorisch ['prɛːhɪstoːrɪʃ, prɛhɪs'toːrɪʃ] *adj* prehistórico
prahlen ['praːlən] *vi* jactarse (*mit* de), palanganear *Am: fam*
Prahler(in) *m(f)* <-s, -; -nen> fanfarrón, -ona *m, f*, chévere *mf Am*
Prahlerei *f* <-en> (*abw*) ❶ (*das Prahlen*) jactancia *f* ❷ (*Äußerung*) fanfarronada *f*, bluff *m Am*, echada *f Mex*
Prahlerin *f* <-nen> *s.* **Prahler**
prahlerisch *adj* fanfarrón
Prahlhans ['praːlhans, *pl:* -hɛnzə] *m* <-es, -hänse> (*fam*) fanfarrón *m*, farolero *m*
Praktik ['praktɪk] *f* <-en> práctica *f*; (*Verfahren*) método *m*
Praktika *pl von* **Praktikum**
praktikabel [prakti'kaːbəl] *adj* factible, practicable
Praktikant(in) [prakti'kant] *m(f)* <-en, -en; -nen> persona *f* en período de prácticas
Praktiker(in) ['praktikɐ] *m(f)* <-s, -; -nen> persona *f* práctica
Praktikum ['praktikʊm, *pl:* 'praktika] *nt* <-s, Praktika> (período *m* de) prácticas *fpl*; **ein ~ absolvieren** hacer unas prácticas
praktisch ['praktɪʃ] *adj* práctico; **er ist ~**

veranlagt tiene un carácter muy práctico

praktizieren* [prakti'tsi:rən] I. *vi* trabajar (*als* como); ~**der Arzt** médico en ejercicio II. *vt* ❶ (*durchführen*) poner en práctica ❷ (*fam: irgendwohin bringen*) llevar

Praline [pra'li:nə] *f* <-n>, **Pralinee** [prali'ne:] *nt* <-s, -s> (*Österr, Schweiz*) bombón *m*

prall [pral] *adj* (*voll*) repleto; (*Ballon*) henchido; (*Körperteil*) fuerte, gordito; **in der** ~**en Sonne** a pleno sol

prallen ['pralən] *vi* ❶ *sein* (*anstoßen*) chocar (*gegen/an/auf* contra), ❷ (*Sonne*) pegar

prallvoll ['-'-] *adj* (*fam*) rebosante

Prämie ['prɛ:mjə] *f* <-n> ❶ (*Vergütung*) premio *m;* (*Belohnung*) recompensa *f* ❷ (*bei Banken*) prima *f* ❸ (*Versicherungsbeitrag*) cuota *f*

präm(i)ieren* *vt* premiar

Prämisse [prɛ'mɪsə] *f* <-n> premisa *f;* **nur unter der** ~**, dass ...** sólo con la condición de que... +*subj*

pränatal [prɛna'ta:l] *adj* (MED) prenatal

prangen ['praŋən] *vi* llamar la atención

Pranger ['praŋɐ] *m* <-s, -> picota *f;* **jdn an den** ~ **stellen** poner a alguien en la picota

Pranke ['praŋkə] *f* <-n> (*a. Hand*) garra *f*

Präparat [prɛpa'ra:t] *nt* <-(e)s, -e> ❶ (*Substanz, Arznei*) preparado *m* ❷ (BIOL, MED) preparación *f*

präparieren* [prɛpa'ri:rən] *vt* ❶ (MED, BIOL) disecar ❷ (*vorbereiten*) preparar

Präposition [prɛpozi'tsjo:n] *f* <-en> (LING) preposición *f*

Prärie [prɛ'ri:] *f* <-n> pradera *f*

Präsens ['prɛ:zɛns] *nt* <-, Präsentia *o* Präsenzien> (LING) presente *m*

präsent [prɛ'zɛnt] *adj* (*geh*) presente

Präsent [prɛ'zɛnt] *nt* <-(e)s, -e> (*geh*) regalo *m;* **jdm ein** ~ **mitbringen** traer(le) a alguien un regalo

Präsentation [prɛzɛnta'tsjo:n] *f* <-en> presentación *f*

Präsentia *pl von* **Präsens**

präsentieren* [prɛzɛn'ti:rən] *vt* presentar

Präsentierteller *m:* (**wie**) **auf dem** ~ (*fam*) a la vista de todos

Präsentkorb *m* cesta *f* surtida; (*zu Weihnachten*) cesta *f* de Navidad

Präsenz [prɛ'zɛnts] *f ohne pl* presencia *f;* **Präsenzbibliothek** *f* biblioteca *f* de (libre) consulta

Präsenzien *pl von* **Präsens**

Präser ['prɛ:zɐ] *m* <-s, -> (*fam*), **Präservativ** [prɛzɛrva'ti:f] *nt* <-s, -e> preservativo *m*

Präsident(in) [prɛzi'dɛnt] *m(f)* <-en, -en; -nen> presidente, -a *m, f*

Präsidentschaft *f* <-en> presidencia *f;* **Präsidentschaftskandidat(in)** *m(f)* candidato, -a *m, f* a la presidencia

Präsidien *pl von* **Präsidium**

präsidieren* [prɛzi'di:rən] *vi* presidir

Präsidium [prɛ'zi:diʊm] *nt* <-s, Präsidien> presidencia *f*

prasseln ['prasəln] *vi* ❶ *sein* (*Regen*) golpear (*auf/gegen/an*), pegar (*auf/gegen/an* contra); (*Vorwürfe*) llover ❷ (*Feuer*) crepitar

prassen ['prasən] *vi* pegarse la vida padre

Präteritum [prɛ'te:ritʊm, prɛ'tɛritʊm, *pl:* -rita] *nt* <-s, Präterita> (LING) pretérito *m*

Prävention [prɛvɛn'tsjo:n] *f* <-en> prevención *f*

präventiv [prɛvɛn'ti:f] *adj* preventivo

Praxis[1] ['praksɪs] *f* <Praxen> (*Arzt*) consultorio *m;* (*Rechtsanwalt*) bufete *m*

Praxis[2] *f ohne pl* (*Anwendung, Erfahrung*) práctica *f;* **langjährige** ~ años de práctica; **eine Idee in die** ~ **umsetzen** poner una idea en práctica

Praxisbezug *m* orientación *f* práctica; **praxisfern** *adj* alejado de la práctica; **praxisnah** *adj* práctico

Präzedenzfall *m* precedente *m;* **einen** ~ **schaffen** sentar precedente

präzis(e) *adj* preciso

präzisieren* [prɛtsi'zi:rən] *vt* precisar

Präzision [prɛtsi'zjo:n] *f ohne pl* precisión *f*

predigen ['pre:dɪgən] I. *vi* (*Predigt halten*) predicar II. *vt* ❶ (*verkünden*) predicar ❷ (*fam: mahnen*): **jdm etw** ~ echar un sermón a alguien

Prediger(in) *m(f)* <-s, -; -nen> predicador(a) *m(f)*

Predigt ['pre:dɪçt] *f* <-en> sermón *m;* **eine** ~ **halten** pronunciar un sermón; (*fam*) echar un sermón

Preis [praɪs] *m* <-es, -e> ❶ (*Kauf-*) precio *m;* **zum halben** ~ a mitad de precio; **um keinen** ~ de ninguna manera; **um jeden** ~ **cueste lo que cueste; einen hohen** ~ **zahlen müssen** tener que pagar un precio muy alto ❷ (*Auszeichnung*) premio *m;* (*Belohnung*) recompensa *f;* **Preisanstieg** *m* (WIRTSCH) subida *f* de precios; **Preisaufschlag** *m* (WIRTSCH) sobreprecio *m*

Preisausschreiben *nt* concurso *m*

Preisauszeichnung *f* indicación *f* del precio; **Preiseinbruch** *m* (WIRTSCH) derrumbamiento *m* de los precios

Preiselbeere ['praɪzəlbe:rə] *f* arándano *m* rojo

Preisempfehlung *f* precio *m* recomendado; **unverbindliche** ~ precio recomendado (no obligatorio)

preisen ['praɪzən] <preist, pries, gepriesen> *vt* (*geh*) alabar; **sich glücklich ~** (**können**) (poder) considerarse dichoso

Preiserhöhung *f* (WIRTSCH) subida *f* de precios; **Preisermäßigung** *f* (WIRTSCH) reducción *f* de precios, descuento *m*

Preisfrage *f* ❶ (*bei Preisausschreiben*) pregunta *f* de concurso ❷ (*eine Frage des Preises*) cuestión *f* de precio ❸ (*fam: schwierige Frage*) cuestión *f* difícil

Preisgabe *f* *ohne pl* ❶ (*Aufgabe*) abandono *m;* (*Verzicht*) renuncia *f* ❷ (*eines Geheimnisses*) revelación *f*

preis|geben *irr vt* (*geh*) ❶ (*ausliefern*) exponer; **jdn der Lächerlichkeit ~** poner a alguien en ridículo ❷ (*aufgeben*) abandonar ❸ (*verraten*) revelar

preisgekrönt *adj* premiado; **Preisgeld** *nt* premio *m* en metálico; **Preisgericht** *nt* jurado *m*

preisgünstig I. *adj* de buen precio; (*billig*) barato **II.** *adv* a buen precio; **Preisklasse** *f* clase *f* de precios; **Preislage** *f* precio *m;* **in allen ~n** de todos los precios

Preis-Leistungs-Verhältnis *nt* relación *f* precio-prestaciones; (*Qualität*) relación *f* calidad-precio

preislich *adj* respecto al precio; **~e Unterschiede** diferencias de precio

Preisliste *f* lista *f* de precios; **Preisnachlass** *m* (WIRTSCH) rebaja *f*, descuento *m*

Preisrätsel *nt* pasatiempo *m* de concurso; **Preisrichter(in)** *m(f)* (miembro *m* del) jurado *m*

Preisrückgang *m* (WIRTSCH) disminución *f* de precios; **Preisschild** *nt* etiqueta *f* del precio; **Preisschwankungen** *fpl* (WIRTSCH) oscilación *f* de precios, fluctuación *f* de precios; **Preissenkung** *f* (WIRTSCH) reducción *f* de precios; **Preissteigerung** *f* (WIRTSCH) subida *f* de precios

Preisträger(in) *m(f)* premiado, -a *m, f*

Preisunterschied *m* diferencia *f* de precios; **Preisvergleich** *m* comparación *f* de precios; **einen ~ machen** comparar precios

Preisverleihung *f* entrega *f* de premios, premiación *f* And

preiswert I. *adj* de buen precio; (*billig*) barato **II.** *adv* a buen precio

prekär [pre'kɛ:ɐ] *adj* precario

Prellbock ['prɛlbɔk] *m* (EISENB) tope *m* fijo

prellen ['prɛlən] **I.** *vt* ❶ (*betrügen*) estafar; **er prellte ihn um seinen Lohn** le estafó su salario ❷ (*stoßen*): **sich** *dat* **etw ~** contusionarse algo ❸ (SPORT) hacer botar **II.** *vr:* **sich ~** contusionarse (*an* en)

Prellung *f* <-en> contusión *f*

Premiere [prəˈmjeːrə] *f* <-n> estreno *m*

Premierminister(in) *m(f)* primer ministro *m*, primera ministra *f*

Presse¹ ['prɛsə] *f* <-n> ❶ (TECH) prensa *f* ❷ (*Saft~*) exprimidor *m*

Presse² *f* *ohne pl* (*Medien*) prensa *f;* **eine gute ~ haben** tener buenas críticas

Presseagentur *f* agencia *f* de prensa; **Presseamt** *nt* oficina *f* de prensa; **Presseausweis** *m* carnet *m* de prensa; **Pressechef(in)** *m(f)* jefe, -a *m, f* de prensa; **Pressedienst** *m* servicio *m* de prensa; **Presseerklärung** *f* declaración *f* de prensa; **eine ~ abgeben** hacer una declaración de prensa, **Pressefotograf(in)** *m(f)* fotógrafo, -a *m, f* de prensa; **Pressefreiheit** *f* *ohne pl* libertad *f* de prensa; **Pressekonferenz** *f* conferencia *f* de prensa; **eine ~ abhalten** celebrar una conferencia de prensa, **Pressemeldung** *f*, **Pressemitteilung** *f* noticia *f* de prensa; **Pressemitteilung** *f* noticia *f* de prensa

pressen ['prɛsən] **I.** *vt* ❶ (*in einer Presse*) prensar; (*Blumen*) secar; **Wein ~** prensar la uva ❷ (*aus~*) exprimir ❸ (*drücken*) apretar (*gegen/an* contra); **die Nase gegen die Scheibe ~** apretar la nariz contra el cristal; **etw durch ein Sieb ~** pasar algo por un colador **II.** *vi* (*Gebärende*) empujar

Presseschau *f* revista *f* de prensa; **Pressespiegel** *m* resumen *m* de prensa; **Pressesprecher(in)** *m(f)* portavoz *mf* de prensa; **Pressestelle** *f* oficina *f* de prensa; **Pressestimmen** *fpl* comentarios *mpl* de prensa; **Pressewesen** *nt* <-s, *ohne pl*> prensa *f;* **Pressezensur** *f* *ohne pl* censura *f* de prensa

pressieren* [prɛˈsiːrən] *vi* (*südd, Österr, Schweiz*) correr prisa; **mir pressiert es** tengo prisa

Pressluftbohrer *m* taladro *m* neumático; **Presslufthammer** *m* martillo *m* neumático; **Presswehen** *fpl* (MED) contracciones *fpl* del parto

Prestige [prɛsˈtiːʒ] *nt* <-s, *ohne pl*> prestigio *m;* **Prestigedenken** *nt* valoración *f* (exagerada) de la posición social; **Prestigeobjekt** *nt* objeto *m* de prestigio

Preuße, -in ['prɔɪsə] *m, f* <-n, -n; -nen> prusiano, -a *m, f*

Preußen ['prɔɪsən] *nt* <-s> Prusia *f*

Preußin *f* <-nen> *s.* **Preuße**

preußisch *adj* prusiano

prickeln ['prɪkəln] *vi* ❶ (*kribbeln*) sentir (un) hormigueo (en) ❷ (*kitzeln*) hacer cosquillas (*auf* en); **ein angenehmes P~ auf der Haut** un agradable cosquilleo en la piel

3 (*Getränk*) burbujear

prickelnd *adj* (*erregend*) excitante

Priel [pri:l] *m* <-(e)s, -e> canal *m*

pries [pri:s] *3. imp von* **preisen**

Priester(in) ['pri:stɐ] *m(f)* <-s, -; -nen> (REL) sacerdote, -isa *m, f*; **Priesteramt** *nt* (REL) sacerdocio *m*; **Priestergewand** *nt* (REL) sotana *f*

Priesterin *f* <-nen> *s.* **Priester**

Priestertum *nt* <-s, *ohne pl*> (REL) sacerdocio *m*

Priesterweihe *f* (REL) ordenación *f* sacerdotal

prima ['pri:ma] I. *adj inv* (*fam*) estupendo, fain *Am* II. *adv* (*fam*) muy bien; **du hast uns ~ geholfen** nos has sido de gran ayuda

Primaballerina [primabale'ri:na] *f* (*Ballet*) primera bailarina *f*; **Primadonna** [prima'dɔna] *f* <-donnen> (*Oper*) prima donna *f*

primär [pri'mɛːɐ] I. *adj* **1** (*ursprünglich*) primario **2** (*grundlegend*) elemental II. *adv* en primer lugar

Primarschule [pri'ma:ɐ-] *f* (*Schweiz*) escuela primaria en Suiza

---

i Land & Leute

A los seis años acceden los niños suizos de forma obligatoria y gratuita a la **Primarschule**. La escuela básica es el primer eslabón dentro del sistema educativo obligatorio. Esta etapa dura, dependiendo de los cantones, entre cuatro y seis años.

Primat¹ [pri'ma:t] *m* <-en, -en> (ZOOL) primate *m*

Primat² *m o nt* <-(e)s, -e> (*a.* REL) primacía *f* (*vor/über* sobre)

Primel ['pri:məl] *f* <-n> prímula *f*

primitiv [primi'ti:f] *adj* primitivo

Primitivität [primitivi'tɛːt] *f ohne pl* primitivismo *m*

Primitivling [primi'ti:flɪŋ] *m* <-s, -e> (*abw*) cateto, -a *m, f*

Primzahl ['pri:m-] *f* (MATH) número *m* primo

Printmedien ['prɪnt-] *ntpl* medios *mpl* escritos; **Printout** [prɪnt'ʔaʊt] *nt* <-s, -s> (INFOR) impresión *f*

Prinz [prɪnts] *m*, **Prinzessin** *f* <-en, -en; -nen> príncipe *m*, princesa *f*

Prinzip [prɪn'tsi:p, *pl:* prɪn'tsi:piən, prɪn'tsi:pə] *nt* <-s, -ien *o* -e> principio *m*; **im ~** en principio; **gegen seine ~ien ver-**stoßen infringir sus principios; **aus ~ por** principio; **es geht ums ~** es una cuestión de principios

prinzipiell [prɪntsi'pjɛl] I. *adj* de principio; (*grundlegend*) fundamental II. *adv* por principio

Prinzipien *pl von* **Prinzip**; **Prinzipienreiter(in)** *m(f)* (*abw*) doctrinario, -a *m, f*

Priorität [priori'tɛːt] *f* <-en> prioridad *f*; **~en setzen** establecer prioridades

Prise ['pri:zə] *f* <-n> **1** (*Gewürz, Tabak*) pizca *f*; **eine ~ Salz** una pizca de sal **2** (NAUT) presa *f*

Prisma ['prɪsma] *nt* <-s, Prismen> (MATH, PHYS) prisma *m*

Pritsche ['prɪtʃə] *f* <-n> **1** (*Liege*) catre *m* **2** (*beim Lastwagen*) plataforma *f*

privat [pri'va:t] I. *adj* (*nicht öffentlich*) privado; (*nicht offiziell*) particular II. *adv* en privado; **ich möchte ihn ~ sprechen** le quisiera hablar en privado; **sie ist ~ hier** ha venido por motivos personales; **ich bin ~ krankenversichert** estoy afiliado a un seguro de enfermedad privado; **Privatangelegenheit** *f* asunto *m* personal; **Privatbesitz** *m* propiedad *f* privada; **Privatdetektiv(in)** *m(f)* detective *mf* privado, -a; **Privateigentum** *nt* propiedad *f* privada; **Privatfernsehen** *nt* (*fam*) emisora *f* de televisión privada; **Privatgespräch** *nt* conversación *f* privada; (TEL) llamada *f* privada; **Privatgrundstück** *nt* terreno *m* particular; **Privatinitiative** *f* iniciativa *f* privada

privatisieren* [privati'zi:rən] *vt* (WIRTSCH) privatizar

Privatisierung *f* <-en> (WIRTSCH) privatización *f*

Privatleben *nt ohne pl* vida *f* privada; **Privatlehrer(in)** *m(f)* profesor(a) *m(f)* particular; **Privatmann** *m* <-(e)s, -leute> **1** *s.* **Privatperson 2** (*Mann ohne festen Beruf*) rentista *m*; **Privatnummer** *f* (número *m* de) teléfono *m* particular; **Privatpatient(in)** *m(f)* paciente *mf* particular; **Privatperson** *f* particular *mf*; **Privatsache** *f* asunto *m* personal; **Privatschule** *f* colegio *m* privado; **Privatsekretär(in)** *m(f)* secretario, -a *m, f* particular; **Privatsphäre** *f* esfera *f* privada; **Privatunterricht** *m* clase *f* particular; **Privatvergnügen** *nt* (*fam*) asunto *m* personal; **ich mache das nicht zu meinem ~** no lo hago por diversión; **Privatvermögen** *nt* bienes *mpl* particulares; **Privatwirtschaft** *f ohne pl* economía *f* privada

Privileg [privi'le:k, *pl:* privi'le:giən] *nt* <-(e)s, -ien> privilegio *m*

privilegieren* [privileˈgiːrən] *vt* privilegiar

pro [proː] I. *präp* +*akk* por; ~ **Kopf** por cabeza, per cápita; ~ **Person** por persona; **einmal** ~ **Monat/Tag** una vez al mes/al día; ~ **Stück** por pieza; **80 km** ~ **Stunde** 80 km por hora II. *adv:* **bist du** ~ **oder kontra (eingestellt)?** ¿estás a favor o en contra?

Pro [proː] *nt* <-, *ohne pl*> pro *m*; ~ **und Kontra** pro y contra

probat [proˈbaːt] *adj* (*geh*) ❶ (*bewährt*) probado ❷ (*tauglich*) eficaz; **ein ~es Mittel** un método eficaz

Probe [ˈproːbə] *f* <-n> ❶ (*Versuch*) prueba *f;* **auf** ~ a prueba; **die** ~ **bestehen** pasar la prueba; **jds Geduld auf die** ~ **stellen** poner a prueba la paciencia de alguien ❷ (THEAT) ensayo *m* ❸ (*Prüfungsstück*) muestra *f;* **eine** ~ **entnehmen** tomar una muestra; **Probeabzug** *m* ❶ (TYPO) (primera) prueba *f* ❷ (FOTO) copia *f* de prueba; **Probealarm** *m* verificación *f* del sistema de alarma; **Probeentnahme** *f* toma *f* de muestras; **Probefahrt** *f* recorrido *m* de prueba; **Probelauf** *m* (TECH) prueba *f* de funcionamiento

proben [ˈproːbən] *vi*, *vt* ensayar

probeweise *adv* a modo de prueba

Probezeit *f* ❶ (*Testzeit*) período *m* de prueba ❷ (*Schweiz:* JUR: *Bewährungsfrist*) plazo *m* de prueba

probieren* [proˈbiːrən] *vt* ❶ (*versuchen*) probar; **lass** (**es**) **mich mal** ~! ¡déjame probar a mí!; **P~ geht über Studieren** (*prov*) ≈nadie nace sabiendo ❷ (*Speise, Getränk*) probar; (*kosten*) degustar

Problem [proˈbleːm] *nt* <-s, -e> problema *m;* **vor einem** ~ **stehen** encontrarse ante un problema; **etw wird für jdn zum** ~ algo se convierte en (un) problema para alguien; **kein** ~! (*fam*) ¡no hay problema!

Problematik [probleˈmaːtɪk] *f ohne pl* problemática *f*

problematisch *adj* problemático

Problembereich *m* (*Gebiet*) zona *f* problemática; (*Sachgebiet*) terreno *m* problemático; **Problemfall** *m* caso *m* problemático; **problemlos** *adj* sin problemas

Procedere [proˈtseːdərə] *nt* <-, -> (*geh*) (modo *m* de) proceder *m*

Produkt [proˈdʊkt] *nt* <-(e)s, -e> (*a.* MATH) producto *m;* **Produkthaftung** *f* responsabilidad *f* sobre el producto

Produktion [prodʊkˈtsjoːn] *f* <-en> producción *f;* **Produktionskosten** *pl* costes *mpl* de producción; **Produktionsmittel** *ntpl* medios *mpl* de producción; **Produktionsrückgang** *m* disminución *f* de la producción; **Produktionssteigerung** *f* aumento *m* de (la) producción

produktiv [prodʊkˈtiːf] *adj* ❶ (*ergiebig*) productivo ❷ (*schöpferisch*) creativo

Produktivität [prodʊktiviˈtɛːt] *f ohne pl* ❶ (*Ergiebigkeit*) productividad *f* ❷ (*Schaffenskraft*) creatividad *f*

Produktpalette *f* gama *f* de productos; **Produktpiraterie** *f* (WIRTSCH) piratería *f* de productos

Produzent(in) [produˈtsɛnt] *m(f)* <-en, -en; -nen> productor(a) *m(f)*

produzieren* [produˈtsiːrən] I. *vt* producir II. *vr:* **sich** ~ (*fam*) darse tono

Prof. *Abk. von* **Professor** Prof.

profan [proˈfaːn] *adj* profano

Professionalität [profɛsjonaliˈtɛːt] *f ohne pl* profesionalidad *f*

professionell [profɛsjoˈnɛl] *adj* profesional; **sie arbeiten sehr** ~ trabajan con gran profesionalidad

Professor(in) [proˈfɛsoːɐ, *pl:* profɛsoˈrən] *m(f)* <-s, -en; -nen> ❶ (*akademischer Titel, Universitäts~*) ≈profesor(a) *m(f)* numerario, -a; (*Ordinarius*) catedrático, -a *m, f;* ~ **X** el profesor X ❷ (*Österr: Gymnasiallehrer*) profesor(a) *m(f)* de enseñanza media

Professur [profɛˈsuːɐ] *f* <-en> cátedra *f* (*für* de)

Profi [ˈproːfi] *m* <-s, -s> profesional *mf*

Profil [proˈfiːl] *nt* <-s, -e> ❶ (*des Kopfes*) perfil *m;* **im** ~ de perfil ❷ (TECH, ARCHIT) perfil *m;* (*Reifen~*) ranuras *fpl* ❸ (*Persönlichkeit*) personalidad *f;* (*Image*) imagen *f* (pública); **an** ~ **gewinnen/verlieren** mejorar/dañar su imagen pública

profilieren* [profiˈliːrən] I. *vt* ranurar II. *vr:* **sich** ~ distinguirse

Profilneurose *f* (PSYCH) ansiedad *f* constante de destacar

Profit [proˈfiːt] *m* <-(e)s, -e> ❶ (*Nutzen*) provecho *m;* ~ **aus etw schlagen/ziehen** obtener/sacar provecho de algo ❷ (WIRTSCH) beneficio *m*

profitabel [profiˈtaːbəl] *adj* lucrativo

Profitgier *f* (*abw*) afán *m* de lucro

profitieren* [profiˈtiːrən] *vi* sacar provecho (*von/bei* de)

pro forma [proː ˈfɔrma] *adv* (*der Form halber*) proforma; **eine Rechnung** ~ **ausstellen** expedir una factura proforma

Prognose [proˈgnoːzə] *f* <-n> pronóstico *m*

prognostizieren* [prognɔstiˈtsiːrən] *vt* pronosticar

Programm [proˈgram] *nt* <-s, -e> ❶ (*Planung, Ablauf*) programa *m;* **auf dem** ~ **stehen** figurar en el programa; **ein volles**

~ **haben** estar ocupado ② (INFOR) programa *m;* **ein** ~ **schreiben/entwickeln** escribir/crear un programa ③ (RADIO, TV) cadena *f;* **Programmabbruch** *m* (INFOR) interrupción *f* del programa

programmatisch [progra'ma:tɪʃ] *adj* programático

Programmfehler *m* (INFOR) error *m* del programa; **programmgemäß** *adj* de acuerdo con el programa; **alles verlief** ~ todo transcurrió conforme al plan; **Programmheft** *nt* programa *m*

programmieren* [progra'mi:rən] I. *vi* (*a.* INFOR) programar II. *vt* planear; (*a.* INFOR) programar

Programmierer(in) *m(f)* <-s, -; -nen> (INFOR) programador(a) *m(f)*

Programmiersprache *f* (INFOR) lenguaje *m* de programación

Programmierung *f* <-en> (INFOR) programación *f*

Programmkino *nt* cineclub *m;* **Programmlauf** *m* (INFOR) ejecución *f* del programa; **Programmpunkt** *m* punto *m* en el programa; **Programmsteuerung** *f* ohne *pl* (INFOR) control *m* de programa; **Programmvorschau** *f* avance *m* del programa; **Programmzeitschrift** *f* revista *f* con la programación de radio y televisión

progressiv [progrɛ'si:f] *adj* ① (*fortschrittlich*) progresista ② (*allmählich steigend*) progresivo

Projekt [pro'jɛkt] *nt* <-(e)s, -e> proyecto *m*

projektieren* [projɛk'ti:rən] *vt* proyectar

Projektil [projɛk'ti:l] *nt* <-s, -e> proyectil *m*

Projektion [projɛk'tsjo:n] *f* <-en> (*a.* MATH, FILM) proyección *f*

Projektleiter(in) *m(f)* director(a) *m(f)* de(l) proyecto

Projektor [pro'jɛkto:ɐ] *m* <-s, -en> proyector *m*

projizieren* [proji'tsi:rən] *vt* (*geh a.* FILM, MATH) proyectar

proklamieren* [prokla'mi:rən] *vt* proclamar

Pro-Kopf-Einkommen *nt* renta *f* per cápita

Prokurist(in) [proku'rɪst] *m(f)* <-en, -en; -nen> procurador(a) *m(f)*

Prolet(in) [pro'le:t] *m(f)* <-en, -en; -nen> (*abw*) persona *f* vulgar, roto, -a *m, f Chil*

Proletariat [proletari'a:t] *nt* <-(e)s, -e> proletariado *m*

Proletarier(in) [prole'ta:rie] *m(f)* <-s, -; -nen> proletario, -a *m, f,* roto, -a *m, f Chil*

proletarisch [prole'ta:rɪʃ] *adj* proletario

Proletin *f* <-nen> *s.* **Prolet**

Proll *m* <-s, -s> (*abw sl*) proleta *mf*

Prolo *m* <-s, -s> (*abw sl: Prolet*) proleta *mf*

Prolog [pro'lo:k] *m* <-(e)s, -e> prólogo *m*

Promenade [promə'na:də] *f* <-n> paseo *m;* **Promenadenmischung** *f* (*fam*) ejemplar canino resultante de una mezcla de razas

promenieren* [promə'ni:rən] *vi sein* (*geh*) pasearse

Promi ['prɔmi] *m* <-s, -s> (*fam*) famoso, -a *m, f*

Promille [pro'mɪlə] *nt* <-(s), -> ① (*Tausendstel*) tanto *m* por mil, por mil *m* ② *pl* (*fam: Alkoholgehalt im Blut*) grado *m* de alcoholemia; **er hatte 1,2** ~ tenía un grado de alcoholemia de 1,2; **Promillegrenze** *f* grado *m* máximo de alcoholemia

prominent [promi'nɛnt] *adj* prominente; (*berühmt*) famoso

Prominenz [promi'nɛnts] *f* ohne *pl* personalidades *fpl,* galaxia *f AmC*

promoten* [prə'mɔʊtən] *vt* promover, fomentar

Promotion [promo'tsjo:n] *f* <-en> ① (*Verleihung des Doktorgrades*) doctorado *m* ② (*Schweiz:* SCH: *Versetzung*) traslado *m* ③ (*Schweiz:* SPORT: *Aufstieg*) ascenso *m*

promovieren* [promo'vi:rən] I. *vi* ① (*Dissertation schreiben*) escribir una tesis doctoral (*in* en, *über* sobre) ② (*Doktorwürde erlangen*) doctorarse (*in* en) II. *vt* (*Schweiz:* SCH: *versetzen*) trasladar

prompt [prɔmpt] I. *adj* inmediato II. *adv* en el acto, al tiro *Am;* **er ist** ~ **darauf/auf sie hereingefallen** (*fam*) picó enseguida con eso/con ella

Pronomen [pro'no:mən] *nt* <-s, - *o* Pronomina> (LING) pronombre *m*

Propaganda [propa'ganda] *f* ohne *pl* (POL, WIRTSCH) propaganda *f;* ~ **für etw machen** hacer propaganda para algo

propagandistisch *adj* propagandístico

propagieren* [propa'gi:rən] *vt* propagar

Propan [pro'pa:n] *nt* <-s, ohne *pl*> propano *m;* **Propangas** *nt* gas *m* propano

Propeller [pro'pɛlɐ] *m* <-s, -> (AERO, NAUT) hélice *f*

Prophet(in) [pro'fe:t] *m(f)* <-en, -en; -nen> profeta, -isa *m, f*

prophetisch *adj* profético

prophezeien* [profe'tsaɪən] *vt* pronosticar; (REL) profetizar

Prophezeiung *f* <-en> pronóstico *m;* (REL) profecía *f*

prophylaktisch [profy'laktɪʃ] *adj* preventivo; (MED) profiláctico

Prophylaxe [profy'laksə] *f* <-n> (MED) profilaxis *f inv*

Proportion [propɔr'tsjo:n] *f* <-en> (*a.*

MATH) proporción f

proportional [proportsjo'na:l] *adj* proporcional (*zu* a)

proportioniert [proportsjo'ni:et] *adj* proporcionado

proppenvoll ['propənfɔl] *adj* (*fam*) lleno a reventar; **der Zug war** ~ el tren iba a tope

Prosa ['pro:za] *f ohne pl* prosa *f*

prosaisch [pro'za:ıʃ] *adj* (*geh*) prosaico

prosit ['pro:zıt] *interj* (*fam*) salud, chinchín

Prospekt [pro'spɛkt] *m* <-(e)s, -e> folleto *m*, prospecto *m*

prost [pro:st] *interj* (*fam*) salud, chinchín

Prostata ['prɔstata] *f* <Prostatae> (ANAT) próstata *f*

prosten *vi* ❶ (*Prost rufen*) brindar ❷ (*ein Prosit ausbringen*) pronunciar un brindis

prostituieren* [prostitu'i:rən] *vr:* **sich** ~ prostituirse

Prostituierte(r) *mf* <-n, -n; -n> prostituto, -a *m, f,* pípila *f Mex*

Prostitution [prostitu'tsjo:n] *f ohne pl* prostitución *f*

Protagonist(in) [protago'nıst] *m(f)* <-en, -en; -nen> protagonista *mf*

Protegé [prote'ʒe:] *m* <-s, -s> protegido, -a *m, f*

protegieren* [prote'ʒi:rən] *vt* proteger

Protein [prote'i:n] *nt* <-s, -e> proteína *f*

Protektionismus [protɛktsjo'nısmʊs] *m* <-, ohne pl> (WIRTSCH) proteccionismo *m*

Protest [pro'tɛst] *m* <-(e)s, -e> protesta *f*, planteo *m Arg;* **etw aus** ~ **tun** hacer algo en señal de protesta; **unter** ~ bajo protesta

Protestant(in) [protɛs'tant] *m(f)* <-en, -en; -nen> protestante *mf*

protestantisch *adj* protestante

Protestantismus *m* <-, ohne pl> protestantismo *m*

Protestbewegung *f* movimiento *m* de protesta

protestieren* [protɛs'ti:rən] *vi* protestar

Protestkundgebung *f* manifestación *f* de protesta; **Protestmarsch** *m* marcha *f* de protesta; **Protestwähler(in)** *m(f)* (POL) elector(a) descontento, -a que vota por un partido distinto a su partido habitual

Prothese [pro'te:zə] *f* <-n> (MED, LING) prótesis *f inv*

Protokoll¹ [proto'kɔl] *nt* <-s, -e> ❶ (*Niederschrift*) protocolo *m*, acta *f;* ~ **führen** redactar el acta; **etw zu** ~ **geben** hacer constar algo en acta; **etw zu** ~ **nehmen** protocolar algo ❷ (*reg: Strafmandat*) multa *f*

Protokoll² *nt* <-s, ohne pl> (*Zeremoniell*) protocolo *m;* **gegen das** ~ **verstoßen** infringir el protocolo

protokollarisch [protokɔ'la:rıʃ] *adj* protocolario; **etw** ~ **festhalten** levantar acta de algo

Protokollführer(in) *m(f)* secretario, -a *m, f* de actas; (*bei Gericht*) actuario, -a *m, f*

protokollieren* [protokɔ'li:rən] **I.** *vt* ❶ (*bei einer Sitzung, der Polizei*) hacer constar en acta ❷ (*in der Schule, Universität*) tomar nota (de) **II.** *vi* redactar el acta

Proton [pro'to:n] *nt* <-s, -en> (PHYS) protón *m*

Prototyp ['pro:toty:p] *m* (*a.* TECH) prototipo *m*

protzen *vi* (*fam*) presumir (*mit* de); (*mit Mut*) chulear (*mit* de)

protzig **I.** *adj* (*fam*) ❶ (*angeberisch*) fanfarrón ❷ (*luxuriös*) ostentoso **II.** *adv* (*fam*) con aires de fanfarrón

Proviant [provi'ant] *m* <-s, -e> víveres *mpl*

Provider [pro'vaıdɐ] *m* <-s, -> provider *m*, proveedor *m*

Provinz [pro'vınts] *f* <-en> provincia *f*

provinziell [provın'tsjɛl] *adj* provinciano

Provinzler(in) [pro'vıntslɐ] *m(f)* <-s, -; -nen> (*fam abw*) provinciano, -a *m, f*

Provinzstadt *f* ciudad *f* de provincias

Provision [provi'zjo:n] *f* <-en> (WIRTSCH) comisión *f;* **auf** [*o* gegen] ~ **arbeiten** trabajar a comisión

Provisorien *pl von* **Provisorium**

provisorisch [provi'zo:rıʃ] *adj* provisional

Provisorium [provi'zo:rıʊm] *nt* <-s, Provisorien> solución *f* provisional

provokant [provo'kant] *adj* provocador

Provokation [provoka'tsjo:n] *f* <-en> provocación *f*

provokativ [provoka'ti:f] *adj* provocador, provocativo; **sich** ~ **verhalten** comportarse de manera provocativa

provozieren* [provo'tsi:rən] *vt* provocar, torear *Arg, Chil*

provozierend *adj s.* **provokant**

Prozedere *nt* <-, -> (*geh*) (modo *m* de) proceder *m*

Prozedur [protse'du:ɐ] *f* <-en> procedimiento *m*

Prozent [pro'tsɛnt] *nt* <-(e)s, -e> ❶ (*Hundertstel*) tanto *m* por ciento; (*bei Alkoholgehalt*) grado *m;* **etw in** ~ **ausdrücken** expresar algo en tantos por ciento; **50** ~ **der Bevölkerung** el 50 por ciento de la población ❷ *pl* (*fam: Rabatt*) rebaja *f;* ~ **e bekommen** recibir una rebaja; **Prozentsatz** *m* porcentaje *m*

prozentual [protsɛntu'a:l] *adj* porcentual

Prozess [pro'tsɛs] *m* <-es, -e> ❶ (JUR: *Zivil~*) pleito *m;* (*Straf~*) proceso *m;* **gegen jdn einen** ~ **führen** litigar contra alguien;

mit jdm/etw kurzen ~ machen (*fam*) cortar por lo sano con alguien/algo ❷ (*Vorgang*) proceso *m;* **Prozessgegner(in)** *m(f)* (JUR) parte *f* contraria

prozessieren* [protsɛ'si:rən] *vi* pleitear (*gegen* contra)

Prozession [protsɛ'sjo:n] *f* <-en> procesión *f*

Prozesskosten *pl* (JUR) costas *fpl* procesales

Prozessor [pro'tsɛso:ɐ] *m* <-s, -en> (INFOR) procesador *m*

Prozessordnung *f* (JUR) código *m* procesal

prüde ['pry:də] *adj* pudibundo

prüfen ['pry:fən] *vt* ❶ (*untersuchen, abfragen*) examinar; (*über~, nach~*) comprobar, verificar, chequear *Am;* **jdn in Biologie ~** examinar a alguien de biología; **staatlich geprüft** con diploma oficial; **mit ~den Blicken** con una mirada escrutadora ❷ (*geh: heimsuchen*) castigar; **ein schwer geprüfter Vater** un padre duramente castigado por el destino

Prüfer(in) *m(f)* <-s, -; -nen> (*Beruf*) inspector(a) *m(f);* (*Schule, Universität*) examinador(a) *m(f)*

Prüfling *m* <-s, -e> examinando, -a *m, f*

Prüfstand *m* (TECH) instalación *f* de pruebas; **auf dem ~ stehen** (*fig*) tener que demostrar su eficacia; **Prüfstein** *m* piedra *f* de toque; **ein ~ für etw sein** ser una garantía de algo

Prüfung *f* <-en> ❶ (*Untersuchung, Schul~*) examen *m;* (*Über~*) inspección *f;* **sich einer ~ unterziehen** examinarse; **etw einer ~ unterziehen** someter algo a prueba; **nach ~ Ihrer Beschwerde** después de haber comprobado su queja; **die mündliche/schriftliche ~ in Biologie** el examen oral/escrito de biología ❷ (*geh: Heimsuchung*) revés *m* (de la fortuna); **Prüfungsangst** *f* miedo *m* a los exámenes; **Prüfungsaufgabe** *f* tema *m* de examen, pregunta *f* de examen; **Prüfungskommission** *f* comisión *f* examinadora; **Prüfungszeugnis** *nt* diploma *m*

Prüfverfahren *nt* procedimiento *m* de prueba; (TECH) método *m* de ensayo

Prügel ['pry:gəl] *m* <-s, -> ❶ (*Knüppel*) palo *m* ❷ *pl* (*Schläge*) tunda *f*, batida *f* Peru, PRico; **~ beziehen** recibir una paliza

Prügelei *f* <-en> pelea *f*

Prügelknabe *m* (*fam*) cabeza *f* de turco

prügeln ['pry:gəln] **I.** *vt* golpear; (*mit einem Stock*) apalear **II.** *vr:* **sich ~** pegarse, faitear; **sich um etw ~** pelearse por algo

Prügelstrafe *f ohne pl* castigo *m* corporal

Prunk [prʊŋk] *m* <-(e)s, *ohne pl*> suntuo-

sidad *f*, pompa *f*

prunkvoll *adj* ostentoso, suntuoso

prusten ['pru:stən] *vi* resoplar; **vor Lachen ~** partirse de risa

PS [pe:'?ɛs] ❶ *Abk. von* **Pferdestärke** CV ❷ *Abk. von* **Postskript(um)** P.D.

Psalm [psalm] *m* <-s, -en> salmo *m*

Pseudonym [psɔɪdo'ny:m] *nt* <-s, -e> (p)seudónimo *m*

pst [pst] *interj* pss

Psyche ['psy:çə] *f* <-n> (p)sique *f*

Psychiater(in) [psy'ç(j)a:tɐ] *m(f)* <-s, -; -nen> (p)siquiatra *mf*

Psychiatrie¹ [psyç(j)a'tri:] *f ohne pl* (*Gebiet der Medizin*) (p)siquiatría *f*

Psychiatrie² *f* <-n> (*sl: psychiatrische Abteilung*) departamento *m* de (p)siquiatría

psychiatrisch [psy'ç(j)a:trɪʃ] *adj* (MED) (p)siquiátrico; **in ~er Behandlung sein** estar en tratamiento (p)siquiátrico

psychisch ['psy:çɪʃ] *adj* (p)síquico; **~ krank** enfermo mental

Psychoanalyse [----'--] *f ohne pl* (PSYCH) (p)sicoanálisis *m inv;* **Psychoanalytiker(in)** [----'---] *m(f)* (PSYCH) (p)sicoanalista *mf*

Psychologe, -in [psyço'lo:gə] *m, f* <-n, -n; -nen> (p)sicólogo, -a *m, f*

Psychologie [psyçolo'gi:] *f ohne pl* (p)sicología *f*

Psychologin *f* <-nen> *s.* **Psychologe**

psychologisch *adj* (p)sicológico

Psychopath(in) [psyço'pa:t] *m(f)* <-en, -en; -nen> (PSYCH) (p)sicópata *mf*

Psychopharmakon [psyço'farmakɔn, *pl:* -'farmaka] *nt* <-s, -pharmaka> (MED, PSYCH) (p)sicofármaco *m*

Psychose [psy'ço:zə] *f* <-n> (MED, PSYCH) (p)sicosis *f inv*

psychosomatisch [psyçozo'ma:tɪʃ] *adj* (MED) (p)sicosomático

Psychoterror ['psy:çotɛro:ɐ] *m* terror *m* (p)sicológico

Psychotherapeut(in) [psyçotera'pɔɪt, 'psy:ço-] *m(f)* (MED, PSYCH) (p)sicoterapeuta *mf;* **Psychotherapie** [----'-, '-----] *f* (MED, PSYCH) (p)sicoterapia *f*

PTT [pe:te:'te:] (*Schweiz*) *Abk. von* **Post-, Telefon- und Telegrafenbetrieb** Correos, Telégrafos y Compañía de Teléfonos

pubertär [pubɛr'tɛ:ɐ] *adj* ❶ (*in der Pubertät*) adolescente ❷ (*die Pubertät betreffend*) de la pubertad

Pubertät [pubɛr'tɛ:t] *f ohne pl* pubertad *f*, edad *f* de la punzada *AmC, Cuba*

pubertieren* [pubɛr'ti:rən] *vi* (*geh*) estar en la pubertad

Publicity [pə'blɪsiti] *f ohne pl* publicidad *f;* **negative** ~ mala publicidad; **Publicrelations** *pl,* **Public Relations** ['pablɪkri'lɛɪʃəns] *pl* relaciones *fpl* públicas

publik [pu'bli:k] *adj:* ~ **werden** salir a la luz; **etw** ~ **machen** dar a conocer algo

Publikation [publika'tsjo:n] *f* <-en> publicación *f*

Publikum ['pu:blikʊm] *nt* <-s, *ohne pl*> público *m;* **Publikumsandrang** *m* afluencia *f* del público; **Publikumserfolg** *m* éxito *m* de público; **Publikumsliebling** *m* favorito, -a *m, f* del público; **Publikumsmagnet** *m* gran atracción *f;* **Publikumsverkehr** *m* despacho *m* al público; **für den** ~ **geöffnet** abierto al público; **publikumswirksam** *adj* que causa gran efecto en el público

publizieren* [publi'tsi:rən] *vt* publicar

Publizist(in) [publi'tsɪst] *m(f)* <-en, -en; -nen> periodista *mf*

Publizistik [publi'tsɪstɪk] *f ohne pl* periodismo *m*

Publizistin *f* <-nen> *s.* **Publizist**

Puck [pʊk] *m* <-s, -s> (SPORT) disco *m*

Pudding ['pʊdɪŋ] *m* <-s, -e *o* -s> budín *m*

Pudel ['pu:dəl] *m* <-s, -> caniche *m;* **wie ein begossener** ~ **dastehen** (*fam*) estar como tonto en vísperas; **Pudelmütze** *f* gorra *f* de lana; **pudelnass** ['--'-] *adj* (*fam*) calado hasta los huesos; **pudelwohl** ['--'-] *adv* (*fam*): **sich** ~ **fühlen** estar como el pez en el agua

Puder ['pu:dɐ] *m o nt* <-s, -> polvos *mpl* (de tocador); (*Talkum*) (polvos *mpl* de) talco *m;* **Puderdose** *f* polvera *f*

pudern ['pu:dɐn] *vt* empolvar

Puderzucker *m* azúcar *m* en polvo

Puertoricaner(in) [pʊɛrtori'ka:nɐ] *m(f)* <-s, -; -nen> puertorriqueño, -a *m, f*

puertoricanisch *adj* puertorriqueño

Puerto Rico ['pʊɛrto 'ri:ko] *nt* <- -s> Puerto Rico *m*

Puff¹ [pʊf, *pl:* 'pʏfə, 'pʊfə] *m* <-(e)s, Püffe *o* -e> (*fam: Stoß*) empujón *m*

Puff² *m* <-(e)s, -e *o* -s> ➊ (*Wäschekorb*) cesto *m* para la ropa sucia ➋ (*Sitzkissen*) puf *m*

Puff³ *m o nt* <-s, -s> (*fam: Bordell*) casa *f* de putas, quilombo *m Chil*

Puffer ['pʊfɐ] *m* <-s, -> ➊ (*am Zug*) tope *m* ➋ (INFOR) *s.* **Pufferspeicher** ➌ (*Reibekuchen*) fritura de patatas crudas ralladas

puffern *vt* (TECH) amortiguar; **Reibung** ~ reducir la fricción

Pufferspeicher *m* (INFOR) memoria *f* intermedia; **Pufferzone** *f* zona *f* tapón

pulen ['pu:lən] **I.** *vi* (*nordd: fam*) escarbar (*an/in* +*dat* en) **II.** *vt* (*nordd: fam: Krabben*) pelar; (*Erbsen*) desvainar

Pulle ['pʊlə] *f* <-n> (*fam*) botella *f;* **volle** ~ (**fahren**) (*fam*) (ir) a toda pastilla

Pulli ['pʊli] *m* <-s, -s> (*fam*), **Pullover** [pʊ'lo:vɐ] *m* <-s, -> jersey *m,* pul(l)óver *m Am*

Pullunder [pʊ'lʊndɐ] *m* <-s, -> chaleco *m* de punto, pul(l)óver *m* (sin mangas) *Am*

Puls [pʊls] *m* <-es, -e> pulso *m;* **den** ~ **fühlen** tomar el pulso; **Pulsader** *f* arteria *f*

pulsieren* [pʊl'zi:rən] *vi* latir

Pulsschlag *m* pulsación *f*

Pult [pʊlt] *nt* <-(e)s, -e> ➊ (*Schreib~*) pupitre *m* ➋ (*Noten~*) atril *m*

Pulver ['pʊlvɐ] *nt* <-s, -> polvo *m;* (*Schieß~*) pólvora *f;* **sein** ~ **verschossen haben** (*fam*) llegar al final de sus fuerzas; **Pulverfass** *nt* barril *m* de pólvora; **das Land gleicht einem** ~ el país parece un barril de pólvora

pulverig *adj* pulverulento

Pulverkaffee *m* café *m* en polvo; **Pulverschnee** *m* nieve *f* polvo

pulvrig *adj s.* **pulverig**

Puma ['pu:ma] *m* <-s, -s> puma *m,* león *m Am*

pummelig ['pʊməlɪç] *adj* (*fam*) gordito, petacón *Am*

Pump [pʊmp] *m* <-s, *ohne pl*> (*fam*) préstamo *m;* **etw auf** ~ **kaufen** comprar algo al fiado

Pumpe ['pʊmpə] *f* <-n> ➊ (*Vorrichtung zum Pumpen*) bomba *f* ➋ (*fam: Herz*) corazón *m*

pumpen *vt* ➊ (*heraus~*) sacar con una bomba, bombear; **Luft in die Reifen** ~ inflar los neumáticos; **etw mit Wasser/Luft voll** ~ llenar algo de agua/aire; **sich voll** ~ (*fam: mit Rauschgift, Alkohol*) colocarse ➋ (*fam: leihen*): **jdm etw** ~ dejar algo a alguien; **sich** *dat* **etw** ~ tomar algo prestado

Pumphose ['pʊmp-] *f* pantalones *mpl* bombachos

Pumps [pœmps] *m* <-, -> chancla *f* de tacón

Punk¹ [paŋk] *m* <-(s), *ohne pl*> (*Musik, Stil*) punk *m*

Punk² *m* <-(s), -s>, **Punker(in)** ['paŋkɐ] *m(f)* <-s, -; -nen> punk *mf,* punky *mf*

Punkt [pʊŋkt] *m* <-(e)s, -e> ➊ (*allgemein*) punto *m;* **um** ~ **sechs Uhr** a las seis en punto; ~ **eins** (*bei einer Aufzählung*) primero; **bis zu einem gewissen** ~ hasta cierto punto; **der springende** ~ el punto decisivo; **der strittige** ~ el punto en litigio; **wunder** ~ punto flaco; **toter** ~ punto muerto; ~ **für** ~ punto por punto; **ein dunkler** ~ **in seiner Vergangenheit** una mancha en su pasado; **er hat es auf den** ~ **gebracht** ha dado en el clavo; **nun mach mal einen** ~! *(fam)* ¡basta ya!; **ohne** ~ **und Komma reden** *(fam)* hablar sin parar ② (MATH) punto *m* ③ *(Ort)* punto *m*, lugar *m* ④ (SPORT) punto *m;* **nach** ~ **en führen/ siegen** estar en cabeza/ganar por puntos ⑤ (MUS) puntillo *m*

Punktgewinn *m* (SPORT) victoria *f* por puntos; **punktgleich** *adj* (SPORT) empatado

pünktlich ['pʏŋktlɪç] *adj* puntual

Pünktlichkeit *f ohne pl* puntualidad *f*

Punktsieger(in) *m(f)* (SPORT) ganador(a) *m(f)* por puntos

punktuell [pʊŋktu'ɛl] **I.** *adj* parcial **II.** *adv* en (algunas) partes; ~ **vorgehen** proceder por partes

Punktzahl *f* puntuación *f*

Punsch [pʊnʃ] *m* <-(e)s, -e *o* Pünsche> ponche *m*

Pupille [pu'pɪlə] *f* <-n> pupila *f*

Puppe ['pʊpə] *f* <-n> ① *(Spielzeug)* muñeca *f* ② *(Marionette)* títere *m;* **die ~n tanzen lassen** *(fam: feiern)* correrse una juerga; *(durchgreifen)* poner los enchufes en funcionamiento; **bis in die ~n feiern/ schlafen** *(fam)* festejar/dormir hasta las tantas ③ *(Schaufenster~)* maniquí *m* ④ (ZOOL) crisálida *f;* **Puppenhaus** *nt* casa *f* de muñecas; **Puppentheater** *nt* teatro *m* de guiñol; *(mit Marionetten)* teatro *m* de títeres; **Puppenwagen** *m* cochecito *m* de muñecas

Pups [puːps] *m* <-es, -e> *(fam)* pedo *m*

pupsen *vi (fam)* soltar pedos

pur [puːɐ] *adj* ① *(rein)* puro; **den Whisky** ~ **trinken** beber el whisky solo ② *(fam: bloß)* puro, mero; ~**er Wahnsinn** pura locura; ~**er Zufall** mera coincidencia

Püree [py're:] *nt* <-s, -s> (GASTR) puré *m*

pürieren* [py'ri:rən] *vt* (GASTR) hacer puré (de), pasar por el pasapuré

Pürierstab [py'ri:ʃtaːp] *m* minipimer® *m*

Puritaner(in) [puri'taːnɐ] *m(f)* <-s, -; -nen> puritano, -a *m, f*

puritanisch *adj* puritano

Purpur ['pʊɐpuːɐ] *m* <-s, *ohne pl*> púrpura *f*

purpurfarben ['pʊrpʊr-] *adj* púrpura

Purzelbaum ['pʊrtsəl-] *m (fam)* voltereta *f;* **einen** ~ **schlagen** dar una voltereta

purzeln ['pʊrtsəln] *vi sein (fam)* caer(se) *(rodando) (über* sobre, *von* de)

Puste ['pu:stə] *f ohne pl (fam)* aliento *m;* **außer** ~ **sein** estar sin aliento; **aus der** ~ **kommen** quedarse sin aliento; **Puste-**

blume *f* diente *m* de león; **Pustekuchen** *interj (fam)*: (**ja**) ~**!** ¡y un cuerno!

Pustel ['pʊstəl] *f* <-n> pústula *f*

pusten ['pu:stən] *vi (fam)* soplar

put [pʊt] *interj*: ~, ~, ~**!** ¡pío, pío, pío!

Pute ['pu:tə] *f* <-n> *(a. fig)* pava *f;* **Putenfleisch** *nt* (carne *f* de) pavo *m*

Puter ['pu:tɐ] *m* <-s, -> pavo *m;* **puterrot** ['--'-] *adj* rojo como un tomate

Putsch [pʊtʃ] *m* <-(e)s, -e> golpe *m* de estado

Putschist(in) [pʊ'tʃɪst] *m(f)* <-en, -; -nen> golpista *mf*

Putte ['pʊtə] *f* <-n> angelote *m*

Putz [pʊts] *m* <-es, *ohne pl*> revoque *m;* **unter** ~ enyesado; **auf den** ~ **hauen** *(fam: feiern)* montar una juerga a lo grande; *(prahlen)* tirarse pegotes

putzen ['pʊtsən] *vt* limpiar; *(scheuern)* fregar; **sich** *dat* **die Nase** ~ limpiarse la nariz; **sich** *dat* **die Zähne** ~ lavarse los dientes

Putzfimmel *m (abw)* manía *f* de limpiar; **Putzfrau** *f* mujer *f* de la limpieza; *(in einem Privathaushalt)* asistenta *f*

putzig ['pʊtsɪç] *adj (fam)* ① *(niedlich)* mono ② *(seltsam)* raro

Putzkolonne *f* equipo *m* de encargados de la limpieza; **Putzlappen** *m* trapo *m;* *(Scheuerlappen)* bayeta *f;* **Putzmittel** *nt* producto *m* de limpieza, detergente *m*

putzmunter ['--'--] *adj (fam)* muy despabilado

Putzteufel *m (fam)* obsesionado, -a *m, f* con la limpieza; **Putztuch** *nt* trapo *m* (para limpiar); **Putzwolle** *f* estopa *f;* **putzwütig** *adj* maniático de la limpieza; **Putzzeug** *nt* utensilios *mpl* de limpieza

Puzzle ['pazəl] *nt* <-s, -s> puzzle *m*, rompecabezas *m inv*

PVC [pe:faʊ'tse:] *nt* <-(s), -s> *Abk. von* **Polyvinylchlorid** PVC *m*

Pygmäe, -in [pʏg'mɛːə] *m, f* <-n, -n; -nen> pigmeo, -a *m, f*

Pyjama [py'(d)ʒaːma] *m* <-s, -s> pijama *m*, piyama *m Am*

Pyramide [pyra'miːdə] *f* <-n> pirámide *f;* **pyramidenförmig** *adj* piramidal

Pyrenäen [pyre'nɛːən] *pl* Pirineos *mpl*

Pyromane, -in [pyro'maːnə] *m, f* <-n, -n; -nen> (MED, PSYCH) pirómano, -a *m, f*

Python ['py:tɔn] *m* <-s, -s *o* -en> pitón *m*

Q, q [ku:] *nt* <-, -> Q, q *f;* ~ **wie Quelle** Q de Quebec

q (*Österr*) *Abk. von* **Meterzentner** dos quintales *mpl*

Quacksalber(in) ['kvakzalbɐ] *m(f)* <-s, -; -nen> (*abw*) curandero, -a *m, f*

Quader ['kva:dɐ] *m* <-s, -> ❶ (*Stein*) sillar *m* ❷ (MATH) paralelepípedo *m* rectangular

Quadrant [kva'drant] *m* <-en, -en> (ASTR, MATH) cuadrante *m*

Quadrat [kva'dra:t] *nt* <-(e)s, -e> (*a.* MATH) cuadrado *m;* **fünf zum** ~ cinco elevado al cuadrado

quadratisch *adj* ❶ (*Form*) cuadrado ❷ (MATH) de segundo grado; ~**e Glei- chung** ecuación de segundo grado

Quadratkilometer *m* kilómetro *m* cua- drado; **Quadratlatschen** *mpl* (*fam*) ❶ (*Schuhe*) zapatones *mpl* ❷ (*Füße*) pies *mpl* enormes; **Quadratmeter** *m o nt* metro *m* cuadrado; **Quadratschädel** *m* (*fam*) cabeza *f* cuadrada

Quadratur [kvadra'tu:ɐ] *f ohne pl* (MATH, ASTR) cuadratura *f;* **die** ~ **des Kreises** la cuadratura del círculo

Quadratwurzel *f* (MATH) raíz *f* cuadrada; **Quadratzahl** *f* (MATH) número *m* cua- drado; **Quadratzentimeter** *m o nt* centí- metro *m* cuadrado

quadrieren* [kva'dri:rən] *vt* (MATH) elevar al cuadrado

Quadrofonie *f ohne pl,* **Quadrophonie** [kvadrofo'ni:] *f ohne pl* cuadrofonía *f*

Quai [kɛ:, ke:] *m o nt* <-s, -s> ❶ (*Kai*) muelle *m* ❷ (*Schweiz: Uferstraße*) ribera *f*

quaken ['kva:kən] *vi* ❶ (*Frosch*) croar; (*Ente*) graznar ❷ (*fam abw: reden*) soltar el rollo

Quäker(in) *m(f)* <-s, -; -nen> cuáquero, -a *m, f*

Qual [kva:l] *f* <-en> (*a. fig: Quälerei*) tor- tura *f;* (*Leiden*) suplicio *m;* (*Mühe*) pena *f;* **unter großen** ~**en** con grandes penas; **die** ~ **der Wahl haben** no saber cómo decidirse

quälen ['kvɛ:lən] **I.** *vt* ❶ (*foltern*) torturar; (*misshandeln*) maltratar; (*seelisch*) ator- mentar; ~**der Durst** sed espantosa ❷ (*läs- tig fallen*) molestar **II.** *vr:* **sich** ~ (*mit Arbeit*) ajetrearse

Quälerei *f* <-en> tortura *f*

Quälgeist *m* (*fam*) pelmazo, -a *m, f*

Qualifikation [kvalifika'tsjo:n] *f* <-en>

❶ (*Zeugnis*) calificación *f* (*für* para) ❷ (*Be- fähigung*) capacidad *f* ❸ (SPORT) clasifica- ción *f*

qualifizieren* [kvalifi'tsi:rən] **I.** *vt* ❶ (*befä- higen*) capacitar (*für* para); **hoch qualifi- ziert** altamente cualificado ❷ (*klassifizie- ren*) clasificar (*als* como) **II.** *vr:* **sich** ~ (*a.* SPORT) calificarse (*für* para)

Qualifizierung *f* <-en> cualificación *f*

Qualität [kvali'tɛ:t] *f* <-en> (*Eigenschaft*) cualidad *f;* (*Beschaffenheit, Waren~*) cali- dad *f*

qualitativ [kvalita'ti:f, '----] **I.** *adj* cualitativo **II.** *adv* en cuanto a la calidad; ~ **besser** de mejor calidad

Qualitätsarbeit *f ohne pl* trabajo *m* de (alta) calidad; **Qualitätserzeugnis** *nt* producto *m* de (alta) calidad; **Qualitäts- kontrolle** *f* control *m* de calidad; **Quali- tätsmerkmal** *nt* señal *f* de calidad, distin- tivo *m* de calidad; **Qualitätssicherung** *f* garantía *f* de calidad; **Qualitätssiegel** *nt* sello *m* de calidad; **Qualitätsware** *f* artí- culo *m* de (alta) calidad

Qualle ['kvalə] *f* <-n> medusa *f*

Qualm [kvalm] *m* <-(e)s, *ohne pl*> huma- reda *f*

qualmen *vi* ❶ (*Schornstein*) humear, echar humo ❷ (*fam: Mensch*) fumar como una chimenea

Qualmerei *f ohne pl* (*fam*) humareda *f*

qualmig *adj* lleno de humo

qualvoll ['kva:lfɔl] *adj* ❶ (*mit Qualen*) lasti- moso; (*schmerzlich*) doloroso; ~ **sterben** tener una muerte muy dolorosa ❷ (*bedrü- ckend*) atormentador

Quant [kvant] *nt* <-s, -en> (PHYS) cuanto *m*

Quäntchen ['kvɛntçən] *nt* <-s, -> poquito *m;* **das letzte** ~ **Hoffnung** la última pizca de esperanza

Quanten ['kvantən] *pl* ❶ *pl von* **Quant, Quantum** ❷ (*sl: Füße*) pezuña *f;* **Quan- tentheorie** *f ohne pl* (PHYS) teoría *f* cuán- tica

Quantität [kvanti'tɛ:t] *f ohne pl* cantidad *f*

quantitativ [kvantita'ti:f, '----] **I.** *adj* cuanti- tativo **II.** *adv* en cuanto a la cantidad

Quantum ['kvantʊm] *nt* <-s, Quanten> (*Menge*) cantidad *f;* (*Anteil*) parte *f*

Quarantäne [karan'tɛ:nə] *f* <-n> cuaren- tena *f;* **unter** ~ **stehen/stellen** estar bajo/poner en cuarentena

Quark [kvark] *m* <-s, *ohne pl*> ❶ (*Lebens- mittel*) ≈requesón *m*, quesillo *m Am* ❷ (*fam abw: Unsinn*) tontería(s) *f(pl)*

Quartal [kvar'ta:l] *nt* <-s, -e> trimestre *m;* **Quartalssäufer(in)** *m(f)* (*fam*) borra- chín, -ina *m, f* periódico, -a

Quarte ['kvartə] f <-n> (MUS) cuarta f

Quartett [kvar'tɛt] nt <-(e)s, -e> ❶ (Kartenspiel) ≈juego m de las familias ❷ (MUS) cuarteto m

Quartier [kvar'tiːɐ] nt <-s, -e> ❶ (Unterkunft) alojamiento m ❷ (Schweiz: Stadtviertel) barrio m

Quarz [kvaːɐts] m <-es, -e> cuarzo m; **Quarzuhr** f reloj m de cuarzo

quasi ['kvaːzi] adv (sozusagen) por así decirlo; (gewissermaßen) en cierto sentido

Quasselei f <-en> (fam) parloteo m (molesto); **seid ruhig, ich habe genug von eurer ~!** ¡callaos ya, estoy harto de oíros parlotear!

quasseln ['kvasəln] I. vi (fam) darle al pico; **mit jdm ~** charlar con alguien II. vt (fam) decir

Quasselstrippe f (fam abw) cotorra f

Quaste ['kvastə] f <-n> borla f

Quatsch [kvatʃ] m <-(e)s, ohne pl> (fam abw) tonterías fpl, bolazo m RíoPl; **red keinen ~!** ¡no digas tonterías!; **so ein ~!** ¡menuda tontería!; **was soll der ~?** ¿pero qué significa esto?

quatschen I. vi (fam) ❶ (abw: quasseln) darle al pico; **mit jdm ~** charlar con alguien ❷ (abw: tratschen) cotillear ❸ (sich unterhalten) charlar ❹ (verraten) decir, contar; **wer hat gequatscht?** ¿quién se ha ido de la lengua? II. vt (fam) decir

Quatschkopf m (fam abw) imbécil mf

Quecksilber ['kvɛk-] nt mercurio m; **Quecksilberthermometer** nt termómetro m de mercurio

Quell [kvɛl] m <-(e)s, ohne pl> (geh) origen m

Quelle ['kvɛlə] f <-n> ❶ (eines Gewässers) fuente f, naciente f Arg, Par; (Öl~) pozo m; **heiße ~n** fuentes termales ❷ (Ursache) origen m ❸ (Text, Person) fuente f; **aus zuverlässiger ~** de fuente segura; **an der ~ sitzen** (fam) tener buenos contactos (para conseguir algo)

quellen ['kvɛlən] <quillt, quoll, gequollen> vi sein ❶ (Holz) hincharse; **~ lassen** (Hülsenfrüchte) poner a remojo ❷ (heraus~) brotar (aus de)

Quellenangabe f indicación f de las fuentes; **Quellenforschung** f ohne pl investigación f de las fuentes; **Quellensteuer** f (FIN) impuesto m en origen; **Quellentext** m fuente f

Quellgebiet nt (GEO) fuentes fpl; **Quellwasser** nt ohne pl agua f de manantial

Quengelei [kvɛŋə'laɪ] f <-en> (fam) quejas fpl; (weinerlich) lloriqueo m

quengelig adj (fam) refunfuñón, llorón

quengeln ['kvɛŋəln] vi (fam) dar la lata; (stärker) dar el coñazo; (weinerlich) lloriquear

quenglig adj s. **quengelig**

quer [kveːɐ] adv ❶ (rechtwinklig) en sentido transversal, atravesado; **~ gestreift** de rayas horizontales; **die Straße verläuft ~ zur Hauptstraße** es una calle transversal a la calle principal; **das Auto stand ~ auf der Straße** el coche estaba atravesado en la calle ❷ (schräg): **~ über** [o durch] **...** a través de...; **~ über die Straße gehen** cruzar la calle ❸ (dagegen): **sich ~ legen** [o stellen] (fam) oponerse; **Querachse** f eje m transversal; **Querbalken** m (a. SPORT) travesaño m

querbeet [kveːɐ'beːt] adj (fam) sin rumbo fijo

Querdenker(in) m(f) inconformista mf

querdurch adv atravesando; **sollen wir außen herum gehen oder ~?** ¿vamos rodeando o atravesando?

Quere ['kveːrə] f ohne pl (fam): **jdm in die ~ kommen** (stören) contrariar los proyectos de alguien; (treffen) cruzarse con alguien

Querele [kve're:lə] f <-n> querella f

querfeldein [kveːɐfɛlt'ʔaɪn] adv campo a través, a campo traviesa

Querflöte f flauta f traversa; **Querformat** nt formato m oblongo; **im ~** oblongo; **Querkopf** m (fam abw) cabezudo, -a m, f; **Querleiste** f listón m transversal; **Querschiff** nt (ARCHIT) nave f transversal; **Querschläger** m ❶ (Geschoss) impacto m de través ❷ (fam: Person) alborotador(a) m(f); **Querschnitt** m ❶ (Schnitt) sección f transversal, corte m transversal ❷ (Überblick) muestra f representativa

querschnitt(s)gelähmt adj (MED) parapléjico (por corte medular); **Querschnitt(s)lähmung** f ohne pl (MED) paraplejia f

Querstraße f calle f transversal; **Querstrich** m raya f transversal; **Quersumme** f (MATH) suma f de las cifras de un número; **Quertreiber(in)** m(f) <-s, -; -nen> (fam abw) intrigante mf

Querulant(in) [kveru'lant] m(f) <-en, -en; -nen> (abw) pleitista mf

Querverbindung f conexión f transversal; **Querverweis** m referencia f cruzada

quetschen ['kvɛtʃən] I. vt ❶ (drücken) apretar (gegen/an contra), trincar (gegen/an contra) Am ❷ (in einen Koffer) apretujar ❸ (verletzen): **sich dat etw ~** pillarse algo II. vr: **sich ~** (sich zwängen) apretujarse

Quetschung *f* <-en> contusión *f*
Queue [køː] *m* o *nt* <-s, -s> (*Billard*) taco *m*
Quickie ['kwɪki] *m* <-, -s> (*sl*) polvete *m*
quicklebendig ['kvɪkle'bɛndɪç] *adj* vivo, avispado
quieken ['kviːkən] *vi* chillar
quietschen ['kviːtʃən] *vi* ❶ (*Tür, Reifen*) chirriar; **mit ~ den Reifen** con las ruedas rechinando ❷ (*fam: Mensch*) chillar; **sie quietschte vor Vergnügen** chillaba de gusto
quietschfidel ['kviːtʃfiˈdeːl] *adj* (*fam*) alegre como castañuelas; **quietschvergnügt** ['--'-] *adj* (*fam*) (contento) como un niño con zapatos nuevos
quillt [kvɪlt] *3. präs von* **quellen**
Quinte ['kvɪntə] *f* <-n> (MUS) ❶ (*Ton*) dominante *m* ❷ (*Intervall*) quinta *f*
Quintessenz ['kvɪntɛsɛnts] *f* quintaesencia *f*
Quintett [kvɪnˈtɛt] *nt* <-(e)s, -e> (MUS) quinteto *m*
Quirl [kvɪrl] *m* <-(e)s, -e> ❶ (*Küchengerät*) molinillo *m* ❷ (*fam: Mensch*) torbellino *m*
quirlen *vt* (GASTR) batir
quirlig *adj* vivaracho, despabilado
quitt [kvɪt] *adj inv* (*fam*): **mit jdm ~ sein** (*abgerechnet haben*) estar en paz con alguien; (*nichts mehr zu tun haben wollen*) no querer saber nada más de alguien
Quitte ['kvɪtə] *f* <-n> membrillo *m*
quittieren* [kvɪˈtiːrən] *vt* ❶ (*Empfang*) acusar recibo (de); (*Betrag*) extender un recibo (por) ❷ (*reagieren*) contestar ❸ (*aufgeben*): **den Dienst ~** presentar su dimisión
Quittung *f* <-en> ❶ (*Empfangsbescheinigung*) recibo *m*; **jdm eine ~** (**über 200 Euro**) **ausstellen** extender a alguien un recibo (por 200 euros); **gegen ~** contra recibo ❷ (*Folgen*) consecuencias *fpl*
Quiz [kvɪs] *nt* <-, -> concurso *m* de preguntas y respuestas; **Quizmaster(in)** ['kvɪsmaːstɐ] *m(f)* <-s, -; -nen> presentador(a) *m(f)* de concursos
quoll [kvɔl] *3. imp von* **quellen**
Quorum ['kvoːrʊm] *nt* <-s, ohne pl> quórum *m*
Quote ['kvoːtə] *f* <-n> cuota *f*; **Quotenfrau** *f* mujer *f* de cuota; **Quotenregelung** *f* normativa *f* de cuotas
Quotient [kvoˈtsjɛnt] *m* <-en, -en> (MATH) cociente *m*
Quotierung *f* <-en> (WIRTSCH) cotización *f*

R, r [ɛr] *nt* <-, -> R, r *f*; **~ wie Richard** R de Ramón
Rabatt [raˈbat] *m* <-(e)s, -e> rebaja *f*; **auf etw ~ geben** hacer una rebaja en algo
Rabatz [raˈbats] *m* <-es, ohne pl> (*fam*) jaleo *m*; **~ machen** armar jaleo
Rabauke [raˈbaʊkə] *m* <-n, -n> (*fam*) gamberro, -a *m, f*
Rabbi ['rabi, *pl*: 'rabiːs] *m* <-(s), -s o Rabbinen> rabí *m*
Rabbiner [raˈbiːnɐ] *m* <-s, -> rabino *m*
Rabe ['raːbə] *m* <-n, -n> cuervo *m*; **Rabeneltern** *pl* (*fam abw*) padres *mpl* desnaturalizados; **Rabenmutter** *f* (*fam abw*) mala madre *f*; **rabenschwarz** ['--'-] *adj* negro como el azabache; **Rabenvater** *m* (*fam abw*) padre *m* desnaturalizado
rabiat [rabiˈaːt] *adj* ❶ (*gewalttätig*) violento ❷ (*Methode*) riguroso
Rache ['raxə] *f* ohne pl venganza *f* (*für* por); (**an jdm**) **~ üben** vengarse (de alguien); **aus ~ für etw** en venganza por algo; **~ ist süß** dulce es la venganza; **Racheakt** *m* (*geh*) acto *m* de venganza
Rachen ['raxən] *m* <-s, -> (*des Menschen*) faringe *f*; (*bei Tieren*) fauces *fpl*; **er kann den ~ nicht voll kriegen** (*fam*) nunca se cansa; **sie hat das in den falschen ~ gekriegt** (*fam*) se lo ha tomado a mal
rächen ['rɛçən] I. *vt* vengar (*an* en) II. *vr*: **sich ~** vengarse (*an* de, *für* por); **sich an jdm für etw ~** vengarse de alguien por algo
Racheplan *m* plan *m* de venganza; **Rachepläne schmieden** tramar planes de venganza
Rächer(in) *m(f)* <-s, -; -nen> (*geh*) vengador(a) *m(f)*
Rachitis [raˈxiːtɪs, *pl*: raxiˈtiːdən] *f* <Rachitiden> (MED) raquitis *f inv*
Rachsucht *f* ohne pl (*geh*) sed *f* de venganza; **rachsüchtig** *adj* (*geh*) vengativo
Rackerei *f* ohne pl (*fam*) curro *m*
rackern ['rakən] *vi* (*fam*) currar, dar el callo
Rad [raːt, *pl*: 'rɛːdə] *nt* <-(e)s, Räder> ❶ (*a.* TECH: *an Fahrzeug*) rueda *f*; **ein ~ wechseln** cambiar una rueda; **der hat ein ~ ab** (*sl*) le falta un tornillo; **ein ~ schlagen** (*Mensch*) dar una voltereta; (*Pfau*) hacer la rueda ❷ (*fam: Fahr~*) bici *f*; **~ fahren** ir en bici; **Radachse** *f* eje *m* de rueda
Radar [raˈdaːɐ] *m* o *nt* <-s, -e> (TECH) radar *m*; **Radargerät** *nt* equipo *m* de radar;

Radarkontrolle f control m (de velocidad) por radar; **Radarschirm** m pantalla f de radar

Radau [raˈdaʊ] m <-s, ohne pl> (fam) jaleo m, mitote m Mex; ~ **machen** armar jaleo; **Radaubruder** m (fam) alborotador m

Radaufhängung f ohne pl (AUTO) suspensión f de la(s) rueda(s); **Raddampfer** m (NAUT) vapor m de ruedas

radebrechen [ˈraːdəbrɛçən] vi, vt chapurrear (in en)

radeln [ˈraːdəln] vi sein (fam) ir en bici (nach/zu a)

Rädelsführer(in) [ˈrɛːdəls-] m(f) (abw) cabecilla mf

Radfahrer(in) m(f) ciclista mf; **Radfahrweg** m carril m para bicicletas, carril-bici m fam

Radfelge f (AUTO) llanta f

radial [radiˈaːl] adj radial

Radiator [radiˈaːtoːɐ] m <-s, -en> radiador m

Radien pl von **Radius**

radieren* [raˈdiːrən] vi, vt ❶ (aus~) borrar ❷ (KUNST) grabar (al agua fuerte)

Radierer m <-s, -> (fam) goma f (de borrar)

Radiergummi m goma f de borrar

Radierung f <-en> (Kunstwerk) aguafuerte m

Radieschen [raˈdiːsçən] nt <-s, -> rabanito m

radikal [radiˈkaːl] adj ❶ (vollständig, rücksichtslos) radical; **etw ~ ändern** dar un cambio radical a algo ❷ (POL) extremista, radical

Radikale(r) mf <-n, -n; -n> radical mf, extremista mf

Radikalkur [--ˈ--] f cura f radical

Radio [ˈraːdio] nt <-s, -s> radio f; **das ~ einschalten** poner la radio; **~ hören** escuchar la radio

radioaktiv [----ˈ-] adj radi(o)activo; **Radioaktivität** [radioˀaktiviˈtɛːt] f ohne pl radi(o)actividad f

Radioapparat [ˈraːdio-] m (aparato m de) radio f

Radiologe, -in [radioˈloːgə] m, f <-n, -n; -nen> (MED) radiólogo, -a m, f

Radiologie f ohne pl (MED) radiología f

Radiologin f <-nen> s. **Radiologe**

Radiorekorder [ˈraːdiorekɔrdɐ] m radiocas(s)et(t)e m; **Radiosender** m emisora f de radio; **Radiowecker** m (fam) radiodespertador m; **Radiowelle** f (PHYS) onda f radioeléctrica

Radium [ˈraːdiʊm] nt <-s, ohne pl> (CHEM) radio m

Radius [ˈraːdiʊs] m <-, Radien> ❶ (MATH) radio m ❷ (Reichweite) radio m de acción; (geistig) horizonte m

Radkappe f (AUTO) tapacubos m inv; **Radlager** nt cojinete m de la rueda

Radler¹ m <-s, -> (reg) bebida a base de cerveza y limonada

Radler designa una bebida que en principio era consumida precisamente por los ciclistas (de ahí deriva la raíz de la palabra) y otros aficionados al deporte. Típica del sur de Alemania, se trata de una mezcla de cerveza y limonada. Con los adjetivos *sauer* y *süß* se diferencian las dos variedades posibles: con limonada de limón o con limonada de naranja respectivamente.

Radler(in)² [ˈraːdlɐ] m(f) <-s, -; -nen> ciclista mf

Radlerhose f pantalón m de ciclista

Radlerin f <-nen> s. **Radler²**

Radrennbahn f velódromo m; **Radrennen** nt carrera f ciclista; **Radrennfahrer(in)** m(f) ciclista mf de carreras

Radscha [ˈraːdʒa, ˈradʒa] m <-s, -s> rajá m

Radsport m ciclismo m; **Radtour** f excursión f en bicicleta; **Radwandern** nt cicloturismo m; **Radwanderung** f excursión f en bicicleta (de varios días); **Radwechsel** m cambio m de neumático(s); **Radweg** m s. **Radfahrweg**

RAF [ɛrʔaːˈʔɛf] f Abk. von **Rote-Armee-Fraktion** Fracción f del Ejército Rojo (grupo terrorista alemán de ultraizquierda)

raffen [ˈrafən] vt ❶ (abw: gierig ergreifen) acaparar; **etw an sich ~** apoderarse de algo ❷ (in Falten legen) plisar ❸ (Abhandlung) abreviar; **etw gerafft wiedergeben** resumir algo ❹ (fam: verstehen) coger; **hast du's nun endlich gerafft?** ¿te has enterado de una vez?

Raffgier f avaricia f; **raffgierig** adj avaricioso

Raffinerie [rafinəˈriː] f <-n> refinería f

Raffinesse¹ [rafiˈnɛsə] f <-n> (Feinheit) refinamiento m; **mit technischen ~n ausgestattet** provisto de refinamientos técnicos

Raffinesse² f ohne pl (Schlauheit) astucia f

raffinieren* [rafiˈniːrən] vt refinar

raffiniert [rafiˈniːɐt] adj ❶ (schlau) astuto ❷ (ausgeklügelt) sofisticado ❸ (verfeinert)

R

refinado

Rage ['ra:ʒə] f ohne pl (fam) rabia f, furia f; **in ~ sein/kommen** estar/ponerse furioso

ragen ['ra:ɡən] vi sobresalir (aus de); (sich erheben) elevarse (aus por encima de); **die Berge ragten in der Ferne/in den Himmel empor** los montes se elevaban a lo lejos/hasta el cielo; **Steine ~ aus dem Sand** sobresalen piedras de la arena

Ragout [ra'ɡu:] nt <-s, -s> (GASTR) ragú m

Rahm [ra:m] m <-(e)s, ohne pl> (Schweiz, Österr, südd) nata f; **süßer/saurer ~** nata dulce/agria

rahmen ['ra:mən] vt enmarcar

Rahmen¹ ['ra:mən] m <-s, -> ❶ (Bilder~, Tür~) marco m ❷ (Fahrrad~, Motorrad~) cuadro m; (AUTO) armazón m o f

Rahmen² m <-s, ohne pl> marco m; (Bereich) ámbito m; (Gegebenheit) ambiente m; **der äußere ~ der Veranstaltung** el ambiente del acto; **im kleineren ~** a escala reducida; **im ~ des Möglichen** dentro de lo posible; **im ~ der geltenden Gesetze** en el marco de la legalidad vigente; **aus dem ~ fallen** salirse de lo común; **den ~ sprengen** rebasar los límites; **sich im ~ halten** (fam) no pasarse de rosca

Rahmenbedingung f condición f (previa); **die ~en für etw schaffen** sentar las bases necesarias para algo; **Rahmenhandlung** f (LIT) trama f que sirve de marco

Rahmsoße f salsa f con crema

Rain [raɪn] m <-(e)s, -e> ❶ (Streifen Land) linde m o f, lindero m ❷ (südd, Schweiz: Abhang) cuesta f

räkeln ['rɛːkəln] vr: **sich ~** s. rekeln

Rakete [ra'ke:tə] f <-n> ❶ (MIL) misil m ❷ (Raumfahrt, Feuerwerks~) cohete m; **Raketenabschussrampe** f (MIL) rampa f lanzacohetes; **Raketenabwehrsystem** nt (MIL) sistema m antimisil; **Raketenflugzeug** nt (MIL) avión m cohete; **Raketenstützpunkt** m (MIL) base f de cohetes

Rallye ['rɛli] f <-s> rally m

RAM [ram] nt <-(s), -(s)> (INFOR) Abk. von **random access memory** RAM m

Rambazamba ['ramba'tsamba] nt <-s, ohne pl> (fam) ❶ (gute Stimmung) juerga f; **~ machen** ir de juerga ❷ (Randale) follón m; **~ machen** armar un follón

Rambo ['rambo] m <-s, -s> (fam) Rambo m

rammdösig ['ramdø:zɪç] adj (sl) entontecido

rammeln ['raməln] I. vi ❶ (Tiere) aparearse; (vulg: Menschen) follar ❷ (fam: stoßend drängen) empujar; **gerammelt**

voll lleno hasta los topes II. vr: **sich ~** (fam) ❶ (sich balgen) pelearse ❷ (sich stoßen) golpearse

rammen ['ramən] vt ❶ (in den Boden) clavar (in en) ❷ (stoßen) chocar (gegen contra); (Schiff) abordar ❸ (beschädigen) dañar

Rammler ['ramlɐ] m <-s, -> (ZOOL) conejo m macho

Rampe ['rampə] f <-n> ❶ (Auffahrt) rampa f ❷ (zum Be- und Entladen) muelle m de carga; **Rampenlicht** nt (THEAT) candilejas fpl; **im ~ stehen** estar en primera plana

ramponieren* [rampo'ni:rən] vt (fam) estropear, romper

Ramsch [ramʃ] m <-(e)s, -e> (fam abw) (Ausschussware) baratillo m; (Kram) cachivaches mpl; **Ramschladen** m (fam abw) baratillo m

RAM-Speicher m (INFOR) RAM m, memoria f RAM

ran [ran] adv (fam) por aquí

Rand [rant, pl: 'rɛndə] m <-(e)s, Ränder> ❶ (an Gefäß, Straße, Abgrund, a. fig) borde m; (Tisch~) canto m; (Stadt~) periferia f; **bis zum ~ voll** lleno hasta el borde; **am ~(e) des Ruins** al borde de la ruina; **dunkle Ränder um die Augen haben** tener ojeras; **etw am ~e bemerken** decir algo de paso ❷ (Schmuck~) orla f ❸ (TYPO) margen m ❹ (Wend): **außer ~ und Band sein** (fam) estar fuera de quicio; **mit jdm/mit etw dat nicht zu ~e kommen** (fam) no poder con alguien/con algo

Randale [ran'da:lə] f ohne pl jaleo m; **~ machen** armar jaleo

randalieren* [randa'li:rən] vi alborotar, hacer escándalo

Randalierer(in) m(f) <-s, -; -nen> vándalo, -a m, f

Randbemerkung f ❶ (schriftlich) nota f marginal ❷ (mündlich) comentario m dicho de paso; **Randerscheinung** f fenómeno m secundario; **Randfigur** f personaje m secundario; **Randgebiet** nt ❶ (einer Stadt) periferia f; (eines Territoriums) zona f periférica ❷ (einer Disziplin) campo m interdisciplinar; **Randgruppe** f grupo m marginal

randlos adj (Brille) sin montura

Randphänomen nt fenómeno m marginal; **Randproblem** nt problema m marginal; **Randstein** m bordillo m; **Randstreifen** m arcén m; **Randzone** f zona f periférica

rang [raŋ] 3. imp von **ringen**

Rang¹ [raŋ, pl: 'rɛŋə] m <-(e)s, Ränge>

❶ (*Grad*) rango *m;* (MIL) grado *m;* (*Stellung*) posición *f;* **einen hohen ~ bekleiden** ocupar un alto rango **❷** (THEAT) palco *m;* **im ersten ~** en el palco principal **❸** (SPORT) lugar *m*

Rang² *m* <-(e)s, ohne pl> (*Stellenwert*) importancia *f;* (*Güte*) calidad *f;* **alles, was ~ und Namen hat** la alta sociedad

Rangabzeichen *nt* (MIL) insignia *f* de rango

ran|gehen ['ran-] *irr vi sein* (*fam*) poner manos a la obra; **der geht aber ran!** ¡así se hace!

Rangelei [raŋə'laɪ] *f* <-en> (*fam*) pelea *f*

rangeln ['raŋəln] *vi* (*fam*) pelearse (*um* por)

Rangfolge *f* jerarquía *f*

Rangierbahnhof [rãˈʒiːɐ̯-, ranˈʒiːɐ̯-] *m* (EISENB) estación *f* de maniobras

rangieren* [rãˈʒiːrən, ranˈʒiːrən] **I.** *vi* (*Rang einnehmen*) figurar (*an* en); **sie rangiert an letzter Stelle** ocupa el último puesto **II.** *vt* (*Waggons*) cambiar de vía

Rangliste *f* (SPORT) clasificación *f;* **Rangordnung** *f* jerarquía *f*

ran|halten *irr vr:* **sich ~** (*fam*) **❶** (*sich beeilen*) darse prisa **❷** (*rasch zugreifen*) reaccionar rápidamente

rank [raŋk] *adj* (*geh*): **~ und schlank sein** ser delgado y esbelto

Ranke ['raŋkə] *f* <-n> (BOT) zarcillo *m*

Ränke ['rɛŋkə] *mpl* (*geh*): **~ schmieden** intrigar

ranken ['raŋkən] *vr:* **sich ~ ❶** (*Pflanze*) trepar **❷** (*Erzählung*): **um die Ruine ~ sich viele Legenden** la ruina es centro de muchas leyendas

ran|klotzen *vi* (*fam*) deslomarse

ran|kommen *irr vi sein* (*fam*) **❶** (*sich nähern*) acercarse (*an* a) **❷** (*heranreichen*) alcanzar (*an*) **❸** (*Zugang haben*) tener acceso (*an* a); (*kaufen*) poder adquirir (*an*)

ran|kriegen *vt* (*fam*): **jdn ~** apretar las clavijas a alguien; (*bei Arbeit*) endosar trabajo a alguien

ran|lassen *irr vt* (*fam*) **❶** (*näher kommen lassen*) dejar acercarse; **das Reh ließ mich ganz nahe** (*an sich*) **ran** el corzo dejó que me le acercara mucho **❷** (*versuchen lassen*) dejar intentar; **lass mich doch mal ran!** ¡déjame a mí!

ran|machen *vr:* **sich ~** (*fam*) **❶** (*beginnen*) ponerse (*an* a +*inf*) **❷** (*an Person*) rondar (*an* a)

rann [ran] *3. imp von* **rinnen**

rannte ['rantə] *3. imp von* **rennen**

ran|schmeißen *irr vr* (*fam*): **sich an jdn ~**

(*sich anbiedern*) arremeter contra alguien; (*anmachen*) tirar los tejos a alguien

Ranzen ['rantsən] *m* <-s, -> **❶** (*Schultasche*) cartera *f* del colegio (*para llevar a la espalda*) **❷** (*fam: Bauch*) barriga *f*

ranzig ['rantsɪç] *adj* rancio

rapid(e) [ra'piːt, ra'piːdə] *adj* pronto

Rappe ['rapə] *m* <-n, -n> caballo *m* negro

Rappel ['rapəl] *m* <-s, -> (*fam abw*) vena *f;* **einen ~ kriegen** darle la vena

rappelig *adj* (*fam*) **❶** (*verrückt*) loco; **~ werden** volverse loco **❷** (*nervös*) inquieto, nervioso

rappeln ['rapəln] *vi* (*fam*) golpetear; **gerappelt voll sein** estar a tope

rappen ['rɛpən] *vi* (MUS) rapear

Rappen ['rapən] *m* <-s, -> céntimo *m* suizo

Rapport [ra'pɔrt] *m* <-(e)s, -e> informe *m*

Raps [raps] *m* <-es, -e> colza *f*

rar [raːɐ̯] *adj* (*selten*) raro; (*knapp vorhanden*) escaso; **~ sein** escasear; **sich ~ machen** (*fam*) no dejarse ver el pelo

Rarität [rari'tɛːt] *f* <-en> rareza *f*

rasant [ra'zant] **I.** *adj* **❶** (*fam: Fahrt, Entwicklung*) rapidísimo; (*Tempo*) tremendo **❷** (*fam: schnittig*) aerodinámico **❸** (*Ballistik*) rasante **II.** *adv* (*fam: schnell*) como un rayo

rasch [raʃ] **I.** *adj* rápido **II.** *adv* de prisa

rascheln ['raʃəln] *vi* (*Seide, Laub, Stroh*) crujir; (*Maus, Papier*) hacer ruido

rasen ['raːzən] *vi* **❶** *sein* (*fam: Person, Fahrzeug*) ir a toda mecha; **mein Puls rast** tengo el pulso a cien; **die Zeit rast** el tiempo pasa volando **❷** (*toben*) enfurecerse (*vor* de); **du machst mich ~d** me vuelves loco

Rasen ['raːzən] *m* <-s, -> césped *m*

rasend I. *adj* **❶** (*Geschwindigkeit*) vertiginoso **❷** (*Beifall*) frenético; (*Schmerzen*) atroz **II.** *adv* (*fam: sehr*) muy; **ich würde es ~ gern probieren** me gustaría muchísimo intentarlo

Rasenmäher *m* <-s, -> cortacésped *m o f;* **Rasensprenger** *m* <-s, -> aspersor *m* para césped

Raser(in) *m(f)* <-s, -; -nen> (*fam abw*) loco, -a *m, f* de la carretera [*o* del volante]

Raserei *f* <-en> **❶** (*das Wüten*) rabia *f,* furia *f;* **jdn zur ~ bringen** poner furioso a alguien **❷** (*fam: schnelles Fahren*) velocidad *f* vertiginosa

Raserin *f* <-nen> *s.* **Raser**

Rasierapparat *m* maquinilla *f* de afeitar; (*elektrisch*) máquina *f* de afeitar

rasieren* [ra'ziːrən] **I.** *vt* afeitar; **glatt rasiert** bien afeitado; **ich möchte mich ~ lassen** quiero que me afeiten **II.** *vr:* **sich ~**

R

afeitarse; **er rasiert sich nass/trocken** se afeita a navaja/con la maquinilla

Rasierer *m* <-s, -> (*fam*) maquinilla *f* de afeitar; (*elektrisch*) afeitadora *f*

Rasierklinge *f* hoja *f* de afeitar; **Rasiermesser** *nt* navaja *f* de afeitar; **Rasierpinsel** *m* brocha *f* de afeitar; **Rasierschaum** *m* espuma *f* de afeitar; **Rasierwasser** *nt* loción *f* para después del afeitado

Raspel ['raspəl] *f* <-n> ❶ (*Feile*) lima *f* gruesa ❷ (*Küchengerät*) rallador *m*

raspeln ['raspəln] *vt* ❶ (*Holz*) raspar ❷ (*Nüsse, Schokolade*) rallar

Rasse ['rasə] *f* <-n> (BIOL) raza *f*; **Rassehund** *m* perro *m* de raza

Rassel ['rasəl] *f* <-n> ❶ (MUS) matraca *f* ❷ (*Kinderspielzeug*) sonajero *m*

rasseln ['rasəln] *vi* ❶ (*Wecker*) sonar con ruido metálico; (*Kette*) hacer un ruido metálico ❷ *sein* (*fam*): **durch ein Examen** ~ catear un examen

Rassendiskriminierung *f* discriminación *f* racial; **Rassentrennung** *f ohne pl* segregación *f* racial

rasserein ['rasərain] *adj* de pura raza

rassig *adj* racial; (*feurig*) fogoso

rassisch *adj* racial

Rassismus [ra'sɪsmʊs] *m* <-, *ohne pl*> racismo *m*

Rassist(in) [ra'sɪst] *m(f)* <-en, -en; -nen> racista *mf*

rassistisch *adj* racista

Rast [rast] *f* <-en> descanso *m*; (MIL) alto *m*; ~ **machen** descansar

rasten ['rastən] *vi* descansar

Raster[1] ['rastə] *m* <-s, -> (TYPO) ❶ (*zur Zerlegung einer Bildfläche*) reticulador *m* ❷ (*Liniennetz*) retícula *f*

Raster[2] *nt* <-s, -> ❶ (TV) trama *f* ❷ (*System*) sistema *m*; **etw in ein** ~ **einordnen** clasificar algo

Rasterfahndung *f* control computerizado de ciertos datos de un amplio grupo de personas con fines criminológicos; **Rastermikroskop** *nt* (TECH) microscopio *m* de retícula

Rasthaus *nt* área *f* de servicio con restaurante; **Rasthof** *m* área *f* de servicio; **rastlos** *adj* ❶ (*ununterbrochen*) incesante, continuo; (*unermüdlich*) incansable ❷ (*unstet*) inconstante; (*unruhig*) inquieto; **Rastplatz** *m* área *f* de descanso; **Raststätte** *f* restaurante *m* de autopista

Rasur [ra'zu:ɐ] *f* <-en> afeitado *m*

rät [rɛ:t] *3. präs von* **raten**

Rat[1] [ra:t, *pl:* 'rɛ:tə] *m* <-(e)s, Räte> (*Gremium*) consejo *m*; (*kommunal*) concejo *m*; **Großer** ~ (*Schweiz*) parlamento cantonal

suizo

Rat[2] *m* <-(e)s, *ohne pl*> (*Empfehlung*) consejo *m*; **jdm den** ~ **geben etw zu tun** aconsejar a alguien hacer algo; **ein Buch/seinen Arzt zu** ~ **e ziehen** consultar un libro/a su médico; **sich** *dat* **keinen** ~ **mehr wissen** no saber ya qué hacer

Rat[3] *m*, **Rätin** *f* <-(e)s, Räte; -nen> consejero, -a *m, f*

Rate ['ra:tə] *f* <-n> ❶ (*bei Kauf*) plazo *m*; **etw auf** ~**n kaufen** comprar algo a plazos; **in** ~**n zahlen** pagar a plazos ❷ (*Verhältniszahl, Preis*) tasa *f*

raten ['ra:tən] <rät, riet, geraten> *vi, vt* ❶ (*empfehlen*) aconsejar; **jdm zu etw** *dat* ~ aconsejar algo a alguien ❷ (*erraten*) adivinar; **falsch** ~ no adivinar; **richtig** ~ acertar; **dreimal darfst du** ~**!** (*fam*) ¡adivina, adivinanza!

Ratenkauf *m* compra *f* a plazos; **Ratenzahlung** *f* pago *m* a plazos

Ratgeber[1] *m* <-s, -> (*Buch*) guía *f*

Ratgeber(in)[2] *m(f)* <-s, -; -nen> consejero, -a *m, f*

Rathaus *nt* ayuntamiento *m*, municipalidad *f Am*, diputación *f Mex*

ratifizieren* [ratifi'tsi:rən] *vt* (JUR) ratificar

Ratifizierung *f* <-en> (JUR) ratificación *f*

Rätin *f* <-nen> *s.* **Rat**[3]

Ratio ['ra:tsjo] *f ohne pl* razón *f*

Ration [ra'tsjo:n] *f* <-en> ración *f*

rational [ratsjo'na:l] *adj* (*a.* MATH) racional

rationalisieren* [ratsjonali'zi:rən] *vi, vt* racionalizar

Rationalisierung *f* <-en> racionalización *f*

rationell [ratsjo'nɛl] *adj* racional; (*sparsam*) económico

rationieren* [ratsjo'ni:rən] *vt* racionar

Rationierung *f* <-en> racionamiento *m*

ratlos *adj* desorientado; (*verwirrt*) desconcertado, confuso; ~ **sein** no saber qué hacer

Ratlosigkeit *f ohne pl* desorientación *f*; (*Verwirrung*) desconcierto *m*, confusión *f*

Rätoromane, -in [rɛtoro'ma:nə] *m, f* reto-rromano, -a *m, f*

rätoromanisch [rɛtoro'ma:nɪʃ] *adj* retorrománico

ratsam ['ra:tza:m] *adj* aconsejable; (*passend*) conveniente

Ratsche ['ra:tʃə] *f* <-n> (*südd, Österr*) matraca *f*

Ratschlag *m* consejo *m*; **(jdm) Ratschläge erteilen** dar consejos (a alguien)

Rätsel ['rɛ:tsəl] *nt* <-s, -> ❶ (*Denkaufgabe*) adivinanza *f*; (*Bilder*~) jeroglífico *m*; (*Kreuzwort*~) crucigrama *m*; (*Silben*~)

charada *f;* ~ **raten** jugar a las adivinanzas; **ein ~ aufgeben** proponer una adivinanza ❷ (*Geheimnis*) enigma *m;* **das ist des ~s Lösung** ahí está el quid de la cuestión; **es ist mir ein ~, warum sie nicht früher kam** no acierto a entender por qué no vino antes

rätselhaft *adj* enigmático, misterioso; **das ist mir ~** no me lo explico

rätseln *vi* especular (*über* sobre)

Rätselraten *nt* ❶ (*das Lösen von Rätseln*) (re)solución *f* de pasatiempos ❷ (*das Mutmaßen*) hacer *m* suposiciones; **ich habe keine Lust zum ~!** ¡no tengo ninguna gana de hacer suposiciones!

Ratsherr(in) *m(f)* concejal(a) *m(f)*; **Ratssitzung** *f* sesión *f* del concejo

Rattan ['ratan] *nt* <-s, -e> rota *f,* junco *m* de Indias

Ratte ['ratə] *f* <-n> rata *f;* **Rattenfalle** *f* ratonera *f;* **Rattengift** *nt* raticida *m;* **Rattenschwanz** *m* ❶ (*Schwanz einer Ratte*) rabo *m* de rata ❷ (*Serie*) sinfín *m*

rattern ['ratɐn] *vi* ❶ (*Zug*) traquetear; (*Maschinengewehr*) tabletear ❷ *sein* (*fortbewegen*) traquetear (*über/durch* por)

ratzekahl ['ratsə'kaːl] *adv* (*fam*) completamente vacío; **alles ~ aufessen** no dejar ni una miga

ratzen ['ratsən] *vi* (*fam*) dormir a pierna suelta

ratzeputz ['ratsə'pʊts] *adv* (*südd: fam*) *s.* **ratzekahl**

rau [raʊ] *adj* ❶ (*Papier, Haut*) áspero ❷ (*Stimme*) ronco; (*Hals*) inflamado ❸ (*Klima*) duro; (*Luft*) frío; (*Gegend*) salvaje ❹ (*Mensch*) rudo ❺ (*Wend*): **in ~en Mengen** (*fam*) en masas

Raub [raʊp] *m* <-(e)s, -e> ❶ (*das Rauben*) robo *m;* (*Überfall*) asalto *m;* (*Entführung*) secuestro *m* ❷ (*Beute*) presa *f;* **Raubbau** *m ohne pl* (AGR) cultivo *m* exhaustivo; (BERGB) explotación *f* abusiva; **ökologischen ~ treiben** agotar los recursos naturales; **Raubdruck** *m* edición *f* pirata

Raubein *nt* (*fam*) patán, -ana *m, f*

raubeinig *adj* (*fam*) tosco pero majo

rauben ['raʊbən] *vi, vt* robar; (*entführen*) secuestrar; **das raubt mir den Schlaf** (*geh*) esto me quita el sueño

Räuber(in) ['rɔɪbɐ] *m(f)* <-s, -; -nen> ladrón, -ona *m, f;* **Räuberbande** *f* pandilla *f* de ladrones; **Räuberhöhle** *f* cueva *f* de ladrones

Räuberin *f* <-nen> *s.* **Räuber**

räuberisch *adj* de ladrones; **~e Erpressung** extorsión *f*

Raubkatze *f* felino *m;* **Raubkopie** *f* copia

f pirata; **Raubmord** *m* robo *m* con homicidio; **Raubmörder(in)** *m(f)* ladrón, -ona *m, f* asesino, -a; **Raubritter** *m* (HIST) caballero *m* bandido; **Raubtier** *nt* (animal *m*) carnívoro *m;* **Raubüberfall** *m* asalto *m;* **einen ~ auf jdn begehen** asaltar a alguien; **Raubvogel** *m* ave *f* de rapiña

Rauch [raʊx] *m* <-(e)s, *ohne pl*> humo *m;* **sich in ~ auflösen** (*fig*) desvanecerse; **Rauchabzug** *m* conducto *m* de humo

rauchen I. *vi* ❶ (*Person*) fumar, pitar *AmS;* **„R~ verboten"** "prohibido fumar" ❷ (*Feuer*) humear, echar humo; **mir raucht der Kopf vom vielen Lernen** (*fam fig*) me echa humo la cabeza de tanto estudiar **II.** *vt* fumar

Raucher(in) *m(f)* <-s, -; -nen> fumador(a) *m(f)*

Raucherabteil *nt* (EISENB) compartimento *m* de fumadores; **Raucherbein** *nt* vasoconstricción *f* en las piernas (a causa del tabaco)

Räucherfisch *m* pescado *m* ahumado

Raucherhusten *m* tos *f* de fumador

Raucherin *f* <-nen> *s.* **Raucher**

Räucherlachs *m* salmón *m* ahumado

räuchern ['rɔɪçɐn] *vt* ahumar

Räucherspeck *m* tocino *m* ahumado; **Räucherstäbchen** *nt* pebete *m*

Raucherzone *f* zona *f* para fumadores

Rauchfang *m* <-(e)s, -fänge> campana *f* de la chimenea; **Rauchfleisch** *nt* carne *f* ahumada

rauchig *adj* ❶ (*raucherfüllt*) lleno de humo ❷ (*Stimme*) ronco ❸ (*Geschmack*) ahumado

Rauchmelder *m* detector *m* de humos; **Rauchschwaden** *m* nube *f* de humo; **Rauchsignal** *nt* señal *f* de humo; **Rauchverbot** *nt* prohibición *f* de fumar; **hier herrscht ~** aquí no se puede fumar; **Rauchvergiftung** *f* intoxicación *f* por (el) humo; **Rauchwolke** *f* nube *f* de humo

Räude ['rɔɪdə] *f* <-n> sarna *f*

räudig *adj* sarnoso

rauf [raʊf] *adv* (*fam*) hacia arriba; *s. a.* **hinauf, herauf**

Raufasertapete *f* papel *m* de fibra gruesa

Raufbold *m* <-(e)s, -e> (*abw*) camorrista *mf*

raufen ['raʊfən] *vi, vr:* **sich ~** pelearse (*mit* con, *um* por)

Rauferei *f* <-en> (*fam*) pelea *f*

Rauheit *f ohne pl* ❶ (*von Material*) aspereza *f* ❷ (*von Stimme*) ronquedad *f* ❸ (*des Klimas*) destemplanza *f* ❹ (*im Benehmen*) rudeza *f*

R

Raum¹ [raʊm, *pl:* 'rɔɪmə] *m* <-(e)s, Räume> ❶ (*a.* PHILOS, MATH) espacio *m* ❷ (*Zimmer*) habitación *f*, pieza *f Am*; (*Räumlichkeit*) local *m*; **eine Frage steht im ~** una cuestión está pendiente; **eine These in den ~ stellen** exponer una tesis ❸ (*Gebiet*) zona *f*; **im ~ Frankfurt** en la zona de Francfort

Raum² *m* <-(e)s, *ohne pl*> ❶ (*a.* ASTR, PHYS) espacio *m*; **luftleerer ~** (PHYS) vacío *m* ❷ (*Platz*) sitio *m*; **zu viel ~ einnehmen** ocupar demasiado sitio

Raumanzug *m* traje *m* espacial

räumen ['rɔɪmən] *vt* ❶ (*weg~*) retirar (*von* de); (*Schnee*) quitar; (*ein~*) poner (*in* en); (*aus~*) sacar (*aus* de) ❷ (*Gebäude*) desalojar; (*Straße*) desocupar; (*durch die Polizei*) efectuar el desalojo (de); **das Lager ~** liquidar las existencias

Raumfähre *f* nave *f* espacial; **Raumfahrer(in)** *m(f)* astronauta *mf*

Raumfahrt *f ohne pl* astronáutica *f*; **bemannte ~** astronáutica tripulada; **Raumfahrtbehörde** *f* agencia *f* espacial

Räumfahrzeug *nt* quitanieves *m inv*

Raumflug *m* vuelo *m* espacial; **Raumforschung** *f ohne pl* investigación *f* espacial; **Raumgestaltung** *f* decoración *f* de interiores; **Rauminhalt** *m* (MATH) volumen *m*; **Raumkapsel** *f* cápsula *f* espacial

räumlich ['rɔɪmlɪç] *adj* ❶ (*den Raum betreffend*) espacial ❷ (*dreidimensional*) tridimensional

Räumlichkeiten *fpl* (*Gebäude*) edificio *m*; (*innen*) salas *fpl*

Raumpfleger(in) *m(f)* encargado, -a *m, f* de la limpieza; **Raumschiff** *nt* nave *f* espacial; **Raumsonde** *f* sonda *f* espacial; **Raumstation** *f* estación *f* espacial

Räumung ['rɔɪmʊŋ] *f* <-en> ❶ (*einer Wohnung*) desalojo *m*; (*durch Polizei*) despejo *m* ❷ (*eines Lagers*) liquidación *f* de existencias; **Räumungsarbeiten** *fpl* labores *mpl* de desescombro; **Räumungsbefehl** *m* orden *f* de desalojo; **Räumungsklage** *f* (JUR) demanda *f* de desahucio; **Räumungsverkauf** *m* (WIRTSCH) liquidación *f*

raunen ['raʊnən] *vi, vt* (*geh*) murmurar; **ein R~ ging durch das Publikum** un murmullo se extendió por entre el público

Raupe ['raʊpə] *f* <-n> ❶ (*Schmetterlingslarve*) oruga *f* ❷ (*Planier~*) aplanadora *f* ❸ (*~nkette*) oruga *f*; **Raupenfahrzeug** *nt* vehículo *m* oruga

Raureif *m* <-(e)s, *ohne pl*> escarcha *f*

raus [raʊs] *adv* (*fam*) (hacia) fuera, afuera; **~ da!** ¡fuera de ahí!; *s. a.* **heraus, hinaus**;

raus|bekommen* *irr vt* (*fam*) ❶ (*Wechselgeld*) recibir de vuelta ❷ (*Aufgabe*) resolver; (*Geheimnis*) descubrir ❸ (MATH) sacar ❹ (*Fleck*) poder quitar; (*Nagel*) poder sacar ❺ (*erfahren*) llegar a saber; **raus|bringen** *irr vt* (*fam: nach draußen bringen*) sacar, llevar afuera; *s. a.* **herausbringen**

Rausch [raʊʃ, *pl:* 'rɔɪʃə] *m* <-(e)s, Räusche> ❶ (*Trunkenheit*) embriaguez *f*; **sich** *dat* **einen ~ antrinken** coger(se) una trompa; **seinen ~ ausschlafen** (*fam*) dormir la mona ❷ (*Ekstase*) éxtasis *m inv*

rauscharm *adj* (TEL, RADIO) de pocas interferencias

rauschen ['raʊʃən] *vi* ❶ (*Baum, Wind, Bach*) murmurar; (*Meer*) bramar; (*Telefon*) haber interferencias; (*Seide*) crujir; **~der Beifall** aplauso tempestuoso; **ein ~des Fest** una fiesta a lo grande ❷ *sein* (*sich irgendwohin begeben*) dirigirse (*in/zu* a); **aus dem/durch das Zimmer ~** abandonar/cruzar la habitación

rauschfrei *adj* (*a.* TEL, RADIO) sin interferencias

Rauschgift *nt* droga *f*, estupefaciente *m*; **Rauschgifthandel** *m* narcotráfico *m*; **Rauschgifthändler(in)** *m(f)* narcotraficante *mf*; **Rauschgiftsucht** *f ohne pl* toxicomanía *f*; **rauschgiftsüchtig** *adj* toxicómano; **Rauschgiftsüchtige(r)** *mf* toxicómano, -a *m, f*

raus|ekeln *vt* (*fam*): **jdn ~** hacer la vida imposible a alguien (hasta que se va); **raus|fliegen** *irr vi sein* (*fam*) ❶ (*Vogel*) salir volando (*aus* de) ❷ (*Person*) ser echado (*aus* de); **raus|geben** *irr vt* (*fam*) ❶ (*herausreichen*) entregar, dar ❷ (*aushändigen*) entregar ❸ (*Wechselgeld*) dar de vuelta; **sie haben mir falsch rausgegeben** me han dado mal la vuelta ❹ (*Buch*) editar; **raus|gehen** *irr vi sein* (*fam*) salir; *s. a.* **herausgehen, hinausgehen**; **raus|kommen** *irr vi sein* (*fam*) salir; *s. a.* **herauskommen**; **raus|kriegen** *vt* (*fam*) *s.* **rausbekommen**; **raus|nehmen** *irr vt* (*fam*) sacar; *s. a.* **herausnehmen**

räuspern ['rɔɪspərn] *vr:* **sich ~** carraspear

raus|rücken I. *vi sein* (*fam: zugeben*) soltar; **rück mit der Wahrheit raus!** ¡desembucha ya! **II.** *vt* (*fam: hergeben*) soltar; **rück mal etwas Geld raus!** ¡suelta un par de duros!

raus|schmeißen *irr vt* (*fam*) ❶ (*nach draußen werfen, wegschmeißen*) tirar (*aus* de/por, *zu* por); **das ist rausgeschmissenes Geld** esto es dinero perdido ❷ (*entlassen*) echar (*aus* de); **sie hat ihn**

rausgeschmissen le puso de patitas en la calle

Rausschmeißer(in) *m(f)* <-s, -; -nen> (*fam*) gorila *mf*, matón, -ona *m, f*

Rausschmiss *m* <-es, -e> (*fam*) despido *m*

Raute ['raʊtə] *f* <-n> ❶ (BOT) ruda *f* ❷ (MATH) rombo *m*

Rave [rɛɪv] *m o nt* <-(s), -s> (MUS) rave *m; ~* **Musik** música rave

Razzia ['ratsja, *pl:* 'ratsjən] *f* <Razzien> redada *f*, razia *f*

Reagenzglas [rea'gɛnts-] *nt* (CHEM) tubo *m* de ensayo

reagieren* [rea'giːrən] *vi* ❶ (*Person*) reaccionar (*auf* a/ante) ❷ (CHEM) producir una reacción

Reaktion[1] [reak'tsjoːn] *f* <-en> (*das Reagieren, a.* CHEM) reacción *f* (*auf* a/ante/ frente a)

Reaktion[2] *f ohne pl* (POL) reacción *f*

reaktionär [reaktsjo'nɛːɐ] *adj* (*abw*) reaccionario

Reaktionsvermögen *nt ohne pl* capacidad *f* de reacción; **Reaktionszeit** *f* tiempo *m* de reacción

reaktivieren* [reakti'viːrən] *vt* ❶ (*Verfahren*) reactivar ❷ (*Person*) reincorporar al servicio activo

Reaktor [re'aktoːɐ] *m* <-s, -en> (PHYS) reactor *m;* **Reaktorkern** *m* (PHYS) núcleo *m* de un reactor nuclear; **Reaktorsicherheit** *f ohne pl* seguridad *f* de reactores nucleares; **Reaktorunglück** *nt* accidente *m* en un reactor nuclear

real [re'aːl] *adj* (*a.* WIRTSCH) real

Realeinkommen *nt* (WIRTSCH) ingreso *m* real

realisierbar *adj* realizable

realisieren* [reali'ziːrən] *vt* realizar; (*durchführen*) llevar a cabo

Realisierung *f* <-en> realización *f*

Realismus [rea'lɪsmʊs] *m* <-, *ohne pl*> (PHILOS, LIT, KUNST) realismo *m*

Realist(in) [rea'lɪst] *m(f)* <-en, -en; -nen> realista *mf*

realistisch *adj* realista; *~* **betrachtet** visto con realismo

Realität [reali'tɛːt] *f* <-en> ❶ (*Wirklichkeit*) realidad *f;* **virtuelle** *~* realidad virtual; **in** (**der**) *~* en (la) realidad ❷ *pl* (*Österr: Immobilien*) inmuebles *mpl;* **realitätsfern** *adj* alejado de la realidad; **realitätsnah** *adj* realista; **Realitätssinn** *m ohne pl* sentido *m* de la realidad

Reality-TV *nt* <-(s), *ohne pl*> (TV) reality televisión *f*

Reallohn *m* salario *m* real

Realschule *f* ≈instituto *m* de enseñanza media (*escuela secundaria – de los 10 a los 16 años – de grado inferior al Gymnasium*)

En Alemania al llegar a los diez años, aproximadamente, el alumno accede bien a la *Hauptschule – escuela de secundaria de grado inferior*, bien a la **Realschule** – *escuela de secundaria de grado intermedio* o bien al *Gymnasium – escuela de secundaria de grado superior.* Al finalizar los estudios en la **Realschule** el alumno obtiene un certificado que se llama *Mittlere Reife*. Generalmente al término de estos estudios el alumno comienza un periodo de tres años de formación profesional.

Reanimation [reʔanima'tsjoːn] *f* <-en> (MED) reanimación *f*

reanimieren* *vt* (MED) reanimar

Rebe ['reːbə] *f* <-n> vid *f*

Rebell(in) [re'bɛl] *m(f)* <-en, -en; -nen> rebelde *mf*

rebellieren* [rebɛ'liːrən] *vi* rebelarse (*gegen* contra)

Rebellin *f* <-nen> *s.* **Rebell**

Rebellion [rebɛ'ljoːn] *f* <-en> rebelión *f*

rebellisch [re'bɛlɪʃ] *adj* rebelde

Rebhuhn ['reːp-] *nt* perdiz *f*

Rebsorte ['reːp-] *f* tipo *m* de uva; **Rebstock** *m* cepa *f*

rechen ['rɛçən] *vt* (*Schweiz, Österr, reg*) rastrillar

Rechen ['rɛçən] *m* <-s, -> (*Schweiz, Österr, reg*) rastrillo *m*

Rechenart ['rɛçən-] *f* método *m* de cálculo; **die vier** *~en* las cuatro reglas; **Rechenaufgabe** *f* problema *m* de aritmética; **Rechenbuch** *nt* libro *m* de matemáticas; **Rechenfehler** *m* error *m* de cálculo; **Rechenmaschine** *f* calculadora *f*

Rechenschaft *f ohne pl* cuentas *fpl;* **jdm über etw** *~* **schuldig sein** deber a alguien una explicación acerca de algo; **jdn für etw zur** *~* **ziehen** hacer a alguien responsable de algo

Rechenschieber *m* <-s, -> regla *f* de cálculo; **Rechenzentrum** *nt* (INFOR) centro *m* de cálculo

Recherche [re'ʃɛrʃə, rə'ʃɛrʃə] *f* <-n> pesquisa *f;* **über jdn/etw** *~n* **anstellen** hacer investigaciones sobre alguien/algo

recherchieren* [reʃɛr'ʃiːrən, rəʃɛr'ʃiːrən] *vi,*

vt investigar

rechnen ['rɛçnən] **I.** *vi* ❶ (MATH) calcular; **im Kopf** ~ calcular mentalmente ❷ (*sich verlassen*) contar (*mit/auf* con); **damit** ~, **dass ...** contar con que... +*subj;* **damit hatte ich nicht gerechnet** no había contado con eso ❸ (*haushalten*) economizar; **wir müssen mit jedem Pfennig** ~ hay que ahorrar hasta la última peseta **II.** *vt* ❶ (*Aufgabe*) hacer, calcular ❷ (*zählen*) contar (*zu/unter* entre); (*einbeziehen*) incluir (*zu/unter* entre); **man rechnet ihn zu den Experten auf diesem Gebiet** se le incluye entre los expertos en este campo ❸ (*veranschlagen*) calcular (*für* para) **III.** *vr:* **sich** ~ ser rentable

Rechner¹ *m* <-s, -> calculadora *f;* (INFOR: *Computer*) ordenador *m,* computadora *f Am*

Rechner(in)² *m(f)* <-s, -; -nen> contador(a) *m(f);* **ein kühler** ~ **sein** ser muy calculador

rechnergesteuert *adj* (INFOR) dirigido por ordenador; **rechnergestützt** *adj* (INFOR) asistido por ordenador

Rechnerin *f* <-nen> *s.* **Rechner**²

rechnerisch *adj* aritmético; **rein** ~ ateniéndose a las cifras

Rechnersimulation *f* (INFOR) simulación *f* mediante computadora

Rechnung *f* <-en> ❶ (*das Rechnen*) cálculo *m* ❷ (*Ab~*) cuenta *f;* (*Waren~*) factura *f;* **eine** ~ **über 1000 Euro** una cuenta de 1000 euros; **die** ~**, bitte!** ¡la cuenta, por favor!; **jdm etw in** ~ **stellen** cargar algo en la cuenta de alguien; **auf eigene** ~ por cuenta propia; **das geht auf meine** ~ esto va de mi cuenta; **etw** *dat* ~ **tragen** considerar algo; **er hatte die** ~ **ohne den Wirt gemacht** (*fig*) había puesto el carro delante del buey; **mit jdm eine alte** ~ **begleichen** (*fig*) saldar una vieja cuenta con alguien; **Rechnungsbuch** *nt* ❶ (COM) libro *m* de cuentas ❷ (*Schweiz: Rechenbuch*) libro *m* de matemáticas; **Rechnungsführer(in)** *m(f)* contable *mf;* **Rechnungsprüfer(in)** *m(f)* (WIRTSCH) revisor(a) *m(f)* de cuentas

recht [rɛçt] **I.** *adj* ❶ (*zutreffend*) justo; (*geeignet*) adecuado; (*passend*) oportuno; **der** ~**e Augenblick** el momento oportuno ❷ (*wirklich*) verdadero; **ich habe keine** ~**e Lust** no me apetece mucho ❸ (*richtig*) correcto; **nach dem R~en sehen** controlar si todo está en orden; **hier geht es nicht mit** ~**en Dingen zu** aquí hay gato encerrado; **es ist nur** ~ **und billig** no es sino lo justo; **alles, was** ~ **ist,**

aber ... todo lo que quiera(s), pero... **II.** *adv* ❶ (*sehr*) muy; ~ **tief** muy profundo; ~ **herzlichen Dank** muchísimas gracias ❷ (*ziemlich*) bastante; ~ **viel/oft** bastante/bastante a menudo ❸ (*richtig, genehm*) bien; **ganz** ~! ¡eso es!; **jetzt erst** ~! ¡sobre todo ahora!; **jetzt erst** ~ **nicht!** ¡ahora menos que nunca!; **wenn ich es** ~ **überlege ...** si lo pienso bien...; ~ **daran tun sich zu entschuldigen** hacer bien en pedir excusas; **ist es dir** ~ **wenn ...?** ¿te parece bien si...?; **das soll mir** ~ **sein** me parece bien; **das geschieht ihm** ~ (*fam*) le está bien (empleado); **ich seh' wohl nicht** ~! (*fam*) ¡no me lo puedo creer!; **wenn ich Sie** ~ **verstehe** si le entiendo bien; **ich weiß nicht** ~ no sé bien; **du kommst mir gerade** ~ (*iron*) eres lo que me faltaba; **man kann ihm nichts** ~ **machen** no se conforma con nada

Recht¹ [rɛçt] *nt* <-(e)s, -e> (*Anspruch*) derecho *m* (*auf* a); (*Gerechtigkeit*) justicia *f;* **staatsbürgerliche** ~**e** derechos cívicos; **mit welchem** ~ **behaupten Sie das?** ¿con qué derecho afirma eso?; **sein** ~ **fordern** reclamar sus derechos; **jdm** ~ **geben** dar(le) a alguien la razón; **zu seinem** ~ **kommen** hacer valer sus derechos; **das** ~ **des Stärkeren** la ley del más fuerte; **zu** ~ con razón; ~ **haben, im** ~ **sein** tener razón; **es ist unser gutes** ~ **uns zu beschweren** tenemos perfecto derecho a quejarnos; **gleiches** ~ **für alle!** ¡igualdad de derechos!; **du hast das** ~ **auf einen Anwalt** tienes derecho a un abogado; **dazu haben Sie kein** ~! ¡no tiene ningún derecho!

Recht² *nt* <-s, ohne pl> (*Rechtsordnung*) derecho *m;* (*Gesetze*) legislación *f,* leyes *fpl;* **bürgerliches** ~ derecho civil; **gegen das** ~ **verstoßen** infringir las leyes; ~ **sprechen** hacer justicia

rechte(r, s) *adj* ❶ (*Seite*) derecho; ~**r Hand** a mano derecha; **auf der** ~**n Seite** a la derecha; **jds** ~ **Hand sein** ser la mano derecha de alguien ❷ (POL) de derecha(s) ❸ (MATH) recto; **ein** ~**r Winkel** un ángulo recto

Rechte ['rɛçtə] *f* <-n, -n> (*a.* POL) derecha *f;* **zu ihrer** ~**n** a su derecha; **die** ~ **zog ins Parlament ein** la derecha entró en el parlamento

Rechteck *nt* rectángulo *m;* **rechteckig** *adj* rectangular

rechtens ['rɛçtəns] *adv:* ~ **sein** ser legítimo; **für** ~ **halten** considerar legítimo

rechtfertigen ['----] **I.** *vt* justificar **II.** *vr:* **sich** ~ justificarse (*für* por, *vor* ante)

Rechtfertigung f <-en> justificación f (für para); **was sagt er zu seiner ~?** ¿y él qué alega?

rechtgläubig adj ortodoxo

rechthaberisch adj (abw) ergotista; **~ sein** querer tener siempre la razón

rechtlich adj legal; (gesetzlich) jurídico; **das ist ~ nicht zulässig** es legalmente inadmisible

rechtlos adj sin derechos, privado de derechos

rechtmäßig adj legítimo, legal; **der ~e Besitzer** el propietario legítimo; **etw für ~ erklären** declarar algo legal

Rechtmäßigkeit f ohne pl legalidad f, legitimidad f

rechts [rɛçts] **I.** adv (a) la derecha; **~ davon** a la derecha (de esto); **~ von mir** a mi derecha; **nach ~** hacia la derecha; **von ~ kommen** venir por la derecha; **oben/unten ~** arriba/abajo a la derecha; **von ~ nach links** de derecha a izquierda; **~ vor links** la derecha tiene preferencia; **sich ~ halten** mantenerse a su derecha; **sich ~ einordnen** situarse en el carril derecho; **~ um!** (MIL) ¡derecha!; **~ stricken** hacer punto del derecho; **~ stehen** (POL) ser de derechas; **~ wählen** (POL) votar a la derecha; **mit ~** escribir con la (mano) derecha; **ich weiß nicht mehr, wo ~ und links ist** (fam fig) no sé ya dónde tengo la cabeza **II.** präp +gen a la derecha

Rechtsabteilung f (JUR) sección f jurídica; **Rechtsanwalt, -wältin** m, f (JUR) abogado, -a m, f; **sich** dat **einen ~ nehmen** contratar a un abogado

Rechtsaußen [rɛçts'?ausən] m <-, -> (SPORT) extremo m derecho

Rechtsberatung f (JUR) asesoramiento m jurídico; **Rechtsbruch** m (JUR) violación f de la ley; **einen ~ begehen** infringir la ley

rechtsbündig adj (TYPO, INFOR) fijo a la derecha

rechtschaffen ['rɛçtʃafən] adj ❶ (anständig) honrado, recto ❷ (groß) mucho; **~ Hunger haben** (fam) tener mucha hambre

Rechtschreibfehler m falta f de ortografía; **Rechtschreibreform** f reforma f de (la) ortografía

Rechtschreibung f ortografía f

Rechtsempfinden nt sentido m de la justicia; **rechtsextrem** adj s. **rechtsextremistisch**; **Rechtsextremismus** ['rɛçts?ɛkstremɪsmʊs] m (POL) extrema derecha f, ultraderecha f; **Rechtsextremist(in)** m(f) (POL) ultraderechista mf; **rechtsextremistisch** adj (POL) de extrema derecha, de ultraderecha

rechtsfähig adj (JUR) con capacidad jurídica

Rechtsfrage f (JUR) cuestión f jurídica

rechtsgerichtet adj (POL) derechista, de derecha(s)

Rechtsgrundlage f (JUR) base f jurídica

rechtsgültig adj (JUR) jurídicamente válido; **etw für ~ erklären** legalizar algo

Rechtshänder(in) ['-hɛndə] m(f) <-s, -; -nen> diestro, -a m, f

rechtshändig **I.** adj diestro **II.** adv con la mano derecha

rechtsherum ['rɛçtshɛrʊm] adv (dando vueltas) a la derecha

rechtskräftig adj (JUR) (jurídicamente) válido; **~ werden** entrar en vigor

Rechtskurve f curva f a la derecha

Rechtslage f ohne pl (JUR) situación f legal

Rechtsmittel nt (JUR) recurso m legal; **Rechtsmittelbelehrung** f (JUR) información f sobre recursos

Rechtsnachfolge f (JUR) sucesión f en el derecho; **die ~ von jdm antreten** suceder a alguien; **Rechtsordnung** f (JUR) orden(amiento) m jurídico; **Rechtspflege** f (JUR) (administración f de) justicia f

Rechtsprechung f <-en> (JUR) jurisprudencia f

rechtsradikal adj (POL) de extrema derecha, ultraderechista

rechtsrum ['rɛçtsrʊm] adv (fam) s. **rechtsherum**

Rechtsschutz m (JUR) protección f jurídica; **Rechtsschutzversicherung** f seguro m de protección jurídica

rechtsseitig adj del lado derecho; **~ gelähmt** paralizado del lado derecho

Rechtssicherheit f ohne pl (JUR) seguridad f jurídica; **Rechtsstaat** m Estado m de derecho; **rechtsstaatlich** adj jurídico-estatal; **Rechtsstreit** m (JUR) pleito m; **einen ~ beilegen** dirimir un pleito;

R

Rechtsverdreher(in) *m(f)* <-s, -; -nen> (*abw*) picapleitos *mf inv*

Rechtsverkehr *m* ❶ (AUTO) circulación *f* por la derecha ❷ (JUR) relaciones *fpl* jurídicas

Rechtsverletzung *f* (JUR) violación *f* del derecho; **Rechtsverordnung** *f* (JUR) decreto-ley *m;* **eine ~ erlassen** dictar un decreto; **Rechtsweg** *m* (JUR) vía *f* judicial; **auf dem ~** por la vía judicial; **der ~ ist ausgeschlossen** la vía judicial queda excluida; **rechtswidrig** *adj* ilegal, ilegítimo; **Rechtswissenschaft** *f ohne pl* (JUR) jurisprudencia *f*

rechtwink(e)lig *adj* rectangular

rechtzeitig I. *adj* puntual II. *adv* ❶ (*pünktlich*) a tiempo ❷ (*früh genug*) con (la debida) antelación

Reck [rɛk] *nt* <-(e)s, -e *o* -s> barra *f* fija

recken ['rɛkən] I. *vt* alargar; **den Kopf ~** alargar el cuello II. *vr:* **sich ~** estirarse

Recorder *m* <-s, -> *s.* **Rekorder**

recyceln* [ri'saɪkəln] *vt* reciclar

recyclebar *adj* reciclable

Recycling [ri'saɪklɪŋ] *nt* <-s, *ohne pl*> reciclaje *m,* reciclado *m;* **Recyclingpapier** *nt ohne pl* papel *m* reciclado

Redakteur(in) [redak'tøːɐ] *m(f)* <-s, -e; -nen> redactor(a) *m(f)*

Redaktion [redak'tsjoːn] *f* <-en> redacción *f*

redaktionell [redaktsjo'nɛl] *adj* ❶ (*bezogen auf Redigieren*) de redacción ❷ (*bezogen auf Redaktion*) de la redacción

Redaktionsschluss *m ohne pl* (PUBL) cierre *m* de redacción

Redaktor(in) [re'daktoːɐ] *m(f)* <-s, -en; -nen> (*Schweiz*) redactor(a) *m(f)*

Rede ['reːdə] *f* <-n> ❶ (*Ansprache*) discurso *m;* (*Gespräch*) conversación *f;* **eine ~ halten** pronunciar un discurso; **das ist nicht der ~ wert** no merece la pena comentarlo; **es ist die ~ von ...** se habla de...; **davon kann nicht die ~ sein** no se trata de eso; **wovon ist die ~?** ¿de qué va (el asunto)?; **jdn zur ~ stellen** pedir cuentas a alguien; **jdm ~ und Antwort stehen** dar cuentas a alguien; **der langen ~ kurzer Sinn** resumiendo ❷ (LING) estilo *m;* **direkte/indirekte ~** estilo directo/indirecto; **Redefluss** *m* verborrea *f;* **jdn in seinem ~ unterbrechen** interrumpir la verborrea de alguien; **Redefreiheit** *f ohne pl* libertad *f* de expresión; **redegewandt** *adj* elocuente; **Redegewandtheit** *f* elocuencia *f;* **Redekunst** *f ohne pl* retórica *f*

reden ['reːdən] I. *vi* ❶ (*sprechen*) hablar (*mit* con, *über* sobre, *von* de); **mit Händen**

und Füßen ~ hablar con pies y manos; **(viel) von sich ~ machen** dar mucho que hablar; **du hast gut ~!** ¡es muy fácil decirlo!; **darüber lasse ich nicht mit mir ~** no pienso cambiar de opinión en esto; **darüber lässt sich ~** se puede hablar de ello; **~ wir nicht mehr darüber** no hablemos más de ello; **so lasse ich nicht mit mir ~** no consiento que me hablen así; **nicht zu ~ von ...** por no hablar de...; **schlecht von jdm ~** hablar mal de alguien ❷ (*Rede halten*) pronunciar un discurso (*über* sobre) II. *vt* hablar; **Unsinn ~** decir tonterías; **ich muss ein ernstes Wort mit ihm ~** tengo que hablar en serio con él III. *vr:* **sich heiser ~** quedarse ronco de (tanto) hablar; **sich in Rage/Begeisterung ~** hablar lleno de furia/entusiasmo

Redensart *f* locución *f*

Rederecht *nt ohne pl* derecho *m* a tomar la palabra; **Redeschwall** *m* (*abw*) torrente *m* de palabras; **Redeverbot** *nt* prohibición *f* de hablar; **jdm ~ erteilen** prohibir a alguien hablar; **Redeweise** *f* manera *f* de hablar; **Redewendung** *f* (LING) giro *m*

redigieren* [redi'giːrən] *vt* corregir; (*Zeitschrift*) redactar

redlich ['reːtlɪç] *adj* ❶ (*aufrichtig*) honrado; **~ handeln** obrar honradamente ❷ (*groß*) grande; **er hat sich** *dat* **~e Mühe gegeben** ha hecho un gran esfuerzo

Redlichkeit *f ohne pl* honradez *f*

Redner(in) ['reːdnɐ] *m(f)* <-s, -; -nen> orador(a) *m(f)*

Rednerpult *nt* púlpito *m*

redselig *adj* locuaz; **Redseligkeit** *f ohne pl* locuacidad *f*

Reduktion [redʊk'tsjoːn] *f* <-en> (*a.* CHEM, PHYS, MATH) reducción *f*

redundant [redʊn'dant] *adj* redundante

Redundanz [redʊn'dants] *f* <-en> redundancia *f*

reduzierbar *adj* reducible

reduzieren* [redu'tsiːrən] I. *vt* (*a.* CHEM, PHYS, MATH) reducir (*auf* a) II. *vr:* **sich ~** reducirse (*auf* a)

Reduzierung *f* <-en> reducción *f,* recorte *m*

Reederei *f* <-en> compañía *f* naviera

reell [re'ɛl] *adj* ❶ (*ehrlich*) honesto ❷ (*fam: Portion, Ware*) bueno; (*Preis*) razonable ❸ (*wirklich, a.* MATH) real

Referat [refe'raːt] *nt* <-(e)s, -e> ❶ (*Vortrag*) ponencia *f;* **ein ~ halten** exponer una ponencia ❷ (*Abteilung*) sección *f*

Referenda *pl von* **Referendum**

Referendar(in) [referɛn'daːɐ] *m(f)* <-s, -e; -nen> ❶ (JUR) licenciado, -a *m, f* en dere-

cho ② (SCH) profesor(a) *m(f)* en prácticas
Referendariat [referɛndari'aːt] *nt* <-(e)s,
-e> ① (JUR) período *m* de prácticas para
licenciados de derecho ② (SCH) período *m*
de prácticas de profesorado
Referendarin *f* <-nen> s. **Referendar**
Referendum [refe'rɛndʊm] *nt* <-s, Refe-
renden *o* Referenda> referéndum *m*
Referent(in) [refe'rɛnt] *m(f)* <-en, -en;
-nen> ① (*eines Vortrages*) conferenciante
mf; (*eines Referats*) ponente *mf* ② (*Refe-
ratsleiter*) jefe, -a *m, f* de negociado
Referenzen *fpl* referencias *fpl*
referieren* [refe'riːrən] I. *vi* ① (*Referat halten*) exponer (una ponencia) (*über* sobre)
② (*berichten*) hablar (*über* sobre/de) II. *vt*
(*berichten*) presentar
reflektieren* [reflɛk'tiːrən] I. *vi* ① (*nachdenken*) reflexionar (*über* sobre) ② (*zu-
rückstrahlen*) reflejar ③ (*interessiert sein*)
tener interés (*auf* en) II. *vt* (*Licht*) reflejar
Reflektor [re'flɛktoːɐ] *m* <-s, -en> reflector
m
Reflex [re'flɛks] *m* <-es, -e> reflejo *m;*
Reflexbewegung *f* movimiento *m*
reflejo; **Reflexhandlung** *f* acto *m* reflejo
Reflexion [reflɛ'ksjoːn] *f* <-en> (*a.* PHYS)
reflexión *f* (*über* sobre)
reflexiv [reflɛ'ksiːf] *adj* (*a.* LING) reflexivo;
Reflexivpronomen *nt* (LING) pronombre
m reflexivo; **Reflexivverb** *nt* (LING) verbo
m reflexivo
Reform [re'fɔrm] *f* <-en> reforma *f*
Reformation [refɔrma'tsjoːn] *f ohne pl*
Reforma *f*
reformatorisch [refɔrma'toːrɪʃ] *adj* reformatorio
reformbedürftig *adj* que necesita reformas
Reformer(in) [re'fɔrmɐ] *m(f)* <-s, -; -nen>
reformista *mf*
reformerisch *adj* reformativo
Reformhaus *nt* tienda *f* de productos dietéticos y biológicos
reformieren* [refɔr'miːrən] *vt* reformar
reformistisch *adj* (POL) reformista
Reformkost *f* productos *mpl* dietéticos y
biológicos
Refrain [rə'frɛː] *m* <-s, -s> estribillo *m*
Regal [re'gaːl] *nt* <-s, -e> ① (*Ablage,
Gestell*) estantería *f;* (*Bücher~*) librería *f*
② (MUS) órgano *m* portátil
Regatta [re'gata] *f* <Regatten> (SPORT)
regata *f*
rege ['reːgə] *adj* ① (*Verkehr, Briefwechsel,
Betrieb*) intenso; (*Nachfrage, Interesse*)
grande; (*Handel*) floreciente; ~ **Beteiligung** participación activa ② (*Unterhal-*

tung) animado; (*Fantasie*) vivo; **körperlich und geistig** ~ **sein** mantenerse física
y mentalmente activo
Regel ['reːgəl] *f* <-n> ① (*Vorschrift, a.* LING)
regla *f;* (*Norm*) norma *f;* **in der** ~ por regla
general; **nach allen** ~**n der Kunst** como
es debido; **sich** *dat* **etw zur** ~ **machen**
tomar algo por costumbre ② (*Menstruation*) regla *f;* **Regelarbeitszeit** *f* horario
m de trabajo regular; **Regelblutung** *f*
regla *f;* **Regelfall** *m ohne pl* caso *m* normal
regelmäßig I. *adj* regular; **sie ist eine** ~**e
Besucherin** viene regularmente II. *adv*
con regularidad, regularmente; **er kommt
~ zu spät** llega siempre tarde
Regelmäßigkeit *f* <-en> regularidad *f*
regeln ['reːgəln] I. *vt* regular; (*durch Verordnung*) reglamentar; (*in Ordnung bringen*) arreglar; **etw vertraglich** ~ fijar algo
mediante un contrato; **das lässt sich** ~
esto se puede arreglar II. *vr:* **sich** ① (*vor
sich gehen*) efectuarse ② (*in Ordnung
kommen*) arreglarse, solucionarse
regelrecht I. *adj* ① (*vorschriftsmäßig*) correcto ② (*fam: richtiggehend*) verdadero
II. *adv* (*fam*) de verdad; **er war** ~ **unverschämt** fue descarado de verdad
Regelung *f* <-en> ① (*das Festlegen*) reglamentación *f;* (*Erledigung*) tramitación *f*
② (*der Temperatur*) regulación *f* ③ (*Abmachung*) acuerdo *m;* (*Vorschrift*) reglamentación *f*
Regelwerk *nt* código *m;* **regelwidrig** *adj*
contrario a las reglas
regen ['reːgən] I. *vt* (*geh*) mover II. *vr:* **sich
~** ① (*sich bewegen*) moverse; **kein Lüftchen regte sich** no corría ni una brisa
② (*geh: entstehen*) surgir; **es regten sich
Zweifel** surgieron dudas
Regen ['reːgən] *m* <-s, -> lluvia *f;* (*feiner*)
llovizna *f;* **saurer** ~ (ÖKOL) lluvia ácida; **im
strömenden** ~ **musste ich nach Hause
laufen** lloviendo a cántaros como estaba
tuve que ir a pie a casa; **ich bin gestern in
den** ~ **gekommen** ayer me pilló la lluvia;
vom ~ **in die Traufe kommen** (*fam fig*)
salir de Guatemala y entrar en Guatepeor;
jdn im ~ **stehen lassen** (*fam*) dejar a alguien plantado; **Regenbö(e)** *f* <-böen>
turbión *m*
Regenbogen *m* arco *m* iris; **Regenbogenpresse** *f ohne pl* prensa *f* amarilla
regenerieren* [regene'riːrən] I. *vt* (TECH)
regenerar II. *vr:* **sich** ~ (BIOL, MED) regenerarse
Regenfälle *mpl* lluvias *fpl;* **starke/anhal-
tende** ~ lluvias fuertes/persistentes;

Regenfront *f* (METEO) frente *m* de lluvias; **Regenmantel** *m* gabardina *f*; (*Cape*) impermeable *m*, perramus *m inv CSur*; **Regenrinne** *f* canalón *m*; **Regenschauer** *m* chubasco *m*; **Regenschirm** *m* paraguas *m inv*

Regent(in) [re'gɛnt] *m(f)* <-en, -en; -nen> regente *mf*

Regentropfen *m* gota *f* de lluvia

Regentschaft *f* <-en> regencia *f*

Regenwald *m* selva *f* tropical; **Regenwetter** *nt* tiempo *m* lluvioso; **bei** ~ cuando llueve; **Regenwurm** *m* (ZOOL) lombriz *f* de tierra; **Regenzeit** *f* época *f* de las lluvias

Regie [re'ʒiː] *f ohne pl* ❶ (FILM, THEAT) dirección *f*; **unter der** ~ **von ...** bajo la dirección de... ❷ (*Leitung*) administración *f*; (*Führung*) dirección *f*; **etw in eigener** ~ **tun** (*fam*) hacer algo por cuenta propia; **Regieanweisung** *f* indicación *f* del director; **Regieassistent(in)** *m(f)* ayudante *mf* de dirección

regieren* [re'giːrən] **I.** *vi* gobernar (über); (*herrschen*) reinar (*über* sobre) **II.** *vt* ❶ (*Land, Staat*) gobernar ❷ (LING) regir

Regierung *f* <-en> gobierno *m*; **eine (neue)** ~ **bilden** formar un (nuevo) gobierno; **die** ~ **stürzen** hacer caer el gobierno; **der** ~ **angehören** ser miembro del gobierno; **an der** ~ **sein** estar en el poder; **an die** ~ **kommen** acceder al poder; **Regierungsabkommen** *nt* acuerdo *m* intergubernamental; **Regierungsbezirk** *m* distrito *m* administrativo; **Regierungschef(in)** *m(f)* jefe, -a *m*, *f* de gobierno; **Regierungserklärung** *f* declaración *f* gubernamental; **Regierungsform** *f* forma *f* de gobierno, régimen *m*; **Regierungskoalition** *f* coalición *f* de gobierno; **Regierungskrise** *f* crisis *f inv* gubernamental; **Regierungspartei** *f* partido *m* gubernamental

Regierungsrat¹ *m ohne pl* (*Schweiz*) Gobierno Cantonal de Suiza

Regierungsrat, -rätin² *m*, *f* ❶ (*Titel*) funcionario, -a de alto cargo en la administración de autoridades superiores federales y del land ❷ (*Schweiz: Mitglied der Kantonsregierung*) miembro *m* del gobierno cantonal

Regierungssprecher(in) *m(f)* portavoz *mf* del gobierno; **Regierungswechsel** *m* cambio *m* de gobierno; **Regierungszeit** *f* (*einer Regierung, eines Präsidenten*) mandato *m*; (*eines Königs*) reinado *m*

Regime [re'ʒiːm] *nt* <-s, -(s)> régimen *m*; **Regimekritiker(in)** *m(f)* disidente *mf*

Regiment¹ [regi'mɛnt] *nt* <-(e)s, -e> (*Leitung*) mando *m*; **das** ~ **führen** tener el mando

Regiment² *nt* <-(e)s, -er> (MIL) regimiento *m*

Region [re'gjoːn] *f* <-en> región *f*; **in höheren** ~**en schweben** (*geh fig*) estar en las nubes

regional [regjo'naːl] *adj* regional

Regisseur(in) [reʒɪ'søːɐ] *m(f)* <-s, -e; -nen> (THEAT, FILM) director(a) *m(f)*

Register [re'gɪstɐ] *nt* <-s, -> (a. MUS, INFOR) registro *m*; **alle** ~ **ziehen** (*fig*) tocar todos los registros

Registratur [regɪstra'tuːɐ] *f* <-en> ❶ (*das Registrieren*) registro *m* ❷ (*Büro*) (oficina *f* de) registro *m*

registrieren* [regɪs'triːrən] *vt* registrar; (*bemerken*) apercibirse (de)

Registrierkasse *f* caja *f* registradora

Reglement [reglə'mãː] *nt* <-s, -s> reglamento *m*

reglementieren* [reglemɛn'tiːrən] *vt* reglamentar

Regler ['reːglɐ] *m* <-s, -> (TECH) regulador *m*; (*Temperatur~*) termostato *m*

reglos ['reːkloːs] *adj* inmóvil

regnen ['reːgnən] *v unpers* llover; **es regnet in Strömen** llueve a cántaros

regnerisch *adj* lluvioso

Regress [re'grɛs] *m* <-es, -e> (JUR) recurso *m*; **jdn für etw in** ~ **nehmen** hacer a alguien responsable de algo

Regression [regrɛ'sjoːn] *f* <-en> (a. MATH, PSYCH, GEO, BIOL) regresión *f*

regressiv [regrɛ'siːf] *adj* (a. PSYCH, PHILOS, JUR) regresivo

regresspflichtig *adj* (JUR) responsable (civilmente); **jdn** ~ **machen** recurrir contra alguien

regulär [regu'lɛːɐ] *adj* regular

regulierbar *adj* regulable

regulieren* [regu'liːrən] *vt* ❶ (*Lautstärke, Temperatur*) regular; (*einstellen*) ajustar ❷ (*Fluss*) encauzar ❸ (*regeln*) regular; (*durch Verordnung*) reglamentar; **einen Schaden** ~ regular la indemnización

Regulierung *f* <-en> ❶ (*der Temperatur, Lautstärke*) regulación *f*; (TECH) ajuste *m* ❷ (*eines Flusses*) encauzamiento *m* ❸ (*Regelung*) regulación *f*; (*eines Schadens*) liquidación *f*; (*durch Verordnung*) reglamentación *f*

Regung ['reːgʊŋ] *f* <-en> (*geh*) ❶ (*Bewegung*) movimiento *m* ❷ (*Gefühls~*) emoción *f*

regungslos *adj* inmóvil

Reh [reː] *nt* <-(e)s, -e> corzo *m*

Rehabilitation [rehabilita'tsjo:n] *f* <-en> rehabilitación *f;* **Rehabilitationszentrum** *nt* centro *m* de rehabilitación

rehabilitieren* [rehabili'ti:rən] *vt* ❶ (*jds Ansehen, a.* MED) rehabilitar ❷ (*wieder eingliedern*) reintegrar

Rehbock *m* corzo *m* macho; **Rehkitz** *nt* corcino *m;* **Rehkuh** *f* corza *f;* **Rehrücken** *m* ❶ (*des Rehs*) lomo *m* de corzo ❷ (*Kuchen*) pastel de chocolate guarnecido con almendras

Reibach ['raɪbax] *m* <-s, *ohne pl*> (*fam*) alta ganancia *f;* **einen guten ~ machen** hacer su agosto

Reibe ['raɪbə] *f* <-n> rallador *m*

Reibekuchen *m* (*reg*) *fritura de patatas crudas ralladas y huevos batidos*

reiben ['raɪbən] <reibt, rieb, gerieben> I. *vt* ❶ (*aneinander ~*) frotar; **etw blank ~** sacar brillo a algo; **sich** *dat* **die Hände ~** (*a. fig*) frotarse las manos ❷ (*zerkleinern*) rallar II. *vr*: **sich ~** reñir (*an* por, *mit* con)

Reibereien *fpl* peleas *fpl*

Reibfläche *f* raspador *m*

Reibung *f* <-en> ❶ (*das Reiben*) frotamiento *m* ❷ (PHYS) fricción *f;* **Reibungsfläche** *f* (PHYS) superficie *f* de fricción; **reibungslos** *adj* sin dificultades; **etw verläuft ~** algo va de maravilla

reich [raɪç] *adj* ❶ (*wohlhabend*) rico (*an* en); **~ heiraten** hacer una boda ventajosa; **~ machen** enriquecer; **~ werden** enriquecerse ❷ (*prächtig*) suntuoso, lujoso; **~ geschmückt** lujosamente adornado ❸ (*groß*) grande; (*ergiebig*) abundante; **in ~em Maße** en abundancia ❹ (*vielfältig*) amplio

Reich [raɪç] *nt* <-(e)s, -e> imperio *m;* (*König~, a. fig*) reino *m;* **das Deutsche/Römische ~** el Imperio Alemán/Romano; **das Dritte ~** el Tercer Reich; **das ~ Gottes** el reino de Dios; **das ~ der Tiere** el reino animal

Reiche(r) *mf* <-n, -n; -n, -n> (hombre *m*) rico *m,* (mujer *f*) rica *f*

reichen ['raɪçən] I. *vi* ❶ (*aus~*) bastar, ser suficiente; **es reicht hinten und vorne nicht** (*fam*) falta por todas partes; **mir reicht's!** (*fam*) ¡esto harto!; **jetzt reicht's aber!** (*fam*) ¡ya vale! ❷ (*sich erstrecken*) llegar (*bis* a); (*nach oben*) elevarse (*bis* hasta); **weit ~d** (*für große Entfernung*) de gran alcance; (*umfassend*) extenso, amplio; **so weit das Auge reicht** lo que alcanza la vista II. *vt* ❶ (*anbieten*) servir ❷ (*geben*): **jdm etw ~** pasar algo a alguien; **sich** *dat* **die Hand ~** tenderse la mano

reichhaltig *adj* abundante; (*umfangreich*) amplio

reichlich I. *adj* abundante; (*umfangreich*) amplio II. *adv* ❶ (*ausreichend*) en abundancia ❷ (*fam: ziemlich*) bastante

Reichstag *m ohne pl* ❶ (*Parlament*) parlamento *m* ❷ (*Gebäude*) palacio que alberga el Parlamento de la RFA

ℹ Land & Leute

El **Reichstag**, creado durante el Imperio Alemán, acogió, durante la República de Weimar, a diputados que eran elegidos por un mandato de cuatro años, de acuerdo con la constitución. Desde 1994 el antiguo edificio del **Reichstag** se utiliza como nueva sede del gobierno federal, al trasladarse la misma desde Bonn a Berlín tras la reunificación. Históricamente el **Reichstag** era el órgano en el que se reunían los representantes de la nobleza a petición del rey o emperador. A partir del año 1663 el **Reichstag** continuó celebrando sus reuniones en Regensburg.

Reichstagsbrand *m ohne pl* (HIST) incendio *m* del Reichstag

Reichtum¹ *m* <-s, -tümer> (*Besitz*) riqueza *f* (*an* en); **zu ~ gelangen** conseguir riquezas

Reichtum² *m* <-s, *ohne pl*> (*Reichhaltigkeit*) abundancia *f* (*an* de); (*große Vielfalt*) gran variedad *f* (*an* de); **der ~ an Arten** la gran variedad de especies

Reichweite *f* alcance *m;* **außer ~ sein** estar fuera de alcance; **etw liegt in ~** algo está al alcance de la mano

reif [raɪf] *adj* maduro; **~ werden** madurar; **die Zeit ist ~ (für etwas)** ha llegado el momento (de algo); **eine ~e Leistung** (*fam*) un trabajo bien hecho

Reif¹ [raɪf] *m* <-(e)s, -e> (*geh: Arm~*) brazalete *m*

Reif² [raɪf] *m* <-(e)s, *ohne pl*> (*Rau~*) escarcha *f*

Reife ['raɪfə] *f ohne pl* ❶ (*das Reifen*) maduración *f* ❷ (*das Reifsein*) madurez *f;* **mittlere ~** (SCH) ≈título *m* de bachiller (*grado de enseñanza media obtenido en la Realschule*)

reifen ['raɪfən] *vi sein* madurar

Reifen ['raɪfən] *m* <-s, -> ❶ (*Auto~, Fahrrad~*) neumático *m* ❷ (*Spielzeug, Fass~*)

aro m; **Reifendruck** m presión f del neumático; **Reifenpanne** f pinchazo m; **Reifenwechsel** m cambio m de neumático(s) **Reifeprüfung** f (SCH) ≈examen m de bachillerato

reiflich I. adj detenido II. adv detenidamente; **das habe ich mir ~ überlegt** he considerado esto detenidamente

Reigen ['raɪɡən] m <-s, -> danza f en corro; **den ~ eröffnen/beschließen** (geh a. fig) abrir/cerrar el baile

Reihe[1] ['raɪə] f <-n> ❶ (allgemein) fila f; (Baum~) hilera f; **sie sitzen in der dritten ~** están en la tercera fila; **sich in einer ~ aufstellen** ponerse en fila; **aus der ~ tanzen** (fam fig) hacer rancho aparte; **in Reih und Glied stehen** estar en formación ❷ (Anzahl) serie f; (Buch~) colección f; **er kaufte eine ganze ~ Bücher** compró una serie de libros ❸ (MATH) progresión f ❹ pl (Gemeinschaft) filas fpl; **aus den ~n der Konservativen** de las filas de los conservadores

Reihe[2] f ohne pl (Reihenfolge) turno m; **du bist an der ~** (fam) te toca (a ti); **der ~ nach eintreten** entrar por turno; **immer der ~ nach!** ¡por orden!; **außer der ~ kommen** llegar fuera de turno; **etw auf die ~ kriegen** (fam) apañárselas para hacer algo

reihen ['raɪən] I. vt (geh): **etw an etw ~** poner algo en fila con algo; **Perlen auf eine Schnur ~** ensartar perlas en un hilo II. vr: **sich ~** (geh: zeitlich) sucederse

Reihenfolge f orden m; **der ~ nach** por orden; **in alphabetischer ~** por orden alfabético

Reihenhaus nt chalé m adosado

reihenweise adv ❶ (fam: viele) en serie ❷ (in Reihen) en filas

Reiher ['raɪɐ] m <-s, -> garza f

reihern ['raɪɐn] vi (fam) ❶ (erbrechen) vomitar ❷ (reg: Durchfall haben) estar con diarrea

reihum [raɪ'?ʊm] adv por turno; **~ gehen** pasar de mano en mano

Reim [raɪm] m <-(e)s, -e> rima f; **ich kann mir keinen ~ darauf machen** no me lo explico

reimen I. vt rimar (auf con) II. vr: **sich ~** rimar (auf con)

reimportieren* vt (WIRTSCH) reimportar

rein [raɪn] I. adj ❶ (unvermischt, pur) puro; (Freude) verdadero; **~e Theorie** pura teoría ❷ (sauber) limpio; **etw ~ halten** mantener algo limpio; **etw ins R~e schreiben** pasar algo a limpio; **mit sich** dat **selbst ins R~e kommen** sincerarse

consigo mismo; **etw ins R~e bringen** aclarar algo; **ein ~es Gewissen haben** tener la conciencia tranquila ❸ (ohne Ausnahme) neto; **eine ~e Industriestadt** una ciudad netamente industrial ❹ (fam: völlig) verdadero; **sie ist das ~ste Genie** es un verdadero genio II. adv ❶ (ausschließlich) netamente; **aus ~ privaten Gründen** por razones estrictamente privadas ❷ (fam: völlig) absolutamente; **das ist ~ unmöglich** es absolutamente imposible; **~ gar nichts** nada de nada ❸ (fam: herein, hinein) adentro, hacia dentro

Reinemachefrau f mujer f de la limpieza

Reinerlös m beneficio m neto

Reinfall m (fam) chasco m; **einen ~ erleben** sufrir un chasco; **der neue Torwart ist ein ziemlicher ~** vaya chasco el nuevo portero

rein|fallen irr vi sein (fam) ❶ (in Loch) caer (in en); (Licht) entrar (in en/a) ❷ (sich täuschen lassen) dejarse engañar (auf por) ❸ (erfolglos sein) llevarse un chasco (mit con)

Reingewinn m beneficio m neto

Reinhaltung f ohne pl limpieza f

rein|hauen <haut rein, haute rein, reingehauen> I. vi (fam) ❶ (viel essen) hincharse de comer; **er hat beim Mittagessen ordentlich** [o **mächtig**] **reingehauen** a mediodía se hinchó bien de comer ❷ (hart arbeiten) matarse a trabajar II. vt (fam: schlagen): **jdm eine ~** pegarle a alguien un puñetazo en la cara

Reinheit f ohne pl ❶ (Unverfälschtheit) pureza f ❷ (Sauberkeit) limpieza f

reinigen ['raɪnɪɡən] vt limpiar; (Abwässer) depurar; (Kleidung) lavar en seco

Reiniger m <-s, -> detergente m

Reinigung f <-en> ❶ (Unternehmen) tintorería f ❷ (das Reinigen) limpieza f; (von Abwässern) depuración f; (von Kleidung) lavado m en seco; **Reinigungsmilch** f leche f desmaquilladora; **Reinigungsmittel** nt detergente m

Reinkarnation [reʔɪnkarnaˈtsjoːn] *f* <-en> reencarnación *f*

Reinkultur *f:* Kitsch/Diktatur in ~ cursilería/dictadura pura

rein|legen *vt* (*fam*) meter; *s. a.* **hereinlegen, hineinlegen**

reinlich *adj* limpio

Reinmachefrau *f* mujer *f* de la limpieza

reinrassig *adj* de pura raza

rein|reiten *irr vt* (*fam*) meter (*in* en); **jdn in die Scheiße** ~ (*vulg*) meter a alguien en un buen lío

rein|schneien **I.** *vi sein* (*fam: Besuch*) venir de rondón; (*Brief*) llegar de sorpresa **II.** *vunpers haben* (*fam*): **es schneit rein** la nieve entra por la ventana

rein|würgen *vt* (*sl*): **jdm eine** ~ jugarle una mala pasada a alguien

rein|ziehen *irr vt* (*fam*) ❶ (*Dinge*) tirar [*o* arrastrar] hacia dentro ❷ (*verschlingen*) tragar; **sich** *dat* **ein Bier/einen Film** ~ tragarse una cerveza/una película ❸ (*in Verbrechen*) implicar (*in* en)

Reis [raɪs] *m* <-es, -e> arroz *m*

Reise [ˈraɪzə] *f* <-n> viaje *m* (*nach/in* a); **eine** ~ **machen** hacer un viaje; **auf** ~n **sein** estar de viaje; **Gute** ~! ¡buen viaje!; **Reiseandenken** *nt* recuerdo *m* (de viaje); **Reiseapotheke** *f* botiquín *m* de viaje; **Reisebüro** *nt* agencia *f* de viajes; **Reisebus** *m* autocar *m;* **reisefertig** *adj* listo para partir; **Reisefieber** *nt* (*fam*) nerviosismo *m* ante un viaje

Reiseführer[1] *m* (*Buch*) guía *f* turística

Reiseführer(in)[2] *m(f)* (*Person*) guía *mf* turístico, -a

Reisegepäck *nt* equipaje *m*

Reisegesellschaft[1] *f* (*Reisegruppe*) grupo *m* turístico

Reisegesellschaft[2] *f ohne pl* (*Begleitung*) compañía *f*

Reisegruppe *f* grupo *m* turístico; **Reisekosten** *pl* gastos *mpl* de viaje; **Reisekrankheit** *f ohne pl* mareo *m;* **Reiseland** *nt* país *m* turístico; **Reiseleiter(in)** *m(f)* guía *mf* turístico, -a

reisen [ˈraɪzən] *vi sein* viajar (*nach/in* a)

Reisende(r) *mf* <-n, -n; -n> viajero, -a *m, f*

Reisepass *m* pasaporte *m*, pase *m Am;* **Reiseprospekt** *m* prospecto *m* de viaje; **Reiseruf** *m* mensaje *m* personal urgente (*emitido por radio para que el interesado se ponga inmediatamente en contacto con su familia*); **Reisescheck** *m* cheque *m* de viaje; **Reisetasche** *f* bolsa *f* de viaje; **Reiseveranstalter** *m* agente *m* de viajes

Reiseverkehr *m* tráfico *m* de viajeros, turismo *m;* **Reiseverkehrskauffrau** *f*

agente *f* de viajes; **Reiseverkehrskaufmann** *m* agente *m* de viajes

Reiseversicherung *f* seguro *m* de viaje; **Reisewelle** *f* ola *f* de viajeros; **Reisewetterbericht** *m* parte *m* metereológico para viajeros; **Reisezeit** *f* temporada *f* de vacaciones; **Reiseziel** *nt* punto *m* de destino

Reisfeld *nt* arrozal *m*

Reisig [ˈraɪzɪç] *nt* <-s, *ohne pl*> ramas *fpl* secas

Reißaus [raɪsˈʔaʊs] *m* (*fam*): ~ **nehmen** poner pies en polvorosa

Reißbrett *nt* tablero *m* de dibujo

reißen [ˈraɪsən] <reißt, riss, gerissen> **I.** *vi* ❶ *sein* (*zer~*) romperse; (*in Fetzen*) desgarrarse ❷ (*zerren*) tirar (*an* de) **II.** *vt* ❶ (*zer~*) romper; (*in Fetzen*) desgarrar; **er riss den Brief in Stücke** rompió la carta en pedazos ❷ (*weg~, aus~*) arrancar (*aus* de); (*herausholen*) sacar (*aus* de); **er wurde aus dem Schlaf gerissen** le sacaron del sueño ❸ (*ziehen*) tirar; (*mit sich ~*) arrastrar; **sie riss ihn zu Boden** le tiró al suelo; **jdm etw aus der Hand** ~ arrancar algo a alguien de la mano; **ich bin hin und her gerissen** no sé qué hacer; **etw an sich** ~ hacerse con algo; **das Gespräch an sich** ~ monologar ❹ (*SPORT*) derribar ❺ (*töten*) matar **III.** *vr:* **sich** ~ ❶ (*fam*): **sich um etw/um jdn** ~ pegarse por algo/por estar con alguien ❷ (*sich befreien*) desprenderse, deshacerse; **sie riss sich aus seiner Umarmung** se deshizo de su abrazo

reißend *adj* fuerte; ~**en Absatz finden** tener muy buena acogida

Reißer *m* <-s, -> (*fam: Buch, Film*) exitazo *m*

reißerisch *adj* (*abw*) sensacionalista

reißfest *adj* resistente; **Reißleine** *f* (AERO: *am Fallschirm*) cuerda *f* de desgarro

Reißverschluss *m* cremallera *f;* **Reißverschlussprinzip** *nt* sistema *m* de cremallera

Reißwolf *m* desfibradora *f;* **Reißzwecke** *f* chincheta *f*

Reitbahn *f* picadero *m*

reiten [ˈraɪtən] <reitet, ritt, geritten> **I.** *vi* sein cabalgar; (*auf einem Pferd*) montar a caballo; (*als Sport*) practicar equitación; **auf einem Esel/Besen** ~ cabalgar en un burro/sobre una escoba; **auf einer Stute** ~ montar una yegua; **im Schritt/Trab/Galopp** ~ ir al paso/al trote/al galope **II.** *vt* montar

Reiter(in) *m(f)* <-s, -; -nen> jinete *m*, amazona *f*

Reiterstandbild *nt* estatua *f* ecuestre

R

Reithose f pantalón m de montar, zamarros mpl Am; **Reitpeitsche** f fusta f; **Reitpferd** nt caballo m de silla; **Reitschule** f escuela f de equitación; **Reitstiefel** m bota f de montar; **Reittier** nt montura f

Reiz [raɪts] m <-es, -e> ❶ (physiologisch) estímulo m ❷ (Verlockung) atractivo m; **der ~ des Neuen** el atractivo de lo nuevo; **einen ~ auf jdn ausüben** fascinar a alguien ❸ (Schönheit) encanto m

reizbar adj irritable; **er ist leicht ~** se irrita fácilmente

Reizbarkeit f ohne pl irritabilidad f

reizen ['raɪtsən] I. vt ❶ (provozieren) provocar; **jdn bis zur Weißglut ~** (fam) sacar a alguien de quicio ❷ (MED) irritar ❸ (anziehen) atraer; (verlocken) seducir II. vi (beim Kartenspiel) pujar

reizend adj precioso; (Mensch) encantador

Reizklima nt clima que estimula el organismo debido a oscilaciones de temperatura y presión atmosférica, fuertes vientos y abundante radiación solar

reizlos adj ❶ (Essen) soso ❷ (langweilig) sin gracia

Reizthema nt tema m delicado; **Reizüberflutung** f (PSYCH) estimulación f exagerada

Reizung f <-en> (MED) irritación f

reizvoll adj ❶ (schön) encantador ❷ (verlockend) tentador; **Reizwäsche** f ropa f (interior) sexy; **Reizwort** nt: **Atomenergie ist zum ~ geworden** la energía atómica se ha convertido en una causa de polémicas

rekapitulieren* [rekapitu'liːrən] vt recapitular

rekeln ['reːkəln] vr: **sich ~** (fam) estirarse

Reklamation [reklama'tsjoːn] f <-en> reclamación f

Reklame [re'klaːmə] f <-n> publicidad f; **für jdn/etw ~ machen** hacer publicidad por alguien/para algo; **Reklameschild** nt, **Reklametafel** f cartelera f publicitaria

reklamieren* [rekla'miːrən] vi, vt reclamar (gegen contra)

rekonstruieren* [rekɔnstru'iːrən] vt reconstruir (aus con)

Rekonstruktion [rekɔnstrʊk'tsjoːn] f <-en> reconstrucción f

Rekonvaleszenz [rekɔnvalɛs'tsɛnts] f ohne pl (MED) convalecencia f

Rekord [re'kɔrt] m <-(e)s, -e> récord m; **einen ~ einstellen/aufstellen/brechen** igualar/establecer/batir un récord

Rekorder [re'kɔrdɐ] m <-s, -> magnetofón m, grabadora f Am

Rekordhalter(in) m(f) plusmarquista mf

Rekordzeit f tiempo m récord; **in ~** en tiempo récord

Rekrut(in) [re'kruːt] m(f) <-en, -en; -nen> (MIL) recluta mf

rekrutieren* [rekru'tiːrən] I. vt reclutar II. vr: **sich ~** componerse (aus de)

Rekrutin f <-nen> s. **Rekrut**

Rektor(in) ['rɛktoːɐ] m(f) <-s, -en; -nen> ❶ (SCH) director(a) m(f) ❷ (UNIV) rector(a) m(f)

Rektorat [rɛkto'raːt] nt <-(e)s, -e> ❶ (SCH) dirección f ❷ (UNIV) rectorado m

Rektorin f <-nen> s. **Rektor**

Rekultivierung [re-] f <-en> (ÖKOL) nueva puesta f en cultivo

Relation [rela'tsjoːn] f <-en> relación f; **Preis und Leistung stehen in keiner ~ zueinander** no hay ninguna relación entre precio y prestaciones

relativ [rela'tiːf, 'reːlatiːf, 'rɛlatiːf] adj relativo; **~ oft** bastante a menudo; **ein ~ kalter Sommer** un verano relativamente frío

relativieren* [relati'viːrən] vt relativizar

Relativität [relativi'tɛːt] f <-en> (a. PHYS) relatividad f; **Relativitätstheorie** f ohne pl (PHYS) teoría f de la relatividad

Relativpronomen nt (LING) pronombre m relativo; **Relativsatz** m (LING) oración f relativa

relaxen* [ri'lɛksən] vi (entspannen) relajar; (ausruhen) descansar

relevant [rele'vant] adj relevante

Relevanz [rele'vants] f ohne pl relevancia f

Relief [re'ljɛf] nt <-s, -s o -e> (KUNST, GEO) relieve m

Religion [reli'gjoːn] f <-en> religión f; **Religionsfreiheit** f ohne pl libertad f de culto; **Religionsgemeinschaft** f comunidad f religiosa; **religionslos** adj sin religión; **Religionszugehörigkeit** f (formal) confesión f

religiös [reli'gjøːs] adj ❶ (zur Religion gehörend) religioso ❷ (fromm) devoto, religioso; **~ erzogen** educado en la religiosidad

Religiosität [religjozi'tɛːt] f ohne pl religiosidad f

Relikt [re'lɪkt] nt <-(e)s, -e> reliquia f; (Spur) vestigio m

Reling ['reːlɪŋ] f <-s o -e> (NAUT) borda f

Reliquie [re'liːkvjə] f <-n> (REL) reliquia f

Rem nt <-s, -s> Abk. von **Roentgen equivalent man** rem m

Remake [ri'meɪk] nt <-s, -s> (FILM) remake m; **das ~ eines Schwarzweißklassikers** la nueva versión de un clásico en blanco y negro

remis [rə'mi:] I. *adj inv* tablas; **diese Partie ist** ~ esta partida es tablas II. *adv* (en) tablas; ~ **spielen/ausgehen** hacer tablas/ quedar en tablas

Remmidemmi ['rɛmi'dɛmi] *nt* <-s, *ohne pl>* (*fam*) alboroto *m*, jolgorio *m*; ~ **machen** armar la gorda

Remoulade [remu'la:də] *f* <-n> salsa *f* tártara

rempeln ['rɛmpəln] *vt* (*fam*) empujar

Ren [rɛn, re:n] *nt* <-s, -s *o* -e> (ZOOL) reno *m*

Renaissance [rənɛ'sã:s] *f ohne pl* (HIST, KUNST) Renacimiento *m*

Rendezvous [rãde'vu:] *nt* <-, -> cita *f*

Rendite [rɛn'di:tə] *f* <-n> (WIRTSCH) rédito *m*

renitent [reni'tɛnt] *adj* renitente

Rennbahn *f* pista *f* de carreras; (*Pferde~*) hipódromo *m*

rennen ['rɛnən] <rennt, rannte, gerannt> I. *vi sein* correr; **um die Wette** ~ echar una carrera; **gegen etw** ~ estrellarse contra algo II. *vt:* **jdn zu Boden** ~ atropellar a alguien; **jdm ein Messer in den Bauch** ~ (*fam*) dar una puñalada en el vientre a alguien

Rennen *nt* <-s, -> carrera *f;* **das** ~ **machen** (*fam*) salir vencedor; **gut im** ~ **liegen** ir a buen ritmo; **das** ~ **ist gelaufen** (*fam*) ya no hay nada que hacer; **einen Kandidaten ins** ~ **schicken** presentar un candidato

Renner *m* <-s, -> (*fam*) superventas *m inv*

Rennfahrer(in) *m(f)* corredor(a) *m(f);* (*mit Auto*) piloto *mf* de carreras; (*mit Motorrad*) motociclista *mf* de carreras; **Rennpferd** *nt* caballo *m* de carreras; **Rennrad** *nt* bicicleta *f* de carreras; **Rennsport** *m* carreras *fpl;* **Rennstrecke** *f* (pista *f*) recorrido *m;* **Rennwagen** *m* coche *m* de carreras

Renommee [renɔ'me:] *nt* <-s, -s> (*geh*) fama *f*

renommiert [renɔ'mi:ɐt] *adj* prestigioso, afamado

renovieren* [reno'vi:rən] *vt* renovar, refaccionar *Am*

Renovierung *f* <-en> renovación *f*

rentabel [rɛn'ta:bəl] *adj* rentable

Rentabilität [rɛntabili'tɛ:t] *f ohne pl* (WIRTSCH) rentabilidad *f*

Rente ['rɛntə] *f* <-n> pensión *f;* **in** ~ **gehen** (*fam*) jubilarse; **in** ~ **sein** (*fam*) estar jubilado; **Rentenalter** *nt* edad *f* de jubilación; **Rentenanspruch** *m* derecho *m* a pensión; **Rentenbeitrag** *m* aportación *f* para la jubilación; **Rentenversicherung** *f* seguro *m* de pensiones

Rentier ['rɛnti:ɐ] *nt* <-(e)s, -e> (ZOOL) reno *m*

rentieren* [rɛn'ti:rən] *vr:* **sich** ~ valer la pena; (*finanziell*) ser rentable

Rentner(in) ['rɛntnɐ] *m(f)* <-s, -; -nen> pensionista *mf*

Rep [rɛp] *m* <-s, -s> *Abk. von* **Republikaner** miembro *m* del partido ultraderechista alemán

reparabel [repa'ra:bəl] *adj* reparable

Reparationen [repara'tsjo:nən] *fpl* (POL) pagos *mpl* de reparación

Reparatur [repara'tu:ɐ] *f* <-en> (*Gerät*) arreglo *m;* (*Auto*) reparación *f;* **etw in** ~ **geben** mandar algo a arreglar; **reparaturanfällig** *adj* que es propenso a estropearse, delicado; **reparaturbedürftig** *adj* que necesita ser reparado; **Reparaturkosten** *pl* gastos *mpl* de reparación; **Reparaturwerkstatt** *f* taller *m* de reparaciones

reparieren* [repa'ri:rən] *vt* arreglar, reparar

Repertoire [repɛr'toa:ɐ] *nt* <-s, -s> repertorio *m*

Report [re'pɔrt] *m* <-(e)s, -e> informe *m*

Reportage [repɔr'ta:ʒə] *f* <-n> reportaje *m* (*über* sobre)

Reporter(in) [re'pɔrtɐ] *m(f)* <-s, -; -nen> reportero, -a *m, f*

Repräsentant(in) [reprɛzɛn'tant] *m(f)* <-en, -en; -nen> representante *mf*

Repräsentation [reprɛzɛnta'tsjo:n] *f* <-en> representación *f*

repräsentativ [reprɛzɛnta'ti:f] *adj* representativo (*für* de); **Repräsentativumfrage** *f* encuesta *f* representativa

repräsentieren* [reprɛzɛn'ti:rən] *vi, vt* representar

Repressalie [reprɛ'sa:liə] *f* <-n> represalia *f*

repressiv [reprɛ'si:f] *adj* represivo

Reproduktion *f* <-en> reproducción *f*

reproduzieren* *vt* reproducir

Reptil [rɛp'ti:l, *pl:* rɛp'ti:liən] *nt* <-s, -ien> reptil *m*

Republik [repu'bli:k] *f* <-en> república *f*

Republikaner(in) [republi'ka:nɐ] *m(f)* <-s, -; -nen> (POL) republicano, -a *m, f;* (*in Deutschland*) miembro *m* del partido ultraderechista alemán

republikanisch [republi'ka:nɪʃ] *adj* republicano

Requiem ['re:kviɛm] *nt* <-s, -s> ❶ (REL) misa *f* de difuntos ❷ (MUS) réquiem *m*

Requisit [rekvi'zi:t] *nt* <-(e)s, -en> ❶ *pl* (THEAT) atrez(z)o *m* ❷ (*Zubehör*) requisito *m*

Requisiteur(in) [rekvizi'tø:ɐ] *m(f)* <-s, -e; -nen> (THEAT) atrezzista *mf*

R

Reservat [rezɛrˈvaːt] *nt* <-(e)s, -e> reserva *f*

Reserve [reˈzɛrvə] *f* <-n> (*a.* MIL, SPORT) reserva *f;* **jdn/etw in ~ haben** tener a alguien/algo en reserva; **jdn aus der ~ locken** intentar sacar a alguien de su cascarón; **Reservekanister** *m* bidón *m* de reserva; **Reserverad** *nt* rueda *f* de repuesto; **Reservereifen** *m* rueda *f* de recambio; **Reservespieler(in)** *m(f)* (SPORT) reserva *mf*

reservieren* [rezɛrˈviːrən] *vt* reservar

Reservierung *f* <-en> reservación *f*

Reservist(in) [rezɛrˈvɪst] *m(f)* <-en, -en; -nen> ❶(MIL) reservista *mf* ❷(SPORT) reserva *mf*

Reservoir [rezɛrˈvoaːɐ] *nt* <-s, -e> depósito *m*

Reset-Taste *f* (INFOR) tecla *f* de reposición al estado inicial

Residenz [reziˈdɛnts] *f* <-en> residencia *f*

residieren* [reziˈdiːrən] *vi* residir

Resignation [rezɪgnaˈtsjoːn] *f* <-en> resignación *f*

resignieren* [rezɪˈgniːrən] *vi* resignarse

resistent [rezɪsˈtɛnt] *adj* (BIOL, MED) resistente (*gegen* a)

resolut [rezoˈluːt] *adj* resuelto

Resolution [rezoluˈtsjoːn] *f* <-en> resolución *f*

Resonanz [rezoˈnants] *f* <-en> (*a.* PHYS, MUS) resonancia *f;* **große/wenig/keine ~ finden** tener gran/tener poca/no tener ninguna resonancia

resozialisieren* [rezotsiali'tsiːrən] *vt* reinsertar (en la sociedad)

Resozialisierung *f* <-en> reinserción *f* social

Respekt [reˈspɛkt, rɛsˈpɛkt] *m* <-(e)s, *ohne pl*> respeto *m* (*vor* a); **sich** *dat* ~ **verschaffen** hacerse respetar; **vor jdm/etw** *dat* ~ **haben** tener respeto a alguien/a algo; **bei allem** ~ con todo respeto

respektabel [respɛkˈtaːbəl, rɛspɛkˈtaːbəl] *adj* respetable

respektieren* [respɛkˈtiːrən, rɛspɛkˈtiːrən] *vt* respetar

respektive [respɛkˈtiːvə, rɛspɛkˈtiːvə] *konj* (*geh*) respectivamente, respective

respektlos *adj* irrespetuoso (*gegenüber* (para) con)

Respektlosigkeit¹ *f ohne pl* (*respektlose Art*) falta *f* de respeto

Respektlosigkeit² *f* <-en> (*respektlose Handlung*) desacato *m*

Respektsperson *f* persona *f* a la que se debe respeto

respektvoll *adj* respetuoso (*gegenüber* (para) con)

Ressentiment [rɛsãtiˈmãː] *nt* <-s, -s> resentimiento *m;* ~**s hegen (gegen jdn)** albergar resentimiento (contra alguien)

Ressort [rɛˈsoːɐ] *nt* <-s, -s> ❶(*Zuständigkeitsbereich*) competencia *f;* **das fällt nicht in mein** ~ eso no pertenece al ámbito de mis competencias ❷(*Abteilung*) sección *f*

Ressourcen [rɛˈsʊrsən] *fpl* recursos *mpl*

Rest [rɛst] *m* <-(e)s, -e> resto *m*, concho *m* CSur; (*Stoff~*) retal *m;* **ein kleiner** ~ un poquito; **der letzte** ~ lo último que queda; **das hat ihm den ~ gegeben** (*fam*) esto le arruinó definitivamente

Restaurant [rɛstoˈrãː] *nt* <-s, -s> restaurante *m*, restorán *m*

Restauration [rɛstaʊraˈtsjoːn, rɛstaʊraˈtsjoːn] *f* <-en> ❶(POL) restauración *f* ❷(*Österr: Restaurant*) restaurante *m*

Restaurator(in) [rɛstaʊˈraːtoːɐ, rɛstaʊˈraːtoːɐ, *pl:* -raˈtoːrən] *m(f)* <-s, -en; -nen> restaurador(a) *m(f)*

restaurieren* [rɛstaʊˈriːrən, rɛstaʊˈriːrən] *vt* restaurar, refaccionar *Am*

restlich *adj* ❶(*noch ausstehend*) restante; **die ~en Jahre** los años restantes ❷(*nach Verbrauch*) sobrante

restlos **I.** *adj* total, completo **II.** *adv* en su totalidad, por completo

Restposten *m* remanente *m*

restriktiv [rɛstrɪkˈtiːf, rɛstrɪkˈtiːf] *adj* (*geh*) restrictivo

Restrisiko *nt* <-s, -risiken> riesgo *m* (que permanece)

Resultat [rezʊlˈtaːt] *nt* <-(e)s, -e> resultado *m*

resultieren* [rezʊlˈtiːrən] *vi* resultar (*aus* de)

Resümee [rezyˈmeː] *nt* <-s, -s> resumen *m;* **aus etw** *dat* **das ~ ziehen** sacar la conclusión de algo

resümieren* [rezyˈmiːrən] *vi, vt* (*geh*) resumir

Retorte [reˈtɔrtə] *f* <-n> retorta *f;* **aus der** ~ (*fam*) artificial; **Retortenbaby** *nt* (*fam*) bebé-probeta *m*

retour [reˈtuːɐ] *adv* (*reg, Schweiz, Österr*) de vuelta; **jdm etw ~ geben** devolver algo a alguien; **etw ~ gehen lassen** mandar algo de vuelta; **Retourbillett** *nt* (*Schweiz*) billete *m* de vuelta; **Retourgeld** *nt* (*Schweiz*) (dinero *m* de) vuelta *f;* **Retourkutsche** *f* (*fam*): **mit einer ~ reagieren** devolver la pelota

Retrospektive [retrospɛkˈtiːvə] *f* <-n> retrospección *f*

retten [ˈrɛtən] **I.** *vt* ❶(*aus Notlage*) salvar (*vor* de); (*befreien*) liberar (*aus* de); (*ber-*

gen) rescatar (*aus* de); **bist du noch zu ~?** (*fam*) ¿te falta un tornillo? ❷ (*Denkmal*) salvar (*vor* de), proteger (*vor* de/contra) **II.** *vr:* **sich ~** salvarse (*vor* de); **sie konnte sich vor Arbeit nicht mehr ~** estaba con el agua al cuello de tanto trabajo; **rette sich, wer kann!** ¡sálvese quien pueda!

Retter(in) *m(f)* <-s, -; -nen> salvador(a) *m(f)*

Rettich ['rɛtɪç] *m* <-s, -e> rábano *m* largo

Rettung *f* <-en> ❶ (*aus Gefahr*) salvación *f*; (*Bergung*) rescate *m*; (*Befreiung*) liberación *f*; **du bist meine letzte ~!** (*fam*) ¡eres mi última esperanza!; **für ihn kam jede ~ zu spät** fue demasiado tarde para él ❷ (*von Denkmälern*) protección *f*; **Rettungsaktion** *f* operación *f* de rescate; **Rettungsanker** *m* (*fig*) áncora *f*; **Rettungsboot** *nt* ❶ (*des Rettungsdienstes*) barco *m* de salvamento ❷ (*Beiboot*) bote *m* salvavidas; **Rettungsdienst** *m* servicio *m* de socorro; **Rettungshubschrauber** *m* helicóptero *m* de salvamento

rettungslos *adj* sin remedio, irremediable; **~ verloren** irremediablemente perdido

Rettungsmannschaft *f* equipo *m* de rescate; **Rettungsring** *m* salvavidas *m inv*; (*fam: Fettwulst*) michelín *m*; **Rettungsschwimmer(in)** *m(f)* socorrista *mf*; **Rettungswagen** *m* ambulancia *f*; **Rettungsweste** *f* chaleco *m* salvavidas

retuschieren* [retʊˈʃiːrən] *vt* retocar

Reue ['rɔɪə] *f ohne pl* arrepentimiento *m* (*über* de)

reuig *adj* pesaroso, arrepentido

reumütig ['rɔɪmyːtɪç] **I.** *adj* arrepentido **II.** *adv* lleno de arrepentimiento; **~ sein** arrepentirse

Revanche [reˈvãːʃ(ə)] *f* <-n> ❶ (*Rache*) revancha *f*; (*bei einem Spiel*) desquite *m*; **jdm ~ geben** dar(le) revancha a alguien ❷ (*Gegendienst*) correspondencia *f*

revanchieren* [revãˈʃiːrən] *vr:* **sich ~** ❶ (*sich rächen*) vengarse (*für/bei* de) ❷ (*sich erkenntlich zeigen*) corresponder (*für* a)

Revers [reˈveːɐ, reˈvɛːɐ] *nt, Österr: m* <-, -> (*Kragen*) solapa *f*

revidieren* [reviˈdiːrən] *vt* ❶ (*rückgängig machen*) revisar ❷ (*Schweiz: überholen*) inspeccionar

Revier [reˈviːɐ] *nt* <-s, -e> ❶ (*Aufgabenbereich*) incumbencia *f* ❷ (*Polizei~*) comisaría *f* ❸ (ZOOL) territorio *m* ❹ (*Jagd~*) coto *m* de caza ❺ (BERGB) región *f* minera

Revision [reviˈzjoːn] *f* <-en> ❶ (*Kontrolle*) revisión *f*; (*von Gepäck*) registro *m* ❷ (TYPO) contraprueba *f* ❸ (*Änderung*)

modificación *f* ❹ (JUR) recurso *m* de casación; **in die ~ gehen** interponer recurso de casación

Revolte [reˈvɔltə] *f* <-n> revuelta *f*; (*Auflehnung*) sublevación *f*

revoltieren* [revɔlˈtiːrən] *vi* alzarse (*gegen* contra); (*sich auflehnen*) sublevarse (*gegen* contra)

Revolution [revoluˈtsjoːn] *f* <-en> revolución *f*

revolutionär [revolutsjoˈnɛːɐ] *adj* revolucionario

Revolutionär(in) *m(f)* <-s, -e; -nen> revolucionario, -a *m, f*

revolutionieren* [revolutsjoˈniːrən] *vt* revolucionar

Revolver [reˈvɔlvɐ] *m* <-s, -> revólver *m*; **Revolverheld** *m* (*abw*) matón *m*

Revue [rəˈvyː] *f* <-n> (THEAT, PUBL) revista *f*; **etw ~ passieren lassen** (*fig*) pasar revista a algo

Rezensent(in) [retsɛnˈzɛnt] *m(f)* <-en, -en; -nen> crítico, -a *m, f*

rezensieren* [retsɛnˈziːrən] *vt* hacer una reseña (de), reseñar

Rezension [retsɛnˈzjoːn] *f* <-en> reseña *f*

Rezept [reˈtsɛpt] *nt* <-(e)s, -e> (MED, GASTR) receta *f*; **etw auf ~ bekommen** recibir algo con receta; **rezeptfrei** *adj* de venta libre

Rezeption [retsɛpˈtsjoːn] *f* <-en> ❶ (LIT, KUNST) acogida *f* ❷ (*Hotel~*) recepción *f*

rezeptpflichtig *adj* de prescripción (médica) obligatoria; (*auf Packung*) con receta médica

Rezession [retsɛˈsjoːn] *f* <-en> (WIRTSCH) recesión *f*

Rezipient(in) [retsiˈpjɛnt] *m(f)* <-en, -en; -nen> recipiente *mf*

rezitieren* [retsiˈtiːrən] *vt* recitar

R-Gespräch *nt* (TEL) llamada *f* a cobro revertido

Rhabarber [raˈbarbɐ] *m* <-s, *ohne pl*> ruibarbo *m*

Rhein [raɪn] *m* <-s> Rin *m*

Rheinland *nt* <-(e)s> Renania *f*

Rheinländer(in) *m(f)* <-s, -; -nen> renano, -a *m, f*

Rheinland-Pfalz *nt* Renania *f* Palatinado

Rhesusfaktor *m ohne pl* (MED) factor *m* Rhesus; **~ positiv/negativ** Rh positivo/negativo

Rhetorik [reˈtoːrɪk] *f ohne pl* retórica *f*

rhetorisch *adj* retórico

Rheuma ['rɔɪma] *nt* <-s, *ohne pl*> (*fam*) reuma *m o f*; **an ~ leiden** padecer reuma; **Rheumamittel** *nt* (MED) antirreumático *m*

rheumatisch *adj* (MED) reumático

Rheumatismus [ˌrɔɪmaˈtɪsmʊs] *m* <-, Rheumatismen> (MED) reumatismo *m*

Rhinozeros [riˈnoːtserɔs] *nt* <-(ses), -se> ❶ (ZOOL) rinoceronte *m* ❷ (*fam: Trottel*) tonto, -a *m, f*

Rhombus [ˈrɔmbʊs] *m* <-, Rhomben> (MATH) rombo *m*

Rhythmen *pl von* **Rhythmus**

rhythmisch [ˈrʏtmɪʃ] *adj* rítmico

Rhythmus [ˈrʏtmʊs] *m* <-, Rhythmen> (*a.* MUS, LING) ritmo *m*

richten [ˈrɪçtən] **I.** *vt* ❶ (*lenken, wenden*) dirigir (*an/auf* a, *gegen* contra); (*Waffe*) apuntar (*auf* a); (*Aufmerksamkeit, Hass*) concentrar (*auf* en); (*Blick*) fijar (*auf* en); **das Wort an jdn ~** dirigir la palabra a alguien ❷ (*reg: reparieren*) arreglar ❸ (*reg: vorbereiten*) preparar **II.** *vr:* **sich ~** ❶ (*sich anpassen*): **sich nach etw** *dat* ~ seguir algo; **richte dich danach!** ¡atente a ello! ❷ (*abhängen*) depender (*nach* de); **sich nach jdm ~** orientarse por alguien ❸ (*sich wenden*) dirigirse (*gegen* contra) **III.** *vi* (JUR) dictar sentencia (*über* acerca de)

Richter(in) *m(f)* <-s, -; -nen> juez,a *m(f)*; **jdn vor den ~ bringen** llevar a alguien ante el juez

richterlich *adj* judicial

Richterskala *f ohne pl:* **die** ~ la escala de Richter

Richtfest *nt* fiesta *f* de cubrir aguas

Richtgeschwindigkeit *f* velocidad *f* (máxima) aconsejada

richtig [ˈrɪçtɪç] **I.** *adj* ❶ (*zutreffend*) justo, exacto; (*korrekt*) correcto; **ich halte es für ~, dass ...** lo veo bien que... +*subj* ❷ (*echt, regelrecht*) verdadero; (*wirklich*) auténtico; **es war ein ~es Durcheinander** fue un verdadero caos ❸ (*geeignet*) justo, oportuno; **zur ~en Zeit** en el momento oportuno ❹ (*fam: in Ordnung*) correcto; **der ist nicht ganz ~** (**im Kopf**) no está muy bien (de la cabeza) **II.** *adv* ❶ (*korrekt*) bien; **das hat er ~ gemacht** lo ha hecho bien; **geht die Uhr ~?** ¿va bien el reloj?; **du kommst gerade ~** llegas en buen momento ❷ (*in der Tat*) efectivamente ❸ (*~gehend*) verdaderamente; (*gehörig*) como es debido; **er war ~ nett** fue verdaderamente amable

richtiggehend *adj* (*wirklich*) verdadero; **jdn ~ betrügen** (*fam*) estafar a alguien en toda regla

Richtigkeit *f ohne pl* exactitud *f*; **das wird schon seine ~ haben** tendrá su razón de ser

Richtlinie *f* norma *f*, pauta *f*; (*Anweisun-*

gen) instrucciones *fpl*; **Richtpreis** *m* (WIRTSCH) precio *m* orientativo; **Richtschnur** *f* ❶ (ARCHIT) tendel *m* ❷ (*Grundsatz*) pauta *f*, regla *f* de conducta

Richtung *f* <-en> ❶ (*Verlauf*) dirección *f*, rumbo *m*; **in ~ auf** en dirección a; **in südlicher ~** en dirección sur; **in die entgegengesetzte ~ fahren** ir en sentido contrario; **der Zug ~ Vigo** el tren con destino a Vigo; **die Leute kommen aus allen ~en** la gente viene de todas partes; **sie gab dem Gespräch eine andere ~** cambió el rumbo de la conversación; **in dieser ~ habe ich nichts unternommen** no tomé medidas al respecto ❷ (*Strömung*) tendencia *f*; (*literarisch*) corriente *f*

richtungweisend *adj* orientador, que sirve de modelo

Richtwert *m* valor *m* indicativo

rieb [riːp] *3. imp von* **reiben**

riechen [ˈriːçən] <riecht, roch, gerochen> *vi, vt* oler (*nach* a); **übel ~d** hediondo, maloliente; **an einem Gewürz ~** oler una especia; **es riecht angebrannt** huele a quemado; **aus dem Mund ~** tener mal aliento; **jdn nicht ~ können** (*fam fig*) no tragar a alguien; **das konnte ich doch nicht ~!** (*fam*) ¡cómo iba a saber yo!; **ich glaube, sie hat was gerochen** (*fig fam*) creo que se lo ha olido

Riecher *m* <-s, -> (*fam: Nase*) nariz *f*; (*Geruchssinn*) olfato *m*; **den richtigen ~ für etw haben** tener muy buen olfato para algo

Riechkolben *m* (*fam hum*) napia(s) *f* (*inv*); **hast du einen großen ~!** ¡vaya narizota que tienes!

Ried [riːt] *nt* <-(e)s, -e> ❶ (BOT) caña *f* ❷ (*südd, Schweiz: Moor*) ciénaga *f*, cañada *f* CSur, USA; **Rieddach** *nt tejado de cañas típico del norte de Alemania*

rief [riːf] *3. imp von* **rufen**

Riege [ˈriːɡə] *f* <-n> (SPORT) equipo *m*

Riegel [ˈriːɡəl] *m* <-s, -> ❶ (*Tür~*) cerrojo *m*, pestillo *m*; (*im Türschloss*) pestillo *m*; **etw** *dat* **einen ~ vorschieben** poner freno a algo ❷ (*Schokoladen~*) barrita *f*

Riemen [ˈriːmən] *m* <-s, -> ❶ (*Band*) correa *f*, tiento *m* Am; **sich am ~ reißen** (*fam*) hacer un esfuerzo; **den ~ enger schnallen** (*fam*) apretarse el cinturón ❷ (*Ruder*) remo *m*

Riese, -in [ˈriːzə] *m, f* <-n, -n; -nen> (*Gestalt*) gigante, -a *m, f*

rieseln [ˈriːzəln] *vi sein* (*Schnee, Sand*) caer; (*Wasser*) correr

riesengroß [ˈ--ˈ-] *adj* (*fam*) gigante, gigantesco; **Riesenhunger** *m* (*fam*) hambre *f* terrible; **ich habe einen** ~ me muero de hambre; **Riesenrad** nt noria f; **Riesenschritt** m (fam) paso m gigantesco; **mit ~en** a paso de gigante; **Riesenslalom** m (SPORT) eslalon m gigante

riesig I. adj gigante, gigantesco; (gewaltig) enorme II. adv (fam: sehr) enormemente

Riesin f <-nen> s. **Riese**

Riesling ['ri:slɪŋ] m <-s, -e> (vino m de) Riesling m

riet [ri:t] 3. imp von **raten**

Riff [rɪf] nt <-(e)s, -e> arrecife m

rigoros [rigo'ro:s] adj riguroso

Rille ['rɪlə] f <-n> ranura f; (Schallplatten~) surco m

Rind¹ [rɪnt] nt <-(e)s, -er> ❶ (Tier) vacuno m, res f Am; (bei Tierhaltung) ganado m vacuno ❷ (ZOOL) bóvidos mpl

Rind² nt <-(e)s, ohne pl> (fam: ~fleisch) carne f de vaca

Rinde ['rɪndə] f <-n> corteza f

Rinderbraten m asado m de vacuno; **Rinderfilet** nt filete m de vaca; **Rinderwahnsinn** m encefalopatía f espongiforme bovina

Rindfleisch nt carne f de vaca

Rindvieh¹ nt <-(e)s, ohne pl> (AGR) ganado m vacuno

Rindvieh² nt <-(e)s, -viecher> (fam abw: Mensch) pedazo m de bruto, animal m

Ring [rɪŋ] m <-(e)s, -e> ❶ (allgemein) aro m; (Finger~) anillo m, argolla f Am: argot; ~**e unter den Augen haben** tener ojeras ❷ pl (Turngerät) anillas fpl ❸ (Box~) ring m ❹ (Menschengruppe) agrupación f; (Verbrecher~) red f

Ringbuch nt cuaderno m de anillas

Ringelblume f caléndula f

ringeln ['rɪŋəln] I. vt ensortijar (um alrededor de) II. vr: **sich** ~ ensortijarse

Ringelnatter f serpiente f de collar; **Ringelreihen** m <-s, -> rueda f

ringen ['rɪŋən] <ringt, rang, gerungen> I. vi (a. SPORT) luchar (mit con, um/nach por); **nach Luft** ~ jadear; **mit dem Tod** ~ agonizar II. vt (geh): **die Hände** ~ retorcerse las manos

Ringer(in) m(f) <-s, -; -nen> luchador(a) m(f)

Ringfahndung f redada f; **Ringfinger** m (dedo m) anular m

ringförmig [-fœrmɪç] adj anular, circular

Ringkampf m (a. SPORT) lucha f; **Ringkämpfer(in)** m(f) (SPORT) luchador(a) m(f)

Ringordner m archivador m de anillas

Ringrichter(in) m(f) (SPORT) árbitro, -a m, f del ring de boxeo

rings [rɪŋs] adv alrededor (an/um de); **ringsherum** ['rɪŋshɛ'rʊm] adv alrededor (um de); (überall) por todas partes

Ringstraße f avenida f de circunvalación; (kleiner) (camino m de) ronda f

ringsum ['rɪŋs'ʔʊm] adv, **ringsumher** ['rɪŋsʔʊm'he:ɐ] adv s. **ringsherum**

Rinne ['rɪnə] f <-n> ❶ (im Boden) cauce m; (Bewässerungs~) acequia f ❷ (Dach~) canalón m

rinnen ['rɪnən] <rinnt, rann, geronnen> vi sein manar, correr

Rinnsal ['rɪnza:l] nt <-(e)s, -e> (geh) ❶ (Gewässer) riachuelo m ❷ (Blut~) reguero m

Rinnstein m ❶ (Gosse) cuneta f ❷ (Bordstein) bordillo m

Rippchen ['rɪpçən] nt <-s, -> (GASTR) costilla f

Rippe ['rɪpə] f <-n> ❶ (MED) costilla f ❷ (von Heizkörper) aleta f ❸ (BOT) nervio m

Rippenfell nt pleura f; **Rippenfellentzündung** f pleuresía f

Rippli ['rɪpli] nt <-s, -> (Schweiz: GASTR) costilla f

Risiko ['ri:ziko] nt <-s, -s o Risiken> riesgo m; **auf eigenes** ~ por propio riesgo; **kein/ein** ~ **eingehen** no correr riesgo/correr un riesgo; **risikobereit** adj dispuesto a correr un riesgo; **Risikobereitschaft** f (pre)disposición f a correr riesgos; **Risikofaktor** m (factor m de) riesgo m; **risikofreudig** adj que ama el riesgo; **Risikogruppe** f (MED) grupo m con elevado riesgo de infección; **Risikokapital** nt (FIN) capital-riesgo m; **Risikosport** m ohne pl deporte m de alto riesgo

riskant [rɪs'kant] adj arriesgado; **das ist mir zu** ~ me resulta demasiado arriesgado

riskieren* [rɪs'ki:rən] vt arriesgar

riss [rɪs] 3. imp von **reißen**

Riss [rɪs] m <-es, -e> ❶ (Ein~) desgarro m; (in Stoff, Papier) rasgadura f; (in Wand, Erde, Haut) grieta f; (in Porzellan) resquebrajadura f; (Spalt) hendidura f ❷ (TECH) plano m

rissig ['rɪsɪç] adj (Wand, Haut) agrietado; (Stoff) rasgado; (Porzellan) resquebrajado

Riten ['ri:tən] pl von **Ritus**

ritt [rɪt] 3. imp von **reiten**

Ritt [rɪt] m <-(e)s, -e> cabalgada f

Ritter ['rɪtɐ] m <-s, -> caballero m; **Ritterburg** f castillo m feudal

ritterlich adj caballeresco

Ritterlichkeit f ohne pl caballerosidad f

Ritterroman m novela f de caballerías; **Ritterrüstung** f (HIST) armadura f

R

rittlings [ˈrɪtlɪŋs] *adv* a horcajadas
Ritual [ritu'aːl] *nt* <-s, -e *o* -ien> ritual *m*
rituell [ritu'ɛl] *adj* ritual
Ritus [ˈriːtʊs] *m* <-, Riten> rito *m*
Ritz [rɪts] *m* <-es, -e> ❶ (*in Haut*) rasguño *m*; (*auf Möbeln*) raspadura *f* ❷ (*Spalte*) grieta *f*
Ritze [ˈrɪtsə] *f* <-n> ranura *f*; (*im Boden*) hendidura *f*
ritzen [ˈrɪtsən] **I.** *vt* ❶ (*Glas, Kupfer*) tallar ❷ (*eingravieren*) grabar (*in* en); **das ist geritzt** (*fam*) todo está arreglado **II.** *vr*: **sich** ~ arañarse
Rivale, -in [ri'vaːlə] *m, f* <-n, -n; -nen> rival *mf*
rivalisieren* [rivali'ziːrən] *vi* rivalizar (*mit* con, *um* por)
Rivalität [rivali'tɛːt] *f* <-en> rivalidad *f*
Riviera [ri'vjeːra] *f* Riviera *f*
Rizinus [ˈriːtsinʊs] *m* <-, -(se)> (*Pflanze*) ricino *m*; **Rizinusöl** *nt* aceite *m* de ricino
RNS [ɛrʔɛn'ʔɛs] *f ohne pl* (BIOL, CHEM) *Abk. von* **Ribonukleinsäure** ARN *m*
Roastbeef [ˈroːstbiːf] *nt* <-s, -s> (GASTR) rosbif *m*
Robbe [ˈrɔbə] *f* <-n> foca *f*
robben [ˈrɔbən] *vi sein* arrastrarse; (MIL) avanzar cuerpo a tierra
Robe [ˈroːbə] *f* <-n> ❶ (*geh: Kleid*) vestido *m* de gala ❷ (*Talar*) toga *f*
Roboter [ˈrɔbɔtɐ] *m* <-s, -> robot *m*
robust [ro'bʊst] *adj* robusto
Robustheit *f ohne pl* robustez(a) *f*
roch [rɔx] *3. imp von* **riechen**
röcheln [ˈrœçəln] *vi* resollar; (*Sterbender*) estar en los estertores de la agonía
Rochen [ˈrɔxən] *m* <-s, -> (ZOOL) raya *f*
Rock[1] [rɔk, *pl:* ˈrœkə] *m* <-(e)s, Röcke> ❶ (*Kleidungsstück*) falda *f*, pollera *f Am* ❷ (*Schweiz: Kleid*) vestido *m* ❸ (*reg: Jackett*) chaqueta *f*
Rock[2] [rɔk] *m* <-(s), *ohne pl*> (MUS) rock *m*
rocken [ˈrɔkən] *vi* ❶ (*Musik machen*) hacer (música) rock ❷ (*tanzen*) bailar (música) rock, rockanrolear
Rocker(in) [ˈrɔkɐ] *m(f)* <-s, -; -nen> rockero, -a *m, f*
Rockgruppe *f* grupo *m* de rock
rockig *adj* (*fam*) rockero
Rodelbahn *f* pista *f* para trineos
rodeln [ˈroːdəln] *vi haben o sein* (*reg*) ir en trineo
roden [ˈroːdən] *vt* ❶ (*Gebiet*) desmontar, tumbar *Am* ❷ (*Baum*) talar
Rodung *f* <-en> desmonte *m*
Rogen [ˈroːgən] *m* <-s, -> (ZOOL) huevas *fpl* de pescado
Roggen [ˈrɔgən] *m* <-s, -> centeno *m*; **Rog-**

genbrot *nt* pan *m* de centeno; **Roggenmehl** *nt* harina *f* de centeno
roh [roː] *adj* ❶ (*ungekocht*) crudo ❷ (*unbearbeitet*) sin labrar ❸ (*grob*) bruto; **Rohbau** *m* armadura *f* (de un edificio)
Rohgewicht *nt* (WIRTSCH) medida *f*, balanza *f*
Rohheit[1] [ˈroːhaɪt] *f* <-en> (*Handlung*) brutalidad *f*; (*Äußerung*) grosería *f*
Rohheit[2] *f ohne pl* (*Wesensart*) rudeza *f*
Rohkost *f* verdura *f* cruda
Rohling *m* <-s, -e> ❶ (*Mensch*) bruto, -a *m, f* ❷ (TECH) pieza *f* bruta
Rohmaterial *nt* materia *f* prima; **Rohöl** *nt* (petróleo *m*) crudo *m*
Rohr[1] [roːɐ] *nt* <-(e)s, -e> ❶ (*Wasser~*) tubo *m*; **volles** ~ (*fam*) a todo gas ❷ (*reg: Backröhre*) horno *m*
Rohr[2] *nt* <-(e)s, *ohne pl*> (BOT) caña *f*
Rohrbruch *m* rotura *f* de la cañería
Röhre [ˈrøːrə] *f* <-n> ❶ (TV, ELEK) tubo *m* ❷ (*Back~*) horno *m* ❸ (*fam: Fernseher*) tele *f*; **in die** ~ **gucken** (*fernsehen*) ver la tele; (*das Nachsehen haben*) quedarse con las ganas
röhren [ˈrøːrən] *vi* (*Hirsch, Motor*) bramar
Rohrleitung *f* tubería *f*
Rohrmatte *f* estera *f* (de junco)
Rohrnetz *nt* (sistema *m* de) tuberías *fpl*
Rohrspatz *m* (ZOOL) escribano *m* palustre; **schimpfen wie ein** ~ (*fam*) rezongar a voz en cuello
Rohrstock *m* caña *f* de bambú
Rohrzange *f* alicates *mpl* para montar tubos
Rohrzucker *m* azúcar *m* de caña
Rohseide *f* seda *f* sin tratar
Rohstoff *m* materia *f* prima; **Rohstoffverknappung** *f* disminución *f* de materias primas
Rohzucker *m* (CHEM: *nicht raffiniert*) azúcar *m* quebrado; (*braun*) azúcar *m* moreno; **Rohzustand** *m ohne pl:* **im** ~ en bruto
Rokoko [ˈrɔkoko] *nt* <-(s), *ohne pl*> (KUNST) Rococó *m*
Rollbahn *f* (AERO) pista *f* de rodaje; **Rollbraten** *m* arrollado *m*
Rolle [ˈrɔlə] *f* <-n> ❶ (*Gerolltes*) rollo *m*; (*um etw darauf zu wickeln*) bobina *f*; (*Geld~*) cartucho *m*; (*Garn~*) carrete *m* ❷ (*an Möbeln*) rueda *f*; (*am Flaschenzug*) polea *f* ❸ (SPORT) voltereta *f* ❹ (THEAT, FILM: *a. fig*) papel *m*; **sie spielte die** ~ **die Königin** representó el papel de la reina; **es spielt keine** ~, **ob ...** no importa si...; **bei ihm spielt Geld keine** ~ el dinero no le importa; **er spielt bei der Sache eine**

wichtige ~ tiene un papel muy importante en este asunto; **versetz dich mal in meine ~!** ¡ponte en mi lugar!; **aus der ~ fallen** (*fig*) salirse de tono

rollen ['rɔlən] **I.** *vi* ❶ *sein* (*Ball, Auto*) rodar; (*Tränen*) correr; **etw kommt ins R~** (*fam*) algo empieza a funcionar ❷ (*Donner, Echo*) retumbar **II.** *vt* ❶ (*bewegen*) hacer rodar ❷ (*auf~*) enrollar ❸ (*Teig*) extender **III.** *vr:* **sich ~** enrollarse

Rollenspiel *nt* (SOZIOL) juego *m* de roles; **Rollentausch** *m* (*a.* SOZIOL) cambio *m* de roles; **der ~ zwischen Mann und Frau** el cambio de roles entre el hombre y la mujer; **Rollenverhalten** *nt* (SOZIOL) conducta *f* de rol

Roller *m* <-s, -> ❶ (*für Kinder*) patinete *m* ❷ (*Motor~*) vespa® *f* ❸ (*Österr*) persiana *f* enrollable

Rollfeld *nt* (AERO) pista *f* de rodaje

Rollkragen *m* cuello *m* alto; **Rollkragenpullover** *m* jersey *m* de cuello alto

Rollladen *m* <-s, -läden> persiana *f* enrollable

Rollmops *m* arenque enrollado con pepinillo y cebolla

Rollo ['rɔlo] *nt* <-s, -s> persiana *f*

Rollschuh *m* patín *m* sobre ruedas; **~ laufen** patinar (sobre ruedas)

Rollstuhl *m* silla *f* de ruedas; **Rollstuhlfahrer(in)** *m(f)* persona *f* que anda en silla de ruedas; **rollstuhlgerecht** *adj* apropiado para sillas de ruedas

Rolltreppe *f* escalera *f* mecánica

Rom [ro:m] *nt* <-s> Roma *f*

ROM [rɔm] *nt* <-(s), -(s)> (INFOR) *Abk. von* **Read Only Memory** ROM *m*

Roma ['ro:ma] *mpl* romaníes *mpl*

Roman [ro'ma:n] *m* <-s, -e> novela *f*

Romancier [romã'sje:] *m* <-s, -s> novelero *m*

Romane, -in [ro'ma:nə] *m, f* <-n, -n; -nen> latino, -a *m, f*

Romanik [ro'ma:nɪk] *f ohne pl* (KUNST) estilo *m* románico

Romanin *f* <-nen> *s.* **Romane**

romanisch *adj* ❶ (LING, KUNST) románico ❷ (*Schweiz: räto~*) retorromano

Romanist(in) [roma'nɪst] *m(f)* <-n, -n; -nen> romanista *mf*

Romanistik [roma'nɪstɪk] *f ohne pl* filología *f* románica

Romanistin *f* <-nen> *s.* **Romanist**

Romanschriftsteller(in) *m(f)* novelista *mf*

Romantik [ro'mantɪk] *f ohne pl* romanticismo *m;* (LIT, KUNST) Romanticismo *m*

Romantiker(in) [ro'mantikə] *m(f)* <-s, -;

-nen> (*a.* KUNST) romántico, -a *m, f*

romantisch *adj* romántico

Romanze [ro'mantsə] *f* <-n> romance *m*

Römer(in) ['rø:mə] *m(f)* <-s, -; -nen> romano, -a *m, f* .

römisch *adj* romano

ROM-Speicher *m* (INFOR) ROM *m*, memoria *f* ROM

röntgen ['rœntgən] *vt* hacer una radiografía (de); **Röntgenaufnahme** *f* radiografía *f;* **Röntgengerät** *nt* aparato *m* de rayos X; **Röntgenstrahlen** *mpl* (PHYS) rayos *mpl* X; **Röntgenuntersuchung** *f* (MED) reconocimiento *m* radioscópico

rosa ['ro:za] *adj inv* rosa, rosado

rosarot ['--'-] *adj* (de color de) rosa; **die Welt durch eine ~e Brille sehen** (*fig*) ver el mundo de color de rosa

Rose ['ro:zə] *f* <-n> (BOT) rosa *f*

Rosé [ro'ze:] *m* <-s, -s> (*vino m*) rosado *m*

Rosenkohl *m* col *f* de Bruselas; **Rosenkranz** *m* (REL) rosario *m;* **Rosenmontag** [(')--'--] *m* lunes *m* de Carnaval; **Rosenstock** *m* rosal *m*

Rosette [ro'zɛtə] *f* <-n> (ARCHIT) rosetón *m*

rosig **I.** *adj* ❶ (*rosa*) rosado; (*Haut*) sonrosado ❷ (*erfreulich*) de color de rosa; **etw in den ~sten Farben darstellen** (*fig*) pintar algo de color de rosa **II.** *adv* bien

Rosine [ro'zi:nə] *f* <-n> (*uva f*) pasa *f;* **~n im Kopf haben** (*fig fam*) picar muy alto

Rosmarin ['ro:smari:n] *m* <-s, *ohne pl*> romero *m*

Ross[1] [rɔs] *nt* <-es, -e> (*geh: edles Pferd*) corcel *m;* **hoch zu ~** a caballo; **auf dem hohen ~ sitzen** tener muchos humos

Ross[2] [rɔs] *nt* <-es, Rösser> (*südd, Österr, Schweiz: Pferd*) caballo *m*

Rosshaar *nt ohne pl* crin *m;* **Rosskastanie** *f* ❶ (*Baum*) castaño *m* de Indias ❷ (*Frucht*) castaña *f* de Indias; **Rosskur** *f* (*fam*) cura *f* de caballo

Rost[1] [rɔst] *m* <-(e)s, *ohne pl*> (CHEM) herrumbre *m*, orín *m;* **~ ansetzen** oxidarse

Rost[2] [rɔst] *m* <-(e)s, -e> ❶ (*für Grill*) parrilla *f;* (*Gitter~*) rejilla *f;* (*Latten~*) somier *m;* **vom ~** (GASTR) a la parrilla ❷ (BOT) roya *f*

Rostbraten *m* (*Österr, südd*) asado *m* a la parrilla

rostbraun ['-'-] *adj* marrón rojizo

rosten ['rɔstən] *vi sein* oxidarse; **nicht** ~**d** inoxidable

rösten ['rœstən] *vt* (*Kaffee, Brot*) tostar; (*auf Rost*) asar (a la parrilla)

rostfrei *adj* inoxidable

Rösti ['rœsti] *f ohne pl* (GASTR) *patatas cocidas, ralladas y salteadas* (*con tocino*) *típicas suizas*

---

i **Land & Leute**

Con el nombre de **Rösti** se conoce una especialidad gastronómica suiza consistente en finas láminas de patata cruda o cocida, acompañadas de cebollas y hierbas, salteadas por ambos lados en la sartén.

---

rostig *adj* oxidado, herrumbroso

Röstkartoffeln *fpl* (*reg*) patatas *fpl* salteadas

Rostlaube *f* (*fam hum*) tartana *f*

Rostschutzfarbe *f* pintura *f* anticorrosiva; **Rostschutzmittel** *nt* antioxidante *m*, anticorrosivo *m*

rot [roːt] *adj* <röter, am rötesten> rojo; (POL) socialista; **bei** ~ (con el semáforo) en rojo; **eine** ~**e Ampel** un semáforo en rojo; ~ **werden** enrojecer; **in den** ~**en Zahlen stecken** estar en números rojos; **sich** *dat* **etw** ~ **im Kalender anstreichen** marcar algo en rojo en el calendario

Rotation [rota'tsjoːn] *f* <-en> rotación *f*; **Rotationsachse** *f* (PHYS, TECH) eje *m* de rotación

Rotbarsch *m* (ZOOL) raño *m*; **rotblond** ['-'-] *adj* rubio rojizo; **rotbraun** ['-'-] *adj* castaño, caoba; **Rotbuche** *f* (BOT) haya *f* roja

Röte ['røːtə] *f ohne pl* color *m* rojo; (*von Himmel, Haut*) arrebol *m*; (*Schames~*) rubor *m*; **die** ~ **stieg ihr ins Gesicht** se puso colorada

Rote-Armee-Fraktion *f ohne pl* Fracción *f* del Ejército Rojo (*grupo terrorista alemán de ultraizquierda*)

Rötel ['røːtəl] *m* <-s, *ohne pl*> almagre *m*

Röteln ['røːtəln] *pl* rubeola *f*

röten ['røːtən] **I.** *vt* (*geh*) enrojecer **II.** *vr*: **sich** ~ ponerse rojo; (*Himmel*) teñirse de rojo; (*vor Scham*) sonrojarse

röter *adj kompar von* **rot**

röteste(r, s) *adj superl von* **rot**

Rotfuchs *m* **①** (*Fuchs*) zorro *m* rojo **②** (*Pferd*) alazán *m*; **rothaarig** *adj* peli-

rrojo; **Rothaut** *f* (*fam*) piel *mf* roja

rotieren* [ro'tiːrən] *vi* **①** (*sich drehen*) girar (*um* alrededor de) **②** (*fam: hektisch sein*) estar a cien

Rotkäppchen ['roːtkɛpçən] *nt* <-s> Caperucita *f* Roja; **Rotkehlchen** ['roːtkeːlçən] *nt* <-s, -> petirrojo *m*; **Rotkohl** *m* (col *f*) lombarda *f*

rötlich ['røːtlɪç] *adj* rojizo, paco *Am*

Rotlichtmilieu *nt* (*fam*) mundo *m* de la prostitución; **Rotlichtviertel** *nt* (*fam*) barrio *m* chino

rot|sehen *irr vi* (*fam*) perder el control; **Rotstift** *m* lápiz *m* rojo; **den** ~ **ansetzen** economizar

Rötung *f* <-en> enrojecimiento *m*

Rotwein *m* vino *m* tinto

Rotwild *nt* venado *m*

Rotz [rɔts] *m* <-es, *ohne pl*> (*vulg*) moco *m*; ~ **und Wasser heulen** (*fam*) llorar a moco tendido; **Rotzfahne** *f* (*vulg*) moquero *m*; **rotzfrech** ['-'-] *adj* (*fam*) descarado

rotzig *adj* **①** (*vulg: voller Rotz*) mocoso **②** (*fam: frech, unverschämt*) fresco, descarado

Rotzjunge *m* (*fam abw*), **Rotzlümmel** *m* (*fam abw*) mocoso *m*; **Rotznase** *f* **①** (*vulg abw*) mocoso *m* **②** (*fam: schleimige Nase*) nariz *f* llena de mocos

Rouge [ruːʒ] *nt* <-s, -s> colorete *m*

Roulade [ruˈlaːdə] *f* <-n> (GASTR) *filete de carne relleno con pepinillo, cebolla, mostaza etc.*

Roulette [ruˈlɛt] *nt* <-s, -s> ruleta *f*; **russisches** ~ **spielen** jugar a la ruleta rusa

Route ['ruːtə] *f* <-n> ruta *f*

Routine [ruˈtiːnə] *f ohne pl* **①** (*Erfahrung*) experiencia *f*; (*Praxis*) práctica *f* **②** (*Gewohnheit*) rutina *f*; **Routinearbeit** *f* trabajo *m* rutinario

routinemäßig *adj* rutinario; **etw** ~ **überprüfen** hacer un control rutinario de algo

Routineuntersuchung *f* revisión *f* periódica

Routinier [ruti'nje:] *m* <-s, -s> experto, -a *m, f*

routiniert [ruti'niːɐt] *adj* experimentado, experto

Rowdy ['raʊdi] *m* <-s, -s> (*abw*) gamberro *m*

Royalist(in) [rɔɪaˈlɪst] *m(f)* <-en, -en; -nen> monárquico, -a *m, f*

rubbeln ['rʊbəln] *vi, vt* frotar

Rübe ['ryːbə] *f* <-n> **①** (BOT) nabo *m*, betabel *f Mex* (*diversos tipos de raíces comestibles*); **Gelbe** ~**n** (*reg*) zanahorias *fpl*; **Rote** ~ remolacha *f* **②** (*fam: Kopf*) coco *m*;

eins auf die ~ kriegen recibir una bronca

Rubel ['ru:bəl] *m* <-s, -> rublo *m*

rüber ['ry:bɐ] *adv* (*fam*) ❶ (*herüber*) hacia aquí, hacia acá ❷ (*hinüber*) hacia allá; **da ~!** ¡(por) allí enfrente!

rüber|bringen *irr vt* (*fam: vermitteln*) hacer llegar; **wir haben den Wählern unsere Meinung rübergebracht** hemos hecho llegar nuestra opinión a los electores

rüber|kommen *irr vi sein* (*fam: deutlich werden*) llegar a entenderse

rüber|schieben *vt* (*sl*): **jdm Geld ~** pasarle pasta a alguien

Rubin [ru'bi:n] *m* <-s, -e> rubí *m*

Rubrik [ru'bri:k] *f* <-en> ❶ (*Kategorie*) categoría *f* ❷ (*in Tabelle, Zeitung*) columna *f*

ruchlos ['ru:xlo:s] *adj* (*geh*) bajo, vil

Ruck [rʊk] *m* <-(e)s, -e> tirón *m*; **mit einem ~** de un tirón; **sich** *dat* **einen ~ geben** (*fam*) hacer un esfuerzo

ruckartig I. *adj* brusco II. *adv* de golpe

Rückbesinnung *f* regreso *m* (*auf* a); **Rückbildung** *f* involución *f*, retroceso *m*; **Rückblende** *f* (FILM) retrospectiva *f*; **Rückblick** *m* mirada *f* retrospectiva (*auf* a), retrospección *f*; **rückblickend** *adj* retrospectivo; **~ lässt sich sagen, dass ...** retrospectivamente se puede decir que...

ruckeln ['rʊkəln] *vi*: **an etw** *dat* **~** dar pequeños tirones a algo

rucken ['rʊkən] *vi* (*Fahrzeug*) dar un tirón

rücken ['rʏkən] I. *vi sein* (*Platz machen*) correrse; (*näher~*) acercarse (*an* a); **rück mal** (**ein Stückchen**)! ¡córrete un poquito!; **in den Mittelpunkt des Interesses ~** convertirse en el centro de interés II. *vt* mover (*nach* hacia), correr (*nach* hacia); (*weg~*) apartar (*von* de); (*näher~*) acercar (*an* a)

Rücken ['rʏkən] *m* <-s, -> ❶ (ANAT) espalda *f*; **~ an ~** espalda con espalda; **jdm den ~ zukehren/zuwenden** volver/dar a alguien la espalda; **auf dem ~ liegen** estar tumbado de espaldas; **mir lief es eiskalt über den ~** sentí un escalofrío recorriéndome la espalda; **jdm den ~ stärken** respaldar a alguien; **jdm/sich** *dat* **den ~ freihalten** cubrir a alguien/cubrirse las espaldas; **jdm in den ~ fallen** dejar a alguien en la estacada; **hinter jds ~** a espaldas de alguien; **mit dem ~ zur Wand stehen** estar entre la espada y la pared ❷ (*Buch~*) lomo *m*; (*Hand~*) dorso *m* de la mano; (*Fuß~*) empeine *m* ❸ (*Tier~*) lomo *m*; **Rückendeckung** *f* ❶ (MIL) protección *f* de la retaguardia ❷ (*gegen Kritik*) respaldo *m*; **Rückenlehne** *f* respaldo *m*;

Rückenmark *nt* médula *f* espinal; **Rückenschmerzen** *mpl* dolores *mpl* de espalda; **Rückenschwimmen** *nt* natación *f* de espalda; **Rückenwind** *m ohne pl* viento *m* a favor; (NAUT) viento *m* de popa

rückerstatten* *vt* (FIN) devolver; **Rückerstattung** *f* reintegro *m*; (FIN) devolución *f*

Rückfahrkarte *f* billete *m* de ida y vuelta; **Rückfahrt** *f* (*viaje m de*) vuelta *f*; **auf der ~** a la vuelta; **Rückfall** *m* ❶ (MED) recaída *f*; **einen ~ erleiden** tener una recaída ❷ (JUR) reincidencia *f* ❸ (*geh: Wiederkehr*) regreso *m*; **rückfällig** *adj* ❶ (*a.* MED): **~ werden** recaer ❷ (JUR) reincidente

Rückflug *m* vuelo *m* de regreso; **auf dem ~** durante el vuelo de vuelta; **Rückflugticket** *nt* billete *m* (de avión) de vuelta, pasaje *m* de vuelta *Am*

Rückfrage *f* pregunta *f*, duda *f*; **für ~n wenden Sie sich bitte an ...** en caso de duda diríjase a...; **Rückgabe** *f* devolución *f* (*an* a); **Rückgang** *m* descenso *m*; (*Verminderung*) disminución *f*; **im ~ begriffen sein** estar en descenso

rückgängig [-gɛnɪç] *adj*: **~ machen** (*Vertrag*) anular; (*Verabredung*) cancelar

Rückgewinnung *f* recuperación *f*

Rückgrat ['rʏkgra:t] *nt* <-(e)s, -e> ❶ (MED) espina *f* dorsal; **ohne ~** (*fig*) cobarde; **jdm das ~ brechen** (*fam*) doblegar a alguien ❷ (*Stütze*) puntal *m*

Rückgriff *m* (*a.* JUR) recurso (*auf* a)

Rückhalt *m* respaldo *m*; **jdm ~ geben** respaldar a alguien

rückhaltlos I. *adj* incondicional II. *adv* sin reservas

Rückhand *f ohne pl* (SPORT) revés *m*

Rückkehr *f ohne pl* regreso *m*; **Rückkopp(e)lung** *f* acoplamiento *m* retroactivo; **Rücklage** *f* ❶ (*Erspartes*) ahorros *mpl* ❷ (WIRTSCH) reserva *f*; **Rücklauf** *m* ❶ (*Wasser*) reflujo *m* ❷ (TECH) retroceso *m*

rückläufig *adj* decreciente, descendente; **~e Tendenz** tendencia regresiva

Rücklicht *nt* luz *f* trasera

rücklings ['rʏklɪŋs] *adv* ❶ (*mit dem Rücken*) con la espalda ❷ (*nach hinten*) hacia atrás ❸ (*von hinten, auf dem Rücken*) de espaldas

Rückmarsch *m* (MIL) retirada *f*; **Rückmeldefrist** *f* (UNIV) plazo *m* para renovar la matrícula; **rück|melden** *vr*: **sich ~** (UNIV) matricularse para el próximo semestre; **Rücknahme** [-na:mə] *f* <-n> (*von Versprechen, Klage*) retirada *f*; **Rückporto** *nt* franqueo *m* para la respuesta

Rückreise *f* (*viaje m de*) regreso *m*, vuelta *f*; **auf der ~** a la vuelta; **Rückreisever-**

kehr *m* tráfico *m* de retorno (de las vacaciones)

Rückruf *m* ❶ (TEL) llamada *f* de contestación ❷ (JUR, WIRTSCH) revocación *f* del derecho de usufructo

Rucksack ['rʊk-] *m* mochila *f;* **Rucksacktourist(in)** *m(f)* mochilero, -a *m, f*

Rückschau *f* retrospección *f;* **Rückschlag** *m* contratiempo *m,* revés *m;* **Rückschluss** *m* conclusión *f;* **Rückschlüsse aus etw** *dat* **ziehen** sacar conclusiones de algo; **Rückschritt** *m* paso *m* atrás

rückschrittlich *adj* retrógrado

Rückseite *f* (*eines Gebäudes*) parte *f* posterior; (*eines Blattes*) dorso *m;* (*einer Münze*) reverso *m;* (*eines Stoffes*) revés *m;* **auf der ~ von ...** en la parte posterior de...; **siehe ~** véase al dorso

Rücksicht[1] *f* <-en> (*Nachsicht*) consideración *f;* **mit ~ auf ...** teniendo en cuenta...; **auf jdn ~ nehmen** tener consideración con alguien; **auf etw ~ nehmen** respetar algo

Rücksicht[2] *f ohne pl* (*Sicht nach hinten*) visión *f* por la ventanilla trasera

Rücksichtnahme *f ohne pl* respeto *m*

rücksichtslos **I.** *adj* desconsiderado; (*unbarmherzig*) despiadado **II.** *adv* sin consideración, a lo bestia *fam*

Rücksichtslosigkeit *f* <-en> desconsideración *f;* (*Respektlosigkeit*) falta *f* de respeto

rücksichtsvoll *adj* atento, considerado

Rücksitz *m* asiento *m* trasero; **Rückspiegel** *m* (espejo *m*) retrovisor *m*

Rückspiel *nt* (SPORT) partido *m* de vuelta; **Rücksprache** *f ohne pl* consulta *f;* **mit jdm ~ halten** consultar algo con alguien; **Rückstand** *m* ❶ (*Rest*) residuo *m* ❷ *pl* (*bei Zahlung*) atrasos *mpl* ❸ (*Verzug*) retraso *m;* **mit der Lieferung im ~ sein** retrasarse en la entrega; **mit 0 zu 2 im ~ liegen** (SPORT) ir perdiendo 0 a 2

rückständig *adj* ❶ (*rückschrittlich*) anticuado ❷ (*unterentwickelt*) subdesarrollado ❸ (WIRTSCH: *überfällig*) vencido

Rückständigkeit *f ohne pl* ❶ (*von Person*) mentalidad *f* atrasada ❷ (*Unterentwicklung*) subdesarrollo *m*

Rückstrahler *m* reflector *m*

Rücktritt *m* ❶ (*von Amt*) dimisión *f;* **seinen ~ erklären** presentar su dimisión ❷ (*am Fahrrad*) freno *m* de pedal; **Rücktrittbremse** *f* freno *m* de pedal; **Rücktrittsrecht** *nt ohne pl* (JUR) (derecho *m* de) retracto *m*

rückvergüten* *vt* (WIRTSCH) reembolsar; **rückversichern*** *vr:* **sich ~** reasegurarse

Rückwand *f* parte *f* posterior

rückwärtig [-vɛrtɪç] *adj* trasero, de atrás

rückwärts [-vɛrts] *adv* ❶ (*mit dem Rücken voran*) hacia atrás, de espaldas; **~ einparken** aparcar marcha atrás ❷ (*südd, Österr: hinten*) por atrás; **Rückwärtsgang** *m* (TECH) marcha *f* atrás

Rückweg *m* (camino *m* de) vuelta *f;* **auf dem ~** a la vuelta

ruckweise *adv* a trompicones, a golpes

rückwirkend **I.** *adj* retroactivo **II.** *adv* con efecto retroactivo; **das Gesetz tritt ~ vom 1. Januar in Kraft** la ley entra en vigor con efectos retroactivos a partir del 1 de enero; **Rückwirkung** *f* ❶ (*von Gesetz*) retroactividad *f* ❷ (*Nachwirkung*) consecuencia *f*

Rückzahlung *f* reembolso *m*

Rückzieher *m* <-s, -> (*fam*) paso *m* atrás, rajada *f Mex;* **einen ~ machen** dar marcha atrás

ruck, zuck *adv* (*fam*) en un abrir y cerrar de ojos

Rückzug *m* (MIL) retirada *f;* **den ~ antreten** emprender la retirada; **Rückzugsgebiet** *nt* (ÖKOL) zona *f* de refugio

rüde ['ry:də] *adj* rudo, grosero

Rüde ['ry:də] *m* <-n, -n> macho *m* (de perro)

Rudel ['ru:dəl] *nt* <-s, -> manada *f*

Ruder ['ru:də] *nt* <-s, -> ❶ (*von ~boot*) remo *m;* **sich in die ~ legen** remar con fuerza; (*fig*) poner manos al trabajo ❷ (*Steuer~*) timón *m;* **Ruderboot** *nt* bote *m* de remos

Ruderer, -in *m, f* <-s, -; -nen> remero, -a *m, f*

rudern ['ru:dən] *vi* ❶ (*Ruder bewegen*) remar, bogar; **mit den Armen ~** (*fam*) bracear ❷ *sein* (*im Ruderboot fahren*) ir a remo

Ruderregatta *f* regata *f* de remo

rudimentär [rudimɛn'tɛːɐ] *adj* rudimentario

Rudrer(in) *m(f)* <-s, -; -nen> remero, -a *m, f*

Rüebli ['ry:ɛbli] *nt* <-s, -> (*Schweiz*) zanahoria *f*

Ruf[1] [ru:f] *m* <-(e)s, -e> (*Aus~, Schrei*) grito *m*

Ruf[2] *m* <-(e)s, *ohne pl*> ❶ (*Auf~*) llamada *f;* **sie erhielt einen ~** (UNIV) le ofrecieron una cátedra ❷ (*Ansehen*) reputación *f;* (*Ruhm*) fama *f;* **einen guten ~ haben** tener una buena reputación; **in dem ~ stehen zu ...** tener fama de...; **jdn in schlechten ~ bringen** desacreditar a alguien; **etw/jd ist besser als sein ~** algo/ alguien vale más de lo que parece

rufen ['ru:fən] <ruft, rief, gerufen> **I.** *vi* llamar; **laut** ~ gritar; **nach jdm** ~ llamar a alguien; **nach härteren Strafen** ~ exigir castigos más severos; **um Hilfe** ~ dar voces de socorro **II.** *vt* llamar; **jdn** ~ llamar a alguien; **etw** ~ gritar algo; **jdn** ~ **lassen** hacer venir a alguien; **das kommt mir wie ge**~ (*fam*) esto me viene de maravilla

Rüffel ['rʏfəl] *m* <-s, -> (*fam*) bronca *f*; **einen** ~ **bekommen** llevarse una bronca

Rufmord *m* difamación *f*; **Rufname** *m* nombre *m* de pila; **Rufnummer** *f* número *m* de teléfono; **Rufschädigung** *f* descrédito *m*; **Rufweite** *f ohne pl* alcance *m* de la voz; **in** ~ en las cercanías; **Rufzeichen** *nt* ❶ (TEL) señal *f* (de llamada) ❷ (*reg: Ausrufezeichen*) signo *m* de exclamación

Rugby ['rakbi] *nt* <-(s), *ohne pl*> (SPORT) rugby *m*

Rüge ['ry:gə] *f* <-n> reprimenda *f*; **jdm eine** ~ **erteilen** reprender a alguien

rügen ['ry:gən] *vt:* **jdn** ~ reprender a alguien; **etw** ~ criticar algo

Ruhe ['ru:ə] *f ohne pl* ❶ (*Unbewegtheit*) calma *f*; (*Stille, Gelassenheit*) tranquilidad *f*; **die** ~ **vor dem Sturm** la calma que precede a la tormenta ❷ (*Schweigen*) silencio *m*; ~ **bitte!** ¡silencio, por favor! ❸ (*Entspannung*) descanso *m*; (*Bett*~) reposo *m*; **sich** *dat* **keine** ~ **gönnen, bis …** no descansar hasta que… +*subj*; **sich zur** ~ **begeben** (*geh*) retirarse (a descansar), recogerse; **angenehme** ~**!** ¡que descanse(s)!; **sich zur** ~ **setzen** jubilarse; **jdn zur letzten** ~ **betten** (*geh*) dar sepultura a alguien ❹ (*Frieden*) paz *f*; (*innere* ~) serenidad *f*; **vor jdm** ~ **haben** no ser molestado por alguien; **jdn nicht zur** ~ **kommen lassen** (*fam*) no dejar a alguien en paz; **keine** ~ **geben** (*fam*) no dar tregua; **lass mich in** ~**!** (*fam*) ¡déjame en paz!; **das lässt ihm keine** ~ eso le inquieta; **in aller** ~ con toda calma; **sich durch nichts aus der** ~ **bringen lassen** no alterarse por nada; ~ **bewahren** conservar la calma; **immer mit der** ~**!** ¡calma, calma!; **die hat die** ~ **weg!** (*fam*) ¡qué calma gasta!

ruhebedürftig *adj* que necesita descansar; ~ **sein** necesitar calma

ruhelos *adj* inquieto; (*rastlos*) desasosegado

Ruhelosigkeit *f ohne pl* inquietud *f*; (*Rastlosigkeit*) desasosiego *m*

ruhen ['ru:ən] *vi* ❶ (*aus*~) descansar (*auf* en); **ich werde nicht eher** ~**, bis …** no descansaré antes de que… +*subj*; **der Teig muss** ~ la masa tiene que reposar; **„ruhe in Frieden!"** "¡descanse en paz!" ❷ (*Arbeit*) estar suspendido; (*Verkehr*) estar paralizado; (*Angelegenheit*) quedar postergado; **etw** ~ **lassen** posponer algo ❸ (*Blick*) estar fijado (*auf* en); (*Verantwortung*) recaer (*auf* sobre) ❹ (*sich stützen*) apoyarse (*auf* en)

Ruhepause *f* descanso *m*; **Ruhestand** *m ohne pl* jubilación *f*; (MIL) retiro *m*; **im** ~ **sein** estar jubilado

Ruheständler(in) [-ʃtɛntlə] *m(f)* <-s, -; -nen> jubilado, -a *m, f*

Ruhestätte *f* sepultura *f*; **die letzte** ~ (*geh*) la última morada; **Ruhestellung** *f* ❶ (*eines Körpers*) posición *f* de reposo ❷ (MIL) acantonamiento *m*; **Ruhestörung** *f* disturbio *m*; **Ruhetag** *m* día *m* de descanso; (*von Gaststätten*) descanso *m* semanal

ruhig ['ru:ɪç] *adj* ❶ (*bewegungslos, leise*) quieto; **sitz doch** ~**!** ¡estate quieto!; **ihr sollt** ~ **sein!** ¡que os estéis quietos!; **eine** ~**e Hand haben** tener un pulso seguro ❷ (*geräuschlos*) tranquilo; (*schweigsam*) callado; **gegen 19 Uhr wird es** ~**er** hacia las siete esto se queda más tranquilo ❸ (*gelassen*) tranquilo; **nur** ~ **Blut!** ¡tranquilo!; **ein** ~**es Gewissen haben** tener la conciencia tranquila; ~ **bleiben** permanecer tranquilo; ~ **verlaufen** transcurrir sin incidentes; **etw** ~ **mitansehen** observar algo tranquilamente

Ruhm [ru:m] *m* <-(e)s, *ohne pl*> gloria *f*

rühmen ['ry:mən] **I.** *vt* alabar, elogiar **II.** *vr:* **sich etw** *gen* ~ gloriarse de algo; (*prahlend*) vanagloriarse de algo

Ruhmesblatt *nt:* **etw ist für jdn kein** ~ algo no es un mérito para alguien

rühmlich *adj* glorioso

ruhmlos *adj* sin gloria; (*beschämend*) vergonzoso

ruhmreich *adj* glorioso; **ruhmvoll** *adj s.* **ruhmreich**

Ruhr [ru:ɐ] *f* <-en> (MED) disentería *f*

Rührei ['ry:ɐʔaɪ] *nt* huevos *mpl* revueltos

rühren ['ry:rən] **I.** *vt* ❶ (*um*~) remover; (*mischen*) mezclar; **die Eier in den Teig** ~ mezclar los huevos con la masa ❷ (*bewegen*) mover; **keinen Finger** ~ no mover ni un dedo ❸ (*emotional*) conmover **II.** *vi* ❶ (*um*~) remover; **im Tee** ~ remover el té ❷ (*geh: her*~) deberse (*von* a); **das rührt daher, dass …** esto se debe a que… **III.** *vr:* **sich** ~ moverse; **sich nicht vom Fleck** ~ no moverse del sitio; **ich klingelte, aber es rührte sich nichts** toqué el timbre, pero no pasó nada; **endlich rührte sich sein Gewissen** por fin le dio cargo de conciencia; **rührt euch!** (MIL)

¡descansen!

rührend *adj* conmovedor, emocionante; **das ist wirklich ~ von Ihnen** es todo un detalle por su parte

Ruhrgebiet *nt* Cuenca *f* del Ruhr

Rührmichnichtan [ˈryːɐmɪçnɪçtʔan] *nt* <-, -> (BOT) sensitiva *f*

rührselig *adj* sentimental

Rührteig *m* masa *f* de bizcocho

Rührung *f ohne pl* emoción *f*

Ruin [ruˈiːn] *m* <-s, *ohne pl*> ruina *f;* **vor dem ~ stehen** estar al borde de la ruina

Ruine [ruˈiːnə] *f* <-n> ruina *f*

ruinieren* [ruiˈniːrən] *vt* ❶ (*vernichten*) arruinar ❷ (*beschädigen*) estropear

rülpsen [ˈrʏlpsən] *vi* (*fam*) eructar

Rülpser *m* <-s, -> (*fam*) eructo *m*

rum [rʊm] *adv* (*fam*) *s.* **herum**

Rum [rʊm] *m* <-s, -s, *Österr, Schweiz:* -e> ron *m*

Rumäne, -in [ruˈmɛːnə] *m, f* <-n, -n; -nen> rumano, -a *m, f*

Rumänien [ruˈmɛːniən] *nt* <-s> Rumania *f,* Rumanía *f*

Rumänin *f* <-nen> *s.* **Rumäne**

rumänisch *adj* rumano

Rumba [ˈrʊmba] *f* <-s> rumba *f*

rum|kriegen [ˈrʊm-] *vt* (*fam*) ❶ (*Zeit*) pasar ❷ (*überreden*) convencer ❸ (*verführen*) seducir

Rummel [ˈrʊməl] *m* <-s, *ohne pl*> (*fam*) ❶ (*Betriebsamkeit*) ajetreo *m;* **großen ~ um etw/jdn machen** armar un escándalo por algo/alguien ❷ (*Jahrmarkt*) feria *f;* **Rummelplatz** *m* (*fam*) feria *f*

rumoren* [ruˈmoːren] *vi* (*fam*) hacer ruido; **es rumort in ihrem Bauch** le suenan las tripas

Rumpelkammer [ˈrʊmpəl-] *f* (*fam*) (cuarto *m*) trastero *m*

rumpeln [ˈrʊmpəln] *vi* (*fam*) ❶ *sein* (*Fahrzeug*) traquetear ❷ (*poltern*) hacer ruido

Rumpf [rʊmpf, *pl:* ˈrʏmpfə] *m* <-(e)s, Rümpfe> ❶ (*des Menschen*) tronco *m;* (*einer Statue*) torso *m* ❷ (NAUT) casco *m* ❸ (AERO) fuselaje *m*

rümpfen [ˈrʏmpfən] *vi:* **die Nase über etw ~** mirar algo con desprecio

Rumpsteak [ˈrʊmpsteːk] *nt* filete *m* de culata

Rumtopf *m* conserva *f* de fruta en ron

rum|treiben *irr vr:* **sich ~** (*fam abw*) vagabundear (*auf/in* por); (*auf der Straße*) callejear (*auf/in* por); **wo hast du dich wieder rumgetrieben?** ¿por dónde te has metido?

Rumtreiber(in) *m(f)* <-s, -; -nen> (*fam*) merodeador(a) *m(f);* (*Landstreicher*) vaga-

bundo, -a *m, f*

Run [ran] *m* <-s, -s> gran demanda *f* (*auf* de)

rund [rʊnt] **I.** *adj* ❶ (*Form*) redondo; **das ist eine ~e Sache** esto nos salió redondo; **ein ~es Dutzend Leute** (*fam*) aproximadamente una docena de personas ❷ (*Mensch*) regordete **II.** *adv* (*fam: ungefähr*) aproximadamente; **~ um** alrededor de; **~ um die Uhr** las 24 horas del día

Rundbau *m* edificio *m* circular; **Rundblick** *m* vista *f* panorámica; **Rundbrief** *m* circular *f*

Runde [ˈrʊndə] *f* <-n> ❶ (*Gesellschaft*) tertulia *f,* reunión *f;* **in die ~ blicken** mirar alrededor ❷ (*Rundgang*) vuelta *f;* (*von Polizei*) ronda *f;* **seine ~ machen** hacer la ronda ❸ (SPORT) vuelta *f;* (*Boxen*) asalto *m;* **über die ~n kommen** (*fam*) ir tirando ❹ (*Getränke~*) ronda *f;* **eine ~ schmeißen** pagar una ronda

runden [ˈrʊndən] *vt* (MATH) redondear

Rundfahrt *f* vuelta *f;* **Rundflug** *m* vuelta *f* en avión; **Rundfrage** *f* encuesta *f*

Rundfunk *m* radiodifusión *f,* radio *f;* **im ~** en la radio; **Rundfunkanstalt** *f* centro *m* de radiodifusión, radiodifusora *f Arg;* **Rundfunkgebühr** *f* derechos *mpl* de radiodifusión; **Rundfunkgerät** *nt* aparato *m* de radio; **Rundfunksender** *m* emisora *f* de radio, radiodifusora *f Arg;* **Rundfunksendung** *f* programa *m* de radio

Rundgang *m* vuelta *f;* (*Strecke*) circuito *m;* **einen ~ machen** dar una vuelta

rund|gehen *irr vi sein* ❶ (*herumgereicht werden*) pasar de mano en mano; (*erzählt werden*) ir de boca en boca ❷ (*fam: turbulent werden*) haber jaleo; **jetzt geht's rund** ahora empieza lo bueno

rundheraus [ˈ---] *adv* francamente, sin rodeos; **~ gesagt** dicho francamente; **rundherum** [ˈ---] *adv* ❶ (*räumlich*) alrededor (*um* de) ❷ (*völlig*) completamente

rundlich *adj* ❶ (*annähernd rund*) redondeado ❷ (*dicklich*) rechoncho

Rundreise *f* gira *f;* **Rundschreiben** *nt* circular *f*

rundum [ˈ--] *adv s.* **rundherum**; **Rundumschlag** [ˈ-ˌ--] *m* crítica *f* general

Rundung *f* <-en> curvatura *f*

Rundwanderweg *m* camino *m* circular

rundweg [ˈrʊntvɛk] *adv* rotundamente

Runkel [ˈrʊŋkəl] *f* <-n> (*Österr, Schweiz*), **Runkelrübe** *f* (AGR) remolacha *f* forrajera

runter [ˈrʊntɐ] *adv* (*fam*) (hacia) abajo

runter|hauen <haut runter, haute *o* hieb runter, runtergehauen> *vt* (*fam*): **jdm eine/ein paar ~** darle una bofetada/unas

bofetadas a alguien

runter|holen *vt* ❶ (*fam: herunternehmen*) bajar (*von* de) ❷ (*Wend*): **jdm/sich** *dat* **einen** ~ (*vulg*) hacerle a alguien/ hacerse una paja

runter|kommen *irr vi sein* (*fam*) ❶ (*nach unten kommen*) bajar ❷ (*verwahrlosen*) venir a menos; (*Person*) envilecerse; (*Gesundheit*) deteriorarse

Runzel ['rʊntsəl] *f* <-n> arruga *f*

runzelig *adj* arrugado

runzeln ['rʊntsəln] **I.** *vt* arrugar **II.** *vr:* **sich** ~ arrugarse

runzlig *adj* arrugado

Rüpel ['ry:pəl] *m* <-s, -> (*abw*) maleducado, -a *m, f*

rüpelhaft *adj* (*abw*) grosero, descarado

rupfen ['rʊpfən] *vt* ❶ (*Geflügel, a. fig*) desplumar ❷ (*Gras, Unkraut*) arrancar

ruppig ['rʊpɪç] *adj* ❶ (*abw: unfreundlich, grob*) grosero, mal educado ❷ (*ungepflegt*) desaseado

Rüsche ['ry:ʃə] *f* <-n> volante *m*

Ruß [ru:s] *m* <-es, -e> hollín *m*

Russe, -in ['rʊsə] *m, f* <-n, -n; -nen> ruso, -a *m, f*

Rüssel ['rʏsəl] *m* <-s, -> (*von Insekt, Elefant*) trompa *f*; (*von Schwein*) hocico *m*

rußen ['ru:sən] **I.** *vi* (*Kerze, Feuer*) producir hollín **II.** *vt* (*südd, Schweiz: ent~*) desholinar

rußig *adj* lleno de hollín

Russin *f* <-nen> *s.* **Russe**

russisch *adj* ruso

Russland ['rʊslant] *nt* <-s> Rusia *f*; **Russlanddeutsche(r)** *mf* ruso, -a *m, f* de ascendencia alemana

rüsten ['rʏstən] **I.** *vi* ❶ (MIL) armar, hacer preparativos de guerra ❷ (*Schweiz: sich vorbereiten*) prepararse (*zu/für* a/para), hacer preparativos (*zu* para) **II.** *vr:* **sich** ~ (*geh*) prepararse (*zu/für* a/para) **III.** *vt* (*Schweiz*) preparar

rüstig ['rʏstɪç] *adj* vigoroso, ágil

rustikal [rʊsti'ka:l] *adj* rústico

Rüstung *f* <-en> ❶ (*Ritter~*) armadura *f* ❷ (MIL) armamento *m*; **Rüstungsindustrie** *f* industria *f* de armamento; **Rüstungsmüll** *m* desechos *mpl* de la industria de armamento; **Rüstungsunternehmen** *nt* empresa *f* productora de armamentos

Rüstzeug *nt* (*Werkzeuge*) herramientas *fpl*; (*Kenntnisse*) requisitos *mpl*

Rute ['ru:tə] *f* <-n> ❶ (*Stock*) vara *f* ❷ (*Rutenbündel*) férula *f* ❸ (*Angel~*) caña *f* de pescar ❹ (*Schwanz*) cola *f* ❺ (*vulg: Penis*) rabo *m*

Rutengänger(in) *m(f)* <-s, -; -nen> zahorí *mf*

Rutsch [rʊtʃ] *m* <-(e)s, -e> (*fam: bei Wahlen*) giro *m* (*nach* a); **in einem** ~ (*fam*) de un golpe; **guten** ~ **ins neue Jahr!** (*fam*) ¡Feliz Año Nuevo!; **Rutschbahn** *f* ❶ (*Spielgerät*) tobogán *m* ❷ (*fam: auf Schnee, Eis*) pista *f* deslizante

Rutsche ['rʊtʃə] *f* <-n> tobogán *m*

rutschen ['rʊtʃən] *vi sein* ❶ (*gleiten*) resbalar; (*Auto*) patinar ❷ (*fam: rücken*) correrse; **rutsch doch mal ein Stückchen!** ¡córrete un poquito!; **sie rutschte auf ihrem Stuhl hin und her** no paraba de moverse en su silla ❸ (*herunter~*) caerse; (*Erdmassen*) desprenderse; **ins R~ kommen** pegar un resbalón; (*Auto*) patinar

rutschfest *adj* antideslizante; **Rutschgefahr** *f ohne pl* peligro *m* de patinar

rutschig *adj* resbaladizo, resbaloso

rütteln ['rʏtəln] **I.** *vi* (*an Türklinke, Gitter*) dar sacudidas (*an* a); **daran gibt es nichts zu** ~ (*fam*) es así, y punto **II.** *vt* sacudir

S, s [ɛs] *nt* <-, -> S, s *f*; ~ **wie Siegfried** S de Soria

s. *Abk. von* **siehe** v.

S *Abk. von* **Süden** S

S. *Abk. von* **Seite** pág.

Saal [za:l, *pl:* 'zɛ:lə] *m* <-(e)s, Säle> sala *f*, salón *m*

Saar [za:e] *f* Sarre *m*; **Saarland** *nt* <-(e)s> (territorio *m* del) Sarre *m*

Saat [za:t] *f ohne pl* ❶ (*das Aussäen*) siembra *f* ❷ (~ *gut*) simientes *fpl*; **Saatgut** *nt* <-(e)s, *ohne pl*> simientes *fpl*

Saatkorn[1] *nt* <-(e)s, -körner> (BOT) semilla *f*, grano *m*

Saatkorn[2] *nt ohne pl* (AGR: *zum Aussäen*) simiente *f*

Sabbat ['zabat] *m* <-s, -e> sab(b)ath *m*

sabbern ['zaben] *vi* (*fam*) ❶ (*Speichel*) babear ❷ (*schwatzen*) charlotear

Säbel ['zɛ:bəl] *m* <-s, -> sable *m*

Sabotage [zabo'ta:ʒə] *f* <-n> sabotaje *m*

Saboteur(in) [zabo'tø:e] *m(f)* <-s, -e; -nen> saboteador(a) *m(f)*

sabotieren* [zabo'ti:rən] *vt* sabotear

Sa(c)charin [zaxa'ri:n] *nt* <-s, *ohne pl*> sacarina *f*

Sa(c)charose *f ohne pl* (CHEM) sacarosa *f*
Sachbearbeiter(in) *m(f)* oficial(a) *m(f)*
encargado, -a; **Sachbeschädigung** *f* (JUR)
daños *mpl* materiales; **Sachbuch** *nt* libro
m de divulgación; **sachdienlich** *adj* conducente; (*nützlich*) útil; ~**e** Hinweise
informaciones al respecto
Sache ['zaxə] *f* <-n> ① (*Ding*) cosa *f*;
(*Gegenstand*) objeto *m*; **seine sieben** ~**n**
packen (*fig*) empaquetar sus cuatro cosas
② (*Angelegenheit, Handlung, Situation,
Ereignis*) asunto *m*; **das ist eine** ~ **des
Glaubens/des Geschmacks** es una
cuestión de fe/de gustos; **die** ~ **ist die,
dass ...** la cosa es que...; **er macht seine**
~ **gut/schlecht** hace su trabajo bien/mal;
das ist eine ~ **für sich** es cosa aparte; **das
ist deine** ~**!** ¡es tu problema!; **dieses
Buch ist nicht jedermanns** ~ este libro
no es para todos los gustos; **in eigener** ~
por propio interés; **er ist sich seiner** ~
sicher está muy seguro (respecto a ella);
mit jdm gemeinsame ~ **machen** hacer
causa común con alguien; **keine halben**
~**n machen** no hacer las cosas a medias;
bei der ~ **sein** concentrarse; (**kommen
Sie) zur** ~**!** ¡vaya Ud. al grano!; **das tut
nichts zur** ~ eso no viene al caso; **sagen,
was** ~ **ist** (*fam*) llamar a las cosas por su
nombre ③ (JUR: *Fall*) caso *m* ④ (*fam: Stundenkilometer*): **das Auto fährt 180** ~**n** el
coche corre a 180
Sachgebiet *nt* materia *f*, campo *m*; **sachgemäß** *adj* adecuado; **Sachkenntnis** *f*
conocimientos *mpl* en la materia; **Sachkunde** *f ohne pl* ① (*geh*) s. **Sachkenntnis** ② (SCH) s. **Sachkundeunterricht**;
sachkundig *adj* experto; **sich** ~ **machen**
hacerse experto en la materia; **Sachlage** *f
ohne pl* estado *m* de cosas; **Sachleistung**
f prestación *f* en especie
sachlich *adj* ① (*sachbezogen*) pertinente
② (*objektiv*) objetivo; (*nüchtern*) realista
sächlich ['zɛçlɪç] *adj* (LING) neutro
Sachlichkeit *f ohne pl* objetividad *f*, realismo *m*
Sachregister *nt* índice *m* de materias;
Sachschaden *m* daño *m* material
Sachse ['zaksə] *m*, **Sächsin** *f* <-n; -nen>
sajón, -ona *m, f*
Sachsen ['zaksən] *nt* <-s> Sajonia *f*; **Sachsen-Anhalt** *nt* <-s> Sajonia-Anhalt *f*
Sächsin ['zɛksɪn] *f* <-nen> s. **Sachse**
sächsisch ['zɛksɪʃ] *adj* sajón
sacht(e) ['zaxt(ə)] *adj* suave; (*unmerklich*)
imperceptible
sachte I. *adj* s. **sacht(e)** II. *adv* (*fam*)
① (*behutsam*) suavemente; (*vorsichtig*)

con cuidado ② (*unmerklich*) imperceptiblemente ③ (*langsam*) despacio ④ (*allmählich*) poco a poco
Sachverhalt ['zaxvɛɐhalt] *m* <-(e)s, -e> circunstancias *fpl*; **sachverständig** *adj*
experto; **Sachverständige(r)** *mf* <-n, -n;
-n> perito, -a *m, f*, experto, -a *m, f*; **Sachwert** *m* ① (*Wert*) valor *m* real ② *pl* (*Wertobjekt*) bienes *mpl* reales
Sack [zak, *pl*: 'zɛkə] *m* <-(e)s, Säcke>
① (*Behälter*) saco *m*; **Gelber** ~ saco *de
basura amarillo en el sistema dual de separación de basuras*; **mit** ~ **und Pack** con
todo lo que tiene; **etw** (**schon**) **im** ~
haben (*fam*) tener algo (ya) en el saco
② (*vulg: Hoden*~) cojones *mpl*; **der/das
geht mir auf den** ~ estoy hasta los cojones ③ (*vulg abw: Mensch*) granuja *m*;
Sackbahnhof *m* estación *f* sin salida
sacken ['zakən] *vi sein* desplomarse; **zur
Seite** ~ caerse hacia el lado
Sackgasse *f* callejón *m* sin salida; **Sackhüpfen** *nt* carrera *f* de sacos; **Sackmesser** *nt* (*Schweiz*) navaja *f*; **Sacktuch** *nt*
(*südd, Österr, Schweiz*) pañuelo *m* (de
bolsillo)
Sadismus [za'dɪsmʊs] *m* <-, *ohne pl*>
sadismo *m*
Sadist(in) [za'dɪst] *m(f)* <-en, -en; -nen>
sádico, -a *m, f*
sadistisch *adj* sádico
säen ['zɛːən] *vt* sembrar; **Hass/Zwietracht**
~ sembrar el odio/la discordia; **dünn
gesät sein** ser escaso
Safari [za'faːri] *f* <-s> safari *m*; **auf** ~
gehen ir de safari
Safe [sɛɪf] *m o nt* <-s, -s> caja *f* fuerte
Safran ['zafraː(ɪ)n] *m* <-s, -e> azafrán *m*
Saft [zaft, *pl*: 'zɛftə] *m* <-(e)s, Säfte>
① (*Frucht*~) zumo *m*, jugo *m Am*; (*Braten*~, *Pflanzen*~) jugo *m* ② (*fam: Strom*)
corriente *f*
saftig *adj* ① (*Obst*) jugoso ② (*fam: Preis,
Ohrfeige*) de aúpa
Saftladen *m* (*fam abw*) tugurio *m*; **Saftpresse** *f* exprimidor *m*
Sage ['zaːgə] *f* <-n> leyenda *f*; (*Götter*~,
Helden~) mito *m*
Säge ['zɛːgə] *f* <-n> ① (*Werkzeug*) sierra *f*
② (*Österr: Sägewerk*) aserradero *m*;
Sägeblatt *nt* hoja *f* de (la) sierra; **Sägemehl** *nt* serrín *m*
sagen ['zaːgən] *vt* decir (*zu* acerca de/
sobre, *von* de); (*ausdrücken*) expresar;
(*mitteilen*) comunicar; (*meinen*) opinar
(*zu* de/sobre); (*ergänzen*) añadir (*zu* a);
wie sagt man auf Spanisch? ¿cómo se
dice en español?; **Gute Nacht** ~ dar las

buenas noches; **Auf Wiedersehen** ~ decir adiós; **Ja/Nein** ~ decir que sí/no; **dagegen ist nichts zu** ~ no se puede decir nada en contra; **kein Wort** ~ no decir ni (una) palabra; **was ich noch** ~ **wollte, ...** lo que iba a decir...; ~ **wir mal ...** digamos...; **sagt dir der Name etwas?** ¿te suena el nombre?; **nichts ~d** (*Rede, Argument*) insustancial; (*Worte, Sätze*) vacío; (*Gespräch*) vacuo; (*Thema*) trivial; (*Ausdruck*) inexpresivo; **das hätte ich dir gleich ~ können** podría habértelo dicho desde el principio; **was wollen Sie damit ~?** ¿qué quiere decir con esto?; **wie man so schön sagt** como suele decirse; **genauer gesagt** mejor dicho; **auf gut Deutsch gesagt** dicho claramente; **offen gesagt** a decir verdad; **das oben Gesagte** lo susodicho; **sie haben sich nichts mehr zu** ~ ya no tienen nada que decirse; **das hat nichts zu** ~ eso no quiere decir nada; **ich habe mir** ~ **lassen,** (**dass**) **...** me dijeron (que)...; **sag mal, ...** di(me)...; **um nicht zu** ~ **...** por no decir...; **von dir lasse ich mir überhaupt nichts** ~ no te creas que te voy a hacer caso; **das S~ haben** (*fam*) mandar; **das kannst du aber laut** ~ (*fam*) eso sí que es verdad; **gesagt, getan** dicho y hecho; **das ist leichter gesagt, als getan** del dicho al hecho hay mucho trecho *prov*; **das ist schnell gesagt** se dice muy pronto; **das ist nicht gesagt** eso está por ver todavía; **unter uns gesagt** entre nosotros; **du sagst es!** ¡tú lo has dicho!; **ich muss schon ~, ...** tengo que decir que...; **was ich noch ~ wollte, ...** otra cosa, ...; **wem sagst du das!** (*fam*) ¡ya lo sé!; **sage und schreibe** (*fam*) tal como lo digo; **was Sie nicht ~!** (*fam*) ¡no me diga!; **das eine sage ich dir, ...** (*fam*) te advierto una cosa...; **lass dir das gesagt sein!** (*fam*) ¡hazme caso!; **du kannst von Glück ~, dass ...** has tenido suerte en lo de... +*inf*; **das kann jeder ~!** ¡eso puede decirlo cualquiera!; **sag das nicht!** ¡no te creas!; **sag bloß!** (*fam*) ¡no me digas!; **das kann man nicht so ohne weiteres ~** tan fácil no es; **viel ~d** significativo; **na, wer sagt's denn!** (*fam*) ¡lo ves!; **hab' ich's nicht gesagt?** (*fam*) ¿no lo había dicho yo?; **was soll man dazu ~?** (*fam*) ¿qué quieres que te diga?

sägen ['zɛːɡən] **I.** *vt* serrar **II.** *vi* (*fam: schnarchen*) roncar

sagenhaft *adj* ❶ (*legendär*) legendario ❷ (*erstaunlich*) asombroso; **das war ~ billig** (*fam*) era baratísimo

Sägespäne ['zɛːɡəʃpɛːnə] *mpl* virutas *fpl*; **Sägewerk** *nt* aserradero *m*

sah [zaː] *3. imp von* **sehen**

Sahara [zaˈhaːra] *f* Sáhara *m*

Sahne ['zaːnə] *f ohne pl* nata *f*; **süße ~** nata líquida; ~ **steif schlagen** montar la nata; **Sahnetorte** *f* tarta *f* de nata

sahnig *adj* cremoso

Saison [zɛˈzõː, zɛˈzɔŋ] *f* <-s, *Österr:* -en> temporada *f*; **außerhalb der ~** fuera de temporada; **Saisonarbeit** *f* trabajo *m* estacional; **Saisonarbeiter(in)** *m(f)* temporero, -a *m, f*; **saisonbedingt** *adj* estacional

Saite ['zaɪtə] *f* <-n> cuerda *f*; **andere ~n aufziehen** (*fig*) apretar las tuercas; **Saiteninstrument** *nt* instrumento *m* de cuerda

Sakko ['zako] *m o nt* <-s, -s> americana *f*, saco *m Am*

sakral [zaˈkraːl] *adj* ❶ (*heilig*) sacro, sagrado ❷ (ANAT) sacro

Sakrament [zakraˈmɛnt] *nt* <-(e)s, -e> sacramento *m*

Sakrileg [zakriˈleːk] *nt* <-s, -e> sacrilegio *m*

Sakristei [zakrɪsˈtaɪ] *f* <-en> sacristía *f*

Salamander [zalaˈmandɐ] *m* <-s, -> salamandra *f*

Salami [zaˈlaːmi] *f* <-(s)> salami *m;* (*luftgetrocknet*) ≈salchichón *m*

Salat [zaˈlaːt] *m* <-(e)s, -e> ❶ (*Blatt~, Kopf~*) lechuga *f* ❷ (*Speise*) ensalada *f* ❸ (*fam: Durcheinander*) lío *m;* **da haben wir den ~!** ¡ahora estamos frescos!; **Salatbesteck** *nt* cubierto *m* para servir ensalada; **Salatgurke** *f* pepino *m* (para ensalada); **Salatschleuder** *f* centrifugadora *f* de ensalada; **Salatschüssel** *f* ensaladera *f;* **Salatsoße** *f* aliño *m*, salsa *f* para la ensalada

Salbe ['zalbə] *f* <-n> pomada *f*

Salbei ['zalbaɪ, -'-] *m* <-s, *ohne pl*> salvia *f*

Salbung *f* <-en> (*a.* REL) unción *f*

salbungsvoll *adj* (*abw*) con unción, patético

Saldo ['zaldo] *m* <-s, Salden *o* -s *o* Saldi> ❶ (FIN) saldo *m* ❷ (COM) deuda *f* líquida

Säle ['zɛːlə] *pl von* **Saal**

Saline [zaˈliːnə] *f* <-n> salinas *fpl*

Salm [zalm] *m* <-(e)s, -e> (ZOOL) salmón *m*

Salmiak [zalˈmjak, '--] *m o nt* <-s, *ohne pl*> sal *f* amoníaca

Salmonelle [zalmoˈnɛlə] *f* <-n> salmonela *f*

Salmonellenvergiftung *f* salmonelosis *f inv*

salomonisch [zaloˈmoːnɪʃ] *adj* salomónico

Salon [zaˈlõː, zaˈlɔŋ] *m* <-s, -s> salón *m;* **salonfähig** *adj* presentable (en sociedad);

S

etw ~ **machen** dar el visto bueno a algo

salopp [za'lɔp] *adj* (*Sprache*) coloquial; (*Verhalten, Kleidung*) informal; (*nachlässig*) descuidado

Salpetersäure *f ohne pl* ácido *m* nítrico

Salto ['zalto] *m* <-s, -s *o* Salti> (SPORT) salto *m*; **einen ~ rückwärts machen** dar una voltereta hacia atrás

salü *interj* (*Schweiz: fam*) ❶ (*hallo*) hola ❷ (*tschüs*) adiós, hasta luego

Salvadorianer(in) [zalvadori'a:nɐ] *m(f)* <-s, -; -nen> salvadoreño, -a *m, f*

salvadorianisch [zalvadori'a:nɪʃ] *adj* salvadoreño

Salz [zalts] *nt* <-es, -e> (*a.* CHEM) sal *f*

salzen ['zaltsən] *vt* salar

salzhaltig *adj* salino, salobre

salzig *adj* salado; (*Geschmack*) salobre

Salzkartoffeln *fpl* patatas *fpl* cocidas sin piel; **Salzsäure** *f ohne pl* ácido *m* clorhídrico; **Salzstange** *f* palito *m* salado; **Salzstreuer** *m* <-s, -> salero *m*; **Salzwasser** *nt ohne pl* agua *f* salada; (*Meerwasser*) agua *f* de mar

Samariter(in) [zama'ri:tɐ] *m(f)* <-s, -; -nen> samaritano, -a *m, f*

Samba ['zamba] *f* <-s>, *m* <-s, -s> samba *f*

Samen[1] ['za:mən] *m* <-s, -> (*Samenkorn*) semilla *f*

Samen[2] *m* <-s, ohne pl> ❶ (*Saat*) simiente *f* ❷ (*Sperma*) semen *m*

Samenbank *f* (MED) banco *m* de esperma; **Samenerguss** *m* eyaculación *f*; **Samenflüssigkeit** *f* (BIOL) esperma *m o f*; **Samenspender** *m* donante *m* de semen

Sammelband *m* antología *f*; **Sammelbecken** *nt* receptáculo *m*; **Sammelbegriff** *m* concepto *m* genérico; **Sammelbehälter** *m* depósito *m*; **Sammelbestellung** *f* pedido *m* colectivo; **Sammelbüchse** *f* hucha *f*; **Sammellager** *nt* centro *m* de acogida, campo *m* de acogida [*o* provisional de refugiados]

sammeln ['zaməln] I. *vt* ❶ (*zusammentragen*) recoger; (*Beeren*) recolectar; (*Geld*) recaudar; (*Unterschriften*) reunir; **Erfahrungen** ~ reunir experiencias ❷ (*aus Liebhaberei*) coleccionar ❸ (*ver~*) reunir II. *vr:* **sich** ~ ❶ (*Menschen*) reunirse; (*Dinge*) acumularse ❷ (*sich konzentrieren*) concentrarse III. *vi* (*Geld*): **für etw** ~ recaudar dinero para algo

Sammelsurium [-'zu:riʊm] *nt* <-s, -surien> (*abw*) revoltijo *m*

Sammeltaxi *nt* taxi *m* colectivo

Sammler(in) ['zamlɐ] *m(f)* <-s, -; -nen> coleccionista *mf*; **Sammlerstück** *nt* objeto *m* de colección

Sammlung *f* <-en> ❶ (*von Geld*) recaudación *f* ❷ (*Kunst~*) colección *f*; (*Gedicht~*) antología *f* ❸ (*innere* ~) recogimiento *m*

Samstag ['zamsta:k] *m* <-(e)s, -e> sábado *m*; *s. a.* **Montag**; **Samstagabend** *m* noche *f* del sábado; *s. a.* **Montagabend**

samstagabends *adv* los sábados por la noche; *s. a.* **montagabends**

samstags ['zamsta:ks] *adv* los sábados

samt [zamt] I. *präp + dat* (junto) con II. *adv:* ~ **und sonders** todos sin excepción

Samt [zamt] *m* <-(e)s, -e> terciopelo *m*; **samtartig** *adj* aterciopelado; ~ **er Stoff** tejido aterciopelado; **Samthandschuh** *m*: **jdn mit ~ en anfassen** (*fig*) tratar a alguien con guante de seda

samtig *adj* aterciopelado

sämtlich ['zɛmtlɪç] *pron indef* todo; ~ **e Unterlagen waren verschwunden** todos los documentos habían desaparecido

Sanatorium [zana'to:riʊm] *nt* <-s, Sanatorien> sanatorio *m*

Sand [zant] *m* <-(e)s, ohne pl> arena *f*; **wie ~ am Meer** (*fam*) a mares; **die Sache ist im ~ verlaufen** la cosa se fue a pique; **etw in den ~ setzen** (*fam fig*) malograr algo

Sandale [zan'da:lə] *f* <-n> sandalia *f*, ojota *f Am*, quimba *f Am*

Sandalette [zanda'lɛtə] *f* <-n> sandalia *f* (de tacón)

Sandbank *f* banco *m* de arena

Sanddorn *m* <-(e)s, -e> espino *m* falso

Sandelholz ['zandəl-] *nt* <-es, ohne pl> madera *f* de sándalo

sandfarben *adj* (de color) beige; **Sandgrube** *f* cantera *f* de arena, gravera *f* de arena; **Sandhaufen** *m* montón *m* de arena

sandig *adj* arenoso

Sandkasten *m* cajón *m* de arena; **Sandkorn** *nt* grano *m* de arena; **Sandmännchen** [-mɛnçən] *nt ohne pl* figura de *cuento que arroja arena a los ojos de los niños para que éstos se duerman;* **Sandsack** *m* saco *m* de arena; **Sandstein** *m ohne pl* arenisca *f;* **Sandstrand** *m* playa *f* de arena; **Sandsturm** *m* tormenta *f* de arena

sandte ['zantə] *3. imp von* **senden**

Sanduhr *f* reloj *m* de arena

Sandwich ['sɛntvɪtʃ] *m o nt* <-(e)s, -(e)s *o* -e> sandwich *m,* chacarero *m CSur*

sanft [zanft] *adj* ❶ *(friedfertig)* suave, dulce; *(Tier)* manso ❷ *(zart, sacht)* suave; *(freundlich)* amable; *(leicht)* ligero

Sänfte ['zɛnftə] *f* <-n> litera *f*

sanftmütig [-my:tɪç] *adj* apacible, pacífico

sang [zaŋ] *3. imp von* **singen**

Sänger(in) ['zɛŋɐ] *m(f)* <-s, -; -nen> cantante *mf*

Sangria [saŋˈɡriːa] *f* <-s> sangría *f*

sang- und klanglos *adv (fam)* sin ceremonias

sanieren* [zaˈniːrən] *vt* ❶ (ARCHIT) rehabilitar ❷ (ÖKOL, WIRTSCH) sanear

Sanierung *f* <-en> ❶ (ARCHIT) rehabilitación *f* ❷ (ÖKOL, WIRTSCH) saneamiento *m;* **Sanierungsplan** *m* ❶ (ÖKOL, WIRTSCH) plan *m* de saneamiento ❷ (ARCHIT) plan *m* de rehabilitación

sanitär [zaniˈtɛːɐ] *adj* sanitario

Sanität [zaniˈtɛːt] *f ohne pl* ❶ *(Österr: Gesundheitsdienst)* sanidad *f* ❷ *(Schweiz: Ambulanz)* ambulancia *f* ❸ *(Österr, Schweiz: Sanitätstruppe)* tropa *f* sanitaria

Sanitäter(in) [zaniˈtɛːtɐ] *m(f)* <-s, -; -nen> sanitario, -a *m, f,* barchilón, -ona *m, f Peru*

Sanitätsdienst *m* (MIL) servicio *m* sanitario, enfermería *f;* **Sanitätswesen** *nt* <-s, *ohne pl*> sanidad *f* (militar)

sank [zaŋk] *3. imp von* **sinken**

Sankt [zaŋkt] *adj inv* San

Sanktion [zaŋkˈtsjoːn] *f* <-en> ❶ *(Zustimmung)* sanción *f* ❷ *pl (Strafmaßnahmen)* sanciones *fpl;* ~ **en gegen jdn verhängen** imponer sanciones a alguien

sanktionieren* [zaŋktsjoˈniːrən] *vt* ❶ *(gutheißen)* sancionar ❷ *(mit Sanktionen belegen)* imponer sanciones (a), sancionar

sann [zan] *3. imp von* **sinnen**

Saphir [zaˈfiːɐ] *m* <-s, -e> zafiro *m*

Sarde, -in ['zardə] *m, f* <-n, -n; -nen> sardo, -a *m, f*

Sardelle [zarˈdɛlə] *f* <-n> boquerón *m,* anchoa *f reg*

Sardine [zarˈdiːnə] *f* <-n> sardina *f*

Sardinien [zarˈdiːniən] *nt* <-s> Cerdeña *f*

sardisch ['zardɪʃ] *adj* sardo

Sarg [zark] *pl:* 'zɛrɡə] *m* <-(e)s, Särge> ataúd *m,* cajón *m CSur*

Sarkasmus [zarˈkasmʊs] *m* <-, Sarkasmen> sarcasmo *m*

sarkastisch [zarˈkastɪʃ] *adj* sarcástico

Sarkophag [zarkoˈfaːk] *m* <-s, -e> sarcófago *m*

saß [zaːs] *3. imp von* **sitzen**

Satan ['zaːtan] *m* <-s, *ohne pl*> *(Teufel)* Satanás *m*

satanisch [zaˈtaːnɪʃ] *adj* satánico

Satellit [zatɛˈliːt] *m* <-en, -en> *(a.* ASTR) satélite *m*

Satellitenfernsehen *nt* televisión *f* vía satélite; **Satellitenfoto** *nt* foto *f* vía satélite; **Satellitenschüssel** *f (fam)* antena *f* parabólica; **Satellitenstadt** *f* ciudad *f* satélite

Satin [zaˈtɛ̃ː] *m* <-s, -s> raso *m,* (tela *f* de) satén *m*

Satire [zaˈtiːrə] *f* <-n> sátira *f*

satirisch *adj* satírico

satt [zat] *adj* ❶ *(nicht hungrig)* satisfecho; *(a. fig)* harto; **sich (an etw** *dat)* ~ **essen** hartarse (de algo); **sich an etw** *dat* **nicht** ~ **sehen können** no cansarse de ver algo; **jdn/etw** ~ **haben** *(fam)* estar harto de alguien/algo ❷ *(Farbe)* fuerte, intenso ❸ *(fam: eindrucksvoll)* impresionante

Sattel ['zatəl, *pl:* 'zɛtəl] *m* <-s, Sättel> *(Reit~)* silla *f* de montar; *(Fahrrad~)* sillín *m;* **sattelfest** *adj:* **in etw** ~ **sein** ser versado en algo

satteln *vt* ensillar

Sattelschlepper *m* camión *m* trailer

Satteltasche *f* ❶ *(am Reitsattel)* alforjas *fpl* ❷ *(am Fahrrad: für Werkzeug)* cartera *f* de herramientas; *(für Gepäck)* bolsa *f* (para bicicletas)

sättigen ['zɛtɪɡən] **I.** *vi* saciar **II.** *vt* ❶ *(geh: satt machen)* satisfacer ❷ *(Markt, a.* CHEM) saturar

sättigend *adj* que sacia; *(gehaltvoll)* sustancioso

Sättigung *f ohne pl* ❶ *(des Hungers)* saciedad *f* ❷ (CHEM) saturación *f*

Sattler(in) ['zatlɐ] *m(f)* <-s, -; -nen> guarnicionero, -a *m, f*

Saturn [zaˈtʊrn] *m* <-s> Saturno *m*

Satz¹ [zats, *pl:* 'zɛtsə] *m* <-es, Sätze> ❶ (LING) frase *f,* oración *f* ❷ *(Lehr~)* teorema *m* ❸ (MUS) parte *f* ❹ *(Quote)* tasa *f;* *(Tarif)* tarifa *f* ❺ *(zusammengehörige Dinge)* juego *m* ❻ *(Kaffee~)* poso *m* ❼ *(Tennis)* set *m* ❽ *(Sprung)* salto *m;* **einen großen** ~ **machen** dar un gran salto

Satz² *m* <-es, *ohne pl*> (TYPO) composición *f;* **im** ~ **sein** estar en composición

Satzbau *m ohne pl* (LING) construcción *f* de

una oración; **Satzlehre** *f ohne pl* (LING) sintaxis *f;* **Satzteil** *m* parte *f* de la oración

Satzung *f* <-en> (JUR) estatutos *mpl*

Satzzeichen *nt* (LING) signo *m* de puntuación

Sau [zaʊ, *pl:* 'zɔɪə] *f* <Säue> ❶ (*Tier*) cerda *f;* **die ~ rauslassen** (*fam*) pasárselo bomba; **jdn zur ~ machen** (*fam*) poner a alguien como un trapo; **unter aller ~** (*fam abw*) fatal ❷ (*fam abw: Mensch*) cochino, -a *m, f*

sauber ['zaʊbɐ] **I.** *adj* ❶ (*rein*) limpio; (*stubenrein*) aseado; **etw ~ machen** limpiar algo ❷ (*sorgfältig*) esmerado; (*genau*) exacto ❸ (*anständig*) decente, íntegro; **bleib ~!** (*fam*) ¡que te vaya bien! ❹ (*fam: nicht anständig*) buen ❺ (*fam: vernünftig*) bien de la cabeza; **du bist wohl nicht ganz ~!** ¡tú no estás bien de la cabeza! **II.** *adv* (*sorgfältig*) con esmero; **etw ~ voneinander trennen** separar algo limpiamente

Sauberkeit *f ohne pl* ❶ (*Reinlichkeit*) limpieza *f* ❷ (*Anständigkeit*) integridad *f*

säuberlich ['zɔɪbɐlɪç] **I.** *adj* limpio; (*sorgfältig*) esmerado **II.** *adv* con esmero

säubern ['zɔɪbɐn] *vt* ❶ (*reinigen*) limpiar; (*Wunde*) absterger ❷ (*Partei*) purgar

Säuberung *f* <-en> ❶ (*das Reinigen*) limpieza *f* ❷ (*einer Partei*) purga *f*

Sauce ['zoːsə] *f* <-n> salsa *f*

Saudi-Arabien *nt* Arabia *f* Saudita

saudumm ['--] *adj* (*fam*) tonto de capirote

sauer ['zaʊɐ] *adj* ❶ (*Obst, Bonbons, a.* CHEM) ácido; **etw ~ einlegen** poner algo en conserva ❷ (*dickflüssige Milch*) cuajado; (*verdorbene Milch*) agrio; **~ werden** (*Milch*) agriarse ❸ (*fam: verärgert*) de mala uva, tibio *Am;* **ich bin ~ auf ihn** me cabreó; **Sauerampfer** *m* <-s, -> (BOT) acedera *f;* **Sauerbraten** *m* asado de buey adobado en vinagre y especias

Sauerei [zaʊəˈraɪ] *f* <-en> (*fam abw*) porquería *f*

Sauerkirsche *f* ❶ (*Frucht*) guinda *f* ❷ (*Baum*) guindo *m;* **Sauerkraut** *nt ohne pl* col *f* agria, choucroute *f*

säuerlich ['zɔɪɐlɪç] *adj* ❶ (*Speisen, Getränke*) un poco ácido ❷ (*Milch*) un poco agrio ❸ (*Miene*) avinagrado

Sauerrahm *m* (GASTR) nata *f* agria

Sauerstoff *m ohne pl* oxígeno *m;* **Sauerstoffflasche** *f* botella *f* de oxígeno; **Sauerstoffgerät** *nt* aparato *m* de oxígeno; **Sauerstoffmangel** *m* falta *f* de oxígeno; **Sauerstoffmaske** *f* máscara *f* de oxígeno

Sauerteig *m* levadura *f*

Saufbold [-bɔlt] *m* <-(e)s, -e> (*fam abw*)

borrachín, -ina *m, f*

saufen ['zaʊfən] <säuft, soff, gesoffen> **I.** *vi* ❶ (*Tier*) beber ❷ (*fam: Alkohol trinken*) empinar el codo ❸ (*alkoholsüchtig sein*) beber, ser alcohólico **II.** *vt* ❶ (*Tier*) beber ❷ (*fam: Mensch*) tomar (con exceso); **einen ~ gehen** irse de copas

Säufer(in) ['zɔɪfɐ] *m(f)* <-s, -; -nen> (*fam abw*) bebedor(a) *m(f);* (*stärker*) borracho, -a *m, f,* mamón, -ona *m, f Am*

Sauferei *f* <-en> (*fam*) ❶ (*Trunksucht*) alcoholismo *m* ❷ (*Gelage*) francachela *f*

Saufkumpan(in) *m(f)* (*fam*) compañero, -a *m, f* de copas

säuft [zɔɪft] *3. präs von* **saufen**

saugen[1] ['zaʊɡən] <saugt, sog *o* saugte, gesogen *o* gesaugt> **I.** *vi* (*an einer Pfeife*) chupar (*an*); (*an der Brust*) mamar (*an*) **II.** *vt* ❶ (*ein~*) chupar (*aus* de) ❷ (*auf~*) absorber **III.** *vr:* **sich ~** ❶ (*eingesaugt werden*) empapar; **der Wein saugt sich in den Stoff** el vino empapa la tela ❷ (*in sich aufnehmen*) absorber; **sich mit etw voll ~ absorber** algo

saugen[2] *vi, vt* (*staub~*) pasar la aspiradora (a)

säugen ['zɔɪɡən] *vt* amamantar, dar de mamar (a)

Sauger *m* <-s, -> ❶ (*auf einer Flasche*) tetilla *f,* tetera *f Am* ❷ (*fam: Staub~*) aspiradora *f*

Säugetier *nt* mamífero *m*

saugfähig *adj* absorbente

Säugling ['zɔɪklɪŋ] *m* <-s, -e> lactante *mf,* baby *mf Am,* tierno, -a *m, f Guat, Nic;* **Säuglingsnahrung** *f* alimento *m* para lactantes; **Säuglingsschwester** *f* puericultora *f*

saukalt ['--] *adj* (*fam*) muy frío; **es ist ~** hace un frío que pela; **Saukerl** *m* (*vulg*) cabrito *m*

Säule ['zɔɪlə] *f* <-n> columna *f*

Säulengang *m* arcada *f*

Saum [zaʊm, *pl:* 'zɔɪmə] *m* <-(e)s, Säume> ❶ (*umgenähter Rand*) dobladillo *m,* basta *f Am* ❷ (*geh: Rand, Rain*) linde *m o f*

saumäßig **I.** *adj* (*fam*) ❶ (*viel*) enorme ❷ (*sehr schlecht*) muy malo **II.** *adv* (*fam: sehr*) terriblemente

säumen ['zɔɪmən] *vt* coser un dobladillo (en)

säumig *adj* retrasado; (*Schuldner*) moroso

Säumnis ['zɔɪmnɪs] *f* <-se>, *nt* <-ses, -se> (*geh*) demora *f;* (JUR) morosidad *f*

Sauna ['zaʊna] *f* <-s o Saunen> sauna *f*

saunieren* [zaʊˈniːrən] *vi* ir a la sauna

Säure[1] ['zɔɪrə] *f ohne pl* (*saurer Geschmack*) acidez *f*

Säure² *f* <-n> (CHEM) ácido *m*

Saurier ['zaʊriɐ] *m* <-s, -> saurio *m*

Saus [zaʊs] *m:* in ~ **und Braus leben** vivir a pata ancha

säuseln ['zɔɪzəln] *vi, vt* susurrar

sausen ['zaʊzən] *vi sein* (*Geschoss*) silbar; (*Mensch*) ir pitando; (*Fahrzeug*) ir a toda mecha; **etw** ~ **lassen** (*fam*) abandonar algo

Saustall *m* (*a. fig, abw*) pocilga *f;* **saustark** ['-(')-] *adj* (*fam: sehr stark*) muy fuerte; (*großartig*) genial; **Sauwetter** *nt* (*fam*) tiempo *m* de perros; **sauwohl** ['-'-] *adj* (*fam*): **sich** ~ **fühlen** sentirse de puta madre

Savanne [za'vanə] *f* <-n> sabana *f*

Saxofon *nt* <-s, -e> *s.* **Saxophon**

Saxofonist(in) *m(f)* <-en, -en; -nen> *s.* **Saxophonist**

Saxophon [zakso'foːn, '---] *nt* <-s, -e> saxofón *m*

Saxophonist(in) [zaksofo'nɪst] *m(f)* <-en, -en; -nen> saxofonista *mf*

SB [ɛs'beː] *Abk. von* **Selbstbedienung** autoservicio *m*

S-Bahn *f* ≈suburbano *m;* **S-Bahnhof** ['ɛsbaːnhoːf] *m* estación *f* de trenes rápidos (urbanos)

SBB [ɛsbeː'beː] *f Abk. von* **Schweizerische Bundesbahn** compañía *f* de ferrocarriles suiza

SB-Tankstelle *f* gasolinera *f* autoservicio

scannen ['skɛnən] *vt* (INFOR) escanear, explorar

Scanner ['skɛnɐ] *m* <-s, -> (INFOR, MED) escáner *m;* **Scannerkasse** *f* caja *f* registradora con escáner

Schabe ['ʃaːbə] *f* <-n> cucaracha *f*

schaben ['ʃaːbən] *vt* raspar

Schabernack ['ʃaːbɐnak] *m* <-(e)s, -e> travesura *f;* ~ **treiben** hacer travesuras

schäbig ['ʃɛːbɪç] *adj* (*abw*) ❶ (*unansehnlich*) deslucido; (*abgenutzt*) gastado ❷ (*armselig, gemein*) miserable

Schablone [ʃa'bloːnə] *f* <-n> patrón *m,* plantilla *f*

Schach¹ [ʃax] *nt* <-s, *ohne pl*> (*Spiel*) ajedrez *m;* ~ **spielen** jugar al ajedrez

Schach² *nt* <-s, -s> (*Spielstellung*) jaque *m*

Schachbrett *nt* tablero *m* de ajedrez; **schachbrettartig** *adj* ajedrezado

schachern ['ʃaxɐn] *vi* (*abw*) usurar

Schachfigur *f* pieza *f* de ajedrez; **schachmatt** ['-'-] ❶ (*beim Schachspiel*) jaque mate; **jdn** ~ **setzen** dar jaque mate a alguien ❷ (*fam: erschöpft*) hecho polvo

Schachspiel¹ *nt* (*Brett und Figuren*) (juego *m* de) ajedrez *m*

Schachspiel² *nt ohne pl* (*das Schachspielen*) ajedrez *m*

Schachspieler(in) *m(f)* jugador(a) *m(f)* de ajedrez

Schacht [ʃaxt, *pl:* 'ʃɛçtə] *m* <-(e)s, Schächte> pozo *m*

Schachtel ['ʃaxtəl] *f* <-n> caja *f;* (*größer*) cajón *m;* (*Zigaretten~*) paquete *m;* **eine** ~ **Pralinen** una caja de bombones

Schachzug *m* <-(e)s, -züge> jugada *f*

schade ['ʃaːdə] *adj inv:* **es ist** ~**, dass ...** es una lástima que... +*subj;* **das ist aber** ~! ¡qué lástima!; **es ist** ~ **um jdn/etw** alguien/algo (me) da pena; **sich** *dat* **für etw (nicht) zu** ~ **sein** (no) creerse demasiado para algo

Schädel ['ʃɛːdəl] *m* <-s, -> cráneo *m;* **Schädelbruch** *m* fractura *f* de cráneo

schaden ['ʃaːdən] *vi:* **jdm/etw** *dat* ~ dañar a alguien/algo, perjudicar a alguien/algo; **du schadest dir nur selbst damit** sólo te perjudicas a ti mismo; **das schadet nichts** (*fam*) no es grave

Schaden ['ʃaːdən] *m* <-s, Schäden> ❶ (*Beschädigung*) daño *m* (*an* de), perjuicio *m* (*an* de); **es entstand ein** ~ **von 300 Euro** se produjo un daño de 300 euros; **jdm** ~ **zufügen** hacer daño a alguien; **zu** ~ **kommen** sufrir perjuicios; **durch** ~ **wird man klug** (*prov*) se aprende a base de errores ❷ (*Nachteil*) desventaja *f;* (*Verlust*) pérdida *f* ❸ (*gesundheitlich*) defecto *m;* **Schadenersatz** *m* (JUR) indemnización *f* por daños y perjuicios; ~ **leisten** pagar una indemnización; **Schadenersatzanspruch** *m* (JUR) derecho *m* de pago de indemnización; **Schadenfreude** *f* alegría *f* del mal ajeno; **schadenfroh** *adj* malicioso

Schadensersatz *m* (JUR) *s.* **Schadenersatz**

schadhaft *adj* defectuoso

schädigen ['ʃɛːdɪgən] *vt* dañar, perjudicar

Schädigung *f* <-en> daño *m,* perjuicio *m*

schädlich ['ʃɛːtlɪç] *adj* perjudicial (*für* para); (*gesundheitlich*) nocivo (*für* para)

Schädling ['ʃɛːtlɪŋ] *m* <-s, -e> parásito *m;* **Schädlingsbekämpfung** *f ohne pl* lucha *f* antiparasitaria; **Schädlingsbekämpfungsmittel** *nt* pesticida *m*

Schadstoff *m* <-(e)s, -e> sustancia *f* nociva; **schadstoffarm** *adj* poco contaminante; **Schadstoffausstoß** *m* emisión *f* contaminante; **Schadstoffbelastung** *f* contaminación *f;* **schadstoffhaltig** *adj* con sustancias nocivas; **Schadstoffkonzentration** *f* concentración *f* de sustancias contaminantes

S

Schaf [ʃaːf] *nt* <-(e)s, -e> ➊ (*Tier*) oveja *f;* **schwarzes** ~ (*fig*) oveja negra ➋ (*fam: Dummkopf*) borrico, -a *m, f;* **Schafbock** *m* carnero *m*

Schäfchen [ˈʃɛːfçən] *nt* <-s, -> ➊ (*junges Schaf*) corderito *m;* ~ **zählen** (*fam fig*) contar ovejitas; **sein** ~ **ins Trockene bringen** (*fam fig*) hacer su agosto ➋ (*Gemeindemitglied*) miembro *m* de una congregación religiosa; **Schäfchenwolken** *fpl* cirrocúmulos *mpl*

Schäfer(in) [ˈʃɛːfɐ] *m(f)* <-s, -; -nen> pastor(a) *m(f);* **Schäferhund** *m* perro *m* pastor, ovejero *m Am;* (*Deutscher~*) pastor *m* alemán

Schäferstündchen [-ʃtʏntçən] *nt* momentos *mpl* amorosos

Schaffell [ˈʃaːfɛl] *nt* piel *f* de oveja [o de carnero]

schaffen¹ [ˈʃafən] <schafft, schuf, geschaffen> *vt* ➊ (*er~*) crear; (*gründen*) fundar; **dafür ist sie wie ge**~ está hecha para esto ➋ (*Voraussetzungen*) crear; (*Platz, Ordnung*) hacer; (*Unruhe*) causar

schaffen² I. *vt* ➊ (*bewältigen*) hacer; (*fertig bringen*) acabar; (*erreichen*) lograr; **eine Prüfung** ~ aprobar un examen; **so, das hätten wir geschafft** bueno, ya está ➋ (*fam: erschöpfen*) agotar, hacer polvo; **die Kinder haben mich geschafft** los niños me han hecho polvo; **jdm zu** ~ **machen** (*erschöpfen*) agotar a alguien; (*bekümmern*) dar quebraderos de cabeza a alguien ➌ (*weg~*) llevar; (*herbei~*) traer II. *vi* (*südd, reg: arbeiten*) trabajar, currar *fam;* **damit habe ich nichts zu** ~ no tengo nada que ver con eso

Schaffenskraft *f ohne pl* fuerza *f* creadora

Schaffner(in) [ˈʃafnɐ] *m(f)* <-s, -; -nen> (*Fahrscheinverkäufer*) cobrador(a) *m(f);* (*Kontrolleur*) revisor(a) *m(f)*

Schaffung *f ohne pl* creación *f*

Schafherde *f* rebaño *m* de ovejas

Schafott [ʃaˈfɔt] *nt* <-(e)s, -e> patíbulo *m*

Schafskäse *m* queso *m* de oveja

Schaft [ʃaft, *pl:* ˈʃɛftə] *m* <-(e)s, Schäfte> ➊ (*Stiefel~*) caña *f* de la bota ➋ (*Gewehr~*) caja *f* del fusil ➌ (BOT) tallo *m* ➍ (*für Messer, Schwert*) mango *m* ➎ (*Schweiz: Schrank*) armario *m;* (*Regal*) estantería *f;* **Schaftstiefel** *m* bota *f* alta

Schafwolle *f* lana *f* de oveja

Schah [ʃaː] *m* <-s, -s> sha *m* (de Persia)

Schakal [ʃaˈkaːl] *m* <-s, -e> chacal *m*

schäkern [ˈʃɛːkɐn] *vi* (*fam*) ➊ (*scherzen*) bromear ➋ (*flirten*) ligar

schal [ʃaːl] *adj* insípido

Schal [ʃaːl] *m* <-s, -s *o* -e> bufanda *f*

Schale [ˈʃaːlə] *f* <-n> ➊ (*Obst~, Kartoffel~*) piel *f;* (*Nuss~, Eier~*) cáscara *f;* (*Muschel~*) concha *f;* (*von Hülsenfrüchten*) vaina *f* ➋ (*Gefäß*) fuente *f* ➌ (*Waag~*) platillo *m* ➍ (*fam: Kleidung*): **sich in** ~ **werfen** ponerse de punta en blanco

schälen [ˈʃɛːlən] I. *vt* (*Obst, Kartoffel*) pelar; (*Ei, Nuss*) quitar la cáscara (a); (*Baum*) descortezar II. *vr:* **sich** ~ (*Haut*) pelarse

Schalentier *nt* crustáceo *m*

Schalk [ʃalk] *m* <-(e)s, -e *o* Schälke> granuja *mf;* **jdm sitzt der** ~ **im Nacken** alguien es un diablillo

Schall [ʃal] *m* <-(e)s, *ohne pl*> (*geh: Geräusch, Laut*) sonido *m;* (PHYS) resonancia *f;* (*Widerhall*) eco *m;* ~ **und Rauch sein** ser una nimiedad; **Schalldämmung** *f ohne pl* insonorización *f;* **Schalldämpfer** *m* ➊ (TECH) silenciador *m* ➋ (MUS) sordina *f;* **schalldicht** *adj* insonoro

schallen [ˈʃalən] *vi* resonar; ~ **des Gelächter** risas atronadoras

Schallgeschwindigkeit *f ohne pl* velocidad *f* del sonido; **Schallgrenze** *f ohne pl* s. **Schallmauer; Schallisolierung** *f ohne pl* aislamiento *m* acústico; **Schallmauer** *f ohne pl* barrera *f* del sonido; **die** ~ **durchbrechen** traspasar la barrera del sonido

Schallplatte *f* disco *m;* **Schallplattensammlung** *f* discoteca *f,* colección *f* de discos

Schallwelle *f* (PHYS) onda *f* sonora

Schalotte [ʃaˈlɔtə] *f* <-n> (ajo *m*) chalote *m*

schalt [ʃalt] *3. imp von* **schalt**

Schaltanlage *f* (ELEK) instalación *f* de mando

schalten [ˈʃaltən] I. *vi* ➊ (AUTO) cambiar de marcha; **in den dritten Gang** ~ cambiar a tercera ➋ (*um~*) ponerse; (RADIO, TV) conectar (*zu* con) ➌ (*handeln*): **er schaltet und waltet, wie es ihm gefällt** hace y deshace (como le viene en gana) ➍ (*fam: begreifen*) caer (en la cuenta); (*reagieren*) reaccionar II. *vt* ➊ (TECH: *verbinden*) conectar; (*ein~*) encender; (*aus~*) apagar ➋ (*einschieben*) intercalar ➌ (*inserieren*): **eine Anzeige** ~ poner un anuncio publicitario

Schalter *m* <-s, -> ➊ (TECH) interruptor *m* ➋ (*Post~*) ventanilla *f;* (*Fahrkarten~*) taquilla *f,* boletería *f Am;* **Schalterbeamte(r)** *mf,* **-beamtin** *f* funcionario, -a *m, f* de ventanilla; **Schalterhalle** *f,* **Schalterraum** *m* sala *f* de ventanillas; **Schalterstunden** *fpl* horario *m* de ventanilla

Schalthebel *m* palanca *f* de mando; **Schaltjahr** *nt* año *m* bisiesto; **Schaltknüppel** *m* palanca *f* de cambio; **Schalt-**

kreis m (ELEK) circuito m; **Schaltplan** m (ELEK) diagrama m de circuito; **Schalttafel** f (ELEK) panel m de control; **Schalttag** m día m del año bisiesto

Schaltung f <-en> ❶ (ELEK) circuito m ❷ (TEL) conexión f ❸ (AUTO) caja f de cambios

Schalung ['ʃaːlʊŋ] f <-en> (TECH) encofrado m

Schaluppe [ʃaˈlʊpə] f <-n> (NAUT) chalupa f

Scham [ʃaːm] f ohne pl ❶ (das Sichschämen) vergüenza f, pena f Am; **vor ~ vergehen** morirse de vergüenza ❷ (~gefühl) pudor m ❸ (ANAT) pubis m inv

Schamane [ʃaˈmaːnə] m <-n, -n> chamán m

Schambein nt (ANAT) (hueso m del) pubis m inv

schämen ['ʃɛːmən] vr: **sich ~** avergonzarse (wegen/für de, vor ante), tener vergüenza (wegen/für de), apenarse (wegen/für por) Am; **er schämt sich für sein Verhalten** su comportamiento le da vergüenza; **du solltest dich ~!** ¡deberías avergonzarte!

Schamgefühl nt ohne pl pudor m, vergüenza f

Schamgegend f ohne pl zona f púbica; **Schamhaar** nt vello m púbico

schamhaft adj pudoroso; (scheu) avergonzado

Schamlippe f (ANAT) labio m de la vulva

schamlos adj ❶ (unanständig) impúdico ❷ (dreist) descarado, desvergonzado

Schamröte f rubor m; **mir stieg die ~ ins Gesicht** me puse colorado de vergüenza

Schande ['ʃandə] f ohne pl (Beschämung) vergüenza f; (Schmach) infamia f; (für die Ehre) deshonra f; **sie hat ~ über uns gebracht** ha manchado nuestro nombre; **zu meiner ~ muss ich gestehen, dass** ... para mi vergüenza tengo que reconocer que...; **das ist eine ~!** ¡es una vergüenza!; **mach mir keine ~!** ¡no me dejes mal!; **das ist doch keine ~** no es ninguna deshonra

schänden ['ʃɛndən] vt ❶ (entehren) deshonrar, embarrar Am; (sexuell) abusar (de) ❷ (entweihen) profanar

Schandfleck m mancha f; (für die Ehre) deshonra f

schändlich ['ʃɛntlɪç] adj vergonzoso, infame

Schandtat f vileza f, infamia f; **zu jeder ~ bereit sein** (fam iron) estar dispuesto a cualquier broma

Schändung f <-en> (Grab, Kirche) profanación f; (Ehre) difamación f

Schänke ['ʃɛŋkə] f <-n> s. **Schenke**

Schanze ['ʃantsə] f <-n> (SPORT) trampolín m

Schar [ʃaːɐ] f <-en> ❶ (Menge) multitud f; (Gruppe) grupo m, tropilla f CSur; (Vogel~) bandada f; **in** (hellen) **~en** en masas ❷ (AGR: Pflug~) reja f del arado

scharen ['ʃaːrən] I. vr (geh): **sich um jdn/ etw ~** arremolinarse en torno a alguien/a algo II. vt (geh): **... um sich ~** formar un grupo de...

scharenweise adv a manadas, en masa

scharf [ʃarf] adj <schärfer, am schärfsten> ❶ (Messer, Kralle, Zähne) afilado, filoso Am; (schneidend) cortante; (Kante) vivo ❷ (Speise) picante; (Getränk) fuerte; (Geruch) acre; (CHEM) corrosivo ❸ (Wind) cortante ❹ (Ton) estridente ❺ (FOTO) nítido; (Umrisse) (bien) marcado; **~ eingestellt** enfocado con precisión ❻ (Gehör) fino; (Verstand) agudo; **~e Augen haben** tener una vista aguda; **~ nachdenken** hacer memoria ❼ (Kurve) cerrado; **~ bremsen** dar un frenazo; **~ abbiegen** hacer un giro brusco ❽ (Kritik) mordaz; (Antwort) tajante; (Protest) enérgico; **jdn ~ kritisieren** criticar duramente a alguien ❾ (Disziplin) riguroso; (Bewachung) estrecho ❿ (Auseinandersetzung) reñido ⓫ (Hund) mordedor ⓬ (fam: toll) chulo ⓭ (fam: geil) cachondo (auf por) ⓮ (MIL: Munition) explosivo, con carga explosiva ⓯ (fam: versessen): **~ darauf sein etw zu tun** morirse por hacer algo

Scharfblick m ohne pl perspicacia f

Schärfe ['ʃɛrfə] f ohne pl ❶ (Messer, Kante) agudeza f ❷ (Speise) (sabor m) picante m; (Geruch) acritud f; (CHEM) causticidad f ❸ (Foto, Umriss) nitidez f ❹ (Sinnesorgan) agudeza f; (Verstandes~) perspicacia f ❺ (Worte) rudeza f; (von Kritik) mordacidad f ❻ (Härte, Strenge) rigor m, dureza f

schärfen vt ❶ (Messer) afilar ❷ (Verstand, Gehör) aguzar

scharfkantig adj afilado, cortante; **scharf|machen** vt (fam) instigar

Scharfrichter(in) m(f) verdugo mf

Scharfschütze, -in m, f (MIL) tirador(a) m(f) de alta precisión; **scharfsichtig** adj de vista aguda; **Scharfsinn** m ohne pl perspicacia f, sagacidad f; **scharfsinnig** adj perspicaz, sagaz

Scharlach ['ʃarlax] m <-s, ohne pl> (MED) escarlatina f

Scharlatan ['ʃarlatan] m <-s, -e> (abw) charlatán, -ana m, f

Scharnier [ʃarˈniːɐ] nt <-s, -e> bisagra f

Schärpe ['ʃɛrpə] f <-n> banda f; (um die Hüfte) faja f

scharren ['ʃarən] **I.** *vi* (*in der Erde*) escarbar; (*an einen Gegenstand*) arañar **II.** *vt* ❶ (*Loch*) cavar ❷ (*zusammen~*) amontonar

Scharte ['ʃartə] *f* <-n> ❶ (*Kerbe*) mella *f* ❷ (*Schieß~*) tronera *f*

scharwenzeln* [ʃar'vɛntsəln] *vi* haben o sein (*fam abw*): **um jdn ~** hacer(le) la pelota a alguien

Schaschlik ['ʃaʃlɪk] *m o nt* <-s, -s> pincho *m* de carne

Schatten ['ʃatən] *m* <-s, -> sombra *f;* **35 Grad im ~** 35 grados a la sombra; **~ werfen/spenden** hacer/dar sombra; **nur noch ein ~ seiner selbst sein** no ser ni la sombra de lo que se era; **in jds ~ stehen** estar a la sombra de alguien; **jdn/etw in den ~ stellen** dar cien (mil) vueltas a alguien/a algo; **über seinen ~ springen** superarse (a sí mismo); **Schattenseite** *f* ❶ (*Seite im Schatten*) lado *m* de la sombra ❷ (*Nachteil*) inconveniente *m;* **Schattenspiel** *nt* sombras *fpl* chinescas

schattieren* [ʃa'tiːrən] *vt* sombrear

Schattierung *f* <-en> ❶ (KUNST) sombreado *m*, sombras *fpl* ❷ (*Variante*) matiz *m*

schattig *adj* sombrío

Schatulle [ʃa'tʊlə] *f* <-n> cofre *m*

Schatz [ʃats, *pl:* 'ʃɛtsə] *m* <-es, Schätze> (*a. fig*) tesoro *m*

Schätzchen ['ʃɛtsçən] *nt* <-s, -> cariño *m*, cielo *m*

schätzen ['ʃɛtsən] *vt* ❶ (*Wert*) valorar (*auf* en); (*Größe, Alter*) calcular; **wie alt ~ Sie ihn?** ¿cuántos años calcula que tiene? ❷ (*fam: annehmen*) suponer; **ich schätze, dass ...** supongo que... ❸ (*würdigen*) apreciar; **ich weiß das zu ~** sé apreciarlo; **wir können uns glücklich ~** podemos dar gracias (a Dios)

Schatzkammer *f* cámara *f* del tesoro, tesorería *f;* **Schatzmeister(in)** *m(f)* tesorero, -a *m, f*

Schätzung *f* <-en> cálculo *m;* (*des Wertes*) valoración *f;* **nach meiner ~** según mis cálculos

schätzungsweise *adv* aproximadamente, más o menos

Schätzwert *m* valor *m* estimado

Schau [ʃaʊ] *f* <-en> exposición *f;* **etw zur ~ stellen** exponer algo; **eine große ~ abziehen** (*fam: angeben*) dárselas de importante; **jdm die ~ stehlen** robar el protagonismo a alguien; **Schaubild** *nt* diagrama *m;* **Schaubude** *f* caseta *f*

Schauder ['ʃaʊdɐ] *m* <-s, -> (*geh*) escalofrío *m;* **ihm lief ein ~ über den Rücken** le dio un escalofrío

schauderhaft *adj* horrible, horroroso

schaudern ['ʃaʊdɐn] **I.** *vi* estremecerse (*bei/vor* ante) **II.** *vunpers* sobrecoger; **es schauderte mich beim Anblick** me sobrecogió la escena

schauen ['ʃaʊən] *vi* ❶ (*blicken*) mirar; **auf die Uhr ~** mirar el reloj; **schau mal!** ¡mira!; **traurig ~** poner cara triste ❷ (*Österr, Schweiz, südd: sich kümmern*) atender (*nach* a), mirar (*nach* por) ❸ (*achten*): **(sehr) darauf ~, dass ...** tener (muy) en cuenta, que... +*subj;* (*Wert legen*) dar (gran) importancia a que... +*subj*

Schauer ['ʃaʊɐ] *m* <-s, -> ❶ (METEO) chubasco *m* ❷ (*geh: Schauder*) escalofrío *m;* **Schauergeschichte** *f* cuento *m* horripilante

schauerlich *adj* ❶ (*gruselig*) horripilante, escalofriante ❷ (*fam: grässlich*) horrible

Schauermärchen *nt* cuento *m* horripilante

Schaufel ['ʃaʊfəl] *f* <-n> ❶ (*Schippe*) pala *f* ❷ (*Schweiz: Pik*) pica *f*

schaufeln **I.** *vi* palear **II.** *vt* ❶ (*Sand, Schnee*) quitar con la pala ❷ (*Loch*) cavar (con la pala)

Schaufenster *nt* escaparate *m*, vitrina *f Am;* **Schaufensterbummel** *m:* **einen ~ machen** ir a mirar escaparates; **Schaufensterpuppe** *f* maniquí *m*

Schaukampf *m* (SPORT) combate *m* de boxeo de exhibición; **Schaukasten** *m* vitrina *f*

Schaukel ['ʃaʊkəl] *f* <-n> columpio *m*, bamba *f reg*

schaukeln **I.** *vi* ❶ (*schwingen*) balancearse; (*im Wind*) bambolearse; **auf/mit dem Stuhl ~** balancearse en/con la silla ❷ (*auf einer Schaukel*) columpiarse **II.** *vt* (*wiegen*) mecer

Schaukelpferd *nt* caballo *m* de balancín; **Schaukelstuhl** *m* mecedora *f*, columpio *m Am*

schaulustig *adj* curioso

Schaum [ʃaʊm, *pl:* 'ʃɔɪmə] *m* <-(e)s, Schäume> espuma *f;* **Schaumbad** *nt* baño *m* de espuma

schäumen ['ʃɔɪmən] *vi* ❶ (*Flüssigkeit*) producir espuma ❷ (*geh: toben*) echar espuma de rabia

Schaumfestiger *m* espuma *f* fijadora; **Schaumgummi** *m* gomaespuma *f*

schaumig *adj* espumoso

Schaumkrone *f* ❶ (*Welle*) cresta *f* (de la ola) ❷ (*Flüssigkeiten*) espuma *f;* **Schaumstoff** *m* gomaespuma *f;* **Schaumwein** *m* vino *m* espumoso

Schauplatz *m* escenario *m*

schaurig [ˈʃaʊrɪç] *adj* ❶ (*gruselig*) horripilante, escalofriante ❷ (*fam: schlecht*) horrible

Schauspiel *nt* ❶ (THEAT) función *f* ❷ (*geh: Vorgang*) espectáculo *m*

Schauspieler(in) *m(f)* actor *m*, actriz *f*

schauspielern [ˈ---] *vi* ❶ (*fam: als Schauspieler arbeiten*) trabajar como actor ❷ (*abw: vortäuschen*) simular, fingir

Schauspielhaus *nt* teatro *m;* **Schauspielschule** *f* escuela *f* de arte dramático; **Schauspielunterricht** *m* clases *fpl* de interpretación; (~ *sstunde*) clase *f* de interpretación

Schausteller(in) *m(f)* <-s, -; -nen> feriante *mf*

Schautafel *f* cuadro *m* explicativo

Scheck [ʃɛk] *m* <-s, -s> cheque *m;* **einen ~ einlösen** cobrar un cheque; **einen ~ über 100 Euro ausstellen** extender un cheque por valor de 100 euros; **Scheckbuch** *nt* (FIN) talonario *m* de cheques

scheckig [ˈʃɛkɪç] *adj* ❶ (*Pferd, Rind*) pío; (*Hund*) con manchas ❷ (*fleckig*) manchado

Scheckkarte *f* tarjeta *f* bancaria

scheffeln [ˈʃɛfəln] *vt* (*fam abw*) acaparar; **Geld ~** forrarse

Scheibe [ˈʃaɪbə] *f* <-n> ❶ (*allgemein*) disco *m;* (*Töpfer~*) torno *m* ❷ (*Brot~*) rebanada *f;* (*Wurst~*) rodaja *f;* (*Schinken~, Käse~*) loncha *f;* (*Melonen~*) raja *f;* **etw in ~n schneiden** cortar algo en rodajas ❸ (*Glas~*) cristal *m;* (*Schaufenster~*) luna *f* ❹ (SPORT, MIL: *Schieß~*) blanco *m* ❺ (*fam: Schallplatte*) disco *m*

Scheibenbremse *f* (AUTO) freno *m* de disco(s); **Scheibenheber** *m* <-s, -> (AUTO) elevalunas *m inv;* **Scheibenwaschanlage** *f* (AUTO) lavaparabrisas *m inv,* lavalimpia luneta *m;* **Scheibenwischer** *m* <-s, -> limpiaparabrisas *m inv*

Scheich [ʃaɪç] *m* <-s, -e *o* -s> jeque *m*

Scheide [ˈʃaɪdə] *f* <-n> ❶ (*Vagina*) vagina *f,* cachimba *f Mex* ❷ (*für Degen, Schwert*) vaina *f*

scheiden [ˈʃaɪdən] <scheidet, schied, geschieden> I. *vt* ❶ (*Ehe*) divorciar; **sich** (**von jdm**) **~ lassen** divorciarse (de alguien), federarse (de alguien) *Col* ❷ (*trennen*) separar II. *vr:* **sich ~** (*Auffassungen*) diferir; **hier ~ sich die Geister** aquí difieren las opiniones III. *vi sein* ❶ (*aufgeben*): **aus dem Amt ~** jubilarse ❷ (*sich trennen*) separarse

Scheidenzäpfchen *nt* supositorio *m* vaginal

Scheidewand *f* pared *f* divisoria; **Scheideweg** *m:* **am ~ stehen** estar en una encrucijada

Scheidung *f* <-en> divorcio *m;* **die ~ einreichen** presentar la demanda de divorcio; **Scheidungsgrund** *m* causa *f* de(l) divorcio

Schein¹ [ʃaɪn] *m* <-(e)s, *ohne pl*> ❶ (*von Licht*) luz *f;* (*Glanz*) brillo *m* ❷ (*An~*) apariencia *f;* **der ~ trügt** las apariencias engañan; **den ~ wahren** guardar las apariencias; **etw nur zum ~ tun** hacer algo por las apariencias

Schein² [ʃaɪn] *m* <-(e)s, -e> ❶ (*Bescheinigung*) certificado *m;* (*Beleg*) resguardo *m;* (UNIV) papeleta *f* ❷ (*Geld~*) billete *m*

scheinbar I. *adj* aparente II. *adv* (*fam*) por lo visto, al parecer

scheinen [ˈʃaɪnən] <scheint, schien, geschienen> *vi* ❶ (*glänzen*) brillar; (*Licht*) alumbrar; **die Sonne/der Mond scheint** hace sol/hay luna; **uns schien die Sonne ins Gesicht** el sol nos dio en la cara ❷ (*den Anschein haben*) parecer; **es scheint, dass/als ob ...** parece que/como si...

Scheinfirma *f* empresa *f* fantasma; **scheinheilig** *adj* (*fam abw*) hipócrita, falluto *Arg, Urug;* **tu nicht so ~!** ¡no te hagas el inocente!; **Scheinschwangerschaft** *f* (MED) embarazo *m* psicológico; **scheintot** *adj* ❶ (MED) aparentemente muerto ❷ (*fam: uralt*) más muerto que vivo

Scheinwerfer *m* <-s, -> (AUTO) faro *m,* foco *m Chil, Pan;* (THEAT) foco *m;* **Scheinwerferlicht** *nt ohne pl* alumbrado *m* por proyección; **Scheinwerferscheibenwischer** *m* (AUTO) lavafaros *m inv*

Scheiß [ʃaɪs] *m* <-, *ohne pl*> (*fam abw*) chorrada *f;* **ohne ~!** ¡sin coña!; **Scheißdreck** *m* (*vulg abw*) mierda *f;* **einen ~**

werde ich tun! ¡(y) una mierda!

Scheiße [ˈʃaɪsə] f ohne pl (vulg) mierda f, cerote m AmC, Mex; ~! ¡mierda!; ~ **bauen** meter la pata; ~ **reden** decir chorradas; **in der ~ sitzen** estar jodido; **das Buch ist s~** este libro es una mierda

scheißegal [ˈ--ˈ-] adj (vulg): **das ist mir ~** me importa un huevo

scheißen <scheißt, schiss, geschissen> vi (vulg) cagar; **auf etw ~** cagarse en algo

scheißfreundlich [ˈ--ˈ-] adj (fam abw) hipócrita, lameculos vulg; **Scheißhaus** nt (vulg) cagadero m; **Scheißkerl** m (vulg) hijo m de puta

Scheit [ʃaɪt] nt <-(e)s, -e(r)> (südd, Schweiz, Österr) leño m

Scheitel [ˈʃaɪtəl] m <-s, -> (im Haar) raya f, partido m Am; **vom ~ bis zur Sohle** de pies a cabeza (MATH) vértice m

scheiteln vt: **das Haar ~** hacer la raya

Scheiterhaufen [ˈʃaɪtə-] m hoguera f

scheitern [ˈʃaɪtən] vi sein fracasar (an a causa de); **zum S~ verurteilt sein** estar condenado al fracaso; **etw zum S~ bringen** llevar algo al fracaso

Schelle [ˈʃɛlə] f <-n> (TECH) abrazadera f (Glöckchen) cascabel m (reg: Klingel) timbre m

schellen [ˈʃɛlən] I. vi (reg) (Telefon, Klingel) sonar (Person) tocar el timbre II. vunpers: **es hat geschellt** ha sonado el timbre de la puerta

Schellfisch [ˈʃɛl-] m eglefino m

Schelm [ʃɛlm] m <-(e)s, -e> (Schalk) pícaro, -a m, f, pillo, -a m, f (Schweiz: Dieb) ladrón, -ona m, f

Schelmenroman m novela f picaresca

schelmisch adj pícaro

Schelte [ˈʃɛltə] f ohne pl (geh) reprimenda f; ~ **bekommen** sufrir una reprimenda

schelten [ˈʃɛltən] <schilt, schalt, gescholten> vt (geh: schimpfen) reprender; (nennen) tachar (de)

Schema [ˈʃeːma] nt <-s, Schemata o Schemen> (Konzept) esquema m (Schaubild) diagrama m

schematisch [ʃeˈmaːtɪʃ] adj esquemático

schematisieren [ʃematiˈziːrən] vt (darstellen) esquematizar (vereinfachen) simplificar

Schemel [ˈʃeːməl] m <-s, -> taburete m

Schemen[1] pl von **Schema**

Schemen[2] [ˈʃeːmən] m o nt <-s, -> (geh: Umriss) contorno m

schemenhaft [ˈʃeːmənhaft] adj (geh) vago, borroso

Schenke [ˈʃɛŋkə] f <-n> tasca f, cantina f CSur, Mex

Schenkel [ˈʃɛŋkəl] m <-s, -> (ANAT) muslo m (MATH) lado m

schenken [ˈʃɛŋkən] vt (Geschenk) regalar, obsequiar Am; **etw geschenkt bekommen** recibir algo como regalo; **jdm etw ~** regalar algo a alguien; **einem Kind das Leben ~** (geh) dar la vida a un niño (erlassen) dispensar; **sich dat etw ~** (nicht tun) ahorrarse algo; **geschenkt!** ¡olvídalo! (widmen) dedicar; **jdm Aufmerksamkeit/Liebe/Zeit ~** dedicar atención/cariño/tiempo a alguien

Schenkung f <-en> (JUR) donación f

scheppern [ˈʃɛpən] vi (fam) meter ruido

Scherbe [ˈʃɛrbə] f <-n> pedazo m; (Glas~) pedazo m de vidrio; **in ~n gehen** hacerse añicos; **~n bringen Glück** (prov) los vidrios rotos traen suerte

Schere [ˈʃeːrə] f <-n> (Werkzeug) tijera(s) f(pl) (von Krebsen) pinza f (SPORT) tijera f

scheren[1] [ˈʃeːrən] <schert, schor, geschoren> vt (Mensch) rapar, pelar; (Schaf) esquilar (Rasen) cortar

scheren[2] [ˈʃeːrən] vr: **sich nicht um etw ~** importar(le) algo a alguien un comino; **scher dich zum Teufel!** ¡vete al diablo!; **was schert mich das?** ¿a mí qué (me importa)?

Scherenschleifer(in) m(f) <-s, -; -nen> afilador(a) m(f); **Scherenschnitt** m silueta f (en papel)

Schererei [ʃeːrəˈraɪ] f <-en> (fam) molestia f, fastidio m; **mit jdm ~en bekommen** (wegen etw) tener un disgusto con alguien (por algo)

Scherz [ʃɛrts] m <-es, -e> broma f, chanza f Am, changa f AmS, Cuba; **im ~** en broma; **einen ~ machen** gastar una broma; **sich dat mit jdm einen ~ erlauben** gastarle una broma a alguien; **Scherzartikel** m artículo m de broma

scherzen [ˈʃɛrtsən] vi bromear, chancear Am; **damit ist nicht zu ~** no es cosa de broma

Scherzfrage f adivinanza f

scherzhaft adj chistoso, gracioso

Scherzkeks m (fam) gracioso, -a m, f

scheu [ʃɔɪ] adj (schüchtern) tímido, penoso Am; (zurückhaltend) reservado (Tier) espantadizo; ~ **werden** (Pferd) desbocarse

Scheu [ʃɔɪ] f ohne pl timidez f

scheuchen [ˈʃɔɪçən] vt espantar

scheuen [ˈʃɔɪən] I. vi (Pferd) desbocarse (vor ante) II. vt (Verantwortung) huir (de); **keine Ausgaben ~** no reparar en gastos

III. *vr:* **sich** ~ tener miedo (*vor* de)
Scheuerlappen *m* bayeta *f*
scheuern ['ʃɔɪən] **I.** *vt* fregar; **etw sauber/blank** ~ frotar algo hasta dejarlo limpio/reluciente; **jdm eine** ~ (*fam*) darle una bofetada a alguien **II.** *vi* (*Schuhe, Kleidung*) rozar
Scheuklappe ['ʃɔɪ-] *f* anteojera *f;* ~**n haben** (*fig*) ser estrecho de miras
Scheune ['ʃɔɪnə] *f* <-n> granero *m*
Scheusal ['ʃɔɪzaːl] *nt* <-s, -e> (*abw*) monstruo *m*
scheußlich ['ʃɔɪslɪç] *adj* horrible; (*abstoßend*) asqueroso; (*Verbrechen*) atroz
Schi [ʃiː] *m* <-s, -(er)> *s.* **Ski**
Schicht [ʃɪçt] *f* <-en> ❶ (*Luft~, Farb~*) capa *f;* (GEO) estrato *m* ❷ (*Gesellschafts~*) clase *f* ❸ (*Arbeits~*) turno *m;* **er arbeitet** ~ trabaja por turnos; **Schichtarbeit** *f ohne pl* trabajo *m* por turnos; **Schichtarbeiter(in)** *m(f)* trabajador(a) *m(f)* de turno
schichten ['ʃɪçtən] *vt* apilar (*auf* en)
Schichtwechsel *m* cambio *m* de turno
schichtweise *adv* ❶ (*in Schichten*) por capas ❷ (*in Gruppen*) por grupos
schick [ʃɪk] *adj* elegante, chic, paquete *Arg;* **sich** ~ **machen** vestirse elegantemente
schicken ['ʃɪkən] **I.** *vt* mandar; (*mit der Post*) enviar; **nach jdm** ~ (*geh*) mandar llamar a alguien **II.** *vr:* **sich** ~ ❶ (*sich gehören*): **das schickt sich nicht** esto no se hace ❷ (*sich abfinden*) conformarse (*in* con)
Schickeria [ʃɪkəˈriːa] *f ohne pl* gente *f* guapa
Schickimicki [ʃɪkiˈmɪki] *m* <-s, -s> (*fam*) pijo, -a *m, f*
schicklich ['ʃɪklɪç] *adj* (*geh: angemessen*) conveniente, adecuado; (*anständig*) de buena educación
Schicksal ['ʃɪkzaːl] *nt* <-s, -e> destino *m;* (*persönliches Geschick*) suerte *f;* **das** ~ **wollte es, dass ...** quiso el destino que... +*subj;* **jdn seinem** ~ **überlassen** abandonar a alguien a su suerte; **das ist** ~! ¡así es la vida!
schicksalhaft *adj* ❶ (*unabwendbar*) fatal ❷ (*ausschlaggebend*) decisivo
Schicksalsschlag *m* golpe *m* del destino
Schiebedach *nt* techo *m* corredizo; **Schiebefenster** *nt* ventana *f* corrediza
schieben ['ʃiːbən] <schiebt, schob, gescho­ben> **I.** *vt* ❶ (*bewegen*) empujar; **etw zur Seite** ~ apartar algo; **die Schuld auf jdn** ~ echarle la culpa a alguien; **etw von sich** *dat* ~ (*fig*) rechazar algo; **etw vor sich** *dat* **her** ~ (*fig*) aplazar algo continuamente

❷ (*stecken*) meter (*in* en) ❸ (*fam: handeln*) traficar (*con*) ❹ (*sl: ableisten*): **Dienst/Wache** ~ estar de servicio/de guardia **II.** *vi* (*fam*) traficar (*con*) **III.** *vr:* **sich** ~ pasar (*durch* por, *auf/an* a); (*überqueren*) atravesar (*durch/über*)
Schieber[1] *m* <-s, -> (TECH) corredera *f;* (*Riegel*) cerrojo *m*
Schieber(in)[2] *m(f)* <-s, -; -nen> (*fam abw: Händler*) traficante *mf*
Schiebetür *f* (puerta *f*) corredera *f*
Schiebung *f* <-en> (*fam abw*) ❶ (*Schiebergeschäft*) chanchullo *m* ❷ (*Bevorzugung*) enchufe *m;* (SPORT) tongo *m;* **das ist ja** ~! ¡esto es un tongo!
schied [ʃiːt] *3. imp von* **scheiden**
Schiedsgericht ['ʃiːts-] *nt* ❶ (JUR) tribunal *m* arbitral ❷ (SPORT) jurado *m;* **Schiedsrichter(in)** *m(f)* árbitro *mf,* colegiado, -a *m, f Am;* **Schiedsspruch** *m* (JUR) sentencia *f* arbitral
schief [ʃiːf] *adj* ❶ (*krumm*) torcido; (*nicht senkrecht*) inclinado; **das Bild hängt** ~ el cuadro está torcido; **auf die** ~**e Bahn geraten** ir por mal camino; **jdn** ~ **ansehen** (*fam*) mirar a alguien de reojo ❷ (*falsch*) falso, equívoco; **in ein** ~**es Licht geraten** dar una impresión equívoca
Schiefer ['ʃiːfɐ] *m* <-s, -> esquisto *m,* pizarra *f;* **Schieferdach** *nt* tejado *m* de pizarra
schief|lachen *vr:* **sich** ~ (*fam*) desternillarse de risa
schielen ['ʃiːlən] *vi* tener estrabismo, ser bizco *fam;* **sie schielt auf dem linken Auge** tuerce el ojo izquierdo; **er schielt nach etw/jdm** (*fam: begehrlich*) se le van los ojos detrás de algo/alguien; (*heimlich*) mira algo/a alguien de reojo
schien [ʃiːn] *3. imp von* **scheinen**
Schienbein *nt* tibia *f,* espinilla *f fam*
Schiene ['ʃiːnə] *f* <-n> ❶ (*Eisenbahn~*) carril *m,* rail *m* ❷ (MED) tablilla *f*
schienen ['ʃiːnən] *vt* entablillar
Schienenausbau *m* ampliación *f* de la red ferroviaria; **Schienenbus** *m* ferrobús *m;* **Schienenfahrzeug** *nt* vehículo *m* sobre carriles; **Schienennetz** *nt* red *f* ferroviaria; **Schienenverkehr** *m* transporte *m* por ferrocarril
schier [ʃiːɐ] **I.** *adj* (*reg*) puro **II.** *adv* casi
Schießbefehl *m* orden *f* de disparar; **Schießbude** *f* barraca *f* de tiro (al blanco)
schießen ['ʃiːsən] <schießt, schoss, geschossen> **I.** *vi* ❶ (*Schütze*) disparar (*auf* a/contra); (SPORT) tirar ❷ *sein* (*sich schnell bewegen*) moverse como un rayo; **sie schoss herein** entró como un rayo;

etw ist zum S~ (*fam*) algo es para morirse de la risa ❸ *sein* (*schnell wachsen*): **in die Höhe** ~ crecer rápidamente; **der Junge ist in die Höhe geschossen** el chico pegó un gran estirón ❹ *sein* (*herausquellen*) brotar (*aus* de); **die Röte schoss ihm ins Gesicht** se puso colorado **II.** *vt* ❶ (*Geschoss*) disparar, balacear *Am* ❷ (*Satellit, Rakete, Ball*) lanzar; **ein Tor** ~ meter un gol ❸ (*Wild*) matar (de un tiro) ❹ (*Foto*) hacer, sacar

Schießerei *f* <-en> tiroteo *m*

Schießplatz *m* campo *m* de tiro; **Schießpulver** *nt* pólvora *f*; **Schießscharte** *f* tronera *f*, barbacana *f*, mampuesto *m Am*; **Schießscheibe** *f* blanco *m*

Schiff [ʃɪf] *nt* <-(e)s, -e> ❶ (*Wasserfahrzeug*) barco *m*, buque *m*; **mit dem ~ fahren** viajar en barco ❷ (ARCHIT) nave *f*

schiffbar *adj* navegable

Schiffbau *m ohne pl* construcción *f* naval; **Schiffbruch** *m* naufragio *m*; ~ **erleiden** naufragar; (*fig*) fracasar; **schiffbrüchig** *adj* náufrago; **Schiffbrüchige(r)** *mf* <-n, -n> náufrago, -a *m, f*

Schiffchen [ʃɪfçən] *nt* <-s, -> ❶ (*kleines Schiff*) barquito *m* ❷ (*fam: Kopfbedeckung*) gorro *m* ❸ (*Weber~*) lanzadera *f*

schiffen I. *vi* (*fam: urinieren*) mear **II.** *vunpers* (*fam: Platzregen*) caer un chaparrón; **es schifft den ganzen Tag** (*heftig regnen*) lleva todo el día lloviendo a cántaros

Schiffer(in) *m(f)* <-s, -; -nen> navegante *mf*

Schifffahrt *f ohne pl* navegación *f*; **Schifffahrtsgesellschaft** *f* compañía *f* naviera

Schiffschaukel *f* góndola *f*

Schiffsjunge *m* grumete *m*; **Schiffsladung** *f* cargamento *m* (de un barco); **Schiffsschraube** *f* hélice *f* de un barco; **Schiffsverkehr** *m* tráfico *m* marítimo

Schiit(in) [ʃiˈiːt] *m(f)* <-en, -en; -nen> chiíta *mf*

schiitisch *adj* chiíta

Schikane [ʃiˈkaːnə] *f* <-n> traba *f*; **mit allen ~n** (*fam*) por todo lo alto

schikanieren* [ʃikaˈniːrən] *vt* fastidiar; (*quälen*) hacer la vida imposible (a), putear *argot*; (*behindern*) poner trabas (a)

Schikoree *m* <-s, *ohne pl*>, *f ohne pl* achicoria *f* (amarga)

Schild¹ [ʃɪlt] *m* <-(e)s, -e> ❶ (*Schutz~*) escudo *m*; **etw im ~e führen** tramar algo ❷ (*Mützenschirm*) visera *f*

Schild² [ʃɪlt] *nt* <-(e)s, -er> (*Verkehrs~*) señal *f* (de tráfico); (*Tür~, Hinweis~*) letrero *m*; (*Preis~*) etiqueta *f*

Schilddrüse *f* (glándula *f*) tiroides *m inv*

schildern [ʃɪldən] *vt* (*erzählen*) narrar; (*darlegen*) exponer; (*beschreiben*) describir

Schilderung *f* <-en> (*Beschreibung*) descripción *f*; (*Erzählung*) relato *m*

Schildkröte *f* <-n> tortuga *f*; **Schildlaus** *f* cochinilla *f*

Schilf [ʃɪlf] *nt* <-(e)s, -e> ❶ (*Pflanze*) caña *f* ❷ (*Röhricht*) cañaveral *m*; **Schilfgras** *nt* junco *m*; **Schilfrohr** *nt* junco *m*

schillern [ʃɪlən] *vi* irisar

schillernd *adj* ❶ (*Farbe*) irisado ❷ (*Charakter*) ambiguo

Schilling [ʃɪlɪŋ] *m* <-s, -e> chelín *m*

schilt [ʃɪlt] *3. präs von* **schelten**

Schimmel¹ [ʃɪməl] *m* <-s, -> (*Tier*) caballo *m* blanco

Schimmel² [ʃɪməl] *m* <-s, *ohne pl*> (~ *pilz*) moho *m*

schimmelig *adj* enmohecido, mohoso

schimm(e)lig *adj* enmohecido, mohoso; ~ **werden** criar moho

schimmeln *vi haben o sein* enmohecer(se), criar moho

Schimmelpilz *m* moho *m*

Schimmer [ʃɪme] *m* <-s, -> (*Glanz*) brillo *m*, resplandor *m*; (*Anflug*) atisbo *m*; **keinen** (**blassen**) ~ **von etw haben** (*fam*) no tener ni (la más remota) idea de algo

schimmern [ʃɪmen] *vi* (*Licht*) lucir (tenuemente); (*glänzen*) brillar, relucir

schimmlig *adj s.* **schimmelig**

Schimpanse [ʃɪmˈpanzə] *m* <-n, -n> chimpancé *m*

schimpfen [ʃɪmpfən] *vi* ❶ (*tadeln*) reñir (*mit* a), reprender (*mit* a), echar una bronca (*mit* a) *fam* ❷ (*verfluchen*) echar pestes (*auf/über* contra); (*kritisieren*) criticar (*auf/über* a)

Schimpfwort *nt* palabrota *f*, taco *m fam*

Schindel [ʃɪndəl] *f* <-n> ripia *f*

schinden [ʃɪndən] <schindet, schindete *o* schund, geschunden> **I.** *vt* (*quälen*) maltratar; **Zeit** ~ ganar tiempo; **Eindruck bei jdm** ~ causar una buena impresión a alguien **II.** *vr:* **sich** ~ (*fam*) afanarse (*um zu* por)

Schinderei *f* <-en> (*abw*) ❶ (*Strapaze*) paliza *f* ❷ (*Plackerei*) ajetreo *m*

Schindluder [ʃɪntluːdɐ] *nt* (*fam*): **mit jdm** ~ **treiben** abusar de alguien

Schinken [ʃɪŋkən] *m* <-s, -> ❶ (*Fleisch*) jamón *m* ❷ (*fam abw: Buch*) mamotreto *m*; (*Gemälde*) mamarracho *m*; (*Film*) peliculón *m*; **Schinkenspeck** *m* jamón *m* con tocino; **Schinkenwurst** *f* fiambre *m* de jamón

Schippe [ʃɪpə] *f* <-n> (*nordd, reg*) pala *f*;

jdn auf die ~ nehmen (*fam fig*) tomar el pelo a alguien

Schirm [ʃɪrm] *m* <-(e)s, -e> ❶ (*Regen~*) paraguas *m inv;* (*Sonnen~*) sombrilla *f* ❷ (*Fall~*) paracaídas *m inv* ❸ (*Mützen~*) visera *f* ❹ (*Lampen~*) pantalla *f* ❺ (BOT: *von Pilzen*) sombrerete *m*

Schirmherr(in) *m(f)* <-(e)n, -en; -nen> patrocinador(a) *m(f);* **Schirmherrschaft** *f ohne pl* patrocinio *m*

Schirmmütze *f* gorra *f* de visera

Schirmständer *m* paragüero *m*

Schirokko [ʃiˈrɔko] *m* <-s, -s> (METEO) siroco *m*

schiss [ʃɪs] *3. imp von* **scheißen**

Schiss [ʃɪs] *m* <-es, *ohne pl*> ❶ (*vulg: Kot*) cagada *f* ❷ (*fam: Angst*) cagalera *f; ~* **haben** cagarse de miedo

schizophren [ʃitsoˈfreːn] *adj* (MED, PSYCH) esquizofrénico

Schizophrenie [ʃitsofreˈniː] *f ohne pl* (MED, PSYCH) esquizofrenia *f*

schlabbern [ˈʃlabɐn] **I.** *vi* (*fam*) ❶ (*abw: kleckern*) pringarse (al comer) ❷ (*Kleidung*) colgar (por todos los sitios) **II.** *vt* (*fam: auflecken*) sorber (con ruido)

Schlacht [ʃlaxt] *f* <-en> (*a. fig*) batalla *f*

Schlachtbank *f* matadero *m*

schlachten [ˈʃlaxtən] *vt* matar, carnear *CSur*

Schlachtenbummler(in) *m(f)* <-s, -; -nen> hincha *mf* (*que viaja a todos los lugares donde juega su equipo*)

Schlachter(in) [ˈʃlaxtɐ] *m(f)* <-s, -; -nen> carnicero, -a *m, f*

Schlachterei [ʃlaxtəˈraɪ] *f* <-en> ❶ (*nordd: Metzgerei*) carnicería *f* ❷ (*abw: Niedermetzeln*) matanza *f*

Schlachtfeld *nt* campo *m* de batalla

Schlachthaus *nt* matadero *m;* **Schlachthof** *m* matadero *m;* **Schlachtplan** *m* (*fam a.* MIL.) plan *m* de acción; **Schlachtvieh** *nt* reses *fpl* de matadero

Schlacke [ˈʃlakə] *f* <-n> ❶ (TECH) escoria *f* ❷ *pl* (*Ballaststoffe*) fibras *fpl*

Schlaf [ʃlaːf] *m* <-(e)s, *ohne pl*> sueño *m,* apolillo *m Arg: argot;* **keinen ~ finden** (*geh*) no conciliar el sueño; **im ~ sprechen** hablar en sueños; **in tiefen ~ fallen** caer en un sueño profundo; **jdn aus dem ~ reißen** despertar a alguien (bruscamente); **den ~ des Gerechten schlafen** (*fam*) dormir el sueño de los justos; **etw im ~ können** (*fig*) saberse algo al dedillo; **Schlafanzug** *m* pijama *m,* piyama *m Am;* **Schlafcouch** *f* sofá *m* cama

Schläfe [ˈʃlɛːfə] *f* <-n> sien *f;* **graue ~n** sienes plateadas

schlafen [ˈʃlaːfən] <schläft, schlief, geschlafen> *vi* ❶ (*im Schlaf liegen*) dormir, apolillar *Arg: argot;* **noch halb ~** estar medio dormido; **er schläft tief und fest** duerme a pierna suelta; **schlaf gut!** ¡que duermas bien!; **sich ~ legen** irse a dormir; **darüber muss ich erst noch mal ~** lo tengo que consultar con la almohada; **bei jdm ~** dormir en casa de alguien; **mit jdm ~** acostarse con alguien ❷ (*fam: nicht aufpassen*) dormirse

Schläfer(in) [ˈʃlɛːfɐ] *m(f)* <-s, -; -nen> ❶ (*Schlafender*) durmiente *mf* ❷ (*Nagetier*) lirón *m*

schlaff [ʃlaf] *adj* ❶ (*Seil, Disziplin*) flojo; (*Haut*) flá(c)cido ❷ (*nicht prall*) blando, fofo ❸ (*kraftlos*) débil; (*träge*) aplatanado

Schlaffheit *f ohne pl* ❶ (*ohne Straffheit*) flojedad *f;* (*der Haut*) flac(c)idez *f* ❷ (*Weichheit*) blandura *f* ❸ (*Kraftlosigkeit*) debilidad *f;* (*Trägheit*) flojera *f fam*

Schlafgelegenheit *f* lugar *m* para dormir; **Schlaflied** *nt* nana *f,* arrorró *m AmS*

schlaflos *adj* (*Person*) insomne; (*Nacht*) en vela

Schlaflosigkeit *f ohne pl* insomnio *m*

Schlafmittel *nt* somnífero *m;* **Schlafmütze** *f* (*fam*) ❶ (*Langschläfer*) dormilón, -ona *m, f* ❷ (*abw: träger Mensch*) plasta *mf*

schläfrig [ˈʃlɛːfrɪç] *adj* (*müde*) soñoliento; (*fast schlafend*) adormitado; (*träge*) lento

Schlafsaal *m* dormitorio *m;* **Schlafsack** *m* saco *m* de dormir; **Schlafstörung** *f* (MED) insomnio *m*

schläft [ʃlɛːft] *3. präs von* **schlafen**

Schlaftablette *f* somnífero *m;* **schlaftrunken** [ˈʃlaːftrʊŋkən] *adj* (*geh*) soñoliento

Schlafwagen *m* coche-cama *m*

schlafwandeln *vi* haben *o* sein padecer sonambulismo

Schlafwandler(in) *m(f)* <-s, -; -nen> sonámbulo, -a *m, f*

Schlafzimmer *nt* dormitorio *m,* recámara *f AmC*

Schlag [ʃlaːk, *pl:* ˈʃlɛːgə] *m* <-(e)s, Schläge> ❶ (*allgemein, Schicksals~*) golpe *m;* (*mit der Faust*) puñetazo *m,* impacto *m Am;* (*mit der Hand*) manotazo *m;* (*mit einem Stock*) porrazo *m;* (*mit einer Peitsche*) latigazo *m;* **ein ~ ins Gesicht** un golpe en la cara; **das war ein schwerer ~ für ihn** fue un golpe duro para él; **~ auf ~** ininterrumpidamente; **keinen ~ tun** (*fam fig*) no dar ni golpe; **mit einem ~** (*fam*) de golpe ❷ *pl* (*Prügel*) paliza *f* ❸ (*einer Uhr, Glocke*) campanada *f;* (*Herz~*) latido *m;* (*Puls~*) pulsación *f; ~* **sechs Uhr** a las seis en punto ❹ (*Stromstoß*) calambre *m;* **einen ~ bekommen** darse un calambre ❺ (*fam: ~ anfall*) ataque *m* de apoplejía; (*fig*) se quedó de piedra; **ich glaube, mich trifft der ~** creo que me va a dar algo ❻ (*Tauben~*) palomar *m* ❼ (*fam: Portion*) ración *f* ❽ (*Menschen~*) tipo *m*

Schlagabtausch *m* <-(e)s, *ohne pl*> ❶ (*beim Boxen*) intercambio *m* de golpes ❷ (*Auseinandersetzung*) disputa *f*

Schlagader *f* arteria *f;* **Schlaganfall** *m* ataque *m* de apoplejía

schlagartig I. *adj* brusco, repentino II. *adv* de un golpe

Schlagbaum *m* barrera *f*

Schlagbohrmaschine *f* taladradora *f* (eléctrica) con percutor

Schlägel *m* <-s, -> ❶ (*Werkzeug*) mazo *m,* golpe *m Mex* ❷ (MUS) palillo *m*

schlagen ['ʃlaːgən] <schlägt, schlug, geschlagen> I. *vt* ❶ (*hauen*) pegar, fajar *Am,* virar *AmC, Ant;* (*klopfen*) golpear; **er schlug sie zu Boden** la tiró al suelo de un golpe; **jdm etw aus der Hand ~** arrancarle algo a alguien de la mano; **die Hände vors Gesicht ~** taparse la cara con las manos; **alles kurz und klein ~** hacer todo trizas; **etw zu Scherben ~** hacer algo añicos ❷ (*Gegner*) ganar (a); (*Schachfigur, Spielstein*) comer; (*Rekord*) batir; **er gab sich ge~** se dio por vencido; **sie schlugen die deutsche Mannschaft mit 3:1** ganaron al equipo alemán por 3 a 1 ❸ (*befestigen*) clavar; **einen Nagel in die Wand ~** clavar un clavo en la pared ❹ (*Loch, Kerbe*) hacer; **einen Bogen um jdn/etw ~** evitar a alguien/algo; **einen Kreis ~** trazar un círculo ❺ (*Eiweiß, Sahne*) batir ❻ (*fällen*) cortar, tumbar *Am* ❼ (*Trommel*) tocar; (*Uhrzeit*) dar; **die Uhr hat 12 ge~** el reloj dio las 12; **eine ge~e Stunde** una hora entera ❽ (*Greifvogel*) capturar II. *vi* ❶ (*hauen*) pegar; (*klopfen*) golpear; **sie schlug an die Tür** golpeó la puerta; **nach jdm ~** dar un golpe a alguien; **um sich ~** golpear a diestro y siniestro ❷ *sein* (*aufprallen*) darse (*auf/gegen* con/contra/ en); **mit dem Kopf gegen die Tischkante ~** darse con la cabeza contra el canto de la mesa ❸ (*Herz*) latir; (*Uhr, Glocke*) tocar ❹ *haben o sein* (*Regen*) golpear (*an/gegen* en/contra); (*Flammen*) salir (*aus* por) ❺ (*Nachtigall, Fink*) cantar ❻ (*fam: ähneln*) parecerse (*nach* a) ❼ *sein* (*in Mitleidenschaft ziehen*): **die Nachricht ist ihm auf den Magen ge~** la noticia le ha sentado como una patada en el estómago III. *vr:* **sich ~** (*sich prü-*

geln) pegarse, fajarse *Am;* **sich um etw ~** pegarse por algo; **sich auf jds Seite ~** tomar partido por alguien; **ihr habt euch tapfer ge~!** ¡os habéis portado muy bien!

Schlager ['ʃlaːgɐ] *m* <-s, -> ❶ (*Lied*) canción *f* de moda ❷ (*Verkaufs~*) artículo *m* de gran éxito

Schläger ['ʃlɛːgɐ] *m* <-s, -> ❶ (*Tennis~*) raqueta *f;* (*Golf~, Hockey~*) stick *m* ❷ (*abw: Mensch*) matón *m*

Schlägerei *f* <-en> pelea *f,* bulla *f AmS*

Schlagersänger(in) *m(f)* intérprete *mf* de canciones de moda

schlagfertig *adj* agudo, sagaz

Schlagfertigkeit *f ohne pl* capacidad *f* de réplica

Schlagholz *nt* (SPORT) bate *m;* **Schlaginstrument** *nt* instrumento *m* de percusión; **Schlagkraft** *f ohne pl* ❶ (*Wucht*) fuerza *f* ❷ (*Kampfkraft*) fuerza *f* de combate ❸ (*Wirkungskraft*) eficacia *f;* **schlagkräftig** *adj* ❶ (*Person*) fuerte; (*Armee*) combativo ❷ (*Argument*) contundente; **Schlaglicht** *nt* rayo *m* de luz; **Schlagloch** *nt* bache *m,* pozo *m AmS;* **Schlagring** *m* llave *f* estrella de golpe; **Schlagsahne** *f ohne pl* (*flüssig*) nata *f* líquida; (*geschlagen*) nata *f* montada, crema *f Am;* **Schlagseite** *f ohne pl* (NAUT) escora *f;* **~ haben** escorar; **Schlagstock** *m* porra *f,* bolillo *m Col*

schlägt [ʃlɛːkt] *3. präs von* **schlagen**

Schlagwort[1] *nt* <-(e)s, -e *o* -wörter> ❶ (*Parole*) (e)slogan *m* ❷ (*Gemeinplatz*) tópico *m*

Schlagwort[2] *nt* <-(e)s, -wörter> (*Stichwort*) palabra *f* clave

Schlagzeile *f* titular *m,* encabezado *m Guat, Mex*

Schlagzeug *nt* <-(e)s, -e> (MUS) percusión *f;* (*einer Rockband*) batería *f*

Schlagzeuger(in) *m(f)* <-s, -; -nen> batería *mf;* **Schlagzeugspieler(in)** *m(f)* batería *mf*

schlaksig ['ʃlaksɪç] *adj* (*fam*) larguirucho

Schlamassel [ʃlaˈmasəl] *m o nt* <-s, *ohne pl*> (*fam*) lío *m;* **da haben wir den ~!** ¡ya se armó la marimorena!

Schlamm [ʃlam, *pl:* ('ʃlɛmə)] *m* <-(e)s, Schlämme *o* -e> lodo *m,* barro *m*

schlammig *adj* lodoso

Schlammschlacht *f* (*fam*) ❶ (*Fußballspiel*) partido *m* en campo lodoso ❷ (*Streit*) pelea *f* (con golpes bajos)

Schlampe ['ʃlampə] *f* <-n> (*fam abw*) dejada *f,* cachimba *f Cuba*

Schlamperei[1] *f* <-en> (*fam abw: schlechte Arbeit*) chapuza *f*

Schlamperei² f ohne pl (fam: Unordnung)
desorden m

schlampig adj (fam abw) ❶ (unordentlich) desordenado; (Aussehen) descuidado
❷ (Arbeit) chapucero

schlang [ʃlaŋ] 3. imp von **schlingen**

Schlange [ˈʃlaŋə] f <-n> ❶ (Tier) serpiente f ❷ (abw: Person) víbora f ❸ (Men-
schen~) cola f; (Fahrzeug~) caravana f (de
coches); ~ **stehen** hacer cola

schlängeln [ˈʃlɛŋəln] vr: **sich ~**
❶ (Schlange, Weg) serpentear
❷ (Mensch) abrirse camino (durch por
entre)

Schlangenbiss m picadura f de serpiente;
Schlangengift nt veneno m de serpiente; **Schlangenleder** nt piel f de serpiente; **Schlangenlinie** f línea f sinuosa;
(in) ~**n fahren** ir haciendo eses

schlank [ʃlaŋk] adj delgado

Schlankheit f ohne pl delgadez f

Schlankheitskur f cura f para adelgazar

schlapp [ʃlap] adj ❶ (nicht straff) flojo
❷ (ohne Kraft) flojo, débil; (erschöpft)
agotado ❸ (fam abw: träge) soso ❹ (fam):
für ~ e 10 Euro por la miseria de 10 euros

Schlappe [ˈʃlapə] f <-n> derrota f; **eine ~
erleiden** sufrir una derrota

Schlapphut m chambergo m; **schlapp|-
machen** vi (fam) tirar la toalla;
Schlappschwanz m (fam abw) calzonazos m inv

Schlaraffenland [ʃlaˈrafən-] nt ohne pl
(país m de) Jauja f

schlau [ʃlaʊ] adj ❶ (listig) astuto, gaucho
AmS ❷ (fam: klug) listo; **aus jdm/etw** dat
nicht ~ werden no entender a alguien/
algo

Schlauberger [-bɛrgɐ] m <-s, -> (fam)
cuco, -a m, f

Schlauch [ʃlaʊx, pl: ˈʃlɔɪçə] m <-(e)s,
Schläuche> ❶ (Wasser~) manguera f;
(Gas~) tubo m flexible; **auf dem ~ stehen**
(fam fig) estar desorientado ❷ (Reifen~)
cámara f de aire; **Schlauchboot** nt bote
m neumático

schlauchen I. vi (fam) cansar II. vt (fam)
❶ (Arbeit) agotar ❷ (Vorgesetzter) hacer
sudar (a)

Schlaufe [ˈʃlaʊfə] f <-n> ❶ (zum Tragen)
lazo m ❷ (am Gürtel) pasador m

Schlauheit f ohne pl astucia f, ingenio m

Schlaumeier m <-s, -> (fam) vivo, -a m, f

Schlawiner [ʃlaˈviːnɐ] m <-s, -> (fam abw)
pillo, -a m, f

schlecht [ʃlɛçt] I. adj ❶ (nicht gut) mal(o);
etw S-es über jdn sagen hablar mal de
alguien; **mir ist ~** me siento mal ❷ (ver-

dorben) malo; (verfault) podrido; (Luft)
viciado; ~ **werden** echarse a perder ❸ (gemein) malo; (boshaft) malicioso II. adv
mal; **auf jdn ~ zu sprechen sein** no sentir simpatía por alguien; **er ist ~ zu verstehen** es difícil entenderlo; **das kann ich ~
sagen** no sabría decirlo exactamente;
mehr ~ als recht con más pena que gloria; **nicht ~!** ¡no está mal!

schlechthin [ˈ-ˈ-] adv ❶ (an sich) por antonomasia ❷ (geradezu) simplemente, sin
más ❸ (absolut) totalmente

schlecken [ˈʃlɛkən] I. vi, vt (lecken) lamer
(an) II. vi (naschen) comer golosinas

Schleckermaul nt (fam) goloso, -a m, f

Schlegel [ˈʃleːgəl] m <-s, -> (südd, Österr,
Schweiz: Geflügelkeule) muslo m

Schlehe [ˈʃleːə] f <-n> ❶ (Strauch) endrino
m ❷ (Frucht) endrina f

schleichen [ˈʃlaɪçən] <schleicht, schlich,
geschlichen> I. vi sein ❶ (leise) avanzar a
hurtadillas ❷ (langsam) ir a paso lento;
die Zeit schleicht el tiempo pasa lentamente II. vr: **sich ~** (hinein~) entrar a hurtadillas (in en/a); (hinaus~) salir a hurtadillas (aus de)

schleichend adj (Krankheit) lento; (Inflation) latente

Schleichweg [-veːk] m camino m secreto;
Schleichwerbung f ohne pl publicidad f
encubierta

Schleie [ˈʃlaɪə] f <-n> (ZOOL) tenca f

Schleier [ˈʃlaɪɐ] m <-s, -> ❶ (für Gesicht,
Kopf, a. FOTO) velo m; **den ~ von etw lüften** (geh) descorrer el velo de algo
❷ (Dunst) cortina f

Schleiereule f lechuza f

schleierhaft adj: **es ist mir ~, wie ...** no
me explico cómo...

Schleife [ˈʃlaɪfə] f <-n> ❶ (Schlinge) lazo
m; (beim Schuhbinden) nudo m; (Haar~)
lazo m, cinta f ❷ (Kurve) curva f

schleifen¹ [ˈʃlaɪfən] vt ❶ (ziehen) arrastrar;
etw ~ lassen (fam) no ocuparse de algo
❷ (niederreißen) arrasar

schleifen² <schleift, schliff, geschliffen> vt
❶ (Messer, Schere) afilar ❷ (Glas) esmerilar; (Edelstein) tallar; **geschliffene Reden**
discursos muy esmerados ❸ (fam: hart drillen) hacer sudar (la gota gorda) (a)

Schleifmaschine f lijadora f; **Schleifpa-
pier** nt papel m de lija

Schleim [ʃlaɪm] m <-(e)s, -e> ❶ (Sekret)
moco m, flema f; (einer Pflanze) mucílago
m ❷ (Brei) papilla f

schleimen vi (fam abw: schmeicheln)
hacer la pelota

Schleimer(in) [ˈʃlaɪmɐ] m(f) <-s, -; -nen>

(*abw*) pelota *mf*

Schleimhaut *f* (MED) (membrana *f*) mucosa *f*

schleimig *adj* ❶ (*Absonderung*) mucoso; (*klebrig*) viscoso ❷ (*abw: kriecherisch*) zalamero

Schleimscheißer(in) *m(f)* <-s, -; -nen> (*vulg abw*) lameculos *mf inv*

schlemmen ['ʃlɛmən] *vi, vt* comer opíparamente

Schlemmer(in) *m(f)* <-s, -; -nen> gourmet *mf*

Schlemmerei *f* <-en> (*Gelage*) comilona *f,* empipada *f Am*

schlendern ['ʃlɛndən] *vi sein* deambular (*durch* por)

schlenkern ['ʃlɛŋkən] *vi, vt* balancear, bambolear

Schleppe ['ʃlɛpə] *f* <-n> cola *f* (del vestido)

schleppen ['ʃlɛpən] **I.** *vt* ❶ (*ziehen*) arrastrar; (*ab~*) remolcar ❷ (*tragen*) cargar (con) ❸ (*transportieren*) llevar **II.** *vr:* **sich ~** ❶ (*sich fortbewegen*) andar a trancas y barrancas (*über* por, *in/bis*) *zu* hasta) ❷ (*sich hinziehen*) durar (mucho tiempo)

schleppend *adj* lento; (*Unterhaltung*) pesado, difícil; (*Nachfrage*) poco

Schlepper *m* <-s, -> ❶ (*Schleppschiff*) remolcador *m* ❷ (*Traktor*) tractor *m* ❸ (*fam abw: Person*) gancho *m*

Schleppkahn *m* lancha *f* de remolque, bongo *m Am;* **Schlepplift** *m* telesquí *m;* **Schleppnetz** *nt* traína *f,* red *f* barredera [o de arrastre]; **Schlepptau** *nt* cable *m* de remolque; **jdn ins ~ nehmen** (*fam fig*) llevar a alguien (consigo) a todas partes

Schlesien ['ʃleːziən] *nt* <-s> Silesia *f*

Schlesier(in) *m(f)* <-s, -; -nen> silesio, -a *m, f*

schlesisch *adj* silesio

Schleswig-Holstein *nt* <-s> Schleswig-Holstein *m*

Schleuder ['ʃlɔɪdɐ] *f* <-n> ❶ (*für Geschosse*) honda *f* ❷ (*Wäsche~*) centrifugadora *f* ❸ (*Zentrifuge*) centrífuga *f*

Schleudergefahr *f* peligro *m* de deslizamiento

schleudern ['ʃlɔɪdɐn] **I.** *vi sein* (*Auto*) patinar, colear *AmC, Ant;* **ins S~ kommen** patinar, colear *AmC, Ant;* (*fam: etwas nicht gewachsen sein*) verse en apuros **II.** *vt* ❶ (*werfen*) lanzar, arrojar ❷ (*Wäsche*) centrifugar

Schleuderpreis *m* (*fam*) precio *m* tirado; **Schleudersitz** *m* (AERO) asiento *m* proyectable

schleunigst ['ʃlɔɪnɪçst] *adv* ahora mismo, al tiro *Am*

Schleuse ['ʃlɔɪzə] *f* <-n> esclusa *f*

schleusen *vt* ❶ (*Schiff*) hacer pasar por la esclusa ❷ (*geleiten*) conducir ❸ (*illegal*) hacer pasar (*durch* por, *in* a); **jdn über die grüne Grenze ~** ayudar a alguien a pasar la frontera (ilegalmente)

Schleuserbande *f* banda *f* clandestina de tráfico de mano de obra

schlich [ʃlɪç] *3. imp von* **schleichen**

Schlich *m* <-(e)s, -e> truco *m;* **jdm auf die ~e kommen** ver(le) a alguien el juego

schlicht [ʃlɪçt] *adj* ❶ (*einfach*) simple, sencillo; **~ und einfach** (*fam*) sencillamente ❷ (*bescheiden*) modesto

schlichten ['ʃlɪçtən] *vt* ❶ (*Streit*) mediar (en), intervenir como mediador (en) ❷ (TECH: *Oberfläche*) alisar

Schlichtung *f* <-en> conciliación *f*

Schlick [ʃlɪk] *m* <-(e)s, -e> cieno *m*

schliddern ['ʃlɪdɐn] *vi sein* (*nordd*) s. **schlittern**

schlief [ʃliːf] *3. imp von* **schlafen**

Schliere ['ʃliːrə] *f* <-n> estría *f*

schließen ['ʃliːsən] <schließt, schloss, geschlossen> **I.** *vt* ❶ (*zumachen*) cerrar; **eine Lücke ~** tapar un hueco ❷ (*beenden*) terminar, concluir; (*Kongress*) clausurar; **eine Sitzung ~** levantar la sesión ❸ (*Bündnis, Vertrag*) firmar; (*Ehe*) contraer; **jdn in die Arme ~** abrazar a alguien ❹ (ELEK: *an~*) conectar (*an* a/con) **II.** *vi* ❶ (*zugehen, Geschäft*) cerrar ❷ (*aufhören*) terminar ❸ (*ab~*) cerrar ❹ (*folgern*) deducir (*aus* de) **III.** *vr:* **sich ~** (*zugehen*) cerrarse

Schließfach *nt* ❶ (*bei der Post*) apartado *m* de correos, casilla *f Am;* (*bei einer Bank*) caja *f* fuerte ❷ (*für Gepäck*) consigna *f* automática

schließlich *adv* ❶ (*am Ende*) finalmente, después de todo ❷ (*im Grunde*) al fin y al cabo

Schließmuskel *m* esfínter *m*

Schließung *f* <-en> cierre *m;* (*Beendigung*) conclusión *f;* (*Sitzung, Kongress*) clausura *f*

schliff [ʃlɪf] *3. imp von* **schleifen**²

Schliff *m* <-(e)s, ohne pl> (*Glas~*) esmerilado *m;* (*Edelstein~*) tallado *m;* **etw** *dat* **den letzten ~ verleihen** dar los últimos toques a algo

schlimm [ʃlɪm] **I.** *adj* ❶ (*unangenehm, schlecht*) mal(o); (*schrecklich*) terrible; **es gibt S~eres** hay cosas peores; **umso ~er** todavía peor ❷ (*schwerwiegend*) grave; **es ist nicht weiter ~** (*fam*) no pasa nada ❸ (*fam: entzündet*) irritado **II.** *adv* mal; **~ enden** acabar mal; **es steht ~ um ihn**

está en muy mala situación

schlimmstenfalls ['ʃlɪmstənfals] *adv* en el peor de los casos

Schlinge ['ʃlɪŋə] *f* <-n> (*allgemein, Falle*) lazo *m;* (*Schlaufe*) nudo *m* corredizo; (*Arm~*) cabestrillo *m;* **den Kopf aus der ~ ziehen** (*fig*) (saber) salir del apuro

Schlingel ['ʃlɪŋəl] *m* <-s, -> (*fam*) pillo, -a *m, f*

schlingen ['ʃlɪŋən] <schlingt, schlang, geschlungen> **I.** *vi* (*beim Essen*) tragar, zampar **II.** *vt* (*binden*) atar (*um* alrededor de) **III.** *vr:* **sich ~** (*Pflanze*) trepar (*um* por)

schlingern ['ʃlɪŋɐn] *vi* dar bandazos

Schlingpflanze *f* (planta *f*) trepadora *f*

Schlips [ʃlɪps] *m* <-es, -e> (*fam*) corbata *f;* **in** [*o* **mit**] **~ und Kragen** de etiqueta

Schlitten ['ʃlɪtən] *m* <-s, -> ① (*Rodel~*) trineo *m* ② (*an der Schreibmaschine*) carro *m* ③ (*fam: Auto*) coche *m,* auto *m Am;* **Schlittenfahrt** *f* paseo *m* en trineo

schlittern ['ʃlɪtɐn] *vi sein* ① (*Wagen, Person, Eisstock*) patinar (*auf* sobre, *über* por) ② (*hineingeraten*) verse implicado (*in* en)

Schlittschuh *m* patín *m* para hielo; **~ laufen** patinar (sobre hielo); **Schlittschuhbahn** *f* pista *f* de hielo; **Schlittschuhläufer(in)** *m(f)* patinador(a) *m(f)* sobre hielo

Schlitz [ʃlɪts] *m* <-es, -e> ① (*an Automaten, Briefkasten*) ranura *f;* (*Spalt*) hendidura *f* ② (*an Kleidung*) raja *f;* **Schlitzaugen** *ntpl* ojos *mpl* rasgados

schlitzen ['ʃlɪtsən] *vt* rajar

Schlitzohr *nt* (*fam*) zorro, -a *m, f*

schloss [ʃlɔs] *3. imp von* **schließen**

Schloss [ʃlɔs, *pl:* 'ʃlœsə] *nt* <-es, Schlösser> ① (*Burg*) castillo *m;* (*Palast*) palacio *m* ② (*Tür~*) cerradura *f,* chapa *f Am;* (*an Schmuck, Koffer*) cierre *m;* (*Vorhänge~*) cerrojo *m;* **ins ~ fallen** cerrarse; **hinter ~ und Riegel** (*fam*) a buen recaudo

Schlosser(in) ['ʃlɔsɐ] *m(f)* <-s, -; -nen> cerrajero, -a *m, f*

Schlosserei *f* <-en> cerrajería *f*

Schlossherr(in) *m(f)* señor(a) *m(f)* del castillo; (*im Mittelalter*) castellano, -a *m, f;* **Schlosspark** *m* jardines *mpl* del palacio

Schlot [ʃlo:t] *m* <-(e)s, -e> (*reg*) chimenea *f;* **rauchen wie ein ~** (*fam fig*) fumar como un carretero

schlotterig *adj* ① (*zitternd*) tembloroso ② (*Kleidung*) holgado

schlottern ['ʃlɔtɐn] *vi* ① (*Person*) temblar ② (*Kleidung*) colgar (por todos los sitios)

schlottrig *adj s.* **schlotterig**

Schlucht [ʃlʊxt] *f* <-en> quebrada *f*

schluchzen ['ʃlʊxtsən] *vi* sollozar, chillar *Am*

Schluchzer *m* <-s, -> sollozo *m*

Schluck [ʃlʊk] *m* <-(e)s, -e> trago *m,* sorbo *m,* golpe *m Mex;* **einen ~ nehmen** dar un sorbo; **etw in einem ~ austrinken** beberse algo de un trago

Schluckauf [ʃlʊk'ʔaʊf] *m* <-s, *ohne pl*> hipo *m*

schlucken ['ʃlʊkən] **I.** *vi* tragar **II.** *vt* ① (*Speise*) tragar ② (*fam: hinnehmen*) aguantar, tragarse ③ (*fam: verbrauchen*) gastar, tragar ④ (*fam abw: übernehmen*) absorber, tragar(se) *fam*

Schlucker *m* <-s, -> (*fam*): **armer ~** pobre diablo

Schluckimpfung *f* vacuna(ción) *f* por vía oral

schluckweise *adj* a tragos

schlud(e)rig ['ʃlu:d(ə)rɪç] *adj* (*fam abw*) ① (*Kleidung*) descuidado ② (*Arbeit*) chapucero

schludern ['ʃlu:dɐn] *vi* (*fam abw*) hacer una chapuza

schlug [ʃlu:k] *3. imp von* **schlagen**

Schlummer ['ʃlʊmɐ] *m* <-s, *ohne pl*> (*geh*) sueño *m* ligero

schlummern ['ʃlʊmɐn] *vi* ① (*geh: schlafen*) dormitar ② (*Talent*) estar oculto

Schlund [ʃlʊnt, *pl:* 'ʃlʏndə] *m* <-(e)s, Schlünde> garganta *f;* (*eines Tieres*) fauces *fpl*

schlüpfen ['ʃlʏpfən] *vi sein* ① (*hinein~, hindurch~*) pasar (*in* a, *durch* por); (*hinaus~*) salir (*aus* de); (*in Kleidung*) ponerse (*in*) ② (*Küken*): (**aus dem Ei**) **~** salir (del huevo)

Schlüpfer *m* <-s, -> braga *f*

Schlupfloch *nt* (*Versteck*) escondrijo *m;* (*Zuflucht*) refugio *m*

schlüpfrig ['ʃlʏpfrɪç] *adj* ① (*rutschig*) resbaladizo ② (*abw: anstößig*) obsceno, verde *fam*

Schlupfwinkel *m* escondrijo *m,* cucho *m Ecua, Peru*

schlurfen ['ʃlʊrfən] *vi sein* arrastrar los pies

schlürfen ['ʃlʏrfən] *vi, vt* sorber con ruido

Schluss [ʃlʊs, *pl:* 'ʃlʏsə] *m* <-es, Schlüsse> ① (*Ende*) fin *m,* final *m;* **~ für heute!** ¡basta por hoy!; **zum ~** al final; **bis zum ~ bleiben** quedarse hasta el final; **mit jdm ~ machen** romper con alguien ② (*Folgerung*) conclusión *f;* **zu dem ~ kommen, dass ...** llegar a la conclusión de que...; **Schlussbemerkung** *f* observación *f* final

Schlüssel ['ʃlʏsəl] *m* <-s, -> ① (*Tür~, Schrauben~*) llave *f* ② (*Noten-, Lösungs~*) clave *f* ③ (*Schema*) esquema *m;* **Schlüsselanhänger** *m* llavero *m;* **Schlüsselbein** *nt* clavícula *f;* **Schlüsselblume** *f*

primavera *f;* **Schlüsselbund** *m o nt* manojo *m* de llaves; **Schlüsseldienst** *m* (*für Duplikate*) servicio *m* de copia de llaves; (*zum Aufschließen*) servicio *m* de cerrajería; **Schlüsselerlebnis** *nt* (PSYCH) experiencia *f* clave; **schlüsselfertig** *adj* de llave en mano; **Schlüsselloch** *nt* ojo *m* de la cerradura

Schlüsselqualifikation *f* (WIRTSCH) cualificación *f* básica

schlussfolgern *vt* concluir (*aus* de); **Schlussfolgerung** *f* conclusión *f;* **aus etw ~en ziehen** sacar conclusiones de algo

schlüssig ['ʃlʏsɪç] *adj* concluyente; **sich** *dat* (**über etw**) **~ werden** tomar una resolución (respecto a algo)

Schlusslicht *nt* ❶ (AUTO) luz *f* trasera ❷ (*fam: Person*) colista *mf;* **Schlusspfiff** *m* (SPORT) pitido *m* final; **Schlussstrich** *m* punto *m* final; **einen ~ ziehen** hacer borrón y cuenta nueva; **Schlussverkauf** *m* rebajas *fpl* de fin de temporada; **Schlusswort** *nt* comentario *m* final

Schmach [ʃmaːx] *f ohne pl* (*geh: Schande*) vergüenza *f;* (*Kränkung*) ofensa *f;* (*Demütigung*) humillación *f*

schmachten ['ʃmaxtən] *vi* (*geh*): **nach etw ~** ansiar algo; **nach jdm ~** añorar a alguien; **vor Durst ~** morirse de sed

schmachtend *adj* ❶ (*sehnsüchtig*) lleno de añoranza ❷ (*sentimental*) sentimental

schmächtig ['ʃmɛçtɪç] *adj* flaco

schmackhaft ['ʃmakhaft] *adj* sabroso; **jdm etw ~ machen** (*fam*) hacer a alguien la boca agua con algo

schmal [ʃmaːl] *adj* (*schlank*) delgado; (*eng*) estrecho; (*gering*) escaso

schmälern ['ʃmɛːlɐn] *vt* reducir, disminuir

Schmalspur *f ohne pl* (EISENB) vía *f* estrecha

Schmalz¹ [ʃmalts] *nt* <-es, -e> (*Fett*) manteca *f*

Schmalz² *m* <-es, *ohne pl*> (*fam abw: Sentimentalität*) sentimentalismo *m*

schmalzig *adj* (*abw*) sentimental, empalagoso

schmarotzen* [ʃmaˈrɔtsən] *vi* ❶ (BIOL) vivir como parásito (*auf/in* en) ❷ (*abw: Mensch*) vivir de gorra (*bei* a costa de)

Schmarotzer¹ *m* <-s, -> (BIOL) parásito *m*

Schmarotzer(in)² *m(f)* <-s, -; -nen> (*abw: Person*) gorrón, -ona *m, f,* pepenche *m Mex*

Schmarren ['ʃmarən] *m* <-s, -> ❶ (*Österr, südd: Mehlspeise*) *tortilla dulce hecha a base de harina, huevos, leche y pasas* ❷ (*fam abw: Unsinn*) chorrada *f*

schmatzen ['ʃmatsən] *vi* hacer ruido al comer

schmausen ['ʃmaʊzən] *vi* comer con placer

schmecken ['ʃmɛkən] **I.** *vi* ❶ (*Geschmack haben*) saber (*nach* a) ❷ (*gut ~*) gustar; **schmeckt dir die Suppe?** ¿te gusta la sopa?; **es hat gut geschmeckt** estaba rico; **es sich** *dat* **~ lassen** comer con ganas; **lass es dir ~!** ¡que aproveches! **II.** *vt* (*kosten*) probar; (*heraus~*) sacar el gusto (de)

Schmeichelei [ʃmaɪçaˈlaɪ] *f* <-en> lisonja *f,* caravana *f Mex*

schmeichelhaft *adj* lisonjero; **das ist wenig ~ für ihn** no le va a gustar nada

schmeicheln ['ʃmaɪçəln] *vi* ❶ (*loben, gefallen*) halagar, lisonjear; (*abw*) adular, barbear *Guat, Mex* ❷ (*vorteilhaft aussehen lassen*) favorecer

Schmeichler(in) *m(f)* <-s, -; -nen> lisonjeador(a) *m(f);* (*abw*) zalamero, -a *m, f*

schmeichlerisch *adj* lisonjero; (*abw*) zalamero

schmeißen ['ʃmaɪsən] <schmeißt, schmiss, geschmissen> *vt* (*fam*) ❶ (*werfen*) tirar, lanzar; **jdn aus dem Haus ~** echar a alguien de la casa ❷ (*abbrechen*) abandonar ❸ (*bewältigen*) poner a flote, encargarse (de)

Schmeißfliege *f* moscarda *f*

Schmelz [ʃmɛlts] *m* <-es, -e> (*Zahn~*) esmalte *m* (dental)

Schmelze ['ʃmɛltsə] *f* <-n> ❶ (*allgemein*) derretimiento *m;* (*Schnee~*) deshielo *m* ❷ (TECH) fundición *f*

schmelzen ['ʃmɛltsən] <schmilzt, schmolz, geschmolzen> **I.** *vi sein* (*Butter, Eis, Schnee*) derretirse; (*Käse, Glas, Metall*) fundirse **II.** *vt* (*Butter, Schnee*) derretir; (*Metall, Glas*) fundir

Schmelzhütte *f* (TECH) fundición *f;* **Schmelzkäse** *m* (GASTR) queso *m* fundido; **Schmelzofen** *m* (TECH) horno *m* de fusión; **Schmelzpunkt** *m* (PHYS) punto *m* de fusión; **Schmelztiegel** *m* (TECH) crisol *m;* (*fig*) crisol *m* de las razas; **Schmelzwasser** *nt* agua *f* de deshielo

Schmerz [ʃmɛrts] *m* <-es, -en> dolor *m;* (*Kummer*) pena *f;* **schmerzempfindlich** *adj* sensible al dolor

schmerzen ['ʃmɛrtsən] **I.** *vi* doler (a) **II.** *vt* doler; (*betrüben*) afligir

Schmerzensgeld *nt* (JUR) indemnización *f* por daño personal

Schmerzgrenze *f* (*fig*) límite *m* (máximo); **die ~ überschreiten** pasarse de la raya

schmerzhaft *adj* doloroso

schmerzlich *adj* doloroso, penoso

schmerzlindernd *adj* analgésico, calmante; **schmerzlos** *adj* sin dolores; **kurz und** ~ rápidamente; **Schmerzmittel** *nt* analgésico *m;* **schmerzstillend** *adj* analgésico, calmante; **Schmerztablette** *f* analgésico *m;* **schmerzvoll** *adj* s. schmerzlich

Schmetterling [ˈʃmɛtəlɪŋ] *m* <-s, -e> (ZOOL, SPORT) mariposa *f*

schmettern [ˈʃmɛtən] **I.** *vt* ➊ (*werfen*) arrojar, lanzar; (*Tennis*) dar un smash (a) ➋ (*Lied*) cantar con brío **II.** *vi* ➊ (*erklingen*) (re)sonar ➋ (*aufprallen*) chocar ➌ (*Tennis*) dar un smash

Schmied [ʃmiːt] *m* <-(e)s, -e> herrero *m;* (*Huf~*) herrador *m*

Schmiede [ˈʃmiːdə] *f* <-n> fragua *f*

schmiedeeisern *adj* de hierro forjado

schmieden [ˈʃmiːdən] *vt* ➊ (*Eisen*) forjar ➋ (*Pläne*) urdir

schmiegen [ˈʃmiːɡən] *vr:* **sich** ~ (*Kleidung*) ajustarse (*an* a); (*Mensch*) arrimarse cariñosamente (*an* a)

Schmiere [ˈʃmiːrə] *f* <-n> ➊ (*Fett*) untura *f,* grasa *f* ➋ (*Schmutz*) mugre *f* ➌ (*fam abw: Theater*) farándula *f* ➍ (*fam*): ~ **stehen** hacer de espía

schmieren [ˈʃmiːrən] **I.** *vt* ➊ (*mit Fett*) engrasar, lubri(fi)car; (*mit Öl*) enaceitar; **es läuft wie geschmiert** (*fam*) marcha como la seda; **jdm eine** ~ (*fam*) darle un bofetón a alguien ➋ (*Brötchen*) untar; (*auftragen*) poner; (*Aufstrich, Butter*) untar, poner ➌ (*fam abw: bestechen*) untar, sobornar ➍ (*fam abw: beschmutzen*) garabatear **II.** *vi* (*fam*) ➊ (*Stift*) manchar ➋ (*abw: beim Schreiben*) hacer garabatos

Schmiererei *f* <-en> (*fam abw: Gemaltes*) mamarrachada *f;* (*Geschriebenes*) garabatos *mpl*

Schmierfink *m* (*fam abw*) cochino, -a *m, f*

Schmiergeld *nt* (*fam abw*) unto *m,* soborno *m;* **Schmiergeldzahlung** *f* (pago *m* de un) soborno *m*

schmierig *adj* ➊ (*feuchtklebrig*) resbaladizo ➋ (*schmutzig*) mugriento; (*fettig*) pringoso ➌ (*abw: schmeichlerisch*) zalamero ➍ (*abw: obszön*) obsceno

Schmieröl *nt* aceite *m* lubri(fi)cante; **Schmierpapier** *nt* (*fam*) (papel *m* de) borrador *m;* **Schmierseife** *f* jabón *m* verde; **Schmierstoff** *m* lubricante *m;* **Schmierzettel** *m* borrador *m*

schmilzt [ʃmɪltst] *3. präs von* schmelzen

Schminke [ˈʃmɪŋkə] *f* <-n> maquillaje *m*

schminken [ˈʃmɪŋkən] **I.** *vt* maquillar **II.** *vr:* **sich** ~ maquillarse

Schminkkoffer *m* neceser *m* de belleza

schmirgeln [ˈʃmɪrɡəln] *vt* lijar

Schmirgelpapier *nt* papel *m* de lija

schmiss [ʃmɪs] *3. imp von* schmeißen

Schmöker [ˈʃmøːkɐ] *m* <-s, -> (*fam*) novelón *m*

schmökern [ˈʃmøːkən] *vi* (*fam*) enfrascarse en la lectura; **in einem Buch** ~ leer un libro

schmollen [ˈʃmɔlən] *vi* estar de morros

Schmollmund *m* morro *m*

schmolz [ʃmɔlts] *3. imp von* schmelzen

Schmorbraten [ˈʃmoːɐ-] *m* estofado *m*

schmoren [ˈʃmoːrən] **I.** *vi* (*Fleisch*) cocerse (a fuego lento) **II.** *vt* estofar, cocer a fuego lento; **sie schmorte stundenlang in der Sonne** (*fam*) estuvo horas tostándose al sol; **jdn** ~ **lassen** (*fam*) tener a alguien en ascuas

Schmuck [ʃmʊk] *m* <-(e)s, ohne pl> ➊ (*Juwelen*) joyas *fpl;* (*Mode~*) bisutería *f* ➋ (*Verzierung*) adorno *m*

schmücken [ˈʃmʏkən] *vt* adornar

Schmuckkästchen [-kɛstçən] *nt* joyero *m,* alhajera *f Arg, Chil;* **schmucklos** *adj* sin adorno; (*Raum*) austero; **Schmucksachen** *fpl* joyas *fpl,* alhajas *fpl;* **Schmuckstück** *nt* alhaja *f,* joya *f*

schmudd(e)lig *adj* (*fam abw: Person*) desaliñado; (*Ding*) sucio, mugriento

Schmuggel [ˈʃmʊɡəl] *m* <-s, ohne pl> contrabando *m,* facuya *f Mex*

schmuggeln **I.** *vi* hacer contrabando **II.** *vt* pasar de contrabando; **jdn außer Landes** ~ ayudar a alguien a salir del país ilegalmente

Schmuggelware *f* mercancía *f* de contrabando

Schmuggler(in) *m(f)* <-s, -; -nen> contrabandista *mf*

schmunzeln [ˈʃmʊntsəln] *vi* sonreírse (satisfecho) (*über* de)

schmusen [ˈʃmuːzən] *vi* (*fam*) besuquearse, acariciarse

Schmutz [ʃmʊts] *m* <-es, ohne pl> ➊ (*Zustand*) suciedad *f* ➋ (*herumliegender*) basura *f;* (*Staub*) polvo *m;* (*Lehm*) barro *m;* **etw/jdn in** [*o* **durch**] **den** ~ **ziehen** (*fig*) arrastrar algo/a alguien por el fango; **Schmutzfink** *m* <-en *o* -s, -en> (*fam*) cochino, -a *m, f;* **Schmutzfleck** *m* mancha *f*

schmutzig *adj* ➊ (*dreckig, unlauter*) sucio; (*beschmiert*) embadurnado, pringado *fam;* **sich** *dat* **nicht die Finger** ~ **machen** (*fig*) no ensuciarse las manos ➋ (*unanständig*) obsceno; (*Fantasie*) sucio; (*Witz*) verde

Schmutzkampagne *f* (POL) campaña *f* de acoso y derribo, campaña *f* desleal

S

Schnabel ['ʃnaːbəl, pl: 'ʃnɛːbəl] m <-s, Schnäbel> ❶ (eines Vogels) pico m ❷ (an einer Kanne) pitorro m ❸ (fam: Mund) pico m; **halt den ~!** ¡cierra el pico!; **sie redet, wie ihr der ~ gewachsen ist** habla porque tiene boca

Schnake ['ʃnaːkə] f <-n> ❶ (Wiesen~) moscardón m ❷ (reg: Stechmücke) mosquito m, zancudo m Am

Schnalle ['ʃnalə] f <-n> hebilla f

schnallen vt ❶ (fest~) atar (auf a); (los~) soltar; **etw enger/weiter** ~ ceñir/aflojar algo; **den Gürtel enger** ~ (fam fig) apretarse el cinturón ❷ (fam: begreifen) captar, coger

schnalzen ['ʃnaltsən] vi (mit der Zunge) chasquear; (mit den Fingern) castañetear

Schnäppchen ['ʃnɛpçən] nt <-s, -> (reg: fam) ganga f, pichincha f Arg; **ein ~ machen** hacer un buen negocio; **Schnäppchenjagd** f (fam) búsqueda f de gangas

schnappen ['ʃnapən] I. vi ❶ (Hund) (intentar) pillar (nach); **nach Luft** ~ (fam) jadear ❷ sein (Bewegung): **die Tür schnappt ins Schloss** la puerta se cierra II. vt (packen) coger, pescar fam; (Dieb) pillar

Schnappmesser nt navaja f de muelles, charrasca f; **Schnappschuss** m instantánea f

Schnaps [ʃnaps, pl: 'ʃnɛpsə] m <-es, Schnäpse> aguardiente m; **(kräftiger) Schluck** ~ farolazo m Mex; **Schnapsflasche** f botella f de aguardiente; **Schnapsidee** f (fam) idea f descabellada

schnarchen ['ʃnarçən] vi roncar

schnattern ['ʃnatən] vi ❶ (Gans, Ente) graznar ❷ (fam: schwatzen) hablar por los codos

schnauben ['ʃnaubən] I. vi (Mensch) resoplar; (Tier) bufar; **vor Wut** ~ bufar de ira II. vr: **sich** ~ (reg: sich schnäuzen) sonarse

schnaufen ['ʃnaufən] vi ❶ (keuchen) resollar, jadear ❷ (reg: atmen) respirar

Schnauzbart m bigote m

Schnauze ['ʃnautsə] f <-n> ❶ (vom Tier) hocico m ❷ (fam abw: Mund) bocaza f, morro m; **eine große** ~ **haben** ser un bocazas; **die** ~ **voll haben** estar hasta el gorro; **(halt die)** ~! ¡cierra el pico!; **mit etw auf die** ~ **fallen** (fig) llevarse un chasco con algo

schnauzen ['ʃnautsən] vi (fam) berrear

schnäuzen ['ʃnɔɪtsən] vr: **sich** ~ sonarse

Schnauzer m <-s, -> ❶ (Hunderasse) grifón m ❷ (fam: Schnauzbart) bigote m

Schnecke ['ʃnɛkə] f <-n> ❶ (Tier) caracol m; (Meeres~) caracola f; **jdn zur** ~ **machen** (fam) cantar(le) las cuarenta a alguien ❷ (Gebäck) caracola f ❸ (TECH: ~ngewinde) tornillo m sin fin

Schneckengehäuse nt concha f del caracol, casita f del caracol; **Schneckenhaus** nt concha f del caracol; **Schneckentempo** nt (fam): **im** ~ a paso de tortuga

Schnee [ʃneː] m <-s, ohne pl> ❶ (Niederschlag) nieve f; **das ist** ~ **von gestern** (fam fig) eso ya pasó a la historia ❷ (Ei~) clara f (de huevo) batida; **Eiweiß zu** ~ **schlagen** batir las claras a punto de nieve ❸ (sl: Kokain) nieve f; **Schneeball** m ❶ (aus Schnee) bola f de nieve ❷ (Pflanze) viburno m; **Schneeballeffekt** m ohne pl efecto m multiplicador; **Schneeballschlacht** f batalla f con bolas de nieve; **Schneeballsystem** nt (Warenabsatz) sistema m de venta en pirámide

schneebedeckt adj cubierto de nieve; **Schneebesen** m varillas fpl; **Schneedecke** f capa f de nieve; **Schneefall** m <-(e)s, -fälle> nevada f; **Schneeflocke** f copo m de nieve; **Schneegestöber** nt ventisca f; **Schneeglöckchen** [-glœkçən] nt (BOT) campanilla f blanca; **Schneegrenze** f límite m de las nieves; **Schneeketten** fpl (AUTO) cadenas fpl antideslizantes; **Schneemann** m muñeco m de nieve; **Schneematsch** m nieve f medio derretida; **Schneepflug** m (máquina f) quitanieve(s) m(pl); **Schneeregen** m aguanieve f; **Schneeschaufel** f pala f para recoger la nieve; **Schneeschmelze** f deshielo m; **Schneesturm** m temporal m de nieve; **Schneetreiben** nt ventisca f; **schneeweiß** ['-'-] adj blanco como la nieve

Schneewittchen [ʃneːˈvɪtçən] nt <-s> Blancanieves f

Schneid [ʃnaɪt] m <-(e)s, ohne pl> (fam) agallas fpl, coraje m; **jdm den** ~ **abkaufen** desanimar a alguien

Schneide [ʃnaɪdə] f <-n> filo m; (Klinge) cuchilla f

schneiden ['ʃnaɪdən] <schneidet, schnitt, geschnitten> I. vt ❶ (allgemein) cortar; **etw klein** ~ cortar algo (en trozos pequeños); **das Hemd ist eng geschnitten** la camisa tiene un corte estrecho; **die Luft ist hier zum S~** aquí el aire está muy cargado ❷ (eingravieren) grabar, tallar ❸ (FILM, TV, RADIO) montar ❹ (kreuzen) cruzar ❺ (meiden) ignorar II. vr: **sich** ❶ (verletzen) cortarse (an con) ❷ (sich kreuzen) cruzarse ❸ (reg: irren) equivocarse III. vi (Kälte, Strick) cortar

schneidend *adj* cortante; (*Schmerz*) agudo; (*Kälte*) penetrante

Schneider(in) *m(f)* <-s, -; -nen> (*Beruf*) sastre, -a *m, f*; (*Damen~*) modisto, -a *m, f*

Schneiderei *f* <-en> sastrería *f*

Schneiderin *f* <-nen> *s.* **Schneider**

schneidern ['ʃnaɪdən] *vt* coser, confeccionar

Schneidersitz *m ohne pl*: **im ~ sitzen** estar sentado con las piernas cruzadas

Schneidezahn *m* (diente *m*) incisivo *m*

schneidig *adj* gallardo

schneien ['ʃnaɪən] *vunpers* nevar; **es schneit** está nevando

Schneise ['ʃnaɪzə] *f* <-n> (*Feuer~*) cortafuego *m;* (*Flug~*) pasillo *m* aéreo

schnell [ʃnɛl] **I.** *adj* rápido; **auf die S~e** (*fam*) deprisa y corriendo **II.** *adv* de prisa, rápidamente; **mach ~!** (*fam*) ¡date prisa!; **Schnellboot** *nt* lancha *f* torpedera

schnellen ['ʃnɛlən] *vi sein* saltar; **die Preise schnellten in die Höhe** los precios se dispararon

Schnellhefter *m* carpeta *f*

Schnelligkeit *f ohne pl* rapidez *f;* (*Geschwindigkeit*) velocidad *f*

Schnellimbiss *m* snack-bar *m;* **Schnellkochtopf** *m* olla *f* a presión; **Schnellkurs** *m* curso *m* acelerado; **schnelllebig** *adj* (*hektisch*) agitado; (*kurzlebig*) efímero

schnellstens ['ʃnɛlstəns] *adv* lo más rápido posible

Schnellstraße *f* autovía *f;* **Schnellsuchlauf** *m* (función *f* de) búsqueda *f* rápida; **Schnellverfahren** *nt* ❶ (TECH) método *m* rápido ❷ (JUR) juicio *m* sumario; **etw im ~ erledigen** (*fam fig*) hacer algo corre que te corre; **Schnellzug** *m* (tren *m*) expreso *m*

Schnepfe ['ʃnɛpfə] *f* <-n> (ZOOL) becada *f*

Schnickschnack ['ʃnɪkʃnak] *m* <-(e)s, ohne pl> (*fam*) ❶ (*wertloses Zeug*) cachivaches *mpl;* (*Beiwerk*) accesorios *mpl* (innecesarios) ❷ (*Gerede*) necedades *fpl*

schniefen ['ʃniːfən] *vi* (*reg*) sorberse los mocos

schnippeln ['ʃnɪpəln] *vi, vt* (*fam*) cortar (*an*); (*in kleine Stücke*) picar

schnippen ['ʃnɪpən] **I.** *vt* lanzar (con un golpe del dedo) **II.** *vi*: **mit den Fingern ~** castañetear los dedos

schnippisch ['ʃnɪpɪʃ] *adj* (*abw*) respondón

Schnipsel ['ʃnɪpsəl] *m o nt* <-s, -> recorte *m*

schnitt [ʃnɪt] *3. imp von* **schneiden**

Schnitt [ʃnɪt] *m* <-(e)s, -e> ❶ (*das Schneiden, Einschnitt, Haar~, von Kleidung*) corte *m;* (*~muster*) patrón *m;* **der goldene ~** (MATH) la sección áurea ❷ (FILM)

montaje *m* ❸ (*fam: Durch~*) término *m* medio; **im ~** por término medio

Schnitte ['ʃnɪtə] *f* <-n> (*reg*) ❶ (*Scheibe*) rebanada *f;* (*Wurst, Käse*) loncha *f;* (*Blechkuchen*) trozo *f* ❷ (*belegtes Brot*) rebanada *f* de pan (con embutido o queso)

Schnittfläche *f* superficie *f* de corte

schnittig *adj* de línea elegante

Schnittlauch *m* <-(e)s, ohne pl> cebollino *m;* **Schnittmenge** *f* (MATH) intersección *f* de los conjuntos; **Schnittmuster** *nt* patrón *m;* **Schnittpunkt** *m* (*a.* MATH) (punto *m* de) intersección *f;* **Schnittstelle** *f* (INFOR) interfaz *m;* **Schnittverletzung** *f* herida *f* de incisión, cortadura *f;* **Schnittwunde** *f* cortadura *f*, corte *m*

Schnitzel¹ ['ʃnɪtsəl] *nt* <-s, -> (*Fleischstück*) escalope *m;* **paniertes ~** escalope rebozado, milanesa *f Am*

Schnitzel² *m o nt* <-s, -> (*Papier~*) pedacito *m* (de papel)

schnitzen ['ʃnɪtsən] *vi, vt* tallar (en madera) (*aus* de, *in* en)

Schnitzer¹ *m* <-s, -> (*fam: Fehler*) error *m*

Schnitzer(in)² *m(f)* <-s, -; -nen> escultor(a) *m(f)* en madera

Schnitzerei [ʃnɪtsə'raɪ] *f* <-en> talla *f* (en especial de madera)

schnöde ['ʃnøːdə] *adj* (*abw*) ❶ (*verachtenswert*) desdeñable; (*erbärmlich*) mezquino, vil ❷ (*geringschätzig*) desdeñoso

Schnorchel ['ʃnɔrçəl] *m* <-s, -> tubo *m* de respiración

schnorcheln *vi* bucear con ayuda de un respirador

Schnörkel ['ʃnœrkəl] *m* <-s, -> (*an Möbeln*) voluta *f;* (*bei der Unterschrift*) rúbrica *f*

schnorren ['ʃnɔrən] **I.** *vt* (*fam*) gorronear, pechar *Arg* **II.** *vi* ❶ (*fam: erbetteln*) pedir ❷ (*Schweiz: abw: daherreden*) hablar sin ton ni son

Schnorrer(in) *m(f)* <-s, -; -nen> (*fam*) gorrón, -ona *m, f*, pechador(a) *m(f) Arg*

Schnösel ['ʃnøːzəl] *m* <-s, -> (*fam abw*) impertinente *mf*

schnuck(e)lig ['ʃnʊk(ə)lɪç] *adj* (*fam*) mono, lindo *Am*

schnüffeln ['ʃnʏfəln] **I.** *vi* ❶ (*schnuppern*) olisquear (*an*), olfatear (*an*) ❷ (*fam abw: spionieren*) husmear (*in* en), fisgar (*in* en) ❸ (*fam: Klebstoff*) esnifar **II.** *vt* (*fam*) esnifar, inhalar

Schnüffler(in) *m(f)* <-s, -; -nen> (*abw*) ❶ (*Spion*) espía *mf*, rana *mf Am* ❷ (*Neugieriger*) fisgón, -ona *m, f*, averigüetas *mf inv Mex*

Schnuller ['ʃnʊlɐ] *m* <-s, -> chupete *m*

S

Schnulze ['ʃnʊltsə] *f* <-n> (*Lied*) canción *f* sentimental; (*Film*) película *f* sentimental

schnulzig *adj* (*fam abw*) sentimental(oide), empachoso

schnupfen ['ʃnʊpfən] *vi, vt* (*Tabak*) tomar rapé; (*Kokain*) esnifar

Schnupfen ['ʃnʊpfən] *m* <-s, -> constipado *m;* ~ **haben** estar resfriado; ~ **bekommen** coger un constipado

Schnupftabak *m* rapé *m*

schnuppe ['ʃnʊpə] *adj* (*fam*): **das ist mir** ~ me importa un rábano

schnuppern ['ʃnʊpɐn] *vi* olfatear (*an*)

Schnur [ʃnuːɐ, *pl:* 'ʃnyːrə] *f* <Schnüre> cuerda *f;* (*dünn*) cordel *m*, piola *f AmS;* (*Kabel*) cable *m*

Schnürband *nt* cordón *m*

Schnürchen ['ʃnyːɐçən] *nt* (*fam*): **wie am** ~ a las mil maravillas; **etw wie am** ~ **können** saber algo de carrerilla

schnüren ['ʃnyːrən] *vt* atar

schnurgerade ['--'--] *adj* (*fam*) (todo) derecho, en línea recta

schnurlos *adj* (*Telefon*) inalámbrico

Schnurrbart ['ʃnʊrbaːɐt] *m* bigote *m*

schnurren ['ʃnʊrən] *vi* (*Katze*) ronronear; (*Nähmaschine, Ventilator, Kameras*) zumbar

Schnurrhaare *ntpl* vibrisas *fpl*, bigotes *mpl*

Schnürschuh *m* zapato *m* de cordones

Schnürsenkel ['ʃnyːɐzɛŋkəl] *m* <-s, -> (*nordd, reg*) cordón *m* para zapatos; **Schnürstiefel** *m* bota *f* de cordones

schnurstracks ['ʃnuːɐ'ʃtraks] *adv* (*fam*) directamente, sin rodeos; (*sofort*) en el acto

Schnute ['ʃnuːtə] *f* <-n> (*nordd: fam*) boquita *f*, morritos *mpl*; **eine** ~ **ziehen** (*vor Ärger*) poner morros; (*vor Enttäuschung*) hacer pucheros

schob [ʃoːp] *3. imp von* **schieben**

Schober ['ʃoːbɐ] *m* <-s, -> pajar *m*

Schock [ʃɔk] *m* <-(e)s, -s> shock *m*, choque *m;* **unter** ~ **stehen** estar bajo (los efectos de un) shock; **einen** ~ **bekommen** sufrir un shock

schocken ['ʃɔkən] *vt* (*fam*) chocar, causar un shock (a)

schockieren* [ʃɔ'kiːrən] *vt* causar un shock (a), chocar; (*moralisch*) escandalizar

Schocktherapie *f* terapia *f* de choque

Schöffe, -in ['ʃœfə] *m, f* <-n, -n; -nen> jurado, -a *m, f*

Schokolade [ʃoko'laːdə] *f* <-n> chocolate *m*

Schokoriegel *m* chocolatina *f*

Scholastik [ʃo'lastɪk] *f ohne pl* (PHILOS) escolástica *f*

Scholle ['ʃɔlə] *f* <-n> ❶ (*Fisch*) platija *f* ❷ (*Eis~*) témpano *m* ❸ (*Erd~*) terrón *m*

schon [ʃoːn] *adv* ❶ (*zeitlich*) ya; ~ **oft** varias veces ya; ~ **wieder** otra vez; ~ **bald darauf** poco después; **das war** ~ **immer so** siempre ha sido así; **nun mach** ~ **!** (*fam: beeil dich*) ¡apúrate ya! ❷ (*allein*) (tan) sólo; **wenn ich das** ~ **sehe!** ¡tan sólo (con) verlo! ❸ (*tatsächlich*) de hecho; **das ist** ~ **möglich** de hecho es posible; **was heißt das** ~ **?** eso no quiere decir nada; **na, wenn** ~ **!** ¿y qué más da?; **wer fragt** ~ **danach, ob ...?** ¿quién demonios pregunta si...?; **du wirst** ~ **sehen** ya verás; **ich bin** ~ **froh, dass ...** ya me contento con que... +*subj* ❹ (*doch, ja*) sí; **ich denke** ~ supongo que sí; **sie ist nicht zufrieden, aber ich** ~ ella no está contenta pero yo sí

schön [ʃøːn] **I.** *adj* bonito, lindo *Am;* **das Wetter ist** ~ hace buen tiempo; **nichts als** ~**e Worte** tan sólo palabras bonitas; ~**e Ferien!** ¡que lo pases bien en las vacaciones!; ~**es Wochenende!** ¡buen fin de semana!; **das war nicht** ~ **von dir** eso no fue un detalle bonito por tu parte; **das wäre ja noch** ~**er!** (*fam*) ¡no faltaba más!; **das S~ste kommt erst noch: ...** (*iron*) y ahora viene lo mejor: ...; **das sind ja** ~**e Aussichten!** (*fam*) ¡menudas perspectivas!; **na** ~ **!** ¡bueno!; **das ist gut und** ~**, aber ...** (*fam*) todo esto suena muy bien, pero...; **zu** ~**, um wahr zu sein** (*fam*) demasiado bonito para ser cierto **II.** *adv* bien; (*ziemlich*) bastante; (*fam*) de lo lindo; **sie singt** ~ canta bien; **das hat ja ganz** ~ **weh getan** esto me ha dolido de lo lindo; **ihr habt es** ~ **bei euch** se está muy bien en vuestra casa; **sei** ~ **brav!** (*fam*) ¡pórtate bien!; **danke** ~ muchas gracias; **bitte** ~ de nada; **wie man so** ~ **sagt** como se suele decir

schonen ['ʃoːnən] **I.** *vt* (*Person*) ser benévolo (con); (*Gegenstand*) tratar con cuidado; (*schützen*) proteger; (*Kräfte*) ahorrar; **seine Gesundheit** ~ cuidarse **II.** *vr:* **sich** ~ cuidarse

schonend *adj* (*behutsam*) cauteloso; (*vorsichtig*) prudente; (*rücksichtsvoll*) considerado; (*nachsichtig*) indulgente; **du musst es ihr** ~ **beibringen** debes decírselo con mucha precaución

Schönfärberei [---'-] *f* idealización *f*

Schonfrist *f* plazo *m* de gracia

schöngeistig *adj* erudito, intelectual

Schönheit *f* <-en> belleza *f*, bonitura *f Am;* **Schönheitschirurgie** *f* cirugía *f* plástica; **Schönheitsfehler** *m* imperfección *f;* **Schönheitsoperation** *f* operación *f* de cirugía estética

Schonkost *f* dieta *f*, comida *f* de régimen

Schonung[1] *f ohne pl* (*Sorgfalt*) cuidado *m*; (*Nachsicht*) indulgencia *f*; (*Schutz*) protección *f*

Schonung[2] *f* <-en> (*im Wald*) coto *m* de bosque recién plantado

schonungslos I. *adj* despiadado II. *adv* sin piedad

Schonzeit *f* (tiempo *m* de) veda *f*

Schopf [ʃɔpf, *pl:* 'ʃœpfə] *m* <-(e)s, Schöpfe> ① (*Haar~*) cabellera *f*, moño *m* *Chil;* **die Gelegenheit beim ~e packen** no dejar escapar la ocasión ② (*eines Vogels*) copete *m* ③ (*Schweiz: Schuppen*) cobertizo *m*

schöpfen ['ʃœpfən] *vt* ① (*Flüssigkeit*) sacar (*aus* de) ② (*Mut, Vertrauen*) cobrar; (*Hoffnung*) concebir ③ (*geh: Atem*) respirar

Schöpfer[1] *m* <-s> (*Gott*) Creador *m*

Schöpfer(in)[2] *m(f)* <-s, -; -nen> creador(a) *m(f)*

schöpferisch *adj* creador; (*kreativ*) creativo

Schöpfkelle *f* cazo *m;* **Schöpflöffel** *m* cucharón *m*, bombilla *f Mex*

Schöpfung[1] *f* <-en> (*geh: Kunstwerk*) creación *f*

Schöpfung[2] *f ohne pl* (REL) creación *f*, génesis *f inv*

Schöpfungsgeschichte *f ohne pl* (REL) (libro *m* del) Génesis *m*

Schoppen ['ʃɔpən] *m* <-s, -> ① (*Viertelliter*) cuarto *m* de litro; (*halber Liter*) medio litro *m* ② (*südd, Schweiz: Babyfläschchen*) biberón *m*

schor [ʃoːɐ] *3. imp von* **scheren**

Schorf [ʃɔrf] *m* <-(e)s, -e> costra *f*, postilla *f*

Schorle *f* <-n> (GASTR: *Weinschorle*) vino blanco con agua mineral; (*Apfelsaftschorle*) zumo de manzana con agua mineral

Schornstein ['ʃɔrnʃtain] *m* chimenea *f*, tronera *f Mex;* **Schornsteinfeger(in)** *m(f)* <-s, -; -nen> deshollinador(a) *m(f)*

schoss [ʃɔs] *3. imp von* **schießen**

Schoß [ʃoːs, *pl:* 'ʃøːsə] *m* <-es, Schöße> ① (*Körpermitte*) regazo *m;* **jdn auf den ~ nehmen** tomar a alguien en el regazo; **das ist ihr nicht in den ~ gefallen** (*fam fig*) no le ha llovido del cielo ② (*geh: Mutterleib, a. fig*) seno *m;* **Schoßhund** ['ʃoːs-] *m* perro *m* faldero

Schössling ['ʃœslɪŋ] *m* <-s, -e> retoño *m*, vástago *m*

Schote ['ʃoːtə] *f* <-n> vaina *f*

Schotte, -in ['ʃɔtə] *m, f* <-n, -n; -nen> escocés, -esa *m, f*

Schottenrock *m* falda *f* escocesa

Schotter ['ʃɔtɐ] *m* <-s, -> ① (*Straßen~*) grava *f*, ripio *m Am;* (*für Gleisbau*) balasto *m* ② (*Flussgeröll*) guijas *fpl* ③ (*fam: Geld*) pasta *f*

schottisch *adj* escocés

Schottland *nt* <-s> Escocia *f*

schraffieren* [ʃraˈfiːrən] *vt* sombrear, rayar

Schraffierung *f* <-en> ① (*das Schraffieren*) sombreado *m* ② *s.* **Schraffur**

Schraffur [ʃraˈfuːɐ] *f* <-en> rayado *m*

schräg [ʃrɛːk] I. *adj* ① (*nicht gerade*) oblicuo; (*geneigt*) inclinado; (*diagonal*) diagonal ② (*fam: unüblich*) estrafalario, estrambótico II. *adv* al sesgo; **jdn ~ ansehen** (*fam*) mirar a alguien de reojo; **~ gegenüber** casi enfrente

Schräge ['ʃrɛːgə] *f* <-n> superficie *f* inclinada

Schrägstrich *m* barra *f*

schrak [ʃraːk] *3. imp von* **schrecken**[2]

Schramme ['ʃramə] *f* <-n> rasguño *m*

schrammen ['ʃramən] *vt* rasguñar

Schrank [ʃraŋk, *pl:* 'ʃrɛŋkə] *m* <-(e)s, Schränke> armario *m*, escaparate *m Am;* (*Kleider~*) ropero *m*

Schranke ['ʃraŋkə] *f* <-n>, **Schranken** ['ʃraŋkən] *m* <-s, -> (*Österr*) barrera *f;* (*gesetzte Grenze*) límite *m;* **jdn in seine ~n weisen** parar los pies a alguien

schrankenlos *adj* ① (*grenzenlos*) ilimitado, sin límites ② (*maßlos*) desmesurado

Schrankwand *f* pared *f* estantería

Schraubdeckel *m* tapón *m* de rosca

Schraube ['ʃraubə] *f* <-n> ① (*Bolzen*) tornillo *m;* **bei ihm ist eine ~ locker** (*fam fig*) le falta un tornillo ② (*Schiffs~*) hélice *f*

schrauben ['ʃraubən] *vt* ① (*an~*) atornillar (*an* a/en); (*ab~*) desatornillar; **fester ~** apretar el tornillo ② (*festdrehen*) enroscar; (*abdrehen*) desenroscar

Schraubendreher *m* <-s, -> *s.* **Schraubenzieher; Schraubenschlüssel** *m* llave *f* de tuercas; **Schraubenzieher** *m* <-s, -> destornillador *m*, desatornillador *m Am*

Schraubstock m tornillo m de banco, taquilla f Am; **Schraubverschluss** m cierre m de rosca

Schrebergarten ['ʃre:bɐ-] m huerto m familiar

Se trata de pequeñas parcelas baldías a las afueras de las ciudades, que los **Schrebergärtner** transforman en cuidadas huertas y bonitos jardines. Los **Schrebergärten** rebosan de vida, especialmente los fines de semana de verano. Allí acude toda la familia en busca de tranquilidad, para disfrutar de una barbacoa o descansar en sus pequeñas casitas o cobertizos de madera.

Schreck [ʃrɛk] m <-(e)s, -e> susto m, jabón m Arg, PRico, naco m Arg; **einen ~ bekommen** llevarse un susto; **jdm einen ~ einjagen** asustar a alguien; **~, lass nach!** (fam) ¡cielos!

schrecken[1] ['ʃrɛkən] vt ❶ (geh: ängstigen) asustar ❷ (abschrecken: Eier, Nudeln) meter en agua fría después de cocer

schrecken[2] <schreckt o schrickt, schreckte o schrak, geschreckt> vi sein (auf~) sobresaltarse; **aus dem Schlaf ~** despertarse sobresaltado

Schrecken ['ʃrɛkən] m <-s, -> ❶ (Schreck) susto m, batata f CSur; (Entsetzen) espanto m; **~ erregend** espantoso; **mit dem ~ davonkommen** no sufrir más que el susto consiguiente ❷ pl (des Krieges) horrores mpl; **schreckenerregend** adj s. **Schrecken**[1].

Schreckensherrschaft f régimen m de terror

Schreckgespenst nt espectro m

schreckhaft adj asustadizo

schrecklich adj ❶ (furchtbar) horrible ❷ (fam: groß, sehr) tremendo, enorme

Schreckschraube f (fam abw) cardo m, bruja f; **Schreckschuss** m tiro m al aire; **Schreckschusspistole** f pistola f de fogueo; **Schrecksekunde** f segundo m de reacción

Schrei [ʃraɪ] m <-(e)s, -e> grito m; (schrill) chillido m; (abw) berrido m; **einen ~ ausstoßen** lanzar un grito; **der letzte ~** (fam) el último grito

Schreibblock m bloc m (de notas)

schreiben ['ʃraɪbən] <schreibt, schrieb, geschrieben> I. vi, vt escribir (auf en), plumear (auf en) AmC, Mex; (notieren) apun-

tar; **mit links ~** ser zurdo (para escribir); **jdm/an jdn** (einen Brief) **~** escribir (una carta) a alguien; **hast du was zum S~?** ¿tienes algo que escriba? II. vr: **sich ~** ❶ (Briefe) escribirse, cartearse ❷ (fam: geschrieben werden) escribirse

Schreiben ['ʃraɪbən] nt <-s, -> escrito m; (Brief) carta f; **Ihr ~ vom ...** su carta del...

Schreiber(in) m(f) <-s, -; -nen> (Roman) escritor(a) m(f); (Brief) autor(a) m(f)

Schreiberling m <-s, -e> (abw) autorzuelo m, manchapapeles m inv, plumario m AmC, Mex

schreibfaul adj vago para escribir; **Schreibfehler** m falta f de ortografía; **Schreibheft** nt cuaderno m; **Schreibkraft** f mecanógrafo, -a m, f; **Schreibmappe** f carpeta f, portafolios m inv; **Schreibmaschine** f máquina f de escribir; **~ schreiben** escribir a máquina; **Schreibpapier** nt papel m de escribir; **Schreibpult** nt pupitre m; **Schreibschrift** f ohne pl letra f; **schreibschützen** vt (INFOR) proteger contra sobreescritura; **Schreibtisch** m escritorio m, carpeta f Peru; **Schreibtischlampe** f, **Schreibtischleuchte** f lámpara f de escritorio; (beweglich) flexo m

Schreibung f <-en> (modo m de) escritura f

Schreibunterlage f vade m

Schreibwaren fpl artículos mpl de papelería; **Schreibwarengeschäft** nt s. **Schreibwarenhandlung**; **Schreibwarenhändler(in)** m(f) papelero, -a m, f; **Schreibwarenhandlung** f papelería f

Schreibweise f ❶ (Orthographie) grafía f ❷ (Schreibstil) estilo m; **Schreibzeug** nt utensilios mpl para escribir

schreien ['ʃraɪən] <schreit, schrie, geschrie(e)n> vi, vt ❶ (Mensch) gritar; (schrill) chillar; (wütend) vociferar; (abw) berrear; **nach etw** dat/**jdm ~** pedir algo/llamar a alguien a gritos; **er schrie vor Angst** gritó de miedo; **sie schrie sich heiser** gritó hasta quedarse afónica; **es war zum S~** (fam) era para morirse ❷ (Esel) rebuznar; (Vogel) chillar; (Stier) bramar; (Kalb) berrear

schreiend adj ❶ (Farbe) chillón ❷ (Unrecht) manifiesto

Schreierei f <-en> (abw) griterío m

Schreihals m (fam) gritón, -ona m, f

Schrein [ʃraɪn] m <-(e)s, -e> (geh) cofre m; (für Reliquien) relicario m

Schreiner(in) ['ʃraɪnɐ] m(f) <-s, -; -nen> carpintero, -a m, f

Schreinerei f <-en> carpintería f

schreinern ['ʃraɪnən] **I.** *vi* hacer trabajos de carpintería **II.** *vt* hacer

schreiten ['ʃraɪtən] <schreitet, schritt, geschritten> *vi sein* (*geh*) ❶ (*gehen*) caminar (solemnemente) ❷ (*beginnen*): **zu etw** *dat* ~ pasar a algo

schrickt [ʃrɪkt] *3. präs von* **schrecken**[2]

schrie [ʃri:] *3. imp von* **schreien**

schrieb [ʃri:p] *3. imp von* **schreiben**

Schrieb [ʃri:p] *m* <-(e)s, -e> (*fam*) carta *f*

Schrift [ʃrɪft] *f* <-en> ❶ (~ *system*) escritura *f*; (~ *zeichen*) caracteres *mpl* ❷ (*Hand*~) letra *f* ❸ (*Text*) escrito *m*; (*Abhandlung*) tratado *m*; **die Heilige** ~ las Sagradas Escrituras ❹ *pl* (*Schweiz: Papiere*) documentos *mpl*; **Schriftart** *f* (TYPO) tipo *m* de imprenta; **Schriftdeutsch** *nt* <-en, *ohne pl*> alemán *m* estándar; (*Papierdeutsch*) lenguaje *m* administrativo; **Schriftführer(in)** *m(f)* secretario, -a *m, f*; **Schriftgröße** *f* (INFOR) tamaño *m* de la fuente

schriftlich *adj* por escrito; **das kann ich dir** ~ **geben** (*fam*) eso te lo garantizo

Schriftsatz *m* ❶ (TYPO) composición *f* ❷ (JUR) alegaciones *fpl*; **Schriftsprache** *f* lenguaje *m* literario; (*Hochdeutsch*) alemán *m* estándar; **Schriftsteller(in)** *m(f)* <-s, -; -nen> escritor(a) *m(f)*; **Schriftstück** *nt* documento *m*; **Schriftwechsel** *m* correspondencia *f*; **Schriftzeichen** *nt* carácter *m* (gráfico)

schrill [ʃrɪl] *adj* (*Ton*) estridente; (*fam: Aufmachung*) estrafalario

schritt [ʃrɪt] *3. imp von* **schreiten**

Schritt [ʃrɪt] *m* <-(e)s, -e> ❶ (*beim Gehen*) paso *m*; **mit schnellen** ~**en** a paso ligero; **auf** ~ **und Tritt** a cada paso; **nur ein paar** ~**e von hier** a un par de pasos de aquí; **mit jdm** ~ **halten** seguir la marcha de alguien; **mit etw** ~ **halten** (*fig*) estar al tanto de algo; ~ **für** ~ paso a paso ❷ (*einer Hose*) entrepierna *f* ❸ (*Handlung*) paso *m*; (*Maßnahme*) medida *f*; (*amtlich*) trámite *m*; **den ersten** ~ **tun** dar el primer paso; ~ **e in die Wege leiten** iniciar trámites; **gegen jdn** ~ **e unternehmen** tomar medidas contra alguien; **Schrittgeschwindigkeit** *f ohne pl* velocidad *f* de paso; **Schrittmacher** *m* <-s, -> ❶ (SPORT) liebre *f* ❷ (*Herz*~) marcapasos *m inv*; **Schritttempo** *nt*: (**im**) ~ **fahren** avanzar al paso; **schrittweise** *adv* paso a paso

schroff [ʃrɔf] *adj* ❶ (*Abhang*) escarpado; (*jäh abfallend*) abrupto ❷ (*Mensch*) rudo; **etw** ~ **ablehnen** rechazar algo categóricamente

schröpfen ['ʃrœpfən] *vt* ❶ (MED) sangrar ❷ (*fam: Person*) desplumar

Schrot [ʃro:t] *m o nt* <-(e)s, -e> ❶ (*Getreide*~) grano *m* partido; **von altem** ~ **und Korn** de buena cepa ❷ (*Munition*) perdigones *mpl*; (*größer*) postas *fpl*; **Schrotbrot** *nt* ≈pan *m* integral; **Schrotflinte** *f* escopeta *f* de perdigones

Schrott [ʃrɔt] *m* <-(e)s, *ohne pl*> ❶ (*Altmetall*) chatarra *f*; **ein Auto zu** ~ **fahren** destrozar un coche ❷ (*fam: Unbrauchbares*) cachivaches *mpl*; **Schrotthalde** *f* depósito *m* de chatarra; **Schrotthändler(in)** *m(f)* chatarrero, -a *m, f*; **Schrotthaufen** *m* ❶ (*Ansammlung*) montón *m* de chatarra ❷ (*fam: altes Auto*) cacharro *m*; **Schrottplatz** *m* depósito *m* de chatarra; **schrottreif** *adj* para el desguace

schrubben ['ʃrʊbən] *vt* (*Ding*) fregar; (*Person, Körperteil*) frotar

Schrubber *m* <-s, -> (*fam*) escobillón *m*, cepillo *m* con palo

schrumpelig *adj* (*fam*) arrugado, lleno de arrugas

schrumpfen ['ʃrʊmpfən] *vi sein* ❶ (*Gewebe*) encoger ❷ (*Vorräte, Interesse*) disminuir

schrumplig *adj s.* **schrumpelig**

Schub [ʃu:p, *pl:* 'ʃy:bə] *m* <-(e)s, Schübe> ❶ (*Stoß*) empujón *m* ❷ (PHYS, TECH) empuje *m* ❸ (*Gruppe*) grupo *m*; **Schubkarre** *f*, **Schubkarren** *m* carretilla *f*; **Schubkraft** *f* (PHYS, TECH) (fuerza *f* de) empuje *m*; **Schublade** *f* <-n> cajón *m*

Schubs [ʃʊps] *m* <-es, -e> (*fam*) empujón *m*

schubsen ['ʃʊpsən] *vt* (*fam*) empujar, quiñar *Am*

schubweise ['ʃu:pvaɪzə] *adv* por partes

schüchtern ['ʃʏçtən] *adj* tímido, penoso *Am*

Schüchternheit *f ohne pl* timidez *f*

schuf [ʃu:f] *3. imp von* **schaffen**

Schuft [ʃʊft] *m* <-(e)s, -e> (*abw*) canalla *mf*

schuften ['ʃʊftən] *vi* (*fam*) currar

Schufterei *f* <-en> (*fam abw: Tätigkeit*) trabajo *m* pesado

Schuh [ʃu:] *m* <-(e)s, -e> zapato *m*; **ein Paar** ~ **e** un par de zapatos; **ich weiß, wo ihn der** ~ **drückt** (*fam fig*) yo sé donde le aprieta el zapato; **jdm etw in die** ~ **e schieben** (*fam*) echar a alguien la culpa de algo; **Schuhbändel** ['ʃu:bɛndəl] *nt* <-s, -> (*südd, Schweiz*) cordón *m* (del zapato); **Schuhbürste** *f* cepillo *m* para el calzado; **Schuhcreme** *f* betún *m*, unto *m Chil*; **Schuhgeschäft** *nt* zapatería *f*, peletería *f*

AmC, Ant; **Schuhgröße** *f* número *m* del calzado; **Schuhlöffel** *m* calzador *m;* **Schuhmacher(in)** *m(f)* <-s, -; -nen> zapatero, -a *m, f;* **Schuhputzer(in)** *m(f)* <-s, -; -nen> limpiabotas *mf inv,* lustrabotas *mf inv Am;* **Schuhputzmittel** *nt* crema *f* para el calzado; **Schuhsohle** *f* suela *f;* **Schuhspanner** *m* horma *f;* **Schuhwerk** *nt* <-(e)s, *ohne pl>* calzado *m*

Schulabbrecher(in) *m(f)* <-s, -; -nen> escolar *mf* que abandona los estudios; **Schularbeiten** *fpl,* **Schulaufgaben** *fpl* deberes *mpl;* **Schulbank** *f* banco *m* de escuela; **die ~ drücken** (*fam*) ir a la escuela; **Schulbildung** *f* formación *f* escolar; **Schulbuch** *nt* libro *m* de texto; **Schulbus** *m* autobús *m* escolar

schuld [ʃʊlt] *adj:* **an etw ~ sein** tener la culpa de algo

Schuld¹ [ʃʊlt] *f ohne pl* (*Verantwortung*) culpa *f* (*an* de); (JUR) culpabilidad *f;* **es ist meine ~** es culpa mía; **die ~ an etw haben** tener la culpa de algo; **sich** *dat* **etw zu ~en kommen lassen** cometer un error; **jdm ~ geben** echar la culpa a alguien; **sich** *dat* **keiner ~ bewusst sein** no sentirse culpable; **die ~ auf sich nehmen** declararse culpable

Schuld² *f* <-en> ❶ (*Geldbetrag*) deuda *f,* golilla *f Cuba;* **ich habe 500 Euro ~en** tengo 500 euros de deudas ❷ (*geh*): **ich stehe in deiner ~** estoy en deuda contigo

schuldbewusst *adj* consciente de su culpabilidad; **Schuldbewusstsein** *nt* conciencia *f* de culpa(bilidad)

schulden [ʃʊldən] *vt* deber, debitar *Am;* **jdm etw ~** deber algo a alguien

Schuldenerlass *m* condonación *f* de la deuda; **schuldenfrei** *adj* libre de deudas

Schuldfrage *f* cuestión *f* de culpabilidad; **Schuldgefühl** *nt* sentimiento *m* de culpa

schuldhaft *adj* culpable

schuldig [ʃʊldɪç] *adj* ❶ (*a.* JUR: *verantwortlich*) culpable (*an* de); **wer ist ~?** ¿quién tiene la culpa?; **jdn ~ sprechen** declarar culpable a alguien; **sich ~ bekennen** declararse culpable; **sich einer Tat ~ machen** ser culpable de un crimen ❷ (*Geld*): **jdm etw ~ sein** deber algo a alguien; **die Antwort ~ bleiben** no contestar

Schuldige(r) *mf* <-n, -n; -n> culpable *mf*

Schuldigkeit *f:* **seine ~ tun** cumplir con su deber

schuldlos *adj:* **~ sein** no tener la culpa (*an* de)

Schuldner(in) [ʃʊldnɐ] *m(f)* <-s, -; -nen> deudor(a) *m(f)*

Schuldschein *m* pagaré *m;* **Schuldzuweisung** *f* (*a.* JUR) acusación *f*

Schule¹ [ʃuːlə] *f* <-n> ❶ (*Institution, Gebäude*) colegio *m,* escuela *f;* **in die ~ kommen** ser escolarizado; **in die** [*o* **zur**] **~ gehen** ir a la escuela ❷ (*Richtung*) escuela *f;* **ein Richter der alten ~** un juez de la vieja escuela; **~ machen** hacer escuela

Schule² *f ohne pl* ❶ (*Unterricht*) clase *f;* **~ haben** tener clase ❷ (*Wend*): **die hohe ~ der Kunst** el gran conocimiento del arte

schulen *vt* ❶ (*Mitarbeiter*) formar, capacitar ❷ (*Auge, Gedächtnis*) entrenar; **mit geschultem Blick** con ojo experto

Schüler(in) [ʃyːlɐ] *m(f)* <-s, -; -nen> ❶ (*in der Schule*) alumno, -a *m, f* ❷ (*Anhänger*) discípulo, -a *m, f;* **Schüleraustausch** *m* intercambio *m* de alumnos; **Schülerausweis** *m* carné *m* de estudiante

Schülerin *f* <-nen> *s.* **Schüler**

Schülerlotse, -in *m, f* escolar que detiene el tráfico para que otros colegiales puedan cruzar la calle; **Schülerschaft** *f* <-en> alumnado *m;* **Schülerzeitung** *f* periódico *m* escolar

Schulfach *nt* asignatura *f* escolar; **Schulferien** *pl* vacaciones *fpl* escolares; **schulfrei** *adj* libre; **Schulfreund(in)** *m(f)* compañero, -a *m, f* de clase; **Schulgebäude** *nt* edificio *m* escolar; **Schulgeld** *nt* cuota *f* escolar; **Schulheft** *nt* cuaderno *m* escolar; **Schulhof** *m* patio *m* de la escuela

schulisch *adj* escolar

Schuljahr *nt* ❶ (*Zeitraum*) año *m* escolar ❷ (*Klasse*) curso *m;* **im achten ~ sein** estar en octavo; **Schulkamerad(in)** *m(f)* compañero, -a *m, f* de clase; **Schulkind** *nt* escolar *mf;* **Schulklasse** *f* (*Schülergruppe*) clase *f;* (*Klassenstufe*) curso *m;* **Schulleiter(in)** *m(f)* director(a) *m(f)* de escuela; **Schulmedizin** *f ohne pl* medicina *f* convencional; **Schulpflicht** *f ohne pl* enseñanza *f* obligatoria; **schulpflichtig** *adj* en edad escolar; **Schulranzen** *m* cartera *f* (para llevar a la espalda); **Schulrat, -rätin** *m, f* inspector(a) *m(f)* de enseñanza; **Schulschiff** *nt* buque *m* escuela; **Schulschluss** *m ohne pl* salida *f* de clase; **Schulsprecher(in)** *m(f)* portavoz *mf* del alumnado; **Schulstunde** *f* clase *f;* **Schultasche** *f* cartera *f*

Schulter [ʃʊltɐ] *f* <-n> hombro *m;* (GASTR) paletilla *f;* **~ an ~** hombro con hombro; **jdm auf die ~ klopfen** dar(le) a alguien una palmada en el hombro; **jdm über die ~ gucken** mirar a alguien por encima del hombro; **mit den ~n zucken** encogerse de hombros; **etw auf die leichte ~ neh-men** tomar algo a la ligera; **jdm die kalte ~ zeigen** dar la espalda a alguien; **Schulterblatt** nt omoplato m; **schulterfrei** adj que deja los hombros descubiertos; **Schultergelenk** nt articulación f del húmero; **schulterlang** adj hasta los hombros

schultern vt echar al hombro
Schulterpolster nt hombrera f

---

i **Land & Leute**

Para endulzarles el primer día de colegio, en Alemania los padres regalan a sus hijos recién escolarizados una **Schultüte** repleta de golosinas y pequeños regalos (pueden ser juguetes o utensilios escolares como lápices, rotuladores, etc.). La **Schultüte** tiene forma de cono y normalmente va decorada con algún héroe infantil o personajes de los cuentos.

Schulung ['ʃuːlʊŋ] f <-en> ❶ (von Personal) formación f; (der Stimme) entrenamiento m ❷ (Lehrgang) cursillo m
Schulunterricht m clases fpl escolares; **Schulweg** m camino m a la escuela; **Schulweisheit** f sabiduría f escolar; **Schulwesen** nt ohne pl enseñanza f; **Schulzeit** f años mpl escolares; **Schulzeugnis** nt notas fpl
schummeln ['ʃʊməln] I. vi (fam: beim Spiel) hacer trampas; (in der Schule) copiar II. vt (fam) pasar sin ser visto
schumm(e)rig adj (fam) poco iluminado; (dämmerig) crepuscular
Schund [ʃʊnt] m <-(e)s, ohne pl> (fam abw) baratija f; **Schundroman** m (fam) novelón m
schunkeln ['ʃʊŋkəln] vi balancearse rítmicamente cogidos del brazo
Schuppe ['ʃʊpə] f <-n> ❶ (bei Tieren) escama f ❷ pl (beim Menschen) caspa f; **mir fiel es wie ~n von den Augen** (fig) se me cayó la venda de los ojos
schuppen I. vt escamar II. vr: **sich ~** (d)escamarse
Schuppen ['ʃʊpən] m <-s, -> (Bau) cobertizo m, galpón m Am
Schuppenflechte f (MED) psoriasis f inv; **Schuppentier** nt pangolín m
schuppig adj ❶ (Fisch, Haut) escamoso ❷ (Kopfhaut) con caspa; **~es Haar haben** tener caspa
schüren ['ʃyːrən] vt ❶ (Feuer) atizar ❷ (Hass, Eifersucht) alimentar

schürfen ['ʃʏrfən] I. vt ❶ (Haut) excoriar, levantar fam ❷ (BERGB) extraer II. vr: **sich ~** excoriarse (an en); (sich kratzen) arañarse (an) III. vi: **tief ~d** profundo; **nach etw ~** buscar algo
Schürfwunde f excoriación f
Schürhaken m atizador m
Schurke, -in ['ʃʊrkə] m, f <-n, -n; -nen> (abw) bellaco, -a m, f
schurkisch adj vil, infame
Schurwolle f ohne pl lana f virgen
Schürze ['ʃʏrtsə] f <-n> delantal m
Schürzenjäger m (fam abw) mujeriego m
Schuss [ʃʊs, pl: 'ʃʏsə] m <-es, Schüsse> ❶ (aus einer Waffe) tiro m, disparo m, chumbo m Arg; **einen ~ abgeben** disparar (un tiro); **der ~ ging nach hinten los** (fam) salió el tiro por la culata; **weit vom ~ sein** (fam) estar en el quinto pino; **in ~ sein** (fam) estar a punto; **etw in ~ bringen** (fam) poner algo a punto; **etw in ~ halten** (fam) mantener algo en buen estado ❷ (Spritzer) chorrito m ❸ (SPORT: Fußball) tiro m; (Ski) schuss m ❹ (beim Weben) trama f ❺ (sl: Drogeninjektion) chute m; **sich** dat **einen ~ setzen** chutarse
Schüssel ['ʃʏsəl] f <-n> ❶ (Servier~) fuente f, platón m Am; (Salat~) ensaladera f; (Suppen~) sopera f; (Wasch~) palangana f ❷ (fam: WC-Becken) inodoro m, taza f fam ❸ (fam: Satelliten~) antena f parabólica
schusselig adj, **schusslig** adj (fam abw) distraído, despistado
Schusslinie f línea f de fuego; (einer Kugel) trayectoria f de la bala; **in die ~ geraten** (fig) estar en la línea de fuego; **Schussverletzung** f herida f de bala; **Schusswaffe** f arma f de fuego; **Schusswechsel** m tiroteo m; **Schussweite** f ohne pl alcance m de tiro; **außer ~** fuera de alcance; **in ~** a tiro; **Schusswunde** f herida f de bala
Schuster(in) ['ʃuːstə] m(f) <-s, -; -nen> zapatero, -a m, f
Schutt [ʃʊt] m <-(e)s, ohne pl> escombros mpl; **eine Stadt in ~ und Asche legen** reducir una ciudad a cenizas
Schüttelfrost m escalofríos mpl, chucho m Am
schütteln ['ʃʏtəln] I. vt (Baum, Kissen) sacudir; (Gefäß) agitar; (Kopf) mover; **verneinend den Kopf ~** negar con la cabeza; **von einem Fieberanfall geschüttelt werden** sufrir un ataque de fiebre; „**vor Gebrauch ~**" "agítese antes de usar" II. vr: **sich ~** sacudirse; **sich vor Ekel ~**

estremecerse de asco; **er schüttelte sich vor Lachen** se desternilló de risa

Schüttelreim m (LIT) rima f con metátesis entre vocablos

schütten ['ʃʏtən] **I.** vt (gießen) verter (in en); (ver~) derramar **II.** vunpers (fam) llover a cántaros

schütter ['ʃʏtɐ] adj ralo, poco espeso

Schutthalde f escombrera f; **Schutthaufen** m montón m de escombros

Schutz [ʃʊts] m <-es, ohne pl> protección f (vor/gegen contra), amparo m; (Verteidigung) defensa f (vor/gegen contra); **im ~e der Dunkelheit** al amparo de la oscuridad; **sich in jds ~ begeben** acogerse al amparo de alguien; **unter jds ~ stehen** estar bajo la protección de alguien; **in einem Haus ~ suchen** refugiarse en una casa; **jdn in ~ nehmen** defender a alguien; **Schutzanzug** m traje m protector; **schutzbedürftig** adj que necesita protección; **Schutzbehauptung** f declaración f encubridora; **Schutzblech** nt ❶ (am Fahrrad) guardabarros m inv ❷ (an Maschinen) chapa f de protección; **Schutzbrief** m ❶ (POL) salvoconducto m ❷ (einer Versicherung) seguro m de protección durante viajes; **Schutzbrille** f gafas fpl protectoras

Schütze[1] m <-n, -n> (ASTR) Sagitario m

Schütze, -in[2] ['ʃʏtsə] m, f <-n, -n; -nen> ❶ (mit einer Waffe) tirador(a) m(f) ❷ (Tor~) goleador(a) m(f) ❸ (Soldat) soldado m raso

schützen ['ʃʏtsən] **I.** vt proteger (vor/gegen de/contra); (bewahren) guardar (vor de); (verteidigen) defender (vor/gegen contra); **gesetzlich geschützt** protegido por la ley **II.** vr: **sich** ~ protegerse (vor/gegen de/contra); (gegen Schaden) asegurarse (gegen contra)

schützend adj protector

Schützenfest nt fiesta f acompañada de una competición de tiro

i | **Land & Leute**

Las sociedades de tiro suelen celebrar en otoño una fiesta cuyo objetivo consiste en darse a conocer a la sociedad. En la **Schützenfest** se abren al público las instalaciones para la práctica del tiro y se celebra una competición abierta a todos aquellos que quieran participar aunque no pertenezcan a la sociedad.

Schutzengel m ángel m de la guarda [o custodio]

Schützengraben m trinchera f; **Schützenhaus** nt local m de una sociedad de tiro; **Schützenpanzer** m carro m de combate; **Schützenverein** m sociedad f de tiro

Schutzfaktor m factor m de protección; **Schutzgebiet** nt reserva f natural; **Schutzgebühr** f tasa f de apoyo; **Schutzgeld** nt cuota f de protección; **~er erpressen** extorsionar cuotas de protección; **Schutzhaft** f (JUR) prisión f preventiva; **jdn in ~ nehmen** tomar a alguien en arresto preventivo; **Schutzhelm** m casco m protector; **Schutzhülle** f funda f protectora; **Schutzimpfung** f vacuna(ción) f preventiva

Schützling ['ʃʏtslɪŋ] m <-s, -e> protegido, -a m, f

schutzlos adj indefenso, sin amparo; **jdm/etw** dat ~ **ausgeliefert sein** estar indefenso ante alguien/algo

Schutzmarke f marca f registrada; **Schutzmaske** f máscara f protectora; **Schutzmaßnahme** f medida f de protección; **gegen etw ~n treffen** tomar medidas preventivas contra algo; **Schutzpatron(in)** m(f) (santo, -a m, f) patrono, -a m, f; **Schutzraum** m refugio m; **Schutzschicht** f capa f protectora; **Schutzumschlag** m sobrecubierta f; **Schutzvorrichtung** f dispositivo m de protección

schwabb(e)lig adj (fam) fofo

Schwabe ['ʃva:bə] m, **Schwäbin** f <-n, -n; -nen> suabo, -a m, f

Schwaben ['ʃva:bən] nt <-s> (Region) Suabia f

Schwäbin ['ʃvɛ:bɪn] f <-nen> s. Schwabe

schwäbisch ['ʃvɛ:bɪʃ] adj suabo

schwach [ʃvax] adj <schwächer, am schwächsten> débil; (Getränk, Argument, Börse) flojo; (Nachfrage, Leistung, Beteiligung) escaso; (Gesundheit) frágil; (Hoffnung) vago; (Licht) tenue; **~er Punkt** punto débil; **ein ~er Redner** un orador mediocre; **sich ~ fühlen** sentirse débil; **er ist ~ in Physik** está flojo en física; **bei Torten wird sie immer** ~ las tartas son su debilidad

Schwäche ['ʃvɛçə] f <-n> debilidad f; (Gebrechlichkeit) fragilidad f; **eine ~ für etw haben** tener debilidad por algo; **Schwächeanfall** m desvanecimiento m

schwächen ['ʃvɛçən] vt debilitar, aguadar Guat

Schwachkopf m (abw) imbécil mf

schwächlich ['ʃvɛçlɪç] adj débil; (kränklich) enfermizo

Schwächling [ˈʃvɛçlɪŋ] *m* <-s, -e> (*abw*) persona *f* débil, carnero *m CSur*, chota *mf PRico*

Schwachpunkt *m* punto *m* débil

Schwachsinn *m* <-(e)s, *ohne pl*> ❶ (MED) demencia *f* ❷ (*fam abw: Blödsinn*) imbecilidad *f*

schwachsinnig *adj* ❶ (MED) deficiente mental ❷ (*fam abw: blödsinnig*) imbécil

Schwachstelle *f* punto *m* débil; **Schwachstrom** *m* (ELEK) corriente *f* de baja intensidad

Schwächung *f* <-en> debilitación *f*

Schwaden [ˈʃvaːdən] *m* <-s, -> ❶ (*in der Luft*) mofeta *f* ❷ (BERGB) vapores *mpl*

schwafeln [ˈʃvaːfəln] *vi* (*fam abw*) hablar a tontas y a locas (*über* sobre)

Schwager [ˈʃvaːgɐ] *m*, **Schwägerin** *f* <-s, Schwäger; -nen> cuñado, -a *m, f*

Schwalbe [ˈʃvalbə] *f* <-n> golondrina *f*

Schwalbennest *nt* nido *m* de golondrina

Schwall [ʃval] *m* <-(e)s, -e> (*Wasser~, Menschen~*) aluvión *m*; (*Geruchs~*) nube *f*

schwamm [ʃvam] 3. *imp von* **schwimmen**

Schwamm [ʃvam, *pl*: ˈʃvɛmə] *m* <-(e)s, Schwämme> ❶ (*Putz~, Tier*) esponja *f*; **Schwamm drüber!** (*fam*) ¡borrón y cuenta nueva! ❷ (*Österr, südd: Pilz*) hongo *m*, callampa *f Am* ❸ (*Haus~*) moho *m*

schwammig *adj* (*abw*) ❶ (*Gesicht, Körper*) fofo ❷ (*Begriff*) vago, poco claro

Schwan [ʃvaːn, *pl*: ˈʃvɛːnə] *m* <-(e)s, Schwäne> cisne *m*

schwand [ʃvant] 3. *imp von* **schwinden**

schwang [ʃvaŋ] 3. *imp von* **schwingen**

schwanger [ˈʃvaŋɐ] *adj* embarazada; **~ sein/werden** estar/quedar embarazada

Schwangere [ˈʃvaŋərə] *f* <-n> (mujer *f*) embarazada *f*, gruesa *f CRi*

schwängern [ˈʃvɛŋɐn] *vt* dejar embarazada; **mit Rauch geschwängerte Luft** aire cargado de humo

Schwangerschaft *f* <-en> embarazo *m*; **Schwangerschaftsabbruch** *m* interrupción *f* del embarazo; **Schwangerschaftsfrühtest** *m* test *m* del embarazo, diagnóstico *m* precoz del embarazo; **Schwangerschaftstest** *m* prueba *f* de embarazo; **Schwangerschaftsverhütung** *f ohne pl* contracepción *f*

Schwank [ʃvaŋk, *pl*: ˈʃvɛŋkə] *m* <-(e)s, Schwänke> ❶ (LIT) farsa *f* ❷ (*Anekdote*) anécdota *f* divertida

schwanken [ˈʃvaŋkən] *vi* ❶ (*wanken*) temblar; (*hin und her*) balancear ❷ *sein* (*torkeln*) ir haciendo eses; (*heraus~*) salir tam-

baleando (*aus* de) ❸ (*Preise, Temperatur*) oscilar ❹ (*zögern*) vacilar, dudar

schwankend *adj* (*Bewegung, Charakter*) vacilante; (*Preise*) fluctuante, oscilante; (*zögernd*) vacilante, titubeante

Schwankung *f* <-en> oscilación *f*, vacilación *f*

Schwanz [ʃvants, *pl*: ˈʃvɛntsə] *m* <-es, Schwänze> ❶ (*eines Tieres*) cola *f*, rabo *m*; **den ~ einziehen** (*fam fig*) irse con el rabo entre las piernas; **es war kein ~ da!** (*fam*) no había ni un gato ❷ (*fam: Penis*) picha *f*, polla *f*, pico *m Am*

schwänzeln [ˈʃvɛntsəln] *vi* (*Hund*) mover la cola

schwänzen [ˈʃvɛntsən] **I.** *vi* (*fam*) hacer novillos, jubilarse *AmC* **II.** *vt* (*fam*) fumarse, pavear *And*; **Biologie ~** fumarse la clase de biología

Schwanzflosse *f* aleta *f* caudal, cola *f* del pez *fam*

schwappen [ˈʃvapən] *vi* ❶ *sein* (*irgendwohin ~*) derramarse (*auf* sobre); (*heraus~*) salirse (*aus* de) ❷ (*sich hin und her bewegen*): **das Badewasser schwappt in der Wanne** el agua hace olas en la bañera

Schwarm [ʃvarm, *pl*: ˈʃvɛrmə] *m* <-(e)s, Schwärme> ❶ (*Bienen~, Menschen~*) enjambre *m*; (*Vogel~, Sardinen~*) bandada *f*, parvada *f Am* ❷ (*Mensch*) persona *f* adorada

schwärmen [ˈʃvɛrmən] *vi* ❶ *sein* (*Insekten*) zumbar; (*Menschen*) ir en masa (*zu/in* a) ❷ (*begeistert sein*) entusiasmarse (*für* por), morirse (*für* por) *fam*; **ins S~ kommen** apasionarse; **über etw ins S~ geraten** deshacerse en elogios sobre algo

Schwärmer[1] *m* <-s, -> (*Schmetterling*) esfinge *f*

Schwärmer(in)[2] *m(f)* <-s, -; -nen> idealista *mf*; (*Träumer*) soñador(a) *m(f)*

Schwärmerei *f* <-en> entusiasmo *m* (*für* por)

schwärmerisch *adj* (*begeistert*) entusiasta; (*träumerisch*) soñador

Schwarte [ˈʃvartə] *f* <-n> ❶ (*Speck~*) corteza *f* de cerdo ❷ (*fam: Buch*) mamotreto *m*

schwarz [ʃvarts] *adj* <schwärzer, am schwärzesten> ❶ (*Farbe*) negro; **alles ~ sehen** (*fam*) verlo todo negro; **das kann ich dir ~ auf weiß geben** (*fam*) te lo puedo dar por escrito; **da kannst du warten, bis du ~ wirst** (*fam*) puedes esperar hasta que las ranas críen pelo; **er hat sich ~ geärgert** (*fam*) se ha puesto negro; **ins S~e treffen** dar en el blanco; **mit etw ins S~e treffen** (*fam*) dar (justo) en el clavo con algo; **auf der ~ en Liste stehen** estar fichado ❷ (*fam: konservativ*) conservador ❸ (*fam: illegal*) clandestino ❹ (*unglücklich*) desdichado; **ein ~ er Tag** un día desastroso ❺ (*makaber*) lúgubre, macabro

Schwarz *nt* <-(es), -> negro *m*; **~ tragen** ir de negro; (*Trauer*) ir de [*o* llevar] luto

Schwarzafrika *nt* África *f* Negra; **Schwarzafrikaner(in)** *m(f)* negroafricano, -a *m*, *f*; **schwarzafrikanisch** *adj* negroafricano

Schwarzarbeit *f ohne pl* trabajo *m* clandestino; **schwarz|arbeiten** *vi* trabajar clandestinamente; **Schwarzarbeiter(in)** *m(f)* trabajador(a) *m(f)* clandestino, -a; **Schwarzbrot** *nt* pan *m* negro

Schwarze(r) *mf* <-n, -n; -n> negro, -a *m*, *f*

Schwärze ['ʃvɛrtsə] *f ohne pl* ❶ (*Färbung*) negrura *f* ❷ (*Drucker~*) tinta *f* de imprenta

schwärzen ['ʃvɛrtsən] *vt* ennegrecer; (*färben*) teñir de negro

schwarz|fahren *irr vi sein* (*ohne Fahrkarte*) viajar sin billete; (*ohne Führerschein*) conducir sin tener carnet de conducir; **Schwarzfahrer(in)** *m(f)* (*ohne Fahrkarte*) viajero, -a *m*, *f* sin billete

schwarzhaarig *adj* moreno

Schwarzhandel *m* mercado *m* negro, estraperlo *m*; **mit etw ~ treiben** negociar de estraperlo con algo; **schwarz|hören** *vi* en Alemania, escuchar la radio sin haber declarado el aparato y pagado las cuotas correspondientes; **Schwarzmarkt** *m* mercado *m* negro, bolsa *f* negra *Am*; **schwarz|sehen** *irr vi* en Alemania, usar un televisor sin haber declarado el aparato y pagado las cuotas correspondientes

Schwarztee *m* té *m* negro

Schwärzung *f* <-en> ennegrecimiento *m*

Schwarzwald *m* <-(e)s> Selva *f* Negra

schwarzweiß [-'-] *adj*, **schwarz-weiß** *adj* (en) blanco y negro; **Schwarzweißfernseher** [-'----] *m* televisor *m* en blanco y negro; **Schwarzweißfoto** *nt* (FOTO) foto(grafía) *f* en blanco y negro

Schwarzwurzel *f* escorzonera *f*

Schwatz [ʃvats] *m* <-es, -e> (*fam*) cháchara *f*; **einen kleinen ~ mit jdm halten** estar de cháchara con alguien

schwatzen *vi*, *vt*, **schwätzen** ['ʃvɛtsən] *vi*, *vt* (*reg*) charlar (*über* de)

Schwätzer(in) *m(f)* <-s, -; -nen> (*abw: geschwätzig, klatschhaft*) charlatán, -ana *m*, *f*; (*Angeber*) bocazas *mf inv*

schwatzhaft *adj* (*abw*) parlanchín, cotorra

Schwatzhaftigkeit *f ohne pl* (*Gesprächigkeit*) locuacidad *f*

Schwebe ['ʃveːbə] *f*: **in der ~** pendiente;

Schwebebahn *f* (*an einer Schiene*) aerotrén *m*; (*an Seilen*) teleférico *m*; **Schwebebalken** *m* (SPORT) barra *f* de equilibrios

schweben ['ʃveːbən] *vi* ❶ *sein* (*Vogel, Ballon*) flotar; (*Flugzeug*) planear ❷ (*an einem Seil*) colgar (*an* de), pender (*an* de) ❸ (*in Gang sein*) estar en trámite, estar pendiente

Schwede, -in *m*, *f* <-n, -n; -nen> sueco, -a *m*, *f*

Schweden ['ʃveːdən] *nt* <-s> Suecia *f*

schwedisch *adj* sueco

Schwefel ['ʃveːfəl] *m* <-s, *ohne pl*> (CHEM) azufre *m*; **Schwefeldioxid** [-'----] *nt* <-s, -e> (CHEM) dióxido *m* de azufre; **schwefelhaltig** *adj* sulfuroso

Schwefelsäure *f ohne pl* ácido *m* sulfúrico

Schweif [ʃvaif] *m* <-(e)s, -e> (*geh*) cola *f*, golilla *f Cuba*

schweifen *vi sein* (*geh*) vagar (*durch* por); **seine Gedanken ~ lassen** dar rienda suelta a sus pensamientos; **den Blick ~ lassen** dejar vagar la mirada

Schweigegeld *nt ohne pl* soborno *m*; **~ fordern** exigir dinero por su silencio; **Schweigemarsch** *m* marcha *f* silenciosa; **Schweigeminute** *f* minuto *m* de silencio

schweigen ['ʃvaigən] <schweigt, schwieg, geschwiegen> *vi* callar(se) (*zu/über* ante, *vor/aus* de/por), guardar silencio (*zu/über* sobre/ante); **ganz zu ~ von ...** sin mencionar...

Schweigen *nt* <-s, *ohne pl*> silencio *m*; **jdn zum ~ bringen** hacer callar a alguien; **das ~ brechen** romper el silencio; **sich in ~ hüllen** permanecer en silencio

Schweigepflicht *f ohne pl* secreto *m* profesional; **der ~ unterliegen** estar obligado al secreto profesional

schweigsam *adj* callado, remachado *Col*

Schweigsamkeit *f ohne pl* taciturnidad *f*

Schwein [ʃvain] *nt* <-(e)s, -e> ❶ (*Tier*) cerdo *m*, chancho *m Am*, tocino *m Arg* ❷ (*fam: Mensch*) cochino, -a *m*, *f*, marrano, -a *m*, *f And*; **ein armes ~** un pobre diablo; **kein ~** nadie ❸ (*fam: Glück*): **~ haben** tener suerte

Schweinebraten *m* asado *m* de cerdo; **Schweinefleisch** *nt* carne *f* de cerdo; **Schweinehund** *m* (*vulg*) hijo *m* de puta, vergajo *m And*; **seinen inneren ~ überwinden** dominar los bajos instintos; **Schweinekotelett** *nt* chuleta *f* de cerdo; **Schweinepest** *f ohne pl* peste *f* porcina

Schweinerei *f* <-en> (*fam*) ❶ (*Schmutz*) porquería *f* ❷ (*Ärgernis*) guarrada *f*, canana *f Am* ❸ (*Unanständiges*) guarrería *f*

Schweinestall *m* (*a. fig*) pocilga *f*
schweinisch *adj* (*fam*) guarro
Schweinkram *m* (*fam*) guarrada *f*, guarrería *f*
Schweinshaxe *f* (*südd, Österr*) pierna *f* de cerdo
Schweiß [ʃvaɪs] *m* <-es, *ohne pl*> sudor *m*; **in ~ gebadet** empapado de sudor; **mir brach der ~ aus** empecé a sudar; **im ~e meines Angesichts** con el sudor de mi frente; **Schweißausbruch** *m* sudoración *f*
Schweißbrenner *m* soplete *m* para soldar
Schweißdrüse *f* glándula *f* sudorípara
schweißen [ʃvaɪsən] *vt* soldar
Schweißen *nt* <-s, *ohne pl*> soldadura *f*
Schweißfüße *mpl* pies *mpl* sudorosos; **schweißgebadet** ['--'--] *adj* bañado en sudor
Schweißnaht *f* (costura *f* de) soldadura *f*
schweißnass ['-'-] *adj* empapado en sudor; **schweißtreibend** *adj* sudorífico; **Schweißtropfen** *m* gota *f* de sudor
Schweiz [ʃvaɪts] *f* Suiza *f*; **in die ~ fahren** ir a Suiza; **die französische/italienische ~** la Suiza francesa/italiana
Schweizer(in) *m(f)* <-s, -; -nen> suizo, -a *m, f*; **schweizerdeutsch** *adj* del [*o* en] alemán de Suiza; **Schweizerdeutsch** *nt* suizo-alemán *m*
Schweizerin *f* <-nen> *s.* **Schweizer**
schweizerisch ['ʃvaɪtsərɪʃ] *adj* suizo
schwelgen ['ʃvɛlgən] *vi* ❶ (*gut essen*) banquetear ❷ (*in Gedanken, Gefühlen*) deleitarse (*in* en/con); **im Überfluss ~** nadar en la abundancia
schwelgerisch *adj* ❶ (*fasziniert*) exaltado; (*ausschweifend*) lujurioso ❷ (*Mahl*) opíparo
Schwelle ['ʃvɛlə] *f* <-n> ❶ (*Tür~*) umbral *m*; **keinen Fuß mehr über jds ~ setzen** (*geh*) no poner un pie en la casa de alguien; **an der ~ zum 21. Jahrhundert** en el umbral del siglo XXI ❷ (*Bahn~*) traviesa *f* ❸ (GEO) elevación *f*
schwellen¹ ['ʃvɛlən] <schwillt, schwoll, geschwollen> *vi sein* hincharse
schwellen² *vt* ❶ (*geh: blähen*) hinchar, inflar ❷ (*Schweiz: weich kochen*) cocer
Schwellenangst *f ohne pl* (PSYCH) miedo *m* ante situaciones nuevas; **Schwellenland** *nt* país *m* emergente
Schwellkörper *m* (ANAT) cuerpo *m* cavernoso, tejido *m* eréctil
Schwellung *f* <-en> hinchazón *f*
Schwemme ['ʃvɛmə] *f* <-n> (WIRTSCH) oferta *f* excesiva
schwemmen ['ʃvɛmən] *vt* ❶ (*schwimmen*

lassen) arrastrar ❷ (*Österr: spülen*) aclarar ❸ (*einweichen, wässern*) remojar ❹ (*Österr: flößen*) acarrear, aguar
Schwengel ['ʃvɛŋəl] *m* <-s, -> ❶ (*Glocken~*) badajo *m* ❷ (*Pumpen~*) palanca *f*
Schwenk [ʃvɛŋk] *m* <-(e)s, -s *o* -e> ❶ (FILM, TV) toma *f* panorámica ❷ (*Drehung*) giro *m*
schwenkbar *adj* giratorio, orientable
schwenken ['ʃvɛŋkən] **I.** *vi sein* girar **II.** *vt* ❶ (*drehen*) virar, girar ❷ (*ausspülen*) aclarar ❸ (*hin und her bewegen*) agitar; (*Arme*) mover; (*Fahne*) (hacer) ondear ❹ (GASTR) saltear
schwer [ʃveːɐ] **I.** *adj* ❶ (*Gewicht*) pesado; **ein drei Kilo ~es Paket** un paquete de tres kilos de peso; **wie ~ ist das?** ¿cuánto pesa? ❷ (*ernst, schlimm*) grave; (*Enttäuschung*) grande; (*Strafe*) severo; (*Gewitter*) fuerte; **ein ~er Irrtum** un error grave ❸ (*Tag, Arbeit*) pesado, duro; **ein ~es Leben haben** tener una vida dura ❹ (*schwierig*) difícil; **das ist ~ zu sagen** es difícil decirlo; **sie hat es ~ mit ihm** pasa lo suyo con él ❺ (*Duft*) pesado; (*Essen*) fuerte, pesado **II.** *adv* (*sehr: + Adjektiv*) muy; (*+ Verb*) mucho; **ich bin ~ enttäuscht** estoy muy decepcionado; **~ erkrankt/verletzt sein** estar gravemente enfermo/herido; **~ atmen** respirar con dificultad; **~ bewaffnet** fuertemente armado; **~ bestrafen** castigar severamente; **sich ~ täuschen** equivocarse totalmente; **sie ist ~ gestürzt** ha sufrido una grave caída
Schwerarbeit *f ohne pl* trabajo *m* pesado; **Schwerbehinderte(r)** *mf* minusválido, -a *m, f* grave; **Schwerbeschädigte(r)** *mf* <-n, -; -n> mutilado, -a *m, f*
Schwere ['ʃveːrə] *f ohne pl* (*geh*) ❶ (*Gewicht*) peso *m* ❷ (*Schwierigkeit*) dificultad *f* ❸ (*Ernsthaftigkeit*) gravedad *f* ❹ (*Ausmaß*) dimensión *f*; (*einer Strafe*) severidad *f*
schwerelos *adj* ingrávido
Schwerelosigkeit *f ohne pl* ingravidez *f*
Schwerenöter [-nøːtɐ] *m* <-s, -> (*fam*) castigador *m*
schwerfällig [-fɛlɪç] *adj* lento; (*Bewegung*) torpe, petacón *Col*; (*Stil*) pesado
Schwerfälligkeit *f ohne pl* lentitud *f*; (*Bewegung*) torpeza *f*
Schwergewicht¹ *nt* <-(e)s, -e> (SPORT: *Sportler*) peso *m* pesado
Schwergewicht² *nt* <-(e)s, *ohne pl*> ❶ (*Nachdruck*): **das ~ auf etw legen** centrar su atención en algo; **das ~ liegt auf ...** ... es lo que tiene mayor importancia

② (SPORT: *Gewichtsklasse*) peso *m* pesado

schwergewichtig *adj* obeso, de mucho peso; **schwerhörig** *adj* (algo) sordo, duro de oído; **Schwerhörigkeit** *f ohne pl* sordera *f*; **Schwerindustrie** *f ohne pl* industria *f* pesada; **Schwerkraft** *f ohne pl* (PHYS, ASTR) fuerza *f* de gravedad, gravitación *f*

schwerlich *adv* difícilmente, adifés *Guat*

Schwermetall *nt* metal *m* pesado

Schwermut *f ohne pl* melancolía *f*, flato *m Am*

schwermütig *adj* melancólico

Schwerpunkt *m* **①** (PHYS) centro *m* de gravedad **②** (*fig*) centro *m*; **den ~ auf etw setzen** conceder prioridad a algo; **schwerpunktmäßig** *adv* con especial intensidad, especialmente; **etw ~ abhandeln** tratar algo de manera especial

schwerreich ['--] *adj* (*fam*) muy rico

Schwert [ʃveːɐt] *nt* <-(e)s, -er> **①** (*Waffe*) espada *f* **②** (NAUT) orza *f*; **Schwertfisch** *m* pez *m* espada; (GASTR) emperador *m*; **Schwertlilie** *f* lirio *m*

Schwertransport *m* transporte *m* de mercancías pesadas

Schwertwal *m* (ZOOL) orca *f*

Schwerverbrecher(in) *m(f)* criminal *mf* peligroso, -a

Schwerverletzte(r) *mf* herido, -a *m, f* grave

schwerwiegend *adj* grave

Schwester ['ʃvɛstɐ] *f* <-n> **①** (*Verwandte*) hermana *f* **②** (*Kranken~*) enfermera *f* **③** (*Nonne*) hermana *f*; (*in der Anrede*) sor *f*; **Schwestergesellschaft** *f* (WIRTSCH) compañía *f* asociada; **schwesterlich** *adj* fraternal, como hermanas

Schwesternhelferin *f* <-nen> enfermera *f* auxiliar

schwieg [ʃviːk] *3. imp von* **schweigen**

Schwiegereltern ['ʃviːgɐ-] *pl* suegros *mpl*; **Schwiegermutter** *f* suegra *f*; **Schwiegersohn** *m* yerno *m*; **Schwiegertochter** *f* nuera *f*; **Schwiegervater** *m* suegro *m*

Schwiele ['ʃviːlə] *f* <-n> callo *m*

schwielig *adj* calloso

schwierig ['ʃviːrɪç] *adj* difícil; (*kompliziert*) complicado; (*heikel*) delicado

Schwierigkeit *f* <-en> dificultad *f*; **in ~ en geraten** verse en dificultades; **jdn in ~ en bringen** meter a alguien en líos; **Schwierigkeitsgrad** *m* grado *m* de dificultad

schwillt [ʃvɪlt] *3. präs von* **schwellen**

Schwimmbad *nt* piscina *f*, pileta *f RíoPl*; **Schwimmbecken** *nt* piscina *f*, pileta *f Am*

schwimmen ['ʃvɪmən] <schwimmt, schwamm, geschwommen> I. *vi haben o*

sein **①** (*Person, Fisch*) nadar; **wir gehen ~** vamos a bañarnos; **er kann nicht ~** no sabe nadar; **auf dem Rücken ~** nadar de espaldas; **über den See ~** cruzar el lago a nado; **ins S~ geraten** encasquillarse **②** (*Ding*) flotar (*auf* en) II. *vt sein:* **einen Rekord ~** establecer un récord en natación

Schwimmer¹ *m* <-s, -> **①** (TECH) flotador *m* **②** (*an einer Angel*) veleta *f*

Schwimmer(in)² *m(f)* <-s, -; -nen> nadador(a) *m(f)*

Schwimmflosse *f* aleta *f*; **Schwimmflügel** *m* flotador *m* para el brazo; **Schwimmhalle** *f* piscina *f* cubierta; **Schwimmlehrer(in)** *m(f)* profesor(a) *m(f)* de natación; **Schwimmsport** *m* natación *f*; **Schwimmweste** *f* chaleco *m* salvavidas

Schwindel ['ʃvɪndəl] *m* <-s, ohne pl> **①** (*~gefühl*) mareo *m*; (*vor einem Abgrund*) vértigo *m*; ~ **erregend** vertiginoso **②** (*fam abw: Betrug*) timo *m*; (*fam abw: Betrug*) embuste *m*, milonga *f And, CSur*; **Schwindelanfall** *m* vértigo *m*, mareo *m*; **einen ~ bekommen** marearse

Schwindelei *f* <-en> (*abw*) **①** (*Betrug*) estafa *f* **②** (*Lüge*) mentirijilla *f*

schwindelerregend *adj s.* **Schwindel 1.**; **schwindelfrei** *adj:* ~ **sein** no tener vértigo

schwind(e)lig *adj* mareado; **mir ist ~** estoy mareado, tengo vértigo; **mir wird ~** me mareo

schwindeln ['ʃvɪndəln] I. *vi* (*fam: lügen*) mentir, macanear *CSur* II. *vunpers* (*sich schwindlig fühlen*): **mir schwindelt** me mareo

schwinden ['ʃvɪndən] <schwindet, schwand, geschwunden> *vi sein* (*geh*) **①** (*abnehmen*) disminuir; **im S~ begriffen sein** estar en vías de acabarse **②** (*ver~*) desaparecer

Schwindler(in) ['ʃvɪndlɐ] *m(f)* <-s, -; -nen> (*abw: Lügner*) embustero, -a *m, f*, mulero, -a *m, f RíoPl*; (*Betrüger*) estafador(a) *m(f)*

schwindlig ['ʃvɪndlɪç] *adj s.* **schwind(e)lig**

Schwindsucht ['ʃvɪnt-] *f* tisis *f inv*

schwindsüchtig *adj* tísico

Schwinge ['ʃvɪŋə] *f* <-n> **①** (*geh: Flügel*) ala *f* **②** (TECH) biela *f* oscilante

schwingen ['ʃvɪŋən] <schwingt, schwang, geschwungen> I. *vi* **①** *haben o sein* (*Schaukel, Person*) bambolearse; (*Pendel*) oscilar **②** (*vibrieren*) vibrar; **in seinen Worten schwang Ärger** el tono de su voz

indicaba su enfado; **schön geschwun-
gene Augenbrauen** cejas hermosamente
arqueadas **II.** *vt* mover; (*Fahne*) (hacer)
ondear; (*Axt, Peitsche, Stock*) agitar;
große Reden ~ pronunciar discursos
III. *vr:* **sich auf etw** ~ montar(se) en algo;
sich über etw ~ saltar algo; **sich in die
Lüfte** ~ remontar el vuelo
Schwingung *f* <-en> (*a.* PHYS) oscilación *f*;
(*Vibration*) vibración *f*; **etw in** ~ **versetzen** hacer que algo vibre
Schwips [ʃvɪps] *m* <-es, -e> (*fam*) chispa *f*;
sich *dat* **einen** ~ **antrinken** coger una
mona
schwirren [ˈʃvɪrən] *vi sein* (*Mücken,
Gedanken*) zumbar; (*Pfeil, Kugel*) silbar;
(*Gerüchte*) correr
Schwitzbad *nt* baño *m* turco
schwitzen [ˈʃvɪtsən] *vi, vt* sudar; **ins S~
kommen** empezar a sudar
Schwitzkasten *m* (SPORT) llave *f* (de estrangulamiento); **jdn in den** ~ **nehmen** inmovilizar a alguien con una llave
schwofen [ˈʃvoːfən] *vi* (*fam*) (salir a) bailar
schwoll [ʃvɔl] *3. imp von* **schwellen**[1]
schwor [ʃvoːɐ] *3. imp von* **schwören**
schwören [ˈʃvøːrən] <schwört, schwor,
geschworen> *vi, vt* jurar (*auf/bei* por); **ich
hätte** ~ **können, dass...** (*fam*) juraría
que...; **auf etw/jdn** ~ (*vertrauen*) confiar
ciegamente en algo/alguien
schwul [ʃvuːl] *adj* (*fam*) marica, maricón
pey
schwül [ʃvyːl] *adj* sofocante, bochornoso;
es ist ~ hace un calor sofocante
Schwule(r) *m* <-n, -n> (*fam*) marica *m*,
gay *m*, naco *m AmC*
Schwüle [ˈʃvyːlə] *f ohne pl* bochorno *m*,
calor *m* sofocante
schwulstig [ˈʃvʊlstɪç] *adj* (*Österr: abw*),
schwülstig [ˈʃvʏlstɪç] *adj* (*abw*) pomposo
Schwund [ʃvʊnt] *m* <-(e)s, *ohne pl*>
❶ (*Abnahme*) merma *f*; (MED) atrofia *f*
❷ (*Verlust*) pérdida *f*
Schwung[1] [ʃvʊŋ, *pl:* ˈʃvʏŋə] *m* <-(e)s,
Schwünge> (*Drehung*) curva *f*, giro *m*
Schwung[2] *m* <-(e)s, *ohne pl*> **❶** (*Antrieb*) impulso *m*, empuje *m*; ~ **holen**
coger impulso; **in** ~ **kommen** (*fam: Person*) animarse; **richtig in** ~ **sein** (*fam: Person*) estar bien **❷** (*Elan*) ímpetu *m*, entusiasmo *m* **❸** (*fam: Menge*) montón *m*
Schwungfeder *f* (ZOOL) remera *f*
schwunghaft *adj* próspero
schwungvoll *adj* dinámico
Schwur [ʃvuːɐ, *pl:* ˈʃvyːrə] *m* <-(e)s,
Schwüre> juramento *m*; **einen** ~ **leisten**
hacer juramento

Schwurgericht *nt* jurado *m*
Sciencefiction [saɪnsˈfɪktʃən] *f ohne pl*
ciencia ficción *f*; **Sciencefictionfilm** *m*
película *f* de ciencia ficción
sec *Abk. von* **Sekunde** s.
sechs [zɛks] *adj inv* seis; *s. a.* **acht**[1]
Sechs *f* <-en> seis *m*; (*Schulnote*) insuficiente *m*
Sechseck *nt* hexágono *m*
sechseckig *adj* hexagonal
sechserlei [ˈzɛksɐlaɪ] *adj inv* de seis clases
diferentes, seis clases (diferentes) de; *s. a.*
achterlei
Sechserpack *m* paquete *m* de seis (unidades)
sechsfach I. *adj* séxtuplo, seis veces **II.** *adv*
seis veces; *s. a.* **achtfach**
sechshundert [ˈ-ˈ--] *adj inv* seiscientos; *s. a.*
achthundert
sechsmal *adv* seis veces; *s. a.* **achtmal**
Sechstagerennen [-ˈ----] *nt* (SPORT) carrera
f (ciclista) de seis días
sechstausend [ˈ-ˈ--] *adj inv* seis mil; *s. a.*
achttausend
sechste(r, s) *adj* sexto; *s. a.* **achte(r, s)**
sechstel [ˈzɛkstəl] *adj inv* sexto; *s. a.* **achtel**
Sechstel [ˈzɛkstəl] *nt* <-s, -> sexto, -a *m, f*,
sexta parte *f*; *s. a.* **Achtel**
sechstens [ˈzɛkstəns] *adv* en sexto lugar;
(*bei einer Aufzählung*) sexto; *s. a.* **achtens**
sechzehn [ˈzɛçtseːn] *adj inv* dieciséis; *s. a.*
acht[1]
sechzehnte(r, s) *adj* decimosexto; *s. a.*
achte(r, s)
sechzig [ˈzɛçtsɪç] *adj inv* sesenta; *s. a.* **achtzig**
Sechziger [ˈzɛçtsɪgɐ] *f* <-> (*fam*) sello *m* de
sesenta pfennigs
Sechzigerjahre [ˈ---ˈ--] *ntpl* (años *mpl*)
sesenta *mpl*
sechzigste(r, s) *adj* sexagésimo; *s. a.* **acht-
zigste(r, s)**
Secondhandladen [sɛkəntˈhɛ(ː)ntlaːdən]
m tienda *f* de segunda mano
SED [ɛsʔeːˈdeː] *f* (HIST, POL) *Abk. von* **Sozialistische Einheitspartei Deutschlands**
Partido *m* Socialista Unificado Alemán
(*partido del gobierno en la ex-RDA*)
Sedimentgestein *nt* (GEO) petrificación *f*
de sedimento
See[1] [zeː, *pl:* ˈzeːən] *m* <-s, -n> (*Binnengewässer*) lago *m*; **der Genfer** ~ el Lago
Leman
See[2] *f ohne pl* (*Meer*) mar *m o f*; **die
offene** ~ el mar abierto; **auf** ~ en el mar;
auf hoher ~ en alta mar; **an die** ~ **fahren**
ir a la costa; **zur** ~ **fahren** ser marino; **in** ~

S

stechen hacerse a la mar

Seeadler *m* águila *f* marina; **Seebad** *nt* balneario *m* a orillas del mar; **Seebär** *m* ➊ (*Tier*) oso *m* marino ➋ (*fam: Seemann*) (viejo) lobo *m* de mar; **Seeelefant** *m*, **See-Elefant** *m* (ZOOL) elefante *m* marino; **Seefahrer** *m* navegante *m*

Seefahrt[1] *f ohne pl* (*Schifffahrt*) navegación *f*

Seefahrt[2] *f* <-en> (*Schiffsreise*) viaje *m* en barco (por el mar); (*Kreuzfahrt*) crucero *m*

Seefisch *m* pez *m* marino; (*als Gericht*) pescado *m* de mar; **Seegang** *m* <-(e)s, *ohne pl*> marejada *f;* **starker** ~ fuerte marejada; **Seegras** *nt* zostera *f;* **Seehafen** *m* puerto *m* marítimo; **Seehecht** *m* merluza *f;* **Seehund** *m* foca *f;* **Seeigel** *m* erizo *m* de mar; **Seekarte** *f* mapa *m* marítimo; **Seeklima** *nt* clima *m* marítimo; **seekrank** *adj* mareado; **Seekrankheit** *f ohne pl* mareo *m* de mar; **Seelachs** *m* abadejo *m*

Seele ['zeːlə] *f* <-n> alma *f;* **ein Herz und eine ~ sein** (*fig*) ser uña y carne; **es liegt mir auf der** ~ es muy importante para mí; **sich** *dat* **etw von der** ~ **reden** desahogarse de algo contándolo; **jdm aus der** ~ **sprechen** (*fam*) decir exactamente lo que otro piensa; **mit ganzer** ~ con toda el alma; **eine ~ von Mensch** un alma de Dios

Seelenfriede(n) *m* paz *f* interior; **Seelenheil** *nt* (REL) salvación *f* (eterna); **Seelenleben** *nt ohne pl* (*geh*) vida *f* interior; **Seelenruhe** ['----, '--'--] *f* tranquilidad *f* interior; **in aller** ~ con toda tranquilidad; **seelenruhig** ['--'--] *adv* con mucha calma; **seelenverwandt** *adj* espiritualmente afín; (**mit jdm**) ~ **sein** ser el alma gemela (de alguien); **Seelenwanderung** *f* (REL) reencarnación *f*

Seeleute *pl* marineros *mpl*

seelisch *adj* mental; ~ **bedingt** psicogénico

Seelöwe *m* león *m* marino

Seelsorge *f ohne pl* (REL) cuidado *m* de almas

Seelsorger *m* <-s, -> (REL) padre *m* espiritual

Seeluft *f ohne pl* aire *m* de mar; **Seemacht** *f* potencia *f* naval; **Seemann** *m* <-(e)s, -leute> marinero *m;* **Seemannslied** *nt* canción *f* marinera; **Seemeile** *f* milla *f* marítima; **Seenot** *f ohne pl* peligro *m* marítimo; **in** ~ **geraten** estar en peligro de zozobrar; **Seepferdchen** *nt* (ZOOL) caballito *m* de mar; **Seeräuber(in)** *m(f)* pirata *mf;* **Seereise** *f* viaje *m* marítimo; (*Kreuzfahrt*) crucero *m;* **Seerose** *f* (BOT) nenúfar

m; **Seeschifffahrt** *f* navegación *f* marítima; **Seeschlacht** *f* batalla *f* naval; **Seeschlange** *f* (ZOOL) serpiente *f* de mar; **Seestern** *m* (ZOOL) estrella *f* marina; **Seetang** *m* algas *fpl* marinas; **Seeteufel** *m* (ZOOL) rape *m;* **seetüchtig** *adj* en buen estado para la navegación; **Seeufer** *nt* orilla *f* del lago; **Seevogel** *m* (ZOOL) ave *f* marina; **Seeweg** *m* vía *f* marítima; **auf dem ~ reisen** viajar por mar; **Seezunge** *f* (ZOOL) lenguado *m*

Segel ['zeːgəl] *nt* <-s, -> vela *f;* **die ~ setzen** poner velas; **die ~ einholen** recoger las velas; **Segelboot** *nt* velero *m;* (*Einmaster*) balandro *m;* **Segelflieger(in)** *m(f)* piloto *mf* de planeador; **Segelflug** *m* planeo *m;* **Segelflugzeug** *nt* planeador *m;* **Segeljacht** *f* yate *m* de vela; **Segelklub** *m* club *m* náutico

segeln ['zeːgəln] *vi sein* navegar a vela; (*als Sport*) practicar el deporte de la vela; (*Vogel, Segelflugzeug*) planear; ~ **gehen** salir a navegar

Segeln *nt* <-s, *ohne pl*> navegación *f* a vela

Segelohren *ntpl* (*fam*) orejas *fpl* de soplillo **Segelschiff** *nt s.* Segelboot; **Segeltörn** *m*, **Segeltour** *f* excursión *f* en un barco a vela; **Segeltuch** *nt* <-(e)s, -e> lona *f*

Segen ['zeːgən] *m* <-s, *ohne pl*> ➊ (*Einwilligung, a.* REL) bendición *f;* **seinen ~ zu etw geben** (*fam*) dar su bendición a algo ➋ (*göttlicher ~*) gracia *f* de Dios ➌ (*Glück*) suerte *f;* (*Wohltat*) bendición *f;* **es ist ein ~, dass ...** es una bendición que... +*subj;* **segensreich** *adj* beneficioso

Segler(in) *m(f)* <-s, -; -nen> balandrista *mf*

Segment [zɛˈgmɛnt] *nt* <-(e)s, -e> (*a.* LING, MATH) segmento *m*

segnen ['zeːgnən] *vt* bendecir

Segnung *f* <-en> ➊ (REL: *das Segnen*) bendición *f* ➋ *pl* (*Vorzüge*) ventajes *fpl* (+*gen* de), efectos *mpl* beneficiosos (+*gen* de)

sehbehindert *adj* que ve mal; **leicht/stark ~ sein** tener una deficiencia óptica leve/grave; **Sehbehinderte(r)** *mf* persona *f* con deficencia visual

sehen ['zeːən] <sieht, sah, gesehen> **I.** *vt* ver; (*betrachten*) mirar; (*hervor~*) asomar; (*bemerken*) notar; **wir ~ uns morgen** nos vemos mañana; **jdn wieder ~** volver a ver a alguien; **ich sehe das anders** yo lo veo de otro modo; **sich bei jdm ~ lassen** (*fam*) visitar a alguien; **nicht gern ge~ sein** no estar bien visto; **lass dich ja nicht mehr hier ~** (*fam*) no vengas nunca más por aquí; **kann ich mich so ~ lassen?** ¿puedo salir así a la calle?; **so ge~ hast du**

natürlich **Recht** visto de ese modo por supuesto que tienes razón; **die Gefahr kommen** ~ ver venir el peligro; **sich gezwungen** ~ **zu ...** verse obligado a...; **ich sehe es nicht gern, wenn ...** no me gusta que... +*subj;* **ich kann so etwas nicht** ~ (*ertragen*) no lo soporto; **etw nicht mehr** ~ **können** (*fam: satt haben*) estar harto de algo; **hat man so was schon ge~!** (*fam*) ¡habráse visto (semejante cosa)! **II.** *vi* ver; (*blicken*) mirar (*auf*); **gut/schlecht** ~ ver bien/mal; **du musst** ~**, dass du fertig wirst** (*fam*) tienes que ver de acabarlo; **sie sieht sehr auf Äußerlichkeiten** da mucha importancia al aspecto; **nach jdm** ~ cuidar a alguien; **nach dem Rechten** ~ ver si todo está en orden; **wir kennen uns vom S~** nos conocemos de vista; **sieh mal!** ¡mira!; **mal** ~**, ob das stimmt** (*fam*) ya veremos si es verdad; **du wirst schon** ~ (*fam*) ya verás; **siehe oben** véase arriba; **lass mal** ~**, was du da hast** a ver qué tienes ahí; **siehste!** (*fam*) ¡ves!

sehenswert *adj* digno de verse

Sehenswürdigkeit *f* <-en> monumento *m*

Seher(in) *m(f)* <-s, -; -nen> vidente *mf*

seherisch *adj* visionario

Sehfehler *m* defecto *m* visual; **Sehkraft** *f* ohne *pl* vista *f*

Sehne ['ze:nə] *f* <-n> ➊ (MED) tendón *m* ➋ (MATH) cuerda *f*

sehnen ['ze:nən] *vr:* **sich nach etw** *dat*/ **jdm** ~ añorar algo/a alguien; **er sehnte sich danach, wieder zu Hause zu sein** ansiaba volver a casa

Sehnenscheidenentzündung *f* (MED) tendovaginitis *f inv*

Sehnerv *m* nervio *m* óptico

sehnig *adj* ➊ (*Körper*) musculoso, nervudo ➋ (*Fleisch*) tendinoso

sehnlich *adj* ardiente, vehemente

Sehnsucht *f* <-süchte> ansiedad *f* (*nach* de); (*nach Vergangenem*) nostalgia *f* (*nach* de); ~ **nach jdm/etw** *dat* **haben** tener añoranza de alguien/algo; **sich vor** ~ **verzehren** consumirse de nostalgia

sehnsüchtig *adj,* **sehnsuchtsvoll** *adj* (*geh*) ansioso; (*Wunsch*) ardiente; (*ungeduldig*) impaciente

sehr [ze:ɐ] <mehr, am meisten> *adv* (*mit Adjektiv*) muy; (*mit Verb*) mucho; ~ **freundlich!** ¡muy amable!; ~ **viel** muchísimo; ~ **sogar!** ¡mucho incluso!; **nicht** ~ no mucho; ~ **erfreut!** ¡encantado!; **so** ~ **sie sich auch bemühte ...** por mucho que se esforzó...; **zu** ~ demasiado; ~ **oft**

muy a menudo; **so** ~ tanto

Sehschärfe *f* agudeza *f* visual; **Sehstörung** *f* trastorno *m* visual; **Sehtest** *m* test *m* visual; **Sehvermögen** *nt* vista *f;* **Sehweise** *f* modo *m* de ver

seicht [zaiçt] *adj* ➊ (*Gewässer*) poco profundo, vadeable ➋ (*abw: banal*) trivial

seid [zait] *2. pl präs von* **sein**

Seide ['zaidə] *f* <-n> seda *f*

seiden ['zaidən] *adj* ➊ (*aus Seide*) de seda ➋ (*wie Seide*) sedoso

Seidenmalerei *f* pintura *f* sobre seda; **Seidenpapier** *nt* papel *m* de seda; **Seidenraupe** *f* gusano *m* de seda; **Seidenstrumpf** *m* media *f* de seda

seidig *adj* sedoso

Seife ['zaifə] *f* <-n> jabón *m;* **ein Stück** ~ una pastilla de jabón

Seifenblase *f* pompa *f* de jabón; **zerplatzen wie eine** ~ desvanecerse; **Seifenoper** *f* serial *m;* **Seifenschale** *f* jabonera *f;* **Seifenspender** *m* distribuidor *m* de jabón

seifig *adj* jabonoso

Seil [zail] *nt* <-(e)s, -e> cuerda *f;* (*für Seiltanz*) cuerda *f* floja; **auf dem** ~ **tanzen** hacer equilibrios en la cuerda floja; **Seilbahn** *f* funicular *m,* teleférico *m*

seil∣hüpfen *vi sein* saltar a la comba

Seilschaft *f* <-en> ➊ (*Bergsteiger*) cordada *f* ➋ (*in der Politik*) enchufistas *mfpl*

seil∣springen *irr vi sein* saltar a la comba; **Seiltänzer(in)** *m(f)* funámbulo, -a *m, f*

sein [zain] <ist, war, gewesen> *vi sein* ➊ (*Identität, Eigenschaften, Herkunft, Beruf*) ser; (*Alter*) tener; **mir ist kalt** tengo frío; **bist du's?** ¿eres tú?; **wir sind Freunde** somos amigos; **sie ist Türkin** es turca; **ich bin aus Dortmund** soy de Dortmund; **ich bin 25** tengo 25 años; **zwei und zwei ist vier** dos y dos son cuatro; **sie ist Polizistin** es policía; **seien Sie (mir) nicht böse, aber ...** no se enfade (conmigo) pero...; **seien Sie so freundlich, und ...** sea tan amable y...; **das wäre ja noch schöner!** ¡no faltaría más (que eso)!; **es wäre besser gewesen, ...** habría sido mejor...; **wie wäre es mit einem Bier?** ¿qué tal una cerveza?; **nun sei doch nicht so!** ¡no te pongas así!; **ist es nicht so?** ¿no es así?; **es ist nichts** no es nada; **das war's** se acabó; **mir ist heute nicht nach Kuchen** (*fam*) hoy no me apetece comer tarta; **mir ist schlecht** no me encuentro bien; **mir ist schwindlig** me mareo; **mir ist, als hätte ich Stimmen gehört** tengo la impresión de haber oído voces; **lass es** ~**!** ¡déjalo!; **es wäre schön,**

wenn ... sei denn, dass ... a no ser que... +*subj;* **es sei denn, dass ...** a no ser que... +*subj;* **wie dem auch sei** sea como sea ❷ (*Zustand*) estar; **sie ist verheiratet** está casada, es casada *Am* ❸ (*vorhanden* ~) haber; **was nicht ist, kann noch werden** mientras hay vida, hay esperanza; **ist da jemand?** ¿hay alguien allí?; **es waren viele Leute da** había mucha gente; **es war einmal...** érase una vez ❹ (*sich befinden*) estar; **sie sind in Chile** están en Chile; **wo warst du so lange?** ¿dónde estuviste durante tanto tiempo? ❺ (*mit Zeitangabe*) ser; (*stattfinden*) tener lugar, ser; (*Wetter*) hacer; **es ist 14.30 Uhr** son las dos y media; **heute ist Montag** hoy es lunes; **es ist Juni** es junio; **es ist sonnig/heiß/schlechtes Wetter** hace sol/calor/mal tiempo; **das ist über 10 Jahre her** esto fue hace más de 10 años; **morgen sind es 10 Jahre, dass wir uns kennen** mañana hace 10 años que nos conocemos ❻ (*geschehen*) ocurrir, suceder; **muss das ~?** ¿tiene que ser?; **kann ~!** ¡puede ser!; **was ist?** ¿qué pasa?; **ist was?** ¿sucede algo?; **sei's drum!** ¡que así sea! ❼ (*Hilfsverb*) haber; **sie sind schwimmen (gegangen)** han ido a nadar; **ich bin krank gewesen** he estado enfermo; **er ist bewusstlos geworden** ha perdido el conocimiento; **sie ist verurteilt worden** ha sido juzgada; **wenn er nicht gewesen wäre** si no hubiera sido por él

Sein [zaɪn] *nt* <-s, *ohne pl*> (PHILOS) ser *m;* (*Da~*) existencia *f*

sein, seine, sein [zaɪn, 'zaɪnə, zaɪn] *pron poss* (*adjektivisch*) su, sus *pl;* ~ **Sohn/Auto** su hijo/coche; ~**e Freundin/Kinder** su novia/sus hijos

seine(r, s) *pron poss* (el) suyo *m,* (la) suya *f,* (los) suyos *mpl,* (las) suyas *fpl;* **der schwarze Mantel ist ~r** el abrigo negro es (el) suyo; *s. a.* **sein, seine, sein**

seiner *pron pers gen von* **er, es** de él

seinerseits *adv* por su parte

seinerzeit *adv* entonces, en aquel tiempo

seinesgleichen ['--'--] *pron indef inv* sus semejantes, de su condición; **er behandelte ihn wie ~** lo trataba como si fuera de su condición

seinetwegen ['zaɪnət've:gən] *adv* por él; (*negativ*) por su culpa

seinetwillen ['zaɪnət'vɪlən] *adv:* **um ~** por él

seinige ['zaɪnɪgə] *pron poss geh für* **seine(r, s): der/die/das ~/S~** el suyo/la suya; **die ~n/S~n** los suyos/las suyas

seins [zaɪns] *pron poss s.* **seine(r, s)**

Seismograf *m* <-en, -en>, **Seismograph** [zaɪsmo'graːf] *m* <-en, -en> sismógrafo *m*

seismologisch *adj* sismológico

seit [zaɪt] **I.** *präp* +*dat* (*Zeitpunkt*) desde; (*Zeitraum*) desde hace; ~ **wann ...?** ¿desde cuándo...?; ~ **kurzem/langem** desde hace poco/mucho **II.** *konj* desde que

? Grammatik

La preposición **seit** – *desde (hace)* expresa el comienzo o la duración de una acción que llega hasta el presente: *Seit einem Monat arbeitet sie als Dolmetscherin. – Desde hace un mes trabaja como intérprete. Sie liebt ihn seit ihrer Jugend. – Ella lo ama desde su adolescencia.*

vor – *hace* indica un acontecimiento o una situación que ha tenido lugar en el pasado y lo importante es el principio de la acción: *Vor fünf Jahren hat sie angefangen Deutsch zu lernen. – Ha empezado a estudiar alemán hace cinco años.* (Aunque ella continúe estudiando alemán en el presente, se pone de relieve el comienzo de la acción en el pasado.) *Vor einem Jahr war sie noch in ihn verliebt. – Hace un año todavía estaba enamorada de él.*

seitdem [-'-] **I.** *adv* desde entonces **II.** *konj* desde que

Seite ['zaɪtə] *f* <-n> ❶ (*allgemein*) lado *m;* (*Stoff~, Schallplatten~*) cara *f;* ~ **an** ~ codo con codo; **auf beiden** ~**n** a ambos lados; **nach allen** ~**n offen sein** (**für Vorschläge**) estar abierto a todo tipo de propuestas; **von allen** ~**n** de todas partes; **zur** ~ **gehen** apartarse; **jdn von der** ~ **ansehen** mirar a alguien de reojo; **er weicht nicht von ihrer** ~ (*fam*) no se aparta de su lado; **etw zur** ~ **legen** (*weglegen*) apartar algo; **etw auf die** ~ **legen** (*fam: sparen*) ahorrar algo; **jdn auf seiner** ~ **haben** tener a alguien de su parte; **jdm zur** ~ **stehen** apoyar a alguien; **jdn zur** ~ **nehmen um ihm etw zu sagen** apartar a alguien para decirle algo ❷ (*Hinsicht, Aspekt*) parte *f,* lado *m;* (*Charakterzug*) lado *m;* **alles hat zwei** ~**n** todas las cosas tienen su contra; **das Recht ist auf ihrer** ~ la razón está de su parte; **auf der einen** ~ **...,** **auf der anderen ...** por una parte..., por otra...; **von dieser** ~ **kenne ich ihn gar nicht** no lo conozco así; **sich von seiner**

besten ~ **zeigen** mostrar su mejor cara; **das ist ihre schwache** ~ (*fam*) esto es su punto débil; **das ist ihre starke** ~ (*fam*) esto es su fuerte ❸ (*Buch~*) página *f*; **siehe** ~ **15** véase página 15; **die gelben** ~**n** las páginas amarillas ❹ (*Verhandlungspartner*) parte ❺ (*Interessensgruppe*): **von kirchlicher** ~ de parte de la Iglesia; **wie von offizieller** ~ **verlautete, ...** como indicaron fuentes oficiales...

Seitenangabe *f* indicación *f* de la página; **Seitenansicht** *f* vista *f* lateral

Seitenaufprallschutz *m* (AUTO) barra *f* de protección lateral; **Seitenausgang** *m* puerta *f* lateral; **Seitenblick** *m* mirada *f* de reojo; **jdm einen** ~ **zuwerfen** mirar a alguien de reojo; **Seiteneingang** *m* entrada *f* lateral; **Seitenflügel** *m* ala *f* lateral; **Seitengang** *m* pasaje *m* lateral; (*im Zug*) pasillo *m* (lateral); **Seitenhieb** *m* (*fam: Kritik*) indirecta *f*; **Seitenlage** *f* posición *f* de lado; **stabile** ~ posición lateral de seguridad; **seitenlang** I. *adj* de varias páginas II. *adv* en páginas enteras; **Seitenlinie** *f* ❶ (SPORT) línea *f* de banda ❷ (*Genealogie*) línea *f* lateral

seitens ['zaɪtəns] *präp* +*gen* de parte de, por parte de

Seitenscheitel *m* raya *f* a un [*o* de un] lado; **Seitenschiff** *nt* (ARCHIT) nave *f* lateral; **Seitensprung** *m* (*fig*): **einen** ~ **machen** ser infiel; (*Verheiratete*) cometer adulterio; **Seitenstechen** *nt* <-s, *ohne pl*> punzadas *fpl* en el costado; **Seitenstraße** *f* calle *f* lateral; **Seitenstreifen** *m* arcén *m*, berma *f* Am; **seitenverkehrt** *adj* invertido lateralmente; **Seitenwind** *m* viento *m* lateral; **Seitenzahl** *f* ❶ (*Gesamtzahl*) número *m* de páginas ❷ (*auf einer Seite*) número *m* de página

seither [-'-] *adv* desde entonces

seitlich I. *adj* lateral, al lado; ~ **von ...** al lado de... II. *adv* de lado; ~ **abfallen** descender lateralmente III. *präp* +*gen* al lado de, a un lado de

seitwärts ['zaɪtvɛrts] *adv* hacia un lado

sek., Sek. *Abk. von* **Sekunde** s

Sekante [ze'kantə] *f* <-n> (MATH) secante *f*

Sekret [ze'kreːt] *nt* <-(e)s, -e> (MED, BIOL) secreción *f*

Sekretär¹ *m* <-s, -e> (*Möbelstück*) escritorio *m*, secreter *m*

Sekretär(in)² [zekre'tɛːɐ] *m(f)* <-s, -e; -nen> (*Angestellter*) secretario, -a *m, f*

Sekretariat [zekretari'aːt] *nt* <-(e)s, -e> secretaría *f*, secretariado *m*

Sekretärin *f* <-nen> *s.* **Sekretär²**

Sekt [zɛkt] *m* <-(e)s, -e> cava *m*

Sekte ['zɛktə] *f* <-n> secta *f*

Sektglas *nt* copa *f* de champaña [*o* de champán]

Sektor ['zɛktoːɐ] *m* <-s, -en> (*a.* MATH) sector *m*

sekundär [zekʊn'dɛːɐ] *adj* secundario; **Sekundärliteratur** *f ohne pl* literatura *f* secundaria

Sekundarschule *f* (*Schweiz*) escuela del segundo ciclo en el sistema de enseñanza suizo; **Sekundarstufe** *f* (SCH) nivel *m* de educación secundaria (en Alemania); ~ **I** (*5.-10. Schuljahr*) nivel I de educación secundaria (*equivalente al tercer ciclo de primaria y al segundo de secundaria españoles*); ~ **II** (*11.-13. Schuljahr*) nivel II de educación secundaria (*equivalente al bachillerato o a la F.P. de grado medio españoles*)

ℹ Land & Leute

En Suiza, al terminar la escuela primaria, la educación obligatoria continúa con el **Sekundarstufe I** que abarca entre tres y cinco cursos, dependiendo de cada cantón. Después el alumno accede al **Sekundarstufe II** donde puede comenzar el aprendizaje de una profesión, acudir a una escuela de formación profesional, a una escuela de secundaria de grado medio o formarse como profesor para el primer ciclo de secundaria. Otra opción es acudir a una escuela de secundaria de grado superior para acceder a la universidad.

Sekunde [ze'kʊndə] *f* <-n> segundo *m*; **auf die** ~ **genau** al segundo; **eine** ~ **bitte!** (*fam*) ¡un segundo, por favor!

Sekundenkleber *m* pegamento *m* rápido; **Sekundenzeiger** *m* segundero *m*

selbe(r, s) *adj* mismo; **im** ~**n Haus** en la misma casa

selber ['zɛlbɐ] *pron dem inv* (*fam*) *s.* **selbst**

selbst [zɛlpst] I. *pron dem inv* mismo; **ich/sie/wir** ~ yo mismo/ella misma/nosotros mismos; **Fritz hat es** ~ **gesagt** Fritz mismo lo ha dicho; **das versteht sich von** ~ esto se entiende por sí solo; **sie denkt nur an sich** ~ sólo piensa en sí misma; **er kam ganz von** ~ vino por sí mismo; **eine Sache um ihrer** ~ **willen tun** hacer algo por la cosa misma; **er ist die Ruhe** ~ es la calma en persona II. *adv* (*sogar*) incluso, hasta; ~ **wenn** incluso si +*subj*

Selbstachtung f autoestima f
selbständig [ˈzɛlpʃtɛndɪç] adj o adv s.
selbstständig
Selbständigkeit f ohne pl s. **Selbstständigkeit**
Selbstauslöser m (FOTO) disparador m automático; **Selbstbedienung** f ohne pl autoservicio m; **Selbstbedienungsladen** m (tienda f de) autoservicio m; **Selbstbefriedigung** f masturbación f; **Selbstbeherrschung** f autodominio m, autocontrol m; **Selbstbestätigung** f ohne pl (PSYCH) autoconfirmación f; **Selbstbestimmung** f ohne pl (POL) autodeterminación f; **Selbstbestimmungsrecht** nt ohne pl (JUR) derecho m de autodeterminación f; **Selbstbetrug** m autoengaño m; **selbstbewusst** adj ❶ (selbstsicher) seguro de sí mismo ❷ (PHILOS) consciente de sí mismo; **Selbstbewusstsein** nt ❶ (Selbstsicherheit) seguridad f en sí mismo ❷ (PHILOS) conciencia f de sí mismo; **Selbstbräunungscreme** f crema f autobronceadora; **Selbstdarsteller(in)** m(f) persona f propensa a figurar
Selbsterfahrung f ohne pl (PSYCH) autognosis f inv; **Selbsterfahrungsgruppe** f (PSYCH) grupo m de autognosis
Selbsterhaltungstrieb m instinto m de autoconservación; **Selbsterkenntnis** f ohne pl autoconocimiento m; **selbstgefällig** I. adj (abw) autocomplaciente, autosuficiente II. adv (abw) con autosuficiencia; **selbstgerecht** adj ególatra; (eingebildet) engreído, vanidoso; **Selbstgespräch** nt monólogo m; **~e führen** monologar; **selbstherrlich** adj autoritario, despótico
Selbsthilfe f ohne pl autoayuda f; **zur ~ greifen** tomarse la justicia por su mano; **Selbsthilfegruppe** f grupo m de ayuda mutua
Selbstjustiz f (JUR): **~ üben** tomarse la justicia por su mano; **selbstklebend** adj autoadhesivo; **Selbstkostenpreis** m (WIRTSCH) precio m de coste; **Selbstkritik** f ohne pl autocrítica f; **selbstkritisch** adj autocrítico; **Selbstlaut** m vocal f
selbstlos adj desinteresado, altruista
Selbstmitleid nt (abw) autocompasión f; **Selbstmord** m suicidio m; **~ begehen** suicidarse; **Selbstmörder(in)** m(f) suicida mf; **selbstmörderisch** adj suicida; **Selbstmordkandidat(in)** m(f) suicida mf potencial, persona f con tendencias suicidas; **Selbstmordversuch** m intento m de suicidio; **einen ~ machen** intentar suicidarse; **Selbstschutz** m autoprotección f;

selbstsicher adj seguro de sí mismo; **Selbstsicherheit** f ohne pl seguridad f en uno mismo
selbstständig I. adj ❶ (unabhängig) independiente ❷ (beruflich) por su propia cuenta; **sich ~ machen** establecerse por su cuenta II. adv por sí solo; (WIRTSCH) por su propia cuenta
Selbstständige(r) mf <-n, -n; -n, -n> trabajador(a) m(f) autónomo, -a
Selbstständigkeit f ohne pl independencia f
selbstsüchtig adj egoísta; **selbsttätig** adj ❶ (automatisch) automático ❷ (aktiv) activo; **Selbsttäuschung** f ohne pl autoengaño m; **Selbstüberschätzung** f ohne pl presunción f, aprecio m excesivo de las propias facultades; **er leidet an ~** se lo tiene muy creído; **Selbstüberwindung** f fuerza f de voluntad; **Selbstverleugnung** f ohne pl autonegación f; (Selbstlosigkeit) abnegación f; **selbstverschuldet** adj por culpa propia; **Selbstversorger(in)** m(f) auto-abastecedor(a) m(f)
selbstverständlich [ˈ--ˈ--] I. adj natural, evidente; **das ist doch ~!** ¡esto se sobreentiende!; **etw für ~ halten** dar algo por hecho II. adv por supuesto, desde luego; **~ (nicht)!** ¡por supuesto (que no)!; **das tue ich ~ gern** por supuesto, lo hago con gusto
Selbstverständlichkeit [ˈ--ˈ(ˈ)---] f <-en> (Unbefangenheit) naturalidad f; (Offensichtlichkeit) evidencia f; **das war doch eine ~** no faltaba más; **etw für eine ~ halten** considerar algo como lo más natural del mundo
Selbstverteidigung f ohne pl autodefensa f; **Selbstvertrauen** nt confianza f en sí mismo, autoconfianza f; **Selbstverwaltung** f autogestión f; **Selbstverwirklichung** f ohne pl (PHILOS, PSYCH) autorrealización f; **Selbstwahrnehmung** f (PSYCH) percepción f de uno mismo, opinión f sobre uno mismo; **Selbstwertgefühl** nt ohne pl (PSYCH) autoestima f; **selbstzerstörerisch** adj autodestructivo; **Selbstzweck** m ohne pl fin m absoluto
selektieren* [zelɛkˈtiːrən] vt seleccionar
Selektion [zelɛkˈtsjoːn] f <-en> (BIOL) selección f
Selen [zeˈleːn] nt <-s, ohne pl> (CHEM) selenio m
selig [ˈzeːlɪç] adj ❶ (glücklich) feliz, en las nubes fam ❷ (REL) bienaventurado; (~gesprochen) beato; (verstorben) difunto; **Gott hab ihn ~!** ¡Dios lo tenga en su gloria!; **ihr ~er Vater** su padre que en paz descanse; **wer's glaubt, wird ~** (fam iron)

más tonto aquel que se lo crea

Seligkeit f ohne pl ❶ (REL) bienaventuranza f (eterna) ❷ (Glück) felicidad f

Sellerie ['zɛləri] m <-s, -(s)>, f <-> apio m

selten ['zɛltən] I. adj ❶ (nicht häufig) raro ❷ (außergewöhnlich) extraordinario; (merkwürdig) curioso II. adv ❶ (nicht häufig) raras veces ❷ (außergewöhnlich) extraordinariamente

Seltenheit[1] f ohne pl (Vorkommen) rareza f; **es ist eine ~, dass ...** ocurre raras veces que... +subj

Seltenheit[2] f <-en> (Stück) curiosidad f

Seltenheitswert m ohne pl valor m de pieza rara

Selters ['zɛltɐs] nt <-, -> (fam) agua f mineral

seltsam ['zɛltza:m] adj extraño, singular; **er kam ihr ~ bekannt vor** le pareció particularmente conocido

seltsamerweise ['zɛltza:mɐ'vaɪzə] adv curiosamente, extrañamente

Seltsamkeit[1] f ohne pl (seltsame Art) extrañeza f

Seltsamkeit[2] f <-en> (seltsame Erscheinung, Vorfall) rareza f, curiosidad f

Semester [ze'mɛstɐ] nt <-s, -> semestre m; **Semesterferien** pl (UNIV) vacaciones fpl semestrales (en primavera y verano)

Semifinale nt (SPORT) semifinal f

Semikolon [zemi'ko:lɔn] nt <-s, -s o Semikola> punto m y coma

Seminar [zemi'na:ɐ] nt <-s, -e> ❶ (Lehrveranstaltung, Priester~) seminario m ❷ (Institut) departamento m; **Seminararbeit** f (UNIV) trabajo m escrito

Semit(in) [ze'mi:t] m(f) <-en, -en; -nen> semita mf

semitisch adj semítico, semita

Semmel ['zɛməl] f <-n> (Österr, südd, reg) panecillo m; **weggehen wie warme ~n** (fam) venderse como rosquillas

sen. Abk. von **senior** padre

Senat [ze'na:t] m <-(e)s, -e> ❶ (HIST, POL) senado m ❷ (UNIV) claustro m ❸ (JUR) consejo m judicial

Senator(in) [ze'na:to:ɐ] m(f) <-s, -en; -nen> senador(a) m(f)

Sendeanstalt f (RADIO, TV) cadena f de radiotelevisión; **Sendegebiet** nt (RADIO, TV) zona f de emisión

senden ['zɛndən] <sendet, sandte o sendete, gesandt o gesendet> vt ❶ (geh: schicken) enviar (nach/zu a) ❷ (ausstrahlen) emitir

Sendepause f (RADIO, TV) pausa f; **Sendeplatz** m (TV, RADIO) espacio m de emisión

Sender m <-s, -> (RADIO, TV) (estación f)

emisora f

Senderaum m (RADIO, TV) estudio m; **Sendereihe** f (RADIO, TV) serial m; **Sendeschluss** m ohne pl (RADIO, TV) cierre m de la emisión; **Sendezeit** f (RADIO, TV) tiempo m de emisión

Sendung f <-en> ❶ (Waren~) envío m ❷ (RADIO, TV: das Senden) emisión f; **auf ~ gehen** comenzar a emitir; **auf ~ sein** estar en el aire ❸ (RADIO, TV: einzelne ~) programa m

Senegal ['ze:negal] m <-s> Senegal m

Senegalese, -in [zenega'le:zə] m, f <-n, -n; -nen> senegalés, -esa m, f

senegalesisch adj senegalés

Senf [zɛnf] m <-(e)s, -e> mostaza f; **Senfgurke** f pepinillo m en vinagre y mostaza

sengen ['zɛŋən] vt chamuscar; **in der ~den Sonne** bajo el sol abrasador

senil [ze'ni:l] adj senil

senior ['ze:njo:ɐ] adj: **Karl Meyer ~** Karl Meyer (padre)

Senior(in) ['ze:njo:ɐ, pl: ze'njo:rən] m(f) <-s, -en; -nen> ❶ (Rentner) persona f de la tercera edad ❷ (SPORT) sénior mf; **Seniorchef(in)** m(f) jefe, -a m, f

Seniorenheim nt residencia f para la tercera edad

Senke ['zɛŋkə] f <-n> depresión f en un terreno

senken ['zɛŋkən] I. vt ❶ (allgemein) bajar; (Kopf) inclinar; **die Stimme ~** bajar la voz ❷ (Kosten) reducir; (Preise) rebajar II. vr: **sich ~** ❶ (herunterkommen) bajar; (absinken) hundirse ❷ (geh: Abend, Nacht) caer

Senkfuß m (MED) pie m plano; **Senkgrube** f pozo m negro

senkrecht adj vertical; (MATH) perpendicular (zu a)

Senkrechte f <-n> (recta f) vertical f; (MATH) (línea f) perpendicular f

Senkrechtstarter[1] m <-s, -> ❶ (AERO) avión m de despegue y aterrizaje vertical ❷ (fam: Buch, Film) éxito m rotundo

Senkrechtstarter(in)[2] m(f) <-s, -; -nen> (fam: Person) joven mf prometedor(a)

Senkung[1] f ohne pl ❶ (des Kopfes) inclinación f ❷ (Verringerung) reducción f (um en, auf a)

Senkung[2] f <-en> (GEO) depresión f (de un terreno)

Sensation [zɛnza'tsjo:n] f <-en> sensación f

sensationell [zɛnzatsjo'nɛl] adj sensacional

Sensationsblatt nt (abw) periódico m sensacionalista; **Sensationsgier** f (abw) sensacionalismo m; **Sensationslust** f (abw) sensacionalismo m; **Sensations-**

mache f ohne pl (PUBL) amarillismo m
Sense ['zɛnzə] f <-n> guadaña f; **jetzt ist ~ !**
(fam) ¡y sanseacabó!
Sensenmann m (euph: Tod) (muerte f de la) guadaña f
sensibel [zɛn'zi:bəl] adj sensible
Sensibelchen nt <-s, -> (iron, abw) sensiblero m
sensibilisieren* [zɛnzibili'zi:rən] vt (a. FOTO) sensibilizar
Sensibilität [zɛnzibili'tɛ:t] f ohne pl (a. FOTO) sensibilidad f
Sensor ['zɛnzo:ɐ] m <-s, -en> (TECH) sensor m
sentimental [zɛntimɛn'ta:l] adj sentimental
Sentimentalität [zɛntimɛntali'tɛ:t] f ohne pl sentimentalismo m
separat [zepa'ra:t] **I.** adj separado; (Eingang) independiente **II.** adv aparte
Separatismus [zepara'tɪsmʊs] m <-, ohne pl> separatismo m
Separatist(in) [zepara'tɪst] m(f) <-en, -en; -nen> separatista mf
separatistisch adj separatista
Separee nt <-s, -s>, **Séparée** [zepa're:] nt <-s, -s> reservado m
September [zɛp'tɛmbɐ] m <-(s), -> se(p)tiembre m; s. a. **März**
sequentiell [zekvɛn'tsjɛl] adj s. **sequenziell**
Sequenz [ze'kvɛnts] f <-en> (a. FILM, MUS) secuencia f
sequenziell [zekvɛn'tsjɛl] adj (INFOR) secuencial
Sera pl von **Serum**
Serbe, -in ['zɛrbə] m, f <-n, -n; -nen> serbio, -a m, f
Serbien ['zɛrbiən] nt <-s> Serbia f
Serbin f <-nen> s. **Serbe**
serbisch adj serbio
serbokroatisch [zɛrbokro'a:tɪʃ] adj serbocroata
Seren pl von **Serum**
Serenade [zere'na:də] f <-n> (MUS) serenata f, albazo m Peru, alborada f PRico
Serie ['ze:riə] f <-n> (a. TV) serie f; **in ~ herstellen** producir en serie
seriell [zeri'ɛl] adj en serie; **~-e Schnittstelle** (INFOR) interfaz serie, puerto serie
Serienausstattung f (a. AUTO) equipamiento m de serie; **serienmäßig I.** adj ❶ (Herstellung) en serie ❷ (AUTO: Ausstattung) de serie **II.** adv en serie; **Seriennummer** f número m de serie; **Serienproduktion** f producción f en serie; **Serienschaltung** f (ELEK) conexión f en serie; **serienweise** adv en serie
seriös [zeri'ø:s] adj serio; (gediegen) formal

Serpentine [zɛrpɛn'ti:nə] f <-n> serpentina f
Serum ['ze:rʊm] nt <-s, Seren o Sera> suero m
Server ['sœ:vɐ] m <-s, -> (INFOR) server m, servidor m
Service¹ [zɛr'vi:s] nt <-(s), -> (Geschirr) juego m de café
Service² ['sœ:vɪs] m <-, ohne pl> ❶ (Bedienung) servicio m; (Kundendienst) asistencia f técnica ❷ (SPORT) saque m, servicio m
Servicecenter ['sœ:vɪssɛntɐ] nt centro m de servicios; **Service-Provider** m (TEL) proveedor m de servicios
servieren* [zɛr'vi:rən] vt, vi servir
Serviererin [zɛr'vi:rərɪn] f <-nen> camarera f
Serviette [zɛr'vjɛtə, zɛrvi'ɛtə] f <-n> servilleta f
Serviettenring m servilletero m
Servobremse ['zɛrvo-] f (TECH) servofreno m; **Servolenkung** f (TECH) dirección f asistida, servodirección f
Servus ['sɛrvʊs] interj (Öster, südd) adiós
Sesam ['ze:zam] m <-s, -s> sésamo m; **~, öffne dich!** ¡ábrete, sésamo!
Sessel ['zɛsəl] m <-s, -> sillón m; (im Kino) butaca f; **Sessellift** m telesilla f
sesshaft ['zɛshaft] adj sedentario; **in einem Ort ~ werden** asentarse en un lugar
Set [sɛt] m o nt <-(s), -s> (zusammengehörige Dinge) conjunto m, set m
Setup nt <-(s), -s> (INFOR) setup m, programa m de ajuste
setzen ['zɛtsən] **I.** vt ❶ (allgemein) poner (auf en/sobre); (stellen) colocar (auf en/sobre); (Kind) sentar; **er setzte seine Unterschrift darunter** lo firmó; **etw auf die Tagesordnung/in die Zeitung ~** poner algo en el orden del día/en el periódico; **etw an den Mund ~** llevar(se) algo a la boca; **ein Kind in die Welt ~** (fam) traer un hijo al mundo ❷ (Pflanze) plantar ❸ (Ofen) instalar; (Denkmal) erigir; (Segel) izar ❹ (Norm) fijar, establecer; (Frist, Termin) fijar, señalar; (Hoffnung, Vertrauen) poner; **etw dat ein Ende/ Grenzen ~** poner fin/límites a algo; **sich dat ein Ziel ~** ponerse una meta ❺ (TYPO) componer ❻ (Geld) apostar (auf por) ❼ (fam: injizieren): **sich dat eine Spritze ~** ponerse una inyección ❽ (Wend): **gesetzt den Fall, er kommt** supongamos que venga; **gleich setzt es was!** (fam) ¡que te doy! **II.** vr: **sich ~** ❶ (Person) sentarse; **bitte, ~ Sie sich!** ¡siéntese, por favor! ❷ (Flüssigkeit) depositarse, posarse; (Staub, Geruch) pegarse (in/auf a) ❸ (be-

ginnen): **sich an etw** ~ ponerse a hacer algo **III.** *vi* ❶ (*im Spiel*) jugar ❷ (*überqueren*): **über etw** ~ cruzar algo

Setzer(in) *m(f)* <-s, -; -nen> (TYPO) cajista *mf*

Setzerei *f* <-en> (TYPO) taller *m* de composición

Setzkasten *m* (TYPO) cajón *m* de imprenta

Setzling *m* <-s, -e> ❶ (*Pflanze*) plantón *m* ❷ (*Fisch*) alevín *m*

Seuche ['zɔɪçə] *f* <-n> epidemia *f*; (*fig*) peste *f*

Seuchenbekämpfung *f ohne pl* lucha *f* contra las epidemias; **Seuchengebiet** *nt* zona *f* contaminada; **Seuchenherd** *m* foco *m* de la epidemia

seufzen ['zɔɪftsən] *vi* suspirar

Seufzer *m* <-s, -> suspiro *m*

Sex [sɛks] *m* <-(es), *ohne pl*> (*fam*) sexo *m*; **Sexfilm** *m* película *f* pornográfica

Sexismus [sɛ'ksɪsmʊs, zɛ'ksɪsmʊs] *m* <-, *ohne pl*> sexismo *m*

sexistisch *adj* sexista

Sexshop *m* <-s, -s> sex-shop *m*

Sextant [zɛks'tant] *m* <-en, -en> (NAUT) sextante *m*

Sextelefon *nt* línea *f* erótica

Sextett [zɛks'tɛt] *nt* <-(e)s, -e> (MUS) sexteto *m*

Sextourismus *m* turismo *m* sexual

Sexualforschung *f ohne pl* sexología *f*

Sexualität [sɛksuali'tɛːt, zɛksuali'tɛːt] *f ohne pl* sexualidad *f*

Sexualkunde *f ohne pl* educación *f* sexual; **Sexualkundeunterricht** *m* (SCH) clase *f* de educación sexual; **Sexualleben** *nt ohne pl* vida *f* sexual; **Sexualverbrechen** *nt* delito *m* sexual

sexuell [sɛksu'ɛl, zɛksu'ɛl] *adj* sexual; **jdn** ~ **missbrauchen** abusar sexualmente de alguien

sexy ['sɛksi, 'zɛksi] *adj inv* (*fam*) sexy

sezieren* [zeˈtsiːrən] *vt* diseccionar

Shampoo ['ʃampu] *nt* <-s, -s> champú *m*

Sheriff ['ʃɛrɪf] *m* <-s, -s> sheriff *m*

Sherry ['ʃɛri] *m* <-s, -s> jerez *m*

Shifttaste *f* (INFOR) tecla *f* de mayúsculas (en el ordenador)

Shorts [ʃɔːts, ʃɔrts] *pl* pantalones *mpl* cortos

Show [ʃoʊ] *f* <-s> espectáculo *m*, show *m*; **Showbusiness** *nt* mundo *m* del espectáculo; **Showgeschäft** *nt ohne pl* mundo *m* del espectáculo; **Showmaster(in)** [-ma:stɐ] *m(f)* <-s, -; -nen> presentador(a) *m(f)*

siamesisch [zia'meːzɪʃ] *adj* siamés; ~ **e Zwillinge** hermanos siameses

Siamkatze *f* gato *m* siamés

Sibirer(in) [zi'biːrɐ] *m(f)* <-s, -; -nen> sibe-

riano, -a *m, f*

Sibirien [zi'biːriən] *nt* <-s> Siberia *f*

sibirisch *adj* siberiano

sich [zɪç] *pron refl akk/dat von* **er, sie, es, Sie** *akk/dat von pl* **sie, Sie** se; (*betont*) a sí... (se); (*mit Präposition*) sí; **sie wäscht** ~ se lava; **sie wäscht** ~ *dat* **die Haare** se lava el pelo; **er denkt nur an** ~ sólo piensa en sí (mismo); **hier sitzt es** ~ **gut** aquí se está cómodo; **sie hat kein Geld bei** ~ no lleva dinero consigo; **er lud ihn zu** ~ **nach Hause ein** lo invitó a su casa; **jeder für** ~ cada cual por su cuenta; **das ist eine Sache für** ~ es una cosa aparte

Sichel ['zɪçəl] *f* <-n> hoz *f*

sicher ['zɪçɐ] **I.** *adj* (*ungefährdet, ungefährlich*) seguro; (*gewiss*) seguro, cierto; (*erfahren*) experto; (*zuverlässig*) fidedigno; ~ **ist** ~ por si acaso; **sich** ~ **fühlen** sentirse seguro; **bist du dir** ~? ¿estás seguro?; **er ist sich seiner Sache sehr** ~ está muy seguro de sí mismo; **langsam aber** ~ (*fam*) despacio pero seguro **II.** *adv* ❶ (*wahrscheinlich*) seguramente; **er kommt** ~ **bald** seguramente vendrá pronto ❷ (*gewiss*) con seguridad; **ja,** ~ (**doch**)! (*fam*) ¡pues claro!; **etw** ~ **aufbewahren** mantener algo en sitio seguro ❸ (*ungefährdet, ungefährlich*): **sie fährt sehr** ~ conduce de una forma muy segura

sicher|gehen *irr vi sein* ir sobre seguro, estar seguro; **er will ganz** ~, **dass ...** quiere estar seguro de que... +*subj*

Sicherheit¹ *f ohne pl* ❶ (*allgemein*) seguridad *f*; **jdn/etw in** ~ **bringen** salvar a alguien/algo; **sich in** ~ **befinden** estar a salvo; **sich in** ~ **wiegen** creer uno (equivocadamente) que ha pasado el peligro ❷ (*im Auftreten*) aplomo *m* ❸ (*Gewissheit*) certeza *f*, seguridad *f*

Sicherheit² *f* <-en> (WIRTSCH) garantía *f*; ~ **leisten** prestar caución, otorgar garantía

Sicherheitsabstand *m* distancia *f* de seguridad; **Sicherheitsbeamte(r)** *mf*, **-beamtin** *f* guardia *mf* de seguridad; **Sicherheitsbindung** *f* (SPORT) fijación *f* de seguridad; **Sicherheitsgurt** *m* cinturón *m* de seguridad; **den** ~ **anlegen** abrocharse el cinturón de seguridad; **sicherheitshalber** [-halbɐ] *adv* para estar seguro, para mayor seguridad; **Sicherheitskopie** *f* (INFOR) copia *f* de seguridad; **Sicherheitsnadel** *f* imperdible *m*, alfiler *m* de gancho *Arg*; **Sicherheitsrat** *m ohne pl* Consejo *m* de Seguridad; **Sicherheitsschloss** *nt* cerradura *f* de seguridad; **Sicherheitsstandard** *m* estándar *m* de seguridad; **Sicherheitsvorkehrung** f medida f de seguridad; ~ **en treffen** tomar precauciones

sicherlich adv seguramente

sichern ['zɪçɐn] I. vt ① (schützen) proteger (gegen/vor contra); (sicherstellen) asegurar; **sich** dat **etw** ~ reservarse algo; **Spuren** ~ levantar la evidencia física ② (Tür) cerrar firmemente; (Gewehr) asegurar ③ (befestigen) consolidar ④ (INFOR: speichern) almacenar; **vor Zugriff** ~ proteger del acceso II. vr: **sich** ~ (beim Bergsteigen) asegurarse

sicher|stellen vt ① (beschlagnahmen) intervenir ② (gewährleisten) asegurar

Sicherstellung f <-en> aseguramiento m

Sicherung[1] f ohne pl ① (~ verhältnisse) protección f (gegen contra); (Sicherstellen) aseguramiento m ② (INFOR: Speicherung) almacenamiento m

Sicherung[2] f <-en> ① (ELEK) fusible m, plomo m; (bei Waffen) seguro m ② (Befestigung) consolidación f

Sicherungskasten m (ELEK) caja f de fusibles; **Sicherungskopie** f (INFOR) copia f de seguridad

Sicht [zɪçt] f ohne pl ① (~ verhältnisse) visibilidad f; (Ausblick) vista f; **klare** ~ buena visibilidad; **jdm die** ~ **versperren** tapar a alguien la vista; **auf lange** ~ a largo plazo ② (~ weise) (punto m de) vista f; **aus heutiger** ~ desde el punto de vista actual

sichtbar adj ① (zu sehen) visible; (wahrnehmbar) perceptible ② (offensichtlich) manifiesto; ~ **werden** manifestarse

sichten ['zɪçtən] vt ① (erblicken) avistar ② (durchsehen) revisar; (ordnen) ordenar, clasificar

Sichtgerät nt monitor m; **Sichtgrenze** f límite m de visibilidad; **Sichthülle** f funda f transparente

sichtlich adj visible; (offenkundig) evidente; **er hat sich** ~ **gefreut** se alegró visiblemente

Sichtung[1] f ohne pl (das Erspähen) distinción f

Sichtung[2] f <-en> (das Durchsehen) examen m; (das Ordnen, Sortieren) clasificación f

Sichtverhältnisse ntpl (condiciones fpl de) visibilidad f; **Sichtvermerk** m visado m, visa f Am; **Sichtweite** f visibilidad f; **außer/in** ~ **sein** estar fuera del/al alcance de la vista

sickern ['zɪkɐn] vi sein (durch~) colarse (durch por), filtrarse (durch por); (hinein~) infiltrarse (in en), ser absorbido (in por); **von diesem Plan darf auf keinen Fall**

etwas nach draußen ~ nadie debe enterarse de algo relacionado con este plan

Sideboard ['saɪtbɔːt] nt <-s, -s> aparador m

sie [ziː] pron pers ① nom 3. sg f ella; **wenn ich** ~ **wäre** si yo fuera ella; **du bist größer als** ~ eres más alta que ella ② nom 3. pl m o f ellos mpl, ellas fpl; ~ **sind Lehrerinnen** (ellas) son maestras ③ akk von sg **sie** la; (betont) a ella (la); (mit Präposition) ella; **ich treffe** ~ **heute Abend** la veo esta noche; ~ **kenne ich noch nicht** a ella todavía no la conozco; **die Bücher sind für** ~ los libros son para ella ④ akk von pl **sie** (auf Menschen bezogen) los mpl; (nur auf Frauen bezogen) las fpl; (auf Sachen bezogen) los mpl, las fpl; (betont: Menschen) a ellos (los) mpl, a ellas (las) fpl; (mit Präposition: Menschen) ellos mpl, ellas fpl; **ich habe** ~ **lange nicht gesehen** hace mucho que no los veo; **wir machen alles nur für** ~ lo hacemos todo por ellos

Sie [ziː] pron pers (Höflichkeitsform) ① nom (eine Person) usted, Ud.; (mehrere Personen) ustedes, Uds.; **wenn ich** ~ **wäre** si yo fuera usted; **hallo,** ~**!** ¡eh, usted!; **jdn mit** ~ **anreden** tratar a alguien de usted ② akk von **Sie** (einen Mann) lo; (eine Frau) la; (mehrere Personen) los mpl; (mehrere Frauen) las fpl; (betont) a usted (lo) m, a usted (la) f, a ustedes (los) mpl, a ustedes (las) fpl; (mit Präposition: einer Person) usted, Ud.; (mehrere Personen) ustedes, Uds..; **darf ich** ~ **mal stören?** ¿puedo molestarle(s)/molestarla(s) un momento?; **ich meine** ~**!** ¡me refiero a usted/ustedes!

Sieb [ziːp] nt <-(e)s, -e> (Sand~, Getreide~) criba f; (Mehl~) cedazo m; (feines ~) tamiz m; (für Flüssigkeiten) colador m; (für Nudeln) escurridor m; **etw durch ein** ~ **gießen** colar algo; **er hat ein Gedächtnis wie ein** ~ (fam) tiene muy mala memoria; **Siebdruck** m serigrafía f

sieben[1] ['ziːbən] I. vt ① (Sand) cribar; (Mehl) tamizar ② (auswählen) seleccionar II. vi seleccionar

sieben[2] ['ziːbən] adj inv siete; s. a. **acht**[1]

siebenerlei ['ziːbənɐˈlaɪ] adj inv de siete clases diferentes, siete clases (diferentes) de; s. a. **achterlei**

siebenfach I. adj séptuplo, siete veces II. adv siete veces; s. a. **achtfach**

Siebengebirge ['ziːbəngəbɪrgə] nt "Siebengebirge" m, Siete Montañas fpl

siebenhundert ['--ˈ--] adj inv setecientos; s. a. **achthundert**

siebenmal adv siete veces; s. a. **achtmal**

Siebensachen ['--'--] *fpl* (*fam*) trastos *mpl;*
  Siebenschläfer [-ʃlɛːfe] *m* <-s, -> lirón *m*
siebentägig [-tɛːgɪç] *adj* de ocho días
siebentausend ['--'--] *adj inv* siete mil; *s. a.*
  achttausend
siebte(r, s) *adj* séptimo; *s. a.* **achte(r, s)**
siebtel ['ziːptəl] *adj inv* séptimo; *s. a.* **achtel**
siebtens ['ziːptəns] *adv* en séptimo lugar;
  (*bei einer Aufzählung*) séptimo; *s. a.* **achtens**
siebzehn ['ziːptseːn] *adj inv* diecisiete; *s. a.*
  acht[1]
siebzehnte(r, s) *adj* decimoséptimo; *s. a.*
  achte(r, s)
siebzig ['ziːptsɪç] *adj inv* setenta; *s. a.* **achtzig**
Siebzigerjahre *mpl:* **die** ~ los años setenta
siebzigjährig *adj* de setenta años
siebzigste(r, s) *adj* septuagésimo; *s. a.*
  achtzigste(r, s)
siedeln ['ziːdəln] *vi* asentarse
sieden ['ziːdən] <siedet, sott *o* siedete,
  gesotten *o* gesiedet> *vi* hervir
Siedepunkt *m* (PHYS) punto *m* de ebullición
Siedler(in) ['ziːdle] *m(f)* <-s, -; -nen>
  colono, -a *m, f*
Siedlung ['ziːdlʊŋ] *f* <-en> ① (*Wohn~*)
  urbanización *f* ② (HIST) población *f;* (*Kolonie*) colonia *f*
Sieg [ziːk] *m* <-(e)s, -e> victoria *f* (*über*
  sobre), triunfo *m* (*über* sobre); **den** ~
  davontragen conseguir la victoria
Siegel ['ziːgəl] *nt* <-s, -> sello *m;* **unter
  dem** ~ **der Verschwiegenheit** bajo la
  condición de guardar el secreto; **Siegellack** *m* lacre *m*
siegeln ['ziːgəln] *vt* sellar
Siegelring *m* anillo *m* de sello
siegen ['ziːgən] *vi* ganar (*über* a); **mit 1:3** ~
  ganar por 1:3
Sieger(in) *m(f)* <-s, -; -nen> vencedor(a)
  m(f); (*im Sport*) campeón, -ona *m, f;* **die
  dreimalige** ~**in** la tres veces campeona;
  als ~ **aus etw hervorgehen** salir vencedor de algo; **Siegerehrung** *f* ceremonia *f*
  de entrega de (los) premios
Siegerin *f* <-nen> *s.* **Sieger; Siegerpo-
  dest** *nt* podio *m* (de vencedores), podium
  m de vencedores; **Siegerpose** *f* pose *f* de
  vencedor; **Siegerurkunde** *f* certificado *m*
  de vencedor
siegesbewusst *adj* seguro del triunfo; **sie-
  gessicher** *adj* seguro de triunfar; **Sieges-
  zug** *m* cortejo *m* triunfal
siegreich *adj* victorioso; (SPORT) ganador;
  aus etw ~ **hervorgehen** salir vencedor de
  algo

sieht [ziːt] *3. präs von* **sehen**
siezen ['ziːtsən] *vt* tratar de usted
Sightseeing ['saɪtsiːɪŋ] *nt* <-(s), *ohne pl*>
  visita *f* turística, recorrido *m* turístico
Signal [zɪˈgnaːl] *nt* <-s, -e> señal *f;* ~ **e
  geben** hacer señales; **ein** ~ **setzen** poner
  una señal
signalisieren* [zɪgnaliˈziːrən] *vt* ① (*andeuten*) señalar ② (*Schweiz: ausschildern*)
  señalizar
Signallampe *f* ① (*Licht*) lámpara *f* de
  señalización ② (EISENB) indicador *m* luminoso; **Signalwirkung** *f:* ~ **haben** marcar
  la pauta; **von etw geht eine** ~ **aus** algo
  sirve de modelo
Signatur [zɪgnaˈtuːɐ̯] *f* <-en> ① (*eines
  Buchs, a.* TYPO) signatura *f* ② (*auf Landkarten*) signos *mpl* convencionales
signieren* [zɪˈgniːrən] *vt* firmar
Silbe ['zɪlbə] *f* <-n> sílaba *f*
Silben(kreuzwort)rätsel *nt* crucigrama
  m silábico; **Silbentrennung** *f* separación
  f silábica
Silber ['zɪlbɐ] *nt* <-s, *ohne pl*> ① (*Metall,
  a.* CHEM) plata *f* ② (*Tafel~*) (cubiertos *mpl*
  de) plata *f;* **Silberbesteck** *nt* cubertería *f*
  de plata; **Silberblick** *m ohne pl* (*fam*)
  estrabismo *m;* **silberfarben** *adj,* **Silber-
  gehalt** *m* ley *f* de plata; **Silberhochzeit** *f*
  bodas *fpl* de plata; **Silbermedaille** *f*
  medalla *f* de plata
silbern ['zɪlbɐn] *adj* ① (*aus Silber*) de plata
  ② (*Farbton*) plateado
Silberstreifen *m* raya *f* plateada; **es zeichnet sich ein** ~ **am Horizont ab** se vislum-
  bra un rayo de esperanza
silbrig ['zɪlbrɪç] *adj* ① (*silbern*) plateado
  ② (*wohltönend*) armonioso; (*Stimme*)
  argentino
Silhouette [zilu'ɛtə] *f* <-n> silueta *f*
Silikon [ziliˈkoːn] *nt* <-s, -e> (CHEM) silicona *f*
Silizium [ziˈliːtsiʊm] *nt* <-s, *ohne pl*>
  (CHEM) silicio *m*
Silo ['ziːlo] *m o nt* <-s, -s> silo *m,* cía *f Arg*
Silvester [zɪlˈvɛstɐ] *m o nt* <-s, -> Nochevieja *f;* **Silvesterfeier** *f,* **Silvesterparty** *f*
  fiesta *f* de Nochevieja
simpel ['zɪmpəl] *adj* simple
Sims [zɪms] *m o nt* <-es, -e> (*Kamin~*)
  repisa *f;* (*Fenster~*) moldura *f*
simsen ['zɪmzən] *vi, vt* (TEL: *fam*): (**jdm
  etw**) ~ enviar (a alguien) un mensaje
  textual por móvil
Simulant(in) [zimuˈlant] *m(f)* <-en, -en;
  -nen> simulador(a) *m(f)*
Simulation *f* <-en> simulación *f*
Simulator [zimuˈlaːtoːɐ̯] *m* <-s, -en> simu-

lador *m*

simulieren* [zimu'li:rən] *vi, vt* simular

simultan [zimʊl'ta:n] *adj* simultáneo; **Simultandolmetscher(in)** *m(f)* traductor(a) *m(f)* simultáneo, -a

sind [zɪnt] *1. o 3. pl präs von* **sein**

Sinfonie [zɪnfo'ni:] *f* <-n> sinfonía *f;* **Sinfoniekonzert** *nt* concierto *m* sinfónico; **Sinfonieorchester** *nt* orquesta *f* sinfónica

Singapur [ˈzɪŋgapu:ɐ] *nt* <-s> Singapur *m*

singen [ˈzɪŋən] <singt, sang, gesungen> *vi, vt* cantar; **falsch** ~ desafinar

Singhalese, -in [zɪŋgaˈle:zə] *m, f* <-n, -n; -nen> cingalés, -esa *m, f*

Single¹ [ˈsɪŋ(g)əl] *f* <-(s)> (*Schallplatte*) (disco *m*) sencillo *m*

Single² [ˈsɪŋ(g)əl] *m* <-(s), -s> (*Person*) soltero, -a *m, f* (y sin pareja)

Singsang [ˈzɪŋzaŋ] *m* <-s, *ohne pl*> canto *m* monótono

Singspiel *nt* (MUS) opereta *f*

Singular [ˈzɪŋgula:ɐ] *m* <-s, -e> (LING) singular *m*

Singvogel *m* pájaro *m* cantor

sinken [ˈzɪŋkən] <sinkt, sank, gesunken> *vi sein* ❶ (*nieder~*) descender; (*Schiff*) hundirse; **auf die Knie** ~ arrodillarse; **auf einen Stuhl** ~ dejarse caer en una silla ❷ (*sich senken, abnehmen*) bajar; (*Vertrauen, Einfluss, Hoffnung*) disminuir; **er sank in meiner Achtung** disminuyó en mi estima; **alle Hoffnungen** ~ perder toda esperanza

Sinn¹ [zɪn] *m* <-(e)s, -e> (*Wahrnehmungs~*) sentido *m;* **die fünf ~e** los cinco sentidos; **von ~en sein** no estar en su sano juicio

Sinn² *m* <-(e)s, *ohne pl*> ❶ (*Verständnis*) sentido *m* (*für* de); ~ **für Humor haben** tener sentido del humor ❷ (*Zweck*) objetivo *m*, sentido *m;* **das ist nicht der ~ der Sache** no se trata de eso; **das hat keinen** ~ eso no tiene sentido; **ohne ~ und Verstand** sin pies ni cabeza ❸ (*Bedeutung*) significado *m*, sentido *m;* **im wörtlichen/ übertragenen** ~ en el sentido literal/figurado; **in wahrsten ~e des Wortes** en el más amplio sentido de la palabra; **in gewissem** ~ en cierto sentido; **in diesem** ~ **e** en este sentido ❹ (*geh: das Denken*): **etw kommt ihm in den** ~ algo se le viene a la cabeza; **etw im** ~ **haben** tener la intención de hacer algo; **in jds** ~ **handeln** obrar como alguien lo hubiera hecho; **das ist nicht in seinem** ~ no es de su gusto; **mir steht der** ~ **nicht nach Fernsehen** no tengo ganas de ver la televisión; **schlag**

dir das aus dem ~! ¡quítatelo de la cabeza!

Sinnbild *nt* símbolo *m* (*für* de)

sinnbildlich *adj* simbólico

sinnen [ˈzɪnən] <sinnt, sann, gesonnen> *vi* (*geh*) ❶ (*nachdenken*) recapacitar (*über* sobre) ❷ (*trachten*) aspirar (*auf* a)

sinnentstellend *adj* que desfigura el sentido

Sinneseindruck *m* impresión *f;* **Sinnesorgan** *nt* órgano *m* sensorial; **Sinnestäuschung** *f* alucinación *f;* **Sinneswahrnehmung** *f* percepción *f* sensorial; **Sinneswandel** *m* cambio *m* de opinión

sinnfällig *adj* evidente, manifiesto; **sinngemäß** *adj* conforme al sentido

sinnieren* [zɪ'ni:rən] *vi* (*geh*) meditar (*über* sobre); (*grübeln*) cavilar (*über* sobre)

sinnig *adj* sensato, bien pensado

sinnlich *adj* ❶ (*auf Sinnesorgane bezogen*) sensorial ❷ (*Mensch, Genuss*) sensual **Sinnlichkeit** *f ohne pl* sensualidad *f*

sinnlos *adj* (*unsinnig*) sin sentido, insensato; (*zwecklos*) inútil; (*widersinnig*) absurdo; **das ist völlig** ~ esto no tiene ningún sentido; **sich** ~ **betrinken** ahogar sus penas en alcohol

Sinnlosigkeit *f ohne pl* falta *f* de sentido, absurdidad *f*

sinnreich *adj* ingenioso; **sinnverwandt** *adj* (LING) sinónimo; **sinnvoll** *adj* ❶ (*vernünftig*) sensato ❷ (*nützlich*) útil, práctico ❸ (*Satz*) con sentido; **sinnwidrig** *adj* (*geh*) absurdo

Sintflut [ˈzɪntflu:t] *f ohne pl* (*Überschwemmung*) diluvio *m;* (*große Menge*) avalancha *f;* **nach mir die** ~ y luego que caiga quien caiga

Sinti [ˈzɪnti] *pl* gitanos, -as *m, f pl*

Sippe [ˈzɪpə] *f* <-n> clan *m;* (*Verwandtschaft*) parentela *f*

Sippschaft *f* <-en> (*abw*) chusma *f*

Sirene [ziˈre:nə] *f* <-n> sirena *f*

Sirenengeheul *nt ohne pl* ulular *m* de las sirenas

sirren [ˈzɪrən] *vi* zumbar

Sirup [ˈzi:rʊp] *m* <-s, -e> jarabe *m*

Sitte [ˈzɪtə] *f* <-n> ❶ (*Brauch*) costumbre *f;* **es ist ~, dass ...** es costumbre que... ❷ *pl* (*Sittlichkeit*) moral *f;* **ein Verstoß gegen die guten ~n** un agravio a las buenas costumbres ❸ *pl* (*Manieren*) modales *mpl*

Sittenlehre *f* moral *f,* ética *f;* **sittenlos** *adj* inmoral; **Sittenstrolch** *m* delincuente *m* sexual; **Sittenverfall** *m* corrupción *f* moral; **sittenwidrig** *adj* (JUR) inmoral, contrario a la moral

sittlich *adj* moral, ético

Sittlichkeit *f ohne pl* moral *f*; **Sittlichkeitsverbrechen** *nt* delito *m* sexual

Situation [zitua'tsjo:n] *f* <-en> situación *f*; **eine ausweglose ~** un callejón sin salida; **der ~ gewachsen sein** dominar la situación

situieren* *vt* situar; **gut situiert sein** (*finanziell*) estar acomodado

Sitz [zɪts] *m* <-es, -e> ❶ (*~ gelegenheit*) asiento *m*; (*im Kino*) butaca *f* ❷ (POL) escaño *m* ❸ (*einer Firma*) sede *f*; **Sitzbad** *nt* baño *m* de asiento; **Sitzbank** *f* banco *m* (para sentarse); **Sitzblockade** *f* sentada *f*; **Sitzecke** *f* tresillo *m*

sitzen ['zɪtsən] <sitzt, saß, gesessen> *vi* haben *o* südd, Österr, Schweiz: sein ❶ (*Person*) estar sentado (*auf*en, *an* en/al lado de); (*Vogel*) estar posado (*auf* en); **~ Sie bequem?** ¿está cómodo?; **am Tisch ~** estar sentado a la mesa; **vor dem Fernseher ~** mirar la tele; (*jdm*) **Modell ~** posar (para alguien); **sie saßen beim Essen** estaban comiendo; **im S~ arbeiten** trabajar sentado; **er hat lange an dieser Arbeit gesessen** ha estado ocupado mucho tiempo con este trabajo; **~ bleiben** (*fam: in der Schule*) repetir curso; **bei einer Ware ~ bleiben** (*fam*) no poder vender una mercancía; **jdn ~ lassen** (*fam: Familie*) dejar plantado a alguien; (*bei einer Verabredung*) dar un plantón a alguien; **auf seinem Geld ~** (*fam*) ser tacaño ❷ (*sich befinden*) estar, hallarse; (*Firma*) tener su sede (*in* en) ❸ (*Kleidung*) quedar (bien); **der Hut sitzt schief** el sombrero está ladeado ❹ (*fam: Schuss*) dar en el punto adecuado; (*Bemerkung*) hacer efecto; **das saß** (*Wirkung erzielen*) fue muy oportuno; **die Grammatik sitzt jetzt endlich** por fin tengo la gramática bien asentada ❺ (*fam: im Gefängnis*) estar en chirona ❻ (*Wend*): **einen ~ haben** (*fam*) tener una trompa

Sitzgelegenheit *f* asiento *m*; **Sitzordnung** *f* distribución *f* de los asientos; **die ~ festlegen** distribuir los asientos; **Sitzplatz** *m* asiento *m*; **Sitzreihe** *f* fila *f* de asientos; **Sitzstreik** *m* huelga *f* (sentada)

Sitzung *f* <-en> sesión *f*; (*Versammlung*) reunión *f*; **die ~ ist geschlossen** se levanta la sesión; **Sitzungssaal** *m* sala *f* de sesiones

Sitzverteilung *f* (POL) distribución *f* de los escaños

Sixpack ['sɪkspak] *m* lote *m* de seis, "pack" *m* de seis

Sizilianer(in) [m(f)] <-s, -; -nen> siciliano, -a *m, f*

Sizilien [zi'tsi:liən] *nt* <-s> Sicilia *f*

Skala ['ska:la] *f* <-s *o* Skalen> escala *f*

Skalp [skalp] *m* <-s, -e> cabellera *f* (arrancada con la piel)

Skalpell [skal'pɛl] *nt* <-s, -e> escalpelo *m*

skalpieren* [skal'pi:rən] *vt* arrancar el cuero cabelludo (a)

Skandal [skan'da:l] *m* <-s, -e> escándalo *m*

skandalös [skanda'lø:s] *adj* escandaloso

Skandinavien [skandi'na:viən] *nt* <-s> Escandinavia *f*

Skandinavier(in) [skandi'na:vie] *m(f)* <-s, -; -nen> escandinavo, -a *m, f*

skandinavisch *adj* escandinavo

Skat [ska:t] *m* <-(e)s, -e *o* -s> skat *m*

Skateboard ['skɛɪtbɔːt] *nt* <-s, -s> monopatín *m*; **~ fahren** patinar

skaten¹ ['ska:tən] *vi* (*fam*) jugar a skat

skaten² ['skɛɪtən] *vi* (*Rollschuh laufen*) patinar

Skatspiel *nt* baraja *f* de cartas para jugar al "skat"

Skelett [ske'lɛt] *nt* <-(e)s, -e> esqueleto *m*, cacastle *m AmC, Mex*

Skepsis ['skɛpsɪs] *f ohne pl* escepticismo *m*

skeptisch ['skɛptɪʃ] *adj* escéptico

Skeptizismus [skɛpti'tsɪsmʊs] *m* <-, ohne pl> escepticismo *m*

Sketch *m* <-(es), -e(s) *o* -s>, **Sketsch** [skɛtʃ] *m* <-(e)s, -e> sketch *m*

Ski [ʃiː] *m* <-s, -(er)> esquí *m*; **~ laufen** [*o* **fahren**] esquiar; **Skianzug** *m* traje *m* de esquiador

Skier ['ʃiːɐ] *pl von* **Ski**; **Skifahrer(in)** *m(f)* esquiador(a) *m(f)*; **Skihose** *f* pantalón *m* de esquiar; **Skilaufen** *nt ohne pl* (deporte *m* del) esquí *m*; **Skiläufer(in)** *m(f)* esquiador(a) *m(f)*; **Skilehrer(in)** *m(f)* profesor(a) *m(f)* de esquí; **Skilift** *m* telesquí *m*

Skinhead ['skɪnhɛt] *m* <-s, -s> cabeza *m* rapada

Skipiste *f* pista *f* de esquí; **Skispringen** *nt ohne pl* saltos *mpl* de esquí; **Skispringer(in)** *m(f)* saltador(a) *m(f)* de esquí; **Skistiefel** *m* bota *f* de esquiar; **Skistock** *m* bastón *m* de esquí

Skizze ['skɪtsə] *f* <-n> ❶ (*Zeichnung*) boceto *m* ❷ (*Entwurf*) esbozo *m*

skizzenhaft *adj* a manera de esbozo

skizzieren* [skɪ'tsiːrən] *vt* esbozar

Sklave, -in ['skla:və] *m, f* <-n, -n; -nen> esclavo, -a *m, f*

Sklavenhalter(in) *m(f)* (*a. fig*) negrero, -a *m, f*; **Sklavenhandel** *m* tráfico *m* de esclavos

Sklaverei *f ohne pl* ❶ (HIST) esclavitud *f*

❷ (*abw: Arbeit*) trabajo *m* de negros

Sklavin *f* <-nen> *s.* **Sklave**

sklavisch *adj* (*abw*) ❶ (*unterwürfig*) servil
❷ (*Nachahmung*) meticuloso

Sklerose [skle'ro:zə] *f* <-n> (MED) esclerosis
f inv; **multiple** ~ esclerosis múltiple

Skonto ['skɔnto] *m o nt* <-s, -s *o* Skonti>
(WIRTSCH) descuento *m*

Skorpion [skɔr'pjo:n] *m* <-s, -e> ❶ (ZOOL)
escorpión *m* ❷ (ASTR) Escorpio *m*

Skript [skrɪpt] *nt* <-(e)s, -en *o* -s> ❶ (*Manuskript*) manuscrito *m* ❷ (*einer Vorlesung*) apuntes *mpl* ❸ (FILM) guión *m*

Skrupel ['skru:pəl] *m* <-s, -> escrúpulo *m*

skrupellos *adj* sin escrúpulos

Skrupellosigkeit *f ohne pl* falta *f* de escrúpulos

Skulptur [skʊlp'tu:ɐ] *f* <-en> escultura *f*

skurril [skʊ'ri:l] *adj* (*geh*) grotesco, extravagante

Skysurfing ['skaɪsœ:fɪŋ] *nt* (SPORT) esquí *m*
surfing

Slalom ['sla:lɔm] *m* <-s, -s> eslálom *m*, slalom *m*

Slang [slɛŋ] *m* <-s, *ohne pl*> ❶ (*saloppe
Sprache*) lenguaje *m* coloquial ❷ (*Jargon*)
jerga *f*

Slawe, -in ['sla:və] *m, f* <-n, -n; -nen>
eslavo, -a *m, f*

slawisch *adj* eslavo

Slawistik [sla'vɪstɪk] *f ohne pl* eslavística *f*,
filología *f* eslava

Slip [slɪp] *m* <-s, -s> slip *m*, braga *f*; **Slip-
einlage** *f* protegeslip *m*

Slogan ['slo:gən] *m* <-s, -s> eslogan *m*

Slowake, -in [slo'va:kə] *m, f* <-n, -n; -nen>
eslovaco, -a *m, f*

Slowakei [slova'kaɪ] *f* Eslovaquia *f*

slowakisch *adj* eslovaco; **S~e Republik**
República Eslovaca

Slowene, -in [slo've:nə] *m, f* <-n, -n; -nen>
esloveno, -a *m, f*

Slowenien [slo've:niən] *nt* <-s> Eslovenia *f*

Slowenin *f* <-nen> *s.* **Slowene**

slowenisch *adj* esloveno

Slum [slam] *m* <-s, -s> barrio *m* de chabolas, barriada *f* de chabolas

Smalltalk *m* <-s, -s>, **Small Talk** *m* <-s,
-s> charloteo *m*

Smaragd [sma'rakt] *m* <-(e)s, -e> esmeralda *f*; **smaragdgrün** [-'-'-] *adj* verde
esmeralda

Smog [smɔk] *m* <-(s), -s> smog *m*; **Smog-
alarm** *m* alarma *f* de smog

Smoking ['smo:kɪŋ] *m* <-s, -s> esmoquin *m*

Snob [snɔp] *m* <-s, -s> (*abw*) (e)snob *mf*

snobistisch [sno'bɪstɪʃ] *adj* (*abw*) (e)snob

Snowboard ['snɔʊbɔ:t] *nt* <-s, -s> snowboard *m*

so **I.** *adv* ❶ (*auf diese Weise*) así, de esta
manera; ~ **macht man das** así se hace;
stell dich nicht ~ an! ¡no te pongas así!; ~
ist es nun mal así son las cosas; ~ **gesehen, hast du Recht** visto de esta manera
tienes razón; **gut** ~! ¡bien hecho!; **ach,** ~
ist das! ¡ah, es así!; ~ **oder** ~ (*unterschiedlich*) de una manera o de otra; (*auf
jeden Fall*) de todas maneras; **mir ist ~,
als ob ...** tengo la impresión de que...; **nur**
~ **tun, als ob ...** hacer como que...; **und** ~
weiter etcétera ❷ (*Zustand, Maß, Eigenschaft: bei Adjektiv + Adverb*) tan; (*bei
Verb*) tanto; **sie tut mir ~ Leid** me da
tanta pena; ~ **sehr/viel** tanto; ~ **früh wie
möglich** tan pronto como sea posible; **lass
es ~, wie es ist** déjalo (tal) como está; **ich
mache das ~ wie du** lo hago igual que tú;
der Fisch war ~ groß el pez era así de
grande; **wie ~ oft** como tantas veces
❸ (*fam: solch*) semejante, tal; **bei** ~
einem Wetter con semejante tiempo; ~
ein Zufall! ¡qué coincidencia!; ~ **(et)was
Blödes!** ¡vaya tontería!; ~ **(et)was** una
cosa así; **na** ~ **was!** ¡mira qué cosa!; **...
und** ~ **...** y tal ❹ (*fam: ungefähr*) más o
menos, aproximadamente; **er heißt Traugott oder** ~ se llama Traugott o algo parecido; **ich komme** ~ **gegen acht** vengo a
las ocho más o menos; **es war nur** ~ **eine
Idee** sólo era una idea; **er sagt das nur** ~
lo dice así, sin más **II.** *konj* ❶ ~ **dass ...** de
modo que..., de manera que... ❷ ~ **...,
dass ...** tan(to)... que... **III.** (*Partikel*)
bueno; ~, **das war's für heute** bueno, eso
es todo por hoy; ~, ~ **vaya, vaya; ach** ~!
¡(ah) ya!; **wie geht's denn** ~? ¿cómo te
va?

s.o. *Abk. von* **siehe oben** véase arriba

SO *Abk. von* **Südosten** SE

sobald [zo'balt] *konj* tan pronto como
+*subj*, en cuanto +*subj*

Socke ['zɔkə] *f* <-n> calcetín *m*, media *f*
Am; **sich auf die ~n machen** (*fam*) marcharse, empuntárselas *Col*

Sockel ['zɔkəl] *m* <-s, -> zócalo *m*

Soda ['zo:da] *nt* <-, *ohne pl*> (~ *wasser*)
soda *f*

sodass [zo'das] *konj* de modo que, de
manera que

Sodawasser *nt* soda *f*

Sodbrennen ['zo:t-] *nt* <-s, *ohne pl*> acidez *f* de estómago, vinagrera *f Am*

Sodomie [zodo'mi:] *f ohne pl* sodomía *f*

soeben [zo'ʔe:bən] *adv* en este momento,
ahora mismo; ~ **etw getan haben** acabar
de hacer algo

Sofa ['zo:fa] *nt* <-s, -s> sofá *m;* **Sofakissen** *nt* cojín *m* (de sofá)

sofern [zo'fɛrn] *konj* si, siempre y cuando +*subj;* ~ **nicht** a no ser que +*subj*

soff [zɔf] *3. imp von* **saufen**

sofort [zo'fɔrt] *adv* ❶ (*unverzüglich*) enseguida, ahora mismo, al tiro *Am* ❷ (*unmittelbar*) en el acto

Sofortbildkamera *f* cámara *f* de fotos al instante

sofortige(r, s) *adj* inmediato; **mit ~r Wirkung** con efecto inmediato

Sofortmaßnahme *f* medida *f* inmediata

Softdrink *m* (GASTR) bebida *f* no alcohólica, refresco *m* sin alcohol

Softie ['sɔfti] *m* <-s, -s> (*fam*) hombre *m* de carácter dulce

Softporno ['sɔft-] *m* blandiporno *m*

Software ['sɔftwɛ:ɐ] *f* <-s> software *m;* **Softwarepaket** *nt* paquete *m* de software

sog [zo:k] *3. imp von* **saugen**

sog. *Abk. von* **so genannt** así llamado

Sog [zo:k] *m* <-(e)s, -e> remolino *m*

sogar [zo'ga:ɐ] *adv* incluso

sogleich [zo'glaɪç] *adv s.* **sofort**

Sohle ['zo:lə] *f* <-n> ❶ (*Fuß~*) planta *f* ❷ (*Schuh~*) suela *f;* (*Einlege~*) plantilla *f;* **auf leisen ~n** a la chita callando ❸ (*Tal~*) fondo *m*

Sohn [zo:n, *pl:* 'zø:nə] *m* <-(e)s, Söhne> hijo *m;* **der verlorene ~** (REL) el hijo pródigo

Soja ['zo:ja] *f* <Sojen> soja *f;* **Sojabohne** *f* soja *f;* **Sojaöl** *nt* aceite *m* de soja; **Sojasoße** *f* salsa *f* de soja; **Sojasproß** *m* brote *m* de soja

solang(e) **I.** *adv* entretanto **II.** *konj* mientras (que) +*subj;* ~ **bis ...** hasta que... +*subj;* ~ **du willst** todo el tiempo que quieras

solar [zo'la:ɐ] *adj* (ASTR, METEO, PHYS) solar; **Solarenergie** *f ohne pl* (PHYS) energía *f* solar

Solarium [zo'la:riʊm] *nt* <-s, Solarien> solárium *m*

Solarkraftwerk *nt* central *f* solar; **Solartechnik** *f ohne pl* tecnología *f* solar; **Solarzelle** *f* (PHYS, ELEK) célula *f* solar

solch [zɔlç] *adj inv* (*geh*) tal; *s. a.* **solche(r, s)**

solche(r, s) *adj* ❶ (*so beschaffen*) tal, semejante; **ein ~r Mensch** semejante persona ❷ (*Intensität: adjektivisch*) tanto; (*adverbiell*) tan; **ich habe ~n Durst** tengo tanta sed; **das macht ~n Spaß!** ¡es tan divertido! ❸ (*allein stehend*) tal; **die Natur als ~** la naturaleza como tal; **es gibt ~ und ~**

(*fam*) hay de todo

solcherlei ['zɔlçɐ'laɪ] *adj inv* (*geh*) de este tipo, tales

Sold [zɔlt] *m* <-(e)s, -e> paga *f*

Soldat(in) [zɔl'da:t] *m(f)* <-en, -en; -nen> soldado *mf*

Söldner(in) ['zœldnɐ] *m(f)* <-s, -; -nen> mercenario, -a *m, f*

Soli *pl von* **Solo**

solid(e) [zo'li:də] *adj* ❶ (*Bauweise, Kenntnisse*) sólido ❷ (*Leben*) ordenado; (*Person*) serio

Solidarbeitrag *m* cuota *f* de solidaridad

solidarisch *adj* solidario

solidarisieren* *vr:* **sich ~** solidarizarse

Solidarität *f ohne pl* solidaridad *f;* **aus ~** en solidaridad; **Solidaritätszuschlag** *m* (FIN, POL) tasa *f* complementaria de solidaridad (*impuesto en la RFA para apoyar económicamente a la* (*antigua*) *RDA*)

solide *adj s.* **solid(e)**

Solist(in) [zo'lɪst] *m(f)* <-en, -en; -nen> solista *mf*

Soll [zɔl] *nt* <-(s), -(s)> ❶ (FIN) debe *m;* ~ **und Haben** debe y haber ❷ (*Plan~*) norma *f* de producción; **sein ~ erfüllen** alcanzar la norma de producción

sollen[1] ['zɔlən] <soll, sollte, sollen> *Modalverb* ❶ (*müssen*) deber; **was soll ich tun?** ¿qué debo hacer?; **ich soll Ihnen sagen, dass ...** debo decirle que...; **das hättest du nicht tun ~** no deberías haber hecho eso ❷ (*Befehl*): **du sollst leise sein!** ¡que te calles!; **du sollst nicht töten** (REL) no matarás ❸ (*Notwendigkeit*) deber, haber que; **man sollte mehr sparen** habría que ahorrar más ❹ (*Wunsch*) querer que +*subj;* **soll ich auf dich warten?** ¿quieres que te espere?; **sie ~ wissen ...** (quiero que) sepan...; **was soll ich (dir) dazu sagen?** ¿qué quieres que te diga?; **das soll sie haben** esto es para ella; **hoch soll er leben!** ¡que viva muchos años!; **du solltest dich was schämen!** ¡debería darte vergüenza!; **das sollst du mir büßen** me lo pagarás ❺ (*Vermutung*) dicen que, parece que; **es soll morgen schneien** parece que mañana va a nevar; **das soll ich sein?** ¿éste se supone que soy yo?; **so etwas soll es geben** hay de todo en este mundo ❻ (*Ungewissheit*): **man sollte glauben, dass ...** uno pensaría que...; **er sollte sie nie wieder sehen** no volvería a verla nunca más; **sollte es möglich sein, dass ...?** ¿será posible que...?; **was soll das heißen?** ¿qué quiere decir eso?; **soll das alles sein?** ¿eso es todo?; **wer soll das sein?** ¿(y) ése quién es?; **es hat nicht**

sein ~ no ha podido ser; **solltest du ihn sehen, sag ihm ...** si le ves, dile que...; **es sollte nicht lange dauern, bis ...** no pasó mucho tiempo hasta que...; **mir soll es gleich sein** me da lo mismo

sollen² *vi:* **was soll's?** ¿qué más da?; **was soll der Mist?** ¿qué significa esta tontería?

Sollseite *f* (FIN, WIRTSCH) debe *m*

Solo ['zoːlo] *nt* <-s, -s *o* Soli> solo *m*

Somalia [zoˈmaːlia] *nt* <-s> Somalia *f*

Somalier(in) [zoˈmaːliɐ] *m(f)* <-s, -; -nen> somalí *mf*

somalisch *adj* somalí

somit ['zoːmɪt, zoˈmɪt] *adv* por consiguiente, por lo tanto

Sommer ['zɔmɐ] *m* <-s, -> verano *m;* **den ~ über** durante el verano; **im ~** en verano; **Sommerferien** *pl* vacaciones *fpl* de verano; **Sommerkleidung** *f* ropa *f* de verano

sommerlich *adj* veraniego, de verano

Sommerloch *nt ohne pl* (*fam*) época *f* veraniega (de pocas actividades); **Sommerpause** *f* descanso *m* veraniego; (*des Parlaments*) período *m* de clausura; **Sommerreifen** *m* neumático *m* de verano; **Sommerschlussverkauf** *m* rebajas *fpl* de verano; **Sommersemester** *nt* semestre *m* de verano; **Sommersprosse** *f* peca *f;* **Sommerurlaub** *m* vacaciones *fpl* de verano

Sommerzeit¹ *f ohne pl* (*Jahreszeit*) (temporada *f* de) verano *m*

Sommerzeit² *f* (*Uhrzeit*) horario *m* de verano

Sonate [zoˈnaːtə] *f* <-n> (MUS) sonata *f*

Sonde ['zɔndə] *f* <-n> (MED, AERO, TECH) sonda *f*

Sonderangebot *nt* oferta *f* especial; **im ~ sein** estar de oferta; **Sonderausgabe** *f* (*eines Werkes*) edición *f* especial

sonderbar *adj* raro, extraño

Sonderermittler(in) *m(f)* agente, -a *m, f* especial; **Sonderfall** *m* caso *m* particular; (*Ausnahme*) excepción *f;* **Sondergenehmigung** *f* autorización *f* especial

sondergleichen ['--'--] *adv* sin igual

sonderlich *adj* ❶ (*sonderbar*) raro, extraño ❷ (*groß*) especial

Sonderling ['zɔndɐlɪŋ] *m* <-s, -e> tipo *m* raro

Sondermarke *f* sello *m* de colección; **Sondermüll** *m* residuos *mpl* tóxicos

sondern¹ ['zɔndɐn] *konj* sino; **nicht nur ..., ~ auch ...** no sólo... sino también...

sondern² ['zɔndɐn] *vt* (*geh*) separar (*von* de), apartar (*von* de)

Sonderpreis *m* precio *m* de oferta; **Son-**

derrecht *nt* privilegio *m;* **Sonderregelung** *f* reglamentación *f* especial; **Sonderschule** *f* escuela *f* de educación especial

La **Sonderschule** es un centro de enseñanza pensado para personas con necesidades educativas especiales, bien por tener minusvalías físicas o psíquicas, o bien por tener problemas de tipo social. Este tipo de escuela pertenece al sistema educativo público y sus profesores poseen una formación pedagógica especial.

Sonderschullehrer(in) *m(f)* profesor(a) *m(f)* de educación especial; **Sonderstellung** *f* posición *f* privilegiada; **eine ~ einnehmen** tener una posición privilegiada; **Sonderzug** *m* tren *m* especial

sondieren* [zɔnˈdiːrən] *vt* ❶ (*Lage, Markt*) sondear, tantear ❷ (MED, TECH) sondar

Sonett [zoˈnɛt] *nt* <-(e)s, -e> (LIT) soneto *m*

Song [sɔŋ] *m* <-s, -s> ❶ (*fam: Pop~*) canción *f* ❷ (*Lied mit zeitkritischem Inhalt*) canción *f* protesta

Sonnabend ['zɔnʔaːbənt] *m* (*nordd, reg*) sábado *m; s. a.* **Montag**

sonnabends ['zɔnʔaːbənts] *adv* (*nordd, reg*) los sábados; *s. a.* **montags**

Sonne ['zɔnə] *f* <-n> sol *m;* **die ~ geht auf/unter** el sol sale/se pone; **die ~ scheint** hace sol

sonnen *vr:* **sich ~** tomar el sol; **sich in seinem Ruhm ~** recrearse en su fama

Sonnenaufgang *m* salida *f* del sol; **Sonnenbad** *nt* baño *m* de sol; **Sonnenblume** *f* girasol *m,* maravilla *f Am,* gigantón *m Mex;* **Sonnenbrand** *m* quemadura *f* del sol; **Sonnenbrille** *f* gafas *fpl* de sol; **Sonnencreme** *f* crema *f* solar; **eine ~ mit hohem/niedrigem Schutzfaktor** una crema solar con un factor de protección alto/bajo; **Sonnendach** *nt* toldo *m;* **Sonneneinstrahlung** *f ohne pl* radiación *f* solar; **Sonnenenergie** *f ohne pl* (PHYS) energía *f* solar; **Sonnenfinsternis** *f* (ASTR) eclipse *m* solar; **sonnenklar** *adj* (*fam*) ❶ (*hell und sonnig*) claro y soleado ❷ (*eindeutig*) claro como el agua; **Sonnenkollektor** *m* colector *m* solar; **Sonnenkraftwerk** *nt* central *f* solar; **Sonnenlicht** *nt ohne pl* luz *f* del sol; **Sonnenmilch** *f* leche *f* solar; **Sonnenöl** *nt* aceite *m* solar; **Sonnenschein** *m* luz *f* del sol; **bei strahlendem** ~ con sol; **Sonnenschirm** *m* sombrilla *f;* **Sonnenseite** *f* lado *m* expuesto al sol; **die ~ des Lebens** el lado alegre de la vida; **Sonnenstich** *m* (MED) insolación *f;* **Sonnenstrahl** *m* rayo *m* de sol; **Sonnensystem** *nt* (ASTR) sistema *m* solar; **Sonnenuhr** *f* reloj *m* de sol; **Sonnenuntergang** *m* puesta *f* del sol; **Sonnenwende** *f* solsticio *m*

sonnig *adj* ❶ (*Wetter, Tag*) soleado; **hier ist es zu ~** aquí hace demasiado sol ❷ (*Gemüt*) alegre

Sonntag ['zɔnta:k] *m* <-(e)s, -e> domingo *m;* **Sonn- und Feiertage** domingos y festivos; *s. a.* **Montag**

sonntäglich *adj* dominical

Sonntagnachmittag *m* domingo *m* por la tarde; *s. a.* **Montagnachmittag**

sonntags ['zɔnta:ks] *adv* los domingos; **sonn- und feiertags** domingos y festivos

Sonntagsarbeit *f ohne pl* trabajo *m* dominical; **Sonntagsdienst** *m* servicio *m* dominical

sonst [zɔnst] *adv* ❶ (*außerdem*) más; (*im Übrigen*) por lo demás; **war ~ noch jemand da?** ¿había alguien más?; ~ **nichts** nada más; ~ **noch Fragen?** ¿alguna pregunta más?; ~ **geht's dir gut?** (*fam iron*) ¿y por lo demás todo en orden? ❷ (*für gewöhnlich*) normalmente; (*immer*) siempre; **du bist doch ~ nicht so** normalmente no eres así; **es war genau wie ~** fue igual que siempre; **mehr als ~** más que normalmente ❸ (*ehemals*) antes; (*in anderen Fällen*) en ocasiones anteriores ❹ (*andernfalls*) si no; **was/ wer/wie denn ~?** (*fam*) ¿qué/quién/ cómo si no? ❺ (*unbestimmt*): ~ **wer** (*fam*) cualquiera; **er bildet sich ein, ~ wer zu sein** (*etwas Besonderes*) se cree que es alguien; ~ **was** (*fam*) cualquier cosa

sonstige(r, s) *adj* otro; **ihr ~s Verhalten war recht gut** por lo demás se comportó bastante bien; **S~s** varios

sooft [zo'ʔɔft] *konj* cada vez que, siempre que; ~ **ich auch darüber nachdenke, ich sehe keine Lösung** por más que lo pienso, no encuentro una solución

Sopran [zo'pra:n] *m* <-s, -e> (MUS) soprano *m*

Sopranistin *f* <-nen> (MUS) soprano *f*

Sorbet ['zɔrbɛt, zɔr'be:] *m o nt* <-s, -s>, **Sorbett** *m o nt* <-(e)s, -e> (GASTR) sorbete *m*

Sorge¹ ['zɔrga] *f* <-n> (*Angst, Problem*) preocupación *f* (*um* por); (*innere Unruhe*) inquietud *f* (*um* por); (*Kummer*) pena *f;* **es macht mir ~, dass ...** me preocupa que... +*subj;* **sich** *dat* **um jdn ~n machen** estar

preocupado por alguien; **keine ~!** ¡no te preocupes!

Sorge² *f ohne pl* (*Für~*) cuidado *m; **lass das nur meine ~ sein** yo me encargaré de eso; **dafür ~ tragen, dass ...** (*geh*) ocuparse de que... +*subj*

sorgen ['zɔrgən] **I.** *vi* ❶ (*sich kümmern*) preocuparse (*für* de), ocuparse (*für* de); **für jdn ~** cuidar a alguien; **dafür ~, dass ...** ocuparse de que +*subj* ❷ (*beschaffen*) proporcionar (*für*) **II.** *vr*: **sich ~** preocuparse (*um* por)

sorgenfrei *adj* sin preocupaciones; **Sorgenkind** *nt* niño, -a *m, f* problemático, -a; **sorgenvoll** *adj* lleno de preocupaciones

Sorgerecht *nt ohne pl* (JUR) custodia *f* (*für* de)

Sorgfalt ['zɔrkfalt] *f ohne pl* cuidado *m*, esmero *m*

sorgfältig [-fɛltɪç] *adj* cuidadoso, esmerado

sorglos *adj* ❶ (*unachtsam*) despreocupado; (*nachlässig*) negligente ❷ (*sorgenfrei*) sin preocupaciones

Sorglosigkeit *f ohne pl* despreocupación *f*

sorgsam *adj* cuidadoso, diligente

Sorte ['zɔrtə] *f* <-n> ❶ (*Art*) tipo *m*, clase *f;* (*Marke*) marca *f;* **eine bestimmte ~ von ...** un determinado tipo de... ❷ *pl* (*Devisen*) moneda *f* extranjera

sortieren* [zɔr'ti:rən] *vt* clasificar (*nach* por), ordenar (*nach* por)

Sortiment [zɔrti'mɛnt] *nt* <-(e)s, -e> ❶ (*Warenangebot*) surtido *m* ❷ (~*sbuchhandel*) librería *f* general

SOS [ɛsʔo:ʔɛs] *nt* <-, *ohne pl*> *Abk. von* **save our souls** S.O.S. *m;* ~ **funken** mandar un S.O.S.

sosehr [zo'ze:ɐ] *konj* por mucho que (+*subj*)

Soße ['zo:sə] *f* <-n> salsa *f*

Soßenlöffel *m* cuchara *f* para la salsa

sott [zɔt] *3. imp von* **sieden**

Soufflé [zu'fle:] *nt* <-s, -s>, **Soufflee** *nt* <-s, -s> (GASTR) soufflé *m*

Souffleur, -euse [zu'flø:ɐ] *m, f* <-s, -e; -n> (THEAT) apuntador(a) *m(f)*

soufflieren* [zu'fli:rən] *vi, vt* (THEAT) apuntar

Sound [saʊnd] *m* <-s, -s> (MUS) sonido *m;* **Soundkarte** *f* (INFOR) ficha *f* de sonido, tarjeta *f* de sonido [*o de audio*]

soundso ['zo:ʔʊntso:] **I.** *adj* (*fam*) tal y tal; **auf Seite ~** en la página tal y tal **II.** *adv* (*fam*) tal y tal, tan y tan; ~ **groß** de tal y tal tamaño; ~ **oft** tantas y tantas veces

soundsovielte(r, s) *adj* (*fam*) el no sé cuántos; **das ~ Mal** la no sé qué vez

Souterrain [zutɛ'rɛ̃:] *nt* <-s, -s> sótano *m*

Souvenir [zuvəˈniːɐ] *nt* <-s, -s> recuerdo *m;* **Souvenirladen** *m* tienda *f* de recuerdos

souverän [zuvəˈrɛːn] **I.** *adj* ❶ (POL) soberano ❷ (*geh: überlegen*) superior **II.** *adv* con superioridad

Souveränität [zuvərɛniˈtɛːt] *f ohne pl* ❶ (*von Staaten*) soberanía *f* ❷ (*geh: Überlegenheit*) superioridad *f*

soviel [zoˈfiːl] **I.** *adv s.* **viel I.2. II.** *konj* ❶ (*soweit*) por lo que; ~ **ich weiß ...** por lo que yo sé... ❷ (*sosehr*) por mucho que

soweit [zoˈvaɪt] **I.** *adv s.* **weit I.5. II.** *konj* por lo que; ~ **ich sehen kann, ...** por lo que puedo observar...

sowenig [zoˈveːnɪç] **I.** *adv s.* **wenig 3. II.** *konj* por poco que +*subj*

sowie [zoˈviː] *konj* ❶ (*sobald*) en cuanto +*subj* ❷ (*außerdem*) así como, además de

sowieso [zoviˈzoː, ˈzoːvizo] *adv* ❶ (*ohnehin*) de todas maneras; **das ~!** (*fam*) ¡de todas todas! ❷ (*Schweiz: selbstverständlich*) por supuesto

Sowjet [zɔˈvjɛt, ˈzɔvjɛt] *m* <-s, -s> (HIST) soviet *m;* **Sowjetbürger(in)** *m(f)* (ciudadano, -a *m, f*) soviético, -a *m, f;* **sowjetisch** [zɔˈvjɛtɪʃ] *adj* soviético; **Sowjetunion** [zɔˈvjɛt-, ˈzɔvjɛt-] *f* (HIST) Unión *f* Soviética

sowohl [zoˈvoːl] *konj:* ~ **... als auch ...** tanto... como...

Sozi [ˈzoːtsi] *m* <-s, -s> (*fam a. abw*) socialdemócrata *mf,* sociata *mf argot*

sozial [zoˈtsjaːl] *adj* social; ~ **eingestellt sein** interesarse por los temas sociales; **Sozialabbau** *m* reducción *f* de los servicios sociales; **Sozialabgaben** *fpl* cuotas *fpl* sociales; **Sozialamt** *nt* departamento *m* de asistencia social; **Sozialarbeiter(in)** *m(f)* asistente *mf* social; **Sozialdemokrat(in)** *m(f)* socialdemócrata *mf;* **Sozialdemokratie** *f ohne pl* socialdemocracia *f;* **sozialdemokratisch** *adj* socialdemócrata; **Sozialfall** *m* receptor(a) *m(f)* de asistencia social

Sozialhilfe *f ohne pl* ayuda *f* social; **Sozialhilfeempfänger(in)** *m(f)* receptor(a) *m(f)* de asistencia social

sozialisieren* [zotsjaliˈziːrən] *vt* (WIRTSCH, PSYCH) socializar

Sozialismus [zotsjaˈlɪsmʊs] *m* <-, *ohne pl*> socialismo *m*

Sozialist(in) [zotsjaˈlɪst] *m(f)* <-en, -en; -nen> sociata *mf*

sozialistisch *adj* socialista

Sozialleistung *f* prestación *f* social; **Sozialpädagogik** *f* pedagogía *f* social; **Sozialplan** *m* (POL) plan *m* social; **Sozialpoli-**

tik *f* política *f* social; **Sozialprodukt** *nt* (WIRTSCH) producto *m* nacional; **sozialschwach** *adj* menesteroso, necesitado; **Sozialstaat** *m* Estado *m* social; **Sozialversicherung** *f* seguro *m* social, mutual *f CSur;* **Sozialversicherungsausweis** *m* tarjeta *f* de la seguridad social; **Sozialwissenschaften** *fpl* ciencias *fpl* sociales; **Sozialwohnung** *f* vivienda *f* de protección social

Soziologe, -in [zotsjoˈloːɡə] *m, f* <-n, -n; -nen> sociólogo, -a *m, f*

Soziologie [zotsjoloˈɡiː] *f ohne pl* sociología *f*

soziologisch *adj* sociológico

Sozius [ˈzoːtsiʊs] *m* <-, -se *o* Sozii> ❶ (WIRTSCH) socio, -a *m, f* ❷ (*Beifahrer*) acompañante *mf* ❸ (*fam: Genosse*) socio, -a *m, f,* compañero, -a *m, f*

sozusagen [zoːtsuˈzaːɡən, '----] *adv* por así decir

Spachtel [ˈʃpaxtəl] *m* <-s, -> espátula *f*

spachteln **I.** *vt* (*glätten*) alisar; (*Loch, Ritze*) tapar **II.** *vi* (*fam: essen*) devorar, tragar

Spagat¹ *m o nt* <-(e)s, -e> (*Ballet*) figura *f* con piernas abiertas; **einen ~ machen, in den ~ gehen** hacer una caída de piernas abiertas

Spagat² *m* <-(e)s, -e> (*Österr: Schnur*) bramante *m*

Spagetti *pl,* **Spaghetti** [ʃpaˈɡɛti] *pl* espaguetis *mpl*

spähen [ˈʃpɛːən] *vi* (*beobachten*) otear (*auf*), acechar (*auf*); **auf die Straße ~** otear la calle; **durch einen Spalt ~** mirar por un hueco; **nach jdm/etw ~** buscar a alguien/algo con la vista

Späher(in) *m(f)* <-s, -; -nen> (HIST) vigía *mf;* (*Kundschafter*) explorador(a) *m(f);* (*abw: Spitzel*) espía *mf*

Spähtrupp *m* (MIL) patrulla *f*

Spalier [ʃpaˈliːɐ] *nt* <-s, -e> ❶ (*für Pflanzen*) espaldera *f* ❷ (*Menschengasse*) calle *f;* ~ **stehen** formar calle

Spalt [ʃpalt] *m* <-(e)s, -e> rendija *f;* (*Riss*) grieta *f,* hendidura *f;* **die Tür/Augen einen ~ öffnen** entreabrir la puerta/los ojos

spaltbar *adj* (PHYS) fisible

Spalte [ˈʃpaltə] *f* <-n> ❶ (*Öffnung*) hendidura *f,* raja *f;* (*Riss*) grieta *f* ❷ (TYPO) columna *f*

spalten [ˈʃpaltən] <spaltet, spaltete, gespalten *o* gespaltet> *vt* ❶ (*teilen*) dividir, partir; (*Partei*) escindir ❷ (*der Länge nach*) hender, rajar; (*Holz*) partir ❸ (CHEM) descomponer, disociar; (PHYS) desintegrar

Spaltung *f* <-en> ❶ (*eines Landes, einer Gruppe*) división *f;* (*einer Partei*) escisión *f* ❷ (CHEM) descomposición *f;* (PHYS) fisión *f* ❸ (PSYCH) disociación *f*

Span [ʃpaːn, *pl:* ˈʃpɛːnə] *m* <-(e)s, Späne> astilla *f*

Spanferkel *nt* cochinillo *m*

Spange [ˈʃpaŋə] *f* <-n> ❶ (*Haar~*) horquilla *f* ❷ (*Zahn~*) aparato *m* de ortodoncia

Spanglish [ˈspɛŋlɪʃ] *nt* <-(s), *ohne pl*> espanglis *m*

Spanien [ˈʃpaːniən] *nt* <-s> España *f*

Spanier(in) [ˈʃpaːniə] *m(f)* <-s, -; -nen> español(a) *m(f)*

spanisch *adj* español; (*Sprache*) español, castellano; **das kommt mir ~ vor** (*fam fig*) esto me suena a chino

Spanisch *nt* <-(s), *ohne pl*>, **Spanische** *nt* <-n, *ohne pl*> español *m*, castellano *m;* **~ sprechen/lernen** hablar (en)/aprender español; **spanischsprachig** *adj* hispanohablante; **~e Länder** países de habla hispana

spann [ʃpan] *3. imp von* **spinnen**

Spann [ʃpan] *m* <-(e)s, -e> empeine *m*

Spannbetttuch *nt* sábana *f* con cuatro puntos de ajuste

Spannbreite *f* espectro *m*

Spanne [ˈʃpanə] *f* <-n> ❶ (*Zeit~*) intervalo *m,* espacio *m* de tiempo ❷ (*Handels~*) margen *m*

spannen [ˈʃpanən] **I.** *vt* ❶ (*dehnen*) estirar; (*Seil, Muskeln*) tensar; (*Bogen*) flechar ❷ (*Leine, Netz*) tender ❸ (*in die Schreibmaschine*) meter ❹ (*Gewehr*) amartillar ❺ (*fam: merken*) percibir; **ich hoffe, er hat's gespannt** espero que haya caído en la cuenta **II.** *vi* (*Kleidung*) quedar estrecho; (*Haut*) tirar **III.** *vr:* **sich ~** ❶ (*straff/fest werden*) ponerse tenso ❷ (*sich wölben*) arquearse (*über* sobre)

spannend *adj* (*fesselnd*) cautivador; (*interessant*) muy interesante; (*Buch, Film*) de suspense; **mach's nicht so ~!** (*fam*) ¡no te hagas tanto de rogar!

Spanner *m* <-s, -> ❶ (*Spannvorrichtung*) tensor *m* ❷ (*Schmetterling*) geométrido *m* ❸ (*fam: Voyeur*) mirón *m*

Spannkraft *f ohne pl* elasticidad *f*

Spannung¹ *f ohne pl* ❶ (*Erwartung, innere ~, a.* PHYS) tensión *f;* **etw mit ~ erwarten** esperar algo con impaciencia ❷ (*eines Films*) suspense *m,* suspenso *m* Am

Spannung² *f* <-en> ❶ (*Feindseligkeit*) tirantez *f* ❷ (*Stromstärke*) voltaje *m*

Spannungsgebiet *nt* región *f* de tensiones

Spannweite *f* ❶ (*Vogel, Flugzeug*) envergadura *f* ❷ (ARCHIT) luz *f*

Sparbuch *nt* libreta *f* de ahorro; **Sparbüchse** *f* hucha *f*

sparen [ˈʃpaːrən] **I.** *vt* ahorrar **II.** *vi* ❶ (*Geld*) ahorrar ❷ (*zurückhalten*) escatimar (*an/mit* en)

Sparer(in) *m(f)* <-s, -; -nen> ahorrador(a) *m(f)*

Sparflamme *f ohne pl* llama *f* pequeña; **auf ~** (*a. fig*) a medio gas

Spargel [ˈʃpargəl] *m* <-s, -> espárrago *m*

Sparguthaben *nt* ahorros *mpl;* **Sparkasse** *f* caja *f* de ahorros; **Sparkonto** *nt* cuenta *f* de ahorro

spärlich [ˈʃpɛːlɪç] *adj* escaso; (*ärmlich*) pobre; **~ bekleidet sein** llevar poca ropa encima

Sparmaßnahme *f* medida *f* de ahorro; **Sparpackung** *f* tamaño *m* económico; **Sparpreis** *m* precio *m* económico

sparsam *adj* económico; (*Person*) poco gastador; **~ mit etw umgehen** ser ahorrativo con algo

Sparsamkeit *f ohne pl* economía *f;* **aus ~** por razones de economía

Sparschwein *nt* hucha *f* (en forma de cerdo)

Sparte [ˈʃpartə] *f* <-n> ❶ (*Gebiet*) rama *f;* (*Abteilung*) sector *m* ❷ (*Rubrik*) sección *f*

Sparvertrag *m* (FIN) contrato *m* de ahorro

Spaß¹ [ʃpaːs, *pl:* ˈʃpɛːsə] *m* <-es, Späße> (*Scherz*) broma *f;* **~ machen** bromear; **(keinen) ~ verstehen** tener (poca) correa; **~ beiseite!** ¡bromas aparte!; **aus** [*o* **im**] **~** de broma; **da hört bei mir der ~ auf** (*fam*) eso ya pasa de castaño oscuro

Spaß² *m* <-es, *ohne pl*> (*Vergnügen*) diversión *f,* gusto *m;* **~ muss sein** hay que divertirse; **~ machen** gustar; **sich** *dat* **aus etw einen ~ machen** hacer algo de cachondeo; **jdm den ~ verderben** aguar(le) la fiesta a alguien; **viel ~!** ¡que te diviertas!; **das war ein teurer ~** (*fam*) costó un riñón

spaßen [ˈʃpaːsən] *vi* bromear; **damit ist nicht zu ~** no es cosa de broma; **sie lässt nicht mit sich ~** no está para bromas

spaßeshalber [ˈʃpaːsəshalbə] *adv* (*fam*) en broma

spaßhaft *adj* gracioso

spaßig *adj* divertido

Spaßverderber(in) *m(f)* <-s, -; -nen> aguafiestas *mf inv;* **Spaßvogel** *m* bromista *mf*

Spastiker(in) [ˈʃpastikə, ˈspastikə] *m(f)* <-s, -; -nen> (MED) espástico, -a *m, f*

spastisch [ˈʃpastɪʃ, ˈʃpastɪʃ] *adj* (MED) espástico

spät [ʃpɛːt] **I.** *adj* tardío; **am ~en Vormittag** a última hora de la mañana; **von früh bis ~** desde la mañana hasta la noche **II.** *adv* tarde; **wie ~ ist es?** ¿qué hora es?; **es wird heute ~(er)** se va a hacer tarde hoy; **besser ~ als nie** (*prov*) más vale tarde que nunca; **spätabends** [ʃpɛːtʔaːbənts] *adv* a última hora de la tarde, entrada la noche; **Spätaussiedler(in)** *m(f)* emigrante de origen alemán de los estados de Europa del Este; **Spätbucher(in)** *m(f)* <-s, -; -nen> persona que efectúa una reserva tarde/a última hora; **Spätdienst** *m* ohne pl turno *m* de tarde

Spaten [ˈʃpaːtən] *m* <-s, -> laya *f*

später [ˈʃpɛːtɐ] **I.** *adj* posterior; (*künftig*) futuro **II.** *adv* más tarde, más adelante; **bis ~!** ¡hasta luego!; **einige Stunden ~** unas horas después; **früher oder ~** tarde o temprano

spätestens [ˈʃpɛːtəstəns] *adv* lo más tarde; **~ in einer Stunde** a más tardar dentro de una hora

Spätfolge *f* efecto *m* tardío; **Spätgotik** *f* gótico *m* tardío; **Spätlese** *f* cosecha *f* tardía; **Spätschicht** *f* turno *m* de tarde; **Spätsommer** *m* estío *m* tardío; **Spätvorstellung** *f* sesión *f* de noche

Spatz [ʃpats] *m* <-en o -es, -en> ❶ (*Vogel*) gorrión *m;* **das pfeifen die ~en von den Dächern** (*fam*) es (ya) un secreto a voces; **besser ein ~ in der Hand als eine Taube auf dem Dach** (*prov*) más vale pájaro en mano que ciento volando ❷ (*fam: Schatz*) tesoro *m*

Spätzle [ˈʃpɛtslə] *pl* (*südd*) pasta de huevo típica de Suabia

i Land & Leute

Los **Spätzle** son una especialidad gastronómica de Suabia y Algoia: Se corta la pasta recién hecha en finas tiras sobre una tabla de madera. A medida que se van cortando se van introduciendo en agua con sal hirviendo; se cuecen hasta que estén listas.

Spätzündung *f* (TECH) encendido *m* retardado

spazieren* [ʃpaˈtsiːrən] *vi sein* pasear (*durch* por); (**im Auto**) **~ fahren** dar una vuelta (en coche); **jdn** (**im Auto**) **~ fahren** pasear a alguien (en coche); **im Wald ~**

gehen pasear(se) por el bosque

Spazierfahrt *f* paseo *m* en coche; **Spaziergang** *m* <-(e)s, -gänge> paseo *m;* **einen ~ machen** dar un paseo; **Spaziergänger(in)** [-gɛŋɐ] *m(f)* <-s, -; -nen> paseante *mf;* **Spazierstock** *m* bastón *m*

SPD [ɛspeːˈdeː] *f Abk. von* **Sozialdemokratische Partei Deutschlands** Partido *m* Socialdemócrata Alemán

Specht [ʃpɛçt] *m* <-(e)s, -e> (ZOOL) pájaro *m* carpintero

Speck [ʃpɛk] *m* <-(e)s, -e> ❶ (*Nahrungsmittel*) tocino *m;* (*geräuchert*) bacon *m* ❷ (*fam: bei Menschen*) grasa *f;* (*~bauch*) panza *f;* **~ ansetzen** echar carnes

speckig *adj* ❶ (*schmierig*) pringoso; (*schmutzig*) mugriento ❷ (*fam abw: dick*) gordo

Speckschwarte *f* corteza *f* de tocino, piel *f* de tocino

Spediteur(in) [ʃpediˈtøːɐ] *m(f)* <-(e)s, -e; -nen> transportista *mf*

Spedition [ʃpediˈtsjoːn] *f* <-en> empresa *f* de transportes

Speed [spiːt] *nt* <-s, -s> (*sl: Droge*) espid *m*

Speer [ʃpeːɐ] *m* <-(e)s, -e> lanza *f;* (SPORT) jabalina *f;* **Speerwerfen** *nt* <-s, ohne pl> (SPORT) lanzamiento *m* de jabalina; **Speerwerfer(in)** *m(f)* (SPORT) lanzador(a) *m(f)* de jabalina

Speiche [ˈʃpaɪçə] *f* <-n> (*a.* MED) radio *m*

Speichel [ˈʃpaɪçəl] *m* <-s, ohne pl> saliva *f;* **Speicheldrüse** *f* glándula *f* salival

Speicher [ˈʃpaɪçɐ] *m* <-s, -> ❶ (*Lager*) almacén *m;* (*Getreide~*) granero *m* ❷ (*Dachboden*) desván *m* ❸ (TECH: *Wasser~*) depósito *m* ❹ (INFOR) memoria *f;* **Speicherfunktion** *f* (INFOR) función *f* de memoria; **Speicherkapazität** *f* (INFOR) capacidad *f* de almacenamiento

speichern [ˈʃpaɪçɐn] *vi, vt* (*a.* INFOR) almacenar; **Daten auf Diskette ~** almacenar datos en un disquete

Speicherplatz *m* ohne pl (INFOR) espacio *m* de memoria; **Speicherschutz** *m* (INFOR) protección *f* de memoria

Speicherung *f* <-en> almacenamiento *m*

speien [ˈʃpaɪən] <speit, spie, gespie(e)n> **I.** *vi* (*geh*) ❶ (*spucken*) escupir ❷ (*sich übergeben*) vomitar **II.** *vt* (*geh*) escupir

Speise [ˈʃpaɪzə] *f* <-n> comida *f;* (*Gericht*) plato *m;* **kalte ~n** (*Gerichte*) fiambres *mpl;* **Speisekammer** *f* despensa *f;* **Speisekarte** *f* carta *f* (del menú)

speisen [ˈʃpaɪzən] **I.** *vi* (*geh*) comer **II.** *vt* ❶ (*geh: ernähren*) dar de comer (a) ❷ (TECH) alimentar

Speiseöl *nt* aceite *m* de mesa; **Speise-**

röhre f esófago m; **Speisesaal** m comedor m; **Speisewagen** m coche m restaurante

Spektakel¹ [ʃpɛk'taːkəl] m <-s, -> (fam: Lärm) jaleo m

Spektakel² nt <-s, -> (Vorgang) espectáculo m

spektakulär [ʃpɛktaku'lɛːɐ] adj espectacular

Spektra ['ʃpɛktra] pl von **Spektrum**

Spektralfarbe f (PHYS) color m del espectro (solar)

Spektrum ['ʃpɛktrʊm] nt <-s, Spektren o Spektra> (fig a. PHYS) espectro m

Spekulant(in) [ʃpeku'lant] m(f) <-en, -en; -nen> especulador(a) m(f)

Spekulation [ʃpekula'tsjoːn] f <-en> (a. WIRTSCH, PHILOS) especulación f; **über etw ~ en anstellen** especular acerca de algo

spekulieren* [ʃpeku'liːrən] vi (a. WIRTSCH) especular (mit con, in en, über sobre); **auf etw ~** (fam) contar con algo

Spelunke [ʃpe'lʊŋkə] f <-n> (abw) ① (Kneipe) tabernucho m ② (Unterkunft) cuchitril m

spendabel [ʃpɛn'daːbəl] adj (fam) rumboso

Spende ['ʃpɛndə] f <-n> (Geld~) donativo m; (Schenkung) donación f; (Almosen) limosna f

spenden vt ① (Geld, Blut) donar ② (geh: Wärme, Schatten) dar

Spendenaffäre f (POL) escándalo relacionado con las donaciones ilegales recibidas por la CDU alemana; **Spendenkonto** nt cuenta f para donativos

Spender¹ m <-s, -> (Gerät) distribuidor m

Spender(in)² m(f) <-s, -; -nen> (Person) donador(a) m(f)

Spenderausweis m carnet m de donante, credencial f de donante

spendieren* [ʃpɛn'diːrən] vt (fam) pagar; **jdm ein Eis ~** invitar a alguien a tomar un helado

Sperber ['ʃpɛrbɐ] m <-s, -> gavilán m

Sperling ['ʃpɛrlɪŋ] m <-s, -e> gorrión m

Sperma ['ʃpɛrma] nt <-s, Spermen o -ta> (BIOL) esperma m o f

sperrangelweit ['-'---'-] adv: **~ offen** abierto de par en par

Sperrbezirk m zona f prohibida

Sperre ['ʃpɛrə] f <-n> ① (Schranke) barrera f; (Straßen~) barricada f ② (Embargo) bloqueo m; (Nachrichten~) censura f; **eine ~ verhängen** (Embargo) declarar un bloqueo; (Nachrichten~) ejercer la censura ③ (SPORT) suspensión f

sperren ['ʃpɛrən] I. vt ① (für den Verkehr)

cerrar ② (verbieten) bloquear; (Urlaub) aplazar ③ (Telefon, Strom) cortar; (Konto, Kredit) bloquear; (Daten) inhibir ④ (SPORT) suspender ⑤ (TYPO) espaciar ⑥ (ein~): **jdn in etw ~** encerrar a alguien en algo II. vr: **sich ~** oponerse (gegen a)

Sperrgebiet nt zona f prohibida; **Sperrholz** nt <-es, ohne pl> contrachapado m

sperrig adj voluminoso

Sperrmüll m basura f voluminosa; **Sperrsitz** m (im Kino) butaca f en las últimas filas; (im Zirkus, Theater) butaca f en las primeras filas; **Sperrstunde** f hora f de cierre

Sperrung f <-en> ① (einer Straße) cierre m ② (Verbot) bloqueo m, prohibición f ③ (des Stroms, Telefons) corte m; (von Geldern, Konten) bloqueo m ④ (SPORT) suspensión f

Sperrvermerk m nota f de no negociabilidad

Spesen ['ʃpeːzən] pl dietas fpl, gastos mpl (reembolsados por la empresa)

Spezi¹ ['ʃpeːtsi] m <-s, -(s)> (südd: fam: Kumpel) coleguilla mf

Spezi² m o nt <-s, -(s)> (fam: Getränk) refresco m a base de limonada y coca-cola

Spezialeffekt m (FILM) efecto m especial; **Spezialgebiet** nt especialidad f

spezialisieren* [ʃpetsjali'ziːrən] vr: **sich ~** especializarse (auf en)

Spezialisierung f <-en> especialización f

Spezialist(in) [ʃpetsja'lɪst] m(f) <-en, -en; -nen> especialista mf (für en)

Spezialität [ʃpetsjali'tɛːt] f <-en> especialidad f

speziell [ʃpe'tsjɛl] adj especial, particular

Spezies ['ʃpeːtsjɛs, pl: 'ʃpeːtsjeːs] f <-> (BIOL) especie f

spezifisch [ʃpe'tsiːfɪʃ] adj específico

spezifizieren* [ʃpetsifi'tsiːrən] vt especificar

Sphäre ['sfɛːrə] f <-n> esfera f; **in höheren ~ n schweben** (fam) vivir en las nubes

sphärisch adj esférico

Sphinx [sfɪŋks] f <-e> esfinge f

spicken ['ʃpɪkən] I. vt ① (GASTR) mechar ② (fam: reichlich versehen) llenar (mit de) II. vi (reg: fam: abschreiben) chuletear; **bei** [o von] **jdm ~** copiar de alguien

Spickzettel m (reg: fam) chuleta f, machete m Arg

spie [ʃpiː] 3. imp von **speien**

Spiegel ['ʃpiːgəl] m <-s, -> ① (allgemein) espejo m; **in den ~ sehen** mirarse en el espejo; **jdm den ~ vorhalten** (fig) adoptar una postura crítica frente a alguien ② (MED) espéculo m ③ (Wasser~, Alkohol~) nivel *m;* **Spiegelbild** *nt* imagen *f* reflejada; (*fig*) reflejo *m;* **spiegelblank** ['---'-] *adj* limpio como un espejo; (*glänzend*) brillante; **Spiegelei** *nt* (GASTR) huevo *m* frito; **spiegelglatt** ['---'-] *adj* ❶ (*rutschig*) muy resbaladizo ❷ (*eben*) liso como un espejo

spiegeln I. *vi* ❶ (*glänzen*) brillar ❷ (*blenden*) reflejar II. *vt* reflejar III. *vr:* **sich** ~ reflejarse (*in* en)

Spiegelreflexkamera [---'----] *f* (FOTO) cámara *f* de espejo; **Spiegelschrift** *f* escritura *f* invertida

Spiegelung *f* <-en> reflejo *m*

spiegelverkehrt *adj* invertido lateralmente

Spiel [ʃpiːl] *nt* <-(e)s, -e> ❶ (*Glücks~, Vergnügen*) juego *m;* **einen neuen Gesichtspunkt** (**mit**) **ins** ~ **bringen** aportar otro punto de vista; **jdm das** ~ **verderben** (*fig*) aguar la fiesta a alguien; **ein doppeltes** ~ **treiben** (*fig*) hacer juego doble; **ein abgekartetes** ~ (*fam*) una confabulación; **leichtes** ~ **mit jdm haben** (*fam*) vencer a alguien fácilmente; **auf dem** ~ **stehen** (*fig*) estar en juego; **etw aufs** ~ **setzen** (*fig*) jugarse algo; **im** ~ **sein** (*fig*) estar en juego; **jdn/etw aus dem** ~ **lassen** (*fig*) dejar a alguien/algo fuera de juego ❷ (SPORT) partido *m* ❸ (TECH) juego *m*, holgura *f;* **Spielautomat** *m* (máquina *f*) tragaperras *f inv;* **Spielball** *m* ❶ (*Ball*) pelota *f* ❷ (*Person*) juguete *m;* **Spielbank** *f* <-en> casino *m;* **Spielbrett** *nt* tablero *m* (de juego); **Spielcomputer** *m* ordenador *m* de juegos, computadora *f* de juegos *Am*

spielen ['ʃpiːlən] I. *vt* ❶ (*Spiel*) jugar ❷ (*Instrument*) tocar; **eine Platte** ~ (*fam*) poner un disco ❸ (*aufführen*) dar ❹ (*Rolle*) interpretar ❺ (*vortäuschen*) hacerse; **er spielt den Unschuldigen** se hace el inocente II. *vi* ❶ (*Spiel, a.* SPORT) jugar; **um hohe Summen** ~ jugar grandes sumas; **1:1** ~ empatar 1 a 1; **mit dem Feuer** ~ (*a. fig*) jugar con fuego ❷ (*herum~*) juguetear (*mit/an* con) ❸ (*sich zutragen*) tener lugar (*in* en) ❹ (*Radio*) estar sonando

spielend *adv* (*problemlos*) fácilmente, con facilidad

Spieler(in) *m(f)* <-s, -; -nen> jugador(a) *m(f)*

Spielerei *f ohne pl* (*abw: dauerndes Spielen*) juego *m*

Spielerin *f* <-nen> *s.* Spieler

spielerisch *adj* ❶ (*verspielt*) juguetón ❷ (*mit Leichtigkeit*) como jugando ❸ (SPORT): **die** ~**e Leistung** la actuación

de los jugadores

Spielfeld *nt* terreno *m* de juego; (*Tennis*) pista *f;* **Spielfilm** *m* largometraje *m;* **Spielhalle** *f* salón *m* recreativo; **Spielhölle** *f* (*abw*) salón *m* de juego; **Spielkamerad(in)** *m(f)* compañero, -a *m, f* de juego; **Spielkarte** *f* naipe *m;* **Spielkasino** *nt* casino *m* de juego

Spielothek [ʃpiːloˈteːk] *f* <-en> *s.* **Spielhalle; Spielplan** *m* (THEAT) programa *m*, cartelera *f;* **auf dem** ~ **stehen** estar en cartel; **Spielplatz** *m* parque *m* infantil; **Spielraum** *m ohne pl* espacio *m;* (*Bewegungs~*) libertad *f* de movimiento; (*fig*) margen *m;* **Spielregel** *f* regla *f* de juego; **Spielsachen** *fpl* juguetes *mpl;* **Spielsucht** *f ohne pl* ludopatía *f;* **Spielsüchtige(r)** *mf* ludópata *mf;* **Spieluhr** *f* reloj *m* de música; **Spielverderber(in)** *m(f)* <-s, -; -nen> aguafiestas *mf inv;* **Spielwaren** *fpl* juguetes *mpl;* **Spielwarengeschäft** *nt* juguetería *f*, tienda *f* de juguetes; **Spielzeit** *f* ❶ (THEAT) temporada *f* (de teatro); (FILM) *período m en cual una película está en cartelera* ❷ (SPORT) duración *f* del partido; **Spielzeug** *nt* <-(e)s, -e> juguete *m*

Spieß [ʃpiːs] *m* <-es, -e> ❶ (*Waffe*) pica *f;* **den** ~ **umdrehen** (*fam fig*) volver la tortilla; **wie am** ~ **schreien** (*fam*) gritar como un poseso ❷ (*Brat~*) asador *m* ❸ (*Speise*) pincho *m*

Spießbürger(in) *m(f)* (*abw*) burgués, -esa *m, f;* **spießbürgerlich** *adj* (*abw*) burgués

spießen ['ʃpiːsən] *vt* clavar (*auf* en); (*auf eine Gabel*) pinchar (*auf* con)

Spießer(in) *m(f)* <-s, -; -nen> (*fam abw*) burgués, -esa *m, f*

spießig *adj* (*fam abw*) burgués

Spießrute *f* <-n>: ~**n laufen** (MIL) pasar por la baqueta; (*fig*) verse expuesto a la vergüenza pública

Spikes ['ʃpaɪks] *mpl* ❶ (*Metalldornen, -stifte*) clavos *mpl*, púas *fpl* ❷ (*Sportschuhe*) zapatillas *fpl* con clavos ❸ (*Reifen*) neumáticos *m* claveteados *pl*

Spinat [ʃpiˈnaːt] *m* <-(e)s, -e> espinaca *f*

Spind [ʃpɪnt] *m o nt* <-(e)s, -e> armario *m*

Spindel ['ʃpɪndəl] *f* <-n> ❶ (*am Spinnrad*) huso *m* ❷ (ARCHIT) eje *m;* **spindeldürr** ['---'-] *adj* flaco

Spinett [ʃpiˈnɛt] *nt* <-(e)s, -e> espineta *f*

Spinne ['ʃpɪnə] *f* <-n> araña *f*

spinnen ['ʃpɪnən] <spinnt, spann, gesponnen> I. *vt* ❶ (*Garn*) hilar ❷ (*fam abw: verrückt sein*) estar loco II. *vt* ❶ (*Garn*) hilar ❷ (*Spinne*) tejer

Spinnennetz *nt* telaraña *f*

Spinner(in) *m(f)* <-s, -; -nen> ❶ (*Beruf*)

hilandero, -a *m, f* ➋ (*fam abw: Verrückter*) loco, -a *m, f,* chiflado, -a *m, f*

Spinnerei[1] *f ohne pl* (*das Spinnen*) hilado *m*

Spinnerei[2] *f* <-en> ➊ (*Betrieb*) hilandería *f* ➋ (*fam abw: Unsinn*) locura *f,* chifladura *f*

Spinnrad *nt* rueca *f;* **Spinnwebe** *f* <-n> telaraña *f*

Spion[1] *m* <-s, -e> (*Guckloch*) mirilla *f*

Spion(in)[2] [ʃpiˈoːn] *m(f)* <-s, -e; -nen> (*Agent*) espía *mf*

Spionage [ʃpioˈnaːʒə] *f ohne pl* espionaje *m;* **Spionageabwehr** *f* contraespionaje *m*

spionieren* [ʃpioˈniːrən] *vi* espiar

Spionin *f* <-nen> *s.* **Spion**[2]

Spiralblock *m* bloc *m* (de notas) con espiral

Spirale [ʃpiˈraːlə] *f* <-n> ➊ (*Linie*) espiral *f* ➋ (*fam: zur Empfängnisverhütung*) DIU *m*

Spiritismus [ʃpiriˈtɪsmʊs, spiri-] *m* <-, *ohne pl*> espiritismo *m*

spiritistisch *adj* espiritista

spirituell [ʃpirituˈɛl, spiri-] *adj* espiritual

Spirituose *f* <-n> espíritu *f* alcohólica

Spiritus [ˈʃpiːritʊs] *m* <-, -se> alcohol *m* (de quemar); **Spirituskocher** *m* infiernillo *m* de alcohol, reverbero *m Am*

Spital [ʃpiˈtaːl, *pl:* ʃpiˈtɛːlə] *nt* <-s, Spitäler> (*Schweiz*) hospital *m*

spitz [ʃpɪts] *adj* ➊ (*Gegenstand, a.* MATH) (punti)agudo; (*Nase, Kinn*) afilado ➋ (*Geräusch*) agudo ➌ (*spöttisch*) mordaz ➍ (*fam: scharf*) deseoso (*auf* de)

Spitz [ʃpɪts] *m* <-es, -e> (ZOOL) lulú *m*

Spitzbart *m* perilla *f;* **Spitzbogen** *m* (ARCHIT) ojiva *f;* **Spitzbube, -bübin** *m, f* <-n, -n; -nen> ➊ (*abw: Betrüger*) ladrón, -ona *m, f* ➋ (*fam: Schelm*) pillo, -a *m, f;* **spitzbübisch** [-byːbɪʃ] *adj* pillo

Spitze [ˈʃpɪtsə] *f* <-n> ➊ (*eines Gegenstandes*) punta *f;* **etw auf die ~ treiben** llevar algo al extremo ➋ (*Berg~*) cima *f,* cumbre *f* ➌ (*Führung*) cabeza *f;* (*von Unternehmen*) dirección *f;* **an der ~ stehen/liegen** estar a la cabeza ➍ (*Gewebe*) encaje *m* ➎ (*Stichelei*) indirecta *f* ➏ (*Höchstwert, das Höchste*) máximo *m;* **der Wagen fährt 200 ~** (*fam*) este coche alcanza una velocidad punta de 200 kms/h; **~!** (*fam*) ¡estupendo! ➐ (*Zigaretten~*) boquilla *f*

Spitzel [ˈʃpɪtsəl] *m* <-s, -> (*abw*) espía *mf*

spitzeln *vi* (*abw*) espiar

spitzen [ˈʃpɪtsən] *vt* afilar, sacar punta (a); **die Ohren ~** aguzar el oído

Spitzengeschwindigkeit *f* velocidad *f* máxima; **Spitzenklasse** *f* primera categoría *f;* **Spitzenleistung** *f* ➊ (*Leistung*) rendimiento *m* máximo ➋ (SPORT: *Rekord*) récord *m;* **spitzenmäßig** *adj* (*fam*) guay; **Spitzenreiter** *m* (*Ware, Schlager*) éxito *m;* (SPORT) líder *m;* **Spitzensportler(in)** *m(f)* deportista *mf* de gran clase; **Spitzentechnologie** *f ohne pl* última tecnología *f*

Spitzer *m* <-s, -> (*fam*) sacapuntas *m inv*

spitzfindig *adj* (*abw*) sutil

Spitzfindigkeit *f* <-en> sutileza *f*

spitz|kriegen *vt* (*fam*) enterarse (de)

Spitzmaus *f* musaraña *f*

Spitzname *m* apodo *m*

spitzwink(e)lig *adj* de ángulo agudo

Spleen [ʃpliːn] *m* <-s, -e o -s> manía *f*

Splitter [ˈʃplɪtɐ] *m* <-s, -> (*Holz~*) astilla *f;* (*Glas-/Knochen~*) esquirla *f;* (*Granaten~*) metralla *f*

splittern [ˈʃplɪtɐn] *vi sein* ➊ (*zerbrechen*) hacerse pedazos ➋ (*Holz*) astillarse

splitternackt *adj* (*fam*) en pelota(s)

Splitterpartei *f* partido *m* minúsculo

Splitting [ˈʃplɪtɪŋ, ˈsplɪtɪŋ] *nt* <-s, -s> ➊ (FIN) partición *f* ➋ (POL) segregación *f*

SPÖ [ɛspeːˈʔøː] *f Abk. von* **Sozialistische Partei Österreichs** Partido *m* Socialista Austriaco

Spoiler [ˈʃpɔɪlɐ] *m* <-s, -> (AUTO) alerón *m*

sponsern [ˈʃpɔnzɐn] *vt* patrocinar, esponsorizar

Sponsor(in) [ˈʃpɔnzɐ, ˈʃpɔnzoːɐ] *m(f)* <-s, -en; -nen> patrocinador(a) *m(f),* propiciador(a) *m(f) Am*

Sponsoring [ˈʃpɔnzorɪŋ, ˈsponzorɪŋ] *nt* <-s, *ohne pl*> patrocinamiento *m,* sponsoring *m*

spontan [ʃpɔnˈtaːn] *adj* espontáneo

Spontaneität [ʃpɔntaneiˈtɛːt] *f ohne pl* espontaneidad *f*

sporadisch [ʃpoˈraːdɪʃ] **I.** *adj* esporádico **II.** *adv* de vez en cuando

Spore [ˈʃpoːrə] *f* <-n> (BOT) espora *f*

Sport [ʃpɔrt] *m* <-(e)s, *ohne pl*> deporte *m;* (*als Schulfach*) educación *f* física; **~ treiben** practicar deporte; **Sportabzeichen** *nt* insignia *f* deportiva; **Sportanzug** *m* chándal *m;* **Sportart** *f* disciplina *f* (deportiva); **Sportbericht** *m* crónica *f* deportiva; **Sportgeschäft** *nt* tienda *f* de artículos de deporte; **Sporthalle** *f* gimnasio *m;* **Sportlehrer(in)** *m(f)* profesor(a) *m(f)* de educación física

Sportler(in) ['ʃpɔrtlɐ] *m(f)* <-s, -; -nen> deportista *mf*

sportlich ['ʃpɔrtlɪç] *adj* deportivo; (*fair*) justo

Sportplatz *m* campo *m* de deportes; **Sportunfall** *m* accidente *m* deportivo; **Sportveranstaltung** *f* acto *m* deportivo; **Sportverein** *m* club *m* deportivo; **Sportwagen** *m* ❶ (*Auto*) coche *m* deportivo ❷ (*Kinderwagen*) cochecito *m*, carrito *m*

Spot [spɔt] *m* <-s, -s> anuncio *m*, aviso *m* *Am*

Spott [ʃpɔt] *m* <-(e)s, *ohne pl*> burla *f;* **mit jdm seinen ~ treiben** burlarse de alguien

spottbillig ['-'--] I. *adj* (*fam*) tirado, regalado II. *adv* (*fam*) a precio tirado

Spöttelei [ʃpœtə'laɪ] *f* <-en> burla *f,* guasa *f*

spötteln ['ʃpœtəln] *vi* burlarse (*über* de)

spotten ['ʃpɔtən] *vi* mofarse (*über* de), burlarse (*über* de)

Spötter(in) ['ʃpœtɐ] *m(f)* <-s, -; -nen> burlón, -ona *m, f*

spöttisch *adj* burlón

Spottpreis *m* (*fam*) precio *m* tirado; **zu einem ~** a precio tirado

sprach [ʃpraːx] *3. imp von* **sprechen**

sprachbegabt *adj* que tiene facilidad para los idiomas; **Sprachcomputer** *m* ordenador *m* de lenguas

Sprache¹ ['ʃpraːxə] *f* <-n> (*Sprachsystem*) lengua *f,* idioma *m;* **lebende/tote ~** lengua viva/muerta

Sprache² *f ohne pl* (*Ausdrucksweise*) lenguaje *m;* (*Sprechfähigkeit*) habla *f;* **etw zur ~ bringen** poner algo sobre la mesa; **jdm bleibt die ~ weg** alguien se queda sin habla; **heraus mit der ~!** (*fam*) ¡desembucha ya!

Spracherkennung *f ohne pl* (INFOR) reconocimiento *m* de la palabra; **Sprachfehler** *m* defecto *m* de articulación; **Sprachführer** *m* manual *m* de conversación; **Sprachgebrauch** *m* uso *m* del idioma; **Sprachgefühl** *nt ohne pl* intuición *f* lingüística; **Sprachkenntnisse** *fpl* conocimientos *mpl* de idioma; **mit spanischen ~n** con conocimientos de español; **Sprachkurs** *m* curso *m* de idioma; **Sprachlabor** *nt* laboratorio *m* de idiomas; **Sprachlehre** *f* gramática *f;* **Sprachlehrer(in)** *m(f)* profesor(a) *m(f)* de idiomas

sprachlich *adj* lingüístico

sprachlos *adj:* **~ sein** quedarse sin habla

Sprachraum *m* área *f* lingüística; **im deutschen ~** en los países de habla alemana;

Sprachrohr *nt* megáfono *m;* (*fig*) portavoz *mf;* **Sprachschule** *f* escuela *f* de idiomas, academia *f* de idiomas; **Sprachstörung** *f* trastorno *m* de fonación; **Sprachstudium** *nt ohne pl* (*akademische Ausbildung*) carrera *f* de filología; **Sprachtherapeut(in)** *m(f)* (MED) logopeda *mf;* **Sprachtherapie** *f* (MED) logopedia *f;* **Sprachurlaub** *m* vacaciones *fpl* para aprender un idioma; **Sprachwissenschaft** *f ohne pl* lingüística *f;* **Sprachwissenschaftler(in)** *m(f)* lingüista *mf;* **Sprachwitz** *m* gracia *f;* **Sprachzentrum** *nt ohne pl* (ANAT) centro *m* del lenguaje

sprang [ʃpraŋ] *3. imp von* **springen**

Spray [ʃpreː, ʃpreɪ, spreɪ] *m o nt* <-s, -s> (e)spray *m;* **Spraydose** *f* pulverizador *m*

sprayen ['ʃpreɪən, 'spreɪən] I. *vi* echar (e)spray (*gegen* contra) II. *vt* echar (e)spray (en)

Sprechanlage *f* intercomunicador *m;* (*an der Haustür*) portero *m* automático

sprechen ['ʃprɛçən] <spricht, sprach, gesprochen> I. *vi* hablar (*von/über* de/sobre); (*sich unterhalten*) conversar (*von/über* de/sobre); **mit jdm ~** hablar con alguien; **davon ~ etw zu tun** hablar de hacer algo; **frei ~** improvisar; **Spanisch** [*o* **spanisch**] **~** hablar español; **jdn zum S~ bringen** hacer hablar a alguien; **ich bin (für ihn) nicht zu ~** no estoy (para él); **das spricht für ihre Intelligenz** es una prueba de su inteligencia; **es sprach alles gegen ihn** todo estaba en su contra; **nicht gut auf jdn zu ~ sein** no querer oír hablar de alguien; **wir ~ uns noch!** (*fam*) ¡ya nos hablaremos! II. *vt* hablar; (*sagen*) decir; **jdn ~** hablar con alguien

Sprecher(in) *m(f)* <-s, -; -nen> (*Redner*) orador(a) *m(f);* (TV, RADIO) locutor(a) *m(f);* (*Wortführer, Presse~*) portavoz *mf,* vocero *mf Am*

Sprechstunde *f* ❶ (*Öffnungszeit*) horario *m* de atención ❷ (*Arzt*) (hora *f* de) consulta *f;* (SCH, UNIV) hora *f* de tutoría; **~ haben** pasar consulta; **Sprechstundenhilfe** *f* auxiliar *mf* de médico

Sprechübung *f* ejercicio *m* de articulación; **Sprechweise** *f* manera *f* de hablar; **Sprechzimmer** *nt* despacho *m;* (*Arzt*) consultorio *m*

spreizen ['ʃpraɪtsən] I. *vt* (*Beine, Finger*) abrir; (*Flügel*) desplegar II. *vr:* **sich ~** (*sich sträuben*) oponerse (*gegen* a)

Spreizfuß *m* (MED) pie *m* con los dedos abiertos

Sprengbombe *f* bomba *f* explosiva

sprengen ['ʃprɛŋən] I. *vt* ❶ (*mit Spreng-*

stoff) volar ❷ (*Schloss, Tür*) forzar; (*Versammlung*) disolver; (*Spielbank*) desbancar ❸ (*Rasen*) regar; (*Straße, Wäsche*) rociar **II.** *vi sein* (*geh*) galopar (*über* por)

Sprengkopf *m* (MIL) cabeza *f* (explosiva); **nuklearer** ~ cabeza nuclear; **Sprengkörper** *m* artefacto *m* explosivo; **Sprengkraft** *f ohne pl* fuerza *f* explosiva; **Sprengladung** *f* carga *f* explosiva; **Sprengsatz** *m* carga *f* explosiva, artefacto *m* explosivo

Sprengstoff *m* explosivo *m;* **Sprengstoffanschlag** *m* atentado *m* con explosivos

Sprengung *f* <-en> ❶ (*Gebäude*) voladura *f* ❷ (*Versammlung*) disolución *f*

Spreu [ʃprɔɪ] *f ohne pl* granzas *fpl;* **die** ~ **vom Weizen trennen** (*geh*) separar el grano de la paja

spricht [ʃprɪçt] *3. präs von* **sprechen**

Sprichwort [ˈʃprɪç-] *nt* refrán *m*

sprichwörtlich *adj* proverbial

sprießen [ˈʃpriːsən] <sprießt, spross, gesprossen> *vi sein* (*geh*) brotar

Springbrunnen *m* fuente *f*

springen [ˈʃprɪŋən] <springt, sprang, gesprungen> *vi sein* ❶ (*Mensch, Tier*) saltar; (*hüpfen*) saltar; **in die Höhe/zur Seite** ~ dar un salto/saltar a un lado; **über ein Hindernis** ~ saltar un obstáculo ❷ (*Funken, Ball, a.* SPORT) saltar; **die Ampel springt auf Grün** el semáforo cambia a verde; **der** ~ **de Punkt dabei ist, dass ...** el quid de la cuestión es que...; **ins Auge** ~ (*fig*) saltar a la vista; **eine Runde Bier** ~ **lassen** (*fam*) invitar a una ronda de cerveza ❸ (*Glas*) rajarse ❹ (*Schweiz, südd: laufen*) correr

Springer¹ *m* <-s, -> (*beim Schach*) caballo *m*

Springer(in)² *m(f)* <-s, -; -nen> ❶ (SPORT) saltador(a) *m(f)* ❷ (*im Betrieb*) sustituto, -a *m, f*

Springflut *f* marea *f* viva; **Springreiten** *nt* concurso *m* de saltos

Sprit [ʃprɪt] *m* <-s, *ohne pl*> ❶ (*fam: Benzin*) gasolina *f* ❷ (*fam: Schnaps*) aguardiente *m* ❸ (*Äthylalkohol*) etanol *m*

Spritze [ˈʃprɪtsə] *f* <-n> ❶ (MED: *Gerät*) jeringa *f;* (*Injektion*) inyección *f;* **eine** ~ **geben** poner una inyección ❷ (*Feuer~*) bomba *f* de incendios ❸ (*fam: Geld~*) subvención *f* (financiera)

spritzen [ˈʃprɪtsən] **I.** *vt* ❶ (*Flüssigkeit*) salpicar; **jdn nass** ~ salpicar a alguien ❷ (*Straße, Rasen*) regar ❸ (*mit Pflanzenschutzmitteln*) tratar con pesticida ❹ (*lackieren*) barnizar con pistola ❺ (*Schmerzmittel*) inyectar **II.** *vi* ❶ (*Fett, Mensch*)

salpicar; (*aus der Pfanne*) saltar ❷ *sein* (*heraus~*) salir a chorro (*aus* de) ❸ (*fam: Drogen*) pincharse

Spritzer *m* <-s, -> ❶ (*Tropfen*) chispa *f* ❷ (*Fleck*) salpicadura *f*

spritzig *adj* ❶ (*Auto*) rápido ❷ (*lebhaft*) con chispa ❸ (*Wein*) burbujeante

Spritzkuchen *m* buñuelo *m;* **Spritzpistole** *f* pistola *f* (de pintor); **Spritztour** *f* (*fam*) escapada *f*

spröde [ˈʃprøːdə] *adj* ❶ (*Material*) quebradizo ❷ (*Haar, Haut*) seco ❸ (*Stimme*) ronco ❹ (*Thema*) seco ❺ (*Person*) reservado

spross [ʃprɔs] *3. imp von* **sprießen**

Spross [ʃprɔs] *m* <-es, -e> ❶ (*junger Trieb*) renuevo *m* ❷ (*geh: Nachkomme*) retoño *m*

Sprosse [ˈʃprɔsə] *f* <-n> (*Leiter~*, *Fenster~*) travesaño *m*

Sprossenwand *f* (SPORT) espaldera *f*

Sprössling [ˈʃprœslɪŋ] *m* <-s, -e> (*fam*) retoño *m*

Spruch [ʃprʊx, *pl:* ˈʃprʏçə] *m* <-(e)s, Sprüche> ❶ (*Aus~*) dicho *m;* (*Sinn~*) sentencia *f;* (*Motto*) lema *m;* **Sprüche klopfen** (*fam abw: angeben*) fanfarronear ❷ (*Bibel~*) versículo *m* ❸ (*Schieds~*) fallo *m* arbitral; (*Urteils~*) sentencia *f;* **Spruchband** *nt* pancarta *f;* **spruchreif** *adj* ❶ (JUR) listo para sentencia ❷ (*zu entscheiden*) a punto de decidirse; (*endgültig*) definitivo; (*anhängig*) pendiente

Sprudel [ˈʃpruːdəl] *m* <-s, -> agua *f* mineral con gas

sprudeln *vi* ❶ *sein* (*hervorquellen*) salir a borbotones (*aus* de); (*Quelle*) brotar (*aus* de) ❷ (*Limonade*) burbujear; (*durch Kochen*) hervir ❸ (*vor Freude*) rebosar (*vor* de)

Sprühdose *f* (e)spray *m*, atomizador *m*

sprühen [ˈʃpryːən] **I.** *vi* ❶ (*Funken*) saltar; (*Wasser*) salpicar ❷ (*überquellen*) rebosar (*vor* de) **II.** *vt* echar; (*zerstäuben*) pulverizar; (*Wasser*) rociar

sprühend *adj* (*Temperament*) vivo

Sprühregen *m* llovizna *f*, brizna *f Am*

Sprung [ʃprʊŋ, *pl:* ˈʃprʏŋə] *m* <-(e)s, Sprünge> ❶ (*Bewegung, a.* SPORT) salto *m;* (*Hüpfer*) brinco *m;* (*ins Wasser*) zambullida *f;* **auf dem** ~ **sein** (*fam*) estar con prisa; **keine großen Sprünge machen können** (*fam fig*) andar apretado de dinero; **jdm auf die Sprünge helfen** (*fam*) dar(le) a alguien una indicación; **auf einen** ~ **bei jdm vorbeischauen** (*fam*) pasar un rato por (la) casa de alguien ❷ (*Riss*) raja *f*

Sprungbrett nt trampolín m; **Sprungfeder** f (TECH) muelle m (elástico)

sprunghaft adj ❶ (unstet) versátil ❷ (abrupt) repentino; (unerwartet) inesperado

Sprungschanze f trampolín m de saltos de esquí; **Sprungtuch** nt ❶ (der Feuerwehr) lona f de bomberos ❷ (SPORT) lona f de saltos

Spucke ['ʃpʊkə] f ohne pl (fam) saliva f; **da bleibt mir die ~ weg** ahí me quedo pasmado

spucken ['ʃpʊkən] **I.** vi ❶ (aus~) escupir ❷ (fam: zurückweisen): **auf etw/jdn ~** despreciar algo/a alguien ❸ (reg: sich übergeben) vomitar **II.** vt escupir

Spucknapf m escupidera f

Spuk [ʃpuːk] m <-(e)s, ohne pl> aparición f (de fantasmas)

spuken ['ʃpuːkən] vi trasguear; **hier spukt es** aquí hay fantasmas

Spukgeschichte f cuento m de fantasmas [o de terror]

Spülbecken nt fregadero m, pileta f RíoPl

Spule ['ʃpuːlə] f <-n> ❶ (Film~) bobina f; (Garn~) carrete m ❷ (ELEK) bobina f

Spüle ['ʃpyːlə] f <-n> fregadero m

spulen ['ʃpuːlən] vt bobinar

spülen ['ʃpyːlən] **I.** vi ❶ (Geschirr) fregar; (Waschmaschine) enjuagar ❷ (Toilette) tirar de la cadena **II.** vt ❶ (Geschirr) fregar ❷ (Wäsche) aclarar; (Mund) enjuagar; (Wunde) lavar ❸ (anschwemmen) arrastrar a la orilla

Spülmaschine f lavavajillas m inv; **spülmaschinenfest** adj apto para lavavajillas

Spülmittel nt (líquido m) lavavajillas m inv; **Spülstein** m, **Spültrog** m (Schweiz) fregadero m

Spülung f <-en> ❶ (MED) lavado m; (Darm~) irrigación f ❷ (Toiletten~) descarga f de agua; **die ~ betätigen** tirar de la cadena

Spulwurm m ascáride f, lombriz f fam

Spur [ʃpuːɐ] f <-en> ❶ (Abdruck) huella f; (Anzeichen) rastro m; (Fährte) pista f; **eine heiße ~** una pista caliente; **von den Tätern fehlt jede ~** no hay ni rastro de los delincuentes; **jdm auf der ~ sein** seguir la pista de alguien; **jdm auf die ~ kommen** descubrir a alguien; **~en hinterlassen** dejar huellas ❷ (Fahr~) carril m, pista f Am; **die ~ wechseln** cambiar de carril ❸ (TECH) distancia f entre ejes ❹ (eines Tonbandes) pista f ❺ (Menge) pizca f; **eine ~ zu laut** demasiado alto; **nicht die ~** ni rastro

spürbar adj palpable; (offensichtlich) patente; **~ werden** hacerse sentir

spüren ['ʃpyːrən] vt (wahrnehmen) sentir; (erfahren) experimentar; (merken) notar

Spurenelement nt oligoelemento m; **Spurensicherung** f ohne pl levantamiento m de la evidencia, aseguramiento m de las huellas

Spürhund m perro m rastreador

spurlos adv sin dejar huella; **~ verschwinden** desaparecer sin dejar rastro

Spürnase f ohne pl (fam: Spürsinn) (buen) olfato m; **Spürsinn** m ohne pl (a. fig) olfato m; **einen feinen ~ für etw haben** tener buen olfato para algo

Spurt [ʃpʊrt] m <-s, -s> (SPORT) esprint m; **zum ~ ansetzen** hacer un esprint

spurten ['ʃpʊrtən] vi haben o sein (SPORT) esprintar

Spurweite f ❶ (AUTO) distancia f entre ejes ❷ (EISENB) ancho m de la vía, trocha f Am

Squash ['skvɔʃ, 'skwɔʃ] nt <-, ohne pl> (SPORT) squash m

Sri Lanka ['sriː 'laŋka] nt <-s> Sri Lanka m

Sri-Lanker(in) m(f) <-s, -; -nen> (e)srilanqués, -esa m, f

sri-lankisch adj (e)srilanqués

SSV Abk. von **Sommerschlussverkauf** rebajas fpl de verano

St. ❶ Abk. von **Stunde** h ❷ Abk. von **Sankt** S.

Staat [ʃtaːt] m <-(e)s, -en> ❶ (POL) Estado m ❷ (ZOOL) colonia f

Staatenbund m confederación f (de Estados); **staatenlos** adj apátrida; **Staatenlose(r)** mf <-n, -n; -n> apátrida mf

staatlich **I.** adj estatal, del Estado; (von der Regierung) gubernamental; (national) nacional; (öffentlich) público **II.** adv por el Estado; **~ anerkannt** reconocido oficialmente

Staatsakt m ceremonia f oficial; **Staatsangehörige(r)** mf ciudadano, -a m, f; **Staatsangehörigkeit** f nacionalidad f; **doppelte ~** doble nacionalidad; **Staatsanwalt, -anwältin** m, f fiscal mf; **Staatsanwaltschaft** f fiscalía f; **Staatsausgaben** fpl gasto m público; **Staatsbeamte(r)** mf, **-beamtin** f funcionario, -a m, f público, -a; **Staatsbegräbnis** nt entierro m oficial; **Staatsbesuch** m visita f oficial; **Staatsbürger(in)** m(f) ciudadano, -a m, f; **staatsbürgerlich** adj cívico; **Staatsbürgerschaft** f ciudadanía f, nacionalidad f; **Staatschef(in)** m(f) jefe, -a m, f de Estado; **Staatsdienst** m ohne pl servicio m público; **im ~ stehen** trabajar en el servicio público; **Staatseigentum** nt bienes mpl nacionales; **Staatsexamen** nt examen m de estado (requisito para el reconocimiento oficial de diversos estudios y profesiones)

En Alemania las carreras universitarias terminan con un examen final. Existen varios tipos de examen que reciben distintos nombres. Algunas carreras como Medicina, Derecho o Magisterio terminan con uno o dos **Staatsexamen**. Lo característico de este examen es que es llevado a cabo por examinadores del estado.

Staatsfeind(in) m(f) enemigo, -a m, f público, -a; **Staatsfinanzen** pl Hacienda f pública; **Staatsflagge** f bandera f nacional; **Staatsform** f forma f de Estado; **Staatsgebiet** nt territorio m nacional; **Staatsgeheimnis** nt secreto m de Estado; **Staatsgewalt** f poder m estatal; **richterliche/gesetzgebende/vollziehende** ~ poder judicial/legislativo/ejecutivo; **Staatsgrenze** f frontera f nacional; **Staatshaushalt** m presupuesto m nacional; **Staatskosten** pl: **auf** ~ a expensas del Estado; **Staatsmann** m (geh) hombre m de Estado

staatsmännisch [ˈʃtaːtsmɛnɪʃ] adj político **Staatsminister(in)** m(f) ministro, -a m, f de gobierno; (ohne Ministeramt) ministro, -a m, f sin cartera; **Staatsoberhaupt** nt jefe, -a m, f de Estado; **Staatspräsident(in)** m(f) presidente, -a m, f de la república; **staatsrechtlich** adj jurídico-interno; **Staatssekretär(in)** m(f) secretario, -a m, f de Estado; **Staatsstreich** m golpe m de Estado; **Staatstheater** nt teatro m nacional; **Staatsverschuldung** f endeudamiento m del Estado

Stab [ʃtaːp, pl: ˈʃtɛːbə] m <-(e)s, Stäbe> ❶ (Stock) palo m; (Spazier~) bastón m; (Mess~) varilla f; (Bischofs~) báculo m; (Zauber~) varita f; **den** ~ **über jdn brechen** (geh) condenar a alguien ❷ (SPORT: für ~hochsprung) pértiga f; (für Staffellauf) testigo m ❸ (Mitarbeiter~) plantilla f ❹ (MIL) Estado m Mayor

Stäbchen [ˈʃtɛːpçən] nt <-s, -> ❶ pl (Ess~) palillos mpl ❷ (fam: Zigarette) pitillo m

Stabhochsprung m (SPORT) salto m con pértiga

stabil [ʃtaˈbiːl] adj ❶ (Material) sólido ❷ (Währung, Preise) estable ❸ (Gesundheit) robusto

stabilisieren* [ʃtabiliˈziːrən] I. vt estabili-

zar II. vr: **sich** ~ estabilizarse
Stabilisierung f <-en> estabilización f
Stabilität [ʃtabiliˈtɛːt] f ohne pl estabilidad f; **Stabilitätspakt** m (WIRTSCH) pacto m de estabilidad
Stabmixer m batidor m, minipimer m fam
Stabreim m (LIT) aliteración f
Stabschef m jefe m del Estado Mayor
stach [ʃtaːx] 3. imp von **stechen**
Stachel [ˈʃtaxəl] m <-s, -> ❶ (einer Pflanze) espina f ❷ (eines Igels) púa f; (von Insekten) aguijón m; **Stachelbeere** f uva f espinosa; **Stacheldraht** m alambre m de espino; **Stacheldrahtzaun** m cerca f de alambre de espino, alambrada f de espino

stach(e)lig adj espinoso
Stachelschwein nt puercoespín m
stachlig adj espinoso
Stadien pl von **Stadion, Stadium**
Stadion [ˈʃtaːdiɔn] nt <-s, Stadien> (SPORT) estadio m
Stadium [ˈʃtaːdiʊm] nt <-s, Stadien> etapa f, estadio m
Stadt [ʃtat, pl: ˈʃtɛː(:)tə] f <Städte> ❶ (Ort) ciudad f; **die** ~ **Sevilla** la ciudad de Sevilla; **in die** ~ **gehen** ir al centro; **in** ~ **und Land** en la ciudad y en el campo ❷ (~verwaltung) municipio m; **stadtbekannt** [ˈ--ˈ-] adj conocido en toda la ciudad; **Stadtbezirk** m distrito m municipal; **Stadtbibliothek** f biblioteca f municipal
Städtchen [ˈʃtɛː(:)tçən] nt <-s, -> pequeña ciudad f
Städtebau m ohne pl urbanismo m; **städtebaulich** adj urbanístico; **Städtepartnerschaft** f hermanamiento m de ciudades
Städter(in) [ˈʃtɛː(:)te] m(f) <-s, -; -nen> habitante mf de una ciudad
Stadtgebiet nt término m municipal; **Stadthalle** f auditorio m municipal, sala f de congresos
städtisch [ˈʃtɛː(:)tɪʃ] adj (kommunal) municipal; (urban) urbano
Stadtkern m centro m urbano; **Stadtmauer** f muralla f de la ciudad; **Stadtmitte** f ohne pl centro m (de la) ciudad; **Stadtplan** m plano m de la ciudad; **Stadtrand** m periferia f, afueras fpl, orillas fpl Am
Stadtrat[1] m <-(e)s, -räte> (Gremium) consejo m municipal
Stadtrat, -rätin[2] m, f <-(e)s, -räte; -nen> (Mitglied) miembro mf del consejo municipal
Stadtrundfahrt f vuelta f por la ciudad; **Stadtstaat** m ciudad-Estado f; **Stadt-**

streicher(in) m(f) <-s, -; -nen> vagabundo, -a m, f urbano, -a; **Stadtteil** m barrio m; **Stadtväter** mpl (fam) concejales mpl; **Stadtverwaltung** f (Institution) administración f municipal; **Stadtviertel** nt barrio m; **Stadtwerke** ntpl compañía f (municipal) de electricidad, gas, agua y transportes públicos; **Stadtzentrum** nt centro m (de la ciudad)

Staffel ['ʃtafəl] f <-n> ① (MIL, AERO) escuadrilla f ② (SPORT) relevo m

Staffelei f <-en> (KUNST) caballete m

Staffellauf m (SPORT) carrera f de relevos

staffeln ['ʃtafəln] vt ① (anordnen) escalonar ② (abstufen) graduar

Staffelung f <-en> ① (Aufstellen, Anordnen) escalonamiento m ② (Einteilung, Abstufung) graduación f

Stagnation [ʃtagna'tsjo:n] f <-en> estancamiento m

stagnieren* [ʃta'gni:rən] vi estancarse

stahl [ʃta:l] 3. imp von **stehlen**

Stahl [ʃta:l, pl: 'ʃtɛ:lə] m <-(e)s, Stähle> acero m

Stahlbeton m (ARCHIT) hormigón m armado; **Stahlblech** nt chapa f de acero; **stählern** ['ʃtɛ:lɛn] adj de acero; **Stahlfeder** f ① (zum Schreiben) pluma f de acero ② (TECH) resorte m de acero; **Stahlgerüst** nt armazón m o f de acero; **Stahlhelm** m casco m de acero; **Stahlindustrie** f industria f del acero; **Stahlträger** m viga f de acero; **Stahlwerk** nt fábrica f de acero, acería f

stak [ʃta:k] 3. imp von **stecken**²

Stalagmit [ʃtala'gmi:t] m <-s o -en, -e(n)> (GEO) estalagmita f

Stalinismus [ʃtali'nɪsmʊs] m <-, ohne pl> estalinismo m

stalinistisch [ʃtali'nɪstɪʃ] adj estalinista

Stall [ʃtal, pl:'ʃtɛlə] m <-(e)s, Ställe> establo m; (Hühner~) gallinero m; (Kuh~) vaqueriza f; (Pferde~) cuadra f, ensenada f Arg; (Schweine~) pocilga f; (Renn~) cuadra f de caballos de carreras; **Stallbursche** m mozo m de cuadra

Stallung f <-en> establo m

Stamm¹ [ʃtam, pl: 'ʃtɛmə] m <-(e)s, Stämme> ① (Baum~) tronco m ② (Volks~) tribu f ③ (BIOL) filo m ④ (LING) radical m

Stamm² m <-(e)s, ohne pl> (Kunden~) clientela f fija; (der Belegschaft) plantilla f

Stammaktie f (FIN, WIRTSCH) acción f ordinaria [o común]; **Stammbaum** m árbol m genealógico; (eines Tieres) pedigrí m; **Stammbuch** nt libro m de familia

stammeln ['ʃtaməln] vi, vt balbucear

stammen ['ʃtamən] vi provenir (aus/von de); (örtlich) ser (natural) (aus/von de)

Stammform f (LING) forma f radical; **Stammgast** m cliente, -a m, f habitual; **Stammhalter** m <-s, -> (hijo m) primogénito m; **Stammhaus** nt casa f central [o matriz]

stämmig ['ʃtɛmɪç] adj fornido

Stammkneipe f (fam) bar m habitual; **Stammkunde, -in** m, f cliente, -a m, f fijo, -a; **Stammlokal** nt bar m habitual; **Stammplatz** m sitio m habitual; **Stammtisch** m ① (Tisch) mesa f reservada para la clientela habitual ② (Personen) tertulia f

---

i Land & Leute

Casi en cualquier cafetería o restaurante se puede encontrar una **Stammtisch**. Está señalizada con un letrero y casi siempre está reservada para la clientela habitual del local.

Stammwähler(in) m(f) votante mf fijo, -a

stampfen ['ʃtampfən] I. vi ① (vor Wut, zum Protest) patalear; (Pferd) piafar ② (Schiff) cabecear ③ sein (stapfen) caminar pesadamente II. vt ① (zerkleinern) machacar; (Trauben) pisar ② (festtreten) pisotear

stand [ʃtant] 3. imp von **stehen**

Stand¹ [ʃtant] m <-(e)s, ohne pl> ① (Stehen) posición f vertical; **aus dem** ~ sin tomar impulso; (fam: aus dem Stegreif) sin pensarlo; **einen schweren** ~ **haben** (fam) estar en una posición difícil; **etw zu** ~ **e bringen** lograr algo; **zu** ~ **e kommen** llevarse a cabo; **nicht zu** ~ **e kommen** malograrse ② (Entwicklungs~) nivel m; (Zu~) situación f; (Stadium) fase f; **im** ~ **e sein etw zu tun** ser capaz de hacer algo; **etw auf den neuesten** ~ **bringen** actualizar algo; **etw in** ~ **setzen/halten** arreglar/conservar algo; **gut in** ~ **sein** estar en buen estado; **der** ~ **der Ermittlungen** el estado de la instrucción

Stand² [ʃtant, pl: 'ʃtɛndə] m <-(e)s, Stände> ① (Verkaufs~) puesto m; (Informations~, Messe~) (e)stand m; (Taxi~) parada f ② (Konto~) estado m; (Öl~, Wasser~) nivel m; (Sonnen~) posición f; (Spiel~) tanteo m ③ (FIN) cotización f ④ (soziale Stellung) clase f

Standard ['ʃtandart] m <-s, -s> ① (Maßstab) estándar m ② (Niveau) nivel m; **Standardausführung** f modelo m estándar, versión f estándar

standardisieren* [ʃtandardi'zi:rən] vt

estandarizar

Standardisierung f <-en> estandarización f

Standbild nt estatua f

Ständchen ['ʃtɛntçən] nt <-s, -> serenata f; **jdm ein ~ bringen** dar(le) una serenata a alguien

Ständer ['ʃtɛndɐ] m <-s, -> ❶ (Gestell) caballete m; (Schirm~) paragüero m; (Kleider~) perchero m; (Noten~) latril m ❷ (vulg: erigierter Penis) estaca f

Ständerat¹ m <-(e)s, ohne pl> (Schweiz: Organ) cámara de los representantes cantonales suizos

Ständerat, -rätin² ['ʃtɛndəra:t] m, f <-(e)s, -räte; -nen> (Schweiz: Ratsmitglied) miembro de la cámara de representantes cantonales suizos

Standesamt nt registro m civil; **standesamtlich** I. adj: ~**e Trauung** matrimonio civil II. adv: ~ **heiraten** casarse por lo civil; **Standesbeamte(r)** mf, **-beamtin** f empleado, -a m, f del registro civil; **standesgemäß** adj conforme al nivel social

standfest adj ❶ (sicher stehend) estable ❷ (standhaft) firme; **Standfestigkeit** f ❶ (sicherer Stand) estabilidad f ❷ (Standhaftigkeit) firmeza f

standhaft I. adj firme II. adv con firmeza; ~ **bleiben** permanecer firme

Standhaftigkeit f ohne pl firmeza f

standlhalten irr vi resistir

Standheizung f (AUTO) calefacción f de estacionamiento

ständig ['ʃtɛndɪç] adj (Ärger, Lärm) continuo; (Mitarbeiter) permanente; (Wohnsitz) fijo

Standlicht nt ohne pl (AUTO) luz f de cruce

Standort m ❶ (Ort) sitio m, lugar m, ubicación f Am ❷ (Industrie) emplazamiento m ❸ (MIL) guarnición f; **Standortfaktor** m (WIRTSCH) factor m del hábitat; **Standortsicherung** f ohne pl seguridad f de la sede

Standpauke f (fam) sermón m; **jdm eine ~ halten** echar(le) un sermón a alguien; **Standpunkt** m punto m de vista; (Meinung) opinión f; **einen eigenen ~ vertreten** defender un punto de vista propio; **ich stehe auf dem ~, dass ...** yo opino que...; **Standrecht** nt ohne pl (MIL) ley f marcial; **standrechtlich** adj por aplicación de la ley marcial; **jdn ~ erschießen** fusilar a alguien según la ley marcial; **Standspur** f arcén m; **Standuhr** f reloj m de pie

Stange ['ʃtaŋə] f <-n> ❶ (Stab) vara f; (Fahnen~) asta f; (Hühner~) percha f (del gallinero); (Gardinen~, Kleider~) barra f;

(Zimt~) rama f; **etw von der ~ kaufen** (fam) comprar algo de confección; **bei der ~ bleiben** (fam fig) seguir haciendo algo; **jdn bei der ~ halten** (fam fig) apoyar a alguien (hasta que acabe) ❷ (Zigaretten~) cartón m ❸ (Wend): **eine ~ Geld** (fam) un dineral

Stängel ['ʃtɛŋəl] m <-s, -> tallo m

Stangenbrot nt pan m en barra, barra f de pan

stank [ʃtaŋk] 3. imp von **stinken**

stänkern ['ʃtɛŋkɐn] vi (fam abw) conspirar, intrigar

Stanniol [ʃta'njo:l] nt <-s, -e>, **Stanniolpapier** nt papel m de aluminio [o de plata]

stanzen ['ʃtantsən] vt (prägen) estampar; (Loch) punzonar

Stapel ['ʃta:pəl] m <-s, -> ❶ (Haufen) montón m, pila f ❷ (NAUT) grada f; **vom ~ lassen** lanzar al agua; **eine Rede vom ~ lassen** (fam abw) pronunciar un discurso; **Stapellauf** m (NAUT) botadura f

stapeln ['ʃta:pəln] I. vt amontonar II. vr: **sich ~** amontonarse

stapfen ['ʃtapfən] vi sein caminar a paso cargado

Star¹ [ʃta:ɐ] m <-(e)s, -e> ❶ (Tier) estornino m ❷ (Augenerkrankung): **grüner ~** glaucoma m; **grauer ~** catarata f

Star² [sta:ɐ] m <-s, -s> (Person) estrella f

starb [ʃtarp] 3. imp von **sterben**

stark [ʃtark] <stärker, am stärksten> I. adj ❶ (allgemein) fuerte; (kräftig) robusto; ~**e Medikamente/Zigaretten** medicamentos/cigarrillos fuertes; **sich für jdn/etw ~ machen** (fam) apoyar a alguien/algo; **das ist ein ~es Stück!** (fam) ¡qué fuerte! ❷ (dick, stabil) grueso; **ein hundert Seiten ~es Buch** un libro de cien páginas ❸ (beträchtlich) considerable; ~**e Schmerzen haben** tener dolores fuertes ❹ (leistungs~) potente; (mächtig) poderoso; (Brille) de cristales gruesos ❺ (Verkehr, Hitze, Schneefall) intenso; (Raucher, Trinker) empedernido; (Nachfrage) grande ❻ (fam: hervorragend) guay; **das find ich echt ~** me parece genial II. adv (+ Adjektiv) muy; (+ Verb) mucho; ~ **erkältet sein** tener un fuerte resfriado; ~ **schneien** nevar mucho

Stärke ['ʃtɛrkə] f <-n> ❶ (allgemein) fuerza f; (Leistung) potencia f ❷ (Dicke) grueso m; (Festigkeit) solidez f ❸ (Anzahl) tamaño m ❹ (Intensität) intensidad f; (von Erdbeben) magnitud f ❺ (Fähigkeit) (punto m) fuerte m ❻ (Substanz) fécula f; (Wäsche~) almidón m

stärken ['ʃtɛrkən] I. vt ❶ (Körper, Position)

fortalecer ❷(*Wäsche*) almidonar **II.** *vr:* **sich** ~ fortalecerse

stärkste(r, s) *adj superl von* **stark**

Starkstrom *m* (ELEK) corriente *f* de alta intensidad; **Starkstromleitung** *f* línea *f* de alta tensión

Stärkung *f* <-en> ❶(*Erfrischung*) refresco *m;* (*Imbiss*) tentempié *m* ❷ *ohne pl* (*das Kräftigen*) fortalecimiento *m;* **Stärkungsmittel** *nt* (MED) tónico *m*

starr [ʃtar] *adj* ❶(*allgemein, a.* TECH) rígido; (*steif*) tieso; (*Glieder*) entumecido ❷(*Blick*) fijo; (*vor Schreck*) aterrado (*vor* de); (*vor Staunen*) atónito (*vor*de/ante); ~ **vor Entsetzen** paralizado de terror ❸(*unbeugsam*) inflexible

Starre [ʃtarə] *f ohne pl* ❶(*Steifheit*) rigidez *f* ❷(*Feststehen*) inmovilidad *f;* (MED) entumecimiento *m* ❸(*Strenge*) rigidez *f*

starren [ʃtarən] *vi* ❶(*blicken*) clavar los ojos (*auf* en) ❷(*strotzen*) estar lleno (*vor* de)

Starrheit *f ohne pl* ❶(*von Material, Achse*) rigidez *f;* (*der Glieder*) entumecimiento *m* ❷(*Starrköpfigkeit*) testarudez *f*

Starrsinn *m* <-(e)s, *ohne pl*> (*abw*) terquedad *f,* cabezonería *f fam;* **starrsinnig** *adj* (*abw*) terco

Start [ʃtart] *m* <-(e)s, -s> ❶(SPORT: *Beginn*) salida *f;* (~ *ort*) punto *m* de salida ❷(*Flugzeug*~) despegue *m;* (*Auto*) arranque *m;* (*Raketen*~) lanzamiento *m* ❸(*Beginn*) comienzo *m;* **Startbahn** *f* pista *f* de despegue; **startbereit** *adj* (*um aufzubrechen*) preparado para ponerse en marcha; (*um anzufangen*) listo para empezar; (*Flugzeug*) listo para despegar

starten [ʃtartən] **I.** *vi sein* ❶(*allgemein*) partir (*nach* hacia/para); (*beginnen*) comenzar ❷(SPORT: *loslaufen/-fahren*) tomar salida; (*teilnehmen*) participar ❸(*Auto*) arrancar ❹(*Flugzeug*) despegar **II.** *vt* ❶(*Auto, Motor*) arrancar ❷(*Rakete*) lanzar ❸(*Kampagne*) comenzar ❹(*Computer*) poner en marcha; (*Programm*) iniciar

Starterlaubnis *f* ❶(SPORT) permiso *m* de salida ❷(AERO) permiso *m* de despegue; **Starthilfe** *f* ❶(FIN) ayuda *f* inicial ❷(AUTO: *Vorrichtung*) estárter *m;* **Startkapital** *nt* (FIN) capital *m* inicial; **startklar** *adj s.* **startbereit**; **Startlinie** *f* línea *f* de salida; (*bei Rennen*) arrancadero *m;* **Startnummer** *f* (SPORT) dorsal *m,* número *m* (de inscripción); **Startphase** *f* fase *f* inicial; **Startschuss** *m* señal *f* de salida

Stasi [ʃtazi] *f ohne pl* (HIST: *fam*) *Abk. von* **Staatssicherheitsdienst** Servicio *m*

(Secreto) de Seguridad del Estado (*policía política de la ex-RDA*)

Statik [ʃtaːtɪk] *f ohne pl* (PHYS) estática *f*

Station [ʃtatsjoˈnɛːn] *f* <-en> ❶(*Bahnhof, Radio~, Wetter*~) estación *f;* (*Haltestelle*) parada *f;* ~ **machen** detenerse ❷(*Krankenhaus*~) unidad *f*

stationär [ʃtatsjoˈnɛːɐ] *adj* ❶(*an einen Standort gebunden*) fijo ❷(MED): ~**e Behandlung** tratamiento clínico

stationieren* [ʃtatsjoˈniːrən] *vt* estacionar

Stationierung *f* <-en> estacionamiento *m*

Stationsarzt, -ärztin *m, f* médico, -a *m, f* jefe de sección; **Stationsschwester** *f* enfermera *f* jefe de sección

statisch [ʃtaːtɪʃ] *adj* (*a.* PHYS) estático

Statist(in) [ʃtaˈtɪst] *m(f)* <-en, -en; -nen> comparsa *mf*

Statistik [ʃtaˈtɪstɪk] *f* <-en> estadística *f*

Statistiker(in) [ʃtaˈtɪstike] *m(f)* <-s, -; -nen> estadista *mf,* estadístico, -a *m, f*

statistisch [ʃtaˈtɪstɪʃ] *adj* estadístico

Stativ [ʃtaˈtiːf] *nt* <-(e)s, -e> (FOTO, FILM) trípode *m*

statt [ʃtat] **I.** *präp* +*gen* en lugar de, en vez de **II.** *konj:* ~ **zu ...** en lugar de...

Statt [ʃtat] *f ohne pl* (*geh*) lugar *m;* **an meiner/deiner** ~ en mi/tu lugar

stattdessen *adv* en lugar de eso

Stätte [ʃtɛtə] *f* <-n> (*geh*) lugar *m,* sitio *m*

statt|finden *irr vi* tener lugar; **statt|geben** *irr vi* (*Bitte, Wunsch*) acceder (a); (*Gesuch*) atender

Statthalter(in) *m(f)* ❶(HIST) gobernador(a) *m(f)* ❷(*Schweiz: Bürgermeister*) alcalde(sa) *m(f)*

stattlich [ʃtatlɪç] *adj* ❶(*beeindruckend*) imponente; (*hoch gewachsen*) alto ❷(*Betrag*) considerable

Statue [ʃtaːtuə] *f* <-n> estatua *f*

Statur [ʃtaˈtuːɐ] *f* <-en> estatura *f*

Status [ʃtaːtʊs] *m* <-, -> ❶(*Lage*) situación *f;* ~ **quo** statu quo *m* ❷(*Soziologie*) categoría *f* social, estatus *m inv* ❸(MED) estado *m;* **Statussymbol** *nt* símbolo *m* de categoría social; **Statuszeile** *f* (INFOR) línea *f* de estado

Statut [ʃtaˈtuːt] *nt* <-(e)s, -en> estatuto *m*

Stau [ʃtaʊ] *m* <-(e)s, -s *o* -e> ❶(*Verkehrs*~) atasco *m,* taco *m Am* ❷(*im Wasser*) estancamiento *m*

Staub [ʃtaʊp] *m* <-(e)s, -e *o* Stäube> polvo *m;* ~ **wischen** limpiar el polvo; **sich aus dem** ~ **machen** (*fam fig*) poner pies en polvorosa; ~ **aufwirbeln** (*fam fig*) causar alboroto

Staubecken *nt* embalse *m*

stauben [ʃtaʊbən] *vi* soltar polvo

Staubfänger ['ʃtaʊpfɛŋɐ] *m* <-s, -> (*abw*) nido *m* de polvo; **Staubgefäß** *nt* (BOT) estambre *m*

staubig *adj* polvoriento

Staubkorn *nt* mota *f* de polvo; **Staubpartikel** *nt* *o* *f* partícula *f* de polvo; **staubsaugen** ['---] *vi*, *vt* pasar la aspiradora (a); **Staubsauger** *m* aspiradora *f*; **Staubtuch** *nt* trapo *m* del polvo; **Staubwolke** *f* nube *f* de polvo, terral *m* PRico, Peru

Staudamm *m* presa *f*

Staude ['ʃtaʊdə] *f* <-n> (BOT) planta *f* vivaz

Staudensellerie *m* apio *m* en rama

stauen ['ʃtaʊən] **I.** *vt* embalsar **II.** *vr*: **sich ~** (*Wasser*) embalsarse; (*Verkehr*) atascarse; (*Ärger*) acumularse; (*Menschen*) agolparse

Staumeldung *f* información *f* sobre el estado de las carreteras

staunen ['ʃtaʊnən] *vi* ❶ (*sich wundern*) asombrarse (*über* de/por); (*verwundert sein*) estar asombrado (*über* de/por), abismarse *Am*; **da staunst du, was?** ¿qué, te quedas con la boca abierta? ❷ (*Schweiz: in Gedanken sein*) estar absorto

Stauraum *m* *ohne pl* (*Schiff*) bodega *f*; (*LKW*) superficie *f* de carga; **Stausee** *m* embalse *m*

Stauung *f* <-en> ❶ (*von Gewässern*) estancamiento *m*; (*von Blut*) hemostasia *f* ❷ (*Verkehrsstau*) atasco *m*, taco *m* Am

Steak [steːk] *nt* <-s, -s> bistec *m*, bife *m* Am

stechen ['ʃtɛçən] <sticht, stach, gestochen> **I.** *vt* ❶ (*allgemein*) pinchar; (*Insekt*) picar; (*mit einem Messer*) acuchillar ❷ (*Torf, Spargel*) extraer ❸ (*beim Kartenspiel*) cortar ❹ (*in Kupfer*) grabar (*in* en) **II.** *vi* ❶ (*allgemein, Insekt, Sonne*) picar; **ins Auge** ~ saltar a la vista; **der scharfe Gestank sticht in der Nase** la peste se mete en la nariz; **die Farbe sticht ins Rötliche** el color tiene un matiz rojizo ❷ (*beim Kartenspiel*) hacer baza **III.** *vr*: **sich ~** pincharse (*an* con, *in* en)

stechend *adj* (*Blick, Geruch*) penetrante; (*Schmerz*) punzante

Stechkarte *f* ficha *f* (de control); **Stechmücke** *f* mosquito *m*, zancudo *m* Am; **Stechpalme** *f* acebo *m*; **Stechuhr** *f* reloj *m* para fichar

Steckbrief *m* (JUR) (carta *f*) requisitoria *f*; **Steckdose** *f* enchufe *m*, tomacorriente *m* Arg, Peru

stecken[1] ['ʃtɛkən] *vt* ❶ (*hinein~*) meter (*in* en); (*investieren*) invertir (*in* en) ❷ (*auf~*) poner (*auf/an* en); (*fest~, an~*) fijar (*an* a/ en); (*mit Nadeln*) prender (*an* en); **jdm etw ~** (*fam*) indicar algo a alguien

stecken[2] <steckt, steckte, *geh:* stak, gesteckt> *vi* ❶ (*sich befinden*) estar metido (*in* en), estar (*in* en); **ich stecke mitten in der Arbeit** estoy metido de lleno en el trabajo; **du musst zeigen, was in dir steckt** tienes que mostrar lo que hay en ti; **wo steckt er?** (*fam: Person*) ¿dónde se ha metido? ❷ (*festsitzen*) quedar fijo

Steckenpferd *nt* ❶ (*für Kinder*) caballito *m* (de juguete) ❷ (*Hobby*) afición *f*

Stecker *m* <-s, -> enchufe *m*

Steckling ['ʃtɛklɪŋ] *m* <-s, -e> estaca *f*

Stecknadel *f* alfiler *m*; **eine ~ im Heuhaufen suchen** (*fig*) buscar una aguja en un pajar; **Steckrübe** *f* (*reg*) nabo *m*

Steg [ʃteːk] *m* <-(e)s, -e> ❶ (*Brücke*) pasarela *f* ❷ (*Boots~*) (des)embarcadero *m* ❸ (*bei Saiteninstrumenten*) puente *m* ❹ (*an einer Hose*) trabilla *f*

Stegreif ['ʃteːkraɪf] *m*: **aus dem ~** improvisando

Stehaufmännchen ['ʃteːʔaʊfmɛnçən] *nt* tentempié *m*; **ein ~ sein** (*fam*) no darse nunca por vencido

Stehcafé ['ʃteːkafeː] *nt* ≈bar *m* fam

stehen ['ʃteːən] <steht, stand, gestanden> *haben o südd, Österr, Schweiz: sein* **I.** *vi* ❶ (*aufrecht: Mensch*) estar de pie; (*Gegenstand*) estar derecho; **ich kann nicht mehr ~** ya no puedo estar más tiempo de pie; **im S~** de pie; **unser Projekt steht und fällt mit dir** (*fig*) tú eres el alma de nuestro proyecto; **der Plan steht jetzt!** (*fam*) ¡el plano está listo! ❷ (*sein*) estar; (*sich befinden*) encontrarse; **an der Tür ~** estar junto a la puerta; **sie steht an der Spitze des Unternehmens** está al frente de la empresa; **so wahr ich hier stehe** tan cierto como que estoy aquí; **der Schweiß stand ihr auf der Stirn** tenía la frente perlada de sudor; **wir ~ kurz vor einem Krieg** estamos a punto de entrar en guerra; **wir ~ vor der Schwierigkeit, dass ...** nos encontramos ante la dificultad de que...; **auf welcher Seite stehst du?** ¿de qué lado estás?; **die Sache steht schlecht** el asunto está mal; **das Frühstück ~ lassen** no tocar el desayuno; **einen Stuhl ~ lassen** dejar una silla (en su sitio); **offen ~** (*Tür, Fenster*) estar abierto; (*Rechnung*) estar pendiente; (*zugänglich sein*) estar abierto; **die ganze Welt steht dir offen** tienes todo por delante; **unter Alkohol/Drogen ~** estar bajo los efectos del alcohol/de las drogas; **die Sache steht mir bis hier** (*fam*) estoy harto del asunto; **jdm nahe ~** tener una relación estrecha con alguien; **einer Sache nahe** ~ estar vinculado a algo ❸(*geschrieben sein*) estar (escrito) (*auf/in* en); (*in einer Liste*) figurar (*auf/in* en); **hier steht geschrieben, dass ...** aquí dice que...; **das Wort steht im Imperfekt** la palabra está en imperfecto ❹(*still~*) estar parado; (*Verkehr*) estar paralizado; **die Uhr steht** el reloj se ha (quedado) parado; **zum S~ bringen/kommen** parar/pararse; **etw zum S~ bringen** parar algo ❺(*anzeigen*) marcar; **das Thermometer steht auf 30 Grad** el termómetro marca 30 grados; **die Ampel steht auf Rot** el semáforo está en rojo; **es steht 3:1** están a 3 a 1 ❻(*kleiden*) sentar; **der Bart steht dir gut/schlecht** la barba te queda bien/mal ❼(JUR): **auf etw steht Gefängnis** algo tiene una pena de prisión; **auf seine Ergreifung steht eine Belohnung** por su captura está establecida una recompensa ❽(*Standpunkt, Untersützung, Bekenntnis*): **wie stehst du zu dem Plan?** ¿qué te parece el plan?; **ich stehe fest zu dir** estoy totalmente de tu parte; **zu seinem Versprechen** ~ cumplir con lo prometido; **zu seinen Fehlern** ~ reconocer sus errores; **hinter jdm** ~ apoyar a alguien ❾(*Wend*): **auf jdn/etw** ~ (*fam*) irle alguien/algo a alguien a alguien **II.** *vt:* **Wache** ~ estar de guardia; **Modell** ~ posar **III.** *vr:* **sich gut/schlecht mit jdm** ~ (*fam*) llevarse bien/mal con alguien; **jd steht sich besser/schlechter, wenn ...** (*fam*) a alguien le va mejor/peor, cuando... **IV.** *vunpers:* **es steht schlimm um sie** está muy mal; **es steht zu befürchten, dass ...** es de temer que... +*subj;* **es steht dir offen zu ...** tienes la posibilidad de...

stehend *adj* ❶(*aufrecht*) en pie, de pie ❷(*nicht in Bewegung*) parado; (*Gewässer*) estancado ❸(*Wend*): **ein leer** ~**es Haus** una casa deshabitada

Stehkragen *m* cuello *m* alzado; **Steh-lampe** *f* lámpara *f* de pie

stehlen [ˈʃteːlən] <stiehlt, stahl, gestohlen> **I.** *vt, vi* robar; **er kann mir gestohlen bleiben** (*fam*) por mí, que se pierda; **du sollst nicht** ~ (*Bibel*) no robarás **II.** *vr:* **sich** ~ ❶(*schleichen*): **sich nach Hause** ~ irse a casa a hurtadillas ❷(*sich drücken vor*) escaparse (*aus* de)

Stehvermögen *nt* ❶(*Ausdauer*) aguante *m* ❷(*Durchhaltevermögen*) firmeza *f*

Steiermark [ˈʃtaɪɐmark] *f* Estiria *f*

steif [ʃtaɪf] *adj* ❶(*starr*) tieso; ~ **und fest behaupten** (*fam*) sostener firmemente ❷(*Gliedmaßen*) anquilosado; (*Glied*)

erecto; ~**er Hals** tortícolis *m inv* ❸(*unelastisch*) inflexible; (*ungelenk*) torpe ❹(*förmlich*) formal ❺(*Pudding*) consistente; (*Eiweiß*) a punto de nieve

Steifheit *f ohne pl* ❶(*Festigkeit, Starre*) tiesura *f*, rigidez *f* ❷(*eines Körperteils, Gelenks*) anquilosamiento *m* ❸(*im Benehmen*) envaramiento *m*

Steigbügel *m* (*a.* ANAT) estribo *m*

Steige [ˈʃtaɪɡə] *f* <-n> (*Österr, südd*) ❶(*steile Straße*) cuesta *f* ❷(*Treppe*) escalera *f*

steigen [ˈʃtaɪɡən] <steigt, stieg, gestiegen> *vi sein* ❶(*hinauf~*) subir (*auf/in* a); (*hinunter~*) bajar (*von/aus* de); (*klettern*) trepar (*auf* a); **in den/aus dem Bus** ~ subir al/bajar del autobús; **aufs Fahrrad/vom Fahrrad** ~ montarse en/bajarse de la bicicleta; **aus dem Bett** ~ levantarse de la cama; **einen Drachen** ~ **lassen** hacer subir una cometa; **die Tränen stiegen ihr in die Augen** le brotaron las lágrimas; **zu Kopf** ~ subir a la cabeza ❷(*zunehmen*) aumentar (*um* en, *in* de); (*Aktie, Fieber, Flut*) subir; **im Preis/im Wert** ~ subir de precio/de valor ❸(*fam: stattfinden*) ser

steigend *adj* (*zunehmend*) creciente; (*Preise*) en aumento; ~**e Tendenz** tendencia alcista

steigern [ˈʃtaɪɡɐn] **I.** *vt* ❶(*erhöhen*) aumentar (*um* en); (*verstärken*) intensificar ❷(LING) establecer los grados (del adjetivo) **II.** *vr:* **sich** ~ ❶(*zunehmen*) aumentar (*um* en), crecer (*um* en) ❷(*sich verbessern*) mejorar ❸(*sich hinein~*) enzarzarse (*in* en), engolfarse (*in* en)

Steigerung *f* <-en> ❶(*Zunahme*) aumento *m* (*um* de); (*der Leistung*) mejora *f* ❷(LING) comparación *f* ❸(*Schweiz: Ver~*) subasta *f*

Steigung *f* <-en> ❶(*im Gelände*) elevación *f*; (*einer Straße*) cuesta *f* ❷(TECH) paso *m*

steil [ʃtaɪl] *adj* ❶(*Treppe*) empinado; (*Gelände*) escarpado; (*Küste*) acantilado ❷(*Karriere*) rápido; **Steilhang** *m* pendiente *f* escarpada; **Steilküste** *f* acantilado *m*

Stein [ʃtaɪn] *m* <-(e)s, -e> ❶(*allgemein*) piedra *f*; (*Edel~*) piedra *f* preciosa; **aus** ~ de piedra; **jdm** ~**e in den Weg legen** poner(le) a alguien piedras en el camino; **jdm alle** ~**e aus dem Weg räumen** prepararle el camino a alguien; **den** ~ **ins Rollen bringen** (*fam fig*) desencadenar algo; **schlafen wie ein** ~ (*fam fig*) dormir como un tronco; **der** ~ **der Weisen** (*geh*) la piedra filosofal ❷(MED) cálculo *m* ❸(*einer*

Frucht) hueso *m,* carozo *m CSur, Bol, Mex* ④ (*Spiel~*) ficha *f;* (*bei Brettspielen*) pieza *f;* **bei jdm einen ~ im Brett haben** (*fam fig*) hacer buenas migas con alguien; **Steinadler** *m* (ZOOL) águila *f* real; **steinalt** ['-'-] *adj* más viejo que Matusalén; **Steinbock** *m* ① (ZOOL) cabra *f* montés ② (ASTR) Capricornio *m;* **Steinbruch** *m* cantera *f;* **Steinbutt** *m* (ZOOL) rodaballo *m;* **Steineiche** *f* (BOT) encina *f*

steinern ['ʃtaɪnən] *adj* (*a. fig*) de piedra

Steinfrucht *f* fruta *f* de hueso; **Steinfußboden** *m* suelo *m* de piedra; **Steingut** *m* <-(e)s, *ohne pl*> (objetos *mpl* de) gres *m;* **steinhart** ['-'-] *adj* duro como una piedra

steinig *adj* pedregoso

steinigen ['ʃtaɪnɪgən] *vt* apredrear

Steinkohle *f* hulla *f;* **Steinkohlenbergwerk** *nt* mina *f* de carbón [*o* de hulla]

Steinmarder *m* (ZOOL) garduña *f;* **Steinmetz(in)** ['ʃtaɪnmɛts] *m(f)* <-en, -en; -nen> cantero *mf;* **Steinobst** *nt* fruta *f* con hueso; **Steinpilz** *m* boleto *m;* **steinreich** ['-'-] *adj* ① (*sehr reich*) riquísimo ② (*steinig*) pedregoso; **Steinschlag** *m* (*Herabstürzen*) desprendimiento *m* de piedras; **Steinzeit** *f ohne pl* Edad *f* de Piedra

Steiß [ʃtaɪs] *m* <-es, -e> ① (*~ bein*) coxis *m inv* ② (*Gesäß*) trasero *m;* **Steißbein** *nt* coxis *m inv*

Stelldichein ['ʃtɛldɪçʔaɪn] *nt* <-(s), -(s)> cita *f;* **sich ein ~ geben** concertar una cita

Stelle ['ʃtɛlə] *f* <-n> ① (*Platz, Ort*) lugar *m,* sitio *m;* **an erster ~** en primer lugar; **an ~ von etw** en vez de algo; (**ich**) **an deiner ~ ...** (yo) en tu lugar...; **an jds ~ treten** presentarse en lugar de alguien; **an dieser ~** (*örtlich*) en este lugar; (*zeitlich*) aquí; **an späterer ~** más tarde; **auf der ~ treten** (*fam*) no avanzar; **auf der ~** (*sofort*) inmediatamente, al tiro *Am;* **etw nicht von der ~ bekommen** no poder mover algo de su sitio; **sich nicht von der ~ rühren** no moverse de su sitio; **zur ~ sein** estar presente ② (*Bereich*) parte *f;* (*Punkt*) punto *m* ③ (*Text~*) parte *f;* (*Abschnitt*) pasaje *m* ④ (*Arbeits~*) puesto *m* (de trabajo), plaza *f;* **freie ~** vacante *f;* **eine ~ antreten** empezar a trabajar ⑤ (*Dienst~*) autoridad *f;* **sich an höherer ~ beschweren** quejarse a instancias superiores ⑥ (MATH) decimal *m,* cifra *f*

stellen ['ʃtɛlən] **I.** *vt* ① (*hin~*) poner (*auf* en); (*auf~*) colocar (*auf* en); (*hinein~*) meter (*in* en); **etw an die Wand ~** adosar algo a la pared; **die Szene wirkt gestellt** la escena ha salido muy poco natural ② (*regulieren*) regular; (*lauter, höher*) subir;

(*leiser, kleiner*) bajar; **stell das Radio leiser/lauter** baja/sube la radio; **die Uhr ~** poner el reloj en hora; **etw ruhig ~** (MED: *Arm, Bein*) inmovilizar algo; **jdn ruhig ~** (MED) administrar tranquilizantes a alguien ③ (*bereit~*) poner a disposición ④ (*Verbrecher*) capturar ⑤ (*Frage*) hacer; (*Aufgabe*) poner; (*Antrag*) presentar; **eine Sache über eine andere ~** dar más importancia a una cosa que a otra; **jdn vor Gericht ~** llevar a alguien a los tribunales; **etw in Frage ~** poner algo en duda; **etw richtig ~** rectificar algo; **auf sich selbst gestellt sein** tener que arreglárselo uno solo **II.** *vr:* **sich ~** ① (*sich hin~*) ponerse (de pie) (*auf* en); **sich auf Zehenspitzen ~** ponerse de puntillas; **sich gut ~** llevarse bien ② (*vortäuschen*) fingir; **sich taub/dumm ~** hacerse el sordo/el tonto ③ (*der Polizei*) entregarse ④ (*nicht ausweichen*): **sich etw** *dat* **~** enfrentarse a algo ⑤ (*Frage*) surgir; (*Aufgabe*) plantearse ⑥ (*Standpunkt, Unsützung*): **sich gegen etw ~** oponerse a algo; **sich hinter jdn ~** apoyar a alguien

Stellenangebot *nt* oferta *f* de empleo; **Stellenanzeige** *f* anuncio *m* de oferta de empleo; **„~n"** ofertas de empleo; **Stellenausschreibung** *f* anuncio *m* de empleo; **Stellengesuch** *nt* demanda *f* de empleo; **Stellenvermittlung** *f* (*Einrichtung*) agencia *f* de empleo, bolsa *f* de empleo; **stellenweise** *adv* (*an manchen Punkten*) en algunos puntos; (*an manchen Orten*) en algunas partes; **Stellenwert** *m* valor *m;* (*Bedeutung*) importancia *f*

Stellplatz *m* (*für Autos*) aparcamiento *m* **Stellung** *f* <-en> ① (*Körperhaltung*) postura *f;* **in liegender/kniender ~** tumbado/de rodillas ② (*Anordnung*) posición *f* ③ (*beruflich*) puesto *m;* (*Amt*) cargo *m;* **in meiner ~ als Minister** como ministro ④ (*sozial*) posición *f* (social), condición *f* ⑤ (*Ein~*) opinión *f;* **zu etw ~ nehmen** tomar cartas en un asunto ⑥ (MIL) posición *f;* **die ~ halten** mantener la posición; **Stellungnahme** *f* <-n> toma *f* de posición; **eine ~ zu etw abgeben** opinar respecto a algo

stellvertretend *adj* suplente; **~e Vorsitzende** vicepresidenta en funciones; **~ für jdn sprechen** hablar representando a alguien

Stellvertreter(in) *m(f)* suplente *mf;* (ADMIN) interino, -a *m, f*

Stellvertretung *f* su(b)stitución *f;* (ADMIN) interinidad *f;* **in ~ von jdm** sustituyendo a alguien

Stellwerk *nt* (EISENB) puesto *m* de enclavamiento

Stelze ['ʃtɛltsə] *f* <-n> ❶ (*Holzgestell*) zanco *m* ❷ (*Vogel*) lavandera *f* ❸ (*fam: Bein*) zanca *f* ❹ (*Österr: Schweinsfuß*) mano *f* de cerdo

stelzen *vi sein* ❶ (*auf Stelzen*) andar con zancos ❷ (*mit steifen Schritten*) dar zancadas; **eine gestelzte Sprache** un lenguaje rebuscado

Stelzvogel *m* ave *f* zancuda

Stemmeisen *nt* formón *m*

stemmen ['ʃtɛmən] I. *vt* (*Gewichte*) levantar; **die Arme in die Hüften** ~ estar puesto en jarras II. *vr:* **sich** ~ ❶ (*drücken*) apoyarse (pesadamente) (*gegen* contra) ❷ (*widersetzen*) oponerse (*gegen* a) III. *vi* (*Ski*) pararse en cuña

Stempel ['ʃtɛmpəl] *m* <-s, -> ❶ (*Gerät, Abdruck*) sello *m;* (*Post~*) matasellos *m inv;* **etw** *dat* **seinen** ~ **aufdrücken** (*fig*) dar(le) a algo un toque personal; **der Plan trägt seinen** ~ el plan lleva su firma ❷ (BOT) pistilo *m* ❸ (TECH) punzón *m;* **Stempelfarbe** *f* tinta *f* de timbrar; **Stempelkissen** *nt* almohadilla *f*, tampón *m* de tinta

stempeln *vt* sellar; (*postalisch*) matasellar; **jdn zu etw** ~ tachar a alguien de algo

Stempeluhr *f* reloj *m* de control de asistencia [*o* para fichar]

Steno ['ʃteːno] *f ohne pl* taquigrafía *f;* **Stenograf(in)** [ʃtenoˈgraːf] *m(f)* <-en, -en; -nen> taquígrafo, -a *m, f;* **Stenografie** [ʃtenograˈfiː] *f* <-n> taquigrafía *f;* **stenografieren*** [ʃtenograˈfiːrən] *vi, vt* taquigrafiar; **Stenogramm** [ʃtenoˈgram] *nt* <-s, -e> estenograma *m;* **Stenograph(in)** [ʃtenoˈgraːf] *m(f)* <-en, -en; -nen> *s.* **Stenograf; Stenographie** [ʃtenograˈfiː] *f* <-n> *s.* **Stenografie; stenographieren*** [ʃtenograˈfiːrən] *vi, vt s.* **stenografieren; Stenotypist(in)** [ʃtenotyˈpɪst] *m(f)* <-en, -en; -nen> taquimecanógrafo, -a *m, f*

Stepp [ʃtɛp, stɛp] *m* <-s, -s> claqué *m;* ~ **tanzen** bailar claqué

Steppdecke *f* edredón *m*

Steppe ['ʃtɛpə] *f* <-n> estepa *f*

steppen ['ʃtɛpən] I. *vi* bailar claqué II. *vt* pespuntear

Stepptanz ['ʃtɛp-] *m* claqué *m*

Sterbebegleiter(in) *m(f)* acompañante *mf* en la agonía; **Sterbebett** *nt* lecho *m* de muerte; **Sterbefall** *m* fallecimiento *m*, obituario *m* Am; **Sterbehilfe** *f ohne pl* ❶ (*Euthanasie*) eutanasia *f* ❷ (*Sterbegeld*) indemnización *f* por defunción

sterben ['ʃtɛrbən] <stirbt, starb, gestor-

ben> *vi* morir (*an* de), morirse (*an/vor* de, *für* por) *fam*, fallecer *elev*, petatearse *Mex;* **im S~ liegen** estar agonizando; **er ist für mich gestorben** (*fam fig*) para mí ya no cuenta; **das Projekt ist gestorben** (*fam*) el proyecto ha sido suspendido

Sterbenswörtchen ['--'vœrtçən] *nt:* **kein** ~ **sagen** no decir ni pío

Sterberate *f* tasa *f* de mortalidad; **Sterbeurkunde** *f* certificado *m* de defunción

sterblich *adj* mortal

Sterblichkeit *f ohne pl* mortalidad *f;* **Sterblichkeitsrate** *f*, **Sterblichkeitsziffer** *f* (tasa *f* de) mortalidad *f*

Stereo ['ʃteːreo] *nt* <-s, *ohne pl*> estéreo *m;* **Stereoanlage** *f* equipo *m* estereofónico

Stereoskop [ʃtereoˈskoːp] *nt* <-s, -e> estereoscopio *m*

stereotyp [ʃtereoˈtyːp] *adj* estereotipado

Stereotyp [ʃtereoˈtyːp] *nt* <-s, -e> estereotipo *m*

steril [ʃteˈriːl] *adj* (*a.* BIOL, MED) estéril

Sterilisation [ʃterilizaˈtsjoːn] *f* <-en> (*a.* MED) esterilización *f*

sterilisieren* [ʃteriliˈziːrən] *vt* (*a.* MED) esterilizar

Sterilität [ʃteriliˈtɛːt] *f ohne pl* (*a.* BIOL, MED) esterilidad *f*

Stern [ʃtɛrn] *m* <-(e)s, -e> estrella *f;* (*Gestirn*) astro *m;* **das steht noch in den ~en** eso todavía está por verse; **unter einem glücklichen** ~ **stehen** (*geh*) tener buena estrella; **ein Hotel mit fünf ~en** un hotel de cinco estrellas; **Sternbild** *nt* constelación *f*

Sternenhimmel *m* (*geh*) cielo *m* estrellado; **sternenklar** *adj* estrellado

Sternfrucht *f* carambola *f;* **sternhagelvoll** ['---'-] *adj* (*fam*) borracho como una cuba; **sternklar** *adj* estrellado; **Sternschnuppe** *f* <-n> estrella *f* fugaz; **Sternsinger(in)** *m(f)* niño, -a que el día de Reyes va cantando de puerta en puerta; **Sternstunde** *f* (*geh*) momento *m* estelar; **Sternwarte** *f* observatorio *m* astronómico; **Sternzeichen** *nt* (ASTR) signo *m* astrológico; **was bist du für ein** ~**?** ¿de qué signo eres?

stet [ʃteːt] *adj* (*geh*) *s.* **stetig**

Stethoskop [ʃtetoˈskoːp, stetoˈskoːp] *nt* <-s, -e> (MED) estetoscopio *m*

stetig *adj* continuo

Stetigkeit *f ohne pl* (*Beständigkeit*) constancia *f;* (*Kontinuität*) continuidad *f*

stets [ʃteːts] *adv* siempre

Steuer¹ ['ʃtɔɪɐ] *nt* <-s, -> (*Auto, Flugzeug*) volante *m;* (*Schiff*) timón *m;* **am** ~ **sitzen**

ir al volante; **das ~ fest in der Hand haben** dirigir con mano segura

Steuer² *f* <-n> (*Abgaben*) impuesto *m*; **~ n hinterziehen/zahlen** defraudar/pagar impuestos; **etw von der ~ absetzen** deducir algo de los impuestos

steuerbegünstigt *adj* (*niedriger besteuert*) con privilegio fiscal; (*absetzbar*) deducible; **Steuerbelastung** *f* cargas *fpl* fiscales; **Steuerberater(in)** *m(f)* asesor(a) *m(f)* fiscal; **Steuerbescheid** *m* liquidación *f* de impuestos; **Steuerbetrug** *m* fraude *m* fiscal

steuerbord(s) ['ʃtɔɪɐbɔrt(s)] *adv* (AERO, NAUT) a estribor

Steuerbord ['ʃtɔɪɐbɔrt] *nt* (AERO, NAUT) estribor *m*

Steuererhöhung *f* aumento *m* de (los) impuestos; **Steuererklärung** *f* declaración *f* de la renta; **Steuererlass** *m* desgravación *f* (fiscal); **Steuerermäßigung** *f* reducción *f* de impuestos; **Steuerflüchtling** *m* evasor *m*; **steuerfrei** *adj* libre de impuestos; **Steuergelder** *ntpl* fondos *mpl* recaudados; **Steuerhinterziehung** *f* fraude *m* fiscal; **Steuerkarte** *f* tarjeta *f* para la declaración del impuesto sobre la renta; **Steuerklasse** *f* categoría *f* fiscal

Steuerknüppel *m* palanca *f* de mando

steuerlich *adj* fiscal; **~ begünstigt sein** gozar de privilegios fiscales

Steuermann *m* <-(e)s, -leute *o* -männer> (NAUT, SPORT) timonel *m*

Steuermarke *f* timbre *m* fiscal

steuern ['ʃtɔɪɐn] **I.** *vi* ① (*am Steuer sitzen: Auto*) conducir, manejar *Am*; (*Schiff*) timonear ② *sein* (*Richtung einschlagen*) dirigirse (*nach* a) **II.** *vt* ① (*Auto*) conducir, manejar *Am*; (*Schiff, Flugzeug*) pilotar ② (TECH) controlar ③ (*beeinflussen*) influir

steuerpflichtig *adj* sujeto a impuesto; **Steuerprüfer(in)** *m(f)* inspector(a) *m(f)* fiscal; **Steuerprüfung** *f* inspección *f* fiscal

Steuerrad *nt* (AUTO) volante *m*; (NAUT) rueda *f* del timón; (TECH) palanca *f* de mando

Steuerreform *f* reforma *f* fiscal

Steuerruder *nt* (NAUT) timón *m*

Steuersatz *m* tasa *f* de impuesto; **Steuerschuld** *f* deuda *f* fiscal; **Steuersenkung** *f* *ohne pl* reducción *f* de impuestos; **Steuersünder(in)** *m(f)* defraudador(a) *m(f)* fiscal; **Steuersystem** *nt* ① (TECH) sistema *m* de dirección ② (*Besteuerung*) sistema *m* tributario

Steuerung¹ *f ohne pl* (*das Steuern*) pilotaje *m*; (TECH) control *m*

Steuerung² *f* <-en> (TECH, AUTO) dirección *f*; (NAUT, AERO) timón *m*; (ELEK) mando *m*

Steuerungssystem *nt* (TECH) sistema *m* de dirección

Steuervergünstigung *f* ventaja *f* fiscal; **Steuerzahler(in)** *m(f)* contribuyente *mf*, rentero, -a *m, f Arg*

Steuerzeichen *nt* (INFOR) carácter *m* de mando

Steward ['stjuːɐt] *m* <-s, -s> (AERO) auxiliar *m* de vuelo; (NAUT) camarero *m*

Stewardess ['stjuːɐdɛs] *f* <-en> (AERO) azafata *f*; (NAUT) camarera *f*

StGB [esteːgeːˈbeː] *nt* <-(s)> *Abk. von* **Strafgesetzbuch** ≈ CP *m*

stibitzen* [ʃtiˈbɪtsən] *vt* (*fam*) birlar

Stich¹ [ʃtɪç] *m* <-(e)s, -e> ① (*Dorn, Stachel, Nadel*) pinchazo *m*; (*Insekten~*) picadura *f*; (*Messer~*) cuchillada *f* ② (*Näh~*) puntada *f*; (MED) punto *m* de sutura ③ (KUNST) grabado *m* ④ (*beim Kartenspiel*) baza *f*; **einen ~ machen/bekommen** hacer baza/recibir una baza ⑤ (*Schmerz*) punzada *f*

Stich² *m* <-(e)s, *ohne pl*> ① (*Farbschimmer*): **einen ~ ins Gelbe haben** tirar a amarillo ② (*Wend*): **jdn im ~ lassen** dejar a alguien en la estacada; **einen ~ haben** (*fam: Person*) estar chiflado; (*Lebensmittel*) estar picado; (*Milch*) estar pasado

Stichelei *f* <-en> (*fam abw: Bemerkung*) pulla *f*, pullazo *m*, puntada *f*

sticheln ['ʃtɪçəln] *vi* ① (*gehässig reden*) dar pullazos (*gegen* a) ② (*nähen*) dar puntadas

Stichflamme *f* llama *f*

stichhaltig *adj* sólido; (*überzeugend*) convincente

Stichling ['ʃtɪçlɪŋ] *m* <-s, -e> (ZOOL) espinoso *m*

Stichprobe *f* prueba *f* al azar; **Stichpunkt** *m* punto *m*

sticht [ʃtɪçt] *3. präs von* **stechen**

Stichtag *m* día *m* fijado; (*letzter ~*) plazo *m* límite; **Stichwaffe** *f* arma *f* punzante; **Stichwahl** *f* segunda vuelta *f* (electoral)

Stichwort¹ *nt* <-(e)s, -wörter> (*im Wörterbuch*) entrada *f*; (*im ~ register*) voz *f* guía; **unter einem ~ nachschlagen** buscar una palabra

Stichwort² *nt* <-(e)s, -e> ① (THEAT) entrada *f* ② (*Schlüsselwort*) palabra *f* clave ③ (*Gedächtnisstütze*) apunte *m*

stichwortartig *adj* por puntos; (*bündig*) breve; **~ zusammenfassen** resumir brevemente

Stichwortkatalog *m* (*in Bibliothek*) catálogo *m* por secciones

Stichwunde *f* (*Messer*) cuchillada *f*;

(*Dolch*) puñalada *f*

sticken ['ʃtɪkən] *vi, vt* bordar

Stickerei *f* <-en> bordado *m*

stickig ['ʃtɪkɪç] *adj* sofocante

Sticknadel *f* aguja *f* de bordar

Stickstoff *m* ohne pl (CHEM) nitrógeno *m*

stieben ['ʃtiːbən] <stiebt, stob o stiebte, gestoben o gestiebt> *vi* ❶ *haben o sein* (*Funken*) saltar; (*Staub*) volar ❷ *sein* (*Menge*) disiparse

Stiefbruder ['ʃtiːf-] *m* hermanastro *m*

Stiefel ['ʃtiːfəl] *m* <-s, -> bota *f*

Stiefelette *f* <-n> botín *m*

Stiefeltern *pl* padrastros *mpl;* **Stiefkind** *nt* hijastro, -a *m, f;* **Stiefmutter** *f* madrastra *f*

Stiefmütterchen *nt* <-s, -> (BOT) pensamiento *m*

stiefmütterlich *adj;* **jdn ~ behandeln** tratar a alguien con desprecio; **Stiefschwester** *f* hermanastra *f;* **Stiefsohn** *m* hijastro *m;* **Stieftochter** *f* hijastra *f;* **Stiefvater** *m* padrastro *m*

stieg [ʃtiːk] *3. imp von* **steigen**

Stiege ['ʃtiːɡə] *f* <-n> escalera *f* (estrecha y empinada)

Stieglitz ['ʃtiːɡlɪts] *m* <-es, -e> (ZOOL) jilguero *m*

stiehlt [ʃtiːlt] *3. präs von* **stehlen**

Stiel [ʃtiːl] *m* <-(e)s, -e> ❶ (*Griff*) mango *m;* (*Besen~*) palo *m;* (*am Weinglas*) pie *m* ❷ (*Blumen~*) tallo *m;* (*Blatt~*) pecíolo *m;* (*an einer Frucht*) rabillo *m;* **Stielaugen** *ntpl* (*fam*): **er bekam/machte ~** se le pusieron/puso los ojos como platos

stier [ʃtiːɐ] *adj* fijo; **mit ~em Blick vor sich hinstarren** tener la mirada perdida

Stier *m* <-(e)s, -e> ❶ (*Tier*) toro *m* ❷ (ASTR) Tauro *m*

stieren ['ʃtiːrən] *vi* mirar fijamente (*auf*)

Stierkampf *m* ❶ (*~kunst*) tauromaquia *f* ❷ (*Veranstaltung*) corrida *f* (de toros); **Stierkampfarena** *f* ruedo *m*, arena *f;* **Stierkämpfer(in)** *m(f)* torero, -a *m, f*

stieß [ʃtiːs] *3. imp von* **stoßen**

Stift¹ [ʃtɪft] *m* <-(e)s, -e> ❶ (*Blei~*) lápiz *m;* (*Bunt~*) lápiz *m* de color ❷ (*Metall~, Holz~*) espiga *f* ❸ (*fam: Lehrling*) aprendiz(a) *m(f)*

Stift² *nt* <-(e)s, -e> convento *m*

stiften ['ʃtɪftən] *vt* ❶ (*spenden*) donar; (*einrichten*) fundar ❷ (*spendieren*) regalar ❸ (*bewirken*) causar

Stifter(in) *m(f)* <-s, -; -nen> ❶ (*Spender*) donador(a) *m(f)* ❷ (*Gründer*) fundador(a) *m(f)*

Stiftskirche *f* colegiata *f*

Stiftung *f* <-en> ❶ (*Institution*) funda-

ción *f* ❷ (JUR: *Spende*) donación *f*

Stiftzahn *m* diente *m* de espiga

Stil [ʃtiːl] *m* <-(e)s, -e> estilo *m;* **im großen ~** en gran escala; **Stilbruch** *m* ruptura *f* de(l) estilo; **stilecht** *adj* (de estilo) auténtico

stilisieren* [ʃtili'ziːrən] *vt* estilizar

Stilistik [ʃtiˈlɪstɪk] *f* ohne pl estilística *f*

stilistisch [ʃtiˈlɪstɪʃ] *adj* estilístico

still [ʃtɪl] *adj* ❶ (*lautlos*) silencioso; (*ruhig*) tranquilo; (**sei**) **~!** ¡calla!; **es ist ~ um sie geworden** no se oye nada de ella; **~ und heimlich** a la chita callando; **im S~en** para sus adentros ❷ (*reglos*) quieto; **der S~ Ozean** el Océano Pacífico; **~er Teilhaber** (WIRTSCH) socio comanditario ❸ (*Person*) silencioso

Stille ['ʃtɪlə] *f* ohne pl ❶ (*Schweigen*) silencio *m;* (*Ruhe*) tranquilidad *f* ❷ (*Unbewegtheit*) quietud *f* ❸ (*Wend*): **in aller ~** (*im engsten Kreis*) en la intimidad

stillen ['ʃtɪlən] **I.** *vi* dar de mamar **II.** *vt* ❶ (*Säugling*) dar el pecho (a) ❷ (*Blutung*) cortar; (*Schmerz*) mitigar ❸ (*Hunger, Durst*) saciar; (*Neugier*) satisfacer

still|halten *irr vi* ❶ (*sich nicht bewegen*) quedarse quieto ❷ (*sich nicht wehren*) aguantar

Stillleben *nt* bodegón *m*

still|legen *vt* (*Betrieb, Strecke*) cerrar; (*Fahrzeug*) retirar del servicio

Stilllegung *f* <-en> cierre *m*

still|liegen *irr vi* (*Betrieb*) estar cerrado

stillos ['ʃtiːlloːs] *adj* sin estilo

Stillschweigen *nt* silencio *m;* **über etw ~ bewahren** guardar silencio respecto a algo

stillschweigend *adj* tácito; **etw ~ akzeptieren** aceptar algo tácitamente

still|sitzen *irr vi* estar(se) quieto

Stillstand *m* <-(e)s, ohne pl> (*Verhandlung, Entwicklung*) estancamiento *m;* (*Gerät, Produktion*) paralización *f;* (*Verkehr*) detención *f;* **zum ~ bringen/kommen** detener/detenerse

still|stehen *irr vi* (*Mensch, Maschine*) estar parado; (*Entwicklung, Produktion, Verkehr*) estar paralizado; **stillgestanden!** (MIL) ¡firmes!

Stilmöbel *nt* mueble *m* de época; **stilvoll** *adj* con gusto

Stimmabgabe *f* ohne pl (a. POL) votación *f;* **Stimmband** *nt* (*Organ*) cuerda *f* vocal; **stimmberechtigt** *adj* con derecho a voto; **Stimmberechtigte(r)** *mf* <-n, -n; -n> persona *f* con derecho a voto; **Stimmbruch** *m* <-(e)s, ohne pl> muda *f;* **im ~ sein** estar de muda

Stimme ['ʃtɪmə] *f* <-n> ❶ (*menschliche ~*)

voz *f*; **mit lauter/leiser ~ sprechen** hablar en voz alta/baja; **kritische ~n** opiniones críticas; **der inneren ~ folgen** seguir la voz interior ❷ (*bei einer Wahl*) voto *m;* **sich der ~ enthalten** abstenerse del voto; **jdm seine ~ geben** votar por alguien ❸ (MUS: *Stimmlage, Orgelregister*) registro *m;* (*Part*) voz *f*

stimmen ['ʃtɪmən] **I.** *vi* ❶ (*richtig sein*) ser correcto; (*wahr sein*) ser verdad; **stimmt!** ¡exacto!; **stimmt es, dass ...?** ¿es verdad que...?; **irgendetwas stimmt nicht mit ihr** algo le pasa ❷ (*wählen*): **für/gegen jdn/etw ~** votar por/contra alguien/algo **II.** *vt* (*Instrument*) afinar; **jdn versöhnlich/traurig ~** conciliar/entristecer a alguien

Stimmenauszählung *f* escrutinio *m*, balotaje *m Mex;* **Stimmengewirr** *nt* <-(e)s, *ohne pl*> vocerío *m*, griterío *m;* **Stimmengleichheit** *f* igualdad *f* de votos; **Stimmenmehrheit** *f ohne pl* mayoría *f* de votos

Stimmenthaltung *f* abstención *f* de(l) voto

Stimmgabel *f* (MUS) diapasón *m*

stimmhaft *adj* (LING) sonoro

stimmig *adj* armónico

Stimmlage *f* (MUS) registro *m*

stimmlos *adj* ❶ (*tonlos*) afónico ❷ (LING) sordo

Stimmrecht *nt ohne pl* (*a.* POL) derecho *m* de voto; (**kein**) **~ haben** (no) tener derecho a voto

Stimmung *f* <-en> ❶ (*Gemütsverfassung*) estado *m* de ánimo; (*Laune*) humor *m;* **in guter/schlechter ~** de buen/mal humor; **nicht in der ~ sein etw zu tun** no estar de vena para hacer algo; **in ~ kommen** (*fam*) animarse ❷ (*einer Gesellschaft*) ambiente *m;* **~ in etw bringen** animar algo ❸ (*öffentliche Meinung*) opinión *f* pública; **für/gegen jdn/etw ~ machen** hacer campaña a favor/en contra de alguien/algo ❹ (MUS) afinación *f;* **Stimmungslage** *f* (*allgemeine ~*) atmósfera *f;* (*eines Einzelnen*) estado *m* de ánimo; **Stimmungsumschwung** *m* ❶ (*Person*) cambio *m* de humor ❷ (FIN, WIRTSCH) cambio *m* de tendencia; **stimmungsvoll** *adj* muy expresivo

Stimmzettel *m* (*a.* POL) (papeleta *f* de) voto *m*, boleta *f Mex, Peru, PRico*

Stimulation [ʃtimula'tsjoːn] *f* <-en> estímulo *m*, estimulación *f*

stimulieren* [ʃtimu'liːrən] *vt* estimular

Stinkbombe *f* bomba *f* fétida

Stinkefinger *m ohne pl* (*fam*) dedo *m*

(asqueroso)

stinken ['ʃtɪŋkən] <stinkt, stank, gestunken> *vi* oler mal, apestar (*nach* a), bufar *Am;* **das stinkt nach Verrat** (*fam*) huele a traición; **das stinkt ja zum Himmel** (*fam*) esto clama al cielo; **mir stinkt's!** (*fam*) ¡estoy harto!

stinkfaul ['-'-] *adj* (*fam*) muy vago; **stinklangweilig** ['-'---] *adj* (*fam*) aburridísimo; **stinksauer** ['-'--] *adj* (*fam*) de un humor de perros; **sie ist ~ auf dich** está enfadadísima contigo; **Stinktier** *nt* mofeta *f*, yaguré *m Am;* **Stinkwut** ['-'-] *f ohne pl* (*fam*) rabia *f* tremenda

Stipendiat(in) [ʃtipɛn'djaːt] *m(f)* <-en, -en; -nen> becario, -a *m, f*

Stipendium [ʃti'pɛndiʊm] *nt* <-s, Stipendien> beca *f*

Stippvisite ['ʃtɪp-] *f* (*fam*) visita *f* corta

stirbt [ʃtɪrpt] *3. präs von* **sterben**

Stirn [ʃtɪrn] *f* <-en> frente *f;* **eine hohe/ niedrige ~** una frente alta/estrecha; **die ~ runzeln** fruncir las cejas; **jdm die ~ bieten** hacer frente a alguien; **die ~ besitzen etw zu tun** tener la poca vergüenza de hacer algo; **Stirnband** *nt* cinta *f* (para poner en la frente)

Stirnhöhle *f* (ANAT) seno *m* frontal; **Stirnhöhlenentzündung** *f* (MED) sinusitis *f inv*

Stirnrunzeln *nt* ceño *m* (fruncido); **Stirnseite** *f* frente *m*

stob [ʃtoːp] *3. imp von* **stieben**

stöbern ['ʃtøːbən] *vi* (*fam*) revolver (*in* en); (*neugierig*) hurgar (*in* en)

stochern ['ʃtɔxən] *vi* hurgar (*in* en); **im Essen ~** comer sin apetito; **in den Zähnen ~** hurgarse los dientes con un palillo

Stock¹ [ʃtɔk, *pl:* 'ʃtœkə] *m* <-(e)s, Stöcke> ❶ (*Stab*) palo *m;* (*Spazier~, Ski~*) bastón *m;* (*Takt~*) batuta *f;* (*Billard~*) taco *m;* **am ~ gehen** (*fig fam*) estar hecho polvo ❷ (*Pflanze*) planta *f;* (*Baumstumpf*) tocón *m*

Stock² *m* <-(e)s, -> (*~werk*) piso *m*

Stock³ *m* <-s, *ohne pl*> (*Schweiz*) ❶ (GASTR) puré *m* de patatas ❷ (*Unterkunft*) en Suiza, casa situada al lado de la granja donde viven los padres de los granjeros

stockbesoffen ['-'---] *adj* (*fam*) borracho como una cuba; **stockdunkel** ['-'--] *adj* (*fam*) oscuro como la boca del lobo

Stöckelabsatz *m* tacón *m* alto [*o* (de) aguja]; **Stöckelschuh** *m* zapato *m* de tacón alto

stocken ['ʃtɔkən] *vi* ❶ (*stillstehen*) pararse; (*Atmung*) cortarse ❷ (*nicht vorangehen*) interrumpirse; (*Verkehr, beim Sprechen*) atascarse; (*Verhandlungen*) estar paralizado; **ins S~ geraten** no adelantar ➌ (*reg: gerinnen*) cuajar

stockend *adj* (*Sprechweise*) entrecortado; **~er Verkehr** atasco *m*

stockfinster ['-'--] *adj* (*fam*) oscuro como la boca de lobo; **~e Nacht** noche cerrada

Stockfisch *m* ➊ (*Fisch*) bacalao *m* (salado) ➋ (*fam: Person*) persona *f* sosa

Stockholm ['ʃtɔkhɔlm, -'-] *nt* <-s> Estocolmo *m*

stockkonservativ ['-'----] *adj* (*fam*) ultra-conservador, momio *Am*; **stocksauer** ['-'--] *adj* (*fam*) de un humor de perros; **stocksteif** ['-'-] *adj* (*fam*) tieso como una tabla

Stockung *f* <-en> ➊ (*Verlangsamung*) paralización *f*; (*Unterbrechung*) interrupción *f* ➋ (*Verkehrs~*) atasco *m*

Stockwerk *nt* piso *m*

Stoff¹ [ʃtɔf] *m* <-(e)s, ohne pl> ➊ (PHILOS) materia *f* ➋ (*fam: Drogen*) polvo *m*

Stoff² *m* <-(e)s, -e> ➊ (*Gewebe*) tejido *m*, tela *f* ➋ (*Substanz*) su(b)stancia *f*, material *m*; **wieder verwertbare ~e** materiales recuperables ➌ (*Unterrichts~*) materia *f*

Stofffetzen *m* trozo *m* de tela; **Stofftier** *nt* animal *m* de trapo; (*Plüschtier*) animal *m* de peluche

Stoffwechsel *m* metabolismo *m*

stöhnen ['ʃtøːnən] *vi* gemir (*vor* a causa de); (*klagen*) quejarse (*über* de)

stoisch ['ʃtoːɪʃ, 'stoːɪʃ] *adj* estoico

Stola ['ʃtoːla, 'stoːla] *f* <Stolen> estola *f*

Stollen ['ʃtɔlən] *m* <-s, -> ➊ (BERGB) galería *f* ➋ (GASTR) *pastel navideño de pasas, almendras y especias*

stolpern ['ʃtɔlpən] *vi sein* tropezar (*über* con); **zufällig über etw ~** (*fam*) toparse por casualidad con algo

stolz [ʃtɔlts] *adj* ➊ (*auf einen Erfolg*) orgulloso (*auf* de) ➋ (*hochmütig*) orgulloso ➌ (*imposant*) imponente ➍ (*fam: Summe*) considerable

Stolz *m* <-es, ohne pl> orgullo *m*; (*Hochmut*) altanería *f*; **seinen ~ haben** tener su orgullo

stolzieren* [ʃtɔlˈtsiːrən] *vi sein* pavonearse (*durch/über* por)

stop [ʃtɔp] *interj* alto; **Stop-and-go-Verkehr** *m* tráfico que comienza a circular y se detiene repetidamente

stopfen ['ʃtɔpfən] I. *vt* ➊ (*Kleidung*) zurcir ➋ (*Loch*) tapar ➌ (*hinein~*) meter (a la fuerza; *in* en) ➍ (*füllen*) llenar (*mit* de/con); **etw voll ~** atiborrar algo II. *vi* ➊ (*fam: schlingen*) zampar ➋ (*fam: sättigen*) llenar ➌ (*die Verdauung hemmen*)

estreñir

Stopfnadel *f* aguja *f* de zurcir

stopp [ʃtɔp] *interj* alto

Stopp [ʃtɔp] *m* <-s, -s> ➊ (*Auto*) parada *f*; (*Flugzeug*) escala *f* ➋ (*Import, Export, Löhne*) congelación *f*

Stoppel¹ ['ʃtɔpəl] *f* <-n> ➊ (*Getreide~*) rastrojo *m* ➋ (*fam: Bart~*) cañón *m*

Stoppel² *m* <-s, -(n)> (*Österr: Pfropfen*) tapón *m*

Stoppelbart *m* (*fam*) barba *f* de tres días; **Stoppelfeld** *nt* (campo *m* de) rastrojo *m*

stopp(e)lig *adj* (*unrasiert*) mal afeitado

stoppen ['ʃtɔpən] I. *vi* parar(se) II. *vt* ➊ (*anhalten*) parar ➋ (*Zeit, Geschwindigkeit*) cronometrar

stopplig *adj* (*unrasiert*) mal afeitado

Stoppschild *nt* señal *f* de stop; **Stoppuhr** *f* cronómetro *m*

Stöpsel ['ʃtœpsəl] *m* <-s, -> ➊ (*Pfropfen*) tapón *m* ➋ (*fam: Junge*) muchachito *m*

Stör [ʃtøːɐ] *m* <-s, -e> (ZOOL) esturión *m*

Storch [ʃtɔrç, *pl*: 'ʃtœrçə] *m* <-(e)s, Störche> (ZOOL) cigüeña *f*

Storchennest *nt* nido *m* de cigüeña

Störchin ['ʃtœrçɪn] *f* <-nen> (ZOOL) cigüeña *f* (hembra)

stören ['ʃtøːrən] I. *vt* ➊ (*belästigen*) estorbar, molestar; **lassen Sie sich durch mich nicht ~** no se moleste por mí ➋ (*Frieden, Verkehr*) perturbar; (*Ordnung*) alterar; (*Gespräch*) interrumpir II. *vi* molestar; **störe ich?** ¿molesto?; **bitte nicht ~!** ¡no molestar, por favor!; **etw als ~d empfinden** sentir algo como molesto III. *vr*: **sich ~** (*fam*) escandalizarse (*an* por), amolarse (*an* por) *Am*

Störenfried [-friːt] *m* <-(e)s, -e> buscapleitos *mf inv*

Störfall *m* incidente *m*; **Störgeräusch** *nt* (RADIO) interferencia *f*

Storni *pl von* Storno

stornieren* [ʃtɔrˈniːrən, stɔrˈniːrən] *vt* ➊ (*Auftrag*) anular ➋ (FIN) rescontrar

Storno ['ʃtɔrno, 'stɔrno, *pl*: 'ʃtɔrni, 'stɔrni] *m o nt* <-s, Storni> asiento *m* cancelatorio

störrisch ['ʃtœrɪʃ] *adj* terco

Störung *f* <-en> ➊ (*Belästigung*) estorbo *m*, molestia *f* ➋ (*der Ordnung*) alteración *f*; (*eines Gesprächs*) interrupción *f*; (*Verkehrs~, a.* RADIO) perturbación *f* ➌ (*technische ~*) avería *f* ➍ (*gesundheitliche ~*) irregularidad *f*; **Störungsdienst** *m* servicio *m* de averías; **Störungsstelle** *f* servicio *m* de reparaciones

Story ['stɔri] *f* <-s> ➊ (*fam: Geschichte*) historia *f*, cuento *m*; **die ~ kaufe ich dir nicht ab!** ¡no me lo creo! ➋ (*Bericht,*

Report) informe *m* ❸ (*Inhalt eines Films, Romans*) trama *f*

Stoß [ʃtoːs, *pl:* ˈʃtøːsə] *m* <-es, Stöße> ❶ (*Schubs*) empujón *m;* (*Schlag*) golpe *m;* (*mit dem Ellbogen*) codazo *m;* (*mit der Faust*) puñetazo *m*, impacto *m Am;* **sich dat einen ~ geben** hacer de tripas corazón ❷ (*Erd~*) temblor *m* ❸ (*Stapel*) montón *m* (de)

Stoßdämpfer *m* (AUTO) amortiguador *m*

Stößel [ˈʃtøːsəl] *m* <-s, -> majadero *m*

stoßen [ˈʃtoːsən] <stößt, stieß, gestoßen> **I.** *vt* ❶ (*schubsen*) empujar, quiñar *Am;* (*mit dem Fuß*) dar un puntapié (a); **jdn vor den Kopf ~** (*fam fig*) ofender a alguien ❷ (*hinein~*) clavar ❸ (*hinaus~*) arrojar ❹ (*zerkleinern*) machacar ❺ (*Schweiz: schieben*) empujar **II.** *vi* ❶ *sein* (*prallen*) chocar (*an/gegen* con-tra/con/en), darse (*gegen* con) ❷ (*schlagen*) dar un golpe (*gegen* contra) ❸ *sein* (*treffen*) encontrar (*auf*), dar (*auf* con); **auf Erdöl ~** dar con petróleo; **zu jdm ~** unirse a alguien ❹ (*angrenzen*) limitar (*an* con) ❺ (*Schweiz: schieben, drücken*) empujar **III.** *vr:* **sich ~** ❶ (*anprallen*) darse; **sich am Schrank ~** darse contra el armario ❷ (*Anstoß nehmen*): **sich an etw** *dat* **~** ofenderse por algo

Stoßgebet *nt* jaculatoria *f;* **Stoßseufzer** *m* suspiro *m* hondo; **Stoßstange** *f* (AUTO) parachoques *m inv*, bómper *m Am*

stößt [ʃtøːst] *3. präs von* **stoßen**

Stoßverkehr *m* tráfico *m* de las horas (de) punta

stoßweise *adv* (*ruckartig*) esporádica-mente; **es kamen ~ Bewerbungen** las solicitudes llegaron a empujones

Stoßzahn *m* colmillo *m;* **Stoßzeit** *f* hora *f* punta

Stotterer, -in [ˈʃtɔtərə] *m, f* <-s, -; -nen> tartamudo, -a *m, f*

stottern [ˈʃtɔtən] **I.** *vi* ❶ (*Mensch*) tartamu-dear ❷ (*Wagen, Motor*) traquetear **II.** *vt* balbucear

Stövchen [ˈʃtøːfçən] *nt* <-s, -> calientapla-tos *m inv* (*generalmente para teteras*)

Str. *Abk. von* **Straße** C/

stracks [ʃtraks] *adv* ❶ (*direkt*) directamente ❷ (*sofort*) inmediatamente

Strafanstalt *f* penitenciaría *f;* **Strafan-trag** *m* querella *f* (penal); **Strafanzeige** *f* denuncia *f;* **~ gegen jdn erstatten** presen-tar una denuncia contra alguien; **Strafar-beit** *f* castigo *m;* **Strafbank** *f* (SPORT) ban-quillo *m*, banco *m* de penalti; **strafbar** *adj* punible; **sich ~ machen** incurrir en un delito; **Strafbefehl** *m* (JUR) orden *f* penal

Strafe [ˈʃtraːfə] *f* <-n> ❶ (*allgemein*) cas-tigo *m;* **seine gerechte ~ bekommen** recibir merecido castigo; **etw unter ~ stellen** poner algo bajo pena; **zur ~** como castigo ❷ (*Geld~*) multa *f* ❸ (*Freiheits~*) pena *f;* **eine ~ absitzen** cumplir una pena; **eine ~ zur Bewährung aussetzen** con-ceder remisión condicional

strafen [ˈʃtraːfən] *vt* castigar (*für* por); (*mit einer Geldstrafe*) multar

Straferlass *m* condonación *f;* (*Amnestie*) amnistía *f*

straff [ʃtraf] *adj* (*gespannt*) tenso; (*Haut*) sin arrugas; (*Stil*) conciso; (*Disziplin*) rigu-roso; **etw ~ ziehen** tensar algo

straffällig [ˈʃtraːfɛlɪç] *adj* criminal; **~ wer-den** incurrir en un delito

straffen [ˈʃtrafən] **I.** *vt* ❶ (*Seil*) tensar; (*Haut*) estirar ❷ (*Text*) condensar **II.** *vr:* **sich ~** estirarse

Straffheit *f ohne pl* ❶ (*Organisation, Sys-tem*) rigidez *f*, rigurosidad *f* ❷ (*Glattheit*) tersura *f*

straffrei *adj* impune; **der Angeklagte ging ~ aus** el acusado fue declarado libre; **Straffreiheit** *f ohne pl* impunidad *f;* **Strafgefangene(r)** *mf* preso, -a *m, f;* **Strafgericht** *nt* ❶ (JUR) tribunal *m* (de lo) penal ❷ (*Bestrafung*) castigo *m;* **Strafge-setz** *nt* ley *f* penal; **Strafgesetzbuch** *nt* código *m* penal; **Strafjustiz** *f* justicia *f* penal

sträflich [ˈʃtrɛːflɪç] *adj* censurable

Sträfling [ˈʃtrɛːflɪŋ] *m* <-s, -e> preso, -a *m, f*

straflos *adj* impune; **~ ausgehen** quedar impune

Strafmaß *nt* <-es, -e> pena *f;* **strafmil-dernd** [ˈ-ˈ--] *adj* atenuante sobre la pena; **strafmündig** *adj* (JUR) en edad penal; **Strafporto** *nt* recargo *m* de franqueo; **Strafpredigt** *f* (*fam*) sermón *m;* **jdm eine ~ halten** echar(le) un sermón a al-guien

Strafprozess *m* proceso *m* penal; **Straf-prozessordnung** *f* (JUR) código *m* de pro-cedimiento penal

Strafpunkt *m* (SPORT) punto *m* de penaliza-ción; **Strafraum** *m ohne pl* (SPORT) área *f* de penalti; **Strafrecht** *nt ohne pl* derecho *m* penal; **strafrechtlich** *adj* jurídico-pe-nal; **Strafregister** *nt* registro *m* de ante-cedentes penales; **Strafsanktionen** *fpl* sanciones *fpl* penales; **Strafstoß** *m* (SPORT) penalti *m;* **Straftat** *f* delito *m;* **eine ~ begehen** cometer un delito; **Straftä-ter(in)** *m(f)* delincuente *mf;* **Strafver-fahren** *nt* procedimiento *m* penal [*o* cri-minal]; **Strafverfolger(in)** *m(f)* (JUR) fis-

S

cal *mf;* **Strafversetzung** *f* traslado *m* forzoso; **Strafverteidiger(in)** *m(f)* (JUR) abogado, -a *m, f* defensor(a)

Strafvollzug *m* ejecución *f* de la pena; **offener** ~ régimen de puerta abierta; **Strafvollzugsanstalt** *f* (JUR) penitenciaría *f*

Strafzettel *m* (*fam*) multa *f*

Strahl [ʃtraːl] *m* <-(e)s, -en> ❶ (*Licht~, Sonnen~, a.* PHYS) rayo *m* ❷ (*Wasser~*) chorro *m*

strahlen ['ʃtraːlən] *vi* ❶ (*Licht, Sonne*) brillar; (*glänzen*) brillar; (*funkeln*) destellar; (*radioaktiv*) despedir rayos radiactivos; **auf etw** ~ iluminar algo; ~**des Wetter** un sol radiante; **ein** ~**des Weiß** un blanco radiante ❷ (*Mensch*) estar radiante (*vor* de)

Strahlenbehandlung *f* (MED) radioterapia *f;* **Strahlenbelastung** *f* (MED) carga *f* de radiación; **Strahlendosis** *f* (MED) dosis *f inv* de radiación; **strahlengeschädigt** *adj* (MED) contaminado por radiación; **Strahlenschutz** *m* protección *f* contra radiaciones; **Strahlentherapie** *f* (MED) radioterapia *f;* **strahlenverseucht** *adj* contaminado por radiación

Strahler *m* <-s, -> ❶ (*Heiz~*) radiador *m* ❷ (*Licht~*) reflector *m*

Strahlung *f* <-en> (PHYS) (ir)radiación *f*

Strähnchen ['ʃtrɛːnçən] *ntpl* mechas *fpl*

Strähne ['ʃtrɛːnə] *f* <-n> ❶ (*Haar~*) greña *f pey;* (*graue* ~) mechón *m* ❷ (*Phase*) fase *f*

strähnig *adj* greñudo *pey*

stramm [ʃtram] *adj* ❶ (*straff*) tenso; ~ **sitzen** venir justo; ~ **ziehen** estirar ❷ (*kräftig*) robusto ❸ (*gerade aufgerichtet*) derecho ❹ (*streng*) rígido; **stramm|stehen** *irr vi* cuadrarse

Strampelanzug *m* pelele *m*, mameluco *m Am;* **Strampelhöschen** [-'høːsçən] *nt* pelele *m*

strampeln ['ʃtrampəln] *vi* ❶ (*Baby*) patalear ❷ *sein* (*fam: Rad fahren*) ir en bici

Strand [ʃtrant, *pl:* 'ʃtrɛndə] *m* <-(e)s, Strände> playa *f;* **an den** [*o* **zum**] ~ **gehen** ir a la playa; **am** ~ **liegen** estar en la playa; **Strandbad** *nt* playa *f*

stranden ['ʃtrandən] *vi sein* ❶ (*Schiff*) encallar ❷ (*geh: scheitern*) fracasar

Strandgut *nt* <-(e)s, *ohne pl*> objetos *mpl* arrojados por el mar; **Strandkorb** *m* sillón *m* de playa

Los **Strandkörbe**, cómodos y estables sillones de mimbre de dos plazas, son característicos del paisaje de las playas del Mar del Norte y del Mar Báltico. Su función es proteger a sus ocupantes del frío, la ventisca, la lluvia e incluso, en ocasiones, de las fuertes radiaciones solares.

Strandpromenade *f* paseo *m* marítimo

Strang [ʃtraŋ, *pl:* 'ʃtrɛŋə] *m* <-(e)s, Stränge> ❶ (*Seil*) cuerda *f*, soga *f;* **am gleichen** ~ **ziehen** (*fig*) tirar de la misma cuerda; **über die Stränge schlagen** (*fam fig*) pasarse de rosca ❷ (*Woll~*) madeja *f* ❸ (*Nerven~*) cordón *m*

strangulieren* [ʃtraŋguˈliːrən] *vt* estrangular

Strapaze [ʃtraˈpaːtsə] *f* <-n> esfuerzo *m* (enorme), agobio *m*

strapazieren* [ʃtrapaˈtsiːrən] *vt* ❶ (*Material*) gastar ❷ (*Person*) agotar; (*Augen*) cansar (mucho); (*Geduld*) poner a prueba

strapazierfähig *adj* resistente

strapaziös [ʃtrapaˈtsjøːs] *adj* agotador

Straps [ʃtraps] *m* <-es, -e> liguero *m*

Straßburg ['ʃtraːsbʊrk] *nt* <-s> Estrasburgo *m*

Straße ['ʃtraːsə] *f* <-n> ❶ (*in einer Ortschaft*) calle *f;* (*große*) avenida *f;* (*Land~*) carretera *f;* **auf der** ~ en la calle; **auf offener** ~ en plena calle; **auf die** ~ **gehen** salir a la calle; **jdn auf die** ~ **setzen** (*fam*) poner a alguien de patitas en la calle ❷ (*Meeresenge*) estrecho *m*

Straßenarbeiter *m* peón *m* caminero

Straßenbahn *f* tranvía *m;* **Straßenbahnhaltestelle** *f* parada *f* de tranvía; **Straßenbahnlinie** *f* línea *f* de tranvía

Straßenbau *m ohne pl* construcción *f* de carreteras; **Straßenbelag** *m* firme *m;* **Straßenfeger(in)** *m(f)* <-s, -; -nen> barrendero, -a *m, f;* **Straßenfest** *nt* fiesta *f* en la calle; **Straßenführung** *f ohne pl* trazado *m* (de una carretera); **Straßengraben** *m* cuneta *f;* **Straßenjunge** *m* (*a. abw*) golfo *m;* **Straßenkarte** *f* mapa *m* de carreteras; **Straßenkehrer(in)** *m(f)* (*reg*) barrendero, -a *m, f;* **Straßenkreuzer** *m* (*fam*) cochazo *m;* **Straßenkreuzung** *f* cruce *m;* **Straßenlaterne** *f* farol *m;* **Straßenmusikant(in)** *m(f)* músico, -a *m, f* ambulante; **Straßenrand** *m* margen *m* de la calle; **Straßenschild** *nt* letrero *m;* (*Verkehrsschild*) señal *f* indicadora; **Straßenschlucht** *f* (*fam*) *calle situada entre rascacielos;* **Straßenseite** *f* lado *m* de la calle; **Straßensperre** *f* barrera *f;* **Straßenstrich** *m ohne pl* prostitución *f* callejera; **Straßenüberführung** *f* paso *m* elevado; **Straßenunterführung** *f* paso *m* subterráneo; **Straßenverhältnisse** *ntpl* estado *m* de las carreteras

Straßenverkehr *m* tráfico *m* (rodado); **Straßenverkehrsordnung** ['---'---] *f* código *m* de circulación

Stratege, -in [ʃtra'te:gə] *m*, *f* <-n, -n; -nen> estratega *mf*

Strategie [ʃtrate'gi:] *f* <-n> estrategia *f*

strategisch *adj* estratégico

Stratosphäre [ʃtrato'sfɛ:rə, strato-] *f ohne pl* (METEO) estratosfera *f*

sträuben ['ʃtrɔɪbən] **I.** *vr:* **sich ~** ❶ (*Haare, Fell*) ponerse de punta ❷ (*sich wehren*) oponerse (*gegen* a) **II.** *vt* erizar; (*Gefieder*) hinchar; (*Fell*) poner de punta

Strauch [ʃtraʊx, *pl:*'ʃtrɔɪçə] *m* <-(e)s, Sträucher> arbusto *m*, mata *f*

straucheln ['ʃtraʊxəln] *vi sein* ❶ (*geh: stolpern*) tropezar (*über* con) ❷ (*scheitern*) fracasar

Strauß¹ [ʃtraʊs] *m* <-es, -e> (*Vogel*) avestruz *m*

Strauß² [ʃtraʊs, *pl:* 'ʃtrɔɪsə] *m* <-es, Sträuße> (*Blumen~*) ramo *m* (de flores)

Strebe ['ʃtre:bə] *f* <-n> (ARCHIT) puntal *m*

streben ['ʃtre:bən] *vi* ❶ *sein* (*sich bewegen*) dirigirse (*zu/nach* hacia) ❷ (*sich bemühen*): **nach etw ~** aspirar a algo

Streben ['ʃtre:bən] *nt* <-s, *ohne pl*> ambición *f* (*nach* de)

Strebepfeiler *m* (ARCHIT) contrafuerte *m*

Streber(in) *m(f)* <-s, -; -nen> (*abw*) arribista *mf*, olfa *mf RíoPl: fam;* (*in der Schule*) empollón, -ona *m*, *f*

strebsam *adj* aplicado; (*ehrgeizig*) ambicioso

Strebsamkeit *f ohne pl* aplicación *f;* (*Ehrgeiz*) ambición *f*

Strecke ['ʃtrɛkə] *f* <-n> ❶ (*Wegabschnitt*) trayecto *m;* (*Eisenbahn~*) línea *f;* (SPORT) recorrido *m;* **auf freier/halber ~** durante el recorrido; **über weite ~n** (*größtenteils*) en grandes partes; **auf der ~ bleiben** (*fam fig*) quedarse en la estacada ❷ (*Entfernung*) distancia *f* ❸ (*Weg, Route*) ruta *f* ❹ (BERGB) galería *f* ❺ (MATH) segmento *m* rectilíneo ❻ (*Wend*): **jdn zur ~ bringen** (*verhaften*) echarle el guante a alguien; (*töten*) cargarse a alguien

strecken ['ʃtrɛkən] **I.** *vt* ❶ (*Körperteil*) estirar; **lang gestreckt** alargado; (**den Finger**) **~** (*fam*) levantar la mano; **jdn zu Boden ~** derribar a alguien de un golpe; **den Kopf aus dem Fenster ~** asomar la cabeza por la ventana ❷ (*Metall*) laminar ❸ (*Vorräte, Geld*) hacer rendir; (*verdünnen*) aguar **II.** *vr:* **sich ~** ❶ (*sich aus~*)

estirarse ❷ (*sich recken*) desperezarse ❸ (*sich hinziehen*): **der Weg streckt sich** (*fam*) el camino se hace largo

Streckenabschnitt *m* tramo *m;* **Streckennetz** *nt* red *f* de líneas; **streckenweise** *adv* (*a. fig*) en (algunas) partes

Streetworker(in) ['stri:twœ:ke] *m(f)* <-s, -; -nen> educador(a) *m(f)* de calle

Streich [ʃtraɪç] *m* <-(e)s, -e> ❶ (*geh: Schlag*) golpe *m* ❷ (*Schabernack*) jugarreta *f*, ganga *f Mex*, cargada *f Arg;* **jdm einen ~ spielen** hacer(le) una jugarreta a alguien; **da hat mir mein Gedächtnis einen ~ gespielt** mi memoria me ha gastado una mala pasada

Streicheleinheiten *fpl* (*fam a.* PSYCH) caricias *fpl*, papachos *mpl Mex*

streicheln ['ʃtraɪçəln] *vt* acariciar

streichen ['ʃtraɪçən] <streicht, strich, gestrichen> **I.** *vt* ❶ (*an~*) pintar; **frisch gestrichen!** ¡recién pintado! ❷ (*durch~*) tachar, radiar *Am;* (*Zuschuss*) suprimir; (*Plan, Auftrag*) anular; **„Nichtzutreffendes ~"** "táchese lo que no corresponda" ❸ (*Butter*) untar; (*Brötchen*) preparar ❹ (*entfernen*) quitar ❺ (*Stoff, Haare*): **glatt ~** alisar; **etw (mit der Hand) glatt ~** pasar la mano por algo **II.** *vi* ❶ *sein* (*umherstreifen*) vagar (*durch* por) ❷ (*darüber~*) pasar (la mano) (*durch/über* por); (*zärtlich*) acariciar (*durch/über*); **ein gestrichener Esslöffel Mehl** una cuchara rasa de harina

Streicher *pl* (MUS: *Orchesterteil*) instrumentos *mpl* de arco

Streichholz *nt* cerilla *f*, cerillo *m Mex;* **Streichholzschachtel** *f* caja *f* de cerillas, cerillero *m Am*

Streichinstrument *nt* instrumento *m* de cuerda; **Streichkäse** *m* queso *m* para untar; **Streichmusik** *f* música *f* de arco; **Streichorchester** *nt* orquesta *f* de cuerda

Streichung *f* <-en> ❶ (*Abschaffung*) anulación *f;* (*von Stellen, im Etat*) recorte *m* ❷ (*im Text*) tachadura *f*

Streichwurst *f* embutido *m* para untar

Streife ['ʃtraɪfə] *f* <-n> patrulla *f;* **auf ~ gehen/sein** andar/estar de patrulla

streifen ['ʃtraɪfən] **I.** *vt* ❶ (*berühren*) rozar; (*Frage, Problem*) tocar de pasada ❷ (*abziehen*) sacar (*von* de); (*überziehen*) poner (*auf* a) **II.** *vi sein:* **durch ein Gebiet ~** recorrer una región

Streifen ['ʃtraɪfən] *m* <-s, -> ❶ (*Linie*) línea *f* ❷ (*aus Stoff, Papier*) tira *f* ❸ (*fam: Film*) peli *f*

Streifenpolizist(in) *m(f)* policía *mf* de patrulla; **Streifenwagen** *m* coche *m*

S

patrulla

Streifschuss *m* disparo *m* que pasa rozando; **Streifzug** *m* ❶ (*Erkundungszug*) excursión *f* (*durch* por/en) ❷ (*kurzer Überblick*) panorama *m* (*durch* de)

Streik [ʃtraɪk] *m* <-(e)s, -s> huelga *f;* **in** (**den**) ~ **treten** declararse en huelga; **zum** ~ **aufrufen** convocar una huelga

Streikbrecher(in) *m(f)* <-s, -; -nen> esquirol *mf*

streiken [ʃtraɪkən] *vi* ❶ (*Arbeiter*) estar en huelga (*für* para) ❷ (*fam: sich weigern*) pasar; (*Motor*) no funcionar

Streikende(r) *mf* <-n, -n; -n> huelgista *mf*

Streikposten *m* piquete *m* (de huelga); **Streikrecht** *nt ohne pl* derecho *m* de huelga

Streit [ʃtraɪt] *m* <-(e)s, -e> disputa *f* (*um* por, *über* sobre), pelea *f* (*um* por); (*Rechts~*) litigio *m;* **wir haben** ~ estamos peleados; **wegen etw mit jdm** ~ **bekommen** pelearse con alguien por algo; **sich im** ~ **trennen** acabar peleados

streiten [ʃtraɪtən] <streitet, stritt, gestritten> I. *vi* ❶ (*zanken*) pelear (*um* por) ❷ (*mit Worten*) discutir (*über* sobre); **darüber lässt sich** ~ esto es discutible II. *vr:* **sich** ~ pelearse (*um/wegen* por)

Streiterei *f* <-en> (*abw*) querellas *fpl;* (*mit Worten*) disputas *fpl*

Streitfall *m* conflicto *m;* (JUR) litigio *m;* (POL) contencioso *m;* **im** ~ en caso de litigio; **Streitgespräch** *nt* disputa *f*

streitig *adj* ❶ (JUR) litigioso ❷ (*strittig*) controvertido; **jdm etw** ~ **machen** disputar algo a alguien

Streitigkeit *f* <-en> riña *f,* contienda *f*

Streitkräfte *fpl* fuerzas *fpl* armadas; **streitlustig** *adj* disputador; (*aggressiv*) agresivo; **Streitpunkt** *m* punto *m* de discordia; **streitsüchtig** *adj* pendenciero

streng [ʃtrɛŋ] *adj* ❶ (*allgemein*) severo; (*hart*) duro; (*genau*) estricto; ~ **genommen** en rigor; **jdn** ~ **ansehen** mirar a alguien severamente; **das ist** ~ **verboten!** ¡eso está terminantemente prohibido! ❷ (*Stillschweigen, Diskretion*) absoluto; ~ **geheim** bajo absoluta discreción; ~ **vertraulich** absolutamente confidencial ❸ (*Geruch*) acre ❹ (*schmucklos*) austero ❺ (*Kälte*) intenso; (*Winter*) duro ❻ (*konsequent*) consecuente ❼ (*Schweiz: anstrengend*) duro

Strenge [ʃtrɛŋə] *f ohne pl* ❶ (*Striktheit*) severidad *f;* (*Exaktheit*) exactitud *f* ❷ (*Schmucklosigkeit*) austeridad *f* ❸ (*eines Geruchs, Geschmacks*) acritud *f* ❹ (*des Winters*) rigor *m*

strenggläubig *adj* (muy) creyente

Stress [ʃtrɛs] *m* <-es, *ohne pl*> estrés *m;* **unter** ~ **stehen** estar bajo estrés

stressen [ʃtrɛsən] *vi, vt* (*fam*) estresar

stressfrei *adj* sin estrés

stressig *adj* (*fam*) estresante

Stressor [ʃtrɛso:ɐ] *m* <-s, -en> (PSYCH) estresor *m*

Stresssituation *f* situación *f* de estrés

Stretching [ʃtrɛtʃɪŋ] *nt* <-s, *ohne pl*> estiramiento *m*

Streu [ʃtrɔɪ] *f ohne pl* paja *f* (*como lecho*)

streuen [ʃtrɔɪən] I. *vt* ❶ (*verteilen*) esparcir (*durch/auf* por); (*Pulver*) espolvorear; **Gerüchte** ~ levantar rumores ❷ (*Straße*) echar arenilla (a) (*contra el hielo*) II. *vi* ❶ (*Straße*) echar arenilla ❷ (PHYS) dispersar

Streufahrzeug *nt* camión *m* esparcidor de arenilla; **Streugut** *nt* <-s, *ohne pl*> sal *o* arenilla *que se esparce para evitar hielos*

streunen [ʃtrɔɪnən] *vi sein* vagabundear (*durch* por); **durch die Stadt** ~ callejear

Streusel [ʃtrɔɪzəl] *m o nt* <-s, -> bolita *de mantequilla, azúcar y harina para cubrir pasteles;* **Streuselkuchen** *m* pastel *cubierto con bolitas de mantequilla, azúcar y harina*

Streuung *f* <-en> (*a.* PHYS) dispersión *f*

strich [ʃtrɪç] *3. imp von* **streichen**

Strich[1] [ʃtrɪç] *m* <-(e)s, -e> (*Linie*) raya *f;* (*auf Skalen*) marca *f;* (*Pinsel~*) pincelada *f;* **jdm einen** ~ **durch die Rechnung machen** (*fam fig*) desbaratar los proyectos de alguien; **einen** ~ **unter etw ziehen** (*fig*) poner punto final a algo; **unter dem** ~ (*als Ergebnis*) a fin de cuentas

Strich[2] *m* <-(e)s, *ohne pl*> ❶ (*der Haare, des Fells*) sentido *m;* **das geht mir gegen den** ~ (*fam*) eso me viene a contrapelo; **jdn nach** ~ **und Faden verprügeln** (*fam*) dar(le) una buena paliza a alguien ❷ (*fam: Prostitution*) prostitución *f* callejera; **auf den** ~ **gehen** hacer la carrera

Strichcode *m s.* **Strichkode**

stricheln [ʃtrɪçəln] *vt* ❶ (*zeichnen*) trazar a rayas; **eine gestrichelte Linie** una línea discontinua ❷ (*schraffieren*) rayar

Stricher(in) *m(f)* <-s, -; -nen> (*fam*) puto, -a *m, f* callejero, -a

Strichkode *m* código *m* de barras; **Strichliste** *f* lista *f* a rayas

Strichmädchen *nt* (*fam*) puta *f* callejera

Strichmännchen *nt* monigote *m;* **Strichpunkt** *m* punto *m* y coma; **strichweise** *adv* en algunas partes; ~ **Schneefall** nevadas locales

Strick [ʃtrɪk] *m* <-(e)s, -e> ❶ (*Seil*) cuerda

f, soga *f;* **wenn alle ~e reißen** (*fam*) en el peor de los casos; **jdm aus etw einen ~ drehen** (*fig*) utilizar algo en contra de alguien ❷ (*fam: Schlingel*) bribón, -ona *m, f*

stricken ['ʃtrɪkən] *vi, vt* hacer punto; **einen Pullover ~** hacer un jersey de punto

Strickgarn *nt* hilo *m* para labores de punto; **Strickjacke** *f* chaqueta *f* de punto; **Strickleiter** *f* escala *f* de cuerda; **Stricknadel** *f* aguja *f* para hacer punto; **Strickwaren** *fpl* géneros *mpl* de punto; **Strickweste** *f* chaqueta *f* de punto; **Strickzeug** *nt* (*Handarbeit*) labor *m* de punto

striegeln *vt* (*Pferd*) almohazar; (*bürsten*) cepillar

Strieme ['ʃtriːmə] *f* <-n>, **Striemen** ['ʃtriːmən] *m* <-s, -> verdugón *m*

strikt [ʃtrɪkt] *adj* estricto

Strip [strɪp] *m* <-s, -s> strip-tease *m*

Strippe ['ʃtrɪpə] *f* <-n> (*fam*) cordón *m;* **jdn an der ~ haben** tener a alguien al teléfono

strippen ['ʃtrɪpən] *vi* (*fam: sich ausziehen*) hacer un strip-tease

Strippenzieher(in) *m(f)* <-s, -; -nen> (*abw fam*) maquinador(a) *m(f)*

Striptease ['ʃtrɪptiːs, 'strɪptiːs] *m o nt* <-, ohne pl> estriptis *m inv,* striptease *m inv,* strip-tease *m inv*

stritt [ʃtrɪt] *3. imp von* **streiten**

strittig ['ʃtrɪtɪç] *adj* disputable; (*umstritten*) discutido

Stroh [ʃtroː] *nt* <-(e)s, ohne pl> paja *f;* **strohblond** ['-'-] *adj* rubio pajizo; **Strohblume** *f* siempreviva *f;* **strohdumm** ['-'-] *adj* (*fam*) tonto; **Strohfeuer** *nt* fuego *m* de paja; **es war nur ein ~** (*fam*) ha sido sólo la emoción del primer momento; **Strohhalm** *m* ❶ (*Halm*) tallo *m* de paja ❷ (*Trinkhalm*) pajita *f,* popote *m Mex;* **Strohhut** *m* sombrero *m* de paja; **Strohmann** *m* testaferro *m,* palo *m* blanco *Am;* **Strohwitwe** *f* (*fam*): **~ sein** estar sin marido; **Strohwitwer** *m* (*fam*): **~ sein** estar de Rodríguez

Strolch [ʃtrɔlç] *m* <-(e)s, -e> ❶ (*abw: Gauner*) golfo, -a *m, f* ❷ (*fam: Kind*) golfillo, -a *m, f*

Strom [ʃtroːm] *m* <-(e)s, Ströme> ❶ (*Fluss, Strömung*) corriente *f;* (*a. fig*) río *m;* **der Wein floss in Strömen** el vino corría a raudales; **gegen den ~ schwimmen** (*fig*) nadar contra la corriente; **mit dem ~ schwimmen** (*fig*) dejarse llevar por la corriente ❷ (ELEK) corriente *f;* **unter ~ stehen** (*Kabel, Zaun*) estar conectado a la corriente (eléctrica); (*fam: Mensch*) echar humo por las orejas de tanto trabajo

❸ (*Menschen~*) oleada *f*

stromabwärts [-'--] *adv* río abajo; **stromaufwärts** [-'--] *adv* río arriba

Stromausfall *m* apagón *m*

strömen ['ʃtrøːmən] *vi sein* ❶ (*Fluss*) fluir ❷ (*Blut, Wasser*) correr ❸ (*Menschen*) acudir en masa (*zu/nach* a)

Stromerzeugung *f* generación *f* de corriente; **Stromkabel** *nt* línea *f* eléctrica; **Stromkreis** *m* circuito *m* (eléctrico); **Stromleitung** *f* conducción *f* de corriente (eléctrica)

stromlinienförmig *adj* aerodinámico

Strommast *m* poste *m* de la electricidad; **Stromnetz** *nt* red *f* eléctrica; **Stromrechnung** *f* cuenta *f* de electricidad

Stromschnelle *f* <-n> rápido *m,* corredera *f CSur*

Stromstärke *f* intensidad *f* de la corriente; **Stromstoß** *m* impulso *m* de corriente

Strömung *f* <-en> corriente *f*

Stromverbrauch *m* consumo *m* de electricidad; **Stromversorgung** *f* suministro *m* de corriente; **Stromzähler** *m* <-s, -> contador *m* eléctrico

Strophe ['ʃtroːfə] *f* <-n> estrofa *f*

strotzen ['ʃtrɔtsən] *vi* (*vor Freude, Gesundheit*) rebosar (*von/vor* de); (*voll sein*) estar lleno (*von/vor* de)

strubb(e)lig ['ʃtrʊbəlɪç] *adj* desgreñado

Strudel ['ʃtruːdəl] *m* <-s, -> ❶ (*im Wasser*) remolino *m* ❷ (*Speise*) rollo de hojaldre relleno, strudel *m*

Struktur [ʃtrʊk'tuːɐ] *f* <-en> estructura *f*

strukturell [ʃtrʊktu'rɛl] *adj* estructural

strukturieren* [ʃtrʊktu'riːrən] *vt* estructurar

Strukturierung *f* <-en> estructuración *f*

strukturschwach *adj* (WIRTSCH) poco desarrollado; **Strukturwandel** *m* cambio *m* de estructura

Strumpf [ʃtrʊmpf, *pl:* 'ʃtrʏmpfə] *m* <-(e)s, Strümpfe> media *f;* (*kurzer*) calcetín *m;* **Strumpfband** *nt* liga *f;* **Strumpfhalter** *m* <-s, -> liguero *m,* portaligas *m inv Am;* **Strumpfhose** *f* panty *m,* pantimedia(s) *f(pl) Mex*

struppig ['ʃtrʊpɪç] *adj* hirsuto

Stube ['ʃtuːbə] *f* <-n> cuarto *m,* habitación *f;* **die gute ~** el salón

Stubenarrest *m* (*fam*): **~ haben/bekommen** no poder salir (*un niño, como castigo, de casa o de su habitación*); **Stubenfliege** *f* mosca *f* (doméstica); **Stubenhocker(in)** *m(f)* (*fam abw*) persona *f* casera; **stubenrein** *adj* (*Tier*) aseado; (*Witz*) decoroso

Stuck [ʃtʊk] *m* <-(e)s, ohne pl> ❶ (*Mate-*

rial) estuco *m* ❷ (~ *arbeit*) estucado *m*

Stück [ʃtyk] *nt* <-(e)s, -e> ❶ (*allgemein*) pieza *f;* (*Vieh*) cabeza *f;* **sechs ~ Eier** seis huevos; **drei Euro das ~** tres euros cada uno; **~ Land** parcela *f;* **ein ~ spazieren gehen** pasear un rato; **das ist ein starkes ~!** (*fam*) ¡qué barbaridad! ❷ (*Teil*) trozo *m,* pedazo *m,* troncho *m CSur;* **~ für ~** pieza por pieza; (*fig*) poco a poco; **etw in ~e schlagen** romper algo en trozos; **große ~e auf jdn halten** (*fam*) estimar mucho a alguien; **ein schweres ~ Arbeit** mucho trabajo; **aus freien ~en** voluntariamente ❸ (*Theater~, Musik~*) pieza *f* ❹ (*fam abw: Person*): **du gemeines ~!** ¡hijo de perra!

Stuckateur(in) [ʃtʊkaˈtøːɐ] *m(f)* <-s, -e; -nen> estucador(a) *m(f)*

stückeln [ˈʃtʏkəln] *vt* fraccionar

Stückgut *nt* bulto *m* suelto; **Stückpreis** *m* precio *m* por unidad; **stückweise** *adv* por piezas; **Stückzahl** *f* (WIRTSCH) número *m* de piezas

Student(in) [ʃtuˈdɛnt] *m(f)* <-en, -en; -nen> estudiante *mf*

Studentenausweis *m* carné *m* de estudiante; **Studentenverbindung** *f* (UNIV) *asociación estudiantil jerarquizada, con uniforme y reglas propias más o menos estrictas que ofrece a sus miembros alojamiento, apoyo profesional, etc.;* **Studentenwerk** *nt* en Alemania, *institución universitaria para la asistencia social de los estudiantes;* **Studentenwohnheim** *nt* residencia *f* estudiantil

Studentin *f* <-nen> *s.* **Student**

studentisch *adj* estudiantil

Studie [ˈʃtuːdiə] *f* <-n> ❶ (*Entwurf*) esbozo *m* ❷ (*Untersuchung*) estudio *m*

Studien *pl von* **Studie, Studium²**

Studienabbrecher(in) *m(f)* <-s, -; -nen> estudiante *mf* que abandona la carrera universitaria; **Studienabschluss** *m* (*Grad*) título *m* (universitario); **Studienberatung** *f* servicio *m* de asesoramiento para estudiantes; **Studienfach** *nt* asignatura *f;* **Studiengang** *m* <-(e)s, -gänge> carrera *f;* **Studiengebühr** *f* (derechos *mpl* de) matrícula *f;* **Studienplatz** *m* plaza *f* (universitaria); **Studienrat, -rätin** *m, f* catedrático, -a *m, f* de Instituto; **Studienreise** *f* viaje *m* de estudios

studieren* [ʃtuˈdiːrən] *vi, vt* estudiar (*an/in* en)

studiert [ʃtuˈdiːɐt] *adj* (*fam*) que ha estudiado; (*gebildet*) culto

Studio [ˈʃtuːdio] *nt* <-s, -s> estudio *m*

Studium¹ [ˈʃtuːdiʊm] *nt* <-s, *ohne pl*>

(*akademische Ausbildung*) carrera *f*

Studium² *nt* <-s, Studien> (*Erforschung*) estudio *m*

Stufe [ˈʃtuːfə] *f* <-n> ❶ (*Treppen~*) peldaño *m,* escalón *m;* **Vorsicht, ~!** ¡Cuidado con el escalón! ❷ (*Ebene*) nivel *m;* (*Rang*) grado *m;* **sich mit jdm auf eine ~ stellen** equipararse con alguien ❸ (*Abschnitt*) fase *f*

Stufenbarren *m* (SPORT) paralelas *fpl* asimétricas; **stufenförmig** [-fœrmɪç] *adj* escalonado; **stufenlos** *adj* (TECH) sin fases, sin etapas; **Stufenschnitt** *m* corte *m* escalonado

stufenweise *adj* gradual

stufig *adj* ❶ (*Land*) escalonado ❷ (*Haar*) en capas

Stuhl [ʃtuːl, *pl:* ˈʃtyːlə] *m* <-(e)s, Stühle> ❶ (*Möbel*) silla *f;* **elektrischer ~** silla eléctrica; **jdm einen ~ anbieten** ofrecer(le) una silla a alguien; **zwischen zwei Stühlen sitzen** (*fig*) nadar entre dos aguas; **das reißt mich nicht vom ~** (*fam*) esto no me maravilla ❷ (REL) sede *f;* **der Heilige ~** la Santa Sede ❸ (MED: ~*gang*) defecación *f;* (*Kot*) restos *mpl* fecales

Stuhlbein *nt* pata *f* de la silla

Stuhlgang *m* <-(e)s, *ohne pl*> defecación *f;* **~ haben** defecar

Stuhllehne *f* respaldo *m* (de una silla)

Stulle [ˈʃtʊlə] *f* <-n> (*nordd*) bocadillo *m,* bocata *m fam*

stülpen [ˈʃtʏlpən] *vt:* **etw auf/über etw ~** tapar algo con algo; **etw nach außen ~** volver algo (al revés)

stumm [ʃtʊm] *adj* ❶ (*sprechunfähig, a.* LING) mudo; **~ werden** enmudecer ❷ (*schweigsam*) callado; **jdn ~ ansehen** mirar a alguien sin decir palabra

Stummel [ˈʃtʊməl] *m* <-s, -> (*Bleistift~*) pedazo *m;* (*Kerzen~*) cabo *m;* (*Zigaretten~*) colilla *f*

Stummfilm *m* película *f* muda

Stümper(in) [ˈʃtʏmpɐ] *m(f)* <-s, -; -nen> (*abw*) chapucero, -a *m, f*

stümperhaft *adj* (*abw*) chapucero

stumpf [ʃtʊmpf] *adj* ❶ (*nicht scharf*) desafilado; (*nicht spitz*) romo ❷ (*rau*) tosco ❸ (*glanzlos*) opaco ❹ (MATH: *Winkel*) obtuso ❺ (*teilnahmslos*) apático; (*gleichgültig*) indiferente

Stumpf [ʃtʊmpf, *pl:* ˈʃtʏmpfə] *m* <-(e)s, Stümpfe> (*Baum~*) tocón *m;* (*Kerzen~*) cabo *m;* (*von Gliedmaßen*) muñón *m*

Stumpfheit *f ohne pl* ❶ (*eines Messers*) embotamiento *m* ❷ (*Rauheit*) tosquedad *f* ❸ (*Glanzlosigkeit*) opacidad *f* ❹ (*Teilnahmslosigkeit*) apatía *f;* (*Gleichgültig-*

keit) indiferencia *f*

Stumpfsinn *m* <-(e)s, *ohne pl*> ❶ (*Teilnahmslosigkeit*) apatía *f* ❷ (*Monotonie*) monotonía *f*

stumpfsinnig *adj* ❶ (*teilnahmslos*) apático ❷ (*monoton*) monótono

Stunde ['ʃtʊndə] *f* <-n> hora *f*; (*Unterrichts~*) clase *f*; **drei viertel ~n** tres cuartos de hora; **in einer ~** dentro de una hora; **vor einer halben ~** hace media hora; **alle halbe ~** cada media hora; **bis zur ~** hasta ahora; **zu später ~** muy tarde; **25 DM pro ~** 25 marcos la hora; **~n nehmen/geben** tomar/dar clases; **in einer schwachen ~** en un momento de debilidad; **seine letzte ~ ist gekommen** le ha llegado la hora; **sie weiß, was die ~ geschlagen hat** (*fig*) sabe cómo están las cosas

stunden ['ʃtʊndən] *vt*: **jdm etw ~** conceder a alguien una prórroga para algo

Stundengeschwindigkeit *f* velocidad *f* por hora; **Stundenhotel** *nt* casa *f* de citas; **Stundenkilometer** *m* (*fam*) kilómetro *m* por hora; **stundenlang I.** *adj* de varias horas **II.** *adv* horas y horas; **Stundenlohn** *m* salario *m* por hora; **Stundenplan** *m* horario *m*; **Stundentakt** *m* *ohne pl*: **im ~** cada hora

stundenweise *adv* por horas

stündlich ['ʃtʏntlɪç] **I.** *adj* horario **II.** *adv* cada hora; **dreimal ~** tres veces por hora

Stunk [ʃtʊŋk] *m* <-s, *ohne pl*> (*fam abw*) bronca *f*, camorra *f*; **~ machen** armar camorra

Stuntman ['stantmən] *m* <-s, Stuntmen> (FILM) especialista *m*

stupend [ʃtu'pɛnt] *adj* (*geh*) sorprendente

stupid(e) *adj* (*abw*) ❶ (*Person*) estúpido ❷ (*Tätigkeit*) monótono

Stups [ʃtʊps] *m* <-es, -e> (*fam*) empujón *m*

stupsen ['ʃtʊpsən] *vt* (*fam*) empujar

Stupsnase *f* nariz *f* respingona

stur [ʃtuːɐ] *adj* testarudo; **bei etw auf ~ schalten** (*fam*) encabezonarse en algo

Sturheit *f ohne pl* (*fam abw*) terquedad *f*

Sturm [ʃtʊrm, *pl*: 'ʃtʏrmə] *m* <-(e)s, Stürme> ❶ (*Unwetter*) tormenta *f*; (*Wind*) tempestad *f*; **ein ~ der Begeisterung** una tempestad de entusiasmo; **~ klingeln** (*fam*) tocar a rebato ❷ (*Angriff*) asalto *m* (*auf* a); **gegen etw ~ laufen** protestar contra algo; **die Herzen im ~ erobern** conquistar (todos) los corazones en seguida ❸ (SPORT) delantera *f*; **er spielt im ~** juega en la delantera

Sturmbö *f* ráfaga *f*, bocanada *f* (de viento)

stürmen ['ʃtʏrmən] **I.** *vi* ❶ *sein* (*rennen*) precipitarse (*zu/nach* hacia) ❷ (SPORT) ata-

car **II.** *vt* tomar por asalto; (*Bank, Geschäfte*) asaltar **III.** *vunpers:* **es stürmt** hay temporal

Stürmer(in) *m(f)* <-s, -; -nen> (SPORT) delantero *mf*

Sturmflut *f* marea *f* muy alta

stürmisch *adj* ❶ (*Wetter*) tempestuoso; (*Meer*) agitado ❷ (*ungestüm*) impetuoso; (*heftig*) violento; (*Liebhaber*) apasionado; (*Entwicklung*) rápido; (*Beifall*) frenético; **nicht so ~!** ¡no tan rápido!

Sturmtief *nt* (METEO) borrasca *f*; **Sturmwarnung** *f* aviso *m* de tempestad

Sturz [ʃtʊrts, *pl*: 'ʃtʏrtsə] *m* <-es, Stürze> ❶ (*Fall*) caída *f* (*von* de, *aus* por) ❷ (*Rückgang*) bajón *m* ❸ (*einer Regierung*) derrocamiento *m* ❹ (*oberer Abschlussbalken*) dintel *m* ❺ (*Achs~*) inclinación *f*

sturzbetrunken *adj* (*fam*) (borracho) como una cuba

stürzen ['ʃtʏrtsən] **I.** *vi* *sein* ❶ (*fallen*) caer(se); (*Temperatur, Währung*) bajar; **sie ist schwer gestürzt** se hizo mucho daño al caerse; **zu Boden ~** caer al suelo ❷ (*in die Tiefe*) despeñarse ❸ (*rennen*) precipitarse (*zu/an* hacia, *in* a); **ins Zimmer gestürzt kommen** entrar de golpe en la habitación **II.** *vt* ❶ (*um~*) derribar; (*umkippen*) volcar; (*Regierung*) derrocar ❷ (*hinunter~*) arrojar; (*von einem Felsen*) despeñar ❸ (*Kuchen-, Puddingform*) desprender **III.** *vr:* **sich ~** (*hinunterspringen*) precipitarse (*in* a, *von* desde), arrojarse (*aus* por); **sich auf jdn ~** abalanzarse sobre alguien; **sich auf/in etw ~** lanzarse sobre/a algo; **sich in die Arbeit ~** lanzarse al trabajo

Sturzflug *m* vuelo *m* en picado; **im ~** en picado; **Sturzhelm** *m* casco *m* (protector)

Stuss [ʃtʊs] *m* <-es, *ohne pl*> (*fam abw*) disparates *mpl*

Stute *f* <-n> yegua *f*

Stütze ['ʃtʏtsə] *f* <-n> (*a. fig*) sostén *m*, apoyo *m*; (ARCHIT) soporte *m*; **eine ~ für jdn sein** ser el sostén de alguien

stutzen ['ʃtʊtsən] **I.** *vi* (*innehalten*) interrumpirse; (*erstaunt*) sorprenderse **II.** *vt* cortar; (*Baum*) podar; (*Flügel, Schwanz*) recortar

stützen ['ʃtʏtsən] **I.** *vt* apoyar; **den Kopf auf die Hände ~** apoyar la cabeza en las manos **II.** *vr:* **sich ~** ❶ (*sich auf~*) apoyarse (*auf* en) ❷ (*beruhen*) basarse (*auf* en)

stutzig *adj:* **~ werden** sorprenderse; **~ machen** (*argwöhnisch machen*) hacer sospechar; (*verwirren*) desconcertar

Stützpfeiler *m* (ARCHIT) pilar *m* (de apoyo); **Stützpunkt** *m* ❶ (*einer Last*) punto *m* de apoyo ② (MIL) base *f*

stylen ['staɪlən] **I.** *vt* (*gestalten*) diseñar; **sich** *dat* **die Haare** ~ arreglarse el pelo **II.** *vr:* **sich** ~ (*fam*) ponerse (guapo)

Styling ['staɪlɪŋ] *nt* <-s, *ohne pl*> diseño *m*, estilo *m*

Styropor® [ʃtyro'poːɐ, styro-] *nt* <-s, *ohne pl*> poliestireno *m*, plumavit® *m Am*

s.u. *Abk. von* **siehe unten** véase abajo

Subjekt [zʊp'jɛkt] *nt* <-(e)s, -e> (*a.* LING) sujeto *m*

subjektiv [zʊpjɛk'tiːf] *adj* subjetivo

Subjektivität [zʊpjɛktivi'tɛːt] *f ohne pl* subjetividad *f*

Subkultur ['zʊpkʊltuːɐ] *f* subcultura *f*

Substantiv ['zʊpstantiːf] *nt* <-s, -e> (LING) sustantivo *m*

Substanz [zʊp'stants] *f* <-en> sustancia *f*; **das geht an die** ~ (*fam*) esto llega al alma

substituieren* [zʊpstitu'iːrən] *vt* sustituir (*durch* por)

Substitut(in) [zʊpsti'tuːt] *m(f)* <-en, -en; -nen> (*Schweiz*) sustituto, -a *m, f*

subtil [zʊp'tiːl] *adj* sutil

subtrahieren* [zʊptra'hiːrən] *vt* (MATH) restar (*von* a)

Subtraktion [zʊptrak'tsjoːn] *f* <-en> (MATH) sustracción *f*, resta *f*

Subtropen ['zʊptroːpən] *pl* (GEO) regiones *fpl* subtropicales

subtropisch *adj* (GEO) subtropical

Subunternehmer(in) ['zʊp-] *m(f)* (WIRTSCH) subcontratista *mf*

Subvention [zʊpvɛn'tsjoːn] *f* <-n> (WIRTSCH) subvención *f*

subventionieren* [zʊpvɛntsjo'niːrən] *vt* (WIRTSCH) subvencionar

subversiv [zʊpvɛr'ziːf] *adj* subversivo

Suchaktion *f* operación *f* de búsqueda; **Suchbegriff** *m* (INFOR) concepto *m* de búsqueda; **Suchdienst** *m* servicio *m* de búsqueda

Suche ['zuːxə] *f* <-n> busca *f*, búsqueda *f*; **sich auf die** ~ **nach jdm/etw** *dat* **machen** salir en busca de alguien/algo

suchen ['zuːxən] *vi, vt* buscar; **nach etw** *dat*/**jdm** ~ buscar algo/a alguien; **da kannst du lange** ~! (*fam*) buscas en vano; **du hast hier nichts zu** ~! (*fam*) ¡a ti no te ha dado nadie vela en este entierro!

Sucher *m* <-s, -> (FOTO) visor *m*

Suchfunktion *f* (INFOR) función *f* de búsqueda; **Suchlauf** *m* (RADIO, TV) búsqueda *f* automática; **Suchmannschaft** *f* equipo *m* de rastreo [*o* de búsqueda]; **Suchmaschine** *f* motor *m* de busqueda, buscador *m*

Sucht [zʊxt] *f* <-en *o* Süchte> ① (*Abhän-*

gigkeit) adicción *f* (*nach* a) ② (*Verlangen*) manía *f* (*nach* de); **Suchtgefahr** *f ohne pl* peligro *m* de adicción

süchtig ['zʏçtɪç] *adj* ① (*alkohol~, tabletten~*) adicto (*nach* a); (*drogen~*) toxicómano; ~ **machen** producir adicción ② (*begierig*) ávido (*nach* de)

Süchtige(r) *mf* <-n, -n; -n> adicto, -a *m, f*; (*Drogen~*) toxicómano, -a *m, f*

Suchtkranke(r) *mf* adicto, -a *m, f*; (*durch Drogen*) toxicómano, -a *m, f*

Sud [zuːt] *m* <-(e)s, -e> decocción *f*

Süd [zyːt] *m* <-(e)s, *ohne pl*> (*a.* NAUT, METEO) sur *m*; **Südafrika** ['-'---] *nt* ① (*Republik*) Sudáfrica *f* ② (*Teil des Kontinents*) África *f* del Sur; **Südafrikaner(in)** ['---'--] *m(f)* sudafricano, -a *m, f*; **südafrikanisch** ['----'--] *adj* sudafricano, -a *m, f*; **Südamerika** ['-'----] *nt* América *f* del Sur, Sudamérica *f*; **Südamerikaner(in)** ['-----'--] *m(f)* sudamericano, -a *m, f*, latino, -a *m, f fam*; **südamerikanisch** ['-----'--] *adj* sudamericano, latino *fam*

Sudan [zu'daːn] *m* <-s> Sudán *m*

Sudanese, -in [zuda'neːzə] *m, f* <-n, -n; -nen> sudanés, -esa *m, f*

sudanesisch *adj* sudanés

süddeutsch *adj* de Alemania del Sur; **Süddeutsche(r)** *mf* alemán, -ana *m, f* del Sur; **Süddeutschland** *nt* Alemania *f* del Sur

Sudelei [zuːdə'laɪ] *f* <-en> (*fam*) ① (*Schmiererei*) embadurnamiento *m*; (*beim Schreiben*) garabatos *mpl* ② (*Schlamperei*) chapucería *f*

sudeln ['zuːdəln] *vi, vt* (*fam abw: beim Schreiben*) garabatear; (*beim Zeichnen*) pintarrajear; (*mit Matsch schmieren*) embadurnar

Süden ['zyːdən] *m* <-s, *ohne pl*> sur *m*; **im** ~ en el sur; **im** ~ **von ...** (*südlich von*) al sur de...; (*im südlichen Teil von*) en el sur de; **von** ~ del sur; **nach/in den** ~ hacia el sur

Südeuropa ['-'--] *nt* (*Region*) Europa *f* del Sur; (*südlicher Teil*) sur *m* de Europa; **Südfrankreich** *nt* sur *m* de Francia, Francia *f* meridional; **Südfrucht** *f* fruta *f* tropical; **Südhalbkugel** *f ohne pl* hemisferio *m* sur; **Südkorea** *nt* Corea *f* del Sur; **Südküste** *f* costa *f* (del) Sur; **Südländer(in)** [-lɛndɐ] *m(f)* <-s, -; -nen> habitante de un país mediterráneo; **südländisch** *adj* del sur de Europa; ~**es Temperament** temperamento latino

südlich ['zyːtlɪç] **I.** *adj* del sur, meridional; **in** ~**er Richtung** en dirección sur; **52 Grad** ~**e Breite** 52 grados latitud sur **II.** *präp* +*gen* al sur de; ~ **von Granada** al sur de Granada

Südostasien *nt* sureste *m* asiático; **Südosten** [-'--] *m* sudeste *m;* **südöstlich** [-'--] **I.** *adj* del sudeste **II.** *präp* +gen al sudeste de; **Südpol** *m ohne pl* polo *m* sur; **Südsee** *f* Pacífico *m* meridional; **Südspanien** ['-'---] *nt* sur *m* de España; **Südstaaten** *mpl* Estados *mpl* del sur; **Südstaatler(in)** [-ʃta:tlɐ] *m(f)* <-s, -; -nen> habitante *mf* de los Estados del sur

Südwesten [-'--] *m* sudoeste *m;* **südwestlich** [-'--] **I.** *adj* del sudoeste **II.** *präp* +gen al sudoeste de; **Südwind** *m* viento *m* del sur

Sueskanal ['zu:ɛs-] *m* Canal *m* de Suez

Suff [zʊf] *m* <-(e)s, *ohne pl*> (*fam*) borrachera *f,* trinca *f Am;* **im** ~ borracho

süffeln ['zʏfəln] *vt* (*fam*) saborear (*una bebida alcohólica*)

süffig ['zʏfɪç] *adj* (*fam*) suave y ligero

Suffix ['zʊfɪks, -'-] *nt* <-es, -e> (LING) sufijo *m*

suggerieren* [zʊɡe'ri:rən] *vt* ❶ (*einreden*) sugerir ❷ (*Eindruck erwecken*) aparentar

Suggestion [zʊɡɛs'tjo:n] *f* <-en> sugestión *f*

suggestiv [zʊɡɛs'ti:f] *adj* sugestivo

suhlen ['zu:lən] *vr:* **sich** ~ revolcarse (*in* en)

Sühne ['zy:nə] *f ohne pl* (*geh*) expiación *f*

sühnen ['zy:nən] *vt* (*geh*) expiar

Suite ['sviːtə, zu'iːtə] *f* <-n> (*a.* MUS) suite *f*

Sujet [zy'ʒe:] *nt* <-s, -s> (*geh*) tema *m*

sukzessiv [zʊktsɛ'si:f] *adj* sucesivo

Sulfat [zʊl'fa:t] *nt* <-(e)s, -e> (CHEM) sulfato *m*

Sultan(in) ['zʊlta:n] *m(f)* <-s, -e; -nen> sultán, -ana *m, f*

Sülze ['zʏltsə] *f* <-n> (*Fleisch~*) carne *f* en gelatina; (*Fisch~*) pescado *m* en gelatina

sülzen ['zʏltsən] *vi, vt* (*fam*) parlotear

summa cum laude ['zʊma kʊm 'laʊdə] *adv* (UNIV) con un sobresaliente cum laude

summarisch [zʊ'ma:rɪʃ] *adj* sumario

Summe ['zʊmə] *f* <-n> ❶ (MATH) suma *f* ❷ (*Geldbetrag*) importe *m,* suma *f;* **eine runde** ~ una suma redonda

summen ['zʊmən] **I.** *vi* ❶ (*Insekten, Motor*) zumbar ❷ (*Mensch*) tararear una melodía **II.** *vt* (*Melodie*) tararear

summieren* [zʊ'mi:rən] **I.** *vt* sumar **II.** *vr:* **sich** ~ acumularse

Sumpf [zʊmpf, *pl:* 'zʏmpfə] *m* <-(e)s, Sümpfe> pantano *m,* moca *m Ecua;* **Sumpffieber** *nt* paludismo *m;* **Sumpfgebiet** *nt* región *f* pantanosa, zona *f* pantanosa

sumpfig *adj* pantanoso

Sünde ['zʏndə] *f* <-n> pecado *m;* **eine** ~ **begehen** cometer un pecado

Sündenbock *m* (*fam*) cabeza *f* de turco; **jdn zum** ~ **machen** convertir a alguien en cabeza de turco; **Sündenfall** *m ohne pl* (REL) pecado *m* original

Sünder(in) *m(f)* <-s, -; -nen> pecador(a) *m(f)*

sündhaft *adj* pecaminoso; ~ **teuer** carísimo

sündig *adj* pecador; (*lasterhaft*) vicioso

sündigen ['zʏndɪɡən] *vi* pecar

super ['zu:pɐ] **I.** *adj inv* (*fam*) fantástico, de putamadre *fam* **II.** *adv* de maravilla, de putamadre *fam*

Super-8-Film *m* película *f* de súper 8

Superbenzin *nt* gasolina *f* súper; **Superchip** *m* (INFOR) superchip *m*

Super-GAU *m* (*fam*) super GAU *m*

Superlativ ['zu:pɐlati:f] *m* <-s, -e> (LING) superlativo *m*

Supermacht *f* (*fam*) superpotencia *f;* **Supermann** *m* (*fam*) supermán *m;* **Supermarkt** *m* supermercado *m;* **Superstar** *m* superestrella *f*

Suppe ['zʊpə] *f* <-n> sopa *f;* (*klare* ~) consomé *m;* **die** ~ **hast du dir selbst eingebrockt** (*fam*) en esto te has metido tú solito; **die** ~ **auslöffeln müssen** (*fam fig*) pagar el pato

Suppengemüse *nt* surtido *m* de verduras (para hacer sopa); **Suppengrün** *nt* <-s, *ohne pl*> verdura *f* de sopa; **Suppenhuhn** *nt* pollo *m* para hacer sopa; **Suppenlöffel** *m* cuchara *f* para sopa; **Suppenschüssel** *f* sopera *f;* **Suppenteller** *m* plato *m* sopero; **Suppenwürfel** *m* pastilla *f* de caldo

Supraleiter *m* (ELEK) superconductor *m*

Surfbrett ['sœ:f-] *nt* tabla *f* de surf

surfen ['sœ:fən] *vi* ❶ (SPORT) practicar el surf, hacer surf ❷ (INFOR) navegar, surfear; **im Web/Internet** ~ navegar en [*o* por] la web/en internet

Surfer(in) ['sœ:fɐ] *m(f)* <-s, -; -nen> ❶ (SPORT) surfista *mf* ❷ (INFOR) internauta *mf,* navegante *mf*

Surrealismus [zʊrea'lɪsmʊs] *m* <-, *ohne pl*> (KUNST, LIT) surrealismo *m*

surrealistisch *adj* (KUNST, LIT) surrealista

surren ['zʊrən] *vi* zumbar

suspekt [zʊs'pɛkt] *adj* sospechoso; **das ist mir** ~ esto me parece sospechoso

suspendieren* [zʊspɛn'di:rən] *vt* suspender (*von* de); **er wurde vom Dienst suspendiert** lo suspendieron de sus funciones

süß [zy:s] *adj* ❶ (*Geschmack*) dulce; (*gesüßt*) azucarado; (*Duft*) fragante ❷ (*lieblich*) dulce ❸ (*niedlich*) mono

süßen ['zy:sən] *vt* endulzar; (*mit Zucker*) azucarar

Süßholz *nt ohne pl* regaliz *m;* ~ **raspeln** (*fam*) echar piropos

Süßigkeit *f* <-en> dulce *m*

süßlich *adj* dulzón

süßsauer ['-'--] *adj* agridulce; **Süßspeise** *f* plato *m* dulce; **Süßstoff** *m* edulcorante *m*

Süßwaren *fpl* dulces *mpl;* **Süßwarengeschäft** *nt* (*Laden*) bombonería *f*

Süßwasser *nt* agua *f* dulce

SW *Abk. von* **Südwesten** SO

Sweatshirt ['svɛtʃœ:t] *nt* <-s, -s> suéter *m,* sudadera *f*

Swimmingpool ['svɪmɪŋpu:l, 'svɪmɪŋ-] *m* piscina *f,* pileta *f Am*

Symbiose [zvmbi'o:zə] *f* <-n> (BIOL) simbiosis *f inv*

Symbol [zvm'bo:l] *nt* <-s, -e> símbolo *m* (*für* de); **Symbolfigur** *f* símbolo *m* (*für* de), figura *f* simbólica (*für* de)

symbolisch *adj* simbólico (*für* de)

symbolisieren* [zvmboli'zi:rən] *vt* simbolizar

Symbolleiste *f* (INFOR) barra *f* de trabajo

Symmetrie [zvme'tri:] *f* <-n> simetría *f*

symmetrisch [zv'me:trɪʃ] *adj* simétrico

Sympathie [zvmpa'ti:] *f* <-n> simpatía *f* (*für* por); ~ **für jdn empfinden** sentir simpatía por alguien

Sympathisant(in) [zvmpati'zant] *m(f)* <-en, -en; -nen> simpatizante *mf*

sympathisch [zvm'pa:tɪʃ] *adj* simpático; **er ist mir** ~ me es simpático, me cae bien *fam*

sympathisieren* [zvmpati'zi:rən] *vi* simpatizar

Symphonie [zvmfo'ni:] *f* <-n> sinfonía *f*

Symposium [zvm'po:ziʊm] *nt* <-s, Symposien> simposio *m*

Symptom [zvmp'to:m] *nt* <-s, -e> (*a.* MED) síntoma *m* (*für* de)

symptomatisch [zvmpto'ma:tɪʃ] *adj* (*a.* MED) sintomático (*für* de)

Synagoge [zyna'go:gə] *f* <-n> sinagoga *f*

synchron [zvn'kro:n] *adj* (*a.* LING) sincrónico

Synchronisation [zvnkroniza'tsjo:n] *f* <-en> ❶ (TECH) sincronización *f* ❷ (FILM) doblaje *m*

synchronisieren* [zvnkroni'zi:rən] *vt* ❶ (TECH) sincronizar ❷ (FILM) doblar

Syndikat [zvndi'ka:t] *nt* <-(e)s, -e> (WIRTSCH) consorcio *m*

Syndrom [zvn'dro:m] *nt* <-s, -e> (MED) síndrome *m* (*für* de)

Synode [zy'no:də] *f* <-n> (REL) sínodo *m*

synonym [zyno'ny:m] *adj* (LING) sinónimo (*zu* de)

Synonym [zyno'ny:m] *nt* <-s, -e *o* -a> (LING) sinónimo *m* (*zu* de)

syntaktisch [zvn'taktɪʃ] *adj* (LING) sintáctico

Syntax ['zvntaks] *f* <-en> (LING) sintaxis *f inv*

Synthese [zvn'te:zə] *f* <-n> (*a.* PHILOS, CHEM) síntesis *f inv*

Synthesizer ['svntəsaɪze] *m* <-s, -> sintetizador *m*

Synthetik [zvn'te:tɪk] *nt* <-s, *ohne pl*> (*Gewebe*) tejido *m* sintético

synthetisch [zvn'te:tɪʃ] *adj* (*a.* CHEM) sintético

synthetisieren* [zvnteti'zi:rən] *vt* (CHEM) sintetizar

Syphilis ['zy:filɪs] *f ohne pl* sífilis *f*

Syrer(in) ['zy:rɐ] *m(f)* <-s, -; -nen> sirio, -a *m, f*

Syrien ['zy:riən] *nt* <-s> Siria *f*

Syrier(in) ['zy:riɐ] *m(f)* <-s, -; -nen> *s.* **Syrer**

syrisch ['zy:rɪʃ] *adj* sirio

System [zvs'te:m] *nt* <-s, -e> sistema *m;* **duales** ~ (ÖKOL) sistema dual

Systematik [zvste'ma:tɪk] *f* <-en> ❶ (*Ordnung*) orden *m* ❷ (BIOL) sistemática *f*

systematisch [zvste'ma:tɪʃ] *adj* sistemático

systematisieren* [zvstemati'zi:rən] *vt* sistematizar

Systemfehler *m* (INFOR) error *m* del sistema; **Systemkritiker(in)** *m(f)* (*a.* POL, WIRTSCH) disidente *mf*

Szenarium [stse'na:riʊm] *nt* <-s, Szenarien> (*a.* THEAT, FILM) escenario *m*

Szene ['stse:nə] *f* <-n> ❶ (THEAT) escena *f;* **ein Stück in** ~ **setzen** poner una obra en escena; **sich in** ~ **setzen** lucirse; **jdm eine** ~ **machen** montar(le) a alguien una escena ❷ (*fam: Milieu*) ambiente *m;* **sich in der** ~ **auskennen** (*fam: im Nachtleben/kulturellen Leben*) conocer la movida

Szenenwechsel *m* (THEAT) cambio *m* de escena

Szenerie [stsenə'ri:] *f* <-n> (*a.* THEAT) escenario *m*

T, t [te:] *nt* <-, -> T, t *f;* ~ **wie Theodor** T de Tarragona

t *Abk. von* **Tonne** t

Tabak ['tabak] *m* <-s, -e> tabaco *m;* **Tabak-**

industrie f industria f de tabaco; **Tabak-laden** m estanco m, tabaquería f
Tabaksdose f tabaquera f
Tabaksteuer f impuesto m sobre el tabaco; **Tabakwaren** fpl tabacos mpl
tabellarisch [tabɛ'la:rɪʃ] adj en forma de cuadro
Tabelle [ta'bɛlə] f <-n> cuadro m; **Tabellenführer** m (SPORT) líder m; **Tabellenkalkulation** f (INFOR, MATH) hoja f de cálculo
Tablett [ta'blɛt] nt <-(e)s, -s o -e> bandeja f, azafata f Chil
Tablette [ta'blɛtə] f <-n> pastilla f; **Tablettensucht** f fármacodependencia f; **tablettensüchtig** adj fármacodependiente; ~ **sein** ser adicto a las pastillas
tabu [ta'bu:] adj inv: ~ **sein** ser un tabú
Tabu [ta'bu:] nt <-s, -s> tabú m
tabuisieren* [tabui'zi:rən] vt convertir en tabú
Tabula rasa [ta'bula 'ra:za] f: ~ **machen** (geh) hacer tabla rasa
Tabulator [tabu'la:to:ɐ] m <-s, -en> tabulador m
Tacheles ['taxələs]: (**mit jdm**) ~ **reden** (fam) hablar sin rodeos (con alguien)
Tacho ['taxo] m <-s, -s> (fam), **Tachometer** [taxo'me:tɐ] m o nt <-s, -> ❶ (Geschwindigkeitsmesser) velocímetro m ❷ (Drehzahlmesser) tacómetro m
Tadel ['ta:dəl] m <-s, -> ❶ (Kritik) crítica f; (Rüge) reprimenda f ❷ (geh: Mangel) defecto m
tadellos adj impecable; (vollkommen) perfecto
tadeln ['ta:dəln] vt (rügen) reprender (wegen por); (kritisieren) criticar (wegen por)
tadelnswert adj reprochable
Tadschikistan [ta'dʒi:kista(:)n] nt <-s> Tayikistán m
Tafel ['ta:fəl] f <-n> ❶ (Brett, Anzeige~) tabla f; (Gedenk~) placa f (conmemorativa) ❷ (in der Schule) pizarra f ❸ (für Vertäfelung) panel m ❹ (Schokoladen~) tableta f ❺ (Tabelle) cuadro m ❻ (Illustration) lámina f ❼ (geh: Esstisch) mesa f
Tafelberg m (GEO) meseta f
tafeln vi (geh) yantar
täfeln ['tɛ:fəln] vt revestir (de madera)
Täfelung f <-en> revestimiento m (de madera)
Tafelwasser nt agua f mineral; **Tafelwein** m vino m de mesa
Taft [taft] m <-(e)s, -e> tafetán m
Tag [ta:k] m <-(e)s, -e> ❶ (allgemein) día m; (im Verlauf) jornada f; **es wird** ~ amanece; **jeden** ~ todos los días; **jeden dritten** ~ cada tres días; **zweimal am** ~ dos veces al día; **am folgenden** ~ al día siguiente; **den ganzen** ~ **lang** durante todo el día; **vor 5** ~**en** hace 5 días; **in 8** ~**en** dentro de 8 días; ~ **für** ~ día tras día; **von einem** ~ **auf den anderen** de un día para otro; **guten** ~**!** ¡buenos días!; **eines** (**schönen**) ~**es** un (buen) día; ~ **der offenen Tür** día de puertas abiertas; **der** ~ **X** el día X; **etw kommt an den** ~ algo sale a la luz; **ein Unterschied wie** ~ **und Nacht** una diferencia como del día a la noche; **einen guten/schlechten** ~ **haben** estar de buen/de mal humor; **in den** ~ **hinein leben** vivir al día; **etw zu** ~**e fördern** sacar algo a la luz; **es ist noch nicht aller** ~**e Abend** todavía no está todo perdido; **man soll den** ~ **nicht vor dem Abend loben** (prov) no hay que echar las campanas al vuelo antes de tiempo ❷ (BERGB): **unter/über** ~**e arbeiten** trabajar en la mina/a cielo abierto ❸ pl (fam: Menstruation) regla f
tagaus [-'-] adv: ~, **tagein** todos los días
Tagebau m <-(e)s, ohne pl> (BERGB) explotación f (minera) a cielo abierto; **Tagebuch** nt diario m; **Tagedieb(in)** m(f) (abw) gandul(a) m(f); **Tagegeld** nt ❶ (bei einer Dienstreise) dietas fpl ❷ (bei Krankenhausaufenthalt) gastos mpl de hospital a cargo de la Seguridad Social
tagein [-'-] adv s. **tagaus**
tagelang I. adj de varios días II. adv durante días enteros; **Tagelöhner(in)** m(f) <-s, -; -nen> jornalero, -a m, f
tagen ['ta:gən] I. vi (konferieren) reunirse (en sesión) II. vunpers (geh: Tag werden) amanecer; **es tagt** amanece
Tagesablauf m tra(n)scurso m del día; **Tagesanbruch** m amanecer m, amanezquera f Mex, PRico; **bei** ~ al alba; **Tagescreme** f crema f de día; **Tageseinnahme** f (COM) ingresos mpl del día, caja f del día; **Tagesfahrt** f viaje m de un día; **Tagesgericht** nt (GASTR) plato m del día; **Tagesgeschäft** nt tareas fpl habituales; **Tagesgeschehen** nt acontecimientos mpl del día; **Tagesgespräch** nt tema m del día; **Tageskarte** f ❶ (Speisekarte) menú m del día ❷ (Fahrkarte) billete m que vale un solo día
Tageslicht nt ohne pl luz f del día; **bei** ~ de día; **ans** ~ **bringen/kommen** sacar/salir a la luz; **Tageslichtprojektor** m retroproyector m
Tagesmutter f niñera f (que cuida a niños en su propia casa); **Tagesordnung** f

orden *m* del día; **auf der ~ stehen** figurar en el orden del día; **an der ~ sein** ser el pan de cada día; **zur ~ übergehen** volver a la actividad diaria; **Tagesschau** *f* (TV) telediario *m;* **Tagesumsatz** *m* caja *f* del día; **Tageszeit** *f* hora *f* del día; **zu jeder Tages- und Nachtzeit** día y noche; **Tageszeitung** *f* diario *m*

tageweise ['taːgəvaɪzə] *adv* por días

taghell ['-'-] *adj* claro como el día; **es ist schon ~** ya es (de) día

täglich ['tɛːklɪç] **I.** *adj* cotidiano, diario **II.** *adv* todos los días, cada día; **dreimal ~** tres veces al día

Tagschicht *f* turno *m* de día

tagsüber ['---] *adv* durante el día, de día

tagtäglich ['-'-] **I.** *adj* diario, de todos los días **II.** *adv* todos los días, a diario

Tagung ['taːgʊŋ] *f* <-en> congreso *m;* **Tagungsteilnehmer(in)** *m(f)* congresista *m*

Taifun [taɪ'fuːn] *m* <-s, -e> tifón *m*

Taiga ['taɪga] *f ohne pl* taiga *f*

Taille ['taljə] *f* <-n> cintura *f*

tailliert [ta'jiːɐt] *adj* entallado

Taiwan ['taɪvan, taɪ'va(ː)n] *nt* <-s> Taiwan *m*

Taiwaner(in) [taɪ'vaːnɐ] *m(f)* <-s, -; -nen> taiwanés, -esa *m, f*

taiwanisch *adj* taiwanés

Takt¹ [takt] *m* <-(e)s, -e> (MUS) compás *m;* **im ~ der Musik** al compás de la música; **den ~ schlagen** marcar el compás; **im ~ bleiben** llevar el compás; **aus dem ~ kommen** perder el compás

Takt² *m* <-(e)s, *ohne pl*> (*~gefühl*) tacto *m,* discreción *f*

Taktgefühl *nt ohne pl* tacto *m,* discreción *f;* (**kein**) **~ haben** (no) tener tacto

taktieren* [tak'tiːrən] *vi* (*in Verhandlungen*) emplear una táctica

Taktik ['taktɪk] *f* <-en> táctica *f*

Taktiker(in) ['taktikɐ] *m(f)* <-s, -; -nen> táctico, -a *m, f*

taktisch *adj* táctico; **~ klug/falsch** tácticamente inteligente/equivocado

taktlos *adj* indiscreto

Taktlosigkeit *f* <-en> falta *f* de tacto

Taktstock *m* (MUS) batuta *f*

taktvoll *adj* con (mucho) tacto

Tal [taːl, *pl:* 'tɛːlə] *nt* <-(e)s, Täler> valle *m*

Talar [ta'laːɐ] *m* <-s, -e> ❶ (*von Geistlichen*) sotana *f* ❷ (*von Richtern*) toga *f*

Talent [ta'lɛnt] *nt* <-(e)s, -e> talento *m* (*für/zu* para)

talentiert [talɛn'tiːɐt] *adj* dotado

Taler ['taːlɐ] *m* <-s, -> tálero *m*

Talg [talk] *m* <-(e)s, -e> sebo *m;*

Talgdrüse *f* glándula *f* sebácea

Talisman ['taːlɪsman] *m* <-s, -e> talismán *m*

Talkessel *m* (GEO) circo *m*

Talkmaster(in) [toːk'maːstɐ] *m(f)* <-s, -; -nen> (TV) presentador(a) *m(f);* **Talkshow** ['tɔːkʃəʊ] *f* (TV) talk show *m*

Talsperre *f* presa *f;* **Talstation** *f* estación *f* (funicular) de abajo

Tamburin ['tamburiːn] *nt* <-s, -e> pandereta *f*

Tampon ['tampɔn] *m* <-s, -s> tampón *m;* (*für Wunden*) tapón *m*

Tandem ['tandɛm] *nt* <-s, -s> tándem *m*

Tang [taŋ] *m* <-(e)s, -e> algas *fpl* marinas

Tanga ['taŋga] *m* <-s, -s> tanga *m*

Tangens ['taŋgɛns] *m* <-, -> (MATH) tangente *f*

Tangente [taŋ'gɛntə] *f* <-n> (MATH) tangente *f*

tangieren* [taŋ'giːrən] *vt* ❶ (*geh: berühren*) afectar ❷ (MATH) tocar tangencialmente

Tango ['taŋgo] *m* <-s, -s> tango *m*

Tank [taŋk] *m* <-s, -s *o* -e> depósito *m,* tanque *m*

tanken *vi, vt* echar gasolina; **10 Liter ~** echar 10 litros (de gasolina); **voll ~** llenar el depósito (del todo); **frische Luft ~** (*fam*) respirar aire fresco; **er hat ordentlich getankt** (*fam*) ha bebido de lo lindo

Tanker *m* <-s, -> buque *m* cisterna

Tankfüllung *f* (AUTO) depósito *m* (lleno); **Tanklastzug** *m* camión *m* cisterna; **Tanksäule** *f* surtidor *m* de gasolina; **Tankstelle** *f* gasolinera *f;* **Tankwart(in)** ['-vart] *m(f)* <-(e)s, -e; -nen> empleado, -a *m, f* de una gasolinera

Tanne ['tanə] *f* <-n> (BOT) abeto *m*

Tannenbaum *m* ❶ (*Tanne*) abeto *m* ❷ (*fam: Weihnachtsbaum*) árbol *m* de Navidad; **Tannennadel** *f* aguja *f* de abeto; **Tannenwald** *m* bosque *m* de abetos; **Tannenzapfen** *m* piña *f* de abeto

Tante ['tantə] *f* <-n> tía *f*

Tante-Emma-Laden *m* (*fam*) tienda *f* de la esquina

Tantieme [tãˈtjeːmə] f <-n> ① (*Gewinnbeteiligung*) participación f en los beneficios ② pl (*von Autoren*) derechos mpl de autor

Tanz [tants, pl: ˈtɛntsə] m <-es, Tänze> (MUS) baile m, dancing m Am; **jdn zum ~ auffordern** sacar a alguien a bailar; **darf ich Sie um den nächsten ~ bitten?** ¿me concede el próximo baile?; **Tanzbein** nt: **das ~ schwingen** (*fam*) mover el esqueleto

tänzeln [ˈtɛntsəln] vi ① haben o sein (*Mensch*) andar con paso ligero; (*hüpfen*) brincar ② (*Pferd*) dar escarceos

tanzen I. vi ① (*Mensch*) bailar; **~ gehen** ir a bailar ② (*Boot*) balancearse (*auf* en) ③ (*Mücken*) volar ④ sein (*tänzeln*) andar con paso ligero II. vt bailar; **Tango ~** bailar tango

Tänzer(in) [ˈtɛntsɐ] m(f) <-s, -; -nen> bailador(a) m(f); (*professionell*) bailarín, -ina m, f; (*Flamenco~*) bailaor(a) m(f)

tänzerisch adj en cuanto al baile

Tanzfläche f pista f de baile; **Tanzkurs** m curso m de baile; **Tanzlehrer(in)** m(f) profesor(a) m(f) de baile; **Tanzlokal** nt sala f de baile, dancing m Am; **Tanzmusik** f música f bailable [o para bailar]; **Tanzpartner(in)** m(f) pareja f (de baile); **Tanzschule** f escuela f de baile; **Tanzstunde** f clase f de baile; **Tanzturnier** nt concurso m de baile

Tapete [taˈpeːtə] f <-n> papel m pintado

Tapetenwechsel m (*fam fig*) cambio m de aires

tapezieren* [tapeˈtsiːrən] vi, vt empapelar

Tapezierer(in) m(f) <-s, -; -nen> empapelador(a) m(f)

Tapeziertisch m mesa f de caballete

tapfer [ˈtapfɐ] adj valiente; **sich ~ schlagen** defenderse con bravura

Tapferkeit f ohne pl valentía f

Tapir [ˈtaːpiːɐ] m <-s, -e> (ZOOL) tapir m, danta f Ven

tappen [ˈtapən] vi sein andar (a tientas)

tapsen [ˈtapsən] vi sein (*fam*) caminar silenciosamente

Tarantel [taˈrantəl] f <-n> (ZOOL) tarántula f; **wie von der ~ gestochen** (*fam*) como si le hubiera picado un bicho

Tarif [taˈriːf] m <-s, -e> tarifa f; **nach/über/unter ~ bezahlt werden** ser pagado según la/sobre la/por debajo de la tarifa; **Tarifabschluss** m (firma f del) convenio m colectivo; **Tarifgruppe** f categoría f de tarifas

tariflich adj de la tarifa; (*Bezahlung*) según la tarifa

Tariflohn m salario m según el convenio

colectivo; **Tarifpartner** m interlocutor m social; **Tarifrunde** f negociaciones fpl colectivas; **Tarifverhandlungen** fpl negociaciones fpl de los convenios colectivos; **Tarifvertrag** m convenio m colectivo

tarnen [ˈtarnən] I. vt camuflar (*mit* con, *gegen* contra) II. vr: **sich ~** camuflarse (*als* de)

Tarnfarbe [ˈtarn-] f color m de camuflaje; **Tarnname** m nombre m falso

Tarnung f <-en> camuflaje m

Tasche [ˈtaʃə] f <-n> ① (*an Kleidung*) bolsillo m ② (*Hand~*) bolso m, busaca f Col, Ven; (*Reise~*) bolsa f (de viaje); (*Akten~, Schul~*) cartera f; **in die eigene ~ wirtschaften** (*fam*) llenarse los bolsillos (de modo fraudulento); **etw aus der eigenen ~ bezahlen** (*fam*) pagar algo del propio bolsillo; **jdm auf der ~ liegen** (*fam*) vivir a costa de alguien; **tief in die ~ greifen** (*fam fig*) aflojar la mosca; **jdn in der ~ haben** (*fam fig*) tener a alguien en el bolsillo

Taschenausgabe f edición f de bolsillo; **Taschenbuch** nt libro m de bolsillo; **Taschenbuchausgabe** f edición f de bolsillo; **Taschencomputer** m ordenador m de bolsillo; **Taschendieb(in)** m(f) carterista mf, bolsista mf AmC, Mex; **Taschengeld** nt dinero m para (pequeños) gastos personales; **Taschenkrebs** m (ZOOL) buey m; **Taschenlampe** f linterna f; **Taschenmesser** nt navaja f; **Taschenrechner** m calculadora f (de bolsillo); **Taschentuch** nt pañuelo m; **Taschenuhr** f reloj m de bolsillo; **Taschenwörterbuch** nt diccionario m de bolsillo

Tasse [ˈtasə] f <-n> taza f; **eine ~ Kaffee** una taza de café; **er hat nicht alle ~n im Schrank** (*fam*) le falta un tornillo; **das ist eine trübe ~** (*fam*) ese es un muermo

Tastatur [tastaˈtuːɐ] f <-en> teclado m

Taste [ˈtastə] f <-n> tecla f; **eine ~ drücken** apretar una tecla

tasten [ˈtastən] I. vi: **nach etw** dat **~** buscar algo a tientas II. vt (*er~*) palpar III. vr: **sich ~** andar a tientas (*über/durch* por)

Tasteninstrument nt instrumento m de teclados

Tastsinn m ohne pl (sentido m del) tacto

tat [taːt] 3. imp von **tun**

Tat [taːt] f <-en> (*das Handeln*) acción f; (*Handlung*) acto m; (*Straf~*) delito m; **etw in die ~ umsetzen** poner algo en práctica; **zur ~ schreiten** pasar a los hechos; **jdn auf frischer ~ ertappen** coger a alguien con las manos en la masa; **in der ~!** ¡en efecto!

Tatbestand *m* (*a.* JUR) estado *m* de cosas

Tatendrang *m* dinamismo *m*

tatenlos I. *adj* inactivo II. *adv* de brazos cruzados

Täter(in) ['tɛːtɐ] *m(f)* <-s, -; -nen> autor(a) *m(f)* de un delito

tätig ['tɛːtɪç] *adj* activo (*für* para, *bei* en); ~ **sein** (*Person*) trabajar (*für* para, *bei* en, *als* de), dedicarse (*als* a); (*Vulkan*) estar activo; **in einer Sache ~ werden** intervenir en un asunto

tätigen ['tɛːtɪɡən] *vt* realizar

Tätigkeit¹ *f* <-en> ❶ (*Beschäftigung*) actividad *f* (*als* como) ❷ (*Arbeit*) trabajo *m*

Tätigkeit² *f ohne pl* (*Funktionieren*) funcionamiento *m;* **außer ~ sein** estar parado; **in ~ treten** entrar en funcionamiento

Tätigkeitsbereich *m* campo *m* de acción

Tatkraft *f ohne pl* energía *f*, dinamismo *m*

tatkräftig *adj* enérgico; **jdn ~ unterstützen** apoyar a alguien enérgicamente

tätlich ['tɛːtlɪç] *adj* de hecho; **gegen jdn ~ werden** hacer uso de la violencia física contra alguien

Tatmotiv *nt* móvil *m* del crimen; **Tatort** *m* lugar *m* de los hechos

tätowieren* [tɛto'viːrən] *vt* tatuar; **sich ~ lassen** hacerse un tatuaje

Tätowierung *f* <-en> tatuaje *m*

Tatsache *f* <-n> hecho *m;* ~ **ist, dass ...** es un hecho que...; ~ **!** (*fam*) ¡de verdad!; **vor vollendeten ~n stehen** enfrentarse a hechos consumados

tatsächlich ['---, -'--] I. *adj* real, verdadero II. *adv* de hecho, realmente; **er ist es ~** efectivamente es él

tätscheln ['tɛtʃəln] *vt* dar palmaditas (a); (*streicheln*) acariciar

Tattergreis(in) ['tatɐ-] *m(f)* (*fam abw*) viejo, -a *m, f* decrépito, -a

Tatverdacht *m* (JUR) sospecha *f;* **unter ~ stehen** estar bajo sospecha; **tatverdächtig** *adj* (JUR) sospechoso; **Tatverdächtige(r)** *mf* (JUR) sospechoso, -a *m, f;* **Tatwaffe** *f* (JUR) arma *f* del crimen

Tatze ['tatsə] *f* <-n> ❶ (*von Tieren*) zarpa *f* ❷ (*fam: Hand*) zampa *f*

Tatzeit *f* (JUR) hora *f* del crimen; **Tatzeuge, -in** *m, f* (JUR) testigo *mf* presencial

Tau¹ [tau] *m* <-(e)s, *ohne pl*> (*Niederschlag*) rocío *m*

Tau² *nt* <-(e)s, -e> (NAUT) cabo *m*

taub [taup] *adj* ❶ (*gehörlos*) sordo; **sich ~ stellen** hacerse el sordo; **auf einem Ohr ~ sein** ser sordo de un oído; **bist du ~?** (*fam*) ¿estás sordo o qué? ❷ (*Körperteil*)

entumecido ❸ (*Nuss*) vacío ❹ (*Gestein*) estéril

Taube ['taubə] *f* <-n> (ZOOL) paloma *f*

Taubenschlag *m* palomar *m*

Täuberich *m* <-s, -e> palomo *m*

Taubheit *f ohne pl* ❶ (*Gehörlosigkeit*) sordera *f* ❷ (*der Glieder*) entumecimiento *m*

taubstumm ['--] *adj* sordomudo; **Taubstumme(r)** *mf* <-n, -n; -n> sordomudo, -a *m, f*

Taubstummensprache *f ohne pl* lenguaje *m* de los sordomudos

tauchen ['tauxən] I. *vi haben o sein* (*Mensch*) bucear; (*Ente, U-Boot*) sumergirse (*in* en); **nach jdm/etw** *dat* ~ buscar (buceando) a alguien/algo II. *vt* sumergir (*in* en); (*hineinhalten*) mojar (*in* en)

Tauchen *nt* <-s, *ohne pl*> submarinismo *m*, deporte *m* de inmersión

Taucher(in) *m(f)* <-s, -; -nen> buceador(a) *m(f);* (*Berufs~*) buzo *mf;* **Taucheranzug** *m* traje *m* de buzo; **Taucherausrüstung** *f* equipo *m* de buceo; **Taucherbrille** *f* gafas *fpl* de bucear; **Tauchermaske** *f* gafas *fpl* de buceador

Tauchsieder ['-ziːdɐ] *m* <-s, -> calentador *m* de líquidos (por inmersión); **Tauchstation** *f:* **auf ~ gehen** (*fam*) esfumarse

tauen ['tauən] I. *vi sein* (*Schnee, Eis*) derretirse; (*Fluss*) deshelarse II. *vunpers:* **es taut** (*es ist Tauwetter*) se está derritiendo la nieve; (*Tau schlägt sich nieder*) está cayendo rocío

Taufbecken *nt* pila *f* bautismal

Taufe ['taufə] *f* <-n> bautizo *m;* **etw aus der ~ heben** (*fam*) fundar algo

taufen ['taufən] *vt* bautizar; **sich ~ lassen** bautizarse; **sie tauften ihn auf den Namen Paul** le bautizaron con el nombre de Paul

Täufling ['tɔɪflɪŋ] *m* <-s, -e> niño, -a *m, f* bautizado, -a

Taufname *m* nombre *m* de pila

Taufpate, -in *m, f* padrino *m* de bautismo, madrina *f* de bautismo

taufrisch ['tauˈfrɪʃ] *adj* ❶ (*feucht*) húmedo de rocío ❷ (*frisch*) muy fresco

taugen ['taugən] *vi* servir (*für/zu* para); **wenig/etwas ~** (*Gegenstand*) servir poco/bastante; (*Film*) no ser muy bueno/ ser bastante bueno; **der Kerl taugt nichts** el chico no sirve para nada

Taugenichts ['taugənɪçts] *m* <-(es), -e> (*abw*) inútil *mf*

tauglich *adj* (*geeignet*) apropiado (*für* para); (*brauchbar*) útil; (MIL) apto (para el servicio militar)

Tauglichkeit *f ohne pl* aptitud *f* (*für* para);

(MIL) aptitud *f* para el servicio militar

Taumel ['taʊməl] *m* <-s, -> ➊ (*Schwindel*) vértigo *m* ➋ (*Rausch*) delirio *m*; **im ~ der Begeisterung** en el éxtasis de la emoción

taumeln ['taʊməln] *vi haben o sein* tambalearse

Tausch [taʊʃ] *m* <-(e)s, -e> cambio *m*, trueque *m*; **etw zum ~ anbieten** ofrecer algo para cambiar; **im ~ gegen etw** a cambio de algo; **Tauschbörse** *f* (INFOR) servicio *m* de intercambio por Internet

tauschen ['taʊʃən] *vi*, *vt* cambiar (*für/gegen* por); **ich möchte nicht mit ihm ~** no quisiera estar en su lugar; **Blicke ~** cruzar las miradas

täuschen ['tɔʏʃən] **I.** *vi* engañar; **das täuscht** esto engaña **II.** *vt* engañar; **wenn mich nicht alles täuscht ...** si no me equivoco...; **sich von jdm ~ lassen** dejarse engañar por alguien **III.** *vr*: **sich ~** equivocarse; **ich habe mich in dir getäuscht** me equivoqué contigo

täuschend *adj* engañoso, que engaña; **sie sehen sich** *dat* **~ ähnlich** se parecen tanto que engaña

Tauschgeschäft *nt* (operación *f* de) trueque *m*; **Tauschobjekt** *nt* objeto *m* de canje

Täuschung *f* <-en> ➊ (*das Täuschen*) engaño *m*; (*Betrug*) fraude *m* ➋ (*Irrtum*) error *m*; **optische ~** ilusión óptica; **Täuschungsmanöver** *nt* truco *m*

Tauschwert *m ohne pl* valor *m* de cambio

tausend ['taʊzənt] *adj inv* mil; **~ Dank** un millón de gracias; *s. a.* **achttausend**

Tausend *nt* <-s, -e> millar *m*; **~e von ...** miles de...; **die Ausgaben gehen in die ~e** (*fam*) los gastos se elevan a unos cuantos miles

Tausender ['taʊzəndɐ] *m* <-s, -> ➊ (MATH) millar *m* ➋ (*fam: Geldschein*) billete *m* de mil

tausendfach **I.** *adj* multiplicado por mil **II.** *adv* mil veces; *s. a.* **achtfach**

Tausendfüßler ['--fy:slɐ] *m* <-s, -> (ZOOL) ciempiés *m inv*

tausendjährig *adj* milenario

tausendmal *adv* mil veces

Tausendstel *nt* <-s, -> milésimo *m*, milésima parte *f*

Tautropfen ['taʊ-] *m* gota *f* de rocío; **Tauwasser** *nt* agua *f* de deshielo; **Tauwetter** *nt* deshielo *m*

Tauziehen *nt* ➊ (*Spiel*) juego *m* de la cuerda ➋ (*Hin und Her*) lucha *f*

Taxameter [taksa'me:tɐ] *m o nt* <-s, -> taxímetro *m*

Taxe ['taksə] *f* <-n> ➊ (*Gebühr*) tasa *f* ➋ (*Taxi*) taxi *m* ➌ (*Schätzung*) tasación *f*

Taxi ['taksi] *nt* <-s, -s> taxi *m*; **Taxifahrer(in)** *m(f)* taxista *mf*; **Taxifahrt** *f* viaje *m* en taxi; **Taxistand** *m* parada *f* de taxis

Tb(c) [te:be:'tse:] *f* <-s> (MED) *Abk. von* **Tuberkulose** tuberculosis *f inv*

Team [ti:m] *nt* <-s, -s> equipo *m*; **im ~ arbeiten** trabajar en equipo; **Teamarbeit** *f ohne pl* trabajo *m* en equipo; **teamfähig** *adj* (PSYCH) apto para el trabajo en equipo; **Teamgeist** *m ohne pl* espíritu *m* de equipo; **Teamwork** ['ti:mwœːk] *nt* <-s, ohne pl> *s.* **Teamarbeit**

Technik¹ ['tɛçnɪk] *f ohne pl* ➊ (*Technologie*) tecnología *f*; (*Ausstattung*) instalaciones *fpl* técnicas; **der neueste Stand der ~** lo último en tecnología ➋ (*Abteilung*) (sección *f*) técnica *f*

Technik² *f* <-en> (*Arbeitsweise*) técnica *f*; (*Methode*) método *m*

Technika *pl von* **Technikum**

Techniken *pl von* **Technik²**, **Technikum**

Techniker(in) ['tɛçnikɐ] *m(f)* <-s, -; -nen> técnico, -a *m*, *f*

Technikum ['tɛçnikʊm] *nt* <-s, Technika o Techniken> escuela *f* (poli)técnica

technisch *adj* técnico; **T~e Hochschule** Escuela Superior Técnica; **T~er Leiter** ingeniero jefe; **das ist ~ unmöglich** esto es técnicamente imposible

technisieren* [tɛçni'zi:rən] *vt* mecanizar

Technisierung *f* <-en> automatización *f*, mecanización *f*

Techno ['tɛkno] *m o nt* <-(s), ohne pl> (MUS) bakalao *m*, bacalao *m*

Technologie *f* <-n> tecnología *f*; **Technologiepark** *m* parque *m* tecnológico; **Technologiezentrum** *nt* centro *m* de tecnología

technologisch *adj* tecnológico

Techtelmechtel [tɛçtəl'mɛçtəl] *nt* <-s, -> flirt *m*; **mit jdm ein ~ haben** tener una aventura con alguien

Teddybär ['tɛdibɛːɐ] *m* osito *m* de peluche

Tee [te:] *m* <-s, -s> té *m*; (*Kräuter~*) infusión *f*; **schwarzer ~** té negro; **~ trinken/kochen** tomar/hacer té; **abwarten und ~ trinken!** (*fam*) ¡paciencia!; **Teebeutel** *m* bolsita *f* de té; **Teeei** *nt*, **Tee-Ei** *nt* bola *f* de té; **Teefilter** *m* filtro *m* de té; **Teekanne** *f* tetera *f*; **Teelicht** *nt* lamparilla *f* (mariposa); **Teelöffel** *m* cucharilla *f* de té

Teenager ['ti:nɛɪdʒɐ] *m* <-s, -> adolescente *mf*, joven *mf*

Teenie ['ti:ni] *m* <-s, -s> (*fam*), **Teeny** *m* <-s, -s> (*fam*) quinceañero, -a *m*, *f*

Teer [te:ɐ] *m* <-(e)s, -e> alquitrán *m*

teeren ['te:rən] *vt* alquitranar; (*Straße*) asfaltar

Teeservice *nt* juego *m* de té; **Teestube** *f* salón *m* de té; **Teewurst** *f* embutido ahumado parecido a la butifarra

Teflon® [tɛfloːn] *nt* <-s, *ohne pl*> teflón® *m*

Teich [taɪç] *m* <-(e)s, -e> estanque *m*, tanque *m Am*

Teig [taɪk] *m* <-(e)s, -e> masa *f*

teigig ['taɪgɪç] *adj* ❶ (*wie Teig*) pastoso ❷ (*schwammig*) fláccido

Teigwaren *fpl* pastas *fpl*

Teil[1] [taɪl] *m* <-(e)s, -e> (*a. JUR*) parte *f*; (*Bestand~*) componente *m*; **weite ~e des Landes** amplias partes del país; **zum ~ en parte; ich habe es zum größten ~ gemacht** he hecho la mayor parte

Teil[2] *nt* <-(e)s, -e> (*einzelnes Stück*) pieza *f*; (*Ersatz~*) recambio *m*

Teil[3] *m o nt* <-(e)s, -e> (*Anteil, Beitrag*) parte *f*; **ich für mein(en) ~** yo, por mi parte; **sich** *dat* **sein(en) ~ denken** pensarse lo suyo; **zu gleichen ~en** a partes iguales

Teilansicht *f* vista *f* parcial

teilbar ['-baːʁ] *adj* divisible (*durch* por)

Teilbereich *m* parte *f*, sector *m*; **Teilbetrag** *m* suma *f* parcial, parte *f*

Teilchen ['taɪlçən] *nt* <-s, -> ❶ (*PHYS*) partícula *f* ❷ (*reg: Gebäck*) dulce *m*

teilen I. *vt* ❶ (*zer~*) partir (*in* en); (*in mehrere Teile*) dividir (*in* en) ❷ (*auf~*) repartir (*unter* entre); **sich** *dat* **etw** (**mit jdm**) ~ compartir algo (con alguien); **die Meinungen waren geteilt** las opiniones estaban divididas ❸ (*MATH*) dividir (*durch* por) II. *vr:* **sich** ~ ❶ (*auseinander gehen*) dividirse (*in* en); (*Partei*) escindirse ❷ (*Straße, Fluss*) bifurcarse

teil haben *irr vi* participar (*an* en); **Teilhaber(in)** *m(f)* <-s, -; -nen> (*WIRTSCH*) socio, -a *m, f*; **Teilkaskoversicherung** *f* seguro contra robo, incendio y daños causados por fuerza mayor

Teilnahme ['-naːmə] *f ohne pl* ❶ (*allgemein*) participación *f* (*an* en); (*Mitarbeit*) colaboración *f* (*an* en); (*an einem Kurs*) asistencia *f* (*an* a) ❷ (*Interesse*) interés *m* ❸ (*geh: Mitgefühl*) simpatía *f*; (*Beileid*) pésame *m*; **seine ~ aussprechen** dar el pésame

teilnahmslos ['taɪlnaːmsloːs] *adj* indiferente

Teilnahmslosigkeit ['--loːzɪçkaɪt] *f ohne pl* falta *f* de interés, apatía *f*

teil nehmen *irr vi* participar (*an* en); (*an einem Kurs*) asistir (*an* a)

Teilnehmer(in) *m(f)* <-s, -; -nen> partici-

pante *mf*; (*Kurs~*) cursillista *mf*; (*TEL*) abonado, -a *m, f*; **Teilnehmergebühr** *f* (*TEL*) cuota *f* (telefónica) de abono; **Teilnehmerwährung** *f* (*FIN*) moneda *f* de los países participantes; **die bilateralen Kurse zwischen den ~en** los tipos de cambio bilaterales de las respectivas monedas de los países participantes

teils [taɪls] *adv* en parte; **~ ..., ~ ...** por un lado... por otro...

Teilstück *nt* parte *f*

Teilung *f* <-en> ❶ (*allgemein*) división *f*; (*einer Partei*) escisión *f*; (*Ver~*) reparto *m* ❷ (*eines Wegs*) bifurcación *f*

teilweise ['-vaɪzə] I. *adj* parcial II. *adv* en parte

Teilzahlung *f* pago *m* a plazos; **etw auf ~ kaufen** comprar algo a plazos; **bei ~** pagando a plazos

Teilzeitarbeit *f* trabajo *m* de jornada reducida; **teilzeitbeschäftigt** *adj* empleado a tiempo parcial; **Teilzeitbeschäftigung** *f* trabajo *m* a tiempo parcial [*o* por horas]

Teint [tɛ̃ː] *m* <-s, -s> tez *f*, complexión *f Am*

Telearbeit ['teːle-] *f* teletrabajo *m*; **Telebanking** *nt* <-, *ohne pl*> (*INFOR*) telebanca *f*; **Telebrief** *m* telecarta *f*; **Telefax** ['teːlefaks] *nt* telefax *m inv*; **telefaxen** ['----] *vt* mandar por fax

Telefon ['teːlefoːn, teleˈfoːn] *nt* <-s, -e> teléfono *m*; **schnurloses ~** teléfono inalámbrico; **ans ~ gehen** coger el teléfono, atender al teléfono *Am*; **Telefonanruf** *m* llamada *f* telefónica; **Telefonanschluss** *m* conexión *f* a la red telefónica

Telefonat [telefoˈnaːt] *nt* <-(e)s, -e> llamada *f* telefónica

Telefonauskunft *f ohne pl* información *f* (telefónica); **Telefonbuch** *nt* guía *f* telefónica; **Telefongebühren** *fpl* tasas *fpl* por la conexión y el equipo; **Telefongesellschaft** *f* compañía *f* telefónica; **Telefongespräch** *nt* llamada *f* telefónica; (*Ferngespräch*) conferencia *f* telefónica; **ein ~ führen** hablar por teléfono; **Telefonhörer** *m* auricular *m*, audífono *m Am*

telefonieren* [telefoˈniːʁən] *vi* ❶ (*sprechen*) hablar por teléfono ❷ (*anrufen*) llamar por teléfono; **kann ich bei Ihnen mal ~?** ¿puedo utilizar su teléfono?; **nach München/Amerika ~** llamar a Múnich/América

telefonisch [teleˈfoːnɪʃ] I. *adj* telefónico II. *adv* por teléfono

Telefonkarte *f* tarjeta *f* telefónica; **Telefonkette** *f* cadena *f* telefónica; **Telefonleitung** *f* línea *f* telefónica; **Telefonmarketing** *nt* venta *f* por teléfono; **Telefon-**

netz *nt* red *f* telefónica; **Telefonnummer** *f* (número *m* de) teléfono *m;* **Telefonrechnung** *f* factura *f* del teléfono; **Telefonseelsorge** *f* teléfono *m* de la esperanza; **Telefonsex** *m* (*fam*) sexo *m* telefónico; **Telefonverbindung** *f* conexión *f* telefónica; **Telefonzelle** *f* cabina *f* telefónica; **Telefonzentrale** *f* central *f* telefónica, conmutador *m AmC, Arg, Col*

Telegraf [tele'graːf] *m* <-en, -en> telégrafo *m;* **Telegrafenamt** *nt* oficina *f* de telégrafos; **Telegrafenmast** *m* poste *m* telegráfico

telegrafieren* [telegra'fiːrən] *vi, vt* telegrafiar

telegrafisch [tele'graːfɪʃ] **I.** *adj* telegráfico **II.** *adv* por telégrafo

Telegramm [tele'gram] *nt* <-s, -e> telegrama *m;* **ein ~ aufgeben** enviar un telegrama; **Telegrammstil** *m* estilo *m* telegráfico

Teleheimarbeit *f ohne pl* (TEL) teletrabajo *m* domiciliario

Telekolleg ['teːlekɔleːk] *nt* <-s, -s> curso *m* a distancia (emitido por televisión)

Telekom *f ohne pl* Telekom *f* (*compañía de teléfonos alemana*)

Telekommunikation *f* telecomunicación *f;* **Telemarketing** *nt* telemarketing *m;* **Teleobjektiv** *nt* (FOTO) teleobjetivo *m*

Telepathie [telepa'tiː] *f ohne pl* telepatía *f*

Teleprompter® *m* <-s, -> (TV) teleprompter® *m;* **Teleshopping** *nt* <-s, *ohne pl*> teletienda *f,* telecompra *f*

Teleskop [tele'skoːp] *nt* <-s, -e> telescopio *m*

Telespiel *nt* videojuego *m*

Teletex ['teːletɛks] *nt* <-, *ohne pl*> teletex *m inv*

Telex ['teːlɛks] *nt* <-, -(e)s> télex *m inv*

telexen ['teːlɛksən] *vt* mandar por télex

Teller ['tɛlɐ] *m* <-s, -> plato *m;* **ein flacher/tiefer ~** un plato llano/hondo; **ein ~ Suppe** un plato de sopa; **Tellergericht** *nt* plato *m* combinado; **Tellerrand** *m* (*fig fam*): **über den ~ hinausschauen** tener amplitud de horizontes; **über den ~ nicht hinausschauen** ser de horizontes limitados; **Tellerwäscher(in)** *m(f)* <-s, -; -nen> friegaplatos *mf inv*

Tempel ['tɛmpəl] *m* <-s, -> templo *m*

Temperafarbe *f* pintura *f* al temple, témpera *f*

Temperament [tɛmp(ə)ra'mɛnt] *nt* <-(e)s, -e> temperamento *m;* (*Lebhaftigkeit*) vivacidad *f*

temperamentvoll *adj* (*lebhaft*) vivo; (*ungestüm*) temperamental

Temperatur [tɛmpəra'tuːɐ] *f* <-en> temperatura *f;* (*Fieber*) fiebre *f;* **die ~ steigt/fällt** la temperatura sube/baja; (**erhöhte**) ~ **haben** tener fiebre; **Temperaturanstieg** *m* subida *f* de la(s) temperatura(s); **Temperaturrückgang** *m* descenso *m* de la(s) temperatura(s); **Temperaturschwankung** *f* oscilación *f* de la(s) temperatura(s); **Temperatursturz** *m* descenso *m* brusco de la(s) temperatura(s), caída *f* de la(s) temperatura(s)

Tempi *pl von* **Tempo²**

Tempo¹ ['tɛmpo] *nt* <-s, -s> (*Geschwindigkeit*) velocidad *f;* ~! (*fam*) ¡deprisa!; **mit hohem ~** a gran velocidad

Tempo² *nt* <-s, Tempi> (MUS) ritmo *m;* **das ~ angeben** marcar el ritmo

Tempo®³ *nt* <-s, -s> (*fam*) pañuelo *m* de papel, kleenex® *m*

Tempolimit *nt* límite *m* de velocidad

Tendenz [tɛn'dɛnts] *f* <-en> tendencia *f* (*zu* a); **die ~ geht zu ...** se observa una tendencia a...; **steigende ~** tendencia al alza

tendenziell [tɛndɛn'tsjɛl] *adj* según la tendencia

tendenziös [tɛndɛn'tsjøːs] *adj* (*abw*) tendencioso

tendieren* [tɛn'diːrən] *vi* tender (*zu/nach* a)

Teneriffa [tene'rɪfa] *nt* <-s> Tenerife *m;* **aus ~** tinerfeño

Tennis ['tɛnɪs] *nt* <-, *ohne pl*> tenis *m;* **Tennisball** *m* pelota *f* de tenis; **Tennisklub** *m* club *m* de tenis; **Tennisplatz** *m* pista *f* de tenis; **Tennisschläger** *m* raqueta *f* (de tenis); **Tennisspiel** *nt* partido *m* de tenis; **Tennisspieler(in)** *m(f)* tenista *mf;* **Tennisturnier** *nt* torneo *m* de tenis

Tenor¹ ['teːnoːɐ] *m* <-s, *ohne pl*> (*Sinn*) tenor *m;* **in diesem ~** a este tenor

Tenor² [te'noːɐ, *pl:* te'nøːrə] *m* <-s, Tenöre> (MUS) tenor *m*

Tentakel [tɛn'taːkəl] *m o nt* <-s, -> (ZOOL) tentáculo *m*

Teppich ['tɛpɪç] *m* <-s, -e> alfombra *f;* **etw unter den ~ kehren** (*fig*) disimular algo; **auf dem ~ bleiben** (*fig*) mantener los pies en tierra; **Teppichboden** *m* moqueta *f,* alfombrado *m Am;* **Teppichklopfer** *m* <-s, -> sacudidor *m* de alfombra; **Teppichreiniger** *m* limpiaalfombras *m inv*

Termin [tɛr'miːn] *m* <-(e)s, -e> ❶ (*Frist*) plazo *m;* **einen ~ einhalten** cumplir un plazo ❷ (*Zeitpunkt*) fecha *f* ❸ (*beim Arzt*) cita *f;* **einen ~ vereinbaren** fijar una fecha; **einen ~ beim Zahnarzt haben** tener hora en el dentista; **er gab uns**

einen ~ **um neun Uhr** nos dio cita para las nueve

Terminal¹ ['tœ:minəl] *m o nt* <-s, -s> (*Flughafen, Bahnhof*) terminal *f*

Terminal² ['tœ:minəl] *nt* <-s, -s> (INFOR) terminal *m*

Termindruck *m* <-(e)s, *ohne pl*> agobio *m* de tiempo; **termingerecht** *adj* en el plazo fijado

Termini ['tɛrmini] *pl von* **Terminus**

Terminkalender *m* agenda *f*

Terminologie [tɛrminolo'gi:] *f* <-n> terminología *f*

Terminplaner *m* <-s, -> agenda *f*

Terminus ['tɛrminʊs, *pl:* 'tɛrmini] *m* <-, Termini> término *m*; ~ **technicus** término técnico

Termite [tɛr'mi:tə] *f* <-n> (ZOOL) termita *f*, comején *m Am*

Terpentin [tɛrpɛn'ti:n, tɛrpən'ti:n] *nt* <-s, -e> trementina *f*

Terrain [tɛrɛ̃:] *nt* <-s, -s> terreno *m*

Terrarium [tɛ'ra:riʊm] *nt* <-s, Terrarien> terrario *m*

Terrasse [tɛ'rasə] *f* <-n> terraza *f*

terrassenförmig *adj* en bancales

Terrier ['tɛriə] *m* <-s, -> (perro *m*) terrier *m*

Terrine [tɛ'ri:nə] *f* <-n> sopera *f*

territorial [tɛritori'a:l] *adj* territorial

Territorium [tɛri'to:riʊm] *nt* <-s, Territorien> territorio *m*

Terror ['tɛro:ɐ] *m* <-s, *ohne pl*> terror *m*; **Terrorakt** *m* acto *m* terrorista; **Terroranschlag** *m* atentado *m* terrorista

terrorisieren* [tɛrori'zi:rən] *vt* aterrorizar

Terrorismus [tɛro'rɪsmʊs] *m* <-, *ohne pl*> terrorismo *m*; **Terrorismusbekämpfung** *f* lucha *f* contra el terrorismo

Terrorist(in) [tɛro'rɪst] *m(f)* <-en, -en; -nen> terrorista *mf*

terroristisch *adj* terrorista

Terz [tɛrts] *f* <-en> (MUS) tercera *f*

Terzett [tɛr'tsɛt] *nt* <-(e)s, -e> (MUS) terceto *m*

Tesafilm® ['te:za-] *m* cinta *f* adhesiva, tesafilm® *m*

Tessin [tɛ'si:n] *nt* <-s> Tesino *m*

Test [tɛst] *m* <-(e)s, -s *o* -e> prueba *f*, test *m*

Testament [tɛsta'mɛnt] *nt* <-(e)s, -e> testamento *m*; **das ~ eröffnen** abrir el testamento; **Altes/Neues ~** (REL) Viejo/Nuevo Testamento

testamentarisch [tɛstamɛn'ta:rɪʃ] **I.** *adj* testamentario **II.** *adv* por testamento

Testamentseröffnung *f* (JUR) apertura *f* del testamento; **Testamentsvollstrecker(in)** *m(f)* (JUR) albacea *mf*

Testbild *nt* (TV) carta *f* de ajuste

testen ['tɛstən] *vt* examinar; (*überprüfen*) comprobar

Testergebnis *nt* resultado *m* de una prueba; **Testperson** *f* persona *f* objeto de pruebas; **Testreihe** *f* serie *f* de tests

Tetanus ['tɛtanʊs, 'te:tanʊs] *m* <-, *ohne pl*> (MED) tétano(s) *m inv*; **Tetanusschutzimpfung** *f* vacuna *f* antitetánica

Tete-a-tete *nt* <-, -s>, **Tête-à-tête** *nt* <-, -s> cita *f* amorosa

Tetraeder [tetra'ʔe:dɐ] *nt* <-s, -> (MATH) tetraedro *m*

teuer ['tɔɪɐ] *adj* ❶ (*kostspielig*) caro; (*wertvoll*) valioso; **etw ~ kaufen/verkaufen** comprar/vender algo caro; **wie ~ ist das?** ¿cuánto vale?; **teurer werden** subir de precio; **etw kommt jdn ~ zu stehen** algo le resulta caro a alguien; **den Verrat wird er ~ bezahlen müssen** pagará cara la traición; **ein ~ erkaufter Sieg** una victoria pagada a un precio muy alto ❷ (*geh: geschätzt*) querido; **bei allem, was mir lieb und ~ ist** por lo que más quiero

? **Grammatik**

El adjetivo **teuer** pierde la 'e' de la sílaba final cuando se declina para facilitar la pronunciación: *Die kleinere Dose Erbsen ist teurer (als die größere).* – La lata pequeña de guisantes sale más cara (que la grande). Ocurre lo mismo con el adjetivo **sauer**: *Ich will saure Gurken essen.* – Quiero comer pepinillos en vinagre.

Teuerungsrate *f* inflación *f*

Teufel ['tɔɪfəl] *m* <-s, -> diablo *m*, demonio *m*, mandinga *m Am*, pillán *m Chil;* **wie/was zum ~ ...?** (*fam*) ¿cómo/qué diablos...?; **weiß der ~!** (*fam*) ¡yo qué sé!; **scher dich zum ~!** (*fam*) ¡vete al demonio!; **den soll der ~ holen!** (*fam*) ¡al diablo con él!; **den ~ an die Wand malen** (*fam*) imaginarse lo peor; **du kommst in ~s Küche** (*fam*) las vas a pasar moradas; **auf ~ komm raus** (*fam*) cueste lo que cueste; **da ist der ~ los!** (*fam*) ¡menudo jaleo que hay ahí!; **den ~ werde ich tun!** (*fam*) ¡y un cuerno!; **wenn man vom ~ spricht(, kommt er)** (*fam*) hablando del ruin de Roma (por la puerta asoma); **Teufelskreis** *m* círculo *m* vicioso; **Teufelszeug** *nt* (*abw fam*) cosa *f* diabólica

teuflisch *adj* ❶ (*bösartig*) diabólico ❷ (*fam: groß*) tremendo; **das schmeckt ~ gut** esto sabe a gloria

Text [tɛkst] *m* <-(e)s, -e> ❶ (*allgemein*) texto *m*; **weiter im ~!** (*fam*) ¡sigue! ❷ (*Lied~*) letra *f* ❸ (*unter einer Abbildung*) leyenda *f*; **Textaufgabe** *f* (SCH) problema *m*; **Textbaustein** *m* componente *m*; **Textbuch** *nt* libreto *m*

texten ['tɛkstən] *vt* redactar

Texter(in) *m(f)* <-s, -; -nen> (*von Liedern*) autor(a) *m(f)* de la letra; (*von Werbetexten*) redactor(a) *m(f)* de textos (publicitarios)

Textilfabrik *f* fábrica *f* textil

Textilien [tɛks'tiːliən] *pl* (productos *mpl*) textiles *mpl*; (*Stoffe*) tejidos *mpl*; (*Kleidung*) ropa *f*

Textilindustrie *f* industria *f* textil

Textmarker ['-markɐ] *m* rotulador *m* fluorescente; **Textstelle** *f* pasaje *m* (en un texto); **Textverarbeitung** *f* (INFOR) tratamiento *m* de textos; **Textverarbeitungsprogramm** *nt* (INFOR) (programa *m* de) tratamiento *m* de textos; **Textverarbeitungssystem** *nt* (INFOR) sistema *m* de tratamiento [*o* de procesamiento] de textos

TH [teː'haː] *f* <-s> *Abk. von* **Technische Hochschule** Escuela *f* Superior Técnica

Thai¹ [taɪ] *mf* <-(s), -(s); -(s)> tailandés, -esa *m, f*

Thai² *nt* <-, *ohne pl*> (*Sprache*) tailandés *m*

Thailand ['taɪlant] *nt* <-s> Tailandia *f*

Thailänder(in) ['taɪlɛndɐ] *m(f)* <-s, -; -nen> tailandés, -esa *m, f*

thailändisch *adj* tailandés

Theater [te'aːtɐ] *nt* <-s, -> teatro *m*; (*Aufführung*) representación *f*; **ins ~ gehen** ir al teatro; **zum ~ gehen** hacerse actriz de teatro; **ein furchtbares ~ wegen etw** *gen/dat* **machen** (*fam*) armar un escándalo tremendo por algo; **das ist doch nur ~** (*fam*) eso es sólo teatro; **Theateraufführung** *f* representación *f* teatral; **Theaterbesuch** *m* asistencia *f* a una representación teatral; **Theaterbesucher(in)** *m(f)*

espectador(a) *m(f)*; **Theaterkarte** *f* entrada *f* para el teatro; **Theaterkasse** *f* taquilla *f*; **Theaterstück** *nt* obra *f* de teatro; **Theatervorstellung** *f* representación *f* teatral, función *f* de teatro

theatralisch [tea'traːlɪʃ] *adj* teatral

Theke ['teːkə] *f* <-n> ❶ (*in einer Gaststätte*) barra *f* ❷ (*Ladentisch*) mostrador *m*

Thema ['teːma, *pl:* 'teːmən] *nt* <-s, Themen> (*a.* MUS) tema *m*; (*Angelegenheit*) asunto *m*; **vom ~ abschweifen** desviarse del tema; **das ~ ist für mich erledigt** para mí el asunto está concluido; **das ist (doch) kein ~!** (*fam: spielt keine Rolle*) eso no es importante; (*steht nicht zur Debatte*) ese asunto no está sobre la mesa

Thematik [te'maːtɪk] *f* <-en> temática *f*

thematisieren* [temati'ziːrən] *vt* tematizar

Themen ['teːmən] *pl von* **Thema**

Theologe, -in [teo'loːgə] *m, f* <-n, -n; -nen> teólogo, -a *m, f*

Theologie [teolo'giː] *f ohne pl* teología *f*

theologisch *adj* teológico

Theoretiker(in) [teo're'tikɐ] *m(f)* <-s, -; -nen> teórico, -a *m, f*

theoretisch *adj* teórico

theoretisieren* [teoreti'ziːrən] *vi* teorizar

Theorie [teo'riː] *f* <-n> teoría *f*

Therapeut(in) [tera'pɔʏt] *m(f)* <-en, -en; -nen> (MED, PSYCH) terapeuta *mf*

therapeutisch *adj* terapéutico

Therapie [tera'piː] *f* <-n> (MED, PSYCH) terapia *f*

therapieren* *vt* dar un tratamiento médico

Thermalbad [tɛr'maːl-] *nt* ❶ (*Kurort*) centro *m* termal ❷ (*Bad*) baño *m* termal; **Thermalquelle** *f* aguas *fpl* termales

Thermometer [tɛrmo'meːtɐ] *nt* termómetro *m*; **Thermometerstand** *m ohne pl* altura *f* del termómetro

Thermosflasche ['tɛrmɔs-] *f* termo *m*; **Thermoskanne** *f* termo *m*

Thermostat [tɛrmo'staːt] *m* <-(e)s *o* -en, -e(n)> termostato *m*

These ['teːzə] *f* <-n> tesis *f inv*; **eine ~ aufstellen** formular una tesis; **Thesenpapier** *nt* guión *m* (de un trabajo escrito)

Thriller ['θrɪlɐ] *m* <-s, -> (*Film*) película *f* de suspense; (*Buch*) novela *f* de suspense

Thrombose [trɔm'boːzə] *f* <-n> (MED) trombosis *f inv*

Thron [troːn] *m* <-(e)s, -e> trono *m*; **den ~ besteigen** subir al trono

thronen ['troːnən] *vi* dominar (*über*)

Thronfolge *f ohne pl* sucesión *f* al trono;

die ~ antreten suceder en el trono; **Thronfolger(in)** *m(f)* <-s, -; -nen> sucesor(a) *m(f)* al trono

Thunfisch ['tu:n-] *m* (ZOOL) atún *m,* bonito *m*

Thüringen ['ty:rɪŋən] *nt* <-s> Turingia *f*

Thüringer(in) *m(f)* <-s, -; -nen> turingio, -a *m, f*

thüringisch *adj* turingio

THW [te:ha:'ve:] *nt* <-, -s> *Abk. von* **Technisches Hilfswerk** organización *f* de asistencia técnica en situaciones de crisis

Thymian ['ty:mia:n] *m* <-s, -e> (BOT) tomillo *m*

Tibet ['ti:bɛt] *nt* <-s> Tíbet *m*

Tick [tɪk] *m* <-(e)s, -s> ❶ (MED) tic *m* ❷ *(fam: Eigenart)* manía *f;* **einen ~ haben** estar tocado

ticken ['tɪkən] *vi (Uhr)* hacer tictac; **bei dir tickt's ja nicht richtig!** *(fam)* ¡no estás bien de la cabeza!

Tiebreak *m o nt* <-s, -s>, **Tie-Break** *m o nt* <-s, -s> (SPORT) tie break *m*

tief [ti:f] **I.** *adj* ❶ *(nicht flach)* profundo, hondo; *(fig)* profundo; **fünf Meter ~ fallen** caer desde una altura de cinco metros; **ein zwei Meter ~es Loch** un agujero de dos metros de profundidad; **wie ~ ist das?** ¿qué profundidad tiene?; **~er Schnee** nieve alta; **im ~sten Afrika** en lo más profundo de África; **aus ~stem Herzen** de todo corazón; **~ in Gedanken versunken sein** estar ensimismado; **~es Schweigen** silencio profundo; **im ~sten Winter** en pleno invierno ❷ *(niedrig)* bajo; **~e Temperaturen** tempertura(s) bajas ❸ *(Ton)* bajo; *(Stimme)* grave ❹ *(Farbe)* intenso **II.** *adv* ❶ *(nach unten)* profundamente; *(niedrig)* bajo; **sich ~ bücken** inclinarse profundamente; **die Sonne steht schon ~** el sol ya está bajo; **zehn Meter ~ tauchen** bajar (buceando) diez metros; **sie wohnt ~ in den Bergen** vive montañas adentro ❷ *(stark)* mucho, profundamente; **jdm ~ in die Augen sehen** mirar a alguien profundamente a los ojos; **er ist ~ gesunken** ha degenerado mucho; **~ ausgeschnitten** *(Kleidung)* muy escotado; **bis ~ in die Nacht hinein** hasta bien entrada la noche; **das lässt ja ~ blicken!** *(fam)* ¡eso da que pensar!

Tief [ti:f] *nt* <-s, -s> ❶ (METEO) depresión *f* atmosférica ❷ (PSYCH) depresión *f*

Tiefbau *m ohne pl* ingeniería *f* de caminos

Tiefdruck *m* <-(e)s, *ohne pl*> ❶ (METEO) baja presión *f* ❷ (TYPO) huecograbado *m;* **Tiefdruckgebiet** *nt* (METEO) zona *f* de baja presión, ciclón *m*

Tiefe[1] ['ti:fə] *f* <-n> profundidad *f*

Tiefe[2] *f ohne pl* ❶ *(einer Farbe)* intensidad *f* ❷ *(der Stimme)* gravedad *f*

Tiefebene *f* (GEO) llanura *f*

Tiefenpsychologie *f* (p)sicología *f* profunda; **Tiefenschärfe** *f* (FOTO) profundidad *f* de campo; **Tiefenwirkung** *f* efecto *m* en profundidad

Tiefflieger *m* <-s, -> avión *m* en vuelo a baja cota; **Tiefgang** *m* <-(e)s, *ohne pl*> ❶ (NAUT) calado *m* ❷ *(geistiger Gehalt)* fondo *m;* **Tiefgarage** *f* aparcamiento *m* subterráneo; **tiefgefroren** *adj* congelado; **tiefgekühlt** *adj* congelado

tiefgründig ['ti:fɡrʏndɪç] *adj* profundo

Tiefkühlkost *f* alimentos *mpl* congelados; **Tiefkühlschrank** *m* congelador *m;* **Tiefkühltruhe** *f* congelador *m*

Tiefland *nt* <-(e)s, -länder *o* -e> (GEO) tierra *f* baja, bajío *m Am;* **Tiefpunkt** *m* punto *m* más bajo; **Tiefschlaf** *m* sueño *m* profundo; **Tiefschlag** *m* (SPORT) golpe *m* bajo; **tiefschwarz** ['-'-] *adj* negro profundo

Tiefsee *f ohne pl* (GEO) aguas *fpl* abisales

Tiefsinn *m* <-(e)s, *ohne pl*> ❶ *(Gedankentiefe)* sentido *m* ❷ *(Schwermut)* melancolía *f;* **tiefsinnig** *adj* profundo; **Tiefstand** *m ohne pl* nivel *m* más bajo; **tiefstapeln** *vi* infravalorar (los propios méritos)

Tiefsttemperatur *f* temperatura *f* mínima

Tiegel ['ti:ɡəl] *m* <-s, -> ❶ *(zum Kochen)* cacerola *f* ❷ *(Schmelz~)* crisol *m*

Tier [ti:ɐ] *nt* <-(e)s, -e> animal *m; (Raub~)* fiera *f;* **ein hohes ~** *(fam fig)* un pez gordo; **Tierart** *f* especie *f* animal; **Tierarzt, -ärztin** *m, f* veterinario, -a *m, f*

Tierchen ['ti:ɐçən] *nt* <-s, -> animalito *m*

Tiergarten *m* parque *m* zoológico; **Tierhandlung** *f* tienda *f* de animales domésticos, pajarería *f*

tierisch ['ti:rɪʃ] *adj* ❶ *(Tiere betreffend)* animal ❷ *(abw: roh)* animal; *(grausam)* brutal ❸ *(fam: sehr)* bestial; **ich habe ~en Durst** tengo una sed bestial; **das schmeckt ~ gut** esto sabe divino

Tierklinik *f* clínica *f* veterinaria; **Tierkreiszeichen** *nt* (ASTR) signo *m* del zodíaco; **tierlieb** *adj* amante de los animales; **sehr ~ sein** amar a los animales; **Tiermehl** *nt* (AGR) harina *f* animal; **Tierpfleger(in)** *m(f)* cuidador(a) *m(f)* de animales; **Tierquäler(in)** *m(f)* persona *f* cruel con los animales [*o* que maltrata a los animales]; **Tierquälerei** ['---'-] *f* maltrato *m* de animales; **Tierreich** *nt ohne pl* reino *m* animal; **Tierschutz** *m* protección *f* de animales; **Tierschützer(in)** *m(f)* protector(a) *m(f)* de animales; **Tierschutzverein** *m* asociación *f* protectora de animales; **Tierversuch** *m* experimento *m* en animales; **Tierwelt** *f ohne pl* fauna *f*

Tiger ['ti:gɐ] *m* <-s, -> tigre *m*

tigern ['ti:gɐn] *vi sein* (*fam*) andar; **durch die Stadt** ~ recorrer la ciudad

Tilde ['tɪldə] *f* <-n> ❶ (*über Buchstaben*) tilde *f* ❷ (*in Wörterbüchern*) signo *m* de repetición

tilgen ['tɪlgən] *vt* ❶ (FIN, WIRTSCH) amortizar; (*Schulden*) liquidar ❷ (*geh: beseitigen*) eliminar (*aus* de)

Tilgung *f* <-en> (FIN, WIRTSCH) amortización *f*; (*der Schuld*) liquidación *f*

timen ['taɪmən] *vt* calcular el tiempo (para); (*festsetzen*) fijar la hora (de)

Timesharing ['taɪmʃɛ:rɪŋ] *nt* <-s, -s> (*a.* INFOR) time-sharing *m*

Timing ['taɪmɪŋ] *nt* <-s, -s> cálculo *m* del tiempo; (*Koordination*) coordinación *f*; **das war perfektes** ~! ¡la coordinación ha sido perfecta!

Tinktur [tɪŋk'tu:ɐ] *f* <-en> tintura *f*

Tinte ['tɪntə] *f* <-n> tinta *f*; **in der** ~ **sitzen** (*fam*) verse en apuros

Tintenfass *nt* tintero *m*; **Tintenfisch** *m* (ZOOL) sepia *f*; (*kleiner*) chipirón *m*; **Tintenfleck** *m* mancha *f* de tinta; **Tintenstrahldrucker** *m* impresora *f* de inyección de tinta

Tipp [tɪp] *m* <-s, -s> ❶ (*fam: Rat*) consejo *m* ❷ (SPORT) pronóstico *m*

tippen ['tɪpən] **I.** *vi* ❶ (*berühren*) tocar (ligeramente) (*auf/an*) ❷ (*fam: Maschine schreiben*) escribir a máquina ❸ (*fam: wetten*) apostar (*auf* por); **ich tippe** (**darauf**), **dass ...** apuesto que... ❹ (*Lotto spielen*) jugar a la lotería primitiva **II.** *vt* ❶ (*fam: Text*) pasar a máquina ❷ (*im Lotto*) apostar (por)

Tipp-Ex® *nt* <-, *ohne pl*> Tipp-Ex® *m*, líquido *m* corrector

Tippfehler *m* errata *f*

Tippschein *m* boleto *m* de quiniela

Tippse ['tɪpsə] *f* <-n> (*fam abw*) mecanógrafa *f*

tipptopp ['tɪp'tɔp] *adj* (*fam*) impecable, perfecto

Tirol [ti'ro:l] *nt* <-s> Tirol *m*

Tiroler(in) *m(f)* <-s, -; -nen> tirolés, -esa *m, f*

Tisch [tɪʃ] *m* <-(e)s, -e> mesa *f*; **den** ~ **decken** poner la mesa; **am** ~ **sitzen** estar sentados a la mesa; **am runden** ~ en una mesa redonda; **sich an den gedeckten** ~ **setzen** (*fig*) vivir a cuerpo de rey; **etw unter den** ~ **fallen lassen** (*fam*) pasar

algo por alto; **jdn unter den** ~ **trinken** (*fam*) aguantar más que otro bebiendo; **etw ist vom** ~ (*fam*) algo está solucionado; **reinen** ~ **machen** (*fam*) hacer tabla rasa; **Einwände vom** ~ **wischen** no dar importancia a las objeciones; **jdn über den** ~ **ziehen** (*fam fig*) dar a alguien gato por liebre; **Tischbein** *nt* pata *f* de la mesa; **Tischdecke** *f* mantel *m*; **Tischfußball** *m ohne pl* futbolín *m*; **Tischgesellschaft** *f* comensales *mpl*; **Tischgespräch** *nt* conversación *f* de mesa; (*nach dem Essen*) sobremesa *f*; **Tischkante** *f* borde *m* de la mesa; **Tischlampe** *f* lámpara *f* de mesa

Tischler(in) *m(f)* <-s, -; -nen> carpintero, -a *m, f*

Tischlerei *f* <-en> carpintería *f*

tischlern ['tɪʃlɐn] **I.** *vi* (*fam*) carpintear, hacer trabajos de carpintería [*o* de bricolaje con madera] **II.** *vt* (*fam*) hacer; **einen Schrank/ein Regal** ~ hacer un armario/ una estantería

Tischmanieren *pl* modales *mpl* en la mesa; **Tischnachbar(in)** *m(f)* compañero, -a *m, f* de mesa; **Tischrede** *f* discurso *m* de sobremesa

Tischtennis *nt* tenis *m* de mesa, ping-pong *m*, microtenis *m Am*; **Tischtennisball** *m* pelota *f* de ping-pong, bola *f* de ping-pong; **Tischtennisplatte** *f* mesa *f* de ping-pong; **Tischtennisschläger** *m* pala *f* de ping-pong

Titel ['ti:təl] *m* <-s, -> (*a.* SPORT, JUR, PUBL) título *m*; **akademischer** ~ título académico; **um den** ~ **spielen** (SPORT) competir por el título; **Titelanwärter(in)** *m(f)* (*a.* SPORT) aspirante *mf* al título; **Titelbild** *nt* portada *f*; **Titelblatt** *nt* portada *f*

titeln *vt* titular

Titelrolle *f* (FILM, THEAT) papel *m* principal; **Titelverteidiger(in)** *m(f)* (SPORT) defensor(a) *m(f)* del título

Titte ['tɪtə] *f* <-n> (*vulg*) teta *f*

titulieren* [titu'li:rən] *vt* llamar, calificar (*als* de)

tja [tja] *interj* (*fam*) bueno

TNT [te:ʔɛn'te:] *nt* <-, *ohne pl*> *Abk. von* **Trinitrotoluol** TNT *m*

Toast [to:st] *m* <-(e)s, -e *o* -s> ❶ (~ *scheibe*) tostada *f*; (~ *brot*) pan *m* para tostar ❷ (*Trinkspruch*) brindis *m inv*; **einen** ~ **auf jdn ausbringen** brindar por alguien; **Toastbrot** *nt* pan *m* para tostar, pan *m* bimbo®; (*Scheibe*) tostada *f*

toasten ['to:stən] *vt* (*Brot*) tostar

Toaster *m* <-s, -> tostadora *f*

toben ['to:bən] *vi* ❶ (*vor Wut*) rabiar; (*vor Begeisterung*) estar entusiasmado ❷ (*Kin-*

der) alborotar ❸ (*Sturm*) bramar; (*Meer*) embravecerse

Tobsucht *f ohne pl* furia *f*

tobsüchtig *adj* furioso

Tobsuchtsanfall *m* ataque *m* de rabia

Tochter ['tɔxtɐ, *pl*: 'tœçtɐ] *f* <Töchter> ❶ (*Kind*) hija *f* ❷ (*Schweiz: Bedienung*) camarera *f*; (*Haushaltshilfe*) mujer *f* de la limpieza; **Tochterfirma** *f* (WIRTSCH) filial *f*; **Tochtergesellschaft** *f* (WIRTSCH) (sociedad *f*) filial *f*

Tod [to:t] *m* <-(e)s, -e> muerte *f*, petateada *f Mex*; **eines gewaltsamen/natürlichen ~es sterben** morir de muerte violenta/natural; **jdn zum ~e verurteilen** condenar a alguien a muerte; **etw mit dem ~ bezahlen** pagar algo con la muerte; **sich zu ~e langweilen** (*fam*) aburrirse como una ostra; **sich zu ~e schämen** (*fam*) morirse de vergüenza; **zu ~e betrübt sein** (*fam*) estar muerto de tristeza; **jdn zu ~e erschrecken** (*fam*) asustar de muerte a alguien; **du holst dir noch den ~** (*fam*) vas a pillar un resfriado; **jdn auf den ~ nicht leiden können** (*fam*) odiar a alguien a muerte

todernst ['-'-] *adj* (*fam*) más serio que un poste

Todesangst *f* miedo *m* de muerte; **Todesanzeige** *f* esquela *f* (mortuaria), obituario *m Am*; **Todesfall** *m* defunción *f*; **Todesfolge** *f ohne pl* (JUR) resultado *m* letal; **Todesgefahr** *f* peligro *m* de muerte; **Todeskampf** *m ohne pl* agonía *f*; **Todeskandidat(in)** *m(f)* (*durch Krankheit*) moribundo, -a *m*, *f*; (*durch Todesurteil*) condenado, -a *m*, *f* a muerte; **todesmutig** *adj* temerario; **Todesopfer** *nt* víctima *f* (mortal); **Todesschuss** *m* tiro *m* mortal; **Todesschütze, -in** *m*, *f* persona *f* que mata a alguien de un tiro, asesino, -a *m*, *f*; **Todesstoß** *m* golpe *m* mortal; **jdm/etw** *dat* **den ~ versetzen** darle la puntilla a alguien/a algo; **Todesstrafe** *f* pena *f* de muerte; **bei ~** bajo pena de muerte; **Todesstreifen** *m* franja *f* de la muerte; **Todestag** *m* día *m* de la muerte; (*Jahrestag*) aniversario *m* de la muerte; **Todesursache** *f* causa *f* de la muerte; **Todesurteil** *nt* sentencia *f* de muerte; **Todeszelle** *f* celda *f* de un condenado a muerte

Todfeind(in) *m(f)* enemigo, -a *m*, *f* mortal; **todkrank** ['-'-] *adj* enfermo de muerte; **todlangweilig** ['-'---] *adj* aburridísimo

tödlich ['tø:tlɪç] I. *adj* mortal; **Unfall mit ~em Ausgang** accidente con desenlace fatal; **das war absolut ~** (*fam*) eso fue absolutamente fatal II. *adv* a muerte, mor-

talmente; **~ verletzt** herido mortalmente; **~ verunglücken** morir en un accidente; **sich ~ langweilen** morirse de aburrimiento

todmüde ['-'--] *adj* (*fam*) muerto de sueño; **todschick** ['-'-] *adj* (*fam*) elegantísimo; **todsicher** ['-'---] I. *adj* (*fam*) segurísimo II. *adv* (*fam: auf jeden Fall*) sin falta; (*zweifellos*) indudablemente; **Todsünde** *f* (REL) pecado *m* mortal; **todunglücklich** ['-'----] *adj* (*fam*) muy infeliz

Tohuwabohu [to:huva'bo:hu] *nt* <-(s), -s> caos *m inv*, bayoya *f PRico*, *RDom*

toi [tɔɪ] *interj* (*fam*): **~, ~, ~!** ¡suerte!

Toilette¹ [toa'lɛtə] *f ohne pl* (*geh: Körperpflege*) aseo *m*

Toilette² *f* <-n> (*WC*) servicio *m*, baño *m*; **öffentliche ~n** servicios públicos; **auf die ~ gehen** ir al baño

Toilettenartikel *m* artículo *m* de tocador; **Toilettenfrau** *f* encargada *f* de los lavabos; **Toilettenpapier** *nt* papel *m* higiénico, papel *m* confort® *Am*

Tokio ['to:kio] *nt* <-s> Tokio *m*

tolerant [tole'rant] *adj* tolerante

Toleranz [tole'rants] *f* <-en> (*a.* TECH, MED) tolerancia *f*; **Toleranzbereich** *m* (*a.* TECH) margen *m* de tolerancia

tolerieren * [tole'ri:rən] *vt* (*a.* TECH) tolerar; (*dulden*) consentir

toll [tɔl] *adj* (*fam*) ❶ (*unglaublich*) increíble ❷ (*großartig*) genial, achalay *Arg*, *Peru*, achachay *Col*, *Ecua*, piocha *Mex* ❸ (*schlimm*) terrible; **es zu ~ treiben** pasarse

Tolle ['tɔlə] *f* <-n> copete *m*

tollen ['tɔlən] *vi* ❶ (*toben*) alborotar ❷ *sein* (*laufen*) correr (*durch* por)

Tollkirsche *f* (BOT) belladona *f*

tollkühn *adj* audaz; **Tollkühnheit** *f* <-en> audacia *f*, osadía *f*

Tollpatsch ['tɔlpatʃ] *m* <-(e)s, -e> torpe *mf*

tollpatschig *adj* torpe

Tollwut *f* (MED) rabia *f*

tollwütig *adj* rabioso

Tölpel ['tœlpəl] *m* <-s, -> (*abw*) cateto, -a *m*, *f*, naco *m Mex*

Tomate [to'ma:tə] *f* <-n> tomate *m*; **treulose ~** (*fam*) amigo infiel; **hast du ~n auf den Augen?** (*fam*) ¿pero tú estás ciego o qué?

Tomatenketchup *m o nt*, **Tomatenketschup** *m o nt* ketchup *m*; **Tomatenmark** *nt ohne pl* concentrado *m* de tomate; **Tomatensoße** *f* salsa *f* de tomate; **Tomatensuppe** *f* sopa *f* de tomate

Tombola ['tɔmbola] *f* <-s> tómbola *f*

Tomografie *f* <-n>, **Tomographie**

[tomograˈfiː] f <-n> (MED) tomografía f

Ton¹ [toːn] m <-(e)s, -e> (*Erde*) arcilla f; (*zum Töpfern*) barro m, greda f Am

Ton² [toːn, pl: ˈtøːnə] m <-(e)s, Töne> ❶ (*Klang, a.* RADIO, TV) sonido m ❷ (*Farb~, Sprechweise, a.* MUS) tono m; **der gute** ~ las buenas formas; **den** ~ **angeben** llevar la voz cantante; **sich im** ~ **vergreifen** salirse de tono; **ich verbitte mir diesen** ~ no tolero que me hablen en ese tono; **einen anderen** ~ **anschlagen** cambiar de tono; **jdn in den höchsten Tönen loben** poner a alguien por las nubes; **der** ~ **macht die Musik** (*fam*) lo que cuenta no es lo que dices sino cómo lo dices ❸ (*Betonung*) acento m ❹ (*fam: Äußerung*) palabra f; **große Töne spucken** (*fam abw*) darse importancia; **hast du Töne!** (*fam*) ¡habráse visto!

tonangebend adj (*fig*) que lleva la batuta

Tonarm m brazo m de la aguja; **Tonart** f ❶ (MUS) tonalidad f ❷ (*Tonfall*) tono m; **Tonaufnahme** f grabación f de sonido, registro m de sonido

Tonband nt ❶ (*Tonträger*) cinta f magnetofónica ❷ (*fam: Gerät*) magnetófono m; **Tonbandaufnahme** f grabación f magnetofónica; **Tonbandgerät** nt magnetófono m, casete m o f

tönen [ˈtøːnən] **I.** vi ❶ (*er~*) sonar; (*dumpf*) retumbar ❷ (*fam abw: angeben*) fanfarronear **II.** vt (*Farbton verleihen*) matizar; (*färben*) color(e)ar

Tonerde f ohne pl ❶ (*Ton*) tierra f arcillosa ❷ (CHEM) alúmina f

tönern [ˈtøːnən] adj de barro, de greda Am

Tonfall m ❶ (*Sprachmelodie*) acento m, tonada f Am ❷ (*Art des Sprechens*) tono m; **Tonfilm** m película f sonora

Tongefäß nt vasija f de barro

Tonhöhe f altura f del tono

Tonic nt <-, -(s)> (*agua f*) tónica f

Toningenieur(in) m(f) ingeniero, -a m, f de sonido; **Tonkopf** m cabeza f sonora

Tonkrug m jarro m de barro

Tonlage f (MUS) registro m; **Tonleiter** f (MUS) escala f musical; **tonlos** adj (*unbetont*) átono; (*Stimme*) apagado

Tonnage [tɔˈnaːʒə] f <-n> (NAUT) tonelaje m

Tonne [ˈtɔnə] f <-n> ❶ (*Behälter*) tonel m; (*Regen~*) bidón m; (*Müll~*) cubo m (de la basura); **grüne** ~ contenedor verde m en el sistema dual de separación de basuras ❷ (*Maßeinheit*) tonelada f ❸ (NAUT) boya f ❹ (*fam: Mensch*) tonel m

Tonnengewölbe nt (ARCHIT) bóveda f de cañón

tonnenweise adv por toneladas

Tonspur f (FILM) pista f sonora; **Tonstörung** f (RADIO, FILM, TV) interferencias fpl; **Tonstudio** nt estudio m de grabación

Tontaube f (SPORT) plato m de tiro; **Tontaubenschießen** nt <-s, ohne pl> (SPORT) tiro m al plato

Tontechniker(in) m(f) técnico, -a m, f de sonido; **Tonträger** m <-s, -> soporte m del sonido

Tönung [ˈtøːnʊŋ] f <-en> ❶ (*das Tönen*) tinte m ❷ (*Farbton*) tono m

Tool [tuːl] nt <-s, -s> (INFOR) herramienta f; **Toolbox** f <-en> (INFOR) caja f de herramientas

Top [tɔp] nt <-s, -s> top m

Topas [toˈpaːs] m <-es, -e> topacio m

Topf [tɔpf, pl: ˈtœpfə] m <-(e)s, Töpfe> ❶ (*Koch~*) olla f, cazuela f; **alles in einen** ~ **werfen** (*fam fig*) meter todo en el mismo saco ❷ (*Nacht~*) orinal m; (*fam: Toilette*) lavabo m ❸ (*Blumen~*) maceta f ❹ (FIN) fondo m

Töpfer(in) [ˈtœpfə] m(f) <-s, -; -nen> alfarero, -a m, f

Töpferei [tœpfəˈraɪ] f <-en> alfarería f, locería f Am

töpfern [ˈtœpfən] vt, vi hacer vasijas de barro; (*Kunst*) hacer cerámica

Töpferscheibe f torno m (de alfarero); **Töpferwaren** fpl loza f

topfit [ˈtɔpˈfɪt] adj (*fam*) a tope

Topflappen m agarrador m; **Topfpflanze** f planta f de maceta

Topmodel nt "top model" f

Topografie f <-n> s. **Topographie**

topografisch adj s. **topographisch**

Topographie [topograˈfiː] f <-n> (GEO) topografía f

topographisch [topoˈɡraːfɪʃ] adj (GEO) topográfico

Tor¹ [toːɐ] m <-en, -en> (*geh: Person*) necio m

Tor² [toːɐ] nt <-(e)s, -e> ❶ (*große Tür*) portal m ❷ (*Monument*) puerta f ❸ (SPORT: *Gehäuse*) portería f; (*Treffer*) gol m; **im** ~ **stehen** estar en la portería; **ein** ~ **schießen** marcar un gol

Torbogen m arco m (de un portal)

Torero [toˈreːro] m <-s, -s> torero m

Torf [tɔrf] m <-(e)s, -e> turba f

Torfrau f s. **Torwart**

Torheit f <-en> (*geh*) necedad f, majadería f

Torhüter(in) m(f) (SPORT) portero, -a m, f

töricht [ˈtøːrɪçt] adj (*abw*) ❶ (*unvernünftig*) insensato ❷ (*einfältig*) corto ❸ (*unsinnig*) estúpido

torkeln [ˈtɔrkəln] vi sein tambalearse

Torlinie f (SPORT) línea f de portería

Törn [tœrn] m <-s, -s> ❶ (*Segel~*) viaje m en velero ❷ (*Turnus*) turno m

Tornado [tɔrˈnaːdo] m <-s, -s> (METEO) tornado m

Tornister [tɔrˈnɪstɐ] m <-s, -> (*der Soldaten*) mochila f ❷ (*reg: der Schüler*) cartera f

torpedieren* [tɔrpeˈdiːrən] vt (MIL) torpedear

Torpedo [tɔrˈpeːdo] m <-s, -s> (MIL) torpedo m

Torpfosten m (SPORT) poste m (de la portería)

Torschlusspanik f miedo a perderse algo importante en la vida

Torschütze, **-in** m, f (SPORT) goleador(a) m(f); **Torschützenkönig** m (SPORT) pichichi m

Torso [ˈtɔrzo] m <-s, -s o Torsi> (KUNST) torso m

Torte [ˈtɔrtə] f <-n> tarta f

Tortenboden m base f de masa (para las tartas); **Tortenheber** m <-s, -> paleta f para tartas

Tortur [tɔrˈtuːɐ] f <-en> tortura f

Torwart, **-frau** [ˈtoːɐvart] m, f <-(e)s, -e; -en> (SPORT) portero, -a m, f, arquero, -a m, f Am

tosen [ˈtoːzən] vi (*Meer, Sturm*) rugir; ~ **der Beifall** aplauso frenético

tot [toːt] adj muerto; (*verstorben*) fallecido; (*leblos*) inánime; **das T~e Meer** el Mar Muerto; **halb ~** medio muerto; **klinisch ~** clínicamente muerto; **er war auf der Stelle ~** falleció en el acto; **jdn für ~ erklären** declarar muerto a alguien; **sich ~ stellen** hacerse el muerto; **den ~en Mann machen** hacer el muerto; **mehr ~ als lebendig** más muerto que vivo

total [toˈtaːl] **I.** adj ❶ (*vollständig*) total ❷ (*fam: völlig*) completo; **das ist ja ~er Wahnsinn** esto es una verdadera locura **II.** adv por completo

Totalausverkauf m liquidación f total

totalitär [totaliˈtɛːɐ] adj totalitario

Totalität [totaliˈtɛːt] f ohne pl totalidad f

Totalschaden m siniestro m total

tot|arbeiten vr: **sich ~** (*fam*) matarse a trabajar; **tot|ärgern** vr: **sich ~** (*fam*) reventar de rabia

Tote(r) mf <-n, -n; -n> muerto, -a m, f, difunto, -a m, f elev

töten [ˈtøːtən] vt matar; (*ermorden*) asesinar, victimar Am

Totenbett nt lecho m mortuorio; **totenblass** [´--´-] adj blanco como la cera; **Totenglocke** f toque m de difuntos; **die**

~n läuten tocar a muertos; **Totengräber** [´--grɛːbɐ] m <-s, -> enterrador m; **Totenkopf** m calavera f; **Totenmaske** f mascarilla f; **Totenmesse** f misa f de réquiem; **Totenschädel** m calavera f; **Totenschein** m certificado m de defunción; **Totensonntag** m (REL) día m de (los) difuntos; **Totenstarre** f rigidez f cadavérica; **totenstill** [´--´-] adj: **es war ~** (*fam*) reinaba un silencio sepulcral; **Totenstille** [´--´-] f silencio m sepulcral; **Totentanz** m danza f macabra; **Totenwache** f velatorio m; **die ~ halten** velar a un difunto

tot|fahren irr vt matar por atropello; **Totgeburt** f ❶ (*Geburt*) nacimiento m de un niño muerto ❷ (*Kind*) mortinato, -a m, f

tot|kriegen vt (*fam*) acabar (con); **diese Mode ist nicht totzukriegen** no hay quien acabe con esta moda; **tot|lachen** vr: **sich ~** (*fam*) morirse de (la) risa

Toto [ˈtoːto] m o nt <-s, -s> quiniela f; **Totoschein** m boleto m de las quinielas

tot|sagen vt declarar muerto; **tot|schießen** irr vt (*fam*) matar de un tiro

Totschlag m <-(e)s, ohne pl> (JUR) homicidio m; **Totschlagargument** nt (*abw fam*) argumento m impepinable

tot|schlagen irr vt matar (a palos); **die Zeit ~** (*fam*) matar el tiempo

Totschläger[1] m <-s, -> (*Waffe*) rompecabezas m inv

Totschläger(in)[2] m(f) <-s, -; -nen> (*abw: Person*) homicida mf

tot|schweigen irr vt silenciar

Tötung f <-en> matanza f; (*Totschlag*) homicidio m; **fahrlässige ~** homicidio involuntario; **Tötungsversuch** m (JUR) intento m de homicidio

Touchscreen [ˈtatʃskriːn] m <-s, -s> (INFOR) pantalla f táctil

Toupet [tuˈpeː] nt <-s, -s> ❶ (*Haarteil*) bisoñé m ❷ (*Schweiz: Frechheit*) insolencia f

toupieren* [tuˈpiːrən] vt cardar

Tour [tuːɐ] f <-en> ❶ (*Ausflug*) excursión f (*in* a); (*Rundfahrt*) vuelta f (*durch* por) ❷ (*Strecke*) recorrido m ❸ (*fam: Trick*) truco m; **immer die gleiche ~!** ¡siempre el mismo cuento! ❹ (*fam: Vorhaben*) plan m; **jdm die ~ vermasseln** echarle a alguien su plan por los suelos ❺ (TECH: *Umdrehung*) revolución f; **auf vollen ~en arbeiten** trabajar a toda máquina; **in einer ~** (*fam*) continuamente ❻ (*Wend*): **mach keine krummen ~en!** (*fam*) ¡no hagas tonterías!

touren [ˈtuːrən] vi estar de gira

Tourenzahl f (TECH) número m de revoluciones

Touri *m* <-s, -s> (*fam*) turista *m* (típico)

Tourismus [tu'rɪsmʊs] *m* <-, *ohne pl*> turismo *m*; **sanfter** ~ turismo moderado [*o* verde]

Tourist(in) [tu'rɪst] *m(f)* <-en, -en; -nen> turista *mf*

Touristenklasse *f ohne pl* clase *f* turista; **Touristennepper(in)** *m(f)* <-s, -; -nen> cazaturistas *mf inv*; **Touristenzentrum** *nt* centro *m* turístico

Touristik [tu'rɪstɪk] *f ohne pl* turismo *m*

Touristin *f* <-nen> *s.* **Tourist**

touristisch *adj* turístico

Tournee [tʊr'ne:] *f* <-s *o* -n> gira *f*; **auf** ~ **sein/gehen** estar/salir de gira

Tower ['taʊɐ] *m* <-s, -> (AERO) torre *f* de control

toxisch ['tɔksɪʃ] *adj* tóxico

Trab [tra:p] *m* <-(e)s, *ohne pl*> trote *m*; **im** ~ al trote; **jdn auf** ~ **bringen** (*fam*) meter prisa a alguien; **jdn in** ~ **halten** (*fam*) mantener a alguien ocupado

Trabant [tra'bant] *m* <-en, -en> (ASTR, AERO) satélite *m*

El **Trabant** o **Trabbi** era el modelo de coche más extendido en la antigua RDA. El modelo típico, el P601, constaba de un motor de dos tiempos, y fue producido desde 1964 hasta 1989. Su inferioridad con respecto a los vehículos modernos lo convirtió en objeto fácil de múltiples chistes.

Trabantenstadt *f* ciudad *f* satélite

traben ['tra:bən] *vi haben o sein* ir al trote, trotar

Trabrennbahn *f* pista *f* para carreras al trote

Tracht [traxt] *f* <-en> ❶ (*von Berufsgruppen*) uniforme *m*; (*bei Volksgruppen*) traje *m* regional ❷ (*Wend*): **eine** ~ **Prügel** (*fam*) una tunda, una zumba *Am*

trachten ['traxtən] *vi* (*geh*): **nach etw** ~ anhelar algo; **jdm nach dem Leben** ~ atentar contra la vida de alguien

trächtig ['trɛçtɪç] *adj* preñado

Tradition [tradi'tsjo:n] *f* <-en> tradición *f*; **aus** ~ por tradición

traditionell [traditsjo'nɛl] *adj* tradicional

traditionsbewusst *adj* tradicionalista

traf [tra:f] *3. imp von* **treffen**

Trafo ['trafo] *m* <-(s), -s> transformador *m*

Tragbahre *f* camilla *f*

tragbar *adj* ❶ (*Geräte*) portátil ❷ (*Kleidung*) que se puede llevar ❸ (*erträglich*) soportable; (*Entwicklung*) sostenible

träge ['trɛːgə] *adj* ❶ (*langsam*) lento; (*lustlos*) apático; (*faul*) perezoso, poncho *Am* ❷ (PHYS) inerte

tragen ['tra:gən] <trägt, trug, getragen> **I.** *vt* ❶ (*Last, Kleidung, Aufschrift, Brille*) llevar; **etw bei sich** *dat* ~ llevar algo consigo; **auf dem Arm/auf dem Rücken** ~ llevar en brazos/a cuestas; **das trägt man nicht mehr** eso ya no se lleva; **das Haar lang/kurz** ~ llevar el pelo largo/corto ❷ (*stützen*) sostener ❸ (*er~*) llevar; (*Verantwortung*) asumir; (*Verlust*) responder (de); (*Kosten*) hacerse cargo (de) **II.** *vi* ❶ (*Eis*) resistir ❷ (*Baum, Acker*) dar frutos ❸ (*Tier*) estar preñado ❹ (*Kleidung, Mode*) llevarse ❺ (*an Verantwortung*) tener **III.** *vr*: **sich** ~ ❶ (*sich finanzieren*): **sich selbst** ~ autofinanciarse ❷ (*in Erwägung ziehen*): **sich mit dem Gedanken** ~ **etw zu tun** tener la intención de hacer algo ❸ (*Kleidung*) vestirse; **der Stoff trägt sich angenehm** este tejido es cómodo de llevar

Tragen *nt: zum* ~ **kommen** surtir efecto

Träger¹ *m* <-s, -> ❶ (ARCHIT) viga *f* ❷ (*an Kleidung*) tirante *m* ❸ (*Institution*) entidad *f* responsable

Träger(in)² ['trɛgɐ] *m(f)* <-s, -; -nen> ❶ (*Gepäck~*) mozo, -a *m, f* ❷ (*Preis~*) titular *mf* ❸ (*einer Entwicklung*) representante *mf* ❹ (*einer Krankheit*) portador(a) *m(f)*

Trägerkleid *nt* vestido *m* de [*o* con] tirantes; **Trägerrakete** *f* cohete *m* portador

Tragetasche *f* ❶ (*Einkaufstasche*) bolsa *f* de la compra ❷ (*Plastiktüte*) bolsa *f* de plástico

tragfähig *adj* sólido, firme

Tragfläche *f* (AERO) plano *m* de sustentación

Trägheit ['trɛːkhaɪt] *f ohne pl* ❶ (*Faulheit*) pereza *f*; (*Langsamkeit*) lentitud *f*; (*Lustlosigkeit*) apatía *f* ❷ (PHYS) inercia *f*

Tragik ['tra:gɪk] *f ohne pl* tragedia *f*; (*a.* LIT, THEAT) lo trágico

tragikomisch [tra:gi'ko:mɪʃ, '----] *adj* (*a.* LIT, THEAT) tragicómico

Tragikomödie [tragiko'møːdjə, '-----] *f* (*a.* LIT, THEAT) tragicomedia *f*

tragisch ['tra:gɪʃ] *adj* (*a.* LIT, THEAT) trágico; **nimm's nicht so** ~ (*fam*) no te lo tomes tan a la tremenda

Tragkraft *f ohne pl* (TECH, ARCHIT) capacidad *f* de carga; **Traglast** *f* carga *f*

Tragödie [tra'gøːdjə] *f* <-n> (*a.* LIT, THEAT)

tragedia *f*

trägt *3. präs von* **tragen**

Tragweite *f* alcance *m*

Trailer ['treɪlə] *m* <-s, -> (*a.* FILM) tráiler *m*

Trainer[1] ['trɛːnɐ] *m* <-s, -> (*Schweiz: Trainingsanzug*) chándal *m*

Trainer(in)[2] ['trɛːnɐ] *m(f)* <-s, -; -nen> entrenador(a) *m(f)*

trainieren* [trɛ'niːrən, trɛ'niːrən] **I.** *vi* entrenarse **II.** *vt* entrenar

Training ['trɛːnɪŋ] *nt* <-s, -s> entrenamiento *m;* **autogenes** ~ entrenamiento autógeno; **Trainingsanzug** *m* chándal *m;* **Trainingshose** *f* pantalón *m* de(l) chándal

Trakt [trakt] *m* <-(e)s, -e> (ARCHIT) ala *f*

Traktor ['trakto:ɐ] *m* <-s, -en> tractor *m*

trällern ['trɛlən] **I.** *vi* tararear una melodía **II.** *vt* tararear

Tram [tram] *f* <-s> (*reg*) tranvía *m;* **Trambahn** *f* (*südd*) tranvía *m*

Trampel ['trampəl] *m o nt* <-s, -> (*fam abw*) patán, -ana *m, f*

trampeln ['trampəln] **I.** *vi* patear **II.** *vt:* **etw platt** ~ pisotear algo

Trampelpfad *m* sendero *m* trillado; **Trampeltier** *nt* ❶ (*Kamel*) camello *m* ❷ (*fam: Trampel*) patán, -ana *m, f*

trampen ['trɛmpən] *vi sein* hacer autostop

Tramper(in) *m(f)* <-s, -; -nen> autoestopista *mf*

Trampolin ['trampoli:n, --'-] *nt* <-s, -e> trampolín *m*

Tramway ['tramvaɪ] *f* <-s> (*Österr*) tranvía *m*

Tran [tra:n] *m* <-(e)s, -e> (*vom Wal*) aceite *m* de ballena; (*vom Fisch*) aceite *m* de hígado de bacalao; **wie im** ~ (*fam: benommen*) confuso; (*zerstreut*) despistado

Trance ['trãs(ə)] *f* <-n> trance *m*

tranchieren* [trã'ʃiːrən] *vt s.* **transchieren**

Tranchiermesser [trã'ʃiːr-] *nt s.* **Transchiermesser**

Träne ['trɛːnə] *f* <-n> lágrima *f;* **den** ~**n nahe sein** estar a punto de romper a llorar; ~**n lachen** llorar de risa; **zu** ~**n gerührt sein** estar muy conmovido; **in** ~**n aufgelöst** hecho un mar de lágrimas; **mir kommen die** ~**n!** (*iron*) ¡huy, qué pena me das!

tränen *vi* lagrimear, llorar *fam;* **mir** ~ **die Augen** me lloran los ojos

Tränendrüse *f* glándula *f* lagrimal; **Tränengas** *nt ohne pl* gas *m* lacrimógeno; **Tränensack** *m* (ANAT) saco *m* lagrimal

tranig ['traːnɪç] *adj* ❶ (*nach Tran schmeckend*) aceitoso ❷ (*fam: träge*) pesado

trank [traŋk] *3. imp von* **trinken**

Tränke ['trɛŋkə] *f* <-n> abrevadero *m,* pileta *f RíoPl*

tränken ['trɛŋkən] *vt* ❶ (*Tiere*) abrevar ❷ (*durchnässen*) empapar (*in* en, *mit* de)

Transaktion [transʔak'tsjoːn] *f* <-en> transacción *f;* **Transaktionskosten** *pl* (WIRTSCH) costes *m* de transacción *pl*

transchieren* [tran'ʃiːrən] *vt* (GASTR) trinchar

Transchiermesser [tran'ʃiːr-] *nt* (GASTR) cuchillo *m* de trinchar

Transfer [trans'feːɐ] *m* <-s, -s> ❶ (WIRTSCH, PSYCH) tra(n)sferencia *f* ❷ (*auf Reisen*) traslado *m* ❸ (SPORT) traspaso *m*

Transformator [transfɔr'maːtoːɐ] *m* <-s, -en> tra(n)sformador *m*

Transfusion [transfu'zjoːn] *f* <-en> (MED) tra(n)sfusión *f* (de sangre)

Transistor [tran'zɪstoːɐ] *m* <-s, -en> transistor *m;* **Transistorradio** *nt* transistor *m*

Transit [tran'ziːt, tran'zɪt] *m* <-s, -e> tránsito *m*

transitiv ['tranzitiːf, --'-] *adj* (LING) transitivo

Transitreisende(r) *mf* viajero, -a *m, f* en tránsito; **Transitverkehr** *m* tráfico *m* de tránsito

Transkription [transkrɪp'tsjoːn] *f* <-en> (LING, MUS) tra(n)scripción *f*

transparent [transpa'rɛnt] *adj* tra(n)sparente

Transparent [transpa'rɛnt] *nt* <-(e)s, -e> (*Spruchband*) pancarta *f*

Transparenz [transpa'rɛnts] *f ohne pl* tra(n)sparencia *f*

transpirieren* [transpi'riːrən] *vi* tra(n)spirar

Transplantation [transplanta'tsjoːn] *f* <-en> (MED, BOT) tra(n)splante *m*

transplantieren* [transplan'tiːrən] *vt* (MED) tra(n)splantar

Transport [trans'pɔrt] *m* <-(e)s, -e> tra(n)sporte *m*

Transportband *nt* cinta *f* tra(n)sportadora

Transporter *m* <-s, -> vehículo *m* de tra(n)sporte

transportfähig *adj* (*Person*) en condiciones de ser trasladado; **Transportflugzeug** *nt* avión *m* de tra(n)sporte

transportieren* [transpɔr'tiːrən] *vt* ❶ (*Waren*) tra(n)sportar ❷ (*Personen*) trasladar ❸ (*Ideen, Werte*) trasladar

Transportmittel *nt* medio *m* de tra(n)sporte; **Transportunternehmen** *nt* empresa *f* de tra(n)sportes

transsexuell [transzɛksu'ɛl] *adj* transexual

Transsexuelle(r) *mf* <-n, -n; -n> transexual *mf*

Transvestit [transvɛs'tiːt] *m* <-en, -en> travestí *m*

transzendental [transtsɛndɛn'ta:l] *adj* (PHI-LOS) tra(n)scendental

Trapez [tra'pe:ts] *nt* <-es, -e> (*Turngerät, a.* MATH) trapecio *m*

Trasse ['trasə] *f* <-n> trazado *m*

trat [tra:t] *3. imp von* **treten**

Tratsch [tra:tʃ] *m* <-(e)s, *ohne pl*> (*fam abw*) cotilleo *m*

tratschen ['tra:tʃən] *vi* (*fam abw*) cotillear (*über* sobre)

Traualtar ['trauʔalta:ɐ] *m* altar *m* nupcial; **jdn zum ~ führen** llevar a alguien al altar

Traube ['traubə] *f* <-n> ❶ (*Wein~*) uva *f*; **blaue/grüne ~n** uvas negras/blancas ❷ (BOT) racimo *m* ❸ (*Menschen~*) grupo *m*

Traubensaft *m* zumo *m* de uva, jugo *m* de uva *Am*, baya *f Chil;* **Traubenzucker** *m* glucosa *f*

trauen ['trauən] **I.** *vi* confiar; **jdm/etw** *dat* ~ confiar en alguien/algo; **ich traue meinen Augen/Ohren nicht** no podía dar crédito a mis ojos/oídos **II.** *vt* casar; **sich ~ lassen** casarse **III.** *vr:* **sich ~** atreverse; **sich ~ etw zu tun** atreverse a hacer algo

Trauer ['trauə] *f ohne pl* tristeza *f;* (*um Tote*) luto *m;* ~ **tragen** llevar luto; **Trauerfall** *m* defunción *f;* **Trauerfeier** *f* funeral *m;* **Trauergottesdienst** *m* funeral *m;* **Trauerkleidung** *f* luto *m;* ~ **tragen** llevar luto; **Trauerkloß** *m* (*fam*) soso, -a *m, f;* **Trauermiene** *f* (*fam*) cara *f* de circuns-tancias

trauern ['trauən] *vi* llevar luto; **um jdn ~** llorar la muerte de alguien

Trauerspiel *nt* (*a. fig*) tragedia *f;* **Trauerweide** *f* (BOT) sauce *m* llorón

Traufe ['traufə] *f* <-n> canalón *m*

träufeln ['trɔɪfəln] *vt* verter gota a gota (*in* en)

Traum [traum, *pl:* 'trɔɪmə] *m* <-(e)s, Träume> sueño *m;* **im ~ reden** hablar en sueños; **das fällt mir nicht im ~ ein** (*fam*) eso no se me ocurre ni en sueños; **das war schon immer mein ~** siempre soñé con eso; **aus der ~!** (*fam*) ¡vuelta a la realidad!

Trauma ['trauma] *nt* <-s, Traumen *o* Trau-mata> (MED, PSYCH) trauma *m*

traumatisch [trau'ma:tɪʃ] *adj* (MED, PSYCH) traumático

Traumberuf *m* trabajo *m* ideal, oficio *m* soñado

Traumen ['traumən] *pl von* **Trauma**

träumen ['trɔɪmən] *vi* soñar (*von* con); **von jdm/etw** ~ soñar con alguien/algo; **er träumt mit offenen Augen** sueña

despierto; **das hätte ich mir nicht ~ lassen** nunca hubiese soñado con ello

Träumer(in) *m(f)* <-s, -; -nen> soñador(a) *m(f)*

Träumerei *f* <-en> sueños *mpl*, fantasías *fpl*

träumerisch *adj* soñador

traumhaft *adj* ❶ (*wie im Traum*) de ensueño ❷ (*fam: wunderbar*) maravilloso

Traumpaar *nt* pareja *f* ideal

traurig ['traurɪç] *adj* ❶ (*bekümmert*) triste; **über etw ~ sein** estar triste por algo; **jdn ~ machen** entristecer a alguien; ~ **werden** ponerse triste ❷ (*beklagenswert*) triste ❸ (*erbärmlich*) deplorable

Traurigkeit *f ohne pl* tristeza *f*

Trauring *m* alianza *f;* **Trauschein** *m* acta *f* de matrimonio

Trauung ['trauʊŋ] *f* <-en> boda *f,* casamiento *m;* **kirchliche/standesamtliche** ~ casamiento por la iglesia/por lo civil

Trauzeuge, -in *m, f* testigo *mf* de matrimonio

Trecking ['trɛkɪŋ] *nt* <-s, -s> *s.* **Trekking**

Treff [trɛf] *m* <-s, -s> (*fam*) ❶ (*das Treffen*) encuentro *m* ❷ (*Treffpunkt*) lugar *m* de encuentro

treffen ['trɛfən] <trifft, traf, getroffen> **I.** *vi* (*Ziel*) acertar **II.** *vt* ❶ (*begegnen*) encontrar; (*zufällig*) encontrarse (con), dar (con) ❷ (*erreichen*) alcanzar, dar; **das Ziel ~** dar en el blanco; **mit deinem Job hast du es ja gut getroffen** acertaste con tu trabajo ❸ (*kränken*) ofender ❹ (*be~*) afectar; **das trifft dich** eso se refiere a ti; **mich trifft keine Schuld** yo no tengo la culpa ❺ (*ergreifen*): **Maßnahmen gegen etw ~** adoptar medidas contra algo; **eine Vereinbarung ~** llegar a un acuerdo **III.** *vr:* **sich ~** ❶ (*zusammenkommen*) encontrarse; (*sich versammeln*) reunirse ❷ (*geschehen*) ocurrir; **das trifft sich gut!** ¡eso me viene como anillo al dedo!

Treffen ['trɛfən] *nt* <-s, -> (*a.* SPORT) encuentro *m*

treffend **I.** *adj* (*richtig*) justo; (*angemessen*) adecuado **II.** *adv* con exactitud

Treffer *m* <-s, -> ❶ (*Schießen*) tiro *m* certero; (*Ballspiele*) gol *m;* (*Boxen*) golpe *m* certero; (*Einschuss*) impacto *m* ❷ (*in einer Lotterie*) premio *m* ❸ (*Erfolg*) exitazo *m;* **Trefferquote** *f* número *m* de aciertos [*o* dianas] [*o* goles]

trefflich **I.** *adj* excelente **II.** *adv* muy bien

Treffpunkt *m* lugar *m* de encuentro; **treffsicher** *adj* certero

Treibeis ['traip-] *nt* témpano *m*

treiben ['traibən] <treibt, trieb, getrie-

ben> **I.** *vt* ❶ *(hinbringen)* llevar; *(schieben)* empujar; *(mit Zwang)* hacer avanzar; **sich (von der Strömung) ~ lassen** dejarse llevar (por la corriente); **die Preise in die Höhe ~** hacer subir los precios ❷ *(an~)* apremiar *(zu* a); (TECH) hacer funcionar; **jdn zur Eile ~** meterle prisa a alguien; **jdn zum Wahnsinn ~** volver loco a alguien ❸ *(hineinschlagen)* clavar *(in* en); *(Tunnel)* cavar ❹ *(be~, tun)* dedicarse (a); (SPORT) practicar; **Missbrauch mit etw** *dat* **~** abusar de algo; **dummes Zeug ~** *(fam)* hacer tonterías; **es zu toll ~** ir demasiado lejos; **es mit jdm ~** *(fam)* tener relaciones sexuales con alguien ❺ *(Knospen)* echar **II.** *vi* ❶ *sein (fortbewegt werden)* ser llevado; *(von der Strömung)* ser arrastrado (por la corriente); *(auf Wasser)* flotar *(auf/in* en) ❷ *(Pflanze)* brotar ❸ *(fam: Bier, Kaffee)* ser diurético

Treiben *nt* <-s, ohne pl> ❶ *(auf der Straße)* movimiento *m;* *(Belebtheit)* animación *f* ❷ *(Handeln)* actividad *f*
treibend *adj:* **die ~e Kraft** la fuerza motriz
Treibgas *nt* gas *m* propulsor
Treibhaus *nt* invernadero *m;* **Treibhauseffekt** *m* ohne pl efecto *m* invernadero
Treibholz *nt* ohne pl madera *f* flotante; **Treibjagd** *f* batida *f;* **Treibnetz** *nt* red *f* de arrastre; **Treibstoff** *m* combustible *m*
Trekking ['trɛkɪŋ] *nt* <-s, -s> trekking *m*
Trenchcoat ['trɛntʃkɔʊt] *m* <-(s), -s> gabardina *f*
Trend [trɛnt] *m* <-s, -s> tendencia *f (zu* a); **modischer ~** moda *f;* **mit etw** *dat* **voll im ~ liegen** *(fam)* ir con algo completamente a la moda; **Trendsetter(in)** ['trɛntsɛtɐ] *m(f)* <-s, -; -nen> iniciador(a) *m(f)* de una moda; **Trendwende** *f* cambio *m* de tendencia
trendy ['trɛndi] *adj (fam)* de moda, moderno
trennbar *adj* separable
trennen ['trɛnən] **I.** *vt* separar *(von* de); *(absondern)* apartar; *(Begriffe)* distinguir; *(Silben)* dividir **II.** *vr:* **sich ~** ❶ *(auseinander gehen)* separarse *(von* de); **hier ~ sich unsere Wege** aquí se separan nuestros caminos; **sie haben sich getrennt** se separaron ❷ *(weggeben)* desprenderse *(von* de)
Trennlinie *f* línea *f* divisoria
Trennung *f* <-en> separación *f;* *(Teilung)* división *f;* *(Absonderung)* aislamiento *f;* **sie stehen kurz vor der ~** están a punto de separarse
Trennungsstrich *m* (LING) guión *m*
Trennwand *f* pared *f* divisoria

treppab [trɛp'ʔap] *adv* escaleras abajo
treppauf [trɛp'ʔaʊf] *adv* escaleras arriba
Treppe ['trɛpə] *f* <-n> escalera *f;* **die ~ hinauf-/hinuntergehen** subir/bajar la(s) escalera(s)
Treppenabsatz *m* descansillo *m;* **Treppengeländer** *nt* barandilla *f;* **Treppenhaus** *nt* (caja *f* de la) escalera *f;* **Treppenstufe** *f* peldaño *m*
Tresen ['treːzən] *m* <-s, -> *(nordd)* ❶ *(in einer Gaststätte)* barra *f* ❷ *(Ladentisch)* mostrador *m*
Tresor [tre'zoːɐ] *m* <-s, -e> ❶ *(Schrank)* caja *f* fuerte ❷ *(~raum)* cámara *f* acorazada
Tretboot *nt* patín *m* a pedales
treten ['treːtən] <tritt, trat, getreten> **I.** *vi* ❶ *sein (hinaus~)* salir *(auf* a); *(ein~)* entrar *(in* a/en); *(sich stellen)* ponerse *(vor* delante de, *hinter* detrás de, *neben* al lado de); **in Aktion ~** entrar en acción; **auf die Bremse ~** pisar el freno; **ans Fenster ~** asomarse a la ventana; **in jds Leben ~** entrar en la vida de alguien; **in den Ruhestand ~** jubilarse; **zur Seite ~** apartarse; **an jds Stelle ~** sustituir a alguien; **über die Ufer ~** *(Fluss)* desbordarse; **~ Sie näher!** ¡acérquese! ❷ *sein (mit dem Fuß)* pisar; *(absichtlich)* pisotear ❸ *(Tritt versetzen)* dar una patada *(gegen* contra, *nach* a) ❹ *(beim Radfahren)* pedalear **II.** *vt (Person, Tier, Pedal)* pisar; *(Tritt geben)* dar una patada
Tretmine *f* (MIL) mina *f;* **~n legen** sembrar de minas, minar; **Tretmühle** *f (fam abw)* rutina *f* diaria
treu [trɔɪ] *adj* fiel; *(loyal)* leal; *(zuverlässig)* de confianza; **sich** *dat* **selbst ~ bleiben** ser fiel a uno mismo; **jdm ~ sein** ser fiel a alguien
Treue ['trɔɪə] *f* ohne pl ❶ *(Treusein)* fidelidad *f;* *(Loyalität)* lealtad *f;* **jdm die ~ halten** ser fiel a alguien ❷ *(Genauigkeit)* precisión *f;* **Treueprämie** *f* prima *f* por fidelidad; **Treueschwur** *m* ❶ *(von Geliebten)* promesa *f* (solemne) de fidelidad ❷ (HIST: *Eid)* juramento *m* de fidelidad [o de lealtad]; **einen ~ leisten/ablegen** jurar lealtad [o fidelidad]
Treuhänder(in) [-hɛndɐ] *m(f)* <-s, -; -nen> (JUR) fiduciario, -a *m, f*
Treuhandgesellschaft *f* (JUR) sociedad *f* fiduciaria
treuherzig *adj* ingenuo
Treuherzigkeit *f* ohne pl candor *m*, sinceridad *f*
treulos *adj* infiel; *(verräterisch)* traidor
Treulosigkeit *f* ohne pl infidelidad *f*, des-

lealtad *f*; (*Verrat*) traición *f*

Triangel ['tri:aŋəl, -'--] *m, Österr: nt* <-s, -> triángulo *m*

Triathlon ['tri:atlɔn] *nt* <-s, -s> (SPORT) triatlón *m*

Tribunal [tribu'na:l] *nt* <-s, -e> tribunal *m*

Tribüne [tri'by:nə] *f* <-n> tribuna *f*, palco *m Am*

Tribut [tri'bu:t] *m* <-(e)s, -e> tributo *m*; **jdm/etw** *dat* ~ **zollen** elogiar a alguien/algo; **tributpflichtig** *adj* sujeto a tributo

Trichter ['trɪçtɐ] *m* <-s, -> ① (*zum Einfüllen*) embudo *m* ② (*Schall~*) bocina *f*; (*an Musikinstrumenten*) pabellón *m* ③ (*Bomben~, a.* GEO) cráter *m*; **trichterförmig** *adj* en forma de embudo

Trick [trɪk] *m* <-s, -s> truco *m*, manganeta *f Hond*; **sie hat den** ~ **raus** (*fam*) ha pillado el truco; ~ **siebzehn!** (*fam*) ¡magia potagia!; **Trickaufnahme** *f* trucaje *m*; **Trickbetrug** *m* timo *m*; **Trickbetrüger(in)** *m(f)* timador(a) *m(f)*; **Trickfilm** *m* dibujos *mpl* animados; **trickreich** *adj* que sabe muchos trucos

tricksen ['trɪksən] **I.** *vi* (*fam*) hacer trucos; (*betrügen*) engañar **II.** *vt* (*fam*) arreglar; **wir werden das schon** ~ ya lo arreglaremos

trieb [tri:p] *3. imp von* **treiben**

Trieb [tri:p] *m* <-(e)s, -e> ① (PSYCH, BIOL) impulsión *f*; (*Instinkt*) instinto *m*; (*Neigung*) inclinación *f* (*zu* a) ② (BOT) brote *m*; **Triebfeder** *f* ① (TECH) resorte *m* ② (*Beweggrund*) móvil *m*

triebhaft *adj* instintivo

Triebkraft *f* (*a.* TECH, PSYCH) fuerza *f* motriz; **Triebtäter** *m* delincuente *m* sexual; **Triebverbrechen** *nt* delito *m* de motivación instintiva; (*Sexualverbrechen*) delito *m* sexual; **Triebwagen** *m* automotor *m*; **Triebwerk** *nt* (*a.* AERO) motores *mpl*

triefen ['tri:fən] <trieft, triefte *o* troff, getrieft *o* getroffen> *vi* ① *sein* (*rinnen*) chorrear (*aus/von* por/de) ② (*nass sein*) estar empapado (*von/vor* de/por); **sie war** ~**d nass** estaba calada hasta los huesos

triezen ['tri:tsən] *vt* (*fam*) fastidiar, dar la lata

trifft [trɪft] *3. präs von* **treffen**

triftig ['trɪftɪç] *adj* (*überzeugend*) convincente; (*begründet*) bien fundado

Trigonometrie [trigonome'tri:] *f ohne pl* (MATH) trigonometría *f*

Trikot [tri'ko:] *nt* <-s, -s> camiseta *f*

trillern ['trɪlɐn] *vi* (*Vogel*) trinar; (*Mensch*) tararear

Trillerpfeife *f* pito *m*, silbato *m*

Trilogie [trilo'gi:] *f* <-n> trilogía *f*

trimmen ['trɪmən] **I.** *vt* ① (*durch Sport*) entrenar ② (NAUT, AERO) equilibrar; (*verstauen*) arrumar ③ (*Hund, Rasen: scheren*) esquilar **II.** *vr:* **sich** ~ mantenerse en forma

Trimmpfad *m* circuito *m* gimnástico (en el bosque)

trinkbar *adj* bebedero; (*Wasser*) potable

trinken ['trɪŋkən] <trinkt, trank, getrunken> *vi, vt* beber (*aus* de/por, *auf* a); (*Kaffee, Tee*) tomar; **aus der Flasche/aus dem Glas** ~ beber de la botella/del vaso; **gibst du mir bitte etwas zu** ~? ¿me das algo de beber, por favor?; **sie hat die Flasche leer getrunken** se ha bebido toda la botella; **einen** ~ **gehen** (*fam*) ir a tomar una copa; **auf jds Wohl** ~ beber a la salud de alguien; **darauf müssen wir einen** ~ (*fam*) hay que brindar por ello

Trinker(in) *m(f)* <-s, -; -nen> bebedor(a) *m(f)*; **Trinkerheilanstalt** *f* centro *m* de desintoxicación

Trinkerin *f* <-nen> *s.* **Trinker**

trinkfest *adj* que tiene aguante para la bebida; **Trinkgefäß** *nt* recipiente *m* para beber; **Trinkgeld** *nt* propina *f*, gato *m Mex*, feria *f CRi, ElSal*

Trinkglas *nt* vaso *m* para beber; **Trinkhalm** *m* pajita *f*; **Trinkspruch** *m* brindis *m inv*; **einen** ~ **auf jdn ausbringen** brindar por alguien

Trinkwasser *nt* agua *f* potable; **kein** ~! ¡no potable!; **Trinkwasseraufbereitung** *f* depuración *f* de aguas; **Trinkwasseraufbereitungsanlage** *f* planta *f* potabilizadora

Trio ['tri:o] *nt* <-s, -s> (MUS) trío *m*

Trip [trɪp] *m* <-s, -s> (*fam*) ① (*Reise*) excursión *f* ② (*durch Drogen*) pedal *m*; **auf einem** ~ **sein** flipar

trippeln ['trɪpəln] *vi sein* andar a pasos cortos

Tripper ['trɪpɐ] *m* <-s, -> gonorrea *f*

tritt [trɪt] *3. präs von* **treten**

Tritt [trɪt] *m* <-(e)s, -e> ❶ (*Schritt, Gang*) paso *m* ❷ (*Fuß~*) puntapié *m;* **jdm einen ~ versetzen** dar un puntapié a alguien

Trittbrett *nt* estribo *m;* **Trittbrettfahrer(in)** *m(f)* (*abw*) aprovechado, -a *m, f*

Triumph [triˈʊmf] *m* <-(e)s, -e> triunfo *m;* **einen ~ erringen** triunfar

Triumphbogen *m* arco *m* de triunfo

triumphieren* [triʊmˈfiːrən] *vi* triunfar (*über* sobre)

triumphierend *adj* triunfante

Triumphzug *m* marcha *f* triunfal

trivial [triˈvjaːl] *adj* trivial

Trivialliteratur *f* literatura *f* trivial [*o* de pacotilla]

trocken [ˈtrɔkən] *adj* seco; (*langweilig*) aburrido; **auf dem T~en sitzen** (*fam: keine Lösung finden*) no salir adelante; (*aus finanziellen Gründen*) estar en un aprieto económico; (*nichts zu trinken haben*) no tener para beber

Trockeneis *nt* hielo *m* seco; **Trockenhaube** *f* secador *m* (del pelo)

Trockenheit *f* <-en> sequedad *f*, aridez *f*; (*Dürrezeit*) sequía *f*

trocken|legen *vt* ❶ (*Kind*) cambiar los pañales ❷ (*Sumpf*) drenar; **Trockenmilch** *f* leche *f* en polvo; **Trockenobst** *nt* frutos *mpl* secos; **Trockenrasur** *f* afeitado *m* en seco; **trocken|reiben** *irr vt* secar frotando; **sich** *dat* **die Haare ~** secarse el cabello frotando (con la toalla); **Trockenzeit** *f* (temporada *f* de) sequía *f*

trocknen [ˈtrɔknən] **I.** *vi sein* secarse **II.** *vt* secar

Trockner *m* <-s, -> secadora *f*

Trödel [ˈtrøːdəl] *m* <-s, *ohne pl*> ❶ (*fam: Dinge*) cachivaches *mpl* ❷ (*Markt*) mercadillo *m*

Trödelei *f* <-en> (*fam abw*) pérdida *f* de tiempo

Trödelmarkt *m* mercadillo *m*

trödeln [ˈtrøːdəln] *vi* (*fam a. abw*) perder el tiempo, demorarse (mucho) *Am*

Trödler(in) [ˈtrøːdlɐ] *m(f)* <-s, -; -nen> ❶ (*abw: Bummler*) tortuga *f* ❷ (*Altwarenhändler*) prendero, -a *m, f*, cambalachero, -a *m, f Arg, Urug*

troff [trɔf] *3. imp von* **triefen**

trog [troːk] *3. imp von* **trügen**

Trog [troːk] *pl:* 'trøːɡə] *m* <-(e)s, Tröge> artesa *f*, canoa *f Am*

Troll [trɔl] *m* <-(e)s, -e> (MYTH) trol(l) *m*, espíritu *m* maligno

Trolleybus [ˈtrɔlibʊs] *m* (*Schweiz*) trolebús *m*

Trommel [ˈtrɔməl] *f* <-n> (MUS, TECH) tambor *m;* (*Revolver~*) barrilete *m;* (*Kabel~*) tambor *m;* **Trommelfell** *nt* (ANAT) tímpano *m*

trommeln [ˈtrɔməln] **I.** *vi* (MUS) tocar el tambor; (*mit den Fingern*) tamborilear (*auf* sobre) **II.** *vt* tocar en el tambor

Trommelwirbel *m* redoble *m* (del tambor)

Trommler(in) [ˈtrɔmlɐ] *m(f)* <-s, -; -nen> tamborilero, -a *m, f*

Trompete [trɔmˈpeːtə] *f* <-n> trompeta *f*

trompeten* [trɔmˈpeːtən] *vi* ❶ (MUS) tocar la trompeta ❷ (*Elefant*) barritar ❸ (*laut-stark äußern*) anunciar en voz alta; (*sich laut schnäuzen*) sonarse con fuerza

Trompeter(in) *m(f)* <-s, -; -nen> trompetista *mf*

Tropen [ˈtroːpən] *pl* trópicos *mpl*, zona *f* tropical; **Tropenhelm** *m* salacot *m;* **Tropenholz** *nt* madera *f* tropical; **Tropenkrankheit** *f* enfermedad *f* tropical; **Tropenwald** *m* selva *f* tropical

Tropf [trɔpf] *m* <-(e)s, -e> (MED) gotero *m* intravenoso; **am ~ hängen** (*fam*) tener el gotero puesto

tröpfeln [ˈtrœpfəln] **I.** *vi sein* (*herunter~*) gotear **II.** *vt* verter gota a gota (*auf/in* sobre/en) **III.** *vunpers* (*fam: regnen*) gotear

tropfen [ˈtrɔpfən] *vi* gotear

Tropfen *m* <-s, -> gota *f;* **bis auf den letzten ~** hasta la última gota; **ein guter ~** un vino excelente; **das ist (nur) ein ~ auf den heißen Stein** (*fam*) (sólo) es una gota en medio del océano

tropfenweise *adv* gota a gota

tropfnass [ˈ--] *adj* sin exprimir, chorreando *fam*

Tropfstein *m* (*hängend*) estalactita *f;* (*aufsteigend*) estalagmita *f;* **Tropfsteinhöhle** *f* cueva *f* de estalactitas y estalagmitas

Trophäe [troˈfɛːə] *f* <-n> trofeo *m*

tropisch [ˈtroːpɪʃ] *adj* tropical

Trost [troːst] *m* <-(e)s, *ohne pl*> consuelo *m;* **als ~ de** consuelo; **das ist ein schwacher ~** eso no me consuela mucho; **zum ~**

kann ich sagen, dass ... como consuelo puedo decir que...; **du bist wohl nicht ganz bei ~!** (*fam*) ¡debes estar loco!

trösten ['trø:stən] I. *vt* consolar II. *vr:* **sich ~** consolarse

tröstlich ['trø:stlɪç] *adj* consolador; **das ist ja sehr ~!** (*iron*) ¡vaya consuelo!

trostlos *adj* ❶ (*Person*) desconsolado ❷ (*Ding, Zustand*) desesperante

Trostlosigkeit *f ohne pl* desolación *f*, desesperación *f*

Trostpflaster *nt* (pequeño) consuelo *m;* **Trostpreis** *m* accésit *m*

Trott [trɔt] *m* <-(e)s, -e> ❶ (*Gangart*) trote *m* ❷ (*Routine*) rutina *f;* (**wieder**) **in den alten ~ verfallen** caer (de nuevo) en la vieja rutina

Trottel ['trɔtəl] *m* <-s, -> (*fam abw*) imbécil *mf,* zorzal *m Am,* babasfrías *m inv Kol: fam*

trottelig *adj* (*fam abw*) estúpido

trotten ['trɔtən] *vi sein* trotar

trotz *präp* +*gen/dat* a pesar de; **~ alle(de)m** a pesar de todo

Trotz *m* <-es, *ohne pl*> obstinación *f;* **aus ~** por despecho; **allen Warnungen zum ~ etw tun** hacer algo a pesar de todas las advertencias; **Trotzalter** *nt* edad *f* del pavo

trotzdem ['--, -'-] *konj* no obstante, sin embargo

trotzen ['trɔtsən] *vi* ❶ (*Kind*) emperrarse, estar de morros *fam* ❷ (*geh: widerstehen*) hacer frente (a)

trotzig *adj* obstinado, terco

Trotzkopf *m* cabezota *mf;* **seinen ~ durchsetzen** (*fam*) imponerse con testarudez; **Trotzreaktion** *f* obstinación *f* por despecho

trüb(e) *adj* ❶ (*Flüssigkeit*) turbio; (*Glas, Licht*) opaco; (*Farbe*) apagado ❷ (*Tag*) nublado; (*Himmel*) cubierto; (*Wetter*) nuboso ❸ (*Stimmung*) melancólico; **im T~en fischen** (*fam*) pescar en río revuelto

Trubel ['tru:bəl] *m* <-s, *ohne pl*> barullo *m,* bulla *f*

trüben ['try:bən] I. *vt* ❶ (*Flüssigkeit*) enturbiar; (*Glas*) empañar; **kein Wässerchen ~ können** (*fam*) no haber roto nunca un plato ❷ (*Freude, Erinnerung*) nublar II. *vr:* **sich ~** ❶ (*Flüssigkeit*) enturbiarse; (*Glas*) empañarse ❷ (*Himmel*) oscurecerse ❸ (*Stimmung, Beziehung*) enturbiarse; (*Bewusstsein*) nublarse

Trübsal[1] ['try:pza:l] *f* <-e> (*geh: Leid*) aflicción *f*

Trübsal[2] *f ohne pl* (*geh: Schwermut*) melancolía *f;* **~ blasen** (*fam*) estar triste

trübselig *adj* melancólico; (*düster*) lóbrego

Trübsinn *m* <-(e)s, *ohne pl*> melancolía *f*

trübsinnig *adj* melancólico; (*bekümmert*) afligido

Trübung *f* <-en> ❶ (*das Trübwerden, Beeinträchtigung*) enturbiamiento *m* ❷ (*des Bewusstseins*) ofuscación *f*

trudeln ['tru:dəln] *vi sein* (*Ball*) rodar despacio (dando tumbos); **das Flugzeug geriet ins T~** el avión entró en barrena

Trüffel ['trʏfəl] *f* <-n> trufa *f*

trug [tru:k] 3. *imp von* **tragen**

Trug [tru:k] *m* <-(e)s, *ohne pl*> (*geh*) ❶ (*Täuschung*) engaño *m;* **Lug und ~** patrañas *fpl* ❷ (*Schein*) ilusión *f;* **Trugbild** *nt* espejismo *m*

trügen ['try:gən] <trügt, trog, getrogen> *vi, vt* engañar; **wenn mich nicht alles trügt** si no me equivoco

trügerisch ['try:gərɪʃ] *adj* engañoso

Trugschluss *m* conclusión *f* errónea

Truhe ['tru:ə] *f* <-n> arca *f*

Trümmer ['trʏmɐ] *pl* ruinas *fpl;* (*Schutt*) escombros *mpl;* **etw liegt in ~n** algo está en ruinas; **Trümmerfeld** *nt* campo *m* de ruinas; **Trümmerfrauen** *fpl* (HIST) mujeres que limpiaron de escombros las ciudades alemanas después de la II Guerra Mundial

---

i Land & Leute

Nada más terminar la Segunda Guerra Mundial (SGM), Alemania era una nación en ruinas. Muchos hombres habían fallecido durante las contiendas militares, y fueron las mujeres las que tuvieron que ponerse manos a la obra para ocuparse de la reconstrucción no sólo de sus hogares, sino de todo el país. La prensa entonces inventó, con acierto, esta expresión tan gráfica − **Trümmerfrauen** − para referirse a ellas.

Trümmerhaufen *m* escombrera *f*

Trumpf [trʊmpf, *pl:* 'trʏmpfə] *m* <-(e)s, Trümpfe> triunfo *m;* **seinen letzten ~ ausspielen** (*fig*) quemar el último cartucho; **einen ~ in der Hand haben** (*fig*) tener un as en la manga

Trunk [trʊŋk] *m* <-(e)s, Trünke> (*geh*) ❶ (*Getränk*) bebida *f* ❷ (*~sucht*) alcoholismo *m*

trunken ['trʊŋkən] *adj* (*geh*) ebrio (*vor* de); **~ machen** embriagar

Trunkenbold [-bɔlt] *m* <-(e)s, -e> (*abw*) borracho, -a *m, f*

Trunkenheit *f ohne pl* embriaguez *f,* bimba *f Am;* **bei ~ am Steuer** al conducir en estado de embriaguez

Trunksucht *f ohne pl* alcoholismo *m*

trunksüchtig *adj* alcohólico

Truppe ['trʊpə] *f* <-n> ❶ (MIL) tropa *f* ❷ (*Schauspiel~*) compañía *f*

Truppenabbau *m* reducción *f* de las tropas; **Truppenabzug** *m* <-(e)s, *ohne pl*> retirada *f* de las tropas

Truppenübung *f* maniobras *fpl;* **Truppenübungsplatz** *m* campo *m* de maniobras

Truthahn, -henne ['tru:t-] *m, f* (ZOOL) pavo, -a *m, f,* guajalote *m Mex,* pisco *m Col, Ven*

Tschad [tʃat] *m* <-s> Chad *m*

Tscheche, -in ['tʃɛçə] *m, f* <-n, -n; -nen> checo, -a *m, f*

Tschechien ['tʃɛçiən] *nt* <-s> Chequia *f*

Tschechin *f* <-nen> *s.* Tscheche

tschechisch *adj* checo; **T~e Republik** República Checa

Tschechoslowake, -in [tʃɛçoslo'va:kə] *m, f* <-n, -n; -nen> checoslovaco, -a *m, f*

Tschechoslowakei [-slova'kaɪ] *f* Checoslovaquia *f*

tschechoslowakisch *adj* checoslovaco

tschüs *interj,* **tschüss** [tʃʏs] *interj* hasta luego, chau *Am*

T-Shirt *nt* <-s, -s> camiseta *f,* polera *f Am,* playera *f Guat, Mex*

TU [te:ʔu:] *f* <-s> *Abk. von* **Technische Universität** Universidad *f* Técnica

Tuba ['tu:ba] *f* <Tuben> ❶ (MUS) tuba *f* ❷ (MED) trompa *f* de Eustaquio

Tube ['tu:bə] *f* <-n> ❶ (*Behälter*) tubo *m;* **auf die ~ drücken** (*fam*) darle al acelerador ❷ (MED) trompa *f* de Eustaquio

Tuben *pl von* **Tuba, Tube**

Tuberkulose [tubɛrku'lo:zə] *f* <-n> (MED) tuberculosis *f inv*

Tübingen ['ty:bɪŋən] *nt* <-s> Tubinga *f*

Tuch[1] [tu:x] *nt* <-(e)s, -e> (*Stoff*) género *m,* paño *m*

Tuch[2] [tu:x, *pl:* 'ty:çɐ] *nt* <-(e)s, Tücher> ❶ (*Hals~, Kopf~*) pañuelo *m* ❷ (*Wisch~*) trapo *m* ❸ (*für Stierkampf*) capote *m*

Tuchfühlung *f ohne pl* (*fam*) contacto *m;* **mit jdm auf ~ gehen** aproximarse (físicamente) a alguien

tüchtig ['tʏçtɪç] **I.** *adj* ❶ (*fähig*) hábil, capaz; (*erfahren*) versado; (*fleißig*) aplicado; (*gut*) bueno ❷ (*fam: groß*) grande; (*beachtlich*) considerable **II.** *adv* (*sehr*) mucho; (*ziemlich viel*) bastante

Tüchtigkeit *f ohne pl* (*Fähigkeit*) habilidad *f,* capacidad *f;* (*Fleiß*) aplicación *f*

Tücke[1] ['tʏkə] *f* <-n> (*Mangel*) defecto *m*

Tücke[2] *f ohne pl* (*Bosheit*) maldad *f,* malicia *f;* **das ist die ~ des Objekts** esto es lo malo de la cosa

tuckern ['tʊkɐn] *vi* hacer ruidos explosivos

tückisch ['tʏkɪʃ] *adj* ❶ (*boshaft*) malicioso ❷ (*unberechenbar*) imprevisible ❸ (*gefährlich*) peligroso

tüfteln ['tʏftəln] *vi* romperse la cabeza (*an* con), sutilizar

Tugend ['tu:gənt] *f* <-en> virtud *f*

tugendhaft *adj* virtuoso

Tüll [tʏl] *m* <-s, -e> tul *m*

Tulpe ['tʊlpə] *f* <-n> tulipán *m*

tummeln ['tʊməln] *vr:* **sich ~** ❶ (*herumtollen*) corretear ❷ (*reg: sich beeilen*) darse prisa, apurarse *Am*

Tumor [tu'mo:ɐ] *m* <-s, -en> (MED) tumor *m*

Tümpel ['tʏmpəl] *m* <-s, -> charca *f*

Tumult [tu'mʊlt] *m* <-(e)s, -e> tumulto *m,* batifondo *m CSur,* bola *f Mex*

tun [tu:n] <tut, tat, getan> **I.** *vi, vt* hacer; **gut ~** sentar bien; **wohl ~** (*geh*) hacer bien; **etw aus Liebe/aus Neid ~** hacer algo por amor/por envidia; **wichtigeres zu ~ haben, als ...** tener cosas más importantes que hacer que...; **ich habe mein Bestes getan** hice todo lo que pude; **ich habe noch zu ~** todavía tengo que hacer; **damit ist es nicht getan** con esto no basta; **das ist leichter gesagt als getan** es más fácil decirlo que hacerlo; **sie hat nichts zu ~** no tiene nada que hacer; **du kannst ~ und lassen, was du willst** puedes hacer lo que quieras; **was kann ich für Sie ~?** ¿en qué puedo ayudarle?; **wir haben getan, was wir konnten** hicimos lo que pudimos; **so etwas tut man nicht!** ¡eso no se hace!; **tu, was du nicht lassen kannst!** (*fam*) ¡haz lo que creas que tengas que hacer!; **das tut nichts zur Sache** (*fam*) esto no tiene nada que ver; **meine Uhr tut (es) nicht mehr** (*fam*) mi reloj ya no funciona; **hat er dir was getan?** ¿te hizo algo?; **der Hund tut nichts** (*fam*) el perro no hace nada; **tu mir doch den Gefallen und ...** hazme el favor y...; **wir haben es hier mit einem Mörder zu ~** nos las tenemos que ver con un asesino; **er bekam es mit der Angst zu ~** le entró miedo; **nach getaner Arbeit** después del trabajo; **damit habe ich nichts zu ~** tengo nada que ver con ello; **ich will mit ihm nichts mehr zu ~ haben** no quiero tener más trato(s) con él; **so ~, als ob ...**

hacer como si... +*subj;* **tu doch nicht so!**
(*fam*) ¡deja de fingir!; **tu nicht so schlau!**
(*fam*) ¡no te hagas el listo!; **du tätest gut
daran, zu schweigen** harías bien en callarte; **wenn das noch mal passiert,
kriegt er es mit mir zu** ~ (*fam*) si vuelve
a ocurrir se las verá conmigo **II.** *vt* (*fam:
setzen, stellen, legen*) poner; **tu es in den
Schrank** ponlo en el armario **III.** *vr:* **sich
~: es tut sich etwas** (*fam*) la cosa avanza;
sich schwer mit/bei etw *dat* ~ (*fam*)
tener dificultades con algo

Tun *nt* <-s, *ohne pl*> ❶ (*Beschäftigung*)
actividades *fpl* ❷ (*Verhalten*) conducta *f*

Tünche ['tʏnçə] *f* <-n> jalbegue *m*

tünchen *vt* encalar

Tundra ['tʊndra] *f* <Tundren> tundra *f*

tunen ['tjuːnən] *vt* (AUTO) trucar

Tuner ['tjuːnɐ] *m* <-s, -> (ELEK) sintonizador
m

Tunesien [tuˈneːziən] *nt* <-s> Túnez *m*

Tunesier(in) *m(f)* <-s, -; -nen> tunecino, -a
m, f

tunesisch *adj* tunecino

Tunfisch *m s.* **Thunfisch**

Tunke ['tʊŋkə] *f* <-n> (GASTR) salsa *f* (fría)

tunken *vt* (*reg*) mojar

tunlichst ['tuːnlɪçst] *adv* ❶ (*möglichst*) a
ser posible ❷ (*auf jeden Fall*) en cualquier
caso

Tunnel ['tʊnəl] *m* <-s, -(s)> túnel *m*

Tunte ['tʊntə] *f* <-n> (*fam abw*) ❶ (*Frau*)
bruja *f* ❷ (*Homosexueller*) marica *m*

tuntig *adj* (*abw fam*) amariconado

Tüpfelchen ['tʏpfəlçən] *nt* <-s, -> puntito
m; **das ~ auf dem i** el punto sobre la i

tupfen ['tʊpfən] *vt* ❶ (*auftragen*) aplicar
unas gotas (de) ❷ (*ab~*) quitar

Tupfen ['tʊpfən] *m* <-s, -> ❶ (*Fleck*) mancha
f; (*Punkt*) punto *m;* (*auf Stoff*) lunar *m*

Tupfer *m* <-s, -> ❶ (*fam: Punkt*) punto *m;*
(*auf Stoff*) lunar *m* ❷ (*Wattebausch*)
torunda *f*

Tür [tyːɐ̯] *f* <-en> puerta *f;* **in der ~ stehen**
estar en la puerta; ~ **an** ~ **mit jdm wohnen** vivir puerta a puerta con alguien; **hinter verschlossenen** ~**en** a puerta cerrada; **Weihnachten steht kurz vor der
~** (*fig*) las Navidades están a la vuelta de la
esquina; **jdn vor die ~ setzen** (*fam*)
poner a alguien de patitas en la calle; **jdm
die ~ vor der Nase zuschlagen** (*fam*)
dar(le) a alguien con la puerta en las narices; **ihr stehen alle** ~**en offen** tiene todas
las puertas abiertas; **bei jdm mit etw** *dat*
offene ~**en einrennen** (*fam*) hacer una
propuesta a alguien de algo que no (le) es
nuevo; **mit der** ~ **ins Haus fallen** (*fam*) ir

directamente al grano; **zwischen** ~ **und
Angel** (*fam*) a toda prisa; **jdm die** ~ **einrennen** (*fig*) tirar(le) la puerta abajo a alguien

Turban ['tʊrbaːn] *m* <-s, -e> turbante *m*

Turbine [tʊrˈbiːnə] *f* <-n> (TECH) turbina *f*

Turbo ['tʊrbo] *m* <-s, -s> (AUTO) ❶ (*Turbolader*) "turbo" *m*, turboalimentador *m*
❷ (*Auto*) (coche *m*) "turbo" *m*

turbulent [tʊrbuˈlɛnt] *adj* turbulento

Turbulenz [tʊrbuˈlɛnts] *f* <-en> (*a.* PHYS,
ASTR, METEO) turbulencia *f*

Türflügel *m* hoja *f* de la puerta; **Türgriff**
m manilla *f* de la puerta

Türke, -in ['tʏrkə] *m, f* <-n, -n; -nen> turco,
-a *m, f*

Türkei [-'-] *f* Turquía *f*

türken *vt* (*fam: Interview*) manipular;
(*Angaben, Papiere*) falsificar; (*Filmszene*)
trucar

Türkin *f* <-nen> *s.* **Türke**

türkis *adj inv* (de color) turquesa

Türkis [tʏrˈkiːs] *m* <-es, -e> turquesa *f*

türkisch *adj* turco

türkisfarben *adj* (de color) turquesa

Türklinke *f* pestillo *m* de la puerta; **Türknauf** *m* pomo *m*

Turm [tʊrm, *pl:* 'tʏrmə] *m* <-(e)s, Türme>
❶ (*Bauwerk, Schachfigur*) torre *f;* (*Glocken*~) campanario *m* ❷ (SPORT: *Sprung*~)
palanca *f* ❸ (*eines U-Boots*) torreta *f*

türmen ['tʏrmən] **I.** *vt* amontonar; (*stapeln*) apilar **II.** *vi sein* (*fam*) poner pies en
polvorosa **III.** *vr:* **sich** ~ acumularse

Turmspringen *nt* <-s, *ohne pl*> (SPORT)
salto *m* de palanca; **Turmuhr** *f* reloj *m* de
torre

Turnanzug *m* traje *m* de gimnasia, chándal
m

turnen *vi, vt* hacer (ejercicios de) gimnasia

Turnen ['tʊrnən] *nt* <-s, *ohne pl*> gimnasia
f; (*Turnunterricht*) clase *f* de educación
física

Turner(in) *m(f)* <-s, -; -nen> gimnasta *mf*

Turngerät *nt* aparato *m* de gimnasia;
Turnhalle *f* gimnasio *m;* **Turnhose** *f*
pantalón *m* de gimnasia

Turnier [tʊrˈniːɐ̯] *nt* <-s, -e> torneo *m;*
(*Wettkampf*) competición *f*

Turnschuh *m* tenis *m inv;* (*für Gymnastik*)
zapatilla *f* de deporte; **Turnübung** *f* ejercicio *m* de gimnasia; **Turnunterricht** *m*
clase *f* de gimnasia

Turnus ['tʊrnʊs] *m* <-, -se> turno *m;* **im** ~
von drei Jahren cada tres años

Turnverein *m* club *m* de gimnasia

Türöffner *m* portero *m* automático; **Türpfosten** *m* jamba *f;* **Türrahmen** *m* marco *m* de la puerta; **Türschild** *nt* placa *f* (en la puerta); **Türschloss** *nt* cerradura *f* de la puerta, chapa *f Am;* **Türschwelle** *f* umbral *m;* **Türspalt** *m* resquicio *m;* **Türste-her(in)** *m(f)* <-s, -; -nen> portero, -a *m, f*

turteln ['tʊrtəln] *vi* amartelarse

Tusch [tʊʃ] *m* <-(e)s, -e> toque *m*

Tusche ['tʊʃə] *f* <-n> tinta *f* china

tuscheln ['tʊʃəln] *vi, vt* (*fam a. abw*) cuchichear

Tuschzeichnung *f* dibujo *m* a pluma

Tussi ['tʊsi] *f* <-s> (*fam abw*) tía *f* exagerada

tut [tuːt] *3. präs von* **tun**

Tüte ['tyːtə] *f* <-n> bolsa *f;* **Suppe aus der** ~ sopa de sobre; **das kommt nicht in die** ~**!** (*fam*) ¡ni hablar del peluquín!

tuten ['tuːtən] *vi* tocar la bocina, pitar *Am;* **von T~ und Blasen keine Ahnung haben** (*fam*) no saber ni jota

Tutor(in) ['tuːtoːɐ] *m(f)* <-s, -en; -nen> tutor(a) *m(f)*

TÜV [tʏf] *m* <-, ohne pl> *Abk. von* **Technischer Überwachungs-Verein** ≈ ITV *f*

TV [teːˈfaʊ] ❶ *Abk. von* **Television** televisión *f* ❷ *Abk. von* **Turnverein** club *m* de gimnasia

TV-Moderator(in) *m(f)* presentador(a) *m(f)* de televisión

Twist [tvɪst] *m* <-s, -s> (*Tanz*) twist *m*

Typ [tyːp] *m* <-s, -en> ❶ (*Art*) tipo *m;* **er ist nicht mein** ~ (*fam*) no es mi tipo ❷ (*fam: Mann*) tío *m,* gallo *m Am*

Type ['tyːpə] *f* <-n> ❶ (TYPO) letra *f* de molde ❷ (*fam: Mensch*) tipejo, -a *m, f*

Typen ['tyːpən] *pl von* **Typ, Type, Typus**

Typenbezeichnung *f* (TECH) denominación *f* de modelo

Typhus ['tyːfʊs] *m* <-, ohne pl> tifus *m inv* (vulgar), fiebre *f* tifoidea

typisch ['tyːpɪʃ] *adj* típico (*für* de); ~ **Mann** típico de los hombres

Typografie [typograˈfiː] *f* <-n> tipografía *f*

typografisch [typoˈɡraːfɪʃ] *adj* tipográfico

Typographie [typoˈɡraːfiː] *f* <-n> *s.* **Typografie**

typographisch [typoˈɡraːfɪʃ] *adj s.* **typografisch**

Typologie [typoloˈɡiː] *f* <-n> tipología *f*

typologisch [typoˈloːɡɪʃ] *adj* tipológico

Typus ['tyːpʊs] *m* <-, Typen> tipo *m*

Tyrann(in) [tyˈran] *m(f)* <-en, -en; -nen> tirano, -a *m, f*

Tyrannei [tyraˈnaɪ] *f ohne pl* tiranía *f*

tyrannisch *adj* tiránico

tyrannisieren* [tyraniˈziːrən] *vt* tiranizar

U, u [uː] *nt* <-, -> U, u *f;* ~ **wie Ulrich** U de Uruguay

u. *Abk. von* **und** y

u.a. ❶ *Abk. von* **und andere(s)** y más ❷ *Abk. von* **unter anderem/anderen** entre otros

U-Bahn *f* metro *m;* **U-Bahnhof** ['uːbaːnhoːf] *m* estación *f* de metro; **U-Bahn-Station** *f* estación *f* del metro

übel ['yːbəl] **I.** *adj* <übler, am übelsten> (*schlimm, schlecht*) mal(o); (*unangenehm*) desagradable; **mir ist/mir wird** ~ me siento mal/me dan náuseas; **da kann es einem ja** ~ **werden** esto le pone malo a cualquiera; **er ist ein übler Bursche** es un tipo de cuidado; **nicht** ~ (*fam*) bastante bien; **das ist gar nicht** (**so**) ~ (*fam*) esto no está nada mal **II.** *adv* mal; ~ **dran sein** estar en una situación difícil; **jdm** ~ **mitspielen** jugarle una mala pasada a alguien

Übel *nt* <-s, -> mal *m;* (*Unglück*) desgracia *f;* **ein notwendiges** ~ un mal necesario; **das kleinere** ~ el mal menor; **zu allem** ~ ... para colmo de males...

Übelkeit *f ohne pl* (*Gefühl*) náuseas *fpl;* ~ **erregend** nauseabundo

Übeltat *f* (*geh*) fechoría *f;* (*gesetzeswidrig*) delito *m;* **Übeltäter(in)** *m(f)* malhechor(a) *m(f)*

üben ['yːbən] **I.** *vi* (*allgemein*) practicar; (SPORT) entrenarse; **auf dem Klavier** ~ practicar piano **II.** *vt* practicar; (THEAT) ensayar; (*Finger*) ejercitar; **mit geübtem Auge** con ojo experto; **sich in etw** *dat* ~ iniciarse en algo

über ['y:bɐ] **I.** *präp* +*dat* ❶ (*oberhalb*) sobre, (por) encima de; (*darauf*) en, sobre; (*auf der anderen Seite*) al otro lado de; (*weiter als*) más allá de; ~ **der Straße wohnen** vivir al otro lado de la calle ❷ (*während, bei*) durante; ~ **der Arbeit einschlafen** quedarse adormecido durante el trabajo ❸ (*Grenze*) por encima de, sobre; **zwei Grad** ~ **Null** dos grados sobre cero ❹ (*Überlegenheit, Überordnung*) por encima de; ~ **jdm stehen** estar por encima de alguien ❺ (*kausal*) a causa de, debido a; ~ **all der Aufregung habe ich ganz vergessen, dass ...** debido a todo el jaleo olvidé por completo que... **II.** *präp* +*akk* ❶ (*Richtung: durch*) por; (*auf dem Weg* ~) vía, pasando por; (~ *hinweg*) por, sobre; **nach Münster** ~ **Dortmund** a Münster vía Dortmund; **er fuhr sich** *dat* ~ **die Stirn** se pasó la mano por la frente; ~ **die Straße gehen** cruzar la calle; ~ **die Grenze fahren** pasar la frontera; ~ **eine Mauer springen** saltar un muro; **bis** ~ **beide Ohren verliebt sein/in Arbeit stecken** estar enamorado hasta la médula/lleno de trabajo ❷ (*zeitlich*): ~ **Ostern/Nacht** durante la Semana Santa/ la noche; **das ist schon** ~ **3 Jahre her** esto pasó hace ya más de 3 años; ~ **... hinaus** más allá de ❸ (*von, betreffend*) sobre, acerca de; **was wissen Sie** ~ **ihn?** ¿qué sabe Ud. sobre él? ❹ (*in Höhe von*) por, de; **ein Scheck** ~ **2000 Euro** un cheque por valor de 2000 euros; **ein Rennen** ~ **2000 Meter** una carrera de 2000 metros ❺ (*von mehr als*) de más de; **Kinder** ~ **12 Jahre** niños de más de 12 años ❻ (*mehr und mehr*): **Autos** ~ **Autos** coche tras coche ❼ (*mittels*) por medio de; ~ **ein Inserat** por medio de un anuncio ❽ (*Überordnung*): ~ **jdn herrschen/ Macht haben** reinar/tener poder sobre alguien ❾ (*vor, wichtiger als*): **es geht nichts** ~ **Fußball** no hay nada mejor que el fútbol; **jdn/etw** ~ **alles lieben** querer a alguien/algo más que a nadie/nada **III.** *adv* ❶ (*mehr als*) (de) más de; ~ **zwei Meter lang/breit** de más de dos metros de largo/ ancho; **sind Sie** ~ **30?** ¿pasa Ud. de 30 años? ❷ (*völlig*): ~ **und** ~ completamente ❸ (*Zeitraum*): **die ganze Zeit** ~ durante todo el tiempo **IV.** *adj* (*fam*) ❶ (*übrig*) sobrante; **da ist noch Kuchen** ~ ahí queda todavía pastel ❷ (*überlegen*) superior (*in* en); **geistig ist sie mir** ~ intelectualmente me supera

überall ['y:bɐ'ʔal] *adv* por todas partes; ~ **in Deutschland** en toda Alemania; **überall-**

her ['---'-] *adv* de todas partes; **überallhin** ['---'-] *adv* a todas partes

Überalterung [--'---] *f ohne pl* envejecimiento *m*

Überangebot *nt* oferta *f* excesiva; **überanstrengen*** **I.** *vt* cansar excesivamente **II.** *vr:* **sich** ~ hacer un esfuerzo excesivo; **überanstreng dich nicht!** ¡no hagas excesos!; **Überanstrengung** [--'---] *f* esfuerzo *m* excesivo

überarbeiten* **I.** *vt* corregir, revisar **II.** *vr:* **sich** ~ trabajar en exceso

überaus ['---, --'-] *adv* sumamente; (*äußerst*) extremadamente

überbacken* *irr vt* gratinar

Überbau *m* <-(e)s, -e> (*Marxismus*) superestructura *f*

überbelasten* ['-----] *vt* sobrecargar; **Überbelegung** *f* <-en> (*eines Hotels*) overbooking *m;* **überbelichten*** ['-----] *vt* (FOTO) sobreexponer; **überbetonen*** ['-----] *vt* dar demasiada importancia (a); **überbevölkert** ['-----] *adj* superpoblado; **Überbevölkerung** *f ohne pl* superpoblación *f;* **überbewerten*** ['-----] *vt* sobrevalorar; **überbezahlen*** *vt* pagar demasiado [*o* en exceso]; **er wird überbezahlt** se le está pagando más de lo que le corresponde

überbieten* *irr* **I.** *vt* ❶ (*übertreffen*) sobrepujar (*an/um* en); (*Rekord*) batir; **der Film ist an Brutalität nicht mehr zu** ~ el grado de brutalidad de la película es insuperable ❷ (*bei einer Auktion*) sobrepujar (*um* en) **II.** *vr:* **sich** ~ superarse (*an* en)

Überbleibsel ['y:bɐblaɪpsəl] *nt* <-s, -> (*fam*) resto *m*

Überblick ['---] *m* <-(e)s, -e> ❶ (*Aussicht*) vista *f* panorámica (*über* de) ❷ (*über Zusammenhänge*) visión *f* de conjunto; **den** ~ **verlieren** perder la orientación; **sich** *dat* **einen** ~ **über etw verschaffen** hacerse una idea general de algo ❸ (*Zusammenfassung*) resumen *m*

überblicken* *vt* ❶ (*sehen*) abarcar con la vista ❷ (*Zusammenhänge*) comprender; (*Situation*) controlar

überboten *pp von* **überbieten**

überbracht *pp von* **überbringen**

überbringen* *irr vt* (*geh*) entregar; (*Nachricht*) transmitir

überbrücken* *vt* ❶ (*Frist, Zeitraum*) franquear ❷ (*Gegensätze*) superar ❸ (ELEK) puentear

Überbrückung *f* <-en> ❶ (*eines Zeitraums*) superación *f* ❷ (*von Gegensätzen*) conciliación *f*, acercamiento *m* ❸ (ELEK) puenteo *m*

überdachen* *vt* construir un tejadillo

(para), techar

überdacht *pp von* **überdachen**, **überdenken**

überdauern* *vt* perdurar

überdecken* *vt* ❶ (*bedecken*) cubrir (*mit* de) ❷ (*verdecken*) ocultar

überdenken* *irr vt* reflexionar (sobre)

überdies [--'-] *adv* aparte de eso, además

überdimensional *adj* enorme, gigantesco

Überdosis *f* sobredosis *f inv* (*an* de)

überdreht *adj* (*fam*) sobreexcitado

Überdruck *m* <-(e)s, -drücke> (PHYS) exceso *m* de presión

Überdruss ['y:bɐdrʊs] *m* <-es, *ohne pl*> tedio *m* (*an* por); **bis zum** ~ hasta la saciedad

überdrüssig ['y:bɐdrʏsɪç] *adj:* jds/etw *gen* ~ **werden** hartarse de alguien/algo

überdurchschnittlich *adj* superior al promedio

übereifrig *adj* demasiado solícito

übereilen* *vt* precipitar; ~ **Sie nichts!** ¡no precipite nada!

übereilt *adj* (*Aufbruch*) precipitado; (*Entschluss*) irreflexivo

übereinander [---'--] *adv* ❶ (*räumlich*) uno encima del otro; ~ **legen** poner encima de otro; ~ **schlagen** (*Arme, Beine*) cruzar ❷ (*von sich*) uno del otro

übereinkommen [y:bɐ'?aɪn-] *irr vi sein* (*geh*) convenir (*zu* en)

Übereinkommen *nt* <-s, -> acuerdo *m;* **ein** ~ **erzielen** llegar a un acuerdo

übereinstimmen [y:bɐ'?aɪn-] *vi* ❶ (*einer Meinung sein*) estar de acuerdo (*in* sobre), abundar (*in* en) Chil, PRico ❷ (*gleich sein*) coincidir (*in* en); (*passen*) armonizar (*mit* con)

übereinstimmend *adj* (*einhellig*) unánime; (*gleich*) idéntico; **sie erklärten** ~, **dass …** declararon unánimemente que…

Übereinstimmung *f* <-en> coincidencia *f;* (*Einklang*) armonía *f;* (*von Meinungen*) consenso *m;* **in** ~ **mit …** acorde con…; ~ **erzielen** lograr un consenso

überempfindlich *adj* hipersensible

überfahren* *irr vt* ❶ (*Person, Tier*) atropellar ❷ (*Ampel*) pasar, saltar(se) ❸ (*fam: überrumpeln*) coger de sorpresa

Überfahrt ['---] *f* pasaje *m*

Überfall ['---] *m* <-(e)s, -fälle> asalto *m* (*auf* a); (*Raub~*) atraco *m* (*auf* a); (MIL) ataque *m* (por sorpresa)

überfallen* *irr vt* ❶ (*angreifen*) atacar; (*Bank, Person*) asaltar; (*bewaffnet*) atracar; **jdn mit Fragen** ~ acosar a alguien con preguntas ❷ (*Müdigkeit, Gefühle*) acometer; (*überraschend*) coger desprevenido

überfällig *adj* ❶ (*Verkehrsmittel*) retrasado, con retraso ❷ (*Rate*) vencido; (*Entschuldigung*) tardío

Überfallkommando *nt* (*fam*) brigada *f* antidisturbios

überfliegen* *irr vt* ❶ (*mit dem Flugzeug*) sobrevolar ❷ (*Text*) echar una ojeada (a)

überfließen *irr vi sein* ❶ (*Gefäß*) rebosar ❷ (*Flüssigkeit*) derramarse ❸ (*Farben*): **ineinander** ~ mezclarse

überflogen *pp von* **überfliegen**

Überfluss *m* <-es, *ohne pl*> (super)abundancia *f* (*an* de); **im** ~ **leben** vivir en la abundancia; **zu allem** ~ para colmo; **Überflussgesellschaft** *f* sociedad *f* opulenta

überflüssig *adj* superfluo; (*unnötig*) innecesario; **sich** *dat* ~ **vorkommen** sentirse de más

überfluten* *vt* inundar

Überflutung *f* <-en> ❶ (*über die Ufer*) desbordamiento *m* ❷ (*Überschwemmen, a. fig*) inundación *f*

überfordern* *vt* exigir demasiado (de); **ich bin mit dieser Arbeit überfordert** este trabajo me exige demasiado

überfragen* *vt* pedir demasiada información; **da bin ich überfragt** no lo sé

Überfremdung [--'--] *f* <-en> extranjerización *f*

überführen* *vt* ❶ (*Schuld nachweisen*) declarar culpable; **jdn eines Verbrechens** ~ declarar a alguien culpable de un delito ❷ (*transportieren*) trasladar (*in/zu/nach* a) ❸ (*Zustand verändern*) convertir

überfüllt [--'-] *adj* abarrotado, repleto

Überfunktion *f* <-en> (MED) hiperfunción *f*

Übergabe ['----] *f* <-n> entrega *f;* (*eines Bauwerks*) inauguración *f;* (*Kapitulation*) rendición *f*

Übergang ['---] *m* <-(e)s, -gänge> ❶ (*das Überqueren*) paso *m*, cruce *m* ❷ (*über einen Fluss*) puente *m;* (*über ein Bahngleis*) paso *m* a nivel; (*über einen Berg*) paso *m* ❸ (*von Besitz*) traspaso *m* (*zu* a)

übergangen *pp von* **übergehen**[1]

Übergangsfrist *f* (ADMIN, POL) periodo *m* de transición; **Übergangsgeld** *nt* (ADMIN) subsidio *m* temporal; **übergangslos** *adv* sin transición; **Übergangslösung** *f* solución *f* transitoria; **Übergangsphase** *f* transición *f;* **Übergangsstadium** *nt* estado *m* transitorio; **Übergangszeit** *f* período *m* transitorio

übergeben* *irr* **I.** *vt* entregar; (*Angelegenheit*) poner en manos (de); (*Bauwerk*) inaugurar; (*Amt*) transferir; (*Geschäft*)

traspasar **II.** *vr:* **sich ~** vomitar
übergehen*¹ *irr vt* ❶ (*nicht wahrneh-men*) pasar por alto; **sich übergangen fühlen** sentirse ignorado ❷ (*überspringen*) saltar(se)
über|gehen² *irr vi sein* ❶ (*Besitzer wechseln*) pasar (*auf* a); **in die Hände des Staates ~** pasar a ser propiedad del estado ❷ (*bei einer Tätigkeit*) pasar (*zu* a) ❸ (*sich verwandeln*) convertirse (*in* en); **die Farben gehen ineinander über** los colores se esfuman uno en el otro
übergeordnet *adj* de mayor importancia
Übergepäck *nt* exceso *m* de equipaje
übergeschnappt ['y:bɛɡəʃnapt] *adj* (*fam*) chiflado
Übergewicht *nt* <-(e)s, *ohne pl*> ❶ (*von Menschen, Sachen*) exceso *m* de peso ❷ (*Bedeutung*) preponderancia *f,* mayor importancia *f*
übergewichtig *adj* de peso excesivo; **~ sein** pesar demasiado
überglücklich *adj* loco de alegría
über|greifen *irr vi* extenderse (*auf* a); (*Feuer*) propagarse (*auf* a)
Übergriff *m* <-(e)s, -e> intrusión *f* (*auf* en)
Übergröße *f* <-n> talla *f* especial
überhand [y:bɐ'hant] *adv:* **~ nehmen** aumentar excesivamente, llegar a ser excesivo
über|hängen¹ *irr vi* (*a.* ARCHIT) sobresalir; (*Zweige*) colgar
über|hängen² *vt:* **sich** *dat* **etw ~** ponerse algo por encima
überhäufen* *vt* colmar (*mit* de), llenar (*mit* de); **jdn mit Vorwürfen ~** abrumar a alguien con reproches
überhaupt [y:bɐ'haupt, '---] *adv* ❶ (*im Allgemeinen*) en general ❷ (*eigentlich*) en realidad; **wer hat dir das ~ gesagt?** ¿en realidad quién te lo ha dicho? ❸ (*bei Verneinung*): **~ nicht** en absoluto; **ich denke ~ nicht daran!** ¡ni hablar!; **~ nichts** nada de nada; **~ keine Möglichkeit** ninguna posibilidad ❹ (*schließlich*) después de todo; **und ~, ...** (*abgesehen davon*) aparte; (*überdies*) además; **wenn ~, dann ...** dado el caso, entonces...
überheblich [y:bɐ'he:plɪç] *adj* presuntuoso
Überheblichkeit *f ohne pl* presunción *f,* arrogancia *f*
überhöht [--'-] *adj* excesivo
überholen*¹ *vt* ❶ (*Fahrzeug*) adelantar ❷ (*durch Leistung*) superar ❸ (*überprüfen*) revisar, chequear *Am*
über|holen² **I.** *vt* (*befördern*) llevar a la otra orilla **II.** *vi* (NAUT: *sich neigen*) escorarse

Überholen *nt* <-s, *ohne pl*> adelantamiento *m*
Überholspur *f* carril *m* de adelantamiento
überholt [--'-] *adj* anticuado
Überholverbot [--'---] *nt* prohibición *f* de adelantar
überhören* *vt* no oír; (*absichtlich*) pasar por alto; **das möchte ich überhört haben** prefiero pasarlo por alto
Überich ['y:bɐʔɪç] *nt* (PSYCH) superyó *m*
überinterpretieren* *vt* interpretar (más de lo necesario)
überirdisch *adj* sobrenatural
über|kochen *vi sein* salirse (al hervir); **die Milch ist übergekocht** se me rebasó la leche
überkommen¹ *adj* tradicional
überkommen*² *irr vt* (*Gefühl*) invadir; (*Schlaf*) vencer; **es überkam ihn plötzlich, und er zog sie an sich** una extraña sensación lo invadió y la atrajo hacia sí
überkreuzen* *vr:* **sich ~** cruzarse
überladen¹ *adj* (*Stil, Fassade*) recargado
überladen*² *irr vt* sobrecargar (*mit* de)
Überlandbus *m* autobús *m* interurbano, autocar *m*
Überlänge *f* <-n> exceso *m* de longitud; (*Kleider*) largo *m* especial; (*Zeit*) larga duración *f;* **Film mit ~** película de duración extraordinaria
überlappen* [y:bɐ'lapən] *vr:* **sich ~** (*Gegenstände*) solaparse; (*Aussagen*) coincidir parcialmente
überlassen* *irr vt* ❶ (*abgeben*): **jdm etw ~** dejar algo a alguien ❷ (*anheim stellen*): **es ist dir ~, das zu entscheiden** es cosa tuya decidirlo; **überlass das bitte mir!** ¡déjamelo a mí! ❸ (*anvertrauen*): **jdm etw ~** confiarle algo a alguien; **jdn sich** *dat* **selbst ~** abandonar a alguien
überlasten* *vt* sobrecargar; **sie ist überlastet** está agobiada de trabajo
Überlastung *f* <-en> (*durch Gewicht, Überanspruchung*) sobrecarga *f;* (*durch Arbeit*) exceso *m* de trabajo
überlaufen¹ [--'-] *adj* muy frecuentado
überlaufen*² *irr vt* ❶ (*Gefühl*) sentir; (*Angst*) invadir; **es überlief ihn (heiß und) kalt** le dieron escalofríos ❷ (SPORT) pasar
über|laufen*³ *irr vi sein* ❶ (*Flüssigkeit*) desbordarse; **ineinander ~** (*Farben*) mezclarse ❷ (*die Seiten wechseln*) pasarse (*zu* a); **zum Feind ~** pasarse a las filas enemigas
Überläufer(in) *m(f)* <-s, -; -nen> ❶ (MIL) desertor(a) *m(f)* ❷ (POL) trá(n)sfuga *mf*
überleben* **I.** *vi* sobrevivir; (*Dinge*) perdu-

rar **II.** *vt* sobrevivir (a); **das wirst du schon ~!** (*fam*) ¡ya lo sobrevivirás! **III.** *vr:* **sich ~** pasar de moda

Überlebende(r) *mf* <-n, -n; -n> superviviente *mf*

Überlebenschance [--'----] *f* posibilidad *f* de supervivencia; **überlebensgroß** ['--'---] *adj* de tamaño más que natural; **Überlebenskünstler(in)** *m(f)* (*fam*) *persona que sabe salir adelante en situaciones difíciles*

überlegen[1] **I.** *adj* ❶ (*besser*) superior; **jdm** (**in/an etw** *dat*) **~ sein** ser superior a alguien (en algo) ❷ (*hochmütig*) arrogante **II.** *adv* con aire de superioridad

überlegen*[2] **I.** *vi* pensar, reflexionar; **ich habe hin und her überlegt** lo he pensado una y otra vez; **wohl überlegt** (*geh*) bien pensado; **wohl überlegt handeln** obrar con mesura **II.** *vt* (*nachdenken*) reflexionar (sobre), pensar; (*erwägen*) considerar; **ich habe es mir anders überlegt** he cambiado de opinión; **ich werde es mir ~** me lo pensaré; **wenn man's sich** *dat* **recht überlegt, ...** pensándolo bien...

über|legen[3] **I.** *vt* echar por encima **II.** *vr:* **sich ~** inclinarse

Überlegenheit *f ohne pl* superioridad *f* (*in* en)

überlegt I. *adj* ponderado **II.** *adv* con ponderación

Überlegung [--'--] *f* <-en> reflexión *f*; (*Erwägung*) consideración *f*; **~ en zu etw** *dat* **anstellen** reflexionar sobre algo; **nach reiflicher ~** tras madura reflexión

über|leiten *vi* pasar (*von* de, *zu* a)

Überleitung *f* <-en> (*Übergang*) transición *f*; (*Verbindung*) conexión *f*

überliefern* *vt* transmitir; **etw ist nur als Fragment überliefert** algo ha llegado a nuestros días sólo en forma fragmentaria

Überlieferung [--'---] *f* <-en> (*Tradition*) tradición *f*

überlisten* *vt* engañar

überm ['y:bɐm] (*fam*) = **über dem** *s.* **über**

Übermacht *f ohne pl* (*Überlegenheit*) superioridad *f*; (*Vorherrschaft*) predominio *m;* **in der ~ sein** tener más poder; **übermächtig** *adj* ❶ (*Institution*) prepotente; (*Gegner*) superior ❷ (*Gefühl*) fuerte; (*Verlangen*) irresistible

übermalen* *vt* ❶ (*um zu verdecken*) pintar por encima (de) ❷ (*für zweiten Anstrich*) repintar, dar otra mano de pintura

Übermaß *nt* <-es, *ohne pl*> exceso *m* (*an/von* de); **etw im ~ haben** tener algo en abundancia; **im ~** excesivamente

übermäßig I. *adj* excesivo; (*maßlos*) desmesurado; (*übertrieben*) exagerado **II.** *adv* ❶ (*zu viel*) demasiado ❷ (*überaus*) excesivamente

Übermensch *m* <-en, -en> superhombre *m*

übermenschlich *adj* sobrehumano

übermitteln* *vt* transmitir, comunicar

übermorgen ['----] *adv* pasado mañana

übermüdet [--'--] *adj* agotado, hecho polvo *fam*

Übermüdung [--'--] *f* <-en> cansancio *m* excesivo

Übermut *m* <-(e)s, *ohne pl*> ❶ (*Fröhlichkeit*) alegría *f* desbordante; (*Mutwille*) travesura *f* ❷ (*Selbstüberschätzung*) desatino *m* ❸ (*Überheblichkeit*) arrogancia *f*

übermütig *adj* (*fröhlich*) loco de alegría; (*mutwillig*) travieso

übern ['y:bɐn] (*fam*) = **über den** *s.* **über**

übernächste(r, s) *adj* subsiguiente; **in der ~n Woche** dentro de dos semanas; **~n Sonntag** el domingo de la semana que viene; **du bist als Ü~r dran** te toca después del siguiente

übernachten* *vi* pernoctar (*bei* en casa de, *in* en), pasar la noche (*in* en, *bei* en casa de) *fam*

übernächtigt [y:bɐ'nɛçtɪçt, y:bɐ'nɛçtɪkt] *adj* trasnochado

Übernachtung [y:bɐ'naxtʊŋ] *f* <-en> pernoctación *f*; **~ mit Frühstück** habitación con desayuno

Übernahme ['----] *f ohne pl* toma *f*; (*eines Amts*) toma *f* de posesión; (*einer Methode, Meinung, Sitte*) adopción *f*; (*von Verantwortung*) asunción *f*; **die ~ der Kosten zusichern** garantizar el pago de los costes

übernatürlich ['-----] *adj* sobrenatural

übernehmen* *irr* **I.** *vt* ❶ (*allgemein*) tomar; (*Geschäft, Aufgabe*) encargarse (de); (*Amt*) tomar posesión (de); (*Kosten*) correr (con); (*Methode*) adoptar; (*Verantwortung*) asumir ❷ (*entgegennehmen*) recibir; (*annehmen*) aceptar **II.** *vr:* **sich ~** excederse; **er hat sich bei der Tour übernommen** se ha esforzado demasiado en la excursión

übernommen *pp von* **übernehmen**

über|ordnen *vt:* **die Karriere der Familie ~** anteponer la carrera a la familia

überparteilich *adj* imparcial, suprapartidista

überprüfbar [--'--] *adj* revisable; **kaum/leicht/schwer ~** apenas/fácilmente/difícilmente revisable

überprüfen* *vt* ❶ (*kontrollieren*) revisar,

chequear *Am;* (*amtlich*) controlar ② (IN-FOR) chequear

Überprüfung [--'--] *f* <-en> examen *m,* revisión *f;* (*amtlich*) control *m,* inspección *f;* **gerichtliche** ~ inspección (judicial)

überqueren* *vt* cruzar, atravesar

überragen*¹ *vt* ① (*an Größe*) descollar (por encima de); (*Person*) superar en altura (*um*); **er überragt uns alle mindestens um einen Kopf** nos lleva a todos por lo menos una cabeza ② (*übertreffen*) superar (*an* en)

über|ragen² *vi* (*überstehen*) descollar, sobresalir

überragend [--'--] *adj* extraordinario

überraschen* [y:bɐ'raʃən] *vt* sorprender; **jdn dabei ~, wie ...** sorprender a alguien mientras...; **lassen wir uns ~** dejémonos sorprender

überraschend [--'--] **I.** *adj* sorprendente, sorpresivo *Am;* (*unerwartet*) inesperado **II.** *adv* inesperadamente; **das kam für mich völlig** ~ me cogió totalmente de sorpresa

überraschenderweise *adv* de forma sorprendente [*o* inesperada]

Überraschung [y:bɐ'raʃʊŋ] *f* <-en> sorpresa *f;* **zu meiner großen ~ kam er nicht** para mi gran sorpresa no vino; **das ist aber eine ~!** ¡qué sorpresa!; **Überraschungseffekt** *m* factor *m* sorpresa

Überreaktion *f* <-en> reacción *f* exagerada

überreden* *vt* persuadir; (*überzeugen*) convencer; **jdn zu etw** *dat* ~ persuadir a alguien para que haga algo; **sich ~ lassen** dejarse convencer

überregional *adj* supraregional

überreichen* *vt* entregar; **überreicht von ...** cortesía de...

Überreste *mpl* ① (*Zurückgebliebenes*) restos *mpl;* **die sterblichen ~** los restos mortales ② (*Ruinen*) ruinas *fpl* ③ (CHEM) residuos *mpl*

überrumpeln* *vt* coger de sorpresa, sorprender

überrunden* *vt* ① (SPORT) sacar una vuelta de ventaja, adelantar; **jdn überrundet haben** llevar una vuelta de ventaja a alguien ② (*übertreffen*) superar, aventajar

übers ['y:bɐs] (*fam*) = **über das** *s.* **über**

übersät [--'-] *adj* lleno (*von/mit* de)

Überschallflugzeug *nt* avión *m* supersónico

überschatten* *vt* ① (*Schatten spenden*) ensombrecer ② (*trüben*) empañar

überschätzen* *vt* sobrevalorar

überschaubar *adj* (*Kosten, Risiko*) apre-ciable; (*Firma*) abarcable

Überschaubarkeit *f ohne pl* (*Kosten, Risiko*) apreciación *f;* (*Firma*) visión *f* de conjunto

überschauen* *vt s.* **überblicken**

über|schäumen *vi sein* ① (*Flüssigkeit*) rebosar, salirse; (*Gefäß*) estar a rebosar ② (*vor Wut, Freude*) rebosar (*vor* de)

überschlafen* *irr vt* consultar con la almohada *fam*

Überschlag *m* <-(e)s, -schläge> ① (*Schätzung*) cálculo *m* aproximativo ② (SPORT) voltereta *f,* volantín *m Am;* (*Looping*) rizo *m*

überschlagen*¹ *irr* **I.** *vt* ① (*auslassen*) saltar ② (*schätzen*) calcular aproximadamente **II.** *vr:* **sich** ~ ① (*Fahrzeug*) volcar, voltearse *Am;* **ihre Stimme überschlug sich** soltó un gallo ② (*fam: vor Höflichkeit*) volcarse (*vor* con/en) ③ (*Ereignisse*) precipitarse

über|schlagen² *irr* **I.** *vi sein* ① (*Funken*) saltar ② (*übergehen*) convertirse (*in* en) **II.** *vt* (*Beine*) cruzar

über|schnappen *vi sein* (*fam*) ① (*verrückt werden*) volverse loco ② (*sich überschlagen*): **seine Stimme schnappt über** da gallos al hablar

überschneiden* *irr vr:* **sich** ~ ① (*Linien*) (entre)cruzarse ② (*Termine*) coincidir; (*Themen*) coincidir en parte

überschnitten *pp von* **überschneiden**

überschreiben* *irr vt* ① (*übertragen*) transferir (*auf* a); (*Geschäft*) traspasar (*auf* a) ② (*betiteln*) titular ③ (INFOR: *Datei*) sobreescribir

überschreiten* *irr vt* ① (*übertreten*) pasar; (*Anzahl*) pasar (de); (*Mittel, Kräfte, Fähigkeiten*) superar; (*überqueren*) atravesar ② (*Befugnisse*) abusar (de); (*Geschwindigkeit*) rebasar; **das überschreitet die Grenze des Erlaubten** esto rebasa el límite de lo permitido

Überschreitung *f* <-en>: ~ **des Liefertermins** rebasamiento *m* del plazo de entrega

überschrieben *pp von* **überschreiben**

Überschrift *f* <-en> título *m,* encabezado *m Guat, Mex*

überschritten *pp von* **überschreiten**

Überschuss *m* <-es, -schüsse> excedente *m;* (*finanziell*) superávit *m inv*

überschüssig ['y:bɐʃʏsɪç] *adj* excedente

überschütten*¹ *vt* ① (*bedecken*) cubrir (*mit* con/de) ② (*überhäufen*) colmar (*mit* de); **jdn mit Fragen** ~ acosar a alguien a preguntas

über|schütten² *vt* derramar

überschwänglich ['y:bəʃvɛŋlɪç] *adj* exuberante, exaltado

überschwemmen* *vt* (*a. fig*) inundar (*mit* de)

Überschwemmung [--'--] *f* <-en> inundación *f,* aniegue *m Mex;* **Überschwemmungsgebiet** *nt* zona *f* de inundación; **Überschwemmungskatastrophe** *f* catástrofe *f* por inundación

Übersee ['---] *f:* **in/nach/aus** ~ en/a/de ultramar

übersehbar [--'--] *adj* ❶ (*Gelände*) que se puede abarcar con la vista ❷ (*absehbar*) calculable

übersehen* *irr vt* ❶ (*Gegend*) abarcar con la vista ❷ (*Zusammenhänge sehen*) entender; (*Folgen*) calcular; **soweit ich die Angelegenheit übersehe, ...** según tengo entendido... ❸ (*nicht sehen*) no ver; (*absichtlich*) pasar por alto; **etw stillschweigend** ~ hacer caso omiso de algo

übersetzen*¹ *vt* traducir (*von/aus* de, *in* a)

über|setzen² **I.** *vi haben o sein* pasar (a la otra orilla); **über den Fluss** ~ cruzar el río **II.** *vt* llevar a la otra orilla

Übersetzer(in) [--'--] *m(f)* <-s, -; -nen> traductor(a) *m(f)*

Übersetzung [--'--] *f* <-en> ❶ (*Text*) traducción *f* ❷ (TECH) transmisión *f;* **Übersetzungsbüro** *nt* agencia *f* de traducciones

Übersicht ['---] *f* <-en> ❶ (*Überblick*) visión *f* general (*über* de); (*über Zusammenhänge*) visión *f* de conjunto (*über* de) ❷ (*Resümee*) resumen *m* (*über* de); (*Darstellung*) cuadro *m* de conjunto (*über* de)

übersichtlich *adj* ❶ (*räumlich*) fácil de abarcar (con la vista); (*Gelände*) abierto ❷ (*deutlich*) claro

Übersichtlichkeit *f ohne pl* disposición *f* clara

über|siedeln *vi sein* ❶ (*umziehen*) mudarse (*nach/in* a), trasladarse (*nach/in* a) ❷ (*emigrieren*) emigrar; (*ins Land kommen*) inmigrar

Übersiedler(in) *m(f)* <-s, -; -nen> (*Ausreisender*) emigrante *mf;* (*Einreisender*) inmigrante *mf*

übersinnlich *adj* tra(n)scendental

überspannt [--'-] *adj* ❶ (*übertrieben*) exagerado ❷ (*verschroben*) extravagante

überspielen* *vt* ❶ (RADIO, TV) grabar (*auf* en) ❷ (*verstecken*) disimular

überspitzt [--'-] *adj* exagerado

überspringen*¹ *irr vt* ❶ (*Hindernis*) saltar; **eine Pfütze** ~ saltar un charco ❷ (*auslassen*) saltarse

über|springen² *irr vi sein* (*übergehen*) saltar (*auf* a); (*Feuer*) pasar (*auf* a); (*Begeisterung*) transmitirse (*auf* a); (*Infektion*) extenderse (*auf* a)

übersprungen *pp von* **überspringen¹**

überstanden *pp von* **überstehen¹**

überstehen*¹ *irr vt* (*hinter sich bringen*) pasar, superar; (*überleben*) sobrevivir; (*ertragen*) soportar; **das Schlimmste ist jetzt überstanden** lo peor ya pasó

über|stehen² *irr vi* sobresalir (*über* de), descollar

übersteigen* *irr vt* ❶ (*Zaun, Mauer*) pasar por encima (de) ❷ (*übertreffen*) exceder; **das überstieg alle unsere Erwartungen** superó todas nuestras expectativas

überstiegen *pp von* **übersteigen**

überstimmen* *vt* ❶ (*besiegen*) vencer por mayoría de votos ❷ (*ablehnen*) rechazar por mayoría de votos

überstrapazieren* *vt* desgastar en exceso; **ich möchte ihre Geduld nicht** ~ no quiero acabar con su paciencia

über|stülpen *vt* poner por encima

Überstunde *f* <-n> hora *f* extra; ~**n machen** hacer horas extraordinarias

überstürzen* **I.** *vt* precipitar; **nur nichts** ~ no hay que precipitarse **II.** *vr:* **sich** ~ precipitarse

übertariflich *adj* (WIRTSCH) extratarifario

überteuert [--'--] *adj* ❶ (*übermässig teuer*) demasiado caro, prohibitivo ❷ (*teurer gemacht*) encarecido

übertönen* *vt* acallar

Übertopf *m* maceta *f* exterior, cubretiesto *m*

Übertrag ['y:betra:k, *pl:* 'y:betrɛ:gə] *m* <-(e)s, -träge> traslado *m* a cuenta nueva

übertragbar [--'--] *adj* transferible (*auf* a); (*Krankheit*) contagioso; **nicht** ~ intransferible

übertragen¹ *adj* (*Österr: gebraucht*) usado

übertragen*² *irr* **I.** *vt* ❶ (RADIO, TV, TECH) transmitir ❷ (*anwenden*) aplicar (*auf* a); **in** ~**er Bedeutung** en sentido figurado ❸ (*Begeisterung, Krankheit*) transmitir (*auf* a) ❹ (*Besitz, Rechte*) transferir; (*Verantwortung*) conferir; (*Aufgabe*) encargar, asignar ❺ (*abschreiben*) copiar ❻ (*geh: übersetzen*) trasladar (*aus* de, *in* a) ❼ (TECH: *weiterleiten*) transmitir **II.** *vr:* **sich** ~ transmitirse (*auf* a)

Übertragung [--'--] *f* <-en> ❶ (RADIO, TV, TECH) transmisión *f* ❷ (*Anwendung*) aplicación *f* ❸ (*einer Krankheit*) transmisión *f* ❹ (*von Rechten, Besitz*) transferencia *f* (*auf* a); (*Amt*) asignación *f* ❺ (*Übersetzung*) traducción *f*

übertreffen* *irr* I. *vt* superar (*an* en); **das übertrifft alle meine Erwartungen** esto supera todas mis expectativas II. *vr:* **sich ~** superarse; **sich selbst mit etw** *dat* ~ superarse a sí mismo con algo

übertreiben* *irr vi, vt* exagerar

Übertreibung [--'--] *f* <-en> exageración *f*

übertreten*[1] *irr vt* **❶** (*Grenze*) pasar **❷** (*Gesetz, Verbot*) transgredir

über|treten[2] *irr vi sein* **❶** *sein* (*Gewässer*) desbordarse **❷** *sein* (*zu einer Religion*) convertirse (*zu* a); (*zu einer Partei*) pasarse (*zu* a); **zum Islam** ~ convertirse al islam **❸** *sein* (*übergehen*) pasar (*in* a) **❹** *haben o sein* (SPORT) pisar la línea

Übertretung [--'--] *f* <-en> transgresión *f*

übertrieben [y:bɐ'tri:bən] I. *pp von* **übertreiben** II. *adj* exagerado; (*Preise*) exorbitante III. *adv* en exceso

übertroffen *pp von* **übertreffen**

übertrumpfen* *vt* **❶** (*beim Kartenspiel*) contrafallar **❷** (*übertreffen*) superar con holgura

übervorsichtig *adj* exageradamente cuidadoso

überwachen* *vt* (*beobachten*) vigilar; (*kontrollieren*) controlar; (*mit Monitor*) monitorizar

Überwachung [--'--] *f* <-en> vigilancia *f*; (*Kontrolle*) control *m*; (*mit Monitor*) monitorización *f*; **Überwachungskamera** *f* cámara *f* de seguridad; **Überwachungsstaat** *m* estado *m* policial; **Überwachungssystem** *nt* sistema *m* de vigilancia

überwältigen* [y:bɐ'vɛltɪgən] *vt* **❶** (*bezwingen*) vencer **❷** (*beeindrucken*) impresionar; (*Angst*) apoderarse (de)

überwältigend [--'---] *adj* impresionante; (*großartig*) grandioso; (*Mehrheit*) abrumador

über|wechseln *vi sein* cambiar (*von* de), pasarse (*zu* a); **ins feindliche Lager/auf die andere Seite** ~ pasarse al lado enemigo/al otro bando

überweisen* *irr vt* (*Geld*) transferir; (*Patient*) mandar (*zu* a)

Überweisung [--'--] *f* <-en> (*von Geld*) transferencia *f*; (*vom Arzt*) volante *m* médico; **Überweisungsauftrag** *m* (FIN) orden *f* de transferencia; **Überweisungsformular** *nt* formulario *m* para transferencias

überwiegen* *irr vi* predominar

überwiegend *adv* en su mayoría, principalmente

überwiesen *pp von* **überweisen**

überwinden* *irr* I. *vt* (*Misstrauen, Beden-* *ken, Hindernis*) superar; (*Gegner*) vencer II. *vr:* **sich ~ etw zu tun** hacer un esfuerzo para hacer algo

Überwindung [--'--] *f ohne pl* **❶** (*einer Schwierigkeit*) superación *f* **❷** (*Selbst~*) esfuerzo *m;* **es kostete ihn große ~, dorthin zu gehen** tuvo que hacer un gran esfuerzo para ir allí

überwintern* *vi* pasar el invierno (*in* en); (*Vögel*) invernar (*in* en)

überwogen *pp von* **überwiegen**

überwunden *pp von* **überwinden**

Überzahl *f ohne pl* mayoría *f*; **in der ~ sein** tener (una) mayoría

überzählig ['y:bɛtsɛ:lɪç] *adj* excedente, sobrante; **~ sein** sobrar

überzeichnen* *vt* (FIN) girar en descubierto

überzeugen* I. *vt* convencer (*von* de); (*überreden*) persuadir (*von* de); **ich bin (davon) überzeugt, dass ...** estoy convencido de que...; **er war sehr von sich** *dat* **überzeugt** estaba muy seguro de sí mismo; **ich lasse mich (von Ihnen) gern vom Gegenteil** ~ demuéstreme lo contrario II. *vr:* **sich ~** convencerse (*von* de)

überzeugend *adj* convincente; (*Beweis*) contundente

überzeugt *adj* convencido

Überzeugung [--'--] *f* <-en> convencimiento *m;* (*fester Glaube*) convicción *f*; **politische ~** convicciones políticas; **ich bin der festen ~, dass ...** estoy plenamente convencido de que...; **zu der ~ gelangen, dass ...** llegar al convencimiento de que...; **meiner ~ nach** a mi juicio; **Überzeugungskraft** *f* fuerza *f* persuasiva

überziehen*[1] *irr vt* **❶** (*bedecken*) cubrir (*mit* de); (*mit Stoff*) revestir (*mit* de); (*mit Schokolade*) bañar (*mit* con); **das Bett frisch** ~ cambiar la ropa de la cama **❷** (*Konto*) dejar al descubierto; **er hat sein Konto um 2.000 DM überzogen** tiene una deuda de 2.000 marcos en el banco **❸** (*Zeit*) rebasar (la hora) (*um* por) **❹** (*mit Forderungen, Prozessen*) exagerar; (*mit Krieg*) invadir

über|ziehen[2] *irr vt* (*Kleidungsstück*) ponerse; **jdm eins ~** pegar una torta a alguien

Überziehung [--'--] *f* <-en> (FIN) giro *m* en descubierto; **Überziehungskredit** *m* (FIN) crédito *m* en descubierto

überzogen *pp von* **überziehen**[1]

überzüchtet *adj* (*Pflanze*) hipertrófico; (*Tier*) debilitado por cría excesiva; (*Motor*) desarrollado en exceso

Überzug *m* <-(e)s, -züge> ❶ (*Schicht*) capa *f;* (*Glasur*) baño *m* ❷ (*Bezug*) funda *f;* (*Verkleidung*) revestimiento *m*

übler *adj kompar von* **übel**

üblich ['y:plɪç] *adj* usual, habitual; (*herkömmlich*) tradicional; **wie ~** como siempre; **das ist hier so ~** esta es la costumbre aquí; **es ist bei uns ~, dass ...** acostumbramos a... +*inf*

üblicherweise ['y:plɪçe'vaɪzə] *adv:* **~ essen wir hier nicht** no acostumbramos [*o* no solemos] comer aquí

U-Boot *nt* <-(e)s, -e> submarino *m*

übrig ['y:brɪç] *adj* restante; **der/die/das Ü~e** el resto (*von* de); **die ~en Bücher** el resto de los libros; **~ sein** [*o* **bleiben**] sobrar; **ihm bleibt nichts anderes ~, als ...** no tiene más remedio que...; **was bleibt mir anderes ~?** ¿qué remedio me queda?; **~ lassen** dejar; **etw lässt nichts/einiges zu wünschen ~** algo no deja nada/deja que desear; **ein Ü~es tun** hacer lo que queda por hacer; **für jdn/etw nichts ~ haben** no querer tener nada que ver con alguien/algo; **im Ü~en** por lo demás; **die Ü~en** los demás; **ich habe noch 20 Euro ~** todavía me quedan 20 euros; **alles Ü~e** todo lo demás

übrigens ['y:brɪgəns] *adv* por cierto; (*beiläufig*) dicho sea de paso; **er kommt ~ erst morgen** por cierto, no viene hasta mañana; **~, weißt du schon, ...?** por cierto, ¿sabes ya...?

Übung¹ ['y:bʊŋ] *f ohne pl* (*Erfahrung*) práctica *f;* **aus der ~ kommen** perder la práctica; **in ~ bleiben** no perder la práctica; **~ macht den Meister** (*prov*) la práctica hace al maestro

Übung² *f* <-en> ❶ (*allgemein, a.* SPORT, MUS) ejercicio *m* ❷ (MIL) ejercicios *mpl*

Übungsaufgabe *f* (SCH) ejercicio *m;* **Übungsbuch** *nt* libro *m* de ejercicios

UdSSR [u:de:?ɛs?ɛs'?ɛr] *f* (HIST) *Abk. von* **Union der Sozialistischen Sowjetrepubliken** URSS *f*

UEFA-Cup *m* Copa *f* de la UEFA

Ufer ['u:fɐ] *nt* <-s, -> orilla *f;* **am ~** en la orilla; **über die ~ treten** desbordarse; **uferlos** *adj* desmesurado; (*grenzenlos*) ilimitado; **ins U~e gehen** no llevar a ninguna parte; **Uferpromenade** *f* paseo *m* marítimo

Ufo ['u:fo] *nt* <-s, -s> *Abk. von* **Unbekanntes Flugobjekt** ovni *m*

Uganda [u'ganda] *nt* <-s> Uganda *f*

Ugander(in) [u'gandɐ] *m(f)* <-s, -; -nen> ugandés, -esa *m, f*

ugandisch *adj* ugandés

U-Haft *f* detención *f* preventiva

Uhr [u:ɐ] *f* <-en> ❶ (*Gerät*) reloj *m;* **die ~ aufziehen** dar cuerda al reloj; **die ~ stellen** poner el reloj en hora; **auf die ~ sehen** mirar el reloj; **die ~ geht vor/nach** el reloj va adelantado/atrasado; **rund um die ~** (*fam*) las 24 horas al día ❷ (*bei Zeitangabe*) hora *f;* **wie viel ~ ist es?** ¿qué hora es?; **um wie viel ~?** ¿a qué hora?; **es ist genau acht ~** son las ocho en punto; **um elf ~** a las once (horas); **neun ~ drei** las nueve y tres minutos; **Uhrmacher(in)** *m(f)* <-s, -; -nen> relojero, -a *m, f;* **Uhrwerk** *nt* mecanismo *m* del reloj; **Uhrzeiger** *m* aguja *f* de(l) reloj; **Uhrzeigersinn** *m ohne pl:* **im ~** en el sentido de las agujas del reloj; **gegen den ~** en sentido contrario a las agujas del reloj; **Uhrzeit** *f* hora *f*

Uhu ['u:hu] *m* <-s, -s> (ZOOL) búho *m*

Ukraine [ukra'i:nə, u'kraɪnə] *f* Ucrania *f*

Ukrainer(in) [ukra'i:nɐ, u'kraɪnɐ] *m(f)* <-s, -; -nen> ucranio, -a *m, f*

ukrainisch [ukra'i:nɪʃ, u'kraɪnɪʃ] *adj* ucranio

UKW [u:ka:'ve:] (RADIO, PHYS) *Abk. von* **Ultrakurzwelle** onda *f* ultracorta; **auf ~** en la onda ultracorta

Ulk [ʊlk] *m* <-(e)s, -e> broma *f;* **aus ~** de broma

ulkig *adj* (*fam*) ❶ (*lustig*) gracioso ❷ (*seltsam*) extraño

Ulme ['ʊlmə] *f* <-n> (BOT) olmo *m*

Ultimaten *pl von* **Ultimatum**

ultimativ [ʊltima'ti:f] *adj* amenazador; **jdn ~ auffordern etw zu tun** exigir de alguien a modo de ultimátum que haga algo

Ultimatum [ʊltɪ'ma:tʊm] *nt* <-s, -s *o* Ultimaten> ultimátum *m;* **jdm ein ~ stellen** dar a alguien un ultimátum

Ultrakurzwelle [ʊltra'kʊrtsvɛlə] *f* (RADIO, PHYS) onda *f* ultracorta

Ultraschall *m ohne pl* (PHYS) ultrasonido *m;* **Ultraschallbild** *nt* ecografía *f;* **Ultraschallgerät** *nt* aparato *m* de ecografía; **Ultraschalluntersuchung** *f* ecografía *f*

ultraviolett ['----'-] *adj* (PHYS) ultravioleta

um [ʊm] **I.** *präp* +*akk* ❶ (*räumlich*): **~ ...** (**herum**) alrededor de; (*in der Nähe*) cerca de; **sie ging ~ den Tisch** (**herum**) dio una vuelta a la mesa; **er hat gern Freunde ~ sich** le gusta tener amigos a su alrededor; **~ die Ecke** a la vuelta de la esquina; **sie legte den Arm ~ ihn** le pasó el brazo por encima del hombro; **die Gegend ~ Freiburg** los alrededores de Friburgo; **sie schlug ~ sich** se puso a dar puñetazos a diestro y siniestro ❷ (*bei Uhrzeit*) a; **~ drei Uhr** a las tres ❸ (*ungefähr*) sobre, hacia; **sie kommt so ~ den Fünfzehnten** viene sobre el quince ❹ (*Wiederholung*) tras; **es verging Woche ~ Woche** pasó semana tras semana ❺ (*Differenz*) en; **sie ist ~ ein Jahr älter/~ einiges überlegen** es un año mayor/bastante superior; **die Ausgaben ~ 10% senken** reducir los gastos en un 10% ❻ (*über, bezüglich*) de; **es geht ~s Geld** se trata del dinero ❼ (*wegen*) por; **~ keinen Preis** por nada del mundo; **sich ~ etw streiten** discutir por algo; **sich ~ jdn kümmern** cuidar de alguien **II.** *präp +gen:* **~ ... willen** por...; **~ Himmels willen!** ¡cielos!; **~ Gottes willen!** ¡por amor de Dios! **III.** *konj* ❶ (*final*): **~ ... zu** para +*inf,* con el fin de +*inf* ❷ (*konsekutiv*): **~ ... zu** como para +*inf;* **er ist klug genug, ~ seinen Fehler zuzugeben** es lo suficiente inteligente como para admitir su error **IV.** *adv* (*ungefähr*) alrededor (de), aproximadamente

um|ändern *vt* cambiar, modificar; (*Kleidung*) arreglar

umarmen* I. *vt* abrazar **II.** *vr:* **sich ~** abrazarse

Umarmung [-'--] *f* <-en> abrazo *m*

Umbau *m* <-(e)s, -ten> reformas *fpl,* reconstrucción *f;* **wegen ~ geschlossen** cerrado por reformas

umbauen*¹ *vt* rodear (de edificios)

um|bauen² *vt* (*Gebäude*) reformar, reconstruir; (*Bühnenbild*) cambiar; **eine Wohnung zu einem Büro ~** transformar una vivienda en una oficina

um|benennen* *irr vt* cambiar de nombre

Umbenennung *f* <-en> cambio *m* de nombre

um|besetzen* *vt* ❶ (POL) reorganizar ❷ (THEAT) cambiar el reparto (de) ❸ (SPORT) cambiar la alineación (de)

um|bestellen* *vt* ❶ (*Patient*) cambiar la hora (*auf* a) ❷ (*Bestellung*) hacer cambios; **wir müssen die Lieferung ~** tenemos que hacer cambios en el pedido

um|biegen *irr vt* doblar

um|bilden *vt* transformar; (*Kabinett*) reorganizar

Umbildung *f* <-en> remodelación *f,* reestructuración *f*

um|binden *irr vt:* **sich** *dat* **etw ~** ponerse algo

um|blättern *vi* volver la hoja

um|blicken *vr:* **sich ~** ❶ (*rundherum*) mirar (a su) alrededor ❷ (*nach hinten*) mirar hacia atrás

um|bringen *irr* **I.** *vt* matar (*durch/mit* a/con), ultimar *Am* **II.** *vr:* **sich ~** ❶ (*Selbst-*

mord begehen) suicidarse ❷ (*übereifrig sein*) volcarse (*vor* en), matarse (*vor* por)

Umbruch¹ *m* <-(e)s, -brüche> (*Wandel*) cambio *m* (radical); **etw ist im ~** algo está cambiando

Umbruch² *m* <-(e)s, *ohne pl*> (TYPO) compaginación *f,* ajuste *m*

um|buchen *vt* ❶ (WIRTSCH) transferir ❷ (*Reise*) cambiar la reserva (de)

um|denken *irr vi* cambiar su modo de pensar, reorientarse

um|disponieren* *vi* reorganizar

um|drehen I. *vt* volver, voltear *Am;* (*Schlüssel*) dar vuelta (a); **jdm den Hals ~** retorcerle el cuello a alguien **II.** *vi* **haben** o **sein** volver, dar la vuelta **III.** *vr:* **sich ~** volverse (*nach* hacia), volver la cabeza (*nach* hacia), voltearse *Am;* **mir dreht sich der Magen um** se me revuelve el estómago

Umdrehung [-'--] *f* <-en> vuelta *f;* (*um eine Achse*) rotación *f;* (*eines Motors*) revolución *f;* **Umdrehungszahl** *f* número *m* de revoluciones

umeinander [-'--] *adv* ❶ (*räumlich*) uno alrededor del otro ❷ (*gegenseitig*) uno del otro

um|erziehen* *irr vt* reeducar

umfahren*¹ *irr vt* ❶ (*umkreisen*) dar la vuelta (a) ❷ (*ausweichen*) esquivar

um|fahren² *irr vt* derribar; (*Person*) atropellar, evitar

Umfahrung [-'--] *f* <-en> (*Schweiz*) carretera *f* de circunvalación

um|fallen *irr vi* **sein** ❶ (*allgemein*) caerse ❷ (*ohnmächtig werden*) desplomarse; **ich bin zum U~ müde** me caigo de cansancio; **tot ~** caerse muerto ❸ (*fam abw: Gesinnung wechseln*) rajarse; (*nachgeben*) darse por vencido

Umfang *m* <-(e)s, -fänge> ❶ (*Ausdehnung*) extensión *f;* (*Dicke*) volumen *m;* (*Größe*) tamaño *m* ❷ (*Kreis~*) circunferencia *f* ❸ (*Ausmaß*) dimensiones *fpl;* **in großem ~** a gran escala

umfangreich *adj* amplio, extenso

umfassen* *vt* ❶ (*mit den Armen*) rodear (con los brazos); (*umarmen*) abrazar ❷ (*bestehen aus*) comprender, abarcar

umfassend *adj* amplio; (*vollständig*) completo

Umfeld *nt* <-(e)s, -er> entorno *m*

um|formen *vt* ❶ (*umändern*) modificar, transformar ❷ (ELEK) convertir

Umfrage *f* <-n> encuesta *f;* **eine ~ machen** hacer una encuesta

um|funktionieren* *vt* transformar (*zu/in* en)

Umgang *m* <-(e)s, *ohne pl*> ❶ (*Beziehun-*

gen) relaciones *fpl*; (*Gesellschaft*) compañía *f*; **sie ist kein ~ für dich** (*fam*) es mala compañía para ti; **mit jdm ~ haben/pflegen** tener/mantener relaciones con alguien ❷ (*das Umgehen mit Personen*) trato *m*; (*mit Dingen*) manejo *m*; **im ~ mit Kindern** en el trato con niños

umgangen *pp von* **umgehen**[1]

umgänglich ['ʊmgɛŋlɪç] *adj* afable, sociable

Umgangsformen *fpl* modales *mpl*; **Umgangssprache** *f* (LING) lenguaje *m* familiar; **umgangssprachlich** *adj* coloquial; **Umgangston** *m* trato *m*

umgarnen* *vt* embaucar; **umgeben*** *irr vt* rodear; (*mit Zaun*) cercar

Umgebung [-'--] *f* <-en> ❶ (*Gebiet*) alrededores *mpl*; (*Nachbarschaft*) vecindad *f*; **in der näheren ~ Münchens** en los alrededores de Múnich; **ist hier in der ~ ein Campingplatz?** ¿hay un camping por aquí cerca? ❷ (*Milieu*) ambiente *m*, entorno *m*

umgehen*[1] *irr vt* ❶ (*herumgehen*) pasar alrededor (de) ❷ (*vermeiden*) evitar ❸ (*nicht beachten*) eludir

um|gehen[2] *irr vi sein* ❶ (*Gerücht*) correr; (*Gespenst*) andar ❷ (*mit Personen*) tratar (*mit* a); (*mit Dingen*) manejar (*mit*); **sparsam mit etw** *dat* **~** economizar algo; **gleichgültig/vorsichtig mit etw** *dat* **~** tratar algo con indiferencia/con cuidado

umgehend ['---] I. *adj* inmediato II. *adv* de inmediato

Umgehung [-'--] *f* <-en> ❶ (*das Vermeiden*) evitación *f* ❷ (*~sstraße*) circunvalación *f*; **Umgehungsstraße** *f* carretera *f* de circunvalación

umgekehrt I. *adj* ❶ (*umgedreht*) invertido ❷ (*entgegengesetzt*) contrario; **in ~er Richtung** en sentido contrario; **die Sache ist genau ~** es justo lo contrario II. *adv* ❶ (*umgedreht*) a la inversa ❷ (*entgegengesetzt*) al revés, al contrario

Umgestaltung *f* <-en> remodelación *f*, modificación *f*; (*eines Systems*) reforma *f*

um|gewöhnen* *vr*: **sich ~** acostumbrarse a algo nuevo

um|graben *irr vt* cavar

Umhang *m* <-(e)s, -hänge> capa *f*

um|hängen *vt* ❶ (*an andere Stelle*) colgar en otro sitio ❷ (*Tasche*): **sich** *dat* **die Tasche ~** colgarse el bolso al hombro ❸ (*Decke, Mantel*): **sich** *dat* **einen Mantel ~** ponerse un abrigo por encima

Umhängetasche *f* bolso *m* de bandolera

um|hauen[1] <haut um, haute *o* hieb um, umgehauen> *vt* (*fällen*) cortar, talar

um|hauen[2] <haut um, haute um, umge-

hauen> *vt* (*fam*) ❶ (*niederschlagen*) derribar (de un golpe) ❷ (*verblüffen*) dejar boquiabierto

umher [ʊm'heːɐ] *adv* (*hier und da*) por aquí, por allá; (*überall*) por todas partes; **umher|blicken** *vi* mirar (a su) alrededor; **fragend ~** mirar alrededor sin comprender; **umher|gehen** *irr vi sein* ir de un lado para otro; (*ziellos herumgehen*) deambular; (*spazieren gehen*) pasear (*in* por); **umher|irren** *vi sein* vagar (*in* por), errar (*in* por); **umher|laufen** *irr vi sein* (*ziellos herumlaufen*) andar de un lado para otro; (*spazieren gehen*) pasear (*in* por)

umhin|können *irr vi*: **nicht ~ etw zu tun** no poder evitar hacer algo

um|hören *vr*: **sich ~** informarse; **ich werde mich danach ~** voy a ver si me entero de algo al respecto

umkämpft [ʊm'kɛmpft] *adj* reñido

Umkehr *f ohne pl* vuelta *f*, regreso *m*

umkehrbar *adj* reversible; **nicht ~** irreversible

um|kehren I. *vi sein* volver, regresar II. *vt* ❶ (*umdrehen*) dar vuelta (a) ❷ (*ins Gegenteil verkehren*) invertir III. *vr*: **sich ~**: **dabei kehrt sich mir der Magen um** esto me revuelve el estómago

um|kippen I. *vi sein* ❶ (*umfallen*) caerse; (*Wagen*) volcar, voltear *Am*; (*Boot*) zozobrar ❷ (*fam: ohnmächtig werden*) desmayarse ❸ (*fam abw: Gesinnung wechseln*) cambiar de chaqueta ❹ (*fam: Gewässer*) contaminarse; (*Wein*) volverse II. *vt* derribar

um|klammern* *vt* agarrar; (*umarmen*) abrazar (fuertemente)

Umklammerung [-'---] *f* <-en> agarrón *m*; (*Umarmung*) abrazo *m* (fuerte)

um|klappen *vt* plegar

Umkleidekabine ['ʊmklaɪdə-] *f* caseta *f*, desvestidora *f AmS*

Umkleideraum ['----] *m* vestuario *m*, desvestidora *f Am*

um|knicken I. *vi sein* ❶ (*Mast, Baum*) doblarse ❷ (*Fuß*) torcerse el pie; **ich bin (mit dem Fuß) umgeknickt** me he torcido el pie II. *vt* doblar; (*brechen*) partir

um|kommen *irr vi sein* ❶ (*sterben*) morir (*vor* de) ❷ (*Lebensmittel*) echarse a perder

Umkreis *m* <-es, *ohne pl*> alrededores *mpl*; **im ~ von fünf Kilometern** en un radio de cinco kilómetros

umkreisen* *vt* girar alrededor de

um|krempeln ['ʊmkrɛmpəln] *vt* ❶ (*Kleidung*) subirse; (*Ärmel*) (ar)remangarse ❷ (*durchwühlen*) poner patas arriba, revolver ❸ (*fam: vollständig ändern*) cambiar por completo

um|laden *irr vt* tra(n)sbordar

umlagern* *vt* rodear

Umland *nt* <-(e)s, *ohne pl*> alrededores *mpl*

Umlauf¹ *m* <-(e)s, *ohne pl*> ❶ (*von Geld, Blut*) circulación *f;* **im ~ sein** estar en circulación; **in ~ bringen** poner en circulación ❷ (*Umkreisen*) revolución *f*

Umlauf² *m* <-(e)s, -läufe> ❶ (*Rundschreiben*) circular *f* ❷ (*einzelne Kreisbewegung*) vuelta *f*

Umlaufbahn *f* (ASTR) órbita *f*

Umlaut *m* <-(e)s, -e> (LING) vocal *f* modificada

um|legen *vt* ❶ (*in die waagerechte Lage bringen: Mast, Bäume*) derribar; (*Hebel, Schalter*) cambiar de posición; (*Lehne*) plegar; (*Bäume fällen*) talar ❷ (*um den Körper: Kleidungsstücke*) poner por encima; (*Halskette, Verband*) poner ❸ (*fam: erschießen*) cargarse, tronar *Mex* ❹ (*Termin*) cambiar; (*auf später*) aplazar (*auf* a); (*vorverlegen*) adelantar (*auf* a) ❺ (*örtlich*) cambiar de sitio ❻ (*Ausgaben*) repartir (*auf* entre)

um|leiten *vt* desviar

Umleitung *f* <-en> desvío *m*

umliegend *adj* vecino, de los alrededores

um|melden *vt* cambiar de registro

umnachtet [-'--] *adj:* **geistig ~** demente

um|organisieren* *vt* reorganizar

um|pflügen *vt* arar

umrahmen* *vt:* **etw musikalisch ~** acompañar algo con música

umranden* *vt* bordear, rodear; **etw rot ~** encuadrar algo de rojo

um|räumen *vt* (*anders anordnen*) disponer de otra manera

um|rechnen *vt* (*Maßeinheiten*) convertir (*in* en); (*Währungen*) calcular en otra moneda

Umrechnung *f* <-en> cambio *m,* conversión *f;* **Umrechnungskurs** *m* cotización *f,* tipo *m* de cambio

umreißen*¹ *irr vt* esbozar; **ein Problem kurz ~** exponer un problema a grandes rasgos

um|reißen² *irr vt* ❶ (*umwerfen*) echar al suelo ❷ (*Mauer*) derribar, demoler

um|rennen *irr vt* atropellar corriendo

Umriss ['--] *m* <-es, -e> contorno *m,* silueta *f;* **etw in groben Umrissen darstellen** exponer algo a grandes rasgos

umrissen [ʊm'rɪsən] **I.** *pp von* **umreißen¹** **II.** *adj:* **scharf ~** claramente definido

um|rühren *vt* remover

ums [ʊms] = **um das** *s.* **um**

um|satteln *vi* (*fam: beruflich*) cambiar de profesión; (*im Studium*) cambiar de carrera; **von Kellner auf Koch ~** cambiar de camarero para cocinero

Umsatz *m* <-es, -sätze> volumen *m* de ventas; **Umsatzsteigerung** *f* (FIN, WIRTSCH) aumento *m* de los beneficios; **Umsatzsteuer** *f* impuesto *m* sobre el volumen de ventas

um|schalten **I.** *vi* ❶ (*Einstellung ändern*) cambiar ❷ (RADIO, TV: *Programm*) cambiar de canal; (*verbinden*) conectar (*in/nach* con); **auf das zweite Programm ~** cambiar a la segunda cadena ❸ (*fam: sich umstellen*) reorientarse **II.** *vt* (ELEK) conmutar

Umschau *f ohne pl* ❶ (*Rundblick*) vista *f* ❷ (*das Sichumsehen*) visita *f;* **nach etw** *dat*/**jdm ~ halten** buscar algo/a alguien (con la vista)

um|schauen *vr:* **sich ~** (*reg*) *s.* **umsehen**

Umschlag¹ *m* <-(e)s, -schläge> ❶ (*Buch~*) cubierta *f* ❷ (*Brief~*) sobre *m* ❸ (MED) compresa *f;* (*heiß*) cataplasma *m*

Umschlag² *m* <-(e)s, *ohne pl*> ❶ (*Veränderung*) cambio *m* (brusco) ❷ (WIRTSCH: *Umladung*) tra(n)sbordo *m*

um|schlagen *irr* **I.** *vt* ❶ (*Ärmel*) arremangar; (*Buchseite*) volver ❷ (*Güter*) tra(n)sbordar; (*Ladung*) operar **II.** *vi sein* ❶ (*Wetter, Stimmung*) cambiar repentinamente; (*Stimme*) transformarse repentinamente; **ins Gegenteil ~** caer en el otro extremo ❷ (*Boot*) zozobrar; (*Fahrzeug*) volcar

Umschlagplatz *m* lugar *m* de tra(n)sbordo

umschließen* *irr vt* ❶ (*umgeben*) cercar, rodear ❷ (*umzingeln*) poner cerco (a) ❸ (*einschließen*) encerrar, encercar

umschlingen* *irr vt* (*mit den Armen*) abrazar; **jdn eng umschlungen halten** mantener a alguien estrechamente abrazado

umschlossen *pp von* **umschließen**

umschlungen *pp von* **umschlingen**

um|schnallen *vt* (*Gürtel*) ponerse

umschreiben*¹ *irr vt* ❶ (*festlegen*) delimitar ❷ (*mit anderen Worten*) parafrasear ❸ (MATH) circunscribir

um|schreiben² *irr vt* ❶ (*Text*) refundir; (*ändern*) cambiar ❷ (*Hypothek*) transferir (*auf* a) ❸ (*transkribieren*) transcribir

umschrieben *pp von* **umschreiben¹**

um|schulen *vt* ❶ (*Kind*) cambiar de colegio ❷ (*beruflich*) readaptar (profesionalmente); **er lässt sich zum Programmierer ~** hace un curso (del INEM) para programador

U

Umschulung f <-en> ❶ (Kind) cambio m de escuela ❷ (beruflich) readaptación f profesional; **eine ~ machen** hacer un curso de readaptación profesional

um|schütten vt ❶ (umfüllen) trasegar ❷ (umwerfen) derramar

umschwärmen* vt ❶ (umfliegen) revolotear alrededor (de) ❷ (verehren) idolatrar

Umschweife mpl rodeos mpl; **ohne ~** sin rodeos

Umschwung m <-(e)s, -schwünge> ❶ (Veränderung) cambio m (brusco) ❷ (Schweiz: umgebendes Gelände) tierra f circundante

umsegeln* vt circunnavegar

um|sehen irr vr: **sich ~** ❶ (zurückblicken) mirar hacia atrás; **sich nach jdm ~** seguir a alguien con la mirada ❷ (herumsehen) mirar alrededor; **ich sehe mich nur mal um** voy a echar solamente un vistazo; **ich sehe mich etwas im Dorf um** voy a dar una vuelta por el pueblo; **du wirst dich noch ~!** (fam) ¡ya verás lo que es bueno! ❸ (suchen) buscar (nach)

umseitig ['ʊmzaɪtɪç] adj al dorso

um|setzen I. vt ❶ (anders setzen) poner en otro sitio; (Pflanzen) trasplantar ❷ (verkaufen) vender ❸ (umwandeln) transformar (in en); **ein Theaterstück filmisch ~** plasmar una obra de teatro cinematográficamente; **sein Geld in Schallplatten ~** invertir su dinero en discos ❹ (anwenden) realizar; **etw in die Tat ~** llevar algo a la práctica II. vr: **sich ~** sentarse en otro sitio

Umsicht f ohne pl cautela f; **mit viel ~ handeln** actuar con mucha cautela

umsichtig adj cauteloso

um|siedeln I. vi sein trasladarse (nach/in a) II. vt trasladar

umso ['ʊmzo] konj tanto más

umsonst [ʊm'zɔnst] adv ❶ (unentgeltlich) gratis, de coca Mex ❷ (vergeblich) en vano ❸ (grundlos) sin motivo; **das hat er nicht ~ getan** por algo lo hizo

umsorgen* vt: **jdn ~** cuidar de alguien

um|springen irr vi sein ❶ (Ampel) cambiar (von de, auf a); (Wind) cambiar (bruscamente) de dirección ❷ (abw: behandeln) tratar (mal) (mit a); **so kannst du nicht mit ihr ~** no puedes tratarla así

umspülen* vt bañar, regar

Umstand m <-(e)s, -stände> ❶ (Tatsache) hecho m; (Einzelheit) detalle m ❷ (JUR) circunstancia f; **mildernde Umstände** circunstancias atenuantes ❸ pl (Verhältnisse) circunstancias fpl; (Lage) situación f; **unter Umständen** tal vez; **unter keinen Umständen** de ningún modo; **unter**

diesen Umständen dadas las circunstancias; **unter allen Umständen** cueste lo que cueste; **den Umständen entsprechend** de acuerdo a las circunstancias; **in anderen Umständen sein** estar encinta ❹ pl (Mühe, Aufwand) molestia f; **das macht gar keine Umstände** no es ninguna molestia; **machen Sie sich keine Umstände!** ¡no se moleste!

umständehalber adv por circunstancias particulares

umständlich adj ❶ (ausführlich) detallado; (weitschweifig) prolijo ❷ (verwickelt) complicado ❸ (beschwerlich) molesto; (lästig) pesado; **das ist mir zu ~** me resulta demasiado molesto ❹ (förmlich) ceremonioso ❺ (übergenau) minucioso

Umstandskleid nt vestido m (de) premamá; **Umstandswort** nt (LING) adverbio m

umstehend adj ❶ (ringsum stehend) presente ❷ (umseitig) al dorso

um|steigen irr vi sein ❶ (Fahrzeug wechseln) hacer tra(n)sbordo; **in den Intercity ~** coger el intercity ❷ (fam: überwechseln) pasar (auf a)

umstellen*¹ vt rodear, cercar

um|stellen² I. vt ❶ (Dinge) poner en otro sitio; (Reihenfolge) invertir ❷ (Uhr) cambiar; **die Uhr ~** cambiar la hora ❸ (Betrieb) reorganizar; (Ernährung) cambiar (auf a); **etw auf Maschinenbetrieb/auf Computer ~** mecanizar/computerizar algo ❹ (ändern) modificar II. vr: **sich ~** adaptarse (auf a)

Umstellung ['---] f <-en> ❶ (von Dingen) cambio m de lugar; (der Reihenfolge) inversión f del orden ❷ (Anpassung) adaptación f (auf a); (eines Betriebs) reorganización f; **~ auf Computer** computarización f ❸ (Veränderung) cambio m, modificación f

um|stimmen vt ❶ (Instrument) cambiar la afinación (de) ❷ (Person) persuadir

um|stoßen irr vt ❶ (Gegenstand) tirar ❷ (Plan) echar por tierra

umstritten [-'--] adj controvertido, discutido

um|strukturieren* vt reestructurar

Umstrukturierung f reestructuración f

um|stülpen ['ʊmʃtʏlpən] vt ❶ (Behälter) volcar; (Tasche) volver (al revés) ❷ (ändern) cambiar a fondo

Umsturz m <-es, -stürze> revolución f

um|stürzen I. vi sein (umfallen) caerse; (einstürzen) derribarse; (Wagen) volcar II. vt ❶ (umstoßen) volcar; (Regierung) derrocar ❷ (*ändern*) cambiar; (*grundle-gend*) revolucionar

Umtausch *m* <-(e)s, -e> cambio *m;* **die Waren sind vom ~ ausgeschlossen** las mercancías no se pueden cambiar

um|tauschen *vt* cambiar (*gegen* por)

um|topfen *vt* cambiar de maceta

Umwälzung *f* <-en> ❶ (TECH) circulación *f* ❷ (*gesellschaftlich*) cambio *m* profundo

um|wandeln *vt* transformar (*in* en); (*Strafe*) conmutar (*in* por); **Sie sind wie umgewandelt** Ud. parece otro

Umwandlung *f* <-en> transformación *f* (*in* en); (*einer Strafe*) conmutación *f* (*in* por)

Umweg *m* <-(e)s, -e> rodeo *m;* **einen ~ machen** dar un rodeo; **auf ~en** por vía indirecta

Umwelt *f ohne pl* entorno *m;* (ÖKOL) medio *m* ambiente; **umweltbelastend** *adj* contaminante; **Umweltbelastung** *f* contaminación *f* del medio ambiente; **umweltbewusst** *adj* concienciado ecológicamente; **Umweltbewusstsein** *nt* conciencia *f* ecológica; **Umwelteinfluss** *m* influencia *f* ambiental; **Umwelterziehung** *f ohne pl* educación *f* medioambiental; **Umweltfaktor** *m* factor *m* ecológico; **umweltfeindlich** *adj* contaminante, nocivo para el medio ambiente; **umweltfreundlich** *adj* no contaminante; **Umweltgefahr** *f* peligro *m* ambiental; **Umweltgefährdung** *f* amenaza *f* ambiental; **umweltgerecht** *adj* acorde con el medio ambiente; **Umweltgift** *nt* (sustancia *f*) contaminante *m;* **Umweltkatastrophe** *f* desastre *m* ecológico; **Umweltkriminalität** *f* delincuencia *f* ambiental; **Umweltminister(in)** *m(f)* ministro, -a *m, f,* del Medio Ambiente; **Umweltpolitik** *f* política *f* del medio ambiente; **Umweltschäden** *mpl* daños *mpl* ecológicos

Umweltschutz *m* protección *f* del medio ambiente; **Umweltschützer(in)** *m(f)* <-s, -; -nen> defensor(a) *m(f)* del medio ambiente, ecologista *mf;* **Umweltschutzpapier** *nt* papel *m* reciclado; **Umweltschutztechnik** *f ohne pl* ingeniería *f* ambiental; **Umweltsteuer** *f* impuesto *m* ecológico; **Umweltsünder(in)** *m(f)* (*fam*) contaminador(a) *m(f)* del medio ambiente; **Umweltvergiftung** *f* contaminación *f* ambiental; **Umweltverschmutzer(in)** *m(f)* <-s, -; -nen> contaminador(a) *m(f)* del medio ambiente; **Umweltverschmutzung** *f* contaminación *f* del medio ambiente; **umweltverträglich** *adj* compatible con el medio ambiente;

Umweltverträglichkeit *f* impacto *m* ambiental; **Umweltverträglichkeitsprüfung** *f* análisis *m inv* del impacto ambiental; **Umweltzerstörung** *f* destrucción *f* del medio ambiente

umwerben* *irr vt* cortejar, pastorear *Arg, Urug*

um|werfen *irr vt* ❶ (*Gegenstand*) volcar, tirar ❷ (*fam: Plan*) echar por tierra ❸ (*fam: aus der Fassung bringen*) dejar con la boca abierta

umwerfend *adj* impresionante

umwickeln* *vt* envolver

umworben *pp von* **umwerben**

umzäunen* [ʊmˈtsɔɪnən] *vt* cercar

um|ziehen *irr* **I.** *vi sein* mudarse (*nach* a) **II.** *vr:* **sich ~** cambiarse (de ropa)

umzingeln* *vt* rodear

Umzug *m* <-(e)s, -züge> ❶ (*Wohnungswechsel*) mudanza *f* ❷ (*Festzug*) desfile *m;* **Umzugskarton** *m* caja *f* de embalaje

UN [uːˈʔɛn] *f Abk. von* **United Nations** NU *fpl*

unabhängig *adj* independiente (*von* de); (*Staat*) autónomo; **sich von jdm/etw** *dat* **~ machen** independizarse de alguien/ algo; **das ist ~ davon, ob ...** esto es independiente de que si...

Unabhängigkeit *f ohne pl* independencia *f* (*von* de); (*wirtschaftlich*) autarquía *f;* **Unabhängigkeitserklärung** *f* proclamación *f* de la independencia

unabkömmlich ['-ˈ--] *adj* ❶ (*sehr beschäftigt*) ocupado ❷ (*unersetzlich*) insustituible

unablässig ['-ˈ--] **I.** *adj* incesante, constante **II.** *adv* sin cesar

unabsehbar ['-ˈ--] *adj* ❶ (*Folgen*) incalculable; **auf ~e Zeit** por tiempo indefinido ❷ (*räumlich*) vasto

unabsichtlich **I.** *adj* involuntario **II.** *adv* sin querer

unachtsam *adj* (*unaufmerksam*) desatento; (*nachlässig*) descuidado

Unachtsamkeit *f ohne pl* (*Unaufmerksamkeit*) falta *f* de atención; (*Nachlässigkeit*) descuido *m*

unanfechtbar ['-ˈ--] *adj* indiscutible; (*Urteil*) inapelable; (*Argument*) intacable

unangebracht *adj* inoportuno; **ich halte es für ~ ...** me parece inoportuno...

unangefochten *adj* indiscutido

unangemeldet **I.** *adj* no anunciado **II.** *adv* sin previo aviso

unangemessen *adj* inadecuado

unangenehm *adj* desagradable; (*lästig*) molesto, odioso *Am;* (*unsympathisch*) antipático; **~ auffallen** causar una mala impresión; **es ist mir sehr ~, dass ...** me da mucha vergüenza que... +*subj;* ~ **werden** volverse desagradable

unangetastet *adj* intacto

Unannehmlichkeit *f* <-en> (*Mühe*) molestia *f,* odiosidad *f Am;* (*Ärger*) disgusto *m;* **jdm ~ en bereiten** causar molestias a alguien

unansehnlich *adj* de aspecto desagradable

unanständig *adj* indecente, verde *fam;* (*obszön*) obsceno

unantastbar ['--'--] *adj* intangible; (JUR) inviolable; (REL) sagrado

unappetitlich *adj* ❶ (*Essen*) poco apetitoso ❷ (*abstoßend*) asqueroso

Unart ['ʊnʔaːɐt] *f* <-en> ❶ (*Angewohnheit*) mala costumbre *f* ❷ (*eines Kindes*) travesura *f*

unartig *adj* travieso, malo

unästhetisch *adj* poco estético; (*abstoßend*) de mal gusto

unaufdringlich *adj* ❶ (*Parfüm*) discreto ❷ (*Mensch*) agradable

unauffällig *adj* ❶ (*Kleidung, Verhalten*) discreto ❷ (*unbemerkt*) disimulado; **folgen Sie mir ~!** ¡sígame con discreción!

unauffindbar ['--'--] *adj* ilocalizable

unaufgefordert *adj* (*freiwillig*) voluntario; (*spontan*) espontáneo

unaufhaltsam ['--'--] *adj* incontenible, imparable

unaufhörlich ['--'--] **I.** *adj* incesante, continuo **II.** *adv* sin cesar

unauflöslich ['--'--] *adj* (*a.* CHEM, JUR) indisoluble

unaufmerksam *adj* ❶ (*nicht aufmerksam*) desatento; (*zerstreut*) despistado ❷ (*nicht zuvorkommend*) descortés

Unaufmerksamkeit *f ohne pl* ❶ (*Verhalten*) falta *f* de atención; (*Zerstreutheit*) distracción *f* ❷ (*Unhöflichkeit*) descortesía *f*

unaufrichtig *adj* insincero

unaufschiebbar ['--'--] *adj* inaplazable

unausgefüllt *adj* ❶ (*Formular*) en blanco; **~ lassen** dejar en blanco ❷ (*Person*) insatisfecho; (*Leben*) vacío

unausgeglichen *adj* ❶ (*ungleichmäßig*) desequilibrado ❷ (*wechselhaft*) inestable

Unausgeglichenheit *f ohne pl* ❶ (*Ungleichmäßigkeit*) falta *f* de equilibrio ❷ (*Wechselhaftigkeit*) inestabilidad *f*

unausgeschlafen *adj* medio dormido

unausgesprochen *adj* no pronunciada, no formulada; **in ihrem Blick las er einen ~ en Vorwurf** en su mirada leyó un reproche silencioso

unausgewogen *adj* desequilibrado

unauslöschlich ['--'--] *adj* (*geh*) imborra-

ble, duradero

unaussprechlich ['--'--] *adj* (*Gefühl*) inefable; (*Elend, Freude*) increíble

unausstehlich ['--'--] *adj* insoportable

unausweichlich ['--'--] *adj* inevitable

unbändig ['ʊnbɛndɪç] *adj* ❶ (*wild*) desenfrenado ❷ (*heftig*) incontenible; **sich ~ auf etw freuen** sentir una alegría incontenible por algo

unbarmherzig *adj* despiadado

Unbarmherzigkeit *f ohne pl* inhumanidad *f;* (*Härte*) dureza *f*

unbeabsichtigt **I.** *adj* impremeditado **II.** *adv* sin querer

unbeachtet *adj* inadvertido; **das darf man nicht ~ lassen** esto no puede pasar inadvertido

unbeaufsichtigt *adj* no vigilado

unbedarft *adj* ingenuo

unbedenklich **I.** *adj* inofensivo **II.** *adv* sin reparo

unbedeutend *adj* ❶ (*unwichtig*) insignificante ❷ (*geringfügig*) mínimo

unbedingt ['---, '--'-] **I.** *adj* absoluto; (*bedingungslos*) incondicional **II.** *adv* sin falta, absolutamente; **ist das ~ nötig?** ¿es realmente indispensable?; **das will ich ~ wissen** tengo que saberlo sin falta; **nicht ~** no necesariamente; **nicht länger als ~ nötig** nada más de lo absolutamente necesario

unbefangen *adj* ❶ (*ungehemmt*) despreocupado; (*natürlich*) natural ❷ (*unvoreingenommen*) imparcial

Unbefangenheit *f ohne pl* ❶ (*Ungehemmtheit*) ingenuidad *f,* naturalidad *f* ❷ (*Unvoreingenommenheit*) imparcialidad *f*

unbefriedigend *adj* poco satisfactorio; (*stärker*) no satisfactorio

unbefriedigt *adj* insatisfecho

unbefristet *adj* ilimitado

unbefugt *adj* no autorizado

Unbefugte(r) *mf* <-n, -n; -n> persona *f* no autorizada; **~ n ist das Betreten verboten** entrada prohibida a personas ajenas al servicio

unbegabt *adj* poco talentoso (*für* para); **musikalisch ~ sein** no tener talento para la música

unbegreiflich ['--'--] *adj* (*unverständlich*) inconcebible, incomprensible; (*unerklärlich*) inexplicable; **es ist mir ~, wie das passieren konnte** no me explico cómo pudo ocurrir esto

unbegrenzt *adj* ilimitado

unbegründet *adj* injustificado, sin motivo; (JUR) improcedente

unbehaart *adj* (*ohne Haare*) sin pelo;

1	der Fußball	el balón/la pelota de fútbol	14	das Schlagholz	el bate
2	der Football	el balón de fútbol americano	15	der Hockeyschläger	el palo de hockey, el stick
3	die Kegel	los bolos	16	die Inlineskates	los patines en línea
4	die Tauchermaske	las gafas de bucear	17	die Schlittschuhe	los patines para hielo
5	der Tennisschläger	la raqueta de tenis	18	die Taucherflossen	las aletas de buceador,
6	der Tennisball	la pelota de tenis			las gualetas (*Am*)
7	der Federball	el volante, la plumilla (*Am*)	19	die Schwimmbrille	las gafas de nadar
8	der Badmintonschläger	la raqueta de badminton	20	der Kricketball	la pelota de cricket
9	der Squashball	la pelota de squash	21	der Tischtennisschläger	la pala/paleta de ping-pong/
10	der Squashschläger	la raqueta de squash			de tenis de mesa
11	der Taucheranzug	el traje de buzo	22	der Tischtennisball	la pelota de ping-pong/
12	das Querholz	el travesaño, el bail			de tenis de mesa
13	der Stab	el palo del portillo	23	die Boulekugeln	las bolas de la petanca

Auf dem Bahnsteig

En el andén

1	die Gleisnummer	el número de vía
2	die Gleisanzeige	el indicador de vía
3	der Wagen	el vagón
4	der (Fahrkarten)kontrolleur	el revisor, el guarda (*Am*)
5	der große Reisekoffer	la maleta grande, la valija grande (*Am*)
6	der Rucksack	la mochila
7	die Aktentasche	el portafolios, la cartera
8	der Kleidersack	la bolsa portatrajes
9	der Kofferkuli	el carrito portaequipajes

10	die Umhängetasche	el bolso para llevar al hombro o en bandolera
11	die Handtasche	el bolso de mano
12	der Kosmetikkoffer	el estuche de cosméticos
13	der Koffer	la maleta, la valija (*Am*)
14	die Rollen	las ruedas
15	die Reisetasche	el bolso de viaje
16	der Aktenkoffer	el maletín
17	der kleine (Reise)koffer	la maleta pequeña, la valija pequeña (*Am*)
18	die Flugtasche	el bolso para el avión

(*ohne Kopfhaar*) calvo

Unbehagen ['ʊnbəha:gən] *nt* <-s, *ohne pl*> malestar *m*

unbehaglich *adj* desagradable; **sich ~ fühlen** no estar a gusto

unbeherrscht I. *adj* desenfrenado; (*Person*) que no sabe dominarse II. *adv* desmesuradamente

unbeholfen ['ʊnbəhɔlfən] *adj* torpe, bota *Mex*

Unbeholfenheit *f ohne pl* torpeza *f*

unbeirrbar ['--'--] *adj*, **unbeirrt** *adj* imperturbable, inalterable

unbekannt *adj* desconocido; **~ verzogen** (domicilio) desconocido; **es ist mir nicht ~, dass ...** no ignoro que... +*subj*

Unbekannte(r) *mf* <-n, -n; -n> (*Person*) desconocido, -a *m, f*

unbekleidet *adj* desnudo

unbekümmert *adj* despreocupado; **seien Sie ganz ~!** ¡no se preocupe usted en absoluto!

unbelastet *adj* ❶ (*frei*) libre (*von* de); (*ohne Sorgen*) despreocupado ❷ (*ohne Hypotheken*) sin cargos hipotecarios

unbelehrbar ['--'--] *adj* incorregible; (*halsstarrig*) obstinado

unbeliebt *adj* que goza de pocas simpatías (*bei* entre); **sich ~ machen** hacerse impopular; **er ist bei allen ~** le cae mal a todos

Unbeliebtheit *f ohne pl* impopularidad *f*

unbemannt *adj* sin tripulación

unbemerkt *adj* inadvertido, desapercibido; **~ bleiben** pasar desapercibido

unbenommen ['--'--] *adj:* **etw bleibt jdm ~** alguien es (muy) libre de hacer algo

unbenutzt *adj* no usado; **etw ~ zurückgeben** devolver algo sin haberlo usado

unbeobachtet *adj* no observado; **in einem ~en Augenblick** en un momento de descuido

unbequem *adj* ❶ (*Sessel*) incómodo ❷ (*Frage, Person*) molesto, amargo *Ven*

unberechenbar ['--'--] *adj* incalculable; **er ist ~** es imprevisible

Unberechenbarkeit *f ohne pl* imprevisión *f*, veleidad *f*, volubilidad *f*

unberechtigt *adj* injusto, no autorizado

unberücksichtigt *adj* desatendido; **~ bleiben/lassen** quedar/dejar desatendido

unberührt *adj* intacto; (*Frau*) virgen

unbeschadet I. *präp* +*gen* ❶ (*trotz*) a pesar de ❷ (*ohne Schaden für*) sin perjuicio de II. *adv:* **etw ~ überstehen** (*Person*) salir ileso de algo; (*Sache*) quedar sin daños en algo

unbeschädigt *adj* no dañado, indemne

unbescholten ['ʊnbəʃɔltən] *adj* ❶ (*integer*) de buena reputación, sin tacha ❷ (JUR) sin antecedentes penales

unbeschrankt ['ʊnbəʃraŋkt] *adj* sin barrera

unbeschränkt *adj* ilimitado; (*Macht*) absoluto

unbeschreiblich ['--'--] I. *adj* indescriptible II. *adv* extremamente

unbeschrieben *adj* (*Blatt*) en blanco

unbeschwert *adj* libre de toda preocupación; (*Kindheit*) despreocupado; (*Gewissen*) limpio

unbesiegbar ['--'--] *adj* invencible, imbatible

unbesonnen *adj* (*unüberlegt*) irreflexivo; (*unvorsichtig*) imprudente

unbesorgt *adj* despreocupado, tranquilo; **sei ~** ¡no te preocupes!

unbeständig *adj* ❶ (*Person*) inconstante ❷ (*wechselhaft*) inestable; (*Wetter*) variable

unbestechlich *adj* incorruptible

Unbestechlichkeit *f ohne pl* incorruptibilidad *f*, insobornabilidad *f*

unbestimmt *adj* ❶ (*unklar*) vago; (*ungenau*) impreciso ❷ (*nicht festgelegt*) indefinido, indeterminado; (*unsicher*) incierto; **auf ~e Zeit** por tiempo indefinido ❸ (LING) indefinido

unbestreitbar ['--'--] *adj* innegable

unbestritten ['--('')--] I. *adj* indiscutido, indiscutible; **es ist ~, dass ...** es indiscutible que... +*subj* II. *adv* sin duda (alguna)

unbeteiligt *adj* ❶ (*desinteressiert*) indiferente ❷ (*nicht teilnehmend*) ajeno; **an etw** *dat* **~ sein** no haber participado en algo

unbetont *adj* átono

unbeträchtlich *adj* insignificante

unbewaffnet *adj* desarmado, no armado

unbeweglich *adj* ❶ (*bewegungslos*) inmóvil ❷ (*nicht zu bewegen*) inmovible, fijo ❸ (*geistig*) inflexible; (*Blick*) fijo; (*Gesichtsausdruck*) impasible

unbewohnbar ['--'--] *adj* inhabitable

unbewohnt *adj* (*Gegend*) despoblado, desierto; (*Haus*) deshabitado

unbewusst *adj* inconsciente; (*instinktiv*) instintivo

Unbewusste(s) *nt* <-n, *ohne pl*> (PSYCH) subconsciente *m*

unbezahlbar ['--'--] *adj* ❶ (*teuer*) impagable ❷ (*wertvoll*) valioso; (*unersetzlich*) inapreciable

unbezwingbar ['--'--] *adj* ❶ (*Gegner*) invencible; (*Festung*) inexpugnable ❷ (*Drang*) incontrolable

unblutig I. *adj* incruento II. *adv* sin derra-

U

mamiento de sangre

unbrauchbar ['---] *adj* inutilizable, inoperante *Am;* (*ungeeignet*) no apropiado; (*Person*) inútil

unbürokratisch *adj* poco burocrático; ~e **Hilfe** ayuda espontánea

und [ʊnt] *konj* y; (*vor* (*h*)*i*) e; (MATH) más; (*Steigerung*) más y más; ~ **so weiter** etcétera; **na** ~? ¿y qué?; ~ **wenn schon!** ¡y aunque así sea!; **der Wagen wurde schneller** ~ **schneller** el coche iba cada vez más rápido; **wir redeten** ~ **redeten** hablamos y hablamos

Undank *m* <-(e)s, *ohne pl*> (*geh*) ingratitud *f;* ~ **ernten** recibir sólo ingratitud; **undankbar** *adj* ❶(*Mensch*) desagradecido ❷(*Aufgabe*) ingrato

undatiert *adj* sin fecha

undefinierbar ['---'--] *adj* indefinible

undemokratisch *adj* poco democrático

undenkbar ['--'--] *adj* impensable, inimaginable

undenklich [(')'--] *adj:* **seit/vor** ~ **en Zeiten** desde/hace tiempos inmemoriales

undeutlich *adj* ❶(*ungenau*) vago, impreciso ❷(*Umrisse*) indistinto; (FOTO) borroso; (*Schrift*) ilegible; ~ **sprechen** no vocalizar al hablar

undicht *adj* permeable; (*Fenster*) que no cierra herméticamente; ~ **sein** tener escape; ~e **Stelle** fuga *f*

Unding *nt:* **das ist ein** ~! ¡eso es absurdo!

undiszipliniert *adj* indisciplinado

undurchdringlich ['--'--] *adj* (*a. fig*) impenetrable

undurchlässig *adj* impermeable, hermético

undurchschaubar ['--'--] *adj* impenetrable

undurchsichtig *adj* ❶(*Glas, Stoff*) opaco, no transparente ❷(*Mensch*) impenetrable; (*Methoden, Geschäfte*) turbio; (*Verhalten*) ambiguo

uneben *adj* (*Oberfläche, Straße*) desigual; (*Gelände*) accidentado

Unebenheit¹ *f ohne pl* (*Unebensein*) irregularidad *f,* desigualdad *f*

Unebenheit² *f* <-en> (*Erhebung*) irregularidad *f*

unecht *adj* falso; (*nachgemacht*) de imitación

unehelich *adj* ilegítimo, natural

unehrenhaft *adj* deshonroso

unehrlich *adj* falso, deshonesto

Unehrlichkeit *f ohne pl* falta *f* de sinceridad, deshonestidad *f*

uneigennützig *adj* desinteresado

uneingeschränkt *adj* ilimitado, absoluto; **wir stimmen** ~ **zu** estamos absoluta-

mente de acuerdo

uneinheitlich *adj* irregular

uneinig *adj* desavenido; **mit jdm über etw** ~ **sein** no estar de acuerdo con alguien en algo

Uneinigkeit *f* <-en> desacuerdo *m;* **es besteht** ~ **über ...** no hay acuerdo sobre...

uneins ['ʊnʔaɪns] *adj s.* **uneinig**

uneinsichtig *adj* obstinado, terco

unempfänglich *adj* insensible (*für* a);
unempfindlich *adj* ❶(*unsensibel*) insensible (*gegen* a) ❷(*widerstandsfähig*) robusto; (*gegen Krankheit*) inmune

unendlich ['--] **I.** *adj* ❶(*zeitlich, räumlich, a.* MATH) infinito ❷(*groß*) inmenso, infinito **II.** *adv* tremendamente; ~ **viel** un sinfín de

Unendlichkeit [-'---] *f ohne pl* infinidad *f*

unentbehrlich ['--'--] *adj* imprescindible; **sich** ~ **machen** hacerse imprescindible

unentgeltlich ['--'--] **I.** *adj* gratuito **II.** *adv* gratis

unentschieden *adj* ❶(*Angelegenheit*) pendiente; ~ **sein** quedar pendiente ❷(*Person*) indeciso ❸(SPORT) empatado; **sie spielten 0:0** ~ empataron a cero

Unentschieden *nt* <-s, -> (SPORT) empate *m*

unentschlossen *adj* indeciso

Unentschlossenheit *f ohne pl* indecisión *f*

unentschuldigt **I.** *adj* injustificado **II.** *adv* sin excusa; ~ **fehlen** faltar sin (haber aportado una) excusa

unentwegt ['--'] **I.** *adj* constante **II.** *adv* sin parar, constantemente

unerbittlich ['--'--] *adj* inexorable; (*gnadenlos*) sin piedad

unerfahren *adj* inexperto (*in* en), novato (*in* en) *fam*

Unerfahrenheit *f ohne pl* falta *f* de experiencia (*in* en)

unerfindlich ['--'--] *adj* (*geh*) inconcebible; **aus** ~ **en Gründen** por razones inconcebibles

unerfreulich *adj* desagradable

unergründlich ['--'--] *adj* insondable; (*geheimnisvoll*) misterioso

unerheblich *adj* (*geringfügig*) insignificante; (*unwichtig*) irrelevante

unerhört ['--'] **I.** *adj* ❶(*gewaltig*) tremendo, enorme ❷(*abw: empörend*) escandaloso; **das ist ja** ~! ¡hábráse visto! ❸(*geh: Bitte*) desatendido **II.** *adv* extremamente; ~ **viel** muchísimo

unerkannt *adv* sin ser reconocido

unerklärlich ['--'--] *adj* inexplicable; **es ist mir** ~, **warum ...** no me explico por qué...

unerlässlich ['--'--] *adj* imprescindible

unerlaubt *adj* ❶(*nicht zulässig*) prohibido

❷ (*gesetzwidrig*) ilícito **❸** (*ohne Erlaubnis*) sin permiso

unerledigt *adj* sin hacer, por hacer; (*Post*) sin contestar; (*schwebend*) pendiente

unermesslich ['--'--] *adj* **❶** (*unüberschaubar*) inconmensurable; (*unendlich*) infinito; ~ **wertvoll** de un valor infinito **❷** (*groß*) enorme, inmenso

unermüdlich ['--'--] *adj* incansable

unerreichbar ['--'--] *adj* inalcanzable

unersättlich ['--'--] *adj* insaciable

unerschöpflich ['--'--] *adj* inagotable

unerschrocken *adj* intrépido

unerschütterlich ['--'--] *adj* inquebrantable, firme; ~ **für etw eintreten** intervenir firmemente en favor de algo

unerschwinglich ['--'--] *adj* (*Preis*) desorbitado, excesivo; (*Ware*) inasequible

unersetzlich ['--'--] *adj* (*Person*) irreemplazable; (*Schaden*) irreparable

unerträglich ['--'--] *adj* insoportable

unerwartet **I.** *adj* inesperado; (*unvorhergesehen*) imprevisto **II.** *adv* de improviso

unerwünscht *adj* indeseado, no deseado

unerzogen *adj* mal educado

UNESCO [u'nɛsko] *f Akr. von* **United Nations Educational, Scientific and Cultural Organization** UNESCO *f*

unfähig *adj* (*nicht imstande*) incapaz (*zu* de); (*beruflich*) incompetente

Unfähigkeit *f ohne pl* incapacidad *f* (*zu* de); (*beruflich*) incompetencia *f*

unfair *adj* injusto; (SPORT) sucio

Unfall *m* <-(e)s, -fälle> accidente *m;* **einen ~ haben** tener un accidente; **einen tödlichen ~ haben** morir en un accidente; **Unfallarzt, -ärztin** *m, f* médico, -a *m, f* del servicio de emergencias; **Unfallbeteiligte(r)** *mf* implicado, -a *m, f* en el accidente; **Unfallchirurgie** *f* cirugía *f* traumática, traumatología *f;* **Unfallflucht** *f ohne pl* fuga *f* en caso de accidente; ~ **begehen** darse a la fuga (después de provocar un accidente); **Unfallopfer** *nt* víctima *f* de (un) accidente; **Unfallort** *m* lugar *m* del accidente; **Unfallquote** *f*, **Unfallrate** *f* siniestralidad *f* (en carretera), número *m* de accidentes; ~ **am Arbeitsplatz** siniestralidad laboral; **Unfallschaden** *m* daño *m* resultante de un accidente; **Unfallschutz** *m* protección *f* contra accidentes; **Unfallstation** *f* puesto *m* de socorro; **Unfallstelle** *f* lugar *m* del accidente; **Unfallursache** *f* causa *f* del accidente; **Unfallversicherung** *f* **❶** (*Versicherungspolice*) seguro *m* de accidentes **❷** (*Unternehmen*) empresa *f* de seguros de accidentes; **Unfallwagen** *m*

❶ (*am Unfall beteiligter Wagen*) coche *m* accidentado **❷** (*Rettungswagen*) ambulancia *f*

unfassbar ['-'--] *adj* inconcebible; (*unglaublich*) increíble

unfehlbar ['-'--] **I.** *adj* infalible **II.** *adv* (*sicher*) seguramente

Unfehlbarkeit [-'----] *f ohne pl* infalibilidad *f*

unfein *adj* poco delicado, grosero

unförmig ['ʊnfœrmɪç] *adj* deforme

unfrankiert *adj* sin franqueo

unfreiwillig *adj* involuntario

unfreundlich *adj* **❶** (*Person*) poco amable **❷** (*Wetter*) desapacible

Unfriede *m* <-ns, *ohne pl*> discordia *f*

unfruchtbar *adj* **❶** (*Boden*) estéril **❷** (*Tier, Person*) estéril, infecundo

Unfruchtbarkeit *f ohne pl* **❶** (*Boden*) esterilidad *f* **❷** (*Mensch, Tier*) infecundidad *f*

Unfug ['ʊnfuːk] *m* <-(e)s, *ohne pl*> **❶** (*Handlung*) bobada *f*, tontería *f;* ~ **treiben** hacer bobadas **❷** (*Äußerung*) disparate *m*

Ungar(in) ['ʊŋgaːɐ] *m(f)* <-n, -n; -nen> húngaro, -a *m, f*

ungarisch ['ʊŋgarɪʃ] *adj* húngaro

Ungarn ['ʊŋgarn] *nt* <-s> Hungría *f*

ungeachtet ['--'--] *präp +gen* (*geh*) a pesar de; ~ **dessen** no obstante

ungeahnt ['--'-] *adj* inesperado

ungebeten **I.** *adj* no invitado **II.** *adv* sin ser invitado

ungebildet *adj* inculto

ungeboren *adj* por nacer, aún no nacido

ungebräuchlich *adj* poco corriente

ungebunden *adj* **❶** (*Buch*) sin encuadernar **❷** (*frei*) libre

ungedeckt *adj* **❶** (*schutzlos*) indefenso; (*Spieler*) descubierto **❷** (FIN) al descubierto **❸** (*Tisch*) sin poner

Ungeduld *f ohne pl* impaciencia *f*

ungeduldig *adj* impaciente; ~ **warten** esperar con impaciencia; ~ **werden** perder la paciencia

ungeeignet *adj* inadecuado (*für* para); (*Person*) incompetente (*für* para); (*Moment*) inoportuno

ungefähr ['ʊŋgəfɛːɐ, '--'-] **I.** *adj* aproximado, aproximativo **II.** *adv* aproximadamente, más o menos; ~ **100 Euro** unos 100 euros; **nicht von ~** por una buena razón; **so ~ habe ich mir das vorgestellt** más o menos así me lo he imaginado

ungefährlich *adj* no peligroso; (*harmlos*) inofensivo

ungehalten *adj* (*geh*) incomodado (*über/wegen* por), disgustado (*über/wegen* por);

~ **auf etw reagieren** expresar su disgusto por algo

ungehemmt *adj* desenvuelto

ungeheuer ['----, '--'--] I. *adj* enorme II. *adv* enormemente

Ungeheuer *nt* <-s, -> monstruo *m*

ungeheuerlich ['--'---] *adj* (*abw*) escandaloso; (*schrecklich*) atroz; (*unerhört*) inaudito

ungehindert *adj* libre

Ungehörigkeit *f* <-en> insolencia *f*; (*Frechheit*) impertinencia *f*

ungehorsam *adj* desobediente; **jdm gegenüber ~ sein** ser desobediente con alguien

Ungehorsam *m* <-s, *ohne pl*> desobediencia *f*

ungeklärt *adj* ❶ (*Frage, Verbrechen*) no aclarado ❷ (*Abwasser*) no filtrado

ungekündigt *adj* (*Person*) no despedido; **~er Arbeitsvertrag** contrato de trabajo vigente

ungekürzt *adj* (*Buch, Film*) íntegro

ungeladen *adj* ❶ (*Person*) no invitado ❷ (*Waffe*) no cargado

ungelegen I. *adj* inoportuno II. *adv* a deshora; **komme ich ~?** ¿llego en mal momento?; **das kommt mir sehr ~** me coge en muy mal momento

ungelenkig *adj* poco ágil

ungelernt *adj* que no ha cursado estudios; **~e Arbeitskräfte** mano de obra no cualificada

ungelöst *adj* sin resolver

ungemein ['--'-] I. *adj* extraordinario II. *adv* muy, sobremanera

ungemütlich *adj* ❶ (*Stuhl*) incómodo ❷ (*Mensch, Atmosphäre*) desagradable; (*Wetter*) desapacible; **er kann manchmal ~ werden** (*fam*) puede ser muy desagradable a veces

ungenannt *adj* anónimo

ungenau *adj* impreciso; **sich ~ ausdrücken** expresarse sin precisión

Ungenauigkeit *f* <-en> inexactitud *f*, imprecisión *f*

ungeniert ['ʊnʒe(')niːɐt] *adj* desenvuelto; **ganz ~ reden** hablar sin inhibiciones

ungenießbar ['--'--] *adj* ❶ (*Speise*) incomible; (*Getränk*) no bebible ❷ (*fam: Person*) insoportable

ungenügend *adj* (*a. Note*) insuficiente

ungenutzt *adj* desaprovechado; **eine Chance ~ verstreichen lassen** desaprovechar una ocasión

ungepflegt *adj* descuidado; (*Person*) deaseado

ungerade *adj* (MATH) impar

ungerecht *adj* injusto

ungerechterweise *adv* injustamente, de manera injusta; **Maria wurde ~ bestraft** castigaron injustamente a María

ungerechtfertigt *adj* injustificado

Ungerechtigkeit *f* <-en> injusticia *f*

ungeregelt *adj* ❶ (*ungeordnet*) desordenado; (*unregelmäßig*) irregular ❷ (*offen*) pendiente

ungern *adv* de mala gana

ungerührt ['ʊngəryːɐt] *adj* imperturbable; **~ zusehen** mirar impasible

ungesalzen *adj* no salado, sin sal

ungeschehen *adj*: **etw ~ machen** deshacer lo hecho

Ungeschick *nt* <-(e)s, *ohne pl*> torpeza *f*

ungeschickt *adj* torpe; **stell dich nicht so ~ an!** ¡no seas tan torpe!

ungeschlechtlich *adj* (BIOL) asexual

ungeschliffen *adj* ❶ (*Diamant, Glas*) no tallado; (*Klinge*) no afilado ❷ (*Manieren*) grosero

ungeschminkt *adj* ❶ (*Person*) sin maquillar ❷ (*Wahrheit*) crudo

ungeschoren *adj* (*Tier*) sin esquilar; **~ davonkommen** salir sin que le hubieran tocado un pelo

ungesehen *adj* inadvertido

ungesellig *adj* insociable

ungesetzlich *adj* ilegal

ungestört I. *adj* tranquilo; (*Unterhaltung*) ininterrumpido II. *adv* en paz

ungestraft I. *adj* impune II. *adv* sin castigo

ungestüm ['ʊngəʃtyːm] I. *adj* (*geh*) impetuoso II. *adv* (*geh*) con ímpetu

ungesund *adj* ❶ (*kränklich*) enfermizo ❷ (*Speise, Lebensweise*) poco sano; (*schädlich*) perjudicial (para la salud)

ungeteilt *adj* no dividido; (*ganz*) entero; **mit ~er Aufmerksamkeit** con todo cuidado

ungetrübt *adj* no turbado; **eine ~e Harmonie** una harmonía perfecta

Ungetüm ['ʊngətyːm] *nt* <-(e)s, -e> monstruo *m*

ungeübt *adj* no ejercitado (*in* en); (*unerfahren*) sin experiencia (*in* en); **in etw** *dat* **~ sein** no tener práctica en algo

ungewiss *adj* ❶ (*fraglich*) incierto ❷ (*unentschieden*) indeciso; **jdn über etw im U~en lassen** dejar a alguien en la incertidumbre respecto a algo

Ungewissheit *f* <-en> incertidumbre *f*; (*Unsicherheit*) inseguridad *f*

ungewöhnlich *adj* ❶ (*außergewöhnlich*) insólito ❷ (*außerordentlich*) extraordinario

ungewohnt *adj* ❶ (*fremd*) extraño

❷ (*neu*) nuevo ❸ (*unüblich*) poco habitual

ungewollt *adj* sin querer; **~e Schwangerschaft** embarazo no deseado

Ungeziefer ['ʊngətsiːfɐ] *nt* <-s, *ohne pl*> bichos *mpl*

ungezogen *adj* maleducado, boga *Col;* (*frech*) impertinente

ungezügelt *adj* desenfrenado

ungezwungen I. *adj* natural; (*ohne Hemmungen*) desenvuelto II. *adv* con naturalidad

Unglaube *m* <-ns, *ohne pl*> ❶ (*Zweifel*) incredulidad *f* ❷ (REL) falta *f* de fe

unglaubhaft *adj* inverosímil

ungläubig *adj* ❶ (*zweifelnd*) incrédulo ❷ (REL) infiel, no creyente

unglaublich [-'--, '-'--] *adj* ❶ (*unwahrscheinlich, empörend*) increíble ❷ (*fam: groß*) tremendo

unglaubwürdig *adj* ❶ (*Person*) de poco crédito ❷ (*Dokument, Aussage*) inverosímil

ungleich I. *adj* desigual; (*verschieden*) diferente II. *adv* (*weitaus*) mucho más

Ungleichgewicht *nt* desequilibrio *m*

Ungleichheit *f* <-en> desigualdad *f*

ungleichmäßig *adj* ❶ (*nicht gleich*) desigual ❷ (*nicht regelmäßig*) irregular

Unglück *nt* <-(e)s, -e> ❶ (*Unheil*) desgracia *f;* **Glück im ~ haben** tener suerte en la desgracia; **jd/etw bringt jdm ~** alguien/algo trae mala suerte a alguien; **ein ~ kommt selten allein** (*prov*) a perro flaco todo son pulgas ❷ (*Pech*) mala suerte *f;* (*Missgeschick*) desdicha *f;* **zu allem ~ ...** para colmo (de las desdichas)... ❸ (*Unfall*) accidente *m;* (*Katastrophe*) catástrofe *f* ❹ (*Elend*) miseria *f;* (*Verderben*) ruina *f;* **jdn ins ~ stürzen** hundir a alguien en la miseria

unglücklich *adj* ❶ (*traurig*) infeliz; **~ verliebt sein** estar enamorado y no ser correspondido; **Sie machen sich ~!** ¡se está arruinando la vida! ❷ (*unheilvoll*) desdichado, salado *Am;* (*widrig*) adverso; **~ ausgehen** acabar mal ❸ (*ungeschickt*) torpe; **~ stürzen** caerse con torpeza

unglücklicherweise [-'----'--] *adv* desgraciadamente

Unglücksfall *m* siniestro *m,* catástrofe *f;* **Unglücksrabe** *m* (*fam*) ave *f* de mal agüero

Ungnade *f:* **bei jdm in ~ fallen** provocar la ira de alguien

ungnädig *adj* poco complaciente, de mal humor

ungültig *adj* no válido; (*Pass*) caducado;

(*Stimmzettel*) nulo; **etw für ~ erklären** anular algo

Ungültigkeit *f ohne pl* invalidez *f*

Ungunst *f* <-en> (*geh*) disfavor *m;* **zu jds ~en** en perjuicio de alguien

ungünstig *adj* desfavorable; (*nachteilig*) desventajoso; (*Aussichten*) poco propicio; (*Moment*) inoportuno

ungut *adj* (*unbehaglich*) desagradable; (*schlecht*) mal(o); **ein ~es Gefühl haben** tener un mal presentimiento; **nichts für ~!** ¡no te enfades!

unhaltbar [-'--, '-'--] *adj* ❶ (*Zustand, Behauptung, a.* MIL) insostenible; (*unerträglich*) inaguantable ❷ (SPORT) imparable

unhandlich *adj* poco práctico

Unheil *nt* <-s, *ohne pl*> (*geh*) desgracia *f;* (*Katastrophe*) desastre *m;* **~ anrichten** causar una desgracia

unheilbar ['---, '-'--] *adj* incurable; **~ krank sein** tener una enfermedad incurable

unheilvoll *adj* funesto

unheimlich I. *adj* ❶ (*beängstigend*) inquietante; (*düster*) lúgubre; **mir wurde ~ (zumute) bei dem Gedanken** esa idea me inquietó ❷ (*fam: groß*) enorme II. *adv* (*sehr*) muy; **~ viel** un montón (de)

unhöflich *adj* mal educado, guaso *AmS,* faíno *Cuba*

unhygienisch *adj* antihigiénico

uni ['ʊni] *adj inv* de un solo color

Uni ['ʊni] *f* <-s> (*fam*) uni *f,* universidad *f*

UNICEF ['uːnitsɛf] *f Akr. von* **United Nations International Children's Emergency Fund** UNICEF *f*

unifarben [uni'farbən] *adj* de un solo color, monocolor

Uniform [uni'fɔrm, 'ʊnifɔrm] *f* <-en> uniforme *m*

uniformiert [unifɔr'miːɐt] *adj* (*gekleidet*) uniformado; (*eintönig*) uniforme

Unikat [uni'kaːt] *nt* <-(e)s, -e> ejemplar *m* único

uninteressant *adj* poco interesante

Union [u'njoːn] *f* <-en> unión *f;* **die ~** (POL) la unión

universal [univɛr'zaːl] *adj* universal; **Universalerbe, -in** *m, f* heredero, -a *m, f* universal

universell [univɛr'zɛl] *adj* universal

Universität [univɛrzi'tɛːt] *f* <-en> universidad *f;* **Universitätsbibliothek** *f* (UNIV) biblioteca *f* universitaria; **Universitätsstadt** *f* ciudad *f* universitaria

Universum [uni'vɛrzʊm] *nt* <-s, *ohne pl*> universo *m*

Unke ['ʊŋkə] *f* <-n> ❶ (*Tier*) sapo *m* ❷ (*Schwarzseher*) ave *f* de mal agüero

unkenntlich [ˈʊnkɛntlɪç] *adj* desfigurado; (*Inschrift*) no descifrable

Unkenntlichkeit *f ohne pl:* **bis zur ~ entstellt sein** estar totalmente desfigurado

Unkenntnis *f ohne pl* (*in einem Wissensgebiet*) ignorancia *f;* (*von Tatsachen*) desconocimiento *m;* **aus ~** por ignorancia; **jdn in ~ über etw lassen** dejar a alguien a oscuras sobre algo

unklar *adj* ❶ (*undeutlich*) poco claro; (*verschwommen*) borroso; (*Umrisse*) indistinto ❷ (*unbestimmt*) vago ❸ (*unverständlich*) incomprensible ❹ (*ungewiss*) incierto; (*fraglich*) dudoso; **sich** *dat* **über etw im U~en sein** tener dudas sobre algo; **jdn im U~en über etw lassen/halten** dejar/tener a alguien a oscuras respecto a algo

Unklarheit *f* <-en> falta *f* de claridad; (*Unbestimmtheit*) vaguedad *f;* (*Verwirrung*) confusión *f;* **darüber herrscht noch ~** el asunto todavía no está claro

unklug *adj* poco inteligente; **sich ~ verhalten** tener un comportamiento poco táctico

unkompliziert *adj* sencillo

unkontrollierbar [ˈ---ˈ--] *adj* incontrolable

unkonventionell *adj* extraordinario; (*ungewöhnlich*) inusual

unkonzentriert *adj* distraído (*bei* en)

Unkosten *pl* gastos *mpl;* **sich in ~ stürzen** gastar un dineral; **die ~ belaufen sich auf ...** los gastos ascienden a...; **Unkostenbeitrag** *m* contribución *f* a los gastos

Unkraut *nt* <-(e)s, -kräuter> mala hierba *f,* yuyo *m CSur;* **~ vergeht nicht** (*prov*) hierba mala nunca muere; **Unkrautvertilgungsmittel** *nt* herbicida *m*

unkritisch *adj* falto de crítica, poco crítico

unkündbar [ˈ---, ˈ-ˈ--] *adj* (*Stellung*) perpetuo; (*Vertrag*) irrevocable; **sie ist ~** no se la puede echar

unlängst *adv* hace poco, recientemente, recién *Am*

unlauter [ˈʊnlaʊtɐ] *adj* (*geh*) ❶ (*unehrlich*) deshonesto ❷ (*unfair*) desleal; **~er Wettbewerb** competencia desleal

unleserlich *adj* ilegible

unliebsam *adj* desagradable

unlogisch *adj* ilógico

unlösbar [ˈ---, ˈ-ˈ--] *adj* ❶ (*nicht trennbar*) inseparable; (*Knoten*) imposible de desatar ❷ (*Aufgabe*) insoluble ❸ (*Substanz*) indisoluble

unlöslich [ˈ---, ˈ-ˈ--] *adj* ❶ (*nicht trennbar*) indisoluble ❷ (*Substanz*) insoluble

Unlust *f ohne pl* desgana *f;* (*Abneigung*) aversión *f;* **mit ~** a disgusto

unmäßig *adj* desmesurado, excesivo

Unmenge *f* <-n> gran cantidad *f* (*an/von* de)

Unmensch *m* <-en, -en> (*abw*) bestia *f,* monstruo *m*

unmenschlich *adj* ❶ (*Person, Verhalten*) inhumano; (*grausam*) cruel ❷ (*menschenunwürdig*) indigno de un ser humano ❸ (*unerträglich*) atroz, monstruoso

Unmenschlichkeit[1] *f ohne pl* (*das Unmenschliche*) inhumanidad *f*

Unmenschlichkeit[2] *f* (*Handlung*) atrocidad *f,* barbaridad *f*

unmerklich [ˈ---, ˈ-ˈ--] *adj* imperceptible; **es ist ~ dunkler geworden** se ha hecho imperceptiblemente de noche

unmissverständlich **I.** *adj* inequívoco, claro **II.** *adv* rotundamente

unmittelbar *adj* ❶ (*direkt*) directo ❷ (*zeitlich*) inmediato; **~ danach** inmediatamente después; **~ bevorstehen** ser inminente

unmodern *adj* pasado de moda

unmöglich [ˈ-ˈ--] **I.** *adj* imposible; (*nicht tragbar*) inadmisible; (*ausgefallen*) raro; **er benimmt sich ~** su comportamiento es inadmisible **II.** *adv* (*fam: auf keinen Fall*) de ninguna manera

Unmöglichkeit [ˈ----, ˈ-ˈ---] *f ohne pl* imposibilidad *f;* **ein Ding der ~** algo imposible

unmoralisch *adj* inmoral

unmotiviert *adj* ❶ (*grundlos*) sin motivo, injustificado ❷ (*nicht motiviert*) falto de motivación

unmündig *adj* ❶ (*minderjährig*) menor de edad ❷ (*unselbständig*) inmaduro

unmusikalisch *adj* que no tiene talento musical

Unmut *m* <-(e)s, *ohne pl*> (*geh*) ❶ (*Missfallen*) descontento *m* ❷ (*Ärger*) disgusto *m*

unnachahmlich [ˈ--ˈ--] *adj* inimitable; (*einzigartig*) único

unnachgiebig *adj* (*Person*) intransigente; (*Material*) inflexible

unnahbar [ˈ-ˈ--] *adj* (*Person*) inaccesible

unnatürlich *adj* ❶ (*nicht natürlich*) poco natural; (*künstlich*) artificial ❷ (*gekünstelt*) afectado

unnormal *adj* anormal

unnötig **I.** *adj* innecesario **II.** *adv* sin necesidad

unnötigerweise [ˈ----ˈ--] *adv* innecesariamente

unnütz *adj* inútil

UNO [ˈuːno] *f Akr. von* **United Nations Organization** ONU *f;* **UNO-Friedenstruppen** *fpl* tropas *fpl* de la ONU para misiones de paz [*o* para el mantenimiento de la paz]

unordentlich *adj* desordenado; (*Kleidung*) descuidado, chasco *Am*

Unordnung *f ohne pl* desorden *m;* (*Durcheinander*) confusión *f;* **etw in ~ bringen** poner algo en desorden, desacomodar algo *Arg*

unparteiisch *adj* imparcial

unpassend *adj* (*Zeitpunkt*) inoportuno; (*Bemerkung*) inconveniente

unpassierbar ['--'--] *adj* intransitable

unpersönlich *adj* (*a.* LING) impersonal

unpolitisch *adj* apolítico

unpopulär *adj* impopular

unpraktisch *adj* poco práctico

unproblematisch *adj* poco problemático

unproduktiv *adj* improductivo

unpünktlich *adj* impuntual

Unpünktlichkeit *f* ❶ (*unpünktliche Art*) falta *f* de puntualidad, impuntualidad *f* ❷ (*verspätetes Eintreffen*) retraso *m*

unrasiert *adj* sin afeitar

Unrat *m* <-(e)s, *ohne pl*> (*geh*) inmundicias *fpl*

unrealistisch *adj* no realista

unrecht *adj* ❶ (*geh: falsch*) equivocado; (*verwerflich*) reprochable ❷ (*unpassend*) inoportuno ❸ (*Wend*): **jdm ~ tun** ser injusto con alguien

Unrecht *nt* <-(e)s, *ohne pl*> injusticia *f;* **zu ~** injustamente; **jdm ~ geben** descalificar la opinión de alguien; **im ~ sein** (*sich irren*) estar equivocado; (*im Rechtsstreit*) no tener razón; **unrechtmäßig** *adj* ilegal; (*illegitim*) ilegítimo

unregelmäßig *adj* irregular

Unregelmäßigkeit *f* irregularidad *f*

unreif *adj* (*Person*) inmaduro; (*Obst*) verde

unrein *adj* (*a.* REL) impuro; (*schmutzig*) sucio

unrentabel *adj* poco rentable

unrichtig *adj* incorrecto; (*falsch*) falso

Unruhe *f ohne pl* ❶ (*mangelnde Ruhe*) inquietud *f;* (*Lärm*) alboroto *m; ~* **stiften** causar alboroto ❷ (*ständige Bewegung*) agitación *f* ❸ (*Besorgnis*) preocupación *f;* (*innere ~*) desasosiego *m* ❹ *pl* (*Krawalle*) disturbios *mpl*

Unruhen *fpl* (*Krawalle*) enfrentamientos *mpl,* disturbios *mpl*

Unruhestifter(in) *m(f)* (*abw*) pendenciero, -a *m, f,* buscapleitos *mf inv Am*

unruhig *adj* ❶ (*nicht ruhig*) inquieto; (*Meer*) agitado ❷ (*laut*) ruidoso ❸ (*nicht gleichmäßig*) irregular; (*Zeiten*) turbulento ❹ (*besorgt*) preocupado; (*innerlich*)

desasosegado; *~* **auf und ab gehen** caminar ansiosamente de aquí para allá

uns [ʊns] **I.** *pron pers dat/akk von s.* **wir** nos; (*betont*) a nosotros/nosotras ... (nos); (*mit Präposition*) nosotros/nosotras; **wie lange haben wir ~ nicht gesehen?** ¿cuánto hace que no nos hemos visto?; *~* **ist es egal** a nosotros/nosotras nos da igual; **ist das für ~?** ¿es para nosotros?; **ein Freund von ~** un amigo nuestro; *~* **gehört das nicht** esto no es nuestro; **an ~ soll es nicht liegen** por nosotros que no quede; **unter ~ gesagt ...** que quede entre nosotros... **II.** *pron refl dat/akk von s.* **wir** nos; **wir kümmern ~ schon darum** nos ocuparemos de ello

unsachgemäß *adj* inadecuado; **etw ~ behandeln** usar algo inadecuadamente

unsachlich *adj* subjetivo; **werden Sie nicht ~!** ¡aténgase a los hechos!

unsagbar ['---, '-'--] *adj* indecible; (*unbeschreiblich*) indescriptible; (*Schmerzen*) atroz

unsanft *adj* rudo

unsauber *adj* ❶ (*schmutzig*) sucio ❷ (*nachlässig*) inexacto; *~* **arbeiten** hacer chapuzas ❸ (*Geschäfte*) turbio

unschädlich *adj* inofensivo; (*für den Menschen*) no dañino; **etw ~ machen** hacer algo inofensivo; **jdn ~ machen** (*fam*) eliminar a alguien del mapa

unscharf *adj* ❶ (FOTO) borroso ❷ (*ungenau*) impreciso; (*Erinnerung*) borroso

unschätzbar ['---, '-'--] *adj* incalculable

unscheinbar *adj* ❶ (*unwichtig*) insignificante ❷ (*unauffällig*) poco llamativo ❸ (*bescheiden*) modesto

unschlagbar ['-'--] *adj* invencible, imbatible

unschlüssig *adj* indeciso; **sich** *dat* **über etw ~ sein** no poder tomar una decisión respecto a algo

Unschuld *f ohne pl* ❶ (*a.* JUR) inocencia *f;* **jds ~ beweisen** probar la inocencia de alguien; **die ~ vom Lande sein** ser la inocencia en persona; **in aller ~ etw sagen** decir algo con la mayor inocencia ❷ (*Jungfräulichkeit*) virginidad *f*

unschuldig *adj* ❶ (*a.* JUR) inocente (*an* de); **für ~ erklären** declarar inocente ❷ (*jungfräulich*) virgen

Unschuldsmiene *f* cara *f* de inocente

unselbständig *adj,* **unselbstständig** *adj* dependiente; *~***e Arbeit** trabajo asalariado; **er ist so ~** no puede hacer nada solo

unselig *adj* (*geh*) desdichado

unser ['ʊnzɐ] *pron pers gen von* **wir** de nosotros/nosotras

unser, unsere, unser *pron poss* (*adjektivisch*) nuestro *m*, nuestra *f*, nuestros *mpl*, nuestras *fpl*; ~ **Leben** nuestra vida; **uns(e)re Zeit/Verwandten/Briefe** nuestro tiempo/nuestros parientes/nuestras cartas

unsere(r, s) *pron poss* (*substantivisch*) (el) nuestro *m*, (la) nuestra *f*, (los) nuestros *mpl*, (las) nuestras *fpl*; **der rote Koffer ist ~r** la maleta roja es (la) nuestra; **wir tun das U~** hacemos lo nuestro; *s. a.* **unser, unsere, unser**

uns(e)re(r, s) [ˈʊnz(ə)rə, -rə, -rəs] *pron poss* (*substantivisch*) (el) nuestro *m*, (la) nuestra *f*, (los) nuestros *mpl*, (las) nuestras *fpl*; **der rote Koffer ist ~r** la maleta roja es (la) nuestra; **seine Tochter heißt genauso wie ~** su hija se llama igual que la nuestra; **wir tun das U~** hacemos lo nuestro; *s. a.* **unser, unsere, unser**

unsereiner [ˈʊnzɐʔaɪnɐ] *pron indef* uno, (personas como) nosotros; ~ **hat es nicht leicht** uno no lo tiene fácil

unsereins [ˈʊnzɐʔaɪns] *pron indef* (*fam*) *s.* **unsereiner**

unsererseits *adv* de nuestra parte

unseresgleichen *pron indef* de nuestra condición

unseretwegen *adv* por nosotros; (*negativ*) por nuestra culpa

unser(e)twegen [ˈʊnzərətˈveːɡən, ˈʊnzətˈveːɡən] *adv* por nosotros; (*negativ*) por nuestra culpa; **unseretwillen** *adv:* **um ~** por nosotros

unseriös *adj* ❶ (*Geschäfte*) dudoso ❷ (*Person*) poco cabal ❸ (*Studie*) poco serio

unsertwegen *adv s.* **unseretwegen**

unsertwillen *adv s.* **unseretwillen**

unsicher *adj* ❶ (*gefährlich*) inseguro, peligroso ❷ (*ungewiss*) incierto; (*zweifelhaft*) dudoso ❸ (*nicht selbstbewusst, ungeübt*) inseguro; **du machst mich ganz ~** me pones nervioso ❹ (*gefährdet*) inestable

Unsicherheit *f* <-en> inseguridad *f*; (*Ungewissheit*) incertidumbre *f*; **Unsicherheitsfaktor** *m* factor *m* de inseguridad

unsichtbar *adj* invisible (*für* a)

Unsinn *m* <-(e)s, *ohne pl*> ❶ (*fehlender Sinn*) absurdo *m* ❷ (*Unfug*) tonterías *fpl*, macana *f Am*; **red/mach keinen ~** no digas/hagas tonterías

unsinnig *adj* absurdo

Unsitte *f* <-n> mala costumbre *f*

unsittlich *adj* deshonesto; (*unmoralisch*) inmoral; **jdn ~ berühren** manosear a alguien

unsolide *adj* ❶ (*Angebot, Person*) poco serio; (*Lebensweise*) inconstante ❷ (*Möbel*) poco estable

unsozial *adj* antisocial

unsportlich *adj* ❶ (*Person*) poco deportivo ❷ (*unfair*) antideportivo

unsre(r, s) *pron poss s.* **unser, unsere(r, s)**

unsrerseits *adv s.* **unsererseits**

unsresgleichen *pron indef s.* **unseresgleichen**

unsrige *pron poss geh für* **unsere(r, s)**: **der/die/das ~** el nuestro/la nuestra; **die ~n** los nuestros/las nuestras

unsterblich [(ˈ)-ˈ--] *adj* inmortal; ~ **verliebt** locamente enamorado

Unsterblichkeit [-ˈ---] *f ohne pl* inmortalidad *f*

Unstimmigkeit *f* <-en> ❶ (*Ungenauigkeit*) imprecisión *f* ❷ (*Meinungsverschiedenheit*) divergencias *fpl*

Unsumme *f* <-n> dineral *m fam*

unsymmetrisch *adj* asimétrico

unsympathisch *adj* antipático; **er ist mir ~** me resulta antipático

untad(e)lig *adj* impecable

Untat *f* <-en> hecho *m* atroz; (*Verbrechen*) crimen *m*

untätig *adj* inactivo; ~ **zusehen** mirar pasivamente

untauglich *adj* (*Gerät*) no apto (*für* para); (*Person*) inepto (*für* para); (*für den Militärdienst*) inútil

Untauglichkeit *f* inutilidad *f*

unteilbar [-ˈ--, ˈ---] *adj* indivisible

unten [ˈʊntən] *adv* ❶ (*tief*) abajo; **dort/da ~** allí/allá abajo; **nach ~** hacia abajo; **von ~ de** abajo; **von oben bis ~** de arriba a abajo; **rechts ~** abajo a la derecha ❷ (*Ende, Unterseite*) en la parte de abajo; **mit dem Gesicht nach ~** boca abajo ❸ (*im Text*): **siehe ~** véase abajo; **weiter ~** más adelante ❹ (*Hierarchie*): **sie hat ganz ~ angefangen** empezó abajo de todo ❺ (*fam: im Süden*) en el sur ❻ (*Wend*): **wir sind bei ihm ~ durch** (*fam*) ya no quiere saber nada más de nosotros

unter [ˈʊntɐ] **I.** *präp +dat* ❶ (*unterhalb*) debajo de, bajo ❷ (*inmitten*) entre; **er ist einer ~ vielen** es uno entre muchos; ~ **anderem** entre otras cosas; ~ **Freunden** entre amigos; **wir sind hier ganz ~ uns** aquí estamos completamente solos; **das bleibt ~ uns** esto queda entre nosotros; ~ **uns gesagt** dicho en confianza ❸ (*weniger als*) menos de; **Kinder ~ 12 Jahren** niños menores de 12 años; ~ **dem Durchschnitt** por debajo del promedio ❹ (*Art und Weise*): ~ **Tränen** llorando; ~ **der Bedingung, dass ...** a condición de que...

+*subj;* ~ **allen Umständen** en todo caso; ~ **Vorbehalt** con reservas; ~ **falschem Namen** con nombre falso ⑤(*Zustand*) bajo; ~ **Strom** bajo corriente; **das Haus steht** ~ **Denkmalschutz** la casa es patrimonio nacional ⑥(*Unterordnung*) bajo; **sie hat mehrere Mitarbeiter** ~ **sich** *dat* tiene a varios colaboradores a su cargo; ~ **seiner Leitung** bajo su dirección ⑦(*Zuordnung*) bajo; ~ **dem Motto ...** bajo el lema...; **was verstehen Sie** ~ **...?** ¿qué entiende Ud. por...? II. *präp* +*akk* (*Richtung*): **er nahm das Paket** ~ **den Arm** tomó el paquete bajo el brazo; **die Temperaturen sinken** ~ **Null** las temperaturas bajan por debajo de cero grados

Unterarm *m* antebrazo *m*

unterbelichten* ['-----] *vt* (FOTO) subexponer; **unterbewerten*** ['-----] *vt* infravalorar; **unterbewusst** *adj* subconsciente; **etw** ~ **ahnen** intuir algo; **Unterbewusstsein** *nt* (PSYCH) subconsciente *m*; **unterbezahlen*** *vt* pagar de menos; **sie wird unterbezahlt** a ella se le está pagando menos [*o* por debajo] de lo que le corresponde; **unterbezahlt** *adj* insuficientemente retribuido; **unterbieten*** *irr vt* ① (*Konkurrenten*) ofrecer a precio más bajo; (*Preis*) rebajar más que los demás (*um* por) ② (*Rekord*) batir (*um* por); **die Aufführung ist nicht zu** ~ la función no podía ser peor

unterbinden* *irr vt* impedir; (*verhindern*) prevenir

unterbleiben* *irr vi sein* (*nicht geschehen*) no suceder; (*aufhören*) acabar; (*sich nicht wiederholen*) no repetirse; **das wäre besser unterblieben** mejor que no hubiese sucedido

unterblieben *pp von* **unterbleiben**

unterboten *pp von* **unterbieten**

unterbrechen* *irr vt* interrumpir; (*Stromzufuhr*) cortar

Unterbrechung [--'--] *f* <-en> interrupción *f*; (*der Stromversorgung*) corte *m*; **ohne** ~ sin interrupción

unterbreiten* *vt* (*geh*): **jdm etw** ~ presentar algo a alguien

unter|bringen *irr vt* ① (*verstauen*) meter ② (*einquartieren*) alojar ③ (*fam: Stellung beschaffen*) acomodar

Unterbringung *f* <-en> alojamiento *m*

unterbrochen *pp von* **unterbrechen**

unterbunden *pp von* **unterbinden**

unterdessen [--'--] *adv* mientras tanto

Unterdruck¹ *m* <-(e)s, -drücke> (PHYS, TECH) presión *f* hipoatmosférica

Unterdruck² *m* <-(e)s, *ohne pl*> (MED)

baja presión *f*

unterdrücken* *vt* ① (*Gefühle, Aufstand*) reprimir; (*Seufzer, Tränen*) contener ② (*Information*) ocultar ③ (*Menschen*) oprimir

Unterdrückung [--'--] *f* <-en> ① (*von Gefühlen, Aufstand*) represión *f* ② (*von Informationen*) supresión *f* ③ (*von Menschen*) opresión *f*

untere(r, s) *adj* inferior, bajo

untereinander [---'--] *adv* ① (*räumlich*) uno debajo del otro ② (*miteinander*) entre sí; (*gegenseitig*) mutuamente; **das können wir** ~ **ausmachen** esto lo podemos fijar entre nosotros

unterentwickelt *adj* ① (*geistig und körperlich*) atrasado ② (POL) subdesarrollado; **unterernährt** *adj* desnutrido; **Unterernährung** *f ohne pl* desnutrición *f*

Unterführung [--'--] *f* <-en> paso *m* subterráneo

Unterfunktion *f* (MED) hipofunción *f*

Untergang *m* <-(e)s, -gänge> ① (*von Schiffen*) naufragio *m* ② (*von Gestirnen*) puesta *f* ③ (*Verderb*) ruina *f*; (*von Kulturen*) extinción *f*; (*von Reichen*) caída *f*

Untergebene(r) *mf* <-n, -n; -n> subalterno, -a *m, f*

unter|gehen *irr vi sein* ① (*Schiff*) naufragar ② (*Gestirn*) ponerse ③ (*zugrunde gehen*) desmoronarse; (*Kultur*) extinguirse; (*Reich*) caer ④ (*Ruf*) perderse (*in* en)

untergeordnet *adj* subordinado; (*zweitrangig*) secundario; **Untergeschoss** *nt* piso *m* bajo; **Untergewicht** *nt* falta *f* de peso; **untergewichtig** *adj* falto de peso; **unter|gliedern*** *vt* (sub)dividir (*in* en)

Untergrund *m* ① (AGR) subsuelo *m* ② (*Hintergrund*) fondo *m* ③ (POL) clandestinidad *f*; **in den** ~ **gehen** pasar a la clandestinidad; **Untergrundbahn** *f* metro *m*; **Untergrundorganisation** *f* (POL) organización *f* clandestina

unterhalb *präp* +*gen* por debajo de

Unterhalt *m* <-(e)s, *ohne pl*> ① (*Lebens*~) sustento *m*; **für jds** ~ **aufkommen** mantener a alguien ② (~ *zahlungen*) alimentos *mpl* ③ (*Instandhaltung*) manutención *f*

unterhalten* *irr* I. *vt* ① (*versorgen*) mantener ② (*Bauwerk*) conservar ③ (*Pension*) llevar ④ (*Kontakte*) mantener ⑤ (*vergnügen*) entretener II. *vr:* **sich** ~ (*sprechen*) hablar (*über* sobre/de), versar (*über* sobre/acerca de) *AmC, Ant*

unterhaltend [--'--] *adj* entretenido

unterhaltsam [--'--] *adj* entretenido

Unterhaltsanspruch m (JUR) derecho m a alimentos; **unterhaltsberechtigt** adj con derecho a alimentos; **jdm gegenüber ~ sein** tener derecho a manutención por parte de alguien; **Unterhaltsberechtigte(r)** mf alimentista mf; **Unterhaltskosten** pl ❶ (für Unterhaltsberechtigte) costes mpl de manutención ❷ (für Gebäude, Anlagen) costes mpl de conservación ❸ (für Fahrzeuge) costes mpl de mantenimiento; **Unterhaltspflicht** f ohne pl deber m de manutención; **unterhaltspflichtig** adj (JUR) deudor de manutención; **jdm gegenüber ~ sein** deber pagar la manutención de alguien; **Unterhaltszahlung** f pago m de alimentos

Unterhaltung¹ [--'--] f ohne pl (das Instandhalten) mantenimiento m

Unterhaltung² f <-en> ❶ (Gespräch) conversación f (über sobre/de); **eine ~ mit jdm führen** conversar con alguien ❷ (Vergnügen) entretenimiento m; **wir wünschen angenehme ~** esperamos que lo pasen bien

Unterhaltungsindustrie f industria f de productos recreativos

Unterhändler(in) ['----] m(f) (POL) negociador(a) m(f)

Unterhaus nt (POL) cámara f baja

Unterhemd nt camiseta f

Unterholz nt ohne pl mata f

Unterhose f (für Herren) calzoncillos mpl, bombacha f CSur; (für Damen) bragas fpl

unterirdisch adj subterráneo

unter|jubeln vt (fam): **jdm etw ~** encajarle algo a alguien

Unterkiefer m mandíbula f inferior

unter|kommen irr vi sein ❶ (Unterkunft finden) alojarse (bei/in en) ❷ (fam: Arbeit finden) colocarse (bei/in en) ❸ (reg: begegnen) pasar

Unterkörper m ❶ (Taille bis Füße) parte f inferior del cuerpo ❷ (unterer Rumpf) bajo vientre m

unter|kriegen vt (fam) doblegar; **lass dich nicht ~** no te dejes doblegar

unterkühlen* I. vt ❶ (Temperatur senken) congelar ❷ (TECH) sobreenfriar II. vr: **sich ~** (fam) congelarse

unterkühlt adj ❶ (durchgefroren) congelado ❷ (betont kühl) refrigerado en exceso

Unterkühlung [--'--] f ❶ (MED) enfriamiento m ❷ (TECH) sobrefusión f

Unterkunft ['ʊntɐkʊnft, pl: -kʏnftə] f <-künfte> alojamiento m; **~ und Verpflegung** casa y comida

Unterlage f ❶ (Schreib~) carpeta f; (Kissen) cojín m ❷ pl (Dokumente) documen-

tos mpl ❸ (Grundlage) base f

Unterlass ['ʊntɐlas] m: **ohne ~** sin parar

unterlassen* irr vt ❶ (absichtlich nicht tun) dejar, abstenerse (de); **~e Hilfeleistung** denegación de auxilio ❷ (versäumen) omitir

unterlaufen¹ adj: **mit Blut ~** inyectado de sangre

unterlaufen*² irr I. vi sein: **jdm unterläuft ein Fehler/ein Irrtum** alguien comete una falta/un error II. vt (Hindernis) esquivar; (Zensur) burlar; (Gesetz) infringir

unterlegen¹ [--'--] adj inferior; **jdm (zahlenmäßig) ~ sein** ser inferior a alguien (en número)

unterlegen*² I. pp von **unterliegen** II. vt (mit Musik) acompañar (mit de)

unter|legen³ vt ❶ (unterschieben) poner [o colocar] algo por debajo ❷ (verdrehen) atribuir; **jdm etw ~** atribuir algo a alguien

Unterlegenheit f ohne pl inferioridad f (gegenüber respecto a)

Unterleib m bajo vientre m

unterliegen* irr vi ❶ sein (verlieren) perder (contra); (Versuchung, Krankheit) sucumbir (a) ❷ (unterworfen sein) estar sujeto (+dat a)

Unterlippe f labio m inferior

unterm ['ʊntɐm] (fam) = **unter dem** s. **unter**

untermauern* vt (Gebäude, Behauptung) fundamentar

Untermenü nt (INFOR) submenú m

Untermiete f ohne pl subarriendo m; **bei jdm zur ~ wohnen** ser subinquilino de alguien

Untermieter(in) m(f) subinquilino, -a m, f

unter|mischen vt añadir, mezclar (con)

untern ['ʊntɐn] (fam) = **unter den** s. **unter**

unternehmen* irr vt hacer; (Reise) emprender; **etw zusammen ~** salir y hacer algo juntos; **gegen jdn/etw Schritte ~** hacer las gestiones convenientes contra alguien/algo

Unternehmen [--'--] nt <-s, -> ❶ (Vorhaben) proyecto m ❷ (Firma) empresa f; **Unternehmensberater(in)** m(f) asesor(a) m(f) de empresas; **Unternehmensspitze** f altos directivos mpl

Unternehmer(in) [--'--] m(f) <-s, -; -nen> empresario, -a m, f

Unternehmung f <-en> empresa f, proyecto m; **Unternehmungsgeist** m ohne pl iniciativa f; **unternehmungslustig** adj emprendedor, vivo

unternommen pp von **unternehmen**

Unteroffizier *m* (MIL) suboficial *m*

unter|ordnen I. *vt* someter II. *vr:* **sich ~** someterse

Unterpunkt *m* (*untergeordnet*) subnota *f;* (*nachfolgend*) nota *f* subsiguiente

Unterredung [--'--] *f* <-en> entrevista *f;* **eine ~ mit jdm haben** entrevistarse con alguien

unterrepräsentiert *adj* representado en minoría

Unterricht ['ʊnterɪçt] *m* <-(e)s, -e> (*das Unterrichten*) enseñanza *f;* (*~sstunde*) clase *f;* **jdm ~ geben** dar clases a alguien; **~ haben** tener clases

unterrichten* *vt* ❶ (*Fach*) dar clase(s) (de); (*Schüler*) dar clase(s) (a); **Deutsch ~** dar clases de alemán ❷ (*informieren*) informar (*über* sobre, *von* de)

Unterrichtsfach *nt* asignatura *f;* **Unterrichtsstunde** *f* clase *f;* (*Universität*) hora *f* lectiva

Unterrock *m* enaguas *fpl*

unters ['ʊntes] (*fam*) = **unter das** *s.* **unter**

untersagen* *vt* prohibir

Untersatz *m* platillo *m;* (*für Gläser*) posavasos *m inv;* **ein fahrbarer ~** (*fam*) coche, bicicleta u otro vehículo

unterschätzen* *vt* subestimar

unterscheiden* *irr* I. *vt* distinguir (*von* de); **woran kann man sie ~?** ¿cómo se les puede diferenciar? II. *vi* hacer una distinción (*zwischen* entre) III. *vr:* **sich ~** distinguirse (*von* de)

Unterscheidung [--'--] *f* <-en> distinción *f*

Unterschenkel *m* pantorrilla *f*

Unterschicht *f* capa *f* inferior

Unterschied ['ʊnteʃiːt] *m* <-(e)s, -e> diferencia *f* (*zwischen* entre); (*Unterscheidung*) distinción *f* (*zwischen* entre); **einen ~ machen** hacer una distinción; **das macht keinen ~** esto no cambia nada; **im ~ zu etw** *dat*/**jdm** a diferencia de algo/alguien; **mit dem ~, dass ...** con la diferencia de que...; **das ist ein gewaltiger ~** hay una gran diferencia

unterschieden *pp von* **unterscheiden**

unterschiedlich *adj* distinto, diferente; **~ groß sein** ser de distinto tamaño; **~ reagieren** reaccionar de diferente manera

unterschlagen*1 *irr vt* ❶ (*Geld*) malversar; (*Brief*) interceptar ❷ (*verschweigen*) ocultar

unter|schlagen2 *irr vt* (*Arme, Beine*) cruzar

Unterschlagung [--'--] *f* <-en> ❶ (*von Geld*) malversación *f* (de fondos) ❷ (*von Informationen*) supresión *f*

Unterschlupf ['ʊnteʃlʊpf] *m* <-(e)s, -e> refugio *m;* (*Versteck*) guarida *f*

unterschreiben* *irr vt* firmar

unterschrieben *pp von* **unterschreiben**

Unterschrift ['---] *f* firma *f;* **~en sammeln** recoger firmas; **Unterschriftenliste** *f* lista *f* de firmantes; **Unterschriftensammlung** *f* recogida *f* de firmas

unterschwellig ['ʊnteʃvɛlɪç] *adj* subliminal

Unterseeboot *nt* (*a.* MIL) submarino *m*

Unterseite *f* parte *f* inferior

Untersetzer *m* <-s, -> platillo *m;* (*für Gläser*) posavasos *m inv*

untersetzt [--'-] *adj* robusto

unterstanden *pp von* **unterstehen**

unterste(r, s) *adj superl von* **untere(r, s)**

unterstehen* *irr* I. *vi* (*unterliegen*) estar sujeto (a); **jdm ~** estar subordinado a alguien; (MIL) estar bajo las órdenes de alguien II. *vr:* **sich ~ etw zu tun** atreverse a hacer algo

unterstellen*1 *vt* ❶ (*annehmen*) suponer; **wir wollen einmal ~, dass ...** supongamos que... ❷ (*unterordnen*) subordinar (a), poner bajo el mando (de) ❸ (*unterschieben*) atribuir (falsamente)

unter|stellen2 I. *vt* (*abstellen*) dejar (*in* en), poner (*in* en) II. *vr:* **sich ~** refugiarse (*in* en)

Unterstellung *f* <-en> ❶ (*Unterordnung*) subordinación *f* ❷ (*falsche Behauptung*) imputación *f*

unterstreichen* *irr vt* ❶ (*Strich ziehen*) subrayar ❷ (*betonen*) poner de relieve

unterstrichen *pp von* **unterstreichen**

Unterstufe *f* (SCH) cursos de 5º a 8º de EGB

unterstützen* *vt* ❶ (*Beistand leisten*) apoyar (*bei/in* en); (*helfen*) ayudar (*bei* en) ❷ (*fördern*) fomentar (*bei* en); (*mit Geld*) subvencionar

Unterstützung [--'--] *f* <-en> apoyo *m;* (*Hilfe*) ayuda *f;* (*finanziell*) subvención *f*

untersuchen* *vt* ❶ (*analysieren*) analizar; (*wissenschaftlich*) investigar ❷ (*prüfen*) controlar; (*Gelände, Gepäck*) inspeccionar ❸ (*Kranke*) examinar (*auf* de), chequear *Am;* **sich ärztlich ~ lassen** someterse a un examen médico

Untersuchung [--'--] *f* <-en> ❶ (*Analyse*) análisis *m inv;* (*a.* JUR) investigación *f* ❷ (*Überprüfung*) inspección *f* ❸ (MED) examen *m* (médico); **sich einer ~ unterziehen** someterse a un examen médico; **Untersuchungsausschuss** *m* comisión *f* investigadora; **Untersuchungsergebnis** *nt* resultado *m* de la investigación [*o* de las investigaciones]; **Untersuchungshaft** *f* prisión *f* preventiva; **in ~ sitzen** estar en prisión preventiva; **Untersuchungsrich-ter(in)** *m(f)* juez(a) *m(f)* instructor(a)

Untertan(in) ['ʊntɐtaːn] *m(f)* <-s *o* -en, -en; -nen> súbdito, -a *m, f*

untertänig ['ʊntɐtɛːnɪç] *adj* (*abw*) sumiso

Untertasse *f* platillo *m;* **fliegende ~** (*tellerförmiges Ufo*) platillo volante

unter|tauchen I. *vi sein* ❶ (*Schwimmer, Vogel*) sumergirse ❷ (*verschwinden*) desaparecer; (POL) pasar a la clandestinidad; **bei Freunden ~** esconderse en casa de amigos **II.** *vt* sumergir

Unterteil *nt* parte *f* inferior

unterteilen* *vt* subdividir (*in* en)

Unterteilung [--'--] *f* subdivisión *f* (*in* en)

Unterteller *m* (*Schweiz, südd*) platillo *m;* **Untertitel** *m* subtítulo *m;* **Unterton** *m* ❶ (MUS) semitono *m* ❷ (*Beiklang*) matiz *m*

untertreiben* *irr vt* quitar importancia (a)

untertrieben *pp von* **untertreiben**

untervermieten* ['-----] *vt* subarrendar

Unterwalden ['ʊntɐvaldən] *nt* <-s> Unterwalden *m*

Unterwäsche *f ohne pl* ropa *f* interior

unterwegs [ʊntɐ'veːks] *adv* ❶ (*auf dem Weg*) en camino; (*auf Reisen*) de viaje; **~ nach ...** camino de ...; **ich bin ~ zu dir** voy hacia tu casa; **bei ihr ist ein Kind ~** (*fam*) está embarazada ❷ (*während der Reise*) en el camino; **für ~** para el camino

unterweisen* *irr vt* (*geh*) instruir (*in* en)

Unterwelt *f ohne pl* mundo *m* del hampa

unterwerfen* *irr* **I.** *vt* ❶ (*Volk, Gebiet*) someter ❷ (*einer Kontrolle*) someter; **etw** *dat* **unterworfen sein** estar sujeto a algo **II.** *vr:* **sich ~** someterse

Unterwerfung [--'--] *f* <-en> sumisión *f*

unterwiesen *pp von* **unterweisen**

unterworfen *pp von* **unterwerfen**

unterwürfig ['ʊntɐvʏrfɪç, --'--] *adj* (*abw*) sumiso

unterzeichnen* *vt* firmar

Unterzeichner(in) [--'--] *m(f)* (*Dokument*) firmante *mf;* (*Vertrag*) (parte *f*) contratante *mf*

unterziehen*¹ *irr* **I.** *vt* someter a; **etw einer Qualitätskontrolle ~** someter algo a un control de calidad; **etw einer Prüfung ~** examinar algo **II.** *vr:* **sich ~** someterse (+*dat* a)

unter|ziehen² *irr* *vt* ❶ (*Kleidung*) poner|se por debajo (*unter* de) ❷ (GASTR) incorporar

unterzogen *pp von* **unterziehen¹**

Untiefe *f* ❶ (*seichte Stelle*) bajío *m* ❷ (*Tiefe*) abismo *m*

Untier *nt* bestia *f*

untragbar ['-'--] *adj* ❶ (*nicht finanzierbar*)

incosteable ❷ (*unerträglich*) insostenible

untrennbar ['-'--] *adj* inseparable

untreu *adj* infiel; **jdm ~ werden** ser infiel a alguien; **sich** *dat* **selbst ~ werden** apartarse de sus principios

Untreue *f ohne pl* ❶ (*gegenüber Menschen*) infidelidad *f* ❷ (JUR) desfalco *m*

untröstlich ['---, -'--] *adj* desconsolado (*über por*); **ich bin ~** estoy profundamente desconsolado

Untugend *f* mala costumbre *f*

untypisch *adj* atípico

unüberlegt *adj* imprudente; **~ handeln** actuar sin pensar

unübersehbar ['---'--] *adj* ❶ (*groß*) inmenso; (*nicht zu übersehen*) que salta a la vista ❷ (*nicht abschätzbar*) incalculable

unübersichtlich *adj* poco claro; (*komplex*) complejo

unübertrefflich ['---'--] *adj* insuperable

unübertroffen ['---'--] *adj* sin par

unüberwindlich ['---'--] *adj* (*Gegner*) invencible; (*Gegensätze, Probleme*) insuperable

unüblich *adj* poco común; (*stärker*) fuera de lo común

unumgänglich ['--'--] *adj* indispensable

unumschränkt ['--'-] *adj* ilimitado; (*Macht*) absoluto

unumstößlich ['--'--] *adj* irrevocable; **~ feststehen** ser irrevocable

unumstritten ['--'--] *adj* indiscutido

ununterbrochen ['---'--] **I.** *adj* ininterrumpido; (*durchgehend*) continuo **II.** *adv* sin parar

unveränderlich ['-----, '--'--] *adj* invariable

unverändert ['--'--] **I.** *adj* inalterado; (*beständig*) estable **II.** *adv* como siempre

unverantwortlich ['-----, '--'--] *adj* irresponsable

unverbesserlich ['--'--] *adj* incorregible

unverbindlich *adj* ❶ (*nicht bindend*) sin compromiso; **etw ~ anfordern** pedir algo sin ningún compromiso ❷ (*reserviert*) reservado

unverbleit *adj* sin plomo

unverblümt I. *adj* franco **II.** *adv* sin rodeos

unverdaulich *adj* indigesto

unverdorben ['----] *adj* ❶ (*Ware*) en buen estado; (*Speise*) fresco ❷ (*sittlich*) incorrupto

unverdrossen *adj* incansable

unverdünnt *adj* no diluido, sin diluir

unvereinbar ['--'--] *adj* incompatible

unverfälscht *adj* auténtico

unverfänglich *adj* inofensivo

unverfroren *adj* descarado

unvergänglich *adj* eterno

unvergesslich ['--'--] *adj* inolvidable

unvergleichlich ['--'--] *adj* incomparable; (*einzigartig*) único

unverhältnismäßig *adj* desproporcionado; (*maßlos*) desmesurado

unverheiratet *adj* soltero

unverhofft ['--'--] *adj* inesperado; (*zufällig*) casual

unverhüllt *adj* ❶ (*offensichtlich*) evidente; (*Wahrheit*) escueto ❷ (*offen*) abierto

unverkäuflich *adj* ❶ (*nicht zum Verkauf bestimmt*) fuera de venta ❷ (*nicht zum Verkauf geeignet*) invendible

unverkennbar ['--'--] *adj* (*eindeutig*) evidente; (*nicht zu verwechseln*) inconfundible; **es ist ~, dass ...** es obvio que... +*subj*

unverletzt *adj* ileso, sano y salvo; **bei etw** *dat* ~ **bleiben** salir ileso de algo

unvermeidbar ['--'--] *adj*, **unvermeidlich** ['--'--] *adj* inevitable

unvermindert *adj* constante; ~ **anhalten** seguir; **mit ~er Härte** con la misma dureza

unvermittelt I. *adj* súbito II. *adv* de repente

Unvermögen *nt ohne pl* incapacidad *f;* (*fachlich*) incompetencia *f*

unvermutet *adj* imprevisto

Unvernunft *f ohne pl* falta *f* de juicio

unvernünftig *adj* insensato

unveröffentlicht *adj* inédito

unverrichteterdinge ['-----'--] *adv* sin haber logrado nada

unverschämt ['ʊnfɛʃɛːmt, '--'--] *adj* ❶ (*Benehmen, Mensch*) desvergonzado, pechugón *Am* ❷ (*fam: außerordentlich*) extraordinario; (*Preis*) exorbitante

Unverschämtheit ['----, '--'--] *f* <-en> desfachatez *f*, pechuga *f Am;* **die ~ besitzen etw zu tun** tener la desfachatez de hacer algo

unverschuldet *adj* ❶ (*Unfall*) no causado por uno mismo ❷ (FIN) libre de deudas

unversehens *adv* de repente

unversehrt *adj* ❶ (*Person*) sano y salvo ❷ (*Ding*) intacto

unversöhnlich ['--'--] *adj* irreconciliable

unverständlich ['----, '--'--] *adj* ❶ (*nicht hörbar*) inaudible ❷ (*nicht begreifbar*) incomprensible

Unverständnis *nt ohne pl* falta *f* de comprensión

unversucht *adj:* **nichts ~ lassen** no omitir esfuerzos (*um* para)

unverträglich *adj* ❶ (*streitsüchtig*) pleitista ❷ (*unverdaulich*) indigesto ❸ (*unvereinbar*) incompatible

Unverträglichkeit *f* intolerancia *f*

unverwechselbar ['--'--] *adj* inconfundible

unverwundbar ['--'--] *adj* invulnerable

unverwüstlich ['--'--] *adj* ❶ (*Dinge*) indestructible ❷ (*Mensch*) inquebrantable

unverzeihlich ['--'--] *adj* imperdonable

unverzollt I. *adj* libre de derechos (arancelarios) II. *adv* sin pagar derechos (arancelarios)

unverzüglich ['--'--] I. *adj* inmediato II. *adv* de inmediato

unvollendet *adj* inacabado

unvollkommen *adj* ❶ (*mit Schwächen*) imperfecto ❷ (*unvollständig*) incompleto

Unvollkommenheit *f* imperfección *f*

unvollständig *adj* incompleto; (*bruchstückhaft*) fragmentario

Unvollständigkeit *f* estado *m* incompleto

unvorbereitet *adj* no preparado (*auf* para); (*Rede*) improvisado; (*unversehens*) desprevenido

unvoreingenommen *adj* objetivo

Unvoreingenommenheit *f* imparcialidad *f*

unvorhergesehen ['--'----] *adj* imprevisto

unvorsichtig *adj* imprudente

unvorsichtigerweise ['-----'--] *adv* por falta de cuidado

Unvorsichtigkeit *f* imprudencia *f*

unvorstellbar ['--'--] *adj* inimaginable; (*unbegreiflich*) inconcebible

unvorteilhaft *adj* ❶ (*Kleidung*) poco favorecedor; ~ **aussehen** lucir poco atractivo ❷ (*Geschäft*) poco ventajoso

Unwägbarkeit *f* <-en> imponderabilidad *f*

unwahr *adj* falso

unwahrscheinlich ['----, '--'--] *adj* ❶ (*kaum möglich*) improbable; **es ist ~, dass ...** es improbable que... +*subj* ❷ (*unglaubhaft*) inverosímil ❸ (*fam: groß, viel*) increíble

Unwahrscheinlichkeit *f* improbabilidad *f*

unwegsam *adj* intransitable

unweigerlich *adv* sin falta

unweit *präp* +*gen* no lejos de

Unwesen *nt ohne pl* (*geh*) excesos *mpl;* **sein ~ treiben** cometer excesos

unwesentlich *adj* irrelevante; (*unbedeutend*) insignificante; **er ist nur ~ dicker als du** es sólo un poco más gordo que tú

Unwetter *nt* temporal *m*

unwichtig *adj* sin importancia; **das ist ~** eso no tiene importancia

unwiderruflich ['---'--] *adj* irrevocable; **es steht ~ fest, dass ...** es irrevocable que... +*subj*

unwiderstehlich ['---'--] *adj* irresistible

unwiederbringlich ['----'--] *adj* (*geh*) irrecuperable; (*Verlust*) irreparable

Unwille(n) *m* <-(n)s, *ohne pl*> (*geh*) indignación *f;* (*Ärger*) enojo *m;* **jds ~n erregen** provocar la indignación de alguien

unwillig I. *adj* indignado; (*ärgerlich*) enojado **II.** *adv* (*widerwillig*) de mala gana

unwillkommen *adj* inoportuno; **wir sind dort ~** ahí nos reciben de mala gana

unwillkürlich *adj* involuntario; (*instinktiv*) instintivo; (*automatisch*) automático

unwirklich *adj* (*geh*) irreal

unwirksam *adj* inefectivo, ineficaz

unwirsch ['ʊnvɪrʃ] *adj* malhumorado; (*unfreundlich*) descortés

unwirtschaftlich *adj* no rentable

Unwissen *nt* ignorancia *f*

unwissend *adj* ignorante; (*unerfahren*) inexperto; (*Kind*) naiv

Unwissenheit *f ohne pl* ignorancia *f*

unwissentlich I. *adj* inconsciente **II.** *adv* sin querer

unwohl *adj* ❶ (*gesundheitlich*) indispuesto ❷ (*unbehaglich*) mal; **sich ~ fühlen** no estar a gusto

Unwohlsein *nt* <-s, *ohne pl*> malestar *m*

unwürdig *adj* indigno

Unzahl *f ohne pl* sinnúmero *m* (de), montón *m* (de) *fam*

unzählig *adj* innumerable; **~e Mal** infinitas veces

Unze ['ʊntsə] *f* <-n> onza *f*

unzeitgemäß *adj* anacrónico

unzerbrechlich ['--'--] *adj* irrompible

unzertrennlich ['--'--] *adj* inseparable

Unzucht *f ohne pl* (JUR) abusos *mpl* deshonestos; **~ mit Kindern** abuso de menores

unzüchtig *adj* impúdico; (*obszön*) obsceno; (*pornografisch*) pornográfico

unzufrieden *adj* descontento (*mit de/con/por*)

Unzufriedenheit *f ohne pl* descontento *m* (*mit* de/con/por)

unzugänglich *adj* inaccesible; **~ für etw sein** ser insensible a algo

unzulänglich *adj* (*geh*) insuficiente

unzulässig *adj* inadmisible

unzumutbar *adj* inaceptable; (*übertrieben*) desmedido

unzurechnungsfähig *adj* incapacitado mental; **jdn für ~ erklären** (JUR) declarar a alguien incapacitado mental

unzusammenhängend *adj* incoherente

unzustellbar *adj* de destinatario ignoto

unzutreffend *adj* falso; **U~es bitte streichen!** ¡táchese lo que no corresponda!

unzuverlässig *adj* (*Person*) de poca confianza; (*Wetter*) inestable; **~ sein** no ser de fiar

Unzuverlässigkeit *f ohne pl* falta *f* de

seriedad; (*Nachlässigkeit*) negligencia *f*

unzweideutig *adj* inequívoco

Update ['apdɛɪt] *nt* <-s, -s> (INFOR) ❶ (*Updaten*) actualización *f* ❷ (*aktualisierte Version*) versión *f* actualizada

Updaten ['apdɛɪtən] *nt* <-s, *ohne pl*> (INFOR) actualización *f*

üppig ['ʏpɪç] *adj* (*Vegetation*) exuberante; (*Essen*) abundante; **eine ~e Figur haben** ser gordito

Urabstimmung ['u:ɐ-] *f* referéndum *m* (de huelga); **Urahn(e)** *m(f)* (*Vorfahr*) antepasado *m;* **uralt** ['u:ɐ'alt] *adj* vetusto; (*Person*) viejísimo

Uran [u'ra:n] *nt* <-s, *ohne pl*> (CHEM) uranio *m*

Uranus ['u:ranʊs] *m* <-> (ASTR) Urano *m*

uraufǀführen ['u:ɐʔaʊffy:rən] *vt* estrenar

Uraufführung *f* estreno *m*

Urbild *nt* ❶ (*Ursprung*) modelo *m* ❷ (*Ideal*) prototipo *m*

ureigen ['u:ɐʔaɪgən] *adj* propio

Ureinwohner(in) *m(f)* indígena *mf;* **Urenkel(in)** *m(f)* bisnieto, -a *m, f;* **Urgeschichte** *f ohne pl* prehistoria *f;* **Urgroßeltern** *pl* bisabuelos *mpl;* **Urgroßmutter** *f* bisabuela *f;* **Urgroßvater** *m* bisabuelo *m*

Urheber(in) *m(f)* <-s, -; -nen> autor(a) *m(f);* **Urheberrecht** *nt* (JUR) derechos *mpl* de autor (*an* sobre); **urheberrechtlich** *adj* (JUR) concerniente a los derechos de autor; **~ geschützt** reservados los derechos de autor

Uri ['u:ri] *nt* <-s> (GEO) Uri *m*

urig ['u:rɪç] *adj* (*Mensch*) singular; (*urwüchsig*) castizo

Urin [u'ri:n] *m* <-s, -e> orina *f*

urinieren* [uri'ni:rən] *vi* orinar

Urinprobe *f* prueba *f* de orina

Urknall *m* big bang *m*

urkomisch ['-'--] *adj* graciosísimo

Urkunde ['u:ɐkʊndə] *f* <-n> documento *m,* boleta *f AmS;* (*Bescheinigung*) certificado *m;* (*Akte*) acta *f;* **Urkundenfälschung** *f* falsificación *f* de documentos

urkundlich *adj* auténtico

URL *m* (INFOR) *Abk. von* **Uniform Resource Locator** URL *m*

Urlaub ['u:ɐlaʊp] *m* <-(e)s, -e> vacaciones *fpl;* (MIL) licencia *f;* **bezahlter/unbezahlter ~** vacaciones remuneradas/no remuneradas; **~ haben** tener vacaciones; **im ~ sein** estar de vacaciones; **er macht in Portugal ~** está de vacaciones en Portugal

Urlauber(in) *m(f)* <-s, -; -nen> turista *mf;* (*Sommer~*) veraneante *mf*

Urlaubsgeld *nt* paga *f* (extra) de vacaciones; **urlaubsreif** *adj* (*fam*): **~ sein** necesitar unas vacaciones; **Urlaubsreise** f viaje m (de vacaciones)

Urne ['ʊrnə] f <-n> urna f

Urnengang m elección f

Urologie [urolo'giː] f ohne pl (MED) urología f

Uroma ['uːɐ-] f <-s> (fam) bisabuela f; **Uropa** ['uːɐ-] m <-s, -s> (fam) bisabuelo m

urplötzlich ['-'--] I. adj repentino II. adv de repente

Ursache f <-n> causa f; (Beweggrund) motivo m; (Grund) razón f; **keine ~!** ¡no hay de qué!

ursächlich adj causal

Ursprung m <-(e)s, -sprünge> origen m; (Herkunft) procedencia f; (Anfang) principio m; **seinen ~ in etw** dat **haben** tener su origen en algo

ursprünglich ['uːɐʃprʏŋlɪç] I. adj ❶ (anfänglich) inicial ❷ (unverfälscht) original; (natürlich) natural II. adv al principio

Urteil ['ʊrtaɪl] nt <-s, -e> ❶ (Meinung) opinión f; (Beurteilung) juicio m; **nach meinem ~** en mi opinión; **sich** dat **ein ~ über etw erlauben** permitirse opinar sobre algo; **ein ~ über jdn fällen** emitir un juicio sobre alguien; **sich** dat **ein ~ über jdn/etw bilden** formarse una idea de alguien/algo ❷ (JUR) sentencia f, fallo m; **das ~ über jdn sprechen** dictar sentencia sobre alguien

urteilen ['ʊrtaɪlən] vi juzgar; (meinen) opinar; **nach seinem Aussehen zu ~ ...** a juzgar por su aspecto exterior...

Urteilsbegründung f considerandos mpl; **Urteilskraft** f ohne pl juicio m; **Urteilsspruch** m sentencia f

urtümlich ['uːɐtyːmlɪç] adj primitivo

Uruguay [uru'guaɪ] nt <-s> Uruguay m

Uruguayer(in) [uru'gua:je] m(f) <-s, -; -nen> uruguayo, -a m, f

uruguayisch [uru'gua:jɪʃ] adj uruguayo

Ururenkel(in) ['uːɐʔuːɐ-] m(f) tataranieto, -a m, f; **Ururgroßmutter** f tatarabuela f; **Ururgroßvater** m tatarabuelo m

Urwald ['uːɐvalt, pl: 'uːɐvɛldə] m selva f; **urwüchsig** ['uːɐvyːksɪç] adj de pura cepa, castizo; (natürlich) natural; **Urzeit** f tiempos mpl primitivos; (HIST) prehistoria f; **vor ~ en** hace un montón de tiempo fam; **seit ~ en** desde que el mundo existe; **urzeitlich** adj prehistórico; **Urzustand** m estado m primitivo

USA [uː'ʔɛs'ʔaː] pl Abk. von **United States of America** EE.UU. mpl; **US-amerikanisch** adj estadounidense

Usbeke, -in [ʊs'beːkə] m, f <-n, -n; -nen> uzbeko, -a m, f

usbekisch adj uzbeko

Usbekistan [ʊs'beːkista:n] nt <-s> Uzbekistán m

User ['juːze] m <-s, -> (INFOR) usuario m

usw. Abk. von **und so weiter** etc.

Utensil nt <-s, -ien> utensilio m

Uterus ['uːterʊs, pl: 'uːteri] m <-s, Uteri> (MED) útero m

Utopie [uto'piː] f <-n> utopía f

utopisch [u'toːpɪʃ] adj utópico

u. U. Abk. von **unter Umständen** dado el caso

u.v.a.(m.) Abk. von **und viele(s) andere (mehr)** y mucho(s) más

UV-Strahlen mpl radiaciones fpl ultravioletas

Ü-Wagen m (RADIO, TV) coche m tra(n)smisor

V, v [faʊ] nt <-, -> V, v f; **~ wie Viktor** V de Valencia

v. Abk. von **von** de

V ❶ Abk. von **Volt** V ❷ Abk. von **Volumen** vol.

Vagabund(in) [vaga'bʊnt] m(f) <-en, -en; -nen> vagabundo, -a m, f, bagamán m Col, DomR

vage [va:gə] adj vago, impreciso

Vagina [va'giːna] f <Vaginen> (ANAT) vagina f

vaginal [vagi'na:l] adj vaginal

Vaginen pl von **Vagina**

Vakuum ['va:kuʊm, pl: 'va:kuʊms, 'va:kua] nt <-s, Vakua o Vakuen> vacío m; **vakuumverpackt** adj envasado al vacío

Valuta [va'luːta] f <Valuten> (WIRTSCH, FIN) ❶ (Währung) moneda f extranjera ❷ (Wertstellung) (fijación f del) valor m

Vamp [vɛ(ː)mp] m <-s, -s> vampiresa f

Vampir [vam'piːɐ] m <-s, -e> vampiro m

Vandale, -in [van'da:lə] m, f <-n, -n; -nen> (a. HIST) vándalo, -a m, f

Vandalismus [vanda'lɪsmʊs] m <-, ohne pl> vandalismo m

Vanille [va'nɪl(j)ə] f ohne pl vainilla f; **Vanilleeis** nt helado m de vainilla; **Vanillepudding** m (GASTR) budín m de vainilla, pudding m de vainilla (similar a las natillas); **Vanillezucker** m vainilla f azucarada

variabel [vari'a:bəl] *adj* variable

Variable [vari'a:blə] *f* <-n> (MATH, PHYS) variable *f*

Variante [vari'antə] *f* <-n> (*a.* LIT) variante *f*

Variation [varia'tsjo:n] *f* <-en> (*a.* MUS, MATH, BIOL) variación *f*

Varieté *nt* <-s, -s>, **Varietee** [varie'te:] *nt* <-s, -s> (espectáculo *m* de) variedades *fpl*

variieren* [vari'i:rən] *vt, vi* variar

Vasall [va'zal] *m* <-en, -en> (*a. fig* HIST) vasallo, -a *m, f*

Vase ['va:zə] *f* <-n> jarrón *m;* (*Blumen~*) florero *m*

Vater ['fa:tɐ, *pl:* 'fɛ:tɐ] *m* <-s, Väter> padre *m;* **der Heilige ~** el Santo Padre; **Vaterland** *nt* (*geh*) patria *f*

väterlich ['fɛ:tɐlɪç] *adj* ❶(*vom Vater*) paterno ❷(*wie ein Vater*) paternal

väterlicherseits [-zaɪts] *adv* por parte del padre; **meine Großeltern ~** mis abuelos paternos

Vatermord *m* parricidio *m*

Vaterschaft *f* <-en> paternidad *f;* **Vaterschaftsklage** *f* (JUR) acción *f* de filiación

Vatertag *m* día *m* del padre

Vaterunser ['--'--, --'--] *nt* <-s, -> padrenuestro *m*

Vati ['fa:ti] *m* <-s, -s> (*fam*) papi *m*, tata *m Am*

Vatikan [vati'ka:n] *m* <-s> Vaticano *m*

V-Ausschnitt *m* <-(e)s, -e> escote *m* de pico

v. Chr. *Abk. von* **vor Christus** a.C., a. de C.

Vegetarier(in) [vege'ta:riɐ] *m(f)* <-s, -; -nen> vegetariano, -a *m, f*

vegetarisch *adj* vegetariano

Vegetation [vegeta'tsjo:n] *f* <-en> vegetación *f*

vegetativ [vegeta'ti:f] *adj* (MED, BIOL) vegetativo

vegetieren* [vege'ti:rən] *vi* ❶(BOT) vegetar ❷(*abw: Mensch*) vivir miserablemente

Vehikel [ve'hi:kəl] *nt* <-s, -> ❶(*fam: Auto*) cacharro *m* ❷(*Hilfsmittel, a.* MED) vehículo *m*

Veilchen ['faɪlçən] *nt* <-s, -> ❶(BOT) violeta *f* ❷(*fam: blaues Auge*) ojo *m* morado

Vektor ['vɛkto:ɐ] *m* <-s, -en> (MATH, PHYS) vector *m*

Velo ['ve:lo] *nt* <-s, -s> (*Schweiz*) bicicleta *f*

Velours [ve'lu:ɐ] *m* <-, -> terciopelo *m;* **Veloursleder** *nt* terciopelo *m*

Vene ['ve:nə] *f* <-n> (ANAT) vena *f*

Venedig [ve'ne:dɪç] *nt* <-s> Venecia *f*

Venenentzündung *f* flebitis *f inv*

venezianisch [vene'tsja:nɪʃ] *adj* veneciano

Venezolaner(in) [venetso'la:nɐ] *m(f)* <-s, -; -nen> venezolano, -a *m, f*

venezolanisch *adj* venezolano

Venezuela [venetsu'e:la] *nt* <-s> Venezuela *f*

Ventil [vɛn'ti:l] *nt* <-s, -e> ❶(TECH) válvula *f* ❷(*an Musikinstrument*) pistón *m*

Ventilator [vɛnti'la:to:ɐ] *m* <-s, -en> ventilador *m*

Venus ['ve:nʊs] *f* ❶(ASTR) Venus *m* ❷(*Göttin*) Venus *f*

verabreden* [fɛɐ'ʔapre:dən] **I.** *vt* convenir; (*Zeit, Ort*) fijar; **wir haben verabredet, dass ...** quedamos en que...; **mit jdm verabredet sein** tener una cita con alguien **II.** *vr:* **sich ~** citarse, quedar *fam;* **sich um acht/am Bahnhof ~** quedar a las ocho/en la estación

Verabredung *f* <-en> ❶(*Treffen*) cita *f* ❷(*Vereinbarung*) acuerdo *m;* **mit jdm eine ~ treffen** llegar a un acuerdo con alguien

verabreichen* *vt* (*Medizin*) administrar

verabscheuen* *vt* detestar, aborrecer

verabschieden* [fɛɐ'ʔapʃi:dən] **I.** *vt* ❶(*Person*) despedir ❷(*Gesetz, Haushalt*) aprobar **II.** *vr:* **sich ~** despedirse (*von* de)

verachten* *vt* despreciar

verächtlich [fɛɐ'ʔɛçtlɪç] **I.** *adj* ❶(*mit Verachtung*) despectivo ❷(*abw: verachtenswert*) despreciable, pinche *Mex* **II.** *adv* con desprecio

Verachtung *f ohne pl* desprecio *m*

verallgemeinern* [---'--] *vt* generalizar

Verallgemeinerung *f* <-en> generalización *f*

veralten* [fɛɐ'ʔaltən] *vi sein* (*Geräte*) anticuarse; (*Ansichten*) pasar de moda; (*Wort, Methode*) caer en desuso

veraltet [fɛɐ'ʔaltət] *adj* (*Gerät*) anticuado; (*Ansichten*) pasado de moda

Veranda [ve'randa] *f* <Veranden> terraza *f* acristalada

veränderlich [fɛɐ'ʔɛndəlɪç] *adj* variable; (*Wesen*) versátil

verändern* **I.** *vt* cambiar; (*verwandeln*) transformar **II.** *vr:* **sich ~** cambiar; (*beruflich*) cambiar de trabajo; **sich zu seinem Nachteil ~** cambiar para peor

Veränderung *f* <-en> cambio *m;* (*Abänderung*) modificación *f;* (*Verwandlung*) transformación *f*

verängstigen* *vt* intimidar

verankern* *vt* ❶(*Schiff*) fondear ❷(*Säule*) sujetar; **etw in der Verfassung ~** establecer algo en la constitución

veranlagt [fɛɐ'ʔanla:kt] *adj:* **für etw ~ sein** tener predisposición para algo; **künstlerisch ~ sein** tener talento artístico; **prak-**

tisch ~ sein ser un manitas

Veranlagung *f* <-en> ❶ (*Neigung*) predisposición (*zu* para/a) ❷ (FIN) tasación *f* de los impuestos

veranlassen* *vt* ❶ (*anordnen*) disponer; **bitte ~ Sie, dass ...** por favor disponga que... **+***subj* ❷ (*bewirken*) motivar; (*bewegen*) llevar; **sich zu etw** *dat* **veranlasst sehen** verse obligado a hacer algo

Veranlassung *f* <-en> ❶ (*Grund*) motivo *m;* **keine(rlei) ~ haben etw zu tun** no tener (ningun) motivo para hacer algo ❷ (*Anordnung*) orden *f;* (*Anregung*) iniciativa *f*

veranschaulichen* *vt* ilustrar; (INFOR) visualizar

veranschlagen* *vt* (*Zeit*) calcular (*für* para); (*Kosten*) evaluar (*mit/auf*en)

veranstalten* *vt* (*planen*) organizar; (*durchführen*) realizar, hacer

Veranstalter(in) *m(f)* <-s, -; -nen> organizador(a) *m(f)*

Veranstaltung *f* <-en> acto *m;* **Veranstaltungskalender** *m* cartelera *f* de espectáculos; **Veranstaltungsort** *m* lugar *m* del acto

verantworten* **I.** *vt* responder (de); **das kann ich nicht ~** no asumo la responsabilidad; **es ist nicht zu ~, dass ...** es irresponsable que... **+***subj* **II.** *vr:* **sich ~** justificarse (*für/wegen* por)

verantwortlich *adj* ❶ (*Person*) responsable (*für* de); **jdn für etw ~ machen** responsabilizar a alguien de algo ❷ (*Tätigkeit*) de responsabilidad

Verantwortliche(r) *mf* <-n, -n; -n, -n> responsable *mf*

Verantwortung *f* <-en> responsabilidad *f* (*für* de); **jdn für etw zur ~ ziehen** hacer a alguien responsable de algo; **die ~ für etw übernehmen** asumir la responsabilidad de algo; **auf eigene ~** bajo propia responsabilidad; **die ~ für jdn/etw tragen** ser responsable de alguien/algo; **sich aus der ~ stehlen** lavarse las manos

verantwortungsbewusst *adj* consciente de su responsabilidad; **verantwortungslos** *adj* irresponsable; **sich ~ verhalten** comportarse de manera irresponsable; **verantwortungsvoll** *adj* ❶ (*Aufgabe, Tat*) de gran responsabilidad ❷ (*Person*) muy responsable

verarbeiten* *vt* ❶ (*Material*) utilizar ❷ (*bearbeiten*) trabajar, manufacturar; (*umwandeln*) transformar (*in* en) ❸ (*verbrauchen*) gastar ❹ (*Eindrücke*) digerir; (*psychisch bewältigen*) asimilar

Verarbeitung *f* <-en> ❶ (*Bearbeitung*)

trabajo *m;* (*von Daten*) tratamiento *m,* procesamiento *m;* (*Umwandlung*) transformación *f* ❷ (*Verdauung*) digestión *f* ❸ (*Aussehen, Ausführung*) acabado *m*

verärgern* *vt* enfadar

Verärgerung *f* <-en> enfado *m,* contrariedad *f,* disgusto *m;* **seine ~ war ihm anzumerken** se le notaba el enfado [*o* que estaba contrariado]

verarmen* *vi sein* empobrecer; **eine Bevölkerung ~ lassen** pauperizar una población

Verarmung *f ohne pl* empobrecimiento *m*

verarschen* *vt* (*vulg*) tomar el pelo (a), cachondearse (de) *vulg*

verarzten* *vt* (*fam*) tratar

Verästelung *f* <-en> ramificación *f*

verausgaben* [-'---] *vr:* **sich ~** agotar sus fuerzas

veräußern* *vt* ❶ (*übereignen*) transferir (*an* a); (*verkaufen*) vender (*an* a) ❷ (JUR: *abtreten*) ceder (*an* a)

Verb [vɛrp] *nt* <-s, -en> (LING) verbo *m*

verbal [vɛr'baːl] *adj* (*a.* LING) verbal

Verband *m* <-(e)s, -bände> ❶ (MED) vendaje *m* ❷ (*Vereinigung*) asociación *f* ❸ (MIL) unidad *f;* **Verband(s)kasten** *m* botiquín *m* de emergencia; **Verband(s)zeug** *nt* vendajes *mpl*

verbannen* [fɛɐ'banən] *vt* desterrar (*aus* de)

Verbannung *f* <-en> destierro *m*

verbarrikadieren* [fɛɐbarika'diːrən] **I.** *vt* levantar barricadas (en); (*Eingang*) bloquear (*mit* con) **II.** *vr:* **sich ~** montar una barricada

verbauen* *vt* ❶ (*versperren*) obstruir (con edificios); (*Aussicht*) quitar; **sich alle Chancen ~** cerrarse el camino ❷ (*Material*) emplear en la construcción; (*Geld*) gastar en la construcción ❸ (*abw: schlecht bauen*) construir mal

Verben *pl von* **Verb**

verbergen* *irr* **I.** *vt* ❶ (*verstecken*) esconder (*vor* ante) ❷ (*verheimlichen*) ocultar; **ich habe nichts zu ~** no tengo nada que ocultar **II.** *vr:* **sich ~** esconderse

verbessern* **I.** *vt* ❶ (*besser machen*) mejorar; (*Rekord*) batir ❷ (*berichtigen*) corregir **II.** *vr:* **sich ~** ❶ (*Lage*) mejorar; **sich finanziell ~** mejorar su situación financiera ❷ (*beim Sprechen*) corregirse

Verbesserung *f* <-en> ❶ (*Änderung*) mejora *f* ❷ (*Korrektur*) corrección *f;* **Verbesserungsvorschlag** *m* propuesta *f* de mejora

verbeten *pp von* **verbitten**

verbeugen* *vr:* **sich ~** hacer una reverencia (*vor* ante)

Verbeugung *f* <-en> reverencia *f*

verbiegen* *irr* **I.** *vt* torcer **II.** *vr:* **sich** ~ torcerse

verbieten* *irr vt* prohibir; **jdm etw** ~ prohibir algo a alguien

verbildlichen* *vt* ilustrar; (*durch ein Beispiel*) ejemplificar

verbilligen* **I.** *vt* rebajar (el precio de); **verbilligter Eintritt für Senioren** entrada reducida para la tercera edad **II.** *vr:* **sich** ~ abaratarse

verbinden* *irr* **I.** *vt* ❶ (*zusammenfügen*) unir (*mit* con); **mit ihm verbindet mich nichts mehr** ya no me une nada a él; **das Angenehme mit dem Nützlichen** ~ unir lo agradable con lo práctico ❷ (*mit sich bringen*) conllevar; **die damit verbundenen Kosten** los gastos ocasionados ❸ (*geh: zur Dankbarkeit verpflichten*) obligar; **ich wäre Ihnen sehr verbunden, wenn ...** le quedaría muy agradecido si... +*subj* ❹ (*Holz*) ensamblar; (*Kabel*) empalmar, empatar *Am;* (*koppeln*) enganchar ❺ (TEL) comunicar (*mit* con); ~ **Sie mich bitte mit Zimmer 44** póngame con la habitación 44, por favor; **Sie sind falsch verbunden** (*am Telefon*) se ha equivocado de número ❻ (*assoziieren*) asociar (*mit* con) ❼ (MED) vendar **II.** *vr:* **sich** ~ unirse (*mit* con); (CHEM) combinarse

verbindlich *adj* ❶ (*liebenswürdig*) amable; ~**sten Dank!** ¡muchísimas gracias! ❷ (*bindend*) vinculante; (*verpflichtend*) obligatorio

Verbindung *f* <-en> ❶ (*Zusammenhang, Beziehung*) relación *f* (*zwischen* entre, *mit* con); **in** ~ **mit** junto con; **etw/jdn mit etw** *dat* **in** ~ **bringen** relacionar algo/a alguien con algo ❷ (*Kontakt*) contacto *m;* **mit jdm in** ~ **stehen** estar en contacto con alguien; **sich mit jdm in** ~ **setzen** ponerse en contacto con alguien; **seine** ~ **en spielen lassen** (*fam*) hacer valer sus influencias ❸ (TECH) conexión *f;* (*Kopplung*) enganche *m* ❹ (*Verkehrsweg, a.* TEL) comunicación *f* ❺ (*Vereinigung*) asociación *f;* (UNIV) corporación *f* estudiantil ❻ (CHEM) compuesto *m;* **eine** ~ **eingehen** formar un compuesto

Verbindungsmann, -frau *m, f* <-(e)s, -männer *o* -leute; -en> (*der Polizei*) (agente *mf* de) enlace *m;* (*Mittelsmann, -frau*) mediador(a) *m(f)*, intermediario, -a *m, f;* **Verbindungsstück** *nt* pieza *f* de unión; **Verbindungstür** *f* puerta *f* de comunicación

verbissen [fɛɐˈbɪsən] **I.** *pp von* **verbeißen**

II. *adj* ❶ (*hartnäckig*) obstinado ❷ (*Gesichtsausdruck*) avinagrado **III.** *adv* con obstinación; **man darf das nicht so** ~ **sehen** (*fam*) no hay que tomarlo tan al pie de la letra

Verbissenheit *f ohne pl* obstinación *f,* encarnizamiento *m*

verbitten *irr vt:* **sich** *dat* **etw** ~ no tolerar algo

verbittern* *vt* amargar

Verbitterung *f* <-en> amargura *f*

verblassen* *vi sein* ❶ (*Stoff, Foto*) perder (el) color; (*Farbe*) apagarse ❷ (*geh: Eindrücke*) desvanecerse

Verbleib [fɛɐˈblaɪp] *m* <-(e)s, *ohne pl*> (*geh*) ❶ (*Ort*) paradero *m* ❷ (*Verbleiben*) permanencia *f*

verbleiben* *irr vi sein* ❶ (*übereinkommen*) quedar en; **wir sind so verblieben, dass ...** hemos quedado en que... ❷ (*geh: übrig sein*) quedar; **in Erwartung Ihrer Antwort verbleibe ich ...** quedo en espera de su respuesta...

verbleichen <verbleicht, verblich *o* verbleichte, verblichen *o* verbleicht> *vi sein* (*Farbe*) apagarse; (*Stoff*) perder (el) color

verbleit [fɛɐˈblaɪt] *adj* con plomo

verblenden* *vt* ❶ (*Person*) deslumbrar ❷ (*Wand, Fassade*) revestir (*mit* de)

Verblendung *f* <-en> ❶ (*einer Person*) deslumbramiento *m* ❷ (*von Wand, Fassade*) revestimiento *m* (*mit* de)

verblichen [fɛɐˈblɪçən] **I.** *pp von* **verbleichen II.** *adj* ❶ (*Farbe*) apagado; (*Stoff*) descolorido ❷ (*Ruhm*) desvanecido

verblieben *pp von* **verbleiben**

verblöden* [fɛɐˈbløːdən] **I.** *vi sein* (*fam*) atontarse **II.** *vt* (*fam*) atontar

verblüffen* [fɛɐˈblʏfən] *vt* dejar perplejo

verblühen* *vi sein* marchitarse

verbluten* *vi sein* desangrarse

verbogen *pp von* **verbiegen**

verbohrt [fɛɐˈboːɐt] *adj* (*fam abw*) terco (como una mula)

Verbohrtheit *f ohne pl* terquedad *f*

verborgen [fɛɐˈbɔrgən] **I.** *pp von* **verbergen II.** *adj* oculto; (*versteckt*) escondido; **etw** ~ **halten** tener algo oculto; **das ist mir nicht** ~ **geblieben** ya me he enterado; **im V**~**en bleiben** permanecer oculto

Verborgenheit *f ohne pl* clandestinidad *f*

Verbot [fɛɐˈboːt] *nt* <-(e)s, -e> prohibición *f*

verboten* [fɛɐˈboːtən] **I.** *pp von* **verbieten II.** *adj* ❶ (*untersagt*) prohibido ❷ (*fam: unmöglich*) fatal

Verbotsschild *nt* señal *f* de prohibición

verbracht *pp von* **verbringen**
verbrannt *pp von* **verbrennen**
verbraten* *irr vt (fam: Geld)* gastar(se)
Verbrauch *m* <-(e)s, *ohne pl*> consumo *m (an* de); **der Wagen ist sparsam im ~** el coche tiene un consumo muy bajo
verbrauchen* *vt (verwenden, ausgeben)* gastar; *(konsumieren)* consumir; *(aufbrauchen)* agotar; **verbrauchte Luft** aire viciado
Verbraucher(in) *m(f)* <-s, -; -nen> consumidor(a) *m(f);* **verbraucherfeindlich** *adj* anti-consumidor; **verbraucherfreundlich** *adj* pro-consumidor; **Verbraucherschutz** *m* protección *f* al consumidor; **Verbraucherzentrale** *f* asociación *f* de consumidores
verbraucht *adj* gastado; *(Luft)* viciado; *(Mensch)* agotado
verbrechen* *irr vt (fam)*: **was habe ich denn jetzt schon wieder verbrochen?** ¿qué mal he hecho esta vez?
Verbrechen *nt* <-s, -> delito *m;* **ein ~ begehen** cometer un delito; **Verbrechensbekämpfung** *f* lucha *f* contra el crimen
Verbrecher(in) *m(f)* <-s, -; -nen> delincuente *mf*
verbrecherisch [fɛɛˈbrɛçərɪʃ] *adj* criminal
verbreiten* I. *vt* ❶ *(Neuigkeit)* difundir ❷ *(Licht, Wärme, Ruhe)* irradiar; *(Geruch)* despedir; *(Stimmung, Gefühl)* sembrar ❸ *(Krankheit)* transmitir II. *vr:* **sich ~** ❶ *(Nachricht)* difundirse ❷ *(Krankheit)* transmitirse ❸ *(Duft)* extenderse ❹ *(sich auslassen)* explayarse *(über* acerca de)
verbreitern* I. *vt* ensanchar, ampliar *(um* en, *auf* a) II. *vr:* **sich ~** ensancharse, ampliarse
verbreitet *adj* extendido; *(Krankheit, Meinung)* común
Verbreitung *f ohne pl* ❶ *(von Nachrichten)* difusión *f;* **weite ~ finden** tener gran aceptación ❷ *(von Krankheiten)* propagación *f;* **Verbreitungsgebiet** *nt (einer Ware)* área *f* de distribución; *(einer Krankheit)* área *f* afectada
verbrennen* *irr* I. *vt (Holz, Mensch, Papier)* quemar; *(Leiche, Müll)* incinerar; **sich** *dat* **die Zunge ~** *(fam fig)* meter la pata II. *vi sein (Haus, Braten)* quemarse; *(Person)* morir abrasado III. *vr:* **sich ~** quemarse *(an* con)
Verbrennung *f* <-en> ❶ *(das Verbrennen)* combustión *f;* *(Leichen~, Müll~)* incineración *f* ❷ *(MED)* quemadura *f;* **~en zweiten Grades** quemaduras de segundo grado; **Verbrennungsmotor** *m* motor *m*

de combustión interna; **Verbrennungsofen** *m* horno *m* de combustión; *(für Müll)* incineradora *f*
verbringen* *irr vt* ❶ *(zubringen)* pasar *(mit* con); **den Tag mit Lesen ~** pasar(se) el día leyendo ❷ *(transportieren)* transportar
verbrochen [fɛɛˈbrɔxən] *pp von* **verbrechen**
verbrüdern* [fɛɛˈbryːdən] *vr:* **sich ~** hermanarse
Verbrüderung [fɛɛˈbryːdərʊŋ] *f* <-en> hermanamiento *m*
verbrühen* I. *vt* escaldar II. *vr:* **sich ~** escaldarse
verbuchen* *vt (FIN)* contabilizar; **einen Erfolg für sich ~** *(fam)* apuntarse un éxito
verbummeln* *vt (fam)* ❶ *(Zeit)* perder ❷ *(vergessen)* olvidar
Verbund [fɛɛˈbʊnt] *m* <-(e)s, -e> ❶ *(WIRTSCH)* unión *f;* **im ~ arbeiten** cooperar ❷ *(TECH)* ensambladura *f*
verbunden [fɛɛˈbʊndən] I. *pp von* **verbinden** II. *adj* ❶ *(verknüpft)* unido *(mit* a); *(gekoppelt)* acoplado *(mit* a); **damit sind Probleme ~** esto supone problemas ❷ *(dankbar)*: **ich bin Ihnen sehr ~** le estoy muy agradecido
verbünden* [fɛɛˈbʏndən] *vr:* **sich ~** aliarse *(mit* con)
Verbundenheit *f ohne pl (zwischen Personen)* apego *m (mit* a); *(zu Heimat, Sitten)* lazo *m (mit* con)
Verbündete(r) *mf* <-n, -n; -n> aliado, -a *m, f*
Verbundnetz *nt (ELEK)* red *f* de distribución; **Verbundsystem** *nt* sistema *m* de billetes combinados
verbürgen* I. *vt* garantizar II. *vr:* **sich ~** responder *(für* de)
verbüßen* *vt* purgar; *(JUR)* cumplir
verchromt *adj* cromado
verdacht *pp von* **verdenken**
Verdacht [fɛɛˈdaxt] *m* <-(e)s, -e> sospecha *f (auf* de); **~ erregen** despertar sospechas; **jdn in ~ bringen** hacer recaer las sospechas sobre alguien; **in ~ geraten** estar bajo sospecha; **jdn in ~ haben** sospechar de alguien; **im ~ stehen etw getan zu haben** ser sospechoso de haber hecho algo; **gegen jdn ~ schöpfen** concebir sospechas contra alguien; **über jeden ~ erhaben sein** estar fuera de toda sospecha
verdächtig [fɛɛˈdɛçtɪç] *adj* sospechoso; **er ist der Tat ~** es sospechoso del delito; **sich ~ machen** hacerse sospechoso; **die Sache ist mir ~** el asunto me da mala espina; **es war ~ still** había un silencio sospechoso

V

Verdächtige(r) *mf* <-n, -n; -n> sospechoso, -a *m, f*

verdächtigen* *vt* sospechar (de); **er wird des Diebstahls verdächtigt** es sospechoso del robo

Verdachtsmoment *nt* (JUR) indicio *m*

verdammen* [fɛɐ'damən] *vt* condenar (*zu* a); (REL) anatematizar

verdammt I. *adj* (*fam abw*) maldito; ~ **noch mal!** ¡maldita sea!, ¡concho! *Am;* ~ **e Scheiße!** (*vulg*) ¡me cago en la mierda! II. *adv* (*fam abw*) terriblemente; ~ **gut** de putamadre *vulg*

verdampfen* *vi sein* evaporarse

verdanken* *vt* ❶ (*dankbar sein*): **jdm etw** ~ deber algo a alguien; **das ist ihm zu** ~ eso hay que agradecérselo a él ❷ (*Schweiz: Dank aussprechen*) agradecer

verdarb [fɛɐ'darp] *3. imp von* **verderben**

verdauen* [fɛɐ'dauən] *vt* ❶ (*Nahrung*) digerir ❷ (*fam: Nachricht*) asimilar, digerir

verdaulich *adj:* **leicht/schwer** ~ fácil/difícil de digerir

Verdauung *f ohne pl* digestión *f;* **Verdauungsapparat** *m* (ANAT) aparato *m* digestivo; **Verdauungsmittel** *nt* (MED) digestivo *m;* **Verdauungsstörungen** *fpl* trastornos *mpl* digestivos

Verdeck [fɛɐ'dɛk] *nt* <-(e)s, -e> ❶ (AUTO) capota *f;* **mit aufklappbarem** ~ descapotable ❷ (NAUT) cubierta *f*

verdecken* *vt* ❶ (*bedecken*) tapar; **die Aussicht** ~ tapar la vista ❷ (*verheimlichen*) ocultar

verdeckt *adj* ❶ (*nicht sichtbar*) tapado ❷ (*verborgen*) oculto; ~ **e Ermittlungen** pesquisas encubiertas

verdenken* *irr vt* (*geh*): **jdm etw** ~ tomar a mal algo a alguien

verderben [fɛɐ'dɛrbən] <verdirbt, verdarb, verdorben> I. *vi sein* (*Lebensmittel*) estropearse, abombarse *Am;* (*Person*) echarse a perder II. *vt* estropear; (*moralisch*) corromper; **sich** *dat* **die Augen** ~ estropearse la vista; **du hast es dir mit mir verdorben** conmigo ya te has cerrado todas las puertas; **es sich mit niemandem** ~ **wollen** querer estar a bien con todos

Verderben *nt* <-s, *ohne pl*> ruina *f;* **in sein** ~ **rennen** arruinarse; **jdn ins** ~ **stürzen** arruinar a alguien

verderblich [fɛɐ'dɛrplɪç] *adj* ❶ (*Lebensmittel*) perecedero ❷ (*schädlich*) nocivo, dañino

verdeutlichen* *vt* aclarar

verdichten* I. *vt* ❶ (PHYS, TECH) condensar ❷ (*Straßennetz*) ampliar II. *vr:* **sich** ~ (*Nebel*) volverse más denso; (*Gerücht,*

Verdacht) aumentar

Verdichtung *f* <-en> ❶ (*Kondensation*) condensación *f;* (*Kompression*) compresión *f* ❷ (*des Straßennetzes*) ampliación *f;*

Verdichtungsraum *m* (ÖKOL) aglomeración *f* urbana

verdienen* *vt* ❶ (*Lohn*) ganar; **seine Brötchen** ~ (*fam*) ganarse el pan; **leicht verdientes Geld** dinero fácil ❷ (*Lob, Vertrauen, Strafe*) merecer; **sie hat nichts Besseres verdient** no se merece nada mejor

Verdienst¹ *nt* <-(e)s, -e> mérito *m;* **es war einzig und allein sein** ~ el mérito fue todo suyo

Verdienst² *m* <-(e)s, -e> (*Einkommen*) sueldo *m;* (*Gewinn*) ganancias *fpl*

Verdienstausfall *m* pérdida *f* de ganancias; **Verdienstspanne** *f* (WIRTSCH) margen *m* de beneficio

verdienstvoll *adj* ❶ (*Tat*) meritorio ❷ (*Person*) de gran mérito

verdient *adj* ❶ (*Person*) de gran mérito ❷ (*Sieg, Lohn, Strafe*) merecido; **sich um etw** ~ **machen** comprometerse con algo

verdirbt [fɛɐ'dɪrpt] *3. präs von* **verderben**

verdonnern* *vt* (*fam*) condenar (*zu* a)

verdoppeln* I. *vt* duplicar (*auf* a) II. *vr:* **sich** ~ duplicarse

Verdopp(e)lung *f* <-en> duplicación *f*

verdorben [fɛɐ'dɔrbən] I. *pp von* **verderben** II. *adj* ❶ (*Fest, Lebensmittel*) estropeado ❷ (*moralisch*) depravado

verdorren* *vi sein* secarse

verdrahten* *vt* ❶ (*verschließen*) alambrar ❷ (ELEK) conectar

verdrängen* *vt* ❶ (*wegdrängen*) echar (*aus* de); (*aus Amt*) suplantar (*aus* de) ❷ (*ersetzen*) sustituir ❸ (NAUT) desplazar ❹ (PSYCH) reprimir

Verdrängung *f* <-en> ❶ (*von Person*) expulsión *f* (*aus* de); (*aus Amt*) suplantación *f* ❷ (*Ersetzung*) sustitución *f* ❸ (NAUT) desplazamiento *m* ❹ (PSYCH) represión *f*

verdrecken* I. *vi sein* (*fam abw*) ensuciarse II. *vt* (*fam abw*) ensuciar

verdrehen* *vt* ❶ (*Glieder*) (re)torcer; **die Augen** ~ torcer los ojos ❷ (*fam abw: falsch darstellen*) tergiversar

verdreifachen* *vt* triplicar

verdreschen* *irr vt* (*fam*) propinar una paliza, trillar *Am*

verdrießlich *adj* (*Miene*) avinagrado; ~ **sein** estar de mal humor

verdroschen *pp von* **verdreschen**

verdrossen [fɛɐ'drɔsən] I. *adj* malhumorado; (*unzufrieden*) descontento II. *adv* con disgusto

Verdrossenheit *f ohne pl* (*Verdrießlichkeit*) mal humor *m;* (*Lustlosigkeit*) desgana *f*

verdrücken* **I.** *vt* (*fam: essen*) tragar **II.** *vr:* **sich ~** (*fam: verschwinden*) largarse

Verdruss [fɛɐ'drʊs] *m* <-es, -e> disgusto *m;* (*Ärger*) fastidio *m;* **zu meinem ~** para mi disgusto

verduften* *vi sein* (*fam*) pirarse, alcanforarse *Col, Ven*

Verdummung *f ohne pl* atontamiento *m,* entontecimiento *m*

verdunkeln* **I.** *vt* ❶ (*Raum*) oscurecer ❷ (JUR) ocultar **II.** *vr:* **sich ~** (*Himmel*) oscurecerse; **seine Miene verdunkelte sich** frunció el ceño

Verdunk(e)lung *f ohne pl* oscurecimiento *m;* (JUR) entorpecimiento *m* de la acción judicial; **Verdunk(e)lungsgefahr** *f ohne pl* (JUR) peligro *m* de entorpecimiento de la acción judicial

verdünnen* *vt* diluir, desparramar *Arg;* (*Sauce*) rebajar; (*Wein*) aguar

Verdünner *m* <-s, -> diluyente *m,* diluente *m*

Verdünnungsmittel *nt* diluyente *m*

verdunsten* *vi sein* evaporarse

Verdunstung *f ohne pl* evaporación *f,* volatilización *f*

verdursten* *vi sein* morir(se) de sed

verdutzt [fɛɐ'dʊtst] *adj* perplejo

veredeln* *vt* perfeccionar; (*Metalle, Erdöl*) refinar; (AGR) *Pflanzen*) injertar

Vered(e)lung *f* <-en> (AGR) injerto *m*

verehren* *vt* ❶ (*a.* REL) venerar; (*anbeten*) adorar; **verehrte Anwesende!** ¡señoras y señores! ❷ (*schenken*) regalar

Verehrer(in) *m(f)* <-s, -; -nen> admirador(a) *m(f)*

Verehrung *f ohne pl* (*a.* REL) veneración *f;* (*Anbetung*) adoración *f*

vereidigen* [fɛɐ'ʔaɪdɪgən] *vt* juramentar; **er wurde auf die Verfassung vereidigt** juró la constitución

vereidigt *adj* jurado

Vereidigung *f* <-en> prestación *f* de juramento; (*auf ein Amt*) jura *f* de un cargo

Verein [fɛɐ'ʔaɪn] *m* <-(e)s, -e> asociación *f;* (*Sport~, Fußball~*) club *m* deportivo; **eingetragener/gemeinnütziger ~** asociación registrada/no lucrativa

vereinbar *adj* compatible (*mit* con)

vereinbaren* *vt* ❶ (*verabreden*) acordar; (*festlegen*) fijar; **wir haben vereinbart, dass ...** hemos acordado que... ❷ (*in Einklang bringen*) conciliar (*mit* con); **das kann ich nicht mit meinem Gewissen ~** no puedo conciliarlo con mi conciencia

Vereinbarung *f* <-en> acuerdo *m;* (*schriftlich*) convenio *m;* **laut ~** según (lo establecido en el) acuerdo; **Sprechstunde nach ~** consulta previa cita

vereinen* **I.** *vt* (*geh*) unir; (*zusammenführen*) reunir; (*in Einklang bringen*) conciliar; **sie vereint alle notwendigen Eigenschaften** reúne todas las características necesarias; **mit vereinten Kräften** todos juntos **II.** *vr:* **sich ~** (*geh*) reunirse

vereinfachen* *vt* simplificar

Vereinfachung *f* <-en> simplificación *f*

vereinheitlichen* *vt* uniformar; (*normierend*) estandarizar

vereinigen* **I.** *vt* unir; (*zusammenführen*) reunir; (*Firmen*) fusionar; **wieder ~** reunificar; **alle Stimmen auf sich ~** obtener todos los votos **II.** *vr:* **sich ~** unirse, juntarse; (*zusammenkommen*) reunirse; **sich wieder ~** reunificarse

vereinigt *adj* unido; **V~e Staaten** (**von Nordamerika**) Estados Unidos (de Norteamérica); **V~es Königreich** Reino Unido

Vereinigung *f* <-en> ❶ (*das Vereinigen*) (re)unión *f;* (*von Firmen*) fusión *f;* (POL) unificación *f* ❷ (JUR: *Organisation*) asociación *f*

vereinnahmen* [fɛɐ'ʔaɪnnaːmən] *vt* ❶ (*Geld, Zinsen*) cobrar ❷ (*Beruf, Person*) acaparar

vereinsamen* *vi sein* ir quedándose solo

vereinsamt *adj* aislado, solitario

Vereinsamung *f ohne pl* aislamiento *m*

Vereinslokal *nt* club *m,* local *m* social

vereinzelt [fɛɐ'ʔaɪntsəlt] *adj* aislado; (*Schauer*) ocasional; **es regnet ~** hay lluvias aisladas

vereisen* [fɛɐ'ʔaɪzən] **I.** *vi sein* (*Straße*) cubrirse de hielo **II.** *vt* (MED) anestesiar (con frío)

vereiteln* [fɛɐ'aɪtəln] *vt* frustrar

vereitern* *vi sein* supurar

verenden* *vi sein* morir

verengen* **I.** *vt* estrechar **II.** *vr:* **sich ~** (*Straße*) estrecharse; (*Pupille*) contraerse

vererben* **I.** *vt* ❶ (*hinterlassen*) dejar (en herencia) ❷ (BIOL, MED) transmitir por herencia (*auf* a) **II.** *vr:* **sich ~** (BIOL, MED) transmitirse por herencia

vererblich *adj* hereditario

Vererbung *f* <-en> (BIOL, MED) transmisión *f* por herencia

verewigen* [fɛɐ'ʔeːvɪgən] *vt* perpetuar (*auf* a)

verfahren[1] *adj* sin salida

verfahren*[2] *irr* **I.** *vi sein* ❶ (*vorgehen*) proceder (*nach* según); **wie sollen wir**

weiter ~? ¿cómo hemos de proceder? ❷ (*behandeln*) tratar (*mit* a); **streng mit jdm** ~ tratar a alguien severamente **II.** *vt* (*Geld*) gastar (en dinero); (*Benzin*) gastar (en gasolina) **III.** *vr:* **sich** ~ perderse

Verfahren *nt* <-s, -> ❶ (*Vorgehen*) procedimiento *m;* (*Methode*) método *m* ❷ (JUR: *Prozess*) causa *f;* **ein** ~ **gegen jdn einleiten** instruir una causa contra alguien; **Verfahrenstechnik** *f ohne pl* ingeniería *f* de procesos

Verfall *m* <-(e)s, *ohne pl*> ❶ (*von Gebäude*) desmoronamiento *m* ❷ (*geistig, gesundheitlich*) decaimiento *m* ❸ (*Niedergang*) decadencia *f* ❹ (*Eintrittskarte*) caducidad *f;* **Verfalldatum** *nt s.* **Verfallsdatum**

verfallen* *irr vi sein* ❶ (*Gebäude*) desmoronarse ❷ (*körperlich, geistig, kulturell*) decaer ❸ (*ungültig werden*) caducar; (*ablaufen*) vencer ❹ (*abhängig werden*) depender (+*dat* de); **in alte Fehler** ~ recaer en viejos errores ❺ (*kommen auf*) caer en la cuenta (*auf* de); **sie verfiel auf die Idee, ...** se le ocurrió...

Verfallsdatum *nt* fecha *f* de caducidad

verfälschen* *vt* ❶ (*Lebensmittel, Wein*) adulterar ❷ (*Wahrheit, Daten*) falsificar

Verfälschung *f* <-en> ❶ (*von Lebensmitteln*) adulteración *f* ❷ (*von Bericht, Daten*) falsificación *f,* falseamiento *m*

verfangen* *irr* **I.** *vi* surtir efecto **II.** *vr:* **sich** ~ enredarse; **sich in Widersprüchen** ~ contradecirse

verfänglich [fɛɐˈfɛŋlɪç] *adj* (*Frage*) capcioso; (*Situation*) embarazoso

verfärben* *vr:* **sich** ~ cambiar de color; (*Kleidung*) desteñirse

Verfärbung *f* <-en> ❶ (*Verlust der Farbe*) decoloración *f,* pérdida *f* del color ❷ (*Annahme anderer Farbe*) tinte *m* ❸ (*abweichende Färbung*) (de)coloración *f*

verfassen* *vt* redactar

Verfasser(in) *m(f)* <-s, -; -nen> autor(a) *m(f)*

Verfassung *f* <-en> ❶ (POL) constitución *f* ❷ (*Zustand*) condición *f;* (*seelisch*) estado *m* de ánimo; **in guter/schlechter** ~ **sein** estar en buenas/malas condiciones

verfassunggebend *adj* constituyente

Verfassungsbeschwerde *f* (JUR) recurso de amparo (constitucional) *m;* **Verfassungsgericht** *nt* tribunal *m* constitucional; **Verfassungsklage** *f* (JUR) recurso *m* de inconstitucionalidad; **Verfassungsschutz** *m* Oficina *f* Federal de Protección de la Constitución; **verfassungswidrig** *adj* anticonstitucional

verfaulen* *vi sein* pudrirse

verfechten* *irr vt* defender

Verfechter(in) *m(f)* <-s, -; -nen> defensor(a) *m(f)*

verfehlen* *vt* ❶ (*Zug*) perder; (*Person*) no encontrar ❷ (*Ziel, Zweck*) no conseguir; (*Schütze*) fallar (el blanco); **ich halte es für verfehlt, das zu tun** me parece equivocado hacer eso; **seine Wirkung** ~ no surtir efecto; **das Thema** ~ no acertar el tema

verfehlt *adj* (*nicht angebracht*) inadecuado; (*falsch*) falso

verfeinden* [fɛˈfaɪndən] *vr:* **sich** ~ enemistarse, contrapuntearse *Am*

verfeinern* [fɛˈfaɪnɐn] *vt* (*Geschmack*) refinar; (*Methode*) perfeccionar

Verfeinerung *f* <-en> ❶ (*eines Gerichts*) mejoramiento *m* ❷ (*einer Methode*) refinamiento *m*

verfilmen* *vt* llevar a la pantalla

Verfilmung *f* <-en> adaptación *f* cinematográfica

verfilzen* *vi sein* (*Haare*) enredarse; (*Wolle, Pullover*) apelmazarse

verfinstern* *vr:* **sich** ~ oscurecerse

Verflechtung *f* <-en> ❶ (*Verbindung*) entrelazamiento *m* ❷ (*Zusammenhang*) interdependencia *f*

verfliegen* *irr* **I.** *vi sein* ❶ (*Duft, Alkohol*) evaporarse ❷ (*Ärger, Begeisterung*) desvanecerse; (*Zeit*) pasar volando **II.** *vr:* **sich** ~ perderse

verflixt [fɛˈflɪkst] *adj* (*fam*) endemoniado; ~ **und zugenäht!** ¡maldito sea!

verflogen *pp von* **verfliegen**

verfluchen* *vt* maldecir

verflucht *adj* (*fam*) maldito; ~ **noch mal!** ¡joder!

verflüchtigen* *vr:* **sich** ~ ❶ (*Duft, Alkohol*) evaporarse ❷ (*Ärger, Hoffnung*) desvanecerse; (*Bedenken*) disiparse ❸ (*fam: Person*) perderse (del mapa)

verflüssigen* **I.** *vt* (*Luft*) licuar **II.** *vr:* **sich** ~ licuarse

verfochten *pp von* **verfechten**

verfolgen* *vt* ❶ (*allgemein*) perseguir; **etw gerichtlich** ~ perseguir algo judicialmente; **vom Unglück verfolgt** perseguido por la desgracia; **welche Absicht verfolgt er?** ¿qué intención persigue? ❷ (*Spur*) seguir, bandear *AmC* ❸ (*Handlung*) observar; (*Unterricht*) seguir

Verfolger(in) *m(f)* <-s, -; -nen> perseguidor(a) *m(f)*

Verfolgte(r) *mf* <-n, -n; -n> perseguido, -a *m, f;* **politisch** ~ perseguidos políticos

Verfolgung *f* <-en> persecución *f,* siga *f*

Chil; **Verfolgungsjagd** *f* persecución *f;*
Verfolgungswahn *m* (PSYCH) manía *f*
persecutoria

verformen* I. *vt* deformar II. *vr:* **sich ~**
deformarse

verfrachten* *vt* expedir; (*mit Schiff*) fletar; **jdn in das Auto ~** (*fam*) meter a alguien en el coche

verfremden* *vt* distanciar

Verfremdung *f* <-en> distanciamiento *m*

verfressen¹ *adj* (*fam abw*) tragón, glotón

verfressen*² *irr vt* (*fam*) gastar en comida

verfrühen* *vr:* **sich ~** llegar demasiado temprano

verfrüht *adj* prematuro

verfügbar *adj* disponible

verfügen* I. *vi* (*Zeit, Besitz*) disponer (*über* de); (*ausgestattet sein*) estar provisto (*über* de); **über Erfahrung ~** tener experiencia II. *vt* ordenar

Verfügung *f* <-en> ❶ (*Anordnung*) orden *f;* **einstweilige ~** medida provisional cautelar; **eine ~ erlassen** decretar una orden ❷ (*Disposition*) disposición *f;* **etw zu seiner/zur ~ haben** tener algo a su disposición; **jdm etw zur ~ stellen** poner algo a disposición de alguien; **sich zur ~ halten** mantenerse a disposición

verführen* *vt* ❶ (*anstiften*) inducir (*zu* a) ❷ (*sexuell*) seducir

Verführer(in) *m(f)* <-s, -; -nen> seductor(a) *m(f)*

verführerisch *adj* seductor; (*reizvoll*) tentador

Verführung *f* <-en> seducción *f;* **~ Minderjähriger** corrupción de menores

verfüttern* *vt* dar de comer

Vergabe *f* <-n> adjudicación *f*

vergammeln* I. *vi sein* (*fam: verfaulen*) pudrirse II. *vt* (*fam: Zeit*) perder

vergammelt *adj* (*fam*) ❶ (*Nahrung*) podrido ❷ (*abw: Aussehen*) miserable, cutre

vergangen [fɛɐ̯'ɡaŋən] *pp von* **vergehen**

Vergangenheit *f ohne pl* ❶ (*Zurückliegendes*) pasado *m;* **das gehört der ~ an** esto pertenece al pasado; **in der jüngsten ~** recientemente ❷ (LING) pretérito *m;* **Vergangenheitsbewältigung** *f ohne pl* enfrentamiento *m* crítico con el pasado

vergänglich [fɛɐ̯'ɡɛŋlɪç] *adj* pasajero; (*flüchtig*) efímero

Vergänglichkeit *f ohne pl* carácter *m* transitorio [*o* efímero]

vergasen* [fɛɐ̯'ɡaːzən] *vt* ❶ (*Kohle, Koks*) gasificar ❷ (*Menschen*) asfixiar con gas

Vergaser *m* <-s, -> (AUTO) carburador *m*

vergaß [fɛɐ̯'ɡaːs] *3. imp von* **vergessen**

vergeben* *irr vt* ❶ (*allgemein*) dar; (*zuweisen*) adjudicar; (*verteilen*) distribuir; (*Stipendium, Preis*) conceder; **einen Auftrag an jdn ~** adjudicar un encargo a alguien; **er/sie ist schon ~** él/ella tiene compromiso ❷ (*Chance, Möglichkeit*) desperdiciar, no aprovechar; **du wirst dir nichts ~, wenn …** no vas a perder tu nombre por… +*inf* ❸ (*zuteilen*) distribuir ❹ (*geh: verzeihen*) perdonar; **die Sache ist ~ und vergessen** el asunto está perdonado y olvidado

vergebens [fɛɐ̯'ɡeːbəns] *adv* en vano, ñudo *Am: fam*

vergeblich I. *adj* inútil II. *adv* en vano

Vergebung *f* <-en> (*geh*) perdón *m;* (*von Sünden*) remisión *f;* **jdn für etw um ~ bitten** pedir perdón a alguien por algo

vergegenwärtigen* [---'---] *vt:* **sich** *dat* **etw ~** (*vor Augen rufen*) tener algo presente; (*sich vorstellen*) imaginarse algo; (*sich erinnern*) acordarse de algo

vergehen* *irr* I. *vi sein* ❶ (*Zeit*) pasar; **wie die Zeit vergeht!** ¡cómo pasa el tiempo!; **vergangene Woche** la semana pasada ❷ (*aufhören*) pasar(se), quitarse; (*verschwinden*) desaparecer; (*nachlassen*) disminuir; **mir ist der Appetit vergangen** se me ha quitado el apetito ❸ (*schmachten*) morirse (*vor* de) II. *vr:* **sich ~** infringir (*gegen*); **sich an jdm ~** abusar de alguien

Vergehen *nt* <-s, -> infracción *f* (*gegen* de)

vergelten* *irr vt:* **jdm etw ~** devolver algo a alguien; (*rächen*) desquitarse de algo con alguien; **Gleiches mit Gleichem ~** pagar algo con la misma moneda

Vergeltung *f* <-en> ❶ (*Belohnung*) recompensa *f* ❷ (*Rache*) desquite *m;* **~ für etw üben** desquitarse de algo; **Vergeltungsmaßnahme** *f* represalia *f;* **~n durchführen** tomar represalias; **Vergeltungsschlag** *m* acto *m* de represalia

vergessen [fɛɐ̯'ɡɛsən] <vergisst, vergaß, vergessen> I. *vt* olvidar; **ehe ich es vergesse** antes de que se me olvide…; **nicht zu ~ …** no olvide…; **das kannst du ~!** (*fam*) ¡olvídate de eso! II. *vr:* **sich ~** propasarse

Vergessenheit *f ohne pl* olvido *m;* **in ~ geraten** caer en el olvido

vergesslich *adj* olvidadizo, despistado *fam*

Vergesslichkeit *f ohne pl* falta *f* de memoria

vergeuden* [fɛɐ̯'ɡɔʏdən] *vt* desperdiciar; (*Geld*) despilfarrar

vergewaltigen* [fɛɐ̯ɡə'valtɪɡən] *vt* violar

Vergewaltigung *f* <-en> violación *f*

vergewissern* [fɛɐ̯ɡə'vɪsən] *vr:* **sich ~** cer-

V

ciorarse (*über* de)

vergießen* *irr vt* derramar

vergiften* **I.** *vt* intoxicar; (*tödlich*) envenenar **II.** *vr*: **sich ~** intoxicarse; (*tödlich*) envenenarse

Vergiftung *f* <-en> envenenamiento *m;* (MED) intoxicación *f*

vergilbt *adj* amarillento

Vergissmeinnicht [fɛɛ'ɡɪsmaɪnɪçt] *nt* <-(e)s, -(e)> (BOT) nomeolvides *m inv*

vergisst [fɛɛ'ɡɪst] *3. präs von* **vergessen**

verglasen* [fɛɛ'ɡlaːzən] *vt* acristalar, poner cristales (a)

Vergleich *m* <-(e)s, -e> ❶ (*das Vergleichen*) comparación *f;* **~ e ziehen** establecer una comparación; **in keinem ~ zu etw** *dat* **stehen** no tener comparación con algo; **im ~ zu jdm/etw** *dat* en comparación con alguien/algo ❷ (JUR) acuerdo *m;* **einen ~ schließen** llegar a un acuerdo

vergleichbar *adj* comparable (*mit* a)

vergleichen* *irr* **I.** *vt* comparar; **das kann man nicht ~** (*fam*) esto no se puede comparar; **verglichen mit ...** comparado con... **II.** *vr*: **sich ~** (JUR) llegar a un acuerdo

vergleichsweise *adv* en comparación

verglichen *pp von* **vergleichen**

verglühen* *vi sein* irse extinguiendo, apagarse lentamente

vergnügen* [fɛɛ'ɡnyːɡən] **I.** *vr*: **sich ~** divertirse **II.** *vt* divertir

Vergnügen[1] [fɛɛ'ɡnyːɡən] *nt* <-s, *ohne pl*> (*Gefallen*) gusto *m;* (*Freude*) placer *m;* **es ist ein ~ ihm zuzusehen** da gusto verle; **es ist mir ein ~** encantado; **an etw** *dat* **~ finden** tener placer con algo; **das bereitet mir ~** eso me encanta; **mit wem habe ich das ~?** ¿con quién tengo el gusto de hablar?; **viel ~!** ¡que lo pase(s) bien!; **mit ~** con mucho gusto

Vergnügen[2] *nt* <-s, -> (*Zeitvertreib*) diversión *f;* **ein teures ~** una diversión muy cara; **sich ins ~ stürzen** (*fam*) entregarse de lleno al placer; (*iron*) poner manos a la obra

vergnügt *adj* alegre (*über* por)

Vergnügung *f* <-en> entretenimiento *m;* (*Spaß*) diversión *f;* **Vergnügungspark** *m* parque *m* de atracciones; **Vergnügungsviertel** *nt* barrio *m* de entretenimiento

vergolden* *vt* dorar

vergolten *pp von* **vergelten**

vergossen *pp von* **vergießen**

vergöttern* [fɛɛ'ɡœtən] *vt* adorar

vergraben* *irr* **I.** *vt* enterrar **II.** *vr*: **sich ~** (*sich zurückziehen*) encerrarse (*in* en), retirarse (*in* a)

vergrämt [fɛɛ'ɡrɛːmt] *adj* acongojado

vergrätzen* [fɛɛ'ɡrɛtsən] *vt* (*fam*) enfadar, irritar

vergraulen* [fɛɛ'ɡraʊlən] *vt* (*fam*) ahuyentar

vergreifen* *irr vr*: **sich ~** ❶ (*danebengreifen*) equivocarse ❷ (*angreifen*): **sich an jdm ~** atacar a alguien; (*sexuell*) abusar de alguien; **sich an etw** *dat* **~** usurpar algo ❸ (*sich unpassend ausdrücken*) equivocarse (*in* con)

vergreisen* [fɛɛ'ɡraɪzən] *vi sein* ❶ (*senil werden*) volverse senil ❷ (*Bevölkerung*) envejecer

vergriffen [fɛɛ'ɡrɪfən] **I.** *pp von* **vergreifen** **II.** *adj* (*Ware*) agotado

vergrößern* [fɛɛ'ɡrøːsən] **I.** *vt* ❶ (*räumlich*) agrandar; (*erweitern*) ampliar ❷ (*Lupe, Linse*) aumentar; (FOTO) ampliar ❸ (*vermehren*) aumentar, acrecentar; (*Wissen*) ampliar ❹ (*verschlimmern*) agravar **II.** *vr*: **sich ~** ❶ (*sich erweitern*) ampliarse; (*Pupille, Organ*) dilatarse ❷ (*zunehmen*) aumentar

Vergrößerung *f* <-en> ❶ (*räumlich*) agrandamiento *m;* (*Erweiterung*) ampliación *f* ❷ (FOTO) ampliación *f;* (*Optik*) aumento *m;* **in 500facher ~** ampliado en una escala de 500:1 ❸ (*Zunahme*) incremento *m* ❹ (*Verschlimmerung*) agravación *f;* **Vergrößerungsglas** *nt* cristal *m* de aumento

vergucken* *vr*: **sich ~** (*fam*) ❶ (*irren*) equivocarse ❷ (*verlieben*) enamorarse (*in* de)

vergünstigt *adj* (*Preis*) rebajado

Vergünstigung *f* <-en> ventaja *f;* (*bei Preis*) rebaja *f*

vergüten* [fɛɛ'ɡyːtən] *vt* ❶ (*Arbeit*) remunerar; **jdm etw ~** (*entschädigen*) indemnizar a alguien por algo; (*erstatten*) reembolsar algo a alguien ❷ (*Metall*) templar ❸ (*Linse, Objektiv*) proveer de una capa antirreflectora

Vergütung *f* <-en> ❶ (*für Arbeit*) remuneración *f* ❷ (*Rückerstattung*) reembolso *m* ❸ (TECH) temple *m*

verhaften* [fɛɛ'haftən] *vt* detener; **Sie sind verhaftet!** ¡está Ud. detenido!

Verhaftete(r) *mf* <-n, -n; -n, -n> preso, -a *m, f,* recluso, -a *m, f*

Verhaftung *f* <-en> detención *f,* arresto *m*

verhallen* *vi sein* ❶ (*Ton*) extinguirse ❷ (*Bitten*) no ser escuchado

verhalten[1] *adj* reservado; **die ~e Wut** la rabia contenida

verhalten*[2] *irr vr*: **sich ~** ❶ (*sich benehmen*) comportarse; **sich jdm gegenüber unverschämt ~** comportarse desvergon-

zadamente con alguien ❷ (*Sache, a.* MATH)
ser (*zu* a); **wie verhält es sich mit ...?**
¿qué pasa con...?; **in Wirklichkeit verhält es sich ganz anders** la realidad es
muy distinta

Verhalten *nt* <-s, *ohne pl*> ❶ (*Benehmen*) comportamiento *m*; (*Haltung*) actitud *f* ❷ (CHEM) reacción *f*; **Verhaltensfor-
schung** *f ohne pl* etología *f*; **verhaltens-
gestört** *adj* trastornado; **Verhaltensstö-
rung** *f* (MED, PSYCH) trastorno *m* en el
comportamiento; **Verhaltensweise** *f*
comportamiento *m*

Verhältnis [fɛɛˈhɛltnɪs] *nt* <-ses, -se>
❶ (*Relation*) relación *f*; **im ~ zu** en relación a; **ein ~ von fünf zu eins** una relación de cinco por uno; **die Kosten stehen
in keinem ~ zum Erfolg** los gastos no
están en relación ninguna con el éxito
❷ (*persönliches ~*) relación *f*; **ein freund-
schaftliches ~** una relación amistosa; **ein
gestörtes ~ zu jdm/etw** *dat* **haben** tener
una relación difícil con alguien/algo
❸ (*fam: Liebes~*) relaciones *fpl*, lío *m fam*;
ein ~ mit jdm haben tener un lío con alguien ❹ *pl* (*Umstände*) condiciones *fpl*;
sie lebt über ihre ~se vive por encima de
sus posibilidades; **in bescheidenen ~sen
leben** vivir modestamente; **klare ~se
schaffen** poner las cosas en claro

verhältnismäßig *adv* ❶ (*relativ*) relativamente ❷ (*proportional*) proporcional-
mente

Verhältniswort *nt* (LING) preposición *f*

verhandeln* I. *vi* negociar (*über*) II. *vt*
(JUR) debatir

Verhandlung *f* <-en> ❶ (*das Verhandeln*) negociación *f*; **~en führen** negociar;
mit jdm in ~en treten entrar en negociaciones con alguien ❷ (JUR) juicio *m*; **Ver-
handlungsbasis** *f* base *f* de negociación;
verhandlungsfähig *adj* (JUR) capaz de
litigar; **Verhandlungspartner(in)** *m(f)*
(JUR, WIRTSCH) negociador(a) *m(f)*; (*Prozess-
partei*) litigante *mf*; (*Vertrag*) contratante
mf; **Verhandlungssache** *f* tema *m* de
negociación; **der Preis ist ~** precio a convenir; **Verhandlungstisch** *m* mesa *f* de
negociaciones

verhangen [fɛɛˈhaŋən] *adj* cubierto (*mit*
de)

verhängen* *vt* ❶ (*zuhängen*) cubrir
❷ (JUR: *Strafe*) imponer (*über* a);
(*Embargo*) ordenar (*über* para); (*Ausnahmezustand*) proclamar (*über* en)

Verhängnis *nt* <-ses, -se> perdición *f*;
(*Katastrophe*) desastre *m*; **das wurde ihr
zum ~** eso fue su perdición; **verhängnis-**

voll *adj* fatal

verharmlosen* *vt* minimizar

Verharmlosung *f* <-en> minimización *f*

verharren* *vi* (*geh*) ❶ (*beharrlich sein*):
auf etw *dat* **~** perseverar en algo ❷ (*bleiben, innehalten*): **in einer Stellung ~** perseverar en una posición

verhärten* I. *vt* endurecer II. *vr:* **sich ~**
endurecerse

Verhärtung *f* <-en> ❶ (*Verhärten*) endurecimiento *m* ❷ (*Schwiele*) callo *m*

verhaspeln* [fɛɛˈhaspəln] *vr:* **sich ~** (*fam*)
❶ (*beim Sprechen*) atascarse ❷ (*in
Fäden*) enredarse

verhasst [fɛɛˈhast] *adj* odiado; **sich bei
jdm ~ machen** atraerse los odios de alguien; **diese Arbeit ist mir ~** odio este
trabajo

verhätscheln* [fɛɛˈhɛtʃəln] *vt* malcriar,
engreír *Am*

Verhau [fɛɛˈhaʊ] *m o nt* <-(e)s, -e> empalizada *f*

verhauen <verhaut, verhaute, verhauen>
I. *vt* (*fam*) ❶ (*prügeln*) dar una paliza
❷ (*schlecht machen*): **die Klausur hab'
ich ~!** (*fam*) ¡el examen me salió de pena!
II. *vr:* **sich ~** (*fam*) meter la pata

verheddern* [fɛɛˈhɛdən] *vr:* **sich ~** (*fam*)
❶ (*Fäden*) enredarse (*in* en) ❷ (*sich versprechen*) atascarse

verheerend *adj* ❶ (*furchtbar*) desastroso
❷ (*fam: scheußlich*) espantoso

verhehlen* [fɛɛˈheːlən] *vt* (*geh*) ocultar;
jdm etw ~ ocultar algo a alguien

verheilen* *vi sein* (*Wunde*) cerrarse; (*vernarben*) cicatrizar

verheimlichen* *vt* ocultar; **ich habe
nichts zu ~** no tengo nada que ocultar

verheiraten* I. *vr:* **sich ~** casarse; **jung/
glücklich verheiratet** recién/felizmente
casado II. *vt* casar

verheißen* *irr vt* (*geh*) prometer

Verheißung *f* <-en> (*geh*) promesa *f*; **verheißungsvoll** *adj* prometedor

verhelfen* *irr vi:* **jdm zu etw** *dat* **~** ayudar
a alguien a conseguir algo; **jdm zur Flucht
~** ayudar a alguien a fugarse

verherrlichen* *vt* glorificar

Verherrlichung *f* <-en> glorificación *f*

verheult [fɛɛˈhɔʏlt] *adj* (*fam*) lloroso; **~e
Augen haben** tener los ojos hinchados de
haber llorado

verhexen* *vt* embrujar, embichar *Arg*; **das
ist wie verhext!** (*fam*) ¡esto está embrujado!

verhindern* *vt* impedir, barajar *Chil, Mex*;
(*vermeiden*) evitar; **das lässt sich leider
nicht ~** desgraciadamente esto no se

puede evitar; **ich war gestern dienstlich verhindert** ayer no pude venir por cuestión de negocios

verhindert *adj* (*mit verborgener Begabung*) frustrado

verhöhnen* *vt* burlarse (de), mofarse (de), pifiar *Arg, And*

verhökern* [fɛɛˈhøːkən] *vt* (*fam*) vender barato

verholfen *pp von* **verhelfen**

Verhör [fɛɛˈhøːɐ] *nt* <-(e)s, -e> interrogatorio *m;* **jdn ins ~ nehmen** (*fam*) pedir(le) cuentas a alguien

verhören* **I.** *vt* interrogar **II.** *vr:* **sich ~** entender mal

verhüllen* *vt* ❶ (*bedecken*) cubrir ❷ (*verbergen*) ocultar; (*beschönigen*) disimular; **eine verhüllte Morddrohung** una amenaza de muerte disimulada

verhungern* *vi sein* morir de hambre

verhüten* *vt* (*Schaden, Krankheit*) prevenir; (*verhindern*) impedir; **die Empfängnis ~** usar métodos anticonceptivos

Verhütung *f* <-en> prevención *f;* (*Empfängnis~*) contracepción *f;* **Verhütungsmittel** *nt* anticonceptivo *m*

verifizieren* [verifiˈtsiːrən] *vt* verificar

verinnerlichen* *vt* interiorizar

verirren* *vr:* **sich ~** perderse

verjagen* *vt* ahuyentar, echar *fam*

verjähren* [fɛɛˈjɛːrən] *vi sein* prescribir

Verjährung *f* <-en> prescripción *f;* **Verjährungsfrist** *f* (JUR) plazo *m* prescriptivo

verjubeln* *vt* (*fam*) despilfarrar, derrochar

verjüngen* [fɛɛˈjʏŋən] **I.** *vt* ❶ (*Aussehen*) rejuvenecer ❷ (*Belegschaft*) renovar **II.** *vr:* **sich ~** ❶ (*schmaler, enger werden*) estrecharse ❷ (*jüngeres Aussehen bekommen*) rejuvenecerse

Verjüngung *f* <-en> ❶ (*des Aussehens*) rejuvenecimiento *m* ❷ (*des Personals*) renovación *f*

verkabeln* *vt* tender cables

Verkabelung *f* <-en> cableado *m*

verkalken* *vi sein* ❶ (*Maschine*) cubrirse de cal ❷ (MED) calcificarse ❸ (*fam: Person*) volverse chocho

verkalkulieren* *vr:* **sich ~** equivocarse en el cálculo (*bei/in* de)

Verkalkung *f* <-en> ❶ (*Kalkablagerung*) calcificación *f* ❷ (*der Arterien*) esclerosis *f inv* ❸ (*fam: Vergreisung*) senilidad *f*

verkannt [fɛɛˈkant] **I.** *pp von* **verkennen II.** *adj* no apreciado

verkappt [fɛɛˈkapt] *adj* disfrazado

verkatert [fɛɛˈkaːtət] *adj* (*fam*) trasnochado; **ich bin ~** tengo resaca

Verkauf¹ *m* <-(e)s, -käufe> (*das Verkaufen*) venta *f;* **zum ~ stehen** estar en venta

Verkauf² *m* <-(e)s, *ohne pl*> (*~sabteilung*) departamento *m* de ventas

verkaufen* **I.** *vt* ❶ (*veräußern*) vender (*an* a, *für* por), trocar *CSur;* **zu ~** se vende; **jdn für dumm ~** tomar a alguien por tonto ❷ (*fam: glauben machen*) hacer creer; **jdm etw als große Leistung ~** hacer creer a alguien que algo es una cosa del otro mundo **II.** *vr:* **sich ~** venderse; **sich teuer ~** venderse caro; **sich gut/schlecht ~** venderse bien/mal

Verkäufer(in) *m(f)* <-s, -; -nen> vendedor(a) *m(f);* (*in Geschäft*) dependiente, -a *m, f*

verkäuflich *adj* en venta; **nicht ~ sein** no estar en venta; **schwer ~ sein** venderse mal

verkaufsoffen *adj:* **~er Samstag** *sábado en el que las tiendas están abiertas durante todo el día;* **Verkaufspreis** *m* precio *m* de venta; **Verkaufsschlager** *m* éxito *m* de ventas; **Verkaufszahlen** *fpl* cifras *fpl* de venta

Verkehr [fɛɛˈkeːɐ] *m* <-(e)s, *ohne pl*> ❶ (*Fahrzeug~, Güter~*) tráfico *m;* (*Umlauf, Straßen~*) circulación *f;* **etw aus dem ~ ziehen** retirar algo de la circulación; (*Fahrzeug*) retirar del servicio; **jdn aus dem ~ ziehen** (*fam*) quitar de en medio a alguien ❷ (*Umgang*) contacto *m;* **in regem ~ mit jdm stehen** tener mucho contacto con alguien ❸ (*Geschlechts~*) relaciones *fpl* sexuales

verkehren* **I.** *vi* ❶ haben *o* sein (*auf Strecke*) cubrir el recorrido (*zwischen … und de… a*); (*Verkehrsmittel*) circular ❷ (*sich aufhalten*) frecuentar; **in dem Lokal verkehre ich nicht** no frecuento este local; **mit jdm ~** tener trato con alguien; (*brieflich*) estar en correspondencia con alguien; (*Geschlechtsverkehr haben*) mantener relaciones sexuales con alguien **II.** *vt:* **etw ins Gegenteil ~** tergiversar algo hasta obtener lo contrario

Verkehrsampel *f* semáforo *m;* **Verkehrsamt** *nt* oficina *f* de turismo; **Verkehrsanbindung** *f* enlace *m* a la vía pública [*o* férrea]; **Verkehrsaufkommen** *nt ohne pl* volumen *m* de tráfico; **verkehrsberuhigt** *adj:* **~e Zone** zona *f* de tráfico reducido; **Verkehrschaos** *nt* caos *m inv* en la circulación; (*außerhalb von Ortschaften*) caos *m inv* en la carretera; **Verkehrsdichte** *f* densidad *f* del tráfico; **Verkehrsdurchsage** *f* información *f* de tráfico; **Verkehrserziehung** *f* educación *f* vial; **Verkehrsflugzeug** *nt* avión *m* de línea; **Verkehrs-**

funk *m* servicio *m* radiofónico de información sobre el estado de las carreteras; **verkehrsgefährdend** *adj* que pone en peligro la circulación [o el tráfico]; **verkehrsgünstig** *adj* bien situado (en relación a la infraestructura y medios de transporte), bien ubicado *Am;* **Verkehrshindernis** *nt* obstáculo *m* para la circulación [o para el tráfico]; **ein ~ sein** ser un obstáculo para la circulación; **Verkehrshinweis** *m* información *f* sobre el estado de las carreteras; **Verkehrsinsel** *f* isleta *f;* **Verkehrsknotenpunkt** *m* nudo *m* de comunicaciones; **Verkehrskontrolle** *f* control *m* de la circulación; **Verkehrslage** *f* situación *f* de tráfico; **Verkehrsmittel** *nt* medio *m* de transporte; **die öffentlichen ~** los medios de transporte públicos; **Verkehrsnetz** *nt* red *f* viaria [o de comunicaciones]; **Verkehrsordnung** *f* (ADMIN) código *m* de la circulación; **Verkehrsplanung** *f* planificación *f* de la infraestructura vial; **Verkehrspolizei** *f ohne pl* policía *f* de tráfico; **Verkehrsregel** *f* regla *f* de tráfico; **Verkehrsregelung** *f* (*durch Polizei*) regulación *f* del tráfico; (*durch Verkehrszeichen*) señalización *f;* **Verkehrsschild** *nt* señal *f* de tráfico; **verkehrssicher** *adj* apto para la circulación; **Verkehrssicherheit** *f ohne pl* seguridad *f* vial; **Verkehrsstraße** *f* carretera *f;* **Verkehrssünder(in)** *m(f)* infractor(a) *m(f)* de las reglas de tráfico; **Verkehrsteilnehmer(in)** *m(f)* usuario, -a *m, f* de la vía pública; **Verkehrstote(r)** *mf* muerto, -a *m, f* en accidente de tráfico; **Verkehrsunfall** *m* accidente *m* de tráfico; **Verkehrsverbund** *m* asociación *f* de empresas de transporte público; **Verkehrsverein** *m* oficina *f* de turismo; **Verkehrsweg** *m* vía *f* de comunicación; **Verkehrswesen** *nt ohne pl* servicio *m* de transportes y comunicaciones; **verkehrswidrig** *adj* contrario a las reglas de tráfico; **sich ~ verhalten** infringir las reglas de tráfico; **Verkehrszeichen** *nt* señal *f* de tráfico

verkehrt [fɛɐˈkeːɐt] **I.** *adj* equivocado; (*falsch*) erróneo; **das ist total ~** esto es completamente erróneo; **das ist gar nicht so ~** esto no está del todo mal; (**mit etw** *dat*) **an den V~en geraten** (*fam*) dirigirse (con algo) a la persona errónea; **ich will nichts V~es sagen** no quiero decir algo equivocado **II.** *adv* (*umgekehrt*) al revés, a la inversa; (*falsch*) mal; **~ herum** al revés, a la inversa; **etw ~ herum anhaben** llevar algo (puesto) del revés; **etw ~ machen** hacer algo mal

verkeilen* **I.** *vt* (*Fahrzeug usw.*) acuñar **II.** *vr:* **sich ~** agarrotarse

verkeilt *adj:* (**ineinander**) **~** incrustados

verkennen* *irr vt* (*falsch beurteilen*) juzgar mal; (*unterschätzen*) subestimar; **es ist nicht zu ~, dass ...** no se puede negar que...; **du verkennst den Ernst der Lage** no te das cuenta de lo grave de la situación

verketten* **I.** *vt* encadenar **II.** *vr:* **sich ~** juntarse

verklagen* *vt:* **jdn ~** entablar un pleito contra alguien (*auf/wegen* por)

verklappen* *vt* verter al mar

verklärt *adj* transfigurado

verkleiden* **I.** *vt* ① (*Wand*) revestir (*mit* de) ② (*kostümieren*) disfrazar (*als* de) **II.** *vr:* **sich ~** disfrazarse (*als* de)

Verkleidung *f* <-en> ① (*von Person*) disfraz *m* ② (*von Wand*) revestimiento *m* (*mit* de)

verkleinern* [fɛˈklaɪnɐn] **I.** *vt* (*allgemein*) reducir (en tamaño); (*vermindern*) disminuir; (*Firma*) reducir la plantilla; **etw um die Hälfte ~** reducir algo a la mitad **II.** *vr:* **sich ~** (*allgemein*) reducirse; (*abnehmen*) disminuir (*um* en)

verkleinert *adj* reducido; **in ~em Maßstab** de escala reducida

Verkleinerung *f* <-en> reducción *f* (*auf* a); (*Verminderung*) disminución *f;* **Verkleinerungsform** *f* (LING) diminutivo *m*

verklemmen* *vr:* **sich ~** atascarse

verklemmt *adj* ① (*Tür*) atascado ② (*Person*) cohibido, cortado *fam*

verklingen* *irr vi sein* ir terminando; (*sich verlieren*) perderse

verklungen *pp von* **verklingen**

verknacken* *vt* (*fam*) condenar (*zu* a)

verknacksen* *vt:* **sich** *dat* **etw ~** (*fam*) torcerse algo

verknallen* **I.** *vt* (*fam: Knallkörper*) lanzar; (*Geld*) gastar en cohetes **II.** *vr:* **sich ~** (*fam*) enamorarse locamente (*in* de)

Verknappung [fɛˈknapʊŋ] *f* <-en> escasez *f*

verkneifen* *irr vr* (*fam*): **sich** *dat* **etw ~** (*verzichten*) renunciar a algo; (*unterdrücken*) contener algo

verkniffen [fɛˈknɪfən] **I.** *pp von* **verkneifen** **II.** *adj* (*abw*) amargado; **du siehst das zu ~** (*fam*) te lo tomas demasiado a pecho

verknittern* *vt* estrujar, arrugar

verknoten* **I.** *vt* anudar **II.** *vr:* **sich ~** anudarse

verknüpfen* *vt* ① (*verknoten*) enlazar ② (*in Beziehung setzen*) relacionar ③ (*verbinden*) combinar; **er verknüpfte den Ausflug mit einem Museumsbe-**

such combinó la excursión con la visita a un museo ❹ (INFOR: *Programme*) ligar

Verknüpfung *f* <-en> (INFOR: *von Programmen*) ligado *m*

verkochen* *vi sein* ❶ (*verdampfen*) evaporarse ❷ (*breiig werden*) cocer (demasiado); (*Reis*) pasarse

verkohlen* **I.** *vi sein* (*Holz*) carbonizarse **II.** *vt* (*fam: Person*) tomar el pelo

verkommen¹ *adj* ❶ (*Gebäude*) desmoronado; (*Sachen*) en mal estado; (*Sitten*) decaído ❷ (*Person*) venido a menos

verkommen*² *irr vi sein* ❶ (*verderben*) corromperse ❷ (*Gebäude*) desmoronarse; (*Sachen*) echarse a perder; (*Sitten*) decaer ❸ (*Person: moralisch*) pervertirse, abarrajarse *Peru;* (*äußerlich*) descuidar (su aspecto); (*soziale Stellung*) venir a menos; **zum Säufer** ~ convertirse en un borracho

verkorksen* [fɛɐˈkɔrksən] *vt* (*fam*) estropear

verkorkst *adj* (*fam*) estropeado; **ein total** ~ **er Abend** una tarde desastrosa

verkörpern* *vt* ❶ (*symbolisieren*) encarnar ❷ (THEAT, FILM) representar

Verkörperung *f* <-en> ❶ (*Personifizierung*) encarnación *f* ❷ (THEAT, FILM) representación *f*

verköstigen* [fɛɐˈkœstɪɡən] *vt* dar de comer

verkrachen* *vr:* **sich** ~ (*fam*) romper, enemistarse

verkracht *adj* (*fam: gescheitert*) fracasado; (*ruiniert*) arruinado; **eine** ~ **e Existenz** un fracasado

verkraften* *vt* (*Arbeit*) poder (con); (*Schock*) resistir; (*Belastung*) soportar

verkrampfen* *vr:* **sich** ~ ❶ (*Muskel*) contraerse ❷ (*Mensch*) ponerse tenso

verkrampft *adj* contraído; (*Lächeln*) forzado; (*Haltung*) tenso

verkriechen* *irr vr:* **sich** ~ (*verstecken*) esconderse; (*isolieren*) encerrarse

verkrochen *pp von* **verkriechen**

verkrümmen* *vr:* **sich** ~ encorvarse; (*Holz*) alabearse

verkrüppeln* **I.** *vt* lisiar, tullir **II.** *vi sein* echarse a perder, achapararse

verkrüppelt *adj* (*Arm, Fuß*) tullido, tronchado *And;* (*Baum, Strauch*) achaparrado

verkrustet *adj* ❶ (*Wunde*) costroso ❷ (*Strukturen*) sin espíritu innovador

verkühlen* *vr:* **sich** ~ (*reg*) resfriarse

verkümmern* *vi sein* ❶ (*Glied, Organ*) atrofiarse; (*Pflanze*) marchitarse ❷ (*Talent*) venir a menos

verkünden* *vt* (*geh*), **verkündigen*** *vt* (*geh*) ❶ (*ankündigen*) anunciar; (*vorher-*

sagen) predecir ❷ (*bekannt machen*) dar a conocer; (*Urteil*) pronunciar; (*Gesetz*) promulgar ❸ (*erklären*) declarar

Verkündigung *f* <-en> ❶ (*Ankündigung*) anunciación *f* ❷ (*Bekanntmachung*) publicación *f;* (*Urteil*) pronunciación *f;* (*Gesetz*) promulgación *f*

Verkündung *f* <-en> (JUR) proclamación *f;* (*Gesetz*) promulgación *f,* publicación *f*

verkuppeln* *vt* emparejar (*mit/an* con)

verkürzen* **I.** *vt* acortar; (*Zeit, Weg, Text*) abreviar; (*verringern*) reducir (*um* en, *auf* a) **II.** *vr:* **sich** ~ acortarse

Verkürzung *f* <-en> acortamiento *m;* (*Verringerung*) reducción *f* (*um* en, *auf* a)

verladen* *irr vt* ❶ (*aufladen*) cargar (*auf* en); (*auf Schiffe*) embarcar; (*umladen*) transbordar ❷ (*fam: hintergehen*) embaucar, dar gato por liebre; **sich von jdm** ~ **lassen** dejarse engañar por alguien

Verladerampe *f* rampa *f* de carga

Verladung *f* <-en> carga *f;* (*auf Schiff*) embarque *m;* (*Umladen*) transbordo *m*

Verlag [fɛɐˈlaːk] *m* <-(e)s, -e> editorial *f*

verlagern* **I.** *vt* cambiar; (*Waren*) almacenar en otro lugar; (*örtlich*) trasladar (*auf* a); **seine Interessen** ~ cambiar de intereses **II.** *vr:* **sich** ~ desplazarse; (METEO) moverse; **das Problem verlagert sich auf ...** el problema recae sobre...

Verlagerung *f* <-en> ❶ (*von Interessen, Arbeitsgebiet*) cambio *m;* (*örtlich*) traslado *m* (*nach* a) ❷ (METEO) movimiento *m*

Verlagsbuchhandlung *f* librería *f* editorial; **Verlagshaus** *nt* casa *f* editora; **Verlagskauffrau** *f* comercial *f* del ramo editorial; **Verlagskaufmann** *m* comercial *m* del ramo editorial; **Verlagsredakteur(in)** *m(f)* redactor(a) *m(f)* editorial; **Verlagswesen** *nt* industria *f* editorial

verlangen* [fɛɐˈlaŋən] **I.** *vt* ❶ (*fordern*) exigir; (*bitten, bei Bezahlung*) pedir; **ich verlange von dir, dass du ...** te exigo que... +*subj;* **ist das nicht ein bisschen viel verlangt?** ¿no es pedir demasiado?; **Sie werden am Telefon verlangt** le llaman por teléfono ❷ (*erfordern*) requerir **II.** *vi:* **nach etw** *dat* ~ pedir algo; (*sich sehnen*) anhelar algo

Verlangen *nt* <-s, -> (*geh*) ❶ (*Wunsch*) deseo *m;* (*Bedürfnis*) ansia *f;* **ich habe kein** ~ **danach** eso no me apetece ❷ (*Forderung*) petición *f;* **auf** ~ cuando se requiere

verlängern* [fɛɐˈlɛŋən] **I.** *vi* (SPORT) establecer una prórroga **II.** *vt* ❶ (*räumlich*) alargar; (*zeitlich*) prolongar (*um*); (*Vertrag, Pass*) renovar; (*Frist*) prorrogar (*um*); **ein**

verlängertes Wochenende un (fin de semana con) puente ② (*Suppe*) rebajar III. *vr:* **sich ~** ① (*räumlich*) alargarse (*um*) ② (*zeitlich*) prolongar (*um*)

Verlängerung *f* <-en> alargamiento *m;* (*zeitlich*) prolongación *f;* (SPORT) prórroga *f;* **Verlängerungskabel** *nt,* **Verlängerungsschnur** *f* (ELEK) cable *m* alargador [*o* de empalme]

verlangsamen* I. *vt* (*Geschwindigkeit*) reducir; (*Entwicklung, Fortschritt*) retardar II. *vr:* **sich ~** (*Geschwindigkeit*) reducirse; (*Entwicklung*) retardarse

Verlass [fɛɐˈlas] *m:* **auf jdn/etw ist** (**kein**) **~** (no) se puede contar con alguien/algo

verlassen¹ *adj* ① (*einsam*) solitario; (*öde*) desierto ② (*zurückgelassen*) abandonado

verlassen*² *irr* I. *vt* abandonar; (*hinausgehen, -fahren*) salir de; **die Hoffnung hatte ihn ~** ya no tenía esperanzas; **sie hat ihren Mann ~** ha dejado a su marido II. *vr:* **sich ~** confiar (*auf* en); **darauf können Sie sich ~** puede estar seguro de ello

verlässlich [fɛɐˈlɛslɪç] *adj* (*Auskunft*) seguro; (*Person*) fiable

Verlässlichkeit *f ohne pl* fiabilidad *f*

Verlaub [fɛɐˈlaʊp] *m* (*geh*): **mit ~** con (su) permiso

Verlauf *m* <-(e)s, -läufe> ① (*zeitlich*) (trans)curso *m;* (*Entwicklung*) desarrollo *m;* (*von Krankheit*) curso *m;* **im ~ der letzten Monate** en el transcurso de los últimos meses; **im weiteren ~** a continuación; **einen guten/unerwarteten ~ nehmen** tomar un rumbo favorable/imprevisto ② (*von Straße, Grenze*) trazado *m;* (*von Fluss*) curso *m*

verlaufen* *irr* I. *vi* **sein** ① (*ablaufen*) desarrollarse; (*Zeitraum, Untersuchung*) transcurrir ② (*Grenze, Weg*) pasar (*durch* por) ③ (*sich verlieren*) perderse; **im Sand ~** (*fam*) quedar sin efecto ④ (*Butter*) derretirse; (*Farbe*) correrse II. *vr:* **sich ~** ① (*sich verirren*) perderse ② (*Menschenmenge*) dispersarse; (*Wasser*) decrecer

Verlaufsform *f* (LING) gerundio *m*

verlautbaren* [fɛɐˈlaʊtbaːrən] *vt* comunicar

verlauten* *vi* **sein:** **etwas/nichts ~ lassen** decir algo/no decir nada

verleben* *vt* ① (*verbringen*) pasar, vivir ② (*fam: verbrauchen*) gastar

verlebt *adj* ajado

verlegen¹ *adj* avergonzado; (*verklemmt*) cortado; (*schüchtern*) apocado; **nie um eine Ausrede ~ sein** tener siempre una excusa

verlegen*² I. *vt* ① (*örtlich*) cambiar de lugar; (*Geschäft, Patient*) trasladar ② (*Termin*) aplazar (*von* de, *auf* para) ③ (*an falsche Stelle*) no encontrar ④ (*Kabel*) tender; (*Teppichboden*) colocar ⑤ (*herausgeben*) editar II. *vr:* **sich ~** dedicarse (*auf* a)

Verlegenheit¹ *f ohne pl* bochorno *m;* (*Befangenheit*) timidez *f;* **jdn in ~ bringen** abochornar a alguien

Verlegenheit² *f* <-en> (*unangenehme Lage*) apuro *m;* **jdm aus einer ~ helfen** sacar a alguien de un apuro

Verleger(in) *m(f)* <-s, -; -nen> editor(a) *m(f)*

Verlegung *f* <-en> ① (*zeitlich*) aplazamiento *m* (*von* de, *auf* para) ② (*örtlich*) traslado *m* (*von* de, *nach* a); (*von Truppen*) desplazamiento *m* (*von* de, *nach* a) ③ (*von Leitungen*) tendido *m;* (*von Rohren*) montaje *m;* (*von Teppichboden*) colocación *f*

Verleih [fɛɐˈlaɪ] *m* <-(e)s, -e> ① (*das Verleihen*) (servicio *m* de) préstamo *m* ② (*Firma*) empresa *f* de alquiler; (*Film~*) distribuidora *f* de cine

verleihen* *irr vt* ① (*ausleihen*) prestar (*an* a); (*gegen Gebühr*) alquilar (*an* a) ② (*Preis*) conceder (*an* a); (*Titel*) conferir (*an* a); **etw** *dat* **Nachdruck ~** poner énfasis en algo; **seiner Empörung Ausdruck ~** dar rienda suelta a su enfado

Verleihung *f* <-en> ① (*von Geld, Buch*) préstamo *m;* (*gegen Gebühr*) alquiler *m* ② (*von Auszeichnung*) concesión *f* (*an* a); (*Übergabe*) entrega *f* (*an* a)

verleiten* *vt* inducir (*zu* a)

verlernen* *vt* perder la práctica (de); (*völlig*) olvidar

verlesen* *irr* I. *vt* ① (*Text*) leer ② (*Gemüse*) limpiar; (*Körner*) seleccionar II. *vr:* **sich ~** equivocarse al leer

verletzbar *adj* vulnerable

verletzen* [fɛɐˈlɛtsən] I. *vt* ① (*verwunden*) herir (*an* en); **leicht/schwer verletzt** levemente/gravemente herido ② (*beleidigen*) ofender ③ (*Gesetz*) infringir, violar; (*Sitten, Recht*) atentar (contra) II. *vr:* **sich ~** herirse (*an* en)

verletzend *adj* ofensivo

verletzlich *adj* vulnerable

Verletzte(r) *mf* <-n, -n; -n> herido, -a *m, f*

Verletzung *f* <-en> ① (*Wunde*) herida *f;* **innere ~en** contusiones internas; **er ist seinen schweren ~en erlegen** murió a causa de las graves heridas ② (*Beleidigung*) ofensa *f* ③ (*von Gesetz*) infracción *f*

verleugnen* *vt* negar; **er ließ sich ~** mandó decir que no estaba en casa; **es lässt sich nicht ~, dass ...** no se puede negar que...

V

verleumden* [fɛɐ̯ˈlɔɪmdən] *vt* difamar

Verleumdung *f* <-en> difamación *f;* (JUR) libelo *m;* **Verleumdungskampagne** *f* campaña *f* difamatoria

verlieben* *vr:* **sich** ~ enamorarse (*in* de), templarse *Am*

verliebt *adj* enamorado

verliehen *pp von* **verleihen**

verlieren [fɛɐ̯ˈliːrən] <verliert, verlor, verloren> I. *vt* perder; **die Beherrschung** ~ perder la serenidad; **was hast du hier verloren?** (*fam*) ¿qué se te ha perdido (por) aquí?; **so etwas hat hier nichts verloren** (*fam*) aquí no hay sitio para algo semejante; **kein Wort darüber** ~ no decir nada al respecto II. *vr:* **sich** ~ perderse (*in* en) III. *vi* perder (*an*)

Verlierer(in) *m(f)* <-s, -; -nen> perdedor(a) *m(f)*

Verlies [fɛɐ̯ˈliːs] *nt* <-es, -e> calabozo *m,* mazmorra *f*

verloben* *vr:* **sich** ~ prometerse (*mit* con)

Verlobte(r) *mf* <-n, -n; -n> prometido, -a *m, f*

Verlobung *f* <-en> compromiso *m* matrimonial

verlocken* *vt* (*geh*) tentar (*zu* a); (*verführen*) seducir (*zu* a); **ein** ~**des Angebot** una oferta tentadora

verlockend *adj* tentador; (*verführend*) seductor; **das klingt** ~ suena tentador

Verlockung *f* <-en> tentación *f;* (*Verführung*) seducción *f*

verlogen [fɛɐ̯ˈloːɡən] *adj* (*abw: Person*) mentiroso; (*Aussage*) falaz

verlor [fɛɐ̯ˈloːɐ̯] *3. imp von* **verlieren**

verloren [fɛɐ̯ˈloːrən] I. *pp von* **verlieren** II. *adj* perdido; **jdn/etw** ~ **geben** dar a alguien/algo por perdido

verlosen* [fɛɐ̯ˈloːzən] *vt* sortear

Verlosung *f* <-en> sorteo *m*

verludern* (*fam*) I. *vt* (*Geld*) despilfarrar II. *vi* echarse a perder

Verlust [fɛɐ̯ˈlʊst] *m* <-(e)s, -e> pérdida *f;* (*Schaden*) daño *m;* ~ **bringend** deficitario; **ohne Rücksicht auf** ~ **e** sin miramientos; **Verlustmeldung** *f* parte *m* de pérdida; **eine** ~ **machen** dar parte de la pérdida; **verlustreich** *adj* ❶ (*Geschäft*) deficitario ❷ (*Kampf*) sangriento

vermachen* *vt:* **jdm etw** ~ (*vererben*) legar algo a alguien; (*schenken*) regalar algo a alguien

Vermächtnis [fɛɐ̯ˈmɛçtnɪs] *nt* <-ses, -se> legado *m*

vermählen* *vr:* **sich** ~ (*geh*) desposarse

Vermählung *f* <-en> (*geh*) enlace *m*

matrimonial

vermarkten* *vt* comercializar; **sich gut/ schwer** ~ **lassen** comercializarse bien/ mal

Vermarktung *f* <-en> comercialización *f*

vermasseln* [fɛɐ̯ˈmasəln] *vt* (*fam*) estropear; **eine Prüfung** ~ hacer un examen de pena; **er hat mir alles vermasselt** me ha estropeado todos los planes

vermehren* I. *vt* acrecentar; (*zahlenmäßig*) multiplicar (*um* por) II. *vr:* **sich** ~ ❶ (*zunehmen*) incrementar (*um, auf* a) ❷ (*sich fortpflanzen*) reproducirse

Vermehrung *f* <-en> ❶ (*Zunahme*) incremento *m;* (*Vervielfachung*) multiplicación *f* ❷ (*Fortpflanzung*) reproducción *f;* (*von Pflanzen*) propagación *f*

vermeidbar *adj* evitable, eludible

vermeiden* *irr vt* evitar; (*umgehen*) eludir; **es lässt sich nicht** ~**, dass ...** es inevitable que... +*subj*

vermeintlich [fɛɐ̯ˈmaɪntlɪç] *adj* presunto

vermelden* *vt* comunicar

Vermerk *m* <-(e)s, -e> nota *f*

vermerken* *vt* ❶ (*notieren*) anotar ❷ (*zur Kenntnis nehmen*) tomar en consideración

vermessen[1] *adj* (*geh: anmaßend*) presuntuoso; (*tollkühn*) osado

vermessen*[2] *irr* I. *vt* medir; (*Gelände*) hacer el catastro (de) II. *vr:* **sich** ~ ❶ (*falsch messen*) equivocarse (al medir) ❷ (*geh: sich anmaßen*) tener la osadía (de)

Vermessenheit *f* <-en> (*Anmaßung*) presunción *f;* (*Tollkühnheit*) osadía *f*

Vermessung *f* <-en> medición *f;* (*Land~*) agrimensura *f;* (*Tiefen~*) sondeo *m;* **Vermessungsingenieur(in)** *m(f)* agrimensor(a) *m(f)*

vermieden *pp von* **vermeiden**

vermiesen* [fɛɐ̯ˈmiːzən] *vt* (*fam*): **jdm etw** ~ estropear(le) algo a alguien

vermieten* *vt* alquilar (*an* a), arrendar (*an* a) *Am;* **Zimmer zu** ~ se alquilan habitaciones

Vermieter(in) *m(f)* <-s, -; -nen> casero, -a *m, f;* (*von Haus*) dueño, -a *m, f* de la casa; (*von Wohnung*) dueño, -a *m, f* del piso

vermindern* I. *vt* reducir; (*Schmerzen*) aliviar II. *vr:* **sich** ~ ❶ (*geringer werden*) reducirse (*um, auf* a) ❷ (*sich abschwächen*) decrecer; (*Schmerzen*) aliviarse

Verminderung *f* <-en> (*Rückgang*) disminución *f;* (*eines Wachstums*) decrecimiento *m;* (*von Schmerzen*) alivio *m*

vermischen* I. *vt* mezclar II. *vr:* **sich** ~ mezclarse

Vermischung *f* <-en> mezcla *f*

vermissen* [fɛɐ̯'mɪsən] *vt* echar de menos, extrañar *Am;* **jdn als vermisst melden** dar a alguien por desaparecido; **er vermisst seine Schlüssel** no encuentra sus llaves

Vermisste(r) *mf* <-n, -n; -n> desaparecido, -a *m, f*

Vermisstenanzeige *f* parte *m* de desaparición

vermittelbar *adj* ❶ (*Arbeitslose*): **gut/ schwer ~ sein** encontrar trabajo con facilidad/con dificultad ❷ (*Idee, Gefühl*) comunicable

vermitteln* I. *vt* ❶ (*beschaffen*) proporcionar ❷ (*Treffen, Ehe*) arreglar; (*amtlich*) gestionar; **ein Gespräch ~** (TEL) poner línea ❸ (*aushandeln*) negociar ❹ (*Eindruck*) ofrecer ❺ (*Wissen*) transmitir II. *vi* mediar (*zwischen* entre); **~ de Worte** palabras conciliadoras; **~ d eingreifen** intervenir como intermediario

Vermittler(in) *m(f)* <-s, -; -nen> ❶ (POL) mediador(a) *m(f)* ❷ (WIRTSCH) intermediario, -a *m, f*

Vermittlung *f* <-en> ❶ (*bei Streit*) mediación *f* (*zwischen* entre) ❷ (*von Treffen*) arreglo *m;* (*amtlich*) gestión *f* ❸ (*Beschaffung*) facilitación *f* ❹ (TEL) centralita *f;* **Vermittlungsagentur** *f* correduría *f;* **Vermittlungsgebühr** *f* (WIRTSCH) comisión *f*

vermöbeln* [fɛɐ̯'møːbəln] *vt* (*fam*) zurrar

vermocht *pp von* **vermögen**

vermodern* [fɛɐ̯'moːdɐn] *vi sein* pudrirse

vermögen* *irr vt* (*geh*) ❶ (*imstande sein*): **~ etw zu tun** ser capaz de hacer algo ❷ (*ausrichten*) conseguir; **sie vermag bei ihm viel/wenig** tiene mucha/poca influencia sobre él ❸ (*Schweiz: sich leisten können*) poder costearse

Vermögen¹ [fɛɐ̯'møːgən] *nt* <-s, -> (*Besitz*) bienes *mpl;* (*Reichtum*) fortuna *f*, platal *m Am;* **das kostet ein ~** esto cuesta una fortuna

Vermögen² *nt* <-s, *ohne pl*> (*geh: Fähigkeit*) capacidad *f*

vermögend *adj* adinerado, fondeado *Am*

Vermögen(s)steuer *f* impuesto *m* sobre el patrimonio; **vermögenswirksam** *adj* que fomenta la formación de capital

vermummen* [fɛɐ̯'mʊmən] I. *vt* (*einhüllen*) encapuchar; (*warm*) abrigar II. *vr:* **sich ~** (*sich verkleiden*) encapucharse

vermummt *adj* ❶ (*Demonstrant*) encapuchado ❷ (*warm angezogen*) bien abrigado

Vermummungsverbot *nt* prohibición *f* de ir encapuchado (en manifestaciones)

vermuten* [fɛɐ̯'muːtən] *vt* suponer; (*erwarten*) esperar; **es ist zu ~, dass ...** es

de suponer que... **+subj; das hatte ich nicht vermutet** no me lo había esperado

vermutlich I. *adj* presunto II. *adv* presumiblemente; (*wahrscheinlich*) probablemente

Vermutung *f* <-en> suposición *f; (Mutmaßung*) conjetura *f;* **~ en** (**über** *etw*) **anstellen** hacer suposiciones (sobre algo)

vernachlässigen* [fɛɐ̯'naxlɛsɪgən] *vt* descuidar; (*außer Acht lassen*) dejar de lado; **sie fühlt sich von ihm etwas vernachlässigt** se siente un poco abandonada por él

Vernachlässigung *f* <-en> descuido *m*, negligencia *f*

vernageln* *vt* cerrar con clavos

vernagelt *adj* (*fam abw*) corto de entenderas; **er ist wie/völlig ~** está como/completamente atontado

vernähen* *vt* ❶ (*nähen*) coser ❷ (*verbrauchen*) gastar; **viel Garn ~** gastar mucho hilo

vernarben* *vi sein* cicatrizar

vernarren* [fɛɐ̯'narən] *vr:* **sich in jdn ~** estar loco por alguien

vernaschen* *vt* ❶ (*Geld*) gastar en golosinas ❷ (*fam: Person*) tirarse

vernehmen* *irr vt* ❶ (*geh: hören*) oír; (*wahrnehmen*) percibir ❷ (*geh: erfahren*) (llegar a) saber ❸ (JUR: *verhören*) interrogar (*zu* sobre)

Vernehmen *nt:* **dem ~ nach** según dicen

vernehmlich *adj* perceptible; (*deutlich*) claro

Vernehmung *f* <-en> (JUR) interrogatorio *m;* **vernehmungsfähig** *adj* (JUR) apto para ser interrogado, capaz de prestar declaración

verneigen* *vr:* **sich ~** inclinarse (*vor* ante)

Verneigung *f* <-en> (*geh*) inclinación *f* (*vor* ante)

verneinen* [fɛɐ̯'naɪnən] *vt* ❶ (*Frage*) contestar negativamente; **eine ~de Antwort** una respuesta negativa ❷ (*leugnen*) negar

Verneinung *f* <-en> negación *f;* (*einer Frage*) respuesta *f* negativa

vernetzen* *vt* ❶ (*verbinden*) conectar (*mit* con) ❷ (INFOR) integrar en la red

Vernetzung *f* <-en> conexión *f;* (INFOR) integración *f* en la red

vernichten* [fɛɐ̯'nɪçtən] *vt* aniquilar; (*zerstören*) destruir; (*ausrotten*) exterminar

vernichtend *adj* ❶ (*zerstörerisch*) destructor ❷ (*Kritik, Niederlage*) abrumador; (*Blick*) fulminante

Vernichtung *f* <-en> aniquilamiento *m;* (*Zerstörung*) destrucción *f;* (*Ausrottung*) exterminio *m;* (*Dezimierung*) estragos

V

mpl; **Vernichtungslager** *nt* campo *m* de exterminio

verniedlichen* *vt* minimizar, quitar importancia (a)

vernieten* *vt* remachar

Vernissage [vɛrnɪ'saːʒə] *f* <-n> inauguración *f*

vernommen *pp von* **vernehmen**

Vernunft [fɛɐ'nʊnft] *f ohne pl* razón *f;* (*gesunder Menschenverstand*) sentido *m* común; **zur ~ kommen** recobrar la razón; **jdn zur ~ bringen** hacer entrar a alguien en razón

vernünftig [fɛɐ'nʏnftɪç] **I.** *adj* ❶ (*Vernunft besitzend*) razonable; (*überlegt*) sensato; **sei doch ~!** ¡sé razonable!; **mit ihm kann man kein ~es Wort reden** con él no se puede hablar sensatamente ❷ (*fam: ordentlich*) decente **II.** *adv* (*fam*) como es debido

veröffentlichen* *vt* publicar

Veröffentlichung *f* <-en> publicación *f*

verordnen* *vt* ❶ (*Arzt*) prescribir; (*auf Rezept*) recetar ❷ (*anordnen*) decretar

Verordnung *f* <-en> ❶ (*von Arzt*) prescripción *f;* **nach ärztlicher ~** según prescripción médica ❷ (*Anordung*) decreto *m*

verpachten* *vt* arrendar (*an* a)

Verpachtung *f* <-en> arrendamiento *m*, arriendo *m*

verpacken* *vt* embalar; (*in Pakete*) empaquetar; (*in Dosen*) envasar

Verpackung *f* <-en> embalaje *m;* **Verpackungsmaterial** *nt* material *m* de embalar [*o* de embalaje]; **Verpackungsmüll** *m* embalajes *mpl* desechados

verpassen* *vt* ❶ (*Zug*) perder; (*Person*) no encontrar ❷ (*Gelegenheit*) desaprovechar, dejar escapar ❸ (*fam*): **jdm etw ~ dar(le)** algo a alguien; (*aufzwingen*) plantar(le) algo a alguien

verpatzen* [fɛɐ'patsən] *vt* (*fam*) estropear, echar a perder

verpennen* **I.** *vi* (*fam*) quedarse dormido **II.** *vt* (*fam: verpassen*) perder; (*vergessen*) olvidar

verpesten* *vt* (*abw*) apestar; (*Abgase*) contaminar

verpetzen* *vt* (*abw*) chivarse; **jdn** (**beim Lehrer**) **~** chivarse a alguien (al profesor)

verpfänden* *vt* empeñar

verpfeifen* *irr vt* (*fam abw: anzeigen*) denunciar (*bei* a); (*Person*) soplar (*bei* a); (*Plan*) revelar

verpfiffen *pp von* **verpfeifen**

verpflanzen* *vt* (BOT, MED) trasplantar

verpflegen* *vt* alimentar

Verpflegung[1] *f ohne pl* (*das Verpflegen*) alimentación *f*

Verpflegung[2] *f* <-en> (*Essen*) manutención *f;* **mit voller ~** en pensión completa

verpflichten* **I.** *vt* ❶ (*binden*) obligar, comprometer; **das verpflichtet zu nichts** eso no compromete a nada; **ich bin ihm sehr verpflichtet** le estoy muy obligado ❷ (*Schauspieler*) firmar un contrato; (*Sportler*) fichar (*für* por) **II.** *vr:* **sich ~** ❶ (*sich bereit erklären*) comprometerse (*zu* a); (*Sportler*) fichar ❷ (MIL): **sich für zwei Jahre ~** alistarse por dos años

Verpflichtung *f* <-en> ❶ (*Bindung*) compromiso *m;* (*Pflicht*) deber *m*, obligación *f;* **finanzielle ~en** deudas *fpl* ❷ (*von Künstler*) contratación *f;* (*von Sportler*) fichaje *m*

verpfuschen* *vt* (*fam*) estropear; (*Arbeit*) chapucear; (*Leben*) destrozar

verpissen* *vr:* **sich ~** (*vulg*) ❶ (*verunreinigen*) mearse ❷ (*fig: verschwinden*) irse al cuerno

verplanen* *vt* ❶ (*falsch planen*) planificar mal ❷ (*Geld*) incluir en la planificación; (*Zeit*) hacer planes; **für morgen bin ich schon verplant** mañana tengo todo el día ocupado

verplappern* *vr:* **sich ~** (*fam*) irse de la lengua

verplempern* [fɛɐ'plɛmpən] *vt* (*fam*) ❶ (*Geld*) malgastar; (*Zeit*) perder ❷ (*reg: verschütten*) derramar

verpönt [fɛɐ'pøːnt] *adj:* **~ sein** ser mal visto (*bei* jdm)

verprassen* [fɛɐ'prasən] *vt* despilfarrar, derrochar

verprügeln* *vt* zurrar, pelar *Am,* dar la biaba *Arg, Urug*

verpuffen* *vi sein* ❶ (*explodieren*) explotar, detonar ❷ (*Freude*) perderse; (*Maßnahme*) fracasar; (*Elan*) ser en vano

Verputz *m* <-es, *ohne pl*> revoque *m*

verputzen* *vt* ❶ (*Wand*) revocar ❷ (*fam: essen*) soplar(se) ❸ (*fam: vergeuden*) despilfarrar

verqualmt *adj* lleno de humo

verquatschen* **I.** *vt* (*fam*) pasar charlando; **wir haben die ganze Zeit verquatscht** pasamos todo el tiempo charlando **II.** *vr:* **sich ~** (*fam*) irse de la lengua

verquollen [fɛɐ'kvɔlən] *adj* hinchado

verramschen* *vt* (*fam*) malvender

verrannt *pp von* **verrennen**

Verrat [fɛɐ'raːt] *m* <-(e)s, *ohne pl*> traición *f;* **~ an jdm begehen** traicionar a alguien; **~ üben** cometer traición

verraten* *irr* **I.** *vt* ❶ (*preisgeben*) revelar; **soll ich Ihnen was ~?** (*fam*) ¿quiere que le diga una cosa? ❷ (*Treue brechen*) traicionar; ~ **und verkauft sein** estar perdido; **seine Ideale** ~ ser infiel a sus ideales ❸ (*zu erkennen geben*) delatar **II.** *vr:* **sich** ~ ❶ (*durch Geste, Sprache*) delatarse ❷ (*sich zeigen*) revelarse

Verräter(in) [fɛɛˈrɛːtɐ] *m(f)* <-s, -; -nen> traidor(a) *m(f)*, batidor(a) *m(f)* *Arg*

verräterisch *adj* ❶ (*Person*) traidor ❷ (*Geste*) delator

verrechnen* **I.** *vt* compensar; (*gutschreiben*) abonar en cuenta; **die Gewinne mit den Verlusten** ~ compensar las ganancias con las pérdidas **II.** *vr:* **sich** ~ ❶ (*falsch rechnen*) equivocarse en el cálculo; **sich um drei Euro** ~ equivocarse en tres euros ❷ (*sich täuschen*) equivocarse

Verrechnung *f* <-en> compensación *f*; **nur zur** ~ (FIN) sólo para abono en cuenta; **Verrechnungsscheck** *m* (FIN) cheque *m* cruzado

verrecken* [fɛɛˈrɛkən] *vi sein* (*fam*) ❶ (*Tier, Mensch*) estirar la pata; **verreck doch!** (*abw*) ¡muérete!; **ums V~ nicht** ni a tiros ❷ (*kaputtgehen*) echarse a perder

verregnet *adj* lluvioso

verreiben* *irr vt* extender (frotando) (*in/ auf* sobre)

verreisen* *vi sein* irse de viaje (*nach* a)

verreißen* *irr vt* ❶ (*hart kritisieren*) criticar duramente, poner verde *fam* ❷ (*reg: fam: zerreißen*): **mich verreißt's vor Freude** estoy loco de alegría

verrenken* [fɛɛˈrɛŋkən] **I.** *vt* torcer; **sich** *dat* **den Knöchel** ~ torcerse el tobillo **II.** *vr:* **sich** ~ retorcerse

Verrenkung *f* <-en> ❶ (*Verletzung*) torcedura *f* ❷ (*unnatürliche Stellung*) contorsión *f*

verrennen* *irr vr:* **sich** ~ meterse en un callejón sin salida; **er hat sich völlig in seine Vorstellungen verrannt** se aferra totalmente a sus ideas

verrichten* *vt* efectuar; **seine Notdurft** ~ hacer sus necesidades

verriegeln* *vt* cerrar con cerrojo

verringern* [fɛɛˈrɪŋɐn] **I.** *vt* reducir (*um* en); (*Preis*) rebajar; (*Abstand*) acortar **II.** *vr:* **sich** ~ disminuir

Verringerung *f* <-en> reducción *f*; (*Abnahme*) disminución *f*

Verriss *m* <-es, -e> (*fam*) dura crítica *f*

verrissen *pp von* **verreißen**

verrosten* *vi sein* oxidarse

verrotten* [fɛɛˈrɔtən] *vi sein* ❶ (*faulen*) pudrirse ❷ (*zerfallen*) desmoronarse

verrucht [fɛɛˈruːxt] *adj* (*Ort*) de mala fama; (*Blick*) malvado; (*Schurke*) vil

verrücken* *vt* desplazar, cambiar de sitio

verrückt *adj* (*geistesgestört*) loco, chalado *fam;* **du machst mich noch** ~ me vas a volver loco; **ich werd'** ~! (*fam*) ¡qué locura!; **wie** ~ (*fam*) de locura, como loco; ~ **spielen** (*fam*) estar fuera de quicio; **auf etw/jdn** ~ **sein** (*fam*) estar loco por algo/ alguien

Verrückte(r) *mf* <-n, -n; -n> loco, -a *m, f,* chalado, -a *m, f fam*

Verruf *m:* **in** ~ **geraten** caer en descrédito; **etw/jdn in** ~ **bringen** desacreditar algo/a alguien

verrufen *adj* de mala fama; ~ **sein** tener mala fama

verrühren* *vt* mezclar

verrutschen* *vi sein* correrse

Vers [fɛrs] *m* <-es, -e> ❶ (*Gedichtzeile*) verso *m;* (*Strophe*) estrofa *f* ❷ (*Bibel~*) versículo *m*

versachlichen* *vt* objetivar

versagen* **I.** *vi* ❶ (*Maschine, Gedächtnis, Stimme*) fallar ❷ (*Mensch*) fracasar; **er hat bei der Prüfung versagt** fracasó en el examen **II.** *vt:* **jdm etw** ~ negar algo a alguien; **sich** *dat* **etw** ~ renunciar a algo; **das ist uns leider versagt geblieben** desgraciadamente no pudimos conseguirlo

Versagen *nt* <-s, *ohne pl*> (*von Maschine*) avería *f;* (*von Mensch*) fracaso *m;* (*von Organ*) deficiencia *f;* **menschliches** ~ error humano

Versager(in) *m(f)* <-s, -; -nen> fracasado, -a *m, f*

versalzen* *irr vt* (*Essen*) salar demasiado; **jdm etw** ~ (*fig fam*) fastidiar algo a alguien

versammeln* **I.** *vt* reunir; **vor versammelter Mannschaft** delante de todo el equipo **II.** *vr:* **sich** ~ reunirse

Versammlung *f* <-en> reunión *f;* **eine** ~ **einberufen** convocar una reunión

Versand [fɛɛˈzant] *m* <-(e)s, *ohne pl*> ❶ (*das Versenden*) envío *m* ❷ (*~ abteilung*) departamento *m* de expedición; **Versandhandel** *m* venta *f* por correspondencia; **Versandhaus** *nt* empresa *f* de venta por correspondencia (*o* catálogo); **Versandhauskatalog** *m* catálogo *m* de ventas por correspondencia; **Versandkosten** *pl* (COM, WIRTSCH) gastos *mpl* de envío; **zuzüglich Porto und** ~ más franqueo y gastos de envío

versandt *pp von* **versenden**

Versandtasche *f* sobre *m;* (*wattiert*) sobre *m* acolchado

versauen* [fɛɛˈzaʊən] *vt* (*sl*) ❶ (*beschmutzen*) ensuciar ❷ (*verderben*) fastidiar

versäumen* [fɛɛˈzɔɪmən] *vt* ❶ (*Gelegenheit, Zug*) perder; **da haben Sie wirklich**

nichts versäumt la verdad es que no se perdió Ud. nada ❷ (*Pflicht, Unterricht*) faltar (a); **das Versäumte nachholen** recuperar lo perdido; **es nicht ~ sich zu bedanken** no omitir dar las gracias

Versäumnis *nt* <-ses, -se> omisión *f;* (*Vernachlässigung*) descuido *m*

verschachern* [fɛɐˈʃaxən] *vt* (*abw*) trapichear (con), pichulear *CSur*

verschaffen* *vt* procurar, proporcionar; **sich** *dat* **etw ~** conseguir algo; **sich** *dat* **Respekt ~** hacerse respetar

verschämt [fɛɐˈʃɛːmt] *adj* avergonzado; (*schüchtern*) tímido

verschandeln* [fɛɐˈʃandəln] *vt* (*fam*) estropear, afear

Verschand(e)lung *f* <-en> deformación *f,* desfiguración *f*

verschanzen* [fɛɐˈʃantsən] *vr:* **sich ~** ❶ (MIL) atrincherarse (*hinter* detrás de) ❷ (*Vorwand suchen*) escudarse (*hinter* en)

verschärfen* I. *vt* intensificar; (*verschlimmern*) agravar; (*Spannung*) aumentar; **verschärfte Vorschriften** órdenes más severas II. *vr:* **sich ~** intensificarse; (*sich verschlimmern*) agravarse; (*Lage*) agudizarse; (*Spannung*) aumentar

Verschärfung *f* <-en> (*Spannung*) aumento *m;* (*Tempo*) aceleración *f;* (*Lage*) empeoramiento *m,* agudización *f,* agravamiento *m*

verschätzen* *vr:* **sich ~** equivocarse (*um* en, *in* con)

verschaukeln* *vt* (*fam*) estafar

verschenken* *vt* ❶ (*schenken*) regalar (*an* a) ❷ (*ungenutzt lassen*) desaprovechar

verscherbeln* [fɛɐˈʃɛrbəln] *vt* (*fam*) vender por un real

verscherzen* *vr:* **sich** *dat* **etw ~** perder algo por una tontería; **es sich** *dat* **mit jdm ~** perder las simpatías de alguien

verscheuchen* [fɛɐˈʃɔɪçən] *vt* espantar

verschicken* *vt* mandar; (*mit der Post*) enviar; (*Sträflinge*) deportar

verschieben* *irr* I. *vt* ❶ (*verrücken*) desplazar; (*verrutschen*) correr; **etw um ein paar Meter ~** correr algo un par de metros ❷ (*verlegen*) aplazar (*auf* para) ❸ (*fam: Waren*) traficar (con) II. *vr:* **sich ~** ❶ (*verrutschen*) correrse ❷ (*zeitlich*) aplazarse (*um*); (*sich verspäten*) retrasarse (*um*)

Verschiebung *f* <-en> ❶ (*örtlich*) desplazamiento *m* ❷ (*zeitlich*) aplazamiento *m* (*auf* para) ❸ (*fam: von Waren*) venta *f* clandestina

verschieden [fɛɐˈʃiːdən] *adj* ❶ (*unterschiedlich*) distinto, diferente; (*~artig*)

diverso; **auf ~e Weise** de distinta manera; **das ist von Fall zu Fall ~** esto es en cada caso distinto; **sie sind ~ groß** son de distinto tamaño ❷ *pl* (*mehrere, manche*) diversos; **~e Leute meldeten sich** llamaron varias personas

verschiedenartig *adj* ❶ (*verschieden*) distinto ❷ (*mannigfaltig*) diverso

Verschiedenheit *f* <-en> ❶ (*Unterschied*) diferencia *f;* (*Unähnlichkeit*) desigualdad *f* ❷ (*Mannigfaltigkeit*) variedad *f*

verschiedentlich *adv* varias veces; (*immer wieder*) repetidamente

verschiffen* *vt* embarcar

verschimmeln* *vi sein* enmohecer(se)

verschissen [fɛɐˈʃɪsən] *pp von* **verscheißen**

verschlafen¹ *adj* (*medio*) dormido; (*Städtchen*) aburrido

verschlafen*² *irr* I. *vi* quedarse dormido II. *vt* ❶ (*Tag*) pasar durmiendo ❷ (*fam: versäumen*) perder; (*Termin*) olvidar

Verschlag *m* <-(e)s, -schläge> cobertizo *m*

verschlagen¹ *adj* (*abw*) astuto, pícaro

verschlagen*² *irr* *vt* ❶ (*nehmen*) quitar; **das hat mir fast die Sprache ~** eso me dejó de piedra ❷ (*an einen Ort*) ir a parar (*nach* a) ❸ (SPORT) no transformar ❹ (*verblättern*) perder la página ❺ (*reg: verprügeln*) dar una paliza

verschlampen* *vt* (*fam*) ❶ (*verlieren*) perder ❷ (*vergessen*) olvidar

verschlechtern* [fɛɐˈʃlɛçtɐn] I. *vt* empeorar; (*verschlimmern*) agravar II. *vr:* **sich ~** (*schlechter werden*) empeorar; (*Zustand*) agravarse; (*Leistung*) bajar; **sie hat sich finanziell verschlechtert** económicamente le va peor

Verschlechterung *f* <-en> empeoramiento *m;* (*Verschlimmerung*) agravación *f;* (*beruflich*) degradación *f*

verschleiern* I. *vt* ❶ (*Gesicht*) cubrir con un velo ❷ (*Skandal*) encubrir II. *vr:* **sich ~** (*Frau*) cubrirse (con un velo); (*a. fig*) cubrirse

verschleiert *adj* ❶ (*Gesicht*) cubierto con un velo ❷ (*Himmel*) cubierto

Verschleiß [fɛɐˈʃlaɪs] *m* <-es, *ohne pl*> ❶ (*Abnutzung*) desgaste *m;* **einem ständigen ~ unterliegen** estar sometido a un desgaste continuo ❷ (*Österr: Verkauf*) venta *f* (al por menor)

verschleißen [fɛɐˈʃlaɪsən] <verschleißt, verschliss, verschlissen> I. *vt* (des)gastar II. *vi sein* (des)gastarse

Verschleißerscheinung *f* (MED, TECH) manifestación *f* de desgaste; **Verschleißteil** *nt* pieza *f* de desgaste

verschleppen* *vt* ❶ (*Personen*) deportar; (*entführen*) secuestrar ❷ (*Krankheit*) curar mal, arrastrar ❸ (*weiterverbreiten*) transmitir ❹ (*hinauszögern*) retrasar

Verschleppung *f* <-en> ❶ (*von Personen*) deportación *f*; (*Entführung*) secuestro *m* ❷ (*von Krankheit*) curación *f* insuficiente ❸ (*Weiterverbreitung*) transmisión *f* ❹ (*Verzögerung*) retraso *m*

verschleudern* *vt* ❶ (*abw: Geld*) despilfarrar ❷ (*Waren*) vender a precio tirado

verschließen* *irr* **I.** *vt* ❶ (*Tür, Behälter*) cerrar; **hinter verschlossenen Türen** a puerta cerrada ❷ (*einschließen*) encerrar **II.** *vr:* **sich** (**gegen**) **etw** ~ cerrarse a algo; **sich** (**vor**) **jdm** ~ no abrirse a alguien

verschlimmern* [fɛɐ'ʃlɪmɐn] **I.** *vt* agravar **II.** *vr:* **sich** ~ agravarse, acentuarse *Am*

Verschlimmerung *f* <-en> empeoramiento *m*, agravamiento *m*

verschlingen* *irr* **I.** *vt* (*a. fig*) devorar **II.** *vr:* **sich** ~ liarse

verschliss [fɛɐ'ʃlɪs] *3. imp von* **verschließen**

verschlissen [fɛɐ'ʃlɪsən] **I.** *pp von* **verschleißen II.** *adj* desgastado

verschlossen [fɛɐ'ʃlɔsən] **I.** *pp von* **verschließen II.** *adj* (*Person*) reservado

verschlucken* **I.** *vt* ❶ (*Speisen*) tragar(se); (*Silben*) comerse ❷ (*Bemerkung*) callarse **II.** *vr:* **sich** ~ atragantarse (*an* con)

verschlungen [fɛɐ'ʃlʊŋən] **I.** *pp von* **verschlingen II.** *adj* (*Weg*) sinuoso

Verschluss [fɛɐ'ʃlʊs] *m* <-es, -schlüsse> ❶ (*Vorrichtung*) cierre *m*; (*Stöpsel*) tapón *m*; **etw unter** ~ **halten** tener algo bajo llave; **etw unter** ~ **nehmen** guardar algo ❷ (MED) oclusión *f*

verschlüsseln* *vt* codificar; **verschlüsselte Daten** (INFOR) datos codificados

Verschlüsselungstechnik *f* (INFOR) tecnología *f* de la encriptación

Verschlusskappe *f* capuchón *m*

verschmähen* [fɛɐ'ʃmɛːən] *vt* (*geh: ablehnen*) rechazar; (*verachten*) despreciar, ajotar *Cuba*

verschmelzen* *irr* **I.** *vi sein* (*Metall*) fundirse; (*fig*) fusionarse **II.** *vt* (*Metall*) fundir; (*fig*) fusionar

Verschmelzung *f* <-en> ❶ (*das Verschmelzen*) fundición *f* ❷ (WIRTSCH) fusión *f*

verschmerzen* *vt* reponerse (de); (*vergessen*) olvidar

verschmieren* *vt* ❶ (*Loch, Riss*) tapar; (*verputzen*) revocar ❷ (*beschmutzen*) embadurnar ❸ (*Farbe, Lippenstift*) correr; (*Blatt Papier*) emborronar

verschmolzen *pp von* **verschmelzen**

verschmoren* *vi sein* (ELEK) fundirse

verschmutzen* **I.** *vi sein* ensuciar(se) **II.** *vt* ensuciar; (*Umwelt*) contaminar

Verschmutzung *f* <-en> ensuciamiento *m*; (*der Umwelt*) contaminación *f*

verschnaufen* *vi* tomar aliento

Verschnaufpause *f* respiro *m*

verschneit [fɛɐ'ʃnaɪt] *adj* cubierto de nieve

verschnörkelt *adj* con arabescos

verschnupft [fɛɐ'ʃnʊpft] *adj* resfriado

verschnüren* [fɛɐ'ʃnyːrən] *vt* atar (con una cuerda)

verschoben *pp von* **verschieben**

verschollen [fɛɐ'ʃɔlən] *adj* desaparecido

verschonen* *vt* (*Sturm*) no afectar; **verschont werden** (**von etw** *dat*) librarse (de algo); **jdn mit etw** *dat* ~ dejar a alguien en paz con algo

verschönern* [fɛɐ'ʃøːnɐn] *vt* embellecer

Verschönerung *f* <-en> embellecimiento *m*

verschränken* [fɛɐ'ʃrɛŋkən] *vt* (*Beine, Arme*) cruzar

verschreiben* *irr* **I.** *vt* ❶ (*verordnen*) prescribir; (*Medikament*) recetar ❷ (*Papier, Stift*) gastar **II.** *vr:* **sich** ~ equivocarse al escribir; **sich einer Tätigkeit** ~ dedicarse plenamente a una actividad

verschreibungspflichtig *adj* de prescripción obligatoria

verschrieben *pp von* **verschreiben**

verschrie(e)n *adj* mal visto; ~ **sein als ...** tener (la mala) fama de...

verschrotten* *vt* aprovechar como chatarra, desguazar

Verschrottung *f* <-en> desguace *m*

verschrumpelt *adj* (*fam*) arrugado

verschüchtert [fɛɐ'ʃʏçtɐt] *adj* intimidado; (*schüchtern*) tímido

verschulden* **I.** *vt* causar, tener la culpa (de) **II.** *vr:* **sich** ~ endeudarse **III.** *vi sein* endeudarse; **hoch verschuldet sein** estar cargado de deudas

Verschulden *nt* <-s, *ohne pl*> culpa *f*; **durch eigenes** ~ por propia culpa; **es ist ohne mein** ~ **passiert** yo no tengo culpa de eso

Verschuldung *f* <-en> endeudamiento *m*

verschütten* *vt* ❶ (*Flüssigkeit*) derramar ❷ (*unter sich begraben*) enterrar ❸ (*zuschütten*) llenar

verschwägert [fɛɐ'ʃvɛːgɐt] *adj* emparentado (por matrimonio)

verschweigen* *irr vt* callar; **jdm etw** ~ callar algo a alguien

verschwenden* [fɛɐ'ʃvɛndən] *vt* (*Geld*) derrochar; (*Zeit*) perder; (*Energie, Wasser*) despilfarrar

Verschwender(in) *m(f)* <-s, -; -nen> derrochador(a) *m(f)*, botarate *m Am*

verschwenderisch *adj* ❶ (*großzügig*) derrochador, botador *Am;* **mit etw** *dat* ~ **umgehen** derrochar algo ❷ (*üppig*) lujoso, opulento

Verschwendung *f* <-en> derroche *m*, despilfarro *m*

verschwiegen [fɛɐ̯'ʃviːgən] **I.** *pp von* **verschweigen II.** *adj* ❶ (*Person*) discreto ❷ (*still, einsam*) retirado

verschwimmen* *irr vi sein* (*Umrisse*) desdibujarse; **mir verschwimmt alles vor den Augen** se me nublan los ojos

verschwinden* *irr vi sein* desaparecer, fletarse *Cuba, Mex;* **etw ~ lassen** (*wegzaubern*) hacer desaparecer algo; **verschwinde!** (*fam*) ¡lárgate!

Verschwinden *nt* <-s, *ohne pl*> desaparición *f*

verschwitzen* *vt* ❶ (*Kleidung*) empapar de sudor ❷ (*fam: vergessen*) olvidarse (de)

verschwitzt *adj* empapado en sudor

verschwommen [fɛɐ̯'ʃvɔmən] *adj* (*Aussage*) impreciso; (*Licht*) difuso; (*Foto, Erinnerung*) borroso; **ohne Brille sehe ich alles** ~ sin gafas lo veo todo borroso

verschworen [fɛɐ̯'ʃvoːrən] **I.** *pp von* **verschwören II.** *adj* conspirador; **ein ~er Haufen** (*fam*) una peña muy unida

verschwören* *irr vr:* **sich** ~ conspirar (*gegen* contra); **alles hat sich gegen mich verschworen** todo se ha vuelto en mi contra

Verschwörer(in) *m(f)* <-s, -; -nen> conjurado, -a *m, f*, conspirador(a) *m(f)*

Verschwörung *f* <-en> conspiración *f*

verschwunden *pp von* **verschwinden**

versehen* *irr* **I.** *vt* ❶ (*ausstatten*) proveer (*mit* de), munir (*mit* de) *CSur;* **etw mit seiner Unterschrift/einem Stempel ~** firmar/sellar algo ❷ (*Dienst, Amt*) desempeñar **II.** *vr:* **sich ~** ❶ (*irren*) equivocarse ❷ (*sich gefasst machen*): **ehe man sich's versieht(, ist es passiert)** (*fam*) cuando uno menos lo espera (salta la liebre) ❸ (*sich versorgen*): **sich mit etw** *dat* ~ proveerse de algo

Versehen *nt* <-s, -> (*Fehler*) error *m;* (*Nachlässigkeit*) descuido *m;* **etw aus ~ tun** hacer algo sin querer

versehentlich *adv* por descuido

verselbständigen* *vr;* **verselbstständigen*** *vr:* **sich ~** independizarse

versenden* *irr vt* enviar, remitir

versengen* [fɛɐ̯'zɛŋən] *vt* chamuscar

versenken* **I.** *vt* ❶ (*Schiff*) hundir ❷ (*in*

Flüssigkeit) sumergir (*in* en) **II.** *vr:* **sich ~** sumergirse (*in* en)

Versenkung *f* <-en> ❶ (*von Schiffen*) hundimiento *m* ❷ (*Meditation*) ensimismamiento *m;* **in der ~ verschwinden** (*fam*) caer en el olvido; **aus der ~ auftauchen** (*fam*) aparecer como por arte de magia

versessen [fɛɐ̯'zɛsən] *adj:* **auf etw ~ sein** estar obsesionado por algo

versetzen* **I.** *vt* ❶ (*umsetzen*) desplazar; (*Pflanzen*) trasplantar ❷ (*beruflich*) trasladar ❸ (*sch*) hacer pasar al curso siguiente; **sie ist in die fünfte Klasse versetzt worden** pasó al quinto curso; **er wird nicht versetzt** tiene que repetir el curso ❹ (*verpfänden*) empeñar ❺ (*vermischen*) mezclar; **etw mit Alkohol/Wasser ~** añadir alcohol a algo/aguar algo ❻ (*Schlag*) asestar, fletar *Chil, Peru;* **jdm einen Schrecken ~** asustar a alguien ❼ (*antworten*) replicar ❽ (*fam: warten lassen*) dar un plantón ❾ (*in Zustand bringen*): **jdn in Zorn/in Angst ~** enfurecer/causarle miedo a alguien; **jdn in die Lage ~ etw zu tun** permitir algo a alguien ❿ (*zurück~*) llevar de vuelta **II.** *vr:* **sich in jds Lage ~** ponerse en la situación de alguien

Versetzung *f* <-en> ❶ (*örtlich*) desplazamiento *m* ❷ (*beruflich*) traslado *m* ❸ (*sch*) paso *m* al curso siguiente; **deine ~ ist gefährdet** está en juego el que apruebes el curso ❹ (*Verpfändung*) empeño *m*

Versetzungszeugnis *nt* calificaciones *fpl* finales

verseuchen* [fɛɐ̯'zɔɪçən] *vt* contaminar

Verseuchung *f* <-en> contaminación *f*

versichern* **I.** *vt* ❶ (*bestätigen*) asegurar; **jdm etw ~** asegurar algo a alguien ❷ (*Versicherung abschließen*) asegurar (*gegen* contra) **II.** *vr:* **sich ~** ❶ (*sich vergewissern*) asegurarse (+*gen* de) ❷ (*Versicherung abschließen*) asegurarse (*gegen* contra)

Versicherte(r) *mf* <-n, -n; -, -n> asegurado, -a *m, f*

Versichertenkarte *f* tarjeta *f* (de la caja) del seguro

Versicherung *f* <-en> ❶ (*Vertrag*) seguro *m* (*gegen* contra); **eine ~ abschließen/kündigen** hacerse/cancelar un seguro ❷ (*~ sgesellschaft*) compañía *f* de seguros ❸ (*Versprechen*) promesa *f;* (*Behauptung*) afirmación *f;* **Versicherungsanspruch** *m* derecho *m* a indemnización por parte del seguro; **Versicherungsbetrug** *m* estafa *f* de seguros; **Versicherungsfall** *m* contingencia *f* asegurada; **Versicherungsgesellschaft** *f* compañía *f* de seguros; **Versicherungskauffrau** *f* corredora *f* de seguros; **Versicherungskaufmann** *m* corredor *m* de seguros; **versicherungspflichtig** *adj* sujeto (obligadamente) al seguro; **Versicherungsschutz** *m* protección *f* de seguro; **Versicherungsvertreter(in)** *m(f)* agente *mf* de seguros

versickern* *vi sein* ser absorbido por el suelo

versiegeln* *vt* (*Brief, Boden*) sellar; (*Fußboden*) vitrificar

versiegen* *vi sein* (*Quelle*) secarse; (*Kräfte*) agotarse; (*Gespräch*) terminarse

versiert [vɛr'ziːɐt] *adj* versado; **in etw** *dat* ~ **sein** ser versado en algo

versilbern* *vt* ❶ (*mit Silber überziehen*) platear (a) ❷ (*fam: verkaufen*) vender

versinken* *irr vi sein* ❶ (*in Flüssigkeit*) sumergirse (*in* en); (*in Schnee, Schlamm; Schiff*) hundirse (*in* en); **ich hätte vor Scham im Boden ~ mögen**! ¡ojalá me hubiera tragado la tierra! ❷ (*sich hingeben*) perderse (*in* en); **in Gedanken versunken** absorto en sus pensamientos

versinnbildlichen* [fɛɐ'zɪnbɪltlɪçən] *vt* simbolizar

Version [vɛr'zjoːn] *f* <-en> versión *f*

Versklavung *f* <-en> esclavización *f*

Versmaß *nt* <-es, -e> (LIT) metro *m*

versöhnen* [fɛɐ'zøːnən] **I.** *vt* ❶ (*Streitende*) reconciliar ❷ (*versöhnlich stimmen*) apaciguar **II.** *vr:* **sich** ~ reconciliarse

versöhnlich *adj* conciliador; **jdn** ~ **stimmen** apaciguar a alguien

Versöhnung *f* <-en> reconciliación *f*

versorgen* **I.** *vt* ❶ (*verschaffen, beliefern*) proveer (*mit* de), premunir (*mit* de) *Am* ❷ (*unterhalten*) mantener ❸ (*betreuen*) cuidar (de) **II.** *vr:* **sich** ~ abastecerse (*mit* de); **sich selbst** ~ autoabastecerse

Versorgung *f ohne pl* ❶ (*Belieferung*) aprovisionamiento *m* (*mit* de) ❷ (*Unterhalt*) manutención *f*; (*Rente*) pensión *f* ❸ (*Betreuung*) cuidados *mpl*; **ärztliche** ~ asistencia médica; **versorgungsberechtigt** *adj* que tiene derecho a una pensión; **Versorgungslücke** *f* déficit *m inv* de abastecimiento

verspäten* *vr:* **sich** ~ retrasarse; **sich um eine Stunde** ~ llegar con una hora de retraso

verspätet I. *adj* atrasado **II.** *adv* con retraso

Verspätung *f* <-en> retraso *m*; **zehn Minuten** ~ **haben** tener diez minutos de retraso

verspeisen* *vt* (*geh*) comer

versperren* *vt* ❶ (*blockieren*) obstruir; **die Durchfahrt/die Sicht** ~ cerrar el paso/quitar la vista ❷ (*Österr, reg: zuschließen*) cerrar

verspielen* **I.** *vi* perder; **er hat bei ihr verspielt** (*fam*) ella no quiere saber nada más de él; **du hast verspielt** has agotado tus posibilidades **II.** *vt* ❶ (*Geld*) perder en el juego ❷ (*Chance*) perder **III.** *vr:* **sich** ~ (MUS) equivocarse al tocar

verspielt *adj* ❶ (*Kind, Tier*) juguetón ❷ (*Muster*) alegre

verspotten* *vt* burlarse (de)

versprechen* *irr* **I.** *vt* prometer; **viel ~d** (muy) prometedor; **ich kann dir nichts ~** no te puedo prometer nada; **sich** *dat* **etwas** ~ esperar algo (*von* de); **das Wetter verspricht heute gut zu werden** hoy el tiempo promete ser bueno **II.** *vr:* **sich** ~ (*falsch aussprechen*) equivocarse al hablar

Versprechen *nt* <-s, -> promesa *f*; **jdm ein** ~ **geben** prometer(le) algo a alguien; **ein** ~ **einhalten** cumplir una promesa

Versprecher *m* <-s, -> lapsus *m inv* linguae

Versprechung *f* <-en> promesa *f*; **leere** ~**en machen** hacer falsas promesas

verspritzen* *vt* ❶ (*verteilen*) esparcir ❷ (*bespritzen*) salpicar ❸ (*voll spritzen*) rociar

versprochen *pp von* **versprechen**

versprühen* *vt* pulverizar

verspüren* *vt* sentir

verstaatlichen* *vt* nacionalizar

Verstaatlichung *f* <-en> nacionalización *f*

verstand [fɛɐ'ʃtant] *3. imp von* **verstehen**

Verstand [fɛɐ'ʃtant] *m* <-(e)s, *ohne pl*> (*Denkfähigkeit*) inteligencia *f*; (*Urteilskraft*) juicio *m*; (*Vernunft*) razón *f*; **den** ~ **verlieren** perder la razón; **bei klarem** ~ **sein** estar en pleno juicio; **du bist wohl nicht ganz bei ~**! (*fam*) ¡estás chiflado!; **das geht über meinen** ~ (*fam*) eso no me entra

verstanden [fɛɐ'ʃtandən] *pp von* **verstehen**

verständig [fɛɐ'ʃtɛndɪç] *adj* (*vernünftig*) razonable; (*klug*) inteligente

verständigen* [fɛɐ'ʃtɛndɪgən] **I.** *vt* (*benachrichtigen*) informar (*von* de/sobre) **II.** *vr:* **sich** ~ ❶ (*kommunizieren*) entenderse ❷ (*sich einigen*) llegar a un acuerdo (*über* sobre)

Verständigung *f* <-en> ❶ (*Benachrichtigung*) información *f* ❷ (*Kommunikation*) comunicación *f* ❸ (*Einigung*) acuerdo *m*; **Verständigungsschwierigkeiten** *fpl* dificultades *fpl* de entendimiento

verständlich [fɛɐ'ʃtɛntlɪç] *adj* inteligible;

(*begreiflich*) comprensible; (*deutlich*) claro; **leicht/schwer** ~ fácil/difícil de comprender; **sich** ~ **machen** explicarse; **sich** ~ **ausdrücken** expresarse claramente

verständlicherweise [-'---'--] *adv* con razón

Verständlichkeit *f ohne pl* comprensibilidad *f*; (*Deutlichkeit*) claridad *f*

Verständnis [fɛɐ'ʃtɛntnɪs] *nt* <-ses, *ohne pl*> ❶ (*Begreifen, Mitgefühl*) comprensión *f*; **für jdn/etw kein** ~ **haben** no tener comprensión con alguien/para algo; **dafür hast du mein vollstes** ~ tienes todas mis simpatías con respecto a eso; **wir bitten um Ihr** ~ rogamos su comprensión ❷ (*Sinn, Gefühl*) sensibilidad *f* (*für* para)

verständnislos *adj* incomprensivo

verständnisvoll *adj* comprensivo

verstärken* **I.** *vt* ❶ (*stabiler machen*) reforzar ❷ (*vergrößern*) aumentar ❸ (*Lautstärke, Instrumente*) amplificar **II.** *vr:* **sich** ~ intensificarse, aumentar

Verstärker *m* <-s, -> (TECH, ELEK) amplificador *m*

Verstärkung *f* <-en> ❶ (*der Stabilität*) refuerzo *m* ❷ (*Vergrößerung*) aumento *m* ❸ (*der Lautstärke*) amplificación *f* ❹ (*a.* MIL: *Personengruppe*) refuerzos *mpl*

verstauben* [fɛɐ'ʃtaʊbən] *vi sein* llenarse de polvo

verstaubt [fɛɐ'ʃtaʊpt] *adj* ❶ (*schmutzig*) lleno de polvo ❷ (*veraltet*) anticuado, pasado de moda

verstauchen* [fɛɐ'ʃtaʊxən] *vt:* **sich** *dat* **etw** ~ torcerse algo

Verstauchung *f* <-en> esguince *m*, torcedura *f*, gambeta *f AmS*

verstauen* *vt* guardar (*in* en)

Versteck [fɛɐ'ʃtɛk] *nt* <-(e)s, -e> escondite *m*; ~ **spielen** jugar al escondite

verstecken* **I.** *vt* esconder (*vor* de); (*verbergen*) ocultar (*vor* de) **II.** *vr:* **sich** ~ esconderse (*vor* de), escorarse *Cuba, Hond*

Versteckspiel *nt* juego *m* del escondite, escondido(s) *m(pl) Am*; **lass das** ~**!** (*fig*) ¡déjate de jueguecitos!

versteckt *adj* ❶ (*verborgen*) escondido, oculto ❷ (*Anspielung*) indirecto; (*heimlich*) secreto

verstehen <versteht, verstand, verstanden> **I.** *vt* ❶ (*hören*) entender; (*begreifen*) comprender; **er gab mir zu** ~ **...** me dio a entender que...; **verstanden?** ¿entendido?; **das hast du falsch verstanden** eso lo has entendido mal; **versteh mich recht** no me malinterpretes; **wie soll ich das** ~**?** ¿qué quieres decir con

eso? ❷ (*meinen*) entender (*unter* por); **was verstehst du unter diesem Begriff?** ¿qué entiendes por este término? ❸ (*können*) saber; **er versteht es, mit Kindern umzugehen** sabe cómo tratar a los niños ❹ (*Verständnis haben*) comprender; **ich verstehe deinen Ärger** puedo comprender tu rabia **II.** *vr:* **sich** ~ ❶ (*auskommen*) llevarse bien; **ich verstehe mich gut mit ihr** me llevo bien con ella ❷ (*sich einschätzen*): **sich** ~ **als** tenerse por ❸ (*beherrschen*): **sich auf etw** ~ ser experto en algo ❹ (*zu verstehen sein*): **die Preise** ~ **sich zuzüglich Mehrwertsteuer** se sobreentiende que el IVA será sumado a los precios; **das versteht sich doch von selbst** eso es evidente; **versteht sich!** ¡por supuesto!, ¿cómo no? *Am*

versteifen* *vr:* **sich** ~ obstinarse (*auf* en)

versteigern* *vt* subastar, rematar *Am*

Versteigerung *f* <-en> subasta *f*, remate *m Am*

Versteinerung *f* <-en> ❶ (*das Versteinern*) petrificación *f* ❷ (*Objekt*) fósil *m*

verstellbar *adj* graduable; **in der Höhe** ~ de altura graduable

verstellen* **I.** *vt* ❶ (*örtlich*) cambiar (de sitio); (*falsch stellen*) poner mal ❷ (*einstellen*) ajustar; (*regulieren*) regular ❸ (*versperren*) bloquear; **jdm den Weg** ~ atajar el paso a alguien ❹ (*Stimme, Handschrift*) disimular **II.** *vr:* **sich** ~ ❶ (*Person*) fingir, disimular ❷ (TECH) desajustarse

Verstellung¹ *f* <-en> ❶ (*örtlich*) cambio *m* de sitio ❷ (*Einstellung*) ajuste *m*; (*Regulierung*) regulación *f*; (*nach Skala*) graduación *f*

Verstellung² *f ohne pl* (*Täuschung*) fingimiento *m*

versteuern* *vt* pagar impuestos (por)

Versteuerung *f* <-en> pago *m* de impuestos

verstimmen* *vt* ❶ (*Instrument*) desafinar ❷ (*verärgern*) poner de mal humor

verstimmt *adj* ❶ (*Instrument*) desafinado ❷ (*Person*) enfadado; **einen** ~ **en Magen haben** tener una indigestión

verstockt [fɛɐ'ʃtɔkt] *adj* (*abw*) obstinado, porfiado

verstohlen [fɛɐ'ʃtoːlən] *adj* disimulado

verstopfen* **I.** *vi sein* obstruirse, tupirse *Am* **II.** *vt* ❶ (*Loch*) obturar ❷ (*Abfluss*) atascar

verstopft *adj* (*Abfluss*) obstruido, tupido *Am*; (*Nase*) tapado; (*Ohren*) taponado; (*Mensch*) estreñido; ~ **e Straßen** atascos de tráfico

Verstopfung *f* <-en> ❶ (*eines Lochs*)

obstrucción *f*; (*von Abfluss*) atasco *m* ❷ (MED) estreñimiento *m* ❸ (*Stau*) atasco *m*, taco *m Am*

verstorben [fɛɐ'ʃtɔrbən] *adj* fallecido, extinto *AmS, Mex*

Verstorbene(r) *mf* <-n, -n; -n> difunto, -a *m*, *f*, extinto, -a *m*, *f AmS, Mex*

verstört [fɛɐ'ʃtøːɐt] *adj* aturdido; (MED) trastornado

Verstoß *m* <-es, -stöße> infracción *f* (*gegen* contra); **einen ~ begehen** cometer una infracción

verstoßen* *irr* **I.** *vi* faltar (*gegen* a); (*gegen Gesetz*) infringir **II.** *vt* expulsar; (*Frau*) repudiar

verstrahlen* *vt* contaminar con radiactividad; **verstrahlt sein** estar contaminado con radiactividad

verstrahlt *adj* contaminado por radioactividad

verstreichen* *irr* **I.** *vi sein* (*geh: Zeit*) pasar; (*Frist*) vencer **II.** *vt* ❶ (*Farbe, Butter*) extender (*auf* en) ❷ (*Ritz, Spalt*) tapar

verstreut [fɛɐ'ʃtrɔɪt] *adj* (*Gehöfte, Ortschaften*) diseminado, disperso, desperdigado

verstrichen *pp von* **verstreichen**

verstricken* **I.** *vt* ❶ (*Wolle*) gastar haciendo punto ❷ (*verwickeln*) implicar (*in* en) **II.** *vr: sich ~* ❶ (*Personen*) liarse (*in* en) ❷ (*Strickarbeit*) equivocarse al hacer punto

verstümmeln* [fɛɐ'ʃtʏməln] *vt* mutilar

Verstümmelung *f* <-en> mutilación *f*

verstummen* *vi sein* (*geh: Person*) callar(se); (*Geräusch*) cesar

Versuch [fɛɐ'zuːx] *m* <-(e)s, -e> ❶ (*Handlung, a.* SPORT) intento *m*; **das käme auf einen ~ an** debería intentarse ❷ (*Experiment*) experimento *m*; (*Test*) prueba *f*

versuchen* **I.** *vt* ❶ (*ausprobieren*) intentar; **~ Sie keine Tricks!** ¡no intente ningún truco! ❷ (*kosten*) probar ❸ (*geh: erproben*) tentar; **ich bin versucht es mal auszuprobieren** estoy tentado de probarlo **II.** *vr: sich in etw dat ~* intentar algo

Versuchsanlage *f* ❶ (*Forschungsanstalt*) planta *f* de pruebas ❷ (*neue Anlage*) instalación *f* piloto; **Versuchskaninchen** *nt* (*fam abw*) conejillo *m* de Indias; **Versuchsperson** *f* (MED, PSYCH) sujeto *m* de experimentación; **Versuchsreihe** *f* serie *f* de ensayos; **Versuchstier** *nt* animal *m* de laboratorio; **versuchsweise** [-vaɪzə] *adv* a modo de prueba; **Versuchszweck** *m* objeto *m* de la experimentación; **zu ~en** para fines de experimentación

Versuchung *f* <-en> tentación *f*; **jdn in ~ führen** tentar a alguien; **in ~ kommen** caer en la tentación

versunken [fɛɐ'zʊŋkən] **I.** *pp von* **versinken** **II.** *adj* ❶ (*Kultur*) desaparecido ❷ (*vertieft*) absorto (*in* en); **in Gedanken ~** absorto en sus pensamientos

versüßen* *vt* endulzar

Vertäfelung [fɛɐ'tɛːfəlʊŋ] *f* <-en> (*der Wand*) revestimiento *m* (de madera); (*der Decke*) artesonado *m*

vertagen* [fɛɐ'taːgən] **I.** *vt* aplazar (*auf* para) **II.** *vr: sich ~* aplazar la reunión (*auf* para)

Vertagung *f* <-en> aplazamiento *m* (*auf* para)

vertan *pp von* **vertun**

vertauschen* *vt* ❶ (*verwechseln*) confundir (*mit* con) ❷ (*austauschen*) cambiar (*gegen/mit* por)

verteidigen* [fɛɐ'taɪdɪgən] **I.** *vt* (*a.* SPORT, JUR) defender (*gegen* de/contra) **II.** *vr: sich ~* defenderse (*mit* con, *gegen* de/contra); (*sich rechtfertigen*) justificarse

Verteidiger(in) *m(f)* <-s, -; -nen> ❶ (SPORT) defensa *mf* ❷ (JUR) abogado, -a *m*, *f* defensor(a)

Verteidigung *f* <-en> (*a.* JUR, SPORT, MIL) defensa *f* (*gegen* contra/de); **was können Sie zu Ihrer ~ vorbringen?** ¿qué puede alegar en su defensa?; **Verteidigungsministerium** *nt* Ministerio *m* de Defensa; **Verteidigungszweck** *m:* **für ~e, zu ~en** para fines defensivos

verteilen* **I.** *vt* ❶ (*austeilen*) repartir (*unter/an* entre); (*zuteilen*) asignar ❷ (*aufteilen*) repartir (*auf* entre); **übers ganze Land verteilt** repartido por todo el país ❸ (*ausbreiten*) extender ❹ (*verstreichen*) untar **II.** *vr: sich ~* extenderse (*auf* en/sobre)

Verteiler *m* <-s, -> (*a.* WIRTSCH) distribuidor *m*; **Verteilerkasten** *m* (ELEK) distribuidor *m* de corriente

Verteilung *f* <-en> ❶ (*Austeilung*) reparto *m* (*an/unter* entre); (*Zuteilung*) asignación *f* ❷ (*Aufteilung*) repartición *f* ❸ (WIRTSCH) distribución *f*; **Verteilungskampf** *m:* **~ auf dem Arbeitsmarkt** lucha por un empleo en el mercado laboral; **einen ~ um etw akk führen** luchar por obtener una (buena) parte de algo (que se reparte)

verteuern* **I.** *vt* encarecer (*um, auf* a) **II.** *vr: sich ~* subir de precio (*um, auf* a)

Verteuerung *f* <-en> encarecimiento *m* (*um* en)

verteufeln* *vt* (*abw*) condenar

vertiefen* **I.** *vt* profundizar **II.** *vr: sich ~*

(*tiefer werden*) hacerse más profundo; **sich in etw** ~ sumergirse en algo; **in etw vertieft sein** estar absorto en algo

Vertiefung *f* <-en> ❶ (*von Graben, Thema*) profundización *f;* (*im Gelände*) depresión *f* ❷ (*von Person*) ensimismamiento *m*

vertikal [vɛrti'kaːl, '---] *adj* vertical

Vertikale [vɛrti'kaːlə] *f* <-n> vertical *f;* **in der ~n** en la vertical

vertilgen* *vt* ❶ (*Ungeziefer, Unkraut*) exterminar ❷ (*fam: essen*) zampar

Vertilgungsmittel *nt* (*gegen Ungeziefer*) insecticida *m;* (*gegen Unkraut*) pesticida *m*

vertippen* *vr:* **sich** ~ (*fam*) equivocarse al escribir a máquina

vertonen* [fɛɐ'toːnən] *vt* poner música (a)

vertrackt [fɛɐ'trakt] *adj* (*fam*) complicado, liado

Vertrag [fɛɐ'traːk, *pl:* fɛɐ'trɛːgə] *m* <-(e)s, -träge> contrato *m;* (POL) tratado *m;* **einen** ~ **schließen** firmar un contrato; **jdn unter** ~ **nehmen** contratar a alguien; **unter** ~ **stehen** estar bajo contrato

vertragen* *irr* **I.** *vt* ❶ (*Klima, Aufregung*) soportar ❷ (*Speisen, Medikamente*) tolerar; **ich vertrage keine Milch** la leche me sienta mal; **ich könnte noch ein Bier** ~ (*fam*) no me importaría tomar otra cerveza ❸ (*Schweiz: austragen*) repartir **II.** *vr:* **sich** ~ ❶ (*Personen*) llevarse bien; **wir haben uns wieder** ~ hemos hecho las paces ❷ (*vereinbar sein*) ser compatible, pegar *fam*

vertraglich **I.** *adj* contractual **II.** *adv* por contrato; ~ **gebunden sein** estar sujeto a un contrato

verträglich [fɛɐ'trɛːklɪç] *adj* ❶ (*Speisen*) digerible; **gut/schlecht** ~ de fácil digestión/no digestible ❷ (*Personen*) tratable, sociable

Verträglichkeit *f ohne pl* ❶ (*von Speisen*) digestibilidad *f,* digeribilidad *f* ❷ (*von Personen*) tolerancia *f*

Vertragsabschluss *m* cierre *m* del contrato; (POL) cierre *m* del tratado; **Vertragsbruch** *m* ruptura *f* de(l) contrato; **vertragsbrüchig** *adj* refractario; ~ **werden** romper un contrato

vertragschließend *adj* contratante; ~ **e Partei** parte contratante

Vertragspartner(in) *m(f)* (parte *f*) contratante *mf;* **Vertragsvereinbarung** *f* acuerdo *m* contractual; **ausdrückliche** ~ convenio (contractual) expreso; **Vertragswerkstatt** *f* taller *m* de reparación autorizado por el fabricante; **vertragswidrig** *adj* contrario al contrato

vertrauen* *vi:* **jdm/etw** *dat* ~ confiar en alguien/de algo

Vertrauen *nt* <-s, *ohne pl*> confianza *f* (*auf/in/zu* en); **im** ~ (**gesagt**) (dicho sea) entre nosotros; **jdn ins** ~ **ziehen** confiarse a alguien; ~ **zu jdm haben** tener confianza en alguien; **sie besitzt mein volles** ~ goza de mi plena confianza; **zu jdm** ~ **fassen** adquirir confianza con alguien

vertrauenerweckend *adj s.* **erwecken 2.**

Vertrauensarzt, -ärztin *m, f* inspector(a) *m(f)* médico, -a; **Vertrauensbasis** *f ohne pl:* **Geschäft/Rechnungsstellung auf** ~ negocio/facturación sobre la base de mutua confianza; **Vertrauensbruch** *m* abuso *m* de confianza; **Vertrauensfrage** *f* (*a.* POL) cuestión *f* de confianza; **die** ~ **stellen** plantear la cuestión de confianza; **Vertrauenskrise** *f* (*a.* POL) crisis *f inv* de confianza

Vertrauenssache[1] *f ohne pl* (*Frage des Vertrauens*) cuestión *f* de confianza

Vertrauenssache[2] *f* (*zur vertraulichen Behandlung*) asunto *m* confidencial

vertrauensselig *adj* (demasiado) confiado

Vertrauensverhältnis *nt* relación *f* de confianza; **ein gutes** ~ **zu jdm haben/unterhalten** tener/mantener una relación de confianza con alguien; **vertrauensvoll** **I.** *adj* confiado **II.** *adv* con toda confianza; **Vertrauensvotum** *nt* (POL) voto *m* de confianza; **vertrauenswürdig** *adj* fiable

vertraulich *adj* ❶ (*geheim*) confidencial; ~ **e Mitteilung** confidencia *f;* **streng** ~ de alto secreto ❷ (*persönlich*) íntimo; ~ **werden** confraternizar

Vertraulichkeit[1] *f ohne pl* (*Eigenschaft*) carácter *m* confidencial; **es wird absolute** ~ **zugesagt** se garantiza absoluta discreción

Vertraulichkeit[2] *f* <-en> (*Aufdringlichkeit*) indiscreción *f;* **plumpe** ~ **en** excesiva confianza

verträumt [fɛɐ'trɔɪmt] *adj* ❶ (*Person*) soñador ❷ (*Ort*) romántico

vertraut [fɛɐ'traʊt] *adj* ❶ (*eng verbunden*) familiarizado; (*Freund*) íntimo; ~ **miteinander sein** tenerse confianza ❷ (*bekannt*) familiar; **sich mit etw** *dat* ~ **machen** familiarizarse con algo

Vertraute(r) *mf* <-n, -n; -n> confidente *mf*

Vertrautheit *f ohne pl* ❶ (*enge Verbundenheit*) intimidad *f* ❷ (*Bekanntheit*) familiaridad *f*

vertreiben* *irr vt* ❶ (*Personen*) echar (*aus de*) ❷ (*Mücken*) ahuyentar; (*Müdigkeit*) hacer desaparecer; **sich** *dat* **die Zeit** ~

entretenerse; **jdm die Langeweile** ~ entretener a alguien ❸ (*verkaufen*) vender

Vertreibung *f* <-en> expulsión *f* (*aus* de)

vertretbar *adj* ❶ (*Maßnahme*) justificable ❷ (JUR) fungible

vertreten* *irr vt* ❶ (*ersetzen*) sustituir ❷ (*als Beauftragter*) representar; (*als Anwalt*) defender (la causa de) ❸ (*Interessen*) velar (por); (*Ansicht, These*) sostener; (*verantworten*) responsabilizarse (de); (**nicht**) ~ **sein** (no) figurar (*unter* entre); **stark/schwach** ~ **sein** tener mucha/poca representación ❹ (*verstauchen*) torcerse; **sich** *dat* **die Füße** ~ estirar las piernas

Vertreter(in) *m(f)* <-s, -; -nen> ❶ (*Stell~*) sustituto, -a *m, f* ❷ (*Beauftragter*) representante *mf*, personero, -a *m, f Am* ❸ (*Handlungsreisender*) agente *mf*, agenciero, -a *m, f Arg* ❹ (*Verfechter*) defensor(a) *m(f)*

Vertretung *f* <-en> ❶ (*Stell~*) su(b)stitución *f*; (*Person*) su(b)stituto, -a *m, f*; **in** ~ **von jdm handeln** actuar en representación de alguien ❷ (*Delegation*) representación *f*; **die diplomatische** ~ (POL) la misión diplomática ❸ (*Niederlassung*) agencia *f*; (*Filiale*) sucursal *f*

Vertrieb [fɛɐ'tri:p] *m* <-(e)s, *ohne pl*> ❶ (*von Waren*) venta *f*; **den** ~ **für etw haben** ser distribuidor de algo ❷ (*Abteilung*) departamento *m* de venta(s)

vertrieben *pp von* **vertreiben**

Vertriebene(r) *mf* <-n, -n; -n> expulsado, -a *m, f*

Vertriebsgesellschaft *f* sociedad *f* distribuidora; **Vertriebsleiter(in)** *m(f)* jefe, -a *m, f* de ventas

vertrocknen* *vi sein* secarse

vertrocknet [fɛɐ'trɔknət] *adj* seco

vertrödeln* *vt* (*fam abw: Zeit*) perder; (*Termin*) olvidarse (de)

vertrösten* *vt:* **jdn** ~ hacer esperar a alguien

vertun* *irr* **I.** *vt* desperdiciar, malgastar; **eine vertane Gelegenheit** una oportunidad desaprovechada **II.** *vr:* **sich** ~ (*fam*) equivocarse

vertuschen* [fɛɐ'tʊʃən] *vt* ocultar

verübeln* [fɛɐ'ʔy:bəln] *vt:* **jdm etw** ~ tomar a mal algo a alguien

verüben* *vt* cometer; **Selbstmord** ~ suicidarse

verunglimpfen* [fɛɐ'ʔʊnglɪmpfən] *vt* (*geh*) difamar, denigrar

verunglücken* *vi sein* ❶ (*Unfall haben*) tener un accidente; **tödlich** ~ morir en un accidente ❷ (*misslingen*) salir mal

verunreinigen* [fɛɐ'ʔʊnraɪnɪgən] *vt* ensuciar; (*Umwelt*) contaminar

verunsichern* *vt* confundir

verunsichert [fɛɐ'ʔʊnzɪçɐt] *adj* (*verwirrt*) confundido; (*unsicher*) inseguro

Verunsicherung *f* <-en> (*Verwirrung*) confusión *f*; (*Zweifel*) duda *f*

verunstalten* [fɛɐ'ʔʊnʃtaltən] *vt* desfigurar

Verunstaltung *f* <-en> deformación *f*, desfiguración *f*

veruntreuen* [fɛɐ'ʔʊntrɔɪən] *vt* (JUR) desfalcar

Veruntreuung *f* <-en> (JUR) desfalco *m*; (*öffentlicher Mittel*) malversación *f*

verursachen* [fɛɐ'ʔu:ɐzaxən] *vt* causar, comportar *CSur*

Verursacher(in) *m(f)* <-s, -; -nen> causante *mf*

verurteilen* [fɛɐ'ʔʊrtaɪlən] *vt* (*a.* JUR) condenar (*zu* a); **er wurde zum Tode verurteilt** fue condenado a muerte; **zum Scheitern verurteilt sein** estar condenado al fracaso

Verurteilte(r) *mf* <-n, -n; -n> (JUR) condenado, -a *m, f*

Verurteilung *f* <-en> (*a.* JUR) condena *f*

vervielfachen* [fɛɐ'fi:lfaxən] *vt* multiplicar

vervielfältigen* [fɛɐ'fi:lfɛltɪgən] *vt* (TYPO) reproducir; (*fotokopieren*) fotocopiar, mimeografiar *Am*

Vervielfältigung *f* <-en> ❶ (TYPO) reproducción *f* ❷ (*Kopie*) copia *f*

vervierfachen* [fɛɐ'fi:ɐfaxən] *vt* cuadruplicar

vervollkommnen* [fɛɐ'fɔlkɔmnən] **I.** *vt* perfeccionar **II.** *vr:* **sich** ~ perfeccionar (*auf/in*)

vervollständigen* *vt* completar

verwählen* *vr:* **sich** ~ (*fam*) marcar mal

verwahren* [fɛɐ'va:rən] **I.** *vt* (*aufbewahren*) guardar, custodiar **II.** *vr:* **sich** ~ protestar (*gegen* contra)

verwahrlosen* [fɛɐ'va:ɐlo:zən] *vi sein* venir a menos; **jdn/etw** ~ **lassen** dejar que alguien/algo se arruine

verwahrlost [fɛɐ'va:ɐlo:st] *adj* ❶ (*vernachlässigt*) abandonado; (*ungepflegt*) descuidado ❷ (*moralisch*) depravado

Verwahrung *f ohne pl* custodia *f*; (*zwangsweise Unterbringung*) internamiento *m*; **jdn/etw in** ~ **nehmen** tomar a alguien/algo bajo custodia

verwaisen* *vi sein* ❶ (*zur Waise werden*) quedarse huérfano; **ein verwaistes Mädchen** una niña huérfana; **sie sind verwaist** son huérfanos ❷ (*verlassen werden*) quedar desierto [*o* abandonado]; **verwaist sein** estar desierto

verwalten* *vt* administrar; (*Amt*) desempeñar; (INFOR) actualizar

Verwalter(in) *m(f)* <-s, -; -nen> administrador(a) *m(f)*, hacedor(a) *m(f) Am*

Verwaltung *f* <-en> administración *f*; (INFOR) actualización *f*; **Verwaltungsapparat** *m* aparato *m* administrativo; **Verwaltungsbeamte(r)** *mf*, **-beamtin** *f* funcionario, -a *m*, *f* administrativo, -a; **Verwaltungsbezirk** *m* distrito *m* administrativo; **Verwaltungsgericht** *nt* Tribunal *m* (Contencioso-)Administrativo

verwandeln* I. *vt* ❶ (*allgemein*) cambiar; (*verhexen*) convertir (*in* en); **er ist wie verwandelt** parece otro ❷ (CHEM, PHYS) transformar (*in* en) II. *vr*: **sich ~** transformarse (*in* en)

Verwandlung *f* <-en> transformación *f* (*in* en), cambio *m*

verwandt [fɛɐˈvant] I. *pp von* **verwenden** II. *adj* (*ähnlich*) similar (*mit* a); **mit jdm ~ sein** ser pariente de alguien; **sie sind (miteinander) ~** son parientes

verwandte [fɛɐˈvantə] *3. imp von* **verwenden**

Verwandte(r) *mf* <-n, -n; -n> pariente *mf*; **ein naher/entfernter ~r** un pariente cercano/lejano

Verwandtschaft¹ *f* <-en> ❶ (*das Verwandtsein*) parentesco *m* ❷ (*Ähnlichkeit*) semejanza *f*

Verwandtschaft² *f ohne pl* (*Angehörige*) parientes *mpl*

verwandtschaftlich *adj* de parentesco; **~ verbunden** emparentados

verwarnen* *vt* advertir; **jdn gebührenpflichtig ~** multar a alguien

Verwarnung *f* <-en> advertencia *f*; **gebührenpflichtige ~** multa *f*; **Verwarnungsgeld** *nt* multa *f*

verwaschen *adj* (*Stoff*) descolorido; (*Farbe*) pálido; (*Inschrift*) borroso

verwechseln* *vt* confundir; **sie hat ihn mit dir verwechselt** lo ha confundido contigo; **sie sehen sich** *dat* **zum V~ ähnlich** se parecen como dos gotas de agua

Verwechs(e)lung *f* <-en> confusión *f*; (*Irrtum*) error *m*

verwegen [fɛɐˈveːgən] *adj* osado

verwehen* I. *vt* ❶ (*auseinander treiben*) diseminar, dispersar ❷ (*verwischen*) borrar II. *vi sein* (*sich verlieren*) disiparse

verwehren* *vt*: **jdm etw ~** prohibir algo a alguien

Verwehung *f* <-en> (*Schnee~*) nieve *f* arremolinada; (*Sand~*) arena *f* arremolinada

verweichlicht *adj* (*körperlich*) débil; (*charakterlich*) afeminado

Verweigerer, **-in** *m*, *f* <-s, -; -nen> pasota *mf*; (*des Militärdienstes*) objetor(a) *m(f)* (de conciencia)

verweigern* *vt* rehusar; **jdm etw ~** negar algo a alguien; **den Kriegsdienst ~** ser objetor de conciencia, objetar *fam*

Verweigerung *f* <-en> (*Ablehnung*) rechazo *m*; (*Absage*) negativa *f*; (*Verbot*) prohibición *f*

verweilen* *vi* (*geh*) permanecer; (*stehen bleiben*) detenerse

verweint [fɛɐˈvaɪnt] *adj* lloroso; (*Augen*) lacrimoso

Verweis [fɛɐˈvaɪs] *m* <-es, -e> ❶ (*Rüge*) reprimenda *f*; **jdm einen ~ erteilen** reprender a alguien ❷ (*Hinweis*) referencia *f* (*auf* a)

verweisen* *irr* I. *vt* ❶ (*hinweisen*) remitir (*auf/an* a) ❷ (*ausweisen*) expulsar (*aus* de) ❸ (*geh: rügen*) reprender ❹ (JUR: *überweisen*) remitir (*an* a) II. *vi* indicar (*auf*)

verwelken* *vi sein* marchitarse

verwendbar *adj* utilizable (*zu/für* para); **mehrfach ~** de uso múltiple; **wieder ~** reutilizable

verwenden <verwendet, verwendete *o* verwandte, verwendet *o* verwandt> I. *vt* usar (*zu/für* para, *bei* en); (*Methode*, *Mittel*) emplear (*zu/für* para, *bei* en) II. *vr*: **sich ~** (*geh*) interceder (*für* por, *bei* ante)

Verwendung *f* <-en> empleo *m*, uso *m*; **~ finden** ser utilizado; **ich habe dafür keine ~** no sé qué hacer con eso; **Verwendungsmöglichkeit** *f* (*eines Menschen*) (posible) función *f*; (*eines Gerätes*) (posible) función *f*, (posible) uso *m*; **Verwendungszweck** *m* uso *m* previsto

verwerfen* *irr* I. *vt* ❶ (*ablehnen*) rechazar; (*aufgeben*) desechar ❷ (JUR: *zurückweisen*) reprobar II. *vr*: **sich ~** ❶ (*Holz*, *Tür*) alabearse ❷ (GEO) formarse una falla

verwerflich *adj* reprobable, reprochable

verwertbar *adj* utilizable, aprovechable

verwerten* *vt* utilizar, aprovechar

Verwertung *f* <-en> utilización *f*, aprovechamiento *m*; **Verwertungsgesellschaft** *f* ❶ (ÖKOL) empresa *f* de reciclaje ❷ (JUR) sociedad *f* de autores

verwesen* [fɛɐˈveːzən] *vi sein* descomponerse

Verwesung *f* <-en> descomposición *f*

verwetten* *vt* apostar; **ein Vermögen verwettet haben** haber perdido una fortuna en apuestas

verwickeln* I. *vt*: **jdn in etw ~** envolver a alguien en algo II. *vr*: **sich ~** (*a. fig*) enredarse; **sich in Widersprüche ~** incurrir en contradicciones

verwickelt *adj* complicado

Verwicklung *f* <-en> ❶ (*in Skandal*) implicación *f* (*in* en) ❷ (*Schwierigkeit*) complicación *f*

verwiesen *pp von* **verweisen**

verwildern* [fɛɐˈvɪldən] *vi sein* ❶ (*Park, Garten*) estar abandonado ❷ (*Haustier*) volverse salvaje ❸ (*Sitten*) degenerar

verwildert *adj* ❶ (*Garten*) abandonado ❷ (*Tier*) salvaje ❸ (*Aussehen*) descuidado; (*Kind*) indisciplinado, malcriado

verwinkelt [fɛɐˈvɪŋkəlt] *adj* de muchos rincones

verwirklichen* I. *vt* realizar, hacer realidad II. *vr:* **sich** ~ ❶ (*Wirklichkeit werden*) hacerse realidad ❷ (*Mensch*) realizarse

Verwirklichung *f* <-en> realización *f*

verwirren* [fɛɐˈvɪʁən] I. *vt* ❶ (*Fäden*) enredar; (*Haare*) enmarañar ❷ (*verunsichern*) confundir, historiar *Am* II. *vr:* **sich** ~ ❶ (*Fäden*) enredarse; (*Haare*) enmarañarse ❷ (*Sinne*) turbarse

verwirrend *adj* confuso

verwirrt *adj* ❶ (*Fäden, Angelegenheit*) enredado ❷ (*Person*) confuso, giro *Cuba*

Verwirrung *f* <-en> ❶ (*Durcheinander*) confusión *f* ❷ (*Verstörtheit*) turbación *f*

verwischen* I. *vt* ❶ (*Schrift*) emborronar; (*beim Malen*) difuminar ❷ (*beseitigen*) borrar II. *vr:* **sich** ~ (*Erinnerung, Umrisse*) desdibujarse; (*Grenzen*) borrarse

verwittern* [fɛɐˈvɪtɐn] *vi sein* desmoronarse

verwittert *adj* (*Gebäude, Gestein*) desmoronado; (*Gesicht*) curtido

verwitwet [fɛɐˈvɪtvət] *adj* viudo

verwöhnen* [fɛɐˈvøːnən] *vt* mimar, pastorear *AmC*

verwöhnt [fɛɐˈvøːnt] *adj* ❶ (*Kind*) mimado, engreído *Am* ❷ (*anspruchsvoll*) exigente; (*Geschmack*) refinado

verworfen [fɛɐˈvɔʁfən] I. *pp von* **verwerfen** II. *adj* (*geh*) vil

verworren [fɛɐˈvɔʁən] *adj* confuso

verwundbar *adj* vulnerable

verwunden* [fɛɐˈvʊndən] *vt* herir, victimar *Am*

verwunderlich [fɛɐˈvʊndɐlɪç] *adj* (*erstaunlich*) sorprendente; (*sonderbar*) raro; **was ist daran ~?** ¿qué hay de raro en ello?

verwundern* *vt* sorprender; **es hat mich sehr verwundert, dass ...** me ha sorprendido mucho que... +*subj*

verwundert *adj* asombrado, sorprendido; ~ **gucken** mirar extrañado

Verwunderung *f ohne pl* asombro *m;* **zu meiner** ~ para mi sorpresa

verwundet *adj* herido

Verwundete(r) *mf* <-n, -n; -n> herido, -a *m, f*

Verwundung *f* <-en> herida *f*

verwunschen [fɛɐˈvʊnʃən] *adj* encantado

verwünschen* *vt* maldecir

Verwünschung *f* <-en> maldición *f;* ~ **en ausstoßen** soltar maldiciones

verwurzelt *adj* enraizado (*in/mit* en)

verwüsten* [fɛɐˈvyːstən] *vt* devastar

Verwüstung *f* <-en> devastación *f;* ~ **en anrichten** devastar

verzählen* *vr:* **sich** ~ equivocarse al contar

verzahnt [fɛɐˈtsaːnt] *adj* ❶ (TECH) engranado ❷ (*zusammenhängend*) encajado

Verzahnung [fɛɐˈtsaːnʊŋ] *f* <-en> engranaje *m*

verzaubern* *vt* encantar; **jdn in etw** ~ transformar a alguien en algo

Verzauberung *f* <-en> encantamiento *m,* transformación *f* (por arte de magia)

verzehnfachen* [fɛɐˈtseːnfaxən] *vt* decupl(ic)ar

Verzehr [fɛɐˈtseːɐ] *m* <-(e)s, *ohne pl*> ❶ (*das Verzehren*) consumo *m* ❷ (*das Verzehrte*) consumición *f*

verzehren* I. *vt* consumir II. *vr* (*geh*): **sich nach etw** *dat* ~ suspirar por algo; **sich vor Sehnsucht nach etw** *dat* ~ consumirse en deseos de algo

verzeichnen* *vt* ❶ (*vermerken*) anotar; (*aufzeichnen*) registrar; **große Erfolge** ~ registrar grandes éxitos ❷ (*falsch zeichnen*) dibujar mal

Verzeichnis *nt* <-ses, -se> lista *f;* (*im Buch*) índice *m*

verzeihen [fɛɐˈtsaɪən] <verzeiht, verzieh, verziehen> *vt* perdonar; **jdm etw** ~ perdonar algo a alguien; ~ **Sie!** ¡perdone!

verzeihlich *adj* perdonable

Verzeihung *f ohne pl* perdón *m;* **jdn um** ~ **bitten** pedir(le) perdón a alguien

verzerren* I. *vt* ❶ (*Gesicht*) desfigurar ❷ (*Sehne, Lautsprecher*) distorsionar ❸ (*Spiegel*) desfigurar ❹ (*Ereignisse, Bericht*) tergiversar; (*Wettbewerb*) trucar; **etw verzerrt wiedergeben** contar algo trastocándolo II. *vr:* **sich** ~ desfigurarse

Verzerrung *f* <-en> ❶ (*des Gesichts, der Tatsachen*) desfiguración *f* ❷ (*von Sehne, Ton*) distorsión *f* ❸ (*im Spiegel*) deformación *f*

verzetteln* [fɛɐˈtsɛtəln] I. *vt* escribir en fichas II. *vr:* **sich** ~ perderse en detalles

Verzicht [fɛɐˈtsɪçt] *m* <-(e)s, -e> renuncia *f* (*auf* a)

verzichten* *vi* renunciar (*auf* a); (*auf ein Recht*) desistir (*auf* de)

verzieh [fɛɛˈtsiː] *3. imp von* **verzeihen**
verziehen[1] *pp von* **verzeihen**
verziehen*[2] *irr* **I.** *vi* sein (*umziehen*)
mudarse (*nach* a) **II.** *vt* ❶ (*Kind*) malcriar
❷ (*Mund, Züge*) torcer **III.** *vr:* sich ~
❶ (*Holz, Tür*) alabearse; (*Stoff*) dar de sí
❷ (*Gesicht*) desfigurarse ❸ (*Nebel, Wolken*) disiparse; (*Gewitter*) pasar ❹ (*fam: weggehen*) largarse; (*heimlich*) esfumarse;
los, verzieh dich! ¡lárgate!
verzieren* *vt* adornar
Verzierung *f* <-en> adorno *m*
verzinsen* [fɛɛˈtsɪnzən] **I.** *vt* pagar intereses (*mit* de); **etw mit fünf Prozent** ~
pagar intereses del cinco por ciento por
algo **II.** *vr:* **sich** ~ producir intereses (*mit* de)
verzocken* *vt* (*sl: beim Karten spielen*)
perder
verzogen [fɛɛˈtsoːɡən] **I.** *pp von* **verziehen**[2] **II.** *adj* ❶ (*Holz, Tür*) alabeado
❷ (*Kind*) malcriado ❸ (*umgezogen*): ~
sein haber cambiado de domicilio; **unbekannt** ~ destinatario desconocido
verzögern* **I.** *vt* (*hinausziehen*) aplazar;
(*verspäten*) retrasar (*um*) **II.** *vr:* **sich** ~
retrasarse (*um*)
Verzögerung *f* <-en> retraso *m* (*von* de);
Verzögerungstaktik *f* táctica *f* dilatoria
verzollen* [fɛɛˈtsɔlən] *vt* pagar aduana
(por); **haben Sie etwas zu** ~**?** ¿tiene algo
que declarar?
Verzug [fɛɛˈtsuːk] *m* <-(e)s, *ohne pl*> (*bei Lieferung*) demora *f;* (*bei Zahlung*) retraso
m; **in** ~ **geraten** retrasarse; **es ist Gefahr**
im ~ se avecina un peligro
verzweifeln* *vi* sein desesperar; **an etw**
dat ~ desesperarse a causa de algo; **es ist**
zum V~ es para desesperarse
verzweifelt *adj* desesperado
Verzweiflung *f* <-en> desesperación *f;*
etw aus ~ **tun** hacer algo por desesperación; **in seiner** ~ en su desesperación; **jdn**
zur ~ **treiben** llevar a alguien a la desesperación; **Verzweiflungstat** *f* acto *m* de
desesperación
verzweigen* [fɛɛˈtsvaɪɡən] *vr:* **sich** ~ ramificarse; (*in zwei Richtungen*) bifurcarse
Verzweigung *f* <-en> ❶ (*in mehrere Richtungen*) ramificación *f;* (*in zwei Richtungen*) bifurcación *f* ❷ (*Schweiz: Kreuzung*)
cruce *m*
verzwickt [fɛɛˈtsvɪkt] *adj* (*fam*) lioso
Vesper[1] [ˈfɛspɐ] *f* <-n> (REL) vísperas *fpl*
Vesper[2] *f* <-n>, *südd: nt* <-s, -> tentempié
m; (*nachmittags*) merienda *f*
Vesperbrot[1] *nt ohne pl s.* **Vesper**[2]
Vesperbrot[2] *nt* (*Brot*) (rebanada *f* de) pan

m (*que se toma como tentempié o*
merienda)
Vesuv [veˈzuːf] *m* <-s> Vesuvio *m*
Veteran [veteˈraːn] *m* <-en, -en> veterano
m
Veterinär(in) [veteriˈnɛːɐ] *m(f)* <-s, -e;
-nen> veterinario, -a *m*
Veto [ˈveːto] *nt* <-s, -s> (POL) veto *m;* **sein** ~
gegen etw einlegen poner el veto a algo;
Vetorecht *nt* <-(e)s, *ohne pl*> derecho
m de veto
Vetter [ˈfɛtɐ] *m* <-s, -n> primo *m*
Vetternwirtschaft *f ohne pl* (*abw*) nepotismo *m*
V-Frau *f* (*Verbindungsfrau*) enlace *m;*
(*Agentin*) informante *f;* (*Vermittlerin*)
intermediaria *f*
vgl. *Abk. von* **vergleiche** cf.
VHS [faʊhaːˈʔɛs] *f ohne pl Abk. von* **Volkshochschule** universidad *f* popular
via [viːa] *präp +akk* vía
Viadukt [viaˈdʊkt] *m o nt* <-(e)s, -e> viaducto *m*
Vibration [vibraˈtsjoːn] *f* <-en> vibración *f*
Vibrator [viˈbraːtoːɐ] *m* <-s, -en> vibrador
m
vibrieren* [viˈbriːrən] *vi* vibrar
Video [ˈviːdeo] *nt* <-s, -s> vídeo *m,* video *m*
Am; **etw auf** ~ **haben** tener algo en vídeo;
Videoaufzeichnung [ˈviːdeo-] *f* grabación *f* en vídeo; **Videoclip** *m* videoclip *m;*
Videofilm *m* película *f* de vídeo; **Videokamera** *f* cámara *f* de vídeo
Videokassette *f* videocas(s)et(t)e *f;* **Videokassettenrecorder** *m* (aparato *m* de)
vídeo *m*
Videokonferenz *f* conferencia *f* por vídeo;
Videorecorder *m* (aparato *m* de) vídeo
m; **Videospiel** *nt* videojuego *m;* **Videotext** *m* videotexto *m;* **Videothek**
[videoˈteːk] *f* <-en> videoteca *f;* **Videoüberwachung** *f* vigilancia *f* por (cámara
de) vídeo; **Videoverleih** *m* videoclub *m*
Viech [fiːç] *nt* <-(e)s, -er> (*fam*) ❶ (*Tier*)
bicho *m;* (*größer*) bestia *f* ❷ (*Mensch*)
bestia *mf,* bruto, -a *m, f*
Vieh [fiː] *nt* <-(e)s, *ohne pl*> ❶ (*Rinder*)
ganado *m;* (*einzelnes*) res *f;* **zehn Stück** ~
diez reses ❷ (*fam abw: Tier, Mensch*)
bestia *f;* **Viehbestand** *m* número *m* de
reses; **Viehhalter(in)** *m(f)* ganadero, -a
m, f; **Viehhaltung** *f* <-en> ganadería *f;*
artgerechte ~ ganadería biológica; **Viehherde** *f* rebaño *m* (de ganado); **Viehmarkt** *m* feria *f* de ganado; **Viehzucht** *f*
ohne pl ganadería *f;* **Viehzüchter(in)**
m(f) ganadero, -a *m, f,* hacendado, -a *m, f*
Arg, Chil

viel [fiːl] **I.** *adj o pron indef* <mehr, am meisten> ❶ (*eine Menge*) mucho; **es gibt ~ Arbeit** hay mucho trabajo; **~ Spaß!** ¡que lo pases bien!; **mit ~ Mühe** con mucho esfuerzo; **~/nicht ~ von etw** *dat* **halten** tener algo en gran/poca consideración; **er weiß ~** sabe mucho; **~e Menschen/ Dinge** mucha gente/muchas cosas; **~e kamen** vino bastante gente; **sie gleichen sich in ~em** se parecen en muchas cosas; **sie ist um ~es jünger** ella es mucho más joven ❷ **so ~** tanto; **so ~ wollte ich gar nicht** no quería tanto; **nimm, so ~ du willst** coge lo que quieras; **das ist so ~ wie ein Geständnis** esto es prácticamente una confesión; **das ist so ~ wie gar nichts** eso y nada es lo mismo; **noch mal so ~** otro tanto; **halb/doppelt so ~ Arbeit** la mitad/el doble de trabajo ❸ **wie ~?** ¿cuánto?; **wie ~ kostet das?** ¿cuánto vale eso?; **wie ~ Uhr ist es?** ¿qué hora es?; **um wie ~ größer ... ?** ¿cuánto más grande...?; **wie ~ das gekostet hat!** ¡qué caro!; **wie ~e Leute waren da?** ¿cuántas personas había? ❹ **zu ~** demasiado; **eine zu ~** una de más; **das wäre zu ~ verlangt** esto sería pedir demasiado; **mir ist das alles zu ~** todo esto es demasiado para mí; **ich krieg' zu ~** (*fam*) me va a dar un ataque; **was zu ~ ist, ist zu ~** para todo hay un límite; **sie hat einen zu ~ getrunken** (*fam*) ha bebido una copa de más **II.** *adv* ❶ (*häufig*) mucho, (muy) a menudo ❷ (*wesentlich*) considerablemente; **~ teurer** mucho más caro; **~ zu kurz** demasiado corto; **~ zu ~** demasiado

vieldeutig [ˈfiːldɔʏtɪç] *adj* ambiguo; (LING) polisémico

Vieleck [ˈfiːlʔɛk] *nt* <-(e)s, -e> polígono *m*

vielerlei [ˈfiːleˈlaɪ] *adj inv* ❶ (*attributiv*) mucho, diverso ❷ (*allein stehend*) mucho, muchas cosas; **~ gesehen haben** haber visto mucho

vielerorts [ˈfiːleˈʔɔrts] *adv* en muchos sitios

vielfach [ˈfiːlfax] **I.** *adj* ❶ (*viele Male*) múltiple; (*wiederholt*) reiterado; **auf ~en Wunsch** a petición general ❷ (*vielfältig*) diverso, vario **II.** *adv* con frecuencia, a menudo; **größer als ~ angenommen** mayor de lo que a menudo se piensa

Vielfache(s) *nt* <-n, *ohne pl*> múltiplo *m* (*von* de); **um ein ~s** mucho más

Vielfalt [ˈfiːlfalt] *f ohne pl* variedad *f* (*von/ an* de)

vielfältig [ˈfiːlfɛltɪç] *adj* variado; (*Mensch*) polifacético

Vielfraß [ˈfiːlfraːs] *m* <-es, -e> (ZOOL) glotón *m*; (*fam: Person*) tragón, -ona *m, f*

vielleicht [fiˈlaɪçt] *adv* ❶ (*möglicherweise*) quizá(s), tal vez, capaz *Am;* **~ sagst du mir mal, warum ...** quizá te dignes a decirme por qué... ❷ (*etwa*) por casualidad, acaso; **hast du ~ meinen Schlüssel gesehen?** ¿has visto por casualidad mi llave?; **soll ich ~ alles alleine machen ?** ¿acaso tengo que hacerlo todo yo solo? ❸ (*ungefähr*) más o menos; **es waren ~ 500 Leute dort** habría más o menos 500 personas allí; **ich war ~ aufgeregt** no te puedes imaginar qué excitado estaba

vielmals [ˈfiːlmaːls] *adv:* **ich bitte ~ um Entschuldigung** mil perdones; **danke ~!** ¡mil gracias!

vielmehr [ˈ-ˈ-] *adv* ❶ (*richtig, besser*) mejor dicho ❷ (*im Gegenteil*) más bien; **ich glaube ~, dass ...** creo más bien que...

vielseitig *adj* ❶ (*umfassend*) amplio; (*abwechslungsreich*) variado; **~ anwendbar** de uso múltiple; **~ interessiert** con intereses variados ❷ (*Mensch*) polifacético

vielsprachig *adj* políglota

Vielzahl *f ohne pl* multitud *f* (*an/von* de), sinnúmero *m* (*an/von* de)

vier [fiːɐ] *adj inv* cuatro; **jdn unter ~ Augen sprechen** hablar con alguien a solas; **sich auf seine ~ Buchstaben setzen** (*fam*) sentarse sobre donde la espalda pierde su digno nombre; **auf allen ~en** (*fam*) a gatas; **alle ~e von sich** *dat* **strecken** (*fam*) desperezarse; *s. a.* **acht**[1]

Vier *f* <-en> cuatro *m;* (*Schulnote*) suficiente *m;* **vierbändig** [ˈfiːɐbɛndɪç] *adj* de cuatro tomos; **Vierbeiner** *m* <-s, -> cuadrúpedo *m;* **vierblätt(e)rig** *adj* cuadrifolio; **Viereck** [ˈfiːɐʔɛk] *nt* <-(e)s, -e> cuadrilátero *m;* (*Quadrat*) cuadrado *m;* **viereckig** *adj* cuadrangular; (*quadratisch*) cuadrado; **viereinhalb** [ˈ-ˈ-ˈ-] *adj inv* cuatro y medio

Viererbob *m* (SPORT) bobsleigh *m* de cuatro

viererlei [ˈfiːrɐlaɪ] *adj* de cuatro clases diferentes, cuatro clases (diferentes) de; *s. a.* **achterlei**

vierfach [ˈfiːɐfax] **I.** *adj* cuádruple; **~ vorhanden sein** estar disponible cuatro veces **II.** *adv* cuatro veces; *s. a.* **achtfach**

vierhändig [ˈfiːɐhɛndɪç] *adj* (MUS) a cuatro manos

vierhundert [ˈ-ˈ-ˈ-] *adj inv* cuatrocientos; *s. a.* **achthundert**

vierjährig [ˈ-ˈjɛːrɪç] *adj* (*vier Jahre alt*) de cuatro años; (*vier Jahre dauernd*) de cuatro años de duración

vierkantig *adj* cuadrangular; **Vierkantschlüssel** *m* (TECH) llave *f* para tornillos de cabeza cuadrada; **vierköpfig** *adj* de cuatro cabezas; (*Familie*) de cuatro personas

Vierlinge ['fiːɐlɪŋə] *mpl* cuatrillizos *mpl*

viermal *adv* cuatro veces; *s. a.* **achtmal**

viermalig *adj* cuatro veces; **die ~ e Olympiasiegerin** la cuatro veces campeona olímpica

viermotorig *adj* cuatrimotor; **Vierradantrieb** *m* (AUTO) tracción *f* a las cuatro ruedas; **vierspurig** ['-ʃpuːrɪç] *adj* de cuatro carriles; **vierstellig** *adj* de cuatro cifras; **vierstöckig** ['-ʃtœkɪç] *adj* de cuatro pisos

viert: **zu ~** de a cuatro

Viertaktmotor *m* (AUTO) motor *m* de cuatro tiempos

viertausend ['-'--] *adj inv* cuatro mil; *s. a.* **achttausend**

vierte(r, s) *adj* cuarto; *s. a.* **achte(r, s)**

vierteilen *vt* ❶ (*Menschen*) descuartizar ❷ (*Gegenstände*) dividir en cuatro partes, partir en cuartos

vierteilig *adj* de cuatro partes

viertel ['fɪrtəl] *adj inv* cuarto; *s. a.* **achtel**

Viertel ['fɪrtəl] *nt* <-s, -> ❶ (*Maß*) cuarto *m;* **ein ~ Wein** un cuartillo ❷ (*Teil*) cuarto *m,* cuarta parte *f;* **drei ~ der Bevölkerung** tres cuartas partes de la población; **~ nach/vor drei** las tres y/menos cuarto ❸ (*Stadt~*) barrio *m;* **Viertelfinale** *nt* (SPORT) cuarto *m* de final; **Vierteljahr** ['-'-] *nt* trimestre *m;* **vierteljährig** ['fɪrtəljɛːrɪç, fɪrtəl'jɛːrɪç] *adj* de tres meses, trimestral; **vierteljährlich** I. *adj* trimestral II. *adv* cada tres meses; **Viertelliter** ['-'-'--] *m o nt* cuarto *m* de litro

vierteln *vt* dividir en cuatro partes

Viertelnote *f* (MUS) corchea *f;* **Viertelstunde** ['-'--] *f* cuarto *m* de hora; **viertelstündig** [-ʃtʏndɪç] *adj* de un cuarto de hora; **viertelstündlich** I. *adj* de un cuarto de hora II. *adv* cada cuarto de hora

viertens ['fiːɐtəns] *adv* en cuarto lugar; (*bei Aufzählung*) cuarto; *s. a.* **achtens**

Viertürer [-tyːrɐ] *m* <-s, -> (AUTO) coche *m* de cuatro puertas

Viervierteltakt [-'---] *m* (MUS) compás *m* de compasillo

vierzehn ['fɪrtseːn] *adj inv* catorce; **in ~ Tagen** en quince días; *s. a.* **acht**[1]

vierzehntägig [-tɛːgɪç] *adj* de quince días

vierzehntäglich *adj* cada quince días

vierzehnte(r, s) *adj* decimocuarto; *s. a.* **achte(r, s)**

vierzig ['fɪrtsɪç] *adj inv* cuarenta; *s. a.* **achtzig**

vierziger ['fɪrtsɪgɐ] *adj:* **die ~ Jahre** los años cuarenta

vierzigste(r, s) *adj* cuadragésimo; *s. a.* **achtzigste(r, s)**

Vierzigstundenwoche *f* semana *f* laboral de 40 horas

Vierzimmerwohnung ['-'----] *f* piso *m* de cuatro habitaciones

Vietnam [viɛt'nam] *nt* <-s> Vietnam *m*

Vietnamese, -in [viɛtna'meːzə] *m, f* <-n, -n; -nen> vietnamita *mf*

vietnamesisch *adj* vietnamita

Vignette [vɪn'jɛtə] *f* <-n> viñeta *f*

Vikar(in) [vi'kaːɐ] *m(f)* <-s, -e; -nen> (REL) vicario, -a *m, f*

Villa ['vɪla] *f* <Villen> villa *f*

Villenviertel *nt* barrio *m* residencial de lujo

violett [vio'lɛt] *adj* violeta, morado

Violine [vio'liːnə] *f* <-n> (MUS) violín *m*

Violinist(in) [violi'nɪst] *m(f)* <-en, -en; -nen> (MUS) violinista *mf*

Violinschlüssel *m* (MUS) clave *f* de sol

Violoncello [vjolɔn'tʃɛlo] *nt* <-s, -celli *o* -s> (MUS) violonc(h)elo *m*

VIP, V.I.P. [vɪp] *mf* <-s, -s; -s> *Abk. von* **Very Important Person** vip *mf*

Viper ['viːpɐ] *f* <-n> (ZOOL) víbora *f*

Viren ['viːrən] *pl von* **Virus; Virensuchprogramm** *nt* (INFOR) programa *m* cazavirus

virtuell [vɪrtu'ɛl] *adj* (INFOR) virtual; **~er Raum** espacio virtual

virtuos [vɪrtu'oːs] *adj* virtuoso

Virus ['viːrʊs] *m o nt* <-, Viren> (*a.* INFOR) virus *m inv;* **Virusgrippe** *f* (MED) gripe *f* vírica; **Virusinfektion** *f* (MED) infección *f* vírica; **Viruskrankheit** *f* enfermedad *f* vírica

Visa ['viːza] *pl von* **Visum**

Visagist(in) [viza'ʒɪst] *m(f)* <-en, -en; -nen> técnico, -a *m, f* facial

vis-a-vis *präp,* **vis-à-vis** *präp + dat* enfrente de, frente a

Visen ['viːzən] *pl von* **Visum**

Visier [vi'ziːɐ] *nt* <-s, -e> ❶ (*am Helm*) visera *f* ❷ (*am Gewehr*) (punto *m* de) mira *f; jdn/etw ins ~* **nehmen** fijar su atención en alguien/algo

Vision [vi'zjoːn] *f* <-en> visión *f*

Visit ['vɪzɪt] *m* <-s, -s> (INFOR) visita *f*

Visite [vi'ziːtə] *f* <-n> (MED) visita *f; ~* **machen** pasar visita

Visitenkarte *f* tarjeta *f* de visita

Viskose [vɪs'koːzə] *f ohne pl* (CHEM) viscosa *f*

visuell [vizu'ɛl] *adj* visual

Visum ['viːzʊm] *nt* <-s, Visa *o* Visen> ❶ (*Sichtvermerk*) visado *m,* visa *f Am* ❷ (*Schweiz: Namenskürzel*) firma *f*

vital [vi'taːl] *adj* vital

Vitalität *f ohne pl* vitalidad *f*

Vitamin [vita'miːn] *nt* <-s, -e> vitamina *f; ~*

B haben (*fam fig*) tener enchufe; **Vitaminmangel** *m ohne pl* carencia *f* de vitaminas; **Vitaminpräparat** *nt* complejo *m* vitamínico; **Vitamintablette** *f* pastilla *f* de vitaminas

Vitrine [vi'tri:nə] *f* <-n> vitrina *f*

Vizekanzler(in) *m(f)* vicecanciller *mf;* **Vizepräsident(in)** *m(f)* vicepresidente, -a *m, f*

Vlies [fli:s] *nt* <-es, -e> ➊ (*Schafwolle*) vellocino *m* ➋ (*Fasermaterial*) fieltro *m*

V-Mann *m* <-(e)s, -Männer *o* -Leute> (*Verbindungsmann*) enlace *m;* (*Agent*) informante *m;* (*Vermittler*) intermediario *m*

Vogel ['fo:gəl, *pl:* 'fø:gəl] *m* <-s, Vögel> ➊ (*Tier*) pájaro *m;* **einen ~ haben** (*fam*) estar chiflado; **jdm einen ~ zeigen** (*fam*) ≈dar(le) a alguien un corte de mangas; **den ~ abschießen** (*fam*) llevarse la palma ➋ (*fam: Mensch*) tipo *m* raro; **ein komischer ~** un tipo extraño

Vogelbeerbaum *m* (BOT) serbal *m;* **Vogelbeere** *f* (BOT) serba *f*

vogelfrei *adj* fuera de la ley; **jdn für ~ erklären** declarar a alguien fuera de la ley; **Vogelfutter** *nt* comida *f* para pájaros; **Vogelhaus** *nt* pajarera *f;* **Vogelkäfig** *m* jaula *f;* **Vogelkirsche** *f* (BOT) cereza *f* silvestre

vögeln ['fø:gəln] *vi, vt* (*vulg*) follar, coger *Am*

Vogelnest *nt* nido *m* de pájaro; **Vogelperspektive** *f* vista *f* de pájaro; **aus der ~ a** vista de pájaro; **Vogelscheuche** *f* <-n> espantapájaros *m inv;* **Vogelschutzgebiet** *nt* reserva *f* ornitológica

Vogel-Strauß-Politik *f* (*fam*) comportamiento *m* del avestruz

Vogesen [vo'ge:zən] *pl* (GEO): **die ~** los Vosgos *mpl*

Vokabel [vo'ka:bəl] *f* <-n> vocablo *m*

Vokabular [vokabu'la:ɐ] *nt* <-s, -e> vocabulario *m*

Vokal [vo'ka:l] *m* <-s, -e> (LING) vocal *f*

Volk¹ [fɔlk, *pl:* 'fœlkə] *nt* <-(e)s, Völker> ➊ (*allgemein*) pueblo *m;* (*Nation*) nación *f* ➋ (ZOOL) colonia *f*

Volk² *nt* <-(e)s, *ohne pl*> ➊ (*Bevölkerung*) población *f;* **der Mann aus dem ~** el hombre de la calle ➋ (*Leute*) gente *f;* (*Menschenmenge*) multitud *f;* **etw unters ~ bringen** divulgar algo; **sich unters ~ mischen** mezclarse con la gente

Völkerball *m* <-(e)s, *ohne pl*> (SPORT) coma *m;* **Völkerbund** *m ohne pl* Sociedad *f* de Naciones; **Völkergemeinschaft** *f ohne pl* comunidad *f* de naciones; **Völkerkunde** *f ohne pl* etnología *f;* **Völkerkundemuseum** *nt* museo *m* etnológico; **Völkermord** *m* genocidio *m;* **Völkerrecht** *nt ohne pl* derecho *m* internacional; **völkerrechtlich** *adj* de derecho internacional; **Völkerverständigung** *f* entendimiento *m* entre los pueblos; **Völkerwanderung** *f* ➊ (SOZIOL) migración *f* de los pueblos ➋ (*fam: Menschenstrom*) afluencia *f* masiva

Volksabstimmung *f* (POL) referéndum *m;* **Volksbank** *f* (FIN) banco *m* popular; **Volksbefragung** *f* (POL) consulta *f* popular; **Volksbegehren** *nt* <-s, -> (POL) petición *f* de referéndum; **volkseigen** *adj* nacionalizado; **Volksentscheid** *m* (POL) plebiscito *m;* **Volksfest** *nt* fiesta *f* popular; **Volksfront** *f* (POL) frente *m* popular; **Volksheld(in)** *m(f)* héroe, heroína *m, f* nacional; **Volkshochschule** *f* universidad *f* popular, ≈centro *m* de formación de adultos

La **Volkshochschule** alemana es un centro público y autónomo de formación continua. Su oferta va desde cursos de informática, pasando por cursos de idiomas, hasta cursos de danza o de filosofía. Estos cursos están pensados para todos los segmentos sociales y para todas las edades. Es cada vez más frecuente el reconocimiento de estos cursos como formación continua de profesionales de los más diversos sectores.

Volksinitiative *f* (*Schweiz*) *s.* **Volksbegehren;** **Volkskrankheit** *f* enfermedad *f* muy extendida

volkskundlich *adj* folklórico

Volkslied *nt* canción *f* popular; **Volksmärchen** *nt* cuento *m* popular; **Volksmund** *m ohne pl* lenguaje *m* popular; **Volksmusik** *f* música *f* folklórica; **Volksrepublik** *f* república *f* popular; **Volksschule** *f* escuela *f* de enseñanza primaria; **Volkssport** *m* deporte *m* popular; **Volksstamm** *m* tribu *f;* **Volkstanz** *m* baile *m* folklórico

volkstümlich ['fɔlksty:mlɪç] *adj* popular

Volksverdummung *f* (*fam abw*) engaño *m* del pueblo; **Volksverhetzung** *f* instigación *f* del pueblo; **Volksvertreter(in)** *m(f)* representante *mf* del pueblo; (*Abgeordneter*) diputado, -a *m, f;* **Volkswirt(in)** *m(f)* economista *mf;* **Volkswirtschaft** *f* economía *f* política; **volkswirtschaftlich**

adj económico-nacional; **Volkswirtschaftslehre** *f ohne pl* economía *f* política; **Volkszählung** *f* censo *m* nacional

voll [fɔl] I. *adj* ❶ (*gefüllt*) lleno (*von/mit* de); (*besetzt*) ocupado; **brechend** ~ a tope *argot;* **halb** ~ medio lleno; **mit** ~ **em Mund** con la boca llena; **ich bin** ~ (**bis oben hin**) (*fam*) estoy (absolutamente) lleno; **einen Teller** ~ **essen** comer un plato (de algo); **aus dem V~en schöpfen** gastar a manos llenas ❷ (*erfüllt*) rebosante (de); ~(**er**) **Freude** rebosante de alegría ❸ (*fam: betrunken*) borracho ❹ (*rundlich*) regordete ❺ (*Geschmack*) intenso; (*Stimme*) sonoro; (*Farbton*) intenso; ~**es Haar haben** tener mucho pelo ❻ (*vollständig*) entero, completo; **eine** ~**e Stunde warten** esperar una hora entera; **in** ~**er Größe** de cuerpo entero; **das** ~**e Ausmaß der Katastrophe** el alcance total de la catástrofe; **in** ~**er Fahrt** en plena marcha; **die** ~**e Verantwortung tragen** cargar con toda la responsabilidad; **in** ~**em Ernst** completamente en serio; ~**e Kanne** (*sl*) a toda pastilla; **in** ~**er Schönheit** (*a. iron*) en toda su belleza; **der** ~**e Kaufpreis** el importe íntegro; **jdn nicht für** ~ **nehmen** no tomar a alguien en serio II. *adv* ❶ (*vollkommen, vollständig*) completamente, plenamente; ~ **bezahlen** pagar a precio regular; ~ **und ganz** completamente; ~ **dahinter stehen** dar la cara enteramente ❷ (*mit aller Wucht*) con toda (su) fuerza ❸ (*sl: total*) total; ~ **gut** guay

vollauf ['-'-] *adv* absolutamente

vollautomatisch ['---'--] *adj* completamente automático; **Vollbad** *nt* baño *m* (de cuerpo) entero; **Vollbart** *m* barba *f* cerrada; **Vollbeschäftigung** *f ohne pl* (WIRTSCH) pleno empleo *m;* **Vollbesitz** *m:* **im** ~ (**seiner geistigen Kräfte**) en plena posesión (de sus facultades mentales); **Vollblut** *nt,* **Vollblüter** *m* <-s, -> (ZOOL) caballo *m* de pura sangre

vollbracht *pp von* vollbringen

Vollbremsung *f* frenazo *m* en seco; **eine** ~ **machen** frenar en seco

vollbringen* ['-'--] *irr vt* (*geh*) realizar, llevar a cabo

vollbusig *adj* de pechos turgentes, tetuda *fam,* tetona *fam*

Volldampf *m ohne pl:* (**mit**) ~ **voraus** a toda máquina; **mit** ~ (*fam*) a toda pastilla

Völlegefühl ['fœlə-] *nt ohne pl* sensación *f* de pesadez

vollelektronisch ['---'--] *adj* completamente electrónico

vollenden* *vt* ❶ (*abschließen*) concluir;

(*Lebensalter*) cumplir; **jdn vor vollendete Tatsachen stellen** presentar(le) a alguien un hecho consumado ❷ (*vervollständigen*) completar

vollendet [fɔl'ʔɛndət] *adj* perfecto

vollends ['fɔlɛnts] *adv* completamente

Vollendung[1] *f* <-en> (*Beendung*) terminación *f;* **mit** [*o* **nach**] ~ **des 18. Lebensjahres** con 18 años cumplidos

Vollendung[2] *f ohne pl* (*Vollkommenheit*) perfección *f*

voller ['fɔlɐ] *adj inv* ❶ (*gefüllt, bedeckt*) lleno (de) ❷ (*erfüllt*) rebosante (de)

Völlerei [fœlə'raɪ] *f* <-en> (*abw*) gula *f*

Volleyball[1] ['vɔlibal] *m* <-(e)s, *ohne pl*> (SPORT) voleibol *m*

Volleyball[2] *m* <-(e)s, -bälle> (*Ball*) pelota *f* de voleibol

vollführen* *vt* llevar a cabo; (*verwirklichen*) realizar

Vollgas *nt ohne pl:* **mit** ~ **fahren** ir a toda velocidad; ~ **geben** pisar el acelerador a fondo; **Vollidiot(in)** *m(f)* (*fam abw*) idiota *mf* completo, -a

völlig ['fœlɪç] I. *adj* completo; **das ist mein** ~**er Ernst** hablo completamente en serio II. *adv* completamente; **er hat** ~ **Recht** tiene toda la razón

volljährig ['-jɛːrɪç] *adj* (JUR) mayor de edad

Volljährigkeit *f ohne pl* mayoría *f* de edad; **die** ~ **erreichen** alcanzar la mayoría de edad

Volljurist(in) *m(f)* jurista que, tras aprobar dos exámenes de estado, está facultado para acceder a la judicatura; **vollkaskoversichert** *adj* asegurado contra todo riesgo; **Vollkaskoversicherung** *f* seguro *m* a todo riesgo; **vollklimatisiert** ['----'-] *adj* plenamente climatizado

vollkommen ['-'--] *adj* ❶ (*unübertrefflich*) perfecto; (*vollständig*) completo ❷ (*völlig*) absoluto, total; **ich bin** ~ **deiner Meinung** estoy absolutamente de acuerdo contigo

Vollkornbrot *nt* pan *m* integral

Vollmacht *f* <-en> autorización *f;* **jdm eine** ~ **erteilen** otorgar a alguien plenos poderes

Vollmilch *f* leche *f* entera; **Vollmilch-schokolade** *f* chocolate *m* con leche; **Vollmitglied** *nt* (JUR) miembro *m* de pleno derecho; **Vollmond** *m* luna *f* llena; **bei** ~ con luna llena; **Vollnarkose** *f* (MED) anestesia *f* total; **Vollpension** *f ohne pl* pensión *f* completa

Vollrausch *m* embriaguez *f* absoluta, ciego *m argot*

vollschlank *adj* metido en carnes

vollständig *adj* ❶ (*komplett*) completo ❷ (*gänzlich*) total, absoluto

Vollständigkeit *f ohne pl* integridad *f;* **der** ~ **halber** para completar

vollstrecken* *vt* ❶ (JUR) ejecutar; (*Urteil*) llevar a efecto; **die Todesstrafe an jdm** ~ ejecutar a alguien ❷ (SPORT) ejecutar

Vollstreckung [-'--] *f* <-en> (JUR) ejecución *f;* **Vollstreckungsbefehl** *m* (JUR) orden *f* de ejecución

Volltreffer *m* impacto *m* total; (*beim Schießen*) impacto *m* en la diana; **Vollversammlung** *f* pleno *m;* **Vollwaise** *f* huérfano, -a *m, f* de padre y madre; **Vollwaschmittel** *nt* detergente *m*

vollwertig *adj:* ~ **er Ersatz** sustituto de igual valía

Vollwertkost *f* alimentos *mpl* integrales

vollzählig ['fɔltsɛːlɪç] *adj* completo

vollziehen* *irr* I. *vt* ❶ (*ausführen*) llevar a cabo, efectuar ❷ (JUR) ejecutar II. *vr:* **sich** ~ efectuarse

vollzogen *pp von* **vollziehen**

Vollzug [-'-] *m* <-(e)s, *ohne pl*> ❶ (*das Vollziehen*) realización *f;* (JUR) ejecución *f* ❷ (*Straf~*) ejecución *f* de la pena; **Vollzugsanstalt** *f* centro *m* penitenciario; **Vollzugsbeamte(r)** *mf,* **-beamtin** *f* funcionario, -a *m, f* ejecutivo, -a

Volontär(in) [vɔlɔn'tɛːɐ] *m(f)* <-s, -e; -nen> practicante *mf*

Volontariat [vɔlɔntari'aːt] *nt* <-(e)s, -e> voluntariado *m*

Volontärin *f* <-nen> *s.* **Volontär**

Volt [vɔlt] *nt* <- o -(e)s, -> (PHYS, ELEK) voltio *m*

Volumen [vo'luːmən] *nt* <-s, -> (*Ausdehnung, Umfang*) volumen *m*

voluminös [-'--] [volumi'nøːs] *adj* voluminoso

vom [fɔm] = **von dem** *s.* **von**

von [fɔn] *präp* +*dat* ❶ (*allgemein, räumlich*) de; ~ **Münster nach Leipzig** de Münster a Leipzig; ~ **oben nach unten** de arriba abajo; ~ **weit her** de muy lejos; ~ **hier aus** desde aquí; **die Königin** ~ **England** la Reina de Inglaterra; **ein Gedicht** ~ **Neruda** un poema de Neruda; **das Kind ist** ~ **ihm** el niño es suyo; **das war ein**

Fehler ~ **dir** fue un error por tu parte; ~ **allein** por sí solo; **ein Freund** ~ **mir** un amigo mío; **einer** ~ **euch** uno de vosotros; **Tausende** ~ **Menschen** miles de personas; **im Alter** ~ **40 Jahren** a la edad de 40 años; **ein Betrag** ~ **100 Euro** un importe de 100 euros; **er ist Linguist** ~ **Beruf** de profesión es lingüista; ~ **Seiten** de parte de; ~ **Berufs wegen** por causa del trabajo ❷ (*zeitlich*) desde, de, a partir de; ~ **nun an** de ahora en adelante; ~ **diesem Tag an** desde ese día; ~ **vorn anfangen** empezar desde el principio; ~ **morgens bis abends** de la mañana a la noche; ~ **Zeit zu Zeit** de tiempo en tiempo ❸ (*beim Passiv*) por; **der Kurs wird** ~ **Johannes geleitet** el curso es dirigido por Johannes

voneinander [--'--] *adv* el uno del otro

vonseiten [fɔn'zaɪtən] por parte de; ~ **der Regierung** por parte del gobierno

vonstatten [fɔn'ʃtatən] *adv:* ~ **gehen** tener lugar, desarrollarse

vor [foːɐ] I. *präp* +*dat* ❶ (*räumlich*) delante de; **sie ging** ~ **ihm her** iba delante de él; **zehn Kilometer** ~ **Münster** diez kilómetros antes de llegar a Münster ❷ (*zeitlich*) antes de; (*Zeitraum*) hace; (*bei Uhrzeit*) menos; (*zukünftig*) por delante; **sie wird** ~ **fünf Uhr nicht zurück sein** no estará de vuelta antes de las cinco; **es ist fünf** (**Minuten**) ~ **drei** son las tres menos cinco; ~ **kurzem/Jahren** hace poco/años; ~ **ein paar Tagen** hace unos días; ~ **Christi Geburt** antes de Jesucristo; ~ **unserer Zeit** antes de nuestra era; **ich bin** ~ **Ihnen dran** me toca antes que a Ud.; **wir haben die ganze Arbeit noch** ~ **uns** tenemos todo el trabajo por delante ❸ (*über*) sobre; **Vorrang** ~ **anderen Dingen haben** tener preferencia sobre otras cosas; ~ **allem** sobre todo ❹ (*gegen, gegenüber*) a, ante; **Angst** ~ **jdm haben** tener(le) miedo a alguien; **Schutz** ~ **etw** *dat* **suchen** buscar protección contra algo ❺ (*bedingt durch*): ~ **Kälte/Freude** de frío/alegría; ~ **lauter Arbeit** de tanto trabajo II. *präp* +*akk* (*Richtung*): **etw** ~ **das Haus stellen** poner algo delante de la casa; ~ **eine Mauer prallen** estrellarse contra un muro; ~ **sich hin pfeifen** silbar para sí III. *adv* adelante; ~ **und zurück** adelante y atrás; **zwei Schritte** ~**!** ¡dos pasos al frente!; **Freiwillige** ~**!** ¿quién se ofrece voluntario?

vorab [foːɐ'ʔap] *adv* (*zuerst*) ante todo; (*im Voraus*) de antemano

Vorabend *m* víspera *f;* **am** ~ **der Uraufführung** en vísperas del estreno; **Vorah-**

nung *f* presentimiento *m*

voran [fo'ran] *adv* ❶ (*vorn*) adelante, delante; **mit dem Kopf** ~ con la cabeza por delante ❷ (*vorwärts*) hacia delante; **voran|bringen** *irr vt* llevar adelante; (*fördern*) fomentar; **voran|gehen** *irr vi sein* ❶ (*vorne gehen*) ir delante, ir en cabeza ❷ (*zeitlich*) preceder ❸ (*Fortschritte machen*) avanzar; **voran|kommen** *irr vi sein* ❶ (*räumlich*) avanzar ❷ (*Fortschritte machen*) avanzar (*mit* en)

Vorankündigung *f* <-en> ❶ (*Ankündigen*) notificación *f* previa, aviso *m* previo; **nach** ~ previo aviso ❷ (*Notiz, Mitteilung*) anuncio *m* previo; **Voranmeldung** ['foːʔan-] *f* (*Termin*) cita *f* previa; (*Mitteilung*) previo aviso *m;* **Voranschlag** ['foːʔan-] *m* <-(e)s, -schläge> (WIRTSCH) presupuesto *m*

voran|treiben *irr vt* propulsar, impulsar

Vorarbeiter(in) *m(f)* capataz *mf*

Vorarlberg ['foːʔarlbɛrk] *nt* <-s> (GEO) Vorarlberg *m*

voraus [fo'raʊs] *adv* (*vorne*) delante; (*an der Spitze*) a la cabeza; **er war uns schon weit** ~ nos llevaba una gran ventaja; **im V~** de antemano; **voraus|fahren** *irr vi sein* salir antes (con el coche); **voraus|gehen** *irr vi sein* ❶ (*vorne gehen*) ir delante; (*früher gehen*) salir primero; **sie ist schon vorausgegangen** ya salió; **ihm geht der Ruf voraus, dass ...** tiene fama de... +*inf* ❷ (*früher geschehen*) preceder; **vorausgesetzt** [fo'raʊsgəzɛtst] *adj:* ~, **dass ...** siempre que... +*subj;* **voraus|haben** *irr vt:* **jdm etw** ~ aventajar a alguien en algo; **sie hat mir viel an Erfahrung voraus** me aventaja mucho en experiencia; **Voraussage** *f* pronóstico *m;* **eine** ~ **machen** realizar un pronóstico; **voraus|sagen** *vt* pronosticar

vorausschauend [-'---] *adj* previsor

voraus|schicken *vt* ❶ (*Paket*) mandar con anticipación ❷ (*Bemerkung*) anticipar; **etwas** ~ hacer una observación previa; **voraus|sehen** *irr vt* prever; **das war ja vorauszusehen** esto se veía venir; **voraus|setzen** *vt* (*annehmen*) presuponer, suponer; (*verlangen*) requerir; **ich setze voraus, dass ...** presupongo que... +*subj;* **das setze ich als bekannt voraus** esto lo doy por sabido; **vorausgesetzt, dass ...** siempre que... +*subj;* **Voraussetzung** *f* <-en> ❶ (*Annahme*) suposición *f;* (*Hypothese*) hipótesis *f inv* ❷ (*Vorbedingung*) condición *f* previa; **unter der** ~, **dass ...** bajo la condición de que... +*subj* ❸ (*Anforderung*) requisito *m;* **die** ~ **en**

erfüllen cumplir los requisitos; **Voraussicht** [-'--] *f ohne pl* previsión *f;* **aller** ~ **nach** según todos los indicios; **voraussichtlich** I. *adj* previsto II. *adv* probablemente; **voraus|zahlen** *vt* pagar por adelantado; **Vorauszahlung** [-'---] *f* pago *m* anticipado [*o* por adelantado]

Vorbau *m* <-(e)s, -ten> ❶ (ARCHIT) voladizo *m* ❷ (*sl: Busen*) delantera *f*

Vorbedacht ['--bədaxt] *m:* **mit/ohne** ~ con/sin premeditación

Vorbehalt ['--bəhalt] *m* <-(e)s, -e> reserva *f;* **einen** ~ **gegen etw haben** abrigar reservas respecto a algo; **unter dem** ~, **dass ...** con la salvedad de que... +*subj;* **ohne/unter** ~ sin/con reservas

vor|behalten* *irr vt:* **sich** *dat* **etw** ~ reservarse (el derecho de hacer) algo; **Änderungen** ~ excepto [*o* salvo] (posibles) modificaciones; **jdm** ~ **sein** quedar reservado para alguien

vorbehaltlich I. *präp* +*gen* salvo, a reserva de II. *adj* con reserva

vorbehaltlos I. *adj* incondicional II. *adv* incondicionalmente

vorbei [foːʔe'baɪ, fɔr'baɪ] *adv* ❶ (*räumlich*) pasado; (*entlang*) por delante (*an* de); **sie möchte hier** ~ quiere pasar por aquí ❷ (*zeitlich*) pasado; (*zu Ende*) acabado; **es ist drei Uhr** ~ son las tres pasadas; **aus und** ~ acabado y más que acabado; **vorbei|bringen** *irr vt* (*fam*) traer, acercar; **vorbei|fahren** *irr vi sein* ❶ (*entlangfahren*) pasar en coche (*an* por (delante de)) ❷ (*nicht anhalten*) pasar de largo; **im V~** al pasar (en coche) ❸ (*fam: aufsuchen*) pasar (*bei* por casa de); **vorbei|führen** *vi* pasar (*an* por (delante de)); **vorbei|gehen** *irr vi sein* ❶ (*entlanggehen*) pasar (*an* por (delante de)); **im V~** de pasada; **bei jdm** ~ (*fam*) pasar por casa de alguien ❷ (*Schuss*) errar ❸ (*vergehen*) pasar; **vorbei|kommen** *irr vi sein* ❶ (*entlangkommen*) pasar (*an* por) ❷ (*an Hindernis*) poder pasar (*an* por) ❸ (*fam: besuchen*) pasar (*bei* por casa de); **vorbei|lassen** *irr vt* (*fam*) dejar pasar; **vorbei|reden** *vi:* **an etw** *dat* ~ irse por las ramas; **wir haben aneinander vorbeigeredet** hablamos sin entendernos

vorbelastet *adj* con antecedentes; **erheblich** ~ **sein** tener muchos antecedentes; **erblich** ~ **sein** llevar una tara hereditaria

Vorbemerkung *f* advertencia *f* preliminar

vor|bereiten* I. *vt* preparar; **darauf war ich nicht vorbereitet** no estaba preparado para eso II. *vr:* **sich** ~ prepararse (*auf* para)

Vorbereitung *f* <-en> (*Tätigkeit*) preparación *f*, apronte *m Am;* (*Maßnahme*) preparativo *m;* ~ **en für etw treffen** hacer preparativos para algo

Vorbesitzer(in) *m(f)* propietario, -a *m, f* anterior

vor|bestellen* *vt* reservar

Vorbestellung *f* reserva *f*

Vorbestimmung *f* (REL) predestinación *f*

vorbestraft *adj* con antecedentes penales

Vorbestrafte(r) *mf* persona *f* con antecedentes penales

vor|beugen **I.** *vi* (*a.* MED) prevenir **II.** *vt* inclinar hacia delante **III.** *vr:* **sich** ~ inclinarse hacia delante

vorbeugend *adj* preventivo

Vorbeugung *f ohne pl* prevención *f* (*gegen* de); (MED) profilaxis *f inv;* **zur** ~ **gegen etw** como profilaxis contra algo

Vorbild *nt* (*Beispiel*) ejemplo *m;* (*Muster*) modelo *m;* **sich** *dat* **jdn zum** ~ **nehmen** tomar a alguien como ejemplo; **als** ~ **dienen** servir de modelo

vorbildlich *adj* (*beispielhaft*) ejemplar; (*musterhaft*) modelo; **sich** ~ **benehmen** tener un comportamiento ejemplar

Vorbildung *f ohne pl* formación *f* previa

Vorbote *m* indicio *m*

vor|bringen *irr vt* (*Wunsch, Einwand*) manifestar; (*Gründe*) aducir; **was hast du zu deiner Entschuldigung vorzubringen?** ¿qué aduces en tu defensa? (*fam: nach vorn bringen*) llevar hacia delante

vorchristlich *adj* precristiano

Vordach *nt* (ARCHIT) colgadizo *m*

vor|datieren* *vt* antedatar

Vordenker(in) *m(f)* <-s, -; -nen> precursor(a) *m(f)*

Vorderachse ['fɔrdɐ-] *f* eje *m* delantero;

Vorderasien ['--'--] *nt* Oriente *m* Próximo

vordere(r, s) *adj* delantero, de delante

Vordergrund *m* primer plano *m;* **im** ~ **stehen** tener prioridad; **sich in den** ~ **drängen** estar siempre en primera fila; **in den** ~ **treten** ganar importancia; **vordergründig** ['fɔrdɐgrʏndɪç] *adj* superficial; **Vordermann** *m* persona *f* que precede a otra; **mein** ~ el que me precede; **jdn/etw auf** ~ **bringen** (*fam*) dar(le) caña a alguien/ poner algo a flote; **Vorderrad** *nt* rueda *f* delantera; **Vorderradantrieb** *m* tracción *f* delantera; **Vorderschinken** *m* jamón *m* de paletilla; **Vorderseite** *f* parte *f* delantera; **Vordersitz** *m* asiento *m* delantero

vorderste(r, s) *adj superl von* **vordere(r, s)** primero

Vorderteil *nt* parte *f* delantera

Vordiplom *nt* (UNIV) examen *m* intermedio (*de diplomatura, que permite el acceso al*

segundo ciclo)*;* **vor|drängeln** *vr:* **sich** ~ (*fam*) colarse; **vor|drängen** *vr:* **sich** ~ abrirse paso a codazos; **vor|dringen** *irr vi sein* ❶ (*sich ausbreiten*) avanzar ❷ (*eindringen*) penetrar (*in* en); (**bis**) **zu jdm** ~ llegar hasta alguien; **Vordruck** *m* formulario *m;* **vorehelich** *adj* prematrimonial; **voreilig** *adj* precipitado; (*unüberlegt*) irreflexivo; **nicht so** ~! ¡no tan deprisa!

voreinander [foː?ar'nandɐ] *adv* el uno delante del otro

voreingenommen *adj* lleno de prejuicios

Voreinstellung *f* (INFOR) preajuste *m*

vor|enthalten* *irr vt* retener; **jdm etw** ~ (*Information*) ocultar algo a alguien; (*Rechte*) privar a alguien de algo

Vorentscheidung *f* decisión *f* previa

vorerst ['foː?eːɐst, -'-] *adv* por el momento, de momento

Vorfahr(in) ['foːɐfaːɐ] *m(f)* <-en, -en; -nen> antepasado, -a *m, f*

vor|fahren *irr sein* **I.** *vi* ❶ (*ankommen*) llegar (*mit/in* en); **vor etw** *dat* ~ parar delante de algo; **mit dem Taxi** ~ llegar en taxi ❷ (*vorne fahren*) ir delante; (*vorausfahren*) adelantarse ❸ (*nach vorne fahren*) avanzar **II.** *vt* (*vorrücken*) avanzar

Vorfahrt *f ohne pl* prioridad *f* (de paso); **die** ~ **beachten** ceder el paso; ~ **haben** tener preferencia; **Vorfahrt(s)schild** *nt* señal *f* de prioridad de paso; **Vorfahrt(s)straße** *f* (*im Ort*) calle *f* prioritaria; (*auf Landstraße*) carretera *f* prioritaria

Vorfall *m* ❶ (*Ereignis*) suceso *m* ❷ (MED) prolapso *m*

vor|fallen *irr vi sein* ❶ (*geschehen*) suceder ❷ (*nach vorne fallen*) caer hacia delante

Vorfeld *nt* preludio *m;* **im** ~ **von etw** como preludio de algo; **im** ~ **der Veranstaltung** antes de dar comienzo al acto

vor|finden *irr vt* encontrarse (con)

Vorfreude *f* alegría *f* previa

vor|fühlen *vi* tantear el terreno; **vor|führen** *vt* ❶ (*Person*) llevar; **dem Richter** ~ llevar ante el juez ❷ (*zeigen*) enseñar; (*Mode*) presentar; (*Versuch, Gerät*) demostrar ❸ (FILM) proyectar, poner *fam;* (*Kunststück*) presentar ❹ (*fam: bloßstellen*) desenmascarar

Vorführung *f* <-en> ❶ (*Vorstellung*) representación *f* ❷ (*von Mode*) presentación *f;* (*von Gerät*) demostración *f* ❸ (*von Film*) proyección *f;* (*von Kunststück*) presentación *f*

Vorgabe *f* <-n> ❶ (SPORT) ventaja *f* ❷ (*Richtlinie*) norma *f*

Vorgang *m* <-(e)s, -gänge> ❶ (*Ereignis*)

suceso *m;* (*Ablauf, a.* CHEM, TECH) proceso *m* ② (ADMIN: *Akten*) expediente *m*

Vorgänger(in) ['-gɛŋɐ] *m(f)* <-s, -; -nen> predecesor(a) *m(f)*

Vorgarten *m* jardín *m* delante de la casa

vor|gaukeln ['-gaʊkəln] *vt:* **jdm etw ~** hacer creer algo a alguien; **vor|geben** *irr vt* ① (*behaupten*) poner como pretexto; (*vortäuschen*) fingir; **sie gab vor, müde zu sein** puso como pretexto que estaba cansada ② (*fam: nach vorn geben*) pasar hacia delante (*zu* a) ③ (*festsetzen*) fijar

Vorgebirge *nt* (GEO) cordillera *f* secundaria; (*Ausläufer*) estribaciones *fpl*

vorgefasst ['-gəfast] *adj* preconcebido; **~e Meinungen** opiniones preconcebidas; **vorgefertigt** ['-gəfɛrtɪçt] *adj* prefabricado

vor|gehen *irr vi sein* ① (*nach vorne gehen*) pasar adelante; (*vorrücken*) avanzar; (*vorne gehen*) ir delante ② (*vorausgehen*) adelantarse ③ (*Uhr*) adelantar ④ (*handeln*) obrar; (*verfahren*) proceder; **gegen etw ~** adoptar medidas contra algo ⑤ (*geschehen*) suceder; **was geht (nur) in dir vor?** ¿en qué piensas? ⑥ (*Vorrang haben*) tener prioridad

Vorgehensweise *f* manera *f* de proceder

vorgelagert *adj* situado delante (+*dat* de)

Vorgeschmack *m* <-(e)s, *ohne pl*> prueba *f;* **das gibt uns einen ~ von dem, was uns bevorsteht** esto nos da una idea de lo que nos espera

Vorgesetzte(r) *mf* <-n, -n; -n> superior *mf*

Vorgespräch *nt* conversación *f* previa

vorgestern *adv* anteayer; **~ Abend/Morgen/Mittag** anteayer por la tarde/por la mañana/al mediodía

vor|greifen *irr vi* actuar prematuramente; **jdm ~** anticiparse a alguien; **einer Entscheidung ~** adelantarse a una decisión

vor|haben *irr vt* ① (*beabsichtigen*) tener la intención (*zu* de) ② (*geplant haben*) pensar hacer; **hast du heute Abend schon etwas vor?** ¿tienes algún plan para esta noche?

Vorhaben *nt* <-s, -> ① (*Absicht*) intención *f* ② (*Plan*) plan *m,* proyecto *m*

Vorhalle *f* ① (*außen*) pórtico *m,* pretil *m* Am ② (*innen*) vestíbulo *m*

vor|halten *irr* **I.** *vt* ① (*davor halten*) poner delante ② (*vorwerfen*): **jdm etw ~** reprochar algo a alguien **II.** *vi* (*fam*) durar

Vorhaltung *f* <-en> reproche *m;* **jdm (wegen etw** *gen/dat*) **~en machen** hacer(le) reproches a alguien (por algo)

Vorhand *f ohne pl* ① (SPORT) (golpe *m*) derecho *m* ② (*vom Pferd*) mano *f* delantera

vorhanden [foːɐ'handən] *adj* (*existierend*) existente; (*verfügbar*) disponible; **Vorhandensein** [-'---] *nt* <-s, *ohne pl*> existencia *f;* (*Verfügbarkeit*) disponibilidad *f*

Vorhang *m* <-(e)s, -hänge> ① (*an Fenster*) cortina *f* ② (THEAT) telón *m*

Vorhängeschloss *nt* candado *m*

Vorhaut *f* (ANAT) prepucio *m*

vorher [foːɐ'heːɐ, '--] *adv* antes; (*im Voraus*) de antemano; **kurz ~** poco antes; **am Tag ~** el día anterior; **vorher|bestimmen*** [foːɐ'heːɐ-] *vt* predestinar; **vorhergehend** *adj* anterior

vorherige(r, s) *adj* anterior, previo; **nach ~r Vereinbarung** después de haber llegado a un acuerdo previo

Vorherrschaft *f ohne pl* predominio *m;* (*Hegemonie*) hegemonía *f*

vor|herrschen *vi* predominar; **die ~de Meinung** la opinión predominante

Vorhersage *f* <-n> pronóstico *m;* (*Wetter~*) previsión *f;* **vorher|sagen** [-'---] *vt* pronosticar; (*Wetter*) predecir; **vorhersehbar** *adj* previsible; **vorher|sehen** [-'---] *irr vt* prever

vorhin [foːɐ'hɪn, '--] *adv* antes, hace un momento

Vorhof *m* ① (ANAT) aurícula *f* ② (*Vestibulum*) vestíbulo *m*

Vorhut ['foːɐhuːt] *f* <-en> (MIL) vanguardia *f*

vorige(r, s) *adj* anterior; (*vergangen*) pasado; **~ Woche** la semana pasada; **das ~ Mal** la otra vez

Vorjahr *nt* año *m* pasado; **im ~** el año pasado

vor|jammern *vt* (*fam*): **jdm etwas ~** molestar a alguien con sus lamentos [*o* penas y desgracias]

Vorkämpfer(in) *m(f)* pionero, -a *m, f*

Vorkaufsrecht *nt* (JUR) derecho *m* de preferencia

Vorkehrung ['foːɐkeːrʊŋ] *f* <-en> precaución *f;* **~en treffen** tomar precauciones

Vorkenntnis *f* <-se> conocimiento(s) *m(pl)* previo(s)

vor|knöpfen *vr* (*fam*): **sich** *dat* **jdn ~** cantarle las cuarenta a alguien

vor|kommen *irr vi sein* ① (*nach vorne kommen*) venir hacia delante ② (*sich ereignen*) pasar, ocurrir; **das kommt schon mal vor** son cosas que pasan; **das wird nicht wieder ~** esto no volverá a repetirse ③ (*vorhanden sein*) existir; **oft ~** ser frecuente ④ (*erscheinen*) aparecer; (*in Liste*) figurar (*in* en); **hinter etw** *dat* **~** salir detrás de algo ⑤ (*scheinen*) parecer; **das kommt mir seltsam vor** esto me parece raro; **sie kommt mir bekannt vor** me parece que la conozco; **ich komme mir vor wie ein Idiot** me siento como un idiota; **du kommst dir wohl sehr schlau vor?** ¿te crees muy listo, verdad?

Vorkommen[1] *nt* <-s, *ohne pl*> (*Vorhandensein*) existencia *f*

Vorkommen[2] *nt* <-s, -> (*von Rohstoffen*) yacimiento *m*

Vorkommnis *nt* <-ses, -se> suceso *m*, acontecimiento *m*

Vorkriegszeit *f* (época *f* de la) anteguerra *f*

vor|laden *irr vt* citar

Vorladung *f* <-en> citación *f*

Vorlage[1] *f ohne pl* (*das Vorlegen*) presentación *f*; **gegen ~ einer Bescheinigung** previa presentación de un certificado

Vorlage[2] *f* <-n> (*Gesetzes~*) proyecto *m* (de ley) ② (*Muster*) modelo *m*; (*für Handarbeit*) patrón *m* ③ (TYPO) original *m* ④ (SPORT) pase *m* ⑤ (*Schweiz: Vorleger*) felpudo *m*

vor|lassen *irr vt* ① (*fam: nach vorne lassen*) dejar pasar ② (*empfangen*) ser recibido (*zu* por)

Vorläufer(in) *m(f)* <-s, -; -nen> precursor(a) *m(f)*

vorläufig I. *adj* provisional; (*kurzfristig*) temporal II. *adv* provisionalmente; (*kurzfristig*) temporalmente; (*fürs Erste*) por el momento

vorlaut *adj* impertinente

Vorleben *nt* <-s, *ohne pl*> pasado *m*

vor|legen *vt* ① (*zeigen*) enseñar; (*Ausweis, Gesetzentwurf*) presentar; (*Speise*) servir ② (*Kette*) poner; (*Riegel*) correr ③ (SPORT) hacer un pase adelantado

vor|lehnen *vr:* **sich ~** inclinarse hacia delante

vor|lesen *irr vt* leer en voz alta; **jdm etw ~** leer algo a alguien

Vorlesung *f* <-en> (*Universität*) clase *f*; (*Vortrag*) conferencia *f*; (*~ sreihe*) curso *m*; **Vorlesungsverzeichnis** *nt* programa *m* de cursos y asignaturas de la universidad

vorletzte(r, s) *adj* penúltimo; (*zeitlich*) anterior; **~ Woche** la semana anterior

vorlieb [fo:ɐˈliːp] *adv:* **mit jdm/etw** *dat* **~ nehmen** contentarse con alguien/algo

Vorliebe *f* <-n> preferencia *f* (*für* por); **eine ~ für etw/jdn haben** tener una preferencia por algo/alguien; **etw mit ~ tun** hacer algo con muchísimo gusto

vor|liegen *irr vi* ① (*vorhanden sein*) haber; **es liegt nichts gegen ihn vor** no se le acusa de nada; **hier muss ein Irrtum ~** debe de haber un error ② (*zur Begutachtung*) haber sido presentado; **im ~den**

Fall en el presente caso ③ (*fam: Kette*) estar echado

vor|lügen *irr vt* (*fam*): **jdm etwas ~** mentir a alguien

vor|machen *vt* (*fam*) ① (*zeigen*) mostrar ② (*täuschen*) engañar; **er macht sich** *dat* **selbst was vor** se engaña a sí mismo

Vormachtstellung *f* supremacía *f*; **gegenüber jdm eine ~ innehaben** gozar de la supremacía frente a alguien

vormalige(r, s) *adj* anterior, antiguo

Vormarsch *m* avance *m*; **auf dem ~ sein** avanzar; (*fig*) extenderse

vor|merken *vt* apuntar; (*reservieren*) reservar (*für* para); **sich** *dat* **etw ~** apuntarse algo; **sich für etw ~ lassen** apuntarse para algo

Vormittag *m* <-(e)s, -e> mañana *f*; **am ~** por la mañana; **gestern/heute/morgen ~** ayer/hoy/mañana por la mañana

vormittags *adv* por la mañana

Vormund *m* <-(e)s, -e *o* -münder> tutor(a) *m(f)*

Vormundschaft *f* <-en> tutela *f*; **jdn unter ~ stellen** poner a alguien bajo tutela

vorn [fɔrn] *adv* ① (*an vorderer Stelle*) delante; (*am vorderen Ende*) en la parte delantera; (*im Vordergrund*) en el primer plano; (*auf der Vorderseite*) por delante; **wir saßen ganz ~** estábamos sentados delante del todo; **von/nach ~** de/hacia delante; **weiter ~** más adelante; **von ~ bis hinten** de delante atrás; (*fam*) completamente; **das Zimmer liegt nach ~** (*fam*) el cuarto da a la calle ② (*an der Spitze*) a la cabeza (de); **~ liegen** estar a la cabeza ③ (*am Anfang*) al principio; **von ~** de nuevo; **weiter ~** (*im Text*) más arriba

Vorname *m* nombre *m* de pila

vorne *adv s.* **vorn**

vornehm [ˈfoːneːm] *adj* ① (*fein*) distinguido, aseñorado *Am* ② (*edel, adlig*) noble; **sich** *dat* **zu ~ für etw sein** ser demasiado (fino) para algo ③ (*elegant*) elegante

vor|nehmen *irr vt* ① (*ausführen*) hacer ② **sich** *dat* **etw ~** (*vorhaben*) proponerse algo; (*planen*) planear algo; (*in Angriff nehmen*) ponerse a hacer algo ③ (*fam: ermahnen*): **sich** *dat* **jdn ~** echar una bronca a alguien ④ (*fam: bevorzugt abfertigen*) atender primero

vornehmlich *adv* (*geh*) principalmente

vor|neigen I. *vt* inclinar II. *vr:* **sich ~** inclinarse

vornherein [ˈ--ˈ-] *adv:* **von ~** desde el principio

vornüber [ˈ-ˈ--] *adv* hacia delante

Vorort *m* suburbio *m*

Vorplatz *m* explanada *f*

vorprogrammiert *adj* programado

Vorrang ['foːʀaŋ] *m* <-(e)s, *ohne pl*> ❶ (*Priorität*) primacía *f* (*vor* sobre), prioridad *f* (*vor* sobre); **den ~ vor etw** *dat* **haben** tener primacía sobre algo; **jdm/ etw** *dat* **den ~ geben** dar trato preferente a alguien/algo ❷ (*Österr: Vorfahrt*) prioridad *f*

vorrangig *adj* prioritario; **~ sein** tener prioridad

Vorrangstellung *f ohne pl* primacía *f*; **eine ~ einnehmen** gozar de supremacía (*vor* sobre)

Vorrat ['foːʀaːt, *pl:* 'foːʀɛːtə] *m* <-(e)s, -räte> provisión *f* (*an* de); (WIRTSCH) existencias *fpl* (*an* de); **etw auf ~ kaufen** comprar grandes cantidades de algo (para almacenarlo); **solange der ~ reicht** hasta que se agoten las existencias

vorrätig ['foːʀɛːtɪç] *adj* (*auf Lager*) en almacén; (*verfügbar*) disponible; **etw ~ haben** tener algo en almacén

Vorratskammer *f* despensa *f*; **Vorratsraum** *m* almacén *m*

Vorraum *m* antecámara *f*

vor|rechnen *vt:* **jdm etw ~** hacer el cálculo de algo a alguien

Vorrecht *nt* privilegio *m*

Vorreiter(in) *m(f)* (*fam*) precursor(a) *m(f)*

Vorrichtung *f* <-en> dispositivo *m*

vor|rücken **I.** *vi sein* ❶ (*aufsteigen*) subir; **zu vorgerückter Stunde** (*geh*) a altas horas de la madrugada ❷ (*a.* MIL) avanzar (*nach/gegen* a/hacia, *bis zu/nach* hasta) **II.** *vt* mover (hacia delante); (*nähern*) acercar

Vorruhestand *m* jubilación *f* anticipada

Vorrunde *f* <-n> (SPORT) (prueba *f*) eliminatoria *f*

vor|sagen *vt* ❶ (*vorsprechen*) decir; (*zum Mitschreiben*) dictar; (*Gedicht*) recitar ❷ (*in Prüfung*) soplar

Vorsaison *f* temporada *f* baja

Vorsatz *m* ❶ (*Absicht*) intención *f*; (*Entschluss*) decisión *f*; (JUR) dolo *m*; **den ~ haben etw zu tun** tener la intención de hacer algo; **einen ~ fassen** tomar una decisión ❷ (*in Buchbinderei*) guardas *fpl*

vorsätzlich ['foːʀɛtslɪç] **I.** *adj* premeditado; (JUR) doloso **II.** *adv* a propósito; (JUR) con premeditación

Vorschau *f* <-en> avance *m* informativo (*auf* acerca de)

Vorschein *m:* **zum ~ kommen/bringen** salir/sacar a la luz

vor|schieben *irr vt* ❶ (*nach vorn schieben*) empujar hacia delante ❷ (*Riegel*) correr ❸ (*zur Entschuldigung*) poner como pretexto

vor|schießen *irr* **I.** *vi sein* (*fam*) correr rápidamente hacia delante **II.** *vt* (*fam*) anticipar

Vorschlag *m* <-(e)s, -schläge> propuesta *f*; (*Empfehlung*) recomendación *f*; **einen ~ machen/annehmen** hacer/aceptar una propuesta; **auf ~ von ...** a propuesta de...

vor|schlagen *irr vt* proponer (*für* para, *als* como); (*empfehlen*) recomendar; **ich schlage vor, wir gehen jetzt** propongo que nos vayamos ahora

Vorschlaghammer *m* martillo *m* a dos manos

vorschnell *adj* precipitado

vor|schreiben *irr vt* ❶ (*Text*) escribir en borrador ❷ (*anordnen*) prescribir; **jdm ~, was er/sie zu tun hat** ordenar a alguien lo que tiene que hacer

Vorschrift *f* <-en> prescripción *f*; (*Anweisung*) instrucciones *fpl*; (*Bestimmung*) reglamento *m*; **sich an die ~en halten** atenerse a las instrucciones; **das verstößt gegen die ~** esto va en contra del reglamento

vorschriftsmäßig **I.** *adj* reglamentario **II.** *adv* conforme a las ordenanzas

vorschriftswidrig *adj* contrario a las ordenanzas

Vorschub *m:* **etw** *dat* **~ leisten** apoyar algo

Vorschulalter *nt* edad *f* preescolar

Vorschule *f* centro *m* de educación preescolar

Vorschuss *m* <-es, -schüsse> anticipo *m*; **auf etw einen ~ leisten** pagar un anticipo de algo

vor|schützen *vt* poner como pretexto; **nur keine Müdigkeit ~!** ¡no hay cansancio que valga!

vor|schweben *vi:* **jdm schwebt etw vor** alguien se imagina algo

vor|sehen *irr* **I.** *vt* ❶ (*planen*) prever (*für*

para); **wie vorgesehen** según lo previsto; **es ist vorgesehen, dass ...** está previsto que... +*subj* ②(*bestimmen*) destinar (*für* a); **die Gelder sind für die Forschung vorgesehen** el dinero está destinado a la investigación II. *vr:* **sich ~** precaverse (*vor* de); (*aufpassen*) tener cuidado (*vor* con) III. *vi* mirar (*hinter* detrás de)

Vorsehung *f ohne pl* providencia *f*

vor|setzen *vt* ①(*nach vorne setzen*) poner (*vor* delante de) ②(*Speisen*) servir; (*Programm, Lügen*) presentar, echar *fam*

Vorsicht *f ohne pl* precaución *f,* cuidado *m;* **~ Glas!** ¡frágil!; **hier ist ~ geboten** aquí hay que andar con cuidado; **er ist mit ~ zu genießen** hay que tener cuidado con él; **~ ist besser als Nachsicht** (*prov*) más vale prevenir que curar

vorsichtig I. *adj* prudente; **sehr ~ sein** tener mucho cuidado II. *adv* con cuidado

vorsichtshalber [-halbɐ] *adv* por si acaso

Vorsichtsmaßnahme *f* medida *f* de precaución; **~n treffen** tomar medidas preventivas

Vorsilbe *f* (LING) prefijo *m*

vor|singen *irr* I. *vi* (*als Prüfung*) dar una audición II. *vt* cantar; **jdm etw ~** cantar algo a alguien

vorsintflutlich *adj* (*fam*) antediluviano

Vorsitz *m* presidencia *f;* **unter dem ~ von jdm** bajo la presidencia de alguien; **den ~ haben** presidir; **den ~ übernehmen/abgeben** hacerse cargo de/renunciar a la presidencia

Vorsitzende(r) *mf* <-n, -n; -n> presidente, -a *m, f*

Vorsorge *f ohne pl* previsión *f;* (*Maßnahme*) precaución *f;* **~ treffen** tomar precauciones

vor|sorgen *vi* tomar precauciones (*für* para)

Vorsorgeuntersuchung *f* chequeo *m* preventivo

vorsorglich I. *adj* preventivo II. *adv* por precaución

Vorspann ['foːɐʃpan] *m* <-(e)s, -e> ①(*von Text*) introducción *f* ②(FILM) avance *m*

Vorspeise *f* (GASTR) entrada *f*

Vorspiegelung *f* <-en> simulación *f;* **unter ~ falscher Tatsachen** bajo falsas apariencias

Vorspiel *nt* ①(MUS) preludio *m;* (THEAT) prólogo *m* ②(*sexuell*) juegos *mpl* eróticos previos

vor|spielen *vt* ①(*Lied*) tocar; **jdm etw ~** tocar algo para alguien ②(*Sketch*) representar ③(*vortäuschen*) fingir; **jdm etw ~** hacer creer algo a alguien; **vor|sprechen** *irr* I. *vi:* **bei jdm** (**wegen etw** *gen/dat*) **~**

ir a hablar con alguien (sobre algo) II. *vt* ①(*zum Nachsprechen*) decir para que otro lo repita ②(THEAT) recitar; **vor|springen** *irr vi sein* ①(*nach vorn springen*) lanzarse hacia adelante ②(*hervorragen*) resaltar

Vorsprung *m* <-(e)s, -sprünge> ①(*Mauer~, Fels~*) saliente *m* ②(*Abstand*) ventaja *f* (*vor* sobre, *von* de); **~ haben** llevar ventaja

Vorstadium *nt* fase *f* previa; (MED) período *m* prodrómico; **Vorstadt** *f* suburbio *m,* arrabal *m*

Vorstand *m* ①(*Gremium*) (junta *f*) directiva *f* ②(*~ smitglied*) miembro *mf* de la junta directiva

vor|stehen *irr vi* ①(*hervorragen*) resaltar ②(*geh: leiten*): **etw** *dat* **~** dirigir algo; (*Vorsitz haben*) presidir algo

Vorsteher(in) *m(f)* <-s, -; -nen> responsable *mf;* (*Chef*) jefe, -a *m, f,* director(a) *m(f)*

vorstellbar *adj* imaginable, concebible; **das ist schwer ~** esto es inimaginable

vor|stellen I. *vt* ①(*nach vorn, davor stellen*) poner delante (*vor* de) ②(*Uhr*) adelantar ③(*vorführen, bekannt machen*) presentar; **darf ich Ihnen Frau Müller ~?** permítame presentarle a la Sra. Müller ④(*bedeuten*) significar; **was soll das ~?** ¿qué significa esto? ⑤(*darstellen*) representar ⑥(*ausmalen*): **sich** *dat* **etw ~** imaginarse algo; **das kann ich mir gut ~** me lo puedo imaginar muy bien; **darunter kann ich mir nichts ~** eso no me dice nada; **stell dir mal vor!** (*fam*) ¡imagínate! ⑦(*Konditionen, Preis*): **sich** *dat* **etw ~** tener pensado algo ⑧(*mit etw verbinden*): **sich** *dat* **etwas/nichts unter etw** *dat* **~** tener una idea/no tener ni idea de qué puede ser algo II. *vr:* **sich ~** (*sich bekannt machen*) presentarse; **sich bei einem Unternehmen ~** presentarse en una empresa

Vorstellung¹ *f* <-en> ①(*Bekanntmachung, das Sichvorstellen*) presentación *f* ②(*Bild*) idea *f;* **sich** *dat* **eine falsche ~ von etw** *dat* **machen** formarse una idea equivocada de algo; **du machst dir keine ~en davon** no te lo puedes imaginar ③(THEAT) función *f,* sección *f Arg;* (FILM) sesión *f*

Vorstellung² *f ohne pl* (*Fantasie*) imaginación *f*

Vorstellungsgespräch *nt* entrevista *f* de trabajo; **Vorstellungsvermögen** *nt ohne pl* imaginación *f*

vor|stoßen *irr* I. *vi sein* penetrar (*in* en) II. *vt* empujar hacia delante

Vorstrafe f (JUR) antecedente m penal
Vorstrafenregister nt (JUR) registro m de antecedentes penales
vor|strecken vt ❶ (Arme) (ex)tender hacia delante ❷ (Geld) anticipar; **jdm etw ~** conceder un anticipo a alguien
Vorstufe f fase f previa
Vortag m día m anterior; **am ~ des Festes** la víspera de la fiesta
vor|täuschen vt simular; **jdm etw ~** aparentar algo ante alguien; **Vortäuschung** f <-en> simulación f; **unter ~ falscher Tatsachen** con falsificación de los hechos
Vorteil ['fɔrtaɪl] m ventaja f; (Nutzen) provecho m; **die Vor- und Nachteile von ...** los pros y los contras de...; **die Sache hat den ~, dass ...** esto tiene la ventaja de que...; **auf seinen ~ bedacht sein** pensar en el propio provecho; **einen ~ aus etw** dat **ziehen** sacar provecho de algo; **das ist für dich von ~** a ti te conviene; **gegenüber jdm im ~ sein** llevar ventaja sobre alguien; **sich zu seinem ~ verändern** cambiar para mejor
vorteilhaft adj ventajoso; (Geschäft) provechoso; (Kleidung) favorecedor; **in etw** dat **sehr/wenig ~ aussehen** sentarle a uno muy bien/mal algo
Vortrag ['fo:etra:k, pl: 'fo:etrɛ:gə] m <-(e)s, -träge> ❶ (Rede) conferencia f; **einen ~ halten** dar una conferencia (über acerca de/sobre) ❷ (von Lied) interpretación f; (von Musikstück) ejecución f; (von Gedicht) recitación f
vor|tragen irr vt ❶ (Gedicht) recitar; (Lied) cantar; (Kunststück) presentar ❷ (darlegen) exponer ❸ (fam: nach vorne tragen) llevar hacia delante
Vortragsreihe f ciclo m de conferencias
vortrefflich [fo:e'trɛflɪç] adj excelente
vor|treten irr vi sein ❶ (nach vorne treten) adelantarse; (aus Reihe) salir de la fila ❷ (fam: hervorragen) sobresalir
Vortritt m <-(e)s, ohne pl> ❶ (Vorrang, Vorzug) precedencia f; **jdm den ~ lassen** ceder(le) a alguien el paso ❷ (Schweiz: Vorfahrt) preferencia f
vorüber [vo'ry:bɐ] adv ❶ (räumlich) pasado; (entlang) a lo largo ❷ (zeitlich) pasado
vorüber|gehen irr vi sein ❶ (aufhören) cesar ❷ (örtlich) pasar (an por (delante de)); **im V~** de pasada
vorübergehend adj pasajero
Vor- und Zuname m nombre m y apellido
Voruntersuchung f inspección f previa
Vorurteil nt prejuicio m (gegen contra)
vorurteilslos adj sin prejuicios

Vorvergangenheit f (LING) pluscuamperfecto m
Vorverkauf m <-(e)s, ohne pl> venta f anticipada; **Vorverkaufsstelle** f despacho m de venta anticipada
vor|verlegen* vt (Termin) adelantar (auf a)
vorvorgestern ['----] adv hace tres días
vorvorletzte(r, s) adj antepenúltimo
Vorwahl f ❶ (TEL) prefijo m ❷ (POL) elecciones fpl preliminares
vor|wählen vt (TEL) marcar primero [o de prefijo]
Vorwand m <-(e)s, -wände> pretexto m; **unter dem ~, dass ...** con el pretexto de que... +subj
vor|warnen vt advertir, prevenir, alertar
Vorwarnung f advertencia f, prevención f; **ohne ~** sin aviso previo
vorwärts ['fo:ɛvɛrts, 'fɔrvɛrts] adv hacia adelante; **~!** ¡adelante!; **~ kommen** avanzar; **Vorwärtsgang** m (TECH) marcha f adelante
Vorwäsche f <-n> prelavado m
vor|waschen irr vt prelavar
vorweg [fo:e'vɛk] adv ❶ (vorher) primero ❷ (im Voraus) por adelantado ❸ (an der Spitze) a la cabeza ❹ (fam: von vorneherein) de antemano ❺ (vor allem) sobre todo; **Vorwegnahme** f <-n> anticipación f; **vorweg|nehmen** irr vt anticipar
vor|weisen irr vt (Pass) enseñar; (Kenntnisse) mostrar; **etw ~ können** tener algo
vor|werfen irr vt ❶ (tadeln): **jdm etw ~** reprochar algo a alguien ❷ (hinwerfen): **jdm/einem Tier etw ~** echar algo (de comer) a alguien/a un animal
vorwiegend adv principalmente
vorwitzig adj ❶ (neugierig) curioso ❷ (vorlaut) cargante
Vorwort nt <-(e)s, -e> prólogo m
Vorwurf m <-(e)s, -würfe> reproche m; **jdm etw zum ~ machen** echar en cara algo a alguien; **jdm wegen etw** gen/dat **Vorwürfe machen** hacer reproches a alguien por algo; **vorwurfsvoll** adj lleno de reproche
Vorzeichen nt ❶ (Omen) presagio m ❷ (MUS) accidente m ❸ (MATH) signo m
vorzeigbar adj (fam) presentable
Vorzeigefrau f (fam) orgullo m; (abw) mujer-objeto f
vor|zeigen vt enseñar; (Pass etc.) presentar
Vorzeigeobjekt nt objeto m de muestra
Vorzeit f <-en> tiempo(s) m(pl) prehistórico(s); **in/aus grauer ~** en/de tiempos remotos

vorzeitig I. adj anticipado **II.** adv con anticipación

vorzeitlich adj de tiempos remotos

vor|ziehen irr vt ❶ (nach vorne ziehen) tirar hacia adelante; (Gardine) correr ❷ (fam: hervorziehen) sacar (vor de) ❸ (vorverlegen) adelantar, anticipar; **vorgezogene Wahlen** elecciones anticipadas ❹ (bevorzugen) preferir; (Person) dar trato preferente; **ich ziehe Bier dem Wein vor** prefiero la cerveza al vino

Vorzimmer nt ❶ (Sekretariat) antecámara f ❷ (Österr: Diele) vestíbulo m; **Vorzimmerdame** f (fam) secretaria f de recepción

Vorzug¹ m <-(e)s, ohne pl> (Vorrang) prioridad f; (Vorliebe) preferencia f; **etw** dat/**jdm den ~ geben** preferir algo/a alguien

Vorzug² m <-(e)s, -züge> ❶ (Vorrecht) privilegio m ❷ (Vorteil) ventaja f; **den ~ haben, dass ...** tener la ventaja de que...

vorzüglich [fo:ɐ̯'tsy:klɪç] adj excelente; (Speisen) exquisito

Vorzugspreis m precio m rebajado

vorzugsweise adv preferentemente

Votum ['vo:tʊm] nt <-s, Voten o Vota> voto m

Voyeur(in) [voa'jø:ɐ̯] m(f) mirón, -ona m, f

Voyeurismus [voajø'rɪsmʊs] m <-, ohne pl> voyeurismo m

voyeuristisch adj voyeurista

vulgär [vʊl'gɛ:ɐ̯] adj vulgar

Vulkan [vʊl'ka:n] m <-s, -e> volcán m; **Vulkanausbruch** m erupción f volcánica

vulkanisch adj volcánico

W, w [ve:] nt <-, -> W, w f; **~ wie Wilhelm** W de Washington

W Abk. von **Westen** O

Waadt [va(:)t] f (GEO) Waadt m

Waage ['va:gə] f <-n> ❶ (Gerät) balanza f; **die Vor- und Nachteile hielten sich** dat **die ~** los pros y los contras eran proporcionales ❷ (ASTR) Libra f

waagerecht adj horizontal

Waagerechte f <-n, -n, nach Zahlen: -(n)> horizontal f; **in der ~n** en posición horizontal

Waagschale f platillo m de la balanza;

jedes Wort auf die ~ legen (fam) tomar algo al pie de la letra

wabb(e)lig adj (fam) fofo, flácido

Wabe ['va:bə] f <-n> panal m

wach [vax] adj ❶ (nicht schlafend) despierto; **~ werden** despertarse ❷ (lebhaft) espabilado

Wache ['vaxə] f <-n> ❶ (Wachdienst) guardia f; (Kranken~) vela f; (auf) ~ **stehen** estar de guardia ❷ (Person) guardia mf; (Gruppe) (cuerpo m de) guardia f ❸ (Gebäude) (puesto m de) guardia f; (Polizei~) comisaría f

wachen ['vaxən] vi ❶ (Wache halten) velar; **bei jdm ~** velar a alguien ❷ (aufpassen) velar (über por) ❸ (geh: wach sein) estar despierto

wach|halten irr vt (fortdauern lassen) conservar vivo

Wachhund m perro m guardián

wach|küssen vt (iron) reavivar

Wachmann m <-es, -männer o -leute> ❶ (Wächter) guarda m ❷ (Österr: Polizist) policía m

Wacholder [va'xɔldɐ] m <-s, -> ❶ (BOT) enebro m ❷ (~ schnaps) ginebra f; **Wacholderbeere** f (BOT) enebrina f

Wachposten m centinela m

wach|rufen irr vt despertar; (Erinnerungen) evocar

Wachs [vaks] nt <-es, -e> cera f; ~ **in jds Händen sein** (fig) ser la marioneta de alguien

wachsam ['-za:m] adj vigilante; (aufmerksam) atento

Wachsamkeit f ohne pl vigilancia f; (Aufmerksamkeit) atención f

wachsen¹ ['vaksən] <wächst, wuchs, gewachsen> vi sein (allgemein) crecer; (zunehmen) aumentar; **in die Breite/ Länge/Höhe ~** crecer a lo ancho/a lo largo/en altura; **sich** dat **einen Bart ~ lassen** dejarse crecer la barba; **mit ~ der Begeisterung** con creciente entusiasmo; **jdm ge~ sein** poder con alguien; **etw** dat **ge~ sein** ser capaz de cumplir con algo

wachsen² vt (Fußboden, Ski) encerar

wächsern ['vɛksɐn] adj céreo, de cera

Wachsfigur f figura f de cera; **Wachsfigurenkabinett** nt museo m de cera, gabinete m de figuras de cera

Wachsmalkreide f lápiz m de cera

wächst [vɛkst] 3. präs von **wachsen¹**

Wachstuch nt <-(e)s, -e> (Gewebe) hule m

Wachstum ['vakstu:m] nt <-s, ohne pl> crecimiento m; (Zunahme) aumento m; (Entwicklung) desarrollo m

wachstumsfördernd *adj* que estimula el crecimiento; **wachstumshemmend** *adj* que inhibe el crecimiento; **Wachstumshormon** *nt* hormona *f* del crecimiento; **Wachstumsmarkt** *m* mercado *m* en crecimiento; **Wachstumsrate** *f* (WIRTSCH) índice *m* de crecimiento

Wachtel ['vaxtəl] *f* <-n> (ZOOL) codorniz *f*

Wächter(in) ['vɛçtɐ] *m(f)* <-s, -; -nen> guarda *mf*; (*Nacht~*) guardia *mf*

Wachtmeister(in) *m(f)* guardia *mf*; **Wachtposten** *m* centinela *m*; **Wach(t)turm** *m* atalaya *f*

Wach- und Schließgesellschaft *f* compañía *f* de seguridad

Wachzustand *m ohne pl:* **im** ~ (estando) despierto

wackelig ['vak(ə)lɪç] *adj* (*Person*) tambaleante; (*Tisch*) cojo; (*Zahn*) flojo; **er ist noch** ~ **auf den Beinen** anda todavía con paso vacilante

Wackelkontakt *m* contacto *m* flojo

wackeln ['vakəln] *vi* ❶ (*durch Erschütterung*) tambalearse; (*Möbel*) cojear; (*Zahn*) moverse ❷ (*fam: Position, Disziplin*) vacilar; **an/mit etw** *dat* ~ (*fam*) menear algo

Wackelpudding *m* (*fam*) flan *m*

wacklig *adj s.* **wackelig**

Wade ['va:də] *f* <-n> pantorrilla *f*, canilla *f* *Col, Peru;* **Wadenbein** *nt* peroné *m*

Waffe ['vafə] *f* <-n> arma *f*; **eine** ~ **tragen** portar un arma; **die** ~**n ruhen** hay tregua; **jdn mit seinen eigenen** ~**n schlagen** derrotar a alguien con sus propias armas; **zu den** ~**n greifen** tomar las armas

Waffel ['vafəl] *f* <-n> (*Eistüte*) barquillo *m;* (*Gebäck*) gofre *m;* **Waffeleisen** *nt* (*für Eistüten*) barquillero *m* eléctrico; (*für Gebäck*) molde *m* para hacer gofres

Waffenbesitz *m* tenencia *f* de armas; **unerlaubter** ~ tenencia ilícita de armas; **Waffenembargo** *nt* embargo *m* de armas; **Waffenhandel** *m* comercio *m* de armas, tráfico *m* de armas; ~ **betreiben** traficar con armas; **Waffenhändler(in)** *m(f)* traficante *mf* de armas; **Waffenlager** *nt* arsenal *m;* **Waffenlieferung** *f* suministro *m* de armas; **Waffenruhe** *f* tregua *f;* **die** ~ **einhalten/brechen** mantener/romper la tregua; **Waffenschein** *m* licencia *f* de armas; **Waffenstillstand** *m* armisticio *m*

Wagemut ['va:gəmu:t] *m* osadía *f*, atrevimiento *m*

wagemutig *adj* osado, atrevido

wagen ['va:gən] **I.** *vt* ❶ (*riskieren*) arriesgar; **einen Versuch** ~ intentarlo; **wer nicht wagt, der nicht gewinnt** (*prov*) quien no se arriesga, no pasa el río ❷ (*sich getrauen*) atreverse (*zu* a +*inf*) **II.** *vr:* **sich** ~ atreverse (a); **sich an etw** ~ (atreverse a) emprender algo

Wagen ['va:gən] *m* <-s, -> ❶ (*PKW*) coche *m*, carro *m* *Am;* (*LKW*) camión *m;* (*Liefer~*) furgoneta *f* ❷ (*Eisenbahn~, Straßenbahn~*) vagón *m;* (*Pferde~*) carruaje *m;* (*Plan~*) carromato *m* ❸ (*Kinder~, Einkaufs~*) carrito *m* ❹ (*an der Schreibmaschine*) carro *m* ❺ (*ASTR*): **der Kleine/Große** ~ la Osa Menor/Mayor; **Wagenführer(in)** *m(f)* <-s, -; -nen> conductor(a) *m(f);* **Wagenheber** *m* <-s, -> gato *m*, gata *f* *Chil;* **Wagenrennen** *nt* (HIST) carrera *f* de carros

Waggon [va'gɔŋ, va'gõ:] *m* <-s, -s> vagón *m*

waghalsig ['va:khalzɪç] *adj* ❶ (*Mensch*) temerario, atrevido ❷ (*Unternehmen*) arriesgado

Wagnis ['va:knɪs] *nt* <-ses, -se> ❶ (*Vorhaben*) empresa *f* arriesgada ❷ (*Risiko*) riesgo *m;* **sich auf kein** ~ **einlassen** no exponerse a ningún riesgo

Wagon *m* <-s, -s> *s.* **Waggon**

Wahl [va:l] *f* <-en> ❶ (*Aus~*) elección *f;* (*zwischen zwei Möglichkeiten*) opción *f;* **seine** ~ **treffen** elegir; **die** ~ **fiel auf ihn** fue elegido él; **ich habe keine andere** ~ no tengo otra alternativa; **in die engere** ~ **kommen** pasar a la fase siguiente; **erste** ~ (WIRTSCH) primera calidad; **wer die** ~ **hat, hat die Qual** (*prov*) elegir es sufrir ❷ (POL) elección *f;* **geheime/freie** ~**en** elecciones secretas/libres; **direkte/indirekte** ~ **en** elecciones directas/indirectas; **zur** ~ **gehen** ir a votar; **sich zur** ~ **stellen** presentarse como candidato

Wählautomatik *f* marcado *m* automático, discado *m* automático *Am*

wählbar ['vɛ:lba:ɐ] *adj* elegible

Wahlbenachrichtigung *f* (*formal*) aviso *m* sobre fecha y lugar de elecciones; **wahlberechtigt** *adj* con derecho a voto; **er/sie ist** ~ tiene derecho a voto; **Wahlberechtigte(r)** *mf* <-n, -n; -n> persona *f* con derecho a voto; **Wahlbeteiligung** *f* participación *f* electoral; **Wahlbezirk** *m* distrito *m* electoral

wählen ['vɛ:lən] **I.** *vi* ❶ (*Wahlen abhalten*) celebrar elecciones; (*Stimme abgeben*) votar ❷ (*aussuchen*) elegir ❸ (*am Telefon*) marcar **II.** *vt* ❶ (POL) votar; **jdn** ~ votar a alguien; (*bei einer Abstimmung*) votar por alguien; **sie wurde zur Präsidentin gewählt** fue elegida presidenta ❷ (*aus~*) elegir ❸ (*Telefonnummer*) mar-

car
Wähler(in) *m(f)* <-s, -; -nen> elector(a) *m(f)*
Wahlergebnis *nt* resultado *m* electoral
Wählerin *f* <-nen> *s.* **Wähler**
wählerisch *adj* exigente
Wählerschaft *f* <-en> electorado *m*
Wählerstimme *f* voto *m*
Wahlfach *nt* asignatura *f* optativa; **wahl-frei** *adj* (INFOR) opcional; **~er Zugriff** acceso opcional; **Wahlgang** *m* <-(e)s, -gänge> votación *f*; **im ersten ~** en la primera vuelta electoral; **Wahlgeheimnis** *nt ohne pl* secreto *m* de voto; **Wahlkabine** *f* cabina *f* electoral; **Wahlkampf** *m* campaña *f* electoral; **einen ~ führen** llevar a cabo una campaña electoral; **Wahlkreis** *m* (formal) distrito *m* electoral; **Wahllokal** *nt* colegio *m* electoral
wahllos *adv* sin orden ni concierto
Wahlniederlage *f* derrota *f* electoral; **Wahlparole** *f* lema *m* electoral; **Wahlplakat** *nt* cartel *m* de propaganda electoral; **Wahlrecht** *nt ohne pl* ❶ (des Einzelnen) derecho *m* de voto; **aktives/passives ~** derecho de voto activo/pasivo; **allgemeines ~** sufragio universal ❷ (Gesetz) derecho *m* electoral
Wählscheibe *f* dial *m*
Wahlschein *m* papeleta *f* de votación; **Wahlsieg** *m* victoria *f* electoral; **Wahlspruch** *m* lema *m;* (Divise) divisa *f;* **Wahlsystem** *nt* sistema *m* electoral
Wählton *m* señal *f* (para marcar)
Wahlurne *f* urna *f* electoral, ánfora *f Mex*
wahlweise *adv* alternativamente
Wahlwiederholung *f* (TEL) rellamada *f*
Wahlzettel *m* papeleta *f* de votación
Wahn [va:n] *m* <-(e)s, ohne pl> ❶ (geh: Einbildung) ilusión *f* ❷ (MED) manía *f*
Wahnsinn ['va:nzɪn] *m* <-(e)s, ohne pl> ❶ (Geistesgestörtheit) demencia *f* ❷ (fam: Unvernunft) locura *f,* loquera *f Am;* **das ist doch ~** es una locura
wahnsinnig I. *adj* ❶ (geistesgestört) maníaco, loco *fam;* (MED) demente; **du bist ja ~** (fam) estás como una cabra; **das macht mich ~** (fam) esto me vuelve loco ❷ (fam: groß) tremendo II. *adv* (fam: sehr) tremendamente; **ich habe mich ~ gefreut** me he alegrado tremendamente
Wahnsinnige(r) *mf* <-n, -n; -n> maníaco, -a *m, f,* loco, -a *m, f fam;* (MED) demente *mf*
Wahnvorstellung *f* alucinación *f*
wahr [va:ɐ] *adj* ❶ (der Wahrheit entsprechend) verdadero; (wahrheitsgetreu) verídico; **nicht ~?** ¿verdad?, ¿no es cierto? *Am;* **da ist was W~es dran** (fam) algo de

verdad hay en ello ❷ (wirklich) real; **etw ~ machen** realizar algo; **so ~ ich hier stehe** tan cierto como que estoy aquí; **er ist ein ~er Freund** es un amigo de verdad; **das darf doch nicht ~ sein** (fam) no puede ser; **im ~sten Sinne des Wortes** en toda la extensión de la palabra ❸ (geh: echt) auténtico ❹ (fam: ausgesprochen) verdadero
wahren ['va:rən] *vt* (geh) ❶ (be~) guardar; **den Schein ~** guardar las apariencias ❷ (Rechte) defender
während ['vɛ:rənt] I. *präp +gen; fam: +dat* durante II. *konj* ❶ (zeitlich) mientras ❷ (wohingegen) mientras que
währenddessen [vɛ:rənt'dɛsən] *adv* entretanto, mientras tanto
wahrhaben ['---] *vt:* **etw nicht ~ wollen** no querer admitir algo
wahrhaft ['va:ɐhaft] I. *adj* (geh: wirklich) verdadero; (echt) auténtico II. *adv* (geh) realmente
wahrhaftig ['-'--] I. *adj* (geh) verdadero; (aufrichtig) sincero II. *adv* (geh: tatsächlich) realmente; (allerdings) efectivamente
Wahrheit *f* <-en> (Tatbestand) verdad *f;* **die halbe/volle ~** la verdad a medias/toda la verdad; **die volle ~** toda la verdad; **die ~ sagen** decir la verdad; **in ~** en realidad; **bei der ~ bleiben** no alterar la verdad; **um die ~ zu sagen ...** a decir verdad...
Wahrheitsgehalt *m* (einer Behauptung) parte *f* de veracidad; **wahrheitsgetreu** I. *adj* verídico II. *adv* conforme a la verdad
wahrlich *adv* (geh) realmente
wahrnehmbar *adj* perceptible
wahr|nehmen *irr vt* ❶ (bemerken) notar, darse cuenta (de); (Sinneseindrücke) percibir ❷ (Gelegenheit) aprovechar ❸ (Interessen) defender; **einen Termin ~** acudir a una cita
Wahrnehmung *f* <-en> ❶ (Sinnes~) percepción *f* ❷ (von Interessen) salvaguardia *f;* (eines Termins) asistencia *f* (a); (einer Frist) observación *f*
wahrsagen, wahr|sagen I. *vi* decir la buenaventura; **sich** *dat* **~ lassen** hacerse decir la buenaventura II. *vt:* **jdm etw ~** profetizar algo a alguien
Wahrsager(in) *m(f)* <-s, -; -nen> adivino, -a *m, f*
Wahrsagung¹ *f ohne pl* (das Wahrsagen) adivinación *f*
Wahrsagung² *f* <-en> (das Prophezeite) predicción *f*
wahrscheinlich [va:ɐ'ʃaɪnlɪç] I. *adj* proba-

ble; **es ist ~, dass ...** es probable que...
+*subj* **II.** *adv* probablemente
Wahrscheinlichkeit *f* <-en> probabilidad
f; **aller ~ nach** según toda probabilidad
Wahrung ['va:rʊŋ] *f ohne pl* ❶ (*Be~*) salvaguardia *f* ❷ (*von Rechten*) defensa *f*
Währung ['vɛ:rʊŋ] *f* <-en> moneda *f*
Währungsbuchhaltung *f* contabilidad *f*
plurimonetaria; **doppelte ~** doble contabilidad de caja; **Währungseinheit** *f* unidad
f monetaria; **Währungsfonds** *m* fondo
m monetario; **Internationaler ~** Fondo
Monetario Internacional; **Währungspolitik** *f* política *f* monetaria; **Währungsreform** *f* reforma *f* monetaria; **Währungssystem** *nt* sistema *m* monetario; **Währungsunion** *f* unión *f* monetaria; **Europäische ~** Unión Monetaria Europea
Wahrzeichen *nt* (*einer Stadt*) monumento
m característico
Waise ['vaɪzə] *f* <-n> huérfano, -a *m, f;*
Waisenhaus *nt* orfanato *m;* **Waisenkind** *nt* huérfano, -a *m, f;* **Waisenrente** *f*
(pensión *f* de) orfandad *f*
Wal [va:l] *m* <-(e)s, -e> (ZOOL) ballena *f*
Wald [valt, *pl:* 'vɛldə] *m* <-(e)s, Wälder>
bosque *m;* **der Bayerische ~** la selva
bávara; **ein ganzer ~ von ...** (*fam*) una
gran cantidad de...; **wie man in den ~
hineinruft, so schallt es heraus** (*prov*)
el que siembra recoge; **Waldbrand** *m*
incendio *m* forestal; **Waldlauf** *m* carrera *f*
por el bosque; **Waldmeister** *m ohne pl*
(BOT) galio *m* oloroso
Waldorfschule ['valdɔrf-] *f* escuela *f* Wal-
dorf [*o* Rudolf-Steiner]
Waldrand *m* borde *m* del bosque; **Wald-
schaden** *m* daños *mpl* forestales; **Waldsterben** *nt ohne pl* muerte *f* de los bosques (a causa de la polución del medio
ambiente), muerte *f* forestal; **Waldweg** *m*
camino *m* forestal
Wales [weɪls] *nt* <-> (país *m* de) Gales *m*
Walfang *m* pesca *f* de la ballena
Walfänger *m* <-s, -> (*Schiff*) ballenero *m*
Waliser(in) [va'li:zɐ] *m(f)* <-s, -; -nen>
galés, -esa *m, f;*
walisisch *adj* galés
Walkie-Talkie *nt* <-(s), -s> walkie-talkie *m*
Walkman® ['wɔ:kmɛ(:)n] *m* <-s, -men>
walkman® *m*
Wall [val, *pl:* 'vɛlə] *m* <-(e)s, Wälle> (*Erd~*)
terraplén *m*, albardón *m* CSur; (*Schutz~*)
muralla *f*
Wallach ['valax] *m* <-(e)s, -e> (ZOOL)
caballo *m* castrado
wallen ['valən] *vi* ❶ (*Flüssigkeit*) borbotar
❷ *sein* (*geh: Haar, Gewänder*) ondear

Wallfahrer(in) *m(f)* peregrino, -a *m, f;*
Wallfahrt *f* peregrinación *f;* **Wallfahrts-
ort** *m* lugar *m* de peregrinación
Wallis ['valɪs] *nt* <-> (GEO) Valais *m*
Walliser(in) ['valizɐ] *m(f)* <-s, -; -nen>
habitante *m* del Valais
Wallung ['valʊŋ] *f* <-en> ebullición *f;* **in ~
geraten** acalorarse
Walnuss ['va:l-] *f* <-nüsse> ❶ (*Frucht*)
nuez *f* ❷ (*Baum*) nogal *m;* **Walnuss-
baum** *m* nogal *m;* **Walnussholz** *nt*
madera *f* de nogal
Walpurgisnacht [val'pʊrgɪs-] *f* noche *f* de
los Walpurgis

La noche del 1 de mayo es el
momento en el que, según la tradición
popular, las brujas hacen sus rituales.
Para ello se reúnen en *Blocksberg*, una
montaña situada en la cordillera llamada *Harz*, y que se conoce también
como *Brocken*. Actualmente son los
jóvenes y los niños los que principalmente celebran la **Walpurgisnacht**
haciendo alguna trastada al vecino.

Walross ['va:l-] *nt* <-es, -e> ❶ (*Tier*) morsa *f* ❷ (*fam: Mensch*) cachazudo, -a *m, f*
walten ['valtən] *vi* (*geh*) reinar; **seines
Amtes ~** ejercer su cargo
Walze ['valtsə] *f* <-n> ❶ (MATH) cilindro *m*
❷ (*an Maschinen*) rodillo *m* ❸ (*Straßen~*)
apisonadora *f*
walzen ['valtsən] *vt* ❶ (*Metall*) laminar
❷ (*Straße*) apisonar
wälzen ['vɛltsən] **I.** *vt* ❶ (*rollen*) hacer
rodar; **die Schuld auf jdn ~** echar la culpa
a alguien ❷ (GASTR): **etw in etw** *dat* **~** cubrir algo de algo; (*in Paniermehl*) empanar
algo ❸ (*fam: Bücher*) consultar; (*Probleme*) dar vueltas a **II.** *vr:* **sich ~** ❶ (*Lawine*) rodar ❷ (*Tier, Person*) revolcarse (*in
en*); **sie wälzte sich von einer Seite auf
die andere** dio vueltas de un lado a otro
walzenförmig *adj* cilíndrico
Walzer ['valtsɐ] *m* <-s, -> vals *m;* **langsamer ~** vals lento; **Wiener ~** vals vienés
Wampe ['vampə] *f* <-n> (*fam abw*) panza *f*
wand [vant] *3. imp von* **winden**
Wand [vant, *pl:* 'vɛndə] *f* <Wände> pared *f;*
~ an ~ con una pared en medio; **spanische ~** biombo *m;* **in seinen** (**eigenen**)
vier Wänden (*fam*) en casa; **die Wände
hochgehen** (*fam*) subirse por las paredes;
jdn an die ~ spielen superar a alguien en

algo; (THEAT) eclipsar a alguien; **mit dem Kopf durch die ~ wollen** querer lo imposible

Wandalismus [vanda'lɪsmʊs] *m* <-, *ohne pl*> vandalismo *m*

Wandel ['vandəl] *m* <-s, *ohne pl*> cambio *m;* **im ~ der Zeit** en el transcurso del tiempo; **einem ~ unterliegen** estar sujeto a un cambio

wandeln ['vandəln] **I.** *vi sein* (*geh*) caminar, andar **II.** *vt* cambiar **III.** *vr:* **sich ~** (*geh*) cambiar

Wanderausstellung *f* exposición *f* itinerante; **Wanderbühne** *f* teatro *m* ambulante

Wanderer, -in *m, f* <-s, -; -nen> excursionista *mf*

Wanderkarte *f* mapa *m* para excursiones

wandern ['vanden] *vi sein* ❶ (*gehen*) caminar; (*Wanderung machen*) hacer una excursión (a pie); (*Völker*) migrar; (*Gletscher, Düne*) ser movedizo ❷ (*herumgehen*) caminar (*in/durch* por); (*Blick*) vagar (*in* por); **ruhelos im Zimmer auf und ab ~** caminar inquieto por la habitación ❸ (*fam: hinkommen*) acabar (*in* en), ir a parar (*in* a); **ins Gefängnis/ins Feuer ~** acabar en la cárcel/en el fuego

Wandern *nt* <-s, *ohne pl*> senderismo *m*

Wanderpokal *m* copa *f* ambulante

Wanderschaft *f* <-en>: **auf ~ gehen** ir a correr mundo; **auf ~ sein** correr mundo

Wandersmann *m* (*alt*) excursionista *mf*

Wanderung *f* <-en> ❶ (*Ausflug*) excursión *f* (a pie), caminata *f;* **eine ~ machen** salir de excursión ❷ (*von Tieren, Völkern*) migración *f*

Wandervogel *m* (*fam*) ❶ (*Wanderer*) excursionista *mf* ❷ (*unsteter Mensch*) ave *f* de paso; **Wanderweg** *m* camino *m*, sendero; **Wanderzirkus** *m* circo *m* ambulante

Wandgemälde *nt* (pintura *f*) mural *m*

Wandlung ['vandlʊŋ] *f* <-en> ❶ (*Veränderung*) cambio *m;* (*Verwandlung*) transformación *f* ❷ (REL) transubstanciación *f;* **wandlungsfähig** *adj* cambiable, transformable

Wandschrank *m* armario *m* empotrado

wandte ['vantə] *3. imp von* **wenden²**

Wandteppich *m* tapiz *m;* **Wanduhr** *f* reloj *m* de pared

Wange ['vaŋə] *f* <-n> (*geh*) mejilla *f; ~* **an ~** muy apretados

wankelmütig *adj* (*geh abw*) versátil

wanken ['vaŋkən] *vi* ❶ (*schwanken*) vacilar; (*Macht*) tambalearse; **ins W~ geraten** empezar a tambalearse ❷ *sein* (*schwankend gehen*) tambalearse

wann [van] *adv* ❶ (*interrogativ*) ¿cuándo?; **seit ~?** ¿desde cuándo?; **bis ~?** ¿hasta cuándo?; **von ~ bis ~?** ¿desde cuándo y hasta cuándo?; **ab ~?** ¿a partir de cuándo? ❷ (*Wend*): ~ (**auch**) **immer** cuando sea; **dann und ~** de vez en cuando

Wanne ['vanə] *f* <-n> tina *f; (Bade~)* bañera *f;* **in der ~ liegen** (*fam*) estar en la bañera

Wanst [vanst, *pl:* 'vɛnstə] *m* <-(e)s, Wänste> (*fam abw*) barriga *f;* **sich *dat* den ~ voll schlagen** llenarse la barriga

Wanze ['vantsə] *f* <-n> ❶ (ZOOL) chinche *f* ❷ (*sl: Abhör~*) micrófono *m* oculto

WAP-Handy *nt* móvil *m* WAP

Wappen ['vapən] *nt* <-s, -> escudo *m* (de armas); **Wappenschild** *m o nt* escudo *m*

wappnen ['vapnən] *vr:* **sich ~** (*geh*): **sich gegen etw ~** prepararse para algo; **sich mit etw *dat* ~** armarse de algo

war [va:ɐ] *3. imp von* **sein**

warb [varp] *3. imp von* **werben**

Ware ['va:rə] *f* <-n> mercancía *f; (Artikel)* artículo *m;* **heiße ~** (*sl*) artículo ilegal

Warenangebot *nt* oferta *f* de mercancías; **Warenautomat** *m* vendedor *m* automático; **Warenbestand** *m* existencias *fpl;* **Warenbörse** *f* (WIRTSCH) bolsa *f* de mercancías; **Warenhaus** *nt* grandes almacenes *mpl*, emporio *m AmC;* **Warenlager** *nt* almacén *m;* **Warenverkehr** *m* transacción *f* de mercancías; **Warenzeichen** *nt* marca *f* de fábrica; **eingetragenes ~** marca registrada

warf [varf] *3. imp von* **werfen**

warm [varm] *adj* <wärmer, am wärmsten> ❶ (*allgemein*) caliente; (*Farbe, Ton, Klima*) cálido; (*Wetter*) caluroso; (*Kleidung*) que abriga, abrigador *Am;* **etw ~ machen** calentar algo; **es ist (sehr) ~** hace (mucho) calor; **mir ist ~** tengo calor; **sich ~ anziehen** abrigarse; **~ duschen** tomar una ducha caliente; **sich ~ laufen** hacer el calentamiento; **das Zimmer kostet 300 DM ~** (*fam*) la habitación cuesta, gastos (de calefacción) incluidos, 300 marcos ❷ (*~ herzig*) cálido, caluroso; **jdm etw wärmstens empfehlen** recomendar algo a alguien de corazón; **mit jdm/etw *dat* ~ werden** (*fam*) hacerse amigo de alguien/familiarizarse con algo

Warmblüter ['-bly:tɐ] *m* <-s, -> (ZOOL) animal *m* de sangre caliente; **Warmduscher** *m* <-s, -> (*sl*) mojigato *m*

Wärme ['vɛrmə] *f ohne pl* (*a.* PHYS) calor *m;* **Wärmeaustausch** *m* (TECH) (inter)cambio *m* de calor; **Wärmebelastung** *f*

(ÖKOL) impacto *m* de la contaminación térmica; **wärmebeständig** *adj* (TECH) resistente al calor; **Wärmedämmung** *f* aislamiento *m* térmico; **Wärmeenergie** *f* energía *f* térmica; **Wärmehaushalt** *m* *ohne pl* equilibrio *m* térmico; **Wärmeisolierung** *f* aislamiento *m* térmico; **Wärmekraftwerk** *nt* central *f* térmica; **Wärmelehre** *f ohne pl* (PHYS) termología *f*

wärmen ['vɛrmən] **I.** *vi* (*Ofen*) calentar; (*Kleidung*) abrigar **II.** *vr:* sich ~ calentarse **Wärmeregler** *m* termostato *m;* **Wärmespeicher** *m* acumulador *m* de calor; **Wärmestrahlung** *f ohne pl* (PHYS) radiación *f* térmica; **Wärmetechnik** *f ohne pl* termotecnia *f*

Wärmflasche *f* calentador *m*

Warmfront *f* (METEO) frente *m* cálido; **Warmhaltekanne** *f* (cafetera *f*) termo® *m;* **warm|halten** *irr vt:* sich *dat* jdn ~ conservar las simpatías de alguien; **Warmhalteplatte** *f* calientaplatos *m inv;* **warmherzig** *adj* cariñoso; **Warmluft** *f ohne pl* (TECH, METEO) aire *m* caliente; **Warmmiete** *f* (*fam*) alquiler *m* con los gastos de calefacción incluidos; **Warmstart** *m* (INFOR) reinicio *m*

Warmwasserbereiter [-'-----] *m* <-s, -> (TECH) calentador *m* de agua, termo *m Am;* **Warmwasserspeicher** [-'----] *m* depósito *m* de agua caliente; **Warmwasserversorgung** [-'-----] *f* abastecimiento *m* de agua caliente

Warnblinkanlage *f* (AUTO) dispositivo *m* de luces de aviso intermitentes; **Warndreieck** *nt* (AUTO) triángulo *m* de emergencia

warnen ['varnən] *vt* avisar (*vor* de que), advertir (*vor* de); **die Polizei warnt vor Schneeglätte** la policía avisa que hay peligro de deslizamiento; **ich warne dich!** ¡te lo advierto!; **vor ... wird gewarnt!** ¡cuidado con...!

Warnkreuz *nt* cruz *f* de advertencia; **Warnlicht** *nt* luz *f* de advertencia; **Warnschild** *nt* señal *f* de aviso; (*Verkehrsschild*) señal *m* de peligro; **Warnschuss** *m* tiro *m* al aire; **Warnsignal** *nt* señal *f* de aviso; **Warnstreik** *m* huelga *f* de advertencia

Warnung *f* <-en> aviso *m* (*vor* de), advertencia *f* (*vor* de); **ohne vorherige ~** sin previo aviso; **lass dir das eine ~ sein!** ¡que te sirva de lección!

Warnzeichen *nt* ❶ (*Warnsignal*) señal *f* de aviso ❷ (*Verkehrszeichen*) señal *f* de peligro

Warschau ['varʃau] *nt* <-s> Varsovia *f*

Wartehalle *f* sala *f* de espera; **Warteliste** *f* lista *f* de espera; **sich auf die ~ setzen lassen** inscribirse en la lista de espera

warten ['vartən] **I.** *vi* esperar; **auf etw/jdn ~** esperar algo/a alguien; **warte mal!** ¡espera un momento!; **etw lässt nicht lange auf sich ~** algo no tarda mucho en llegar; **worauf wartest du?** ¿a qué esperas?; **er lässt (heute) lange auf sich ~** (hoy) se hace esperar; **auf dich habe ich gerade noch gewartet** (*iron*) tú eres lo que me faltaba; **da kannst du lange ~** (*fam*) puedes esperar sentado; **na, warte!** (*fam*) ¡espera! **II.** *vt* (TECH) inspeccionar

Wärter(in) ['vɛrtɐ] *m(f)* <-s, -; -nen> guardián, -ana *m, f*

Warteraum *m* sala *f* de espera; **Wartesaal** *m* sala *f* de espera; **Warteschlange** *f* (*a.* INFOR) cola *f* (de espera); (INFOR: *beim Drucken*) cola *f* de impresión; **Wartezeit** *f* tiempo *m* de espera; **Wartezimmer** *nt* sala *f* de espera

Wartung *f* <-en> inspección *f*

warum [va'rʊm] *adv* por qué; ~ **nicht?** ¿por qué no?; ~ **nicht gleich so?** (*fam*) ¿por qué no lo has hecho así desde el principio?

Warze ['vartsə] *f* <-n> ❶ (*Haut~*) verruga *f* ❷ (*Brust~*) pezón *m*

was [vas] **I.** *pron inter* qué; ~ **kostet das?** ¿qué cuesta?; ~ **heißt „Haus" auf Spanisch?** ¿cómo se dice "Haus" en castellano?; ~ **denkst du?** ¿tú qué piensas?; ~ **hast du denn bloß?** ¿pero qué demonios te pasa?; ~ **weiß ich!** (*fam*) ¡qué sé yo!; ~ **soll das?** ¿a qué viene esto?; ~ **ist schon dabei?** ¿qué tiene de extraño?; ~ **für ein Wagen ist das?** ¿qué coche es?; ~ **für eine Hitze/ein Glück!** ¡qué calor/ suerte!; ~ **ist der Kerl für ein Schwein!** ¡será puerco el tío ese!; **nicht schlecht, ~?** (*fam*) no está mal, ¿eh?; **um ~ geht es?** ¿de qué se trata?; ~ **ist, hast du Lust?** (*fam*) ¿qué, tienes ganas?; **ach ~!** (*fam*) ¡qué va! **II.** *pron rel* (lo) que; **das Beste, ~ du tun kannst** lo mejor que puedes hacer; (**das**), ~ **sie sagt ...** lo que dice...; **alles, ~ du willst** todo lo que quieras **III.** *pron indef* (*fam: etwas*) algo; **hast du ~?** ¿te pasa algo?; **das ist immerhin ~** ya es algo; **das ist ~ anderes** eso es otra cosa; **nein, so ~!** (*fam*) ¡no me digas!; **so ~ Blödes!** (*fam*) ¡pero qué cosa más tonta!

? ▶ Grammatik

Con **was für ein** (singular) y **was für** (para sustantivos incontables o plural) se pregunta por una cualidad de una persona o cosa: *Was für einen Rock möchten Sie? Einen Minirock. – ¿Qué tipo de falda desea? Una minifalda. Was für Wein möchten Sie? Rotwein, Weißwein oder Rosé? – ¿Qué (tipo de) vino desea? ¿Vino tinto, blanco o rosado? Was für Leute sind das? Ganz nette. – ¿Qué tipo de personas son? Gente muy maja.*

was für welche se usa con sustantivos sin artículo y en plural: *Wir suchen Briefmarken. Was für welche? Sonderbriefmarken von der Olympiade 1992. – Estamos buscando sellos. ¿Qué tipo (de sellos)? Sellos de colección de la olimpíada de 1992.*

Por el contrario, se utiliza **welch-** cuando se tiene que escoger entre varias cosas o personas: *Welches Hemd soll ich für die Geburtstagparty anziehen, das himmelblaue oder das weiße? – ¿Qué camisa me pongo para la fiesta de cumpleaños, la azul cielo o la blanca?*

Waschanlage *f* ❶ (*Auto~*) lavado *m* de coches ❷ (TECH) lavadero *m;* **Waschanleitung** *f* instrucciones *fpl* para el lavado
waschbar *adj* lavable
Waschbär *m* (ZOOL) mapache *m;* **Waschbecken** *nt* lavabo *m*
Wäsche[1] ['vɛʃə] *f* <-n> (*das Waschen*) lavado *m;* **etw in die ~ geben** dar algo a lavar
Wäsche[2] *f ohne pl* ❶ (*zu waschende Textilien*) ropa *f* sucia; **~ waschen** lavar la ropa; **seine schmutzige ~** (*vor anderen Leuten*) **waschen** (*fig*) sacar los trapos sucios a relucir (delante de otros) ❷ (*Unter~, Bett~*) ropa *f;* **die ~ wechseln** cambiar la ropa; **dumm aus der ~ gucken** (*fam*) mirar atontado
waschecht *adj* ❶ (*Kleidung*) resistente al lavado; (*Farbe*) sólido ❷ (*fam: typisch*) de pura cepa
Wäscheklammer *f* pinza *f* para la ropa; **Wäschekorb** *m* cesta *f* para la ropa; **Wäscheleine** *f* cuerda *f* de la ropa
waschen ['vaʃən] <wäscht, wusch, gewaschen> **I.** *vt* ❶ (*reinigen*) lavar; **sich** *dat* **die Hände/Haare ~** lavarse las manos/el pelo ❷ (*fam: Geld*) blanquear **II.** *vr:* **sich ~** lavarse; **sich warm/kalt ~** lavarse con agua caliente/fría; **eine Prüfung, die sich gewaschen hat** (*fam*) un examen de padre y muy señor mío

Wäscherei [vɛʃə'raɪ] *f* <-en> lavandería *f*
Wäscheschleuder *f* centrifugadora *f* (para ropa); **Wäscheschrank** *m* ropero *m;* **Wäscheständer** *m* tendedero *m;* **Wäschetrockner** *m* ❶ (*elektrisch*) secadora *f* para ropa ❷ (*Wäscheständer*) tendedero *m*
Waschgang *m* <-(e)s, -gänge> fase *f* de lavado; **Waschküche** *f* ❶ (*Raum*) lavadero *m* ❷ (*fam: Nebel*) niebla *f* densa; **Waschlappen** *m* ❶ (*zum Waschen*) manopla *f* para baño ❷ (*fam abw: Mensch*) cobarde *mf*, mangajo, -a *m, f* Ecua, Peru; **Waschmaschine** *f* lavadora *f;* **Waschmittel** *nt* detergente *m;* **Waschpulver** *nt* detergente *m* en polvo; **Waschraum** *m* lavabo *m;* **Waschsalon** *m* lavandería *f;* **Waschschüssel** *f* palangana *f;* **Waschstraße** *f* (AUTO) tren *m* de lavado
wäscht [vɛʃt] *3. präs von* **waschen**
Waschung *f* <-en> (*geh*) lavado *m*
Waschweib *nt* (*fam abw*) cotilla *mf;* **Waschzeug** *nt* utensilios *mpl* de aseo (personal)
Wasser ['vasɐ] *nt* <-s, -> agua *f;* **kölnisch ~** (agua de) Colonia; **stilles ~** agua sin gas; **~ lassen** orinar; **sich über ~ halten** (*fam*) mantenerse a flote; **etw unter ~ setzen** inundar algo; **ins ~ fallen** (*fam*) no tener lugar; **er ist ein stilles ~** (*fam*) es una persona tranquila; **nahe am ~ gebaut haben** (*fam*) ser un(a) llorica; **er kann ihr nicht das ~ reichen** (*fam*) no le llega ni a la suela del zapato; **ihr steht das ~ bis zum Hals** (*fig fam*) está con el agua al cuello; **mit allen ~n gewaschen sein** (*fam*) tener mucha mili; **da fließt noch viel ~ den Rhein hinunter** (*fam*) aún ha de llover mucho hasta entonces; **da wird auch nur mit ~ gekocht** (*fam fig*) en todas partes cuecen habas; **bei ~ und Brot** (*a. fig*) a pan y agua; **das ist ~ auf ihrer Mühle** (*fam*) le viene de perlas; **das ~ läuft mir im Mund zusammen** (*fam*) se me hace la boca agua; **Wasserader** *f* vena *f* de agua; **Wasseranschluss** *m* toma *f* de agua
Wasseraufbereitung *f* tratamiento *m* del agua; **Wasseraufbereitungsanlage** *f* instalación *f* de tratamiento del agua
Wasserbad *nt* (GASTR) baño *m* María; **etw im ~ erhitzen** calentar algo al baño María
Wasserball[1] *m ohne pl* (SPORT) waterpolo *m*
Wasserball[2] *m* (*Ball*) pelota *f* de waterpolo; (*aufblasbar*) balón *m* inflable
Wasserbehälter *m* depósito *m* de agua, tanque *m* de agua; **Wasserbett** *nt* cama *f* de agua; **Wasserdampf** *m* vapor *m* de

W

agua; **wasserdicht** *adj* ❶ (*Uhr*) resistente al agua; (*Kleidung*) impermeable ❷ (*fam: Alibi*) perfecto; **Wasserfall** *m* cascada *f*; (*größer*) catarata *f*; **wie ein ~ reden** (*fam*) ser una cotorra; **Wasserfarbe** *f* color *m* de acuarela; **wasserfest** *adj* resistente al agua; **Wasserfloh** *m* pulga *f* de agua; **Wasserflugzeug** *nt* hidroavión *m*; **Wasserglas** *nt* ❶ (*Gefäß*) vaso *m* para agua ❷ (CHEM: *Natron~*) silicato *m* de sodio; (*Kali~*) silicato *m* de potasio; **Wassergraben** *m* ❶ (*um eine Burg*) foso *m* de agua ❷ (SPORT) ría *f*; **Wasserhahn** *m* grifo *m*, llave *f* del agua, canilla *f* CSur; **Wasserhärte** *f* dureza *f* del agua; **Wasserhaushalt** *m* (MED, BIOL) equilibrio *m* hídrico

wässerig ['vɛsərɪç] *adj* (*verdünnt*) aguado; (*Wasser enthaltend*) acuoso; (*fade*) insípido

Wasserkessel *m* hervidor *m*; **Wasserkopf** *m* ❶ (MED) hidrocefalia *f* ❷ (*fig: überproportionales Gebilde*) monstruo *m*; **Wasserkraft** *f* fuerza *f* hidráulica; **Wasserkraftwerk** *nt* central *f* hidroeléctrica; **Wasserlauf** *m* corriente *f* de agua; **Wasserleiche** *f* (*fam*) cadáver *m* de un ahogado; **Wasserleitung** *f* cañería *f* de agua; **Wasserlilie** *f* (BOT) lirio *m* de agua; **wasserlöslich** *adj* soluble; **Wassermangel** *m* escasez *f* de agua, falta *f* de agua; **Wassermann** *m* (ASTR) Acuario *m*; **Wassermelone** *f* sandía *f*; **Wassermühle** *f* molino *m* de agua

wässern ['vɛsən] *vt* ❶ (GASTR) poner en remojo ❷ (*gießen*) regar

Wasserpfeife *f* narguile *m*; **Wasserpflanze** *f* planta *f* acuática; **Wasserpistole** *f* pistola *f* de agua; **Wasserrad** *nt* rodezno *m*; **Wasserratte** *f* ❶ (ZOOL) rata *f* de agua ❷ (*fam: Mensch*) *persona a la que le gusta estar en el agua;* **Wasserrohr** *nt* tubería *f* de(l) agua; **Wasserschaden** *m* daño *m* causado por el agua; **wasserscheu** *adj* que tiene miedo al agua

Wasserschutzgebiet *nt* reserva *f* ecológica; **Wasserschutzpolizei** *f* policía *f* fluvial

Wasserski *nt* ohne *pl* esquí *m* acuático; **Wasserspeier** *m* <-s, -> gárgola *f*; **Wasserspiegel** *m* ❶ (*Wasseroberfläche*) superficie *f* del agua ❷ (*Wasserstand*) nivel *m* del agua; **Wassersport** *m* deporte *m* acuático; **Wassersportler(in)** *m(f)* deportista *mf* náutico; **Wasserspülung** *f* cisterna *f*; **Wasserstand** *m* nivel *m* del agua

Wasserstoff *m* ohne *pl* (CHEM) hidrógeno

m; **Wasserstoffbombe** *f* bomba *f* de hidrógeno; **Wasserstoffperoxyd** ['---'---] *nt* (CHEM) peróxido *m* de hidrógeno, agua *f* oxigenada

Wasserstrahl *m* chorro *m* de agua; **Wasserstraße** *f* vía *f* fluvial; **Wassertemperatur** *f* temperatura *f* del agua; **Wassertropfen** *m* gota *f* de agua; **Wasserverbrauch** *m* consumo *m* de agua; **Wasserverschmutzung** *f* contaminación *f* del agua; **Wasserversorgung** *f* abastecimiento *m* de agua; **Wasservogel** *m* (ZOOL) ave *f* acuática; **Wasserwaage** *f* (TECH) nivel *m* de agua; **Wasserweg** *m* vía *f* fluvial; **auf dem ~** por vía fluvial; **Wasserwelle** *f* marcado *m;* **Wasserwerfer** *m* <-s, -> camión *m* cisterna; **Wasserwerk** *nt* central *f* de abastecimiento de aguas; **Wasserzähler** *m* contador *m* de(l) agua; **Wasserzeichen** *nt* marca *f* de agua

wässrig ['vɛsrɪç] *adj s.* **wässerig**

waten ['vaːtən] *vi sein* caminar (*durch* por)

Watsche ['vatʃə] *f* <-n> (*südd, Österr: fam*) bofetada *f*

watscheln ['vatʃəln] *vi sein* andar como un pato

Watt[1] [vat] *nt* <-(e)s, -en> (*am Meer*) marisma *f*

i Land & Leute

Con el nombre de **Watt** se alude a un accidente geográfico característico del paisaje costero del Mar del Norte. Se trata de un espacio de costa dominado por la bajamar y la pleamar. Cuando la marea está baja la arena queda al descubierto y se puede pasear por ella. Por el contrario, cuando sube la marea, todo ese espacio queda cubierto por metros de agua marina, por donde incluso navegan barcos costeros de quilla plana.

Watt[2] *nt* <-s, -> (PHYS, TECH) vatio *m*

Watte ['vatə] *f* <-n> algodón *m;* **Wattebausch** *m* tapón *m* de algodón

Wattenmeer *nt* marismas *fpl* (*en las aguas bajas del Mar del Norte*)

Wattestäbchen [-ʃtɛːpçən] *nt* bastoncillo *m* de algodón

wattieren* *vt* enguatar

wau (**wau**) [vaʊ] *interj* (*Kind*) ¡guau!

WC *nt* <-(s), -(s)> WC *m*

weben ['veːbən] <webt, wob, gewoben> *vt, vi* (*a. fig*) tejer

Weber(in) *m(f)* <-s, -; -nen> tejedor(a) *m(f)*

Weberei f <-en> (*Betrieb*) tejeduría f

Weberknecht m (ZOOL) araña f zancuda

Webseite ['vɛbzaɪtə] f (INFOR) página f web; **Webserver** ['vɛbsœːve] m (INFOR) servidor m; **Website** ['vɛbsaɪt] f <-s> (INFOR) espacio m web

Webstuhl m telar m

Wechsel ['vɛksəl] m <-s, -> ➊ (*das Wechseln, Veränderung*) cambio m; **im ~ mit ...** alternando con... ➋ (FIN) letra f de cambio; **Wechselbad** nt baño m alterno caliente y frío; **jdn einem ~ der Gefühle aussetzen** tratar a alguien según la vena que le dé; **Wechselbeziehung** f correlación f (*zwischen* entre); **die Probleme stehen in ~ zueinander** los problemas están correlacionados; **Wechselfälle** mpl vicisitudes fpl; **die ~ des Lebens** los altibajos de la vida; **Wechselgeld** nt vuelta f, vuelto m Am, feria f EE.UU., Mex; (*Kleingeld*) cambio m

wechselhaft adj inestable; (*Wetter*) variable; (*Person*) inconstante

Wechseljahre ntpl climaterio m; (*der Frau*) menopausia f

Wechselkurs m (FIN) tipo m de cambio; **Wechselkursmechanismus** m mecanismo m de los tipos de cambio; **Wechselkursrisiko** nt riesgo m cambiario [o de cambio]; **Wechselkursschwankung** f variación f de los tipos de cambio; **Wechselkurssystem** nt sistema m monetario [o de los tipos de cambio]

wechseln ['vɛksəln] I. vi cambiar; **zu einer anderen Firma ~** cambiar de empresa II. vt cambiar (*in* en); (*austauschen*) intercambiar; **200 Euro in Dollar ~** cambiar 200 euros en dólares

wechselnd adj ➊ (*im Wechsel*) cambiante; (*ab~*) alterno; (*Stimmung, Charakter*) variable ➋ (*unterschiedlich*) diferente

wechselseitig adj recíproco, mutuo

Wechselspiel nt interacción f (*zwischen* entre); **Wechselstrom** m (ELEK) corriente f alterna; **Wechselstube** f oficina f de cambio; **Wechselwähler(in)** m(f) votante mf que no vota siempre al mismo partido

wechselweise adv alternativamente, por turnos

Wechselwirkung f interacción f; **in ~ zueinander stehen** estar interaccionado

wecken ['vɛkən] vt (a. *fig*) despertar; **jds Interesse ~** despertar el interés de alguien

Wecken ['vɛkən] m <-s, -> (*Österr, südd*) panecillo m

Wecker m <-s, -> despertador m; **jdm auf den ~ gehen** (*fam*) dar(le) la lata a alguien

wedeln ['veːdəln] vi: **mit etw** dat **~** mover algo; **mit dem Schwanz ~** menear la cola

weder ['veːdə] konj: **~ ... noch ...** ni... ni...; **er ist ~ schön, noch hat er Verstand** ni es guapo ni inteligente

weg [vɛk] adv ➊ (*abwesend*) ausente; (*verloren*) perdido; (*verschwunden*) desaparecido; **ich müsste schon längst ~ sein** me tendría que haber ido hace tiempo; **weit ~ von hier** muy lejos de aquí; **meine Brille ist ~** he perdido mis gafas; **drüber ~ sein** (*fam*) haberlo superado; **hin und ~ sein** (*fam*) estar muy entusiasmado ➋ (*bei Aufforderung*) fuera; **~ mit dir!** ¡fuera contigo!; **~ da!** ¡fuera de allí!; **nichts wie ~ hier** (*fam*) nada como irse de aquí; **Finger ~!** ¡fuera los dedos!

Weg [veːk] m <-(e)s, -e> ➊ (*allgemein*) camino m; (*Pfad*) sendero m; (*Durchgang*) paso m; **am ~e** en el camino; **jdm den ~ ebnen** allanar(le) el camino a alguien; **jdm über den ~ laufen** tropezar con alguien; **jdn/etw aus dem ~ räumen** (*fam*) quitar a alguien/algo de en medio; **etw/jdm aus dem ~ gehen** evitar algo/a alguien; **jdm im ~ stehen** estorbar a alguien; **sich jdm in den ~ stellen** cruzarse [o atravesarse] en el camino de alguien; **steh hier nicht im ~ rum!** ¡quítate de en medio!; **dem steht nichts im ~e** no hay inconvenientes; **jdm nicht über den ~ trauen** no fiarse en absoluto de alguien; **die Post liegt auf meinem ~** la oficina de Correos está de camino ➋ (*Strecke*) trayecto m; (*Reise~*) ruta f; **auf halbem ~ stehen bleiben/umkehren** quedarse/volverse en mitad del camino; **etw zu ~ bringen** conseguir algo; **etw in die ~e leiten** poner algo en marcha; **sich auf den ~ machen** ponerse en camino; **vom rechten ~ abkommen** desviarse del buen camino; **daran führt kein ~ vorbei** no hay más remedio que afrontarlo; **auf dem besten ~ sein etw zu tun** estar a punto de hacer algo ➌ (*Mittel*) vía f; (*Art und Weise*) modo m, manera f; (*Methode*) método m; **auf legalem ~** por vía legal; **auf schriftlichem ~e** por escrito

weg|bekommen* ['vɛk-] irr vt (*fam*) ➊ (*entfernen können*) conseguir quitar ➋ (*tragen können*) conseguir llevar; (*bewegen können*) conseguir mover

Wegbereiter(in) ['veːk-] m(f) <-s, -; -nen> precursor(a) m(f)

weg|bleiben irr vi sein (*fam*) ➊ (*nicht kommen*) no venir (más); (*Strom*) cortarse; **lange ~** tardar en venir; **mir blieb die Spucke weg** se me cortó el aliento

➋ (*ausgelassen werden*) omitirse; **weg|bringen** *irr vt* ➊ (*an einen anderen Ort*) llevar ➋ (*fam*) *s.* **wegbekommen**; **weg|denken** *irr vt:* **sich** *dat* **etw** ~ imaginarse algo sin algo; **der Computer ist aus unserem Leben nicht mehr wegzudenken** ya no nos es posible imaginarnos una vida sin ordenadores; **weg|drehen I.** *vt* apartar; **das Gesicht** ~ apartar la vista **II.** *vr:* **sich** ~ apartarse; **weg|dürfen** *irr vi* (*fam: ausgehen dürfen*) poder salir

wegen ['ve:ɡən] *präp* +*gen/dat* ➊ (*aufgrund von*) a causa de, debido a; ~ **des schlechten Wetters** debido al mal tiempo ➋ (*bezüglich*) respecto a; **von** ~! (*fam*) ¡ni hablar! ➌ (*um ... willen*) por, a causa de; ~ **dir** por ti

weg|fahren *irr* **I.** *vi sein* partir (*nach* para); **der Bus fuhr ihr vor der Nase weg** perdió el autobús por un pelo **II.** *vt* llevar; **weg|fallen** *irr vi sein* (*ausgelassen werden*) omitirse; (*abgeschafft werden*) suprimirse; **etw** ~ **lassen** omitir algo; **weg|fliegen** *irr vi sein* (*Vogel*) salir volando; (*Passagier*) irse en avión; (*Flugzeug*) salir; (*Dinge*) volar; **weg|führen I.** *vi:* **von etw** *dat* ~ no conducir a algo **II.** *vt* llevar; **weg|geben** *irr vt* dar; **etw zur Reparatur** ~ llevar algo a reparar

Weggefährte, -in *m, f* compañero, -a *m, f* de camino

weg|gehen *irr vi sein* ➊ (*Person*) irse, marcharse; **geh weg!** ¡lárgate! ➋ (*fam: verschwinden*) desaparecer; (*Fleck*) salir ➌ (*fam: sich verkaufen*) venderse ➍ (*fam: ignorieren*): **über etw** ~ ignorar algo; **weg|gießen** *irr vt* tirar, botar *Am*; **weg|gucken** *vi* (*fam*) *s.* **wegsehen**; **weg|holen** *vt* ir a buscar; **sich** *dat* **etw** ~ (*fam*) pillar algo; **weg|hören** *vi* hacerse el sordo; **weg|jagen** *vt* ahuyentar, espantar; **weg|kommen** *irr vi sein* (*fam*) ➊ (*abhanden kommen*) perderse ➋ (*sich entfernen*) irse (*von* de); **mach, dass du wegkommst!** (*fam*) ¡lárgate!; **über etw** ~ superar algo ➌ (*loskommen*) abandonar; **gut/schlecht bei etw** *dat* ~ salir bien/mal librado de algo

Wegkreuzung *f* cruce *m* de caminos

weg|kriegen *vt* (*fam*) *s.* **wegbekommen**; **weg|lassen** *irr vt* ➊ (*gehen lassen*) dejar ir(se) ➋ (*fam: auslassen*) omitir (*Zutaten*) no poner; **weg|laufen** *irr vi sein* ➊ (*fortlaufen*) echar a correr; **das läuft mir nicht weg** eso no corre prisa; **vor einem Hund** ~ huir de un perro ➋ (*fam: ausreißen*) escaparse; **weg|legen** *vt* poner aparte; **weg|machen I.** *vt* (*fam*) quitar **II.** *vr:* **sich**

~ (*fam*) largarse; **weg|müssen** *irr vi* (*fam*) tener que irse; **die Kiste muss hier weg** hay que quitar la caja de en medio; **weg|nehmen** *irr vt* ➊ (*fortnehmen, entwenden*) quitar; **jdm etw** ~ quitar algo a alguien ➋ (*Platz*) ocupar; (*Zeit, Licht*) quitar

Wegrand *m* margen *m o f* de un camino **weg|rationalisieren*** *vt* quitar racionalizando; **Arbeitsplätze** ~ eliminar puestos de trabajo; **weg|räumen** *vt* ➊ (*aufräumen*) recoger ➋ (*Hindernisse*) quitar; **weg|rennen** *irr vi sein* *s.* **weglaufen**; **weg|rutschen** *vi sein* ➊ (*ausrutschen*) resbalar, patinar ➋ (*wegrücken*) correr, apartar; (*Person*) correrse, apartarse; **weg|schaffen** *vt* quitar (de en medio), apartar; **weg|schauen** *vi* *s.* **wegsehen**; **weg|schicken** *vt* ➊ (*Person*) mandar fuera ➋ (*Brief*) enviar; **weg|schieben** *irr vt* correr; **weg|schleppen I.** *vt* (*fam*) llevar arrastrando **II.** *vr:* **sich** ~ (*fam*) ir a rastras, ir a trancas y barrancas; **weg|schließen** *irr vt* guardar bajo llave; **weg|schmeißen** *irr vt* (*fam*) tirar, botar *Am;* **weg|schnappen** *vt* (*fam*) quitar; **weg|schütten** *vt* tirar, botar *Am;* **weg|sehen** *irr vi* ➊ (*wegblicken*) apartar la vista ➋ (*fam*): **über etw** ~ hacer la vista gorda a algo; **weg|setzen I.** *vt* cambiar de sitio **II.** *vr:* **sich** ~ ➊ (*umsetzen*) sentarse en otro lugar ➋ (*fam: ignorieren*): **sich über etw** ~ no hacer caso de algo; **weg|stecken** *vt* (*fam*) ➊ (*aufbewahren*) guardar; (*heimlich*) esconder ➋ (*hinnehmen*) tragar, asimilar; **weg|stehlen** *irr vr:* **sich** ~ escabullirse; **weg|stellen** *vt* quitar, poner en otro lugar; (*aufräumen*) guardar; **weg|stoßen** *irr vt* apartar empujando; (*mit dem Fuß*) apartar con una patada

Wegstrecke ['ve:k-] *f* trayecto *m* **weg|tragen** *irr vt* llevarse; **weg|treten** *irr* **I.** *vi sein* ➊ (*beiseite treten*) apartarse ➋ (MIL) romper filas; **weggetreten sein** (*fam*) estar en las nubes **II.** *vt* dar una patada (a); **weg|tun** *irr vt* ➊ (*wegräumen*) recoger; (*wegnehmen*) quitar ➋ (*wegschmeißen*) tirar, botar *Am*

wegweisend ['ve:kvaɪzənt] *adj* que abre nuevos horizontes

Wegweiser ['ve:k-] *m* <-s, -> indicador *m* de camino

weg|werfen *irr vt* tirar, botar *Am* **Wegwerfgesellschaft** *f* (*abw*) sociedad *f* de consumo; **Wegwerfpackung** *f* caja *f* desechable

weg|wischen *vt* (*Staub*) quitar (con un trapo); (*an der Tafel*) borrar; **weg|ziehen**

irr **I.** *vi sein* ❶ (*Wohnort wechseln*) cambiar de domicilio ❷ (*Zugvögel*) migrar **II.** *vt* apartar tirando, quitar

weh [veː] **I.** *interj:* **o ~!** ¡ay, Dios mío! **II.** *adj* (*fam*): **~ sein** doler

wehe ['veːə] *interj* cuidad(it)o; **~, wenn du das tust!** ¡cuidadito con hacerlo!

Wehe ['veːə] *f* <-n> ❶ *pl* (*bei einer Geburt*) dolores *mpl* de parto; **in den ~n liegen** tener contracciones ❷ (*Schnee~*) nevisca *f*

wehen ['veːən] **I.** *vi* ❶ (*Wind*) soplar ❷ (*Fahne*) ondear; **mit ~ den Fahnen** con banderas ondeantes **II.** *vt* soplar, hacer volar

Wehenmittel *nt* (MED) remedio *m* contra las contracciones del parto

wehklagen ['---] *vi* (*geh*) lamentarse (*über* de)

wehleidig *adj* (*abw: Person*) quejica; (*Stimme*) quejicoso

Wehmut *f ohne pl* (*geh*) melancolía *f*

wehmütig *adj* melancólico

Wehr[1] [veːɐ] *f ohne pl:* **sich zur ~ setzen** defenderse

Wehr[2] *nt* <-(e)s, -e> (*Stau~*) presa *f*

Wehrbeauftragte(r) *mf* comisario, -a (*parlamentario, -a*) *de las Fuerzas Armadas* (*de la ex-RFA*)**; Wehrdienst** *m ohne pl* servicio *m* militar (en la ex-RFA)**; wehrdiensttauglich** *adj* apto para el servicio militar; **Wehrdienstverweigerer** *m* objetor *m* de conciencia; **Wehrdienstverweigerung** *f* objeción *f* de conciencia

wehren ['veːrən] **I.** *vr:* **sich ~** ❶ (*sich verteidigen*) defenderse (*gegen* contra) ❷ (*sich sträuben*) oponer resistencia (*gegen* a) **II.** *vi:* **etw** *dat* **~** oponerse a algo

Wehrersatzdienst *m* prestación *f* (social) sustitutoria

wehrlos *adj* indefenso; **jdm ~ ausgeliefert sein** no poder defenderse contra alguien

Wehrmacht *f ohne pl* (HIST) *Ejército alemán de la época de 1921 a 1945;* **Wehrpflicht** *f ohne pl* servicio *m* militar obligatorio

wehrpflichtig *adj* sujeto al servicio militar obligatorio

Wehrpflichtige(r) *m* <-n, -n> recluta *m*, quinto *m*

wehrtauglich *adj* apto para el servicio militar

weh|tun *vi* doler; **sich** *dat* **~** hacerse daño

Weib [vaɪp] *nt* <-(e)s, -er> mujer *f*

Weibchen ['vaɪpçən] *nt* <-s, -> (ZOOL) hembra *f*

Weiberheld *m* (*abw*) tenorio *m*

weibisch *adj* afeminado

weiblich *adj* (*a.* LING) femenino

Weiblichkeit *f ohne pl* feminidad *f*

weich [vaɪç] *adj* ❶ (*nicht hart, Drogen, Charakter*) blando; (*formbar*) flexible; (*nicht zäh*) tierno; (*Ei*) pasado por agua; **da wird er ~** empieza a ceder ❷ (*zart, wollig, Klang, Landung*) suave ❸ (*Währung*) débil

Weiche ['vaɪçə] *f* <-n> ❶ (*an Schienen*) aguja *f;* **die ~n für etw stellen** encauzar algo ❷ (*Flanke*) agujas *fpl*, verija *f Am*

weichen ['vaɪçən] <weicht, wich, gewichen> *vi sein* ❶ (*sich bewegen*) moverse; (*sich entfernen*) alejarse ❷ (*zurück~*) retroceder (*vor* frente a); (*Platz machen*) hacer sitio ❸ (*nachlassen*) cesar

Weichheit *f ohne pl* blandura *f;* (*Zartheit*) suavidad *f*

weichherzig *adj* blando de corazón; (*mitfühlend*) compasivo

Weichkäse *m* queso *m* blando

weichlich *adj* (*abw*) ❶ (*Material*) blando ❷ (*schwächlich*) flojo ❸ (*nachgiebig*) blandengue

Weichling *m* <-s, -e> (*abw*) blandengue *m*

Weichspüler *m* <-s, -> suavizante *m*

Weichteile *ntpl* partes *fpl* blandas; **Weichtiere** *ntpl* (ZOOL) moluscos *mpl*

Weide ['vaɪdə] *f* <-n> ❶ (*Vieh~*) pasto *m* ❷ (*Baum*) sauce *m;* **Weideland** *nt ohne pl* pastos *mpl*

weiden ['vaɪdən] **I.** *vi* pastar **II.** *vt* (*Vieh*) apacentar, pastar **III.** *vr:* **sich an etw** *dat* **~** recrearse con algo; (*schadenfroh*) regodearse con algo

Weidenkätzchen [-kɛtsçən] *nt* (BOT) flor *f* del sauce; **Weidenrute** *f* varilla *f* de mimbre, otate *m Mex*

weigern ['vaɪɡɐn] *vr:* **sich ~** negarse (*zu* a)

Weigerung *f* <-en> negativa *f*

Weihbischof *m* (REL) obispo *m* sufragáneo

Weihe ['vaɪə] *f* <-n> consagración *f;* (*Priester~*) ordenación *f*

weihen ['vaɪən] *vt* (REL) consagrar

Weiher ['vaɪɐ] *m* <-s, -> (*reg, südd*) estanque *m*

Weihnachten ['vaɪnaxtən] *nt* <-, -> Navidad(es) *f(pl);* **fröhliche ~** feliz Navidad; **zu** [*o* **an**] **~** en Navidades

weihnachtlich *adj* navideño

Weihnachtsabend *m* Nochebuena *f;* **Weihnachtsbaum** *m* árbol *m* de Navidad; **Weihnachtsfeier** *f* fiesta *f* de Navidad; **Weihnachtsfest** *nt* (fiesta *f* de) Navidad *f;* **Weihnachtsgeld** *nt* paga *f* extra de Navidad, aguinaldo *m Arg;* **Weihnachtsgeschenk** *nt* regalo *m* de Navidad; **Weihnachtslied** *nt* villancico *m;*

Weihnachtsmann m Papá m Noel, Viejo Pascuero m Am; **Weihnachtsmarkt** m mercado m navideño

---

i Land & Leute

El **Weihnachtsmarkt** más famoso de Alemania es el de *Nürnberg – Nuremberg*. Sin embargo estos mercadillos navideños se pueden encontrar en muchas otras ciudades alemanas. Dependiendo de los lugares funcionan durante unos días determinados o durante todo el Adviento. En ellos se pueden adquirir desde todo tipo de regalos de Navidad y objetos para la decoración navideña de las casas, hasta artículos de menaje y otras cosas. Es muy típica además la venta de *Glühwein – vino tinto caliente aromatizado* y *Maronen – castañas asadas.*

Weihrauch m incienso m; **Weihwasser** nt ohne pl agua f bendita
weil [vaɪl] konj porque; (aufgrund von) debido a que
Weilchen ['vaɪlçən] nt <-s, ohne pl> momentito m
Weile ['vaɪlə] f ohne pl rato m; **es dauerte eine** ~ duró un rato; **vor einer** ~ hace un rato
Weiler ['vaɪlɐ] m <-s, -> cortijo m
Wein¹ [vaɪn] m <-(e)s, -e> (Getränk) vino m; **roter/weißer** ~ vino tinto/blanco; **lieblicher/trockener** ~ vino dulce/seco; **jdm reinen** ~ **einschenken** (fig) hablar en cristiano con alguien
Wein² m <-(e)s, ohne pl> ❶ (~ trauben) uvas fpl; ~ **lesen** vendimiar ❷ (Pflanze) vid f; ~ **anbauen** cultivar vino; **wilder** ~ cepa virgen
Weinbau m ohne pl viticultura f; **Weinbauer** m viticultor m, viñador m
Weinbaugebiet nt región f vinícola; **Weinbeere** f ❶ (Traube) uva f ❷ (Österr, Schweiz, südd: Rosine) pasa f; **Weinberg** m viña f; **Weinbergschnecke** f caracol m de viñedo; **Weinbrand** m brandi m
weinen ['vaɪnən] I. vi llorar (vor/aus de); **es ist zum W~** es para llorar II. vt llorar; **bittere Tränen** ~ llorar amargamente
weinerlich adj (Person) llorón; (Stimme) lloroso
Weinernte f vendimia f; **Weinessig** m vinagre m de vino; **Weinfass** nt tonel m de vino; **Weinflasche** f botella f de vino;

Weingeist m ohne pl alcohol m etílico; **Weinglas** nt copa f para vino; **Weingut** nt explotación f vinícola; **Weinjahr** nt: **ein gutes** ~ un año abundante en vinos; **ein schlechtes** ~ un año malo para el vino; **Weinkarte** f carta f de vinos; **Weinkeller** m bodega f
Weinkrampf m llanto m convulsivo
Weinlese f vendimia f; **Weinprobe** f cata f de vinos; **Weinrebe** f vid f; **weinrot** ['-'-] adj burdeos; **Weinsorte** f clase f de vino; **Weinstube** f taberna f; **Weintraube** f uva f; **blaue/grüne** ~n uvas negras/blancas
weise ['vaɪzə] adj sabio
Weise f <-n> ❶ (Art) manera f, modo m; (Methode) método m; **in gewisser** ~ en cierto modo; **auf diese/auf meine** ~ de esta/de mi manera; **in der** ~, **dass ...** de modo que... +subj ❷ (Melodie) melodía f
Weise(r) mf <-n, -n; -n> sabio, -a m, f; **die (drei)** ~**n aus dem Morgenland** los Reyes Magos de Oriente
weisen ['vaɪzən] <weist, wies, gewiesen> I. vi: **auf etw** ~ señalar algo II. vt: **jdm etw** ~ indicar(le) algo a alguien; **etw von sich** dat ~ rechazar algo; **jdn aus dem Saal** ~ expulsar a alguien de la sala
Weisheit¹ f ohne pl sabiduría f; (Wissen) saber m; **mit seiner** ~ **am Ende sein** ya no saber qué hacer; **er glaubt, er habe die** ~ **mit Löffeln gefressen** (fam) se cree más sabio que el Lepe; **der** ~ **letzter Schluss** la solución ideal
Weisheit² f <-en> (Spruch) sentencia f; (Rat) consejo m
Weisheitszahn m muela f del juicio
weis|machen vt (fam): **jdm etw** ~ hacer creer algo a alguien
weiß¹ [vaɪs] 3. präs von **wissen**
weiß² [vaɪs] adj blanco; **ihr Gesicht wurde** ~ se volvió pálida
Weiß nt <-(es), -> (color m) blanco m
weissagen ['---] vt (voraussagen) predecir; (prophezeien) profetizar
Weissagung f <-en> profecía f
Weißbier nt cerveza f blanca; **Weißblech** nt hojalata f; **Weißbrot** nt pan m blanco, birote m AmC; **Weißdorn** m <-(e)s, -e> (BOT) espino m albar
Weiße(r) mf <-n, -n; -n> (Rasse) blanco, -a m, f
weißen ['vaɪsən] vt blanquear
Weißglut f ohne pl (TECH) incandescencia f; **jdn zur** ~ **bringen** (fam) poner a alguien al rojo vivo; **Weißgold** nt oro m blanco
weißhaarig adj cano, de pelo blanco
Weißkohl m repollo m; **Weißkraut** nt

repollo *m* blanco

Weißrussland *nt* Bielorusia *f*

Weißwein *m* vino *m* blanco; **Weißwurst** *f* Weißwurst *m* (*salchicha blanca*)

---

i   Land & Leute

Con el nombre de **Weißwurstäquator** se alude de forma humorística a una línea fronteriza que trazan los ríos *Main – Meno* y *Donau – Danubio* y que separa *Bayern – Baviera* y el dialecto bávaro, del espacio de habla prusiana y por tanto, de los dialectos no bávaros. Pero además, este término sirve para delimitar el espacio donde se produce y consume la típica salchicha bávara blanca, hecha de carne de ternera y especias.

Weisung ['vaɪzʊŋ] *f* <-en> ❶ (*Befehl*) orden *f* ❷ (*geh: An~*) instrucción *f;* **weisungsberechtigt** *adj* que tiene poder directivo

weit [vaɪt] **I.** *adj* ❶ (*räumlich ausgedehnt*) extenso; (*breit*) ancho; (*groß*) grande; **~e Kreise der Bevölkerung** amplios sectores de la población; **das ist ein ~es Feld** éste es un campo amplio; **3,50 m ~ springen** saltar 3 metros 50; **etw ~ öffnen** abrir algo de par en par; **~ herumkommen** correr mundo; **das W~e suchen** (*geh*) esfumarse ❷ (*geräumig*) espacioso; (*Kleidung*) ancho ❸ (*entfernt*) lejano; (*Reise, Weg*) largo; **in ~er Ferne** a lo lejos; **wie ~ ist es nach ...?** ¿a qué distancia está...?; **ist es noch ~?** ¿falta mucho todavía?; **von ~em** de lejos; **~ entfernt** remoto; **das ist ~ weg** (*fam*) eso queda muy lejos; **ich habe es nicht ~** no me queda mucho ❹ (*zeitlich*) largo; **bis Ostern ist es noch ~** aún falta mucho para Pascua; **das liegt ~ zurück** esto hace mucho tiempo; **bis ~ in den Morgen** hasta bien entrada la mañana ❺ (*Wend*): **bei ~em besser** mejor con distancia; **bei ~em nicht alles** no todo (ni) con mucho; **es ist ~ und breit niemand zu sehen** no se ve a nadie en varias millas a la redonda; **so ~** (*im allgemeinen*) en general; (*bis jetzt*) por ahora; **so ~, so gut** hasta el momento sin problemas; **es ist so ~** ya está; **es ist noch nicht so ~** todavía no está; **bist du so ~?** (*fam*) ¿estás listo?; **sie wird es noch ~ bringen** hará carrera; **das geht (entschieden) zu ~!** ¡esto ya pasa de la raya!; **wie ~ bist du mit der Arbeit?** ¿qué tal el trabajo?; **das ist ~**

hergeholt esto está cogido de los pelos; **so ~ kommt's noch!** (*fam*) ¡hasta ahí podíamos llegar! **II.** *adv* (*sehr, erheblich*) mucho; **~ besser** mucho mejor; **etw ~ übertreffen** superar algo en mucho; **er ist ~ über sechzig** tiene bastante más de sesenta años; **~ gefehlt!** ¡está Ud. completamente equivocado!; **das ist ~ verbreitet** eso está muy extendido

weitab ['vaɪt'ʔap] *adv* muy lejos (*von* de)

weitaus ['-'-] *adv* mucho

Weitblick *m* <-(e)s, *ohne pl*> visión *f* de futuro; (*Scharfsinn*) perspicacia *f*

weitblickend *adj* previsor; (*scharfsinnig*) clarividente

Weite ['vaɪtə] *f* <-n> ❶ (*Ausdehnung*) extensión *f* ❷ (*Entfernung*) distancia *f* ❸ (*Durchmesser*) diámetro *m;* (*Größe*) tamaño *m* ❹ (*bei Kleidung*) ancho *m*

weiten ['vaɪtən] **I.** *vt* ensanchar **II.** *vr:* **sich ~** ensancharse; (*Gefäß, Pupille*) dilatarse

weiter ['vaɪtɐ] *adv* ❶ (*im Anschluss*) a continuación; (*danach*) después ❷ (*außerdem*) además; (*sonst*) más; (*verneint*) nada más; **das ist nicht ~ schlimm** (*fam*) eso no tiene la menor importancia; **wenn's ~ nichts ist** (*fam*) si no hay nada más; **und so ~** etcétera; **~!** ¡adelante!

weiter|arbeiten *vi* seguir trabajando (*an* en); **weiter|bilden I.** *vt* perfeccionar **II.** *vr:* **sich ~** ampliar sus conocimientos; (*in einem Kurs*) hacer un curso de perfeccionamiento; **Weiterbildung** *f ohne pl* ampliación *f* de estudios; (*als Kurs*) cursos *mpl* de perfeccionamiento; **weiter|bringen** *irr vt* llevar adelante; **das bringt uns auch nicht weiter** con eso no ganamos nada

weitere(r, s) *adj* (*zusätzlich*) más, otro; (*zeitlich*) posterior, ulterior; **~ Kapitel folgen** seguirán más capítulos; **~ fünf Jahre** otros cinco años; **die ~ Entwicklung** el desarrollo posterior; **alles W~** todo lo demás; **bis auf ~s** hasta nuevo aviso; **ohne ~s** sin más

weiter|empfehlen* *irr vt* recomendar (a otros); **weiter|entwickeln* I.** *vt* perfeccionar **II.** *vr:* **sich ~** hacer progresos, desarrollarse; **Weiterentwicklung** *f* (TECH) perfeccionamiento *m;* **weiter|erzählen*** *vt* contar (a otros); **weiter|fahren** *irr vi sein* seguir; **Sie können hier nicht ~** no puede seguir adelante; **Weiterfahrt** *f ohne pl* continuación *f* del viaje; **weiter|führen I.** *vi* seguir, continuar **II.** *vt* ❶ (*fortsetzen*) continuar ❷ (*weiterbringen*) llevar adelante; **die Diskussion führt uns nicht weiter** la discusión no nos lleva a ninguna parte; **Weitergabe** *f* ohne *pl* (*von Informationen*) transmisión *f*; (*von Dingen*) entrega *f*; **weiter|geben** *irr vt* dar (*an* a); (*Erfahrungen*) transmitir (*an* a); **weiter|gehen** *irr vi sein* ❶ (*seinen Weg*) seguir (andando) ❷ (*andauern*) seguir, continuar; **so kann es nicht ~!** ¡esto no puede continuar así!; **weiter|helfen** *irr vi:* jdm ~ ayudar a alguien (*in/bei en/a*)

weiterhin *adv* ❶ (*künftig*) en adelante ❷ (*außerdem*) además ❸ (*immer noch*) todavía

weiter|kommen *irr vi sein* ❶ (*räumlich*) avanzar ❷ (*Fortschritte machen*) salir adelante, avanzar; **so kommen wir nicht weiter** así no llegamos a ninguna parte; **weiter|leben** *vi* seguir viviendo; **weiter|leiten** *vt* transmitir (*an* a); **weiter|machen** *vi* (*fam*) continuar, seguir; **mach nur so weiter!** ¡sigue así!; **so können wir nicht ~** no podemos seguir así; **weiter|sagen** *vt* decir a otros; (*verbreiten*) divulgar; **weiter|verarbeiten*** *vt* tratar, elaborar

weitestgehend *adj o adv superl von* weitgehend

weitgehend <weiter gehend *o* weitgehender, *Schweiz:* weitergehend, am weitestgehenden *o* am weitgehendsten> **I.** *adj* amplio, extenso **II.** *adv* en gran parte

weitgereist *adj* que ha viajado mucho

weitherzig ['vaɪthɛrtsɪç] *adj* liberal; (*tolerant*) tolerante

weitläufig **I.** *adj* ❶ (*ausgedehnt*) vasto, extenso ❷ (*weitschweifend*) prolijo; (*ausführlich*) detallado ❸ (*Verwandter*) lejano **II.** *adv* con todo detalle; **mit jdm ~ verwandt sein** ser pariente lejano de alguien

weiträumig *adj* espacioso, extenso

weitreichend *adj* ❶ (*für große Entfernung*) de gran alcance ❷ (*umfassend*) amplio

weitschweifig *adj* prolijo, difuso

Weitsicht *f ohne pl s.* **Weitblick**; **weitsichtig** *adj* ❶ (MED) hipermétrope ❷ (*umsichtig*) previsor; **Weitsichtigkeit** *f ohne pl* ❶ (MED) hipermetropía ❷ (*im Handeln*) visión *f* de futuro; (*Umsicht*) previsión *f*; **Weitspringer(in)** *m(f)* <-s, -; -nen> (SPORT) saltador(a) *m(f)* de longitud; **Weitsprung** *m* <-(e)s, *ohne pl*> (SPORT) salto *m* de longitud; **weitverbreitet*** [-'--] *adj* muy frecuente; (*Meinung*) muy divulgado; **Weitwinkelobjektiv** *nt* (FOTO) objetivo *m* gran angular

Weizen ['vaɪtsən] *m* <-s, -> trigo *m;* **Weizenbier** *nt* cerveza *f* de trigo; **Weizen-**

keimöl *nt* aceite *m* de germen de trigo; **Weizenmehl** *nt* harina *f* de trigo

welch *pron inter:* ~ **eine(r, s)** qué; ~ **eine Freude!** ¡qué alegría!; *s. a.* **welche(r, s)**

welche(r, s) **I.** *pron inter* (*adjektivisch*) qué; (*substantivisch*) cuál; (*in Ausrufen*) qué, vaya; ~ **Tasche?** ¿qué bolso?; ~**r von den beiden?** ¿cuál de los dos?; ~ **Freude!** ¡qué alegría!; **aus** ~**m Grund?** ¿por qué motivo?; **ich weiß nicht,** ~**n du meinst** no sé a cuál te refieres **II.** *pron rel* que; (*in weiterführenden Relativsätzen*) el/la/lo cual, los/las cuales *pl* **III.** *pron indef* algunos; **es gibt ~, die glauben, dass ...** hay algunos que piensan que...; **ich habe kein Papier dabei, hast du ~s?** no tengo papel, ¿tienes tú alguno?

welk [vɛlk] *adj* (*a. fig*) lacio; (*verwelkt*) marchito

welken ['vɛlkən] *vi sein* (*a. fig*) marchitarse

Wellblech ['vɛl-] *nt* chapa *f* ondulada

Welle ['vɛlə] *f* <-n> ❶ (*im Wasser, Protest~*) ola *f*; **hohe** ~**n schlagen** causar sensación ❷ (*Aktualität*): **die neue** ~ la nueva ola ❸ (*im Haar*) ondulación *f* ❹ (PHYS, RADIO) onda *f* ❺ (TECH) eje *m*

wellen ['vɛlən] **I.** *vt* ondular **II.** *vr:* sich ~ ondularse

Wellenbad *nt* piscina *f* de olas; **Wellenbrecher** *m* rompeolas *m inv;* **Wellengang** *m* <-(e)s, *ohne pl*> oleaje *m;* **Wellenlänge** *f* (PHYS) longitud *f* de onda; **sie haben die gleiche** ~ (*fam*) están en la misma onda; **Wellenlinie** *f* línea *f* ondulada; **Wellenreiten** *nt* (SPORT) surf *m;* **Wellensittich** *m* <-s, -e> (ZOOL) perico *m*, periquito *m*

wellig *adj* ondulado

Wellpappe *f* cartón *m* ondulado

Welpe ['vɛlpə] *m* <-n, -n> (ZOOL) cachorro *m*

Wels [vɛls] *m* <-es, -e> (ZOOL) siluro *m*

Welt [vɛlt] *f* <-en> mundo *m*; (*Erde*) tierra *f*; **auf der** ~ en el mundo; **auf die** ~ **kommen** venir al mundo; **aus aller** ~ de todo el mundo; **die Alte/Neue/Dritte** ~ el Viejo/Nuevo/Tercer Mundo; **die heile** ~ el mundo ideal; **alle** ~ **spricht davon** (*fam*) todo el mundo habla de esto; **vor aller** ~ (*fam*) delante de todo el mundo; **uns trennen** ~**en** (*fam*) entre nosotros hay un mundo; **eine** ~ **brach für ihn zusammen** (*fam*) se le hundió el mundo; **mit sich** *dat* **und der** ~ **zufrieden sein** (*fam*) estar contento con uno mismo en el mundo; **um nichts in der** ~ (*fam*) por nada del mundo; **die** ~ **nicht mehr verstehen** (*fam*) ya no entender nada de nada; **das ist nicht aus der ~** (*fam*) no está lejos; **das kostet nicht die ~** (*fam*) eso no cuesta demasiado; **was in aller ~ hast du dir denn dabei gedacht?** (*fam*) ¿en qué diablos estabas pensando al hacer esto?; **davon geht die ~ nicht unter** (*fam*) no se acaba el mundo por eso; **ein Gerücht in die ~ setzen** (*fam*) hacer correr un rumor; **das hat die ~ noch nicht gesehen!** (*fam*) ¡es una cosa nunca vista!; **Weltall** *nt* universo *m;* **Weltanschauung** *f* ideología *f;* **Weltausstellung** *f* exposición *f* universal; **weltberühmt** ['-'-'] *adj* famoso en el mundo entero; **Weltbevölkerung** *f ohne pl* población *f* mundial; **weltbewegend** *adj* revolucionario; **Weltbild** *nt* concepto *m* del mundo; **Weltbürger(in)** *m(f)* cosmopolita *mf;* **Weltcup** [-kap] *m* (SPORT) copa *f* del mundo

Weltenbummler(in) [-bʊmlɐ] *m(f)* <-s, -; -nen> trotamundos *mf inv*

Welterfolg *m* éxito *m* mundial; **weltfremd** *adj* ajeno al mundo; (*naiv*) ingenuo; **Weltgeschichte** *f ohne pl* historia *f* universal; **in der ~ herumfahren** (*fam*) recorrer mundo; **weltgeschichtlich** *adj* histórico; **Welthandel** *m* comercio *m* internacional [*o* mundial]; **Weltkarte** *f* mapamundi *m;* **Weltkrieg** *m* guerra *f* mundial; **Erster/Zweiter ~** primera/ segunda guerra mundial; **Weltkugel** *f* globo *m* terráqueo

weltlich *adj* ➊ (*irdisch*) mundano ➋ (*nicht kirchlich*) laico, secular

Weltmacht *f* potencia *f* mundial; **weltmännisch** ['vɛltmɛnɪʃ] *adj* de hombre de mundo; (*überlegen*) sofisticado

Weltmarkt *m ohne pl* (WIRTSCH) mercado *m* mundial; **Weltmarktpreis** *m* (WIRTSCH) precio *m* en el mercado internacional

Weltmeer *nt* océano *m;* **Weltmeister(in)** *m(f)* campeón, -ona *m, f* del mundo; **Weltmeisterschaft** *f* ➊ (*Wettkampf*) campeonato *m* mundial, mundial(es) *m(pl)* fam ➋ (*Titel*) copa *f* del mundo; **Weltmusik** *f* música *f* internacional; **weltoffen** *adj* abierto; **Weltordnung** *f* (PHILOS) orden *m* mundial [*o* del mundo]; **Weltrangliste** *f* (SPORT) clasificación *f* mundial

Weltraum *m ohne pl* espacio *m* sideral; **Weltraumbehörde** *f* agencia *f* espacial; **Weltraumfähre** *f* nave *f* espacial; **Weltraumforschung** *f ohne pl* investigación *f* espacial; **Weltraummüll** *m* basura *f* espacial; **Weltraumstation** *f* estación *f* espacial [*o* orbital]

Weltreich *nt* imperio *m;* **Weltreise** *f* viaje

m alrededor del mundo

Weltrekord *m* récord *m* mundial

Weltreligion *f* religión *f* mundial; **Weltruhm** *m* fama *f* mundial; **Weltschmerz** *m* melancolía *f;* **Weltsicherheitsrat** [-'----] *m* Consejo *m* de Seguridad de las Naciones Unidas; **Weltsprache** *f* idioma *m* universal; **Weltstadt** *f* metrópoli *f;* **Weltstar** *m* estrella *f* mundial

Weltuntergang *m* fin *m* del mundo; **Weltuntergangsstimmung** *f* catastrofismo *m*

Weltverbesserer, -in *m, f* <-s, -; -nen> idealista *mf;* **weltweit** ['-'-, '--] **I.** *adj* mundial **II.** *adv* a escala mundial

Weltwirtschaft *f ohne pl* economía *f* mundial

Weltwirtschaftsgipfel *m* cumbre *f* económica mundial [*o* internacional]; **Weltwirtschaftskrise** *f* crisis *f inv* económica mundial

Weltwunder *nt* maravilla *f* del mundo; **die sieben ~** las siete maravillas del mundo

wem [ve:m] **I.** *pron inter dat von* **wer** a quién, a quiénes *pl;* **mit/von ~?** ¿con/de quién?; **bei/zu ~?** ¿en casa/a casa de quién? **II.** *pron rel dat von* **wer** a quien, al que, a quienes, a los que *pl*

wen [ve:n] **I.** *pron inter akk von* **wer** a quién, a quiénes *pl;* **an/für ~?** ¿a/para quién?; **~ meinst du?** ¿a quién te refieres? **II.** *pron rel akk von* **wer** a quien, al que, a quienes, a los que *pl*

Wende ['vɛndə] *f* <-n> ➊ (*Veränderung*) cambio *m;* **eine ~ zum Guten/Schlechten** un cambio para mejor/peor ➋ (*Schwimmen, Segeln*) viraje *m;* (*Turnen, Eiskunstlauf*) vuelta *f*

ⓘ Land & Leute

La expresión coloquial alemana **Wendehals** es comparable a la española "cambiarse de chaqueta". Tiene asimismo un valor peyorativo y se emplea para designar a aquellas personas que cambian de ideas políticas o morales, de ideología, únicamente por interés. Después de la reunificación, la emplearon especialmente los alemanes orientales para censurar las actuaciones de sus compatriotas "prooccidentales".

Wendekreis *m* ➊ (GEO) trópico *m;* **der ~ des Krebses/Steinbocks** el trópico de Cáncer/de Capricornio ➋ (TECH) radio *m* de giro

Wendeltreppe ['vɛndəl-] *f* escalera *f* de caracol

wenden¹ ['vɛndən] **I.** *vi* (*Auto*) girar; (NAUT) virar **II.** *vt* (*Braten, Blatt, Kleidung, Fahrzeug*) dar la vuelta (a); **bitte ~!** ¡véase al dorso!; **man kann die Sache drehen und ~, wie man will** (*fam*) mírese como se mire

wenden² <wendet, wendete *o* wandte, gewendet *o* gewandt> **I.** *vt* ❶ (*Kopf*) volver ❷ (*Blick, Schritte*) dirigir; **den Blick nicht von etw** *dat* ~ no apartar la vista de algo ❸ (*auf~*) invertir (*an/auf* en) **II.** *vr:* **sich** ~ (*Richtung einschlagen*) dirigirse (*zu* a); (*von jdm weg*) apartarse (*von* de); **sich zum Gehen** ~ disponerse a irse; **sich zum Ausgang** ~ dirigirse a la salida; **es wird sich alles zum Guten** ~ todo saldrá bien; **seine gute Laune wandte sich ins Gegenteil** se le agrió el humor; **sich an jdn** ~ dirigirse a alguien; **sich gegen etw** ~ oponerse a algo; **sich gegen jdn** ~ volverse en contra de alguien

Wendeplatz *m* lugar *m* para girar (el coche); **Wendepunkt** *m* ❶ (*Zeitpunkt*) momento *m* decisivo ❷ (ASTR) punto *m* solsticial; (MATH) punto *m* de inflexión

wendig *adj* ❶ (*Auto*) manejable ❷ (*Person*) ágil

Wendung *f* <-en> ❶ (*Drehung*) vuelta *f* ❷ (*Kurve*) curva *f* ❸ (*Veränderung*) cambio *m*, giro *m;* **eine ~ zum Guten nehmen** tomar un giro favorable; **eine ~ zum Schlechten nehmen** tomar mal cariz; **eine unerwartete ~ nehmen** tomar un giro inesperado ❹ (*Rede~*) modismo *m*

wenig ['ve:nɪç] *adj o adv o pron indef* ❶ (*kleine Menge*) poco; (*nur*) ~**e** (sólo) pocos; **ein** ~ un poco; **ein klein** ~ un poquito; **sehr** ~ poquísimo; **ein** ~ **Geduld** un poco de paciencia; **mit** ~**en Ausnahmen** salvo pocas excepciones; **in** ~**en Wochen** dentro de pocas semanas; **einige** ~**e** unos pocos; **eine** ~ **bekannte Künstlerin** una artista poco conocida; **sie war nicht** ~ **überrascht, als** ... su sorpresa no fue poca cuando...; **es fehlte** (**nur**) ~**, und sie hätte gewonnen** faltó poco para ganar ❷ **zu** ~ muy poco; **11 DM zu** ~ faltan 11 marcos; **zu** ~ **essen/trinken** no comer/beber suficiente ❸ **so** ~ tan poco; **so** ~ **wie möglich** lo menos posible; **du sprichst so** ~ estás tan callado

weniger ['ve:nɪɡɐ] **I.** *adj o adv o pron indef kompar von* **wenig** menos; ~ **als** menos que; (*bei Zahlen*) menos de; (*vor Verben*) menos de lo que; **es kamen** ~ **als gestern** vinieron menos que ayer; **immer** ~ cada vez menos; **viel** ~ mucho menos; ~ **werden** disminuir; **nicht mehr und nicht** ~ **als** ... ni más ni menos que...; **mehr oder** ~ más o menos; **das finde ich** ~ **schön!** ¡esto no me gusta tanto!; **um so** ~ tanto menos; **je** ~, **desto besser** cuanto menos mejor; **je mehr** ..., **desto** ~ ... cuanto más..., menos... **II.** *konj* menos; **zehn** ~ **drei ist sieben** diez menos tres son siete

wenigste ['ve:nɪçstə, 've:nɪkstə] *pron indef superl von* **wenig** ❶ (*kleinste Anzahl*): **die** ~**n** los menos, la menor parte; (*die Minderheit*) la minoría ❷ (*kleinste Menge*): **das** ~ lo menos; **das** ~ **wäre, ihn einmal anzurufen** lo menos sería llamarle una vez; **er hat das** ~ **Geld** es el que menos dinero tiene; **das ist ja noch das** ~**!** (*fam*) ¡es lo mínimo!

wenigsten ['ve:nɪçstən, 've:nɪkstən] *superl von* **wenig: am** ~ lo (que) menos

wenigstens ['ve:nɪçstəns, 've:nɪkstəns] *adv* ❶ (*zumindest*) por lo menos ❷ (*mindestens*) por lo menos, como mínimo; **ich habe** ~ **viermal angerufen** he llamado cuatro veces por lo menos

wenn [vɛn] *konj* ❶ (*zeitlich*) cuando; **jedesmal,** ~ ... cada vez que... ❷ (*konditional*) si; (*falls*) en caso de que +*subj;* **nicht** si no; ~ **nur** con tal que +*subj;* **außer** ~ excepto si; ~ **er nicht gewesen wäre, hätte es nie geklappt** si no hubiese estado él, no lo hubiéramos podido hacer nunca ❸ (*konzessiv*): ~ **auch** si bien, aunque +*subj;* **es ging,** ~ **auch mit einiger Mühe** funcionó, si bien nos costó bastante trabajo; ~ **er auch nett ist, mag ich ihn nicht** no termina de caerme bien aunque sea majo ❹ (*Wunsch*): ~ ... **nur** si +*subj*, ojalá +*subj;* ~ **ich nur schon in Berlin wäre** si estuviera de una vez en Berlín

? Grammatik

wenn – *cuando* describe un hecho único o repetido en el presente o futuro, o bien, un hecho repetido en el pasado: *Wenn ich arbeite, brauche ich Ruhe.* – *Cuando trabajo, necesito tranquilidad. (Immer) wenn sie nicht einschlafen konnte, nahm sie eine Schlaftablette.* – *(Siempre que/Cada vez que/) Cuando no podía dormirse, tomaba un somnífero.*

als – *cuando* describe un hecho que ha tenido lugar una sola vez en el pasado: *Als sie heiratete, war sie erst 19 Jahre alt. – Cuando se casó, tenía solamente 19 años.*

wenngleich [-'-] *konj* aunque, si bien
wennschon ['--] *konj* aunque; **und ~!** (*fam*) ¡qué más da!; **~, dennschon!** (*fam*) ¡de hacerlo, hacerlo bien!
wer [veːɐ] **I.** *pron inter* quién, quiénes *pl*; **~ von euch beiden?** ¿quién de vosotros? **II.** *pron rel* quien, el que, quienes, los que *pl*; **~ auch immer** quienquiera que sea **III.** *pron indef* (*fam*) alguien; **ist da ~?** ¿hay alguien ahí?
Werbeabteilung *f* sección *f* de publicidad; **Werbeagentur** *f* agencia *f* de publicidad; **Werbeanzeige** *f* anuncio *m* publicitario; **Werbebanner** *nt* (INFOR) anuncio *m* en Internet; **Werbeblock** *m* bloque *m* de anuncios; **Werbebranche** *f* sector *m* publicitario; **Werbebroschüre** *f* folleto *m* publicitario; **Werbefachmann, -frau** *m*, *f* experto, -a *m*, *f* publicitario, -a; **Werbefernsehen** *nt* publicidad *f* televisada; **Werbefilm** *m* película *f* publicitaria; **Werbegeschenk** *nt* regalo *m* de promoción; **Werbekampagne** *f* campaña *f* publicitaria
werben ['vɛrbən] <wirbt, warb, geworben> **I.** *vi* (*für eine Ware*) hacer publicidad (*für* para); (*für eine Partei*) hacer propaganda (*für* para); **um etw ~** (*geh*) tratar de ganarse algo **II.** *vt* (*Arbeitskräfte*) contratar; (*Mitglieder*) afiliar; (*Kunden*) atraer
Werbeprospekt *m* (COM, WIRTSCH) folleto *m* publicitario; **Werbeslogan** *m* eslogan *m* publicitario; **Werbespot** ['vɛrbɛspɔt] *m* anuncio *m* publicitario, comercial *m Am*; **Werbetext** *m* texto *m* publicitario; **Werbeträger** *m* <-s, -> soporte *m* publicitario; **Werbetrommel** *f* (*fam*) **die ~ für etw rühren** hacer propaganda para algo; **Werbeunterbrechung** *f* (RADIO, TV) interrupción *f* para publicidad; **werbewirksam** *adj* de gran efecto publicitario
Werbung¹ *f* *ohne pl* (*Reklame*) publicidad *f*, aviso *m Am*; **~ für etw machen** hacer publicidad para algo
Werbung² *f* <-en> (*das Anwerben*) reclutamiento *m*
Werdegang *m* <-(e)s, -gänge> desarrollo *m*; **der berufliche ~** la carrera profesional
werden¹ ['veːɐdən] <wird, wurde, geworden> *vi sein* ❶ (*Zustandsveränderung*) ponerse, volverse; (*allmählich*) hacerse; **alt ~** hacerse viejo; **krank ~** ponerse enfermo; **kalt ~** enfriar(se); **mir wird schlecht** me

estoy mareando; **ich werde noch verrückt** me voy a volver loco; **es wird schon dunkel** ya se hace de noche; **es wird Frühling** llega la primavera ❷ (*Entwicklung*) llegar a ser, devenir; **~ de Mutter** futura madre; **es wird ein Junge** será un niño; **besser/schlechter ~** mejorar/empeorar; **was willst du einmal ~?** ¿qué quieres ser de mayor?; **was nicht ist, kann ja noch ~** todo es posible; **was soll nun (aus uns) ~?** ¿qué será de nosotros? ❸ (*Verwandlung*) convertirse (*zu* en), volverse; **zum Verräter ~** convertirse en traidor ❹ (*Resultat*) salir; **das ist nichts geworden** (*fam*) no salió; **die Fotos sind gut geworden** las fotos salieron bien; **er ist 40 geworden** cumplió 40 años; **daraus wird nichts** de ahí no va a resultar nada ❺ (*mit Zeitangabe*): **in einer halben Stunde wird es 12 Uhr** dentro de media hora serán las doce; **sie wird bald 12** va a cumplir 12 años; **es wird Zeit, dass wir gehen** es hora de que nos vayamos ❻ (*Wend*): **wird's bald?** (*fam*) ¡date prisa!; **ich werd' nicht mehr!** (*fam*) ¡no puede ser!
werden² <wird, wurde, *ohne pp.*> *aux* ❶ (*zur Bildung des Futurs*): **ich werde es tun** lo haré; **es wird schon ~** saldrá bien; **es wird gleich regnen** va a empezar a llover ❷ (*zur Bildung des Konjunktivs II*): **würden Sie bitte mal kommen?** ¿podría venir un momento, por favor? ❸ (*Vermutung*): **es wird schon stimmen** será correcto; **er wird wohl ausgegangen sein** habrá salido
werden³ <wird, wurde, worden> *aux* (*zur Bildung des Passivs*) ser; **sie ist entführt worden** ha sido secuestrada; **das Zimmer wird gerade gestrichen** están pintando la habitación; **hier wird nicht geraucht!** ¡aquí no se fuma!; **mir wurde gesagt, dass ...** me han dicho que...
Werden *nt* <-s, *ohne pl*> ❶ (*Entwicklung*) desarrollo *m*; **noch im ~ sein** estar en pleno desarrollo; **der Kuchen ist schon im ~** el bizcocho está a medio hacer ❷ (*Bildung*) formación *f* ❸ (PHILOS) devenir *m*
werfen ['vɛrfən] <wirft, warf, geworfen> **I.** *vt* ❶ (*allgemein*) echar, tirar; (*schleudern*) lanzar, arrojar; **nicht ~!** ¡frágil!; **jdn zu Boden ~** tirar a alguien al suelo; **die Tür ins Schloss ~** dar un portazo; **etw auf den Markt ~** lanzar algo al mercado; **eine Münze ~** echar a suertes; **jdn ins Gefängnis ~** meter a alguien en la cárcel; **er hatte ein Auge auf sie geworfen** (*fig*) le tenía echado el ojo; **jdn aus etw** *dat* **~**

echar a alguien de algo ❷ (*bilden*) formar;
die Flüssigkeit wirft Blasen el líquido
burbujea ❸ (*Tierjunge*) parir **II.** *vr:* **sich ~**
❶ (*sich stürzen*) lanzarse (*auf* sobre); (*fig*)
volcarse (*auf* en) ❷ (*sich fallen lassen*)
echarse (*auf* sobre); **sie warf sich aufs
Bett** se echó sobre la cama ❶ (*sich verziehen*) alabearse **III.** *vi* ❶ (*a.* SPORT) lanzar;
wie weit wirfst du? ¿cuánto lanzas?; **mit
Geld um sich ~** tirar el dinero por la ventana ❷ (*Tier*) parir

Werft [vɛrft] *f* <-en> (NAUT) astillero *m;*
(AERO) hangar *m;* **Werftarbeiter(in)** *m(f)*
(NAUT) obrero, -a *m, f* del astillero; (AERO)
obrero, -a *m, f* del hangar

Werk [vɛrk] *nt* <-(e)s, -e> ❶ (*Geschaffe-
nes, Handlung*) obra *f;* (*Arbeit*) trabajo *m;*
sämtliche/ausgewählte ~e obras com-
pletas/escogidas; **das ist sein ~** es obra
suya; **ein gutes ~ (an jdm) tun** hacer una
buena obra (para alguien); **sich ans ~
machen** ponerse a trabajar; **da sind üble
Kräfte am ~** hay algo sucio detrás de todo
esto ❷ (*Fabrik*) fábrica *f;* (*Unternehmen*)
empresa *f;* **Lieferung ab ~** entrega en
fábrica ❸ (*Mechanismus*) mecanismo *m;*
Werkbank *f* <-bänke> banco *m* de trabajo; **werkgetreu** *adj* fiel al original;
Werkhalle *f* nave *f* industrial; **Werk-
meister(in)** *m(f)* contramaestre, -a *m, f;*
Werksangehörige(r) *mf* empleado, -a
m, f de la empresa; **Werkschutz** *m* servicio *m* de seguridad de la empresa; **Werks-
gelände** *nt* terreno *m* de la empresa;
Werk(s)spionage *f* espionaje *m* industrial

Werkstatt ['-ʃtat] *f* <-stätten> taller *m*

Werkstoff *m* material *m* de trabajo; **Werkstück** *nt* pieza *f* de trabajo; **Werksver-
trag** *m* contrato *m* de obra

Werktag *m* día *m* laborable; **werktags**
adv los días laborables; **werktätig** *adj* trabajador; **die ~e Bevölkerung** la población
activa; **Werktätige(r)** *mf* <-n, -n; -n>
obrero, -a *m, f;* **die ~n** la población activa;
Werkunterricht *m* (clase *f* de) trabajos
mpl manuales; **Werkvertrag** *m* contrato
m de obra

Werkzeug *nt* <-(e)s, -e> herramienta *f;*
(*Instrument*) instrumento *m;* **Werkzeugkasten** *m* caja *f* de herramientas; **Werk-
zeugschrank** *m* armario *m* de herramientas

Wermut ['veːrmuːt] *m* <-(e)s, *ohne pl*>
❶ (*Pflanze*) ajenjo *m* ❷ (*Getränk*) vermú
m; **Wermut(s)tropfen** *m* (*geh*) amargura *f*

wert [veːrt] *adj:* **etwas ~ sein** valer algo;

nichts ~ sein no valer nada; **das ist mir
viel ~** esto significa mucho para mí; **wie
viel ist das ~?** ¿cuánto vale?; **einer
Sache ~ sein** merecer algo

Wert [veːrt] *m* <-(e)s, -e> ❶ (*a. fig*) valor
m; (*Preis*) precio *m;* **einen ~ von 50 Euro
haben** tener un valor de 50 euros; **an ~
verlieren/zunehmen** disminuir/aumen-
tar de valor; **das sind bleibende ~e** son
valores permanentes; **großen/keinen ~
auf etw legen** dar mucha/no dar importancia a algo; **das hat keinen ~** no merece
la pena; **etw** *dat* **einen besonderen ~
beimessen** atribuir un valor especial a
algo ❷ (*Ergebnis*) resultado *m;* (TECH)
datos *mpl;* **Wertarbeit** *f* trabajo *m* de
calidad; **wertbeständig** *adj* de valor fijo;
Wertbrief *m* carta *f* con valor declarado
Wertegemeinschaft *f* (POL) comunidad *f*
de valores

werten ['veːrtən] *vt* valorar; (*einschätzen*)
calificar (*als* de/como); (SPORT) dar como
válido

Wertesystem *nt* sistema *m* de valores;
Wertewandel *m* cambio *m* de valores

wertfrei *adj* imparcial; **Wertgegenstand**
m objeto *m* de valor

Wertigkeit *f* <-en> (CHEM, LING) valencia *f*

wertlos *adj* sin valor, de agache *Ecua*, pinche *Mex;* **Wertmaßstab** *m* criterio *m;*
einen ~ anlegen establecer un criterio

Wertpapier *nt* (FIN) valor *m*, efecto *m;*
Wertpapiermarkt *m* (FIN) mercado *m* de
valores

Wertsache *f* objeto *m* de valor; **Wertschätzung** *f ohne pl* (*geh*) aprecio *m*

Wertstoff *m* desecho *m* reciclable; **Wert-
stoffcontainer** *m* contenedor *m* para
desechos reciclables

Wertung *f* <-en> valoración *f;* (SPORT) puntuación *f*

Wertverlust *m* pérdida *f* de valor, depreciación *f;* **wertvoll** *adj* valioso; **Wertvor-
stellung** *f* concepto *m* de valores; **Wert-
zeichen** *nt* sello *m*

Werwolf ['veːɐ-] *m* ogro *m*

Wesen¹ ['veːzən] *nt* <-s, *ohne pl*>
❶ (*Grundeigenschaft*) esencia *f;* (PHILOS)
ente *m;* **das liegt im ~ der Sache** es propio del asunto mismo ❷ (*Charakter*) naturaleza *f;* **sein wahres ~ zeigen** quitarse la
máscara

Wesen² *nt* <-s, -> (*Lebe~*) ser *m;* (*Mensch*)
persona *f;* **ein menschliches ~** un ser
humano

wesenhaft *adj* ❶ (*im Wesen begründet*)
esencial ❷ (*real existent*) real

Wesensart *f ohne pl* manera *f* de ser;

Wesenszug *m* <-(e)s, -züge> rasgo *m* característico

wesentlich ['ve:zəntlɪç] **I.** *adj* esencial; (*grundlegend*) fundamental; (*bedeutend*) importante; **das ist im W~en nichts Neues** en esencia no es nada nuevo; **nichts W~es** nada de importancia **II.** *adv* (*sehr, viel*) mucho; **es wäre mir ~ lieber, wenn ...** preferiría mucho más que... +*subj*

Weser ['ve:zɐ] *f* <-> Weser *m*

weshalb [vɛs'halp, '--] *adv* ❶ (*fragend*) por qué ❷ (*relativisch*) por lo que, por lo cual; **der Grund ~ ...** la razón por la cual...

Wespe ['vɛspə] *f* <-n> (ZOOL) avispa *f*

Wespennest *nt* (ZOOL) nido *m* de avispas; **Wespenstich** *m* picadura *f* de avispa

wessen ['vɛsən] **I.** *pron inter* ❶ *gen von* **wer** de quién; **~ Auto ist das?** ¿de quién es el coche? ❷ *gen von* **was** de qué; **~ wird sie beschuldigt?** ¿de qué se la acusa? **II.** *pron rel* de quien, del que, de quienes, de los que *pl;* **~ Schuld es ist, (der) soll es gestehen** aquel de quien sea la culpa, debe confesarlo

Wessi ['vɛsi] *mf* <-s, -s; -s> (*fam*) *habitante de los estados federados del oeste de Alemania*

West [vɛst] *m* <-, *ohne pl*> (NAUT, METEO) oeste *m;* **westdeutsch** *adj* del oeste de Alemania; **Westdeutschland** *nt* Oeste *m* de Alemania

Weste ['vɛstə] *f* <-n> chaleco *m;* **eine reine ~ haben** (*fam fig*) tener las manos limpias

Westen ['vɛstən] *m* <-s, *ohne pl*> oeste *m*, occidente *m;* **im ~** en el oeste; **von ~** del oeste; **in den ~** al oeste; **der Wilde ~** el Salvaje Oeste

Westentasche *f* bolsillo *m* del chaleco; **etw wie seine ~ kennen** (*fam*) conocer algo como la palma de la mano

Western ['vɛstən] *m* <-s, -> película *f* del Oeste

Westeuropa ['--'--] *nt* Europa *f* Occidental

westeuropäisch *adj* de la Europa Occidental

Westfale, -fälin *m, f* <-n, -n; -nen> westfaliano, -a *m, f*

Westfalen [vɛst'fa:lən] *nt* <-s> Westfalia *f*

Westfälin [-'fɛ:lɪn] *f* <-nen> *s.* **Westfale**

westfälisch *adj* westfaliano

Westküste *f* costa *f* occidental

westlich **I.** *adj* del oeste; **~ von Berlin** al oeste de Berlín; **in ~er Richtung** en dirección oeste; **52 Grad ~er Länge** 52 grados longitud oeste **II.** *präp +gen* al oeste de

Westmächte ['vɛstmɛçtə] *fpl* (POL) potencias *fpl* occidentales; **Westwind** *m* viento *m* del Oeste

weswegen [vɛs've:gən] *adv s.* **weshalb**

Wettbewerb¹ ['vɛtbəvɛrp] *m* <-(e)s, -e> (*Veranstaltung*) concurso *m;* (SPORT) competición *f*

Wettbewerb² *m* <-(e)s, *ohne pl*> (WIRTSCH) competencia *f;* **mit jdm in ~ stehen** competir con alguien

Wettbewerber(in) *m(f)* <-s, -; -nen> (*a.* WIRTSCH) concursante *mf,* competidor(a) *m(f)*

wettbewerbsfähig *adj* competitivo

Wettbüro *nt* despacho *m* de apuestas mutuas

Wette ['vɛtə] *f* <-n> apuesta *f;* **eine ~ mit jdm abschließen** hacer una apuesta con alguien; **ich gehe jede ~ ein, dass ...** apuesto el cuello a que...; **die ~ gilt!** ¡hecho!; **um die ~** (*fam*) a porfía

Wetteifer *m* espíritu *m* de competencia

wetteifern ['---] *vi:* **mit jdm um etw ~** competir con alguien por algo

wetten ['vɛtən] *vi, vt* apostar (*auf* por, *um*); (**mit jdm**) **um etw ~** apostar algo (con alguien); **ich wette mit dir um zwei Euro, dass ...** te apuesto dos euros a que...; (**wollen wir**) **~?** ¿apostamos?; **~, dass ich schneller bin?** (*fam*) ¿qué te apuestas a que soy más rápido?; **worum ~ wir?** ¿qué apuestas?

Wetter ['vɛtɐ] *nt* <-s, *ohne pl*> (METEO) tiempo *m;* **es ist schönes/schlechtes ~** hace buen/mal tiempo; **Wetteramt** *nt* instituto *m* meteorológico; **Wetteraussichten** *fpl* pronóstico *m* del tiempo; **Wetterbericht** *m* parte *m* meteorológico; **Wetterdienst** *m* servicio *m* meteorológico; **Wetterfahne** *f* veleta *f;* **wetterfest** *adj* resistente a la intemperie; (*wasserundurchlässig*) impermeable; **Wetterfrosch** *m* ❶ (*fam: Laubfrosch*) rana colocada en un recipiente de cristal con una escalerita que, según creencia popular, anuncia el buen tiempo cuando trepa por ella

2 (*hum: Meteorologe*) meteoreólogo, -a *m, f,* hombre *m* del tiempo, mujer *f* del tiempo; **wetterfühlig** *adj* sensible a los cambios de tiempo; **Wetterhahn** *m* veleta *f;* **Wetterkarte** *f* mapa *m* meteorológico; **Wetterlage** *f* (METEO) situación *f* meteorológica; **Wetterleuchten** *nt* <-s, ohne pl> relampagueo *m*

wettern ['vɛtən] *vi* (*fam*) echar pestes; **gegen etw** ~ maldecir algo

Wetterprognose *f* previsión *f* meteorológica; **Wettersatellit** *m* satélite *m* meteorológico; **Wetterstation** *f* estación *f* meteorológica; **Wetterumschwung** *m* cambio *m* brusco del tiempo; **Wettervoraussage** *f,* **Wettervorhersage** *f* pronóstico *m* del tiempo, previsión *f* del tiempo; **Wettervorhersage** *f* pronóstico *m* del tiempo

Wettkampf *m* (SPORT) competición *f;* **Wettkämpfer(in)** *m(f)* (SPORT) competidor(a) *m(f);* **Wettlauf** *m* carrera *f* de velocidad; ~ **mit der Zeit** maratón contrarreloj; **es war ein** ~ **mit der** [o **gegen die**] **Zeit** lo hicimos a contrarreloj; **Wettläufer(in)** *m(f)* corredor(a) *m(f)*

wett|machen ['vɛt-] *vt* (*fam*) compensar; (*Fehler*) corregir; (*Rückstand*) recuperar

Wettrennen *nt* carrera *f* de velocidad; **Wettrüsten** *nt* <-s, ohne pl> carrera *f* de armamentos; **Wettstreit** *m* competición *f;* **mit jdm in** ~ **treten** competir con alguien

wetzen ['vɛtsən] **I.** *vi sein* (*fam*) correr **II.** *vt* afilar

Wetzstein *m* piedra *f* de afilar

WG [ve:'ge:] *f* <-s> *Abk. von* **Wohngemeinschaft** comuna *f*

Whirlpool® ['wœ:(ɐ)lpu:l] *m* (baño *m*) jacuzzi *m*

Whisky ['vɪski] *m* <-s, -s> whisky *m,* güisqui *m*

wich [vɪç] *3. imp von* **weichen**

Wichse ['vɪksə] *f* <-n> (*fam: Schuhcreme*) betún *m*

wichsen ['vɪksən] **I.** *vt* **1** (*fam: polieren*) pulir; (*Boden*) encerar; (*Schuhe*) lustrar **2** (*reg: verprügeln*) dar una paliza **II.** *vi* (*vulg*) cascársela

Wichser *m* <-s, -> (*vulg*) pajero *m*

Wicht [vɪçt] *m* <-(e)s, -e>, **Wichtelmännchen** ['vɪçtəlmɛnçən] *nt* <-s, -> duende *m*

wichtig ['vɪçtɪç] *adj* importante; **sich** ~ **machen** hacerse el importante; ~ **tun** (*fam*) ser engreído; **sich** ~ **nehmen** hacerse el importante; **etw** ~ **nehmen** dar importancia a algo

Wichtigkeit *f ohne pl* importancia *f;* **eine**

Sache von großer/höchster ~ un asunto de mucha/suma importancia

Wichtigtuer(in) [-tu:ɐ] *m(f)* <-s, -; -nen> (*fam a. abw*) farolero, -a *m, f*

Wickel ['vɪkəl] *m* <-s, -> **1** (MED) compresa *f* **2** (*Locken~*) rulo *m* **3** (*Spule*) bobina *f* **4** (*Wend*): **jdn am** ~ **haben** (*fam*) llamar a alguien a capítulo; **Wickelkommode** *f* envolvedor *m*

wickeln ['vɪkəln] *vt* **1** (*auf~*) arrollar; (*auf eine Spule, Rolle*) bobinar; (*zu einem Knäuel*) ovillar **2** (*ein~*) envolver (*in* en); (*aus~*) desenvolver; (*ab~*) desenrollar; **sich** *dat* **einen Schal um den Hals** ~ ponerse un pañuelo alrededor del cuello **3** (*Säugling*) cambiar los pañales (a); **da bist du schief gewickelt** (*fam*) estás equivocado

Widder ['vɪdɐ] *m* <-s, -> **1** (ZOOL) carnero *m* **2** (ASTR) Aries *m*

wider ['vi:dɐ] *präp* +*akk* (*geh*) contra; ~ **Erwarten** contra lo que era de esperar

widerborstig ['----] *adj* **1** (*Person*) terco **2** (*Haar*) rebelde

widerfahren* [--'--] *irr vi sein* (*geh*) ocurrir

Widerhaken ['----] *m* garfio *m;* (*an einer Angel*) púa *f*

Widerhall *m* resonancia *f;* ~ **finden** tener eco; **bei jdm keinen** ~ **finden** no encontrar la aprobación de alguien

widerlegen* *vt* rebatir

widerlich ['vi:dɐlɪç] *adj* (*abw*) **1** (*Ekel erregend*) asqueroso; (*abstoßend*) repugnante **2** (*unangenehm*) desagradable

widernatürlich *adj* (*abw*) contranatural; **widerrechtlich** *adj* ilegal, ilícito; **sich** *dat* **etw** ~ **aneignen** apropiarse de algo ilícitamente

Widerrede *f* protesta *f;* **sie duldet keine** ~ no admite protesta

Widerruf *m* (*einer Anordnung*) revocación *f;* (*einer Aussage*) retractación *f;* **bis auf** ~ hasta nuevo aviso; **widerrufen*** *irr vt* (*Gesetz, Urteil*) revocar; (*Aussage*) retractarse (de); (*Nachricht*) desmentir; (*Auftrag*) anular

Widersacher(in) *m(f)* <-s, -; -nen> adversario, -a *m, f*

widersetzen* *vr:* **sich** ~ oponerse (a)

widerspenstig ['vi:dɐʃpɛnstɪç] *adj* rebelde; (*trotzig*) terco

wider|spiegeln **I.** *vt* reflejar **II.** *vr:* **sich** ~ reflejarse

widersprechen* *irr vi:* **jdm** ~ contradecir a alguien; **etw** *dat* ~ ir en contra de algo; **sich** *dat* ~ contradecirse; **sich ~ de Angaben** indicaciones contradictorias

widersprochen *pp von* **widersprechen**

Widerspruch¹ *m* <-(e)s, ohne pl> (*Wider-*

rede) réplica f; (*Protest*) protesta f; **ohne ~** sin protestar; **seine Äußerungen stießen auf ~** hubo protestas a causa de sus declaraciones; **~ einlegen** (JUR) interponer recurso

Widerspruch² m <-(e)s, -sprüche> (*Gegensätzlichkeit*) contradicción f (*zu* con); **in ~ zu jdm/etw** dat geraten en contradicción con alguien/algo; **sich in Widersprüche verwickeln** incurrir en contradicciones

widersprüchlich [-ʃprʏçlɪç] adj contradictorio

widerspruchslos adj sin objeción alguna, sin protestar

Widerstand m <-(e)s, -stände> (a. PHYS, ELEK) resistencia f (*gegen* a); **~ leisten** oponer resistencia; **auf ~ stoßen** encontrar resistencia

widerstanden pp von **widerstehen**

Widerstandsbewegung f (movimiento m de) resistencia f; **widerstandsfähig** adj resistente (*gegen* a); (*stabil*) sólido; **Widerstandsfähigkeit** f ohne pl (capacidad f de) resistencia f (*gegen* a); (*Stabilität*) solidez f; **Widerstandskämpfer(in)** m(f) guerrillero, -a m, f; **Widerstandskraft** f (fuerza f de) resistencia f

widerstandslos adv ① (*ohne Widerstand zu leisten*) sin oponer resistencia ② (*ohne auf Widerstand zu stoßen*) sin encontrar resistencia

widerstehen* irr vi resistir (+dat a)

widerstreben* vi ① (*zuwider sein*) repugnar; **es widerstrebt mir, das zu tun** me repugna hacerlo ② (*geh: sich widersetzen*): **jdm/etw** dat **~** oponerse a alguien/algo

Widerstreben [-'--] nt <-s, ohne pl> ① (*Widerstand*) oposición f ② (*Abneigung*) repugnancia f

widerwärtig ['viːdɐvɛrtɪç] adj ① (*widrig*) fastidioso ② (*ekelhaft*) asqueroso; (*unangenehm*) desagradable

Widerwille m <-ns, ohne pl> (*Abneigung*) aversión f (*gegen* a); (*Ekel*) asco m; **etw mit größtem ~n tun** hacer algo de muy mala gana; **widerwillig I.** adj indignado **II.** adv de mala gana

widmen ['vɪtmən] **I.** vt ① (*zueignen*) dedicar; **jdm etw ~** dedicar algo a alguien ② (*bestimmen*) consagrar; **er widmete sein Leben der Wissenschaft** consagró su vida a la ciencia **II.** vr: **sich jdm ~** atender a alguien; **sich etw** dat **~** dedicarse a algo

Widmung f <-en> dedicatoria f

widrig ['viːdrɪç] adj desfavorable

wie [viː] **I.** adv ① (*interrogativ: auf welche Art*) ¿cómo?; (*mit welchen Merkmalen, in welchem Grad*) ¿qué?; (*in welcher Weise*) ¿de qué manera?; **~ geht das?** ¿cómo se hace?; **~ heißt das?** ¿cómo se llama esto?; **~ bitte?** ¿cómo (dice)?; **~ das?** ¡cómo!; **~ kommt es, dass ...?** ¿cómo es que...?; **~ geht's?** ¿qué tal?; **~ oft?** ¿cuántas veces?; **~ viel?** ¿cuánto?; **~ alt bist du?** ¿cuántos años tienes?; **~ groß ist es?** ¿qué tamaño tiene?; **~ teuer ist das?** ¿cuánto vale?; **~ spät ist es?** ¿qué hora es?; **~ gefällt es dir?** ¿qué te parece?; **~ war's im Urlaub?** ¿qué tal fueron las vacaciones?; **~ wäre es, wenn ...?** ¿qué tal si...(+*subj*)?; **gewusst ~!** (*fam*) ¡hay que saber (cómo)!; **~ klug du auch immer sein magst** por más inteligente que seas; **~ auch immer** sea como sea; **~ dem auch sei** sea como fuere ② (*relativisch: auf welche Art*) como; (*in welchem Grad*) que; **die Art, ~ sie spricht** la manera como habla; **in dem Maße, ~ ...** en la medida que... ③ (*Ausruf*) ¡cómo!, íqué!; **~ schade!** ¡qué lástima!; **und ~!** (*fam*) ¡y cómo! ④ (*fam: nicht wahr*) ¿verdad?, ¿o no?; **das macht dir Spaß, ~?** esto te divierte, ¿o no? **II.** konj ① (*Vergleich*) como; **weiß ~ Schnee** blanco como la nieve; **ich bin genauso groß ~ du** soy tan alto como tú; **das weißt du genauso gut ~ ich** lo sabes tan bien como yo; **er ist so gut ~ blind** está poco menos que ciego; **~ immer** como siempre; **~ zum Beispiel** como por ejemplo ② (*südd: als*): **das ist besser ~ das andere** esto es mejor que lo otro ③ (*sowie*): **einer ~ der andere** uno igual que el otro; **Frauen ~ Männer** (tanto) las mujeres como los hombres ④ (*gleichzeitig*) cuando, según; **~ er sich umdreht, sieht er den Dieb losrennen** al darse la vuelta ve al ladrón echar a correr ⑤ (*mit Objektsatz*) cómo; **ich sah, ~ er das Fenster öffnete** vi como abría la ventana

Wiedehopf ['viːdəhɔpf] m <-(e)s, -e> (ZOOL) abubilla f común

wieder ['viːdɐ] adv ① (*nochmals*) otra vez, de nuevo; **immer ~** una y otra vez; **nie ~** nunca más; **schon ~** otra vez; **~ mal** de nuevo; **~ anfangen** recomenzar; **etw immer ~ machen** volver a hacer algo; **gib ihm das ~ zurück** devuélveselo; **da bin ich ~** aquí estoy de nuevo ② (*andererseits*) por otra parte; **das ist auch ~ wahr** por otra parte esto también es cierto

Wiederaufbau [-'--] m reconstrucción f

Wiederaufbereitung [-'----] f reprocesamiento m; **Wiederaufbereitungsan-**

lage [--'-------] *f* planta *f* de reprocesamiento

Wiederaufnahme [--'---] *f* (*einer Tätigkeit*) reanudación *f;* (*eines Gerichtsverfahrens*) revisión *f;* (*eines Theaterstücks*) reestreno *m;* (*in eine Gruppe*) readmisión *f*

wieder\bekommen* *irr vt* recuperar, recobrar

Wiederbelebung *f* (*Person*) reanimación *f;* (*Wirtschaft*) reactivación *f;* **Wiederbelebungsversuch** *m* intento *m* de reanimación

Wiederbeschaffung *f* recuperación *f;* **wiederbeschreibbar** *adj* (*CD*) regrabable

wieder\bringen *irr vt* devolver

Wiedereröffnung *f* reapertura *f*

wieder\erstatten* *vt* reembolsar

wieder\finden *irr* I. *vt s.* **finden** I.1. II. *vr:* **sich** ~ encontrarse; **er fand sich plötzlich im Gefängnis wieder** de repente se encontró en la cárcel

Wiedergabe *f* <-n> ❶ (*einer Rede, eines Ereignisses*) relato *m;* (*einer Äußerung*) repetición *f;* (*Schilderung*) descripción *f* ❷ (*Aufführung*) representación *f;* (*eines Musikstücks*) ejecución *f* ❸ (*in Bild, Ton, a.* TYPO) reproducción *f*

wieder\geben *irr* *vt* ❶ (*zurückgeben*) devolver ❷ (*schildern*) describir; (*erzählen*) relatar ❸ (*ausdrücken*) expresar ❹ (*wiederholen*) repetir; (*zitieren*) citar ❺ (*darstellen, a.* TYPO) reproducir

Wiedergeburt *f* (REL) renacimiento *m*

wieder\gewinnen* *irr vt* recuperar; **Wiedergewinnung** *f* (*a.* ÖKOL) recuperación *f*

Wiedergutmachung [--'---] *f* <-en> ❶ (*eines Schadens*) reparación *f* ❷ (*Entschädigung*) resarcimiento *m*

wieder\her\stellen [--'---] *vt* ❶ (*Ordnung*) restablecer ❷ (*reparieren*) restaurar

Wiederherstellung [--'---] *f* ❶ (*der Ordnung, Ruhe*) restablecimiento *m* ❷ (*Reparatur*) reparación *f,* reconstrucción *f*

wiederholen*¹ I. *vt* repetir; (*Lernstoff*) repasar; **ich muss die Klasse** ~ tengo que repetir el curso II. *vr:* **sich** ~ repetirse

wieder\holen² *vt* (*zurückholen*) ir a buscar otra vez

wiederholt [--'-] I. *adj* repetido; **zum ~en Male** por milésima vez II. *adv* en reiteradas ocasiones

Wiederholung [--'-] *f* <-en> repetición *f;* (*von Lernstoff*) repaso *m;* **Wiederholungstäter(in)** *m(f)* (JUR) reincidente *mf*

Wiederhören *nt:* **auf ~!** ¡hasta luego!

wieder\käuen ['vi:dɛkɔɪən] *vt* ❶ (*Tier*) rumiar ❷ (*abw: ständig wiederholen*)

repetir por milésima vez

Wiederkäuer *m* <-s, -> (ZOOL) rumiante *m*

wieder\kehren *vi sein* (*geh*) ❶ (*zurückkommen*) regresar (*von/aus* de) ❷ (*sich wiederholen*) repetirse; **wieder\kommen** *irr vi sein* ❶ (*zurückkommen*) volver (*von* de) ❷ (*sich wiederholen*) repetirse

Wiedersehen *nt* <-s, -> reencuentro *m;* **auf ~!** ¡hasta luego!

wiederum ['vi:dərʊm] *adv* ❶ (*nochmals*) de nuevo ❷ (*andererseits*) por el contrario

Wiedervereinigung *f* reunificación *f;* **Wiederverwendung** *f* reutilización *f;* **Wiederverwertung** *f* reciclaje *m;* **Wiederwahl** *f* reelección *f*

Wiege ['vi:gə] *f* <-n> cuna *f*

Wiegemesser *nt* tajadera *f*

wiegen¹ ['vi:gən] I. *vt* ❶ (*bewegen*) mover; (*Kind*) mecer ❷ (*zerkleinern*) picar II. *vr:* **sich** ~ balancearse

wiegen² <wiegt, wog, gewogen> I. *vi* (*Gewicht haben*) pesar; **das Argument wiegt schwer** (*fig*) es un argumento de peso II. *vt* pesar

Wiegenlied *nt* nana *f*

wiehern ['vi:ɐn] *vi* ❶ (*Pferd*) relinchar ❷ (*fam: lachen*) carcajearse

Wien [vi:n] *nt* <-s> Viena *f*

Wiener(in) *m(f)* <-s, -; -nen> vienés, -esa *m, f*

wienern *vt* (*fam*) sacar brillo (a)

wies [vi:s] *3. imp von* **weisen**

Wiese ['vi:zə] *f* <-n> prado *m*

Wiesel ['vi:zəl] *nt* <-s, -> (ZOOL) comadreja *f;* **er ist flink wie ein** ~ corre como una gacela

wieso [vi'zo:] *adv* por qué

wievielmal [vi'fi:lma:l, 'vi:fi:lma:l] *adv* cuántas veces

wievielte(r, s) *adj:* **zum ~n Mal bist du schon in Spanien?** ¿cuántas veces has estado ya en España?; **den W~n haben wir heute?** ¿a qué día estamos hoy?; **die W~ bist du?** ¿en qué lugar estás?

Wikinger(in) ['vɪkɪŋɐ, 'vi:kɪŋɐ] *m(f)* <-s, -; -nen> vikingo, -a *m*

wild [vɪlt] *adj* ❶ (*Tier, Volk, Landschaft*) salvaje; (*Pflanze*) silvestre; **~er Wein** virgen; ~ **wachsend** silvestre ❷ (*heftig*) impetuoso; (*wütend*) furioso; **ein ~es Durcheinander** un caos terrible; **in ~er Leidenschaft** con una pasión loca; ~ **entschlossen** (*fam*) totalmente decidido; ~ **werden** ponerse furioso; ~ **auf etw sein** (*fam*) estar loco por algo; **wie** ~ (*fam*) como loco; **das ist halb so** ~ (*fam*) no es para tanto ❸ (*unkontrolliert*) incontrolado; (*illegal*) ilícito; ~ **zelten** acampar ilegalmente ④ (*lebhaft*) turbulento; (*Kinder*) travieso; **ein ~ er Haufen** una pandilla de incontrolados ⑤ (*übertrieben*) fantástico; **~ e Vermutungen** suposiciones fantásticas

Wild *nt* <-(e)s, *ohne pl*> caza *f*

Wildbahn *f:* **in freier ~** en libertad

Wilde(r) *mf* <-n, -n; -n> (*abw*) salvaje *mf*

Wilderer, -in *m, f* <-s, -; -nen> cazador(a) *m(f)* furtivo, -a

wildern ['vɪldɐn] *vi* cazar furtivamente

wildfremd ['-'-] *adj* totalmente desconocido

Wildheit *f ohne pl* carácter *m* salvaje; (*Ungestüm*) impetuosidad *f;* (*von Tieren*) ferocidad *f*

Wildhüter(in) *m(f)* guardabosque(s) *mf inv;* **Wildkatze** *f* (ZOOL) gato *m* montés; **Wildleder** *nt* ante *m*

Wildnis *f ohne pl* lugar *m* salvaje; (*Urwald*) selva *f*

Wildpark *m* reserva *f* de caza; **Wildsau** *f* ① (ZOOL) jabalina *f* ② (*fam abw: Schimpfwort*) imbécil *mf;* **Wildschwein** *nt* (ZOOL) jabalí *m*, verraco *m AmC*, Ant

Wildwestfilm ['-'-] *m* western *m*, película *f* del Oeste

Wildwuchs *m* crecimiento *m* silvestre

will [vɪl] *3. präs von* **wollen**

Wille ['vɪlə] *m* <-ns, -n> voluntad *f;* (*Wollen*) querer *m;* (*Absicht*) intención *f;* (*Entschlossenheit*) decisión *f;* **seinen eigenen ~ n haben** saber lo que se quiere; **seinen ~ n durchsetzen** (**wollen**) (querer) imponer su voluntad; **wenn es nach meinem ~ n ginge** si por mí fuera; **es geschah gegen meinen ~ n** ocurrió contra mi voluntad; **jdm seinen ~ n lassen** dejar que alguien actúe según su voluntad; **das hätte ich beim besten ~ n nicht machen können** no hubiera podido hacerlo por más que hubiese querido; **es war dein freier ~, das zu tun** fue tu propia decisión de hacerlo; **es war kein böser ~** no fue con mala voluntad; **der gute ~** la buena voluntad; **der letzte ~** (*Testament*) la última voluntad; **wider ~ n** de mala gana; **wo ein ~ ist, ist auch ein Weg** (*prov*) querer es poder

willen ['vɪlən] *präp +gen:* **um jds/etw** ~ por alguien/algo

willenlos *adj* sin voluntad (propia); **etw ~ über sich ergehen lassen** soportar algo sin rechistar

willens ['vɪləns] *adj inv* (*geh*): **~ sein etw zu tun** estar dispuesto a hacer algo

Willenskraft *f ohne pl* fuerza *f* de voluntad; **willensstark** *adj* enérgico, voluntarioso

willentlich ['vɪləntlɪç] **I.** *adj* (*geh*) intencionado **II.** *adv* (*geh*) a propósito, intencionadamente

willig **I.** *adj* servicial; (*gehorsam*) obediente **II.** *adv* de buena voluntad

willkommen [-'--] *adj* (*Person*) bienvenido; (*Sache*) oportuno; **herzlich ~ zu Hause!** ¡bienvenido a casa!; **jdn ~ heißen** dar la bienvenida a alguien; **du bist (mir) immer ~** eres siempre bienvenido

Willkommen *nt* <-s, -> bienvenida *f*

Willkür ['vɪlky:ɐ] *f ohne pl* arbitrariedad *f;* **sie sind seiner ~ ausgeliefert** están a su merced

willkürlich *adj* ① (*Maßnahme*) arbitrario ② (*zufällig*) casual ③ (*gewollt*) voluntario

wimmeln ['vɪməln] *vi* pulular (*von*), bullir; **das Buch wimmelt von Fehlern** (*fam*) el libro está lleno de errores

wimmern ['vɪmɐn] *vi* gemir

Wimpel ['vɪmpəl] *m* <-s, -> gallardete *m*

Wimper ['vɪmpɐ] *f* <-n> ① (*des Menschen*) pestaña *f;* **sich die ~ n tuschen** dar rímel; **ohne mit der ~ zu zucken** (*fig*) a sangre fría ② (BIOL) cilio *m;* **Wimperntusche** *f* rímel® *m*

Wind [vɪnt] *m* <-(e)s, -e> viento *m;* **bei ~ und Wetter** por mal tiempo que haga; **~ und Wetter ausgesetzt sein** estar a la intemperie; **jdm den ~ aus den Segeln nehmen** (*fam*) tomar la delantera a alguien; **wissen, woher der ~ weht** (*fam*) saber por dónde vienen los tiros; **~ von etw** *dat* **bekommen** (*fam*) enterarse de algo; **in den ~ reden** hablar con la pared; **viel ~ (um etw) machen** (*fam*) armar mucho escándalo (a propósito de algo); **hier weht ein frischer ~** (*fam*) aquí soplan nuevos vientos; **in alle (vier) ~ e** a los cuatro vientos; **Windbeutel** *m* buñuelo *m;* **Windbö(e)** *f* ráfaga *f* de viento

Winde ['vɪndə] *f* <-n> ① (TECH) cabrestante *m* ② (BOT) enredadera *f*

Windel ['vɪndəl] *f* <-n> pañal *m;* **noch in den ~ n stecken** (*fig*) estar todavía en pañales; **Windelhöschen** ['vɪndəlhø:sçən] *nt*, **Windelhose** *f* bragapañal *m;* **windelweich** ['-'-] *adj* (*fam*): **jdn ~ schlagen** moler a alguien a palos

winden¹ ['vɪndən] <windet, wand, gewunden> **I.** *vt* ① (*geh: Kranz*) hacer; **etw um etw ~** poner algo alrededor de algo ② (*wegnehmen*) quitar; **jdm etw aus der Hand ~** arrancarle a alguien algo de las manos **II.** *vr:* **sich ~** ① (*Pflanze*) enredarse (*um* por) ② (*Schlange*) deslizarse (*in* por) ③ (*sich krümmen*) retorcerse ④ (*sich*

schlängeln) serpentear (*durch* entre) ⑤(*Ausflüchte suchen*) buscar pretextos
winden² *vunpers:* **es windet** hace viento
Windenergie *f ohne pl* energía *f* eólica; **Windenergieanlage** *f* parque *m* eólico; **windgeschützt** *adj* protegido del viento; **Windgeschwindigkeit** *f* velocidad *f* del viento; **Windhauch** *m* soplo *m* de viento; **Windhose** *f* (METEO) torbellino *m;* **Windhund** *m* ❶(ZOOL) lebrel *m* ❷(*fam abw: Mensch*) calavera *m*
windig *adj* ❶(*Wetter, Tag*) ventoso; (*Ort*) expuesto al viento; **es ist** ~ hace viento ❷(*fam abw: Sache*) dudoso; (*Person*) pícaro
Windjacke *f* cazadora *f;* **Windkraftwerk** *nt* central *f* eólica; **Windmühle** *f* molino *m* de viento; **Windpark** *m* parque *m* eólico
Windpocken *fpl* (MED) varicela *f*
Windrad *nt* ❶(TECH) rueda *f* de paletas ❷(*Spielzeug*) molinillo *m;* **Windrichtung** *f* dirección *f* del viento; **Windrose** *f* rosa *f* de los vientos; **Windschatten** *m* <-s, *ohne pl*> lado *m* protegido del viento; (NAUT) sotavento *m;* **im** ~ **eines Fahrzeugs fahren** ir protegido del viento por un vehículo; **windschief** *adj* ladeado
Windschutzscheibe *f* (AUTO) parabrisas *m inv*
Windseite *f* lado *m* expuesto al viento; (NAUT) barlovento *m;* **Windstärke** *f* fuerza *f* del viento; **windstill** *adj:* **es ist** ~ no hace viento; **Windstille** *f* calma *f;* **Windstoß** *m* golpe *m* de viento; **windsurfen** ['vɪntzøːɐfən] *vi* practicar el windsurf; **Windsurfen** *nt* windsurf *m;* **Windsurfer(in)** *m(f)* surfista *mf;* **Windsurfing** ['vɪntzøːɐfɪŋ] *nt* <-s, *ohne pl*> windsurf *m*
Windung *f* <-en> ❶(*allgemein*) sinuosidad *f;* (*Kurve*) curva *f;* (*Fluss~*) meandro *m* ❷(*einer Spule*) espira *f;* (*einer Schraube*) paso *m*
Wink [vɪŋk] *m* <-(e)s, -e> ❶(*Zeichen*) seña *f* ❷(*Äußerung*) indicación *f;* (*Rat*) consejo *m;* (*Warnung*) advertencia *f;* **jdm einen** ~ **geben** hacer(le) una indicación a alguien; **ein** ~ **mit dem Zaunpfahl** una indirecta
Winkel ['vɪŋkəl] *m* <-s, -> ❶(MATH) ángulo *m;* **spitzer/stumpfer/rechter** ~ ángulo agudo/obtuso/recto; **toter** ~ ángulo muerto ❷(~*maß*) regla *f* de ángulos ❸(*Ecke*) rincón *m;* **Winkeladvokat(in)** *m(f)* (*abw*) picapleitos *mf inv*
winkelig *adj* (*Gasse*) torcido; (*Haus, Stadt*) de muchos rincones
Winkelmesser *m* <-s, -> goniómetro *m*

winken ['vɪŋkən] <winkt, winkte, gewinkt, *reg:* gewunken> **I.** *vi* ❶(*Zeichen geben*) hacer señas ❷(*erwarten*): **jdm winkt etw** algo le espera a alguien **II.** *vt:* **jdm zu sich** *dat* ~ llamar a alguien
winklig *adj s.* winkelig
winseln ['vɪnzəln] *vi* gemir
Winter ['vɪntɐ] *m* <-s, -> invierno *m;* **Winteranfang** *m* comienzo *m* del invierno; **Wintereinbruch** *m* comienzo *m* brusco del invierno; **Winterfell** *nt* pelo *m* de invierno; **Winterferien** *pl* vacaciones *fpl* de invierno; **winterfest** *adj* resistente al frío (invernal); **Wintergarten** *m* invernadero *m;* **Winterkleidung** *f* ropa *f* de invierno; **Winterlandschaft** *f* paisaje *m* invernal
winterlich *adj* invernal, de invierno
Wintermantel *m* abrigo *m* de invierno; **Winterreifen** *m* neumático *m* de invierno; **Wintersaison** *f* temporada *f* de invierno; **Winterschlaf** *m* (ZOOL) hibernación *f;* ~ **halten** hibernar; **Winterschlussverkauf** *m* rebajas *fpl* de enero; **Wintersemester** *nt* semestre *m* de invierno; **Winterspeck** *m* (*fam*) quilos *mpl* de más adquiridos en invierno; **Wintersport** *m* deporte *m* de invierno; **Winterzeit** *f ohne pl s.* Winterzeit; **Winterurlaub** *m* vacaciones *fpl* de invierno; **Winterzeit** *f ohne pl* temporada *f* de invierno
Winzer(in) ['vɪntsɐ] *m(f)* <-s, -; -nen> viticultor(a) *m(f)*, vitivinicultor(a) *m(f)*
winzig ['vɪntsɪç] *adj* minúsculo, chiquitito *fam*
Winzling ['vɪntslɪŋ] *m* <-s, -e> (*fam*) chiquillo, -a *m, f*
Wipfel ['vɪpfəl] *m* <-s, -> cima *f,* copo *m And*
Wippe ['vɪpə] *f* <-n> balancín *m*
wippen ['vɪpən] *vi* ❶(*auf und ab*) balancearse; (*hin und her*) oscilar ❷(*auf einer Wippe*) balancearse
wir [viːɐ] *pron pers 1.pl* nosotros *mpl*, nosotras *fpl;* ~ **beiden/drei** nosotros/nosotras dos/tres
Wirbel ['vɪrbəl] *m* <-s, -> ❶(*Wasser~, Luft~, Haar~*) remolino *m* ❷(*Trubel*) torbellino *m*, jaleo *m fam;* (*Aufsehen*) escándalo *m;* ~ **um etw machen** armar un escándalo a propósito de algo ❸(*Knochen*) vértebra *f* ❹(*an Saiteninstrumenten*) clavija *f* ❺(*Trommel~*) redoble *m*
wirbeln ['vɪrbəln] **I.** *vi sein* ❶(*Staub*) arremolinarse; **durch die Luft** ~ revolotear por el aire ❷(*fam: geschäftig sein*) estar atareado **II.** *vt* (*in die Luft*) revolotear

Wirbelsäule *f* columna *f* vertebral
Wirbelsturm *m* ciclón *m*
Wirbeltier *nt* (ZOOL) vertebrado *m*
Wirbelwind *m* (*Wind, fig: Mensch*) torbellino *m*

wirbt [vɪrpt] *3. präs von* **werben**
wird [vɪrt] *3. präs von* **werden**
wirft [vɪrft] *3. präs von* **werfen**
wirken ['vɪrkən] **I.** *vi* ❶ (*Wirkung haben*) surtir efecto (*bei* con, *auf* en); **beruhigend** ~ tener un efecto calmante; **gut** ~ surtir buen efecto; **gegen etw** ~ surtir efecto contra algo ❷ (*Eindruck machen*) parecer; **lächerlich** ~ ser ridículo; **jugendlich** ~ verse joven ❸ (*zur Geltung kommen*) destacar, resaltar; **ihre Brille wirkt sehr vorteilhaft** las gafas le favorecen mucho; **etw auf sich** ~ **lassen** degustar algo ❹ (*tätig sein*) trabajar (*als* de, *für* para) **II.** *vt* ❶ (*hervorbringen*): **Wunder** ~ (*fam*) surtir efectos maravillosos ❷ (*Textilien*) tejer
wirklich ['vɪrklɪç] **I.** *adj* real; (*echt*) verdadero; **im** ~ **en Leben** en la vida real **II.** *adv* de verdad; **das ist** ~ **nett von Ihnen** es realmente muy amable de su parte; ~**?** ¿de verdad?; **ich war es** ~ **nicht** yo no lo hice, de verdad; **er hat es nicht** ~ **gesagt, aber** ... en realidad no lo ha dicho, pero...
Wirklichkeit *f* <-en> realidad *f;* **die raue** ~ (**des Alltags**) la dura realidad (de la vida cotidiana); **in** ~ en realidad
wirklichkeitsgetreu *adj* realístico, realista; **etw** ~ **schildern** hacer una descripción realista de algo
wirksam *adj* eficaz; ~ **sein** (*formal: gültig*) ser vigente; ~ **werden** (*formal: gültig*) entrar en vigor
Wirksamkeit *f* ohne pl eficacia *f;* (*Gültigkeit*) vigencia *f*
Wirkstoff *m* su(b)stancia *f* activa
Wirkung *f* <-en> efecto *m;* (*Ergebnis*) resultado *m;* (*Folge*) consecuencia *f;* (*Reaktion*) reacción *f;* (*Wirksamkeit*) eficacia *f;* (*Einfluss*) influencia *f;* **eine durchschlagende/lindernde** ~ **haben** tener un efecto radical/calmante; **seine** ~ **entfalten/verfehlen** surtir efecto/no surtir el efecto deseado; **mit** ~ **vom ersten April** con efecto a partir del uno de abril; **Wirkungsgrad** *m* eficiencia *f;* **Wirkungskreis** *m* campo *m* de acción
wirkungslos *adj* ineficaz; ~ **bleiben** no surtir efecto
wirkungsvoll *adj* eficaz; ~ **sein** surtir efecto
wirr [vɪr] *adj* ❶ (*ungeordnet*) desordenado; (*durcheinander*) revuelto ❷ (*verworren*) confuso; ~ **es Zeug reden** decir disparates

Wirren ['vɪrən] *pl* tiempos *mpl* revueltos; (*Unruhen*) tumultos *mpl*
Wirrkopf *m* (*abw*) despistado, -a *m, f*
Wirrwarr ['vɪrvar] *m* <-s, ohne pl> caos *m* inv, follón *m fam*
Wirsing ['vɪrzɪŋ] *m* <-s, ohne pl> col *f* de Milán
Wirt(in) [vɪrt] *m(f)* <-(e)s, -e; -nen> ❶ (*Gast~*) dueño, -a *m, f* de un restaurante; **Herr** ~, **noch zwei Bier!** ¡camarero, dos cervezas más! ❷ (*Haus~*) dueño, -a *m, f* de una casa ❸ (BIOL) huésped *m*
Wirtschaft ['vɪrtʃaft] *f* <-en> ❶ (*Volks~*) economía *f;* **freie** ~ economía liberal; **er ist in der** ~ **tätig** trabaja en la industria ❷ (*Gast~*) restaurante *m*
wirtschaften **I.** *vi* administrar; (*sparsam* ~) ahorrar; **mit Gewinn** ~ sacar beneficios **II.** *vt:* **etw zugrunde** ~ llevar algo a la ruina
Wirtschafter(in) *m(f)* <-s, -; -nen> ❶ (WIRTSCH) empresario, -a *m, f* ❷ (*Verwalter*) administrador(a) *m(f);* (*in der Landwirtschaft*) mayordomo *m*
wirtschaftlich *adj* económico; **aus** ~ **en Gründen** por razones económicas
Wirtschaftlichkeit *f ohne pl* rentabilidad *f*
Wirtschaftsabkommen *nt* acuerdo *m* económico; **Wirtschaftsaufschwung** *m* auge *m* de la economía; **Wirtschaftsembargo** *nt* embargo *m* económico; **Wirtschaftsexperte, -in** *m, f* (WIRTSCH) experto, -a *m, f* en economía; **Wirtschaftsfaktor** *m* factor *m* económico; **Wirtschaftsflüchtling** *m* refugiado, -a *m, f* económico, -a; **Wirtschaftsgeld** *nt* dinero *m* para (los) gastos domésticos; **Wirtschaftshilfe** *f* ayuda *f* económica; **Wirtschaftskriminalität** *f* delincuencia *f* económica; **Wirtschaftskrise** *f* (WIRTSCH) crisis *f inv* económica; **Wirtschaftslage** *f ohne pl* situación *f* económica; **Wirtschaftsmacht** *f* ❶ (*bedeutendes Land*) potencia *f* económica ❷ (*eines Landes*) poder *m* económico; **Wirtschaftsminister(in)** *m(f)* ministro, -a *m, f* de Economía; **Wirtschaftsministerium** *nt* Ministerio *m* de Economía; **Wirtschaftspolitik** *f* política *f* económica; **Wirtschaftsprüfer(in)** *m(f)* revisor(a) *m(f)* de cuentas, interventor(a) *m(f);* **Wirtschaftssanktionen** *fpl* sanciones *fpl* económicas; **Wirtschafts- und Währungsunion** *f* (EU) Unión *f* Económica y Monetaria; **Wirtschaftswachstum** *nt* crecimiento *m* económico; **Wirtschaftswissenschaft** *f* ciencias *fpl* económicas; **Wirtschaftswissenschaftler(in)** *m(f)*

W

economista *mf;* **Wirtschaftswunder** *nt* (*fam*) milagro *m* económico

La fulminante recuperación económica de la Alemania Occidental después de la Segunda Guerra Mundial (SGM) se denomina **das deutsche Wirtschaftswunder**. Con ayuda del archiconocido *Marshallplan*, además del reconocimiento del marco alemán – *Deutsche Mark* como divisa internacional a partir de 1948, los alemanes emplearon todas sus fuerzas en la reconstrucción de un país en ruinas.

Wirtschaftszweig *m* sector *m* económico

Wirtshaus ['vɪrts-] *nt* restaurante *m* (en el campo), cantina *f Arg;* **Wirtsleute** *pl* dueños *mpl*

Wisch [vɪʃ] *m* <-(e)s, -e> (*fam abw*) papelucho *m*

wischen ['vɪʃən] I. *vi* ❶ **über etw** ~ (*putzen*) limpiar algo; (*darüber streichen*) pasar la mano por algo ❷ (*Schweiz: fegen*) barrer II. *vt* ❶ (*reinigen*) limpiar; (*Boden*) fregar (el suelo), trapear *Am* ❷ (*weg~*) quitar (*von* de); (*trocknen*) secar ❸ (*Ohrfeige*): **jdm eine** ~ (*fam*) dar una bofetada a alguien ❹ (*Schweiz: fegen*) barrer

Wischiwaschi ['vɪʃi'vaʃi] *nt* <-s, *ohne pl*> (*fam abw*) cháchara *f*

Wischlappen *m* (*reg*) trapo *m*

Wisent ['viːzɛnt] *m* <-s, -e> (ZOOL) bisonte *m*

Wismut ['vɪsmuːt] *nt* <-(e)s, *ohne pl*> (CHEM) bismuto *m*

wispern ['vɪspən] *vi, vt* susurrar

Wissbegier(de) *f ohne pl* deseo *m* de saber; (*Neugierde*) curiosidad *f* intelectual; **wissbegierig** *adj* ávido de saber; (*neugierig*) curioso

wissen ['vɪsən] <weiß, wusste, gewusst> I. *vt* ❶ (*können*) saber; **nicht mehr ein noch aus** ~ no saber cómo seguir; **mit jdm umzugehen** ~ saber cómo tratar a alguien ❷ (*die Kenntnis besitzen*): **ich weiß nicht, wo er ist** no sé dónde está; **wusstest du, dass ...?** ¿sabías que...?; **woher soll ich das** ~**?** ¿cómo quiere(s) que lo sepa?; **woher weißt du das?** ¿cómo lo sabes?; **soviel ich weiß, ist er noch da** por lo que yo sé, sigue estando allí; **er weiß immer alles besser** siempre lo sabe todo mejor; **das musst du selbst** ~ tú sabrás; **wenn ich das gewusst hätte**

... si lo hubiera sabido...; sie weiß, was sie will sabe lo que quiere; **ich wüsste nicht, was ich lieber täte** no hay nada que me gustaría más; **das ist wer weiß wie teuer** (*fam*) esto quién sabe lo que costará; **... und was weiß ich noch alles** (*fam*) ... y no sé cuántas cosas más; **weißt du was?** ¿sabes qué?; **gewusst, wie!** (*fam*) ¡a saber! ❸ (*sich erinnern*) acordarse; **weißt du noch, wie schön es war?** ¿te acuerdas de lo bonito que era? ❹ (*erfahren*): **lassen Sie mich** ~**, wenn/ ob ...** hágame saber si...; **sie will nichts mehr von mir** ~ no quiere saber nada más de mí ❺ (*die Sicherheit haben*): **ich weiß sie in guten Händen** (*geh*) sé que está en buenas manos ❻ (*kennen*) conocer (de); **weißt du einen guten Arzt?** ¿sabes de un buen médico? II. *vi* (*informiert sein*) estar al corriente; **um** [*o* **von**] **etw** *dat* ~ estar al corriente de algo; **ich weiß von nichts** no sé de nada; **man kann nie** ~ (*fam*) nunca se sabe; **nicht, dass ich wüsste** no que yo sepa; **wer weiß?** ¿quién sabe?; **was weiß ich** (*fam*) yo qué sé

Wissen *nt* <-s, *ohne pl*> saber *m;* (*Kenntnisse*) conocimientos *mpl;* **meines** ~ yo sepa; **etw nach bestem** ~ **und Gewissen tun** hacer algo de buena fe; **wider besseres** ~ contra su propia convicción

Wissenschaft *f* <-en> ciencia *f*

Wissenschaftler(in) *m(f)* <-s, -; -nen> científico, -a *m, f*

wissenschaftlich *adj* científico

Wissensdrang *m,* **Wissensdurst** *m* afán *m* de saber; **Wissensgebiet** *nt* campo *m* del saber; (*Disziplin*) disciplina *f;* **Wissenslücke** *f* laguna *f* del saber; **wissenswert** *adj* interesante

wissentlich ['vɪsntlɪç] I. *adj* premeditado; (*absichtlich*) intencionado II. *adv* (*bewusst*) a sabiendas; (*absichtlich*) intencionadamente

wittern ['vɪtɐn] I. *vi* ventear II. *vt* ❶ (*Wild*) ventear ❷ (*ahnen*) sospechar; **Verrat** ~ sospechar la traición

Witterung *f* <-en> ❶ (*Wetter*) tiempo *m* ❷ (*Geruchssinn*) olfato *m;* (*Geruch*) viento *m;* **die** ~ **aufnehmen** tomar el viento; **Witterungsverhältnisse** *ntpl* condiciones *fpl* meteorológicas

Witwe ['vɪtvə] *f* <-n> viuda *f*

Witwer ['vɪtvɐ] *m* <-s, -> viudo *m*

Witz[1] [vɪts] *m* <-es, -e> (*mit Pointe*) chiste *m;* (*Scherz*) broma *f,* trisca *f AmC, Ant;* **einen** ~ **erzählen** contar un chiste; ~**e machen** bromear; **das soll doch wohl**

ein ~ sein! esto es una broma, ¿no?; **der ~ bei der Sache ist, dass ...** (*fam*) lo gracioso del asunto es que...; **das ist der ganze ~** (*fam*) eso es todo

Witz² *m* <-es, *ohne pl*> (*Geist*) gracia *f;* **sie hat** (**viel**) **~** tiene (mucha) gracia

Witzbold ['vɪtsbɔlt] *m* <-(e)s, -e> (*fam*) gracioso, -a *m, f*

witzeln ['vɪtsəln] *vi* bromear, versar *Mex;* **über jdn/etw ~** burlarse de alguien/algo

Witzfigur *f* hazmerreír *m*

witzig *adj* gracioso; **sehr ~!** (*fam iron*) ¡muy gracioso!

witzlos *adj* ❶ (*ohne Witz*) soso, sin gracia ❷ (*fam: sinnlos*) sin sentido, inútil

WM [veːˈʔɛm] *f* <-s> *Abk. von* **Weltmeisterschaft** campeonato *m* mundial

wo [voː] **I.** *adv* ❶ (*interrogativ*) dónde; **~ gibt's denn so was!** (*fam*) ¿dónde se ha visto algo parecido? ❷ (*relativisch*) donde; (*zeitlich*) cuando, que; **überall, ~ ...** en todas partes donde...; **~ auch immer** donde sea +*subj;* **sie ist wer weiß ~** (*fam*) sabe Dios donde estará; **jetzt, ~ ich Zeit habe** ahora que tengo tiempo; **ach ~!** (*fam*) ¡qué va! **II.** *konj* ❶ (*da*) ya que ❷ (*obwohl*) aún cuando, aunque

woanders [-'--] *adv* en otra parte

woandershin *adv* (*Ort*) a otro lugar, a otro sitio

wob [voːp] *3. imp von* **weben²**

wobei [voˈbaɪ] *adv* ❶ (*interrogativ*) ¿cómo?; **~ ist das passiert?** ¿cómo ha pasado eso?; **~ bist du gerade?** ¿qué estás haciendo? ❷ (*relativisch*) a lo cual; **~ mir gerade einfällt ...** lo que me hace venir a la mente...

Woche ['vɔxə] *f* <-n> semana *f;* **zweimal in der ~** dos veces a la semana; **unter der ~** durante la semana; **in drei ~n** dentro de tres semanas; **Wochenbett** *nt* (MED) sobreparto *m;* **Wochenblatt** *nt* semanario *m*

Wochenendbeziehung *f* relación *f* de fin de semana

Wochenende *nt* fin *m* de semana; **ein langes ~ haben** tener un puente de fin de semana; **schönes ~!** ¡buen fin de semana!; **Wochenendhaus** *nt* casa *f* para (pasar) el fin de semana; **Wochenendticket** *nt* (EISENB) *billete de fin de semana con tarifa especial - reducida - para viajar por toda Alemania*

Wochenkarte *f* billete *m* semanal, abono *m* semanal

wochenlang I. *adj* que dura semanas **II.** *adv* semanas enteras, durante semanas

Wochenlohn *m* salario *m* semanal;

Wochenmarkt *m* mercado *m* semanal; **Wochentag** *m* día *m* de la semana; (*Werktag*) día *m* laborable

wochentags *adv* los días laborables

wöchentlich ['vœçəntlɪç] **I.** *adj* semanal **II.** *adv* cada semana; **zweimal ~** dos veces la semana

Wochenzeitung *f* semanario *m*

Wöchnerin ['vœçnərɪn] *f* <-nen> parturienta *f*

Wodka ['vɔtka] *m* <-s, -s> vodka *m*

wodurch [voˈdʊrç] *adv* ❶ (*interrogativ*) ¿cómo? ❷ (*relativisch*) por lo cual, por el cual

wofür [voˈfyːɐ] *adv* ❶ (*interrogativ*) ¿para qué?; **~ ist das gut?** ¿para qué sirve esto?; **~ hältst du mich?** ¿por quién me tomas? ❷ (*relativisch*) por lo cual, para lo cual

wog [voːk] *3. imp von* **wiegen²**

Woge ['voːgə] *f* <-n> (*geh*) ola *f;* **die ~n der Begeisterung schlugen hoch** hubo olas de entusiasmo; **wenn sich die ~n geglättet haben** en cuanto los ánimos se hayan calmado

wogegen [voˈgeːgən] **I.** *adv* ❶ (*interrogativ*) ¿contra qué?; **~ hilft das?** ¿contra qué sirve? ❷ (*relativisch*) contra lo cual **II.** *konj* mientras que

wogen ['voːgən] *vi* (*geh: Wasser, Ähren*) ondular; (*Kampf, Schlacht*) desencadenarse

woher [voˈheːɐ] *adv* ❶ (*interrogativ*) ¿de dónde?; (*auf welche Weise*) ¿cómo?; **~ sind Sie?** ¿de dónde es Ud.?; **~ kommt es eigentlich, dass ...?** ¿cómo es que...? ❷ (*relativisch*) del cual; **ach, ~ (denn)!** (*fam*) ¡seguro que no!

wohin [voˈhɪn] *adv* ❶ (*interrogativ*) ¿adónde?; **~ so eilig?** ¿adónde (vas) con tanta prisa?; **~ damit?** (*fam*) ¿dónde lo pongo? ❷ (*relativisch*) adonde; **~ man auch sieht** se mire por donde se mire

wohingegen [vohɪnˈgeːgən] *konj* mientras que

wohl [voːl] *adv* ❶ (*gesund, gut*) bien; (*angenehm*) a gusto; **sich ~ fühlen** encontrarse a gusto; (*gesundheitlich*) sentirse bien; **bei dem Gedanken ist mir nicht ganz ~** la idea me desagrada; **~ oder übel** por las buenas o por las malas; **~ bekomm's!** ¡a vuestra salud!; **leb ~!/ leben Sie ~!** ¡que te vaya/le vaya bien! ❷ (*durchaus*) perfectamente; **doch, das glaube ich ~** (*fam*) sí, yo sí lo creo; **das weiß ich sehr ~** lo sé perfectamente; **~ kaum** difícilmente; **siehst du ~!** (*fam*) ¡ves!; **willst du ~ aufhören!** ¡quieres parar de una vez! ❸ (*etwa*) cerca de

④ (*zwar*) a decir verdad; **er hat es ~ versprochen, aber ...** a decir verdad lo ha prometido, pero... ⑤ (*wahrscheinlich*) probablemente; **das wird ~ das Beste sein** eso será probablemente lo mejor; **du bist ~ verrückt geworden!** ¡parece que te has vuelto loco!; **das ist doch ~ nicht dein Ernst!** ¡no lo dirás en serio!; **das mag ~ sein** puede ser; **man wird doch ~ noch fragen dürfen?** (*fam*) ¿se podrá preguntar por lo menos?

Wohl *nt* <-(e)s, *ohne pl*> bien *m*; (*~ ergehen*) bienestar *m*; **auf jds ~ trinken** brindar por la salud de alguien; **auf dein ~!** ¡a tu salud!; **zum ~!** ¡salud!

wohlauf [voːlˈʔaʊf, voˈlaʊf] *adv* (*geh*): **~ sein** estar bien

Wohlbefinden *nt* bienestar *m*; (*Gesundheit*) salud *f*; **Wohlbehagen** *nt* bienestar *m*, comodidad *f*; **wohlbehalten** ['--'--] *adj* ① (*unverletzt*) sano y salvo ② (*unbeschädigt*) intacto; **wohlerzogen** *adj* (*geh*) bien educado

Wohlfahrt *f ohne pl* servicio *m* de beneficencia pública; **Wohlfahrtsstaat** *m* estado *m* del bienestar

Wohlgefallen *nt* <-s, *ohne pl*> (*Gefallen*) agrado *m*; (*Vergnügen*) placer *m*; (*Zufriedenheit*) complacencia *f*; **mit ~** con agrado; **~ an etw** *dat* **finden** complacerse en algo; **sich in ~ auflösen** (*fam: zufrieden stellend ausgehen*) quedar en agua de borrajas

wohlgeformt *adj* bien formado; (*Körper*) bien proporcionado

wohlgemerkt *adv* a saber; **wohlgeraten** *adj* (*geh*) ① (*gut gelungen*) bien hecho ② (*gut erzogen*) bien educado

wohlgesinnt *adj* bienintencionado; **er ist mir ~** tiene buenas intenciones para conmigo

wohlhabend *adj* acomodado, fondeado *Am*

wohlig *adj* agradable

wohlklingend *adj* (*geh*) melodioso; **wohlmeinend** *adj* (*geh*) bienintencionado; **wohlriechend** *adj* (*geh*) aromático; **wohlschmeckend** *adj* (*geh*) sabroso

Wohlstand *m* <-(e)s, *ohne pl*> bienestar *m*; **Wohlstandsgesellschaft** *f* (*abw*) sociedad *f* del bienestar; **Wohlstandsmüll** *m* (*abw*) basura *f* de la sociedad del bienestar

Wohltat¹ *f* (*gute Tat*) buena obra *f*; (*Gefallen*) favor *m*; **jdm eine ~ erweisen** hacer(le) un favor a alguien

Wohltat² *f ohne pl* (*Genuss*) placer *m*; (*Erleichterung*) alivio *m*

Wohltäter(in) *m(f)* bienhechor(a) *m(f)*

wohltätig *adj* benéfico, caritativo; **für ~e Zwecke** para fines caritativos

Wohltätigkeit *f ohne pl* beneficencia *f*, caridad *f*; **Wohltätigkeitsveranstaltung** *f* fiesta *f* benéfica; **Wohltätigkeitsverein** *m* sociedad *f* benéfica

wohltuend *adj* agradable

wohlverdient ['--'-] *adj* bien merecido

wohlweislich *adv* con buen motivo, prudentemente

Wohlwollen *nt* <-s, *ohne pl*> benevolencia *f*; (*Geneigtheit*) simpatía *f*; **bei allem ~** con la mejor voluntad

wohlwollend *adj* benévolo; **jdm/etw** *dat* **~ gegenüberstehen** ver a alguien/algo con buenos ojos

Wohnanlage *f* urbanización *f*; **Wohnbezirk** *m* área *f* residencial; **Wohnblock** *m* bloque *m* de pisos; **Wohncontainer** *m* contenedor *m* habitable

wohnen ['voːnən] *vi* vivir (*in* en, *bei* en casa de); (*vorübergehend*) estar alojado (*in* en, *bei* en casa de)

Wohnfläche *f* superficie *f* habitable; **Wohngebiet** *nt* zona *f* residencial; **Wohngegend** *f* zona *f* residencial; **Wohngeld** *nt* subsidio *m* de vivienda; **Wohngemeinschaft** *f* comuna *f*; **in einer ~ leben** compartir un piso

wohnhaft *adj* (*formal*) residente (*in* en)

Wohnhaus *nt* edificio *m* de viviendas; **Wohnheim** *nt* residencia *f*; **Wohnküche** *f* cocina-comedor *f*; **Wohnlage** *f*: **eine gute/teure ~** una zona (residencial) buena/cara

wohnlich *adj* cómodo; **es sich** *dat* **~ machen** acomodarse a su gusto

Wohnmobil *nt* <-s, -e> coche *m* caravana [*o* vivienda]; **Wohnort** *m* domicilio *m*

Wohnraum¹ *m* <-(e)s, -räume> (*Raum*) habitación *f*

Wohnraum² *m* <-(e)s, *ohne pl*> (*Wohnungen*) viviendas *fpl*

Wohnsilo *m o nt* (*fam abw*) conejera *f*; **Wohnsitz** *m* domicilio *m*; **ohne festen ~** sin domicilio fijo

Wohnung *f* <-en> piso *m*, departamento *m Am*

Wohnungsbau *m ohne pl* construcción *f* de viviendas; **sozialer ~** construcción de viviendas sociales; **Wohnungsbesetzer(in)** *m(f)* <-s, -; -nen> okupa *mf fam*; **Wohnungseigentümer(in)** *m(f)* propietario, -a *m, f* (del apartamento); **Wohnungseinrichtung** *f* mobiliario *m*, moblaje *m*; **Wohnungsmarkt** *m* mercado *m* de viviendas [*o* inmobiliario]; **der**

freie ~ el mercado libre de viviendas;
Wohnungsnot f ohne pl escasez f de
viviendas; **Wohnungsschlüssel** m llave f
del apartamento; **Wohnungssuche** f búsqueda f de piso; **auf ~ sein** buscar piso;
Wohnungstür f puerta f del piso

Wohnviertel nt barrio m residencial;
Wohnwagen m caravana f; **Wohnzimmer** nt cuarto m de estar, living m Am

Wok [vɔk] m <-, -s> wok m (cazuela china
de base redonda)

wölben ['vœlbən] I. vt arquear II. vr: **sich ~**
arquearse

Wölbung f <-en> curvatura f; (Bogen)
arco m

Wolf [vɔlf, pl: 'vœlfə] m <-(e)s, Wölfe>
❶ (ZOOL) lobo m; **mit den Wölfen heulen**
(fam) bailar al son que le tocan; **ein ~ im
Schafspelz** (fig) cara de beato y uñas de
gato ❷ (Fleisch~) picadora f de carne;
Fleisch durch den ~ drehen picar carne

Wölfin ['vœlfɪn] f <-nen> (ZOOL) loba f

Wolfram ['vɔlfram] nt <-s, ohne pl> (CHEM)
wolframio m

Wolfshunger ['-'--] m (fam) hambre f
canina; **einen ~ haben** tener un hambre
canina

Wolke ['vɔlkə] f <-n> nube f; **in den ~n
schweben** (fig) andar en las nubes; **aus
allen ~n fallen** (fam) quedarse de una
pieza; **Wolkenbruch** m chaparrón m;
Wolkendecke f ohne pl capa f de nubes;
Wolkenkratzer m rascacielos m inv

wolkenlos adj sin nubes, despejado

wolkig adj nuboso

Wolldecke f manta f de lana, frazada f de
lana Am

Wolle ['vɔlə] f <-n> lana f; **sich mit jdm in
die ~ kriegen** (fam) pelearse con alguien

wollen¹ ['vɔlən] <will, wollte, wollen>
(Modalverb) ❶ (mögen) querer; **etw
machen ~** querer hacer algo; **komme,
was wolle** pase lo que pase ❷ (beabsichtigen) tener la intención de, querer; **ich
wollte gerade gehen** estaba a punto de
irme; **was ich dir noch sagen wollte ...**
lo que aún te quería decir... ❸ (behaupten)
decir; **er will dich gestern gesehen
haben** dice haberte visto ayer; **das will
ich meinen** eso digo; **und so jemand
will Lehrer sein** y alguien como él pretende ser profesor ❹ (auffordern): **wenn
Sie bitte Platz nehmen ~** siéntese, por
favor; **willst du wohl still sein?** ¿te quieres callar? ❺ (erfordern) requerir; **das will
gelernt sein** esto requiere experiencia
❻ (Passiv: müssen): **der Müll will run-
tergetragen werden** (geh) hay que bajar

la basura ❼ (Wend): **na gut, ich will mal
das will so sein** bueno, no voy a oponerme;
das will etwas heißen lo cual ya quiere
decir algo; **das will ich nicht gehört
haben** lo doy por no oído; **ich will ja
nichts gesagt haben, aber ...** no quiero
intervenir pero...; **was will man da
machen?** ¿qué se le va a hacer?; **es wollte
und wollte nicht gelingen** por más que
lo intentamos, no lo logramos

wollen² ['vɔlən] <will, wollte, gewollt> I. vi
❶ (den Willen haben) querer; **lieber ~**
preferir; **ich will jetzt nach Hause** quiero
irme a casa; **zu wem ~ Sie?** ¿a quién
busca?; **du musst nur ~** sólo tienes que
querer; **meine Beine ~ nicht mehr**
(fam) me fallan las piernas; **wer nicht
will, der hat schon** quien no quiere por
algo será ❷ (wünschen) desear, querer;
jdm wohl ~ querer el bien de alguien; **ich
wollte, er würde endlich kommen** quisiera que viniera de una vez; **ganz wie du
willst** como quieras; **ob du willst oder
nicht** quieras o no (quieras) ❸ (Wend):
dann ~ wir mal! (fam) ¡empezamos
entonces! II. vt ❶ (haben ~): **wir ~ keine
Kinder** no queremos tener hijos ❷ (durchsetzen ~): **er will (von mir), dass ich
mich entschuldige** quiere que me disculpe ❸ (beabsichtigen): **ich weiß gar
nicht, was du willst, das sieht doch gut
aus** (fam) no sé qué quieres, tiene buena
pinta; **das habe ich nicht gewollt** no era
mi intención; **ohne es zu ~** sin querer
❹ (Wend): **da ist nichts (mehr) zu ~**
(fam) ahí no hay nada que hacer; **du hast
hier nichts zu ~** (tú) no pintas nada aquí

wollen³ adj de lana

Wolljacke f chaqueta f de lana; **Woll-
knäuel** nt ovillo m de lana; **Wollsiegel**
nt certificado m de calidad para géneros de
pura lana

Wollust ['vɔlʊst] f ohne pl (geh) voluptuosidad f

wollüstig ['vɔlʏstɪç] adj voluptuoso

womit [vo'mɪt] adv ❶ (interrogativ) ¿con
qué?, ¿en qué?; **~ kann ich dienen?** ¿en
qué puedo servirle?; **~ habe ich das verdient?** ¿qué he hecho yo para merecer
esto? ❷ (relativisch) con lo cual, con lo
que

womöglich [vo'møːklɪç] adv quizás +subj,
posiblemente

wonach [vo'naːx] adv ❶ (interrogativ)
¿qué?, ¿a qué?; **~ riecht das?** ¿a qué huele
esto? ❷ (relativisch) por lo que; (gemäß)
según lo cual; **~ es hier riecht, weiß ich
auch nicht** yo tampoco sé a qué huele

aquí

Wonne ['vɔnə] *f* <-n> delicia *f;* (*Freude*) placer *m*

woran [vo'ran] *adv* ❶ (*interrogativ*) ¿en qué?, ¿a qué?; ~ **denkst du?** ¿en qué piensas?; ~ **liegt es?** ¿a qué se debe?; ~ **sind sie gestorben?** ¿de qué murieron? ❷ (*relativisch*) a que, en el cual; **wenn ich nur wüsste,** ~ **das liegt** si supiera a que se debe; **ich weiß nicht,** ~ **ich bin** no sé a que atenerme

worauf [vo'rauf] *adv* ❶ (*interrogativ*) ¿a qué?; (*räumlich*) ¿sobre qué? ❷ (*relativisch*) sobre el cual; (*zeitlich*) después de lo cual; ~ **du dich verlassen kannst** de eso puedes estar seguro

woraufhin [vorauf'hɪn] *adv* ❶ (*interrogativ*) ¿por qué razón? ❷ (*relativisch*) con lo cual

woraus [vo'raus] *adv* ❶ (*interrogativ*) ¿de qué?; ~ **schließt du das?** ¿de qué lo deduces? ❷ (*relativisch*) del cual, de lo cual

worden ['vɔrdən] *pp von* **werden³**

worin [vo'rɪn] *adv* ❶ (*interrogativ*) ¿en qué?, ¿dónde?; ~ **besteht der Nachteil?** ¿dónde está la desventaja? ❷ (*relativisch*) en el cual, en lo que

Workaholic [wœːkə'hɔlɪk] *m* <-s, -s> (*sl*) esclavo *m* del trabajo

Workshop ['wɔːkʃɔp] *m* <-s, -s> taller *m*

World Wide Web *nt* <-, *ohne pl*> (INFOR) WorldWideWeb *f*

Wort [vɔrt, *pl:* 'vɔrtə, 'vœrtə] *nt* <-(e)s, -e *o* Wörter> palabra *f;* (*Ausdruck*) expresión *f;* (*Begriff*) término *m;* ~ **für** ~ palabra por palabra; **im wahrsten Sinne des** ~ **es** literalmente; **in** ~ **en** en letra; **mir fehlen die** ~ **e** no tengo palabras; **davon ist kein** ~ **wahr** ni una palabra de esto es verdad; **ein paar** ~ **e wechseln** intercambiar cuatro palabras; **ein offenes/ernstes** ~ **mit jdm reden** hablar claramente/en serio con alguien; **ohne ein** ~ **des Bedauerns** sin decir ni un "lo siento"; **das** ~ **an jdn richten** dirigir la palabra a alguien; **nicht viele** ~ **e machen** ir al grano; **in** ~ **und Schrift** en forma hablada y escrita; **in** ~ **und Bild** con texto e ilustraciones; **jdn mit leeren** ~ **en abspeisen** despachar a alguien con buenas palabras; **etw mit keinem** ~ **erwähnen** no mencionar algo para nada; **mit anderen** ~ **en** en otras palabras; **jdn** (**nicht**) **zu** ~ **kommen lassen** (no) dejar hablar a alguien; **ein** ~ **gab das andere** se desencadenó una fuerte discusión; **hast du** ~ **e?** (*fam*) ¿habráse visto?; **das letzte** ~ **haben** tener la última palabra; **dein** ~ **in Gottes Ohr** (*fam*) que Dios te oiga; **das** ~ **hat Herr García** el señor García tiene la palabra; **das** ~ **ergreifen** tomar la palabra; **für jdn ein gutes** ~ **einlegen** interceder por alguien; **du nimmst mir das** ~ **aus dem Munde** me quitas la palabra de la boca; **jdm das** ~ **im Munde herumdrehen** malinterpretar las palabras de alguien; **jdm ins** ~ **fallen** interrumpir a alguien; **etw in** ~ **e fassen** formular algo con palabras; **das glaube ich dir aufs** ~ te lo creo a pies juntillas; **dabei habe ich auch noch ein** ~ **mitzureden** en esto también tengo que opinar yo; **das geschriebene/ gesprochene** ~ la palabra escrita/ hablada; **jdm sein** ~ **geben** prometer algo a alguien; **sein** ~ **halten** cumplir su palabra; **sein** ~ **brechen** faltar a su palabra; **jdn beim** ~ **nehmen** tomar la palabra a alguien; **über jdn/etw kein** ~ **verlieren** no gastar ni una palabra sobre alguien/ algo; **Wortart** *f* (LING) parte *f* de la oración; **wortbrüchig** *adj:* ~ **werden** faltar a su palabra

Wörtchen ['vœrtçən] *nt* <-s, -> (*fam*): **ein** ~ **mitzureden haben** poder intervenir en un asunto

Wörterbuch *nt* diccionario *m;* **Wörterbuchcomputer** *m* diccionario *m* electrónico

Worterkennung *f* (INFOR) reconocimiento *m* de palabras

Wörterverzeichnis *nt* glosario *m*

Wortfetzen *mpl* retazos *mpl* de conversación; **Wortführer(in)** *m(f)* <-s, -; -nen> portavoz *mf,* vocero *mf Am;* **Wortgefecht** *nt* disputa *f;* **wortgetreu** *adj* literal, textual; **wortgewandt** *adj* elocuente; **wortkarg** *adj* ❶ (*Person*) de pocas palabras, remachado *Col* ❷ (*Äußerung*) lacónico; **Wortklauberei** [vɔrtklaubə'rai] *f* <-en> (*abw*) verbalismo *m;* **Wortlaut** *m* <-(e)s, *ohne pl*> texto *m;* **der genaue** ~ **einer Rede** el texto literal de un discurso; **etw im** ~ **veröffentlichen** publicar algo textualmente; **... hat folgenden** ~**: ...** ... dice así: ...

wörtlich ['vœrtlɪç] **I.** *adj* literal **II.** *adv* ❶ (*dem Text entsprechend*) literalmente; ~ **zitieren** citar textualmente ❷ (*in der eigentlichen Bedeutung*) al pie de la letra; **etw** ~ **nehmen** tomar algo al pie de la letra

wortlos I. *adj* silencioso **II.** *adv* sin decir nada

Wortmeldung *f* intervención *f;* **ich bitte um** ~**en** tienen Uds. la palabra; **keine** ~**en mehr?** ¿nadie más quiere decir alguna cosa?; **Wortschatz** *m* vocabulario *m;* (*Lexik*) léxico *m;* **Wortschwall** *m* (*abw*) verborrea *f;* **jdn mit einem ~ überschütten** echarle un torrente de palabras a alguien; **Wortspiel** *nt* juego *m* de palabras, albur *m Mex;* **Wortstamm** *m* (LING) radical *m;* **Wortwechsel** *m* disputa *f,* argumento *m Am;* **wortwörtlich** ['--'--] *adj o adv s.* **wörtlich**

worüber [vo'ry:bɐ] *adv* ❶ (*interrogativ*) ¿de qué?, ¿sobre qué? ❷ (*relativisch*) sobre el cual, sobre el que; **das Thema, ~ ich sprechen werde** el tema sobre el que hablaré

worum [vo'rʊm] *adv* ❶ (*interrogativ*) ¿de qué?, ¿sobre qué?; **~ handelt es sich?** ¿de qué se trata? ❷ (*relativisch*) de que, sobre el cual

worunter [vo'rʊntɐ] *adv* ❶ (*interrogativ*) ¿debajo de qué? ❷ (*relativisch*) debajo del cual; (*dazwischen*) entre los que

wovon [vo'fɔn] *adv* ❶ (*interrogativ*) ¿de qué? ❷ (*relativisch*) de lo cual

wovor [vo'fo:ɐ] *adv* ❶ (*interrogativ*) ¿de qué?; (*räumlich*) ¿delante de qué? ❷ (*relativisch*) ante el cual, delante del cual; **das einzige, ~ ich mich fürchte, ...** lo único de lo que tengo miedo...

wozu [vo'tsu:] *adv* ❶ (*interrogativ*) ¿para qué?; **~ soll das gut sein?** ¿para qué sirve esto? ❷ (*relativisch*) a lo cual, al que; (*Zweck*) para lo cual; **das, ~ ich am meisten Lust hätte, ...** aquello de lo que más ganas tengo...

Wrack [vrak] *nt* <-(e)s, -s *o* -e> (*Schiff*) barco *m* naufragado; (*Auto*) coche *m* de desguace; (*Flugzeug*) avión *m* de desguace; **ein menschliches ~** una piltrafa (humana)

wrang [vraŋ] *3. imp von* **wringen**

wringen ['vrɪŋən] <wringt, wrang, gewrungen> *vt* escurrir

Wucher ['vu:xɐ] *m* <-s, ohne pl> (*abw*) usura *f;* **~ treiben** usurar

Wucherer, -in ['vu:xərɐ] *m, f* <-s, -; -nen> (*abw*) usurero, -a *m, f;* (*mit Zinsen*) logrero, -a *m, f*

wucherisch *adj* (*abw*) usurero; (*Preise*) abusivo

wuchern ['vu:xɐn] *vi* ❶ *haben o sein* (*Pflanzen*) crecer excesivamente; (MED) proliferar ❷ (*Wucher treiben*) usurar

Wucherpreis *m* (*abw*) precio *m* abusivo

Wucherung *f* <-en> (*Gebilde*) excrecencia *f*

wuchs [vu:ks] *3. imp von* **wachsen¹**

Wuchs [vu:ks] *m* <-es, ohne pl> ❶ (*Wachstum*) crecimiento *m* ❷ (*Gestalt*) estatura *f*

Wucht [vʊxt] *f ohne pl* ❶ (*Heftigkeit*) fuerza *f;* (*Schwung*) ímpetu *m;* **mit voller ~** con toda fuerza; **das ist eine ~** (*fam*) es fenomenal ❷ (*reg: fam: Prügel*) paliza *f*

wuchtig *adj* ❶ (*kräftig*) fuerte ❷ (*groß*) grande; (*Statur*) macizo

wühlen ['vy:lən] *vi* ❶ (*allgemein*) hurgar (*in* en); (*graben*) cavar; (*mit der Schnauze*) hozar (*nach*) ❷ (*fam: suchen*) rebuscar (*nach*) II. *vr:* **sich durch etw ~** abrirse camino a través de algo

Wühlmaus *f* (ZOOL) campañol *m;* **Wühltisch** *m* (*fam*) mesa *f* con géneros rebajados

Wulst [vʊlst, *pl:* 'vʏlstə] *m* <-(e)s, Wülste>, *f* <Wülste> ❶ (*Verdickung*) bulto *m;* (MED) protuberancia *f* ❷ (ARCHIT) bocel *m*

wulstig *adj* abultado

wummern *vi* retumbar

wund [vʊnt] *adj* escocido; **ich habe mir die Füße ~ gelaufen** se me llagaron los pies de tanto andar; **sich ~ liegen** llagarse

Wundbrand *m* (MED) gangrena *f*

Wunde ['vʊndə] *f* <-n> (*a. fig*) herida *f;* **alte ~n wieder aufreißen** abrir viejas heridas

Wunder ['vʊndɐ] *nt* <-s, -> ❶ (*außergewöhnliches Ereignis*) maravilla *f;* (*übernatürlich*) milagro *m;* **an ~ glauben** creer en milagros; **das grenzt an ein ~** esto parece un milagro; **etw wirkt ~** (*fam*) algo obra milagros; **es ist kein ~, dass ...** (*fam*) no es ningún milagro que... +*subj;* **wie durch ein ~** como por arte de magia; **der wird noch sein blaues ~ erleben!** (*fam*) ¡aún no sabe qué sorpresa le espera! ❷ (*Wend*): **~ was denken** imaginarse algo extraordinario

wunderbar I. *adj* ❶ (*wie ein Wunder*) milagroso ❷ (*schön*) maravilloso II. *adv* (*sehr*) a las mil maravillas; **etw ist ~ bequem** algo es supercómodo

Wunderheiler(in) *m(f)* curador(a) *m(f)* milagroso, -a; **Wunderkerze** *f* bengala *f;* **Wunderkind** *nt* niño, -a *m, f* prodigio

wunderlich *adj* raro

Wundermittel *nt* remedio *m* milagroso

wundern ['vʊndɐn] I. *vt* sorprender; **es wundert mich, dass ...** me sorprende que... +*subj;* **das würde mich überhaupt nicht ~** no me sorprendería nada; **wundert dich das (etwa)?** ¿(acaso) te sorprende? II. *vr:* **sich ~** sorprenderse (*über* de); **ich muss mich doch sehr ~!** ¡no lo hubiera esperado!

wunderschön ['--'-)-] *adj* hermosísimo; **wundervoll** *adj* maravilloso

Wundsalbe *f* ungüento *m* vulnerario

Wundstarrkrampf *m ohne pl* (MED) téta-no(s) *m inv*

Wunsch [vʊnʃ, *pl*: 'vʏnʃə] *m* <-(e)s, Wün-sche> deseo *m* (*nach* de); (*Verlangen*) anhelo *m* (*nach* por); (*Bitte*) petición *f*; (*Glück~*) felicidades *fpl*; **auf** ~ a petición; (**ganz**) **nach** ~ (totalmente) a su gusto; **jdm jeden** ~ **von den Augen ablesen** satisfacer todos los deseos de alguien; **dein** ~ **ist mir Befehl** tus deseos son órdenes; **jdm einen** ~ **erfüllen** satisfacer a alguien un deseo; **haben Sie sonst noch einen** ~**?** ¿desea algo más?; **auf eigenen** ~ por propio deseo; **es ging alles nach** ~ todo salió a pedir de boca; **mit den besten Wünschen** con los mejores deseos; **Wunschbild** *nt* ideal *m;* **Wunschden-ken** *nt* sueño *m*

Wünschelrute ['vʏnʃəlru:tə] *f* varilla *f* de zahorí

wünschen [vʏnʃən] *vt* desear; (*wollen*) querer; (*bitten*) pedir; **jdm etw** ~ desear algo a alguien; (**ganz**) **wie Sie** ~ como Ud. quiera; **ich wünsche, dass das sofort gemacht wird** deseo que esto se haga en seguida; **Sie** ~**?** ¿en qué puedo servirle?; **wen** ~ **Sie zu sprechen?** ¿con quién desea hablar?; **ich wünsche Ihnen gute Besserung/eine gute Reise** le deseo que se mejore/un buen viaje; **sie wünschte, sie hätte das nie gesagt** querría no haberlo dicho nunca; **sich** *dat* **etw von jdm** ~ pedir algo a alguien; **ich wünsche mir, dass ...** deseo que... +*subj*; **ich wünsche mich auf eine einsame Insel** quisiera estar en una isla desierta; **sein Benehmen lässt viel zu** ~ **übrig** su comportamiento deja mucho que desear; **wünschenswert** *adj* deseable; **es ist** ~ es de desear

Wunschkind *nt* hijo, -a *m, f* deseado, -a; **Wunschkonzert** *nt* (RADIO) programa *m* de discos solicitados por los radioyentes

wunschlos *adj*: ~ **glücklich sein** ser totalmente feliz

Wunschtraum *m* ilusión *f*; **Wunschzettel** *m* carta *f* a los Reyes Magos; **auf unserem** ~ **steht jetzt noch ein Sofa** (*fig*) ahora nos gustaría tener un sofá

wurde ['vʊrdə] *3. imp von* **werden**

Würde[1] ['vʏrdə] *f ohne pl* (*Wert, Haltung*) dignidad *f*; **etw mit** ~ **tragen** soportar algo con dignidad; **unter aller** ~ malísimo; **das ist unter meiner** ~ lo considero indigno para mí

Würde[2] *f* <-n> (*Rang*) categoría *f*

würdelos *adj* sin dignidad, indigno

Würdenträger(in) *m(f)* <-s, -; -nen> dignatario, -a *m, f*

würdevoll I. *adj* digno **II.** *adv* con dignidad

würdig *adj* ❶ (*ehrbar*) respetable ❷ (*wert*) digno; **sich jds/etw** *gen* ~ **erweisen** ser digno de alguien/algo

würdigen ['vʏrdɪgən] *vt* ❶ (*anerkennen*) apreciar, valorar; (*Verdienste*) reconocer ❷ (*für wert halten*) considerar digno (de)

Würdigung *f* <-en> ❶ (*einer Arbeit*) apreciación *f*; (*Anerkennung*) reconocimiento *m;* **in** ~ **ihres Einsatzes** en reconocimiento a sus esfuerzos ❷ (*einer Persönlichkeit*) homenaje *m;* **in** ~ **Federico García Lorcas** en homenaje a Federico García Lorca

Wurf [vʊrf, *pl*: 'vʏrfə] *m* <-(e)s, Würfe> ❶ (*das Werfen*) tiro *m;* (SPORT) lanzamiento *m;* (*beim Würfeln*) jugada *f* ❷ (*Erfolg*) éxito *m* ❸ (ZOOL) camada *f*

Würfel ['vʏrfəl] *m* <-s, -> ❶ (MATH) cubo *m* ❷ (*Spiel~*) dado *m;* ~ **spielen** jugar a los dados; **die** ~ **sind gefallen** la suerte está echada ❸ (*Käse~*) taco *m;* (*Eis~*) cubo *m;* **Würfelbecher** *m* cubilete *m* de los dados

würfeln I. *vi* jugar a los dados **II.** *vt* ❶ (*in Würfel schneiden*) cortar en cuadraditos ❷ (*eine Zahl*) tirar

Würfelspiel *nt* juego *m* de dados; **Würfelzucker** *m* azúcar *m* en terrones

Wurfgeschoss *nt* proyectil *m;* **Wurfsendung** *f* impresos *mpl* distribuidos por correo; **Wurfspieß** *m* (SPORT) jabalina *f*

würgen ['vʏrgən] **I.** *vt* estrangular **II.** *vi* (*Brechreiz haben*) tener náuseas; **an etw** *dat* ~ intentar tragar algo

Wurm [vʊrm, *pl*: 'vʏrmə] *m* <-(e)s, Würmer> gusano *m;* **Würmer haben** tener lombrices; **da steckt der** ~ **drin** (*fam*) ahí hay gato encerrado

wurmen ['vʊrmən] *vt* (*fam*) dar rabia, reconcomerse; **es wurmt mich, dass ...** me da rabia que... +*subj*

Wurmfortsatz *m* (MED) apéndice *m*

wurmstichig *adj* ❶ (*Obst*) agusanado ❷ (*Holz*) carcomido

Wurst [vʊrst, *pl*: 'vʏrstə] *f* <Würste> embutido *m;* (*Würstchen*) salchicha *f;* **das ist mir** ~ (*fam*) me importa un pepino; **es geht um die** ~ (*fam*) ha llegado el momento de la verdad; **Wurstbrot** *nt* bocadillo *m* de embutido

Würstchen ['vʏrstçən] *nt* <-s, -> ❶ (GASTR) salchicha *f;* **Frankfurter** ~ salchicha tipo Francfort; **heiße** ~ perritos calientes ❷ (*fam: Mensch*) pobre diablo *m;* **Würstchenbude** *f,* **Würstchenstand** *m* puesto *m* de salchichas asadas

Wurstsalat *m* ensalada *f* de fiambre; **Wurstwaren** *fpl* embutidos *mpl*

Würzburg ['vʏrtsbʊrk] *nt* <-s> Wurtzburgo *m*

Würze ['vʏrtsə] *f* <-n> ❶ (*Substanz*) condimento *m* ❷ (*Aroma*) aroma *m*

Wurzel ['vʊrtsəl] *f* <-n> ❶ (*von Pflanze, Haar, Zahn, a. MATH*) raíz *f;* **~n schlagen** echar raíces; **die ~ ziehen** (*a. MATH*) extraer la raíz (*aus* de) ❷ (*Ursprung*) origen *m;* (*Ursache*) causa *f;* **das Übel an der ~ packen** cortar el mal de raíz ❸ (*reg: Karotte*) zanahoria *f;* **Wurzelbehandlung** *f* tratamiento *m* de la raíz; **Wurzelgemüse** *nt* tubérculo *m*

wurzeln *vi* (*a. fig*) arraigar (*in* en)

Wurzelzeichen *nt* (MATH) signo *m* de extracción de raíces

würzen ['vʏrtsən] *vt* condimentar

würzig *adj* bien condimentado, sabroso

Würzstoff *m* condimento *m*

wusch [vuːʃ] *3. imp von* **waschen**

wuschelig *adj* (*fam: Haar*) abundante y muy rizado; **~es Haar haben** tener una pelambrera

Wuschelkopf *m* (*fam*) pelambrera *f*

wuseln *vi* (*reg*) trajinar

wusste ['vʊstə] *3. imp von* **wissen**

Wust [vuːst] *m* <-(e)s, *ohne pl*> (*abw: Durcheinander*) lío *m;* (*Menge*) montón *m*

wüst [vyːst] *adj* ❶ (*öde*) desierto; (*unbebaut*) yermo ❷ (*unordentlich*) desordenado; (*wirr*) confuso; **hier sieht es ja ~ aus!** ¡qué desorden! ❸ (*abw: ausschweifend*) disipado ❹ (*abw: rüde*) grosero, vulgar; (*gemein*) vil ❺ (*schlimm*) terrible, horrible ❻ (*abstoßend*) repugnante

Wüste ['vyːstə] *f* <-n> desierto *m;* **jdn in die ~ schicken** (*fam*) poner a alguien de patitas en la calle

Wüstenklima *nt* clima *m* desértico

Wüstling ['vyːstlɪŋ] *m* <-s, -e> (*abw*) libertino *m*

Wut [vuːt] *f ohne pl* rabia *f;* **ich habe eine ~ auf ihn!** ¡le tengo una rabia!; **seine ~ an jdm/etw** *dat* **auslassen** desahogar su rabia en alguien/algo; **jdn in ~ bringen** poner furioso a alguien; **in ~ geraten** enfurecerse; **vor ~ kochen** rabiar; **Wutanfall** *m* ataque *m* de rabia; **Wutausbruch** *m* acceso *m* de rabia

wüten ['vyːtən] *vi* (*Krieg, Sturm, Seuche*) hacer estragos; **gegen etw ~** rabiar contra algo

wütend *adj* furioso (*über* por, *auf* con/contra), alebrestado *Col, Ven;* **auf jdn ~ sein** tener rabia a alguien; **~ werden** enfurecerse (*auf* contra)

wutentbrannt ['vuːtʔɛnt'brant] *adj* furibundo

wutschnaubend *adj* echando espumarajos por la boca

WWF *m* <-> *Abk. von* **World Wildlife Fund for Nature** WWF *m*

WWU [veːveː'ʔuː] *f Abk. von* **Wirtschafts- und Währungsunion** UEM *f*

WWW [veːveː've:] *nt* <-(s), *ohne pl*> (INFOR) *Abk. von* **World Wide Web** WWW *f*

WWW-Client *m* <-, -s> (INFOR) cliente *m* de WWW

WWW-Server *m* <-s, -> (INFOR) servidor *m* de WWW

Wz *Abk. von* **Warenzeichen** marca *f* registrada

X

X, x [ɪks] *nt* <-, -> X, x *f;* **~ wie Xanthippe** X de xilófono

x-Achse *f* (MATH) eje *m* de abscisas

Xanthippe [ksan'tɪpə] *f* <-n> (*abw*) arpía *f*

X-Beine *ntpl* piernas *fpl* zambas

x-beinig *adj,* **X-beinig** *adj* zambo

x-beliebig *adj* (*fam*) cualquiera

x-Beliebige(r) *mf* <-n, -n; -n, -n>: **jeder ~** cualquiera

xenophob [kseno'foːp] *adj* xenófobo

Xenophobie [ksenofo'biː] *f ohne pl* xenofobia *f*

x-fach *adj* (*fam*) múltiple

x-förmig *adj,* **X-förmig** *adj* en forma de equis

x-mal *adv* (*fam*) mil veces

x-te(r, s) *adj* (*fam a. MATH*) enésimo; **das ~ Mal** la enésima vez

x-tenmal *adv:* **zum ~** por enésima vez

Xylofon *nt* <-s, -e>, **Xylophon** [ksylo'foːn] *nt* <-s, -e> xilófono *m*

Y

Y, y ['ʏpsilɔn] *nt* <-, -> Y, y *f;* **~ wie Ypsilon** Y de Yucatán

y-Achse *f* <-n> (MATH) eje *m* de las ordenadas

Yacht [jaxt] *f* <-en> yate *m*

Yak [jak] *m* <-s, -s> (ZOOL) yac *m*
Yankee *m* <-s, -s> yanqui *mf*
Yen [jɛn] *m* <-(s), -(s)s> yen *m*
Yeti ['je:ti] *m* <-s, -s> yeti *m*
Yoga ['jo:ga] *m o nt* <-(s), *ohne pl*> yoga *m;* **Yogasitz** *m* <-es, *ohne pl*> posición *f* de loto
Yoghurt ['jo:gʊrt] *m* <-s, -s> *s.* **Joghurt**
Yorkshireterrier ['jɔ:kʃə-] *m* terrier *m* de Yorkshire
Yo-Yo *nt* <-s, -s> yoyó *m*
Ypsilon ['ʏpsilɔn] *nt* <-(s), -s> ❶ (*lateinisches Alphabet*) i *f* griega ❷ (*griechisches Alphabet*) ípsilon *f*
Yucca ['jʊka] *f* <-s> (BOT) yuca *f;* (*als Zierpflanze*) tronco *m* del Brasil
Yuppie ['jʊpi] *m* <-s, -s> yuppie *mf*

Z_Z

Z, z [tsɛt] *nt* <-, -> Z, z *f;* ~ **wie Zeppelin** Z de Zaragoza
zack *interj* (*fam*) zas; ~ **, ~!** ¡rápido, rápido!
Zacke ['tsakə] *f* <-n> diente *m;* (*Bergkamm*) punta *f;* (*Gabel, Rechen*) púa *f*
Zacken ['tsakən] *m* <-s, -> (*reg*) *s.* **Zacke: sich** *dat* **keinen ~ aus der Krone brechen** (*fam*) no caérsele a alguien los anillos
zackig ['tsakɪç] *adj* ❶ (*gezackt*) dentado ❷ (*fam: Bewegung, Auftreten*) brioso; (*Person*) resoluto
zaghaft *adj* vacilante; (*furchtsam*) temeroso; (*schüchtern*) tímido
Zaghaftigkeit *f ohne pl* pusilanimidad *f;* (*Schüchternheit*) timidez *f*
zäh [tsɛː] *adj* ❶ (*Leder*) duro; (*Fleisch*) correoso ❷ (~*flüssig*) viscoso ❸ (*schleppend*) lento ❹ (*beharrlich*) tenaz; (*widerstandsfähig*) resistente; **zähflüssig** *adj* viscoso; (*Verkehr*) denso
Zähigkeit *f ohne pl* ❶ (*Widerstandsfähigkeit*) resistencia *f* ❷ (*Ausdauer*) tenacidad *f*
Zahl [tsaːl] *f* <-en> (*a.* MATH, LING) número *m;* (*Ziffer*) cifra *f;* **eine dreistellige ~** un número de tres cifras; **gerade/ungerade/ganze ~en** números pares/impares/enteros; **rote ~en schreiben** (*fig*) estar en números rojos; **in großer ~** en gran número; **fünf an der ~** (en número de) cinco

zahlbar *adj* pagadero; ~ **bei Lieferung** pagadero a la entrega
zählbar *adj* contable
zahlen ['tsaːlən] *vi, vt* pagar; (*Schuld*) liquidar; **Herr Ober, bitte ~!** camarero, ¡la cuenta, por favor!; **bar/mit einem Scheck ~** pagar al contado/con cheque
zählen ['tsɛːlən] **I.** *vi* contar; **bis zehn ~** contar hasta diez; **das zählt nicht** eso no cuenta; **auf jdn/etw ~** contar con alguien/algo; **zu etw** *dat* ~ figurar entre algo; **ich zähle mich zu seinen Freunden** me considero uno de sus amigos **II.** *vt* contar; (*Bevölkerung*) hacer el censo; (*Stimmen bei Wahlen*) escrutar; **seine Tage sind gezählt** sus días están contados
Zahlenfolge *f* serie *f* de números; **Zahlenkombination** *f* combinación *f;* **zahlenmäßig** *adj* numérico; ~ **überlegen** superior en número; **Zahlenschloss** *nt* cerradura *f* de combinación
Zahler(in) *m(f)* <-s, -; -nen> pagador(a) *m(f)*
Zähler¹ *m* <-s, -> ❶ (*Zählwerk*) contador *m;* **den ~ ablesen** leer el contador ❷ (MATH) numerador *m*
Zähler(in)² *m(f)* <-s, -; -nen> contador(a) *m(f)*
Zählerstand *m* nivel *m* del contador
Zahlkarte *f* impreso *m* para giro postal
zahllos *adj* innumerable
zahlreich **I.** *adj* numeroso; (*häufig*) frecuente **II.** *adv* en gran número
Zahltag *m* día *m* de pago
Zahlung *f* <-en> pago *m;* (*Betrag*) importe *m;* **etw in ~ nehmen/geben** tomar/ofrecer algo como pago parcial; **eine ~ leisten** efectuar un pago
Zählung *f* <-en> recuento *m;* (*Volks~*) censo *m*
Zahlungsanweisung *f* (FIN) orden *f* de pago; **Zahlungsaufforderung** *f* requerimiento *m* de pago; **Zahlungsbefehl** *m* (JUR) mandamiento *m* de pago; **zahlungsfähig** *adj* solvente; **zahlungskräftig** *adj* (*fam*) adinerado; **Zahlungsmittel** *nt* medio *m* de pago; **Zahlungsmoral** *f* (WIRTSCH) fiabilidad *f* en el cumplimiento de los pagos; **zahlungsunfähig** *adj* insolvente; **Zahlungsverkehr** *m* servicio *m* de pagos; **bargeldloser ~** servicio de pagos sin efectivo
Zahlwort *nt* <-(e)s, -wörter> (LING) numeral *m*
zahm [tsaːm] *adj* ❶ (*Tier*) manso; (*gezähmt*) domesticado ❷ (*fam: brav*) bueno; (*mild*) suave
zähmen ['tsɛːmən] *vt* ❶ (*Tier*) amansar;

(*zum Haustier*) domesticar ❷ (*geh: Ungeduld*) refrenar

Zähmung *f* <-en> ❶ (*eines Tieres*) doma *f;* (*zum Haustier*) domesticación *f* ❷ (*geh: der Ungeduld*) refrenamiento *m*

Zahn [tsaːn, *pl:* 'tsɛːnə] *m* <-(e)s, Zähne> diente *m;* (*Backen~*) muela *f;* **die dritten Zähne** la dentadura postiza; **sich** *dat* **die Zähne putzen** cepillarse los dientes; **mit den Zähnen klappern/knirschen** castañetear/rechinar los dientes; **sie bekommt Zähne** le están saliendo los dientes; **der ~ der Zeit** (*fam*) los estragos del tiempo; **ein steiler ~** (*fam*) una buena moza; **jdm die Zähne zeigen** (*fam*) enseñar los dientes a alguien; **jdm auf den ~ fühlen** (*fam*) tomar el pulso a alguien; **sich** *dat* **die Zähne an etw** *fam* **ausbeißen** dejarse la piel en algo; **einen ~ zulegen** (*fam: schneller fahren*) conducir más rápido; (*sich beeilen*) darse prisa; **Zahnarzt, -ärztin** *m, f* dentista *mf;* **Zahnarztbesuch** *m* visita *f* al dentista; **Zahnärztin** *f s.* Zahnarzt; **zahnärztlich** *adj* odontológico; **sich ~ behandeln lassen** ponerse en tratamiento odontológico; **Zahnbehandlung** *f* tratamiento *m* odontológico; **Zahnbelag** *m* (MED) sarro *m*, tártaro *m;* **Zahnbürste** *f* cepillo *m* de dientes; **Zahncreme** *f s.* Zahnpasta

Zähneknirschen *nt* crujir *m* de dientes, rechinar *m* de dientes; **unter ~** (*fig*) de mala gana; **zähneknirschend** *adv* rechinando los dientes; (*unwillig*) a regañadientes; **sich ~ fügen** obedecer a regañadientes

zahnen ['tsaːnən] *vi* echar los dientes

Zahnersatz *m* diente *m* postizo; (*Gebiss*) dentadura *f* postiza; **Zahnfäule** *f* caries *f inv;* **Zahnfleisch** *nt* encía(s) *f(pl);* **Zahnfleischbluten** *nt* <-s, *ohne pl*>: **ich habe ~** me sangran las encías

Zahnfüllung *f* (MED) empaste *m;* **Zahngold** *nt* (MED) oro *m* dentario; **Zahnklinik** *f* clínica *f* dental; **Zahnlücke** *f* mella *f* en la dentadura; **Zahnpasta** ['tsaːnpasta] *f* pasta *f* dentífrica; **Zahnpflege** *f* higiene *f* dental; **Zahnprothese** *f* dentadura *f* postiza; **Zahnputzglas** *nt* vaso *m* para el cepillo de dientes

Zahnrad *nt* (TECH) rueda *f* dentada; **Zahnradbahn** *f* (TECH) ferrocarril *m* de cremallera

Zahnschmelz *m* (MED) esmalte *m* dental; **Zahnschmerz** *m* dolor *m* de muelas; **Zahnseide** *f* seda *f* dental; **Zahnspange** *f* aparato *m* ortodóncico; **Zahnstein** *m* <-(e)s, *ohne pl*> placa *f* (bacteriana);

Zahnstocher [-ʃtɔxɐ] *m* <-s, -> palillo *m*, pajuela *f Bol, Col;* **Zahntechniker(in)** *m(f)* mecánico, -a *m, f* dentista; **Zahnweh** *nt* <-s, *ohne pl*> (*fam*) dolor *m* de muelas

Zaire [zaˈiːɐ] *nt* <-s> Zaire *m*

Zander ['tsandɐ] *m* <-s, -> (ZOOL) lucio *m*

Zange ['tsaŋə] *f* <-n> ❶ (*Werkzeug*) tenaza(s) *f(pl);* (*Geburts~*) fórceps *m inv;* **jdn in die ~ nehmen** (*fam fig*) apretar las clavijas a alguien ❷ (*fam: von Tieren*) pinzas *fpl;* **Zangengeburt** *f* parto *m* con fórceps

Zank [tsaŋk] *m* <-(e)s, *ohne pl*> disputa *f;* (*Streit*) riña *f*

zanken ['tsaŋkən] *vi, vr* pelearse; **sich mit jdm um etw ~** pelearse con alguien por algo

zänkisch ['tsɛŋkɪʃ] *adj* pendenciero, camorrista

Zäpfchen ['tsɛpfçən] *nt* <-s, -> ❶ (ANAT) úvula *f* ❷ (*Medikament*) supositorio *m*

zapfen ['tsapfən] *vt* sacar (del tonel o barril); **gezapftes Bier** cerveza de barril

Zapfen ['tsapfən] *m* <-s, -> ❶ (BOT) piña *f* ❷ (*Stöpsel*) tapón *m* ❸ (TECH: *in der Holzverarbeitung*) mecha *f;* (*an einer Welle, Achse*) perno *m*

Zapfenstreich *m* (MIL) toque *m* de retreta

Zapfhahn *m* espita *f;* **Zapfsäule** *f* surtidor *m* de gasolina

zapp(e)lig ['tsap(ə)lɪç] *adj* (*fam*) inquieto, nervioso; **vor Neugier ganz ~ sein** estar muerto de curiosidad

zappeln ['tsapəln] *vi* moverse; (*mit den Beinen*) patalear (*mit*); (*unruhig sein*) no parar quieto; **jdn ~ lassen** (*fam*) tener a alguien en vilo

Zappelphilipp ['tsapəlfɪlɪp] *m* <-s, -s *o* -e> (*fam abw*) zarandillo *m*

zappen ['tsapən, 'zɛpən] *vi* (*sl* TV) hacer zap(p)ing, zap(e)ar

Zapping ['tsapɪŋ] *nt* <-s, *ohne pl*> (TV: *sl*) zapping *m*, zapeo *m*

zapplig *adj* (*fam*) *s.* zapp(e)lig

Zar(in) [tsaːɐ] *m(f)* <-en, -en; -nen> zar *m*, zarina *f*

zart [tsaːɐt] *adj* ❶ (*Fleisch, Gemüse*) tierno; **im ~en Alter von ...** (*geh*) en la tierna edad de... ❷ (*fein*) fino; (*zerbrechlich*) frágil; (*empfindlich*) sensible; (*Haut, Gesundheit*) delicado ❸ (*Farbe, Klang, Berührung*) suave; **zartbesaitet** ['--'--] *adj* sensible; **zartbitter** ['-'--] *adj:* **~ e Schokolade** chocolate sin leche extrafino; **Zartgefühl** *nt* <-(e)s, *ohne pl*> delicadeza *f;* (*Taktgefühl*) tacto *m* (fino); **zartglied(e)rig** *adj* (*fein*) grácil; (*zerbrechlich*) delicado

zärtlich ['tsɛːɐtlɪç] **I.** *adj* cariñoso; (*liebe-*

voll) afectuoso **II.** *adv* con cariño

Zärtlichkeit¹ *f ohne pl* (*Zuneigung*) ternura *f*, cariño *m*

Zärtlichkeit² *f* <-en> (*Liebkosung*) caricia *f;* ~ **en austauschen** acariciarse

Zaster ['tsaste] *m* <-s, *ohne pl*> (*fam*) pasta *f* (gansa)

Zäsur [tsɛ'zu:ɐ] *f* <-en> (*geh a.* LIT, MUS) cesura *f*

Zauber ['tsaʊbɐ] *m* <-s, *ohne pl*> ❶ (~ *handlung*, ~ *bann*) hechizo *m;* **fauler** ~ (*fam abw*) embuste *m;* **schließlich flog der ganze** ~ **auf** (*fam*) al final se descubrió el pastel ❷ (~ *kraft*) magia *f* ❸ (*Faszination, Reiz*) encanto *m*

Zauberei¹ [tsaʊbə'raɪ] *f ohne pl* (*Magie*) magia *f;* **an** ~ **grenzen** parecer cosa de brujería

Zauberei² *f* <-en> (*Kunststück*) hechicería *f*

Zauberer, -in ['tsaʊbəʁə] *m, f* <-s, -; -nen> hechicero, -a *m, f;* (*Zauberkünstler*) mago, -a *m, f*

Zauberformel *f* conjuro *m,* fórmula *f* mágica

zauberhaft *adj* encantador

Zauberkünstler(in) *m(f)* mago, -a *m, f;* (*Illusionist*) ilusionista *mf;* **Zauberkunststück** *nt* juego *m* de manos

zaubern ['tsaʊbɐn] **I.** *vi* ❶ (*Magie betreiben*) practicar la magia; **ich kann doch nicht** ~ (*fam*) no puedo hacer milagros ❷ (*als Zauberkünstler*) hacer juegos de prestidigitación **II.** *vt* ❶ (*herbei~*) hacer aparecer por arte de magia ❷ (*kunstvoll herstellen*) hacer algo con mucho primor; **ein wundervolles Gericht** ~ cocinar un plato extraordinario

Zauberspruch *m* dicho *m* mágico, payé *m CSur;* **Zauberstab** *m* varita *f* mágica; **Zaubertrank** *m* filtro *m* mágico; **Zaubertrick** *m* obra *f* de magia; **Zauberwort** *nt* <-(e)s, -e> palabra *f* mágica

zaudern ['tsaʊdɐn] *vi* vacilar, trepidar *Am*

Zaum [tsaʊm, *pl:* 'tsɔɪmə] *m* <-(e)s, Zäume> brida *f; jdn im* ~ **halten** (*fig*) atar corto a alguien; **sich im** ~ **halten** (*fig*) contenerse

zäumen ['tsɔɪmən] *vt* embridar

Zaun [tsaʊn, *pl:* 'tsɔɪnə] *m* <-(e)s, Zäune> cerca *f*, valla *f;* **einen Streit vom** ~ **brechen** buscar camorra; **Zaungast** *m* mirón, -ona *m, f* mosquetero, -a *m, f Arg, Bol;* **ich war nur** ~ estuve sólo de mirón; **Zaunkönig** *m* (ZOOL) reyezuelo *m;* **Zaunpfahl** *m* estaca *f*

zausen ['tsaʊzən] **I.** *vi* tirar levemente (*an/in* de) **II.** *vt* (*Haare, Fell*) desgreñar

z.B. *Abk. von* **zum Beispiel** p.ej.

Zebra ['tse:bra] *nt* <-s, -s> (ZOOL) cebra *f;* **Zebrastreifen** *m* paso *m* (de) cebra

Zeche ['tsɛçə] *f* <-n> ❶ (*Bergwerk*) mina *f* ❷ (*Rechnung*) cuenta *f;* **die** ~ **prellen** (*fam*) irse sin pagar

zechen ['tsɛçən] *vi* (*fam*) empinar el codo

Zechkumpan(in) *m(f)* (*fam*) compañero, -a *m, f* de copeo; **Zechpreller(in)** *m(f)* cliente *mf* que se marcha de un local sin pagar; **Zechtour** *f* ronda *f* de bares

Zecke ['tsɛkə] *f* <-n> (ZOOL) garrapata *f;* **Zeckenbiss** *m* picadura *f* de garrapata

Zedernholz *nt* <-es, *ohne pl*> (madera *f* de) cedro *m*

Zeh [tse:] *m* <-s, -en> dedo *m* del pie

Zehe ['tse:ə] *f* <-n> ❶ (*Körperteil*) dedo *m* del pie; **die große** ~ el dedo gordo del pie ❷ (*Knoblauch~*) diente *m;* **eine** ~ **Knoblauch** un diente de ajo; **Zehennagel** *m* uña *f* (del dedo) del pie; **Zehenspitze** *f* punta *f* del pie; **auf** ~ **n gehen** ir de puntillas; **sich auf die** ~ **n stellen** ponerse de puntillas

zehn [tse:n] *adj inv* diez; *s. a.* **acht¹**

Zehn *f* <-en> diez *m*

Zehner *m* <-s, -> ❶ (*fam: Münze*) moneda *f* de diez pfennig; (*Geldschein*) billete *m* de diez marcos ❷ (*einer mehrstelligen Zahl*) decena *f*

Zehnerkarte *f* (*Bus, Bahn*) bono *m* de diez viajes; (*Schwimmbad*) abono *m* para diez visitas

zehnerlei ['--'-] *adj inv* de diez clases diferentes, diez clases (diferentes) de; *s. a.* **achterlei**

zehnfach I. *adj* diez veces más, por diez **II.** *adv* diez veces; *s. a.* **achtfach**

Zehnkampf *m* (SPORT) decatlón *m;* **Zehnkämpfer(in)** *m(f)* (SPORT) atleta *mf* de decatlón, decatleta *mf*

zehnmal *adv* diez veces; *s. a.* **achtmal**

Zehnmarkschein ['-'--] *m* billete *m* de diez marcos

zehnt: zu ~ (a) diez

zehntausend *adj inv* diez mil; **die oberen** ~ la flor y nata de la sociedad

zehnte(r, s) *adj* décimo; *s. a.* **achte(r, s)**

zehntel ['tse:ntəl] *adj inv* décimo; *s. a.* **achtel**

Zehntel ['tse:ntəl] *nt* <-s, -> décimo, -a *m, f*, décima parte *f; s. a.* **Achtel**

zehntens ['tse:ntəns] *adv* en décimo lugar; (*bei einer Aufzählung*) décimo; *s. a.* **achtens**

zehren ['tse:rən] *vi* consumir (*an*); (*schwächen*) debilitar; **von etw** *dat* ~ alimentarse de algo

Zeichen ['tsaɪçən] *nt* <-s, -> ❶ (*a.* ASTR, LING, MUS) signo *m;* (*Symbol*) símbolo *m;* (*Ab~*) distintivo *m;* (*Akten~*) referencia *f;* (*Waren~*) marca *f;* **die ~ der Zeit erkennen** reconocer los signos de la época; **unser/Ihr ~** nuestra/su referencia; **sie ist im ~ des Löwen geboren** nació bajo el signo de Leo ❷ (*Signal*) señal *f;* (*mit der Hand*) seña *f;* (*Beweis*) prueba *f;* **jdm ein ~ geben** hacer una seña a alguien; **ein ~ setzen** sentar un precedente; **zum ~, dass ...** en señal de...; **das ist kein gutes ~** ésa no es buena señal; **zum ~ der Versöhnung** como prueba de reconciliación ❸ (*An~*) indicio *m;* (MED) síntoma *m;* **es geschehen noch ~ und Wunder!** ¡todavía se producen milagros!

Zeichenblock *m* bloc *m* de dibujo; **Zeichenbrett** *nt* tablero *m* de dibujo

Zeichenerklärung *f* leyenda *f*

Zeichenkunst *f* arte *m* de dibujar; **seine Zeichenkünste lassen zu wünschen übrig** sus dibujos dejan bastante que desear

Zeichensetzung *f ohne pl* puntuación *f;* **Zeichensprache** *f* lenguaje *m* por señas

Zeichenstunde *f* clase *f* de dibujo; **Zeichentrickfilm** *m* (película *f* de) dibujos *mpl* animados, caricaturas *fpl Mex*

zeichnen ['tsaɪçnən] **I.** *vt* ❶ (*malen*) dibujar; (*skizzieren*) esbozar; **technisches Z~** dibujo técnico ❷ (*kenn~*) marcar ❸ (*unterschreiben*) firmar; **Aktien ~** su(b)scribir acciones **II.** *vi* dibujar (*an*); **für etw ~** asumir la responsabilidad de algo; **gezeichnet Müller** firmado Müller

Zeichner(in) *m(f)* <-s, -; -nen> ❶ (*Maler*) dibujante *mf;* **technischer ~/technische ~in** delineante *mf* ❷ (WIRTSCH) su(b)scriptor(a) *m(f)*

zeichnerisch *adj* gráfico; **etw ~ darstellen** representar algo gráficamente

Zeichnung *f* <-en> ❶ (*Darstellung*) dibujo *m* ❷ (COM) su(b)scripción *f*

Zeigefinger *m* (dedo *m*) índice *m;* **mit dem ~ auf jdn deuten** señalar a alguien con el dedo

zeigen ['tsaɪgən] **I.** *vt* ❶ (*allgemein*) mostrar, enseñar; (*vorführen*) exhibir; (*Film*) poner, echar *fam;* **jdm etw ~** mostrar algo a alguien; (*beibringen*) enseñar algo a alguien; **dir werd' ich's ~!** (*fam*) ¡ya te enseñaré (yo)!; **dem hab ich's gezeigt!** (*fam*) ¡le he dado una buena lección! ❷ (*an~*) indicar, marcar; **das Thermometer zeigt zwei Grad** el termómetro marca dos grados ❸ (*an den Tag legen*) mostrar; **sie zeigte ihm, was sie von**

ihm hielt no le ocultó lo que pensaba de él ❹ (*beweisen*) demostrar; **nun zeig mal, was du kannst!** (*fam*) ¡demuestra de lo que eres capaz! **II.** *vi* señalar (*nach* hacia); **auf etw/jdn ~** señalar algo/a alguien; **sie zeigt nach rechts** señala hacia la derecha; **die Leute ~ schon mit dem Finger auf dich** la gente ya te señala con el dedo; **zeig mal!** ¡déjame ver! **III.** *vr:* **sich ~** ❶ (*allgemein*) mostrarse; (*sich sehen lassen*) dejarse ver; **sich besorgt ~** mostrarse preocupado; **wie kann ich mich Ihnen erkenntlich ~?** ¿cómo puedo mostrarle mi agradecimiento?; **er zeigt sich heute von seiner besten Seite** hoy muestra su lado bueno; **mit ihm kann man sich überall ~** se puede ir con él a todos los sitios ❷ (*sich herausstellen*) verse, demostrarse; (*zum Vorschein kommen*) aparecer; **das wird sich ~** eso ya se verá

Zeiger *m* <-s, -> indicador *m;* (*Uhr~*) aguja *f;* **der große/kleine ~** la aguja de las horas/los minutos

Zeigestock *m* puntero *m*

Zeile ['tsaɪlə] *f* <-n> ❶ (*Text~*) línea *f,* renglón *m;* **jdm ein paar ~n schreiben** poner(le) a alguien unas letras; **neue ~** (*beim Diktat*) punto y aparte; **er hat das mit keiner ~ angedeutet** no ha dado a entender eso para nada; **zwischen den ~n lesen** leer entre líneas ❷ (*Reihe*) fila *f;*

Zeilenabstand *m* interlínea *f*

Zeisig ['tsaɪzɪç] *m* <-s, -e> (ZOOL) chamariz *m*

zeit [tsaɪt] *präp +gen:* **~ meines/seines Lebens** durante toda mi/su vida

Zeit [tsaɪt] *f* <-en> (*a.* LING, SPORT) tiempo *m;* (*~ punkt*) momento *m;* (*~ raum*) período *m;* (*~ alter*) época *f;* (*Uhr~*) hora *f;* (*Jahres~*) estación *f;* **seit einiger/geraumer ~** desde hace algún/bastante tiempo; **zu jeder ~** a cualquier hora; **zu keiner ~** en ningún momento; **zur ~ Napoleons** en la época/los tiempos de Napoleón; **eine ~ lang** durante algún tiempo; (*eine Weile*) un rato; **seit dieser ~** desde entonces; **nach kurzer ~** después de unos minutos; (**keine**) **~ haben** (no) tener tiempo (*für* para); **wir wollen keine ~ verlieren** no queremos perder tiempo; **wir haben noch fünf Minuten ~** aún tenemos cinco minutos; **wo warst du denn die ganze ~?** ¿dónde has estado todo el tiempo?; **die ~ wurde mir zu lang** el tiempo se me hizo muy largo; **die ~ arbeitet für uns** el tiempo está de nuestra parte; **die ~ drängt** no hay tiempo que perder; **~ gewinnen** ganar tiempo; **sich** *dat* (**mit etw** *dat*) **~**

lassen tomarse el tiempo necesario (para algo); **jdm die ~ stehlen** (*fam*) robarle el tiempo a alguien; **jdm/sich** *dat* **mit etw** *dat* **die ~ vertreiben** entretener a alguien/entretenerse con algo; **das hat ~** eso no corre prisa; **auf ~ a plazo; es wird (allmählich) ~ (ya)** va siendo hora; **es ist an der ~ (zu gehen)** ha llegado la hora (de ir); **es ist höchste ~ (, etw zu tun)** ya va siendo hora (de hacer algo); **morgen um diese ~** mañana a esta hora; **hast du die genaue ~?** ¿tienes la hora exacta?; **um 12 Uhr mitteleuropäischer ~** a las doce horas, hora europea; **seiner ~ voraus sein** estar por delante de su época; **der größte Schwindler aller ~en** el mayor estafador de todos los tiempos; **es ist nur eine Frage der ~** es sólo cuestión de tiempo; **zur rechten ~** en el momento oportuno; **alles zu seiner ~!** ¡cada cosa a su tiempo!; **von ~ zu ~** de vez en cuando; **eine gute ~ laufen** (SPORT) conseguir un buen tiempo; **auf bestimmte ~** por cierto tiempo; **auf unbestimmte ~** por tiempo indefinido; **im Laufe der ~** en el transcurso del tiempo; **die heutige ~** los tiempos actuales; **die gute alte ~** los (buenos) viejos tiempos; **das waren noch ~en!** ¡qué tiempos aquellos!; **zur ~, als ...** en tiempos de...; **in letzter ~** últimamente; **in nächster ~** en un futuro próximo; **für alle ~en** para siempre; **auf unabsehbare ~** por un período de tiempo indefinido; **die ~en ändern sich** los tiempos cambian; **das ist vor meiner ~ geschehen** eso sucedió antes de mi época; **zu meiner ~** en mis tiempos; **hier bin ich die längste ~ gewesen** (*fam*) ya me cansé de estar aquí; **kommt ~, kommt Rat** (*prov*) con el tiempo maduran las uvas; **die ~ heilt alle Wunden** el tiempo todo lo cura; **du liebe ~!** ¡Dios mío!; **~ ist Geld** (*prov*) el tiempo es oro; **Zeitabschnitt** *m* espacio *m* de tiempo; (*länger*) época *f;* **Zeitalter** *nt* <-s, -> era *f;* (*Jahrhundert*) siglo *m;* **Zeitangabe** *f* ❶ (*Uhrzeit*) hora *f;* (*Datum*) fecha *f* ❷ (LING) complemento *m* temporal; **Zeitansage** *f* información *f* horaria; **Zeitarbeit** *f ohne pl* (WIRTSCH) trabajo *m* temporal; **Zeitarbeitsfirma** *f* (WIRTSCH) empresa *f* de trabajo temporal; **Zeitaufwand** *m* inversión *f* de tiempo; **mit möglichst geringem ~** en el menor tiempo posible; **zeitaufwändig** *adj,* **zeitaufwendig** *adj* que requiere mucho tiempo; **Zeitbombe** *f* bomba *f* con detonador de tiempo; **Zeitdruck** *m* <-(e)s, *ohne pl>* premura *f* de tiempo; **unter ~ stehen** estar corto de

tiempo; **jdn unter ~ setzen** apremiar a alguien; **Zeiteinteilung** *f* distribución *f* del tiempo; **Zeitfrage** *f ohne pl* cuestión *f* de tiempo; **Zeitgefühl** *nt* <-(e)s, *ohne pl>* sentido *m* del tiempo; **Zeitgeist** *m* <-(e)s, *ohne pl>* espíritu *m* de la época **zeitgemäß** *adj* conforme a la época, actual; **Zeitgenosse, -in** *m, f* contemporáneo, -a *m, f;* **zeitgenössisch** *adj* contemporáneo; **Zeitgeschehen** *nt* actualidad *f;* **Zeitgeschichte** *f ohne pl* historia *f* contemporánea; **Zeitgeschmack** *m* <-(e)s, *ohne pl>* gusto *m* actual; **Zeitgewinn** *m* <-(e)s, *ohne pl>* ganancia *f* de tiempo; **zeitgleich** *adj* simultáneo; **~ durchs Ziel gehen** cruzar la meta al mismo tiempo **zeitig** I. *adj* temprano II. *adv* a tiempo; **wir müssen ~ los** tenemos que salir a tiempo **Zeitkarte** *f* abono *m* **zeitlebens** [tsaɪt'leːbəns] *adv* durante toda la vida **zeitlich** *adj* temporal; (*vergänglich*) pasajero; **~ zusammenfallen** coincidir; **das passt ihr ~ nicht** no le viene bien esa hora; **etw ist ~ begrenzt** hay un plazo limitado para algo; **das Z~e segnen** (*Personen*) fallecer; (*fam: Sachen*) tocar a su fin **zeitlos** *adj* intemporal **Zeitlupe** *f ohne pl* (FILM) cámara *f* lenta; **in ~** a cámara lenta; **Zeitlupentempo** *nt:* **im ~** a paso de tortuga **Zeitmangel** *m* <-s, *ohne pl>* falta *f* de tiempo; **aus ~** por falta de tiempo; **Zeitnot** *f ohne pl* premura *f* de tiempo; **in ~ sein** estar corto de tiempo; **Zeitplan** *m* horario *m;* **einen ~ einhalten/aufstellen** atenerse a/fijar un horario; **Zeitpunkt** *m* momento *m;* (*Datum*) fecha *f;* **zu diesem ~** en este momento; **Zeitraffer** [-rafe] *m* <-s, *ohne pl>* (FILM) cámara *f* rápida; **im ~** a cámara rápida **zeitraubend** *adj* que exige mucho tiempo; **Zeitraum** *m* espacio *m* de tiempo, período *m;* **in einem ~ von mehreren Monaten** en un espacio de tiempo de varios meses; **Zeitrechnung** *f* cronología *f,* era *f;* **nach christlicher/jüdischer ~** según la cronología cristiana/el calendario judío; **vor unserer ~** antes de nuestra era; **Zeitreise** *f* viaje por el *m* tiempo **Zeitschrift** *f* revista *f* **Zeitspanne** *f* lapso *m* de tiempo, período *m;* **zeitsparend** *adj* que ahorra tiempo; **~ arbeiten** trabajar ahorrando tiempo; **Zeittafel** *f* tabla *f* cronológica; **Zeittakt** *m* (TEL) duración *f* del paso (de contador); **Zeitumstellung** *f* cambio *m* de horario

Zeitung ['tsaɪtʊŋ] *f* <-en> periódico *m;* (*Tages~*) diario *m*

Zeitungsabonnement *nt* su(b)scripción *f* a un periódico; **Zeitungsannonce** *f* anuncio *m* (en un periódico); **Zeitungsanzeige** *f* anuncio *m* (en un periódico); **Zeitungsartikel** *m* artículo *m* de periódico; **Zeitungsausschnitt** *m* recorte *m* de(l) periódico; **Zeitungsausträger(in)** *m(f)* <-s, -; -nen> repartidor(a) *m(f)* de periódicos; **Zeitungsbericht** *m* reportaje *m* periodístico; **Zeitungsmeldung** *f* noticia *f* de prensa; **Zeitungspapier** *nt* <-s, ohne pl> papel *m* de periódico; **Zeitungsverkäufer(in)** *m(f)* vendedor(a) *m(f)* de periódicos, voceador(a) *m(f) Am*

Zeitverlust *m ohne pl* pérdida *f* de tiempo; **Zeitverschiebung** *f* diferencia *f* horaria; **Zeitverschwendung** *f* pérdida *f* de tiempo; **reine** ~ sólo tiempo perdido; **Zeitvertrag** *m* contrato *m* temporal; **Zeitvertreib** *m* <-(e)s, -e> pasatiempo *m;* **etw zum** ~ **tun** hacer algo como pasatiempo; **Zeitverzögerung** *f* retraso *m*

zeitweilig ['tsaɪtvaɪlɪç] **I.** *adj* momentáneo, temporal   **II.** *adv* ❶ (*vorübergehend*) durante algún tiempo ❷ (*manchmal*) a veces

zeitweise ['tsaɪtvaɪzə] *adv* ❶ (*manchmal*) a veces ❷ (*vorübergehend*) por momentos

Zeitwort *nt* <-(e)s, -wörter> (LING) verbo *m;* **Zeitzeuge, -in** *m, f* testigo *mf* de su época; (*Zeitgenosse*) contemporáneo, -a *m, f;* **Zeitzone** *f* huso *m* horario; **Zeitzünder** *m* espoleta *f* retardada

zelebrieren* [tsele'briːrən] *vt* celebrar

Zelle ['tsɛlə] *f* <-n> ❶ (*einer Organisation, a.* BIOL, ELEK) célula *f;* **die** (**kleinen**) **grauen** ~**n** (*fam*) la sustancia gris ❷ (*Telefon~*) cabina *f* telefónica ❸ (*Gefängnis~, Kloster~*) celda *f*

Zellgewebe *nt* (BIOL) tejido *m* celular; **Zellkern** *m* (BIOL) núcleo *m* celular; **Zellkultur** *f* (BIOL, MED) cultivo *m* celular

Zellophan [tsɛlo'faːn] *nt* <-s, ohne pl> celofán® *m*

Zellstoff *m* celulosa *f;* **Zellteilung** *f* (BIOL) división *f* celular

Zellulitis [tsɛlu'liːtɪs, *pl:* tsɛluli'tiːdən] *f* <Zellulitiden> (MED) celulitis *f inv*

Zelluloid [tsɛlu'lɔɪt] *nt* <-s, ohne pl> (*a.* CHEM) celuloide *m*

Zellulose [tsɛlu'loːzə] *f* <-n> celulosa *f*

Zellwucherung *f* (MED): **bösartige** ~ excrecencia *f* celular maligna

Zelt [tsɛlt] *nt* <-(e)s, -e> tienda *f* de campaña; (*Zirkus~*) carpa *f;* **seine** ~**e aufschlagen/abbrechen** (*fam*) establecerse/marcharse

zelten ['tsɛltən] *vi* acampar, campear *Am*

Zeltlager *nt* campamento *m;* **Zeltpflock** *m* estaquilla *f;* **Zeltplane** *f* toldo *m;* **Zeltplatz** *m* lugar *m* de acampada; (*Campingplatz*) camping *m;* **Zeltstange** *f* palo *m* de la tienda

Zement [tse'mɛnt] *m* <-(e)s, -e> cemento *m*

zementieren* [tsemɛn'tiːrən] *vt* ❶ (*Wege*) cubrir de cemento ❷ (*festsetzen*) consolidar ❸ (*Stahl*) cementar

Zenit [tse'niːt] *m* <-(e)s, ohne pl> (*a. fig*) cenit *m;* **im** ~ **stehen** estar en el cenit; (*Mensch*) estar en el apogeo

zensieren* [tsɛn'ziːrən] *vt* ❶ (*der Zensur unterwerfen*) censurar ❷ (*benoten*) calificar

Zensor(in) ['tsɛnzoːɐ] *m(f)* <-s, -en; -nen> censor(a) *m(f)*

Zensur¹ [tsɛn'zuːɐ] *f ohne pl* (*Kontrolle*) censura *f;* **der** ~ **unterliegen** estar sometido a censura

Zensur² *f* <-en> (*Note*) nota *f*

zensurieren* [tsɛnzu'riːrən] *vt* (*Schweiz, Österr*) censurar, someter a censura

Zentiliter [tsɛnti'liːtɐ, 'tsɛntiliːtɐ] *m o nt* centilitro *m;* **Zentimeter** [tsɛnti-, 'tsɛnti-] *m o nt* centímetro *m;* **Zentimetermaß** *nt* cinta *f* métrica

Zentner ['tsɛntnɐ] *m* <-s, -> ❶ (*50 kg*) quintal *m* ❷ (*Öster, Schweiz: 100 kg*) quintal *m* métrico

zentral [tsɛn'traːl] *adj* central; ~ **gelegen** céntrico; **in** ~**er Lage** en zona céntrica; **ich wohne hier ziemlich** ~ aquí vivo a un paso del centro; **Zentralafrika** [-'----] *nt* África *f* Central; **Zentralamerika** [-'----] *nt* América *f* Central

Zentralbankpräsident(in) *m(f)* (FIN) presidente *m, f* del Banco Central; **Zentralbankstatut** *nt* (FIN) estatuto *m* del Banco Central

Zentrale [tsɛn'traːlə] *f* <-n> central *f;* (*Telefon~*) centralita *f*

Zentralheizung *f* calefacción *f* central

zentralisieren* [tsɛntrali'ziːrən] *vt* centralizar

Zentralismus [tsɛntra'lɪsmʊs] *m* <-, ohne pl> centralismo *m*

Zentralkomitee *nt* comité *m* central; **Zentralnervensystem** *nt* (ZOOL, MED) sistema *m* nervioso central; **Zentralrat** *m* consejo *m* central; **Zentralrechner** *m* (INFOR) calculadora *f* central; **Zentralstelle** *f* (oficina *f*) central *f;* **Zentralverriegelung** *f* (AUTO) cierre *m* centralizado

Zentren ['tsɛntrən] *pl von* **Zentrum**

zentrieren* [tsɛn'triːrən] *vt* (*a.* TECH) centrar

Zentrifugalkraft *f* (PHYS) fuerza *f* centrífuga

Zentrifuge [tsɛntri'fuːgə] *f* <-n> centrifugadora *f*; **Zentripetalkraft** *f* (PHYS) fuerza *f* centrípeta

zentrisch ['tsɛntrɪʃ] *adj* céntrico

Zentrum ['tsɛntrʊm] *nt* <-s, Zentren> centro *m*; **im ~ des öffentlichen Interesses stehen** estar en el centro del interés público; **sie wohnt im ~** vive en el centro

Zeppelin ['tsɛpəliːn] *m* <-s, -e> zepelín *m*

Zepter ['tsɛptɐ] *m o nt* <-s, -> cetro *m*; **das ~ schwingen** (*fam*) llevar la voz cantante

zerbeißen* [tsɐ-] *irr vt* romper con los dientes [*o* a mordiscos]

zerbeulen* *vt* abollar

zerbissen *pp von* **zerbeißen**

zerbomben* *vt* bombardear

zerbrechen* *irr* **I.** *vt* (*zerstören*) romper **II.** *vi sein* ❶ (*entzweibrechen*) romper(se) ❷ (*scheitern*) fracasar

zerbrechlich *adj* frágil

zerbrochen *pp von* **zerbrechen**

zerbröckeln* **I.** *vi sein* (*Mauer, Gestein*) desmoronarse; (*Brot*) desmigajarse **II.** *vt* desmenuzar; (*Brot*) desmigajar

zerdrücken* *vt* ❶ (*zerquetschen*) aplastar; (*Knoblauch*) machacar ❷ (*fam: zerknittern*) arrugar

Zeremonie [tseremo'niː, tsere'moːniə] *f* <-n> ceremonia *f*

zeremoniell [tseremo'njɛl] *adj* ceremonioso

Zeremoniell [tseremo'njɛl] *nt* <-s, -e> ceremonial *m*

Zerfall *m* <-(e)s, *ohne pl*> ruina *f*; (*von Gebäuden*) desmoronamiento *m*; (CHEM) descomposición *f*; (PHYS) desintegración *f*

zerfallen* *irr vi sein* ❶ (*Gebäude*) desmoronarse; **zu Staub ~** convertirse en polvo ❷ (*Reich, Kultur*) hundirse ❸ (CHEM) descomponerse; (PHYS) desintegrarse ❹ (*sich gliedern*): **in etw ~** dividirse en algo

Zerfallsprozess *m* proceso *m* de descomposición

zerfetzen* *vt* (des)garrar; (*Körper*) despedazar

zerfleddern* [tsɐ'flɛdɐn] *vt*, **zerfledern*** [tsɐ'fleːdɐn] *vt* estropear; (*zerreißen*) destrozar, hacer trizas

zerfleischen* *vt* despedazar

zerfließen* *irr vi sein* ❶ (*schmelzen*) fundirse; **vor Freundlichkeit ~** (*iron*) deshacerse en amabilidades ❷ (*Farbe*) correrse

zerflossen *pp von* **zerfließen**

zerfranst [tsɐ'franst] *adj* deshilachado

zerfressen* *irr vt* ❶ (*Würmer*) carcomer; (*Motten*) comerse; (*Krebs, Lepra*) consumir ❷ (*Rost*) corroer

zergangen *pp von* **zergehen**

zergehen* *irr vi sein* deshacerse; **auf der Zunge ~** deshacerse en la lengua

zergliedern* *vt* ❶ (*Pflanze*) descomponer; (*Tier*) desmembrar ❷ (*analysieren*) analizar

zerkauen* *vt* masticar

zerkleinern* *vt* desmenuzar; (*in Stücke*) trocear; (*zermahlen*) triturar; (*Holz*) partir

zerknirscht *adj* compungido; (*reuig*) arrepentido

zerknittern* *vt* (*Papier*) estrujar; (*Kleid*) arrugar

zerknüllen* *vt* estrujar

zerkochen* **I.** *vi sein* cocer demasiado **II.** *vt* cocer demasiado

zerkratzen* *vt* (*Dinge*) rascar; (*Haut*) arañar

zerkrümeln* **I.** *vi sein* desmigajarse **II.** *vt* desmigajar

zerlassen* *irr vt* (GASTR) derretir

zerlaufen* *irr vi sein* derretirse

zerlegbar *adj* desmontable

zerlegen* *vt* ❶ (*Maschine, Möbel*) desmontar; **etw in seine Einzelteile ~** desmontar algo ❷ (*Wild*) descuartizar; (*Fleisch*) cortar ❸ (CHEM) descomponer ❹ (LING) analizar

Zerlegung *f* <-en> ❶ (*von Maschinen, Möbeln*) desarme *m*; (*zur Verschrottung*) desmantelamiento *m* ❷ (*von Fleisch*) descuartizamiento *m* ❸ (CHEM) descomposición *f* ❹ (LING) análisis *m inv*

zerlumpt *adj* andrajoso, distraído *Chil, Mex*

zermalmen* [tsɐ'malmən] *vt* aplastar, triturar

zermürben* *vt* (*körperlich*) cansar; (*seelisch*) desmoralizar

zerquetschen* *vt* aplastar

Zerrbild ['tsɛrbɪlt] *nt* caricatura *f*

zerreden* *vt* tratar demasiado

zerreiben* *irr vt* triturar, moler; (*fein*) pulverizar

zerreißen* *irr* **I.** *vi sein* romperse **II.** *vt* romper; (*in Stücke*) hacer pedazos; **ich könnte ihn in der Luft ~** (*fam*) podría hacerle pedazos; **es hat uns fast zerrissen** (*fam*) casi nos morimos de la risa

Zerreißprobe *f* (TECH) prueba *f* de rotura; (*fig*) prueba *f* de nervios

zerren ['tsɛrən] **I.** *vi* tirar violentamente (*an* de); **das zerrt an meinen Nerven** esto me destroza los nervios **II.** *vt* ❶ (*schleppen*) arrastrar ❷ (*überdehnen*): **sich** *dat* etw ~ distenderse algo

zerrieben *pp von* **zerreiben**

zerrinnen* *irr vi sein* (*geh*) ❶ (*Schnee*) derretirse ❷ (*Traum, Hoffnung*) desvanecerse; (*Zeit*) pasar volando

zerrissen [tsɛɛ'rɪsən] **I.** *pp von* **zerreißen** **II.** *adj* roto; (*Menschen*) dividido

zerronnen *pp von* **zerrinnen**

Zerrung ['tsɛrʊŋ] *f* <-en> distensión *f*, tirón *m fam*

zerrütten* [tsɛɛ'rʏtən] *vt* (*Gesundheit*) quebrantar; (*Finanzen, Ordnung*) arruinar; (*Nerven*) destrozar

zersägen* *vt* serrar, cortar con la sierra

zerschellen* [tsɛɛ'ʃɛlən] *vi sein* estrellarse (*an* contra)

zerschlagen¹ **I.** *pp von* **zerschlagen²** **II.** *adj* agotado, hecho polvo *fam*

zerschlagen*² *irr* **I.** *vt* ❶ (*zerbrechen*) romper; (*zerstören*) destrozar ❷ (*Organisation*) desintegrar **II.** *vr:* **sich ~** quedar en nada

zerschlissen [tsɛɛ'ʃlɪsən] *adj* desgastado

zerschmettern* *vt* romper (con violencia); (*Körperteil*) desmembrar

zerschneiden* *irr vt* cortar

zerschnitten *pp von* **zerschneiden**

zersetzen* **I.** *vt* ❶ (*auflösen*) descomponer ❷ (*untergraben*) minar; (*sittlich*) desmoralizar **II.** *vr:* **sich ~** descomponerse

zerspalten* *irr vt* partir; (*Partei*) escindir

zersplittern* **I.** *vi sein* (*Fensterscheibe*) hacerse añicos; (*Knochen, Holz*) hacerse astillas; (*Partei*) dividirse **II.** *vt* hacer pedazos; (*Holz*) hacer astillas

zerspringen* *irr vi sein* romperse; (*in einzelne Stücke*) hacerse añicos

zersprungen *pp von* **zerspringen**

zerstampfen* *vt* ❶ (*zerkleinern*) machacar ❷ (*zertreten*) pisotear

zerstäuben* [tsɛɛ'ʃtɔɪbən] *vt* pulverizar; (*Flüssigkeit*) atomizar

Zerstäuber *m* <-s, -> pulverizador *m;* (*von Flüssigkeit*) atomizador *m*

zerstechen* *irr vt* ❶ (*Insekten*) picar ❷ (*Reifen*) pinchar

zerstochen *pp von* **zerstechen**

zerstören* *vt* destruir

zerstörerisch *adj* destructivo

Zerstörung *f* <-en> destrucción *f;* **Zerstörungswut** *f* vandalismo *m*

zerstreuen* **I.** *vt* ❶ (*auseinander treiben*) dispersar; (*Bedenken*) disipar ❷ (*verstreuen*) esparcir **II.** *vr:* **sich ~** ❶ (*Menschenmenge*) dispersarse; (*Bedenken*) disiparse ❷ (*sich unterhalten*) distraerse

zerstreut [tsɛɛ'ʃtrɔɪt] *adj* (*Person*) distraído

Zerstreutheit *f ohne pl* distracción *f*

Zerstreuung¹ *f ohne pl* ❶ (*einer Menschenmenge*) dispersión *f;* (*eines Verdachts*) disipación *f* ❷ (*Zerstreutheit*) distracción *f*

Zerstreuung² *f* <-en> (*Unterhaltung*) entretenimiento *m*

zerstückeln* [tsɛɛ'ʃtʏkəln] *vt* despedazar

Zerstückelung *f* <-en> despedazamiento *m*, troceo *m*

zerteilen* *vt* dividir (*in* en); (*in Stücke*) trocear

Zertifikat [tsɛrtifi'kaːt] *nt* <-(e)s, -e> certificado *m*

zertreten* *irr vt* pisar

zertrümmern* *vt* destrozar, destruir

zerwühlen* *vt* (*Bett*) revolver; (*Boden*) remover

zerzausen* [tsɛɛ'tsaʊzən] *vt* desgreñar

zetern ['tseːtən] *vi* (*abw*) armar la marimorena

Zettel ['tsɛtəl] *m* <-s, -> papel *m;* (*Notiz*) nota *f;* (*Kassen~*) tique *m;* **Zettelkasten** *m* fichero *m*

Zeug [tsɔɪk] *nt* <-(e)s, *ohne pl*> (*fam: Sachen*) cosas *fpl;* (*wertlose Dinge*) trastos *mpl;* **red kein dummes ~!** (*fam*) ¡no digas tonterías!; **das ~ zu etw** *dat* **haben** (*fam*) tener madera de algo; **was das ~ hält** (*fam*) a más no poder; **sich für jdn ins ~ legen** (*fam*) defender a alguien contra viento y marea

Zeuge, -in ['tsɔɪɡə] *m, f* <-n, -n; -nen> testigo *mf;* **vor ~n** ante testigos

zeugen ['tsɔɪɡən] **I.** *vi* ❶ (*erkennen lassen*): **von etw** *dat* **~** demostrar algo ❷ (*als Zeuge aussagen*) testificar (*für* a favor de, *gegen* contra/en contra de) **II.** *vt* (*Kind*) engendrar; (*verursachen*) producir

Zeugenaussage *f* declaración *f* del testigo; **seine ~ machen** prestar declaración testimonial; **Zeugenstand** *m* <-(e)s, *ohne pl*> estrado *m* de testigos; **in den ~ treten** subir al estrado; **Zeugenvernehmung** *f* audición *f* de los testigos

Zeugin *f* <-nen> *s.* **Zeuge**

Zeugnis ['tsɔɪknɪs] *nt* <-ses, -se> ❶ (*Schul~*) notas *fpl;* (*Arbeits~*) certificado *m;* **jdm ein ~ ausstellen/schreiben** extender(le)/escribir(le) a alguien un certificado ❷ (*Gutachten*) dictamen *m*, certificado *m;* **ein amtliches/ärztliches ~** un dictamen oficial/un certificado médico ❸ (*geh: Zeichen*) testimonio *m;* (*Beweis*) prueba *f*

Zeugung *f* <-en> engendramiento *m;* **zeugungsfähig** *adj* capaz de engendrar; **zeugungsunfähig** *adj* incapaz de engendrar

z.H(d). *Abk. von* **zu Händen von** a la atención de

Zicke ['tsɪkə] *f* <-n> ❶ (*weibliche Ziege*) cabra *f* ❷ (*Frau*) pava *f* ❸ *pl* (*fam: Dummheiten*) tonterías *fpl;* ~**n machen** crear problemas

zickig *adj* (*fam abw*) caprichoso

zickzack ['tsɪktsak] *adv* en zigzag; ~ **fahren** ir en zigzag

Zickzack ['tsɪktsak] *m* <-(e)s, -e> zigzag *m*, eses *fpl;* (**im**) ~ **laufen** hacer eses

Ziege ['tsi:gə] *f* <-n> ❶ (*Tier*) cabra *f* ❷ (*fam abw: Frau*) bruja *f;* **du dumme** ~! ¡tía idiota!

Ziegel ['tsi:gəl] *m* <-s, -> ❶ (*Backstein*) ladrillo *m* ❷ (*Dach~*) teja *f;* **Ziegeldach** *nt* tejado *m* de tejas

Ziegelei [tsi:gə'laɪ] *f* <-en> fábrica *f* de tejas y ladrillos, galpón *m* Col

Ziegelstein *m* ladrillo *m*

Ziegenbart *m* ❶ (*Bart des Ziegenbockes*) barba *f* del macho cabrío; (*fam: Spitzbart*) barba *f* de chivo ❷ (*Pilz*) ramaria *f;* **Ziegenbock** *m* macho *m* cabrío; **Ziegenkäse** *m* queso *m* de (leche de) cabra; **Ziegenleder** *nt* cabritilla *f;* **Ziegenmilch** *f* leche *f* de cabra; **Ziegenpeter** [-pe:tɐ] *m* <-s, -> (*fam*) paperas *fpl*

ziehen ['tsi:ən] <zieht, zog, gezogen> **I.** *vt* ❶ (*allgemein*) tirar (*an* de); (*zerren*) arrastrar; (*Anhänger*) remolcar; (*dehnen*) estirar; **jdn am Ärmel** ~ tirar a alguien de la manga; **jdn auf seine Seite** ~ conquistar a alguien para sus fines; **etw nach sich** *dat* ~ (*fig*) acarrear algo; **alle Blicke/die Aufmerksamkeit auf sich** ~ atraer sobre sí todas las miradas/la atención; **etw ins Komische** ~ ridiculizar algo; **Saiten auf ein Instrument** ~ poner cuerdas a un instrumento; **der Honig zieht Fäden** la miel hace hebras ❷ (*heraus~*) sacar (*aus* de); (*Wurzeln*) arrancar (*aus* de); **Zigaretten** ~ sacar cigarrillos; **Fäden** ~ quitar los puntos; **aus dem Verkehr** ~ (*Auto*) retirar del servicio; (*Geld*) retirar de la circulación; **einen Vorteil aus etw** ~ *dat* sacar una ventaja de algo ❸ (*heran~*) acercar (tirando) (*an/auf* a); **das Boot ans Ufer** ~ acercar el barco a la orilla; **mich zieht überhaupt nichts nach Schweden** en Suecia no hay nada que me atraiga; **es zieht mich nach Hause/in die Ferne** tengo ganas de irme a casa/lejos ❹ (*Linie*) trazar; **sich** *dat* **einen Scheitel** ~ hacerse una raya ❺ (*Graben*) abrir; (*Grenze*) establecer; (*Mauer, Zaun*) levantar ❻ (*Pflanzen*) cultivar; (*Tiere*) criar; (*Kerzen*) hacer ❼ (MATH) extraer; **die Wurzel aus einer Zahl** ~ extraer la raíz de un número ❽ (*im*

Kartenspiel) tomar una carta **II.** *vi* ❶ (*a.* AUTO) tirar; **an etw** *dat* ~ tirar de algo; **das Auto/der Kamin zieht gut** (*fam*) el coche/la chimenea tira bien; **er zog an seiner Pfeife** dio una chupada a la pipa; **lass mich mal** ~ (*an der Zigarette*) déjame dar una calada ❷ *sein* (*um~*) mudarse (*nach/in/auf* a); (*zu jdm*) irse a vivir (*zu* con); **ich ziehe nach Aachen** me mudo a Aquisgrán; **sie** ~ **aufs Land** se van a vivir al campo ❸ *sein* (*gehen, wandern*) caminar (*zu/nach* a); (*hinein~*) entrar (*in* a/en); (*durchqueren*) atravesar, pasar (*durch* por); (*Vögel*) migrar; **in den Krieg** ~ ir a la guerra; **die Jahre zogen ins Land** pasaron los años; **einen** ~ **lassen** (*fam: furzen*) tirarse un pedo ❹ (*im Spiel*) mover; **mit dem Turm** ~ mover la torre ❺ (*Tee, Kaffee*) reposar ❻ (*Wirkung haben*) tener éxito; **das zieht bei mir nicht** eso no vale conmigo; **dieser Trick zieht immer** este truco siempre tiene éxito ❼ (*schmerzen*) doler **III.** *vr:* **sich** ❶ (*sich erstrecken*) extenderse; (*vorhanden sein*) estar presente; **dieses Thema zieht sich durch das ganze Buch** este tema está presente en todo el libro ❷ (*sich ver~*) alabearse ❸ (*fam: dauern*) durar **IV.** *vunpers* (*Luftzug*) haber corriente; **es zieht!** ¡que hay corriente!

Ziehen *nt* <-s, *ohne pl*> ❶ (*eines Wagens, Anhängers*) tracción *f* ❷ (*eines Zahnes*) extracción *f* ❸ (*von Pflanzen*) cultivo *m* ❹ (*Schmerz*) dolor *m* tirante

Ziehharmonika *f* acordeón *m*

Ziehung *f* <-en> sorteo *m*

Ziel [tsi:l] *nt* <-(e)s, -e> ❶ (*Reise~*) destino *m;* **mit unbekanntem** ~ con destino desconocido; **am** ~ **seiner Träume sein** haber conseguido todo lo que se quería ❷ (SPORT) meta *f;* **ins** ~ **kommen** cruzar la meta ❸ (*beim Schießen*) blanco *m;* **ins** ~ **treffen** dar en el blanco; **über das** ~ **hinausschießen** (*fam*) pasarse ❹ (*Zweck*) fin *m;* (*Absicht*) propósito *m;* **erklärtes** ~ **ist es, ...** el objetivo que se ha fijado es...; **ein klares** ~ **vor Augen haben** perseguir una meta fija; **sich** *dat* **ein** ~ **setzen** proponerse una meta; **mit dem** ~ **zu ...** con el fin de...; **Zielbahnhof** *m* (EISENB) estación *f* de destino; **zielbewusst** *adj* decidido

zielen *vi* ❶ (*Mensch*) apuntar (*auf* a) ❷ (*Bemerkung*) referirse (*auf* a); **ihre Kritik zielt auf ...** su crítica se refiere a... ❸ (*zum Ziel haben*) tener como objetivo (*auf*)

Zielfernrohr *nt* mira *f* telescópica; **Zielge-**

rade f (SPORT) recta f final; **Zielgruppe** f grupo m destinatario; **Ziellinie** f (SPORT) línea f de llegada; **ziellos** adj sin propósito fijo; (orientierungslos) sin rumbo fijo; **Zielort** m (punto m de) destino m, lugar m de destino m

Zielperson f persona f destinataria; **Zielscheibe** f blanco m; **Zielsetzung** f <-en> objetivo m; **zielsicher** adj firme, seguro; **Zielsprache** f (LING) lengua f de destino; **zielstrebig** I. adj perseverante; (ausdauernd) constante II. adv con determinación; **Zielstrebigkeit** f ohne pl perseverancia f

ziemlich ['tsi:mlɪç] I. adj bastante; (beträchtlich) considerable; **mit** ~**er Sicherheit** con bastante seguridad II. adv ❶ (recht viel) bastante; ~ **gut/lange** bastante bien/tiempo; ~ **viel** bastante (cantidad) ❷ (fam: beinahe) casi; **so** ~ **alles** casi todo

Zierde ['tsi:ɐdə] f <-n> adorno m; **als** ~ **dienen** servir de adorno

zieren ['tsi:rən] I. vt (geh) adornar II. vr: **sich** ~ (abw) hacerse de rogar; **er zierte sich nicht lange** no se hizo de rogar demasiado

Zierfisch ['tsi:ɐ-] m pez m decorativo; **Ziergarten** m jardín m de plantas ornamentales; **Zierleiste** f ❶ (an Möbeln) moldura f decorativa ❷ (TYPO) viñeta f

zierlich adj grácil; (fein) fino

Ziernaht f puntadas fpl de adorno; **Zierpflanze** f planta f ornamental; **Ziervogel** m pájaro m decorativo

Ziffer ['tsɪfɐ] f <-n> cifra f; (Zahl) número m; **römische/arabische** ~**n** números romanos/arábigos; **Zifferblatt** nt esfera f

zig [tsɪç] adj inv (fam) un montón (de)

Zigarette [tsiga'rɛtə] f <-n> cigarrillo m, pitillo m fam; **sich** dat **eine** ~ **drehen** liar un cigarrillo; **Zigarettenautomat** m máquina f expendedora de cigarrillos; **Zigarettenetui** nt pitillera f; **Zigarettenpackung** f s. **Zigarettenschachtel**; **Zigarettenpapier** nt papel m de liar, mortaja f Am; **Zigarettenpause** f (fam) pausa f para fumar un cigarrillo; **Zigarettenschachtel** f cajetilla f, atado m CSur; **Zigarettenspitze** f boquilla f; **Zigarettenstummel** m colilla f

Zigarillo [tsiga'rɪlo] m o nt <-s, -s> purito m

Zigarre [tsi'garə] f <-n> puro m

Zigeuner(in) [tsi'gɔɪnɐ] m(f) <-s, -; -nen> gitano, -a m, f; **Zigeunermusik** f música f gitana; **Zigeunerschnitzel** nt (GASTR) filete de cerdo o ternera en una salsa con tomate, cebolla y tiras de pimiento rojo

zigmal ['tsɪçma:l] adv (fam) mil veces

zigste(r, s) adj (fam) enésimo; **zum** ~**n Mal** por enésima vez

Zikade [tsi'ka:də] f <-n> (ZOOL) cigarra f

Zimbabwe [zɪm'bapve] nt <-s> Zimbabwe m, Zimbabue m

Zimmer ['tsɪmɐ] nt <-s, -> habitación f, pieza f Am; ~ **frei** habitación libre; ~ **zu vermieten** se alquila habitación; ~ **mit Frühstück** habitación con desayuno; **Zimmerantenne** f antena f interior; **Zimmerdecke** f techo m

Zimmerkellner(in) m(f) camarero, -a m, f de habitación; **Zimmerlautstärke** f ohne pl: **das Radio auf** ~ **stellen** poner la radio a un volumen medio; **Zimmermädchen** nt camarera f

Zimmermann m <-(e)s, -leute> carpintero m de obra

zimmern ['tsɪmɐn] I. vi: **an etw** dat ~ construir algo II. vt hacer, construir

Zimmerpflanze f planta f de interior; **Zimmerservice** m servicio m de habitaciones; **Zimmertemperatur** f temperatura f ambiente; **Zimmervermittlung** f servicio m de alquiler de habitaciones

zimperlich ['tsɪmpɐlɪç] adj (abw: überempfindlich) hipersensible; (geziert) remilgado; (Kind) ñoño

Zimt [tsɪmt] m <-(e)s, -e> canela f; **Zimtstange** f palo m de canela, canela f en rama

Zink [tsɪŋk] nt <-(e)s, ohne pl> (CHEM) cinc m

Zinke ['tsɪŋkə] f <-n> púa f

zinken vt (sl) marcar

Zinn [tsɪn] nt <-(e)s, ohne pl> ❶ (CHEM) estaño m ❷ (~ geschirr) vajilla f de estaño

zinne(r)n adj de estaño

Zinnober¹ [tsɪ'no:bɐ] m <-s, ohne pl> (fam abw: Unsinn) tontería f; (Zeug) chismes mpl

Zinnober² m <-s, -> ❶ (Mineral) cinabrio m ❷ (Farbe) bermellón m; **zinnoberrot** adj bermejo

Zinnsoldat m soldado m de plomo

Zins [tsɪns] m <-es, -en> ❶ (Verzinsung) interés m; ~**en bringen** producir intereses; **jdm etw mit** ~ **und Zinseszins zurückzahlen** devolver algo a alguien hasta el último céntimo; (fig) pagar algo a alguien con la misma moneda ❷ (südd, Schweiz, Österr: Miete) alquiler m; **Zinsabschlagsteuer** f impuesto m por deducción de intereses; **Zinserhöhung** f aumento m de los tipos de interés, subida f de los intereses; **Zinsertrag** m rédito m

Zinseszins ['tsɪnzəs-] m interés m compuesto

zinslos *adj* libre de interés; **Zinssatz** *m* tipo *m* de interés

Zipfel ['tsɪpfəl] *m* <-s, -> punta *f;* **Zipfelmütze** *f* gorro *m* con borla

Zipperlein *nt* <-s, -> *(fam: Wehwehchen)* achaque *m*, alifafe *m*

zirka ['tsɪrka] *adv* cerca de, aproximadamente; ~ **ein km** cerca de un km; **in** ~ **zwei Wochen** en dos semanas aproximadamente

Zirkel ['tsɪrkəl] *m* <-s, -> ❶ *(Gerät)* compás *m* ❷ *(Kreis, Gruppe)* círculo *m*

Zirkulation [tsɪrkula'tsjoːn] *f* <-en> circulación *f*

zirkulieren* [tsɪrku'liːrən] *vi* haben o sein circular

Zirkus¹ ['tsɪrkʊs] *m* <-, -se> circo *m*

Zirkus² *m* <-, ohne pl> *(fam abw: Getue)* teatro *m;* *(Durcheinander)* follón *m;* **mach doch nicht solchen** ~**!** ¡no hagas tanto teatro!; **Zirkuszelt** *nt* carpa *f* de un circo

zirpen ['tsɪrpən] *vi (Grillen)* cantar

zisch [tsɪʃ] *interj* chis, pss

zischen ['tsɪʃən] *vi (Schlange, Mensch)* silbar; **heute Abend** ~ **wir** (**uns**) **einen** *(fam)* esta noche nos vamos de copas

Zischlaut *m* (LING) *(sonido m)* sibilante *f*

Zisterne [tsɪs'tɛrnə] *f* <-n> cisterna *f*

Zitadelle [tsita'dɛlə] *f* <-n> ciudadela *f*

Zitat [tsi'taːt] *nt* <-(e)s, -e> cita *f*

Zither ['tsɪtɐ] *f* <-n> (MUS) cítara *f*

zitieren* [tsi'tiːrən] *vt* citar *(aus* de); **jdn zu sich** *dat* ~ llamar a alguien

Zitrone [tsi'troːnə] *f* <-n> limón *m;* **heiße** ~ zumo de limón caliente; **jdn wie eine** ~ **ausquetschen** *(fam)* exprimir a alguien como un limón; **Zitronenbaum** *m* limonero *m;* **Zitronenfalter** *m* (ZOOL) cleopatra *f;* **zitronengelb** *adj* (de color) amarillo limón; **Zitronenlimonade** *f* limonada *f;* **Zitronensaft** *m* zumo *m* de limón, jugo *m* de limón *Am;* **Zitronensäure** *f* ohne pl ácido *m* cítrico; **Zitronenschale** *f* cáscara *f* de limón

Zitrusfrucht ['tsiː-trʊs-] *f* fruto *m* cítrico

Zitteraal *m* (ZOOL) anguila *f* eléctrica

zitt(e)rig ['tsɪt(ə)rɪç] *adj* tembloroso

zittern ['tsɪtɐn] *vi* temblar *(vor* de); *(vibrieren)* vibrar; **vor Kälte/Angst** ~ temblar de frío/miedo

Zitterpappel *f* (BOT) álamo *m* temblón

zittrig *adj* tembloroso

Zitze ['tsɪtsə] *f* <-n> teta *f*, tetilla *f*

Zivi ['tsiːvi] *m* <-(s), -s> *(fam)* ❶ *Abk. von* **Zivildienstleistende(r)** objetor *m* de conciencia *(prestando su servicio social)* ❷ *Abk. von* **Zivilpolizist(in)** policía *mf* de

paisano

zivil [tsi'viːl] *adj* ❶ *(nicht militärisch)* civil ❷ *(gemäßigt)* moderado; *(Preis)* módico

Zivil [tsi'viːl] *nt* <-s, ohne pl>: **in** ~ (vestido) de paisano; **Zivilbevölkerung** *f* población *f* civil; **Zivilcourage** *f* valor *m* cívico; **Zivildienst** *m* <-(e)s, ohne pl> prestación *f* social sustitutoria

En Alemania, los objetores de conciencia, en lugar del servicio militar, realizan el **Zivildienst** que dura trece meses. Las tareas en las que suele trabajar el objetor alemán van desde el cuidado de ancianos, la asistencia a minusválidos o la colaboración en albergues juveniles. Este servicio social sustitutorio se introdujo en Suiza en 1997, donde se realiza, la mayoría de las veces, en el sector sanitario. La duración de este servicio en Austria y Suiza es de doce meses.

Zivildienstleistende(r) *m* <-n, -n> objetor *m* de conciencia *(prestando su servicio social);* **Zivilfahnder(in)** *m(f)* investigador(a) *m(f)* (en) civil; **Zivilgericht** *nt* tribunal *m* civil; **Zivilgesellschaft** *f* sociedad *f* civil; **Zivilgesetzbuch** *nt (Schweiz)* Código *m* Civil Suizo

Zivilisation [tsiviliza'tsjoːn] *f* <-en> civilización *f;* **Zivilisationskrankheit** *f* enfermedad *f* de (la) civilización; **zivilisationsmüde** *adj* hastiado de la sociedad moderna

zivilisatorisch [tsiviliza'toːrɪʃ] *adj* civilizador

zivilisieren* [tsivili'ziːrən] *vt* civilizar

zivilisiert [tsivili'ziːɐt] *adj* civilizado; **sich** ~ **benehmen** portarse civilizadamente

Zivilist(in) [tsivi'lɪst] *m(f)* <-en, -en; -nen> civil *mf*, paisano, -a *m, f*

Zivilkleidung *f* traje *m* de paisano; **Zivilperson** *f* civil *mf*, paisano, -a *m, f;* **Zivilprozess** *m* (JUR) causa *f* civil; **Zivilrecht** *nt* <-(e)s, ohne pl> (JUR) derecho *m* civil; **Zivilschutz** *m* protección *f* civil

Zobel ['tsoːbəl] *m* <-s, -> (ZOOL) marta *f* cebellina

zocken ['tsɔkən] *vi (fam)* jugar (juegos de azar)

Zofe ['tsoːfə] *f* <-n> doncella *f*

Zoff [tsɔf] *m* <-s, ohne pl> *(fam)* pelea *f;* ~ **haben** haberse peleado

zog [tso:k] *3. imp von* **ziehen**

zögerlich ['tsø:gəlɪç] *adj* dudoso, vacilante, titubeante

zögern ['tsø:gɐn] *vi* dudar (*zu* en), vacilar (*zu* en); **ohne zu** ~ sin vacilar

Zögling ['tsø:klɪŋ] *m* <-s, -e> pupilo, -a *m, f*

Zölibat [tsøli'ba:t] *m o nt* <-(e)s, *ohne pl*> celibato *m*

Zoll¹ [tsɔl, *pl:* 'tsœlə] *m* <-(e)s, Zölle> (*Abgabe*) derechos *mpl* de aduana; **für etw** ~ **bezahlen** pagar derechos de aduana por algo

Zoll² *m* <-(e)s, *ohne pl*> (*Behörde*) aduana *f;* **durch den** ~ **kommen** pasar la aduana

Zoll³ *m* <-(e)s, -> (*Längenmaß*) pulgada *f*

Zollabfertigung *f* trámites *mpl* aduaneros; **Zollamt** *nt* (oficina *f* de) aduana *f;* **Zollbeamte(r)** *mf*, **-beamtin** *f* funcionario, -a *m, f* de aduanas

zollen ['tsɔlən] *vt* (*geh*) tributar; **jdm Respekt** ~ tributar respeto a alguien

Zollfahnder(in) *m(f)* policía *mf* de aduanas; **Zollfahndung** *f* policía *f* de aduanas; **zollfrei** *adj* libre de derechos de aduana; **Zollgebühren** *fpl* aranceles *mpl;* **Zollgrenze** *f* frontera *f* aduanera; **Zollkontrolle** *f* control *m* aduanero

Zöllner(in) ['tsœlnɐ] *m(f)* <-s, -; -nen> (*fam*) aduanero, -a *m, f*

zollpflichtig *adj* sujeto a derechos de aduana; **Zollschranke** *f* barrera *f* aduanera

Zollstock *m* metro *m* plegable

Zombie ['tsɔmbi] *m* <-(s), -s> zombi(e) *m*

Zone ['tso:nə] *f* <-n> zona *f;* **Zonengrenze** *f* ❶ (*zwischen Besatzungszonen*) frontera *f* entre zonas de ocupación ❷ (HIST: *zur Ex-DDR*) frontera *f* interalemana ❸ (AUTO: *Zahlgrenze*) límite *m* de tarifa

Zoo [tso:] *m* <-s, -s> zoo *m*, parque *m* zoológico

Zoologie [tsoolo'gi:] *f ohne pl* zoología *f*

zoologisch *adj* zoológico

Zoom [zu:m] *nt* <-s, -s> (FILM, FOTO) zoom *m*

zoomen ['zu:mən] *vt* (FILM, FOTO) enfocar con el zoom

Zopf [tsɔpf, *pl:* 'tsœpfə] *m* <-(e)s, Zöpfe> trenza *f;* **ein alter** ~ (*fam*) una costumbre anticuada

Zorn [tsɔrn] *m* <-(e)s, *ohne pl*> ira *f*, cólera *f;* **im** ~ enfurecido; **in** ~ **geraten** ponerse furioso; **jdn in** ~ **bringen** enfurecer a alguien; **auf jdn einen** ~ **haben** estar furioso con alguien

zornig I. *adj* colérico, caribe *Ant;* ~ **wer-**

den encolerizarse (*auf* con); **auf jdn** ~ **sein** estar furioso con alguien **II.** *adv* con ira

Zote ['tso:tə] *f* <-n> (*abw*) chiste *m* verde

zott(e)lig ['tsɔt(ə)lɪç] *adj s.* **zottig**

Zotteln *fpl* (*fam*) ❶ (*Haarbüschel*) mechón *m*, greña *f* ❷ (*Troddel*) borla *f*

zottig ['tsɔtɪç] *adj* ❶ (*Fell*) hirsuto, chasco *Am* ❷ (*abw: Haare*) desgreñado

z.T. *Abk. von* **zum Teil** en parte

zu [tsu:] **I.** *präp* +*dat* ❶ (*Richtung, Lage, Verhältnis*) a; (*in*) en; ~ **Hause** en casa; **das Museum** ~ **Speyer** el Museo de Espira; **Herzog** ~ **X** el Duque de X; ~ **beiden Seiten** a ambos lados; ~ **seiner Rechten** a su derecha; **sie kommt** ~ **mir** viene a mi casa; **er geht** ~ **m Bahnhof/** ~ **r Post** va a la estación/a Correos; **es fiel** ~ **Boden** cayó al suelo; ~ **jdm hinsehen** mirar a alguien; **das Zimmer liegt** ~ **r Straße hin** la habitación da a la calle ❷ (*hin~, da~*) con; **er setzte sich** ~ **den anderen** se sentó con los demás; **nehmen Sie Wein** ~ **m Essen?** ¿toma Ud. vino con la comida? ❸ (*zeitlich*): ~ **jener Zeit** en aquel tiempo; **ich kündige** ~ **m 1. Mai** rescindo mi contrato el primero de mayo; ~ **Anfang** al principio; ~ **Ostern/Weihnachten** en Semana Santa/por Navidades; ~ **m ersten Mal** por primera vez; ~ **Mittag/Abend essen** almorzar/cenar ❹ (*Preis, Menge, Häufigkeit*): ~ **m Teil** en parte; **in Kisten** ~ (*je*) **hundert Stück** en cajas de a cien; ~ **m halben Preis** a mitad de precio; **Briefmarken** ~ **60 Cent** sellos de 60 céntimos; **das Kilo** ~ **zwei Euro** a dos euros el kilo ❺ (*Art und Weise*): ~ **Recht** con razón; ~ **Fuß** a pie ❻ (*Zweck, Ziel*) para, por; ~ **m Glück** por suerte; ~ **allem Unglück** para colmo de desgracias; ~ **deiner Beruhigung kann ich sagen, dass ...** para tu tranquilidad puedo decir que...; **ein Stift** ~ **m Schreiben** un lápiz para escribir; ~ **r Unterhaltung** por diversión; **es ist** ~ **m Weinen** es para llorar; **etwas** ~ **m Essen/Lesen mitnehmen** llevarse algo para comer/leer; **kommst du** ~ **m Frühstück/Abendessen?** ¿vienes a desayunar/cenar?; **jdm** ~ **m Geburtstag gratulieren** felicitar a alguien por el cumpleaños ❼ (*Verhältnis*) a, contra; **die Chancen stehen eins** ~ **zehn** hay una posibilidad contra diez; **eins** ~ **null für Real Madrid** uno a cero para el Real Madrid ❽ (*in Bezug auf*) (con) respecto a; ~ **dieser Frage möchte ich Folgendes sagen: ...** con respecto a esta pregunta quisiera decir lo siguiente: ... ❾ (*Verwand-*

lung) en; **das Wasser wurde ~ Eis** el agua se convirtió en hielo **II.** *adv* ❶ (*allzu*) demasiado; **~ sehr/viel** demasiado; **~ schnell** demasiado rápido ❷ (*Richtung*) hacia; **nach Süden ~** hacia el sur; **nur ~!** (*fam*) ¡adelante! ❸ (*fam: geschlossen*) cerrado; **~ sein** (*ge-, verschlossen*) estar cerrado; (*betrunken*) estar colocado ❹ (*zeitlich*): **ab und ~** de vez en cuando; **von Zeit ~ Zeit** de tiempo en tiempo **III.** *konj* ❶ (*mit Infinitiv*): **es ist schön, neue Leute kennen ~ lernen** es bonito conocer gente nueva; **es ist leicht ~ finden** es fácil de encontrar ❷ (*mit Partizip Präsens*): **die ~ erledigende Post** el correo por despachar

zuallererst [-'--'-] *adv* ante todo, en primer lugar

zuallerletzt [-'--'-] *adv* por último, en último lugar

zu|bauen *vt* (*Lücke*) ocupar (con un edificio); (*Platz, Gelände*) llenar de edificios, construir por todos los lados

Zubehör ['tsuːbəhøːɐ] *nt* <-(e)s, -e> accesorios *mpl*, implemento *m Am*; **Zubehörteil** *nt* accesorio *m*

zu|beißen *irr vi* morder

zu|bereiten* *vt* preparar

Zubereitung *f* <-en> preparación *f*

zu|billigen *vt*: **jdm etw ~** conceder algo a alguien

zu|binden *irr vt* (*Schuhe*) atar; (*Augen*) vendar

zu|blinzeln *vi*: **jdm ~** guiñar el ojo a alguien

zu|bringen *irr vt* ❶ (*verbringen*) pasar ❷ (*fam: schließen können*) lograr cerrar

Zubringer *m* <-s, -> (AUTO) ❶ (*Straße*) vía *f* de acceso ❷ (*Verkehrsmittel*) enlace *m*; **Zubringerdienst** *m* servicio *m* de enlace

Zucchino [tsʊ'kiːno, *pl*: tsʊ'kiːni] *m* <-s, Zucchini> calabacín *m*, zapallo *m* italiano *Am*

Zucht [tsʊxt] *f* <-en> (*von Tieren*) cría *f*; (*von Pflanzen, Bakterien*) cultivo *m*; **hier herrscht ~ und Ordnung** aquí reina una disciplina severa; **Zuchtbulle** *m* toro *m* semental, padrote *m AmC, Mex*

züchten ['tsʏçtən] *vt* (*Tiere*) criar; (*Pflanzen, Bakterien*) cultivar

Züchter(in) *m(f)* <-s, -; -nen> (*von Tieren*) criador(a) *m(f)*; (*von Pflanzen*) cultivador(a) *m(f)*

Zuchthaus[1] *nt* (*Gebäude*) penitenciaría *f*

Zuchthaus[2] *nt ohne pl* (*~ strafe*) (pena *f* de) reclusión *f*; **er hat 3 Jahre ~ bekommen** le condenaron a 3 años de reclusión

Zuchthengst *m* caballo *m* semental,

garañón *m Am*

züchtigen ['tsʏçtɪgən] *vt* (*geh*) castigar (con golpes), potrear *Guat, Peru*

Züchtigung *f* <-en> (*geh*) castigo *m*; **körperliche ~** castigo corporal

Zuchtperle *f* perla *f* cultivada; **Zuchttier** *nt* (*männlich*) semental *m*; (*weiblich*) res *f* de vientre

Züchtung *f* <-en> (*von Tieren*) cría *f*; (*von Pflanzen*) cultivo *m*

zucken ['tsʊkən] *vi* ❶ (*zusammenfahren*) trepidar; (*vor Schreck*) estremecerse; (*Muskel*) contraerse ❷ (*Blitz*) centellear

zücken ['tsʏkən] *vt* sacar

Zucker[1] ['tsʊkɐ] *m* <-s, -> (*Nahrungsmittel*) azúcar *m*; **ein Stück ~** un terrón de azúcar

Zucker[2] *m* <-s, *ohne pl*> (*fam: ~ krankheit*) azúcar *m*; **~ haben** tener diabetes; **Zuckerbrot** *nt*: **mit ~ und Peitsche** (*fig*) una de cal y otra de arena; **Zuckerdose** *f* azucarero *m*; **Zuckerguss** *m* glaseado *m*; **zuckerhaltig** *adj* que contiene azúcar; **diese Frucht ist stark ~** esta fruta tiene un alto contenido en azúcar; **Zuckerhut** *m* (GASTR) pan *m* de azúcar

zuckerig *adj* ❶ (*mit Zucker bestreut*) azucarado ❷ (*aus Zucker*) de azúcar

zuckerkrank *adj* diabético; **Zuckerkranke(r)** *mf* diabético, -a *m, f*; **Zuckerkrankheit** *f ohne pl* diabetes *f inv*

Zuckerlecken *nt*: **etw ist kein ~** (*fam*) algo no es (precisamente) agradable

zuckern ['tsʊkɐn] *vt* azucarar

Zuckerrohr *nt* <-(e)s, *ohne pl*> caña *f* de azúcar; **Zuckerrübe** *f* remolacha *f* azucarera; **Zuckerstreuer** *m* <-s, -> azucarero *m*; **zuckersüß** ['--'-] *adj* muy dulce; (*abw*) dulzón; (*a. fig*) empalagoso; **Zuckerwatte** *f ohne pl* nube(s) *f(pl)* de azúcar

zuckrig *adj s.* **zuckerig**

Zuckung *f* <-en> contracción *f* (involuntaria); **nervöse ~en** tic nervioso

Zudecke ['tsuːdɛkə] *f* (*reg*) manta *f*, frazada *f Am*

zu|decken *vt* tapar; (*im Bett*) arropar

zudem [tsu'deːm] *adv* (*geh*) además

zu|drehen *vt* ❶ (*Wasserhahn*) cerrar; (*Schraube*) apretar ❷ (*zuwenden*) volver; **sie drehte ihm den Rücken zu** le volvió la espalda

zudringlich ['tsuːdrɪŋlɪç] *adj* impertinente, fregado *Am*

Zudringlichkeit *f* <-en> impertinencia *f*

zu|dröhnen *vr*: **sich ~** (*fam*) coger un ciego

zu|drücken *vt* cerrar (empujando); **ein Auge ~** (*fig*) hacer la vista gorda; **jdm die**

Kehle ~ estrangular a alguien

zueinander [tsu?ar'nandə] *adv* el uno con el otro; **sie passen gut** ~ hacen buena pareja; **seid nett** ~ sed amables el uno con el otro

zu|erkennen* *irr vt* (*Preis*) conceder; (*Recht*) otorgar; (JUR) adjudicar

zuerst [-'-] *adv* ❶ (*als Erstes*) primero; (*vorrangig*) en primer lugar ❷ (*erst, als Erster*) primero; **ich war** ~ **da** yo llegué primero; **wer** ~ **kommt, mahlt** ~ (*prov*) primer venido, primer servido ❸ (*anfangs*) al principio ❹ (*erstmals*) por primera vez

zu|fächeln *vt:* **jdm Luft** ~ abanicar a alguien

Zufahrt *f* <-en> (*Weg, Straße*) vía *f* de acceso (*zu* a); **Zufahrtsstraße** *f* carretera *f* de acceso

Zufall *m* <-(e)s, -fälle> casualidad *f*, azar *m*; **das ist aber ein** ~! ¡esto sí que es una casualidad!; **etw dem** ~ **verdanken** agradecer algo al azar; **etw dem** ~ **überlassen** dejar algo al azar; **es war reiner** ~**, dass ...** fue pura casualidad que... +*subj*; **durch** ~ por casualidad; **der** ~ **wollte es, dass ...** dio la casualidad que...

zu|fallen *irr vi sein* ❶ (*Fenster, Tür*) cerrarse (de golpe); **ihm fallen vor Müdigkeit die Augen zu** se cae de sueño ❷ (*Vergünstigung, Aufgabe*) corresponder; **jdm etw** ~ ser adjudicado algo a alguien

zufällig I. *adj* ocasional, casual; **das war rein** ~ fue pura casualidad II. *adv* por casualidad; **jdn** ~ **treffen** encontrar a alguien por casualidad

zufälligerweise ['----'--] *adv* por casualidad

Zufälligkeit[1] *f ohne pl* (*das Zufälligsein*) carácter *m* fortuito

Zufälligkeit[2] *f* <-en> (*Zufall*) casualidad *f*

Zufallstreffer *m* golpe *m* de suerte; (*Ballspiele*) gol *m* de suerte

Zuflucht *f ohne pl* refugio *m* (*vor* de); ~ **suchen/finden** buscar/encontrar refugio; **jdm** ~ **gewähren** ofrecer refugio a alguien; **du bist meine letzte** ~! ¡tú eres mi última esperanza!; **zu etw** *dat* ~ **nehmen** recurrir a algo; **Zufluchtsort** *m* refugio *m*

Zufluss *m* <-es, -flüsse> afluente *m*

zu|flüstern *vt* decir al oído

zufolge [tsu'fɔlgə] *präp* +*gen* (*nachgestellt:* +*dat*) según, de acuerdo con; **dem Bericht** ~ de acuerdo con el informe

zufrieden [tsu'fri:dən] *adj* contento, satisfecho; **sich** (**mit wenig**) ~ **geben** contentarse (con poco); **jdn** ~ **lassen** dejar a alguien en paz; **jdn** ~ **stellen** contentar a alguien; ~ **stellend sein** ser satisfactorio

Zufriedenheit *f ohne pl* satisfacción *f*; **zu jds voller** ~ a plena satisfacción de alguien

zu|frieren *irr vi sein* helarse (por completo)

zu|fügen *vt* ❶ (*hinzutun*) añadir ❷ (*Schaden, Schmerz*) causar; (*Niederlage*) infligir; **jdm Leid** ~ hacer sufrir a alguien

Zufuhr ['tsu:fu:ɐ] *f ohne pl* (*Versorgung*) suministro *m*; (*Zustrom*) afluencia *f*; (*Zuleitung*) transporte *m*

Zug[1] [tsu:k, *pl:* 'tsy:gə] *m* <-(e)s, Züge> ❶ (*Eisenbahn*) tren *m*; **der** ~ **nach Madrid** el tren con destino a Madrid; **mit dem** ~ **fahren** ir en tren; **der** ~ **ist abgefahren** (*fam*) hemos perdido la ocasión; **im falschen** ~ **sitzen** (*fam*) haberse equivocado ❷ (*Tendenz*) tendencia *f*; (*Neigung*) inclinación *f*; **das ist der** ~ **der Zeit** ésta es la tendencia de la época; **im** ~**e der neuen Entwicklung** como consecuencia de los últimos desarrollos ❸ (*Geleit*~) séquito *m*; (*Um*~) desfile *m*; (*von Fahrzeugen*) convoy *m*; (*Fest*~) cortejo *m* ❹ (*Atem*~) respiración *f*; (*beim Rauchen*) calada *f*; (*Pfeife*) chupada *f*; (*Schluck*) trago *m*; **in einem** ~ (*ohne Unterbrechung*) de un tirón; **das Glas in einem** ~ **austrinken** vaciar la copa de un trago; **etw in vollen Zügen genießen** disfrutar plenamente de algo; **in den letzten Zügen liegen** (*fam*) estar en las últimas ❺ (*bei Brettspielen*) jugada *f*; **einen** ~ **machen** hacer una jugada; **du bist am** ~ te toca (a ti) ❻ (*beim Schwimmen*) brazada *f* ❼ (*Charakter*~, *Schrift*~, *Gesichts*~) rasgo *m*; **etw in groben Zügen umreißen** trazar algo a grandes rasgos; **das war kein schöner** ~ **von dir** eso no fue muy bonito de tu parte ❽ (*Krafteinwirkung*) tracción *f*

Zug[2] *m* <-(e)s, *ohne pl*> ❶ (*Luft*~) corriente *f* (de aire); **im** ~ **sitzen** estar en la corriente ❷ (*im Ofen*) tiro *m*

Zug[3] *m* <-s> (GEO) Zug *m*

Zugabe *f* <-n> ❶ (*Zusätzliches*) extra *m* ❷ (*bei einer Veranstaltung*) bis *m*; ~**, ~!** ¡otra, otra!

Zugabteil *nt* compartim(i)ento *m* (de tren)

Zugang *m* <-(e)s, -gänge> ❶ (*Zutritt, Zugriff*) acceso *m* (*zu* a); (*Eingang*) entrada *f* (*zu* a); ~ **verboten** paso prohibido ❷ (*von Waren*) llegada *f*; (*von Büchern*) adquisición *f*; (*von Schülern*) entrada *f*; (*von Patienten*) ingreso *m*

zugange [tsu'gaŋə] *adv*: **mit jdm/etw** *dat* ~ **sein** (*fam*) estar ocupado con alguien/algo

zugänglich ['tsu:gɛnlɪç] *adj* ❶ (*erreichbar, aufgeschlossen*) accesible ❷ (*verfügbar*) disponible; **jdm etw** ~ **machen** poner algo al alcance de alguien

Zugbegleiter(in) *m(f)* revisor(a) *m(f)*
Zugbrücke *f* puente *m* levadizo
zu|geben *irr vt* ❶ (*hinzufügen*) añadir ❷ (*einräumen*) admitir; (*gestehen*) reconocer; **ich muss ~, dass ...** tengo que admitir que...
zugegen [-'--] *adj* (*geh*): **~ sein** estar presente (*bei* en)
zu|gehen *irr* I. *vi sein* ❶ (*hingehen*) dirigirse (*auf* a); **auf jdn ~** acercarse a alguien; **es geht auf den Winter zu** llega el invierno; **er geht schon auf die siebzig zu** ronda los setenta ❷ (*formal: zugestellt werden*) llegar ❸ (*fam: sich schließen lassen*) cerrar(se) II. *vunpers sein:* **bei der Diskussion ging es lebhaft zu** fue una discusión muy viva
zu|gehören* *vi* (*geh*) pertenecer (a)
zugehörig *adj* correspondiente
Zugehörigkeit *f ohne pl* pertenencia *f* (*zu* a); (*zu einem Verein, einer Partei*) afiliación *f* (*zu* a)
zugekifft *adj* (*sl*) emporrado
zugeknöpft *adj* (*fam*) poco comunicativo
Zügel ['tsy:gəl] *m* <-s, -> rienda *f;* **die ~ anziehen** tirar de las riendas; (*fig*) apretar las tuercas; **die ~ fest in der Hand haben** (*fig*) tener la sartén por el mango; **die ~ locker lassen** (*a. fig*) aflojar las riendas
zügellos I. *adj* desenfrenado; (*Lebenswandel*) disoluto II. *adv* a rienda suelta
zügeln I. *vt* ❶ (*Pferd*) refrenar ❷ (*Neugierde, Zorn*) contener II. *vr:* **sich ~** contenerse III. *vi* (*Schweiz: umziehen*) mudarse
Zugeständnis *nt* <-ses, -se> concesión *f* (*an* a); **jdm ein ~ machen** conceder algo a alguien
zu|gestehen* *irr vt* ❶ (*zugeben*) admitir ❷ (*bewilligen*) conceder, acordar *Arg, Chil;* **jdm etw ~** conceder algo a alguien
zugetan ['tsu:gəta:n] *adj:* **jdm ~ sein** sentir simpatía por alguien; **etw** *dat* **~ sein** tener apego a algo
Zugfahrt *f* (EISENB) viaje *m* en tren; **Zugführer(in)** *m(f)* <-s, -; -nen> jefe, -a *m, f* de tren
zugig *adj* expuesto a las corrientes de aire; **hier ist es ~** aquí hay mucha corriente
zügig ['tsy:gɪç] I. *adj* (*rasch*) rápido; (*ununterbrochen*) ininterrumpido II. *adv* a buen paso; (*ununterbrochen*) ininterrumpidamente
Zugkraft¹ *f* <-kräfte> (PHYS) fuerza *f* de tracción
Zugkraft² *f ohne pl* (*Anziehungskraft*) atractivo *m*
zugkräftig *adj* atractivo; (*Plakat, Titel*) lla-

mativo; (*Ware*) de gran venta; (*Film, Schauspieler*) taquillero
zugleich [-'-'] *adv* al mismo tiempo
Zugluft *f ohne pl* corriente *f* de aire
Zugmaschine *f* tractor *m*
Zugpersonal *nt* personal *m* de tren
Zugpferd *nt* ❶ (*Pferd*) caballo *m* de tiro ❷ (*Attraktion*) atracción *f*
zu|greifen *irr vi* coger; (*bei Tisch*) servirse; **greifen Sie zu!** ¡sírvase!; **bei solch einer Gelegenheit muss man ~** hay que aprovechar semejante ocasión
Zugrestaurant *nt* vagón *m* restaurante
Zugriff *m* <-(e)s, -e> ❶ (*das Zugreifen*) toma *f;* **sich dem ~ der Polizei entziehen** escapar a la detención de la policía ❷ (INFOR) acceso *m;* **Zugriffsberechtigung** *f* (INFOR) autorización *f* de acceso; **Zugriffsgeschwindigkeit** *f* (INFOR) velocidad *f* de acceso; **Zugriffsrecht** *nt* <-(e)s, -e> (INFOR) derecho *m* de acceso; **Zugriffszeit** *f* <-, -en> (INFOR) tiempo *m* de acceso; **durchschnittliche ~** tiempo de acceso por término medio
zugrunde [tsu'grʊndə] *adv:* **etw ~ legen** tomar algo por base; **~ liegen** basarse en; **~ gehen** irse a pique, fundirse *Am;* **jdn/ etw ~ richten** arruinar a alguien/estropear algo
Zugschaffner(in) *m(f)* revisor(a) *m(f)*
Zugtier *nt* animal *m* de tiro
zu|gucken *vi* (*fam*) mirar; **mir wird schon vom Z~ schlecht** tan sólo con mirarlo me dan náuseas
Zugunglück *nt* accidente *m* ferroviario
zugunsten [-'--] *präp* +*gen* a favor de, en beneficio de
zugute [-'--] *adv* (*geh*): **~ halten** tener en consideración; **jdm/etw** *dat* **~ kommen** favorecer a alguien/algo
Zugverbindung *f* ❶ (*zwischen zwei Orten*) enlace *m* ferroviario ❷ (*Anschluss*) comunicación *f* ferroviaria; **Zugverkehr** *m* tráfico *m* ferroviario
Zugvogel *m* ave *f* migratoria
Zugzwang *m:* **jdn in ~ bringen** obligar a alguien a reaccionar; **in ~ geraten** verse obligado a actuar
zu|haben *irr* I. *vi* (*fam*) estar cerrado II. *vt* (*fam*) tener cerrado; **die Augen ~** tener los ojos cerrados
zu|halten *irr* I. *vi:* **auf etw ~** dirigirse a algo II. *vt* ❶ (*geschlossen halten*) mantener cerrado ❷ (*Augen, Ohren*) tapar
Zuhälter ['tsu:hɛltə] *m* <-s, -> chulo *m fam,* padrote *m AmC, Mex*
Zuhälterei *f ohne pl* rufianería *f*
zuhause *adv* (*Österr, Schweiz*) en casa

Zuhause [tsuˈhaʊzə] *nt* <-s, *ohne pl*> casa *f*
Zuhilfenahme [-'-----] *f ohne pl:* **ohne/**
unter ~ von ... sin/con ayuda de...
zu|hören *vi* escuchar; **jdm ~** escuchar a alguien
Zuhörer(in) *m(f)* <-s, -; -nen> oyente *mf;*
(*am Radio*) radioyente *mf;* (*~schaft*)
público *m*
Zuhörerschaft *f ohne pl* auditorio *m*
zu|jubeln *vi:* **jdm ~** aclamar a alguien
zu|kehren *vt* volver; **sie kehrte ihm das**
Gesicht zu le miró de frente
zu|klappen I. *vi sein* cerrarse (de golpe)
II. *vt* cerrar (de golpe); **zu|kleben** *vt*
(*Loch*) tapar; (*Umschlag*) cerrar; **zu|knal-**
len I. *vt* (*fam*) cerrar de golpe; **die Tür ~**
dar un portazo II. *vi sein* (*fam*) cerrarse de
golpe; **zu|kneifen** *irr vt* atenazar; **die**
Augen ~ cerrar los ojos muy fuerte
zu|knöpfen *vt* abrochar
zu|kommen *irr vi sein* ➊ (*sich nähern*)
acercarse (*auf* a); (*Aufgabe, Problem*) avecinarse ➋ (*gebühren*) corresponder; **dem**
kommt eine große Bedeutung zu esto
tiene mucha importancia ➌ (*geh: übermit-*
teln, geben) hacer llegar; **jdm etw ~ las-**
sen hacer llegar algo a alguien
Zukunft [ˈtsuːkʊnft] *f ohne pl* porvenir *m;*
(*a.* LING) futuro *m;* **in ~** en el futuro; **in fer-**
ner/naher ~ en un futuro lejano/pró-
ximo; **das hat (keine) ~** eso (no) tiene
futuro
zukünftig I. *adj* futuro II. *adv* en el futuro
Zukunftsaussichten *fpl* perspectivas *fpl*
para el futuro; **Zukunftsbranche** *f* sector
m (industrial) del futuro; **Zukunftsfor-**
schung *f ohne pl* futurología *f;* **Zukunfts-**
musik *f ohne pl* utopía *f;* **das ist noch ~**
eso son castillos en el aire; **Zukunftsper-**
spektive *f* perspectiva *f* para el futuro;
Zukunftsplan *m* plan *m* para el futuro;
Zukunftstechnologie *f* tecnología *f* del
futuro; **zukunftsträchtig** *adj* prometedor; **zukunftsweisend** *adj* progresista
zu|lächeln *vi:* **jdm ~** sonreír a alguien
Zulage *f* <-n> plus *m,* gratificación *f*
zu|langen *vi* ➊ (*fam: beim Essen*) servirse
➋ (*fam: bei der Arbeit*) meterse a fondo
➌ (*reg: ausreichen*) bastar
zu|lassen *irr vt* ➊ (*gestatten*) permitir; (*dul-*
den) consentir; **wie kannst du ~, dass**
...? ¿cómo puedes permitir que...(+*subj*)?
➋ (*Zugang gewähren, ermöglichen*) admitir; (*amtlich*) autorizar; (*Auto*) matricular;
ein Auto auf jdn ~ matricular un coche a
nombre de alguien; **keinen Zweifel ~** no
dejar lugar a dudas ➌ (*fam: geschlossen*
lassen) dejar cerrado

zulässig [ˈtsuːlɛsɪç] *adj* admisible; (*erlaubt*)
autorizado; **~e Höchstgeschwindigkeit**
velocidad máxima autorizada
Zulassung¹ *f ohne pl* (*Gewährung von*
Zugang) admisión *f;* (*amtlich*) autorización
f; (*als Anwalt*) habilitación *f;* (*Auto*) matrícula *f*
Zulassung² *f* <-en> (*fam: KFZ-Schein*)
documentación *f* del coche
Zulassungsbeschränkung *f* limitación *f*
de plazas; **Zulassungspapiere** *ntpl* documentación *f* del coche; **zulassungs-**
pflichtig *adj* (ADMIN) que necesita licencia
Zulauf *m* <-(e)s, *ohne pl*> ➊ (*Zuspruch*)
concurrencia *f;* **großen ~ haben** ser muy
concurrido ➋ (*von Wasser*) afluencia *f*
zu|laufen *irr vi sein* ➊ (*hinlaufen*) correr
(*auf* hacia); (*auf den Sprecher*) venir corriendo; (*Weg*) conducir (*auf* a) ➋ (*fam:*
sich beeilen) darse prisa; **lauf zu!** ¡date
prisa! ➌ (*kommen*): **jdm ~** (*Tiere*) venir a
casa de alguien; (*Kunden*) acudir en masa
a alguien ➍ (*eine bestimmte Form*
haben): **spitz ~** acabar en punta
zu|legen I. *vi, vt* (*fam*) darse prisa, apurarse
Am; **einen Zahn ~** meter caña II. *vt* (*fam*)
➊ (*anschaffen*): **sich** *dat* **etw ~** com-
prar(se) algo; **sie hat sich einen Gelieb-**
ten zugelegt se ha buscado un amante
➋ (*dicker werden*) engordar ➌ (*reg: dazu-*
tun) añadir
zuleide [-'--] *adv:* **jdm etwas ~ tun** causar
daño a alguien
zuletzt [-'-] *adv* ➊ (*als Letztes*) por último;
ganz ~ a última hora; **wir blieben bis ~**
nos quedamos hasta el final; **nicht ~**
wegen ... no sólo por... ➋ (*als Letzter*) el
último ➌ (*fam: zum letzten Mal*) por
última vez ➍ (*schließlich*) finalmente,
después de todo
zuliebe [-'--] *präp* + *dat:* **jdm/etw** *dat* **~** por
(amor a) alguien/algo
Zulieferer *m* <-s, -> proveedor *m*
zu|liefern *vt* suministrar
zum [tsʊm] = **zu dem** *s.* **zu**
zu|machen I. *vi* ➊ (*fam: schließen*) cerrar
➋ (*reg: sich beeilen*) darse prisa, apurarse
Am II. *vt* (*fam*) cerrar; (*Loch*) tapar; (*Klei-*
dung) abrochar
zumal [-'-] I. *adv* especialmente, sobre todo
II. *konj* especialmente porque, sobre todo
porque
zu|mauern *vt* tapiar
zumeist [-'-] *adv* la mayoría de las veces
zumindest [-'--] *adv* ➊ (*auf jeden Fall*) por
lo menos ➋ (*wenigstens*) como mínimo
zumutbar *adj* exigible, justo (*für* para)
zumute [-'--] *adv:* **mir ist dabei gar nicht**

Z

wohl ~ no me gusta ni un pelo; **mir ist nicht zum Lachen** ~ no estoy para bromas

zu|muten ['tsuːmuːtən] *vt:* **jdm etw** ~ exigir algo a alguien; **jdm zu viel** ~ pedir demasiado a alguien

Zumutung *f* <-en> exigencia *f* exagerada; (*Unverschämtheit*) frescura *f;* **das ist eine** ~**!** ¡no hay derecho a que le pidan a uno algo así!

zunächst [-'-] *adv* ❶ (*anfangs*) al principio ❷ (*vorläufig*) de momento; ~ **einmal** en primer lugar

zu|nageln *vt* clavar; **zu|nähen** *vt* coser

Zunahme ['tsuːnaːmə] *f* <-n> aumento *m* (*an* de); (*Zuwachs*) incremento *m* (*an* de); (*Anstieg*) subida *f* (*an* de); **eine** ~ **um 10%** un incremento del 10%

Zuname ['tsuːnaːmə] *m* <-ns, -n> apellido *m*

zündeln ['tsʏndəln] *vi* jugar con fuego

zünden ['tsʏndən] **I.** *vi* (*Bombe*) hacer explosión; **bei ihm hat es gezündet** (*fam*) ha caído en la cuenta **II.** *vt* (*Sprengkörper*) activar; (*Rakete*) lanzar; (*Feuerwerk*) hacer estallar

zündend *adj* brillante

Zunder ['tsundɐ] *m* <-s, *ohne pl*> (TECH) escamas *fpl* de óxido; **wie** ~ **brennen** arder como (la) paja

Zünder ['tsʏndɐ] *m* <-s, -> detonador *m*

Zündflamme *f* piloto *m;* **Zündholz** *nt* <-es, -hölzer> (*südd, Österr*) cerilla *f,* pajuela *f Bol;* **Zündholzschachtel** *f* caja *f* de cerillas

Zündkabel *nt* (AUTO) cable *m* de encendido; **Zündkerze** *f* (AUTO) bujía *f;* **Zündschloss** *nt* (AUTO) contacto *m;* **Zündschlüssel** *m* (AUTO) llave *f* de contacto; **Zündschnur** *f* mecha *f;* **Zündstoff** *m* ❶ (*Sprengstoff*) materia *f* inflamable ❷ (*Konfliktstoff*) motivo *m* de conflicto

Zündung *f* <-en> (AUTO) encendido *m;* **Zündvorrichtung** *f* (TECH) dispositivo *m* de explosión [*o* explosivo]

zu|nehmen *irr* **I.** *vi* ❶ (*sich vergrößern, vermehren*) aumentar (*an* de); (*Mond*) crecer; (*Tag*) alargarse; **an Größe** ~ aumentar de tamaño ❷ (*sich verstärken*) intensificarse; (*steigen*) incrementarse; (*sich verschlimmern*) agravarse ❸ (*schwerer, dicker werden*) engordar **II.** *vt* ❶ (*schwerer werden*) engordar ❷ (*bei Handarbeit*) aumentar

zunehmend **I.** *adj* creciente; **in** ~**em Maße** cada vez más; **mit** ~**em Alter** con los años **II.** *adv* (*sichtbar*) visiblemente; (*fortschreitend*) progresivamente

zu|neigen **I.** *vi* simpatizar (con); **jdm sehr zugeneigt sein** tener mucho cariño a alguien **II.** *vr:* **sich etw** *dat* ~ inclinarse hacia algo; **sich dem Ende** ~ ir terminando

Zuneigung *f* <-en> afecto *m* (*für* por), cariño *m* (*für* por)

Zunft [tsunft, *pl:* 'tsʏnftə] *f* <Zünfte> gremio *m*

zünftig ['tsʏnftɪç] *adj* como es debido

Zunge ['tsuŋə] *f* <-n> ❶ (*Organ, Land~*) lengua *f;* **jdm die** ~ **herausstrecken** sacar(le) a alguien la lengua; **es liegt mir auf der** ~ (*fig*) lo tengo en la punta de la lengua; **sich** *dat* **auf die** ~ **beißen** morderse la lengua; **böse** ~**n behaupten, dass ...** (*fig*) las malas lenguas afirman que...; **sich** *dat* **die** ~ **verbrennen** irse de la lengua; **sie hat eine lose** ~ es una deslenguada; **seine** ~ **hüten** cuidar su lengua; **seine** ~ **im Zaum halten** tener cuidado con lo que se dice ❷ (*Lasche, a.* MUS) lengüeta *f* ❸ (ZOOL: *See~*) lenguado *m*

züngeln ['tsʏŋəln] *vi* mover la lengua; (*Schlange*) silbar; (*Flammen*) echar llamaradas

Zungenbrecher *m* (*fam*) trabalenguas *m inv;* **Zungenkuss** *m* beso *m* de tornillo, lengüetazo *m fam;* **Zungenspitze** *f* punta *f* de la lengua

Zünglein ['tsʏŋlaɪn] *nt* <-s, ->: **das** ~ **an der Waage sein** (*fig*) ser el fiel de la balanza

zunichte [-'--] *adv:* **etw** ~ **machen** estropear algo; (*Hoffnungen*) frustar

zu|nicken *vi:* **jdm** ~ hacer a alguien una seña con la cabeza; (*zum Gruß*) saludar a alguien con la cabeza

zunutze [-'--] *adv:* **sich** *dat* **etw** ~ **machen** aprovechar algo

zuoberst [tsu'ʔoːbɛst] *adv* ❶ (*auf einem Stapel*) encima de todo ❷ (*am oberen Rand*) en la parte superior

zu|ordnen *vt* clasificar, encasillar

Zuordnung *f* <-en> clasificación *f;* (*zu einer Gruppe*) filiación *f*

zu|packen *vi* ❶ (*zugreifen*) coger ❷ (*kräftig arbeiten*) meterse a fondo

zupfen ['tsupfən] **I.** *vi* ❶ (*ziehen*) tirar (*an* de) ❷ (*Instrument*) puntear **II.** *vt* ❶ (*ziehen*) tirar (*an* de) ❷ (*Haar, Unkraut*) arrancar; **sich** *dat* **die Augenbrauen** ~ depilarse las cejas ❸ (*Instrument*) puntear

Zupfinstrument *nt* instrumento *m* punteado

zu|prosten ['tsuːproːstən] *vi* brindar

zur [tsuːɐ] = **zu der** *s.* **zu**

zurande *adv:* **mit jdm/mit etw** *dat*

(**nicht**) ~ **kommen** (*fam*) (no) poder con alguien/algo

zurate *adv:* **etw/jdn** ~ **ziehen** consultar algo/a alguien

Zürcher(**in**) ['tsyrçe] *m(f)* <-s, -; -nen> zuriguense *mf*

zurechnungsfähig *adj* en plena posesión de sus facultades mentales

zurecht|biegen [tsu'rεçt-] *irr vt* ❶ (*Draht*) enderezar ❷ (*fam: Angelegenheit*) arreglar; **zurecht|finden** *irr vr:* **sich** ~ (*in einer Stadt*) orientarse (*in* en); (*vertraut werden*) familiarizarse; **zurecht|kommen** *irr vi sein* (*mit einem Gerät*) apañarse *fam*; (*mit einer Person*) entenderse; (*finanziell*) arreglárselas; **sieh selbst zu, wie du zurechtkommst!** ¡apáñatelas como puedas!; **zurecht|legen** *vt* preparar; **sich** *dat* **eine Ausrede** ~ tener preparada una excusa; **zurecht|machen** I. *vt* (*fam*) ❶ (*Essen*) preparar; (*Zimmer*) arreglar ❷ (*verschönen*) arreglar II. *vr:* **sich** ~ (*fam*) arreglarse; **zurecht|weisen** *irr vt* reprender, retar *Am*

zu|reden *vi* instar; (*ermutigen*) animar; (*überreden*) persuadir; **jdm gut** ~ animar a alguien

zu|reiten *irr* I. *vi sein* cabalgar (*auf* hacia) II. *vt* amaestrar, potrear *Am*

Zürich ['tsy:rɪç] *nt* <-s> Zurich *m*

zu|richten *vt* (*vorbereiten*) preparar; (TECH) trabajar; **jdn übel** ~ maltratar a alguien; **etw übel** ~ echar a perder algo

Zurschaustellung [-'---] *f* <-en> exhibición *f*

zurück [tsu'rʏk] *adv* ❶ (*wieder an den Ausgangspunkt*) de vuelta; **hin und** ~ ida y vuelta; **es gibt kein Z~** ya no se puede dar marcha atrás; **ich bin gleich wieder** ~ enseguida estoy de vuelta ❷ (*nach hinten*) (hacia) atrás; **zwei Schritte** ~! ¡dos pasos atrás! ❸ (*weiter hinten*) ❹ (*fam:* ~ *geblieben*) atrasado; **zurück|bekommen*** *irr vt* recobrar; (*Wechselgeld*) recibir de vuelta; **ich habe alles** ~ me lo han devuelto todo; **zurück|beugen** I. *vt* doblar [*o* echar] hacia atrás II. *vr:* **sich** ~ doblarse [*o* echarse] hacia atrás; **zurück|bezahlen*** *vt* devolver; (*erstatten*) reembolsar; **zurück|bilden** *vr:* **sich** ~ retroceder; (*Organ*) atrofiarse; **zurück|bleiben** *vi sein* ❶ (*hinten bleiben*) quedarse atrás; (*Abstand halten*) mantenerse alejado (*von* de); **hinter den Erwartungen** ~ no corresponder a las expectativas ❷ (*übrig bleiben*) quedar; **zurück|blicken** *vi* ❶ (*sich umsehen*) mirar (hacia) atrás ❷ (*auf Ver-*

gangenes) pasar revista (*auf* a); **zurück|bringen** *irr vt* ❶ (*zurückgeben*) devolver ❷ (*zurückbegleiten*) llevar (a casa); **zurück|datieren** *vt* antedatar; **zurück|denken** *irr vi* recordar el pasado; **an etw** ~ recordar algo; **zurück|drängen** *vt* ❶ (*Personen*) hacer retroceder ❷ (*eindämmen*) contener; **zurück|erhalten*** *irr vt s.* **zurückbekommen**; **zurück|erobern*** *vt* reconquistar; **zurück|erstatten*** *vt* reintegrar, reembolsar; **zurück|fahren** *irr* I. *vi sein* ❶ (*zurückkehren*) volver, regresar ❷ (*rückwärts fahren*) dar marcha atrás ❸ (*zurückschrecken*) retroceder (asustado) II. *vt* ❶ (*zurückbringen: Person*) llevar a casa; (*Dinge*) devolver ❷ (*reduzieren*) reducir; **zurück|fallen** *irr vi sein* ❶ (*fallen*) volver a caer; (*Person*) caer hacia atrás; **sich** ~ **lassen** dejarse caer (*in* en) ❷ (*in eine Gewohnheit*) recaer (*in* en) ❸ (SPORT) quedar(se) atrás ❹ (*Eigentum*) volver a pertenecer (*an* a) ❺ (*sich auswirken*) recaer (*auf* sobre); **zurück|finden** *irr vi* encontrar el camino de vuelta (*zu* a); **zurück|fordern** *vt* reclamar; (*Recht*) reivindicar; **zurück|führen** I. *vt* volver (*zu* a); **es führt kein Weg zurück** no hay camino de vuelta II. *vt* ❶ (*geleiten*) acompañar a la vuelta ❷ (*herleiten*) reducir (*auf* a) ❸ (*die Folge sein*) deberse (*auf* a); (*zuschreiben*) atribuir (*auf* a); **sein Verhalten ist darauf zurückzuführen, dass ...** su comportamiento se debe a que...; **zurück|geben** *irr vt* devolver, regresar *Mex*; (*Wechselgeld*) dar (la vuelta)

zurückgeblieben I. *pp von* **zurückbleiben** II. *adj* retrasado; **geistig** ~ retrasado mental

zurück|gehen *irr vi sein* ❶ (*zurückkehren*) volver; **etw** ~ **lassen** devolver algo ❷ (*nach hinten*) ir hacia atrás; **zwei Schritte** ~ dar dos pasos atrás; **auf etw** ~ tener su origen en algo ❸ (*nachlassen*) disminuir; (*Preise*) bajar; **zurück|gewinnen*** *irr vt* recuperar

zurückgezogen I. *pp von* **zurückziehen** II. *adj* retirado; ~ **leben** llevar una vida retirada

zurück|greifen *irr vi:* **auf etw** ~ recurrir a algo; **zurück|halten** *irr* I. *vt* ❶ (*Person, Geld*) retener; (*Information*) ocultar; **etw für jdn** ~ reservar algo para alguien; **jdn von etw** *dat* ~ hacer desistir a alguien de algo ❷ (*Gefühle*) reprimir; (*Tränen*) contener II. *vr:* **sich** ~ ❶ (*sich beherrschen*) contenerse; **er hält sich mit Lob/Kritik zurück** no hace grandes elogios/críticas

❷(*im Hintergrund bleiben*) mantenerse en un segundo plano **III.** *vi:* **mit etw** *dat* ~ abstenerse de hacer algo

zurückhaltend *adj* ❶(*reserviert*) reservado ❷(*unaufdringlich*) discreto; (*gemäßigt*) moderado

Zurückhaltung *f ohne pl* ❶(*Reserviertheit*) reserva *f* ❷(*Unaufdringlichkeit*) discreción *f;* (*Bescheidenheit*) moderación *f;* ~ **üben** moderarse

zurück|holen *vt* ir a buscar; **zurück|kehren** *vi sein* (*geh*) regresar (*aus/von* de, *nach/zu* a), regresarse (*aus/von* de, *nach/zu* a) *Am;* **zurück|kommen** *irr vi sein* volver (*aus/von* de, *nach/zu* a); **auf etw** ~ volver sobre algo; **um noch einmal darauf zurückzukommen** volviendo de nuevo sobre ello; **zurück|kriegen** *vt* (*fam*) *s.* **zurückbekommen; zurück|lassen** *irr vt* ❶(*liegen lassen, hinterlassen*) dejar ❷(*zurückkehren lassen*) dejar regresar; **zurück|legen** *vt* ❶(*an seinen Platz*) volver a poner en su sitio ❷(*Waren*) reservar; (*Geld*) ahorrar; **sich** *dat* **etwas Geld** ~ hacer unos ahorros ❸(*Strecke*) recorrer; **zurück|lehnen** *vr:* **sich** ~ recostarse; **zurück|liegen** *irr vi* haber sucedido tiempo atrás; **der Vorfall liegt schon Jahre zurück** el incidente sucedió hace ya años; **in den** ~ **den Jahren** en los últimos años; **zurück|melden** *vr:* **sich** ~ dar aviso de su regreso

Zurücknahme [-naːmə] *f* <-n> ❶(*von Waren*) devolución *f* ❷(*einer Bestellung*) anulación *f* del pedido; (*einer Aussage, Zustimmung*) retractación *f;* (*einer Klage*) desistimiento *m;* (*eines Gesetzes*) revocación *f*

zurück|nehmen *irr vt* ❶(*Ware*) aceptar la devolución (de) ❷(*Behauptung, Beleidigung*) retirar; (*Bestellung*) anular; (*Gesetz*) revocar; **nimm das sofort zurück!** ¡retira eso inmediatamente!; **zurück|prallen** *vi sein* ❶(*Ball*) rebotar ❷(*Person*) retroceder; **zurück|reichen** **I.** *vi* (*Erinnerung*) remontarse (*bis* a) **II.** *vt* devolver; **zurück|reisen** *vi sein* emprender el viaje de vuelta (*in/nach* a), regresar (*in/nach* a); **zurück|rufen** **I.** *vi, vt* volver a llamar **II.** *vt* ❶(*zurückbeordern*) hacer volver ❷(*antworten*) contestar; **sich** *dat* **etw ins Gedächtnis** ~ recordar algo; **zurück|schalten** *vi* (AUTO) cambiar a una marcha inferior; **zurück|schauen** *vi s.* **zurückblicken; zurück|schicken** *vt* mandar de vuelta; **zurück|schlagen** *irr* **I.** *vi* ❶(*Armee*) contraatacar; (*Person*) devolver el golpe ❷(*sich auswirken*)

repercutir (*auf* en) **II.** *vt* ❶(*Angriff*) rechazar ❷(*Decke*) apartar; (*Schleier*) levantar ❸(*Ball*) devolver; **zurück|schrauben** *vt* reducir; **zurück|schrecken** *irr vi sein* ❶(*zurückweichen*) retroceder (espantado) ❷(*zurückscheuen*): **vor etw** *dat* ~ arredrarse ante algo; **zurück|schreiben** *vt* (INFOR) restaurar; **zurück|sehnen** *vr:* **sich nach etw** *dat/*zu jdm ~ echar algo/ a alguien de menos; **zurück|setzen** **I.** *vi* ir (marcha) atrás **II.** *vt* ❶(*an einen Platz*) volver a poner en su sitio ❷(*nach hinten*) poner (hacia) atrás; (*verschieben*) correr hacia atrás ❸(*benachteiligen*) postergar (a) ❹(*Auto*) mover para atrás **III.** *vr:* **sich** ~ ❶(*sich wieder setzen*) volver a sentarse ❷(*nach hinten*) sentarse más atrás; **zurück|spulen** *vt* rebobinar; **zurück|stecken** **I.** *vi* ❶(*mit Ansprüchen*) moderarse ❷(*nachgeben*) transigir **II.** *vt* ❶(*wieder einstecken*) volver a guardar ❷(*versetzen*) colocar hacia atrás; **zurück|stehen** *irr vi* ❶(*weiter hinten stehen*) quedar atrás ❷(*schlechter sein*) quedarse atrás; **er wollte nicht hinter ihnen** ~ no quería quedarse atrás ❸(*verzichten*) renunciar; **sie musste immer hinter den anderen** ~ siempre tuvo que desistir a favor de los demás; **zurück|stellen** *vt* ❶(*an einen Platz*) volver a poner en su sitio ❷(*nach hinten*) poner atrás; (*Uhr*) retrasar; (*Heizung*) bajar ❸(*Waren*) reservar ❹(*aufschieben*) aplazar ❺(*Wünsche*) postergar; **seine Bedenken** ~ dejar atrás sus reparos; **zurück|stoßen** *irr vt* ❶(*wegstoßen*) empujar hacia atrás ❷(*ablehnen*) rechazar; **zurück|stufen** *vt* degradar; **zurück|treten** *irr* **I.** *vi sein* ❶(*nach hinten*) retroceder; **bitte** ~**!** ¡retrocedan, por favor! ❷(*weniger wichtig werden*) perder importancia; (*in den Hintergrund treten*) pasar al segundo plano ❸(*von einem Amt*) dimitir (*von* de) ❹(*von einem Vertrag, Vorhaben*) desistir (*von* de); (*von einem Recht*) renunciar (*von* a) **II.** *vt:* **jdn** ~ devolver el pisotón a alguien; **zurück|verfolgen*** *vt* buscar los orígenes (de); **zurück|versetzen*** *vr:* **sich** ~ recordar; **wir fühlten uns in eine andere Zeit zurückversetzt** nos sentimos trasladados a otra época; **zurück|weichen** *irr vi sein* ❶(*Person*) retroceder; (*Hochwasser*) decrecer ❷(*vor einer Aufgabe*) retroceder (*vor* ante); **zurück|weisen** *irr vt* (*Person, Anschuldigung*) rechazar; (*Einladung, Geschenk*) rehusar; (*mit Argumenten*) refutar; (*Klage*) recusar

Zurückweisung *f* <-en> rechazo *m;* (*ei-*

ner Klage) recusación *f*

zurück|werfen *irr vt* ❶ (*nach hinten*) echar (hacia) atrás ❷ (*Ball*) devolver ❸ (*Schall, Strahlen*) reflejar ❹ (*wirtschaftlich*) hacer retroceder (de); **das wirft uns um Jahre zurück** esto nos hace retroceder a la posición de hace años ❺ (*Feind*) rechazar; **zurück|wirken** *vi* repercutir (*auf* en); **zurück|wollen** *irr* **I.** *vi* querer volver (*nach* a) **II.** *vt* (*fam*) querer de vuelta; **ich will mein Geld zurück** quiero que me devuelvan mi dinero; **zurück|zahlen** *vt* devolver; (*Ausgaben*) reembolsar; **das werd' ich ihm ~!** (*fam*) ¡me lo pagará!; **zurück|ziehen** *irr* **I.** *vt* ❶ (*zum Ausgangspunkt*) volver (a poner en un lugar) ❷ (*nach hinten*) correr hacia atrás; (*Körperteil*) retirar; (*Vorhang, Riegel*) correr ❸ (*widerrufen*) retirar; (*Gesetz*) revocar; (*Ansprüche*) desistir (de); (*Bestellung*) anular ❹ (*aus dem Verkehr ziehen*) retirar ❺ (*bewirken*) ser el motivo de la vuelta (*nach* a); (*anziehen*) atraer **II.** *vr:* **sich ~** (*a.* MIL.) retirarse (*von* de) **III.** *vi sein* volver a vivir (*nach* a)

Zuruf ['--] *m* <-(e)s, -e> grito *m*

zu|rufen *irr vt:* **jdm etw ~** gritar algo a alguien

zurzeit [tsuːɐˈtsaɪt] *adv* (*Österr, Schweiz*) de momento

Zusage ['---] *f* <-n> (*positive Antwort*) contestación *f* afirmativa; (*Bestätigung*) confirmación *f*; (*Versprechen*) promesa *f*; **eine ~ geben** contestar afirmativamente

zu|sagen **I.** *vi* ❶ (*Einverständnis erklären*) contestar afirmativamente; (*Einladung annehmen*) aceptar una invitación; (*sich verpflichten*) comprometerse ❷ (*gefallen*): **jdm ~** gustar a alguien; (*passen*) convenir a alguien **II.** *vt* prometer

zusammen [tsuˈzamən] *adv* ❶ (*miteinander*) juntos; (*gleichzeitig*) al mismo tiempo; **~ mit** (*junto con*); **~ sein** (*beieinander sein*) estar juntos; (*fest befreundet sein*) salir juntos; **alle ~** todos juntos ❷ (*insgesamt*) en total; **das macht ~ 14 Euro** son 14 euros en total

Zusammenarbeit *f ohne pl* colaboración *f*, cooperación *f*; **in ~ mit** en colaboración con; **zusammen|arbeiten** *vi* colaborar, cooperar; **zusammen|bauen** *vt* montar; **zusammen|beißen** *irr vt:* **die Zähne ~** apretar los dientes; **zusammen|binden** *irr vt* atar; **zusammen|bleiben** *irr vi sein* quedar juntos; (*weiterhin*) seguir juntos; **zusammen|brechen** *irr vi sein* ❶ (*einstürzen*) derrumbarse; **für ihn ist eine Welt zusammengebrochen** se le desmo-

ronaron todas sus esperanzas ❷ (*Mensch*) sufrir un colapso; (*ohnmächtig*) desmayarse ❸ (*Wirtschaft*) quebrarse; (*Verkehr*) colapsarse; **zusammen|bringen** *irr vt* ❶ (*Geld, Personen*) juntar ❷ (*fam: sich erinnern*) recordar, acordarse (de); **Zusammenbruch** *m* derrumbamiento *m*; (*Bankrott*) quiebra *f*; (*gesundheitlich, des Verkehrs*) colapso *m*; **zusammen|drängen** **I.** *vt* ❶ (*Menschen*) apiñar ❷ (*zusammenfassen*) reducir (*auf* a) **II.** *vr:* **sich ~** ❶ (*Menschen*) apiñarse ❷ (*Ereignisse*) concentrarse; **zusammen|drücken** *vt* apretar, comprimir; (*flach*) aplastar; **zusammen|fahren** *irr* **I.** *vi sein* ❶ (*Fahrzeuge*) chocar ❷ (*erschrecken*) estremecerse **II.** *vt* (*Person, Tier*) atropellar; (*Fahrzeug*) destrozar; **zusammen|fallen** *irr vi sein* ❶ (*einstürzen*) hundirse ❷ (*an Volumen verlieren*) desinflarse ❸ (*Termine*) coincidir; **zusammen|falten** *vt* ❶ (*Papier, Stoff*) plegar, doblar ❷ (*Hände*) juntar; **zusammen|fassen** *vt* ❶ (*vereinigen*) reunir (*zu* en); (*in Gruppen*) agrupar ❷ (*Bericht*) resumir; **~d lässt sich sagen, dass …** en resumen se puede decir que…

Zusammenfassung *f* <-en> ❶ (*Resümee*) resumen *m* ❷ (*Vereinigung*) unión *f*; (*in Gruppen*) agrupación *f*

zusammen|fließen *irr vi sein* confluir; **zusammen|fügen** *vt* (*geh*) unir, juntar; **zusammen|führen** *vt* reunir; (*nach Streit*) reconciliar; **zusammen|gehören*** *vi* (*fam*) ❶ (*Personen*) ser del mismo grupo ❷ (*Gegenstände*) hacer juego; (*paarweise*) hacer pareja

zusammengehörig *adj* correspondiente **Zusammengehörigkeit** *f ohne pl* afinidad *f*, unión *f*; **Zusammengehörigkeitsgefühl** *nt* <-(e)s, *ohne pl*> solidaridad *f*

zusammengesetzt *adj* compuesto; **~ sein aus …** componerse de…; **zusammengewürfelt** *adj* (*gemischt*) mezclado; (*verschiedenartig*) heterogéneo

Zusammenhalt *m* <-(e)s, *ohne pl*> ❶ (*von Teilen*) cohesión *f* ❷ (*Bindung*) solidaridad *f*, unión *f*

zusammen|halten *irr* **I.** *vi* ❶ (*Mannschaft*) ser solidario; (*in der Not*) ayudarse mutuamente ❷ (*Teile*) formar un cuerpo **II.** *vt* ❶ (*Gruppe*) mantener juntos; (*Geld*) ahorrar ❷ (*verbinden*) unir

Zusammenhang *m* <-(e)s, -hänge> ❶ (*Beziehung*) relación *f* (*zwischen/von* entre); (*innerer*) conexión *f*; (*im Text*) contexto *m;* **in ~ mit etw** *dat* **stehen** estar en relación con algo; **etw aus dem ~ reißen** sacar algo de contexto; **etw mit etw** *dat* **in**

Z

~ **bringen** relacionar algo con algo
zusammen|hängen *irr vi* ❶ (*Gegenstände*) estar unido ❷ (*in Beziehung stehen*) estar relacionado; **das hängt damit zusammen, dass ...** esto está relacionado con...
zusammenhängend *adj* coherente; (*ununterbrochen*) continuo
zusammenhang(s)los *adj* incoherente
zusammen|heften *vt* encuadernar; **zusammen|klappen I.** *vi sein* (*Person*) sufrir un colapso **II.** *vt* (*Stuhl, Tisch*) plegar; (*Messer*) cerrar; **zusammen|knoten** *vt* anudar; **zusammen|kommen** *irr vi sein* ❶ (*sich treffen*) encontrarse; (*sich versammeln*) reunirse ❷ (*sich ansammeln*) acumularse; **zusammen|krachen** *vi sein* (*fam*) ❶ (*Stuhl, Tisch*) romperse ❷ (*Fahrzeuge*) chocar; **zusammen|kratzen** *vt* (*fam*) reunir penosamente
Zusammenkunft [tsu'zamənkʊnft, *pl:* -kʏnftə] *f* <-künfte> encuentro *m*; (*Versammlung*) reunión *f*
zusammen|läppern [-lɛpən] *vr:* **sich** ~ (*fam*) amontonarse, apiñarse; **zusammen|laufen** *irr vi sein* ❶ (*Menschen*) acudir (en masa) ❷ (*Flüsse*) confluir ❸ (*Linien*) juntarse; (MATH) converger; **zusammen|leben** *vi* convivir; **wir leben zusammen** vivimos juntos; **Zusammenleben** *nt* <-s, *ohne pl*> convivencia *f;* **zusammen|legen I.** *vt* ❶ (*falten*) doblar, plegar ❷ (*zueinander legen*) poner juntos ❸ (*vereinigen*) juntar; (*Firmen*) fusionar; (*Termine*) fijar a una misma hora; (*Personen*) agrupar **II.** *vi* juntar el dinero; **zusammen|nehmen** *irr* **I.** *vt* reunir, juntar; **alles zusammengenommen** en total; **er nahm seinen ganzen Mut zusammen** hizo acopio de todo su coraje **II.** *vr:* **sich** ~ controlarse; **zusammen|passen** *vi* (*Personen*) congeniar, hacer buenas migas *fam;* (*Paar*) hacer (una) buena pareja; (*Gegenstände*) encajar, hacer juego; (*Farben*) ir bien; **zusammen|pferchen** *vt* ❶ (*Vieh*) acorralar ❷ (*Menschen*) apiñar; **Zusammenprall** *m* <-(e)s, -e> colisión *f,* choque *m;* **zusammen|prallen** *vi sein* colisionar, chocar; **zusammen|pressen** *vt* apretar, prensar; **zusammen|raufen** *vr:* **sich** ~ (*fam*) ponerse de acuerdo; **zusammen|rechnen** *vt* sumar; **zusammen|reimen I.** *vt* (*fam*): **sich** *dat* **etw** ~ imaginarse algo **II.** *vr:* **sich** ~ (*fam*) explicarse; **zusammen|reißen** *irr vr:* **sich** ~ (*fam*) controlarse; **zusammen|rücken I.** *vi sein* juntarse **II.** *vt* acercar; **zusammen|rufen**

irr vt convocar, reunir; **zusammen|sacken** *vi sein* (*fam*) ❶ (*Haus*) derrumbarse ❷ (*Person*) sufrir un colapso; **zusammen|scheißen** *irr vt* (*vulg*) poner a parir; **zusammen|schlagen** *irr vt* ❶ (*fam: zerstören*) destrozar ❷ (*fam: verprügeln*) moler a palos ❸ (*gegeneinander schlagen*): **sie schlug die Hände über dem Kopf zusammen** se llevó las manos a la cabeza; **zusammen|schließen** *irr vr:* **sich** ~ agruparse; (*Firmen*) fusionarse; **Zusammenschluss** *m* agrupación *f;* (*von Firmen*) fusión *f;* **zusammen|schrauben** *vt* atornillar; **zusammen|schreiben** *irr vt* ❶ (*Wörter*) escribir junto ❷ (*fam abw: verfassen*) borronear; **wer hat denn diesen Unsinn zusammengeschrieben?** ¿quién ha escrito este montón de tonterías?; **Zusammensein** *nt* <-s, *ohne pl*> ❶ (*Treffen*) reunión *f* ❷ (*Zusammenleben*) convivencia *f;* **zusammen|setzen I.** *vt* componer; (*montieren*) montar **II.** *vr:* **sich** ~ ❶ (*zusammenkommen*) reunirse; (*sich treffen*) encontrarse ❷ (*bestehen*) componerse (*aus* de)
Zusammensetzung *f* <-en> ❶ (*Struktur*) composición *f;* (*Mischung*) combinación *f;* **eine ~ aus ...** una combinación de... ❷ (LING) palabra *f* compuesta
Zusammenspiel *nt* <-(e)s, *ohne pl*> ❶ (*einer Mannschaft*) juego *m* del equipo ❷ (*von Kräften*) interacción *f*
zusammen|stauchen *vt* (*fam*) aplastar, (d)espachurrar; **zusammen|stecken I.** *vi* (*fam*) estar juntos **II.** *vt* juntar; (*Stoff*) fijar con alfileres; **die Köpfe** ~ andar con secretitos; **zusammen|stellen** *vt* ❶ (*nebeneinander stellen*) colocar juntos ❷ (*anordnen*) componer; (*in Gruppen*) agrupar; (*sortieren*) clasificar; (*kompilieren*) compilar; (*Farben, Menü*) combinar; (*Unterlagen*) reunir; (*Programm, Liste*) hacer
Zusammenstellung *f* <-en> ❶ (*Anordnung*) disposición *f* ❷ (*Zusammensetzung*) composición *f;* (*systematisch*) clasificación *f;* (*in Gruppen*) agrupación *f;* (*eines Buchs*) compilación *f* ❸ (*Übersicht*) cuadro *m* sinóptico; (*Liste*) lista *f*
Zusammenstoß *m* <-es, -stöße> ❶ (*von Fahrzeugen*) choque *m*, quiñazo *m Am* ❷ (*fam: Streit*) disputa *f;* (*Auseinandersetzung*) enfrentamiento *m*
zusammen|stoßen *irr vi sein* ❶ (*kollidieren*) chocar ❷ (*sich streiten*) pelearse; **zusammen|strömen** *vi sein* ❶ (*Flüsse*) confluir ❷ (*Menschen*) acudir en masa; **zusammen|stürzen** *vi sein* (*Gebäude*) derrumbarse; (*Plan*) venirse abajo;

zusammen|tragen *irr vt* reunir; (*ansammeln*) acumular; (*Fakten*) compilar; **zusammen|treffen** *irr vi sein* ❶ (*Menschen*) encontrarse ❷ (*Ereignisse, Umstände*) coincidir

Zusammentreffen *nt* ❶ (*Begegnung*) encuentro *m;* **bei unserem letzten** ~ en nuestro último encuentro ❷ (*von Ereignissen*) coincidencia *f*

zusammen|treiben *irr vt* reunir, juntar; **zusammen|trommeln** *vt* (*fam*) convocar, llamar; **zusammen|tun** *vt* **I.** *vt* (*fam*) meter junto **II.** *vr:* **sich ~** (*fam*) unirse; (*sich verbünden*) aliarse; **zusammen|wachsen** *irr vi sein* ❶ (*verheilen*) cerrarse ❷ (*sich verbinden*) unirse; **zusammen|wirken** *vi* ❶ (*Faktoren*) actuar (simultáneamente) ❷ (*geh: zusammenarbeiten*) colaborar (*bei* en); **Zusammenwirken** *nt* <-s, *ohne pl*> interacción *f;* **zusammen|zählen** *vt* sumar; **zusammen|ziehen** *irr* **I.** *vt* ❶ (*enger machen*) estrechar; (*durch Säure*) astringir; (*Muskeln*) contraer ❷ (*Polizei, Truppen*) reunir, concentrar ❸ (*addieren*) sumar **II.** *vr:* **sich ~** ❶ (*kleiner werden*) contraerse ❷ (*Gewitter, Unheil*) cernirse **III.** *vi sein:* **mit jdm ~** ir a vivir con alguien; **zusammen|zucken** *vi sein* estremecerse (*vor* de)

Zusatz *m* <-es, -sätze> ❶ (*Substanz*) aditamento *m;* (*Lebensmittel~*) aditivo *m;* **ohne ~ von Konservierungsstoffen** sin conservantes ni colorantes ❷ (*zu einem Text*) apéndice *m;* **Zusatzgerät** *nt* aparato *m* suplementario

zusätzlich ['tsu:zɛtslɪç] **I.** *adj* adicional, suplementario **II.** *adv* más

Zusatzstoff *m* aditivo *m*

zu|schauen *vi s.* **zusehen**

Zuschauer(in) *m(f)* <-s, -; -nen> espectador(a) *m(f);* (*Fernseh~*) telespectador(a) *m(f);* **die ~ waren begeistert** el público estaba entusiasmado; **Zuschauerraum** *m* sala *f* de espectadores; **Zuschauertribüne** *f* tribuna *f* para el público; **Zuschauerzahl** *f* número *m* de espectadores

zu|schicken *vt* enviar, mandar

Zuschlag *m* <-(e)s, -schläge> ❶ (*auf einen Preis*) suplemento *m,* yapa *f Am;* **dieser Zug kostet** (**sechs DM**) ~ para este tren hay que pagar un suplemento (de seis marcos) ❷ (*bei einer Versteigerung*) remate *m;* **den ~ erhalten** recibir el remate ❸ (*für einen Auftrag*) adjudicación *f;* **jdm den ~ für etw erteilen** adjudicar algo a alguien

zu|schlagen *irr* **I.** *vi* ❶ (*Person*) golpear

❷ *sein* (*Tür*) cerrarse de golpe ❸ (*fam: zugreifen*) aprovechar la oportunidad; **schlag zu!** ¡aprovéchalo! ❹ (*fam: beim Essen*) atiborrarse **II.** *vt* ❶ (*Tür, Buch*) cerrar (de golpe) ❷ (*Ball*) lanzar ❸ (*Auftrag, bei einer Versteigerung*): **jdm etw ~** adjudicar algo a alguien

zu|schließen *irr vt* cerrar (con llave)

zu|schnappen *vi* ❶ *sein* (*Schloss*) cerrarse de golpe; (*Falle*) caer ❷ (*Hund*) dar un mordisco

zu|schneiden *irr vt* cortar; **die Stelle war ganz auf ihn zugeschnitten** el puesto de trabajo estaba hecho a su medida

zu|schnüren *vt* atar; **die Angst schnürte ihm die Kehle zu** el miedo le oprimía la garganta

zu|schrauben *vt* ❶ (*mit Schrauben*) atornillar ❷ (*durch Drehen*) cerrar

zu|schreiben *irr vt* atribuir; (*Eigentum*) transferir; **das hast du dir selbst zuzuschreiben** es culpa tuya

Zuschrift *f* <-en> carta *f;* (*amtlich*) comunicación *f*

zuschulden [-'--] *adv:* **sich** *dat* **etwas ~ kommen lassen** cometer un error

Zuschuss *m* <-es, -schüsse> subsidio *m;* (*staatlich*) subvención *f*

zu|schütten **I.** *vt* ❶ (*mit Erde*) rellenar ❷ (*fam: dazugeben*) añadir **II.** *vr:* **sich ~** (*fam*) emborracharse

zu|sehen *irr vi* ❶ (*betrachten*) mirar ❷ (*dafür sorgen*): ~, **dass ...** procurar que... *+subj;* **sieh mal zu, was du machen kannst!** ¡mira a ver qué puedes hacer!

zusehends ['tsu:ze:ənts] *adv* a ojos vista, visiblemente; **es geht ihm ~ besser** mejora ostensiblemente

zu|senden *irr vt s.* **zuschicken**

zu|setzen **I.** *vi* ❶ (*bedrängen*) atosigar; (*belästigen*) molestar, dar la lata *fam* ❷ (*verletzen*) herir ❸ (*Krankheit*) afectar **II.** *vt* ❶ (*hinzufügen*) añadir (*zu* a) ❷ (*Geld*) perder

zu|sichern *vt* asegurar; (*Versprechen*) prometer

zu|sperren *vt* (*Österr, südd*) cerrar con llave

Zuspiel *nt* (SPORT) pase *m*

zu|spielen *vt* (*a.* SPORT) pasar

zu|spitzen *vr:* **sich ~** (*Situation*) agudizarse; (*stärker*) agravarse

zu|sprechen *irr* **I.** *vi:* **jdm** (**gut**) ~ tranquilizar a alguien; **dem Alkohol ~** tomar bebidas alcohólicas **II.** *vt* ❶ (*Preis*) otorgar; (*Erbe*) adjudicar; **das Kind wurde der Mutter zugesprochen** la custodia del niño fue otorgada a la madre ❷ (*zuschrei-*

ben) atribuir; **jdm Trost/Mut** ~ consolar/animar a alguien

Zuspruch *m* <-(e)s, *ohne pl*> (*geh*) ❶ (*Trost*) consuelo *m* ❷ (*Besuch*) concurrencia *f;* **die Veranstaltung erfreute sich großen** ~**s** el acto estuvo muy concurrido

Zustand ['--] *m* <-(e)s, -stände> estado *m;* (*Lage*) situación *f;* (*Beschaffenheit*) condición *f;* **Zustände kriegen** (*fam*) volverse loco; **das ist doch kein** ~**!** (*fam*) ¡eso no puede quedar así!

zustande [-'--] *adv:* **etw** ~ **bringen** lograr algo; ~ **kommen** llevarse a cabo; **Zustandekommen** *nt* <-s, *ohne pl*> (*eines Kongresses*) realización *f;* (*eines Vertrages*) conclusión *f*

zuständig *adj* competente (*für* para); (*verantwortlich*) responsable (*für* de)

Zuständigkeit *f* <-en> atribuciones *fpl;* (*Kompetenz*) competencia *f;* **das fällt nicht in meine** ~ eso no corresponde a mis atribuciones; **Zuständigkeitsbereich** *m* ámbito *m* de responsabilidad

zu|stecken *vt* ❶ (*schließen*) cerrar con alfileres ❷ (*geben*): **jdm etw** ~ pasar algo a alguien

zu|stehen *irr vi* corresponder

zu|steigen *irr vi* *sein* subir

Zustellbezirk *m* distrito *m* postal; **Zustelldienst** *m* servicio *m* de reparto (del correo)

zu|stellen *vt* ❶ (*versperren*) bloquear ❷ (*formal: schicken*) enviar; (*aushändigen*) entregar; (*Post*) repartir

Zusteller(in) *m(f)* <-s, -; -nen> (*formal*) repartidor(a) *m(f)*

Zustellung *f* <-en> (*formal*) entrega *f*

zu|stimmen *vi* estar de acuerdo (con); **etw** *dat* ~ aprobar algo

zustimmend *adj* aprobatorio, conforme; ~ **nicken** inclinar la cabeza en señal de asentimiento

Zustimmung *f* <-en> (*Billigung*) aprobación *f;* (*Einverständnis*) asentimiento *m;* **seine** ~ (**zu etw** *dat*) **geben/verweigern** dar/denegar su aprobación (a algo); ~ **finden** tener una buena acogida

zustimmungspflichtig *adj* (POL: *Gesetzesantrag, Reform*) que necesita la aprobación

zu|stoßen *irr* **I.** *vi* ❶ (*zustechen*) dar una puñalada; (*Stier, Schlange*) arremeter ❷ *sein* (*passieren*) ocurrir; **für den Fall, dass mir etwas zustößt** por si me ocurre algo **II.** *vt* (*Tür*) cerrar dando un golpe

Zustrom *m* <-(e)s, *ohne pl*> (*von Menschen*) afluencia *f*

zutage [-'--] *adv:* **etw** ~ **fördern** sacar algo

a la luz; ~ **kommen** aparecer

Zutat *f* <-en> ❶ (*Bestandteil*) ingrediente *m* ❷ (*Beiwerk*) accesorio *m*

zuteil [-'-] *adv* (*geh*): **jdm wird etw** ~ algo se le dispensa a alguien; **jdm etw** ~ **werden lassen** conceder algo a alguien

zu|teilen *vt:* (*austeilen*) repartir ❷ (*Rolle, Aufgabe*) destinar, asignar

Zuteilung *f* <-en> ❶ (*das Austeilen*) distribución *f,* reparto *m* ❷ (*einer Aufgabe*) asignación *f*

zutiefst [-'-] *adv* profundamente; **etw** ~ **bereuen** sentir algo de todo corazón

zu|tragen *irr* **I.** *vt* ❶ (*bringen*) llevar ❷ (*Nachricht*) informar (sobre) **II.** *vr:* **sich** ~ acontecer; **es trug sich zu, dass ...** aconteció que...

zu|trauen *vt:* **jdm etw** ~ creer a alguien capaz de algo; **jdm nicht viel** ~ desconfiar de la capacidad de alguien; **ihm ist alles zuzutrauen** de él se puede esperar cualquier cosa; **traust du dir das zu?** ¿crees que eres capaz?

Zutrauen *nt* <-s, *ohne pl*> confianza *f* (*zu* en)

zutraulich **I.** *adj* confiado; (*Tier*) manso **II.** *adv* con confianza

zu|treffen *irr* *vi* ❶ (*richtig sein*) ser correcto; (*wahr sein*) ser verdad ❷ (*passen*) ser aplicable (*auf* a); (*gelten*) valer (*für/auf* para)

zutreffend *adj* acertado; (*richtig*) justo; **Z~es bitte ankreuzen** (*formal*) márquese lo que corresponda

Zutritt *m* <-(e)s, *ohne pl*> (*Zugang*) acceso *m* (*zu* a); (*Eingang*) entrada *f* (*zu* a); **kein** ~**!** ¡prohibida la entrada!; (**freien**) ~ **haben** tener (libre) acceso; **sich** *dat* ~ **verschaffen** conseguir entrar

zu|tun *irr vt* (*fam*) ❶ (*hin-*) añadir ❷ (*zumachen*) cerrar; **ich habe die ganze Nacht kein Auge zugetan** no pegué ojo en toda la noche

Zutun *nt* <-s, *ohne pl*>: **ohne mein** ~ sin mi intervención

zuungunsten [tsu'?ʊngʊnstən] *präp* +*gen* en perjuicio de

zuunterst [tsu'?ʊntɐst] *adv* ❶ (*auf einem Stapel*) abajo ❷ (*am unteren Rand*) en la parte inferior

zuverlässig ['tsu:fɛɐlɛsɪç] *adj* ❶ (*Person*) de confianza; (*Mittel*) eficaz ❷ (*glaubwürdig*) fidedigno

Zuverlässigkeit *f* *ohne pl* ❶ (*einer Person*) fiabilidad *f;* (*eines Mittels*) eficacia *f* ❷ (*Glaubwürdigkeit*) seguridad *f*

Zuversicht ['tsu:fɛɐzɪçt] *f* *ohne pl* (absoluta) confianza *f;* **in der festen** ~**, dass ...** en la absoluta confianza de que...; **voller** ~ lleno de optimismo

zuversichtlich I. *adj* confiado; (*optimistisch*) optimista; **ich bin ~, dass ...** confío en que... +*subj* II. *adv* con toda confianza

zuvor [-'-] *adv* antes; **kurz** ~ poco antes; **am Tag** ~ el día anterior; **zuvor|kommen** *irr vi sein* adelantarse; **da bin ich ihm zuvorgekommen** me adelanté a él; **etw** *dat* ~ anticiparse a algo

zuvorkommend *adj* cortés

Zuvorkommenheit *f ohne pl* (*Höflichkeit*) cortesía *f;* (*Hilfsbereitschaft*) solicitud *f;* (*Aufmerksamkeit*) atención *f*

Zuwachs ['tsu:vaks] *m* <-es, -wächse> ❶ (*Wachstum*) crecimiento *m* ❷ (*Zunahme*) incremento *m* (*um/an* de); ~ **bekommen** (*fam*) estar esperando familia

zu|wachsen *irr vi sein* ❶ (*Wunde*) cerrarse ❷ (*mit Pflanzen*) cubrirse de vegetación ❸ (*geh: zuteil werden*): **jdm** ~ corresponder a alguien

Zuwachsrate *f* tasa *f* de incremento

Zuwanderer, -in *m, f* <-s, -; -nen> inmigrante *mf*

zu|wandern *vi sein* inmigrar

Zuwanderung *f* <-en> inmigración *f*

zuwege [-'--] *adv:* **etw** ~ **bringen** conseguir algo

zuweilen [-'--] *adv* (*geh*) de vez en cuando, en ocasiones

zu|weisen *irr vt* asignar

Zuweisung *f* <-en> asignación *f*

zu|wenden *irr* I. *vt* ❶ (*Gesicht, Rücken*) volver; **sie wandte ihm ihr Gesicht zu** volvió el rostro hacia él; **jdm seine Aufmerksamkeit** ~ prestar atención a alguien ❷ (*zukommen lassen*) donar II. *vr:* **sich jdm/etw** *dat* ~ dedicarse a alguien/algo

Zuwendung¹ *f ohne pl* (*Liebe*) cariño *m;* (*Aufmerksamkeit*) atención *f*

Zuwendung² *f* <-en> (*Geld*) subsidio *m;* (*Schenkung*) donación *f*

zuwider [-'--] *adv:* ~ **sein** repugnar; **zuwider|handeln** *vi* (*dem Gesetz*) infringir; (*einem Prinzip*) contravenir

zu|winken *irr vi:* **jdm** ~ saludar con la mano a alguien

zu|ziehen *irr* I. *vt* ❶ (*Tür*) cerrar; (*Vorhang*) correr; (*Knoten*) apretar ❷ (*um Rat fragen*) consultar ❸ (*bekommen*): **sich** *dat* **etw** ~ (*Krankheit*) contraer algo; (*Verletzung*) producirse; **sich** *dat* **jds Zorn** ~ atraerse las iras de alguien II. *vi sein* venirse a vivir aquí III. *vr:* **sich** ~ (*Himmel*) cubrirse

zuzüglich ['tsu:tsy:klɪç] *präp* +*gen* más, a lo que se suma

zu|zwinkern *vi* guiñar

zwang [tsvaŋ] *3. imp von* **zwingen**

Zwang [tsvaŋ, *pl:* 'tsvɛŋə] *m* <-(e)s, Zwänge> ❶ (*Gewalt*) violencia *f;* (*Druck*) presión *f;* ~ **auf jdn ausüben** presionar a alguien; **unter** ~ **stehen** estar bajo presión; **tu dir keinen** ~ an déjate de cumplidos; **gesellschaftliche Zwänge** presiones sociales; **einem inneren** ~ **folgen** seguir el propio impulso ❷ (*Nötigung*) coacción *f* ❸ (*Notwendigkeit*) necesidad *f*

zwängen ['tsvɛŋən] I. *vt* (*hinein~*) meter a presión (*in* en); (*hindurch~*) hacer pasar por la fuerza (*durch* por) II. *vr:* **sich** ~ (*hinein~*) meterse a presión (*in* en); (*hindurch~*) abrirse paso por la fuerza (*durch* por)

zwanghaft *adj* ❶ (*gezwungen*) forzoso ❷ (*erzwungen*) artificial

zwanglos I. *adj* desenvuelto II. *adv* sin ceremonias, con soltura

Zwangsarbeit *f ohne pl* trabajos *mpl* forzados; **Zwangseinweisung** *f* hospitalización *f* forzosa; **Zwangsernährung** *f ohne pl* alimentación *f* forzosa; **Zwangshandlung** *f* (PSYCH) acto *m* compulsivo; **Zwangsjacke** *f* camisa *f* de fuerza; **Zwangslage** *f* apuro *m;* **sich in einer** ~ **befinden** encontrarse en un apuro

zwangsläufig I. *adj* obligatorio; (*unvermeidbar*) inevitable; (*notwendig*) necesario II. *adv* de por sí, automáticamente

Zwangsmaßnahme *f* medida *f* coercitiva; (*Sanktion*) sanción *f;* **Zwangsräumung** *f* (JUR) desahucio *m;* **Zwangsversteigerung** *f* (JUR) subasta *f* forzosa; **Zwangsvorstellung** *f* (PSYCH) obsesión *f;* **unter** ~**en leiden** sufrir obsesiones

zwangsweise *adv* ❶ (*erzwungen*) a la fuerza; (JUR) por vía de apremio ❷ (*zwangsläufig*) inevitablemente

zwanzig ['tsvantsɪç] *adj inv* veinte; *s. a.* **achtzig**

Zwanziger ['tsvantsɪgɐ] *m* <-s, -> (*fam*) billete *m* de veinte marcos

Zwanzigerjahre *ntpl:* **die** ~ los años veinte

Zwanzigmarkschein ['--'-] *m* billete *m* de veinte marcos

zwanzigste(r, s) *adj* vigésimo; *s. a.* **achtzigste(r, s)**

zwar [tsva:ɐ] *adv* ❶ (*einräumend*): ~ **...**, **aber/doch ...** es cierto que... pero...; **das ist** ~ **wahr, aber ...** esto es cierto pero... ❷ (*erklärend*): **und** ~ a saber, o sea; **ich habe noch etwas mitzuteilen, und** ~ **...** tengo algo más que decir, y es que...

Zweck ['tsvɛk] *m* <-(e)s, -e> fin *m;* (*Ziel*)

Z

objetivo *m;* (*Sinn*) sentido *m;* (*Absicht*) propósito *m;* **einem guten ~ dienen** servir a un buen fin; **das erfüllt seinen ~** cumple su finalidad; **der ~ heiligt die Mittel** el fin justifica los medios; **es hat ja doch keinen ~ mehr** eso ya no tiene sentido; **zu welchem ~ geschieht das?** ¿qué propósito se persigue con esto?; **das war der ~ der Übung** (*fam*) ésta era la intención del ejercicio; **zweckdienlich** *adj* ❶ (*passend*) oportuno ❷ (*nützlich*) útil

Zwecke ['tsvɛkə] *f* <-n> (*reg*) tachuela *f*

zweckentfremden* ['----] *vt* utilizar para fines extraños; **Zweckgemeinschaft** *f* asociación *f* de conveniencia; **zwecklos** *adj* inútil; **es ist ~** no tiene sentido; **Zwecklosigkeit** *f ohne pl* inutilidad *f,* carencia *f* de objetivo [*o* de finalidad]

zweckmäßig *adj* adecuado, apropiado; (*nützlich*) útil

Zweckmäßigkeit *f ohne pl* conveniencia *f;* (*Nützlichkeit*) utilidad *f*

zwecks [tsvɛks] *präp +gen* (*formal*) con el fin de, con el objeto de

zweckwidrig *adj* inadecuado, inapropiado

zwei [tsvaɪ] *adj inv* dos; (*Schulnote*) notable; **wenn ~ sich streiten, freut sich der dritte** (*prov*) a río revuelto, ganancia de pescadores; *s. a.* **acht**[1]

zweiarmig *adj* de dos brazos; **zweibändig** ['-bɛndɪç] *adj* de dos tomos; **Zweibettzimmer** *nt* habitación *f* doble; **zweideutig** ['tsvaɪdɔɪtɪç] *adj* ❶ (*unklar*) ambiguo ❷ (*anstößig*) picante; **Zweideutigkeit**[1] *f ohne pl* (*Unklarheit*) ambigüedad *f;* **Zweideutigkeit**[2] *f* <-en> (*Äußerung*) observación *f* ambigua; (*anstößig*) observación *f* picante; **zweidimensional** ['tsvaɪdimɛnzjonaːl] *adj* bidimensional; **Zweidrittelmehrheit** [-'----] *f* (POL) mayoría *f* de dos tercios; **zweieinhalb** [--'-] *adj inv* dos y medio

Zweierbeziehung *f* relación *f* de pareja; **Zweierbob** *m* (SPORT) bobsleigh *m* de dos

zweierlei ['tsvaɪɐ'laɪ] *adj inv* de dos clases diferentes, dos clases (diferentes) de; *s. a.* **achterlei**

zweifach I. *adj* doble; **in ~er Ausfertigung** por duplicado II. *adv* dos veces; *s. a.* **achtfach**

Zweifamilienhaus *nt* casa *f* de dos viviendas

Zweifel ['tsvaɪfəl] *m* <-s, -> duda *f;* **außer ~** fuera de toda duda; **ohne ~** sin duda; **etw in ~ ziehen** poner algo en duda; **über alle ~ erhaben sein** estar por encima de cualquier duda; **~ an etw** *dat* **haben** tener dudas sobre algo; **es steht für mich**

außer ~, dass ... para mí está claro que...; **daran besteht kein ~** no cabe la menor duda

zweifelhaft *adj* dudoso; (*verdächtig*) sospechoso; **es ist ~, ob ...** es dudoso si...

zweifellos *adv* sin duda; **du hast ~ Recht** sin duda tienes razón

zweifeln ['tsvaɪfəln] *vi* dudar (*an* de)

Zweifelsfall *m* caso *m* de duda; **im ~** en caso de duda; **zweifelsfrei** I. *adj* incuestionable, indiscutible II. *adv* indudablemente; **zweifelsohne** ['--'--] *adv* sin duda alguna

Zweig [tsvaɪk] *m* <-(e)s, -e> ❶ (*Ast*) rama *f;* **auf keinen grünen ~ kommen** (*fam*) no tener éxito (en la vida) ❷ (*Sparte*) sector *m* ❸ (SCH, UNIV: *Fachrichtung*) ramo *m*

zweigleisig *adj* de doble vía; **~ fahren** (*fam*) estar a dos bandas

Zweigniederlassung *f,* **Zweigstelle** *f* sucursal *f,* filial *f*

zweihändig ['tsvaɪhɛndɪç] *adj* de dos manos; **~ spielen** tocar a dos manos

zweihundert ['-'--] *adj inv* doscientos; *s. a.* **achthundert**

zweijährig ['tsvaɪjɛːrɪç] *adj* (*zwei Jahre alt*) de dos años; (*zwei Jahre dauernd*) de dos años de duración, bienal

Zweikammersystem *nt* (POL) bicameralismo *m,* sistema *m* bicameral; **Zweikampf** *m* duelo *m;* **jdn zum ~ herausfordern** retar a alguien a un duelo

zweimal *adv* dos veces; **sich** *dat* **etwas nicht ~ sagen lassen** no hacerse de rogar; *s. a.* **achtmal**

Zweimarkstück ['-'--] *nt* moneda *f* de dos marcos; **zweimotorig** *adj* bimotor; **Zweiparteiensystem** [--'----] *nt* (POL) (sistema *m* de) bipartidismo *m;* **zweipolig** *adj* bipolar; **Zweirad** *nt* vehículo *m* de dos ruedas; (*Fahrrad*) bicicleta *f;* **zweireihig** I. *adj* ❶ (*in zwei Reihen*) de dos filas ❷ (*Anzug*) cruzado II. *adv* en dos filas; **Zweisamkeit** *f* <-en> vida *f* en pareja; **zweischneidig** *adj* de dos filos; **ein ~es Schwert** (*fig*) un arma de dos filos; **zweiseitig** *adj* ❶ (*vom Umfang*) de dos páginas ❷ (*zwischen zwei Parteien*) bilateral ❸ (*Kleidung, Stoff*) reversible; **zweispaltig** *adj* a doble columna; **zweisprachig** *adj* bilingüe; **~ aufwachsen** educarse bilingüe; **Zweisprachigkeit** *f ohne pl* bilingüismo *m;* **zweispurig** *adj* (*Bahn*) de dos vías; (*Straße*) de dos carriles; **zweistellig** *adj* de dos cifras; **zweistimmig** *adj* a dos voces; **Zweistromland** *nt* (HIST) Mesopotamia *f;* **zweistündig** ['-ʃtʏndɪç]

adj de dos horas
zweit [tsvaɪt]: **zu ~** (a) dos
zweitägig ['tsvɛː.gɪç] *adj* de dos días; *s. a.*
achttägig
Zweitaktmotor *m* (AUTO, TECH) motor *m*
de dos tiempos
zweitälteste(r, s) *adj* segundo en edad
zweitausend ['--] *adj inv* dos mil; *s. a.*
achttausend
Zweitausender *m* cumbre *f* de dos mil
metros
Zweitausfertigung *f* duplicado *m;*
(*Kopie*) copia *f*
zweitbeste(r, s) *adj* segundo mejor; **sie**
wurde Z~ quedó segunda
zweite(r, s) *adj* segundo; **wie kein Z~r**
como ningún otro; *s. a.* **achte(r, s)**
Zweiteiler *m* <-s, -> (*fam*) ➊(*Bikini*)
biquini *m* ➋(*Kleid*) (vestido *m* de) dos piezas *m inv*
zweiteilig *adj* de dos partes; (*Kleid*) de dos
piezas
zweitens ['tsvaɪtəns] *adv* en segundo lugar;
(*bei einer Aufzählung*) segundo; *s. a.* **ach-**
tens
zweitgrößte(r, s) *adj* ➊(*menschliche*
Größe) segundo más alto ➋(*Umfang*)
segundo mayor, segundo más grande *fam;*
zweitklassig *adj* (*abw*) de segunda categoría; **zweitletzte(r, s)** *adj* penúltimo;
zweitrangig *adj* ➊(*weniger wichtig*)
secundario ➋(*abw: zweitklassig*) de
segunda categoría; **Zweitschlüssel** *m*
segunda llave *f;* **Zweitstimme** *f* (POL)
segundo voto *m*
Zweitürer *m* <-s, -> coche *m* de dos puertas
Zweitwagen *m* segundo coche *m;* **Zweit-**
wohnung *f* segundo domicilio *m*
zweiwöchig ['-vœçɪç] *adj* de dos semanas;
s. a. **achtwöchig; Zweizeiler** *m* <-s, ->
(LIT) pareado *m;* **zweizeilig** *adj* de dos
líneas; **Zweizimmerwohnung** ['-----] *f*
apartamento *m* de dos habitaciones
Zwerchfell ['tsvɛrçfɛl] *nt* (ANAT) diafragma
m
Zwerg(in) [tsvɛrk] *m(f)* <-(e)s, -e; -nen>
enano, -a *m, f,* omoto *m Ecua*
zwergenhaft *adj* enano
Zwerghuhn *nt* gallina *f* enana
Zwergwuchs *m* <-es, *ohne pl>* (MED) ena-
nismo *m*
Zwetsch(g)e *f* <-n> ciruela *f*
Zwetsch(g)enmus *nt* compota *f* de
ciruela; **Zwetsch(g)enwasser** *nt* <-s,
-wässer> aguardiente *m* de ciruelas
Zwickel ['tsvɪkəl] *m* <-s, -> ➊(*an Hosen*)
entrepierna *f* ➋(ARCHIT) pechina *f*

zwicken ['tsvɪkən] **I.** *vi* (*Kleidung*) apretar
II. *vt* pellizcar
Zwicker *m* <-s, -> (*reg, südd, Österr*) binóculo *m*
Zwickmühle *f* (*fam*) dilema *m;* **in der ~**
sitzen estar entre la espada y la pared
Zwieback ['tsviːbak] *m* <-(e)s, -bäcke *o* -e>
pan *m* a la brasa
Zwiebel ['tsviːbəl] *f* <-n> ➊(*als Gemüse,*
Gewürz) cebolla *f* ➋(*Knolle*) bulbo *m;*
zwiebelförmig *adj* bulboso; **Zwiebel-**
gewächs *nt* planta *f* bulbosa; **Zwiebel-**
kuchen *m* pastel *m* de cebolla; **Zwiebel-**
ring *m* aro *m* de cebolla; **Zwiebelsuppe**
f sopa *f* de cebolla; **Zwiebelturm** *m* torre
f con tejado imperial
Zwiegespräch ['tsviː-] *nt* (*geh*) diálogo *m;*
ein ~ halten mantener un diálogo; **Zwie-**
licht *nt* <-(e)s, *ohne pl>* luz *f* crepuscular; **im ~** entre dos luces; **ins ~ geraten**
estar en una situación embarazosa; **zwie-**
lichtig *adj* sospechoso; **Zwiespalt** *m*
<-(e)s, -e *o* -spälte> dilema *m;* **in einem**
~ sein estar ante un dilema; **zwiespältig**
['tsviːʃpɛltɪç] *adj* contradictorio
Zwietracht *f ohne pl* (*geh*) discordia *f; ~*
säen sembrar la discordia, cismar *ElSal*
Zwilling ['tsvɪlɪŋ] *m* <-s, -e> ➊(*Mensch*)
gemelo, -a *m, f,* cuate, -a *m, f Mex;* **ein-**
eiige/zweieiige ~e gemelos homocigóti-
cos/heterocigóticos ➋ *pl* (ASTR) Géminis *m*
inv; **Zwillingsbruder** *m* hermano *m*
gemelo; **Zwillingspaar** *nt* mellizos *mpl;*
Zwillingsschwester *f* hermana *f* gemela
Zwinge ['tsvɪŋə] *f* <-n> (TECH) ➊(*zum Ein-*
spannen) gato *m* ➋(*zum Zusammenhal-*
ten) abrazadera *f;* (*am Messer*) virola *f*
zwingen ['tsvɪŋən] <zwingt, zwingt,
gezwungen> **I.** *vt* obligar (*zu* a); **ich sehe**
mich gezwungen zu ... me veo obligado
a...; **jdn zu Boden ~** tumbar a alguien por
la fuerza **II.** *vr:* **sich ~** obligarse (*zu* a)
zwingend *adj* (*unerlässlich*) ineludible;
(*dringend*) apremiante, urgente; (*überzeu-*
gend) concluyente; **ein ~er Schluss** una
conclusión lógica
Zwinger *m* <-s, -> (*Hunde~*) perrera *f*
zwinkern ['tsvɪŋkən] *vi* guiñar; **mit den**
Augen ~ guiñar el ojo
zwirbeln ['tsvɪrbəln] *vt* retorcer
Zwirn [tsvɪrn] *m* <-(e)s, -e> hilo *m*
zwischen ['tsvɪʃən] **I.** *präp* +*dat* entre; (*in*
der Mitte) en medio de; **~ dir und mir**
entre tú y yo; **~ 200 und 300 Euro** entre
200 y 300 euros **II.** *präp* +*akk* (*Richtung*)
entre; (*in die Mitte*) en medio de; **Zwi-**
schenaufenthalt *m* parada *f;* (*mit dem*
Schiff, Flugzeug) escala *f;* **einen ~ einle-**

gen hacer escala; **Zwischenbemerkung** *f* observación *f* entre paréntesis; **eine ~ machen** hacer una interrupción; **Zwischenbericht** *m* informe *m* parcial; **Zwischenbilanz** *f* balance *m* provisional; **Zwischendeck** *nt* entrepuente *m;* **Zwischending** *nt* (*fam*) cosa *f* intermedia (*zwischen* entre)

zwischendrin ['--'-] *adv* en medio

zwischendurch ['--'-] *adv* ❶ (*immer wieder*) entremedias; (*gleichzeitig*) a la vez ❷ (*in der Zwischenzeit*) entretanto ❸ (*räumlich*) en medio

Zwischenfall *m* ❶ (*Ereignis*) incidente *m* ❷ *pl* (*Unruhen*) tumulto *m;* **Zwischenfrage** *f* pregunta *f;* **jdm eine ~ stellen** interrumpir a alguien para hacer una pregunta; **Zwischengröße** *f* talla *f* intermedia; **Zwischenhändler(in)** *m(f)* (comerciante *mf*) intermediario, -a *m, f;* **Zwischenlager** *nt* almacén *m* provisional; **zwischen|lagern** *vt* almacenar provisionalmente; **zwischen|landen** *vi sein* hacer escala; **Zwischenlandung** *f* escala *f;* **zwischenmenschlich** *adj* interpersonal; **Zwischenprüfung** *f* examen *m* intermedio; **Zwischenraum** *m* ❶ (*zeitlich*) intervalo *m* ❷ (*räumlich*) espacio *m* intermedio; **einen ~ lassen** dejar un espacio (libre); **Zwischenruf** *m* <-(e)s, -e> interrupción *f;* **Zwischenrunde** *f* (SPORT) vuelta *f* intermedia; **zwischen|speichern** *vt* (INFOR) guardar en la memoria intermedia; **Zwischenspiel** *nt* ❶ (MUS) interludio *m* ❷ (LIT) entremés *m;* **zwischenstaatlich** *adj* interestatal; **Zwischenstadium** *nt* fase *f* intermedia; **Zwischenstation** *f* ❶ (*Zwischenaufenthalt*) parada *f;* (*Schiff, Flugzeug*) escala *f* ❷ (*Ort*) paradero *m;* **Zwischenstecker** *m* (ELEK) adaptador *m;* **Zwischenstopp** *m* alto *m;* (AUTO) parada *f* (intermedia); (AERO) escala *f;* **Zwischenstück** *nt* pieza *f* intermedia; **Zwischensumme** *f* suma *f* parcial; **Zwischenwand** *f* tabique *m*, pared *f* divisoria; **Zwischenzeit** *f* ❶ (*Zeitraum*) intervalo *m;* **in der ~** entretanto ❷ (SPORT) tiempo *m* parcial;

zwischenzeitlich *adj* entretanto; **Zwischenzeugnis** *nt* calificaciones *fpl* parciales

Zwist [tsvɪst] *m* <-(e)s, -e> (*geh*) discordia *f*

zwitschern ['tsvɪtʃen] **I.** *vi* gorjear **II.** *vt* (*fam*): **einen ~** echar un trago

Zwitter ['tsvɪte] *m* <-s, -> hermafrodita *mf*

zwitterhaft *adj* hermafrodita

zwo [tsvo:] *adj inv* (*fam*) dos

zwölf [tsvœlf] *adj inv* doce; *s. a.* **acht**[1]

Zwölffingerdarm [-'---] *m* (ANAT) duodeno *m*

zwölfte(r, s) *adj* duodécimo; *s. a.* **achte(r, s)**; **Zwölftonmusik** [-'---] *f* (MUS) música *f* dodecafónica

Zyanid [tsya'ni:t] *nt* <-s, -e> (CHEM) cianuro *m*

Zyankali [tsyan'ka:li] *nt* <-s, *ohne pl*> (CHEM) cianuro *m* potásico

Zyklen *pl von* **Zyklus**

zyklisch ['tsy:klɪʃ] *adj* cíclico

Zyklon [tsy'klo:n] *m* <-s, -e> (METEO) ciclón *m*

Zyklop [tsy'klo:p] *m* <-en, -en> cíclope *m*

Zyklus ['tsy:klʊs] *m* <-, Zyklen> (*a.* MED) ciclo *m*

Zylinder [tsi'lɪndɐ, tsy'lɪndɐ] *m* <-s, -> ❶ (MATH, TECH) cilindro *m* ❷ (*Hut*) sombrero *m* de copa, tarro *m* Am; **zylinderförmig** [-fœrmɪç] *adj* cilíndrico

Zylinderkopf *m* (TECH) culata *f;* **Zylinderkopfdichtung** *f* (TECH) junta *f* de culata

zylindrisch *adj* cilíndrico

Zyniker(in) ['tsy:nike] *m(f)* <-s, -; -nen> cínico, -a *m, f*

zynisch ['tsy:nɪʃ] *adj* cínico

Zynismus [tsy'nɪsmʊs] *m* <-, *ohne pl*> cinismo *m*

Zypern ['tsy:pen] *nt* <-s> Chipre *m*

Zyprer(in) *m(f)* <-s, -; -nen> chipriota *mf*

Zypresse [tsy'prɛsə] *f* <-n> (BOT) ciprés *m*

Zyprier(in) *m(f)* <-s, -; -nen> chipriota *mf*

zyprisch ['tsy:prɪʃ] *adj* chipriota

Zyste ['tsʏstə] *f* <-n> (MED) quiste *m*

z.Z(t). *Abk. von* **zur Zeit** por el momento

Spanische Kurzgrammatik
Gramática sucinta de la lengua española

I. Artikel

Im Spanischen wird zwischen bestimmtem und unbestimmtem Artikel unterschieden:

		bestimmter Artikel	unbestimmter Artikel
Singular	Maskulinum	**el** amigo	**un** amigo
	Femininum	**la** rosa	**una** rosa
Plural	Maskulinum	**los** amigos	**unos** amigos
	Femininum	**las** rosas	**unas** rosas

Feminine Substantive, die mit betontem *a* (oder *ha*) anfangen, haben im Singular den Artikel *el*, im Plural *las*.

el alma	**las** almas

Neutrum *lo* wird zur Substantivierung von Adjektiven, Partizipien, Possessivpronomen und manchmal auch von adverbialen Ausdrücken gebraucht.

lo bueno	**lo** hablado	**lo** mío	**lo** maravillosamente

II. Substantiv

Singular und Plural

Substantive, die im Singular auf einen Konsonanten oder auf die betonten Vokale *-í* oder *-ú* enden, bilden ihren Plural mit *-es*. Substantive, die im Singular auf einen unbetonten Vokal oder auf die betonten Vokale *-é* oder *-ó* enden, bilden ihren Plural mit *-s*. Substantive, die im Singular nach einem unbetonten Vokal auf *-s* enden, bleiben im Plural unverändert. Sowohl maskuline als auch feminine Substantive, die auf der letzten Silbe einen Akzent tragen, verlieren diesen im Plural.

Maskulinum

Singular	Plural	Singular	Plural
el libro	los libros	el poeta	los poetas
el coche	los coches	el café	los cafés
el dominó	los dominós	el rubí	los rubíes
el tabú	los tabúes	el mensaje	los mensajes
el árbol	los árboles	el pastor	los pastores
el bastón	los bastones	el corazón	los corazones
el galán	los galanes	el parlanchín	los parlanchines
el martes	los martes	el turista	los turistas
el arroz	los arroces	el fiambre	los fiambres
el actor	los actores	el avión	los aviones

Femininum

Singular	Plural	Singular	Plural
la radio	las radios	la mesa	las mesas
la lente	las lentes	la nación	las naciones
la verdad	las verdades	la libertad	las libertades
la multitud	las multitudes	la especie	las especies
la actriz	las actrices	la certidumbre	las certidumbres
la parlanchina	las parlanchinas	la burlona	las burlonas
la trabajadora	las trabajadoras	la crisis	las crisis
la turista	las turistas	la canción	las canciones
la luz	las luces	la razón	las razones

Besonderheiten

Ferner gibt es solche Substantive, die im Plural eine zweite Bedeutung haben.

1. Bedeutung im Singular	2. Bedeutung im Plural
el padre – der Vater	los padres – die Eltern
la letra – der Buchstabe	las Letras – die Geisteswissenschaften

Darüber hinaus gibt es Substantive, die sowohl feminin als auch maskulin sein können, aber ganz verschiedene Bedeutungen haben.

1. Bedeutung im Maskulinum	2. Bedeutung im Femininum
el capital – das Kapital	la capital – die Hauptstadt
el cura – der Priester	la cura – die Behandlung/Kur

Nominativ – Genitiv – Dativ – Akkusativ

Die spanischen Substantive bilden – anders als im Deutschen – keine Deklinationsformen.

Nominativ	**El coche** corre.	Genitiv	El piso **de María** es caro.
Dativ	Doy la mano **a mi amigo**.	Akkusativ	Juan compra **el coche**.

Der **Genitiv** hat die Präposition *de* und der **Dativ** die Präposition *a* (oder *para*). Beide Präpositionen werden mit dem bestimmten Artikel des Singular Maskulinum zusammengezogen, so dass *a + el* zu *al* und *de + el* zu *del* wird.

Voy **al** cine.	Viene **del** jardín.

Im **Akkusativ** steht die Präposition *a* vor Namen von genau bestimmten Personen oder Lebewesen. Eine Ausnahme bilden hier die Verben *tener, necesitar, buscar* und *encontrar,* nach denen in der Regel keine Präposition *a* steht.

Acompaño **a** Pilar.	¿Entiendes **al** profesor?
Tengo muchos amigos.	Necesitamos un médico.

Die Präposition *de*

Die Präposition *de* steht im Spanischen
* für zusammengesetzte Substantive im Deutschen,

mesa **de** mármol	máquina **de** escribir

* nach Substantiven, die Menge, Maß oder Anzahl bezeichnen,

dos kilos **de** manzanas	un litro **de** leche

* für Bezeichnung der Herkunft, Ursache oder näheren Bestimmung.

Soy **de** Valencia.	María tiembla **de** miedo.

Verkleinerungs- und Vergrößerungsformen

Die Endungen *-ito, -cito, -ico, -illo* bilden im Spanischen die Verkleinerungsformen.

pajar**ito**	coche**cito**
pajar**ico**	pajar**illo**

Diese können auch Ausdruck von Zärtlichkeit oder Sympathie sein.

¡Hola, Pedr**ito**!

Die Endungen *-ón, -tón, -azo, -ote* bilden im Spanischen die Vergrößerungsformen.

hombr**ón**	hombr**ote**

Die Endungen *-aco, -acho, -ucho* drücken Geringschätzung aus.

libr**aco**	amig**acho**

III. Adjektiv

Genus und Numerus des Adjektivs

Die Adjektive passen sich in **Genus** und **Numerus** dem Substantiv an.

el muchach**o** hermos**o**	la muchach**a** hermos**a**
los muchach**os** rubi**os**	las muchach**as** rubi**as**

Bei maskulinen Adjektiven auf *-or, -án, -ín, -ón* wird die feminine Form durch die Hinzufügung eines *a* gebildet. Bei Adjektiven mit einem Akzent auf der letzten Silbe fällt dieser bei der Bildung der femininen Form weg.

trabajad**or**	trabajad**ora**	harag**án**	harag**ana**
parlanch**ín**	parlanch**ina**	burl**ón**	burl**ona**

Bei Adjektiven, die eine Nationalität ausdrücken, bildet man die feminine Form auf *-a*. Unverändert bleiben hingegen Adjektive mit den Endungen *-i* und *-e*.

españ**ol**	españ**ola**	alem**án**	alem**ana**
árab**e**	árab**e**	marroqu**í**	marroqu**í**

Bei einigen Adjektiven gibt es für beide Geschlechter nur eine Form.

el tiempo/la vida brev**e**	el traje/la camisa gri**s**

Für die Pluralbildung des Adjektivs gelten dieselben Regeln wie für die Pluralbildung des Substantivs.

Stellung des Adjektivs

Das Adjektiv steht im Allgemeinen hinter dem Substantiv.

| el traje **negro/azul/gris** | un abrigo **alemán/inglés** |

Die Bedeutung des Adjektivs kann durch seine Position im Satz bestimmt sein. Im Allgemeinen bewerten nachgestellte Adjektive das Substantiv objektiv und logisch. Vorangestellte Adjektive hingegen haben eine explikative Funktion, indem sie subjektiv und affektiv bewerten.

| un hombre **pobre** | **aber** | un **pobre** hombre |
| *ein armer Mensch (ohne Geld)* | | *ein armer (bedauernswerter) Mensch* |

Stehen die Adjektive *bueno* und *malo* vor einem Substantiv, verlieren sie im Singular Maskulinum die Endung *-o*.

| un **buen** comienzo | **aber** | un comienzo **bueno** |
| un **mal** día | **aber** | un día **malo** |

Steht das Adjektiv *grande* vor einem Substantiv, verliert es im Singular Maskulinum oder Femininum die Endung *-de*.

| un **gran** hombre | **aber** | un hombre **grande** |
| una **gran** mujer | **aber** | una mujer **grande** |

Die Adjektive *mucho, poco* und *otro* werden dem Substantiv immer vorangestellt.

| **mucha** suerte | **poca** paciencia |
| **otro** vaso | |

IV. Adverb

Das unveränderliche Adverb hilft, Adjektive, Verben und Adverbien näher zu bestimmen.

Neben ursprünglichen Adverbien wie *bien, mal, pronto* und *aquí* gibt es adverbiale Ausdrücke wie *sin embargo* und *de repente*.

| Juan llegará **pronto**. | **De repente** Juan se cayó. |

Adverbien können auch vom Adjektiv abgeleitet werden. Hierzu wird an die feminine Form Singular des Adjektivs die Endung *-mente* angehängt.

| Lo he hecho **rápidamente**. | Hace un día **terriblemente** frío. |

Während das Adverb *muy* vor Adjektiven oder Adverbien steht, können *mucho* und *poco* auch alleine beim Verb stehen.

Es un vino **muy** bueno.	Hemos llegado **muy** tarde.
Juan escribe **muy** lentamente.	Los camareros ganan **poco**.
Esta película es **mucho** más interesante.	Marisa escribe **mucho**.

V. Steigerung und Vergleich

Regelmäßige Steigerungsformen

Die regelmäßige Steigerung der Adjektive.

caro	1. Las rosas son **caras**. (Positiv)
	2. Esas rosas son **más caras** que los claveles. (Komparativ)
	3. Aquellas rosas son **las más caras**. (Superlativ)
	4. Estas rosas son **carísimas**. (Elativ)

Die regelmäßige Steigerung der Adverbien.

maravillosa-mente	1. María canta **maravillosamente**. (Positiv)
	2. María canta **más maravillosamente** que Juana. (Komparativ)
	3. María es **la que** canta **más maravillosamente**. (Superlativ)
	4. María canta **lo más maravillosamente posible**. (Elativ)

Unregelmäßige Steigerungsformen

Die unregelmäßige Steigerung der Adjektive *bueno, malo, grande* und *pequeño*.

bueno	mejor/más bueno	buenísimo	el mejor
malo	peor/más malo	malísimo	el peor
grande	mayor/más grande	grandísimo	el mayor
pequeño	menor/más pequeño	pequeñísimo	el menor

Die unregelmäßige Steigerung der Adverbien *bien* und *mal*.

| bien | mejor | el mejor |
| mal | peor | el peor |

Adjektive, die auf *-ble, -co, -guo, -go* enden, können im Superlativ orthographische und phonetische Veränderungen aufzeigen:

amable	más amable	amabilísimo	el más amble
rico	más rico	riquísimo	el más rico
antiguo	más antiguo	antiquísimo	el más antiguo
amargo	más amargo	amarguísimo	el más amargo

Vergleichsformen

Gleichheit

Um Eigenschaften zu vergleichen, werden adjektivische bzw. adverbiale Konstruktionen von *tan ... como, tanto/tanta/tantos/tantas ... como* gebildet.

| Cose **tan** bien **como** tú. | Es **tan** alta **como** Juan. |
| ¿Quién tiene **tantos** amigos **como** Julia? | Gana **tanto como** él. |

Negative und positive Vergleiche

Für negative Konstruktionen des Vergleichs werden *menos ... que*, für positive Konstruktionen *más ... que* verwendet.

| **menos** tiempo **que** ayer | una casa **más** grande **que** la tuya |

VI. Verb

Regelmäßige Verben

Im Spanischen wird zwischen den Konjugationen des 'Indicativo' (Wirklichkeitsform) und des 'Subjuntivo' (Möglichkeitsform) unterschieden. In den Kapiteln VI.1.–5. wird die Bildung der verschiedenen Zeiten im 'Indicativo' dargestellt.

Generell werden die spanischen Verben nach drei verschiedenen Gruppen entsprechend ihrer Infinitivendungen unterschieden (-*ar, -er, -ir*). Verben, die bei der Konjugation Vokalveränderungen, orthographische Abweichungen, Betonungsverschiebungen oder die Auslassung des unbetonten *i* aufweisen, werden am Ende dieser Grammatik separat in einer Liste dargestellt.

Unregelmäßige Verben

Auf die unregelmäßigen Verben wird hier nicht näher eingegangen, weil diese sehr ausführlich in einer Liste am Ende der Grammatik aufgeführt sind.

1. Präsens

	-ar	-er	-ir
	hablar	comprender	recibir
yo	hablo	comprendo	recibo
tú	hablas	comprendes	recibes
él/ella/usted	habla	comprende	recibe
nosotros/nosotras	hablamos	comprendemos	recibimos
vosotros/vosotras	habláis	comprendéis	recibís
ellos/ellas/ustedes	hablan	comprenden	reciben

Das Präsens beschreibt Zustände und Vorgänge in der Gegenwart sowie allgemeingültige Sachverhalte.

En este momento **leo** un libro. En julio **hace** mucho calor.

2. Imperfekt – 'Indefinido' – Perfekt

Imperfekt

	hablar	comprender	recibir
yo	hablaba	comprendía	recibía
tú	hablabas	comprendías	recibías
él/ella/usted	hablaba	comprendía	recibía
nosotros/nosotras	hablábamos	comprendíamos	recibíamos
vosotros/vosotras	hablabais	comprendíais	recibíais
ellos/ellas/ustedes	hablaban	comprendían	recibían

'Indefinido'

	hablar	comprender	recibir
yo	hablé	comprendí	recibí
tú	hablaste	comprendiste	recibiste
él/ella/usted	habló	comprendió	recibió
nosotros/nosotras	hablamos	comprendimos	recibimos
vosotros/vosotras	hablasteis	comprendisteis	recibisteis
ellos/ellas/ustedes	hablaron	comprendieron	recibieron

Perfekt

	hablar	comprender	recibir
yo	he hablado	he comprendido	he recibido

'Indefinido' und Imperfekt im Vergleich

Das **Imperfekt** wird hauptsächlich zur Beschreibung eines Zustandes verwendet, außerdem für wiederholte und zeitlich nicht deutlich begrenzte Vorgänge oder Handlungen in der Vergangenheit.

Der **'Indefinido'** wird für in der Vergangenheit abgeschlossene Handlungen benutzt, die zu einem bestimmten Zeitpunkt oder in einer bestimmten Zeitspanne erfolgt sind.

Imperfekt	'Indefinido'
Cuando **iba** a dormirme...	... **sonó** el teléfono.
Quería ser médico...	... pero no **terminó** la carrera.
Sabías mis señas...	... pero no **escribiste**.
Cuando **estábamos** durmiendo...	... **llamó** por teléfono.

'Indefinido' und Perfekt im Vergleich

Das **Perfekt** (immer mit *haber* als Hilfsverb gebildet) wird für vergangene, abgeschlossene Handlungen gebraucht, wenn sie in Verbindung mit der Gegenwart stehen.

Der **'Indefinido'** dagegen wird für solche Handlungen gebraucht, die in Verbindung mit der Vergangenheit stehen.

Das **Perfekt** wird immer in Verbindung mit folgenden Temporalbestimmungen gebraucht: *hoy, esta semana/este mes/este año, nunca* usw.; der **'Indefinido'** hingegen mit: *ayer, anoche, la semana pasada, el mes pasado, el año pasado* usw.

Perfekt	'Indefinido'
Este año **he tenido** suerte.	Ayer **vi** a Juan en el concierto.
Nunca **he estado** en tu casa.	El sábado pasado **dormimos** hasta las 10.

3. Futur

	hablar	comprender	recibir
yo	hablar**é**	comprender**é**	recibir**é**
tú	hablar**ás**	comprender**ás**	recibir**ás**
él/ella/usted	hablar**á**	comprender**á**	recibir**á**
nosotros/nosotras	hablar**emos**	comprender**emos**	recibir**emos**
vosotros/vosotras	hablar**éis**	comprender**éis**	recibir**éis**
ellos/ellas/ustedes	hablar**án**	comprender**án**	recibir**án**

Anstatt der Futurformen gebraucht man sehr oft für die nahe Zukunft das Präsens von *ir* + *a* + Infinitiv.

Voy a hablar con Pedro.	¿**Vas a leer** pronto el libro?

4. Konditional

	hablar	comprender	recibir
yo	hablar**ía**	comprender**ía**	recibir**ía**
tú	hablar**ías**	comprender**ías**	recibir**ías**
él/ella/usted	hablar**ía**	comprender**ía**	recibir**ía**
nosotros/nosotras	hablar**íamos**	comprender**íamos**	recibir**íamos**
vosotros/vosotras	hablar**íais**	comprender**íais**	recibir**íais**
ellos/ellas/ustedes	hablar**ían**	comprender**ían**	recibir**ían**

Der Konditional wird oft in höflichen Wendungen gebraucht.

¿**Podría** usted ayudarme?	**Querría** pedirle algo.
Si lo tuviera, te lo **daría.**	

5. Imperativ
Bejahte Formen

	hablar	comprender	recibir
tú	habl**a**	comprend**e**	recib**e**
él/ella/usted	habl**e**	comprend**a**	recib**a**
nosotros/nosotras	habl**emos**	comprend**amos**	recib**amos**
vosotros/vosotras	habl**ad**	comprend**ed**	recib**id**
ellos/ellas/ustedes	habl**en**	comprend**an**	recib**an**

In Lateinamerika wird in der Regel statt *vosotros* die *ustedes*-Form benutzt.

No **hablen** tan alto, niños.

Verneinte Formen

	hablar	comprender	recibir
tú	no hab**les**	no comprend**as**	no recib**as**
él/ella/usted	no hab**le**	no comprend**a**	no recib**a**
nosotros/nosotras	hab**lemos**	no comprend**amos**	no recib**amos**
vosotros/vosotras	no hab**léis**	no comprend**áis**	no recib**áis**
ellos/ellas/ustedes	no hab**len**	no comprend**an**	no recib**an**

6. 'Subjuntivo'

Im Gegensatz zum 'Indicativo' (vgl. VI.1. – 5.) handelt es sich bei dem spanischen 'Subjuntivo' um eine Möglichkeitsform, die nicht mit dem deutschen Konjunktiv verwechselt werden darf. Genauso wie der 'Indicativo' kann auch der 'Subjuntivo' in verschiedenen Zeiten gebildet werden.

Präsens

	hablar	comprender	recibir
yo	habl**e**	comprend**a**	recib**a**
tu	habl**es**	comprend**as**	recib**as**
él/ella/usted	habl**e**	comprend**a**	recib**a**
nosotros/nosotras	habl**emos**	comprend**amos**	recib**amos**
vosotros/vosotras	habl**éis**	comprend**áis**	recib**áis**
ellos/ellas/ustedes	habl**en**	comprend**an**	recib**an**

Imperfekt

Das Imperfekt kann zwei verschiedene Formen haben, wobei die hier dargestellte die geläufigere Form ist. In der Verbliste auf S. 691 wird auf beide Formen eingegangen.

	hablar	comprender	recibir
yo	habl**ara**	comprend**iera**	recib**iera**
tu	habl**aras**	comprend**ieras**	recib**ieras**
él/ella/usted	habl**ara**	comprend**iera**	recib**iera**
nosotros/nosotras	habl**áramos**	comprend**iéramos**	recib**iéramos**
vosotros/vosotras	habl**arais**	comprend**ierais**	recib**ierais**
ellos/ellas/ustedes	habl**aran**	comprend**ieran**	recib**ieran**

Die Perfekt- und Plusquamperfektformen des 'Subjuntivo' werden mit der entsprechenden Form des Hilfsverbs *haber* und dem jeweiligen Partizip gebildet.

Perfekt	haya	hayamos	hablado
	hayas	hayáis	comprendido
	haya	hayan	recibido
Plusquamperfekt	hubiera	hubiéramos	hablado
	hubieras	hubierais	comprendido
	hubiera	hubieran	recibido

Der 'Subjuntivo' wird im Hauptsatz verwendet, wenn er einen Wunsch oder eine Wahrscheinlichkeit ausdrückt.

Ojalá **llueva** pronto.	Quizás **venga** mañana mi abuela.

Der 'Subjuntivo' wird ebenfalls in Relativsätzen gebraucht, wenn er Wünsche oder Bedingungen ausdrücken soll.

Busco una casa que **tenga** un jardín grande.

Nach einleitendem **que** steht der 'Subjuntivo' im Nebensatz, wenn er bestimmte Sachverhalte ausdrückt.

1. Wunsch, Verlangen	Quiero que **salga** el sol.
2. Befehl, Rat, Erlaubnis, Bitte	Te aconsejo que **escribas** la carta.
3. Zweifel, Verneinung	Dudo que **haya dicho** la verdad.
4. Unpersönliche Redewendungen	Es necesario que **comprenda** esto.

7. Partizip

Das Partizip ist unveränderlich.

habl**ado**	comprend**ido**	recib**ido**

Das Partizip bildet in Verbindung mit *ser* und *estar* das Vorgangs- und Zustandspassiv.

La carta **fue escrita** por mi padre.	**Soy invitado** por mi novia.
La carta **está escrita** por mi padre.	**Estoy invitado** por mi novia.

Das Partizip bildet in Verbindung mit dem Hilfsverb *haber* die zusammengesetzten Zeiten.

El estreno no me **ha gustado**.	**Había llovido** mucho.

Das Partizip nach *estar* bezieht sich auf einen abgeschlossenen Vorgang mit Bezug zur Gegenwart.

Concha **está sentada** en una butaca.	El reloj **está roto**.

8. Gerundium

cantar – cant**ando**	comer – com**iendo**	escribir – escrib**iendo**
reír – **riendo**	leer – le**yendo**	oír – o**yendo**
pedir – p**idiendo**	sentir – s**intiendo**	dormir – d**urmiendo**

Das Gerundium wird mit den Verben *estar, ir oder seguir* gebildet. Es wird für Handlungen verwendet, die gerade stattfinden.

Siempre **está cantando**.	¿Todavía **estás comiendo**?
Voy organizando mi viaje a Sudamérica.	¡**Siga** usted **leyendo**!
Seguimos preparando la comida.	**Leyendo** se aprende mucho.

9. *Ser* und *Estar*

Das Verb *ser*

- benennt wesentliche, dauerhafte, charakteristische Eigenschaften
- wird vor Substantiven gebraucht
- wird verwendet für die Angabe der Uhrzeit, des Tages, des Berufs, der Verwandtschaft, der Staatsangehörigkeit oder der Religion

Juan **es inteligente**.	La puerta **es de madera**.
Vámonos, ya **es la una**.	Mañana **es domingo**, ¡qué bien!
Carmen **es médica**.	¿Tú **eres español** o argentino?

Das Verb *estar*

- bedeutet „irgendwo sein", „liegen" oder „stehen"
- drückt die Bedeutung von „sich befinden", „sich fühlen" aus
- drückt vor einem Adjektiv oder einem Partizip eine vorübergehende Eigenschaft, einen Zustand oder eine bereits stattgefundene Veränderung aus

Fernando **está en Berlin**.	Segovia **está en España**.
Marisa **está** hoy **mejor**.	¿Por qué **está** Luisa **triste**?
La puerta **está abierta**.	La sopa **está** muy **salada**.

Ser und *estar* im Vergleich

ser = an sich sein, so sein	**estar** = vorübergehend sein, so aussehen
Luis **es un hombre enfermo**. *Luis ist ein kranker Mensch.*	Maria **está enferma**. *Maria ist krank.*
Luis **es generoso**. *Luis ist großzügig.*	María **está** muy **generosa**. *María ist (heute) sehr großzügig.*
Luis **es joven**. *Luis ist jung.*	María **está joven**. *María sieht jung aus.*

VII. Pronomen

1. Personalpronomen

Dativ	Akkusativ	nach Präposition
me	me	sobre **mí**
te	te	sobre **ti**
le	le/la/lo	sobre **él/ella/usted**
nos	nos	sobre **nosotros**
os	os	sobre **vosotros**
les	les/las/los	sobre **ellos/ellas/ustedes**

Dativ- und Akkusativpronomen ohne Präposition stehen immer unmittelbar vor dem Verb, wobei der Akkusativ immer dem Dativ folgt.

¿Quién **me** llama?	Siempre **me lo** dice.

Steht ein Substantiv als direktes oder indirektes Objekt vor dem Verb, so muss auch noch das entsprechende Pronomen verwendet werden.

La maleta **la** lleva Pedro.	A Juan no **le** he dado dinero.

Das Personalpronomen kann an den Infinitiv und an das Gerundium angehängt werden oder vorangestellt werden. An den bejahten Imperativ muss das Personalpronomen immer angehängt werden.

¿Quieres ver**lo**?	¿**Lo** quieres ver?
Está haciéndo**lo**.	**Lo** está haciendo.
¡Dáme**lo**, por favor!	

Der Dativ *le, les* vor dem Akkusativ *lo, los, la, las* wird zu *se*.

¿La llave? **Se** la he dado a tu hermano.	¿El libro? Mañana **se** lo doy.

2. Reflexivpronomen und reflexive Verben

		acostumbrarse
yo	me	acostumbro
tú	te	acostumbras
él/ella/usted	se	acostumbra
nosotros/nosotras	nos	acostumbramos
vosotros/vosotras	os	acostumbráis
ellos/ellas/ustedes	se	acostumbran

Das Reflexivpronomen steht vor dem Haupt- oder Hilfsverb und hinter der Verneinung. Es kann an den Infinitiv und an das Gerundium angehängt oder vorangestellt werden. An den bejahten Imperativ muss es immer angehängt werden.

Pedro no **se** quiere peinar.	¿**Se** ha levantado ya Luis?
¿No quieres afeitar**te**?	¿No **te** quieres afeitar?
Isabel está levantándo**se**.	Isabel **se** está levantando.
¡Tranquilíza**te**, hombre!	

Bei der 2. Person Plural des bejahten Imperativs wird beim reflexiven Verb das -*d*- eliminiert.

¡March**ad**!	**aber**	¡Marcha**os**!

Die unpersönliche Form wird bei nicht reflexiven Verben in der 3. Person mit *se* gebildet, bei reflexiven Verben in der 3. Person mit *uno se*. Es handelt sich hierbei um eine Umschreibung des Passivs.

Aquí **se respira** mucho mejor.	**Uno se siente** cansado.
Se alquilan coches.	

Es gibt Verben im Spanischen, die **reflexiv** und **nicht reflexiv** gebraucht werden können. Bei einigen von ihnen wird durch die reflexive Form eine stärkere gefühlsmäßige Anteilnahme des Sprechers ausgedrückt.

El general **murió** en 1975.	Esta mañana **se ha muerto**.
Der General starb 1975.	*Er/Sie ist heute Morgen gestorben.*

Bei anderen Verben kommt es zu einer Bedeutungsveränderung.

cambiar	*(sich) ändern, wechseln*	cambiarse	*sich umziehen*
dormir	*schlafen*	dormirse	*einschlafen*
ir	*gehen, fahren*	irse	*weggehen*
parecer	*scheinen*	parecerse	*sich ähneln*
quedar	*übrigbleiben*	quedarse	*bleiben*

3. Possessivpronomen

unbetonte Formen		betonte Formen
mi	trabajo	**mío(s), mía(s)**
tu	amigo	**tuyo(s), tuya(s)**
su	jardín	**suyo(s), suya(s)**
nuestro	padre	**nuestro(s), nuestra(s)**
vuestro	tren	**vuestro(s), vuestra(s)**
su	coche	**suyo(s), suya(s)**

Die betonte Form des Possessivpronomens steht nach einem Substantiv, nach dem Verb *ser* oder nach dem bestimmten Artikel.

| Tengo unas cartas **tuyas**. | Ese diccionario es **mío**. |
| Estas son las **suyas**. | Los libros son **nuestros**. |

4. Relativpronomen

Que, das häufigste Relativpronomen, ist unveränderlich. Nach einer Präposition steht oft vor *que* der bestimmte Artikel.

| Tengo el libro **que** buscas. |
| El diccionario **con el que** traduzco. |

Quien, quienes wird ausschließlich für Personen gebraucht und steht fast nur nach Präpositionen. *El cual, la cual, los cuales, las cuales* bezieht sich auf Personen oder Sachen und wird seltener verwendet.

| El amigo **con quien** viajo. |
| Tengo la cadena **la cual** me regalaste. |

Cuyo, cuya, cuyos, cuyas richtet sich im Gegensatz zum Deutschen in Geschlecht und Numerus nicht nach dem vorangehenden, sondern nach dem folgenden Substantiv.

| La escritora **cuyo libro** apareció ayer es muy famosa. |
| El escritor **cuya novela** apareció el año pasado no es famoso. |

Die präpositionale Ergänzung des Verbs steht jeweils vor den Relativpronomen.

| Mi amigo, **en cuya casa** estuve ayer, es médico. |
| La señora, **a cuyos padres** te presenté, es la mujer de Juan. |

Die Adverbien *donde, como, cuando, cuanto* können ein Relativpronomen ersetzen.

La casa **en la que/en la cual/donde** vivo.

No me gusta el modo **con que/como** te mira.

Todo **lo que/cuanto** decía era divertido.

Recordaba los años **en que/cuando** íbamos juntos a la escuela.

5. Demonstrativpronomen

éste	ése	aquél
ésta	ésa	aquélla
éstos	ésos	aquéllos
éstas	ésas	aquéllas
esto	eso	aquello

Éste, ésta, éstos, éstas und *esto* weisen auf alles hin, was im Bereich und in greifbarer Nähe des Sprechers liegt.

Ése, ésa, ésos, ésas und *eso* weisen auf alles hin, was in der Nähe des Sprechers liegt, aber nicht greifbar ist.

Aquél, aquélla, aquéllos, aquéllas und *aquello* weisen auf alles hin, was weder in der Nähe des Sprechers noch des Angesprochenen liegt:

Ésta es una silla nueva.	¿Cuándo dijiste **aquello**?
¿Son **ésos** los señores que llamaron?	¿Qué es **eso**?

Demonstrativpronomen können auch adjektivisch gebraucht werden.

Aquel día ocurrió el accidente.	Me gusta **esa** flor.
Este libro es caro.	**Aquellas** casas son caras.

6. Fragepronomen und Fragewörter

Alle Fragepronomen, Fragewörter und auch Ausrufewörter tragen einen Akzent.

quién	¿**Quién** ha llamado? ¿A **quién** esperas?	qué	¿**Qué** has dicho? ¿De **qué** se trata?
cuánto	¿**Cuánto** dinero necesitas? ¿**Cuántas** chaquetas tienes?	dónde	¿**Dónde** estudias español? ¿**Dónde** está la parada?
adónde	¿**Adónde** quieren ir ustedes? ¿**Adónde** vas tan pronto?	de dónde	¿**De dónde** vienes? ¿**De dónde** es esa muchacha?
cuál	¿**Cuál** es la capital? ¿**Cuál** de las dos quieres?	cómo	¿**Cómo** te llamas? ¿**Cómo** está su señora?
por qué	¿**Por qué** os vais ya? No sé **por qué** está tan triste.		

7. Indefinite Pronomen

Bei den indefiniten Pronomen ist zu beachten, dass *alguno* und *ninguno* vor maskulinen Substantiven im Singular zu *algún* und *ningún* werden. Die Wortstellung von *nada, nadie, ninguno* wird auch in Kapitel VIII behandelt.

Steht *todo* vor einem Substantiv, so muss meistens der bestimmte Artikel zwischen *todo* und dem Substantiv gebraucht werden. Der Artikel kann entfallen, wenn es sich um eine Verallgemeinerung handelt.

algo	Mejor es **algo** que nada.	**nada**	¿Por qué no dices **nada**?
alguien	¿Ha llamado **alguien**?	**nadie**	No ha llamdo **nadie**.
alguno	¿**Alguno** de vosotros lo sabe? ¿Vive aquí **algún** médico?	**ninguno**	No he visto **ninguno**. Aquí no hay **ningún** libro.
todo	Aquí **todo** está limpio. Inés limpia **toda** la casa. **Todo** hombre es mortal.		

VIII. Verneinung

No steht vor dem Verb und dem mit ihm verbundenen Personal- und Reflexivpronomen. *Nada* steht in der Regel hinter dem Verb während *nadie, ninguno, nunca* vor oder nach dem Verb stehen können.

Auch wenn die Verneinung durch *nada, nadie, ninguno,* oder *nunca* ausgedrückt wird, muss *no* vor dem Verb stehen.

Pablo **no** volverá hoy.	Este chico **no** aprende **nada**.
Laura **no** volverá **nunca** más.	**Nunca** más volverá Laura.
Mi hija **no** me lo ha dado.	¿**No** tienes **ninguna** foto de él?

Die regelmäßigen und unregelmäßigen spanischen Verben

Los verbos regulares e irregulares españoles

Folgende Abkürzungen werden in der Verbtabelle verwendet:

pret. ind.	pretérito indefinido
subj. fut.	subjuntivo futuro
subj. imp.	subjuntivo imperfecto
subj. pres.	subjuntivo presente

Die regelmäßigen Verben auf -ar, -er und -ir

hablar

presente	imperfecto	pret. ind.	futuro	
hablo	hablaba	hablé	hablaré	**gerundio**
hablas	hablabas	hablaste	hablarás	hablando
habla	hablaba	habló	hablará	
hablamos	hablábamos	hablamos	hablaremos	**participio**
habláis	hablabais	hablasteis	hablaréis	hablado
hablan	hablaban	hablaron	hablarán	

condicional	subj. pres.	subj. imp.	subj. fut.	imperativo
hablaría	hable	hablara/-ase	hablare	
hablarías	hables	hablaras/-ases	hablares	habla
hablaría	hable	hablara/-ase	hablare	hable
hablaríamos	hablemos	habláramos/-ásemos	habláremos	hablemos
hablaríais	habléis	hablarais/-aseis	hablareis	hablad
hablarían	hablen	hablaran/-asen	hablaren	hablen

comprender

presente	imperfecto	pret. ind.	futuro	
comprendo	comprendía	comprendí	comprenderé	**gerundio**
comprendes	comprendías	comprendiste	comprenderás	comprendiendo
comprende	comprendía	comprendió	comprenderá	
comprendemos	comprendíamos	comprendimos	comprenderemos	**participio**
comprendéis	comprendíais	comprendisteis	comprenderéis	comprendido
comprenden	comprendían	comprendieron	comprenderán	

condicional	subj. pres.	subj. imp.	subj. fut.	imperativo
comprendería	comprenda	comprendiera/ -iese	comprendiere	
comprenderías	comprendas	comprendieras/ -ieses	comprendieres	comprende
comprendería	comprenda	comprendiera/ -iese	comprendiere	comprenda
comprenderíamos	comprendamos	comprendiéramos/-iésemos	comprendiéremos	comprendamos
comprenderíais	comprendáis	comprendierais/ -ieseis	comprendiereis	comprended
comprenderían	comprendan	comprendiera/ -iesen	comprendieren	comprendan

recibir

presente	imperfecto	pret. ind.	futuro	
recibo	recibía	recibí	recibiré	**gerundio**
recibes	recibías	recibiste	recibirás	recibiendo
recibe	recibía	recibió	recibirá	
recibimos	recibíamos	recibimos	recibiremos	**participio**
recibís	recibíais	recibisteis	recibiréis	recibido
reciben	recibían	recibieron	recibirán	

condicional	subj. pres.	subj. imp.	subj. fut.	imperativo
recibiría	reciba	recibiera/-iese	recibiere	
recibirías	recibas	recibieras/-ieses	recibieres	recibe
recibiría	reciba	recibiera/-iese	recibiere	reciba
recibiríamos	recibamos	recibiéramos/-iésemos	recibiéremos	recibamos
recibiríais	recibáis	reciebierais/ -ieseis	recibiereis	recibid
recibirían	reciban	recibieran/-iesen	recibieren	reciban

Verben mit Vokalveränderung

<e → ie> pensar

presente	imperfecto	pret. ind.	futuro	
pienso	pensaba	pensé	pensaré	**gerundio**
piensas	pensabas	pensaste	pensarás	pensando
piensa	pensaba	pensó	pensará	
pensamos	pensábamos	pensamos	pensaremos	**participio**
pensáis	pensabais	pensasteis	pensaréis	pensado
piensan	pensaban	pensaron	pensarán	

condicional	subj. pres.	subj. imp.	subj. fut.	imperativo
pensaría	piense	pensara/-ase	pensare	
pensarías	pienses	pensaras/-ases	pensares	piensa
pensaría	piense	pensara/-ase	pensare	piense
pensaríamos	pensemos	pensáramos/ -ásemos	pensáremos	pensemos
pensaríais	penséis	pensarais/-aseis	pensareis	pensad
pensarían	piensen	pensaran/-asen	pensaren	piensen

\<o → ue\> contar

presente	imperfecto	pret. ind.	futuro	
cuento	contaba	conté	contaré	**gerundio**
cuentas	contabas	contaste	contarás	contando
cuenta	contaba	contó	contará	
contamos	contábamos	contamos	contaremos	**participio**
contáis	contabais	contasteis	contaréis	contado
cuentan	contaban	contaron	contaron	

condicional	subj. pres.	subj. imp.	subj. fut.	imperativo
contaría	cuente	contara/-ase	contare	
contarías	cuentes	contaras/-ases	contares	cuenta
contaría	cuente	contara/-ase	contare	cuente
contaríamos	contemos	contáramos/ -ásemos	contáremos	contemos
contaríais	contéis	contarais/-aseis	contareis	contad
contarían	cuenten	contaran	contaren	cuenten

\<e → i\> pedir

presente	imperfecto	pret. ind.	futuro	
pido	pedía	pedí	pediré	**gerundio**
pides	pedías	pediste	pedirás	pidiendo
pide	pedía	pidió	pedirá	
pedimos	pedíamos	pedimos	pediremos	**participio**
pedís	pedíais	pedisteis	pediréis	pedido
piden	pedían	pidieron	pedirán	

condicional	subj. pres.	subj. imp.	subj. fut.	imperativo
pediría	pida	pidiera/-iese	pidiere	
pedirías	pidas	pidieras/-ieses	pidieres	pide
pediría	pida	pidiera/-iese	pidiere	pida
pediríamos	pidamos	pidiéramos/ -iésemos	pidiéremos	pidamos
pediríais	pidáis	pidierais/-ieseis	pidiereis	pedid
pedirían	pidan	pidieran/-iesen	pidieren	pidan

Verben mit orthographischen Abweichungen

<c → qu> atacar

presente	imperfecto	pret. ind.	futuro	
ataco	atacaba	ataqué	atacaré	**gerundio**
atacas	atacabas	atacaste	atacarás	atacando
ataca	atacaba	atacó	atacará	
atacamos	atacábamos	atacamos	atacaremos	**participio**
atacáis	atacabais	atacasteis	atacaréis	atacado
atacan	atacaban	atacaron	atacarán	

condicional	subj. pres.	subj. imp.	subj. fut.	imperativo
atacaría	ataque	atacara/-ase	atacare	
atacarías	ataques	atacaras/-ases	atacares	ataca
atacaría	ataque	atacara/-ase	atacare	ataque
atacaríamos	ataquemos	atacáramos/-ásemos	atacáremos	ataquemos
atacaríais	ataquéis	atacarais/-aseis	atacareis	atacad
atacarían	ataquen	atacaran/-asen	atacaren	ataquen

<g → gu> pagar

presente	imperfecto	pret. ind.	futuro	
pago	pagaba	pagué	pagaré	**gerundio**
pagas	pagabas	pagaste	pagarás	pagando
paga	pagaba	pagó	pagará	
pagamos	pagábamos	pagamos	pagaremos	**participio**
pagáis	pagabais	pagasteis	pagaréis	pagado
pagan	pagaban	pagaron	pagarán	

condicional	subj. pres.	subj. imp.	subj. fut.	imperativo
pagaría	pague	pagara/-ase	pagare	
pagarías	pagues	pagaras/-ases	pagares	paga
pagaría	pague	pagara/-ase	pagare	pague
pagaríamos	paguemos	pagáramos/-ásemos	pagáremos	paguemos
pagaríais	paguéis	pagarais/-aseis	pagareis	pagad
pagarían	paguen	pagaran/-asen	pagaren	paguen

<z → c> cazar

presente	imperfecto	pret. ind.	futuro	
cazo	cazaba	cacé	cazaré	**gerundio**
cazas	cazabas	cazaste	cazarás	cazando
caza	cazaba	cazó	cazará	
cazamos	cazábamos	cazamos	cazaremos	**participio**
cazáis	cazabais	cazasteis	cazaréis	cazado
cazan	cazaban	cazaron	cazarán	

condicional	subj. pres.	subj. imp.	subj. fut.	imperativo
cazaría	cace	cazara/-ase	cazare	
cazarías	caces	cazaras/-ases	cazares	caza
cazaría	cace	cazara/-ase	cazare	cace
cazaríamos	cacemos	cazáramos/-ásemos	cazáremos	cacemos
cazaríais	cacéis	cazarais/-aseis	cazareis	cazad
cazarían	cacen	cazaran/-asen	cazaren	cacen

<gu → gü> averiguar

presente	imperfecto	pret. ind.	futuro	
averiguo	averiguaba	averigüé	averiguaré	**gerundio**
averiguas	averiguabas	averiguaste	averiguarás	averiguando
averigua	averiguaba	averiguó	averiguará	
averiguamos	averiguábamos	averiguamos	averiguaremos	**participio**
averiguáis	averiguabais	averiguasteis	averiguaréis	averiguado
averiguan	averiguaban	averiguaron	averiguarán	

condicional	subj. pres.	subj. imp.	subj. fut.	imperativo
averiguaría	averigüe	averiguara/-ase	averiguare	
averiguarías	averigües	averiguaras/-ases	averiguares	averigua
averiguaría	averigüe	averiguara/-ase	averiguare	averigüe
averiguaríamos	averigüemos	averiguáramos/-ásemos	averiguáremos	averigüemos
averiguaríais	averigüéis	averiguarais/-aseis	averiguareis	averiguad
averiguarían	averigüen	averiguaran/-asen	averiguaren	averigüen

<c → z> vencer

presente	imperfecto	pret. ind.	futuro	
venzo	vencía	vencí	venceré	**gerundio**
vences	vencías	venciste	vencerás	venciendo
vence	vencía	venció	vencerá	
vencemos	vencíamos	vencimos	venceremos	**participio**
vencéis	vencíais	vencisteis	venceréis	vencido
vencen	vencían	vencieron	vencerán	

condicional	subj. pres.	subj. imp.	subj. fut.	imperativo
vencería	venza	venciera/-iese	venciere	
vencerías	venzas	vencieras/-ieses	vencieres	vence
vencería	venza	venciera/-iese	venciere	venza
venceríamos	venzamos	venciéramos/-iésemos	venciéremos	venzamos
venceríais	venzáis	vencierais/-ieseis	venciereis	venced
vencerían	venzan	vencieran/-iesen	vencieren	venzan

\<g → j\> coger

presente	imperfecto	pret. ind.	futuro	
cojo	cogía	cogí	cogeré	**gerundio**
coges	cogías	cogiste	cogerás	cogiendo
coge	cogía	cogió	cogerá	
cogemos	cogíamos	cogimos	cogeremos	**participio**
cogéis	cogíais	cogisteis	cogeréis	cogido
cogen	cogían	cogieron	cogerán	

condicional	subj. pres.	subj. imp.	subj. fut.	imperativo
cogería	coja	cogiera/-iese	cogiere	
cogerías	cojas	cogieras/-ieses	cogieres	coge
cogería	coja	cogiera/-iese	cogiere	coja
cogeríamos	cojamos	cogiéramos/-iésemos	cogiéremos	cojamos
cogeríais	cojáis	cogierais/-ieseis	cogiereis	coged
cogerían	cojan	cogieran/-iesen	cogieren	cojan

\<gu → g\> distinguir

presente	imperfecto	pret. ind.	futuro	
distingo	distinguía	distinguí	distinguiré	**gerundio**
distingues	distinguías	distinguiste	distinguirás	distinguiendo
distingue	distinguía	distinguió	distinguirá	
distinguimos	distinguíamos	distinguimos	distinguiremos	**participio**
distinguís	distinguíais	distinguisteis	distinguiréis	distinguido
distinguen	distinguían	distinguieron	distinguirán	

condicional	subj. pres.	subj. imp.	subj. fut.	imperativo
distinguiría	distinga	distinguiera/ -iese	distinguiere	
distinguirías	distingas	distinguieras/ -ieses	distinguieres	distingue
distinguiría	distinga	distinguiera/ -iese	distinguiere	distinga
distinguiríamos	distingamos	distinguiéra- mos/iésemos	distinguiéremos	distingamos
distinguiríais	distingáis	distinguierais/ -ieseis	distinguiereis	distinguid
distinguirían	distingan	distinguieran/ -iesen	distinguieren	distingan

‹qu → c›   delinquir

presente	imperfecto	pret. ind.	futuro	
delinco	delinquía	delinquí	delinquiré	**gerundio**
delinques	delinquías	delinquiste	delinquirás	delinquiendo
delinque	delinquía	delinquió	delinquirá	
delinquimos	delinquíamos	delinquimos	delinquiremos	**participio**
delinquís	delinquíais	delinquisteis	delinquiréis	delinquido
delinquen	delinquían	delinquieron	delinquirán	

condicional	subj. pres.	subj. imp.	subj. fut.	imperativo
delinquiría	delinca	delinquiera/ -iese	delinquiere	
delinquirías	delincas	delinquieras/ -ieses	delinquieres	delinque
delinquiría	delinca	delinquiera/ -iese	delinquiere	delinca
delinquiríamos	delincamos	delinquiéra- mos/-iésemos	delinquiéremos	delincamos
delinquiríais	delincáis	delinquierais/ -ieseis	delinquiereis	delinquid
delinquirían	delincan	delinquieran/ -iesen	delinquieren	delincan

Verben mit Betonungsverschiebung

‹1. pres: envío›   enviar

presente	imperfecto	pret. ind.	futuro	
envío	enviaba	envié	enviaré	**gerundio**
envías	enviabas	enviaste	enviarás	enviando
envía	enviaba	envió	enviará	
enviamos	enviábamos	enviamos	enviaremos	**participio**
enviáis	enviabais	enviasteis	enviaréis	enviado
envían	enviaban	enviaron	enviarán	

condicional	subj. pres.	subj. imp.	subj. fut.	imperativo
enviaría	envíe	enviara/-iase	enviare	
enviarías	envíes	enviaras/-iases	enviares	envía
enviaría	envíe	enviara/-iase	enviare	envíe
enviaríamos	enviemos	enviáramos/-iásemos	enviáremos	enviemos
enviaríais	enviéis	enviarais/-iaseis	enviareis	enviad
enviarían	envíen	enviaran/-iasen	enviaren	envíen

<1. pres: continúo> continuar

presente	imperfecto	pret. ind.	futuro	
continúo	continuaba	continué	continuaré	**gerundio**
continúas	continuabas	continuaste	continuarás	continuando
continúa	continuaba	continuó	continuará	
continuamos	continuábamos	continuamos	continuaremos	**participio**
continuáis	continuabais	continuasteis	continuaréis	continuado
continúan	continuaban	continuaron	continuarán	

condicional	subj. pres.	subj. imp.	subj. fut.	imperativo
continuaría	continúe	continuara/-ase	continuare	
continuarías	continúes	continuaras/-ases	continuares	continúa
continuaría	continúe	continuara/-ase	continuare	continúe
continuaríamos	continuemos	continuáramos/-ásemos	continuáremos	continuemos
continuaríais	continuéis	continuarais/-aseis	continuareis	continuad
continuarían	continúen	continuaran/-asen	continuaren	continúen

Verben, bei denen das unbetonte *i* wegfällt

<3. pret: tañó> tañer

presente	imperfecto	pret. ind.	futuro	
taño	tañía	tañí	tañeré	**gerundio**
tañes	tañías	tañiste	tañerás	tañendo
tañe	tañía	tañó	tañerá	
tañemos	tañíamos	tañimos	tañeremos	**participio**
tañéis	tañíais	tañisteis	tañeréis	tañido
tañen	tañían	tañeron	tañerán	

condicional	subj. pres.	subj. imp.	subj. fut.	imperativo
tañería	taña	tañera/-ese	tañere	
tañerías	tañas	tañeras/-eses	tañeres	tañe
tañería	taña	tañera/-ese	tañere	taña
tañeríamos	tañamos	tañéramos/-ésemos	tañéremos	tañamos
tañeríais	tañáis	tañerais/-eseis	tañereis	tañed
tañerían	tañan	tañeran/-esen	tañeren	tañan

<3. pret: gruñó> gruñir

presente	imperfecto	pret. ind.	futuro	
gruño	gruñía	gruñí	gruñiré	**gerundio**
gruñes	gruñías	gruñiste	gruñirás	gruñendo
gruñe	gruñía	gruñó	gruñirá	
gruñimos	gruñíamos	gruñimos	gruñiremos	**participio**
gruñís	gruñíais	gruñisteis	gruñiréis	gruñido
gruñen	gruñían	gruñeron	gruñirán	

condicional	subj. pres.	subj. imp.	subj. fut.	imperativo
gruñiría	gruña	gruñera/-ese	gruñere	
gruñirías	gruñas	gruñeras/-eses	gruñeres	gruñe
gruñiría	gruña	gruñera/-ese	gruñere	gruña
gruñiríamos	gruñamos	gruñéramos/-ésemos	gruñéremos	gruñamos
gruñiríais	gruñáis	gruñerais/-eseis	gruñereis	gruñid
gruñirían	gruñan	gruñeran/-esen	gruñeren	gruñan

Die unregelmäßigen Verben

abolir

presente	subj. pres.	imperativo	
–	–		**gerundio**
–	–	–	aboliendo
–	–	–	
abolimos	–	–	**participio**
abolís	–	abolid	abolido
–	–	–	

abrir

participio :	abierto

adquirir

presente	imperativo	
adquiero		**gerundio**
adquieres	adquiere	adquiriendo
adquiere	adquiera	
adquirimos	adquiramos	**participio**
adquirís	adquirid	adquirido
adquieren	adquieran	

airar

presente	
aíro	**gerundio**
aíras	airando
aíra	
airamos	**participio**
airáis	airado
aíran	

andar

presente	pret. ind.	
ando	anduve	**gerundio**
andas	anduviste	andando
anda	anduvo	
andamos	anduvimos	**participio**
andáis	anduvisteis	andado
andan	anduvieron	

asir

presente	imperativo	
asgo		**gerundio**
ases	ase	asiendo
ase	asga	
asimos	asgamos	**participio**
asís	asid	asido
asen	asgan	

aullar

presente	imperativo	
aúllo		**gerundio**
aúllas	aúlla	aullando
aúlla	aúlle	
aullamos	aullemos	**participio**
aulláis	aullad	aullado
aúllan	aúllen	

avergonzar

presente	pret. ind.	imperativo	
avergüenzo	avergoncé		**gerundio**
avergüenzas	avergonzaste	avergüenza	avergonzando
avergüenza	avergonzó	avergüence	
avergonzamos	avergonzamos	avergoncemos	**participio**
avergonzáis	avergonzasteis	avergonzad	avergonzado
avergüenzan	avergonzaron	avergüencen	

caber

presente	pret. ind.	futuro	condicional	
quepo	cupe	cabré	cabría	**gerundio**
cabes	cupiste	cabrás	cabrías	cabiendo
cabe	cupo	cabrá	cabría	
cabemos	cupimos	cabremos	cabríamos	**participio**
cabéis	cupisteis	cabréis	cabríais	cabido
caben	cupieron	cabrán	cabrían	

caer

presente	pret. ind.	
caigo	caí	**gerundio**
caes	caíste	cayendo
cae	cayó	
caemos	caímos	**participio**
caéis	caísteis	caído
caen	cayeron	

ceñir

presente	pret. ind.	imperativo	
ciño	ceñí		**gerundio**
ciñes	ceñiste	ciñe	ciñendo
ciñe	ciñó	ciña	
ceñimos	ceñimos	ciñamos	**participio**
ceñís	ceñisteis	ceñid	ceñido
ciñen	ciñeron	ciñan	

cernir

presente	imperativo	
cierno		**gerundio**
ciernes	cierne	cerniendo
cierne	cierna	
cernimos	cernamos	**participio**
cernís	cernid	cernido
ciernen	ciernan	

cocer

presente	imperativo	
cuezo		**gerundio**
cueces	cuece	cociendo
cuece	cueza	
cocemos	cozamos	**participio**
cocéis	coced	cocido
cuecen	cuezan	

colgar

presente	pret. ind.	imperativo	
cuelgo	colgué		**gerundio**
cuelgas	colgaste	cuelga	colgando
cuelga	colgó	cuelgue	
colgamos	colgamos	colgamos	**participio**
colgáis	colgasteis	colgad	colgado
cuelgan	colgaron	cuelguen	

crecer

presente	imperativo	
crezco		**gerundio**
creces	crece	creciendo
crece	crezca	
crecemos	crezcamos	**participio**
crecéis	creced	crecido
crecen	crezcan	

dar

presente	pret. ind.	subj. pres.	subj. imp.	subj. fut.
doy	di	dé	diera/-ese	diere
das	diste	des	dieras/-eses	dieres
da	dio	dé	diera/-ese	diere
damos	dimos	demos	diéramos/-ésemos	diéremos
dais	disteis	deis	dierais/-eseis	diereis
dan	dieron	den	dieran/-esen	dieren

imperativo		
	gerundio	
da	dando	
dé		
demos	**participio**	
dad	dado	
den		

decir

presente	imperfecto	pret. ind.	futuro	
digo	decía	dije	diré	**gerundio**
dices	decías	dijiste	dirás	diciendo
dice	decía	dijo	dirá	
decimos	decíamos	dijimos	diremos	**participio**
decís	decíais	dijisteis	diréis	dicho
dicen	decían	dijeron	dirán	

condicional	subj. pres.	subj. imp.	subj. fut.	imperativo
diría	diga	dijera/-ese	dijere	
dirías	digas	dijeras/-eses	dijeres	di
diría	diga	dijera/-ese	dijere	diga
diríamos	digamos	dijéramos/-ésemos	dijéremos	digamos
diríais	digáis	dijerais/-eseis	dijereis	decid
dirían	digan	dijeran/-esen	dijeren	digan

dormir

presente	pret. ind.	imperativo	
duermo	dormí		**gerundio**
duermes	dormiste	duerme	durmiendo
duerme	durmió	duerma	
dormimos	dormimos	durmamos	**participio**
dormís	dormisteis	dormid	dormido
duermen	durmieron	duerman	

elegir

presente	pret. ind.	imperativo	
elijo	elegí		**gerundio**
eliges	elegiste	elige	eligiendo
elige	eligió	elija	
elegimos	elegimos	elijamos	**participio**
elegís	elegisteis	elegid	elegido
eligen	eligieron	elijan	

empezar

presente	pret. ind.	imperativo	
empiezo	empecé		**gerundio**
empiezas	empezaste	empieza	empezando
empieza	empezó	empiece	
empezamos	empezamos	empecemos	**participio**
empezáis	empezasteis	empezad	empezado
empiezan	empezaron	empiecen	

enraizar

presente	pret. ind.	imperativo	
enraízo	enraicé		**gerundio**
enraízas	enraizaste	enraíza	enraizando
enraíza	enraizó	enraíce	
enraizamos	enraizamos	enraicemos	**participio**
enraizáis	enraizasteis	enraizad	enraizado
enraízan	enraizaron	enraícen	

erguir

presente	pret. ind.	subj. pres	subj. imp.	subj. fut.
yergo	erguí	yerga	irguiera/-ese	irguiere
yergues	erguiste	yergas	irguieras/-eses	irguieres
yergue	irguió	yerga	irguiera/-ese	irguiere
erguimos	erguimos	yergamos	irguiéramos/-ésemos	irguiéremos
erguís	erguisteis	yergáis	irguierais/-eseis	irguiereis
yerguen	irguieron	yergan	irguieran/-esen	irguieren

imperativo	
	gerundio
yergue	irguiendo
yerga	
yergamos	**participio**
erguid	erguido
yergan	

errar

presente	pret. ind.	imperativo	
yerro	erré		**gerundio**
yerras	erraste	yerra	errando
yerra	erró	yerre	
erramos	erramos	erremos	**participio**
erráis	errasteis	errad	errado
yerran	erraron	yerren	

escribir

participio :	escrito

estar

presente	imperfecto	pret. ind.	futuro	
estoy	estaba	estuve	estaré	**gerundio**
estás	estabas	estuviste	estarás	estando
está	estaba	estuvo	estará	
estamos	estábamos	estuvimos	estaremos	**participio**
estáis	estabais	estuvisteis	estaréis	estado
están	estaban	estuvieron	estarán	

condicional	subj. pres.	subj. imp.	subj. fut.	imperativo
estaría	esté	estuviera/-ese	estuviere	
estarías	estés	estuvieras/-eses	estuvieres	está
estaría	esté	estuviera/-ese	estuviere	esté
estaríamos	estemos	estuviéramos/-ésemos	estuviéremos	estemos
estaríais	estéis	estuvierais/-eseis	estuviereis	estad
estarían	estén	estuvieran/-esen	estuvieren	estén

forzar

presente	pret. ind.	imperativo	
fuerzo	forcé		**gerundio**
fuerzas	forzaste	fuerza	forzando
fuerza	forzó	fuerce	
forzamos	forzamos	forcemos	**participio**
forzáis	forzasteis	forzad	forzado
fuerzan	forzaron	fuercen	

fregar

presente	pret. ind.	imperativo	
friego	fregué		**gerundio**
friegas	fregaste	friega	fregando
friega	fregó	friegue	
fregamos	fregamos	freguemos	**participio**
fregáis	fregasteis	fregad	fregado
friegan	fregaron	frieguen	

freír

presente	pret. ind.	imperativo	
frío	freí		**gerundio**
fríes	freíste	fríe	friendo
fríe	frió	fría	
freímos	freímos	friamos	**participio**
freís	freísteis	freíd	frito
fríen	frieron	frían	

haber

presente	imperfecto	pret. ind.	futuro	
he	había	hube	habré	**gerundio**
has	habías	hubiste	habrás	habiendo
ha	había	hubo	habrá	
hemos	habíamos	hubimos	habremos	**participio**
habéis	habíais	hubisteis	habréis	habido
han	habían	hubieron	habrán	

condicional	subj. pres.	subj. imp.	subj. fut.	imperativo
habría	haya	hubiera/-iese	hubiere	
habrías	hayas	hubieras/-ieses	hubieres	he
habría	haya	hubiera/-iese	hubiere	haya
habríamos	hayamos	hubiéramos/-iésemos	hubiéremos	hayamos
habríais	hayáis	hubierais/-ieseis	hubiereis	habed
habrían	hayan	hubieran/-iesen	hubieren	hayan

hacer

presente	imperfecto	pret. ind.	futuro	
hago	hacía	hice	haré	**gerundio**
haces	hacías	hiciste	harás	haciendo
hace	hacía	hizo	hará	
hacemos	hacíamos	hicimos	haremos	**participio**
hacéis	hacíais	hicisteis	haréis	hecho
hacen	hacían	hicieron	harán	

condicional	subj. pres.	subj. imp.	subj. fut.	imperativo
haría	haga	hiciera/-iese	hiciere	
harías	hagas	hicieras/-ieses	hicieres	haz
haría	haga	hiciera/-iese	hiciere	haga
haríamos	hagamos	hiciéramos/-iésemos	hiciéremos	hagamos
haríais	hagáis	hicierais/-ieseis	hiciereis	haced
harían	hagan	hicieran/-iesen	hicieren	hagan

hartar

participio :	hartado – *gesättigt*
	harto (*nur attributiv*): estoy harto – *ich bin satt*

huir

presente	pret. ind.	imperativo	
huyo	huí		**gerundio**
huyes	huiste	huye	huyendo
huye	huyó	huya	
huimos	huimos	huyamos	**participio**
huís	huisteis	huid	huido
huyen	huyeron	huyan	

imprimir

participio :	impreso

ir

presente	imperfecto	pret. ind.	subj. pres.	subj. imp.
voy	iba	fui	vaya	fuera/-ese
vas	ibas	fuiste	vayas	fueras/-eses
va	iba	fue	vaya	fuera/-ese
vamos	íbamos	fuimos	vayamos	fuéramos/-ésemos
vais	ibais	fuisteis	vayáis	fuerais/-eseis
van	iban	fueron	vayan	fueran/-esen

subj. fut.	imperativo	
fuere		**gerundio**
fueres	ve	yendo
fuere	vaya	
fuéremos	vayamos	**participio**
fuereis	id	ido
fueren	vayan	

jugar

presente	pret. ind.	subj. pres.	imperativo	
juego	jugué	juegue		**gerundio**
juegas	jugaste	juegues	juega	jugando
juega	jugó	juegue	juegue	
jugamos	jugamos	juguemos	juguemos	**participio**
jugáis	jugasteis	juguéis	jugad	jugado
juegan	jugaron	jueguen	jueguen	

leer

presente	pret. ind.		
leo	leí	**gerundio**	
lees	leíste	leyendo	
lee	leyó		
leemos	leímos	**participio**	
leéis	leísteis	leído	
leen	leyeron		

lucir

presente	imperativo		
luzco		**gerundio**	
luces	luce	luciendo	
luce	luzca		
lucimos	luzcamos	**participio**	
lucís	lucid	lucido	
lucen	luzcan		

maldecir

presente	pret. ind.	imperativo		
maldigo	maldije		**gerundio**	
maldices	maldijiste	maldice	maldiciendo	
maldice	maldijo	maldiga		
maldecimos	maldijimos	maldigamos	**participio**	
maldecís	maldijisteis	maldecid	maldecido	verflucht
maldicen	maldijeron	maldigan	maldito	Substantiv, Adjektiv

morir

presente	pret. ind.	imperativo		
muero	morí		**gerundio**	
mueres	moriste	muere	muriendo	
muere	murió	muera		
morimos	morimos	muramos	**participio**	
morís	moristeis	morid	muerto	
mueren	murieron	mueran		

oir, oír

presente	pret. ind.	imperativo	subj. imp.	subj. fut.
oigo	oí		oyera/-ese	oyere
oyes	oiste	oye	oyeras/-eses	oyeres
oye	oyó	oiga	oyera/-ese	oyere
oímos	oímos	oigamos	oyéramos/-ésemos	oyéremos
oís	oísteis	oid	oyerais/-eseis	oyereis
oyen	oyeron	oigan	oyeran/-esen	oyeren

gerundio	participio
oyendo	oído

oler

presente	imperativo	
huelo		**gerundio**
hueles	huele	oliendo
huele	huela	
olemos	olamos	**participio**
oléis	oled	olido
huelen	huelan	

pedir

presente	pret. ind.	imperativo	
pido	pedí		**gerundio**
pides	pediste	pide	pidiendo
pide	pidió	pidas	
pedimos	pedimos	pidamos	**participio**
pedís	pedisteis	pedid	pedido
piden	pidieron	pidan	

poder

presente	pret. ind.	futuro	condicional	
puedo	pude	podré	podría	**gerundio**
puedes	pudiste	podrás	podrías	pudiendo
puede	pudo	podrá	podría	
podemos	pudimos	podremos	podríamos	**participio**
podéis	pudisteis	podréis	podríais	podido
pueden	pudieron	podrán	podrían	

podrir, pudrir

presente	imperfecto	pret. ind.	futuro	condicional
pudro	pudría	pudrí	pudriré	pudriría
pudres	pudrías	pudriste	pudrirás	pudrirías
pudre	pudría	pudrió	pudrirá	pudriría
pudrimos	pudríamos	pudrimos	pudriremos	pudriríamos
pudrís	pudríais	pudristeis	pudriréis	pudriríais
pudren	pudrían	pudrieron	pudrirán	pudrirían

imperativo

	gerundio
pudre	pudriendo
pudra	
pudramos	**participio**
pudrid	podrido
pudran	

poner

presente	pret. ind.	futuro	condicional	imperativo
pongo	puse	pondré	pondría	
pones	pusiste	pondrás	pondrías	pon
pone	puso	pondrá	pondría	ponga
ponemos	pusimos	pondremos	pondríamos	pongamos
ponéis	pusisteis	pondréis	pondríais	poned
ponen	pusieron	pondrán	pondrían	pongan

gerundio	participio
poniendo	puesto

prohibir

presente	imperativo	
prohíbo		**gerundio**
prohíbes	prohíbe	prohibiendo
prohíbe	prohíba	
prohibimos	prohibamos	**participio**
prohibís	prohibid	prohibido
prohíben	prohíban	

proveer

presente	pret. ind.	
proveo	proveí	**gerundio**
provees	proveíste	proveyendo
provee	proveyó	
proveemos	proveímos	**participio**
proveéis	proveísteis	provisto
proveen	proveyeron	

pudrir *siehe* podrir

querer

presente	pret. ind.	futuro	condicional	imperativo
quiero	quise	querré	querría	
quieres	quisiste	querrás	querrías	quiere
quiere	quiso	querrá	querría	quiera
queremos	quisimos	querremos	querríamos	queramos
queréis	quisisteis	querréis	querríais	quered
quieren	quisieron	querrán	querrían	quieran

gerundio	participio
queriendo	querido

raer

presente	pret. ind.	
raigo/rayo	raí	**gerundio**
raes	raíste	rayendo
rae	rayó	
raemos	raímos	**participio**
raéis	raísteis	raído
raen	rayeron	

reír

presente	pret. ind.	imperativo	
río	reí		**gerundio**
ríes	reíste	ríe	riendo
ríe	rió	ría	
reímos	reímos	riamos	**participio**
reís	reísteis	reíd	reído
ríen	rieron	rían	

reunir

presente	imperativo	
reúno		**gerundio**
reúnes	reúne	reuniendo
reúne	reúna	
reunimos	reunamos	**participio**
reunís	reunid	reunido
reúnen	reúnan	

roer

presente	pret. ind.	subj. pres.	subj. imp.	subj. fut.
roo/roigo/royo	roí	roa/roiga/roya	royera/-ese	royere
roes	roíste	roas/roigas/royas	royeras/-eses	royeres
roe	royó	roa/roiga/roya	royera/-ese	royere
roemos	roímos	roamos/roigamos/royamos	royéramos/-ésemos	royéremos
roéis	roísteis	roáis/roigáis/royáis	royerais/-eseis	royereis
roen	royeron	roan/roigan/royan	royeran/-esen	royeren

imperativo

	gerundio
roe	royendo
roa/roiga/roya	
roamos/roiga-mos/royamos	**participio**
roed	roído
roan/roigan/royan	

saber

presente	pret. ind.	futuro	condicional	subj. pres.
sé	supe	sabré	sabría	sepa
sabes	supiste	sabrás	sabrías	sepas
sabe	supo	sabrá	sabría	sepa
sabemos	supimos	sabremos	sabríamos	sepamos
sabéis	supisteis	sabréis	sabríais	sepáis
saben	supieron	sabrán	sabrían	sepan

imperativo

	gerundio
sabe	sabiendo
sepa	
sepamos	**participio**
sabed	sabido
sepan	

salir

presente	futuro	condicional	imperativo	
salgo	saldré	saldría		**gerundio**
sales	saldrás	saldrías	sal	saliendo
sale	saldrá	saldría	salga	
salimos	saldremos	saldríamos	salgamos	**participio**
salís	saldréis	saldríais	salid	salido
salen	saldrán	saldrían	salgan	

seguir

presente	pret. ind.	subj. pres.	subj. imp.	subj. fut.
sigo	seguí	siga	siguiera/-ese	siguiere
sigues	seguiste	sigas	siguieras/-eses	siguieres
sigue	siguió	siga	siguiera/-ese	siguiere
seguimos	seguimos	sigamos	siguéramos/-ésemos	siguiéremos
seguís	seguisteis	sigáis	siguierais/-eseis	siguiereis
siguen	siguieron	sigan	siguieran/-esen	siguieren

imperativo

	gerundio
sigue	siguiendo
siga	
sigamos	**participio**
seguid	seguido
sigan	

sentir

presente	pret. ind.	subj. pres.	subj. imp.	subj. fut.
siento	sentí	sienta	sintiera/-ese	sintiere
sientes	sentiste	sientas	sintieras/-eses	sintieres
siente	sintió	sienta	sintiera/-ese	sintiere
sentimos	sentimos	sintamos	sintiéramos/-ésemos	sintiéremos
sentís	sentisteis	sintáis	sintierais/-eseis	sintiereis
sienten	sintieron	sientan	sintieran/-esen	sintieren

imperativo

	gerundio
siente	sintiendo
sienta	
sintamos	**participio**
sentid	sentido
sientan	

ser

presente	imperfecto	pret. ind.	futuro	
soy	era	fui	seré	**gerundio**
eres	eras	fuiste	serás	siendo
es	era	fue	será	
somos	éramos	fuimos	seremos	**participio**
sois	erais	fuisteis	seréis	sido
son	eran	fueron	serán	

condicional	subj. pres.	subj. imp.	subj. fut.	imperativo
sería	sea	fuera/-ese	fuere	
serías	seas	fueras/-eses	fueres	sé
sería	sea	fuera/-ese	fuere	sea
seríamos	seamos	fuéramos/-ésemos	fuéremos	seamos
seríais	seáis	fuerais/-eseis	fuereis	sed
serían	sean	fueran/-esen	fueren	sean

soltar

presente	imperativo	
suelto		**gerundio**
sueltas	suelta	soltando
suelta	suelte	
soltamos	soltemos	**participio**
soltáis	soltad	soltado
sueltan	suelten	

tener

presente	pret. ind.	futuro	condicional	imperativo
tengo	tuve	tendré	tendría	
tienes	tuviste	tendrás	tendrías	ten
tiene	tuvo	tendrá	tendría	tenga
tenemos	tuvimos	tendremos	tendríamos	tengamos
tenéis	tuvisteis	tendréis	tendríais	tened
tienen	tuvieron	tendrán	tendrían	tengan

gerundio	participio
teniendo	tenido

traducir

presente	pret. ind.	imperativo	
traduzco	traduje		**gerundio**
traduces	tradujiste	traduce	traduciendo
traduce	tradujo	traduzca	
traducimos	tradujimos	traduzcamos	**participio**
traducís	tradujisteis	traducid	traducido
traducen	tradujeron	traduzcan	

traer

presente	pret. ind.	imperativo	
traigo	traje		**gerundio**
traes	trajiste	trae	trayendo
trae	trajo	traiga	
traemos	trajimos	traigamos	**participio**
traéis	trajisteis	traed	traído
traen	trajeron	traigan	

valer

presente	futuro	imperativo	
valgo	valdré		**gerundio**
vales	valdrás	vale	valiendo
vale	valdrá	valga	
valemos	valdremos	valgamos	**participio**
valéis	valdréis	valed	valido
valen	valdrán	valgan	

venir

presente	pret. ind.	futuro	condicional	imperativo
vengo	vine	vendré	vendría	
vienes	viniste	vendrás	vendrías	ven
viene	vino	vendrá	vendría	venga
venimos	vinimos	vendremos	vendríamos	vengamos
venís	vinisteis	vendréis	vendríais	venid
vienen	vinieron	vendrán	vendrían	vengan

gerundio	participio
viniendo	venido

ver

presente	imperfecto	pret. ind.	subj. imp.	subj. fut.
veo	veía	vi	viera/-ese	viere
ves	veías	viste	vieras/-eses	vieres
ve	veía	vio	viera/-ese	viere
vemos	veíamos	vimos	viéramos/-ésemos	viéremos
veis	veíais	visteis	vierais/-eseis	viereis
ven	veían	vieron	vieran/-esen	vieren

gerundio	participio
viendo	visto

volcar

presente	pret. ind.	imperativo	
vuelco	volqué		**gerundio**
vuelcas	volcaste	vuelca	volcando
vuelca	volcó	vuelque	
volcamos	volcamos	volquemos	**participio**
volcáis	volcasteis	volcad	volcado
vuelcan	volcaron	vuelquen	

volver

presente	imperativo	
vuelvo		**gerundio**
vuelves	vuelve	volviendo
vuelve	vuelva	
volvemos	volvamos	**participio**
volvéis	volved	vuelto
vuelven	vuelvan	

yacer

presente	subj. pres.	imperativo	
yazco/yazgo/ yago	yazca/yazga/ yaga		**gerundio** yaciendo
yaces	yazcas/yazgas/ yagas	yace/yaz	
yace	yazca/yazga/ yaga	yazca/yazga/ yaga	
yacemos	yazcamos/ yazgamos/ yagamos	yazcamos/ yazgamos/ yagamos	**participio** yacido
yacéis	yazcáis/yazgáis yagáis	yaced	
yacen	yazcan/ yazgan/yagan	yazcan/ yazgan/yagan	

Deutsche Kurzgrammatik
Gramática sucinta de la lengua alemana

I. El artículo

Un sustantivo alemán puede ser **masculino, femenino** o **neutro.** El **género** del sustantivo se puede reconocer en los siguientes artículos: *der, die* o *das.*

	artículo determinado				artículo indeterminado			
	m	f	nt	pl	m	f	nt	pl
nom.	der	die	das	die	ein	eine	ein	*no hay*
gen.	des	der	des	der	eines	einer	eines	*en alemán*
dat.	dem	der	dem	den	einem	einer	einem	
acus.	den	die	das	die	einen	eine	ein	

II. El sustantivo

En alemán hay una **declinación** fuerte, una **débil** y una **mixta** del sustantivo (compárese también la declinación del adjetivo). Los sustantivos de la declinación mixta se declinan en singular como sustantivos fuertes y en plural como débiles.

Declinación fuerte: masculino y neutro

	plural en ~e	plural en ~̈e	plural en ~er	plural en ~̈er
singular				
nom.	der Tag	der Traum	das Kind	das Dach
gen.	des Tag(e)s	des Traum(e)s	des Kind(e)s	des Dach(e)s
dat.	dem Tag(e)	dem Traum(e)	dem Kind(e)	dem Dach(e)
acus.	den Tag	den Traum	das Kind	das Dach
plural				
nom.	die Tage	die Träume	die Kinder	die Dächer
gen.	der Tage	der Träume	der Kinder	der Dächer
dat.	den Tagen	den Träumen	den Kindern	den Dächern
acus.	die Tage	die Träume	die Kinder	die Dächer

	plural en ~s	plural sin final ~̈	plural sin final	plural sin final
singular				
nom.	das Auto	der Vogel	der Tischler	der Lappen
gen.	des Autos	des Vogels	des Tischlers	des Lappens
dat.	dem Auto	dem Vogel	dem Tischler	dem Lappen
acus.	das Auto	den Vogel	den Tischler	den Lappen
plural				
nom.	die Autos	die Vögel	die Tischler	die Lappen
gen.	der Autos	der Vögel	der Tischler	der Lappen
dat.	den Autos	den Vögeln	den Tischlern	den Lappen
acus.	die Autos	die Vögel	die Tischler	die Lappen

Declinación fuerte: femenino

	plural en ̈e	plural sin final ̈	plural en ~s
singular			
nom.	die Wand	die Mutter	die Bar
gen.	der Wand	der Mutter	der Bar
dat.	der Wand	der Mutter	der Bar
acus.	die Wand	die Mutter	die Bar
plural			
nom.	die Wände	die Mütter	die Bars
gen.	der Wände	der Mütter	der Bars
dat.	den Wänden	den Müttern	den Bars
acus.	die Wände	die Mütter	die Bars

Declinación débil: masculino

	plural en ~n	plural en ~en	plural en ~n
singular			
nom.	der Bauer	der Bär	der Hase
gen.	des Bauern	des Bären	des Hasen
dat.	dem Bauern	dem Bären	dem Hasen
acus.	den Bauern	den Bären	den Hasen
plural			
nom.	die Bauern	die Bären	die Hasen
gen.	der Bauern	der Bären	der Hasen
dat.	den Bauern	den Bären	den Hasen
acus.	die Bauern	die Bären	die Hasen

Declinación débil: femenino

	plural en ~en	plural en ~n	plural en ~n	plural en ~nen
singular				
nom.	die Uhr	die Feder	die Gabe	die Ärztin
gen.	der Uhr	der Feder	der Gabe	der Ärztin
dat.	der Uhr	der Feder	der Gabe	der Ärztin
acus.	die Uhr	die Feder	die Gabe	die Ärztin
plural				
nom.	die Uhren	die Federn	die Gaben	die Ärztinnen
gen.	der Uhren	der Federn	der Gaben	der Ärztinnen
dat.	den Uhren	den Federn	den Gaben	den Ärztinnen
acus.	die Uhren	die Federn	die Gaben	die Ärztinnen

Declinación mixta: masculino y femenino

	plural en ~n	plural en ~en	plural en ~n	plural en ~en
singular				
nom.	das Auge	das Ohr	der Name	das Herz
gen.	des Auges	des Ohr(e)s	des Namens	des Herzens
dat.	dem Auge	dem Ohr(e)	dem Namen	dem Herzen
acus.	das Auge	das Ohr	den Namen	das Herz
plural				
nom.	die Augen	die Ohren	die Namen	die Herzen
gen.	der Augen	der Ohren	der Namen	der Herzen
dat.	den Augen	den Ohren	den Namen	den Herzen
acus.	die Augen	die Ohren	die Namen	die Herzen

Declinación adjetiva

	masculino con artículo determinado	masculino con artículo indeterminado
singular		
nom.	der Reisende	ein Reisender
gen.	des Reisenden	eines Reisenden
dat.	dem Reisenden	einem Reisenden
acus.	den Reisenden	einen Reisenden
plural		
nom.	die Reisenden	Reisende
gen.	der Reisenden	Reisender
dat.	den Reisenden	Reisenden
acus.	die Reisenden	Reisende

	femenino con artículo determinado	femenino con artículo indeterminado
singular		
nom.	die Reisende	eine Reisende
gen.	der Reisenden	einer Reisenden
dat.	der Reisenden	einer Reisenden
acus.	die Reisende	eine Reisende
plural		
nom.	die Reisenden	Reisende
gen.	der Reisenden	Reisender
dat.	den Reisenden	Reisenden
acus.	die Reisenden	Reisende

	neutro con artículo determinado	neutro con artículo indeterminado
singular		
nom.	das Neugeborene	ein Neugeborenes
gen.	des Neugeborenen	eines Neugeborenen
dat.	dem Neugeborenen	einem Neugeborenen
acus.	das Neugeborene	ein Neugeborenes
plural		
nom.	die Neugeborenen	Neugeborene
gen.	der Neugeborenen	Neugeborener
dat.	den Neugeborenen	Neugeborenen
acus.	die Neugeborenen	Neugeborene

Declinación de los nombres propios

El genitivo de los nombres propios sigue diversas reglas:

- El nombre propio con artículo no varía:
  der María, des (schönen) Berlin

- En el nombre propio sin artículo se añade una *s* final: Marias Auto, die Straßen Berlins

- En el nombre propio terminado en *-s, -ss, -ß, -x, -z* se añade un apóstrofo:
  Aristoteles' (Schriften), die Straßen Calais'

- Con varios nombres propios seguidos se añade una *s* al último nombre:
  Johann Sebastian Bachs (Musik)

- El nombre propio con aposición se declina como un sustantivo:
  nom.   Karl der Große
  gen.   Karls des Großen
  dat.   Karl dem Großen
  acus. Karl den Großen

- Los nombres de familia tienen una *-s* en plural:
  die Schneiders

- Si el nombre de familia termina en *-s, -ss, -ß, -x* o *-z*, se añade un apóstrofo o se pone detrás una perífrasis en forma de *von* + dativo:
  die Schmitz'
  das Auto von Schmitz

III. El adjetivo

Si un adjetivo se encuentra *delante* de un sustantivo, concordará con este en **género, caso** y **número**. Por lo tanto, se declina. Al igual que en los sustantivos se diferencia entre la **declinación fuerte**, la **débil** y la **mixta**.

1. La declinación regular

La declinación fuerte

Se aplica la declinación fuerte:

- cuando el adjetivo va unido a un sustantivo sin artículo
- si el adjetivo está precedido por una palabra que no indica el género
  mehrere liebe Kinder, manch guter Wein
- después de números cardinales y *ein paar, ein bisschen*
  Sie hörte zwei laute Schritte.
  Wir machen eine Reise mit ein paar guten Freunden.
  Mit einem bisschen guten Willen schaffst du das.

	masculino	femenino	neutro
singular			
nom.	guter Wein	schöne Frau	liebes Kind
gen.	guten Wein(e)s	schöner Frau	lieben Kindes
dat.	gutem Wein	schönen Frau	liebem Kind
acus.	guten Wein	schöne Frau	liebes Kind
plural			
nom.	gute Weine	schöne Frauen	liebe Kinder
gen.	guter Weine	schöner Frauen	lieber Kinder
dat.	guten Weinen	schönen Frauen	lieben Kindern
acus.	gute Weine	schöne Frauen	liebe Kinder

La declinación débil

Se aplica la declinación débil:

- cuando el adjetivo va unido a un sustantivo con artículo determinado: *der, die, das.*
- con pronombres que indican el género del sustantivo: *diese(r, s), folgende(r, s), jede(r, s), welche(r, s).*

	masculino	femenino	neutro
singular			
nom.	der gute Wein	die schöne Frau	das liebe Kind
gen.	des guten Wein(e)s	der schönen Frau	des lieben Kindes
dat.	dem guten Wein	der schönen Frau	dem lieben Kind
acus.	den guten Wein	die schöne Frau	das liebe Kind
plural			
nom.	die guten Weine	die schönen Frauen	die lieben Kinder
gen.	der guten Weine	der schönen Frauen	der lieben Kinder
dat.	den guten Weinen	den schönen Frauen	den lieben Kindern
acus.	die guten Weine	die schönen Frauen	die lieben Kinder

La declinación mixta

Se aplica la declinación mixta:

- cuando un adjetivo va unido a un sustantivo, masculino o neutro en singular, con el artículo indeterminado: *ein, kein*
- en los pronombres posesivos: *dein, sein, unser, euer, ihr*

	masculino	**neutro**
singular		
nom.	ein guter Wein	ein liebes Kind
gen.	eines guten Wein(e)s	eines lieben Kindes
dat.	einem guten Wein	einem lieben Kind
acus.	einen guten Wein	ein liebes Kind

2. La declinación irregular

Adjetivos terminados en -abel, -ibel y -el

Los adjetivos terminados en -*abel*, -*ibel* y -*el* pierden la *e* en la declinación.

	miserabel	**penibel**	**heikel**
singular			
nom.	ein miserabler Stil	eine penible Frau	ein heikles Problem
gen.	eines miserablen Stils	einer peniblen Frau	eines heiklen Problems
dat.	einem miserablen Stil	einer peniblen Frau	einem heiklen Problem
acus.	einen miserablen Stil	eine penible Frau	ein heikles Problem
plural			
nom.	miserable Stile	penible Frauen	heikle Probleme
gen.	miserabler Stile	penibler Frauen	heikler Probleme
dat.	miserablen Stilen	peniblen Frauen	heiklen Problemen
acus.	miserable Stile	penible Frauen	heikle Probleme

Adjetivos terminados en -er y -en

Los adjetivos terminados en -*er* y -*en* conservan la *e* en la forma declinada salvo en los siguientes casos:

- en la lengua culta o en el estilo literario
  finster   seine finstren Züge
- con los adjetivos que no provienen del alemán
  makaber   eine makabre Geschichte
  integer   ein integrer Beamter

Adjetivos terminados en -auer, -euer

Los adjetivos terminados en -*auer* y -*euer* pierden la *e* en la forma declinada:
  teuer   ein teures Geschenk
  sauer   saure Gurken

3. La gradación regular

Las cualidades pueden compararse entre sí. Hay tres grados de comparación:

	m	f	nt
positivo	ein schöner Film	eine schöne Vase	ein schönes Haus
comparativo	ein schönerer Film	eine schönere Vase	ein schöneres Haus
superlativo	der schönste Film	die schönste Vase	das schönste Haus

Para las formas comparativas o de gradación en genitivo, dativo y acusativo sirven las mismas reglas de declinación aplicadas a un adjetivo en grado positivo con un sustantivo:

der Garten mit den schönsten Blumen (*dativo, plural*)

4. La gradación irregular

A los adjetivos y adverbios se les añade una *e* delante de la terminación del superlativo:

- en los monosílabos
- si el acento recae en la última sílaba
- si terminan en *-s, -ss, -ß, -st, -x, -z* (siempre)
- si terminan en *-d, -t, -sch* (casi siempre)

spitz	adj.	spitzeste(r, s)
	adv.	am spitzesten
beliebt	adj.	beliebteste(r, s)
	adv.	am beliebtesten

La misma regla se aplica a los adjetivos y adverbios compuestos y a los que tienen un prefijo, no importando donde recaiga el acento:

unsanft	adj.	unsanfteste(r, s)
	adv.	am unsanftesten

Los adjetivos monosílabos con la vocal radical *a, o, u* llevan 'Umlaut' en el comparativo y en el superlativo:

arm	ärmer	ärmste(r, s)
groß	größer	größte(r, s)
klug	klüger	klügste(r, s)

Las formas completamente irregulares de gradación de adjetivos y adverbios son las siguientes:

gut	besser	am besten
viel	mehr	am meisten
gern	lieber	am liebsten
bald	eher	am ehesten

IV. El adverbio

En su uso adverbial los adjetivos no sufren modificación:

Er singt gut.
Sie schreibt schön.
Er läuft schnell.

Para la gradación de los adverbios sirven las mismas reglas que para la de los adjetivos:

Er singt besser.
Sie schreibt schöner.
Er läuft schneller.

La mayoría de los adverbios forman el superlativo siguiendo la estructura *am ... sten*:

Er singt am besten.
Sie schreibt am schönsten.
Er läuft am schnellsten.

V. El verbo

1. El presente

Con el presente se expresa en alemán una acción en el presente, un hecho generalmente aceptado o un suceso en el futuro:

Was machst du? Ich lese.
Die Erde dreht sich um die Sonne.
Morgen habe ich frei.

Verbos regulares (conjugación débil)

	machen	legen	sagen	sammeln
ich	mache	lege	sage	sammle
du	machst	legst	sagst	sammelst
er/sie/es	macht	legt	sagt	sammelt
wir	machen	legen	sagen	sammeln
ihr	macht	legt	sagt	sammelt
sie	machen	legen	sagen	sammeln

Verbos cuya raíz termina en *s*, *ss*, *ß* y *z*:

	rasen	küssen	grüßen	reizen
ich	rase	küsse	grüße	reize
du	rast	küsst	grüßt	reizt
er/sie/es	rast	küsst	grüßt	reizt
wir	rasen	küssen	grüßen	reizen
ihr	rast	küsst	grüßt	reizt
sie	rasen	küssen	grüßen	reizen

En los verbos cuya raíz termina en *d* o *t*, con consonante +*m* o con consonante +*n*, se añade una *e* en la 2ª persona del singular:

	reden	wetten	atmen	trocknen
ich	rede	wette	atme	trockne
du	redest	wettest	atmest	trocknest
er/sie/es	redet	wettet	atmet	trocknet
wir	reden	wetten	atmen	trocknen
ihr	redet	wettet	atmet	trocknet
sie	reden	wetten	atmen	trocknen

Verbos cuya raíz termina en *el* o *er* átonas pierden la *e* en la 1ª persona del singular:

angeln → ich angle
zittern → ich zittre

Verbos irregulares (conjugación fuerte)

En los verbos irregulares la vocal radical cambia en la mayoría de los casos:

	tragen	blasen	laufen	essen
ich	trage	blase	laufe	esse
du	trägst	bläst	läufst	isst
er/sie/es	trägt	bläst	läuft	isst
wir	tragen	blasen	laufen	essen
ihr	tragt	blast	lauft	esst
sie	tragen	blasen	laufen	essen

→ Véase también los verbos irregulares en el cuerpo del diccionario y en la lista de la página 820.

2. El pretérito

Con el pretérito se expresa en alemán un suceso pasado:
Letztes Jahr reisten wir nach Spanien.

Verbos regulares

	machen	sammeln	küssen	grüßen	reizen
ich	machte	sammelte	küsste	grüßte	reizte
du	machtest	sammeltest	küsstest	grüßtest	reiztest
er/sie/es	machte	sammelte	küsste	grüßte	reizte
wir	machten	sammelten	küssten	grüßten	reizten
ihr	machtet	sammeltet	küsstet	grüßtet	reiztet
sie	machten	sammelten	küssten	grüßten	reizten

Verbos cuya raíz termina en *d*, *t*, con consonante + *m* o con consonante + *n:*

	reden	wetten	atmen	trocknen
ich	redete	wettete	atmete	trocknete
du	redetest	wettetest	atmetest	trocknetest
er/sie/es	redete	wettete	atmete	trocknete
wir	redeten	wetteten	atmeten	trockneten
ihr	redetet	wettetet	atmetet	trocknetet
sie	redeten	wetteten	atmeten	trockneten

Verbos irregulares

	tragen	blasen	laufen	essen
ich	trug	blies	lief	aß
du	trugst	bliest	liefst	aßt
er/sie/es	trug	blies	lief	aß
wir	trugen	bliesen	liefen	aßen
ihr	trugt	bliest	lieft	aßt
sie	trugen	bliesen	liefen	aßen

→ Véase también los verbos irregulares en el cuerpo del diccionario y en la lista de la página 820.

3. El pretérito perfecto

Con el pretérito perfecto se expresa un suceso acabado o un estado. Se construye con las formas del presente de los verbos auxiliares *haben* o *sein* y el participio pasado.

Der Zug ist abgefahren.
Heute Nacht hat es geregnet.

Verbos que expresan movimiento

Los verbos que expresan movimiento o un cambio de estado forman el pretérito con *sein*:

	radeln	fahren	verstummen	sterben
ich	bin geradelt	bin gefahren	bin verstummt	bin gestorben
du	bist geradelt	bist gefahren	bist verstummt	bist gestorben
er/sie/es	ist geradelt	ist gefahren	ist verstummt	ist gestorben
wir	sind geradelt	sind gefahren	sind verstummt	sind gestorben
ihr	seid geradelt	seid gefahren	seid verstummt	seid gestorben
sie	sind geradelt	sind gefahren	sind verstummt	sind gestorben

Verbos transitivos, intransitivos, reflexivos e impersonales

Los verbos transitivos, reflexivos e impersonales, así como los verbos intransitivos que expresan un estado permanente, forman el pretérito perfecto con *haben:*

	legen	sich freuen	regnen	leben
ich	habe gelegt	habe mich gefreut		habe gelebt
du	hast gelegt	hast dich gefreut		hast gelebt
er/sie/es	hat gelegt	hat sich gefreut	es hat geregnet	hat gelebt
wir	haben gelegt	haben uns gefreut		haben gelebt
ihr	habt gelegt	habt euch gefreut		habt gelebt
sie	haben gelegt	haben sich gefreut		haben gelebt

4. El pluscuamperfecto

Con el pluscuamperfecto se expresa en alemán un suceso anterior a otro pasado. Se forma con las formas del pretérito de *haben* o *sein* y el *participio pasado*, aplicándose las mismas reglas para el uso de los auxiliares que para el pretérito perfecto:

Als er im Kino ankam, hatte der Film schon begonnen.

	fahren	sterben	legen	leben
ich	war gefahren	war gestorben	hatte gelegt	hatte gelebt
du	warst gefahren	warst gestorben	hattest gelegt	hattest gelebt
er/sie/es	war gefahren	war gestorben	hatte gelegt	hatte gelebt
wir	waren gefahren	waren gestorben	hatten gelegt	hatten gelebt
ihr	wart gefahren	wart gestorben	hattet gelegt	hattet gelebt
sie	waren gefahren	waren gestorben	hatten gelegt	hatten gelebt

5. El futuro

Con el futuro se expresan circunstancias o hechos que se refieren al futuro (anuncios, intenciones, suposiciones, promesas etc.). Se forma con las formas del presente del auxiliar *werden* y el *infinitivo del verbo*:

Morgen wird es schneien.	(*indicación temporal*)
Er wird noch im Urlaub sein.	(*suposición*)
Ich werde dich immer lieben.	(*promesa, intención*)

	legen	fahren	sein	haben	können
ich	werde legen	werde fahren	werde sein	werde haben	werde können
du	wirst legen	wirst fahren	wirst sein	wirst haben	wirst können
er/sie/es	wird legen	wird fahren	wird sein	wird haben	wird können
wir	werden legen	werden fahren	werden sein	werden haben	werden können
ihr	werdet legen	werdet fahren	werdet sein	werdet haben	werdet können
sie	werden legen	werden fahren	werden sein	werden haben	werden können

6. El 'Konjunktiv I' y el 'Konjunktiv II'

El 'Konjunktiv I' (forma de posibilidad)

El 'Konjunktiv I' se forma con *la raíz del verbo en presente* a la que se añaden los finales *-e*, *-est*, *-e*, *-en*, *-et*, *-en*. Con el 'Konjunktiv I' se expresa el estilo indirecto:

Kannst du mir helfen?	(*estilo directo*)
Er fragt sie, ob sie ihm helfen könne.	(*estilo indirecto*)

Aunque en algunos verbos irregulares cambia en indicativo el 'Umlaut' o la vocal, esto no sucede en el 'Konjunktiv I':

infinitivo	presente indicativo	'Konjunktiv I'
fallen	du fällst	du fallest
geben	du gibst	du gebest

Además de en el estilo indirecto, el 'Konjunktiv I' se utiliza en algunas frases hechas:
Er lebe hoch!
Gott sei Dank!
Man nehme Salz, Mehl und Butter...

	legen	hassen	küssen	reden
ich	lege	hasse	küsse	rede
du	legst	hassest	küssest	redest
er/sie/es	lege	hasse	küsse	rede
wir	legen	hassen	küssen	reden
ihr	leget	hasset	küsset	redet
sie	legen	hassen	küssen	reden

El 'Konjunktiv I' de los verbos auxiliares *sein, haben* y *werden* se forma de la manera siguiente:

	sein	haben	werden
ich	sei	habe	werde
du	seist	habest	werdest
er/sie/es	sei	habe	werde
wir	seien	haben	werden
ihr	seiet	habet	werdet
sie	seien	haben	werden

El 'Konjunktiv II'

Verbos regulares

El 'Konjunktiv II' se forma con la raíz del pretérito a la que se añaden los finales -e, -(e)st, -e, -en, -(e)t, -en. En los verbos regulares, el 'Konjunktiv II' es igual que el pretérito de indicativo; en los irregulares con *i* o *ie* en las formas del pretérito, se conservan *i* e *ie* asimismo en el 'Konjunktiv II'. El 'Konjunktiv II' se utiliza en enunciados irreales, en comparaciones y en expresiones de cortesía:
Wenn ich Zeit hätte, ginge ich heute mit dir ins Kino. (irreal)
Die Leiter schwankte so, als fiele sie gleich um. (comparativo)
Können Sie uns bitte eine Auskunft geben? (cortés)

	gehen / ging	rufen / rief	greifen / griff
ich	ginge	riefe	griffe
du	ging(e)st	rief(e)st	griff(e)st
er/sie/es	ginge	riefe	griffe
wir	gingen	riefen	griffen
ihr	ging(e)t	rief(e)t	griff(e)t
sie	gingen	riefen	griffen

Verbos con las vocales *a, o, u*

Los verbos con las vocales *a, o, u* en el pretérito indicativo tienen 'Umlaut' en el 'Konjunktiv II'.

	singen/ sang	fliegen/ flog	fahren/ fuhr	sein/war	haben/ hatte	werden/ wurde
ich	sänge	flöge	führe	wäre	hätte	würde
du	säng(e)st	flög(e)st	führ(e)st	wär(e)st	hättest	würdest
er/sie/es	sänge	flöge	führe	wäre	hätte	würde
wir	sängen	flögen	führen	wären	hätten	würden
ihr	säng(e)t	flög(e)t	führ(e)t	wär(e)t	hättet	würdet
sie	sängen	flögen	führen	wären	hätten	würden

Lista de las formas más importantes del 'Konjunktiv II'

befehlen	– beföhle	**graben**	– grübe	**schwingen**	– schwänge
beginnen	– begänne	**haben**	– hätte	**schwören**	– schwüre
bergen	– bärge	**heben**	– höbe	**sehen**	– sähe
bersten	– bärste	**helfen**	– hülfe	**sein**	– wäre
bewegen	– bewöge	**klingen**	– klänge	**singen**	– sänge
biegen	– böge	**kommen**	– käme	**sinken**	– sänke
bieten	– böte	**können**	– könne	**sinnen**	– sänne
binden	– bände	**kriechen**	– kröche	**sitzen**	– säße
bitten	– bäte	**laden**	– lüde	**spinnen**	– spänne
brechen	– bräche	**lesen**	– läse	**sprechen**	– spräche
brennen	– brennte	**liegen**	– läge	**sprießen**	– sprösse
bringen	– brächte	**löschen**	– lösche	**springen**	– spränge
denken	– dächte	**lügen**	– löge	**stechen**	– stäche
dreschen	– drösche	**melken**	– mölke	**stehen**	– stünde/stände
dringen	– dränge	**messen**	– mäße	**stehlen**	– stähle
dürfen	– dürfte	**misslingen**	– misslänge	**sterben**	– stürbe
empfehlen	– empföhle	**mögen**	– möchte	**stinken**	– stänke
empfinden	– empfände	**müssen**	– müsste	**tragen**	– trüge
essen	– äße	**nehmen**	– nähme	**treffen**	– träfe
fahren	– führe	**quellen**	– quölle	**treten**	– träte
finden	– fände	**riechen**	– röche	**trinken**	– tränke
flechten	– flöchte	**ringen**	– ränge	**trügen**	– tröge
fliegen	– flöge	**rinnen**	– ränne	**tun**	– täte
fliehen	– flöhe	**saufen**	– söffe	**verderben**	– verdürbe
fließen	– flösse	**schaffen**	– schüfe	**vergessen**	– vergäße
fressen	– fräße	**schelten**	– schölte	**verlieren**	– verlöre
frieren	– fröre	**scheren**	– schöre	**wachsen**	– wüchse
gären	– gäre	**schieben**	– schöbe	**wiegen**	– wöge
gebären	– gebäre	**schießen**	– schösse	**waschen**	– wüsche
geben	– gäbe	**schinden**	– schünde	**werben**	– würbe
gelingen	– gelänge	**schlagen**	– schlüge	**werden**	– würde
gelten	– gälte	**schließen**	– schlösse	**werfen**	– würfe
genießen	– genösse	**schlingen**	– schlänge	**wiegen**	– wöge

geschehen	– geschähe	**schmelzen**	– schmölze	**winden**	– wände
gewinnen	– gewönne	**schwellen**	– schwölle	**wissen**	– wüsste
gießen	– gösse	**schwimmen**	– schwömme	**ziehen**	– zöge
glimmen	– glömme	**schwinden**	– schwände	**zwingen**	– zwänge

La frase condicional

El 'Konjunktiv II' de *werden* expresa junto con el *infinitivo* circunstancias o hechos que están sujetos a determinadas condiciones y que no se han realizado todavía:

Wenn ihr uns einladen würdet, würden wir fahren.

Las formas poco usadas y las anticuadas del 'Konjunktiv II' se expresan actualmente con el 'Konjunktiv II' de *werden* + *infinitivo:*

Wenn Flugzeuge nicht umweltfreundlicher fliegen würden, würde es bald keine saubere Luft mehr geben.

	legen	fahren
ich	würde legen	würde fahren
du	würdest legen	würdest fahren
er/sie/es	würde legen	würde fahren
wir	würden legen	würden fahren
ihr	würdet legen	würdet fahren
sie	würden legen	würden fahren

7. El imperativo

El imperativo expresa una orden, una petición, una advertencia, etc. o una prohibición. Se usa en las formas la de 2ª persona del singular y del plural.

Verbos regulares

En los verbos regulares se añade en singular una *e* y en plural una *t* a la raíz verbal. La forma de plural del imperativo es idéntica a la de la 2ª persona de plural del presente de indicativo. En la forma de cortesía con *Sie* se invierte el orden normal de las palabras (o sea, el predicado se pone delante del sujeto):

Sie schreiben einen Brief. (*una constatación / indicativo*)
Schreiben Sie einen Brief! (*una orden / imperativo*)

infinitivo	singular	plural	forma de cortesía
schreiben	schreib	schreibt	schreiben Sie
singen	sing	singt	singen Sie
trinken	trink	trinkt	trinken Sie
atmen	atme	atmet	atmen Sie
reden	red	redet	reden Sie

Los verbos que finalizan con *-eln, -ern* pueden perder la *e* en el singular:

infinitivo	singular	plural	forma de cortesía
sammeln	samm(e)le	sammelt	sammeln Sie
fördern	förd(e)re	fördert	fördern Sie
handeln	hand(e)le	handelt	handeln Sie

Si la raíz verbal termina en -*m* o -*n* precedida por *m*, *n*, *r*, *l*, *h*, puede perder la *e* en el singular:

infinitivo	singular	plural	forma de cortesía
kämmen	kämm(e)	kämmt	kämmen Sie
rennen	renn(e)	rennt	rennen Sie
lernen	lern(e)	lernt	lernen Sie
qualmen	qualm(e)	qualmt	qualmen Sie
rühmen	rühm(e)	rühmt	rühmen Sie

Si delante de *m* o *n* hay otra consonante, la desinencia -*e* debe conservarse:
atme, rechne

Verbos irregulares

Los verbos irregulares sin cambio vocálico en *i* o *ie* en el presente forman el imperativo según las mismas reglas que los verbos regulares.
→ Las formas del imperativo se indican en la lista de los verbos irregulares en la página 744.
Cambio vocálico en *i* o *ie:*

infinitivo	singular	plural	forma de cortesía
lesen	lies	lest	lesen Sie
werfen	wirf	werft	werfen Sie
sterben	stirb	sterbt	sterben Sie
essen	iss	esst	essen Sie
sehen	sieh	seht	sehen Sie

Los verbos auxiliares *sein*, *haben* y *werden*:

infinitivo	singular	plural	forma de cortesía
sein	sei	seid	seien Sie
haben	habe	habt	haben Sie
werden	werde	werdet	werden Sie

8. Activa y pasiva

En *activa* una acción es contemplada por el sujeto que realiza la acción; en *pasiva*, en cambio, el suceso mismo está en un primer plano sin que el sujeto que realiza la acción tenga que ser siempre nombrado:

Die Parlamentarier wählen den Präsidenten.   (*activa*)

Der Präsident wird von den Parlamentariern gewählt. (*pasiva*)

La pasiva se forma con *werden* y el participio pasado:

presente	pretérito
ich werde geliebt	ich wurde geliebt
ich werde geschlagen	ich wurde geschlagen

9. Los verbos auxiliares *haben, sein* y *werden*

Se denominan *verbos auxiliares* porque con su ayuda se forman determinados tiempos de los verbos (p. ej. el pretérito perfecto, pluscuamperfecto, futuro) y la pasiva.

El presente de los verbos auxiliares:

	sein	haben	werden
ich	bin	habe	werde
du	bist	hast	wirst
er/sie/es	ist	hat	wird
wir	sind	haben	werden
ihr	seid	habt	werdet
sie	sind	haben	werden

El pretérito y participio de los verbos auxiliares:

	sein	haben	werden
ich	war	hatte	wurde
du	warst	hattest	wurdest
er/sie/es	war	hatte	wurde
wir	waren	hatten	wurden
ihr	wart	hattet	wurdet
sie	waren	hatten	wurden
participio	gewesen	gehabt	geworden

10. El participio presente y pasado

El participio presente ('Partizip I')

El participio presente se forma añadiendo *-d* al *infinitivo del verbo:*
singend, lachend

El participio presente expresa de manera abreviada una oración subordinada:
Er saß in der Badewanne und sang. – Er saß *singend* in der Badewanne.
Sie öffnete die Tür und lachte. – Sie öffnete *lachend* die Tür.

El participio pasado ('Partizip II')

El participio pasado de los verbos regulares se forma según las siguientes reglas:

	prefijo	+ raíz	+ desinencia
machen	ge-	+ -mach-	+ -t

legen	gelegt
sagen	gesagt
vierteln	geviertelt
rasen	gerast
hassen	gehasst
küssen	geküsst
rußen	gerußt
reizen	gereizt
reden	geredet
trocknen	getrocknet
wetten	gewettet

En los verbos terminados en *-ieren,* al igual que en los verbos con los prefijos *be-, em-, ent-, er-, ver-,* y *zer-,* se suprime el prefijo *ge-.* Estos verbos están señalados con ***** en el cuerpo del diccionario alemán-español. Las reglas válidas para los mismos son las siguientes:

	raíz	+ desinencia
manövr*ieren**	manövrier	+ t

*em*pören*	empört
*ent*giften*	entgiftet
*er*setzen*	ersetzt
*ver*trösten*	vertröstet
*zer*reden*	zerredet

La *ge-* se suprime igualmente en los verbos compuestos inseparables. Estos verbos están señalados asimismo con *:

übersetzen*	übersetzt
unterlegen*	unterlegt
umarmen*	umarmt

El participio pasado de los verbos compuestos separables (p. ej. *durchmachen*) se forma según las siguientes reglas:

	prefijo verbal	+ prefijo *ge-*	+ raíz verbal	+ desinencia *t*
durchmachen	**durch**	+ **ge**	+ mach	+ t
anbeten	an**ge**be**t**			
überschnappen	über**ge**schnapp**t**			

→ Todos los verbos alemanes separables están señalados en el diccionario con 'l'. Las formas irregulares siguen entre paréntesis triangulares a la entrada. Sin embargo no se da la indicación de las bases de las que derivan los verbos compuestos y prefijados. Estos se señalan con *irr*; los verbos irregulares más importantes están registrados en el diccionario en una lista en la página 744.

VI. El pronombre

Los pronombres se declinan en alemán como los artículos, los sustantivos, los adjetivos y los adverbios.

1. El pronombre personal

Designa a la persona que habla o sobre la que se habla en la frase.

nominativo	genitivo	dativo	acusativo
ich	meiner	mir	mich
du	deiner	dir	dich
er	seiner	ihm	ihn
sie	ihrer	ihr	sie
es	seiner	ihm	es
wir	unser	uns	uns
ihr	euer	euch	euch
sie	ihrer	ihnen	sie

2. El pronombre reflexivo

Se refiere al sujeto de una frase y debe concordar en **persona** y **número** con éste:
ich wasche mich
du wäschst dich
er/sie/es wäscht sich
wir waschen uns
ihr wascht euch
sie waschen sich

3. El pronombre posesivo

Indica una relación de pertenencia o de posesión y concuerda en **caso, género** y **número** con el sustantivo al que se refiere. Puede aparecer como un adjetivo delante de un sustantivo o también sustituyendo a un sustantivo.

El uso adjetivo del pronombre posesivo:

	m	f	nt	pl
1. p. sing.				
nom.	mein	meine	mein	meine
gen.	meines	meiner	meines	meiner
dat.	meinem	meiner	meinem	meinen
acus.	meinen	meine	mein	meine
2. p. sing.	dein	deine	dein	deine
		se declina como **mein**		
3. p. sing. (m)	sein	seine	sein	seine
		se declina como **mein**		
3. p. sing. (f)	ihr	ihre	ihr	ihre
		se declina como **mein**		
3. p. sing. (nt)	sein	seine	sein	seine
		se declina como **mein**		
1. p. pl.				
nom.	unser	uns(e)re	unser	uns(e)re
gen.	uns(e)res	uns(e)rer	uns(e)res	uns(e)rer
dat.	uns(e)rem	uns(e)rer	uns(e)rem	uns(e)ren
				unserm
	unserm			
acus.	uns(e)ren	uns(e)re	unser	unsre
		unsern		
2. p. pl.				
nom.	euer	eure	euer	eure
gen.	eures	eurer	eures	eurer
dat.	eurem	eurer	eurem	euren
acus.	euren	eure	euer	eure
3. p. pl.				
nom.	ihr	ihre	ihr	ihre
gen.	ihres	ihrer	ihres	ihrer
dat.	ihrem	ihrer	ihrem	ihren
acus.	ihren	ihre	ihr	ihre

El uso sustantivo del pronombre posesivo:

	m	f	nt	pl
1. p. sing.	meiner	meine	mein(e)s	meine
2. p. sing.	deiner	deine	dein(e)s	deine
3. p. sing. (m, nt)	seiner	seine	sein(e)s	seine
3. p. sing. (f)	ihrer	ihre	ihr(e)s	ihre
1. p. pl.	uns(e)rer	uns(e)re	uns(e)res	uns(e)re
2. p. pl.	eurer	eure	eures, euers	eure
3. p. pl.	ihrer	ihre	ihr(e)s	ihre

4. El pronombre demostrativo

Alude en la frase a algo de lo cual ya se ha hablado.

	m	f	nt	Plural
nom.	dieser	diese	dieses	diese
gen.	dieses	dieser	dieses	dieser
dat.	diesem	dieser	diesem	diesen
acus.	diesen	diese	dieses	diese
nom.	jener	jene	jenes	jene
gen.	jenes	jener	jenes	jener
dat.	jenem	jener	jenem	jenen
acus.	jenen	jene	jenes	jene
nom.	derjenige	diejenige	dasjenige	diejenigen
gen.	desjenigen	derjenigen	desjenigen	derjenigen
dat.	demjenigen	derjenigen	demjenigen	denjenigen
acus.	denjenigen	diejenige	dasjenige	diejenigen
nom.	derselbe	dieselbe	dasselbe	dieselben
gen.	desselben	derselben	desselben	derselben
dat.	demselben	derselben	demselben	denselben
acus.	denselben	dieselbe	dasselbe	dieselben

Dieser hace referencia a algo cercano; *jener* a algo más lejano.
El artículo determinado *der, die, das* también se utiliza como pronombre demostrativo.

5. El pronombre relativo

Las formas más usadas de pronombres relativos son *der, die, das*; menos usadas son *welcher, welche, welches*. Todas introducen una oración subordinada en la que se dice algo que completa la frase principal. El **género** y el **número** de los pronombres relativos concuerda con el de su antecedente:

Er putzt sein neues Auto, das/welches er sich gekauft hat.

	m	f	nt	plural
nom.	welcher	welche	welches	welche
gen.	dessen	deren	dessen	deren
dat.	welchem	welcher	welchem	welchen
acus.	welchen	welche	welches	welche

Wer y *was* se pueden emplear también como pronombres relativos:

Wer das behauptet, lügt.
Mach doch, was du willst!

6. El pronombre interrogativo

El pronombre interrogativo diferencia entre una persona (*wer*) y una cosa (*was*). Sólo tiene formas de singular.

	persona	cosa
nom.	Wer spielt mit?	Was ist das?
gen.	Wessen Haus ist das?	
dat.	Wem gehört das Haus?	
acus.	Wen liebst du?	Was höre ich da?

El genitivo del pronombre interrogativo *wessen* se va sustituyendo cada vez más por el dativo *wem*:

Wem gehört das Haus?

Con *was für ein(er)* se pregunta por el tipo característico que una persona o cosa es:

Was für ein Mensch ist Peter eigentlich?
Was für einen Anzug möchten Sie?

Con el pronombre interrogativo *welcher, welche* y *welches* se pregunta por una persona o cosa concreta de un grupo:

Welche Schuhe soll ich nehmen? (Die braunen oder die schwarzen?)
Mit welchem Bus kommst du? (Mit dem um 16 oder um 17 Uhr?)
Welches Eis schmeckt dir besser? (Erdbeer- oder Schokoladeneis?)

	m	f	nt	plural
nom.	welcher	welche	welches	welche
gen.	welches	welcher	welches	welcher
dat.	welchem	welcher	welchem	welchen
acus.	welchen	welche	welches	welche

VII. Las preposiciones

Las preposiciones se usan en dativo y/o en acusativo:

– en **dativo**:	ab	aus
	außer	bei
	binnen	entgegen
	entsprechend	gegenüber
	gemäß	mit
	nach	nächst
	nahe	nebst
	samt	seit
	von	zu
	zufolge	zuwider
– en **acusativo**:	bis	wider
	durch	für
	gegen	je
	ohne	pro
	um	
– en **acusativo/dativo***:	an	auf
	entlang	hinter
	in	neben
	über	unter
	vor	zwischen

* Para movimiento o cambios de dirección se usa el acusativo (¿a dónde?); para indicaciones de lugar (¿dónde?) el dativo:

Er hängt die Uhr an die Wand. (Wohin?)
Die Uhr hängt an der Wand. (Wo?)

→ En el diccionario se indica tras cada preposición el caso correspondiente.

Algunas preposiciones se pueden contraer en una palabra con formas gramaticales del artículo:

an/in	+ **dem**	se convierte en	**am/im**
bei	+ **dem**		**beim**
von	+ **dem**		**vom**
zu	+ **dem/der**		**zum/zur**
an/in	+ **das**		**ans/ins**

Liste der wichtigsten unregelmäßigen Verben im Deutschen

Lista de los principales verbos irregulares del alemán

Las formas de los verbos derivados con los prefijos *auf-, ab-, be-, er-, zer-,* etc. corresponden a las de sus respectivos verbos en forma no derivada. Se añade a la forma de infinitivo la 2ª persona del singular si hay 'Umlaut' o cambio vocálico *e/i.* Igualmente se indica en la forma del participio pasado ('Partizip II') el verbo auxiliar con que se forma.

1. Infinitivo	2. Pretérito	3. participio pasado ('Partizip II')	4. Imperativo sing./pl.
backen bäckst, backst	backte	hat gebacken	back(e)/backt
befehlen befiehlst	befahl	hat befohlen	befiehl/befehlt
beginnen	begann	hat begonnen	beginn(e)/beginnt
beißen	biss	hat gebissen	beiß(e)/beißt
bergen birgst	barg	hat geborgen	birg/bergt
bersten birst	barst	ist geborsten	birst/berstet
bewegen	bewog	hat bewogen	beweg(e)/bewegt
biegen	bog	hat/ist gebogen	bieg(e)/bewegt
bieten	bot	hat geboten	biet(e)/bietet
binden	band	hat gebunden	bind(e)/bindet
bitten	bat	hat gebeten	bitt(e)/bittet
blasen bläst	blies	hat geblasen	blas(e)/blast
bleiben	blieb	ist geblieben	bleib(e)/bleibt
braten brätst	briet	hat gebraten	brat(e)/bratet
brechen brichst	brach	hat/ist gebrochen	brich/brecht
brennen	brannte	hat gebrannt	brenn(e)/brennt
bringen	brachte	hat gebracht	bring/bringt
denken	dachte	hat gedacht	denk(e)/denkt
dreschen drischst	drosch	hat/ist gedroschen	drisch/drescht
dringen	drang	ist gedrungen	dring(e)/dringt
dürfen darfst	durfte	hat gedurft	
empfangen empfängst	empfing	hat empfangen	empfang(e)/ empfangt
empfehlen empfiehlst	empfahl	hat empfohlen	empfiehl/empfehlt
empfinden	empfand	hat empfunden	empfind(e)/ empfindet
erschrecken erschrickst	erschrak	hat/ist erschrocken	erschrick/erschreckt
essen isst	aß	hat gegessen	iss/esst
fahren fährst	fuhr	hat/ist gefahren	fahr(e)/fahrt

fallen fällst	fiel	ist gefallen	fall(e)/fallt
fangen fängst	fing	hat gefangen	fang(e)/fangt
fechten fichst	focht	hat gefochten	ficht/fechtet
finden	fand	hat gefunden	find(e)/findet
flechten	flocht	hat geflochten	flicht/flechtet
fliegen	flog	hat/ist geflogen	flieg(e)/fliegt
fliehen	floh	ist geflohen	flieh(e)/flieht
fließen	floss	ist geflossen	fließ(e)/fließt
fressen frisst	fraß	hat gefressen	friss/fresst
frieren	fror	hat gefroren	frier(e)/friert
gären	gor/gärte	hat/ist gegoren/ gegärt	gär(e)/gärt
gebären gebierst	gebar	hat/ist geboren	gebier/gebärt
geben gibst	gab	hat gegeben	gib/gebt
gedeihen	gedieh	ist gediehen	gedeih(e)/gedeiht
gehen	ging	ist gegangen	geh(e)/geht
gelingen	gelang	ist gelungen	geling(e)/gelingt
gelten giltst	galt	hat gegolten	gilt/geltet
genießen	genoss	hat genossen	genieß(e)/genießt
geschehen geschieht	geschah	ist geschehen	geschieh/gescheht
gewinnen	gewann	hat gewonnen	gewinn(e)/gewinnt
gießen	goss	hat gegossen	gieß(e)/gießt
gleichen	glich	hat geglichen	gleich(e)/gleicht
gleiten	glitt	ist geglitten	gleit(e)/gleitet
glimmen	glomm	hat geglommen	glimm(e)/glimmt
graben gräbst	grub	hat gegraben	grab(e)/grabt
greifen	griff	hat gegriffen	greif(e)/greift
haben hast	hatte	hat gehabt	hab(e)/habt
halten hältst	hielt	hat gehalten	halt(e)/haltet
hängen	hing	hat gehangen	häng(e)/hängt
hauen	haute hieb	hat gehauen/gehaut	hau(e)/haut
heben	hob hub	hat gehoben	heb(e)/hebt
heißen	hieß	hat geheißen	heiß(e)/heißt
helfen hilfst	half	hat geholfen	hilf/helft
kennen	kannte	hat gekannt	kenn(e)/kennt
klingen	klang	hat geklungen	kling(e)/klingt
kneifen	kniff	hat gekniffen	kneif(e)/kneift

kommen	kam	ist gekommen	komm(e)/kommt
können kannst	konnte	hat gekonnt	
kriechen	kroch	ist gekrochen	kriech(e)/kriecht
küren	kürte/kor	hat gekürt/gekoren	kür(e)/kürt
laden lädst	lud	hat geladen	lad(e)/ladet
lassen lässt	ließ	hat gelassen	lass/lasst
laufen läuft	lief	ist gelaufen	lauf(e)/lauft
leiden	litt	hat gelitten	leid(e)/leidet
leihen	lieh	hat geliehen	leih(e)/leiht
lesen liest	las	hat gelesen	lies/lest
liegen	lag	hat gelegen	lieg(e)/liegt
löschen lischst	losch	hat gelöscht	lisch/löscht
lügen	log	hat gelogen	lüg(e)/lügt
mahlen	mahlte	hat gemahlen	mahl(e)/mahlt
meiden	mied	hat gemieden	meid(e)/meidet
melken	molk/melkte	hat gemolken/ gemelkt	melk(e), milk/melkt
messen misst	maß	hat gemessen	miss/messt
misslingen	misslang	ist misslungen	
mögen magst	mochte	hat gemocht	
müssen musst	musste	hat gemusst	
nehmen nimmst	nahm	hat genommen	nimm/nehmt
nennen	nannte	hat genannt	nenn(e)/nennt
pfeifen	pfiff	hat gepfiffen	pfeif(e)/pfeift
preisen	pries	hat gepriesen	preis(e)/preist
quellen quillst	quoll	ist gequollen	quill/quellt
raten rätst	riet	hat geraten	rat(e)/ratet
reiben	rieb	hat gerieben	reib(e)/reibt
reißen	riss	hat/ist gerissen	reiß/reißt
reiten	ritt	hat/ist geritten	reit(e)/reitet
rennen	rannte	ist gerannt	renn(e)/rennt
riechen	roch	hat gerochen	riech(e)/riecht
ringen	rang	hat gerungen	ring(e)/ringt
rinnen	rann	ist geronnen	rinn(e)/rinnt
rufen	rief	hat gerufen	ruf(e)/ruft
saufen säufst	soff	hat gesoffen	sauf(e)/sauft
schaffen	schuf	hat geschaffen	schaff(e)/schafft
scheiden	schied	hat/ist geschieden	scheid(e)/scheidet
scheinen	schien	hat geschienen	schein(e)/scheinet

scheißen	schiss	hat geschissen	scheiß(e)/scheißt
schelten schiltst	schalt	hat gescholten	schilt/scheltet
scheren	schor	hat geschoren/ geschert	scher(e)/schert
schieben	schob	hat geschoben	schieb(e)/schiebt
schießen	schoss	hat/ist geschossen	schieß(e)/schießt
schinden	schindete	hat geschunden	schind(e)/schindet
schlafen schläfst	schlief	hat geschlafen	schlaf(e)/schlaft
schlagen schlägst	schlug	hat geschlagen	schlag(e)/schlagt
schleichen	schlich	ist geschlichen	schleich(e)/schleicht
schleifen	schliff	hat geschliffen	schleif(e)/schleift
schließen	schloss	hat geschlossen	schließ(e)/schließt
schlingen	schlang	hat geschlungen	schling(e)/schlingt
schmeißen	schmiss	hat geschmissen	schmeiß(e)/ schmeißt
schmelzen schmilzt	schmolz	ist geschmolzen	schmilz/schmelzt
schneiden	schnitt	hat geschnitten	schneid(e)/schneidet
schrecken schrickst	schreckte	hat geschreckt	schrick/schreckt
schreiben	schrieb	hat geschrieben	schreib(e)/schreibt
schreien	schrie	hat geschrie(e)n	schrei(e)/schreit
schreiten	schritt	ist geschritten	schreit(e)/schreitet
schweigen	schwieg	hat geschwiegen	schweig(e)/schweigt
schwellen schwillst	schwoll	ist geschwollen	schwill/schwellt
schwimmen	schwamm	hat/ist geschwom- men	schwimm(e)/ schwimmt
schwinden	schwand	ist geschwunden	schwind(e)/ schwindet
schwingen	schwang	hat geschwungen	schwing(e)/ schwingt
schwören	schwor	hat geschworen	schwör(e)/schwört
sehen siehst	sah	hat gesehen	sieh/seht
sein ist	war	ist gewesen	sei/seid
senden	sandte/sendete	hat gesandt/ gesendet	send(e)/sendet
singen	sang	hat gesungen	sing(e)/singt
sinken	sank	ist gesunken	sink(e)/sinkt
sinnen	sann	hat gesonnen	sinn(e)/sinnt
sitzen	saß	hat gesessen	sitz(e)/sitzt
sollen	sollte	hat gesollt	
spalten	spaltete	hat gespalten/gespal- tet	spalt(e)/spaltet
speien	spie	hat gespie(e)n	spei(e)/speit
spinnen	spann	hat gesponnen	spinn(e)/spinnt

sprechen sprichst	sprach	hat gesprochen	sprich/sprecht
sprießen	spross/sprießte	ist gesprossen/ gesprießt	sprieß(e)/sprießt
springen	sprang	ist gesprungen	spring(e)/springt
stechen stichst	stach	hat gestochen	stich/stecht
stecken	steckte/stak	hat gesteckt	steck(e)/steckt
stehen	stand	hat gestanden	steh(e)/steht
stehlen stiehlst	stahl	hat gestohlen	stiehl/stehlt
steigen	stieg	ist gestiegen	steig(e)/steigt
sterben stirbst	starb	ist gestorben	stirb/sterbt
stinken	stank	hat gestunken	stink(e)/stinkt
stoßen stößt	stieß	hat gestoßen	stoß(e)/stoßt
streichen	strich	hat gestrichen	streich(e)/streicht
streiten	stritt	hat gestritten	streit(e)/streitet
tragen trägst	trug	hat getragen	trag(e)/tragt
treffen triffst	traf	hat getroffen	triff/trefft
treiben	trieb	hat getrieben	treib(e)/treibt
treten trittst	trat	hat getreten	tritt/tretet
triefen	triefte	hat getrieft	trief(e)/trieft
trinken	trank	hat getrunken	trink(e)/trinkt
trügen	trog	hat getrogen	trüg(e)/trügt
tun	tat	hat getan	tu(e)/tut
verderben verdirbst	verdarb	hat/ist verdorben	verdirb/verderbt
vergessen vergisst	vergaß	hat vergessen	vergiss/vergesst
verlieren	verlor	hat verloren	verlier(e)/verliert
verlöschen verlischst	verlosch/ver- löschte	ist verloschen	verlisch/verlöscht
verzeihen	verzieh	hat verziehen	verzeih(e)/verzeiht
wachsen wächst	wuchs	ist gewachsen	wachs(e)/wachst
wägen	wog	hat gewogen	wäg(e)/wägt
waschen wäscht	wusch	hat gewaschen	wasch(e)/wascht
weben	wob	hat gewoben/ gewebt	web(e)/webt
weichen	wich	ist gewichen	weich(e)/weicht
weisen	wies	hat gewiesen	weis(e)/weist
wenden	wendete/wandte	hat gewendet/ gewandt	wend(e)/wendet
werben wirbst	warb	hat geworben	wirb/werbt
werden wirst	wurde/ward	ist geworden	werd(e)/werdet

werfen wirfst	warf	hat geworfen	wirf/werft
wiegen	wog	hat gewogen	wieg(e)/wiegt
winden	wand	hat gewunden	wind(e)/windet
winken	winkte	hat gewunken	wink(e)/winkt
wissen weißt	wusste	hat gewusst	wisse/wisset
wollen willst	wollte	hat gewollt	wolle/wollt
ziehen	zog	hat/ist gezogen	zieh(e)/zieht
zwingen	zwang	hat gezwungen	zwing(e)/zwingt

Falsche Freunde

Die falschen Freunde – d.h. Wörter oder Ausdrücke, die aufgrund ihrer ähnlichen Schreibung und/oder Aussprache in zwei Sprachen falsch interpretiert werden können – sind alphabetisch geordnet. Ausschlaggebend ist dabei die spanische Schreibung. In solchen Fällen, in denen das deutsche Äquivalent aufgrund einer divergierenden Schreibung diese Ordnung durchbricht, wird das Stichwort kursiv dargestellt.

Falsos amigos

Los falsos amigos – es decir, palabras o expresiones que, debido a su similitud gráfica y/o fonética, pueden interpretarse incorrectamente en dos lenguas dadas – figuran en orden alfabético, partiendo siempre de las entradas españolas. En aquellos casos en que las entradas alemanas no siguen este mismo orden, se señalará en letra cursiva.

Bedeutung des spanischen Ausdrucks	Falsche Freunde Falsos amigos español alemán		Significado de la expresión alemana
1) bezahlen 2) düngen	abonar	abonnieren	suscribirse
1) Zuneigung 2) Gemütsbewegung	afecto	Affekt	arrebato (pasional)
1) Vertreter(in) 2) Polizist(in) 3) Spion(in)	agente	Agent	espía
Krankenwagen	ambulancia	Ambulanz	ambulatorio
1) einzigartig 2) separat	aparte	apart	atractivo, atrayente
1) Sand 2) Arena	arena	Arena	1) arena, ruedo 2) plaza de toros
1) Asyl 2) Altenheim 3) Waisenhaus	asilo	Asyl	asilo (político)
1) Zuhörerschaft 2) Audienz 3) Gerichtssitzung	audiencia	Audienz	audiencia, auditorio
1) Klassenzimmer 2) Hörsaal	aula	Aula	aula magna, salón de actos, paraninfo
1) Helfer(in), Gehilfe, -in 2) Assistent(in)	ayudante	Adjutant(in)	oficial adjunto
1) schaukeln 2) ins Gleichgewicht bringen	balancear	balancieren	hacer equilibrios
1) Waage 2) Bilanz	balanza	Balance	equilibrio
(*Am*) Banane	banana	Banane	plátano
1) Musikkapelle 2) Band, Streifen 3) Bande 4) casete	banda	Band	1) conjunto musical 2) tomo, volumen 3) cinta, lazo

1) (Auto)batterie 2) Schlagzeug 3) (Koch)topf-Set	**batería Batterie**	1) pila 2) batería (de coche)
1) weiß 2) bleich 3) puro	**blanco blank**	1) reluciente, brillante 2) desnudo
1) Praline 2) schönes Mädchen	**bombón Bonbon**	caramelo
1) Brief 2) Spielkarte 3) (Speise)karte	**carta Karte**	1) tarjeta 2) (tarjeta)postal 3) carta (del menú) 4) billete, entrada 5) naipe
Zigarette	**cigarro Zigarre**	puro, habano
1) Truhe 2) (*Méx*) Kofferraum	**cofre Koffer**	maleta
1) Konkurrenz 2) Kompetenz 3) Zuständigkeit	**competencia Kompetenz**	acción de competir
1) Zusammentreffen 2) Beteiligung 3) Publikum	**concurrencia Konkurrenz**	1) competencia 2) concurso
1) Wettbewerb 2) öffentliche Ausschrei- bung 3) Zusammentreffen	**concurso Konkurs**	quiebra
1) Pfarrer, Priester 2) Heilung 3) Kur	**cura Kur**	1) cura, tratamiento 2) tratamiento balneote- rapéutico
1) Beweis(führung) 2) Vorführung	**demostración Demonstrati- on**	manifestación
1) Schauspiel 2) Anblick 3) Spektakel, Szene	**espectáculo Spektakel**	1) alboroto, jaleo 2) espectáculo, suceso
Prüfung	**examen Examen**	examen (final de carrera)
1) Form- 2) seriös, vernünftig 3) förmlich	**formal formell**	1) relativo a la forma 2) oficial
1) Garage 2) Autowerkstatt	**garaje Garage**	garaje, cochera
1) Gas 2) Kohlensäure 3) Blähungen	**gas Gas**	gas (químico)
1) Turnhalle 2) Fitnessstudio	**gimnasio Gymnasium**	instituto (de Enseñanza Media)
1) (Kräuter)tee 2) Infusion	**infusión Infusion**	(MED) infusión

1) Interpret(in)	**intérprete Interpret(in)**	(*artista*) intérprete
2) Darsteller(in), Schauspieler(in)		
3) Dolmetscher(in)		
1) (Honig)melone	**melón Melone**	1) (*fruta*) melón
2) Dummkopf		2) (*sombrero*) hongo
1) ad(e)lig	**noble nobel**	1) bondadoso
2) edel		2) elegante
3) gutmütig		3) lujoso
		4) generoso
1) Widerstand	**oposición Opposition**	oposición (política)
2) Opposition		
3) Einwendung		
4) Gegensatz		
5) Auswahlprüfung für den öffentlichen Dienst		
1) Ordnung	**orden Orden**	1) orden religiosa
2) Reihenfolge		2) condecoración
3) Rang(ordnung)		
4) (REL) Weihe		
5) Befehl		
6) Bestellung, Order, Auftrag		
7) (REL) Orden		
8) Auszeichnung		
1) Panda(bär)	**panda Panda**	(oso) panda
2) Bande, Clique		
1) Park(anlage)	**parque Park**	1) jardín
2) Lager		2) depósito
3) Bestand		
4) Laufstall		
1) (REL) Pastor(in), Seelsorger(in)	**pastor(a) Pastor(in)**	(REL) pastor(a)
2) (Vieh)hirt(in), Schäfer(in)		
1) Parfüm	**perfume Parfüm**	perfume, colonia
2) Duft		
(ZOOL) Pony	**póney, poni Pony**	1) (ZOOL) póney
		2) flequillo
Teil, Portion	**porción Portion**	ración
1) (Gymnasial)lehrer(in)	**profesor(a) Professor(in)**	catedrático, -a
2) Dozent(in)		
1) (Be)förderung	**promoción Promotion**	1) doctorado
2) Aufstieg		2) (*Schweiz*) traslado
3) Jahrgang		3) (*Schweiz*) ascenso
4) Sonderangebot		

1) rein, sauber	**puro pur**	1) puro, limpio
2) echt		2) puro, mero
3) keusch, rein		
1) Schläger	**raqueta Rakete**	1) misil
2) Schneeschuh		2) cohete
1) komisch, seltsam	**raro rar**	raro, escaso
2) selten		
3) rar		
4) sonderbar		
1) wirklich, tatsächlich	**real real**	(ökon) real
2) königlich, Königs-		
3) (PHILOS) real		
4) (ECON) real, Real		
1) Lineal	**regla Regel**	1) regla, norma
2) Regel, Vorschrift		2) menstruación
3) Maß		
4) Menstruation		
1) Einkommen	**renta Rente**	1) pensión
2) Rente, Ruhegeld		2) renta, rédito
3) Miete, Pacht		
1) reparieren, ausbessern	**reparar reparieren**	reparar, arreglar
2) ersetzen, wieder gut-machen		
3) wahrnehmen, merken		
4) wiederherstellen		
(Am) Reporter(in)	**repórter Reporter(in)**	periodista
1) Wohnsitz	**residencia Residenz**	residencia, domicilio
2) Aufenthalt(sort)		
3) Residenz, Sitz		
4) Heim, Internat		
5) Pension, Gästehaus		
Sack	**saco Sakko**	americana
1) Soße	**salsa Salsa**	baile latinoamericano
2) Reiz		
3) lateinamerikanischer Tanz		
Sprung	**salto Salto**	(sport) salto
1) Aderlass	**sangría Sangria**	(bebida) sangría
2) (INFOR) Einrücken		
3) spanische Rotwein-bowle		
1) Sinnspruch	**sentencia Sentenz**	proverbio
2) Urteil		

1) ernst(haft)	**serio** Seriös	serio, formal
2) streng		
3) seriös		
4) verantwortungs- bewusst		
1) Dienst	**servicio** Service	1) juego de café
2) Hauspersonal		2) asistencia técnica
3) Toilette		3) saque
4) Aufschlag		
5) Dienstleistung		
1) Anfangsbuchstabe	**sigla** Siegel	sello
2) Akronym		
1) einfach	**simple** simpel	simple, simplón
2) leicht		
3) einfältig		
Gewerkschaft	**sindicato** Syndikat	consorcio
1) Tabak	**tabaco** Tabak	(planta del) tabaco
2) Zigaretten		
1) Tablette	**tableta** Tablette	pastilla, comprimido
2) Tafel (Schokolade)		
1) Stempelkissen	**tampón** Tampon	1) tampón
2) Tampon		2) tapón
1) Panzer	**tanque** Tank	depósito
2) Tank(wagen)		
Tischtuch	**tapete** Tapete	papel pintado
(schwarzer) Tee	**té** Tee	1) té
		2) infusión
1) These	**tesis** These	tesis, proposición
2) Doktorarbeit, Dissertation		
1) Titel	**título** Titel	título
2) Diplom		
3) Wertpapier		
1) Tonlage	**tono** Ton	1) arcilla, barro
2) Ton(art)		2) sonido
		3) tono
1) Kuchen, Torte	**torta** Torte	tarta
2) Ohrfeige		
Toast(brot)	**tostada** Toast	1) tostada, pan para tostar
		2) brindis
1) Verkehr	**tráfico** Trafik	(A) estanco
2) (illegaler) Handel		
1) Dreieck	**triángulo** Triangel	(mus) triángulo
2) Triangel		
1) Triumph, Sieg	**triunfo** Triumph	triunfo, éxito
2) Trumpf		

1) Sicht	**visión Vision**	visión, aparición
2) Sehvermögen		
3) Vision, Erscheinung, Halluzination		
1) vital, Lebens-	**vital vital**	vital, alegre
2) lebensnotwendig		
3) vital, lebhaft		
1) gewöhnlich	**vulgar vulgär**	vulgar, ordinario
2) ordinär		
3) pöbelhaft		
4) oberflächlich		

Die Zahlwörter

Die Grundzahlen

Los numerales cardinales

null	0	cero
einer, eine, eins; ein, eine, ein	1	uno (*apócope* un), una
zwei	2	dos
drei	3	tres
vier	4	cuatro
fünf	5	cinco
sechs	6	seis
sieben	7	siete
acht	8	ocho
neun	9	nueve
zehn	10	diez
elf	11	once
zwölf	12	doce
dreizehn	13	trece
vierzehn	14	catorce
fünfzehn	15	quince
sechzehn	16	dieciséis
siebzehn	17	diecisiete
achtzehn	18	dieciocho
neunzehn	19	diecinueve
zwanzig	20	veinte
einundzwanzig	21	veintiuno (*apócope* veintiún), -a
zweiundzwanzig	22	veintidós
dreiundzwanzig	23	veintitrés
vierundzwanzig	24	veinticuatro
fünfundzwanzig	25	veinticinco
dreißig	30	treinta
einunddreißig	31	treinta y uno (*apócope* treinta y un), -a
zweiunddreißig	32	treinta y dos
dreiunddreißig	33	treinta y tres
vierzig	40	cuarenta
einundvierzig	41	cuarenta y uno (*apócope* cuarenta y un), -a
zweiundvierzig	42	cuarenta y dos
fünfzig	50	cincuenta
einundfünfzig	51	cincuenta y uno (*apócope* cincuenta y un), -a
zweiundfünfzig	52	cincuenta y dos
sechzig	60	sesenta
einundsechzig	61	sesenta y uno (*apócope* sesenta y un), -a
zweiundsechzig	62	sesenta y dos
siebzig	70	setenta

einundsiebzig	71	setenta y uno
		(*apócope* setenta y un), -a
zweiundsiebzig	72	setenta y dos
fünfundsiebzig	75	setenta y cinco
neunundsiebzig	79	setenta y nueve
achtzig	80	ochenta
einundachtzig	81	ochenta y uno
		(*apócope* ochenta y un), -a
zweiundachtzig	82	ochenta y dos
fünfundachtzig	85	ochenta y cinco
neunzig	90	noventa
einundneunzig	91	noventa y uno
		(*apócope* noventa y un), -a
zweiundneunzig	92	noventa y dos
neunundneunzig	99	noventa y nueve
hundert	100	cien
hundert(und)eins	101	ciento uno
		(*apócope* ciento un), -a
hundert(und)zwei	102	ciento dos
hundert(und)zehn	110	ciento diez
hundert(und)zwanzig	120	ciento veinte
hundert(und)neunundneunzig	199	ciento noventa y nueve
zweihundert	200	doscientos, -as
zweihundert(und)eins	201	doscientos, -as uno
		(*apócope* doscientos un), -a
zweihundert(und)zweiund- zwanzig	222	doscientos, -as veintidós
dreihundert	300	trescientos, -as
vierhundert	400	cuatrocientos, -as
fünfhundert	500	quinientos, -as
sechshundert	600	seiscientos, -as
siebenhundert	700	setecientos, -as
achthundert	800	ochocientos, -as
neunhundert	900	novecientos, -as
tausend	1 000	mil
tausend(und)eins	1 001	mil uno (*apócope* mil un), -a
tausend(und)zehn	1 010	mil diez
tausend(und)einhundert	1 100	mil cien
zweitausend	2 000	dos mil
zehntausend	10 000	diez mil
hunderttausend	100 000	cien mil
eine Million	1 000 000	un millón
zwei Millionen	2 000 000	dos millones
zwei Millionen fünfhundert- tausend	2 500 000	dos millones quinientos, -as mil
eine Milliarde	1 000 000 000	mil millones
eine Billion	1 000 000 000 000	un billón

Die Ordnungszahlen			**Los numerales ordinales**
(der, die, das)			**(el, la)**
erste	1.	1°, 1ª	primero (*apócope* primer), -a
zweite	2.	2°, 2ª	segundo, -a
dritte	3.	3°, 3ª	tercero (*apócope* tercer), -a
vierte	4.	4°, 4ª	cuarto, -a
fünfte	5.	5°, 5ª	quinto, -a
sechste	6.	6°, 6ª	sexto, -a
siebte	7.	7°, 7ª	séptimo, -a
achte	8.	8°, 8ª	octavo, -a
neunte	9.	9°, 9ª	noveno, -a
zehnte	10.	10°, 10ª	décimo, -a
elfte	11.	11°, 11ª	undécimo, -a
zwölfte	12.	12°, 12ª	duodécimo, -a
dreizehnte	13.	13°, 13ª	decimotercero, -a
vierzehnte	14.	14°, 14ª	decimocuarto, -a
fünfzehnte	15.	15°, 15ª	decimoquinto, -a
sechzehnte	16.	16°, 16ª	decimosexto, -a
siebzehnte	17.	17°, 17ª	decimoséptimo, -a
achtzehnte	18.	18°, 18ª	decimoctavo, -a
neunzehnte	19.	19°, 19ª	decimonoveno, -a
zwanzigste	20.	20°, 20ª	vigésimo, -a
einundzwanzigste	21.	21°, 21ª	vigésimo, -a primero, -a (o vigesimoprimero, -a)
zweiundzwanzigste	22.	22°, 22ª	vigésimo, -a segundo, -a (o vigesimosegundo, -a)
dreiundzwanzigste	23.	23°, 23ª	vigésimo, -a tercero, -a (o vigesimotercero, -a)
dreißigste	30.	30°, 30ª	trigésimo, -a
einunddreißigste	31.	31°, 31ª	trigésimo, -a primero, -a
zweiunddreißigste	32.	32°, 32ª	trigésimo, -a segundo, -a
vierzigste	40.	40°, 40ª	cuadragésimo, -a
fünfzigste	50.	50°, 50ª	quincuagésimo, -a
sechzigste	60.	60°, 60ª	sexagésimo, -a
siebzigste	70.	70°, 70ª	septuagésimo, -a
einundsiebzigste	71.	71°, 71ª	septuagésimo, -a primero, -a
zweiundsiebzigste	72.	72°, 72ª	septuagésimo, -a segundo, -a
neunundsiebzigste	79.	79°, 79ª	septuagésimo, -a noveno, -a
achtzigste	80.	80°, 80ª	octogésimo, -a
einundachtzigste	81.	81°, 81ª	octogésimo, -a primero, -a
zweiundachtzigste	82.	82°, 82ª	octogésimo, -a segundo, -a
neunzigste	90.	90°, 90ª	nonagésimo, -a
einundneunzigste	91.	91°, 91ª	nonagésimo, -a primero, -a
neunundneunzigste	99.	99°, 99ª	nonagésimo, -a noveno, -a
hundertste	100.	100°, 100ª	centésimo, -a
hundertunderste	101.	101°, 101ª	centésimo, -a primero, -a
hundertundzehnte	110.	110°, 110ª	centésimo, -a décimo, -a
hundertundfünfund-neunzigste	195.	195°, 195ª	centésimo, -a nonagésimo, -a quinto, -a

zweihundertste	200.	200°, 200ª	ducentésimo, -a
dreihundertste	300.	300°, 300ª	tricentésimo, -a
fünfhundertste	500.	500°, 500ª	quingentésimo, -a
tausendste	1 000.	1 000°, 1 000ª	milésimo, -a
zweitausendste	2 000.	2 000°, 2 000ª	dosmilésimo, -a
millionste	1 000 000.	1 000 000°, 1 000 000ª	millonésimo, -a
zehnmillionste	10 000 000.	10 000 000°, 10 000 000ª	diezmillonésimo, -a

Die Bruchzahlen		**Números fraccionarios (o quebrados)**
ein halb	$^1/_2$	mitad; medio, -a
ein Drittel	$^1/_3$	un tercio
ein Viertel	$^1/_4$	un cuarto
ein Fünftel	$^1/_5$	un quinto
ein Zehntel	$^1/_{10}$	un décimo
ein Hundertstel	$^1/_{100}$	un céntesimo
ein Tausendstel	$^1/_{1000}$	un milésimo
ein Millionstel	$^1/_{1\,000\,000}$	un millonésimo
zwei Drittel	$^2/_3$	dos tercios
drei Viertel	$^3/_4$	tres cuartos
zwei Fünftel	$^2/_5$	dos quintos
drei Zehntel	$^3/_{10}$	tres décimos
anderthalb, ein(und)einhalb	$1\,^1/_2$	uno y medio
zwei(und)einhalb	$2\,^1/_2$	dos y medio
fünf drei Achtel	$5\,^3/_8$	cinco tres octavos
eins Komma eins	1,1	uno coma uno

Maße und Gewichte

Dezimalsystem

Medidas y pesos

Sistema (de numeración) decimal

Mega-	1 000 000	M	mega-
Hektokilo-	100 000	hk	hectokilo
Myria-	10 000	Ma	miria-
Kilo-	1 000	K	kilo
Hekto-	100	H	hecto-
Deka-	10	da	deca- (o decá-)
Dezi-	0,1	d	deci- (o decí-)
Zenti-	0,01	c	centi- (o centí-)
Milli-	0,001	m	mili-
Dezimilli-	0,000 1	dm	decimili-
Zentimilli-	0,000 01	cm	centimili-
Mikro-	0,000 001	μ	micro-

Längenmaße

Medidas de longitud

Seemeile	1 852 m	-	milla marina
Kilometer	1 000 m	km	kilómetro
Hektometer	100 m	hm	hectómetro
Dekameter	10 m	dam	decámetro
Meter	1 m	m	metro
Dezimeter	0,1 m	dm	decímetro
Zentimeter	0,01 m	cm	centímetro
Millimeter	0,001 m	mm	milímetro
Mikron, My	0,000 001 m	μ	micrón, micra
Millimikron, -my	0,000 000 001 m	mμ	milimicrón
Ängströmeinheit	0,000 000 000 1 m	Ä	ángstrom

Flächenmaße

Medidas de superficie

Quadratkilometer	1 000 000 m²	km²	kilómetro cuadrado
Quadrathektometer	10 000 m²	hm²	hectómetro cuadrado
Hektar		ha	hectárea
Quadratdekameter	100 m²	dam²	decámetro cuadrado
Ar		a	área
Quadratmeter	1 m²	m²	metro cuadrado
Quadratdezimeter	0,01 m²	dm²	decímetro cuadrado
Quadratzentimeter	0,000 1 m²	cm²	centímetro cuadrado
Quadratmillimeter	0,000 001 m²	mm²	milímetro cuadrado

Kubik- und Hohlmaße

**Medidas de volumen y
capacidad**

Kubikkilometer	1 000 000 000 m³	km³	kilómetro cúbico
Kubikmeter	1 m³	m³	metro cúbico
Ster		st	estéreo
Hektoliter	0,1 m³	hl	hectolitro
Dekaliter	0,01 m³	dal	decalitro
Kubikdezimeter	0,001 m³	dm³	decímetro cúbico
Liter		l	litro
Deziliter	0,000 1 m³	dl	decilitro
Zentiliter	0,000 01 m³	cl	centilitro
Kubikzentimeter	0,000 001 m³	cm³	centímetro cúbico
Milliliter	0,000 001 m³	ml	mililitro
Kubikmillimeter	0,000 000 001 m³	mm³	milímetro cúbico

Gewichte

Pesos

Tonne	1 000 kg	t	tonelada
Doppelzentner	100 kg	q	quintal métrico
Kilogramm	1 000 g	kg	kilogramo
Hektogramm	100 g	hg	hectogramo
Dekagramm	10 g	dag	decagramo
Gramm	1 g	g	gramo
Karat	0,2 g	–	quilate
Dezigramm	0,1 g	dg	decigramo (o decagramo)
Zentigramm	0,01 g	cg	centigramo
Milligramm	0,001 g	mg	miligramo
Mikrogramm	0,000 001 g	µg, g	microgramo

Deutschland

Alemania

Länder (und Hauptstädte)	Länder (y capitales)
Baden-Württemberg (Stuttgart)	Baden-Wurtemberg (Stuttgart)
Bayern (München)	Baviera (Munich)
Berlin (Berlin)	Berlín (Berlín)
Brandenburg (Potsdam)	Brandeburgo (Potsdam)
Bremen (Bremen)	Brema (Brema)
Hamburg (Hamburg)	Hamburgo (Hamburgo)
Hessen (Wiesbaden)	Hesse (Wiesbaden)
Mecklenburg-Vorpommern (Schwerin)	Meclemburgo-Pomerania occidental (Schwerin)
Niedersachsen (Hannover)	Baja Sajonia (Hannóver)
Nordrhein-Westfalen (Düsseldorf)	Renania del Norte-Westfalia (Düsseldorf)
Rheinland-Pfalz (Mainz)	Renania-Palatinado (Maguncia)
Saarland (Saarbrücken)	Saarland/Sarre (Saarbrücken)
Sachsen (Dresden)	Sajonia (Dresde)
Sachsen-Anhalt (Magdeburg)	Sajonia-Anhalt (Magdeburgo)
Schleswig-Holstein (Kiel)	Schleswig-Holstein (Kiel)
Thüringen (Erfurt)	Turingia (Erfurt)

Österreich

Austria

Bundesländer (und Hauptstädte)

Estados (y capitales)

Burgenland (Eisenstadt)	Burgenland (Eisenstadt)
Kärnten (Klagenfurt)	Carintia (Klagenfurt)
Niederösterreich (St. Pölten)	Baja Austria (Sankt Pölten)
Oberösterreich (Linz)	Alta Austria (Linz)
Salzburg (Salzburg)	Salzburgo (Salzburgo)
Steiermark (Graz)	Estiria (Graz)
Tirol (Innsbruck)	Tirolo (Innsbruck)
Vorarlberg (Bregenz)	Vorarlberg (Bregenz)
Wien (Wien)	Viena (Viena)

Die Schweiz

Suiza

Kantone (und Hauptorte)

Cantones (y capitales)

Aargau (Aarau)	Argovia (Aarau)
Appenzell Ausser-Rhoden (Herisau)	Appenzell Rhodes Exterior (Herisau)
Appenzell Inner-Rhoden (Appenzell)	Appenzell Rhodes Interior (Appenzell)
Basel-Landschaft (Liestal)	Basilea-Campaña (Liestal)
Basel-Stadt (Basel)	Basilea-Ciudad (Basilea)
Bern (Bern)	Berna (Berna)
Freiburg (Freiburg)	Friburgo (Friburgo)
Genf (Genf)	Ginebra (Ginebra)
Glarus (Glarus)	Glarus (Glarus)
Graubünden (Chur)	Grisones (Coira)
Jura (Delémont)	Jura (Delémont)
Luzern (Luzern)	Lucerna (Lucerna)
Neuenburg (Neuenburg)	Neuchatel (Neuchatel)

Sankt Gallen (Sankt Gallen)	Sankt Gallen (Sankt Gallen)
Schaffhausen (Schaffhausen)	Schaffhausen (Schaffhausen)
Schwyz (Schwyz)	Schwyz (Schwyz)
Solothurn (Solothurn)	Solothurn (Solothurn)
Tessin (Bellinzona)	Tesino (Bellinzona)
Thurgau (Frauenfeld)	Turgovia (Frauenfeld)
Nidwalden (Stans)	Nidwalden (Stans)
Obwalden (Sarnen)	Obwalden (Sarnen)
Uri (Altdorf)	Uri (Altdorf)
Waadt (Lausanne)	Vaud (Lausana)
Wallis (Sitten)	Valais (Sion)
Zug (Zug)	Zug (Zug)
Zürich (Zürich)	Zurich (Zurich)

España | Spanien

Comunidades Autónomas (y capitales) | Autonome Regionen (und Hauptstädte)

Comunidades Autónomas (y capitales)	Autonome Regionen (und Hauptstädte)
Andalucía (Sevilla)	Andalusien (Sevilla)
Aragón (Zaragoza)	Aragonien (Zaragoza)
Baleares (Palma de Mallorca)	Balearen (Palma de Mallorca)
Canarias (Santa Cruz de Tenerife)	Kanaren (Santa Cruz de Tenerife)
Cantabria (Santander)	Kantabrien (Santander)
Castilla-La Mancha (Toledo)	Südkastilien (Toledo)
Castilla y León (Valladolid)	Nordkastilien (Valladolid)
Cataluña (Barcelona)	Katalonien (Barcelona)
Comunidad de Madrid (Madrid)	Madrid (Madrid)
Comunidad Foral de Navarra (Pamplona)	Navarra (Pamplona)
Comunidad Valenciana (Valencia)	Valencia (Valencia)
Extremadura (Mérida)	Estremadura (Mérida)
Galicia (Santiago de Compostela)	Galicien (Santiago de Compostela)
La Rioja (Logroño)	La Rioja (Logroño)
País Vasco (Vitoria)	Baskenland (Vitoria)
Principado de Asturias (Oviedo)	Asturien (Oviedo)
Región de Murcia (Murcia)	Murcia (Murcia)

Hispanoamérica

Hispanoamerikanische Länder

Países (y capitales)

Länder (und Hauptstädte)

Países (y capitales)	Länder (und Hauptstädte)
Argentina (Buenos Aires)	Argentinien (Buenos Aires)
Bolivia (La Paz)	Bolivien (La Paz)
Chile (Santiago de Chile)	Chile (Santiago de Chile)
Colombia (Santa Fe de Bogotá)	Kolumbien (Bogotá)
Costa Rica (San José)	Costa Rica (San José)
Cuba (La Habana)	Kuba (Havanna)
Ecuador (Quito)	Ecuador (Quito)
El Salvador (San Salvador)	El Salvador (San Salvador)
Guatemala (Guatemala)	Guatemala (Guatemala)
Honduras (Tegucigalpa)	Honduras (Tegucigalpa)
México (México)	Mexiko (Mexiko)
Nicaragua (Managua)	Nicaragua (Managua)
Panamá (Panamá)	Panama (Panama)
Paraguay (Asunción)	Paraguay (Asunción)
Perú (Lima)	Peru (Lima)
Puerto Rico (San Juan)	Puerto Rico (San Juan)
República Dominicana (Santo Domingo)	Dominikanische Republik (Santo Domingo)
Uruguay (Montevideo)	Uruguay (Montevideo)
Venezuela (Caracas)	Venezuela (Caracas)

Nützliche Redewendungen
Expresiones útiles

jemanden begrüßen	saludar a alguien
Guten Morgen!	¡Buenos días!
Guten Tag!	¡Buenas tardes!
Grüß Gott! (*südd*)	¡Buenos días!/¡Buenas tardes!/¡Buenas noches!
Guten Abend!	¡Buenas noches!
Hallo!	¡Hola!
Grüß dich!	¡Hola!/¿Qué tal?
Mein Name ist Becker.	Me llamo Becker./Mi nombre es Becker.
Wie geht es Ihnen/dir?	¿Cómo está (usted)/estás (tú)?
Wie geht's?	¿Qué tal?

sich verabschieden	despedirse
Auf Wiedersehen!	¡Adiós!
Tschüss!	¡Hasta luego!
Ciao!	¡Chao!
Bis morgen!	¡Hasta mañana!
Bis später!	¡Hasta luego!
Viel Vergnügen!	¡Que lo pases/paséis bien!/¡Que te diviertas/os divirtáis!
Gute Nacht!	¡Buenas noches!
Grüßen Sie/Grüß Marion von mir.	Salude a/Saluda a Marion de mi parte.

um etwas bitten, sich bedanken	pedir o agradecer algo
Ja, bitte.	Sí, por favor.
Nein, danke.	No, gracias.
Danke, sehr gern!	Gracias, con mucho gusto.
Danke, gleichfalls!	Gracias, ¡igualmente!
Könnten Sie mir bitte helfen?	Por favor, ¿podría (usted) ayudarme?/¿podría echarme una mano?
Bitte sehr./Gern geschehen.	De nada./¡No hay de qué!
Vielen Dank!	¡Muchas gracias!
Das ist doch nicht der Rede wert.	No tiene importancia.

sich entschuldigen	disculparse
Entschuldigung!	¡Perdón!
Ich möchte mich entschuldigen.	Mis disculpas.
Das tut mir (sehr) Leid!	Lo siento (mucho).
Es war nicht so gemeint.	No era (esa) mi intención.
Schade!	¡Qué pena!/¡Qué lástima!
Das ist aber schade!	¡Qué pena!/¡Qué lástima!

gute Wünsche aussprechen	expresar buenos deseos
Herzlichen Glückwunsch!	¡Felicidades!/¡Enhorabuena!
Viel Erfolg!	¡Le/Te deseo mucho éxito!
Viel Glück!	¡Suerte!/¡Le/Te deseo mucha suerte!
Gute Besserung!	¡Que se mejore/te mejores!
Schöne Ferien!	¡Que lo pases/paséis bien en las vacaciones!/¡Que disfrutes/disfrutéis de las vacaciones!
Frohe Ostern!	¡Felices Pascuas!
Frohe Weihnachten und ein gutes neues Jahr!	¡Feliz Navidad y un próspero año nuevo!
Guten Rutsch!	¡Feliz año nuevo!/¡Feliz salida y entrada (de año)!
Alles Gute zum Geburtstag!	¡Feliz cumpleaños!
Meine besten Wünsche zum Geburtstag!	¡Qué cumpla/cumplas muchos más!
Ich drücke dir die Daumen.	¡Suerte!

sich vorstellen	presentarse
Ich heiße…	Me llamo…
Ich bin Deutscher/Deutsche.	Soy alemán/alemana.
Ich komme aus Deutschland.	Soy de Alemania.
Ich wohne in… . Das ist in der Nähe von…/nördlich/südlich/westlich/östlich von…	Vivo en… , cerca de…/al norte/sur/oeste/este de…
Ich mache hier Urlaub.	Estoy aquí de vacaciones.
Ich besuche hier einen Sprachkurs.	Estoy matriculado en un curso de idiomas.
Ich bin hier als Austauschschüler(in).	Estoy aquí como estudiante de intercambio.
Ich bin mit dem/meinem Fußballverein hier.	Estoy aquí con el/mi equipo de fútbol.
Ich bleibe einen Tag/drei Tage/eine Woche/zwei Wochen.	Me quedaré un día/tres días/una semana/dos semanas.
Hier/Während meines Aufenthalts wohne ich in/bei…	Aquí/Durante mi estancia vivo en/en casa de…
Mein Vater ist…/arbeitet als… bei…	Mi padre es…/trabaja como… en la empresa…
Meine Mutter ist…	Mi madre es…
Ich habe eine Schwester/zwei Schwestern und einen Bruder/zwei Brüder.	Tengo una hermana/dos hermanas y un hermano/dos hermanos.
Ich gehe in die Schule in…	Voy a la escuela en…
Ich bin in der… Klasse.	Estoy en… curso.
Ich bin… (Jahre alt).	Tengo… años.
Ich mag…	Me gusta…
Ich spiele gern Fußball.	Me gusta jugar al fútbol.

etwas über andere erfahren	averiguar algo acerca de otras personas
Wie heißt du?	¿Cómo te llamas?
Woher kommst du?	¿De dónde eres?
Wo wohnst du?	¿Dónde vives?
Wo ist/liegt das?	¿Dónde está (eso/esa ciudad)?

Was machst du hier?	¿Qué estás haciendo aquí?/¿Qué haces aquí?
Wie lange bleibst du (hier)?	¿Cuánto tiempo te vas a quedar (aquí)?
Wo wohnst du hier?	¿Y aquí dónde vives?
Was macht dein Vater?	¿En qué trabaja tu padre?
Wo arbeitet er?	¿Dónde trabaja?
Was macht deine Mutter?	¿En qué trabaja tu madre?
Hast du Geschwister?	¿Tienes hermanos?
In der wievielten Klasse bist du?	¿En qué curso estás?
Wie alt bist du?	¿Cuántos años tienes?
Was machst du gerne?	¿Qué (es lo que) te gusta hacer?
Was sind deine Hobbys?	¿Cuáles son tus hobbys/aficiones?

zustimmen	**estar de acuerdo**
(Das) stimmt!	¡(Eso es) cierto!
Genau!	¡Exactamente!
Ich auch!	¡Yo también!
Ich auch nicht!	¡Yo tampoco!
Ja, das finde ich gut/toll/klasse/süß/spitze/super!	Sí, a mí me parece bien/fantástico(-a)/estupendo(-a)/guay/genial/magnífico(-a).

widersprechen	**contradecir**
Das stimmt doch gar nicht!	¡Eso no es (en absoluto) así !
Nein!	¡(Que) no!
Doch!	¡(Que) sí!
Nein, den/die/das finde ich blöd/doof/ätzend!	¡No!, a mí me parece estúpido(-a)/tonto(-a)/horrible.

Meinungen/Ansichten ausdrücken	**expresar opiniones**
Ich glaube/denke/meine, dass...	Yo creo/pienso/opino que...
Ich finde, dass...	A mí me parece que...
Ich glaube/denke/meine nicht, dass...	Yo no creo/pienso/opino que...
Ich finde nicht, dass...	A mí no me parece que...
Meiner Meinung nach...	En mi opinión...

Aufmerksamkeit signalisieren	**indicar atención**
Echt?	¿De verdad?
Ehrlich?	¿De verdad?/¿Lo dices en serio?
Ach so!	¡Ah!/¡No me digas!

nach dem Weg fragen	**preguntar por una dirección**
Wo ist der/die/das (nächste)...?	¿Dónde está el/la... más próximo(-a)?
Wie komme ich zur/zum nächsten...?	¿Por dónde se va al/a la... más próximo(-a)?
Können Sie mir sagen/erklären, wo der/die/das nächste... ist?	¿Me podría decir/explicar dónde se encuentra/está el/la... más próximo(-a)?

Wohlbefinden ausdrücken	**expresar bienestar**
Mir geht's heute echt gut!	¡Hoy me encuentro realmente bien!
Ich bin heute voll gut drauf!	¡Hoy me encuentro fenomenal!
Ich fühle mich heute super/spitze!	¡Hoy me siento estupendo/-a/fenomenal!

Unzufriedenheit ausdrücken	**expresar descontento**
Mir geht's heute nicht gut/echt schlecht!	¡Hoy no me encuentro (demasiado) bien/fatal!
Ich bin heute voll mies drauf!	¡Hoy estoy de un humor de perros!
Ich fühle mich heute echt mies/schlecht!	¡Hoy (es que) me siento fatal/mal!

Begeisterung/Ärger ausdrücken	**expresar entusiasmo/fastidio**
Der/die/das ist wirklich/echt super/spitze/klasse/spannend/cool!	¡Es realmente/La verdad es que es genial/guay(fantástico(-a)/intrigante/flipante!
Der/die/das ist wirklich/echt blöd/doof/langweilig/ätzend!	¡Es realmente/La verdad es que es bobo(-a)/estúpido(-a)/aburrido(-a)/insoportable!

mit einem Freund/einer Freundin telefonieren	**llamar a un amigo/una amiga por teléfono**
Hallo, Nely, hier ist Anke/ich bin's, Anke.	Hola, Nely, soy Anke/soy yo, Anke.
Also dann bis um ... (Uhr)/später/morgen!	Bueno, entonces hasta la(s).../más tarde/mañana!
Tschüss!	¡Hasta luego!
Ciao!	¡Chao!

mit Erwachsenen telefonieren	**hablar con personas adultas por teléfono**
Guten Tag, Herr/Frau..., hier ist...	Buenas tardes, señor/señora..., soy...
Kann ich bitte (mit)... sprechen/Ist... da?/zu Hause?	Por favor, ¿podría hablar con...?/¿Está...?/¿Podría ponerse...?
Soll ich ihr/ihm etwas ausrichten?	¿Quiere(s) que le dé algún recado?
Nein, danke. Das ist nicht nötig.	No gracias. No es necesario.
Ich rufe später noch mal an.	Volveré a llamar más tarde.
Ja, könnten Sie ihm/ihr bitte sagen, dass...?	Sí, ¿podría decirle/comentarle que...?
Vielen Dank! Auf Wiederhören!	¡Muchas gracias! ¡Adiós!

auf einen Anrufbeantworter sprechen	**dejar un mensaje en el contestador (automático)**
Guten Tag/Hallo! Hier ist...	¡Buenas tardes/Hola! Soy....
Ich wollte (nur) fragen, ob.../sagen, dass...	(Sólo) llamaba para preguntar si.../para comentarte/comentaros/comentarle/comentarles que...
Ich bin (bis... Uhr) unter der Nummer... erreichbar.	Me puede(s) localizar (hasta la(s)...) en el número...
Danke und tschüss!	¡Gracias y hasta pronto/hasta luego!

jemandem die E-Mail-/Internetadresse geben	dar a alguien su dirección de correo electrónico/de Internet
Meine E-Mail-Adresse ist: m.schmid@t-on-line.de. *(sprich: m Punkt Schmid at t (Binde) strich online Punkt d e)*	Mi dirección de correo electrónico es (la siguiente): m.schmid@t-online.de. *(es decir, m punto schmid arroba t guión online punto d e)*
Meine Homepage-Adresse ist: http://www.t-online.de/~schmid (sprich: h t t p Doppelpunkt Doppelslash w w w Punkt t (Binde)strich online Punkt d e Slash Tilde Schmid)	Mi página web es: http://www.t-online.de/~schmid *(es decir, h t t p dos puntos dos barras w w w punto t guión online punto d e barra tilde Schmid)*

Musterbriefe
Cartas modelo

einen Dankesbrief an seine Gastfamilie schreiben

Stuttgart, den 15.03.2003

Liebe Carmen, lieber José und lieber Luis,

ich möchte mich noch einmal recht herzlich für die schönen Tage bei euch bedanken. Ich bin ein bisschen traurig, dass die Zeit bei euch so schnell vergangen ist.

Mir hat unser gemeinsames Wochenende in eurem Ferienhaus besonders gut gefallen. Ein paar von den Fotos, die ich dort gemacht habe, schicke ich mit.

Meine Spanischlehrerin hat gesagt, ich hätte in den zwei Wochen wirklich große Fortschritte gemacht. Sie hat den anderen in der Klasse geraten, auch einmal an so einem Austausch teilzunehmen.

Jetzt freue ich mich schon auf April, wenn Luis nach Stuttgart kommt. Meine Eltern und ich haben schon Pläne gemacht, was wir mit ihm unternehmen wollen. Ich hoffe, dass es ihm hier genauso gut gefällt, wie mir bei euch.

Bitte grüßt auch besonders Ana und Isabel von mir. Ich hoffe, dass ich euch schon bald wieder sehe.

Viele liebe Grüße

Thomas

escribir una carta de agradecimiento a su familia anfitriona

Stuttgart, 15 de marzo de 2003

Estimado José, estimada Carmen, querido Luis:

Quisiera agradeceros de nuevo la agradable estancia en vuestra casa. ¡Qué pena que el tiempo con vosotros se me haya hecho tan corto!

Especialmente bien me lo pasé el fin de semana pasado en vuestro refugio. Os envío algunas de las fotos que hice allí.

Mi profesora me ha comentado que mi español ha mejorado mucho después de haber pasado estas dos semanas con vosotros. Le ha recomendado a todos mis compañeros participar en el mismo programa de intercambio.

Tengo muchas ganas de que llegue abril y Luis venga a Stuttgart. Mis padres y yo ya hemos pensado en todo aquello que queremos enseñarle y hacer con él. Espero que se lo pase al menos tan bien como me lo he pasado yo con vosotros.

Saludos también para Ana e Isabel de mi parte. Espero poder volver a veros muy pronto.

Un fuerte abrazo,

Thomas

eine Bewerbung für ein Praktikum schreiben

Paul Jansen
Stuttgarter Str. 9
71234 Stuttgart
Deutschland
Tel.: 0049 (0)711 2345678

IBERIA
Apartado de Correos 675
E-28080 Madrid

Stuttgart, den 23. 05. 2003

Bewerbung um eine Praktikumsstelle

Sehr geehrte Damen und Herren,

hiermit bewerbe ich mich um eine Stelle als Praktikant in Ihrem Werk in Madrid.

Ich besuche die 12. Klasse des Schiller-Gymnasiums in Stuttgart mit den Leistungskursen Englisch und Mathematik. Seit drei Jahren lerne ich auch Spanisch. Nach meinem Abitur möchte ich Maschinenbau studieren.

Die Sommerferien vom 20. Juli bis 30. August vor der 13. Klasse und den Abiturprüfungen möchte ich dazu nutzen, meine Spanischkenntnisse zu vertiefen und gleichzeitig die Arbeitswelt kennen zu lernen.

Im Falle Ihrer Zusage würde ich mich sehr freuen, wenn Sie mir bei der Wohnungssuche behilflich sein könnten.

Vielen Dank im Voraus für Ihre wohlwollende Prüfung meiner Bewerbung.

Mit freundlichen Grüßen

Paul Jansen

Anlagen: Lebenslauf
Beglaubigte Zeugniskopien

Paul Jansen
Stuttgarter Str. 9
71234 Stuttgart
Alemania
Teléf.: +49 711 2345678

IBERIA
Apartado de Correos 675
E-28080 Madrid   Stuttgart, 23 de mayo de 2003

Solicitud de un puesto en prácticas

Estimados señores:

Con la presente quisiera solicitar un puesto en prácticas en su delegación en Madrid.

Estoy en el penúltimo curso de bachillerato, en el instituto Schiller de Stuttgart. Mis asignaturas principales son el inglés y las mátemáticas, y desde hace tres años estudio también español. Después del instituto y de realizar el examen de Selectividad correspondiente me gustaría estudiar Ingeniería mecánica.

Antes de empezar con mi último curso de bachillerato me gustaría aprovechar mis vacaciones de verano, del 20 de julio al 30 de agosto, para perfeccionar mis conocimientos de español y para poder conocer al mismo tiempo el mundo laboral.

En el caso de que ustedes acepten mi solicitud, les estaría muy agradecido si pudieran ayudarme a buscar alojamiento.

Les agradezco de antemano todo su interés.

Les saluda muy atentamente,

Paul Jansen

Anexos: Currículum vitae
             Expedientes escolares compulsados

Lebenslauf

Lebenslauf

Name:	Paul Jansen
Geburtstag:	02.03.1985
Geburtsort:	Stuttgart
Staatsangehörigkeit:	deutsch
Schulbildung:	Grundschule in Stuttgart von 1991–1995 Gymnasium in Stuttgart von 1995–2003 (Abitur voraussichtlich Juli 2004)
Fremdsprachen:	Englisch und Spanisch fließend in Wort und Schrift
Kenntnisse:	Computerkenntnisse MS Word, MS Excel Programmiersprachen C, C++
Interessen:	Fremdsprachen, Automobilsport

Stuttgart, den 23.05.2003

Paul Jansen

Currículum vitae

Nombre y apellido:	Paul Jansen
Fecha de nacimiento:	2 de marzo de 1985
Lugar de nacimiento:	Stuttgart
nacionalidad:	alemán

Formación escolar:

1991–1995	1° a 4° de EGB, Stuttgart
1995–2003	Instituto, en Stuttgart (previsiblemente teminaré mis estudios de bachillerato, la Selectividad incluida, en julio del año 2004)
Idiomas	excelente dominio del inglés y del español (tanto a nivel escrito como oral)
Otros conocimientos:	conocimientos de Informática a nivel de usuario (MS Word, MS Excel; lenguajes de programación C, C++)
Aficiones:	idiomas, automovilismo

Stuttgart, 23 de mayo de 2003

Paul Jansen

sich als Aupairmädchen bewerben

Urte Shintani
Stuttgarter Str. 9
72367 Stuttgart
Alemania
Tel.: 0049 (0)711 2345678

Familia González
Avda. Mirat, 13–4°A
E- 37002 Salamanca

Stuttgart, den 08. 06. 3003

Bewerbung als Aupairmädchen

Sehr geehrte Familie González,

ich habe Ihre Anzeige in der Stuttgarter Zeitung vom 01.06 2003 gelesen und bewerbe mich hiermit um die Stelle als Aupairmädchen in Ihrem Hause.

Zur Zeit besuche ich die 10. Klasse der Schlossrealschule in Stuttgart und lerne seit vier Jahren Spanisch. Im Juli werde ich hoffentlich die Schule mit der Mittleren Reife abschließen. Deshalb würde ich mich freuen, wenn ich ab dem 1. August für einen Monat auf Ihre beiden Kinder aufpassen dürfte.

Ich habe zwei jüngere Geschwister, einen Bruder (10 Jahre), und eine Schwester (6 Jahre) auf die ich regelmäßig aufpassen muss, weil unsere Eltern beide berufstätig sind. Mein Vater ist Bankkaufmann und meine Mutter arbeitet als Teilzeitkraft in einer Boutique.

Ich würde mich sehr freuen, wenn ich auf Ihre Kinder aufpassen dürfte und dabei mehr über die spanische Lebensart, die mir wirklich sehr gefällt, lernen könnte.

Bitte schreiben Sie mir bald.

Mit freundlichen Grüßen

Urte Shintani

Urte Shintani
Stuttgarter Str. 9
72367 Stuttgart
Alemania
Teléf.: +49 711 2345678

Familia González
Avda. de Mirat, 13–4°A
E- 37002 Salamanca

Stuttgart, 8 de junio de 2003

Puesto de aupair

Estimada Familia González:

Con fecha del 1 de junio de 2003 he leído su anuncio en el periódico Stuttgarter Zeitung, en el que solicitan una chica aupair.

Actualmente curso la 10ª clase de la Schlossrealschule en Stuttgart. Estudio español desde hace cuatro años. En julio concluiré mis estudios. Por eso había pensado en un puesto de aupair. Me gustaría poder hacerme cargo de sus hijos a partir del día 1 de agosto, por un periodo de un mes.

Tengo dos hermanos más pequeños, un hermano (de 10 años) y una hermana (de 6), a los que estoy acostumbrada a cuidar, pues mis padres trabajan los dos. Mi padre trabaja en un banco y mi madre, a tiempo parcial, en una boutique.

Al mismo tiempo que cuidaría a sus hijos, me gustaría aprovechar mi estancia en su país para conocer aún más de cerca el estilo de vida latino, que, por cierto, me encanta.

Me gustaría que me diesen cuanto antes una respuesta.

Atentamente,

Urte Shintani

Informationen über einen Feriensprachkurs einholen

Tabea Schulte
Stuttgarter Str. 9
71240 Stuttgart
Alemania
Tel.: 0049 (0)711 2345678

Stuttgart, den 14.07.2003

Ihr Feriensprachkurs in Santander

Sehr geehrte Damen und Herren,

von meinem Spanischlehrer habe ich Informationen über Ihr Institut erhalten und möchte nächstes Jahr im August gern an einem Sprachkurs in Santander teilnehmen.

Ich besuche die 9. Klasse des Gymnasiums und lerne seit drei Jahren Spanisch. Meine Noten in Spanisch sind jedoch nicht besonders gut.

Bitte senden Sie mir ausführliches Informationsmaterial über Ihre Kurse. Mich interessiert besonders, ob ich an einem Einstufungstest teilnehmen muss. Außerdem würde ich gerne wissen, wie lange der Unterricht jeden Tag dauert und wann er stattfindet. Mein Lehrer hat mir gesagt, dass Sie sich um die Unterbringung kümmern. Wäre es möglich, dass ich bei einer Familie wohne, die eine Tochter in meinem Alter hat?

Ich hoffe, schon bald von Ihnen zu hören.

Mit freundlichen Grüßen

Tabea Schulte

solicitar información acerca de un curso de verano de idiomas

Tabea Schulte
Stuttgarter Str. 9
71240 Stuttgart
Alemania
Teléf.: +49 711 2345678

Stuttgart, 14 de julio de 2003

Cursos de Español Lengua extranjera

Curso de Verano de Español en Santander

Estimados señores:

Mi profesor de español me informó acerca de su Facultad. Me gustaría matricularme, para agosto del próximo año, de un curso de español en Santander.

Voy al instituto, al noveno curso. Desde hace tres años que estudio español, sin embargo, mis calificaciones en esta asignatura no son demasiado buenas.

¿Podrían hacerme llegar folletos informativos acerca de sus cursos? Lo que más me interesa saber es si tengo que realizar un examen de nivel. También me gustaría saber cuántas clases tendríamos a diario, y cuál es concretamente el horario de clases. Me ha comentado mi profesor que son ustedes los que se encargarían de mi alojamiento. ¿Sería posible vivir en casa de una familia que tuviera una hija de mi edad?

Me gustaría recibir pronto noticias suyas.

Saludos cordiales,

Tabea Schulte

einer neuen Brieffreundin zum ersten Mal schreiben

Jessica Pfeifer
Maierstr. 34
D-70012 Stuttgart
Deutschland

Stuttgart, den 11.08.2003

Liebe María,

ich heiße Jessica Pfeifer und bin 16 Jahre alt. Mein Spanischlehrer hat
uns gestern im Unterricht eine Liste mit Jungs und Mädchen aus
Mexiko gegeben, die eine Brieffreundin oder einen Brieffreund in
Deutschland suchen. Ich habe dich ausgesucht, weil wir fast gleich alt
sind und du die gleichen Hobbys wie ich hast.

Ich wohne mit meinen Eltern und meinem kleinen Bruder Markus in
Stuttgart. Mein Vater ist Ingenieur bei Porsche. Er baut die coolen
schnellen Autos, die du sicherlich auch kennst. Meine Mama ist
Hausfrau. Mein Bruder Markus ist erst acht und geht noch in die
Grundschule. Ich gehe in die 10. Klasse des Mörike-Gymnasiums und
lerne seit dem 7. Schuljahr Spanisch. Meine Lieblingsfächer sind
natürlich Spanisch, Sport und Mathe. In welche Klasse gehst du und
was sind deine Lieblingsfächer? Hast du auch Geschwister und was
machen deine Eltern beruflich? Meine Hobbys sind wie deine Lesen,
Musik hören und Rad fahren, außerdem spiele ich seit sechs Jahren
Klavier. Spielst du auch ein Instrument?

Ich hoffe du schreibst mir bald, denn ich will noch sooo viel über dich
und Mexiko wissen, z. B. welche Musik du gern hörst und was du mit
deinen Freundinnen so am Wochenende machst.

Viele liebe Grüße

Jessica

escribir por primera vez a una amiga por correspondencia

Jessica Pfeifer
Maierstr. 34
D- 70012 Stuttgart
Alemania

Stuttgart, 25 de agosto de 2003

Querida María:

Me llamo Jessica Pfeifer y tengo 16 años. Ayer nuestro profesor de español nos entregó una lista en clase con nombres de chicos y chicas hispanohablantes que desean mantener correspondencia con chicos y chicas en Alemania. Yo te he escogido a ti, porque prácticamente somos de la misma edad y porque compartimos las mismas aficiones.

Vivo von mis padres y mi hermano pequeño Markus en Stuttgart. Mi padre es ingeniero y trabaja para la empresa Porsche. Construye esos coches tan rápidos y fascinantes que tú seguramente conocerás. Mi madre es ama de casa. Mi hermano Markus sólo tiene ocho años. Yo estoy ahora en mi décimo curso, en el instituto Mörike, y desde séptimo estudio español. Mis asignaturas preferidas son el español, naturalmente, la educación física y las matemáticas. ¿En qué curso estás tú, y cuáles son tus asignaturas preferidas? ¿También tienes hermanos, y en qué trabajan tus padres? Mis hobbys, igual que los tuyos, son leer, escuchar música y montar en bici, además toco el piano desde hace ya seis años. ¿Tú también tocas algún instrumento?

Espero recibir pronto noticias tuyas, pues me gustaría saber muchas más cosas acerca de ti y de Méjico, por ejemplo, qué música te gusta y qué sueles hacer con tus amigas los fines de semana.

Muchos saludos,

Jessica

an einen Fanclub schreiben

Melanie Gräter
Maierstr. 34
70012 Stuttgart
Deutschland

Manolo García Fanclub
Apartado de Corres 111
E-08080 Barcelona

Stuttgart, den 11.08.2003

Hallo Ihr!

Ich finde Manolo García total super und möchte unbedingt ein Autogramm von ihm haben. Ich habe alle seine CDs und sammle jeden Artikel und jedes Foto, das ich finde. Könnt Ihr mir bitte seine Adresse schicken, damit ich ihm direkt schreiben kann? Es wäre echt super, wenn Ihr mir bald antworten würdet.

Tschüss!

Melanie

escribir a un club de fans

Melanie Gräter
Maierstr. 34
70012 Stuttgart
Alemania

Stuttgart, 11 de agosto de 2003

Club de Fans Manolo García
Apartado de Correos 111
E-08080 Barcelona

¡Hola a todos!

Me encanta Manolo García y por eso me gustaría tener un autógrafo suyo. Tengo todos sus discos y voy guardando todos sus artículos y fotografías que caen en mis manos. ¿Me podríais enviar su dirección para que me pueda poner pesonalmente en contacto con él? Me contestaréis cuanto antes, ¿verdad?

Hasta pronto,

Melanie

Anfang und Ende eines Briefes

El encabezamiento y la despedida en una carta

An Freunde und Bekannte:	Dirigida a amigos o conocidos:
Hallo...!	Hola...:
Liebe(r)...,	Querido(-a)...:
Vielen Dank für deinen Brief.	Gracias por tu carta.
Ich habe mich sehr gefreut von dir zu hören.	Me alegra saber que te encuentras bien.
Entschuldige/Es tut mir Leid, dass ich so lange nicht geschrieben habe.	Perdóname por/Siento no haberte escrito antes.
Viele herzliche Grüße an euch alle, auch von...	Muchos saludos para todos vosotros, también de parte de...
Bitte grüße auch... von mir.	Saluda también a... de mi parte.
Ich würde mich freuen bald wieder von dir zu hören.	Espero tener pronto noticias tuyas.
Grüß... von mir.	Saluda a... de mi parte.
Schreib doch mal wieder.	¡Escríbeme!
Hoffentlich höre ich bald wieder etwas von dir.	Espero tener pronto noticias tuyas.
Dein(e)...	Tuyo(-a)...
Viele liebe Grüße...	Un fuerte abrazo.../Muchos saludos...
Bis bald!/Ciao!	¡Hasta pronto!/¡Chao!
An Firmen oder Organisationen:	**Dirigida a una empresa o a instituciones:**
Sehr geehrte Damen und Herren,	Estimados señores:/Muy señores míos:
Sehr geehrte Frau.../Sehr geehrter Herr...,	Estimada Sra....:/Estimado Sr....:
Ich möchte mich erkundigen, ob...	Me gustaría saber si...
Ich möchte nachfragen, ob...	Quisiera saber si...
Würden Sie mir bitte... schicken?	Por favor, ¿podría(n) enviarme...?
In Erwartung Ihrer Antwort verbleibe ich...	En espera de su respuesta me despido atentamente...
Mit freundlichen Grüßen...	Le(s) saluda atentamente...

Die Anrede	**El encabezamiento**
Du schreibst:	**Escribes:**
an einen guten Bekannten oder Freund	**a un conocido o a un amigo**
Liebe Daniela,	Querida Daniela:
Lieber Christian,	Querido Christian:
Hallo, Markus!	Hola Markus:
an jemanden, den du gut kennst	**a alguien a quien ya conoces**
Liebe Frau Mayer,	Estimada Sra. Mayer:

an jemanden, den du persönlich oder geschäftlich kennst	a alguien a quien conoces a nivel personal o profesional
Sehr geehrte Frau Meiser,	Estimada Sra. Meiser:
Sehr geehrter Herr Fischer,	Estimado Sr. Fischer:
an eine Firma oder Person, deren Namen du nicht kennst	**a una empresa o a una persona cuyo nombre desconoces**
Sehr geehrte Damen und Herren,	Muy señores míos:
an eine Person, deren Titel du kennst	**a una persona cuyo título o grado académico conoces**
Sehr geehrter Herr Dr. Meier,	Distinguido/Estimado Dr. Meier:
Sehr geehrte Frau Professor Schmidt,	Distinguida/Estimada Catedrática Dª Schmidt:

Die Grussformel	**La fórmula de despedida**
Informell:	**Menos formal o familiar:**
Mach's gut!	¡Que te vaya bien!
Bis bald!	¡Hasta pronto!
Viele liebe Grüße	Un fuerte abrazo,
Viele Grüße	Muchos saludos,/Un abrazo,/Besos,
Herzliche Grüße	Saludos cordiales,/Un cordial saludo,
Mit besten Grüßen	Mis mejores deseos,
Alles Liebe	¡Te deseo lo mejor!/Mis mejores deseos,
Alles Gute, Dein(e)	Te deseo lo mejor, tuyo(-a)
Tschüss!	¡Chao!/¡Hasta pronto!
Formell:	**Formal:**
Mit freundlichen Grüßen	Muy atentamente (le saluda),
verbleibe ich mit freundlichen Grüßen	en espera de su respuesta me despido atentamente,
Sehr respektvoll:	**Muy respetuoso:**
Hochachtungsvoll	Muy atentamente,

Das Buchstabieralphabet
El alfabeto fonético

Deutsch			Spanisch		
A	wie	Anton	A	de	Antonio
B	wie	Berta	B	de	Barcelona
C	wie	Cäsar	C	de	Carmen
Ch	wie	Charlotte	Ch	de	Chocolate
D	wie	Dora	D	de	Dolores
E	wie	Emil	E	de	Enrique
F	wie	Friedrich	F	de	Francia
G	wie	Gustav	G	de	Gerona
H	wie	Heinrich	H	de	Historia
I	wie	Ida	I	de	Italia
J	wie	Julius	J	de	José
K	wie	Kaufmann	K	de	Kilo
L	wie	Ludwig	L	de	Lorenzo
			Ll	de	Llobregat
M	wie	Martha	M	de	Madrid
N	wie	Nordpol	N	de	Navarra
			Ñ	de	Ñoño
O	wie	Otto	O	de	Oviedo
P	wie	Paula	P	de	París
Q	wie	Quelle	Q	de	Querido
R	wie	Richard	R	de	Ramón
S	wie	Siegfried	S	de	Sábado
T	wie	Theodor	T	de	Tarragona
U	wie	Ulrich	U	de	Uruguay
V	wie	Viktor	V	de	Valencia
W	wie	Wilhelm	W	de	Washington
X	wie	Xanthippe	X	de	Xilófono
Y	wie	Ypsilon	Y	de	Yegua
Z	wie	Zeppelin	Z	de	Zaragoza

Die deutsche Phonetik

Vokale/Vocales

Laut	Beispiel
[a]	Mechanik
[ɐ]	Partitur
[e]	Gremium
[ɛ]	Abiturient
[ə]	Tempel
[i]	vital
[ɪ]	Birke
[o]	Abo
[ɔ]	Box
[ø]	eintönig
[œ]	erörtern
[u]	Bluse
[ʊ]	Mammut
[y]	Büro
[ʏ]	Hütte

Nasallaute/Sonidos nasales

Laut	Beispiel
[ã]	engagieren
[ɛ̃]	Bassin
[õ]	Bon

Zeichen/Signos

[:]	Längenzeichen
[']	Betonungszeichen
[ʔ]	Knacklaut

Konsonanten/Consonantes

Laut	Beispiel
[b]	Getriebe
[ç]	Mädchen
[x]	Sprache
[d]	Dach
[ʤ]	Jetset
[f]	Hafen
[g]	Hagel
[h]	haben
[ʒ]	Manege
[j]	Jahr
[k]	Kind
[l]	Luft
[m]	malen
[n]	Nacht
[ŋ]	lang
[p]	Paket
[r]	Reise
[s]	Gast
[ʃ]	Pasch
[t]	Tier
[θ]	Thriller
[ts]	Ziel
[tʃ]	Kitsch
[v]	Vase
[w]	World Wide Web
[z]	Rose